Fachwörterbuch Medizin Englisch – Deutsch

Medical Dictionary

English – German

Fourth thoroughly revised and enlarged edition

by

Dr. med. habil. Fritz-Jürgen Nöhring

Langenscheidt
Berlin · München · Wien · Zürich · New York

URBAN & FISCHER
München · Jena

Fachwörterbuch Medizin

Englisch – Deutsch

Vierte, stark bearbeitete und erweiterte Auflage

von

Dr. med. habil. Fritz-Jürgen Nöhring

Langenscheidt
Berlin · München · Wien · Zürich · New York

URBAN & FISCHER
München · Jena

Die Deutsche Bibliothek - CIP-Einheitsaufnahme

Nöhring, Fritz-Jürgen:
Fachwörterbuch Medizin / von Fritz-Jürgen Nöhring. - Berlin ; München ; Wien ; Zürich ;
New York : Langenscheidt; München ; Jena : Urban und Fischer

Englisch-Deutsch. - 4., stark bearb. und erw. Aufl. - 2002
ISBN 3-86117-184-8
ISBN 3-437-15100-2

ISBN 3-86117-184-8 (Langenscheidt Fachverlag)
3-437-15100-2 (Urban & Fischer Verlag)

4., stark bearbeitete und erweiterte Auflage

Gemeinschaftsausgabe mit Urban & Fischer Verlag GmbH & Co KG, München und Jena
für die Anatomietafeln im Anhang:

Sobotta, Atlas der Anatomie, 21. Auflage, Band 1 und 2.
Printed in Germany
Gesamtherstellung: Druckhaus „Thomas Müntzer“ GmbH, Bad Langensalza/Thüringen

Vorwort zur 4. Auflage

Die nunmehr vorliegende 4. Auflage des englisch-deutschen Wörterbuchs „Medizin“ wurde einer gründlichen Überarbeitung unterzogen. Im Hinblick auf eine weitere Verbesserung der Nutzerfreundlichkeit des Wörterbuches und einen immer größer werdenden Anwenderkreis wurden wesentliche konzeptionelle Änderungen hinsichtlich des Umfangs und der Gestaltung des Wörterbuchs vorgenommen.

Die wichtigste Änderung betrifft die Erweiterung des Wortschatzes, welcher in das Wörterbuch aufgenommen wurde. Den nunmehr 110000 englischsprachigen Stichwörtern stehen 250000 deutsche Äquivalenzbegriffe gegenüber. Hierdurch konnte eine weitere Erhöhung des sprachmittlerischen Deckungsgrades bei der Übersendung englischsprachiger medizinischer Texte erreicht werden. In dieser Größenordnung stellt das englisch-deutsche Wörterbuch „Medizin“ ein unentbehrliches Hilfsmittel für immer breiter gefächerte Anwendungsbereiche dar.

Bei der Erweiterung des Wortschatzes wurden neben den klassischen medizinischen Hauptgebieten weitere Bereiche der Medizin (z. B. Allergologie, Mikrochirurgie, Homöopathie, Psychologie, Psychotherapie etc.) berücksichtigt. Auf dem Gebiet der Zahnmedizin wurden wesentliche Ergänzungen vorgenommen. Zahlreiche Neueintragungen erfolgten im Bereich der Medizintechnik und der Laboratoriumsmedizin. Das ökologische Stoffgebiet wurde ebenso berücksichtigt wie Termini der medizinischen Statistik, der Bioinformatik, des medizinischen Versicherungswesens sowie des Krankenhausmanagements. Die in einigen Bereichen der Medizin (z. B. Gentechnologie, Molekularbiologie, Genetik) übliche Übernahme von englischen Termini in den deutschen fachsprachlichen Bereich fand ebenfalls Berücksichtigung, wobei derartige im englischen Original verwendete Fachbegriffe durch Erklärungen näher erläutert wurden. Entsprechend der zusätzlich berücksichtigten Fachgebiete wurden neue Fachgebietsbezeichnungen aufgenommen. Um eine unnötige Aufblähung des Wörterbuches zu vermeiden, erfolgt die Verwendung der Fachgebietsbezeichnungen nur bei solchen Stichwörtern, welche eine nähere Zuordnung erfordern und insbesondere zur Unterscheidung von Nestwörtern bei unterschiedlichen Wortstämmen.

Bei der Bearbeitung der neuen Auflage wurde der gesamte Wortschatz einer erneuten kritischen Bewertung unterzogen. Zahlreiche konstruktive Verbesserungsvorschläge und Anregungen bezüglich aufzunehmender medizinischer und nichtmedizinischer Begriffe konnten aufgrund der Erweiterung des Gesamtwerkes berücksichtigt werden.

Dio 4. Auflage des Wörterbuches erscheint in einem größeren Format, wodurch insbesondere beim schnellen Durchsuchen der Wortstellen die Lesbarkeit entscheidend verbessert werden konnte. Für die Darstellung der Stichwörter wurde das bewährte Netzwortsystem beibehalten. Hinsichtlich der allgemeinsprachlichen Terminologie werden unter dem jeweiligen Stichwort zunächst idiomatische Redewendungen der Alltagssprache aufgeführt. Bei den Nestwörtern wurde die Tilde durch Wiederaufnahme des Oberbegriffes ersetzt, wodurch eine Verbesserung der Übersichtlichkeit insbesondere bei umfangreicheren Stichwortnestern erreicht werden konnte.

Im Anhang wurden neben den Wortbildungselementen lateinischen und griechischen Ursprungs zahlreiche Tabellen mit Umrechnungen zwischen dem metrischen System und den im englischen Sprachraum verwendeten Maßen und Gewichten aufgenommen. Zusätzlich sind zahlreiche Referenzbereiche aus dem Bereich der Labordiagnostik für die verschiedenen Parameter der menschlichen Physiologie (Normalwerte des Blutes und des Serums, des Liquors und des Urins) aufgeführt. Nützliche Formeln und Normalwerte der Hämodynamik und der Atemphysiologie sind ebenfalls berücksichtigt. Für wichtige Arzneimittel werden die therapeutischen und toxischen Dosisbereiche in Tabellenform angegeben. Eine Übersicht der im englischsprachigen Bereich üblichen Dosierungsangaben auf Rezepturen erleichtert das Ausstellen von Rezepten und deren korrekte Interpretation. Einige grundlegende Berechnungsformeln für die Gestaltung einer Infusionsbehandlung sowie ein Nomogramm für Elektrolyt- und Flüssigkeitsdosierungen im klinischen Alltag finden sich ebenfalls im Anhang.

Zur Illustration der menschlichen Anatomie sind zusätzlich 41 farbige Abbildungen des bekannten Sobotta Anatomie-Atlasses in das Wörterbuch aufgenommen worden, welche alle Bereiche des menschlichen Körpers berücksichtigen. Neben den englischen anatomischen Fachtermini wurden im deutschen Sprachgebrauch die Nomina anatomica verwendet.

Für die Termini der physiologischen Chemie, Pharmazie und der Labormedizin ist weitestgehend die IUPAC-Nomenklatur berücksichtigt worden, sofern nicht im fachsprachlichen Gebrauch k und z für c Verbreitung fanden.

Mit der umfangreichen Erweiterung des Wortschatzes für die sprachmittlerische Tätigkeit, den zahlreichen Änderungen hinsichtlich der Verbesserung der Nutzerfreundlichkeit des Wörterbuches sowie den zahlreichen Tabellen, anatomischen Tafeln, Berechnungsformeln für den praktischen klinischen Alltag sollte ein Standardwerk der Medizin entwickelt werden, welches für einen breiten Nutzerkreis ein wichtiges und unentbehrliches Hilfsmittel darstellt.

Besonderer Dank gilt an dieser Stelle dem Langenscheidt-Fachverlag für das Verständnis für Terminverschiebungen, insbesondere Frau Gitta Koven und der gesamten Redaktion für die sehr gute Zusammenarbeit bei der Manuskriptbearbeitung sowie für die Betreuung und die mühevolle Kleinarbeit bei der Gestaltung dieses umfassenden Wörterbuches.

Autor und Verlag sind allen Benutzern dieses Wörterbuches für weitere sachdienliche Vorschläge und Ergänzungen zur weiteren Verbesserung dieses Wörterbuches dankbar.

Diese sind an den Langenscheidt-Fachverlag GmbH, Postfach 40 11 20, D-80711 München zu senden.

Fritz-Jürgen Nöhring

Preface to the fourth edition

The present fourth edition of the English-German Medical Dictionary has been comprehensively reworked. Major structural changes have been made as regards the scope and organisation of the dictionary, to make it even more user-friendly, and to accomodate its ever-expanding user group.

The most important change is the expansion of the vocabulary included in the dictionary. There are now 110,000 English-language entries with 250,000 German-language equivalents. This has further increased the resources available for translating English medical texts, making the English-German Medical Dictionary an indispensable aid for an expanding range of users.

The vocabulary has been expanded to include further medical disciplines (e.g. allergology, microsurgery, homeopathy, psychology, psychotherapy, etc.) in addition to the main classical fields of medicine. Significant additions have been made in the field of dental medicine. There are numerous new entries in the field of medical technology and laboratory diagnostics. Coverage extends to ecology, and includes terminology from medical statistics, bioinformatics, medical insurance and hospital management. The adoption of English terminology in some fields of medicine (such as gene technology, molecular biology and genetics) into German usage is also reflected in the new edition; further explanation is given where such specialist terminology is used in its original English form. New designations have been included to identify the additional specialisms included. In the interests of compactness, such designations are provided only for entries that require more detailed classification, especially to distinguish between headwords in the case of different word stems.

The entire vocabulary has undergone renewed critical evaluation in preparing the new edition. Numerous constructive suggestions for improvement and proposals for inclusion of medical and non-medical terms have been accommodated within the scope of the expanded volume.

The fourth edition of the dictionary is in a larger format, significantly improving readability, especially when rapidly scanning entries. The proven headword system has been retained for displaying the keywords. For generalist terminology, each listing first includes the idiomatic everyday usage. In the headwords, the tilde had been replaced by repetition of the generic term in the interests of clarity, especially in the case of nested keywords.

The appendix includes numerous tables with conversions between the metric system and the weights and measures used in English-speaking countries, as well as word elements of Latin and Greek origin. Numerous references fields taken from laboratory diagnostics for the various parameters of human physiology are also listed (standard values of blood and serum, fluid and urine). Useful formulae and standard values of haemodynamics and respiratory physiology are also included. Therapeutic and toxic dosage ranges are listed in tabular form for important medicines. An overview of the dosage information customarily given on prescriptions in English-speaking countries makes it easier to prepare and interprete prescriptions. Some fundamental formulae for calculating infusions, and a nomogram for electrolyte and liquid dosing in everyday clinical practice are also included in the appendix.

Forty-one colour illustrations from the Sobota Anatomy Atlas are also included in the dictionary illustrating the human anatomy, covering all areas of the human body. The Nomina Anatomica has been used in the German, in addition to English anatomical terminology. IUPAC terminology is used throughout for physiological chemistry, pharmacy and laboratory medicine, where k and z have not displaced c in professional usage.

The extensive expansion of vocabulary for translation purposes, the numerous changes making the dictionary easier to use, and the wealth of tables, anatomical illustrations and formulae for clinical practice, together constitute and endeavour to provide a standard medical work to serve as an important and indispensable aid for a wide range of users.

We wish to express our special thanks to Langenscheidt Fachverlag for their forbearance in the face of delays, especially Ms Gitta Koven and all the editorial team for their excellent cooperation in processing the manuscript and for their support and meticulous work in compiling this comprehensive dictionary.

The author and publisher welcome further helpful suggestions and additions from users, to further improve this dictionary. Any such contributions should be addressed to Langenscheidt Fachverlag GmbH, Postfach 401120, D-80711 Munich.

Fritz-Jürgen Nöhring

Benutzungshinweise • Directions for Use

1. Beispiele für die alphabetische Ordnung • Examples of Alphabetization

blind *v*
blind
blind ... • the blind
blind experiment
blind gut
blind portion of the retina
blind spot
blind treatment
blindness
blister
blistered
Block-Sulzberger syndrome
block anaesthesia
blocking antibody
blood ... • conserve blood ... • date the blood was taken ... • type blood
blood-borne
blood-brain barrier
blood clot
blood clotting
blood-clotting defect
blood-clotting factor I
blood count

R. M. A.
RMSF
RNA
RNA code
RNA virus
RNase
RNP
roentgen ray
roentgen-ray anaemia
roentgen-ray treatment
roentgen rays
roentgen unit
roentgenize
roentgenkymogram
roentgenocardiography

T cell growth factor
T-shaped bandage
t test
T-tube drainage
T wave
T. A. B. vaccine
tabac mosaic virus

2. Bedeutung der Zeichen • Signs

/	able to clot/be = be able to clot
[ ]	glaucoma therapy [treatment] = glaucoma therapy *or* glaucoma treatment quälender [zermürbender] Schmerz *m* = quälender Schmerz *oder* zermürbender Schmerz
( )	gauntlet (bandage) = gauntlet bandage *or* gauntlet (operative) Mageneröffnung = operative Mageneröffnung *oder* Mageneröffnung
( )	Diese Klammern enthalten Erklärungen These brackets contain explanations
•	kennzeichnet Wendungen marks phrases

Fachgebietskürzel • Subject-area labels

(Anästh)	Anästhesiologie / anaesthesiology
(Anat)	Anatomie / anatomy
(Arb)	Arbeitsmedizin / occupational medicine
(Bakt)	Bakteriologie / bacteriology
(Bal)	Balneologie / balneology
(Bioch)	Biochemie / biochemistry
(Chir)	Chirurgie / surgery
(Derm)	Dermatologie / dermatology
(Embr)	Embryologie / embryology
(Endokr)	Endokrinologie / endocrinology
(Epid)	Epidemiologie / epidemiology
(For)	Forensische Medizin / forensic medicine
(Gastr)	Gastroenterologie / gastroenterology
(Gen)	Genetik / genetics
(Geriat)	Geriatrie / geriatrics
(Gyn)	Gynäkologie und Geburtsheilkunde / gynaecology and obstetrics
(Hämat)	Hämatologie und Transfusionswesen / haematology and transfusion medicine
(Hepat)	Hepatologie / hepatology
(Histol)	Histologie und Zytologie / histology and cytology
(HNO)	Hals-, Nasen- und Ohrenheilkunde / otorhinolaryngology
(Immun)	Immunologie / immunology
(Inf)	Infektionskrankheiten / infectious diseases
(Kard)	Kardiologie / cardiology
(Lab)	Labordiagnostik / laboratory diagnostics
(Metab)	Stoffwechsel / metabolism
(Mol)	Molekularbiologie / molecular biology
(Myk)	Mykologie / mycology
(Nephr)	Nephrologie / nephrology
(Neur)	Neurologie und Psychiatrie / neurology and psychiatry
(Onk)	Onkologie / oncology
(Ophth)	Ophthalmologie / ophthalmology
(Orth)	Orthopädie / orthopaedics
(Päd)	Pädiatrie / pediatrics
(Paras)	Parasitologie / parasitology
(Path)	Pathologie / pathology
(Pharm)	Pharmakologie und Toxikologie / pharmacology and toxicology
(Physiol)	Physiologie / physiology
(Psych)	Psychologie / psychology
(Pulm)	Pulmologie / pulmonology
(Rad)	Radiologie und Strahlentherapie / radiology and radiotherapeutics
(Statist)	Statistik / statistics
(Stom)	Stomatologie und Dentalmedizin / stomatology and dentistry
(Terat)	Teratologie / teratology
(Transp)	Transplantationsmedizin / transplantation medicine
(Trop)	Tropenmedizin / tropical medicine
(Urol)	Urologie / urology
(Virol)	Virologie / virology

Abkürzungen • Abbreviations

(Am)	amerikanisches Englisch / American English
f	Femininum / feminine noun
m	Maskulinum / masculine noun
n	Neutrum / neuter noun
pl	Plural / plural
s.	siehe / see
sl	Slang / slang

A

a. *s.* 1. anterior; 2. accommodation; 3. artery
A bile A-Galle *f*, Galle *f* aus dem Gallengang
A-mode Amplitudenmodulation *f*, A-Modus *m*
A-mode echo A-Mode-Echo *n*, Amplituden-Echogramm *n*, amplitudenmoduliertes Echo(gramm) *n*
A-mode image A-Mode-Bild *n*, A-Bild *n*, amplitudenmoduliertes Bild *n*
A-mode imaging A-Mode-Bild-Verfahren *n*, A-Bild-Verfahren *n*, amplitudenmoduliertes Bild-Verfahren *n*
A-mode presentation A-Mode-Darstellung *f*, amplitudenmodulierte Darstellung *f*
A-mode scanning A-Mode-Verfahren *f*, amplitudenmoduliertes Verfahren *n*
aa *s.* ana (partes aequales)
abacterial abakteriell, nicht bakteriell, bakterienlos, frei von Bakterien; steril, keimfrei
abacterial meningitis abakterielle Meningitis *f*, Virusmeningitis *f*, aseptische [idiopathische] Gehirnhautentzündung *f*, Meningitis *f* serosa [lymphocytaria benigna]
Abadie's sign Abadie'sches Zeichen *n (1. Achillessehnenunempfindlichkeit bei Tabes dorsalis; 2. Augenlidheberkrampf bei Morbus Basedow)*
abalienated geistesgestört, geisteskrank, (geistes)verwirrt
abalienation Geistesstörung *f*, Geistesverwirrung *f*, Abalienatio *f* mentis
abandon *v* 1. aufgeben, verzichten; 2. aussetzen *(ein Kind)*
abandonment 1. Preisgegebensein *n*; 2. Aussetzung *f*, Kindesaussetzung *f*
abandonment of care *(For)* (ungerechtfertigte) Therapiebeendigung *f*, Therapieaussetzung *f*
abapical *(Anat)* abapikal, von der Spitze weggerichtet; von der Spitze entfernt
abarognosis *(Neur)* Abarognosis *f*, Unvermögen *n* der Gewichtsschätzung
abarticular *(Anat)* abartikulär, gelenkfern; extraartikulär
abarticular gout Gicht *f* außerhalb der Gelenke
abarticulation Gelenkverrenkung *f*, Gelenkluxation *f*, Verrenkung *f*, Luxation *f*
abasia *(Neur)* Abasie *f*, Gehunfähigkeit *f*, Gehstörung *f*
abasia-astasia *(Neur)* Abasie-Astasie *f*
abasic abatisch, gehunfähig, mit einer Gehstörung, gehgestört; Abasie…
abate *v* 1. verringern, vermindern, mildern, lindern, dämpfen *(z. B. die Schmerzen)*; 2. sich verringern, sich vermindern, abfallen, abnehmen, abklingen, zurückgehen, nachlassen *(z. B. Symptome)*
abatement Verringerung *f*, Verminderung *f*, Linderung *f* *(z. B. von Schmerzen)*
abatic *s.* abasic
abaxial abaxial, außerhalb der Achse(nlinie); achsenfern
Abbe-Zeiss apparatus *s.* Abbe-Zeiss counting cell
Abbe-Zeiss cell *s.* Abbe-Zeiss counting cell
Abbe-Zeiss counting cell *(Hämat)* Thoma-Zeiss-Zählkammer *f (Blutuntersuchung)*
Abbe-Zeiss counting chamber *s.* Abbe-Zeiss counting cell
Abbott-Miller tube *s.* Miller-Abbott tube
Abderhalden-Kaufmann-Lignac syndrome *s.* cystinosis
abdomen Abdomen *n*, Bauch *m* • **be limited to the abdomen** auf das Abdomen beschränkt sein *(z. B. Schmerzen)*
abdominal abdominal; Abdominal…, Abdomen…, Bauch…, Unterleibs…
abdominal actinomycosis Abdominalactinomykose *f*, abdominelle Actinomykose *f*, Darmactinomykose *f*
abdominal adhesion abdominale Adhäsion *f*
abdominal alopecia Bauchglatze *f*
abdominal angina Abdominalangina *f*, Angina *f* abdominalis
abdominal angiography abdominale Angiographie *f*
abdominal aorta Bauchaorta *f*, Aorta *f* abdominalis
abdominal aorta coarctation Bauchaortakoarktation *f*, Coarcatatio *f* aortae abdominalis
abdominal aorta occlusion Bauchaortenverschluss *m*
abdominal aortic aneurysm Bauaortenaneurysma *n*, Aneurysma *n* aortae abdominalis
abdominal aortic aneurysmectomy Bauchaortenaneurysmaresektion *f*
abdominal aortography abdominale Aortographie *f*, Bauchaortaröntgen(kontrast)darstellung *f*
abdominal aponeurosis Abdominalaponeurose *f*, Bauchaponeurose *f*
abdominal artery Abdominalarterie *f*, Bauchschlagader *f*, Arteria *f* abdominalis
abdominal bandage Abdominalverband *m*, Bauchverband *m*
abdominal belt abdominaler Gürtel *m*, Bauchgürtel *m*
abdominal brain *s.* solar plexus
abdominal breathing Abdominalatmung *f*, Bauchatmung *f*, abdominale Atmung *f*
abdominal caesarean section *(Gyn)* abdominaler Kaiserschnitt *m*, abdominale Schnittentbindung *f*
abdominal cavity Abdominalhöhle *f*, Bauchhöhle *f*, Bauchraum *m*, Cavum *n* abdominis • **open the abdominal cavity** die Bauchhöhle (er)öffnen
abdominal circumference Abdominalumfang *m*, Bauchumfang *m*
abdominal colic Abdominalalkolik *f*, Bauchkolik *f*
abdominal contents Abdominalinhalt *m*, Bauchinhalt *m*
abdominal cramping Abdominalkrampf *m*, Bauchkrampf *m*
abdominal cryptorchism Retentio *f* testis abdominalis
abdominal cyst Abdominalzyste *f*, Bauchhöhlenzyste *f*
abdominal decompression Abdominaldekompression *f*, Bauchdekompression *f*
abdominal delivery *s.* abdominal caesarean section
abdominal desmoid Bauchdeckendesmoid *n*
abdominal discomfort Abdominalunwohlsein *n*, Bauchbeschwerden *pl*
abdominal distension Bauchdehnung *f*, Bauchblähung *f*
abdominal dropsy *s.* ascites
abdominal duplexsonography abdominale Duplex-Sonographie *f*
abdominal echotomography Abdominalechotomographie *f*, abdominale Echotomographie *f*, Bauchultraschall(schicht)untersuchung *f*
abdominal epilepsy Abdominalepilepsie *f*, abdominale Epilepsie *f*, Moore'sches Syndrom *n*
abdominal examination abdominale Untersuchung *f*, Bauchuntersuchung *f*
abdominal exudate abdominales Exsudat *n*; Aszites *m*
abdominal face Facies *f* abdominalis, Abdominalgesicht *n*
abdominal fistula Abdominalfistel *f*, Bauch(wand)fistel *f*
abdominal fluid abdominale Flüssigkeit *f*, Aszites *m*
abdominal ganglion *(Anat)* Abdominalganglion *n*, Bauch(höhlen)ganglion *n*
abdominal gestation *s.* abdominal pregnancy
abdominal girth Abdominalumfang *m*, Bauchumfang *m*
abdominal haemorrhage Abdominalblutung *f*, (intra)abdominale Blutung *f*
abdominal hernia Abdominalhernie *f*, Bauchwandhernie *f*, Bauchwandbruch *m*, Hernia *f* ventralis

abdominal hysterectomy Abdominohysterektomie *f*, abdominale Hysterektomie *f*, Hysterectomia *f* abdominalis, (operative) Gebärmutterentfernung *f* durch die Bauchhöhle, Schauta-Wertheim'sche Operation *f*

abdominal hysterotomy Abdominalhysterotomie *f*, abdominale Hysterotomie *f*, Hysterotomia *f* abdominalis, (operative) Gebärmuttereröffnung *f* durch die Bauchhöhle

abdominal incision Abdominalinzision *f*, Bauch(decken)schnitt *m*, (operative) Bauchhöhleneröffnung *f*

abdominal influenza Magen-Darm-Grippe *f*, Virusgastroenteritis *f*

abdominal inguinal ring *(Anat)* Anulus *m* inguinalis profundus, innerer Leistenring *m*

abdominal injury Abdominalverletzung *f*, Bauchverletzung *f*

abdominal laparotomy *s.* laparotomy

abdominal lead Bauchwandableitung *f*, Bauchdeckenableitung *f*

abdominal lead electrode Bauchwandelektrode *f*

abdominal line Abdominallinie *f*, Bauchlinie *f*

abdominal masses Bauch(raum)inhalt *m*

abdominal migraine abdominale Migräne *f*, Abdominalmigräne *f*

abdominal murmur Abdominalgeräusch *n*, Bauchgeräusch *n*

abdominal muscle Bauchmuskel *m*, Musculus *m* abdominis

abdominal nephrectomy Abdominalnephrektomie *f*, Nephrectomia *f* abdominalis, (operative) Nierenentfernung *f* durch die Bauchhöhle

abdominal operation abdominale Operation *f*, Bauchoperation *f*, Unterleibsoperation *f*

abdominal pacemaker implantation abdominale Schrittmacherimplantation *f*

abdominal pack *(Chir)* Bauchtuch *n*, Bauchkompresse *f*

abdominal pain Abdominalschmerz *m*, Abdominalgie *f*, Bauchschmerz *m*, Bauchweh *f*

abdominal paracentesis *(Chir)* Abdominalparazentese *f*, Abdominozentese *f*, abdominale Parazentese *f*, Bauch(höhlen)punktion *f*, Zöliozentese *f*

abdominal part of the ureter *(Anat)* Pars *f* abdominalis ureteris

abdominal phthisis Abdominalphthise *f*, Bauch(höhlen)tuberkulose *f*

abdominal plain film Abdomenübersichtsaufnahme *f*, Abdomenleeraufnahme *f*, Abdomenübersicht *f*

abdominal pregnancy Abdominalgravidität *f*, Bauchhöhlenschwangerschaft *f*

abdominal prelum Abdominalpresse *f*, Bauchpresse *f*, Prelum *n* abdominale

abdominal press *s.* abdominal prelum

abdominal pressure *s.* abdominal prelum

abdominal ptosis *(Chir)* Abdominalptose *f*, Viszeroptose *f*, Bauchhöhleneingeweidesenkung *f*, Eingeweidesenkung *f*

abdominal pulse Abdominalpuls *m*, Pulsus *m* abdominalis

abdominal puncture *s.* abdominal paracentesis

abdominal puncture trocar Parazentesetrokar *m*

abdominal quadrant Abdominalquadrant *m*

abdominal radiography abdominale Röntgenaufnahme *f*, Abdomen(röntgen)aufnahme *f*

abdominal reference of symptoms Bauchsymptomatik *f*

abdominal reflex Abdominalreflex *m*, Bauch(decken)reflex *m*

abdominal region Abdominalregion *f*, Bauchregion *f*, Regio *f* abdominalis

abdominal respiration *s.* abdominal breathing

abdominal retractor *(Chir)* Abdominalretraktor *m*, Bauchsperrer *m*, Bauch(decken)haken *m*, Bauchdeckenhalter *m*

abdominal rigidity Bauchdeckenspannung *f*, Bauchdeckenhärte *f*, Bauchdeckenverhärtung *f*, bretttharte Bauchdecken *fpl*

abdominal scissors *(Chir)* Abdominalschere *f*, Bauchdeckenschere *f*

abdominal section *s.* abdominal incision

abdominal shock abdominaler Schock *m*

abdominal sonography abdominale Sonographie *f*, sonographische Bauchuntersuchung *f*, Ultraschalluntersuchung *f* des Abdomens

abdominal spasm Darmkolik *f*

abdominal spatula Bauchspatel *m*

abdominal splinting bretttharte Bauchdecken *fpl*, bretttharte Abwehrspannung *f (der Bauchmuskeln)*

abdominal sponge *(Chir)* Bauchtuch *n*

abdominal stalk *s.* umbilical cord

abdominal suction tube *(Chir)* Abdominalsauger *m*, Bauchsauger *m*, Bauchhöhlensaugrohr *n*

abdominal surgery Abdominalchirurgie *f*, Bauchchirurgie *f*

abdominal survey radiograph Abdomenübersichtsaufnahme *f*, Abdomenleeraufnahme *f*

abdominal suture Abdominalnaht *f*, Bauchdeckennaht *f*

abdominal syndrome Abdominalsyndrom *n*, Peritonealsyndrom *n*

abdominal tap *s.* 1. abdominal paracentesis; 2. abdominal trauma

abdominal tenderness abdominaler Druckschmerz *m*; Druckempfindlichkeit *f* (des Abdomens); schmerzhafte Bauchdecken(abwehr)spannung *f*

abdominal testis Abdominalhoden *m*

abdominal touch Abdominalpalpation *f*, Bauch(wand)abtastung *f*, Bauchbetastung *f*, digitale Bauchuntersuchung *f*

abdominal trauma Abdominaltrauma *n*, Bauchverletzung *f*

abdominal tuberculosis Abdominaltuberkulose *f*, Abdominalphthise *f*

abdominal tumour Abdominaltumor *m*, Bauch(höhlen)geschwulst *f*

abdominal typhus Abdominaltyphus *m*, Bauchtyphus *m*, Typhus *m* abdominalis

abdominal vessel abdominales Gefäß *n*, Abdominal(blut)gefäß *n*

abdominal viscus Abdominalorgan *n*, Bauchorgan *n*

abdominal viscera Baucheingeweide *pl*, Eingeweide *pl*; Bauchorgane *npl*

abdominal wall Abdominalwand *f*, Bauchwand *f*, Bauchdecke *f*

abdominal wall abscess Bauchwandabszess *m*, Bauchdeckenabszess *m*

abdominal wall closure *(Chir)* Abdominalwandverschluss *m*, Bauchdeckenverschluss *m*

abdominal wall emphysema Bauchdeckenemphysem *n*

abdominal wall haematoma Bauchdeckenhämatom *n*

abdominal wall hernia *s.* abdominal hernia

abdominal wall lead Bauchwandableitung *f (des EKG)*

abdominal wall phlegmon Bauchdeckenphlegmone *f*

abdominal wound Abdominalwunde *f*, Bauchwunde *f*

abdominal wound closure Abdominalwundschluss *m*, Bauchwundenverschluss *m*

abdominal X-ray photograph Abdomenröntgenbild *n*, Abdomenübersichtsaufnahme *f*

abdominal X-ray photography Abdomenröntgen *n*, Abdomenröntgenuntersuchung *f*

abdominalgia *s.* abdominal pain
abdomino-anal abdominoanal; Abdomen-Anus-…, Bauch(höhlen)-After-…
abdomino-anterior position abdomino-anteriore Position *f (des Fetus)*
abdominocardiac abdomino-kardial; Abdominokardial…, Bauch(höhlen)-Herz-…
abdominocardiac reflex abdominokardialer Reflex *m*
abdominocentesis *s.* abdominal paracentesis
abdominocyesis Abdominalschwangerschaft *f*, Bauchhöhlenschwangerschaft *f*
abdominocystic 1. Abdomen-Harnblasen-…, Bauch-Blasen-…; 2. Abdomen-Gallenblasen-…
abdominogenital abdomino-genital; Abdominogenital…, Bauch(höhlen)-Genital-…
abdominohysterectomy *s.* abdominal hysterectomy
abdominohysterotomy *s.* abdominal hysterotomy
abdominoparietal caesarean section *(Gyn)* abdominoparietale Schnittentbindung *f*
abdominopelvic abdomino-pelvin; Bauchhöhlen-Becken-…
abdominoperineal abdomino-perineal; Abdominoperineal…, Bauch(höhlen)-Damm-…
abdominoperineal resection abdomino-perineale Resektion *f*, Abdominoperinealresektion *f (Rektum)*
abdominplasty Abdominalplastik *f*, Bauch(muskel)plastik *f*
abdominoposterior position abdomino-posteriore Position *f (des Fetus)*
abdominoscopy *(Chir)* Abdominoskopie *f*, Bauch(höhlen)spiegelung *f*, Laparoskopie *f*
abdominoscrotal abdomino-skrotal; Abdomen-Skrotum-…, Bauch(höhlen)-Hodensack-…
abdominothoracic abdomino-thorakal; Abdominothorakal…, Bauchhöhlen-Brustkorb-…, Bauch-Brust-…
abdominous großbäuchig
abdominouterotomy *s.* abdominal hysterotomy
abdominovaginal abdomino-vaginal; Abdominovaginal…, Bauch(höhlen)-Scheiden-…
abdominovesical 1. abdomino-vesikal; Abdominovesikal…, Bauch(höhlen)-Blasen-…; 2. Abdomen-Gallenblasen-…
abduce *v s.* abduct
abducens (nerve) *s.* abducent nerve
abducent abduzierend, wegbewegend, wegführend, auswärts bewegend
abducent nerve Nervus *m* abducens, Abduzens *m*, VI. Hirnnerv *m*
abducent nerve paralysis Abduzensparalyse *f*, Abduzenslähmung *f*, Lähmung *f* des VI. Hirnnervs
abducent nucleus Nucleus *m* nervi abducentis, Abduzenskern *m*
abducent palsy *s.* abducent nerve paralysis
abducent paralysis *s.* abducent nerve paralysis
abduct *v* abduzieren, abspreizen, mittels eines Muskels wegziehen, auswärts bewegen
abduction Abduktion *f*, Abspreizung *f*, Abspreizen *n*, Seitwärtsbewegung *f*, Auswärtsbewegung *f*
abduction arm splint *(Chir)* Armabduktionsschiene *f*
abduction boots *(Orth)* Abduktionsstiefel *mpl*
abduction fracture Abduktionsfraktur *f*
abduction paralysis Abduktionslähmung *f*
abduction splint *(Chir)* Abduktionsschiene *f*
abductor Musculus *m* abductor, Abduktor *m*, Abduktionsmuskel *m*, Abzieher(muskel) *m*
abductor digiti minimi manus (muscle) Musculus *m* abductor digiti minimi manus, Kleinfingerabzieher(muskel) *m*
abductor digiti minimi pedis (muscle) Musculus *m* abductor digiti minimi pedis, Kleinzehenabzieher(muskel) *m*
abductor hallucis Musculus *m* abductor hallucis, Großzehenabzieher(muskel) *m*
abductor hallucis longus (muscle) Musculus *m* abductor hallucis longus, langer Großzehenabzieher(muskel) *m*
abductor hallucis muscle *s.* abductor hallucis
abductor indicis (muscle) Musculus *m* abductor indicis, Zeigefingerabzieher(muskel) *m*
abductor muscle *s.* abductor
abductor paralysis 1. Abduktorenparalyse *f*, Abduktionsmuskellähmung *f*; 2. Glottisöffnerlähmung *f*, Postikuslähmung *f*
abductor pollicis brevis (muscle) Musculus *m* abductor pollicis brevis, kurzer Daumenabzieher(muskel) *m*
abductor pollicis longus (muscle) Musculus *m* abductor pollicis longus, langer Daumenabzieher(muskel) *m*
abductor weakness Abduktorenschwäche *f*, Abduktoreninsuffizienz *f*
abenteric abenterisch, extraintestinal, außerhalb des Darmkanals [Verdauungstraktes]
Abercrombie's disease Abercrombi'sche Krankheit *f*, sekundäre Amyloidose *f*
aberrance 1. Abweichung *f*, Anomalie *f (Biologie)*; 2. Irrtum *m*, Verirrung *f*, Fehltritt *m*
aberrancy aberrierend, abweichend; anomal
aberrancy *(Kard)* Aberrans *m*
aberrancy behaviour Fehlverhalten *n*
aberrancy goitre *s.* accessory goitre
aberrancy mamma aberrierende Mamma *f* [Brust *f*], Mamma *f* aberrans [erratica]
aberrancy pancreas aberrierendes Pankreasgewebe *n*, Nebenpankreas *n*
aberrancy salivary tumour aberrierender Speicheldrüsentumor *m*
aberrancy struma aberrante Struma *f*, Nebenkropf *m*
aberrancy ureter aberrierender Ureter *m*, fehlmündender Harnleiter *m*
aberrancy ventricular conduction *(Kard)* aberrierende ventrikuläre Reizleitung *f*
aberration 1. Aberration *f*, Abweichung *f (von der Regel)*; Anomalie *f*; 2. *(Ophth)* Aberration *f*, Abweichung *f*, Abbildungsfehler *m*; 3. Geistesgestörtheit *f*, Geistesstörung *f*, geistige Umnachtung *f*; 4. *s.* dystopia
aberration angle Aberrationswinkel *m*, Abweichungswinkel *m*
aberrometer Aberrometer *n*, Aberrationsmesser *m*
aberroscope Aberroskop *n*
abetalipoproteinaemia A-Beta-Lipoproteinämie *f*, β-Lipoproteinmangel *m* im Blut
ABG *s.* arterial blood gas
abiatrophy *s.* abiotrophy
abide *v* ertragen, aushalten, dulden, erdulden
abilities Veranlagung *f*, Talente *npl*; (geistige) Anlagen *fpl*
ability 1. Fähigkeit *f*, Vermögen *n*; 2. Eignung *f*, Anlage *f*, Talent *n*
ability of fit Passvermögen *n*, Passfähigkeit *f*
ability of perception Wahrnehmungsfähigkeit *f*
ability test Eignungsprüfung *f*
ability to absorb Absorptionsvermögen *n*
ability to breastfeed Stillvermögen *n*, Stillfähigkeit *f*
ability to concentrate Konzentrationsvermögen *n*, Konzentrationsfähigkeit *f*
abiogenesis Abiogenese *f*, Abiogenesis *f*, Urzeugung *f (Biologie)*
abiogenetic Abiogenese…
abiogenous Abiogenese…
abionergy *s.* abiotrophy
abiosis *s.* abiotrophy
abiotic *s.* abiotrophic

abiotrophic abiotrophisch, abiotisch
abiotrophic disease *s.* abiotrophy
abiotrophy Abiotrophie *f*, Abiose *f*, Lebensunfähigkeit *f* *(1. embryonale Defekte; 2. normale Bildungen mit reduzierter Lebensenergie)*
abirritant reizlindernd; reizvermindernd
abirritant (agent) reizlinderndes Mittel *n*; Beruhigungsmittel *n*
abirritate *v* beruhigen, die Reizung herabsetzen, die Erregung vermindern
abirritation Beruhigung *f*, Linderung *f*, Reizminderung *f*
abiuret *(Lab)* biuret-negativ *(beim Biuret-Test)*
abiuretic *(Lab)* nicht auf den Biuret-Test reagierend
abject *(Neur)* niedergeschlagen, entmutigt
abjection Niedergeschlagenheit *f*, Entmutigung *f*
abjectness *s.* abjection
ablactate *v* abstillen, entwöhnen *(einen Säugling)*
ablactation *(Päd)* Ablaktation *f*, Abstillen *n*, Abstillung *f*
ablactation dyspepsia Abstill(ungs)dyspepsie *f*
ablastemic ablastemisch
ablastin Ablastin *n (die Zellteilung hemmender Antikörper)*
ablate *v* abladieren, amputieren, abtragen, (operativ) entfernen; ablösen
ablation 1. Ablation *f*, Amputation *f*, Abtragung *f (von Gliedmaßen)*; 2. Ablatio *f*, Ablösung *f (der Netzhaut)*
ablative ablativ, abladierend, amputierend, abtragend; ablösend
able-bodied 1. tauglich, diensttauglich; 2. kräftig, (körperlich) gesund, kerngesund, körperlich leistungsfähig
able to clot/be *v* gerinnungsfähig sein, zur Gerinnung fähig sein; zur Gerinnselbildung fähig sein
able to function funktionsfähig; funktionstüchtig
able to work arbeitsfähig, arbeitstauglich
ablepharia Ablepharie *f*, Fehlen *n* des Augenlids [Lids]
ablepharon Ablepharon *n*
ablepharous ablepharös, (augen)lidlos, ohne Augenlider [Lider]
ablepsia Ablepsie *f*, Blindheit *f*
abluent reinigend
abluent (agent) Reinigungsmittel *n*; Waschmittel *n*
ablution Reinigen *n*; Waschen *n*, Abwaschen *n*, Waschung *f*; Baden *n*
ablutions Waschräume *mpl*; sanitäre Einrichtungen *fpl* *(Militär)*
ablutomania *(Neur)* Ablutomanie *f*, Waschzwang *m*
abmortal vom abgestorbenen Gewebe wegführend
abnerval abnerval, vom Nerv(en) weg
abnerval current *(Physiol)* abnervaler Strom *m*, efferenter Nervenstrom *m*
abneural *s.* abnerval
abnormal 1. abnormal, abnorm, anormal, anomal, regelwidrig, von der Regel abweichend, ungewöhnlich; 2. abnorm, abnormal, geistig behindert; 3. abartig; missgebildet
abnormal ambition krankhafter [übersteigerter] Ehrgeiz *m*
abnormal attitude 1. Fehlhaltung *f*, fehlerhafte Haltung *f*; 2. Fehlverhalten *n*, abnormes Verhalten *n*
abnormal behaviour abnormes Verhalten *n*
abnormal lie Lageanomalie *f*; Fehllage *f*
abnormal menses Menstruationsstörung *f*, Regelanomalie *f*
abnormal mental development abnorme seelische Entwicklung *f*
abnormal occlusion *s.* malocclusion
abnormal perceptional reaction *(Psych)* abnorme Erlebnisreaktion *f*
abnormal personality abnorme Persönlichkeit *f*; Psychopath *m*
abnormal psychology Psychopathologie *f*, Pathopsychologie *f*
abnormal reflex abnormer Reflex *m*; Reflexanomalie *f*
abnormal retinal correspondence *(Ophth)* anormale Netzhautabbildung *f*
abnormal tongue position abnorme Zungenstellung *f*, abnorme Zungenlage *f*
abnormal tooth mobility abnorme Zahnbeweglichkeit *f*
abnormalism *s.* abnormality
abnormality 1. Abnormität *f*, Anomalie *f*; 2. Regelwidrigkeit *f*, Normwidrigkeit *f*, Abartigkeit *f*, Naturwidrigkeit *f*; 3. Missbildung *f*, Missgestalt *f*
abnormality of occlusion *(Stom)* Bissabnormität *f*, Fehlbiss *m*
abnormity *s.* abnormality
ABO (blood group) system ABO-Blutgruppensystem *n*, ABO-System *n*, Landsteiner'sches System *n* der Blutgruppeneigenschaften
abocclusion *(Stom)* offener Biss *m*
aboil 1. *(Neur)* in (großer) Aufregung; 2. *(Neur)* wütend, in Wallung, „kochend"
abominable widerwärtig, scheußlich, abscheulich *(z. B. Verhalten)*
aborad aborad, vom Mund entfernt, vom Mund wegführend
aboral aboral, vom Munde weggerichtet, mundfern; kaudal
aboriginal eingeboren, einheimisch, ureingesessen
aboriginal *s.* aborigine
aborigine Eingeborener *m*, Einheimischer *m*; Ureinwohner *m*
abort *v* 1. abortieren, fehlgebären, eine Fehlgeburt haben, einen Abort haben; einen Abort herbeiführen, abtreiben; 2. nicht zur Entwicklung kommen lassen; unterdrücken; 3. verkümmern
abort *v* **a disease** eine Krankheit im Anfangsstadium unterdrücken
abort *s.* abortion
aborted systole *(Kard)* abortive [abgekürzte] Systole *f*, unvollständige Herzmuskelkontraktion *f*
aborticide 1. Abtötung *f (der Leibesfrucht)*; 2. *s.* abortifacient agent
abortient einen Abort bewirkend, abortbewirkend, abtreibend
abortifacient *s.* abortient
abortifacient (agent) Abortivum *n*, Abortivmittel *n*, Abtroibungsmittel *n*
abortigenic *s.* abortifacient
abortin *(Immun)* Abortin *n*, Bang-Bakterien-Aufschwemmung *f*, Bangin *n*
abortin reaction Abortin(haut)reaktion *f*
abortin test Abortin-(Intrakutan-)Test *m*, Abortinprobe *f*, Hautprobe *f* nach Burnet
abortion 1. Abort *m*, Fehlgeburt *f*, Ausstoßung *f* der Leibesfrucht; 2. Abort *m*, Fehlgeburt *f*, lebensunfähige Leibesfrucht *f*; 3. abortiver Krankheitsverlauf *m*, Verkürzung *f* einer Krankheit, Krankheitsunterdrückung *f*; 4. Schwangerschaftsabbruch *m*, Schwangerschaftsunterbrechung *f*, Abtreibung *f* • **induce abortion** einen Abort einleiten [auslösen] • **perform abortion** einen Abort durchführen, einen Schwangerschaftsabbruch vornehmen
abortion by vacuum extraction Saug(ungs)abort *m*, Aspirationsabort *m*, Abort *m* durch Vakuumabsaugung
abortion clinic Klinik *f* für Schwangerschaftsunterbrechungen
abortion complication Abortkomplikation *f*
abortion forceps Abortzange *f*
abortion on demand Recht *n* auf Schwangerschaftsunterbrechung
abortion pill Abtreibungspille *f*
abortion psychosis Abortpsychose *f*
abortionist 1. Abtreiber *m*; schwangerschaftsunterbrechender Arzt *m*; 2. Abtreibungsanhänger *m*, Abtreibungsbefürworter *m*

abortive 1. abortiv, abtreibend; 2. abortiv, unfertig, unreif; verkümmert, zurückgeblieben *(z. B. ein Organ)*; 3. abgekürzt [leicht] verlaufend; 4. abortiv, zu früh geboren
abortive course abortiver Verlauf *m* [Krankheitsverlauf *m*]
abortive infection abortive Infektion *f*
abortive mitosis Abortivmitose *f*
abortive tooth abortiver Zahn *m*, Abortivzahn *m*
abortus Abort *m*, Fehlgeburt *f*, lebensunfähige Leibesfrucht *f*
abortus bacillus Abortbazillus *m*, Brucella *f* abortus
aboulia *(Neur)* Abulie *f*, (krankhafte) Willenlosigkeit *f*, Willenslähmung *f*, Entschlussunfähigkeit *f*, Aspontaneität *f*
aboulic (krankhaft) willenlos
aboulomania *s.* aboulia
above-elbow amputation Oberarmamputation *f*
above-elbow amputee Oberarmamputierte(r) *m*
above-elbow prosthesis Oberarmprothese *f*
above-elbow stump Oberarmstumpf *m*
above-knee amputation Oberschenkelamputation *f*
above-knee amputee Oberschenkelamputierte(r) *m*
above-knee prosthesis Oberschenkelprothese *f*
above-knee stump Oberschenkelstumpf *m*
above-threshold stimulus überschwelliger Reiz *m*
abrachia Abrachie *f*, Armlosigkeit *f*, (angeborenes) Fehlen *n* der Arme
abrachiatism *s.* abrachia
abrachiocephalia *s.* acephalobrachia
abrachiocephalus *s.* acephalobrachius
abrachius *(Terat)* Abrachius *m*, armlose Missgeburt *f*
abradant *s.* abrasive
abrade *v* 1. ausschaben, auskratzen, kürettieren, eine Abrasion [Ausschabung, Auskratzung, Kürettage] durchführen, ausräumen; 2. abschürfen, aufscheuern *(z. B. die Haut)*; 3. abschaben, abschälen
abraded dentition abgeriebenes Gebiss *n*, abgenutztes [abgekautes] Gebiss *n*
abraded material abgeriebenes Material *n*, Abrieb *m*
abraded tooth abgeriebener [abgenutzter] Zahn *m*, verschlissener Zahn *m*
abrase *v s.* abrade
abrasion 1. Abrasio *f*, Abrasion *f*, Ausschabung *f*, Auskratzung *f*, Kürettage *f*; 2. *s.* dental abrasion; 3. Hautabschürfung *f*, Abschürfung *f*, Aufschürfung *f*, Schürfwunde *f*
abrasion behaviour Abrasionsverhalten *n*, Abriebverhalten *n*
abrasion by grinding Abrasion *f* durch Beschleifen
abrasion defect Abnutzungsdefekt *m*, Abriebdefekt *m*
abrasion depth Abnutzungstiefe *f*, Abriebtiefe *f*
abrasion facing Abnutzungsfacette *f*, Abriebfacette *f*
abrasion material Abrasionsmaterial *n*
abrasion paste Abrasionspaste *f*, Abreibepaste *f*
abrasion pattern Abrasionsmuster *n*, Abnutzungsmuster *n*
abrasion resistance *s.* abrasion strength
abrasion spoon Abrasionslöffel *m*
abrasion strength Abrasionsfestigkeit *f*, Abnutzungsfestigkeit *f*, Abriebfestigkeit *f*
abrasive 1. abreibend; abschürfend, abschabend; 2. abweisend, schroff *(z. B. eine Person)*
abrasive (agent) Reibemittel *n*; Schleifmittel *n*, Poliermittel *n (z. B. zur Zahnbehandlung)*
abrasive head Schleifkopf *m*
abrasive paste Schleifpaste *f*
abrasive stone Schleifstein *m*
abrasive strip Schleifstreifen *m*
abrasor Kürette *f*, Abrasor *m*, Abreiber *m*
abreact *v* abreagieren
abreaction *(Neur)* Abreaktion *f*, Abreagieren *n (Enthemmung eines Affekts)*
abreaction therapy *(Neur)* Einsichtsbehandlung *f*
Abrikosoff's tumour Abrikosoff-Tumor *m*, Myoblastenmyom *n* der Unterlippe *(granuläres Neurom)*
abrosia Fasten *n*, Nahrungskarenz *f*, Hungern *n*
abrupt 1. abrupt, plötzlich, jäh; 2. schroff, kurz angebunden *(Person)*
abrupt arm movement abrupte Armbewegung *f*, Armzucken *n*
abrupt transition abrupter Übergang *m*
abruption 1. Abruptio *f*, Abreißen *n*, Abriss *m*; 2. Abbrechen *n*, Abbruch *m*
abruption of a thrombus Thrombus(ab)lösung *f*
abruption of placenta *(Gyn)* (vorzeitige) Plazentalösung *f*, Abruptio *f* placentae
abruptness 1. Plötzlichkeit *f*, Abruptheit *f*; 2. Schroffheit *f*, Kurzangebundensein *n*
abs feb. absente febre, ohne Fieber
abscess Abszess *m*, Eiteransammlung *f*, eitrige Einschmelzung *f*, Apostasis *f*, Apostema *n* • **open an abscess** einen Abszess eröffnen [spalten]
abscess cavity Abszesshöhle *f*
abscess formation Abszessbildung *f*, Abszedierung *f*
abscess-forming abszedierend, einen Abszess bildend
abscess-forming laryngitis abszedierende Laryngitis *f*, abszessbildende Kehlkopfentzündung *f*
abscess-forming pneumonia abszedierende Pneumonie *f*, abszessbildende Lungenentzündung *f*
abscess knife Abszessmesser *n*
abscess lancet Abszesslanzette *f*
abscess of liver Leberabszess *m*
abscess of nasal septum Septumabszess *m*, Nasenseptumabszess *m*
abscess punctate Abszesspunktat *n*
abscess syringe Abszessspritze *f*
abscessing pancreatitis abszedierende Pankreatitis *f*
abscessus *s.* abscess
abscissa *(Statist)* Abszisse *f*, X-Achse *f*
abscission Exzision *f*, Abschneidung *f*, Abtrennung *f*, Amputation *f*
absence *(Neur)* Absentia *f*, Absence *f*, (geistige) Abwesenheit *f*, kurze Bewusstlosigkeit *f*
absence attack Absentia *f* epileptica, (epileptische) Absence *f*, abortiver Epilepsieanfall *m*, Petit mal *n*
absence of abdominal reflexes Fehlen *n* der Bauchdeckenreflexe; fehlende Abdominal(muskel)reflexe *mpl*
absence of appetite Appetitlosigkeit *f*, Fehlen *n* des Appetits; fehlender Appetit *m*
absence of consent of the patient fehlendes Patienteneinverständnis *n (z. B. zu einer Operation)*
absence of emotional bond Bindungslosigkeit *f*
absence of heart sounds Fehlen *n* der Herztöne; fehlende Herztöne *mpl*
absence of menorrhoea *s.* amenorrhoea
absence of mind Geistesabwesenheit *f*, Zerstreutheit *f*, Gedankenlosigkeit *f*, Absence *f*
absence of olfaction *s.* anosmia
absence of pupil Pupillenlosigkeit *f*, Akorie *f*
absence of sensation Empfindungslosigkeit *f*, Unempfindlichkeit *f*
absence of the lens Linsenlosigkeit *f*, Aphakie *f*
absence of the pulse Pulslosigkeit *f*, Pulsus *m* deletus
absence of voltage Spannungsfreiheit *f*
absence of will *s.* aboulia
absence seizure *s.* absence attack
absence status Petit-mal-Status *m*
absence syndrome Abstinenzerscheinungen *fpl*, Abstinenzsymptome *npl*
absent-minded geistesabwesend, zerstreut

absent-mindedness *(Neur)* Geistesabwesenheit *f*, Zerstreutheit *f*
absinthi(i)n Absinthin *n (Bitterstoff des Wermuts)*
absinthism Absinthvergiftung *f*, Absinthintoxikation *f*
absolute accommodation *(Ophth)* Absolutakkommodation *f*
absolute agraphia *(Neur)* absolute [ataktische] Agraphie *f*, völlige Schreibunfähigkeit *f*, Agraphia *f* atactica
absolute alcohol absoluter [wasserfreier] Alkohol *m*
absolute arrhythmia *(Kard)* absolute Arrhythmie *f*, vollständige Herzrhythmusstörung *f*, Pulsus *m* irregularis perpetuus
absolute cell increase absolute Zellzunahme *f*
absolute cephalopelvic disproportion absolutes kephalopelvines Missverhältnis *n*
absolute error absoluter Fehler *m*
absolute ethanol absoluter Alkohol *m*
absolute growth absolutes Wachstum *n*; absoluter Wuchs *m (z. B. von Organen)*
absolute glaucoma *(Ophth)* totales Glaukom *n*
absolute heart size absolute Herzgröße *f*; absolute Herzdämpfung *f (bei Perkussion)*
absolute humidity absolute Feuchtigkeit *f*
absolute maximum of temperature absolutes Temperaturmaximum *n*
absolute minimum of nutrition absolutes Ernährungsminimum *n*
absolute pitch absolutes Gehör *n*
absolute refractory period absolute Refraktärperiode *f* [Refraktärzeit *f*]
absolute scotoma Totalskotom *n*
absolute temperature absolute Temperatur *f (in Grad Kelvin gemessen; beginnt bei –273,16 Grad Celsius)*
absolute threshold *(Physiol)* Minimal(reiz)schwelle *f*
absolute toxicity absolute Toxizität *f*
absolute unconscious *(Psych)* absolutes Unbewusstes *n*
absolute vacuum absolutes Vakuum *n*
absolute value absoluter Wert *m*, Absolutwert *m*
absolute zero point absoluter Nullpunkt *m*
absorb *v* absorbieren, aufnehmen, aufsaugen, einsaugen, resorbieren
absorbability Absorbierbarkeit *f*
absorbable absorbierbar, aufsaugbar, resorbierbar
absorbable gauze resorbierbare Gaze *f*, Gelatineschwamm *m*
absorbable ligature absorbierbare Ligatur *f*, Katgutunterbindung *f*
absorbable surgical suture absorbierbare Naht *f*
absorbance *(Bioch)* Absorption *f*, Extinktion *f (negativer Logarithmus der Lichtübertragung bei Spektrophotometrie)*
absorbate Absorbat *n*, absorbierter [aufgenommener] Stoff *m*
absorbed dose *(Rad)* absorbierte [aufgenommene] Dosis *f*; Energiedosis *f*
absorbed dose rate Energiedosisleistung *f*
absorbed in thought gedankenversunken, gedankenverloren
absorbefacient *s.* absorbent
absorbency Absorptionsfähigkeit *f*, Absorptionsvermögen *n*
absorbent absorbierend, aufnehmend, aufsaugend, einsaugend
absorbent 1. *s.* absorbent agent; 2. *(Anat)* Absorbens *n*, Sauggefäß *n (z. B. ein Lymphgefäß)*
absorbent agent Absorbens *n*, Absorptionsmittel *n*, aufsaugender [absorbierender] Stoff *m*, Absorbentium *n*
absorbent cotton Verbandwatte *f*; absorbierende [aufsaugende] Watte *f*
absorbent dressing absorbierender Verband *m*
absorbent gauze Verbandmull *m*
absorbent layer absorbierende Schicht *f*, Absorberschicht *f*
absorbent material absorbierendes Material *n*; Absorbermaterial *n*
absorbent paper absorbierendes Papier *n*; Absorptionspapier *n*, Saugpapier *n*
absorber Absorber *m*; Absorptionsgerät *n*; Absorptionsapparat *m*
absorber head *(Anästh)* Absorberkopf *m*
absorbifacient absorptionsfördernd
absorbifacient (agent) absorptionsförderndes Mittel *n*
absorbing agent *s.* absorbent agent
absorbing capacity Absorptionsvermögen *n*, Absorptionsfähigkeit *f*
absorbing column Absorptionskolonne *f*, Absorptionssäule *f*
absorbing power *s.* absorbing capacity
absorbing tissue Absorptionsgewebe *n*
absorptiometer *(Lab)* Absorptiometer *n*
absorptiometry *(Lab)* Absorptiometrie *f*, Absorptionsmessung *f*
absorption Absorption *f*, Aufnahme *f*, Aufsaugung *f*, Aufsaugen *n*, Einsaugen *n*
absorption atelectasis Absorptionsatelektase *f*, Obstruktionsatelektase *f*, Obturationsatelektase *f*, Resorptionsatelektase *f*, Verstopfungsatelektase *f*
absorption band Absorptionsbande *f*
absorption bottle Absorptionswaschflasche *f*
absorption cell Absorptionsküvette *f*
absorption coefficient *(Rad)* Absorptionskoeffizient *m*
absorption curve Absorptionskurve *f*
absorption dose Absorptionsdosis *f*
absorption factor Resorptionsfaktor *m*; Absorptionsfaktor *m*
absorption fever Resorptionsfieber *n*
absorption filter Absorptionsfilter *m*
absorption flame photometer Absorptionsflammenphotometer *n*
absorption flame photometry Absorptionsflammenphotometrie *f*
absorption flask Absorptionswaschflasche *f*
absorption lens Absorptionslinse *f*
absorption line Resorptionslinie *f*, Absorptionslinie *f*
absorption liquid Absorptionsflüssigkeit *f*, Absorptionslösung *f*
absorption maximum Absorptionsmaximum *n*
absorption measurement Absorptionsmessung *f*
absorption of scattered radiation *(Rad)* Streustrahlenabsorption *f*
absorption of X-rays *(Rad)* Röntgenstrahlenabsorption *f*
absorption photometry Absorptionsphotometrie *f*
absorption rate Absorptionsgeschwindigkeit *f*
absorption rate constant *(Pharm, Physiol)* Absorptionskonstante *f*, Resorptionskonstante *f (absorbierte Menge pro Zeiteinheit)*
absorption spectroanalysis Absorptionsspektroanalyse *n*
absorption spectrometer Absorptionsspektrometer *n*
absorption spectroscopy Absorptionsspektroskopie *f*
absorption test Absorptionstest *m*; Resorptionstest *m*
absorption tower stack Absorptionskolonne *f*, Absorptionssäule *f*
absorption velocity Absorptionsgeschwindigkeit *f*
absorptive absorptiv, absorbierend, aufnahmefähig; Absorptions…, Saug…, Aufsaug…
absorptive capacity Absorptionsfähigkeit *f*; Resorptionsvermögen *n*; Absorptionsvermögen *n*

absorptive power Absorptionsfähigkeit *f*, Resorptionsvermögen *n*
absorptive surface Absorptionsoberfläche *f*
absorptivity Absorptionskonstante *f*, Absorptionskoeffizient *m*; Extinktionskoeffizient *m*
abstain *v* sich enthalten, enthaltsam leben
abstergent 1. reinigend; 2. abführend
abstergent (agent) 1. Reinigungsmittel *n*; 2. Abführmittel *n*
abstersive *s.* abstergent
abstinence Abstinenz *f*, Enthaltung *f*, Enthaltsamkeit *f*
abstinence delirium Abstinenzdelir(ium) *n*, Entzugsdelirium *n*
abstinence from alcohol Alkoholabstinenz *f*
abstinence phenomenon Abstinenzerscheinung *f*, Entzugssymptom *n*
abstinence symptom *s.* abstinence phenomenon
abstinence syndrome Abstinenzsyndrom *n*; Entziehungserscheinungen *fpl*
abstinent abstinent, enthaltsam, sich enthaltend
abstinent Abstinenzler *m*, Alkoholgegner *m*
abstract thinking *(Neur)* abstraktes Denken *n*
abstracted geistesabwesend, zerstreut
abstraction 1. Abstraktion *f*; 2. *(Neur)* Geistesabwesenheit *f*, Zerstreutheit *f*
abuleia *s.* aboulia
abulia *s.* aboulia
abulic *s.* aboulic
abulomania *s.* aboulia
abundant bleeding Fluxus *m* sanguinis
abundant nasal discharge reichliches Nasensekret *n*
abuse *v* 1. Missbrauch betreiben, missbrauchen, falsch gebrauchen *(z. B. Medikamente)*; 2. (sexuell) missbrauchen, sich vergehen (an); misshandeln
abuse *v* **alcoholic drinks** Alkoholmissbrauch betreiben
abuse 1. Missbrauch *m*, Abusus *m*; 2. Vergewaltigung *f*, (sexueller) Missbrauch *m*; Misshandlung *f*
abuse of the elderly Misshandlung *f* der älteren Generation *(physisch oder psychisch)*
abused person misshandelte Person *f*, missbrauchte Person *f*
abut *v* anstoßen, stoßen; angrenzen
abutment Widerlager *n*; Stütze *f*, Stützpfeiler *m*
abutment band Pfeilerband *n*
abutment crown Pfeilerkrone *f*
abutment preparation Pfeilerpräparation *f*, Widerlagervorbereitung *f*
abutment screw Pfeilerschraube *f*, Widerlagerschraube *f*
abutment teeth Stützzähne *mpl*; Widerlagerzähne *mpl*
AC *s.* air conduction
a.c. *s.* ante cibum
AC generator Wechselstromgenerator *m*
Ac globulin *s.* accelerator globulin
ACA 1. *s.* anticentromere antibody; 2. American College of Apothecaries; 3. American College of Angiology
acalcinosis Akalzinose *f*, Calciummangel(zustand) *m*, Kalkmangel *m*
acalculia *(Neur)* Akalkulie *f*, Rechenstörung *f (bei aphasischem Symptomenkomplex)*
acampsia 1. Rigidität *f*, Steifheit *f*; 2. Versteifung *f*, Ankylose *f*
acantha *(Anat)* Dornfortsatz *m*
acanthaceous dornig, Dornen tragend; stachelig, Stacheln tragend
acanthaesthesia *(Neur)* Akanthästhesie *f*, Nadel(stich)-gefühl *n*
acanthamoebiasis Akanthoamoebiasis *f*, Akanthamoeba-Meningoenzephalitis *f*
acanthoameloblastoma Akanthoameloblastom *n*
acanthocephaliasis *(Paras)* Acanthocephaliasis *f*, Darminfektion *f* mit Acanthocephala
acanthocheilonemiasis *(Paras)* Akanthocheilonemiasis *f*
acanthocyte *(Derm, Hämat)* Akanthozyt *m*, Stachelzelle *f*
acanthocytosis Akanthozytose *f*, Stachelzellenvermehrung *f* im Blut
acanthoid stachelig, stachelförmig
acanthokeratodermia Akanthokeratodermie *f*, Akanthokeratose *f*, Hornhautverdickung *f* der Hände und Füße
acanthokeratoma *(Derm)* Akanthokeratom *n*, Keratoakanthom *n*, Molluscum *n* sebaceum [pseudocarcinomatosum]; Hyperkeratosis *f* senilis
acantholysis Akantholyse *f*, Stachelzellschichtauflösung *f* der Haut
acantholytic akantholytisch
acanthoma Akanthom(a) *n*, Stachelzellentumor *m*, Stachelzellengeschwulst *f*
acanthoma fissuration *(Derm)* Fissurenbildung *f* an Akanthomen
acanthopelvis *(Anat)* Akanthopelvis *f*, Pelvis *f* spinosa, Stachelbecken *n*
acanthorrhexis Akanthorrhexis *f*, Stachelzellschichtzerreißung *f* der Haut
acanthosis Akanthose *f*, Stachelzellschichtverbreiterung *f* der Haut, Stachelzellschichthypertrophie *f*
acanthotic akanthotisch; Akanthose...
acanthrocytosis *s.* acanthocytosis
acapnia Akapnie *f*, Kohlensäuremangel *m* im Blut
acapnial Akapnie..., Kohlensäuremangel...
acapsular akapsulär, kapsellos, ohne Kapsel
acarbia Akarbie *f*, Natriumhydrogencarbonatmangel *m* [Natriumbikarbonatmangel *m*] im Blut
acardia *(Terat)* Akardie *f*, Fehlen *n* des Herzens
acardiac akardial, ohne Herz, herzlos
acardiac *s.* acardiacus
acardiacus *(Terat)* Acardi(ac)us *m*, Akardier *m*, Missgeburt *f* ohne Herz
acardiohaemia Akardiohämie *f*, Blutmangel *m* im Herzen
acardiotrophia Akardiotrophie *f*, Herzatrophie *f*
acardius *s.* acardiacus
acarian 1. Milbe *f*; 2. Milben...
acariasis Akariasis *f*, Akarinose *f*, Acaridosis *f*, Milbenbefall *m*, Milbeninfestation *f*
acaricide akarizid, milbentötend
acaricide (agent) Akarizid *n*, Milben(bekämpfungs)mittel *n*
acarid *s.* Acarus scabiei
acaridan Milben...
acaridian Milben...
acaridiasis *s.* acariasis
acarinosis *s.* acariasis
acariosis *s.* acariasis
acarodermatitis Akarodermatitis *f*, durch Milben verursachte Hautentzündung *f*, Milbendermatitis *f*
acaroid milbenartig, milbenähnlich
acarologist Milbenspezialist *m*
acarology Milbenlehre *f*
acarophobia 1. Akarophobie *f (Angst vor Milbenbefall)*; 2. Dermatozoenwahn *m*
acarotoxic akarotoxisch, milbentötend, milbenzerstörend
Acarus scabiei Acarus *m* scabiei, Sarkoptesmilbe *f*, Krätzemilbe *f*, Sarcoptes *f* scabiei
acaryote akaryot, (zell)kernlos, ohne Zellkern
acatalasaemia Akatalasämie *f*, Katalasemangel *m* im Blut, Takahara-Krankheit *f*
acatalasia Akatalasie *f*, (angeborener) Katalasemangel *m*, Anenzymia *f* catalasea
acatalepsia 1. Akatalepsie *f*, Unsicherheit *f* der Diagnose; 2. *(Neur)* Akatalepsie *f*, Geistesschwäche *f*

acataleptic akataleptisch
acatamathesia Akathamathesie *f*, sensorische Aphasie *f* *(Unfähigkeit des Sprachverstehens)*
acataphasia *(Neur)* Akataphasie *f*, syntaktische Aphasie *f* *(Unfähigkeit zur Satzkonstruktion)*
acatharsia 1. Akatharsie *f*, Akatharsis *f*, fehlende Darmabführung *f* [Darmentleerung *f*]; 2. fehlende Entschlackung *f*; 3. fehlende Seelenreinigung *f* [psychische Reinigung *f*]
acathectic inkontinent
acathexia Akathexie *f*, Inkontinenz *f (Zusammensetzungen siehe unter: incontinence)*
acathisia *(Neur)* Akathisie *f*, Sitzangst *f*
acaudal akaudal, schwanzlos
acaudate *s.* acaudal
acaulinosis *s.* scopulariopsosis
ACC *American College of Cardiology*
Acc. *s.* accommodation
accelerans *s.* accelerator nerve
accelerant akzelerierend, beschleunigend; Akzelerator..., Beschleuniger...
accelerate *v* akzelerieren, beschleunigen
accelerated agent drop Akzeleratortropfen *m*, Beschleunigertropfen *m*
accelerated dentition beschleunigte Zahnung *f*, akzelerierte Dentition *f*
accelerated development Entwicklungsbeschleunigung *f*
accelerated heartbeating *s.* tachycardia
accelerated hypertension maligner Hypertonus *m*
accelerated idiojunctional rhythm akzelerierter Knoteneigenrhythmus *m (zwischen 60 und 99 Schlägen pro Minute)*
accelerated idioventricular rhythm akzelerierter ventrikulärer Eigenrhythmus *m*
accelerated junctional rhythm akzelerierter Knotenrhythmus *m*
accelerated respiration Atmungsbeschleunigung *f*, beschleunigte Atmung *f*
accelerating beschleunigend; Beschleunigungs...
acceleration 1. Akzeleration *f*, Beschleunigung *f (z. B. Puls)*; 2. Akzeleration *f*, Entwicklungsbeschleunigung *f*, Wachstumsbeschleunigung *f*, Entwicklungsverfrühung *f*
acceleration ballistocardiogram Beschleunigungsballistokardiogramm *n*
acceleration ballistocardiography Beschleunigungsballistokardiographie *f*
acceleration-deceleration injury Akzeleration-Dezelerations-Trauma *n*, Beschleunigungstrauma *n*
acceleration of blood flow Blutströmungsbeschleunigung *f*, Beschleunigung *f* des Blutstroms
acceleration of cardiac rate Herzfrequenzanstieg *m*, Herzfrequenzbeschleunigung *f*
acceleration of growth Wachstumsbeschleunigung *f*
acceleration of rhythm Rhythmusbeschleunigung *f*
acceleration phase Akzelerationsphase *f*, Beschleunigungsphase *f*
acceleration sensor Beschleunigungssensor *m*
acceleration value Beschleunigungswert *m*
accelerator 1. *(Physiol)* Akzelerator *m*, Beschleuniger *m (z. B. ein Muskel)*; 2. Sympathikus(nerv) *m*, Nervus *m* sympathicus
accelerator globulin Akzeleratorglobulin *n*, AcG, Gerinnungsfaktor *m* VI, Faktor *m* VI, Akzelerin *n*, Serumakzelerator *m*
accelerator nerve Akzeleratornerv *m*, Nervus *m* accelerans *(beschleunigender Herznerv)*
accelerator tube Beschleunigungsröhre *f*
accelerator urinae (muscle) Musculus *m* bulbospongiosus
accelerin *s.* accelerator globulin
accelerocardiography Akzelerokardiographie *f*
accelerometer *(Neur)* Akzelerometer *n*
accelerometric akzelerometrisch; Akzelerometrie...
accelerometry *(Neur)* Akzelerometrie *f (Messung der Beschleunigung von Körperbewegungen)*
accentuation of contrast Kontrastverstärkung *f*, Kontrastverbesserung *f*
accentuation of edge contrast Konturenverstärkung *f*, Konturen(ver)schärfung *f*
acceptable daily intake akzeptable tägliche Aufnahme *f* [Stoffaufnahme *f*], zulässige Tagesdosis *f*
acceptance of life *(Psych)* Lebensbejahung *f*
acceptance of separation *(Psych)* Trennungsakzeptanz *f*, normaler Trennungsschmerz *m*
acceptor *(Bioch)* Akzeptor *m*
acceptor RNA Akzeptor-RNS *f*, Akzeptor-Ribonucleinsäure *f*
acceptor site A-site *m (des Ribosoms für aktivierte Aminosäuren)*
access 1. Krankheitsbeginn *m*; Anfall *m*; 2. Rezidiv *n*, Anfallrezidiv *n*; Krampf(anfall)rezidiv *n*; 3. Zugang *m*; Zutritt *m*
access cavity *(Stom)* Zugangskavität *f*, endodontische Kavität *f*
access of coughing Hustenanfall *m*
accessional dentition zusätzliche Dentition *f*, Zusatzbezahnung *f*
accessories for porcelain work Keramikzubehör *n*
accessory akzessorisch, hinzukommend, hinzutretend, zusätzlich; begleitend; Begleit...; Ersatz...; Neben...
accessory bladder akzessorische Blase *f*, Nebenblase *f*
accessory box Zubehörkasten *m*
accessory breast tissue akzessorische Brustdrüse *f*
accessory canal zusätzlicher Kanal *m*, Nebenkanal *m*
accessory chromosome akzessorisches Chromosom *n*
accessory cephalic vein Vena *f* cephalica accessoria
accessory cuneate nucleus Nucleus *m* cuneatus accessorius *(Hirnstamm)*
accessory device Zusatzgerät *n*
accessory gland Zusatzdrüse *f*, Glandula *f* accessoria, akzessorische Drüse *f*
accessory goitre akzessorische Struma *f*, Nebenkropf *m*, Struma *f* accessoria
accessory hemiazygous vein zusätzliche Brustkorblängsvene *f*, Vena *f* hemiazygos accessoria, Vena *f* thoracica longitudinalis sinistra accessoria
accessory hepatic artery zusätzliche Leberarterie *f*, Arteria *f* hepatica accessoria
accessory kidney akzessorische Niere *f*
accessory lacrimal gland Krause'sche Drüse *f*, Glandula *f* lacrimalis accessoria, Ganglion *n* conjunctivalis [mucosae Krausei]
accessory lobe of the lacrimal gland Nebentränendrüse *f*, Lobus *m* accessorius glandulae lacrimalis
accessory lung akzessorische Lunge *f*, Nebenlunge *f*
accessory material Zusatzmaterial *n*, Nebenwerkstoff *m*
accessory movement Mitbewegung *f*, Zusatzbewegung *f*, Synkinesie *f*
accessory muscle Zusatzmuskel *m*, Begleitmuskel *m*, Musculus *m* accessorius
accessory muscles of respiration akzessorische Atemmuskeln *mpl*, Atemhilfsmuskeln *fpl*
accessory nasal cartilage Cartilago *f* nasalis accessoria
accessory nasal sinus Nasennebenhöhle *f*
accessory nerve Akzessorius *m*, Begleitnerv *m*, Nervus *m* accessorius
accessory nerve paralysis Akzessoriuslähmung *f*
accessory organs of the eye Augenanhangsgebilde *npl*, Augenadnexe *f*, Adnexa *f* oculi

accessory ossification centre akzessorisches Ossifikationszentrum *n*
accessory pancreas akzessorisches Pankreas *n*, Nebenbauchspeicheldrüse *f*, Pancreas *n* accessorium
accessory pancreatic duct Nebenausführungsgang *m* der Bauchspeicheldrüse, Ductus *m* pancreaticus accessorius (Santorinii)
accessory parotid gland Nebenohrspeicheldrüse *f*, Glandula *f* parotis accessoria
accessory pathway akzessorische Bahn *f* [Leitungsbahn *f*]
accessory peroneal muscle Musculus *m* peronaeus accessorius
accessory phrenic nerves Nervi *mpl* phrenici accessorii
accessory placenta Nebenplazenta *f*, Placenta *f* succenturiata
accessory polar vessel akzessorisches Polgefäß *n*
accessory root canal akzessorischer Wurzelkanal *m*
accessory saphenous vein Vena *f* saphena accessoria
accessory sign *s.* accessory symptom
accessory spleen Nebenmilz *f*, Lien *m* [Splen *m*] accessorius, Lien *m* succenturiatus
accessory stomach Nebenmagen *m*
accessory symptom Begleitsymptom *n*, Zusatzsymptom *n*, akzessorisches Symptom *n*
accessory thyroid gland Nebenschilddrüse *f*, Glandula *f* thyreoidea accessoria
accessory tooth akzessorischer Zahn *m*
accessory vertebral vein Vena *f* vertebralis accessoria
accident Unfall *m*, Unfallereignis *n* • **be at the scene of an accident** am Unfallort (anwesend) sein • **be in an accident** in einen Unfall verwickelt sein, einen Unfall haben, verunglücken • **be killed in an accident** tödlich verunglücken, bei einem Unfall ums Leben kommen
accident annuity Unfallrente *f*
accident benefit Unfallentschädigung *f*
accident case Unfallpatient *m*, verunfallter Patient *m*
accident hospital Unfallklinik *f*
accident insurance Unfallversicherung *f*
accident neurosis Unfallneurose *f*
accident prevention Unfallverhütung *f*
accident-prone unfallanfällig, unfallgefährdet
accident proneness Unfallanfälligkeit *f*
accident risk Unfallrisiko *n*
accident victim Unfallopfer *n*
accident ward Unfallstation *f*, Unfallabteilung *f*, traumatologische Abteilung *f*
accidental 1. akzident(i)ell, unbeabsichtigt, zufällig eintretend [hinzukommend], nicht zum Krankheitsbild gehörend, bedeutungslos; 2. Unfall...
accidental abortion akzidenteller Abort *m*, Abort *m* durch Unfall
accidental death Unfalltod *m*, Tod *m* durch Unfall
accidental error akzidenteller [zufälliger] Fehler *m*
accidental exposure zufällige Belichtung *f (z. B. von Röntgenfilmen)*
accidental exposure to X-rays zufällige Röntgenbestrahlung *f*
accidental host Fehlwirt *m*, akzidenteller Wirt *m*
accidental intraarterial injection zufällige intraarterielle Injektion *f*, intraarterielle Fehlinjektion *f*
accidental murmur akzidentelles Geräusch *n* [Herzgeräusch *n*]
accidental parasite akzidenteller Parasit *m*, Begleitschmarotzer *m*
accidental symptom Zufallssymptom *n*
acclimatation *s.* acclimatization
acclimate *v s.* acclimatize
acclimatization Akklimatisation *f*, Umweltanpassung *f*, Gewöhnung *f* an neue Umweltbedingungen; Klimaanpassung *f*
acclimatization to altitude Höhenanpassung *f*
acclimatization to heat Hitzeanpassung *f*, Wärmeanpassung *f*
acclimatize *v* sich akklimatisieren, sich anpassen, sich gewöhnen; akklimatisieren, anpassen, gewöhnen
acclimatized akklimatisiert, angepasst
accommodate *v* akkommodieren
accommodation *(Ophth)* Akkommodation *f*, Anpassung *f*, Angleichung *f (siehe auch unter: accommodative)*
accommodation amplitude Akkommodationsamplitude *f*, Akkommodationsbreite *f*
accommodation convergence Akkommodationskonvergenz *f*
accommodation disturbance Akkommodationsstörung *f*
accommodation impairment Akkommodationsstörung *f*
accommodation muscle Akkommodationsmuskel *m*
accommodation of nerve Nervenakkommodation *f*
accommodation of the eye Augenakkommodaton *f*
accommodation pathway Akkommodationsbahn *f*
accommodation phosphene Akkommodationsphosphen *n*
accommodation reflex Akkommodationsreflex *m*
accommodation threshold Akkommodationsschwelle *f*
accommodation threshold value Akkommodationsschwellenwert *m*
accommodative *(Ophth)* akkommodativ, sich anpassend, sich angleichend *(siehe auch unter: accommodation)*
accommodative asthenopia Akkommodationsschwäche *f*, akkommodative Asthenopie *f*
accommodative astigmatism Akkommodationsastigmatismus *m*
accommodative capacity Akkommodationskapazität *f*
accommodative excess Akkommodationsüberschuss *m*
accommodative failure Akkommodationsmangel *m*
accommodative fatigue Akkommodationsermüdung *f*
accommodative insufficiency Akkommodationsschwäche *f*
accommodative paralysis Akkommodationsparalyse *f*, Akkommodationsparese *f*, Akkommodationslähmung *f*
accommodative power *s.* accommodation amplitude
accommodative spasm Akkommodationsspasmus *m*, Akkommodationskrampf *m*
accommodative squint Akkommodationsschielen *n*, Strabismus *m* accommodativus
accommodative strabismus *s.* accommodative squint
accommodometer *(Ophth)* Akkommodometer *n*, Akkommodationsmesser *m*
accommodometry Akkommodometrie *f*, Akkommodationsmessung *f*, Akkommodationsbestimmung *f*
accompanying begleitend; Begleit...
accompanying cholecystitis Begleitcholezystitis *f*
accompanying disease Begleiterkrankung *f*
accompanying doctor begleitender Arzt *m*, Begleitarzt *m*
accompanying effect Begleiterscheinung *f*
accompanying sciatic nerve artery Begleitarterie *f* des Nervus ischiadicus, Arteria *f* comitans nervi ischiadici
accompanying shadow Begleitschatten *m*
accordion abdomen Faltenbauch *m*
accordion effect Harmonikaphänomen *n*
accouchement Accouchement *n*, Entbindung *f*, Geburt *f*, Niederkunft *f (Zusammensetzungen siehe unter: birth)*
accoucheur Geburtshelfer *m*
accoucheur's hand Geburtshelferhand *f*, Geburtshelferstellung *f* der Hand
accoucheuse Geburtshelferin *f*, Hebamme *f*

accretion Ablagerung *f*, Belag *m*; Zahnbelag *m*
accretion prevention Ablagerungsprophylaxe *f*, Belagprophylaxe *f*
accrochage *(Kard)* isorhythmische atrioventrikuläre Dissoziation *f*
accumulated dose akkumulierte Dosis *f*
accumulated dose equivalent akkumulierte Äquivalentdosis *f*, zulässige Dosis *f*
accumulation Akkumulation *f*, Ansammlung *f*, Anhäufung *f*
accumulation disease *(Metab)* Speicherkrankheit *f*
accumulation of contrast medium Kontrastmittelansammlung *f*, Kontrastmittelanreicherung *f*
accumulation quotient Anreicherungsquotient *m*
accumulative dosimetry Akkumulationsdosimetrie *f*, Speicherdosimetrie *f*
accuracy Sorgfalt *f*, Genauigkeit *f*, Exaktheit *f*, Richtigkeit *f*
accuracy of fit Passgenauigkeit *f*, Sitzgenauigkeit *f*, exakter Sitz *m*
accuracy of measurement Messgenauigkeit *f*
accuracy of reading Ablesegenauigkeit *f*
accurate adjustment Feineinstellung *f*
accurate empathy akkurate Empathie *f (zum Verständnis fremdseelischerVorgänge)*
accustoming *(Neur)* Gewöhnung *f*
ACD solution *s.* anticoagulant acid citrate dextrose solution
ACD stabilizer ACD-Stabilisator *m*
ACE *s.* angiotensin converting enzyme
ACE inhibitor *(Pharm)* ACE-Inhibitor *m*, ACE-Hemmer *m*
acellular azellulär, ohne Zellen, zellenlos
acellular cement azellulärer Zement *m*, Primärzement *m*
acentric position exzentrische Stellung *f*, exzentrische Lage *f (z. B. eines Zahnes)*
ACEP *American College of Emergency Physicians*
acephalia *(Terat)* Azephalie *f*, (angeborenes) Fehlen *n* des Kopfes
acephalic azephal, ohne Kopf, kopflos
acephalism *s.* acephalia
acephalobrachia *(Terat)* Azephalobrachie *f*, (angeborenes) Fehlen *n* von Kopf und Armen
acephalobrachius *(Terat)* Azephalobrachius *m*, Missgeburt *f* ohne Kopf und Arme
acephalocardia *(Terat)* Azephalokardie *f*, (angeborenes) Fehlen *n* von Kopf und Herz
acephalocardius *(Terat)* Azephalokardius *m*, Missgeburt *f* ohne Kopf und Herz
acephaloch(e)iria *(Terat)* Azephaloch(e)irie *f*, (angeborenes) Fehlen *n* von Kopf und Händen
acephaloch(e)irus *(Terat)* Azephaloch(e)irus *m*, Missgeburt *f* ohne Kopf und Hände
acephalocyst *(Paras)* Azephalozyste *f*, Hydatide *f*, Echinokokkusblase *f*
acephalogaster *(Terat)* Azephalogaster *m*, Missgeburt *f* ohne Kopf, Brustkorb und Bauch
acephalogastria *(Terat)* Azephalogastrie *f*, (angeborenes) Fehlen *n* von Kopf, Brustkorb und Bauch
acephalopodia *(Terat)* Azephalopodie *f*, (angeborenes) Fehlen *n* von Kopf und Füßen
acephalopodius *(Terat)* Azephalopodius *m*, Missgeburt *f* ohne Kopf und Füße
acephalorrhachia *(Terat)* Azephalorrhachie *f*, (angeborenes) Fehlen *n* von Kopf und Wirbelsäule
acephalorrhachus *(Terat)* Azephalorrhachus *m*, Missgeburt *f* ohne Kopf und Wirbelsäule
acephalothoracia *(Terat)* Azephalothorakie *f*, (angeborenes) Fehlen *n* von Kopf und Brustkorb
acephalothorax *(Terat)* Azephalothorax *m*, Missgeburt *f* ohne Kopf und Brustkorb
acephalous azephal, ohne Kopf, kopflos
acephalus *(Terat)* Azephalus *m*, Missbildung *f* ohne Kopf
acepromazine maleate *(Pharm)* Acepromazinmaleat *n (Sedativum)*
acervulin aggregiert, zusammengeballt; verklumpt *(z. B. Drüsen)*
acervuloma *s.* psammoma
acervulus Acervulus *m* (cerebri), Hirnsand *m*
acescent sauer, säuerlich, azid
acetabular azetabular, acetabular; Azetabulum..., Hüft(gelenk)pfannen...
acetabular artery Arteria *f* acetabuli
acetabular bone Os *n* acetabuli
acetabular branch of the medial femoral circumflex artery Arteria *f* acetabuli, Ramus *m* acetabularis arteriae obturatoriae
acetabular fossa Fossa *f* acetabuli, Hüft(gelenk)pfannengrube *f*, Hüftgelenkpfanne *f*
acetabular fracture Hüft(gelenk)pfannenbruch *m*
acetabular index Pfannenöffnungswinkel *m*
acetabular labrum Labrum *n* acetabulare [articulare articulationis coxae], Gelenklippe *f* am Hüftgelenk
acetabular necrosis Hüftgelenkpfannennekrose *f*, Hüftpfannennekrose *f*
acetabular notch Incisura *f* acetabuli
acetabular roof Hüftgelenkpfannendach *n*, Pfannendach *n*
acetabulectomy *(Chir)* Azetabulektomie *f*, operative Azetabulumentfernung *f*, Hüft(gelenk)pfannenexstirpation *f*
acetabuloplasty *(Chir)* Azetabuloplastik *f*, Azetabulumrekonstruktion *f*, Hüftpfannenplastik *f*, Hüft(gelenk)pfannenwiederherstellung *f*
acetabulum *(Anat)* Azetabulum *n*, Acetabulum *n*, Hüftgelenkpfanne *f*
acetabulum cup Hüftgelenkpfannenprothese *f*
acetabulum fracture Azetabulumfraktur *f*, Hüftgelenkpfannen(knochen)bruch *m*
acetabulum reamer Azetabulumfräser *m*, Pfannenfräser *m*
acetaldehyde Acetaldehyd *m*, Azetaldehyd *m*, Essigsäurealdehyd *m*, Ethanal *n*
acetaldehyde dehydrogenase Acetaldehyddehydrogenase *f (Enzym)*
acetalphosphatide Acetalphosphatid *n*
acetamide Acetamid *n*, Essigsäureamid *n*, Ethanamid *n*
acetaminophen *(Pharm)* Acetaminophen *n*, Paracetamol *n (Antipyretikum)*
acetaminophen poisoning Acetaminophenvergiftung *f*
acetanilid Acetanilid *n*, Phenylacetamid *n (Antipyretikum)*
acetate Acetat *n*, Azetat *n*
acetate agar Acetatagar *m*
acetate buffer Acetatpuffer *m*
acetate-CoA ligase Acetat-CoA-Ligase *f (Enzym)*
acetate haemodialysis Acetathämodialyse *f*
acetate kinase Acetatkinase *f*, Acetokinase *f (Enzym)*
acetate thiokinase *s.* acetyl-CoA ligase
acetazolamide Acetazolamid *n (Carboanhydrasehemmstoff)*
acetic essigsauer
acetic acid Essigsäure *f*, Ethansäure *f*, Holzessig *m*, Acidum *n* aceticum
acetic acid intoxication Essigsäureintoxikation *f*, Essigsäurevergiftung *f*
acetic acid poisoning *s.* acetic acid intoxication
acetic acid test Essigsäure-Probe *f*
acetic aldehyde Acetaldehyd *m*
acetic amide Acetoamid *n*
acetic anhydride Essigsäureanhydrid *n*, Acetanhydrid *n*
acetic ether Essigether *m*, Essignaphtha *n*

acetic phosphoric anhydride Acetylphosphat *n*
acetification Essigbildung *f*, Essigsäurebildung *f*
acetify *v* Essig bilden; sauer werden
acetoacetate Acetoacetat *n*
acetoacetate decarboxylase Acetoacetatdecarboxylase *f (Enzym)*
acetoacetic acid Acetessigsäure *f*, Acetylessigsäure *f*
acetoacetyl-CoA reductase Acetoacetyl-CoA-Reduktase *f*
acetoacetyl-CoA thiolase Acetoacetyl-CoA-Thiolase *f*, Acetyl-CoA-Acetyltransferase *f*
acetoacetyl coenzyme A Acetoacetyl-Coenzym *n* A, Acetoacetyl-CoA *n*
acetokinase *s.* acetate kinase
acetomorphine Dia(cetyl)morphin *n*, Heroin *n (Rauschgift)*
acetonaemia Acetonämie *f*, Vorhandensein *n* von Acetonkörpern im Blut
acetonaemic acetonämisch
acetonaemic vomiting acetonämisches Erbrechen *n*
acetonasthma Acetonasthma *n*, Dyspnoe *f* bei Acetonämie
acetone Aceton *n*, Azeton *n*, Propan-2-on *n*, Dimethylketon *n*
acetone body Acetonkörper *m*, Ketonkörper *m*
acetone in urine test Urinprobe *f* auf Aceton, Harntest *m* auf Aceton
acetone-like breath Aceton(mund)geruch *m*, acetonartiger Mundgeruch *m*
acetone odour Acetongeruch *m*
acetone-odour urine Urin *m* mit Acetongeruch
acetone-soluble acetonlöslich
acetone test Acetontest *m*
acetonitrile Acetonitril *n*
acetonitrile test Acetonitriltest *m*
acetonumerator Azetonumerator *m (zur Bestimmung des Azetons im Urin)*
acetonuria Acetonurie *f*, Acetonkörperausscheidung *f* im Urin
acetophenazine maleate Acetophenazinmaleat *n*
acetophenetidin Acetphenetidin *n*, Phenacetin *n (Analgetikum, Antipyretikum)*
acetosalicylic acid *s.* acetylsalicylic acid
acetose essigsauer
acetous *s.* acetose
acetowhite weißgefärbt *(durch Acetylsalicylsäure)*
acetowhitening *(Derm)* Weißfärbung *f* durch Acetylsalicylsäure *(z. B. Warzen)*
acetyl CoA *s.* acetyl coenzyme A
acetyl-CoA acetyltransferase Acetyl-CoA-Acetyltransferase *f (Enzym)*
acetyl-CoA acyltransferase Acyl-CoA-Acyltransferase *f*, β-Keto-thiolase *f (Enzym)*
acetyl-CoA carboxylase Acetyl-CoA-Carboxylase *f (Enzym)*
acetyl-CoA hydrolase Acetyl-CoA-Hydrolase *f (Enzym)*
acetyl-CoA ligase Acetyl-CoA-Ligase *f (Enzym)*
acetyl-CoA synthetase Acetyl-CoA-Synthetase *f (Enzym)*
acetyl-CoA thiolase Acetyl-CoA-Thiolase *f (Enzym)*
acetyl coenzyme A Acetyl-Coencym *n* A, Acetyl-CoA *n*, aktives Acetat *n*
acetyl coenzyme A carboxylase Acetyl-CoA-Carboxylase *f*
acetyl coenzyme A carboxylase deficiency Acetyl-CoA-Carboxylase-Mangel *m*
acetyl-epsilon-aminocaproic acid Acetyl-epsilon-aminokapronsäure *f*
acetyl-*D*-mannosamine Acetyl-*D*-mannosamin *n*

acetylacetic acid Acetylessigsäure *f*, Acetessigsäure *f*
acetylacetone Acetylaceton *n*
acetylase Acetylase *f (Enzym)*
acetylate *v* acetylieren
acetylating agent Acetylierungsmittel *n*
acetylation Acetylierung *f*
acetylcarnitine Acetylcarnitin *n*
acetylcellulose Acetylcellulose *f*
acetylchloride Acetylchlorid *n*
acetylcholine Acetylcholin *n*, ACh *(Überträgersubstanz cholinerger Nervenimpulse)*
acetylcholine receptor Acetylcholinrezeptor *m*
acetylcholine receptor antibody Acetylcholinrezeptor-Antikörper *m*
acetylcholine shock Acetylcholin-Schock *m*
acetylcholinesterase Acetylcholinesterase *f*, AChE, Acetylcholinhydrolase *f (Enzym)*
acetylcholinesterase inhibitor Acetylcholinesterase-hemmer *m*, AChE-Inhibitor *m*
acetylcholinomimetic (agent) Acetylcholinomimetikum *n*
acetylcysteine Acetylcystein *n*
acetyldigitoxin Acetyldigitoxin *n (Herzglykosid)*
acetyldigoxin Acetyldigoxin *n (Herzglykosid)*
acetylene Acetylen *n*, Azetylen *n*
acetylene burner Acetylenbrenner *m*
acetylene-oxygen melting Acetylen-Sauerstoff-Schmelzen *n*
acetylesterase Acetylesterase *f (Enzym)*
acetylgalactosamine Acetylgalactosamin *n*
acetylglucosamine Acetylglukosamin *n*
acetylglutamic acid Acetylglutaminsäure *f*
acetylhistamine Acetylhistamin *n*
acetylization Acetylierung *f*, Acetylgruppenübertragung *f*, Acetylgruppenanlagerung *f*
acetyllysine Acetyllysin *n*
acetylmuramic acid Acetylmuraminsäure *f*
acetylnaphthylamine Acetylnaphthylamin *n*
acetylneuraminic acid Acetylneuraminsäure *f*
acetylornithinase Acetylornithinase *f (Enzym)*
acetylornithine deacetylase Acetylornithindeacetylase *f (Enzym)*
acetylphenalhydrazine Acetylphenylhydrazin *n*
acetylphosphatase Acetylphosphatase *f (Enzym)*
acetylsalicylic acid Acetylsalicylsäure *f*, Aspirin *n*, ASS *n (Antirheumatikum, Analgetikum)*
acetylspermidine Acetylspermidin *n*
acetylsulphonamide Acetylsulfonamid *n (Konjugationsprodukt der Leber)*
acetyltransferase Acetyltransferase *f (Enzym)*
acetyltryptophan Acetyltryptophan *n*
AcG *s.* accelerator globulin
ACG 1. *s.* angiocardiography; 2. *s.* apexcardiography
ACh *s.* acetylcholine
achalasia Achalasie *f*, Erschlaffungsunfähigkeit *f* eines Schließmuskels
achalasia of the cardia *(Gastr)* Kardiaachalasie *f*, Kardiospasmus *m*, Magenmundkrampf *m*
ache *v* schmerzen, wehtun, Schmerzen bereiten
ache Schmerz *m (meist anhaltend)*
acheilia *(Terat)* Ach(e)ilie *f*, (angeborenes) Fehlen *n* der Lippen, Lippenlosigkeit *f*
acheilous lippenlos, ohne Lippen
acheilus *(Terat)* Acheilus *m*, Lippenloser *m*, Missgeburt *f* ohne Lippen
acheiria *(Terat)* Acheirie *f*, (angeborenes) Fehlen *n* der Hände
acheiropodia *(Terat)* Acheiropodie *f*, (angeborenes) Fehlen *n* der Hände und Füße

acheirous handlos, ohne Hände
acheirus *(Terat)* Acheirus *m*, Missgeburt *f* ohne Hände
Achenbach syndrome Achenbach-Syndrom *n*, paroxysmales Handhämatom *n*, Fingerapoplexie *f*
achievement test *(Psych)* Leistungstest *m*
achilia *s.* acheilia
Achilles bursa Achillessehnenschleimbeutel *m*, Bursa *f* tendinis calcanei [achillea profunda]
Achilles bursitis Achillessehnenbursitis *f*, Achillobursitis *f*
Achilles jerk Achillessehnenreflex *m*, Wadenmuskelsehnenreflex *m*
Achilles reflex absence Fehlen *n* des Achilles(sehnen)reflexes; fehlender Achilles(sehnen)reflex *m*
Achilles reflexometry Achillessehnenreflexometrie *f*
Achilles tendon Achillessehne *f*, Tendo *f* musculi tricipitis surae (Achilli), Tendo *f* calcaneus [Achilles], Wadenmuskelsehne *f*
Achilles tendon avulsion Entenschnabelbruch *m*; Achillessehnenausriss *m*
Achilles tendon lesion Achillessehnenverletzung *f*
Achilles tendon reflex Achillessehnenreflex *m*, ASR
Achilles tendon rupture Achillessehnenruptur *f*, Achillessehnenriss *m*
Achilles tendon sign Achillessehnenzeichen *n*
achillobursitis Achillobursitis *f*, Schleimbeutelentzündung *f* der Achillessehne
achillodynia Achillodynie *f*, Achillessehnenschmerz *m*, Albert-Krankheit *f*
achillorrhaphy Achillorrhaphie *f*, Achillessehnennaht *f*
achillorrhexis Achillorrhexis *f*, Achillessehnenruptur *f*, Achillessehnenriss *m*
achillotenotomy Achillotenotomie *f*, (operative) Achillessehnendurchtrennung *f*
achillotomy Achillotomie *f*, Achillessehneninzision *f*, Achillessehnenschnitt *m*
aching schmerzend; schmerzhaft
achiria *s.* acheiria
achlorhydria Achlorhydrie *f*, Fehlen *n* der Salzsäure im Magensaft, Anazidität *f* des Magens
achlorhydric achlorhydrisch, salzsäurefrei
achlorhydric anaemia *(Hämat)* achlorhydrische [essenzielle hypochrome] Anämie *f*
achloroblepsia Achloroblepsie *f*, Achloropsie *f*, Grünblindheit *f*
achloropsia *s.* achloroblepsia
achluophobia *(Neur)* Achluophobie *f (Angst vor Dunkelheit)*
acholia Acholie *f*, Gallenmangel *m*; unterbrochene Gallensekretion *f*
acholic acholisch, gallenlos, gallefrei; Gallenmangel…
acholic colour of faeces acholische Stuhlfarbe *f*
acholic faeces acholischer Stuhl *m*
acholuria Acholurie *f*, Fehlen *n* von Bilirubin im Urin
acholuric acholurisch
achondrodystrophy *s.* achondroplasia
achondrogenesis Achondrogenese *f*
achondroplasia Achondroplasie *f*, Chondrodystrophia *f* fetalis *(siehe auch: chondrodystrophia)*
achondroplastic achondroplastisch, chondrodystroph
achondroplastic dwarf achondroplastischer [chondrodystropher] Zwerg *m*
achondroplasty *s.* achondroplasia
Achor-Smith syndrome Achor-Smith-Syndrom *n (megaloblastische Anämie, Pellagra-Symptome und hypokaliämische Muskeldystrophie)*
achreocythaemia *(Hämat)* Achreozythämie *f*, hypochrome Anämie *f*
achrestic achrestisch, durch Verwertungsstörungen verursacht
achrestic anaemia *(Hämat)* achrestische Anämie *f*
achroacyte Lymphozyt *m*, Lymphzelle *f*, Lymphkörperchen *n (Zusammensetzungen siehe unter: lymphocyte)*
achroacytosis *(Hämat)* Achroazytose *f*, Lymphozythämie *f*
achroiocythaemia *s.* achreocythaemia
achromacyte *s.* achromatocyte
achromasia 1. *(Histol)* Achromasie *f*, Minderfärbung *f*, Nichtfärbung *f*; 2. *s.* achromia
achromate Achromat(e) *m*, Farbenblinde(r) *m*
achromatic 1. achromatisch, nicht (an)färbbar; schlecht (an)färbbar; 2. achromatisch, Achromatin enthaltend; 3. achromatisch, farblos • **render achromatic** achromatisch [farblos] machen
achromatic figure achromatische Figur *f* [Spindel *f*], Mitosespindel *f*
achromatic spindle *s.* achromatic figure
achromatic vision achromatisches Sehen *n*
achromatin *(Histol)* Achromatin *n (nicht färbbarer Teil des Zellkerngerüsts)*
achromatinic Achromatin enthaltend; Achromatin…
achromatism Achromatismus *m*, Farblosigkeit *f*
achromatize *v* achromatisch [farblos] machen
achromatocyte Achroma(to)zyt *m*, entfärbter Erythrozyt *m*, Erythrozytenschatten *m*
achromatolysis Achromatolyse *f (Herauslösen des Achromatins aus der Zelle)*
achromatophil achromatophil, nicht Farbe annehmend, nicht färbbar
achromatophil Achromatophiler *m*, Nichtfärbbarer *m (z. B. Mikroorganismus)*
achromatophilia Achromatophilie *f*, Nichtfärbbarkeit *f*
achromatopsia Achromatopsie *f*, absolute [totale] Farbenblindheit *f*, Visus *m* decoloratus
achromatosis Achromatosis *f*, Pigmentmangel *m*, Pigmentarmut *f (z. B. bei Albinismus)*
achromatous farblos; nicht pigmentiert
achromaturia Achromaturie *f*, Ausscheidung *f* von farblosem Urin; Farblosigkeit *f* des Urins
achromia Achromie *f*, Achromasie *f*, Farblosigkeit *f (z. B. von Zellen)*; Pigmentmangel *m*, Pigmentarmut *f (z. B. der Haut)*
achromic achrom, farblos *(z. B. Zellen)*; pigmentarm *(z. B. die Haut)*
achromocyte Achromo(retikulo)zyt *m*, Schilling'scher Halbmond *m*, hämoglobinarmer [hämoglobinfreier] Erythrozyt *m*
achromoderma Achromoderm(a) *n*, farblose [pigmentarme] Haut *f*
achromodermia Achromodermie *f*, Pigmentlosigkeit *f* der Haut
achromophilous achromophil, nicht färbend; keinen Farbstoff annehmend [aufnehmend]
achromotrichia Achromotrichie *f*, Pigmentlosigkeit *f* der Haare *(erworben oder angeboren)*
achromous *s.* achromic
achylia Achylie *f*, Chylusmangel *m*, Saftmangel *m*
achylic achylisch, keinen Chylus (mehr) absondernd; Chylusmangel…
achylic anaemia achylische Anämie *f*
achylic chloranaemia achylische Chloranämie *f (Eisenmangelanämie durch Salzsäuremangel im Magen)*
achylic gastritis achylische Gastritis *f*
achylosis *s.* achylia
achymia Achymie *f*, Chymusmangel *m*
achymous achym, chymuslos; Chymusmangel…
acid 1. Säure *f*, Acidum *n*; 2. „Acid“ *n*, LSD *n*, Lysergsäurediethylamid *n (Psychodysleptikum)*

acid acriflavine Akriflavinhydrochlorid *n*
acid amide Säureamid *n*
acid anhydride Säureanhydrid *n*
acid-ash diet Eiweißdiät *n*
acid-base balance Säure-Basen-Gleichgewicht *n*; Säure-Basen-Haushalt *m* • **determine the acid-base balance** den Säure-Basen-Haushalt bestimmen
acid-base balance microanalyzer Mikroblutgasanalysegerät *n*
acid-base equilibrium *s.* acid-base balance
acid-base indicator Säure-Basen-Indikator *m*, pH-Indikator *m*
acid-base metabolism Säure-Basen-Haushalt *m*
acid-base state Säure-Basen-Status *m*
acid-base status *s.* acid-base state
acid-base titration Säure-Basen-Titration *f*
acid bath Säurebad *n*
acid burn Säureverätzung *f*, (säurebedingte) Verätzung *f*
acid burn of the eye Augenverätzung *f* durch Säure, Säureverätzung *f* des Auges
acid cell Parietalzelle *f*, Belegzelle *f*, Salzsäure [Säure] produzierende Zelle *f (der Magenschleimhaut)*
acid-citrate-dextrose Acid-Citrat-Dextrose *f*, ACD
acid coat Säuremantel *m*
acid concentration Säurekonzentration *f*
acid-containing säurehaltig, Säure enthaltend
acid content Säuregehalt *m*
acid corrosion Säureverätzung *f*; Säureätzung *f*
acid decalcification Säureentkalkung *f*, Entkalkung *f* durch Säure
acid dye saurer Farbstoff *m*
acid equivalent Säureäquivalent *n*
acid-etched säuregeätzt
acid etching Säureätzung *f*
acid-etching technique Säureätz(ungs)technik *f*
acid-fast säurefest, säurebeständig *(z. B. Bakterien)*
acid-fast bacteria säurefeste Bakterien *npl*, säurefeste Stäbchen *npl*
acid-fastness Säurefestigkeit *f*, Säurebeständigkeit *f*
acid former Säurebildner *m*
acid-forming Säure bildend, Säure produzierend *(z. B. Bakterien)*
acid fuchsin saures Fuchsin *n (Gewebefarbstoff)*
acid glycoprotein saures Glycoprotein *n*
acid hydrolysis Säurehydrolyse *f*
acid in powder form Säurepulver *n*
acid-insoluble säureunlöslich
acid intoxication Säureintoxikation *f*, Säurevergiftung *f*
acid-labile säurelabil, säureunbeständig
acid lipase saure Lipase *f*
acid lipase deficiency Wolman-Krankheit *f (Speicherkrankheit durch intrazellulären Lipasedefekt mit Ablagerung von Cholesterin und Triglyzeriden)*
acid maltase saure Maltase *f*, Glucoamylase *f*, Amyloglucosidase *f (Enzym)*
acid maltase deficiency Pompe'sche Krankheit *f*, Pompe'sches Syndrom *n*, Glykogenose *f* Typ III, Cardiomegalia *f* glycogenica, kardiale Glykogenspeicherkrankheit *f*
acid necrosis Säurenekrose *f*
acid number Säurezahl *f*, Neutralisationszahl *f*
acid output Säureabgabe *f*, Säureaustritt *m*
acid penetration Säurepenetration *f*, Säuredurchdringung *f*, Säureeindringung *f*
acid pH value saurer pH-Wert *m*, saurer pH *m*
acid phosphatase saure Phosphatase *f (Enzym)*
acid precipitation Säurepräzipitation *f*, Säurefällung *f*
acid-pretreated säurevorbehandelt
acid producer Säurebildner *m*
acid-proof säurefest, säurebeständig
acid reaction saure Reaktion *f*
acid residue Säurerest *m*
acid resistance Säureresistenz *f*, Säurefestigkeit *f*, Säurebeständigkeit *f (z. B. von Bakterien)*
acid-resistant säureresistent, säurefest, säurebeständig *(z. B. Bakterien)*
acid-resistant bacterium säureresistentes Bakterium *n*, säurefestes Stäbchen *n*
acid-resisting säureresistent, säurebeständig, säurestabil
acid-sensitive säureempfindlich, säurelabil
acid solubility Säurelöslichkeit *f*
acid-soluble säurelöslich
acid solution Säurelösung *f*
acid stability Säurestabilität *f*, Säurefestigkeit *f*, Säurebeständigkeit *f*
acid strength Säuregehalt *m*, Azidität *f*
acid therapy Säuretherapie *f*, Säureätzung *f (z. B. von Warzen)*
acid tray Säureschale *f*, Abdampfschale *f*
acid treatment Säurebehandlung *f*
acid trip LSD-Trip *m*
acid tweezers Säurepinzette *f*
acidaemia *s.* acidosis
acidaminuria *s.* aminoaciduria
acidhead LSD-Süchtiger *m*
acidic 1. azid, sauer, mit Säurecharakter; 2. säurereich, säurehaltig; Säure...; 3. säurebildend
acidic dye saurer Farbstoff *m*
acidiferous säurehaltig
acidification Ansäuern *n*, Säuerung *f*, Azidifikation *f*
acidifier Säuerungsmittel *n*, (an)säuerndes Mittel *n*; die Azidität erhöhendes Mittel *n*, den Säuregehalt steigerndes Mittel *n*
acidify *v* 1. (an)säuern, sauer machen, azidifizieren; sauer werden; 2. in Säure verwandeln
acidifying 1. ansäuernd, säuernd; 2. säurebildend
acidimeter Azidimeter *n*, Säure(gehalts)messer *m*
acidimetric azidimetrisch, säure(gehalts)bestimmend
acidimetry Azidimetrie *f*, Aziditätsbestimmung *f*, Säure(gehalts)messung *f*
acidism *s.* acid intoxication
acidity 1. Azidität *f*, Säuregrad *m*, Säuregehalt *m*; 2. Hyperazidität *f*, Superazidität *f*; (überschüssige) Magensäure *f*
acidity bacteria Säurebakterien *fpl*
acidity constant Säurekonstante *f*, Aziditätskonstante *f*
acidity degree Säuregrad *m*, Aziditätsgrad *m*
acidity of the stomach Magenazidität *f*
acidocyte azidophiler [eosinophiler] Leukozyt *m*, Eosinophiler *m*
acidocytopenia *(Hämat)* Eosinopenie *f*, Eosinophilenverminderung *f*, Eosinophilenmangel *m*
acidocytosis *(Hämat)* Eosinophilie *f*, Eosinophilenvermehrung *f*
acidogenic 1. azidogen, säurebildend, säureproduzierend; 2. harnsäuernd, den Harn ansäuernd [sauer machend]
acidogenic bacteria Säure bildende Bakterien *npl*
acidogenic fermentation Essigsäuregärung *f*
acidometer *s.* acidimeter
acidopenia *s.* acidocytopenia
acidophil(e) *s.* acidophilic
acidophile *s.* acidocyte
acidophile leucocyte *s.* acidocyte
acidophilia 1. Azidophilie *f*, Oxyphilie *f (Färbung mit sauren Farbstoffen)*; 2. *s.* acidocytosis
acidophilic 1. azidophil, säurefreundlich, säureliebend; durch saure Farbstoffe färbbar, sauerfärbend; 2. eosinophil *(Zusammensetzungen siehe unter: eosinophilic)*
acidophilic cell *s.* acidocyte
acidophilous *s.* acidophilic

acidophilus milk Azidobakterienmilch *f*, Laktobakterienaufschwemmung *f*
acidoresistance *s.* acid resistance
acidoresistant *s.* acid-resistant
acidosic *s.* acidotic
acidosis Azidose *f*, Azidämie *f*, Vermehrung *f* der Säuren im Blut, Blut-pH-Senkung *f*, Übersäuerung *f* des Blutes
acidotest Acidotest *m*, Gastrotest *m*
acidothymidine Azidothymidin *n*
acidotic azidotisch; Azidose..., Azidämie...
acidotic breathing Azidoseatmung *f*, vertiefte Atmung *f* bei Azidose
acidotolerant azidotolerant, säuretolerant
acidulant (agent) ansäuerndes Mittel *n*
acidulate *v* (an)säuern, sauer machen
acidulated phosphate fluoride toothpaste phosphorsaure fluoridierte Zahnpasta *f*
acidulation Ansäuerung *f*, Ansäuern *n*, Säuern *n*
acidulous säuerlich
aciduria Azidurie *f*, Säureausscheidung *f* im Urin
aciduric azidurisch, säureausscheidend
acinal *s.* acinous
acinar *s.* acinous
acinic *s.* acinous
aciniform aziniform, azinusförmig, traubenförmig, beerenförmig
acinitis Azinusentzündung *f*
acinotubular azinotubulär *(z. B. Drüse)*
acinous azinös; Azinus...
acinous adenocarcinoma azinöses Adenokarzinom *n*
acinous cell Azinuszelle *f*, azinöse Zelle *f*
acinous gland azinöse Drüse *f*, Azinusdrüse *f*
acinous pneumonia Azinuspneumonie *f*
acinus Azinus *m*, Drüsenbeere *f*, beerenförmiges Drüsenendstück *n*
acinus of liver Leberazinus *m*
acinus of lung Lungenazinus *m*
acknowledgement of paternity Vaterschaftsanerkennung *f*
aclasia Aklasie *f*
aclastic aklastisch, nicht brechend
acleistocardia *(Kard)* offenes Foramen *n* ovale
acmastic *s.* acmic
acme Akme *f*, Krisis *f*, Krise *f*, Höhepunkt *m (z. B. in einem Krankheitsverlauf)*
acmic Akme..., Höhepunkt..., Gipfel...
acne *(Derm)* Akne *f*, Acne *f*, Finnenausschlag *m (Hauterkrankung mit Knötchen- und Pustelbildung)*
acne bacillus Aknebakterium *n*, Corynebacterium *n* acnes
acne keloid Aknekeloid *n*; Keloidakne *f*
acne lancet Aknelanzette *f*
acne papule Aknepapel *f*, Akneknötchen *n*, Finne *f*
acne picealis Pechhaut *f*
acneform akneartig, akneähnlich
acneform drug eruption akneförmiges Arzeimittelexanthem *n*
acnegen Aknegen *n*, eine Akne auslösender Stoff *m*
acnegenic *(Derm)* aknebewirkend, akneauslösend
acneic *(Derm)* Akne..., Finnenausschlag...
acneiform *s.* acneform
acnemia 1. *(Terat)* Aknemie *f*, (angeborenes) Fehlen *n* der Beine; 2. Aknemie *f*, Unterschenkelatrophie *f*, Unterschenkelmangelentwicklung *f*
acnemous beinlos
acnitis Aknitis *f*, Acne *f* agminata *(Form der Hauttuberkulose)*
acoasma Akoasma *n*, Gehörstäuschung *f*, akustische Halluzination *f*, Geräuschwahn *m*
acomia Kahlköpfigkeit *f*, Kahlheit *f*, Haarlosigkeit *f*
aconine Akonin *n (Alkaloid)*
aconitase Akonitase *f*, Aconit(at)hydratase *f (Enzym)*
aconitate hydratase *s.* aconitase
aconite alkaloid Akonitumalkaloid *n*, Eisenhutalkaloid *n*
aconitic acid Akonitsäure *f*, Aconitsäure *f*, Propen-1,2,3-tricarbonsäure *f*
aconitine Akonitin *n (Alkaloid)*
aconitism Akonitinvergiftung *f*
aconuresis Harninkontinenz *f*, unwillkürliche Harnentleerung *f*
acorea Akorie *f*, Pupillenlosigkeit *f* (der Iris); pupillenlose Iris *f*
acoria Akorie *f*, Gefräßigkeit *f*, Unersättlichkeit *f*, unersättlicher Hunger *m*, Polyphagie *f*
acorn-tipped catheter Katheter *m* mit Olivenspitze
acormus *(Terat)* Akormus *m*, Missgeburt *f* ohne Rumpf
Acosta's disease d'Acosta-Syndrom *n*, Bergkrankheit *f*, Höhenkrankheit *f*
acostate rippenlos
acouaesthesia 1. *(HNO)* Akuästhesie *f*, Hörfähigkeit *f*, Gehörempfindlichkeit *f*; 2. *(Neur)* Gehörsinn *m*
acoumeter Akumeter *n*, Hörprüf(ungs)gerät *n*, Hörschärfemesser *m*, Hör(weiten)messer *m*
acoumetric akumetrisch
acoumetry Akumetrie *f*, Hörprüfung *f*, Hör(weiten)messung *f*
acouophonia *(Pulm)* Akuphonie *f*, auskultatorische Perkussion *f*
acousma *s.* acoasma
acousmatagnosis *(Neur)* Akusmatagnosis *f*, Seelentaubheit *f*
acousmatamnesia *(Neur)* Akusmatamnesie *f*
acoustic akustisch, auditiv, hörend, das Hören betreffend; Hör...
acoustic agnosia *(Neur)* akustische [auditive] Agnosie *f*, Seelentaubheit *f*, Wortblindheit *f*, Hörstummheit *f (durch Nichterkennen von gehörten Wörtern im Gehirn)*
acoustic agraphia *(Neur)* akustische Agraphie *f*
acoustic alarm akustischer Alarm *m*
acoustic alarm signal akustisches Alarmsignal *n*
acoustic aphasia *(Neur)* akustische [auditive] Aphasie *f*, Seelentaubheit *f*, Wortblindheit *f*, sensorische Aphasie *f (durch Nichtverständnis von gehörten Wörtern im Gehirn)*
acoustic aura *s.* auditory aura
acoustic beam Schallstrahl *m*
acoustic density Schalldichte *f*
acoustic ear-drum impedance akustische Trommelfellimpedanz *f*
acoustic eminence *(Anat)* Eminentia *f* acustica *(im vierten Hirnventrikel)*
acoustic energy akustische Energie *f*; Ultraschallenergie *f*
acoustic energy flow akustischer Energiefluss *m*, Schallenergie-Flow *m*
acoustic-evoked potentials akustisch evozierte Potenziale *npl*
acoustic field Schallfeld *n*
acoustic field mapping Schallfelddarstellung *f*
acoustic field pattern Schallfeldmuster *n*
acoustic frequency akustische Frequenz *f*, Schallfrequenz *f*
acoustic hallucination *s.* auditory hallucination
acoustic hearing aid [apparatus] Hörhilfe *f*, Hörgerät *n*
acoustic image *(Neur)* akustisches Bild *n*, Hörbild *n*
acoustic imaging akustische Bildgebung *f*, Bildgebung *f* durch Ultraschall
acoustic-immittance audiometry akustische Immittance-Audiometrie *f*
acoustic impedance akustischer Widerstand *m*; Schall(wellen)widerstand *m*

acoustic impulse akustischer Impuls *m*, Schallimpuls *m*
acoustic intensity Schallintensität *f*
acoustic labyrinth Ohrlabyrinth *n*
acoustic lemniscus *s.* lateral lemniscus
acoustic masking akustische Maskierung *f*
acoustic meatus äußerer Gehörgang *m*, Meatus *m* acusticus externus
acoustic myographic signal akustisches myographisches Signal *n*
acoustic nerve Hörnerv *m*, Nervus *m* acusticus [octavus, statoacusticus, vestibulocochlearis], Akustikus *m*, VIII. Hirnnerv *m*
acoustic nerve neurinoma Akustikusneurinom *n*, Akustikustumor *m*, Akustikusgeschwulst *f*
acoustic nerve tumour *s.* acoustic nerve neurinoma
acoustic neurilemmoma *s.* acoustic nerve neurinoma
acoustic neurinoma *s.* acoustic nerve neurinoma
acoustic neuroma *s.* acoustic nerve neurinoma
acoustic noise Schallrauschen *n*
acoustic organ *s.* organ of Corti
acoustic papilla *s.* organ of Corti
acoustic path of transmission Schallübertragungsweg *m*, akustischer Übertragungsweg *m*
acoustic plethysmograph akustischer Plethysmograph *m*
acoustic power akustische Leistung *f*, Schallleistung *f*
acoustic power density Schallleistungsdichte *f*
acoustic pressure Schalldruck *m*
acoustic radiation *(Anat)* Hörstrahlung *f*, Radiatio *f* acustica *(Teil der zentralen Höhrbahn)*
acoustic reflector akustischer Reflektor *m*, Schallreflektor *m*
acoustic reflex Hörreflex *m*
acoustic reflex threshold Hörreflexschwelle *f*
acoustic reflex threshold measurement Hörreflexschwellenmessung *f*
acoustic reflexion Schallreflexion *f*
acoustic refraction akustische Brechung *f*, Schallrefraktion *f*
acoustic scanning microscope akustisches Abtastmikroskop *n*
acoustic shadow akustischer Schatten *m*, Schallschatten *m*
acoustic signal akustisches Signal *n*, Schallsignal *n*
acoustic stimulus akustischer Stimulus *m*, akustischer Reiz *m*
acoustic striae *(Anat)* Teniae *fpl* acusticae, Striae *fpl* medullares acusticae [ventriculi quarti] *(Streifen am Boden der Rautengrube)*
acoustic superimposition Schallüberlagerung *f*
acoustic trauma akustisches Trauma *n*, Schalltrauma *n*, Hörtrauma *n*
acoustic trauma deafness Knalltrauma *n*; Schalltrauma *n*
acoustic tubercle *(Anat)* Tuberculum *n* acusticum
acoustic wave akustische Welle *f*, Schallwelle *f*
acoustic wave propagation Schallwellenausbreitung *f*
acoustic window akustisches [echographisches] Fenster *n*, Schallfenster *n* *(Stelle der besten Schalldurchdringung bei Echountersuchung)*
acousticofacial akustikofazial, zum VII. und VIII. Hirnnerv gehörend
acousticomotoric akustikomotorisch, audiogen
acousticopalpebral akustikopalpebral; Hörnerv-Augenlid-...
acousticophobia *(Neur)* Akustikophobie *f* *(Angst vor Tönen)*
acoustigram *s.* acoustogram
acoustogram Akustogramm *n* *(Darstellung von Gelenkgeräuschen)*
acquire *v* sich zuziehen; sich aneignen, erlernen; erwerben, erlangen
acquire *v* **a carcinoma** sich ein Karzinom zuziehen; ein Karzinom entwickeln
acquire *v* **an acoustic signal** ein Schallsignal erfassen
acquired erworben; zugezogen
acquired cataract *(Ophth)* erworbene Katarakt *f*
acquired centric occlusion erworbene zentrische Okklusion *f*
acquired dysmenorrhoea Sekundärdysmenorrhö *f*
acquired functional megacolon idiopathisches Megakolon *n*
acquired heart defect erworbener Herzfehler *m*, erworbene Herzerkrankung *f*
acquired hernia erworbene Hernie *f*, Hernia *f* acquisita
acquired hypogammaglobulinaemia erworbene Hypogammaglobulinämie *f*
acquired immunity erworbene [künstliche] Immunität *f*
acquired immunity deficiency syndrome *s.* acquired immunodeficiency syndrome
acquired immuno-deficiency syndrome erworbenes Immun(itäts)mangelsyndrom *n*, Aids *n*, AIDS
acquired immunologic tolerance Medawar-Effekt *m*, erworbene immunologische Toleranz *f*, erworbene Immuntoleranz *f*
acquired property erworbene Eigenschaft *f*
acquired reflex bedingter [erworbener] Reflex *m*
acquired sterility *(Gyn)* Ein-Kind-Sterilität *f*
acquired syphilis erworbene Syphilis *f*, Syphilis *f* acquisita
acquired torticollis *(Orth)* erworbener Schiefhals *m*
acquirement Erwerben *n*, Erwerbung *f*, erworbene Eigenschaft *f*
acquirement of tolerance Gewöhnung *f*, erworbene Immuntoleranz *f*
acquisition parameter Untersuchungsparameter *m*; Abtastparameter *m*; Messparameter *m*
acquisition time Untersuchungszeit *f*, Untersuchungsdauer *f*, Abtastzeit *f*, Erfassungszeit *f*, Messzeit *f*, Messdauer *f*
acra Akren *fpl*, vorstehende Körperteile *mpl*
acral akral; Akren...
acral hyperhidrosis Akrohyperhidrose *f*, akrale Hyperhidrose *f*
acral pigmentation Akropigmentation *f*, akrale Pigmentierung *f*
acrania *(Terat)* Akranie *f*, (angeborenes) Fehlen *n* des Schädeldachs
acranial akranial, schädellos
acranius *(Terat)* Akranius *m*, Missgeburt *f* ohne Schädel
acrasia Akrasie *f*, mangelnde Selbstbeherrschung *f*
acratia Akratie *f*, Schwäche *f*, Kräfteverlust *m*; Impotenz *f*
acremoniosis Akremoniose *f* *(Pilzinfektion durch Acremonium potroni)*
acrid beißend, scharf, eine Reizung bewirkend
acridine Akridin *n*, Acridin *n*
acridine dye Akridinfarbstoff *m*, Acridinfarbstoff *m*
acridine orange Akridinorange *n*, Acridinorange *n*
acridine yellow Akridingelb *n*, Acridingelb *n*
acriflavine Akriflavin *n*, Acriflavin *n* *(Antiseptikum)*
acritochromacy *s.* achromatopsia
acroaesthesia Akroästhesie *f*, Extremitätenschmerzhaftigkeit *f*, Schmerz(über)empfindlichkeit *f* der Gliedmaßenenden
acroagnosis *(Neur)* Akroagnosis *f*, Verlust *m* des Extremitätengefühls; Verlust *m* des Nadelstichgefühls
acroagonine Akroagonin *n*

acroanaesthesia Akroanästhesie *f*, Empfindungslosigkeit *f* [Gefühllosigkeit *f*] der Gliedmaßenenden
acroarthritis Akroarthritis *f*, Entzündung *f* der Extremitätengelenke
acroasphyxia Akroasphyxie *f*, Raynaud'sches Phänomen *n (Blauverfärbung der Gliedmaßenenden infolge Gefäßspasmus)*
acroataxia Akroataxie *f*, Koordinationsstörung *f* der Finger- und Zehenmuskeln
acroblast Akroblast *m*
acrobrachycephalia *(Terat)* Akrobrachyzephalie *f (Missbildung des Kopfes)*
acrobystiolith *s.* postholith
acrocentric akrozentrisch
acrocephalia Akrozephalie *f*, Spitzschädeligkeit *f*, Spitzköpfigkeit *f*, Oxyzephalie *f*, Spitzschädel *m*, Turmschädel *m*
acrocephalic akrozephal, oxyzephal, spitzschädelig
acrocephalopagus *(Terat)* Akrozephalopagus *m*, Craniopagus *m* parietalis
acrocephalopolysyndactyly Akrozephalopolysyndaktylie *f*
acrocephalopolysyndactyly type I Akrozephalopolysyndaktylie *f* Typ I, Noack-Syndrom *n*, Akrozephalosyndaktylie *f* Typ Pfeiffer
acrocephalopolysyndactyly type II Akrozephalopolysyndaktylie *f* Typ II, Carpenter-Syndrom *n*
acrocephalopolysyndactyly type III Akrozephalopolysyndaktylie *f* Typ III, Sakati-Nyhan-Syndrom *n*
acrocephalopolysyndactyly type IV Akrozephalopolysyndaktylie *f* Typ IV, Goodman-Syndrom *n*
acrocephalosyndactylism Akrozephalosyndaktylie *f (Missbildung von Kopf und Extremitäten)*
acrocephalosyndactylism type I Akrozephalosyndaktylie *f* Typ I, Akrokraniodysphalangie *f*, Apert-Syndrom *n*
acrocephalosyndactylism type II Akrozephalosyndaktylie *f* Typ II, Vogt-Zephalodaktylie *f*
acrocephalosyndactylism type III Akrozephalosyndaktylie *f* Typ III, Saethre-Chotzen-Syndrom *n*
acrocephalosyndactylism type IV Akrozephalosyndaktylie *f* Typ IV, (Klein-)Waardenburg-Syndrom *n*
acrocephalosyndactylism type V Akrozephalosyndaktylie *f* Typ V, Akrozephalosyndaktylie *f* Typ Pfeiffer, Noack-Syndrom *n*
acrocephalous *s.* acrocephalic
acrocephaly *s.* acrocephalia
acrochordon Akrochordon *n*, Saitenwarze *f*, gestielte Warze *f (Hautpolyp an Augenlidern)*
acrocinetic *s.* acrokinetic
acrocontracture Akrokontraktur *f*, Kontraktur *f* der Hand- und Fußgelenke
acrocraniodysphalangy Akrokraniodysphalangie *f*, Apert-Syndrom *n*, Akrozephalosyndaktylie *f* I
acrocyanosis Akrozyanose *f*, Blau(ver)färbung *f* der Akren [Gliedmaßenenden]
acrocyanotic akrozyanotisch; Akrozyanose...
acrodermatitis Akrodermatitis *f*, Erythromelie *f (entzündliche Hauterkrankung der Extremitäten)*
acrodermatosis Akrodermatose *f*, Hautausschlag *m* an den Extremitäten
acrodolichomelia Akrodolichomelie *f*, abnorme Vergrößerung *f* der Hände und Füße
acrodynia 1. Akrodynie *f*, Gliedmaßenschmerz *m*, Gliedendenschmerz *m*; 2. (Selter-Swift-)Feer'sche Krankheit *f*, Dermatopolyneuritis *f*, Trophodermatoneurose *f*, Erythrödem *n*, infantile Akrodynie *f*
acrodysaesthesia Akrodysästhesie *f*
acrodysostosis Akrodysostose *f*
acrodysplasia *s.* acrocephalosyndactylism
acrodystrophy Akrodystrophie *f*, Extremitätendystrophie *f*
acrogeria Akrogerie *f (Kleinheit der Hände und Füße bei vorzeitiger Vergreisung der Haut)*
acrognosis *(Neur)* Akrognosis *f*, Akrognosie *f*, Extremitätensinn *m*, Gliedmaßengefühl *n*
acrohyperhidrosis Akrohyperhidrose *f*, verstärktes Schwitzen *n* von Händen und Füßen
acrohypothermia Akrohypothermie *f*, Unterkühlung *f* der Extremitäten
acrohysterosalpingectomy Akrohysterosalpingektomie *f*, (operative) Fundus- und Eileiterentfernung *f*
acrokeratoelastoidosis Akrokeratoelastoidose *f*
acrokeratosis *(Dermat)* Akrokeratose *f*, Akrokeratosis *f*, starke Verhornung *f* der Hände und Füße
acrokinesia Akrokinese *f*, verstärkte Extremitätenbewegung *f*
acrokinesis *s.* acrokinesia
acrokinetic akrokinetisch; Akrokinese...
acrolein Acrolein *n*, Acrylaldehyd *m*, Propenal *n*
acromacria *s.* arachnodactyly
acromania Akromanie *f (unheilbare Geisteskrankheit)*
acromastitis Akromastitis *f*, Brustwarzenentzündung *f*
acromastium *s.* mamilla
acromegalic akromegal
acromegalic eunuchoidism akromegaler Eunuchoidismus *m*
acromegalogigantism *(Endokr)* Akromegalogigantismus *m*
acromegaloid akromegaloid, Akromegalie-ähnlich
acromegaly Akromegalie *f*, Akrenvergrößerung *f*, Akrengroßwuchs *m*
acromegaly of pregnancy Schwangerschaftsakromegalie *f*
acromelalgia Akromelalgie *f*, Schmerzhaftigkeit *f* der Gliedmaßenenden, Erythromelalgie *f*
acromelic akromel, das Extremitätenende betreffend
acrometagenesis Akrometagenese *f (abnorme Größe der Hände und Füße)*
acromial akromial; Akromion..., Schulterhöhe(n)...
acromial angle Angulus *m* acromialis
acromial end of the clavicle Extremitas *f* acromialis (claviculae)
acromial process *s.* acromion
acromial reflex Akromialreflex *m*
acromial rete Rete *n* acromiale *(Arteriennetz)*
acromicria Akromikrie *f*, Akrenverkleinerung *f*, Akrenkleinwuchs *m*
acromioclavicular akromioklavikulär; Akromioklavikular..., Akromion-Clavicula-..., Schulter(höhe)-Schlüsselbein-...
acromioclavicular joint Akromioklavikulargelenk *n*, kleines Schultergelenk *n*, Articulatio *f* acromioclavicularis
acromioclavicular ligament Schulter-Schlüsselbein-Band *n*, Ligamentum *n* acromioclaviculare
acromiocoracoid akromiokorakoid(al); Schulterhöhe-Rabenschnabelfortsatz-...
acromiohumeral akromiohumeral; Schulterhöhe-Oberarmknochen-...
acromion (process) *(Anat)* Akromion *n*, Schulterhöhe *f*, Schulterblattgrätenende *n*
acromionectomy Akromionektomie *f*, Akromionexzision *f*, Schulterhöhenabtragung *f*
acromioplasty Akromioplastik *f*
acromioscapular akromioskapu lar; Akromion-Skapula-..., Schulterhöhe-Schulterblatt-...
acromiothoracic akromiothorakal; Akromion-Thorax-..., Schulterhöhe-Brustkorb-...
acromiothoracic artery Brust-Schulter-Arterie *f*, Arteria *f* thoracoacromialis

acromiothoracic vein Brust-Schulter-Vene *f*, Vena *f* thoracoacromialis
acromphalus Akromphalus *m*, hervorstehender Nabel *m*
acromycosis Akromykose *f*, Pilzerkrankung *f* [Mykose *f*] der Extremitäten
acromyotonia Akromyotonie *f*, Muskelkrampf *m* der Extremitäten
acronarcotic akronarkotisch, stark reizend und narkotisch
acronarcotic agent reizendes narkotisches Gift *n*
acroneuropathy Akroneuropathie *f*, Extremitätennervenerkrankung *f*
acroneurosis Akroneurose *f*, Extremitätenneurose *f*, Gliedmaßenendenneurose *f*
acrooedema Akroödem *n*, Akrenschwellung *f*, Ödem *n* der Gliedmaßenenden
acroosteolysis Akroosteolyse *f (atrophische Defekte der Endphalangen)*
acropachy Akropachie *f*, Trommelschlägelfinger *mpl*, Kolbenfinger *mpl*
acropachyderma Akropachyderm(a) *n*, Brugsch'sche Krankheit *f*
acroparaesthesia Akroparästhesie *f*, Empfindungsstörung *f* an Gliedmaßenenden
acroparalysis Akroparalyse *f*, Extremitätenparalyse *f*, Gliedmaßenlähmung *f*
acropathology Akropathologie *f*, Lehre *f* von den Extremitätenerkrankungen
acropathy Akropathie *f*, Extremitätenkrankheit *f*, Extremitätenerkrankung *f*
acropetal akropetal, von den Akren weggerichtet
acrophobia Akrophobie *f*, Höhenangst *f*, Höhenfurcht *f*
acropigmentation Akropigmentation *f*, Gliedmaßenendenpigmentierung *f*
acroposthitis Vorhautentzündung *f*
acropustulosis Akropustulose *f*, Acrodermatitis *f* perstans
acroscleroderma Akroskleroderm(a) *n*, Hautverhärtung *f* der Gliedmaßenenden
acrosclerosis Akrosklerose *f*, Hautverhärtung *f* der Finger und des Gesichts
acrosin Akrosin *n (Serinproteinase im Spermienakrosom)*
acrosomal akrosomal; Akrosomen...
acrosomal (head) cap *s.* acrosome
acrosomal system akrosomales System *n*, Akrosomensystem *n (des Spermiums)*
acrosomal vesicle Akrosomenvesikel *f*
acrosome Akrosom *n*, Perforatorium *n (Spermiumteil)*
acrosphacelus Fingergangrän *f*; Zehengangrän *f*
acrosphenosyndactylia *s.* acrocephalosyndactylism
acrospiroma Akrospirom *n*
acrostealgia Akrostealgie *f*, Extremitätenknochenschmerz *n*
acrosyndactylia Akrosyndaktylie *f (Verschmelzung von Fingern mit Spaltbildungen)*
acrotic akrot, pulslos; ohne Puls
acrotism Akrotismus *m*, Akrotie *f*, Pulslosigkeit *f*
acrotrophodynia Akrotrophodynie *f*
acrotrophoneurosis Akrotrophoneurose *f*, trophische Akroneurose *f*, Ernährungsstörung *f* der Extremitäten
acrylamide Acrylamid *n*, Propenamid *n*
acrylamide agglutination test Acrylamidagglutinationstest *m*, Acrylamidfixationstest *m*
acrylamide gel Acrylamidgel *n*
acrylamide gel electrophoresis Acrylamidgelelektrophorese *f*
acrylate Acrylat *n*, Akrylat *n (zur Präparateinbettung)*
acrylate adhesive *(Chir)* Acrylkleber *m*, Acrylatklebstoff *m (Wundklebstoff)*
acrylic acrylsauer; Acrylsäure...
acrylic acid Acrylsäure *f*, Propensäure *f*
acrylic gel Acrylgel *n*
acrylic polishing rubber Acrylpoliergummi *m*
acrylic resin Acrylharz *n*, Polyacrylat *n*
acrylic resin-bonded crown Acrylharzkrone *f*, Acrylatkrone *f*, Resinkrone *f*
acrylic resin dental cement Acrylharzzement *m*, Acrylatzement *m*
acrylic resin dental plate Acrylharzprothesenplatte *f*, Resinprothesenplatte *f*
acrylic resin denture Acrylharzprothese *f*
acrylic resin facing Acrylharzfacette *f*, Acrylatfacette *f*
acrylic resin filling Acrylatharzfüllung *f*, Acrylatfüllung *f*
acrylic resin tooth Acrylatzahn *m*, Acrylharzzahn *m*
acrylonitrile Acrylonitril *n*
ACT *s.* activated clotting time
act *v* wirken; einwirken
act *v* **as a splint** als eine Schiene dienen
act *v* **on** einwirken, wirken
act of grasping Greifhandlung *f*, Greifen *n*, Greifvorgang *m*
act of rage Affekthandlung *f*
act of urination Harnen *n*, Urinieren *n*, Wasserlassen *n*
act of violence *(For)* Gewaltdelikt *n*
ACTH *s.* adrenocorticotrophic hormone
ACTH (stimulation) test ACTH-Test *m*
actin Actin *n*, Aktin *n (Muskelprotein)*
acting out *(Neur, Psych)* Konfliktausleben *n*, Konfliktexpression *f*, Agieren *n*
actinic aktinisch, fotochemisch wirksam; Aktin..., Strahlen...
actinic blocking agent Sonnenschutzmittel *n*
actinic burn Strahlenverbrennung *f*
actinic carcinoma Lichtkrebs *m*
actinic cheilitis Cheilitis *f* actinica, Lippenentzündung *f* durch Strahlen
actinic conjunctivitis Strahlenkonjunktivitis *f*, Conjunctivitis *f* actinica, Augenbindehautentzündung *f* durch Strahlen
actinic dermatitis *s.* actinodermatitis
actinic dermatosis Strahlendermatose *f*, aktinische Dermatose *f*
actinic embryopathy Strahlenembryopathie *f*
actinic fibrosis Strahlenfibrose *f*, aktinische Fibrose *f*
actinic keratitis aktinische Keratitis *f*, Keratitis *f* actinica, Strahlenkeratitis *f*
actinic keratoconjunctivitis Strahlenkeratokonjunktivitis *f*, aktinische Keratokonjunktivitis *f*
actinic keratosis Strahlenkeratose *f*
actinic necrosis Strahlennekrose *f*
actinic prurigo aktinische Prurigo *f*, Akne-Prurigo *f*
actinic ray ophthalmia Ophthalmia *f* electrica
actinic retinitis Strahlenretinitis *f*
actiniform aktiniform, strahlenförmig
actinine Actinin *n*
actinium Actinium *n*, Ac
actinium emanation Actiniumemanation *f*
actinobacillus Aktinobazillus *m*, Actinobacillus *m*
actinobacillosis Aktinobazillose *f*
actinocardiography Aktinokardiographie *f*
actinochemistry *s.* photochemistry
actinocutitis *s.* actinodermatitis
actinodermatitis Aktinodermatitis *f*, Röntgenstrahlendermatitis *f*, Sonnenstrahlendermatitis *f*, Insolationsdermatitis *f*, Sonnenbrand *m*
actinoelectric aktinoelektrisch, lichtelektrisch, photoelektrisch
actinogenic aktinogen, strahlenbildend
actinogenous *s.* actinogenic
actinography Aktinographie *f*

actinology Aktinologie *f*, Strahlenlehre *f*
actinometer Aktinometer *n*, Strahlenmessgerät *n*, Strahlungsmesser *m*
actinometric aktinometrisch, strahlenmessend, strahlungsmessend
actinometry Aktinometrie *f*, Strahlungsmessung *f*
actinomorphous aktinomorph
actinomycelial *s.* actinomycetic
Actinomyces israeli Actinomyces *m* israeli *(Erreger der Strahlenpilzkrankheit)*
actinomycete Aktinomyzet *m*, Strahlenpilz *m*
actinomycetic aktinomyzetisch; Aktinomyzeten..., Strahlenpilz...
actinomycetin Actinomycetin *n*
actinomycetous *s.* actinomycetic
actinomycin Aktinomycin *n (Zytostatikum)*
actinomycoma Aktinomykom *n*, Strahlenpilzmykom *n*, Aktinomyzetom *n*, Aktinomyzesknoten *m*
actinomycosis Aktinomykose *f*, Strahlenpilzkrankheit *f*
actinomycosis of bones Knochenaktinomykose *f*
actinomycosis of lungs Lungenaktinomykose *f*
actinomycosis of skin Hautaktinomykose *f*
actinomycotic aktinomykotisch; Aktinomykose..., Strahlenpilzkrankheits...
actinomycotic granuloma *s.* actinomycoma
actinomycotic mycetoma Aktinomyzetom *n*
actinomycotin Aktinomykotin *n (aus Actinomyces-Kulturen)*
actinon Aktinon *n*, Aktinium-Emanation *f (Radonisotop 219)*
actinoneuritis Aktinoneuritis *f*, Strahlenneuritis *f*, Nervenentzündung *f* bei Strahlenexposition
actinophage Aktinophage *m (Actinomyzeten auflösendes Virus)*
actinophytosis Aktinophytose *f*, Traubenpilzkrankheit *f*, Botryomykose *f*
actinotherapeutic aktinotherapeutisch, strahlentherapeutisch
actinotherapy Aktinotherapie *f*, Strahlenbehandlung *f (z. B. mittels UV- oder Röntgenstrahlung)*
actinotoxin Aktinotoxin *n*
action Aktion *f*, Wirkung *f*, Einwirkung *f*
action current *(Physiol)* Aktionsstrom *m*
action interval Aktionspause *f*
action mechanism Wirkungsweise *f*, Wirkmechanismus *m*
action of a drug Arzneimittelwirkung *f*, Medikamentenwirkung *f*
action of the bowels Darmtätigkeit *f*, Stuhlgang *m*
action of the heart Herztätigkeit *f*, Herzfunktion *f*
action optimum Wirkungsoptimum *n*
action picture Aktionsbild *n*
action potential Aktionspotenzial *n*
action resulting from affective discharge Affekthandlung *f*
action time Aktionszeit *f*, Wirkungszeit *f*
action tremor *s.* intention tremor
activate *v* 1. aktivieren, anregen; eine Wirkung verstärken; 2. radioaktiv machen; 3. adsorptionsfähig machen
activated carbon Aktivkohle *f*, A-Kohle *f*, Absorptionskohle *f*
activated charcoal *s.* activated carbon
activated charcoal bed Aktivkohlebett *n*
activated charcoal filter Aktivkohlefilter *m*
activated clotting time *s.* activated coagulation time
activated coagulation time aktivierte Koagulationszeit *f*, ACT
activated coal *s.* activated carbon
activated fatty acid aktivierte Fettsäure *f*
activated molecule aktiviertes [angeregtes] Molekül *n*
activated partial thromboplastin time aktivierte partielle Thromboplastinzeit *f*, aPTT
activating agent Aktivierungsmittel *n*, Aktivator *m*
activating analysis Aktivierungsanalyse *f*
activating energy Aktivierungsenergie *f*
activating enzyme Aktivierungsenzym *n*
activating pattern Aktivierungsmuster *n*
activating time Aktivierungszeit *f*
activation Aktivierung *f*
activation analysis *(Rad)* Aktivierungsanalyse *f (z. B. der Neutronen)*
activation energy Aktivierungsenergie *f*
activation factor Aktivierungsfaktor *m*
activation mechanism Aktivierungsmechanismus *m*
activation method Aktivationsmethode *f (beim EEG)*
activation of enzymes Enzymaktivierung *f*, Fermentaktivierung *f*
activation of fibrinolysin Fibrinolysinaktivierung *f*
activation study Aktivierungsstudie *f*, Aktivierungsuntersuchung *f*
activation temperature Aktivierungstemperatur *f*
activator Aktivator *m*, Aktivierungsmittel *n*
active aktiv, wirksam, schnell wirkend *(z. B. eine Therapie)*
active acetate *s.* acetyl coenzyme A
active agent Wirkstoff *m*
active algolagnia aktive Algolagnie *f*, Sadismus *m*
active analysis *(Psych)* aktive Analyse *f*
active anaphylaxis aktive Anaphylaxie *f*
active-assisted exercice aktiv-assistierte Übung *f*
active arm prosthesis aktive Armprothese *f*
active carrier aktiver Carrier *m* [Überträger *m*]
active charcoal *s.* activated carbon
active coal *s.* activated carbon
active compound aktive Verbindung *f*
active dentition guidance aktive Gebissbeeinflussung *f*
active electrode aktive [differente] Elektrode *f*, Reizelektrode *f*
active eruption aktiver Zahndurchbruch *m*
active exercise therapy aktive Bewegungstherapie *f*, aktive Übungsbehandlung *f*
active exercises aktive Übungen *fpl*, (aktive) Gymnastik *f*
active expiration aktive Exspiration *f* [Ausatmung *f*]
active gastric ulcer blutendes [aktives] Magengeschwür *n*
active hyperaemia aktive Hyperämie *f*
active hypnosis aktive Hypnose *f*, Aktivhypnose *f*
active immunity aktive Immunität *f*
active immunization aktive Immunisierung *f*, Schutzimpfung *f*
active ingredient aktiver Bestandteil *m*, aktive Substanz *f*, Wirkstoff *m*
active labour aktive Geburt *f*
active laser medium aktives Lasermedium *n*
active listening aktives Zuhören *n*
active movement aktive Bewegung *f*
active negativism *(Neur)* aktiver [innerer] Negativismus *m*
active oneirodynia Oneirodynia *f* activa, Nachtwandeln *n*, Somnambulismus *m*
active orthesis aktive Orthese *f*
active orthodontic appliance aktiver kieferorthopädischer Apparat *m*
active range of motion aktiver Bewegungsbereich *m*
active resistance training aktives Widerstandstraining *f*
active sensitization aktive Sensibilisierung *f*
active site aktives Zentrum *n*; aktiver Bereich *m (z. B. eines Enzyms)*
active shielding aktive Abschirmung *f*, Aktivabschirmung *f*

active substance aktive Substanz *f*, Wirkstoff *m*
active sulphate aktives Sulfat *n*
active tissue substance aktive Gewebssubstanz *f*, Gewebewirkstoff *m*
active transport aktiver Transport *m*
actively shielded aktiv abgeschirmt, aktiv geschirmt
activities of daily living Aktivitäten *fpl* des täglichen Lebens, ATL *(bei der Patientenpflege)*
activity 1. Aktivität *f*, Tätigkeit *f*; 2. Wirkung *f*, Wirksamkeit *f (z. B. eines Medikaments)*
activity amount Aktivitätsmenge *f*
activity capacity Aktivitätskapazität *f*
activity coefficient Aktivitätskoeffizient *m*
activity curve Aktivitätskurve *f*
activity decline Aktivitätsabfall *m*
activity decrease Aktivitätsverminderung *f*, Aktivitätsminderung *f*
activity enrichment Aktivitätsanreicherung *f*
activity factor Aktivitätsfaktor *m*
activity level Aktivitätsgrad *m*, Aktivitätsstufe *f*
activity of macrophages Makrophagenaktivität *f*
activity of the heart Herztätigkeit *f*, Herzfunktion *f*
activity profile Aktivitätsprofil *n*
activity ratio Aktivitätsverhältnis *n*, Aktivitätsquotient *m*
activity spectrum Aktivitätsspektrum *n*, Wirkungsbereich *m*; Wirkungsbreite *f*
activity therapy Aktivitätstherapie *f*
activity unit Aktivitätseinheit *f*
actogram Aktogramm *n*
actograph Aktograph *m*
actographic aktographisch; Akrograph...; Aktographie...
actography Aktographie *f (Registrierung der Bewegungsaktivität)*
actomyosin Aktomyosin *n (Eiweißkomplex des Muskels)*
actual cautery Kauter *m*, Brenneisen *n*; Glüheisen *n*
actual dimension *s.* actual value
actual frequency Arbeitsfrequenz *f*
actual genesis *(Neur)* Aktualgenese *f*
actual neurosis Aktualneurose *f (neurotisches Zustandsbild)*
actual power effektive Leistung *f*
actual size Ist-Größe *f*
actual value Ist-Wert *m*, aktueller Wert *m*
actualization Aktualisierung *f*, Aktualisieren *n*; Bewusstwerden *n*; Verwirklichung *f*
actuarial versicherungsstatistisch, versicherungsmathematisch
actuarial survival curve versicherungsmathematische Überlebenskurve *f*, (versicherungs)statistische Überlebenskurve *f*
actuarial survival rate aktuarielle Überlebensrate *f*
acuclosure *s.* 1. acupressure; 2. acutorsion
acuesthesia *s.* acouaesthesia
acuity 1. akuter Zustand *m*; 2. Schärfe *f (z. B. einer Sinneswahrnehmung)*
acuity of hearing Hörschärfe *f*
acumen Scharfsinn *m*
acumeter *s.* acoumeter
acuminate spitz, zugespitzt, acuminatus
acuminate condyloma *(Derm)* Condyloma *n* acuminatum, spitzes Kondylom *n*, spitze Feigwarze *f*, Verruca *f* acuminata
acuminate wart *s.* acuminate condyloma
acupoint Akupunkturpunkt *m*
acupressure Akupressur *f (Kompression eines Blutgefäßes mit Nadeln)*
acupressure needle Akupressurnadel *f*
acupuncture *v* akupunktieren, eine Akupunktion durchführen
acupuncture 1. Akupunktur *f*, Nadelstichelung *f*; 2. Akupunktur *f*, Nadellehre *f*
acupuncture anaesthesia Akupunkturanästhesie *f*
acupuncture analgesia Akupunkturanalgesie *f*
acupuncture area Akupunkturgebiet *n*, Akupunkturbereich *m*
acupuncture needle Akupunkturnadel *f*
acupuncture point Akupunkturpunkt *m*
acupuncture point detector Akupunkturpunktdetektor *m*
acupuncturist Akupunkteur *m*
acus (chirurgische) Nadel *f*
acusection Diathermieschnitt *m*, Schneiden *n* mit dem elektrischen Messer
acusector *(Chir)* Akusektor *m*, Diathermiemesser *n*, elektrisches Messer *n*
acustic *s.* acoustic
acusticus (nerve) *s.* acoustic nerve
acute 1. akut, plötzlich auftretend *(z. B. Schmerzen)*; schnell [heftig] verlaufend *(z. B. Krankheit)*; 2. heftig, stechend *(z. B. Schmerzen)*; 3. fein *(z. B. Gehör)*; scharf *(z. B. Augen)*; 4. klug; scharfsinnig; schlau, raffiniert
acute abdomen *(Chir)* akutes Abdomen *n*, akuter Bauch(zustand) *m*, akute Bauchkrankheit *f*
acute abdomen at pancreatitis onset Dieulafoy'sche Pankreaskrise *f*, Dieulafoy-Pankreaskrise *f*
acute abdominal condition *s.* acute abdomen
acute abdominal pain akuter Bauchschmerz *m*
acute abscess akuter Abszess *m*
acute adrenal insufficiency *s.* Addisonian crisis
acute air trapping Symptom *n* der gefangenen Luft, Pendelluft *f (bei Bronchialobstruktion)*
acute alcoholic intoxication *s.* acute alcoholism
acute alcoholism akute Alkoholvergiftung *f*, akuter Alkoholrausch *m*
acute alveolar abscess akuter Alveolarabszess *m*
acute angle-closure attack Glaukomanfall *m*
acute angle-closure glaucoma Engwinkelglaukom *n*
acute anicteric hepatitis akute anikterische Hepatitis *f*
acute anxiety state akuter Angstzustand *m*
acute appendicitis Appendicitis *f* acuta, akute Blinddarmentzündung *f*
acute articular rheumatism akutes rheumatisches Fieber *n*
acute ascending myelitis akute aszendierende Myelitis *f*
acute ascending spinal paralysis akute aszendierende spinale Paralyse *f*
acute aseptic meningitis *s.* lymphocytic choriomeningitis
acute atrophic paralysis akute atrophische Paralyse *f*
acute attack of appendicitis akuter Appendizitisschub *m*, akuter appendizitischer Schub *m*
acute attack of glaucoma akuter Glaukomanfall *m*
acute benign lymphoblastosis *s.* infectious mononucleosis
acute benign lymphocytic meningitis Meningitis *f* serosa, aseptische [abakterielle] Meningitis *f*, Virusmeningitis *f*
acute brain disorder akutes hirnorganisches Psychosyndrom *n*
acute bronchitis akute Bronchitis *f*, Bronchitis *f* acuta
acute care Akutpflege *f*
acute catarrhal sinusitis akuter Nasennebenhöhlenkatarrh *m*, akute Sinusitis *f*
acute cerebral circulation impairment akuter zerebraler Insult *m*
acute cerebral concussion syndrome Initialsyndrom *n*, Symptomatik *f* nach Schädel-Hirn-Trauma
acute childhood leukaemia akute kindliche Leukämie *f*, akute Leukämie *f* im Kindesalter

acute choleystitis akute Cholezystitis *f*, Cholecystitis *f* acuta
acute chorea 1. Chorea *f* Sydenham [minor infectiosa], infektiöstoxische Chorea *f*, infektiöstoxischer Veitstanz *m*; 2. Chorea *f* gravidarum, Schwangerschaftschorea *f*
acute ciliary ganglion infection Ganglionitis *f* ciliaris acuta, akute Ziliarganglioninfektion *f*
acute circulatory failure akutes Kreislaufversagen *n*
acute circumscribed oedema akutes umschriebenes Ödem *n*
acute confusional state akuter Verwirrtheitszustand *m*, akute Verwirrung *f*
acute congestive glaucoma Glaukomanfall *m*
acute contagious conjunctivitis Conjunctivitis *f* catarrhalis, akuter Augenbindehautkatarrh *m*
acute delirium *(Neur)* Delirium *n* acutum, akutes [plötzlich einsetzendes] Delir(ium) *n*, Entzugssyndrom *n*
acute dental caries akute Zahnkaries *f*
acute diffuse peritonitis akute diffuse Peritonitis *f*
acute disease akute Krankheit *f*, Akuterkrankung *f*
acute disseminated encephalitis *s.* acute disseminated encephalomyelitis
acute disseminated encephalomyelitis akute disseminierte Enzephalomyelitis *f*, postinfektiöse Enzephalomyelitis *f*, akute postvakzinale Enzephalomyelitis *f*
acute distention of the stomach akute Magenüberdehnung *f*
acute diverticulitis akute Divertikulitis *f*, Diverticulitis *f* acuta
acute epiglottitis akute Epiglottitis *f*, Epiglottitis *f* acuta
acute ear Otitis *f* media acuta, akute Mittelohrentzündung *f*
acute eosinophilic pulmonary infiltrate akutes eosinophiles Lungeninfiltrat *n*, Löffler'sches Syndrom *n*, Löffler-Syndrom *n* I
acute exogenous reaction type *(Psych)* akuter exogener Reaktionstyp *m*
acute fatigue akute Erschöpfung *f*
acute febrile polyneuritis akute febrile Polyneuritis *f*
acute fibrinous bronchitis akute fibrinöse Bronchitis *f*
acute fibrinous enteritis akute fibrinöse Enteritis *f*, membranöse Darmentzündung *f*
acute fibrinous pericarditis akute fibrinöse Perikarditis *f*, Pericarditis *f* fibrinosa acuta
acute fulminating meningococcaemia *s.* Waterhouse-Friderichsen syndrome
acute gastritis akute Gastritis *f*, Gastritis *f* acuta
acute gingivitis akute Gingivitis *f*, Gingivitis *f* acuta
acute glaucoma akutes Glaukom *n*, Glaucoma *n* acutum
acute glomerulonephritis akute Glomerulonephritis *f*, Glomerulonephritis *f* acuta
acute granulocytic leukaemia akute granulozytäre Leukämie *f*
acute haemodialysis akute Hämodialyse *f*
acute haemorrhagic brachial plexus damage apoplektischer Armplexusschaden *m*; apoplektiforme Neuritis *f*
acute haemorrhagic conjunctivitis akute hämorrhagische Konjunktivitis *f*, Conjunctivitis *f* haemorrhagica acuta
acute haemorrhagic leukoencephalitis akute hämorrhagische Leukoenzephalitis *f*, Leucoencephalitis *f* haemorrhagica acuta
acute haemorrhagic pancreatitis akute hämorrhagische Pancreatitis *f*, Pancreatitis *f* haemorrhagica acuta, akute Pankreasapoplexie *f* [Pankreasnekrose *f*]
acute hallucinatory paranoia akute halluzinatorische Paranaoia *f*, Paranoia *f* hallucinatoria acuta
acute hallucinosis akute Halluzinose *f*
acute hearing scharfes Hören *n*, scharfes [gutes] Gehör *n*
acute hearing loss akuter Hörsturz *m*
acute hepatic porphyria of Watson Porphyria *f* acuta intermittens
acute herpetic gingivostomatitis akute Herpes-Gingivostomatitis *f*, akute Gingivostomatitis *f* herpetica
acute hypoxia akute Hypoxie *f*
acute idiopathic polyneuritis akute idiopathische Polyneuritis *f*, Landry-Guillain-Barré-Syndrom *n*
acute idopathic thrombocytopenic purpura akute idiopathische thrombozytopenische Purpura *f*
acute immune disease akute Immunerkrankung *f*
acute infectious adenitis *s.* infectious mononucleosis
acute infectious erythema Erythema *n* infectiosum, akutes infektiöses Erythem *n*
acute infectious paralysis akute infektiöse Paralyse *f*
acute infective hepatitis akute infektiöse Hepatitis *f*, Virushepatitis *f*
acute intermittent porphyria *s.* acute hepatic porphyria of Watson
acute interstitial nephritis Nephritis *f* interstitialis acuta
acute interstitial pancreatitis Pancreatitis *f* interstitialis acuta
acute ischuria akute Harnverhaltung *f*
acute laryngotracheobronchitis Laryngotracheobronchitis *f* acuta
acute lobar pneumonia akute lobäre Pneumonie *f*
acute lymphatic leukaemia akute lymphatische Leukämie *f*, ALL
acute lymphoblastic leukaemia akute lymphoblastische Leukämie *f*, akute Lymphoblastenleukämie *f*
acute lymphocytic leukaemia akute lymphozytäre Leukämie *f*, akute Lymphozytenleukämie *f*
acute lymphoid leukaemia akute lymphoide Leukämie *f*
acute manganese poisoning akute Manganintoxikation *f*, akute Manganvergiftung *f*, Manganpneumonie *f*
acute mastitis akute Mastitis *f*, Mastitis *f* acuta
acute megakaryocytic leukaemia akute Megakaryozytenleukämie *f*
acute mountain sickness akute Höhenkrankheit *f*
acute myelitis akute Myelitis *f*, Myelitis *f* acuta
acute myelocytic leukaemia akute Myelozytenleukämie *f*, AML
acute myeloid leukaemia akute myeloische Leukämie *f*, akute Myeloblastenleukämie *f*
acute myocardial infarction akuter Myokardinfarkt *m* [Herzinfarkt *m*], aMI
acute necrotizing haemorrhagic encephalopathy akute nekrotisierende hämorrhagische Enzephalopathie *f*
acute necrotizing ulcerative gingivitis akute nekrotisierende ulzerative Gingivitis *f*
acute nephritis akute Nephritis *f*, Nephritis *f* acuta
acute nicotine poisoning akute Nikotinvergiftung *f*
acute non-gonorrhoeal vulvitis akute nicht-gonorrhöische Vulvitis *f*
acute non-lymphocytic leukaemia akute nicht-lymphatische Leukämie *f*, ANLL
acute non-specific gingivitis akute unspezifische Gingivitis *f*, akute unspezifische Zahnfleischentzündung *f*
acute non-specific pericarditis akute unspezifische Perikarditis *f*
acute non-suppurative hepatitis interstitielle Hepatitis *f* [Leberentzündung *f*]
acute-on-chronic mastoiditis akuter Schub *m* einer chronischen Mastoiditis
acute organic brain syndrome Enzephalismus *m*

acute organic mental disorders *(Neur)* akute exogene Reaktionstypen *mpl*
acute organic syndrome *(Neur)* akutes hirnorganisches Psychosyndrom *n*
acute organic traumatic psychosis Kontusionspsychose *f*
acute pancreatitis akute Pankreatitis *f*, Pancreatitis *f* acuta
acute paranoia Paranoia *f* acuta
acute paranoid disorder akute paranoide Störung *f*, akute Schizophrenie *f*
acute parenchymatous hepatitis *s.* acute yellow atrophy of the liver
acute persecution and grandeur complex Délire *m* d'emblée
acute pharyngitis Pharyngitis *f* acuta, akute Kehlkopfentzündung *f*
acute phase protein *(Immun)* Akute-Phase-Protein *n*
acute pituitary vascular accident *s.* pituitary apoplexy
acute pleurisy akute Pleuritis *f*, Pleuritis *f* acuta
acute posthaemorrhagic anaemia Blutungsanämie *f*, akute posthämorrhagische Anämie *f*
acute promyelocytic leukaemia akute Promyelozytenleukämie *f*
acute prostatitis akute Prostatitis *f*, Prostatitis *f* acuta
acute psychiatric case unruhiger psychiatrischer Patient *m*
acute pulpitis akute Pulpitis *f*, Pulpitis *f* acuta
acute pyelonephritis akute Pyelonephritis *f*, Pyelonephritis *f* acuta
acute pyogenic arthritis akute pyogene Arthritis *f*
acute radial nerve palsy akute Radialis(nerven)lähmung *f*, akute Radialisparese *f*
acute radiation cystitis akute Strahlenzystitis *f*, Blasenfrühreaktion *f*
acute radiation dermatitis akute Strahlendermatitis *f*, Epithelitis *f* exsudativa
acute radiation exposure akute Strahlenbelastung *f*
acute rejection akute Abstoßung *f (z. B. eines Transplantates)*
acute renal failure akutes Nierenversagen *n*
acute respiratory disease akuter respiratorischer Infekt *m*, akute respiratorische Erkrankung *f*, akuter Atemwegsinfekt *m*
acute respiratory disease virus ARD-Virus *n*
acute respiratory distress syndrome akutes Atemnotsyndrom *n*, ARDS
acute respiratory failure akute respiratorische Insuffizienz *f*, akutes Lungenversagen *n*
acute rheumatic arthritis akute rheumatische Arthritis *f*
acute schizophrenia akute Schizophrenie *f*
acute schizophrenic episode akuter schizophrener Schub *m*
acute schizophrenic mood akuter schizophrener Geisteszustand *m*
acute situational reaction Stressreaktion *f*
acute spasmodic laryngitis Laryngitis *f* subglottica mit Stimmritzenkrampf, Pseudokrup(p) *m*, Pseudo-croup *m*
acute stress ulcer (akutes) Stressgeschwür *n*, Stressulkus *n*
acute suppurative arthritis akute suppurative [eitrige] Arthritis *f*
acute suppurative sinusitis akute suppurative [eitrige] Sinusitis *f*
acute suppurative synovitis Arthritis *f* purulenta, Pyarthrosis *f*, akute eitrige Gelenk(haut)entzündung *f*
acute tonsillitis akute Mandelentzündung *f*, Tonsillitis *f* acuta
acute transverse myelitis Myelitis *f* transversa acuta, akute Querschnittsmyelitis *f*
acute tubular necrosis akute Nierentubulusnekrose *f*
acute urethral syndrome akutes urethrales Syndrom *n*, akutes Urethralsyndrom *n*, funktionelle Dysurie *f (der Frau)*
acute yellow atrophy of the liver Icterus *m* gravis, akute gelbe Leberdystrophie *f*, akute gelbe Dystrophie *f* (der Leber)
acutely curved forceps stark gebogene Klemme *f*
acutenaculum *(Chir)* Nadelhalter *m*
acuteness 1. akuter Zustand *m*, akutes Stadium *n (z. B. einer Krankheit)*; 2. Heftigkeit *f (z. B. eines Schmerzes)*; 3. Schärfe *f*, Feinheit *f (z. B. einer Sinneswahrnehmung)*; 4. Schlauheit *f*, Scharfsinnigkeit *f*
acuteness of mind Scharfsinnigkeit *f*, Scharfsinn *m*, wacher Verstand *m*
acuteness of vision Sehschärfe *f*, Visus *m* acris
acutorsion Akutorsion *f (Verdrehung eines Blutgefäßes mit Nadeln)*
acyanoblepsia Azyanoblepsie *f*, Azyanopsie *f*, Blau-(gelb)blindheit *f*
acyanobleptic Azyanoblepsie…
acyanopsia *s.* acyanoblepsia
acyanotic azyanotisch, ohne Zyanose
acyanotic atelectasis azyanotische Atelektase *f*
acyanotic congenital defect azyanotischer kongenitaler Herzfehler *m*
acyanotic heart disease azyanotische Herzerkrankung *f*, azyanotischer Herzfehler *m*
acyclic azyklisch; nicht im normalen Zyklus menstruierend
acyclic uterine bleeding azyklische Gebärmutterblutung *f*
acyclovir *(Pharm)* Acyclovir *n*
acyesis 1. (weibliche) Sterilität *f*, Schwangerschaftsunfähigkeit *f*; 2. Fehlen *n* einer Schwangerschaft, Schwangerschaftslosigkeit *f*
acyetic 1. steril, nicht schwangerschaftsfähig, schwangerschaftsunfähig; 2. schwangerschaftslos, nicht schwanger
acyl-CoA *s.* acyl coenzyme A
acyl-CoA dehydrogenase Acyl-CoA-Dehydrogenase *f (Enzym)*
acyl-CoA synthetase Acyl-CoA-Synthetase *f (Enzym)*
acylaminopeniclline Acylaminopenizllin *n*
acyl coenzyme A *(Bioch)* Acyl-Coenzyme *n* A, Acyl-CoA *n*
acylphosphatase *(Bioch)* Acylphosphatase *f (Enzym)*
acylphosphate *(Bioch)* Acylphosphat *n*
acyltransferase *(Bioch)* Acyltransferase *f (Enzym)*
acylureidopenicilline Acylureidopenizillin *n*
acyoblepsia *s.* acyanoblepsia
acystia Azystie *f*, (angeborenes) Fehlen *n* der Harnblase
ad lib. ad libitum, ad lib., nach Belieben
ad libitum ad libitum, ad lib., nach Belieben
adactyl *s.* adactylous
adactyl *s.* adactylus
adactylia *s.* adactyly
adactylism *s.* adactyly
adactylous fingerlos; zehenlos
adactylus *(Terat)* Adaktylus *m*, Missbildung *f* ohne Finger oder Zehen
adactyly *(Terat)* Adaktylie *f*, (angeborenes) Fehlen *n* von Fingern oder Zehen
Adair-Dighton syndrome Adair-Dighton-Syndrom *n* (der blauen Skleren), van-der-Hoeve'sches Syndrom *n*
adamantine Adamantin…, Zahnschmelz…
adamantine Adamantin *n*, Substantia *f* adamantina, Zahnschmelz *m*, Zahnemail *n (Zusammensetzungen siehe unter: enamel)*

adamantinocarcinoma Adamantinokarzinom *n*
adamantinoma Adamantinom(a) *n*, Ameloblastom(a) *n*, Adamantoblastom(a) *n*, Schmelzzellengeschwulst *f*, Cystadenoma *n* [Epithelioma *n*] adamantinum
adamantinoma of the jaw Kieferadamantinom *n*
adamantoblast Adamantoblast *m*, Ganoblast *m*, Ameloblast *m*, Zahnschmelzbildner *m*, Schmelzzelle *f*, Zahnemaillezelle *f* *(Zusammensetzungen siehe unter: ameloblastic)*
adamantoblastoma *s.* adamantinoma
adamantoma *s.* adamantinoma
Adamkiewicz artery *(Anat)* Adamkiewicz-Arterie *f*, Ramus *m* spinalis arteriae vertebralis
Adamkiewicz reaction *(Lab)* Adamkiewicz-Probe *f* *(Proteinnachweis)*
Adam's apple *(Anat)* Adamsapfel *m*, Pomum *n* Adami, Prominentia *f* laryngea
Adams-Stokes disease *(Kard)* Adams-Stokes-Syndrom *n*, Adams-Stokes'scher Symptomenkomplex *m*
Adams-Stokes syndrome *s.* Adams-Stokes disease
adamsite Adamsit *n* *(nasen- und rachenreizender Kampfstoff)*
adapt *v* adaptieren, anpassen; einpassen
adaptability 1. Adaptationsfähigkeit *f*, Anpassungsfähigkeit *f*, Anpassungsvermögen *n*; 2. Anwendbarkeit *f*
adaptable 1. anpassungsfähig, sich anpassend; 2. anwendbar
adaptation 1. Adap(ta)tion *f*, Anpassung *f*, Anpassungsvermögen *n*; 2. Adaptation *f*, Angepasstsein *n*
adaptation curve Adaptationskurve *f* *(Dunkelanpassung des Auges)*
adaptation disease Adaptationskrankheit *f*, Adaptinose *f*
adaptation goggles Adaptationsbrille *f*
adaptation reflex Fixationsreflex *m*
adaptation syndrome Adaptationssyndrom *n*
adaptation time Adaptationszeit *f*, Anpassungszeit *f*
adapted patients *(Neur)* adaptierte [angepasste] Patienten *mpl*
adapter Adapter *m*, Anpassungsstück *n*; Verbindungsstück *n*; Zwischenstück *n*; Reduzierstück *n*
adapter cable Adapterkabel *n*
adapter unit Adapter-Einheit *f*, Anpassungseinheit *f*
adaptive adaptiv, anpassungsfähig; Adaptations...
adaptive behaviour Adaptationsverhalten *n*, Anpassungsverhalten *n*
adaptive character Anpassungsmerkmal *n*
adaptive colitis irritables Kolon *n*
adaptive hypertrophy Adaptationshypertrophie *f*, Anpassungshypertrophie *f*, Erfordernishypertrophie *f*, Aktivitätshypertrophie *f*
adaptometer Adaptometer *n* *(Instrument zur Bestimmung der Dunkelanpassungsfähigkeit des Auges)*
adaptometry *(Ophth)* Adaptometrie *f*
ADCC *s.* antibody-dependent cell-mediated cytotoxicity
add(e) *(Pharm)* adde, füge hinzu!
added diagnostic gain zusätzlicher diagnostischer Gewinn *m*
addephagia Bulimie *f*, Heißhunger *m*, Hyperorexie *f*
adder Kreuzotter *f*
addict *v* süchtig sein (nach), abhängig sein (von); abhängig machen
addict Süchtige(r) *m*; Drogenabhängige(r) *m*, Rauschgiftsüchtige(r) *m*, Rauschgiftnehmer *m*
addicted süchtig, abhängig • **be addicted to** süchtig sein (nach), abhängig sein (von) *(z. B. Rauschgift)* • **be addicted to alcohol** an Alkohol gewöhnt sein, eine Alkoholanamnese haben
addicted to alcohol alkoholabhängig, alkoholsüchtig
addicted to drugs drogenabhängig, drogensüchtig
addicted to nicotine nikotinabhängig, nikotinsüchtig
addicted to smoking *s.* addicted to nicotine
addiction Sucht *f*, Hang *m*, Neigung *f*; Gewöhnung *f*; Abhängigkeit *f*; Rauschgiftsucht *f*, Betäubungsmittelabhängigkeit *f*
addiction to narcotics Betäubungsmittelsucht *f*
addictive suchterzeugend • **be addictive** süchtig machen, suchtauslösend sein
addictive drugs Drogen *fpl*
addictive personality Süchtige(r) *m*; Drogenabhängige(r) *m*
addictive substance Suchtmittel *n*
Addis count 1. Addis-Test *m* *(Untersuchung des Harnsediments)*; 2. Addis-Harnsediment *n*, Addis-Sediment *n*
Addisonian crisis *(Endokr)* Addison-Krise *f*, akute Nebennierenrindeninsuffizienz *f*, akuter Nebennierenrindenhormonausfall *m*
addisonism *(Endokr)* Addisonismus *m*, sekundäre Nebennierenrindeninsuffizienz *f*, benigne [gutartige] Hypoadenie *f*
Addison's anaemia *(Hämat)* Addison'sche Anämie *f*, Hunter-Addison'sche Krankheit *f*, kryptogenetische [perniziöse] Anämie *f*, Anaemia *f* perniciosa (Biermer)
Addison's disease *(Endokr)* Addison'sche Krankheit *f*, Morbus *m* Addison, Addison-Syndrom *n*, Addison'sches Syndrom *n*, Nebennierenrindeninsuffizienz *f*, Bronzekrankheit *f*, Melanoma *n* suprarenale
Addison's syndrome *s.* Addison's disease
addition 1. Zusatz *m*, Hinzufügung *f*, Hinzufügen *n*; 2. Zusatz *m*, Zumischung *f*
additional zusätzlich; Zusatz...
additional device Zusatzgerät *n*
additional diaphragm Zusatzblende *f*
additional dose zusätzliche Dosis *f*, Zusatzdosis *f*
additional equipment Zusatzausrüstung *f*
additional film rinsing zusätzliche Filmwässerung *f*, Nachwässerung *f* (von Filmen)
additional filter zusätzlicher Filter *m*, Zusatzfilter *m*
additional infarct Zweitinfarkt *m*
additional instrument zusätzliches Instrument *n*, Zusatzinstrument *n*
additional lamp zusätzliche Lampe *f*, Zusatzlampe *f*, Zusatzleuchte *f*
additional monitor zusätzlicher Monitor *m*, Zusatzmonitor *m*
additional optic system zusätzliche Betrachtungsoptik *f*
additional stress zusätzliche Belastung *f*, Mehrbelastung *f*
additional viewing system *s.* additional optic system
additive Zusatz *m*, Additiv *n*, Zusatzstoff *m*
additive additiv, zusätzlich; Zusatz...
additive hormone therapy additive Hormontherapie *f*
additive synergism *(Pharm)* additiver Synergismus *m*
additus to the tympanic antrum *(Anat)* Additus *m* ad antrum
addle verwirrt, konfus
addlebrain Wirrkopf *m*
addleheaded verwirrt, wirr(köpfig), konfus
addlepated *s.* addleheaded
adducent adducens, adduzierend, anziehend; heranführend
adduct *v* adduzieren, anziehen, heranziehen, heranführen
adduction Adduktion *f*, Anziehung *f*, Heranziehen *n*, Heranführen *n* *(zur Medianebene des Körpers)*
adduction contracture Adduktionskontraktur *f*
adduction fracture Adduktionsfraktur *f*
adduction of fingers Fingeradduktion *f*
adductor *(Anat)* Musculus *m* adductor, Adduktor *m*, Adduktionsmuskel *m*, Anziehmuskel *m*, Heranzieher *m*

adductor brevis (muscle) Musculus *m* adductor brevis, kurzer Schenkelanzieher *m*
adductor canal (of Hunter) Adduktorenkanal *m*, Canalis *m* adductorius (Hunteri)
adductor digiti secundi (muscle) Musculus *m* adductor digiti secundi
adductor hallucis (muscle) Musculus *m* adductor hallucis, Großzehenanzieher *m*
adductor hallucis transversus (muscle) Caput *n* transversum musculi adductoris hallucis
adductor hiatus Hiatus *m* adductorius [tendineus], Adduktorenschlitz *m*, untere Adduktorenkanalöffnung *f*
adductor longus (muscle) Musculus *m* adductor longus, langer Schenkelanzieher *m*
adductor magnus (muscle) Musculus *m* adductor magnus, großer Schenkelanzieher *m*
adductor minimus (muscle) Musculus *m* adductor minimus, kleiner Schenkelanzieher *m*
adductor muscle *s.* adductor
adductor musculature Adduktorenmuskulatur *f*
adductor opening *s.* adductor hiatus
adductor paralysis Adduktorenlähmung *f*, Adduktorenparalyse *f*
adductor pollicis (muscle) Musculus *m* adductor pollicis, Daumenanzieher *m*
adductor pollicis obliquus (muscle) Caput *n* obliquum musculi adductoris pollicis, schräger Kopf *m* des Daumenanziehmuskels
adductor pollicis transversus (muscle) Caput *n* transversum musculi adductoris pollicis, querer Kopf *m* des Daumenanziehmuskels
adductor reflex Adduktorenreflex *m*
adductor reflex of the thigh Oberschenkeladduktoren(eigen)reflex *m*
adductor spasm Adduktorenspasmus *m*
adductor syndrome Adduktorensyndrom *n*
adductor tubercle *(Anat)* Tuberculum *n* adductorium, Adduktorentuberkulum *n*
adelomorphic adelomorph, kaum sichtbar *(z. B. Drüsenzellen des Magens)*
adelomorphous *s.* adelomorphic
adenalgia Adenalgie *f*, Drüsenschmerz *m*
adenase Adenase *f*, Adenindesaminase *f (Enzym)*
adenasthenia Adenasthenie *f*, Drüsen(funktions)schwäche *f*, Drüsenunterfunktion *f*
adendric *s.* adendritic
adendritic adendritisch, dendritenlos
adenectomy 1. Adenektomie *f*, (operative) Drüsenentfernung *f*; 2. Lymphknotenexstirpation *f*, (operative) Lymphknotenentfernung *f*
adenectopia Adenektopie *f*, Drüsenverlagerung *f*
adenia Adenie *f*, Drüsenerkrankung *f*, Lymphdrüsenkrankheit *f*
adenic adenös, drüsig, drüsenartig; Drüsen...
adeniform drüsenförmig
adenine *(Bioch)* Adenin *n*, 6-Aminopurin *n*
adenine arabinoside Adeninarabinosid *n*
adenine deaminase Adenindeaminase *f (Enzym)*
adenine deoxyribonucleotide Adenindeoxyribonukleotid *n*
adenine nucleotide Adeninnukleotid *n*, Adenosindiphosphat *n*
adenine phosphoribosyltransferase Adeninphosphoribosyltransferase *f (Enzym)*
adenine phosphoribosyltransferase deficiency Adeninphosphoribosyltransferasemangel *m*
adenine riboside *s.* adenosine
adenitis Adenitis *f*, Drüsenentzündung *f*, Lymphknotenentzündung *f*
adenoacanthoma Adenoakanthom *n*, Adenokankroid *n*
adenoameloblastoma Adenoameloblastom *n*
adenoangiosarcoma *(Path)* Adenoangiosarkom *n*
adeno-associated virus adeno-assoziiertes Virus *n*, AAV
adenoblast *(Embr)* Adenoblast *m*
adenoblepharitis *(Ophth)* Adenoblepharitis *f*
adenocancroid Adenokankroid *n*, Adenoakanthom *n*
adenocarcinoid adenokarzinoid; Adenokarzinom..., Drüsen(gewebs)krebs...
adenocarcinoma Adenokarzinom *n*, Drüsen(gewebs)krebs *m*, Carcinoma *n* adenomatosum
adenocarcinoma in situ Adenocarcinoma *f* in situ
adenocarcinoma of the infantile testis Dottersacktumor *m*
adenocarcinoma of the kidney Nieren(zell)karzinom *n*
adenocarcinoma of the lung Lungenadenokarzinom *n*
adenocarcinomatous adenokarzinomatös, adenokarzinomartig; Adenokarzinom...
adenocele Adenozele *f (zystischer Drüsentumor)*
adenocellulitis Adenozellulitis *f*, Drüsen- und Zellgewebsentzündung *f*
adenochondroma Adenochondrom *n (Geschwulst aus Drüsen- und Knorpelgewebe)*
adenochondrosarcoma Adenochondrosarkom *n (Geschwulst aus Drüsen-, Knorpel- und Muskelgewebe)*
adenochrome Adenochrom *n (Farbstoff der Nebennieren)*
adenocyst *s.* adenocystoma
adenocystic adenozystisch, drüsig-blasig
adenocystic carcinoma *s.* cylindroma
adenocystoma Adenokystom *n*, Zystadenom *n*, Kystadenom *n*
adenocystosarcoma Adenozystosarkom *n*
adenocyte Drüsenzelle *f*
adenodynia Adenodynie *f*, Drüsenschmerz *m*
adenoepithelioma *(Path)* Adenoepitheliom(a) *n*
adenofibroma *(Path)* Adenofibrom *n*, Fibroadenom *n*, Drüsenfasergeschwulst *f*
adenofibromatosis *(Path)* Adenofibromatose *f*
adenofibromyoma *(Path)* Adenofibromyom *n*
adenofibrosarcoma *(Path)* Adenofibrosarkom *n*
adenofibrosis Adenofibrose *f (1. Fibrose einer Drüse; 2. fibrozystische Brustkrankheit)*
adenogenesis Adenogenese *f*, Drüsenentwicklung *f*
adenogenic adenogen, von Drüsen abstammend
adenogenous *s.* adenogenic
adenographic adenographisch, drüsendarstellend
adenography Adenographie, Drüsen(röntgen)darstellung *f*
adenohypersthenia Drüsenüberfunktion *f*
adenohypophysectomy Adenohypophysektomie *f*, (operative) Adenohypophysenentfernung *f*
adenohypophysial adenohypophyseal, adenohypophysial; Adenohypophysen..., Hypophysenvorderlappen..., HVL-...
adenohypophysial hormone Hypophysenvorderlappenhormon *n*, HVL-Hormon *n*
adenohypophysis Adenohypophyse *f*, Prähypophyse *f*, Hypophysenvorderlappen *m*, HVL, Lobus *m* anterior hypophyseos
adenohypophysitis Adenohypophysitis *f*, Hypophysenvorderlappenentzündung *f*
adenoid adenoid, drüsig, drüsenähnlich, drüsenartig; Drüsen...; drüsenförmig; lymphknotenähnlich, lymphoid
adenoid curette *(HNO)* Adenoidmesser *n*, Ringmesser *n*
adenoid cystic carcinoma *s.* cylindroma
adenoid degeneration virus AD-Virus *n*
adenoid facies *(HNO)* Adenoidfazies *f*, Adenoidgesicht *n*, drüsiges Gesicht *n*

adenoid hyperplasia adenoide Hyperplasie *f*, Hyperplasie *f* der adenoiden Vegetationen
adenoid hypertrophy adenoide Hypertrophie *f*
adenoid speech adenoide Sprache *f*
adenoid squamous cell carcinoma *s.* adenoacanthoma
adenoid tissue adenoides [lymphatisches] Gewebe *n*, Lymphgewebe *n*
adenoid tonsil *s.* pharyngeal tonsil
adenoid vegetations adenoide Wucherungen *fpl*, adenoide Vegetationen *fpl*
adenoidal pharyngeal conjunctival virus APC-Virus *n*, Adenovirus *n (Zusammensetzungen siehe unter: adenovirus)*
adenoidectomy *(HNO)* Adenektomie *f*, Adenotomie *f*, (operative) Adenoidenentfernung *f*
adenoidism Adenoidismus *m*, adenoider Habitus *m*, adenoides Syndrom *n*
adenoiditis Adenoiditis *f*, Adenoitis *f*, Rachenmandelentzündung *f*
adenoids 1. *(HNO)* Adenoide *npl*, adenoide Vegetationen *fpl*, Rachenmandelwucherungen *fpl (lymphatisches Gewebe im Nasenrachen)*; 2. *(HNO)* Polypen *mpl (in der Nase)*
adenoleiomyofibroma *(Path)* Adenoleiomyofibrom *n*
adenoleiomyoma *(Path)* Adeno(leio)myom *n*
adenolipoma *(Path)* Adenolipom *n*
adenolipomatosis *(Path)* Adenolipomatose *f*
adenolymphitis Lymphadenitis *f*, Lymphknotenentzündung *f*, Lymphdrüsenentzündung *f*
adenolymphocele Adenolymphozele *f*, zystische Lymphknotenvergrößerung *f*
adenolymphoma *(Path)* Adenolymphom *n*, Speicheldrüsengeschwulst *f*
adenoma *(Path)* Adenom(a) *n*, (gutartige) Drüsengeschwulst *f*, Epithelioma *n* adenomatosum
adenoma endometroides ovarii Endometriosis *f* ovarii
adenoma of pancreatic insular tissue *s.* insulinoma
adenoma of the large intestine Dickdarmadenom *n*
adenomalacia Adenomalazie *f*, Drüsenerweichung *f*
adenomammectomy *(Chir, Gyn)* subkutane Mastektomie *f*
adenomatoid adenomatoid, adenomartig, adenomähnlich; Adenom...
adenomatosis Adenomatose *f*, Adenomanhäufung *f*
adenomatosis of the colon Kolonadenomatose *f*, Adenomatosis *f* coli
adenomatous adenomatös, adenomartig, adenomähnlich; Adenom...
adenomatous goitre Struma *f* nodosa, Knotenstruma *f*, Knotenkropf *m*
adenomatous polyposis coli Polyposis *f* adenomatosa coli
adenomectomy Adenomektomie *f*, (operative) Adenomentfernung *f*
adenomegaly Adenomegalie *f*, Drüsenvergrößerung *f*
adenomesenteritis Adenomesenteritis *f*, Mesenterialdrüsenentzündung *f*
adenomyoepithelioma *(Path)* Adenomyoepithelioma *n*
adenomyofibroma *(Path)* Adenomyofibrom(a) *n*
adenomyohyperplasia *(Path)* Adenomyohyperplasie *f*
adenomyoma *(Path)* Adenomyom *n (Geschwulst aus Endometrium und glatter Muskulatur)*
adenomyomatosis Adenomyomatose *f (Ausbreitung eines Adenomyoms auf Nachbargewebe)*
adenomyomatous adenomyomatös; Adenomyomatose...
adenomyometritis Adenomyometritis *f*
adenomyosalpingitis Adenomyosalpingitis *f*
adenomyosarcoma *(Path)* Adenomyosarkom *n (bösartiger embryonaler Tumor)*
adenomyosis Adenomyosis *f* (uteri), Adenomyose *f*, Endometriosis *f* uteri interna
adenomyosis of the Fallopian tube *s.* adenomyosalpingitis
adenomyosis of the gall bladder Gallenblasenadenomyose *f*
adenomyositis Adenomyositis *f (entzündliche Gebärmuttervergrößerung)*
adenomyxochondrosarcoma *(Path)* Adenomyxochondrosarkom *n*
adenomyxoma *(Path)* Adenomyxom *n*, Myxoadenom *n*
adenomyxosarcoma *(Path)* Adenomyxosarkom *n*
adenoncus Drüsenvergrößerung *f*, Drüsenschwellung *f*; Drüsengeschwulst *f*
adenoneural adenoneural; Drüsen-Nerven-...
adenopathy Adenopathie *f*, Drüsenerkrankung *f*, Drüsenkrankheit *f*
adenopharyngeal adenopharyngeal; Tonsillen-Pharynx-..., Mandel-Rachen-...
adenopharyngitis Adenopharyngitis *f*, Rachen- und Mandelentzündung *f*
adenophlegmon Adenophlegmone *f*, Drüsenphlegmone *f*, Drüsenvereiterung *f*, Adenitis *f* phlegmonosa
adenophthalmia Adenophthalmie *f*, Entzündung *f* der Meibom'schen Drüsen
adenophyma Drüsen(an)schwellung *f*
adenosalpingitis Adenosalpingitis *f*
adenosarcoma *(Path)* Adenosarkom *n*
adenosarcoma of the kidney Nierenadeno(myo)sarkom *n*, Wilms-Tumor *m (bösartiger Nierentumor beim Kind)*
adenosarcorhabdomyoma *(Path)* Adenosarkorhabdomyom *n*
adenoscirrhus Adenenoscirrhus *m*, Drüsenszirrhus *m*
adenosclerosis Adenosklerose *f*, Drüsenverhärtung *f*
adenose *s.* adenoid
adenosinase Adenosinase *f (Enzym)*
adenosine *(Bioch)* Adenosin *n*, Adeninribosid *n*
adenosine 3′5′-cyclic monophosphate cyclisches Adenosin-3′5′-Monophosphat *n*, cyclisches AMP *n*
adenosine deaminase Adenosindesaminase *f (Enzym)*
adenosine deaminase deficiency Adenosindesaminasemangel *m*
adenosine diphosphatase Adenosindiphosphatase *f*, ADPase *f (Enzym)*
adenosine diphosphate Adenosindiphosphat *n*, ADP *n*
adenosine diphosphoric acid *s.* adenosine diphosphate
adenosine hydrolase Adenosinhydrolase *f (Enzym)*
adenosine kinase Adenosinkinase *f (Enzym)*
adenosine monophosphatase Adenosinmonophosphatase *f*, AMPase *f (Enzym)*
adenosine monophosphate Adenosinmonophosphat *n*, AMP *n*, Adenylsäure *f*
adenosine monophosphoric acid *s.* adenosine monophosphate
adenosine nucleosidase Adenosinnukleosidase *f (Enzym)*
adenosine-3-phosphatase Adenosin-3-phosphatase *f (Enzym)*
adenosine phosphate Adenosinphosphat *n*
adenosine phosphoric acid *s.* adenosine monophosphate
adenosine polyphosphate Adenosinpolyphosphat *n*
adenosine pyrophosphate *s.* adenosine diphosphate
adenosine triphosphatase Adenosintriphosphatase *f*, ATPase *f (Enzym)*
adenosine triphosphate Adenosintriphosphat *n*, ATP *n*
adenosinediphosphoric acid Adenosindiphosphorsäure *f*, ADP *n*

adenosinemonophosphoric acid Adenosin-5′-monophosphorsäure *f*, AMP(-5′), Muskeladenylsäure *f*, (5′-)Adenylsäure *f*, Laktazidogen *n*
adenosinetriphosphoric acid Adenosintriphosphorsäure *f*, ATP *n*, Adenylpyrophosphorsäure *f*
adenosis Adenose *f*, Adenosis *f*, Drüsenerkrankung *f*
adenosquamous carcinoma Adenokankroid *n*, adenosquamöses Karzinom *n*
adenosylmethionine Adenosylmethionin *n*, aktives Methionin *n*
adenosylmethionine decarboxylase Adenosylmethionindecarboxylase *f (Enzym)*
adenotome *(HNO)* Adenotom *n*, Nasenrachenmesser *n*, Ringmesser *n* (nach Beckmann)
adenotomy 1. Adenotomie *f*, Adenektomie *f*, (operative) Adenoidenentfernung *f*; 2. Drüseninzision *f*, Drüsenschnitt *m*
adenotomy curette Adenotomiekürette *f*
adenotonsillar adenotonsillär; Rachenwucherungen-Mandel-…
adenotonsillectomy Adenotonsillektomie *f*, (operative) Entfernung *f* der Rachenwucherungen und der Mandeln
adenous adenös, drüsig, drüsenartig; Drüsen…
adenovarix Adenovarize *f*, Lymphdrüsenvergrößerung *f*
adenoviral adenoviral; Adenovirus…, Adenoviren…
adenoviral pharyngitis Adenoviruspharyngitis *f*
adenovirus Adenovirus *n*
adenovirus angina Adenovirusangina *f*
adenovirus conjunctivitis Adenoviruskonjunktivitis *f*
adenovirus pneumonia Adenoviruspneumonie *f*
adenylate Adenylat *n*
adenylate cyclase Adenyl(at)zyklase *f*, Adenylcyclase *f (Enzym)*
adenylate kinase Adenyl(at)kinase *f (Enzym)*
adenylic acid *s.* adenosinemonophosphoric acid
adenylosuccinase Adenylsuccinase *f (Enzym)*
adenylosuccinate lyase Adenylsuccinatlyase *f (Enzym)*
adenylosuccinate synthetase Adenylsuccinatsynthetase *f (Enzym)*
adenylosuccinic acid Adenylsuccinsäure *f*, Adenylbernsteinsäure *f (Enzym)*
adenylpyrophosphatase *s.* adenosine triphosphatase
adenylpyrophosphoric acid Adenylpyrophosphorsäure *f*, Adenosintriphosphorsäure *f*, ATP *n*
adenyltransferase Adenyltransferase *f (Enzym)*
adephagia Adephagie *f*, Bulimie *f*, Heißhunger *m*
adeps Adeps *m(f)*, Fett *n*
adequate respiration Normalatmung *f*, adäquate [normale] Atmung *f*
adequate stimulus adäquater Reiz *m* [Stimulus *m*]
adermia Hautlosigkeit *f*, Fehlen *n* der Haut
adermin *s.* adermine
adermine Pyridoxin *n*, Vitamin *n* B_6, Antidermatitisvitamin *n*, *(veraltet)* Adermin *n*
adermogenesis Adermogenese *f*, fehlende Hautbildung *f* [Hautentwicklung *f*]
adermotrophia Hautatrophie *f*
ADH *s.* 1. alcohol dehydrogenase; 2. antidiuretic hormone
adhere *v* 1. ankleben *(z. B. Pflaster)*; 2. anwachsen *(z. B. ein Thrombus)*; 3. verwachsen, zusammenwachsen *(z. B. Gewebe)*; 4. verkleben *(z. B. Thrombozyten)*
adhere *v* **to** (an)haften, (fest)kleben *(z. B. Verband)*
adherence Adhärenz *f*, Haften *n*, Anhaften *n*, Haftenbleiben *n*, Verklebung *f*, Verwachsung *f*, Verwachsensein *n*
adherence-disappearence phenomenon *(Immun)* Schwund- und Haftphänomen *n*
adherent adhärent, adhärierend, anhaftend, haftend, anklebend; verbacken
adherent junction Zonula *f* adhaerens
adherent lens *s.* contact lens
adherent leucoma Leucoma *n* adhaerens
adherent pericardium Pericardium *n* adhaerens
adherent placenta Placenta *f* adhaerens
adhesin Adhäsin *n*; Adhäsionsfaktor *m (Oberflächenstruktur von Zellen)*
adhesioectomy Adhäsionenresektion *f*, (operative) Adhäsionenentfernung *f*
adhesiolysis Adhäsiolyse *f*, Adhäsionen(ab)lösung *f*, Lösung *f* von Verwachsungen; Debridement *n*
adhesion 1. Adhäsion *f*, Ankleben *n*; 2. Anwachsen *n*; Zusammenwachsen *n*; 3. Adhäsion *f*, Verwachsung *f*, Verwachsungsstrang *m*; 4. Verklebung *f* • **divide adhesions** Adhäsionen [Verwachsungen] durchtrennen, eine Adhäsiolyse durchführen
adhesion denture Adhäsionsprothese *f*, Haftprothese *f*, Haftgebiss *n*
adhesion formation *(Chir)* Adhäsionenbildung *f*, Adhäsivprozess *m*
adhesion index Adhäsionsindex *m*
adhesion ileus *(Chir)* Adhäsionsileus *m*
adhesion impression Adhäsionsabdruck *m*
adhesion molecule Adhäsionsmolekül *n (Oberflächenstruktur von Zellen)*
adhesion phenomenon Adhäsionsphänomen *n*
adhesion power *s.* adhesion capacity
adhesion prosthesis Adhäsionsprothese *f*, Haftprothese *f*, Haftgebiss *n*
adhesiotomy Adhäsiotomie *f (Lösung oder Durchtrennung von Verwachsungen)*
adhesive 1. adhäsiv, (an)haftend; Adhäsions…, Haft…; 2. klebend; Klebe…
adhesive alloy Adhäsivlegierung *f*
adhesive anchor Adhäsivanker *m*
adhesive arachnoiditis Arachnoiditis *f* adhaesiva
adhesive bandage Pflasterverband *m*, Heftpflasterverband *m*
adhesive bowl Saugnapf *m*
adhesive capacity Adhäsionsvermögen *n*, Adhäsivität *f*, Adhäsionsfähigkeit *f*
adhesive capsulitis Capsulitis *f* adhaesiva; Periarthritis *f* humeroscapularis
adhesive disease Adhäsionskrankheit *f*, peritoneale Adhäsionen *fpl*
adhesive dressing Pflasterverband *m*; Adhäsivverband *m*
adhesive electrode Klebeelektrode *f*
adhesive electrode pad *s.* adhesive electrode
adhesive electrode paste Klebeelektrodenpaste *f*
adhesive factor *s.* adhesin
adhesive filling Adhäsivfüllung *f*
adhesive ileus Adhäsionsileus *m*; Bridenileus *m*
adhesive label Aufkleber *m*, Klebeetikett *n*
adhesive layer Klebeschicht *f*, Haftschicht *f*
adhesive ointment Adhäsivsalbe *f*, Haftsalbe *f*
adhesive otitis Otitis *f* adhaesiva
adhesive otitis media Otitis *f* media adhaesiva
adhesive paste Adhäsivpaste *f*, Haftpaste *f*
adhesive pericardiomediastinitis Pericardiomediastinitis *f* adhaesiva
adhesive pericarditis Pericarditis *f* adhaesiva
adhesive peritonitis Peritonitis *f* adhaesiva
adhesive phlebitis Phlebitis *f* adhaesia
adhesive plaster Heftpflaster *n*, Pflaster *n*
adhesive plaster traction Heftpflasterextension *f*, Heftpflasterzug(verband) *m*
adhesive pleurisy Pleuritis *f* adhaesiva
adhesive powder Haftpuder *m*
adhesive resin Adhäsivharz *n*, Haftharz *n*

adhesive rubber plaster Kautschuk(heft)pflaster *n*
adhesive sealing Adhäsivversiegelung *f*, Haftversiegelung *f*
adhesive skin traction Pflasterzugextension *f*
adhesive strip Klebstreifen *m*, Adhäsivstreifen *m*, Haftstreifen *m*
adhesive tape Heftpflaster *n*, Pflaster *n*; Klebeband *n* • **take the adhesive tape off** das Pflaster abnehmen, den Pflasterverband entfernen
adhesive-tape bandage Heftpflasterverband *m*
adhesive-tape strip Pflasterstreifen *m*
adhesive tenosynovitis Tenosynovitis *f* adhaesiva
adhesive wax Adhäsivwachs *n*, Klebewachs *n*
adhesiveness 1. Adhäsivität *f*, Adhäsionsfähigkeit *f*, Adhäsionsvermögen *n*, Haftfähigkeit *f*; 2. Klebkraft *f*, Klebvermögen *n*, Klebrigkeit *f*
adhesivity *(Neur)* Haften *n*, Haftfähigkeit *f*
ADI *s.* acceptable daily intake
adiadochocinesis Adiadochokinese *f (Unfähigkeit zu schnellen entgegengesetzten Bewegungen)*
adiadochokinesia *s.* adiadochocinesis
adiaphoresis Schweißmangel *m*; Fehlen *n* von Schweiß
adiastole *(Kard)* Adiastole *f*, fehlende Diastole *f*, Fehlen *n* der Diastole
adiathetic adiathetisch, ohne Diathese
adiathermal wärmeundurchlässig
adiathermancy Wärmeundurchlässigkeit *f*
Adie's syndrome Adie'sches Syndrom *n*, Adie'sche Pupille *f*, Pupillotonie *f*
Adie's tonic pupil *s.* Adie's syndrome
adipectomy Adipektomie *f*, (operative) Fettentfernung *f*, Fett(gewebe)exstirpation *f*
adiphenine hydrochloride Adipheninhydrochlorid *n*
adipic Fett..., Adip(o)...
adipic acid Adipinsäure *f*, Hexandisäure *f*, Acidum *n* adipinicum
adipocele Adipozele *f*, Lipozele *f*, Hernia *f* adiposa, Fett(gewebs)bruch *m*
adipocellular adipozellulär; Fettzellen...
adipoceration Leichenwachsbildung *f*
adipoceratous Leichenwachs..., Fettwachs...
adipocere Adipocire *f*, Leichenwachs *n*
adipocerous *s.* adipoceratous
adipocyte Adipozyt *m*, Fettzelle *f (im Fettbindegewebe)*
adipocyte differentiation Adipozytendifferenzierung *f*
adipofibroma *(Path)* Lipofibrom *n*
adipogenesis Lipogenese *f*, Fettbildung *f*
adipogenic fettbildend
adipogenous *s.* adipogenic
adipohepatic Fettleber...
adipoid fettartig; Fett...
adipokinetic adipokinetisch
adipokinesis Adipokinese *f*, Fettmobilisierung *f*
adipokinin Adipokinin *n*
adipolysis Lipolyse *f*, Fettspaltung *f*
adipolytic lipolytisch, fettspaltend
adipoma Adipom(a) *n*, Lipom(a) *n*, Fett(gewebs)geschwulst *f*
adipometer Adipometer *n*, Hautfettmessinstrument *n*
adiponecrosis Adiponekrose *f*, Fett(gewebs)nekrose *f*
adipopectic fettanhäufend, fettspeichernd
adipopexic *s.* adipopectic
adipopexis Fettanhäufung *f*, Fettspeicherung *f*
adiposalgia Adiposalgie *f*, Schmerzhaftigkeit *f* des Unterhautfettgewebes
adipose 1. adipös, fettreich, fetthaltig; Fett...; 2. verfettet
adipose atrophy fettige Atrophie *f*, Fettschwund *m*
adipose capsule (of the kidney) Fettkapsel *f* der Niere, Nieren(fett)kapsel *f*
adipose cell Fettzelle *f*, Lipoblast *m*
adipose gynandrism adipöser Gynandrismus *m*, körperliche und geistige Verweiblichung *f* von Knaben
adipose gynism adipöser Gynismus *m*, körperliche und geistige Verfraulichung *f* von Mädchen
adipose liver Fettleber *f*, Leberverfettung *f*
adipose pulpa degeneration fettige Pulpadegeneration *f*
adipose tissue Fettgewebe *n*, Tela *f* adiposa
adipose tumour Fettgeschwulst *f*, Lipom *n*
adiposis Adipositas *f*, Fettsucht *f*, Fettleibigkeit *f*
adipositis Adipositis *f*, Unterhautfettgewebsentzündung *f*
adiposity Adipositas *f*, Fettsucht *f*, Fettleibigkeit *f*
adiposogenital dystrophy *(Endokr)* adiposogenitale Dystrophie *f*, Dystrophia *f* adiposogenitalis, Adipositas *f* hypogenitalis, Adiposis *f* orchalis, Fröhlich'sche Krankheit *f*
adiposogenital syndrome *s.* adiposogenital dystrophy
adiposuria Adiposurie *f*, Lipurie *f*, Fettausscheidung *f* im Urin
adipsia *s.* adipsy
adipsous 1. durstlöschend, durststillend; 2. durstunterdrückend
adipsy 1. Adipsie *f*, Durstmangel *m*, Durstlosigkeit *f*; 2. (abnorme) Abstinenz *f* gegenüber Flüssigkeitsaufnahme
adit *s.* aditus
aditus Aditus *m*, Zugang *m*, Eingang *m*
adiuretic hormone Adiuretin *n*, antidiuretisches Hormon *n*
adjacent benachbart, nebeneinander liegend, daneben liegend; Nachbar...; Neben...
adjacent cell Nachbarzelle *f*
adjacent objects nebeneinander liegende Gegenstände *mpl*
adjacent room Nebenraum *m*
adjacent tooth Nachbarzahn *m*
adjoin *v* aneinandergrenzen; benachbart sein; daneben liegen; nebeneinader liegen
adjunct professor *(AE)* außerordentlicher Professor *m*
adjunct to anaesthesia Narkosezusatz *m*, zusätzliches Narkosemittel *n*; die Narkose verstärkendes Mittel *n*
adjunction Kombinationstherapie *f*, Kombinationsbehandlung *f*
adjunctive psychotherapy begleitende Psychotherapie *f*
adjust *v* 1. anpassen; sich anpassen; 2. einstellen, regulieren, regeln; justieren; angleichen; abgleichen
adjust *v* **to pH 7** auf pH-Wert 7 einstellen
adjust *v* **to zero** auf null einstellen; auf den Null-Wert abgleichen
adjustable verstellbar; einstellbar; regulierbar; justierbar
adjustable bandage einstellbare Bandage *f*, anpassbare Bandage *f*
adjustable dental impression tray anpassbarer Abdrucklöffel *m*
adjustable focus einstellbarer Fokus *m*
adjustable humidity content einstellbarer Feuchtigkeitsgehalt *m (z. B. der Luft)*
adjustable in height in der Höhe verstellbar, höhenverstellbar
adjustable inguinal pad anpassbare [einstellbare] Leistenpelotte *f*
adjustable joint verstellbares Gelenk *n*
adjustable orthodontic band regulierbares kieferorthopädisches Band *m*, kieferorthopädisches Regulierband *n*
adjustable stop einstellbarer Anschlag *m*
adjustable tooth clasp verstellbare [anpassbare] Klammer *f*
adjustable walking stick verstellbarer Gehstock *m*
adjusted death rate Standardtodesrate *f*

adjusting device Reguliereinrichtung *f*, Einstellvorrichtung *f*, Justiereinrichtung *f*
adjustment 1. Anpassung *f*; 2. Einstellung *f*, Regulierung *f*, Justierung *f*, Angleichung *f*, Abgleichung *f*
adjustment disorder Anpassungsstörung *f*
adjustment inventory *(Neur)* Bell'scher Fragebogen *m*
adjustment range Anpassungsbereich *m*; Einstellbereich *m*; Regelbereich *m*; Justierbereich *m*
adjustment reaction Anpassungsreaktion *f*
adjustment response *s.* ajustment reaction
adjustment technique Einstelltechnik *f*
adjuvant adjuvant, helfend, förderlich; unterstützend; Hilfs...
adjuvant *(Pharm)* Adjuvans *n*, unterstützendes Mittel *n*; Zusatz *m*; Hilfsmittel *n*
adjuvant chemotherapy adjuvante [begleitende] Chemotherapie *f*
adjuvant therapy adjuvante [zusätzliche] Therapie *f*
admaxillary maxillawärts, oberkiefernah
admaxillary gland Glandula *f* parotis accessoria, Nebenohrspeicheldrüse *f*
adminicle Adminiculum *n*
administer *v* verabreichen, verabfolgen *(z. B. Medikamente)*; applizieren, eingeben; zuführen; anwenden
administer *v* **a contrast medium** ein Kontrastmittel geben
administer *v* **a diet** eine Diät anordnen [verordnen]
administer *v* **a therapy** eine Therapie anwenden, eine Behandlung durchführen
administer *v* **orally** oral applizieren [zuführen], durch den Mund geben, per os verabreichen
administer *v* **slowly intravenously** langsam intravenös applizieren
administration 1. Verabreichung *f*, Verabreichung *f (z. B. eines Medikaments)*; Zufuhr *f*, Anwendung *f*; 2. Verwaltung *f*
administration instrument Applikationsinstrument *n*
administration of contrast medium Kontrastmittelgabe *f*
administration of drugs Medikamentengabe *f*, Arzneimittelverabreichung *f*
administration of oxygen Sauerstoffzufuhr *f*, O_2-Zufuhr *f*
administration of parenteral fluids parenterale Flüssigkeitszufuhr *f*
administration office Verwaltungsbüro *n*
administration technique Applikationstechnik *f*, Verabreichungsmethode *f*
administrative psychiatry *(Neur)* administrative Psychiatrie *f*
admissible error zulässiger Fehler *m*
admission Krankeneinweisung *f*, Einweisung *f* (eines Patienten); Anmeldung *f* (zur stationären Aufnahme) • **await admission** auf Einweisung warten *(in das Krankenhaus)* • **"for admission"** „stationäre Aufnahme", „zur stationären Aufnahme", „stationär (aufnehmen)" • **need urgent admission to a hospital** eine dringende Krankenhausaufnahme erfordern [benötigen] • **"not for admission"** „keine stationäre Aufnahme", „nicht zur stationären Aufnahme", „nicht stationär (aufnehmen)" • **on admission to hospital** bei Aufnahme [Krankenhausaufnahme]
admission diagnosis Einweisungsdiagnose *f*, Aufnahmediagnose *f*
admission for making a diagnosis diagnostische Krankenhausaufnahme *f*, Krankenhausaufnahme *f* zur Diagnostik
admission for treatment therapeutische Krankenhausaufnahme *f*
admission formalities Aufnahmeformalitäten *fpl*, Anmeldeformalitäten *fpl*
admission of a patient *s.* admission
admission to hospital Krankenhausaufnahme *f*
admission ward Aufnahmestation *f*
admit *v* **to constipation** zur Obstipation [Stuhlverstopfung] neigen
admit *v* **to the hospital** in ein Krankenhaus einweisen [einliefern], hospitalisieren *(Patienten)*
admitted to the hospital with acute appendicitis/be *v* mit akuter Appendizitis in das Krankenhaus eingewiesen werden
admitting office Aufnahmebüro *n (eines Krankenhauses)*
admix *v* beimischen, untermischen, beimengen, untermengen
admixture 1. Beimischung *f*, Zusatz *m*, Beimengung *f*, Zusatzstoff *m*; 2. Beimischen *n*, Untermischen *n*, Beimengen *n*, Untermengen *n*
admixture of blood Blutbeimengung *f*
admixture of mucus Schleimbeimengung *f*
adnexa Adnexe *mpl*, Annexe *mpl*, Anhangsgebilde *npl* menschlicher Organe
adnexa of the eye Adnexa *mpl* oculi
adnexa of the eyeball Adnexa *mpl* bulbi
adnexa of the uterine tube Adnexa *mpl* uteri
adnexal Adnexe(n)...
adnexal disease Adnexeerkrankung *f*, Adnexopathie *f*
adnexal tuberculosis Adnextuberkulose *f*
adnexal tumour Adnextumor *m*
adnexalgia Adnexalgie *f*
adnexectomy Adnexektomie *f*, (operative) Adnexeentfernung *f*
adnexitis Adnexitis *f*, Annexitis *f*, Adnexeentzündung *f*
adnexopathy Adnexopathie *f*, Adnexeerkrankung *f*
adnexopexy Adnexopexie *f*, Adnexefixierung *f*, Adnexeanheftung *f*
adolescence Adoleszenz *f*, Jugendalter *n*, Reifezeit *f*
adolescent adoleszent, jugendlich, heranwachsend, heranreifend
adolescent Adoleszent *m*, Jugendliche(r) *m*, Heranwachsende(r) *m*, Jüngling *m*; Jugendliche *f*, junges Mädchen *n*
adolescent albuminuria Adoleszentenalbuminurie *f*
adolescent crisis Adoleszentenkrise *f*, Pubertätskrise *f*
adolescent depression *(Neur)* Adoleszentendepression *f*
adolescent epilepsy Adoleszentenepilepsie *f*, Pubertätsepilepsie *f*
adolescent flatfoot Adoleszentenplattfuß *m*
adolescent goitre Adoleszentenstruma *f*
adolescent insanity *(Neur)* Jugendirresein *n*, läppische Verblödung *f*, Hebephrenie *f*
adolescent kyphosis Adoleszentenkyphose *f*, Scheuermann'sche Kyphose *f*
adolescent scoliosis Adoleszentenskoliose *f*
adolescent vertebral epiphysitis Scheuermann'sche Erkrankung *f*, Morbus *m* Scheuermann
adontia Adontie *f*, Zahnlosigkeit *f*
adontodysplasia Adontodysplasie *f*
adopt *v* adoptieren, (an Kindes statt) annehmen
adopted child Adoptivkind *n*
adoptee Adoptivkind *n*
adopter Adoptierender *m*; Adoptierende *f*
adoption Adoption *f*, Annahme *f* an Kindes statt, Kindesannahme *f*
adoptive child Adoptivkind *n*
adoptive parents Adoptiveltern *pl*
adoral adoral, mundwärts, mundnah
adorbital adorbital, augenhöhlenwärts, orbitanah
ADP *s.* adenosine diphosphate
adrenal adrenal; Nebennieren...
adrenal *s.* adrenal gland

adrenal adenoma Nebennierenadenom *n*
adrenal aplasia Nebennierenaplasie *f*
adrenal apoplexy *s.* adrenal haemorrhage syndrome
adrenal cancer Nebennierenkarzinom *n*
adrenal carcinoma *s.* adrenal cancer
adrenal cortex Nebennierenrinde *f*, NNR, Cortex *m* glandulae suprarenalis
adrenal-cortical adrenokortical; Adrenokortikal..., Nebennierenrinden...
adrenal corticosteroid Nebennierenrindensteroid *n*
adrenal crisis *s.* Addisonian crisis
adrenal cyst Nebennierenzyste *f*
adrenal doubling Nebennierenverdoppelung *f*
adrenal dystopia Nebennierendystopie *f*
adrenal extirpation Nebennierenexstirpation *f*
adrenal failure Nebennierenversagen *n*
adrenal function Nebennierenfunktion *f*
adrenal function test Nebennierenfunktionstest *m*
adrenal gland Nebenniere *f*, Adrenaldrüse *f*, Glandula *f* suprarenalis
adrenal haemorrhage (syndrome) *(Endokr)* (Marchand-)Waterhouse-Friderichsen'sches Syndrom *n*, Nebennierenapoplexie *f*, akute Nebennieren(ein)blutung *f*, akutes Nebennierenversagen *n*
adrenal hormone Nebennierenhormon *n*
adrenal hypernephroma 1. Nebennierenrindenadenom *n*; 2. Nebennierenrindenkarzinom *n*
adrenal insufficiency Nebenniereninsuffizienz *f*
adrenal length Nebennierenlänge *f*
adrenal mass *s.* adrenal tumour
adrenal medulla *(Anat)* Nebennierenmark *n*, NNM, Medulla *f* glandulae suprarenalis
adrenal medullary hormone Nebennierenmarkhormon *n*
adrenal necrosis Nebennierennekrose *f*
adrenal phlebography Nebennierenphlebographie *f*, Nebennierenvenenröntgen(kontrast)darstellung *f*
adrenal rest tumour Nebennierenresttumor *m* des Ovars, Androblastom *n* des Ovars
adrenal size Nebennierengröße *f*
adrenal system adrenales System *n*, Adrenalsystem *n*
adrenal tuberculosis Nebennierentuberkulose *f*
adrenal tumour Nebennierentumor *m*, Nebennierengeschwulst *f*
adrenal virilism (syndrome) *s.* adrenogenital syndrome
adrenal weight Nebennierengewicht *n*
adrenalectomize *v* adrenalektomieren, die Nebenniere entfernen [exstirpieren]
adrenalectomy Adrenalektomie *f*, (operative) Nebennierenentfernung *f*
adrenalinaemia Adrenalinämie *f*, Vorhandensein *n* von Adrenalin im Blut
adrenaline Adrenalin *n*, Suprarenin *n*, Epinephrin *n* *(Nebennierenmarkhormon)*
adrenaline oxidase Adrenalinoxidase *f (Enzym)*
adrenaline test Adrenalintest *m*
adrenalinogenesis Adrenalinbildung *f*
adrenalinuria Adrenalinurie *f*, Adrenalinausscheidung *f* im Urin
adrenalism Adrenalismus *m*, Nebennierendysfunktion *f*, Nebennieren(funktions)störung *f*
adrenalitis Adrenalitis *f*, Nebennierenentzündung *f*
adrenalize *v* aufputschen
adrenalopathy Adrenalopathie *f*, Nebennierenkrankheit *f*, Nebennierenerkrankung *f*
adrenalotropic adrenalotrop, nebennierenwirksam, auf die Nebenniere wirkend
adrenarche Adrenarche *f*
adrenergic 1. adrenerg(isch), adrenomimetisch, adrenalinbedingt; noradrenalinbedingt; 2. Adrenalin absondernd; 3. *s.* adrenergicx agent
adrenergic agent Adrenergikum *n*
adrenergic blocker *(Pharm)* Adrenolytikum *n*, Sympathikolytikum *n*
adrenergic blocking agent *s.* adrenergic blocker
adrenergic bronchodilator (adrenerger) Bronchodilatator *m*
adrenergic drug *s.* sympathomimetic drug
adrenergic fibre adrenerge Faser *f* [Nervenfaser *f*]
adrenergic nerve fibre adrenerge Nervenfaser *f*
adrenergic receptor adrenerger Rezeptor *m*, Adrenozeptor *m*
adrenergic receptor blocking adrenerge Rezeptorenblockade *f*
adrenergic system adrenerges System *m (Gesamtheit der Sympathikus-Nervenfasern)*
adrenic adrenal; Adrenal..., Nebennieren...
adrenin(e) *s.* adrenaline
adrenitis *s.* adrenalitis
adrenoceptor Adreno(re)zeptor *m*, adrenerger Rezeptor *m*
adrenoceptor agonist Adreno(re)zeptoragonist *m*
adrenoceptor antagonist Adreno(re)zeptorantagonist *m*
adrenoceptor blocker Adreno(re)zeptorenblocker *m*
adrenochrome Adrenochrom *n (Oxidationsprodukt des Adrenalins)*
adrenocortical adrenokortikal; Nebennierenrinden...
adrenocortical adenoma Nebennierenrindenadenom *n*
adrenocortical carcinoma Nebennierenrindenkarzinom *n*
adrenocortical disease Nebennierenrindenkrankheit *f*, Nebennierenrindenerkrankung *f*
adrenocortical hormone Nebennierenrindenhormon *n*
adrenocortical hyperplasia adrenogenitales Syndrom *n*, Nebennierenrindenhyperplasie *f*
adrenocortical insufficiency *(Endokr)* Nebennierenrindeninsuffizienz *f*, Addison-Syndrom *n*, Addison'sche Krankheit *f*, Morbus *m* Addison, Bronze(haut)krankheit *f*
adrenocortical nonresponsiveness ACTH-Unempfindlichkeit *f*
adrenocortical obesity adrenokortikale Fettsucht *f*, Stammfettsucht *f (bei Morbus Cushing)*
adrenocortical scintigraphy Nebennierenrindenszintigraphie *f*
adrenocorticohyperplasia *s.* adrenal-cortical hyperplasia
adrenocorticoid adrenokortikoid; Nebennierenrindenhormon...
adrenocorticoid Adrenocorticoid *n*, Adrenokortikoid *n*, Nebennierenrindenhormon *n*
adrenocorticolytic adrenokortikolytisch, die Wirkung von Nebennierenrindenhormon aufhebend
adrenocorticomimetic adrenocorticomimetisch, die Wirkung von Nebennierenrindenhormon auslösend
adrenocorticotrophic adreno(cortico)trop, adrenokortikotrop, nebennierenrindenwirksam, auf die Nebennierenrinde wirkend
adrenocorticotrophic hormone Adrenocorticotropin *n*, (adreno)corticotropes Hormon *n*, ACTH, Adrenotrophin *n*, Corticotropin *n*
adrenocorticotrophin *s.* adrenocorticotrophic hormone
adrenocorticotropic *s.* adrenocorticotrophic
adrenocorticotropin *s.* adrenocorticotrophic hormone
adrenodoxin Adrenodoxin *n*
adrenogenital adrenogenital; Nebennieren-Gonaden-...
adrenogenital syndrome *(Endokr)* adrenogenitales Syndrom *n*, AGS, Pseudopubertas *f* interrenalis [prae-

cox], vorzeitiges Auftreten *n* sekundärer Geschlechtsmerkmale
adrenogenous adrenogen, aus den Nebennieren stammend
adrenogram Adrenogramm *n*, Nebennierenröntgen(kontrast)bild *n*
adrenography Adrenographie *f*, Nebennierenröntgen(kontrast)darstellung *f*
adrenoleucodystrophy Adrenoleukodystrophie *f*
adrenolytic adrenolytisch, sympathikolytisch, den Adrenalineffekt hemmend
adrenolytic agent *s.* adrenolytic blocking agent
adrenolytic blocking agent Adrenolytikum *n*, den Adrenalineffekt hemmender Stoff *m*
adrenomedullary adrenomedullär; Nebennierenmark(s)...
adrenomedulloblastoma Adrenomedulloblastom *n*
adrenomedullotropic adrenomedullotrop, das Nebennierenmark stimulierend; auf das Nebennierenmark gerichtet
adrenomegaly 1. Adrenomegalie *f*, Nebennierenvergrößerung *f*; 2. Drüsenvergrößerung *f*
adrenomimetic adrenomimetisch, sympathikomimetisch, den Adrenalineffekt steigernd
adrenomyeloneuropathy Adrenomyeloneuropathie *f*
adrenopathy *s.* adrenalopathy
adrenopause Adrenopause *f*
adrenoprival adrenopriv, nebennierenlos, nebennierenexstirpiert
adrenoreceptor *s.* adrenoceptor
adrenostatic die Drüsen(aktivität) hemmend
adrenosterone Adrenosteron *n (androgenes Hormon)*
adrenosympathetic adrenosympathisch; Nebennieren-Sympathikus-...
adrenosympathetic syndrome Page'sches Syndrom *n*, Page-Syndrom *n*, juveniler Hypertonus *m* [Bluthochdruck *m*]
adrenotrop(h)ic *s.* adrenocorticotrophic
adrenotrop(h)in *s.* adrenocorticotrophic hormone
adsorb *v* adsorbieren, anlagern
adsorbability Adsorbierbarkeit *f*, Adsorptionsfähigkeit *f*, Adsorptionsvermögen *n*
adsorbable adsorbierbar, aufnehmbar, adsorbabel
adsorbate Adsorbat *n*, adsorbierter Stoff *m*
adsorbate vaccine *s.* adsorbed vaccine
adsorbed Adsorptionsschicht *f*
adsorbed material Adsorbat *n*, adsorbierter Stoff *m*
adsorbed vaccine Adsorbatimpfstoff *m*
adsorbent adsorbierend, adsorptiv; Adsorptions...
adsorbent (agent) Adsorbens *n*, Adsorptionsmittel *n*, adsorbierender Stoff *m*, Adsorbentium *n*
adsorber Adsorber *m*
adsorption Adsorption *f*, Adsorbieren *n*, Anlagerung *f*
adsorption activity Adsorptionsaktivität *f*
adsorption affinity Adsorptionsaffinität *f*
adsorption analysis Adsorptionsanalyse *f*
adsorption chromatography Adsorptionschromatographie *f*
adsorption coefficient Adsorptionskoeffizient *m*
adsorption column Adsorptionskolonne *f*, Adsorptionssäule *f*
adsorption curve Adsorptionskurve *f*
adsorption equilibrium Adsorptionsäquilibrium *n*
adsorption indicator Adsorptionsindikator *m*
adsorption of ions Ionenadsorption *f*
adsorption potential Adsorptionspotenzial *n*
adsorption power Adsorptionsvermögen *n*
adsorption rate Adsorptionsgeschwindigkeit *f*
adsorptive adsorbierend, adsorptiv; Adsorptions...
adsternal adsternal, brustbeinwärts, zum Sternum [Brustbein] gerichtet, sternumnah
adstringent *s.* astringent
adtorsion Adtorsion *f (Schielstellung beider Augen in Richtung Nase)*
adult erwachsen; reif
adult Erwachsene(r) *m*
adult ceroid-lipofuscinosis Kufs-Krankheit *f*, Kufs'sche Erkrankung *f*, Kufs-Syndrom *n*, Erwachsenenform *f* der Ceroidlipofuszinose *f* [Gangliosidose *f*]
adult coeliac disease Zöliakie *f*, Erwachsenenzöliakie *f*, Gee-Heubner-Herter'sche Krankheit *f*
adult coeliac syndrome *s.* adult coeliac disease
adult Fanconi syndrome Fanconi'sches Syndrom *n* des Erwachsenen, Debré-de Toni-Fanconi'sches Syndrom *n*, Aminosäurediabetes *m*
adult female weibliche Erwachsene *f*, erwachsene Frau *f*
adult haemoglobin adultes Hämoglobin *n*, Hämoglobin *n* A
adult hereditary chorea Huntington'sche Chorea *f*, Chorea *f* chronica progressiva hereditaria
adult male männlicher Erwachsene(r) *m*, erwachsener Mann *m*
adult-onset diabetes Erwachsenendiabetes *m*, Altersdiabetes *m*
adult paradentitis Erwachsenenperiodontitis *f*
adult polycystic disease polyzystische Nierenerkrankung *f*
adult prescription Rezept *n* für Erwachsene, Verordnung *f* [Verschreibung *f*] für Erwachsene, Erwachsenenrezeptur *f*
adult progeria Erwachsenenprogerie *f*, Werner-Syndrom *n*
adult respiratory distress syndrome *s.* shock lung
adult rickets Osteomalazie *f*, Knochenerweichung *f* (beim Erwachsenen)
adult rotavirus adultes Rotavirus *n*
adult Still disease Still-Syndrom *n* im Erwachsenenalter; Felty-Syndrom *n*, Felty'sches Syndrom *n (Form der rheumatoiden Arthritis)*
adult toothbrush Erwachsenenzahnbürste *f*
adult-type tuberculosis chronische Tuberkulose *f*
adulterant verfälschend; Verfälschungs...
adulterate *v* fälschen, verfälschen; verunreinigen
adulteration Verfälschung *f*
adulthood Erwachsensein *n*; Erwachsenenalter *n*
adumbration Überschattung *f*
advance *v* **a muscle** *(Chir)* einen Muskel vorlagern
advance *v* **a tendon** *(Chir)* einen Sehnenansatz vorlagern
advance of pregnancy Schwangerschaftsfortschritt *m*
advanced cardiac life support (erweiterte) Fortsetzung *f* der Wiederbelebungsmaßnahmen
advanced case fortgeschrittenes Krankheitsstadium *n*
advanced course Fortsetzungskurs *m*
advanced dental technique Spitzenzahntechnik *f*
advanced flap Verschiebelappen *m*
advanced in pregnancy hochschwanger
advanced stage fortgeschrittenes Stadium *n*, Spätstadium *n (z. B. einer Geschwulst)*
advanced state Spätzustand *m*
advancement of muscle 1. Muskelvorlagerung *f*; 2. Muskelneueinpflanzung *f (Schieloperation)*
adventitia Adventitia *f*, Bindegewebshülle *f*, Tunica *f* adventitia
adventitial adventitial, adventitiell; Adventitia...
adventitial cell Adventitia(l)zelle *f*, Perizyt *m*, Rouget-Zelle *f*, Rouget'sche Zelle *f*
adventitial coat Adventitia(l)hülle *f*
adventitial degeneration Adventitiadegeneration *f*

adventitial inflammation Adventitiaentzündung *f*
adventitial neuritis Nervenscheidenentzündung *f*
adventitial sheath Adventitiascheide *f (z. B. einer Arterie)*
adventitious zufällig (erworben); erworben, nicht erblich
adventitious dentin *(Stom)* Sekundärdentin *n*; Schutzdentin *n*
adventitious murmur Nebengeräusch *n*
adventitious sounds akzidentelles Geräusch *n*
adverse entgegenwirkend
adverse drug reaction monitoring Arzneimittelnebenwirkungsüberwachung *f*
adverse effect of a drug Arzneimittelnebenwirkung *f*
adverse reaction Nebenwirkung *f (eines Medikaments)*
adversive epilepsy *(Neur)* Adversiv-Epilepsie *f*
adversive field *(Neur)* Adversivfeld *n*
adversive seizure Adversivanfall *m (bei Epilepsie)*
advertising leaflet Werbeprospekt *m*
advice Rat *m*, Ratschlag *m* • **take medical advice** ärztlichen Rat einholen [suchen], einen Arzt zurate ziehen
adynamia Adynamie *f*, Kraftlosigkeit *f*, Schwäche *f*
adynamic 1. *(Path)* adynam(isch), kraftlos, schwach; 2. *s.* asthenic 1.
adynamic fever adynamisches [leichtes] Fieber *n*
adynamic ileus *(Chir)* adynamischer Ileus *m*
Aëdes aegypti Aedes *f* aegypti, Stegomyia *f* fasciata, Gelbfiebermücke *f*
aequator ... *s.* equator ...
aequatorial plate *s.* equatorial disk
aeraemia Aerämie *f*, Pneumathämie *f*, Gasbläschenbildung *f* im Blut *(z. B. bei Taucherkrankheit)*
aerasthenia Aerasthenie *f (der Piloten)*
aerate *v* 1. belüften; 2. Sauerstoff zuführen *(z. B. dem Blut)*; mit Sauerstoff anreichern; 3. mit Kohlendioxid anreichern
aeration 1. Belüftung *f*, Lüftung *f*, Durchlüften *n*; 2. Sauerstoffanreicherung *f*, Sauerstoffsättigung *f*, Oxygenierung *f (des Blutes)*; 3. Kohlendioxidanreicherung *f*, Anreicherung *f* mit Kohlensäure
aerenterectasia Pneumoenteroektasie *f*, Darm(auf)blähung *f*, Darmauftreibung *f*, Gasbauch *m*, Trommelbauch *m*, Meteorismus *m*
aeriferous luftführend, luftenthaltend, lufthaltig
aeriform gasförmig, gasartig
aero-anaerobic aero-anaerob, unter Sauerstoffentzug und Sauerstoffzufuhr lebend
aeroatelectasis Aeroatelektase *f*, Fliegeratelektase *f (bei reiner Sauerstoffatmung in großen Höhen)*
aerobe Aerobier *m*, Aerobiont *m*, (luft)sauerstoffabhängiger Organismus *m (z. B. Bakterien)*
aerobian *s.* aerobe
aerobic aerob, sauerstoffabhängig, abhängig von Luftsauerstoff, luftabhängig
aerobic bacteria aerobe Bakterien *npl*
aerobic capacity *(Physiol)* aerobe Kapazität *f*
aerobic culture aerobe Kultur *f*
aerobic exercice aerobe Übung *f*, Aerobik *f*
aerobic fermentation aerobe [oxidative] Fermentation *f*, aerobe Gärung *f*
aerobic infection Aerobierinfektion *f*
aerobic metabolism aerober Metabolismus *m* [Stoffwechsel *m*]
aerobic phase aerobe Phase *f (z. B. des Kohlenhydratabbaus)*
aerobic respiration aerobe Atmung *f*, Sauerstoffatmung *f*
aerobiology Aerobiologie *f*
aerobiosis Aerobiose *f*, (luft)sauerstoffabhängiger Stoffwechsel *m*
aerobiotic aerobiotisch; Aerobiose...
aerocele Aerozele *f*, (zystenartige) Luftgeschwulst *f*
aerocolpos Aerokolpos *m*, Luftansammlung *f* in der Scheide [Vagina]
aerocoly Aerokolie *f*, Luftansammlung *f* im Dickdarm [Colon]
aerocystography Aerozystographie *f*, Blasen(röntgen)darstellung *f* nach Lufteinblasung
aerocystoscope Aerozystoskop *n*
aerocystoscopy Aerozystoskopie *f*, Blasenspiegelung *f* nach Lufteinblasung *(zur Aufdehnung)*
aerodermectasia Pneumohypoderma *n*, Hautemphysem *n*, subkutanes Emphysem *n*
aerodontalgia Aerodontalgie *f*, Höhenzahnschmerzen *mpl*, Zahnschmerz *m* durch Luftdruckverminderung
aeroembolism Aeroembolismus *m*; Aeroembolie *f*, Luftembolie *f (durch Druckabfall oder -erhöhung)*
aeroemphysema Aeroemphysem *n (bei Fliegern)*
aeroenterectasia Aeroenterektasie *f*, Darmblähung *f* durch Luft
aerogastria Aerogastrie *f*, Luftansammlung *f* im Magen
aerogastrocolia Aerogastrokolie *f*, Magen- und Dickdarmblähung *f* durch Luft
aerogen Aerogen *n*, aerogener [durch Luft übertragener] Keim *m*
aerogenic 1. Gas bildend *(Bakterien)*; 2. aerogen, durch Luft übertragen
aerogenous *s.* aerogenic
aerohydropathy *s.* aerohydrotherapy
aerohydrotherapy *(Bal)* Aerohydrotherapie *f*, Luft- und Wassertherapie *f*
aeroionotherapy *(Bal)* Aeroionotherapie *f*
aeromammography Aeromammographie *f*, Brust(röntgen)darstellung *f* nach Kohlendioxidapplikation
aeromedicine Aeromedizin *f*, Luftfahrtmedizin *f*
aeroneurosis Aeroneurosis *f*, Fliegerneurose *f*
aerootitis Aerootitis *f*, Barotitis *f*, Ohrentzündung *f* durch Luftdruckabfall
aeropathy Aeropathie *f*, Luftkrankheit *f (Krankheitszustand infolge Luftdruckänderung)*; Absturzerkrankung *f*
aeroperitoneum Pneumoperitoneum *n*, Luftansammlung *f* in der Bauchhöhle [Peritonealhöhle]
aerophagy Aerophagie *f*, Luftschlucken *n*
aerophil(e) Aerophile *m*, Aerophiler *m*, aerophiler Organismus *m*
aerophilic aerophil, luftliebend, aerob
aerophilous *s.* aerophilic
aerophobia 1. Aerophobie *f*, Luftscheu *f (hypochondrische Furcht vor schlechter Luft)*; 2. Aerophobie *f*, Furcht *f* vor dem Fliegen
aeropiesotherapy Aeropiesotherapie *f (therapeutische Anwendung von komprimierter oder dekomprimierter Luft)*
aeroplethysmograph Aeroplethysmograph *m*, Spirometer *n (Gerät zur Messung und Darstellung der Atemgröße und Lungenvolumina)*
aeropleura Pneumothorax *m*, Luftansammlung *f* im Brustfellraum
aerosialophagy Aerosialophagie *f*, Luft- und Speichelschlucken *n*
aerosinusitis Aerosinusitis *f*, Barosinusitis *f*, Fliegersinusitis *f*
aerosis Gasbildung *f* (im Gewebe); Gasbildung *f* in Organen
aerosol 1. Aerosol *n*; 2. *s.* aerosol can
aerosol administration Aerosolanwendung *f*, Aerosolapplikation *f*
aerosol apparatus Aerosolapparat *m*, Aerosolgerät *n*
aerosol bronchodilator therapy bronchodilatatorische [die Bronchien erweiternde] Aerosoltherapie *f*
aerosol can Sprühdose *f*, Spraydose *f*
aerosol generator Aerosolgenerator *m*

aerosol inhalation Aerosolinhalation *f*
aerosol inhalation device Aerosolinhalationsgerät *n*
aerosol inhalation room Inhalatorium *n*, Aerosolinhalationsraum *m*
aerosol spray Aerosolspray *n*
aerosol sputum Aerosolsputum *n*
aerosol therapy Aerosoltherapie *f*
aerosolic inoculation Aerosolinokulation *f*
aerosolization Aerosolbildung *f*, Aerosolerzeugung *f*, Aerosolvernebelung *f*
aerospace medicine Luft- und Raumfahrtmedizin *f*
aerotherapeutics *s.* aerotherapy
aerotherapy Aerotherapie *f*, Luftbehandlung *f*
aerothermotherapy Heißluftbehandlung *f*
aerotitis *s.* aerootitis
aerotonometer Aerotonometer *n*
aerotonometry Aerotonometrie *f (Bestimmung der Blutgaspartialdrucke)*
aerotropism Aerotropismus *m (Hinwendung zur Luft)*
aerotympanal aerotympanal
aerotympanal conduction Luftleitung *f (beim Hörvorgang)*
aerourethroscope Aerourethroskop *n*
aerourethroscopy Aerourethroskopie *f*, Harnröhrenspiegelung *f* mit Luftinsufflation
aeruginous grünspanartig, patiniert; Grünspan...
Aesculapian 1. äskulapisch; Äskulap...; 2. ärztlich
Aesculapian staff Äskulapstab *m*
aesculin Aesculin *n*
aesthesia 1. Sensibilität *f*, Empfindlichkeit *f*, Empfindungsvermögen *n (Sinnesqualität)*; 2. Sinn *m*
aesthesiology Ästhesiologie *f*, Empfindungslehre *f*, Gefühlslehre *f*
aesthesiometer *(Neur)* Ästhesiometer *n*, Empfindungsmesser *m*, Sensibilitäts(prüf)instrument *n*
aesthesiometry *(Neur)* Ästhesiometrie *f*, Sensibilitätsprüfung *f*
aesthesioneuroblastoma *(Path)* Ästhesioneuroblastom *n*
aesthesioneurocytoma *(Path)* Ästhesioneurozytom *n*
aesthesioneuroepithelioma *(Path)* Ästhesioneuroepitheliom *n*
aesthesioneuroma *(Path)* Ästhesioneurom *n (in der Nasenhöhle)*
aesthesiophysiology Ästhesiophysiologie *f*, Empfindungsphysiologie *f*, Wahrnehmungsphysiologie *f*, Sinnesphysiologie *f*
aesthetic dental prosthesis kosmetische Prothese *f*
aesthetic dentistry ästhetische Zahnheilkunde *f*, kosmetische Zahnmedizin *f*
aestivo-autumnal malaria Malaria *f* falciparum [tropica]
aestivo-autumnal parasite Plasmodium *n* falciparum
aether *s.* ether
aetiologic *s.* aetiological
aetiological ätiologisch, ursächlich
aetiology Ätiologie *f*, Lehre *f* von den Krankheitsursachen
aetiopathogenesis Ätiopathogenese *f*, Krankheitsentwicklung *f*
aetiopathological pathogenetisch
aetiopathology *s.* pathogenesis
afebrile afebril, fieberfrei, fieberlos, ohne Fieber
affect *v* affizieren, befallen, angreifen *(z. B. Ungeziefer)*
affect *v* **adversely** beeinträchtigen
affect *v* **mostly children** meistens Kinder befallen [betreffen] *(z. B. Krankheiten)*
affect Affekt *m*, kurzzeitige heftige Erregung *f* [Gemütsbewegung *f*]; Emotion *f*
affect block Affektstauung *f*, Affektsperre *f*, Affektstau *m*, Affektblockade *f*
affect epilepsy Affektepilepsie *f*, affektive Epilepsie *f*
affect-induced epilepsy *s.* affect epilepsy
affect-laden affektbeladen
affect-laden paraphrenia affektvolle Paraphrenie *f*
affect memory *(Psych)* affektives Gedächtnis *n*
affect spasm Affektkrampf *m*
affectation Affektiertheit *f*, gekünsteltes Verhalten *n*
affected affiziert, befallen; erkrankt; betroffen
affected kidney erkrankte [befallene] Niere *f*, Nierenerkrankung *f*, Nierenbefall *m*
affected tooth kariöser [kariös befallener] Zahn *m*
affected with 1. affiziert, (krankhaft) befallen von; 2. affiziert, emotional betroffen
affection 1. Affektion *f*, Befall *m*, Befallensein *n*; Krankheit *f*, Leiden *n*; 2. Affekt *m*, Erregung *f*, Erregungszustand *m*, Gemütsbewegung *f*, Emotion *f*
affection of bone Knochenaffektion *f*, Knochenbefall *m*
affectionless psychopath *(Neur)* gemütsloser Psychopath *m*
affectionless psychpathic personality gemütsloser Psychopath *m*
affective 1. affektiv, befallend; ergreifend; 2. *(Neur, Psych)* affektiv, gefühlsmäßig, gefühlsbedingt, emotional; affektbedingt, affektbetont; Affekt...
affective accumulation Affektstauung *f*
affective act Affekthandlung *f*, affektive Handlung *f*
affective block Affektstauung *f*, Affektsperre *f*, Affektstau *m*, Affektblockade *f*
affective condition Affektzustand *m*, affektiver Zustand *m*
affective delirium affektives Delir(ium) *n*
affective desolation Affektlahmheit *f*
affective discharge Affektabfuhr *f*
affective disorder Affektstörung *f*, Affektpsychose *f*, Gemütskrankheit *f*, affektive Geistesstörung *f*
affective epilepsy Affektepilepsie *f*
affective illness Gemütskrankheit *f*
affective illusions affektive Illusionen *fpl*, Affektillusionen *fpl*
affective incontinence Affektinkontinenz *f*
affective insanity *s.* affective disorder
affective instability Affektinstabilität *f*, Affektlabilität *f*
affective intimacy *(Psych)* affektive Vertrautheit *f (z. B. in der Familie)*
affective lability Affektlabilität *f*
affective learning *(Psych)* affektives Lernen *n*
affective melancholia affektive Melancholie *f*
affective memory affektives Gedächtnis *n*
affective monomania affektive Monomanie *f*
affective nodal points affektive Knotenpunkte *mpl*
affective persons Affektmenschen *mpl*
affective personality zyklothyme Persönlichkeit *f*
affective projection Affektprojektion *f*, Affektübertragung *f*
affective psychosis Affektpsychose *f*
affective rapport *(Neur)* affektiver Rapport *m*, affektiver Kontakt *m*
affective reaction Affektreaktion *f*
affective rebuff Abfuhr *f* der Affekte
affective removal *s.* affective rebuff
affective repression Affektverdrängung *f*
affective respiratory spasms respiratorische Affektkrämpfe *mpl*
affective rigidity psychische Rigidität *f*, Affektlahmheit *f*, Affektmattigkeit *f*, Affektsteifigkeit *f*, Affektverarmung *f*
affective spasm affektiver Krampf *m*, Affektkrampf *m*
affective syndrome Affektsyndrom *n*
affective time Einwirkungszeit *f*, Einwirkzeit *f*, Wirkzeit *f*
affective valence *(Neur)* affektive Valenz *f*

affectivity 1. Affektivität *f*, Gefühlsleben *n*, Stimmungslage *f*; 2. Affektivität *f*, Gefühlsansprechbarkeit *f*, emotionale Erregbarkeit *f*
affectomotor affektomotorisch, emotional und muskulär aktiviert
afferent afferent, aufsteigend, hinführend *(z. B. zu einem Organ)*; zuführend
afferent anosmia afferente Anosmie *f*, Nervenleitungsanosmie *f*
afferent artery zuführende Arterie *f*
afferent loop syndrome *(Chir)* Syndrom *n* der zuführenden Schlinge, Afferentopathie *f*
afferent nerve afferenter Nerv *m*, sensorischer [sensibler] Nerv *m*
afferent pathway afferente Bahn *f*, afferente Leitung *f*
afferent tract afferenter Trakt *m*, afferente Leitungsbahn *f*
affiliate *v* 1. adoptieren, (an Kindes statt) annehmen; 2. die Vaterschaft bestimmen
affiliation *s.* adoption
affiliated hospital (akademisches) Lehrkrankenhaus *n* *(einer Universität)*; an eine Universitätsklinik angeschlossenes Krankenhaus *n*
affinity 1. (geistige) Übereinstimmung *f*, geistige Verwandtschaft *f*; 2. Wesensverwandtschaft *f*, Ähnlichkeit *f*; 3. Affinität *f (Chemie)*; 4. Neigung *f*
affinity chromatography Affinitätschromatographie *f*
affix *v* befestigen, fixieren; annähen; anheften
afflicted befallen, geplagt (von), behaftet (mit) • **be afflicted with** leiden an
affliction Leiden *n*, Krankheit *f*; Befallensein *n*
afflux *s.* affluxion
affluxion Zufluss *m*, Andrang *m*, Afflux *m*; Blutandrang *m*
affricate Affrikate *f*, Affrikata *f (ein Verschlusslaut mit folgendem Reibelaut)*
affricative *s.* affricate
affusion Übergießung *f*, Guss *m*; Berieselung *f*, Dusche *f* *(z. B. bei Augenspülung)*
afibrinogenaemia Afibrinogenämie *f*, Fibrinogenmangel *m* im Blut, Fehlen *n* von Fibrinogen im Blut
afibrinogenopenia *s.* pseudohaemophilia
aflatoxicosis Aflatoxinvergiftung *f*
aflatoxin Aflatoxin *n (Mykotoxin von Aspergillus flavus)*
afocal radiation afokale Strahlung *f*
afocal spectacle lens afokales Brillenglas *n*, Afokalglas *n*
afoetal afetal, afötal, fruchtlos, ohne Fetus, ohne Leibesfrucht
African anaemia Sichelzellenanämie *f*
African coast fever *s.* Rhodesian fever
African furuncular myiasis *s.* cordylobiasis
African histoplasmosis Afrikanische Histoplasmose *f* [Histoplasmosis *f*] *(durch Histoplasma duboisii)*
African kala azar Scharabeule *f*
African lymphoma Burkitt-Tumor *m*, Burkitt-Lymphom *n*
African meningitis *(Trop)* Trypanosomenmeningitis *f*, meningo-enzephalitisches Trypanosomiasisstadium *n* *(Terminalstadium der Schlafkrankheit)*
African relapsing fever *s.* Duton's relapsing fever
African sleeping sickness *s.* African trypanosomiasis
African tick-borne typhus *(Trop)* Afrikanisches Zeckenbissfieber *n*
African tick fever *s.* relapsing fever
African trypanosome 1. Trypanosoma *n* gambiense *(Erreger der westafrikanischen Schlafkrankheit)*; 2. Trypanosoma *n* rhodiense *(Erreger der ostafrikanischen Schlafkrankheit)*
African trypanosomiasis *(Trop)* Afrikanische Trypanosomiasis *f* [Schlafkrankheit *f*]
after-dinner walk Verdauungsspaziergang *m*
after-milk *(Gyn)* Nachmilch *f*
afterbirth Nachgeburt *f*, Plazenta *f*, Mutterkuchen *m*
afterbirth stage Nachgeburtsperiode *f*, Nachgeburtsstadium *n*, Nachgeburtsphase *f*
afterbleeding Nachblutung *f*
afterborne jünger, später geboren
afterbrain Nachhirn *n*, Myelenzephalon *n*, Medulla *f* oblongata, verlängertes Rückenmark *n*
afterburning Nachbrennen *n (bei Verbrennung)*
aftercare Nachsorge *f*, Nachbehandlung *f*
aftercataract *(Ophth)* Sekundärkatarakt *f*, Nachstar *m*
afterchroming *(Histol)* Nachfärbung *f*
aftercontraction *(Physiol)* Nachkontraktion *f*
aftercurrent *(Physiol)* Nachstrom *m*
afterdepolarization *s.* afterpotential
afterdischarge Nachentladung *f (Hirnpotenzial)*
aftereffect 1. Nachwirkung *f (z. B. einer Therapie)*; 2. Folge *f*, Folgeerscheinung *f*, Spätfolge *f*
aftergilding *(Histol)* Nachfärbung *f* mit Goldsalzen *(z. B. von Nervengewebe)*
afterglow Nachleuchten *n (z. B. eines Röntgenschirms)*; Phosphoreszenz *f*
afterglow screen Nachleuchtschirm *m*
afterglow time Nachleuchtzeit *f*, Nachleuchtdauer *f*
afterglowing nachleuchtend
afterhearing Nachhören *n*, Nachtönen *n*
afterimage *(Ophth)* Nachbild *n*
afterimage test Nachbildtest *m*
afterimpression Nacheindruck *m*, Nachempfindung *f*
afterload 1. *(Kard)* Nachlast *f*, Auswurfwiderstand *m*; peripherer Widerstand *m* [Gefäßwiderstand *m*]; mittlerer Aortendruck *m*; 2. Nachladung *f (z. B. von radioaktivem Material)*
afterloading (method) *(Rad)* Nachladetechnik *f*, Nachladeverfahren *n*, Afterloading-Verfahren *n*
aftermovement Nachbewegung *f (z. B. der Muskeln)*
afternystagmus Nachnystagmus *m*
afterpain Nachschmerz *m*
afterpains Nachwehen *fpl*
afterperception Nachempfindung *f*
afterpotential *(Physiol)* Nachpotenzial *n*
afterpressure Nachempfindung *f* von Druck
afterpurification Nachreinigung *f*
afterripening Nachreifung *f*
aftersensation Nachempfindung *f*
aftersound Nachton *m*
afterstaining *(Histol)* Nachfärbung *f*, Gegenfärbung *f*
aftertaste Nachgeschmack *m*, Beigeschmack *m*
aftertreatment Nachbehandlung *f*, Nachsorge *f*
aftervision Nachsehen *n*; Nachbild *n*
against medical advice *(For)* gegen ärztlichen Rat *(z. B. Krankenhausentlassung)*
agalactia Agalaktie *f*, Agalasie *f*, Alaktie *f*, fehlende Milchsekretion *f*
agalactosis *s.* agalactia
agalactosuria Agalaktosurie *f*, Galactosemangel *m* im Urin
agalactous agalaktisch, milchlos
agalaxy *s.* agalactia
agalorrhoea Agalorrhö *f*, fehlender Milchfluss *m*, Fehlen *n* des Milchflusses
agamete Agamet *m*
agametic *s.* agamous
agamic *s.* agamous
agammaglobulinaemia Agammaglobulinämie *f*, Gammaglobulinmangel *m* im Blut
agammaglobulinaemic agammaglobulinämisch; Gammaglobulinmangel…
agamogenesis Agamogenie *f*, ungeschlechtliche Fortpflanzung *f*

agamogenetic agamogen(etisch), sich ungeschlechtlich [asexuell] fortpflanzend
agamont *s.* schizont
agamogony *s.* agamogenesis
agamospermia Agamospermie *f*
agamous 1. agamisch, ehelos; 2. agam, geschlechtslos; 3. *s.* cryptogenic
aganglionic aganglionär, ohne Ganglienzellen, ganglienlos
aganglionic colon *s.* aganglionic megacolon
aganglionic megacolon aganglionäres [kongenitales] Megakolon *n*, Megacolon *n* congenitum, Hirschsprung'sche Krankheit *f*, Morbus *m* Hirschsprung
aganglionosis Aganglionose *f*, Ganglienmangel *m*
agar *(Bakt, Lab)* Agar *m(n)*, Agar-Agar *m(n)*
agar-agar *s.* agar
agar-coating method Agarbedeckungsmethode *f*
agar column Agarsäule *f*
agar culture Agarkultur *f*
agar diffusion Agardiffusion *f*
agar dilution method Agardilutionsmethode *f*
agar double diffusion test Agar-Doppeldiffusionstest *m*
agar gel Agargel *n*
agar gel diffusion test Agargeldiffusionstest *m*
agar gel electrophoresis Agargelelektrophorese *f*
agar gel precipitation Agargelpräzipitation *f*
agar layer method Agarschichtmethode *f*
agar medium Agar(nähr)medium *n*, Agarnährboden *m*
agar plate Agarplatte *f*
agar shake culture Agarschüttelkultur *f*
agar slant Schrägagar *m*
agar solution Agarlösung *f*
agaric acid Agaricinsäure *f*
agarophobia Agarophobie *f*, Platzangst *f*
agarose Agarose *f (gelierendes Polysaccharid)*
agarose gel Agarosegel *n*
agarose gel electrophorese Agarosegelelektrophorese *f*
agastria Agastrie *f*, Magenlosigkeit *f*, Fehlen *n* des Magens
agastric agastrisch, magenlos
agate burnishing instrument Achatpolierer *m*
agate filling instrument Achatfüllungsinstrument *n*
agate instrument Achatinstrument *n*
agate mixing spatula Achatmischspatel *m*
agate mortar Achatmörser *m*
agate spatula Achatspatel *m*
age *v* 1. altern, alt werden; 2. altern, reifen
age *v* **prematurely** vorfristig [vorzeitig] altern, voraltern
age 1. Alter *n*, Lebensalter *n*; 2. Reife *f*; 3. Ära *f*, Periode *f*
age-corrected alterskorrigiert
age-dependence Altersabhängigkeit *f*
age-dependent dose altersabhängige Dosis *f*
age distribution *(Statist)* Altersverteilung *f*
age group Altersgruppe *f*
age hardening Altershärtung *f*
age level Altersstufe *f*
age-matched control altersangepasste Kontrolle *f*
age of consent *(For)* Einwilligungsfähigkeit *f (z. B. für Operationen ohne Elternzustimmung)*
age of majority *(For)* Volljährigkeit *f*
age of physical and psychological deterioration Involutionsalter *n*, Rückbildungsalter *n*
age spot Altersfleck *m*
ageing *s.* aging
agelia Agelie *f*, Unfähigkeit *f* zum Lachen
agenesia Agenesie *f*, Fehlen *n* einer Organanlage
agenesis *s.* agenesia
agenesis of corpus callosum Balkenmangel *m*
ageniocephalia *(Terat)* Ageniozephalie *f (milde Form der Otozephalie)*
ageniocephalus *(Terat)* Ageniozephalus *m*
agenitalism *(Terat)* Agenitalismus *m*, (angeborenes) Fehlen *n* der Geschlechtsorgane *(mit Sexualhormonausfällen)*
agenosomia Agenosomie *f (Fehlentwicklung der Genitalien)*
agent 1. Vertreter *m*, Beauftragter *m*; 2. Agens *n*, Wirkstoff *m*, Mittel *n*; 3. Keim *m*, Krankheitserreger *m*
agent change Erregerwechsel *m*, Keimwechsel *m*
agent content Erregergehalt *m*, Keimgehalt *m*
agent to distribute drugs Pharmareferent *m*
ageusia *(Neur)* Ageusia *f*, Geschmackslähmung *f*, Verlust *m* des Geschmackssinns, Geschmacksblindheit *f*
ageusic ohne Geschmackssinn, geschmackssinnlos
agger Agger *m*, Schleimhautwall *m*
agglomerate *v* agglomerieren, zusammenballen; anhäufen; sich zusammenballen
agglomerate Agglomerat *n*, Zusammenballung *f*, Anhäufung *f*, Granalie *f*
agglomeration Agglomeration *f*, Zusammenballung *f*, Anhäufung *f*, Granulation *f*
agglomerin Agglomerin *n*
agglutinability Agglutinierbarkeit *f*
agglutinable agglutinierbar, agglutinabel
agglutinant agglutinierend, (zusammen)klebend, zusammenballend, (ver)klumpend
agglutinant (agent) agglutinierendes Mittel *n*, (zusammen)klebendes Mittel *n*, zusammenballendes [verklumpendes] Mittel *n*
agglutinate *v* agglutinieren, (ver)kleben, sich zusammenballen, verklumpen; agglutinieren, (ver)kleben
agglutinate *v* **erythrocytes** Erythrozyten agglutinieren [zusammenballen]
agglutinate Agglutinat *n*
agglutinating antibody agglutinierender Antikörper *m*, O-Agglutinin *n*
agglutinating titre Agglutinationstiter *m*
agglutination 1. Agglutination *f*, Zusammenballung *f*, Verklebung *f*, Verklumpung *f*; 2. *(Neur)* Agglutination *f*, Haftneigung *f*, Zähflüssigkeit *f (der Gedankengänge)*
agglutination-inhibiting reaction Agglutinationshemmungsreaktion *f*
agglutination-inhibition test *(Serol)* Agglutinationshemmtest *m*
agglutination-lysis test Agglutinations-Lysis-Reaktion *f*, ALR *(z. B. zum Leptospirosenachweis)*
agglutination of the vulva Vulvaverklebung *f*
agglutination reaction Agglutinationsreaktion *f*
agglutination test Agglutinationstest *m*
agglutination titer Agglutinationstiter *m*
agglutinative agglutinierend, zusammenballend, (ver)klebend
agglutinative thrombus Konglutinationsthrombus *m*
agglutinin Agglutinin *n (Blutantikörper)*
agglutinin absorption Agglutininabsorption *f*
agglutinin-free agglutininfrei
agglutinogen Agglutinogen *n*, Agglugen *n (Blutantigen zur spezifischen Antikörperbildung)*
agglutinogenic agglutinogen, agglutininbildend, agglutininproduzierend
agglutinogram Agglutinogramm *n*
agglutinoid Agglutinoid *n (inkompletter Antikörper)*
agglutinometer *(Lab)* Agglutinometer *n*, Agglutinationsmessgerät *n*
agglutinophilic agglutinophil, agglutinationsfreundlich; sofort [leicht] agglutinierend
agglutinophore agglutinophore Gruppe *f*

agglutinoscope *(Lab)* Agglutinoskop *n*, Agglutinationsbeobachtungsgerät *n*; Seroskop *n*
agglutogenic *s.* agglutinogenic
aggravate *v* verschlimmern *(z. B. eine Krankheit)*; verschärfen *(z. B. Symptome)*; erschweren *(z. B. die Heilung)*
aggravation 1. Verschlimmerung *f (z. B. einer Krankheit)*; Verschärfung *f (z. B. von Symptomen)*; Erschwerung *f (z. B. einer Heilung)*; 2. *(Neur)* Aggravation *f*, Übertreibung *f*
aggregate *v* aggregieren, (sich zu einem Aggregat) vereinigen, zusammenballen; sich ansammeln; aggregieren, anhäufen
aggregate 1. Aggregat *n*, Aggregationsprodukt *n*; 2. Ansammlung *f*, Anhäufung *f*
aggregate anaphylaxis *(Immun)* Aggregat-Anaphylaxie *f*, anaphylaktische Reaktion *f* durch Antigen-Antikörper-Komplexe
aggregate follicles Folliculi *mpl* lymphatici aggregati intestini tenuis, Peyer'sche Plaques *mpl*
aggregate follicles of the vermiform appendix Folliculi *mpl* lymphatici aggregati appendicis vermiformis
aggregate glands *s.* aggregate follicles
aggregate nodules (of the small intestine) *s.* aggregate follicles
aggregation Aggregation *f*, Zusammenballung *f*, Zusammenschluss *m*, Vereinigung *f*
aggregation inhibitor Aggregationsinhibitor *m*, Aggregationshemmer *m*
aggregation of cells Zellanhäufung *f*
aggregation of platelets Thrombozytenaggregation *f*
aggregation test Aggregationstest *m*
aggregometer Aggregometer *n*, Aggregationsmessgerät *n*
aggregometry Aggregomtrie *f*, Aggregationsbestimmung *f*
aggressin *(Bakt)* Aggressin *n*, Angriff(s)stoff *m*
aggression Aggression *f*
aggressive 1. *(Neur)* aggressiv; energisch; dynamisch, draufgängerisch; angriffslustig; 2. aggressiv *(Chemikalien)*
aggressive act aggressive Handlung *f*
aggressive behaviour aggressives Verhalten *n*
aggressive behaviour disorder aggressive Verhaltensstörung *f*
aggressive instinct 1. Todestrieb *m*; 2. Aggressionstrieb *m*
aggressive personality aggressive Persönlichkeit *f*
aggressive-radical therapy *(Neur)* aggressiv-radikale Therapie *f*
aggressive reaction Aggressionsreaktion *f*
aggressively-paranoid psychopathy aggressiv-paranoide Psychopathie *f*
aggressiveness *s.* aggressivity
aggressivity 1. *(Neur)* Aggressivität *f*, Angrifflust *f (Ausmaß von Aggressionen)*; 2. Agggresivität *f (z. B. von Chemikalien)*
agile agil, flink, beweglich, wendig, behänd; lebhaft
aging 1. alternd; 2. altmachend
aging Altern *n*, Alterung *f*, Älterwerden *n*; Alterungsprozess *m*
aging-lung emphysema Altersemphysem *n*
aging pigment Alterspigment *n*, Abnutzungspigment *n*, Lipofuszin *n*
agitate *v* 1. agitieren, schütteln *(z. B. Krämpfe den Körper)*; sich schütteln; 2. erregen; sich erregen; 3. bewegen; schütteln; umrühren
agitated *(Neur)* agitiert, aufgeregt, erregt, unruhig
agitated depression *(Neur)* agitierte Depression *f*
agitated melancholia *(Neur)* Melancholia *f* agitata [agitans], Getriebenheit *f*, Unruhe *f*, Jammern *n* aus ängstlicher Erregung
agitated paralysis Paralysis *f* agitans, Schüttellähmung *f*, Parkinson'sche Krankheit *f*
agitation 1. Agitation *f*, Schütteln *n*; 2. *(Neur)* Agitiertheit *f*, Erregung *f*, Ruhelosigkeit *f*, allgemeine körperliche Unruhe *f*, affektive und motorische Unruhe *f*; 3. Bewegung *f*; Schütteln *n*; Rühren *n*
agitographia *(Neur)* Agitographie *f*
agitolalia *(Neur)* Agitolalie *f*
agitophasia *(Neur)* Agitophasie *f*, überhastetes Sprechen *n (bei Erregung)*
aglandular aglandulär, drüsenlos, ohne Drüsen
aglaucopsia Grünblindheit *f*
aglobulia Aglobulie *f*, Erythrozytenmangel *m*
aglobuliosis *s.* aglobulia
aglomerular aglomerulär, glomerulumlos *(Niere)*
aglossia 1. *(Terat)* Aglossie *f*, Zungenlosigkeit *f*, (angeborenes) Fehlen *n* der Zunge; 2. Sprachlosigkeit *f*, Verlust *m* der Sprache
aglossostomia *(Terat)* Aglossostomie *f*, Missbildung *f* mit Mundfehlbildung und fehlender Zunge
aglossus *(Terat)* Aglossus *m*, Zungenloser *m*
aglutition Aglutition *f*, Schluckunfähigkeit *f*, Schluckbeschwerden *pl*
aglycaemia Aglykämie *f*, Fehlen *n* des Blutzuckers
aglycaemic aglykämisch, blutzuckerlos, blutzuckerfrei
aglycone Aglykon *n*, Genin *n*, Aglukon *n*
aglycosuria Aglukosurie *f*, Fehlen *n* des Harnzuckers
aglycosuric aglukosurisch, harnzuckerlos, harnzuckerfrei
agmatine Agmatin *n*
agminated aggregiert, zusammengelagert, aggregatus
agnail Niednagel *m*
agnathia *(Terat)* Agnathie *f*, Kieferlosigkeit *f*
agnathocephalia *(Terat)* Agnathozephalie *f (Form der Otozephalie)*
agnathocephalus *(Terat)* Agnathozephalus *m*
agnathous agnath, kieferlos
agnathus *(Terat)* Agnathus *m*, Kieferlose(r) *m*
agnogenic myeloid metaplasia agnogene [idiopathische] myeloide Metaplasie *f*
agnosia *(Neur)* Agnosie *f*, Nichtwahrnehmung *f (trotz intakter Sinnesorgane)*
agnosia of objects *(Neur)* Objektagnosie *f*, assoziative Seelenblindheit *f*
agnostic agnostisch, nicht wahrnehmend; Agnosie...
agomphiasis 1. Agomphiasis *f*, Agomphose *f*, Zahnlosigkeit *f*; 2. Zahnlockerung *f*
agomphious zahnlos
agonadal agonadal, gonadenlos, ohne Geschlechtsdrüsen
agonadism Agonadismus *m*, Fehlen *n* der Gonaden
agonal agonal, im Todeskampf, präfinal; Agonie...
agonal electrocardiogram agonales Elektrokardiogramm *n*, Absterbe-EKG *n*
agonal respiration agonale Atmung *f*
agonal state *s.* agony
agonal thrombus agonaler Thrombus *m*
agonist Agonist *m (1. Gegenspieler des Antagonisten; 2. Rezeptorwirksubstanz)*
agonistic agonistisch, zusammenwirkend; Agonisten...
agonistic muscle Agonist *m*, agonistischer Muskel *m*
agonize *v* sich (ab)quälen, furchtbar leiden, (verzweifelt) ringen, mit dem Tode ringen
agony Agonie *f*, Todeskampf *m*; Todesangst *f* • **suffer agonies** Höllenqualen leiden [ausstehen]
agony of death Todesangst *f*
agoraphobia *(Neur)* Agoraphobie *f*, Platzangst *f*, Topophobie *f*

agoraphobia without panic attack Agoraphobie *f* ohne Panikattacke

agrammaphasia *(Neur)* Agrammaphasie *f*, Agrammatismus *m*, Dysgrammatismus *m*, ungrammatische Ausdrucksweise *f* [Formulierungsweise *f*]

agrammatism *s.* agrammaphasia

agranulaemia *s.* agranulocytosis

agranular agranulär, körnerlos

agranular endoplasmatic reticulum *s.* endoplasmatic reticulum

agranular leucocyte *s.* agranulocyte

agranulocyte *(Hämat)* Agranulozyt *m*, agranulozytärer [zytoplasmakörnerfreier] Leukozyt *m*

agranulocythaemia *s.* agranulocytosis

agranulocytic agranulozytisch, agranulozytär, granulozytenlos, körnerzellenfrei; zytoplasmakörnerfrei

agranulocytic angina Agranulozytenangina *f*, agranulozytäre Angina *f*, Angina *f* agranulocytotica

agranulocytosis Agranulozytose *f*, Agranulozythämie *f*, Granulozytenverminderung *f* im Blut, maligne Neutropenie *f* [Leukopenie *f*] *(z. B. durch Medikamentenwirkung)*

agranuloplastic agranuloplastisch

agranulosis *s.* agranulocytosis

agraphia *(Neur)* Agraphie *f*, Schreibunfähigkeit *f*

agraphic agraphisch, schreibunfähig

agree *v* **with a diagnosis** mit einer Diagnose übereinstimmen; einer Diagnose zustimmen

agree *v* **with the pathological findings** mit dem pathologischen Befund übereinstimmen

agreement Übereinstimmung *f*, Zustimmung *f*, Korrelation *f*

agromania *(Neur)* Agromanie *f*, (krankhafter) Einsamkeitsdrang *m*, Einsamkeitstrieb *m*

agrypnia *(Neur)* Agrypnie *f*, Schlaflosigkeit *f*, Insomnie *f*

agrypnocoma *(Neur)* Agrypnokoma *n*, Wachkoma *n*

agrypnode Weckmittel *n*, schlafvertreibendes [schlafhinderndes] Mittel *n*

agrypnotic schlafvertreibend, schlafhindernd

agrypnotic (agent) *s.* agrypnode

ague 1. *(Trop)* Malaria *f*, Sumpffieber *n*, Paludismus *m* *(Zusammensetzungen siehe unter: malaria)*; 2. Schüttelfrost *m*; 3. Neuralgie *f*, Nervenschmerz *m*

aguish 1. fieberig, fieberhaft; 2. fiebererzeugend

agyria Agyrie *f*, Agyrismus *m*, (angeborenes) Fehlen *n* der Hirnwindungen

aha experience *(Psych)* Aha-Erlebnis *n*

aha reaction *(Psych)* Aha-Reaktion *f*

ahaptoglobulinaemia *(Hämat)* Ahaptoglobulinämie *f*

AHF *s.* antihaemophilic factor

Ahumada-del Castillo syndrome Ahumada-del-Castillo-Syndrom *n (Galaktorrhö-Amenorrhö-Syndrom mit niedriger Gonadotropinsekretion)*

ahypnia *s.* agrypnia

ahypnosis *s.* agrypnia

Aicardi's syndrome Aicardi-Syndrom *n (Fehlbildungen des Zentralnervensystems mit Augennetzhautveränderungen)*

AICD *s.* automatic implantable cardioverter-defibrillator

aichmophobia *(Neur)* Aichmophobie *f*, Nagelangst *f*

AID *s.* artificial insemination donor

aid 1. Hilfe *f*, Unterstützung *f*, Beistand *m*; 2. Hilfsmittel *n*; 3. Helfer *m*, Helferin *f*, Gehilfe *m*

aid-man Sanitäter *m*

aid station Truppenverbandplatz *m*

aid to memory Gedächtnisstütze *f*

aid-woman Sanitäterin *f*

aided residual hearing unterstütztes Resthörvermögen *n*, unterstütztes Restgehör *n*

AIDS *s.* acquired immunodeficiency syndrome

AIDS-dementia complex *s.* AIDS-related dementia

AIDS-related dementia AIDS-Demenz *f*

AIDS-related embryopathy AIDS-Embryopathie *f*

AIDS-related encephalopathy AIDS-Enzephalopathie *f*

AIDS-related lethargy AIDS-Lethargie *f*

AIDS-wasting syndrome AIDS-Komplex *m*, AIDS-Syndrom *n*

ail *v* 1. kränkeln, kränklich sein; leiden; unpässlich sein; 2. Schmerzen haben; schmerzen, wehtun

ailing kränklich, kränkelnd

ailment Krankheit *f*, Leiden *n*

aim *v* **the probe at the heart** den Schallkopf auf das Herz richten

aimed radiogram Röntgenzielaufnahme *f*, Zielaufnahme *f*

aimed radiography Röntgenzieldarstellung *f*, Röntgenzielaufnahmetechnik *f*

aiming biopsy Zielbiopsie *f*, gezielte Biopsie *f*

A2influenza virus Influenzavirus *n* A2

ainhum *(Trop)* Ainhum *n (Krankheit mit spontaner Abschnürung von Zehen und Fingern)*

air *v* lüften, auslüften; belüften, der Luft aussetzen

air Luft *f*

air-abrade *v* pneumatisch abblasen, mit Pressluft abblasen

air abrasive handpiece Strahlhandstück *n*

air admixture Luftbeimengung *f*

air aesthesiometer Luftästhesiometer *n*

air arthrography Pneumoarthrographie *f*, Arthropneumographie *f*

air bath *(Bal)* Luftbad *n*, Balneum *n* pneumaticum

air bed Luftkissenbett *n*

air-blast injury Luftdruckverletzung *f*, Barotrauma *n*

air bloc method Air-bloc-Technik *f (zur Varizenverödung)*

air bloc technique *s.* air bloc method

air-borne *s.* airborne

air bottle Druckluftflasche *f*

air bubble Luftblase *f*, Luftbläschen *n*

air cannula Luftkanüle *f*

air cells Cellulae *fpl* pneumaticae

air circulation Luftzirkulation *f*, Luftumlauf *m*

air cleaner Luftreiniger *m*

air compressor Drucklufterzeuger *m*

air conditioned klimatisiert, klimageregelt

air conditioner Klimaanlage *f*

air conditioning Klimatisierung *f*

air conditioning system Klimaanlage *f*

air conditioning unit Klimaanlage *f*

air conduction Luftleitung *f (Schall)*

air conduction audiogram Luftleitungsaudiogramm *n*

air conduction audiometry Luftleitungsaudiometrie *f*

air conduction curve Luftleitungs(hör)kurve *f*

air conduction hearing aid (Luftleitungs-)Hörapparat *m*

air conduction test Luftleitungshörprobe *f*

air conduction threshold Luftleitungsschwelle *f*, Luftschallleitungsschwelle *f*

air contamination Luftverunreinigung *f*

air content Luftgehalt *m*

air-contrast arthrography Pneumoarthrographie *f*, Arthropneumographie *f*

air-contrast barium enema Barium-Doppelkontrasteinlauf *m*

air-contrast examination Röntgen(doppel)kontrastuntersuchung *f*

air-cooled tube luftgekühlte Röhre *f*

air cushion Luftkissen *n*, Kranken(luft)kissen *n*; Luftpolster *n*

air cyst *(Pulm)* Luftzyste *f*, Emphysemblase *f*

air disinfection Luftdesinfektion *f*, Luftentkeimung *f*

air douche Luftdusche *f*

air dressing offene Wundbehandlung *f*
air-dried luftgetrocknet
air drive-out Entlüftung *f*, Luftentfernung *f*
air-driven handpiece luftgetriebenes Handstück *n*
air-dry *v* lufttrocknen, im Luftstrom trocknen
air-drying Lufttrocknung *f*
air embolism Luftembolie *f*
air embolization *s.* air embolism
air encephalography *s.* pneumencephalography
air entrapment Lufteinschluss *m*
air escape Luftaustritt *m*
air exit Luftaustritt(söffnung) *m*; Luftauslass *m*
air filter Luftfilter *n*
air flow Luftstrom *m*
air-fluid level *(Rad)* Luft-Flüssigkeit-Spiegel *m*, Flüssigkeitsspiegel *m*, Spiegelbildung *f (z. B. im Darm)*
air-gas mixture Luft-Gas-Gemisch *n*
air humidifier Luftbefeuchter *m*, Befeuchter *m*, Anfeuchter *m*
air humidity Luftfeuchtigkeit *f*
air hunger Lufthunger *m*, Kussmaul'sche [große] Atmung *f*
air impermeability Luftundurchlässigkeit *f*
air-impermeable luftundurchlässig; luftdicht
air impulse aesthesiometry Luftimpulsästhesiometrie *f*
air inclusion Lufteinschluss *m*
air injection Luftinjektion *f*
air injection cannula Luftinjektionskanüle *f*
air inlet Lufteintrittsöffnung *f*, Lufteinlass *m*
air insufflation Luftfüllung *f*
air ionization Luftionisation *f*
air ionization chamber Luftionisationskammer *m*
air jet injection Luftdruckinjektion *f*
air jet injection instrument Luftdruckinjektor *m*
air layer Luftschicht *f*
air medicine *s.* aviation medicine
air myelography Pneumomyelographie *f*, Rückenmarkröntgen(kontrast)darstellung *f* nach Lufteinblasung
air nozzle Luftdüse *f*
air outlet Luftaustrittsöffnung *f*, Luftauslass *m*
air passages Luftwege *mpl*, Atemwege *mpl*
air-passenger thrombosis Fluggastthrombose *f*
air permeability Luftdurchlässigkeit *f*
air-permeable luftdurchlässig
air pilot's disease Fliegerneurose *f*, Aeroneurosis *f*
air pollutant Schadstoff *m* in der Luft, Luftverschmutzer *m*
air pollution Luftverunreinigung *f*, Luftverschmutzung *f*
air-powered apparatus luftgetriebenes Gerät *n*, Druckluftgerät *n*, pneumatisches Gerät *n*
air pressure Luftdruck *m*
air pyelography Pneumopyelographie *f*, Nierenbeckenröntgen(kontrast)darstellung *f* nach Lufteinblasung
air-return system Luftumlaufsystem *n*
air sac Lungenalveole *f*, Alveolarbläschen *n*
air sample Luftprobe *f*
air scaler (luftgetriebener) Zahnstelnentferner *m*
air separator Luftabscheider *m*
air sickness Luftkrankheit *f*, Flug(zeug)krankheit *f (Kinetose)*
air sinus Nasennebenhöhle *f*, Paranasalsinus *m*
air splint pneumatische Schiene *f (zur Frakturruhigstellung)*
air sterilization Luftentkeimung *f*, Raumluftentkeimung *f*
air sterilizer Luftsterilisator *m*
air sterilizing lamp Entkeimungslampe *f*
air stream Luftstrom *m*
air supply Luftzufuhr *f*, Luftzuführung *f*, Belüftung *f*, Luftversorgung *f*
air supplying device *(Stom)* Drucklufteinheit *f*, Druckluft *f*
air swallowing Aerophagie *f*, Luftschlucken *n*
air syringe Luftdusche *f*, Luftspritze *f*
air temperature Lufttemperatur *f*
air trapping 1. Air-trapping *n*, Luftfalle *f*; 2. *(Rad)* Lufteinschluss *m*; 3. Pendelluft *f*
air tube 1. *s.* bronchus; 2. Luftschlauch *m*
air tubing handpiece luftgetriebene Turbine *f*, Druckluftturbine *f*, pneumatische Turbine *f*
air turbine angle handpiece *(Stom)* Luftturbinenwinkel(hand)stück *n*
air turbine handpiece *(Stom)* Luftturbinenhandstück *n*
air velocity index Ventilationsleistungsquotient *m*, Ventilationsleistungsindex *m*
air ventriculography *s.* pneumoventriculography
air vesicle Luftbläschen *n*; Lugenalveole *f*, Lungenbläschen *n*, Alveolus *m* pulmonis
air volume Luftvolumen *n*
air-waterinterface Luft-Wasser-Grenze *f*
airborne aerogen, luftübertragen, durch Luft übertragen, auf dem Luftweg übertragen, durch die Luft verbreitet *(z. B. Krankheitserreger)*
airborne contaminants durch Luft übertragene schädliche Substanzen *fpl*, aerogene Schadstoffe *mpl*
airborne contamination aerogene Kontamination *f*, aerogene Verseuchung *f*, aerogene Infizierung *f*
airborne droplet luftübertragens Tröpfchen *n*
airborne germ Luftkeim *m*
airborne infection aerogene Infektion *f*, auf dem Luftweg übertragene Infektion *f*, Tröpfcheninfektion *f*
airborne precautions Vorbeugungsmaßnahmen *fpl* gegen aerogene Übertragung
airborne transmission aerogene Übertragung *f*, Verbreitung *f* durch die Luft
airplane splint *(Chir)* Oberarmabduktionsgips *m*
airpuff tonometry Aerotonometrie *f*
airstream Luftstrom *m*
airway 1. Luftweg *m*, Atemweg *m*; 2. intratrachealer Tubus *m*; Narkosetubus *m*, Tubus *m* • **establish an adequate airway** eine suffiziente Beatmungsmöglichkeit schaffen
airway closure Atemwegsverschluss *m*
airway compression Atemwegskompression *f*, Kompression *f* der Luftwege
airway obstruction Atemwegsverschluss *m*, Atemwegsobstruktion *f*, Atemwegverlegung *f*
airway resistance Atemwegswiderstand *m*, Atemwiderstand *m*; Strömungswiderstand *m*
airway system Atemwegsystem *n*, Atemwege *mpl*
ajmaline Ajmalin *n*, Rauwolfin *n (Alkaloid)*
akaryocyte (kernloser) Erythrozyt *m*
akaryote kernlos
akaryote akaryote [kernlose] Zelle *f*
akathisia *(Neur)* Akathisie *f*, Bewegungsdrang *m (Unfähigkeit, ruhig zu sitzen)*
akathisiac Akathisie...
akeratosis Akeratose *f*, Fehlen *n* der Hornsubstanz *(z. B. der Nägel)*
akinaesthesia *(Neur)* Muskelsinnverlust *m*
akinesia Akinesie *f*, Akinese *f*, Bewegungslosigkeit *f*, Bewegungsstarre *f*, Bewegungsarmut *f*
akinesic *s.* akinetic
akinetic akinetisch, bewegungslos, bewegungsarm
akinetic-aboulic syndrome akinetisch-abulisches Syndrom *n*
akinetic apraxia akinetische Apraxie *f*
akinetic epilepsy akinetische Epilepsie *f*
akinetic mutism akinetischer Mutismus *m*; akinetische Zustände *mpl*
akinetic seizure *(Neur)* akinetischer [astatischer] Anfall *m*
aknephascopia Dämmerungsblindheit *f*
akoasm *s.* acoasma

akoria *s.* acoria
ala 1. *(Anat)* Ala *f*, Flügel *m*, Flügelfortsatz *m (siehe auch unter: alar)*; 2. Axilla *f*, Achselhöhle *f*
ala of the central lobule Ala *f* lobuli centralis *(Kleinhirn)*
ala of the crista galli Ala *f* cristae galli
ala of the ilium Ala *f* ossis ilii [ilium], Darmbeinschaufel *f*
ala of the nose Ala *f* nasi, Nasenflügel *m*
ala of the sacrum Ala *f* ossis sacri, Kreuzbeinschaufel *f*
ala of the vomer Ala *f* vomeris, Flügel *m* des Pflugscharbeins
Alagille syndrome Alagille-Syndrom *n*, arteriohepatische Dysplasie *f*
alalia *(Neur)* Alalie *f*, Sprechunfähigkeit *f (Artikulationsstörung)*
alalic Alalie...
alanine Alanin *n*, Ala, α-Aminopropionsäure *f*
alanine aminopeptidase Alaninaminopeptidase *f*
alanine aminotransferase Alaninaminotransferase *f*, ALAT, Glutamat-Pyruvat-Transaminase *f*, GPT *(Enzym)*
alanine hydrazide Alaninhydrazid *n*
alanine transaminase *s.* alanine aminotransferase
alantin *s.* inulin
alar 1. flügelförmig; Flügel...; 2. Achselhöhlen..., Achsel..., Axilla...
alar cartilage *(Anat)* Cartilago *f* alaris, Flügelknorpel *m*
alar fold *s.* alar plica
alar lamina *s.* alar plate
alar odontoid ligament Ligamentum *n* alare (dentis, epistrophei, articulationis atlantoaxialis), Flügelband *n*
alar part of the nasalis muscle Musculus *m* depressor alae nasi
alar plate *(Embr)* Lamina *f* alaris, Flügelplatte *f*
alar plica Plica *f* alaris, Flügelfalte *f*
alar process Processus *m* alaris (ossis frontalis), Ala *f* cristae galli, Flügelfortsatz *m*
alar scapula Scapula *f* alata, Flügelskapula *f*, geflügeltes Schulterblatt *n*
alar wing of the nose *s.* ala of the nose
alarm *v* **a patient** einen Patienten beunruhigen
alarm device Alarmvorrichtung *f*
alarm display Alarmanzeige *f*
alarm documentation Alarmdokumentation *f*, Alarmaufzeichnung *f*, Alarmschreibung *f (z. B. bei Arrhythmien)*
alarm indicator Grenzwertmelder *m*
alarm reaction *(Physiol)* Alarmreaktion *f (erstes Stadium des Adaptationssyndroms)*
alarm signal Alarmsignal *n*
alarm threshold Alarmschwelle *f*
alarm unit Alarmgeber *m*
alarming symptom alarmierendes Symptom *n*
alastrim Alastrim *n*, Variola *f* minor, weiße Pocken *pl*, Milchpocken *pl*
alastrim virus Alastrimvirus *n*
alastrimic Alastrim..., Milchpocken...
alate geflügelt
Albarran's test Albarran'scher Test *m*, Polyurieprobe *f*
Albee-Delbet operation *s.* Albee's operation
Albee's operation Henle-Albee'sche Operation *f*, Versteifungsoperation *f* der Wirbelsäule
Albers-Schönberg disease Albers-Schönberg'sche Krankheit *f*, Marmorknochenkrankheit *f*, Osteopetrosis *f*, Osteosclerosis *f* fragilis generalisata
Albert's disease Albert-Krankheit *f*, Achillobursitis *f*
albicans weißlich; Weiß...
albiduria *s.* albinuria
albinic an Albinismus leidend; Albinismus...
Albini's nodes Albini-Knötchen *npl (an Kinderherzklappensegeln)*
albinism Albinismus *m*, angeborener totaler Pigmentmangel *m (mit Astigmatismus, Nystagmus und Photophobie)*
albinism I Albinismus *m* I, tyrosinase-negativer okulokutaner Albinismus *m*
albinism II Albinismus *m* II, tyrosinase-positiver okulokutaner Albinismus *m*
albino Albino *m (Individuum ohne Pigmentbildung)*
albinoidism 1. Albinoidismus *m (okulokutane Hypopigmentierung)*; 2. *s.* albinism II
albinotic albinotisch; Albino...
albinuria 1. Albinurie *f*, farbloser Urin *m*; 2. *s.* chyluria
Albright disease *(Päd)* Albright'sches Syndrom *n*, Albright-(McCune-Sternberg-)Syndrom *n*, Osteitis *f* fibrosa disseminata *(polyostotische fibröse Dysplasie mit Hautpigmentierungen und vorzeitiger Pubertät)*
Albright's hereditary osteodystrophic syndrome Albright-Osteodystrophie *f (Typ des familiären Pseudohypoparathyreoidismus infolge Parathormonresistenz)*
albuginea Albuginea *f*, Tunica *f* albuginea *(derbfibröse weißliche Bindegewebshaut um ein Organ)*
albugineotomy Albugineotomie *f*, Albugineainzision *f*, (operative) Albugineadurchtrennung *f*
albugineous albuginös; Albuginea...
albuginitis Albuginitis *f*, Entzündung *f* der Tunica albuginea
albugo Albugo *f*, weißer Hornhautfleck *m*
albumen 1. Albumen *n*, Eiweiß *n*; 2. *s.* albumin
albumin Albumin *n (Sammelbezeichnung für eine Gruppe einfacher Eiweiße)*
albumin fraction Albuminfraktion *f*
albumin-globulin ratio Albumin-Globulin-Quotient *m*, Proteinquotient *m*, Eiweißquotient *m*
albumin gradient Albumingradient *m*
albumin test Albuminprobe *f*
albuminaemia Albuminämie *f*, Vorhandensein *n* von Albumin im Blut
albuminate Albuminat *n*
albuminaturia Albuminaturie *f*, erhöhte Albuminatausscheidung *f* im Urin
albuminiferous albuminhaltig
albuminimeter *s.* albuminometer
albuminiparous albuminbildend, albuminproduzierend
albuminocholia Albuminocholie *f*, Vorhandensein *n* von Albumin in der Galle
albuminocolloidal dissociation albumino-kolloidale Dissoziation *f (im Liquor)*; Paralysekurve *f*
albuminocytologic albumino-zytologisch
albuminocytologic dissociation albumino-zytologische [zytoalbuminäre] Dissoziation *f (im Liquor)*
albuminogenous albuminogen, albuminbildend, albuminproduzierend
albuminoid albuminoid, albuminartig
albuminoid Albuminoid *n*, Gerüsteiweiß *n*, Skleroprotein *n*
albuminoid liver *s.* amyloid liver
albuminolysin Albuminolysin *n*
albuminolysis Albuminolyse *f*, Albuminauflösung *f*
albuminometer Albuminimeter *n*
albuminometry Albuminimetrie *f*, (quantitative) Albuminbestimmung *f*
albuminoptysis Albuminoptyse *f*, albuminöse Expektoration *f*
albuminoreaction Albumin(o)reaktion *f (beim Sputumtest)*
albuminorrhoea Albuminorrhö *f*, (verstärkte) Albuminausscheidung *f*
albuminosis Albuminose *f*, Bluteiweißspiegelerhöhung *f*
albuminous 1. albuminoid, albuminartig, albuminös; 2. albuminös, albuminhaltig, eiweißhaltig; eiweißreich

albuminous degeneration albuminöse [albuminoide] Degeneration *f*, trübe Schwellung *f*, körnige Entartung *f* *(Pathohistologie)*
albuminous gland seröse Drüse *f*
albuminous liver *s.* amyloid liver
albuminous swelling *s.* albuminous degeneration
albuminuretic albuminuretisch, Albuminurie bewirkend [auslösend]
albuminuria Albuminurie *f*, Albuminausscheidung *f* im Urin
albuminuric albuminurisch; Albuminurie…
albumoid *s.* albuminoid
albumoscope Albuminoskop *n (zur Albuminbestimmung im Urin)*
albumose Albumose *f (Eiweißabbauprodukt bei der Proteolyse)*
albumosuria Albumosurie *f (Ausscheidung von Bence-Jones-Protein im Urin)*
alcapton Alkapton *n*, Homogentisinsäure *f*, Hydrochinonessigsäure *f*
alcaptonuria Alkaptonurie *f*, Alkaptonausscheidung *f* im Urin
alcian blue stain *(Histol)* Alzianblau-Färbung *f*
Alcock's canal *(Anat)* Alcock-Kanal *m*, Alcock'scher Faszienkanal *m*, Canalis *m* pudendalis
alcohol Alkohol *m*; Ethanol *m*, Äthanol *n*
alcohol abuse Alkoholabusus *m*, Alkoholmissbrauch *m*
alcohol addict Alkoholsüchtige(r) *m*, Alkoholabhängige(r) *m*, Alkoholiker *m*
alcohol addiction Alkoholsucht *f*, Alkoholabhängigkeit *f*, Alkoholismus *f*, Trunksucht *f*
alcohol amblyopathy Alkoholamblyopathie *f*
alcohol-antabus reaction *(Neur)* Antabus-Alkohol-Reaktion *f*, Disulfiram-Alkohol-Reaktion *f*
alcohol bandage *s.* alcohol compress
alcohol bath Alkoholbad *n*
alcohol burner *(Stom, Lab)* Spiritusbrenner *m*
alcohol compress Alkoholumschlag *m*
alcohol consumption Alkoholkonsum *m*, Alkoholgenuss *m*
alcohol-containing alkoholhaltig, Alkohol enthaltend
alcohol content Alkoholgehalt *m*
alcohol dehydrogenase Alkoholdehydrogenase *f*, ADH, Alkoholase *f (Enzym)*
alcohol delict Alkoholdelikt *n*
alcohol delirium *s.* alcoholic delirium
alcohol denaturation Alkoholdenaturierung *f*
alcohol determination Alkoholbestimmung *f*, Bestimmung *f* des Blutalkohols
alcohol detoxication cure Alkoholentgiftungskur *f*, Alkoholentziehungskur *f*
alcohol dispenser Alkoholspender *m*
alcohol-free alkoholfrei
alcohol embryopathy Alkoholembryopathie *f*
alcohol in breath Atemalkohol *m*
alcohol injection Alkoholinjektion *f*
alcohol insolubility Alkoholunlöslichkeit *f*
alcohol-insoluble alkoholunlöslich
alcohol intolerance Alkoholintoleranz *f*, Alkoholunverträglichkeit *f*
alcohol nerve block *(Anästh)* Alkoholblockade *f*
alcohol poisoning Alkoholrausch *m*, Alkoholvergiftung *f*
alcohol polyneuropathy Alkoholpolyneuropathie *f*
alcohol precipitation Alkoholfällung *f*
alcohol psychosis Alkoholpsychose *f*
alcohol rub Alkoholabreibung *f*
alcohol solubility Alkohollöslichkeit *f*
alcohol-soluble alkohollöslich
alcohol sponge *(Chir, Lab)* Alkoholtupfer *m*
alcohol sterilizer Alkoholsterilisator *m*, Spiritussterilisator *m*
alcohol test Alkoholtest *m*, Alkoholprobe *f*
alcohol test meal Alkoholprobemahlzeit *f*
alcohol thermometer Alkoholthermometer *n*
alcohol swab Alkoholtupfer *m*
alcohol withdrawal delirium *(Neur)* Alkoholentzugsdelir(ium) *n*
alcohol withdrawal symptom *(Neur)* Alkoholentzugssymptom *n*, Alkoholentzugserscheinung *f*
alcohol withdrawal syndrome *(Neur)* Alkoholentzugsyndrom *n*
alcoholaemia Alkoholämie *f*, Vorhandensein *n* von Alkohol im Blut
alcoholase *s.* alcohol dehydrogenase
alcoholic Alkoholiker *m*, Trinksüchtige(r) *m*, Trinker *m*, Säufer *m*, Potator *m*
alcoholic 1. alkoholisch, alkoholhaltig; Alkohol…; alkoholartig; 2. alkoholsüchtig
alcoholic ataxia alkoholische Ataxie *f*, Alkoholataxie *f*
alcoholic blackout alkoholischer Blackout *m*
alcoholic cardiomyopathy Alkoholkardiomyopathie *f*, alkoholinduzierter Myokardschaden *m*; Trinkerherz *n*
alcoholic cirrhosis *(Path)* alkoholische Leberzirrhose *f* [Zirrhose *f*], Alkohol(leber)zirrhose *f*
alcoholic coma alkoholisches Koma *n*, Alkoholkoma *n*
alcoholic delirium *(Neur)* Alkoholdelir(ium) *n*, Delirium *n* tremens, Säuferwahnsinn *m*
alcoholic delirium of jealousy alkoholischer Eifersuchtswahn *m*
alcoholic delirium psychosis Alkohol(delir)psychose *f*
alcoholic dementia alkoholische Demenz *f*, Alkoholdemenz *f*, Korsakow'sche Psychose *f*
alcoholic depravation Alkoholdepravation *f (Wesensänderung bei chronischem Alkoholismus)*
alcoholic depravity *s.* alcoholic depravation
alcoholic depression *(Neur)* Alkoholdepression *f*
alcoholic disease Alkoholkrankheit *f*, chronischer Alkoholismus *m*
alcoholic dyspepsia alkoholische Dyspepsie *f*
alcoholic embryopathy Alkoholembryopathie *f*, alkoholische Embryopathie *f*
alcoholic encephalopathy Alkoholenzephalopathie *f*, Pseudoencephalitis *f* haemorrhagica
alcoholic epilepsy Alkoholepilepsie *f*
alcoholic excess Alkoholmissbrauch *m*
alcoholic fermentation alkoholische Gärung *f*, Alkoholfermentation *f*
alcoholic gastritis Alkoholgastritis *f*
alcoholic hallucinosis Alkoholhalluzinose *f*
alcoholic hepatitis alkohol-toxische Hepatitis *f*, Alkoholhepatitis *f*
alcoholic insanity *s.* alcoholic dementia
alcoholic intolerance Alkoholintoleranz *f*, Alkoholunverträglichkeit *f*
alcoholic intoxication Alkoholintoxikation *f*, Alkoholvergiftung *f*, Alkoholrausch *m*
alcoholic ketaacidosis alkoholische Ketoazidose *f*
alcoholic myocardiopathy *s.* alcoholic cardiomyopathy
alcoholic neuritis Alkoholneuritis *f*
alcoholic neuropathy alkoholische Neuropathie *f*
alcoholic-nutritional cerebellar degeneration ernährungsbedingte Kleinhirndegeneration *f* der Alkoholiker; alkoholbedingte Kleinhirndegeneration *f*
alcoholic paralysis Alkoholparalyse *f*
alcoholic paranoia Alkoholparanoia *f*
alcoholic paraplegia Alkoholparaplegie *f*

alcoholic poisoning s. alcoholic intoxication
alcoholic pseudoparalysis alkoholische Pseudoparalyse *f*
alcoholic pseudoparesis *(Neur)* alkoholische Pseudoparalyse *f*
alcoholic psychosis Alkoholpsychose *f*
alcoholic solution Alkohollösung *f*
alcoholic test breakfast Alkoholprobefrühstück *n*
alcoholic toxicomania chronischer Alkoholismus *m*
alcoholic trance Alkohol-Trance *f*, alkoholische Trance *f*
alcoholic tremor Alkoholtremor *m*
alcoholic twilight state alkoholischer Dämmerzustand *m*
alcoholic withdrawal Alkoholentzug *m*
alcoholic withdrawal symptom Alkoholentzugssymptom *n*
alcoholic withdrawal syndrome Alkoholentzugssyndrom *n*
alcoholism 1. Alkoholismus *m*, chronische Trunksucht *f*; 2. Alkoholismus *m*, Alkoholintoxikation *f*, Alkoholvergiftung *f*
alcoholization Alkoholisierung *f*, Alkoholbehandlung *f*
alcoholize *v* 1. alkoholisieren, betrunken machen; 2. alkoholisieren, mit Alkohol versetzen, mit Alkohol sättigen; in Alkohol umwandeln
alcoholometer *(Lab)* Alkoholometer *n*, Alkoholmesser *m*
alcoholometric alkoholometrisch; Alkoholometrie…; Alkoholometer…
alcoholometry Alkoholometrie *f*, Alkohol(gehalt)bestimmung *f*
alcoholophilia Alkoholophilie *f*, Trinkfreudigkeit *f*, Trunksucht *f*
alcoholuria Alkoholurie *f*, Alkoholausscheidung *f* im Urin
alcuronium chloride *(Anästh)* Alcuroniumchlorid *n* *(Muskelrelaxans)*
aldehydase *(Bioch)* Aldehydase *f*, Aldehydoxidase *f (Enzym)*
aldehyde alcohol Aldehydalkohol *m*
aldehyde dehydrogenase Aldehyddehydrogenase *f* *(Enzym)*
aldehyde dismutation Aldehyddismution *f*, Cannizzaro-Reaktion *f*
aldehyde mutase Aldehydmutase *f (Enzym)*
aldehyde oxidase Aldehydoxidase *f*, Aldehydase *f (Enzym)*
aldehyde reductase Aldehydreduktase *f (Enzym)*
aldehyde sugar Aldehydzucker *m*
aldehyde test Aldehydtest *m*
Alder's anomaly Alder'sche Granulationsanomalie *f*, Alder-Reilly-Anomalie *f (der Leukozyten)*
Alder's phenomenon s. Alder's anomaly
aldoheptose Aldoheptose *f*
aldohexose Aldohexose *f (Monosaccharid)*
aldoketomutase Aldoketomutase *f (Enzym)*
aldol-type reaction Aldolreaktion *f*
aldolase Aldolase *f*, Zymohexase *f (Harden-Young-Ester spaltendes Enzym)*
aldonic acid Aldonsäure *f*
aldopentose Aldopentose *f (Monosaccharid)*
aldose Aldose *f (ein Monosaccharid)*
aldose 1-epimerase Aldose-1-epimerase *(Enzym)*
aldose reductase Aldosereduktase *(Enzym)*
aldosterone Aldosteron *n (Nebennierenrindenhormon)*
aldosterone antagonist Aldosteronantagonist *m*
aldosterone-binding protein aldosteronbindendes Protein *n*
aldosterone content Aldosterongehalt *m*
aldosterone excretion *(Endokr)* Aldosteronexkretion *f*, Aldosteronausschüttung *f*
aldosterone-secreting tumour Aldosteronom *n*
aldosterone secretion s. aldosterone excretion
aldosteronism Hyperaldosteronismus *m*, Aldosteronismus *m*, Aldosteronerhöhung *f* im Blut
aldosteronogenesis Aldosteronogenese *f*, Aldosteronbildung *f*
aldosteronoma *(Path)* Aldosteronom *n*
aldosteronopenia Aldosteronopenie *f*, Aldosteronmangel *m* im Blut
aldosteronuria Aldosteronurie *f*, (erhöhte) Aldosteronausscheidung *f* im Urin
aldotetrose Aldotetrose *f*
aldotriose Aldotriose *f*
aldrin Aldrin *n (Insektizid)*
Aleppo boil *(Trop)* Aleppobeule *f*, Leishmaniasis *f* cutanea, Orientbeule *f*, Hautleishmaniase *f*, Leishmaniasis *f* tropica [furunculosa]
Aleppo button s. Aleppo boil
alert state Wachzustand *m*
aleukaemia Aleukämie *f*, aleukämische Leukose *f*
aleukaemic aleukämisch
aleukaemic leukaemia aleukämische Leukämie *f*
aleukaemic myelosis aleukämische Myelose *f*
aleukaemoid Aleukämie…
Alexander's operation Alexander-Adams-Operation *f*, Verkürzungsoperation *f* der Gebärmutterbänder
alexia *(Neur)* Alexie *f*, Leseunfähigkeit *f*, zentrale Buchstabenblindheit *f* [Wortblindheit *f*]
alexia for numbers Ziffernalexie *f*, Zahlenalexie *f*
alexic Alexie…
alexin *(Hämat, Immun)* Alexin *n*
alexipharmic (agent) Gegenmittel *n*, Gegengift *n*, Antidot *n*
alexithymia Alexithymie *f (Unfähigkeit der Gefühlswahrnehmung und Gefühlsexpression)*
aleydigism Atrophie *f* der Leydig'schen Zellen
alfentanil hydrochloride *(Anästh, Pharm)* Alfentanylhydrochlorid *n (Opioid, Analgetikum)*
ALG s. antilymphocytic globuline
algaesthesia s. algesia
alganaesthesia Analgie *f*, Analgesie *f*, Schmerzunempfindlichkeit *f*
algedonic *(Neur, Psych)* algedonisch, Schmerz und Freude betreffend
algefacient kühlend
algesia Algesie *f*, Schmerzempfindlichkeit *f*, Hyperästhesie *f*
algesic schmerzempfindlich; Algesie…, Schmerz…
algesic aphagia Aphagia *f* algera, schmerzhafte Schluckunfähigkeit *f*
algesichronometer *(Physiol, Neur)* Algesichronometer *n* *(zur Schmerzzeitbestimmung)*
algesimeter Algesimeter *n*
algesimetry Alg(es)imetrie *f*, Schmerzempfindlichkeitsmessung *f*
algesiogenic schmerzbewirkend, schmerzbereitend
algetic schmerzhaft; Schmerz…
algid kühl, kalt; eiskalt
algid malaria *(Trop)* algide Malaria *f*, Malaria *f* falciparum
algid pernicious fever s. algid malaria
alginate capsule Alginatkapsel *f*
alginate impression Alginatabdruck *m*
alginate impression compound Alginatabdruckmasse *f*
alginate impression tray Alginatabdrucklöffel *m*
alginate imprint Alginatabdruck *m*
alginate stabilizer Alginatstabilisator *m*
algiomotor s. algiomuscular
algiomuscular Muskelschmerz bewirkend
algodystrophy syndrome Algodystrophie-Syndrom *n*, Algoneurodystrophie *f*, neurodystrophisches Syndrom *n*,

Reflexdystrophie *f*, transitorische Osteoporose *f*, dystrophische Pseudoarthritis *f*
algogenic 1. algogen, schmerzbewirkend, schmerzbereitend; 2. algogen, die Körpertemperatur senkend
algolagnia *(Neur)* Algolagnie *f*, Schmerzgeilheit *f*, (sexuelle) Schmerzwollust *f*
algolagnist *(Neur)* Algolagnist *m*
algomenorrhoea Algomenorrhö *f*, schmerzhafte Menstruation *f*
algometer Algometer *n*
algometry Algometrie *f*, Schmerzempfindlichkeitsmessung *f*
algophilia Algophilie *f (krankhafte Schmerzfreude)*
algophobia Algophobie *f (krankhafte Angst vor Schmerzen)*
algor Algor *m*, Kältegefühl *n*, Fieberfrost *m*
algoscopy *s.* cryoscopy
algospasm Algospasmus *m*, schmerzhafter Krampf *m*
algospastic algospastisch
aliasing error Bildartefakt *m*, Bildfehler *m*
Alice in Wonderland syndrome Alice-im-Wunderland-Syndrom *n*; Depersonalisationssyndrom *n*
alienation Alienation *f*, Entfremdung *f*, Irresein *n*
alienation depression Entfremdungsdepression *f*
alienation of mind Geistesstörung *f*, Geisteskrankheit *f*
alienia Milzagenesie *f*, Alienie *f*
alienism 1. Geisteskrankheit *f*, Geistesstörung *f*; 2. Behandlung *f* von Geisteskrankheiten
alienist Psychiater *m*
aliform aliform, flügelförmig, flügelartig
aligning discrimination [power] of the eye Auflösungsvermögen *n* des Auges
alignment 1. Orientierung *f*, Ausrichtung *f*, Justierung *f*; 2. Anordnung *f* der Zähne, Zahnreihe *f*
alignment in the magnet field *(Rad)* Ausrichtung *f* im Magnetfeld *(MRT)*
alignment of the X-ray beam Ausrichtung *f* des Röntgenstrahls
alimental *s.* alimentary
alimentary 1. alimentär, nährend; ernährend, zur Nahrung dienend; Nahrungs…; Ernährungs…; 2. alimentär, durch Ernährung bedingt, ernährungsbedingt, nahrungsbedingt
alimentary albuminuria alimentäre Albuminurie *f*
alimentary azotaemia alimentäre Azotämie *f*
alimentary bolus Nahrungsbissen *m*
alimentary canal Verdauungskanal *m*, Gastrointestinaltrakt *m*, Canalis *m* alimentarius
alimentary diarrhoea alimentäre [nahrungsbedingte] Diarrhö *f*
alimentary disequilibrium *(Metab)* gestörtes Nahrungsgleichgewicht *n*, Nahrungsungleichgewicht *n*, Nahrungsgleichgewichtstörung *f*
alimentary-dystrophic coma Hungerkoma *n*
alimentary fever alimentäres Fieber *n*; dyspeptisches Fieber *n*, Dyspepsiefieber *n*
alimentary fistula Ernährungsfistel *f*
alimentary gastritis alimentäre Gastritis *f*
alimentary glucosuria alimentäre Glukosurie *f*
alimentary ileus alimentärer [nahrungsbedingter] Ileus *m*
alimentary lipaemia alimentäre Lipämie *f*
alimentary obesity alimentäre Fettsucht *f*, Ernährungsfettsucht *f*, Mastfettsucht *f*
alimentary osteodystrophy alimentäre [ernährungsbedingte] Osteodystrophie *f*
alimentary system Verdauungssystem *n*, Verdauungstrakt *m*
alimentary toxicosis Nahrungsmittelvergiftung *f*
alimentary tract *s.* alimentary canal
alimentary tube *s.* alimentary canal
alimentation Alimentation *f*, Ernährung *f*
alimentation via stomach tube Sondenernährung *f*
alimentology Ernährungswissenschaft *f*
alimentotherapy systematische Nahrungszufuhr *f*, Diätbehandlung *f*, Alimentotherapie *f*
alinasal Nasenflügel…
aliphatic aliphatisch, fetthaltig
aliphatic bond aliphatische Bindung *f*
aliphatic compound aliphatische Verbindung *f*
alipogenetic alipogenetisch, nicht Fett bildend
alipogenic *s.* alipogenetic
aliquorrhoea Aliquorrhö *f*, Liquormangel *m*, fehlender Liquorfluss *m*
alisphenoid (bone) *(Anat)* Keilbeinflügelknochen *m*
alive 1. lebend, lebendig, am Leben; 2. lebendig, lebhaft, rege
alizarin Alizarin *n*, 1,2-Dihydroxyanthrachinon *n (Farbstoff)*
alizarin blue Alizarinblau *n*
alizarin cyanine Alizarincyanin *n*
alizarin dye Alizarinfarbstoff *m*
alizarin orange Alizarinorange *n*
alizarin red Alizarinrot *n*
alizarin test Alizarintest *m*
alizarin violet Alizarinviolett *n*
alkalaemia Alkalämie *f*, Alkalose *f*, Blut-pH-Erhöhung *f*, erhöhter Basengehalt *m* im Blut
alkalescence Alkaleszenz *f*
alkalescence dispar group *(Bakt)* Alkaleszenz-Dispar-Gruppe *f (gaslose Coli-Bakterienstämme)*
alkalescent 1. schwach alkalisch; 2. alkalisierend, den Blut-pH erhöhend
alkali blue Alkaliblau *n*
alkali albuminate Alkalialbuminat *n*
alkali burn Basenverätzung *f*, basische [alkalische] Verätzung *f*, Alkaliverätzung *f*
alkali burn of the eye Augenverätzung *f* durch Laugen, Laugenverätzung *f* des Auges, basische Augenverätzung *f*
alkali deficiency Alkalimangel *m*
alkali-fast alkaliresistent, alkalibeständig, laugenfest
alkali-free alkalifrei
alkali metal Alkalimetall *n*
alkali-milk syndrome *s.* milk-alkali syndrome
alkali-proof alkaliresistent, alkalibeständig, laugenfest
alkali poisoning Alkalivergiftung *f*
alkali reserve Alkalireserve *f (Puffersystem des Blutes)*
alkali resistance Alkaliresistenz *f*, Alkalibeständigkeit *f*, Laugenfestigkeit *f*
alkali-resistant alkaliresistent, alkalibeständig, laugenfest
alkali-sensitive alkaliempfindlich, alkalilabil
alkali solubility Alkalilöslichkeit *f*, Basenlöslichkeit *f*
alkali-soluble alkalilöslich, basenlöslich
alkali solution Alkalilösung *f*
alkali stability Alkalistabilität *f*, Basenfestigkeit *f*, Alkalibeständigkeit *f*
alkali strength Alkaligehalt *m*, Alkalität *f*, Basizität *f*
alkalify *v* alkalisch machen; alkalisch werden
alkaligenous alkaligen, alkalibildend
alkalimeter Alkalimeter *n*, Alkali(gehalts)messgerät *n*
alkalimetric alkalimetrisch
alkalimetry Alkalimetrie *f*, Alkali(gehalts)messung *f*
alkaline 1. alkalisch, basisch, mit Basencharakter; 2. alkalihaltig; Alkali…, Basen…
alkaline earth Erdalkali *n*, alkalische Erde *f*
alkaline earth metal Erdalkalimetall *n*
alkaline earth metal oxides Erdalkalien *pl*, alkalische Erden *pl*
alkaline granulocyte phosphatase alkalische Granulozytenphosphatase *f*

alkaline leucocyte phosphatase alkalische Leukozytenphosphatase *f*
alkaline peptone water alkalisches Peptonwasser *n*
alkaline pH alkalischer pH-Wert *m*, alkalischer pH *m*
alkaline phosphatase alkalische Phosphatase *f (Enzym)*
alkaline phosphomonoesterase *s.* alkaline phosphatase
alkaline reaction alkalische Reaktion *f*
alkaline serum phosphatase alkalische Serumphosphatase *f (Enzym)*
alkaline solution alkalische Lösung *f*
alkalinity Alkalität *f*, Basizität *f*
alkalinization Alkalisierung *f*
alkalinize *v* alkalisieren, alkalisch machen
alkalinuria Alkali(n)urie *f*, Alkaliausscheidung *f* im Urin
alkalipenia Alkalimangel *m* im Blut, verringerte Alkalireserve *f*
alkalitherapy Alkalitherapie *f*, Alkalibehandlung *f (bei peptischen Geschwüren)*
alkalize *v s.* alkalinize
alkalizing diet alkalisierende Kost *f (Diät mit basenhaltigen Lebensmitteln)*
alkalizer alkalisierende Substanz *f*
alkalogenic alkalogen, Basizität bewirkend [hervorrufend]
alkaloid *(Pharm)* Alkaloid *n (stickstoffhaltiges pflanzliches Gift)*
alkaloid test Alkaloidprobe *f*
alkaloidal alkaloidisch; Alkaloid...
alkalometry Alkalometrie *f*, Alkaloidtitration *f*, Alkaloiddosimetrie *f*
alkalosis Alkalose *f*, Alkalämie *f*, Blut-pH-Erhöhung *f*, erhöhter Basengehalt *m* im Blut
alkalotherapy *s.* alkalitherapy
alkalotic alkalotisch; Alkalose...
alkapton *s.* alcapton
alkylate *v* alkylieren
alkylate Alkylat *n*
alkyl phosphate *(Bioch)* Alkylphosphat *n*
alkyl sulphonate *(Bioch)* Alkylsulphonat *n*
alkylating agent *(Bioch)* Alkylans *n*, Alkylierungsmittel *n*, alkylierende Substanz *f*
alkylation *(Bioch)* Alkylierung *f*
all-ceramic bridge Vollkeramikbrücke *f*, Ganzkeramikbrücke *f*
all-coats stitch *(Chir)* Allschichtennaht *f (Nahtform)*
all-fixed bridgework fest sitzende Brückenarbeit *f*
all-glass dosing pump Ganzglasdosierungspumpe *f*
all-glass syringe Ganzglasspritze *f*
all-gold crown Ganzgoldkrone *f*, Vollgoldkrone *f*
all-layers closure *(Chir)* Allschichten(naht)verschluss *m (Wundverschlusstechnik)*
all-metal bur mount Ganzmetallbohrständer *m*
all-metal crown Ganzmetallkrone *f*, Vollmetallkrone *f*
all-metal grid Ganzmetallraster *n*
all-metal syringe Ganzmetallspritze *f*
all-night sleeping recording nächtliche Schlafaufzeichnung *f*
all-or-none law *(Physiol)* Alles-oder-Nichts-Gesetz *n*
all-plastic bridge Ganzkunststoffbrücke *f*
all-plastic tooth Ganzkunststoffzahn *m*
all-porcelain bridge Ganzkeramikbrücke *f*, Vollkeramikbrücke *f*
all-round dental impression material All-round-Abdruckmaterial *n*, Universalabdruckmaterial *n*
allantiasis Allantiasis *f*, Wurstvergiftung *f*
allantochorion Allantochorion *n*, Chorion *n* allantoideum
allantoenteric allantoenterisch
allantoenteric diverticulum allantoenterisches Divertikel *n*
allantoenteric duct Allantoisgang *m*
allantogenesis Allantoisbildung *f*, Allantogenese *f*
allantoic *(Embr)* Allantois..., Umbilikal..., Nabel... *(siehe auch unter: umbilical)*
allantoic circulation Allantoiskreislauf *m*, Umbilikalkreislauf *m*
allantoic cyst Allantoiszyste *f*
allantoic diverticulum Allantoisdivertikel *n*
allantoic duct Allantoisgang *m*
allantoic dysgenesis Allantoisdysgenesie *f*, Allantoisfehlbildung *f*
allantoic fluid Allantoisflüssigkeit *f*, Liquor *m* amnii spurius
allantoic parasite Allantoisparasit *m*
allantoic sac Allantoissack *m*, Allantoisblase *f*
allantoic stalk *s.* allantoic duct
allantoic vein Allantoisvene *f*, Umbilikalvene *f*, Nabelvene *f*
allantoic vesicle *s.* allantoic sac
allantoid *s.* allantoidal
allantoidal allantoid, allantoisartig
allantoin Allantoin *n (Purinstoffwechselprodukt)*
allantoinase Allantoinase *f (Enzym)*
allantoinuria Allantoinurie *f*, Allantoinausscheidung *f* im Urin
allantois *(Embr)* Allantois *f*, Urharnsack *m*, embryonaler Harnsack *m*
allay *v* lindern, mildern *(z. B. Schmerzen)*; stillen, vermindern *(z. B. Durst)*
alleged reduction of a hernia Pseudoreposition *f* einer Hernie
allel *s.* allele
allele Allel *n*, Genpaar *n*
allelic *(Gen)* allel; Allelen...
allelomorphic *s.* allelic
allelomorphism Allelomorphismus *m*
allelotaxis Allelotaxie *f (Organentwicklung aus verschiedenen Embryonalanlagen)*
Allemann's syndrome Allemann-Syndrom *n (Doppelniere und Trommelschlägelfinger)*
Allen's root pliers Allen-Wurzelzange *f*, Allen'sche Wurzelzange *f*
Allen's test *(Anästh)* Allen-Test *m (zur Diagnostik von Durchblutungsstörungen der Hand)*
Allen's tract Tractus *m* solitarius, Solitärbündel *n (Wurzel des IX. und X. Hirnnervs)*
allergen Allergen *n*, allergieauslösender Stoff *m*
allergen challenge Allergenexposition *f*, Expositionstest *m*
allergen-desensitizing treatment Allergendesensibilisierungstherapie *f*, Desensibilisierung(sbehandlung) *f*
allergen skin test Allergenhauttest *m*
allergen standardization Allergenstandardisierung *f*
allergen test Allergentest *m*
allergen testing Allergentestung *f*
allergenic allergen, allergieauslösend, eine Allergie hervorrufend, allergisierend
allergenic extract Allergenextrakt *m*
allergenicity Allergenizität *f*, Allergenität *f*
allergic allergisch; überempfindlich • **be allergic** allergisch sein • **be allergic to pollen** auf Pollen allergisch reagieren, gegenüber Pollen allergisch sein
allergic alveolitis allergische Alveolitis *f*
allergic angiitis Hypersensitivitätsangiitis *f*, Hypersensitivitätsvaskulitis *f*
allergic arthritis Arthritis *f* allergica, allergische Arthritis *f*
allergic asthma Asthma *n* bronchiale, Bronchialasthma *n*
allergic balance Allergiegleichgewicht *n*
allergic bronchitis Bronchitis *f* allergica, allergische Bronchitis *f*

allergic bronchopulmonary aspergillosis allergische bronchopulmonale Aspergillose *f*
allergic conjunctivitis Conjunctivitis *f* allergica, allergische Konjunktivitis *f*
allergic constitution allergische Konstitution *f*
allergic contact dermatitis allergische Kontaktdermatitis *f*
allergic coryza allergische Coryza *f* [Rhinitis *f*], Heuschnupfen *m*
allergic dermatitis Dermatitis *f* allergica, allergische Dermatitis *f*, Allergodermatose *f*, Allergodermie *f*
allergic diathesis Allergiediathese *f*, Allergiebereitschaft *f*
allergic disease Allergose *f*, allergisches Leiden *n*, allergische Krankheit *f*
allergic disorder allergische Erkrankung *f*, allergisches Leiden *n*
allergic eczema allergisches Ekzem *n*, Allergieekzem *n*
allergic gastroenteritis Gastroenteritis *f* allergica, allergische Gastroenteritis *f*
allergic granulomatosis allergische Granulomatose *f*, allergische granulomatöse Angiitis *f*
allergic increase Allergiesteigerung *f*
allergic inflammation allergische Entzündung *f*, allergische Reaktion *f*
allergic interstitial pneumonitis allergische interstitielle Pneumonitis *f*
allergic maxillary sinusitis allergische Kieferhöhlenentzündung *f*
allergic person Allergiker *m*
allergic purpura 1. allergische [anaphylaktoide] Purpura *f*; 2. *s.* Henoch's purpura; 3. *s.* Schönlein's disease
allergic reaction allergische Reaktion *f*, Allergiereaktion *f*, Überempfindlichkeitsreaktion *f*
allergic rhinitis Rhinitis *f* allergica, Rhinopathia *f* vasomotorica allergica, Heuschnupfen *m*
allergic sinusitis allergische Sinusitis *f*, Sinusitis *f* allergica
allergic skin reaction allergische Hautreaktion *f*, Allergotoxikodermie *f*
allergic state allergischer Zustand *m*, Allergiezustand *m*
allergic transformation allergische Transformation *f*, Allergieumkehr *f*, Allergietransformation *f*
allergic vasculitis Vasculitis *f* allergica, allergische Vaskulitis *f*
allergic vasomotor rhinitis Rhinopathia *f* vasomotorica allergica, Rhinitis *f* allergica, Heuschnupfen *m*
allergist Allergologe *m*, Allergiespezialist *m*
allergization Allergisierung *f*, Allergieerzeugung *f*, Sensibilisierung *f*
allergize *v* allergisieren, allergisch machen; sensibilisieren
allergodermia allergische Hauterkrankung *f*
allergoid Allergoid *n*, abgeschwächtes Allergen *n*
allergological allergologisch
allergologist Allergologe *m*, Allergiespezialist *m*
allergology Allergologie *f* *(Lehre der Allergieursachen, -symptome und -behandlung)*
allergometry Allergietestung *f*, Allergiebestimmung *f*
allergosis Allergose *f*, allergische Krankheit *f*
allergy Allergie *f* *(Krankheitszustand nach Antigen-Antikörper-Reaktion)*
allergy of infection Infektallergie *f*
allergy patient Allergiepatient *m*, Allergiker *m*
allergy test Allergieprobe *f*, Allergietest *m*
alleviate *v* **pain** den Schmerz lindern [mildern], den Schmerz (ver)mindern
alleviation Linderung *f*, Milderung *f*, Verminderung *f*
allied health personnel paramedizinisches Personal *n*
allied health professional paramedizinisches Personal *n*
alligator forceps 1. *(Chir)* Krokodilklemme *f*, Fasszange *f*; 2. *(Stom)* Alligatorzange *f*
alligator forceps with spring *(Chir)* Alligatorzange *f* mit Schloss; selbstschließende Alligatorklemme *f*
alligator skin Fischschuppenhaut *f*
alligator-skin disease *(Derm)* Fischschuppenkrankheit *f*, Ichthyosis *f*
Allis forceps *(Chir)* Allis-Klemme *f*
alliteration *(Neur)* Alliteration *f* *(Sprachstörung)*
allo-antibody *s.* isoantibody
allo-antigen Alloantigen *n*
allo-antiserum Alloantiserum *n*
allo-arthroplasty Alloarthroplastik *f*
allobiosis Allobiose *f* *(abweichende Lebensabläufe infolge Milieuveränderungen)*
allocation of sample Stichprobenaufteilung *f*
allocephalia *(Path)* Allozephalie *f* *(abweichende Schädelform)*
allocheiral allocheirisch; Allocheirie...
allocheiria Allocheirie *f* *(fehlerhafte Lokalisation eines Tastreizes oder Stiches in die kontralaterale Hand)*
allochezia Allochezia *f*, Allochezie *f*
allochiral *s.* allocheiral
allochiria *s.* allocheiria
allochromasia 1. Farbenblindheit *f*, 2. Hautfarbenänderung *f*, 3. Haarfarbenänderung *f*
allocortex Allokortex *m* *(Großhirnrindenabschnitt)*
alloeroticism Alloerot(iz)ismus *m*
alloerotism *s.* alloeroticism
allogeneic *s.* allogenic
allogenic allogen, allogen(et)isch; homolog *(bei Transplantation zwischen Individuen gleicher Art)*
allogenic graft *s.* allotransplant
allogenic homograft *s.* allotransplant
allograft *s.* allotransplant
alloimmune immun gegenüber allogenen Antigenen
alloimmunization Alloimmunisation *f*, Alloimmunisierung *f*
allokeratoplasty Allokeratoplastik *f* *(Hornhautplastik mit synthetischem Material)*
allokinesis Allokinese *f* *(unkontrollierte Zielbewegung einer Extremität)*
allokinetic allokinetisch; Allokinese...
allometric allometrisch
allometry Allometrie *f* *(unharmonisches Wachstum einzelner Organsystems)*
allometropia Allometropie *f* *(Augenrefraktion beim indirekten Sehen)*
allomnesia Allomnesie *f*, Gedächtnisillusion *f*
allomorphism Allomorphismus *m*, Allomorphie *f*
allopathic allopathisch
allopathist Allopath *m* *(Schulmediziner)*
allopathy Allopathie *f* *(Therapieform; Gegenteil: Homöopathie)*
allophanamide *s.* biuret
allophthalmia Allophthalmie *f*, Heterophthalmie *f*
alloplasia Alloplasie *f*, Heteroplasie *f*
alloplasm Alloplasma *n*, Fremdplasma *n*
alloplasmatic alloplasmatisch; Alloplasma..., Fremdplasma...
alloplast nicht biologisches Implantat *n*; Metallimplantat *n*; Kunststoffimplantat *n*
alloplastic alloplastisch
alloplastic implant allplastisches Implantat *n*
alloplasty Alloplastik *f* *(Einheilung körperfremden leblosen Materials bei plastischer Operation)*
alloploid *(Gen)* alloploid *(Chromosomensatz)*
allopregnandiol Allopregnandiol *n*
alloprotein Alloprotein *n*
allopsychic allopsychisch; Fremdpsyche...
allopsychosis Allopsychose *f* *(Psychose ohne motorische Beteiligung)*

allopurinol Allopurinol *n (zur Gichtbehandlung)*
alloreactive alloreaktiv, auf ein Allotransplantat reagierend
allorhythmia Allorhythmie *f*, Allodromie *f (Herzrhythmusstörung)*
allorhythmic allorhythmisch; Allorhythmie...
allorphine *s.* nalorphine
allosome *(Gen)* Allosom *n*, Geschlechtschromosom *n*, Heterochromosom *n*
allosteric allosterisch; Allosterie...
allosterism *(Bioch)* Allosterie *f*
allostery *s.* alosterism
allotransplant allogenes [artgleiches] Transplantat *n*, Homotransplant(at) *n*, homologes [homogenes] Transplantat *n*
allotransplantation allogene [homologe, homogene] Transplantation *f*, Verpflanzung *f* [Transplantation *f*] artgleichen Gewebes, Allotransplantation *f*
allotriodontia Allotriodontie *f (1. abnorme Zahnlokalisation; 2. Zahntransplantation zwischen Individuen)*
allotriogeusia *s.* allotriogeustia
allotriogeustia *(Neur)* Allotriogeusie *f*, Geschmacksstäuschung *f*
allotriolith Allotriolith *m (1. abnorm zusammengesetzter Stein; 2. an abnormer Stelle abgelagerter Stein)*
allotriolithiasis Allotriolithiasis *f (1. abnorme Steinzusammensetzung; 2. abnorme Steinablagerung)*
allotriophagy *(Neur)* Allotriophagie *f (Essen abnormer Substanzen)*
allotriosmia *(Neur)* Allotriosmie *f*
allotrophic *(Metab)* allotroph
allotropic allotropisch, vielgestaltig
allotropism Allotropismus *m*, Vielgestaltigkeit *f*
allotype Allotyp *m*
allotypia Allotypie *f (genetischer Polymorphismus)*
allovital allovital *(Transplantat)*
allow *v* erlauben, zulassen
allow *v* **to chill** abkühlen lassen, erkalten lassen
allowable charge genehmigte Kosten *pl*, erstattungsfähige Kosten *pl (z. B. durch Versicherung)*; zulässige Gebühr *f*
allowable costs abrechenbare Kosten *pl*, abrechnungsfähige Kosten *pl (z. B. eines Krankenhauses)*
allowable dose zulässige [erlaubte] Dosis *f*
allowable error zulässiger Fehler *m (Statistik)*
allowance Vorgabe *f*, Zulässigkeit *f*, Toleranz *f*
alloxan Alloxan *n*
alloxan diabetes Alloxandiabetes *m*
alloxazine Alloxazin *n*
alloxoprotein acid Alloxoproteinsäure *f*
alloxuria Alloxurie *f*, Purin(körper)ausscheidung *f* im Urin
alloy Legierung *f (z. B. Zahnfüllung)*
alloy-ceramic interface Legierung-Keramik-Grenzfläche *f*
alloy composition Legierungszusammensetzung *f*
alloy filling Legierungsfüllung *f*
alloy jacket Legierungsmantel *m*
alloy-mercury Legierung-Quecksilber-Relation *f*, Legierung-Quecksilber-Verhältnis *n*
alloy metal Legierungsmetall *n*
alloy-plastic bonding Legierung-Plastik-Verbund *m*
alloyage Legierung *f*, Legieren *n (Vorgang)*
alloyed legiert
allylalcohol Allylalkohol *m*
allylnormorphine (N-)Allylmorphin *n*, Nalorphin *n (Morphinantagonist)*
Almen's test Almen-Probe *f (Blutnachweis)*
Almen's test for blood *s.* Almen's test
alochia *(Gyn)* Alochie *f*, Fehlen *n* des Lochialflusses
aloin *(Pharm)* Aloin *n*
aloin test Alointest *m*
alopecia Alopezie *f*, Haarschwund *m*, Haarausfall *m*, Haarmangel *m*, Kahlköpfigkeit *f*, Lapsus *m* pilorum, Morbus *m* vulpis, Defluvium *n* capillitii
alopecic Alopezie..., Haarmangel...
aloud mit lauter Stimme, laut
ALP *s.* alkaline phosphatase
alpha-activation *(Neur)* Alpha-Aktivierung *f (im EEG)*
alpha-activity Alpha-Aktivität *f (im EEG)*
alpha-adrenergic blockade *(Pharm)* Alpha-Rezeptorenblockade *f*, Alpha-Blockade *f*
alpha-adrenergic blocker *(Pharm)* Alpha-Rezeptorenblocker *m*, α-Rezeptorenblocker *m*
alpha-adrenergic blocking agent *s.* alpha-adrenergic blocker
alpha-adrenergic receptor *(Physiol)* Alpha-Rezeptor *m*, α-Rezeptor *m*
alpha-adrenergic receptor blocking agent *s.* alpha-adrenergic blocker
alpha alcoholism Alpha-Alkoholismus *m*, α-Alkoholismus *m*
alpha amylase Alpha-Amylase *f*, α-Amylase *f*
alpha blockade *(Pharm)* Alpha-Rezeptorenblockade *f*, Alpha-Blockade *f*
alpha blocker Alpha-Blocker *m*, α-Blocker *m*
alpha blocking response *(Neur)* Alpha-Blockierung *f (im EEG)*
alpha cell Alpha-Zelle *f*, α-Zelle *f (z. B. des Pankreas)*
alpha chain disease Alpha-Ketten-Krankheit *f*, Alpha-Schwere – Ketten-Krankheit *f (Bildung von Schwerketten der Immunglobuline A)*
alpha-chymotrypsin Alpha-Chymotrypsin *n*, α-Chymotrypsin *n (Enzym)*
alpha decay *(Rad)* Alpha-Zerfall *m*, α-Zerfall *m*
alpha enhancement *(Neur)* Alphatraining *f*
alpha feedback *(Neur)* Alphatraining *f*
alpha fibre *(Physiol)* Alpha-Faser *f*, α-Faser *f (Nervenfaser)*
alpha foetoprotein Alpha-Fetoprotein *n*, α-Fötoprotein *n*
alpha galactosidase Alpha-Galaktosidase *f*, α-Galaktosidase *f*
alpha globulin Alpha-Globulin *n*, α-Globulin *n*
alpha-1,4-glucosidase Alpha-Glukosidase *f*, α-Glukosidase *f (Enzym)*
alpha-1,4-glucosidase deficiency Alpha-Glukosidase-Mangel *m*
alpha-1-glycoprotein Alpha-1-Glykoprotein *n*
alpha haemolysin Alpha-Hämolysin *n*, α-Hämolysin *n*
alpha haemolysis Alpha-Hämolyse *f*, α-Hämolyse *f*
alpha helical structure Alpha-Helixstruktur *f*, α-Helixstruktur *f*
alpha helix Alpha-Helix *f*, α-Helix *f*
alpha index Alpha-Index *m*, α-Index *m*
alpha-interferon Alpha-Interferon *n*
alpha-ketoglutaric acid α-Ketoglutarsäure *f*
alpha lipoprotein Alpha-Lipoprotein *n*, α-Lipoprotein *n*
alpha-lipoprotein deficiency Alpha-Lipoproteinmangel *m*, Tangier-Krankheit *f*
alpha lysin Alpha-Lysin *n*, α-Lysin *n*
alpha methyldopa Alpha-Methyldopa *n*, α-Methyldopa *n (Antihypertensivum)*
alpha-mimetic alphamimetisch, α-mimetisch, α-Rezeptoren stimulierend
alpha motoneuron Alpha-Motoneuron *n*, α-Motoneuron *n*
alpha neuron Alpha-Neuron *n*, α-Neuron *n*
alpha particle Alpha-Teilchen *n*, α-Teilchen *n*
alpha phase Alpha-Phase *f*, α-Phase *f*
alpha radiation Alpha-Strahlung *f*, α-Strahlung *f*

alpha-ray emitter Alphastrahler *m*, α-Strahler *m*
alpha rays Alpha-Strahlen *mpl*, α-Strahlen *mpl*
alpha-receptor *s.* alpha-adrenergic receptor
alpha redistribution phase *(Pharm)* Alpha-Redistributionsphase *f*
alpha rhythm Alpha-Rhythmus *m*, α-Rhythmus *m*, Berger-Rhythmus *m (EEG)*
alpha spindle Alpha-Spindel *f*, α-Spindel *f*
alpha staphylolysin Alpha-Staphylolysin *n*, α-Staphylolysin *n*
alpha state *(Neur)* Alpha-Zustand *m*, Alpha-Status *m*, Alpha-Stadium *n (im EEG)*
alpha streptococcus Alpha-Streptokokkus *m*, α-Streptokokkus *m*
alpha thalassaemia Alpha-Thalassämie *f*, α-Thalassämie *f*, Hb-H-Thalassämie *f*
alpha-tocopherol *s.* vitamin E
alpha virus Alpha-Virus *n*, α-Virus *n*
alpha wave Alphawelle *f*, α-Welle *f (EEG)*
alpha wave training *(Neur)* Alphatraining *f*
alphanumeric alphanumerisch
alphanumerics Alphanumerik *f*
alphelasma Alphelasma *n (Vorhandensein weißer Flecken in der Mundschleimhaut)*
alphodermia Alphodermie *f*, Fehlen *n* der Hautpigmentierung; Leukoderm *n*
alphosis *s.* alphodermia
Alport's syndrome Alport'sches Syndrom *n*, hereditäre familiäre Nierenentzündung *f*
alprenolol hydrochloride Alprenolhydrochlorid *n (Betablocker)*
Alprostadil Alprostadil *n (Prostaglandinderivat)*
ALS *s.* 1. antilymphocytic serum; 2. amyotrophic lateral sclerosis
alterant *s.* alterative
alteration 1. Alteration *f*, Gemütserregung *f*, Aufregung *f*, 2. Alteration *f*, krankhafte Veränderung *f (z. B. von Zellen)*
alteration of generations Generationswechsel *m*
alterative verändernd; umstimmend
alterative (agent) Alterans *n*, Umstimmungsmedikament *n*, durch Stoffwechselumstimmung wirkendes Medikament *n*
alternans of the electrocardiogram elektrischer Alternans *m*, Alternans *m* des EKG
alternans of the heart *s.* alternation of the heart
alternans of the pulse Alternans *m* des Pulses
alternate *v* alternieren, wechseln; sich abwechseln
alternate alternierend, (ab)wechselnd
alternate anaesthesia *s.* alternate hemianaesthesia
alternate cover test alternierender Abdecktest *m*
alternate hemianaesthesia alternierende Hemianästhesie *f*, gekreuzte Hemianästhesie *f*, Hemianaesthesia *f* cruciata
alternate hemiplegia *(Neur)* alternierende Lähmung *f*, Hemiplegia *f* alternans
alternate host *(Paras)* Zwischenwirt *m*
alternating 1. alternierend, (sich) abwechselnd; sich (regelmäßig) ablösend; 2. auf beiden Seiten unterschiedlich
alternating bath Wechselbad *n*
alternating block alternierender Block *m* [Herzblock *m*]
alternating calculus Schichtstein *m*
alternating consciousness alternierendes Bewusstsein *n*
alternating current Wechselstrom *m*
alternating current accident Wechselstromunfall *m*
alternating current generator Wechselstromgenerator *m*
alternating current interference Wechselstrominterferenz *f*
alternating current system Wechselstromsystem *n*; Wechselstromnetz *n*
alternating hemiparesis alternierende Hemiparese *f*
alternating insanity manisch-depressive Krankheit *f*
alternating mydriasis springende Mydriasis *f*, Mydriasis *f* alternans, Hippus *m*
alternating paralysis alternierende Paralyse *f*
alternating personality gespaltene Persönlichkeit *f*, alternierendes Bewusstsein *n*
alternating positive-negative pressure breathing *(Anästh)* Wechseldruckbeatmung *f*
alternating pressure Wechseldruck *m*
alternating-pressure breathing unit *(Anästh)* Wechseldruckbeatmungsgerät *n*
alternating psychosis *s.* alternating insanity
alternating pulse alternierender [wechselnder] Puls *m*, Pulsus *m* alternans
alternating squint wechselndes Schielen *n*, Strabismus *m* alternans
alternating strabismus *s.* alternating squint
alternating vision Wechselsehen *n*, Visio *f* alternans
alternation of generations Generationswechsel *m*, Metagenese *f*
alternation of the heart mechanischer [hämodynamischer] Alternans *m*
alternative hypothesis Alternativhypothese *f*
alternative inheritance alternative Vererbung *f*
alternative medicine alternative Medizin *f*
alternative method Alternativmethode *f*
alternative pathway of complement activation alternativer Weg *m* der Komplementaktivierung
Althausen test *(Metab)* Althausen-Test *m*, Galactose-Toleranz-Test *m*
altitude acclimatization Höhenakklimatisierung *f*, Höhenanpassung *f*
altitude alkalosis Höhenalkalose *f*, respiratorische Alkalose *f (infolge Luftverdünnung)*
altitude anoxia Höhenanoxie *f*
altitude sickness Höhenkrankheit *f*
altitude test Höhentest *m*
altitude training Höhentraining *f*
altitudinal hemianopsia Höhenhemianopsie *f*, Horizonthemianopsie *f*
Altmann's granules Altmann'sche Körnchen *npl*, Mitochondrien *npl*, Altmann-Schridde-Körnchen *npl*
altruism Altruismus *m*, Selbstlosigkeit *f*, Nächstenliebe *f*
altruist Altruist *m*, Selbstlose(r) *m*
altruistic altruistisch, selbstlos
alum Alaun *n*, Alumen *n*
alum-adsorbed toxoid Tetanus-Aluminium-Adsorbat-Impfstoff *m*
alum-precipitated tetanal toxoid *s.* alum-absorbed toxoid
aluminium Aluminium *n*, Al
aluminium acetate Aluminiumacetat *n*
aluminium acetotartrate Aluminiumacetotartrat *n*
aluminium acetylsalicylate Aluminiumsalicylat *n*
aluminium ammonium sulphate Aluminiumammoniumsulfat *n*
aluminium attenuator *(Rad)* Aluminium-Attenuator *m*, Aluminium(strahlen)filter *m (zur Strahlenschwächung)*
aluminium cast artificial denture Aluminiumgussprothese *f*
aluminium chloride Aluminiumchlorid *n*
aluminium crown Aluminiumkrone *f*
aluminium equivalent *(Rad)* Aluminium-Gleichwert *m*, AlGW
aluminium foil Aluminiumfolie *f*
aluminium hydroxide Aluminiumhydroxid *n*

aluminium hydroxide gel Aluminiumhydroxidgel *n*
aluminium hydroxychloride Aluminiumhydroxychlorid *n*
aluminium impression tray Aluminiumabgusslöffel *m*
aluminium nicotinate Aluminiumnikotinat *n*
aluminium oleate Aluminiumoleat *n*
aluminium oxide Aluminiumoxid *n*
aluminium oxide ceramic Aluminiumoxidkeramik *f*
aluminium oxide gel Aluminiumoxidgel *n*
aluminium penicillin Aluminiumpenizillin *n*
aluminium plastic combination Aluminium-Plastik-Kombination *f*
aluminium phenolsulphonate Aluminiumsulphonate *n*
aluminium phosphate Aluminiumphosphat *n*
aluminium phosphate gel Aluminiumphosphatgel *n*
aluminium poisoning Aluminiumintoxikation *f*, Aluminiumvergiftung *f*
aluminium potassium sulphate Kaliumaluminiumsulfat *n*
aluminium salicylate Aluminiumsalicylat *n*
aluminium silicate Aluminiumsilikat *n*
aluminium splint Aluminiumschiene *f*
aluminium sulphate Aluminiumsulfat *n*
aluminium tubing prosthesis Aluminiumrohrprothese *f*
aluminium wedge filter Aluminiumkeilfilter *m*
aluminosis *(Arb)* Aluminose *f*, Aluminosis *f* (pulmonum), Aluminiumpneumokoniose *f*, Aluminiumstaublunge(nerkrankung) *f*
aluminum *(AE) s.* aluminium
alusia *s.* hallucination
alveobasilar line Linea *f* alveobasilaris, Alveobasilarlinie *f*
alveobronchiolitis Alveobronch(iol)itis *f*, Alveolen- und Bronchiolenentzündung *f*
alveobronchitis *s.* alveobronchiolitis
alveodental suppuration eitrige Periodontitis *f*, eiternde Wurzelhautentzündung *f*
alveolabial sulcus Sulcus *m* alveolabialis
alveolalgia *(Stom)* Alveolalgie *f*, Alveolenschmerz *m*
alveolar 1. alveolär; Alveolen..., Zahnfach...; 2. alveolär; Alveolen..., Lungenbläschen...
alveolar abscess *(Stom)* Alveolarabszess *m*
alveolar adenocarcinoma alveoläres Adenokarzinom *n*
alveolar air *(Pulm)* Alveolarluft *f*, Alveolenluft *f*
alveolar air equation Alveolarluftformel *f*
alveolar analysis Alveolargasanalyse *f*
alveolar angle Alveolarwinkel *m*, Angulus *m* alveolaris
alveolar arch Alveolarbogen *m*, Arcus *m* alveolaris
alveolar-arterial end-capillary gas pressure difference alveolo-arterielle endkapilläre Gasdruckdifferenz *f*
alveolar-arterial gas pressure difference alveolo-arterielle Gasdruckdifferenz *f*
alveolar artery *s.* maxillary artery
alveolar atrophy Alveolaratrophie *f*
alveolar bone *(Stom)* Alveolarknochen *m*
alveolar bone formation Alveolarknochenbildung *f*
alveolar bronchiole Alveolarbronchiole *f*, Alveolarbronchiolus *m*, Bronchiolus *m* alveolaris
alveolar canal Alveolarkanal *m*, Canalis *m* alveolaris
alveolar canals of the maxilla Canales *mpl* alveolares maxillae [superiores]
alveolar cancer Alveolarzellkarzinom *n*, Alveolarkrebs *m*, Bronchiolarkrebs *m*
alveolar-capillary membrane alveolokapilläre Membran *f*
alveolar carcinoma *s.* alveolar cancer
alveolar cavity *(Stom)* Alveolarhöhle *f*
alveolar cell Alveolarzelle *f*
alveolar cell carcinoma *s.* alveolar cancer
alveolar clasp *(Stom)* Alveolarklammer *f*
alveolar cleft Alveolarspalte *f*
alveolar collapse Alveolarkollaps *m*
alveolar crest *(Stom)* Alveolarkamm *m*
alveolar cyst *(Stom)* Alveolarzyste *f*
alveolar deadspace *(Physiol)* alveolärer Totraum *m*
alveolar distending pressure alveolärer Entfaltungsdruck *m*
alveolar duct Alveolargang *m*, Alveolengang *m*, Ductulus *m* alveolaris
alveolar dysplasia Alveolardysplasie *f*
alveolar ectasia Alveolarektasie *f*, Lungenbläschenerweiterung *f*
alveolar eminence Alveolareminenz *f*, Eminentia *f* alveolaris
alveolar epithelial cell *(Pulm)* Alveolarepithelzelle *f*
alveolar epithelium Alveolarepithel *n*
alveolar fibre Alveolarfaser *f*
alveolar fistula *(Stom)* Alveolarfistel *f*
alveolar forceps Alveolarzange *f*
alveolar fundus Alveolarfundus *m*, Alveolargrund *m*
alveolar furrow Alveolarrine *f*, Alveolarfurche *f*
alveolar gas Alveolargas *n*, Alveolarluft *f*
alveolar gas anaylsis Alveolargasanalyse *f*, alveoläres Gas *n*, alveoläre Gasanalyse *f*
alveolar gas volume Alveolargasvolumen *n*
alveolar gingiva *(Stom)* Alveolargingiva *f*, Alveolarzahnfleisch *n*
alveolar groove *s.* alveolar furrow
alveolar hyperventilation *(Pulm)* alveoläre Hyperventilation *f*
alveolar hyperventilation syndrome *(Pulm)* alveoläres Hyperventilationssyndrom *n*
alveolar hypoventilation syndrome *(Pulm)* alveoläres Hypoventilationssyndrom *n*
alveolar hypoventilatory DIMS syndrome *(Pulm)* alveoläres Hypoventilations-EDS-Syndrom *n*, alveoläres Hypoventilations-Einschlaf-und-Durchschlaf-Störungs-Syndrom *n*
alveolar hypoventilatory DOES syndrome *(Pulm)* alveoläres Hypoventilations-SES-Syndrom *n*, alveoläres Hypoventilationsstörungen-mit-exzessiver-Schläfrigkeit-Syndrom *n*
alveolar index *(Stom)* Alveolarindex *m*
alveolar intraventricular pressure ratio Alveolar-Kammerdruck-Verhältnis *n*
alveolar involvement Alveolenbeteiligung *f*, Lungenbläschenbefall *m (Pneumonie)*
alveolar jaw bone Alveolarkieferknochen *m*
alveolar line Alveolarlinie *f*, Linea *f* alveolaris
alveolar lining cell *(Pulm)* Alveolarwandzelle *f*
alveolar macrophage *(Pulm)* Alveolarmakrophage *m*
alveolar margin Alveolarrand *m*
alveolar mucosa Alveolarmukosa *f*, Alveolenschleimhaut *f*
alveolar necrosis Alveolarnekrose *f*
alveolar nerve Alveolarnerv *m*
alveolar neuritis Alveolarneuritis *f*
alveolar-open bite alveolär-offener Biss *m*
alveolar osteitis Alveolarosteitis *f*, alveoläre Osteitis *f*
alveolar oxygen uptake alveoläre Sauerstoffaufnahme *f*
alveolar periosteum Alveolarperiost *n*, Tapetum *n* alveoli *(Knochenhaut der Zahnfächer)*
alveolar periostitis Alveolarperiostitis *f*
alveolar phagocyte *(Pulm)* Alveolarphagozyt *m*
alveolar pneumonia *s.* alveolitis
alveolar point *(Anat)* Alveolarpunkt *m*
alveolar pore Alveolarpore *f*, Alveolenpore *f*
alveolar pressure Alveolardruck *m*
alveolar process Alveolarfortsatz *m*, Processus *m* alveolaris
alveolar process of the mandible Pars *f* alveolaris mandibulae

alveolar prognathism alveoläre Prognathie *f*
alveolar prosthesis Alveolarprothese *f*
alveolar proteinosis Alveolarproteinose *f*
alveolar pyorrhoea Alveolarpyorrhö *f*, eitrige Paradontopathie *f*
alveolar respiratory insufficiency pulmonale Globalinsuffizienz *f*
alveolar retrusion alveoläre Retrusion *f*
alveolar ridge *(Stom)* Alveolarkamm *m*
alveolar rupture Alveolarruptur *f*, Alveolarzerreißung *f*
alveolar sac Alveolarsack *m*, Sacculus *m* alveolaris
alveolar sarcoma *(Path)* Alveolarsarkom *n*
alveolar septum Alveolarseptum *n*
alveolar socket Zahnalveole *f*, Zahnfach *n*
alveolar socket bleeding Alveolenblutung *f*
alveolar space Alveolarraum *m*
alveolar tumour Alveolartumor *m*, Alveolengeschwulst *f*
alveolar ventilation Alveolarventilation *f*, alveoläre Ventilation *f*, Alveolenbelüftung *f*
alveolar wall Alveolarwand *f*, Alveolenwand *f*
alveole *s.* alveolus
alveolectomy Alveolektomie *f*, Alveolarfortsatzresektion *f*, (operative) Alveolarfortsatzentfernung *f (am Ober- und Unterkiefer)*
alveolingual alveolingual; Alveolen-Zungen-...
alveolingual sulcus Sulcus *m* alveolingualis, alveolinguale Furche *f*, alveolinguale Rinne *f*
alveolitis 1. Alveolitis *f*, Zahnalveolenentzündung *f*, Zahnfachentzündung *f*; 2. Alveolitis *f*, Lungenalveolenentzündung *f*, Lungenbläschenentzündung *f*
alveolobasal alveolobasal
alveolocapillary block Alveolokapillarblock *m*
alveolocapillary syndrome alveolokapilläres Syndrom *n*, Atemnotsyndrom *n* der Erwachsenen, ARDS
alveolocellular tumour Alveolarzellengeschwulst *f*, Alveolarzelltumor *m*
alveoloclasia Alveoloklasie *f (führt zur Zahnlockerung)*
alveolocondylean *(Anat)* alveolokondylär
alveolodental alveolodental, Zahnalveolen-...
alveolodental osteoperiostitis *s.* periodontitis
alveolodental radiograph alveolodentales Röntgenbild *n*, Zahn-Kiefer-Röntgenbild *n*
alveololabial *(Stom)* alveololabial
alveololingual *(Stom)* alveololingual
alveololingual fold alveololinguale Umschlagfalte *f*
alveolomaxillary (muscle) Musculus *m* buccinator, Buccinator *m*, Backenmuskel *m*
alveolomerotomy (operative) Alveolarfortsatzentfernung *f*
alveolonasal alveolonasal
alveolopalatal alveolopalatin
alveoloplasty Alveolarplastik *f*
alveolotomy Alveolotomie *f*, Alveolenschnitt *m*, (operative) Zahnfacheröffnung *f*
alveolovascular reflex alveolovaskulärer Reflex *m*
alveolus 1. Alveole *f*, Zahnfach *n*; 2. Alveole *f*, Lungenbläschen *n*; 3. Alveole *f (Drüsen, Magenschleimhaut; Zusammensetzungen siehe unter: alveolar)*
alveolysis Alveolenauflösung *f*
alveonasal line Linea *f* alveonasalis
alveosubnasal prognathism *(Stom)* alveolosubnasale Prognathie *f*
alvine Unterleibs...
alvinolith Alvinolith *m*, Enterolith *m*, Darmstein *m*, Intestinalstein *m*
alvus Alvus *m*, Unterleib *m*
alymphia Alymphie *f*, Lymph(e)mangel *m*, Fehlen *n* der Lymphe
alymphocytic alymphozytär
alymphocytosis Alymphozytose *f*, Lymphozytenmangel *m*; Lymphozytenschwund *m*
alymphoplasia Alymphoplasie *f*, lymphoide Aplasie *f*, lymphoide Hypoplasie *f (lymphatischer Gewebe und Organe)*; Thymusaplasie *f*
alymphopotent unfähig zur Lymphozytenbildung
Alzheimer cell *(Neur)* Alzheimer-Zelle *f*, Alzheimer'sche Zelle *f (bei hepatolentikulärer Degeneration)*
Alzheimer's disease *(Neur)* Alzheimer'sche Krankheit *f*, präsenile Demenz *f*
Alzheimer's dementia *s.* Alzheimer's disease
amaas *s.* alastrim
amacrinal amakrin
amacrine cell amakrine Zelle *f*, Neuronum *n* amacrinum *(siehe auch: association cell)*
amagnetic foreign body nicht magnetischer Fremdkörper *m*
amalgam Amalgam *n*
amalgam balance Amalgamwaage *f*
amalgam bur Amalgambohrer *m*
amalgam burnishing instrument Amalgamglätter *m*
amalgam carrier *(Stom)* Amalgamträger *m*
amalgam cavity Amalgamhöhle *f*
amalgam-cement combination Amalgamzement *m*
amalgam collector Amalgamsammler *m*
amalgam compactor Amalgamkneter *m*
amalgam condensation Amalgamverdichtung *f*
amalgam condenser *(Stom)* Amalgamverdichter *m*
amalgam condenser tip *(Stom)* Amalgamstopfer *m*
amalgam core *(Stom)* Amalgamkern *m*
amalgam crown Amalgamkrone *f*
amalgam dose and mixing unit Amalgamdosier- und Mischgerät *n*, Amalgamdosier- und Mischeinheit *n*
amalgam drill Amalgambohrer *m*
amalgam filling *(Stom)* Amalgamfüllung *f*
amalgam filling instrument *(Stom)* Amalgamfüllungsinstrument *n*, Amalgamfüller *m*
amalgam finishing instrument Amalgamfinierinstrument *n*, Amalgamfinierer *m*
amalgam foundation Amalgamfundament *n*
amalgam mixer Amalgammischer *m*, Amalgamierapparat *m*
amalgam mortar Amalgammörser *m*
amalgam plugging Amalgamotopfen *n*
amalgam plugging instrument Amalgamstopfinstrument *n*, Amalgamstopfer *m*
amalgam poisoning Amalgamvergiftung *f*, Amalgamintoxikation *f*
amalgam polisher Amalgampolierer *m*
amalgam remover Amalgamentferner *m*
amalgam root filling Amalgamwurzelfüllung *f*
amalgam separation Amalgamabscheidung *f*
amalgam spatula Amalgamspatel *m*
amalgam splint Amalgamschiene *f*
amalgam stopping Amalgamplombe *f*
amalgam trap Amalgamabscheider *m*
amalgam tray Amalgamlöffel *m*
amalgam tweezers Amalgampinzette *f*
amalgam vibrator Amalgamvibrator *m*
amalgam work Amalgamarbeiten *fpl*
amalgamable amalgamierbar, amalgamierungsfähig
amalgamate *v* 1. amalgamieren, mit Quecksilber legieren; 2. amalgamieren, verschmelzen, vereinigen; sich amalgamieren
amalgamated TU waves *(Kard)* T-U-Verschmelzung *f*, verschmolzene T-U-Wellen *fpl*
amalgamation 1. Amalgambildung *f*, Amalgamierung *f*, Amalgamieren *n*; 2. Vereinigung *f*, Verschmelzung *f*
amalgamator Amalgamator *m*, Amalgamiergerät *n*

amanitine Amanitin *n (hochgiftiges Polypeptid)*
amantadine *(Pharm)* Amantadin *n (Parkinsonmittel; virushemmendes Mittel)*
amantadine hydrochloride Amantadinhydrochlorid *n*
amarillic typhus *s.* yellow fever
amastia Amastie *f*, Amazie *f*, (angeborenes) Fehlen *n* der Brust(drüse)
amaurosis *(Ophth)* Amaurose *f*, totale Blindheit *f*, *(veraltet)* schwarzer Star *m*
amaurotic amaurotisch, blind
amaurotic Amaurot(ik)er *m*, Amaurote *m*, Blinde(r) *m*
amaurotic familial idiocy amaurotische familiäre Idiotie *f*
amaurotic (fixed) pupil amaurotische Pupillenstarre *f*
amazia *s.* amastia
amber urine bernsteinfarbener Urin *m*
ambidexter Ambidexter *m*, Beidhänder *m*
ambidexterity Ambidexteritie *f*, Beidhändigkeit *f*
ambidextrism *s.* ambidexterity
ambidextrous ambidexter, beidhändig
ambient brightness Umgebungshelligkeit *f*
ambient dose Ortsdosis *f*
ambient dose rate Ortsdosisleistung *f*
ambient luminosity *s.* ambient brightness
ambient noise Umgebungsgeräusch *n*; Nebengeräusch *n*
ambient noise level Umgebungsgeräuschpegel *m*, Geräuschpegel *m*, Rauschpegel *m*
ambient pressure Umgebungsdruck *m*
ambient radiation Umgebungsstrahlung *f*
ambient temperature Umgebungstemperatur *f*
ambiguous 1. doppelsinnig, zweideutig; mehrdeutig; 2. unbestimmt; nach zwei Seiten strebend
ambiguous base code mehrdeutiger Basen-Code *m*
ambiguous nucleus Nucleus *m* ambiguus
ambiguousness Doppelsinnigkeit *f*, Zweideutigkeit *f*, Mehrdeutigkeit *f*
ambilateral ambilateral, zwei Seiten betreffend, beidseitig
ambiocularity beidäugiges Sehen *n*
ambiopia Diplopie *f*, Doppel(t)sehen *n*, Doppelsichtigkeit *f*
ambisexual bisexuell, zweigeschlechtlich, zwitterig, doppelgeschlechtlich
ambisexuality Bisexualität *f*, Zwittrigkeit *f*, Doppelgeschlechtlichkeit *f*
ambitendency Ambitendenz *f*, Willensstörung *f (Neurose mit Entschlusslosigkeit infolge Antriebsstörung)*
ambition Ambition *f*, Streben *n*, Begierde *f*, Ergeiz *m*
ambivalence Ambivalenz *f (Nebeneinanderstehen von entgegengesetzten Gefühlen)*
ambivalent ambivalent
ambivalent bisexueller Mensch *m*, Bisexueller *m*
ambivalent thinking *(Neur)* ambivalentes Denken *n*
ambiversion Ambiversion *f (Gleichgewicht zwischen Introversion und Extroversion)*
ambivert Ambivertierter *m*, ambivertierter Mensch *m*
amblyacousia Amblyakusie *f*, Schwerhörigkeit *f*, Hördefekt *m*
amblychromasia Amblychromasie *f*, Zellkernchromatinminderfärbung *f*
amblychromatic amblychromatisch
amblyope Amblyope(r) *m*, Schwachsichtige(r) *m*
amblyopia Amblyopie *f*, Schwachsichtigkeit *f*, Sehschwäche *f*, Visus *m* hebetudo
amblyopia of disuse Amblyopia *f* ex anopsia, Schwachsichtigkeit *f* durch Nichtgebrauch
amblyopic amblyop, schwachsichtig
amblyoscope Amblyoskop *n (Apparat zur Schielbehandlung)*
amboceptor Ambozeptor *m*, Zwischenkörper *m (Immunkörper)*
amboceptor unit Ambozeptoreinheit *f*
ambomalleal *(HNO)* ambomalleal; Amboss-Hammer…
ambomalleal articulation *(HNO)* Amboss-Hammer-Gelenk *n*, Articulatio *f* incudomallearis
ambosexual *s.* ambisexual
ambotoxoid Ambotoxoid *n (Immunisierungsstoff)*
Ambou breathing bag *(Anästh)* Ambu-Beutel *m*
ambulance 1. Ambulanz *f*, Kranken(transport)wagen *m*; 2. Ambulanz *f*, ambulante Behandlungsstelle *f*; 3. Sanitätsdienst *m*; Feldlazarett *n*
ambulance box Verbandkasten *m*
ambulance car Ambulanz *f*, Kranken(transport)wagen *m*
ambulance driver Krankenwagenfahrer *m*
ambulance service Rettungsdienst *m*; Rettungswesen *n*; Sanitätsdienst *m*
ambulance station Unfallstation *f*
ambulance stretcher Krankentrage *f*, Trage *f*, Sankra-Trage *f*
ambulant *s.* ambulatory
ambulant ambulanter [gehfähiger] Patient *m*
ambulant treatment ambulante Behandlung *f*
ambulatory 1. ambulant, ambulatorisch, nicht stationär; 2. beweglich; Geh…, gehend; 3. Wander…, wandernd
ambulatory Ambulatorium *n*
ambulatory automatism Automatismus *m* ambulatorius
ambulatory blood pressure monitoring ambulante Blutdrucküberwachung *f*
ambulatory care ambulante Pflege *f*, ambulante Betreuung *f*
ambulatory care system ambulantes Versorgungssystem *n*, ambulantes Pflegesystem *n*, ambulantes Betreuungssystem *n*
ambulatory electrocardiograph (tragbares) 24-Stunden-EKG-Gerät *n*
ambulatory exercise Gehübung *f*
ambulatory medical care ambulante medizinische Versorgung *f*
ambulatory patient ambulanter Patient *m*
ambulatory psychotherapy *(Neur)* ambulante Psychotherapie *f*
ambulatory schizophrenia *(Neur)* ambulatorische Schizophrenie *f*
ambulatory splint funktionelle Schiene *f*, Bewegungsschiene *f*
ambulatory surgery centre ambulantes chirurgisches Zentrum *n*; chirurgische Tagesklinik *f*
ambulatory treatment ambulante Behandlung *f*
ambulatory X-ray diagnosis ambulante Röntgendiagnostik *f*
ambulatory X-ray service ambulantes Röntgen *n*; ambulanter Röntgendienst *m*, ambulanter Röntgenbetrieb *m*
ambustion Ambustio(n) *f*, Verbrennung *f*
ameba *(AE) s.* amoeba
amegakaryocytic amegakaryozytär
ameiosis *(Histol)* Ameiose *f (Ausbleiben der Kernreduktionsteilung)*
amelanotic 1. amelanotisch, melaninfrei, melaninlos; 2. hell gefärbt, schwach pigmentiert
amelanotic melanoma amelanotische Melanom *n*
amelia Amelie *f*, (angeborenes) Fehlen *n* der Extremitäten
amelia prosthesis Amelieprothese *f*
amelian speech *(Neur)* Diktionsamelie *f*
amelification Zahnschmelzbildung *f*
ameliorate *v* sich bessern, besser werden, ameliorieren
amelioration Besserung *f*, Verbesserung *f*
ameloblast Ameloblast *m*, Adamantoblast *m*, Ganoblast *m*, Zahnschmelzbildner *m*, Zahnemaillezelle *f*
ameloblastic ameloblastisch; Ameloblasten…
ameloblastic fibroma Ameloblastenfibrom *n*, Fibroameloblastom *n*

ameloblastic fibrosis Ameloblastenfibrose *f*
ameloblastic haemangioma ameloblastische Hämangiom *n*
ameloblastic odontoma Ameloblastenodontom *n*, adamantines Odontom *n*, Odontoma *n* adamantinum
ameloblastic process Ameloblastenfortsatz *m*
ameloblastic sarcoma *s.* ameloblastosarcoma
ameloblastoma Ameloblastom *n*, Schmelzzellengeschwulst *f (siehe auch: adamantinoma)*
ameloblastosarcoma Ameloblastosarkom *n*, Schmelzzellensarkom *n (bösartiger Tumor)*
amelodentinal Enamel-Dentin-…, Schmelz-Dentin-…, Schmelz-Zahnbein-…
amelodentinal junction Schmelz-Dentin-Grenze *f*, Schmelz-Zahnbein-Übergang *f*
amelogenesis Amelogenese *f*, Zahnschmelzbildung *f*
amelogenic (zahn)schmelzbildend
amelus *(Terat)* Amelus *m*, Missgeburt *f* ohne Extremitäten
amenorrhoea *(Gyn)* Amenorrhoe(a) *f*, Amenorrhö *f*, fehlende Regelblutung *f*, Fehlen *n* der Menstruation
amenorrhoeal amenorrhoisch; Amenorrhö…
amenorrhoeic *s.* amenorrhoeal
ament *(Neur)* Schwachsinnige(r) *m*, Idiot *m*
amentia *(Neur)* Amentia *f*, Schwachsinn *m*, Geistesschwäche *f*, Verwirrtheit *f*, amentielles Syndrom *n*
amential schwachsinnig, amentiell
American cutaneous-mucocutaneous leishmaniasis Lateinamerikanische Haut- und Schleimhautleishmaniase *f*
American hookworm Amerikanischer Hakenwurm *m*, Necator *m* americanus
American mountain fever Colorado-Zeckenfieber *n (durch Dermacentor andersoni)*
American trypanosomiasis *s.* Chagas' disease
amethopterin Amethopterin *n*, Methotrexat *n*
ametria Ametrie *f*, Gebärmutterlosigkeit *f*, (angeborenes) Fehlen *n* des Uterus
ametrohaemia Ametrohämie *f*, Gebärmuttermangeldurchblutung *f*, Mangeldurchblutung *f* des Uterus
ametrometer *(Ophth)* Ametrometer *n*, Ametropiemesser *m*
ametrope *(Ophth)* Ametrope(r) *m*, Fehlsichtige(r) *m*
ametropia 1. *(Ophth)* Ametropie *f*, Fehlsichtigkeit *f*; 2. *(Ophth)* Refraktionsanomalie *f*, Refraktionsfehler *m*, Brechungsfehler *m (des Auges)*
ametropic ametrop, fehlsichtig
ametropic eye refraction ametrope Refraktion *f* des Auges
ametrous uteruslos, gebärmutterlos, ohne Uterus
AMI *s.* acute myocardial infarction
amianthinopsia Amianthinopsie *f*, Violettblindheit *f*
amianthosis *(Arb)* Asbestose *f*, Asbeststaublunge(nerkrankung) *f*
amicrobic amikrobiell, keimfrei
amicroscopic amikroskopisch, mit dem Ultramikroskop nicht sichtbar
amidase Amidase *f*, Desamidase *f*, Acylamidase *f (Enzym)*
amidate *v* amidieren
amidation Amidierung *f*, Amidieren *n*
amide *(Bioch)* Amid *n*
amide base *(Bioch)* Amidbase *f*
amidine Amidin *n*
amido black B Amidoschwarz *n* B
amidohydrolase Amidohydrolase *f*
amidopyrine *(Pharm)* Amidopyrin *n*, Aminophenazon *n (Antipyretikum, Analgetikum, Antiphlogistikum)*
amidosulphuric acid Amidoschwefelsäure *f*
amiloride hydrochloride *(Pharm)* Amiloridhydrochlorid *n*
amimia Amimie *f*, Mimikverlust *m*, Aufhebung *f* des Mienenspiels; Maskengesicht *n*
aminase Aminase *f*
amination Aminierung *f*, Aminieren *n*
amine *(Bioch)* Amin *n*
amine fluoride Aminfluorid *n*
amine oxidase Aminooxidase *f (Enzym)*
amine oxidase inhibitor Aminooxidasehemmer *f*
amine precursor uptake and decarboxylation cell APUD-Zelle *f*
amino acid *(Bioch)* Aminosäure *f*
amino-acid activation Aminosäureaktivierung *f*
amino-acid analysis Aminosäureanalyse *f*
amino-acid analyzer Aminosäureanalysator *m*, Aminosäureanalysegerät *n*
amino-acid balance Aminosäuregleichgewicht *n*
amino-acid carboxylase Aminosäurecarboxylase *f (Enzym)*
amino-acid clearance Aminosäure-Clearance *f*
amino-acid code Aminosäurecode *m*
amino-acid composition Aminosäurezusammensetzung *f*
amino-acid decarboxylase Aminosäuredecarboxylase *f (Enzym)*
amino-acid degradation Aminosäureabbau *m*
amino-acid dehydratase Aminosäuredehydratase *f (Enzym)*
amino-acid dehydrogenase Aminosäuredehydrogenase *f (Enzym)*
amino-acid diabetes Aminosäurediabetes *m*
amino-acid equilibrium Aminosäuregleichgewicht *n*
amino-acid exchange Aminosäureaustausch *m*
amino-acid group Aminosäuregruppe *f*
amino-acid incorporation Aminosäureinkorporation *f*
amino-acid malabsorption Aminosäuremalabsorption *f*
amino acid metabolism Aminosäurestoffwechsel *m*
amino-acid mixture Aminosäuregemisch *n*
amino-acid nitrogen Amino(säure)stickstoff *m*
amino-acid oxidase Aminosäureoxidase *f (Enzym)*
amino-acid pool Aminosäurepool *m*
amino-acid residue Aminosäurerest *m*
amino-acid resorption Aminosäureresorption *f*
amino-acid sequence Aminosäuresequenz *f*
amino-acid synthesis Aminosäuresynthese *f*
amino-acid tolerance test Aminosäuretoleranztest *m*, Aminosäurebelastungstest *m*
amino-acid transport Aminosäuretransport *m*
amino-acid urine level Aminosäurespiegel *m* im Urin
amino acidopathy Aminosäureverwertungsstörung *f*
amino alcohol Aminoalkohol *m*, Alk(anol)amin *n*
amino compound Aminoverbindung *f*
amino diabetes Aminosäurediabetes *m*, Zystinose *f*, Cystinspeicherkrankheit *f*, Debrède Toni-Fanconi-Syndrom *n*, Abderhalden-Fanconi-Syndrom *n*, Kaufmann-Abderhalden-De Lignac-Syndrom *n*
amino glycoside Aminoglycosid *n*, Aminoglykosid *n*
amino group Aminogruppe *f*
amino oxidase Aminooxidase *f (Enzym)*
amino sugar Aminozucker *m*
aminoacetic acid Aminoessigsäure *f*
aminoacidaemia Aminoazidämie *f*, Vorhandensein *n* von Aminosäuren im Blut
aminoacidopathy Aminoazidopathie *f*, Aminosäure-Stoffwechselstörung *f*
aminoaciduria Amin(o)azidurie *f*, Aminosäureausscheidung *f* im Urin
aminoacridine Aminoakridin *n*
aminoacridine hydrochloride Aminoakridinhydrochlorid *n*

aminoacyl tRNA Aminoacyl-tRNS *f*
aminoacyl-tRNA ligase Aminoacyl-tRNS-Ligase *f*, Aminoacyl-tRNS-Synthetase *f (Enzym)*
aminoacyl-tRNA synthetase Aminoacyl-tRNS-Synthetase *f*, Aminoacyl-tRNS-Ligase *f (Enzym)*
aminoadipic acid Aminoadipinsäure *f*
aminoalcohol Aminoalkohol *m*, Alkamin *n*
aminobenzene Aminobenzol *n*, Anilin *n*
aminobenzenesulphonamide p-Aminobenzolsulfonamid *n*, Sulfanilamid *n (bakteriostatische Substanz)*
aminobenzoic acid Aminobenzoesäure *f*, Acidum *n* aminobenzoicum
aminobenzylpenicillin Aminobenzylpenizillin *n*
aminobutyric acid Aminobuttersäure *f*, Acidum *n* aminobutyricum
aminocaproic acid Aminocapronsäure *f*, AMCA *(blutungshemmende Substanz)*
aminocarboxylic acid *s.* amino acid
aminoglucose Aminoglukose *f*, Glukosamin *n*
aminoglutaric acid Aminoglutarsäure *f*
aminoglutethimide Aminoglutethimid *n (Antiöstrogen)*
aminoglycoside Aminoglykosid *n*
aminoglycoside antibiotic Aminoglykosid-Antibiotikum *n*
aminohippuric acid Aminohippursäure *f*
aminoisobutyric acid Aminoisobuttersäure *f*
aminolevulinic acid Aminolävulinsäure *f*, ALA
aminolipid Aminolipid *n*
2-amino-3-mercaptopropanoic acid α-Amino-β-mercaptopropionsäure *f*, α-Amino-β-thiopropionsäure *f*, Zystein *n*
aminomethanamidine Aminomethanamidin *n*, Guanidin *n*, Iminoharnstoff *m*
2-amino-3-methylbutanoic acid α-Amino-isovaleriansäure *f*, Valin *n*
aminonitrogen Aminostickstoff *m*
aminopenicillanic acid Aminopenizillansäure *f*
aminopenicillin *(Pharm)* Aminopenizillin *n (Antibiotikum)*
aminopeptidase Aminopeptidase *f (Enzym)*
aminopeptide Aminopeptid *n*
aminophenazone Aminophenazon *n*
aminophenol Aminophenol *n*, Hydroxyanilin *n*
aminopherase *s.* transaminase
aminophylline Aminophyllin *n (Phosphodiesterasehemmer, Asthmamittel)*
aminophylline poisoning Aminophyllinintoxikation *f*, Aminophyllinakkumulation *f*
aminopolypeptidase Aminopolypeptidase *f (Enzym)*
aminopolysaccharide Aminopolysaccharid *n*
aminopromazine *(Pharm)* Aminopromazin *n*
aminopropionic acid Aminopropionsäure *f*
aminopropiophenone Aminopropiophenon *n*
aminoprotease Aminoprotease *f (Enzym)*
aminopterin Aminopterin *n*
aminopterin embryopathy Aminopterin-Embryopathie *f*
aminopurine Aminopurin *n*
aminopyridine Aminopyridin *n*
aminopyrine Aminopyrin *n*
aminoquinoline Aminoquinolin *n (Malariamittel)*
aminosaccharide Aminosaccharid *n*
aminosalicylic acid Aminosalicylsäure *f*
aminosuccinamic acid Aminobernsteinsäuremonoamid *n*
aminosuccinic acid Aminosukzinsäure *f*, Aminobernsteinsäure *f*
aminosuria Aminurie *f*, Aminausscheidung *f* im Urin
aminothiourea Thiosemicarbazid *n*
aminotoluene *s.* aminotoluol
aminotoluol Aminotoluol *n*, Methylanilin *n*, Toluidin *n*
aminotransferase *s.* transaminase
aminourea Aminoharnstoff *m*, Semicarbazid *n*
aminuria *s.* aminosuria
amiodarone *(Kard, Pharm)* Amiodaron *n (Klasse-III-Antiarrhythmikum)*
amiodarone hydrochloride Amiodaronhydrochlorid *n*
amitosis *(Histol)* Amitose *f*, direkte Kernteilung *f*
amitotic amitotisch
amitriptyline *(Pharm)* Amitriptylin *n (Antidepressivum)*
amitriptyline hydrochloride *(Pharm)* Amitriptylinhydrochlorid *n*
ammeter Amperemeter *n*
ammonia Ammoniak *n*
ammonia level Ammoniakspiegel *m*
ammonia liquid Salmiakgeist *m*
ammonia nitrogen Ammoniakstickstoff *m*
ammonia poisoning Ammoniakvergiftung *f*
ammonia solution Ammoniaklösung *f*
ammonia water Ammoniakwasser *n*
ammoniacal ammoniakalisch, ammoniakhaltig, Ammoniak betreffend; nach Ammoniak riechend; Ammoniak...; basisch reagierend
ammoniacal fermentation ammoniakalische Gärung *f*, Ammoniakfermentation *f*
ammoniaemia Ammoniämie *f*, Vorhandensein *n* von Ammoniak im Blut
ammoniagenesis Ammoniogenese *f*, Ammoniakbildung *f* (in der Niere)
ammoniated mercury ointment Präzipitatsalbe *f*, Unguentum *n* Hydrargyri album
ammonification (bakterielle) Ammoniakbildung *f*
ammonium acetate Ammoniumacetat *n*
ammonium base Ammoniumbase *f*
ammonium bromide Ammoniumbromid *n*, Ammonium *n* bromatum *(Beruhigungsmittel)*
ammonium carbonate Ammoniumcarbonat *n*, Ammonium *n* carbonicum, Hirschhornsalz *n*
ammonium chlorate Ammoniumchlorat *n*
ammonium chloride Ammoniumchlorid *n*, Ammonium *n* chloratum, Salmiak *m*
ammonium citrate Ammoniumcitrat *n*
ammonium compound Ammoniumverbindung *f*
ammonium dihydrogenphosphate Ammoniumdihydrogenphosphat *n*
ammonium formiate Ammoniumformiat *n*
ammonium heparinate Ammoniumheparinat *n*
ammonium hydroxide Ammoniumhydroxid *n*
ammonium iodide Ammoniumiodid *n*
ammonium iron sulphate Ammoniumeisensulfat *n*
ammonium magnesium phosphate Ammoniummagnesiumphosphat *n*
ammonium molybdate Ammoniummolybdat *n*
ammonium nitrate Ammoniumnitrat *n*, Ammoniaksalpeter *m*
ammonium oxalate Ammoniumoxalat *n*
ammonium phosphate Ammoniumphosphat *n*
ammonium rhodanide Ammoniumrhodanid *n*
ammonium salicylate Ammoniumsalicylat *n*
ammonium salt Ammoniumsalz *n*
ammonium sulphate Ammoniumsulfat *n*, Amonsulfat *n*
ammonium thiocyanate Ammoniumthiocyanat *n*, Ammoniumrhodanid *n*
ammonium urate Ammoniumurat *n*
ammoniuria Ammonurie *f*, Ammoniakausscheidung *f* im Urin
Ammon's horn *(Anat)* Ammonshorn *n*, Cornu *n* Ammonis, Hippocampus *m*, Pes *m* hippocampi
Ammon's horn sclerosis Ammonshornsklerose *f (bei idiopathischer Epilepsie)*

ammotherapy *(Bal)* Psammotherapie *f*, Sandtherapie *f*
amnemonic agraphia amnestische Agraphie *f*, Agraphia *f* amnemonica
amnesia *(Neur)* Amnesie *f*, Gedächtnisschwund *m*, Erinnerungsverlust *m (partiell oder total)*
amnesia of alcoholic intoxication Alkoholrauschamnesie *f*, Alkoholintoxikationsamnesie *f*
amnesiac *(Neur)* Amnesiekranke(r) *m*
amnesic *(Neur)* amnestisch; Amnesie…
amnesic aphasia amnestische Aphasie *f*, Wortfindungsstörung *f*
amnesic apraxia amnestische Apraxie *f*
amnesic-confabulatory syndrome amnestisches Syndrom *n*, Merkschwäche *f*
amnesic dementia amnestische Demenz *f*
amnesic psychosis amnestische Psychose *f*, Korsakoff-Psychose *f*
amnesic syndrome amnestisches Syndrom *n*, Korsakoff-Syndrom *n*
amnestic *(Neur)* amnestisch; Amnesie…
amnestic-confabulatory syndrome amnestisch-konfabulatorisches Syndrom *n*
amnestic syndrome amnestisches Syndrom *n*, Korsakoff-Syndrom *n*
amnestic vague remembrance *(Neur)* Erinnerungsinsel *f*
amniocardiac amniokardial
amniocele Amniozele *f*
amniocentesis Amniozentese *f*, Amnionpunktion *f*, Fruchtwasserpunktion *f*
amniochorial amniochorial; Amnion-Chorion-…
amnioembryonic amnioembryonal; Amnion-Embryo-…
amniogenesis *(Embr)* Amniogenese *f*, Amnionentwicklung *f*, Amnionbildung *f*, Eihautbildung *f*
amniography Amnio(feto)graphie *f*, Röntgen(kontrast)darstellung *f* des Fetus im Amnionsack
amnion *(Embr)* Amnion *n*, Eihaut *f*, Schafhaut *f*, Wasserhaut *f*, Embryonalhülle *f (siehe auch unter: amniotic)*
amnion hook *(Gyn)* Fruchtblasenhakenzange *f*
amnionic *s.* amniotic
amnionitis Amnionitis *f*, Amnionentzündung *f*, Eihautentzündung *f*
amniorrhexis Amniorrhexis *f*, Amnionruptur *f*, Eihautzerreißung *f*
amniorrhoea Amniorrhö *f*, Fruchtwasserfluss *m*, vorzeitiger Fruchtwasserabgang *m*
amnios *s.* amnion
amnioscope Amnioskop *n*
amnioscopic amnioskopisch, amnionspiegelnd, fruchtwasserspiegelnd
amnioscopy Amnioskopie *f*, Amnionspiegelung *f*, Fruchtwasserspiegelung *f*
amniotic *(Embr)* amniotisch; Amnion…, Eihaut…
amniotic adhesion Amnionadhäsion *f*
amniotic band disruption sequence syndrome Syndrom *n* der amniotischen Stränge, Syndrom *n* der Amnionschnürfurchen *(Missbildungen durch Extremitätenabschnürungen)*
amniotic bands amniotische Stränge *fpl*, Amnionstränge *fpl*, Amnionbänder *npl*, Simonart'sche Bänder *npl*
amniotic cavity Amnionhöhle *f*
amniotic cell Amnionzelle *f*
amniotic cell culture Amnionzellkultur *f*
amniotic cyst Amnionzyste *f*
amniotic embolism Fruchtwasserembolie *f*
amniotic fluid Fruchtwasser *n*, Amnionflüssigkeit *f*, Liquor *m* amnii
amniotic fluid aspiration Fruchtwasseraspiration *f*
amniotic fluid cell Fruchtwasserzelle *f*
amniotic fluid cytology Fruchtwasserzytologie *f*
amniotic fluid diagnostics Fruchtwasserdiagnostik *f*
amniotic fluid embolism Fruchtwasserembolie *f*
amniotic fluid instillation Amnionauffüllung *f*, Fruchtwasserauffüllung *f*
amniotic fluid sample Fruchtwasserprobe *f*
amniotic fold Amnionfalte *f*
amniotic graft Amniontransplantat *n*
amniotic liquor *s.* amiotic fluid
amniotic puncture *s.* amniocentesis
amniotic sac Amnionsack *m*, Fruchtblase *f*, Fruchtwassersack *m*, Eihautsack *m*
amniotic sac rupture *s.* amniorrhexis
amniotic thread Amnionstrang *m*
amniotic tissue Amniogewebe *n*
amniotic trocar Amniontrokar *m*
amniotic water Fruchtwasser *n*, Amnionflüssigkeit *f*, Liquor *m* amnii
amniotome Amniotom *n (Instrument zur Punktion des Amnions)*
amniotomy Amniotomie *f*, Amnioninzision *f*, Blasensprengung *f*, Eihautschnitt *m*
amnio-vaginoneoplasty Eihaut-Scheidenplastik *f*
amoeba Amöbe *f*
amoebacidal *s.* amoebicidal
amoebiasis *(Paras)* Amöbiasis *f*, Amöbenkrankheit *f*, Amöbenruhr *f*, Tropenruhr *f*, Amöbendysenterie *f (durch Entamoeba histolytica)*
amoebic amöbisch; Amöben…
amoebic abscess Amöbenabszess *m*
amoebic appendicitis Amöbenappendizitis *f (durch Entamoeba histolytica)*
amoebic colitis Amöbenkolitis *f*, Dickdarmentzündung *f* durch Amöben
amoebic dysentery *s.* amoebiasis
amoebic gangrene Amöbengangrän *f*
amoebic granuloma Amöbengranulom *n*, Amöbom *n*
amoebic hepatitis Amöbenhepatitis *f*
amoebic keratitis Amöbenkeratitis *f*
amoebic liver abscess Amöbenleberabszess *m*, Amöbenabszess *m* der Leber
amoebic meningoencephalitis Amöbenmeningoenzophalitis *f*
amoebic pericarditis Amöbenperikarditis *f*
amoebic pneumonia Amöbenpneumonie *f*
amoebic trophozoite Amöbentrophozoit *m (vegetatives Amöbenstadium)*
amoebic urethritis Amöbenurethritis *f*
amoebicidal amöbizid, amöbentötend
amoebicide Antiamöbi(ati)kum *n*, Amöbengift *n*, amöbizides [amöbentötendes] Mittel *n*, Amöbenmittel *n*
amoebiform amöbenförmig, amöbiform
amoebism 1. Amöbeninfektion *f*; 2. amöbenartige [amöboide] Bewegung *f*
amoebocyte Amöbenzelle *f*
amoeboid amöboid, amöbenartig
amoeboid cell amöboide Zelle *f*
amoeboid cell movement amöboide Zellbewegung *f*
amoeboid glioma *(Path, Neur)* Glioblastoma *n* multiforme
amoeboid trophozoite Amöbentrophozoit *m*
amoeboma Amöbom *n*, Amöbengranulom *n*
amoeburia Amöburie *f*, Amöbenausscheidung *f* im Urin
amok Amok *m*, Amoklaufen *n (Zustand einer Besessenheit)* • **run amok** Amok laufen, in blinder Wut umherlaufen
amorous amourös, erotisch, sinnlich; Liebes…
amorous paranoia *(Neur)* Liebeswahn *m*
amorphia *s.* amorphism
amorphic *s.* amorphous

amorphinism Amorphinismus *m*, Morphinentzugssyndrom *n (bei Süchtigen)*
amorphism Amorphismus *m*, Amorphie *f*, amorpher [formloser] Zustand *m*
amorphosynthesis *(Neur, Physiol)* Amorphosynthese *f (fehlerhafte Angleichung von Sinneseindrücken der beiden Körperhälften)*
amorphous 1. amorph, formlos, gestaltlos; 2. amorph, nicht kristallin *(Substanzen)*; 3. amorph, missgestaltet; 4. chaotisch
amorphous foetus *s.* anideus
amorphus *s.* anideus
Amoss' sign Amoss-Dreifußzeichen *n (Armabstützung der Wirbelsäule; z. B. bei Meningitis)*
amotile unbeweglich
amotivation syndrome *(Neur)* Amotivationssyndrom *n*
amount Menge *f*, Betrag *m*
amount of blood taken Blutentnahmemenge *f*, Blutspendemenge *f*
amount of excreted urine ausgeschiedene Harnmenge *f*
amount of penetration Eindringtiefe *f (z. B. von Schallwellen)*
amount of sputum Sputummenge *f*, Menge *f* des Auswurfs
amount of stools Stuhlmenge *f*, Kotmenge *f*
amount of substance Stoffmenge *f*
amourous paranoia *(Neur)* Liebeswahn *m*, Erotomania *f*, Paranoia *f* erotica
amoxicillin *(Pharm)* Amoxizillin *n (Antibiotikum)*
AMP *s.* adenosine monophosphate
AMPase *s.* adenosine monophosphatase
ampere second Amperesekunde *f*
amperemeter Amperemeter *n*
amperometric amperometrisch
amperometric blood glucose measurement amperometrische Blutglukosebestimmung *f*
amperometric measurement amperometrische Messung *f*
amperometric sensor amperometrischer Sensor *m*
amperometric titration amperometrische Titrierung *f*
amperometry Amperometrie *f*
amphetamine *(Pharm)* Amphetamin *n (Mittel zur Leistungssteigerung)*
amphetamine-addiction *(Neur)* Amphetaminsucht *f*, Weckaminsucht *f*, Weckaminabhängigkeit *f*
amphetamine poisoning Amphetaminvergiftung *f*
amphetamine sulphate Amphetaminsulfat *n*
amphiarthrodial Amphiarthrose…
amphiarthrosis Amphiarthrose *f*, Wackelgelenk *n*
amphiarthrotic amphiarthrotisch
amphiaster Amphiaster *m*, Diaster *m*, Doppelstern *m (Mitosefigur)*
amphiblastic amphiblastisch
amphibolia Amphibolie *f (Krankheitsstadium mit unklarer Prognose)*
amphibolic amphibol, schwankend *(z. B. Typhusfieber)*
amphibolic stage amphiboles Stadium *n (Krankheitsstadium zwischen Höhepunkt und Heilung)*
amphibolism *(Metab)* Amphibolismus *m*
amphibolous *s.* amphibolic
amphicrania Amphikranie *f*, Kopfschmerz *m* in beiden Kopfhälften
amphicrine amphikrin, exkretorisch und inkretorisch wirksam
amphicyte Amphizyt *m*, Satellitenzelle *f*, Mantelzelle *f*
amphidiarthrodial joint Amphidiarthrose *f (Kombination von Amphiarthrose und Diarthrose)*
amphidiploid amphidiploid *(mit doppeltem Chromosomensatz der Elternteile)*
amphigamy Amphigamie *f*, Geschlechtszellenverschmelzung *f*
amphigastrula Amphigastrula *f (Eiteilungsstadium)*
amphigenetic amphigenetisch
amphigenous inheritance amphigene Vererbung *f*
amphigony Amphigonie *f*, (zwei)geschlechtliche Fortpflanzung *f*
amphikaryon Amphikaryon *m*, diploider Nukleus *m* [Zellkern *m*]
amphimixis Amphimixis *f*, Erbmassenvereinigung *f*, Kernverschmelzung *f (bei der Befruchtung)*
amphimorula Amphimorula *f (Ungleichheit der beiden Morulahälften)*
amphinucleolus Amphinukleolus *m*
amphinucleus Amphinukleus *m*, Zentronukleus *m*
amphiprotic substance *s.* ampholyte
amphistomiasis Amphistomiasis *f*, Amphistomum-Infektion *f*
amphitrichous amphitrich, beidseitig [bipolar] begeißelt
amphochromatophile *s.* amphophil
amphocyte Amphozyt *m*, basisch und sauer färbende Zelle *f*
amphodiplopia Ampho(tero)diplopie *f*, beidseitiges Doppeltsehen *n*
ampholyte Ampholyt *m*, amphoterer Elektrolyt *m*
amphophil(ic) amphophil, mit basischen und sauren Farbstoffen färbend
amphoric amphorisch, hohl und metallisch klingend
amphoric breath sound amphorisches Atemgeräusch *n*
amphoric breathing *s.* amohoric respiration
amphoric resonance amphorischer metallischer Klang *m*
amphoric respiration amphorisches Atmen *n*, Amphorophonie *f*, Krugatmen *n*
amphoriloquy Amphoriloquie *f*, amphorische Lautbildung *f*
amphorophonia Amphorophonie *f*, amphorische Stimmresonanz *f*
amphoteric amphoter, zweisinnig; nach zwei Seiten; nach beiden Seiten
amphoteric electrolyte *s.* ampholyte
amphotericin B Amphoterizin *n* B *(Antibiotikum)*
amphoterodiplopia *s.* amphodiplopia
amphotropic virus amphotropes Virus *n*
ampicillin Ampizillin *n*, α-Aminobenzylpenizillin *n (Antibiotikum)*
amplification Verstärkung *f*, Betonung *f*, Vergrößerung *f*
amplification by magnifying glass Lupenvergrößerung *f*
amplification by microscope Mikroskopvergrößerung *f*
amplification factor 1. Verstärkungsfaktor *m*; 2. Vergrößerungsfaktor *m*
amplification of the heart sound Betonung *f* des Herztones
amplification process Verstärkungsvorgang *m*
amplifier electronics Verstärkerelektronik *f*
amplifier tube Verstärkerröhre *f*
amplify *v* **a signal** ein Signal verstärken
amplifying technique Bildverstärkertechnik *f*
amplitude Amplitude *f*, Schwingungsbreite *f*
amplitude control Amplitudenregelung *f*
amplitude distribution Amplitudenverteilung *f*
amplitude-modulated waveform amplitudenmodulierte Wellenform *f*
amplitude modulation Amplitudenmodulation *f*
amplitude of accommodation *(Ophth)* Akkommodationsbreite *f*, Akkommodationsamplitude *f*
amplitude of adaptation Adaptationsbreite *f*, Anpassungsbreite *f*
amplitude of blood pressure Blutdruckamplitude *f*

amplitude of convergence Konvergenzbreite *f*
amplitude of divergence Divergenzbreite *f*
amplitude of fusion Fusionsbreite *f*
amplitude of pupillary movements Pupillenspielamplitude *f*
amplitude peak Amplitudenspitze *f*
amplitude resolution Amplitudenauflösung *f*
amplitude spectrum Amplitudenspektrum *n*
ampoule *(Pharm, Lab)* Ampulle *f (Glasgefäß)*
ampoule file Ampullensäge *f*, Ampullenfeile *f*
ampul *s.* ampoule
ampule *s.* ampoule
ampulla 1. *(Anat)* Ampulle *f*, Ampulla *f (blasenförmige Erweiterung von Hohlorganen)*; 2. *s.* ampoule
ampulla of the bile duct *s.* ampulla of Vater
ampulla of the ductus deferens Samenleiterampulle *f*, Ampulla *f* ductus deferentis
ampulla of the gall bladder Gallenblasenampulle *f*
ampulla of the lacimal canaliculus [duct] Tränenkanälchenampulle *f*, Ampulla *f* canaliculi lacrimalis
ampulla of the rectum Rektumampulle *f*, Mastdarmampulle *f*, Ampulla *f* recti
ampulla of the uterine tube Eileiterampulle *f*, Ampulla *f* tubae uterinae
ampulla of the vagina Scheidenampulle *f*, Fornix *m* vaginae
ampulla of Vater Vater'sche Ampulle *f*, Ampulla *f* hepatopancreatica [Vateri]
ampulla pregnancy Eileiterschwangerschaft *f*
ampulla tube Eileiterampulle *f*, Ampulla *f* tubae uterinae
ampullar abortion Eileiterabort *m*
ampullary dilatation Ampullendilatation *f*, Ampullenerweiterung *f*
ampullary sulcus Sulcus *m* ampullaris
ampullate ampullenförmig
ampullitis 1. Ampullitis *f*, Ampullenentzündung *f*; 2. Ampullitis *f*, Entzündung *f* der Samenleiterampulle
amputate *v (Chir)* amputieren, abtragen, absetzen; abschneiden, verkürzen
amputated limb Amputat *n*, abgetrennte Gliedmaße *f*, abgetrennte Extremität *f*
amputated patient amputierter Patient *m*, Amputierte(r) *m*
amputating knife Amputationsmesser *n*
amputation *(Chir)* Amputation *f*, Abtragung *f*, Ablation *f*, Absetzung *f* • **in amputation** bei der Amputation • **perform an amputation** amputieren, eine Amputation durchführen [machen]
amputation appliance Prothese *f*, Extremitätenprothese *f*
amputation by transfixion Durchstichamputation *f*, Durchstichverfahren *n*
amputation flap Amputationslappen *m*
amputation knife Amputationsmesser *n*
amputation neuroma Amputations(stumpf)neurom *n*, Stumpfneurom *n*
amputation of the lower extremity Beinamputation *f*, Amputation *f* der unteren Extremität
amputation of the lower leg Unterschenkelamputation *f*
amputation of the upper extremity Armamputation *f*, Amputation *f* der oberen Extremität
amputation paste *(Stom)* Amputationspaste *f*
amputation rate Amputationsrate *f*
amputation retractor Amputationsretraktor *m*
amputation saw Amputationssäge *f*
amputation scheme Amputationsschema *n*
amputation stump Amputationsstumpf *m*
amputation stump bandage *(Chir)* Amputationsstumpfverband *m*
amputation stump carcinoma Amputationsstumpfkarzinom *n*, Stumpfkarzinom *n*
amputation stump pain Amputationsstumpfschmerz *m*, Stumpfschmerz *m*
amputee Amputierte(r) *m*
amrinone *(Pharm)* Amrinon *n (Phosphodiesterasehemmer)*
amrinone lactate Amrinonlaktat *n*
amuck *s.* amok
amusia Amusie *f*, musikalische Aphasie *f*
amyasthenia *s.* amyosthenia
amydriasis Amydriasis *f*, Pupillenkontraktion *f*
amyelencephalia *(Terat)* Amyelenzephalie *f*, Fehlen *n* von Gehirn und Rückenmark
amyelencephalus *(Terat)* Amyelenzephalus *m*, Missgeburt *f* ohne Gehirn und Rückenmark
amyelia *(Terat)* Amyelie *f*, (angeborenes) Fehlen *n* des Rückenmarks
amyelic amyelisch, rückenmarklos
amyelinic amyelin, markscheidenlos, myelin(scheiden)los *(Nerv)*
amyeloidaemia Amyeloidämie *f*, Myelozytenmangel *m* im Blut
amyelonic 1. amyeloisch, rückenmarklos; 2. knochenmarklos, knochenmarkfrei
amyelotrophy Amyelotrophie *f*, Rückenmarkatrophie *f*
amyelus *(Terat)* Amyelus *m*, Missgeburt *f* ohne Rückenmark
amygdala 1. Tonsille *f*, Mandel *f (Zusammensetzungen siehe unter: tonsil)*; 2. *s.* amygdaloid body; 3. *s.* cerebellar tonsil
amygdalectomy *s.* tonsillectomy
amygdalic acid 1. Amygdalinsäure *f*; 2. Mandelsäure *f*
amygdalin Amygdalin *n (Glykosid)*
amygdaline *s.* amygdaloid
amygdalitis Amygdalitis *f*, Tonsillitis *f*, Mandelentzündung *f*
amygdalohippocampectomy Amygdalohippokampektomie *f (bei Temporallappenepilepsie)*
amygdaloid amygdaloid, mandelförmig; Mandel...
amygdaloid body Corpus *n* amygdaloideum, Mandelkern *m*, Mandelkörper *m*, Amygdale *n (Hirnstruktur)*
amygdaloid nucleus *s.* amygdaloid body
amygdaloidectomy Amygdalektomie *f*, Tonsillektomie *f*, (operative) Mandelentfernung *f*
amygdalolith Amygdalolith *m*, Tonsillolith *m*, Mandelstein *m*
amygdaloncus Mandelschwellung *f*, Tonsillenanschwellung *f*
amygdalothrypsis Amygdalotripsis *f*, Tonsillenquetschung *f*, Mandelzerquetschung *f*
amygdalotomy Amygdalotomie *f*, Mandelinzision *f*, Mandelschnitt *m*
amygdalo-uvular amygdalo-uvular; Mandel-Uvula-...
amyl acetate Amylacetat *n*, Essigsäureamylester *m*
amyl alcohol Amylalkohol *m*, Alcohol *m* amylicus
amyl nitrite Amylnitrit *n*, Salpetersäureamylester *m*
amylaceous stärkehaltig, stärkeenthaltend; Stärke...
amylaemia Amyl(h)ämie *f*, Vorhandensein *n* von Stärke im Blut
amylase Amylase *f*, *(veraltet)* Diastase *f (Enzym)*
α-amylase α-Amylase *f*, Endoamylase *f*
β-amylase β-Amylase *f*, Exoamylase *f*, Glycogenase *f*, Saccharogenamylase *f*
γ-amylase γ–Amylase *f*, Amyloglucosidase *f*, saure Maltase *f*
amylase estimation Amylasebestimmung *f*
amylasuria Amylasurie *f*, Amylaseausscheidung *f* im Urin
amylate Amylat *n (1. Alkoholat von Amylalkohol; 2. Stärkeverbindung)*

amylic alcohol Amylalkohol *m*
amylism Amylismus *m*, Amylalkoholvergiftung *f*
amyloclastic stärkespaltend
amylodextrin Amylodextrin *n*
amylodyspepsia Amylodyspepsie *f*, Stärkeverdauungsstörung *f*
amylogenesis Amylogenese *f*, Stärkebildung *f*
amylogenic stärkebildend
amylo-1,6-glucosidase Amylo-1,6-glukosidase *f*, Dextrin-1,6-glucosidase *f*, Debranching-Enzym *n (Enzym)*
amyloid amyloid, stärkeartig, stärkeähnlich
amyloid Amyloid *n (im Gewebe abgelagerte glasige Eiweißsubstanz)*
amyloid angiopathy Amyloidangiopathie *f*
amyloid body Amyloidkörper *m*, Corpus *n* amylaceum, Amyloidstein *m*
amyloid degeneration Amyloiddegeneration *f*, amyloidartige Degeneration *f*
amyloid deposition Amyloiddeposition *f*, Amyloidablagerung *f*, Amyloideinlagerung *f*
amyloid disease *s.* amyloidosis
amyloid kidney Amyloid(schrumpf)niere *f*
amyloid larynx Amyloidlarynx *m*; Kehlkopfamyloidose *f*
amyloid liver *(Path)* Amyloidleber *f*, Sagoleber *f*, Leberamyloidose *f*
amyloid nephropathy Amyloidnephropathie *f*
amyloid nephrosis Amyloidnephrose *f*, Amyloidablagerung *f* in der Niere
amyloid neuropathy Amyloidneuropathie *f*
amyloid polyneuropathy Amyloidpolyneuropathie *f*
amyloid spleen Amyloidmilz *f*, Sagomilz *f*, Milzamyloidose *f*
amyloid staining Amyloidfärbung *f*, Bennold-Färbung *f*
amyloid tumour Amyloidtumor *m*
amyloidaemia Amyloidhämie *f*, Vorhandensein *n* von Amyloid im Blut
amyloidosis *(Path)* Amyloidose *f*, Amyloidentartung *f*, Wachsentartung *f*, amyloidartige Degeneration *f*, Amyloidablagerung *f*, Amyloideinlagerung *f*
amyloidosis of the larynx Larynxamyloidose *f*, Kehlkopfamyloidose *f*
amylolysis Stärkehydrolyse *f*, Stärkespaltung *f*, Stärkeverdauung *f*
amylolytic amylolytisch, stärkespaltend; Amylolyse…
amylolytic activity amylolytische Aktivität *f*
amylolytic enzyme stärkespaltendes Enzym *n*, Amylase *f*
amylopectin Amylopektin *n*
amylopectinosis Amylopektinose *f*
amylophosphorylase Amylophosphorylase *f (Enzym)*
amylopsin Pankreasamylase *f (Enzym)*
amylorrhoea Amylorrhö *f*, Stärkeausscheidung *f* im Stuhl
amylose Amylose *f*
amylosuria Amylosurie *f*, Amyloseausscheidung *f* im Urin
amylum Amylum *n*, Stärke *f*
amyluria Amylurie *f*, Stärkeausscheidung *f* im Urin
amyoaesthesia *(Neur)* Amyoästhesie *f*, fehlendes Muskelgefühl *n*, Fehlen *n* des Muskelsinns
amyoplasia Amyoplasie *f*, mangelnde Muskelbildung *f*, mangelhafte Muskelentwicklung *f*
amyoplastic amyoplastisch
amyostasia Myastasie *f*, Muskelzittern *n*
amyostatic amyostatisch
amyostatic syndrome amyostatisches Syndrom *n (Bewegungsstörungen bei Erkrankung des extrapyramidalmotorischen Systems)*
amyosthenia Myasthenie *f*, Amyosthenie *f*, Muskelschwäche *f*
amyosthenic myasthenisch; Myasthenie…
amyotaxia *(Neur)* Amyotaxie *f*, muskuläre Ataxie *f*
amyotonia *s.* myatonia
amyotrophia Amyotrophie *f*, Myatrophie *f*, Muskelatrophie *f*, Muskelschwund *m*
amyotrophic amyotroph(isch)
amyotrophic lateral sclerosis amyotrophe Lateralsklerose *f*
amyxia Amyxie *f*, Schleimarmut *f*
amyxorrhoea Amyxorrhö *f*, Amyxie *f*, Fehlen *n* der Schleimsekretion, fehlende Schleimsekretion *f*
ana (partes aequales) ana (partes aequales), zu gleichen Teilen
anabiotic 1. anabiotisch, scheintot; Anabiose…; 2. wieder belebend
anabolic anabol(isch); Anabolismus…
anabolic agent Anabolikum *n*
anabolic effect anaboler Effekt *m*, Anabolika-Effekt *m*
anabolic pathway anaboler Stoffwechselweg *m*
anabolic steroid anaboles Steroid *n*, Anabolikum *n*
anabolism Anabolismus *m*, Aufbaustoffwechsel *m*
anabolite Anabolit *m*
anacatadidymus *(Terat)* Anakatadidymus *m (Doppelmissbildung mit Hüftenverwachsung)*
anacatharsis 1. Anakatharsis *f*, verstärktes Erbrechen *n*; 2. *s.* expectoration
anachoresis *(Psych)* Anachorese *f*, Abkapselung *f* von der Mitwelt, Rückzug *m*
anacid anazid, säurefrei; Säuremangel…
anacid gastritis anazide Gastritis *f*, Säuremangelgastritis *f*
anacidity Anazidität *f*, Fehlen *n* der Salzsäurebildung; Salzsäuremangel *m (im Magen)*; Achlorhydrie *f*
anaclisis Anaklisis *f*, gefühlsmäßige Abhängigkeit *f (z. B. von einem Partner)*
anaclitic depression *(Neur)* anaklitische Depression *f*
anaclitic type of object-choice *(Neur)* Anlehnungstyp *m* der Objektwahl
anacousia Anakusis *f*, Anakusie *f*, völlige Taubheit *f*
anacroasia *(Neur)* Anakroasie *f*, Worttaubheit *f*
anacrotic pulse anakroter Puls *m*
anacrotism Anakrotie *f*, Anakrotismus *m (Auftreten von Wellen im aufsteigenden Teil der Pulskurve)*
anaculture Mischkultur *f (z. B. von Bakterien)*
anadenia 1. Anadenie *f*, (angeborene) Drüsenlosigkeit *f*; 2. Anadenie *f*, Drüsenschwund *m*; 3. Drüseninsuffizienz *f*, mangelnde Drüsenfunktion *f*
anadicrotic anadikrot(isch) *(Puls)*
anadicrotism Anadikrotismus *m*, zweizackige Pulswelle *f*
anadidymus *(Terat)* Anadidymus *m*, Doppelmissgeburt *f* mit Verschmelzung im oberen Körperbereich
anadipsia Anadipsie *f*, unstillbarer Durst *m*, Polydipsie *f*, krankhaft gesteigerter Durst *m*
anaedeous ohne äußere Geschlechtsorgane
anaemia Anämie *f*, Erythrozytenarmut *f*, Blutarmut *f*
• **combat an anaemia** *s.* correct an anaemia • **correct an anaemia** eine Anämie korrigieren [ausgleichen, behandeln, therapieren]
anaemia of infection Infektanämie *f*
anaemia of pregnancy Schwangerschaftsanämie *f*
anaemic anämisch, blutarm; Anämie…
anaemic anoxia anämische Anoxie *f*, Anämieanoxie *f*
anaemic hypoxia anämische Hypoxie *f*, Anämiehypoxie *f*
anaemic infarct anämischer [weißer] Infarkt *m*
anaemic pallor anämische Blässe *f*, Anämieblässe *f*
anaemic pulmonary infarction anämischer Lungeninfarkt *m*
anaemic retinopathy anämische Retinopathie *f*
anaemic symptom Anämiesymptom *n*

anaerobe Anaerobier *m*, Anaerobiont *m*, (luft)sauerstoffunabhängiger Organismus *m*
anaerobian *s.* anaerobe
anaerobic anaerob, sauerstoffunabhängig, unabhängig von Luftsauerstoff, luftunabhängig
anaerobic antitoxin Anaerobierantitoxin *n*
anaerobic bacteria anaerobe Bakterien *npl*
anaerobic catabolism anaerober Katabolismus *m*
anaerobic cellulitis *(Chir)* Gasgangrän *f*
anaerobic contraction anaerobe Muskelkontraktion *f*
anaerobic culture anaerobe Kultur *f*
anaerobic exercice anaerobe Übung *f*
anaerobic fermentation anaerobe Fermentation *f*, anaerobe Gärung *f*
anaerobic glycolysis anaerobe Glykolyse *f*
anaerobic infection Anaerobierinfektion *f*
anaerobic metabolism anaerober Metabolismus *m* [Stoffwechsel *m*]
anaerobic myositis *(Chir)* Gasgangrän *f*
anaerobic organism anaerober Organismus *m*
anaerobic pathway *(Bioch)* anaerober Stoffwechselweg *m*
anaerobic respiration anaerobe Atmung *f*
anaerobic stage anaerobe Phase *f (z. B. des Stoffwechsels)*
anaerobiosis Anaerobiose *f*, luftunabhängiger [sauerstoffunabhängiger] Stoffwechsel *m*
anaerobiotic anaerobiotisch; Anaerobiose…
anaerogenic anaerogen, nicht gasbildend
anaesthekinesia Anästhekinesie *f*, sensorische und motorische Paralyse *f*
anaesthesia 1. Anästhesie *f*, Empfindungslosigkeit *f*, natürliche Schmerzunempfindlichkeit *f*; 2. Anästhesie *f*, Betäubung *f*, künstliche Schmerzausschaltung *f*; Narkose *f* *(siehe auch unter: anaesthetic)* • **administer an anaesthesia** eine Anästhesie anwenden, anästhesieren, betäuben, eine Narkose machen • **come out from anaesthesia** aus der Narkose erwachen • **determine the type of anaesthesia** die Narkoseart festlegen • **give an anaesthesia** eine Anästhesie geben; eine Narkose machen • **maintain anaesthesia at the surgical stage** die Anästhesie im chirurgischen Narkosestadium halten • **recover from anaesthesia** aus der Narkose erwachen
anaesthesia apparatus Narkosegerät *n*, Narkoseapparat *m*
anaesthesia bag Beatmungsbeutel *m*
anaesthesia bellows Beatmungsbalg *m*
anaesthesia chart Narkoseprotokoll *n* • **record in the anaesthesia chart** auf dem Narkoseprotokoll notieren [vermerken]
anaesthesia-induced collapse narkosebedingter Kollaps *m*, durch Anästhesie induzierter Kreislaufkollaps *m*
anaesthesia laryngoscope Anästhesielaryngoskop *n*
anaesthesia mask Narkosemaske *f*
anaesthesia monitor Anästhesiemonitor *m*
anaesthesia of skin Hautanästhesie *f*
anaesthesia paralysis Anästhesieparalyse *f*, Narkoselähmung *f*
anaesthesia-related mortality narkosebedingte Mortalität *f*, Anästhesiemortalität *f*
anaesthesia respiration apparatus Narkosebeatmungsgerät *n*
anaesthesia screen Anästhesieschirm *m*
anaesthesia shock Anästhesieschock *m*
anaesthesia signs Anästhesiezeichen *npl*
anaesthesia stethoscope Anästhesiestethoskop *n*
anaesthesia syringe Anästhesiespritze *f*, Narkosespritze *f*
anaesthesia tube Narkosetubus *m*, Anästhesietubus *m*, Tubus *m*
anaesthesimeter *s.* anaesthetometer
anaesthesiologist *s.* anaesthetist
anaesthesiology Anästhesiologie *f*, Schmerzausschaltungslehre *f*
anaesthesiology forceps Anästhesiezange *f*
anaesthetic 1. anästhetisch, empfindungslos, schmerzunempfindlich; 2. anästhesierend, betäubend, schmerzausschaltend, narkotisierend, narkotisch; Anästhesie…, Narkose… *(siehe auch unter: anaesthesia)*; 3. *s.* anaesthetic agent
anaesthetic accessories Anästhesiezubehör *n*
anaesthetic accident Narkosezwischenfall *m*
anaesthetic agent Anästhetikum *n*, Betäubungsmittel *n*, Schmerzausschaltungsmittel *n*; Narkosemittel *n*, Narkotikum *n*
anaesthetic airway Anästhesietubus *m*, Narkosetubus *m*
anaesthetic apparatus Narkoseapparat *m*, Narkosegerät *n*
anaesthetic apparatus check Narkosegerätüberprüfung *f*
anaesthetic ceiling column Anästhesie-Deckensäule *f*, Anästhesie-Deckenkonsole *f*
anaesthetic control Anästhesieüberwachung *f*
anaesthetic department Anästhesieabteilung *f*
anaesthetic equipment Anästhesieausrüstung *f*
anaesthetic ether Anästhesieether *m*, Narkoseäther *m*, Aether *m* pro narcosi
anaesthetic frame Anästhesiebügel *m*
anaesthetic gas Anästhesiegas *n*, Narkosegas *n*
anaesthetic gel anästhetisches Gel *n*
anaesthetic index Anästhesieindex *m*, Narkoseindex *m*
anaesthetic induction Anästhesieeinleitung *f*
anaesthetic inhaler Anästhesiemaske *f*
anaesthetic machine Narkoseapparat *m*, Narkosegerät *n*
anaesthetic procedure Narkoseverfahren *n*, Anästhesieverfahren *n*
anaesthetic recovery room Aufwachraum *m*
anaesthetic risk Anästhesierisiko *n*, Narkoserisiko *n*
anaesthetic stand Anästhesieständer *m*, Narkoseständer *m*
anaesthetic technique Anästhesieverfahren *n*, Narkosetechnik *f*
anaesthetic trolley Anästhesiewagen *m*, Narkosewagen *m*
anaesthetic vapor Narkosedampf *m*
anaesthetic vaporizer Narkosemittelverdampfer *m*, Vaporizer *m*
anaesthetics Anästhetika *npl*, Narkosemittel *npl*
anaesthetist Anästhesist *m*, Narkosearzt *m*, Arzt *m* [Facharzt *m*] für Anästhesie [Anästhesiologie], Anästhesiologe *m*
anaesthetization Anästhesierung *f*, Betäubung *f*, Schmerzausschaltung *f*, Narkotisierung *f*, Narkoseeinleitung *f*
anaesthetize *v* anästhesieren, betäuben, schmerzlos machen; narkotisieren, eine Narkose durchführen; eine Narkose einleiten
anaesthetometer Anästhetometer *n*, Anästhesiemeter *n*
anagen hair Anagenhaar *n*
anal anal; Anal…, After…, Anus… *(siehe auch unter: anus)*
anal abscess Analabszess *m*
anal agenesis Analagenesie *f*, Anus imperforatus
anal anomaly anale Anomalie *f*, Ausfehlbildung *f*
anal atresia Analatresie *f*, Atresia *f* ani, (angeborenes) Fehlen *n* des Afters, fehlende Analöffnung *f*, Anus *m* imperforatus, angeborener Afterverschluss *m*
anal canal Analkanal *m*, Canalis *m* analis
anal cancer Anuskrebs *m*, Analkarzinom *n*, Afterkarzinom *n*

anal carcinoma *s.* anal cancer
anal caruncle Analkarunkel *f (fibrosierte Afterhautfalte)*
anal character *(Psych)* analer Charakter *m*, anale Persönlichkeit *f*
anal cleft Gesäßspalte *f*, Afterfurche *f*, Rima *f* ani
anal columns Columnae *fpl* anales, Analpapillen *fpl*, Analsäulen *fpl*
anal constriction Analstriktur *f*
anal crypt *s.* anal sinus
anal dilator Analdilatator *m*, Analdehner *m*, Analspreizer *m*
anal diverticulum Anusdivertikel *n*, Analdivertikel *n*, Afterdivertikel *n*
anal ectopy Analektopie *f*
anal eczema Analekzem *n*
anal electrode Analelektrode *f*
anal erotism Analerotismus *m*, Analerotik *f*
anal fissure Analfissur *f*, Afterschrunde *f*
anal fistula Analfistel *f*, Afterfistel *f*, Anusfistel *f*
anal gland Analdrüse *f*, Proktodealdrüse *f*
anal hillock Analhöcker *m*, Analtuberkel *m*
anal incontinence Analinkontinenz *f*, Stuhlinkontinenz *f*
anal itch *s.* anal pruritus
anal itching Afterjucken *n*
anal manometer Analmanometer *n*
anal manometry Analmanometrie *f*
anal membrane *(Embr)* Analmembran *f*
anal mucosa Analmukosa *f*, Analschleimhaut *f*
anal orifice After *m*, Anus *m*
anal papilla Analpapille *f*
anal papillitis Papillitis *f* analis, Mastdarmpapillenentzündung *f*
anal part of the rectum *s.* anal canal
anal personality *s.* anal character
anal phase *s.* anal stage
anal plate Analplatte *f*
anal polyp Analpolyp *m*
anal prolapse Anusprolaps *m*, Analprolaps *m*, Aftervorfall *m*, Prolapsus *m* ani
anal pruritus Analpruritus *m*, Afterjucken *n*, Afterjuckreiz *m*, Pruritus *m* ani
anal retractor Analretraktor *m*, Afterspreizer *m*
anal reflex Analreflex *m*
anal region Analregion *f*, Aftergegend *f*, Regio *f* analis
anal rhagade Analrhagade *f*
anal rim Analrand *m*
anal ring Analring *m*
anal sadism Analsadismus *m*
anal-sadistic stage anal-sadistische Phase *f*, anale Phase *f*
anal sinus Analsinus *m*, Rektalsinus *m*, Sinus *m* analis [rectalis], Analkrypte *f*
anal skin Anal(schleim)haut *f*, Analmukosa *f*, Afterschleimhaut *f*
anal skin tags äußere Hämorrhoiden *fpl*, Marisken *fpl*
anal spasm Analspasmus *m*, Afterkrampf *m*
anal speculum Analspekulum *n*
anal sphincter Analsphinkter *m*, After(schließ)muskel *m*, Musculus *m* sphincter ani, Sphincter *m* ani
anal sphincter dilatation Analsphinkterdehnung *f*
anal sphincter paresis Analsphinkterparese *f*
anal sphincter spasm Analsphinkterspasmus *m*, Analsphinkterkrampf *m*
anal sphincter stimulation Analsphinkterstimulation *f*
anal sphincteric function Analsphinkterfunktion *f*, Afterschließmuskelfunktion *f*
anal stage Analstadium *n*, anale Phase *f*
anal stenosis Analstenose *f*, Aftervereng(er)ung *f*
anal stopper electrode Analstöpselelektrode *f*
anal surgery Anuschirurgie *f*, Analchirurgie *f*, Afterchirurgie *f*
anal swab Analabstrich *m*
anal syndrome Analsyndrom *n*
anal triangle Analdreieck *n*
anal trichiasis anale Trichiasis *f*, Trichiasis *f* analis
anal tubercle Analtuberkel *m*, Analhöcker *m*
anal ulcer Anusulkus *n*, Analgeschwür *n*, Aftergeschwür *n*
anal ulcer triad Analgeschwürstrias *f*
anal valve quere Afterschleimhautfalte *f*, Valvula *f* analis
anal venous thrombosis Analvenenthrombose *f*
anal verge Analring *m*
analbuminaemia Analbuminämie *f*, Plasmaalbuminmangel *m*, Albuminmangel *m* (im Blut)
analeptic analeptisch, wieder belebend, anregend, stärkend
analeptic (agent) Analeptikum *n*, Exzitans *n*, Weckmittel *n*, Anregungsmittel *n*
analgesia Analgesie *f*, Analgie *f*, Schmerzfreiheit *f*, Schmerzunempfindlichkeit *f*
analgesia stage Analgesiestadium *n*, Stadium *n* analgeticum
analgesic analgetisch, schmerzlindernd, schmerzstillend
analgesic *s.* analgesic agent
analgesic addiction *(Neur)* Analgetikasucht *f*, Analgetikaabhängigkeit *f*
analgesic agent Analgetikum *n*, Antalgikum *n*, Schmerzmittel *n*, schmerzstillendes Mittel *n*
analgesic kidney Analgetikaniere *f*, Phenacetinniere *f*
analgesic nephropathy Analgetikanephropathie *f*
analgesic state Analgesiestadium *n*
analgesic treatment Schmerzbehandlung *f*
analgesimeter Analgesimeter *n*
analgetic *s.* analgesic
analgic *s.* analgesic
analgize *v* analgesieren, schmerzfrei machen, Schmerzen ausschalten
anality Analität *f (Triebkonflikte mit analer Phase)*
anallergenic anallergen, nicht allergen [allergieerzeugend]
anallergic anallergisch, nicht allergisch
analogue measuring instrument analoges Messinstrument *n*
analogue recording analoge Aufzeichnung *f*, Analogaufzeichnung *f*
analogue signal Analogsignal *n*
analogous compounds Analogstoffe *mpl*
analogous organs analoge Organe *npl*
analphalipoproteinaemia Analphalipoproteinämie *f*
analysand Psychoanalysepatient *m*, zu analysierender Patient *m*
analysing system Analysesystem *n*
analysis 1. Analyse *f*, Untersuchung *f*, Prüfung *f*; 2. *(Lab)* Analyse *f*, 3. Auswertung *f*, Betrachtung *f*, 4. *s.* analytic psychology • **have an analysis made** eine Analyse [Untersuchung] machen lassen • **make an analysis** eine Analyse [Untersuchung] durchführen *(z. B. des Blutes)* • **perform an analysis** *s.* to make an analysis • **run an analysis** *s.* make an analysis
analysis form Laborzettel *m* • **fill in an analysis form** einen Laborzettel ausfüllen
analysis of amniotic fluid Fruchtwasseranalyse *f*
analysis of blood groups Blutgruppengutachten *n*
analysis of covariance Kovarianzanalyse *f*
analysis of dream-content Traumanalyse *f*, Trauminterpretation *f*
analysis of the gastric juice Magensaftanalyse *f*
analysis of variance Varianzanalyse *f*
analysis result Analyseergebnis *n*

analyst Analytiker *m*, Psychoanalytiker *m*
analytic 1. analytisch; Analysen…; 2. psychoanalytisch
analytic psychology analytische Psychologie *f*, Psychoanalyse *f*
analytical balance Analysewaage *f*
analytical chemistry analytische Chemie *f*, Analytik *f*
analytical column Analysensäule *f*
analytical equilibrium Analysengleichgewicht *n*
analytical error Analysenfehler *m*
analytical group therapy *(Psych)* analytische Gruppentherapie *f*
analytical method Analysenmethode *f*, analytische Methode *f*
analytical psychology analytische [komplexe] Psychologie *f*
analytical psychotherapy *(Neur)* analytische Psychotherapie *f*
analytical rack Analysegestell *n*
analytical reliability analytische Zuverlässigkeit *f*
analytical result Analyseergebnis *n*
analytical sample Analysenprobe *f*
analytical sampling Analysenentnahme *f*, Probenentnahme *f*
analytical sensitivity analytische Empfindlichkeit *f*
analytical situation *(Psych)* analytische Situation *f*
analytical still projection Einzelbilddarstellung *f*, Einzelbildschaltung *f*
analytical specificity analytische Spezifität *f*
analytical value Analysenwert *m*
analyzer Analysegerät *n*
anamnesis Anamnese *f*, Krankengeschichte *f*, Vorgeschichte *f* des Patienten
anamnestic anamnestisch; Anamnese…
anamnestic interrogation *(Psych)* Exploration *f*
anamnestic reaction *(Psych)* anamnestische Reaktion *f*, Anamnesephänomen *n*
ananaphylaxis Ananaphylaxie *f*, Desensibilisierung *f*
ananclitic depression Affektentzugssyndrom *n*
anandria Anandrie *f*, Fehlen *n* männlicher Geschlechtsmerkmale
anangioplasia mangelnde Gefäßbildung *f*, mangelnde Gefäßversorgung *f (z. B. eines Organs)*
anangioplastic anangioplastisch, gefäßfehlbildend
anankasm *(Neur)* Anankasmus *m*, Zwang *m*, Zwangsvorstellung *f*, Zwangshandlung *f*, Zwangsneurose *f*
anankastia *s.* anankasm
anankastic anankastisch, zwanghaft
anankastic depression anankastische Depression *f*
anankastic personality Anankast(iker) *m*, Zwangsneurotiker *m*
anapepsia Pepsinmangel *m* im Magensaft
anaphase Anaphase *f (Kernteilungsphase)*
anaphia Anaphie *f*, Tastsinnverlust *m*, Fehlen *n* des Tastsinnes
anaphoresis Anaphorese *f (Elektrophorese)*
anaphoretic anaphoretisch
anaphoria Anaphorie *f*, Hyperphorie *f*, latentes Aufwärtsschielen *n*
anaphrodisia Anaphrodisie *f*, (krankhaft) verminderter Geschlechtstrieb *m*, Geschlechtstriebmangel *m*
anaphrodisiac geschlechtstriebvermindernd, geschlechtstriebsenkend
anaphrodisiac (agent) Anaphrodisiakum *n*, den Geschlechtstrieb dämpfendes Mittel *n*
anaphrodite *s.* anaphrodisiac
anaphylactia Anaphylaxieanfall *m*
anaphylactic anaphylaktisch, schutzlos; überempfindlich; allergisch
anaphylactic antibody anaphylaktischer Antikörper *m*, Anaphylaxieantikörper *m*
anaphylactic hypersensitivity anaphylaktische Überempfindlichkeit *f*, Typ-I-Hypersensibilität *f*, Soforttyp *m* der Überempfindlichkeitsreaktion, anaphylaktischer Typ *m* der Überempfindlichkeitsreaktion
anaphylactic reaction anaphylaktische Reaktion *f*, Anaphylaxiereaktion *f*
anaphylactic reaction to light photoanaphylaktische Reaktion *f*
anaphylactic shock *(Immun)* anaphylaktischer Schock *m*, Anaphylaxieschock *m*
anaphylactin Anaphylaktin *n (Anaphylaxieantikörper)*
anaphylactogen Anaphylaktogen *n (Anaphylaxieantigen)*
anaphylactogenesis Anaphylaktogenese *f*, Anaphylaxieauslösung *f*, Anaphylaxieerzeugung *f*
anaphylactogenic anaphylaktogen, anaphylaxieauslösend
anaphylactoid anaphylaktoid; Anaphylaxie…
anaphylactoid purpura *(Derm)* anaphylaktoide [allergische] Purpura *f*
anaphylactoid reaction Anaphylaxiereaktion *f*, anaphylaktoide Reaktion *f*
anaphylatoxin Anaphylatoxin *n*, Anaphylaxiegift *n*
anaphylatoxin inactivator Anaphylatoxinainaktivator *m*
anaphylaxin Anaphylaxin *n*, Sensibilisin *n*
anaphylaxis Anaphylaxie *f*, Schutzlosigkeit *f*, Überempfindlichkeit *f (gegenüber Antigenen)*
anaphylodiagnosis anaphylaktische Diagnostik *f*
anaplasia Anaplasie *f*, Zellentdifferenzierung *f (Zellumbildung in weniger differenzierte Zellen)*
anaplastic anaplastisch
anaplastic astrocytoma anaplastisches Astrozytom *n*
anaplasty Anaplastik *f*, Ersatzchirurgie *f*, plastische Chirurgie *f*, Wiederherstellungschirurgie *f*
anarithmia Anarithmie *f*, Zählunfähigkeit *f*, Zählunvermögen *n*
anarthria *(Neur)* Anarthrie *f*, Lautbildungsunfähigkeit *f*, Sprachartikulationsstörung *f*
anarthric lautbildungsunfähig
anasarca Anasarka *f*, Hautwassersucht *f*
anasarca trocar Aszitespunktionskanüle *f*, Anasarkatrokar *m*, Bauchtrokar *m*
anasarcous anasarkös, hautwassersüchtig; Anasarka…
anascitic asziteslos, aszitesfrei
anaspadia(s) *s.* epispadias
anastalsis Antiperistaltik *f*
anastaltic antiperistaltisch
anastasis Anastase *f*, Rekonvaleszenz *f*, Erholung *f*
anastatic anastatisch, rekonvaleszierend, (sich) erholend; wieder auffrischend, erneuernd
anastigmat *(Ophth)* Anastigmat *m*
anastigmatic anastigmatisch, punktförmig abbildend *(z. B. Linse)*
anastigmatic lens anastigmatische Linse *f*, anastigmatisches Brillenglas *n*
anastigmatism Anastigmatismus *m*, punktförmige Abbildung *f*
anastomose *v* anastomosieren, miteinander verbinden *(z. B. Blutgefäße, Nerven)*; anastomosieren, zusammenmünden
anastomosis Anastomose *f*, Verbindung *f (operativ oder natürlich)*
anastomosis clamp Anastomosenklemme *f*
anastomosis forceps 1. Anastomosenpinzette *f*; 2. *s.* anastomosis clamp
anastomotic anastomotisch; Anastomosen…
anastomotic abscess Anastomosenabszess *m*
anastomotic aneurysm *(Chir)* Anastomosenaneurysma *n*

anastomotic arch *(Anat)* Anastomosenbogen *m*
anastomotic clamp Anastomosenklemme *f*
anastomotic inflammation Anastomosenentzündung *f*
anastomotic leak Anastomoseninsuffizienz *f*
anastomotic oedema Anastomosenödem *n*
anastomotic operation Anastomosenoperation *f*, Anastomosierungsoperation *f*
anastomotic peptic ulcer Ulcus *n* pepticum, peptisches Anastomosenulkus *n*
anastomotic stenosis Anastomosenstenose *f*
anastomotic stricture Anastomosenstriktur *f*
anastomotic ulcer Anastomosenulkus *n*, Anastomosengeschwür *n*
anastomotic vessel Anastomosengefäß *n*
anat. *s.* 1. anatomic; 2. anatomical; 3. anatomy
anatomic anatomisch; Anatomie… *(siehe auch unter: anatomical)*
anatomic conjugate *(Gyn)* Conjugata *f* vera
anatomic contour anatomische Kontur *f*, anatomischer Umriss *m*
anatomic crown anatomische Krone *f (eines Zahnes)*
anatomic grinding-in *(Stom)* anatomisches Einschleifen *n*
anatomic height of contour *(Stom)* anatomische Konturenhöhe *f*
anatomic impression anatomischer Abdruck *m*
anatomic neck (of the humerus) anatomischer Hals *m* des Oberarmknochens, Collum *n* anatomicum humeri
anatomic position anatomische Position *f*, anatomische Lage *f*
anatomic root of the tooth anatomische Zahnwurzel *f*, Radix *f* dentis
anatomic scissors anatomische Schere *f*
anatomic theatre Anatomiesaal *m*, anatomischer Präpariersaal *m*
anatomic zero joint position anatomische Nullposition *f (eines Gelenkes)*
anatomical anatomisch; Anatomie… *(siehe auch unter: anatomic)*
anatomical articulation anatomische Artikulation *f (der Zähne)*
anatomical cleft anatomische Lücke *f*, anatomische Spalte *f*
anatomical correlation anatomische Zuordnung *f*, anatomische Beziehung *f*
anatomical dead space anatomischer [respiratorischer] Totraum *m*, toter Raum *m* des Respirationssystems
anatomical enterotomy scissors anatomische Darmschere *f*
anatomical forceps anatomische Pinzette *f*
anatomical landmark anatomischer Messpunkt *m*
anatomical occlusion anatomische Okklusion *f*
anatomical plaster impression anatomischer Gipsabdruck *m*
anatomical preparation anatomisches Präparat *n*
anatomical shape anatomische Gestalt *f*, anatomische Form *f*
anatomical snuffbox Tabatière *f*, Fossa *f* radialis
anatomical tubercle Verruca *f* necrogenica, Tuberculum *n* anatomicum, Sektionstuberkel *n*, Leichentuberkel *n*
anatomical tweezers anatomische Pinzette *f*
anatomical wart *s.* anatomical tubercle
anatomically contoured prosthesis anatomisch geformte Prothese *f*
anatomically contracted pelvis anatomisch enges Becken *n*
anatomically correct position anatomisch korrekte Position *f*
anatomically shaped anatomisch geformt

anatomicomedical anatomomedizinisch; Anatomie-Medizin-…
anatomicopathological anatomopathologisch, die pathologische Anatomie betreffend
anatomicophysiological anatomophysiologisch; Anatomie-Physiologie-…
anatomist Anatom *m*
anatomist's snuffbox Tabatière *f*, Fossa *f* radialis
anatomize *v* zerlegen, sezieren
anatomy 1. Anatomie *f*, anatomischer Aufbau *m (Lehre von der Struktur und der Form des Körpers)*; 2. Anatomie *f*, anatomische Zerlegung *f*
anatoxic Anatoxin…
anatoxin Anatoxin *n*, entgiftetes Toxin *n*
anatricrotic anatrikrot(isch) *(Pulswelle)*
anatricrotism Anatrikrotismus *m*, dreizackige Pulswelle *f*
anatropia Anatropie *f (Aufwärtsdrehung der Augen in Ruhe)*
anaudia Stimmlosigkeit *f*, Phonationsverlust *m*, Aphonie *f*
anazoturia Anazoturie *f*, fehlende [mangelhafte] Harnstoffausscheidung *f* im Urin
ancestral cell Stammzelle *f*
ancestry research Ahnenforschung *f*
anchorage Fixation *f*, Fixierung *f*, Befestigung *f*, Anheftung *f (z. B. eines Organs)*
anchorage technique Fixierungstechnik *f*, Verankerungstechnik *f*
anchorage tooth Fixierungszahn *m*, Verankerungszahn *m*
anchored fixiert, befestigt; angeheftet; verankert
anchoring band Verankerungsband *n*
anchoring cap Verankerungskappe *f*
anchoring crown Verankerungskrone *f*
anchoring device Verankerungseinrichtung *f*
anchoring implant Verankerungsimplantat *n*
anchoring molar tooth Verankerungsmolar *m*, Stützmahlzahn *m*
anchoring pin Verankerungsstift *m*
anchoring screw Verankerungsschraube *f*
anchoring technique Verankerungstechnik *f*
anchyloglossia *s.* ankyloglossia
ancillary zusätzlich; Zusatz…; Hilfs…
ancillary device Zusatzgerät *n*
ancillary equipment Zusatzausrüstung *f*
ancillary reaction zusätzliche Reaktion *f*, Hilfsreaktion *f*, Nebenreaktion *f*
anconagra Ellenbogengicht *f*
ancon(e)al *s.* anconoid
anconeus (muscle) Musculus *m* anconeus, Knorrenmuskel *m*
anconitis Ellenbogengelenkentzündung *f*
anconoid Ellenbogen…
Ancylostoma americanum Ancylostoma *n* americanum, Necator *m* americanus
Ancylostoma duodenale Ancylostoma *n* duodenale, Hakenwurm *m*
Ancylostoma hominis Ancylostoma *n* hominis
ancylostome dermatitis Ancylostoma-Dermatitis *f*
ancylostomiasis *(Paras)* Ankylostomiasis *f*, Ankylostoma-infestation *f*, Hakenwurmkrankheit *f*, Hakenwurmbefall *m*, ägyptische Chlorose *f*, Tunnelanämie *f*, Uncinariasis *f* *(Bergmannskrankheit)*
Anders' disease Anders'sche Krankheit *f*, Adiposis *f* tuberosa simplex
Andersen's disease 1. *s.* mucoviscidosis; 2. Amylopektinose *f*
Andersen's syndrome *s.* mucoviscidosis
Anderson-Fabry disease Angiokeratoma *n* corporis diffusum universale

Andrade type familial amyloid polyneuropathy Andrade-Typ *m*, Typ *m* I der Amyloidpolyneuropathie
andranatomy männliche Anatomie *f*, Anatomie *f* des Mannes
andreioblastoma *(Path)* Andreioblastom(a) *n*, Androblastom *n*, Arrhenoblastom *n*, Sertoli-Leydig-Zelltumor *m (Ovarialtumor)*
andreioma *s.* andreioblastoma
andriatrics Andrologie *f*, Männerheilkunde *f*
androblastoma *s.* andreioblastoma
androcorticoid Androcorticoid *n*
androcyte Androzyt *m (Spermatoblast)*
androgalactosaemia Androgalaktosämie *f*, Milchsekretion *f* der männlichen Brustdrüse
androgamone Androgamon *n (Keimzellenwirkstoff)*
androgen Androgen *n (männliches Geschlechtshormon)*
androgen-binding steroid androgenbindendes Steroid *n*
androgen insensitivity Androgenresistenz *f*
androgen metabolism Androgenstoffwechsel *m*
androgen receptor Androgenrezeptor *m*
androgen synthesis Androgensynthese *f*
androgenesis Androgenese *f (Entwicklung ohne mütterlichen Kernanteil)*
androgenic androgen
androgenic agent Androgen *n (männliches Geschlechtshormon)*
androgenic hormone *s.* androgen
androgenic preparation Androgenpräparat *n*
androgenic zone *(Embr)* androgene Zone *f*, Zone *f* X *(der Nebennierenrinde)*
androgenicity Androgenizität *f*, Androgenwirksamkeit *f*
androgenous androgen
androglossia Androglossie *f*, männliche Stimme *f (z. B. bei Frauen)*
androgyne weiblicher Hermaphrodit *m*, Zwitter *m*
androgyneity *s.* androgyny
androgynic *s.* androgynoid
androgynism *s.* androgyny
androgynoid androgynoid; Hermaphroditen..., Zwitter...
androgynous androgyn
androgynus *s.* androgyne
androgyny Androgynie *f*, Mannweibheit *f*, weibliche Scheinzwittrigkeit *f*, weiblicher Pseudohermaphroditismus *m*
android *s.* androidal
androidal android, männlich
andrological andrologisch; Andrologie...
andrology Andrologie *f*, Männerheilkunde *f*
androma *s.* arrhenoblastoma
andromania Andromanie *f*, Mannstollheit *f*, Nymphomanie *f*, Ovariomanie *f*, Östromanie *f*, Metromanie *f*
andromimetic andromimetisch, männliche Merkmale erzeugend [hervorbringend]; Männer simulierend
andromorphous andromorph, von männlicher Gestalt
andropathy Andropathie *f*, Männorkrankheit *f*, Männerleiden *n*
androphilism Androphilismus *m*, Androphilie *f*, Männervorliebe *f*
androphilous androphil, menschenliebend, menschenbevorzugend *(z. B. Stechmücken)*
androphobia *(Neur)* Androphobie *f*, Männerangst *f*, Männerfurcht *f*, Männerabneigung *f*
androphonomania *(Neur)* Androphonomanie *f*, Mordwahnsinn *m (krankhafter Drang zum Männermord)*
androsome Androsom *n*, männliches Chromosom *n*
androsperm Androspermium *n*, Spermium *n* mit Y-Chromosom *(männlichem Geschlechtschromosom)*
androstane Androstan *n*
androstanediol Androstandiol *n*
androstanedione Androstandion *n*
androstanolone Androstanolon *n*, Dihydrotestosteron *n*
androstene Androsten *n*
androstenediol Androstendiol *n (männliches Keimdrüsenhormon)*
androstenedione Androstendion *n (männliches Keimdrüsenhormon)*
androsterone Androsteron *n (männliches Keimdrüsenhormon)*
androsterone glucuronide Androsteronglucuronid *n*
androtropism Androtropismus *m*, Androtropie *f (vorrangige Erkrankungsneigung beim männlichen Geschlecht)*
anechoic area echofreier Bezirk *m*, echoloser Bereich *m*
anelectrotonic anelektrotonisch
anelectrotonus *(Physiol)* Anelektrotonus *m*
anemia *(AE) s.* anaemia
anemophobia Anemophobie *f (krankhafte Angst vor Wind)*
anencephalia *(Terat)* Anenzephalie *f*, Gehirnlosigkeit *f*, Hirnlosigkeit *f*
anencephalic anenzephal, (ge)hirnlos
anencephaloid anenzephaloid, anenzephalieähnlich
anencephalotrophy Anenzephalotrophie *f*, Hirnatrophie *f* infolge Ernährungsstörung
anencephalus *(Terat)* Anenzephalus *m*, Missgeburt *f* ohne Gehirn
anenzymia Anenzymie *f*, Enzymmangel *m*
aneosinophilia *s.* eosinopenia
anephric nierenlos
anephrogenesis Anephrogenese *f*, (angeborene) Nierenlosigkeit *f*
anepia 1. *(Neur)* Mutismus *m*, Schweigen *n*, Stummheit *f*, Schweigesucht *f*; 2. *(Neur)* Sprechunfähigkeit *f*, Sprechunvermögen *n (bei intaktem Sprechapparat)*
anepiploic netzlos, ohne Omentum [Netz]
anergic anergisch, reaktionslos auf Antigen, antigentolerant; Anergie..., Antigentoleranz...
anergic stupor *(Neur)* anergischer Stupor *m*, hypotoner [schlaffer] Stupor *m*
anergy 1. Anergie *f*, Reaktionslosigkeit *f* auf Antigen, Antigentoleranz *f*; 2. *(Neur)* Energielosigkeit *f*, Antriebsschwäche *f*, mangelnde Aktivität *f*
anerobic *s.* anaerobic
anerythroblep(s)ia Anerythropsie *f*, Protanopie *f*, Rotblindheit *f*, Grünsichtigkeit *f*
anerythrocyte Anerythrozyt *m*, hämoglobinloser Erythrozyt *m*
anerythroplasia Anerythroplasie *f*, fehlerhafte Erythrozytenbildung *f*
anerythroplastic anerythroplastisch
anerythropoiesis Anerythropoese *f*, mangelnde Erythrozytenbildung *f*
anerythropsia *s.* anerythroblepsia
anesthesia *(AE) s.* anaesthesia
anethopathy *(Psych)* Anethopathie *f*, mangelnde Bindungsfähigkeit *f (gefühlsmäßig)*
anetoderma Anetodermie *f*, Anetodermia *f* maculosa, Dermatitis *f* atrophicans maculosa
aneuploid aneuploid *(Chromosomensatz)*
aneuploidia *s.* aneuploidy
aneuploidy Aneuploidie *f (zahlenmäßige Chromosomensatzveränderung infolge Chromosomenaberration)*
aneuria Aneurie *f*, Nervenschwäche *f*
aneuric nervenschwach
aneurin *s.* aneurine
aneurinase Aneurinase *f*, Thiaminase *f (Enzym)*
aneurine Thiamin *n*, Vitamin *n* B_1, antineuritisches Hormon *n*, *(veraltet)* Aneurin *n*

aneurysm Aneurysma *n*, Arterienerweiterung *f*, Schlagadergeschwulst *f*, Pulsadergeschwulst *f*
aneurysm clip Anaeurysma-Clip *m*
aneurysm neck dissector Aneurysmahalsdissektor *m*, Aneurysmadissektor *m*
aneurysm needle Aneurysmanadel *f*, Umstechungsnadel *f*
aneurysm of abdominal aorta Bauchaortenaneurysma *n*, abdominales Aortenaneurysma *n*
aneurysm of aortic sinus *s.* aneurysm of sinus of Valsalva
aneurysm of pulmonary artery Lungenarterienaneurysma *n*
aneurysm of sinus of Valsalva Sinus-Valsalva-Aneurysma *n*
aneurysm resection *s.* aneurysmectomy
aneurysmal aneurysmatisch; Aneurysma…
aneurysmal bone cyst aneurysmatische Knochenzyste *f*
aneurysmal bruit Aneurysmageräusch *n*
aneurysmal haematome Aneurysma *n* spurium, falsches Aneurysma *n*
aneurysmal murmur Aneurysmageräusch *n*
aneurysmal sac Aneurysmasack *m*
aneurysmal thrill Aneurysmaschwirren *n*
aneurysmal varix Aneurysmaknoten *m*
aneurysmatic *s.* aneurysmal
aneurysmectomy Aneurysmektomie *f*, Aneurysmaresektion *f*, Aneurysmaexstirpation *f*, (operative) Aneurysmaentfernung *f*
aneurysmogram Aneurysmaröntgen(kontrast)bild *n*
aneurysmograph *s.* aneurysmogram
aneurysmoplasty Aneurysmaplastik *f*, Arterienrekonstruktion *f*
aneurysmorrhaphy Aneurysmorrhaphie *f*, Aneurysmanaht *f*
aneurysmotomy Aneurysmotomie *f*, Aneurysmainzision *f*, (operative) Aneurysmaeröffnung *f*
anfractuosity Sulcus *m*, Furche *f (zwischen den Gehirnwindungen)*
anfractuous gewunden; Windungs…; Sulcus…, Furchen…
angeial vaskular; Gefäß…
Angelman's syndrome Angelman-Syndrom *n (durch Mutation des Chromosoms 15)*
angel's scapula Flügelskapula *f*, Scapula *f* alata
angel's wing *s.* angel's scapula
angialgia Angialgie *f*, Gefäßschmerz *m*
angiasthenia Angiasthenie *f*, Gefäßschwäche *f*, Blutgefäßtonusverlust *m*
angiectasia Angiektasie *f*, Gefäßektasie *f*, Blutgefäßerweiterung *f*
angiectatic angiektatisch, gefäßerweitert; gefäßerweiternd
angiectid Angiektid *n*, intradermale Venenerweiterung *f*
angiectomy Angiektomie *f*, Gefäßexzision *f*, (operative) Gefäßentfernung *f*
angiectopia Angiektopie *f*, Gefäßverlagerung *f*, abnormer Gefäßverlauf *m*
angiectopic angiektop(isch)
angiitis Ang(i)itis *f*, Gefäßentzündung *f*, Vaskulitis *f*
angina 1. Angina *f*, Hals(mandel)entzündung *f*; 2. spastische [krampfartige] Schmerzattacke *f*; 3. Angina *f* pectoris, Herzenge *f*, Stenokardie *f*, Präkordialangst *f*
angina at rest Ruheangina *f*
angina-like pain anginaartiger Schmerz *m*
angina of effort *(Kard)* Effort-Syndrom *n*, Da-Costa-Syndrom *n*, Da Costa'sches Syndrom *n*, Hyperventilationssyndrom *n*
angina of naso-pharyngeal tonsil Nasenrachenmandelentzündung *f*
angina of palatine tonsils Gaumenmandelentzündung *f*
angina on exertion *(Kard)* Belastungsangina *f*
anginal Angina…
anginal syndrome Angina-(pectoris-)Syndrom *n*, Angina *f* pectoris, Stenokardiesyndrom *n*
anginiform *s.* anginoid
anginoid anginoid, anginiform, anginaartig, Angina-pectoris-artig; Angina…, Angina-pectoris-…
anginophobia Anginophobie *f (Angst vor Angina pectoris)*
anginose anginös
anginose state Status *m* anginosus, Angina-pectoris-Daueranfall *m*
anginous *s.* anginose
angio CT Angio-CT *n*, Angio-Computertomographie *f*, computer-tomographische Gefäßdarstellung *f*
angio sliding top *(Rad)* Angiogleitplatte *f*
angio tabletop *(Rad)* Angioplatte *f*
angioarchitecture Gefäßarchitektur *f*, Gefäßanordnung *f*
angioblast Angioblast *m*, Gefäßbildungszelle *f*, Kapillarbildungszelle *f*
angioblastic angioblastisch, gefäßbildend; kapillarbildend
angioblastic meningioma angioblastisches Meningiom *n*
angioblastoma Angioblastom *n*, Gefäßtumor *m*, Blutgefäßgeschwulst *f*
angiocardiogram Angiokardiogramm *n*, Röntgen(kontrast)bild *n* der Herzgefäße
angiocardiographic angiokardiographisch
angiocardiographic room Angiokardiographieraum *m*; Herzkatheterlabor *n*
angiocardiography Angiokardiographie *f*, Herz- und Gefäßröntgen(kontrast)darstellung *f*
angiocardiokinetic angiokardiokinetisch, auf Herz und Gefäße wirkend
angiocardiopathy Angiokardiopathie *f*, Herz- und Gefäßkrankheit *f*
angiocarditis Angiokarditis *f*, Herz- und Gefäßentzündung *f*
angiocatheter Gefäßkatheter *m*, Angiokatheter *m*
angiocavernoma Angiokavernom *n*, kavernöses Angiom *n*
angiocavernous angiokavernös
angiochalasis Angiochalasis *f*, Gefäßdilatation *f*
angiocheiloscope Angiocheiloskop *n (Instrument zur Beobachtung der Lippenblutgefäße)*
angiocholitis *s.* cholangitis
angiochondroma Angiochondrom *n*, Blutgefäß-Knorpel-Geschwulst *f*
angiocinefluorography Angiokinefluorographie *f*, Angiokinematographie *f*
angioclast *(Chir)* Gefäßklemme *f*
angiocrinosis Angiokrinose *f*, vasomotorische Störung endokriner Organe
angiocyst angioblastische Zyste *f*
angiodermatitis Angiodermatitis *f*, Hautgefäßentzündung *f*
angiodiascopy Angiodiaskopie *f (Gefäßuntersuchung im durchscheinenden Licht)*
angiodiastasis 1. Angiodiastase *f*, Gefäßstumpfretraktion *f*; 2. Gefäßdilatation *f*
angiodiathermy Angiodiathermie *f*, Gefäßverkochung *f*
angiodynia *s.* angialgia
angiodynamogram Angiodynamogramm *n*
angiodynamograph Angiodynamograph *m*
angiodynamographic angiodynamographic; Angiodynamogramm…; Angiodynamographie…
angiodynamography Angiodynamographie *f*
angiodysgenetic myelomalacia angiodysgenetische Myelomalazie *f*, Angiodysgenesis *f* spinalis (Kothe)

angiodysplasia Angiodysplasie *f*, Gefäßfehlbildung *f*, Gefäßmissbildung *f*
angiodystonia Angiodystonie *f*, Delius-Syndrom *n*
angiodystrophia Angiodystrophie *f*, Gefäßmangelernährung *f*, Gefäßminderversorgung *f*
angioectasia Angioektasie *f*, Gefäßerweiterung *f*
angioectatic *s.* angiectatic
angioedema *s.* angioneurotic oedema
angioelephantiasis Angioelephantiasis *f (Ansammlung von Gefäßgeschwülsten im Unterhautgewebe)*
angioendothelioma 1. Angioendotheliom *n (Blutgefäßgeschwulst)*; 2. Ewing-Sarkom *n (bösartige Knochenmarkgeschwulst)*
angioendotheliomatosis Angioendotheliomatose *f (endovaskuläres endotheliales Tumorwachstum)*
angiofibroblastoma Angiofibroblastom *n (Gefäßgeschwulst mit Fasergewebsanteil)*
angiofibrolipoma *(Path)* Angiofibrolipom *n*
angiofibroma *(Path)* Angiofibrom *n*, Gefäßfibrom *n*, Gefäß- und Fasergeschwulst *f*
angiofibrosis Angiofibrose *f*, Gefäß(wand)fibrosierung *f*
angiofollicular angiofollikulär; ein Lymphgefäß und sein Blutgefäß betreffend; Lymphfollikel-Blutgefäß-…
angiogenesis Angiogenese *f*, Gefäßentwicklung *f*, Blutgefäßentwicklung *f*
angiogenic angiogen, gefäßbildend
angiogenic material angiogenetisches Material *n*
angioglioma *(Path)* Angiogliom *n*, Gefäßgliom *n*
angiogliomatosis *(Path)* Angiogliomatose *f*, multiple Angiogliombildung *f*
angiogliosis *(Path)* Angiogliosis *f*, Angiogliombildung *f*
angiogram Angiogramm *n*, Gefäßröntgen(kontrast)bild *n*
angiogranuloma Angiogranulom *n (Angiom mit Granulationsgewebe)*
angiograph *s.* angiogram
angiographer Angioröntgenologe *m*, Gefäßröntgenologe *m*
angiographic angiographisch, gefäßdarstellend
angiographic equipment Angiographieausrüstung *f*, angiographische Ausrüstung *f*
angiographic serial studies angiographische Serienaufnahmen *f*, Röntgenserienvasographie *f*
angiographic series angiographische Serie *f*, Angiographieserie *f*
angiographic unit angiographische Abteilung *f*, angiographischer Arbeitsplatz *m*
angiography Angiographie *f*, Gefäßröntgen(kontrast)darstellung *f*
angiography catheter Angiographiekatheter *m*
angiography of vertebral artery Vertebralis-Angiographie *f*
angiography unit Angiographie-Abteilung *f*, angiographischer Arbeitsplatz *m*
angiohaemophilia Angiohämophilie *f*, vaskuläre Hämophilie *f*
angiohelminth Angiohelminthe *f*
angiohyalinosis *(Path)* Angiohyalinose *f*, hyaline Gefäßdegeneration *f*
angiohypertonia Angiohypertonie *f*, Vasokonstriktion *f*, Gefäßzusammenziehung *f*, Gefäßvereng(er)ung *f*
angiohypotonia Angiohypotonie *f*, Vasodilatation *f*, Gefäßerschlaffung *f*, Gefäßerweiterung *f*
angioid angioid, gefäßartig
angioid streaks Angioidstreifen *mpl*, angioide Netzhautstreifen *mpl (des Augenhintergrunds)*
angioimmunoblastic lymphadenopathy angioimmunoblastische Lymphadenopathie *f*, angioimmunoblastisches Lymphom *n*
angioinvasive angioinvasiv, in Blutgefäße eindringend
angiokeratoma Angiokeratom *n*, Blutwarze *f*
angiokeratosis Angiokeratose *f*, Vorhandensein *n* multipler Angiokeratome
angiokinesis *s.* vasomotion
angiokinetic *s.* vasomotor
angiokymography Angiokymographie *f (Darstellung des Füllungsablaufs peripherer Gefäße)*
angioleiomyoma *(Path)* Angioleiomyom *n*, vaskuläres Leiomyom *n*
angiolipoleiomyoma *(Path)* Angiolipoleiomyom(a) *n*
angiolipoma *(Path)* Angiolipom *n*, Gefäß- und Fettgeschwulst *f*
angiolipomatosis *(Path)* Angiolipomatose *f (Häufung von Angiolipomen)*
angiolith *(Path)* Angiolith *m*, Gefäßstein *m*
angiolithic angiolithisch
angiolithic sarcoma *s.* psammoma
angiologic angiologisch; Angiologie…
angiologist Angiologe *m*, Gefäßspezialist *m*
angiology Angiologie *f*, Lehre *f* von den Gefäßen und Gefäßkrankheiten
angiolopathy Angiolopathie *f*, Angiolenerkrankung *f*
angiolosclerosis Angiolosklerose *f*
angiolupoid Angiolupoid *n (Teleangiektasien der Gesichtshaut)*
angiolymphangioma *(Path)* Angiolymphangiom *n*, Blutgefäß-Lymphgefäß-Geschwulst *f*
angiolymphitis *s.* lymphangitis
angiolymphoide hyperplasia angiolymphoide Hyperplasie *f (siehe auch: Kimura-Krankheit)*
angiolymphoma *s.* lymphangioma
angiolysis Angiolyse *f*, Gefäßobliteration *f*, Gefäßverschluss *m*
angiolytic angiolytisch, gefäßkrampflösend, Angiospasmen [Gefäßverkrampfungen] lösend
angioma 1. *(Path)* Angiom(a) *n*, Gefäßschwamm *m*, Blutschwamm *m*, Gefäßtumor *m*, Gefäßgeschwulst *f*; 2. *s.* lymphangioma
angioma of the retina Angioma *n* retinae, Netzhautangiom *n (siehe auch: Hippel-Lindau disease)*
angiomalacia *(Path)* Angiomalazie *f*, Gefäßerweichung *f*
angiomatoid angiomatoid, angiomartig
angiomatosis *(Path)* Angiomatose *f*, multiple Angiombildung *f*
angiomatous angiomatös; Blutschwamm…, Angiom…
angiomegaly Angiomegalie *f*, Gefäßvergrößerung *f*
angiometer Angiometer *n (Instrument zur Messung des Gefäßvolumens)*
angiomyocardiac angiomyokardial; Herzmuskel-Blutgefäß-…
angiomyofibrom *(Path)* Angiomyofibrom *n*
angiomyolipoma *(Path)* Angiomyolipom *n (Blutgefäßgeschwulst mit Muskel- und Fettgewebeanteil)*
angiomyoma *(Path)* Angiomyom *n*, gefäßreiche Gebärmutterwandgeschwulst *f*
angiomyoneuroma *(Path)* Angiomyoneurom *n (siehe auch: glomus tumour)*
angiomyopathy Angiomyopathie *f*, Erkrankung *f* der Gefäßmuskelschichten
angiomyosarcoma *(Path)* Angiomyosarkom *n (Mischgeschwulst)*
angiomyxoma *(Path)* Angiomyxom *n (Mischgeschwulst)*
angionecrosis Angionekrose *f*, Gefäß(wand)nekrose *f*
angioneoplasm *(Path)* Angioneoplasma *n*, Gefäßtumor *m*, Gefäßgeschwulst *f*
angioneuralgia Angioneuralgie *f*, Gefäßnervenschmerz *m*
angioneurectomy Angioneurektomie *f*, Nerven- und Gefäßexzision *f*, (operative) Nerven- und Blutgefäßentfernung *f*

angioneuroma *(Path)* Angioneurom *n (Mischgeschwulst)*
angioneuromyoma *s.* glomus tumour
angioneurooedema angioneurotisches Ödem *n*
angioneuropathy *s.* angioneurosis
angioneurosis Angioneurose *f*, Gefäßneurose *f*, Angioneuropathie *f*, Vaso(motoren)neurose *f*
angioneurotic angioneurotisch, gefäßneurotisch
angioneurotic anuria angioneurotische Anurie *f*
angioneurotic gangrene angioneurotische Gangrän *f*
angioneurotic oedema angioneurotisches Ödem *n*; Quincke'sches Ödem *n*, allergisches Gesichtsödem *n*
angioneurotomy Angioneurotomie *f*, (operative) Gefäß- und Nervendurchtrennung *f*
angionoma Gefäßnoma *n*, Gefäßulkus *n*, Gefäßulzeration *f*
angioosteohypertrophy *s.* Klippel-Trénaunay-Weber syndrome
angioparalysis Angioparalyse *f*, komplette Gefäßnervenlähmung *f* [Vasomotorenlähmung *f*]
angioparalytic angioparalytisch, gefäßnervenlähmend; gefäßnervengelähmt; Angioparalyse...
angioparesis Angioparese *f*, inkomplette Gefäß(nerven)lähmung *f*, inkomplette Vasomotorenlähmung *f*
angiopathic angiopathisch; Angiopathie...
angiopathology Angiopathologie *f*, Gefäßpathologie *f*
angiopathy Angiopathie *f*, Gefäßerkrankung *f*, Gefäßkrankheit *f*
angiophacomatosis Angiophakomatose *f*, von-Hippel-Lindau'sche Erkrankung *f* [Krankheit *f*]
angioplastic angioplastisch, (blut)gefäßrekonstruierend, gefäßwiederherstellend
angioplasty Angioplastik *f*, Angioplastie *f*, Gefäßplastik *f*, Blutgefäßrekonstruktion *f*, Gefäßwiederherstellung *f*
angioplasty balloon catheter Angioplastie(ballon)katheter *m*
angiopneumogram Angiopneumogramm *n*, Röntgen(kontrast)bild *n* der Lungengefäße
angiopneumographic angiopneumographisch, lungengefäßdarstellend
angiopneumography Angiopneumographie *f*, Röntgen(kontrast)darstellung *f* der Lungengefäße
angiopoiesis Angiopoese *f*, Gefäß(neu)bildung *f*
angiopoietic angiopoetisch, gefäß(neu)bildend
angiopressure Gefäßkompression *f*, Blutgefäßabdrückung *f*
angiopsathyrosis Angiopsathyrosis *f*, abnorme Gefäßbrüchigkeit *f* [Gefäßfragilität *f*]
angioreticuloendothelioma *(Path)* Angioretikuloendotheliom *n*
angioreticuloma *(Path)* Angioretikulom *n*, Hämangioblastom *n (Hirngeschwulst)*
angioretinogram *(Ophth)* Angioretinogramm *n*, Netzhautgefäßröntgen(kontrast)bild *n*
angioretinographic angioretinographisch, netzhautgefäßdarstellend
angioretinography *(Ophth)* Angioretinographie *f*, Netzhautgefäßröntgen(kontrast)darstellung *f*
angiorrhagia Angiorrhagie *f*, Gefäßblutung *f*
angiorrhaphy Angiorrhaphie *f*, Gefäßnaht *f*
angiorrhexis Angiorrhexis *f*, Gefäßruptur *f*, Blutgefäßzerreißung *f*
angiosarcoma *(Path)* Angiosarkom *n*, Gefäßsarkom *n*, Hämangioendotheliom *n*
angioscintigraphy *(Rad)* Angioszintigraphie *f*, szintigraphische Gefäßdarstellung *f*
angiosclerosis Angiosklerose *f*, Gefäß(wand)verhärtung *f*, Gefäßverkalkung *f*
angiosclerotic angiosklerotisch, gefäß(wand)verhärtend; gefäß(wand)verhärtet
angiosclerotic retinopathy angiosklerotische Retinopathie *f*, Fundus *m* angioscleroticus
angioscope Angioskop *n*, Gefäßmikroskop *n*
angioscope tube Angioskopierohr *n*; Angioskopiekanüle *f*
angioscopy Angioskopie *f*, Gefäßmikroskopie *f*
angioscotoma *(Ophth)* Angioskotom *n*, Gefäßskotom *n (Sehstörung durch Blutgefäßschatten)*
angioscotometer *(Ophth)* Angioskotometer *n*
angioscotometry *(Ophth)* Angioskotometrie *f*, Angioskotomvermessung *f*
angioseriograph Angioseriograph *m*
angiosis Angiose *f*, Angiopathie *f*, Gefäßerkrankung *f*, Gefäßkrankheit *f*
angiospasm Angiospasmus *m*, Gefäßspasmus *m*, Gefäßkrampf *m*
angiospastic angiospastisch; Gefäßkrampf...
angiospastic diathesis angiospastische Diathese *f*
angiospastic retinitis Retinitis *f* angiospastica
angiospastic retinopathy Retinopathia *f* angiospastica
angiospastic syndrome 1. Akroparästhesie *f*; 2. Angioneurose *f*; 3. Raynaud'sches Phänomen *n*
angiostat Angiostat *m*, Staudruckmassagegerät *n*
angiostenosis Angiostenose *f*, Gefäßvereng(er)ung *f*, Gefäßvolumeneinengung *f*
angiostenotic angiostenotisch, gefäßverenge(r)nd, gefäßvolumeneinengend
angiosteosis Angioosteose *f*, Gefäßverknöcherung *f*
angiostoma Angiostoma *n*, (operative) Gefäßfistel *f*
angiostomy Angiostomie *f*, (operative) Gefäßeröffnung *f*
angiostrongyliasis *(Inf)* Angiostrongyliasis *f*, Angiostrongylose *f (durch Angiostrongylus cantonensis)*
angiostrongylosis *s.* angiostrongyliasis
Angiostrongylus cantonensis Angiostrongylus *m* cantonensis, Rattenlungenwurm *m*
angiostrophy Gefäßverdrehung *f (zur Blutstillung)*
angiotelectasia Angiotelektasie *f*, Teleangiektasie *f*, Hautgefäßerweiterung *f*, Hautkapillarerweiterung *f*
angiotelectatic angiotelektatisch, (haut)gefäßerweiternd; Teleangiektasie...
angiotensin Angiotensin *n*, Angiotonin *n*, Hypertensin *n (blutdruckerhöhende Substanz)*
angiotensin amide Angiotensinamid *n*
angiotensin-converting enzyme Angiotensin umwandelndes Enzym *n*, Konversionsenzym *n*
angiotensin-converting enzyme inhibitor ACE-Hemmer *m*, Angiotensin-converting-enzyme-Inhibitor *m*
angiotensin-converting enzyme inhibitor therapy ACE-Hemmer-Behandlung *f*, ACE-Inhibitor-Therapie *f*
angiotensin precursor Angiotensinpräkursor *m*
angiotensin receptor Angiotensinrezeptor *m*
angiotensin receptor antagonist Angiotensinrezeptor-Antagonist *m*
angiotensin sensitivity test Angiotensin-Sensibilitätstest *m*
angiotensinase Angiotensinase *f (Enzym)*
angiotensinogen Angiotensinogen *n*, Reninsubstrat *n*, Hypertensinogen *n*
angiotensinogenase Angiotensinogenase *f (Enzym)*
angiotomogram Angiotomogramm *n*, Gefäßröntgen(kontrast)schichtbild *n*
angiotomographic angiotomographisch, gefäßschichtend
angiotomography Angiotomographie *f*, Gefäßröntgen(kontrast)schichtdarstellung *f*, Angiostratigraphie *f*
angiotomy Angiotomie *f*, Gefäßinzision *f*, Gefäßschnitt *m*, Gefäßeröffnung *f*, Vasotomie *f*
angiotonia Gefäßtonus *m*
angiotonic angiotonisch, gefäßtonisierend, blutdruckerhöhend

angiotonin *s.* angiotensin
angiotribe Gefäßklemme *f*
angiotripsy Gefäß(ab)quetschung *f*, Gefäß(ab)klemmung *f*
angiotrophic angiotroph, gefäßernährend
angiotrophic neurosis *s.* angiotrophoneurosis
angiotrophoneurosis Angiotrophoneurose *f*, Nervenerkrankung *f* infolge Ernährungsstörung
angitis *s.* angiitis
angle Angulus *m*, Winkel *m*
angle acquisition Winkelerfassung *f*
angle block Winkelblock *m*
angle board *(Stom, Rad)* Winkelplatte *f*
angle centrifuge Winkelzentrifuge *f*
angle-closure glaucoma Engwinkelglaukom *n*
angle-dependent reflection winkelabhängige Reflexion *f*
angle malformation *s.* goniodysgenesis
angle measurement Winkelmessung *f*
angle of aberration Aberrationswinkel *m*, Abweichungswinkel *m*
angle of anomaly Anomaliewinkel *m*
angle of convergece Konvergenzwinkel *m*
angle of declination Beugungswinkel *m*, Mikulicz-Winkel *m (des Femurs)*
angle of deflection Ablenkwinkel *m*; Auslenkwinkel *m*; Kippwinkel *m*
angle of deviation 1. Abweichungswinkel *m*, Ablenkungswinkel *m*; 2. *(Ophth)* Schielwinkel *m*
angle of diffraction Beugungswinkel *m (Optik)*
angle of dispersion Zerstreuungswinkel *m*, Dispersionswinkel *m*
angle of divergence Divergenzwinkel *m*, Streu(ungs)winkel *m*
angle of entry Eintrittswinkel *m*
angle of image Bildwinkel *m*
angle of incidence Inzidenzwinkel *m*, Einfallswinkel *m*
angle of inclination of the pelvis Beckenneigungswinkel *m*
angle of insonation Einstrahlwinkel *m*
angle of Louis [Ludwig] *s.* angle of the sternum
angle of polarization Polarisationswinkel *m*
angle of radiation Strahlungswinkel *m*, Abstrahlungswinkel *m*
angle of reflection Reflexionswinkel *m*, Ausfallwinkel *m*, Spiegelungswinkel *m*
angle of refraction Refraktionswinkel *m*, Brechungswinkel *m*
angle of rotation Rotationswinkel *m*, Drehwinkel *m*; Schwenkwinkel *m*; Drehwert *m*
angle of scattering Streuwinkel *m*
angle of sight Gesichtswinkel *m*
angle of squint Schielwinkel *m*
angle of supination Supinationswinkel *m*
angle of the anterior chamber *s.* angle of the iris
angle of the eye Angulus *m* oculi medialis [nasalis], innerer Augenwinkel *m*, medialer Lidspaltenwinkel *m*
angle of the iris Angulus *m* iridocornealis, vorderer Augenkammerwinkel *m*, Filtrationswinkel *m*
angle of the jaw *s.* angle of the mandible
angle of the lips *s.* angle of the mouth
angle of the mandible Angulus *m* mandibulae, Unterkieferwinkel *m*
angle of the mouth Angulus *m* oris, Mundwinkel *m*
angle of the pubes Angulus *m* pubis, Schambeinwinkel *m*
angle of the rib Angulus *m* costae, Rippenwinkel *m*
angle of the scapula Angulus *m* scapulae, Schulterblattwinkel *m*
angle of the sternum Angulus *m* sterni, Brustbeinwinkel *m*, Louis'scher Winkel *m*
angle of torsion Verdrehungswinkel *m*
angle of view Gesichtswinkel *m*
angle piece Winkelstück *n*
angle probe Winkelschallkopf *m*
angle tumour Kleinhirnbrückenwinkeltumor *m*
angle valve Winkelventil *n*
angled handpiece Winkelhandstück *n*
angled handpiece drill Winkelhandstückbohrer *m*
angled head Winkelkopf *m*
angled plate Winkelplatte *f*
angled scissors abgewinkelte Schere *f*
Angle's classification (of malocclusion) *(Stom)* Angle-Klassifikation *f*, Angle-Gebissklassifikation *f*, Angle-Dreiklasseneinteilung *f (Einteilung der Zahnstellungsanomalien)*
angophrasia Angophrasie *f*, Gaxen *n (Auftreten unartikulierter Laute beim Sprechen)*
angor Angst *f*, Beklemmung *f*
angry entzündet, böse, schlimm
anguilluliasis *(Paras)* Anguilluliasis *f*, Strongyloidiasis *f*, Strongyloidosis *f*, Palisadenwurmbefall *m*
anguillulosis *s.* anguilluliasis
anguish *v* Schmerzen erleiden; sich quälen, leiden
anguish Schmerz *m*; Qual *f*, Pein *f*
angular angulär, winkelig, eckig; Winkel...
angular acceleration Winkelbeschleunigung *f*
angular arc Winkelbogen *m*
angular artery Arteria *f* angularis *(Endast der Gesichtsschlagader)*
angular blepharitis Blepharitis *f* angularis, (innere) Lidwinkelentzündung *f*
angular cheilosis Mundwinkelcheilosis *f*
angular conjunctivitis Conjunctivitis *f* angularis
angular correction Winkelkorrektur *f*
angular curvature *s.* Pott's disease
angular cut Winkelschnitt *m*
angular degree Winkelgrad *m*
angular elevator gewinkeltes Elevatorium *n*, gewinkelter Elevator *m*
angular gear Winkelgetriebe *n*
angular gyrus Gyrus *m* angularis
angular gyrus syndrome Angularis-Syndrom *n*
angular incision Winkelschnitt *m*
angular incisure Incisura *f* angularis, Mageneinbuchtung *f*, Mageneinschnitt *m*
angular knife gewinkeltes Messer *n*, Winkelmesser *n*
angular kyphosis of the spine *s.* Pott's disease
angular malalignment Achsenabknickung *f*, Achsenabweichung *f (z. B. ein Knochenbruch)*
angular movement Winkelbewegung *f*
angular nail plate Winkelplatte *f (Osteosynthese)*
angular notch *s.* angular incisure
angular nucleus Nucleus *m* vestibularis superior
angular osteotomy Winkelosteotomie *f*
angular position Winkelposition *f*
angular pregnancy anguläre Gravidität *f (interstitielle Extrauteringravidität)*
angular probe *(Stom)* Winkelsonde *f*
angular setting Winkeleinstellung *f*
angular speed Winkelgeschwindigkeit *f*
angular spinal curvature winkelige Wirbelsäulenverkrümmung *f*, Wirbelsäulenabknickung *f*, Gibbus *m*
angular spine Spina *f* angularis [ossis sphenoidalis]
angular splint Winkelschiene *f*, abgewinkelte Schiene *f*
angular stomatitis Mundwinkelentzündung *f*
angular sulcus *s.* angular incisure
angular vein Vena *f* angularis
angular vein thrombophlebitis Vena-angularis-Thrombophlebitis *f*

angular velocity Winkelgeschwindigkeit *f*
angular width Öffnungswinkel *m*
angulated abgewinkelt, abgeknickt; schräg anliegend; schräg angesetzt
angulated fracture abgewinkelte Fraktur *f*, Dislocatio *f* ad axim, abgewinkelte Frakturdislokation *f*
angulation Winkelbildung *f*, Abknickung *f*, Achsenknick *m*; Winkelstellung *f*
angulation of the patient Patientenkippung *f*
angulation of the table OP-Tischkippung *f*
angulus of the stomach Angulus *m* ventriculi
anhaematopoiesis *s.* anhaemopoiesis
anhaematosis *s.* anhaemopoiesis
anhaemolytic anhämolytisch, nicht hämolytisch [hämolysierend]
anhaemolytic streptococcus Streptococcus *m* anhaemolyticus
anhaemopoiesis Anhämopoese *f*, Blutbildungsstörung *f*, mangelnde Erythrozytenreifung *f*
anhaemopoietic anhämopoetisch
anhedonism Anhedonismus *m*, Anhedonie *f*
anhelation Ringen *n* nach Luft; Dyspnoe *f*
anheliosis Anheliose *f (Leistungs- und Gesundheitsstörung infolge Sonnenlichtmangel)*
anhelose keuchend, nach Luft schnappend [ringend]
anhelous *s.* anhelose
anhepatic anhepatisch, leberlos
anhepatogenic anhepatogen, nicht der Leber entstammend
anhidrosis Anhidrose *f*, Anhidrosis *f*, fehlende Schweißabsonderung *f*, Fehlen *n* der Schweißsekretion
anhidrotic anhidrotisch; Anhidrose...
anhormia Anhormie *f (Bewegungsarmut infolge Antriebsschwäche)*
anhydraemia Anhydrämie *f*, verminderter Blutwassergehalt *m*; Bluteindickung *f*
anhydrase Anhydrase *f (Enzym)*
anhydration Dehydratation *f*, Entwässerung *f*, Wasserabspaltung *f*
anhydride Anhydrid *n*
anhydride of arsenious acid Arsenik *n*, Arsentrioxid *n*
anhydrite Anhydrit *n*, wasserfreies Kalziumsulfat *n*
anhydrochloric *s.* achlorhydric
anhydrous anhydrisch, wasserfrei, wasserlos
anhydrous wool fat Adeps *m* lanae anhydricus
anhypnosis Insomnie *f*, Schlaflosigkeit *f*
aniacinosis Pellagra *f*, Nicotinsäureavitaminose *f*, lombardischer Aussatz *m*, Vitamin-B_2-Mangelkrankheit *f*
anicteric anikterisch, ohne Ikterus
anicteric biliary obstruction anikterischer Gallenwegsverschluss *m*
anicteric hepatitis anikterische Hepatitis *f*
anidean Anideus...
anideus Anideus *m*, Amorphus *m*, amorpher Fetus *m*
anidian Anideus...
anidous Anideus...
anilide Anilid *n*
aniline Anilin *n*, Phenylamin *n*, Aminobenzol *n*
aniline blue Anilinblau *n*
aniline carcinoma Anilinkrebs *m (Harnblasenkrebs bei Anilinarbeitern)*
aniline dye Anilinfarbstoff *m*
aniline hydrochloride Anilinhydrochlorid *n*
aniline phthalate Anilinphthalat *n*
aniline salt Anilinsalz *n*
aniline yellow Anilingelb *n*
anilingus Anilingus *m*, Belecken *n* des Anus
anilinism Anilinismus *m*, Anilinvergiftung *f*
anilinophil *s.* anilinophile
anilinophile anilinophil, leicht mit Anilinfarbstoffen färbbar
anilinophilous *s.* anilinophile
anilism *s.* anilinism
animal 1. animal(isch), tierisch; Tier...; 2. beweglich
animal allergen tierisches Allergen *n*, Tierallergen *n*
animal bite Tierbiss *m*
animal black Tierkohle *f*
animal cage Tierstall *m*
animal cell tierische Zelle *f*, Tierzelle *f*
animal charcoal *s.* animal black
animal dextrin *s.* animal starch
animal experiment Tierexperiment *n*, Tierversuch *m*
animal fat tierisches Fett *n*, Tierfett *n*
animal magnetism animalischer Magnetismus *m*
animal parasite tierischer Parasit *m*, Zooparasit *m*
animal passage Tierpassage *f (z. B. eines Erregers)*
animal poison tierisches Gift *n*, Tiergift *n*
animal protein tierisches Eiweiß *n*
animal protein factor *s.* antipernicious-anaemia factor
animal starch tierische Stärke *f*, Glykogen *n*, Leberstärke *f*
animal-to-man transmission *(Inf)* Tier-Mensch-Übertragung *f*
animal toxin tierisches Toxin *n*, Tiergift *n*, Zootoxin *n*
animal virus Tiervirus *n*, tierisches Virus *n*
animate *v* beleben, anregen, stimulieren
anincretinosis Hormonmangelkrankheit *f*
anion Anion *n*
anion complex Anionenkomplex *m*
anion exchange Anionenaustausch *m*
anion-exchange membrane Anionenaustauschmembran *f*
anion-exchange method Anionenaustauschmethode *f*
anion-exchange resin Anionenaustausch(er)harz *n*
anion exchanger Anionenkomplex *m*
anion gap Anionenlücke *f*
anion therapy Anionentherapie *f*
anionic anionisch; Anionen...
aniridia Aniridie *f*, Fehlen *n* der Regenbogenhaut; fehlende Iris *f*
anisakiasis Anisakiasis *f*, Heringswurmkrankheit *f (durch Anisakis marina)*
aniseikometer *(Ophth)* Eikonometer *n*, Aniseikometer *n*
aniseikonia Aniseikonie *f (Größenabbildungsfehler der Augen)*
aniseikonic aniseikonisch
anisoaccommodation Anisoakkommodation *f*, ungleiche Akkommodationsstörung *f* (der Augen)
anisochromasia *s.* anisochromia
anisochromia Anisochromia *f*, Ungleichfärbung *f (z. B. der roten Blutkörperchen)*
anisochromic anisochrom(atisch), ungleichmäßig gefärbt
anisocoria Anisokorie *f*, Pupillendifferenz *f*, Pupillenungleichheit *f*
anisocyte Anisozyt *m*
anisocytosis Anisozytose *f (Vorhandensein von roten Blutkörperchen ungleicher Größe)*
anisodactylous anisodaktyl, verschiedenfingerig; verschiedenzehig
anisodont anisodont, ungleichartig bezahnt
anisodontia Anisodontie *f*, Heterodontie *f (1. verschiedenartige Zahngestaltung; 2. unregelmäßige Zahnanordnung)*
anisogamete Anisogamet *m*, morphologisch ungleiche Geschlechtszelle *f*
anisogamous anisogam
anisogamy Anisogamie *f*, Verschmelzung *f* ungleicher Geschlechtszellen

anisognathic anisognath *(Gebiss)*
anisognathous *s.* anisognathic
anisogynaecomastia Anisogynäkomastie *f (ungleiche Brustgröße bei Männern)*
anisokaryosis Anisokaryose *f*, Kernpolymorphie *f (unterschiedliche Zellkerngröße bei gleichartigen Zellen)*
anisoleucocytosis Anisoleukozytose *f (abnormes Verhältnis der neutrophilen Leukozyten im Differenzialblutbild)*
anisomastia ungleiche Brustgröße *f*
anisomelia ungleiche Armlänge *f*, ungleiche Beinlänge *f*
anisometrope Anisometroper *m*
anisometropia Anisometropie *f (Refraktionsfehler der Augen)*
anisometropic anisometrop
anisomorphic anisomorph, verschiedengestaltig
anisomorphous *s.* anisomorphic
anisonucleosis Anisonukleose *f (unterschiedliche Zellkerngröße)*
anisoperistaltic anisoperistaltisch, mit wechselnder Peristaltikrichtung
anisophoria Anisophorie *f (Horizontalabweichung der Sehachsen)*
anisopia *s.* anisometropia
anisopoikilocytosis Anisopoikilozytose *f*
anisorhythmia *s.* anisorrhythmia
anisorrhythmia *(Kard)* Anisor(r)hythmie *f (zwischen Herzvorhof und Herzkammer)*
anisosphygmia Anisosphygmie *f (Pulsunterschied an symmetrischen Arterien)*
anisosthenic anisosthen(isch)
anisotonia Anisotonie *f*, unterschiedlicher osmotischer Druck *m*
anisotonic anisotonisch, unterschiedlichen osmotischen Druck zeigend, mit unterschiedlichem osmotischen Druck
anisotropic anisotrop, doppelt lichtbrechend *(Muskelfasern)*
anisotropine methylbromide Anisotropinmethylbromid *n (Anticholinergikum)*
anisotropy Anisotropie *f*
anisuria Anisurie *f*, wechselnder Harnfluss *m (Wechsel von Polyurie und Oligurie)*
Anitschkow cell Anitschkow'sche Zelle *f*, Myokardretikulozyt *m*, Myokardmyozyt *m*, Kardiohistiozyt *m*
Anitschkow myocyte *s.* Anitschkow cell
ankle Knöchel *m*, Fußknöchel *m* • **sprain the ankle** den Knöchel verstauchen [zerren]
ankle-arm index Knöchel-Arm-Index *m (aus Arm- und Knöchelblutdruck)*
ankle arthrodesis *(Chir)* Sprunggelenkarthrodese *f*, Sprunggelenksversteifung *f*
ankle bandage Sprunggelenkverband *m*; Sprunggelenkbandage *f*
ankle bone Sprungbein *n*, Talus *m*
ankle clonus Fußklonus *m*; Sprunggelenkklonus *m*
ankle drop Spitzfuß *m*, Spitzfußstellung *f*
ankle-foot orthosis Sprunggelenkorthese *f*, Berliner Schuh *m*
ankle fracture Sprungbeinfraktur *f*, Talusfraktur *f*
ankle jerk Achillessehnenreflex *m*
ankle joint oberes Sprunggelenk *n*, Articulatio *f* talocruralis
ankle-joint ligamental strain Sprunggelenkdistorsion *f*, Sprunggelenkzerrung *f*
ankle mortise Sprunggelenk(s)gabel *f*, Malleolengabel *f*
ankle pressure index Knöcheldruck-Index *m*
ankle reflex Achillessehnenreflex *m*
ankle screw Knöchelschraube *f*
ankle sprain Sprunggelenkdistorsion *f*, Sprunggelenkverstauchung *f*, Distorsio *f* pedis
ankyloblepharon Ankyloblepharon *n*, Lidwinkelverwachsung *f*, Lidrandverwachsung *f*
ankylocheilia Ankylocheilie *f*, Lippenverwachsung *f*
ankylocolpos 1. Ankylocolpos *m*, Vagina *f* imperforata; 2. Vulvaatresie *f*, Scheidenatresie *f*
ankylodactyly Ankylodaktylie *f*, Fingerverwachsung *f*, Zehenverwachsung *f*
ankylodontia Ankylodontie *f*, unregelmäßiger Zahndurchbruch *m*
ankyloglossia Ankyloglosson *n*, Ankyloglossie *f (Verwachsung der Zunge mit dem Mundboden)*
ankylokolpos Ankylokolpos *n*, Scheidenatresie *f*, Scheideneingangsverwachsung *f*
ankylophobia Ankylophobie *f (Angst vor Gelenkversteifung)*
ankylopoietic ankylopoetisch, ankylosebildend; ankylosebewirkend
ankylose *v* 1. ankylosieren, (im Gelenk) versteifen *(operativ)*; 2. ankylosieren, nicht fest verwachsen, ein Scheingelenk bilden *(Knochen)*
ankylosing spondylarthritis Spondylarthritis *f* [Spondylitis *f*] ancylopoetica, Bechterew-Pierre-Marie-Strümpell'sche Erkrankung *f*
ankylosing spondylitis *s.* ankylosing spondylarthritis
ankylosis Ankylose *f*, Gelenkversteifung *f*, Gelenksteife *f*
ankylosis of the jaw Kieferankylose *f*, Gnathankylose *f*
ankylostomiasis *s.* ancylostomiasis
ankylotic ankylotisch; Ankylose…
ankylotic limping Versteifungshinken *n*, Ankylosehinken *n*
ankylotome Ankylotom *n (krummes chirurgisches Messer)*
ankylotomy Ankylotomie *f (operative Beseitigung einer Ankyloglossie)*
Ann Arbor classification Ann-Arbor-Klassifikation *f (Stadieneinteilung der malignen Lymphome)*
annealing Ausglühen *n*, Glühen *n*
annealing temperature Glühtemperatur *f*, Anlasstemperatur *f*
annectent gyri Gyri *mpl* annectentes *(Gehirn)*
annelides Ringelwürmer *mpl*
annexa *s.* adnexa
annihilation radiation Vernichtungsstrahlung *f*
annotation line Kommentarzeile *f*
annoying desire zwanghaftes Verlangen *n*, zwanghafte Begierde *f*
annoying drive zwanghafter Trieb *m*, zwanghafte Neigung *f*
annoying fear of height *s.* acrophobia
annual limit of intake *(Rad)* Jahresaktivitätszufuhr *f*, (noch zulässige) Jahresaktivitätsaufnahme *f*, ALI
annular anular, anulär, anuliert, ringförmig; einen Anulus betreffend; Anulus…, Ring… *(siehe auch unter: ring)*
annular anchor Ringanker *m*
annular calcification ringförmige Verkalkung *f*, Kalkring *m*
annular cartilage Kehlkopfringknorpel *m*, Ringknorpel *m*, Cartilago *f* cricoidea
annular cataract *(Ophth)* Ringstar *m*, Cataracta *f* anularis
annular hernia Umbilikalhernie *f*, Nabelbruch *m*, Hernia *f* umbilicalis
annular hymen Ringhymen *m(n)*, Hymen *m* circularis [anularis]
annular keratitis Ringkeratitis *f*, Keratitis *f* anularis [marginalis]
annular ligament of the proximal radioulnar joint Ligamentum *n* anulare radii
annular ligament of the stapedial base Ligamentum *n* anulare stepedis

annular mirror illumination Ringspiegelbeleuchtung *f*
annular pancreas Ringpankreas *n*, ringförmige Bauchspeicheldrüse *f*, Pancreas *n* anulare
annular psoriasis Psoriasis *f* anularis
annular scotoma Ringskotom *n*, Scotoma *n* anulare
annular stricture Ringstriktur *f*
annular thrombus Ringthrombus *m*
annular ultrasound transducer kreisförmiger Ultraschallwandler *m*
annulment of marriage *(For)* Ehenichtigkeit *f*
annuloaortic anuloaortisch; Aortenklappenring-Aorta-…
annulocyte Anulozyt *m*
annuloplasty Anuloplastik *f*, Herzklappenringplastik *f*, Klappenringplastik *f*
annulorrhaphy Anulorrhaphie *f*, Herzklappenringraffung *f*, Klappenringraffung *f*
annulotomy 1. Anulotomie *f*, operative Ringdurchtrennung *f*; 2. Anulotomie *f*, (operative) Herzklappenringdurchtrennung *f*
annulus Anulus *m*, Ring *m (siehe auch unter: ring)*
annulus migrans Anulus *m* migrans, Erythema *n* chronicum migrans
ano-genital pruritus anogenitaler Juckreiz *m*, Pruritus *m* anogenitalis
anocavernosus *s.* bulbospongiosus muscle
anocheiloschisis (rekonstruktive) Lippenspaltenoperation *f*
anochromasia Anochromasie *f (Hämoglobinanhäufung am Erythrozytenrand)*
anociassociation *(Anästh)* Anoziassoziation *f*
anococcygeal anokokzygeal; Anus-Steißbein-…
anococcygeal ligament Ligamentum *n* [Septum *n*] anococcygeum
anococcygeal plexus Plexus *m* anococcygeus
anocutaneous anokutan; Anus-Haut-…
anocutaneous line Anokutanlinie *f*, Analrand *m*, (äußere) Analöffnung *f*, Linea *f* anocutanea
anodal angle Anodenwinkel *m*, Anodenneigungswinkel *m*
anodal bath Anodenbad *n*
anodal block Anodenblock *m*
anodal closure contraction Anodenschließungszuckung *f*, ASZ
anodal cooling Anodenkühlung *f*
anodal opening contraction Anodenöffnungszuckung *f*, AÖZ
anodal opening potential Anodenöffnungspotenzial *n*
anode block Hyperpolarisationsblock *m (Nervenmembran)*
anode closing contraction *s.* anode closure contraction
anode cooling Anodenkühlung *f*
anode cylinder Anodenzylinder *m*
anode head Anodenkopf *m*
anode rays *(Rad)* Anodenstrahlen *mpl*
anode rotation Anodenrotation *f*, Anodendrehung *f*, Anodenlauf *m*
anode-shielded X-ray tube Selbstschutzröhre *f*
anode surface Anodenoberfläche *f*
anode temperature Anodentemperatur *f*
anode voltage Anodenspannung *f*
anodic anodisch; Anoden…
anodic current Anodenstrom *m*
anodic polishing anodisches Polieren *n*
anodont zahnlos
anodontia Anodontie *f*, angeborene Zahnlosigkeit *f*
anodontism *s.* anodontia
anodyne schmerzstillend, schmerzlindernd
anodyne (agent) Schmerz(stillungs)mittel *n*, schmerzlinderndes Mittel *n*
anodynia Anodynie *f*, Schmerzfreiheit *f*
anodynous *s.* anodyne
anoesis *(Neur)* Anoese *f (Fehlen der Verstandesfunktionen)*
anoetic anoetisch, mit verringerter Verstandesleistung
anoetic syndrome anoetisches Syndrom *n*
anogenital anogenital
anogenital band Raphe *f* perinei
anogenital pruritus anogenitaler Pruritus *m*, Pruritus *m* anogenitalis
anoia Anoia *f*, Demenz *f*, Geistesschwäche *f*, Schwachsinn *m*
anomalies of hair Haaranomalien *fpl*
anomalies of taste Geschmacksanomalien *fpl*
anomality Anomalität *f*, Anormalität *f*, Abnormität *f*
anomalometer Anomalometer *n*
anomaloscope *(Ophth)* Anomaloskop *n*, Farbenmischapparat *m (Farbsinnuntersuchungsgerät)*
anomalous anomal, anormal, abnorm, von der Regel abweichend; missgebildet
anomalous angle *(Ophth)* Anomaliewinkel *m*
anomalous draining pulmonary vein fehlmündende Lungenvene *f* [Pulmonalvene *f*]
anomalous heart beat unregelmäßiger Herzschlag *m*
anomalous pulmonary venous drainage Pulmonalvenentransposition *f*, Lungenvenenfehlmündung *f*
anomalously originating pulmonary artery Ursprungsanomalie *f* der Pulmonalarterie
anomaly Anomalie *f*, Unregelmäßigkeit *f*, Abweichung *f* vom Normalen
anomaly in blood type Defekttyp *m*
anomaly of direction Richtungsanomalie *f*
anomaly of metabolism Stoffwechselanomalie *f*
anomaly of occlusion Bissanomalie *f*, Okklusionsanomalie *f*
anomaly of refraction Refraktionsanomalie *f*, Brechungsanomalie *f*
anomaly quotient Anomaliequotient *m*
anomia *(Neur)* Anomie *f*, Wortfindungsstörung *f*, Verlust *m* der Benennungsfähigkeit
anomous schulterlos
anonychia Anonychie *f*, Fehlen *n* der Nägel *(an Fingern und Zehen)*
anonyma Arteria *f* brachiocephalica, Truncus *m* brachiocephalicus, Arm-Kopf-Arterie *f*
anonymization Anonymisierung *f (z. B. von Daten)*
anoopsia (strabismus) Strabismus *m* sursum vergens, Aufwärtsschielen *n*, Höhenschielen *n*
anopelvic anopelvisch; Anus-Becken-…
anoperineal anoperineal, Anus-Perineum-…, After-Damm-…
anopheles Anopheles *f*, Anophelesmücke *f*, Malariamücke *f*, Fiebermücke *f*, Gabelmücke *f*
anophelicide (agent) anophelestötendes [Stechmücken tötendes] Mittel *n*
anophelifuge (agent) anophelesvertreibendes [Stechmücken vertreibendes] Mittel *n*
anopheline Anopheles…
anopheline (mosquito) Anopheles *f (Stechmückengattung)*
anophthalmia Anophthalmie *f*, Fehlen *n* eines Auges [Augapfels]
anophthalmic anophthalm(isch), augenlos
anopia 1. Anopie *f*, Anopsie *f*, Blindheit *f* eines Auges; 2. *s.* anoopsia
anoplasty *(Chir)* Anoplastik *f*, Analplastik *f*, Afterplastik *f*
anoproctitis Anoproktitis *f*, After- und Rektumentzündung *f*
anopsia *s.* anopia
anorchia Anorchie *f*, Anorchidie *f*, (angeborenes) Fehlen *n* der Hoden

anorchidism *s.* anorchia
anorchism *s.* anorchia
anorchous hodenlos
anorchus *(Terat)* Anorchus *m*, Missgeburt *f* ohne Hoden
anorectal anorektal; Anorektal..., Anus-Rektum-...
anorectal abscess Anorektalabszess *m*, Perirektalabszess *m*
anorectal anomaly Anorektalanomalie *f*, anorektale Anomalie *f*
anorectal canal Anorektalkanal *m*
anorectal disease Anorektalerkrankung *f*, anorektale Krankheit *f*
anorectal fistula Anorektalfistel *f*, anorektale Fistel *f*
anorectal incontinence Anorektalinkontinenz *f*, anorektale Inkontinenz *f*
anorectal junction Linea *f* sinuosa analis
anorectal line Anorektallinie *f*, anorektale Linie *f*
anorectal manometry Anorektalmanometrie *f*, anorektale Manometrie *f*
anorectal spasm Anorektalspasmus *m*, Anorektalkrampf *m*
anorectal stricture Anorektalstriktur *f*
anorectal surgery Anorektalchirurgie *f*
anorectal syndrome Anorektalsyndrom *n*, anorektales Syndrom *n*, Kokzygodynie *f*, Steißbeinschmerz *m*
anorectic *s.* anoretic
anorectitis Anorektitis *f*, Anus- und Rektumentzündung *f*, After- und Mastdarmentzündung *f*
anorectoplasty Anorektoplastik *f*, Anorektalplastik *f*
anorectous *s.* anoretic
anorectum Anorektum *n*
anoretic appetitlos
anoretic (agent) *s.* anorexiant
anorexia Anorexie *f*, Appetitlosigkeit *f*, Inappetenz *f*
anorexiant appetitzügelnd, appetitverringernd
anorexiant (agent) Appetitzügler *m*, appetitverringerndes Mittel *n*, Anorektikum *n*
anorexigenic *s.* anorexiant
anorgasm Anorgasmie *f*, Fehlen *n* des Orgasmus
anorgasmia *s.* anorgasm
anorthography *(Neur)* Anorthographie *f*, fehlerhaftes Schreiben *n*
anorthopia *(Ophth)* Anorthopie *f*, Schielen *n*, Strabismus *m*
anorthoscope *(Ophth)* Anorthoskop *n*
anoscope *(Chir)* Anoskop *n*, Analspiegel *m*, Afterspiegel *m*; Rektoskop *n*
anoscope-proctoscope Anoskop-Proktoskop *n*
anoscope tube Anoskoprohr *n*, Anoskoptubus *m*
anoscopy *(Chir)* Anoskopie *f*, Analspiegelung *f*, Afterspiegelung *f*; Rektoskopie *f*
anosigmoidoscopy *(Chir)* Anosigmoidoskopie *f*
anosmatic geruchs(sinn)los
anosmia *(Neur)* Anosmie *f*, Geruchsunvermögen *n*, Anaesthesia *f* olfactoria; Verlust *m* des Geruchsvermögens
anosmic geruchssinnlos, ohne Geruchssinn
anosognosia *(Neur)* Anosognosie *f*, Nosoagnosie *f (subjektives Nichterkennen, z. B. einer Hemiplegie)*
anosognosic anosognostisch, subjektiv nicht wahrnehmend [erkennend]
anospinal anospinal; Anospinal..., Anus-Rückenmark-...
anospinal centre Defäkationszentrum *n*
anosteoplasia Anosteoplasie *f*, Dysostosis *f* cleidocranialis
anostosis Anostose *f (fehlerhafte Knochenentwicklung)*
anotia Anotie *f*, (angeborenes) Fehlen *n* der Ohrmuschel
anotous ohr(en)los
anovaginal anovaginal, Anus-Scheiden-...
anotus Ohr(en)loser *m*, Ohrmuschelloser *m*
anovarism Anovarie *f*, (angeborenes) Fehlen *n* der Ovarien
anovesical anovesikal; Anovesikal..., Anus-Blasen-...
anovular anovulatorisch, anovular, ohne Eisprung, ohne Eifreisetzung; eilos
anovular menstruation anovulatorischer [monophasischer] Zyklus *m*
anovulation Anovulation *f*, Fehlen *n* des Eisprungs
anovulatory *s.* anovular
anovulatory cycle anovulatorischer Zyklus *m*
anovulomenorrhoea *s.* anovular menstruation
anoxaemia Anoxämie *f*, anoxische Anämie *f*, vollständiger Sauerstoffmangel *m* im Blut
anoxaemia test Sauerstoffmangel(belastungs)test *m*, Hypoxietest *m*
anoxaemic anoxämisch, anoxisch; Sauerstoffmangel...
anoxaemic albuminuria Albuminuria *f* acetonica
anoxaemic erythrocytosis *(Hämat)* Sauerstoffmangel-erythrozytose *f*
anoxia Anoxie *f*, völliger Sauerstoffmangel *m*, Erstickung *f*
anoxia embryopathy Sauerstoffmangelembryopathie *f*
anoxia of the newborn Neugeborenenanoxie *f*, Anoxia *f* neonatorum
anoxic anoxisch, sauerstofflos
anoxic encephalopathy Sauerstoffmangelenzephalopathie *f*
anoxic headache Sauerstoffmangelkopfschmerz *m*
anoxic T-wave Erstickungs-T *n (EKG)*
anoxybiosis Anoxibiose *f*, Anoxybiose *f*
ansa *(Anat)* Ansa *f*, Schlinge *f*, Schleife *f*
ansa of Vieussens Ansa *f* subclavia
ansate ansiform, schlingenförmig, schleifenförmig
anserine skin Gänsehaut *f*, Cutis *f* anserina
ansiform ansiform, schleifenförmig
antabuse cure Antabus-Kur *f*
antacid ant(i)azid, säurebindend, neutralisierend
antacid (agent) Ant(i)azidum *n*, säureneutralisierendes Mittel *n*
antacid therapy Antazidabehandlung *f (bei peptischen Geschwüren)*
antagonism Antagonismus *m*
antagonist Antagonist *m (1. Gegenspieler des Agonisten; 2. Rezeptoren blockierende Substanz)*
antagonist tooth Zahnantagonist *m*, Gegenzahn *m*
antagonistic action Antagonismus *m*, entgegengesetzte Wirkung *f*, Gegensätzlichkeit *f*
antagonistic muscle antagonistischer Muskel *m*, Muskelantagonist *m*, Gegenspieler(muskel) *m*
antagonistic reflex Gegenreflex *m*; Antagonistenreflex *m*
antagonize *v* antagonisieren, entgegenwirken *(z. B. ein Gift)*
antalgic analgesisch, analgetisch, schmerzlindernd
antalgic (agent) Antalgikum *n*, Analgetikum *n*, Schmerzmittel *n*, schmerzlinderndes Mittel *n*
antaphrodisiac An(t)aphrodisiakum *n*, den Geschlechtstrieb herabsetzendes Mittel *n*
antarthritic *s.* antiarthritic
antasthmatic *s.* antiasthmatic
ante cibum ante cibum, vor den Mahlzeiten, vor dem Essen
anteaural vor dem Ohr liegend
antebrachial antebrachial; Vorderarm..., Unterarm...
antebrachium Antebrachium *n*, Vor(der)arm *m*, Unterarm *m*
antecolic antekolisch, vor dem Kolon (liegend)
antecubital antekubital
antecubital fossa Fossa *f* cubitalis, Ellenbogengrube *f*
antecurvature Antekurvatur *f*, Antekurvation *f*, Verbiegung *f* nach vorn

antefebrile antefebril, vor dem Fieber
anteflect *v* anteflektieren, vorwärts beugen
anteflex *v s.* to anteflect
anteflexed uterus Anteflexio *f* uteri
anteflexion Anteflexion *f*, Vorwärtsknickung *f*
anteflexion of the uterus Anteflexio *f* uteri, Gebärmutteranteflexion *f*
antehypophysis Adenohypophyse *f*, Hypophysenvorderlappen *m*, HVL, Lobus *m* anterior hypophyseos
antelocation Vorlagerung *f (z. B. eines Organs)*
antemetic *s.* antiemetic
antemortem ante mortem, vor dem Tode
antenatal antenatal, pränatal, vor der Geburt, vorgeburtlich *(siehe auch unter: prenatal)*
antenatal care Schwangerenfürsorge *f*, Mutterschaftsvorsorge *f*, Schwangerschaftsbetreuung *f*
antenatal clinic Schwangerenberatungsstelle *f*
antenatal diagnosis Antenataldiagnose *f*
antenatal examination Schwangerenvorsorgeuntersuchung *f*
antenatal exercises Schwangerengymnastik *f*, Schwangerschaftsgymnastik *f*
antenatal monitoring antenatale Überwachung *f*, Pränatalüberwachung *f*
antenatal physiology Pränatalphysiologie *f*
antenatal record Schwangerenvorsorgebericht *m*
antepartal antepartal, vorgeburtlich, vor der Entbindung
antepartum bleeding Vorgeburtsblutung *f*
antepartum haemorrhage *s.* antepartum bleeding
anteperitoneal haematoma präperitoneales Hämatom *n*
antepileptic *s.* antiepileptic
antepituitary Hypophysenvorderlappen...
anteposition Antepositio(n) *f*, Vorwärtsverlagerung *f (z. B. eines Organs)*
anteprandial vor dem Mittagessen
anteprostatitis Anteprostatitis *f (Entzündung der Glandula bulbourethralis)*
antepyretic antepyretisch, vor dem Fieber (auftretend)
anterior 1. anterior, vorn (liegend), vordere(r); Vorder..., Vor...; 2. vorhergehend, früher
anterior ampullary nerve Nervus *m* ampullaris anterior
anterior approach to the joint *(Chir)* vorderer Gelenkzugang *m*
anterior area of the arm Regio *f* brachii anterior
anterior area of the forearm Regio *f* antebrachii anterior
anterior asynclitism *(Gyn)* vorderer Asynklitismus *m*, Vorderscheitelbeineinstellung *f*, Naegele'sche Obliquität *f*
anterior atlantoaxial ligament Ligamentum *n* atlantoaxialis anterior
anterior atlantooccipital membrane Membrana *f* atlantooccipitalis anterior
anterior auricular artery Arteria *f* auricularis anterior, vordere Ohrarterie *f*
anterior auricular ligament Ligamentum *n* auriculare anterius
anterior auricular muscle Musculus *m* auricularis anterior, vorderer Ohrmuskel *m*
anterior auricular vein Vena *f* auricularis anterior, vordere Ohrvene *f*
anterior axillary fold [plica] Plica *f* axillaris anterior, vordere Achselfalte *f*
anterior axillary line Linea *f* axillaris anterior, vordere Axillarlinie *f*
anterior belly of the digastric muscle Venter *m* anterior musculi digastrici
anterior border of the parietal bone Margo *m* frontalis ossis parietalis, Scheitelbeinvorderrand *m*
anterior brain vesicle Prosenzephalon *n*, Vorderhirn *n*
anterior caecal artery Arteria *f* caecalis anterior
anterior cardiac vein Vena *f* cordis anterior, vordere Herzvene *f*
anterior central gyrus Gyrus *m* precentralis, vordere Zentralwindung *f*
anterior cerebellar notch Incisura *f* cerebelli anterior
anterior cerebral artery Arteria *f* cerebri anterior, vordere Hirnarterie *f*
anterior cerebral commissure Commissura *f* cerebri anterior, vordere Kommissur *f (des Gehirns)*
anterior cerebral vein Vena *f* cerebri anterior, vordere Hirnvene *f*
anterior chamber Camera *f* anterior bulbi, vordere Augenkammer *f*, Augenvorderkammer *f*
anterior chamber angle vorderer Augenkammerwinkel *m*
anterior chamber depth vordere Augenkammertiefe *f*
anterior chamber drainage angle *s.* anterior chamber angle
anterior chamber irrigator Vorderkammerirrigator *m*
anterior chamber lens Vorderkammerlinse *f*
anterior chamber liquid Vorderkammerwasser *n*
anterior chamber of the eye *s.* anterior chamber
anterior choroid artery Arteria *f* chorioidea (anterior), Adergeflechtarterie *f*
anterior ciliary artery Arteria *f* ciliaris anterior
anterior clinoid process Processus *m* clinoideus anterior
anterior column of the spinal medulla Columna *f* anterior medullae spinalis, Vordersäule *f* [Vorderhorn *n*] des Rückenmarks *(graue Substanz)*
anterior column of the vagina Columna *f* rugarum anterior
anterior column of white matter of the spinal cord Funiculus *m* anterior medullae spinalis
anterior commissure (of the cerebrum) Commissura *f* anterior [rostralis] cerebri
anterior commissure of the labia majora Commissura *f* labiorum anterior, vordere Schamlippenkommissur *f*
anterior communicating artery of the cerebrum Arteria *f* communicans anterior (cerebri), vordere Hirnverbindungsarterie *f*
anterior compartment symptom *(Chir)* Phänomen *n* der vorderen Schublade, vordere Schublade *f*
anterior conjunctival artery Arteria *f* conjunctivalis anterior
anterior cornu cell *(Neur)* Vorderhornzelle *f*
anterior cornual syndrome *(Neur)* Vorderhornsyndrom *n*
anterior coronary plexus of the heart Plexus *m* coronarius cordis anterior *(Nervengeflecht der vorderen Herzkranzarterie)*
anterior corticospinal tract Tractus *m* corticospinalis anterior, Pyramidenvorderstrangbahn *f*
anterior cranial fossa Fossa *f* cranii anterior, vordere Schädelgrube *f*
anterior crowding of teeth frontaler Engstand *m (der Zähne)*
anterior cruciate knee ligament rupture *(Chir)* vordere Kreuzbandruptur *f* [Kreuzbandzerreißung *f*]
anterior cruciate ligament graft vorderes Kreuzbandtransplantat *n*
anterior cruciate ligament of the knee Ligamentum *n* cruciatum anterius [genus anterior], vorderes Kreuzband *n* [Kniekreuzband *n*]
anterior crus of internal capsule Pars *f* frontalis capsulae internae
anterior cubital region Regio *f* cubiti anterior
anterior curvature *s.* kyphosis
anterior cusp Cuspis *f* anterior [ventralis], vorderer Klappenzipfel *m*, vorderes Segel *n (Herzklappe)*

anterior cusp of the left atrioventricular valve Cuspis *f* anterior [ventralis] valvae atrioventricularis sinistrae, Cuspis *f* anterior valvulae bicuspidalis, vorderes Mitralsegel *n*, vorderes Mitralklappensegel *n*
anterior cusp of the mitral valve *s.* anterior cusp of the left atrioventricular valve
anterior cusp of the right atrioventricular valve Cuspis *f* anterior [ventralis] valvae atrioventricularis dextrae, Cuspis *f* anterior valvulae tricuspidalis, vorderes Trikuspidalsegel *n*, vorderes Trikuspidalklappensegel *n*
anterior deciduous tooth vorderer Frontmilchschneidezahn *m*
anterior deformity *s.* lordosis
anterior dislocation of the atlas vordere Atlasdislokation *f*
anterior drawer phenomenon Schubladenphänomen *n*, Schubladenzeichen *n (des Kniegelenkes)*
anterior drawer sign *s.* anterior drawer phenomenon
anterior drawer test Schubladentest *m* [des Kniegelenkes]
anterior elastic membrane Membrana *f* elastica anterior *(Auge)*
anterior ethmoid air cells Cellulae *fpl* ethmoidales anteriores, vordere Siebbeinzellen *fpl*
anterior ethmoid artery Arteria *f* ethmoidalis anterior, vordere Siebbeinarterie *f*
anterior ethmoid foramen Foramen *n* ethmoidale anterius, vorderes Siebbeinloch *n*
anterior ethmoid nerve Nervus *m* ethmoidalis anterior
anterior ethmoidal sinusitis Sinusitis *f* ethmoidalis anterior, vordere Siebbeinzellenentzündung *f*
anterior ethmoidal vein Vena *f* ethmoidalis anterior, vordere Ethmoidalvene *f* [Siebbeinvene *f*]
anterior external spinal vein Vena *f* spinalis externa anterior, ventrale äußere Rückenmarkvene *f*
anterior eye chamber *s.* anterior chamber
anterior facial vein Vena *f* facialis anterior, vordere Fazialvene *f* [Gesichtsvene *f*]
anterior fontanel Fonticulus *m* anterior, vordere Fontanelle *f*
anterior gastric plexus Plexus *m* gastricus anterior, Rami *mpl* gastrici anteriores nervi vagi *(vordere Vagusnervenaufzweigung am Magen)*
anterior gluteal line Linea *f* glutaea anterior
anterior grey commissure of the spinal cord Commissura *f* anterior grisea medullae spinalis
anterior guide *(Stom)* vordere Führung *f*
anterior horn *(Neur)* Cornu *n* anterius medullae spinalis, Vorderhorn *n*
anterior horn cell Vorderhornzelle *f*
anterior horn of the lateral ventricle Cornu *n* anterius ventriculi lateralis *(Gehirn)*
anterior horn of the spinal medulla *s.* anterior horn
anterior humeral circumflex artery Arteria *f* circumflexa humeri anterior, vordere Kranzarterie *f* des Armes
anterior inferior cerebellar artery Arteria *f* cerebelli inferior anterior, untere vordere Kleinhirnarterie *f*
anterior inferior iliac spine Spina *f* iliaca anterior inferior, Tuberculum *n* ilicum, vorderer unterer Darmbeinstachel *m*
anterior intercavernous sinus Sinus *m* intercavernosus anterior
anterior intercostal vein Vena *f* intercostalis anterior, vordere Zwischenrippenvene *f*
anterior intermuscular septum of the leg Septum *n* intermusculare anterius cruris
anterior interosseous artery Arteria *f* interossea anterior, vordere Zwischenknochenarterie *f*
anterior interosseous nerve of the forearm Nervus *m* interosseus (antebrachii) anterior
anterior interventricular furrow Sulcus *m* interventricularis anterior *(Herz)*
anterior interventricular groove *s.* anterior interventricular furrow
anterior jugular vein Vena *f* jugularis anterior, vordere oberflächliche Drosselvene *f*
anterior labial artery Arteria *f* labialis anterior
anterior labial branch of the femoral artery Arteria *f* labialis anterior pudendi muliebris, Ramus *m* labialis anterior arteriae femoralis
anterior labial nerves Nervi *mpl* labiales anteriores
anterior lacrimal crest Crista *f* lacrimalis anterior, vordere Tränenleiste *f*
anterior lateral malleolar artery Arteria *f* malleolaris anterior lateralis, vordere äußere Knöchelarterie *f*
anterior leaflet of the mitral valve *s.* anterior cusp of the left atrioventricular valve
anterior ligament of the malleus *s.* anterior malleal ligament
anterior lingual gland Glandula *f* lingualis anterior (Blandini, Nuhni), Zungenspitzendrüse *f*
anterior lip of the auditory tube Labium *n* anterius tubae auditivae
anterior lip of the cervix of the uterus Labium *n* anterius ostii uteri, Labium *n* anterius portionis vaginalis uteri, vordere Muttermundlippe *f*
anterior lobe of the cerebellum Lobus *m* anterior cerebelli, Kleinhirnvorderlappen *m*, Vorderlappen *m* des Kleinhirns
anterior lobe of the hypophysis Lobus *m* anterior hypophyseos, Hypophysenvorderlappen *m*, HVL, Adenohypophyse *f*, Prähypophyse *f*
anterior lobe of the pituitary gland *s.* anterior lobe of the hypophysis
anterior longitudinal cardiac sulcus Sulcus *m* interventricularis anterior
anterior longitudinal column of grey matter of the spinal cord *s.* anterior column of the spinal medulla
anterior longitudinal ligament of the spine [vertebral column] Ligamentum *n* longitudinale anterius columnae vertebralis, vorderes Wirbelsaulenlängsband *n*
anterior malleal ligament Ligamentum *n* mallei anterius, vorderes Hammerband *n*
anterior malleolar fold Plica *f* mallearis anterior, vordere Hammerfalte *f*
anterior margin of the fibula Margo *m* anterior fibulae, vordere Wadenbeinleiste *f*
anterior margin of the lung Margo *m* anterior pulmonis, Lungenvorderrand *m*
anterior margin of the pancreas Margo *m* anterior pancreatis, vorderer Bauchspeicheldrüsenrand *m*
anterior margin of the radius Margo *m* anterior radii, vordere Speichenleiste *f*
anterior margin of the shaft of the fibula *s.* anterior margin of the fibula
anterior margin of the ulna Margo *m* anterior ulnae, vordere Ellenleiste *f*
anterior medial malleolar artery Arteria *f* malleolaris anterior medialis, vordere innere Knöchelarterie *f*
anterior median fissure Fissura *f* mediana anterior medullae spinalis
anterior mediastinal area *s.* anterior mediastinum
anterior mediastinal clear space Retrosternalraum *m*
anterior mediastinal vein Vena *f* mediastinalis, vordere Mittelfellvene *f*

anterior mediastinum Mediastinum *n* anterius, Cavum *n* mediastinale anterius, Pars *f* ventralis mediastini, vorderes Mediastinum *n*, vorderer Mittelfellraum *m*
anterior medullary velum Velum *n* medullare anterius, vorderes Kleinhirnmarksegel *n*
anterior membranous ampulla Ampulla *f* membranacea anterior, vordere Bogengangsampulle *f*
anterior meningeal artery Arteria *f* meningea anterior, vordere Hirnhautarterie *f*
anterior midline of the body Linea *f* mediana anterior, vordere Körpermedianlinie *f*
anterior mitral leaflet vorderes Mitralsegel *n*
anterior myocardial infarction Herzmuskelvorderwandinfarkt *m*, Vorderwandinfarkt *m*
anterior nasal spine Spina *f* nasalis anterior (maxillae)
anterior neck triangle vorderes Halsdreieck *n*
anterior nuclei of the thalamus Nuclei *mpl* anteriores thalami
anterior obturated space Substantia *f* perforata anterior, *(veraltet)* Area *f* olfactoria
anterior obturated substance *s.* anterior obturated space
anterior obturator tubercle Tuberculum *n* obturatorium anterius
anterior occlusion Progenie *f*, Vorstehen *n* des Unterkiefers
anterior papillary muscle Musculus *m* papillaris anterior, vorderer Papillarmuskel *m*
anterior papillary muscle of the left ventricle Musculus *m* papillaris anterior ventriculi sinistri
anterior papillary muscle of the right ventricle Musculus *m* papillaris anterior ventriculi dextri
anterior parametritis Parametritis *f* anterior
anterior part of the anterior cerebral commissure Pars *f* anterior commissurae anterioris cerebri
anterior part of the diaphragmatic surface of the liver Pars *f* anterior faciei diaphragmaticae hepatis
anterior part of the quadrangular lobule of the cerebellum Pars *f* anterior lobuli quadrangularis
anterior part of the rhinencephalon Pars *f* anterior rhinencephali
anterior pectoral region Regio *f* pectoralis anterior
anterior perforated space [substance] Substantia *f* perforata anterior
anterior pillar of the fauces Arcus *m* palatoglossus, vorderer Gaumenbogen *m*
anterior pituitary Hypophysenvorderlappenextrakt *m*
anterior pituitary failure Hypophysenvorderlappeninsuffizienz *f*
anterior pituitary gonadotropin Hypophysenvorderlappengonadotropin *n*, HVL-Gonadotropin *n*
anterior pituitary hormone Hypophysenvorderlappenhormon *n*, HVL-Hormon *n*
anterior polar cataract *(Ophth)* Cataracta *f* polaris anterior, vorderer Polstar *m*
anterior pole of the eye Polus *m* anterior bulbi oculi, vorderer Augenpol *m*
anterior pole of the lens Polus *m* anterior lentis, vorderer Linsenpol *m*
anterior porcelain tooth Keramikfrontzahn *m*
anterior-posterior diameter of the pelvic outlet *(Gyn)* Diamter *m* sagittalis der Beckenweite
anterior process of the malleus Processus *m* anterior mallei
anterior process of the stapes Crus *n* anterius stapedis *(am Steigbügel des Ohres)*
anterior pulmonary plexus Plexus *m* pulmonalis anterior
anterior recurrent tibial artery Arteria *f* recurrens tibialis anterior, vordere rückläufige Schienbeinarterie *f*
anterior region of the knee Regio *f* genus anterior
anterior region of the leg Regio *f* cruris anterior
anterior region of the neck Regio *f* colli anterior
anterior region of the thigh Regio *f* femoris anterior
anterior rhizotomy Rhizotomia *f* anterior, vordere Rückenmarkwurzeldurchschneidung *f*, Durchtrennung *f* der vorderen Rückenmarkwurzeln
anterior root Radix *f* anterior, Vorderwurzel *f*
anterior sacral foramen Foramen *n* sacrale pelvinus [anterius]
anterior sacral plexus Plexus *m* venosus sacralis
anterior scalene muscle Musculus *m* scalenus anterior, vorderer Rippenhalter(muskel) *m*
anterior scrotal artery Arteria *f* scrotalis anterior, vordere Hodensackarterie *f*
anterior scrotal nerves Nervi *mpl* scrotales anteriores
anterior scrotal vein Vena *f* scrotalis anterior, vordere Skrotalvene *f* [Hodensackvene *f*]
anterior semicircular canal of the bony labyrinth of the inner ear Canalis *m* semicircularis anterior
anterior semicircular duct of the inner ear Ductus *m* semicircularis anterior [superior], vorderer [oberer] häutiger Bogengang *m*
anterior spinal artery Arteria *f* spinalis anterior [ventralis], vordere Rückenmarkarterie *f*
anterior spinal paralysis [poliomyelitis] Poliomyelitis *f* anterior
anterior spinocerebellar tract Tractus *m* spinocerebellaris ventralis [anterior], vordere Kleinhirnseitenstrangbahn *f*, Gowers'sches Bündel *n*
anterior spinothalamic tract Tractus *m* spinothalamicus anterior
anterior staphyloma *(Ophth)* Keratoglobus *m*, Megalokornea *f*, kugelige Hornhautvorwölbung *f*
anterior sternoclavicular ligament Ligamentum *n* sternoclaviculare anterius, vorderes Sternoklavikularband *n*
anterior sternocostal ligament Ligamentum *n* sternocostale anterius
anterior superior alveolar artery Arteria *f* alveolaris superior anterior, vordere Oberkieferarterie *f*
anterior superior iliac spine Spina *f* iliaca anterior superior, vorderer oberer Darmbeinstachel *m*
anterior surface Vorderfläche *f*, Facies *f* anterior
anterior surface of the adrenal gland Facies *f* anterior glandulae suprarenalis
anterior surface of the arm Facies *f* anterior brachii, Oberarmvorderseite *f*
anterior surface of the cornea Facies *f* anterior corneae, Hornhautvorderseite *f*
anterior surface of the eyelid Facies *f* anterior palpebrae, Augenlidvorderseite *f*
anterior surface of the forearm Facies *f* anterior antebrachii, Unterarmvorderseite *f*
anterior surface of the heart Facies *f* sternocostalis cordis
anterior surface of the iris Facies *f* anterior iridis, Irisvorderseite *f*
anterior surface of the kidney Facies *f* anterior renis, Nierenvorderseite *f*
anterior surface of the leg Facies *f* anterior cruris
anterior surface of the lens Facies *f* anterior lentis, Linsenvorderseite *f*
anterior surface of the pancreas Facies *f* anterior pancreatis, Pankreasvorderseite *f*
anterior surface of the patella Facies *f* anterior patellae, Kniescheibenvorderseite *f*
anterior surface of the prostate Facies *f* anterior prostatae, Vorsteherdrüsenvorderseite *f*

anterior surface of the radius Facies *f* anterior radii, Radiusvorderseite *f*
anterior surface of the sacrum Facies *f* pelvina ossis sacri
anterior surface of the thigh Facies *f* anterior femoris, Oberschenkelvorderseite *f*
anterior surface of the ulna Facies *f* anterior ulnae, Ulnavorderseite *f*
anterior talocalcaneal ligament Ligamentum *n* talocalcaneum anterius, vorderes Talokalkanealband *n*
anterior talofibular ligament Ligamentum *n* talofibulare anterius
anterior talotibial ligament Ligamentum *n* talotibiale anterius, Pars *f* tibiotalaris anterior ligamenti deltoidei
anterior teeth Frontalzähne *mpl*, Frontzähne *mpl*
anterior thoracic nerves Nervi *mpl* thoracales anteriores
anterior tibial artery Arteria *f* tibialis anterior, vordere Schienbeinarterie *f*
anterior tibial syndrome Tibialis-anterior-Syndrom *n*, Tibialisphänomen *n*, Strümpell'sches Zeichen *n*
anterior tibial vein Vena *f* tibialis anterior, vordere Tibialvene *f* [Schienbeinvene *f*]
anterior tibiofibular ligament Ligamentum *n* tibiofibulare anterius, vorderes Tibiofibularband *n*
anterior tooth Frontzahn *m*, Vorderzahn *m*
anterior tooth area Frontzahnbereich *m*, Vorderzahnregion *f*
anterior tooth crown Frontzahnkrone *f*, Vorderzahnkrone *f*
anterior tooth facette Frontzahnfacette *f*, Vorderzahnfacette *f*
anterior tooth occlusion Frontzahnokklusion *f*, Vorderzahnokklusion *f*
anterior tooth zone Frontzahngebiet *n*, Vorderzahnbereich *m*
anterior triangle of the neck vorderes Halsdreieck *n*
anterior tricuspid leaflet *s.* anterior cusp of the right atrioventricular valve
anterior tubercle of the cervical vertebrae Tuberculum *n* anterius vertebrarum cervicalium
anterior tympanic artery Arteria *f* tympanica anterior, vordere Paukenhöhlenarterie *f*
anterior ulnar recurrent artery Arteria *f* recurrens ulnaris anterior, vordere rückläufige Ellenarterie *f*
anterior urethritis Urethritis *f* anterior, vordere Harnröhrenentzündung *f*
anterior vagal trunk Truncus *m* vagalis anterior, Vagusvorderstamm *m*
anterior ventral nucleus of the thalamus Nucleus *m* ventralis anterior (thalami)
anterior wall infarction Vorderwandinfarkt *m*
anterior wall of the cochlear duct Paries *m* vestibularis ductus cochlearis
anterior wall of the stomach Paries *m* anterior ventriculi, Magenvorderwand *f*
anterior wall of the tympanum Paries *m* caroticus (cavi) tympani
anterior wall of the vagina Paries *m* anterior vaginae, Scheidenvorderwand *f*
anterior white commissure of the spinal cord Commissura *f* anterior alba medullae spinalis
anteroexternal anteroexternal, vorn und außen
anterograde antegrad, nach vorn gerichtet
anterograde amnesia *(Neur)* antegrade Amnesie *f*
anterograde conduction antegrade Leitung *f*
anterograde memory *(Neur)* antegrades Gedächtnis *n*
anterograde pathway antegrade Leitungsbahn *f*
anteroinferior anteroinferior, vorn und unten
anterointerior anterointerior, vorn und innen
anterolateral anterolateral, vorn und seitlich
anterolateral column Vorderseitenstrangbahn *f*
anterolateral fasciculus of Gowers Gowers'sche Bahn *f*, Tractus *m* spinocerebellaris anterior, vordere Kleinhirnseitenstrangbahn *f*
anterolateral fontanel *s.* sphenoid fontanel
anterolateral infarction Anterolateralinfarkt *m (Herzinfarkt im Vorder- und Seitenwandbereich)*
anterolateral myocardial infarction *s.* anterolateral infarction
anterolateral spinal sulcus Sulcus *m* lateralis anterior medullae spinalis
anterolateral sulcus of the medulla oblongata Sulcus *m* lateralis anterior medullae oblongatae
anterolateral surface of the arytenoid cartilage Facies *f* anterolateralis cartilaginis arytenoideae
anterolateral surface of the body of the maxilla Facies *f* anterior maxillae
anterolateral surface of the shaft of the humerus Facies *f* anterior lateralis humeri
anterolateral thoracotomy anterolaterale Thorakotomie *f*
anterolateral wall infarction Vorderseitenwandinfarkt *m*
anteromedial anteromedial, vorn und in der Mitte
anteromedian anteromedian, vorn und in der Mittellinie
anteroparietal anteroparietal, vorn und schei-tel(bein)wärts
anteropituitary Hypophysenvorderlappen..., HVL-...
anteroposterior anteroposterior, vorn und hinten; von vorn nach hinten
anteroposterior diameter of the inlet of the pelvis *(Gyn)* Conjugata *f* vera
anteroposterior fluoroscopy sagittale Durchleuchtung *f*, Sagittaldurchleuchtung *f*
anteroposterior projection anteroposteriore Projektion *n*, a.-p. Projektion *f*
anteroposterior roentgenogram of the thorax anteroposteriore Thoraxröntgenaufnahme *f*, Thorax *m* a.p.
anteroseptal infarction Anteroseptalinfarkt *m (Herzinfarkt der Vorderwand und der Herzkammerscheidewand)*
anterosuperior anterosuperior, vorn und oben
anterotransverse anterotransversal
antesystole Antesystolie *f (vorzeitige Erregung von Teilen des ventrikulären Myokards; z. B. beim WPW-Syndrom)*
antetorsion Antetorsion *f*, Vorwärtsdrehung *f*, Drehung *f* nach vorn
antetorsion position Antetorsionsstellung *f*
anteversion Anteversio(n) *f*, Vorwärtsneigung *f*, Vorwärtsbiegung *f (z. B. eines Organs)*
anteversion of the uterus Anteversio *f* uteri *(Vorwärtsneigung der Gebärmutter)*
antevert *v* antevertieren, nach vorn neigen, nach vorn beugen *(z. B. Gebärmutter)*
anthaemorrhagic blutstillend, blutungsstillend, antihämorrhagisch
anthelix Anthelix *f (Ohrmuschelwindung)*
anthelminthic *s.* anthelmintic
anthelmintic anthelminthisch, wurmtötend, wurmabtreibend, wurmbekämpfend
anthelmintic (agent) Anthelminthikum *n*, Wurm(abtreibungs)mittel *n*, Wurmbekämpfungsmittel *n*
anthelone Anthelon *n*
anthema Exanthem *n*, Hautausschlag *m*
anthracaemia 1. Bacillusanthracis-Blutvergiftung *f*; 2. Kohlenmonoxidvergiftung *f*
anthracene Anthrazen *n*
anthracic *(Inf)* Anthrax..., Milzbrand...
anthracic carbuncle Carbunculus *m* contagiosus, Milzbrandkarbunkel *m*

anthracic papule Anthraxpapel *f*
anthracidal anthrazid, milzbrandtötend
anthracoid milzbrandartig, milzbrandähnlich; Anthrax…
anthracoma *s.* carbuncle
anthraconecrosis *(Path)* Anthrakonekrose *f*
anthracosilicosis *(Arb)* Anthrakosilikose *f (Kombination von Anthrakose und Silikose)*
anthracosis *(Arb)* Anthrakose *f*, Kohlenstaublunge(nerkrankung) *f*, Anthracosis *f* pulmonum
anthracotherapy Anthrakotherapie *f*, Kohletherapie *f*, Behandlung *f* mit Kohle
anthracotic anthrakotisch; Anthrakose…, Kohlenstaublungen…
anthracycline *(Pharm)* Anthracyclin *n*, Anthrazyklin *n (Antibiotikum)*
anthranilic acid Anthranilsäure *f*
anthraquinone Anthrachinon *n*
anthrax 1. *(Inf)* Anthrax *m*, Milzbrand *m*; 2. *(Inf)* Pustula *f* maligna, Milzbrandkarbunkel *m*, Carbunculus *m* contagiosus
anthrax antiserum Anthraxantiserum *n*, Milzbrandantiserum *n*
anthrax bacillus Bacillus *m* anthracis, Milzbrandbazillus *m*
anthrax meningitis Milzbrandmeningitis *f*, Hirnhautmilzbrand *m*
anthrax pneumonia Anthraxpneumonie *f*, Milzbrandpneumonie *f*
anthrax vaccine Anthraxvakzine *f*, Milzbrandimpfstoff *m*
anthrone Anthron *n*
anthrophobia *s.* anthropophobia
anthropogenesis Anthropogenese *f*, Anthropogenie *f*, Entwicklungsgeschichte *f* des Menschen
anthropogenetic anthropogenetisch
anthropogenic *s.* anthropogenetic
anthropography Anthropographie *f*, Menschenbeschreibung *f*, Menschenuntersuchung *f*
anthropoid anthropoid, menschenähnlich
anthropoid (ape) Anthropoid *m*, Menschenaffe *m*
anthropoid pelvis anthropoides Becken *n*
anthropoid thinking Primitivdenken *n*
anthropologic *s.* anthropological
anthropological anthropologisch
anthropological landmark anthropologischer Messpunkt *m*
anthropological psychiatry *(Neur)* anthropologische Psychiatrie *f*
anthropology Anthropologie *f (Wissenschaft vom Menschen)*
anthropometer Anthropometer *n (zur Körpervermessung)*
anthropometric anthropometrisch
anthropometry Anthropometrie *f (Bestimmung der menschlichen Körpermaße)*
anthropomorphic anthropomorph, menschenartig, menschenähnlich
anthropomorphic manipulator anthropomorpher Manipulator *m*
anthroponosis *(Inf)* Anthroponose *f (nur beim Menschen auftretend)*
anthroponous dermal leishmaniasis *(Trop)* urbane Leishmaniasis *f*
anthropophagy Anthropophagie *f*, Kannibalismus *m (sexuelle Abnormität)*
anthropophilic anthropophil, menschenfreundlich; bevorzugt den Menschen befallend
anthropophobia Anthropophobie *f*, Menschenscheu *f*
anthroposomatology Anthroposomatologie *f (Lehre vom menschlichen Körper)*
anthroposophic medicine anthroposophische Medizin *f*
anthropozoonosis *(Inf)* Anthropozoonose *f*, Zooanthroponose *f (von Tieren auf den Menschen übertragbar)*
anthropozoophilic anthropozoophil, menschen- und tierfreundlich; bevorzugt Menschen und Tiere befallend
anthypnotic *s.* antihypnotic
anti-… *(siehe auch:)* anti…
anti-antibody Anti-Antikörper *m*
anti-basement membrane glomerulonephritis *(Nephr)* Antibasalmembrannephritis *f*, Anti-GBM-Nephritis *f*
anti-blood group A antibody Anti-A *n (Blutserologie)*
anti-blood group B antibody Anti-B *n (Blutserologie)*
anti-cardiolipin antibody *(Immun)* Anti-Cardiolipin-Antikörper *m*
anti-cathexis *(Neur)* Gegenbesetzung *f*
anti-D immunoglobulin Anti-D-Immunoglobulin *n*
anti-D prophylaxis Anti-D-Prophylaxe *f*
anti-dazzling protection Blendschutz *m*
anti-diffusing grid Streustrahlenblende *f*
anti-DNA antibody Anti-DNS-Antikörper *m*
anti-ENA antibody Anti-ENA-Antikörper *m*
anti-grey-hair factor Anti-Graue-Haare-Faktor *m*, Pantothensäure *f (Vitamin-B-Komplex)*
anti-icteric anti-ikterisch, gegen Gelbsucht wirksam
anti-immune body Anti-Antikörper *m*
anti-immunoglobulin Antiimmunoglobulin *n*
anti-infective antiinfektiös, infektionsverhindernd
anti-inflammatory antiinflammatorisch, antientzündlich, entzündungshemmend
anti-laser goggles Laserschutzbrille *f*
anti-Rh agglutinin Anti-Rh-Agglutinin *n*, Rh-Antiagglutinin *n*, Rhesus-Antiagglutinin *n*
anti-Rh antibody Rhesus-Antikörper *m*, Rh-Antikörper *m*
anti-Rh immunization Anti-Rh-Immunisierung *f*, Rh-Immunisierung *f*, Rhesus-Immunisierung *f*
anti-Rh serum Anti-Rh-Serum *n*, Rh-Antiserum *n*, Rhesus-Antiserum *n*
anti-sheep-cell haemolysin Anti-Schafzellen-Hämolysin *n*
anti-T antibody Anti-T-Antikörper *m*
anti-tubular basement membrane antibody Anti-Tubulus-Basalmembran-Antikörper *m*
anti-ulcer factor Anti-Ulcus-Faktor *m (z. B. im Kohl gegen Magengeschwüre)*
anti-X-ray eye cup Röntgen-Haftschale *f*
anti-X-ray goggles Röntgenschutzbrille *f*
antiabortifacient abortverhütend; schwangerschaftserhaltend
antiabortifacient (agent) abortverhütendes Mittel *n*; schwangerschaftserhaltendes Mittel *n*
antiacid ant(i)azid, säurebindend, neutralisierend
antiadrenergic antiadrenerg(isch)
antiadrenergic (agent) antiadrenergisches Mittel *n*; Adrenorezeptorenblocker *m*
antiadrenergics Antiadrenergika *npl*
antiagglutinating agglutinationshemmend
antiagglutination Antiagglutination *f*, Agglutinationshemmung *f*
antiagglutinin Antiagglutinin *n*
antiaggressin Antiaggressin *n (Antikörper)*
antialbumin Antialbumin *n*
antialcohol movement Anti-Alkohol-Bewegung *f*
antialcoholic Antialkoholiker *m*, Alkoholgegner *m*
antiallergic antiallergisch, allergieverhindernd, allergieverhütend; allergiebekämpfend
antiallergic (agent) Antiallergikum *n*, antiallergisches Mittel *n*
antiamarillic serum Gelbfieberserum *n*
antiamoebic antiamöbisch, amöbizid, amöbentötend
antiamoebic (agent) Antiamöbi(ati)kum *n*, Amöbengift *n*, amöbizides Mittel *n*, Amöbenmittel *n*

antiamoebic chemotherapy Amöbenchemotherapie *f*
antianabolic antianabolisch, den Aufbaustoffwechsel hemmend
antianaemia factor Antianämie-Faktor *m*, Vitamin *n* B_{12}
antianaemia principle *s.* antianaemia factor
antianaemic antianämisch, anämieverhindernd, anämieverhütend; anämiebekämpfend
antianaemic (agent) Antianämikum *n*, antianämisches Mittel *n*
antianaphylactin Antianaphylactin *n*
antianaphylaxis Antianaphylaxie *f (Unempfindlichkeit gegenüber Antigenen)*
antiandrogen Antiandrogen *n*, androgenhemmendes Mittel *n*
antianginal agent Mittel *n* gegen Angina pectoris
antianthrax serum Anti-Anthrax-Serum *n*, Milzbrand-(anti)serum *n*
antiantibody *(Immun)* Antiantikörper *m*
antiantitoxin *(Immun)* Antiantitoxin *n*
antianxiety agent angstlösendes Mittel *n*, Anxiolytikum *n*
antiarrhythmic antiarrhythmisch, (herz)rhythmisierend; Rhythmusstörungen verhindernd [bekämpfend]
antiarrhythmic (agent) antiarrhythmisches [herzrhythmisierendes] Mittel *n*, Antiarrhythmikum *n*
antiarthritic antiarthritisch, gelenkentzündungshemmend; Gelenkentzündungen bekämpfend
antiarthritic (agent) Antiarthritikum *n*, Mittel *n* gegen Gelenkentzündung
antiasthmatic antiasthmatisch, asthmalindernd, asthmolytisch; asthmabekämpfend
antiasthmatic (agent) Antiasthmatikum *n*, Asthmolytikum *n*, Mittel *n* gegen Asthma
antiatherogenic antiatherogen, Atherosklerose verhindernd; Atherosklerose bekämpfend
antiautolysin Antiautolysin *n*
antibacterial antibakteriell, bakterienhemmend, bakterientötend
antibacterial activity antibakterielle Aktivität *f*
antibacterial chemotherapy antibakterielle Chemotherapie *f*
antibacterial serum antibakterielles Serum *n*, Antibakterienserum *n*
antibacterial spectrum *s.* antibiotic spectrum
antibacterial therapy antibakterielle Therapie *f*
antiberiberi [factor] vitamin Antiberiberi-Vitamin *n*, Vitamin *n* B_1
antibiogram *(Bakt, Pharm)* Antibiogramm *n*
antibiosis Antibiose *f (Hemmwirkung eines Mikroorganismus auf einen anderen)*
antibiotic antibiotisch (wirkend)
antibiotic (agent) Antibiotikum *n*, antibiotischer Wirkstoff *m*
antibiotic anticancer agent antineoplastisches Antibiotikum *n*
antibiotic cover Antibiotikaschutz *m*
antibiotic dilution test Antibiotika-Dilutions-Test *m*
antibiotic era Antibiotikaära *f*
antibiotic of choice Antibiotikum *n* der Wahl
antibiotic ointment Antibiotikasalbe *f*, antibiotische Salbe *f*
antibiotic preparation Antibiotikapräparat *n*, Antibiotikum *n*
antibiotic prescribing Antibiotikaverschreibung *f*, Antibiotikaverordnung *f*
antibiotic prophylaxis Antibiotikaprophylaxe *f*
antibiotic resistance Antibiotikaresistenz *f*, Antibiotikaunempfindlichkeit *f*
antibiotic-resistant antibiotikaresistent, nicht gegen(über) Antibiotika empfindlich
antibiotic-sensitive antibiotikasensitiv, gegen(über) Antibiotika empfindlich
antibiotic sensitivity Antibiotika-Sensibilität *f*, Antibiotikaempfindlichkeit *f*
antibiotic sensitivity pattern Antibiogramm *n*
antibiotic sensitivity test Antibiotika-Sensibilitätstest *m*; Antibiotika-Resistenztest *m*
antibiotic spectrum antibiotisches Spektrum *n*, Antibiogramm *n*
antibiotic spray Antibiotikaspray *m(n)*
antibiotic substance antibiotische Substanz *f*, Antibiotikum *n*
antibiotic testing antibiotische Testung *f*, Antibiotikatestung *f*, Antibiogramm *n*
antibiotic therapy Antibiotikatherapie *f*, antibiotische Behandlung *f*
antiblastic antiblastisch, wachstumshemmend
antibleeding factor von Willebrand-Faktor *m*
antiblennorrhagic antigonorrhoisch, gegen Gonorrhö wirkend
antibody Antikörper *m*, (körpereigener) Abwehrstoff *m*, Immunkörper *m*
antibody absorption Antikörperabsorption *f*
antibody activity Antikörperaktivität *f*
antibody-deficiency syndrome Antikörpermangelsyndrom *n*
antibody-dependent cell-mediated cytotoxicity antikörperabhängige zelluläre Zytotoxizität *f*, ADCC; antikörperabhängige zelluläre zytotoxische Effektorzellen *fpl*
antibody formation Antikörperbildung *f*
antibody production *s.* antibody formation
antibody purification Antikörperreinigung *f*
antibody response Antikörperreaktion *f*
antibody-specific theory antikörperspezifische Theorie *f*
antibody-specificity Antikörperspezifität *f*
antibody structure Antikörperstruktur *f*
antibody system Antikörpersystem *n*, Immunsystem *n*
antibody therapy Antikörpertherapie *f*, Antikörperbehandlung *f*
antibody titre Antikörpertiter *m*, Antikörpergehalt *m*
antibody-titration Antikörpertitration *f*
antibody to a hormone Hormonantikörper *m*
antibotulinus serum Antibotulismusserum *n*
antibrachium *s.* antebrachium
antibrucella antibody Brucellen-Antikörper *m*, Antikörper *m* gegen Brucellen
anticachectic antikachektisch, kachexiebeseitigend, kachexieüberwindend
anticalculous zahnsteinhemmend; zahnsteinbeseitigend
anticancer diet krebsvorbeugende Diät *f*, kanzerogenfreie Ernährung *f*
anticandida serum precipitin *(Immun, Myk)* Anti-Candida-Serum-Präzipitin *n*
anticarcinogenic antikarzinogen, krebshemmend
anticariogenic antikariogen, antikariös, karieshemmend, kariesverhütend
anticarious *s.* anticariogenic
anticatarrhal antikatarrhal, katarrhlösend
anticathode *(Rad)* Antikatode *f*
anticaustic antikaustisch, vor Ätzung schützend; Ätzmittel neutralisierend
anticentromere antibody Anticentromer-Antikörper *m*
anticephalalgic gegen Kopfschmerzen wirkend; Antikephalgie...
antichlamydial (agent) chlamydienwirksames Mittel *n*
anticholagogue die Gallensekretion hemmend
anticholelithogenic anticholelithogen, die Gallensteinbildung verhindernd
anticholera serum Anti-Cholera-Serum *n*, Cholera-(anti)serum *n*
anticholesteraemic anticholester(ol)ämisch

anticholesteraemic (agent) Anticholesterolämikum *n*, den Cholesteringehalt senkendes Mittel
anticholinergic anticholinergisch
anticholinergic (agent) Anticholinergikum *n*, acetylcholinhemmendes Mittel *n*
anticholinesterase Anticholinesterase *f (Enzym)*
anticholinesterase preparation Anticholinesterasepräparat *n*
antichymosin Antichymosin *n*
antichymotrypsin Antichymotrypsin *n*
anticipation Vorwegnahme *f*, Erwartung *f*, Voraussehen *n*; Vorausahnen *n*, Vorahnung *f*
anticipative neurosis antizipierende Neurose *f*
anticipatory antizipatorisch, vorwegnehmend; erwartend, vorausschauend, voraussehend; vorausahnend
anticipatory adaptation antizipatorische Adaptation *f*, vorausschauende Anpassung *f*
anticipatory anxiety Erwartungsneurose *f*
anticipatory grief *(Psych)* antizipatorische Trauer *f*, Antizipationstrauer *f*, antizipierende [vorwegnehmende] Trauer *f*, vorausgehende Trauer *f*
anticipatory guidance *(Psych)* vorausschauende Führung *f*
aticipatory neurosis antizipatorische Neurose *f*, Erwartungsneurose *f*, Antizipationsneurose *f*
anticipatory response antizipatorische Reaktion *f*, Erwartungsreaktion *f*, vorausahnende Reaktion *f*
anticlockwise rotation Linksdrehung *f*, Drehung *f* entgegen dem Uhrzeiger
anticoagulant antikoagulierend, gerinnungshemmend, die Blutgerinnung hemmend
anticoagulant Antikoagulans *n*, Antikoagulationsmittel *n*, gerinnungshemmendes Mittel *n*, die Blutgerinnung hemmendes Mittel *n*, Gerinnungshemmer *m*
anticoagulant acid citrate dextrose solution ACD-Stabilisatorlösung *f (zur Blutkonservierung)*
anticoagulant control Antikoagulanzienkontrolle *f*, Antikoagulanzienüberwachung *f*
anticoagulant therapy Antikoagulanzientherapie *f*, Antikoagulanzienbehandlung *f*
anticoagulant treatment *s.* anticoagulant therapy
anticoagulate *v* ungerinnbar machen
anticoagulated blood ungerinnbares [gerinnungsunfähiges] Blut *n*
anticoagulation Antikoagulation *f*, Gerinnungshemmung *f*, Blutgerinnungshemmung *f*
anticoagulative antikoagulierend, gerinnungshemmend
anticodon *(Gen, Mol)* Anticodon *m*, Antikodon *m (in Transfer-RNS)*
anticollagenase Antikollagenase *f*
anticomplement *(Immun)* Antikomplement *n*
anticomplementary antikomplementär, komplementhemmend
anticomplementary activity Antikomplementaktivität *f*
anticomplementary effect Antikomplementwirkung *f*
anticomplementary serum Antikomplementserum *n*
anticomplementary titration Antikomplementtitration *f*
anticonceptive antikonzeptiv, antikonzeptionell, kontrazeptiv, schwangerschaftsvorbeugend, empfängnisverhütend
anticonvulsant *s.* anticonvulsive
anticonvulsant (agent) Antikonvulsivum *n*, Antikrampfmittel *n*, antikonvulsives [krampflösendes] Medikament *n*; Antiepileptikum *n*
anticonvulsant therapy antikonvulsive [krampflösende] Therapie *f*, Antikonvulsivatherapie *f*, Antikrampfbehandlung *f*
anticonvulsive antikonvulsiv, krampflösend; krampfhemmend

anticorrosive agent Antikorrosivum *n*, Antikorrosionsmittel *n*
anticrotalus serum Anti-Krotalus-Serum *n*, Klapperschlangen(anti)serum *n*
anticus *s.* anterior
anticus paralysis Antikus-Lähmung *f*
anticytolysin Antizytolysin *n*
anticytomegalovirus antibody Anti-Zytomegalovirus-Antikörper *m*
anticytotoxin Antizytotoxin *n*
antidecubitus belt Antidekubitusgurt *m*
antideformity positioning and splinting Lagerung *f* in Funktionsstellung und Schienung; Deformierungsprophylaxe *f*, Kontrakturenprophylaxe *f*
antidepolarizing myorelaxant *(Anästh)* nicht depolarisierendes Myorelaxans *n*
antidepressant antidepressiv, depressionshemmend
antidepressant (agent) Antidepressivum *n*, antidepressives [depressionenbekämpfendes] Mittel *n*
antidepressive *s.* antidepressant
antideterminant Antideterminante *f*
antidiabetic antidiabetisch
antidiabetic (agent) Antidiabetikum *n*, den Diabetes bekämpfendes Mittel *n*, Mittel *n* gegen Diabetes
antidiabetic hormone antidiabetisches Hormon *n*, Insulin *n*
antidiabetogenic antidiabetogen, diabetesverhütend, vorbeugend gegen Diabetes
antidiarrhoeal antidiarrhöisch, durchfallverhütend; durchfallbekämpfend, durchfallbeseitigend
antidiarrhoeal (agent) Antidiarrhoikum *n*, antidiarrhöisches [durchfallverhütendes] Mittel *n*
antidigoxin antibody Digoxinantikörper *m*
antidiphtheritic serum Anti-Diphtherie-Serum *n*, Diphtherieserum *n*, Diphtherieantitoxin *n*
antidiuresis Antidiurese *f*, Harnsekretionshemmung *f*, Diuresehemmung *f*, Urinausscheidungshemmung *f*
antidiuretic antidiuretisch, harnhemmend, diuresehemmend
antidiuretic (agent) Antidiuretikum *n*, antidiuretisches [harnhemmendes] Mittel *n*
antidiuretic hormone antidiuretisches Hormon *n*, ADH, Adiuretin *n*, Vasopressin *n*
antidiuretic phase antidiuretische Phase *f*
antidiuretic substance antidiuretische Substanz *f*
antidotal Antidot..., Gegengift...
antidote *v* 1. ein Gegenmittel geben, ein Gegengift verabreichen; 2. neutralisieren *(ein Gift)*
antidote Antidot *n*, Gegenmittel *n*, Gegengift *n*
antidotic *s.* antidotal
antidromal *s.* antidromic
antidromic antidrom(isch), gegenläufig
antidromic conduction *(Physiol)* antidrome [gegenläufige] Reizleitung *f*
antidromic inhibition Renshaw-Hemmung *f (Nervenhemmung)*
antidysenteric antidysenterisch, dysenteriebeseitigend
antidysuric miktionsschmerzlindernd
antieczematic antiekzematisch, ekzemhemmend, ekzemunterdrückend
antiembolism hose *s.* antiembolism stocking
antiembolism stocking Antiemboliestrumpf *m*
antiemetic antiemetisch, erbrechenhemmend
antiemetic (agent) Antiemetikum *n*, antiemetisches [das Erbrechen hemmendes] Mittel *n*, Mittel *n* gegen Erbrechen
antiendothelial antibody antiendothelialer Antikörper *m*
antienzymatic antienzymatisch
antienzyme Antienzym *n*, Gegenenzym *n (siehe auch: antiferment)*

antiepileptic antiepileptisch
antiepileptic (agent) Antiepileptikum *n*, antiepileptisches Mittel *n*
antierysipeloid serum Antierysipeloidserum *n*, Erysipeloid(anti)serum *n*
antierythrocytic antibody antierythrozytärer Antikörper *m*, Erythrozytenantikörper *m*
antierythrocytic autoantibody antierythrozytärer Autoantikörper *m*, Erythrozyten-Autoantikörper *m*
antierythrogenic antierythrogen, gegen Erythrozyten wirksam
antifactor Antifaktor *m*
antifebrile *s.* antipyretic
antiferment Antiferment *n*, Gegenferment *n* *(gärungshemmendes Mittel)*
antifibrillatory antifibrillatorisch, das Flimmern verhindernd
antifibrillatory (agent) Antifibrillans *n*, antifibrillatorisches Mittel *n*, das Flimmern verhinderndes Mittel *n*
antifibrinolysin *(Hämat)* Antifibrinolysin *n*
antifibrinolysin test Antifibrinolysintest *m*
antifibrinolytic antifibrinolytisch, fibrinolysehemmend
antifibrinolytic (agent) Antifibrinolytikum *n*, antifibrinolytisches [fibrinolysehemmendes] Mittel *n*
antifibrotic antifibrotisch, die Fibrose [Fibrosierung] verhindernd
antifibrotic (agent) Antifibrotikum *n*, antifibrotisch wirkendes Mittel, die Fibrose [Fibrosierung] verhinderndes Mittel *n*
antifilarial antifilarial; Antifilarien...
antifilarial (agent) Antifilarienmittel *n*, Mittel *n* gegen Filarien
antiflatulent antiflatulent, Blähungen verhindernd
antiflatulent (agent) Blähungen verhinderndes Mittel *n*
antifoam agent schaumhemmendes Mittel *n*
antifoggant agent Entschleierungsmittel *n*
antifolic (agent) Folsäureantagonist *m*
antiformin Antiformin *n*
antifungal fungizid, pilztötend, antimykotisch
antifungal (agent) Antimykotikum *n*, Pilzmittel *n*, pilztötendes [fungizides] Mittel *n*
antifreeze solution Gefrierschutzlösung *f*
antigalactic milch(fluss)hemmend
antigalactic (agent) Antigalaktikum *n*, milch(fluss)hemmendes Mittel *n*
antigastrin agent Gastrinantagonist *m*
antigen *(Immun)* Antigen *n*, Antisomatogen *n*, Antikörperbildner *m*
antigen activity Antigenaktivität *f*
antigen-and-complement-binding fragment antigen- und komplementbindendes Fragment *n*, Fabc
antigen-antibody complex Antigen-Antikörper-Komplex *m*, AAK, Immunkomplex *m*
antigen-antibody crossed electrophoresis Laurell-Technik *f*, zweidimensionale Elektrophorese *f*
antigen-antibody reaction Antigen-Antikörper-Reaktion *f*, AAR
antigen-binding capacity Antigenbindungskapazität *f*
antigen-binding fragment antigenbindendes Fragment *n*
antigen-binding site Antigenbindungsstelle *f*
antigen-dependent antigenabhängig
antigen excess Antigenüberschuss *m*
antigen formula Antigenformel *f*
antigen-independent antigenunabhängig
antigen matching Antigen-Matching *n*
antigen pattern Antigenmuster *n*
antigen presentation Antigenpräsentation *f*
antigen-presenting cell antigen-präsentierende Zelle *f*, APC
antigen-reactive antigen-reaktiv
antigen-reactive cell antigen-reaktive Zelle *f*
antigen receptor Antigenrezeptor *m*
antigen-sensitive antigen-sensitiv
antigen-sensitive cell antigen-sensitive Zelle *f*
antigen specific antigen-spezifisch
antigen specifity Antigenspezifität *f*
antigen unit Antigeneinheit *f*
antigenic antigen; Antigen...
antigenic component Antigenkomponente *f*, antigene Komponente *f*
antigenic determinant Antigendeterminante *f*, antigene Determinante *f*
antigenic drift Antigen-Drift *f*, Antigendrift *f*, antigene Drift *f*
antigenic formula Antigenformel *f*
antigenic localization Antigenlokalisierung *f*, Antigenlokalisation *f*
antigenic mosaic Antigenmosaik *n*
antigenic pattern Antigenmuster *n*
antigenic profile Antigenprofil *n*
antigenic protein Antigeneiweiß *n*
antigenic receptor Antigenrezeptor *m*
antigenic shift Antigen-Shift *f*, Antigenshift *f*, antigene Shift *f*
antigenic specifity *(Serol)* Antigenspezifität *f*
antigenic strength Antigenstärke *f*, antigene Stärke *f*
antigenic structure Antigenstruktur *f*
antigenic variation *(Bakt)* Antigenwechsel *m*
antigenicity Antigenität *f*, Antigenwirksamkeit *f*, Antigenwirkung *f*
antigenotherapy Antigentherapie *f*, Antigenbehandlung *f*
antigerminal pole vegetativer [antigerminaler] Pol *m* *(mit Dotteranhäufung)*
antigerminative agent keimhemmendes [bakterienhemmendes] Mittel *n*
antigestagen Antigestagen *n*
antiglare protection Blendschutz *m*
antiglaucomatous antiglaukomatös; Antiglaukom...
antiglaucomatous therapy Antiglaukombehandlung *f*, Glaukomtherapie *f*
antiglobulin Antiglobulin *n*
antiglobulin consumption test Antiglobulin-Konsumptionstest *m*, AGKT
antiglobulin serum Antiglobulinserum *n*
antiglobulin test Anti(human)globulintest *m*, Coombs-Test *m*
antiglomerular basement membrane antibody *(Nephr)* Anti-Glomerulum-Basalmembran-Antikörper *m*
antiglomerular basement membrane antibody glomerulonephritis *(Nephr)* Anti-GBM-Nephritis *f*, Anti-Glomerulum-Basalmembran-Antikörper-Glomerulonephritis *f*
antigonadotrop(h)ic gonadotropinhemmend
antigonorrhoeic antigonorrhoisch, gonorrhöwirksam, tripperwirksam
antigram Antigramm *n*, Testblutpanel *n* *(zur serologischen Antikörperidentifizierung)*
antigravity reflex Antischwerkraftreflex *m*
antihaemagglutinin Antihämagglutinin *n*
antihaemolysin Antihämolysin *n*
antihaemolytic antihämolytisch, hämolysehemmend, blutauflösungsverhindernd
antihaemophilia preparation Antihämophiliepräparat *n*
antihaemophilic factor antihämophiler Faktor *m*, Antihämophilieglobulin *n*, antihämophiles Globulin *n*, AHG, Gerinnungsfaktor *m* VIII
antihaemophilic factor plasma Blutplasma *n* mit antihämophilem Faktor *m*

antihaemophilic globulin *s.* antihaemophilic factor
antihaemophilic human plasm antihämophiles Humanplasma *n*
antihaemorrhagic antihämorrhagisch, blutstillend, blutungsverhindernd, hämostyptisch, hämostatisch
antihaemorrhagic (agent) Antihämorrhagikum *n*, blut(ungs)stillendes Mittel *n*, Hämostyptikum *n*, Hämostatikum *n*
antihaemorrhagic vitamin antihämorrhagisches Vitamin *n*, Vitamin *n* K, Koagulationsvitamin *n*
antihaemorrhoidal antihämorrhoidal, hämorrhoidenhemmend
antihaemorrhoidal (agent) Antihämorrhoidenmittel *n*, antihämorrhoidales Mittel *n*, Hämorrhoidenmittel *n*
antihelminthic therapy Wurmkur *f*, antihelminthische Therapie *f*
antiheparin Antiheparin *n*
antiheparin factor Antiheparinfaktor *m*, Thrombozytenfaktor *m* 4, Plättchenfaktor *m* 4
antihidrotic *s.* antiperspirant
antihistamine *s.* antihistaminic agent
antihistamine drug *s.* antihistaminic agent
antihistamine preparation *s.* antihistaminic agent
antihistaminic antihistaminisch, histaminantagonistisch
antihistaminic (agent) Antihistaminikum *n*, Histaminantagonist *m*, Mittel *n* gegen Histamin, Antiallertikum *n*
antihormone Antihormon *n*, Gegenhormon *n*, Hormonantagonist *m*
antihuman globulin Antihumanglobulin *n*, Coombs-Serum *n*
antihuman globulin test Anti(human)globulintest *m*, Coombs-Test *m*
antihuman IgA antiserum Antihuman-IgA-Antiserum *n*
antihuman immunglobulin Antihumanimmunglobulin *n*
antihuman serum test *s.* antihuman globulin test
antihyaluronidase Antihyaluronidase *f (Enzym)*
antihyaluronidase reaction *(Serol)* Antihyaluronidasereaktion *f*
antihyaluronidase test *(Serol)* Antihyaluronidasetest *m*, AHT
antihydropic ödemhemmend; ödemlindernd
antihypercholesterolaemic antihypercholesterolämisch, den Cholesteringehalt senkend
antihypercholesterolaemic (agent) Antihypercholesterolämikum *n*, antihypercholesterolämisches Mittel *n*, den Cholesteringehalt senkendes Mittel *n*
antihyperglycaemic antihyperglykämisch, den Blutzuckergehalt senkend
antihyperglycaemic (agent) Antihyperglykämikum *n*, antihyperglykämisches Mittel *n*, den Blutzuckergehalt senkendes Mittel *n*
antihyperlipoproteinaemic antihyperlipoproteinämisch, den Lipoproteingehalt senkend
antihyperlipoproteinaemic (agent) Antihyperlipoproteinämikum *n*, antihyperlipoproteinämisches Mittel *n*, den Lipoproteingehalt senkendes Mittel *n*
antihypertensive hypertonussenkend, antihypertensiv, blutdrucksenkend, RR-senkend
antihypertensive (agent) Antihypertonikum *n*, Antihypertensivum *n*, blutdrucksenkendes Mittel *n*, RR-senkendes Mittel *n*
antihypnotic antihypnotisch, schlafhemmend
antihypnotic (agent) Antihypnotikum *n*, antihypnotisches [den Schlaf hemmendes] Mittel *n*
antihypotensive hypotonuserhöhend, antihypotensiv, blutdruckerhöhend, RR-erhöhend
antihypotensive (agent) Antihypotonikum *n*, Antihypotensivum *n*, blutdruckerhöhendes Mittel *n*, RR-erhöhendes Mittel *n*
antihysteric antihysterisch, hysteriehemmend
antihysteric (agent) Antihysterikum *n*, antihysterisches [die Hysterie hemmendes] Mittel *n*
antiicteric antiikterisch, eine Gelbsucht lindernd; einen Ikterus verhindernd
antimmune antimmun, die Immunität hemmend [unterdrückend]
antiinfectious *s.* antiinfective
antiinfective antiinfektiös, infektionsverhütend; infektionsbekämpfend
antiinfective (agent) Antiinfektivum *n*, infektionsverhütendes Mittel *n*; infektionsbekämpfendes Mittel *n*
antiinfective measures Expositionsprophylaxe *f*
antiinflammatory antientzündlich, entzündungshemmend
antiinflammatory therapy antientzündliche Therapie *f*, entzündungshemmende Behandlung *f*
antiinsulin Antiinsulin *n*
antiinsulin antibody Insulinantikörper *m*
antiketogen antiketogene Substanz *f*
antiketogenesis Antiketogenese *f*, Hemmung *f* der Ketonkörperbildung [Acetonkörperbildung]
antiketogenetic antiketogen
antiketogenic *s.* antiketogenetic
antiketoplastic ketonkörperhemmend, acetonkörperhemmend, die Ketonkörperausscheidung hemmend
anitkinase Antikinase *f (Enzym)*
antiklisis Antiklise *f*, Antikinese *f*, Gegenbewegung *f (z. B. bei Rotationsbewegung)*
antileprosy vaccine *(Trop)* Anti-Lepra-Vakzine *f*, Lepraimpfstoff *m*
antileprotic drug Antileprotikum *n*, Lepramittel *n*
antileishmanial gegen Leishmanien wirkend
antileishmanial (agent) Leishmanienmittel *n*, Antileishmaniakum *n*, Mittel *n* gegen Leishmanien
antileprotic gegen Lepra wirkend
antileprotic (agent) Lepramittel *n*, Antileprotikum *n*, Mittel *n* gegen Lepra
antileprous serum Anti-Lepra-Serum *n*, Lepra(anti)serum *n*
antilethargic antilethargisch, gegen Lethargie wirksam
antileucocytic antileukozytisch, leukozytenhemmend; leukozytolytisch
antileucocytic (agent) Antileukozytikum *n*, Mittel *n* gegen Leukozyten; Leukozytolytikum *n*
antileucocytic antibody Leukozytenantikörper *m*
antileukaemic antileukämisch, leukämiehemmend
antileukaemic (agent) Antileukämikum *n*, Leukämiemittel *n (Zytostatikum)*
antilewisite Antilewisit *n*, Dimerkaprol *n*, 2,3-Dimercaptopropanol *n (Antidot bes. gegen Schwermetalle)*
antilipase Antilipase *f (Enzym)*
antilipaemic antilipämisch, lipidsenkend, gegen erhöhte Lipid(blut)spiegel wirkend
antilipaemic (agent) Antilipidämikum *n*, Lipidsenker *m*, lipidsenkendes Mittel *n*, Mittel *n* gegen erhöhte Lidpid(blut)spiegel
antilipotropic antilipotrop
antilithic stein(bildungs)hemmend
antiluetic antiluetisch, antisyphilitisch, gegen Syphilis wirksam
antiluetic (agent) Antisyphilitikum *n*, antisyphilitisches Mittel *n*, Mittel *n* gegen Syphilis
antilymphoblast globulin Antilymphoblastenglobulin *n*
antilymphocyte *s.* antilymphocytic
antilymphocytic antilymphozytisch; Antilymphozyten...
antilymphocytic globulin Antilymphozytenglobulin *n*
antilymphocytic serum Antilymphozytenserum *n*
antilysin Antilysin *n*
antilysis Antilyse *f*, Lysinzerstörung *f*

antilyssic *s.* antirabic
antimacrophage globulin Antimakrophagenglobulin *n*
antimacrophage serum Antimakrophagenserum *n*
antimalarial malariahemmend, malariabekämpfend; Antimalaria...
antimalarial (agent) Antimalariamittel *n*, Malaria(bekämpfungs)mittel *n*
antimelanoma antibody Antimelanomantikörper *m*
antimeningococcic serum Antimeningokokkenserum *n*
antimesenteric antimesenterisch, antimesenteriell
antimetabolic antimetabolisch; Antimetaboliten...
antimetabolite Antimetabolit *m*, Stoffwechselantagonist *m*
antimetabolite therapy Antimetabolitentherapie *f*, Antimetabolitenbehandlung *f*
antimetastatic antimetastatisch, metastasenhemmend, gegen Metastasen wirkend; die Metastasenbildung hemmend
antimethaemoglobinaemic antimethämoglobinämisch, die Methämoglobinbildung hemmend
antimethaemoglobinaemic (agent) Antimethämoglobinämikum *n*, die Methämoglobinbildung hemmendes Mittel *n*
antimetropia Antimetropia *f (entgegengesetzte Refraktion beider Augen)*
antimicrobial antimikrobiell, mikrobentötend
antimicrobial (agent) antimikrobielles [mikrobentötendes] Mittel *n*
antimicrobial therapy antimikrobielle [mikrobentötende] Therapie *f*
antimicrobic *s.* antimicrobial
antimicrosomal antibody antimikrosomaler Antikörper *m*
antimineralocorticoid *(Endokr)* Antimineralocorticoid *n*
antimitochondrial antibody antimitochondrialer Antikörper *m*, AMA
antimitotic (agent) Antimitotikum *n*, antimitotisches [mitosehemmendes] Mittel *n*, Mitosehemmstoff *m*, Mitosehemmer *m*, Mitosegift *n*
antimonosis *(Arb)* Antimonose *f*, Antimonstaublunge(nerkrankung) *f*, Antimonpneumokoniose *f*
antimony Antimon *n*
antimony poisoning Antimonvergiftung *f*
antimony staining of teeth Antimonverfärbung *f* der Zähne; Antimonzähne *mpl*
antimony trichloride Antimontrichlorid *n*
antimony trisulphide Antimontrisulfid *n*
antimonyl potassium tartrate Antimonyl-Kaliumtartrat *n*, Brechweinstein *m*
antimuscarinic Antimuskarin...
antimutagen Antimutagen *n (die Mutationsrate verringernd)*
antimutagenic die Mutationsrate verringernd [reduzierend, vermindernd], antimutagen
antimyasthenic antimyasthenisch, gegen Myasthenie wirkend
antimyasthenic (agent) Antimyasthenikum *n*, antimyasthenisches Mittel *n*, gegen Myasthenie wirkendes Mittel *n*
antimycobacterial antimykobakteriell, gegen Mykobakterien wirkend
antimycobacterial (agent) antimykobakterielles Mittel *n*, gegen Mykobakterien wirkendes Mittel *n*
antimycotic antimykotisch, pilztötend, fungizid
antimycotic (agent) Antimykotikum *n*, Pilzmittel *n*, pilztötendes [fungizides] Mittel *n*
antimydriatic pupillenverenge(r)nd
antimydriatic (agent) Antimydriatikum *n*, die Pupillen verengendes Mittel *n*
antimyocardial antibody antimyokardialer Antikörper *m*
antinarcotic antinarkotisch, narkosehemmend
antinarcotic (agent) Antinarkotikum *n*, antinarkotisches [narkosehemmendes] Mittel *n*
antinauseant brechreizhemmend
antinauseant (agent) Mittel *n* gegen Nausea [Übelkeit]
antineoplastic antineoplastisch
antineoplastic (agent) Antineoplastikum *n*, gegen Tumoren wirkendes Mittel *n*; Zytostatikum *n*
antineoplastic antibiotic antineoplastisches Antibiotikum *n*
antineoplastic hormone antineoplastisches Hormon *n*
antinephritic antinephritisch, eine Nierenentzündung hemmend
antineuralgic antineuralgisch, (nerven)schmerzstillend
antineuralgic (agent) Antineuralgikum *n*, (nerven-)schmerzstillendes Mittel *n*
antineuritic antineuritisch, nervenentzündungshemmend
antineuritic (agent) Antineuritikum *n*, antineuritisches Mittel *n*
antineuritic vitamin antineuritisches Vitamin *n*, Vitamin *n* B_1
antineurotoxin Antineurotoxin *n (gegen Neurotoxine wirksam)*
antinocardial gegen Nokardia wirksam; Antinokardia...
antinomic character antinomischer Charakter *m*
antinuclear antibody *(Serol)* antinukleärer Antikörper *m* [Faktor *m*]
antinuclear factor *s.* antinuclear antibody
antiobesic appetitzügelnd, appetitverringernd
antiobesic (agent) Appetitzügler *m*, appetitverringerndes Mittel *n*, Anorektikum *n*
antiodontalgic zahnschmerzlindernd, zahnschmerzverringernd
antiodontalgic agent Zahnschmerzmittel *n*, zahnschmerzlinderndes Mittel *n*
antioncogene *(Onk)* Antionkogen *n*, Tumorsupressorgen *n*
antiopsonin *(Bakt)* Antiopsonin *n*
antiovulatory antiovulatorisch, ovulationshemmend, den Eisprung unterdrückend; kontrazeptiv
antioxidant antioxidant, oxidationshemmend; Antioxidans...
antioxidant (agent) Antioxidans *n*, Oxidationshemmer *m*, Antioxidationsmittel *n*, Antioxygen *n*
antioxidizer *s.* antioxidant agent
antipaludian *s.* antimalarial
antiparalytic antiparalytisch, eine Paralyse lindernd
antiparasitic antiparasitisch, gegen Parasiten wirksam
antiparasitic (agent) Antiparasitikum *n*, antiparasitisches Mittel *n*, Antiparasitenmittel *n*
antiparasympathicomimetic antiparasympathikomimetisch, eine parasympathikomimetische Wirkung hemmend
antiparasympathicomimetic (agent) Antiparasympathikomimetikum *n*, eine parasympathikomimetische Wirkung hemmendes Mittel *n*
antiparkinson(ian) Antiparkinson(ismus)...
antiparkinsonian (agent) Antiparkinsonikum *n*, Anti-Parkinson-Mittel *n*
antipathic antipathisch; Antipathie...
antipathy Antipathie *f*, Abneigung *f*, Widerwille *m*
antipediculotic (agent) Antipedikulotikum *n*, Läusemittel *n*, Läusebekämpfungsmittel *n*, Läuse vernichtendes Mittel *n*
antipellagra gegen Pellagra gerichtet; Antipellagra...
antipellagra factor Antipellagrafaktor *m*, Pellagraschutzstoff *m*, PP-Faktor *m*, Nikotinsäure *f*, Niacin *n*
antiperistalsis Antiperistaltik *f*, gegenläufige Darmbewegung *f*
antiperistaltic antiperistaltisch
antipernicious-anaemia factor Antiperniziosa-Faktor *m*, Vitamin *n* B_{12}, Cyanocobalamin *n*, Erythrozytenreifungsfaktor *m*, Animal-Protein-Faktor *m*

antiperspirant schweißhemmend, transpirationshemmend, antihidrotisch
antiperspirant (agent) Antiperspirans *n*, Antitranspirans *n*, Antitranspirant *n*, schweißhemmendes Mittel *n*, Antihidrotikum *n*
antipertussis serum Anti-Pertussis-Serum *n*, Keuchhusten(anti)serum *n*
antiphage serum Antiphagenserum *n*
antiphagocytic antiphagozytisch, antiphagozytär, phagozytosehemmend, gegen Phagozyten wirkend; Antiphagozyten...
antiphlogistic antiphlogistisch, entzündungshemmend
antiphlogistic (agent) Antiphlogistikum *n*, antiphlogistisches [entzündungshemmendes] Mittel *n*
antiphlogistic hormone antiphlogistisches Hormon *n*
antiphospholipid antibody Anti-Phospholipid-Antikörper *m*, APL-AK
antiphospholipid syndrome Anti-Phospholipid-Syndrom *n (mit wiederkehrenden Gesichtsfeldausfällen)*
antiphth(e)iriac gegen Läuse wirkend
antiplasmin *(Hämat)* Antiplasmin *n*, Antifibrinolysin *n*
antiplasmodial antiplasmodisch, gegen Plasmodien wirkend
antiplasmodial (agent) Antiplasmodienmittel *n*, Mittel *n* gegen Plasmodien
antiplatelet antibody antithrombozytärer Antikörper *m*
antiplatelet serum Antithrombozytenserum *n*
antipneumococcic pneumokokkenhemmend; Pneumokokken zerstörend; Antipneumokokken...
antipodagric (agent) Gichtmittel *n*
antiport system *(Physiol)* Antiport-System *n (in Gegenrichtung gekoppelter Membrantransport)*
antiprecipitin Antipräzipitin *n*
antiproaccelerin Antiproaccelerin *n*
antiprogestin Antiprogesteron *n*
antiproliferative antiproliferativ [das Wachstum und die Zellteilung hemmend]
antiprothrombin Antiprothrombin *n*, Prothrombinantagonist *m*, Prothrombinhemmer *m*
antiprothrombin antibody Antiprothrombin-Antikörper *m*
antiprotoplasmatic antiprotoplasmatisch, gegen das Protoplasma gerichtet, das Protoplasma schädigend
antiprotozoal (agent) Antiprotozoenmittel *n*, Mittel *n* gegen Protozoen
antiprotozoal Antiprotozoen...
antiprotozoan *s.* antiprotozoal
antipruriginous antipruriginös, den Juckreiz verringernd
antipruritic antipruritisch, juckreizlindernd, juckreizmildernd; juckreizstillend
antipruritic (agent) Antipruritikum *n*, Antipruriginosum *n*, antipruritisches [juckreizlinderndes] Mittel *n*
antipsoriatic psoriasiswirksam; Antipsoriasis...
antipsoriatic (agent) Antipsoria(ti)kum *n*, Psoriasismittel *n*, Mittel *n* gegen Schuppenflechte
antipsychotic antipsychotisch, gegen Psychosen wirksam, Psychosen lindernd
antipsychotic (agent) Antipsychotikum *n*, Neuroleptikum *n*
antiputrefactive fäulniswidrig, fäulnisverhindernd
antipyogenic antipyogen
antipyresis Antipyrese *f*, Fieberbekämpfung *f*, Fieberbehandlung *f*
antipyretic antipyretisch, fiebersenkend, antifebril
antipyretic (agent) Antipyretikum *n*, antipyretisches [fiebersenkendes] Mittel *n*, Fiebermittel *n*, Antifebrilium *n*
antipyretic bath antipyretisches [fiebersenkendes] Bad *n*
antipyrine *(Pharm)* Antipyrin *n*, Phenazon *n*
antirabic tollwutbekämpfend, tollwutwirksam
antirabic (agent) Antirabikum *n*, Mittel *n* gegen Tollwut, Tollwutmittel *n*
antirabies antiserum Tollwutantiserum *n*
antirabies dry vaccine Antirabiestrockenvakzine *f*
antirabies gammaglobulin Antirabiesgammaglobulin *n*, Tollwut-Immunglobulin *n*
antirabies serum Tollwutserum *n*
antirabies treatment Tollwutbehandlung *f*, Tollwuttherapie *f*
antirabies vaccination Antirabiesvakzination *f*, Tollwut-(schutz)impfung *f*
antirabies vaccine Antirabiesvakzine *f*, Tollwutimpfstoff *m*
antirachitic antirachitisch, rachitiswirksam, rachitisverhindernd
antirachitic (agent) Antirachitikum *n*, antirachitisches [rachitisverhinderndes] Mittel *n*
antirachitic vitamin antirachitisches Vitamin *n*, Vitamin *n* D
antiradiation gegen Strahlen wirkend; gegen Strahlenkrankheit wirksam
antireflux operation Antirefluxoperation *f*
antireflux plasty Antirefluxplastik *f*
antireflux procedure Antirefluxverfahren *n*
antirejection therapy Antirejektionstherapie *f*, Antiabstoßungsbehandlung *f*, immunosuppressive Therapie *f*, Immunsuppressionstherapie *f (bei Transplantatabstoßung)*
antirenal antibody antirenaler Antikörper *m*
antireticular antiretikulär, gegen das retikuloendotheliale System wirksam
antiretroviral antiretroviral, gegen Retroviren wirksam
antiretroviral (agent) antiretrovirale Substanz *f*, gegen Retroviren wirksames Mittel *n*
antirheumatic antirheumatisch
antirheumatic (agent) Antirheumatikum *n*, Mittel *n* gegen Rheuma(tismus), Rheumamittel *n*
antirheumatic therapy antirheumatische Therapie *f*, Rheumabehandlung *f*
antiriboflavin Antiriboflavin *n*
antiribonucleoprotein antibody Anti-Ribonukleoprotein-Antikörper *m*
antirickettsial gegen Rickettsien wirksam
antirickettsial (agent) Mittel *n* gegen Rickettsien
antirubella immunoglobulin Röteln-Immunglobulin *n*
antisarcoma antibody titer Sarkomantikörpertiter *m*, Sarkomantikörpergehalt *m*
antiscabetic krätzewirksam; Antiskabies...
antiscabetic (agent) Antiskabikum *n*, Antiskabiosum *n*, Mittel *n* gegen Krätze
antiscabious *s.* antiscabetic
antiscarlatinal antiskarlatinal, scharlachwirksam; Anti-Scharlach-...
antiscarlatinal serum Anti-Scharlach-Serum *n*, Scharlach(anti)serum *n*
antiscatter grid Streuraster *n*, Streustrahlenraster *n*
antischistosomal schistosomenwirksam; Antischistosomen...
antischistosomal (agent) Antischistosomenmittel *n*, Mittel *n* gegen Schistosomiasis [Bilharziose]
antiscorbutic antiskorbutisch, skorbutverhindernd
antiscorbutic (agent) Antiskorbutmittel *n*, Mittel *n* gegen Skorbut
antiscorbutic vitamin antiskorbutisches Vitamin *n*, Vitamin *n* C, Ascorbinsäure *f*
antiseborrhoeic antiseborrhoisch, gegen Seborrhö gerichtet [wirksam], die Seborrhö lindernd
antiseborrhoeic (agent) Antiseborrhoikum *n*, Antiseborrhöikum *n*, Mittel *n* gegen Seborrhö, Seborrhömittel *n*
antiseborrhoeic preparation Seborrhöpräparat *n*
antisecretory antisekretorisch, sekretionshemmend
antisense DNA *(Gen)* Antisense-DNA *f*

antisense RNA *(Gen)* Antisense-RNA *f*
antisepsis Antisepsis *f*, Antiseptik *f*, Keimbekämpfung *f*, Wundinfektionsbekämpfung *f*
antiseptic antiseptisch, keimtötend
antiseptic (agent) Antiseptikum *n*, antiseptisches [keimtötendes] Mittel *n*, Keimbekämpfungsmittel *n*, Mittel *n* gegen Wundinfektion
antiseptic bath antiseptisches Bad *n*
antiseptic dressing antiseptischer Verband *m*
antiseptic gauze antiseptische Kompresse *f* [Gaze *f*]
antiseptic insert *(Stom)* antiseptische Einlage *f*
antiseptic paste antiseptische Paste *f*
antiseptic solution antiseptische Lösung *f*
antisepticism *s.* antisepsis
antiserum Antiserum *n*, Immunserum *n*
antiserum anaphylaxis Antiserumanaphylaxie *f*
antiserum prophylaxis Antiserumprophylaxe *f*
antiserum treatment Antiserumtherapie *f*, Immunserumbehandlung *f*, Serumbehandlung *f*
antisex *s.* antisexual
antisexual antisexual, antisexuell, sexfeindlich
antishock garment Anti-Schock-Hose *f*
antishock therapy Antischocktherapie *f*, Schockbehandlung *f*
antisialagogue speichel(fluss)hemmend
antisialagogue (agent) Antisalogogum *n*, speichel(fluss) hemmendes Mittel *n*
antisialic speichel(fluss)hemmend
antisialic (agent) speichelhemmendes Mittel *n*
antismallpox vaccine Pockenvakzine *f*, Pockenimpfstoff *m*
antisnakebite serum Schlangenserum *n*, Schlangenbissgegenserum *n*
antisocial asozial; ungesellig
antisocial behaviour antisoziales Verhalten *n*
antisocial personality antisoziale Persönlichkeit *f*
antisocial personality disorder antisoziale Persönlichkeitsstörung *f*
antispasmodic antispastisch, spasmolytisch, krampflösend, krampflindernd
antispasmodic (agent) Antispastikum *n*, Spasmolytikum *n*, krampflösendes [spasmolytisches] Mittel *n*
antispasmodic medication krampflösende [antispasmodische] Medikation *f*
antispastic *s.* antispasmodic
antispirochaetic antispirochätisch, gegen Spirochäten wirkend, spirochätentötend
antispirochaetic (agent) Antispirochätenmittel *n*, spirochätentötendes Mittel *n*
antistaphylococcic Antistaphylokokken…
antistaphylococcic globulin Antistaphylokokkenglobulin *n*
antistaphylohaemolysin Antistaphylo(hämo)lysin *n*, Staphylokokkenhämolysinantikörper *m*
antistaphylolysin *s.* antistaphylohaemolysin
antistaphylolysin test Antistaphylolysintest *m*
antistaphylolysin titre Antistaphylolysintiter *m*
antisterility gegen Sterilität wirksam
antisterility factor *s.* antisterility vitamin
antisterility vitamin Antisterilitätsvitamin *n*, Fertilitätsvitamin *n*, Vitamin *n* E, Tokopherol *n*
antistreptococcic gegen Streptokokken wirksam; Antistreptokokken…
antistreptodornase Antistreptodornase *f (Enzym)*
antistreptohaemolysin Antistrepto(hämo)lysin *n*, Streptokokkenhämolysinantikörper *m*
antistreptokinase Antistreptokinase *f (Enzym)*
antistreptolysin *s.* antistreptohaemolysin
antistreptolysin test Antistreptolysintest *m*
antistreptolysin titre Antistreptolysintiter *m*
antistreptolysin unit Antistreptolysin-Einheit *f*, ASE
antistrumous antistrumös, strumalindernd, kropfwirksam
antisudoral (agent) *s.* antiperspirant (agent)
antisudorific *s.* antiperspirant
antisyphilitic antisyphilitisch, syphilishemmend, antiluetisch
antisyphilitic (agent) Antisyphilitikum *n*, antisyphilitisches [antiluetisches] Mittel *n*, Mittel *n* gegen Syphilis
antitabetic (agent) Antitabetikum *n*, Mittel *n* gegen Tabes dorsalis
antitachyarrhythmia function antitachykarde Funktion *f*
antitetanic antitetanisch; Antitetanus…
antitetanic (agent) Antitetanikum *n*, Mittel *n* gegen Tetanus
antitetanic factor 10 antitetanischer Faktor *m* 10, A.T. *n* 10
antitetanus globulin Antitetanusglobulin *n*, Tetanus(anti)globulin *n*
antitetanus serum Antitetanusserum *n*, Tetanus(anti)serum *n*, Tetanusantitoxin *n*, Tetanusimmunserum *n*
antitetanus serum of bovine Tetanusserum *n* vom Rind
antitetanus serum of equine Tetanusserum *n* vom Pferd
antitetanus serum of ovine Tetanusserum *n* vom Hammel
antithermic 1. antithermisch, kühlend; 2. antipyretisch, fiebersenkend
antithrombin Antithrombin *n*
antithrombin III Antithrombin *n* III, Heparin-Cofaktor *m*
antithrombin deficiency Antithrombinmangel *m*
antithrombin time Antithrombinzeit *f*, Thrombinzeit *f*
antithrombokinase *(Hämat)* Antithrombokinase *f*
antithromboplastin Antithromboplastin *n*
antithrombotic antithrombotisch, thromboseverhindernd
antithrombotic (agent) Antithrombotikum *n*, antithrombotisches [thromboseverhinderndes] Mittel *n*
antithymocyte globulin Antithymozytenglobulin *n*, ATG
antithymocyte serum Antithymozytenserum *n*
antithymus serum Antithymusserum *n*
antithyroid antithyroid, schilddrüsenhemmend
antithyroid (agent) Thyreostatikum *n*, antithyroides [schilddrüsenhemmendes] Mittel *n*
antithyrotoxic antithyreotoxisch, thyreotoxikoseverhindernd
antithyrotropic thyreotropinhemmend
antithyrotropic hormone antithyreotropes Hormon *n*, Antithyreotropin *n*
antithyreotropin Antithyreotropin *n*
antitonic antitonisch, tonussenkend, tonusverringernd
antitoxic antitoxisch, gegen Toxin wirkend; Antitoxin…, Gegengift…
antitoxic antibody antitoxischer Antikörper *m*
antitoxic serum antitoxisches Serum *n*, Antitoxinserum *n*
antitoxic unit Antitoxineinheit *f*, AE, A.E.
antitoxin Antitoxin *n*, Gegengift *n*; Abwehrstoff *m*
antitoxin rash Antitoxinexanthom *n*, Serumausschlag *m*
antitragic Antitragus…
antitragicus (muscle) Musculus *m* antitragicus
antitragus Antitragus *m*, Ohrmuschelhöcker *m*
antitreponemal antitreponemal, gegen Treponemen wirkend, treponementötend
antitreponemal (agent) Treponemenmittel *n*, treponementötendes [gegen Treponemen wirkendes] Mittel *n*
antitreponemal antibody Syphilis-Antikörper *m*
antitrichomonal antitrichomonal, trichomonazid, gegen Trichomonaden wirkend
antitrichomonal (agent) Trichomonaziakum *n*, Trichomonadenmittel *n*
antitrismus Antitrismus *m*, (krampfartige) Mundschlussunfähigkeit *f*

antitrypanosomal antitrypanosomal, trypano(soma)zid, gegen Trypanosomen wirkend
antitrypanosomal (agent) antitrypanosomales [trypanosomentötendes] Mittel *n*, Trypanosomenmittel *n*
antitrypsin Antitrypsin *n*, Trypsininhibitor *m*
antitrypsin test Antitrypsintest *m*
antitryptic antitryptisch; Antitrypsin...
antitubercular *s.* antituberculotic
antituberculin Antituberkulin *n*, Tuberkulinantikörper *m*
antituberculotic antituberkulös, tuberkulostatisch, tuberkulosehemmend
antituberculotic (agent) Antituberkulotikum *n*, Tuberkulostastikum *n*
antituberculous *s.* antituberculotic
antituberculous drug *s.* antituberculotic agent
antituberculous therapy tuberkulostatische Therapie *f*, Tuberkulosebehandlung *f*
antitumour antibody Tumorantikörper *m*
antitumourigenic antitumorigen, antitumorogen, gegen Tumoren wirkend
antitussive antitussiv, husten(reiz)lindernd
antitussive (agent) Antitussivum *n*, Antitussikum *n*, Hustenmittel *n*
antityphoid antityphoid; Antityphus...
antityphoid (agent) Antityphusmittel *n*
antityphoid serum Antityphusserum *n*
antiulcerative antiulzerativ, die Ulkusheilung [Geschwürheilung] fördernd; gegen Ulzera wirksam
antiulcerative (agent) Antiulzerativum *n*, die Geschwürheilung förderndes Mittel *n*; Mittel *n* gegen Ulzera [Geschwüre]
antiurolithic antiurolithisch, die Harnsteinbildung verhindernd; gegen Harnsteine wirksam
antiurolithic (agent) Antiurolithikum *n*, die Harnsteinbildung verhinderndes Mittel *n*; Mittel *n* gegen Harnsteine
antivaccinationist Vakzinationsgegner *m*, Impfgegner *m*
antivenene *s.* antivenin
antivenereal antivenerisch, gegen eine Geschlechtskrankheit gerichtet
antivenin Antivenin *n*, Schlangengiftantikörper *m*, Schlangengegengift *n*
antivenom *s.* antivenin
antivenomous serum Schlangen(gift)serum *n*, Schlangenbissgegenserum *n*
antiviral antiviral; Antivirus...
antiviral serum antivirales Serum *n*, Antivirusserum *n*
antivirus Antivirus *n*
antivitamin Antivitamin *n*, Vitaminantagonist *m*, Vitaminantimetabolit *m*
antiwhooping cough gammaglobulin Pertussishyperimmunserum *n*, Keuchhustenhyperimmunserum *n*
antixerophthalmic antixerophthalmisch, xerophthalmieverhindernd
antixerophthalmic vitamin antixerophthalmisches Vitamin *n*, Vitamin *n* A, Axerophthol *n*, Xerophthol *n*
antixerotic antixerotisch, der Austrocknung vorbeugend
antizymotic antizymotisch, antifermentativ, gärungshemmend
antral antral; Antrum...
antral-gastrin-cell hyperplasia Polak-Syndrom *n (Hyperplasie der G-Zellen der Magenschleimhaut)*
antral gastritis Antrumgastritis *f*, antrale Gastritis *f*
antral irrigation Kieferhöhlenlavage *f*, Kieferhöhlenspülung *f*
antral portion of the stomach Antrum *n* (ventriculi); Antrum *n* pyloricum
antrectomy 1. *(Chir)* Antrektomie *f*, Magenantrumresektion *f*, (operative) Antrumentfernung *f*; 2. *(HNO)* Antrektomie *f*, Antrotomie *f*, (operative) Warzenfortsatzausräumung *f*
antritis 1. Antritis *f*, Antrumentzündung *f* [Warzenfortsatzentzündung *f*] des Säuglings; 2. *s.* maxillary sinusitis
antro-atticotomy Antroattikotomie *f (operative Ausräumung des Antrum tympanicum und des Recessus epitympanicus)*
antrobuccal antrobukkal, Kieferhöhlen-Mundhöhlen-...
antrocele Antrozele *f (Flüssigkeitsansammlung in der Kieferhöhle)*
antrochoanal polypus *(HNO)* antrochoanaler Polyp *m*
antroduodenectomy Antroduodenektomie *f*, (operative) Antrum- und Duodenumentfernung *f*
antrodynia Antrodynie *f*, Antrumschmerz *m*
antrography *s.* sinography
antronasal antronasal; Kieferhöhlen-Nasenhöhlen-...
antropyloric antropylorisch, Antrum-Pylorus-...
antroscope *(HNO)* Antroskop *n*, Kieferhöhlenspiegel *m*
antroscopy *(HNO)* Antroskopie *f*, Kieferhöhlenspiegelung *f*
antrostomy *(HNO)* Antrostomie *f*, Antrumfistelung *f*, Antrumdrainage *f*
antrotome *(HNO)* Antrotom *n (Instrument)*
antrotomy *(HNO)* Antrotomie *f*, Antrumaufmeißelung *f*, (operative) Warzenfortsatzeröffnung *f*
antrotympanic antrotympanal; Antrum-Paukenhöhlen-...
antrotympanitis Antrotympanitis *f*, Antrum- und Paukenhöhlenentzündung *f*
antrum Antrum *n*, Höhle *f*
antrum needle Antrumkanüle *f*
antrum of Highmore Antrum *n* Highmori [maxillare], Sinus *m* maxillaris, Kieferhöhle *f*
antrum of Highmore cyst Kieferhöhlenzyste *f*
antrum of Highmore polyp Kieferhöhlenpolyp *m*
antrum of the ear Antrum *n* mastoideum
antrum of the testis Mediastinum *n* testis
antrum of the uterine tube Antrum *n* tubae uterinae
antrum punch forceps Kieferhöhlenstanze *f*
antrum rasp Kieferhöhlenraspel *f*, Antrumraspel *f*
antrum retractor Kieferhöhlenhaken *m*
antrum syringe Antrumspritze *f*
antrum trocar Kieferhöhlentrokar *m*
antuitarism Hypophysenvorderlappenüberfunktion *f*, HVL-Überfunktion *f (mit Akromegalie und Gigantismus)*
anuclear anuklear, kernlos
anucleolar anukleolär, nukleoluslos
anulocyte Anulozyt *m*
anulus *s.* annulus
anuresis 1. *(Urol)* Versiegen *n* der Harnausscheidung, Harnretention *f (in der Blase)*; 2. *s.* anuria
anuretic anurisch, harnlos; Anurie...
anuria *(Nephr)* Anurie *f*, fehlende Harnbereitung *f (in der Niere)*
anuric *s.* anuretic
anus Anus *m*, After *m (siehe auch unter: anal)* • **by the anus** durch den Anus [After], rektal, via Anus, per anum
anus gaping Afterklaffen *n*; klaffender After *m (z. B. bei Ruhr)*
anuscope *s.* anoscope
anusitis Anusitis *f*, Analentzündung *f*, Afterentzündung *f*
anvil *(Anat)* Incus *m*, Amboss *m (Gehörknöchelchen)*
anxiety 1. *(Neur, Psych)* Angst *f*, Ängstlichkeit *f*, Sorge *f*, Besorgnis *f*; 2. *(Neur, Psych)* Beklemmung *f*, Beängstigung *f* • **display anxiety** Angst haben, sich ängstigen [beunruhigen]
anxiety attack (panischer) Angstanfall *m*
anxiety-blissfulness psychosis Angst-Glücks-Psychose *f*
anxiety complex Angstkomplex *m*

anxiety depression Angstdepression *f*
anxiety disorder Angststörung *f*
anxiety dream Angsttraum *m*
anxiety elational psychosis Angst-Glücks-Psychose *f*
anxiety equivalent Angstäquivalent *n*
anxiety fit Angstanfall *m*
anxiety hysteria Angsthysterie *f*
anxiety neurosis Angstneurose *f*, Phobie *f*
anxiety psychosis Angstpsychose *f*
anxiety psychosis of reference ängstliche Beziehungspsychose *f*
anxiety reaction Angstreaktion *f*
anxiety regression Angstregression *f*
anxiety state Angstzustand *m*
anxiety syndrome Angstsyndrom *n*
anxiety tension state neuromuskulärer Hypertonus *m*
anxiolytic anxiolytisch, angstlösend, angstbeseitigend
anxiolytic agent Anxiolytikum *n*, angstlösendes [angstbeseitigendes] Mittel *n*
anxious ängstlich, unruhig, besorgt, bange • **be anxious** ängstlich [verängstigt] sein, Angst haben
anxious depression ängstliche Depression *f*
anxious mania depressive Manie *f*, ängstliche Manie *f*
anxious patient ängstlicher Patient *m*
anxious state Angstzustand *m*
aorta Aorta *f*, Körperschlagader *f*, Hauptschlagader *f* *(siehe auch unter: aortic)*
aorta-exclusion clamp Aortaexklusionsklemme *f*, Aortentangentialklemme *f*
aorta of Valsalva *s.* aortic sinus
aorta valve *s.* aortic valve
aortal *s.* aortic
aortalgia Aortalgie *f*, Aortenschmerz *m*
aortarctia Aortenvereng(er)ung *f*, Aortenstriktur *f*, Aortenstenose *f*
aortectasia Aortenerweiterung *f*, Aortenektasie *f*
aortectomy Aortektomie *f*, Aorten(teil)exzision *f*, (operative) Aorten(teil)entfernung *f*
aortic aortal; Aorta..., Körperschlagader..., Hauptschlagader... *(siehe auch unter: aorta)*
aortic abdominal aneurysm Bauchaortenaneurysma *n*
aortic accent of the second sound betonter zweiter Aorten(klappen)ton *m*
aortic anastomosis clamp Aortenanastomosenklemme *f*
aortic aneurysm Aortenaneurysma *n*, Aneurysma *n* aortae
aortic aneurysm clamp Aortenaneurysmaklemme *f*
aortic angiogram Aortenangiogramm *n*
aortic arcade Aortenarkade *f*
aortic arch Aortenbogen *m*, Arcus *m* aortae
aortic arch aneurysm Aortenbogenaneurysma *n*
aortic arch angiography Aortenbogenangiographie *f*, Aortenbogengefäßröntgen(kontrast)darstellung *f*
aortic arch anomaly Aortenbogenanomalie *f*
aortic arch arteritis *s.* aortic arch syndrome
aortic arch occlusion Aortenbogenverschluss *m*
aortic arch syndrome Aortenbogensyndrom *n*, Takayasu'sches Syndrom *n*, Takayasu-Krankheit *f*
aortic atherosclerosis Aortenarteriosklerose *f*, Aortenatherosklerose *f*
aortic atresia Aorten(klappen)atresie *f*, Pseudotruncus *m* arteriosus (communis)
aortic ball valve prosthesis Aortenklappe *f* vom Kugel-Käfig-Typ
aortic bifurcation Aortenaufzweigung *f*, Aortenbifurkation *f*, Bifurcatio *f* aortae
aortic bifurcation area Aortenaufzweigungsbereich *m*, Bereich *m* der Aortenbifurkation
aortic bifurcation graft Aortenaufzweigungsprothese *f*, Aortenbifurkationsprothese *f*
aortic bifurcation syndrome Aortenbifurkationssyndrom *n*
aortic body Glomus *n* aorticum
aortic-body tumour Glomus-aorticus-Tumor *m*
aortic branch Aortenast *m*
aortic bulb Aortenbulbus *m*, Bulbus *m* aortae
aortic cannula obturator Aortenkanülenobturator *m*, Aortenkanülenverschluss *m*
aortic catheter Aortenkatheter *m*
aortic channel *(Embr)* Aortenkanal *m*
aortic clamp Aortenklemme *f*
aortic clamping Aortenabklemmung *f*
aortic component of second heart sound Aortenton *m*
aortic coarctation Aortenisthmusstenose *f*, Coarctatio *f* aortae
aortic configurated heart *(Rad)* aortenkonfiguriertes Herz *n*, Aortenherz *n*
aortic configuration Aortenkonfiguration *f*
aortic contour *(Rad)* Aortenkontur *f*, Aortenumrisse *mpl*
aortic-coronary *s.* aortocoronary
aortic cross-clamping Aortenabklemmung *f*
aortic declamping Aortenfreigabe *f (nach Abklemmung)*
aortic diastole Aortendiastole *f*
aortic diastolic pressure diastolischer Aortendruck *m*
aortic dilation Aortendilatation *f*, Aortenerweiterung *f*
aortic dissection Aortendissektion *f*, Aneurysma *n* dissecans aortae
aortic embolism Aortenembolie *f*
aortic glomus Glomus *m* aorticus
aortic graft Aortentransplantat *n*; Aortenprothese *f*
aortic hiatus Aortenhiatus *m*, Hiatus *m* aorticus
aortic incompetence Aorten(klappen)insuffizienz *f*
aortic insufficiency *s.* aortic incompetence
aortic isthmus Aortenisthmus *m*, Isthmus *m* aortae
aortic isthmus stenosis Aortenisthmusstenose *f*, Coarctatio *f* aortae
aortic knob *(Rad)* Aortenknopf *m*
aortic knuckle *(Anat)* Aortenknopf *m*, Bulbus *m* aortae
aortic lesion Aortenläsion *f*, Aortenverletzung *f*
aortic lues Aortensyphilis *f*
aortic mean systolic pressure mittlerer systolischer Aortendruck *m*
aortic murmur 1. Aortageräusch *n*, Körperschlagadergeräusch *n*; 2. Aortenklappengeräusch *n*
aortic narrowing Aortenvereng(er)ung *f*, Aorteneinengung *f*, Aortenstenose *f*
aortic notch Aorten(klappen)schlusszacke *f (in der Pulskurve)*
aortic obstruction Aortenobstruktion *f*, Aortenverschluss *m*
aortic occlusive disease *s.* aortic arch syndrome
aortic orifice Aorten(klappen)öffnung *f*, Ostium *n* aortae [arteriosum sinistrum] *(Ausgang von der linken Herzkammer in die Aorta)*
aortic origin Aortenursprung *m*
aortic ostium stenosis *s.* aortic stenosis 2.
aortic plexus Aortenplexus *m*, Aortanervengeflecht *n*, Plexus *m* aorticus
aortic pressure Aortendruck *m*
aortic pressure estimation Aortendruckbestimmung *f*
aortic punch Aortenstanze *f*
aortic puncture Aortenpunktion *f*
aortic reconstruction Aortenrekonstruktion *f*
aortic regurgitant murmur Aortenregurgitationsgeräusch *n*, Aorteninsuffizienzgeräusch *n*
aortic regurgitation Aorten(klappen)insuffizienz *f*

aortic replacement *(Chir)* Aortenersatz *m*
aortic ring anomaly Aortenringanomalie *f*
aortic root Aortenwurzel *f*
aortic root aneurysm Aortenwurzelaneurysma *n*
aortic rupture Aortenruptur *f*, Aortenzerreißung *f*
aortic sclerosis Aortensklerose *f*
aortic septum Aortenseptum *n*
aortic shadow *(Rad)* Aortenschatten *m*
aortic sinus Aortensinus *m*, Sinus *m* aorticus [aortae, Valsalvae]
aortic sinus aneurysm Aortensinusaneurysma *n*, Sinus-Valsalva-Aneurysma *n*
aortic stenosis 1. Aortenstenose *f*, Körperschlagaderstenose *f*; 2. Aortenklappenstenose *f*
aortic sulcus Sulcus *m* aorticus *(Lunge)*
aortic surgery Aortenchirurgie *f*
aortic systolic pressure systolischer Aortendruck *m*
aortic thrill *(Kard)* Aortenschwirren *n*
aortic thromboembolism Aortenthromboembolie *f*
aortic thrombosis Aortenthrombose *f*
aortic transposition Aortentransposition *f*
aortic trauma Aortentrauma *n*
aortic triangle Aortendreieck *n*
aortic trunc Truncus *m* aortae [aorticus]
aortic valve Aortenklappe *f*, Valva *f* aortae
aortic valve bypass Aortenklappenbypass *m*, Aortenklappenumgehung *f*
aortic valve cusp Aorten(klappen)segel *n*
aortic valve graft Aortenklappentransplantat *n*; Aortenklappenprothese *f*, künstliche Aortenklappe *f*
aortic valve homograft Aortenklappenhomotransplantat *n*
aortic valve incompetence *s.* aortic valvular incompetence
aortic valve leaflet Aorten(klappen)segel *n*
aortic valve prolapse Aortenklappenprolaps *m*
aortic valve prosthesis Aortenklappenprothese *f*, künstliche Aortenklappe *f*
aortic valve regurgitation Aorten(klappen)insuffizienz *f*
aortic valve replacement Aortenklappenersatz *m*
aortic valve retractor Aortenklappenretraktor *m*
aortic valve stenosis Aorten(klappen)stenose *f*
aortic valvular disease Aortenklappenerkrankung *f*
aortic valvular incompetence Aortenklappeninsuffizienz *f*
aortic valvular insufficiency *s.* aortic valvular incompetence
aortic valvular stenosis Aortenklappenstenose *f*
aortic window Aortenfenster *n*
aorticopulmonary aortikopulmonal, aortopulmonal
aorticopulmonary fenestration *s.* aortic window
aorticopulmonary fistula *s.* aortic window
aorticopulmonary septal defect aortopulmonaler Septumdefekt *m*, Truncus *m* arteriosus communis
aorticopulmonary septum *(Embr)* Septum *n* aorticopulmonale [aorticum]
aorticopulmonary window aortopulmonales Fenster *n*
aorticopulmonic *s.* aorticopulmonary
aorticorenal aortikorenal; Aorta-Nieren-…
aortitis Aortitis *f*, Aortenentzündung *f*
aortoarteriography Aortoarteriographie *f*
aortobifemoral aortobifemoral, Aorta-Femoralarterien-…
aortocaval aortokaval, Aorta-Vena-cava-…, Aorta-Hohlvenen-…
aortocervical angiography aortozervikale Angiographie *f*
aortoclasia Aortenruptur *f*, Aortenzerreißung *f*
aortocoronary aortokoronar; Aorta-Herzkranzgefäß-…
aortocoronary bypass aortokoronarer Bypass *m*
aortocoronary bypass surgery aortokoronarer Bypass *m*, aortokoronare Anastomose *f*, Aorta-Herzkranzgefäß-Anastomose *f*
aortocoronary venous bypass surgery aortokoronarer Venen-Bypass *m*, ACVB
aortoduodenal aortoduodenal, Aorta-Zwölffingerdarm-…
aortofemoral bypass aortofemoraler Bypass *m*
aortogram Aortogramm *n*, Aortaröntgen(kontrast)bild *n*
aortographic aortographisch; Aortographie…
aortographic cannula Aortographie-Kanüle *f*
aortographic syringe Aortographie-Spritze *f*
aortography Aortographie *f*, Röntgen(kontrast)darstellung *f* der Aorta
aortoiliac bypass *(Chir)* aortoiliakaler Bypass *m*, aortoiliakale Umgehungsanastomose *f*
aortoiliac obstruction aortoiliakaler Verschluss *m*
aortoiliac occlusion *s.* aortoiliac obstruction
aortoiliac steal syndrome *(Chir)* aortoiliakales Entzugssyndrom *n*
aortointestinal fistula Aortointestinalfistel *f*, aortointestinale Fistel *f*
aortomalacia Aortomalazie *f*, Aortenerweichung *f*
aortomesenteric aortomesenterial; Aorta-Mesenterium-…
aortomitral heart defect Aorten- und Mitralherzfehler *m*, kombiniertes Aorten-Mitral-Vitium *n*
aorto-oesophageal fistula Aortoösophagealfistel *f*, Aorta-Speiseröhren-Fistel *f*
aortopathy Aortopathie *f*, Aortenkrankheit *f*
aortoplasty Aortenplastik *f*, Aortarekonstruktion *f*, (operative) Aortenwiederherstellung *f*
aortopulmonary fenestration aortopulmonales Fenster *n*
aortopulmonary fistula *s.* aortopulmonary fenestration
aortopulmonary septal defect aortopulmonaler Septumdefekt *m*
aortorenal aortorenal, Aorta-Nieren-…
aortorrhaphy Aortorrhaphie *f*, Aortennaht *f*
aortosclerosis Aortosklerose *f*, Aortenverkalkung *f*
aortostenosis Aortenstenose *f*, Aortenstriktur *f*, Aortenverengung *f*
aortotomy Aortotomie *f*, Aortenschnitt *m*, (operative) Aortenöffnung *f*
aortorenovasography Aortorenovasographie *f*
AP chest radiograph Anterior-posterior-Thoraxröntgenbild *n*, a.p.-Thoraxröntgenbild *n*
a.p. view Anterior-Posterior-Aufnahme *f*, a.p.-Aufnahme *f*
apallaesthesia Apallästhesie *f*, Fehlen *n* der Vibrationswahrnehmung *(z. B. einer Stimmgabel)*
apallic syndrome apallisches Syndrom *n*
apancreatic apankreatisch, pankreaslos
aparalytic aparalytisch
aparathyreosis *s.* aparathyroidism
aparathyroidism Aparathyreose *f*, Fehlen *n* der Epithelkörperchen
apareunia Apareunie *f*, Unfähigkeit *f* zum Koitus
apastia Nahrungsverweigerung *f*
apathetic apathisch, gleichgültig, teilnahmslos; unempfindlich
apathic *s.* apathetic
apathic oligophrenia *(Neur)* apathische Oligophrenie *f*, Oligophrenia *f* apatica
apathogenic apathogen, nicht pathogen, nicht krankheitserzeugend
apathogenicity Apathogenität *f*
apathy *(Psych)* Apathie *f*, Teilnahmslosigkeit *f*, Gleichgültigkeit *f*, mangelnde Gefühlserregbarkeit *f* [Gefühlsansprechbarkeit *f*]
apathy syndrome *(Psych)* Apathiesyndrom *n*
apatite Apatit *m*

APC *s.* antigen-presenting cell
APC virus Adenovirus *n*, APC-Virus *n*, Adenoid-Pharynx-Conjunctiva-Virus *n (siehe auch unter: adenovirus)*
APC virus infection APC-Virusinfektion *f*, Febris *f* pharyngo-conjunctivalis, ARD-Infekt *m*
ape hand Affenhand *f (Medianusnervenläsion)*
Apelt's test Nonne-Apelt-Schumm-Reaktion *f (Nachweis für Globuline im Liquor cerebrospinalis)*
apepsy Apepsie *f*, Verdauungsstörung *f*, mangelhafte Verdauung *f*
aperient abführend, stuhlfördernd
aperient (agent) Laxans *n*, Laxativ *n*, Abführmittel *n*
aperient enema Abführ(ungs)einlauf *m*
aperiodic wave aperiodische Welle *f*
aperiosteal aperiosteal, periostlos, knochenhautlos
aperistalsis Aperistaltik *f*, Peristaltikmangel *m*, Peristaltikschwäche *f*, fehlende Darmbewegung *f*
aperitive 1. appetitanregend, appetitsteigernd; 2. abführend
aperitive 1. appetitanregendes [appetitsteigerndes] Mittel *n*; 2. Laxativum *n*, Abführmittel *n*
Apert's syndrome *(Päd)* Apert'sches Syndrom *n*, Akrozephalie *f* mit Syndaktylie, Akrozephalosyndaktylie *f*
apertognathy *(Stom)* Apertognathie *f*, offener Biss *m*
aperture Apertur(a) *f*, Öffnung *f*, Ostium *n*, Schlitz *m*; Blende *f*
aperture angle Öffnungswinkel *m*
aperture of diaphragm Blendenöffnung *f*
aperture of the frontal sinus Apertura *f* sinus frontalis, Stirnhöhlenöffnung *f*
aperture of the glottis Rima *f* glottidis
aperture of the larynx Aditus *m* laryngis, Kehlkopfeingang *m*
aperture of the sphenoid sinus Apertura *f* sinus sphenoidalis
aperture ring Blendenring *m*
apex Apex *m*, Spitze *f*, Scheitel *m (siehe auch unter: apical)*
apex beat (of the heart) Herzspitzenschlag *m*, Herzspitzenstoß *m*, Ictus *m* [Pulsus *m*] cordis
apex beat curve Spitzenstoßkurve *f*
apex cardiogram Apexkardiogramm *n*, AKG, Herzspitzen(stoß)kardiogramm *n*
apex cardiography Apexkardiographie *f*, Aufzeichnung *f* des Herzspitzenstoßes
apex impulse *s.* apex beat of the heart
apex murmur Apexgeräusch *n*, Herzspitzengeräusch *n*
apex of the bladder Harnblasenscheitel *m*, Vertex *m* vesicae
apex of the head of the fibula Wadenbeinköpfchenspitze *f*, Apex *m* capitis fibulae
apex of the heart Herzspitze *f*, Apex *m* cordis
apex of the lung Lungenspitze *f*, Apex *m* pulmonis
apex of the osseous cochlea Schneckenkuppel *f*, Cupula *f* cochleae
apex pneumonia Apexpneumonie *f*, Lungenspitzenentzündung *f*
Apgar grading system Apgar-Bewertungssystem *n*
Apgar rating Apgar-Bewertungsverfahren *n*
Apgar score Apgar-Schema *n*, Apgar-Index *m (zur Beurteilung eines Neugeborenen; Apgar: Kunstwort aus Atmung, Puls, Grundtonus, Aussehen und Reflexe)*
aphagia Aphagie *f*, Schluckunfähigkeit *f*
aphakia Aphakie *f*, Linsenlosigkeit *f*
aphakia contact lens Aphakiekontaktlinse *f*
aphakia correction Aphakiekorrektur *f*
aphakial aphak(isch), linsenlos
aphakial refraction aphakische [linsenlose] Refraktion *f*
aphakial spectacles lens aphakisches Brillenglas *n*
aphakial visual field aphakisches Gesichtsfeld *n*
aphakic *s.* aphakial
aphalangia Aphalangie *f*, Fehlen *n* von Fingern und Zehen *(bei Lepra)*
aphalgesie Aphalgesie *f*, Haphalgesie *f*, Pitres-Zeichen *n (schmerzhafte Berührungsempfindlichkeit; z. B. bei Kupfer und Gold)*
aphasia *(Neur)* Aphasie *f*, Aphasia *f (zentrale Sprachstörung)*
aphasic aphasisch; Aphasie...
aphasic agraphia aphasische Agraphie *f*
aphasiology Aphasiologie *f (Lehre von der Aphasie)*
aphelxia Aphelxie *f*, Zerstreutheit *f*, Unaufmerksamkeit *f*
aphemia *(Neur)* Aphemie *f*, motorische Aphasie *f*, Wortstummheit *f*
aphemia pathematica Aphemia *f* pathematica
apheresis Apherese *f (gezielte Entfernung von Blutbestandteilen)*
aphonia Aphonie *f*, Stimmlosigkeit *f*, Tonlosigkeit *f*
aphonic aphon(isch), stimmlos, tonlos
aphonic heart defect geräuschloser Herzfehler *m*
aphonic pectoriloquy aphone [stimmlose] Pektoriloquie *f*
aphonic speech aphone Sprache *f*
aphonic voice aphonische Stimme *f*, klanglose Stimme *f*
aphonous *s.* aphonic
aphrasia *(Neur)* Aphrasie *f*, Satzbildungsunfähigkeit *f*, fehlendes Satzbildungsvermögen *n*
aphrenia *s.* dementia
aphrodisia Aphrodisie *f*, (krankhaft) gesteigerter Geschlechtstrieb *m*, (krankhafte) Geschlechtstriebsteigerung *f*
aphrodisiac geschlechtstriebsteigernd, geschlechtstrieberhöhend
aphrodisiac (agent) Aphrodisiakum *n*, den Geschlechtstrieb steigerndes Mittel *n*
aphrodisiomania 1. Erotomanie *f*, (krankhaft) gesteigerter Geschlechtstrieb *m*; 2. *(Neur)* Aphrodisiomanie *f*, Liebeszwang *f*
aphronesia *s.* dementia
aphtha Aphthe *f*, Erosion *f*, Bläschen *n*, Mundschwamm *m (in der Mundschleimhaut)*
aphthoid aphthoid; Aphthen...
aphthongia Aphthongie *f*, Reflexaphasie *f (Sprachstörung infolge Zungenkrampf)*
aphthosis Aphthosis *f (Geschwürbildungen an den Genitalien)*
aphthous aphthös; Aphthen...; aphthenartig
aphthous fever Maul- und Klauenseuche *f*, Aphthenseuche *f*, Aphtha *f* epizootica
aphthous oral infection Mundfäule *f*, aphthöse Mundhöhleninfektion *f*
aphthous stomatitis aphthöse Stomatitis *f*, Stomatitis *f* aphthosa; Gingivostomatitis *f* herpetica
aphthous ulcer aphthöses Ulkus *n* [Geschwür *n*]
apical apikal, spitzenwärts; Spitzen... *(siehe auch unter: apex)*
apical abscess *(Stom)* Apikalabszess *m*, Periapikalabszess *m*
apical area Spitzenfeld *n (z. B. der Lunge)*; Apikalbereich *m*, apikales Gebiet *n (z. B. Zahnwurzel)*
apical cardiac murmur Apexgeräusch *n*
apical curettage *(Stom)* Apexkürettage *f*, apikale Kürettage *f*
apical fibre Apexfaser *f*
apical dental ligament Ligamentum *n* apicis dentis, Spitzenband *n*
apical dendrite apikaler Dendrit *m*
apical drainage apikale Drainage *f*
apical field Spitzenfeld *n*

apical file Wurzelspitzenfeile *f*
apical foramen Foramen *n* apicis dentis, Zahnwurzelkanalöffnung *f*, Wurzelloch *n*
apical four-chambre 2-D echocardiogram apikales Vier-Kammer-2D-Echokardiogramm *n*; apikaler Vier-Kammer-Blick *m*
apical fragment apikales Fragment *n*
apical granuloma Zahngranulom *n*, Wurzel(spitzen)granulom *n*
apical impulse Spitzenstoß *m*, Herzspitzenstoß *m*
apical infarction Apexinfarkt *m*, apikaler Myokardinfarkt *m*, Herzspitzeninfarkt *m*
apical infection apikale Infektion *f*, Wurzelspitzeninfektion *f*
apical long axis apikale Längsachse *f* [lange Achse *f*] *(bei Echokardiographie)*
apical odontoid ligament *s.* apical dental ligament
apical pericementitis apikale Perizementitis *f*
apical periodontitis Apexperiodontitis *f*
apical pick Wurzelspitzenheber *m*
apical pleurisy apikale Pleuritis *f* [Brustfellentzündung *f*]
apical pneumonia Apexpneumonie *f*, Lungenspitzenentzündung *f*
apical preparation Wurzelspitzenvorbehandlung *f*
apical pulse Apexpuls *m*
apical reinfection apikale Reinfektion *f*
apical root amputation Wurzelspitzenamputation *f*
apical root cyst Zahnwurzelzyste *f*, periapikale Zyste *f*
apical root perforation Wurzelspitzenperforation *f*
apical segment apikales Segment *n*, Lungenspitzensegment *n*
apical tuberculosis apikale Tuberkulose *f*, Lungenspitzentuberkulose *f*, Tuberkulose *f* der Lungenspitzen
apical two-chambre 2-D echocardiogramm apikales Zwei-Kammer-2D-Echokardiogramm *n*; apikaler Zwei-Kammer-Blick *m*
apicectomy Apik(o)ektomie *f*, Apikotomie *f*, Wurzelspitzenresektion *f*, Zahnwurzelspitzenamputation *f*, (operative) Wurzelspitzenentfernung *f*, Apektomie *f*
apicitis Apizitis *f*, Zahnwurzelspitzenentzündung *f*
apicoectomy *s.* apicotomy
apicolocator *(Stom)* Wurzelspitzenlokalisator *m*
apicolysis Apikolyse *f (Lösung der Lungenspitzen aus der Pleurakuppel)*
apicostome *(Stom)* Apikostom *n*, Zahnwurzelfreileger *m (Instrument)*
apicostomy *(Stom)* Apikostomie *f*, Zahnwurzelfreilegung *f*
apicotomy *s.* apicectomy
apicurettage *(Stom)* Apikürettage *f*, apikale Kürettage *f*
apiophobia Apiophobie *f (Furcht vor Bienen)*
apiotherapy Apiotherapie *f*, Bienengiftbehandlung *f*
apisination Bienengiftintoxikation *f*
apitoxin Bienengift *n*, Apitoxin *n*
apituitarism 1. Fehlen *n* der Hypophyse; 2. *s.* hypopituitarism
aplacental aplazental, plazentalos, mutterkuchenlos
aplasia Aplasie *f*, (angeborenes) Fehlen *n* eines Organs
aplasia of the abdominal wall Bauchdeckenaplasie *f*
aplastic aplastisch, unvollkommen entwickelt
aplastic anaemia *(Hämat)* aplastische Anämie *f*, Aleucia *f* haemorrhagica, Aleukie *f*, Panmyelopathie *f*, Knochenmarkinsuffizienz *f*
aplastic lymph aplastische Lymphe *f*
apleuria Apleurie *f*, Ekostatismus *m*, Fehlen *n* der Rippen, Rippenlosigkeit *f*
apneumatosis *s.* atelectasis 2.
apneumia (angeborenes) Fehlen *n* der Lunge
apneusis Apneusis *f*, inspiratorischer Atemkrampf *m* [Lungenkrampf *m*]
apneustic Apneusis…, Lungenkrampf…
apneustic breathing *s.* apneusis
apneustic centre Apneusiszentrum *n*
apnoea Apnoe *f*, Atemstillstand *m*, Atemlähmung *f*
apnoea alarm matress Apnoe-Alarmmatratze *f*
apnoea detector Apnoedetektor *m*, Apnoealarmgeber *m*
apnoea monitoring Apnoe-Monitoring *n*, Apnoe-Überwachung *f*
apnoeic apnoisch, apnöisch; Apnoe…
apnoeic pause apnoeische Pause *f*, Apnoepause *f*
apocalyptic phase Apokalyptik *f*, apokalyptische Phase *f*
apocamnosis 1. Apokamnose *f*, schnelle Muskelermüdung *f (z. B. bei Myasthenia gravis)*; 2. Übermüdung *f*
apocarteresis *(Neur)* Apokarteresis *f*, Selbsttötung *f* durch Verhungern
apochromatic objective Apochromat *m*, apochromatisches Objektiv *n*
apocrine apokrin *(Sekretionsform mit apikaler Abtrennung sekrethaltiger Drüsenanteile)*
apocrine gland apokrine Drüse *f*
apocrine sweat apokriner Schweiß *m*
apocrine sweat gland apokrine Schweißdrüse *f*, Duftdrüse *f*
apocrinitis Hidradenitis *f* suppurativa
apodal apodal, fußlos, ohne Füße
apodemialgia *(Neur)* Apodemialgie *f*, Wanderlust *f*
apodia Apodie *f*, (angeborenes) Fehlen *n* der Füße
apodous *s.* apodal
apoenzyme Apoenzym *n (Enzymanteil)*
apoerythrein Apoerythrein *n*, Castle'scher Intrinsic-Faktor *m (fehlt bei perniziöser Anämie)*
apoferritin Apoferritin *n (eisenspeicherndes Protein)*
apogee Krankheitshöhepunkt *m*, Klimax *f*
apoinducer Apoinducer *m (Protein; bei der Transkription)*
apolar apolar, ohne Pol *(z. B. embryonale Zellen)*
apolipoprotein *(Bioch)* Apolipoprotein *n*
apomorphine *(Pharm)* Apomorphin *n (Morphinabkömmling)*
apomorphine hydrochloride *(Pharm)* Apomorphinhydrochlorid *n*
aponeurectomy *(Chir)* Aponeur(os)ektomie *f*, Aponeurosenexstirpation *f*, (operative) Muskelfaszienentfernung *f* [Faszienentfernung *f*]
aponeurorrhaphy *(Chir)* Aponeurorrhapie *f*, Aponeurosennaht *f*, Fasziennaht *f*, Muskelfasziennaht *f*
aponeurosis *(Anat)* Aponeurose *f*, Sehnenkappe *f*, Sehnenhaut *f*, Muskelfaszie *f*, flächenhafte Sehne *f*
aponeurosis of insertion Insertionsaponeurose *f*
aponeurosis of origin Ursprungsaponeurose *f*
aponeurosis of the external abdominal oblique Aponeurosis *f* musculi abdominis obliqui
aponeurosis of the occipitofrontalis muscle Galea *f* aponeurotica, Aponeurosis *f* epicranialis
aponeurositis Aponeurositis *f*, Aponeurosenentzündung *f*
aponeurotic aponeurotisch; Aponeurosen…
aponeurotic portion of the occipitofrontal muscle Galea *f* aponeurotica, Aponeurosis *f* epicranialis
aponeurotome *(Chir)* Aponeurose(n)messer *n*
aponeurotomy *(Chir)* Aponeurotomie *f*, Aponeuroseninzision *f*, Aponeurosen(ein)schnitt *m*
apophanous phase apophäne Phase *f*
apophany phase of delusion Apophänie *f*
apophyseal Apophysen…
apophyseal fracture Apophysenfraktur *f*
apophyseal necrosis Apophyseo(osteo)nekrose *f*, Apophysennekrose *f*
apophyseal separation Apophysenlösung *f*
apophysectomy *(Chir)* Apophysektomie *f*, (operative) Apophysenentfernung *f*

apophyseopathy Apophyseopathie *f*, Apophysenkrankheit *f*
apophyseosis Apophys(e)ose *f (unregelmäßige Verkalkungen der Knochenapophyse)*
apophysial *s.* apophyseal
apophysiary *s.* apophyseal
apophysis Apophyse *f*, Processus *m*, Fortsatz *m*, Knochenfortsatz *m*
apophysitis Apophysitis *f*, Apophysenentzündung *f*
apoplectic apoplektisch; Apoplexie..., Schlaganfall(s)..., Hirnschlag...
apoplectic *(Neur)* Apoplektiker *m*
apoplectic coma Apoplexiekoma *n*, apoplektisches Koma *n*
apoplectic disease apoplektische Erkrankung *f*, Schlaganfallerkrankung *f*
apoplectic dementia apoplektische Demenz *f*
apoplectic fit *s.* apoplexy 1.
apoplectic insult *s.* apoplexy 1.
apoplectic stroke *s.* apoplexy 1.
apoplectic type haemorrhage of the palatal velum apoplektiforme Gaumensegelblutung *f*
apoplectiform apoplektisch, apoplektiform, apoplex(ie)artig, schlaganfallartig
apoplectiform deafness apoplektiforme Ertaubung *f*, akute Ertaubung *f*
apoplexy 1. *(Neur)* Apoplexie *f*, Apoplex *m*, apoplektischer Insult *m*, Hirninfarkt *m*, Hirnschlag *m*, Schlaganfall *m*, Schlagfluss *m*, Apoplexia *f* cerebri; 2. Apoplexie *f*, Massivblutung *f* in ein Organ
apoprotein Apoprotein *n*
apoptosis *f* Apoptose *f*, programmierter Zelltod *m (durch die Zellen selbst)*
apoptotic Apoptose...
aposia Aposie *f*, Durstlosigkeit *f*, Durstmangel *m*
apositia Nahrungsaversion *f*, Speisenabneigung *f*
apostasis *s.* abscess
apostem(a) *s.* abscess
apostematous apostematisch, abszedierend
apostematous cheilitis Lippendrüsenentzündung *f*, Cheilitis *f* aposthematosa
aposthia *(Urol)* Aposthie *f*, (angeborenes) Fehlen *n* der Vorhaut; fehlende Vorhaut *f*
apothecaries' measure Apothekermaß *n*
apothecaries' weight Apothekergewicht *n*
apothecary Apotheker *m*; Drogist *m*
apotransferrin Apotransferrin *n*
apous apodal, fußlos
apozymase Apozymase *f*
apparatus for closure of a bronchial stump Bronchialstumpfnähapparat *m*
apparatus for suturing a stomach stump Magenstumpfnähapparat *m*
apparatus for titration Titrierapparat *m*, Titriergerät *n*, Titrimeter *n*
apparent anaemia Pseudoanämie *f*, Scheinanämie *f*
apparent death Scheintod *m*, Mors *f* putativa
apparent movement Scheinbewegung *f*, autokinetische Perzeption *f*
apparent squint *s.* pseudostrabismus
apparent strabism *s.* pseudostrabismus
apparent volume of distribution scheinbares Verteilungsvolumen *n*
apparition Erscheinung *f*
appear *v* 1. erscheinen, auftreten, zu Tage treten, sich zeigen *(z. B. Symptome)*; ausbrechen *(z. B. Exanthem)*; 2. den Anschein haben, scheinen
appearance 1. Erscheinung *f*, Erscheinungsbild *n*; 2. (äußerer) Anschein *m*, Schein *m*
appearance area sichtbarer Bereich *m*
appearance habitus äußere Erscheinung *f*, äußerer Eindruck *m*, Allgemeineindruck *m (eines Patienten)*
appearance time Erscheinungszeit *f*, Erscheinzeit *f*
appendage Anhängsel *n*, Appendix *f (siehe auch: appendix)*
appendage of the eye Augenanhang *m*, Augenanhangsgebilde *n*
appendalgia Appendalgie *f*, Wurmfortsatzschmerz *m*
appendectomy *(Chir)* Appendektomie *f*, (operative) Wurmfortsatzentfernung *f*, Appendixentfernung *f*
appendectomy clamp Appendektomieklemme *f*
appendectomy from the apex antegrade Appendektomie *f*
appendectomy from the base retrograde Appendektomie *f*
appendectomy instrumentation Appendektomieinstrumentarium *n*
appendectomy retractor Appendektomieretraktor *m*
appendiceal 1. *(Anat)* Appendix..., Anhangs...; 2. *(Anat)* Appendix..., Wurmfortsatz... *(Zusammensetzungen siehe unter: appendix)*
appendiceal abscess appendizitischer Abszess *m*
appendiceal carcinoid Appendixkarzinoid *n*
appendiceal pain point Appendizitisschmerzpunkt *m*, appendizitischer Schmerzpunkt *m*
appendicectomy *s.* appendectomy
appendicism Appendizismus *m (Appendizitissymptomatik ohne Wurmfortsatzbeteiligung)*
appendicitis Appendizitis *f*, Wurmfortsatzentzündung *f*, Blinddarmentzündung *f*, Epityphlitis *f*
appendicitis in pregnancy Schwangerschaftsappendizitis *f*
appendicitis sign Appendizitiszeichen *n*
appendiclausis Appendiklausis *f*, Appendixobstruktion *f*, Wurmfortsatzobliteration *f*
appendicocaecostomy *(Chir)* Appendikozökostomie *f (Zökumdrainage über Wurmfortsatzkatheter)*
appendicocele Appendikozele *f*, Wurmfortsatzhernie *f*
appendicoenterostomy *(Chir)* Appendikoenterostomie *f*
appendicography Appendikographie *f*
appendicolith Appendikolith *m*, Appendixkalkulus *m*, Wurmfortsatzstein *m*
appendicolithiasis Append(ik)olithiasis *f*, Appendixsteinleiden *n*
appendicolysis *(Chir)* Appendikolyse *f*, Appendixlösung *f*, Wurmfortsatzmobilisierung *f*
appendicopathy Appendikopathie *f*, Wurmfortsatzerkrankung *f*
appendicostomy *(Chir)* Appendikostomie *f*, Appendixfistelung *f*, Wurmfortsatzfistelung *f*
appendicovesicocolic fistula appendikovesikokolische Fistel *f*, Wurmfortsatz-Blasen-Kolon-Fistel *f*
appendicular Appendix..., Wurmfortsatz... *(siehe auch unter: appendix)*
appendicular abscess appendizitischer Abszess *m*, Wurmfortsatzabszess *m*
appendicular artery Arteria *f* appendicularis [appendicis vermiformis], Wurmfortsatzarterie *f*
appendicular colic appendizitische Kolik *f*
appendicular lithiasis *s.* appendicolithiasis
appendicular pain Appendizitisschmerz *m*
appendicular pain point Appendizitisschmerzpunkt *m*
appendicular stump Appendixstumpf *m* • **plunge the appendicular stump** *(Chir)* den Appendixstumpf versenken
appendicular vein Vena *f* appendicularis [appendicis vermiformis], Wurmfortsatzvene *f*

appendiculoradiography Appendikuloradiographie *f*, Wurmfortsatzröntgen(kontrast)darstellung *f*
appendix 1. *(Anat)* Appendix *f*, Anhang *m*, Fortsatz *m*; 2. *(Anat)* Appendix *f* vermiformis, Wurmfortsatz *m*, Epityphlon *n (siehe auch unter: appendicular)* • **crush the appendix** *(Chir)* den Wurmfortsatz quetschen • **excise the appendix** die Appendix resezieren, den Wurmfortsatz entfernen • **ligate the appendix** die Appendix ligieren, den Wurmfortsatz abbinden • **remove the appendix** *s.* to excise the appendix
appendix abscess perityphlitischer Abszess *m*, Wurmfortsatzabszess *m*
appendix adenocarcinoma Wurmfortsatzadenokarzinom *n*
appendix adenoma Wurmfortsatzadenom *n*
appendix carcinoma Wurmfortsatzkarzinom *n*
appendix cystadenoma Wurmfortsatzzystadenom *n*
appendix epididymidis Appendixepididymidis *f*
appendix haemorrhage Wurmfortsatzblutung *f*
appendix inversion Wurmfortsatzinversion *f*
appendix mass *s.* periappendicular phlegmon
appendix mucocele Wurmfortsatzmukozele *f*
appendix neuroma Wurmfortsatzneurom *n*
appendix perforation Wurmfortsatzperforation *f*
appendix polyp Wurmfortsatzpolyp *m*
appendix protection forceps Appendixschutzklemme *f*
appendix rupture Wurmfortsatzruptur *f*
appendix volvulus Wurmfortsatzvolvulus *m*
apperception *(Neur)* Apperzeption *f*, (bewusste) Wahrnehmung *f*, Sinneswahrnehmung *f*
apperceptive apperzeptiv, wahrnehmend; Apperzeptions…
appersonation *s.* appersonification
appersonification *(Neur)* Appersonifikation *f*, Appersonation *f (unbewusste Identifikation mit anderen Personen)*
appetence 1. Appetenz *f*, Trieb *m*, Naturtrieb *m*; 2. Verlangen *n*, Begierde *f* • **stimulate appetence** den Appetit anregen [stimulieren]
appetite 1. Appetit *m*, Esslust *f*; 2. Begierde *f f* • **stimulate appetite** den Appetit anregen [stimulieren]
appetite centre Appetitzentrum *n (zur Steuerung des Appetites)*
appetite depressant Appetitzügler *m*, appetithemmendes Mittel *n*
appetite supressant *s.* appetite depressant
appetizer Appetitanreger *m*, appetitanregendes Mittel *n*
applanatic lens system aplanatisches Linsensystem *n*
applanation *(Ophth)* Applanatio(n) *f*, Abflachung *f (der Hornhaut)*
applanation pressure Applanationsdruck *m*
applanation tension Applanationsspannung *f*
applanation tonometer Applanationstonometer *n*, Applanometer *n*
applanation tonometry Applanationstonometrie *f*
applanometer *(Ophth)* Applanometer *n*, Applanationstonometer *n*
applanometry *(Ophth)* Applanometrie *f*, Applanationstonometrie *f*
apple jelly nodule Lupusknötchen *n*
apple picker's disease Apfelpflückerkrankheit *f (durch Fungizide)*
application 1. Anwendung *f*, Anwenden *n*, Verwenden *n*; 2. Auftragung *f*, Auftragen *n*, Aufbringen *n*; 3. Verabreichung *f*, Verabfolgung *f*
application behaviour Auftragungsverhalten *n (z. B. einer Lösung)*
application brush Auftragepinsel *m*
application of a forceps Zangenanlegung *f*, Anwendung *f* einer Zange
application of a medicament Medikamentenapplikation *f*, Medikamentenanwendung *f*
application of a tourniquet Tourniquet-Abbindung *f*, Stauung *f* mittels Tourniquet
application of electrodes Elektrodenanlage *f*, Elektrodenanlegung *f*
application of obstetrical forceps *(Gyn)* Zangenanwendung *f*, Zangengeburt *f*
application of ultrasound Ultraschallanwendung *f*, Beschallung *f*
application software Anwendersoftware *f*
application syringe Applikationsspritze *f*
application technique Applikationstechnik *f*
application time Einwirkungszeit *f*, Einwirkzeit *f*
applicator 1. Applikator *m*, Anwendungsvorrichtung *f*; 2. *(Stom)* Applikator *m*; Spatel *m*, Salbenspatel *m*; 3. *(Rad)* Applikator *m*, Strahlungsgerät *n*; Tubus *m*, Bestrahlungstubus *m*; 4. Schallkopf *m*
applied psychoanalysis *(Neur)* angewandte Psychoanalyse *f*
apply *v* 1. anwenden, verwenden *(z. B. Geräte)*; 2. applizieren, auftragen *(z. B. eine Salbe)*; anlegen *(z. B. einen Verband)*; auflegen *(z. B. ein Pflaster)*; 3. sich bewerben
apply *v* **a clamp on a vessel** eine Klemme an ein Gefäß setzen, ein Gefäß (ab)klemmen
apply *v* **a dressing** einen Verband anlegen
apply *v* **a dressing to a wound** einen Wundverband anlegen, eine Wunde verbinden
apply *v* **a plaster to a wound** ein Pflaster auf eine Wunde kleben, eine Wunde mit Pflaster versorgen
apply *v* **friction** abreiben; abfrottieren, frottieren
apply *v* **ultrasound** Ultraschall anwenden; beschallen
appointment book Bestellbuch *n*, Terminbuch *n*
appointment card Bestellkarte *f*
appointment for blood analysis Blutuntersuchungstermin *m*
appointment for examination Untersuchungstermin *m*
appointment with a doctor Arzttermin *m*
apposition Apposition *f*, Anlagerung *f (z. B. von Schichten)*; Auflagerung *f (z. B. von Zahnstein)*
apposition suture *(Chir)* approximierende Naht *f*
appositional growth appositionelles Wachstum *n*
appraisal Befundung *f*, Auswertung *f*, Bewertung *f*
appraisal of roentgen film Röntgenfilmauswertung *f*
appraisal of X-ray picture Röntgenbildbefundung *f*
appraise *v* befunden, auswerten, bewerten
apprehension Apprehension *f*, Verstehen *n*, Begreifen *n*; Auffassungsgabe *f*
approach Zugang *m*, Zugangsweg *m (z. B. bei einer Operation)*; Ansatz *m*; Vorgehen *n*
approach-aproach conflict *(Psych)* Appetenz-Appetenz-Konflikt *m (bei zwei gleich erstrebenswerten Zielen)*
approach-avoidance conflict *(Psych)* Appetenz-Aversions-Konflikt *m (bei einem zugleich erstrebenswerten und bedrohlichen Ziel)*
appropriate for gestational age infant Reifgeborenes *n*, reifes Neugeborenes *n*
approach treatment geeignete Therapie *f* [Behandlung *f*]
approval Zulassung *f (z. B. eines Medikaments)*
approved zugelassen
approximal proximal, nah gelegen, benachbart; Nachbar…
approximal caries Approximalkaries *f (des Nachbarzahnes)*
approximal cavity Approximalkavität *f*, Approximalhöhle *f*
approximal filling Approximalfüllung *f*
approximal space Approximalraum *m*, Interdentalraum *m*, Zahnzwischenraum *m*
approximal surface Approximalfläche *f*

approximal wall Approximalwand *f*
approximate *v* **the wound's margins with tape stripes** die Wundränder mit Klebestreifen annähern [adaptieren]
approximate value Näherungswert *m*; Anhaltswert *m*
approximation Approximation *f*, Annäherung *f*, Näherung *f*
approximation forceps *(Chir)* Wundrand(anlege)pinzette *f*
approximation method Approximationsverfahren *n*, Näherungsverfahren *n*
approximation tweezers *s.* approximation forceps
approximative consciousness *(Neur)* approximatives Bewusstsein *n*
approximator *(Chir)* Approximator *m (zur Annäherung von Wundrändern)*
apractic Apraxie...
apraxia *(Neur)* Apraxie *f*, Apraxia *f*, Handlungsunfähigkeit *f*
apraxia of lid closure Lidschlussunfähigkeit *f*
apraxia of speech Sprechunfähigkeit *f*
apraxia of walking Gehunfähigkeit *f*
apraxic Apraxie...
apraxic closing in Closing-in *n*
apraxic agraphia apraktische Agraphie *f*
aproctia Imperforatio *f* ani, Analatresie *f*, Mastdarmverschluss *m*, Membranverschluss *m* des Afters
aproctous aproktisch, afterlos
apron 1. *s.* omentum; 2. Schürze *f*
aprosexia Aprosexie *f*, herabgesetzte [fehlende] Aufmerksamkeit *f*
aprosopia *(Terat)* Aprosopie *f*, (angeborenes) Fehlen *n* des Gesichts
aprosopous gesichtslos
aprosopus *(Terat)* Aprosopus *m*, Missgeburt *f* ohne Gesicht
aprotinin Aprotonin *n (Proteinasenhemmer)*
apselaphesia *(Neur)* Apselaphesie *f*, Tastsinnverlust *m*, aufgehobener [fehlender] Tastsinn *m*, Fehlen *n* des Tastsinns
apsychia Ohnmacht *f*, Bewusstlosigkeit *f*
apsithyria *(Neur)* Apsithyria *f*, psychogener Stimmverlust *m*
aptitude Anlage *f*, Begabung *f*, Fähigkeit *f*, Tuchtigkeit *f*
aptitude test Eignungstest *m*, Eignungsprüfung *f*
aptyalia *s.* aptyalism
aptyalism Aptyalismus *m*, Asialie *f*, Fehlen *n* der Speichelsekretion *f*, fehlende Speichelsekretion *f*
APUD cells *(amine precursor uptake and decarboxylation) (Endokr)* Apud-Zellsystem *n*, APUD-Zellen *fpl*, Apud-Zellen *fpl*
apudoma Apudom *n (endokrine Geschwulst aus APUD-Zellen)*
apus Apus *m*, Fußloser *m*; Beinloser *m*
apyogenic apyogen, nicht durch Eiter verursacht
apyous nicht eitrig, nicht purulent
apyretic apyretisch, afebril, fieberfrei, nicht fieberhaft, ohne Fieber (verlaufend)
apyrexia Apyrexie *f*, Fieberlosigkeit *f*, Fieberfreiheit *f*
apyrexial *s.* apyretic
apyrogenetic apyrogen, nicht Fieber erzeugend, kein Fieber hervorrufend
apyrogenic *s.* apyrogenetic
aquacapsulitis Iritis *f* serosa
aquaeduct *(Anat)* Aquaeductus *m*, Kanal *m*, Canalis *m*
aquaeduct of Fallopius Canalis *m* facialis
aquaeduct of Sylvius Aquaeductus *m* cerebri [mesencephali, Sylvii]
aquaeduct of the cochlea Aquaeductus *m* cochleae, Ductus *m* perilymphaticus
aquaeduct occlusion Aquäduktverschluss *m*
aquaeductal Aquädukt...
aquaeductal drainage Aquäduktdrainage *f*
aquaeductal stenosis Aquäduktstenose *f*, Aquäduktvereng(er)ung *f*
aquaeductal syndrome *(Neur)* Aquäduktsyndrom *n (bei Erkrankungen der Aquäduktregion)*
aquaeductus *s.* aquaeduct
aquaphobia Aquaphobie *f*, Hydrophobie *f*, Wasserscheu *f*
aquapuncture 1. subkutane Wasserinjektion *f (Placebotherapie)*; 2. Akupressur(behandlung) *f* mit feinem Wasserstrahl
aquaretic wassertreibend, wasserausscheidend
aquaretic (agent) Aquaretikum *n*, wassertreibendes [wasserausscheidendes] Mittel *n*
aqueous wässrig, wässerig, wasserhaltig; Wasser...; wasserartig
aqueous *s.* aqueous humour
aqueous ammonia Ammoniakwasser *n*
aqueous chamber of the eye Augenkammer *f*, Camera *f* oculi
aqueous emulsion wässrige Emulsion *f*
aqueous extract *(Pharm)* wässriger Extrakt *m*
aqueous humour Augenkammerwasser *n*, Kammerwasser *n*, Humor *m* aqueus
aqueous humour outflow Kammerwasserabfluss *m*
aqueous-influx phenomenon Aschner-Dagnini-Test *m*
aqueous medium wässriges Milieu *n*
aqueous phase wässrige Phase *f*
aqueous solution *(Pharm)* wässrige Lösung *f*
aqueous suspension wässrige Suspension *f*
aqueous vein Kammerwasservene *f*
arabic gum Gummi *n* arabicum
arabinoadenosine *(Bioch)* Arabinoadenosin *n*
arabinocytidine *(Bioch)* Arabinocytidin *n*
arabinofuranosyladenine *(Bioch)* Arabinofuranosyladenin *n*
arabinofuranosylcytosine *(Bioch)* Arabinofuranosylcytosin *n*
arabinose *(Bioch)* Arabinose *f (Pentose)*
arabinose-5′-phosphate Arabinoase-5′-phosphat *n*
arabinoside *(Bioch)* Arabinosid *n*
arabinosis Arabinose *f*, Arabinoseintoxikation *f*
arabinosuria Arabinosurie *f*, Arabinoseausscheidung *f* im Urin
arabinosyladenine *(Bioch)* Arabinosyladenin *n*
arabinosylcytosine *(Bioch)* Arabinosylcytosin *n*
arachidic acid Arachinsäure *f*, Eicosansäure *f*
arachidonic acid *(Bioch)* Arachidonsäure *f*, Eicosantetraensäure *f (Vorstufe von Thromboxan und Prostacyklin)*
arachidonic acid cascade *(Bioch)* Arachidonsäurekaskade *f*
arachnephobia Arachnophobie *f*, Spinnenfurcht
arachnidism Arachnidismus *m*, Spinnenbissvergiftung *f*
arachnitis *s.* arachnoiditis
arachnodactyly Arachnodaktylie *f*, Spinnenfing(e)rigkeit *f*, Dolichostenomelie *f*, (Archard-)Marfan-Syndrom *n*
arachnogastria Arachnogastrie *f*, Spinnenbäuchigkeit *f* *(bei Bauchwassersucht)*
arachnoid 1. arachnoidal, spinnwebenartig; 2. *(Anat)* Arachnoidea..., Spinnenhaut..., Spinnwebenhaut...
arachnoid *(Anat)* Arachnoidea *f*, Spinnwebenhaut *f*
arachnoid cyst Arachnoideazyste *f*
arachnoid knife Arachnoideamesser *n*
arachnoid mater *s.* arachnoid of the brain
arachnoid membrane *(Anat)* Arachnoidea *f*, Spinnwebenhaut *f*

arachnoid naevus *(Derm)* Naevus *m* arachnoideus, Spinnennävus *m*, Spinnenmal *n*
arachnoid of the brain Arachnoidea *f* encephali, Gehirnspinnwebenhaut *f*
arachnoid of the spinal cord Arachnoidea *f* spinalis, Rückenmarkspinnwebenhaut *f*
arachnoidal 1. arachnoidal, spinnwebenartig; 2. *(Anat)* Arachnoidea…, Spinnenhaut…, Spinnwebenhaut…
arachnoidal cyst Arachnoideazyste *f*
arachnoidal granulations Granulationes *fpl* arachnoidales, Arachnoidalzotten *fpl*, Spinnenhautzotten *fpl*
arachnoidal membrane *(Anat)* Arachnoidea *f*, Spinnwebenhaut *f*
arachnoidal sheath *s.* arachnoidal membrane
arachnoidal space *(Anat)* Arachnoidalraum *m*
arachnoidal villi Arachnoidalzotten *fpl*, Spinnenhautzotten *fpl*
arachnoidea *s.* arachnoid
arachnoidean *s.* arachnoidal
arachnoidism *s.* arachnidism
arachnoiditis Arachnoiditis *f*, Arachnitis *f*, Arachnoidea-entzündung *f*, Spinnwebenhautentzündung *f*
arachnopia *s.* pia-arachnoid
Aran-Duchenne dystrophy *(Neur)* Aran'sche Krankheit *f*, Duchenne-Aran'sche Lähmung *f* [Krankheit *f*], spinale progressive Muskelatrophie *f*
Aran-Duchenne syndrome *s.* Aran-Duchenne dystrophy
araneism Araneismus *m*, Spinnengiftintoxikation *f*
Aran's cancer *s.* Balfour's disease
Arantius' ligament Ligamentum *n* venosum [Arantii] *(Überrest des Ductus venosus)*
araphia *(Anat)* Araphie *f*, Spaltbildung *f*, fehlende Nahtbildung *f*, Dysraphie *f*
arbitrary interference *(Psych)* arbiträre [willkürliche] Interferenz *f*
arbitrary orientation beliebige Orientierung *f*
arboreal baumartig, baumähnlich
arborescent arboreszent, baumartig (verzweigt); sich baumartig ausbreitend, baumartig wachsend
arborescent keratitis Keratitis *f* arborescens
arborization Arborisation *f*, baumartige Aufzweigung *f* [Anordnung *f*]
arborization block Arborisationsblock *m*, Verzweigungsblock *m*, Astblock *m (EKG)*
arborization phenomenon *(Gyn)* Arborisationsphänomen *n*, Farnkrautphänomen *n*
arborization test *(Gyn)* Arborisationstest *m*, Farnkrauttest *m*
arborize *v* sich baumartig aufzweigen
arboviral arboviral, Arbovirus…
arbovirus Arbovirus *n*, Enzephalitisvirus *n*
arbovirus encephalitis Arbovirusenzephalitis *f*, Hirnentzündung *f* durch Arboviren
arc-flash conjunctivitis *(Ophth)* Lichtbogenkonjunktivitis *f*, Conjunctivitis *f* electrica
arc-mercury lamp Quecksilberbogenlampe *f*
arc of a circle Arc *m* de circle, Kreisbogen *m (krankhafte Körperhaltung mit extremer Beugung)*
arc perimeter *(Ophth)* Bogenperimeter *n*
arc radiotherapy Pendelbestrahlung *f*
arc scan Bogenabtastung *f*
arcade Arkade *f*
arch *(Anat)* Bogen *m*, Arcus *m*, Gewölbe *n*, Wölbung *f*
arch bending pliers *(Stom)* Bogenbiegezange *f*
arch extension Bogenverlängerung *f*
arch length Bogenlänge *f*, Zahnbogenlänge *f*
arch of the aorta Aortenbogen *m*, Arcus *m* aortae
arch of the foot Fußgewölbe *n*
arch of the pubis Schambogen *m*
arch of the rib Rippenbogen *m*, Arcus *m* costae [costarum]
arch perimeter Bogenumfang *m*, Zahnbogenumfang *m*
arch shape Bogenform *f*, Zahnbogenform *f*
arch support *(Orth)* Senkfußeinlage *f*, orthopädische Einlage *f*
arch width *(Stom)* Bogenbreite *f*, Zahnbogenweite *f*
arch wire *(Stom)* Zahnbogendraht *m*
archaic(-paralogical) thinking *(Neur)* archaisches Denken *n*, Primitivdenken *n*
arched incision *(Chir)* Bogenschnitt *m*
archencephalon *(Embr)* Archenzephalon *n*, Urhirn *n*
archenteric *(Embr)* Archenteron…, Urdarm…
archenteron *(Embr)* Archenteron *n*, Urdarm *m*
archetype *(Neur)* Archetypus *m*
archicerebellum *(Embr)* Archicerebellum *n*, Archeocerebellum *n*, Urkleinhirn *m*
archicoele *(Embr)* Blastozöle *f*
archicortex *(Embr)* Archicortex *m*, Riechhirn *n*
archigaster *s.* archenteron
archinephric canal [duct] Vornierengang *m*
archinephron *(Embr)* Pronephros *m*, Vorniere *f*
arching haematoma reifes [vorgewölbtes] Hämatom *n*
arching pain Blähungsschmerz *m*; schmerzhafte Blähung *f*
archistome *(Embr)* Blastopore *f*, Blastoporus *m*, Urmund *m*
archipallium *(Embr)* Archipallium *n (ältester Hirnmantelteil)*
archive Archiv *n*
archiving Archivierung *f*, Speicherung *f*
archoplasma Archoplasma *n*
arciform bogenförmig
arcing spring contraceptive diaphragm *(Gyn)* Scheidenpessar *n* mit Anpassungsring
arctation Vereng(er)ung *f*, Stenose *f*
arctic hysteria arktische Hysterie *f*
arcuate gebogen, bogenförmig, gewölbt
arcuate arteries Arteriae *fpl* arcuatae renis
arcuate artery Arteria *f* arcuata, Bogenarterie *f*
arcuate artery of the foot Arteria *f* arcuata (pedis), Fußrückenbogenarterie *f*
arcuate eminence *(Anat)* Eminentia *f* arcuata
arcuate ligament of the knee Ligamentum *n* popliteum arcuatum
arcuate ligament of the pubis Ligamentum *n* arcuatum pubis, Symphysenbogenband *n*
arcuate line 1. Linea *f* arcuata (ossis ilii); 2. Arcus *m* tendineus musculi levatoris ani
arcuate pubic ligament *s.* arcuate ligament of the pubis
arcuate scotoma bogenförmiges Skotom *n*, Nervenfaserbündelskotom *n*
arcuate talipes *(Orth)* Talipes *m* arcuatus [cavus], Hohlfuß *m*
arcuate vein Vena *f* arciformis [arcuata], Nierenarkadenvene *f*
arcuation Verbiegung *f*, Verkrümmung *f (z. B. bei Knochen)*
arcus *s.* arch
ARD *s.* acute respiratory disease
ardanaesthesia *s.* thermanaesthesia
ARDS *s.* acute respiratory distress syndrome
area 1. *(Anat)* Area *f*, Zone *f*, Feld *n*, Fläche *f*; 2. *(Anat)* Zentrum *n (im Gehirn)*
area-brightness-comparison Miles-Test *m (zur Bestimmung der Dominanz eines Auges)*
area dose *(Rad)* Flächendosis *f*
area for density comparison *(Rad)* Schwärzungsvergleichsfläche *f*

area free of contrast *(Rad)* Kontrastaussparung *f*
area imaged abgebildetes Gebiet *n*, dargestellter Bereich *m*
area incidence dose *(Rad)* Flächeneinfalldosis *f*
area-length technique Area-Längen-Technik *f*, Flächen-Längen-Methode *f (bei Echokardiographie)*
area of buccal flange Bukkalzone *f*, Bukkalbereich *m*
area of compression *(Rad)* Verdichtungszone *f*
area of condensation *(Rad)* Verdichtungszone *f*
area of contact Kontaktbereich *m*; Berührungsfläche *f*
area of decreased density *(Rad)* Aufhellungsgebiet *n*; Strukturaufhellung *f*
area of dullness Dämpfungsareal *n*, Dämpfungsbereich *m (bei Perkussion)*
area of examination Untersuchungsgebiet *n*
area of infarction Infarktgebiet *n*, Infarktgebiet *n*
area of masseter influence Masseterzone *f*, Masseterbereich *m*
area of most distinct vision *(Ophth)* Macula *f* lutea, gelber Fleck *m*
area of occlusion Verschlussgebiet *n*, Verschlussbereich *m*
area of rarefaction Aufhellungsgebiet *n*
area of the cheek Regio *f* buccalis
area of the clavicle Regio *f* clavicularis
area scanned abgetastetes Gebiet *n*, gescannter Bereich *m*
area selected *(Rad)* Zielbereich *m*
area to be treated Behandlungsgebiet *n*
area under the concentration curve *(Pharm)* Fläche *f* unter der Konzentrationskurve *f*, AUC
areflexia Areflexie *f*, Reflexlosigkeit *f*, Fehlen *n* der Eigenreflexe; fehlende Eigenreflexe *mpl*
arenaceous 1. sandig, sandartig; Sand...; 2. sandhaltig
arenal anuria *(Nephr)* arenale Anurie *f*, Harnbildungsanurie *f*
arenation 1. Sandbadtherapie *f*, Sandbadbehandlung *f*; 2. Sandbad *n*
arenovirus group Arenovirusgruppe *f*
areola 1. Areola *f*, Areole *f*, Hof *m*; 2. Brustwarzenhof *m*; 3. Pupillenring *m*; 4. entzündlicher Hof *m* [Hautring *m*]
areola of nipple Brustwarzenhof *m*, Areola *f* mammae
areolar areolär, hofartig (umgebend), ringartig, ringförmig; Areola..., Hof...
areolar glands Glandulae *fpl* areolares
areolar glands of Montgomery Montgomery'sche Drüsen *fpl*, Glandulae *fpl* areolares (mammae) *(am Brustwarzenhof)*
areolar tissue Zellgewebe *n*
areolitis Areolitis *f*, Brustwarzenhofentzündung *f*
ARF *acute respiratory failure*
argentaffin(e) 1. argentaffin, silbereinlagernd, silberfärbend; 2. *s.* argentophil(e)
argentaffin cell *(Histol, Lab)* argentaffine Zelle *f*
argentaffin carcinoma argentaffines Karzinom *n*, Karzinoid *n*
argentaffin tumour argentaffiner Tumor *m*; Karzinoid *n*
argentaffinity *(Histol)* Argentaffinität *f*, leichte Silberfärbbarkeit *f*
argentaffinoma *(Path)* Argentaffinom *n*; Karzinoid *n*
argentaffinoma of the bronchus Bronchusargentaffinom *n*; Bronchuskarzinoid *n*
argentaffinoma syndrome *(Endokr)* Argentaffinoma-Syndrom *n*; Karzinoid-Syndrom *n*
argentation *(Histol)* Silberfärbung *f*, Versilberung *f*, Silberimprägnierung *f*
argentic 1. silbern, silbrig; 2. silberhaltig; Silber(II)-...
argentic chloride Silber(II)-chlorid *n*
argentic nitrate Silbernitrat *n*
Argentine haemorrhagic fever Argentinisches hämorrhagisches Fieber *n*
argentometric argentometrisch
argentometry Argentometrie *f*
argentophil *s.* argentophile
argentophile *(Histol)* argentophil, argyrophil, silberfreundlich, silberaffin
argentophile fibre argentophile Faser *f*, Retikulinfaser *f*
argentophilic *s.* argentophile
argentous Silber(I)-...
argentous oxide Silber(I)-oxid *n*
arginase *(Bioch)* Arginase *f (Enzym)*
arginase deficiency Arginasemangel *m*
argininaemia Argininämie *f*, (kongenitale) Hyperargininämie *f*
argininaemia syndrome Argininämie-Syndrom *n*
arginine *(Bioch)* Arginin *n*, Arg, α-Amino-δ-guanidyl-n-valeriansäure *f*
arginine amidinase *(Bioch)* Argininamidinase *f (Enzym)*
arginine decarboxylase *(Bioch)* Arginindecarboxylase *f (Enzym)*
arginine deiminase *(Bioch)* Arginindeiminase *f (Enzym)*
arginine dihydrolase *(Bioch)* Arginindihydrolase *f (Enzym)*
arginine glutamate *(Bioch)* Argininglutamat *n (gegen Ammoniakvergiftung)*
arginine hydrochloride Argininhydrochlorid *n*
arginine monohydrochloride Argininmonohydrochlorid *n*
arginine phosphate Arginiphosphat *n*
arginine provocation test Argininprovokationstest *m*, Argininbelastungstest *m*
argininosuccinase *(Bioch)* Argininosuccinase *f*, Argininosukzinatlyase *f (Enzym)*
argininosuccinate *(Bioch)* Argininosuccinat *n*
argininosuccinate acidaemia Argininosukzinoazidämie *f*, Argininbernsteinsäureerhöhung im Blut
argininosuccinate aciduria Argininosukzinoazidurie *f (angeborene Stoffwechselstörung des Harnstoffzyklus)*
argininosuccinate lyase Argininosuccinatlyase *f*, Argininosuccinase *f (Enzym)*
argininosuccinate synth(et)ase Argininsuccinatsynthetase *f (Enzym)*
argininosuccinate synth(et)ase deficiency Argininsuccinatsynthetasemangel *m*, Zitrullinämie *f*, Zitrullinurie *f*
argininosuccinic acid *(Bioch)* Argininbernsteinsäure *f (Argininvorstufe)*
argon Argon *n*, Ar
argon endolaser Argon-Endolaser *m*
argon laser Argonlaser *m*
argon laser choroidotomy *(Ophth)* Argonlaser-Choroidotomie *f*
argon laser iridotomy *(Ophth)* Argonlaser-Iridotomy *f*
argon laser photocoagulation *(Ophth)* Argonlaser-Photokoagulation *f*
argon laser trabecular photocoagulation *(Ophth)* Argonlaser-Trabekel-Photokoagulation *f*, trabekuläre Argonlaser-Photokoagulation *f*
argon laser trabeculoretraction *(Ophth)* Argonlaser-Trabekuloretraktion *f*
argon laser tumour therapy *(Ophth)* Argonlaser-Tumortherapie *f*
Argyll Robertson pupil *(Neur)* Argyll-Robertson'sches Phänomen *n*, reflektorische Pupillenstarre *f*
Argyll Robertson pupil sign *s.* Argyll Robertson pupil
argyria *s.* argyrosis
argyrism Argyrismus *m*, Silbervergiftung *f*
argyrophil(e) *s.* argentophile

argyrophilia *(Histol)* Argyrophilie *f*, Silberfreundlichkeit *f*, Silberfärbbarkeit *f*
argyrosiderosis *(Arb)* Argyrosiderose *f*, Silber- und Eisenstaublunge(nerkrankung) *f*
argyrosis Argyrose *f*, Argyrie *f*, Silberimprägnation *f*, Silbereinlagerung *f* in der Haut; Silbervergiftung *f*
arhinencephalia *s.* arrhinencephalia
arhythmia *s.* arrhythmia
ariboflavinosis Ariboflavinose *f*, Alaktoflavinose *f*, Riboflavinavitaminose *f*, Laktoflavinavitaminose *f*, Vitamin-B_2-Mangelkrankheit *f*
arising cataract *(Ophth)* Cataracta *f* incipiens
arithmetic mean *(Statist)* arithmetisches Mittel *n*
arithmomania *(Neur)* Arithmomanie *f*, Zählzwang *m*, Zwang *m* zum Zählen
Arizona bacteria Arizona-Bakterien *npl*, Arizona-Gruppe *f*
arm Arm *m*, Brachium *n*, obere Extremität *f* • **bend the arm** den Arm anwinkeln [beugen] • **fall on the extended arm** auf den ausgestreckten Arm fallen • **place the arm in a sling** den Arm in einer Schlinge lagern • **straighten the arm** den Arm strecken
arm abduction orthesis Armabduktionsorthese *f*
arm amputation Armamputation *f*
arm amputee Armamputierte(r) *m*
arm board Armbrett *n*, Armpolster *n*, Armschale *f*, Armstütze *f*
arm clasp Armklammer *f*
arm deviation test *(Neur)* Arm-Abweichungstest *m*, Arm-Abweichversuch *m*, Arm-Tonusreaktion *f*
arm extension Armextension *f*
arm extension device Armextensionsgerät *n*, Extensionsvorrichtung *f*
arm-lung time (test) Etherumlaufzeittest *m*, Ätherzeit *f*, ÄZ, Ätherumlaufzeit *f*, Arm-Lunge-Zeit *f*
arm lymphoedema Armlymphödem *n*, Lymphödem *n* des Armes
arm prolapse *s.* arm presentation
arm presentation *(Gyn)* Armvorfall *m (bei der Geburt)*
arm prosthesis Armprothese *f*
arm rest *(Chir)* Armstütze *f*, Armauflage *f*
arm-rest stand Armauflageständer *m*
arm sleeve Armmanschette *f*
arm sling Armschlinge *f*, Mitella *f*
arm splint Armschiene *f*
arm strap Armfessel *f*
arm stump Armstumpf *m*
arm support Armstütze *f*, Arm(auf)lagerungsvorrichtung *f*
arm support clamp Armstützenklemme *f*
arm-to-ear circulation time Arm-Ohr-Kreislaufzeit *f*
arm-tongue time (test) Decholinumlaufzeittest *m*, Decholin-Zeit *f*, DZ, Arm-Zunge-Zeit *f*
armamentarium medizinisch-technische Ausstattung *f*, apparative und medikamentöse Ausrüstung *f*, Armamentarium *n*
armed tapeworm *s.* pork tapeworm
armless armlos, ohne Arme
armlet Armmanschette *f*
armoured heart Panzerherz *n*, Pericarditis *f* calculosa [calcarea]
armoured sling catheter Spiralschlingenkatheter *m*
armpit Achsel(höhle) *f*, Achselgrube *f*, Axilla *f*, Fossa *f* axillaris
army psychiatry Wehrpsychiatrie *f*
Arneth's classification *(Hämat)* Arneth'sches Schema *n* [Einteilungsschema *n*] der Leukozyten, Arneth'sches Leukozytenschema *n*
Arneth's count *s.* Arneth's classification
Arneth's formula *s.* Arneth's classification
Arneth's index *s.* Arneth's classification
Arnold-Chiari malformation Arnold-Chiari-Syndrom *n*, Arnold-Chiari'sche Missbildung *f (Hemmungsmissbildung des Kleinhirns)*
Arnold-Chiari syndrome *s.* Arnold-Chiari malformation
Arnold's neuralgia Arnold'sche Neuralgie *f*, Vagusneuralgie *f*
aromatic 1. aromatisch, wohlriechend, würzig; 2. *(Bioch)* aromatisch
aromatic acid aromatische Säure *f*
aromatic amino acid *(Bioch)* aromatische Aminosäure *f*
aromatic ammonia spirit *(Pharm)* Salmiakgeist *m*
aromatic bath aromatisches Bad *n*
aromatic compound Aromat *n*, aromatische Verbindung *f*
aromatic elixir aromatisches Elixier *n*
aromatic hydrocarbon aromatischer Kohlenwasserstoff *m*
aromatic spirit of ammonia *(Pharm)* Salmiakgeist *m*
arousal level Aufweckreizstärke *f*, Aufwecklevel *m*
arousal reaction Aufwacheffekt *m*, Weckeffekt *m (im Hirnrinden-EEG)*
arouse *v* wecken, wach machen; erwachen, wach werden
arouse *v* **from sleep** aus dem Schlaf reißen; aus dem Schlaf erwachen
arouse *v* **the appetite** den Appetit (er)wecken, den Appetit auslösen
arranged like a string of pearls wie eine Perlschnurkette angeordnet, perlschnurartig aufgereiht
arrangement Anordnung *f*, Aufbau *m*
arrangement of genes Genanordnung *f*
arrector Arrector *m*, Aufrichter *m*, Aufricht(er)muskel *m*
arrector pilorum (muscle) Haaraufrichter(muskel) *m*, Musculus *m* arrector pilorum
arrest *v* **a disease** eine Krankheit stoppen
arrest *v* **bleeding [haemorrhage]** eine Blutung stoppen [stillen, beenden]
arrest Stillstand *m*, Hemmung *f*, Inhibition *f*
arrest of bleeding Blutstillung *f*
arrest of blood supply Blutsperre *f*, Unterbrechung *f* der Blutzufuhr
arrest of growth Wachstumshemmung *f*
arrest of thought Denkhemmung *f*
arrested dental caries Zahnkariesstillstand *m*, Kariesstopp *m*
arrested development *(Gyn, Embryo)* Entwicklungshemmung *f*
arrested growth gehemmtes Wachstum *n*; Wachstumshemmung *f*
arrested heart stillgelegtes Herz *n*; stillstehendes Herz *n*
arrested labour Wehenhemmung *f*
arrested tooth eruption verhinderter Zahndurchbruch *m*
arrhenoblastoma Arrhenoblastom *n*, Androblastom *n* *(Ovarialtumor)*
arrhenogenic arrhenogen, nur männliche Nachkommen erzeugend
arrhenoma *s.* arrhenoblastoma
arrhinencephalia Arrhinenzephalie *f*, Fehlen *n* des Riechhirns
arrhinia Arrhinie *f*, Nasenlosigkeit *f*
arrhinic arrhinisch, nasenlos
arrhythmia Arrhythmie *f*, Herzrhythmusstörung *f*, unregelmäßige Herzschlagfolge *f*, unregelmäßiger Herzschlag *m*
arrhythmia detector Arrhythmiedetektor *m*
arrhythmia mapping Arrhythmie-Mapping *n*
arrhythmia monitor Arrhythmiemonitor *m*
arrhythmia recorder Arrhythmie-Rekorder *m*, Arrhythmieregistriergerät *n*, Arrhythmieschreiber *m*
arrhythmia recording Arrhythmie-Aufzeichnung *f*, Arrhythmieregistrierung *f*, Arrhythmieschreibung *f*
arrhythmia simulator Arrhythmiesimulator *m*

arrhythmic *s.* arrhythmical
arrhythmic episode arrhythmisches Ereignis *n*; Rhythmusstörung *f*
arrhythmical arrhythmisch, rhythmuslos, rhythmusgestört
arrhytmogenesis Arrhythmogenese *f*, Arrhythmieentwicklung *f*, Arrhythmieentstehung *f*
arrhythmogenic arrhythmogen, arrhythmieerzeugend
arrhythmogenic condition arrhythmogener Zustand *m*
arriving echo eintreffendes [ankommendes] Echo *n*
arrosion Arrosion *f*, Anfressen *n*, Annagen *n (z. B. durch Säure)*
arrosion haemorrhage Arrosionsblutung *f*
arrow marking Pfeilmarkierung *f*
arrow poison Pfeilgift *n*
arsenamide Arsenamid *n*
arseniasis (chronische) Arsenvergiftung *f*
arsenic 1. arsenisch; Arsen...; 2. Arsenik...
arsenic 1. Arsen *n*, As; 2. Arsenik *n*, Arsentrioxid *n (Kapillargift)*
arsenic acid Arsensäure *f*
arsenic carcinoma Arsen(ik)krebs *m*
arsenic chloride Arsenchlorid *n*
arsenic compound Arsenverbindung *f*
arsenic content Arsengehalt *m*
arsenic dermatosis Arsendermatose *f*, Arsenausschlag *m*
arsenic dressing Arsenikverband *m*
arsenic encephalopathy Arsenenzephalopathie *f*
arsenic-fast arsen(ik)resistent
arsenic hydride Arsenwasserstoff *m*, Arsin *n*
arsenic hyperkeratosis Arsen(hyper)keratose *f*
arsenic melanosis Arsenmelanose *f*
arsenic necrosis Arsennekrose *f*
arsenic paralysis Arsenparalyse *f*, Arsenlähmung *f*, Muskellähmung *f* bei Arsenvergiftung
arsenic poisoning Arsenvergiftung *f*, Arsenintoxikation *f*
arsenic polyneuritis Arsenpolyneuritis *f*, Nervenentzündung *f* bei Arsenvergiftung
arsenic polyneuropathy Arsenpolyneuropathie *f*
arsenic pulp devitalization Arsenikpulpadevitalisation *f*
arsenic stomatitis Arsenstomatopathie *f*
arsenic tremor Arsentremor *m*
arsenic trioxide Arsenik *n*, Arsentrioxid *n*
arsenical arsenhaltig; Arsen...
arsenicalism (chronische) Arsenikvergiftung *f*
arseniferous arsenhaltig
arsenious acid arsenige Säure *f*
arsenism (chronische) Arsenvergiftung *f*
arsenoresistant arsenresistent
arsenotherapy Arsenotherapie *f*, Arsenbehandlung *f*
arsine Arsin *n*, Arsenwasserstoff *m*
arson Brandstiftung *f*, Pyromanie *f*
arsonvalization Arsonvalisation *f*, Tesla-Strom-Behandlung *f (von Krankheiten mit Hochfrequenzströmen)*
art of healing Heilkunst *f*
art-therapy Gestaltungstherapie *f (Form der Beschäftigungstherapie)*
artefact Artefakt *m*, Kunstprodukt *n*; Fehler *m*; Filmfehler
artefactitious Artefakt...
arterectomy *s.* arteriectomy
arterenol Arterenol *n*, Noradrenalin *n (Sympathikuswirkstoff)*
arteria *s.* artery
arterial arteriell; Arterien..., Schlagader... *(siehe auch unter: artery)*
arterial anastomosis Arterienanastomose *f*
arterial aneurysm Arterienaneurysma *n*
arterial arcade Arterienarkade *f*
arterial arcade of the lower eyelid Arcus *m* palpebralis [tarseus] inferior
arterial arcade of the upper eyelid Arcus *m* palpebralis [tarseus] superior
arterial bleeding arterielle Blutung *f*
arterial blood arterielles Blut *n*, Schlagaderblut *n*
arterial blood gas arterielles Blutgas *n*, ABG
arterial blood oxygen percent saturation prozentuale arterielle Sauerstoffsättigung *f*
arterial blood pressure *s.* arterial pressure
arterial blood tension *s.* arterial pressure
arterial branch Arterienast *m*
arterial bridge *(Chir)* Veneninterponat *n* zwischen Arterien
arterial bulb Bulbus *m* aortae, Aortenbulbus *m*
arterial calcification Arterienverkalkung *f*
arterial capillary Präkapillare *f*, arterielle [arterioläre] Kapillare *f*
arterial catheter arterieller Katheter *m*
arterial catheterization Arterienkatheterung *f*, Arterienkatheterisation *f*
arterial cerebral circle Circulus *m* arteriosus cerebri (Willisi), Hirnbasiskreislauf *m*, Hirnbasisgefäßkranz *m*
arterial circle of the cerebrum *s.* arterial cerebral circle
arterial circle of Willis *s.* arterial cerebral circle
arterial circulation arterielle Zirkulation *f*, arterieller Kreislauf *m*
arterial clamp Arterienklemme *f*
arterial cone Conus *m* arteriosus, Infundibulum *n*
arterial desaturation arterielle Untersättigung *f*, mangelnde Sauerstoffaufsättigung *f*
arterial diastole arterielle Diastole *f*, Schlagaderdiastole *f*
arterial dilatation Arterienerweiterung *f*
arterial dioxide tension arterielle Kohlendioxidspannung *f*
arterial disease Arterienerkrankung *f*, Arteriopathie *f*, Schlagaderkrankheit *f*
arterial Doppler examination arterielle Doppler-Untersuchung *f*, arterielle Doppler-Sonographie *f*
arterial duct Ductus *m* arteriosus, Ductus *m* Botalli
arterial ectasia Arteriektasie *f*, Arterienerweiterung *f*
arterial embolus arterieller Embolus *m*
arterial embolism arterielle Embolie *f*
arterial endothelium Arterienendothel *n*, Schlagaderinnenhaut *f*
arterial erosion arterielle Arrosion *f*; Arterienarrosion *f*
arterial fistula arterielle Fistel *f*, Arterienfistel *f*
arterial gas arterielles Gas *n*, arterielles Blutgas *n*
arterial graft Arterientransplantat *n*; Arterienersatz *m*
arterial haemorrhage Arterienblutung *f*, Schlagaderblutung *f*, arterielle Blutung *f*
arterial headache Migräne *f*, Migränekopfschmerz *m*
arterial hypertension arterieller Hochdruck *m*, Hypertonus *m*
arterial hypertension of renal origin renaler Hypertonus *m*, Nierenhochdruck *m*
arterial hypooxia arterielle Hypoxie *f*
arterial injury arterielle Verletzung *f*, Arterienverletzung *f*
arterial insufficiency arterielle Insuffizienz *f*, arterielle Durchblutungsstörung *f*
arterial insufficiency of lower extremities Unterschenkelarterieninsuffizienz *f*
arterial ligament Ligamentum *n* arteriosum
arterial ligation Arterienligatur *f*, Schlagaderunterbindung *f*
arterial line arterieller Schlauch *f*, arterielle Leitung *f*, arterielle Linie *f (Druckmesskatheter)*
arterial murmur arterielles Strömungsgeräusch *n* [Geräusch *n*], Arteriengeräusch *n*; Arterienrauschen *n*
arterial nephrosclerosis Nierenarteriensklerose *f*
arterial network *(Anat)* Rete *n* arteriosum

arterial obstruction Arterienobstruktion *f*, Schlagaderverstopfung *f*, Schlagaderverlegung *f*
arterial occlusion Arterienokklusion *f*, Arterienverschluss *m*, Schlagaderverschluss *m*
arterial occlusive disease arterielle Verschlusskrankheit *f*, AVK
arterial oxygen saturation arterielle Sauerstoff(auf)-sättigung *f*
arterial oxygen tension *(Physiol)* arterielle Sauerstoffspannung *f*
arterial palpitation arterielle Palpitation *f*, arterielles Pochen *n*
arterial pH arterieller pH(-Wert) *m*, arterieller Blut-pH-Wert *m*
arterial pressure arterieller Blutdruck *m*, arterieller Druck *m*, Arteriendruck *m* • **take the arterial pressure** den arteriellen Druck messen
arterial pressure wave arterielle Druckkurve *f*
arterial pressure wave form arterielle Druckkurvenform *f*
arterial prosthesis *(Chir)* Arterienprothese *f*
arterial pulse arterieller Puls *m*, Arterienpuls *m*
arterial pulse pick-up arterieller Pulsabnehmer *m*, Arterienpulsabnehmer *m*
arterial pump arterielle Pumpe *f*
arterial puncture Arterienpunktion *f*
arterial reconstruction Arterienrekonstruktion *f*, (operative) Schlagaderwiederherstellung *f*, Arterienplastik *f*
arterial repair Arteriennaht *f*, (operative) Arterienversorgung *f*
arterial reservoir arterielles Reservoir *n*
arterial resistance arterieller Widerstand *m*, Arterienwiderstand *m*
arterial rete Rete *n* arteriosum, Arteriengeflecht *n*
arterial retinal tension arterieller Netzhautdruck *m*
arterial sclerosis *s.* arteriosclerosis
arterial substitute *(Chir)* Arterienersatz *m*
arterial supply arterielle Versorgung *f*
arterial systole arterielle Systole *f*, Schlagadersystole *f*
arterial tension arterieller Druck *m*; Pulsspannung *f*
arterial thrill arterielles Schwirren *n*
arterial thrombosis arterielle Thrombose *f*, Schlagaderthrombose *f*
arterial thrombus arterieller Thrombus *m*, arterielles Gerinnsel *n*
arterial transfusion intraarterielle Transfusion *f* [Blutübertragung *f*]
arterial trauma Arterientrauma *n*, Schlagadertrauma *n*, Schlagaderverletzung *f*
arterial trunk Truncus *m* arteriosus, Arterienstamm *m*
arterial wall Arterienwand *f*
arterialization Arterialisierung *f*, Arterialisation *f*, Sauerstoffanreicherung *f* [O_2-Aufsättigung *f*, O_2-Versorgung *f*] des Blutes
arterialize *v* arterialisieren, mit Sauerstoff anreichern [aufsättigen] *(venöses Blut)*
arteriarctia *s.* arteriostenosis
arteriasis Arterien(wand)degeneration *f*, Schlagader-(wand)degeneration *f*
arteriectasia Arteriektasie *f*, Arterienerweiterung *f*, Schlagadererweiterung *f*
arteriectomy Arteriektomie *f*, Arterienexzision *f*, (operative) Arterienentfernung *f*, Angiektomie *f*
arteriectopia Arteriektopie *f*, abnorme Arterienlokalisation *f*
arteriocapillary arteriokapillär
arteriodilating Arteriendilatations…, Arterien dilatierend, Arterien aufweitend [aufdehnend]
arteriofibrosis Arteriofibrose *f*, Schlagaderfibrose *f*, Endangitis *f* obliterans
arteriogenesis Arteriogenese *f*, Arterienbildung *f*, Arterienentstehung *f*
arteriogram 1. Arteriogramm *n*, Röntgen(kontrast)bild *n* der Arterien; 2. *s.* sphygmogram
arteriograph *s.* 1. arteriogram; 2. sphygmograph
arteriographic arteriographisch
arteriographic findings Arteriographiebefund *m*
arteriography 1. Arteriographie *f*, Röntgen(kontrast)darstellung *f* der Arterien; 2. *s.* sphygmography
arteriography of the pelvis Beckenarterien(röntgenkontrast)darstellung *f*
arteriohepatic dysplasia arteriohepatische Dysplasie *f*, Alagille-Syndrom *n*
arteriolar arteriolär; Arteriolen…
arteriolar capillary Präkapillare *f*, arterioläre [arterielle] Kapillare *f*
arteriolar endothelium Arteriolenendothel *n*
arteriolar lumen Arteriolenlumen *n*
arteriolar nephrosclerosis Nierenarteriolensklerose *f*
arteriolar resistance Arteriolenwiderstand *m*
arteriolar sclerosis *s.* arteriolosclerosis
arteriolar vasodilatation Arteriolenerweiterung *f*
arteriole Arteriole *f (präkapillare Arterie)*
arteriolith Arteriolith *m*, Arterienstein *m*
arteriolithic arteriolithisch; Arterienstein…
arteriolitis Arteriolitis *f*, Arteriolenentzündung *f*
arteriolonecrosis Arteriolonekrose *f*, Arteriolennekrose *f*, Arteriolendegeneration *f*
arteriolonecrotic arteriolonekrotisch
arteriolopathy Arteriolopathie *f*, Arteriolenerkrankung *f*
arteriolosclerosis Arteriolosklerose *f*, Arteriolenhyalinisierung *f*
arteriolosclerotic arteriolosklerotisch
arteriolovenous arteriolovenös, Arteriolen-Venolen-…
arteriolovenular arteriolovenös, Arteriolen-Venolen-…
arteriomalacia Arteriomalazie *f*, Arterienerweichung *f*, Schlagadererweichung *f*
arteriomesenteric arteriomesenterial
arteriomesenteric duodenal occlusion arteriomesenterialer Duodenalverschluss *m*, Arteria-mesenterica-superior-Kompressionssyndrom *n*
arteriomesenteric ileus arteriomesenterialer Darmverschluss *m* [Ileus *m*], akuter Duodenalileus *m* [Zwölffingerdarmverschluss *m*]
arteriomotor arteriomotorisch; arteriokonstriktorisch; arteriodilatatorisch
arteriomyomatosis Arteriomyomatose *f*
arterionecrosis Arterionekrose *f*, Schlagadernekrose *f*
arterionephrosclerosis Arterionephrosklerose *f*
arteriopathy Arteriopathie *f*, Arterienerkrankung *f*, Schlagaderkrankheit *f*
arterioplastic arterioplastisch
arterioplasty *(Chir)* Arterienplastik *f*, Arterienrekonstruktion *f*, (operative) Schlagaderwiederherstellung *f*
arteriopressor arteriopressorisch, blutdruckerhöhend, blutdruckhebend
arteriopuncture Arterienpunktion *f*
arteriorenal arteriorenal; Nierenarterien…, Nierenschlagader…
arteriorrhagia Arteriorrhagie *f*, arterielle Blutung *f*
arteriorrhaphy *(Chir)* Arteriorrhaphie *f*, Arteriennaht *f*
arteriorrhexis Arteriorrhexis *f*, Arterienruptur *f*, Arterienzerreißung *f*, Schlagaderriss *m*
arteriosclerosis Arteriosklerose *f*, Arterienverkalkung *f*, Schlagader(wand)verkalkung *f*, Atherosklerose *f*
arteriosclerotic arteriosklerotisch, arterienverkalkend; Arteriosklerose…

arteriosclerotic aneurysm arteriosklerotisches Aneurysma *n*
arteriosclerotic delirium arteriosklerotisches Delirium *n*
arteriosclerotic dementia *(Neur)* arteriosklerotische Demenz *f*
arteriosclerotic disease *s.* arteriosclerosis
arteriosclerotic gangrene arteriosklerotische Gangrän *f*, trockener Brand *m*
arteriosclerotic heart disease arteriosklerotische Herzerkrankung *f*, Koronarsklerose *f*
arteriosclerotic nephritis arteriosklerotische Nephritis *f*
arteriosclerotic parkinsonism arteriosklerotischer Parkinsonismus *m*, Lhermitte-McAlpine-Syndrom *n*
arteriosclerotic retinopathy arteriosklerotische Retinopathie *f*
arteriospasm Arteriospasmus *m*, Arterienkrampf *m*
arteriospastic arteriospastisch; Arterienkrampf…
arteriostenosis Arteriostenose *f*, Arterienstriktur *f*, Schlagadervereng(er)ung *f*
arteriosteogenesis Arteriosteogenese *f*, Arterienkalzifizierung *f*, Arterienverkalkung *f*
arteriotome *(Chir)* Arteriotom *n*, Arterienmesser *n*
arteriotomy *(Chir)* Arteriotomie *f*, Arterienschnitt *m*, (operative) Schlagadereröffnung *f*, Pulsaderinzision *f*
arteriotracheal fistula Arteriotrachealfistel *f*, arteriotracheale Fistel *f*
arteriovasodilator arterienerweiternd, arteriendilatierend
arteriovasodilator (agent) arterienerweiternde Substanz *f*, arteriendilatierender Stoff *m*
arteriovenous arteriovenös, a.v., a.v., A-V-…
arteriovenous anastomosis arteriovenöse Anastomose *f*, Anastomosis *f* arteriovenosa
arteriovenous aneurysm arteriovenöses Aneurysma *n*, Aneurysma *n* arteriovenosum
arteriovenous angioma of the brain arteriovenöses Hirnangiom *n*, zerebrale Angiodysplasie *f* [arteriovenöse Malformation *f*]
arteriovenous coupling arteriovenöse Kopplung *f*
arteriovenous crossing sign *(Ophth)* Gunn'sches Kreuzungsphänomen *n*
arteriovenous fistula arteriovenöse Fistel *f*, AV-Fistel *f*
arteriovenous oxygen difference *(Physiol)* arteriovenöse Sauerstoffdifferenz *f*
arteriovenous pressure difference arteriovenöse Druckdifferenz *f*
arteriovenous shunt arteriovenöser Nebenschluss *m* [Shunt *m*], AV-Shunt *m*
arteritis Arteri(i)tis *f*, Arterienentzündung *f*, Schlagaderentzündung *f*
artery Arterie *f*, Arteria *f*, Schlagader *f* *(siehe auch unter: arterial)*
artery beating Pulsieren *n* (einer Arterie)
artery clamp Arterienklemme *f*
artery cleaner *(Chir)* Ringstripper *m*
artery clip Arterienklammer *f*, arterieller Clip *m*
artery dissector *(Chir)* Arteriendissektor *m*
artery forceps *(Chir)* Arterienklemme *f*
artery of the bulb of the penis Arteria *f* bulbi penis, Harnröhrenschwellkörperarterie *f*
artery of the bulb of the vestibule of the vagina Arteria *f* bulbi vestibuli vaginae, Scheidenvorhofschwellkörperarterie *f*
artery of the penis Arteria *f* penis, Penisarterie *f*
artery of the pterygoid canal Arteria *f* canalis pterygoidei
artery of the round ligament of the uterus Arteria *f* ligamenti teretis uteri, Schlagader *f* des runden Mutterbandes
artery replacement Arterienersatz *m* *(Vorgang)*
artery traction forceps *(Chir)* Arterienfasszange *f*
artery tweezers Unterbindungspinzette *f*
arthral Gelenk…
arthralgia Arthralgie *f*, Gelenkschmerz *m*
arthralgic Arthralgie…, Gelenkschmerz…
arthrectomy *(Chir)* Arthrektomie *f*, Gelenk(teil)resektion *f*, (operative) Gelenkentfernung *f*
arthrempyesis *s.* arthroempyesis
arthritic arthritisch; Gelenkentzündung(s)…
arthritic Arthritiker *m*
arthritic erythema Erythema *n* arthriticum epidemicum
arthritic state Status *m* arthriticus *(bei Gicht)*
arthritis Arthritis *f*, Gelenkentzündung *f*
arthrocele Arthrozele *f*, Gelenkschleimhautbruch *m*
arthrocentesis *(Chir)* Arthrozentese *f*, Gelenkinzision *f*, Gelenkpunktion *f*
arthrochondritis Arthrochondritis *f*, Gelenkknorpelentzündung *f*
arthroclasia *(Chir)* Arthroklasie *f*, Gelenkmobilisation *f*
arthroclasis *s.* arthroclasia
arthroclisis *(Chir)* Arthroklise *f*, chirurgische Gelenkversteifung *f* [Ankylosierung *f*]
arthrodese *v* ein Gelenk versteifen *(durch eine Operation)*; steif werden, im Gelenk versteifen
arthrodesed/be *v* versteift werden *(Gelenk)*
arthrodesis *(Chir)* Arthrodese *f*, (operative) Gelenkversteifung *f*, künstliche Ankylose *f*
arthrodesis footwear Arthrodesenschuhwerk *n*; Arthrodesenschuh *m*
arthrodesis of the shoulder Schultergelenksarthrodese *f*, Schultergelenksversteifung *f*
arthrodia Arthrodia *f*, Kugelgelenk *n*
arthrodial Kugelgelenk…
arthrodial cartilage Gelenkknorpel *m*, Cartilago *f* articularis
arthrodynia Arthrodynie *f*, Gelenkschmerz *m*
arthrodynic Gelenkschmerz…
arthrodysplasia Gelenkdysplasie *f*, (angeborene) Gelenkdeformation *f*, Gelenkfehlbildung *f*
arthroempyesis Gelenkempyem *n*, Gelenk(ver)eiterung *f*
arthroendoscopy *(Chir)* Arthroendoskopie *f*, Gelenkspiegelung *f*
arthroereisis 1. *(Chir)* Arthrorhise *f*, (operative) Gelenkriegelbildung *f*, Sperrung *f* der Gelenkbeweglichkeit; 2. Arthrorhise *f*, Gelenkriegel *m*, Anschlagsperre *f* im Gelenk
arthrofibrosis Arthrodese *f*, Gelenkversteifung *f*
arthrogenous arthrogen, von einem Gelenk ausgehend
arthrogram Arthrogramm *n*, Röntgen(kontrast)bild *n* eines Gelenks
arthrographic arthrographisch, gelenkdarstellend
arthrography Arthrographie *f*, Röntgen(kontrast)darstellung *f* eines Gelenks
arthrography of the hip joint Hüftarthrographie *f*
arthrogryposis Arthrogrypose *f*, Gelenkversteifung *f* infolge Muskelkontraktur
arthrogryposis syndrome *(Päd)* Arthrogryposis *f* multiplex congenita, Myodysplasia *f* fetalis deformans, Arthromyodysplasia *f* congenita, Guérin-Stern'sches Syndrom *n*, angeborene systematisierte Gelenkdysplasie *f*, angeborene Krummgelenkigkeit *f*
arthrokatadysis *(Orth)* Arthrokatadysis *f*, Protrusio *f* acetabuli, intrapelvine Pfannenvorwölbung *f*, zentral gerichtete Pfannenwanderung *f*, Koxarthrolisthesisbecken *n*, Otto-Chroback'sches Becken *n*
arthrokleisis Arthrokleisis *f*, Arthrodese *f*
arthrolith Arthrolith *m*, Gelenkstein *m*
arthrolithiasis Gicht *f*
arthrology Arthrologie *f*, Gelenklehre *f*
arthrolysis Arthrolyse *f*, (operative) Gelenkmobilisation *f*

arthromeningitis *s.* synovitis
arthrometer Arthrometer *n*, Gelenk(winkel)messer *m*
arthrometry Arthrometrie *f*, Gelenk(winkel)messung *f*
arthroncus Arthronkus *m*, Gelenkschwellung *f*, Gelenktumor *m*
arthroneuralgia Arthroneuralgie *f*, Gelenkneuralgie *f*
arthro-ophthalmopathy Arthroophthalmopathie *f*, Arthrophthalmie *f*
arthro-osteo-onychodysplasia Arthroosteoonychodysplasie *f*
arthropathic arthropathisch, gelenkkrank, gelenkleidend
arthropathic psoriasis Psoriasis *f* arthropathica
arthropathology Gelenkpathologie *f*
arthropathy Arthropathie *f*, Gelenkleiden *n*, Gelenkerkrankung *f*
arthrophyte Arthrophyt *m*, Gelenkkörper *m (durch Wachstum entstanden)*
arthroplastic arthroplastisch, gelenkbildend
arthroplasty *(Chir)* Arthroplastik *f*, (operative) Gelenkneubildung *f*, Gelenkrekonstruktion *f*
arthropneumography Arthropneumographie *f*, Gelenkröntgen(kontrast)darstellung *f* nach Lufteinblasung
arthropneumoradiography *s.* arthropneumography
arthropod allergy Insektenallergie *f*
arthropod-borne virus *s.* arbovirus
arthropyosis *s.* arthroempyesis
arthrorisis *s.* arthroereisis
arthrorrhagia Arthrorrhagie *f*, Gelenkhämorrhagie *f*, Gelenk(ein)blutung *f*
arthrosclerosis Arthrosklerose *f*, Gelenk(ver)steifung *f*
arthroscope *(Chir)* Arthroskop *n*, Gelenkspiegel *m*
arthroscopic arthroskopisch, gelenkspiegelnd
arthroscopic surgery arthroskopische Chirurgie *f*
arthroscopy *(Chir)* Arthroskopie *f*, Gelenkspiegelung *f*
arthrosis Arthrose *f*, Arthrosis *f* [Arthropathie *f*] deformans, Arthronose *f*, degeneratives Knochen- und Gelenkleiden *n*
arthrosis of temporomandibular joint Kiefergelenkarthrose *f*
arthrosis of the shoulder joint Schultergelenkarthrose *f*
arthrosonographic arthrosonographisch; Arthrosonographie...
arthrosonography Arthrosonographie *f*, Gelenksonographie *f*
arthrospore Arthrospore *f*
arthrostomy *(Chir)* Arthrostomie *f*, Gelenkfistelung *f*
arthrosynovitis Arthrosynovitis *f*, Gelenk(innen)hautentzündung *f*
arthrosyrinx Gelenkfistel *f*
arthrotic erosion surface arthrotische Abriebfläche *f*
arthrotic spur arthrotischer Randwulst *m*
arthrotome *(Chir)* Arthrotom *n*, Gelenkmesser *n*; Knorpelmesser *n*
arthrotomy *(Chir)* Arthrotomie *f*, (operative) Gelenkeröffnung *f*
arthrotropic arthrotrop, die Gelenke bevorzugend *(z. B. Krankheiten)*
arthrous Gelenk...
Arthus' phenomenon *(Immun)* Arthus-Phänomen *n*, Arthus'sches Phänomen *n*, lokale anaphylaktische Reaktion *f*
articular artikulär, zu einem Gelenk gehörend, ein Gelenk betreffend; Gelenk...
articular calculus freier Gelenkkörper *m*, Gelenkmaus *f*, Corpus *n* liberum [articulare mobile]
articular capsule Gelenkkapsel *f*, Capsula *f* articularis
articular cartilage Gelenkknorpel *m*, Cartilago *f* articularis
articular cartilage prosthesis Gelenkknorpelprothese *f*
articular chondrocalcinosis Gelenkchondrokalzinose *f*, Gelenkknorpelverkalkung *f*
articular chondromatosis Gelenkchondromatose *f*
articular circumference Gelenkumfang *m*, Circumferentia *f* articularis
articular circumference of the head of the radius Circumferentia *f* articularis radii
articular circumference of the head of the ulna Circumferentia *f* articularis ulnae
articular condyle Gelenkkondyle *f*, Gelenkkondylus *m*, Condylus *m* articularis
articular constriction Einklemmung *f*, Gelenksperre *f (z. B. durch Meniskuseinklemmung)*
articular corpuscles Gelenknervenkörperchen *npl*, Corpuscula *npl* vervosa articularia
articular crepitus Gelenkreiben *n*, Crepitus *m* articularis
articular destruction Gelenkzerstörung *f*
articular disk Gelenkscheibe *f*, Discus *m* articularis
articular disk of the acromioclavicular joint Discus *m* articularis articulationis acromioclavicularis
articular disk of the distal radioulnar joint Discus *m* articularis articulationis radioulnaris distalis
articular disk of the sternoclavicular joint Discus *m* articularis articulationis sternoclavicularis
articular disk of the temporomandibular joint Discus *m* articularis articulationis temporomandibularis
articular eminence Tuberculum *n* articulare ossis temporalis
articular facet Facette *f*, Gelenkfacette *f*, kleine Gelenkfläche *f*
articular fever *s.* dengue
articular fracture Gelenkfraktur *f*, Gelenkbruch *m*
articular ligament Gelenkband *n*, Ligamentum *n* articulare
articular muscle Gelenkmuskel *m*, Musculus *m* articularis
articular process Gelenkfortsatz *m*, Processus *m* articularis
articular rete Rete *n* articulare
articular surface 1. Gelenkfläche *f*; 2. *(Stom)* Artikulationsfläche *f*
articular surface of the bone Knochengelenkfläche *f*, Facies *f* articularis (ossium)
articular surface of the head of the rib Facies *f* articularis capitis costae
articular synovectomy Synoviaentfernung *f*, Gelenktoilette *f*
articular tissue Gelenkgewebe *n*
articular tubercle of the temporal bone Tuberculum *n* articulare ossis temporalis
articularis genus (muscle) Musculus *m* articularis genus
articulate *v* 1. (miteinander) artikulieren, in Gelenkverbindung [gelenkiger Verbindung] stehen; 2. artikulieren, deutlich aussprechen
articulated bracket Gelenkarm *m*
articulated bracket stand Gelenkarmstativ *n*
articulated headrest Gelenkkopfstütze *f*
articulated lamp Gelenkleuchte *f*
articulated partial denture *(Stom)* gelenkige Zahnteilprothese *f*, Gelenk-Teilprothese *f*
articulated splint Gelenkschiene *f*
articulating mechanism Artikulationsmechanismus *m*
articulating model Artikulationsmodell *n*
articulating motion Artikulationsbewegung *f*
articulating paper Artikulationspapier *n*
articulating paper holder Artikulationspapierhalter *m*
articulating paper tweezers Artikulationspapierpinzette *f*
articulating plane Artikulationsebene *f*
articulatio *s.* articulation 1.

articulation 1. Articulatio *f*, Gelenk *n*, gelenkige Verbindung *f (Zusammensetzungen siehe unter: articular und joint)*; 2. Artikulation *f*, deutliche Sprachlautbildung *f*; 3. *(Stom)* Artikulation *f (Aneinanderpassen der Ober- und Unterkieferzähne)*
articulation biomechanics Gelenkbiomechanik *f*
articulation facette Artikulationsfacette *f*
articulation foil Artikulationsfolie *f*
articulation force Artikulationskraft *f*
articulation mechanics Gelenkmechanik *f*
articulation of teeth Zahnartikulation *f*
articulation of the pelvis Beckengelenk *n*
articulation of vertebral column Wirbelgelenk *n*; Wirbelsäulengelenk *n*
articulator *(Stom)* Artikulator *m (Instrument)*
articulator joint Artikulatorgelenk *n*
artifact Artefakt *m*; Fehler *m*; Bildfehler *m*
artifact detection Artefakterkennung *f*
artifact quantification Artefaktquantifizierung *f*
artifact rejection Artefaktunterdrückung *f*
artificial künstlich, artifiziell; Kunst...
artificial abortion künstlicher Abort *m*, Schwangerschaftsabbruch *m*
artificial acetabular cup künstliche Hüftgelenkpfanne *f*
artificial airway *(Anästh)* künstlicher Luftweg *m*; Tubus *m*
artificial alimentation künstliche Ernährung *f*
artificial ankylosis künstliche Gelenkversteifung *f*, künstliche Ankylose *f*
artificial anus Kunstafter *m*, künstlicher After *m*, Anus *m* praeternaturalis
artificial arm künstlicher Arm *m*; Armprothese *f*
artificial automatic pulmonary ventilation *(Anästh)* maschinelle Beatmung *f*
artificial B-cell künstliche B-Zelle *f*, künstliche Beta-Zelle *f*
artificial bladder Ersatzblase *f*
artificial blood künstliches Blut *n*; Perfluorokarbone *pl*
artificial bone künstlicher Knochen *m*, Kunstknochen *m*
artificial bronchus künstlicher Bronchus *m*
artificial buccal tooth künstlicher Backenzahn *m*
artificial cardiac pacemaker (künstlicher) Herzschrittmacher *m*
artificial chewing surface künstliche Kaufläche *f*
artificial circulation künstlicher Kreislauf *m*, artifizieller Blutkreislauf *m*
artificial contrast study *(Rad)* künstliche Kontrastuntersuchung *f*
artificial cornea künstliche Kornea *f*, künstliche Augenhornhaut *f*
artificial crown künstliche Zahnkrone *f*
artificial cystostomy künstliche Blasenfistel *f*
artificial dentition *s.* artificial denture
artificial denture künstliches Gebiss *n*, Zahnersatz *m*, Zahnprothese *f*
artificial dermatitis Dermatitis *f* artificialis
artificial ear künstliches Ohr *n*
artificial eye künstliches Auge *n*, Kunstauge *n*; Augenprothese *f*
artificial fecundation künstliche Insemination *f*
artificial feeding künstliche Ernährung *f*
artificial fever künstliches [therapeutisches] Fieber *n*, Heilfieber *n*
artificial finger joint künstliches Fingergelenk *n*; Fingergelenkprothese *f*
artificial foot künstlicher Fuß *m*; Fußprothese *f*
artificial gene künstliches Gen *n*
artificial gigiva künstliche Gingiva *f*, Zahnfleischmaske *f*
artificial hand künstliche Hand *f*; Handprothese *f*
artificial heart künstliches Herz *n*, Kunstherz *n*
artificial heart drive Antrieb *m* des künstlichen Herzens, Kunstherzantrieb *m*
artificial heart of Jarvik type künstliches Herz *n* Typ Jarvik, Jarvik-Herz *n*
artificial heart pacemaker künstlicher Herzschrittmacher *m*, Pacemaker *m*
artificial heart pacemaker failure Herzschrittmacherversagen *n*, Pacemaker-Ausfall *m*
artificial heart recipient Kunstherzempfänger *m*, Empfänger *m* eines künstlichen Herzens
artificial heart valve künstliche Herzklappe *f*, Herzklappenprothese *f*
artificial hibernation *(Anästh)* künstliche Hibernation *f*, künstlicher Winterschlaf *m*
artificial homologous insemination *s.* artificial insemination husband
artificial immunity künstliche [erworbene] Immunität *f*
artificial induction of labour künstliche Geburtseinleitung *f*
artificial insemination künstliche Insemination *f*
artificial insemination donor heterologe Insemination *f*, Insemination *f* mit Spendersperma [fremden Sperma]
artificial insemination husband homologe Insemination *f*, Insemination *f* mit Partnersperma [Sperma des Ehepartners]
artificial intelligence künstliche Intelligenz *f*
artificial intervertebral disk künstliche Bandscheibe *f*
artificial jaw künstlicher Kiefer *m*
artificial kidney künstliche Niere *f*, Dialyseapparat *m*
artificial kidney patient Dialysepatient *m*
artificial labour künstliche [künstlich eingeleitete] Geburt *f*
artificial larynx künstlicher Kehlkopf *m*; Kehlkopfprothese *f*
artificial leg künstliches Bein *n*; Beinprothese *f*
artificial limb Prothese *f*, künstliches Glied *n*, Kunstglied *n*
artificial lung künstliche Lunge *f*, Oxygenator *m*
artificial masticating surface künstliche Kaufläche *f*
artificial menopause künstliche [künstlich eingeleitete] Menopause *f*
artificial nose künstliche Nase *f*, Nasenepithese *f*
artificial nutrition künstliche Ernährung *f*
artificial obsession künstliche Besessenheit *f*
artificial organ künstliches Organ *n*, Organersatz *m*
artificial pacemaker *s.* artificial heart pacemaker
artificial palate Gaumenobturator *m*, Gaumenverschlussplatte *f*
artificial pancreas künstliches Pankreas *n*
artificial placenta künstliche Plazenta *f*
artificial pneumothorax artifizieller [künstlicher, therapeutischer] Pneumothorax *m*
artificial posterior tooth künstlicher Backenzahn *m*
artificial premature delivery künstlich eingeleitete Frühgeburt *f*
artificial premature labour *s.* artificial premature delivery
artificial psychosis artifizielle [künstliche] Psychose *f*
artificial radioactivity künstliche Radioaktivität *f*
artificial radioisotope künstliches radioaktives Isotop *n*
artificial respiration künstliche Atmung *f*, Beatmung *f*, Atemspende *f (z. B. bei Wiederbelebung)*
artificial respiration by stimulation of diaphragm elektrophrenische Atmung *f*
artificial rupture of membranes *s.* amniotomy
artificial skin künstliche Haut *f*
artificial sleep *(Neur)* künstlicher Schlaf *m*
artificial sterilization biotest künstlicher Sterilisationsbiotest *m*
artificial sweetener Süßstoff *m*
artificial tears künstliche Tränen *fpl*; künstliche Tränenflüssigkeit *f*

artificial teeth künstliche [falsche] Zähne *mpl*; (künstliches) Gebiss *n*
artificial tooth cement künstlicher Zahnzement *m*
artificial tooth root künstliche Zahnwurzel *f*
artificial urinary sphincter künstlicher Harnblasensphinkter *m*
artificial ventilation (of the lungs) künstliche Beatmung *f (z. B. durch Narkosegerät)*
artificial vertebra künstlicher Wirbel *m*; Wirbelprothese *f*
artificial voice künstliche [künstlich erzeugte] Stimme *f*, Kunststimme *f*
artiphakic eye Auge *n* mit künstlicher Linse
aryepiglottic aryepiglottisch
aryepiglottic fold Plica *f* aryepiglottica
aryepiglotticus (muscle) Musculus *m* aryepiglotticus
arylamine acetyltransferase Arylaminacetyl(transfer)ase *f*, Arylaminacetokinase *f (Enzym)*
arylesterase Arylesterase *f (Enzym)*
arylsulphatase Arylsulfatase *f (Enzym)*
arylsulphatase B deficiency Arylsulfatase-B-Mangel *m*, Marotoux-Lamy-Syndrom *n*
arylsulphotransferase Arylsulfotransferase *f*, Phenolsulfotransferase *f (Enzym)*
arytenoepiglottic ary(teno)epiglottisch
arytenoid arytenoid, gießbeckenartig
arytenoid cartilage Cartilago *f* arytenoidea, Aryknorpel *m*, Gießbeckenknorpel *m*, Kehlkopfstellknorpel *m*
arytenoid muscle Musculus *m* arytenoideus, Aryknorpelmuskel *m*, Gießbeckenknorpelmuskel *m*
arytenoid-vocal shunt Mozolewski-Shunt *m*
arytenoidectomy *(HNO)* Arytenoidektomie *f*, Aryknorpelexstirpation *f*, (operative) Gießbeckenknorpelentfernung *f*, Stellknorpelresektion *f*
arytenoiditis Arytenoiditis *f*, Aryknorpelentzündung *f*, Gießbeckenknorpelentzündung *f*, Stellknorpelentzündung *f*
arytenoidopexy *(HNO)* Arytenoidopexie *f*, (chirurgische) Aryknorpelfixierung *f*, Gießbeckenknorpelfixation *f*, Stellknorpelbefestigung *f*
As *s.* astigmatism
asbestine asbestartig; Asbest...
asbestos Asbest *m*
asbestos body Asbestkörperchen *n (bei Asbeststaublunge)*
asbestos cap Asbestkappe *f*
asbestos dermatitis Asbestdermatitis *f*
asbestos fibre Asbestfaser *f*
asbestos filter Asbestfilter *m*
asbestos gaze Asbestdrahtnetz *n*
asbestos glove Asbesthandschuh *m*
asbestos mat Asbestmatte *f*
asbestos plate Asbestplatte *f*
asbestos transformation Asbesttransformation *f*, Asbestfaserung *f (von Knorpeln)*
asbestos wool Asbestwolle *f*
asbestosis *(Arb)* Asbestose *f*, Asbestosis *f* pulmonum, Asbeststaublunge(nerkrankung) *f*, Bergflachslunge *f*
ascariasis Askari(di)asis *f*, Askaridose *f*, Spulwurmkrankheit *f*, Spulwurmbefall *m*, Infektion *f* mit Ascaris lumbricoides
ascaricidal askarizid, Askariden tötend
ascaricide (agent) Askaridenmittel *n*, askarizides [Askariden tötendes] Mittel *n*
ascarid Ascaris *f*, Spulwurm *m*
ascaridiasis *s.* ascariasis
ascaridic ileus *(Chir, Gastr)* Askaridenileus *m*
ascaridosis *s.* ascariasis
ascaris *s.* ascarid
Ascaris lumbricoides Ascaris *m* lumbricoides
ascendent lumbal vein Vena *f* lumbalis ascendens
ascending ascendens, aufsteigend, aszendierend
ascending aorta aufsteigende Aorta *f* [Körperschlagader *f*], Aorta *f* ascendens
ascending aorta aneurysma aszendierendes Aortenaneurysma *n*
ascending cervical artery aufsteigende Halsarterie *f*, Arteria *f* cervicalis ascendens
ascending colon aszendierendes Kolon *n*, Colon *n* ascendens, aufsteigender Dickdarm(schenkel) *m*
ascending frontal gyrus Gyrus *m* praecentralis
ascending gonorrhoea aufsteigende Gonorrhö *f*
ascending hemiplegia aufsteigende Hemiplegie *f*
ascending limb aufsteigender Schenkel *m (im Nierentubulus)*
ascending lumbar vein Vena *f* lumbalis ascendens
ascending mesocolon Mesocolon *n* ascendens
ascending myelopathy aszendierende [aufsteigende] Myelopathie *f*
ascending neuropathy aszendierende [aufsteigende] Neuropathie *f*
ascending palatine artery aufsteigende Gaumenarterie *f*, Arteria *f* palatina ascendens
ascending paralysis aufsteigende Paralyse *f* [Lähmung *f*], Landry-Guillain-Barré-Syndrom *n*
ascending parietal gyrus Gyrus *m* postcentralis
ascending pharyngeal artery aufsteigende Schlundarterie *f*, Arteria *f* pharyngea ascendens
ascending poliomyelitis *s.* ascending paralysis
ascending polyneuritis *s.* ascending paralysis
ascending pulpitis aufsteigende Pulpaentzündung *f*
ascending pyelography *(Urol)* retrograde Pyelographie *f*
ascending pyelonephritis aszendierende [aufsteigende] Pyelonephritis *f*
ascending reticular activation system *(Anat, Physiol)* aszendierendes retikuläres Aktivierungssystem *n*, ARAS
ascending tract aufsteigende Bahn *f* [Nervenbahn *f*]
ascending urethral infection aufsteigender Harnröhreninfekt *m*
ascending urethrography retrograde Urethrographie *f*
ascending urography retrograde Urographie *f*
ascent Ascensus *m*, Aufstieg *m (z. B. eines Organs)*
asceticism Askese *f*
aschematia *(Neur)* Körperschemastörung *f*
Aschheim-Zondek (pregnancy) test Aschheim-Zondek-Schwangerschaftstest *m*, AZT, Aschheim-Zondek'sche Schwangerschaftsreaktion *f*, AZR
Aschner's phenomenon Aschner'sches Phänomen *n*, Aschner'scher Reflex *m* [Augendruckversuch *m*]; Aschner'scher Bulbusdruckreflex *m*
Aschoff cell Aschoff-Geipel'sche Riesenzelle *f*
Aschoff's node *s.* atrioventricular node
Aschoff's nodule Aschoff-Geipel'sches Rheumatismusknötchen *n* [Knötchen *n*], Aschoff-Geipel-Knötchen *n*
ascites Aszites *m*, Bauch(fell)wassersucht *f*, Bauchhöhlenhydrops *m*; Wasserbauch *m*, Hydroperitoneum *n* • **detect ascites** Aszites nachweisen
ascites bouillon Aszitesbouillon *f*
ascites cell Asziteszelle *f*
ascites puncture Aszitespunktion *f*
ascites suction Aszitesabsaugung *f*
ascites trocar Aszitestrokar *m*
ascitic aszitisch, bauchwassersüchtig; Aszites...
ascitic agar Aszitesagar *m*
ascitic fluid Aszitesflüssigkeit *f*
ascitic fluid cytology Asziteszytologie *f*

ascitogenous aszitogen, Aszites auslösend [bildend, bewirkend]
Ascoli test (for anthrax) *(Serol)* Ascoli'sche Milzbrandreaktion *f* [Reaktion *f*], Thermopräzipitation *f* zum Milzbrandbakteriennachweis
ascomycete Ascomyzet *m*, Schlauchpilz *m*
ascorbase Ascorbinsäureoxidase *f (Enzym)*
ascorbate Ascorbat *n*
ascorbic acid Ascorbinsäure *f*, Askorbinsäure *f*, 3-Desoxy-3-oxo-L-gulonsäure-γ-8-lacton *n*, Vitamin *n* C, antiskorbutisches Vitamin *n*
ascorbic acid oxidase Ascorbinsäureoxidase *f (Enzym)*
ascorbic acid synthesis Ascorbinsäuresynthese *f*
ascorburia Askorbinsäureausscheidung *f* im Urin
asecretory asekretorisch, ohne Sekretion [Ausscheidung]
asemia *(Neur)* Asemie *f*, Asymbolie *f*, Zeichenunverständnis *n*, Fehlen *n* des Zeichenverständnisses
asepsis Asepsis *f*, Keimfreiheit *f*
aseptic aseptisch, keimfrei, steril
aseptic bone necrosis aseptische Knochennekrose *f*
aseptic conditions sterile Bedingungen *fpl*, Sterilitätsbedingungen *fpl*, Sterilität *f*
aseptic epiphyseal necrosis aseptische Epiphysennekrose *f*
aseptic fever aseptisches Fieber *n*; Resorptionsfieber *n*
aseptic gauze Verbandmull *m*
aseptic meningitis aseptische Meningitis *f*, Virusmeningitis *f*, abakterielle [idiopathische] Gehirnhautentzündung *f*, Meningitis *f* serosa [lymphocytaria benigna]
aseptic necrosis aseptische Nekrose *f*
aseptic necrosis of the femur head aseptische Femurkopfnekrose *f*
aseptic operation aseptische [sterile] Operation *f*
aseptic peritonitis aseptische Peritonitis *f*
aseptic pleurisy aseptische Pleuritis *f* [Brustfellentzündung *f*]
aseptic surgery aseptische [sterile] Chirurgie *f*
aseptic talar necrosis aseptische Talusnekrose *f*, Diaz-Syndrom *n*
aseptic technique aseptische Technik *f (z. B. bei Operationen)*
aseptic ward aseptische Station *f* [Krankenhausstation *f*]
aseptic wound aseptische [sterile] Wunde *f*
asepticism 1. Aseptik *f*, antiseptische [aseptische] Methode *f*, aseptisches Prinzip *n*; 2. Aseptik *f*, keimfreie [aseptische] Wundbehandlung *f*
aseptisize *v* 1. aseptisch behandeln *(z. B. eine Wunde)*; 2. aseptisch [keimfrei] machen, sterilisieren
asexual 1. asexuell, geschlechtslos, ungeschlechtlich *(z. B. Fortpflanzung von Bakterien)*; 2. asexuell, ohne sexuelles Empfinden [Verlangen]
asexuality Asexualität *f*, fehlendes sexuelles Interesse *n*, Fehlen *n* der Libido
ash *v* veraschen
ash Asche *f*
ash content Aschegehalt *m*
ash picture *(Histol)* Aschenbild *n*, Spodogramm *n (nach Mikroveraschung eines Organschnittes)*
ashen-grey cyanosis aschgraue Zyanose *f*
ashing Veraschung *f*, Veraschen *n*
asialia Asialie *f*, Aptyalismus *m*, fehlende Speichelsekretion *f*, Fehlen *n* der Speichelsekretion
Asian influenza virus Influenza-Virus *n* A2
Asian tick-borne rickettsiosis Asiatisches Zeckenbissfieber *n*
Asiatic schistosomiasis *(Trop)* Asiatische Schistosomiasis *f*, Schistosomiasis *f* japonica, Katayama-Krankheit *f*
asiderosis Asiderose *f*, Eisenmangel *m*
asiderotic asiderotisch; Asiderose..., Eisenmangel...
asiderotic anaemia Eisenmangelanämie *f*, asiderotische [sideroprive] Anämie *f*
asocial asozial, ungesellig, kontaktarm, kontaktfeindlich, eigenbrötlerisch
asociality Asozialität *f*, mangelnder Gemeinsinn *m*
asomnia *s.* insomnia
asonia *s.* tone-deafness
asparaginase Asparaginase *f (Enzym)*
asparagine *(Bioch)* Asparagin *n*, Asn, α-Aminobernsteinsäuremonoamid *n*
asparagine synthetase Asparaginsynthetase *f (Enzym)*
asparaginic acid *s.* aspartic acid
aspartame Aspartam *n (Süßstoff)*
aspartase Aspartase *f*, Aspartat-Ammoniak-Lyase *f (Enzym)*
aspartate Aspartat *n*
aspartate aminotransferase Aspartataminotransferase *f*, ASAT, Glutamat-Oxalacetat-Transaminase *f*, GOT *(Enzym)*
aspartate carbamoyltransferase Aspartatcarbamoyltransferase *f*, Aspartattranscarbamylase *f (Enzym)*
aspartate kinase Aspartatkinase *f (Enzym)*
aspartate transaminase *s.* aspartate aminotransferase
aspartate transcarbamylase *s.* aspartate carbamoyltransferase
aspartic acid Asparaginsäure *f*, Asp, Aminobutandisäure *f*, α-Aminobernsteinsäure *f*
aspartylglucosamine Aspartylglukosamin *n*
aspartylglucosaminidase Aspartylglukosaminidase *f (Enzym)*
aspartylglycosaminuria Aspartylglukosaminurie *f (angeborene Stoffwechselkrankheit)*
aspartylglycosylamine Aspartylglycosylamin *n*
aspastic aspastisch, krampflos
aspecific unspezifisch, nicht spezifisch *(z. B. Symptome)*
aspergillar Aspergillus..., Kolbenschimmel..., Gießkannenschimmel...
aspergilloma Aspergillom *n*, Aspergillusmyzetom *n*
aspergillomycosis *(Myk)* Aspergillose *f*, Aspergillusmykose *f*, Aspergillusinfektion *f*, Kolbenschimmel(pilz)erkrankung *f*, Gießkannenschimmel(pilz)krankheit *f*
aspergillosis *s.* aspergillomycosis
aspergillotoxicosis Aspergillotoxikose *f*, Aspergillustoxikose *f*
aspergillus Aspergillus *m*, Kolbenschimmel(pilz) *m*, Gießkannenschimmel(pilz) *m*
aspergillus sepsis Aspergillussepsis *f*
Aspergillus flavus Aspergillus *m* flavus
Aspergillus fumigatus Aspergillus *m* fumigatus, rauchfarbener Kolbenschimmel *m*
Aspergillus niger Aspergillus *m* niger, schwarzer Kolbenschimmel *m*
aspermatic aspermatisch, aspermatös, spermienlos, samenlos
aspermatism *s.* aspermia
aspermatogenesis Aspermatogenese *f*, Samenreifungsstörung *f*, Spermienbildungsstörung *f*
aspermatous *s.* aspermatic
aspermia 1. Aspermie *f*, Aspermatismus *m*, Fehlen *n* der Samenzellen, fehlende Samenbildung *f*; 2. Aspermatismus *m*, Aspermie *f*, fehlender Samenerguss *m*
aspheric asphärisch
aspheric corrective lens asphärische Korrekturlinse *f*, asphärisches Brillenglas *n*
aspheric intraocular lens intraokuläre asphärische Linse *f*
aspherical *s.* aspheric
asphyctic *s.* asphyxial
asphyctous *s.* asphyxial

asphygmia Asphygmie *f*, (temporäre) Pulslosigkeit *f*
asphyxia Asphyxie *f*, Erstickung *f*, Ersticken *n*, Suffokation *f*
asphyxia of the newborn Neugeborenenasphyxie *f*, Asphyxia *f* neonatorum
asphyxial asphyktisch, der Erstickung nahe, erstickend; Asphyxie…
asphyxiant erstickend, Asphyxie bewirkend
asphyxiant (agent) Erstickungsmittel *n*, erstickendes Mittel *n*
asphyxiate *v* ersticken, Asphyxie bewirken [auslösen]
asphyxiated/be *v* 1. erstickt sein; 2. ersticken
asphyxiation *s.* asphyxia
aspirate *v* aspirieren, ansaugen; absaugen
aspirate Aspirat *n*
aspirating needle Aspirationsnadel *f*, Punktionsnadel *f*
aspirating syringe Aspirationsspritze *f*
aspiration 1. Aspiration *f*, Ansaugung *f*, Absaugung *f*; 2. Einatmung *f*, Aspiration *f*, Atemzug *m*; Inhalation *f*
aspiration biopsy Aspirationsbiopsie *f*, Saugbiopsie *f*
aspiration biopsy cytology Aspirationsbiopsiezytologie *f*
aspiration cannula Aspirationskanüle *f*, Saugkanüle *f*
aspiration curettage Aspirationskürettage *f*, Saugkürettage *f*
aspiration cytology Aspirationszytologie *f*, Saugzytologie *f*
aspiration drainage Saugdrainage *f*
aspiration drug abuse Drogenmissbrauch *m* durch Inhalation [Einatmung], Schnüffeln *n*
aspiration flask Aspirationsflasche *f*, Sekretflasche *f*
aspiration liver biopsy Leberaspirationsbiopsie *f*, Lebersaugbiopsie *f*
aspiration of foreign body Fremdkörperaspiration *f*
aspiration of stomach contents *s.* aspiration of vomitus
aspiration of vomitus Mageninhaltaspiration *f*, Aspiration *f* von Mageninhalt
aspiration pneumonia Aspirationspneumonie *f*
aspiration prophylaxis *(Anästh)* Aspirationsprophylaxe *f*
aspiration pyeloscope Aspirationspyeloskop *n*
aspiration technique Aspirationstechnik *f*, Aspirationsverfahren *n*
aspiration test *(Stom)* Aspirationsprobe *f*
aspiration thrombembolectomy *(Chir)* Aspirations(thromb)embolektomie *f*
aspirator Aspirator *m*, Aspirationsapparat *m*, Ansauger *m*, Saugapparat *m*, Sauger *m*
aspirin Aspirin *n*, Acetylsalicylsäure *f*, ASS *(Antirheumatikum, Analgetikum)*
asplenia Asplenie *f*, (angeborenes) Fehlen *n* der Milz
asporogenic asporogen, keine Sporen bildend
asporogenous *s.* asporogenic
asporous sporenlos, ohne Sporen
Assam fever *(Trop, Inf)* Kala-Azar *f*, schwarze Krankheit *f*, Splenomegalia *f* tropica, schwarzes Fieber *n*, Dum-Dum-Fieber *n (durch Leishmanien)*
assay *v* prüfen, analysieren, testen, untersuchen; bestimmen; messen
assay 1. Probe *f*, Prüfung *f*, Analyse *f*, Test *m*, Assay *m*; 2. Probe *f*, Probematerial *n*, Untersuchungsmaterial *n*
assess *v* bewerten, beurteilen; auswerten; befunden
assessing doctor befundender [auswertender] Arzt *m*
assessment Bewertung *f*, Beurteilung *f*, Auswertung *f*, Befundung *f*
assessment of findings Befundauswertung *f*
assessment of the picture quality Bewertung *f* der Bildqualität
assessment of the vascular patency Prüfung *f* der Gefäßdurchgängigkeit
assessment of visual acuity Sehschärfebestimmung *f*
assimilate *v* assimilieren, angleichen, in körpereigene Substanzen umwandeln *(z. B. Nährstoffe)*
assimilated vertebra Assimilationswirbel *m*; Übergangswirbel *m*
assimilation Assimilation *f*, Angleichung *f*
assimilation limit Assimilationsgrenze *f*
assimilation pelvis Assimilationsbecken *n*
assimilatory assimilatorisch; Assimilations…
assist-control mode *(Anästh)* assistiert-kontrollierter Modus *m*, assistiert-kontrolliertes Beatmungsmuster *n*, CMV
assist-control respiration *(Anästh)* assistiert-kontrollierte Beatmung *f*, CMV-Beatmung *f*, assistiert-kontrollierte Spontanatmung *f*
assist-control respirator assistiert-kontrollierter Respirator *m (Beatmungsgerät)*
assistance Assistenz *f*, Hilfe *f*, Beistand *m*
assistance in breech delivery *(Gyn)* Manualhilfe *f*
assistant Assistent *m*; Helfer *m*, Hilfskraft *f*
assistant medical director Oberarzt *m*
assistant professor Professor *m* mit Lehrauftrag; außerordentlicher Professor *m*
assisted circulation assistierte Zirkulation *f*, Unterstützung *f* des Blutkreislaufes, Kreislaufunterstützung *f*
assisted death passive Sterbehilfe *f* [Euthanasie *f*] *(z. B. Giftbeschaffung)*
assisted mechanical ventilation assistierte Beatmung *f*, AMV
assisted reproductive technology assistierte Reproduktionstechnologie *f*, Methoden *fpl* der künstlichen Schwangerschaft
assisted respiration assistitierte Atmung *f*
assisted spontaneous breathing assistierte Spontanatmung *f*, ASB
assisted suicide assistierter Selbstmord *m*, Sterbehilfe *f* auf Wunsch; aktive Sterbehilfe *f* [Euthanasie *f*] *(z. B. Giftanwendung)*
assisted ventilation *s.* assisted respiration
Assmann focus *s.* Assmann's infiltrate
Assmann's disease Assmann-Krankheit *f*, Osteomyelofibrose *f*
Assmann's infiltrate Assmann'scher Herd *m* [Lungenherd *m*], Assmann-Frühinfiltrat *n*, Lungenfrühinfiltrat *n*, infraklavikuläres Lungentuberkuloseinfiltrat *n*
associate *v* assoziieren, gedanklich verbinden, verknüpfen, in Zusammenhang bringen
associate professor außerordentlicher Professor *m*
associate recollection *(Neur)* Erinnerungsassoziation *f*
associated automatic movement *s.* associated movement
associated bleeding Begleitblutung *f*
associated cholecystitis Begleitcholezystitis *f*
associated disease Begleitkrankheit *f*, Begleiterkrankung *f*
associated injury Begleitverletzung *f*
associated movement *(Neur)* (unwillkürliche) Mitbewegung *f*, Begleitbewegung *f*, Synkinese *f*, Reaktivbewegung *f*
associated nystagmus Begleitnystagmus *m*
associated part Nachbargebilde *n*, benachbartes Gebilde *n*
associated symptom Begleitsymptom *n*
associated vaccine Kombinationsvakzine *f*, Kombinationsimpfstoff *m*
association *(Neur, Psych)* Assoziation *f*, Gedankenverbindung *f*, Ideenassoziation *f*, Verknüpfung *f*
association area *(Anat)* Assoziationsareal *n*, Assoziationszentrum *n*, Assoziationsfeld *n*

association cell Assoziationszelle *f*, amakrine Zelle *f*
association constant Assoziationskonstante *f*
association disorder Assoziationsstörung *f*
association-experiment Assoziationsversuch *m*
association fibres Assoziationsfasern *fpl*
association fibres of the cerebrum Fibrae *fpl* arcuatae cerebri
association of ideas *(Neur)* Ideenassoziation *f*
association paralysis *(Neur, Psych)* Assoziationsparalyse *f*
association pathway *(Anat)* Assoziationsbahn *f*
association psychology Assoziationspsychologie *f*
association test *(Neur)* Assoziationsversuch *m*
association time *(Neur)* Assoziationszeit *f*
association word *(Neur)* Assoziationswort *n*
associative database assoziative Datenbank *f*
associative incoherence *(Neur)* inkohärentes Denken *n*
associative inhibition Assoziativhemmung *f*
associative interference *s.* associative inhibition
associative learning Assoziationslernen *n*, assoziatives Lernen *n*
associative looseness *(Neur)* assoziative Lockerheit *f*, assoziative Lockerung *f*, Gedankenabreißen *n*, Gedankenfragmentierung *f (z. B. bei Schizophrenie)*
associative memory assoziatives Gedächtnis *n*, Assoziationsgedächtnis *n*, assoziative Erinnerung *f*
associative play *(Psych)* assoziatives Spiel *n*; assoziatives Spielen *n*
associative reaction Assoziationsreaktion *f*, Assoziationsversuch *m*
associative thinking Assoziationsdenken *n*, assoziatives Denken *n*
assuage *v* lindern *(z. B. Schmerzen)*
astasia *(Neur)* Astasie *f*, Abasie *f*, Stehunfähigkeit *f (infolge motorischer Koordinationsstörung)*
astasia-abasia Astasie-Abasie-Syndrom *n (Geh- und Stehunfähigkeit)*
astasophobia Astasophobie *f*, Stasobasophobie *f*
astatic astatisch
astatic seizure *(Neur)* akinetischer [astatischer] Anfall *m*
asteatosis Asteatosis *f*, fehlende Talgdrüsensekretion *f* [Talgdrüsenabsonderung *f*]
asteatotic eczema asteatotisches [xerotisches] Ekzem *n*, Pruritus *m* hiemalis
aster Aster *m*, Polstrahlung *f*, Plasmastrahlung *f (Mitosefigur)*
astereocognosy *(Neur)* Astereognosie *f*, taktile Agnosie *f*, Stereoagnosie *f*, Tastblindheit *f*, Tastsinnlähmung *f*
astereognosis *s.* astereocognosy
asterion Asterion *n (anthropologischer Messpunkt)*
asternal asternal, brustbeinlos
asternal rib falsche Rippe *f*
asternia Asternie *f*, Fehlen *n* des Sternums [Brustbeins]
asthenia Asthenie *f*, Kraftlosigkeit *f*, Körperschwäche *f*, Schwäche *f*
asthenic 1. asthenisch, kraftlos, schwach *(meist konstitutionell bedingt)*; 2. asthenisch, schmächtig, schlankwüchsig, schmalwüchsig
asthenic Astheniker *m*, schlanker Menschentyp *m*, schmächtiger Mensch *m*
asthenic body build asthenischer Körperbau *m*
asthenic constitution asthenische Konstitution *f*, asthenischer Habitus *m* [Körperzustand *m*]
asthenic habitus *s.* asthenic constitution
asthenic personality asthenische Persönlichkeit *f*
asthenic psychopathy asthenische Psychopathie *f*
asthenic type *s.* asthenic
asthenic's heart Asthenikerherz *n*, asthenisches Herz *n*
asthenocoria Asthenokorie *f*, verlangsamte Pupillenreaktion *f*, Arroyo-Zeichen *n (bei Nebennierenunterfunktion)*
asthenogenesis Asthenieentstehung *f*, Asthenieauslösung *f*, Asthenie(heraus)bildung *f*
asthenope *(Ophth)* Asthenoper *m*
asthenophobia Asthenophobie *f (krankhafte Furcht vor Schwäche)*
asthenopia Asthenopie *f*, Sehschwäche *f*, Kopiopie *f*, rasche Ermüdbarkeit *f* beim Nahesehen, Visus *m* debilitas
asthenopic asthenop, sehschwach, augenschwach
asthenospermia Astheno(zoo)spermie *f*, Schwäche *f* [Vitalitätsverlust *m*] der Spermatozoen
asthenuria Asthenurie *f*, Unfähigkeit *f* zur Harnkonzentrierung
asthma Asthma *n*, Atemnot *f (anfallartig auftretende Kurzatmigkeit)*
asthma crystals Asthmakristalle *mpl*, Charcot-Leyden'sche Kristalle *mpl*
asthma death Asthmatod *m*
asthma due to flour inhalation Mehlasthma *n*
asthma-like asthmaartig, asthmoid
asthmatic asthmatisch; Asthma…
asthmatic Asthmatiker *m*, Asthmakranker *m*, Asthmaleidender *m*
asthmatic breathing Asthmaatmung *f*, asthmatische Atmung *f*
asthmatic bronchitis Asthmabronchitis *f*, asthmatische Bronchitis *f*
asthmatic cough asthmatischer Husten *m*
asthmatic eosinophilia asthmatische Eosinophilie *f*
asthmatic shock [state] Status *m* asthmaticus, Asthmadaueranfall *m*
asthmatiform asthmatiform, asthmaartig
asthmatoid *s.* asthmoid
asthmogenic asthmogen, asthmaauslösend, asthmabewirkend
asthmoid asthmoid, asthmaartig
asthmoid bronchitis asthmoide Bronchitis *f*, Asthmoid *n*
asthmoid respiration asthmoide Atmung *f*, asthmaartiges Atmen *n*
astigmatic astigmatisch, brennpunktlos, nicht punktförmig abbildend, fehlabbildend
astigmatic dial Astigmatismusscheibe *f (für Astigmatismusdiagnostik)*
astigmatic lens astigmatische Linse *f*, Astigmatismuslinse *f*
astigmatic spectacles lens astigmatisches Brillenglas *n*
astigmatism *(Ophth)* Astigmatismus *m*, Stabsichtigkeit *f*, nicht punktförmige Abbildung *f (durch Hornhautverkrümmung)*
astigmatism against the rule Astigmatismus *m* gegen die Regel, inverser Astigmatismus *m*
astigmatism with the rule Astigmatismus *m* nach der Regel, direkter Astigmatismus *m*
astigmatoscope *s.* astigmoscope
astigmometer Astigmometer *n*, Astigmatometer *n*
astigmometry *(Ophth)* Astigmometrie *f*, Astigmatismusbestimmung *f*
astigmoscope Astigmatoskop *n (Astigmatismusprüfgerät)*
astigmoscopy *(Ophth)* Astigmoskopie *f*
astomatous mundlos
astomia Astomie *f*, (angeborenes) Fehlen *n* des Mundes
astomic *s.* astomatous
astomous *s.* astomatous
astragalar *(Anat)* Sprungbein…, Talus…
astragalectomy *(Chir)* Astragalektomie *f*, Talusexstirpation *f*, Talusexzision *f*, (operative) Sprungbeinentfernung *f*
astragalocalcanean *(Anat)* astragalokalkaneal, talokalkaneal; Talus-Kalkaneus-…, Sprungbein-Fersenbein-…

astragalocrural *(Anat)* astragalokrural, talokrural; Talus-Bein-…
astragalofibular *(Anat)* astragalofibular, talofibular; Talus-Fibula-…, Sprungbein-Wadenbein-…
astragaloscaphoid *(Anat)* talonavikulär; Talus-Navicular-…, Sprungbein-Kahnbein-…
astragalotibial *(Anat)* astragalotibial, talotibial; Talus-Tibia-…, Sprungbein-Schienbein-…
astragalus *(Anat)* Astragalus *m*, Talus *m*, Sprungbein *n*
astral astral; Stern…
astringe *v* adstringieren, zusammenziehen
astringency Adstringenz *f*
astringent adstringierend, zusammenziehend
astringent (agent) Adstringens *n*, adstringierendes [zusammenziehendes] Mittel *n*; Adstringentium *n* remedium, blutstillendes [entzündungshemmendes] Mittel *n*
astroblast Astroblast *m (Vorstufe eines Astrozyten)*
astroblastoma *(Path)* Astroblastom *n (unreifes Astrozytom)*
astrocyte Astrozyt *m*, Sternspinnenzelle *f (Gliazelle)*
astrocytic astrozytisch; Astrozyten…
astrocytic glioma *s.* astrocytoma
astrocytoma *(Path)* Astrozytom *n (Hirngeschwulst)*
astrocytosis Astrocytosis *f*, Astrozytose *f*, Astrozytenvermehrung *f*
astroependymoma *(Path)* Astroependymom *n*
astroglia Astroglia *f (Neuroglia aus Astrozyten)*
astroglioma *s.* astrocytoma
astrogliosis 1. *s.* astrocytosis; 2. Astrogliose *f*, Astrozytenproliferation *f*
astroma *s.* astrocytoma
astronaut motion sickness Raumfahrerkrankheit *f*
astrophobia Astrophobie *f (Angst vor Sternen)*
astrosphere Astrosphäre *f*, Plasmastrahlung *f*, Strahlenzone *f (Mitosefigur)*
Astrup method Astrup-Methode *f*, Äquilibriermethode *f* nach Astrup *(zur Bestimmung des Säure-Base-Haushalts)*
Asturian leprosy *s.* pellagra
asyllabla *(Neur)* Asyllabie *f*, Asyllabismus *m* [Unfähigkeit zur Wortsilbenbildung]
asylum Asyl *n*, Anstalt *f*, Irrenanstalt *f*
asylum dysentery *s.* bacillary dysentery
asylum psychiatry Anstaltspsychiatrie *f*
asymboly *(Neur)* Asymbolie *f*, Asemie *f*, Zeichenunverständnis *n*, Fehlen *n* des Zeichenverständnisses
asymmetric asymmetrisch, unsymmetrisch, ungleichmäßig
asymmetric crying facies schiefes Schreigesicht *n*, Aplasie *f* des Musculus depressor anguli oris
asymmetric distribution asymmetrische Verteilung *f*
asymmetric syncephalus Syncephalus *m* asymmetros, Cephalothoracopagus *m* monosymmetros *(Doppelmissgeburt)*
asymmetric tonic neck reflex asymmetrischer tonischer Nackenreflex *m*
asymmetric tooth extraction asymmetrische Zahnextraktion *f*
asymmetropia Asymmetropie *f*, asymmetrisches Sehen *n*
asymmetry Asymmetrie *f*, Ungleichheit *f (z. B. beider Körperhälften)*
asymmetry of the face Gesichtsasymmetrie *f*
asymptomatic asymptomatisch, symptomlos
asymptomatic neurosyphilis asymptomatische Neurosyphilis *f*
asynclitic asynklitisch, nicht achsengerecht; Asynklitismus…
asynclitism *(Gyn)* Asynklitismus *m (Achsenabweichung der Pfeilnaht bei der Geburt)*
asynchronous fixed-rate pacemaker asynchroner starrfrequenter Herzschrittmacher *m*
asynergic asynergisch; Asynergie…
asynergy Asynergie *f*, zerebrale Ataxie *f*, mangelhaftes Zusammenspiel *n* von Bewegungsmuskeln; Koordinationsstörung *f*
asynergy of ventricular ejection Heterodynamie *f*
asynesia *(Neur, Psych)* Dummheit *f*, Beschränktheit *f*, Stumpfsinnigkeit *f*, Stupidität *f*
asynetic dumm, beschränkt; stumpfsinnig, stupid(e)
asystole Asystolie *f*, Systolenausfall *m (z. B. bei Herzblock)*
asystolia *s.* asystole
asystolic asystolisch, systolenlos
asystolic alarm Asystoliealarm *m*
asystolic cardiac rhythm isoelektrische Linie *f (EKG)*
asystolism *s.* asystole
atactic *s.* ataxic
atactiform ataxieförmig; ataxieartig
atactilia *(Neur)* Ataktilie *f*, Berührungssinnverlust *m*
ataractic ataraktisch, gleichmütig, unerschütterlich, seelenruhig, unerschrocken
ataractic (agent) *(Pharm)* Ataraktikum *n*, Psychosedativum *n*, Tranquil(l)izer *m*, Beruhigungsmittel *n*, Anxiolytikum *n*
ataractic analgesia Ataraktanalgesie *f (Anästhesieform)*
ataralgesia Ataralgesie *f (Anästhesieform)*
ataraxia *(Neur)* Ataraxie *f*, Gleichmut *m*, Unerschütterlichkeit *f*, Seelenruhe *f*
ataraxic beruhigend, tranquilisierend
ataraxic *s.* ataractic agent
atavic *s.* atavistic
atavism 1. Atavismus *m*, Wiederauftreten *n* eines Ahnenmerkmals, Entwicklungsrückschlag *m*; 2. Atavismus *m*, wieder auftretendes Ahnenmerkmal *n*
atavistic atavistisch, rückschlagend; Atavismus…
ataxia *(Neur)* Ataxie *f*, Bewegungskoordinationsstörung *f (Muskeldisharmonie)*
ataxia-telangiectasia (syndromc) *(Neur)* Ataxia *f* teleangiectatica, Louis-Bar'sches Syndrom *n*, Louis-Bar-Syndrom *n*, progressive zerebellare Ataxie *f*
ataxiameter *(Neur)* Ataxiemesser *m*, Ataxiemessgerät *n*
ataxic ataktisch, unsicher; ungeordnet, regellos
ataxic aphasia *(Neur)* ataktische Aphasie *f*
ataxic dysarthria *(Neur)* ataktische Dysarthrie *f*
ataxic gait *(Neur)* ataktischer Gang *m*; Kleinhirngang *m*
ataxic speech *(Neur)* ataktische Sprache *f*, Kleinhirnsprache *f*
atebrin psychosis Atebrinpsychose *f*
atelectasis 1. Atelektase *f*, Lungen(abschnitt)kollaps *m*; 2. Apneumatose *f*, (angeborene) Atelektase *f*, fehlende Lungenentfaltung *f (nach der Geburt)*
atelectasis of the newborn Neugeborenenatelektase *f*
atelectatic atelektatisch
atelectatic bronchiectasis atelektatische Bronchiektasie *f*
atelectatic induration Kollapsinduration *f*
atelectatic pneumonia Atelektasenpneumonie *f*
atelectatic rale Atelektaseknistern *n*
ateleiosis *s.* pituitary dwarfism
atelencephalia *s.* ateloencephalia
atelia 1. Atelie *f*, Unterentwicklung *f*, Mangelentwicklung *f*, 2. hypophysärer Zwergwuchs *m*
atelocardia *(Path)* Atelokardie *f*, Herzfehlentwicklung *f*, Herzunterentwicklung *f*
atelocheilia *(Path)* Atelocheilie *f*, Lippenfehlentwicklung *f*, Lippenunterentwicklung *f*
atelocheiria *(Path)* Atelocheiria *f*, Handfehlbildung *f*, Handunterentwicklung *f*

ateloencephalia *(Path)* Ateloenzephalie *f*, Hirnfehlbildung *f*, Gehirnunterentwicklung *f*
ateloglossia *(Path)* Ateloglossie *f*, Zungenfehlbildung *f*, Zungenunterentwicklung *f*
atelognathia *(Path)* Atelognathie *f*, Kieferfehlbildung *f*, Kieferunterentwicklung *f*
atelokinesia Atelokinesie *f*, Tremor *m*
atelomyelia *(Path)* Atelomyelie *f*, Rückenmark(s)fehlbildung *f*, Rückenmarkunterentwicklung *f*
atelopodia *(Path)* Atelopodie *f*, Fußfehlbildung *f*, Fußunterentwicklung *f*
ateloprosopia *(Path)* Ateloprosopie *f*, Gesicht(s)fehlbildung *f*, Gesichtsunterentwicklung *f*
atelorrhachidia *(Path)* Atelorrhachidie *f*, Wirbelsäulenfehlbildung *f*, Wirbelsäulenunterentwicklung *f*
atelostomia *(Path)* Atelostomie *f*, Mundfehlbildung *f*, Mundunterentwicklung *f*
atenolol *(Pharm)* Atenolol *n (Betarezeptorenblocker)*
ATG *s.* antithymocyte globulin
atherectomy Atheromentfernung *f (aus Arterienwand)*
atherectomy catheter Atherektomiekatheter *m*
athelia *(Path)* Athelie *f*, (angeborenes) Fehlen *n* der Brustwarze
atherocoronarosclerosis Koronar(arterien)sklerose *f*, Herzkranzgefäßverkalkung *f*
atheroembolic renal disease (athero)embolische Nierenerkrankung *f*; (athero)embolisches Nierenversagen *n*
atherogenesis *(Path)* Atherogenese *f*, Atheroskleroseentwicklung *f*, Arterioskleroseentstehung *f*
atherogenic atherogen, arteriosklerosierend, arterioskleroseauslösend, arteriosklerosebildend
atheroma 1. Atherom *n*, Grützbeutel *m*, Balggeschwulst *f*, Talg(drüsen)geschwulst *f*, Talgzyste *f*, Steatom *n*, Atheroma *n* cutis; 2. Atherom *n*, atheromatöse Plaque *f (arteriosklerotische Gefäßwandveränderung)*
atheromatosis Atheromatose *f (1. Häufung von Atheromen; 2. degenerative Arterienerkrankung)*
atheromatous atheromatös, grützbeutelartig
atheromatous abscess Atheromabszess *m*, Atheromeinschmelzung *f*
atheromatous degeneration atheromatöse Degeneration *f*
atheromatous plaque atheromatöse Plaque *f(m)*
atherosclerosis Atherosklerose *f*, noduläre Arteriosklerose *f (siehe auch: arteriosclerosis)*
atherosclerotic aneurysm atherosklerotisches Aneurysma *n*
atherosclerotic plaque vaporization Vaporisation *f* von atherosklerotischen Plaques
atherothrombosis Atherothrombose *f*, Thromboseentwicklung *f* aus Plaques
athetoid athetoid, athetotisch; Athetose…
athetoid *(Neur)* Athetotiker *m*
athetoid hyperkinesis *s.* athetosis
athetosic *s.* athetoid
athetosis Athetose *f*, Hammond'sches Syndrom *n (unwillkürliche umständliche Bewegungen bei Hirnläsion)*
athetotic *s.* athetoid
athiaminosis Thiaminmangel *m*, Thiaminmangelkrankheit *f*, Beriberi *f*, Vitamin-B_1-Avitaminose *f*
athlete's foot *s.* dermatophytosis
athlete's heart Sport(ler)herz *n*, Athletenherz *n*
athletic athletisch, muskulös, von athletischem Körperbau
athletic Athletiker *m*, athletischer Mensch(entyp) *m*
athletic body build athletischer Körperbau *m*
athletic constitution athletische Konstitution *f*, athletischer Habitus *m* [Körperzustand *m*]; athletische Verfassung *f*
athletic habitus *s.* athletic constitution
athletic heart syndrome *s.* athlete's heart
athletic mouth protector *s.* athletic tooth guard
athletic tooth guard Sportlerzahnschutz *m*, Sportlermundschutz *m*
athletic type *s.* athletic
athrepsia 1. Athrepsie *f*, Malnutrition *f*, Fehlernährung *f*; Säuglingsdystrophie *f*; 2. Marasmus *m*, Kräfteverfall *m*, Siechtum *n*
athymia Athymie *f*, Fehlen *n* des Thymus
athymic 1. *(Anat)* thymuslos, ohne Thymus; 2. *(Neur)* athym, hypothym, emotionsschwach; antriebslos
athyreosis 1. Athyreose *f*, Fehlen *n* der Schilddrüse, Schilddrüsenagenesie *f*, Schilddrüsenlosigkeit *f*; 2. Athyreose *f*, Schilddrüsenhormonmangel *m*
athyreotic athyreoid, schilddrüsenlos
athyroidism *s.* athyreosis
athyrotic Athyreose…, Schilddrüsenmangel…
atlantal *(Anat)* Atlas…
atlantoaxial *(Anat)* atlantoaxial; Atlantoaxial…, AtlasAxis-…
atlantoaxial dislocation Dislocatio *f* atlantoaxialis, Verrenkung *f* im Atlantoaxialgelenk
atlantoaxial joint Articulatio *f* atlantoaxialis, Atlantoaxialgelenk *n*
atlantoepistrophic *s.* atlantoaxial
atlantooccipital *(Anat)* atlantookzipital; Atlantookzipital…, Atlas-Hinterhaupt-…
atlantooccipital joint Articulatio *f* atlanto-occipitalis, Atlantookzipitalgelenk *n*
atlantooccipital membrane Membrana *f* atlanto-occipitalis, Atlantookzipitalmembran *f*
atlantoodontoid *(Anat)* atlantoodontoid; Atlas-Dens-…
atlas 1. *(Anat)* Atlas *m*, erster [I.] Halswirbel *m*, Kopfträger *m*; 2. Atlas *m*
atlas assimilation Atlasassimilation *f*
atlas of radiographic anatomy Röntgenatlas *m*
atlo-axoid *s.* atlantoaxial
atmosphere Atmosphäre *f*, Luft *f*, Lufthülle *f*
atmosphere of maternal care and stimulation *(Neur, Päd)* affektives Klima *n (Klima der mütterlichen Geborgenheit)*
atmospheric atmosphärisch; Luft…; Atmosphären…
atmospheric blast injury Barotrauma *n*
atmospheric germ Luftkeim *m*
atmospheric humidity Luftfeuchtigkeit *f*, Luftfeuchte *f*
atmospheric pressure atmosphärischer Druck *m*, Luftdruck *m*
atocia (weibliche) Sterilität *f*
atom Atom *n*
atomic absorption Atomabsorption *f*
atomic absorption flame spectrometer Atomabsorptions-Flammenspektrometer *n*
atomic absorption flame spectrometry Atomabsorptions-Flammenspektrometrie *f*
atomic absorption spectral analysis Atomabsorptionsspektralanalyse *f*
atomic absorption spectrometry Atomabsorptionsspektrometrie *f*
atomic absorption spectrophotometer Atomabsorptionsspektrophotometer *n*
atomic absorption spectrophotometry Atomabsorptionsspektrophotometrie *f*
atomic absorption spectroscope Atomabsorptionsspektroskop *n*
atomic absorption spectroscopy Atomabsorptionsspektroskopie *f*
atomic bomb injury Atombombenschädigung *f*
atomic fluorescence spectrometer Atomfluoreszenzspektrometer *n*

atomic fluorescence spectrometry Atomfluoreszenzspektrometrie *f*
atomic mass Atommasse *f*
atomic mass number Atommassenzahl *f*, Massenzahl *f*
atomic nucleus Atomkern *m*
atomic number Atomzahl *f*, Kernladungszahl *f*, Ordnungszahl *f*
atomic spectroanalysis Atomspektralanalyse *f*
atomic spectroscopy Atomspektroskopie *f*
atomic waste atomarer Müll *m*
atomic weight Atomgewicht *n*
atomization Atomisierung *f*, Verneblung *f*, Zerstäubung *f*, Zerstäuben *n*
atomize *v* atomisieren, zerstäuben, vernebeln, (ver)sprühen, sprayen
atomizer Zerstäuber *m*, Vernebler *m*, Sprüher *m*, Einbläser *m*, Sprayapparat *m*
atomizing agent Sprühmittel *n*
atomizing bottle Sprühflasche *f*
atomizing can Sprühdose *f*
atomizing gun Sprühpistole *f*
atomizing liquid Sprühflüssigkeit *f*, Vernebelungsflüssigkeit *f*
atomizing of drugs Medikamentenvernebelung *f*
atomy *(Anat)* Gerippe *n*, Skelett *n*
atonia *s.* atony
atonic atonisch, erschlafft, schlaff, völlig entspannt, tonuslos
atonic-astatic syndrome atonisch-astatisches Syndrom *n*
atonic bladder atonische Harnblase *f*, Blasenatonie *f*, Beutelblase *f*
atonic constipation atone Konstipation *f* [Verstopfung *f*]
atonic-diplegic cerebral palsy Diplegia *f* atonica congenita
atonic drop attack prostrativer Anfall *m*
atonic paralysis atone [atonische] Paralyse *f*, schlaffe Lähmung *f*
atonic seizure *(Neur)* atonischer Anfall *m*
atonic ureter atonischer Ureter *m*, Ureteratonie *f*
atonic uterine bleeding atonische Gebärmutterblutung *f*
atonic uterine haemorrhage *s.* atonic uterine bleeding
atonicity Atonizität *f*
atony Atonie *f*, Erschlaffung *f*, Schlaffheit *f*, völliges Fehlen *n* des Muskeltonus
atony of the oesophagus Ösophagusatonie *f*
atony of the stomach Magenatonie *f*
atopic atopisch
atopic asthma atopisches [allergisches] Asthma *n*
atopic cataract atopische Katarakt *f*, Ekzemstar *m*
atopic dermatitis atopische Dermatitis *f*, Atopik-Dermatitis *f*, atopisches Ekzem *n*, Neurodermatitis *f*
atopic eczema *s.* atopic dermatitis
atopic reagin atopisches Reagin *n*
atopy *(Immun)* Atopie *f*, erbliche Überempfindlichkeit *f*, Allergiebereitschaft *f*
atoxic atoxisch, ungiftig
ATP *s.* adenosine triphosphate
ATPase *s.* adenosine triphosphatase
atrabiliary schwermütig, melancholisch
atrabilious *s.* atrabiliary
atracurium besylate *(Pharm, Anästh)* Atracuriumbesilat *n* *(Muskelrelaxans)*
atransferrinaemia Atransferrinämie *f*, (angeborener) Transferrinmangel *m*
atransferrinaemic anaemia Transferrinmangelanämie *f*
atraumatic atraumatisch, nicht traumatisierend [verletzend]
atraumatic needle *(Chir)* atraumatische Nadel *f*
atresia Atresie *f*, Atresia *f*, Fehlen *n* einer natürlichen Körperöffnung
atresia of iter Aquäduktstenose *f*
atresia of mitral orifice Mitral(klappen)atresie *f*
atresia of the right atrioventricular opening Trikuspidal(klappen)atresie *f*
atresia of the tricuspid orifice Trikuspidal(klappen)-atresie *f*
atresic *s.* atretic
atretic atretisch, verschlossen, nicht eröffnet
atretic follicle Corpus *n* atreticum, degenerierter Eierstockfollikel *m*; Follikelatresie *f*, Atresia *f* folliculi
atretocystia *(Path)* Atretozystie *f*, Blasenatresie *f*
atretogastria *(Path)* Atretogastrie *f*, (angeborenes) Fehlen *n* der Magenöffnungen
atretometria *(Path)* Atretometrie *f*, Gebärmutteratresie *f*
atretopsia *(Path)* Atretopsie *f*, Pupillenatresie *f*, Membrana *f* pupillaris persistens
atretorrhinia *(Path)* Atretorrhinie *f*, Nasenatresie *f*
atretostomia *(Path)* Atretostomie *f*, Mundatresie *f*
atreturethria *(Path)* Atreturethrie *f*, Urethraatresie *f*, Harnröhrenatresie *f*
atrial atrial; Herzvorhof..., Vorhof..., Herzvorkammer..., Vorkammer...
atrial activity Vorhofaktivität *f*
atrial appendage Herzohr *n*, Auricula *f* cordis
atrial appendectomy Herzohrresektion *f*, (operative) Herzohrentfernung *f*
atrial arrhythmia Vorhofarrhythmie *f*
atrial beat Vorhofsystole *f*
atrial conduction Vorhofleitung *f*
atrial conduction system atriales Leitungssystem *n*
atrial contraction Vorhofkontraktion *f*
atrial-controlled pacemaker vorhofgesteuerter Schrittmacher *m*
atrial diastole Vorhofdiastole *f*
atrial electrode Vorhofelektrode *f*
atrial emptying phase Vorhofentleerungsphase *f*
atrial excitability Vorhoferregbarkeit *f*
atrial excitation Vorhoferregung *f*
atrial excitation wave Vorhoferregungswelle *f*
atrial extrasystole Vorhofextrasystole *f*
atrial fibrillation Vorhofflimmern *n* *(Herzrhythmusstörung)*
atrial filling pressure Vorhoffüllungsdruck *m*
atrial flutter Vorhofflattern *n* *(Herzrhythmusstörung)*
atrial gallop (sound) Vorhofgalopp *m*
atrial hypertrophy Vorhofhypertrophie *f*
atrial myxoma Vorhofmyxom *n*
atrial natriuretic factor *s.* atrial natriuretic hormone
atrial natriuretic hormone atriales natriuretisches Hormon *n*, atrialer natriuretischer Faktor *m*, ANF
atrial pacemaker Vorhofschrittmacher *m*
atrial pacing Vorhofstimulation *f*, Vorhof-Pacing *n*
atrial premature complex *s.* atrial extrasystole
atrial pressure Vorhofdruck *m*
atrial pressure curve Vorhofdruckkurve *f*
atrial rhythm Vorhofrhythmus *m*
atrial sensing Vorhofsensing *n*, atriales Sensing *n*, Vorhofwahrnehmung *f*
atrial septal aneurysm Vorhofseptumaneurysma *n*
atrial septal anomaly Vorhofseptumanomalie *f*
atrial septal defect Vorhofseptumdefekt *m*, ASD
atrial septum Vorhofseptum *n*, Vorhofscheidewand *f*, Septum *n* interatriale
atrial signal Vorhofsignal *n*
atrial silicone catheter Vorhofsilikonkatheter *m*
atrial standstill Vorhofstillstand *m*
atrial stimulation Vorhofstimulation *f*, Vorhofreizung *f*

atrial synchronous pacemaker vorhofgesteuerter Schrittmacher *m*
atrial systole Vorhofsystole *f*
atrial tachyarrhythmia Vorhoftachyarrhythmie *f*
atrial tachycardia Vorhoftachykardie *f*
atrial-triggered pacemaker vorhofgetriggerter Schrittmacher *m*
atrial tumour Vorhoftumor *m*
atrial wave Vorhofwelle *f*
atrichia Atrichie *f*, Atrichose *f*, Haarlosigkeit *f*, Fehlen *n* der Haare
atrichosis *s.* atrichia
atrichous haarlos
atriocommissurotomy *(Chir, Kard)* Atriokommissurotomie *f (der Mitralklappe)*
atriodigital dysplasia *s.* heart-hand syndrome
atriofemoral bypass atriofemoraler Bypass *m*
atrioseptal *(Anat)* atrioseptal; Vorhofseptum...
atrioseptopexy *(Chir)* Atrioseptopexie *f*, operativer Vorhofseptumverschluss *m*
atrioseptoplasty *(Chir)* Atrioseptoplastik *f (Rekonstruktion des Vorhofseptums)*
atrioseptostomy *(Chir)* Atrioseptostomie *f*, (operative) Vorhofseptumfistelung *f*
atriotomy *(Chir)* Atriotomie *f*, (operative) Vorhoferöffnung *f*
atriovasal angle *(Rad)* atriovasaler Winkel *m*, Gefäß-Vorhof-Winkel *m*
atrioventricular *(Anat)* atrioventrikulär, AV, av; Herzvorhof-Herzkammer-..., Vorhof-Kammer...
atrioventricular band *s.* atrioventricular bundle
atrioventricular block Atrioventrikularblock *m*, atrioventrikulärer Block *m*, AV-Block *m*
atrioventricular bundle *(Anat)* Atrioventrikularbündel *n*, AV-Bündel *n*, Fasciculus *m* atrioventricularis, His'sches Bündel *n (Herzreizleitung)*
atrioventricular canal Atrioventrikularkanal *m*, AV-Kanal *m*
atrioventricular complex Vorhof-Kammer-Komplex *m*
atrioventricular conduction atrioventrikuläre Überleitung *f*, AV-Überleitung *f*, Vorhof-Kammer-Überleitung *f*
atrioventricular conduction disturbance atrioventrikuläre Reizleitungsstörung *f*
atrioventricular conduction time atrioventrikuläre Überleitungszeit *f*, Vorhof-Kammer-Überleitungszeit *f*
atrioventricular cushion Atrioventrikularkissen *n*
atrioventricular dissociation atrioventrikuläre Dissoziation *f*, AV-Dissoziation *f*, Vorhof-Kammer-Dissoziation *f*
atrioventricular dissociation with interference Interferenzdissoziation *f (Überleitungsstörung bei Herzblock)*
atrioventricular extrasystole atrioventrikuläre Extrasystole *f*, AV-Knoten-Extrasystole *f*
atrioventricular frequency dissociation atrioventrikuläre Frequenzdissoziation *f*
atrioventricular furrow *s.* atrioventricular sulcus
atrioventricular heart block *s.* atrioventricular block
atrioventricular interval atrioventrikuläres Intervall *n*, AV-Intervall *n*
atrioventricular junction atrioventrikulärer Übergang *m*
atrioventricular line Atrioventrikularlinie *f*
atrioventricular nodal variable rhythm variabler AV-Knotenrhythmus *m*, Atrioventrikularknotenarrhythmie *f*, AV-Knotenrhythmusstörung *f*, AV-Knotenausbruch *m*; AV-Knotenextrasystolie *f*
atrioventricular node *(Anat)* Atrioventrikularknoten *m*, AV-Knoten *m*, Aschoff-Tawara'scher Knoten *m*, Nodus *m* atrioventricularis *(Herzreizleitung)*
atrioventricular node artery Atrioventrikularknotenarterie *f*
atrioventricular orifice *(Anat)* Orificium *n* [Ostium *n*] atrioventriculare *(Öffnung zwischen Herzvorhof und Herzkammer)*
atrioventricular pacemaker atrioventrikulärer Schrittmacher *m*
atrioventricular rhythm Atrioventrikular(knoten)rhythmus *m*, AV-Rhythmus *m*, Knotenrhythmus *m*
atrioventricular septum *(Anat)* Atrioventrikularseptum *n*, AV-Septum *n*, Vorhof-Kammer-Scheidewand *f*, Septum *n* atrioventriculare
atrioventricular sequential stimulation sequenzielle Vorhof-Kammer-Stimulation *f*
atrioventricular sulcus *(Anat)* Sulcus *m* atrioventricularis
atrioventricular synchronization atrioventrikuläre Synchronisierung *f*
atrioventricular synchrony atrioventrikuläre Synchronität *f*
atrioventricular tachycardia Atrioventrikulartachykardie *f*, AV-Knotentachykardie *f*
atrioventricular valve *(Anat)* Atrioventrikularklappe *f*, AV-Klappe *f*, Valvula *f* atrioventricularis
atrioventricular valve ring Atrioventrikularklappenring *m*
atrioventricularis communis gemeinsamer Atrioventrikularkanal *m* [AV-Kanal *m*], Canalis *m* atrioventricularis communis
atrium 1. Atrium *n*, Vestibulum *n*, Vorraum *m*, Vorhof *m*; 2. *s.* atrium of the heart
atrium of infection Infektions(eintritts)pforte *f*, Krankheitserregereintrittsstelle *f*
atrium of the heart Herzvorhof *m*, Atrium *n* cordis
atrophic 1. atrophisch, atroph, abmagernd; 2. atrophisch, atroph, schrumpfend, schwindend
atrophic anaemia aplastische Anämie *f* [Blutarmut *f*]
atrophic arthritis Rheumatoidarthritis *f*
atrophic bronchiectasis atrophische [atrophe] Bronchiektasie *f*
atrophic bronchitis Bronchitis *f* atrophica, atrophische [atrophe] Bronchitis *f*
atrophic cell atrophische Zelle *f*
atrophic chronic acrodermatitis Akrodermatitis *f* chronica atrophicans (Herxheimer)
atrophic chronic pharyngitis Pharyngitis *f* chronica atrophicans
atrophic cirrhosis Pfortaderzirrhose *f*, portale Zirrhose *f*
atrophic colitis Colitis *f* atrophica
atrophic degeneration atrophische Degeneration *f*
atrophic dry pharyngitis Pharyngitis *f* chronica sicca
atrophic fracture atrophische Fraktur *f*, atroph(isch)er Knochenbruch *m*
atrophic gastritis atrophische Gastritis *f* [Magenschleimhautentzündung *f*], Gastritis *f* atrophicans
atrophic glossitis atrophische Glossitis *f* [Zungenentzündung *f*], Hunter'sche Glossitis *f*
atrophic laryngitis Laryngitis *f* atrophica
atrophic maxillary sinusitis atrophische Kieferhöhlenentzündung *f*
atrophic myotonia *s.* myotonic muscular atrophy
atrophic papulosquamous dermatitis *s.* Degos' disease
atrophic paralysis atrophe [atrophische] Paralyse *f*
atrophic rhinitis Rhinitis *f* atrophicans (cum foetore), Ozeana *f*
atrophic vaginitis atrophe [atrophische] Vaginitis *f*
atrophic vascular poikiloderma Poikilodermia *f* atrophicans vasculare
atrophoderma Atrophoderma *n*, Hautatrophie *f*
atrophodermatose Atrophodermatose *f*
atrophodermia Atrophodermie *f*, atrophe Hauterkrankung *f*

atrophoedema angioneurotisches Ödem *n*
atrophy *v* 1. atrophieren, abmagern; 2. atrophieren, (ein)schrumpfen, schwinden; verkümmern; sich zurückbilden
atrophy 1. Atrophie *f*, (starke) Abmagerung *f*; 2. Atrophie *f*, Schrumpfung *f*, Schwund *m*, Rückbildung *f*, Verkümmerung *f*
atrophy of an organ system Systematrophie *f*
atrophy of disuse Inaktivitätsatrophie *f*
atrophy of the breast Brust(drüsen)atrophie *f*
atrophy of the liver Leberatrophie *f*
atrophy of the muscle Muskelatrophie *f*
atropine of the thymus Thymusatrophie *f*
atropine Atropin *n*, DL-Hyoscyamin *n (Alkaloid)*
atropine cycloplegia Ziliarmuskellähmung *f* durch Atropin
atropine drops *(Pharm)* Atropintropfen *mpl*, Guttae *fpl* atropini
atropine sulphate Atropinsulfat *n*, Atropinum *n* sulfuricum
atropine sulphate poisoning Atropinsulfatvergiftung *f*
atropine test Atropintest *m*
atropinic delirium Atropindelir(ium) *n*
atropinism Atropinvergiftung *f*, Atropinintoxikation *f*
atropinization Atropinzufuhr *f*, Atropintherapie *f*, Atropinbehandlung *f*
atropinize *v* atropinisieren, Atropin zuführen; mit Atropin behandeln
atropism *s.* atropinism
A.T.S. *s.* antitetanus serum
attach *v* 1. befestigen, anheften, festmachen *(z. B. Elektroden)*; verbinden; 2. anhaften, haften, verbunden sein *(z. B. Viren)*; 3. inserieren, ansetzen *(z. B. ein Muskel)*
attach *v* **the ECG leads** die EKG-Elektroden anlegen
attach *v* **to cell surface** an der Zelloberfläche haften
attached epithelial cuff epithelialer Verschluss *m*, Epithelkragen *m*
attached tooth gum anhaftende Gingiva *f*, angewachsenes Zahnfleisch *n*
attachment 1. Ansatz *m*; 2. Bindung *f*, Haftung *f*, Haften *n*; Befestigung *f*, Anheftung *f*; 3. Bindungsverhalten *n (der Säuglinge)*; 4. *(Stom)* Befestigung *f*, Geschiebe *n*
attachment anchoring Geschiebeverankerung *f*
attachment apparatus Zahnhalteapparat *m (den Zahn haltendes Gewebe)*
attachment connection Geschiebeverbindung *f*
attachment crown Geschiebekrone *f*
attachment disorder *(Psych)* Beziehungsstörung *f*
attachment prosthetics Geschiebeprothetik *f*
attachment site 1. Ansatzstelle *f*, Befestigungsort *m*; Anheftungsstelle *f*, Haftstelle *f*; 2. *(Stom)* Einschiebestelle *f*, Einsatzort *m (z. B. einer Prothese)*
attachment technique Geschiebetechnik *f*
attack *v* 1. befallen *(z. B. Krankheiten den Körper)*; 2. angreifen *(z. B. Säuren die Haut)*
attack Attacke *f*, Anfall *m*; Schub *m*; Insult *m* • **control an attack** einen Anfall behandeln; eine Kolik beseitigen
attack of a disease Krankheitsattacke *f*, Krankheitsanfall *m*
attack of acute cholecystitis akuter Cholezystitisanfall *m*
attack of aerophobia Aerophobieanfall *m*
attack of angina Angina-(pectoris-)Anfall *m*
attack of arrhythmia Arrhythmieanfall *m*
attack of hydrophobia hydrophobischer Anfall *m*, Hydrophobie *f*
attack of pain Schmerzattacke *f*, Schmerzanfall *m*
attack of renal colic Nierenkolikanfall *m*, akute Nierenkolik *f*
attempt at resuscitation Wiederbelebungsversuch *m*
attempted suicide Suizidversuch *m*, Selbstmordversuch *m*
attend *v* behandeln, pflegen
attend *v* **on a patient** einen Patienten pflegen; einen Patienten betreuen
attendant Begleiter *m*, Begleitperson *f*
attendant bleeding Begleitblutung *f*
attendant haemorrhage *s.* attendant bleeding
attending (doctor) *(AE)* Oberarzt *m*; konsultierender Arzt *m*, Konsilarius *m*
attending physician konsultierender Arzt *m*, Konsilarius *m*; behandelnder Arzt *m*; Dienst habender Arzt *m*
attention Aufmerksamkeit *f* • **concentrate attention** die Aufmerksamkeit konzentrieren [ausrichten] • **fix attention** die Aufmerksamkeit fixieren [konzentrieren]
attention deficit *(Neur)* Aufmerksamkeitsschwäche *f*, Aprosexie *f*
attention deficit hyperactivity disorder *(Neur)* Aufmerksamkeits- und Hyperaktivitätsstörung *f*
attention disorder Aufmerksamkeitsstörung *f*
attention limit Warnlimit *n*, Warnbereich *m*
attention-seeking psychopath *(Neur)* geltungssüchtiger Psychopath *m*
attention-seeking psychopathic personality geltungssüchtiger Psychopath *m*
attenuate *v* 1. mildern *(Krankheitssymptome)*; vermindern, abschwächen *(die Virulenz pathogener Keime)*; 2. verdünnen
attenuated measles vaccine abgeschwächte Masernvakzine *f*, abgeschwächter Masernimpfstoff *m*
attenuated virus abgeschwächtes [attenuiertes] Virus *n*
attenuated virus vaccine abgeschwächte Virusvakzine *f*, abgeschwächter Virusimpfstoff *m*
attenuation Attenuierung *f*, Milderung *f (z. B. von Krankheitssymptomen)*; Verminderung *f*, Abschwächung *f*, Schwächung *f (der Virulenz pathogener Keime)*; Dämpfung *f*
attenuation curve Absorptionskurve *f*
attenuation data Absorptionsdaten *pl*
attenuation equivalent Gleichwert *m*
attenuation factor Schwächungsfaktor *m*
attenuation in tissue Gewebedämpfung *f*
attenuation of radiation Strahlenabschwächung *f*
attic *(Anat)* Atticus *m*, Paukenhöhlenkuppel *f*, Recessus *m* epitympanicus *(Teil der Paukenhöhle)*
attic suppuration Paukenhöhlenkuppel(ver)eiterung *f*, Vereiterung *f* des Recessus epitympanicus
atticitis Attizitis *f*, Paukenhöhlenkuppelentzündung *f*, Entzündung *f* des Recessus epitympanicus
atticoantrotomy *(HNO)* Attikoantrotomie *f*, (operative) Eröffnung *f* des Antrum tympanicum und des Recessus epitympanicus
atticomastoid *(Anat)* Paukenhöhlenkuppel-Warzenfortsatz-...
atticotomy *(HNO)* Attikotomie *f*, (operative) Eröffnung *f* des Recessus epitympanicus
atticotympanotomy *(HNO)* Attikotympanotomie *f*, (operative) Eröffnung *f* des Trommelfells und des Recessus epitympanicus
attitude 1. Körperhaltung *f*, Haltung *f*, Körperstellung *f*, Stellung *f*; 2. Verhalten *n*, Haltung *f*, Standpunkt *m*; Einstellung *f*
attitude types *(Neur)* Einstellungstypen *mpl (extrovertierte und introvertierte Persönlichkeitstypen)*
attitudinal isolation *(Neur)* einstellungsbedingte Isolierung *f*, Einstellungsisolation *f (soziale Isolation infolge eigener Wertvorstellungen)*
attitudinal reflex Haltungsreflex *m*, statotonischer Reflex *m*; Stellreflex *m*

attolens aurem (muscle) oberer Ohrmuskel *m*, Musculus *m* auricularis superior
attonity *(Neur)* Attonität *f*, Stupor *m*, Regungslosigkeit *f* *(bei katatoner Schizophrenie)*
attracted to areas of injury/be *v* vom Gebiet der Verletzung angezogen werden *(z. B. Leukozyten)*
attraction 1. Reiz *m*, Anziehungskraft *f*; 2. *(Stom)* Attraktion *f (Gesichtsverkürzung infolge Höherstand der Kiefer)*
attraction cone Empfängnishügel *m*
attrahens aurem (muscle) vorderer Ohrmuskel *m*, Musculus *m* auricularis anterior
attrition 1. Erosion *f*, Abreibung *f*, Abschürfung *f*, Wundreiben *n*; 2. Abnutzung *f (Gelenk)*; 3. Abrieb *m*, Zahnabrieb *m*, Zahnabnutzung *f*, parafunktionelle Abrasion *f*
attrition murmur Perikarditisreibegeräusch *n*, extraperikardiales Reibegeräusch *n* [Reiben *n*]
attrition resistance Abriebfestigkeit *f*, Abriebwiderstand *m*
atypia Atypie *f*, Abweichung *f*, abweichender Typ *m*
atypical atypisch, untypisch, nicht typisch; abweichend
atypical affective disorder *(Neur)* atypische affektive Störung *f*
atypical amyloid atypisches Amyloid *n*
atypical amyloidosis atypische Amyloidose *f*, Paraamyloidose *f*
atypical anxiety syndrome *(Neur)* atypisches Angstsyndrom *n*
atypical avian plague atypische Geflügelpest *f*
atypical chondrodystrophy atypische Chondrodystrophie *f*, Morquio-Syndrom *n*
atypical depression *(Neur)* atypische Depression *f*
atypical facial pain atypischer Gesichtsschmerz *m*, primär autochthoner Gesichtsschmerz *m*
atypical factitious disorder with physical symptoms *(Neur)* atypische vorgetäuschte Störung *f* mit körperlichen Symptomen
atypical gender disorder *(Neur)* atypische Störung *f* der Geschlechtsidentität
atypical impulse control disorder *(Neur)* atypische Störung *f* der Impulskontrolle
atypical measles syndrome atypisches Masernsyndrom *n*
atypical paranoid disorder *(Neur)* atypische paranoide Störung *f*
atypical paraphilia *(Neur)* atypische Paraphilie *f*
atypical pneumonia (primär) atypische Lungenentzündung *f*
atypical psychosis *(Neur)* atypische Psychose *f*
atypical resection of the liver atypische Leberresektion *f*
atypical somatoform disorder *(Neur)* atypische somatoforme Störung *f*
atypical stereotyped movement disorder *(Neur)* atypische stereotype Bewegungsstörung *f*
atypical verrucous endocarditis Endocarditis *f* Libman-Sacks
audibility limit *(HNO)* Hör(barkeits)grenze *f*, Hörbereich *m*
audible hörbar, audibel, vernehmbar, akustisch
audible range Hörbereich *m*
audible signal akustisches Signal *n*
audimutism Audimutitas *f*, Hörstummheit *f (Stummheit bei erhaltenem Hörvermögen)*
audio link Sprechverbindung *f*
audioanalgesia *(Anästh)* Audioanalgesie *f*
audiogenic audiogen, schallinduziert
audiogenic epilepsy audiogene Epilepsie *f*
audiogram *(HNO)* Audiogramm *n*, Hörkurve *f*, Hörkurvenbild *n*
audiolingual audiolingual
audiologic *s.* audiological
audiological audiologisch, gehörkundlich; Audiologie…
audiologist Audiologe *m*, Gehörspezialist *m*
audiology Audiologie *f*, Gehörkunde *f*, Lehre *f* vom Hören
audiometer *(HNO)* Audiometer *n*, elektroakustisches Hörprüfgerät *n*, Höhrschärfemessgerät *n*
audiometer calibration Audiometerkalibrierung *f*, Audiometerabgleichung *f*
audiometer calibration scheme Audiometerkalibrierungsschema *n*
audiometric audiometrisch, gehörmessend; Audiometrie…
audiometric audibility limit Hörfeld *n*
audiometric curve Audiogramm *n*, Hörkurve *f*, Hörkurvenbild *n*
audiometric examination audiometrische Untersuchung *f*
audiometric monitoring audiometrisches Monitoring *n*
audiometrist *(HNO)* Audiometriespezialist *m*, Gehörvermesser *m*
audiometry *(HNO)* Audiometrie *f*, Gehörprüfung *f*, audiometrische Hörschärfebestimmung *f*
audiospectrometer *(HNO)* Audiospektrometer *n*, Hörspektrummessgerät *n*
audiovisual audiovisuell
audiphone Audiphon *n*, Hörapparat *m*, Hörgerät *n*
audition 1. Audition *f*, Hören *n*; 2. Audition *f*, Hörvermögen *n*, Gehör *n*
audition of thoughts *(Neur)* Gedankenlautwerden *n*
auditive *s.* auditory
audito-oculogyric reflex audito-okulogyrischer Reflex *m*, Audiookularreflex *m (reflektorische Blickwendung zu einer Schallquelle)*
auditory auditiv, hörend; Hör…; Gehör…
auditory acuity test Hörschärfeprobe *f*, Hörschwellentest *m*
auditory adaptation akustische Anpassung *f*, Höranpassung *f*
auditory agnosia akustische Agnosie *f*, Seelentaubheit *f*
auditory amnesia *(Neur)* auditorische [akustische] Amnesie *f*, Worttaubheit *f*, Seelentaubheit *f (durch Nichterinnerung von gehörten Wörtern im Gehirn)*
auditory analysis Hörprobe *f*, Gehöranalyse *f*
auditory aphasia Worttaubheit *f*, Anakroasie *f*, akustische Aphasie *f*
auditory area Ara *f* vestibularis
auditory aura akustische Aura *f*
auditory brainstem response audiometry Elektrische Reaktionsaudiometrie *f*, ERA
auditory canal *s.* auditory meatus
auditory cell (akustische) Haarzelle *f*
auditory centre Hörzentrum *n*
auditory cortex Hörrinde *f (ZNS)*
auditory curve Hörkurve *f*
auditory defect Hörfehler *m*, Hördefekt *m*
auditory disorder Hörstörung *f*
auditory dysfunction *s.* auditory disorder
auditory epilepsy auditorische Epilepsie *f*
auditory evoked potentials akustisch evozierte Potenziale *npl*, AEP *(durch Schallreizung des Hörorgans)*
auditory field Hörfeld *n*
auditory hair Hörhaar *n*, Hörzilie *f*
auditory hallucinating Stimmenhören *n*
auditory hallucination *(Neur)* akustische Halluzination *f*
auditory meatus Gehörgang *m*, Meatus *m* acusticus
auditory nerve *s.* acoustic nerve

auditory neurotoxicity Hörnerventoxizität *f*
auditory ossicle Ossiculum *n* auditus [tympani], Gehörknöchelchen *n*
auditory pathway Höhrbahn *f*
auditory percussion auskultatorische Perkussion *f*
auditory pit 1. *s.* otic pit; 2. *(HNO)* Hörsenke *f*
auditory placode *s.* otic placode
auditory plate *s.* auditory placode
auditory radiation Hörstrahlung *f*, Radiatio *f* acustica *(ZNS)*
auditory range Hörbereich *m*
auditory reflex Gehörgangsreflex *m*
auditory sensation auditorische Empfindung *f*, Hörempfindung *f*
auditory signal akustisches Signal *n*
auditory stalk *s.* placodal stalk
auditory striae *s.* acoustic striae
auditory system Hörsystem *n*
auditory system assessment Untersuchung *f* des Hörsystems *(klinisch und apparativ)*
auditory test Hörtest *m*
auditory threshold Hörschwelle *f*
auditory training Hörtraining *n*
auditory trauma Hörtrauma *n*, akustisches Trauma *n*
auditory triangle Area *f* vestibularis
auditory tube *(Anat)* Tuba *f* auditiva [Eustachii, pharyngotympanica], Ohrtrompete *f*, Eustach'sche Röhre *f*, Salpinx *f*
auditory verbal agnosia Seelentaubheit *f*
auditory vertigo *s.* aural vertigo
auditory vesicle *s.* otic vesicle
auditory visual synaesthesia Schreckblitz *m (synästhetisches optisch-akustisches Erlebnis)*
auditosensory auditosensorisch
Auer bodies Auer-Körperchen *npl*, Auer-Stäbchen *npl (z. B. bei Leukämie)*
Auer rods *s.* Auer bodies
Auerbach's plexus Auerbach'scher Plexus *m*, Plexus *m* myentericus
augment *v* 1. vergrößern, vermehren, verstärken; 2. sich vergrößern, sich vermehren, sich verstärken; 3. sich verschlimmern *(z. B. Krankheiten)*
augmentation 1. Vergrößerung *f*; 2. Aggravation *f*, Verschlimmerung *f (z. B. von Symptomen)*; Exazerbation *f*; 3. *(Stom)* Rekonstruktion *f*, Erhöhung *f*
augmentation mammoplasty Mammaaufbauplastik *f*, Brustvergrößerungsoperation *f*
augmentation mentoplasty Kinnaufbauplastik *f*
augmentation of impulse *(Neur)* Antriebssteigerung *f*
augmentation plasty Vergrößerungsplastik *f*
augmented unipolar limb lead Goldberger'sche (EKG-) Ableitung *f*
augmented Volt right *(Kard)* aVR *(bei Goldberger-Ableitung)*
Aujeszky's disease Aujetsky-Krankheit *f*, Aujeszky-Krankheit *f*, Pseudorabies *f*, Pseudowut *f*, infektiöse Bulbärparalyse *f*, Tollkrätze *f*
aura Aura *f*, Vorgefühl *n (bei Epilepsie)*
aural 1. aural; Ohr(en)...; 2. Aura...
aural atresia Ohratresie *f*
aural complication Ohrkomplikation *f*
aural discharge Ohrenfluss *m*, Ohrenausfluss *m*, Ohrsekretion *f*
aural forceps Ohrpinzette *f*
aural microsurgery Ohrmikrochirurgie *f*
aural pain Ohrschmerz *m*
aural polyp Ohrpolyp *m*
aural reflex Hörreflex *m*
aural rehabilitation Hörrehabilitation *f*
aural speculum Ohrspekulum *n*
aural surgeon Ohrchirurg *m*
aural surgery Ohrchirurgie *f*
aural syringe Ohrspritze *f*
aural vertigo Ohrschwindel *m*, Vertigo *f* auricularis, Labyrinthschwindel *m*
auramine Auramin *n*
aurantiasis Aurantiasis *f*, Xanthochromie *f*, Gelbfärbung *f*
auriasis Auriasis *f*, Pigmentatio *f* aurosa
auricle 1. Auricula *f*, Ohrmuschel *f*, Ala *f* auris; Ohrläppchen *n*; 2. Auricula *f* cordis [atrialis], Herzohr *n*
auricle clamp Aurikelklemme *f*, Herzohrklemme *f*
auricle epithesis Ohrmuschelepithese *f*
auricle of the left atrium of the heart linkes Herzohr *n*, Auricula *f* sinistra
auricle of the right atrium of the heart rechtes Herzohr *n*, Auricula *f* dextra
auricular 1. aurikulär; Ohr...; 2. aurikulär; Herzohr...; 3. atrial; Herzvorhof..., Vorhof... *(Zusammensetzungen siehe unter: atrial)*
auricular activity Vorhofaktivität *f*
auricular anastomotic artery *s.* Kugel's artery
auricular appendage Herzohr *n*, Auricula *f* cordis
auricular appendix *s.* auricular appendage
auricular cartilage Ohrknorpel *m*, Cartilago *f* auriculae
auricular cervical nerve reflex Snellen-Reflex *m*
auricular complex *s.* P wave of the electrocardiogram
auricular contraction Vorhofkontraktion *f*
auricular fibrillation Herzohrflimmern *n*
auricular flutter Herzohrflattern *n*
auricular hypertrophy Vorhofhypertrophie *f*
auricular ligaments Ligamenta *npl* auricularia
auricular line Aurikulkarlinie *f*
auricular muscle Ohrmuskel *m*, Musculus *m* auricularis
auricular nerve Ohrnerv *m*
auricular point Aurikularpunkt *m*
auricular stimulus conduction disorder *(Kard)* aurikuläre Erregungsleitungsstörung *f*
auricular systole Vorhofsystole *f*
auricular tachycardia Vorhoftachykardie *f*
auricular tophus Gichtperle *f*
auricular training Hörtraining *n*
auricular tube äußerer Gehörgang *m*, Meatus *m* acusticus externus
auricularis anterior (muscle) vorderer Ohrmuskel *m*, Musculus *m* auricularis anterior
auricularis posterior (muscle) hinterer Ohrmuskel *m*, Musculus *m* auricularis posterior
auricularis superior (muscle) oberer Ohrmuskel *m*, Musculus *m* auricularis superior
auriculocervical reflex aurikulozervikaler Reflex *m*, Aurikulozervikalreflex *m*
auriculocranial aurikulokranial; Aurikulokranial..., Ohr-Schädel-...
auriculofrontalis (muscle) Musculus *m* auriculofrontalis
auriculooccipital aurikulookzipital; Ohr-Hinterkopf-...
auriculopalpebral aurikulopalpebral; Aurikulopalpebral..., Ohrmuschel-Augenbrauen-...
auriculopalpebral reflex Aurikulopalpebralreflex *m*
auriculotemporal aurikulotemporal; Aurikulotemporal..., Ohrmuschel-Schläfen-...
auriculotemporal nerve Aurikulotemporalnerv *m*, Nervus *m* auriculotemporalis
auriculotemporal syndrome Aurikulotemporalsyndrom *n*, aurikulotemporales Syndrom *n*
auriculotherapy Aurikulotherapie *f (Methode der Ohrakupunktur)*
auriculoventricular *s.* atrioventricular

auriculoventriculostomy *(Chir, Neur)* Aurikuloventrikulostomie *f (bei Hydrozephalus)*
auriform auriform, ohrförmig
aurinasal aurinasal; Aurinasal..., Ohren-Nasen-...
auripuncture *(HNO)* Trommelfellpunktion *f*
auris Ohr *n*, Auris *f (Zusammensetzungen siehe unter: ear und otic)*
auriscalp 1. Ohr(en)sonde *f*; 2. Ohr(en)löffel *m*
auriscope *(HNO)* Auriskop *n*, Ohrenspiegel *m*
aurist *(HNO)* Otologe *m*, Ohrenarzt *m*
auropalpebral reflex Auropalpebralreflex *m*
aurotherapy Goldtherapie *f*, Goldbehandlung *f*
auscult *v s.* auscultate
auscultate *v* auskultieren, abhören, abhorchen *(z. B. die Lunge)*
auscultation Auskultation *f*, Abhören *n*, Abhorchen *n*
auscultative auskultativ; Hör...
auscultator auskultierender Arzt *m*
auscultatory auskultatorisch, auskultierend, abhorchend
auscultatory findings Auskultationsbefund *m*
auscultatory percussion auskultierende Perkussion *f*, Perkussionsauskultation *f*, Akuphonie *f*
auscultatory sound Auskultationsgeräusch *n*
Austin-Flint murmur Austin-Flint-Geräusch *n*
Australian antigen Australia-Antigen *n*, SH-Antigen *n*
Australian tick-borne rickettsiosis Australisches Zeckenbissfieber *n (durch Rickettsia australis)*
Australian X disease Murray-Valley-Enzephalitis *f*
authoritarian personality autoritäre Persönlichkeit *f*
authoritative information verbindliche Auskunft *f*
authority Autorität *f*
authority conflict Autoritätskonflikt *m*
authority figure Autoritätsfigur *f*
autism Autismus *m (Leben in eigener Gedanken- und Vorstellungswelt)*
autistic *(Psych)* autistisch, ichbezogen, dereistisch
autistic disorder autistische Störung *f*
autistic personality autistische Persönlichkeit *f*, autistischer Psychopath *m*
autistic phase autistische Phase *f*
autistic thinking autistisches [dereistisches, selbstbezogenes] Denken *n*
autistic thougt *s.* autistic thinking
autoactivation Autoaktivierung *f*, Selbstaktivierung *f*
autoagglutination Autoagglutination *f*, Eigenagglutination *f (der Blutkörperchen durch körpereigenes Serum)*
autoagglutinin Autoagglutinin *n (Serumantikörper)*
autoaggression Autoaggression *f*
autoaggressive antibody autoaggressiver Antikörper *m*
autoaggressive disease *(Immun)* Autoaggressionskrankheit *f*
autoallergen Autoallergen *n*
autoallergic autoallergisch; Autoallergen...
autoallergization Autoallergisierung *f*
autoallergy *s.* autosensitization
autoamputation Autoamputation *f*, Eigenamputation *f*
autoanalysis Autoanalyse *f*, Selbstanalyse *f*, Eigenanalyse *f (psychotherapeutische Methode)*
autoanamnesis Autoanamnese *f*, Eigenanamnese *f*
autoanaphylaxis Autoanaphylaxe *f (z. B. durch Eigenseruminjektion)*
autoantibiosis Autoantibiose *f*
autoantibody Autoantikörper *m*, Antikörper *m* gegen eigenes Gewebe
autoanticomplement Autoantikomplement *n*
autoantigen Autoantigen *n*
autoantitoxin Autoantitoxin *n*
autoaugmentation Autoaugmentation *f*
autocatalysis Autokatalyse *f*
autocatalyst Autokatalysator *m*
autocatalytic autokatalytisch; Autokatalyse...
autocatharsis Autokatharsis *f (psychotherapeutische Methode)*
autocatheterism *s.* autocatheterization
autocatheterization Autokatheterismus *m*, Selbstkatheterung *f*
autochthonous autochthon, ursächlich, ursprünglich; von selbst entstanden, ohne Fremdeinwirkung entstanden
autochthonous delusion Primärwahn *m*
autochthonous idea autochthone Idee *f*, Wahneinfall *m*
autoclavable autoklavierbar, im Autoklaven sterilisierbar
autoclave *v* autoklavieren, (mit Dampf) sterilisieren, keimfrei machen *(im Autoklaven)*
autoclave Autoklav *m*, Dampfsterilisationsapparat *m*; Hochdrucksterilisator *m*
autoclave test Autoklaventest *m*
autoclaving Autoklavierung *f*, Autoklavsterilisation *f*, Drucksterilisation *f*
autocytolysin *s.* autolysin
autodermic graft autogenes Hauttransplantat *n*
autodesensitization Eigenblutbehandlung *f*
autodestruction Selbstzerstörung *f*
autodiagnosis Autodiagnose *f*, Eigendiagnose *f*
autodigestion Autodigestion *f*, Selbstverdauung *f*, Eigenverdauung *f*
autodrainage Selbstentleerung *f (z. B. eines Abszesses)*
autoecholalia *(Neur)* Autoecholalie *f (z. B. bei Schizophrenie)*
autoeczematization Autoekzematisation *f*
autoemasculation Autoemaskulation *f*, Selbstentmannung *f*
autoepilation Autoepilation *f*, spontaner Haarausfall *m*
autoerotic autoerotisch
autoerotism Autoerotismus *m*, Autoerastie *f*, geschlechtliche Selbstliebe *f*
autoerythrocyte sensitization autoerythrozytäre Sensibilisierung *f*, Erythrozytenautosensibilisierung *f*
autoerythrocyte sensitization syndrome Gardner-Diamond-Syndrom *n*, Syndrom *n* der autoerythrozytären Sensibilisierung
autoerythrophagocytosis Autoerythrophagozytose *f*
autofluorescence Autofluoreszenz *f*, Eigenfluoreszenz *f*, Selbstleuchten *n*
autofluorophotometry Autofluorophotometrie *f*
autofluoroscope Autofluoroskop *n (Szintillationskamera)*
autofundoscope *(Ophth)* Autofundoskop *n*
autofundoscopy *(Ophth)* Autofundoskopie *f*
autogamous autogam, selbstbefruchtend
autogenetic *s.* autogenous
autogenic *s.* autogenous
autogenous autogen, selbstentstanden; im Organismus selbst entstanden
autogenous bone graft autogenes Knochentransplantat *n*
autogenous graft *s.* autotransplant
autogenous infection autogene Infektion *f*, Selbstinfektion *f*
autogenous therapy *(Neur, Psych)* autogene Therapie *f*
autogenous tooth transplantation autogene Zahntransplantation *f*
autogenous training *(Neur)* autogenes Training *f*
autogenous vaccin(e) *(Immun)* Autovakzine *f*, Autovakzin *n*
autogenous vaccine therapy *(Immun)* autogene Vakzinetherapie *f*, Eigenvakzinebehandlung *f*
autograft *s.* autotransplant
autografting *s.* autotransplantation

autographism *(Derm)* Autographismus *m*, Dermographismus *m*, Hautschrift *f (vasomotorisches Nachröten der Haut nach dem Bestreichen)*
autogyration Eigenrotation *f*, Eigendrehung *f*
autohaemagglutination Autohämagglutination *f*
autohaemagglutinin Autohämagglutinin *n (Erythrozyten agglutinierender Autoantikörper)*
autohaemolysin Autohämolysin *n (hämolysierender Antikörper)*
autohaemolysis Autohämolyse *f*, Blutkörperchenauflösung *f* [Hämolyse *f*] durch körpereigenes Serum
autohaemolysis test Autohämolysetest *m*
autohaemolytic autohämolytisch; Autohämolyse...
autohaemotherapy Autohämotherapie *f*, Eigenblutbehandlung *f*, Eigenblutinjektion *f*
autohaemotransfusion *s.* autotransfusion
autohydrolysis Autohydrolyse *f*
autohypnosis *(Neur)* Autohypnose *f*, Eigenhypnose *f*, Hypnose *f* durch Eigensuggestion, Selbsthypnose *f*, künstlicher Teilschlaf *m*
autohypnotic autohypnotisch
autohypnotism *s.* autohypnosis
autoignition Selbstentzündung *f*
autoignition point Selbstentzündungspunkt *m*, Flammpunkt *m*
autoignition temperature Selbstentzündungstemperatur *f*, Flammtemperatur *f*
autoimmune autoimmun; Autoimmun...
autoimmune antibody Autoimmunantikörper *m*
autoimmune adrenalitis Immunadrenalitis *f*
autoimmune cardiomyopathy Autoimmunkardiomyopathie *f*; Immunkardiopathie *f*
autoimmune disease Autoimmunkrankheit *f*, Autoimmunopathie *f*, Autoaggressionskrankheit *f*
autoimmune factor Autoimmunfaktor *m*
autoimmune haemolytic anaemia Autoagglutinationsanämie *f*
autoimmune polyendocrine-candidiasis syndrome polyglanduläres Autoimmunsyndrom *n* Typ I
autoimmune polyendocrinopathy Autoimmun-Polyendokrinopathie *f (bei endokrinologischer Insuffizienz von drei endokrinen Drüsen)*
autoimmune polyglandular syndrome polyglanduläres Autoimmunsyndrom *n*
autoimmune reaction Autoimmunreaktion *f*
autoimmune response Autoimmunantwort *f*
autoimmune syndrome Autoimmunsyndrom *n*
autoimmune thyroiditis Autoimmunthyreoiditis *f*, Immunthyreoiditis *f*
autoimmune tolerance Autoimmuntoleranz *f*, (autoimmunologische) Selbsttoleranz *f*
autoimmunity Autoimmunität *f*, Eigenimmunität *f*
autoimmunization Autoimmunisierung *f*, Autoimmunisation *f*, Eigenimmunisierung *f*
autoimmunologic tolerance *s.* autoimmune tolerance
autoinfarction Autoinfarzierung *f*
autoinfection Autoinfektion *f*, Selbstansteckung *f*, Eigeninfektion *f*
autoinfusion Autoinfusion *f*, Autotransfusion *f*, Eigeninfusion *f (Blutumverteilung durch Extremitätenkompression)*
autoinhibition Selbsthemmung *f*
autoinjection device Selbstinjektionsgerät *n*
autoinoculation Autoinokulation *f*, Eigeninokulation *f*, Selbstimpfung *f*
autointoxicant selbstvergiftend
autointoxication Autointoxikation *f*, Eigenvergiftung *f*, Selbstvergiftung *f*
autoinvasion Autoinvasion *f (z. B. durch Oxyuren)*
autoisolysin Autoisolysin *n (Serumkörper)*
autokeratoplasty Autokeratoplastik *f (Transplantation von eigenen Korneagewebe)*
autokinesis Autokinese *f*
autolesion Selbstbeschädigung *f*, Selbstverwundung *f*, Eigenverletzung *f*, Mutilation *f*, Selbstverstümmelung *f*
autoleucoagglutinin Autoleukoagglutinin *n*
autoleucocytotherapy Autoleukozytotherapie *f*, Eigenleukozytenbehandlung *f*
autologous autolog, vom eigenen Körper (stammend)
autologous antibody autologer Antikörper *m*
autologous blood patch autologer Blut-Patch *m (bei Spinalanästhesie)*
autologous cardiac valve autologe Herzklappe *f*
autologous graft autologes Transplantat *n*
autologous grafting autologe Transplantation *f*
autologous transfusion autologe Transfusion *f* [Bluttransfusion *f*]
autolysate Autolysat *n*
autolysin Autolysin *n (Serumkörper)*
autolysis Autolyse *f*, Selbstauflösung *f*, Eigenauflösung *f*
autolysosome Autolysosom *n*
autolytic enzyme autolytisches Enzym *n*, Selbstverdauungsferment *n*
automatic 1. automatisch, selbsttätig; Selbst... 2. automatisch, spontan, unwillkürlich
automatic action Reflexwirkung *f*, Reflexeffekt *m*
automatic amalgam filling instrument automatischer Amalgamfüller *m*
automatic analysis automatische Analyse *f*
automatic analyzer Analyseautomat *m*
automatic aspiration system automatisches Aspirationssystem *n*, Aspirationsautomatik *f*
automatic balance automatische Waage *f*
automatic behaviour *(Neur)* Verhaltensautomatismus *m*; automatisches Verhalten *n*
automatic bladder Reflexblase *f*, Blasenautomatie *f*
automatic bur chuck automatisches Bohrfutter *n*, Automatikbohrfutter *n*
automatic cardiac activity Herzautomatie *f*
automatic centre *(Kard)* Automatiezentrum *n*
automatic collimator control Blendenautomatik *f*
automatic control Kontrollautomatik *f*, automatische Kontrolle *f*
automatic control system automatisches Kontrollsystem *n*; Regelautomatik *f*
automatic dispenser automatischer Spender *m*, Spenderautomat *m*
automatic exposure control automatische Belichtungskontrolle *f*
automatic exposure timer Belichtungsautomat *m*
automatic exposure timing Belichtungsautomatik *f*
automatic film-processing automatische Filmverarbeitung *f*, Entwicklungsautomatik *f*
automatic film-processing machine Filmverarbeitungsautomat *m*, Entwicklungsautomat *m*
automatic implanted cardioverter defibrillator implantierbarer automatischer Kardiodefibrillator *m*, AICD
automatic obedience *(Neur)* Befehlsautomatie *f*
automatic posturing *(Neur)* Automatose *f (Streckkrampfanfälle aller Körpermuskeln)*
automatic retractor by Adson *(Chir)* Adson-Sperrer *m*
automatic rhythmicity Autorrhythmie *f (Fähigkeit zur Eigenrhythmusbildung)*
automatic speech automatische Sprache *f*
automatic spray cooling device automatische Sprühkühlung *f*
automatic tester of blood automatisches Blutanalysegerät *n*
automatic titrator Titrierautomat *m*

automatic walking automatisches Gehen *n*
automatic writing automatisches Schreiben *n*
automatic X-ray developing unit automatische Entwicklungsmaschine *f*, Entwicklungsautomat *m*
automatic X-ray exposure timer Röntgenbelichtungsautomat *m*
automatism Automatismus *m*, Automatie *f (Vollzug mechanischer Handlungen ohne innere Beteiligung)*
automatism of speech Sprechautomatismus *m*, Sprachautomatismus *m*
automutilation Selbstverstümmelung *f*
autonephrectomy Autonephrektomie *f*, Nierenselbstabstoßung *f*
autonephrotoxin Autonephrotoxin *n*
autonomasia *(Neur)* amnestische Aphasie *f*
autonomic-active bronchodilator Bronchodilatator *m* mit Wirkung auf das vegetative Nervensystem *(z. B. Adrenalin)*
autonomic *s.*autonomous
autonomic drug autonomes Medikament *n*
autonomic dysfunction with psychosyndrome psycho-vegetatives Irritationssyndrom *n*
autonomic dysreflexia autonome Dysreflexie *f*
autonomic dysregulation neurovegetative Dystonie *f*
autonomic epilepsy autonome Epilepsie *f*
autonomic ganglion autonomes Ganglion *n*
autonomic hyperreflexia autonome [neurovegetative] Hyperreflexie *f*
autonomic imbalance autonomes [neurovegetatives] Ungleichgewicht *n*
autonomic neurocutaneous changes Neurodermie *f*
autonomic reflex autonomer Reflex *m*
autonomous autonom, selbstständig, unabhängig, funktionell unabhängig, nach eigenen Gesetzen ablaufend
autonomous articulation autonome [unabhängige] Artikulation *f*
autonomous bladder autonome Blase *f*
autonomous centre Autonomiezentrum *n*, autonomes Zentrum *n*
autonomous depression autonome Depression *f*
autonomous nerve autonomer [vegetativer] Nerv *m*, Eingeweidenerv *m*
autonomous nervous system autonomes [vegetatives] Nervensystem *n*, Systema *n* nervosum autonomicum
autonomous nucleus of the oculomotor nerve Nucleus *m* accessorius nervi oculomotorii
autonomous stimulus formation autonome Reizbildung *f*
auto-ophthalmoscope Autoophthalmoskop *n (zur Augeneigenuntersuchung)*
auto-ophthalmoscopy Autoophthalmoskopie *f*, Augeneigenspiegelung *f*
autopathic idiopathisch, selbstständig (auftretend) *(Krankheiten; Zusammensetzungen siehe unter: idiopathic)*
autopathy Autopathie *f*
autophagolysosome Autophagolysosom *n*
autophagosome Autophagosom *n*, Autosom *n*, Zytolysosom *n*
autophagy Autophagie *f*
autophilia Narzissmus *m*, (krankhafte) Verliebtheit *f* in den eigenen Körper, In-sich-selbst-Verliebtheit *f*
autophobia Autophobie *f (krankhafte Angst vor sich selbst)*
autophonia Autophonie *f*, Tympanophonie *f*, Eigenhören *n*, verstärktes Hören *n* der eigenen Stimme
autophonomania Selbstmordsucht *f*, Selbstmorddrang *m*, suizidale Manie *f*
autophonometry Autophonometrie *f*
autophony Autophonie *f (abnormes Hören der eigenen Stimme)*
autophthalmoscopy *s.* auto-ophthalmoscopy
autoplasmotherapy Autoplasmatherapie *f*, Eigenplasmabehandlung *f*
autoplast *s.* autograft
autoplastic autoplastisch, Eigengewebe verpflanzend
autoplasty Autoplastik *f*, Autotransplantation *f*, Eigentransplantation *f*, Übertragung *f* [Transplantation *f*] körpereigenen Gewebes
autopneumonectomy Autopneumonektomie *f (funktionslose Lunge infolge Hauptbronchusverschluss)*
autopolyploid autopolyploid, mehr als zwei haploide Chromosomensätze besitzend
autopolyploidy Autopolyploidie *f*
autoprecipitin *(Immun)* Autopräzipitin *n*
autoprotective tube Selbstschutzröhre *f*
autoprothrombin C *s.* Stuart-Prower factor
autopsy Autopsie *f*, Obduktion *f*, Sektion *f*, Leichenschau *f*, Leichenuntersuchung *f*, Leichen(er)öffnung *f*; Sichtbarmachung *f* • **carry out an autopsy** eine Autopsie vornehmen • **conduct an autopsy** eine Autopsie vornehmen
autopsy blade Autopsie(messer)klinge *f*
autopsy-confirmed autoptisch gesichert, durch Autopsie bestätigt
autopsy findings Autopsiebefund *m*, Obduktionsbefund *m*, Sektionsbefund *m*; Obduktionsdiagnose *f*, Sektionsdiagnose *f*
autopsy knife Autopsiemesser *n*, Seziermesser *n*, Sektionsmesser *n*
autopsy room Sektionssaal *m*
autopsy saw Autopsiesäge *f*
autopsy table Autopsietisch *m*, Sektionstisch *m*
autopsyche Autopsyche *f*, Persönlichkeitsbewusstsein *n*, Eigenbewusstsein *n*
autopsychic autopsychisch
autopsychic neurosis Kernneurose *f*
autopsychic orientation *(Neur)* autopsychische Orientierung *f*
autopsychosis Autopsychose *f*, Eigenpsychose *f (krankhafte Störung des Bewusstseins der Persönlichkeit)*
autopsychotherapy Autopsychotherapie *f*, Eigenpsychotherapie *f*
autoradiation Selbststrahlung *f*
autoradiogram Autoradiogramm *n*
autoradiograph *s.* autoradiogram
autoradiographic autoradiographisch
autoradiography Autoradiographie *f*
autoradiography technique Autoradiographietechnik *f*
autorefractor Autorefraktor *m*, automatischer Refraktor *m*
autoregressive EEG modelling autoregressives EEG-Modellierung *f*
autoregulation Autoregulation *f*, Selbstregulation *f*
autoreinfusion Autoreinfusion *f*, Autotransfusion *f*, Retransfusion *f* eigenen Blutes • **get ready for autoreinfusion** für eine Autotransfusion vorbereitet sein
autorhythmia Autorhythmie *f (des Herzens)*
autorotation Autorotation *f*, Eigenrotation *f*
autoscopy 1. Autoskopie *f*, direkte Laryngoskopie *f*; 2. *(Neur)* Autoskopie *f*, Heautoskopie *f*, Doppelgängererlebnis *n*, Truggebilde *n* der eigenen Gestalt
autosensitization *(Immun)* Autosensibilisierung *f*
autosepticaemia Autoseptikämie *f*, Endosepsis *f (Erregerquelle im gleichen Organismus)*
autoserodiagnosis Autoserodiagnostik *f*, Eigenserumdiagnostik *f*
autoserotherapy Autoserotherapie *f*, Eigenserumbehandlung *f*

autoserous treatment *s.* autoserotherapy
autoserum Autoserum *n*, Eigenserum *n*
autoserum therapy *s.* autoserotherapy
autosexualism Autosexualismus *m*, Autoerotismus *m*, geschlechtliche Selbstliebe *f*
autosite *(Terat)* Autosit *m (im Gegensatz zum Parasit das lebensfähige Individuum einer Doppelmissgeburt)*
autosomal autosomal; Autosom(en)...
autosomal dominant inheritance autosomal-dominante Vererbung *f* [Genübertragung *f*]
autosomal dominant transmission *s.* autosomal dominant inheritance
autosomal gene autosomales Gen *n*
autosomal inheritance autosomale Vererbung *f*
autosomal recessive inheritance autosomal-rezessive Vererbung *f* [Genübertragung *f*]
autosomal recessive transmission *s.* autosomal recessive inheritance
autosomatognosis Autosomatognosis *f*, Phantomgefühl *n*
autosomatognostic autosomatognostisch; Autosomatognosie...
autosome Auto(chromo)som *n (übereinstimmendes Chromosom beider Geschlechter)*
autosplenectomy Autosplenektomie *f*, Milzselbstabstoßung *f*
autostereotype *(Psych)* Autostereotyp *m*
autostimulation Autostimulation *f*
autosuggestibility Autosuggestibilität *f*, Selbstbeeinflussbarkeit *f*
autosuggestion Autosuggestion *f*, Selbstbeeinflussung *f*, Selbsttäuschung *f*
autosuggestive autosuggestiv
autotherapy 1. Autotherapie *f*, Selbstbehandlung *f*, Eigenbehandlung *f*; 2. Selbstheilung *f*, Spontanheilung *f*
autotomographic autotomographisch
autotomography *(Rad)* Autotomographie *f*
autotomy Autotomie *f*, Selbstzerstückelung *f*
autotopagnosia *(Neur)* Autotopagnosie *f*, Somatoagnosie *f (Nichterkennung der Lage von Körperabschnitten)*
autotoxaemia Autotoxämie *f (Toxinquelle im gleichen Organismus)*
autotoxic autotoxisch
autotoxicosis Autotoxikose *f*, Autointoxikation *f*
autotoxin Autotoxin *n*
autotransfusion *s.* 1. autoinfusion; 2. autoreinfusion
autotransplant Autotransplantat *n*, Eigen(gewebe)transplantat *n*, körpereigenes Transplantationsgewebe *n* [Transplantat *n*], Autoplastik *f*
autotransplantation Autotransplantation *f*, Eigentransplantation *f*, Transplantation *f* [Verpflanzung *f*] körpereigenen Gewebes
autotroph *s.* autotrophic organism
autotrophic autotroph, sich selbst ernährend; sich von anorganischen Stoffen ernährend
autotrophic bacterium autotrophes Bakterium *n*
autotrophic organism autotropher Organismus *m*
autotrophy Autotrophie *f*, autotrophe Ernährung(sweise) *f (der Organismen)*
autourotherapy Autourotherapie *f*, Eigenurinbehandlung *f*
autovaccination Autovakzination *f*, Selbstimpfung *f*, Eigenimpfung *f*
autovaccine Autovakzine *f*, Eigenimpfstoff *m*, Eigenvakzine *f*
autovaccinotherapy Autovakzinotherapie *f*, Eigenvakzinebehandlung *f*
autozygous autozygot, vom gleichen Gen abstammend
autumn fever *s.* leptospirosis
autumnal catarrh Autumnalkatarrh *m*, (allergischer) Herbstkatarrh *m*
auxanogram Auxanogramm *n (Plattenkultur mit verschiedenen Nährlösungen)*
auxanographic auxanographisch; Auxanographie...
auxanography Auxanographie *f (Bestimmung des besten Nährmediums für Bakterienwachstum)*
auxiliary apparatus Hilfsapparat *m*
auxiliary attachment Zusatzgerät *n*
auxiliary breathing Auxiliaratmung *f*
auxiliary device Zusatzgerät *n*
auxiliary enzyme auxiliäres Enzym *n*, Hilfsenzym *n*
auxiliary equipment Zusatzausrüstung *f*, Zusatzeinrichtung *f*
auxiliary instrument Zusatzinstrument *n*, Hilfsinstrument *n*
auxiliary light Zusatzlicht *n*, Pilotlampe *f*
auxiliary monitor Zusatzmonitor *m*
auxiliary nurse Hilfsschwester *m*
auxiliary operating light zusätzliche OP-Lampe *f*, Pilotlampe *f*
auxiliary personnel Hilfspersonal *n*
auxiliary personnel of hospital Krankenhaushilfspersonal *n*
auxiliary reaction Hilfsreaktion *f*
auxiliary reagent Hilfsreagens *n*
auxiliary respiratory muscles Atemhilfsmuskeln *mpl*; Atemhilfsmuskulatur *f*
auxiliary staff Hilfspersonal *n*
auxiliary stand Hilfsstativ *n*
auxiliary table Beistelltisch *m*
auxiliary wire Hilfsdraht *m*
auxochrome Auxochrom *n*
AV bundle *s.* atrioventricular bundle
availability Verfügbarkeit *f*
avalvular avalvulär, klappenlos
avascular avaskulär, blutgefäßlos, gefäßlos
avascular graft avaskuläres Transplantat *n*
avascularity Avaskularität *f*, Gefäßlosigkeit *f*
avascularization Avaskularisation *f*
avascularize *v* blutleer machen
avenue of metastasis Metastasierungsweg *m*
average blood pressure mittlerer Blutdruck *m*
average daily dose durchschnittliche Tagesdosis *f*, mittlere Tagesdosis *f*
average deviation durchschnittliche [mittlere] Abweichung *f*, Durchschnittsabweichung *f*
average dose Durchschnittsdosis *f*, mittlere Dosis *f*
average erythrocyte colour coefficient mittlerer korpuskulärer Hämoglobingehalt *m*, Färbekoeffizient *m*
average exposure time durchschnittliche Expositionszeit *f*, durchschnittliche Belichtungszeit *f*
average flow velocity mittlere Strömungsgeschwindigkeit *f*
average mean Mittelwert *m*, Durchschnittswert *m*
averaged evoked potential gemitteltes evoziertes Potenzial *n*
averaging *(Statist)* Mittelwertermittlung *f*, Mittelwertbildung *f*, Mittelung *f*
aversion conditioning treatment *(Psych)* Aversionskur *f*
aversion therapy *(Psych)* Aversionstherapie *f*
aversion to food Nahrungsabneigung *f*
aVF *augmented Volt foot*
avian vogelartig
avian mite scabies Vogelmilbenkrätze *f*
avian tuberculosis Geflügeltuberkulose *f*
avian typhuis Geflügeltyphus *m*
aviation and space medicine Luft- und Raumfahrtmedizin *f*

aviation medicine Luftfahrtmedizin *f*, Aeromedizin *f*
aviation physiology Luftfahrtphysiologie *f*, Aerophysiologie *f*
aviator's disease Luftkrankheit *f*
aviator's ear Barotitis *f* media, Aerosyringitis *f*
avidin Avidin *n*
avidity 1. Avidität *f (Inaktivierungsrate von Antigenen)*; 2. Affinität *f (in Antigen-Antikörper-Bindung)*
avirulent avirulent, ohne Virulenz, virulenzlos
avitaminosis Avitaminose *f*, Vitaminmangelkrankheit *f*
avitaminosis C Vitamin-C-Mangelkrankheit *f*, C-Avitaminose *f*, Ascorbinsäuremangel *m*, Skorbut *m*
avitaminotic Avitaminose..., Vitaminmangel...
avitaminotic diarrhoea Vitaminmangeldiarrhö *f*
avitaminotic keratitis Vitaminmangelkeratitis *f*
avitaminous avitaminös; Vitaminmangel...
aVL *augmented Volt left*
avoidance *(Neur, Psych)* Vermeidung *f*
avoidance-avoidance conflict *(Neur, Psych)* doppelter Vermeidungskonflikt *m*
avoidance behaviour *(Neur, Psych)* Vermeidungsverhalten *n*
avoidance conditioning *(Neur, Psych)* Vermeidungskonditionierung *f*
avoidance of allergens Allergenkarenz *f*
avoidant disorder Angstsyndrom *n* mit Vermeidungsverhalten
avoidant personality disorder *(Neur, Psych)* selbstunsichere Persönlichkeitsstörung *f*
aVR *augmented Volt right*
avulse *v* ausreißen, herausreißen; abreißen; absprengen
avulse tooth ausgeschlagener Zahn *m*
avulsion Avulsion *f*, Ausreißen *n (z. B. von Sehnen)*; Ex(h)airese *f*, Nervenausreißung *f*; Absprengung *f*
avulsion fracture Sehnenausrissfraktur *f*, Abrissfraktur *f*, Ausrissfraktur *f*, Avulsionsfraktur *f*, Absprengungsfraktur *f*
avulsion of epiphysis Epiphysenabriss *m*; Epiphysenabsprengung *f*
avulsion of the bulb Avulsio *f* fasciculi optici, Evulsio *f* nervi [fasciculi] optici, Sehnervenabriss *m*
avulsion of the scalp Skalpierung *f*, Skalpierungsverletzung *f*
avulsion of the teeth Zahnausstoßen *n*, traumatischer Zahnverlust *m*
awake anaesthesia Analgosedierung *f*, Sedierung *f*
awakening epilepsy *(Neur)* Aufwachepilepsie
awakening threshold Aufwachschwelle *f*
awareness 1. Bewusstheit *f*, Bewusstsein *n*; 2. *(Anästh)* schmerzfreie Ansprechbarkeit *f*
awareness of time Zeitgefühl *n*; Zeitbewusstsein *n*
awkward movements ungeschickte [linkische] Bewegungen *fpl*
awkwardly situated organ schwer zugängliches Organ *n*
awkwardness of movements 1. Bewegungsungeschicklichkeit *f*, Unbeholfenheit *f* der Bewegungen; 2. linkisches Wesen *n*; Umständlichkeit *f*
awl Ahle *f*, Reibahle *f*
awl for intramedullary pind intramedulläre Reibahle *f*, Pfriem *m*
awl for the lower jaw *(Stom)* Unterkieferahle *f*
awl for the upper jaw Oberkieferahle *f*
axanthopsia Axanthopsie *f*, Gelbblindheit *f*
axerophthol *s.* vitamin A
axial axial, achsengerecht, in Richtung der Achse (liegend); Achsen...
axial ametropia Achsenametropie *f*, axiale Ametropie *f*
axial angle Axialwinkel *m*, Achsenwinkel *m*
axial contour axiale Kontur *f*, axialer Umriss *m*
axial CT scan axiale CT-Aufnahme *f*, axiales CT *n*
axial current *s.* axial stream
axial deviation Achsenabweichung *f*
axial displacement axiale Verschiebung *f*, Axialverschiebung *f*
axial fibre 1. Achsenfaden *m (im Spermium)*; 2. Achsenzylinder(fortsatz) *m*, Neuraxon *n*, Axon *n*
axial hypermetropia Achsenhypermetropie *f*, axiale Hypermetropie *f*
axial hyperopia Achsenhyperopie *f*
axial image axiales Bild *n*, axiale Aufnahme *f*
axial myopia Achsenmyopie *f*, axiale Myopie *f*
axial neuritis Achsenneuritis *f*
axial plane Achsenebene *f*, axiale Ebene *f*
axial projection Achsenprojektion *f*, axiale Projektion *f*
axial ray axialer Strahl *m*
axial resolution axiale Auflösung *f*
axial rotation Achsendrehung *f*, axiale Rotation *f*
axial section axialer Schnitt *m*, Achsenschnitt *m*
axial spillway *(Stom)* axialer Zahnzwischenraum *m (zwischen Zahnflächen)*
axial stream Achsenstrom *m (der Blutkörperchen)*
axial symptom Achsensymptom *n*
axial tomogram Achsentomogramm *n*
axial tomography scan *s.* axial tomogram
axial view axiale Aufnahme *f*
axifugal *s.* axofugal
axilla Axilla *f*, Achsel(höhle) *f*, Achselgrube *f*, Fossa *f* axillaris
axilla crutch Achselkrücke *f*
axilla pacemaker in die Achselhöhle implantierter Schrittmacher *m*
axillary axillär, zur Axilla gehörend; Axilla(r)..., Achselhöhlen...
axillary abscess Achsel(höhlen)abszess *m*
axillary arch Axillarbogen *m*, Langer-Achselbogen *m*
axillary artery Achselarterie *f*, Arteria *f* axillaris
axillary block anaesthesia Axillaris(nerven)blockade *f*
axillary fold Achselfalte *f*, Plica *f* axillaris
axillary fossa Achselhöhle *f*, Axilla *f*, Fossa *f* axillaris
axillary glands Axillarlymphknoten *mpl*, axilläre Lymphknoten *mpl*, Achsel(höhlen)lymphknoten *mpl*
axillary hyperhidrosis Achselhyperhidrose *f*, vermehrte Achselschweißbildung *f*
axillary line Achsellinie *f*, Axillarlinie *f*, Linea *f* axillaris
axillary lymph node Achsellymphknoten *m*, Nodus *m* lymphaticus axillaris
axillary lymph node metastasis Achsellymphknotenmetastase *f*
axillary lymphatic node *s.* axillary lymph node
axillary nerve Achselnerv *m*, Axillaris *m*, Nervus *m* axillaris
axillary nerve paralysis Axillarislähmung *f*
axillary nodal involvement Achsellymphknotenbeteiligung *f*
axillary nodal removal Achsellymphknotenentfernung *f*, Achselausräumung *f*, Axillaausräumung *f*
axillary node *s.* axillary lymph node
axillary paralysis Axillaris(nerven)lähmung *f*
axillary plexus Axillarplexus *m*, Plexus *m* axillaris
axillary plica Achselfalte *f*, Axillarfalte *f*, Plica *f* axillaris
axillary region Achsel(höhlen)bereich *m*, Axillabereich *m*, Achselregion *f*, Regio *f* axillaris
axillary temperature Achsel(höhlen)temperatur *f*
axillary vein Achselvene *f*, Vena *f* axillaris
axillary vein thrombosis Achselvenenthrombose *f*, Axillarvenenthrombose *f*, Paget-von-Schroetter'sches Syndrom *n*
axillobifemoral bypass *(Chir)* axillobifemoraler Bypass *m*

axillofemoral bypass graft *(Chir)* axillofemorale Bypass-Prothese *f*
axillopopliteal bypass *(Chir)* axillopoplitealer Bypass *m*
axiobuccal *(Stom)* axiobukkal, axial-bukkal
axiobuccocervical *(Stom)* axiobukkozervikal
axiobuccogingival *(Stom)* axiobukkogingival
axiobuccolingual *(Stom)* axiobukkolingual
axiocervical *(Stom)* axiozervikal, axial-zervikal
axiodistal *(Stom)* axiodistal, axial-distal
axiodistocervical *(Stom)* axiodistozervikal
axiodistogingival *(Stom)* axiodistogingival
axiodistoincisal *(Stom)* axiodistoinzisal
axiodisto-occlusal *(Stom)* axiodistookklusal
axiogingival *(Stom)* axiogingival, axial-gingival
axioincisal *(Stom)* axioinzisal, axial-inzisal
axiolabial *(Stom)* axiolabial, axial-labial
axiolabiogingival *(Stom)* axiolabiogingival
axiolabiolingual *(Stom)* axiolabiolingual
axiolingual *(Stom)* axiolingual, axial-lingual
axiolinguocervical *(Stom)* axiolinguozervikal
axiolinguogingival *(Stom)* axiolinguogingival
axiolinguo-occlusal *(Stom)* axiolinguookklusal
axiomesial *(Stom)* axiomesial, axial-mesial
axiomesiocervical *(Stom)* axiomesiozervikal
axiomesiodistal *(Stom)* axiomesiodistal
axiomesiogingival *(Stom)* axiomesiogingival
axiomesioincisal *(Stom)* axiomesioinzisal
axiomesio-occlusal *(Stom)* axiomesiookklusal
axio-occlusal *(Stom)* axiookklusal
axiopulpal *(Stom)* axiopulpal
axipetal *s.* axopetal
axis 1. Axis *m*, Achse *f*, Drehpunkt *m*; 2. Axis *m*, Achse *f*, Mittellinie *f*; 3. Axis *m*, zweiter Halswirbel *m*, Epistropheus *m*, Vertebra *f* dentata
axis cylinder (process) *s.* axon
axis deviation Achsenabweichung *f*
axis fracture Axisfraktur *f*, Axisbruch *m*
axis of abscissae Abszissenachse *f*, Abszisse *f*, x-Achse *f*
axis of coordinates Koordinatenachse *f*
axis of flow Strömungsachse *f*
axis of lens Linsenachse *f*
axis of ordinates Ordinatenachse *f*, Ordinate *f*, y-Achse *f*
axis of rotation Rotationsachse *f*, Drehachse *f*
axis of the birth canal Beckenführungslinie *f*
axis of the eyeball Augenachse *f*
axis of the lens Linsenachse *f*, Axis *m* lentis
axis of the pelvis *s.* pelvic axis
axis syndrome Achsensyndrom *n*
axis traction Achsenextension *f*, Achsenzug *m*
axis-traction forceps Achsenzugzange *f*
axonal flow axoplasmatischer Fluss *m*
axonal reflex Axonreflex *m*
axoaxonic synapse axo-axonale Synapse *f (zwischen Axon und Axon)*
axodendritic synapse axodendritische Synapse *f (zwischen Axon und Dendrit)*
axodendrosomatic synapse axodendrosomatische Achse *f (zwischen Axon und sowohl Dendrit und Zelle)*
axofugal axofugal, zentrifugal, peripheriewärts
axogenous axogen
axolemma *(Neur)* Axolemm(a) *n*
axolysis Achsenzylinderdegeneration *f*, Nervenaxonuntergang *m*
axometer Axometer *n (Instrument zur Brillenanpassung)*
axon *(Anat)* Axon *n*, Achsenzylinder(fortsatz) *m*, Neuraxon *n*, Neurit *m*, Nerven(zellen)fortsatz *m*
axon flare axonale Hautrötung *f*, axonaler Kollateralreflex *m (setzt Histamin frei)*
axon reflex Axonreflex *m*
axon sheath Achsenzylinderscheide *f*
axonal axonal; Achsenzylinder…, Neuraxon…
axonal degeneration Axondegeneration *f*, Achsenzylinderdegeneration *f*
axonal swelling Axonschwellung *f*, Achsenzylinderschwellung *f*
axonapraxia Neurapraxie *f (Nervenhüllenverletzung mit Wiederherstellung der Nervenleitfähigkeit)*
axoneme of spermatozoon Achsenfaden *m*
axonography Axonographie *f*, Nervenstromaufzeichnung *f*
axonometer Axonometer *n (Instrument zur Bestimmung der Astigmatismusachse)*
axonotmesis Axonotmesis *f*, Nervenverletzung *f*, Nervenschädigung *f*, Nervenläsion *f*
axopetal axopetal, zentripetal, zentralwärts
axoplasm Axoplasma *n*, Achsenzylinder(neuro)plasma *n*, Neuroplasma *n* des Achsenzylinders
axoplasmic Axoplasma…
axoplasmic flow Axoplasmafluss *m*
axosomatic synapse axosomatische Synapse *f*
Ayerza's disease Ayerza'sche Krankheit *f*, Pulmonalsklerose *f*, Pulmonalarteriensklerose *f*, Lungenarterienverkalkung *f*
Ayerza's syndrome *s.* Ayerza's disease
azacytidine Azacytidin *n*
azaguanine Azaguanin *n*
azaserine Azaserin *n*
azathioprine *(Pharm)* Azathioprin *n (Zytostatikum)*
azathymidine Azathymidin *n*
azauracil Azauracil *n*
azauridine Azauridin *n*
azeotropic mixture azeotropes Gemisch *n*
azo compound Azoverbindung *f*
azo coupling Azokoppelung *f*
azo dye Azofarbstoff *m*
azobilirubin Azobilirubin *n*
azocarmino Azokarmin *n (zur Zellkernfärbung)*
azoospermatism *s.* azoospermia
azoospermia Azoospermie *f*, Azoospermatismus *m*, Fehlen *n* der Samenzellen, Samenzellenmangel *m*
azoprotein *(Immun)* Azoprotein *n*
azoreaction Azoreaktion *f*
azorubin Azorubin *n*
azorubin clearance Azurubin-Clearance *f*
azorubin test Azurubin-Test *m*
azotaemia Azotämie *f*, Erhöhung *f* stickstoffhaltiger Verbindungen im Blut
azotaemic azotämisch
azothermia Bluttemperaturerhöhung *f (durch Stickstoffverbindungen)*
azotic Stickstoff…
azotize *v* mit Stickstoff verbinden
azotometer Azotometer *n*
azotorrhoea Azotorrhö *f*, vermehrte Stickstoffausscheidung *f (im Stuhl oder Urin)*
azoturia Azoturie *f*, vermehrte Stickstoffausscheidung *f* im Urin
azoturic azoturisch
azul Pinta *f*, Carate *f*, Mal de Pinto *(Hautkrankheit durch Treponema carateum)*
azure II eosin *(Histol)* Azur-Eosin-Lösung *f*, Giemsa-Färbung *f*
azurophil *s.* azurophile
azurophile azurophil, leicht mit Azurfarbstoffen färbend
azurophile crystals azurophile Kristalle *mpl*
azurophile granules azurophile Granula *npl*, Azurgranula *npl*

azurophilia *(Histol)* Azurophilie *f*
azurophilic *s.* azurophile
azygogram Azygogramm *n*, Röntgen(kontrast)bild *n* der Vena azygos
azygography Azygographie *f*, Röntgen(kontrast)darstellung *f* der Vena azygos
azygos *s.* azygous
azygous azygisch, azygos, unpaar(ig); ungepaart
azygous vein Vena *f* azygos [thoracica longitudinalis dextra]
azymia Enzymmangel *m*, Fermentmangel *m*
azymic nicht gärend [fermentierend]; nicht fermentativ

B

B antigen B-Antigen *n (1. B-Antigen im AB0-System; 2. Teilantigen ungekapselter Bakterienstämme)*
B bile B-Galle *f*, Gallenblasengalle *f*
B cell B-Zelle *f*, B-Lymphozyt *m*
B-cell growth factor B-Zell-Wachstumsfaktor *m*
B cell-mediated immunity B-Zell-Immunität *f*
B complex vitamins Vitamin-B-Komplex *m*
B hypovitaminosis (Vitamin-)B-Hypovitaminose *f*, Vitamin-B-Mangel *m*
B lymphocyte B-Lymphozyt *m*
B-mode B-Verfahren *n*, B-Bild-Verfahren *n*, B-mode *m*, B-mode-Verfahren *n*
B-mode component B-Bild-Teil *m*
B-mode diagnosis B-Bild-Diagnostik *f*
B-mode display B-Bild-Darstellung *f*
B-mode echocardiogram B-mode-Echokardiogramm *n*, B-mode-Ultraschallbild *n*, B-Scan *m*, Brightness-Scan *m*
B-mode echocardiography B-mode-Echokardiographie *f*
B-mode presentation B-mode-Darstellung *f*, B-Mode-Darstellung *f (bei Echographie)*
B-scan B-Bild *n (Ultraschalldiagnostik)*
B-scan echocardiography Schnittbild-Echokardiographie *f*
B-scan imaging plane B-Scan-Schnittebene *f*
B-scan section plane B-Scan-Schnittebene *f*
B-scanner B-Scanner *m*
Baader's dermatostomatitis Baader-Syndrom *n*, Baader'sche Dermatostomatitis *f*
Baastrup's disease *(Orth)* Baastrup'sche Krankheit *f*, Baastrup-Syndrom *n*, interspinale Pseudarthrose *f*, Arthrosis *f* interspinosa
babbling 1. Stammeln *n*, Gestammel *n*; Schwatzen *n*, Geschwätz *n*; 2. Plappern *n*, Geplapper *n*, Lallen *n (z. B. eines Babys)*
Babcock's operation Babcock'sche Methode *f*, Babcock'sche Varizenoperation *f* [Krampfaderoperation *f*]
Babés-Ernst bodies Babés-Ernst'sche Polkörperchen *npl*, Babés-Ernst-Körperchen *npl (bei Diphtheriebakterien)*
Babés-Ernst granules *s.* Babés-Ernst bodies
Babés nodes Babés'sche Knötchen *npl* [Rabieskörperchen *npl*], Tollwutknötchen *npl*, Wutknötchen *npl*
Babés nodules *s.* Babés nodes
Babés tubercles *s.* Babés nodes
Babesia Babesia *f*
babesiasis Babesiasis *f*, Babesiose *f*, Babesieninfektion *f*, Piroplasmose *f (hämolytische Infektionskrankheit)*
babesiosis *s.* babesiasis
Babinski-Froehlich disease *(Endokr)* Fröhlich'sche Krankheit *f*, Dystrophia *f* adiposogenitalis, Morbus *m* Fröhlich, Adiposis *f* orchalis, Adipositas *f* hypogenitalis
Babinski-Froehlich syndrome *s.* Babinski-Froehlich disease
Babinski-Nageotte syndrome *(Neur)* Babinski-Nageotte-Syndrom *n*, Babinski-Nageotte'sches Syndrom *n*
Babinski phenomenon *(Neur)* Babinski-Reflex *m*, Babinski'scher Reflex *m*, Babinski'sches Zehenphänomen *n*, Großzehendorsalflexion *f*
Babinski reflex *s.* Babinski phenomenon
Babinski-Vaquez syndrome *(Neur)* Babinski-Vaques-Syndrom *n (Spätsyphilis mit Aortenentzündung, Meningienzephalitis, Reflexabschwächung und Argyll-Robertson-Phänomen)*
baby Säugling *m*, Kleinstkind *n*
baby audiometry Babyaudiometrie *f*
baby autoclave Kleinautoklav *m*
baby balance Babywaage *f*
baby battering Kindesmisshandlung *f*
baby bottle tooth decay Säuglingsflaschenkaries *f*
baby-cot Kinderbett *n*
baby cup Babyschale *f*, Babymulde *f*
baby food Babynahrung *f*, Säuglingsnahrung *f*
baby-minder Tagesmutter *f*, Kinderpflegerin *f*
baby scales Babywaage *f*
baby-snatcher Kindesentführerin *f*
baby-snatching Kindesentführung *f*
baby talk Babysprache *f*, Babylallen *n*
baby tooth Milchzahn *m*
baby vision testing Babysehprüfung *f*
babyhood Säuglingsalter *n*; frühe Kindheit *f*
Bachmann's (interatrial) bundle Bachmann'sches Interaurikularbündel *m (Muskelfaserbündel des Herzens)*
bacillaemia Bazillämie *f*, Vorhandensein *n* von Bazillen im Blut
bacillary 1. bazillär; Bazillen…; 2. bakteriell; Bakterien…; 3. stäbchenförmig; Stäbchen…
bacillary angiomatosis bazilläre Angiomatose *f*, Bartonellen-Angiomatose *f*
bacillary dysentery Bakterienruhr *f*, Bakteriendysenterie *f*, (bakterielle) Dysenterie *f*, Ruhr *f*, Shigellose *f*
bacille Calmette-Guérin Calmette-Guérin-Bazillus *m*
bacille Calmette-Guérin vaccine BCG-Vakzine *f*, BCG-Impfstoff *m (gegen Tuberkulose)*
bacilli-laden bazillenbeladen
bacillicidal bazillizid, bazillentötend, bazillenvernichtend
bacillicide (agent) bazillizides [bazillentötendes] Mittel *n*
bacilliculture Bazillenkultur *f*
bacilliferous bazillifer, bazillen(über)tragend, Bazillen transportierend
bacilliform bazillenförmig, bazillenartig, bazillenartig; stäbchenförmig
bacilliparous bazillenbildend
bacillogenic bazillogen, durch Bazillen bewirkt
bacillogenous *s.* bacillogenic
bacillophobia Bazillophobie *f*, Bazillenangst *f*, Bazillenfurcht *f (Furcht vor Infektionskrankheiten und Ansteckung)*
bacilloscopy mikroskopische Bazillensuche *f*
bacillosis Bazilleninfektion *f*
bacilluria Bazillurie *f*, Bazillenausscheidung *f* im Urin
bacillus Bazillus *m (Sporen tragendes aerobes Stäbchen)*
Bacillus anthracis Bacillus *m* anthracis
Bacillus Calmette-Guérin Bazillus *m* Calmette-Guérin, BCG
Bacillus carrier Bazillen(über)träger *m*

Bacillus excretor Bazillenausscheider *m*
bacitracin Bacitracin *n (Antibiotikum)*
back 1. Rücken *m*, Dorsum *n*; 2. Rückseite *f*, Rück(en)ansicht *f* • **crick the back** sich einen steifen Rücken zuziehen • **flat on one's back** krank, bettlägerig • **lie down on the back** sich auf den Rücken legen • **straighten the back** den Rücken (aus)strecken
back diffusion Rückdiffusion *f*
back-flow of the blood Blutrückstrom *m*
back injury Rückenverletzung *f*
back knee überstrecktes Knie *n*, Genu *n* recurvatum
back of hand Handrücken *m*, Dorsum *n* manus
back of head Hinterkopf *m*
back of neck Nacken *m*
back pain Rückenschmerz *m*
back pressure Gegendruck *m*; Rückstau *m*
back reflex Rückenreflex *m*
back-street abortion krimineller Abort *m*
backache Rückenschmerz *m*, Lumbalschmerz *m*, Lumbosakralschmerz *m*
backalgia *s.* backache
backboard Wirbelsäulenbrett *n (zum Transport bei Rückenmarkverletzung)*
backbone Wirbelsäule *f*, Rückgrat *n*, Columna *f* vertebralis
backcross *(Gen)* Rückkreuzung *f*
backflow Rückfluss *m*, Rückstrom *m*, Rückströmen *n*
background noise Hintergrundgeräusch *n*; Hintergrundrauschen *n*
background radiation *(Rad)* Hintergrundstrahlung *f*, Grundstrahlung *f*
backing *(Stom)* Facettenrücken *m*
backing plate Rückenplatte *f*, Rückenfassung *f*
backknee *(Orth)* Genu *n* recurvatum
backmutation *(Gen)* Rückmutation *f*
backpointer *(Rad)* Gegenpunktanzeiger *m*
backprojection *(Rad)* Rückprojektion *f (Computertomographie)*
backraking Stuhlausräumung *f*, Kotausräumung *f (aus dem Rektum)*
backrest Rückenlehne *f*
backscatter Rückstreuung *f*
backscatter factor Rückstreuungsfaktor *m*
backscatter radiation *(Rad)* Rückstreustrahlung *f*, reflektierte Streustrahlung *f*
backscatter technique *(Rad)* Rückstreuungstechnik *f*
backscattered ultrasound rückwärts gestreuter Ultraschall *m*
backward 1. retardiert, gehemmt, verlangsamt, zurückgeblieben; 2. hinten, im Rücken liegend; 3. rückwärts gerichtet; Rück..., Zurück...
backward caries rückläufige Karies *f*, regressive Karies *f*
backward curvature of the spinal column *s.* kyphosis
backward deviation of the hand Handüberstreckung *f*, Manus *f* extensa
backward directed ultrasound rückwärts gerichteter Ultraschall *m*
backward (heart) failure 1. Links(herz)dekompensation *f*, Linksherzinsuffizienz *f*, Linksherzstauung *f*, Lungenstauung *f*, Asthma *n* cardiale; 2. Rechts(herz)dekompensation *f*, Rechtsherzinsuffizienz *f*, Rechtsherzstauung *f*
backward motion Rückwärtsbewegung *f*
backwardness Retardation *f*, Retardierung *f*, Hemmung *f*, Verlangsamung *f (geistiger und körperlicher Entwicklung)*
backwash 1. Nachwirkung *f*, 2. Rückstrom *m*, Rückströmung *f*
backwash-ileitis Rückflussileitis *f*
baclofen *(Pharm)* Baklofen *n (Muskelrelaxans für spastische Zustände)*
bacon kidney *(Path)* Speckniere *f*, Amyloidniere *f*
bacon liver Speckleber *f*, Amyloidleber *f*
bacon spleen Schinkenmilz *f*, Speckmilz *f*, Milzamyloidose *f*
bacony degeneration *s.* amyloid degeneration
BACOP-regimen BACOP-Schema *n (Polychemotherapie mittels Bleomycin, Adriamycin, Cyclophosphamid, Oncovin und Prednison)*
bact. *s.* bacterium
bacteraemia *s.* bacteriaemia
bacterascites bakteriell infizierter Aszites *m*
bacteria *pl s.* bacterium
bacteria carrying Bakterienbeherbergung *f*, Bakterienträgerzustand *m*
bacteria counting Bakterienzählung *f*
bacteria counting chamber Bakterienzählkammer *f*
bacteria excreter Bakterienausscheider *m*
bacteria filter Bakterienfilter *m*
bacteria free stool virus BFS-Virus *n*, Bacteria-free-stool-Virus *n (Erreger der Virusenteritis)*
bacteriaemia Bakteriämie *f*, Vorhandensein *n* von Bakterien im Blut
bacteriaemic bakteriämisch; Bakteriämie...
bacteriaemic shock septischer Schock *m*, Endotoxinschock *m*
bacteriaemid *(Derm)* Bakteriämid *n (bakteriotoxische Hautveränderungen bei Bakteriämie)*
bacterial bakteriell; Bakterien...
bacterial adherence Bakterienadhärenz *f*
bacterial agglutination Bakterienagglutination *f*
bacterial allergen Bakterienallergen *n*
bacterial allergy Bakterienallergie *f*, bakterielle Allergie *f* [Überempfindlichkeit *f*]
bacterial aneurysm bakterielles Aneurysma *n*
bacterial antagonism Bakterienantagonismus *m*
bacterial antigen Bakterienantigen *n*
bacterial antitoxin Bakterienantitoxin *n*, Bakteriengegengift *n*
bacterial capsule Bakterienkapsel *f*
bacterial carrier Baktorion(über)träger *m*
bacterial cast *(Path, Urol)* Bakterienzylinder *m (Harnbestandteil)*
bacterial cell Bakterienzelle *f*
bacterial cell wall Bakterienzellwand *f*
bacterial chromosom Bakterienchromosom *n*
bacterial classification Bakterienklassifikation *f*
bacterial colony Bakterienkolonie *f*
bacterial contamination Bakterienkontamination *f*, bakterielle Kontamination *f* [Verseuchung, Ansteckung *f*], bakterieller Befall *m*, bakterielle Besiedlung *f*
bacterial content Bakteriengehalt *m*
bacterial count (bakterielle) Keimzahl *f*
bacterial cultivation Bakterienkultivierung *f*
bacterial culture Bakterienkultur *f (Zusammensetzungen siehe unter: culture)*
bacterial culture medium Bakteriennährboden *m*
bacterial cytoplasma Bakterienzytoplasma *n*, Bakterienzellplasma *n*
bacterial density Bakteriendichte *f*
bacterial detection Bakteriennachweis *m*, bakterieller Nachweis *m*
bacterial differentiation Bakteriendifferenzierung *f*
bacterial dysenteria bakterielle Dysenterie *f*, Bakterienruhr *f*, Shigellose *f*
bacterial embolism Bakterienembolie *f*
bacterial endocarditis Bakterienendokarditis *f*, bakterielle Herzinnenhautentzündung *f* [Endokardentzündung *f*]
bacterial endotoxin Bakterienendotoxin *n*, bakterielles Endotoxin *n*
bacterial enrichment Bakterienanreicherung *f*

bacterial enzyme Bakterienenzym *n*
bacterial filter Bakterienfilter *m*
bacterial fission Bakterienteilung *f*, bakterielle Teilung *f*
bacterial flora Bakterienflora *f*
bacterial food poisoning bakterielle Nahrungsmittelvergiftung *f*
bacterial growth Bakterienwachstum *n*, bakterielles Wachstum *n*
bacterial infection Bakterieninfektion *f*, bakterielle Infektion *f*
bacterial inflammation bakterielle Entzündung *f*
bacterial invasion bakterielle Besiedlung *f*, bakterieller Befall *m*
bacterial kinase Bakterienkinase *f*
bacterial laryngitis bakterielle Laryngitis *f*
bacterial membrane Bakterienmembran *f*
bacterial meningitis bakterielle Meningitis *f*
bacterial multiplication Bakterienvermehrung *f*, bakterielle Vermehrung *f*
bacterial nucleoid Bakterienkern *m*
bacterial penetration Bakterieneindringung *f*
bacterial phosphatase Bakterienphosphatase *f*
bacterial pigment Bakterienpigment *f*
bacterial plaque Bakterienplaque *m(f)*, bakterielle Plaque *m(f)*
bacterial polysaccharide Bakterienpolysaccharid *n*
bacterial prostatitis bakterielle Prostatitis *f*
bacterial protein Bakterienprotein *n*, Bakterieneiweiß *n*
bacterial pyrogen Bakterienpyrogen *n*, bakterielles Pyrogen *n*
bacterial resistance Bakterienresistenz *f*, bakterielle Resistenz *f* [Widerstandsfähigkeit *f*]
bacterial ribosome Bakterienribosom *n*
bacterial sample bakterieller Abstrich *m*
bacterial seeding Bakterienaussaat *f*, Bakterienstreuung *f*, Bakterienausbreitung *f*
bacterial sepsis Bakteriensepsis *f*, bakterielle Sepsis *f* [Blutvergiftung *f*]
bacterial smear bakterieller Abstrich *m*
bacterial spectrum 1. Bakterienspektrum *n*, Erregerspektrum *n*; 2. *s.* bacteriostatic spectrum
bacterial spore Bakterienspore *f*
bacterial staining Bakterienfärbung *f*, bakterielle Färbung *f*
bacterial suspension Bakteriensuspension *f*, Bakterienaufschwemmung *f*
bacterial toxin Bakterientoxin *n*, Bakteriengift *n*, bakterielles Toxin *n*
bacterial vaccine Bakterienvakzine *f (siehe auch: bacterin)*
bacterial vaginosis bakterielle Vaginose *f*, bakterielle Scheidenentzündung *f*
bactericholia Bactericholie *f (Vorhandensein von Bakterien in der Galle)*
bactericidal bakterizid, bakterientötend, bakterienvernichtend
bactericidal antibiotic bakterizides Antibiotikum *n*
bactericidal bath Entkeimungsbad *n*
bactericidal effect bakterizider Effekt *m*, keimtötende Wirkung *f*, Bakterizidie *f*
bactericidal irradiation Strahlensterilisation *f*
bactericidal lamp Entkeimungslampe *f*
bactericidal soap bakterizide Seife *f*
bactericidal temperature bakterizide Temperatur *f*, Entkeimungstemperatur *f*
bactericide Bakterizid *n*, Bakterien tötender Stoff *m*, bakterizider Stoff *m*
bactericidin *(Immun)* Bakterizidin *n (natürliche Serumschutzstoffe)*
bacterid *(Derm)* Bakterid *n (bakteriell bedingter allergischer Hautausschlag)*
bacteriform bakterienförmig, bakteriform
bacterin Bakterin *n*, Bakterienimpfstoff *m*
bacterination Bakterienvakzination *f*, bakterielle Impfung *f*
bacterintoxoid Bakterintoxoid *n*
bacterioagglutinin Bakterioagglutinin *n (Antikörper)*
bacteriochlorophyll Bakteriochlorophyll *n*, Bakterienchlorophyll *n*
bacteriocholia Bakteriocholie *f (Vorhandensein von Bakterien in der Galle)*
bacteriocidal bakterizid, Bakterien (ab)tötend
bacteriocidin Bakterioci(di)n *n*, Bakteriozi(di)n *n (Bakterienstoffwechselprodukt; antibiotisch wirksam)*
bacteriocin *s.* bacteriocidin
bacteriocinogen Bakteriocinogen *n*, Bakteriozinogen *n*
bacteriocinogenic bakteriocinogen, bakteriozinogen, Bakterioziogen...
bacterioclasis Bakterioklasie *f*, Bakterienkolonieauflösung *f*, Twort'sches Phänomen *n*
bacteriodiagnosis bakterielle Diagnose *f*
bacterioerythrin Bakterioerythrin *n*, Bakterienerythrin *n (roter Bakterienfarbstoff)*
bacteriofluorescein Bakteriofluoreszein *n*, Bakterienfluoreszein *n*
bacteriogenic bakteriogen, durch Bakterien bewirkt
bacteriogenous *s.* bacteriogenic
bacteriohaemagglutinin Bakteriohämagglutinin *n*, Bakterienhämagglutinin *n*
bacteriohaemolysin Bakteriohämolysin *n*, Bakterienhämolysin *n*
bacterioid bakteroid, bakterienartig, bakterienähnlich
bacteriologic *s.* bacteriological
bacteriological bakteriologisch
bacteriological disinfection control bakteriologische Desinfektionskontrolle *f*
bacteriological effectiveness bakteriologische Wirksamkeit *f*, Bakterienwirksamkeit *f*
bacteriological examination bakteriologische Untersuchung *f*
bacteriological filter Bakterienfilter *m*
bacteriological laboratory bakteriologisches Labor *n*
bacteriological loop Bakteriologenöse *f*, Platinöse *f (zur Bakterienkulturverimpfung)*
bacteriological sputum examination bakterielle Sputumuntersuchung *f*, Sputumuntersuchung *f* auf Bakterien
bacteriological sterilization control bakteriologische Sterilisationskontrolle *f*
bacteriologist Bakteriologe *m*, Bakterienforscher *m*
bacteriology Bakteriologie *f*
bacteriolysant Bakteriolytikum *n*, bakteriolytischer [Bakterien auflösender] Stoff *m*
bacteriolysin Bakteriolysin *n (Bakterien auflösender Antikorper)*
bacteriolysis Bakteriolyse *f*, Bakterienauflösung *f*
bacteriolytic bakteriolytisch, bakterienauflösend, bakterienvernichtend
bacteriolyze *v* Bakterien auflösen
bacterio-opsonin Bakterioopsonin *n*
bacteriopathology bakterielle Pathologie *f*
bacteriopexia Bakteriopexie *f*, Bakterienfixierung *f (durch Histiozyten)*
bacteriophage Bakteriophage *m*, Phage *m*, Bakterien tötendes Virus *n*
bacteriophage typing Bakteriophagentypisierung *f*
bacteriophagia Bakteriophagie *f*, Bakteriophagolyse *f*, Bakterienschädigung *f*, Bakterientötung *f*
bacteriophagic bakteriophag(isch); Bakteriophagen...

bacteriophagology Bakteriophagologie *f*, Bakteriophagenlehre *f*
bacteriophobia Bakteriophobie *f*, Bakterienangst *f*, Bakterienfurcht *f*
bacterioplasmin Bakterioplasmin *n*
bacterioprecipitin *(Immun)* Bakteriopräzipitin *n*, Bakterienpräzipitin *n*
bacterioprotein Bakterienprotein *n*, Bakterieneiweiß *n*
bacteriopsonic Bakteriopsonin...
bacteriopsonin *(Immun)* Bakteriopsonin *n (Antikörper)*
bacteriopurpurin Bakteriopurpurin *n (Bakterienpigment)*
bacteriorhodopsin Bakteriorhodopsin *n (Bakterienpigment)*
bacterioscopic bakterioskopisch, bakterienuntersuchend
bacterioscopy Bakterioskopie *f*
bacteriosis Bakteriose *f*, Bakterienkrankheit *f*, bakterielle Erkrankung *f*
bacteriosolvent (agent) Bakterien auflösendes Mittel *n*
bacteriospermia Bakteriospermie *f (Vorhandensein von Bakterien im Sperma)*
bacteriostasis Bakteriostase *f*, Bakterienhemmung *f*, Keimhemmung *f*
bacteriostat Bakteriostatikum *n*, Bakterienhemmstoff *m*
bacteriostatic bakteriostatisch, bakterienhemmend
bacteriostatic agent *s.* bacteriostat
bacteriostatic effect bakteriostatischer Effekt *m*, bakteriostatische Wirkung *f*
bacteriostatic spectrum Bakteriostasespektrum *n*, Bakterienhemm(ungs)bereich *m*, antibiotisches Spektrum *n*
bacteriotherapeutic(al) bakteriotherapeutisch
bacteriotherapy Bakteriotherapie *f*, Bakterienbehandlung *f*
bacteriotoxaemia Bakteriotoxämie *f*, Bakteriengiftintoxikation *f*
bacteriotoxic bakteriotoxisch, bakteriengiftig, bakterientötend; bakteriostatisch
bacteriotoxin 1. Bakteriotoxin *n*, Bakteriengift *n*; 2. Bakteriostatikum *n*, Bakterienhemmstoff *m*; Antibiotikum *n*
bacteriotropic bakteriotrop, bakterienwirksam, auf Bakterien gerichtet
bacteriotropin Bakteriotropin *n*, Opsonin *n (Serumkörper)*
bacteriotrypsin Bakteriotrypsin *n*
bacteritic durch Bakterien verursacht, bakteriell
bacterium Bakterium *n*, Bakterie *f*
Bacterium coli Bacterium *n* coli, Kolibakterium *n*, Koli-Bakterie *f*, Escherichia *f* coli
bacteriuria Bakteriurie *f*, Bakterienausscheidung *f* im Urin
bacteriuric bakteriurisch, Bakterien im Urin ausscheidend
bacteroid *s.* bacterioid
Bacteroides fragilis Bacteroides *f* fragilis
bacteroides infection *s.* bacteroidosis
bacteroidosis Bacteroidosis *f*, Bakteroidose *f (Darminfektion durch Bacteroides)*
bacteruria *s.* bacteriuria
Bactocill *(Pharm)* Bactocill *n (Oxacillinpräparat)*
Bactrim *(Pharm)* Bactrim *n*
bad appetite schlechter Appetit *m*
bad blood *s.* venereal disease
bad breath schlechter Atem *m*, Mundgeruch *m*
bad cough starker [böser] Husten *m*
bad headache starke Kopfschmerzen *mpl*
bad heart krankes [erkranktes] Herz *n*; Herzerkrankung *f*
bad mood schlechte Laune *f*, gedämpfte [schlechte] Stimmung *f*
bad preparation for X-rays schlechte Röntgenvorbereitung *f (z. B. des Darmes)*
bad tooth schlechter Zahn *m*, kariöser [kariös befallener] Zahn *m*
badge meter *(Rad)* Filmdosimeter *n*, Strahlenschutzplakette *f*
badly decayed tooth stark zerfallener Zahn *m*
Baelz's disease Baelz-Krankheit *f*, Baelz'sche Erkrankung *f*, Cheilitis *f* glandularis
Bäfverstedt's disease *(Derm)* Bäfverstedt'sche Krankheit *f*, Lymphadenosis *f* benigna cutis
bag 1. Beutel *m*; 2. Hodensack *m*, Skrotum *n*
bag of waters Amnionhöhle *f*, Fruchtblase *f*
bag-type respiration device Beutelbeatmungsgerät *n*
bag-valve mask resuscitator Maskenatembeutel *m*, Atembeutelmaske *f*, Ambu-Beutel *m*
bagasse disease *(Arb)* Bagassose *f*, Zuckerrohrstaublunge(nerkrankung) *f*
bagassosis *s.* bagasse disease
bagging *(Anästh)* Atembeutelbeatmung *f*, Maskenbeatmung *f*
Baghdad boil *(Trop)* Bagdadbeule *f*, Bagdadgeschwür *n*, Orientbeule *f*, Hautleishmaniasis *f*
Baghdad sore *s.* Baghdad boil
Baghdad ulcer *s.* Baghdad boil
Bahia ulcer *(Trop)* Bahia-Beule *f*, Espundia *f*, südamerikanische Haut- und Schleimhautleishmaniasis *f*
Baillarger's bands Baillarger'sche Streifen *mpl*, Striae *fpl* Baillargeri interni et externi *(in der Großhirnrinde)*
Baillarger's layers *s.* Baillarger's bands
Baillarger's lines *s.* Baillarger's bands
Bainbridge reflex *(Kard)* Bainbridge-Reflex *m*, reflektorische Vagustonusverminderung *f*
baked porcelain inlay gebranntes Keramik-Inlay *n*
baker leg X-Bein *n*, Genu *n* valgum
Baker's cyst Baker-Zyste *f (der Kniegelenkkapsel)*
baker's itch Beckerflechte *f*, chronische Tinea *f* unguium
baker's yeast Saccharomyces *m* cerevisiae
BAL *s.* British antilewisite
balance 1. Waage *f*; 2. Gleichgewicht *n*, Äquilibrium *n*
balance disturbance Gleichgewichtsstörung *f*
balance facing *(Stom)* Balancefacette *f*
balanced anaesthesia Kombinationsnarkose *f*
balanced articulation 1. *(Stom)* Artikulationsausgleich *m*; 2. *(Stom)* ausgeglichene Artikulation *f*
balanced diet bilanzierte Diät *f*, ausgeglichene Kost *f*, Vollkost *f*
balanced electrolyte solution Vollelektrolytlösung *f*
balanced occlusion *(Stom)* ausgeglichene Okklusion *f*, ausgeglichener Biss *m*
balanced polymorphism ausgeglichener Polymorphismus *m*
balanced pulse ausgeglichener Puls *m*
balanced state ausgeglichener Zustand *m*, Gleichgewichtszustand *m*, Äquilibrium *n*
balanced suspension ausgeglichene Aufhängung *f*
balanced traction ausgeglichene Traktion *f*
balanced translocation ausgeglichene Translokation *f*
balancing exercise Gleichgewichtsübung *f*
balancing interference 1. *(Stom)* Balancekontakt *m*; 2. *(Stom)* Balancestörung *f*
balancing side *(Stom)* Balanceseite *f*, nicht kauende Seite *f*, Mediotrusionsseite *f*
balancing side disorder *(Stom)* Balancestörung *f*, Balance-Interferenz *f*
balancing tooth Balancezahn *m*
balanic Balan(o)..., Glans..., Eichel...
balanic hypospadias Hypospadia *f* glandis, Harnröhrenöffnung *f* an der Eichelunterseite
balanitis *(Urol)* Balanitis *f*, Eichelentzündung *f*
balanoblennorrhoea *(Urol)* Balanoblennorrhö *f*, Eichelgonorrhö *f*, Eicheltripper *m*
balanocele *(Urol)* Balanozele *f*
balanochlamyditis *(Urol)* Balanitis *f* clitoridis *(Entzündung von Präputium und Glans der Klitoris)*

balanoplasty *(Urol)* Balanoplastik *f*, Eichelplastik *f*
balanoposthitis *(Urol)* Balanoposthitis *f*, Eichel- und Vorhautentzündung *f*
balanoposthomycosis *(Urol)* Balanoposthomykose *f*
balanopreputial *(Anat, Urol)* balano-präputial; Vorhaut-Eichel-...
balanorrhagia *(Urol)* Balanorrhagie *f*, Eichelblutung *f*
balanorrhoea *(Urol)* Balanorrhö *f*, Balanitis *f* purulenta, eitrige Balanitis *f* [Eichelentzündung *f*]
balantidiasis *(Inf)* Balantidiasis *f*, Balantidiose *f*, Balantidienruhr *f (Darminfektion durch Balantidium coli)*
balantidiosis *s.* balantidiasis
Balantidium coli Balantidium *n* coli
balantidosis *s.* balantidiasis
balanus 1. *(Anat, Urol)* Glans *f* penis, Eichel *f*; 2. *(Anat, Urol)* Glans *f* clitoris
bald kahl(köpfig), haarlos, unbehaart • **become bald** eine Glatze bekommen, kahl(köpfig) werden • **get bald** *s.* become bald
bald-headed kahlköpfig, glatzköpfig
bald tongue (glatte) Zungenatrophie *f*
baldness Kahlheit *f*, Kahlköpfigkeit *f (siehe auch: alopecia)*
baldpate Glatzkopf *m*, Kahlkopf *m*
baldpated glatzköpfig, kahl(köpfig)
Baldwin operation *(Gyn)* Baldwin'sche Operation *f* [Scheidenersatzplastik *f*]
Baldy-Webster operation Baldy-Franke'sche Operation *f*, Antefixationsoperation *f* der Gebärmutter nach Baldy-Webster
Balfour's disease Balfour'sche Krankheit *f*, (Chlorom-) Chloroleukämie *f*, Chlorosarkom *n*
Balint's syndrome Balint-Syndrom *n (infolge Störung der Assoziationsfasern zwischen den Sehrindenzentren)*
Balkan nephropathy Balkan-Nephropathie *f*, chronische endemische Nephropathie *f* [Nierenkrankheit *f*], Balkannephritis *f*
Balkan tubulointerstitial nephritis *s.* Balkan nephropathy
ball-and-socket joint Kugelgelenk *n*, Articulatio *f* sphaeroidea
ball-bearing dental engine kugelgelagerte Dentaleinheit *f*
ball catcher position *(Rad)* Greifhandstellung *f*
ball electrode Kugelelektrode *f*
ball myoma Kugelmyom *n*
ball of the foot Fußballen *m*; Zehenballen *m*
ball of the thumb Daumenballen *m*
ball of the toe Zehenballen *m*
ball probang *(Chir)* Kugelsonde *f*
ball retainer clasp Kugelklammer *f*, Knopfanker *m*
ball syringe Ballspritze *f*, Ballonspritze *f*
ball thrombus Kugelthrombus *m*
ball-type valve Kugelventilklappe *f*
ball-valve action Kugelventilwirkung *f*, Kugelventileffekt *m (z. B. durch Gallenstein im Hauptgallengang)*
ball-valve thrombus Kugelventilthrombus *m*, Ventilthrombus *m*
Ballance's sign Ballance-Zeichen *n (Schalldämpfungszeichen bei Milzriss)*
Ballantyne's aneurysm Ballantyne-Aneurysma *n (der Netzhautkapillaren bei diabetischer Nephropathie)*
ballism *s.* ballismus
ballismus Ballismus *m*, ballistisches Syndrom *n (unwillkürliche Schleuderbewegungen der Extremitäten)*
ballistocardiogram Ballistokardiogramm *n*, Rückstoßwellenkardiogramm *n*, Rückstoßwellenkurve *f* des Herzschlagvolumens
ballistocardiograph Ballistokardiograph *m*
ballistocardiographic ballistokardiographisch
ballistocardiographic waves ballistokardiographische Wellen *fpl*
ballistocardiography Ballistokardiographie *f (Bestimmung des Schlagvolumens des Herzens)*
ballistophobia Ballistophobie *f (Angst vor Geschossen)*
ballistospore Ballistospore *f (Pilzspore)*
ballonnement *s.* ballooning 1.
ballonography *(Rad)* Ballonographie *f*
balloon *v* **out the rectum** das Rektum erweitern [aufdehnen, aufblasen, entfalten]
balloon angioplasty Ballonangioplastie *f*, Ballondilatation *f (von Gefäßen)*
balloon atrioseptostomy *(Kard)* Ballonatrioseptostomie *f*, Rashkind-Ballonseptostomie *f*
balloon catheter Ballonkatheter *m*
balloon catheter dilatation Ballonkatheterdilatation *f*, Ballonkatheteraufdehnung *f*
balloon compression Ballonkompression *f*
balloon dilatation method Ballondilatationsmethode *f*
balloon probe Ballonsonde *f*
balloon pulsation Ballonpulsation *f*
balloon rectal tube Ballondarmrohr *n*
balloon septostomy Ballonseptostomie *f*
balloon tamponade Ballontamponade *f*
balloon-tipped cannula Ballonkanüle *m*
balloon-tipped catheter Ballonkatheter *m*
balloon valvuloplasty *(Kard)* Ballonvalvuloplastik *f*, Ballonvalvuloplastie *f*
ballooning 1. Ballonement *n*, Ballonierung *f*, Auftreibung *f*, Aufblähung *f (z. B. der Lunge)*; 2. Luftinsufflation *f*, Gaseinblasung *f (z. B. in die Bauchhöhle)*
ballooning cavern Bläkaverne *f*
ballooning of sella Sellavergrößerung *f*, vergrößerte Sella *f* turcica
ballotable ballottierbar, aufdehnbar, aufblähbar
balloting palpation ballotierende Palpation *f*
ballottement Ballottement *n*, Ballotieren *n*, Hin- und Hertanzen *n (z. B. des Kindskopfes bei der Geburt)*
balm Balsam *m*, Balsamum *n*
balneal Balneal..., Bäder..., Bade...
balneary Bäder(therapie)abteilung *f*
balneation Balneotherapie *f*, Bäderbehandlung *f*, Bäderanwendung *f*, Badetherapie *f*, Badekur *f*
blaneological balneologisch
blaneological department balneologische Abteilung *f*, Bäderabteilung *f*
balneologist Balneologe *m*, Bäderarzt *m*, Facharzt *m* für Bäderheilkunde
balneology Balneologie *f*, Bäderlehre *f*, Bäderheilkunde *f*
balneotechnics Balneotechnik *f*, Bädertechnik *f*, Bäderwesen *n*
balneotherapeutics *s.* balneation
balneotherapist Badearzt *m*
balneotherapy *s.* balneation
Baló's concentric sclerosis *s.* Baló's disease
Baló's disease Baló-Krankheit *f*, Baló'sche Krankheit *f*, Enzephalomyelitis *f* periaxialis concentrica, Leucoencephalitis *f* periaxialis, konzentrische Sklerose *f*
balsam Balsam *m*, Balsamum *n*
balsamic balsamisch; Balsam...
Balser's fatty necrosis Balser'sche Fettgewebsnekrose *f*, Bauchspeicheldrüsenfettnekrose *f*, Pankreasfettgewebeuntergang *m*
Bamberger-Marie disease Marie-Bamberger'sche Krankheit *f*, Bamberger'sche [Marie'sche] Krankheit *f*, Osteoperiostitis *f* ossificans toxica, Osteopathia *f* hypertrophicans toxica
Bamberger's bulbar pulse *s.* Bamberger's bulbar sign

Bamberger's disease 1. *(Neur)* saltatorischer Reflexkrampf *m*; 2. chronische idiopathische Polyserositis *f*
Bamberger's sign Bamberger-Zeichen *n*, Bamberger'sches Zeichen *n (Jugularvenenpulsation bei Trikuspidalklappeninsuffizienz)*
bamboo hair *(Derm)* Bambushaar *n*; Trichorrhexis *f* nodosa
bamboo spine *(Orth)* Bambus(stab)wirbelsäule *f*, Spondylitis *f* ankylosans
Bancroftian filariasis *(Paras)* Bancroft'sche (lymphoretikuläre) Filariasis *f*, Bancroftose *f (durch Wuchereria bancrofti)*
bancroftiasis *s.* Bancroftian filariasis
bancroftosis *s.* Bancroftian filariasis
Bancroft's filariasis *s.* Bancroftian filariasis
band 1. *(Anat)* Band *n*, Ligament *n*, Ligamentum *n*, Binde *f*, Sehne *f*; 2. *(Stom)* Band *n*; 3. *(Histol)* Bande *f*, Querstreifung *f*; 4. *(Gen)* Chromosomenband *n*
band adapter *(Stom)* Bandadapter *m*, Adapter *m*
band cell Stabkerniger *m*, stabkerniger Granulozyt *m* [Leukozyt *m*]
band clasp Bandklammer *f*
band crown Bandkrone *f*
band form *s.* band cell
band holding pliers Bandhaltezange *f*
band keratitis Bandkeratitis *f*, Keratitis *f* bendiformis, bandförmige Hornhautentzündung *f*
band keratopathy *s.* band keratitis
band of calcification Verkalkungsstreifen *m*; Verkalkungsband *n*
band of connective tissue Bindegewebsbrücke *f*
band pusher *(Stom)* Bandstopfer *m*
band remover *(Stom)* Bandentferner *m*
band-shaped keratopathy *s.* band keratitis
band-shaped opacity streifenförmige Trübung *f*, Streifentrübung *f*
band spectrum Bandenspektrum *n*
bandage *v* 1. bandagieren, eine Binde [Bandage] anlegen, fest wickeln; 2. verbinden, einen Verband anlegen
bandage 1. Bandage *f*, Verband *m*; 2. Binde *f*, Verbandstoff *m* • **apply a bandage** *s.* bandage 2. • **cut out a window in the bandage** einen Gips fenstern, einen Fenstergips anfertigen • **fasten a bandage by a tubular knitted roller** den Verband mit einer Trikotschlauchbinde fixieren • **reapply a bandage** einen Verband wiederanlegen • **remove a bandage** einen Verband entfernen [abnehmen, abmachen] • **roll a bandage** eine Binde aufrollen [aufwickeln] • **take off a bandage** einen Verband entfernen [abnehmen, abmachen]
bandage case Verbandkasten *m*
bandage cutting scissors Verband(stoff)schere *f*
bandage dangle foot Peroneusparesenbandage *f*
bandage for one eye monokulärer Verband *m*
bandage for the foot Fußverband *m*
bandage for the head Kopfverband *m*
bandage for the lower extremity unterer Extremitätenverband *m*
bandage for the neck Halsverband *m*, Halskrause *f*
bandage for the upper extremity oberer Extremitätenverband *m*
bandage for the wrist Hand(wurzel)verband *m*
bandage impregnated with plaster Gipsbinde *f*
bandage material Bandagenmaterial *n*
bandage scissors *s.* bandage shears
bandage shears Verband(stoff)schere *f*
bandage sling Armtrageschlinge *f*
bandage with plaster impregnation Gipsbinde *f*
bandaging material Verbandmaterial *n*, Verbandstoff *m*; Bandagenmaterial *n*
bandaging technique Bandagetechnik *f*, Wickeltechnik *f*, Desmurgie *f*
bandbox resonance Schachtelton *m*
banding 1. Banding *n*, Bändelung *f*; 2. *s.* chromosome banding
banding of the pulmonary artery *(Chir, Kard)* Lungenarterienbändelung *f*, Pulmonalisbändelung *f*
banding pattern Bandenmuster *n*
Bandl's contraction ring Bandl-Kontraktionsring *m (der Gebärmuttermuskulatur)*
Bandl's retraction ring *s.* Bandl's contraction ring
bands of Piccolomini *(Anat)* Striae *fpl* medullares ventriculi quarti, Striae *fpl* medullares fossae rhomboideae
bandy leg O-Bein *n*, Genu *n* varum
bandy-legged o-beinig, krummbeinig
bang Schuss *m*, Rauschgiftschuss *m (Drogenabhängigkeit)*
Bangkok haemorrhagic fever Bangkokfieber *n (siehe auch: dengue)*
Bang's bacillus Brucella *f* abortus
Bang's disease *s.* brucellosis 1.
Bang's test Bang-Test *m*, Bang-Probe *f*
bank *v* konservieren, aufbewahren *(z. B. Blut)*
bank *s.* 1. blood bank; 2. tissue bank, 3. bone bank
Bankart's lesion Bankart-Läsion *f*, Bankart-Impression *f*, Bankart'sche Impression *f (Abriss des unteren Randes der Schultergelenkpfanne)*
banked blood Blutkonserve *f*, Konservenblut *n*
Bannayan-Zonana syndrome Bannayan-Riley-Ruvalcaba-Syndrom *n (Makrozephalie mit Lymphangiomen, Hämangiomen und Lipomen)*
Bannister's disease Bannister-Krankheit *f*, Bannister'sche Erkrankung *f*, angioneurotisches Ödem *n*, Angioödem *n*
Bannwarth's syndrome Bannwarth-Syndrom *n*, Bannwarth'sches Syndrom *n (bei Lyme-Krankheit auftretende neurologische Symptomatik)*
Banti's disease *(Hepat)* Banti'sche Krankheit *f*, Banti-Syndrom *n*
Banti's syndrome *s.* Banti's disease
bar Bar *n*, b *(Einheit des Drucks)*
bar bending pliers Stegbiegezange *f*
bar code Strichcode *m*, Streifencode *m*, Balkencode *m*
bar denture *(Stom)* Bügelprothese *f*
bar graph *(Statist)* Balkendiagramm *n*
bar joint dental prosthesis Steggelenkprothese *f*
bar of the bladder *(Anat)* Plica *f* interureterica
bar retention Stegretention *f*
baraesthesia 1. Barästhesie *f*, Druckempfindung *f*; 2. Barästhesie *f*, Druckempfindungsvermögen *n*, Drucksinn *m*
baraesthesiometer Barästhesiometer *n*
baraesthetic hallucination propriozeptive [barästhetische] Halluzination *f*
baragnosis Baragnosie *f*, Baragnosis *f*, Unfähigkeit *f* zur Gewichtsschätzung
Bárány's caloric test *(HNO)* Bárány-Kalorisation *f*, Bárány'scher Versuch *m*, Bárány'sche kalorische Prüfung *f*, kalorische Labyrinthprüfung *f*
Bárány's drum *(HNO)* Bárány-Trommel *f*, Bárány'sche Trommel *f (zur Nystagmusprüfung)*
Bárány's noise box *(HNO)* Bárány-Lärmtrommel *f*, Bárány'sche Lärmtrommel *f*
Bárány's pointing test *(Neur)* Bárány'scher Zeigeversuch *m (Koordinationsprüfung)*
Bárány's rotatory vestibular function test *(HNO)* Bárány'sche Drehstarkreizprüfung *f (Drehprüfung des Labyrinths)*
Bárány's sign *(HNO)* Bárány-Zeichen *n*, Bárány'sches Zeichen *n (Test bei Schallempfindungsschwerhörigkeit)*
Bárány's simulation test *(HNO)* Bárány'sche Simulationsprüfung *f (zum Nachweis einer Schwerhörigkeit)*

Bárány's syndrome *(HNO)* Bárány-Syndrom *n*, Bárány'sches Syndrom *n*, Hemicrania *f* cerebellaris *(Schwerhörigkeit mit gleichseitigen Hinterkopfschmerzen)*
barbed-wire disease *(Neur)* Stacheldrahtkrankheit *f*
barbeiro fever *(Trop)* Chagas-Krankheit *f*, südamerikanische Trypanosomiasis *f (durch Trypanosoma cruzi)*
barber's itch 1. *(Derm)* Tinea *f* barbae, Bartflechte *f*, Bartfinne *f (z. B. durch Hautpilze)*; 2. *(Derm)* Folliculitis *f* barbae, Sycosis *f* simplex [vulgaris], Sycosis *f* staphylogenes [non parasitaria], Staphylodermia *f* follicularis sykosiformis, Sykose *f (z. B. durch Staphylokokken)*; Bartflechte *f*
Barber's psoriasis Barber-Psoriasis *f*, lokalisierte pustulöse Psoriasis *f*
barbital Barbital *n*, 5,5-Diethylbarbitursäure *f*, Diethylmalonylharnstoff *m*
barbitalism *s.* barbiturism
barbitone *s.* barbital
barbituism *s.* barbiturism
barbiturate Barbiturat *n*
barbiturate addiction Barbituratsucht *f*
barbiturate coma Barbituratkoma *n*
barbiturate-free somnifacient barbituratfreies Schlafmittel *n*
barbiturate hypnosis Barbiturathypnose *f*, Narkohypnose *f*
barbiturate-induced anaesthesia Barbituratnarkose *f*
barbiturate initial narcosis *(Anästh)* Barbiturateinleitung *f*
barbiturate poisoning Barbituratintoxikation *f*, Barbituratvergiftung *f*
barbituric acid Barbitursäure *f*, Acidum *n* barbituricum, Malonylharnstoff *m*
barbituric acid addiction Barbituratsucht *f*
barbiturism Barbiturismus *m*, Barbitalismus *m*, Barbituratvergiftung *f (Schlafmittelvergiftung)*
barbotage Barbotage *f (wiederholtes Ansaugen von Liquor bei Spinalanästhesie zwecks Anästhetikavermischung)*
Barcoo disease Barcoo-Krankheit *f*, Wüstengeschwür *n (in Südaustralien)*
Barcoo rot Barcoo-Geschwür *n*, Wüstengeschwür *n*
Barcoo vomit Barcoo-Erbrechen *n (Bulimie mit Erbrechen und Übelkeit; in Australien auftretend)*
Bard-Pic syndrome Bard-Pic-Syndrom *n*, Bard-Pic'sches Syndrom *n (Symptome des Verschlussikterus bei Pankreaskopfkarzinom)*
Bardenheuer's extension Bardenheuer'sche Extension *f*, Bardenheuer-Extension *f (Frakturbehandlung mittels Pflasterzugverband)*
Bardenheuer's operation Bardenheuer'sche Operation *f* [Milzfixierungsoperation *f*]
Bardet-Biedl's syndrome Bardet-Biedl-Syndrom *n*, Bardet-Biedl'sches Syndrom *n*
Bard's sign Bard'sches Zeichen *n* [Nystagmuszeichen *n*]
bare *v* entblößen; entkleiden
barely palpable pulse kaum tastbarer Puls *m*
barencephalia Barenzephalie *f*, intellektuelle Schwerfälligkeit *f*
Barfoed's reagent Barfoeds Reagens *n (Traubenzuckernachweis)*
bariatrics Lehre *f* vom Übergewicht *(Ursachen, Prävention, Behandlung)*
baritosis Baritose *f*, Baritosis *f* pulmonum, Bariumsulphatstaublunge(nerkrankung) *f*, Schwerspatlunge *f*, Schwerspat-Staublunge *f*, Lungenentzündung *f* nach Bariuminhalation
barium Barium *n*, Ba
barium chloride Bariumchlorid *n*
barium coating *(Rad)* Bariumrelief *n*, Bariumbreibeschlag *m*
barium contrast medium *(Rad)* Bariumkontrastmittel *n*
barium contrast roentgenography Bariumkontraströntgendarstellung *f*
barium contrast X-ray (photograph) Bariumkontraströntgenogramm *n*
barium enema Bariumeinlauf *m*; Kontrasteinlauf *m*
barium enema X-ray examination Bariumkontrasteinlaufröntgenuntersuchung *f*
barium-hydroxide lime *(Anästh)* Bariumkalk *m (Atemkalk)*
barium meal Bariumbrei *m (Röntgenkontrastmittel)*
• introduce barium meal into the bowel Bariumkontrastmittel in den Darm einführen
barium oxide Bariumoxid *n*, Baryt *n*
barium passage Bariumpassage *f*, Breipassage *f*
barium poisoning Bariumvergiftung *f*, Bariumintoxikation *f*
barium sulfuricum purissimum reines Bariumsulfat *n*, Bariumsulfat *n* reinst, Barium *n* sulphuricum purissimum
barium sulphate Bariumsulfat *n*
barium solution wässrige Bariumlösung *f*, Bariumaufschwemmung *f*
barium suspension Bariumsuspension *f*
barium swallow Barium(brei)schluck *m*
barium swallow examination [study] Barium(brei)-schluckuntersuchung *f*
bariumize *v* mit Barium behandeln
Barker's spinal needle Barker-Nadel *f*, Barker'sche Spinalnadel *f*
barking cough bellender Husten *m*, Bellen *n*, Bellhusten *m*
Barlow's disease Möller-Barlow'sche Krankheit *f*, kindlicher Skorbut *m (Vitamin-C-Mangelkrankheit)*
Barlow's syndrome Barlow-Syndrom *n*, Mitralklappenprolapssyndrom *n*
Barnard's operation Barnard-Operation *f*, Barnard'sche Herztransplantation *f*
Barnes' operation Barnes-Operation *f*
Barnes' syndrome Barnes-Syndrom *n*
baroceptor *s.* baroreceptor
barofrontitis Barofrontitis *f*, durch Luftdruckunterschiede hervorgerufene Stirnhöhlenentzündung *f*
barognosis *(Neur)* Barognosis *f*, Gewichtssinn *m*, Druckempfindung *f*, Druckwahrnehmung *f*
baromacrometer *(Päd)* Baromakrometer *m*, Gewicht-Längen-Messgerät *n*
barootitis *s.* barotitis
barophilic barophil, unter hohem Luftdruck wachsend *(z. B. Bakterien)*
baroreception Druckempfindung *f*
baroreceptor Barorezeptor *m*, Druckrezeptor *m*, Pressorezeptor *m*
baroreflex Baroreflex *m*, Barorezeptorreflex *m*
barosinusitis Barosinusitis *f*, Nebenhöhlenentzündung *f* durch Luftdruckunterschiede *f*, Aerosinusitis *f*
barotalgia Barotalgie *f*, Mittelohrschmerz *m* durch Luftdruckunterschiede
barotaxis *s.* barotropism
barotitis Barotitis *f*, Ohrentzündung *f* durch Luftdruckunterschiede *f*, Aerotitis *f*
Barnes' media Aerotitis *f* media, Fliegerohr *n*
Barnes' prophylaxis Barotitisprophylaxe *f*
barotrauma Barotrauma *n (durch Luftdruckschwankungen)*
barotrauma of the lungs Lungenbarotrauma *n*
barotropism Barotropismus *m (Bewegung auf Druckreiz)*
Barr body Barr'scher Zellkörper *m*, Geschlechtschromatin *n*, X-Chromatin *n*
Barr-Epstein virus Barr-Epstein-Virus *n*, BE-Virus *n*

Barr's nucleus analysis Barr'sche Kernanalyse *f*
Barraquer's disease Barraquer-Simons-Krankheit *f*, Lipodystrophia *f* progressiva
Barraquer-Simons disease *s.* Barraquer's disease
Barré-Guillain syndrome Barré-Guillain-Syndrom *n*, Guillain-Barré-Syndrom *n*
barrel chest Fassthorax *m*, Emphysemthorax *m*, fassförmiger Thorax *m*
barrel of the ear Paukenhöhle *f*, Cavum *n* tympani
barrel-shaped carcinoma Tonnenkarzinom *n*
barrel-shaped thorax *s.* barrel chest
barren unfruchtbar, steril *(Frau)*
barren steril, unfruchtbar
barrenness Sterilität *f*, Unfruchtbarkeit *f*
Barrett's epithelium Barrett-Epithel *n*
Barrett's oesophagus Barrett-Ösophagus *m*, Barrett'scher Ösophagus *m*, Endobrachösophagus *m*
Barrett's syndrome Barrett-Syndrom *n*
Barrett's ulcer Barrett-Ulkus *n*, Barrett'sches Geschwür *n* *(Präkanzerose des Speiseröhrenkarzinoms)*
barrier 1. Barriere *f*, Hindernis *n*; 2. *(Urol)* Barriere *f*, Barre *f* *(Wulstbildung am Harnblasenausgang)*
Barrter's syndrome Barrter-Syndrom *n*, renale Hypoelektrolytämie *f*
Barsony-Koppenstein method *(Rad)* Bársony-Koppenstein-Aufnahme *f* *(1. der vier oberen Brustwirbel; 2. der Hals- und Brustwirbelsäule)*
Barsony-Polgár syndrome Barsony-Polgár-Syndrom *n*
Barsony-Schulhof *(Rad)* Bársony-Schulhof-Aufnahme *f* *(des Kreuzbeins und der Lendenwirbelsäule)*
Barsony-Teschendorf syndrome Barsony-Teschendorf-Syndrom *n*
Bársony's diverticulum Barsony-Pseudodivertikel *n* *(bei vegetativer Dystonie)*
Bart-Pumphrey syndrome Bart-Pumphrey-Syndrom *n*, erbliches Zehen-Fingergelenkpolster-Syndrom *n*
Bartels' nystagmus Bartels-Nystagmus *m* *(bei Stirnhirnverletzung)*
Bartels' nystagmus spectacles Bartels-Nystagmusbrille *f*, Bartels-Brille *f*
Bartholinian abscess *s.* Bartholin's abscess
bartholinitis Bartholinitis *f*, Entzündung *f* der Bartholin'schen Drüsen
Bartholin's abscess Bartholin-Abszess *m*, Abszess *m* der Bartholin'schen Drüse
Bartholin's cyst Bartholin'sche Zyste *f*, Zyste *f* der Bartholin'schen Drüse
Bartholin's duct Bartholin'scher Gang *m*, Ausführungsgang *m* der Bartholin'schen Drüse
Bartholin's gland Bartholin'sche Drüse *f*, Bartholin-Drüse *f*, Glandula *f* vestibularis major
Bartholin's gland carcinoma Karzinom *n* der Bartholin'schen Drüse
bartonella Bartonella *f*, Bartonelle *f* *(Erreger der Peruanischen Warzenkrankheit)*
Bartonella bacilliformis Bartonella *f* bacilliformis
bartonelliasis *(Trop)* Bartonelliasis *f*, Bartonellose *f*, Oroyafieber *n*, Verruca *f* [Verruga *f*] peruviana, Peruanische Warzenkrankheit *f*, Peru-Warze *f*
bartonellosis *s.* bartonelliasis
Barton's forceps Barton'sche Geburtszange *f* [Zange *f*]
Barton's fracture Barton-Fraktur *f*, Barton'sche Fraktur *f* *(des Radius)*
Barter-like syndrome Pseudo-Barter-Syndrom *n*
Bart's syndrome Bart-Syndrom *n*, Bart'sches Syndrom *n* *(Form der Epidermolysis bullosa hereditaria)*
baryglossia *s.* barylalia
barylalia Barylalie *f* *(schwer verständliche und undeutliche Sprache)*
barytosis *s.* baritosis
basal 1. basal, an der Grundfläche (liegend) *(z. B. eines Organs)*; Basal...; 2. basal, die Basis bildend *(siehe auch unter: basilar)*
basal acid output basale Magensäuresekretion *f*, Basalsekretion *f* des Magens
basal anaesthesia Basalanästhesie *f*, Basisnarkose *f*, basale Anästhesie *f*
basal body Basalkörperchen *n* *(im Zytoplasma)*
basal body temperature Basaltemperatur *f*
basal body temperature method of family planning Familienplanung *f* mit der Basaltemperaturmethode
basal cell Basalzelle *f*
basal-cell acanthoma Basalzellenakanthom *n*
basal-cell adenoma Basalzellenadenom *n*
basal-cell cancer [carcinoma] Basalzellenkarzinom *n*, Basaliom(a) *n*, Basalzellenepitheliom *n*, Carcinoma *n* [Epithelioma *n*] basocellulare *(bösartige Hautgeschwulst)*
basal-cell layer 1. Basalzellenschicht *f*, Stratum *n* basale *(Gebärmutterschleimhaut)*; 2. Basalzellenschicht *f*, Stratum *n* cylindricum [basale epidermidis] *(Oberhaut)*
basal-cell naevus syndrome Basalzellnävussyndrom *n*, Naevobasilomatose *f*, fünfte Phakomatose *f*, Gorlin-Syndrom *n*, Hermans-Grosfeld-Spaas-Valk-Krankheit *f*
basal-cell papilloma Basalzellenpapillom *n*
basal-cell tumour of the ovary Granulosazelltumor *m* *(Eierstockgeschwulst)*
basal corpuscle Basalkörperchen *n*
basal decidua Decidua *f* basalis [serotina], Membrana *f* decidua, Dezidua *f* *(Zusammensetzungen siehe unter: decidual)*
basal energy expenditure *s.* basal metabolic rate
basal filament Basalfilament *n*, basale Zytoplasmastreifung *f*
basal ganglion Basalganglion *n*, Stammganglion *n*, Ganglion *n* basale
basal ganglionic paralysis Basalganglionparalyse *f*, Basalganglionlähmung *f*
basal granular cells gelbe Zellen *fpl*
basal granule Basalkörnchon *n*
basal immunity Basalimmunität *f*, Basisimmunität *f*
basal joint Grundgelenk *n*
basal lamina 1. Lamina *f* basalis, Basalmembran *f*, Grundhäutchen *n* *(allgemein)*; 2. Lamina *f* basalis (chorioideae), Lamina *f* vitrea, Glashaut *f*, Bruch'sche Membran *f* *(der Aderhaut des Auges)*; 3. Lamina *f* limitans anterior corneae, Bowmann'sche Membran *f* [Grenzschicht *f*] *(der Corneavorderseite)*; 4. Lamina *f* limitans posterior corneae, Descemet'sche Membran *f* [Grenzschicht *f*] *(der Cornearückseite)*
basal lamina of the choroid *s.* basal lamina 2.
basal layer *s.* 1. basal-cell layer; 2. basal lamina 2.
basal level Grundniveau *n*; Ausgangsniveau *n*
basal medium Grundmedium *n*
basal membrane *s.* 1. basal lamina 1.; basal lamina 2.
basal membrane antigen Basalmembranantigen *n*
basal meningitis Basalmeningitis *f*, Meningitis *f* der Hirnbasis
basal metabolic rate Basalstoffwechselrate *f*, Grundstoffwechselrate *f*, Basalumsatz *m*, Grundumsatz *m*
basal metabolism Basalstoffwechsel *m*, Grundstoffwechsel *m*, Grundumsatz *m*
basal metabolism determination Grundumsatzbestimmung *f*
basal narcosis Basalnarkose *f*, Basalanästhesie *f*
basal ovarian cancer *s.* granulosa-cell carcinoma
basal plate of the neural tube *(Embr)* Lamina *f* basalis, Neuralrohrbodenplatte *f*
basal pleurisy basale Pleuritis *f* [Brustfellentzündung *f*]

basal pneumonia basale Pneumonie *f*, Unterlappenlungenentzündung *f*
basal rhythm Basalfrequenz *f*, Basisfrequenz *f*, mittlere fetale Herzschlagfrequenz *f*, Ruhefrequenz *f (in der Wehenpause)*
basal seat *(Stom)* basaler Sitz *m (prothesentragender Teil der Mundschleimhaut)*
basal seat area *(Stom)* basale Sitzfläche *f*
basal seat outline *(Stom)* basale Sitzkontur *f*
basal secretion Basalsekretion *f (z. B. des Magens)*
basal skull fracture Schädelbasisfraktur *f*, Schädelbasisbruch *m*
basal temperature *(Gyn)* Basal(körper)temperatur *f*, Morgentemperatur *f*, Aufwachtemperatur *f*
basal temperature chart Basaltemperaturkurve *f*, Basaltemperaturkurvenblatt *n*
basal turn Basalwindung *f (Innenohr)*
basal vein Basalvene *f*, Vena *f* basalis (Rosenthal)
basalioma *s.* basal-cell cancer
base 1. *(Anat)* Basis *f*, Grundfläche *f*, Grund *m*; 2. Base *f*, Lauge *f*
base analogue *(Bioch)* Basenanalogon *n*
base composition Basenzusammensetzung *f*
base deficit Basendefizit *n*, Basenmangel *m*
base excess Basenüberschuss *m*, BE, Basenabweichung *f*, Alkaliüberschuss *m*
base exchanger *(Bioch)* Basenaustauscher *m*
base line Basislinie *f*, Ausgangslinie *f*, Grundlinie *f*, Nulllinie *f*
base-line adjustment Nulllinienverstellung *f*
base-line correction Nulllinienkorrektur *f*
base of the bladder Fundus *m* vesicae, Blasengrund *m*, Harnblasengrund *m*
base of the brain Facies *f* inferior cerebri, Hirnbasis *f*, Gehirnbasis *f*
base of the heart Basis *f* cordis, Herzbasis *f*
base of the lung Basis *f* pulmonis, Lungenzwerchfellfläche *f*
base of the mandible Basis *f* mandibulae, Unterkieferbasis *f*
base of the metacarpal bone Basis *f* ossis metacarpalis
base of the metatarsal bone Basis *f* ossis metatarsalis
base of the modioli Basis *f* modioli, Schneckenachsenbasis *f*, Spindelbasis *f*
base of the nose Basis *f* nasi, Nasenbasis *f*
base of the patella Basis *f* patellae, Kniescheibenoberkante *f*
base of the prostatic gland Basis *f* prostatae, obere Fläche *f* der Vorsteherdrüse
base of the renal pyramid Basis *f* pyramidis renalis, Nierenpyramidenbasis *f*
base of the sacrum Basis *f* ossis sacri
base of the skull Basis *f* cranii, Schädelbasis *f*
base of the stapes Basis *f* stapedis, Steigbügelfußplatte *f*
base of the tongue Basis *f* linguae, Zungengrund *m*
base of the ulcer Ulkusgrund *m*
base pair *(Bioch, Gen)* Basenpaar *n*
base pairing *(Bioch, Gen)* Basenpaarung *f*
base plate *(Stom)* Basisplatte *f*
base plate denture Plattenprothese *f*
base-producing basenbildend
base ratio Basenverhältnis *n*
base resection of long bone Debasierung *f*
base sequence *(Bioch, Gen)* Basensequenz *f*
base substitution *(Bioch, Gen)* Basenaustausch *m*
base-view roentgenogram of the skull Schädelbasisröntgenaufnahme *f*
base wax Basisplattenwachs *n*
basedoid basedowartig; Basedow…
Basedow coma *(Endokr)* Basedow-Koma *n*, Coma *n* basedowicum, thyreotoxisches Koma *n*
basedowian psychosis Basedow-Psychose *f (Geistesstörung bei Hyperthyreoidismus)*
basedowiform basedowförmig
Basedow's disease *(Endokr)* Basedow'sche Krankheit *f*, Morbus *m* Basedow, Hyperthyreose *f*, Schilddrüsenüberfunktion *f*
Basedow's goitre *s.* Basedow's disease
Basel Nomina anatomica Baseler Nomenklatur *f*, Baseler Nomina *npl* Anatomica, BNA
baseline Grundlinien…, Ausgangslinien…; Grund…, Ausgangs…
baseline behaviour *(Neur)* Ausgangsverhalten *n (z. B. vor einer Therapie)*
baseline drift Nullliniendrift *f*
baseline foetal heart rate fetale Ausgangsherzfrequenz *f*, Ruheherzfrequenz *f* des Fetus *(zwischen den Wehen)*
basement layer *s.* basal lamina 1.
basement membrane of the corneal epithelium *s.* 1. basal lamina 3.; 2. basal lamina 4.
baseplate 1. *(Stom)* Basisplatte *f (z. B. zur Abdrucknahme)*; 2. Basisplatte *f (der Blase)*
bashfulness Schüchternheit *f*, Scheu *f*
basial Basion…
basialveolar *(Anat)* basialveolar, basialveolär
basic 1. basisch, alkalisch; 2. grundlegend, Basis…; Grund…
basic amino acid basische Aminosäure *f*
basic anxiety *(Neur)* Basisangst *f*
basic diagnostics Basisdiagnostik *f*
basic equipment Grundausrüstung *f*, Grundausstattung *f*
basic exercise Grundübung *f*
basic fibroblast growth factor basischer Fibroblasten-Wachstumsfaktor *m*, bFGF
basic food Grundnahrungsmittel *npl*
basic foodstuffs *s.* basic food
basic group identity *(Neur)* Gruppenidentität *f*, soziale Prägung *f*, Gruppenverhalten *n*
basic health service grundlegende Gesundheitsversorgung *f*
basic human needs menschliche Grundbedürfnisse *npl*; Grundvoraussetzungen *fpl* der menschlichen Existenz
basic immunity Grundimmunität *f*
basic immunization Grundimmunisierung *f*
basic life support primäre Wiederbelebungsmaßnahmen *fpl*, Atemspende *f* und Herzmassage *f*
basic medical care medizinische Grundbetreuung *f*
basic metabolism Grundstoffwechsel *m*
basic neuroleptic Basisneuroleptikum *n*
basic rate Grundfrequenz *f*
basic research Grundlagenforschung *f*
basic rule (psychoanalytische) Grundregel *f*
basic sensitivity Grundempfindlichkeit *f*
basic strain Ausgangsstamm *m*
basic therapeutic Basistherapeutikum *n*
basic unit Basiseinheit *f*
basicaryoplastin Basikaryoplastin *n*
basichromatin Basichromatin *n*
basichromiole Basichromiole *f (basophiles Chromatinpartikel)*
basicity Basizität *f*, Alkalität *f*, Basengehalt *m*
basicranial Schädelbasis…
basicytoparaplastin Basizytoparaplastin *n*
basidiobolomycosis Basidiobolomykose *f*
basidiomycete Basidiomyzet *m*
basidiomycetous Basidiomyzeten…
basidiomycosis Basidiomykose *f*
basidium *(Myk)* Basidie *f*, Basidium *n*

basifacial basifacial, die untere Gesichtshälfte betreffend
basihyal Zungenbeinschaft *m*
basihyoid *s.* basihyal
basilar basilar; Basis... *(siehe auch unter: basal)*
basilar arachnoiditis Arachnoiditis *f* chronica adhaesiva, Basilararachnoiditis *f*
basilar artery Grundschlagader *f*, Basilararterie *f*, Arteria *f* basilaris, Basilaris *f*
basilar artery insufficiency Basilarisinsuffizienz *f*
basilar artery insufficiency syndrome Basilarisinsuffizienzsyndrom *n*
basilar artery obstruction *s.* basilar artery occlusion
basilar artery occlusion Basilararterienobstruktion *f*, Basilarisverschluss *m*
basilar artery thrombosis Basilaristhrombose *f*, Arteriabasilaris-Thrombose *f*
basilar cartilage Cartilago *f* [Fibrocartilago *f*] basialis, knorpeliger Teil *m* der Schädelbasis
basilar impression Basilarimpression *f*, basiläre Impression *f*
basilar membrane Basilarmembran *f*, Lamina *f* basilaris (cochleae)
basilar meningitis Basilarmeningitis *f*, Basalmeningitis *f*, Hirnbasishirnhautentzündung *f*
basilar migraine Basilaris(arterien)migräne *f*
basilar papilla *(HNO)* Organum *n* spirale, Corti'sches Organ *n*
basilar plexus Plexus *m* basilaris *(Venengeflecht im Hirnbasisbereich)*
basilar process of the occipital bone Pars *f* basilaris ossis occipitalis
basilar radiodensity basale Röntgenverschattung *f*, Basalverschattung *f (bei Lungenentzündung)*
basilar skull fracture Schädelbasisfraktur *f*, Schädelbasisbruch *m*
basilar vertebra V. Lendenwirbel *m*
basilateral basilateral, basal und seitlich
basilemma Basilemma *n*, Basalmembran *f*
basilic vein Vena *f* basilica, königliche Vene *f*
basilobregmatic basilobregmatisch; Hirnbasis-Bregma-...
basiloma *s.* basal-cell cancer
basilomental basilomental; Hirnbasis-Kinn-...
basilopharyngeal basilopharyngeal; Hirnbasis-Pharynx-...
basin 1. Becken *n*, Schale *f*, Brechschale *f*, Nierenschale *f*; 2. *s.* pelvis
basinasal length Basion-Nasion-Enfernung *f*
basioccipital basiookzipital; Hirnbasis-Hinterhaupt-...
basion Basion *n (anthropologischer Messpunkt)*
basiotribe Basiotrib *m*, Basiotripter *m*, Schädelzertrümmerer *m (Instrument für Totgeburten)*
basiotripsy Basiotripsie *f*, Schädelzertrümmerung *f*
basipharyngeal canal Canalis *m* vomerovaginalis
basiphilic *s.* basophilic
basis Basis *f*, Grundlage *f*, Fundament *n*
basis anaesthesia *s.* basal anaesthesia
basitemporal basitemporal
basivertebral basivertebral
basivertebral vein Wirbelkörpervene *f*, Vena *f* basivertebralis
basket case Arm- und Beinamputierter *m*
basket cell *(Anat, Kard)* Korbzelle *f*
basket extractor Körbchenextraktor *m (z. B. für Gallensteine)*
basket handle tear Korbhenkelriss *m*
basketball heel *s.* black heel
basocyte *s.* basophile
basocytopenia Basophilenverminderung *f* im Blut
basocytosis basophile Leukozytose *f*, Basophilie *f*
basoerythrocyte Basoerythrozyt *m*
basoerythrocytosis Basoerythrozytose *f*
basolateral basolateral, die Basis und die Seite betreffend
basometachromophil basometachromophil
basophil(e) Basophile(r) *m*, basophiler Leukozyt *m* [Granulozyt *m*]
basophilia *s.* basophilism
basophilic basophil, basenfreundlich
basophilic adenoma basophiles Adenom *n*
basophilic cell basophile Zelle *f*
basophilic erythroblast basophiler Erythroblast *m*
basophilic erythrocyte basophiler Erythrozyt *m*, Basophile(r) *m*
basophilic granulocyte basophiler Granulozyt *m*
basophilic leukaemia Basophilenleukämie *f*
basophilic normoblast basophiler Normoblast *m*
basophilic stippling basophile Tüpfelung *f*
basophilic tumour of the pituitary basophiles Hypophysenadenom *n* [Adenom *n*]
basophilic virus basophiles Virus *n*
basophilism 1. Basophilie *f (bevorzugte Zellfärbung mit basischen Stoffen)*; 2. Basophilie *f*, Basophilenvermehrung *f* im Blut
basophilocytic *s.* basophilic
basophilopenia Basophilopenie *f*, Basophilenmangel *m*, basophile Leukopenie *f*
basophilous *s.* basophilic
basophobia *(Neur)* Basophobie *f (Angst, nicht laufen zu können)*
basoplasm *(Histol)* Basoplasma *n*
basosquamous cell carcinoma basosquamöses Karzinom *n*, Basalzellen-Plattenzellen-Karzinom *n*
basostasophobia Astasie-Abasie-Syndrom *n*
Bassen-Kornzweig syndrome *(Metab)* Bassen-Kornzweig'sches Syndrom *n*, Bassen-Kornzweig-Syndrom *n*, Abetalipoproteinämie *f*
Bassini operation Bassini'sche Operation *f* [Leistenbruchoperation *f*]
bastard 1. Bastard *m*; 2. uneheliches Kind *n*; 3. Mischling *m*
bastard rib falsche Rippe *f*
bastardy procedure Vaterschaftsbestimmung *f*
Batavia fever Bataviafieber *n (durch Leptospira bataviae)*
batch Charge *f*, Fabrikationsserie *f*, Partie *f*
bath Bad *n*
bath-chair Rollstuhl *m*, Krankenfahrstuhl *m*
bath conjunctivitis Schwimmbadkonjunktivitis *f*
bath of weak potassium permanganate verdünntes [schwaches] Kaliumpermanganatbad *n*
bath temperature Badetemperatur *f*
bathaesthesia *s.* bathyaesthesia
bathe *v* 1. baden, ein Bad nehmen; Heilbäder nehmen; 2. waschen, (aus)spülen *(z. B. Augen)*
bather's itch Larva *f* migrans cutanea
bathing fatality tödlicher Badeunfall *m*
bathmophobia *(Neur)* Bathmophobie *f*, Tiefenangst *f*, Tiefenfurcht *f*
bathmotropic bathmotrop, die Reizschwelle des Herzens ändernd
bathmotropism *(Kard, Neur)* Bathmotropie *f*, Bathmotropismus *m*
bathocuproin Bathocuproin *n*
bathophobia Bathophobie *f*, Höhenangst *f*, Höhenschwindel *m*
bathroom cabinet Arzneischrank *m*
bathyaesthesia *(Neur)* Bathyästhesie *f*, Tiefensensibilität *f*, Tiefenempfindlichkeit *f*
bathyanaesthesia *(Neur)* Bathyanästhesie *f*, Tiefenanästhesie *f*, Tiefensensibilitätsverlust *m*, Tiefenunempfindlichkeit *f*

bathycardia Bathykardie *f*, Kardioptose *f*, Herztiefstand *m*, Herzsenkung *f*
bathyhyperaesthesia *(Neur)* Bathyhyperästhesie *f*, Steigerung *f* der Tiefensensibilität; erhöhte [verstärkte] Tiefenempfindlichkeit *f*
bathyhypoaesthesia *(Neur)* Bathyhypoästhesie *f*, Minderung *f* der Tiefensensibilität; verminderte [verringerte] Tiefenempfindlichkeit *f*
bathypnoea Bathypnoe *f*, Atmungsvertiefung *f*, Atemzugintensivierung *f*
batophobia Akrophobie *f*, Höhenangst *f*, Höhenfurcht *f*
batrachophobia Batrachopohobie *f (Furcht vor Fröschen)*
Batson's plexus Batson'scher Plexus *m (Venensystem der Wirbelsäule)*
battarism Battarismus *m (überstürzte, polternde Sprechweise)*
Batten-Mayou's disease Batten-Mayou-Krankheit *f*, Stock-Spielmeyer-Vogt-Syndrom *n*, amaurotische familiäre Idiotie *f*
Batten's disease *s.* Batten-Mayou's disease
battered-child syndrome *(Neur, Päd)* Battered-child-Syndrom *n*, Syndrom *n* des geschlagenen Kindes, Syndrom *n* der Kindesmisshandlung, Kindesmisshandlungssyndrom *n*, Misshandlungssyndrom *n*, Syndrom *n* des misshandelten Kindes
battered-parents syndrome *(Chir, Neur)* Battered-parents-Syndrom *n*, Syndrom *n* der geschlagenen Eltern, Syndrom *n* der misshandelten Eltern
battered-root symptomalogy Battered-Root-Symptomatik *f (Schmerzsymptomatik durch Narbenbildung nach Bandscheibenoperation)*
battered wives' refuge Frauenhaus *n*
battered-woman syndrome Battered-woman-Syndrom *n*, Syndrom *n* der geschlagenen Frau, Syndrom *n* der misshandelten Frau
battery cardioscope Batteriekardioskop *n*
battery defect Batteriedefekt *m*, Batterieausfall *m*
battery discharge Batterieentladung *f*
battery-operated cystoscope batteriebetriebenes Zystoskop *n*, Batteriezystoskop *n*
battery-operated pacemaker batteriebetriebener Schrittmacher *m*
battery operation Batteriebetrieb *m*
battery-powered batteriebetrieben
battery voltage Batteriespannung *f*
Battey (tuberculosis-like) disease Battey-Krankheit *f (durch Mycobakterium intracellulare)*
battle fatigue Kriegsneurose *f*, Kriegsschütteln *n*, Kriegszittern *n*, Frontneurose *f*, Frontkoller *m*, Granatschock *m*
battle injury Verwundung *f*
battledore placenta Plazenta *f* mit randständigem Nabelschnurabgang
Baudeloque's diameter *(Gyn)* Baudelocque'scher Durchmesser *m* [Diameter *m*], Conjugata *f* externa *(Geburtshilfe)*
Bauer's test *(Lab)* Bauer'scher Test *m*, Galactosetoleranztest *m*, Galaktosebelastungstest *m*
Bauhin's valve *(Anat)* Bauhin'sche Klappe *f*, Bauhin-Klappe *f*, Valva *f* ileocaecalis, Ileozökalklappe *f*
bauxite fume pneumoconiosis *(Arb)* Bauxitstaubpneumokoniose *f*, Aluminiumstaublunge(nerkrankung) *f*, Aluminose *f* der Lunge
bay sickness Haffkrankheit *f*
bay sore *s.* chiclero ulcer
Bayard's ecchymoses Bayard-Ecchymosen *fpl*, Bayard'sche Ecchymosen *fpl*
Bayford-Autenrieth dysphagia Bayford-Autenrieth-Dysplasie *f*, Bayford-Autenrieth'sche Dysphagie *f (Schluckstörung)*
Bayle's disease Bayle'sche Krankheit *f*, progressive Paralyse *f*, Irrenparalyse *f*
Bayley's block *(Kard)* Bayley-Block *m*, Bayley'scher Rechtsschenkelblock *m (EKG)*
bayonet angle former *(Stom)* Winkelformer *m*, Bajonett-Winkelformer *m*
bayonet catch Bajonettveschluss *m*
bayonet deformity Bajonettstellung *f*, Bajonettdeformität *f (bei Radiusfraktur)*
bayonet elevatorium *(Stom)* Bajonettelevatorium *n*, Bajonetthebel *m*
bayonet needle holder Bajonettnadelhalter *m*
bayonet scissors Bajonettschere *f*
bayonet-shaped elevator *(Chir)* Bajonettelevator(ium) *n*
bayonet-shaped forceps *(Stom)* Bajonettzange *f*
Bazin's disease *(Derm)* Bazin-Krankheit *f*, Erythema *n* induratum (Bazin)
BBB *s.* 1. bundle branch block; 2. blood-brain barrier
BBT *s.* basal body temperature
BCG inoculation BCG-Vakzination *f*, BCG-Impfung *f*
BCG test BCG-Test *m*
BCG vaccine BCG-Vakzine *f*, Bakterium-Calmette-Guerin-Impfstoff *m*
beach ear Badeotitis *f*
bead Kügelchen *n*; Perle *f*
bead-like microabscess Perlschnurabszess *m*
beaded bronchiectasis variköse Bronchiektasie *f*, Bronchiectasia *f* varicosa
beaded hair Spindel(haar)krankheit *f*, Monilethrix *f*, Pili *mpl* moniliformes, abnorme Haarfollikelverhornung *f*
beading (of the ribs) *(Päd)* rachitischer Rosenkranz *m*
beak-shaped process of the scapula *(Anat)* Rabenschnabelfortsatz *m*, Processus *m* coracoideus
beak sign *(Rad)* Schnabelzeichen *n*
beaker cell Becherzelle *f*
beam Strahl *m*
beam alignement *(Rad)* Strahlausrichtung *f*
beam applicator *(Rad)* Bestrahlungstubus *m*
beam attentuation Strahlabschwächung *f*, Strahlenschwächung *f*
beam axis Strahlenachse *f*
beam collimation *(Rad)* Begrenzung *f* des Strahlenbündels
beam diaphragm Strahlenblende *f*, Einblendvorrichtung *f*
beam direction Strahlengang *m*, Strahlrichtung *f*
beam hardening *(Rad)* Strahlhärtung *f*
beam incidence angle Strahleneinfallswinkel *m*
beam intensity Strahlintensität *f*
beam projection Strahlenprojektion *f*, Strahlengang *m*
beam quality *(Rad)* Strahlenqualität *f*
beam restrictor *(Rad)* Streustrahlenfilter *m*
beam scanning Strahlabtastung *f*
beam-scattering filter *(Rad)* Streustrahlenfilter *m*, Streufilter *m*
beam shaping Ausblenden *n* des Strahlenbündels; Feldeinstellung *f*
beam splitting mirror *(Rad)* Ablenkspiegel *m*
bear *v* gebären; tragen
bear *v* **a child** (ein Kind) gebären
bear *v* **(the) pain** den Schmerz ertragen, den Schmerz aushalten [tolerieren]
bearberry leaves Bärentraubenblätter *npl*
Beard's disease Beard-Syndrom *n*, Beard'sches Syndrom *n*, Neurasthenie *f* Beard
Beare-Dodge-Nevin syndrome Beare-Dodge-Nevin-Syndrom *n (Syndrom multipler angeborener Fehlbildungen)*
bearer protein Apoenzym *n*
bearing down *(Gyn)* Austreibung *f (Geburt)*

bearing down pains *(Gyn)* Austreibungswehen *pl*, Geburtswehen *pl*
bearing section Auflageplatte *f*
Bearn-Kunkel syndrome Bearn-Kunkel-Syndrom *n*, Lupoidhepatitis *f*
beat *v* 1. schlagen, klopfen *(z. B. das Herz)*; 2. schlagen, verprügeln
beat Schlag *m*, Schlagen *n (des Herzens)*; Puls(schlag) *m*
beat volume Schlagvolumen *n (des Herzens)*
beaten gold leaves Blattgold *n*
beating about the bush *(Psych)* Vorbeireden *n*
beating heart schlagendes Herz *n*
Beau's lines Beau-Reil'sche Querfurchen *fpl* [Nagelplattenquerfurchen *fpl*], Beau-Reil-Querfurchen *fpl*
beaver-tail burnisher *(Stom)* Biberschwanzglätter *m*
beaver-tail liver Biberschwanzleber *f (mit großem linkem Leberlappen)*
Bechterew-Jacobsohn carpometacarpal reflex Bechterew-Jacobsohn-Karpometakarpalreflex *m*
Bechterew-Mendel reflex Bechterew-Mendel-Reflex *m (Plantarflexion der Zehen)*
Bechterew's arthritis *(Orth)* Bechterew'sche Krankheit *f*, Spondylarthritis *f* ancylopoetica
Bechterew's disease *s.* Bechterew's arthritis
Bechterew's nucleus Bechterew'scher Kern *m*, Ursprungskern *m* des Nervus vestibulocochlearis
Bechterew's orbicularis reflex Bechterew-Reflex *m*, Bechterew'scher Augenreflex *m*
Bechterew's paradoxal pupillary reflex Bechterew-Reflex *m*, Bechterew'scher paradoxer Pupillenreflex *m*
Bechterew's plantar reflex Bechterew-Reflex *m*, Bechterew'scher Hackenreflex *m*
Bechterew's pronation reflex Bechterew-Reflex *m*, Bechterew'scher Pronationsreflex *m*
Bechterew's sign Bechterew'sches Zeichen *n*
Beck depression inventory *(Neur)* Beck'scher Depressionsfragebogen *m*
Beck-Potts clamp Potts'sche Klemme *f* [Gefäßklemme *f*]
Beck respirator *s.* Beck ventilator
Beck ventilator Beck-Respirator *m*, Beck'sches Beatmungsgerät *n*
Becker's disease Becker'sche Krankheit *f*, Kollagenose *f*
Becker's melanosis Becker-Melanose *f*, Melanosis *f* naeviformis
Becker's muscular dystrophy Becker-Kiener-Syndrom *n*, Becker'sche Muskeldystrophie *f*
Becker's naevus Becker-Nävus *m*, Becker'scher Nävus *m*
Beck's diagnostic inventory *(Neur)* Beck'scher Diagnostik-Fragebogen *m*
Beck's triad Beck'sche Triade *f*, Beck-Trias *f*
Beckwith-Wiedemann syndrome *(Päd)* Beckwith-Wiedemann-Syndrom *n*, Wiedemann-Beckwith-Syndrom *n*, EMG-Syndrom *n*, Exomphalos-Makroglossie-Gigantismus-Syndrom *n*
Béclard's nucleus *(Rad)* Béclard-Kern *m*, Beclard'scher Knochenkern *m*
Béclard's ossification centre Béclard-Knochenkern *m*, Béclard-Ossifikationszentrum *n*
become *v* **apparent** deutlich werden, manifest werden
become *v* **bedridden** bettlägerig werden
become *v* **blind** erblinden, blind werden, das Augenlicht verlieren
become *v* **blunt** stumpf werden *(z. B. Skalpell)*
become *v* **clinically apparent** klinisch manifest werden
become *v* **cyanotic** zyanotisch werden
become *v* **deaf** ertauben, taub werden, das Gehör verlieren
become *v* **hypersusceptible** überempfindlich werden
become *v* **impacted** eingeklemmt werden, inkarzeriert werden *(z. B. Meniskus)*
become *v* **infected** sich anstecken, sich infizieren, infiziert werden
become *v* **less intense** schwächer werden, sich abschwächen *(z. B. Schmerzen)*
become *v* **more intense** stärker werden, sich verstärken *(z. B. Schmerzen)*
become *v* **obliterated** obliterieren, verstopfen *(z. B. Blutgefäße)*
become *v* **pregnant** schwanger werden
becquerel Becquerel *n*, Bq
bed 1. Bett *n*, Bettstelle *f*, Krankenbett *n*; 2. Bett *n*, Betttuch *n* • **be brought to bed of a child** entbunden werden • **be confined to bed** bettlägerig sein • **keep the bed** das Bett hüten, im Bett bleiben • **sit in bed leaning upon pillows** mit Polsterkissenunterstützung im Bett sitzen • **take to the bed** bettlägerig werden, sich krank ins Bett legen • **turn over in bed periodically** sich periodisch im Krankenbett umdrehen
bed-bound patient bettlägeriger Patient *m*
bed bug Bettwanze *f*
bed board Rückenbrett *n*, Wirbelsäulenbrett *n (bei Rückenschmerzen)*
bed centre Bettenzentrale *f*
bed changing table Umbettvorrichtung *f*
bed cradle Bettbügel *m*, Bügel *m*
bed craving *(Neur)* Bettsucht *f*
bed disinfection Bettendesinfektion *f*
bed-gallows Bettgalgen *m*
bed regime *s.* bed rest
bed rest Bettruhe *f* • **follow [keep] bed rest** die Bettruhe befolgen [einhalten]
bed restraint Fixierung *f* (im Bett)
bed screen Bettschirm *m*
bed splint Bettschiene *f*
bed wetter Bettnässer *m*
bed wetting Bettnässen *n*
bedabbled with blood blutbespritzt
bedaubed with blood blutbeschmiert, blutverschmiert
bedbug 1. Cimex *m* lectularis; 2. Cimex *m* hemipterus
bedded/be *v* bettlägerig sein
bedfast bettlägerig
Bedford finger stall Bedford-Fingerschiene *f*
Bednar's aphthae Bednar'sche Aphthen *fpl*, Kachexieaphthen *fpl*
bedpan 1. Schieber *m*, Steckbecken *n*, Stechbecken *n*; 2. Wärm(e)flasche *f*
bedpan stand Steckbeckenständer *m*
bedridden bettlägerig • **become bedridden** bettlägerig werden
bedside bettseitig • **at the bedside** am Bett [Krankenbett] • **sit at a patient's bedside** am Patientenbett sitzen • **watch at a patient's bedside** eine Sitzwache durchführen, Sitzwache (am Patienten) halten
bedside cabinet Nachtschrank *m*, Bettschrank *m*
bedside computing bettseitiger Computereinsatz *m*
bedside diagnosis Diagnose *f* am Bett, bettseitige Diagnostik *f*, Bedside-Diagnostik *f*
bedside diagnostics *s.* bedside diagnosis
bedside ECG monitoring bettseitige EKG-Überwachung *f*
bedside manner Verhalten *n* am Krankenbett • **have a good bedside manner** gut mit Kranken umgehen können, ein gutes Arzt-Patient-Verhältnis haben
bedside monitor bettseitiger Monitor *m*, Bedside-Monitor *m*, Bett-Monitor *m*
bedside monitoring bettseitiges Monitoring *n*, Bedside-Monitoring *n*, bettseitige Monitorüberwachung *f*

bedside nursing Dauerpflege *f*, Sitzwache *f*
bedside teaching Unterricht *m* am Krankenbett, klinischer Unterricht *m*
bedside test Bedside-Test *m*, Test *m* am Krankenbett *(bei Bluttransfusion)*
bedside tilting table bettseitiger Kipptisch *m*
bedsore *(Derm)* Dekubitus *m*, Druckstelle *f*, Druckgeschwür *n*, wund gelegene Stelle *f*
bedspace Bettenzahl *f*, Anzahl *f* der Betten
bedwetting Bettnässen *n*, Einnässen *n*, Enuresis *f* nocturna
bee cell pessary *(Gyn)* Würfelpessar *n*
bee sting Bienenstich *m*
bee venom Bienengift *n*
beef tapeworm Rinder(finnen)bandwurm *m*, Taeniarhynchus *m* saginatus
beef tapeworm infection Rinderbandwurminfektion *f*
beep Summerton *m (z. B. einer Rufanlage)*
beer-coloured urine bierfarbener Urin *m*
beer-drinker's cardiomyopathy Biertrinkerkardiomyopathie *f*, Bierherz *n*
beer drinker's heart Bierherz *m*
beer test Bierprobe *f (bei Gonorrhö)*
beer-wort agar Bierwürze-Agar *m*
beet sugar Rübenzucker *m*, Sa(c)charose *f*
beetle disease Skarabiasis *f*
beeturia Rübenzuckerausscheidung *f* im Urin
before-doctor examination room Patientenvorbereitungsraum *m*
behavior *s.* behaviour
behaviour Verhalten *n*, Verhaltensweise *f*
behaviour disorder *(Psych)* Verhaltensstörung *f*
behaviour modification *(Psych)* Verhaltensmodifikation *f*
behaviour pattern Verhaltensmuster *n*
behaviour psychology Verhaltenspsychologie *f*
behaviour reflex bedingter Reflex *m*, Verhaltensreflex *m*
behaviour therapy *(Psych)* Verhaltenstherapie *f*
behavioural Verhaltens...
behavioural change Verhaltensänderung *f*
behavioural component Verhaltenskomponente *f*
behavioural disturbance Verhaltensstörung *f*
behavioural goal *(Psych)* Verhaltensziel *n (z. B. einer Therapie)*
behavioural isolation *(Psych)* verhaltensbedingte Isolation *f*, Isolierung *f* infolge von Fehlverhalten
behavioural medicine Verhaltensmedizin *f*
behavioural modification Verhaltensmodifikation *f*
behavioural monitoring Verhaltensmonitoring *n*
behavioural objective *(Psych)* angestrebtes Verhalten *n*, Verhaltensziel *n (z. B. einer Therapie)*
behavioural science *(Psych)* Verhaltensforschung *f*, Verhaltenswissenschaft *f*
behavioural therapy Verhaltenstherapie *f*
behaviourism Behaviorismus *m (Verhaltensforschung)*
behaviouristic psychology Verhaltenspsychologie *f*
Behçet's disease *(Derm, Ophth)* Behçet'sche Krankheit *f*, Behçet-Krankheit *f*, Behçet-Syndrom *n*, mukukutanos Augensyndrom *n (Virusinfektion)*
Behn-Rohrschach test *(Neur)* Behn-Rohrschach-Test *m*, Bero-Test *m*
Beigel's disease Beigel'sche Krankheit *f*, Haarknötchenkrankheit *f*, Piedra *f*, Trichosporie *f*
being lucid *(Neur)* Bewusstseinsklarheit *f*
being rational *s.* being lucid
bejel *(Trop)* Bejel *f*, endemische Lues *f*, nicht venerische Syphilis *f*
Békésy audiometer Békésy-Audiometer *n*, Audiometer *n* nach Békésy
Békésy audiometry Békésy-Audiometrie *f*, Audiometrie *f* nach Békésy, Schwellenaudiometrie *f*
Bekhterew ... *s.* Bechterew's ...
belch *v* 1. aufstoßen, rülpsen; 2. ausspeien, ausspucken
belching 1. Aufstoßen *n*, Rülpsen *n*; Rülpser *m*; 2. Ausspeien *n*; Auswurf *m*
bell-mouthed tricherförmig; Trichter...
bell-robe phenomenon Glockenstrangphänomen *n*
bell-shaped crown *(Stom)* Glockenkrone *f*
bell-shaped curve *(Statist)* glockenförmige Kurve *f*
bell-type stethoscope Trichterstethoskop *n*
belladonna Atropa *f* belladonna, Tollkirsche *f*
belladonna alkaloid Belladonnaalkaloid *n*, Tollkirschenalkaloid *n*
belladonnine Belladonnin *n (Belladonnaalkaloid)*
bellied scalpel bauchiges Skalpell *n*
Bellocq tamponade Bellocq-Tamponade *f*, Choanaltamponade *f*, hintere Nasentamponade *f (bei Nasenbluten)*
bellows murmur Blasebalggeräusch *n (Herz)*
bellows respiration device Beutelbeatmungsgerät *n*
Bell's disease Bell'sche Lähmung *f*, periphere Fazialislähmung *f*
Bell's mania Bell'sche Manie *f*
Bell's palsy *s.* Bell's disease
Bell's paralysis *s.* Bell's disease
Bell's phenomenon Bell'sches Phänomen *n*, fehlender Lidschluss *m* bei Fazialislähmung
Bell's sign *s.* Bell's phenomenon
Bell's spasm Bell-Spasmus *m*, Bell'scher Hemispasmus *m* facialis
belly 1. Abdomen *n*, Bauch *m*, Bauchhöhle *f (siehe auch unter: abdominal)*; 2. *s.* belly of the muscle
belly button Bauchnabel *m*, Nabel *m*, Umbilicus *m (Zusammensetzungen siehe unter: umbilical)*
belly of the muscle Muskelbauch *m*, Venter *m* musculi
belly stalk *s.* umbilical cord
belly tendon lead Belly-tendon-Ableitung *f (zur Bestimmung der Nervenleitgeschwindigkeit)*
bellyache Abdominalschmerz *m*, Bauchschmerz *m*; Kolik *f*
belonephobia Belonephobie *f*, Nadelangst *f*, Nadelfurcht *f*
below-elbow amputation Unterarmamputation *f*
below-elbow amputee Unterarmamputierte(r) *m*
below-elbow prosthesis Unterarmprothese *f*
below-knee amputation Unterschenkelamputation *f*
below-knee amputee Unterschenkelamputierte(r) *m*
below-knee prosthesis Unterschenkelprothese *f*
below-knee stump Unterschenkelstumpf *m*
Belsey Mark IV operation Belsey-Operation *f (bei Magensaftrückfluss in die Speiseröhre)*
belt dental engine Riemenbohrmaschine *f*
belt-like bandage Cingulum *n*
belt-like placenta Gürtelplazenta *f*, Ringplazenta *f*, Placenta *f* anularis
belt restraint Haltegurt *m (z. B. auf Tragen)*
belt tightener Riemenspanner *m*
Bence Jones cylinders Bence-Jones'sche Urinzylinder *mpl*, Bence-Jones-Urinzylinder *mpl*
Bence Jones plasmocytoma Bence-Jones-Plasmozytom *n*
Bence Jones protein Bence-Jones'sches Protein *n*, Bence-Jones-Eiweißkörper *m*
Bence Jones protein test Bence-Jones-Protein-Präzipitationstest *m*
Bence Jones proteinuria Bence-Jones-Proteinurie *f*, Bence-Jones-Körper-Ausscheidung *f* im Urin
bench block Feilblock *m*
bench for massage treatment Massagebank *f*
bench research Laborforschung *f*, Forschung *f* unter Laborbedingungen

bend *v* biegen, krümmen *(z. B. einen Draht)*; beugen *(z. B. Gelenke)*; neigen *(z. B. den Kopf)*; sich beugen; sich krümmen
bend *v* **the body forward** den Körper vorwärts beugen
bend *v* **the leg at the knee joint** das Kniegelenk beugen
bending angle Biegewinkel *m*
bending elasticity Biegeelastizität *f*
bending exercises Beugungsübungen *fpl*
bending force Biegekraft *f*
bending fracture Biegungs(knochen)bruch *m*
bending pliers Biegezange *f*
bending resistance Biegewiderstand *m*
bending section of bronchoscope biegbares Bronchoskopteil *m*
bending techique Biegetechnik *f*
bends Dekompressionsschmerzen *mpl (z. B. an Knochen)*; Caisson-Krankheit *f*
Benedict(-Roth) calorimeter Bendikt-Kalorimeter *n*, Benedikt-Roth'sches Respirationskalorimter *n*
Benedict's reagent Benedikt-Reagens *n*, Benedikt'sches Zuckerreagens *n*
Benedict's solution *(Lab)* Benedikt'sche Lösung *f (Glukosenachweis)*
Benedict's syndrome Benedikt'sches Syndrom *n (herdseitige Okulomotoriuslähmung mit herdgekreuzter Hyperkinese)*
Benedict's test (for glukose) *(Lab)* Benedikt'sche Urinzuckerprobe *f*, Benedikt'scher Glukosenachweis *m*, Benedikt'sche Glukoseprobe *f*
beneficial nützlich, heilsam
benign 1. benigne, gutartig *(z. B. Tumor)*; 2. nicht rezidivierend; 3. leicht, ausheilend *(z. B. Krankheit)*; 4. unschädlich *(z. B. Medikament)*
benign calcifying epithelioma of Malherbe Epithelioma *n* calcificans, Epithelioma *n* Malherbe
benign cementoblastoma benignes [gutartiges] Zementoblastom *n*
benign essential tremor (benigner) essenzieller Tremor *m*
benign familial chronic pemphigus benigner familiärer chronischer Pemphigus *m*, Hailey-Hailey-Krankheit *f*
benign forgetfulness benigne Vergesslichkeit *f*
benign haemangioendothelioma gutartiges Hämangioendotheliom *n*
benign hypertension benigner Hypertonus *m*
benign intracranial hypertension Pseudotumor *m* cerebri, Hirnscheingeschwulst *f*, entzündliche [gefäßbedingte] Hirnschwellung *f*
benign juvenile melanoma benignes juveniles Melanom *n*
benign leprosy tuberkuloide Lepra *f*
benign lymphocytic (chorio)meningitis Choriomeningitis *f* lymphocytaria, lymphozytäre Choriomeningitis *f*
benign lymphogranulomatosis *s.* Boeck's sarcoid
benign lymphoma Brill-Symmers'sche Krankheit *f*, Lymphoretikulosis *f*
benign lymphoreticulosis *s.* benign reticulosis
benign mesenchymoma benignes Mesenchymom *n*
benign migratory glossitis Glossitis *f* areata exfoliativa, Exfoliatia *f* areata linguae, Lingua *f* geographica, Landkartenzunge *f*
benign mucosal pemphigoid benignes Schleimhautpemphigoid *n*
benign myalgic encephalomyelitis Neuromyasthenie *f*
benign neoplasm benignes Neoplasma *n*, gutartige Geschwulst *f*
benign nephrosclerosis benigne Nephrosklerose *f*
benign pemphigoid of the conjunctiva benignes Schleimhautpemphigoid *n*
benign prostatic hypertrophy benigne Prostatahypertrophie *f*, BPH
benign pseudohypertrophic muscular dystrophy benigne pseudohypertrophe Muskeldystrophie *f*
benign reticulosis *(Inf)* Katzenkratzkrankheit *f*
benign stupor benigner Stupor *m*
benign tertian malaria *(Trop)* Malaria *f* tertiana [vivax]
benign thrombocytosis benigne Thrombozytose *f*
benign tumour benigner Tumor *m*, gutartige Geschwulst *f*
benignancy Benignität *f*, Gutartigkeit *f (z. B. von Tumoren)*
benignity *s.* benignancy
Bennett's fracture Bennett'sche Fraktur *f*, Verrenkungsbruch *m* des ersten Mittelhandknochens, Bennett-Luxationsfraktur *f*
Bennett's hand tool test Bennett-Test *m*, Bennett'scher Handfunktionstest *m (zur Bestimmung der funktionellen Fertigkeiten der Hand)*
Bennett's ventilator Bennett-Respirator *m (für assistierte Beatmung)*
Bennhold's test *(Lab)* Bennhold'sche Probe *f* [Kongorotprobe *f*] *(zum Amyloidosenachweis)*
bennies Kokain *n*
bent fracture Grünholzfraktur *f*, Infraktion *f*
bentonite test Bentonit-Flockungstest *m*
benumb *v* betäuben; lähmen
benumbed state Benommenheit *f*, Benommenheitszustand *m*
benzaldehyde Benzaldehyd *m*
benzaldehyde reaction Benzaldehydprobe *f*
benzalkonium chloride Benzalkoniumchlorid *n (Desinfektionsmittel)*
benzanthracene Benzanthrazen *n (Kanzerogen)*
benzathine penicilline G Benzathin-Penizillin *n* G
benzatropine methanosulphonat Benzatropinmethanosulfat *n*
benzene Benzen(um) *n*, Benzol *n*
benzene addiction Benzolsucht *f*, Benzolschnüffeln *n*
benzene myelopathy Benzolmyelopathie *f (Knochenmarkschädigung bei chronischer Benzolvergiftung)*
benzene poisoning Benzolvergiftung *f*
benzene ring Benzolring *m*
benzethonium chloride Benzethoniumchlorid *n*
benzidine Benzidin *n*, 4,4'-Diphenyldiamin *n*
benzidine test Benzidinprobe *f (Blutnachweis z. B. im Stuhl)*
benzimidazole Benzimidazol *n (Anthelminitikum)*
benzinism Benzinismus *m*, Benzinomanie *f*, Benzinsucht *f*, Naphtomanie *f*, Benzinschnüffeln *n*
benzoate Benzoat *n*, benzoesaures Salz *n*
benzocaine Benzokain *n (Lokalanästhetikum)*
benzodiazepine *(Anästh, Pharm)* Benzodiazepin *n*
benzodiazepine derivative Benzodiazepinderivat *n*
benzodioxane test Benzodioxantest *m (Phäochromozytomnachweis)*
benzoic acid Benzoesäure *f*, Benzolcarbonsäure *f*, Acidum *n* benzoicum *(Antiseptikum)*
benzopyrene dihydrodiol epoxide Benz(o)pyrendihydrodiolepoxid *n*, BPDE-1 *(Kanzerogen aus Tabakrauch)*
benzoquinone Benzochinon *n*
benzothiadiazine derivative Benzothiadiazin-Derivat *n (Saluretikum)*
benzoyl Benzoyl *n*
benzpyrene Benzpyren *n*
benzthiazide Benzthiazid *n (Diuretikum)*
benzyl alcohol Benzylalkohol *m*, Alcohol *m* benzylicus
benzylpenicillin Benzylpenizillin *n*

Berardinelli's syndrome Berardinelli-Syndrom *n*, Zwischenhirnsyndrom *n*, endokrino-metabolisches Syndrom *n*
bereavement *(Neur)* Trauer *f*, Trauerfall *m*; Verlust *m*
bergamot oil *(Stom)* Bergamottöl *n*
Bergara-Wartenberg's sign *(Neur)* Bergara-Wartenberg'sches Zeichen *n* [Syndrom *n*] *(Pyramidenbahnzeichen)*
Bergenhem's operation Bergenhem'sche Operation *f*, Bergenhem'sche Harnleitereinpflanzung *f* in das Rektum
Berger rhythm Berger'sche Reaktion *f (im EEG)*
Berger wave *s.* Berger rhythm
Berger's disease Berger-Nephropathie *f*, mesangiale IgA-Glomerulonephritis *f*
Berger's paraesthesia Berger-Parästhesie *f*, Berger'sche Parästhesie *f*
Bergh's test *(Lab)* van den Bergh'scher Test *m*, Bergh'scher Bilirubinnachweis *m* im Blut
Bergmann's astrocytes *(Anat)* Bergmann'sche Astrozyten *mpl*, Bergmann'sche Gliafasern *fpl*
Bergmann's cords Striae *fpl* medullares ventriculi quarti
Bergmann's fibres *s.* Bergmann's cords
Bergstrand's syndrome Bergstrand-Syndrom *n*, Osteoidosteom *n*
beriberi Beriberi *f*, Kakke *f*, Reisesserkrankheit *f*, Polyneuritis *f* [Panneuritis *f*] epidemica *(Vitamin-B_1-Mangelkrankheit)*
beriberic Beriberi...
Berkefeld filter Berkefeld-Filter *n*, bakteriendichte Filterkerze *f* nach Berkefeld
Berlin artificial heart Berliner (künstliches) Herz *n*, künstliches Herz *n* Typ Berlin
Berlin-blue reaction Berliner-Blau-Reaktion *f*
Berlin's disease Berlin'sche Trübung *f*, Torpor *m* retinae, Commotio *f* retinae, ödemartige Netzhauttrübung *f (partiell oder total)*
Berloque dermatitis Berloque-Krankheit *f*, Berloque-Dermatitis *f*, Dermatitis *f* phototoxica, Photodermatitis *f* pigmentaria Freund
Bernard-Soulier (giant platelet) syndrome Bernard-Soulier-Syndrom *n (verminderte Trhombozytenadhäsion infolge Mangel von Thrombozytenglykoproteinen)*
Bernard's canal Ductus *m* pancreaticus accessorius (Santorini), Nebenausführungsgang *m* der Bauchspeicheldrüse
Bernard's duct *s.* Bernard's canal
Bernard's puncture Bernard'scher Zuckerstich *m (experimentelle Diabetesauslösung)*
Bernhard-Roth syndrome *(Neur)* Roth-Bernhard-Syndrom *n*, Roth-Bernhard'sche Krankheit *f*, Bernhard'sches Syndrom *n*, Bernhard'sche Lähmung *f*, Meralgia *f* paraesthetica
Bernhard's paraesthesia *s.* Bernhard-Roth syndrome
Bernheim's syndrome Bernheim'sches Syndrom *n*, Bernheim-Syndrom *n*, Rechtsherzinsuffizienzsyndrom *n (bei linksseitigor Herzerkrankung)*
Bernheim's therapy Bernheim'sche Hypnosetherapie *f* [Neurosebehandlung *f*]
Berning's triad Berning'sche Trias *f (erhöhte Blutsenkungsgeschwindigkeit, Bakteriurie und Leukozyturie)*
berry cell Traubenzelle *f*
berserk rasend, wütend; Berserker... • **go berserk** Amok laufen
berserk rage Berserkerwut *f*
Bertin's band Bertin-Band *n*, Bertin'sches Band *n*, Ligamentum *n* iliofemorale
Bertin's columns Bertin'sche Säulen *fpl*, Columnae *fpl* renales
Bertin's ossicle Bertin'sches Knöchelchen *n*, Bertin'sche Muschel *f (embryonale Keilbeinvorstufe)*
Bertolotti's syndrome Bertolotti-Syndrom *n (1. Halbbasis-Syndrom; 2. Wurzelreizsyndrom des 5. Lendenwirbelkörpers)*
berylliosis *(Arb)* Berylliose *f*, Berylliosis *f* pulmonum, Beryllium(staub)pneumokoniose *f*, Berylliumstaublunge(nerkrankung) *f*
beryllium Beryllium *n*, Be
beryllium granulomatosis Berylliumgranulomatose *f*
Besnier-Boeck(-Schaumann) disease Besnier-Boeck-Schaumann-Krankheit *f*, Lymphogranulomatosis *f* benigna
bespectacled brillentragend, mit einer Brille versehen, mit einer Brille versorgt
besprinkle *v* bespritzen *(z. B. mit Blut)*; besprenkeln, besprengen *(z. B. mit Wasser)*
bestiality 1. Bestialität *f*, Bestialismus *m*, (tierisch) rohes Verhalten *n*, tierische Rohheit *f*; 2. Bestiophilie *f*, Sodomie *f*, Sexualbeziehung *f* mit Tieren
bestialize *v* entmenschlichen
Best's disease infantile Makuladegeneration *f*
Best's macular degeneration *s.* Best's disease
beta activity Beta-Aktivität *f (Beta-Wellen im EEG)*
beta-adrenergic blocker Beta-Rezeptorenblocker *m*, β-Rezeptorenblocker *m*
beta-adrenergic blocking agent *s.* beta-adrenergic blocker
beta-adrenergic receptor *(Physiol)* Beta-Rezeptor *m*, β-Rezeptor *m*
beta-adrenergic receptor blocking Beta-Rezeptorenblockade *f*, β-Rezeptorenblockade *f*
beta-adrenergic receptor blocking agent *s.* beta-adrenergic blocker
beta-adrenergic stimulation Beta-Stimulation *f*, β-(Rezeptoren-)Stimulation *f*
beta-alaninaemia Beta-Alaninämie *f (durch Mangel an Beta-Alanin-alpha-Ketoglutarat-Aminotransferase)*
beta alcoholism Betaalkoholismus *m (Alkoholismus mit körperlichen Störungen ohne psychische Abhängigkeit)*
beta blocker *s.* beta-adrenergic blocker
beta cells 1. Beta-Zellen *fpl*, B-Zellen *fpl*, Langerhans'sche Inselzellen *fpl*, Pankreasinselzellen *fpl*; 2. Betazellen *fpl* des Hypophysenvorderlappens
beta cholesterol Beta-Cholesterin *n*, β-Cholesterin *n*
beta counter tube *(Rad)* Beta-Zählrohr *n*, β-Zählrohr *n*
beta decay *(Rad)* Beta-Zerfall *m*, β-Zerfall *m*
beta emitter *(Rad)* Beta-Strahler *m*, β-Strahler *m*
beta foetoprotein Beta-Fetoprotein *n*, β-Fetoprotein *n*
beta-galactosidase Beta-Galaktosidase *f (Enzym)*
beta globulin Beta-Globulin *n*, β-Globulin *n*
beta glucuronidase Beta-Glukuronidase *f*, β-Glucuronidase *f (Enzym)*
beta haemaolysin Beta-Hämolysin *n*, β-Hämolysin *n*
beta haemolysis Beta-Hämolyse *f*, β-Hämolyse *f*
beta-haemolytic streptococcal pharyngitis Rachenentzündung *f* [Pharyngitis *f*] durch β-hämolysierende Streptokokken
beta-haemolytic streptococci group B β-hämolysierende Streptokokken *mpl* der Gruppe B
beta-ketohydroxybutyric acid 3-Oxobutansäure *f*, β-Ketohydroxybuttersäure *f*, Acetessigsäure *f (Ketoform)*
beta-lactam antibiotic Beta-Lactam-Antibiotikum *n*
beta-lactamase Beta-Lactamase *f (Enzym)*
beta-lactamase resistance Beta-Lactamase-Resistenz *f*
beta-lactamase resistant antibiotics Beta-Lactamase-resistente Antibiotika *npl*
beta lipoprotein Beta-Lipoprotein *n*, β-Lipoprotein *n*
beta lysin Beta-Lysin *n*, β-Lysin *n*
beta oxidation Beta-Oxidation *f*, β-Oxidation *f (Fettsäurestoffwechsel)*

beta particle Beta-Teilchen *n*, β-Teilchen *n*
beta phase Beta-Phase *f*
beta plus decay Beta-plus-Zerfall *m (der Radionuklide)*
beta radiation Beta-Strahlung *f*, β-Strahlung *f*
beta radiator Beta-Strahler *m*, β-Strahler *m*
beta-ray detector Beta-Strahlen-Detektor *m*
beta-ray dosimetry Beta-Strahlen-Dosimetrie *f*
beta rays *(Rad)* Beta-Strahlen *mpl*, β-Strahlen *mpl*
beta receptor *s.* beta-adrenergic receptor
beta rhythm Beta-Rhythmus *m*, β-Rhythmus *m (EEG)*
beta streptococci Beta-Streptokokken *mpl*, β-Streptokokken *mpl*
beta sympathicolytic *s.* beta-adrenergic blocker
beta thalassaemia Beta-Thalassämie *f*
beta titanum alloy Beta-Titan-Legierung *f*
beta wave Beta-Welle *f*, β-Welle *f (EEG)*
betaine Betain *n*, Oxyneurin *n*
betaine aldehyde dehydrogenase Betainaldehyddehydrogenase *f (Enzym)*
betaine homocysteine methyltransferase Betain-Homocystein-Methyltransferase *f (Enzym)*
betatron Betatron *n*, Elektronenbeschleuniger *m*
betatron acceleration Betatronbeschleunigung *f*
betel-nut carcinoma Betelnusskarzinom *n*, Betelnusskrebs *m*
betel nut chewing Betelkauen *n*
Bettendorff's test *(Lab)* Bettendorff-Probe *f*, Bettendorff'scher Arsennachweis *m*
betweenbrain Zwischenhirn *n*, Dienzephalon *n*
Betz cells Betz'sche Riesenpyramidenzellen *fpl*, Betzzellen *fpl (Hirnrinde)*
bezoar Bezoar(stein) *m*, Magenstein *m (geschwulstartiges Knäuel aus aufgenommener Nahrung)*
Bezold abscess Bezold'scher Abszess *m*, Eiterung *f* im Schläfenbein
Bezold-Jarisch reflex Bezold-Jarisch-Reflex *m (blutdrucksenkender Reflex)*
Bezold reflex *s.* Bezold-Jarisch reflex
Bezold type of mastoiditis Bezold'sche Mastoiditis *f*, Bezold-Mastoiditis *f*, Warzenfortsatzeiterung *f* mit Eiterdurchbruch nach kaudal
bhang *s.* cannabis indica
BHF *s.* Bolivian haemorrhagic fever
bi-toric contact lens bitorische Kontaktlinse *f*
Bial's reagent Bial'sches Reagens *n*
Bial's test *(Lab)* Bial-Pentosenprobe *f*, Bial'sche Pentoseprobe *f*, Bial'scher Pentosenachweistest *m*, Orzinprobe *f* nach Bial
Bianchi's syndrome *(Neur)* Bianchi-Syndrom *n (sensorische Aphasie mit Alexie und Apraxie)*
biannual zweimal im Jahr, zweimal pro Jahr, halbjährlich
biarticular biartikulär, zweigelenkig, doppelgelenkig
bias 1. Vorurteil *n*, Befangenheit *f*, vorgefasste Meinung *f*; 2. Neigung *f*, Hang *m*; Vorliebe *f*
biastigmatism Biastigmatismus *m*, Doppelastigmatismus *m*, Linsen- und Hornhautastigmatismus *m*
biauricular biaurikulär, beidohrig, doppelohrig
biaxial biaxial, zweiachsig, doppelachsig
biaxial joint Doppelachsengelenk *n*
bibeveled von beiden Seiten angeschrägt, beidseits schräg geschliffen *(z. B. Zahninstrument)*
biblioclasia *(Neur)* Biblioklasie *f (zwanghaftes Zerstören von Büchern)*
biblioclast *(Neur)* Biblioklast *m*, Bücherbeschädiger *m*, Bücherschänder *m*
bibliographic coding bibliographische Codierung *f*
bibliokleptomania Bibliokleptomanie *f*, (krankhafter) Bücherstehltrieb *m (zwanghaftes Stehlen von Büchern)*
bibliomania Bibliomanie *f*, (krankhafter) Büchersammeltrieb *m*, Büchersammelwut *f*, krankhaftes Büchersammeln *n*
bibliomaniac bibliomanisch, in Bücher vernarrt sein
bibliomaniac Bibliomane(r) *m*, Büchernarr *m*
bibliophil(e) Bibliophile(r) *m*, Bücherfreund *m*
bibliophilia Bibliophilie *f*
bibliophilic bibliophil, bücherliebend
bibliophobia Bibliophobie *f*, Bücherabneigung *f*
bibliophobic bibliophob, bücherhassend
bibliotherapy Bibliotherapie *f (Heilung durch ausgewählte Lektüre)*
bicaloric irrigation bikalorische Spülung *f (zur Nystagmusprüfung)*
bicapitate *s.* bicephalic
bicapsular bikapsulär, zweikapselig, doppelkapselig
bicarbonataemia Bicarbonatämie *f*, Vorhandensein *n* von Bicarbonat im Blut
bicarbonate Hydrogencarbonat *n*, Bicarbonat *n*, Bikarbonat *n (Blutpufferion)*
bicarbonate buffer Bicarbonatpuffer *m (Puffersystem des Blutes)*
bicarbonate deficit syndrome Bicarbonatverlust-Syndrom *n*
bicarbonate dialysis Bicarbonatdialyse *f*
bicarbonate therapy Bicarbonattherapie *f*
bicarbonate transport Bicarbonattransport *m*
bicaudal bikaudal, zweischwänzig, doppelschwänzig
bicaudate *s.* bicaudal
bicellular bizellulär, zweizellig, doppelzellig
bicephalic dizephal, zweiköpfig
bicephalous *s.* bicephalic
biceps bizeps, zweiköpfig *(siehe auch unter: bicipital)*
biceps Musculus *m* biceps, Bizipitalmuskel *m*, Zweikopfmuskel *m*, zweiköpfiger Muskel *m*
biceps brachii (muscle) Musculus *m* biceps brachii, zweiköpfiger Armmuskel *m*
biceps brachii muscle tendon rupture Bizeps(muskel)sehnenruptur *f*, Bizepssehnenzerreißung *f*
biceps femoris (muscle) Musculus *m* biceps femoris, zweiköpfiger Schenkelmuskel *m*
biceps jerk Bizeps(muskel)reflex *m*
biceps muscle *s.* biceps
biceps reflex *s.* biceps jerk
Bichat's fat-ball Bichat-Fettpropf *m*, Corpus *n* adiposum buccae
Bichat's fat-pad *s.* Bichat's fat-ball
Bichel-Bing-Harboe syndrome Bichel-Bing-Harboe-Syndrom *n*, Bing-Neel-Syndrom *n*, Makroglobulinämie *f* mit neurologischen Störungen
bicipital zweiköpfig *(siehe auch unter: biceps)*
bicipital aponeurosis Aponeurosis *f* musculi bicipitis, Lacertus *m* fibrosus, Bizeps(muskel)aponeurose *f*
bicipital groove Sulcus *m* intertubercularis
bicipital ridge Crista *f* tuberculi majoris et minoris
bicipitoradial bursa Bursa *f* (synovialis) bicipitoradialis
biclonal biklonal
biclonal peak biklonale Zacke *f (Elektrophorese)*
biclonality Biklonalität *f*
biconcave bikonkav, beiderseits hohl
biconcave lens Bikonkavlinse *f*
biconcavity Bikonkavität *f*
bicondylar fracture bikondyläre Fraktur *f*
bicontrast pneumopelvigraphy *(Rad)* Doppelkontrastpneumopelvigraphie *f*
biconvex bikonvex, beiderseits gewölbt
biconvex corrective lens bikonvexe Korrekturlinse *f*
biconvex hydrogel lens bikonvexe Hydrogellinse *f*
biconvex intraocular lens bikonvexe intraokulare Linse *f*

biconvex lens Bikonvexlinse *f*
biconvexity Bikonvexität *f*
bicornuate zweihörnig
bicornuate uterus Uterus *m* bicornis
bicornuous *s.* bicornuate
bicurved contact lens doppelt gekrümmte Kontaktlinse *f*
bicuspid bikuspid(al), zweizipflig
bicuspid (dens) Dens *m* bicuspidatus [praemolaris], zweihöckriger Zahn *m*, Bikuspidat *m*, Prämolarer *m*
bicuspid malformation Bikuspidalität *f (z. B. von Herzklappen)*
bicuspid valve Valvula *f* bicuspidalis, Mitralklappe *f*
bicuspidization Bikuspidalisierung *f*, Bikuspidalität *f*
bicycle ergometer Fahrradergometer *n*
bicycle ergometry Fahrradergometrie *f*
bidactyly Bidaktylie *f*, Zweifingrigkeit *f*
Bidder(-Remak) ganglion *(Anat)* Bidder-(Remak-)Ganglion *n*
bidentate bidental, zwei Zähne betreffend
bidermoma Bidermom *n (zweikeimblätterige Geschwulst)*
bidet Bidet *n*
bidimensional blurring *(Rad)* flächige Verwischung *f*
bidimensional electrophoresis zweidimensionale Elektrophorese *f*
bidimensional paper chromatography zweidimensionale Papierchromatographie *f*
bidirectional bidirektional, in zwei Richtungen
biduotertian fever Malaria *f* duplex *(Vorhandensein von zwei Malaria-vivax-Stämmen mit täglichen Fieberanfällen)*
Biederman's sign Biederman-Zeichen *n*, Biederman'sches Syphilis-Zeichen *n (Rötung des Gaumenbogens)*
Biedl's disease *(Endokr)* Biedl'sche Krankheit *f* [Erkrankung *f*], Laurence-Moon-Biedl'sche Krankheit *f*, Biedl-Syndrom *n*, Laurence-Moon-Biedl-Bardet-Syndrom *n*, dienzephaloretinale Degeneration *f*
Biedl's syndrome *s.* Biedl's disease
Bielschowsky-Janský disease Bielschowsky'sches Syndrom *n*, spätinfantile amaurotische Idiotie *f*
bier Bahre *f*, Leichenbahre *f*, Totenbahre *f*
Biermer's anaemia Biermer-Anämie *f*, Biermer'sche Krankheit *f* [Blutkrankheit *f*], Anaemia *f* perniciosa Biermer, perniziöse Anämie *f*, Morbus *m* Biermer
Biermer's change of note Biermer-Schallwechsel *m (des Perkussionsschalls)*
Biermer's disease *s.* Biermer's anaemia
Biernacki's sign Biernacki'sches Ulnariszeichen *n* [Zeichen *n*], Ulnarnervenunempfindlichkeit *f* bei Tabes
Bier's anaesthesia 1. Bier'sche Venenanästhesie *f*; 2. Bier'sche Lumbalanästhesie *f*
Bier's passive hyperaemia Bier'sche Stauung *f*
Bier's spots Bier'sche Flecken *mpl (nach venöser Stauung auftretend)*
Biett's disease Biett'sche Krankheit *f* [Erkrankung *f*], Lupus *m* erythematosus
bifid zweigeteilt
bifid implant Doppelstiftimplantat *n*
bifid rib Gabelrippe *f*
bifid skull Cranium *n* bifidum, Schädelspalte *f*
bifid spine Spina *f* bifida, Wirbelspalte *f*, Spaltwirbel *m*
bifid sternum Sternum *n* bifidum, Brustbeinspalte *f*
bifid tongue Spaltzunge *f*, Zungenspalte *f*
bifid uterus Uterus *m* bifidus
bifid uvula Uvula *f* bifida, Gaumenzäpfchenspalte *f*
bifid vertebral column Spina *f* bifida, Spaltwirbelsäule *f*, Wirbelsäulenspalte *f*
bifidobacterium Bifidobakterium *n*
bifidus factor Bifidus-Faktor *m*
bifidus flora Bifidus-Flora *f (Bakterienflora des Darmes)*
bifocal contact lens bifokale Kontaktlinse *f*
bifocal group therapy *(Psych)* bifokale Gruppentherapie *f*
bifocal lens Bifokallinse *f*, Zweistärkenglas *n*, Bifokalglas *n*
bifocal pacemaker sequenzieller Schrittmacher *m*, Zwei-Kammer-Schrittmacher *m*
bifocal spectacle lens bifokales Korrekturglas *n*, bifokale Brillenlinse *f*
bifocal spectacles Bifokalbrille *f*, Zweistärkenbrille *f*
bifocal tube Bifokalröhre *f*, Doppelfokusröhre *f*
bifonazol Bifonazol *n (Antimykotikum)*
bifrontal bifrontal
bifurcate *v* gabeln, aufzweigen; sich gabeln; sich zweiteilen
bifurcate gegabelt, aufgezweigt, zweizackig
bifurcate root zweiteilige Wurzel *f*
bifurcated *s.* bifurcate
bifurcation Bifurkation *f*, Gabelung *f*, Aufzweigung *f*, Zweiteilung *f*
bifurcation angle Bifurkationswinkel *m (der Luftröhre)*
bifurcation graft Bifurkationsprothese *f*
bifurcation of the aorta Aortenbifurkation *f*, Aortengabelung *f*, Bifurcatio *f* aortae
bifurcation of the carotid Karotisbifurkation *f*
bifurcation of the trachea Trachea(l)bifurkation *f*, Luftröhrengabelung *f*, Bifurcatio *n* tracheae
bifurcation syndrome Bifurkationssyndrom *n*, Leriche-Syndrom *n*, abdominaler Aortenverschluss *m*
big epilepsy generalisierter Epilepsieanfall *m*, Grand-mal-Epilepsie *f*
big liver disease Viszerallymphomatose *f*
big toe Großzeh *m*, große Zehe *f*, Digitus *m* pedis I
big with child (hoch)schwanger
bigamous bigam(istisch), bigamisch, in Doppelehe lebend
bigamy Bigamie *f*, Doppelehe *f*
Bigelow's ligament Bigelow-Band *n*, Bigelow'sches Band *n*, Ligamentum *n* iliofemorale
bigeminal doppelt, zweimal, bigeminal; Bigeminus...
bigeminal pregnancy Zwillingsschwangerschaft *f*
bigeminal pulse doppelschlägiger Puls *m*, Pulsus *m* bigeminus, Bigeminus *m*
bigeminal rhythm *s.* bigeminy
bigeminous *s.* bigeminal
bigeminy Bigeminie *f*, Bigeminusrhythmus *m (Auftreten gekoppelter Extrasystolen)*
bigerminal bigerminal, zweikeimig, doppelkeimig
biglycan Biglykan *n*, Biglycan *n*
biguanide Biguanid *n*
biischial diameter *(Gyn)* querer Beckenausgangsdurchmesser *m*, Diameter *m* transversa
bilabial bilabial; Bilabial....
bilaminar bilaminär, zweischichtig
bilaminar blastoderm bilaminares Blastoderm *n*
bilateral bilateral, zweiseitig, beidseitig
bilateral adrenalectomy Bilateraladrenalektomie *f*, Totaladrenalektomie *f*
bilateral ankle fracture bilaterale Knöchelfraktur *f*, bimalleoläre Sprunggelenkfraktur *f*
bilateral anterior tooth bridge beidseitige Frontzahnbrücke *f*
bilateral auriculotemporal neuralgia bilaterale aurikulotemporale Neuralgie *f*, Seeligmüller'sche Neuralgie *f*, Seeligmüller-Neuralgie *f*
bilateral black eye Brillenhämatom *n (bei Schädelbasisbruch)*
bilateral chewing beidseitiges Kauen *n*
bilateral crossbite *(Stom)* beidseitiger Kreuzbiss *m*
bilateral hemiballism bilateraler Hemiballismus *m*, Paraballismus *m*

bilateral hermaphroditism bilateraler [doppelseitiger] Hermaphroditismus *m*
bilateral lithotomy bilaterale Lithotomie *f*
bilateral long-leg spica cast beidseitiger Becken-Bein-Gips *m*
bilateral mastication beidseitiges Kauen *n*
bilateral partial denture bilaterale partielle Zahnprothese *f*
bilateral periocular haematoma Brillenhämatom *n (bei Schädelbasisbruch)*
bilateral peripheral facial palsy Fazialisdiplegie *f*, Diplegia *f* facialis
bilateral spasticity bilaterale Spastik *f*, Paraspastik *f*
bilateral strabism Wechselschielen *n*, Strabismus *m* alternans
bilateral x-bite *s.* bilateral crossbite
bilateralism Bilateralismus *m*, Zweiseitigkeit *f*, Beidseitigkeit *f*
bilaterally handicapped patient beidseitig behinderter Patient *m*
bilayer Doppelschicht *f*, Doppellage *f (z. B. von Lipidschichten)*
bile Bilis *f*, Galle *f*, Fel *n (siehe auch unter: biliary und gall)*
bile acid Gallensäure *f*
bile acid conjugate Gallensäurekonjugat *n*
bile acid conjugation Gallensäurekonjugation *f*, Gallensäurekopplung *f*
bile acid test Gallensäureprobe *n*
bile acids Gallensäuren *fpl*
bile-acids loosing syndrome Gallensäurenverlust-Syndrom *n*
bile broth Gallenbouillon *f*
bile canaliculus Gallenkanälchen *n*, Canaliculus *m* biliferus
bile capillary Gallenkapillare *f*, Ductus *m* biliferus intralobularis
bile cholesterol Gallencholesterin *n*, Gallencholesterol *n*
bile cyst 1. *s.* gall bladder; 2. Gallengangzyste *f*
bile drainage Gallen(wegs)drainage *f*, Gallenableitung *f*
bile duct Gallengang *m*, Gallenweg *m*, Ductus *m* biliferus *(siehe auch unter: gall duct)*
bile-duct abscess Gallengangsabszess *m*
bile-duct adenoma Gallengangsadenom *n*
bile-duct anomaly Gallengangsanomalie *f*, Gallenwegsfehlbildung *f*
bile-duct ascariasis Gallengangsaskariasis *f*, Gallenwegsaskaridenerkrankung *f*, Spulwurminfektion *f* der Gallengänge
bile-duct atresia Gallengangsatresie *f*
bile-duct calculus Gallengangsstein *m*
bile-duct carcinoma Gallengangskarzinom *n*, Gallenwegskrebs *m*
bile-duct cyst Gallengangszyste *f*
bile-duct cystadenoma Gallengangszystadenom *n*
bile-duct dilatation Gallengangsdilatation *f*, Gallenwegserweiterung *f*
bile-duct disease Gallengangserkrankung *f*, Gallenwegskrankheit *f*
bile-duct drainage Gallengangsdrainage *f*
bile-duct dyskinesia Gallengangsdyskinesie *f*
bile-duct fistula Gallengangsfistel *f*
bile-duct hypoplasia Gallengangshypoplasie *f*
bile-duct infection Gallengangsinfektion *f*
bile-duct ligation Gallengangsligatur *f*, Gallengangsunterbindung *f*
bile-duct mass Gallengangstumor *m*
bile-duct obstruction Gallengangsobstruktion *f*, Gallenwegsverschluss *m*
bile-duct perforation Gallengangsperforation *f*
bile-duct pressure Gallengangs(binnen)druck *m*, Gallenwegs(innen)druck *m*
bile-duct probe Gallengangssonde *f*
bile-duct scissors Gallengangsschere *f*
bile-duct stenosis Gallengangsstenose *f*
bile-duct stone Gallengangsstein *m*
bile-duct stricture Gallengang(s)striktur *f*, Gallengangsvereng(er)ung *f*
bile-duct surgery Gallengangschirurgie *f*, Gallenwegschirurgie *f*
bile-duct system Gallengangssystem *n*, Gallen(wegs)system *n*, Gallenwege *mpl*
bile-duct trauma Gallengangstrauma *n*, Gallengangs(be)schädigung *f*
bile-duct tumour Gallengangstumor *m*, Gallenwegsgeschwulst *f*
bile flow Gallenfluss *m*
bile juice Gallensaft *m*
bile leakage Gallenleck *n*, Gallenfistel *f*
bile medium Gallennährboden *m*
bile nephrosis Gallennephrose *f*, cholämische Nephrose *f*
bile papilla Papilla *f* duodeni major (Vateri), Vater'sche Papille *f*
bile passages Gallenwege *mpl*
bile peritonitis gallige Peritonitis *f* [Bauchfellentzündung *f*], biliäre Peritonitis *f*
bile pigment Gallenpigment *n*, Gallenfarbstoff *m*
bile-plug syndrome Gallenpfropfsyndrom *n*
bile reaction Gallenreaktion *f*
bile salt Gallensalz *n*
bile salt agar *(Lab)* Galle-Agar *m*
bile salt deconjugation Gallensalzdekonjugation *f*, Gallensäurenentkopplung *f*
bile secretion Gallensekretion *f*, Gallenabsonderung *f*
bile solubility test Gallenlösungsversuch *m*
bile-stone Gallenstein *m*, Gallenkonkrement *n*, Cholelith *m (Zusammensetzungen siehe unter: gallstone)*
bile-tinged skin ikterische Haut *f*, Hautikterus *m*
bile-trouble Gallenleiden *n*
bile vessel *s.* bile duct
Bilharzia haematobium Bilharzia *f* haematobium
bilharzia worm *(Paras, Trop)* Schistosoma *n*, Pärchenegel *m*
bilharzial bilharzial, schistosomal; Bilharziose..., Schistosomiasis...; Bilharzien..., Schistosomen...
bilharzial bladder *(Trop)* Blasenbilharziose *f*, Schistosomiasis *f* urogenitalis
bilharzial lesion *s.* bilharziasis
bilharzial urethral stricture bilharzienbedingte Urethrastriktur *f*, Bilharziasisharnröhrenstriktur *f*
bilharziasis *(Paras, Trop)* Bilharziose *f*, Bilharziase *f*, Bilharz'sche Krankheit *f*, Schistosomiasis *f*, Pärchenegelbefall *m*
bilharzic *s.* bilharzial
bilharzioma Bilharziom *n (Hauttumor bei Bilharziose)*
biliary biliär, gallig; Gallen... *(siehe auch unter: bile und bilious)*
biliary abscess biliärer Abszess *m*
biliary ascariasis *s.* bile-duct ascariasis
biliary atresia biliäre Atresie *f*
biliary bilirubin Gallenbilirubin *n*
biliary calculus Gallenkonkrement *n*, Gallenstein *m*
biliary cirrhosis biliäre Leberzirrhose *f*, Gallenstauungszirrhose *f*
biliary colic Gallen(stein)kolik *f*
biliary ductule interlobulärer Gallengang *m*, Ductulus *m* biliferus interlobularis
biliary dyskinesia Gallengangsdyskinese *f*, Gallenwegsdyskinesie *f*, Gallenabflussstörung *f*

biliary dyspepsia biliäre Dyspepsie *f*
biliary fistula biliäre Fistel *f*, Gallenfistel *n*
biliary haemorrhage Gallengangsblutung *f*, Hämobilie *f*
biliary intralobular canal intralobulärer Gallengang *m*, intralobuläre Gallenkapillare *f*, Ductus *m* biliferus intralobularis
biliary lithiasis Gallensteinkrankheit *f*, Gallensteinleiden *n*, Cholelithiasis *f*
biliary lithotrity biliäre Lithotripsie *f*, Gallensteinzertrümmerung *f*
biliary liver cirrhosis *s.* biliary cirrhosis
biliary mud Galle(n)schlamm *m*
biliary obstruction biliärer Verschluss *m*, Gallen(wegs)verschluss *m*
biliary peritonitis *s.* bile peritonitis
biliary protein Gallenprotein *n*
biliary radiogram Gallenwegsröntgen(kontrast)bild *n*, Gallen(wegs)röntgenaufnahme *f*
biliary radiography Gallenwegsröntgen(kontrast)darstellung *f*
biliary stasis Gallenstase *f*, Gallen(fluss)stauung *f*, Cholestase *f*, Gallenabflussbehinderung *f*
biliary stone surgery *s.* bile-duct surgery
biliary stricture *s.* bile-duct stricture
biliary system Gallengangssystem *n*, Gallen(wegs)system *n*, Gallenwege *mpl*
biliary tract *s.* biliary system
biliary tract cancer Gallengangskarzinom *n*, Gallenwegskarzinom *n*
biliary tract reconstruction Gallengangsrekonstruktion *f*, Gallenwegswiederherstellung *f*
biliary tree *s.* biliary system
biliation Gallensekretion *f*, Gallenausscheidung *f*, Gallenabsonderung *f*
bilicyanin Bilizyanin *n (Gallenfarbstoff)*
bilifaction *s.* biliation
bilifaecia Bilifäzes *fpl*, Kot *m* mit Gallengehalt
biliflavin Biliflavin *n (Gallenfarbstoff)*
bilifuscin Bilifuszin *n*, Bilifuscin *n (Gallenfarbstoff)*
biligenesis Gallenbildung *f*, Gallenproduktion *f*
biligen(et)ic gallenbildend, galleproduzierend
bilihumin Bilihumin *n*
bilileukan Bilileukan *n*, Pyrromethan *n (Bilirubinabbauprodukt)*
bilin Bilin *n*
bilineurine *s.* choline
bilinogen Bilinogen *n*
biliodigestive biliodigestiv; Gallen(system)-Verdauungstrakt-…
biliodigestive anastomosis biliodigestive Anastomose *f*, Gallensystem-Verdauungstrakt-Anastomose *f*
biliogenic 1. biliogen, der Galle entstammen; 2. biliogen, aus den Gallenwegen stammend
biliopancreatic biliopankreatisch; Gallen(system)-Pankreas-…
bilious 1. gallig, biliös; Galle(n)… *(siehe auch unter: biliary)*; 2. (leicht) reizbar, cholerisch
bilious attack Gallenkolik *f*
bilious complaint Gallenleiden *n*; Gallenbeschwerden *pl*
bilious headache Migräne *f*
bilious vomiting Galleerbrechen *n*
biliousness Gallenleiden *n*, Gallenkrankheit *f*, Gallenbeschwerden *pl*
biliprasin Biliprasin *n (Gallenfarbstoff)*
bilipurpurin Bilipurpurin *n (Gallenfarbstoff)*
bilirachia Bilirachie *f*, Vorhandensein *n* von Galle im Liquor
bilirubin Bilirubin *n (Gallenfarbstoff)*
bilirubin cast Bilirubinzylinder *m*
bilirubin clearance test Bilirubinbelastungsprobe *f*, Bergmann-Elliot'sche Probe *f*
bilirubin concrement Bilirubinkonkrement *n*, Bilirubin(kalk)stein *m*
bilirubin conjugation Bilrubinkonjugation *f*
bilirubin encephalopathy Bilirubinenzephalopathie *f*
bilirubin ester Bilirubinester *m*
bilirubin glucuronide Bilrubinglukuronid *n*
bilirubin index Bilirubinindex *m*
bilirubin serum level Bilirubinserumspiegel *m*, Serumbilirubinspiegel *m*
bilirubin sulphate Bilirubinsulfat *n*
bilirubin thesaurismosis Bilirubin-Thesaurismose *f*, Bilirubinspeicherkrankheit *f*
bilirubin UDP-glucuronyl transferase Bilirubin-UDP-glukuronyltransferase *f (Enzym)*
bilirubinaemia Bilirubinämie *f*, Hyperbilirubinämie *f*, Gelbsucht *f*, Ikterus *m*
bilirubinate Bilirubinat *n*
bilirubinic Bilirubin…
bilirubinoid Bilirubinoid *n (Gallenfarbstoff)*
bilirubinosis Bilirubinose *f (Bilirubinablagerung im Gewebe)*
bilirubinuria Bilirubinurie *f*, Bilirubinausscheidung *f* im Urin
bilitriene Bilitrien *n (blaugrünes Bilirubinoid)*
biliuria Biliurie *f*, Gallen(salz)ausscheidung *f* im Urin
biliverdin Biliverdin *n (Gallenfarbstoff)*
biliverdin reductase Biliverdinreduktase *f (Enzym)*
biliverdinate Biliverdinat *n*
bilixanthine Bilixanthin *n*
bill of health Gesundheitsattest *n*, Gesundheitspass *m* • **give a clean bill of health** eine gute Gesundheit bescheinigen
billing department Rechnungsabteilung *f*, Rechnungsstelle *f*, Abrechnungsbüro *n*
Billroth I anastomosis *(Chir)* Billrot-I-Anastomose *f*, B I, Gastroduodenostomie *f* nach B I
Billroth II anastomosis *(Chir)* Billroth-II-Anastomose *f*, B II, Gastrojejunostomie *f* nach B II
Billroth's operation *s.* 1. Billroth I anastomosis; 2. Billroth II anastomosis
bilobate bilobär, bilobulär, zweilappig, zweigelappt
bilobectomy Bilobektomie *f*, Entfernung *f* von zwei Lungenlappen
bilobed placenta Plazenta *f* duplex, Doppelplazenta *f*
bilobular *s.* bilobate
bilocular bilokulär, zweikammerig, zweifächerig
bilocular bladder *(Urol)* Doppelblase *f*, Sanduhrblase *f*
bilocular heart Zweikammerherz *n*, Cor *n* biloculare
bilocular stomach *(Rad)* Sanduhrmagen *m*
biloculate *s.* bilocular
bimanual bimanuell, zweihändig
bimanual examination bimanuelle [zweihändige] Untersuchung *f*
bimanual palpation bimanuelle Palpation *f*
bimanual percussion bimanuelle Perkussion *f*
bimastic doppelbrüstig, beidbrüstig
bimaxillary Oberkiefer-Unterkiefer-…, Maxilla-Mandibula-…
bimodal distribution *(Statist)* bimodale Verteilung *f*
binary amalgam binäres Amalgam *n*, Zweikomponentenamalgam *n*
binary fission *(Bakt)* Spaltteilung *f*, Spaltungsteilung *f*, binäre Teilung *f*, einfache Teilung *f*
binasal binasal
binasal hemianopsia heteronyme binasale Hemianopsie *f*
binaural binaural, beidohrig, zweiohrig

binaural fusion binaurale Verschmelzung *f*
binaural stethoscope Zweiolivenstethoskop *n*, Schlauchstethoskop *n*
binauricular binaurikulär
bind *v* 1. verbinden, einen Verband anlegen; eine Binde anlegen [anwickeln]; bandagieren, eine Bandage anlegen, wickeln; 2. verstopfen; 3. anbinden, festbinden
binder 1. Bauchbinde *f*, Leibbinde *f*, Bauchverband *m*; Nabelbinde *f*; 2. Binder *m*, Bindemittel *n*; Klebstoff *m*
binder investing material Bindereinbettungsmaterial *n*
binding energy Bindungsenergie *f*
binding site Bindungsstelle *f (z. B. auf einer Zelloberfläche)*
binding wire Bindedraht *f*
Binet-Simon intelligence test *(Neur)* Binet-Simon-Intelligenztest *m*, Binet-Simon'sche Methode *f*, Binet-Simon-Test *m*
Binet test scale Binet-Simon'sche Intelligenzstaffel *f*
Bing-Horton syndrome *s.* cluster headache 2.
Bing-Neel syndrome Bing-von-Neel-Syndrom *n (diffuse Gliomatose der Mikroglia des Zentralnervensystems)*
Bing's sign Bing'scher Fußreflex *m*, Bing'sche Plantarflexion *f*
binocle bandage beidäugiger Verband *m*, Binokelverband *m*
binocular binokular, beidäugig, zweiäugig
binocular accommodation Binokularakkommodation *f*, Simultanakkommodation *f*
binocular bandage Binokularverband *m*, binokulärer Verband *m*
binocular diplopia Binokulardiplopie *f*
binocular dressing *s.* binocular bandage
binocular false projection *s.* abnormal retinal correspondence
binocular fixation binokuläre Fixation *f*
binocular fusion binokuläre Fusion *f*
binocular incongruence binokuläre Inkongruenz *f*
binocular microscope binokuläres Mikroskop *n*, Binokularmikroskop *n*
binocular nystagmus binokulärer Nystagmus *m*
binocular ophthalmoscope *s.* binophthalmoscope
binocular parallax binokuläre Parallaxe *f*
binocular perception Binokularsehen *n*, binokulares [beidäugiges] Sehen *n*, Visio *f* binocularis
binocular photometer binokuläres Photometer *n*, Binokularphotometer *n*
binocular viewing binokuläre Betrachtung *f*
binocular vision *s.* binocular perception
binocularity Binokularität *f*, Zweiäugigkeit *f*
binophthalmoscope Binokularophthalmoskop *n*, binokuläres Ophthalmoskop *n*
binotic *s.* binaural
binovular binovulär, binovular, zweieiig
binovular twins zweieiige Zwillinge *mpl*
Binswanger's dementia Binzwanger'sche Demenz *f*, präsenile Demenz *f* Typ Binswanger, Binswanger'sches Syndrom *n*, Binswanger'sche Krankheit *f* [Gehirnarteriosklerose *f*], Binswanger-Krankheit *f*, Encephalomalacia *f* subcorticalis chronica arteriosclerotica, chronisch progrediente subkortikale Enzephalopathie *f*, *(inkorrekt)* Binzwanger'sche Enzephalitis *f*
Binswanger's disease *s.* Binswanger's dementia
Binswanger's encephalopathy *s.* Binswanger's dementia
binuclear binukleär, zweikernig
binucleate *s.* binuclear
binucleation *(Histol)* Kernteilung *f*
bioacoustics Bioakustik *f*
bioactive bioaktiv
bioactivity Bioaktivität *f*
bioamine Bioamin *n*, biogenes Amin *n*
bioaminergic bioaminerg(isch)
bioassay Bioassay *m*, Biotest *m*
bioastronautics Bioastronautik *f*
bioavailability Bioverfügbarkeit *f*
biocatalysis Biokatalyse *f*
biocatalyst Biokatalysator *m*, Enzym *n*, Ferment *n*
biocatalytic biokatalytisch, Biokatalyse…
biochemical biochemisch
biochemical analysis biochemische Analyse *f*
biochemical assay 1. biochemische Probe *f*, 2. biochemische Analyse *f*
biochemical genetics biochemische Genetik *f*
biochemical laboratory biochemisches Labor *n*
biochemical marker biochemischer Marker *m*
biochemical mutant biochemische Mutante *f*
biochemical pattern biochemisches Profil *n*
biochemist Biochemiker *m*
biochemistry Biochemie *f*
biochemoluminescence Biochemolumineszenz *f*
biochip Biochip *m*
biochromatic analysis biochromatische Analyse *f*
biocidal biozid, lebende Organismen tötend
biocide Biozid *n*, Schädlingsbekämpfungsmittel *n*, Pestizid *n*
bioclean area biologischer Sterilbereich *m*
bioclean room biologischer Sterilraum *m*
bioclimatics *s.* bioclimatology
bioclimatologist Bioklimatologe *m*
bioclimatology Bioklimatologie *f (Lehre der Beziehungen zwischen Klima und Organismus)*
biocompatibility Biokompatibilität *f*, biologische Verträglichkeit *f*
biocompatible biokompatibel
biocompatible material biokompatibles Material *n*
bioconversion Biokonversion *f*, biologische Umwandlung *f (von Substanzen)*
biocybernetics Biokybernetik *f*
biocycle Biozyklus *m*
biocytin Biocytin *n*
biocytinase Biocytinase *f (Enzym)*
biocytoculture Lebendzellkultur *f*
biodegradable biologisch abbaubar
biodegradable material biologisch abbaubares Material *n*
biodegradation biologischer Abbau *m*
biodetritus Biodetritus *m*, biologischer Abfall *m*
biodosimetry Biodosimetrie *f*
biodynamic biodynamisch; Biodynamik…
biodynamics Biodynamik *f (Lehre von der Wirkung dynamischer Prozesse auf den Organismus)*
bioelectric bioelektrisch
bioelectric arm prosthesis bioelektrische Armprothese *f*
bioelectric impedance analysis bioelektrische Impedanzanalyse *f*
bioelectric orthosis bioelektrische Orthese *f*
bioelectric potential *(Physiol)* bioelektrisches Potenzial *n*, Membranpotenzial *n*
bioelectric prosthesis bioelektrische Prothese *f*
bioelectric signal bioelektrisches Signal *n*
bioelectricity *(Physiol)* Bioelektrizität *f*
bioenergetics Bioenergetik *n*, bioenergetische Analyse *f*
bioenergy Bioenergie *f*
bioengineering Bio(verfahrens)technik *f*, Bioengineering *n*, biomedizinisches Ingeneering *n*, Ingenieurbiologie *f*
bioequivalence Bioäquivalenz *f*, biologische Gleichwertigkeit *f*

bioequivalent Bioäquivalent *n (Arzneiform gleicher Bioverfügbarkeit)*
bioethics Bioethik *f (moralisches Verhalten in der Forschung)*
biofeedback Biofeedback *n(m) (1. Psychotherapiemethode; 2. biologischer Regelmechanismus)*
biofeedback training Biofeedback-Training *n*
biofilm Biofilm *m*, biologischer Film *m (z. B. von Mikroorganismen)*
biofilter Biofilter *m*
bioflavonoid Bioflavonoid *n*, Vitamin *n* P, Permeabilitätsvitamin *n*
biofunctionality Biofunktionalität *f*, Biofunktionsfähigkeit *f*
biogalvanic energy biogalvanische Energie *f*
biogalvanism Biogalvanismus *m*
biogas Biogas *n*, Faulgas *n*
biogenesis Biogenese *f (Entwicklung der Organismen; umfasst Ontogenese und Phylogenese)*
biogenetic biogenetisch
biogenetic law biogenetisches Gesetz *n*, biogenetische Grundregel *f*, Rekapitulationstheorie *f*
biogenic *s.* biogenous
biogenous biogen, von Organismen stammend, von organischen Substanzen stammend
biogenous amine biogenes Amin *n*
biogeny *s.* biogenesis
biographical anamnesis *(Psych)* biographische Anamnese *f*
biohazard biologischer Risikofaktor *m*; biologisches Risiko *n*, biologische Gefährdung *f*
bioimplant Bioimplantat *n*; biosynthetische Prothese *f*
bioincompatibility Bioinkompatibilität *f*, biologische Unverträglichkeit *f*
bioincompatible bioinkompatibel, biologisch unverträglich
bioinformatics Bioinformatik *f*
bioinstrument Bioinstrument *n*
biokinetic biokinetisch; Biokinetik…
biokinetics Biokinetik *f*
biological activity biologische Aktivität *f*
biological age biologisches Alter *n*
biological assay *s.* bioassay
biological characteristics biologische Eigenschaften *fpl*
biological chemistry *s.* biochemistry
biological clock innere [biologische] Uhr *f*, physiologische Uhr *f*
biological containment biologische Sicherheitseinrichtung *f*
biological curve biologische Kurve *f*, Lebenskurve *f*
biological death biologischer Tod *m*
biological dosimeter Biodosimeter *n*, biologisches Dosimeter *n*
biological dressing biologischer Verband *m*
biological effect biologischer Effekt *m*, biologische Wirkung *f*
biological effectiveness biologische Wirksamkeit *f*
biological efficiency biologischer Wirkungsgrad *m*
biological equilibrium biologisches Gleichgewicht *n*
biological filter biologischer Filter *m*
biological half-life biologische Halbwertszeit *f*
biological integration biologische Integration *f*
biological material biologisches Material *n*
biological oxidation biologische Oxidation *f*
biological preliminary test biologische Vorprobe *f*
biological prosthesis Bioprothese *f*
biological psychiatry *(Neur)* biologische Psychiatrie *f*
biological response biologische Reaktion *f*, biologische Antwort *f*
biological rhythm biologischer Rhythmus *m*
biological sensor biologischer Sensor *m*, Biosensor *m*
biological shield biologischer Schild *m*, biologische Abschirmung *f*
biological specimen biologisches Probenmaterial *n*, biologische Probe *f*
biological tolerance biologische Toleranz *f*
biological type of action biologische Wirkungsweise *f*
biological vector biologischer Vektor *m*
biological warfare biologische Kriegführung *f*
biological warfare agent biologischer Kampfstoff *m*
biologically inert biologisch träge
biologist Biologe *m*
biology Biologie *f*
bioluminescence Biolumineszenz *f*
bioluminescence assay Biolumineszenz-Assay *m*
biolysis Biolyse *f*
biomagnetic detector biomagnetischer Detektor *m*
biomagnetism Biomagnetismus *m*
biomarker Biomarker *m*, biologischer Marker *m*; Tumormarker *m*
biomass Biomasse *f*
biomaterial Biomaterial *n*, biologisches Material *n*
biomathematical biomathematisch; Biomathematik…
biomathematics Biomathematik *f*
biomechanical biomechanische Analyse *f*
biomechanical stress biomechanische Belastung *f*
biomechanics Biomechanik *f*
biomechanics of splints Schienenbiomechanik *f*
biomedical biomedizinisch; Biomedizin…
biomedical engineering biomedizinisches Engineering *n*, biomedizinische Technik *f*
biomedical sensor biomedizinischer Sensor *m*
biomedical technology biomedizinische Technologie *f*
biomedical telemetry biomedizinische Telemetrie *f*
biomedical thermometry biomedizinische Thermometrie *f*
biomedicine Biomedizin *f*
biomembrane Biomembran *f (Trennwand innerhalb von Zellen)*
biomembranous biomembranös; Biomembran…
biometeorologist Biometeorologe *m*
biometeorology Biometeorologie *f*
biometric biometrisch; Biometrie…
biometrician Biometriker *m*, Biometriespezialist *m*
biometrics Biometrie *f*, Biometrik *f*, Biostatistik *f*
biomicroscope Biomikroskop *n*
biomicroscopic biomikroskopisch
biomicroscopy Biomikroskopie *f*, Lebendzellenmikroskopie *f*, Lebendzellenbeobachtung *f*
biomodulation Biomodulation *f*
biomonitoring Biomonitoring *n*, biologische Überwachung *f (der Schadstoffkonzentrationen im Körper)*
bionics Bionik *f (Wissenschaftszweig für technische Verwertbarkeit biologischer Strukturen und Prozesse)*
bionomics Bionomik *n*
bionucleonics Bionukleonik *f (biologische Anwendung radioaktiver Isotope)*
bioosmotic bioosmotisch, Bioosmose…
biopharmaceutics Biopharmazie *f*
biophosphate Biophosphat *n*
biophotometer Biophotometer *n (zur Messung der Dunkeladaption des Auges)*
biophylactic biophylaktisch; Biophylaxie…
biophylaxis Biophylaxie *f*
biophysical biophysikalisch, Biophysik…
biophysical method biophysikalische Methode *f*
biophysics Biophysik *f*
biophysiology Biophysiologie *f*
bioplasm Bioplasma *n*, Protoplasma *n*, Zytoplasma *n*
biopolymer Biopolymer *n*, biologisches Polymer *n (z. B. Eiweiß aus Aminosäuren)*

biopotential Biopotenzial *n*
bioprocess Bioprozess *m*, biologisches Verfahren *n*, Bioverfahren *n*
bioprosthesis Bioprothese *f*
bioprosthetic bioprosthetisch; Bioprothese(n)...
bioprosthetic substitute bioprosthetischer Ersatz *m*
biopsic bioptisch; Biopsie...
biopsy Biopsie *f*, Probeexzision *f (Entnahme von Gewebsproben)*
biopsy accessories Biopsiezubehör *n*
biopsy cannula Biopsiekanüle *f*
biopsy channel Biopsiekanal *m*
biopsy curette Biopsiekürette *f*
biopsy endoscope Biopsieendoskop *n*
biopsy forceps Biopsiezange *f*
biopsy instrumentation Biopsieinstrumentarium *n*
biopsy material Biopsiematerial *n*, Biopsieprobe *f*, Bioptat *n*
biopsy needle Biopsienadel *f*
biopsy of the scalenus Skalenusbiopsie *f*
biopsy probe Biopsiesonde *f*
biopsy punch Biopsiestanze *f*
biopsy score Biopsiewert *m*
biopsy set Biopsiebesteck *n*
biopsy specimen *s.* biopsy material
biopsy tip Biopsieaufsatz *m*
biopsychic biopsychisch; Biopsyche...
biopsychology Biopsychologie *f*
biopsychosocial biopsychosozial
biopterin Biopterin *n (Folsäurefaktor)*
bioptic *s.* biopsic
bioptome Bioptom *n*, Biopsiemesser *n*
bioptome tip catheter Bioptom-tip-Katheter *m*
biopyoculture Biopyokultur *f*
bioradiology Bioradiologie *f*, Strahlenbiologie *f*
biorbital biorbital
bioreversible bioreversibel
biorheology Biorheologie *f (Untersuchung der biologischen Fließeigenschaften)*
biorhythm Biorhythmus *m*, Biorhythmik *f*
biorization Biorisation *f (Pasteurisierung fein versprühter Milch)*
bios I Bios *m* I, Inositol *n*
bios II a Bios *m* II a, Pantothensäure *f*
bios II b Bios *m* II b, Biotin *n*, Vitamin *n* H
biosafety biologische Sicherheit *f (beim Umgang mit infektiösem Material)*
biose Biose *f*
biosensor Biosensor *m*, biologischer Sensor *m*, biologischer Messfühler *m*, Biomessfühler *m*
bioside Biosid *n (Glykosid)*
biosignal Biosignal *n*
biosignal analysis Biosignalanalyse *f*
biosignal measurement Biosignalmessung *f*
biospectrometry Biospektrometrie *f*
biospectroscopy Biospektroskopie *f*
biosphere Biosphäre *f*
biostatics Biostatik *f (Lehre von den Beziehungen zwischen Struktur und Funktion im Organismus)*
biostatistical biostatistisch; Biostatistik...
biostatistician Biostastitiker *m*
biostatistics Biostatistik *f*
biostereometrics Biostereometrie *f*
biosterol Vitamin *n* A
biosynthesis Biosynthese *f*
biosynthesis of fatty acids Fettsäurebiosynthese *f*
biosynthetic biosynthetisch; Biosynthese...
biosystem Biosystem *n*, biologisches System *n*
biotaxis Biotaxis *f*
biotechnology Biotechnologie *f*
biotelemetry Biotelemetrie *f (Messwertübertragung von Lebensvorgänge)*
biotest Biotest *m*, biologischer Test *m*, Bioassey *m*
biotherapy Biotherapie *f*, biologische Therapie *f*
biothesiometer Biothesiometer *n (zur Messung der Wahrnehmung von Vibrationen)*
biotin Biotin *n*, Bios *m* II b, Vitamin *n* H
biotin carboxylase Biotinkarboxylase *f (Enzym)*
biotin deficiency syndrome Biotin-Mangelsyndrom *n*
biotin oxidase Biotinoxidase *f (Enzym)*
biotinidase Biotinidas *f (Enzym)*
biotonicity Biotonus *m*
biotonus Biotonus *m*
biotope Biotop *n*
biotoxication Biotoxinvergiftung *f*, Vergiftung *f (durch biologische Gifte)*
biotoxicology Biotoxikologie *f*
biotoxin Biotoxin *n*, biologisches Gift *n*
biotransformation Biotransformation *f*
biotropism Biotropismus *m*
Biot's breathing Biot'sche Atmung *f*, Biot'scher Atmungstyp *m* [Atemtyp *m*]
Biot's respiration *s.* Biot's breathing
biotype Biotyp *m*
biovar Biovarietas *f*, Biotyp *m*
biovular biovular, zweieiig
biovular twins zweieiige Zwillinge *mpl*
bipara Bipara *f*, Para *f* II, Zweitgebärende *f*
biparietal biparietal
biparietal diameter *(Gyn)* Scheitelbeindurchmesser *m*
biparietal obliquity *(Gyn)* vorderer Asynklitismus *m*, Vorderscheitelbeineinstellung *f*, Naegele'sche Obliquität *f*, Naegele-Obliquität *f*
biparous 1. bipar, zwillingsgebärend; 2. zweitgebärend
bipartite zweigeteilt, zweiteilig; Zwei(er)...
bipartite patella Patella *f* bipartita, zweigeteilte Patella *f* [Kniescheibe *f*], Doppelpatella *f*
bipartite placenta Placenta *f* bipartita, Doppelplazenta *f*
bipartite uterus Uterus *m* septatus
bipedal bipedal, beidfüßig, zweifüßig
bipedicled flap Brückenlappen *m*
bipennate muscle Musculus *m* bipennatus, doppelt gefiederter Muskel *m*
bipenniform doppelt gefiedert
biperforate doppelt perforiert [durchlöchert]
biperiden Biperiden *n (zentrales Anticholinergikum; Antiparkinsonmittel)*
biphasic biphasisch, doppelphasig, zweiphasig
biphasic method Zweiphasenmethode *f*
biphasic system Zweiphasensystem *n*
biphenamine hydrochloride Biphenaminhydrochlorid *n*
biplane angiography Angiographie *f* in zwei Ebenen, biplane Angiographie *f*
biplane cineangiocardiography Kineangiokardiographie *f* in zwei Ebenen, biplane Kineangiokardiographie *f*
biplane fluoroscopy biplane Fluoroskopie *f*, Durchleuchtung *f* in zwei Ebenen
biplane radiography biplane Radiographie *f*, Zwei-Ebenen-Röntgenaufnahme *f*
biplane simultaneous angiography simultane Angiographie *f* in zwei Ebenen, biplane Simultan-Angiographie *f*
biplane technique Zwei-Ebenen-Technik *f*, biplane Technik *f*
bipolar bipolar, zweipolig
bipolar cell bipolare Zelle *f*, Bipolarzelle *f*
bipolar coagulation bipolare Koagulation *f*
bipolar coagulator bipolarer Koagulator *m*
bipolar disorder *(Neur)* bipolare Störung *f*

bipolar electrode bipolare Elektrode *f*
bipolar forceps bipolare Pinzette *f*
bipolar limb lead bipolare Extremitätenableitung *f* (nach Einthoven); (EKG-)Extremitätenableitung *f*, EKG-Standardableitung *f*
bipolar pacemaker electrode bipolare Schrittmacherelektrode *f*
bipolar pressure Bipolardruck *m*, Kompressionsdruck *m*; Knochenachsenkompression *f*
bipolar staining bipolare Färbung *f*
bipolar stimulation bipolare Stimulation *f*
bipolar version bipolare Version *f (des Fetus)*
bipolarity Bipolarität *f*, Zweipoligkeit *f*
biprognathic bite *(Stom)* biprognather Biss *m*
biprognathic occlusion *s.* biprognathic bite
bipubiotomy *s.* ischiopubiotomy
bird-beak pliers Vogelschnabelzange *f*
bird-face Vogelgesicht *n*
bird-face retrognathism extremer Retrognathismus *m (infolge Unterkieferunterentwicklung)*
bird fancier's lung Vogelzüchterlunge *f*
bird mite *s.* chicken mite
Bird's disease Bird'sche Krankheit *f* [Erkrankung *f*], Oxalurie *f*
birefractive *s.* birefringent
birefringence Doppelrefraktion *f*, Doppelbrechung *f*
birefringent doppelt (licht)brechend
birefringent lens doppelt brechende Linse *f*
birooted tooth zweiwurzeliger Zahn *m*, Zweiwurzler *m (siehe auch: premolar tooth)*
birth Geburt *f*, Entbindung *f*, Niederkunft *f*, Partus *m (siehe auch unter: labour und delivery)* • **at birth** bei der Geburt • **give birth to a child** gebären, (ein Kind) zur Welt bringen • **give birth to a still-born child** eine Totgeburt haben, ein totes Kind gebären
birth activity Geburtsaktivität *f*, Geburtsfortschritt *m*
birth canal Geburtskanal *m*, Geburtsweg *m*
birth centre Entbindungszentrum *n*; Entbindungsheim *n*
birth certificate Geburtsurkunde *f*
birth control Geburtenkontrolle *f*, Geburtenregelung *f*
birth control pill *s.* birth pill
birth defect Geburtsfehler *m*
birth injury Geburtsverletzung *f*, Geburtstrauma *n*
birth length Geburtslänge *f (Neugeborenes)*
birth mark Nävus *m*, Muttermal *n*, Feuermal *n*, Blutmal *n*
birth membranes Geburtsmembranen *fpl*, Eihäute *fpl*
birth mother biologische Mutter *f*
birth palsy Geburtslähmung *f*
birth paralysis *s.* birth palsy
birth parents biologische Eltern *pl*
birth pill Antibabypille *f*, Anti-Baby-Pille *f*, „Pille" *f*, orales Kontrazeptivum *n*
birth planning Geburtenplanung *f*
birth process Geburtsvorgang *m*
birth-rate Geburtenrate *f*
birth room Entbindungsraum *m*, Kreißsaal *m*
birth trauma Geburtstrauma *n*, Geburtsverletzung *f*
birth weight Geburtsgewicht *n*
birthing *s.* birth
birthing chair Entbindungsstuhl *m*, Geburtsstuhl *m*
bisalbuminaemia Bisalbuminämie *f*
bisegmentation *(Hämat)* Bisegmentierung *f (Unterteilung der Granulozytenkerne)*
bisegmentectomy Bisegmentektomie *f*, Entfernung *f* von zwei Segmenten
bisexual bisexuell, zweigeschlechtlich, zwitterig
bisexuality Bisexualität *f*, Doppelgeschlechtlichkeit *f*
bisferious zweizipf(e)lig, dikrot
bisferious pulse zweigipfliger Puls *m*, Pulsus *m* bisferiens [dicrotus]
Bishop's sphygmoscope Bishop-Sphygmoskop *n*
bishydroxycoumarin Dikumarin *n*, Dikumarol *n (gerinnungshemmender Stoff)*
Biskra button *(Trop)* Biskrabeule *f*, Aleppobeule *f (Hautleishmaniose)*
bismuth Wismut *n*, Bismuth *n*
bismuth carbonate Wismutcarbonat *n*
bismuth gingivitis Wismutgingivitis *f*
bismuth line Wismutsaum *m*
bismuth nephropathy Wismutnephropathie *f*
bismuth nitrate Wismutnitrat *n*
bismuth paste Wismutpaste *f*
bismuth poisoning Wismutvergiftung *f*
bismuth stomatitis Wismutstomatitis *f*
bismuth subcarbonate Bismutum *n* subcarbonicum, basisches Wismutcarbonat *n*
bismuth subgallate Bismutum *n* subgallicum, basisches Wismutgallat *n*
bismuth subnitrate Bismutum *n* subnitricum, basisches Wismutnitrat *n*
bismuthism (chronische) Wismutvergiftung *f*, Bismuthismus *m*
bismuthomania Bismuthomanie *f (Gewöhnung an wismuthaltige Medikamente)*
bismuthosis *s.* bismuthism
bison neck *(Endokr)* Stiernacken *m*, Bisonnacken *m*
bisphosphoglycerate Bisphosphoglyzerat *n*, Bisphosphoglycerat *n*
bisphosphoglycerate mutase Bisphosphoglyzeratmutase *f (Enzym)*
bisphosphoglycerate phosphatase Bisphosphoglyzeratphosphatase *f (Enzym)*
bistoury Bistouri *m*, Klappmesser *n (Operationsmesser)*
bite 1. Beißen *n*; 2. Bisswunde *f*, Insektenstich *m*; 3. *(Stom)* Biss *m*, Bissstellung *f (siehe auch: occlusion)*
bite block *(Anästh)* Beißkeil *m*; Mundsperrer *m*
bite clasp Bissklammer *f*
bite correction Bisskorrektur *f*
bite curve Bisskurve *f*
bite depth Bisstiefe *f*
bite former Bissformer *m*
bite frame Bissrahmen *f*
bite gage Bissmessgerät *n*
bite impression Bissabdruck *m*
bite injury Bissverletzung *f*
bite jumping Bissverschiebung *f*
bite line Bisslinie *f*
bite plane Zahnschlussebene *f*, Okklusionsebene *f*
bite plate Bissplatte *f*
bite pressure Bissdruck *m*, Beißdruck *m*
bite recording Bissregistrierung *f*, Bissnahme *f*
bite reflex Beißreflex *m*
bite registration paste Bissregistrierpaste *f*
bite registration tray Bissregistrierlöffel *m*
bite registration wax plate Bissregistrierwachsplatte *f*
bite resistance Bisswiderstand *m*
bite-shaped mundgerecht
bite strength Bisskraft *f*
bite waver Bissschablone *f*
bite-wing *(Stom)* Bissflügel *m*
bite wing film *(Stom, Rad)* Interproximalfilm *m*
bite wing radiograph *(Stom, Rad)* Bissflügelröntgenbild *n*
bite wound Bisswunde *f*
biteguard *(Stom)* Gebissschutz *m*, Bissschutz *m*, Okklusionsschutz *m*
biteguard splint *(Stom)* Okklusionsschiene *f*

bitelock *(Stom)* Mundsperre *f*
bitemporal diameter bitemporaler Durchmesser *m*, Bitemporaldurchmesser *m*, Schläfenbeindurchmesser *m*
bitemporal hemianopsia bitemporale heteronyme Hemianopsie *f*, Scheuklappenhemianopsie *f*
biting Beißen *n*, Biss *m*
biting motion Beißbewegung *f*, Bissbewegung *f*
Bitot's patches Bitot'sche Bindehautflecken *mpl* [Flecken *mpl*], Bitot-Flecke *mpl*, Xerosis *f* conjunctivae
Bitot's spots *s.* Bitot's patches
bitrochanteric bitrochanterisch
bitrochanteric diameter Trochanterbreite *f*
bitrochanteric lipodystrophy bitrochanterische Lipodystrophie *f*
bitter substance Bitterstoff *m*
bitter taste Bittergeschmack *m*
bituminosis *(Arb)* Bituminose *f*, Bitumenstaublunge(nerkrankung) *f*
biuret Biuret *n*, Allophanamid *n (Harnstoffderivat)*
biuret reaction Biuret-Reaktion *f*
bivalent bivalent, zweiwertig
bivalent antibody bivalenter Antikörper *m*
bivalve vaginal speculum zweibranchiges Scheidenspekulum *n*
bivalved cast *(Chir, Orth)* doppelt gespaltener Gips(verband) *m*, Schalengips(verband) *m*
bivalvular zweiklappig
biventer *s.* biventral
biventer (muscle) Musculus *m* biventer, zweibäuchiger Muskel *m*
biventral biventral, biventer, zweibäuchig
biventral lobule Lobulus *m* biventer *(Kleinhirn)*
biventricular biventrikulär, zweikammerig
biventricular assist device biventrikuläres Herzunterstützungssystem *n*
biventricular heart Cor *n* biventriculare, Zweikammerherz *n*
biventricular origin of aorta reitende Aorta *f*
bizarreness *(Neur)* Bizarrerie *f*, bizarres Verhalten *n*
bizygomatic bizygomatisch
Bizzozero' blood platelet Bizzozero'sches Blutplättchen *n*, Thrombozyt *m (Zusammensetzungen siehe unter: thrombocyte und platelet)*
Bjerrum's scotoma *(Ophth)* Bjerrum'sches Skotom *n*, Bjerrum-Skotom *n*, Bjerrum'sche Gesichtsfelddefekte *mpl*
Bjerrum's scotometer Bjerrum-Skotometer *n*, Bjerrum-Schirm *m (Perimeter)*
Bjerrum's screen *s.* Bjerrum's scotometer
Björnstad's syndrome Björnstad-Syndrom *n (Innenohrschwerhörigkeit mit Haaranomalien)*
BK-mole syndrome BK-mole-Syndrom *n*, dysplastisches Nävuszellnävussyndrom *n*
black and blue/be *v* **all** von Blutergüssen bedeckt sein, von Hämatomen übersät sein
black and blue spot blauer Fleck *m*
black-and-white contrast Schwarz-Weiß-Kontrast *m*
black-and-white monitor Schwarz-Weiß-Monitor *m*
black beauties Amphetamine *npl*
black cancer Melanoma *n*, malignes [bösartiges] Melanom *n*
black cataract schwarzer Star *m*, schwarze Katarakt *f*, Cataracta *f* nigra
black copper cement Schwarzkupferzement *m*
black eye blaues Auge *n*, periorbitales Hämatom *n*, Oculus *m* contusus; Augenkontusion *f*
black faeces Teerstuhl *m*
black fever *(Trop)* schwarze Krankheit *f*, Kala-Azar *f*, Splenomegalia *f* tropica
black hairy tongue schwarze Haarzunge *f*, Lingua *f* villosa nigra, Melanotrichia *f* linguae
black heel Tennisferse *f*; intrakoriale Fersenhämatome *npl*
black induration Lungenfibrose *f* bei Anthrakose
black jaundice Winckel'sche Krankheit *f* [Säuglingssepsis *f*]
black lung disease *s.* anthracosis
black measles hämorrhagische Masern *pl*
black phthisis *s.* anthracosis
black plaque *s.* Black Death
black sickness *s.* black fever
black smallpox schwarze Pocken *pl* [Blattern *pl*], hämorrhagische Pocken *pl*
black spots film fault *(Rad)* schwarze Filmflecken *mpl*, schwarze Flecken *mpl (z. B. durch Staub)*
black tongue *s.* black hairy tongue
black vomit(ing) 1. schwarzes Erbrechen *n*, Vomitus *m* niger, Melanemesis *f*, Kaffeesatzerbrechen *n*, Hämatinerbrechen *n*; 2. Gelbfieber *n*; 3. Gelbfiebersputum *n*
black widow (spider) Witwenspinne *f*
Black Death schwarzer Tod *m*, Beulenpest *f*
blackening Schwärzung *f*
Blackfan-Diamond anaemia Blackfan-Diamond-Syndrom *n*, Blackfan-Diamond-Anämie *f*
Blackfan-Diamond syndrome *s.* Blackfan-Diamond anaemia
blackhead *(Derm)* Komedo *m*, Mitesser *m*
blackleg Rauschbrand *m*
blacklight therapy Blacklight-Therapie *f*, PUVA *n*, PUVA-Therapie *f*, Psoralene *n* plus UV A *(photoaktivierte Chemotherapie z. B. bei Psoriasis)*
blackout 1. Ohnmacht *f*, Bewusstlosigkeit *f*; 2. *s.* blackout of vision
blackout of vision vorübergehende Amaurose *f* [Blindheit *f*]
blackwater fever *(Trop)* Schwarzwasserfieber *n*
bladder 1. Blase *f*, Hohlorgan *n*; 2. Harnblase *f*, Vesica *f* urinaria, Blase *f*; 3. *s.* blister • **drain the bladder** die Blase [Harnblase] drainieren • **irrigate the bladder** die Blase spülen
bladder achalasia Blasenachalasie *f*
bladder agenesis Blasenagenesie *f*
bladder amyloidosis Blasenamyloidose *f*
bladder apraxia Blasenapraxie *f*
bladder atony Blasenatonie *f*
bladder atrophy Blasenatrophie *f*
bladder autonomia Blasenautonomie *f*
bladder bar Plica *f* interureterica
bladder bilharziosis Blasenbilharziose *f*
bladder calculus Blasenstein *m*
bladder cancer Blasenkarzinom *n*, Blasenkrebs *m*, Carcinoma *n* vesicae
bladder capacity Blasenkapazität *f*, Blasenfassungsvermögen *n*
bladder catheter Blasenkatheter *m*
bladder catheterization Blasenkatheterisation *f*, Blasenkatheterung *f*
bladder cycling Blasentraining *n*
bladder disease Blasenkrankheit *f*, Blasenleiden *n*
bladder distention Blasendistension *f*, Blasen(auf)dehnung *f*, Blasenerweiterung *f*
bladder diverticulum Blasendivertikel *n*
bladder drainage Blasendrainage *f*
bladder dysfunction Blasendysfunktion *f*, Blasenfunktionsstörung *f*
bladder ectopy Blasenektopie *f*
bladder emphysema Blasenemphysem *n*
bladder emptying Blasenentleerung *f*
bladder endometriosis Blasenendometriose *f*

bladder exstrophy Blasenexstrophie *f*, Exstrophia *f* vesicae; Spaltblase *f*
bladder filariasis Blasenfilariasis *f*
bladder fistula Blasenfistel *f*
bladder foreign body Blasenfremdkörper *m*
bladder fundus Blasengrund *m*, Blasenfundus *m*, Fundus *m* vesicae
bladder hernia Blasenhernie *f*, Harnblasenbruch *m*, Blasenvorfall *m*
bladder injury Blasenverletzung *f*
bladder instillation Blaseninstillation *f*
bladder irrigation Blasenspülung *f*
bladder laceration Blasenruptur *f*, Blasenzerreißung *f*
bladder leukoplakia Blasenleukoplakie *f*
bladder malacoplakia Malacoplacia *f* vesicae urinariae, Blasenmalakoplakie *f*
bladder malignancy maligne [bösartige] Blasenkrankheit *f*, Blasenkrebs *m*
bladder mass *s.* bladder tumour
bladder mucosa Blasenschleimhaut *f*
bladder musculature Blasenmuskulatur *f*
bladder neck Blasenhals *m* • **enlarge the bladder neck** den Blasenhals aufdehnen
bladder-neck contracture Blasenhalskontraktur *f*
bladder-neck obstruction Blasenhalsobstruktion *f*, Blasenhalsverschluss *m*
bladder-neck resection Blasenhalsresektion *f*
bladder-neck rigidity Blasenhalsstarre *f*
bladder-neck spreader Blasenhalsspreizer *m*
bladder obstruction Blasenobstruktion *f*, Blasenverschluss *m*
bladder pain Blasenschmerz *m*
bladder papilloma Blasenpapillom *n*, Papilloma *n* vesicae
bladder papillomatosis Blasenpapillomatose *f*
bladder perforation Blasenperforation *f*
bladder pillar Blasenpfeiler *m*
bladder puncture Blasenpunktion *f*
bladder reconstruction Blasenrekonstruktion *f*, Blasenplastik *f*
bladder reflex Blasenreflex *m*
bladder retractor Blasenretraktor *m*, Blasenhaken *m*, Blasen(wund)spreizer *m*
bladder retraining Blasentraining *n*
bladder rupture Harnblasenruptur *f*, Blasenzerreißung *f*, Blasenriss *m*
bladder schistosomiasis *(Trop)* Blasenbilharziose *f*, Schistosomiasis *f* urogenitalis
bladder spasms Blasenkrise *f*
bladder spatula Blasenspatel *m*
bladder speculum Blasenspekulum *n*, Blasenspiegel *m*
bladder sphincter Blasensphinkter *m*, Blasenschließmuskel *m*, Musculus *m* sphincter vesicae, Blasenschließmuskel *m*
bladder stone Blasenstein *m*, Calculus *m* vesicae
bladder syphilis Blasensyphilis *f*
bladder syringe Blasenspritze *f*
bladder tenesmus Blasentenesmus *m (schmerzhafter Harndrang bei Blasensphinkterkrampf)*
bladder trabeculation Blasentrabekelbildung *f*, Blasentrabekulation *f*
bladder training Blasentraining *n*, Blasenschließmuskeltraining *n*, Blasenentleerungstraining *n*
bladder trauma Blasentrauma *n*, Blasenverletzung *f*
bladder triangle *s.* bladder trigone
bladder trichomonosis Blasentrichomoniasis *f*
bladder trigone Harnblasendreieck *n*, Trigonum *n* vesicae
bladder trocar Blasentrokar *m*
bladder tuberculosis Blasentuberkulose *f*
bladder tumour Harnblasentumor *m*, Blasengeschwulst *f*
bladder ulcer Blasenulkus *n*, Harnblasengeschwür *n*
bladder urine Blasenurin *m*
bladder wall Blasenwand *f*
bladder wall calcification Blasenwandverkalkung *f*
bladder washout Blasenspülung *f*
bladder worm Blasenwurm *m*, Zystizerkus *m (Bandwurmfinne)*
blade 1. Schneide *f (des Skalpells)*; 2. Zangenblatt *n*, Zangenbranche *f*; 3. Spatel *m*
blade-bone *s.* scapula
blade holder Klingenhalter *m*; Skalpellgriff *m*
blain 1. Pustel *f*, Pustula *f*, Bulla *f*, Blase *f*; Eiterbläschen *n*; 2. *s.* anthrax
Blakemore's tube Blakemore'sche (Doppelballon-)Sonde *f*, Sengstaken-Blakemore-Sonde *f*
Blalock-Hanlon operation *(Päd)* Blalock-Hanlon-Operation *f*, Herstellung *f* eines künstlichen Vorhofseptumdefektes
Blalock-Taussig operation *(Päd)* Blalock-Taussig-Operation *f*, Blalock-Taussig'sche Anastomose *f*
blanching Weißfärbung *f*, Weißwerden *n*
blanching test Kapillarfüll(ungs)test *m (an den Fingernägeln)*
bland mild, reizlos, bland; ruhig [milde] verlaufend
bland diet blande Diät *f*, milde Kost *f*
bland infarct blander Infarkt *m*
bland necrosis nicht infektiöse [aseptische, blande] Nekrose *f*
Bland-White-Garland syndrome Bland-White-Garland-Syndrom *n (Ursprung der linken Koronararterie aus der Lungenschlagader)*
Blandin's gland Blandin'sche Zungendrüse *f* [Drüse *f*], Blandin-Nuhn-Drüse *f*, Glandula *f* lingualis anterior
blank analysis form *(Lab)* Analyseformular *n*, Analysebogen *m*, Analysevordruck *m*, Analyseformblatt *n*
blank mind *(Psych)* Block *m*, Blockierung *f*, Sperre *f*
blank test Leerversuch *m*, Vergleichstest *m*, Blindversuch *m*
blank value Leerwert *m*, Blindwert *m*
blanket effect Schutzwirkung *f*
blaptophobia Blaptophobie *f*, Schadensangst *f (Furcht vor Schädigung anderer Personen)*
blast cell *(Hämat)* Stammzelle *f*
blast-cell leukaemia Blastenleukämie *f*, Stammzellenleukämie *f*
blast crisis Blastenschub *m*
blast injury Explosionstrauma *n*, Knalltrauma *n*, Detonationstrauma *n (durch Druckwelle)*
blast syndrome *s.* blast injury
blastema *(Embr)* Blastem(a) *n*, undifferenziertes Bildungsgewebe *n*
blastemal *(Embr)* Blastem…
blastematic *s.* blastemal
blastemic *s.* blastemal
blastic transformation Blastentransformation *f*
blastid Blastid *n (der befruchteten Eizelle)*
blasting corundum Abstrahlkorund *m*
blasting sand Abstrahlsand *m*
blastocoele *(Embr)* Blastozöle *f*, Segmentationshöhle *f*
blastocoelic Blastozölen…
blastocyst *(Embr)* Blastozyste *f*, Keimblase *f*
Blastocystis hominis Blastocystis *f* hominis
blastocyte Blastozyt *m*
blastocytoma Blastozytom *n*
blastoderm *(Embr)* Blastoderm *n*, Keimhaut *f*, Blastulahaut *f*
blastodermal *s.* blastodermic
blastodermic *(Embr)* Blastoderm…, Blasenkeim(zellen)…
blastodermic layer Keimblatt *n*

blastodermic membrane Blastoderm *n*, Zellschicht *f* des Blasenkeims
blastodermic vesicle *s.* blastocyst
blastodisk *(Embr)* Keimscheibe *f*
blastogenesis Blastogenese *f*, Sprossung *f*, Knospung *f*
blastogenetic blastogenetisch; Blastogenese…
blastogenic blastogen
blastogenic factor blastogener Faktor *m*
blastokinin Blastokinin *n*
blastolysis *(Embr)* Blastolyse *f*, Blastodermauflösung *f*
blastoma Blastom *n*, Geschwulst *n*, Gewächs *n*
blastomatoid *s.* blastomatous
blastomatosis Blastomatose *f (Häufung von Geschwülsten eines Organsystems)*
blastomatous blastomatös; Blastom…, Geschwulst…
blastomere *(Embr)* Blastomere *f*, Blastomer *n*, Furchungszelle *f (eines Eies)*
blastomerotomy Blast(omero)tomie *f*
blastomogenic blastomogen, Blastome bildend
Blastomyces brasiliensis Blastomyces *m* [Paracoccidioides *m*] brasiliensis *(Erreger der südamerikanischen Blastomykose)*
Blastomyces dermatitidis Blastomyces *m* dermatitidis
blastomycete Blastomyzet *m*, Sprosspilz *m*
blastomycetic dermatitis Blastomyzetendermatitis *f*, Sprosspilzdermatose *f*
blastomycin Blastomyzin *n*
blastomycin skin test Blastomyzin-Hauttest *m*
blastomycosis Blastomykose *f*, Sprosspilzerkrankung *f*
blastomycotic blastomykotisch; Blastomykose…
blastoneuropore *(Embr)* Blastoneuropore *f*
blastopathy Blastopathie *f (Erkrankung infolge intrauteriner Entwicklungsstörung)*
blastophoria Blastophorie *f (z. B. Keimschädigung durch Alkoholmissbrauch)*
blastopore *(Embr)* Blastoporus *m*, Urmund *m*
blastoporic Blastoporen…, Urmund…
blastosphere 1. *s.* blastula; 2. Blastozyste *f*
blastotomy *s.* blastomerotomy
blastula *(Embr)* Blastula *f*, Bläschenkeim *m*, Blasenkeim *m (Keimentwicklungsstadium)*
blastular Blastula…, Blasenkeim…
blastulation *(Embr)* Blastulation *f*, Blasenkeimbildung *f*
blattern Pocken *pl*, Blattern *pl*
bleach *v* bleichen
bleached wax Weißwachs *n*, Cera *f* alba
bleaching Bleichen *n (z. B. histologischer Schnitte)*
bleaching liquid Bleichflüssigkeit *f*
bleaching splint Bleichschiene *f*
blear trübe, verschwommen; triefend
blear eye Blepharitis *f* ciliaris
blear-eyed kurzsichtig
bleb Hautblase *f*, Blase *f*
bleed *v* 1. bluten; 2. zur Ader lassen
bleed *v* **internally** innere Blutungen haben
bleed *v* **death** verbluten
bleeder Bluter *m*, Hämophile(r) *m*
bleeder's disease Bluterkrankheit *f*
bleeder's joint Blutergelenk *n*
bleeding 1. Blutung *f*, Hämorrhagie *f*; 2. Aderlass *m*
• **bleeding is stopped completely** die Blutung steht [ist beherrscht]
bleeding diathesis Blutungsneigung *f*, Blutungsbereitschaft *f*, Blutungsübel *n*, hämorrhagische Diathese *f*
bleeding from the socket Zahnalveolenblutung *f*
bleeding in the gum Zahnfleisch(ein)blutung *f*
bleeding into mucous membranes Schleimhauteinblutung *f*
bleeding into the abdomen Bauchhöhlen(ein)blutung *f*
bleeding into the conjunctiva Konjunktival(ein)blutung *f*, Bindehautunterblutung *f*
bleeding into the thoracic cavity Thorax(ein)blutung *f*, intrathorakale Blutung *f*
bleeding mamma gland blutende Mamma *f*, blutsezernierende Brustdrüse *f*
bleeding nipple *s.* bleeding mamma gland
bleeding of the nose Nasenbluten *n*
bleeding piles blutende Hämorrhoiden *fpl*; Hämorrhoidenblutung *f*
bleeding point blutender Punkt *m*, Blutpunkt *m (z. B. an Diphtheriemembranen)*
bleeding tendency *s.* bleeding diathesis
bleeding time Blutungszeit *f*
blending ratio Mischungsverhältnis *n*
blennadenitis Blennadenitis *f*, Schleimdrüsenentzündung *f*
blennemesis Schleimerbrechen *n*
blennogenous schleimbildend
blennoid schleimartig
blennophthalmia 1. Bindehautentzündung *f*, Conjunctivitis *f* catarrhalis; 2. Ophthalmia *f* gonorrhoeica
blennorrhagia *s.* blennorrhoea
blennorrhagic keratosis Keratosis *f* blennorrhagica, blennorrhoische [gonorrhoische] Keratose *f*
blennorrhoea 1. Blennorrhagie *f*, Blennorrhö *f*, Eiterfluss *m*; 2. Gonorrhö *f*; Tripper *m*; 3. Ophthalmoblennorrhö *f*, Augenschleimhautentzündung *f*
blennorrhoeal 1. blennorrhoisch; Blennorrhö…; 2. gonorrhoisch; Gonorrhö…
blennothorax Blennothorax *m*, schleimiger Pleuraerguss *m*
blennuria Blennurie *f*; schleimhaltiger Urin *m*
bleomycin Bleomycin *n*
blepharadenitis Blepharadenitis *f*, Liddrüsenentzündung *f*
blepharal Augenlid…, Lid…
blepharal haematoma Lidhämatom *n*
blepharectomy Blepharektomie *f*, Augenlidexzision *f*, (operative) Lidentfernung *f*
blepharelosis Entropium *n*, Augenlideinstülpung *f*, Lideinwärtskehrung *f*
blepharism Blepharospasmus *m*, Augenlidkrampf *m*, Lidzwinkern *n*
blepharitic Blepharitis…
blepharitis Blepharitis *f*, Augenlidentzündung *f*, Lidrandentzündung *f*
blepharoadenitis Blepharoadenitis *f*, Meibomitis *f (Entzündung der Meibom'schen Drüsen)*
blepharoadenoma Blepharoadenom *n*, Augenlidadenom *n*
blepharoatheroma Blepharoatherom *n*, Augenlidatherom *n*
blepharoblennorrhoea Blepharoblennorrhö *f*, Augenlideiterung *f*
blepharochalasis Blepharochalasis *f*, Lidhauterschlaffung *f*
blepharochromhidrosis Blepharochromhidrose *f*, farbige Augenlidschweißsekretion *f*
blepharocleisis 1. Blepharokleisis *f*, (abnormer) Augenlidverschluss *m*; 2. *s.* ankyloblepharon
blepharoclonus Blepharoklonus *m*, klonischer Augenlidkrampf *m*
blepharocoloboma Blepharokolobom *n*, Augenlidkolobom *n*
blepharoconjunctivitis Blepharokonjunktivitis *f*, Augenlid- und Bindehautentzündung *f*
blepharocyanosis Blepharozyanose *f*, Augenlidzyanose *f*
blepharodiastasis Lidschlussunfähigkeit *f*, Lagophthalmus *m*

blepharoedema Blepharoödem *n*, Augenlidödem *n*, Lidschwellung *f*
blepharokeratoconjunctivitis Blepharokeratokonjunktivitis *f*, Augenlid-, Hornhaut- und Bindehautentzündung *f*
blepharomelasma Blepharomelasma *n (dunkelfarbiges Augenlidsekret)*
blepharometer Blepharometer *n*
blepharometry Blepharometrie *f*
blepharon Blepharon *n*, Palpebra *f*, Augenlid *n*, Lid *n (Zusammensetzungen siehe unter: eyelid und palpebral)*
blepharoncus Blepharonkus *m*, Lidschwellung *f*, Augenlidgeschwulst *f*
blepharopachynsis Augenlidverdickung *f*
blepharophimosis Blepharophimose *f*, Lidspaltenverkürzung *f*
blepharophthalmia Blepharophthalmie *f*, Augenbindehaut- und Augenlidentzündung *f*
blepharophyma Blepharophym(a) *n*
blepharoplastic blepharoplastisch, (augen)lidbildend
blepharoplasty Blepharoplastik *f*, Lidplastik *f*, Augenlidbildung *f*
blepharoplegia Blepharoplegie *f*, Augenlidlähmung *f*
blepharoptosis Blepharoptose *f*, Ptosis *f (Herabhängen des Oberlides)*
blepharopyorrhoea Blepharopyorrhö *f*, Augenlideiterung *f*
blepharorrhaphy Blepharorrhaphie *f*, Augenlidnaht *f*
blepharospasm Blepharospasmus *m*, krampfhafter Augenlidschluss *m*, Augenringmuskelkrampf *m*
blepharosphincterectomy Blepharosphinkterektomie *f*
blepharostasis Blepharostase *f*, Ruhigstellung *f* der Lider
blepharostat Blepharostat *m*, Augenlidhalter *m*, Lidsperrer *m*
blepharostenosis Blepharostenose *f*, Augenlidspaltvereng(er)ung *f*
blepharosymphysis *s.* blepharosynechia
blepharosynechia Blepharosynechie *f*, Augenlidverwachsung *f*, Lidverklebung *f*
blepharotomy Blepharotomie *f*, Kanthotomie *f*, Kanthoplastik *f*, (operative) Lidspalterweiterung *f*, Augenlidinzision *f*
Bleuler's disease Bleuler'sche Krankheit *f*, Bleuler'sches Psychosyndrom *n*
blighted ovum *(Gyn)* Windmole *f*
blind *v* blenden; blind machen
blind 1. *(Ophth)* blind; Blinden...; 2. *(Anat)* blind, ohne Ausgang • **be blind in one eye** auf einem Auge blind sein • **become blind** blind werden, erblinden, das Augenlicht verlieren • **go blind** *s.* become blind
blind Blinde(r) *m* • **the blind** die Blinden *mpl*
blind biopsy Blindbiopsie *f*
blind enema Darmrohr *n*
blind examination Blinduntersuchung *f*
blind experiment 1. (einfacher) Blindversuch *m*; 2. Doppelblindversuch *m*, doppelter Blindversuch *m*
blind fistula blinde [inkomplette] Fistel *f*, Blindgang *m*
blind gut Blinddarm *m*, Intestinum *n* caecum, Zökum *n*, Typhlon *n*
blind headache Migräne *f*
blind in one eye auf einem Auge blind
blind intubation blinde Intubation *f*, Intubation *f* ohne Sicht
blind-loop syndrome *(Gastr, Chir)* Blind-loop-Syndrom *n*, Blindschlingensyndrom *n*, Syndrom *n* der blinden [zuführenden] Schlinge, Blindsacksyndrom *n*
blind portion of the retina Pars *f* caeca retinae
blind pouch Blindsack *m*, Blindtasche *f*
blind spot *(Ophth)* blinder Fleck *m*, Punctum *n* caecum, physiologisches Skotom *n* [Dunkelfeld *n*]
blind test *s.* blind experiment
blind treatment Blindbehandlung *f (ohne exakte Erregerdiagnose)*
blindfold test einfacher Blindversuch *m*
blindness Blindheit *f*, Amaurose *f*
blink *v* blinzeln, zwinkern
blink Lidschlag *m*
blink reflex Blinzelreflex *m*, Konjunktivalreflex *m*, Kornealreflex *m*, Lidschlagreflex *m*
blink response *s.* blink reflex
blinking Blinzelkrampf *m*, Blinzeltick *m*, Zwinkertick *m*
blister *v* 1. Blasen bekommen; 2. Blasen ziehen
blister 1. Bläschen *n*, Blase *f*, Hautblase *f*, Pustel *f*, Wasserblase *f*; 2. Zugpflaster *n*
blister bug Cantharide *f*
blister serum Blasenserum *n*, Bläschenserum *n*
blister tetter *s.* pemphigus
blistered blasig, mit Blasen bedeckt
blistering Blasenbildung *f*, Hautblasenbildung *f*
blistering eruption Blasenausschlag *m*
bloated gebläht, aufgebläht, gedunsen; geschwollen, angeschwollen
bloated abdomen geblähtes Abdomen *n*
bloating Blähung *f*, Schwellung *f*, Anschwellung *f (durch Gasansammlung)*; Völlegefühl *n*
Bloch-Sulzberger syndrome *(Derm)* Bloch-Sulzberger-Syndrom *n*, Bloch-Sulzberger'sche Krankheit *f*, Incontinentia *f* pigmenti, Pigmentinkontinenz *f*
block *v* 1. blockieren; hemmen; verstopfen; 2. blocken *(z. B. den Endotrachealtubus)*
block *v* **the pain** den Schmerz blockieren [ausschalten]
block 1. Block *m*; 2. Blockierung *f*, Sperrung *f*, Leitungsunterbrechung *f*, Blockade *f*
block anaesthesia Leitungsanästhesie *f*, Nervenblockade *f*
block collimator *(Rad)* Blockblende *f*
block impregantion Blockimprägnation *f*, Blockimprägnierung *f*
block of gene Genblockierung *f*
block osteotomy *(Orth)* Blockosteotomie *f*
block polymerization Blockpolymerisation *f*
block staining Blockfärbung *f*
block vertebra Blockwirbel *m*
blockade of the bundle of His His-Bündel-Block *m*
blockage Blockade *f*, Blockierung *f*, Verschluss *m*; Obstruktion *f*, Verstopfung *f*
blockage of ventricles Ventrikelblockade *f*
blocker Blocker *m*, blockierende Substanz *f*
blocking blockierend; Blockierungs...
blocking 1. *(Neur, Physiol)* Blockade *f (z. B. der Nervenleitung)*; 2. *(Histol)* Einbetten *n*, Einbettung *f (z. B. von Gewebeblöcken)*; 3. *(Neur)* Block *m*, Blockade *f*, Blockierung *f (z. B. der Gedanken)*
blocking agent *s.* blocker
blocking antibody blockierender [inkompletter] Antikörper *m*
blocking-out *(Stom)* Ausfüllen *n*, Ausblocken *n*; Ausfüllung *f*, Ausblockung *f*
blocking test Blockierungstest *m*
blood Blut *n*, Sanguis *m* • **conserve blood** Blut konservieren • **contribute blood** Blut spenden, eine Blutspende geben • **date the blood was taken** Blutentnahmedatum *n*, Blutspendedatum *n* • **examine blood for alcohol** Blut auf Alkohol untersuchen • **get blood cross-matched** Blut einkreuzen lassen • **give blood** Blut spenden, eine Blutspende geben • **keep blood** Blut lagern [aufbewahren] • **keep blood at a temperature of 4 °C** Blut bei einer Temperatur von 4 Grad Celsius lagern • **keep blood in a cold place** Blut kühl lagern • **keep blood in a refrigera-**

tor Blut im Kühlschrank aufbewahren [lagern] • **take blood from a finger** Blut von der Fingerbeere entnehmen, Blut vom Finger abnehmen • **type blood** die Blutgruppe bestimmen
blood agar Blut-Agar *m(n)*
blood agar plate Blutagarplatte *f*, Blutplatte *f*
blood albumin Blut(serum)albumin *n*
blood alcohol Blutalkohol *m*
blood alcohol concentration Blutalkoholkonzentration *f*, Blutalkoholgehalt *m*
blood ammonia Blutammoniak *m*
blood analysis Blutuntersuchung *f*, Blutanalyse *f*
blood-aqueous barrier *(Physiol)* Blut-Kammerwasser-Schranke *f*
blood bank Blutbank *f*, Blutdepot *n*
blood bicarbonate *(Physiol)* Blut(serum)bikarbonat *n*, Serumbicarbonat *n (Blutpufferion)*
blood blister Blutblase *f*, Blutbläschen *n*
blood-borne hämatogen, durch Blut übertragen
blood-borne pathogen hämatogener Krankheitserreger *m*
blood bouillon Blutbouillon *f*
blood-brain barrier *(Physiol)* Blut-Hirn-Schranke *f*
blood buffer Blutpuffer *m*, Blutpuffersubstanz *f*, Blutpuffersystem *n*
blood capillary Blutkapillare *f*
blood-carrying vessel blutdurchströmtes Gefäß *n*
blood cast Blutzylinder *m*
blood cell Blutzelle *f*, Blutkörperchen *n*
blood cell cast Blutkörperchenzylinder *m*
blood cell counting Blutkörperchenzählung *f*, Blutzellenbestimmung *f*
blood cell volume Blutkörperchenvolumen *n*
blood-cerebral barrier *(Physiol)* Blut-Hirn-Schranke *f*
blood-cerebrospinal fluid barrier *(Physiol)* Blut-Liquor-Schranke *f*
blood chemistry Blutchemie *f*
blood circulation Blutkreislauf *m*
blood-circulation speed Durchblutungsgeschwindigkeit *f*
blood-circulation time Blutumlaufzeit *f*
blood clot Blutgerinnsel *n*; Blutkuchen *m*
blood clotting Blutgerinnung *f*, Gerinnung *f*
blood clotting defect Blutgerinnungsdefekt *m*
blood-clotting disorder Blutgerinnungsstörung *f*, Koagulopathie *f*
blood-clotting factor Blutgerinnungsfaktor *m*, Gerinnungsfaktor *m (siehe auch unter: factor)*
blood-clotting factor I Blutgerinnungsfaktor *m* I, Fibrinogen *n*
blood-clotting factor II Blutgerinnungsfaktor *m* II, Prothrombin *n*
blood-clotting factor III Blutgerinnungsfaktor *m* III, Thromboplastin *n*
blood-clotting factor IV Blutgerinnungsfaktor *m* IV, Calcium *n*, Kalzium *n*
blood-clotting factor V Blutgerinnungsfaktor *m* V, Proakzelerin *n*, Akzeleratorglobulin *n*
blood-clotting factor VI Blutgerinnungsfaktor *m* VI, Akzelerin *n*
blood-clotting factor VII Blutgerinnungsfaktor *m* VII, Prokonvertin *n*, Konvertin *n*
blood-clotting factor VIII Blutgerinnungsfaktor *m* VIII, antihämophiles Globulin *n* A, AHG
blood-clotting factor IX Blutgerinnungsfaktor *m* IX, Christmas-Faktor *m*, antihämophiles Globulin *n* B, Plasma-Thromboplastin-Komponente *f*, PTC
blood-clotting factor X Blutgerinnungsfaktor *m* X, Stuart-Prower-Faktor *m*
blood-clotting factor XI Blutgerinnungsfaktor *m* XI, Plasma-Thromboplastin-Antecedent *n*, PTA
blood-clotting factor XII Blutgerinnungsfaktor *m* XII, Hageman-Faktor *m*, Oberflächenfaktor *m*
blood-clotting factor XIII Blutgerinnungsfaktor *m* XIII, fibrinstabilisierender Faktor *m*
blood-clotting factor deficiency Blutgerinnungsfaktormangel *m (siehe auch: factor deficiency)*
blood-clotting mechanism Blutgerinnungsmechanismus *m*
blood-clotting time Blutgerinnungszeit *f*
blood coagulability Blutkoagulabilität *f*, Blutgerinnungsneigung *f*
blood coagulation Blutgerinnung *f (siehe auch unter: blood clotting)*
blood coagulation deficiency Koagulopathie *f*, Blutungsneigung *f*, Gerinnungsmangel *m*, Blutungsübel *n*
blood coagulation system Blutgerinnungssystem *n*
blood collecting needle Blutentnahmekanüle *f*, Blutspendekanüle *f*
blood collection Blut(spende)abnahme *f*
blood collection system Blutentnahmesystem *n*
blood colour Blutfarbe *f*
blood compatibility test Blutkompatibilitätsprobe *f*, biologischer Test *m*
blood-combatible blutkompatibel, blutverträglich
blood component Blutkomponente *f*
blood composition Blutzusammensetzung *f*
blood congestion Blutandrang *m*, Blutanschoppung *f*
blood conservation Blutkonservierung *f*
blood constituent Blutbestandteil *m*
blood-containing blutenthaltend, bluthaltig
blood-containing Graafian follicle *(Gyn)* Corpus *n* haemorrhagicum
blood corpuscle Blutkörperchen *n*
blood-cortical barrier *s.* blood-brain barrier
blood count Blutkörperchenzählung *f*, Blutbild *n*
blood crisis Blutkrise *f*
blood cross matching *(Lab)* Blutkreuzprobe *f*, Blutgruppenkreuzversuch *m*
blood crystal Blutkristall *m*, Häminkristall *m*
blood culture *(Bakt)* Blutkultur *f*
blood culture medium Blutkulturmedium *n*, Blutkulturlösung *f*
blood cyst Blutzyste *f*
blood derivative Blutderivat *n*
blood disease Blutkrankheit *f*, Bluterkrankung *f*, Hämopathie *f*
blood disk Erythrozyt *m*, rotes Blutkörperchen *n (Zusammensetzungen siehe unter: erythrocyte)*
blood donation Blutspende *f*
blood donation service Blutspendedienst *m*
blood donor Blutspender *m*
blood-donor selection Blutspenderauswahl *f*
blood drip Bluttransfusion *f (siehe auch unter: blood transfusion)* • **get the blood drip stand immediately** die Transfusion sofort fertig machen
blood drop Bluttropfen *m*
blood dust of Müller Hämokonien *fpl*
blood dyscrasia Blutdyskrasie *f*
blood electrolytes Blutelektrolyte *npl*
blood enzyme Blutenzym *n*
blood examination Blutuntersuchung *f*
blood expectoration Blutexpektoration *f*, Blutspucken *n*
blood factor Blutfaktor *m*
blood filaria Blutfilarie *f*
blood film Blutausstrich *m*
blood filter Blutfilter *m*

blood fit for being transfused transfusionsbereites Blut *n*, Blut *n* fertig zur Transfusion; gekreuztes Transfusionsblut *n* [Blut *n*]
blood fixation Blutfixierung *f*
blood flow Blut(durch)strömung *f*, Blutfluss *m*, Durchblutung *f*
blood flow direction Blutströmungsrichtung *f*
blood flow examination Blutflussuntersuchung *f*
blood flow measurement Durchblutungsmessung *f*, Blutflussmessung *f*
blood flow pattern Blutströmungsmuster *n*
blood flow signal Blutströmungssignal *n*
blood flow speed Blutflussgeschwindigkeit *f*
blood flow tagging Blutströmungsmarkierung *f*
blood fluke *(Trop)* Blasenpärchenegel *m*, Schistosoma *n* haematobium [japonicum, Mansoni]
blood-forming Blut bildend
blood-forming bone marrow Blut bildendes Knochenmark *n*
blood formula Blutformel *f*
blood fraction Blutbestandteil *m*, Blutfraktion *f*
blood gas analysis Blutgasanalyse *f* (nach Astrup), Astrup *m*
blood gas analyzer Blutgasanalyseapparat *m*
blood gas apparatus Blutgasapparat *m*
blood gas chromatography Blutgaschromatographie *f*
blood gas determination Blutgasbestimmung *f*
blood gas electrode Blutgaselektrode *f*
blood gas measurement Blutgasmessung *f*, Blutgasbestimmung *f*
blood gas tension Blutgaspartialdruck *m*
blood gland endokrine Drüse *f*
blood glucose Blutglukose *f*, Blutzucker *m*
blood glucose analyzer Blutzuckerbestimmungsgerät *n*, Glukometer *n*
blood glucose concentration Blutzuckerkonzentration *f*
blood glucose level Blutzuckerspiegel *m*
blood group Blutgruppe *f* • **determine the blood group** die Blutgruppe bestimmen
blood group AB0 incompatibility (AB0-)Blutgruppeninkompatibilität *f*, (AB0-)Blutgruppenunverträglichkeit *f*, AB0-Inkompatibilität *f*
blood group AB0 isoimmunization Blutgruppen-AB0-Isoimmunisierung *f*
blood group AB0 system AB0-Blutgruppensystem *n*, Blutgruppen-AB0-System *n*, AB0-System *n*
blood group antibody Blutgruppenantikörper *m*
blood group antigen Blutgruppenantigen *n*
blood group classification Blutgruppenklassifizierung *f*
blood group determination Blutgruppenbestimmung *f*
blood group incompatibility Blutgruppeninkompatibilität *f*, Blutgruppenunverträglichkeit *f*
blood group serology Blutgruppenserologie *f*
blood-group specific antibody blutgruppenspezifischer Antikörper *m*
blood group system Blutgruppensystem *n*
blood group test serum Blutgruppentestserum *n*
blood group typing Blutgruppenbestimmung *f*
blood grouping Blutgruppenbestimmung *f*
blood heat Körpertemperatur *f*, Blutwärme *f*
blood hormone Bluthormon *n*
blood in the stools Blutstuhl *m*
blood-inner ear barrier *(Physiol)* Blut-Innenohr-Schranke *f*
blood iron Bluteisen *n*
blood islands Blutinseln *fpl*
blood islets *s.* blood islands
blood lacuna Blutlakune *f*
blood lactate Blutlaktat *n*
blood lake Hämatom *n*, Bluterguss *m*
blood lancet Blutentnahmenadel *f*, Lanzette *f*
blood lavage Blutlavage *f*, Blutwäsche *f*, Blutreinigung *f*
blood-letting Blutentnahme *f*, Aderlass *m*
blood level Blutspiegel *m*
blood level of glucose Glukoseblutspiegel *m*, Blutzuckerspiegel *m*
blood lipid Blutlipid *n*, Blutfett *n*
blood loss Blutverlust *m* • **replace the blood loss** den Blutverlust ersetzen [ausgleichen]
blood-loss shock Blutverlustschock *m*, hämorrhagischer Schock *m*, Blutungsschock *m*
blood medium Blutmedium *n*, Blutnährboden *m*
blood mole Blutmole *f (Plazentamissbildung)*
blood oozing Blut(durch)sickern *n*, Sickerblutung *f*
blood osmolality Blutosmolalität *f*
blood oxygen Blutsauerstoff *m*
blood oxygen content Blutsauerstoffgehalt *m*
blood oxygen dissociation curve Blutsauerstoffdissoziationskurve *f*
blood oxygen tension Sauerstoffspannung *f* des Blutes, pO_2
blood parasite Blutparasit *m*
blood patch Blut-Patch *m (zum Verschluss von Punktionsstellen der Hirnhaut)*
blood perfusion Durchblutung *f*
blood pH (value) Blut-pH *m(n)*, pH-Wert *m* des Blutes
blood picture Blutbild *n*
blood pigment Blutpigment *n*, Blutfarbstoff *m*
blood pipette Blutpipette *f*
blood plaque *s.* blood plate
blood plasma Blutplasma *n*, Plasma *n*, Liquor *m* sanguinis
blood plasma creatinine Blutplasmakreatinin *n*
blood plate 1. Blutplatte *f*; 2. Blutplättchen *n*, Thrombozyt *m (siehe auch unter: thrombocyte)*
blood plate thrombus Thrombozytenthrombus *m*
blood platelet *s.* blood plate
blood poison Blutgift *n*
blood poisoning Blutvergiftung *f*, Septikämie *f*, Sepsis *f*
blood pool Blutpool *m*
blood preparation Blutpräparat *n*
blood preservation Blutkonservierung *f*
blood pressure Blutdruck *m*, RR • **have high blood pressure** einen hohen Blutdruck haben • **no measurable blood pressure** kein messbarer Blutdruck
blood pressure chart Blutdruckkurvenblatt *n*, Blutdruckkurve *f*, RR-Kurve *f*
blood pressure cuff Blutdruckmanschette *f*, RR-Manschette *f*
blood pressure depressor Blutdruckzügler *m*
blood pressure manometer Blutdruckmessapparat *m*
blood pressure measurement Blutdruckmessung *f*
blood pressure monitor Blutdruckmonitor *m*
blood pressure monitoring Blutdruck-Monitoring *n*, Blutdrucküberwachung *f*
blood pressure profile Blutdruckprofil *n*
blood pressure readings 1. Blutdruckanzeige *f*; 2. Blutdruckwerte *mpl*; Blutdruckangaben *fpl*
blood pressure recording Blutdruckregistrierung *f*, Blutdruckaufzeichnung *f*
blood pressure regulation Blutdruckregulation *f*
blood pressure telemetry Blutdrucktelemetrie *f*
blood pressure trace Blutdruckkurve *f*
blood pressure value Blutdruckwert *m*
blood protein Blutprotein *n*, Bluteiweiß *n*
blood protozoon Blutprotozoon *n*
blood pump Blutpumpe *f*
blood purification Blutreinigung *f*

blood puzzles Blut-Puzzles *npl (als Infektionserreger fehlgedeutete Blutbestandteile)*
blood regurgitation Blutregurgitation *f*
blood relationship Blutsverwandtschaft *f*, Konsanguinität *f*
blood relative blutsverwandt
blood relative Blutsverwandter *m*
blood replacement Blutauffüllung *f*, Blutersatz *m*, Blutersetzung *f*
blood reservoir Blutreservoir *n*, Blutspeicher *m*
blood-retina barrier *(Physiol)* Blut-Retina-Schranke *f*, Blut-Netzhaut-Schranke *f*
blood sample Blutprobe *f (Substanz)* • **draw a blood sample** eine Blutprobe (ab)nehmen • **have a blood sample taken** Blut abgenommen bekommen
blood sampling Blutprobenentnahme *f*, Blutentnahme *f*
blood schizont Blutschizont *m (Malariazyklus)*
blood schizonticide Blutschizonten tötendes Mittel *n*
blood sedimentation Blutsenkung *f*
blood sedimentation rate Blutsenkungkörperchen-Senkungsgeschwindigkeit *f*
blood serum Blutserum *n (siehe auch unter: serum)*
blood serum iron Bluteisen *n*
blood serum lipid Blutfett *n*
blood serum urea *s.* blood urea
blood shadow Blutschatten *m*, Erythrozytenschatten *m*
blood slide Blutausstrich *m*
blood sludge (hochgradige) Bluteindickung *f*, Geldrollenbildung *f* der Erythrozyten, intrakapilläre Erythrozytenaggregation *f*, Blood sludge *m*
blood smear Blutausstrich *m*
blood specimen *s.* blood sample
blood spitting blutiger Auswurf *m*
blood spot Blutfleck *m*
blood stabilizer Blutstabilisator *m*
blood stabilizing solution *s.* blood stabilizer
blood-stained and mucous faeces blutig-schleimige Stühle *mpl (bei Ruhr)*
blood-stained discharge blutiger Ausfluss *m (z. B. aus der Harnröhre)*; blutige Sekretion *f (z. B. bei Brustkrebs)*
blood-stained whites blutiger Weißfluss *m*, blutige Leukorrhö *f*, blutiger Fluor *m* albus
blood stasis Blutstauung *f*, Hämostase *f*
blood stem cell Blutstammzelle *f*, Hämozytoblast *m*
blood-streaked sputum blutig tingiertes Sputum *n*, blutiger Auswurf *m*
blood stream Blutstrom *m*, Blutströmung *f*
blood substitute Blutersatz *m*, Blutersatzmittel *n*, Blutersatzstoff *m*
blood substitution Blutsubstitution *f*
blood sucker Blutegel *m*
blood sugar Blutzucker *m*
blood-sugar control Blutzuckerkontrolle *f*
blood-sugar estimation Blutzuckerbestimmung *f*
blood-sugar level Blutzuckerspiegel *m*
blood-sugar profile Blutzuckerprofil *n*
blood-sugar test Blutzuckertest *m*, Blutzuckerprobe *f*
blood-sugar value Blutzuckerwert *m*
blood supply Blutversorgung *f*, Durchblutung *f*
blood taking Blut(spende)abnahme *f*
blood temperature Bluttemperatur *f*
blood test Blutprobe *f*, Blutuntersuchung *f*, Bluttest *m*
blood thinner Blutverdünner *m*, Blutverdünnungsmittel *n*; Antikoagulans *n*
blood thrombokinase Blutthrombokinase *f*
blood thromboplastin Blutthromboplastin *f*
blood-tinged blutig tingiert
blood-tissue barrier Blut-Gewebe-Schranke *f*
blood toxin Bluttoxin *n*
blood transfusion Bluttransfusion *f*, Transfusion *f*, Blutübertragung *(siehe auch unter: transfusion)* • **be given a blood transfusion** eine Transfusion erhalten [bekommen] • **if necessary give blood transfusion** bei Bedarf transfundieren [Blut geben]; Transfusion bei Bedarf! • **need a blood transfusion** eine Bluttransfusion benötigen, eine Transfusion brauchen • **stand a blood transfusion** eine Bluttransfusion vertragen • **stop blood transfusion immediately** die Bluttransfusion sofort stoppen [unterbrechen, zum Stehen bringen]
blood transfusion institute Institut *n* für Blutspendewesen
blood transfusion needle Bluttransfusionskanüle *f*
blood transfusion reaction Bluttransfusionsreaktion *f*, Transfusionsreaktion *f*
blood transfusion serology Bluttransfusionsserologie *f*, Transfusionsserologie *f*
blood transfusion service Bluttransfusionsdienst *m*, Transfusionsdienst *m*, Bluttransfusionswesen *n*, Blutspendewesen *n*
blood transfusion set *s.* blood transfusion system
blood transfusion shock Bluttransfusionsschock *m*, Posttransfusionsschock *m*
blood transfusion system Bluttransfusionssystem *n* • **get the blood transfusion system ready** das Transfusionssystem vorbereiten [fertig machen]
blood transfusion tubing *s.* blood transfusion system
blood trichine Bluttrichine *f*
blood tumour Hämatom *n*, Bluterguss *m*
blood type Blutgruppe *f*, Blutgruppenverhalten *n*
blood typing Blutgruppenbestimmung *f*
blood unfit for transfusion nicht zur Transfusion bereitetes Blut *n*, zur Transfusion unvorbereitetes Blut *n*; ungekreuztes Transfusionsblut *n* [Blut *n*]
blood urea Blutharnstoff *m*
blood urea concentration Blutharnstoffkonzentration *f* •
blood urea estimation Blutharnstoffbestimmung *f*
blood urea level Blutharnstoffspiegel *m*, Harnstoffblutspiegel *m*
blood urea nitrogen Blutharnstoffstickstoff *m*, Harnstoff-N *m* im Blutserum
blood uric acid Blutharnsäure *f*
blood-vascular Blutgefäß…
blood vessel Blutgefäß *n*, Ader *f*, Gefäß *n*
blood-vessel catheterization Gefäßkatheterisierung *f*, Gefäßkatheterung *f*
blood-vessel clip Blutgefäßklammer *f*, Gefäß-Clip *m*
blood-vessel innervation Blutgefäßinnervation *f*, Gefäßnervenversorgung *f*
blood-vessel resistance Blutgefäßwiderstand *m*, peripherer Widerstand *m*
blood vessel scissors Gefäßschere *f*
blood-vessel trauma Blutgefäßverletzung *f*, Gefäßtrauma *n*
blood viscosity Blutviskosität *f*
blood volume Blutvolumen *n*
blood-volume deficit Blutvolumendefizit *n*, Blutvolumenmangel *m*
blood-volume determination Blutvolumenbestimmung *f*
blood-volume expander Blutvolumenexpander *m*, Volumenexpander *m*
blood-volume reduction Blutvolumenverminderung *f*
blood-volume replacement Blutvolumenauffüllung *f*
blood vomiting Bluterbrechen *n*
blood warming coil Blutwärmer *m*, Blutwärmegerät *n*
blood washout Blutauswaschung *f*, Blutauswaschen *n*, Blutausspülung *f*
bloodless 1. blutlos, anämisch; 2. blutlos, ohne Blutverlust; 3. ausgeblutet

bloodless amputation Amputation *f* in Blutleere, Amputation *f* in Blutsperre, Blut sparende Amputation *f*
bloodless operation blutfreie Operation *f*, Blut sparende Operation *f*
bloodless phlebotomy Phlebostase *f*, unblutiger Aderlass *m*
bloodletting Aderlass *m*
bloodshot blutunterlaufen
bloodstream Blutstrom *m*, Blutbahn *f*
bloodstream dissemination Blutbahnstreuung *f*, Blutbahnaussaat *f*
bloody blutig, blutbefleckt; Blut...
bloody diarrhoea hämorrhagische [blutige] Diarrhö *f*
bloody discharge blutiger Ausfluss *m*
bloody discharge from nipples blutige Mamillensekretion *f*, blutiges Brustwarzensekret *n*
bloody operation blutreiche [blutige] Operation *f*
bloody show *(Gyn)* (vaginales) Zeichnen *n*
bloody sputum blutiges Sputum *n*
bloody stool Blutstuhl *m*
bloody sweat blutiger Schweiß *m*, Sudor *m* sanguinosus; Hämathidrosis *f*
bloody vomit(ing) Bluterbrechen *n*, Hämatemesis *f*, Vomitus *m* cruentus
blooming Überstrahlung *f*
blotch *(Derm)* Fleck *m*, Hautfleck *m*; Ausschlag *m*
blotting paper Fließpapier *n*
blotchy fleckig *(z. B. die Haut)*
Blount-Barber syndrome Blount'sche Krankheit *f*, Blount-Krankheit *f*, Osteochondrosis *f* deformans tibiae *(aseptische Knochennekrose des medialen Tibiakondylus)*
blow bottles Blaseflaschen *fpl (zur Erhöhung des Ausatemwiderstandes)*
blow on the chest Brusttrauma *n*
blow on the face Gesichtstrauma *n*
blow-out fracture Blow-out-Fraktur *f (z. B. der Augenhöhle)*
blowing murmur blasendes Geräusch *n* [Herzgeräusch *n*]
blowing wound offener Pneumothorax *m*
blue blau; zyanotisch
blue asphyxia Asphyxia *f* neonatorum, Neugeborenenasphyxie *f*, blaue Asphyxie *f*
blue baby zyanotisches Baby *n*, Morbus *m* caeruleus, Blausucht *f* des Neugeborenen
blue blindness Violettblindheit *f (Form der Tritanopie)*
blue bloater bronchitischer [zyanotischer] Lungenemphysematiker *m*
blue cataract *(Ophth)* blaue Katarakt *f*
blue diaper syndrome Syndrom *n* der blauen Windeln, familiäre Hyperkalziämie *f* mit Nephrokalzinose und Indikanurie *(bei Tryptophanresorptionsstörung)*
blue dome cyst Endometrioseherd *m* der Scheide
blue dot cataract *(Ophth)* Cataracta *f* punctata
blue dot sign *(Urol)* Zeichen *n* des blauen Flecks, stielgedrehte Hydatide *f (bei Hodenverdrehung)*
blue drum Hämatotympanum *n*
blue excretion Blauausscheidung *f*
blue fever *s.* Rocky Mountain spotted fever
blue funk Operationsangst *f (eines Patienten)*
blue kidney renale Hämosiderose *f*
blue line Bleisaum *m*
blue mood schlechte Stimmung *f* [Laune *f*]
blue naevus blauer Nävus *m*
blue navel blauer Nabel *m*
blue phlebitis Phlegmasia *f* caerulea dolens
blue pus blauer Eiter *m*, Pseudomonas-aeruginosa-Eiter *m*
blue rubber bleb naevus syndrome Bean-Syndrom *n*, Blaue-Gummiblasen-Nävus-Syndrom *n*
blue sclerotics blaue Skleren *fpl*
blue spot Macula *f* cerulea
blue-yellow blindness Blaugelblindheit *f (Form der Tritanopie)*
blues *s.* depression
bluish bläulich; zyanotisch
Blumberg's sign Blumberg-Zeichen *n*, Blumberg'sches Zeichen *n*, Loslassschmerz *m (Appendizitiszeichen)*
blunt abdominal trauma stumpfes Bauchtrauma *n*
blunt dissection stumpfe Dissektion *f*, stumpfes Auseinanderdrängen *n (z. B. von Gewebe)*
blunt probe stumpfe Sonde *f*
blunt prong stumpfe Zinke *f*
blunt pronged surgical retractor stumpfer (chirurgischer) Haken *m*
blunt retractor stumpfer Haken *m*
blunt trauma stumpfes Trauma *n*
blunted affect *(Neur)* emotionale Abstumpfung *f*
blunthook *(Gyn)* stumpfer Haken *m*
blunting *(Neur)* (emotionale) Abstumpfung *f*
blurred verwaschen; verschwommen, unscharf; verwackelt; trüb, getrübt
blurred contour verwaschene Kontur *f*
blurred detail verwaschenes Detail *n*
blurred film fault *(Rad)* Bildunschärfe *f*, Filmunschärfe *f*, Filmtrübung *f*
blurred image verwaschenes Bild *n*
blurring Verwaschung *f*, Verzeichnung *f*, Verschwommenheit *f*, Unschärfe *f*, Verwackelung *f*, Trübung *f*
blurring of contour Konturenverwischung *f*, Konturenunschärfe *f*
blurring of vision Visus(ein)trübung *f*, Sehtrübung *f*, Sehverschlechterung *f*, Nebelsehen *n*
blush Flush *m*, plötzliche Gesichtsrötung *f*, Gesichtsröte *f*, Schamröte *f*
board certification *(AE)* Facharztanerkennung *f*, Facharztzulassung *f*
board-like bretthart
board-like abdomen brettha rtes Abdomen *n*
board-like (abdominal) rigidity bretthar te Bauch(decken)abwehrspannung *f*
board of health Gesundheitsamt *n*
Boas' point Boas'scher Druckpunkt *m (bei Magengeschwür)*
Boas' sign Boas'sches Cholezystitiszeichen *n*
boat-shaped abdomen Kahnbauch *m*
bobbing Hüpfen *n*, hüpfende Bewegung *f*, Auf- und Niederbewegen *n*, Wippen *n*
bobbing eyes hüpfende Augen *npl*; Hüpfen *n* der Augen
Bobroff's operation Bobroff'sche Wirbelspaltenoperation *f* [Wirbelspaltenplastik *f*]
Bochdalek's cyst Bochdalek-Zyste *f*, (angeborene) Zungengrundzyste *f*
Bochdalek's foramen Bochdalek'sches Dreieck *n*, Vertebrokostaldreieck *n*, Trigonum *n* lumbocostale, Bochdalek'sche Lücke *f*
Bochdalek's lumbocostal triangle *s.* Bochdalek's foramen
Bockhart's disease Bockhart-Krankheit *f*, Ostiofolliculitis *f*, Impetigo *f* Bockhart
Bockhart's impetigo *s.* Bockhart's disease
Bodansky unit Bodansky-Einheit *f (veraltete Maßeinheit für alkalische Phosphatase)*
Bodansky's method Bodansky'sche Phosphtasebestimmungsmethode *f*, Phosphatasebestimmungsmethode *f* nach Bodansky
body Körper *m*, Korpus *m(n)*, Corpus *n*
body agnosia *(Neur)* Autotopagnosie *f*, Körperagnosie *f*
body axis Körperachse *f*

body build Körperbau *m*
body burden *(Rad)* Körper(strahlen)belastung *f*
body cast Gipskorsett *n*, Rumpfgips(verband) *m*
body cavity Körperhöhle *f*
body cell Körperzelle *f*, somatische Zelle *f*
body-compatible körperverträglich, biokompatibel
body conditioning Körperkonditionierung *f*, körperliches Training *n*
body constitution Körperkonstitution *f*, Körperverfassung *f*, Körperzustand *m*, Konstitution *f*
body core Körperkern *m*
body defence körperliche Abwehr *f*, Körperabwehr *f*
body dose Körperdosis *f*
body equilibrium Körpergleichgewicht *n*
body fat Körperfett *n*
body fluid Körperflüssigkeit *f*
body fluid compartment Körperflüssigkeitskompartment *n*
body fold Körperfalte *f*
body heat Körperwärme *f*
body height Körpergröße *f*
body hygiene körperliche Hygiene *f*, Körperhygiene *f*, Körperpflege *f*
body image Körperschema *n*
body image agnosia Autotopagnosie *f*
body jacket (orthopädisches) Korsett *n*
body language Körpersprache *f*
body layer Körperschicht *f*
body-layer radiography Körperschichtaufnahme *f*
body length Körperlänge *f*
body louse Körperlaus *f*, Kopflaus *f*, Pediculus *m* humanus [hominis] corporis
body mass index Körper-Gewichts-Index *m*, Body-Mass-Index *m*, BMI
body mechanics Körpermechanik *f*
body movement Körperbewegung *f*
body odour Körpergeruch *m*
body of Highmore Mediastinum *n* testis
body of nail Nagelplatte *f*
body of the bulbourethral gland Corpus *n* glandulae bulbourethralis
body of the calcaneus Corpus *n* calcanei, Fersenbeinkörper *m*
body of the clitoris Corpus *n* clitoridis, Kitzlerkörper *m*
body of the epididymis Corpus *n* epididymidis, Nebenhodenkörper *m*
body of the fornix Corpus *n* fornicis
body of the gall bladder Corpus *n* vesicae felleae, Gallenblasenkörper *m*
body of the hyoid (bone) Corpus *n* ossis hyoidei
body of the mandible Corpus *n* mandibulae
body of the pancreas Corpus *n* pancreatis, Pankreaskörper *m*
body of the rib Corpus *n* costae, Rippenkörper *m*
body of the seminal vesicle Corpus *n* vesiculae seminalis, Samenbläschenkörper *m*
body of the sternum Corpus *n* sterni, Brustbeinkörper *m*
body of the stomach Corpus *n* ventriculi, Magenkorpus *n*, Magenkörper *m*
body of the talus Corpus *n* tali, Sprungbeinkörper *m*
body of the urinary bladder Corpus *n* vesicae urinariae, Harnblasenkorpus *m*, Blasenkörper *m*
body of the uterus Corpus *n* uteri, Gebärmutterkörper *m*
body of the vertebra Corpus *n* vertebrae, Wirbelkörper *m*
body plane Körperebene *f*
body plethysmogram Körperplethysmogramm *n*
body plethysmograph Körperplethysmograph *m*
body plethysmography Körperplethysmographie *f*
body position Körperposition *f*, Körperlage *f*
body posture Körperhaltung *f*, Körperstellung *f*
body protein store 1. Körpereiweißbestand *m*; 2. Körpereiweißspeicher *m*
body resistance Körperwiderstand *m*
body-righting reflex Körperaufrichtungsreflex *m*, Körperstellreflex *m*
body rocking Oberkörperwiegen *n*, Oberkörperschaukeln *n*, Vor- und Rückbeugen *n* des Oberkörpers
body schema Körperschema *n*
body scheme disorder Autotopagnosie *f*
body section Körperschnitt *m*, Körperquerschnitt *m*
body section irradiation Körperteilbestrahlung *f*
body section radiograph *s.* body roentgenogram
body section radiography *s.* body roentgenography
body section roentgenogram Röntgenschichtaufnahme *f* (des Körpers)
body section roentgenography Röntgenschichtaufnahmeverfahren *n* (des Körpers), Röntgenschichtung *f*, Tomographie *f*, Stratigraphie *f*, Schichtaufnahmeverfahren *n*
body segment Körpersegment *n*
body sensation Körpergefühl *n*
body sense *(Neur)* Körpersinn *m*
body size Körpergröße *f*
body snatching (illegale) Leichenbeschaffung *f*, Leichenraub *m*; Grabschändung *f*
body stalk Haftstiel *m*
body surface (area) Körperoberfläche *f*
body temperature Körpertemperatur *f*
body temperature module Körpertemperaturmodul *n*, Temperatureinschub *m*
body tissue Körpergewebe *n*
body type Somatotyp *m*
body volume Körpervolumen *n*
body water Körperwasser *n*, Gesamtkörperwasser *n*
body weight Körpergewicht *n* • **maintain the body weight** das Körpergewicht halten [aufrechterhalten]
body-weight ratio Körperlängen-Gewichts-Index *m*
body-worn hearing aid Taschenhörgerät *n*
Boeck's sarcoid Boeck'sches Sarkoid *n*, Boeck-Besnier-Schaumann'sche Krankheit *f*, Sarkoidose *f*, Morbus *m* Boeck, Boeck'sche Erkrankung *f*, Lymphogranulomatosis *f* benigna
Boeck's scabies Boeck'sche Borkenkrätze *f* [Krankheit *f*], Skabies *f* crustosa [Norwegica, Boecki], norwegische Krätze *f*
Boehler's clamp *s.* Böhler's clamp
Boerhaave syndrome *(Chir)* Boerhaave-Syndrom *n*, Ösophagusspontanruptur *f*
Boerner-Lukens test Boerner-Lukens-Syphilistest *m*, Syphiliskomplementbindungstest *m* nach Boerner und Lukens
Böhler's clamp *(Chir)* Böhler'sche Zwinge *f (bei Kalkaneusfraktur)*
Böhler's frame Böhler-Schiene *f (zur Frakturruhigstellung)*
Böhler's iron Böhler-Gehbügel *m*
Böhler's splint Böhler'sche Drahtextension *f*
Böhler's traction *s.* Böhler's clamp
boil Furunkel *m*, Beule *f*, Geschwür *n*
boil *v* **out** auskochen, mit kochendem Wasser keimfrei machen; ausbrühen; sterilisieren *(z. B. Instrumente)*
boilermakers' deafness Lärmschwerhörigkeit *f*
boiling point Siedepunkt *m*
boiling range Siedebereich *m*
boiling temperature Siedetemperatur *f*
boiling water siedendes Wasser *n*, kochendes Wasser *n*
Bolen test Bolen-Test *m*, Bolen'sches Blut(tropfen)muster *n*

Bolivian haemorrhagic fever *(Trop)* bolivianisches hämorrhagisches Fieber *n*, Lassafieber *n*
bolt inlay Bolzen-Inlay *n*
bolus Bolus *m*, Klumpen *m*; große Pille *f*
bolus curve Boluskurve *f*
bolus dose Bolusdosis *f*
bolus injection Bolusinjektion *f*
bolus-like faeces bolusförmiger Stuhl *m*
bolus transfusion Schnelltransfusion *f*, Drucktransfusion *f*
bombard *v* mit radioaktiven Isotopen beschießen *(z. B. Gewebe)*
Bombay blood group Bombay-Blutgruppe *f*, Blutgruppe *f* 0_n
bombesine Bombesin *n*
bond Bindung *f (Zustand)*
bond energy Bindungsenergie *f*
bondage *(Neur)* Hörigkeit *f*
bonding 1. Bindung *f*, Verbindung *f*, Haften *n*, Kleben *n (z. B. durch Klebstoffe)*; 2. *(Neur, Päd)* Bindungsverhalten *n (der Säuglinge)*
bonding area Haftfläche *f*, Haftungsfläche *f*
bonding porcelain crown Metall-Keramik-Krone *f*
bonding veneer Verblendschale *f*, Verblendung *f*
bone 1. Knochen *m*, Os *n*, Bein *n*, Gebein *n*; 2. Knochengewebe *n (siehe auch unter: bony)* • **be only skin and bones** nur noch Haut und Knochen sein, völlig abgezehrt sein • **set a bone** einen Knochen(bruch) richten, reponieren
bone abscess Knochenabszess *m*, Knochen(ver)eiterung *f*
bone absorption Knochenabsorption *f*, Knochenresorption *f*
bone actinomycosis Knochenaktinomykose *f*
bone activity Knochenaktivität *f*
bone age Knochenalter *n*
bone anchorage Knochenverankerung *f*
bone atrophy Knochenatrophie *f*
bone awl Knochenahle *f*
bone bank Knochenbank *f*
bone biology Knochenbiologie *f*
bone biopsy Knochenbiopsie *f*
bone biopsy trephine Knochenbiopsietrepan *m*
bone blood flow Knochendurchblutung *f*
bone brittleness Knochenbrüchigkeit *f*
bone-building knochenbildend
bone burr Knochenfräse *f*
bone cancer Knochenkrebs *m*
bone cavity Knochenhöhle *f*
bone cell Knochenzelle *f*, Osteozyt *m*
bone cement Knochenzement *m*
bone chip Knochenchip *m*, Knochenspan *m*
bone-chip blocking Knochenspanverblockung *f*, Verblockung *f*
bone-chip implantation Knochenspanimplantation *f*
bone chisel Knochenmeißel *m*
bone clamp Knochenhalteklammer *f*
bone collagen Knochenkollagen *n*
bone conduction Knochenleitung *f*, knöcherne Schallleitung *f*
bone-conduction acuity *(HNO)* Knochenschallleitungsschärfe *f*
bone-conduction audiogram Knochenleitungsaudiogramm *n*
bone-conduction audiometry Knochenleitungsaudiometrie *f*
bone-conduction curve Knochenleitungskurve *f*
bone-conduction hearing Knochenleitungshören *n*
bone-conduction hearing aid Knochenleitungshörhilfe *f*, Knochenschallleitungshörgerät *n*
bone-conduction test Knochenleitungstest *m*, Knochenschallleitungsprobe *f*
bone-conduction threshold Knochenleitungsschwelle *f*
bone contrast Knochenkontrast *m*
bone corpuscle *s.* bone cell
bone curette scharfer Löffel *m*
bone cut Knochenschnitt *m*, Knochendurchtrennung *f*
bone cutter Knochenfräse *f*
bone-cutting forceps *(Chir)* Knochenzange *f*, Knochensplitterzange *f*
bone cyst Knochenzyste *f*
bone debris Knochenreste *mpl*
bone decalcification Knochenentkalkung *f*
bone deformity Knochendeformität *f*, Knochenverbiegung *f*
bone demineralization Knochendemineralisierung *f*
bone densitometry Knochendensitometrie *f*, Knochendichtemessung *f*
bone density Knochendichte *f*
bone destruction Knochenzerstörung *f*
bone diagnosis Skelettdiagnose *f*
bone disease Knochenerkrankung *f*
bone disintegration Knochenauflösung *f*
bone dose Knochendosis *f*
bone drill *(Chir)* Knochenbohrer *m*
bone dystrophy Knochendystrophie *f*
bone edge Knochenkante *f*
bone endothelioma Knochenendotheliom *n*
bone eosinophilic granuloma eosinophiles Knochengranulom *n*
bone epiphyseal vascularization Knochenepiphysenvaskularisation *f*, Epiphysenknochenvaskularisation *f*
bone equivalent Knochenäquivalent *n*
bone felon Panaritium *n* osseum, subperiostales Panaritium *n*
bone fenestration Knochenfensterung *f*
bone file *(Chir)* Knochenfeile *f*
bone forceps *s.* bone-cutting forceps
bone formation Knochen(gewebe)bildung *f*
bone-forming knochenbildend
bone fracture Knochenfraktur *f*, Knochenbruch *m*
bone fragility Knochenbrüchigkeit *f*
bone fragment Knochenfragment *n*, Knochenbruchstück *n*
bone giant cell tumor Knochenriesenzellentumor *m*
bone gouge Knochenhohlmeißel *f*
bone graft Knochentransplantat *n*
bone graft impactor Knochenspanstößel *m*
bone grafting Knochentransplantation *f*
bone granuloma Knochengranulom *n*
bone groove Knochenrille *f*
bone growth Knochenwachstum *n*, Knochenwuchs *m*
bone healing Knochenheilung *f*
bone-holding forceps Knochenfasszange *f*, Knochenhaltezange *f*
bone hook Knochenrepositionshaken *m*, Repositionshaken *m*
bone hypertrophy Knochenhypertrophie *f*
bone image Knochenbild *n*
bone implant Knochenimplantat *n*
bone impression Knochenabdruck *m*
bone infection Knocheninfektion *f*
bone lamella Knochenlamelle *f*
bone lesion Knochenläsion *f*, Knochenverletzung *f*
bone lever *(Chir)* Knochenhebel *m*
bone-like knochenartig
bone localization Knochenlokalisation *f*
bone loss Knochenverlust *m*, Knochenschwund *m*
bone lymphangioma Knochenlymphangiom *n*

bone marrow Knochenmark *n*, Medulla *f* ossium *(siehe auch unter: marrow)*
bone-marrow aplasia Knochenmarkaplasie *f*
bone-marrow aspirate Knochenmarkaspirat *n*
bone-marrow aspiration Knochenmarkaspiration *f*
bone-marrow biopsy Knochenmarkbiopsie *f*
bone-marrow cavity Knochenmarkhöhle *f*, Cavum *n* medullare
bone-marrow cell Knochenmarkzelle *f*
bone-marrow culture Knochenmarkkultur *f*
bone-marrow cytology Knochenmarkzytologie *f*
bone-marrow depletion Knochenmarkerschöpfung *f*, Knochenmarkverarmung *f (an Zellen)*
bone-marrow depression *(Hämat)* Knochenmarkdepression *f*
bone-marrow derived vom Knochenmark (ab)stammend
bone-marrow donation Knochenmarkspende *f*
bone-marrow donor Knochenmarkspender *m*
bone-marrow function Knochenmarkfunktion *f*
bone-marrow freezing Knochenmarkeinfrieren *n*
bone-marrow giant cell Knochenmarkriesenzelle *f*, Knochenmarkmegakaryozyt *m*
bone-marrow grafting *s.* bone-marrow transplantation
bone-marrow hypoplasia Knochenmarkhypoplasie *f*
bone-marrow infusion Knochenmarkinfusion *f*
bone-marrow involvement Knochenmarkbeteiligung *f*, Knochenmarkbefall *m*
bone-marrow malignancy bösartiger Knochenmarktumor *m*
bone-marrow puncture Knochenmarkpunktion *f*
bone-marrow relapse Knochenmarkrezidiv *n*, Knochenmarkmetastasierung *f*
bone-marrow reserve Knochenmarkreserve *f*
bone-marrow sample Knochenmarkprobe *f*
bone-marrow smear Knochenmarkausstrich *m*
bone-marrow storage Knochenmark(ein)lagerung *f*, Knochenmarkspeicherung *f*
bone-marrow store Knochenmarkspeicher *m*
bone-marrow study Knochenmarkuntersuchung *f*
bone-marrow tissue Knochenmarkgewebe *n*
bone-marrow transfusion Knochenmarktransfusion *f*
bone-marrow transplantation Knochenmarktransplantation *f*, Knochenmarküberpflanzung *f*
bone matrix Knochenmatrix *f*
bone meal Knochenmehl *n*
bone metabolism Knochenmetabolismus *m*, Knochenstoffwechsel *m*
bone metastasis Knochenmetastase *f*, Knochentochtergeschwulst *f*
bone mineral breakdown Knochendemineralisierung *f*
bone mineral content Knochenmineralgehalt *m*
bone mineralization Knochenmineralisierung *f*
bone-muscle pedicle graft gestieltes Knochen-Muskel-Transplantat *n*
bone nail Knochennagel *m*
bone nailing Knochennagelung *f*
bone nibblers Knochenknabberzange *f*, Lüer'sche Zange *f*
bone nippers *s.* bone nibblers
bone of attachment Befestigungsknochen *m*
bone of Bertin Bertin'scher Knochen *m*, Concha *f* ossis sphenoidalis
bone of the face Gesichtsknochen *m*, Os *n* faciei
bone of the lower limb Beinknochen *m*, Os *n* extremitatis [membri] inferioris
bone of the metacarpus Metakarpalknochen *m*, Mittelhandknochen *m*, Os *n* metacarpale
bone of the upper limb Armknochen *m*, Os *n* extremitatis [membri] superioris
bone onlay *(Chir)* Knochenspan *m*, Anlagerungsspan *m*, Phemister-Span *m*
bone packer Knochenstopfer *m*
bone pain Knochenschmerz *m*
bone pin Knochenstift *m*
bone plate *(Chir)* Knochenplatte *f*
bone plate bending device *(Chir)* Knochenplattenbiegegerät *n*
bone plate compression device *(Chir)* Kompressionsplattenspanner *m*
bone plate compression instrument set *(Chir)* Druckplatteninstrumentarium *n*
bone plate contouring device *(Chir)* Knochenplattenschränkgerät *n*
bone plate holding forceps *(Chir)* Knochenplattenhaltezange *f*
bone preservation Knochenkonservierung *f*
bone radiograph Knochenröntgenbild *n*
bone radiography Knochenröntgenaufnahme *f*
bone rasp *(Chir)* Knochenraspel *f*
bone recession Knochenrezession *f*, Knochengewebeschwund *m (z. B. der Zahnalveolen)*
bone reduction Frakturreposition *f*, Brucheinrichten *n*
bone reflex Knochen(periost)reflex *m*, Periostreflex *m*
bone regeneration Knochenregeneration *f*, Knochenneubildung *f*
bone replacement substance Knochenumersatzsubstanz *f*
bone resorption Knochenresorption *f*
bone retractor *(Chir)* Knochenretraktor *m*, Knochenhaken *m*
bone rongeur *(Chir)* Hohlmeißelzange *f*
bone sarcoma Knochensarkom *n*
bone saw Knochensäge *f*
bone scan Knochen-Scan *m*, Knochenszintigramm *n*
bone scintigram *(Rad)* Knochenszintigramm *n*
bone scintigraphy Knochenszintigraphie *f*
bone screw *(Chir)* Knochenschraube *f*
bone sensibility *(Neur)* Knochensensibilität *f*, Pallästhesie *f*, Vibrationsempfindung *f* [Vibrationsgefühl *n*] der Knochen *(Empfindungsqualität der Tiefensensibilität)*
bone septum Knochenseptum *n*
bone sequestration Knochensequestrierung *f*, Knochensequesterbildung *f*
bone shadow Knochenschatten *m*
bone shears Knochenschere *f*
bone-soft tissue transition Knochen-Weichteil-Übergang *m*
bone spike *(Chir)* Knochenklammer *f*
bone splinter Knochensplitter *m*; Knochenspan *m*
bone structure Knochenstruktur *f*
bone substance Knochensubstanz *f*
bone substitute Knochenersatz *m*
bone superposition Knochenüberlagerung *f*
bone support Knochenunterstützung *f*
bone surgery Knochenchirurgie *f*
bone swelling Knochenauftreibung *f*, Knochenanschwellung *f*
bone tissue Knochengewebe *n*
bone transplant Knochentransplantat *n*
bone transplantation Knochentransplantation *f*, Knochenverpflanzung *f*, Knochengewebeübertragung *f*
bone tumour Knochentumor *m*, Knochengeschwulst *f*
bone wax Knochenwachs *n*
bone wedge Knochenkeil *m*
bone wire Knochendraht *m*, Osteosynthesedraht *m*, Cerclaged-Draht *m*
bone wire tightener *(Chir)* Knochendrahtspanner *m*, Drahtspanner *m*

bone wire tightening forceps Drahtspannzange *f*
bonelet *s.* ossicle 1.
Bonnevie-Ullrich syndrome *(Endokr)* Bonnevie-Ullrich-Syndrom *n*, Pterygiumsyndrom *n*; Gonadendysgenesie *f*
bony knöchern, knochig; Knochen... *(siehe auch unter: bone)*
bony ankylosis 1. Knochenankylose *f*, Knochen(bruch)ankylosierung *f*, Scheingelenkbildung *f*; 2. Knochenankylose *f*, knöcherne Gelenkversteifung *f*
bony canal Knochenkanal *m*
bony crepitus Knochenreiben *n*
bony deposit Knochenablagerung *f*
bony development Knochenentwicklung *f*
bony grating Krepitieren *n*, Knochenreiben *n*
bony heart Panzerherz *n*, Pericarditis *f* calculosa
bony implantation Knochenimplantation *f*
bony implantation technique Knochenimplantationstechnik *f*
bony injury Knochenverletzung *f*, knöcherne Verletzung *f*
bony involvement Knochenbeteiligung *f*
bony labyrinth *(HNO)* knöchernes Labyrinth *n*, Labyrinthus *m* osseus
bony landmark knöcherner Orientierungspunkt *m*; knöcherne Orientierung *f*
bony layer Knochenschicht *f*
bony metabolism Knochenstoffwechsel *m*
bony metastasis Knochenmetastase *f*
bony nose *s.* bone part of the nose
bony palate harter Gaumen *m*, knöcherner Gaumen *m*, Palatum *n* osseum
bony part of the nose knöcherne Nase *f*, knöcherner Nasenanteil *m*, Nasus *m* osseus
bony plate Knochenplatte *f*
bony process Knochenfortsatz *m*
bony rim Knochenleiste *f*
bony spur Knochensporn *m*, knöcherne Randzacke *f*, knöcherner Randwulst *m*
bony structure Knochenstruktur *f*
bony substance Knochensubstanz *f*
bony thorax knöcherner Thorax *m*
bony tissue Knochengewebe *n*
bony trabeculum Knochentrabekel *m*, Knochenbälkchen *n*
boomerang leg Säbelbein *n*, Säbelscheidentibia *f*
booster *v* boostern, auffrischen, eine Auffrischungsimpfung geben
booster dose *(Immun)* Boosterdosis *f*, Auffrischungsdosis *f*, Erinnerungsdosis *f*
booster effect *(Immun)* Booster-Effekt *m*, Erinnerungsreaktion *f*, Sekundärantwort *f*
booster injection Boosterung *f*, Boostern *n*, Auffrischungsimpfung *f*
booster inoculation *s.* booster injection
booster vaccination *s.* booster injection
boostering Boostern *n*, Boosterung *f*, Auffrischen *n*
boot-shaped heart *(Kard)* Holzschuhherz *n*, Coeur *m* en sabot
bootstrap *(Statist)* Bootstrapping *n*
borate puffer Boratpuffer *m*
borax solution Boraxlösung *f*
borborygmus Borborygmus *m (kollerndes gurrendes Darmgeräusch)*
border Grenze *f*, Margo *m*, Rand *m*; Leiste *f*, Kante *f*, Besatz *m*
border area Randzone *f*
border cell 1. Grenzzelle *f (Hörorgan)*; 2. Belegzelle *f*
border-forming echo Rand bildendes Echo *n*
border of the tongue Zungenrand *m*, Margo *m* linguae
border sealing Randabdichtung *f*
border tissue Randgewebe *n*
border zone Randzone *f*
borderline case Grenzfall *m*
borderline disorder *(Neur)* Borderline-Störung *f*, grenzwertige Störung *f*
borderline group of neuroses *(Neur)* Borderline-Neurosen *fpl*
borderline hypertension Borderline-Hypertonus *m*, Grenzwerthypertonie *f*
borderline hypertonus *s.* borderline hypertension
borderline intellectual functioning *(Neur)* Grenzbereich *m* der intellektuellen Leistungsfähigkeit
borderline intelligence *(Neur)* Borderline-Intelligenz *f*, grenzwertige Intelligenz *f*, Beschränktheit *f*
borderline lepromatous lepra Borderline-Lepra-lepromatosa *f*
borderline lesion Borderline-Läsion *f* (des Magens) *(Präkanzerose)*
borderline personality disorder *(Neur)* Borderline-Persönlichkeitsstörung *f*
borderline personality organization *(Neur)* Borderline-Persönlichkeitsstruktur *f*, Borderline-Psychose *f*, Grenzpsychose *f*
borderline schizophrenia *(Neur)* Borderline-Schizophrenie *f*
borderline situation Grenzsituation *f*, grenzwertige Situation *f*
borderline syndrome Borderline-Syndrom *n (Persönlichkeitsstörung mit Wechsel von Psychosen und Neurosen)*
borderline tuberculous lepra Borderline-Lepratuberculoidea *f*
borderline tumour Borderline-Tumor *m (nichtinvasiver Tumor mit Malignitätsneigung)*
borders of absolute dullness *(Kard)* Grenzen *fpl* der absoluten Dämpfung
borders of relative dullness *(Kard)* Grenzen *fpl* der relativen Dämpfung
Bordet-Gengou agar *(Lab)* Bordet-Gengou-Agar *m*, Kartoffel-Glycerin-Blut-Agar *m (zur Züchtung von Bordetella pertussis)*
Bordet-Gengou culture medium *s.* Bordet-Gengou agar
Bordet-Gengou bacillus Bordet-Gengou'sches Bakterium *n*, Keuchhustenerreger *m*, Bordetella *f* pertussis
Bordetella parapertussis Bordetella *f* parapertussis
Bordetella pertussis Bordetella *f* pertussis
Bordet's conglutination reaction Bordet-Konglutinationsreaktion *f*, komplementverbrauchende [Komplement verbrauchende] Zellenkonglutination *f*
bore hole protection forceps *(Chir)* Bohrlochschutzzange *f*
bore hole test Bohrlochtest *m*
boric acid Borsäure *f*
boric acid poisoning Borsäurevergiftung *f*
boric acid solution Borsäurelösung *f*
boring pain bohrender Schmerz *m*, Dolchstichschmerz *m*
boring wire for fingers *(Chir)* Fingerspickdraht *m*
borism (chronische) Borvergiftung *f*
born/be *v* geboren sein; geboren werden
borne übertragen, verbreitet
Bornholm disease *(Inf)* Bornholmer Krankheit *f*, Sylvest'sches Syndrom *n*, Pleurodynia *f* [Myositis *f*] epidemica, Pleurodynie *f*, Muskelkaterkrankheit *f*
Borrelia buccalis Borrelia *f* buccalis
Borrelia burgdörferi Borrelia *f* burgdörferi
Borrelia vincenti Borrelia *f* vincenti, Plaut-Vincent-Spirochäte *f*

borreliosis 1. Borreliose *f*, Rückfallfieber *n*, Febris *f* recurrens, Rekurrensfieber *n*; 2. *s.* Lyme disease
borrowing lending phenomenon Borrowing-lending-Phänomen *n (verminderte Blutzirkulation infolge Verteilungsstörung)*
Boston exanthema Boston-Exanthem *n*
Botallo's duct Ductus *m* Botalli [arteriosus]
botch *v* verpfuschen, pfuschen
bothriocephaliasis *s.* diphyllobothriasis
bothriocephalosis *s.* diphyllobothriasis
Bothriocephalus latus Bothriocephalus *m* latus
botryoid traubenförmig
botryoid sarcoma Sarcoma *n* botryoides
botryomycoma Botryomykom *n*, Granuloma *n* pediculatum [pyogenicum], Granuloma *n* teleangiectodes, teleangiektatisches Granulom *n*
botryomycosis Botryomykosis *f*, Botryomykose *f*, Traubenpilzkrankzeit *f*
botryomycotic botryomykotisch; Traubenpilz…
botryose *s.* botryoid
bottle aspirator Flaschenaspirator *m*
bottle-fed child Flaschenkind *n*
bottle-feed *v* aus [mit] der Flasche ernähren *(z. B. ein Kind)*
bottle nose Flaschennase *f*, Knollennase *f*, Pfundnase *f*, Rhinophym *n*, Säufernase *f*
bottle pressure Flaschendruck *m*
bottle sound amphorisches Atmen *n*
bottle stand Flaschenständer *m*
botulin *s.* botulinal toxin
botulinal botulismusartig; Botulismus…
botulinal antitoxin Botulismusantitoxin *n*
botulinal serum Botulismus-Serum *n*, Botulismus-Antiserum *n*
botulinal toxin Botulismustoxin *n*, Botulinustoxin *n*, Botulin *n*
botulinogenic botulinogen, Botulinustoxin bildend
botulinus polyneuropathy Botulinus-Polyneuropathie *f*, Polyneuropathie *f* bei Botulismus
botulinus toxin *s.* botulinal toxin
botulism Botulismus *m*, Botulinusvergiftung *f*, Lebensmittelintoxikation *f* durch Botulismustoxin, Allantiasis *f*
botulism clostridium Clostridium *n* botulinim, Botulismus-Clostridium *n*
botulism toxin *s.* botulinal toxin
botulismotoxin *s.* botulinal toxin
bouba *s.* 1. framboesia; 2. espundia
Bouchard's node *(Orth)* Bouchard'scher [Heberden'scher] Knoten *m*
Bouchet-Gsell disease Bouchet-Gsell-Krankheit *f*, Schweinehüterkrankheit *f*
bougie Bougie *f*, Dehnungsbougie *f*, Dehn(ungs)sonde *f*, Dilatator *m* • **introduce a bougie** eine Bougie [Dehnsonde] einführen, bougieren • **pass in a bougie** *s.* introduce a bougie
bougienage Bougierung *f*, Aufdehnung *f*, Aufweitung *f*
bougienage of the oesophagus Ösophagusbougierung *f*
bougienage of urethra Harnröhrenbougierung *f*
bougienage of urethral canal *s.* bougienage of urethra
Bouillaud's disease Bouillaud'sche Krankheit *f* [Erkrankung *f*], akuter Rheumatismus *m*, akutes rheumatisches Fieber *n*
Bouillaud's syndrome *s.* Bouillaud's disease
bouillon Bouillon *f*, Bakterien-Nährlösung *f*
bouillon culture Bouillonkultur *f*
bouillon suspension Bouillonsuspension *f*
boulimia Bulimie *f*, Heißhunger *m*, Hyperorexie *f*, Adephagie *f*, Sitiomanie *f*
boulimic Bulimie…, Heißhunger…
boundary Grenze *f*, Grenzfläche *f*, Rand *m*, Randbereich *m*; Schnittstelle *f*
boundary artefact Grenzflächenartefakt *m*
boundary condition Randbedingung *f*
boundary confusion Randunschärfe *f*
boundary echo Randecho *n*
boundary layer Grenzfläche *f*, Grenzschicht *f*
boundary layer phenomenon Grenzflächenphänomen *n*
boundary maintenance mechanism *(Neur)* Abgrenzungsmechanismus *m*, Randgruppenbildung *f*
boundary membrane Basalmembran *f*, Grenzmembran *f*
boundary of the lesion Herdrand *m*
boundary of the organ Organgrenze *f*, Organbegrenzung *f*
boundary-zone infarction Grenzlinieninfarkt *m*
bounding mydriasis *s.* springing mydriasis
bounding pulse springender Puls *m*
Bourneville's disease *(Neur)* Bourneville'sche Krankheit *f* [Erkrankung *f*], Bourneville-Syndrom *n*, tuberöse hypertrophische Sklerose *f*
bout of coughing Hustenanfall *m*
boutonneuse fever *(Inf)* Boutonneuse-Fieber *n*, Marseille-Fieber *n*, zentral- und südafrikanisches Zeckenbissfieber *n* [Fleckfieber *n*]
boutonniere deformity *(Chir)* Knopflochdeformität *f*
Bouveret's syndrome *(Kard)* Bouveret'sche Krankheit *f*, Bouveret'sches Syndrom *n*, paroxysmale Vorhoftachykardie *f*
Boveri's test Boveri'sche Probe *f* [Reaktion *f*] *(Globulinnachweis im Liquor cerebrospinalis)*
bovine arterial graft Rinderarterientransplantat *n*, bovines Arterientransplantat *n*
bovine heart *(Kard)* Ochsenherz *n*, Cor *n* bovinum
bovine malaria *(Inf)* Texasfieber *n*
bovine piroplasmosis *s.* bovine malaria
bovine pustular stomatitis virus Stomatitis-pustulosa-Virus *n* (der Rinder), Parapoxvirus *n* bovis I, BPSV
bovine serum Rinderserum *n*
bovine smallpox Kuhpocken *pl*
bovine spongiform encephalopathy bovine spongiforme Enzephalopathie *f*, BSE, Rinderwahnsinn *m (siehe auch: Creutzfeldt-Jakob disease)*
bovine tuberculosis Rindertuberkulose *f*
bowel 1. Darm *m*, Intestinum *n*, Enteron *n (siehe auch unter: enteric und intestinal)*; 2. Eingeweide *n*, Gedärm *n* • **have lax bowels** regelmäßig Stuhlgang haben • **push the bowel aside** *(Chir)* den Darm beiseite [zur Seite] schieben
bowel bypass syndrome Darm-Bypass-Syndrom *n*, Darmausschaltungssyndrom *n*
bowel content Darminhalt *m*
bowel continuity Darmkontinuität *f*
bowel diverticulum Darmdivertikel *n*
bowel end Darmende *n*
bowel function Darmfunktion *f*, Darmtätigkeit *f*
bowel incontinence Darminkontinenz *f*, Stuhlinkontinenz *f*
bowel irrigation Darmspülung *f*
bowel motion Darmbewegung *f*, Darmperistaltik *f*, Peristaltik *f*
bowel obstruction Darmverlegung *f*, Darmobstruktion *f*, Darmverschluss *m*, Ileus *m*
bowel operation Darmoperation *f*
bowel preparation Darmvorbereitung *f*
bowel resection Darmresektion *f*
bowel scissors Darmschere *f*
bowel segment Darmsegment *n*

bowel sound Darmgeräusch *n*
bowel training Darmtraining *f*, Stuhltraining *n*, Defäkationstraining *n*
bowel upset Darmstörung *f*, Indigestion *f*
bowel wall Darmwand *f*
bowel wall thickening Darmwandverdickung *f*
bowels Eingeweide *pl* • **have loose bowels** schnell Durchfall bekommen, leicht dünnflüssigen Stuhlgang haben
bowing Krümmung *f*, Beugung *f* (nach vorn), Vorbeugung *f*
bowing reflex Vorbeugungsreflex *m*, Gamper'scher Reflex *m*, Labyrinthstellreflex *m*
bowl stand Schalenständer *m*
bowleg O-Bein *n*, Genu *n* varum
bowlegged o-beinig
Bowman's capsule Bowman-Kapsel *f*, Glomerulumkapsel *f*, Capsula *f* glomeruli, Nierenknäulchenkapsel *f*
Bowman's gland Bowman-Drüse *f*, Glandula *f* olfactoria
Bowman's membrane Bowman'sche Membran *f*, Lamina *f* limitans externa corneae
bowtie filter *(Rad)* Formfilter *m*
box *v* 1. einfassen, umranden; 2. ummanteln
box-note *(Pulm)* hypersonorer Klopfschall *m (bei Emphysem)*
box oil Buchsbaumöl *n*
box receptacle Isolierungszimmer *n*, Isolierraum *m*, Isolationsbox *f*, Box *f*
box tone Schachtelton *m*
boxer's dementia Boxerdemenz *f*, Dementia *f* pugilistica, traumatische Boxerenzephalopathie *f*, Encephalopathia *f* traumatica der Boxer, ETB, Boxer-Syndrom *n*
boxer's ear Boxerohr *n*, Ohrhämatom *n*
boxer's encephalopathy Boxerkrankheit *f*, Boxerenzephalopathie *f*, Gehirnleiden *n* der Boxer
boxer's fracture Boxerfraktur *f*
boxer's position Boxerstellung *f*
boxing 1. *(Stom)* Einfassung *f*, Umrandung *f*, Einfassen *n*, Umranden *n*; 2. *(Stom)* Ummantelung *f*, Umsockelung *f*
brace 1. Stütze *f*, Halter *m*; Stützverband *m*; 2. *(Stom)* Zahnspange *f*
brachial brachial; Arm…
brachial artery Oberarmarterie *f*, Arteria *f* brachialis
brachial-basilar insufficiency syndrome Subklavian steal-Syndrom *n*, Subklavia-Anzapfsyndrom *n*
brachial birth palsy Armplexuslähmung *f* bei der Geburt
brachial neuritis Brachialneuritis *f*, Schultergürtelschmerz *m*
brachial paralysis Brachialparalyse *f*, Armlähmung *f*
brachial plexitis Brachialplexusentzündung *f*, Armplexusentzündung *f*
brachial plexus Brachial(nerven)plexus *m*, Plexus *m* brachialis, Armplexus *m*, Armnervengeflecht *n*
brachial plexus anaesthesia Armplexusanästhesie *f*
brachial plexus block Armplexusblockade *f*
brachial plexus compression syndrome Armplexuskompressionssyndrom *n*, Skalenus-anterior-Syndrom *n*
brachial plexus injury Armplexusverletzung *f*
brachial plexus neuralgia Armplexusneuralgie *f*
brachial plexus palsy *s.* brachial plexus paralysis
brachial plexus paralysis Armplexuslähmung *f*
brachial plexus trauma Brachialplexustrauma *n*, Armnervengeflechtverletzung *f*
brachial plexus tumour Armplexustumor *m*
brachial pulse Brachialis(arterien)puls *m*
brachial tonicity reaction Armtonus-Reaktion *f*
brachial vein Oberarmvene *f*, Vena *f* brachialis
brachial vein blockade Armvenensperre *f*
brachialgia Brachialgie *f*, Armschmerz *m (neuritischen oder vasomotorischen Ursprungs)*
brachialis (muscle) Musculus *m* brachialis, Armbeuger *m*, Armbeugemuskel *m*
brachiform brachiform, armförmig
brachiocephalic brachiozephal; Arm-Kopf-…
brachiocephalic artery Arteria *f* brachiocephalica [anonyma], Truncus *m* brachiocephalicus, Arm-Kopf-Arterie *f*
brachiocephalic trunk *s.* brachiocephalic artery
brachiocephalic vein Vena *f* brachiocephalica [anonyma]
brachiocrural brachiokrural; Arm-Schenkel-…
brachiocubital brachiokubital; Oberarm-Unterarm-…
brachiofaciolingual brachiofaziolingual; Arm-Gesicht-Zungen-…
brachioplasty Brachioplastik *f*, Arm(haut)plastik *f*
brachioradialis (muscle) Musculus *m* brachioradialis, Oberarm-Speichen-Muskel *m*
brachioradialis reflex Brachioradialreflex *m*, Supinationsreflex *m*
brachiotomy Brachiotomie *f*, Armamputation *f*
brachium Brachium *n*, Arm *m*; Oberarm *m*
brachium of the inferior colliculus Brachium *n* colliculi inferioris
brachium of the superior colliculus Brachium *n* colliculi superioris
Bracht's manoeuvre *(Gyn)* Bracht-Handgriff *m*, Handgriff *m* bei Entwicklung der Beckenendlage
brachycardia *s.* bradycardia
brachycephalia Brachyzephalie *f*, Brachyzephalismus *m*, Kurzschädeligkeit *f*, Kurzköpfigkeit *f*
brachycephalic brachyzephal, kurzschädelig, kurzköpfig, rundköpfig
brachycephalous *s.* brachycephalic
brachych(e)ily Brachycheilie *f*, Kurzlippigkeit *f*
brachych(e)irism Brachychirie *f*, Kurzhändigkeit *f*
brachych(e)irous kurzhändig
brachycranial brachykranial
brachydactylic brachydaktyl, kurzfingrig
brachydactylous brachydaktyl, kurzfingrig
brachydactyly Brachydaktylie *f*, Kurzfingrigkeit *f*
brachyfacial brachyfazial, kurzgesichtig
brachygenia Brachygenie *f*, Mikrogenie *f*
brachyglossal brachyglossal, kurzzungig
brachyglossia Brachyglossie *f*, Kurzzungigkeit *f*
brachygnathia Brachygnathie *f*, Unterkieferkleinwuchs *m*, Unterkieferverkümmerung *f*
brachygnathous brachygnath, kurzkieferig
brachymenorrhoea Brachymenorrhö *f*, verkürzte und schwache Regel(blutung) *f*
brachymetacarpalism Brachymetakarpalie *f*, angeborene Mittelhandknochenverkürzung *f*
brachymetapody Brachymetapodie *f*, angeborene Mittelfußverkürzung *f*
brachymetropia *s.* myopia
brachymorphic brachymorph
brachymorphy Brachymorphie *f*, kleine Statur *f*
brachyoesophagus Brachyösophagus *m*, abnorm verkürzte Speiseröhre *f*
brachyonychia Brachyonychie *f*
brachypellic *s.* brachypelvic
brachypelvic brachypelvisch, brachypelvin
brachyphalangia Brachyphalangie *f*, Kurzfingrigkeit *f*
brachyphalangous brachyphalangeal, kurzfingrig
brachyprosopic brachyprosop, kurzgesichtig
brachyrhinia Brachyrhinie *f*, Kurznasigkeit *f*
brachyskelic kurzbeinig
brachystaphyline palate brachystaphyliner [breiter] Gaumen *m*
brachystasis Brachystase *f*, Brachymyonie *f*
brachystatic brachystatisch

brachysyndactylia Brachysyndaktylie *f*
brachytelephalangia Brachytelephalangie *f*
bracing wire Spanndraht *m*
bracket Klammer *f*; Greifer *m*; Halteteil *n*
bradyarrhythmia Bradyarrhythmie *f*
bradyarthria Bradyarthrie *f*, Bradylalia *f*, verlangsamte Sprechweise *f*, Verlangsamung *f* des Sprechtempos *(Kleinhirnsymptomatik)*
bradycardia Bradykardie *f*, Bradyrhythmie *f*, Verlangsamung *f* der Herzfrequenz *f*, Herz(schlag)verlangsamung *f*, langsamer Herzschlag *m*
bradycardia-tachycardia syndrome Bradykardie-Tachykardie-Syndrom *n*, Sick-sinus-Syndrom *n*, Sinusknotendysfunktion *f*
bradycardiac bradykard
bradycinesia *s.* bradykinesia
bradycrotic bradykrot, pulsverlangsamt
bradydiastole Bradydiastole *f*, verkürzte Diastole *f*; Bradydiastolie *f*, Diastolenverkürzung *f*
bradydysrhythmia *s.* bradyarrhythmia
bradyglossia Bradyglossie *f*
bradykinesia Bradykinesie *f*, (allgemeine) Bewegungsverlangsamung *f*
bradykinetic bradykinetisch
bradykinin Bradykinin *n (Nonapeptid)*
bradykininogen Bradykininogen *n*
bradylalia *s.* bradyarthria
bradylexia Bradylexie *f*, verlangsamtes Lesen *n*, Verlangsamung *f* des Lesetempos
bradylogia Bradylogie *f*, verlangsamtes Denken *n*, Verlangsamung *f* des Denkens
bradypepsia Bradypepsie *f*, verlangsamte Verdauung *f*
bradyphagia Bradyphagie *f*, verlangsamtes Essen *n*, Verlangsamung *f* des Essens
bradyphasia Bradyphasie *f*, Bradyphemie *f*, verlangsamtes Sprechen *n*, Verlangsamung *f* des Sprechens
bradyphrenia Bradyphrenie *f*, Verlangsamung *f* aller psychischen Leistungen *(bei Postenzephalitis)*
bradypnoea Bradypnoe *f*, verlangsamte Atmung *f*, Atmungsverlangsamung *f*
bradypnoeic braypnoisch, langsam atmend
bradypragia Bradypragie *f*, Tätigkeitsverlangsamung *f*, Verlangsamung *f* von Handlungsabläufen; Trägheit *f*
bradypraxia *s.* bradypragia
bradypsychia Bradypsychie *f*
bradyrhythmia *s.* bradycardia
bradyspermatism Bradyspermatismus *m*, Ejakulationsverlangsamung *f*
bradyspermia *s.* bradyspermatism
bradysphygmia Bradysphygmie *f*, Pulsverlangsamung *f*
bradystalsis verlangsamte Peristaltik *f*, Peristaltikverlangsamung *f*
bradytachycardia Bradykardie-Tachykardie *f*
bradyteleokinesis Bradyteleokinese *f (Haltmachen der Bewegung vor dem Ziel – Kleinhirnsymptomatik)*
bradytocia Bradytokie *f*, langsame Geburt *f*
bradytrophia Bradytrophie *f*, Stoffwechselverlangsamung *f*
bradytrophic bradytroph
bradyuria Bradyurie *f*, verlangsamte Harnentleerung *f*
Bragard's sign 1. Bragard-Zeichen *n*, Bragard'sches Meniskuszeichen *n*, Bragard *m* I *(Schmerzen bei Kniebeugung)*; Bragard *m* II *(Schmerzen bei Unterschenkelrotation zur Verletzungseite)*; 2. Bragard'sches Ischiaszeichen *n (Dorsalflexion des Fußes bei Hüftbeugung)*
braidism Braidismus *m*, Hypnotismus *m*
braille *(Ophth)* Braille-Schrift *f*, Blindenschrift *f*
brain Gehirn *n*, Hirn *n*, Enzephalon *n*, Cerebrum *n*, Großhirn *n (siehe auch unter: cerebral)*
brain abscess Gehirnabszess *m*, Hirn(ver)eiterung *f*
brain activity Hirnaktivität *f*, Gehirnaktivität *f*
brain aneurysm Hirnaneurysma *n*
brain atherosclerosis Hirnatherosklerose *f*, Gehirnarteriosklerose *f*
brain axis *s.* brain stem
brain biopsy Hirnbiopsie *n*
brain biopsy tissue Hirnbiopsiegewebe *n*
brain cannula Gehirnkanüle *f*, Hirn(punktions)kanüle *f*
brain case *s.* cerebral cranium
brain cell Hirnzelle *f*
brain circulation 1. Hirndurchblutung *f*, 2. Hirn(blut)kreislauf *m*, Zerebralkreislauf *m*
brain clip Hirn-Clip *m*, Dura-Clip *m*, Hirnklammer *f*
brain compression Hirnkompression *f*, Compressio *f* cerebri
brain concentration Hirnkonzentration *f*
brain concussion Gehirnerschütterung *f*, Commotio *f* cerebri, Schädel-Hirn-Trauma *n* I. Grades
brain contour Hirnkontur *f*, Gehirnumriss *m*
brain contusion Hirnkontusion *f*, Hirnprellung *f*, Contusio *f* cerebri, Schädel-Hirn-Trauma *n* II. Grades
brain cyst Gehirnzyste *f*, Hirnzyste *f*
brain damage Gehirnschädigung *f*, Hirnläsion *f*, Hirnschaden *m*
brain-damaged hirngeschädigt
brain death Hirntod *m*
brain degeneration Hirndegeneration *f*
brain dysfunction Gehirndysfunktion *f*, Hirnfunktionsstörung *f*
brain electrical activity map Karte *f* der elektrischen Hirnaktivität
brain embolism Hirnembolie *f*
brain-exploring cannula Hirnpunktionskanüle *f*
brain fag geistige Erschöpfung *f*
brain fever 1. Meningitis *f*, Gehirnhautentzündung *f*, 2. Enzephalitis *f*, Gehirnentzündung *f*
brain forceps Hirnpinzette *f*
brain function Gehirnfunktion *f*, Hirntätigkeit *f*
brain haemorrhage Gehirnblutung *f*, Hirn(massen)blutung *f*, hämorrhagischer Insult *m*
brain herniation Gehirnprolaps *m*, Hirnvorfall *m*
brain imaging Hirndarstellung *f*, Hirnuntersuchung *f*
brain infarct Hirninfarkt *m*
brain-injured hirnverletzt; Hirntrauma...
brain injury Gehirnverletzung *f*, Hirntrauma *n*, Hirnbeschädigung *f*
brain ischaemia Gehirnischämie *f*, Hirnminderdurchblutung *f*
brain knife *(Chir)* Hirnmesser *n*
brain lesion Gehirnschaden *m*, Hirnschädigung *f*, Hirnläsion *f*, Gehirnverletzung *f*, Hirnleiden *n*, krankhafte Hirnveränderung *f*
brain mantle Hirnmantel *m*
brain metastasis Gehirnmetastase *f*, Hirntochtergeschwulst *f*
brain needle *(Chir)* Hirnpunktionsnadel *f*
brain oedema Hirnödem *n*
brain potential Hirnpotenzial *n*, Hirnstrom *m*
brain prolapse Hirnprolaps *m*
brain protein Hirnprotein *n*
brain pressure Hirndruck *m*
brain purpura Enzephalomyelitis *f* haemorrhagica necrotisans
brain sand *(Anat)* Hirnsand *m*, Acervulus *m* cerebri
brain scan Gehirnszintigramm *n*, Hirn-Scan *m*
brain scanning *(Rad)* Gehirnszintigraphie *f*, Hirnscanning *n*
brain scintigraphy *s.* brain scanning

brain-sick geisteskrank; schwachsinnig
brain spatula *(Chir)* Hirnspatel *m*
brain stem *(Anat)* Hirnstamm *m*, Stammhirn *n*, Truncus *m* cerebri
brain-stem damage Hirnstammschaden *m*, Stammhirnschädigung *f*
brain-stem epilepsy Stammhirnepilepsie *f*
brain-stem fit *s.* brain-stem epilepsy
brain-stem function Hirnstammfunktion *f*, Stammhirnfunktion *f*
brain-stem lesion Hirnstammverletzung *f*, Stammhirnläsion *f*
brain-stem potential Hirnstammpotenzial *n*, Stammhirnpotenzial *n*
brain-stem seizure *s.* brain-stem epilepsy
brain-stem trauma Hirnstammtrauma *n*, Stammhirnverletzung *f*
brain-stem tumour Hirnstammtumor *m*, Stammhirngeschwulst *f*
brain stimulation Hirnstimulation *f*
brain substance Hirnsubstanz *f*
brain sugar Galaktose *f (Zerebrosidbestandteil)*
brain surgery Hirnchirurgie *f*, Neurochirurgie *f*, neurochirurgischer Eingriff *m*
brain swelling Hirnschwellung *f*, Hirnödem *n*
brain syndrome organisches Hirnsyndrom *n*
brain tissue Hirngewebe *n*
brain tissue debris Hirnbrei *m*
brain tumour Gehirntumor *m*, Hirntumor *m*, Hirngeschwulst *f*
brain uptake Hirnaufnahme *f (z. B. von Medikamenten)*
brain ventricle Gehirnventrikel *m*, Hirnkammer *f*
brain ventricle peritoneum shunt intraperitoneale Hirnwasserableitung *f*, Hirnkammer-Peritoneum-Shunt *m*, ventrikuloperitonealer Shunt *m*
brain ventriculography Gehirnventrikulographie *f*, Hirnkammerröntgen(kontrast)darstellung *f*
brain vesicle Hirnbläschen *n*
brain wave activity Hirnstromaktivität *f*, Aktivität *f* der Hirnstromwellen
brain waves Hirnstromwellen *fpl*
brain weight Hirngewicht *n*
brainless 1. hirnlos, ohne Gehirn; 2. gedankenlos
brainpan *s.* cerebral cranium
brainwashing *(Neur)* Gehirnwäsche *f*
braking radiation Bremsstrahlung *f*
bran Kleie *f*
bran bath *(Derm)* Kleiebad *n*
branch Ast *m*, Verzweigung *f*, Zweig *m*, Ramus *m*
branch of the abdominal aorta Bauchaortenast *m*
branch-off vessel Gefäßabgang *m*
branched chain verzweigte Kette *f*
branched-chain-amino-acid verzweigtkettige Aminosäure *f*
branched-chain-amino-acid transaminase *(Bioch)* Verzweigtketten-Aminosäuretransaminase *f (Enzym)*
branched-chain ketoaciduria *(Päd)* Ahornsirupkrankheit *f*, Verzweigtkettenkrankheit *f*, Verzweigtketten-Decarboxylasemangel *m*
branched-chain oxoacid aciduria *s.* branched-chain ketoaciduria
brancher enzyme 1,4-α-Glucan-branching-Enzym *n*, Amylo-1,4-1,6-transglucosylase *f*, glucan-verzweigende Glycosyltransferase *f*, Branching-Enzym *n*
brancher enzyme deficiency Amylo(1,4-1,6)transglucosylase-Mangel *m*, Glucan-verzweigende-Glykosyltransferase-Mangel *m*
brancher glycogen storage disease Andersen-Krankheit *f*, Amylopektinose *f*
branchial *(Embr)* branchial; Kiemen...
branchial arch Branchialbogen *m*, Kiemenbogen *m*
branchial carcinoma Kiemengangskarzinom *n*, branchiogenes Karzinom *n*
branchial cleft Kiemenspalte *f*, Kiemengang *m*, Viszeralspalte *f*
branchial (cleft) cyst Kiemengangszyste *f*, branchiogene Zyste *f*
branchial cyst fistula *s.* branchial fistula
branchial duct *s.* branchial cleft
branchial fistula Kiemengangsfistel *f*, branchiogene Fistel *f*, laterale Halsfistel *f*
branchial groove Kiemenfurche *f*
branchial inclusion cyst *s.* branchial cleft cyst
branchial nerves Kiemenbogennerven *mpl*
branchial pouch Kiementasche *f*, Schlundtasche *f*
branching enzyme Amylo-1,4-1,6-Transglykosidase *f (beim Glykogenaufbau)*
branchiogenic *s.* branchial
branchiogenous *s.* branchial
branchioma *s.* branchial carcinoma
branchiomotor nucleus of the visceral nerve Nucleus *m* facialis
Brandt's syndrome Brandt-Syndrom *n*, Akrodermatitis *f* enteropathica
brandy addiction Branntweinsucht *f*
brandy face *s.* rosacea
brandy nose *s.* rosacea
Branham's sign Branham-Effekt *m*, Aneurysmakompressionseffekt *m*
branny *(Derm)* pityroid
brash 1. Pyrosis *f*, Sodbrennen *n*; 2. Eruption *f (bei Hautausschlag)*; 3. Krankheitsattacke *f*
brass chills *(Arb)* Messing(staub)pneumokoniose *f*, Messingstaublunge(nerkrankung) *f*
brass-founder's ague *s.* metal fume fever
brass handle Messinggriff *m*
brass wire brush Messingdrahtbürste *m*
brassy cough blecherner [metallisch kingender] Husten *m*
brassy eye Chalkitis *f*
brassy resonance metallischer Klang *m*, Metallklang *m*
Braun's anastomosis Braun'sche Anastomose *f* [Fußpunktanastomose *f*]
Braun's splint Braun'sche Schiene *f*
Bravais' fits *(Neur)* Bravais'sche Anfälle *mpl*
Bravais-jacksonian epilepsy *(Neur)* Bravais-Jackson-Epilepsie *f*
brawny arm Armschwellung *f (durch Lymphödem nach Brustentfernung)*
Braxton-Hicks version Braxton-Hicks-Wendung *f (geburtshilflicher Handgriff)*
brazier's disease *(Arb)* Zinkvergiftung *f*
Brazilian mucocutaneous leishmaniasis *(Trop)* südamerikanische Haut- und Schleimhautleishmaniase *f*, mukokutane Leishmaniase *f* Südamerikas *(durch Leishmania brasiliensis; siehe auch: espundia)*
Brazilian spotted fever *(Inf)* südamerikanisches Felsengebirgsfieber *n*, amerikanisches [neotropisches] Fleckfieber *n*, neuweltliches Zeckenbissfieber *(durch Rickettsia rickettsii)*
Brazilian tick-borne typhus *s.* Brazilian spotted fever
Brazilian trypanosomiasis *(Trop)* südamerikanische Trypanosomiasis *f*, Chagas-Krankheit *f*
brazing *(Stom)* Löten *n*
bread-crumbing tremor *(Neur)* Pillendrehertremor *m*
break *s.* 1. rupture; 2. fracture
break *v* **loose** (sich) loslösen, losgehen, (sich) ablösen, abgehen *(z. B. Thrombus)*

break *v* **off** abbrechen *(z. B. ein Zahn)*
breakbone fever *(Inf)* Dengue(fieber) *n*, Siebentagefieber *n*, Polkafieber *n*, Aburabaku *n*
breakdown product Abbauprodukt *n*
breaking of taboo Tabuverletzung *f*
breaking of the voice Stimmbruch *m*
breaking of waters Blasensprung *m*, Fruchtblaseneröffnung *f*, Fruchtblasenriss *m*
breakpoint Bruchstelle *f*, Defektstelle *f*, Defektort *m (z. B. an Chromosomen)*
breaks in thought Gedankenunterbrechungen *fpl*
breakthrough Durchbruch *m*
breakthrough (uterine) bleeding Durchbruchblutung *f*
breast Brust *f*, Brustdrüse *f*, Mamma *f (siehe auch unter: mammary)* • **give the breast to a baby** einem Kind die Brust geben
breast ablation Ablatio *f* mammae, Brustamputation *f*, (operative) Brustentfernung *f*
breast abscess Brust(drüsen)abszess *m*, Brust(ver)eiterung *f*, Mammaabszess *m*
breast amputation Brustamputation *f*, Ablatio *f* mammae
breast anomaly Brustanomalie *f*
breast aplasia Brustaplasie *f*, Mammaaplasie *f*
breast augmentation Brustvergrößerung *f*, Mammavergrößerung *f*
breast augmentation operation Brustvergrößerungsoperation *f*, Mammaaufbauplastik *f*
breast biopsy Brustbiopsie *f*
breast cancer Brustkrebs *m*, Mammakarzinom *n*
breast cancer treatment Brustkrebsbehandlung *f*, Mammakarzinomtherapie *f*
breast cyst Brustzyste *f*, Mammazyste *f*
breast discharge Brust(drüsen)absonderung *f*
breast echography Brustsonographie *f*
breast engorgement Brust(an)schwellung *f*
breast examination Brustuntersuchung *f*
breast-fed child Brustkind *n*
breast-feed *v* stillen, die Brust geben, an der Brust ernähren
breast feeding Brusternährung *f*, Bruststillung *f*, Stillen *n*
breast feeding technique Stilltechnik *f*
breast fibroadenoma Brustfibroadenom *n*
breast fibromatosis Brustfibromatose *f*, Mammafibromatose *f*
breast-gland ectopia Brustdrüsenektopie *f*
breast hyperplasia Brusthyperplasie *f*, Mammahyperplasie *f*, Brustvergrößerung *f (infolge Zellvermehrung)*
breast hypertrophy Brusthypertrophie *f*, Mammahypertrophie *f*, Brustvergrößerung *f (infolge Zellwachstums und Zellvermehrung)*
breast hypoplasia Brusthypoplasie *f*, Mammahypoplasie *f*, Brustverkleinerung *f*, Brustunterentwicklung *f*
breast implant Brustimplantat *n*
breast milk Brustmilch *f*, Muttermilch *f*
breast-milk jaundice Muttermilchikterus *m*
breast nipple Brustwarze *f*, Mamille *f (siehe auch unter: mamillary)*
breast-nipple carcinoma Brustwarzenkrebs *m*, Mamillenkarzinom *n*
breast pang Angina *f* pectoris, Herzstechen *n*, Stenokardie *f*
breast prosthesis Brustprothese *f*, Mammaprothese *f*
breast presentation *(Gyn)* Brustlage *f (bei der Geburt)*
breast pump Brust(milch)pumpe *f*, Muttermilchpumpe *f*
breast pump bulb Milchpumpenball *m*
breast radiation *(Rad)* Brustbestrahlung *f*, Mammabestrahlung *f*
breast radiographic technique Bruströntgentechnik *f*, Bruströntgenverfahren *n*
breast reconstruction Brustrekonstruktion *f*, Mammarekonstruktion *f*, Brustaufbau *m*, Brustaufbauplastik *f*
breast reduction 1. Mammareduktion *f*, Brustverkleinerung *f*, Brustrückbildung *f (z. B. nach Stillperiode)*; 2. Mammareduktionsplastik *f*, Brustverkleinerungsoperation *f*
breast sarcoma Brustsarkom *n*, Mammasarkom *n*
breast self-examination Brustselbstuntersuchung *f*
breast shadow Brustschatten *m (auf Röntgenbild)*
breast size Brustgröße *f*
breast tissue Brust(drüsen)gewebe *n*
breast transillumination Brustdurchleuchtung *f*
breastings *s.* colostrum
breastbone Brustbein *n*, Sternum *n (Zusammensetzungen siehe unter: sternum und sternal)*
breath 1. Atem *m*; 2. Atemzug *m*; 3. Hauch *m*; 4. Geruch *m* • **be short of breath** kurzatmig [dyspnoisch] sein • **gasp for breath** nach Luft ringen [schnappen] • **get the breath again** wieder Luft bekommen, wieder zu Atem kommen • **have a bad breath** einen schlechten Mundgeruch haben, aus dem Mund riechen • **hold the breath** den Atem anhalten, die Luft anhalten • **"please, hold the breath"** *(Rad)* „bitte, den Atem anhalten" • **short of breath** kurzatmig • **take a deep breath** tief Atem [Luft] holen, tief einatmen • **with the last breath** mit dem letzten Atemzug
breath donation Atemspende *f*, Mund-zu-Mund-Beatmung *f*
breath-holding Atemanhalten *n*, Luftanhalten *n*
breath-holding spell Schreikrampf *m*
breath-holding technique Atemanhalte-Technik *f*
breath-holding test Apnoetest *m*, Atemanhaltetest *m*
breath-holding time Apnoezeit *f*, Atemanhaltetest *f*
breath odour Atemgeruch *m*
breath sound Atemgeräusch *n*
breath test Atemtest *m*, Alkohol(röhrchen)test *m*
breathalyze *v* (in das Alkoholröhrchen) pusten lassen, (in das Röhrchen) blasen lassen
breathalyzer Alkoholteströhrchen *n*; Alkoholtestgerät *n*
breathe *v* atmen
breathe *v* **deeply** tief durchatmen [einatmen]
breathe *v* **heavily** schwer atmen, keuchen
breathe *v* **in** einatmen, inspirieren
breathe *v* **out** ausatmen, exspirieren
breathe *v* **with difficulty** schwer atmen
breather 1. Atmer *m*, Atmende(r) *m*, Luftholende(r) *m*; 2. Atmungstyp *m*; 3. Atempause *f*, Verschnaufpause *f* • **be a heavy breather** kurzatmig sein, schwer atmen, einen schweren Atem haben • **be a mouth breather** durch den Mund atmen, ein Mundatmer sein • **be a nose breather** durch die Nase atmen, ein Nasenatmer sein
breathing Atmen *n*, Atmung *f*, Atemvorgang *m (siehe auch unter: respiratory)*
breathing air Atemluft *f*
breathing air flow Atemstrom *m*
breathing alkalosis respiratorische Alkalose *f*
breathing apparatus Atemgerät *n*
breathing arrhythmia respiratorische Arrhythmie *f*
breathing bag Atembeutel *m*
breathing curve Atemkurve *f*
breathing cycle Atemzyklus *m*
breathing depth Atemtiefe *f*
breathing difficulties Atembeschwerden *pl*
breathing disturbance Atemstörung *f*, Atmungsstörung *f*
breathing effort Atemanstrengung *f*
breathing excursion Atemexkursion *f*
breathing exercise Atemübung *f* • **do breathing exercises** Atemübungen machen
breathing exercises Atemgymnastik *f*

breathing ferment (Warburg-)Atmungsferment *n*, Atmungsenzym *n*, Cytochromoxidase *f*
breathing frequency Atemfrequenz *f*
breathing mask Atemmaske *f*
breathing mechanism Atemmechanismus *m*
breathing movement Atembewegung *f*
breathing nomogram Atemnomogramm *n*, Beatmungsnomogramm *n*
breathing out Ausatmen *n*, Ausatmung *f*
breathing patterns Atemmuster *n*, Atemart *f*, Atemtyp *m*
breathing position Atemlage *f*
breathing rate Atemfrequenz *f*
breathing reserve Atemreserve *f*
breathing resistance Atemwiderstand *m*
breathing sensor Atemfühler *m*
breathing sound Atemgeräusch *n*
breathing stimulant Atemstimulans *n*
breathing system Atemsystem *n*
breathing time Atemzeit *f*
breathing time quotient Atemzeit-Quotient *m*
breathing time volume Atemzeitvolumen *n*
breathing trouble Atemnot *f*, Luftnot *f*, Atembeschwerden *pl*
breathing tube 1. Beatmungstubus *m*; 2. Atemschlauch *m*, Beatmungsschlauch *m*
breathing valve Atemventil *n*
breathing volume Atemvolumen *n*
breathing work Atemarbeit *f*
breathless atemlos, außer Atem
breathlessness Atemlosigkeit *f*, Kurzatmigkeit *f*, Atemnot *f*, Dyspnoe *f*
Breda's disease 1. *(Trop)* Espundia *f*, lateinamerikanische Haut- und Schleimhautleishmaniase *f*; 2. *(Trop)* Frambösie *f*
breech Gesäß *n*, Gesäßbacken *fpl*, Hinterbacken *fpl*; Steiß *m*
breech delivery 1. Steißgeburt(entbindung) *f*, Geburt *f* in Beckenendlage, Beckenendlagengeburt *f*; 2. *s.* breech extraction
breech extraction Steißgeburtextraktion *f*, Extraktion *f* einer Beckenendlage, Steißgeburtentwicklung *f*
breech lie *s.* breech presentation
breech presentation Steißgeburt *f*, Steißlage *f*, Beckenendlage *f*, Partus *m* agrippinus
breeder reactor Brutreaktor *m*
bregma Bregma *n (Kreuzungspunkt der Kranz- und Pfeilnaht)*
bregmatic bregmatisch, zum Scheitel gehörend
bregmatic space vordere Fontanelle *f*, Fontanella *f* anterior
bregmatodymia *(Terat)* Craniopagus *m* parietalis, Akrozephalopagus *m*
Brenner tumour Brenner-Tumor *m (Eierstockgeschwulst)*
brenneroma Brenner-Tumor *m (Eierstockgeschwulst)*
Brescia-Cimino shunt (Brescia-)Cimino-Fistel *f*, Brescia-Cimino-Shunt *m (zur Hämodialyse)*
bretylium tosylate Bretyliumtosilat *n (Antiarrhythmikum)*
Breus's mole *(Gyn)* Breus'sche Hämatommole *f*
brick sand Ziegelmehl *n*
brick dust Ziegelmehl *n*
brick-dust deposit Ziegelmehlsediment *n*
brick-dust urine Ziegelmehlurin *m*
brickmaker's anaemia *s.* ancylostomiasis
bridge 1. *(Anat)* Pons *m*, Brücke *f*, Steg *m (siehe auch unter: pons)*; 2. Brücke *f*, Zahnbrücke *f*
bridge anchorage Zahnbrückenverankerung *f*
bridge attachment Zahnbrückenbefestigung *f*
bridge bar Zahnbrückenbügel *m*
bridge cast Zahnbrückenguss *m*
bridge cement Zahnbrückenzement *m*
bridge coloboma Brückenkolobom *n (der Iris oder Aderhaut)*
bridge flap *(Transp)* Brückenlappen *m*
bridge foundation Zahnbrückenfundament *f*
bridge framework Zahnbrückengerüst *n*
bridge impression Zahnbrückenabdruck *m*
bridge model Zahnbrückenmodell *n*
bridge plaster of Paris impression Zahnbrückengipsabdruck *m*
bridge preparation Zahnbrückenvorbereitung *f*
bridge prosthesis Zahnbrücke(nprothese) *f*
bridge prosthodontics Zahnbrückenprothetik *f*
bridge repair Brückenreparatur *f*, Zahnbrückenausbesserung *f*
bridge splint Zahnbrückenschiene *f*
bridge splinting Zahnbrückenschienung *f*
bridge to cardiac transplantation Überbrückung *f* bis zur Herztransplantation
bridged plaster bandage Brückengips(verband) *m*
bridgework 1. Zahnbrückenarbeiten *fpl*; 2. Zahnbrücke *f*, Teilprothese *f*
bridging callus Brückenkallus *m*
bridging graft Überbrückungstransplantat *n*, Interponat *n*
bridle 1. Frenum *n*, Zügel *m*, Band *n*; 2. Strang *m*, Narbenstrang *m*, Bride *f*, Narbenzug *m*, Verwachsungsstrang *m*
bridle stricture Narbenstriktur *f*, Bridenstriktur *f*
bridle suture Zügelnaht *f*
brief psychotherapy Kurzzeitpsychotherapie *f*
brief reactive psychosis *(Neur)* kurze [kurzzeitige] reaktive Psychose *f*
bright area Aufhellungszone *f*, Aufhellung *f*
bright cornea strahlende [glänzende] Kornea *f*
bright-field microscopy Hellfeldmikroskopie *f*
Bright psychosis *(Neur)* Bright'sche Psychose *f*
bright red blood admixture frische [helle] Blutbeimengung *f (im Stuhl)*
bright room Hellraum *m*
brighten *v* aufhellen, heller machen
brightening method Aufhellungsverfahren *n*, Aufhellungsmethode *f*
brightic an einer Glomerulonephritis leidend
brightness adaptation Helligkeitsanpassung *f*
brightness compensation Helligkeitsausgleich *m*
brightness contrast Helligkeitskontrast *m*
brightness-enhanced helligkeitsverstärkt
brightness gain Helligkeitsgewinn *m*, Helligkeitszuwachs *m*
brightness level Helligkeitsniveau *n*, Helligkeitslevel *m*
brightness mode B-Mode *m*, B-Verfahren *n*
brightness modulation Helligkeitsmodulation *f*
brightness regulation Helligkeitsregulierung *f*, Helligkeitsregelung *f*
brightness scan B-Scan *m (Ultraschalldiagnostik)*
brightness threshold Helligkeitsschwelle *f*
brightness threshold value Helligkeitsschwellenwert *m*
Bright's disease Bright'sche Krankheit *f*, (chronische) Nierenentzündung *f*, chronische Nephritis *f*
Brill-Symmers disease *(Hämat)* Brill-Symmers'sche Krankheit *f* [Erkrankung *f*]; noduläres Lymphom *n*
Brill-Zinsser disease *s.* Brill's disease
brilliant cresyl blue Brillantkresylblau *n (Vitalfarbstoff)*
brilliant green Brillantgrün *n (Vitalfarbstoff)*
brilliant yellow Brillantgelb *n (Vitalfarbstoff)*
Brill's disease *(Inf)* Brill-Zinsser'sche Krankheit *f*, Brill'sche Krankheit *f*, Morbus *m* Brill, Fleckfieberrezidiv *n (bei Fleckfieberrekonvaleszenten)*
brim of the pelvis Beckenrand *m*
brimstone liver Feuersteinleber *f*

brine Sohle *f*, Salzsohle *f*
brine bat Solebad *n*
bring *v* **a furuncle to a head** einen Furunkel zur Reife bringen, einen Furunkel reifen lassen
bring *v* **a patient by ambulance** einen Patienten mit dem Krankenwagen bringen
bring *v* **a patient through alive** einen Patienten durchbringen [am Leben erhalten]
bring *v* **about the cure of a disease** eine Krankheit zur Ausheilung [Heilung] bringen, eine Krankheit (aus)heilen
bring *v* **forth a non-viable foetus** einen lebensunfähigen Fetus entbinden [gebären]
bring *v* **to a focus** scharf einstellen, fokusieren
bring *v* **to the boil** zum Sieden bringen
Briquet's ataxia Briquet-Ataxie *f*, Briquet'sche Ataxie *f*
Briquet's syndrome Briquet-Syndrom *n*, Somatisierungsstörung *f*
brisk tendon reflex *(Neur)* lebhafter Sehnenreflex *m*
Brissaud-Marie sign Brissaud-Marie'sches Zeichen *n*, halbseitiger Zungen- und Lippentick *m*
Brissaud's disease Brissaud'sches Syndrom *n*, Fazialiskrampf *m* mit gegenseitiger Zungen- und Extremitätenlähmung, Hemiplegia *f* alterna
Brissaud's syndrome *s.* Brissaud's disease
bristly hair borstiges [widerspenstiges] Haar *n*
British antilewisite Dimerkaprol *n*, Dimercaptopropanol *n*, BAL, Sulfactin *n*
British Medical Association Britische Ärztevereinigung *f*, Britischer Ärzteverband *m*
British National Formulary Britisches Arzneibuch *n*, B.N.F. *n*
British Pharmacopoeia Britisches Arzneimittelverzeichnis *n*, P.Ph. *n*, P.P.
brittle bones abnorme Knochenbrüchigkeit *f*, Osteogenesis *f* imperfecta, mangelhafte Knochenbildung *f*
brittle diabetes labiler Diabetes *m* mellitus Typ I
brittleness Brüchigkeit *f*, Sprödigkeit *f (z. B. von Knochen, Haaren)*
broad-beta disease *(Metab)* Broad-beta-Krankheit *f*, Broad-beta-Disease *f*, familiäre Hyperlipoproteinämie *f* Typ III, Remnant-Hyperlipidämie *f*
broad condyloma *s.* flat condyloma
broad foot Pes *m* transverso-planus
broad-footed breitfüßig
broad ligament abscess Parametriumabszess *m*, Abszess *m* im Ligamentum latum uteri
broad ligament of the liver Ligamentum *n* falciforme hepatis
broad ligament of the uterus Ligamentum *n* latum uteri, Plica *f* lata uteri, Parametrium *n*
broad pressure distribution breitflächige Druckverteilung *f*
broad-range antibiotic *s.* broad-spectrum antibiotic
broad-spectrum antibiotic Breitspektrumantibiotikum *n*, Breitbandantibiotikum *n*
broad-spectrum neuroleptic Breitbandneuroleptikum *n*, Breitspektrumneuroleptikum *n*
broad street pneumonia *s.* legionnaire's disease
broad tapeworm breiter Bandwurm *m*, Fischbandwurm *m*, Grubenkopfbandwurm *m*, Diphyllobothrium *n* latum
broadband imaging Breitbandbildgebung *f*
Broadbent's sign Broadbent'sches Zeichen *n* [Mediastinoperikarditiszeichen *n*]
Broca's angle Broca'scher Winkel *m* [Parietalwinkel *m*]
Broca's aphasia *(Neur)* Broca'sche [kortikale motorische] Aphasie *f*, Aphemie *f*
Broca's area Broca'sches Zentrum *n*, motorisches Sprachzentrum *n*
Broca's centre *s.* Broca's area
Broca's convolution *s.* Broca's area
Broca's gyrus *s.* Broca's area
Brock operation Brock'sche Operation *f*, digitale Herzklappensprengung *f*
Brock's syndrome Brock'sches Mittellappensyndrom *n*
Brocq's disease *(Derm)* Brocq'sche Krankheit *f*, Parapsoriasis *f*
Brodie's abscess Brodie'scher Abszess *m* [Metaphysenabszess *m*], Brodie-Knochenabszess *m*
Brodie's disease Brodie-Krankheit *f*, Coxalgia *f* hysterica
Brodmann's area Brodmann'sches Großhirnfeld *n* [Feld *n*]
broken cell preparation Homogenat *n*, Zellhomogenat *n*
broken dose fraktionierte Dosis *f*, Teildosis *f*
broken home zerrüttete Familienverhältnisse *npl*, zerstörte Familie *f*, Fehlen *n* eines Elternteils
bromate Bromat *n*
bromatometric bromatometrisch; Bromatometrie...
bromatometry Bromatometrie *f*
bromatotherapy Bromatotherapie *f*
bromatotoxism Lebensmittelvergiftung *f*, Lebensmittelintoxikation *f*
bromazepam *(Pharm)* Bromazepam *n*
bromelain Bromelain *n*, Bromelin *n (Endopeptidase)*
bromhexine hydrochloride *(Pharm)* Bromhexinhydrochlorid *n*
bromhidrosis Bromhidrosis *f*, übler Schweißgeruch *m*, stinkender Schweiß *m (durch Zersetzungsvorgänge)*
bromide Bromid *n*
bromide eruption Bromausschlag *m*
bromide poisoning Bromvergiftung *f*, Bromintoxikation *f*
bromidrosiphobia Bromhidrosiphobie *f (Furcht vor übel riechender Schweißsekretion)*
bromidrosis *s.* bromhidrosis
bromine Brom *n*, Br
bromine acne Bromakne *f*
bromine cachexia Bromkachexie *f*
bromine compound Bromverbindung *f*
bromine poisoning Bromvergiftung *f*, Bromintoxikation *f*, Bromismus *m*
brominism *s.* bromine poisoning
bromism *s.* bromine poisoning
bromoaniline Bromanilin *n*
bromobenzene Brombenzol *n*
bromochlorotrifluoroethane *s.* halothane
bromocresol green Bromkresolgrün *n*
bromocriptine Bromocriptin *n (Prolactinhemmer; Mutterkornalkaloid)*
bromodeoxyuridine Bromdesoxyuridin *n*
bromoderma Bromexanthem *n*, Bromausschlag *m*, Bromakne *f*
bromodiphenhydramine Bromdiphenhydramin *n (Antihistaminikum)*
bromodiphenhydramine hydrochloride Bromdiphenhydraminhydrochlorid *n*
bromohyperhidrosis Bromhyperhidrose *f (verstärkte Sekretion stinkenden Schweißes)*
bromomania Bromomanie *f*, Brompsychose *f*
bromomenorrhoea *(Gyn)* Bromomenorrhö *f*
bromometric bromometrisch; Bromometrie...
bromometry Bromometrie *f*
bromophenol red Bromphenolrot *n*
bromopnoea Fötor *m* (ex ore), Halitosis *f*, übler Mundgeruch *m*
bromothymol blue Bromthymolblau *n*
bromouracil Bromurazil *n*
bromsulphophthalein Bromsulfophthalein *n*
bromsulphophthalein clearance *(Hepat)* Bromsulfophthalein-Clearance *f*

bromsulphophthalein test Bromsulfophthalein-Belastungsprobe *f*, Bromsulfophthaleinretentionsprobe *f*
bronchadenitis Bronchiallymphknotenentzündung *f*, Lymphadenitis *f* bronchialis
bronchial bronchial; Bronchien...
bronchial actinomycosis Bronchialaktinomykose *f*
bronchial adenoma Bronchialadenom *n*, Bronchusadenom *n*
bronchial agenesia Bronchialagenesie *f*, Bronchusagenesie *f*
bronchial allergy *s.* asthma
bronchial aplasia Bronchusaplasie *f*
bronchial arborization Bronchialaufzweigung *f*, Bronchialverzweigung *f*
bronchial arteriography Bronchialarteriographie *f*, Bronchialarteriendarstellung *f*
bronchial artery Arteria *f* bronchialis, Luftröhrenarterie *f*
bronchial aspergillosis Bronchialaspergillose *f*
bronchial aspiration Bronchialabsaugung *f*
bronchial asthma Bronchialasthma *n*, Asthma *n* bronchiale
bronchial asthma attack Bronchialasthmaanfall *m*
bronchial asthma of pregnancy Schwangerschaftsasthma *n*
bronchial blastomycosis Bronchialblastomykose *f*
bronchial breath sound Bronchialatemgeräusch *n*, bronchiales Atemgeräusch *n*
bronchial breathing Bronchialatmen *n*, Bronchialatmung *f*
bronchial bud *(Anat)* Bronchialknospe *f*
bronchial calculus *s.* broncholith
bronchial cancer *s.* bronchial carcinoma
bronchial candidiasis Bronchialcandidiasis *f*
bronchial carcinoma Bronchialkrebs *m*, Bronchialkarzinom *n*
bronchial cartilage Bronchialknorpel *m*
bronchial catarrh Bronchialkatarrh *m*
bronchial challenge Bronchoprovokation *f*, Bronchialreizung *f*
bronchial circulation Bronchialkreislauf *m*
bronchial congestion Bronchialanschoppung *f*
bronchial cough Bronchialhusten *m*
bronchial cyst Bronchialzyste *f*
bronchial diverticulum Bronchialdivertikel *n*, Bronchusdivertikel *n*
bronchial drainage Bronchialdrainage *f*
bronchial dyskinesia Bronchialdyskinesie *f*
bronchial dystonia Bronchialdystonie *f*, Bronchusdystonie *f*
bronchial exudate Bronchialexsudat *n*
bronchial fistula Bronchialfistel *f*
bronchial forceps Bronchus(fass)zange *f*
bronchial foreign body Bronchusfremdkörper *m*
bronchial fremitus Bronchialfremitus *m*
bronchial gland 1. Glandula *f* bronchialis, Bronchial(schleim)drüse *f*, 2. Bronchiallymphknoten *m*, Lymphonodus *m* bronchialis
bronchial hamartochondroma Bronchialhamartochondrom *n*
bronchial hyperactivity Bronchialhyperaktivität *f*, Hyperaktivität *f* der Bronchialschleimhaut
bronchial impassability Bronchusundurchgängigkeit *f*, Bronchusverschluss *m*
bronchial lavage Bronchiallavage *f*, Bronchialspülung *f*
bronchial lymph node Bronchiallymphknoten *m*
bronchial lymph node tuberculosis Bronchiallymphknotentuberkulose *f*
bronchial mass *s.* bronchial tumour
bronchial mucolytic Bronchosekretolytikum *n*, bronchialschleimlösendes Mittel *n*
bronchial mucosa Bronchialmukosa *f*, Bronchialschleimhaut *f*
bronchial mucous membrane Bronchialschleimhautmembran *f*
bronchial mucus Bronchialschleim *m*, Bronchialsekret *n*
bronchial murmur Bronchialgeräusch *n*
bronchial occlusion Bronchusverschluss *m*
bronchial papilloma Bronchialpapillom *n*, Bronchuspapillom *n*
bronchial phthisis Bronchialtuberkulose *f*
bronchial pneumonia Bronchialpneumonie *f*, Bronchopneumonie *f*, lobuläre Pneumonie *f* [Lungenentzündung *f*]
bronchial polyp Bronchialpolyp *m*
bronchial respiration Bronchialatmen *n*, Bronchialatmung *f*, bronchiales Atemgeräusch *n*
bronchial ring Bronchus(knorpel)ring *m*
bronchial sarcoidosis Bronchialsarkoidose *f*, Bronchussarkoidose *f*
bronchial secretion 1. Bronchialsekret *n*; 2. Bronchialsekretion *f*
bronchial septum Bronchialseptum *n*, Carina *f* tracheae
bronchial smear Bronchialabstrich *m*
bronchial spasm Bronchialspasmus *m*, Bronchospasmus *m*, Bronchial(muskel)krampf *m*
bronchial stenosis Bronchialstenose *f*, Bronchostenose *f*, Bronchusvereng(er)ung *f*
bronchial stimulant Bronchialexpektorans *n*
bronchial stump Bronchialstumpf *m*, Bronchusstumpf *m*
bronchial stump insufficiency Bronchialstumpfinsuffizienz *f*
bronchial stump suture appliance *(Chir)* Bronchialstumpfnähapparat *m*
bronchial suction Bronchialabsaugung *f*, bronchiale Absaugung *f*
bronchial toilet *(Anästh)* Bronchialtoilette *f*
bronchial tree *(Anat)* Bronchialbaum *m*
bronchial tube *(Anat)* Bronchus *m*, Luftröhrenast *m (Zusammensetzungen siehe unter: bronchus)*
bronchial tumour Bronchialtumor *m*, Bronchusgeschwulst *f*
bronchial vein Bronchialvene *f*, Vena *f* bronchialis
bronchial washing Bronchialspülung *f*, Bronchusspülung *f*
bronchiarctia *s.* bronchostenosis
bronchiectasia Bronchiektasie *f*, Bronchialerweiterung *f*, chronische Bronchuserweiterung *f* [Bronchialerschlaffung *f*]
bronchiectatic bronchiektatisch; Bronchiektasie...
bronchiectatic cavern bronchiektatische Kaverne *f*, Bronchiektasenhöhle *f*
bronchiloquy *s.* bronchophony
bronchiogenic bronchiogen
bronchiolar bronchiolar; Bronchiolen...
bronchiolar carcinoma Bronchiolarkarzinom *n*, Bronchialkrebs *m*
bronchiolar collapse Bronchiolenkollaps *m*
bronchiolar epithelium Bronchiolarepithel *n*, Bronchiolenepithel *n*
bronchiolar obstruction Bronchiolarobstruktion *f*, Bronchiolenverschluss *m*
bronchiolar wall Bronchiolarwand *f*, Bronchiolenwand *f*
bronchiole *(Anat)* Bronchiolus *m*, Bronchulus *m*, Bronchiole *f*, feiner Bronchienast *m*
bronchiolectasia Bronchiolektasie *f*, (chronische) Bronchiolenerweiterung *f*, Bronchiolenerschlaffung *f*
bronchiolitis Bronchiolitis *f*, Bronchiolenentzündung *f*, Bronchitis *f* capillaris
bronchiolus *s.* bronchiole
bronchioscopist Bronchoskopiker *m*, Bronchoskopiespezialist *m*; bronchoskopierender Arzt *m*

bronchiospasm Bronchospasmus *m*, Bronchialspasmus *m*, Bronchial(muskel)krampf *m*
bronchiotetany *s.* bronchotetany
bronchitic bronchitisch; Bronchitis…
bronchitic Bronchitiker *m*
bronchitic sputum Bronchitissputum *n*
bronchitis Bronchitis *f*, Bronchialkatarrh *m*, Bronchialentzündung *f*, Bronchienentzündung *f*
broncho-oesophageal bronchoösophageal; Bronchus-Speiseröhren-…
broncho-oesophageal fistula Bronchoösophagealfistel *f*, Bronchus-Speiseröhren-Fistel *f*
broncho-oesophageal muscle Musculus *m* broncho-oesophageus
broncho-oesophagology Bronchoösophagologie *f*
broncho-oesophagoscopy Bronchoösophagoskopie *f*, Bronchien- und Speiseröhrenspiegelung *f*
broncho-oidosis *s.* bronchocandidiasis
bronchoadenitis Bronchioadenitis *f*, Bronchialdrüsenentzündung *f*
bronchoalveolar bronchoalveolar; Bronchus-Alveolen…
bronchoalveolar carcinoma *s.* bronchogenic carcinoma
bronchoalveolar lavage bronchoalveoläre Lavage *f* [Spülung *f*]
bronchoalveolitis *s.* bronchopneumonia
bronchoaspergillosis Bronchoaspergillose *f*
bronchobiliary fistula bronchobiliare Fistel *f*, Bronchus-Gallengang-Fistel *f*
bronchoblastomycosis Bronchoblastomykose *f*
bronchocandidiasis Bronchokandidiasis *f*, Bronchomoniliasis *f*, Soorerkrankung *f* der Bronchien
bronchocavernous bronchokavernös
bronchocele Bronchozele *f*, Bronchialwandbruch *m*
bronchocephalitis *s.* whooping cough
bronchoconstriction Bronchokonstriktion *f*, Bronchus-zusammenziehung *f*
bronchoconstrictor bronchokonstriktorisch
bronchoconstrictor (agent) Bronchokonstriktor *m*, die Bronchien verengendes Mittel *n*
bronchodilatation 1. Bronchodilatation *f*, Bronchialerschlaffung *f*, Bronchuserweiterung *f*, Bronchusaufdehnung *f*; 2. *s.* bronchiectasia
bronchodilating agent *s.* bronchodilator
bronchodilator Bronchodilatator *m*, Broncholytikum *n*, bronchienerweiterndes [bronchienerschlaffendes] Mittel *n*
bronchoedema Bronchial(schleimhaut)ödem *n*, Bronchialschleimhautschwellung *f*
bronchofibrescope Glasfaserbronchoskop *n*, flexibles Bronchoskop *n*
bronchofibroscopy Bronchofibroskopie *f*, Glasfaserbronchoskopie *f*
bronchogastric fistula bronchogastrale Fistel *f*, Bronchus-Magen-Fistel *f*
bronchogenic bronchogen, von den Bronchien ausgehend
bronchogenic carcinoma Bronchialkarzinom *n*, Bronchialkrebs *m*
bronchogenic cyst Bronchialzyste *f*, bronchogene Zyste *f*
bronchogenic spread bronchogene Aussaat *f*
bronchogenic tuberculosis Bronchialtuberkulose *f*, Bronchustuberkulose *f*
bronchogenous *s.* bronchogenic
bronchogram Bronchogramm *n*, Röntgen(kontrast)bild *n* der Bronchien
bronchographic bronchographisch
bronchography Bronchograhpie *f*, Röntgen(kontrast)darstellung *f* der Bronchien
bronchohepatic fistula bronchohepatische Fistel *f*, Bronchus-Leber-Fistel *f*
broncholith Broncholith *m*, Bronchialstein *m*
broncholithiasis Broncholithiasis *f*, Bronchialsteinleiden *n*
bronchological bronchologisch
bronchology Bronchologie *f*
bronchomalacia Bronchomalazie *f*, Bronchuserweichung *f*, Bronchial(spangen)erweichung *f*
bronchomediastinal trunk Truncus *m* bronchomediastinalis
bronchomoniliasis *s.* bronchocandidiasis
bronchomotor bronchomotorisch
bronchomotor tone bronchomotorischer Tonus *m (der Bronchialmuskulatur)*
bronchomucotropic die Bronchialsekretion erhöhend
bronchomycosis Bronchialmykose *f*, Bronchialpilzkrankheit *f*, Bronchuspilzerkrankung *f*
bronchonocardiasis Bronchonokardiasis *f*, Bronchonokardiose *f*
bronchopancreatic fisula bronchopankreatische Fistel *f*, Bronchus-Bauchspeicheldrüsen-Fistel *f*
bronchopathy Bronchopathie *f*, Bronchialleiden *n*, Bronchialerkrankung *f*, Bronchuskrankheit *f*
bronchophonic bronchophon; Bronchophonie…
bronchophony Bronchophonie *f (verstärkte Stimmenleitung bei infiltrativen Lungenprozessen)*
bronchoplasty Bronchoplastik *f*, Bronchusrekonstruktion *f*
bronchoplegia Bronchoplegie *f*, Bronchial(muskel)lähmung *f*
bronchopleural bronchopleural; Bronchus-Pleura-…
bronchopleural fistula Bronchopleuralfistel *f*, Bronchus-Pleura-Fistel *f*
bronchopleurodermal fistula bronchopleurodermale Fistel *f*, Bronchus-Pleura-Haut-Fistel *f*
bronchopleuropneumonia Bronchopleuropneumonie *f*, Bronchien-, Pleura- und Lungenentzündung *f*
bronchopleurothoracic fistula bronchopleurothorakale Fistel *f*, Bronchus-Pleura-ThoraxFistel *f*
bronchopneumonia Bronchopneumonie *f*, Lobulärpneumonie *f*, herdförmige Pneumonie *f*
bronchopneumonic bronchopneumonisch; Bronchopneumonie…
bronchopneumonitis *s.* bronchopneumonia
bronchopneumopathy Bronchopneumopathie *f*, Bronchus- und Lungenerkrankung *f*
bronchoprovocation Bronchoprovokation *f*, Bronchialreizung *f*
bronchoprovocation inhalation test bronchialer Provokationstest *m*, Bronchoprovokationstest *m*
bronchopulmonary bronchopulmonal, bronchopulmonär; Bronchus-Lungen-…
bronchopulmonary dysplasia bronchopulmonale Dysplasie *f*, Bronchus-Lungen-Dysplasie *f*
bronchopulmonary fistula bronchopulmonale Fistel *f*, Bronchus-Lungen-Fistel *f*
bronchopulmonary hygiene bronchopulmonale Hygiene *f*
bronchopulmonary lavage bronchopulmonale Lavage *f* [Spülung *f*]
bronchopulmonary segment Bronchopulmonalsegment *n*
bronchoradiography Bronchioradiographie *f*
bronchorrhagia Bronchorrhagie *f*, Bronchialblutung *f*, Bronchusblutung *f*
bronchorrhaphy Bronchorrhaphie *f*, Bronchusnaht *f*
bronchorrhoea Bronchorrhö *f*, Bronchitis *f* pituitosa *(Hustenanfälle mit Auswurf großer Schleimmengen)*
bronchorrhoeal Bronchorrhö…
bronchoscope *v* bronchoskopieren, die Bronchien betrachten [spiegeln]
bronchoscope Bronchoskop *n*, Bronchusspiegel *m*

bronchoscope for children Kinderbronchoskop *n*
bronchoscopic bronchoskopisch; Bronchoskopie...
bronchoscopy Bronchoskopie *f*, Bronchusspiegelung *f*, Bronchusbetrachtung *f*
bronchosinusitis Bronchosinusitis *f*, Sinobronchitis *f*, Sinubronchitis *f*, sinopulmonales Syndrom *n*, Rhinosinobronchitis *f*
bronchospasm Bronchospasmus *m*, Bronchial(muskel)krampf *m*
bronchospasmolytic (agent) Bronchospasmolytikum *n*, bronchialkrampflösendes Mittel *n*
bronchospirochaetosis *(Inf)* Bronchospirochätose *f*
bronchospirography Bronchospirographie *f (Lungenfunktionsprüfung)*
bronchospirometer Bronchospirometer *n*
bronchospirometry Bronchospirometrie *f (Lungenfunktionsprüfung)*
bronchostaxis *s.* bronchorrhagia
bronchostenosis Bronchostenose *f*, Bronchialstenose *f*, Bronchialvereng(er)ung *f*, Bronchusverengung *f*
bronchostomy Bronchostomie *f*, Bronchialfistel *f*, Bronchus-Haut-Fistel *f*
bronchotetany Bronchotetanie *f (Bronchialmuskelkrämpfe mit asthmoiden Anfällen)*
bronchotome Bronchotom *n*, Bronchusmesser *n*
bronchotomogram *(Rad)* Bronchotomogramm *n*
bronchotomy Bronchotomie *f*, Bronchusinzision *f*, (operative) Bronchuseröffnung *f*
bronchotracheal bronchotracheal; Bronchus-Trachea-...
bronchotracheo-oesophageal fistula bronchotracheoösophageale Fistel *f*, Bronchus-Trachea-Ösophagus-Fistel *f*
bronchovascular markings bronchovaskuläre Zeichnung *f* [Streifung *f*] *(Lungenröntgenbild)*
bronchovesicular breathing Bronchovesikuläratmen *n*, bronchovesikuläre Atmung *f*
bronchovesicular respiration *s.* bronchovesicular breathing
bronchovesicular sounds bronchovesikuläres Atemgeräusch *n*
bronchus *(Anat)* Bronchus *m*, Luftröhrenast *m*
bronchus block(ade) Bronchusblockade *f*
bronchus blocker *(Anästh)* Bronchusblocker *m*
bronchus carcinoid Bronchuskarzinoid *n*
bronchus chondroma Bronchuschondrom *n*
bronchus forceps Bronchusklemme *f*
bronchus occluder *s.* bronchus blocker
bronchus of the anterior basal segment of the lower lobe of the left lung Bronchus *m* segmentalis basalis anterior lobi inferioris sinistri
bronchus of the anterior basal segment of the lower lobe of the right lung Bronchus *m* segmentalis basalis anterior lobi inferioris dextri
bronchus of the anterior segment of the upper lobe of the left lung Bronchus *m* segmentalis anterior lobi superioris sinistri
bronchus of the anterior segment of the upper lobe of the right lung Bronchus *m* segmentalis anterior lobi superioris dextri
bronchus of the apical posterior segment of the upper lobe of the left lung Bronchus *m* segmentalis apicoposterior lobi superioris sinistri
bronchus of the apical segment of the lower lobe of the left lung Bronchus *m* segmentalis apicalis lobi inferioris sinistri
bronchus of the apical segment of the upper lobe of the right lung Bronchus *m* segmentalis apicalis lobi superioris dextri
bronchus of the lateral basal segment of the lower lobe of the right lung Bronchus *m* segmentalis basalis lateralis lobi inferioris dextri
bronchus of the lateral segment of the middle lobe of the right lung Bronchus *m* segmentalis lateralis lobi medii dextri
bronchus of the lower lateral segment of the lower lobe of the left lung Bronchus *m* segmentalis basalis lateralis lobi inferioris sinistri
bronchus of the lower lobe of the left lung Bronchus *m* lobaris inferior sinister
bronchus of the lower lobe of the right lung Bronchus *m* lobaris inferior dexter
bronchus of the medial basal segment of the lower lobe of the left lung Bronchus *m* segmentalis basalis medialis lobi inferioris sinistri
bronchus of the medial basal segment of the lower lobe of the right lung Bronchus *m* segmentalis basalis medialis lobi inferioris dextri
bronchus of the medial segment of the middle lobe of the right lung Bronchus *m* segmentalis medialis lobi medii dextri
bronchus of the middle lobe of the right lung Bronchus *m* lobaris medius dexter
bronchus of the posterior basal segment of the lower lobe of the left lung Bronchus *m* segmentalis basalis posterior lobi inferioris sinistri
bronchus of the posterior basal segment of the lower lobe of the right lung Bronchus *m* segmentalis basalis posterior lobi inferioris dextri
bronchus of the posterior segment of the upper lobe of the right lung Bronchus *m* segmentalis posterior lobi superioris dextri
bronchus of the subapical segment of the lower lobe of the left lung Bronchus *m* segmentalis subapicalis lobi inferioris sinistri
bronchus of the subapical segment of the lower lobe of the right lung Bronchus *m* segmentalis subapicalis lobi inferioris dextri
bronchus of the upper lobe of the left lung Bronchus *m* lobaris superior sinister
bronchus of the upper lobe of the right lung Bronchus *m* lobaris superior dexter
bronchus rupture Bronchusruptur *f*, Bronchusabriss *m*
bronchus suture appliance Bronchusnähapparat *m*
bronchus tree Bronchialbaum *m*
brontophobia Brontophobie *f*, Gewitterangst *f*, Gewitterfurcht *f*
bronze baby syndrome Bronze-Baby-Syndrom *n (infolge Phototherapie bei direkter Hyperbilirubinämie)*
bronze diabetes Bronzediabetes *m*, Troissier-Hanot-Chauffard'sches Syndrom *n*, Hämochromatose *f*
bronze liver Bronzeleber *f*
bronzed catatonia Bronzekatatonie *f (bei Störungen im Hypothalamusbereich)*
bronzed disease *s.* Addison's disease
bronzed skin Bronzehaut *f*, Melasma *n* suprarenale *(bei Nebenniereninsuffizienz)*
brood capsule Brutkapsel *f*
broth Bouillon *f*
broth culture Bouillonkultur *f*
brow 1. Augenbraue *f*, Braue *f*; 2. Stirn *f* • **knit the brow** die Stirn runzeln
brow lifting Augenbrauenlifting *n*
brow pang Migräne *f*, Halbseitenkopfschmerz *m*
brow presentation *(Gyn)* Stirnlage *f*, Vorderhauptslage *f (bei der Geburt)*
brown cataract *(Ophth)* braune Katarakt *f*
brown-red urine braun-roter [blutfarbener] Urin *m*

Brown-Séquard paralysis *(Neur)* Brown-Séquard'sche Lähmung *f*, Brown-Séquard'sches Syndrom *n*
brown urine brauner Urin *m*
brownism Brownianismus *m*
brucella Brucella *f*, Bruzelle *f*
brucella abortus Brucella *f* abortis
brucella agglutination test *(Lab)* Bruzellen-Agglutinations-Test *m*
brucella melitensis Brucella *f* melitensis
brucella phage Bruzellenphage *m*
brucella vaccine Bruzellenvakzine *f*, Bruzellenimpfstoff *m*
brucellaemia *s.* brucellosis
brucellar Bruzellen...
brucellar endocarditis Bruzellenendokarditis *f*
brucelliasis *s.* brucellosis
brucellin Brucellin *n*
brucellin skin test Brucellin-Hauttest *m*
brucellosis 1. Brucellosis *f*, Bruzellose *f*, Febris *f* undulans abortus, Bang'sche Krankheit *f* [Infektion *f*], Morbus *m* Bang; 2. Febris *f* undulans melitensis, Mittelmeerfieber *n*, Maltafieber *n*, Gibraltarfieber *n*; 3. Febris *f* undulans suis
brucellous pneumonia Bruzellenpneumonie *f*
Bruch's disease Bruch'sche Krankheit *f*, Marseille-Fieber *n*
Bruch's membrane *(Anat)* Bruch'sche Membran *f*, Lamina *f* basalis chorioideae
Brudzinski's contralateral leg sign *(Neur)* Brudzinski'scher kontralateraler Reflex *m (bei Meningitis)*
Brudzinski's neck sign Brudzinski-Nackenzeichen *n (bei Meningitis)*
Brug's filaria Brugia *f* malayi *(Erreger der Elephantiasis)*
bruise 1. Bluterguss *m*; 2. Prellung *f*, Kontusion *f*, Quetschung *f*
bruit Geräusch *n*, Herzgeräusch *n*
Brunhilde virus Brunhilde-Typ *m*, Poliomyelitisvirus *n* Typ I
brunnerioma Brunneriom *n*, Adenom *n* der Brunner'schen Drüsen
Brunner's gland adenoma *s.* brunnerioma
Brunner's glands Brunner-Drüsen *fpl*, Brunner'sche Drüsen *fpl* des Zwölffingerdarms, Glandulae *fpl* duodenales
Brunsting's syndrome Brunsting-Syndrom *n (Bläschenausschlag an Kopf und Nacken)*
brush biopsy Bürstenbiopsie *f*
brush border Bürstensaum *m (von Epithelzellen)*
brush border enzyme Bürstensaumenzym *m*
brush cytology Abstrichzytologie *f*, Tupfzytologie *f (zur Zelluntersuchung)*
brush dispenser *(Chir)* Bürstenspender *m*
brush head Bürstenkopf *m*
brush holder Bürstenhalter *m*
brush-like skull structure Bürstenschädel *m*
Brushfield's spots Brunsfield-Flecken *mpl*, gelblichweiße Irisflecken *mpl*
brushing abrasion Bürstenabrieb *m*
brushing of the teeth Zähnebürsten *n*, Zähneputzen *n*
brushing technique Zahnbürsttechnik *f*
Bruton's agammaglobulinaemia Bruton-Syndrom *n*, kongentiale Agammaglobulinämie *f*
bruxism Bruxismus *m*, Zähneknirschen *n*
bruxomania Bruxomanie *f*, krankhaftes Zähneknirschen *n*
Bryant's triangle Bryant'sches Dreieck *n*, Iliofemoraldreieck *n*, Trigonum *n* iliofemorale
bubble Blase *f*, Bläschen *n*
bubble-diffusion humidifier Bubble-Befeuchter *m (der Beatmungsluft)*
bubble oxygenator Schaumoxygenator *m*, Dispersionsoxygenator *m*
bubo Bubo *m*, Lymphknotenschwellung *f*
bubocardia Ochsenherz *n*, Cor *n* bovinum
bubonadenitis Bubonadenitis *f*, Leistenlymphknotenentzündung *f*
bubonalgia Inguinalschmerz *m*, Leistenschmerz *m*
bubonic Bubo..., Leistenlymphknoten...; Leisten...
bubonic plaque *(Inf)* Bubonenpest *f*, Beulenpest *f*, Drüsenpest *f*, Pestis *f* bubonica
bubonic pus Buboneneiter *m*
bubonocele inkomplette Leistenhernie *f*
bubonulus Bubonulus *m*, Nisbet'scher Schanker *m (Abszess des Penisrückens)*
bucainide Bucainid *n (Antiarrhythmikum)*
bucainide maleate Bucainidmaleat *n*
bucca Bucca *f*, Backe *f*, Wange *f*
buccal bukkal; Backen..., Wangen...
buccal administration of medication bukkale Medikamentenapplikation *f*
buccal artery Backenarterie *f*, Arteria *f* buccalis
buccal bar *(Stom)* bukkaler Steg *m*
buccal cavity Mundhöhle *f*
buccal contour *(Stom)* bukkale Kontur *f*
buccal epithelial cell Wangen(schleimhaut)epithelzelle *f*
buccal exhalation bukkales Ausatmen *n*, Tabakblasen *n*
buccal fat pad Wangenfettkörper *m*, Corpus *n* adiposum buccae
buccal flange *(Stom)* bukkaler Prothesenrand *m*
buccal gland Glandula *f* buccalis, Wangenschleimhautdrüse *f*
buccal gum *(Stom)* bukkale Gingiva *f*, bukkales Zahnfleisch *n*
buccal interdental embrasure bukkaler Interdentalraum *m*
buccal mucosa Wangen(mund)schleimhaut *f*
buccal nerve Nervus *m* buccalis, Wangennerv *m*
buccal notch *(Stom)* bukkale Kerbe *f*
buccal occlusion *(Stom)* bukkale Okklusion *f*
buccal psoriasis Leucoplacia *f* buccalis, Psoriasis *f* buccalis
buccal retractor *(Stom)* Wangenretraktor *m*
buccal root *(Stom)* bukkale Wurzel *f*
buccal side bukkale Fläche *f*, bukkale Zahnoberfläche *f*, Facies *f* buccalis dentis
buccal smear for sex chromatin Wangenabstrich *m* auf Sexchromatin
buccal splint *(Stom)* bukkale Schiene *f*
buccal tooth Back(en)zahn *m*
buccal tooth crown Backenzahnkrone *f*
buccinator (muscle) Musculus *m* buccinator, Buccinator *m*, Backenmuskel *m*, Trompetermuskel *m*
bucco-axial *(Stom)* bukkoaxial
bucco-axiocervical *(Stom)* bukkoaxiozervikal
bucco-axiogingival *(Stom)* bukkoaxiogingival
bucco-occlusal *(Stom)* bukkookklusal
buccobranchial *s.* buccopharyngeal
buccocervical *(Stom)* bukkozervikal
buccoclusal *(Stom)* bukkookklusal
buccoclusion *(Stom)* Bukkookklusion *f*
buccodistal *(Stom)* bukkodistal
buccofacial *(Stom)* bukkofazial
buccogingival *(Stom)* bukkogingival; Wangen-Gaumen-...
buccogingival ridge *(Stom)* bukkogingivaler Wulst *m*
buccoglossopharyngitis Bukkoglossopharyngitis *f*
buccolabial *(Stom)* bukkolabial; Wangen-Lippen-...
buccolingual *(Stom)* bukkolingual; Wangen-Zungen-...
buccolinguomasticatory triad bukko-linguo-mastikatorische Trias *f*
buccomaxillary *(Stom)* bukkomaxillar; Wangen-Oberkiefer-...

buccomesial *(Stom)* bukkomesial
bucconasal *(Stom)* bukkonasal; Wangen-Nasen-…
bucconasopharyngeal *(Stom)* bukkonasopharyngeal
buccopharyngeal *(Stom)* bukkopharyngeal; Wangen-Rachen-…
buccopharyngeal fascia Fascia *f* buccopharyngea
buccoplacement *(Stom)* bukkale Zahnverschiebung *f*
buccopulpal *(Stom)* bukkopulpal
buccoversion *(Stom)* Bukkoversion *f*, bukkale Inklination *f*, bukkale Neigung *f*
Buchinger's fasting cure Heilfasten *n* (nach Buchinger)
buck tooth 1. vorstehender Zahn *m*; 2. verhaltener [nicht durchgebrochener] Zahn *m*
bucket handle fracture Korbhenkelriss *m (Meniskus)*
bucking *(Anästh)* Tubuswürgen *n*
Buck's fascia Buck'sche Faszie *f*, Buck-Faszie *f*, Fascia *f* penis profunda
Buck's skin traction *(Orth)* Buck'sche Extension *f*
Bucky diaphragm *(Rad)* Bucky-Blende *f*, Streustrahlenblende *f*
Bucky effect Bucky-Effekt *m*, Blendeneffekt *m*
Bucky examination table Bucky-Tisch *m*, Rasteraufnahmetisch *m*
Bucky grid Bucky-Raster *n*
Bucky radiography Rasteraufnahme *f*
Bucky table Bucky-Tisch *m*, Rasteraufnahmetisch *m*, Flachblendentisch *m*
bud Knospe *f*, Keimknospe *f*
Budd-Chiari syndrome *(Hepat)* Budd-Chiari-Syndrom *n*, Lebervenenverschlusssyndrom *n*
budding Gefäßknospung *f*
Budd's cirrhosis akute gelbe Leberatrophie *f*
Budd's jaundice *s.* Budd's cirrhosis
buddy splinting Nachbarfingerschienung *f*
budesonide *(Pharm)* Budesonid *n (Asthmamittel)*
Büdinger-Ludloff-Läwen syndrome Büdinger-Ludloff-Läwen-Syndrom *n*, Chondromalacia *f* patellae
Buerger's disease (Winiwarter-)Bürger'sche Krankheit *f*, Endangitis *f* [Thrombangitis *f*] obliterans, arterielle Verschlusskrankheit *f*
bufadienolide Bufadienolid *n*
Buffalo hump Stiernacken *m (bei Morbus Cushing)*
Buffalo obesity Stammfettsucht *f (z. B. bei Nebennierenrindenüberfunktion)*
buffer *v* (ab)puffern, mit Pufferlösung behandeln
buffer Puffer *m*, Pufferlösung *f*
buffer action Pufferwirkung *f*, Puffereffekt *m*, Pufferung *f*
buffer base Pufferbase *f*
buffer concentration Pufferkonzentration *f*
buffer effect *s.* buffer action
buffer mixture Puffermischung *f*
buffer solution Pufferlösung *f*, Puffer *m*
buffer system Puffersystem *n*
buffer therapy Pufferbehandlung *f*, Pufferung *f*
buffering Pufferung *f*, Abpufferung *f*
buffering capacity Pufferkapazität *f*
buffoonery psychosis Faxensyndrom *n*
buffy coat *(Hämat)* Leukozyten- und Thrombozytenschicht *f (in Blutkonserven)*
buffy coat transfusion Buffy-coat-Transfusion *f*
bufo reaction Krötentest *m (Schwangerschaftstest)*
buformin *(Pharm)* Buformin *n (senkt den Blutzucker)*
bufotoxin Bufotoxin *n*, Krötengift *n (Glykosid)*
bug Wanze *f*
bug infestation Wanzenbefall *m*, Verwanzung *f*
buggery *s.* paederasty
Buhl's desquamative pneumonia *s.* Buhl's disease
Buhl's disease Buhl'sche Krankheit *f*, käsige Pneumonie *f*
built-in vacuum pump eingebaute Vakuumpumpe *f*
Bülau drainage Bülau-Drainage *f*, Pleuradrainage *f*, Thoraxdrainage *f*
bulb 1. Bulbus *m*, Zwiebel *f*, Knolle *f*, Knospe *f*; 2. *(Anat)* Medulla *f* oblongata, verlängertes Rükkenmark *n*; 3. Organschwellung *f*, Schwellung eines Organs
bulb-headed probe Knopfsonde *f*
bulb of the aorta Bulbus *m* aortae, Aortenbulbus *m*
bulb of the corpus cavernosum (urethrae) Bulbus *m* corporis spongiosi penis, Bulbus *m* corporis cavernosi urethrae
bulb of the eye Bulbus *m* oculi, Augapfel *m*
bulb of the hair Bulbus *m* pili, Haarzwiebel *f*
bulb of the heart Bulbus *m* aortae [arteriosus cordis], Aortenbulbus *m*
bulb of the penis Bulbus *m* penis
bulb of the posterior horn Bulbus *m* cornus posterioris
bulb of the urethra Bulbus *m* urethrae
bulb of the vestibule (of the vagina) Bulbus *m* vestibuli vaginae, Scheidenvorhofschwellkörper *m*
bulb syringe Ballonspritze *f*, Ballspritze *f*
bulbar bulbär; Bulbär…
bulbar anaesthesia Bulbäranästhesie *f*
bulbar apoplexy Bulbärapoplexie *f*
bulbar ataxia Bulbärataxie *f*
bulbar brain lesion Bulbärhirnschaden *m*, Bulbärhirnschädigung *f*
bulbar conjunctiva Conjunctiva *f* bulbaris, Tunica *f* conjunctiva bulbi, Bulbusbindehaut *f*, Augapfelbindehaut *f*
bulbar fascia Fascia *f* bulbaris, Bulbusfaszie *f*
bulbar muscle Musculus *m* bulbi, Augenmuskel *m*, Augapfelmuskel *m*
bulbar myelitis Bulbärmyelitis *f*
bulbar palsy *s.* bulbar paralysis
bulbar paralysis Bulbärparalyse *f*
bulbar poliomyelitis Bulbärpoliomyelitis *f*
bulbar sclerosis Bulbärsklerose *f*
bulbar septum Septum *n* aorticopulmonale
bulbar sign Bulbärzeichen *n*
bulbar speech Bulbärsprache *f*, unartikulierte [verwaschene] Sprache *f*
bulbiform bulbiform, zwiebelförmig
bulbocavernosus (muscle) *s.* 1. bulbospongiosus (muscle); 2. vaginal sphincter
bulbogastrone Bulbogastron *n*
bulboid bulbusartig
bulbomembranous bulbomembranös
bulbomembranous urethra Pars *f* membranacea et spongiosa urethrae
bulbomimic reflex bulbomimischer Reflex *m*
bulbonuclear bulbonukleär
bulbopontine bulbopontin
bulbosacral bulbosakral
bulbospinal bulbospinal
bulbospinal paralysis Myasthenia *f* gravis
bulbospinal tract Tractus *m* olivospinalis
bulbospongiosus (muscle) Musculus *m* bulbospongiosus [bulbocavernosus], Bulbocavernosus *m*
bulbospongiosus reflex Bulbospongiosusreflex *m*, Bulbocavernosusreflex *m*, Penisreflex *m*, Gliedreflex *m*; Ejakulationsreflex *m*
bulbourethral bulbourethral
bulbourethral gland Glandula *f* bulbourethralis, Bulbourethraldrüse *f*, Cowper'sche Drüse *f*
bulbourethral septum Septum *n* bulbae urethrae
bulbous Bulbus…, Zwiebel…
bulbous catheter Kronenkatheter *m*; Kasper-Katheter *m*; Pezzer-Katheter *m*

bulbous portion of the urethra Pars *f* spongiosa urethrae
bulboventricular crest Crista *f* bulboventricularis, Septum *n* interventriculare primum
bulbus *s.* bulb 2.
bulging Vorwölbung *f*
bulging and tenseness [tension] of fontanelles gespannte Fontanellen *fpl*
bulging eardrum vorgewölbtes Trommelfell *n*
bulging eye *s.* exophthalmus
bulimia *s.* boulimia
bulimorexia Bulimarexie *f*
bulk 1. Masse *f*; 2. Ballaststoff *m*
bulk cathartic Quellmittel *n*; ballaststoffreiches Abführmittel *n*
bulk diffusion Massendiffusion *f*
bulk ligature Massenligatur *f*
bulk material Ballaststoff *m*
bulk package Großpackung *f*, Mengenpackung *f*
bull neck Stiernacken *m (bei Diphtherie)*
bulla Blase *f*, Hautblase *f*
bulldog clamp *(Chir)* Bulldogklemme *f*
bulldog forceps *s.* bulldog clamp
bullectomy Blasenexstirpation *f*, (operative) Emphysemblasenentfernung *f*
bullet extractor Kugelextraktor *m*
bullet forceps *(Chir)* Kugel(fass)zange *f*
bullet lens *(Ophth)* Kugellinse *f*, Sphärophakie *f*
bullet wound Schusswunde *f*, Schussverletzung *f*
bullous bullös, blasig
bullous cystitis Cystitis *f* bullosa
bullous dermatosis Blasendermatose *f*, Hautblasenerkrankung *f*
bullous emphysema Blasenemphysem *n*, blasiges [bullöses] Emphysem *n*
bullous epidermolysis Epidermolysis *f* bullosa
bullous epitheliolysis Epithelitis *f* exsudativa
bullous eruption Blasenausschlag *m*
bullous erysipelas Erysipelas *n* bullosum, Blasenerysipel *n*
bullous fever *(Derm)* Pemphigus(begleit)fieber *n*
bullous impetigo Impetigo *f* bullosa
bullous keratitis *(Ophth)* Keratitis *f* bullosa, Bläschenkeratitis *f*, Bläschenhornhautentzündung *f*
bullous myringitis Myringitis *f* bullosa
bullous pemphigoid bullöses Pemphigoid *n*
Bumke's pupil Bumke'sches Pupillenzeichen *n* [Zeichen *n*], fehlende Pupillenunruhe *f*
Bumke's pupil sign Bumke'sches Pupillenzeichen *n* [Zeichen *n*], fehlende Pupillenunruhe *f*
bumper fracture *(Chir)* Stoßstangenfraktur *f*, Stoßstangenknochenbruch *m*
bundle Bündel *n*; Faserstrang *m*, Faszikel *m*
bundle-branch block *(Kard)* Schenkelblock *m*
bundle-branch block pattern *(Kard)* Schenkelblockbild *n*
bundle of His His'sches Bündel *n*, Atrioventrikulärbündel *n*, AV-Bündel *n*
bundle of nerves Nerven(faser)bündel *n*
bungle *v* pfuschen, verpfuschen
bunion Großzehenballen *m*, entzündeter Ballen *m*
bunionectomy (operative) Ballenabtragung *f*
bunionette Kleinzehenballen *m (am Köpfen des Metatarsale V)*
Bunsen burner Bunsen-Brenner *m*
buphthalmia Buphthalmie *f*, Hydrophthalmus *m* congenitus, Augenwassersucht *f*, angeborenes [primär kindliches] Glaukom *n*, Glaucoma *n* congenitum [infantile]
buphthalmic buphthalmisch, hydrophthalmisch
buphthalmos Buphthalmus *m*, Hydrophthalmus *m*, Ochsenauge *n*, Wasserauge *n*
bupivacaine *(Pharm)* Bupivacain *n (Lokalanästhetikum)*
bupivacaine hydrochloride *(Pharm)* Bupivacainhydrochlorid *n*
buprenorphine *(Pharm)* Buprenorphin *n (Analgetikum)*
buprenorphine hydrochloride *(Pharm)* Buprenorphinhydrochlorid *n*
bur *s.* burr
burb *v* aufstoßen, rülpsen; ein „Bäuerchen" machen *(z. B. ein Baby)*
Burdach's (cuneate) fasciculus Burdach'scher Strang *m*, Burdach-Strang *m*, Fasciculus *m* cuneatus [medullae spinalis]
Burdach's nucleus Nucleus *m* cuneatus
Burdwan fever *(Inf)* Burdwan-Fieber *n*, Kala-Azar *f*, Splenomegalia *f* tropica
buret *s.* burette
burette Bürette *f*
burette clamp Burettenklemme *f*, Burettenhalter *m*
burette stopcock Bürettenhahn *m*
Bürger-Grütz disease Bürger-Grütz-Krankheit *f*, primäre Hyperlipoproteinämie *f* Typ I
Burgio's syndrome Burgio-Syndrom *n*, pseudodiastrophische Dysplasie *f*
buried suture *(Chir)* Intrakutannaht *f*
Burkitt's lymphoma Burkitt'sches Lymphosarkom *n*, Burkitt-Tumor *m*, afrikanisches kindliches Kieferlymphosarkom *n*
Burkitt's tumour *s.* Burkitt's lymphoma
burn *v* verbrennen, brennen; sich verbrennen, sich eine Verbrennung zuziehen
burn 1. Verbrennung *f*, Combustio *f*; 2. Brandwunde *f*
burn bed-cradle Verbrennungsbügel *m*; Verbrennungsgestell *n*
burn blister Verbrennungsblase *f*, Brandblase *f*
burn cachexia Verbrennungskachexie *f*
burn centre Verbrennungszentrum *n*, Verbrennungs(spezial)klinik *f*
burn contracture Verbrennungskontraktur *f*
burn depth Verbrennungstiefe *f*, Verbrennungsgrad *m*
burn disease Verbrennungskrankheit *f*
burn encephalopathy Verbrennungsenzephalopathie *f*
burn eschar *(Chir)* Verbrennungsschorf *m*
burn keloid Verbrennungskeloid *n*
burn kidney Verbrennungsniere *f*
burn management Verbrennungsbehandlung *f*
burn of first degree *(Chir)* Verbrennung *f* I. [ersten] Grades, erstgradige Verbrennung *f*, Combustio *f* erythematosa
burn of fourth degree *(Chir)* Verbrennung *f* IV. [vierten] Grades, viertgradige Verbrennung *f*, Carbonisatio *f*, Verkohlung *f*
burn of second degree *(Chir)* Verbrennung *f* II. [zweiten] Grades, zweitgradige Verbrennung *f*, Combustio *f* bullosa
burn of third degree *(Chir)* Verbrennung *f* III. [dritten] Grades, drittgradige Verbrennung *f*, Combustio *f* gangraenosa [escharotica]
burn on the face Gesichtsverbrennung *f*
burn scar Verbrennungsnarbe *f*
burn shock Verbrennungsschock *m*
burn shock prevention Verbrennungsschockvorbeugung *f*
burn therapy Therapie *f* einer Verbrennung
burn wound Verbrennungswunde *f*
burn wound infection Verbrennungswundeninfektion *f*
burned/be *v* sich verbrennen, eine Verbrennung davontragen [erleiden] • **be severely burned** schwer verbrannt sein, sich eine schwere Verbrennung zugezogen haben

burned-out tumour ausgebrannter Tumor *m*; entzündlicher Tumorzerfall *m*
burned patient Verbrennungspatient *m*
Burnett's syndrome Burnett-Syndrom *n*, Milch-Alkali-Syndrom *n*
burning Brennen *n*, Verbrennen *n*; Verbrennung *f*
burning and itching sensation Brennen *n* und Jucken *n*
burning feet syndrome Syndrom *n* der brennenden Füße *(bei Polyneuropathie)*
burning mouth syndrome Syndrom *n* des Mundbrennens
burning pain brennender Schmerz *m*
burning sensation *(Neur)* brennendes Gefühl *n*, Brennen *n*
burning tongue Glossodynie *f*, Zungenbrennen *n*
burnisher *(Stom)* Polierer *m*; Glätter *m*, Glättungsinstrument *n*
burnishing *(Stom)* Polieren *n*; Glätten *n*, Glättung *f*
burnout syndrome Burn-out-Syndrom *n*, Erschöpfungssyndrom *n*
burns unit Verbrennungsabteilung *f*, Verbrennungs(intensiv)station *f*
burnt surface Verbrennungsfläche *f*, Verbrennungsstelle *f*
burr Bohrer *m*
burr assortment Bohrersatz *m*, Bohrersortiment *n*
burr case Bohrerbehälter *m*
burr cell Schistozyt *m*; Stechapfelform *f*
burr changing Bohrerwechsel *m*
burr chuck Bohrerfutter *m*
burr cleaner Bohrerreiniger *m*
burr head Bohrerkopf *m*
burr holder Bohrerhalter *m*
burr hole *(Chir)* Bohrloch *n*, Probetrepanationsloch *n*, Trepanationsloch *n*
burr insertion Bohrereinsetzen *n*
burr organizer Bohrerständer *m*
bursa 1. Bursa *f*, Beutel *m*, Tasche *f*; 2. Bursa *f*, Schleimbeutel *m*
bursa-equivalent lymphocyte *(Immun)* B-Lymphozyt *m*
bursa of the omentum Bursa *f* omentalis [retroventricularis], Netzbeutel *m*
bursa punctate Bursapunktat *n*
bursa shank Bohrerschaft *m*
bursal synovitis *s.* bursitis
bursalis (muscle) *s.* obturator internus muscle
bursectomy 1. Bursektomie *f*, Schleimbeutelentfernung *f*; 2. Netzbeutelentfernung *f*, Entfernung *f* des Omentum majus
bursitis Bursitis *f*, Schleimbeutelentzündung *f*
bursolith Bursolith *m*, Schleimbeutelkonkrement *n*, Schleimbeutelstein *m*
bursopathy Bursopathie *f*, Schleimbeutelkrankheit *f*
bursotomy *(Chir)* Bursotomie *f*, Schleimbeuteleröffnung *f*
burst *v* **open** aufplatzen, dehiszent werden *(z. B. Wunde)*
burst abdomen *(Chir)* Platzbauch *m*
bursting fracture Berstungsfraktur *f*
bury *v* **the stump of the appendix** den Appendixstumpf versenken
Buschke-Ollendorff syndrome Buschke-Ollendorff-Syndrom *n*, disseminierte lentikuläre Dermatofibrose *f*
Buschke's disease Buschke'sche Krankheit *f* [Erkrankung *f*], Buschke'sches Sklerödem *n*, Skleroedema *n* adultorum
Buschke's scleroedema *s.* Buschke's disease
bush fever *(Trop)* Busch(fleck)fieber *n (siehe auch: tsutsugamushi disease)*
bush typhus *s.* bush fever
bush yaws *(Trop)* Dschungelframbösie *f*
bushy creek fever *s.* Fort Bragg fever
business spasm *(Arb)* Ermüdungsspasmus *m*, Ermüdungskrampf *m*
buspirone *(Pharm)* Buspiron *n (Anxiolytikum)*
buspirone hydrochloride *(Pharm)* Buspironhydrochlorid *n*
Busse-Buschke's disease Busse-Buschke'sche Krankheit *f* [Erkrankung *f*], europäische Blastomykose *f*, Cryptococcosis *f*
busy-dentist praktischer Zahnarzt *m*
butacaine *(Pharm, Stom)* Butacain *n (Lokalanästhetikum)*
butacaine hydrochloride *(Pharm, Stom)* Butacainhydrochlorid *n*
butaconazol *(Pharm)* Butaconazol *n (Antimykotikum)*
butaconazol nitrate *(Pharm)* Butaconazolnitrat *n*
butanedione Butandion *n*
butanoic acid Buttersäure *f*, Butansäure *f*
butanol Butanol *n*, Butylalkohol *m*
butanol-extractable iodine butanolextrahierbares Jod *n*
butanone Butanon *n*
butaperazine *(Pharm)* Butaperazin *n (Psychopharmakon)*
butaperazine maleate *(Pharm)* Butaperazinmaleat *n*
butethamine *(Pharm, Stom)* Butethamin *n*
butethamine hydrochloride *(Pharm, Stom)* Butethaminhydrochlorid *n*
butoxamine *(Pharm)* Butoxamin *n (Betarezeptorenblocker)*
butoxamine hydrochloride *(Pharm)* Butoxaminhydrochlorid *n*
butriptyline *(Neur, Pharm)* Butriptylin *n (Antidepressivum)*
butriptyline hydrochloride *(Neur, Pharm)* Butriptylinhydrochlorid *n*
butterfly (bandage) *(Chir)* Pflasterzugverband *m*
butterfly cannula Flügelkanüle *f*, Butterfly-Kanüle *f*
butterfly eruption Schmetterlingsfigur *f (der Gesichtshaut)*
butterfly fracture Schmetterlingsfraktur *f*
butterfly haematoma Schmetterlingshämatom *n*
butterfly lupus *(Derm)* Schmetterlingslupus *m*, Lupus *m* erythematodes disseminatus, Erythematodes *m* disseminatus
butterfly-mounted needle *s.* butterfly needle
butterfly needle *(Anästh)* Flügelkanüle *f*, Butterfly-Nadel *f*, Butterfly-Kanüle *f*
butterfly rash *(Derm)* Schmetterlingsfigur *f*, schmetterlingsförmiger Gesichts(haut)ausschlag *m*
butterfly vertebra Spaltwirbel(körper) *m*; Wirbelkörperspalte *f*, Spina *f* bifida
buttock Gesäß *n*, Gesäßbacken *fpl*, Hinterbacken *fpl*; Steiß *m*
button Knopf *m*
button cannula Knopfkanüle *f*
button electrode Knopfelektrode *f*
button suture *(Chir)* Bäuschchennaht *f*, Bleiplattennaht *f*
buttonhole deformity *(Chir)* Knopflochdeformität *f*
buttonhole dislocation *s.* buttonhole deformity
buttonhole fracture Knopflochfraktur *f*, Durchschussfraktur *f*
buttonhole incision Knopflochinzision *f*, Stichinzision *f*
buttonhole mitral stenosis *s.* buttonhole stenosis
buttonhole stenosis Knopflochstenose *f*
buttress plate *(Chir)* Lochplatte *f*
buttressing bone formation *(Orth)* (reaktive) Stützknochenbildung *f*
butyl alcohol Butylalkohol *m*
butylacetic acid Butylessigsäure *f*
butyraceous butterartig, von butterartiger Konsistenz
butyrate-CoA ligase Butyrat-CoA-Ligase *f (Enzym)*
butyric acid Buttersäure *f*, Butansäure *f*
butyric acid fermentation Buttersäuregärung *f*

butyroid butterartig
butyrous *s.* butyroid
butyryl thiocholine Butyrylthiocholin *n*
butyrylcholine esterase Butyrylcholinesterase *f (Enzym)*
buzzer Summer *m*; Weckuhr *f*
buzzer sound Summerton *m*
bypass *v* einen Bypass (an)legen
bypass *v* **the coarctation** die Koarktation überbrücken [umgehen]
bypass Bypass *m*, Umgehung *f*, Nebenschluss *m*
bypass clamp Bypass-Klemme *f*
bypass procedure Umgehungs(operations)verfahren *n*, Bypass-Verfahren *n*
bypass surgery Umgehungschirurgie *f*, Bypass-Chirurgie *f*
bypass valve Bypass-Ventil *n*
byssinosis *(Arb)* Byssinosis *f*, Byssinose *f*, Baumwollpneumokoniose *f*, Baumwollstaublunge(nerkrankung) *f*, Baumwollfieber *n*
byssinotic carcinoma Baumwollspinnerkrebs *m*
byssocausis *s.* moxibustion
byssophthisis *s.* byssinosis
Bywaters' syndrome Bywaters-Syndrom *n*, Crush-Syndrom *n*

C

C. *s.* 1. cervical; 2. clearance; 3. Chest
C bile C-Galle *f*, Lebergangsgalle *f*
C cells C-Zellen *fpl (in Langerhans'schen Inseln)*
C-reactive protein C-reaktives Protein *n*, CRP
Ca-ATPase Kalzium-ATPase *f*, Calcium-ATPase *f*, Ca-ATPase *f (Enzym)*
Ca-transporting ATPase *s.* Ca-ATPase
cabinet bath Schrankbad *n*
cabinet sink Spülschrank *m*
cable graft Kabeltransplantat *n*, Nervenkabeltransplantat *n*
cabman's position Droschkenkutscherhaltung *f*
Cabot's rings Cabot'sche Ringe *mpl* [Reifen *mpl*], Cabot-Ringe *mpl (in Erythrozyten bei Anämie)*
Cabot's splint Cabot-Schiene *f*
cacaesthesia Kakästhesie *f*, Gefühlsstörung *f*, krankhaft verändertes Gefühl *n*
cacaesthetic kakästhetisch; Kakästhesie…
cacation *s.* defaecation
cacatory an Durchfall erkrankt, mit dünnflüssigem Stuhlgang
Cacchi-Ricci disease Cacchi-Ricci-Syndrom *n*, angeborene Schwammniere *f*
cachectic kachektisch, abgezehrt; Kachexie…
cachectic aphthae Kachexieaphthen *fpl*, Bednar'sche Aphthen *fpl*
cachet *(Pharm)* Cachet *n*, Kapsel *f (zur Arzneidosierung)*
cachexia Kachexie, Abzehrung *f*, Kräfteverfall *m*
cachexia of malignancy Tumorkachexie *f*
cachinnate *v* unangemessen lachen
cachinnation hebephren(isch)es Lachen *n (bei Schizophrenie)*
cacodemonomania *(Neur)* Kakodämonomanie *f*
cacodylate Kakodylat *n (Salz der Cacodylsäure)*
cacodylic acid Kakodylsäure *f*
cacogeusia Kakogeusie *f*, üble Geschmacksempfindung *f*, übler Geschmack *m*
cacolalia Kakolalie *f (unsaubere und unkorrekte Aussprache)*
cacomelia Kakomelie *f (angeborene Extremitätenmissbildung)*
cacophonic kakophon
cacophonous *s.* cacophonic
cacophony Kakophonie *f*
cacoplastic kakoplastisch
cacosmia Kakosmie *f*, schlechte Geruchsempfindung *f*
cacostomia Kakostomie *f*, übler Mundgeruch *m*
cacotrophy *s.* malnutrition
cadaver Leiche *f*, Leichnam *m*
cadaver blood Leichenblut *n*
cadaver dissection Leicheneröffnung *f*, Leichenuntersuchung *f*, Sektion *f*
cadaver donor Spenderleiche *f*, Spenderleichnam *m*, Leichenspender *m*
cadaver graft Leichentransplantat *n*
cadaver kidney Leichenniere *f*
cadaver material Leichenmaterial *n*
cadaver position Kadaverposition *f*, Kadaverstellung *f*
cadaver reaction Kadaverreaktion *(bei Muskelschädigung)*
cadaver-type reaction *s.* cadaver reaction
cadaveric Leichen…
cadaveric ecchymosis Leichenfleck *m*
cadaveric kidney *s.* cadaver kidney
cadaveric lividity Leichenflecke *mpl*, Totenflecke *mpl*, Livor *m* mortis
cadaveric renal transplant Leichennierentransplantat *n*
cadaveric rigidity Leichenstarre *f*, Totenstarre *f*, Rigor *m* mortis, Rigiditas *f* cadaverica
cadaveric transplant Leichentransplantat *n*
cadaverine Kadaverin *n (Leichengift)*
cadaverous *s.* cadaveric
cadmiferous cadmiumhaltig
cadmiosis Cadmiose *f*, Cadmiumpneumokoniose *f*, Cadmiumstaublunge(nerkrankung) *f*
cadmium Cadmium *n*, Cd
cadmium poisoning Cadmiumvergiftung *f*
caduceus Äskulapstab *m*
caducous Äskulap…
caecal zökal, zäkal; Zökum…, Zäkum…, Blinddarm… *(siehe auch unter: caecum)*
caecal appendage Appendix *f* vermiformis, Wurmfortsatz *m*
caecal fistula Zökalfistel *f*
caecal fossa Fossa *f* caecalis, Zökalgrube *f*
caecal plica Plica *f* caecalis, Zökalfalte *f*
caecectomy Zökektomie *f*, Zökumexstirpation *f*, (operative) Zökumentfernung *f*
caecitas *s.* cecity
caecitis Zökumentzündung *f*, Blinddarmentzündung *f*
caecocele Zökozele *f*, Blinddarmhernie *f*, Zökumbruch *m*, Typhlozele *f*
caecocolic zökokolisch; Zökum-Kolon-…, Blinddarm-Dickdarm-…
caecocolon Zökokolon *n*, Zökum *n* mit und Kolon
caecocolopexy Zökokolopexie *f*, (operative) Zökum-Kolon-Fixation *f*
caecocolostomy Zökokolostomie *f*, Zökum-Kolon-Anastomose *f*
caecofixation *s.* caecopexy
caecoileostomy Zökoileostomie *f*, Zökum-Ileum-Anastomose *f*
caecopexy Zökopexie *f*, Zökumfixation *f*, (operative) Blinddarmfixierung *f*

caecoplication Zökoplikation *f*, Zökumraffung *f*
caecoptosis Zökoptosis *f*, Zökumtiefstand *m*, Zökumsenkung *f*, Blinddarmsenkung *f*, Typhloptosis *f*
caecorrhaphy Zökorrhaphie *f*, Zökumnaht *f*, Blinddarmnaht *f*
caecosigmoidostomy Zökosigmoidostomie *f*, Zökum-Sigma-Anastomose *f*
caecostomy 1. Zökostoma *n*, Zökumfistel *f*, Zökalfistel *f*, Typhlostoma *n*; 2. Zökostomie *f*, (operative) Zökumfistelung *f*, Blinddarmfistelung *f*, Typhlostomie *f*
caecotomy Zökotomie *f*, (operative) Blinddarmeröffnung *f*, Typhlotomie *f*
caecum Zökum *n*, Blinddarm *m*, Zäkum *n*, Intestinum *n* caecum, Typhlon *n (siehe auch unter: caecal)* • **deliver the caecum into the wound** das Zökum in die Wunde hervorluxieren • **draw out the caecum into the wound** *s.* deliver the caecum into the wound
caecum cancer Zökumkarzinom *n*, Blinddarmkrebs *m*
caecum carcinoma *s.* caecum cancer
caecum diverticulitis Zökumdivertikulitis *f*, Blinddarmdivertikelentzündung *f*
caecum leiomyoma *(Path)* Zökumleiomyom *n*
caecum mobility Zökummobilität *f*, Zökumbeweglichkeit *f*
caecum neurilemmoma Zökumneurilemmom *n*
caecum perforation Zökumperforation *f*
caecum stasis Zökumstauung *f*, Zökalstase *f*
caecum ulcer Zökumulkus *n*, Zökalgeschwür *n*
caecum volvulus Zökumvolvulus *m*
caenogenesis Zänogenese *f*, Störungsentwicklung *f*, (embryonale) Fehlbildung *f*
caenogenetic Zänogenese...
caeruloplasmin Zeruloplasmin *n (Plasmakupferspeicher)*
caesarean hysterectomy abdominale Hysterektomie *f* [Gebärmutterentfernung *f*], Wertheim'sche Operation *f*
caesarean section *(Gyn)* Kaiserschnitt *m*, Kaiserschnittentbindung *f*, Schnittentbindung *f*, Sectio *f* (caesarea), Tomotokie *f*
caesarean section in the lower uterine segment Kaiserschnitt *m* im unteren Uterinsegment, Schnittentbindung *f* über das untere Uterinsegment
caesarotomy *s.* caesarean section
caesium therapy Cäsiumtherapie *f*, Zäsiumtherapie *f*
café-au-lait milchkaffeefarbig, milchkaffeefarben
café-au-lait spot *(Derm)* Café-aut-lait-Fleck *m (z. B. bei Neurofibromatose Recklinghausen)*
caffeine Coffein *n*, Caffein *n*; Thein *n (Alkaloid)*
caffeine citrate Coffeinzitrat *n*
caffeine-free coffeinfrei; entcoffeiniert
caffeine hydrate Coffein(mono)hydrat *n (zentral wirkendes Stimulans)*
caffeine poisoning Coffeinvergiftung *f*
caffeine-withdrawal headache Coffeinmangelmigräne *f*
caffeinism Coffeinvergiftung *f*, Coffeinintoxikation *f*
caffeism *s.* caffeinism
Caffey-Kempe syndrome Caffey-Kempe-Syndrom *n*
Caffey's disease Caffey-de Toni'sches Syndrom *n*, Caffey-Silvermann-Syndrom *n*, Hyperostosis *f* corticalis infantilis, kindliche Kortikal(is)hyperostose *f*
Caffey's syndrome 1. Caffey-Syndrom *n*, Battered-baby-Syndrom *n*; 2. *s.* Caffey's disease
cage Käfig *m*, käfigartiger Behälter *m*; Korb *m*, Körbchen *n*
caged-ball prosthesis [valve] Kugel-Käfig-(Herzklappen-)Prothese *f*, Kugelherzklappe *f*, Herzklappenprothese *f* nach Starr-Edwards
caged-lens prosthesis [valve] Diskus-Herzklappen-Prothese *f*, Disk(usherz)klappe *f*, Herzklappenprothese *f* nach Björk-Shiley
caisson disease Caissonkrankheit *f*, Druckluftkrankheit *f*, Dekompressionskrankheit *f*, Taucherkrankheit *f*
Cajal's cell Cajal'sche Zelle *f*, Astrozyt *m*, Sternspinnenzelle *f (Nervenzelle in der Großhirnrinde)*
Cajal's silver method Cajal'sche Silberimprägnation *f*, Golgi-Imprägnation *f (Darstellungsmethode des Nervengewebes)*
cake kidney Kuchenniere *f*
caked klumpig, verklumpt; gestaut
caked breast Mastitis *f* puerperalis, Stauungsmastitis *f*, Kindbettmastitis *f*, Wöchnerinnenbrustentzündung *f*
caked kidney *s.* cake kidney
Calabar bean *s.* Calabar swellings
Calabar oedema *s.* Calabar swellings
Calabar swellings *(Trop)* Calabarschwellung *f*, Calabarbeulen *fpl*, Loiasis *f*, Kamerunbeule *f*
calcaemia Kalziämie *f*, Hyperkalziämie *f*, Vorhandensein *n* von Calcium im Blut
calcaneal *(Anat)* kalkaneal; Kalkaneus..., Fersenbein...
calcaneal apophysis Kalkaneusapophyse *f*, Fersenbeinapophyse *f*
calcaneal area of the heel Regio *f* calcanea
calcaneal epiphysitis Kalkaneusepiphysitis *f*
calcaneal rete Rete *n* calcaneum, Fersenbeinarteriengeflecht *n*
calcaneal spur Kalkaneussporn *m*, Fersenbeinsporn *m*
calcaneal sulcus Sulcus *m* calcanei, Fersenbeingrube *f*
calcaneal tendon Tendo *m* calcaneus, Achillessehne *f*
calcaneal tendon reflex Achillessehnenreflex *m*
calcaneal tuber *s.* calcaneal tuberosity
calcaneal tuberosity Tuber *m* calcanei, Fersenhöcker *m*
calcanean *s.* calcaneal
calcaneitis Kalkaneitis *f*, Kalkaneusentzündung *f*
calcaneoapophysitis Kalkaneoapophysitis *f*
calcaneoastragalar *(Anat)* kalkaneoastragal, talokalkaneal; Kalkaneus-Talus-..., Fersenbein-Sprungbein-...
calcaneoastragaloid *s.* calcaneoastragalar
calcaneocavus Talipes *m* calcaneocavus *(Form des Hackenfußes)*
calcaneocuboid *(Anat)* kalkaneokuboid; Kalkaneus-Kuboid-..., Fersenbein-Würfelbein-...
calcaneodynia Kalkaneodynie *f*, Fersen(bein)schmerz *m*
calcaneofibular *(Anat)* kalkaneofibular; Kalkaneus-Fibula-..., Fersenbein-Wadenbein-...
calcaneofibular ligament Ligamentum *n* calcaneofibulare
calcaneonavicular *(Anat)* kalkaneonavikulär; Kalkaneus-Navikulare-..., Fersenbein-Kahnbein-...
calcaneonavicular ligament Ligamentum *n* calcaneonaviculare
calcaneoplantar *(Anat)* kalkaneoplantar; Fersenbein-Fußsohlen-...
calcaneoscaphoid *s.* calcaneonavicular
calcaneotibial *(Anat)* kalkaneotibial; Kalkaneus-Tibia-..., Fersenbein-Schienbein-...
calcaneotibial ligament Ligamentum *n* calcaneotibiale
calcaneovalgovarus Talipes *m* calcaneovalgovarus
calcaneovalgus Talipes *m* calcaneovalgus *(Form des Hackenfußes)*
calcaneovarus Talipes *m* calcaneovarus
calcaneum *s.* calcaneus
calcaneus 1. *(Anat)* Calcaneus *m*, Kalkaneus *m*, Fersenbein *n*; 2. Talipes *m* calcaneus, Hackenfuß *m (Klumpfuß)*
calcaneus apophysitis Kalkaneusapophysitis *f*, Fersenbeinapophysenentzündung *f*
calcaneus foot *s.* calcaneus 2.
calcaneus fracture Kalkaneusfraktur *f*, Fersenbeinbruch *m*
calcaneus skeletal traction *(Chir)* Kalkaneusextension *f*
calcanodynia *s.* calcaneodynia

calcar Sporn *m*, Calcar *m*
calcarate gespornt; Sporn…
calcareous 1. kalkhaltig, verkalkt; kalkartig; Kalk…; 2. verkalkend; 3. Calcium…, Kalzium…
calcareous chondrodystrophy Chondrodystrophia *f* calcificans congenita
calcareous degeneration Gewebeverkalkung *f*, Kalkeinlagerung *f*, Calciumimprägnation *f* (des Gewebes)
calcareous deposit Kalkherd *m*
calcareous incrustation Kalkinkrustation *f*
calcareous infarction Kalkinfarkt *m*
calcareous infiltration *s.* calcareous degeneration
calcareous metastasis Kalkablagerung *f*, Verkalkungsherd *m (z. B. bei Hyperparathyreoidismus)*
calcareous periarthritis Periarthritis *f* calcarea
calcarine gespornt; Sporn…
calcarine fissure Fissura *f* calcarina
calcarine sulcus Sulcus *m* calcarinus
calcariuria Kalkariurie *f*, Calciumsalzausscheidung *f* im Urin
calcergy (lokaler) Verkalkungsherd *m (im Gewebe; z. B. nach Injektion)*
calcibilia Kalzibilie *f*, Vorhandensein *n* von Calcium in der Galle
calcic calciumhaltig; Calcium…; Kalk…
calcicosilicosis Kalzikosilikose *f*, Kalkstaub-Silikat-Pneumokoniose *f*, Kalkstaub-Silikat-Staublunge(nerkrankung) *f*
calcicosis *(Arb)* Kalzikose *f*, Kalkstaublunge(nerkrankung) *f*, Steinhauerkrankheit *f*
calciferol Kalziferol *n*, Calciferol *n*, *(speziell)* Ergocalciferol *n*, Vitamin *n* D_2
calciferous calciumhaltig, kalk(salz)haltig
calcific 1. kalkbildend, kalzifizierend; 2. *s.* calciferous
calcific aortic disease Aorten(wand)verkalkung *f*, Kalkeinlagerung *f* in der Aortenwand
calcific coronary arteriosclerosis of infancy juvenile Koronarsklerose *f*
calcific density Kalkdichte *f*
calcific deposit Kalkeinlagerung *f*
calcific tendinitis Tendinitis *f* calcificans, Sehnenentzündung *f* mit Kalkeinlagerung
calcification Kalzifikation *f*, Verkalkung *f*, Kalkablagerung *f* im Gewebe
calcification line Kalzifikationslinie *f*, Verkalkungslinie *f*
calcification of lymphatic glands Lymphknotenverkalkung *f*
calcified foetus Lithopädion *m*, Steinkind *n*, Steinfetus *m*
calcify *v* kalzifizieren, verkalken
calcifying kalzifizierend, verkalkend
calcifying giant-cell tumour Chondroblastom *n*
calcigerous Kalziumsalze bildend; Kalziumsalze transportierend
calcination *(Stom)* Kalzination *f*, Kalzinierung *f*, Kalzinieren *n*, Brennen *n (Aushärtung durch Wasserentzug; z. B. Gipsabdruck)*
calcinosis Kalzinose *f*, Kalkablagerung *f*, Verkalkung *f*, Calciumablagerung *f*, Calcinosis *f* universalis
calcinosis of lungs Bimssteinlunge *f*
calciokinesis Kalziokinese *f*, Kalziummobilisierung *f (im Körper)*
calciokinetic kalziokinetisch, Kalzium mobilisierend
calciorrhachia Kalziorrhachie *f*, Vorhandensein *n* von Kalzium im Liquor spinalis
calciotraumatic line kalziotraumatische Linie *f (der Zähne)*
calcipectic *s.* calcipexic
calcipenia Kalzipenie *f*, Calciummangel *m*, Kalkmangel *m*
calcipenic kalzipenisch, kalkarm; Calciummangel…, Kalkmangel…
calcipexic kalkbindend, kalkfixierend
calcipexis *s.* calcipexy
calcipexy Kalzipexie *f*, Kalkbindung *f*, Kalkfixierung *f*
calciphilia Kalziphilie *f (Neigung zur Kalziumaufnahme)*
calciphylactic kalziphylaktisch
calciphylaxis Kalziphylaxie *f*
calcipotriene *(Pharm)* Calcipotrien *n (Psoriasismittel)*
calciprivia Kalziprivie *f*, Kalziummangel *m*
calciprivic kalzipriv, Kalzium verlierend; Kalziummangel…
calcitonin Calcitonin *n*, Kalzitonin *n*, Thyreokalzitonin *n*; Parathormon *n (Nebenschilddrüsenhormon)*
calcitriol Calcitriol *n*, Kalzitriol *n*
calcium Calcium *n*, Ca, Kalzium *n*
calcium acetate Calciumacetat *n*
calcium aminosalicylate Calciumaminosalicylat *n*
calcium antagonist (drug) *(Pharm)* Calciumantagonist *m*
calcium balance Calciumgleichgewicht *n*
calcium blood level Calciumblutspiegel *m*
calcium bromide Calciumbromid *n*
calcium carbonate Calciumcarbonat *n*
calcium channel blocker Calciumkanalblocker *m*, Kalziumantagonist *m*
calcium chloride Calciumchlorid *n*
calcium content Calciumgehalt *m*, Kalkmineralgehalt *m*
calcium cyanamide Kalkstickstoff *m*
calcium cyclamate Calciumcyclamat *n*
calcium deficiency Calciummangel *m*, Kalkmangel *m*
calcium gluconate Calciumgluconat *n*
calcium glycerphosphate Calciumglycerophosphat *n*
calcium gout *s.* calcinosis
calcium hippurate Calciumhippurat *n*, Kalziumhippurat *n*
calcium hydroxide Calciumhydroxid *n*
calcium hydroxylapatite Kalziumhydroxylapatit *m*
calcium hunger Calciumhunger *m*
calcium iodate Calciumiodat *n*
calcium lactate Calciumlaktat *n*
calcium metabolism Calciummetabolismus *m*, Calciumstoffwechsel *m*
calcium oxalate Calciumoxalat *n*
calcium oxalate calculus Calciumoxalatstein *m (Nierenstein)*
calcium pantothenate Calciumpantothenat *n*
calcium phosphate Calciumphosphat *n*
calcium phosphate crystal Calciumphosphatkristall *m (im Urin)*
calcium-phosphorus ratio Calcium-Phosphat-Quotient *m*
calcium proprionate Calciumproprionat *n*
calcium pump *(Bioch)* Calciumpumpe *f*
calcium pyrophosphate Calciumpyrophosphat *n*
calcium saccharate Calciumsaccharat *n*
calcium stearate Calciumstearat *n*
calcium sulphate Calciumsulfat *n*, Calcium *n* sulfuricum ustum, Gips *m*
calcium thesaurismosis *s.* calcinosis
calcium thiosulphate Calciumthiosulfat *n (z. B. zur Zellmembranstabilisierung)*
calcium time Calciumzeit *f (Blutgerinnung)*
calciuria Kalziurie *f*, Calciumausscheidung *f* im Urin
calcodynia Fersenschmerz *m*, Hackenschmerz *m*
calcophorous *s.* calciferous
calcosphaerite Kalkosphärit *m (Protein-Calcium-Komplex im Gewebe)*
calculary kalkulär, konkrementär; Kalkulus…, Stein…, Steinbildungs…
calculation for children dosage Berechnung *f* der Kinderdosis
calculogenesis Lithogenese *f*, Steinbildung *f*

calculosis Kalkulose *f*, Lithiasis *f*, Steinkrankheit *f*, Steinleiden *n*
calculous 1. kalkulös...; Stein...; 2. steinleidend, steinkrank
calculous anuria Steinanurie *f*, Nierensteinanurie *f*
calculous cholecystitis Steincholezystitis *f*
calculous disease *s.* calculosis
calculous pancreatitis Pancreatitis *f* calcarea
calculus Stein *m*, Konkrement *n (siehe auch unter: stone)*
calculus-free cholecystitis steinlose Cholezystitis *f*
Caldwell-Luc operation Caldwell-Luc'sche Operation *f*, Kieferhöhlenradikaloperation *f*
Caldwell-Maloy pelvic classification Caldwell-Maloy-Klassifikation *f (des weiblichen Beckens)*
Caldwell projection [view] *(Rad)* Caldwell-Projektion *f (zur Darstellung der Stirnhöhlen und Siebbeinzellen)*
calefacient (er)wärmend; wärmeerzeugend; Wärme...
calefacient (agent) erwärmendes Mittel *n*; Wärme erzeugendes Mittel *n*
calefaction test Erwärmungsversuch *m*
calendar method of familiy planning Kalendermethode *f* der Familienplanung
calenture Calentura *f*, tropisches Fieber *n*, Tropenfieber *n*; Calentura *f* roja, rotes Fieber *n*; Dengue-Fieber *n*
calf Wade *f*, Sura *f*, Regio *f* cruris posterior *(siehe auch unter: sural)*
calf blood flow Wadendurchblutung *f*
calf bone Wadenbein *n*, Fibula *f (Zusammensetzungen siehe unter: fibular)*
calf cramp Wadenkrampf *m*
calf muscle Wadenmuskel *m*
calf muscle contraction Wadenmuskelkontraktion *f*
calf muscle pump Wadenmuskelpumpe *f*
calf musculature Wadenmuskulatur *f*
calf vein Wadenvene *f*
caliber Kaliber *n*, innerer Durchmesser *m*
calibrate *v* kalibrieren, eine Kalibrierung durchführen, abgleichen; eichen
calibration 1. Kalibrierung *f*, Abgleichung *f (eines Messinstrumentes)*; 2. Kalibiberbestimmung *f (Ausmessen des Innendurchmessers)*
calibration curve Kalibrierungskurve *f*, Eichkurve *f*
calibration of the echograph Echographiegerätkalibrierung *f*
calibrator Kalibrator *m*
calibre *s.* caliber
caliceal Calyx..., Kalix..., Nierenkelch...
caliceal atonia Kelchatonie *f*
caliceal calculus Kelchstein *m*
caliceal diverticulum Kelchdivertikel *n*
caliceal spasm Kelchspasmus *m*
calicectomy Kalikektomie *f*, (operative) Nierenkelchentfernung *f*
caliciform (nieren)kelchförmig
calicoplasty Kalikoplastik *f*, Kelchplastik *f*, Nierenkelchplastik *f*
calicotomy Kalikotomie *f*, (operative) Nierenkelcheröffnung *f*
caliculus Caliculus *m*, Knospe *f*
caliectasis Kaliektasis *f*, Nierenkelcherweiterung *f*
caliectasy *s.* caliectasis
California disease *s.* coccidioidomycosis
California encephalitis California-Enzephalitis *f*
California encephalitis virus California-Enzephalitis-Virus *n*
caliorrhaphy Nierenkelchnaht *f*, plastische Nierenkelchrekonstruktion *f*
caliper splint Schienenapparat *m*, Schienenhülsenapparat *m*
calipers Zirkel *m*, Tastzirkel *m*
calisthenics Körperschulung *f*
calix *s.* calyx
call *v* **again at the appointed time** zum vereinbarten Vorstellungstermin wiederkommen
call *v* **in a doctor** einen Hausbesuch bestellen, den Hausarzt rufen
call *v* **in for a follow-up check** zur Nachuntersuchung bestellen
Callander's amputation Callander'sche Kniegelenk(s)amputation *f* [Amputation *f*]
callomania Callomanie *f*
callosal *(Anat)* Corpus-callosum-..., Hirnbalken-..., Balken...
callosal fibres Radiatio *f* corporis callosi
callosal fissure Sulcus *m* corporis callosi
callosal gyrus Gyrus *m* cinguli
callosal sulcus Sulcus *m* corporis callosi
callositas *s.* callosity
callosity Callositas *f*, Hautschwiele *f*, Schwiele *f*, harte Haut *f*, Hornhaut(bildung) *f*, Verschwielung *f*, Verschwartung *f*
callosomarginal *(Anat)* callosomarginal
callosomarginal fissure *s.* callosomarginal sulcus
callosomarginal sulcus Sulcus *m* cinguli [cingulatus]
callosum *(Anat)* Corpus *n* callosum, Hirnbalken *m*, Balken *m*
callous kallös; schwielig; Kallus...
callous gastric ulcer kallöses Magengeschwür *n*, Ulcus *n* callosum ventriculi
callous ulcer kallöses Ulkus *n* [Geschwür *n*]
callousness Schwieligkeit *f*
callus 1. Kallus *m*, Knochenkeimgewebe *n (bei Frakturheilung)*; 2. Kallus *m*, Schwiele *f*, Narbengewebe *n*, Narbe *f*
callus formation Kallusbildung *f*
calmative 1. sedativ, sedierend, beruhigend; 2. lindernd, mildernd
calmative (agent) Sedativum *n*, Beruhigungsmittel *n*
calmatives Tranquilizer *mpl*
Calmette-Guérin bacillus Calmette-Guérin-Bazillus *m*
Calmette serum Calmette-Serum *n (antitoxisches polyvalentes Serum)*
Calmette test Calmette'scher Konjunktivaltest *m*, (Calmette'sche) Ophthalmoreaktion *f (früher zur Tuberkulosetestung)*
Calmette's vaccine BCG-Vakzine *f*, Bakterium-Calmette-Guerin-Impfstoff *m*
calming drug Beruhigungsmittel *n*
calmodulin *(Bioch)* Calmodulin *n*, Kalmodulin *n (Rezeptorprotein für Calciumionen)*
calomel allergy Kalomelkrankheit *f*
calomel electrode Kalomelelektrode *f*, Quecksilber(I)-chlorid-Elektrode *f*
calor Calor *m*, Hitze *f (Entzündungszeichen)*
caloric 1. kalorisch; Kalorien...; 2. kalorisch; Wärme...
caloric irrigation kalorische Spülung *f*
caloric nystagmus kalorischer Nystagmus *m*
caloric restriction Kalorienrestriktion *f*, Kalorienbeschränkung *f*
caloric test kalorischer Test *m*, thermische Nystagmusprobe *f*
calorie Kalorie *f (SI-fremde Einheit der Wärmemenge; siehe auch: joule)*
calorie-conscious kalorienbewusst
calorie-free diet kalorienfreie Ernährung *f*, Nulldiät *f*, Nullkost *f*
calorie requirements Kalorienbedarf *m*
calorifacient wärmebildend, wärmeerzeugend

calorific *s.* calorifacient
calorigenetic die Energiebildung steigernd; den Sauerstoffverbrauch erhöhend; die Wärmebildung steigernd
calorigenic *s.* calorigenetic
calorimeter Kalorimeter *n*
calorimetric malorimetrisch, die Wärmebildung messend
calorimetry Kalorimetrie *f*, Wärmemessung *f*, Wärmemengenmessung *f*
caloripuncture *s.* ignipuncture
caloriscope Kaloriskop *n (zur Kalorienbestimmung)*
calory *s.* calorie
Calot's triangle Calot'sches Dreieck *n (zwischen Leber- und Gallenblasengang)*
calotte Kalotte *f*, Schädeldach *n*
calreticulin *(Histol)* Calreticulin *n*, Kalretikulin *n (kalziumbindendes Protein)*
calsequestrin *(Histol)* Calsequestrin *n*, Kalsequestrin *n (kalziumbindendes Protein)*
calvaria Calvaria *f*, Kalvarie *f*, (knöchernes) Schädeldach *n*
calvarial Schädeldach...
calvarial hyperostosis Hyperostosis *f* frontalis interna
calvarial sarcoidosis Kalvariasarkoidose *f*, Schädeldachsarkoidose *f*
calvarium *s.* calvaria
Calvé-Perthes disease *s.* Calvé's disease
Calvé's disease 1. *s.* Calvé's vertebra plana; 2. *(Orth)* Osteochondritis *f* [Osteochondropathia *f*] deformans coxae juvenilis, Calvé-Legg-Perthes'sche Krankheit *f*
Calvé's vertebra plana *(Orth)* Calvé'scher Wirbel *m*, Vertebra *f* plana Calvé, Osteochondrosis *f* vertebrae, (aseptische) Nekrose *f* des Wirbelkörperknochenkerns
calvities Kahlheit *f*, Kahlköpfigkeit *f*, Glatze *f (siehe: alopecia)*
calvous kahl(köpfig)
calyceal 1. *(Anat)* Calyx..., Calix..., Kalix..., Kelch...; 2. *(Anat)* Nierenkelch...
calyceal abnormality Nierenkelchabnormität, Nierenkelchveränderung *f*
calyceal atonia Nierenkelchatonie *f*
calyceal blunting Nierenkelchabflachung *f*
calyceal calculus Nierenkelchstein *m*
calyceal dilatation Nierenkelchdilatation *f*, Nierenkelcherweiterung *f*
calyceal diverticulum Nierenkelchdivertikel *n*
calyceal epithelium Nierenkelchepithel *n*
calyceal spasm Nierenkelchspasmus *m*
calyceal widening *s.* calyceal dilatation
calycectasis *s.* calyceal dilatation
calycectomy Kalikektomie *f*, (operative) Nierenkelchentfernung *f*
calyciform kelchförmig; nierenkelchförmig
calycinal *s.* calyceal
calycine *s.* calyceal
calycoplasty Kalikoplastik *f*, Kelchplastik *f*, Nierenkelchplastik *f*
calycorrhaphy Kalikorrhaphie *f*, Nierenkelchnaht *f*; plastische Nierenkelchrekonstruktion
calycotomy Kalikotomie *f*, (operative) Nierenkelcheröffnung *f*
calycle *s.* caliculus
calyculus *s.* caliculus
calyx 1. *(Anat)* Calyx *m*, Calix *m*, Kalyx *m*, Kelch *m*, kelchförmiges Organ *n*; 2. *(Anat)* Nierenkelch *m*
cambium layer Kambiumschicht *f (des Periosteums)*
camel curve Dromedar(fieber)kurve *f*
camera Camera *f*, Kammer *f*
camisole (restraint) *(Neur)* Zwangsjacke *f*
camomile *s.* chamomile
cAMP *s.* cyclic adenosine monophosphate
cAMP-dependent protein kinase cAMP-abhängige Proteinkinase *f (Enzym)*
cAMP phosphodiesterase cAMP-Phosphodiesterase *f (Enzym)*
Campbell's operation *(Chir)* Campbell'sche Spananlagerungsoperation *f*
Camper's fascia *(Anat)* Camper'sche Faszie *f*, Diaphragma *n* urogenitale
Camper's ligament *s.* Camper's fascia
Camper's line Camper'sche Linie *f*, Linea *f* facialis
camphor Kampfer *m*, Campher *m*, Camphora *f*
camphor bath Kampferbad *n*
camphor liniment Kampferliniment *n*
camphor poisoning Kampfervergiftung *f*
camphor salicylate Kampfersalizylat *n*
camphor spirit Kampferspiritus *m*, alkoholische Kampferlösung *f*
camphoraceous kampferartig, campherartig
camphorated mit Kampfer versetzt, Kampfer enthaltend
camphorated oil Kampferöl *n*
camphoric Kampfer..., Campher...
camphorism Kampfervergiftung *f*, Kampferintoxikation *f*
camphoromania Kampfersucht *f*
campimeter Perimeter *n*, Gesichtsfeldmesser *m*
campimetric kampimetrisch, gesichtsfeld(ver)messend
campimetry *(Ophth)* Kampimetrie *f*, Gesichtsfeld(ver)messung *f*, Gesichtsfeldbestimmung *f*, Perimetrie *f*
camptocormia Kamptokormie *f (nach vorn gebeugte Zwangshaltung des Körpers)*
camptodactylia Kamptodaktylie *f*, Kleinfingerbeugekontraktur *f*
camptodactylic Kamptodaktylie...
camptodactylism *s.* camptodactylia
camptodatyly *s.* camptodactylia
camptomelia Kamptomelie *f*
camptomelic Kamptomelie...
camptospasm *s.* camptocormia
Campylobacter pylori *s.* Heliobacter pylori
campylobacteriosis Campylobakteriose *f*, Camphilobactorinfektion *f*
Camurati-Engelmann disease *(Orth)* Camurati-Engelmann'sche Krankheit *f*, Camurati-Engelmann-Syndrom *n*, Osteopathia *f* hyperostotica (scleroticans) multiplex infantilis
can poisoning Konservenvergiftung *f*
Canada balsam Kanadabalsam *m*, Balsamum *n* canadense, Kanadaterpentin *n(m)*
Canada turpentine *s.* Canada balsam
canal *(Anat)* Canalis *m*, Kanal *m*, Ductus *m*, Röhre *f*, Gang *m*
canal for the facial nerve Canalis *m* nervi facialis
canal of Corti Corti'scher Kanal *m*, Corti-Kanal *m*, Cuniculus *m* internus
canal of Nuck Canalis *m* Nucki, Nuck'scher Kanal *m*, Processus *m* vaginalis peritonei *(Bauchfellausstülpung)*
canal of the cervix of the uterus Canalis *m* cervicis uteri, Zervixkanal *m*, Gebärmutter(hals)kanal *m*
canal of the chorda tympani Canaliculus *m* chordae tympani
canal of the epididymis Ductus *m* epididymidis, Nebenhodenkanal *m*
canal of the greater petrosal nerve Canalis *m* [Sulcus *m*] nervi petrosi majoris
canal of the lesser petrosal nerve Canalis *m* [Sulcus *m*] nervi petrosi minoris
canalicular 1. kanalikulär, kanalförmig; 2. mit Kanälchen versehen
canalicular abscess Milchgangabszess *m*; Gangabszess *m*

canalicular apparatus Golgi-Apparat *m*
canalicular scissors Tränenkanalschere *f*
canaliculation *s.* canaliculization
canaliculitis Kanalikulitis *f*, Dakryokanalikulitis *f*, Tränengangentzündung *f*
canaliculization Kanalisierung *f*, Kanalbildung *f*, Kanälchenbildung *f*
canaliculoplasty Kanalikuloplastik *f*, Tränenkanalrekonstruktion *f*, (operative) Tränenkanalwiederherstellung *f*
canaliculorhinostomy 1. Kanalikulorhinostomie *f*, Tränengang-Nasen-Fistel *f*; 2. Kanalikulorhinostomie *f*, (operative) Tränengangfistelung *f* in die Nasenhöhle
canaliculotomy Kanalikulotomie *f*, Tränenganginzision *f*, (operative) Tränengangeröffnung *f*
canaliculus Canaliculus *m*, Kanalikulus *m*, Kanälchen *n*
canalis *s.* canal
canalization 1. Kanalisierung *f*, Kanalbildung *f*, Kanalformung *f*, Kanälchenbildung *f*; 2. Blutgefäß(neu)bildung *f*; 3. Bahnung *f*, Kanalisierung *f (Nervenleitungsverbesserung)*
canalize *v* 1. kanalisieren, Kanäle [Kanälchen] bilden; 2. neue Blutgefäße bilden; 3. bahnen, die Nervenleitfähigkeit verbessern [beschleunigen]
canaloplasty Kanaloplastik *f*, (operative) Kanalrekonstruktion *f*
Canavan-van Bogaert-Bertrand disease *s.* Canavan's syndrome
Canavan's syndrome Canavan-Syndrom *n*, van Bogaert-Bertrand-Syndrom *n*, frühinfantile spongiöse Dystrophie *f*, spongiöse Degeneration *f* des Zentralnervensystems
cancellate(d) *s.* cancellous
cancellation of marriage Eheaufhebung *f*
cancellous 1. schwammig, spongiös; 2. gitterförmig, gitterähnlich
cancellous bone Substantia *f* spongiosa, Knochenspongiosa *f*, Knochenschwammsubstanz *f*
cancellous bone tissue spongiöses Knochengewebe *n* [Gewebe *n*]
cancer *(Path, Onk)* Carcinoma *n*, Karzinom *n*, Krebs *m*; Malignom *n (bösartige Epithelgeschwulst; siehe auch unter: carcinoma)* • **contract cancer** sich einen Krebs zuziehen • **die with cancer** an Krebs sterben • **turn into cancer** sich in Krebs umwandeln, maligne entarten, bösartig werden
cancer bodies Russell-Körperchen *npl*, Russell'sche Körperchen *npl*
cancer cell Krebszelle *f*
cancer chemotherapy Krebschemotherapie *f*
cancer en cuirasse Panzerkrebs *m*, Cancer *m* en cuirasse
cancer growth Krebswachstum *n*
cancer in situ Carcinoma *n* in situ
cancer mastitis Karzinommastitis *f*
cancer milk *(Path)* Krebsmilch *f*
cancer mortality Karzinomsterblichkeit *f*, Krebsmortalität *f*
cancer nest Karzinomnest *n*, Krebs(zellen)nest *n*
cancer of the small intestine Dünndarmkrebs *m*
cancer of the stomach Magenkarzinom *n*, Magenkrebs *m*, Carcinoma *n* ventriculi
cancer of the thyroid (body) Struma *f* maligna, Schilddrüsenkarzinom *n*, Schilddrüsenkrebs *m*
cancer of throat Rachenkarzinom *n*, Schlundkrebs *m*
cancer pain Karzinomschmerz *m*, Krebsschmerz *m*
cancer patient Karzinompatient *m*, Krebspatient *m*
cancer pleurisy Pleuritis *f* carcinomatosa, karzinomatöse Pleuritis *f* [Brustfellentzündung *f*]
cancer population Karzinompopulation *f*, Krebspopulation *f*
cancer staging Krebs-Staging *n*, Krebsstadiumeinteilung *f*
cancer surgery Karzinomchirurgie *f*, Krebschirurgie *f*
cancer virus Krebsvirus *n*
canceraemia Kanzerämie *f (Vorhandensein von Krebszellen im Blut)*
cancerate *v* krebsartig entarten, krebsartig werden, zu Krebs entwickeln, krebsig degenerieren
canceration krebsige Entartung *f*, krebsige Umwandlung *f*, krebsige Degeneration *f*
cancericidal kanzerozid, kanzerizid, krebs(zellen)zerstörend, krebsvernichtend
cancerigenic *s.* carcinogenic
cancerocidal *s.* cancericidal
cancerogen *s.* carcinogen
cancerologist Onkologe *m*, Krebsspezialist *m*
cancerology Onkologie *f*, Geschwulstlehre *f*
cancerophobia Kanzerophobie *f*, Krebsangst *f*, Krebsfurcht *f*
cancerous kanzerös, karzinös, krebsartig, karzinomartig; Krebs... *(siehe unter: carcinous)*
cancerous cachexia Krebskachexie *f*
cancerous goitre Krebsstruma *f*, Struma *f* maligna, Strumakrebs *m*
cancerous ulcer 1. Ulcus *n* cancerosum; 2. Basalzellenkarzinom *n*, Basaliom *n*
cancriform *s.* cancerous
cancrocirrhosis Lungenkarzinom *n* mit Leberzirrhose
cancroid Kankroid..., Hautkrebs...
cancroid Kankroid *n*, Hautkrebs *m*
cancroid corpuscle Kankroidperle *f*
candicidin Candicidin *n (Antimykotikum)*
Candida albicans Candida *f* albicans
Candida glabrata Candida *f* glabrata
Candida guilliermondii Candida *f* guilliermondii
Candida krusei Candida *f* krusei
Candida parapsilosis Candida *f* parapsilosis
Candida pseudotropicalis Candida *f* pseudotropicalis
Candida stellatoidea Candida *f* stellatoidea
Candida tropicalis Candida *f* tropicalis
candida granuloma Candida-Granulom *n*, Soorgranulom *n*
candidaemia Candidämie *f*, Vorhandensein *n* von Candida im Blut, Candidasepsis *f*
candidal Candida...; Soor...
candidal infection Candidainfektion *f*, Soorinfektion *f*
candidal mycosis *s.* candidiasis
candidemia *s.* candidaemia
candidiasis Candidiasis *f*, Candidamykose *f*, Candidose *f*, Soormykose *f*, Soor *m*
candidiasis of dermal folds intertriginöse Candidiasis *f*, Candidiasis *f* der Körperfalten, Candida-Intertrigo *f*
candidiasis of the skin Hautcandidiasis *f*
candidid Candidid *n*, Candidaexanthem *n*
candidin Candidin *n (Hauttestantigen)*
candidosis *s.* candidiasis
candiduria Candidurie *f*, Candidaausscheidung *f* im Urin
candle Candela *f*
candle wax phenomenon Kerzentropfen-Phänomen *n*
candled 1. kandiert, überzuckert; 2. *(Pharm)* dragiert
candy Kokain *n*
candy-striper Praktikant *m*
cane Stock *m*, Gehstock *m*
cane-cutter's cramp Hitzekrampf *m*
cane fever Zuckerrohrfieber *n*
canebrake yellow fever Schwarzwasserfieber *n*
canefield fever Zuckerrohrfieber *n*
canicola fever Canicola-Fieber *n*, Canicola-Krankheit *f*, Stuttgarter Hundefieber *n*, Stuttgarter Hundeseuche *f*
canine Caninus..., Eckzahn...
canine *s.* canine tooth

canine extracting forceps Caninusextraktor *m*, Eckzahn(extraktions)zange *f*
canine fossa Fossa *f* canina, Eckzahngrube *f*
canine laugh Risus *m* sardonicus, teuflisches Lachen *n* *(bei Tetanus)*
canine leptospirosis *s.* canicola fever
canine spasm *s.* canine laugh
canine tooth Dens *m* caninus, Caninus *m*, Eckzahn *m*, Augenzahn *m*, Hakenzahn *m*, Spitzzahn *m*
caniniform eckzahnförmig
caninus (muscle) Musculus *m* caninus [levator anguli oris], Eckzahnmuskel *m*
canities Trichopoliose *f*, Poliosis *f*, Achromotrichie *f*, Haarergrauen *n*
canker Ulkus *n*, Geschwür *n*, Aphthe *f*
canker rash Scharlach(ausschlag) *m*, Scarlatina *f*
canker sore Mundschleimhautaphthe *f*, Mundschleimhautgeschwür *n*; Soor *m*
cannabidiol Cannabidiol *n (Haschischbestandteil)*
cannabinoid Cannabinoid *n*
cannabinol Cannabinol *n (Haschischbestandteil)*
cannabis 1. Kannabis *n*, Cannabis *n* indica, Indischer Hanf *m*; 2. Haschisch *m(n)*, Charas *n*, Marihuana *n (Rauschgift)*
cannabis delusional disorder *(Neur)* cannabis-induziertes Syndrom *n*
cannabis indica 1. Kannabis *n*, Cannabis *n* indica, Indischer Hanf *m*; 2. Haschisch *m(n)*, Charas *n*, Marihuana *n (Rauschgift)*
cannabis intoxication *(Neur)* Cannabisintoxikation *f*
cannabis organic mental disorder *(Neur)* cannabisinduzierte organisch bedingte psychische Störung *f*
cannabism Haschischsucht *f*, Marihuanasucht *f*
cannibalism Kannibalismus *m*, Anthropophagie *f*, Menschenfresserei *f (sexuelle Abnormität)*
Cannizarro's reaction Cannizarro-Reaktion *f (Aldehyddismutation)*
cannon ball pulse *s.* Corrigan's pulse
cannon sound Kanonenschlag(ton) *m*, betonter I. Herzton *m (bei komplettem Herzblock)*
cannula Kanüle *f*, Injektionsnadel *f* • **insert a cannula into the vein** eine Kanüle in die Vene einführen
cannula dryer Kanülenbläser *m*
cannula for brain puncture Hirnpunktionskanüle *f*
cannula for enema Klistierschlauch *m*
cannular kanülär; Kanüle(n)...
cannulate *v* kanülieren, eine Kanüle einführen; punktieren
cannulation *s.* cannulization
cannulization Kanülierung *f*, Punktion *f*
cannulize *v* kanülieren, punktieren
canons of professional ethics Standesregeln *fpl (der Ärzte)*
cantering rhythm Galopprhythmus *m*
canthal Canthus..., Lidwinkel..., Augen(lid)winkel...
canthariasis Canthariasis *f*, Kantharideninfektion *f*
cantharidal Kanthariden...
cantharidic Kanthariden...
cantharidic acid Cantharidinsäure *f*
cantharidin Cantharidin *n*
cantharidin poultice Cantharidinpflaster *n*
cantharidism Cantharidismus *m*, Cantharidinvergiftung *f*, Cantharidinintoxikation *f*
canthectomy Kanthektomie *f*, Lidwinkelexstirpation *f*, (operative) Augen(lid)winkelentfernung *f*
canthitis Kanthitis *f*, Lidwinkelentzündung *f*, Augen(lid)-winkelentzündung *f*
cantholysis Kantholyse *f*, Lidwinkel(frei)lösung *f*, Augen(lid)winkellösung *f*
canthomeatal kanthomeatal; Canthus-Meatus-...
canthoplasty Kanthoplastik *f*, Augenlidspaltenerweiterung *f*, (operative) Lidspaltenrekonstruktion *f*
canthorrhaphy Kanthorrhaphie *f*, Augenlidwinkelnaht *f*, Augenlidspaltenverkürzung *f*
canthotomy Kanthotomie *f*, Augenwinkelschnitt *m*, Augenlidwinkelspaltung *f*, (operative) Lidwinkelspaltung *f*
canthus Canthus *m*, Lidwinkel *m*, Augen(lid)winkel *m*
Cantrell's pentalogy Cantrell-Pentalogie *f*, Cantrell'sche Pentalogie *f*
canula *s.* cannula
canvas roll Leinentuchtasche *f (für Instrumente)*
cap 1. Kappe *f*, Schutzkappe *f*; 2. (künstliche) Zahnkrone *f*; 3. *s.* tegmen
capability of sterilization Sterilisierbarkeit *f*
capacitance Kapazität *f*
capacitance-discharge defibrillation Gleichstromdefibrillation *f*, DC-Defibrillierung *f*, DC-Schock *m*, Kardioversion *f (Herzrhythmisierung)*
capacitance vessel Kapazitätsgefäß *n*
capacitation Kapazitation *f (der Spermien)*
capacity 1. Kapazität *f*, Fassungsvermögen *n*; Volumen *n*; 2. Fähigkeit *f*, Leistungsvermögen *n*
capacity to register *(Neur)* Merkfähigkeit *f*
capacity of remembering Erinnerungsvermögen *n*
Capdepont-Hodge syndrome *s.* Capdepont's syndrome
Capdepont's syndrome *(Stom)* Capdepont-Syndrom *n*, Dentinogenesis *f* hypoplastica hereditaria, Stainton-Syndrom *n*
capeline bandage Kopfverband *m*, Haubenverband *m*, Haube *f*
Capgras syndrome Capgras-Syndrom *n*, Capgras-Zeichen *n (Nichtidentifizierung von bekannten Personen)*
capillarectasia Kapillarektasie *f*, Kapillarerweiterung *f*
Capillaria aerophila Capillaria *f* aerophila
Capillaria hepatica Capillaria *f* hepatica
Capillaria philippinensis Capillaria *f* philippinensis
capillariasis Kapillariasis *f*, Capillaria-aerophila-Infektion *f*
capillariomotor kapillaromotorisch, die Kapillarfunktion beeinflussend
capillarioscopy Kapillaroskopie *f*, Kapillarmikroskopie *f*
capillaritis Kapillaritis *f*, Kapillar(en)entzündung *f*
capillarity Kapillarität *f*, Kapillaranziehung *f*, kapillare Anziehung *f*, Haarröhrchenwirkung *f*
capillaropathy Kapillaropathie *f*, Kapillarkrankheit *f*
capillaroscopy *s.* capillarioscopy
capillary kapillar, haarfein
capillary *s.* capillary tube
capillary action Kapillarwirkung *f*, Kapillareffekt *m*
capillary aneurysm Kapillaraneurysma *n*
capillary angioma Kapillarangiom *n*
capillary attraction *s.* capillarity
capillary basement membrane Kapillargrundmembran *f*
capillary bed *(Histol)* Kapillarbett *n*
capillary bleeding Kapillarblutung *f*
capillary blood gas analysis *(Anästh)* Kapillarblutanalyse *f*, Astrup-Bestimmung *f*
capillary bronchitis Bronchitis *f* capillaris, kapilläre Bronchitis *f*, Bronchiolitis *f*, Bronchiolenentzündung *f*
capillary budding Kapillar(ein)sprossung *f*, Kapillarknospenbildung *f*
capillary closure Kapillar(en)verschluss *m*, Kapillarokklusion *f*
capillary drain *(Chir)* Kapillardrain *m(n)*
capillary endothelial cell Kapillarendothelzelle *f*
capillary endothelium Kapillarendothel *n*, Kapillarinnenhaut *f*
capillary flames Nävus *m* teleangiectaticus; Storchenbiss *m*
capillary flow Kapillarendurchblutung *f*

capillary fracture Kapillarfraktur *f*, Haarfraktur *f*, Knochenfissur *f*
capillary fragility Kapillarfragilität *f*
capillary functional testing Kapillarfunktionsdiagnostik *f*
capillary haemangioma Kapillarhämangiom *n (siehe: port-wine mark)*
capillary haemorrhage Kapillarblutung *f*
capillary kidney Kapillarniere *f*
capillary multiplication Kapillarvemehrung *f*, Kapillarsprossung *f*
capillary network kapillares Netzwerk *n*, Kapillarnetz *n*
capillary occlusion Kapillarokklusion *f*, Kapillar(en)verschluss *m*
capillary permeability Kapillarpermeabilität *f*, Kapillardurchlässigkeit *f*
capillary pressure Kapillardruck *m*
capillary pulse Kapillarpuls *m*
capillary puncture Kapillarpunktion *f*
capillary refill kapillare Auffüllung *f*, Kapillarfüllung *f (z. B. nach Fingernageldruck)*
capillary refilling Kapillarwiederauffüllung *f*
capillary resistance Kapillarresistenz *f*
capillary resistance test Kapillarresistenzprobe *f*
capillary-sealing kapillarabdichtend
capillary sheath Kapillarscheide *f*, Kapillarhülle *f*
capillary system Kapillarsystem *n*
capillary teleangiectasia Kapillarteleangiektasie *f*
capillary thrombosis Kapillarthrombose *f*
capillary thrombus Kapillarthrombus *m*
capillary tube Kapillare *f*, Kapillarröhre *f*, Kapillarröhrchen *n*, Kapillargefäß *n*, Haarröhrchen *n*, Haargefäß *n*
capillary tufting Kapillarzotten *fpl (in den Lungenalveolen)*
capillary vasodilatation Kapillargefäßerweiterung *f*
capillus Kopfhaar *n*
capistration Kapistration *f*, Paraphimosis *f* oculi, Augenlidretraktion *f* hinter den Augapfel
capita *pl s.* caput
capital operation schwierige [komplizierte] Operation *f*, lebensgefährliche Operation *f*
capitate kopfförmig; Kopf...
capitate bone Os *n* capitatum, Capitatum *n*, Kopfbein *n*
capitation Kopfpauschale *f (bei gesetzlicher Krankenversicherung)*
capitatum *s.* capitate bone
capitellum Capitellum *n*, Köpfchen *n*
capitonnage *(Chir)* Zystenverschluss *m (durch Wandanlagerung)*
capitopedal kapitopedal; Kopf-Fuß-...
capitual *pl s.* capitulum
capitular kapitulär; Köpfchen...
capitulum Capitulum *n*, Köpfchen *n*
capitulum of the humerus Capitulum *n* humeri
Caplan's syndrome Caplan-Colinet'sches Syndrom *n*, Caplan-Syndrom *n*, Silikoarthritis *f*
capnoeic kapnoisch, unter erhohtem CO_2-Gehalt (atmend)
capnogram Kapnogramm *n*, CO_2-Gehalt-Kurve *f*
capnograph Kapnograph *m*, CO_2-Gehalt-Messgerät *n*
capnography Kapnographie *f*, grafische CO_2-Gehalt-Darstellung *f (des Blutes)*
capnohepatography *(Rad)* Kapnohepatographie *f (Leberdarstellung nach intravenöser CO_2-Applikation)*
capnometer Kapnometer *n (zur Messung des CO_2-Partialdruckes)*
capnometry Kapnometrie *f*, CO_2-Gehalt-Messung *f (des Blutes)*
capotement Plätschern *n*, Plätschergeräusch *n (im Magen)*
cappacism Kappazismus *m (Sprachstörung bei K-Laut-Bildung)*
capping 1. Abdeckung *f*, Deckelung *f*; 2. *(Immun)* Capping *n*; 3. *(Stom)* Überkronen *n*, Kronenversorgung *f (eines Zahnes)*
capreomycin Capreomycin *n (Antibiotikum)*
capriloquism Kapriloquismus *m*, Bronchoegophonie *f*, Egophonie *f*, Ziegenmeckern *n*; Meckerstimme *f*
caprizant schnellend
caproic acid Capronsäure *f*, Butylessigsäure *f*, Acidum *n* caproicum
caprylic acid Caprylsäure *f*, Octylsäure *f*, Acidum *n* caprylicum
capsaicin Capsaicin *n (Alkaloid)*
capsicum Capsicum *n*, Cayenne-Pfeffer *m*
capsid *(Virol)* Kapsid *n*
capsitis Linsenkapselentzündung *f (des Auges)*
capsomer(e) Kapsomer *n (Virusprotein)*
capsula Capsula *f*, Kapsel *f*
capsular kapsulär, kapselförmig; Kapsel...
capsular ankylosis Kapselankylose *f*
capsular antigen Kapselantigen *n*
capsular cataract *(Ophth)* Kapselkatarakt *f*, Kapselstar *m*
capsular cell Satellitenzelle *f*
capsular decidua Kapseldezidua *f*, Decidua *f* capsularis
capsular fibrosis Kapselfibrose *f*
capsular fold Kapselfalte *f*, Plica *f* capsularis
capsular glaucoma *(Ophth)* Linsenkapselhäutchenglaukom *n*
capsular haemorrhage Kapselblutung *f*
capsular hemiplegia kapsuläre Lähmung *f*, spastische Halbseitenlähmung *f*
capsular lamella Kapselhäutchen *n*, Cuticula *f* capsularis
capsular ligament Gelenkkapsel *f*, Capsula *f* articularis
capsular nephritis Nierenkapselentzündung *f*
capsular paralysis *s.* capsular hemiplegia
capsular pattern Kapselmuster *n (der Gelenkbewegung)*
capsular phlegmon Kapselphlegmone *f*
capsular polysaccharide Kapselpolysaccharid *n*
capsular pseudocirrhosis Kapselpseudozirrhose *f*, Leberkapselpseudozirrhose *f*
capsular quellung Kapselschwellung *f*
capsular staining Kapselfärbung *f*
capsular swelling Kapselschwellung *f*
capsular swelling test Kapselschwellungstest *m*, Quellungsreaktion *f*
capsulate(d) eingekapselt, verkapselt
capsulation Kapseleinschluss *m*, Verkapselung *f (z. B. Medikament)*
capsule 1. *(Anat)* Kapsel *f (z. B. eines Gelenks)*; Hülle *f*, Umhüllung *f*, Schale *f*, 2. Kapsel *f*, Arzneikapsel *f*
capsule forceps Kapselpinzette *f*
capsule formation Kapselbildung *f*
capsule grasping forceps Kapselfasszange *f*
capsule of Tenon Tenon'sche Kapsel *f*, Capsula *f* [Vagina *f*, Fascia *f*] bulbi, Augapfelkapsel *f*
capsule of the acromioclavicular joint Capsula *f* articularis acromioclavicularis
capsule of the ankle joint Capsula *f* articularis talocruralis
capsule of the calcaneocuboid joint Capsula *f* articularis calcaneocuboideae
capsule of the carpometacarpal joint of the thumb Capsula *f* articularis carpometacarpea pollicis
capsule of the distal radioulnar joint Capsula *f* articularis radioulnaris distalis
capsule of the elbow joint Capsula *f* articularis cubiti
capsule of the hip joint Capsula *f* articularis coxae
capsule of the kidney Nierenkapsel *f*
capsule of the knee joint Capsula *f* articularis genus

capsule of the lens Linsenkapsel *f*, Augenlinsenkapsel *f*, Capsula *f* lentis
capsule of the liver *s.* Glisson's capsule
capsule of the nerve cell Ganglienzellenneurilemm *n*
capsule of the prostate Prostatakapsel *f*, Capsula *f* prostatis
capsule of the shoulder joint Capsula *f* articularis humeri
capsule of the sternoclavicular joint Capsula *f* articularis sternoclavicularis
capsule of the temporomandibular joint Capsula *f* articularis mandibulae [articulationis temporomandibularis]
capsule of the tibiofibular joint Capsula *f* articularis tibiofibularis
capsule of the transverse tarsal joint Capsula *f* articularis articulationis tarsi transversae
capsule of the wrist joint Capsula *f* articularis articulationis radiocarpeae
capsulectomy Kapsulektomie *f*, Kapselausschneidung *f*, (operative) Kapselentfernung *f (z. B. der Linsenkapsel)*
capsulitis Kapsulitis *f*, Kapselentzündung *f (z. B. der Linsenkapsel)*
capsulize *v* einkapseln, verkapseln
capsulodesis Kapsulodesis *f*, Kapsulodese *f*, operative Fingergelenkversteifung *f* (durch Bohrdrahtfixation)
capsulolenticular kapsulolentikulär; Linsenkapsel...
capsuloma Kapsulom(a) *n*, Kapseltumor *m (z. B. der Niere)*
capsuloplasty Gelenkkapselplastik *f*, Kapselplastik *f*, Gelenkkapselrekonstruktion *f*, (operative) Gelenkkapselwiederherstellung *f*
capsulorrhaphy Kapsulorrhaphie *f*, Kapselnaht *f*, Kapselraffung *f (z. B. der Linsenkapsel)*
capsulorrhexis Kapsulorrhexis *f (zur Entfernung der Linse)*
capsulothalamic kapsulothalamisch
capsulotome Kapsulotom *n*, Kapselmesser *n*
capsulotomy Kapsulotomie *f*, Kapsel(ein)schnitt *m*, (operative) Kapseleröffnung *f*
captation Kaptation *f*, Kaptivation *f (Eingangsstufe der Hypnose)*
captative behaviour kaptatives Verhalten *n*
captativity 1. Kaptativität *f*, Besitzenwollen *n*, Besitzverhalten *n*; 2. Kaptativität *f (Eigenart der Säuglinge, alles in den Mund zu nehmen)*
captodiamine hydrochloride Captodiaminhydrochlorid *n (Sedativum)*
captopril Captopril *n (ACE-Hemmer)*
capture 1. Einfangen *n*, Einholen *n*; 2. *(Kard)* Erregungsankopplung *f*, Erregungsauslösung *f*, Einfangen *n* des Rhythmus
capture beat *(Kard)* koppelnder Schlag *m*, ankoppelnde Extrasystole *f (bei AV-Dissoziation)*
capture of radiation Strahleneinfangen *n*
caput 1. Caput *n*, Kopf *m (Zusammensetzungen siehe unter: head)*; 2. Condylus *m*, Gelenkkopf *m*, Caput *n (Zusammensetzungen siehe unter: condyle)*
car sickness Autokrankheit *f (Kinetose)*
carate *(Derm)* Carate *f*, Pinta *f*, Mal *m* de Pinto *(Krankheit durch Treponema carateum)*
carbachol Karbachol *n*, Carbachol *n*, O-Carbamoylcholinchlorid *n (Parasympathikomimetikum)*
carbamate Carbamat *n*, Carbaminsäuresalz *n*
carbamazepine Carbamazepin *n (Antikonvulsivum)*
carbamic acid Carbaminsäure *f*
carbamide *s.* urea
carbamide peroxide Carbamidperoxid *n*
carbamidine Guanidin *n*, Iminoharnstoff *m*
carbamino compound Carbaminoverbindung *f*
carbaminohaemoglobin Carbaminohämoglobin *n*
carbamoylaspartate Carbamylaspartat *n*
carbamoylaspartate dehydrase Carbamylaspartat-Dehydrogenase *f (Enzym)*
carbamoylation Carbamylation *f*
carbamoylphosphate Carbamylphosphat *n*
carbamoylphosphate synthetase Carbamylphosphat-Synthetase *f*, CAPS *(Enzym)*
carbamoylphosphate synthetase deficiency Carbamylphosphat-Synthetasemangel *m*
carbamoyltransferase Carbamyltransferase *f*, Transcarbamylase *f (Enzym)*
carbamyl urea *s.* biuret
carbamylation *s.* carbamoylation
carbasus Gaze *f*, Mull *m*
carbenicillin disodium Carbenicillin *n* disodium *(Antibiotikum)*
carbinol Carbinol *n (Methanolderivat)*
carbo medicinalis Carbo *f* medicinalis, medizinische Kohle *f*
carbocholine *s.* carbachol
carbocyclic carbocyclisch
carbocysteine Carbocystein *n*
carbogaseous mit Kohlendioxid angereichert [belastet], CO_2-belastet
carbohaemoglobin Carbaminohämoglobin *n*
carbohydrase Carbohydrase *f (Enzym)*
carbohydrate Kohle(n)hydrat *n*, Karbohydrat *n*
carbohydrate catabolism Kohlenhydratkatabolismus *m*, Kohlenhydratabbaustoffwechsel *m*, Kohlenhydratabbau *m*
carbohydrate diet Kohlenhydratdiät *f*, Kohlenhydratkost *f*
carbohydrate-induced kohlenhydratinduziert
carbohydrate loading Kohlenhydrataufspeicherung *f (der Sportler)*
carbohydrate metabolism Kohlenhydratmetabolismus *m*, Kohlenhydratstoffwechsel *m*
carbohydrate tolerance test Kohlenhydratbelastungstest *m*
carbohydraturia Glukosurie *f*, Kohlenhydratausscheidung *f* im Urin
carbohydrogenic kohlenhydratbildend
carbol-aniline fuchsin stain *(Histol)* Karbolanilinfuchsinfärbung *f*
carbol-fuchsin solution Karbolfuchsinlösung *f*
carbol-fuchsin stain Karbolfuchsinfärbung *f*
carbolated camphor *(Pharm)* Karbolkampfer *m*
carbolic acid Karbolsäure *f*, Acidum *n* carbolicum, Hydroxybenzen *n*, Phenol *n*
carbolic poisoning *s.* carbolism
carbolism Karbolsäurevergiftung *f*, Phenolvergiftung *f*
carbolize *v* mit Phenol behandeln
carboluria Karbolurie *f*, Phenolausscheidung *f* im Urin
carbon dioxide Kohlendioxid *n*, CO_2
carbon dioxide absorbent lime Atemkalk *m*
carbon dioxide absorption anaesthesia Kohlendioxid-Absorptionsanästhesie *f*, Narkoseverfahren *n* mit Kohlendioxidabsorption *(geschlossenes Narkosesystem)*
carbon dioxide absorption canister *(Anästh)* Kohlendioxidabsorber *m*
carbon dioxide acidosis respiratorische Azidose *f*
carbon dioxide bath Kohlendioxidbad *n*, CO_2-Bad *n*
carbon dioxide combining power Kohlendioxidbindungsvermögen *n*, CO_2-Bindungsvermögen *n*
carbon dioxide inhalation Kohlendioxidinhalation *f*, CO_2-Inhalation *f*
carbon dioxide laser Kohlendioxidlaser *m*, CO_2-Laser *m*
carbon dioxide laser handpiece Kohlendioxidlaser-Handstück *n*, CO_2-Laser-Handgriff *m*

carbon dioxide narcosis Kohlendioxidnarkose *f*, CO_2-Narkose *f*
carbon dioxide poisoning Kohlendioxidintoxikation *f*, CO_2-Vergiftung *f*
carbon dioxide pressure Kohlendioxid(partial)druck *f*, CO_2-Partialdruck *f*
carbon dioxide response Kohlendioxid(atem)reaktion *f*, CO_2-Atemreaktion *f*
carbon dioxide retention Kohlendioxidretention *f*, CO_2-Retention *f*
carbon dioxide slush Kohlendioxidschnee *m*, Trockeneis *n*
carbon dioxide store Kohlendioxidspeicher *f*, CO_2-Speicher *f*
carbon dioxide tension *(Physiol)* Kohlendioxidspannung *f*, pCO_2 Kohlendioxidpartialdruck *m*
carbon dioxide therapy Kohlendioxidtherapie *f*, Kohlendioxidbehandlung *f*
carbon dioxide titration curve Kohlendioxidtitrationskurve *f*, CO_2-Titrationskurve *f*
carbon disulfide Schwefelkohlenstoff *m*
carbon monoxide Kohlenmonoxid *n*, CO
carbon monoxide poisoning Kohlenmonoxidvergiftung *f*, CO-Vergiftung *f*
carbon oxychloride Kohlenoxychlorid *n*
carbon tetrachloride Tetrachlorkohlenstoff *m*, Tetrachlormethan *n*
carbon tetrachloride poisoning Tetrachlorkohlenstoffintoxikation *f*, Tetra(chlormethan)vergiftung *f*
carbonaceous kohlenstoffhaltig; Kohlenstoff...
carbonarcosis *(Neur)* Karbonarkose *f*
carbonate *v* karbonieren, mit Kohlendioxid sättigen [beladen], mit Kohlensäure versetzen
carbonate Karbonat *n*, Carbonat *n*
carbonate calculus Karbonatstein *m*
carbonate dehydratase Karbonatdehydratase *f (Enzym)*
carbonate of soda Natriumcarbonat *n*, Soda *f*, kohlensaures Natron *n*, Natrium *n* carbonicum
carbonated water Sodawasser *n*
carbonic acid Acidum *n* carbonicum, Karbonsäure *f*
carbonic anhydrase Carboanhydrase *f (Enzym)*
carbonic anhydrase inhibitor Carboanhydraseinhibitor *m*, Carboanhydrasehemmer *m*
carbonization Carbonisation *f*, Verkohlung *f*, Verbrennung *f* IV. [vierten] Grades
carbonize *v* verkohlen, eine viertgradige Verbrennung erleiden, sich eine Verbrennung vierten Grades zuziehen
carbonometer Karbonometer *n*, Kohlendioxidmesser *m*, Kohlendioxidanzeiger *m*
carbonometry Karbonometrie *f*, Kohlendioxidbestimmung *f*
carbonuria Karbonurie *f*, Kohlensäureausscheidung *f* im Urin
carbonyl chloride *s.* phosgene
carbonylhaemoglobin *s.* carboxyhaemoglobin
carboxyfluoroquinolone Carboxyfluorochinolon *n (Antibiotikum)*
carboxyhaemoglobin Carboxyhämoglobin *n*, Kohlen(mon)oxidhämoglobin *n*, Hb-CO
carboxyhaemoglobinaemia Carboxyhämoglobinämie *f*, Vorhandensein *n* von Carboxyhämoglobin im Blut
carboxylase Carboxylase *f*, Karboxylase *f (Enzym)*
carboxylation Carboxylation *f*, Karboxylierung *f*
carboxylesterase Carboxylesterase *f (Enzym)*
carboxyltransferase Carboxyltransferase *f (Enzym)*
carboxymyoglobin Carboxymyoglobin *n*, Kohlenoxidmyoglobin *n*
carboxypenicillin Carboxypenicillin *n*
carboxypeptidase Carboxypeptidase *f (Enzym)*
carboxypolypeptidase Carboxypolypeptidase *f (Enzym)*
carbuncle Karbunkel *m*
carbuncular Karbunkel...
carbunculoid karbunkelartig
carbunculosis Karbunkulose *f*, multiple Karbunkel *fpl*
carcinaemia Karzinomkachexie *f*, Krebskachexie *f*, Krebsauszehrung *f (des Körpers)*
carcinectomy Karzinomexstirpation *f*, Karzinomexzision *f*, (operative) Karzinomentfernung *f*
carcinocythaemia Karzinozythämie *f (Vorhandensein von Krebszellen im Blut)*
carcinoembryonic antigen karzinoembryonales Antigen *n*, CEA
carcinogen Karzinogen *n*, Kanzerogen *n*, krebserzeugender Stoff *m*
carcinogenesis Karzinogenese *f*, Krebsentstehung *f*, Krebsentwicklung *f*
carcinogenetic *s.* carcinogenic
carcinogenic karzinogen, kanzerogen, krebserzeugend, Krebs erregend
carcinogenicity Kanzerogenität *f*
carcinoid karzinoid, krebsähnlich
carcinoid Karzinoid *n*
carcinoid cardiac syndrome *s.* carcinoid syndrome
carcinoid-like karzinoidartig
carcinoid metastasis Karzinoidmetastase *f*
carcinoid of the bronchus Bronchuskarzinoid *n*
carcinoid syndrome Karzinoidsyndrom *n*, Syndrom *n* des malignen [bösartigen] Karzinoids, Flush-Syndrom *n*, Hyperserotonismus *m*, malignes Dünndarmkarzinoid *n*, Enterodermatokardiopathie *f*, Karzinoidose *f*, Angiomatosis *f* miliaris
carcinoid tumour Karzinoid *n*
carcinoidosis *s.* carcinoid syndrome
carcinology 1. Karzinologie *f*, Karzinomlehre *f*, Lehre *f* von den Krebserkrankungen; 2. Krebsforschung *f*
carcinolysin Karzinolysin *n*, krebsauflösender Stoff *m*
carcinolysis Krebs(zellen)zerstörung *f*
carcinolytic karzinolytisch, krebs(zellen)zerstörend
carcinoma *(Onk, Path)* Carcinoma *n*, Karzinom *n*, Krebs *m*; Malignom *n (bösartige Epithelgeschwulst, siehe unter: cancer)*
carcinoma in situ Carcinoma *n* in situ
carcinoma of the breast Mammakarzinom *n*, Brustkrebs *m*
carcinoma of the cardia Kardiakarzinom *n*
carcinoma of the corpus luteum Luteom *n*
carcinoma of the larynx Larynxkarzinom *n*, Kehlkopfkrebs *m*
carcinoma of the lip Lippenkarzinom *n*
carcinoma of the nipple Brustwarzenkrebs *m*, Mamillenkarzinom *n*
carcinoma of the pancreas Pankreaskarzinom *n*, Bauchspeicheldrüsenkrebs *m*
carcinoma of the prostata Prostatakarzinom *n*, Vorsteherdrüsenkrebs *m*
carcinoma of the scrotum Skrotumkarzinom *n*
carcinoma of the stomach body Magenkorpuskarzinom *n*
carcinoma of the vocal cord Stimmbandkarzinom *n*
carcinomatoid karzinomatoid, karzinomähnlich, karzinomartig
carcinomatophobia *s.* carcinophobia
carcinomatosis Karzinomatose *f*, Carcinomatosis *f*, Karzinose *f*, Karzinommetastasenabsiedlung *f*, Krebsmetastasenabsiedlung *f*, Metastasenausbreitung *f*
carcinomatosis of the pleura Pleurakarzinomatose *f*, Carcinomatosis *f* pleurae
carcinomatous karzinomatös, krebsig; Krebs...

carcinomatous dermatitis Dermatitis *f* carcinomatosa
carcinomatous pericarditis Pericarditis *f* carcinomatosa, karzinomatöse Herzbeutelentzündung *f*
carcinomatous peritonitis Peritonitis *f* carcinomatosa, karzinomatöse Bauchfellentzündung *f*
carcinomectomy *s.* carcinectomy
carcinophilia Karzinophilie *f*, Kanzerophilie *f*, Karzinomempfänglichkeit *f*, Krebsfreundlichkeit *f (von Gewebe)*
carcinophilic karzinophil, karzinomempfänglich, krebsfreundlich
carcinophobia *(Neur)* Karzinophobie *f*, Kanzerophobie *f*, Krebsangst *f*
carcinosarcoma *(Path)* Karzinosarkom *n*, Kollisionstumor *m*
carcinosectomy *s.* carcinectomy
carcinosis *s.* carcinomatosis
carcinostatic karzinomhemmend, krebshemmend
carcinostatic (agent) Karzinostatikum *n*, das Krebswachstumhemmendes Mittel *n*
carcinous krebsartig, karzinös, kanzerös; Krebs… *(Zusammensetzungen siehe unter: cancerous)*
carcoma *(Trop)* Carcoma *n (Kotbestandteil in Tropen)*
Cardarelli's sign Cardarelli-Zeichen *n (Luftröhrenpulsation bei Aortenaneurysma)*
cardboard mouth piece Pappmundstück *n*
cardia Kardia *f*, Magenmund *m*, Mageneingang *m*, Ostium *n* cardiacum
cardia dilator *s.* cardiodilator
cardia reconstruction Kardiarekonstruktion *f*
cardiac 1. kardial; Kardial…, Kardio…, Herz… *(siehe unter: heart)*; 2. kardial; Kardia…, Kardio…, Magenmund…
cardiac 1. Herzkranker *m*; 2. *s.* cardiac agent
cardiac action Herztätigkeit *f*, Herzaktion *f*
cardiac-active herzwirksam
cardiac activity Herztätigkeit *f*, Herzaktivität *f*
cardiac agent Kardiakum *n*, Herzmittel *n*, herzwirksames Medikament *n*
cardiac amyloidosis *(Path)* Herzamyloidose *f*
cardiac aneurysm Herz(wand)aneurysma *n*, Aneurysma *n* cordis
cardiac angina Angina *f* pectoris, Herzschmerz *m*
cardiac angiography Kardioangiographie *f*, Herz- und Herzgefäß(röntgen)darstellung *f*
cardiac anomaly Herzanomalie *f*
cardiac antrum Antrum *n* cardiacum
cardiac apex Apex *m* cordis, Herzspitze *f*
cardiac apnoea kardiale Apnoe *f*, kardial-bedingter Atemstillstand *f*
cardiac arrest Herzstillstand *m*, Asystolie *f*, Asystole *f*
cardiac arrhythmia Herzarrhythmie *f*, Herzrhythmusstörung *f*, Arrhythmia *f* cordis
cardiac asthma Herzasthma *n*, Asthma *n* cardiale
cardiac asystole *s.* cardiac arrest
cardiac atrium Herzvorhof *m*
cardiac atrophy Herz(muskel)atrophie *f*
cardiac attack Herzanfall *m*
cardiac aura kardiale Aura *f*
cardiac auscultation Herzauskultation *f*
cardiac autonomy Herzautonomie *f*, Herzautomatismus *m*
cardiac axis Herzachse *f*, Axis *m* cordis
cardiac ballet Kammeranarchie *f*, Torsade *f* de pointes
cardiac beat Herzschlag *m*, Herzstoß *m*
cardiac calculus *s.* cardiolith
cardiac care unit kardiologische Wachstation *f*
cardiac catheter Herzkatheter *m*
cardiac catheterization Herzkatheterung *f*, Herzkathetern *n*, Herzkatheterisierung *f*, Herzkatheteruntersuchung *f*
cardiac catheterization laboratory Herzkatheterlabor(atorium) *n*
cardiac catheterization technique Herzkatheterisierungsverfahren *n*, Herzkatheter(ungs)technik *f*
cardiac catheterization unit Herzkathetereinheit *f*, Herzkatheterabteilung *f*
cardiac chamber Herzkammer *f*, Herzventrikel *m*, Ventrikel *m*, Ventriculus *m* cordis
cardiac cirrhosis kardiale Leberzirrhose *f*, Stauungs(leber)zirrhose *f*, Leberzirrhose *f* bei Herzinsuffizienz
cardiac compression Herzkompression *f*
cardiac conduction defect Herzreizleitungsdefekt *m*, Herzreizleitungsstörung *f*
cardiac contour *(Rad)* Herzkontur *f*, Herzumriss *m*; Herzschatten *m*
cardiac contraction Herzkontraktion *f*
cardiac cycle Herzzyklus *m*
cardiac damage Herzschaden *m*, Herzschädigung *f*
cardiac death Herztod *m*
cardiac decompensation Herzdekompensation *f*, Nachlassen *n* der Herzkraft, Herzpumpversagen *n*
cardiac defect Herzfehler *m*
cardiac depressant (agent) Herzdepressivum *n (die Herzfrequenz und die Herzkontraktilität verminderndes Mittel)*
cardiac dilation Herzdilatation *f*, Herzerweiterung *f*, Herzvergrößerung *f*
cardiac diuretic Kardiakum *n*, herzkraftsteigerndes Mittel *n* [Medikament *n*]
cardiac dropsy kardiales Ödem *n*, Herzinsuffizienzödem *n*
cardiac dullness Herz(schall)dämpfung *f (Perkussion)*
cardiac dynamics Herzdynamik *f*
cardiac dysfunction Herzdysfunktion *f*, Herzfunktionsstörung *f*
cardiac dyspepsia Herzdyspepsie *f*, kardiale [kardialbedingte] Dyspepsie *f*
cardiac dyspnoea kardiale Atemnot *f*, Asthma *n* cardiale
cardiac electrical axis elektrische Herzachse *f*
cardiac enlargement Herzvergrößerung *f*, Herzauswalzung *f*, Herz(schatten)verbreiterung *f*
cardiac exploration Herzexploration *f*, Herzuntersuchung *f*
cardiac failure Herzversagen *f*
cardiac fibrillation Herzflimmern *n*
cardiac finding Herzbefund *m*
cardiac fluoroscopy Herzfluoroskopie *f*, Herz(röntgen)durchleuchtung *f*
cardiac flutter Herzflattern *n*
cardiac functional testing Herzfunktionsprüfung *f*
cardiac ganglion Ganglion *n* cardiacum
cardiac gland Kardiadrüse *f*, Magenmunddrüse *f*
cardiac glycogen storage disease Pompe'sches Syndrom *n*, Pompe'sche Krankheit *f*, Glykogenose *f* Typ III, Kardiomegalia *f* glycogenica *(kardiomegale Form der Glykogenspeicherkrankheit)*
cardiac glycoside Herzglykosid *n*, Glykosid *n*
cardiac hypertrophy Herzhypertrophie *f*
cardiac impulse Herz(spitzen)stoß *m*, Ictus *m* cordis
cardiac incisure 1. Incisura *f* cardiaca pulmonis sinistri; 2. Incisura *f* cardiaca ventriculi
cardiac index Herzindex *m*
cardiac infarct(ion) Herzinfarkt *m*, Infarctus *m* cordis
cardiac infundibulum Herzinfundibulum *n*, Ausflussbahn *f* des rechten Ventrikels
cardiac inhibitory nerve Vagus(nerv) *m*, Nervus *m* vagus, X. Hirnnerv *m*
cardiac insufficiency Herzinsuffizienz *f*

cardiac iregularity Herzirregularität *f*, kardiale Arrhythmie *f*, Herzrhythmusstörung *f*
cardiac liver Stauungsleber *f*
cardiac lung Stauungslunge *f*, Asthma *n* cardiale
cardiac margin Herzrand *m*
cardiac massage Herzmassage *f*
cardiac minute output Herzminutenvolumen *n*, HMV
cardiac monitor Herzmonitor *m*, kardialer Monitor *m*
cardiac monitoring Herzüberwachung *f*, kardiale Überwachung *f*
cardiac murmur Herzgeräusch *n*
cardiac muscle Herzmuskel *m*, Herzmuskelgewebe *n*, Myokard *n*
cardiac muscle degeneration Herzmuskeldegeneration *f*
cardiac muscle fibre Herzmuskelfaser *f*, Myokardfaser *f*
cardiac myxoma Herzmyxom *n*, Myxoma *n* cordis
cardiac nerve Herznerv *m*, Nervus *m* cardiacus
cardiac neuralgia *s.* cardiac angina
cardiac neurasthenia Kardioneurose *f*, Herzneurose *f*, nervöses Herz *n*
cardiac neurosis *s.* cardiac neurasthenia
cardiac notch Incisura *f* cardiaca pulmonis sinistri
cardiac oedema Herzödem *n*, kardiales Ödem *n*
cardiac orifice *s.* cardia
cardiac output Herzminutenvolumen *n*, Herzförderleistung *f* je Minute
cardiac pacemaker Herzschrittmacher *m*
cardiac pain Herzschmerz *m*
cardiac pericardium viszerales Perikard *n*, Pericardium *n* viscerale
cardiac phobia Herzphobie *f*, kardiale Phobie *f*
cardiac plexus Herznervengeflecht *n*, Plexus *m* cardiacus
cardiac portion of the stomach Pars *f* cardiaca ventriculi, Kardia *f* des Magens
cardiac power failure Herz(kraft)versagen *n*, Herzmuskelversagen *n*, Herzinsuffizienz *f*
cardiac probing Herz(katheter)sondierung *f*
cardiac radioisotope scanning Herzisotopenuntersuchung *f*
cardiac radionuclide imaging Radionukleiddarstellung *f* des Herzens
cardiac reflex Herzreflex *m*, kardialer Reflex *m*
cardiac regurgitation Herzklappeninsuffizienz *f*
cardiac rehabilitation kardiale Rehabilitation *f*
cardiac Herzleistungstraining *n (z. B. nach Herzinfarkt)*
cardiac reserve Herzreserve *f*, Reservekraft *f* (des Herzens)
cardiac resuscitation Herzwiederbelebung *f*, Wiederbelebung *f*, Reanimation *f*
cardiac rhythm Herzrhythmus *m*, Rhythmus *m* cordis
cardiac rhythm disturbance Herzrhythmusstörung *f*
cardiac rupture Herzruptur *f*, Herzzerreißung *f*
cardiac scar Herznarbe *f*, Herzschwiele *f*
cardiac shock kardiogener Sohock *m*
cardiac silhouette *(Rad)* Herzsilhouette *f*
cardiac skeleton Herzskelett *n*, Bindegewebegerüst *n* des Herzens, Herzbindegewebe *n*
cardiac souffle Herzgeräusch *n*
cardiac sound Herzton *m*
cardiac sphincter Kardiasphinkter *m*, Magenmundschließer *m*
cardiac standstill *s.* cardiac arrest
cardiac stimulant herzstimulierendes Mittel *n*, Herzmittel *n*
cardiac surgeon Herzchirurg *m*, Kardiochirurg *m*, Arzt *m* [Facharzt *m*] für Herzchirurgie
cardiac surgery 1. Herzchirurgie *f*, Kardiochirurgie *f*; 2. Herzoperation *f*
cardiac surgery department herzchirurgische Abteilung *f*, Abteilung *f* für Herzchirurgie, Herzchirurgie *f*
cardiac surgery unit *s.* cardiac surgery department
cardiac symptom kardiales Symptom *n*, Herzsymptom *n*
cardiac syncope Herzsynkope *f*, kardiale Synkope *m*
cardiac tamponade Herztamponade *f*
cardiac thoracic nerves Nervi *mpl* cardiaci thoracici
cardiac thrombus Herzthrombus *m*, kardialer Thrombus *m*
cardiac tissue Herzgewebe *n*
cardiac tonic Herztonikum *n*, herzkraftstärkendes Mittel *n* [Medikament *n*]
cardiac tube Herzschlauch *m*, Herzrohr *n*
cardiac tumour Herztumor *m*, Herzgeschwulst *f*, Tumor *m* cordis
cardiac valve Herzklappe *f*, Valvula *f* cordis *(siehe unter: heart valve)*
cardiac valve area Herzklappen(öffnungs)fläche *f*
cardiac valve disease Herzklappenkrankheit *f*, Herzklappenerkrankung *f*, Herzklappenfehler *m*
cardiac valve replacement Herzklappenersatz *m (durch Operation)*
cardiac valvular defect Herzklappenfehler *m*
cardiac valvular tone Herzklappenton *m*
cardiac vector Herzvektor *m*
cardiac vein Herzvene *f*, Vena *f* cordis
cardiac waist Herztaille *f*
cardiac weight Herzgewicht *n*
cardiac work Herzarbeit *f*
cardiazol convulsion shock therapy Cardiazolschockbehandlung *f (Krampfbehandlung bei Schizophrenie)*
cardiazol diagnosis Cardiazolprovokation *f*
cardial 1. kardial; Kardial..., Kardio..., Herz... *(Zusammensetzungen siehe unter: cardiac)*; 2. kardial; Kardia..., Kardio..., Magenmund...
cardialgia 1. Kardialgie *f*, Herzschmerz *m*, Herzstechen *n*; 2. Kardialgie *f*, Magenschmerz *m*, Magenkrampf *m*, Gastralgie *f*, Gastrodynie *f*
cardialgic Kardialgie...
cardianeuria Herzmuskelerschlaffung *f*, Tonusverlust *m* des Herzens
cardiasthenia *s.* cardiac neurasthenia
cardiasthma *s.* cardiac asthma
cardiataxia Kardiataxie *f*
cardiatelia Kardiatelie *f (inkomplette Herzentwicklung)*
cardicentesis *s.* cardiocentesis
cardiectasis Kardiektasie *f*, Herzerweiterung *f*, Herzdilatation *f*
cardiectomy 1. Kardiektomie *f*, Herzexstirpation *f*, (operative) Herzentfernung *f*; 2. Kardiektomie *f*, Kardiaresektion *f*, (operative) Magenkardiaresektion *f*
cardiectopia Kardiektopie *f (abnorme Herzlokalisation)*
cardinal kardinal, hauptsächlich; Kardinal..., Haupt...
cardinal frontal plane Vertikalebene *f*
cardinal horizontal plane Transversalebene *f*
cardinal ligament Ligamentum *n* cardinale
cardinal movements of labour kardinale Geburtsbewegungen *fpl*, Hauptbewegungen *fpl* bei der Geburt *(des Fetus)*
cardinal position of gaze Hauptblickrichtung *f*
cardinal sagittal plane Medianebene *f*
cardinal symptom Kardinalsymptom *n*
cardioaccelerator kardioakzeleratorisch, herz(frequenz)beschleunigend, herzfrequenzsteigernd
cardioaccelerator (agent) herzbeschleunigendes Mittel *n*, (herz)frequenzsteigerndes Medikament *n*
cardioactive herzwirksam
cardioangiography *s.* angiocardiography
cardioangiological kardioangiologisch; Herzgefäß...

cardioangiology Kardioangiologie *f*
cardioaortic kardioaortal; Herz-Aorta-...
cardioarterial kardioarterial; kardioarteriell, Herz-Arterien-...
cardioasthenia kardiovaskuläre Asthenie *f*
cardioasthma *s.* cardiac asthma
cardioatrophia Herzatrophie *f*
cardio-auditory syndrome kardioauditives [surdokardiales] Syndrom *n*, Jervell-Lange-Nielson-Syndrom *n (synkopaler Herzfunktionsstörungen)*
cardiocatheterization *s.* cardiac catheterization
cardiocele Kardiozele *f*, Herzbruch *m*, Herzvorfall *m*
cardiocentesis Kardiozentese *f*, Herz(kammer)punktion *f*, Herzventrikelpunktion *f*, Ventrikelpunktion *f*
cardiocerebrovascular kardiozerebrovaskulär
cardiochalasia Kardiaachalasie *f*
cardiocirrhosis *s.* cardiac cirrhosis
cardioclasia Herzruptur *f*, Herzzerreißung *f*
cardioclasis *s.* cardioclasia
cardiodilator *(Chir)* Kardiadilatator *m*, Magenmunderweiterer *m*, Kardiadehn(ungs)instrument *n*; kardiaerweiternde Zange *f*, Starck'sche Sonde *f*
cardiodiosis Kardiadilatation *f*, (operative) Magenmunderweiterung *f*, Kardiasprengung *f*
cardiodynamic kardiodynamisch
cardiodynamics Kardiodynamik *f*
cardiodynamometry Kardiodynamometrie *f*
cardiodynia Kardialgie *f*, Herzschmerz *m*, Herzstechen *n*
cardiogenesis *(Embr)* Kardiogenese *f*, Herzentwicklung *f*
cardiogenic kardiogen, vom Herzen ausgehend; Herz...
cardiogenic shock kardiogener Schock *m*
cardiogram 1. Kardiogramm *n*, Herz(spitzen)stoßkurve *f*; 2. Elektrokardiogramm *n*, EKG
cardiograph 1. Kardiograph *m*, Herzschreiber *m*; 2. Elektrokardiograph *m*, EKG-Gerät *n*, EKG-Schreiber *m*
cardiographic 1. kardiographisch; 2. *s.* electrocardiographic
cardiography 1. Kardiographie *f*, Herzstoßkurvenaufzeichnung *f*; 2. Elektrokardiographie *f*, Herzstromkurvenaufzeichnung *f*, EKG-Aufzeichnung *f*
cardiohaemothrombus Kardiothrombus *m*
cardiohepatic kardiohepatisch; Herz-Leber-...
cardiohepatic angle Herz-Leber-Winkel *m*
cardiohepatomegaly Kardiohepatomegalie *f*, Herz- und Lebervergrößerung *f*
cardioid herzartig, herzförmig
cardioinhibitor *s.* cardioinhibitory agent
cardioinhibitory kardioinhibitorisch, herzhemmend, herzfrequenzsenkend
cardioinhibitory (agent) kardioinhibitorisches [herzfrequenzsenkendes] Mittel *n*
cardiokinetic kardiokinetisch, herzstimulierend, herzfrequenzsteigernd
cardiokinetic (agent) kardiokinetisches [herzfrequenzsteigerndes] Mittel *n*
cardiokymogram Kymokardiogramm *n*, mechanische Herzaktionskurve *f*, Herz(spitzen)stoßkurve *f*
cardiokymographic kardiokymographisch
cardiokymography Kardiokymographie *f*, Kymokardiographie *f*
cardiolipin Kardiolipin *n (Syphilisserologie)*
cardiolipin test Kardiolipin(flockungs)test *m*
cardiolith Kardiolith *m*, Herzkonkrement *n*
cardiological department kardiologische Abteilung *f*, Kardiologie *f*, Abteilung *f* für Kardiologie
cardiological dispensary kardiologisches Dispensaire *n*
cardiologist Kardiologe *m*, Herzspezialist *m*
cardiology Kardiologie *f (Lehre vom Herzen und seinen Funktionen)*
cardiolysin *(Immun)* Kardiolysin *n*, herzmuskelauflösender Stoff *m*
cardiolysis Kardiolysis *f*, Perikardablösung *f*, (operative) Herzloslösung *f*
cardiomalacia Kardiomalazie *f*, Herzmuskelerweichung *f*
cardiomanometry Kardiomanometrie *f (Druckmessung im Herzen)*
cardiomegaly Kardiomegalie *f*, Herzvergrößerung *f*
cardiomelanosis *(Path)* Kardiomelanosis *f*, Pigmentablagerung *f* im Herzmuskel
cardiomentopexy *(Chir)* Omentokardiopexie *f*, Herzvaskularisation *f* durch Netzgefäße
cardiometer Kardiometer *n*, Herzkraftmesser *m*
cardiometry 1. Kardiometrie *f*, Herzkraftmessung *f*, Kontraktionskraftmessung *f* des Herzens; 2. Kardiometrie *f*, Herzgrößenmessung *f*
cardiomotility Kardiomotilität *f*, Herzbeweglichkeit *f*; Herzbewegung *f*
cardiomuscular kardiomuskulär; Herzmuskel...
cardiomyoliposis Herzverfettung *f*, Fettherz *n*
cardiomyopathy Kardiomyopathie *f*, Herzmuskelerkrankung *f*, Herzmuskelkrankheit *f*
cardiomyopexy Kardiomyopexie *f (Muskelanheftung zur Verbesserung der Herzdurchblutung)*
cardiomyoplasty *(Chir)* Kardiomyoplastie *f*, Kardiomyoplastik *f (Muskelverschiebeplastik zum Herzen)*
cardiomyotomy Kardiomyotomie *f*, (operative) Kardiasprengung *f*, Magenmundsphinkterdurchtrennung *f*
cardionecrosis Kardionekrose *f*, Herz(muskel)nekrose *f*
cardionector Herzreizleitungssystem *n*, Erregungsleitungssystem *n*
cardionephric kardiorenal; Herz-Nieren-...
cardioneural kardioneural; Herz-Nerven(system)-...
cardioneurosis Kardioneurose *f*, Herzneurose *f*, nervöses Herz *n*
cardio-oesophageal kardioösophageal; Kardia-Ösophagus-...
cardio-oesophageal reflux kardioösophagealer Reflux *m*
cardio-oesophagomyotomy *s.* cardiomyotomy
cardio-omentopexy Kardioomentopexie *f (Fixierung des Omentum majus am Herzen zur Durchblutungsverbesserung)*
cardiopalmus Kardiopalmus *m*, Herzklopfen *n*
cardiopaludism Malariakardiomyopathie *f*, kardiale Malaria *f*
cardiopath Kardiopath *m*, Herzkranker *m*
cardiopathia nigra *s.* Ayerza's disease
cardiopathic kardiopathisch, herzkrank
cardiopathology Kardiopathologie *f*, Herzkrankheitslehre *f*
cardiopathy Kardiopathie *f*, Herzkrankheit *f*, Herzleiden *n*
cardiopericardiopexy Kardiopexie *f*, Herz(muskel)vaskularisation *f* durch Perikardanheftung
cardiopericarditis Kardioperikarditis *f*, Herz- und Perikardentzündung *f*, Herzmuskel- und Herzbeutelentzündung *f*
cardiophobia Kardiophobie *f (krankhafte Angst vor Herzkrankheiten)*
cardiophone Kardiophon *n*, Herztonmikrofon *n*
cardiophrenia kardiovaskuläre Neurasthenie *f*
cardiophrenic angle Herz-Zwerchfell-Winkel *m*
cardioplasty Kardioplastik *f*, Magenöffnerplastik *f*, (operative) Magensphinkterrekonstruktion *f*
cardioplegia Kardioplegie *f*, Herzlähmung *f*
cardioplegic kardioplegisch, herzlähmend
cardiopneumatic Herz-Atem-...
cardiopneumograph Kardiopneumograph *m*
cardiopneumography Kardiopneumographie *f (Aufzeichnung der Atem- und Herzbewegungen)*
cardioprotectant *s.* cardioprotective

cardioprotective kardioprotektiv, herzschützend; Herzschutz...
cardioprotective agent Kardioprotektivum *n*, Herzschutzsubstanz *f*, herzschützendes Mittel *n*
cardioptosis Kardioptose *f*, Herztiefstand *m*; Herzsenkung *f*
cardiopulmonary kardiopulmonal; Herz-Lungen-...; Herz-Atem-...
cardiopulmonary arrest Herz- und Atemstillstand *m*
cardiopulmonary bypass kardiopulmonaler Bypass *m*; Herz-Lungen-Maschine *f*, HLM
cardiopulmonary murmur kardiopulmonales [kardiorespiratorisches] Geräusch *n*
cardiopulmonary-obesity syndrome Pickwick-Syndrom *n*, Herz-Kreislauf-Insuffizienz *f* mit Fettsucht
cardiopulmonary resuscitation kardiopulmonale Reanimation *f*, Herz-Lungen-Wiederbelebung *f*
cardiopulmonic *s.* cardiopulmonary
cardiopuncture Herz(kammer)punktion *f*, Herzventrikelpunktion *f*, Ventrikelpunktion *f*, Kardiozentese *f*
cardiopyloric kardiopylorisch; Kardia-Pylorus-..., Mageneingang-Magenausgang-...
cardioradiologic kardioradiologisch
cardioradiology Kardioradiologie *f*, kardiovaskuläre Röntgendiagnostik *f*
cardiorenal kardiorenal; Herz-Nieren-...
cardiorespiratory kardiorespiratorisch; Herz-Atem-..., Herz-Atmungs-...
cardiorespiratory arrest Herz- und Atemstillstand *m*
cardiorrhaphy Kardiorrhaphie *f*, Herzmuskelnaht *f*
cardiorrhexis Kardiorrhexis *f*, Herzruptur *f*
cardiosclerosis Kardiosklerose *f*, Herzsklerose *f*
cardioscope 1. Kardioskop *n*, Herzspiegel *m*; 2. Kardioskop *n*, EKG-Monitor *m*
cardioscopy Kardioskopie *f*, Herzspiegelung *f*
cardioselective kardioselektiv, herzselektiv
cardioselectivity Kardioselektivität *f (z. B. von Medikamenten)*
cardiospasm *(Gastr)* Kardiospasmus *m*, Magenmundkrampf *m*, Kardiaachalasie *f*
cardiosphygmogram Sphygmokardiogramm *n*, Kardiosphygmogramm *n*, Herzpulskurve *f*
cardiosphygmographic sphygmokardiographisch, kardiosphygmographisch
cardiosphygmography Sphygmokardiographie *f*, Kardiosphygmographie *f*, Herzpulsschreibung *f*, Herzspitzenstoßschreibung *f*
cardiostenosis Kardiostenose *f*, Herzeinschnürung *f*, Herzkonstriktion *f*
cardiosurgeon Kardiochirurg *m*, Herzchirurg *m*
cardiosurgery Kardiochirurgie *f*, Herzchirurgie *f*
cardiosymphysis Pericardiomediastinitis *f* adhaesiva
cardiotachometer Kardiotachometer *n*, Herzfrequenzzählgerät *n*
cardiotherapy Herztherapie *f*, Herzbehandlung *f*
cardiothoracic ratio Herz-Thorax-Quotient *m*, kardiothorakales Verhältnis *n*
cardiothrombus Kardiothrombus *m*, Herzthrombus *m*
cardiothyrotoxicosis Kardiothyreotoxikose *f*
cardiotocogram Kardiotokogramm *n*, fetales Elektrokardiogramm *n*, Fetusherzstromkurve *f*
cardiotocograph Kardiotokograph *m*
cardiotocographic monitoring kardiotokographische Überwachung *f*
cardiotocography Kardiotokographie *f*, fetale Elektrokardiographie *f*, Aufzeichnung *f* der Fetusherzstromkurve
cardiotomy 1. Kardiotomie *f*, Herzschnitt *m*, (operative) Herzeröffnung *f*; 2. Kardio(myo)tomie *f*, (operative) Magenmunderöffnung *f*
cardiotonic kardiotonisch, herzkraftsteigernd
cardiotonic (agent) Kardiotonikum *n*, herzkraftsteigerndes Mittel *n*
cardiotopometry Kardiotopometrie *f*
cardiotoxic kardiotoxisch
cardotoxicity Kardiotoxizität *f*, Herzschädlichkeit *f*
cardiotoxin 1. Kardiotoxin *n*, Herzgift *n*; 2. *(Pharm)* Kardiotoxin *n (toxisches Herzglykosid)*; 3. Kardiotoxin *n (Kopragiftbestandteil)*
cardiovalvular kardiovalvular, kardiovalvulär; Herzklappen...
cardiovalvulitis Kardiovalvulitis *f*, Herzklappenentzündung *f*
cardiovalvulotome Kardiovalvulotom *n*, Herzklappenmesser *n*
cardiovalvulotomy Kardiovalvulotomie *f*, (operative) Herzklappensprengung *f*
cardiovascular kardiovaskulär; Herz-Gefäß-...
cardiovascular assessment kardiovaskuläre Bewertung *f*, Herz-Kreislauf-Untersuchung *f (klinisch und apparativ)*
cardiovascular collapse kardiovaskulärer Kollaps *m*, Herz-Kreislauf-Kollaps *m*, Herz-Kreislauf-Zusammenbruch *m*
cardiovascular defect kardiovaskulärer Fehler *m*, Herz-Kreislauf-Fehler *m*
cardiovascular disease kardiovaskuläre Krankheit *f*, Herz-Kreislauf-Erkrankung *f*
cardiovascular failure kardiovaskuläres Versagen *n*, Herz-Kreislauf-Versagen *n*
cardiovascular forceps Kardiovaskularklemme *f*, Herz- und Gefäßklemme *f*
cardiovascular preparation Herz-Kreislauf-Präparat *n*, Herz-Kreislauf-Mittel *n*, kardiovaskuläres Präparat *n*
cardiovascular reflex kardiovaskulärer Reflex *m*
cardiovascular shunt kardiovaskulärer Shunt *m*
cardiovascular surgery kardiovaskuläre Chirurgie *f*, Herz- und Gefäßchirurgie *f*
cardiovascular syphilis Herz- und Gefäßsyphilis *f*, Herz-Kreislauf-Manifestation *f* der Syphilis
cardiovascular system kardiovaskuläres System *n*, Herz-Kreislauf-System *n*
cardiovasculorenal kardiovaskulorenal; Herz-Gefäß-Nieren-...
cardiovectography *s.* vectorcardiography
cardioversion Kardioversion *f*, Defibrillation *f*, Elektroschockbehandlung *f* des Herzens, Herzrhythmisierung *f*
cardiovert *v* kardiovertieren, eine Kardioversion durchführen
cardioverter Defibrillator *m (des Herzens)*
cardiovirus Cardiovirus *n*, Kardiovirus *n (RNA-Virus)*
cardipericarditis *s.* cardiopericarditis
carditis Karditis *f*, Herzentzündung *f*
cardivalvulitis *s.* cardiovalvulitis
care 1. Betreuung *f*, Pflege *f*, Obhut *f*; 2. Sorgfalt *f*, Achtsamkeit *f* • **be under the care of a doctor** unter ärztlicher Aufsicht [Kontrolle] stehen • **give care to a patient** einen Patienten pflegen • **require medical care** ärztliche [medizinische] Behandlung erfordern
care standard Behandlungsstandard *m*, Therapiestandard *m*
career neurosis Karriereneurose *f*, Aufstiegsneurose *f*
careful history sorgfältige Anamnese *f*
caribi *s.* epidemic gangrenous proctitis
caries 1. Karies *f*, Knochenfraß *m*, Knochenzerstörung *f*; 2. Zahnkaries *f*, Zahnzerstörung *f*, Caries *f* dentium, Zahnfäulnis *f*, Zahnschmelzkaries *f*
caries control Karieskontrolle *f*
caries of (dental) enamel Zahnschmelzkaries *f*, Schmelzkaries *f*, oberflächliche Karies *f*

caries of the spine Wirbelsäulentuberkulose *f*, Pott'sche Krankheit *f*, Morbus *m* Pott
caries of tooth cement Zahnzementkaries *f*, Zementkaries *f*
caries prophylaxis Kariesprophylaxe *f*
carina 1. *(Anat)* Kiel *m*; 2. *(Anat)* Karina *f*, Bronchialseptum *n*, Carina *f* tracheae
carinal *s.* carinate
carinate kielförmig; Karina...
carinate abdomen Kahnbauch *m*, Kielbauch *m*
carinate breast Pectus *n* carinatum [gallinaceum], Hühnerbrust *f*, Kielbrust *f*
caring behaviour Pflegeverhalten *n*, Verhalten *n* des Pflegepersonals
cariogenesis Kariogenese *f*, Kariesentwicklung *f*, Kariesentstehung *f*
cariogenic kariogen, kariesfördernd
cariogenicity Kariogenität *f*, Kariesanfälligkeit *f*, Kariesförderung *f*
cariology Karieslehre *f*
cariosity Kariosität *f*, kariöser Zustand *m*
cariostatic kariostatisch, karieshemmend
carious kariös, von Karies befallen; Karies...
carious osteitis *s.* osteomyelitis
Carleton's patches Carleton-Flecken *mpl (Röntgenzeichen für eine Osteoperiostitis bei Gonorrhö)*
Carleton's spots *s.* Carleton's patches
Carlsbad salt (künstliches) Karlsbader Salz *n*, Sol *n* carolinum (factitium)
carminative karminativ, blähungsmindernd, windtreibend
carminative (agent) Karminativum *n*, Blähungsmittel *n*, Carminativum *n* remedium
carmine Carmin *n*, Karmin *n*
carmine dye *(Histol)* Carminfarbstoff *m*
carminic acid Carminsäure *f*
carminophile carminophil, leicht mit Carmin färbend
carminophilous *s.* carminophile
carneous 1. fleischig; Fleisch...; 2. fleischähnlich
carneous columns *s.* carneous trabeculae
carneous mole Fleischmole *f*
carneous osteitis Osteitis *f* carnosa [fungosa]
carneous pannus Pannus *m* carnosus [crassus]
carneous trabeculae Trabeculae *fpl* carneae [cordis], Columnae *fpl* carneae, Fleischbälkchen *npl* [Muskelbälkchen *npl*] im Herzen, Herzmuskelbälkchen *npl*
Carney's complex Carney-Trias *f*, Carney-Syndrom *n (Magenleioblastom, hormonaktives Paragangliom, pulmonales Chondrom)*
carnification Karnifikation *f*, Lungengewebeverdichtung *f*
carnitine Carnitin *n*, Vitamin *n* B_T
carnitine acylcarnitine translocase Carnitin-Acylcarnitin-Translocase *f (Enzym)*
carnitine acyltransferase Carnitintransferase *f (Enzym)*
carnitine deficiency disease Carnitinmangelkrankheit *f (progrediente Myopathie)*
carnitine palmit(o)yltransferase Carnitin-Palmityltransferase *f (Enzym)*
carnitine palmit(o)yltransferase deficiency Carnitin-Palmityltransferase-Mangel *m*
carnivorous karnivor, fleischessend
carnosinaemia Carnosinämie *f (Vorhandensein von Carnosin im Blut)*
carnosinase Carnosinase *f (Enzym)*
carnosine Carnosin *n*, β-Alanyl-L-histidin *n*
carnosinuria Carnosinurie *f*, Carnosinausscheidung *f* im Urin
carnosity Fleischartigkeit *f*, fleischartige Beschaffenheit *f*
Caroli's disease Caroli-Syndrom *n*
carotenaemia Carotinämie *f*, Carotinerhöhung *f* im Blut
carotene Caroten *n*, Carotin *n*
carotene dioxygenase Carotindioxygenase *f (Enzym)*
carotene icterus Carotinikterus *m*, Carotingelbsucht *f*, Karotinodermie *f*, Xanthodermie *f*, Aurantiasis *f* cutis
carotene jaundice *s.* carotene icterus
carotenoderma Carotenoderm(a) *n*, Carotenosis *f* cutis
carotenodermia *s.* carotene icterus
carotenoid carotinartig, gelblich gefärbt
carotenoid Carotenoid *n*, Carotinoid *n (fettlösliches Pigment)*
carotenoprotein Carotenoprotein *n*
carotenosis Carotinose *f*, Carotinablagerung *f* im Gewebe
carotic stuporös; Stupor...
caroticotympanic *(Anat)* karotikotympanal
caroticovertebral *(Anat)* karotikovertebral
carotid Karotis..., Karotid(en)..., Halsschlagader..., Kopfschlagader...
carotid *s.* carotid artery
carotid aneurysm Karotidenaneurysma *n*, Karotisaneurysma *n*, Halsschlagaderaneurysma *n*
carotid angiography Karotisangiographie *f*, Karotidenarteriographie *f*, Röntgen(kontrast)darstellung *f* der Halsschlagader
carotid arch Karotisbogen *m*, Karotidenbogen *m*
carotid arterial occlusive disease Karotisverschlusskrankheit *f*, Halsschlagaderokklusionssyndrom *n*; Karotisverschluss *m*; Karotisinsuffizienz *f*
carotid arteriography *s.* carotid angiography
carotid artery Arteria *f* carotis [cervicalis], Karotis *f*, Halsschlagader *f*, Kopfschlagader *f*
carotid artery aneurysm *s.* carotid aneurysm
carotid artery insufficiency syndrome *s.* carotid arterial occlusive disease
carotid artery ligation Karotisligatur *f*, Halsschlagaderunterbindung *f*
carotid artery narrowing Karotiseinengung *f*, Halsschlagadervereng(er)ung *f*, Karotisstenose *f*
carotid artery obstruction [occlusion] Karotisobstruktion *f*, Halsschlagaderverschluss *m*
carotid artery surgery Karotischirurgie *f*, Halsschlagaderchirurgie *f*
carotid body Glomus *n* caroticum, Karotiskörper *m*, Karotisknötchen *n*, Karotisdrüse *f*
carotid-body reflex Karotiskörperreflex *m*
carotid-body tumour Glomus-caroticum-Tumor *m*, Karotiskörpergeschwulst *f*, Karotisgabeltumor *m*, Glomustumor *m*, Paraganglion *n* caroticum
carotid bruit Karotiden(strömungs)geräusch *n*, Karotisrauschen *n*
carotid bulb Karotisbulbus *m*, Karotidenbulbus *m*
carotid canal Canalis *m* caroticus, Karotiskanal *m*
carotid clamp *(Chir)* Karotisklemme *f*
carotid endarterectomy Karotisendarteriektomie *f*
carotid ganglion Karotisganglion *n*
carotid gland *s.* carotid body
carotid glomectomy Glomus-caroticum-Exstirpation *f*, (operative) Glomustumorentfernung *f*
carotid groove Sulcus *m* caroticus
carotid kinking (syndrome) Karotisknickungssyndrom *n*
carotid nerve Karotisnerv *m*, Karotidennerv *m*
carotid occlusion *s.* carotid artery obstruction
carotid occlusive disease *s.* carotid arterial occlusive disease
carotid phonoangiography Karotisphonoangiographie *f*, Halsschlagaderphonoangiographie *f*
carotid plexus Plexus *m* caroticus, Karotisplexus *m*, Halsschlagadernervengeflecht *n*
carotid pulsation Karotidenpulsation *f*
carotid pulse Karotispuls *m*, Halsschlagaderpuls *m*

carotid sheath Vagina *f* carotica fasciae cervicalis, Karotishülle *f*, Halsschlagaderscheide *f*
carotid sinus Sinus *m* caroticus, Karotissinus *m*
carotid sinus hypersensitivity hypersensitives Karotissinussyndrom *n*
carotid sinus massage Karotis-Sinus-Druck(versuch) *m*, Karotissinus-Massage *f*
carotid sinus nerve Karotissinusnerv *m*
carotid sinus pressure *s.* carotid sinus massage
carotid sinus reflex Karotissinusreflex *m*
carotid sinus syncope Karotissinussynkope *f*
carotid sinus syndrome Karotissinussyndrom *n*
carotid siphon *(Rad)* Karotissiphon *m*, Karotidensiphon *m*
carotid stenosis Karotisstenose *f*, Karotiseinengung *f*, Halsschlagaderverеng(er)ung *f*
carotid triangle Karotisdreieck *n*, Halsschlagaderdreieck *n*, Trigonum *n* caroticum
carotid wall of the tympanic cavity *s.* anterior wall of the tympanum
carotidynia Karotisschmerz *m*, Karotidenschmerz *m*
carotin *s.* carotene
carotinase *s.* carotenase
carotinodermia *s.* carotene icterus
carotinoid *s.* carotenoid
carotis *s.* carotid artery
carotodynia Karotodynie *f*, Karotis(arterien)schmerz *m*
carpal karpal; Karpal..., Handwurzel..., Karpus...
carpal arch Hohlhand(arterien)bogen *m*, Hohlhand(arterien)arkade *f*
carpal bone Handwurzelknochen *m*, Os *n* carpi, Carpale *n*
carpal canal *s.* carpal tunnel
carpal ligament Karpalband *n*, Karpalligament *n*, Handwurzelband *n*, Ligamentum *n* carpae
carpal rete Karpalarteriennetz *n*, Hohlhand(arterien)netz *n*, Rete *n* carpi
carpal scaphoid fracture Navicularfraktur *f*, Kahnbeinbruch *m* der Hand
carpal scaphoid screw Navikular(spongiosa)schraube *f*
carpal sign Karpalzeichen *n*
carpal spasm Karpalspasmus *m*, Handwurzelkrampf *m*
carpal tunnel Karpaltunnel *m*, Handwurzelkanal *m*, Canalis *m* carpi
carpal tunnel release Karpaltunnelentlastung *f*, (operative) Karpalbanddurchtrennung *f*
carpal tunnel syndrome Karpaltunnelsyndrom *n*, (isolierte) genuine Daumenballenatrophie *f*
carpale *s.* carpal bone
carpectomy Karpektomie *f*, Handwurzelknochenexstirpation *f*, (operative) Handwurzelknochenentfernung *f*
Carpenter's syndrome Carpenter-Syndrom *n*, Akrozephalopolysyndaktylie *n* Typ II
Carpentier-Edwards valve Carpentier-Edwards-Klappe *f* *(biologische Herzklappe)*
carphology *s.* floccillation
carpocarpal *(Anat)* karpokarpal; Karpokarpal...
carpokyphosis Karpokyphose *f*, Madelung'sche Deformität *f*
carpometacarpal *(Anat)* karpometakarpal; Karpometakarpal..., Handwurzel-Mittelhand-...
carpometacarpal joint Karpometakarpalgelenk *n*, Handwurzel-Mittelhand-Gelenk *n*, Articulatio *f* carpometacarpea
carpometacarpal joint dislocation Handwurzel-Mittelhand-Gelenkverrenkung *f*
carpometacarpal reflex Karpometakarpalreflex *m*, Handwurzel-Mittelhand-Reflex *m*, Handrückenreflex *m*
carpopedal *(Anat)* karpopedal; Karpopedal..., Hand-Fuß-...
carpopedal spasm Karpopedalspasmus *m*, Hand- und Fußkrampf *m*
carpophalangeal *(Anat)* karpophalangeal; Handwurzel-Finger-...
carpophalangeal reflex Karpophalangealreflex *m*, Handwurzel-Finger-Reflex *m*
carpoptosis Karpoptose *f*, Fallhand *f*, Handgelenklähmung *f*
carporadial reflex Karporadialreflex *m*
carpoulnar reflex Karpoulnarreflex *m*
carpus Carpus *m*, Karpus *m*, Handwurzel *f*, Faustgelenk *n*
Carr-Price test Carr-Price-Reaktion *f*, Carr-Price-Vitamin-A-Nachweistest *m*
carrier 1. Keim(über)träger *m*; Dauerausscheider *m*; 2. Genträger *m*, Mutantenträger *m*; 3. Watteträger *m*; Halter *m*, Halteinstrument *n*; 4. Träger *m*, Trägersubstanz *f*
carrier-bond enzyme trägergebundenes Enzym *n*
carrier electrophoresis Trägerelektrophorese *f*
carrier-free trägerfrei
carrier of haemophilia Hämophilieüberträger *m*, Hämophilie-Genträger *m*
carrier protein Transportprotein *n*
carrier state Übertragungsstadium *n*
Carrion's disease Carrion'sche Krankheit *f*, Carrion-Krankheit *f*, Verruca *f* peruviana, Peruwarze *f*, Oroyafieber *n* *(durch Bartonella bacilliformis)*
carry *v* **blood** Blut übertragen
carry *v* **out an investigation** eine Untersuchung durchführen *(z. B. von Blut)*
carry *v* **out an operation** eine Operation durchführen, operieren
carry *v* **out biosynthetic processes** biosynthetische Prozesse ausführen [vollziehen]
carry *v* **out the prescriptions** die Verordnungen befolgen [ausführen]
cart Verbandwagen *m*, Stationswagen *m*; Notfallwagen *m*; Rolltrage *f* *(z. B. zum Krankentransport)*
cartilage Knorpel *m*, Cartilago *f*, Knorpelgewebe *n*
cartilage bone Knorpelknochen *m*
cartilage capped exostosis knorpelbedeckte Exostose *f*, Exostosis *f* cartilaginea
cartilage capsule Knorpelkapsel *f*
cartilage corpuscle Knorpelzelle *f*, Chondrozyt *m*
cartilage fragment Knorpelfragment *n*
cartilage graft Knorpeltransplantat *n*
cartilage-hair dysplasia Knorpel-Haar-Dysplasie *f*
cartilage of Santorini Santorini'scher Knorpel *m*, Hörnchenknorpel *m*, Cartilago *f* corniculata
cartilage of the auditory tube *s.* cartilaginous part of the auditory tube
cartilage of the external acoustic meatus Gehörgangsknorpel *m*, Cartilago *f* meatus acustici
cartilage of Wrisberg Wrisberg'scher Knorpel *m*, Kegelknorpel *m*, Cartilago *f* cuneiformis
cartilage operation Meniskusoperation *f*
cartilage regeneration Knorpelregeneration *f*
cartilage scissors Knorpelschere *f*
cartilage tissue Knorpelgewebe *n*
cartilage transplant Knorpeltransplantat *n*
cartilage transplantation Knorpeltransplantation *f*
cartilagineous *s.* cartilaginous
cartilaginification Verknorpelung *f*, Chondrifikation *f*
cartilaginiform knorpelartig; knorpelförmig
cartilaginoid knorpelartig
cartilaginous kartilaginös, knorp(e)lig; Knorpel...
cartilaginous bone kartilaginöser Knochen *m*
cartilaginous joint Junctura *f* [Symphysis *f*] cartilaginea, Synchondrose *f*, Knorpelhaft *f*

cartilaginous part Pars *f* cartilaginea, Knorpelteil *m*, Knorpelabschnitt *m*
cartilaginous part of the auditory tube Cartilago *f* tubae auditivae, Pars *f* cartilaginea tubae auditivae, Ohrtrompetenknorpel *m*
cartilaginous part of the nose Nasus *m* cartilagineus, knorpeliger Nasenanteil *m*
cartilaginous perisplenitis Perisplenitis *f* cartilaginea
cartilaginous ring Knorpelring *m*
cartilaginous septum (of the nose) Cartilago *f* septi nasi, Pars *f* cartilaginea septi nasi, Nasenscheidewandknorpel *m*, knorpeliges Nasenseptum *n*
cartilaginous skeleton Knorpelskelett *n*
cartilaginous structure kartilaginöse Struktur *f*, Knorpelstruktur *f*
cartilaginous symphysis *s.* cartilaginous joint
cartilaginous tissue Knorpelgewebe *n*, Knorpel *m*
cartilagotropic kartilagotrop, auf Knorpel gerichtet, den Knorpel bevorzugend
caruncle Caruncula *f*, Karunkel *f*, Fleischwärzchen *n*, Fleischgeschwulst *f (aus lockerem Bindegewebe und Gefäßen)*
caruncula *s.* caruncle
caruncular Karunkel..., Fleischwärzchen...
carunculate *s.* caruncular
carus Carus *m*, Stupor *m*, Koma *n*
carvedilol Carvedilol *n (Antianginosum, Antihypertensivum)*
carve-out Leistungsausschluss *m (einer Krankenversicherung)*
carver *(Stom)* Modelliermesser *n*
carving Modellierung *f*, Formgebung *f*
caryoplasm *s.* karyoplasm
caryotheca *s.* nuclear envelope
Casál's collar Casál'scher Kragen *m*, Casál'sches Halsband *n*, Casál-Halsband *n (bei Pellagra)*
Casál's necklace *s.* Casál's collar
cascade humidifier Kaskadenbefeuchter *m*
cascade reaction Kaskadenreaktion *f*
cascade stomach Kaskadenmagen *m*
case 1. Fall *m*, Kasus *m*; Patient *m*; Krankheitsfall *m*; 2. Behälter *m*; 3. *(Chir)* Besteckkasten *m*; 4. *s.* case of instruments
case-control study Fall-Kontroll-Studie *f*
case-fatality rate [ratio] Krankheitsfall-Sterblichkeit(srate) *f (Todesfälle je 100 gleichartige Erkrankungen)*
case finding Feststellung *f* eines Krankheitsfalles, Krankenlokalisierung *f*, Krakheitsfallaufdeckung *f*, Krankheitsfallentdeckung *f*
case history 1. Anamnese *f*, Krankengeschichte *f*, Fallbeschreibung *f*; 2. Einzelfallstudie *f*, Einzelfallbeschreibung *f* • **fill in a case history** eine Krankengeschichte anlegen, ein Krankenblatt ausfüllen
case management (klinisches) Fallmanagement *n*
case nursing Fallbetreuung *f*, (zugewiesene) Patientenbetreuung *f*, Patientenversorgung *f*, Patientenzuständigkeit *f (z. B. einer Schwester)*
case of emergency Notfall *m*
case of instruments Besteck *n*, Instrumentensatz *m*
case price *s.* case rate
case rate Fallpauschale *f*, Fallkostenpauschale *f*
case report Krankenbericht *m*, Krankenblatt *n*, Krankengeschichte *f*
case reports Kasuistik *f*
case-study method Einzelfallstudie *f*
casease Kasease *f (Enzym)*
caseate *v* verkäsen, käsig degenerieren
caseation Verkäsung *f*
caseation necrosis Verkäsungsnekrose *f (Tuberkulose)*
casebook Patientenbuch *n (des Arztes)*
caseiform käseförmig, käseartig
casein Kasein *n*, Casein *n*
caseinogen Kaseinogen *n*
caseogenous verkäsend, Verkäsung bewirkend
caseonecrotic focus *s.* caseous focus
caseous käsig, käseartig
caseous abscess käsiger Abszess *m*, käsige Gewebseinschmelzung *f*, Verkäsungsabszess *m*
caseous bronch(o)adenitis käsige Bronchoadenitis *f*, Bronchoadenitis *f* caseosa
caseous degeneration käsige Degeneration *f*, käsiger Gewebsuntergang *m*
caseous discharge käsiger Ausfluss *m* [Fluor *m*]
caseous fermentation Verkäsung *f*, käsige Fermentierung *f*
caseous focus Verkäsungsherd *m (Tuberkulose)*
caseous necrosis Verkäsungsnekrose *f (Tuberkulose)*
caseous osteitis Knochentuberkulose *f*
caseous pneumonia käsige Pneumonie *f*, tuberkulöse Lungenentzündung *f*
caseous pneumonic tuberculosis käsige Lungentuberkulose *f*, Verkäsungs-Lungen-Tbk *f*
caseous pulmonary focus *s.* caseous focus
caseous rhinitis Rhinitis *f* caseosa
casework Einzelfallarbeit *f*, Einzelfallhilfe *f (Methode der psychiatrischen Fürsorge)*
caseworm *s.* echinococcus
Casoni's intradermal test *s.* Casoni's skin test
Casoni's reaction *s.* Casoni's skin test
Casoni's (skin) test *(Immun)* Casoni-Test *m*, Casoni-Intrakutantest *m*, Casoni'sche Hautprobe *f*, Echinokokkus(haut)test *m* (nach Casoni)
cassette Kassette *f*, Filmkassette *f*, Röntgen(film)kassette *f* • **charge a cassette** einen Film in eine Kassette [Röntgenkassette] einlegen
Cassirer's syndrome Cassirer-Syndrom *n*, Akroasphyxia *f* chronica hypertrophica
cast *v* **an X-ray shadow** einen Röntgenkontrast liefern [ergeben], röntgenologisch sichtbar [abbildbar] sein
cast 1. Abguss *m*, Moulage *f*; 2. Zylinder *m*, zylinderförmiger Ausguss *m (z. B. im Nierenkanälchen)*; 3. Gips(verband) *m*; 4. *s.* strabismus; 5. *(Stom)* Abdruck *m (Gebissmodell)*; 6. *s.* strabismus • **cut the cast along the length** den Gips längs aufschneiden (spalten), einen Spaltgips anfertigen
cast brace Gipsschiene *f*, Oberarmgipsverband *m*, Oberarmgips *m*
cast core *(Stom)* Gusskern *m*, gegossener Kern *m (für Zahnkronen)*
cast cutter Gipssäge *f*
cast-iron widerstandsfähig, hart, eisern *(z. B. Konstitution)*; unempfindlich *(z. B. Magen)*
cast saw Gipssäge *f*
cast shoe Gipsschuh *m*, Gipsstiefel *m*
cast stabilization Gipsstabilisierung *f*, Gipsversteifung *f*, Gipsverstärkung *f*
Castañeda's staining Castañeda-Färbung *f (z. B. zum Rickettsiennachweis)*
Castellani's bronchitis Castellani-Krankheit *f*, Castellani'sche Krankheit *f*, Bronchospirochätose *f*
Castellani's disease *s.* Castellani's bronchitis
Castellani's mixture Castellani'sche Farblösung *f*, Solutio *f* Castellani *(zur Behandlung von Hautkrankheiten)*
Castellani's paint *s.* Castellani's mixture
casting 1. Eingipsen *n*, Gipsanlegen *n*, Gipsanlage *f*; 2. Abformung *f*, Abformen *n*; Abdruck *m*, Abguss *m*; Gussstück *n*, Guss *m*; 3. *(Stom)* Zahnabguss *m*, Gusszahn *m*;

Zahnmodell *n*; 4. *(Stom)* gegossenes Implantat *n*, Guss-Inlay *n*
Castleman's disease Castleman-Syndrom *n*, Alveolarproteinose *f*
Castle's extrinsic factor Castle'scher Extrinsic-Faktor *m*, Kobalamin *n*, Cobalamin *n*, Vitamin *n* B_{12}
Castle's intrinsic factor Castle'scher Intrinsic-Faktor *m*, Apoerythrein *n (fehlt bei perniziöser Anämie)*
castor Castoröl *n*, Oleum *n* ricini, Rizinusöl *n*
castor bean Ricinus *m* communis
castrate *v* kastrieren, unfruchtbar machen, entmannen
castrate Kastrat *m*, Unfruchtbarer *m*, Eunuch *m*
castration Kastration *f*, Kastrierung *f*, (operative) Keimdrüsenentfernung *f*, Entmannung *f*
castration anxiety Kastrationsangst *f*, Kastrationsfurcht *f*
castration complex Kastrationskomplex *m*, Entmannungskomplex *m*
casualty 1. Unfall *m*, Verletzung *f*, Trauma *n*; 2. Verunglückter *m*, Verletzter *m*; 3. Verwundeter *m*; sanitärer Verlust *m (Militärmedizin)*
casualty clearing station Einstufungsplatz *m (Militärmedizin)*
casualty department 1. Unfallabteilung *f*; 2. Einstufungsabteilung *f (Militärmedizin)*
casualty officer Einstufungsoffizier *m*; Einstufungsfeldscher *m (Militärmedizin)*
casuistics Kasuistik *f*, Krankheitsfallbeschreibung *f*, Fallbericht *m*
cat-bite fever Katzenkratzkrankheit *f*
cat-cry syndrome Katzenschreisyndrom *n*, Cri-du-chat-Syndrom *n*, Chromosom-5p-Syndrom *n*
cat eye syndrome Katzenaugensyndrom *n*, Kolobom-Analatresie-Syndrom *n (Chromosomenstörung)*
cat-scratch disease Katzenkratzkrankheit *f*, Lymphadenitis *f* infectiosa
cat-scratch fever *s.* cat-scratch disease
cat-scratch fever bacillus Katzenkratzkrankheitbazillus *m*
cat unit *(Pharm)* Katzeneinheit *f*
catabasis Krankheitsrückbildung *f*
catabatic rückläufig, sich rückbildend *(im Krankheitsverlauf)*
catabiosis *s.* catabolism
catabiotic *s.* catabolic
catabolic katabol(isch); Katabolismus..., Abbaustoffwechsel...
catabolic illness katabole Erkrankung *f*
catabolic rate Katabolismusrate *f*
catabolism Katabolismus *m*, Abbau(stoffwechsel) *m*, Dissimilation *f*
catabolism of glucose Glukosemetabolismus *m*, Glukoseabbaustoffwechsel *m*
catabolite Katabolit *m*, Stoffwechselendprodukt *n*, Abbauprodukt *n*
catabolize *v* katabolisieren, abbauen, dissimilieren; abgebaut [katabolisiert] werden, dem Abbaustoffwechsel unterliegen
catachronobiology Katachronobiologie *f (Lehre vom Einfluss der Zeit auf Organismen)*
catacrotic katakrot
catacrotic pulse katakroter Puls *m*
catacrotism Katakrotismus *m (Erhebung im abfallenden Teil der Pulswelle)*
catadicrotic katadikrot
catadicrotic pulse katadikroter Puls *m*
catadicrotism Katadikrotismus *m (doppelte Erhebung im abfallenden Teil der Pulswelle)*
catadidymus *(Terat)* Katadidymus *m (Doppelmissbildung mit Verschmelzung im unteren Körperbereich)*
catadioptric katadioptrisch, (licht)brechend und (licht)reflektierend
catagen Katagen *n (Übergang von der anagenen zur telogenen Phase des Haarzyklus)*
catagenesis Rückbildung *f*, Involution *f*
catagenetic den Übergang von der Wachstumsphase zur Ruhephase betreffend; Rückbildungs..., Involutions...
catalase Katalase *f (Enzym)*
catalase activity Katalaseaktivität *f*
catalepsia Katalepsie *f*, statuenhaftes Körperverharren *n*, Stupor *m* vigilans, Starrkrampf *m*
cataleptic kataleptisch, (körper)starr
cataleptiform kataleptiform, kataleptoid, (körper)starr
cataleptoid *s.* cataleptiform
catalogy *s.* verbigeration
catalysis Katalyse *f*
catalyst Katalysator *m*
catalytic activity katalytische Aktivität *f*
catalyze *v* katalysieren
catalyzer Katalysator *m*
catamenia Katamenien *npl*, Menstruation *f*, Monatsblutung *f*, Periode *f*, monatliche Regel(blutung) *f*, Menses *pl*
catamenial Katamenien..., Menstruations..., Monatsblutungs..., Perioden..., Regel(blutungs)... *(siehe unter: menstrual)*
catamenial dermatitis Menstruationsdermatitis *f*
catamenial epilepsy Menstruationsepilepsie *f*
catamenial haemoptysis Menstruationshämoptyse *f*
catamenogenic menstruationsauslösend
catamnesis Katamnese *f*, Krankheitsverlaufsbeobachtung *f*, Krankheitsverlaufsbeschreibung *f*
catamnestic katamnestisch; Katamnese...
catapasm Streupuder *m*, Wundpuder *m*
cataphasia Kataphasie *f*, ständige Wortwiederholung *f (Sprachstörung)*
cataphora Cataphora *f*, tiefe Bewusstlosigkeit *f*
cataphoresis Kataphorese *f (Elektrophorese)*
cataphoretic kataphoretisch; Kataphorese...
cataphoria Kataphorie *f*, Hypophorie *f*, latentes Abwärtsschielen *n*
cataphoric kataphor(isch), latent abwärts schielend
cataphylaxis 1. Kataphylaxie *f (Leukozytenmigration und Antikörperwirkung bei Infektion)*; 2. Kataphylaxie *f (Zusammenbruch der körpereigenen Infektabwehr)*
cataplasia 1. Kataplasie *f*, Rückbildung *f*; 2. Kataplasmaverwendung *f*, Kataplasmenanwendung *f*
cataplasm(a) Kataplasma *n*, heißer Breiumschlag *m*
cataplectic kataplektisch, zusammensinkend
cataplexis Kataplexie *f*, Zusammensinken *n*, Haltungstonusverlust *m*, kataplektische Hemmung *f*, affektiver Tonusverlust *m*; Knieweichwerden *n*
cataract *(Ophth)* Cataracta *f*, Katarakt *f*, Linsentrübung *f*, (grauer) Star *m*, Altersstar *m*
cataract extraction Kataraktextraktion *f*, Staroperation *f*, Starstich *m*
cataract glasses Kataraktgläser *npl*; Starbrille *f*
cataract knife Kataraktmesser *n*, Starmesser *n*
cataract needle Kataraktnadel *f*, Starnadel *f*
cataract of lenticular raphe Linsennahtkatarakt *f*
cataract spoon Kataraktlöffel *m*, Starlöffel *m*
cataract surgery Kataraktchirurgie *f*, Starchirurgie *f*
cataractogenesis 1. *(Ophth)* Kataraktogenese *f*, Starbildung *f*, Starentstehung *f*; 2. *(Ophth)* Erblindung *f* durch den grauen Star
cataractogenic kataraktogen, starbildend
cataractous *(Ophth)* kataraktös, getrübt; Katarakt..., Star...

cataractous eye Kataraktauge *n*, Starauge *n*
catarrh Katarrh *m*, Schleimhautentzündung *f*, Erkältung(skrankheit) *f* der Atemwege, Schnupfen *m*
catarrh of the upper respiratory tract Katarrh *m* der oberen Luftwege
catarrhal katarrhal(isch); Katarrh…; Schnupfen…
catarrhal angina Angina *f* catarrhalis
catarrhal appendicitis Appendicitis *f* catarrhalis
catarrhal bronchitis Bronchitis *f* catarrhalis, katarrhalische Bronchitis *f*
catarrhal cholecystitis Cholecystitis *f* catarrhalis, katarrhalische Gallenblasenentzündung *f*
catarrhal colitis Colitis *f* catarrhalis, katarrhalische Dickdarmentzündung *f*
catarrhal conjunctivitis Conjunctivitis *f* catarrhalis, Bindehautkatarrh *m*
catarrhal croup Pseudokrupp *m*
catarrhal dysentery *s.* sprue
catarrhal fever Katarrh *m* der oberen Luftwege; Erkältung(skrankheit) *f*, grippaler Infekt *m*
catarrhal gastritis Gastritis *f* catarrhalis, katarrhalische Gastritis *f*, Magenkatarrh *m*
catarrhal jaundice Hepatitis *f* infectiosa, infektiöse Hepatitis *f* [Leberentzündung *f*]
catarrhal laryngitis Laryngitis *f* catarrhalis, katarrhalische Laryngitis *f*, Kehlkopfkatarrh *m*
catarrhal maxillary sinusitis Kieferhöhlenkatarrh *m*
catarrhal ophthalmia katarrhalische Ophthalmie *f*, Ophthalmia *f* catarrhalis
catarrhal period katarrhalisches Prodromalstadium *n* *(z. B. bei Masern)*
catarrhal pharyngitis Pharyngitis *f* acuta [catarrhalis], akute Pharyngitis *f* [Rachenentzündung *f*]
catarrhal pneumonia katarrhalische Lungenentzündung *f* [Pneumonie *f*], Bronchopneumonie *f*
catarrhal stage Katarrhstadium *n*, katarrhalisches Stadium *n*
catarrhal stomatitis Stomatitis *f* simplex, katarrhalische Stomatitis *f*
catarrhous *s.* catarrhal
catastalsis Katastalsis *f (normale Peristaltikwelle ohne initiale Hemmung)*
catastaltic katastaltisch, hemmend; abhaltend, zurückhaltend; bändigend; Katastalsis…
catastaltic (agent) hemmendes Mittel *n*
catastasis 1. Katastase *f*, Zustand *m*, Situation *f*; 2. Wiederherstellung *f* des Normalzustandes; Zurückversetzen *n* an den Ursprungsort
catastrophic katastrophal; Katastrophen…
catastrophic behaviour Panikverhalten *n*, Katastrophenreaktion *f*
catastrophic care Katastrophenversorgung *f*, Patientenversorgung *f* bei Katastrophen
catastrophic health insurance Versicherung *f* für kostenintensive Behandlung und Rehabilitation
catastrophic illness katastrophale Erkrankung *f*, kostenintensive Krankheit *f*
catastrophic reaction Panikverhalten *n*, Katastrophenreaktion *f*
catathermometer Katathermometer *n*
catathymia *(Neur)* Katathymie *f*, katathyme Wahnvorstellung *f* [Schizophrenie *f*], katathymer Wahn *m*
catathymic katathym, wunschgemäß, neigungsentsprechend; affektbedingt
catathymic *(Neur)* Katathyme(r) *m*, katathym Wahnsinnige(r) *m*
catathymic delusion katathymer Wahn *m*
catathymic idea katathymer Einfall *m*
catathymic thinking katathymisches Denken *n*
catatonia Katatonie *f*, katatone Schizophrenie *f*, Spannungsirresein *n (muskelstarre Form)*
catatoniac *s.* catatonic
catatonic katatonisch, muskelstarr
catatonic *(Neur)* Katatoner *m*, Katatoniker *m*, kataton Schizophrener *m*
catatonic cerebral paralysis akute tödliche Katatonie *f*
catatonic excitement *(Neur)* katatone Erregung *f*, katatoner Erregungszustand *m*
catatonic schizophrenia katatone Schizophrenie *f*
catatonic stupor *(Neur)* katatone Sperrung *f*, katatoner Stupor *m*; katatoner Sperrungszustand *m*
catatonic type of schizophrenia *s.* catatonia
catatrichy Katatrichie *f*
catatricrotic katatrikrot
catatricrotic pulse katatrikroter Puls *m*
catatricrotism Katatrikrotismus *m (dreifache Erhebung im abfallenden Teil der Pulswelle)*
catch *v* **a disease** sich eine Krankheit zuziehen, erkranken
catchment area Einzugsbereich *m*, Versorgungsgebiet *n (eines Krankenhauses)*
catechase Katechase *f*, Catechol-1,2-dioxigenase *f (Enzym)*
catechin Katechin *n*, Catechin *n*
catechol 2,3-dioxygenase Catechol-2,3-dioxigenase *f (Enzym)*
catechol-O-methyltransferase *(Bioch)* Catechol-O-methyltransferase *f*, COMT *(Enzym)*
catechol oxidase *(Bioch)* Catecholoxidase *f (Enzym)*
catecholamine Katecholamin *n*, Catecholamin *n*
catecholamine excretion Katecholaminexkretion *f*, Catecholaminausschüttung *f*
catecholamine hypothesis of affective disorders Katecholamin-Hypothese *f*
catecholamine metabolism Katecholaminmetabolismus *m*, Catecholaminstoffwechsel *m*
catecholaminergic katecholaminerg, die Katecholaminfreisetzung bewirkend
catelectrotonic katelektrotonisch
catelectrotonus *(Physiol)* Katelektrotonus *m*
caterpillar dermatitis Raupendermatitis *f*, Raupenausschlag *m*, Raupenurtikaria *f*
caterpillar (hair) ophthalmia Raupenhaarophthalmie *f*, Ophthalmia *f* nodosa, Augenentzündung *f* durch Raupenhaarverletzung
caterpillar rash *s.* caterpillar dermatitis
caterpillar urticaria *s.* caterpillar dermatitis
catgut *(Chir)* Katgut *n (Nahtmaterial aus Schafsdarm)*
catgut suture Katgutnaht *f*
catharsis 1. Katharsis *f*, Darmreinigung *f*, Abführen *n*, Darmabführung *f*; 2. Aussprache *f*, Seelenreinigung *f*, psychische Reinigung *f*
cathartic reinigend, abführend; Abführ…
cathartic (agent) Kathartikum *n*, Abführmittel *n*
cathartic method kathartische Methode *f*
cathectic discharge Affektausbruch *m*
cathepsin Kathepsin *n (Enzym)*
catheresis 1. leichte Schwäche *f (z. B. eines Patienten)*; 2. milde ätzende Wirkung *f*, schwache Kaustik *f*
catheretic 1. leicht schwächend; 2. leicht ätzend
catheretic (agent) Cathaeretikum *n*, leicht ätzendes Mittel *n*
catheter Katheter *m*, Sondierkatheter *m*, Leitungssonde *f* • **advance a catheter through a needle** einen Katheter durch eine Kanüle vorschieben • **insert a catheter into the vein** einen Katheter in die Vene einführen
catheter angiography Katheterangiographie *f*

catheter angioplasty Katheterangioplastie *f*, Katheterangioplastik *f*
catheter biopsy Katheterbiopsie *f*
catheter dilatation Katheterdilatation *f*
catheter embolism Katheterembolie *f*
catheter embolization Katheterembolisation *f*, therapeutische Embolisation *f*
catheter fever Katheterinfektion *f*, Katheterfieber *n*
catheter for bronchography Bronchographiekatheter *m*
catheter for continuous irrigation Dauerspülkatheter *m*
catheter hub Katheteranschluss *m*, Katheterkonnektor *m*
catheter(-induced) infection Katheterinfektion *f*
catheter introducer Katheterspanner *m*
catheter introduction forceps Kathetereinführungszange *f*
catheter pacemaker Herzkatheterschrittmacher *m*
catheter plug Katheterstopfen *m*
catheter puncture Katheterpunktion *f*
catheter sepsis Kathetersepsis *f*
catheter tip Katheterspitze *f*
catheter tip manometer Katheterspitzenmanometer *n*, Kathetertipmanometer *n*
catheter urine Katheterurin *m*
catheterism Katheterismus *m*, Katheterung *f*, Kathetern *n*, Katheteranwendung *f*
catheterization Katheterung *f*, Katheterisierung *f*, Kathetereinführung *f*, Sondierung *f*
catheterization data Herzkatheterdaten *pl*
catheterization of the urinary bladder Harnblasenkatheterung *f*
catheterize *v* katheterisieren, kathetern, einen Katheter einführen
catheterize *v* **the ureter** den Harnleiter kathetern, einen Katheter in den Ureter einführen
catheterizing aortography Katheteraortographie *f*
catheterostat Kathetertrommel *f*, Katheterbehälter *m*, Katheterhalter *m*, Katheterständer *m*
cathexis Besetzung *f* *(Verbindung von psychischer Energie mit einem Gegenstand)*
cathisiophobia *(Neur)* Kathisiophobie *f* *(Angst vor dem Stillsitzen)*
cathode Katode *f*
cathode ray Katodenstrahl *m*
cathode-ray oscillograph Katodenstrahloszillograph *m*
cathode-ray oscilloscope Katodenstrahloszilloskop *n*
cathode-ray tube Katodenstrahlröhre *f*
cathode-ray tube monitor CRT-Monitor *m*, Sichtgerät *n*
cathodic Katoden…
catholysis Katholyse *f*, Kathodennadelelektrolyse *f*
cation exchange Kationenaustausch *m*
cation-exchange resin Kationenaustausch(er)harz *n*
cation exchanger Kationenaustauscher *m*
cationic Kationen…
catlin(g) *(Chir)* Amputationsmesser *n* mit zwei Schneiden
cat's-eye amaurosis Katzenaugenamaurose *f*
cat's pupil Katzen(augen)pupille *f*
cauda Cauda *f*, Schwanz *m*
cauda equina Cauda *f* equina, Pferdeschweif *m* *(unterster Rückenmarkabschnitt)*
cauda (equina) syndrome Cauda-(equina-)Syndrom *n*, Kaudasyndrom *n*
caudal kaudal, schwanzwärts, aboral
caudal anaesthesia Kaudaanästhesie *f*
caudal end of the sacrum Apex *m* ossis sacri, Kreuzbeinspitze *f*
caudal ligaments *s.* caudal retinaculum
caudal pancreatectomy Pankreasschwanzresektion *f*, (operative) Pankreasschwanzentfernung *f*
caudal portion of the prostate gland Apex *m* prostatae, Vorsteherdrüsenapex *m*
caudal retinaculum Cauda-equina-Retinaculum *n*
caudate geschwänzt, geschweift; Schwanz…, Schweif…
caudate lobe (of the liver) Tuberculum *n* caudatum, Lobus *m* caudatus (hepatis)
caudate nucleus Nucleus *m* caudatus *(im Telencephalon)*
caudate process Processus *m* caudatus hepatis
caudatum *s.* caudate nucleus
caudocephal kaudozephal, kaudokephal
caudocephalad kaudozephalad, kaudokephalad, in Schwanz-Kopf-Richtung
caudolenticular kaudolentikulär; Caudatum-Linsenkern-…
caul 1. Vorgeburt *f*; 2. *(Anat)* Omentum *n* majus, großes Netz *n*
cauliflower ear Boxerohr *n*
caumaesthesia Kaumästhesie *f* *(thermale Dysästhesie mit brennendem Wärmegefühl bei Normaltemperatur)*
caumaesthetic kaumästhetisch, mit brennendem Wärmegefühl; Kaumästhesie…
causal kausal, ursächlich; Kausal…
causal hypothesis Kausalhypothese *f*
causal treatment Kausalbehandlung *f*, Kausaltherapie *f*
causalgia Kausalgie *f*, brennende Schmerzempfindung *f*
causalgia syndrome Kausalgiesyndrom *n*
causality Kausalität *f*, Kausalzusammenhang *m*, Ursächlichkeit *f*
causative verursachend, auslösend
causative microorganism verursachender Mikroorganismus *m*, auslösender Keim *m*
cause *v* **a disease** eine Krankheit verursachen [bewirken, auslösen]
cause *v* **bleeding [haemorrhage]** eine Blutung bewirken [auslösen]
cause *v* **pain** Schmerz verursachen [bewirken, auslösen]
cause Ursache *f*, Anlass *m*; Umstand *m*
cause-and-effect relationship Ursache–Wirkung-Beziehung *f*
caustic kaustisch, ätzend, brennend
caustic (agent) Kaustikum *n*, Ätzmittel *n*
caustic burn Verätzung *f*
caustic forceps Höllensteinpinzette *f*
caustic holder Ätzmittelträger *m*
caustic poisoning Ätzmittelvergiftung *f*, Verätzung *f*
cauterant Ätzmittel *n* *(zum Kauterisieren)*
cauterization 1. Kauterisation *f*, Ätzung *f*, Verschorfung *f*, Kaustik *f*; 2. Verätzung *f*, Verschorfung *f*
cauterize *v* kauterisieren, brennen, ätzen *(mittels Hitze oder Chemikalien)*
cautery 1. Kauterisation *f*, Ätzung *f*, Verschorfung *f*, Kaustik *f*; 2. *s.* cautery knife
cautery knife Elektrokauter *m*, Kauter *m*, elektrisches Messer *n*, Diathermiemesser *n*, Brenninstrument *n*
cautery surgery Kauterchirurgie *f*
cava *s.* caval vein
cavagram *s.* cavogram
caval kaval; Kava…, Hohlvenen…
caval cannula Kavakanüle *f*, Hohlvenenkanüle *f*
caval cannulation Kavakanülierung *f*, Hohlvenenkanülieren *n*
caval catheter Kavakatheter *m*, Hohlvenenkatheter *m*
caval obstruction Kavaobstruktion *f*, Hohlvenenverschluss *m*
caval system Kavasystem *n*, Hohlvenensystem *n*
caval valve Valvula *f* venae cavae inferioris
caval vein Vena *f* cava, Hohlvene *f*, Kava *f*
caval vein anomaly Hohlvenenanomalie *f*

caval vein flow Kavablutstrom *m*, Hohlvenenblutfluss *m*
cavalry bone Reit(er)knochen *m*
cavalryman's osteoma Reit(er)knochen *m*
cave of Meckel Cavum *n* Meckeli [trigeminale], Meckel-Höhle *f (Felsenbeinpyramide)*
cave of Retzius Cavum *n* Retzii, Retzius'scher Raum *m*, Spatium *n* retropubicum [praevesicale]
cavern 1. Kaverne *f*, Cavum *n*, Höhle *f*, Hohlraum *m (siehe unter: cavity)*; 2. Kaverne *f*, geschwürige Hohlraumbildung *f* bei Tuberkulose
cavern symptom Kavernensymptom *n*
caverniloquy Kavernoloquie *f*, Kavernenstimme *f*
cavernitis Kavernitis *f*, Schwellkörperentzündung *f* des Penis
cavernoma Kavernom *n*, kavernöses Hämangiom *n*
cavernomatous kavernomatös; Kavernom...
cavernosal 1. *s.* cavernous; 2. Corpus-cavernosum-...
cavernoscope Kavernoskop *n*
cavernoscopy Kavernoskopie *f*, Kavernenspiegelung *f*, Hohlraumbetrachtung *f*
cavernositis *s.* cavernitis
cavernosography *(Rad)* Kavernosographie *f (Darstellung des Corpus-cavernosum)*
cavernostomy Kavernostomie *f*, Lungenkavernenfistelung *f*, Kavernen(saug)drainage *f*, Lungen(abszess)-drainage *f*
cavernosum Corpus *n* cavernosum, Schwellkörper *m*
cavernotomy Kavernotomie *f*, (operative) Kaverneneröffnung *f*
cavernous 1. kavernös, Hohlräume enthaltend; Kaverne(n)..., Hohlraum...; 2. hohlraumartig, hohl (klingend) *(z. B. Atemgeräusche)*
cavernous angioma kavernöses Angiom *n*
cavernous body Corpus *n* cavernosum, Schwellkörper *m*
cavernous haemangioma kavernöses Hämangiom *n*, Angioma *n* cavernosum, Kavernom *n*
cavernous lymphangioma kavernöses Lymphangiom *n*, Lymphangioma *n* cavernosum, Cavernoma *n* lymphaticum
cavernous nerves of the clitoris Nervi *mpl* cavernosi clitoridis, Klitorisschwellkörpernerven *mpl*
cavernous nerves of the penis Nervi *mpl* cavernosi penis, Penisschwellkörpernerven *mpl*
cavernous plexus of the clitoris Plexus *m* cavernosus clitoridis *(Nervengeflecht)*
cavernous plexus of the nasal conchae Plexus *mpl* cavernosi concharum *(Blutadergeflechte der mittleren und unteren Nasenmuschel)*
cavernous plexus of the penis Plexus *m* cavernosus penis *(Nervengeflecht)*
cavernous rale Kavernenrasseln *n*
cavernous sinus Sinus *m* cavernosus *(ein Hirnsinus)*
cavernous sinus fistula Sinus-cavernosus-Fistel *f*
cavernous sinus malformation Sinus-cavernosus-Fehlbildung *f*, Sinus-cavernosus-Missbildung *f*
cavernous sinus syndrome Sinus-cavernosus-Syndrom *n*
cavernous sinus thrombophlebitis Sinus-cavernosus-Thrombophlebitis *f*
cavernous sinus thrombosis Sinus-cavernosus-Thrombose *f*, Kavernosusthrombose *f*
cavernous sinus tumour Sinus-cavernosus-Tumor *m*, Sinus-cavernosus-Geschwulst *f*
cavernous tamponade Kavernentamponade *f*
cavernous tissue Schwellkörpergewebe *n*, erektiles Gewebe *n*, kavernöses Schwellgewebe *n*
cavernous urethra Pars *f* spongiosa urethrae, Schwellkörperharnröhre *f*
cavernous voice Kavernenstimme *f*
cavitary kavitär, ausgehöhlt, kavernös *(siehe unter: cavernous)*
cavitary actinomycosis kavernöse Aktinomykose *f* [Strahlenpilzkrankheit *f*]
cavitary (pulmonary) tuberculosis kavernöse Lungentuberkulose *f* [Tuberkulose *f*]
cavitate *v* aushöhlen, eine Höhle [Kaverne] bilden
cavitation Höhlenbildung *f*, Aushöhlung *f (in Geweben und Organen nach Krankheiten)*
cavitis Hohlvenenentzündung *f*
cavity 1. Cavum *n*, Höhle *f*, Hohlraum *m*, Höhlung *f*; 2. Kaverne *f* • **pack a cavity** eine Höhle (aus)tamponieren • **scrape a cavity** eine Höhle auskratzen, ein Cavum ausschaben
cavity classification *(Stom)* Kavitätenklassifzierung *f*, Kavitäteneinteilung *f*
cavity haemorrhage Höhlen(ein)blutung *f*
cavity of the concha Cavum *n* conchae
cavity of the fundus *s.* cavity of the uterus
cavity of the larynx Cavum *n* laryngis, untere Kehlkopfetage *f*
cavity of the middle ear Cavum *n* tympani, Paukenhöhle *f*
cavity of the pelvis Cavum *n* pelvis, Beckenhöhle *f*
cavity of the pharynx Cavum *n* pharyngis, Schlundhöhle *f*
cavity of the septum pellucidum Cavum *n* septi pellucidi
cavity of the uterus Cavum *n* (corporis) uteri, Uterushöhle *f*, Gebärmutterhöhle *f*
cavity preparation Pulpahöhlenpräparation *f*, Zahnhöhlenvorbereitung *f*
cavogram Kavogramm *n*, Hohlvenenröntgen(kontrast)aufnahme *f*
cavography Kavographie *f*, Hohlvenenröntgen(kontrast)darstellung *f*
cavopulmonary kavopulmonal, kavopulmonär; Hohlvenen-Lungen(arterien)-...
cavosurface *(Stom)* Kavitäten-Zahnoberflächen-...
cavosurface angle *(Stom)* Kavitätenoberflächenwinkel *m*
cavosurface bevel *(Stom)* Kavitätenoberflächenneigung *f*
cavovalgus Talipes *m* cavovalgus
cavovarus Talipes *m* cavovarus
cavum *s.* cavern 1.
cavus Talipes *m* cavus, Hohlfuß *m*
cayenne pepper *s.* capsicum
CB lead CB-(EKG-)Ableitung *f (mit indifferenter Elektrode am Rücken)*
CCT *s.* cranial computer tomography
cebocephalia Zebozephalie *f*, Kebozephalie *f*, Affenköpfigkeit *f*
cebocephalic zebozephal, kebozephal, affenköpfig
cebocephalous zebozephal, kebozephal, affenköpfig
cebocephalus Zebozephalus *m*, Kebozephalus *m*, Affenkopf *m*, Affenköpfiger *m*
cecal *s.* caecal
cecity Caecitas *f*, Blindheit *f*
Ceelen-Gellerstedt syndrome Ceelen-Gellerstedt-Syndrom *n*, idiopathische Lungenhämosiderose *f*
cedar wood oil Zedernholzöl *n (Mikroskopie)*
cefaclor Cefaclor *n (Cephalosporin; Antibiotikum)*
cefadroxil Cefadroxil *n (Cephalosporin; Antibiotikum)*
cefalexin Cefalexin *n (Cephalosporin; Antibiotikum)*
cefamandole naftate Cefamandolnaphtat *n (Cephalosporin; Antibiotikum)*
cefatrizine Cefatrizin *n (Cephalosporin; Antibiotikum)*
cefazolin Cefazolin *n (Cephalosporin; Antibiotikum)*
cefepime Cefepim *n (Cephalosporin; Antibiotikum)*
cefetamet Cefetamet *n (Cephalosporin; Antibiotikum)*

cefmenoxime Cefmenoxim *n (Cephalosporin; Antibiotikum)*
cefmenoxime hydrochloride Cefmenoximhydrochlorid *n (Cephalosporin; Antibiotikum)*
cefmetazole Cefmetazol *n (Cephalosporin; Antibiotikum)*
cefodizime Cefodizim *n (Cephalosporin; Cephalosporin; Antibiotikum)*
cefonicid Cefonicid *n (Cephalosporin; Antibiotikum)*
cefoperazone Cefoperazon *n (Cephalosporin; Antibiotikum)*
cefotaxime Cefotaxim *n (Cephalosporin; Antibiotikum)*
cefotiam Cefotiam *n (Cephalosporin; Antibiotikum)*
cefotiam hydrochloride Cefotiamhydrochlorid *n*
cefoxitin Cefoxitin *n (Cephalosporin; Antibiotikum)*
cefpodoxime Cefpodoxim *n (Cephalosporin; Antibiotikum)*
cefsulodin Cefsulodin *n (Cephalosporin; Antibiotikum)*
ceftazidime Ceftazidim *n (Cephalosporin; Antibiotikum)*
ceftibuten Ceftibuten *n (Cephalosporin; Antibiotikum)*
ceftriaxone Ceftriaxon *n (Cephalosporin; Antibiotikum)*
cefuroxime Cefuroxim *n (Cephalosporin; Antibiotikum)*
ceirophobia *(Neur)* Keirophobie *f*, Scherangst *f (Angst vor dem Haareschneiden)*
ceirospasm *(Neur)* Keirospasmus *f*, Rasierkrampf *m (Beschäftigungsneurose beim Friseur)*
cel... *s.* coel...
cell Zelle *f*
cell bank Zellbank *f*
cell biology Zellbiologie *f*
cell body Zellkörper *m*
cell-bound zellgebunden, zellständig
cell capsule Zellkapsel *f*
cell-colour ratio Erythrozyten-Hämoglobin-Quotient *m*
cell cone Epithelperle *f*
cell count(ing) Zellzählung *f*
cell culture Zellkultur *f*
cell damage Zellschaden *m*; Zellschädigung *f*
cell death Zelltod *m*
cell determination Zelldetermination *f*
cell detritus Zelldetritus *m*, Zelltrümmer *pl*
cell differentiation Zelldifferenzierung *f*
cell division Zellteilung *f*
cell division cycle Zellteilungszyklus *m*
cell-fixed zellgebunden, zellständig
cell-free zellfrei
cell growth Zellwachstum *n*
cell hypersensitivity Zellhypersensibilität *f*
cell immunity Zellimmunität *f*, zelluläre Immunität *f*
cell inclusion Zellinklusion *f*, Zelleinschluss *m*
cell juice Zellsaft *m*, Zytoplasma *n*
cell junction Zellverbindung *f*
cell kinetic Zellkinetik *f*
cell line Zelllinie *f*
cell-linked zellgebunden, zellständig
cell lysis Zellauflösung *f*
cell marker Zellenmarker *m*
cell mass Zellmasse *f*
cell-mediated durch Zellen übertragen, zellvermittelt, durch Zellen vermittelt
cell-mediated hypersensitivity zellübertragene [zellvermittelte] Allergie *f*
cell-mediated immune response zellständige Immunreaktion *f*, zellübertragene Immunantwort *f*
cell-mediated immunity zellständige [zellübertragene] Immunität *f*
cell-mediated immunocompetence zellständige [zellübertragene] Immunkompetenz *f*
cell membrane Zellmembran *f*, Zellwand *f*
cell-membrane function Zellmembranfunktion *f*
cell metabolism Zellmetabolismus *m*, Zellstoffwechsel *m*
cell motility Zellmotilität *f*, Zellbeweglichkeit *f*
cell nest Zellnest *n*
cell nucleus Zellkern *m*
cell nucleus inclusion body Zellkerneinschlusskörper *m*
cell of Betz Betz'sche Riesenpyramidenzelle *f*
cell of Corti Corti-Zelle *f*, Hörhaar *n*
cell organ Zellorgan *n*
cell organelle Zellorganelle *f*
cell plasm *s.* cytoplasm
cell plate Äquatorialplatte *f (Zellteilung)*
cell poison Zellgift *n*
cell-poor zellenarm, zellarm
cell process Zellfortsatz *m*
cell proliferation Zellproliferation *f*
cell receptor Zellrezeptor *m*
cell replication Zellreplikation *f*
cell respiration Zellatmung *f*
cell-rich zellenreich, zellreich
cell sap Hyaloplasma *n*, Grundplasma *n*
cell shape Zellgestalt *f*, Zellform *f*
cell-surface antigen Zelloberflächenantigen *n*
cell suspension Zellsuspension *f*
cell transplantation Zelltransplantation *f*
cell wall Zellwand *f*, Zellmembran *f*
cell wall antigen Zellwandantigen *n*
cell wall synthesis Zellwandsynthese *f*
celliform zell(en)förmig
cellophane maculopathy *(Ophth)* Zellophanmakulopathie *f*
cells of Cajal Astrozyten *mpl*, Cajal'sche Nervenzellen *fpl* [Zellen *fpl*] *(der Hirnrinde)*
cells of Deiter Deiter'sche Stützzellen *fpl* [Zellen *fpl*], Deiters-Zellen *fpl (Corti-Organ)*
cells of Giannuzzi Giannuzzi'sche Halbmonde *mpl (gemischter Drüsenendteile)*
cells of Hensen Hensen'sche Stützzellen *fpl* [Zellen *fpl*] *(im Corti'schen Organ)*
cells of Paneth Paneth'sche Körnerzellen *fpl*, oxyphile Körnchenzellen *fpl (der Lieberkühn'schen Darmdrüsen)*
cells of Schwann Schwann'sche Zellen *fpl (der Nervenscheiden)*
cells of the islet Inselzellen *fpl*, Pankreasinseln *fpl (siehe: islets of Langerhans)*
cellula Zellula *f*, kleine Zelle *f*
cellular zellulär, zellig; Zell...
cellular antigen Zellantigen *n*
cellular atypia Zellatypie *f*
cellular clone Zellklon *m*
cellular component Zellkomponente *f*, zelluläre Komponente *f*
cellular cycle Zellzyklus *m*
cellular death Zelltod *m*
cellular defence Zellabwehr *f*, zelluläre Abwehr *f*
cellular destruction Zellzerstörung *f*
cellular differentiation Zelldifferenzierung *f*
cellular element Zellelement *n*
cellular hypersensitivity reaction *(Immun)* zelluläre Überempfindlichkeitsreaktion *f*
cellular immunity zelluläre Immunität *f*
cellular inclusion Zelleinschluss *m*
cellular infiltrate Zellinfiltrat *n*
cellular infiltration Zellinfiltration *f*, zelluläre Infiltration *f*
cellular mating Zellverschmelzung *f*
cellular membrane Zellmembran *n*, Zellwand *f*
cellular metabolism Zellstoffwechsel *m*, Zellmetabolismus *m*
cellular migration Zellmigration *f*, Zell(en)wanderung *f*

cellular organelle Zellorganelle *f*
cellular organization Zellorganisation *f*, zellulärer Aufbau *m*
cellular pathology Zell(ular)pathologie *f*, Zytopathologie *f*
cellular physiology Zellphysiologie *f*, Zytophysiologie *f*
cellular polymorphia Zellpolymorphie *f*
cellular proliferation Zellproliferation *f*
cellular sheath Epineurium *n*
cellular structure Zellstruktur *f*
cellular therapy Zelltherapie *f*
cellular tissue Zellgewebe *n*
cellularity zelluläre Struktur *f*, Zellstruktur *f*
cellulase Zellulase *f (Enzym)*
cellule kleine Zelle *f*
cellulicidal zellzerstörend
cellulifugal zellulifugal, von der Zelle wegführend
cellulipetal zellulipetal, zur Zelle hinführend
cellulitis Zellulitis *f*, Zellgewebsentzündung *f*
cellulofibrous zellulofibrös, zellulär und fibrös, zellulärfibrös, zellig-faserig
cellulose Zellulose *f*, Zellstoff *m*
cellulose sponge Zellstoffschwämmchen *n (zur Tamponade)*
cellulotoxic zelltoxisch, zellgiftig
Celsus' kerion Kerion *n* Celsi, Trichophytia *f* profunda *(Pilzerkrankung mit Geschwürbildung und Eiterbläschen)*
cement Zahnzement *m*, Zement *m*
cement base *(Stom)* Zementbasis *f*
cement kidney Kalkniere *f*, Nierenverkalkung *f*
cemental Zement..., Zahnzement...
cemental fibre Zementfaser *f*
cementation *(Stom)* Zementieren *n*, Einzementieren *n*, Anzementieren *n*
cementicle *(Histol)* Zementikel *n*, Zementexostose *f*
cementification *(Histol)* Zementbildung *f (der Zähne)*
cementifying fibroma *s.* cementoma
cementitis *(Stom)* Zemententzündung *f*
cementoblast *(Histol)* Zementoblast *m*, Zahnzementbildungszelle *f*, Zementbildungszelle *f*
cementoblastoma *(Path)* Zementoblastom *n (Zahnzementgeschwulst)*
cementoclasia *(Histol)* Zementresorption *f (der Zähne)*
cementoclast *(Histol)* Zementoklast *m*
cementocyte *(Histol)* Zementozyt *m*
cementodentinal Zement-Dentin-...
cementoenamel junction *(Histol)* Zahnschmelzgrenze *f*
cementogenesis *(Histol)* Zementogenese *f*, Zementbildung *f*, Zahnzemententstehung *f*
cementoid *(Histol)* Zementoid *n*, Präzementum *n*, nicht kalzifizierter Zement *m*
cementoma *(Path)* Zementom *n (Zahnzementgeschwulst)*
cementopathia *(Stom)* Periodontose *f*, Zahnwurzel(haut)krankheit *f*
cementoperiostitis *(Stom)* Pyorrhoea *f* alveolaris
cementosis *(Stom)* Hypercementose *f*
cementum *s.* cement
cenaesthetic schizophrenia zönästhetische Schizophrenie *f*, leibhypochondrische Schizophrenie *f*
cenencephalocele Zönenzephalozele *f (Enzephalozele ohne Liquorräume)*
cenesthesia Zönasthesie *f (Gefühl für die eigene körperliche Existenz)*
cenesthesic *s.* cenesthesic
cenesthesiopathy Zönästhesiopathie *f*
cenesthetic zönästhetisch; Zönasthesie...
cenesthetic hallucination zönästhetische Halluzination *f*, Leibhalluzination *f*
cenocyte Zönozyt *m*
cenocytic zönozytisch; Zönozyten...
cenosite Zönosit *m*
cenotrope zönotrop(isch)
centering Zentrierung *f*
centering device Zentriervorrichtung *f*
centering mask Zentriermaske *f*
centering point Zentrierpunkt *m*
centering spotlight Punktstrahllampe *f*
centesis Punktion *f*
centile Zentile *f*
centrad zentralwärts (gerichtet), in Richtung Zentrum (gerichtet)
central ageusia *(Neur)* zentrale Ageusie *f*, Geschmacksblindheit *f*
central amaurosis *(Neur)* Amaurosis *f* centralis
central anaesthesia *(Neur)* Zerebralanästhesie *f*
central anosmia *(Neur)* zentrale Anosmie *f*, Geruchsblindheit *f*
central aphasia *(Neur)* zentrale Aphasie *f*, Rindenaphasie *f*
central artery of the retina *s.* central retinal artery
central auditory processing disorder zentrale Hörstörung *f*, Rindentaubheit *f*
central beam Zentralstrahl *m*
central biasing zentrale Modulation *f*, zentrale Schmerzmodulation *f (Beeinflussung der Schmerzwahrnehmung durch das ZNS)*
central blindness 1. Zentralskotom *n*; 2. *(Neur)* Rindenblindheit *f*, zentrale Anopsie *f*, beidseitige Hemianopsie *f*
central body Zentralkörper *m*, Zentralkörperchen *n*, Zentrosom *n*, Zentriol *n*, Zentriole *f*
central canal of the spinal cord Canalis *m* centralis (medullae spinalis), Zentralkanal *m* des Rückenmarks
central cataract *(Ophth)* Cataracta *f* centralis, Zentralstar *m*
central catheter Zentral(venen)katheter *m*, zentraler Venenkatheter *m*
central cell *s.* chief cell
central chemoreceptor zentraler [medullärer] Chemorezeptor *m*, Enchondrosarkom *n*
central chondrosarcoma zentrales Chondrosarkom *n*
central choroiditis Chorioiditis *f* centralis
central cirrhosis kardiale Leberzirrhose *f*, Stauungs(leber)zirrhose *f*, Leberzirrhose *f* bei Herzinsuffizienz
central convulsion *(Neur)* kortikaler [zentraler] Krampf *m*, kortikale [zentrale] Konvulsion *f*
central core disease (of muscle) Central-core-Krankheit *f (angeborene Myopathie)*
central cramp *s.* central convulsion
central deafness *(Neur)* Rindentaubheit *f*
central disk-shaped retinopathy Retinitis *f* disciformis
central fissure Sulcus *m* centralis, Zentralfurche *f*
central giant-cell tumour Riesenzellentumor *m*, Riesenzellengeschwulst *f*
central grey substance *(Anat)* Substantia *f* grisea centralis, zentrales Höhlengrau *n*
central gyrus Gyrus *m* centralis, Zentralwindung *f*
central hepatic vein Vena *f* centralis hepatis, Leberläppchenzentralvene *f*
central illumination Zentralbeleuchtung *f (Mikroskopie)*
central implantation *(Embr)* zentrale Implantation *f (der Blastozyste)*
central incisor zentraler Inzisor *m*, mittlerer Schneidezahn *m*
central line zentrale Linie *f*, zentraler Venenkatheter *m*
central lobe Zentrallappen *m (Großhirn)*
central lobule Lobulus *m* centralis, Zentralläppchen *n*, Zentrallappen *m (Kleinhirn)*
central necrosis Zentralnekrose *f*
central nervous system Zentralnervensystem *n*, zentrales Nervensystem *n*, ZNS *n*, Systema *n* nervosum centrale

central nervous system abnormality Zentralnervensystemabnormität *f*, ZNS-Anormalität *f*
central nervous system function Zentralnervensystemfunktion *f*
central nervous system involvement Zentralnervensystembeteiligung *f*
central nervous system stimulant Zentralnervensystemstimulans *n*, ZNS-Anregungsmittel *n*
central nervous system syndrome Zentralnervensystemsyndrom *n*, ZNS-Syndrom *n*
central nervous system syphilis ZNS-Syphilis *f*, Syphilis *f* des Zentralnervensystems
central nervous system toxicity Zentralnervensystemtoxizität *f*
central nervous system tumour Tumor *m* des zentralen Nervensystems
central neurogenic hyperventilation zentrale neurogene Hyperventilation *f*
central neuronal plasticity zentrale neuronale Plastizität *f* *(bei Chirotherapie)*
central nucleus of the thalamus Nucleus *m* centralis thalami
central occlusion *(Stom)* Zentralokklusion *f*, Zentralbiss *m*
central osteitis *s.* endosteitis
central pain zentraler Schmerz *m*; Schmerz *m* im zentralen Nervensystem
central paralysis *(Neur)* Zentrallähmung *f*, zentrale [spastische] Paralyse *f*
central pathway zentrale Bahn *f* [Nervenbahn *f*]
central placenta praevia Placenta *f* praevia centralis [totalis]
central pneumonia Hiluspneumonie *f*, zentrale Lungenentzündung *f*
central ray Zentralstrahl *m (beim Röntgen)*
central retinal artery Netzhaut(zentral)arterie *f*, Arteria *f* centralis retinae
central retinal artery occlusion Zentralarterienverschluss *m*, Netzhautzentralarterienverschluss *m*
central retinal vein Netzhautzentralvene *f*, Vena *f* centralis retinae
central retinal vein occlusion Netzhautzentralvenenverschluss *m*
central retinal vein thrombosis Netzhautzentralvenenthrombose *f*
central scotoma Zentralskotom *n*, Scotoma *n* centralis
central sensitization zentrale Sensibilisierung *f (der Neuronen bei Chirotherapie)*
central serous retinopathy Retinitis *f* centralis serosa
central sleep apnoea zentrale Schlafapnoe *f*
central spindle Zentralspindel *f (Zellteilung)*
central stimulant *s.* central nervous system stimulant
central sulcus (of Rolando) Sulcus *m* centralis (Rolandi), Zentralfurche *f* des Gehirns
central tegmental tract Tractus *m* tegmentalis centralis, zentrale Haubenbahn *f*
central tendon Centrum *n* tendineum, Zentralsehne *f* des Zwerchfells, Zwerchfellsehnenzentrum *n*
central vein of the liver *s.* central hepatic vein
central vein of the retina *s.* central retinal vein
central vein of the suprarenal gland Vena *f* centralis glandulae suprarenalis
central venous catheter Zentralvenenkatheter *m*, zentraler Venenkatheter *m*
central venous oxygen saturation zentralvenöse Sauerstoffsättigung *f*, $CVSO_2$
central venous pressure Zentralvenendruck *m*, zentraler Venendruck *m*, ZVD
central venous pressure cannula Zentralvenendruckkatheter *m*, ZVD-Katheter *m*
central venous pressure measurement Zentralvenendruckmessung *f*, ZVD-Messung *f*
central venous pressure monitor zentralvenöser Druckmonitor *m*, ZVD-Monitor *m*
central venous return zentralvenöser Rückstrom *m* [Rückfluss *m*]
central vertigo Zerebralschwindel *m*, zentraler Schwindel *m*
central vision Zentralsehen *n*, Makulasehen *n*
Central European encephalitis virus Zentraleuropäisches Enzephalitisvirus *n*, CEE-Virus *n*
centralize *v* zentralisieren
centration *(Neur)* Zentrierung *f* der Aufmerksamkeit
centre *v* 1. zentrieren, auf einen Gegenstand konzentrieren *(z. B. die Aufmerksamkeit)*; 2. zentrieren, fokusieren, den Zentralstrahl ausrichten
centre 1. Zentrum *n*, Mittelpunkt *m*, Centrum *n*; 2. Zentrum *n*, Nervenzentrum *n*
centre for motor speech motorisches Sprachzentrum *n*
centre of convergence Konvergenzzentrum *n*
centre of ossification Ossifikationszentrum *n*, Verknöcherungszentrum *n*
centre of rotation Rotationszentrum *n*
Centre for disease control Zentrum *n* für Gesundheitsüberwachung *(USA)*
centrencephalic zentrenzephal, das Gehirnzentrum betreffend
centrencephalic epilepsia *(Neur)* zentrenzephale Epilepsie *f*
centric occlusion Zentralschluss *m (Gebiss)*
centrifugal 1. *(Anat)* zentrifugal, peripheriewärts; 2. zentrifugal; Fliehkraft...
centrifugal analyzer Zentrifugalanalysegerät *n*
centrifugal current Zentrifugalstrom *m*
centrifugal force Zentrifugalkraft *f*
centrifugalization *s.* centrifugation
centrifugalize *v s.* centrifuge
centrifugate Zentrifugat *n*
centrifugation Zentrifugieren *n*, Zentrifugierung *f*, Schleudern *n*
centrifuge *v* zentrifugieren, schleudern
centrifuge *(Lab)* Zentrifuge *f*, Zentralschleuder *f*, Trennschleuder *f*
centrifuge microscope Zentrifugenmikroskop *n*
centrilobular zentrilobular, zentrilobulär
centriole *s.* centrosome
centripetal zentripetal, zentralwärts
centripetal current Zentripetalstrom *m*
centripetal force Zentripetalkraft *f*
centroblast Zentroblast *m (B-Lyphozytenvorstufe)*
centrocecal *(Ophth)* zentrozäkal, zäkozentral, die Macula lutea und den blinden Fleck betreffend
centrocyte Zentrozyt *m (B-Lymphozyt)*
centrodesmose *(Histol)* Zentrodesmose *f*
centrokinesia Zentrokinese *f*, Zentrokinesie *f*
centrokinetic zentrokinetisch; Zentrokinese...
centrolecithal zentrolezithal
centromere *(Histol)* Zentromer *n*, Spindelfaseransatzstelle *f*
centromeric Zentromer(n)...
centro-osteosclerosis Knochenmarkhöhlenosteosklerose *f*
centrophose *(Neur)* Zentrophose *f*, Lichtempfindung *f* im Sehzentrum
centroplasm *(Histol)* Zentroplasma *n*
centroplast *(Histol)* Zentroplast *m*
centrosclerosis *s.* centro-osteosclerosis

centrosome *(Histol)* Zentrosom *n*, Zentralkörper *m*, Zentralkörperchen *n*, Zentriol *n*, Zentriole *f*
centrosphere *(Histol)* Zentrosphäre *f*
centrum *s.* centre
cephalad zephalad, kephalad, kopfwärts
cephalagra Kephalagra *f*, Kopfgicht *f*
cephalalgia Zephalgie *f*, Kephalgie *f*, Kopfschmerz *m*
cephalalgic Zephalgie…, Kephalgie…, Kopfschmerz…
cephalea hartnäckiger Kopfschmerz *m*
cephaledema *s.* cephaloedema
cephalemia Hirnstauung *f*, Hirnkongestion *f (aktiv oder passiv)*
cephalexin Cephalexin *n (Antibiotikum)*
cephalgia *s.* cephalalgia
cephalgic *s.* cephalalgic
cephalhaematocele Kephalhämatozele *f*
cephalhaematoma *s.* cephalohaematoma
cephalhydrocele Kephalhydrozele *f*, Liquorerguss *m*
cephalic zephalisch; Kopf…, Zephal…, Kephal…
cephalic haematoma Kephalhämatom *n*, Kopfschwartenhämatom *n*
cephalic index Kephalindex *m*, Schädelindex *m*
cephalic presentation *(Gyn)* Schädellage *f*, Kopflage *f*
cephalic tetanus Kephaltetanus *m*
cephalic vein Vena *f* cephalica
cephalic version *(Gyn)* Kephalversion *f*, Kopfwendung *f*
cephalin Cephalin *n*, Kephalin *n (lezithinähnliches Phosphatid, z. B. im Nervengewebe)*
cephalin(-cholesterol) flocculation test Kephalin-Cholesterin-Flockungsreaktion *f*, Kephalin-Cholesterin-Probe *f*, Hanger-Test *m*
cephalin(-cholesterol) flocculation value Kephalin-Cholesterin-Flockungswert *m*
cephalin coaglution time Kephalingerinnungszeit *f*
cephalitis Enzephalitis *f*, Hirnentzündung *f*, Gehirnentzündung *f*
cephalization Zephalisierung *f*, Kephalisation *f*, Kopfwachstum *n*, Gehirnwachstum *n*
cephalocaudal zephalokaudal, kephalokaudal; Kopf-Schwanz…
cephalocele Kephalozele *f*, Hirnvorfall *m*, Hirnbruch *m*, Gehirnhernie *f*
cephalocentesis Zephalozentese *f*, Hirnpunktion *f*, Gehirnpunktion *f*
cephalochord *(Embr)* Cepahlochord *n*, intrakraniales Notochord *n*
cephaloclast *s.* cephalotribe
cephalocyst Zephalozyst *m*, Cephalocyst *m (Zestodenlarve)*
cephalodactyly *(Terat)* Kephalodaktylie *f*, Cephalodaktylie *f (Missbildung von Kopf und Fingern)*
cephalodidymus *(Terat)* Zephalodidymus *m*, Kephalodidymus *m*
cephalodiprosopus *(Terat)* Zephalodiprosopus *m*, Kephalodiporosopus *m*
cephalodymia *s.* craniopagia
cephalodynia *s.* cephalalgia
cephaloedema Hirnödem *n*
cephalogenesis Kephalogenese *f*, Gehirnentwicklung *f*
cephalogram Kephalogramm *n*, Schädelbild *n*
cephalograph Kephalograph *m*, Schädelmesser *m*
cephalographic kephalographisch
cephalography Kephalographie *f*, Schädelmessung *f*
cephalogyric kephalogyr, kopfdrehend; Kopfdrehungs…
cephalohaematocele Kephalhämatozele *f*
cephalohaematoma Kephalhämatom *n*, Kopfblutgeschwulst *f*, Schädelhämatom *n*
cephalhaematometer Kephalhämatometer *n*
cephaloid kephaloid, schädelförmig

cephaloma *s.* encephaloma
cephalomegaly Zephalomegalie *f*, Kephalomegalie *f*
cephalomelus *(Terat)* Kephalomelus *m*, Cephalomelus *m*
cephalomeningitis Meningoenzephalitis *f*, Gehirnhaut- und Gehirnentzündung *f*
cephalometer Kephalometer *n*, Kopfmesser *m*, Schädelmesser *m*
cephalometric kephalometrisch
cephalometrics Kephalometrik *f*, Schädelknochenvermessung *f*
cephalometry Kephalometrie *f*, Schädel(ver)messung *f (mit Weichteilen)*
cephalomotor kephalomotorisch, den Kopf bewegend; Kopfbewegungs…
cephalonia Kephalonie *f*, Megalenzephalie *f*, Makrozephalie *f*
cephaloorbital kephaloorbital; Schädel-Orbita-…
cephalopagia *s.* craniopagia
cephalopagus *s.* craniopagus
cephalopathy Enzephalopathie *f*, Gehirnerkrankung *f*, Hirnkrankheit *f*
cephalopelvic kephalopelvin; Schädel-Becken-…
cephalopelvic disproportion Schädel-Becken-Disproportion *f*, Schädel-Becken-Missverhältnis *n*
cephalopelvimetry Kephalopelvimetrie *f*, Schädel-Becken-Vermessung *f*
cephalopharyngeus (muscle) Musculus *m* constrictor pharyngis superior
cephalophlebitis Hohlvenenentzündung *f*, Entzündung *f* der Vena cava
cephaloplegia Kephaloplegie *f*, Kopfmuskellähmung *f*
cephaloridine Zephaloridin *n*, Cephaloridin *n (Antibiotikum)*
cephalorrhachidian Kopf-Wirbelsäulen-…
cephaloscopy Kephaloskopie *f*, Schädelauskultation *f*
cephalosporin Zephalosporin *n*, Cephalosporin *n (Antibiotikum)*
cephalosporinase Cephalosporinase *f*, beta-Lactamase *f (Enzym)*
cephalosporiosis Zephalosporiose *f*, Cephalosporiose *f*, Cephalosporium-Mykose *f*, Cephalosporium-Infektion *f*
cephalostat *(Rad)* Kephalostat *m*, Kopfhalter *m*; Kopffixator *m*; Kephalometer *n*
cephalotetanus Kephalotetanus *m*, Kopftetanus *m*
cephalothin Zephalothin *n*, Cephalothin *n (Antibiotikum)*
cephalothoracic kephalothorakal; Kopf-Thorax-…, Kopf-Brustkorb-…
cephalothoracoiliopagus *(Terat)* Kephalothorakoiliopagus *m (Zwillingsmissgeburt)*
cephalothoracopagus *(Terat)* Kephalothorakopagus *m (Zwillingsmissgeburt mit Kopf- und Brustkorbverwachsung)*
cephalotome Kephalotom *n*, Kraniotom *n (Instrument)*
cephalotomy Kephalotomie *f*, Kraniotomie *f*, (operative) Schädeleröffnung *f*
cephalotractor Kephalotraktor *m*, Kopfzange *f (Geburtszange)*
cephalotribe Kephalotripter *m*, Kephalotrib *m*, Schädelzertrümmerer *m*
cephalotripsy Kephalotripsie *f*, (operative) Schädelzertrümmerung *f (bei Totgeburt)*
cephalotropic kephalotrop, auf das Gehirn gerichtet; das Hirn(gewebe) bevorzugend
cephalotrypesis Schädeltrepanation *f*, (operative) Schädeleröffnung *f*
cephamycin Cephamycin *n (Antibiotikum)*
cephapyrin Cephapyrin *n (Antibiotikum)*
cephradine Cephradin *n (Antibiotikum)*
ceraceous wachsartig; Wachs…

ceramidase Ceramidase *f (Enzym)*
ceramidase deficiency Ceramidasemangel *m*, Farber-Krankheit *f*
ceramide Zeramid *n*, Ceramid *n*
ceramide choline phosphotransferase Ceramid-cholin-phospho-transferase *f (Enzym)*
ceramide dihexoside Ceramid-Dihexosid *n*
ceramide lactosidase Ceramidlaktosidase *f (Enzym)*
ceramide trihexosidase Ceramid-Trihexosidase *f (Enzym)*
ceramide trihexosidase deficiency Ceramid-Trihexosidasemangel *m*, Fabry-Krankheit *f*
ceramide trihexoside Ceramid-Trihexosid *n*
cerasine Cerasin *n (Zytoplasmafarbstoff)*
ceratectomy *s.* keratectomy
ceratocricoid keratokrikoidal, zum Unterhorn des Schildknorpels und zum Krikoid gehörend
ceratocricoideus(muscle) Musculus *m* ceratocricoideus
ceratoglossus (muscle) Musculus *m* chondroglossus
ceratohyal keratohyal, zum Cornu minor des Os hyoideum gehörend
ceratoid *s.* keratoid
ceratopharyngeus zum Unterhorn des Schildknorpels und zum Pharynx gehörend
cercarial 1. *(Paras)* Zerkarien..., Leberegel...; 2. *(Paras)* Zerkarien..., Schistosomen..., Adernegel..., Pärchenegel...
cercarial dermatitis *(Trop)* Zerkariendermatitis *f*, Schistosomendermatitis *f*
cercarian *s.* cercarial
cercarian 1. *(Paras, Trop)* Zerkarie *f*, Leberegellarve *f*; 2. *(Paras, Trop)* Zerkarie *f*, Pärchenegellarve *f*, Adernegellarve *f*
cercaricidal zerkarizid, Zerkarien tötend
cerclage *(Chir, Gyn)* Cerclage *f*, Zerklage *f*, Umschlingung *f*, Drahtumschlingung *f*
cercocystis Zystizerkoid *n*, Cysticercoid *n*
cercoid Zerkoid *n*, Cercoid *n (Bandwurmstadium)*
cercopithecus haemorrhagic fever Marburgfieber *n*, Marburg-Fieber *n*, Marburg-Viruskrankheit *f*
cercosporamycosis Cerkosporamykose *f (Infektion mit Cercosopora apii)*
cereal zereal, Getreide...
cerebellar zerebellar; Zerebellum..., Kleinhirn...
cerebellar abscess Zerebellumabszess *m*, Kleinhirnabszess *m*
cerebellar agenesia Zerebellumagenesie *f*, Kleinhirnagenesie
cerebellar angioblastoma Zerebellumangioblastom *n*, zerebelläres Angioblastom *n*
cerebellar apoplexy Zerebellumapoplexie *f*, Kleinhirnapoplexie *f*, Kleinhirninfarkt *m*
cerebellar artery Kleinhirnarterie *f*
cerebellar artery occlusion Kleinhirnarterienverschluss *m*
cerebellar astrocytoma Zerebellumastrozytom *n*, Kleinhirnastrozytom *n*
cerebellar ataxia zerebelläre Ataxie *f*, Zerebellumataxie *f*, Kleinhirnataxie *f*
cerebellar atrophy Zerebellumatrophie *f*, Kleinhirnatrophie *f*
cerebellar cortex Zerebellumkortex *m*, Kleinhirnrinde *f*, Cortex *m* cerebelli
cerebellar cyst Zerebellumzyste *f*, Kleinhirnzyste *f*
cerebellar degeneration Zerebellumdegeneration *f*, Kleinhirndegeneration *f*
cerebellar dysfunction Zerebellumdysfunktion *f*, Kleinhirnfunktionsstörung *f*
cerebellar epilepsy zerebelläre Epilepsie *f*, Kleinhirnepilepsie *f*
cerebellar falx Kleinhirnsichel *f*, Falx *f* cerebelli
cerebellar fit Kleinhirnanfall *m*
cerebellar fossa Zerebellumgrube *f*, Kleinhirngrube *f*, Fossa *f* cerebelli
cerebellar gait zerebellärer Gang *f*, Kleinhirngang *f*
cerebellar haemangioblastoma Zerebellumhämangioblastom *n*, Kleinhirnhämangioblastom *n*
cerebellar haematoma Zerebellumhämatom *n*, Kleinhirnhämatom *n*
cerebellar haemorrhage Zerebellumblutung *f*, Kleinhirnblutung *f*
cerebellar herniation Zerebellumhernie *f*, Kleinhirnvorfall *m*; Kleinhirneinklemmung *f*
cerebellar infarction Zerebelluminfarkt *m*, Kleinhirninfarkt *m*
cerebellar inferior peduncle unterer Kleinhirnstiel *m*, Pedunculus *m* cerebellaris inferior
cerebellar lingula Zerebellumlingula *f*, Kleinhirnwurmzünglein *n*, Lingula *f* cerebelli
cerebellar middle peduncle mittlerer Kleinhirnstiel *m*, Pedunculus *m* cerebellaris medius
cerebellar notch 1. Incisura *f* cerebelli anterior; 2. Incisura *f* cerebelli posterior
cerebellar peduncle Kleinhirnstiel *m*, Pedunculus *m* cerebellaris, Brückenarm *m*, Bindearm *m*, Strickkörper *m*
cerebellar pressure cone Zerebellumdruckkonus *m* *(Kleinhirneinklemmung im Tentoriumschlitz)*
cerebellar rigidity zerebelläre Rigidität *f*, Kleinhirnrigidität *f*
cerebellar sclerosis Zerebellumsklerose *f*, Kleinhirnsklerose *f*, Sclerosis *f* cerebelli
cerebellar sign Zerebellumzeichen *n*, Kleinhirnzeichen *n*
cerebellar speech zerebelläre Sprache *f (verwaschene Sprache bei Kleinhirnerkrankung)*
cerebellar stalk *s.* cerebellar peduncle
cerebellar superior peduncle oberer Kleinhirnstiel *m*, Pedunculus *m* cerebellaris superior
cerebellar syndrome Zerebellumsyndrom *n*, Kleinhirnsyndrom *n*
cerebellar tentorium Kleinhirnzelt *n*, Tentorium *n* cerebelli
cerebellar tonsil Kleinhirntonsille *f*, Tonsilla *f* cerebelli
cerebellar tract Kleinhirnbahn *f*, zerebelläre Bahn *f*
cerebellar tremor Kleinhirntremor *m*, zerebellärer Tremor *m*
cerebellar vallecula Vallecula *f* cerebelli *(Spalte an der Kleinhirnunterfläche)*
cerebellar vermis Kleinhirnwurm *m*, Vermis *m* cerebelli
cerebellar vertigo Kleinhirnschwindel *m*, zerebellärer Schwindel *m*
cerebellifugal *(Anat)* zerebellifugal, vom Kleinhirn wegführend
cerebellin Cerebellin *n*, Zerebellin *n (Kleinhirnpeptid)*
cerebellipetal *(Anat)* zerebellipetal, zum Kleinhirn hinführend
cerebellitis Zerebellitis *f*, Kleinhirnentzündung *f*
cerebellobulbar tract *(Anat)* Tractus *m* bulbocerebellaris
cerebellolental *(Anat)* zerebellolental; Kleinhirn-Linsen-...
cerebellomedullary *(Anat)* zerebellomedullär; Kleinhirn-Rückenmarks...
cerebellomedullary cistern *(Anat)* Cisterna *f* cerebellomedullaris
cerebello-olivary *(Anat)* zerebellooliväر; Kleinhirn-Oliven-...
cerebellopontine *(Anat)* zerebellopontin; Kleinhirn-Brücken-...
cerebellopontine angle Kleinhirn-Brücken-Winkel *m*
cerebellopontine angle myelography Kleinhirn-Brücken-Winkel-Myelographie *f*

cerebellopontine angle tumour Kleinhirn-Brücken-Winkel-Tumor *m*
cerebellopontine angle tumour syndrome Kleinhirn-Brücken-Winkel-Syndrom *n*
cerebelloretinal *(Anat)* zerebelloretinal; Zerebellum-Retina-..., Kleinhirn-Netzhaut-...
cerebelloretinal angiomatosis von-Hippel-Lindau'sche Krankheit *f*, Netzhautangiomatose *f*, Angiomatosis *f* retinae
cerebellorubral *(Anat)* zerebellorubral
cerebellorubrospinal *(Anat)* zerebellorubrospinal
cerebellospinal *(Anat)* zerebellospinal
cerebellospinal tract Tractus *m* vestibulospinalis
cerebellothalamic *(Anat)* zerebellothalamisch
cerebellovestibular *(Anat)* zerebellovestibulär
cerebellovestibular tract Tractus *m* cerebellovestibularis
cerebellum *(Anat)* Cerebellum *n*, Zerebellum *n*, Kleinhirn *n*
cerebral zerebral; Hirn..., Gehirn..., Großhirn... *(siehe unter: brain)*
cerebral abscess Gehirnabszess *m*, Hirn(ver)eiterung *f*
cerebral accident *s.* cerebral infarction
cerebral action potential zerebrales Aktionspotenzial *n*; Hirnstrom *m*
cerebral activity Hirntätigkeit *f*, Hirnaktivität *f*
cerebral affection Gehirnverletzung *f*, Gehirnschaden *m*, Hirnläsion *f*, Hirnleiden *n*
cerebral agraphia zerebrale Agraphie *f*, Rindenagraphie *f*
cerebral air embolism zerebrale Luftembolie *f*, Hirnluftembolie *f*, Luftembolie *f* des Gehirns
cerebral akinesia zerebrale Akinesie *f*, Rindenakinesie *f*
cerebral aneurysm Hirnaneurysma *n*, Aneurysma *n* cerebri
cerebral angiogram zerebrales Angiogramm *n*, Gehirnangiogramm *n*, Hirngefäßröntgen(kontrast)bild *n*
cerebral angiography Zerebralangiographie *f*, zerebrale Angiographie *f*, Gehirnangiographie *f*, Hirngefäßröntgen(kontrast)darstellung *f*
cerebral anoxia Gehirnhypoxie *f*, Hirnanoxie *f*, Hirnsauerstoffmangel *m*
cerebral anthrax zerebraler Anthrax *m*, Milzbrandenzephalopathie *f*, Milzbrandinfektion *f* des Gehirns
cerebral apophysis Zirbeldrüse *f*, Corpus *n* pineale, Apophysis *f* cerebri
cerebral apoplexy *s.* cerebral infarction
cerebral aquaeduct Aquaeductus *m* cerebri, Hirnaquädukt *m*
cerebral arachnoiditis Arachnoiditis *f* cerebri
cerebral arteriogram Hirnarteriogramm *n*, Hirnarterienröntgen(kontrast)bild *n*
cerebral arteriography Hirnarteriographie *f*, Hirnarterienröntgen(kontrast)darstellung *f*
cerebral arteriosclerosis zerebrale Arteriosklerose *f*, Hirngefäßverkalkung *f*, Zerebralsklerose *f*
cerebral artery Hirnarterie *f*, Hirnschlagader *f*, Arteria *f* cerebri
cerebral ataxia zerebrale Ataxie *f*
cerebral blindness zerebrale [zentrale] Blindheit *f*, Rindenblindheit *f*
cerebral blood flow Gehirnminutenblutvolumen *n*, Hirn(minuten)durchblutung *f*, Hirn(minuten)blutfluss *m*
cerebral blood vessel Gehirn(blut)gefäß *n*, Hirngefäß *n*
cerebral calcification Hirnverkalkung *f*, Kalkeinlagerung *f* im Gehirn
cerebral cavity *s.* cerebral ventricle
cerebral circulation 1. Hirndurchblutung *f*; 2. Hirn(blut)kreislauf *m*, Zerebralkreislauf *m*
cerebral compression 1. Gehirnkompression *f*, Hirnkompression *f*, Compressio *f* cerebri; Kompressionssyndrom *n*; 2. Hirndruckerhöhung *f*
cerebral concussion Gehirnerschütterung *f*, Commotio *f* cerebri; Kommotionssyndrom *n*
cerebral contusion Gehirnkontusion *f*, Gehirnprellung *f*, Hirnprellung *f*, Contusio *f* cerebri; Kontusionssyndrom *n*
cerebral cortex Hirnrinde *f*, Cortex *m* cerebri
cerebral cortical atrophy Hirnrindenatrophie *f*
cerebral cortical vein Hirnrindenvene *f*
cerebral cranium Gehirnschädel *m*, Hirnschädel *m*, Neurokranium *n*; Schädel *m*, Kranium *n*
cerebral cysticercosis Gehirnzystizerkose *f*, zerebrale Zystizerkose *f*
cerebral deafness zerebrale [zentrale] Taubheit *f*, Rindentaubheit *f*
cerebral degeneration zerebrale Degeneration *f*, Hirndegeneration *f*
cerebral depressant zentrales Depressivum *n*, das Nervensystem beruhigendes Mittel *n*
cerebral dominance Gehirnhemisphärendominanz *f*, Dominanz *f* einer Hirnhälfte
cerebral dysfunction Hirndysfunktion *f*, Hirnfunktionsstörung *f*
cerebral dystrophy zerebrale Dystrophie *f*
cerebral echinococcosis Gehirnechinokokkose *f*, zerebrale Echinokokkose *f*
cerebral eclampsia Zerebraleklampsie *f*, Hirneklampsie *f*
cerebral effusion Hirnblutung *f*, Gehirneinblutung *f*
cerebral extravasation of blood *s.* cerebral effusion
cerebral falx Gehirnsichel *f*, Hirnsichel *f*, Falx *f* cerebri
cerebral fossa Hirngrube *f*, Fossa *f* cerebri
cerebral fungus Fungus *m* cerebri *(traumatischer Gehirnvorfall)*
cerebral gigantism zerebraler Gigantismus *m*, Sotos-Syndrom *n*
cerebral glucose utilization Hirnglukoseutilisation *f*
cerebral growth Hirngeschwulst *f*, Gehirntumor *m*
cerebral haemorrhage Hirn(ein)blutung *f*
cerebral hemianaesthesia Hemianästhesie *f*, Halbseitenunempfindlichkeit *f* des Körpers
cerebral hemiplegia Hemiplegie *f*, Halbseitenlähmung *f* des Körpers
cerebral hemisphere Hirnhemisphäre *f*, Hirnhälfte *f*
cerebral hernia Gehirnvorfall *m*, Hirnprolaps *m*, Hernia *f* cerebri
cerebral infarct(ion) Gehirninfarzierung *f*, Zerebralapoplexie *f*, Apoplexie *f*, Hirnschlag *m*, zerebrovaskulärer [apoplektischer] Insult *m*, Hirninfarkt *m*, Infarctus *m* cerebri
cerebral ischaemia Hirnischämie *f*, zerebrale Ischämie *f*
cerebral lesion Hirnläsion *f*, Hirnschädigung *f*, Hirnverletzung *f*, zerebrale Läsion *f*
cerebral localization Hirnlokalisation *f*, Herdlokalisation *f* im Gehirn
cerebral lupus erythematosus Lupus *m* erythematodes cerebri
cerebral malaria zerebrale Malaria *f*, Hirnmalaria *f*, Malaria *f* cerebri
cerebral membrane Hirnhaut *f (Zusammensetzungen siehe unter: meningeal)*
cerebral metabolic rate Hirnstoffwechselrate *f*
cerebral metabolism Gehirnmetabolismus *m*, Hirnstoffwechsel *m*
cerebral nerve Hirnnerv *m*, Nervus *m* cerebralis
cerebral obesity dienzephale Fettsucht *f*, hypophysäre Fettsucht *f*
cerebral oedema Gehirnödem *n*, Hirnschwellung *f*
cerebral palsy Zerebralparalyse *f*, zentrale Lähmung *f*
cerebral paragonimiasis Zerebralparagonimiasis *f*, Lungenegelbefall *m* des Gehirns
cerebral paralysis *s.* cerebral palsy

cerebral paraplegia Paraplegie *f*, Hirnparaplegie *f*, doppelseitige Lähmung *f*
cerebral paresis zerebrale Kinderlähmung *f*
cerebral peduncle Hirnstiel *m*, Pedunculus *m* cerebri
cerebral perfusion Gehirnperfusion *f*, Hirndurchblutung *f*
cerebral perfusion pressure Hirnperfusionsdruck *m*
cerebral phycomycosis Zerebralphykomykose *f*, Hirnphykomykose *f*
cerebral pseudotumour Pseudotumor *m* cerebri *(Hirndrucksymptomatik ohne Tumorursache)*
cerebral rheumatism rheumatische Enzephalopathie *f*
cerebral sclerosis Zerebralsklerose *f*, Gehirndegeneration *f* mit Bindegewebeproliferation *(nach Myelinscheidenzerfall)*
cerebral seizure *(Neur)* zerebraler Anfall *m*
cerebral softening Hirnerweichung *f*, Enzephalomalazie *f*
cerebral swelling Hirnschwellung *f*
cerebral thrombosis Zerebralthrombose *f*, Hirngefäßthrombose *f*
cerebral vascular accident *s.* cerebral infarction
cerebral vascular insufficiency Hirngefäßinsuffizienz *f*
cerebral vascular malformation Zerebralgefäßfehlbildung *f*, Hirngefäßmissbildung *f*
cerebral vascular occlusion Zerebralgefäßverschluss *m*, Hirngefäßverschluss *m*
cerebral vasospasm zerebraler Vasospasmus *m*, Zerebralgefäßspasmus *m*, Hirngefäßspasmus *m*
cerebral vein Gehirnvene *f*, Hirnvene *f*, Vena *f* cerebri
cerebral vein occlusion Hirnvenenverschluss *m*
cerebral venous thrombosis Hirnvenenthrombose *f*
cerebral ventricle Gehirnventrikel *m*, Hirnkammer *f*, Ventriculus *m* cerebri
cerebral vertigo Hirnschwindel *m*, zentraler [zerebraler] Schwindel *m*
cerebral vessel atherosclerosis Hirngefäßarteriosklerose *f*, Hirngefäßverkalkung *f*
cerebralgia Zerebralschmerz *m*
cerebrasthenia Zerebrasthenie *f*, Zerebralneurasthenie *f*, Großhirnschwäche *f*
cerebration geistige Aktivität *f*, Denken *n*
cerebriform zerebriform, hirn(substanz)artig
cerebrifugal zerebrifugal, vom Gehirn wegführend
cerebripetal zerebripetal, hirnwärts, zum Gehirn hinführend
cerebritis Enzephalitis *f*, Hirnentzündung *f*, Gehirnentzündung *f*
cerebrocerebellar *(Anat)* zerebrozerebellär; Großhirn-Kleinhirn-...
cerebrocerebellar ataxia zerebrozerebelläre Ataxie *f*
cerebrocortical *(Anat)* zerebrokortikal, kortikozerebral; Hirnkortex..., Hirnrinden...
cerebrocranial trauma Schädel-Hirn-Trauma *n*, SHT
cerebrocuprein *s.* cytocuprein
cerebrogalactose Zerebrogalaktose *f (Enzym)*
cerebrogalactoside Zerebrogalaktosid *n*, Zerebrosid *n*
cerebroid *s.* cerebriform
cerebroma Zerebrom *n*
cerebromacular degeneration zerebromakuläre Degeneration *f* [Dystrophie *f*], amaurotische Idiotie *f*
cerebromalacia Zerebromalazie *f*, Hirnerweichung *f*, Gehirnerweichung *f*
cerebromedullary *(Anat)* zerebromedullär; Gehirn-Rückenmark-...
cerebromeningeal *(Anat)* zerebromeningeal; Hirn-Hirnhaut-...
cerebromeningitis Zerebromeningitis *f*, Hirn- und Hirnhautentzündung *f*
cerebronic acid Acidum *n* cerebronicum, Cerebronsäure *f*
cerebro-ocular zerebrookulär; Hirn-Augen-...
cerebropathy Zerebropathie *f*, Enzephalopathie *f*, Hirnerkrankung *f*, Gehirnkrankheit *f*
cerebrophysiology zerebrale Physiologie *f*, Hirnphysiologie *f*, Gehirnphysiologie *f*
cerebropontine *(Anat)* zerebropontin; Gehirn-Brücken-...
cerebropontine angle *(Anat)* Brückenwinkel *m*
cerebroretinal *(Anat)* zerebroretinal; Gehirn-Netzhaut-...
cerebroretinal angiomatosis zerebroretinale Angiomatose *f*
cerebroretinal degeneration *s.* cerebromacular degeneration
cerebrosclerosis Zerebralsklerose *f*, Hirnsklerose *f*, Gehirnverkalkung *f*
cerebrosclerotic zerebrosklerotisch, zerebralsklerotisch, hirnverkalkend
cerebrose *s.* galactose
cerebroside Zerebrosid *n*
cerebroside lipidosis *s.* cerebrosidosis
cerebroside sulphatase Zerebrosidsulfatase *m (Enzym)*
cerebroside sulphatase deficiency Zerebrosidsulfatasemangel *m*
cerebrosidosis Zerebrosidlipidose *f*, Zerebrosidspeicherkrankheit *f*, Morbus *m* Gaucher
cerebrosis Hirnleiden *n*, Hirnerkrankung *f*, Gehirnkrankheit *f*
cerebrospinal *(Anat)* zerebrospinal; Gehirn-Rückenmark-...
cerebrospinal axis Zentralnervensystem *n*, ZNS *n*, zentrales Nervensystem *n*
cerebrospinal canal Zerebrospinalkanal *m*
cerebrospinal fever Zerebrospinalmeningitis *f*
cerebrospinal fluid Zerebrospinalflüssigkeit *f*, Liquor *m* (cerebrospinalis), Hirn-Rückenmark-Flüssigkeit *f*
cerebrospinal fluid fistula Liquorfistel *f*
cerebrospinal fluid flow Liquorfluss *m*
cerebrospinal fluid glucose Liquorglukose *f*, Liquorzucker *m*
cerebrospinal fluid leak Liquorrhö *f*, Liquoraustritt *m*, Liquorausfluss *m*
cerebrospinal fluid otorrhoea Otoliquorrhö *f*, Liquoraustritt *m* aus dem Ohr
cerebrospinal fluid pleocytosis Liquorpleozytose *f*, Liquorzellvermehrung *f*
cerebrospinal fluid pressure Liquordruck *m*
cerebrospinal fluid protein Liquorprotein *n*, Liquoreiweiß *n*
cerebrospinal fluid rhinorrhoea Rhinorrhö *f*, Rhinoliquorrhö *f*, Liquoraustritt *m* aus der Nase
cerebrospinal ganglion Zerebrospinalganglion *n*
cerebrospinal meningitis Zerebrospinalmeningitis *f*
cerebrospinal nerve Zerebrospinalnerv *m*, Spinalnerv *m*
cerebrospinal otorrhoea *s.* cerebrospinal fluid otorrhoea
cerebrospinal pressure *s.* cerebrospinal fluid pressure
cerebrospinal rhinorrhoea *s.* cerebrospinal fluid rhinorrhoea
cerebrospinal sclerosis Zerebrospinalsklerose *f*, multiple Sklerose *f*, MS *f*
cerebrospinal system Zerebrospinalsystem *n*
cerebrostomy Zerebrostomie *f*, (operative) Gehirnfistelung *f*
cerebrotendinous xanthomatosis zerebrotendinöse Xanthomatose *f*, Xanthomatosis *f* cerebrotendinosa, van-Bogaert-Scherer-Epstein-Syndrom *n*
cerebrotomy Zerebrotomie *f*, Gehirninzision *f*
cerebrotonia *(Neur)* Zerebrotonie *f*
cerebrovascular zerebrovaskulär; Hirngefäß...
cerebrovascular accident zerebrovaskulärer Insult *m*, Hirnschlag *m (siehe: cerebral infarction)*

cerebrovascular disease zerebrovaskuläre Krankheit *f* [Erkrankung *f*], Hirngefäßkrankheit *f*, Hirngefäßinsuffizienz *f*
cerebrum *(Anat)* Cerebrum *n*, Zerebrum *n*, Gehirn *n (Zusammensetzungen siehe unter: cerebral und brain)*
cerement 1. Leichentuch *n*; 2. Totenhemd *n*
ceroid Zeroid *n (Abnutzungspigment)*
ceroid lipofuscinosis Zeroidlipofuszinose *f*, Gelbfettkrankheit *f*, Gelbfetterkrankung *f*
ceroid storage disease Zeroidspeicherkrankheit *f*
ceroma Zerom(a) *n (wachsig degenerierte Geschwulst)*
ceroplasty Wachsplastik *f*, (anatomisches) Wachsmodell *n*
certifiable 1. meldepflichtig *(z. B. Infektionskrankheiten)*; 2. zertifizierbar, beurkundungsfähig
certificate Krankenschein *m* • **extend a certificate** einen Krankenschein verlängern, weiter krankschreiben • **write out a certificate** einen Krankenschein ausstellen, krankschreiben
certification 1. Zertifikation *f*, Zertifizierung *f*, Bestätigung *f* von Fachkenntnisse; Erteilung *f* einer Tätigkeitserlaubnis *(in geprüften Berufen)*; 2. Zertifikation *f*, Bestätigung *f (z. B. Krankschreibung)*; 3. Todfeststellung *f*; Ausstellung *f* eines Leichenschauscheins [Totenscheins]; 4. Zertifizieren *n*, Anerkennung *f* der Zugehörigkeit zu einer Berufsgruppe *(z. B. Facharztanerkennung)*
certification of death Totenschein *m*
certified dental assistant (examinierte) Zahnarztassistentin *f*, (staatlich-anerkannte) Zahnarzthelferin *f*
certified emergency nurse (examinierte) Intensivtherapieschwester *f*, ITS-Schwester *f*
certified medical transcriptionist (examinierte) Sekretärin *f* für medizinische Terminologie, Sekretärin *f* für medizinischen Schriftverkehr
certified nurse administrator Schwesternleitung *f*, leitende Verwaltungsschwester *f*; Oberin *f*, leitende Oberschwester *f*
certified nurse-midwife examinierte Hebamme *f*, (staatlich anerkannte) Geburtshelferin *f*
certified registered nurse anaesthetist Fachschwester *f* für Anästhesie *f*, (examinierte) Anästhesie(fach)schwester *f*
certify *v* 1. zertifizieren, Fachkenntnisse bestätigen; eine Tätigkeitserlaubnis geben *(in geprüften Berufen)*; 2. zertifizieren, ein Attest ausstellen, bestätigen *(z. B. Krankheitszustand)*; 3. den Tod feststellen [zertifizieren]; einen Leichenschauschein [Totenschein] ausstellen; 4. zertifizieren, die Zugehörigkeit zu einer Berufsgruppe anerkennen *(z. B. Facharztanerkennung)*
cerulean cataract Cataracta *f* cerulea [punctata]
cerulein Cerulein *n*
ceruloplasmin Zeruloplasmin *n*
cerumen Zerumen *n*, Ohrenschmalz *n*
ceruminal *s.* ceruminous
ceruminolysis Zeruminolyse *f*, Ohrschmalzauflösung *f*
ceruminolytic den Ohrschmalz auflösend; Zeruminolyse...
ceruminoma Zeruminom *n*, Zeruminalpfropf *m*, Ohrschmalzpfropf *m*
ceruminosis Zeruminose *f*, verstärkte Ohrschmalzsekretion *f*
ceruminous zeruminal, zeruminös; Zeruminal..., Ohrschmalz...
ceruminous gland Zeruminaldrüse *f*, Glandula *f* ceruminosa, Ohrschmalzdrüse *f*
cervical 1. zervikal; Hals..., Nacken...; 2. *(Gyn)* zervikal; Zervix..., Gebärmutterhals...
cervical abortion Zervixabort *m*, Gebärmutterhalsabort *m*
cervical adenitis Halslymphknotenentzündung *f*, Lymphadenitis *f* cervicalis
cervical amputation *(Gyn)* Zervixamputation *f*
cervical ansa *(Anat)* Ansa *f* cervicalis
cervical artery Halsschlagader *f*, Arteria *f* cervicalis [carotis], Karotis *f (Zusammensetzungen siehe unter: carotid artery)*
cervical biopsy *(Gyn)* Zervixbiopsie *f*
cervical canal Zervikalkanal *m*, Zervixkanal *m*, Gebärmutterhalskanal *m*, Canalis *m* cervicis
cervical cancer *s.* cervical carcinoma
cervical cap *(Gyn)* Zervixpessar *n*, Portiokappe *f*
cervical carcinoma Zervixkarzinom *n*, Gebärmutterhalskrebs *m*
cervical cauterization *(Gyn)* Zervixkauterisation *f*, Zervixkauterung *f*
cervical cerclage Zervixzerklage *f*, Gebärmutterhalscerclage *f*
cervical collar Halsgipsverband *m*, Schanz'scher Verband *m*, Schanz'sche Krawatte *f*
cervical conization *(Gyn)* Zervixkonisation *f*
cervical cyst 1. Zervixzyste *f*, zervikale Zyste *f*, Naboth'sche Zyste *f*; 2. Halszyste *f*, branchiogene Zyste *f*
cervical dilatation Zervixdilatation *f*, Zervix(auf)dehnung *f*
cervical dilator *(Gyn)* Zervixdilatator *m*
cervical disk Zervikalbandscheibe *f*, Halswirbelsäulenbandscheibe *f*
cervical disk hernia Zervikalbandscheibenhernie *f*, zervikaler Bandscheibenvorfall *m (Halswirbelsäule)*
cervical disk syndrome Bandscheiben(vorfall)syndrom *n* der Halswirbelsäule, radikuläres Reizsyndrom *n* der Halswirbelsäule
cervical diverticulum Zervikaldivertikel *m*, Halsdivertikel *n*
cervical dysplasia *(Gyn)* zervikale Dysplasie *f*, Zervixhalsdysplasie *f*
cervical dystocia *(Gyn)* Zervixdystokie *f*
cervical electrocoagulation Zervixelektrokoagulation *f*, Gebärmutterhalsverkochung *f*
cervical endometritis zervikale Endometritis *f*, Zervixendometritis *f*
cervical enlargement *s.* cervical intumescence
cervical erosion Zervixerosion *f*, Portioerosion *f*, Erosio *f* portionis
cervical fascia Halsfaszie *f*, Fascia *f* cervicalis
cervical fissure Zervikalfissur *f*, Halsspalte *f*
cervical fistula 1. *(Gyn)* Zervixfistel *f*, zervikale Fistel *f*; 2. Zervikalfistel *f*, Halsfistel *f*
cervical ganglion 1. Zervikalganglion *n*, Ganglion *n* cervicale; 2. Zervikalganglion *n* (des Uterus), Frankenhäuser'sches Ganglion *n*
cervical gland Halslymphknoten *m*
cervical grasping forceps Zervix(fass)zange *f*, Gebärmutterhalsfasszange *f*
cervical hydrocele Zervikalhydrozele *f*, Halshydrozele *f*
cervical incision Zervixinzision *f*, zervikale Inzision *f*
cervical incompetence Zervixinsuffizienz *f*, zervikale Insuffizienz *f*
cervical intraepithelia neoplasia zervikale intraepitheliale Neoplasie *f*
cervical intumescence Halsrückenmarkanschwellung *f*, Intumescentia *f* cervicalis
cervical laceration *s.* cervical rupture
cervical laminectomy zervikale Laminektomie *f (der Halswirbelsäule)*
cervical leucoplakia *(Gyn)* Zervixleukoplakie *f*, zervikale Leukoplakie *f*
cervical leucorrhoea *(Gyn)* zervikale Leukorrhö *f*, Zervixleukorrhö *f*, zervikaler Fluor *m* albus

cervical line Zahnhalslinie *f*, Schmelz-Zement-Grenze *f* des Zahns
cervical lymph node Zervikallymphknoten *m*, Halslymphknoten *m*, Nodus *m* lymphaticus cervicalis
cervical lymph node biopsy Halslymphknotenbiopsie *f*
cervical lymph node metastasis Halslymphknotenmetastase *f*
cervical lymphadenopathy zervikale Lymphadenopathie *f*, Halslymphknotenerkrankung *f*
cervical mucus *(Gyn)* Zervixschleim *m*
cervical mucus method of family planning *(Gyn)* Zervixschleimmethode *f* der Familienplanung
cervical myelogram zervikales Myelogramm *n*, Halsmarkröntgen(kontrast)aufnahme *f*
cervical myelography zervikale Myelographie *f*, Halsmarkröntgen(kontrast)darstellung *f*
cervical nerves Halsnerven *mpl*, Nervi *mpl* cervicales
cervical os (äußerer) Muttermund *m*, Ostium *n* uteri
cervical osteochondrosis Halswirbelsäulenosteochondrose *f*, zervikale Osteochondrose *f*, Osteochondrosis *f* cervicalis
cervical patagium Pterygium *f* colli, Faltenhals *m*
cervical pleura Pleurakuppel *f*, Cupula *f* pleurae
cervical plexus Zervikalplexus *m*, Halsgeflecht *n*, Plexus *m* cervicalis
cervical plexus block *(Anästh)* Zervikalplexusblockade *f*, Halsplexusnervenblockade *f*
cervical polyp Zervix(schleimhaut)polyp *m*, Gebärmutterhalspolyp *m*
cervical pregnancy Zervikalschwangerschaft *f*, Zervixkanalschwangerschaft *f*
cervical punch (biopsy clamp) Zervix(biopsie)stanze *f*, Zervixbiopsiezange *f*
cervical radicular syndrome Zervikobrachialneuritis *f*, zervikobrachiales Syndrom *n*, Schulter-Arm-Syndrom *n*
cervical radiculitis Halsnervenwurzelentzündung *f*, zervikale Radikulitis *f*
cervical region Halsregion *f*, Regio *f* cervicalis
cervical rib Halsrippe *f*
cervical rib syndrome Halsrippensyndrom *n*
cervical rigidity Zervixrigidität *f*, Gebärmutterhalsrigidität *f*
cervical root syndrome zervikales Nervenwurzelreizsyndrom *n*
cervical rupture Zervixruptur *f*, Gebärmutterhalszerreißung *f*, Zervix(ein)riss *m*
cervical secretion *(Gyn)* Zervixsekret *n*
cervical smear Zervixabstrich *m*, Gebärmutterhalskanalabstrich *m*
cervical spinal cord Halsrückenmark *n*
cervical spinal fusion Halswirbelkörperverschmelzung *f*
cervical spinal fusion surgery zervikale Wirbelverblockung(soperation) *f*
cervical spinal root compression zervikale Spinal(nerven)wurzelkompression *f*
cervical spine 1. Halswirbelsäule *f*, 2. Halswirbelkörperfortsatz *m*
cervical spine anomaly Halswirbelsäulenanomalie *f*
cervical spondylosis Zervikalspondylose *f*, Halswirbelsäulendegeneration *f*
cervical stenosis Zervix(kanal)stenose *f*, Gebärmutterhalskanalverengung *f*
cervical stump Zervixstumpf *m*
cervical sympathetic block Halssympathikusblockade *f*
cervical sympathetic chain Halssympathikus *m*
cervical sympathetic ganglion Halssympathikusganglion *n*
cervical sympathetic paralysis Halssympathikuslähmung *f*
cervical tear Zervixriss *m*
cervical traction *(Chir, Orth)* Hals(wirbelsäulen)extension *f*
cervical traction tong *(Chir, Orth)* Schädelhalter *m* für Halswirbelextension
cervical triangle *(Anat)* Zervikaldreieck *n*, Halsdreieck *n*
cervical tuberculous adenitis Halslymphknotentuberkulose *f*
cervical tuberculous osteomyelitis Halswirbelsäulentuberkulose *f*
cervical vagotomy zervikale Vagotomie *f*, (operative) Vagusdurchtrennung *f* am Hals
cervical vertebra Halswirbel *m*, Vertebra *f* cervicalis
cervical vertebral body Halswirbelkörper *m*
cervical vessel Hals(blut)gefäß *n*
cervical viscera Halseingeweide *npl*
cervicectomy Zervixamputation *f*, (operative) Gebärmutterhalsentfernung *f*
cervicitis Zervizitis *f*, Zervixentzündung *f*, Gebärmutterhalsentzündung *f*
cervicoauricular *(Anat)* zervikoaurikulär; Hals-Ohr-...
cervicoaxillary *(Anat)* zervikoaxillär; Hals-Achsel-...
cervicobrachial *(Anat)* zervikobrachial; Hals-Arm-...
cervicobrachial neuritis Schulter-Arm-Syndrom *n*
cervicobrachial syndrome Zervikobrachialsyndrom *n*, Schulter-Arm-Syndrom *n*, Zervikalsyndrom *n*, Halswirbelsäulensyndrom *n*; Scalenus-anterior-Syndrom *n*
cervicobrachialgia Schulter-Arm-Schmerz *m*
cervicobrachialgic syndrome *s.* cervicobrachialgia
cervicobuccal *(Anat)* zervikobukkal
cervicocolpitis Zervikokolpitis *f*, Gebärmutterhals- und Scheidenentzündung *f*, Scheiden- und Zervixkanalentzündung *f*
cervicodorsal *(Anat)* zervikodorsal; Hals-Rücken-...
cervicodynia Nackenschmerz *m*
cervicofacial *(Anat)* zervikofazial; Hals-Gesichts-...
cervicofacial actinomycosis Hals- und Gesichtsaktinomykose *f*
cervicogenic zervikogen, vom Hals ausgehend
cervicogenic dorsalgia zervikogener Rückenschmerz *m*, zervikogene Dorsalgie *f*
cervicogenic dysfunction zervikogene Dysfunktion *f*, zervikogene Funktionsstörung *f*
cervicogenic headache zervikogener Kopfschmerz *m*
cervicogenic sympathetic syndrome zervikogenes Sympathikussyndrom *n*
cervicognathic and facial actinomycosis zervikofaziale Aktinomykose *f*
cervicogram Zervikogramm *n*, Gebärmutterhalsröntgen(kontrast)aufnahme *f*
cervicography Zervikographie *f*, Gebärmutterhalsröntgen(kontrast)darstellung *f*
cervicohumeral *(Anat)* zervikohumeral; Hals-Oberarm-...
cervicolabial *(Anat)* zervikolabial; Hals-Lippen-...
cervicolingual *(Anat)* zervikolingual; Hals-Zungen-...
cervicomuscular *(Anat)* zervikomuskulär; Halsmuskel...
cervico-occipital *(Anat)* zervikookzipital; Nacken-Hinterhaupt-...
cervico-occipital neuralgia Zerviko-Okzipital-Neuralgie *f*, Nacken-Hinterhaupt-Kopfschmerz *m*
cervicoplasty 1. *(Gyn)* Zervixplastik *f*, Gebärmutterhalsplastik *f*, 2. Zervikoplastik *f*, (plastische) Halsoperation *f*
cervicopubic *(Anat)* zervikopubisch; Gebärmutterhals-Schambein-...
cervicorectal *(Anat)* zervikorektal; Gebärmutterhals-Rektum-...
cervicoscapular *(Anat)* zervikoskapular; Hals-Schulterblatt-...
cervicothoracic *(Anat)* zervikothorakal; Hals-Brust-...
cervicothoracic ganglion Ganglion *n* stellatum [cervicothoracicum]

cervicothoracic outlet syndrome Scalenus-anterior-Syndrom *n*
cervicotomy Zervikotomie *f*, Zervixinzision *f*, Gebärmutterhalsschnitt *m*
cervicouterine *(Anat)* zervikouterin; Gebärmutterhals…; Zervix-Gebärmutter-…
cervicouterine canal Zervikalkanal *m*, Zervixkanal *m*, Gebärmutterhalskanal *m*, Canalis *m* cervicis
cervicovaginal *(Anat)* zervikovaginal; Gebärmutterhals-Scheiden-…
cervicovaginitis Zervikovaginitis *f*, Zervikokolpitis *f*, Gebärmutterhals- und Scheidenentzündung *f*, Scheiden- und Zervixkanalentzündung *f*
cervicovesical *(Anat)* zervikovesikal; Gebärmutterhals-Harnblasen-…
cervix Zervix *f*, Cervix *f*, Hals *m*, Collum *n*
cervix factor Zervixfaktor *m*
cervix insufficiency Zervixinsuffizienz *f*, isthmozervikale Insuffizienz *f*
cervix of the uterus Gebärmutterhals *m*, Cervix *f* uteri *(Zusammensetzungen siehe unter: cervical)*
cesspool fever *s.* typhoid fever
cesticidal Zestoden tötend, Bandwürmer vernichtend
cestode Zestode *m*, Bandwurm *m*
cestode infection Zestodeninfektion *f*
cestode segment Zestodensegment *n*, Bandwurmsegment *n*
cestodiasis Zestodeninfestation *f*, Bandwurmbefall *m*
cestoid bandwurmartig; Bandwurm…
cetrimonium bromide Cetrimoniumbromid *n (Antiseptikum)*
cetylpyridinium chloride Cetylpyridiniumchlorid *n (Detergens, Antiseptikum)*
cetyltrimethylammonium bromide Cetyltrimethylammoniumbromid *n (Desinfektionsmittel)*
cevitamic acid *s.* vitamin C
Ceylon sickness *s.* beriberi
Ceylon sore mouth *s.* sprue
c.f. *s.* carrier-free
CF antibody *s.* complement-fixation antibody
CF lead CF-(EKG-)Ableitung *f (mit indifferenter Elektrode am linken Fuß)*
CFS *s.* chronic fatigue syndrome
Chaddock's reflex [sign] Chaddock'sches Zeichen *n*, Außenknöchelzeichen *n*, Chaddock-Reflex *m*
chafe *v* wund reiben, aufreiben, wund scheuern, aufscheuern *(z. B. die Haut)*
Chagas-Cruz disease *s.* Chagas' disease
Chagas' disease *(Trop)* Chagas'sche Krankheit *f*, Chagas-Krankheit *f*, südamerikanische Trypanosomiasis *f (durch Trypanosoma cruzi)*
Chagas' myocarditis Chagas-Myokarditis *f*, Cardiopathia *f* chagasia; Chagasherz *n*
chagoma *(Trop)* Chagom *n (Primärherd der Chagas-Krankheit)*
Chagres fever Chagres-Fieber *n*, Panama-Fieber *n*
chain ligature Kettenligatur *f*
chain of infection Infektionskette *f*
chain reaction Kettenreaktion *f*
chain reflex Kettenreflex *m*; Reflexkette *f*
chain saw Kettensäge *f*, Bandsäge *f*, Gigli-Säge *f*
chain-stitch suture mit dem Nähapparat genähte Naht *f*
chaining *(Psych)* Verkettung *f (z. B. von Verhaltensreaktionen)*
chalasia *(Gastr)* Chalasie *f*, klaffende Kardia *f*
chalazion *(Ophth)* Chalazion *n*, Hagelkorn *n*
chalazion clamp Chalazionklemme *f*
chalazodermia *s.* dermatochalasis
chalcosis 1. Chalkose *f*, chronische Kupfervergiftung *f*; 2. Chalcosis *f* (lentis), Verkupferung *f* des Auges
chalice cell *(Histol)* Becherzelle *f*
chalicosis *(Arb)* Chalikose *f*, Kalkstaublunge(nerkrankung) *f*, Steinhauerstaublunge *f*
chalk Calciumcarbonat *n*, Kalziumkarbonat *n*
chalk gout Tophusgicht *f*
chalkitis Chalkitis *f*
chalkstone Tophus *m*, Gichtknoten *m*, Tophus *m* arthriticus
challenge Provokation *f*, Reizsetzung *f*, Provokationstest *m (z. B. zur Allergietestung)*
chalodermia Chalodermie *f*, Faltenhaut *f*
chalone Chalon *n*, Mitosehemmstoff *m*, antimitotischer Stoff *m*
chalybeate eisenhaltig, Eisen enthaltend; Eisen…
chalybeate preparation Eisenpräparat *n*, eisenhaltiges Präparat *n*
chamaecephalia Chamäzephalie *f*, Flachköpfigkeit *f*, Platyzephalie *f*
chamaecephalic chamäzephal, flachköpfig, platyzephal
chamaecephalous *s.* chamaecephalic
chamaecephalus Chamäzephalus *m*, Flachkopf *m*, Flachköpfiger *m*, Platyzephalus *m*
chamaeconchia Chamäkonchie *f*, niedrige Augenhöhle *f (bei kurzsichtigem Auge)*
chamaecranial chamäkranial, flachschädelig
chamaeprosopia Chamäprosopie *f*, Breitgesichtigkeit *f*
chamaeprosopic chamäprosop, breitgesichtig
chamber 1. Kammer *f*; 2. *s.* chamber of the eye; 3. *s.* chamber of the heart
chamber angle Augenkammerwinkel *m*, Kammerwinkel *m*
chamber of the eye Augenkammer *f*, Camera *f* bulbi
chamber of the heart Herzkammer *f*, Ventriculus *m* cordis, Ventrikel *m*
chamecephalic *s.* chamaecephalic
chamomile Chamomilla *f*, Matricaria *f* chamomilla, echte Kamille *f*
chancre 1. *(Derm)* Schanker *m*, infektiöse Hautläsion *f*, infektiöses Geschwür *n (z. B. bei Sporotrichose)*; 2. *(Derm)* Schanker *m*, syphilitisches Geschwür *n*, Ulcus *n* induratum
chancriform schankerähnlich, schankerartig
chancriform pyoderma Pyodermia *f* chancriformis
chancroid Ulcus *m* molle [venereum], Streptobacillosis *f* venerea, weicher Schanker *m*
chancroidal schankerartig; Schanker…
chancroidal ulcer *s.* chancroid
chancrous Schanker…
change of life *(Gyn)* Klimakterium *n*, Menopause *f*, Wechseljahre *npl*
change of shift Schichtwechsel *m (z. B. auf der Wachstation)*
change of voice Stimmbruch *m*, Stimmwechsel *m*, Mutation *f*
changes in autonomic nervous activity vegetative Umschaltung *f (beim autogenen Training)*
channel Kanal *m*, Canalis *m*, Ductus *m*, Röhre *f*, Gang *m (siehe unter: canal)*
channel ulcer Ulcus *n* ad pylorum, Pyloruskanalulkus *n*
channelled retractor *(Stom)* Progeniehaken *m*
chap *v* aufspringen, rissig werden *(z. B. die Haut)*
chapped aufgesprungen, aufgerissen, rau
chapped hands aufgesprungene Hände *fpl (z. B. durch Kälte)*
chapped lips aufgesprungene Lippen *fpl*
character Charakter *m*
character abnormality Charakterabnormität *f*
character analysis Charakteranalyse *f*

character armour Charakterpanzerung *f*
character defence Charakterabwehr *f*
character disorder Charakterstörung *f*
character neurosis Charakterneurose *f*
character of pain Schmerzcharakter *m*
character structure Charakterstruktur *f*
characteristic charakteristisch
characteristic curve charakteristische Kurve *f*
characteristic radiation charakteristische Strahlung *f*
characterogenic neurosis Kernneurose *f*
characterogram Charakterogramm *n (Darstellung der Charaktereigenschaften in einer Formel)*
characterological depression Charakterdepression *f*
characterology Charakterologie *f*, Charakterkunde *f*
characteropathy Charakteropathie *f*
charbon Anthrax *m*, Milzbrand *m*
charcoal Kohle *f*, Aktivkohle *f*
charcoal haemoperfusion Aktivkohle-Hämoperfusion *f*
Charcot-Bouchard aneurysm Charcot-Bouchard-Aneurysma *n*
Charcot-Leyden crystals Charcot-Leyden-Kristalle *mpl*, Charcot-Leyden'sche Kristalle *mpl* [Asthmakristalle *mpl*]
Charcot-Marie syndrome *s.* Charcot-Marie-Tooth disease
Charcot-Marie-Tooth atrophy *s.* Charcot-Marie-Tooth disease
Charcot-Marie-Tooth disease Charcot-Marie'sche Krankheit *f*, neurale progressive Muskelatrophie *f*
Charcot-Weiss-Baker syndrome *(Kard)* Charcot-Weiss-Baker-Syndrom *n*, Karotissinussyndrom *n*
Charcot's arthritis *(Orth)* Charcot'sche Arthritis *f* [Krankheit *f*], neurogene [tabische] Arthropathie *f*, Arthropathia *f* neuropathica; Charcot'sches Gelenk *n*
Charcot's arthropathy *s.* Charcot's arthritis
Charcot's arthrosis *s.* Charcot's arthritis
Charcot's cirrhosis biliäre [gallige] Zirrhose *f*
Charcot's disease 1. *s.* Charcot's arthritis; 2. Charcot'sche Krankheit *f*, amyotrophische Lateralsklerose *f*; 3. progressive Muskelatrophie *f*
Charcot's fever Charcot'sches Fieber *n (durch intermittierende Gallensteineinklemmung)*
Charcot's joint *s.* Charcot's arthritis
Charcot's pressure point Charcot-Punkt *m*, Charcot'scher Punkt *m (Punkt im seitlichen Unterbauch; z. B. Eierstockpunkt)*
Charcot's sign Charcot-Zeichen *n*, Charcot'sches Zeichen *n*
Charcot's syndrome Charcot'sches Syndrom *n*, intermittierendes Hinken *n*, Claudicatio *f* intermittens, „Schaufensterkrankheit" *f*
Charcot's triad Charcot'sche Trias *f (Nystagmus, Intentionstremor und skandierende Sprache bei multipler Sklerose)*
charge nurse Stationsschwester *f*
charged with emotion affektgeladen, emotional geladen
charlatan Quacksalber *m*, Kurpfuscher *m*
charlatanism Quacksalberei *f*, Kurpfuscherei *f*, Scharlatanerie *f*
charlatanry *s.* charlatanism
charley Kokain *n*
Charlin's syndrome Charlin-Syndrom *n*, nasoziliäre Neuralgie *f*
Charlouis's disease *s.* yaws
charon evagatus Gelbfieber-Virus *n (Erreger des tropischen Gelbfiebers)*
charon vallis Rift-Tal-Fieber-Virus *n*
charnel house Leichenhaus *n*
Charrière Charrière *f (1 Charrière = 1 French entspricht 0,33 mm Außendurchmesser)*
Charrière scale Charrière-Skala *f*, Charrière-Scheibe *f*
chart *v* ein Krankenblatt führen, Einträge in das Krankenblatt vornehmen; die Krankenkurve führen
chart 1. Krankenkurve *f*, Krankenblatt *n*; Tabelle *f*, Tafel *f*; 2. Ein- und Ausfuhrkurve *f (bei Infusionstherapie)*
charta 1. Arzneipapier *n*, Charta *f*; 2. Schachtel *f*
charting Krankenblattführung *f*, Führung *f* des Krankenblattes; Krankenkurvenführung *f*
chartula Schachtel *f*, Arzneischachtel *f (Dosierungsform)*
Chassaignac's paralysis Chassaignac-Lähmung *f*, Pronatio *f* dolorosa, Subluxatio *f* radii per anularis, Pseudoparese *f* des Unterarms (kleiner Kinder) *(infolge Subluxation des Radiusköpfchens)*
Chassaignac's tubercle Chassaignac'sches Tuberculum *n* caroticum, Processus *m* costalis des VI. Halswirbels
Chastek paralysis Chasteck-Paralyse *f*, Thiaminasekrankheit *f (Vitamin-B_1-Avitaminose)*
chatterbox effect Cocktailparty-Syndrom *n*
Chauffard's syndrome *s.* Chauffard-Still syndrome
Chauffard's-Still syndrome Chauffard-Still-Syndrom *n*, Chauffard-Syndrom *n (juvenile Rheumatoidarthritis)*
chauffeur's fracture Chauffeur-Fraktur *f (Fraktur des Processus styloideus radii)*
ChE *s.* cholinesterase
Cheadle's disease Cheadle-Möller'sche Krankheit *f*, kindlicher Skorbut *m*
check *v* **a disease** eine Krankheit unter Kontrolle bringen
check *v* **bleeding** eine Blutung kontrollieren [beenden, stillen]
check *v* **haemorrhage** *s.* to check bleeding
check-up medizinische [ärztliche] Untersuchung *f*, Gesundheitsuntersuchung *f*, Vorsorgeuntersuchung *f*, Check-up *m*
checkbite 1. Kontrollbiss *m*, Gebissabdruck *m*, Gebissabguss *m*; 2. Abdruckmasse *f*, Abgussmasse *f*
Chédiak-Higashi syndrome Chédiak-Higashi-Syndrom *n*, Chédiak-Higashi-Anomalie *f*
Chédiak-Steinbrinck-Higashi anomaly *s.* Chédiak-Higashi syndrome
cheek Wange *f*, Backe *f*, Gena *f*, Mala *f* • **puff out the cheeks** die Wangen aufblasen [blähen]
cheek and lip retractor *(Stom)* Wangen- und Lippenhalter *m*
cheek retractor *(Stom)* Wangenhalter *m*
cheek sign Wangenzeichen *n*
cheekbone Os *n* zygomaticum, Jochbein *n*
cheektooth Molar(zahn) *m*, Backenzahn *m*
cheese poisoning Käsevergiftung *f*
cheesy käsig, käseartig; Käse...; Verkäsungs...
cheesy necrosis käsige Nekrose *f*, Verkäsungsnekrose *f*
cheesy pus käsiger Eiter *m*
cheesy varnish Käseschmiere *f*, Fruchtschmiere *f* (des Neugeborenen), Vernix *f* caseosa, Smegma *n* embryonum
cheilalgia Cheilalgie *f*, Lippenschmerz *m*
cheilectomy Cheilektomie *f*, Lippen(teil)exzision *f*, (operative) Lippen(teil)entfernung *f*
cheilectropion Lippeneversion *f*, Lippenektropion *n*, Lippenausstülpung *f*
cheilion Cheilion *n (anthropologischer Schädelmesspunkt)*
cheilitis Cheilitis *f*, Lippenentzündung *f*
cheiloangioscope Cheiloangioskop *n*, Lippenkapillarmikroskop *n*
cheiloangioscopy Cheiloangioskopie *f*, Lippenkapillarmikroskopie *f*
cheilocarcinoma Lippenkarzinom *n*, Lippenkrebs *m*
cheilognathoglossoschisis *(Terat)* Cheilognathoglossoschisis *f*, Lippen-Kiefer-Zungen-Spalte *f*

cheilognathopalatoschisis *(Terat)* Cheilognathopalatoschisis *f*, Lippen-Kiefer-Gaumen-Spalte *f*, Wolfsrachen *m*
cheilognathoprosoposchisis *(Terat)* Cheilognathoprosoposchisis *f*, Lippen-Kiefer-Gesichts(schräg)spalte *f*
cheilognathoschisis *f (Terat)* Cheilognathoschisis *f*, Lippen-Kiefer-Spalte *f*
cheilognathouranoschisis *(Terat)* Cheilognathouranoschisis *f*
cheilophagia Cheilophagie *f*, Morsicatio *f (Schleimhautschwiele der Lippen infolge ständigen Kauens)*
cheiloplasty Cheiloplastik *f*, Lippenplastik *f*, Lippenrekonstruktion *f*, (operative) Lippenwiederherstellung *f*
cheilorrhaphy Cheilorrhaphie *f*, Labiorrhaphie *f*, Lippennaht *f*
cheiloschisis Cheiloschisis *f*, Lippenspalte *f*, Hasenscharte *f*, Labium *n* leporium [fissum]
cheilosis Cheilosis *f*, Lippen(schleimhaut)fissur *f*, Lippen(schleimhaut)rhagade *f*
cheilostomatoplasty Cheilostomatoplastik *f*, Lippen- und Mundrekonstruktion *f*
cheilotomy Cheilotomie *f*, Lippeninzision *f*, Lippen(ein)-schnitt *m*
cheiragra Chiragra *n*, Handgelenkgicht *f*
cheiralgia Cheiralgie *f*, Handschmerz *m*
cheirarthritis Cheirarthritis *f*, Handgelenkentzündung *f*
cheirokinaesthesia Cheirokinästhesie *f (Wahrnehmung der Handbewegung; z. B. beim Schreiben)*
cheirokinaesthetic cheirokinästhetisch; Cheirokinästhesie...
cheirology Fingersprache *f*, Taubstummensprache *f*
cheiromegaly Chiromegalie *f*, Cheiromegalie *f*, Großhändigkeit *f*, Handvergrößerung *f*
cheiropathy Cheiropathie *f*, krankhafte Handveränderungen *fpl (bei Diabetes mellitus)*
cheiroplasty Cheiroplastik *f*, Handplastik *f*, Handaufbau *m*, Handrekonstruktion *f*, (operative) Handwiederherstellung *f*
cheiropodalgia Cheiropodalgie *f (Schmerzen in Händen und Füßen)*
cheiropompholyx Cheiropompholyx *f*, Blasenbildung *f* an der Hand, Bläschenkrankheit *f* der Hand
cheiropractic *s.* chiropractic
cheiroscope Cheiroskop *n (Instrument zur Schielbehandlung)*
cheirospasm Cheirospasmus *m*, Schreibkrampf *m*
chelate *(Bioch)* Chelat *n*
chelating agent Chelatbildner *m (bei Schwermetallvergiftung)*
chelation *(Bioch)* Chelatbildung *f*
cheloid *s.* keloid
chemabrasion Chemoabrasion *f*, chemische Hautschälung *f*
chemexfoliation Chemoexfoliation *f*
chemical chemisch; Chemie...
chemical agent 1. chemisches Mittel *n*, chemischer Wirkstoff *m*; 2. *s.* chemical warfare agent
chemical burn chemische Verbrennung *f*, Verätzung *f*
chemical carcinogen chemisches Karzinogen *n*
chemical cauterization Ätzung *f*, Ätzungsbehandlung *f*
chemical cautery 1. *s.* chemical cauterization; 2. Ätzmittel *n*; Ätzstift *m*
chemical fog *(Rad)* (chemischer) Schleier *m (auf Röntgenaufnahmen)*
chemical gastritis chemische Gastritis *f*
chemical litholysis chemische Steinauflösung *f*, Chemolitholyse *f*
chemical peel chemische Schälung *f*, Chemoexfoliation *f (der Haut)*
chemical peritonitis chemische Peritonitis *f*
chemical sympathectomy chemische Sympathektomie *f*
chemical warfare agent chemischer Kampfstoff *m*
chemicobiological biochemisch; Biochemie...
chemicocautery Chemokaustik *f*, Ätzung *f* mit chemischen Mitteln
chemicophysical chemikophysikalisch; Chemie-Physik-...
chemicophysiological chemikophysiologisch; Chemie-Physiologie-...
chemiluminescence Chemilumineszenz *f*, Chemolumineszenz *f*
chemiosmosis Chemiosmose *f*
chemiotherapy Chemotherapie *f*
chemist Apotheker *m*
chemist's (shop) Apotheke *f*
chemoattractant positiv chemotaktisch wirkend, chemisch anziehend wirkend
chemoautotroph *s.* chemoautotrophic microorganism
chemoautotrophic microorganism Chemoautotrophe(r) *m*, chemoautotropher Mikroorganismus *m*
chemoautotrophy Chemoautotrophie *f*
chemobiodynamics Chemobiodynamik *f*
chemobiotic chemoantibiotisch; Chemotherapie-Antibiotikatherapie-...
chemocautery 1. Chemokauterisation *f*, chemisches Kautern *n* [Ätzen *n*]; 2. Chemokauter *m*, chemischer Kauter *m*, chemisches Ätzmittel *n*
chemoceptor Chemorezeptor *m*
chemocoagulation 1. Chemokoagulation *f*, chemische Gewebekoagulation *f*; 2. chemische Fällung *f* [Präzipitation *f*]
chemodectoma Chemodektom *n*, nicht chromaffines Paragangliom *n*
chemodectomatosis Chemodektomatose *f*, multiple Chemodektome *npl*
chemodifferentiation *(Embr)* Chemodifferenzierung *f*
chemoembolization Chemoembolisation *f*, Chemoembolisierung *f*
chemoendocrine chemoendokrin, chemohormonal, Hormonwirkung besitzend *(z. B. Arzneimittel)*
chemoexfoliation *s.* chemexfoliation
chemoheterotrophic chemoheterotroph
chemohormonal *s.* chemoendocrine
chemoimmunology Chemoimmunologie *f*
chemoimmunotherapeutic chemoimmunotherapeutisch
chemoimmunotherapy Chemoimmunotherapie *f*
chemokine Chemokin *n (chemotaktisches Polypeptid)*
chemokinesis Chemokinese *f*, chemotaktische Bewegung *f*
chemokinetic chemokinetisch, chemotaktisch wirksam; Chemokinese...
chemolitholysis Chemolitholyse *f*, chemische Steinauflösung *f*
chemolithotroph *s.* chemolithotrophic organism
chemolithotrophic organism chemolithotropher Organismus *m*
chemolithotrophy Chemolithotrophie *f*
chemoluminescence Chemolumineszenz *f*, Chemilumineszenz *f*
chemolysis Chemolyse *f*, chemische Auflösung *f*
chemonucleolysis Chemonukleolyse *f*, chemische Nukleus-pulposus-Auflösung *f*
chemo-organotroph Chemoorganotrophe(r) *m*, Chemoheterotrophe(r) *m*
chemo-organotrophic chemoorganotroph, chemoheterotroph
chemopallidectomy Chemopallidektomie *f (chemische Auflösung des Globus pallidus)*

chemopallidothalamectomy Chemopallidothalamektomie *f (chemische Auflösung des Thalamus und des Globus pallidus)*
chemopallidotomy Chemopallidotomie *f*
chemopharmacodynamic chemopharmakodynamisch
chemophysiology Biochemie *f*, physiologische Chemie *f*
chemoprevention Chemoprophylaxe *f*
chemoprophylaxis Chemoprophylaxe *f*
chemoprotectant chemoprotektiv, gegen Chemotherapeutika schützend
chemoprotectant agent Anti-Chemotherapeutikum *n*, gegen Chemotherapeutika schützendes Mittel *n*
chemopsychiatry Psychopharmabehandlung *f*, Psychopharmakologie *f*
chemoradiation Chemotherapie *f* mit Bestrahlungstherapie
chemoreceptor Chemorezeptor *m*
chemoreflex Chemoreflex *m*, Chemorezeptorreflex *m*
chemoresistance Chemoresistenz *f (z. B. von Bakterien)*
chemosensitive chemosensitiv, verändertes chemisches Milieu wahrnehmend
chemoserotherapy Chemoserotherapie *f*, Serumbehandlung *f* mit Chemotherapie
chemosis Chemosis *f*, Konjunktivalödem *n*, Bindehautschwellung *f*
chemosmosis Chemoosmose *f*
chemostat Chemostat *m (Fermentationsapparat zur Bakterienkulturzüchtung)*
chemosurgery Chemochirurgie *f (Entfernung von Krebsgewebe nach chemischer Fixierung)*
chemosurgical chemochirurgisch
chemosynthesis 1. *s.* chemolithotrophy; 2. Chemosynthese *f*, chemische Synthese *f*
chemotactic chemotaktisch
chemotaxin Chemotaxin *n*, chemotaktischer Faktor *m*
chemotaxis Chemotaxis *f*, chemische Reizbewegung *f*, durch chemische Reize ausgelöste Bewegung *f*
chemothalamectomy Chemothalamektomie *f*, chemische Thalamuszerstörung *f*
chemothalamotomy Chemothalamotomie *f*
chemotherapeutic chemotherapeutisch
chemotherapeutic (agent) Chemotherapeutikum *n*, chemotherapeutisches Mittel *n (zur Krankheitserreger- und Tumorzellenbekämpfung)*
chemotherapeutic index chemotherapeutischer Index *m*
chemotherapeutic resistance *(Bakt)* Chemoresistenz *f*, Chemotherapeutika-Resistenz *f*, chemotherapeutische Resistenz *f*
chemotherapeutic suppression *(Inf)* Chemosuppression *f*, Chemotherapeutika-Suppression *f*, chemotherapeutische Suppression *f (in der Inkubationszeit)*
chemotherapeutical *s.* chemotherapeutic
chemotherapeutics Chemotherapeutik *f (Lehre der chemotherapeutischen Verfahren)*
chemotherapy Chemotherapie *f*, chemotherapeutische Behandlung *f* [Therapie *f*]
chemotherapy chart Chemotherapiekarte *f*
chemotic chemotisch; Chemosis..., Bindehautschwellungs...
chemotransmitter Chemotransmitter *m*
chemotroph Chemotrophe(r) *m*, chemotropher Organismus *m*
chemotropism Chemotropismus *m*, Chemotaxis *f*
Chenais syndrome *s.* Cestan-Chenais syndrome
Cheney syndrome Cheney-Syndrom *n (Akroosteolyse mit Osteoporose und Schädelveränderungen)*
chenode(s)oxycholic acid Chenodesoxycholsäure *f*, Anthropodesoxycholsäure *f*, 3α,7α-Dihydroxy-5β-cholan-24-säure *f (Gallensäure)*
chenodiol *s.* chenodesoxycholic acid
cherophobia Cherophobie *f*
cherry angioma kapilläres Angiom *n* [Hämangiom *n*]
cherry red spot *(Ophth)* Tay-Fleck *m*, Tay'scher Fleck *m (an der Fovea centralis)*
cherubism *(Päd)* Cherubismus *m*, Cherubinismus-Syndrom *n*, Pausbackigkeit *f*
chest Thorax *m*, Brustkorb *m (siehe unter: thoracic)*
chest bandage Brustverband *m*, Thoraxverband *m*
chest binder Brustbandage *f*, Thoraxbandage *f*
chest cavity Brusthöhle *f*
chest contusion Brustkorbprellung *f*, Thoraxkontusion *f*
chest drainage Brusthöhlendrainage *f*, Thoraxdrainage *f*
chest lead Brust(wand)ableitung *f*, Präkordialableitung *f (beim EKG)*
chest organs Brustorgane *npl*, Thoraxorgane *npl*
chest pain Brustschmerz *n*
chest physician 1. Pulmologe *m*, Lungenspezialist *m*; 2. Thoraxchirurg *m*, Lungenchirurg *m*; 3. Kardiochirurg *m*, Herzchirurg *m*
chest physiotherapy thorakale Physiotherapie *f*, Atemgymnastik *f*
chest region Brust(korb)region *f*, Thoraxregion *f*
chest retraction Thoraxeinziehung *f*, Pectus *n* excavatum
chest roentgenogram Thoraxröntgenaufnahme *f*, Brustkorbröntgenbild *n*
chest roentgenography Thoraxröntgen *n*, Brustkorbröntgendarstellung *f*
chest strap(ping) Thoraxverband *m*, Brustkorbverband *m*
chest survey X-ray photograph Thorax(röntgen)übersichtsaufnahme *f*
chest thump Präkordialschlag *m (bei Wiederbelebung)*
chest tube Thoraxdrain *m(n)*
chest wall Thoraxwand *f*, Brustwand *f*
chest wall deformity Thoraxwanddeformität *f*, Brustwanddeformierung *f*
chest wall percussion Brustwandperkussion *f*, Thoraxperkussion *f*
chest wound Thoraxwunde *f*, Brustwandverletzung *f*
chest X-ray (radiography) *s.* chest roentgenography
chewing gum diarrhoea osmotische Diarrhö *f*
chewing gum ulcer *s.* chiclero ulcer
chewing motion Kaubewegung *f*, kauende Bewegung *f*
chewing reflex Kaureflex *m*
Cheyne's nystagmus Cheyne-Nystagmus *m*, Cheyne'scher Nystagmus *m*
Cheyne-Stokes respiration Cheyne-Stokes'sche Atmung *f*, periodische Atmung *f*
chi square *(Statist)* X-Quadrat *n*, X^2
chi square distribution *(Statist)* Chi-Quadrat-Verteilung *f*, Chi-Square-Verteilung *f*, X^2-Verteilung *f*
chi square test *(Statist)* Chi-Quadrat-Test *m*, Chi-Square-Test *m*, X^2-Test *m*
Chiari-Arnold syndrome Chiari-Arnold-Syndrom *n*
Chiari-Frommel syndrome Chiari-Frommel'sches Syndrom *n*, Laktationsatrophie *f* des Genitale *(Persistenz der Laktation nach der Geburt)*
Chiari's deformity *s.* Chiari-Arnold syndrome
Chiari's disease *s.* Budd-Chiari syndrome
Chiari's malformation *s.* Chiari's deformity
Chiari's syndrome *s.* Budd-Chiari syndrome
chiasm(a) 1. *(Anat)* Chiasma *n*, Kreuzung *f (siehe unter: decussation)*; 2. *(Gen)* Chiasma *n (Kreuzfigur in der Meiose aus Chromatiden)*
chiasmal chiasmal; Chiasma...
chiasmal compression Chiasmakompression *f*
chiasmal recess Recessus *m* opticus
chiasmapexy Chiasmapexie *f (Fixierung des Chiasma opticum)*

chiasmatic syndrome Chiasmasyndrom *n*
chiasmatypy *(Gen)* Chiasmatypie *f*, Kreuzung *f*, Crossing-over *n*
chiasmometer *s.* chiastometer
chiastometer Chiasmometer *n (zur Bestimmung der optischen Achsen)*
chicken breast Hühnerbrust *f*, Pectus *n* gallinaceum [carinatum], Kielbrust *f*
chicken mite Dermanyssus *m* gallinae
chicken sarcoma virus Hühnersarkom-Virus *n*
chickenpox Varizellen *pl*, Windpocken *pl*, Schafblattern *pl*, Wasserpocken *pl*
chicle(ro) ulcer Chiclerogeschwür *n*, Chicleroulkus *n*, lateinamerikanische Haut- und Schleimhautleishmaniase *f*
chiclero's ear *s.* chiclero ulcer
chief agglutinin Hauptagglutinin *n*
chief cell Hauptzelle *f (z. B. des Magens)*
chief-cell hyperplasia Hauptzellenhyperplasie *f*
chief complaints Hauptbeschwerden *pl*
chief surgeon Chefchirurg *m*; Chefarzt *m*
chigger infestation Trombiculosis *f*, Sandflohbefall *m*
Chilaiditi syndrome Chilaiditi-Syndrom *n (Lageanomalie des Darmes)*
chilblain Frostbeule *f*
child abuse Kindesmisshandlung *f*, Kindesmissbrauch *m*
child analysis Kinderanalyse *f*
child development Kind(es)entwicklung *f*
child disease Kinderkrankheit *f*
child-guidance clinic Kindererziehungsberatungsklinik *f*, Erziehungsberatungsstelle *f*
child molestation Kindesmissbrauch *m*
child murder Kindestötung *m*
child neglect Kindesvernachlässigung *f*
child psychiatrist Kinderpsychiater *m*
child psychiatry Kinderpsychiatrie *f*
child psychologist Kinderpsychologe *m*
child psychology Kinderpsychologie *f*
child welfare Kinderfürsorge *f*, Kinderwohlfahrt *f*
CHILD syndrome CHILD-Syndrom *n (kongenitale Hemidysplasie mit ichthyosiformer Erythrodermie und Gliedmaßendefekten)*
childbearing gebärfähig, fortpflanzend; Fortpflanzungs…
childbearing Gebären *n*, Niederkommen *n*, Niederkunft *f*
childbearing age gebärfähiges Alter *n*, Fortpflanzungsalter *n*
childbearing period *s.* childbearing age
childbed Kindbett *n*, Wochenbett *n (siehe: puerperium)*
childbed fever Kindbettfieber *n*, Puerperalfieber *n*
childbirth Geburt *f*, Entbindung *f (Zusammensetzungen siehe unter: birth und delivery)*
childbirth centre Entbindungszentrum *n*, Geburtsklinik *f*
childhood Kindheit *f*, Kindesalter *n* • **be large since childhood** seit der Kindheit hochwüchsig sein
childhood aphasia kindliche Aphasie *f*, Kindheitsaphasie *f*
childhood disease Kinderkrankheit *f*
childhood exanthem(a) Kindheitsexanthem *n*
childhood language Kindersprache *f*
childhood mortality Kindersterblichkeit *f*
childhood myxoedema kindliches [juveniles] Myxödem *n*, Kindheitsmyxödem *n*
childhood neurosis Kindheitsneurose *f*
childhood-onset pervasive developemental disorders massive Entwicklungsstörungen *fpl* der Kindheit
childhood polycystic disease kindliche polyzystische Nierenkrankheit *f*, polyzystische Nierenerkrankung *f* der Kindheit
childhood progeria Progerie *f*, greisenhafter Zwergwuchs *m*, Vergreisung *f* im Kindesalter, Hutchinson-Gilford'sches Syndrom *n*
childhood type of schizophrenia kindliche Schizophrenie *f*
childhood vaccination Vakzination *f* [Impfung *f*] im Kindesalter
childhood varicella kindliche Varizellen *fpl*
childhood yaws kindliche Frambösie *f*
childish 1. *(Neur)* kindisch, infantil; 2. kindlich; Kindes…
childishness Puerilismus *m*, Infantilität *f*, kindisches Verhalten *n*
childless kinderlos; ohne Kinder
childrearing Kinderaufziehen *n*, Aufziehen *n* von Kindern
children's department Kinderabteilung *f*, Abteilung *f* für Pädiatrie
children's doctor Kinderarzt *m*, Pädiater *m*, Arzt *m* für Pädiatrie, Facharzt *m* für Kinderheilkunde
children's hospital Kinderklinik *f*
children's mediterranean kala-azar *(Inf)* viszerale Leishmaniasis *f*, Kala-Azar *f*
children's nurse Kinderkrankenschwester *f*
children's out-patient department Kinderpoliklinik *f*
chilitis *s.* cheilitis
chill 1. Frösteln *n*, Frieren *n*, Kältegefühl *n*; 2. Schüttelfrost *m (z. B. bei Fieber)* • **catch a chill** sich erkälten, sich eine Erkältung zuziehen
chilomastigiasis Chilomastigiasis *f*, Chilomastose *f (durch Chilomastix mesnili)*
Chilomastix mesnili Chilomastix *f* mesnili
chilomastixiasis *s.* chilomastigiasis
chilomastosis *s.* chilomastigiasis
chiloplasty *s.* cheiloplasty
chilopodiasis Chilopodiasis *f (Infektion durch Chilopoda)*
chilorrhaphy *s.* cheilorrhaphy
chilostomatoplasty *s.* cheilostomatoplasty
chimera Chimäre *f*
chimeric Chimären…
chimerism Chimärismus *m*
chimney-sweeps' cancer Skrotalhautkarzinom *n*, Skrotumkarzinom *n*, Schornsteinfegerkrebs *m*, Carcinoma *n* asbolicum, Scirrhoma *n* caminianorum
chimney-sweeps' carcinoma *s.* chimney-sweeps' cancer
chin Kinn *n*, Mentum *n* • **raise the chin up** das Kinn nach oben ziehen
chin cough Keuchhusten *m*, Pertussis *f*
chin presentation Kinnlage *f (bei der Geburt)*
chin reconstruction Kinnrekonstruktion *f*, Kinnaufbau *m*
chin reflex Kinnreflex *m*
chin retractor *(Stom)* Kinnretraktor *m*
China sore *s.* cutaneous leishmaniasis
Chinese liver fluke disease Chlonorchiasis *f*, Infestation *f* mit dem chinesischen Leberegel
Chinese restaurant syndrome Chinarestaurant-Syndrom *n (allergisches Syndrom bei Glutamatunverträglichkeit)*
chionablepsy Chionablepsie *f*, Schneeblindheit *f*
chionophobia Chionophobie *f*, Schneeabneigung *f*, Angst *f* vor Schnee
chip *v* in kleinen Stücken abbrechen [absprengen] *(z. B. am Knochen)*
chip Chip *m*, Span *m*; kleines Bruchstück *n*, Knochenbruchstück; Knochen-Chip *m*, kleines Knochenstück *n*
chip-blower *(Stom)* Gebläse *n*, Trockenbläser *m*
chip fracture Absprengungsfraktur *f*, Schipperfraktur *f*
chip graft of bone Knochenspantransplantat *n*
chiralgia *s.* cheiralgia
chirarthritis *s.* cheirarthritis
chirobrachialgia *s.* cheirobrachialgia
chiromegaly *s.* cheiromegaly
chiroplasty *s.* cheiroplasty

chiropodalgia *s.* cheiropodalgia
chiropodist Pedikürer *m*, Fußpfleger *m*
chiropody Pediküre *f*, Fußpflege *f*
chiropompholyx Chiropompholyx *m*, Dyshidrose *f*
chiropractic Chiropraktik *f*, manuelle Therapie *f* • **practice chiropractic** die Chirotherapie durchführen, die manuelle Therapie betreiben
chiropractor Chiropraktiker *m*
chiropraxis *s.* chiropractic
chirosope Cheiroskop *n (bei Schielbehandlung)*
chirospasm *s.* cheirospasm
chirurgery *s.* surgery
chirurgic(al) *s.* surgical
chisel *(Chir)* Flachmeißel *m*
chisel fracture Meißelfraktur *f*, Schrägfraktur *f* am Radiuskopf
chitinous chitinartig; Chitin...
Chitral fever *(Trop)* Chitralfieber *n*, Phlebotomusfieber *n*, Hundskrankheit *f*, Sandfliegenfieber *n*, Pappatacifieber *n*, Dreitagefieber *n (Arboviruserkrankung, durch die Pappatacimücke übertragen)*
chiufa *(Trop)* Chiufa *f*, Kanyemba *n (gangränöse Proktitis und Kolitis)*
chlamydaemia Chlamydämie *f (Vorhandensein von Chlamydien im But)*
chlamydia Chlamydie *f*
Chlamydia pneumoniae Chlamydia *f* pneumoniae *(Pneumonieerreger)*
Chlamydia psittaci Chlamydia *f* psittaci *(Psittakoseerreger)*
Chlamydia trachomatis Chlamydia *f* trachomatis *(Trachomerreger)*
chlamydial infection Chlamydieninfektion *f*
chlamydiosis Chlamydiose *f*, Chlamydieninfektion *f*
chloasma Chloasma *n*, Braunfleckigkeit *f* der Haut
chloracetic acid *s.* chloroacetic acid
chloracne Chlorakne *f*, Chlorausschlag *m*, Chlorfinnen *fpl*
chloraemia 1. Chlorämie *f*, Chloridvermehrung *f* im Blut; 2. *s.* chlorosis
chloral Chloral *n*, Trichlorazetaldehyd *m*, Trichlorethanal *n*
chloral alcoholate Chloralalkoholat *n*
chloral betaine Chloralbetain *n (Sedativum)*
chloral camphor Chloralkampfer *m*
chloral hydrate Chloralhydrat *n*, Trichlorazetaldehydhydrat *n*, Chloratum *n* hydratum, 1,1,1-Trichlor-2,2-dihydroxyethan *n*
chloral hydrate poisoning Chloralhydratvergiftung *f*
chloralism Chloralismus *m*, chronische Chloral(hydrat)vergiftung *f*
chloralization *(Anästh)* Chloralisierung *f*, Chloralbehandlung *f*
chloralize *v* mit Chloral narkotisieren [betäuben]
chloralomania Chloralomanie *f*, süchtiger Chloralhydratmissbrauch *m*
chloralose Chloralose *f (Narkotikum)*
chlorambucil Chlorambuzil *n*, 4-(4-(Bis-2-chlorethyl)-amino-phenyl)buttersäure *f (Zytostatikum)*
chloramine-T Chloramin *n* T; p-Toluolsulfonsäurechloramidnatrium *n*
chloraminophene *s.* chlorambucil
chloramphenicol Chloramphenikol *n (Antibiotikum)*
chloramphenicol acetyl transferase Chloramphenikolacetyltransferase *f (Enzym)*
chloramphenicol succinate Chloramphenikolsukzinat *n*
chloranaemia *s.* chlorosis
chlorazanil Chlorazanil *n (Diuretikum)*
chlorazene *s.* chloramine-T
chlorbenzoxamine Chlorbenzox(yeth)amin *n (Anticholinergikum)*
chlorbetamide Chlorbetamid *n (Amöbenmittel)*
chlocyclizine Chlorcyclizin *n (Antihistaminikum)*
chlocyclizine hydrochloride Chlorcyclizinhydrochlorid *n*
chlordiazepoxide *(Neur, Pharm)* Chlordiazepoxid *n (Anxiolytikum)*
chloremia *s.* 1. hyperchloraemia; 2. chlorosis
chlorhexidine Chlorhexidin *n*
chlorhexidine hydrochloride Chlorhexidinhydrochlorid *n (Antiseptikum)*
chlorhistechia erhöhter Gewebechlorgehalt *m*
chlorhydria Chlorhydrie *f*, Salzsäureausscheidung *f* im Magen
chloric acne *s.* chloracne
chloridation Chlorierung *f*
chloride excretion Chloridausscheidung *f*
chloride shift Chloridverschiebung *f (zwischen Erythrozyten und Plasma)*
chloridimeter Chloridimeter *n*, Chlormessgerät *n*
chloridimetry Chloridimetrie *f*, Chlorbestimmung *f (z. B. im Urin)*
chloridometer *s.* chloridimeter
chloridorrhoea Chloridorrhö *f*, Chlorausscheidung *f* im Stuhl; Chlorstühle *mpl*
chloriduria Chloridurie *f*, Chloridausscheidung *f* im Harn
chlorinate *v* chloren, chloren, mit Chlor versetzen *(z. B. Wasser)*
chlorinated gechlort, mit Chlor versetzt
chlorinated lime Chlorkalk *m*
chlorinated naphthalene Chlornaphthalin *n*
chlorinated organic insecticide poisoning DDT-Vergiftung *f*, DDT-Intoxikation *f*
chlorination Chloren *n*, Chlorung *f*
chlorine Chlor *n*, Cl
chlorine acne *s.* chloracne
chlorine poisoning Chlorvergiftung *f*
chloriodized Chlor und Jod enthaltend
chlorisondamine *(Pharm)* Chlorisondamin *n (Antihypertensivum)*
chlorisondamine chloride *(Pharm)* Chlorisondaminchlorid *n*
chlormadinone Chlormadinon *n (Kontrazeptivum)*
chlormadinone acetate Chlormadinonacetat *n*
chlormerodrin Chlormerodrin *n (Diuretikum)*
chlorme(tha)zanone Chlormethazanon *n (Muskelrelaxans, Tranquilizer)*
chloroacetic acid Chloressigsäure *f*, Acidum *n* chloroaceticum
chloroacetophenone Chloroazetophenon *n (Tränengas)*
chloroanaemia *s.* chlorosis
chlorocresol Chlorokresol *n (Antiseptikum)*
chlorodontia Chlorodontie *f*, Grün-Gelb-Verfärbung *f* der Zähne
chloroethane Chloräthan *n*, Ethylchlorid *n*
chloroethylene Vinylchlorid *n*
chlorofluorocarbon Chlorofluorocarbon *n*
chloroform Chloroform *n*, Trichlormethan *n (Narkotikum)*
chloroform anaesthesia Chloroformnarkose *f*
chloroform intoxication [poisoning] Chloroformintoxikation *f*, Chloroformvergiftung *f*
chloroformic Chloroform...
chloroformism Chloroformismus *m*, (chronische) Chloroformvergiftung *f*, Chloroformabusus *m*
chloroformization Chloroformierung *f*, Chloroformbetäubung *f*
chloroformomania Chloroformomanie *f*, Chloroformsucht *f*
chloroguanide hydrochloride Chlorguanidhydrochlorid *n (Malariamittel)*
chloroleukaemia *(Path)* Chloroleukämie *f*

chlorolymphoma *s.* chloroma
chlorolymphosarcoma *(Path)* Chlorolymphosarkom *n*
chloroma *(Path)* Chlorom *n*, Chlorolymphom *n*, Chloromyelom *n*, Chlorosarkom *n (Geschwulst bei Chloroleukämie)*
chloromethane Chlormethan *n*, Methylchlorid *n*
chlorometry Chlorometrie *f*, quantitative Chlorbestimmung *f*
chloromonad Chloromonade *f*
Chloromonadida Chloromonadida *pl*
chloromyeloma *s.* chloroma
chloronaphthalene *s.* chlorinated naphthalene
chloropenia Chloropenie *f*, Chlormangel *m* im Blut
chloropercha *(Stom)* Chloropercha *f(n)*
chlorophane Chlorophan *n (Retinapigment)*
chlorphenol Chlorophenol *n (Antiseptikum)*
chloropia *s.* chloropsia
chloropicrin Chloropicrin *n (Tränengas)*
chloroprivic chloropriv, an Chlor verarmt; Chlormangel...
chloroprednisone Chlorprednison *n*
chloroprocaine Chlorprocain *n (Lokalanästhetikum)*
chloroprocaine hydrochloride Chlorprocainhydrochlorid *n*
chloropsia Chloropsie *f*, Grünsehen *n*, Grünsichtigkeit *f*
chloropyramine Chlorpyramin *n (Antihistaminikum)*
chloroquine Chloroquin *n*, Chlorochin *n*, 7-Chlor-4-(4′-diethylamino-1′-methylbutylamino)-chinolin *n (Malariamittel)*
chloroquine hydrochloride Chloroquinhydrochlorid *n (Malariamittel)*
chloroquine phosphate Chloroquinphosphat *n (Malariamittel)*
chloroquine resistance Chlorochinresistenz *f*
chloroquine-resistant chlorochinresistent
chloroquine retinopathy Chlorochinretinopathie *f*, Netzhautschädigung *f* durch Chlorochin
chlorosarcoma *s.* chloroma
chlorosis Chlorose *f*, Bleichsucht *f*, Chloranämie *f*, hypochrome mikrozytäre Anämie *f (bei Mädchen)*; Morbus *m* virgineus
chlorostigmine Chlorostigmin *n*
chlorothen citrate Chlorothenzitrat *n (Antihistaminikum)*
chlorothiazide Chlorothiazid *n (Diuretikum, Antihypertensivum)*
chlorothymol Chlorothymol *n (Bakteriostatikum)*
chlorotic Chlorose...
chlorotic anaemia Eisenmangelanämie *f* (bei Chlorose)
chlorotrianisene Chlorotrianisen *n (Östrogen)*
chlorovinyldichlorarsine *s.* lewisite
chloroxine Chloroxin *n (Dermatikum)*
chloroxylenol Chloroxylenol *n (Hautdesinfektionsmittel)*
chlorozotocin Chlorozotocin *n (Antineoplastikum)*
chlorphenesin Chlorphenesin *n (Antimykotikum)*
chlorphenindione Chlorphenindion *n (Antikoagulans)*
chlorpheniramine Chlorpheniramin *n (Antihistaminikum)*
chlorpheniramine maleate Chlorpheniraminmaleat *n*
chlorphenoxamine Chlorphenoxamin *n (Antiparkinsonmittel)*
chlorphenoxamine hydrochloride Chlorphenoxaminhydrochlorid *n*
chlorphentermine Chlorphentermin *n (Appetitanregungsmittel)*
chlorphentermine hydrochloride Chlorphenterminhydrochlorid *n (Appetitanregungsmittel)*
chlorproethazine Chlorproethazin *n (Muskelrelaxans)*
chlorproethazine hydrochloride Chlorproethazinhydrochlorid *n*
chlorproguanil Chlorproguanil *n (Malariamittel)*
chlorproguanil hydrochloride Chlorproguanilhydrochlorid *n*
chlorpromazine Chlorpromazin *n (Tranquilizer)*
chlorpromazine hydrochloride Chlorpromazinhydrochlorid *n (Tranquilizer)*
chlorpropamide Chlorpropamid *n (Antidiabetikum)*
chlorprothixene Chlorprothixen *n (Antipsychotikum)*
chlorprothixene hydrochloride Chlorprothixenhydrochlorid *n*
chlorquinaldol Chlorquinaldol *n (Antimykotikum)*
chlortetracycline Chlortetrazyklin *n (Antibiotikum)*
chlortetracycline hydrochloride Chlortetrazyklinhydrochlorid *n*
chlorthalidone Chlorthalidon *n (Antihypertensivum)*
chloruresis Chlorurese *f*, Chloridausscheidung *f* im Urin
chloruretic chloruretisch, chloridausscheidend; Chlorurese...
chloruria *s.* chloruresis
chlorzoxazone Chlorzoxazon *n (Muskelrelaxans)*
CHO cells CHO-Zellen *fpl*, Ovarialzellen *fpl* des chinesischen Hamsters *(Wirtzellen in der Gentechnologie)*
choana Choana *f*, hintere Nasenöffnung *f*
choanal choanal; Choanal..., Choanen...
choanal atresia *(HNO)* Choanalatresie *f*
choanal polyp *(HNO)* Choanalpolyp *m*
choanal tamponade *(HNO)* Choanaltamponade *f (bei Nasenblutung)*
choanate choanenförmig; trichterförmig; ringförmig eingeschnürt
choanoflagellate stage *s.* choanomastigote stage
choanoid choanoid, choanenartig; infundibuliform
choanomastigote stage choanomastigotes Stadium *f (der Trypanosomen)*
chocolate-coloured schokoladenfarbig; Schokoladen...
chocolate cyst Schokoladenzyste *f (Schilddrüse)*
choice of neurosis Neurosenwahl *f*
choke *v* 1. ersticken, eine Erstickung herbeiführen [auslösen] *(z. B. durch Gase)*; 2. würgen, erwürgen
choke 1. Erstickungsanfall *m*; 2. Würgen *n*, Erwürgen *n*
choke-saver Bolus-Klemme *f*, Bolus-Fasszange *f (zur Entfernung von Rachenfremdkörpern)*
choked disk Papillenödem *n* (des Auges), Stauungspapille *f*, gestaute Sehnervenpapille *f*, Sehnervenpapillenstauung *f*
chokes Erstickungsanfall *m*
choking Erstickung *f (durch Verlegung der Luftwege)*
choking attack Erstickungsanfall *m*
choking feeling Erstickungsgefühl *n*
choking gas Stickgas *n*; Kampfgas *n*
cholaemia Cholämie *f*, Vorhandensein *n* von Galle im Blut
cholaemic cholämisch; Cholämie...
cholaemic bleeding [haemorrhage] cholämische Blutung *f*
cholaemimetry Cholämiemetrie *f*
cholagogic *s.* cholagogue
cholagog(ue) galletreibend, choleretisch, galleabsondernd, cholekinetisch, galleentleerend
cholagogue (agent) Cholagogum *n*, galletreibendes Mittel *n*
cholaic acid Taurocholsäure *f*
cholalic acid Cholalsäure *f*, Acidum *n* cholalicum
cholaneresis Cholanerese *f*, erhöhte Cholanausscheidung *f*
cholangeitis *s.* cholangitis
cholangia Cholangie *f*, nicht entzündliche Gallenwegserkrankung *f*
cholangiectasis Cholangiektasie *f*, Gallengangserweiterung *f*, Gallenwegsdilatation *f*
cholangioadenoma *(Path)* Cholangioadenom *n*, Gallengangsadenom *n*

cholangiocarcinoma *(Path)* Cholangiokarzinom *n*, Gallengangkarzinom *n*, Gallenwegskrebs *m*
cholangiocellular carcinoma cholangiozelluläres Karzinom *n*, Carcinoma *n* cholangiocellulare
cholangioenterostomy Cholangioenterostomie *f*, Gallengang-Darm-Anastomose *f*, (operative) Gallenweg-Darm-Fistel *f*
cholangiofibrosis *(Path)* Cholangiofibrose *f*
cholangiogastrostomy Cholangiogastrostomie *f*, Gallengang-Magen-Anastomose *f*, (operative) Gallenweg-Magen-Fistel *f*
cholangiogram *(Rad)* Cholangiogramm *n*, Gallengangsröntgen(kontrast)bild *n*
cholangiographic cholangiographisch, gallengangsdarstellend
cholangiography *(Rad)* Cholangiographie *f*, Gallengangsröntgen(kontrast)darstellung *f*
cholangiography cannula Cholangiographiekanüle *f*
cholangiography forceps Cholangiographiezange *f*
cholangiohepatitis Cholangiohepatitis *f*
cholangiohepatoadenoma *(Path)* Cholangiohepatoadenom *n*
cholangiohepatoma *(Path)* Cholangiohepatom *n*
cholangiojejunostomy Cholangiojejunostomie *f*, Gallengang-Jejunum-Anastomose *f*
cholangiolar cholangiolär; Gallekapillaren...
cholangiole kleiner Gallengang *m*, Ductulus *m* biliferus
cholangiolitic cholangiolitisch; Gallengangsentzündungs...
cholangiolitic hepatitis Cholestasehepatitis *f*, cholestatische Hepatitis *f* [Leberentzündung *f*]
cholangiolitis *(Path)* Cholangiolitis *f*, Gallengangsentzündung *f* in der Leber
cholangioma *(Path)* Cholangiom *n*, Gallengangstumor *m*, Gallenwegsgeschwulst *f*
cholangiomanometry *s.* cholangiometry
cholangiometric cholangiometrisch
cholangiometry Cholangio(mano)metrie *f*, Gallengangs(binnen)druckmessung *f*
cholangiopancreat(ic)ography Cholangiopankreatikographie *f*, Röntgendarstellung *f* der Gallenwege und der Bauchspeicheldrüse
cholangiopathy Cholangiopathie *f*, Gallenwegserkrankung *f*, Gallenwegsleiden *n*
cholangioradiomanometry Cholangioradiomanometrie *f*, Röntgendarstellung *f* der Gallenwege mit Druckmessung
cholangioscopy Cholangioskopie *f*, Gallengangspiegelung *f*, Gallenwegsspiegelung *f*
cholangiostomy 1. Cholangiostomie *f*, Gallengangsfistel *f*; 2. Gallengangsfistelung *f*, Gallenwegsdrainage *f*
cholangiotomy Cholangiotomie *f*, (operative) Gallengangseröffnung *f*
cholangitic cholangitisch; Gallengangsentzündungs...
cholangitic abscess Gallengangsabszess *m*
cholangitis Cholangitis *f*, Gallengangsentzündung *f*
cholanic acid Cholansäure *f* *(Gallensäure)*
cholanopoiesis Cholanopoese *f*, Cholanbildung *f*
cholanopoietic Cholanopoese...
cholanthrene Cholanthren *n* *(Kanzerogen)*
cholascos Cholaskos *m* *(Gallenansammlung im Bauchfellraum)*
cholate Cholat *n*
cholate synthetase Cholatsynthetase *f* *(Enzym)*
cholebilirubin Cholebilirubin *n*
cholecalciferol Cholecalciferol *n*, Cholekalziferol *n*, Colecalciferol *n*, Vitamin *n* D_3, 9,10-Seco-5,7,10(19)-cholestatrien-3β-ol *n*
cholechromopoiesis Cholechromopoese *f*, Galle(n)pigmentbildung *f*
cholecyanin Cholezyanin *n*
cholecyst Gallenblase *f*, Vesica *f* fellea
cholecystagogic gallenblasenentleerend
cholecystagogue (agent) Cholezystagogum *n*, die Gallenblase entleerendes Mittel *n*
cholecystalgia Cholezystalgie *f*, Gallen(blasen)kolik *f*, Gallensteinkolik *f*
cholecystatonia Cholezystatonie *f*, (primäre) Gallenblasenatonie *f*
cholecystectasia Cholezystektasie *f*, Gallenblasenerweiterung *f*
cholecystectomy Cholezystektomie *f*, Gallenblasenexstirpation *f*, (operative) Gallenblasenentfernung *f*
cholecystectomy from the bottom retrograde Cholezystektomie *f*
cholecystectomy from the neck antegrade Cholezystektomie *f*
cholecystectomy with common-duct exploration Cholezystektomie *f* mit Gallenwegsexploration [Gallenwegsuntersuchung]
cholecystenteric cholezystoenterisch, cholezystointestinal; Gallenblasen-Darm-...
cholecystenteroanastomosis Cholezystoenteroanastomose *f*, Gallenblasen-Darm-Anastomose *f*
cholecystenterorrhaphy Cholezystenterorrhaphie *f*, Gallenblasen-Dünndarm-Naht *f*
cholecystenterostomy Cholezystenterostomie *f*, Gallenblasen-Dünndarm-Anastomose *f*, (operative) Gallenblasen-Dünndarm-Fistelung *f*
cholecystenterotomy Cholezystenterotomie *f*, Gallenblasen-Dünndarm-Inzision *f*, (operative) Gallenblasen-Dünndarm-Eröffnung *f*
cholecystgastrostomy *s.* cholezystogastrostomy
cholecystic cholezystisch; Cholezysto..., Gallenblasen...
cholecystic disease Cholezystopathie *f*, Gallenblasenerkrankung *f*
cholecystis *s.* cholecyst
cholecystitis Cholezystitis *f*, Gallenblasenentzündung *f*
cholecystocholangiogram Cholezystocholangiogramm *n*, Gallenblasen-Gallengang-Röntgen(kontrast)bild *n*
cholecystocholangiographic cholezystocholangiographisch; Cholezystocholangiographie...
cholecystocholangiography Cholezystocholangiographie *f*, Gallenblasen-Gallengang-Röntgen(kontrast)-darstellung *f*
cholecystocholedochal fistula cholezystocholedochale Fistel *f*, Gallenblasen-Choledochus-Fistel *f*
cholecystocolonic Gallenblasen-Dickdarm-...
cholecystocolonic fistula cholezystokolische Fistel *f*, Gallenblasen-Dickdarm-Fistel *f*
cholecystocolostomy Cholezystokolostomie *f*, Gallenblasen-Kolon-Anastomose *f*, (operative) Gallenblasen-Dickdarm-Fistelung *f*
cholecystocolotomy Cholezystokolotomie *f*, Gallenblasen-Kolon-Schnitt *m*, (operative) Gallenblasen-Dickdarm-Eröffnung *f*
cholecystocutaneous cholezystokutan; Gallenblasen-Haut-...
cholecystoduodenal cholezystoduodenal; Gallenblasen-Zwölffingerdarm-...
cholecystoduodenal fistula cholezystoduodenale Fistel *f*, Gallenblasen-Zwölffingerdarm-Fistel *f*
cholecystoduodenostomy Cholezystoduodenostomie *f*, Gallenblasen-Zwölffingerdarm-Anastomose *f*, (operative) Gallenblasen-Duodenum-Fistelung *f*
cholecystoenterostomy Cholezystoenterostomie *f*, Cholezystogastroanastomose *f*, Gallenblasen-Dünndarm-

Anastomose *f*, (operative) Gallenblasen-Dünndarm-Fistelung *f*
cholecystogastric cholezystogastrisch; Gallenblasen-Magen-...
cholecystogastric fistula cholezystogastrische Fistel *f*, Gallenblasen-Magen-Fistel *f*
cholecystogastrostomy Cholezystogastrostomie *f*, Cholezystogastroanastomose *f*, Gallenblasen-Magen-Anastomose *f*, (operative) Gallenblasen-Magen-Fistelung *f*
cholecystogogic *s.* cholcystogogue
cholecystogram Cholezystogramm *n*, Gallenblasenröntgen(kontrast)bild *n*
cholecystographic cholezystographisch
cholecystography Cholezystographie *f*, Gallenblasenröntgen(kontrast)darstellung *f*
cholecystoileostomy Cholezystoileostomie *f*, Gallenblasen-Krummdarm-Anastomose *f*, (operative) Gallenblasen-Ileum-Fistelung *f*
cholecystointestinal cholezystointestinal; Gallenblasen-Darm-...
cholecystojejunostomy Cholezystojejunostomie *f*, Gallenblasen-Leerdarm-Anastomose *f*, (operative) Gallenblasen-Jejunum-Fistelung *f*
cholecystokinase Cholzystokinase *f (Enzym)*
cholecystokinetic cholezystokinetisch, gallenblasenentleerend
cholecystokinin Cholezystokinin *n*
cholecystokinin-pancreozymin Cholezystokinin-Pankreozymin *n*
cholecystolithiasis Cholezystolithiasis *f*, Gallenblasensteinleiden *n*
cholecystolithotomy Cholezystolithotomie *f*, (operative) Gallenblasensteinentfernung *f*
cholecystolithotripsy Cholezystolithotrypsie *f*, Gallenblasensteinzertrümmerung *f*
cholecystonephrostomy Cholezystonephrostomie *f*, Gallenblasen-Nieren(becken)-Anastomose *f*, (operative) Gallenblasen-Nieren(becken)-Fistelung *f*
cholecystopaque (orales) Gallenblasenkontrastmittel *n*
cholecystopathy Cholezystopathie *f*, Gallenblasenerkrankung *f*, Gallenblasenleiden *n*
cholecystopexy Cholezystopexie *f*, (operative) Gallenblasenfixierung *f*
cholecystoptosis Cholezystoptose *f*, Gallenblasensenkung *f*
cholecystopyelostomy Cholezystopyelostomie *f*, Gallenblasen-Nierenbecken-Anastomose *f*, (operative) Gallenblasen-Nierenbecken-Fistelung *f*
cholecystorrhaphy Cholezystorrhaphie *f*, Gallenblasennaht *f*
cholecystosis Cholezystose *f*, Gallenblasenleiden *n*, Gallenblasenaffektion *f*
cholecystosonography Cholezystosonographie *f*, Ultraschalldarstellung *f* der Gallenblase
cholecystostomy 1. Cholezystostomie *f*, Gallenblasenfistel *f*; 2. Gallenblasenfistelung *f*, Gallenblasendrainage *f*
cholecystotomy Cholezystotomie *f*, Gallenblasenschnitt *m*, (operative) Gallenblaseneröffnung *f*
choledoch *s.* common bile duct
choledochal Choledochus..., Gallengangs...
choledochal cyst Choledochuszyste *f*, Gallengangszyste *f*
choledochal sphincter Sphincter *m* choledochus, Choledochussphinkter *m*
choledochectasia Choledochektasie *f*, Gallengangserweiterung *f*
choledochectomy Choledochektomie *f*, Choledochus-(teil)resektion *f*, (operative) Gallengangs(teil)entfernung *f*
choledochendysis *s.* choledochotomy
choledochiarctia Gallengangstenose *f*
choledochitis Choledochitis *f*, Choledochusentzündung *f*, Gallengangsentzündung *f*
choledochocele Choledochozele *f*
choledochocholedochostomy *(Chir)* Choledochocholedochostomie *f*, Choledochus-Choledochus-Anastomose *f*, Gallengangswiedervereinigung *f*
choledochocutaneous choledochokutan; Gallengangs-Haut-...
choledochocystectomy *(Chir)* Choledochozystektomie *f*, Choledochus-Gallenblasen-Exstirpation *f*, (operative) Gallengang-Gallenblasen-Entfernung *f*
choledochocystojejunostomy *(Chir)* Choledochozystojejunostomie *f*, Choledochus-Gallenblasen-Jejunum-Anastomose *f*, (operative) Gallengang-Gallenblasen-Leerdarm-Fistelung *f*
choledochocystostomy *(Chir)* Choledochozystostomie *f*, Choledochus-Gallenblasen-Anastomose *f*, (operative) Gallengang-Gallenblasen-Fistelung *f*
choledochodochorrhaphy *(Chir)* Choledochodochorrhaphie *f*, Choledochus-Choledochus-Naht *f*
choledochoduodenal fistula Choledochoduodenalfistel *f*, Choledochus-Zwölffingerdarm-Fistel *f*
choledochoduodenostomy *(Chir)* Choledochoduodenostomie *f*, Choledochus-Zwölffingerdarm-Anastomose *f*, (operative) Gallengang-Zwölffingerdarm-Fistelung *f*
choledochoenterostomy *(Chir)* Choledochoenterostomie *f*, Choledochus-Dünndarm-Anastomose *f*, (operative) Gallengang-Dünndarm-Fistelung *f*
choledochogastrostomy *(Chir)* Choledochogastrostomie *f*, Choledochus-Magen-Anastomose *f*, (operative) Gallengang-Magen-Fistelung *f*
choledochogram *(Rad)* Choledochogramm *n*, Gallengangsröntgen(kontrast)bild *n*
choledochographic choledochographisch; Choledochographie...
choledochography *(Rad)* Choledochographie *f*, Gallengangsröntgen(kontrast)darstellung *f*
choledochohepatostomy *(Chir)* Choledochohepatostomie *f*, Choledochus-Leber-Anastomose *f*, (operative) Gallengang-Leber-Fistelung *f*
choledochoileostomy *(Chir)* Choledochoileostomie *f*, Choledochus-Krummdarm-Anastomose *f*, (operative) Gallengang-Ileum-Fistelung *f*
choledochojejunostomy *(Chir)* Choledochojejunostomie *f*, Choledochus-Leerdarm-Anastomose *f*, (operative) Gallengang-Jejunum-Fistelung *f*
choledocholith *(Path)* Choledocholith *m*, Choledochusstein *m*, Gallengangsstein *m*
choledocholithiasis *(Path)* Choledocholithiasis *f*, Gallengangssteinleiden *n*, Gallengangssteinkrankheit *f*
choledocholithotomy *(Chir)* Choledocholithotomie *f*, (operative) Gallengangssteinentfernung *f*
choledocholithotripsy *(Chir)* Choledocholithotripsie *f*, Gallengangssteinzertrümmerung *f*, Gallengangssteinzerquetschung *f*
choledocholithotrity *s.* choledocholithotripsy
choledocholitis *(Path)* Choledochitis *f*, Choldochusentzündung *f*
choledochoplasty *(Chir)* Choledochoplastik *f*, Choledochusplastik *f*, Gallengangsrekonstruktion *f*, (operative) Gallengangswiederherstellung *f*
choledochorrhaphy *(Chir)* Choledochorrhaphie *f*, Gallengangsnaht *f*
choledochoscope *(Chir)* Choledochoskop *n*, Gallengangsspiegel *m*
choledochoscopy *(Chir)* Choledochoskopie *f*, Gallengangsspiegelung *f*

choledochostomy 1. Choledochostomie *f*, Choledochusfistel *f*; 2. Choledochusfistelung *f*, Choledochusdrainage *f*
choledochotomy *(Chir)* Choledochotomie *f*, Choledochusinzision *f*, (operative) Gallengangseröffnung *f*
choledochous galleführend; galleenthaltend
choledochus Ductus *m* choledochus, Leber-Gallenblasen-Gang *m*, Hauptausführungsgang *m* von Leber und Gallenblase
choledochus cyst Choledochuszyste *f*
choledochus forceps Choledochuszange *f*
cholegenetic gallebildend, galleproduzierend
choleglobin Choleglobin *n (Gallepigment)*
cholegraphy *(Rad)* Cholegraphie *f*, Röntgen(kontrast)-darstellung *f* der Gallenwege
cholehaemothorax *m* Cholehämothorax *m*, Galle- und Blutansammlung *f* im Thorax
choleic Gallen...
choleic acid Choleinsäure *f*, Gallensäure *f*
cholelith *(Path)* Cholelith *m*, Chololith *m*, Gallenstein *m (Zusammensetzungen siehe unter: gallstone)*
cholelithiasis *(Path)* Cholelithiasis *f*, Gallensteinkrankheit *f*, Gallensteinleiden *n*
cholelithic cholelithisch; Gallenstein...
cholelithic dyspepsia Gallensteindyspepsie *f*, cholelithische Dyspepsie *f*
cholelithotomy *(Chir)* Cholelithotomie *f*, (operative) Gallensteinentfernung *f*
cholelithotripsis *(Chir)* Cholelithotripsie *f*, Gallensteinzertrümmerung *f*
cholelithotrity *s.* cholelithotripsis
cholemesis Cholemesis *f*, Galleerbrechen *n*
cholemia *s.* cholaemia
cholemic *s.* cholaemic
cholepathia 1. Cholepathie *f*, Gallengangerkrankung *f*; 2. Gallengangkontraktionsstörung *f*
choleperitoneum Choleperitoneum *n*, Vorhandensein *n* von Galle in der Peritonealhöhle, Cholaskos *n*
choleperitonitis Choleperitonitis *f*, gallige Peritonitis *f*
cholepoiesis Cholepoese *f*, Gallebildung *f*, Galleproduktion *f*
cholepoietic cholepoetisch, gallebildend, galleproduzierend
choleprasin Choleprasin *n*, Bilifuszin *n (Gallepigment)*
cholera *(Inf)* Cholera *f*, Brechdurchfallkrankheit *f*, Reiswasserstuhlkrankheit *f*
cholera diagnosis Choleradiagnostik *f*
cholera-like choleraartig, choleraähnlich
cholera vaccination Choleravakzination *f*, Cholera(schutz)impfung *f*
cholera vaccine Choleravakzine *f*, Choleraimpfstoff *m*
cholera vibrio Choleravibrion *m*, Vibrio *m* comma [cholerae, El Tor], Koch'scher Kommabazillus *m*
choleragen Choleragen *n (Exotoxin des Choleravibrion)*
choleraic Cholera...
choleragenic choleraverbreitend
choleraphage Choleraphage *m*, Vibrio-cholerae-Bakteriophage *m*
choleresis Cholerese *f*, Gallenabsonderung *f*
choleretic choleretisch, galleabsondernd, galletreibend, galleentleerend, cholekinetisch
choleretic (agent) Choleretikum *n*, galletreibendes Mittel *n*
cholerhoeic Gallendiarrhö...
choleric 1. *(Psych)* cholerisch, leicht erregbar [reizbar], jähzornig, aufbrausend; 2. Cholera...
choleric character cholerischer Charakter *m*
choleric coma Cholerakoma *n*
choleric gastroenteritis Choleragastroenteritis *f*
choleric person Choleriker *m*, cholerischer Mensch *m*
choleric type cholerischer Typ *m*; Choleriker *m*
choleriform choleraartig, choleraähnlich; Cholera...
cholerigenic *s.* cholerigenous
cholerigenous choleraverbreitend; choleraauslösend
cholerine Cholerine *f*, Choleradiarrhö *f*, Brechdurchfall *m*
choleroid choleraartig; Cholera...
choleromania Choleramanie *f*, Choleromanie *f*
cholerophobia Cholerophobie *f*, Cholerafurcht *f*, Choleraangst *f*
cholerrhagia Cholerrhagie *f*, Gallefluss *m*
cholerrhagic Cholerrhagie...
cholescintigram Choleszintigramm *n*, szintigraphisches Gallenwegsbild *n*
cholescintigraphy Choleszintigraphie *f*, szintigraphische Gallenwegsdarstellung *f*
cholestane Cholestan *n*, Koprosterin *n*
cholestanol Cholestanol *n*
cholestanone Cholestanon *n (Cholestanoloxidationsprodukt)*
cholestantriol Cholestantriol *n*
cholestantriol monooxygenase Cholestantriolmonooxygenase *f (Enzym)*
cholestasia *s.* cholestasis
cholestasis *(Path)* Cholestase *f*, Galle(n)stauung *f*
cholestatic cholestatisch, mit Gallenstau [gestauten Gallenwegen]; Cholestase..., Gallenstauungs...
cholestatic cirrhosis Cholestasezirrhose *f*, cholestatische Leberzirrhose *f* [Zirrhose *f*]
cholestatic hepatic disorder Cholestaseleber(funktions)störung *f*
cholestatic hepatitis Cholestasehepatitis *f*, cholestatische Hepatitis *f* [Leberentzündung *f*]
cholestatic jaundice Cholestaseikterus *m*, Verschlussikterus *m*, cholestatischer Ikterus *m*
cholestatic syndrome Cholestasesyndrom *n*, Gallenstau(ungs)syndrom *n*
cholesteatoma *(Path)* Cholesteatom *n*, Perlgeschwulst *f*
cholesteatoma cyst Cholesteatomzyste *f*
cholesteatoma of the ear Ohrcholesteatom *n*
cholesteatomatous Cholesteatom..., Perlgeschwulst...
cholesteatosis *s.* cholesterosis
cholestenone Cholestenon *n*
cholesteraemia Hypercholesterinämie *f*, Cholesterinerhöhung *f* im Blut
cholesterase Cholesterase *f*, Cholinesterase *f (Enzym)*
cholesterin *s.* cholesterol
cholesterinaemia Cholesterinämie *f (Vorhandensein von Cholesterin im Blut)*
cholesterinosis Cholesterinose *f*, Cholersterolose *f*
cholesterinuria Cholesterinurie *f*, Cholesterinausscheidung *f* im Urin
cholesteroderma *s.* xanthoderma
cholesterogenesis Cholesterogenese *f*, Cholesterinbildung *f*, Cholesterinsynthese *f*
cholesterohydrothorax Cholesterohydrothorax *m*; cholesterinhaltiger Pleuraerguss *m*
cholesterol Cholesterin *n*, Cholesterol *n (Lipoidbestandteil)*
cholesterol acyltransferase Cholesterinacyltransferase *f (Enzym)*
cholesterol calculus Cholesterinstein *m*
cholesterol desmolase Cholesterindesmolase *f (Enzym)*
cholesterol desmolase deficiency Cholesterindesmolasemangel *m*
cholesterol esterase Cholesterinesterase *f (Enzym)*
cholesterol level Cholesterinspiegel *m*
cholesterol metabolism Cholesterinstoffwechsel *m*
cholesterol monooxygenase Cholesterinmonooxygenase *f (Enzym)*

cholesterol pericarditis Cholesterinperikarditis *f*
cholesterol storage disease Cholesterinspeicherkrankheit *f*, Lipokalzinogranulomatose *f*, Cholesterinthesaurismose *f*, Hand-Schüller-Christian'sche Krankheit *f*
cholesterol sulphatase Cholesterinsulfatase *f (Enzym)*
cholesterol thesaurismosis *s.* cholesterol storage disease
cholesterolaemia Cholesterinämie *f*, Cholesterinvermehrung *f* im Blut
cholesteroleresis Cholesterolerese *f*, vermehrte Cholesterinausscheidung *f* in der Galle
cholesterologenesis Cholesterologenese *f*, Cholesterin(bio)synthese *f*
cholesterolopoiesis Cholesterinsynthese *f*, Cholesterinbildung *f*
cholesterolosis *s.* cholesterosis
cholesteroluria Cholesterolurie *f*, Cholesterinausscheidung *f* im Urin
cholesterosis Cholesterosis *f*, Cholesterolose *f*, Cholesterinablagerung *f*, Cholesteatose *f*
cholesterosis of the gall bladder Stippchengallenblase *f*
cholesteryl ester storage disease Cholesterylester-Speicherkrankheit *f*
cholestyramine Cholestyramin *n*
cholestyramine resin Cholestyraminharz *n (Anionenaustauscherharz)*
choletelin Choletelin *n*, Bilixanthin *n (Gallenfarbstoff)*
choletherapy Choletherapie *f*, Galletherapie *f*
choleuria *s.* choluria
choleverdin Biliverdin *n (Gallenfarbstoff)*
cholic gallensauer; Gallen…; Chol(e)…
cholic acid Cholsäure *f (Gallensäure)*
cholicele Cholizele *f*, Gallenblasenstauung *f*, gestaute und vergrößerte Gallenblase *f*
choline Cholin *n*, Trimethyl-hydroxyethylammoniumhydroxid *n*, Bilineurin *n*
choline acetylase Cholinacetylase *f (Enzym)*
choline acetyltransferase *s.* choline acetylase
choline chloride Cholinchlorid *n*
choline esterase I *s.* acetylcholinesterase
choline esterase II *s.* cholinesterase
choline kinase Cholinkinase *f (Enzym)*
choline oxidase Cholinoxidase *f (Enzym)*
choline phosphatase Cholinphosphatase *f (Enzym)*
choline phosphate cytidylyltransferase Cholinphosphatcytidylyltransferase *f (Enzym)*
choline phosphokinase Cholinphosphokinase *f (Enzym)*
choline phosphotransferase Cholinphosphotransferase *f (Enzym)*
choline salicylate Cholinsalizylat *n (Analgetikum)*
cholinergic cholinergisch
cholinergic blocking agent Acetylcholinhemmer *m*
cholinergic crisis cholinerge Krise *f (z. B. bei Myasthenia gravis)*
cholinergic fibre cholinerge Faser *f* [Nervenfaser *f*]
cholinergic receptor cholinerger Rezeptor *m*
cholinergic stimulant Cholinergikum *n*, Acetylcholin freisetzendes Mittel *n*
cholinergic transmitter cholinerger Transmitter *m*
cholinergic urticaria cholinerge Urtikaria *f*
cholinester Cholinester *m*
cholinesterase Cholinesterase *f*, ChE *(Enzym)*
cholinesterase blocking agent Cholinesteraseinhibitor *m*, Cholinesterasehemmer *m*
cholinesterase reactivator Cholinesterasereaktivator *m*
cholinoceptive mit Acetylcholin reagierend, Acetylcholin aufnehmend *(z. B. ein Rezeptor)*
cholinoceptor cholinerger Rezeptor *m*
cholinogenic cholinergisch
cholinolytic cholinolytisch, die Acetylcholinwirkung aufhebend; parasympathikolytisch
cholinolytic (agent) Acetylcholinhemmer *m*; Parasympathikolytikum *n*
cholinomimetic cholinomimetisch; parasympathikomimetisch
cholinoreactive auf Acetylcholin reagierend
choliopancreatography *(Rad)* Choledochopankratikographie *f*, Gallengang- und Pankreasgangdarstellung *f*
cholochrome Gallepigment *n*
cholocyanin Cholocyanin *n*, Bilicyanin *n*
cologenetic gallebildend
cholohaemothorax Cholohäm(at)othorax *m*; blut- und gallehaltiger Pleuraerguss *m*
chololith *s.* cholelith
choloplania Choloplanie *f (Vorhandensein von Galle im Gewebe oder im Blut)*
cholopoiesis *s.* cholepoiesis
cholorrhoea Cholerrhagie *f*, Gallenfluss *m*
cholothorax Cholothorax *m*, Gallenansammlung *f* in der Brusthöhle; gallehaltiger Pleuraerguss *m*
choluria Cholurie *f*, Galleausscheidung *f* im Urin
choluric cholurisch, Galle im Urin ausscheidend; Cholurie…
cholyl-coenzyme A Cholyl-Coenzym *n* A
cholylglycine Cholylglycin *n*, Glykocholsäure *f*, Acidum *n* glycocholicum
cholyltaurine Cholyltaurin *n*, Taurocholsäure *f*, Acidum *n* taurocholicum
chondral chondral, kartilaginös; Knorpel…, Chondr(o)…
chondral tissue Knorpelgewebe *n*, Knorpel *m (Zusammensetzungen siehe unter: cartilage)*
chondralgia *s.* chondrodynia
chondralloplasia Chondralloplasie *f*, Chondrodysplasie *f*
chondrectomy Chondrektomie *f*, (operative) Knorpelentfernung *f*
chondrial bone (peri)chondraler Knochen *m*
chondric knorpelig, kartilaginös; Knorpel…
chondrification Chondrifikation *f*, Verknorpelung *f*
chondrify *v* verknorpeln, sich zu Knorpel umbilden, zu Knorpel werden; Knorpel bilden
chondrin Chondrin *n*, Knorpelleim *m*
chondriocont *(Histol)* Chondriokont *m*, Mitochondrium *n*
chondriokinesis Mitochondrienteilung *f*
chondriome *(Histol)* Chondriom *n (Gesamtheit der Mitochondrien)*
chondriomite Chondriomit *n (Mitochondrium in Kettenformation)*
chondriosomal Mitochondrien…
chondriosome *(Histol)* Mitochondrium *n*, Mitochondrie *f*, Plastosom *n (Zellorganelle)*; *(veraltet)* Chondriosom *n*
chondritis Chondritis *f*, Knorpelentzündung *f*
chondroadenoma *(Path)* Chondroadenom *n*
chondroangioma *(Path)* Chondroangiom(a) *n*
chondro-arthritis Chondroarthritis *f*, Gelenkknorpelentzündung *f*
chondroblast *(Histol)* Chondroblast *m*, Knorpelbildungszelle *f*
chondroblastoma *(Path)* Chondroblastom *n*
chondrocalcin Chondrokalzin *n (Protein)*
chondrocalcinosis *(Anat)* Chondrokalzinose *f*, Pseudogicht *f*, Kalkablagerung *f* im Knorpel
chondrocalcinosis syndrome Chondrokalzinose-Syndrom *n*
chondrocarcinoma *(Path)* Chondrokarzinom *n*
chondroclasis Knorpelzerstörung *f*, Knorpelabbau *m*, Knorpelresorption *f*
chondroclast *(Histol)* Chondroklast *m*, Knorpelfresszelle *f*

chondrocostal *(Anat)* chondrokostal; Rippenknorpel…

chondrocranial *(Anat)* chondrokranial; Knorpelschädel…

chondrocranium *(Anat)* Chondrokranium *n*, Knorpelschädel *m*, Primordialkranium *n*

chondrocutaneous *(Anat)* chondrokutan; Knorpel-Haut-…

chondrocyte *(Histol)* Chondrozyt *m*, Knorpelzelle *f*

chondrocytic Chondrozyten…, Knorpelzellen…

chondrodermatitis Chondrodermatitis *f*, Knorpel- und Hautentzündung *f*

chondrodynia Chondralgie *f*, Knorpelschmerz *m*

chondrodysplasia *(Path)* Chondrodysplasie *f*, Chondromatose *f*, Knorpelfehlbildung *f*

chondrodystrophia *(Path)* Chondrodystrophie *f*, Achondroplasie *f*, Knorpelbildungsstörung *f*, enchondrale Ossifikationsstörung *f*

chondrodystrophic chondrodystroph(isch), achondroplastisch

chondroectodermal chondroektodermal

chondroectodermal dysplasia chondroektodermale Dysplasie *f*

chondroendothelioma *(Path)* Chondroendotheliom *n*

chondroepiphyseal chondroepiphyseal; Epiphysenknorpel…

chondroepiphysitis *(Path)* Chondroepiphysitis *f*, Epiphysenknorpelentzündung *f*

chondroepithelioma *(Path)* Chondroepitheliom *n*

chondrofibroma *(Path)* Chondrofibrom *n*, Knorpelfasergeschwulst *f*, Faserknorpeltumor *m*

chondrofibrosarcoma *(Path)* Chondrofibrosarkom *n*

chondrogenesis Chondrogenese *f*, Knorpelbildung *f*

chondrogenetic *s.* chondrogenic

chondrogenic chondrogen(etisch), knorpelbildend

chondrogenic zone chondrogene Zone *f*, Knorpelbildungsschicht *f*

chondroglossus (muscle) Musculus *m* chondroglossus, Knorpelzungenmuskel *m*

chondrography Chondrographie *f*, Knorpelbeschreibung *f*

chondroid chondroid, knorpelähnlich

chondroitic acid Chondroitinschwefelsäure *f*

chondroitin Chondroitin *n* *(Mukopolysaccharid in Knorpeln)*

chondroitin sulphate Chondroitinsulphat *n*

chondroitinsulphuric acid Chondroitinschwefelsäure *f*

chondroitinuria Chondroitinurie *f*, Chondroitinausscheidung *f* im Urin

chondrolipoma *(Path)* Chondrolipom *n*

chondroliposarcoma *(Path)* Chondroliposarkom *n* *(bösartiger Tumor)*

chondrology Chondrologie *f*

chondrolysis *(Path)* Chondrolyse *f*, Knorpelauflösung *f*

chondrolytic chondrolytisch, den Knorpel auflösend; Chondrolyse…

chondroma *(Path)* Chondrom(a) *n*, Knorpelgeschwulst *f*

chondroma of epiglottis Epiglottischondrom *n*

chondroma of nasopharynx Nasenrachenchondrom *n*

chondromalacia *(Path)* Chondromalazie *f*, Knorpelerweichung *f*

chondromalacia of the larynx Kehlkopfknorpelerweichung *f*, Chondromalacia *f* laryngis

chondromalacia of the patella Kniescheibenknorpelerweichung *f*, Chondromalacia *f* patellae

chondromatosis *(Path)* Chondromatose *f*, chondromatöse Dysplasie *f*, multiple Chondrombildung *f*

chondromatous 1. chondromatös; Chondrom…; 2. knorp(e)lig; Knorpel…

chondrome *(Gen)* Chondrom *n*

chondromere *(Embr)* Chondromer *n*

chondrometaplasia Chondrometaplasie *f*

chondromitome Chondromitom *n*, Paranukleus *m*

chondromucin Chondromuzin *n*

chondromucoid Chondromukoid *n*

chondromucoprotein Chondromukoprotein *n*

chondromyoma *(Path)* Chondromyom *n*

chondromyxoma *(Path)* Chondromyxom *n*, Knorpelschleimgeschwulst *f*

chondromyxofibroma *(Path)* Chondromyxofibrom *n*

chondromyxoid fibroma *s.* chondromyxofibroma

chondromyxosarcoma *(Path)* Chondromyxosarkom *n* *(bösartiger Tumor)*

chondronecrosis *(Path)* Chondronekrose *f*, Knorpelnekrose *f*

chondro-osseous knorpelig-knöchern; Knorpel-Knochen-…

chondro-osteoarthritis *(Path)* Chondroosteoarthritis *f*

chondro-osteodystrophy *(Path)* Chondroosteodystrophie *f*, Osteochondrodystrophia *f* deformans

chondro-osteoma *(Path)* Osteochondrom *n*, Knorpel-Knochen-Geschwulst *f*

chondro-osteosarcoma *(Path)* Chondroosteosarkom *n*

chondropathology Chondropathologie *f*

chondropathy Chondropathie *f*, Knorpelkrankheit *f*

chondroperichondritis of the larynx Larynxchondroperichondritis *f*

chondropharyngeus (muscle) Musculus *m* constrictor pharyngis medius

chondrophyte Chondrophyt *m*, Knorpelfortsatz *m*

chondroplasia Chondroplasie *f*, Knorpel(neu)bildung *f*

chondroplast *s.* chondroblast

chondroplastic chondroplastisch; Chondroplastik…

chondroplasty *(Chir)* Chondroplastik *f*, Knorpelplastik *f*

chondroporosis *(Path)* Chondroporose *f*, Knorpelauflockerung *f*, Knorpelabbau *m*, Knorpelschwund *m*

chondroprotein Chondroprotein *n*, Knorpelprotein *n*

chondrosarcoma *(Path)* Chondrosarkom *n*, Knorpelsarkom *n*

chondrosarcoma of maxilla Oberkieferchondrosarkom *n*

chondrosarcomatosis *(Path)* Chondrosarkomatose *f*

chondrosarcomatous chondrosarkomatös

chondroseptum Nasenknorpelseptum *n*, Pars *f* cartilaginea septi nasi

chondrosin(e) Chondrosin *n* *(Disaccharid)*

chondrosis Knorpelbildung *f*, Chondrogenese *f*

chondroskeleton *(Embr)* Chondroskeleton *n*, Knorpelskelett *n*

chondrosteoma *(Path)* Osteochondrom *n*

chondrosternal 1. *(Anat)* chondrosternal; Rippenknorpel-Brustbein-…; 2. *(Anat)* chondrosternal, Rippenknorpel…

chondrosternoplasty *(Chir)* Chondrosternoplastik *f* *(plastische Operation bei Trichterbrust)*

chondrotome *(Chir)* Chondrotom *n*, Knorpelmesser *n*

chondrotomy *(Chir)* Chondrotomie *f*, Knorpeldurchschneidung *f*, Knorpelschnitt *m*

chondrotrophic chondrotroph, knorpelwirksam, knorpelbeeinflussend

chondroxiphoid *(Anat)* xiphosternal

chonechondrosternum Pectus *n* excavatum

Chopart's amputation Chopart'sche Amputation *f* *(Vorfußamputation)*

Chopart's joint Chopart'sches Gelenk *n*, Articulatio *f* talocalcaneonavicularis et calcaneocuboidea

chopping Hacken *n*, hackende Bewegung *f*

chord(a) Chorda *f*, Strang *m*; Saite *f*

chord(a) saliva *(Physiol)* Chordaspeichel *m*

chordal strangförmig; saitenförmig; Chorda…

chordal canal Chordalkanal *m*

chordamesoblast *(Embr)* Chordamesoblast *m*

chordamesoderm *(Embr)* Chordamesoderm *n*
chordencephalic Chordencephalon...
chordencephalon *(Embr)* Chordenzephalon *n*
chorditis 1. *(HNO)* Chorditis *f*, Stimmbandentzündung *f*; 2. *(Urol)* Samenstrangentzündung *f*
chordoblastoma *(Path)* Chordoblastom *n*
chordocarcinoma *(Path)* Chordokarzinom *n*
chordoepithelioma *(Path)* Chordoepitheliom *n*
chordoid Chorda...
chordoid tumour *s.* chordoma
chordoma *(Path)* Chordom *n*, Chorda(gewebe)tumor *m*, Chordageschwulst *f*
chordosarcoma *(Path)* Chordosarkom *n*
chordoskeleton *(Embr)* Chordoskeleton *n*
chordotomy *(Chir)* Chordotomie *f*, (operative) Durchtrennung *f* der Vorderseitenstrangbahn *(Rückenmark)*
chorea *(Neur)* Chorea *f*, Veitstanz *m*, Morbus *m* saltatorius
chorea acanthocytosis *s.* choreoacanthocytosis
chorea psychosis Choreapsychose *f*, Chorea *f* insaniens
choreal *s.* choreic
choreatic *s.* choreic
choreatic paraphasia choreatische Paraphasie *f*
choreic Chorea..., Veitstanz...
choreic abasia Choreaabasie *f*, choreatische Abasie *f*
choreic ataxia Choreaataxie *f*, choreatische Ataxie *f*
choreic hyperkinesis Choreahyperkinese *f*, choreatische Hyperkinese *f*
choreic syndrome Choreasyndrom *n*, choreatisches Syndrom *n*
choreiform choreiform, choreaartig
choreiform spasm *(Neur)* choreiformer Krampf *m*
choreiform twitching *(Neur)* choreiformes Zucken *n*, choreiforme Zuckung *f*
choreoacanthocytosis *(Neur)* Choreoakanthozytose *f*, Neuroakanthozytose *f*, Akanthozytose *f* mit Chorea
choreoathetoid choreoathetoid; Choreoathetose...
choreoathetoid cerebral palsy choreoathetotische Lähmung *f*
choreoathetosis *(Neur)* Choreoathetose *f*, choreatische und athetotische Hyperkinese *f*
choreoid choreoid, choreaartig
choreomania *(Neur)* Choreomanie *f*, (epidemische) Tanzwut *f*, Chorea *f* epidemica
choreophrasia *(Neur)* Choreophrasie *f* *(Wiederholen sinnloser Wörter und Sätze)*
chorial *s.* chorionic
chorioadenoma *(Path)* Chorioadenom *n*, destruierende Blasenmole *f*, Chorioadenoma *n* destruens
chorioallantoic Chorioallantois..., Chorion-Allantois-...
chorioallantois *(Embr)* Chorioallantois *f*
chorioamnionic Chorioamnion..., Chorion-Amnion-...
chorioamnionitis *(Path)* Chorioamnionitis *f*, Entzündung *f* der Embryonalhäute
chorioangiofibroma *(Path)* Chorioangiofibrom *n*
chorioangioma *(Path)* Chorioangiom *n*
chorioangiomatosis Chorioangiomatose *f*, multiple Chorioangiome
chorioangiosis Chorioangiose *f*
chorioblastoma *(Path)* Chorioblastom *n*
chorioblastosis *(Path)* Chorioblastose *f*, Chorionzellproliferation *f*
choriocapillaris *s.* choriocapillary lamina
choriocapillary choriokapillar
choriocapillary lamina Lamina *f* choroidocapillaris [choriocapillaris], Kapillarnetzschicht *f* der Regenbogenhaut
choriocapillary layer *s.* choriocapillary lamina
choriocarcinoma *(Path)* Choriokarzinom *n*, Syncytioma *n* malignum, Synzytiom *n*
choriocele Choriozele *f*
chorioepithelioma *s.* chorionepithelioma
choriogenesis Choriogenese *f*, Chorionentwicklung *f*, Zottenhautentstehung *f*
choriogonadotropin Choriongonadotropin *n*
chorioid *s.* choroid
chorioidea *s.* choroid
chorioma *s.* chorionepithelioma
choriomammotropin Choriomammotropin *n*, humanes Plazentalaktogen *n*
choriomeningitis *(Path)* Choriomeningitis *f*
chorion *(Embr)* Chorion *n*, Zottenhaut *f*
chorionepithelioma *(Path)* Chorionepitheliom *n*, Plexuspapillom *n*
chorionic Chorion..., Zottenhaut...
chorionic biopsy Chorionbiopsie *f*
chorionic carcinoma Chorionkarzinom *n*
chorionic circulation Umbilikalkreislauf *m*
chorionic cyst Chorionzyste *f*
chorionic gonadotrop(h)in Choriongonadotropin *n*
chorionic gonadotrop(h)in test Choriongonadotropintest *m*
chorionic plate Chorionplatte *f*, Chorionmembran *f*
chorionic plate artery Chorionplattenarterie *f*
chorionic sack Chorionsack *m*
chorionic thyreotrop(h)in Chorionthyreotropin *n*
chorionic villus Chorionzotte *f*
chorionic villus sampling *(Gyn)* Chorionzottenbiopsie *f*, Chorionzottenentnahme *f*
chorionitis 1. *(Path)* Plazentaentzündung *f*, Zottenhautentzündung *f*, Chorionentzündung *f*; 2. *s.* scleroderma
chorioplacental chorioplazental; Chorion-Plazenta-...
chorioretinal *(Anat)* chorioretinal; Netzhaut-Aderhaut-...
chorioretinal scarring Netz- und Aderhautvernarbung *f*
chorioretinitis *(Path, Ophth)* Chorioretinitis *f*, Netz- und Aderhautentzündung *f*
chorioretino-iridocyclectomy *(Ophth)* Chorioretinoiridozyklektomie *f* *(Entfernung der Ader- und Netzhaut, der Iris und des Ziliarkörpers)*
chorioretinopathy *(Ophth)* Chorioretinopathie *f*, Netz- und Aderhauterkrankung *f*
chorista Choristie *f* *(Gewebefehlbildung aus versprengtem Embryonalgewebe)*
choristoblastoma *(Path)* Choristoblastom *n* *(Tumor aus embryonaler Gewebeversprengung)*
choristoma *(Path)* Choristom *n*
choristomatous 1. Choristom...; 2. Choristoblastom...
choroid *(Ophth)* chorioid; Chorioidea..., Choroidea..., Aderhaut...
choroid *(Ophth)* Chorioidea *f*, Choroidea *f*, Chorioides *f*, Aderhaut *f*
choroid angioma Chorioideaangiom *n*, Aderhaut(gefäß)tumor *m*
choroid blood flow Chorioideadurchblutung *f*, Aderhautdurchblutung *f*
choroid blood vessel Chorioidea(blut)gefäß *n*, Aderhautgefäß *n*
choroid cancer Chorioideakarzinom *n*, Aderhautkrebs *m*
choroid capillary Chorioideakapillare *f*, Aderhautkapillare *f*
choroid capillary layer Chorioideakapillarschicht *f*, Aderhautkapillarschicht *f*, Lamina *f* choriocapillaris
choroid cataract Chorioideakatarakt *f*, Uveitiskatarakt *f*
choroid coat *s.* choroid
choroid coloboma Chorioideakolobom *n*, Aderhautkolobom *n*
choroid crescent Aderhautkonus *m*, Falx *f* chorioideae
choroid degeneration Chorioideadegeneration *f*, Aderhautdegeneration *f*
choroid detachment Chorioideaablösung *f*, Aderhautabhebung *f*, Ablatio *f* [Amotio *f*] chorioideae

choroid fissure 1. Chorioideaspalte *f*, Aderhautspalte *f*; 2. Chorioideaspaltbildung *f*, Aderhautspaltbildung *f*
choroid granuloma Chorioideagranulom *n*, Aderhautgranulom *n*
choroid haemorrhage Chorioideablutung *f*, Aderhaut(ein)blutung *f*
choroid infarction Chorioideainfarkt *m*, Aderhautinfarkt *m*
choroid malignant melanoma malignes Aderhautmelanom *n*
choroid melanoma Chorioideamelanom *n*, Aderhautmelanom *n*
choroid melanoma cell Chorioideamelanomzelle *f*
choroid membrane *s.* choroid
choroid necrosis Chorioideanekrose *f*, Aderhautnekrose *f*
choroid neurilemmoma Chorioideaneurilemmom *n*, Aderhautneurilemmom *n*
choroid oedema Chorioideaödem *n*, Aderhaut(an)schwellung *f*
choroid papilloma Chorioideapapillom *n*, Adergeflechtpapillom *n*, Papilloma *n* chorioideum
choroid plexectomy Chorioideaexstirpation *f*, (operative) Adergeflechtentfernung *f*
choroid plexus (of the brain) *(Neur)* Plexus *m* chorioideus, Adergeflecht *n*
choroid plexus of the fourth ventricle Plexus *m* chorioideus ventriculi quarti, Adergeflecht *n* der vierten Hirnkammer
choroid plexus of the lateral ventricle Plexus *m* chorioideus ventriculi lateralis, Adergeflecht *n* der seitlichen Hirnkammer
choroid plexus of the third ventricle Plexus *m* chorioideus ventriculi tertii, Adergeflecht *n* der dritten Hirnkammer
choroid rupture Chorioidearuptur *f*, Aderhautzerreißung *f*
choroid sclerosis Chorioideasklerose *f*, Aderhautsklerose *f*
choroid vascularization Chorioideavaskularisation *f*, Aderhaut(blut)gefäßversorgung *f*
choroid vasculature Chorioideagefäßarchitektur *f*, Aderhautgefäßanordnung *f*
choroidal *s.* choroid
choroidectomy *(Chir, Neur)* Choroidektomie *f*, (operative) Choroideaentfernung *f*
choroideremia *(Ophth)* Chorioideaatrophie *f*, Aderhautschwund *m*; Fehlen *n* der Aderhaut
choroiditis *(Ophth)* Chorioiditis *f*, Aderhautentzündung *f*
choroidocyclitis *(Ophth)* Choroidozyklitis *f*, Aderhaut- und Ziliarfortsatzentzündung *f*
choroidoiritis *(Ophth)* Choroidoiritis *f*, Aderhaut- und Irisentzündung *f*
choroidopathy *(Ophth)* Choroidopathie *f*, degenerative Aderhauterkrankung *f*
choroidoretinitis *(Ophth)* Chorioretinitis *f*, Ader- und Netzhautentzündung *f*
Chotzen's syndrome Chotzen-Syndrom *n*, Chotzen-Saethre-Syndrom *n*, Akrozephalosyndaktylie *f* Typ III
Christ-Siemens-Touraine syndrome Christ-Siemens-Touraine-Syndrom *n*, anhidrotische [klassische] Ektodermaldysplasie *f*
Christensen-Krabbe disease Christensen-Krabbe-Krankheit *f*, Christensen-Krabbe'sche Erkrankung *f*, Poliodystrophia *f* cerebri, progressive zerebrale Poliodystrophie *f*, progressive infantile Poliodystrophie *f*, Alpers-Syndrom *n*
Christian's disease Hand-Schüller-Christian'sche Krankheit *f*, Lip(o)idgranulomatose *f*, Lipoidspeicherkrankheit *f*
Christian's syndrome *s.* Christian's disease
Christian-Weber disease (Pfeifer-)Weber-Christian'sche Krankheit *f (nicht eitrige Fettgewebsentzündung der Unterhaut)*
Christmas disease Christmas-Krankheit *f*, Hämophilie *f* B, Blutgerinnungsfaktor-IX-Mangel *m*
Christmas factor Christmas-Faktor *m*, Blutgerinnungsfaktor *m* IX, antihämophiles Globulin *n* B, Plasma-Thromboplastin-Component *n*, PTC
chromaffin chromaffin, (leicht) mit Chromsalzen färbbar
chromaffin body Chromaffinkörper *m*
chromaffin cell chromaffine Zelle *f*
chromaffinity *(Histol)* Chromaffinität *f*
chromaffinoblastoma *(Path)* Phäochromozytom *n*, Paragangliom *n*, chromaffine suprarenale Struma *f*
chromaffinoma *s.* chromaffinoblastoma
chromaffinopathy *(Endokr)* Chromaffinopathie *f*, Erkrankung *f* des chromaffinen Gewebes
chromargentaffin chromargentaffin, (leicht) mit Chrom- und Silbersalzen färbbar
chromate *v* chromieren, mit Chromsalzen behandeln
chromate Chromat *n*
chromatelopsia *(Ophth)* Chromatelopsie *f*, Farbenblindheit *f*
chromatic 1. chromatisch; Farb(en)...; 2. Chromatin...
chromatic aberration chromatische Aberration *f*
chromatic adaptation Farb(en)anpassung *f*, Farb(en)adaptation *f*
chromatic asymmetry of the iris chromatische Irisasymmetrie *f*, Verschiedenfarbigkeit *f* der Iris *(beider Augen)*
chromatic figure *(Histol)* Chromosomenfigur *f*
chromatic vision 1. Farbensehen *n*, Farbensinn *m*; 2. *s.* chromatopsia
chromatid *(Histol)* Chromatid *n*, Chromatide *f*, Tochterchromosom *n*, Chromosomenspalthälfte *f*
chromatid deletion Chromatidendeletion *f*
chromatin *(Histol)* Chromatin *n*, Kerngerüst *n*
chromatin body Chromatinkörper *m (genetisches Material)*
chromatin-negative chromatin-negativ
chromatin nucleolus Chromatinnukleolus *m*
chromatin-positive chromatin-positiv
chromatinic Chromatin...
chromatinolysis *s.* chromatolysis
chromatinorrhexis *(Histol)* Chromatinorrhexis *f*, Chromatinfragmentierung *f*
chromatism 1. Chromatismus *m*, abnorme Pigmentablagerung *f* [Pigmentierung *f*]; 2. Chromatismus *m*, Farbenhalluzination *f*, Farbenhören *n*; 3. chromatische Aberration *f*
chromato... *(siehe auch:)* chromo...
chromatoblast Chromatoblast *m*
chromatodermatosis Chromatodermatose *f*, Hautpigmentstörung *f*, Hautpigment(ierungs)krankheit *f*
chromatodysopia *(Ophth)* Chromatodysopsie *f*, Farbenblindheit *f*
chromatogenous chromatogen, farbbildend
chromatogram *(Lab)* Chromatogramm *n*
chromatograph *v* chromatographieren
chromatograph *(Lab)* Chromatograph *m*
chromatographic chromatographisch; Chromatographie...
chromatographic analysis *(Lab)* chromatographische Analyse *f*
chromatography *(Lab)* Chromatographie *f (Methode zur Trennung von Stoffgemischen)*
chromatoid chromatinähnlich, chromatinartig
chromatokinesis Chromatokinese *f*

chromatolysis Chromatolyse *f*, Chromatinolyse *f*, Auflösung *f* der chromatophilen Substanz *(z. B. in Nervenzellen)*
chromatolytic chromatolytisch
chromatometer Chromatometer *n*
chromatometry Chromatometrie *f*, Farbenwahrnehmungsmessung *f*
chromatopathy Chromatopathie *f*, Hautpigmentkrankheit *f*, Farbkrankheit *f* der Haut
chromatopectic Chromatopexie...
chromatopexis Chromatopexie *f*
chromatophil *s.* chromatophilic
chromatophilia Chromatophilie *f*, leichte Färbbarkeit *f*
chromatophilic chrom(at)ophil, leicht färbbar
chromatophilous *s.* chromatophilic
chromatophobia Chromatophobie *f*, Chromophobie *f*
chromatophore Chromatophor *n*, Farb(stoff)zelle *f*, Chromatoplast *m*
chromatophore naevus Naegeli Chromatophorennävus *m* Naegeli, Incontinentia *f* pigmenti
chromatophoric *s.* chromatophorous
chromatophoroma Melanom *n*
chromatophorotropic chromatophorotrop, auf Pigmentzellen gerichtet *(z. B. Hormone)*
chromatophorous chromatophor; Chromatophoren...; pigmententhaltend, pigmenttragend
chromatoplasm *(Histol)* Chromatoplasma *n*
chromatoplast *s.* chromatophore
chromatopseudopsis *(Ophth)* Farbenblindheit *f*
chromatopsia *(Ophth)* Chromatopsie *f*, (krankhaftes) Farbensehen *n*, Buntsehen *n*, Visus *m* coloratus
chromatoptometer *(Ophth)* Chromatoptometer *n*, Farb(en)sehmesser *m*, Farbensehschärfemesser *m*, Farbsinnmesser *m*
chromatoptometry *(Ophth)* Chromatoptometrie *f*, Farb(en)sehmessung *f*, Farbensehschärfemessung *f*, Farbsinnbestimmung *f*
chromatoscope *(Ophth)* Chromatoskop *n (zur Farbsinnprüfung)*
chromatoscopy 1. *(Ophth)* Chromatoskopie *f*, Farbsinnprüfung *f*; 2. Chromatoskopie *(Farbstoffverwendung zur Nierendiagnostik)*
chromatosis Chromatosis *f*, abnorme Pigmentierung *f*
chromatoskiameter Chromatoskiameter *n (Chromatometer mit Farbschatten)*
chromatosome Chromatosom *n (Nukleosom mit einem Histon-1-Protein)*
chromatotaxis Chromatotaxis *f*
chromatotrophic hormone *s.* melanocyte-stimulating hormone
chromatotropism Chromatotropismus *m (Richtungsänderung auf Farbreize)*
chromaturia Chromaturie *f*, abnorme Urinfärbung *f*
chrome intoxication Chromvergiftung *f*, Chromintoxikation *f*
chrome ulcer *(Arb)* Chromulkus *n*, Chromgeschwür *n*
chromhidrosis Chromhidrosis *f*, farbige Schweißabsonderung *f*
chromic acid Chromsäure *f*, Acidum *n* chromicum
chromic catgut suture *(Chir)* Chromkatgutnaht *f*
chromic myopia Farbmyopie *f*
chromicize *v* mit Chrom behandeln
chromidial net Chromidiumnetz *n*
chromidiation *s.* chromidiosis
chromidiosis *(Histol)* Chromidiose *f*, Chromidiation *f* *(Übergang von Kernsubstanz und Chromatin in das Zellprotoplasma)*
chromidium Chromidium *n (RNS-reiche basophile Zytoplasmastruktur)*
chromidrosis *s.* chromhidrosis
chromium Chrom *n*, Cr
chromized catgut *(Chir)* Chromkatgut *n*, chromiertes Katgut *n*
chromo... *(siehe auch:)* chromato...
chromobacteriosis *(Inf)* Chromobakteriose *f (durch Chromobacterium violaceum)*
chromoblast Chromoblast *m (Farbzellenvorstufe)*
chromoblastomycosis Chromo(blasto)mykose *f*, Dermatitis *f* verrucosa *(tropische Hautpilzinfektion)*
chromocenter *s.* karyosome
chromocholoscopy Chromocholoskopie *f (Funktionsprüfung der Gallenausscheidung mittels Farbstoffen)*
chromoclastogenic chromoklastogen, chromosomenschädigend
chromocystoscopy Chromozystoskopie *f (Funktionsprüfung der Nieren durch intravenöse Farbstoffinjektion mit Blasenspiegelung)*
chromocyte Chromozyt *m*, Farbzelle *f*, pigmentierte Zelle *f*
chromocytometer *s.* haemoglobinometer
chromodacryorrhoea Chromodakryorrhö *f*, blutiger Tränenfluss *m*
chromodermatosis Chromodermatose *f*, Hautpigmentstörung *f*, Hautpigment(ierungs)krankheit *f*
chromodiagnosis Chromodiagnostik *f*, Diagnostik *f* mittels Farbstoffausscheidung
chromoflavine Chromoflavin *n*, Akriflavin *n*
chromogen Chromogen *n (Vorstufe eines Farbstoffs)*
chromogenesis Farb(stoff)bildung *f*, Pigmentbildung *f*
chromogenic chromogen, farb(stoff)bildend, pigmentbildend
chromogranin *(Histol)* Chromogranin *n*
chromohyphomycosis *s.* chromoblastomycosis
chromoisomerism Chromoisomerismus *m*
chromolip(o)id Lipochrom *n*
chromolysis *s.* chromatolysis
chromomere 1. Chromomer *n (Verdichtung des Euchromatins; Farbstreifen auf Chromosomen)*; 2. Chromomer *n*, Granulomer *n (eines Thrombozyten)*
chromometer 1. Chrom(at)ometer *n*; 2. Kolorimeter *n*
chromomycosis *s.* chromoblastomycosis
chromonar hydrochloride Chromonarhydrochlorid *n (Koronarvasodilator)*
chromonema *(Gen)* Chromonema *n*
chromonemal Chromonema...
chromoneme *(Gen)* Chromonema *n*
chromonychia *(Derm)* Chromonychie *f*, Pigmentstörung *f* der Nägel
chromoparic Farbstoff bildend
chromopectic Farbstoff bindend
chromopexia Chromopexie *f*, Farbstoffbindung *f*
chromopexic *s.* chromopectic
chromophage Chromophage *m*, pigmentphagozytierende Zelle *f*
chromophane Chromophan *n (Netzhautpigment)*
chromophil *s.* chromophile cell
chromophile chromophil, chromatophil, farbfreundlich, farbliebend; leicht färbbar
chromophile (cell) Chromophiler *m*, chromophile [chromatophile, farbfreundliche] Zelle *f*
chromophile granule chromophiles Körnchen *n*, Nissl-Körperchen *n*
chromophile substance chromophile Substanz *f*, Nissl-Substanz *f*
chromophile tumour chromophiler Tumor *m*, Phäochromozytom *n*
chromophilia Chromophilie *f*, Farbfreundlichkeit *f*, leichte Färbbarkeit *f*

chromophilic *s.* chromophile
chromophilous *s.* chromophile
chromophobe chromophob, chromatophob, farbfürchtend, farbabweisend; schlecht färbbar
chromophobe Chromophober *m*, chromophobe [schlecht färbbare] Zelle *f*
chromophobe adenoma (of the anterior lobe) chromophobes Adenom *n* [Hypophysenvorderlappenadenom *n*]
chromophobe tumour chromophober Tumor *m*
chromophobia Chromophobie *f*, Schwerfärbbarkeit *f*
chromophobic *s.* chromophobe
chromophore Chromophor *m*, Farbstoffträger *m*; Pigmentträger *m*
chromophoric chromophor, farbstofftragend; pigmenttragend
chromophorous *s.* chromophoric
chromophose *(Ophth)* Chromophose *f*, subjektives Farbgefühl *n (im Auge)*
chromophototherapy Chromophototherapie *f*
chromophytosis Pityriasis *f* [Tinea *f*] versicolor
chromoplasm Chromoplasma *n*
chromoplast Chromoplast *m*, Pigmentzelle *f*
chromoplastid *s.* chromoplast
chromoprotein *(Bioch)* Chromoprotein *n*, Chromoproteid *n*
chromopsia *s.* chromatopsia
chromoptometry *s.* chromatoptometry
chromoretinography Chromoretinographie *f (Farbphotographie der Netzhaut)*
chromorhinorrhoea Chromorhinorrhö *f*, pigmentierter Nasenausfluss *m*
chromosomal *(Gen)* chromosomal; Chromosomen… *(siehe unter: chromosome)*
chromosomal aberration Chromosomenaberration *f*, Chromosomenstruktur(ver)änderung *f*
chromosomal anomaly Chromosomenanomalie *f*
chromosomal damage Chromosomenschaden *m*; Chromosomenschädigung *f*
chromosomal deletion Chromosomendeletion *f*, Verlust *m* eines Chromosomenabschnitts
chromosomal interval Chromosomeninterval *n*
chromosomal marker Chromosomenmarker *m*
chromosomal nomenclature Chromosomennomenklatur *f*
chromosomal sex Chromosomengeschlecht *n*, chromosomales Geschlecht *n*
chromosome *(Gen)* Chromosom *n*, Kernschleife *f (siehe unter: chromosomal)*
chromosome abnormality Chromosomenabnormität *f*, Chromosomenabweichung *f*
chromosome analysis Chromosomenanalyse *f*
chromosome arm Chromosomenarm *m*
chromosome band Chromosomenband *n*, Chromosomenbande *f*
chromosome banding Chromosomen-Banding *n*
chromosome breakage Chromosomenbruch *m*
chromosome classification Chromosomenklassifikation *f*
chromosome coil Chromosomenspirale *f*
chromosome coiling Chromosomenspiralisation *f*
chromosome complement diploider Chromosomensatz *m*
chromosome complex Chromosomenkomplex *m*
chromosome conjugation Chromosomenkonjugation *f*
chromosome deficiency Chromosomendefizienz *f*
chromosome disjunction Chromosomendisjunktion *f*
chromosome duplication Chromosomenduplikation *f*
chromosome fragmentation Chromosomenfragmentation *f*
chromosome inversion Chromosomeninversion *f*
chromosome localization Chromosomenlokalisation *f*, Chromosomenlokalisierung *f*
chromosome location Chromosomenort *m*, Chromosomenstelle *f*
chromosome map (karto)graphische Chromosomenanordnung *f*, (karto)graphische Chromosomendarstellung *f*
chromosome mapping Chromosomen-Mapping *n*, Chromosomenkartographie *f*
chromosome mosaic Chromosomenmosaik *n*
chromosome mutation Chromosomenmutation *f*
chromosome number Chromosomen(an)zahl *f*
chromosome-5p syndrome Chromosom-5p-Syndrom *n*, Katzenschrei-Syndrom *n*
chromosome pairing Chromosomenpaarung *f*, paarweise Chromosomenanordnung *f*
chromosome polymorphism Chromosomenpolymorphismus *m*
chromosome puff Chromosomen-Puff *m*, chromosomale Auftreibung *f (an Stellen hoher RNS-Aktivität)*
chromosome set Chromosomensatz *m*
chromosome translocation Chromosomentranslokation *f*
chromosome walking *(Gen)* Chromosomenwanderung *f*, überlappende Hybridisierung *f*
chromospermism Chromospermismus *m (Vorhandensein farbiger Samenzellen)*
chromotherapy Chromo(photo)therapie *f (mittels Spektralfarben)*
chromotoxic chromotoxisch
chromotoxic hyperchromaemia chromotoxische Hyperchromämie *f (z. B. durch Hämoglobinfreisetzung)*
chromotrichia Chromotrichie *f (Vorhandensein farbiger Haare)*
chromotrichial chromotrich, mit farbigen Haaren; Chromotrichie…
chromotrichomycosis Chromotrichomykose *f*, Trichomycosis *f* axillaris
chromotropic chromotrop, auf Farben gerichtet; von Farben angezogen
chromoureteroscopy Chromoureteroskopie *f*
chromourinography Chromourinographie *f (grafische Darstellung der Farbstoffausscheidung im Urin)*
chronaxia Chronaxie *f*, Kennzeit *f (Reizauslösungszeit des doppelten Reizschwellenstroms)*
chronaximeter Chronaximeter *n*
chronaximetry Chronaximetrie *f*, Messung *f* der Chronaxie
chronaxis *s.* chronaxia
chronaxy *s.* chronaxia
chronic chronisch, langsam verlaufend, schleichend; progressiv
chronic acholuric jaundice chronisch acholurischer Ikterus *m*, familiärer hämolytischer Ikterus *m*, konstitutionelle [familiäre] hämolytische Anämie *f*, hereditäre Sphärozytose, Kugelzellenanämie *f*
chronic active hepatitis chronisch aktive Hepatitis *f*
chronic adrenal insufficiency *s.* Addison's disease
chronic airway obstruction chronische Luftwegsobstruktion *f*
chronic alcoholic delirium chronisches Alkoholdelir *n*
chronic alcoholic intoxication chronische Alkoholvergiftung *f*
chronic alcoholism chronischer Alkoholismus *m*
chronic anterior poliomyelitis progressive spinale Muskelatrophie *f*
chronic appendicitis chronische Appendizitis *f*, Appendicitis *f* chronica
chronic atrophic parametritis Parametritis *f* chronica atrophicans

chronic bacterial prostatitis chronische bakterielle Prostatitis *f*
chronic bronchitis chronische Bronchitis *f*, Bronchitis *f* chronica
chronic calcific chronisch-kalzifizierend
chronic cardiac compression Pericarditis *f* constrictiva
chronic care chronische Pflege *f*, Dauerpflege *f*
chronic carriage *(Inf)* Dauerausscheidung *f*
chronic carrier Dauerausscheider *m*
chronic cholecystitis chronische Gallenblasenentzündung *f*, Cholecystitis *f* chronica
chronic chorea chronische Chorea *f*
chronic cystic mastitis chronisch-zystische Mastitis *f*
chronic deforming arthrosis Osteoarthrose *f*
chronic disease chronische Krankheit *f*, chronisches Leiden *n*
chronic endocarditis chronische Herzinnenhautentzündung *f*, Endocarditis *f* chronica
chronic enteric carrier Stuhldauerausscheider *m*, Darmdauerausscheider *m*
chronic enteric carrier state Stuhldauerausscheidung *f*
chronic eosinophilic infiltrate of the lung chronisches eosinophiles Lungeninfiltrat *n*, Kartagener'sches Lungeninfiltrat *n*
chronic familial icterus [jaundice] *s.* chronic acholoric jaundice
chronic fatigue syndrome chronisches Müdigkeits-Syndrom *n*
chronic fibrous thyroiditis *s.* Riedel's struma
chronic gastric ulcer chronisches Magengeschwür *n*, Ulcus *n* chronicum ventriculi
chronic gastritis chronische Magenschleimhautentzündung *f*, Gastritis *f* chronica
chronic glaucoma chronisches Glaukom *n*, Glaucoma *n* chronicum
chronic glomerulonephritis chronische Glomerulonephritis *f*, Glomerulonephritis *f* chronica
chronic granulocytic leukaemia chronische leukozytäre Leukämie *f*
chronic hepatitis chronische Leberentzündung *f*, Hepatitis *f* chronica
chronic hyperplastic rhinitis chronische hyperplastische Rhinitis *f*
chronic hyperplastic sinusitis chronische hyperplastische Sinusitis *f*
chronic hypertrophic rhinitis chronische hypertrophe Rhinitis *f*
chronic hypochromic anaemia chronische hypochrome Anämie *f*, Eisenmangelanämie *f*
chronic hypoxia chronische Hypoxie *f*
chronic idiopathic jaundice chronischer idiopathischer Ikterus *m*, Dubin-Johnson-Syndrom *n* *(gestörte Bilirubinausscheidung aus der Leberzelle)*
chronic idiopathic thrombocytopenic purpura chronische idiopathische thrombozytopenische Purpura *f*
chronic illness chronisches Leiden *n*, chronische Erkrankung *f*
chronic infantile lobar sclerosis chronische infantile Lobärsklerose *f*, Pelizaeus-Merzbacher-Syndrom *n* *(erbliches Leiden mit spastischen Lähmungen)*
chronic intermittent juvenile jaundice *s.* Gilbert's disease
chronic interstitial hepatitis chronische interstitielle Hepatitis *f*, portale Leberzirrhose *f* [Zirrhose *f*]
chronic interstitial nephritis chronische interstitielle Nephritis *f*
chronic interstitial pancreatitis of infancy *s.* mucoviscidosis
chronic intestinal carrier *s.* chronic enteric carrier
chronic intestinal ischemia chronische Darmischämie *f*
chronic intractable pain chronischer unbeherrschbarer Schmerz *m*
chronic ischaemic heart disease chronisch-ischämische Herzerkrankung *f*, CIHK *f*
chronic leg ulcer chronisches Unterschenkelgeschwür *n*, chronisches Beingeschwür *n*
chronic lichenoid pityriasis Pityriasis *f* lichenoides chronica, Dermatitis *f* psoriasiformis nodularis, Parapsoriasis *f* en gouttes, Lichen *m* psoriasis *(chronische entzündliche Hautkrankheit mit roten Knötchen und Flecken)*
chronic ligneous thyroiditis *s.* Riedel's struma
chronic lingual papillitis chronische Zungenpapillenentzündung *f*, Moeller'sche Glossitis *f*
chronic low blood pressure chronisch erniedrigter Blutdruck *m*
chronic lymphocytic leukaemia chronische Lymphozytenleukämie *f*
chronic mastitis chronische Mastitis *f* [Brustentzündung *f*]
chronic motor tic disorder *(Neur)* chronische motorische Tic-Störung *f*
chronic mountain sichness chronische Höhenkrankheit *f*
chronic mucocutaneous candidiasis chronische mukokutane Candidiasis *f*
chronic myelocytic leukaemia chronische Myelozytenleukämie *f*
chronic myocarditis chronische Myokarditis *f* [Herzmuskelentzündung *f*]
chronic nephritis chronische Nephritis *f* [Nierenentzündung *f*]
chronic nephropathy chronische Nephropathie *f*, chronisches Nierenleiden *n*
chronic obliterating arteriopathy chronisch obliterierende Arteriopathie *f*, Arteriosclerosis *f* obliterans
chronic obstructive pulmonary disease chronisch-obstruktive Lungenerkrankung *f*, COPD, COLD
chronic pancreatitis chronische Pankreatitis *f*, Pancreatitis *f* chronica
chronic pemphigus *(Derm)* Pemphigus *m* chronicus
chronic peritonitis chronische Bauchfellentzündung *f*, Peritonitis *f* chronica
chronic pharyngitis chronische Rachenentzündung *f*, Pharyngitis *f* chronica
chronic posterior parametritis Parametritis *f* chronica posterior
chronic progressive hereditary chorea *(Neur)* chronisch progressive hereditäre Chorea *f*, Chorea *f* chronica progressiva hereditaria, Huntington'sche Chorea *f*
chronic progressive non-hereditary chorea *(Neur)* senile Chorea *f*
chronic prostatitis chronische Vorsteherdrüsenentzündung *f*, Prostatitis *f* chronica
chronic purulent synovitis chronische purulente Synovitis *f*
chronic pyelonephritis chronische Nierenbeckenentzündung *f*, Pyelonephritis *f* chronica
chronic recurrent urticaria chronisch rezidivierende Urtikaria *f*, Urticaria *f* chronica
chronic rejection chronische Rejektion *f* [Abstoßung *f*], chronische Transplantatabstoßung *f*
chronic relapsing pancreatitis chronisch-rezidivierende Pankreatitis *f* [Bauchspeicheldrüsenentzündung *f*]
chronic rheumatism chronischer Rheumatismus *m*, Rheumatismus *m* chronicus
chronic rhinitis chronischer Schnupfen *m*, Stockschnupfen *m*

chronic sclerosing osteomyelitis chronisch sklerosierende Osteomyelitis *f*, Garré'sche Osteomyelitis *f*
chronic simple glaucoma Weitwinkelglaukom *n*
chronic spinal muscular atrophy progressive spinale Muskelatrophie *f*, chronische spinale muskuläre Atrophie *f*
chronic subluxation of the hand Madelung'sche Krankheit *f*
chronic suppurative pericementitis *(Stom)* Pyorrhoea *f* alveolaris
chronic tetanus chronischer Tetanus *m* [Wundstarrkrampf *m*]
chronic traumatic meniscitis chronische traumatische Meniskusentzündung *f*, Meniscitis *f* traumatica chronica
chronic tuberculous mastitis chronische tuberkulöse Mastitis *f*
chronic typhoid carrier Typhusdauerausscheider *m*
chronic ulcerative colitis Colitis *f* ulcerosa chronica
chronic undifferentiated schizophrenia chronische undifferenzierte Schizophrenie *f*
chronic urinary carrier Urindauerausscheider *m*
chronic vocal tic disorder *(Neur)* chronische vokale Tic-Störung *f*
chronicity Chronizität *f*, Dauerhaftigkeit *f*, schleichender Verlauf *m*
chronobiological chronobiologisch, die biologische Uhr betreffend; Chronobiologie…
chronobiological complaints chronobiologische Beschwerden *pl*; Jet-lag *n*
chronobiology Chronobiologie *f (Lehre von der biologischen Wirkung der Zeit auf Organismen)*
chronognosis Chronognosie *f*, (subjektives) Zeitgefühl *n*; innere Uhr *f*
chronognosy *s.* chronognosis
chronologic age chronologisches Alter *n*
chrono-oncology Chronoonkologie *f (Lehre von der Wechselwirkung zwischen biologischen Rhythmen und Krebswachstum)*
chronopharmacology Chronopharmakologie *f (Lehre von der Wechselwirkung zwischen biologischen Rhythmen und Pharmaka)*
chronophobia *(Neur)* Chronophobie *f (Angst vor Zeitabläufen)*
chronophysiology Chronophysiologie *f*
chronopsychophysiology Chronopsychophysiologie *f*
chronotaraxis *(Neur)* Chronotaraxis *f (Störung des Zeitgefühls)*
chronotherapeutics Chronotherapeutik *f*, Chronotherapie *f*
chronotropic chronotrop, herzfrequenzwirksam
chronotropism Chronotropismus *m*
chrysarobin Chrysarobin *n (Dermatikum; z. B. zur Psoriasisbehandlung)*
chrysiasis Chrysiasis *f*, Goldausschlag *m*, Chryosis *f (Hautverfärbung nach Goldbehandlung bei Arthritis)*
chrysocyanosis Chrysozyanose *f*
chrysoderma Chrysoderma *n (durch goldhaltige Medikamente verfärbte Haut)*
chrysoidin Chrysoidin *n (Antiseptikum)*
chrysosis *s.* chrysiasis
chrysotherapy Chrysotherapie *f*, Goldbehandlung *f*
Churg-Strauss syndrome Churg-Strauss-Syndrom *n*, allergische granulomatöse Angiitis *f (systemische nekrotisierende Vaskulitis mit Lungensymptomatik)*
Churg-Strauss vasculitis *s.* Churg-Strauss syndrome
Chvostek's sign *(Neur)* Chvostek'sches Zeichen *n* [Mundwinkelzucken *n*], Chvostek-Zeichen *n*
chylaemia Chylämie *f*, Chyluserhöhung *f* im Blut
chylangioma *(Path)* Chylangiom *n*, Lymphangiom *n* des Darms und Mesenteriums
chylaqueous chyloaquös; Chylus-Wasser-…
chyle Chylus *m*, Milchsaft *m*
chyle varix Chylusvarize *f*
chylectasia Chylektasie *f*, Chylusgefäßerweiterung *f*
chylemia *s.* chylaemia
chylhidrosis Chylhidrosis *f*, Chylus(aus)schwitzen *n*
chylifacient chylusbildend
chylifaction Chylusbildung *f*
chylifactive chylusbildend
chyliferous chylifer, chylusbildend; chylushaltig, Chylus enthaltend [führend]
chylification Chylusbildung *f*
chyliform *s.* chyloid
chylocele Chylozele *f*, Hodenwasserbruch *m* mit chylösem Inhalt *(bei Elephantiasis)*
chylocyst *(Anat)* Cisterna *f* chyli
chyloderma Chyloderma *n (durch Lymphstau verdickte Haut)*
chyloid chylusartig, chylös, milchig
chylomediastinum Chylomediastinum *n*, Chylusansammlung *f* im Mittelfellraum
chylomicrograph Chylomikrograph *m*, Chylomikronenkurve *f*
chylomicron Chylomikron *n (Lipoproteinpartikel in Blut und Lymphe)*
chylomicronaemia Chylomikronämie *f (Vorhandensein von Chylomikronen im Blut)*
chylomicronaemia syndrome Chylomikronämie-Syndrom *n*
chylopericarditis Chyloperikarditis *f*, chylöse Perikarditis *f*
chylopericardium Chyloperikard(ium) *n*, Chylusansammlung *f* im Herzbeutel
chyloperitoneum Chyloperitoneum *n*, Chylaskos *n*, Chylaszites *m*, Chylusansammlung *f* in der Bauchhöhle
chylophoric chylushaltig, Chylus enthaltend [führend]
chylopleura Chylopleura *f*, chylushaltiger Pleuraerguss *m*
chylopneumothorax Chylopneumothorax *m (Vorhandensein von Luft und Chylus im Pleuraspalt)*
chylopoiesis Chylopoese *f*, Chylusbildung *f*
chylopoietic chylopoetisch, chylusbildend; Chylopoese…
chylorrhoea Chylorrhö *f*, Chylusfluss *m*
chylosis Chylose *f*
chylothorax Chylothorax *m*, Chylusrippenfellerguss *m*, Chylusansammlung *f* im Pleuraspalt
chylous chylös, chylusartig, milchig
chylous ascites Chylusaszites *m*, chylöser Aszites *m*
chylous cyst Chyluszyste *f*
chyluria Chylurie *f*, Chylusausscheidung *f* im Urin, Galakturie *f*
chylus *s.* chyle
chymase Chymase *f (Enzym)*
chyme Chymus *m*, Speisebrei *m*
chyme-like consistency of faeces chymusartige [breiartige, breiige] Stuhlkonsistenz *f*
chymification *s.* chymopoiesis
chymopoiesis Chymopoese *f*, Chymusbildung *f*
chymorrhoea Chymorrhö *f*, Chymusfluss *m*, Chymusentleerung *f (z. B. aus dem Magen)*
chymosin Chymosin *n*, Labenzym *n*, Rennin *n*
chymosinogen Chymosinogen *n*, Renninogen *n (Chymosinvorstufe)*
chymostatin Chymostatin *n (Chymotrypsininhibitor)*
chymotrypsin Chymotrypsin *n (Enzym)*
chymotrypsin test Chymotrypsintest *m (bei Pankreasinsuffizienz)*
chymotrypsinogen Chymotrypsinogen *n (inaktive Chymotrypsinvorstufe)*
chymous Chymus…, Speisebrei…

cibophobia Cibophobie *f*, Zibophobie *f*, Sitophobie *f*, Sitiophobie *f (1. Abneigung gegen Speisen; 2. Nahrungsverweigerung der Geisteskranken)*
cicatrectomy *s.* cicatricectomy
cicatricectomy Zikatrikektomie *f*, Narbenexzision *f*, (operative) Narbenentfernung *f*
cicatricial narbig; Narben...
cicatricial alopecia Narbenalopezie *f*
cicatricial change Narbenveränderung *f*
cicatricial contraction Narbenkontraktion *f*
cicatricial contracture Narbenkontraktur *f*
cicatricial ectropion *(Ophth)* Narbenektropion *n*, Ektropium *n* cicatriceum
cicatricial entropion *(Ophth)* Narbenentropion *n*, Entropium *n* cicatriceum
cicatricial eversion of an eyelid *s.* cicatricial ectropion
cicatricial formation Narbenbildung *f*
cicatricial hernia Narbenhernie *f*, Hernia *f* cicatricata
cicatricial hypertrophy Narbenhypertrophie *f*
cicatricial keloid Narbenkeloid *n*
cicatricial kidney Narbenniere *f*
cicatricial narrowing narbige Vereng(er)ung *f*, Narbenvereng(er)ung *f*
cicatricial pemphigoid *(Derm)* Narbenpemphigoid *n*
cicatricial pericardial contraction Pericarditis *f* constrictiva
cicatricial process Vernarbungsprozess *m*
cicatricial shrinking of the cornea *(Ophth)* narbige Hornhautschrumpfung *f*, Hornhauteinschmelzung *f*, Phthisis *f* corneae
cicatricial stenosis Narbenstenose *f*
cicatricial tissue Narbengewebe *n*
cicatricial tissue contraction Narbengewebekontraktion *f*
cicatricose *s.* cicatricial
cicatricotomy Narbeninzision *f*
cicatrisotomy *s.* cicatricotomy
cicatrix Cicatrix *f*, Narbe *f*
cicatrizant vernarbend, narbenbildend
cicatrizant (agent) Vernarbungsmittel *n*, die Narbenbildung förderndes Mittel *n*
cicatrization 1. Vernarbung *f*, Narbenbildung *f*; 2. sekundäre Wundheilung *f*
cicatrize *v* vernarben, eine Narbe bilden
cicatrized infarct vernarbter Infarkt *m*; Infarktnarbe *f*
ciclopiroxolamine Ciclopiroxolamin *n (Antimykotikum)*
cicutism Wasserschierlingvergiftung *f*, Wasserschierlingintoxikation *f*
cicutoxin Cicutoxin *n (Alkaloid des Wasserschierlings)*
cigarette drain *(Chir)* Zigarettendrain *m(n)*; Zigarrendrain *m(n)*; Dochtdrain *m(n)*
ciguatera Ciguatera *f (tropische Fischvergiftung)*
ciguatoxin Ciguatoxin *n*
cilia Cilia *npl*, Wimpern *fpl*
cilia forceps *(Chir)* Wimpernpinzette *f*
ciliariscope Ziliariskop *n*
ciliarotomy Ziliarotomie *f (Durchtrennung der Zona ciliaris bei Glaukom)*
ciliary ziliar; Zilien..., Wimper(n)...
ciliary action Zilienbewegung *f*, Flimmerbewegung *f*
ciliary blepharitis Ziliarblepharitis *f*, Blepharitis *f* marginalis
ciliary body Ziliarkörper *m*, Strahlenkörper *m*, Corpus *n* ciliare
ciliary body band Ziliarkörperband *n*
ciliary body circulation Ziliarkörperkreislauf *m*
ciliary body cyst Ziliarkörperzyste *f*
ciliary body melanoma Ziliarkörpermelanom *n*
ciliary body swelling Ziliarkörperschwellung *f*
ciliary body tumour Ziliarkörpergeschwulst *f*
ciliary canal 1. Spatia *npl* anguli iridocornealis; 2. Sinus *m* venosus sclerae
ciliary epithelium Ziliarepithel *n*, Epithelium *n* ciliare
ciliary ganglion Ziliarganglion *n*, Ganglion *n* ciliare
ciliary gland Ziliardrüse *f*, Glandula *f* ciliaris
ciliary margin Ziliarrand *m* (der Iris), Margo *m* ciliaris, Iriswurzel *f*
ciliary movement Ziliarbewegung *f*, Zilienbewegung *f*, Haar(wimpern)schlag *m*
ciliary mucus transport ziliärer Schleimtransport *m*
ciliary muscle Ziliarmuskel *m*, Musculus *m* ciliaris
ciliary nerve Ziliarnerv *m*, Nervus *m* ciliaris
ciliary neuralgia Ziliarneuralgie *f*
ciliary plica Ziliarfalte *f*, Plica *f* ciliaris
ciliary process Ziliarfortsatz *m*, Processus *m* ciliaris
ciliary reflex Ziliarreflex *m*
ciliary region Ziliarregion *f*
ciliary ring Ziliarring *m*, Orbiculus *m* ciliaris
ciliary staphyloma Ziliarstaphylom *n*, Staphyloma *n* ciliare
ciliary vein Ziliarkörpervene *f*, Vena *f* ciliaris
ciliary zone Zona *f* ciliaris, Anulus *m* iridis major
ciliary zonule Zonulaaparat *m*, Zonula *f* ciliaris
ciliary zonule cataract Zonulaapparatkatarakt *f*
ciliastatic ziliostatisch, die Zilienbewegung hemmend
ciliated bewimpert; Wimpern...; Flimmer...
ciliated cell Flimmerzelle *f*
ciliated epithelium Flimmerepithel *n*
ciliectomy 1. Ziliektomie *f*, (partielle) Ziliarkörperentfernung *f*; 2. (partielle) Wimpernrandentfernung *f*
ciliogenesis Ziliogenese *f*, Zilienbildung *f*, Wimpernbildung *f*
cilioretinal *(Ophth)* zilioretinal; Ziliarkörper-Netzhaut-...
cilioscleral *(Ophth)* zilioskleral; Ziliarkörper-Sklera-...
ciliospinal *(Ophth)* ziliospinal; Ziliarkörper-Rückenmark-...
ciliospinal reflex Ziliospinalreflex *m*
ciliotomy Ziliotomie *f*, (operative) Ziliarnervendurchtrennung *f*
ciliotoxicity Ziliotoxizität *f*, toxische Zilienschädigung *f*
cilium Cilium *n*, Wimper *f*, Zilie *f*, Flimmerhaar *n*
cillo(sis) Augenlidzittern *n*, Lidflackern *n*
cimetidine Cimetidin *n (zur Magensäurehemmung)*
Cimex lectularius Cimex *m* lectularius
cimicosis Cimicosis *f*, Bettwanzenbefall *m*
Cimino's fistula Cimino-Fistel *f*, Cimino-Shunt *m (zur Hämodialyse)*
cinaesthesia *s.* kinaesthesia
cinanserin hydrochloride Cinanserinhydrochlorid *n (Serotonininhibitor)*
cinching operation Faltungsoperation *f (Augenmuskel)*
cinchona (bark) Cinchona *f*, China(baum)rinde *f*
cinchonic alkaloid *(Pharm)* Cinchonaalkaloid *n*, Chinarindenalkaloid *n*
cinchonidine Chinchonidin *n (Malariamittel)*
cinchonine Chinchonin *n (Malariamittel)*
cinchoninic acid Cinchoninsäure *f*
cinchonism Cinchona(alkaloid)vergiftung *f*, Chininvergiftung *f*, Chinidinintoxikation *f*
cinchonization Chinintherapie *f*, Quininbehandlung *f*, Behandlung *f* mit Cinchonaalkaloiden
cinchonize *v* mit Cinchonaalkaloiden [Chinin] behandeln
cinchophen *(Pharm)* Cinchophen *n*, Acidum *n* phenylchinolin carbonicum
cincture sensation Gürtelgefühl *n*; Beklemmungsgefühl *n*
cineangiocardiogram *(Rad)* Kineangiokardiogramm *n*
cineangiocardiographic kineangiokardiographisch
cineangiocardiography *(Rad)* Kineangiokardiographie *f (Filmdarstellung des Herzens und der herznahen Gefäße)*

cineangiogram *(Rad)* Kineangiogramm *n*
cineangiograph *(Rad)* Kineangiograph *m*
cineangiographic kineangiographisch
cineangiography *(Rad)* Kineangiographie *f (Filmdarstellung von Gefäßen)*
cine-barium oesophagography *(Rad)* Barium-Kineösophagographie *f (Filmdarstellung der Speiseröhre nach Bariumbreischluck)*
cinecholangiography *(Rad)* Kinecholangiographie *f (Filmdarstellung der Gallenwege)*
cine-coronary arteriogram *(Rad)* Kinekoronararteriogramm *n*, Kinekoronarogramm *n*
cine-coronary arteriography *(Rad)* Kinekoronararteriographie *f*, Kinekoronarographie *f (Filmdarstellung der Herzkranzgefäße)*
cinedensigraphy Kinedensigraphie *f*
cinefluorography *(Rad)* Kinefluorographie *f*
cinefluoroscopy *(Rad)* Kinefluoroskopie *f*
cinegastroscopy *(Rad)* Kinegastroskopie *f*
cinematoradiography *(Rad)* Kineradiographie *f*
cinemicrography Kinemikrographie *f (bei Mikroskopie)*
cine-oesophagogram *(Rad)* Kineösophagogramm *n*
cine-oesophagographic kineösophagographisch
cine-oesophagography *(Rad)* Kineösophagographie *f (Filmdarstellung der Speiseröhre)*
cinephlebography *(Rad)* Kinephlebographie *f (Filmdarstellung der Venen)*
cinephotomicrography *(Rad)* Kinephotomikrographie *f*
cineplastics *(Chir)* Kineplastik *f*, kineplastische Amputation *f*
cineradiofluorography *(Rad)* Kinefluororadiographie *f*
cineradiogram *(Rad)* Kineradiogramm *n*
cineradiographic kineradiographisch
cineradiography *(Rad)* Kineradiographie *f*, Röntgenfilmaufnahmetechnik *f*, Röntgenfilmdarstellung *f*
cinerea Substantia *f* grisea, graue Substanz *f* des Gehirns und des Rückenmarks
cinereal Substantia-grisea-...
cineritious aschgrau (gefärbt), aschefarben, von aschgrauer Farbe
cineroentgenography *s.* cineradiography
cineseismography Kineseismographie *f (grafische Darstellung von Körpervibrationen)*
cinesialgia Kineslalgie *f*, Muskelbewegungsschmerz *m*
cinetoplasm *s.* kinetoplasm
cineurogram *(Rad)* Kineurogramm *n*
cineurography *(Rad)* Kineurographie *f (Filmdarstellung der Harnwege)*
cineventriculogram *(Rad)* Kineventrikulogramm *n*
cineventriculography *(Rad)* Kineventrikulographie *f (Filmdarstellung der Herzventrikel)*
cingulate Zingulum..., Gürtel...
cingulate fissure Sulcus *m* cinguli
cingulate gyrus Gyrus *m* cinguli, Cingulum *n*, Zingulum *n*
cingulate sulcus Sulcus *m* cinguli
cingule *s.* cingulum
cingulectomy Zingulektomie *f*, Zingulumexstirpation *f*, (operative) Zingulumentfernung *f*
cingulotomy Zingulotomie *f*
cingulotractotomy Zingulotraktotomie *f*
cingulum 1. Zingulum *n*, Gürtel *m*; 2. ringförmiger Verband *m*; 3. Cingulum *n (Nervenfaserbündel im Gehirn)*
cingulum of the tooth Cingulum *n* dentis
cinocentrum *s.* cytocentrum
cinology *s.* kinesiology
cinometer *s.* kinesimeter
cinoplasm *s.* kinetoplasm
cinoxacin Cinoxazin *n (Antibiotikum)*
cionectomy *s.* uvulectomy
ciprofibrate Ciprofibrat *n (Lipidsenker)*
ciprofloxacin Ciprofloxacin *n (Antibiotikum)*
ciprofloxacin hydrochloride Ciprofloxacinhydrochlorid *n*
circadian zirkadian, im täglichen Rhythmus, im 24-Stunden-Rhythmus
circadian dysrhythmia zirkadiane Dysrhythmie *f*, Störung *f* des Tag-Nacht-Rhythmus
circadian rhythm zirkadianer Rhythmus *m*, Zirkadianrhythmus *m*, Tag-Nacht-Rhythmus *m*
circannual jährlich (wiederkehrend), im jährlichen Wechsel
circhoral stündlich (wiederkehrend), im stündlichen Wechsel
circinate zirzinär, kreisförmig, kreisrund
circinate psoriasis *(Derm)* Psoriasis *f* circinata
circinate retinopathy Retinitis *f* circinata
circle Ring *m*, Kreis *m*, Zirkulus *m*, Circulus *m (siehe unter: ring)*
circle of Willis Circulus *m* arteriosus cerebri (Willisi), Gefäßkranz *m* der Hirnbasis
circocele *s.* varicocele
circuit 1. Kreislauf *m*; 2. Reflexablauf *m*
circular zirkulär, ringförmig; Zirkular..., Ring...
circular bandage Zirkularverband *m*, ringförmiger [zirkulärer] Verband *m*
circular dementia *s.* insanity
circular excision of the prepuce *s.* circumcision 2.
circular fibres of the muscular coat of the stomach Stratum *n* circulare tunicae muscularis ventriculi
circular fibrous layer of the tympanic membrane Stratum *n* circulare membranae tympani
circular fold Plica *f* circularis
circular hymen *s.* annular hymen
circular insanity zirkuläres [manisch-depressives, zyklothymes] Irresein *n*, Zyklothymie *f*
circular pancreas *s.* annular pancreas
circular plaster bandage zirkulärer Gips(verband) *m*
circular psychosis *s.* circular insanity
circular-shaped cutter runde [kugelförmige] Fräse *f (zur Trepanation)*
circular sinus Sinus *m* circularis
circular sulcus Sulcus *m* centralis insulae
circular suture Zirkulärnaht *f*
circular turn of a bandage zirkulärer Bindengang *m*, zirkuläre Bindentour *f*
circulate *v* zirkulieren, umlaufen *(z. B. Blut)*
circulating zirkulierend, im Kreislauf umlaufend; Kreislauf..., Zirkulations...
circulating disorder Kreislaufstörung *f*, Durchblutungsstörung *f*
circulating nurse Springer *m*, unsterile Schwester *f (im OP-Saal)*
circulating volume zirkulierendes Volumen *n*, Kreislaufvolumen *n*
circulation Zirkulation *f*, Kreislauf *m* • **bar overloading circulation** eine Hypervolämie verhindern, eine Volumenüberlastung vermeiden
circulation time Kreislaufzeit *f*
circulation time test 1. *(Kard)* Ätherumlaufzeit *f*, ÄZ, Arm-Lunge-Zeit *f*; 2. *(Kard)* Decholinumlaufzeit *f*, DZ, Arm-Zunge-Zeit *f*
circulatory 1. zirkulatorisch; Zirkulations..., Kreislauf...; 2. *s.* sanguiferous
circulatory collapse Kreislaufkollaps *m*, Kreislaufzusammenbruch *m*
circulatory compensation Kreislaufkompensation *f*
circulatory decompensation Kreislaufdekompensation *f*, Kreislaufzusammenbruch *m*
circulatory disturbance Kreislaufstörung *f*

circulatory embarrassment Kreislaufattacke *f*
circulatory failure Kreislaufversagen *n*
circulatory fluid Kreislaufflüssigkeit *f*
circulatory instability Kreislaufinstabilität *f*
circulatory insufficiency Kreislaufinsuffizienz *f*
circulatory motion Kreisbewegung *f*
circulatory movement *s.* circulatory motion
circulatory overload Kreislaufüberfüllung *f*, Kreislaufüberlastung *f*
circulatory pathway Kreislaufstrombahn *f*, Blutstrombahn *f*, Strombahn *f*
circulatory resistance Kreislaufwiderstand *m*
circulatory system Kreislaufsystem *n*
circulus *s.* circle
circumanal *(Anat)* zirkumanal, periproktisch
circumanal gland periproktische Drüse *f*, Periproktealdrüse *f*
circumarticular *(Anat)* zirkumartikulär, periartikulär
circumaxillary *(Anat)* zirkumaxillär
circumbulbar *(Anat)* zirkumbulbär, peribulbar, periokulär
circumcallosal *(Anat)* zirkumkallosal, um das Corpus callosum liegend
circumcise *v* 1. zirkumzidieren, beschneiden; 2. *(Urol)* die Vorhaut beschneiden
circumcision 1. Zirkumzision *f*, Umschneidung *f (einer Wunde)*; 2. *(Urol)* Zirkumzision *f*, Vorhautbeschneidung *f*, Beschneidung *f*
circumcision clamp Beschneidungsklemme *f*
circumcision of the eye *(Ophth)* Syndektomie *f*, Peridektomie *f*
circumcorneal *(Anat)* zirkumkorneal, perikorneal
circumduction 1. Zirkumduktion *f*, kreisende Gelenkbewegung *f*, Helikopodie *f*, Herumführen *n (z. B. eines gelähmten Beines)*; 2. Zykloduktion *n*, Kreisbewegung *f* der Augen *(um die Sehachse)*
circumduction exercise kreisende Bewegung *f* [Übung *f*] *(z. B. der Extremitäten)*
circumductive gait schleudernder Gang *m*, Schleudergang *m*; Hemiplegikergang *m*
circumference Circumferentia *f*, Zirkumferenz *f*, Umfang *m*
circumferential Zirkumferenz…, Umfang(s)…
circumflex zirkumflex, umfassend; gebogen, gekrümmt
circumflex nerve Nervus *m* axillaris, Achselnerv *m*
circumflex paralysis Axillaris(nerven)lähmung *f*
circumflex scapular artery Schulterblattkranzarterie *f*, Arteria *f* circumflexa scapulae
circumgemmal zirkumgemmal, perigemmal
circuminsular *(Anat)* zirkuminsulär
circumintestinal *(Anat)* zirkumintestinal
circumlental *(Anat)* zirkumlental
circummandibular *(Anat)* zirkummandibular, die Mandibula umgebend
circumnuclear zirkumnuklear, um einen Nukleus liegend
circumocular *s.* circumbulbar
circumoral *(Anat)* zirkumoral, perioral
circumoral pallor zirkumorale Blässe *f*
circumorbital *(Anat)* zirkumorbital, periorbital
circumpapillary zirkumpapillär
ciorcumrenal *(Anat)* zirkumrenal, um die Nieren liegend
circumscribed umschrieben, in definierten Grenzen, in einem definierten Bereich
circumscribed amnesia lakunäre Amnesie *f*
circumscribed cerebral atrophy umschriebene Hirnatrophie *f*, Pick'sche Krankheit *f* [Hirnatrophie *f*]
circumscribed myxoedema Myxoedema *n* circumscriptum thyrotoxicum
circumscribed pachymeningitis Pachymeningitis *f* circumscripta
circumscribed peritonitis lokale Peritonitis *f* [Bauchfellentzündung *f*]
circumscribed scleroderma Sclerodermia *f* circumscripta, umschriebene Sklerodermie *f*
circumscript metabolic calcinosis Calcinosis *f* metabolica circumscripta, Kalkgicht *f*
circumstantial speech weitschweifige Sprache *f*
circumstantial thinking *(Neur)* weitschweifiges [umständliches] Denken *n*
circumstantiality 1. *(Neur)* Weitschweifigkeit *f* der Sprache; 2. *(Psych)* Umständlichkeit *f*
circumtonsillar *(Anat)* peritonsillär
circumtonsillar abscess Peritonsillarabszess *m*
circumvallate umwallt, von einem Wall umgeben
circumvallate papilla *(Anat)* Papilla *f* circumvallata, umwallte Zungenpapille *f* [Papille *f*]
circumvallate placenta Plazenta *f* circumvallata [extrachorialis, nappiformis]
circumvascular *(Anat)* perivaskulär
circumventricular *(Anat)* zirkumventrikular, um eine Kammer liegend, einen Ventrikel umgebend
circumvolute zirkumvolut, umrollt, umwickelt
cirrhogenic *s.* cirrhogenous
cirrhogenous zirrhogen, zirrhoseauslösend
cirrhonosis Cirrhonosis *f (abnorme Gelbfärbung seröser Häute des Fetus)*
cirrhosis Zirrhose *f*
cirrhosis of the liver Cirrhosis *f* hepatis, Leberzirrhose *f*
cirrhotic zirrhotisch, zirrhös; Zirrhose…
cirsectomy Varizenstripping *n*, Varizenstrippen *n*, (operative) Krampfaderentfernung *f*
cirsenchysis Varizenverödung *f (durch Pharmakainjektion)*
cirsocele Varikozele *f*
cirsoid rankenartig, geschlängelt; Varizen…
cirsoid aneurysm Traubenaneurysma *n*, Aneurysma *n* cirsoideum
cirsoid placenta Placenta *f* cirsoidea
cirsomphalos Caput *n* medusae, Medusenhaupt *n*
cis arrangement *s.* cis configuration
cis configuration *(Gen)* Cis-Konfiguration *f (Lage auf dem gleichen Chromosomen)*
cis position *s.* cis configuration
cis-trans isomerism *(Bioch)* cis-trans-Isomerie *f*
cis-trans test *(Gen)* cis-trans-Test *m*
cisatracurium besylate Cisatracuriumbesylat *n (Muskelrelaxans)*
cissa *(Gyn)* abnorme Nahrungsaufnahme *f (in der Schwangerschaft)*
cistern 1. Cisterna *f* chyli; 2. Subarachnoidalraum *m*
cistern of the chiasma Cisterna *f* chiasmatis
cistern of the corpus callosum Cisterna *f* corporis callosi
cistern of the great cerebral vein Cisterna *f* venae magnae cerebri
cistern of the lateral cerebral fossa Cisterna *f* fossae lateralis cerebri
cistern of the Sylvian fissure Cisterna *f* fossae lateralis cerebri
cisternal Zisternen…
cisternal arachnoiditis Zisternenarachnoiditis *f*
cisternal puncture *(Neur)* Zisternenpunktion *f*
cisternogram *(Rad)* Zisternogramm *n*, Zisternenröntgen(kontrast)bild *n*
cisternographic zisternographisch; Zisternographie…
cisternography *(Rad)* Zisternographie *f*, Zisternenröntgen(kontrast)darstellung *f*
cistron *(Gen)* Cistron *n (zur Steuerung der Synthese von Polypeptidketten)*

cisvestism *s.* cisvestitism
cisvestitism Zisvesti(ti)smus *m*; nicht statusgerechte Kleidung *f*
citrate *v* mit Zitrat versetzen [behandeln]
citrate Citrat *n*, Zitrat *n*
citrate aldolase Zitrataldolase *f*, Citrataldolase *f (Enzym)*
citrate lyase Zitratlyase *f*, Citratlyase *f (Enzym)*
citrate synthase Citratsynthase *f (Enzym)*
citrated blood *(Hämat)* Zitratblut *n (ungerinnbar)*
citrated plasm *(Hämat)* Zitratplasma *n*
citreoviridin Citreoviridin *n (Pilzgift aus Penicillium citreoviride)*
citric acid *(Bioch)* Zitronensäure *f*, Acidum *n* citricum
citric acid cycle *(Bioch)* Citronensäurezyklus *m*, Krebs-Zyklus *m*, Citratzyklus *m*, Tricarbonsäurezyklus *m*
citric synthase Citratsynthase *f (Enzym)*
citridesmolase *s.* citrate lyase
citrogenase *s.* citrate synthetase
citrovorum factor Zitrovorumfaktor *m*, Folinsäure *f*, Leucovorin *n*, Leukovorin *n*
citrullinaemia Zitrullinämie *f*, Vorhandensein *n* von Zitrullin im Blut *(Aminosäurestoffwechselstörung)*
citrulline Zitrullin *n*, α-Amino-δ-Carbamidovaleriansäure *f*
citrullinuria Zitrullinurie *f*, Zitrullinausscheidung *f* im Urin
citta *s.* cissa
cittosis *s.* cissa
city hospital städtisches Krankenhaus *n*
Civatte's poikiloderma Civatte-Krankheit *f*
civilization disease Zivilisationskrankheit *f*
CK *s.* creatine kinase
CL lead CL-(EKG-)Ableitung *f (mit indifferenter Elektrode am linken Arm)*
cladiosis Cladiose *f*, Kladiose *f (durch Scopulariopsis blochii)*
cladosporiosis Cladosporiose *f*, Kladosporiose *f (durch Cladosporium trichoides)*
Cladiosporium bantianum Cladosporium *n* bantianum
Cladiosporium carrionii Cladosporium *n* carrionii
Cladiosporium cladosporioides Cladosporium *n* cladosporioides
Cladiosporium mansonii Cladosporium *n* mansonii
Cladiosporium trichoides Cladosporium *n* trichoides
clamoxyquin Clamoxyquin *n (Amöbenmittel)*
clamoxyquin hydrochloride Clamoxyquinhydrochlorid *n*
clamp *v* klemmen, abklemmen; festklemmen
clamp *v* **a bleeding vessel** ein blutendes Gefäß abklemmen
clamp *v* **off the aorta** die Aorta [Körperschlagader] abklemmen
clamp Klemme *f*, Klammer *f* • **leave a clamp on a vessel** eine Klemme an einem Gefäß belassen • **place a clamp on a vessel** an einem Gefäß eine Klemme platzieren [setzen] • **stitch under the clamp** *(Chir)* die Klemme unterstechen • **take a clamp off** eine Klemme entfernen
clamp holder Klemmenhalter *m*
clamp set Klemmensatz *m*, Klemmen-Set *n*
clamp technique Klammertechnik *f*, Klemmentechnik *f*
clamping Klemmen *n*, Abklemmen *n*, Klemmensetzen *n*; Drosselung *f*
clang association *(Neur)* Klangassoziation *f*
clang deafness Klangtaubheit *f*
clanging *(Neur)* Klangassoziation *f*
clap Gonorrhö *f*, Tripper *m (Zusammensetzungen siehe unter: gonorrhoeal)*
clapotage *s.* clapotement
clapotement Plätschern *n*, Plätschergeräusch *n (z. B. des Magens)*
clapping Klopfen *n*, Abklopfen *n (z. B. bei Massage)*
clarificant klärend, aufklärend; Klärungs...
clarificant (agent) Klär(ungs)mittel *n*
clarification 1. *(Neur)* Klarifikation *f*, Klärung *f (psychotherapeutische Methode)*; 2. Klärung *f*, Aufklaren *n (z. B. einer Lösung)*
clarify *v* klären *(z. B. eine Lösung)*
clarithromycin Clarithromycin *n (Antibiotikum)*
Clarke-Hadfield syndrome Clarke-Hadfield-Syndrom *n (kongenitale Pankreaserkrankung mit Infantilismus)*
Clarke's column *(Anat)* Clarke'sche Säule *f*, Clarke-Säule *f*, Nucleus *m* thoracicus dorsalis, Nucleus *m* dorsalis, Stilling-Kern *m*
Clarke's nucleus *s.* Clarke's column
Clark's paralysis Clark-Paralyse *f*, zerebrozerebelläre Diplegie *f*
Clarke's rule Clarke-Regel *f*, Clarke'sche Regel *f (zur Kinderdosisberechnung; Körpergewicht in Pfund /150 multipliziert mit Erwachsenendosis)*
clasmatocyte Klasmatozyt *m*, Bindegewebsmakrophage *m (Monozyt)*
clasmatocytic klasmatozytisch; Makrophagen...
clasmatocytic lymphoma Retikulumzellensarkom *n*
clasmatosis *(Histol)* Klasmatose *f*
clasp Klammer *f*, Bandklammer *f*
clasp-knife phenomenon *(Neur)* Taschenmesserphänomen *n*, Klappmesserphänomen *n*
clasp-knife rigidity *(Neur)* Taschenmesserrigidität *n*, Klappmesserrigidität *n*
clasp-knife spasticity *s.* clasp-knife rigidity
clasp torsion Klammertorsion *f*
classic (epidemic) typhus epidemischer Typhus *m*
classical conditioning *(Neur)* klassische Konditionierung *f*
classical psychiatry *(Neur)* klassische Psychiatrie *f*
classification of burns Verbrennungsklassifikation *f*, Verbrennungseinstufung *f*
classification of caries *(Stom)* Kariesklassifikation *f*
classification of malocclusion *(Stom)* Malokklusionsklassifikation *f*
classify *v* klassifizieren, einordnen
clastic klastisch, teilend, spaltend; zerlegbar
clastogenic eine Spaltung bewirkend, eine Teilung herbeiführend
clastothrix *(Derm)* Klastothrix *f*, Trichorrhexis *f* nodosa
Claude-Bernard syndrome Claude-Bernard-Syndrom *n*, Claude-Bernard'scher Symptomenkomplex *m*, Grenzstrang-Quadranten-Syndrom *n (bei Schädigung des Ganglion stellatum)*
claudication Claudicatio *f* (intermittens), intermittierendes Hinken *n*
claudicatory Claudicatio-...
claustral Claustrum...
claustrophilia Klaustrophilie *f (krankhafte Neigung, sich einzuschließen)*
claustrophobia Klaustrophobie *f (Furcht vor geschlossenen Räumen)*
claustrophobic klaustrophob(isch)
claustrum *(Anat)* Claustrum *n (Gehirnabschnitt zwischen Linsenkern und Insula)*
clava 1. Clava *f*, Keule *f*, Vorwölbung *f*; 2. *(Anat)* Clava *f*, *(JNA-Bezeichnung)* Tuberculum *n* nuclei gracilis *(in der Medulla oblongata)*
claval Clava...
clavate keulenförmig
clavicle *(Anat)* Clavicula *f*, Klavikula *f*, Schlüsselbein *n (siehe unter: clavicular)*
clavicle dislocation Klavikulaluxation *f*, Schlüsselbeinverrenkung *f*
clavicle fracture Klavikulafraktur *f*, Schlüsselbeinbruch *m*

clavicle pseudarthrosis Klavikulapseudarthrose *f*, Schlüsselbeinscheingelenk *n*
clavicotomy Klavikotomie *f*, (operative) Schlüsselbeindurchtrennung *f*
clavicula *s.* clavicle
clavicular klavikular; Schlüsselbein..., Klavikula..., Kleido... *(siehe unter: clavicle)*
clavicular defect Klavikuladefekt *m*, Dysostosis *f* cleidocranialis
clavicular line Linea *f* clavicularis, Klavikularlinie *f*
clavicular notch Incisura *f* clavicularis
claviculectomy Klavikulektomie *f*, Klavikulaexstirpation *f*, (operative) Schlüsselbeinentfernung *f*
clavipectoral fascia *(Anat)* Fascia *f* clavipectoralis
clavulanic acid Clavulansäure *f*
clavus *(Derm)* Clavus *m*, Klavus *m*, Hühnerauge *n*
claw foot Krallenfuß *m*, Klauenfuß *m*, Talipes *m* cavus
claw hand Krallenhand *f*, Klauenhand *f*, Main *f* en griffe
clay-coloured faeces *(Hepat)* lehmfarbener [acholischer] Stuhl *m*
clay-coloured stools *s.* clay-coloured faeces
clay-shoveller's fracture Schipperfraktur *f*
clean-catch specimen Mittelstrahlurinprobe *f*
clean-catch technique Mittelstrahluringewinnung *f*, Mittelstrahltechnik *f*
clean operation aseptische Operation *f*
cleaning Reinigung *f*, Säuberung *f*
cleanse *v* **the burnt surfaces** die Verbrennungsstellen säubern, die Verbrennungsflächen reinigen
cleansing enema Reinigungseinlauf *m*, Darmspülung *f*
clear cell acanthoma *(Path)* Hellzellenakanthom *n*, Klarzellenakanthom *n*
clear cell carcinoma of kidney Nieren(klar)zellkarzinom *n*
clear cells helle Zellen *fpl*
clear consciousness *(Neur)* klares [helles] Bewusstsein *n*; Bewusstseinsklarheit *f*
clear-liquid diet Flüssigkost *f*, Flüssigkeitsernährung *f*
clear lung field *(Rad)* freies Lungenfeld *n*
clear urine klarer Urin *m*
clearance Clearance *f (Maß für die Stoffausscheidung aus dem Blut in der Niere)*
clearance test Clearance-Test *m*
cleavage 1. Teilung *f*, Zellteilung *f*, Furchung *f*, 2. Segmentierung *f*, Segmentbildung *f*, 3. Spaltung *f*, Spaltbildung *f*, 4. Spalt *m*
cleavage cavity Segmentationshöhle *f*, Blastozöle *f*, Blastozystenhöhle *f*
cleavage cell Blastomere *f*, Blastomer *n*, Furchungszelle *f (eines Eies)*
cleavage fracture Spaltungsfraktur *f*, Abschälfraktur *f*
cleavage line Spaltlinie *f* (der Haut), Hautspaltlinie *f*
cleavage nucleus *(Histol)* Teilungskern *m*
cleavage plane *(Histol)* Teilungsebene *f*
cleavage spindle *(Histol)* Teilungsspindel *f*
cleaver Spalter *m*, Spaltinstrument *n*; Reißer *m*
cleft gespalten, geteilt; Spalt...
cleft 1. Spalte *f*, Spalt *m*, Fissur *f*, 2. Spalte *f*, embryonale Spaltbildung *f*
cleft cheek Wangenspalte *f*
cleft foot Spaltfuß *m*
cleft hand Spalthand *f*
cleft jaw Kieferspalte *f*
cleft larynx Kehlkopfspalte *f*
cleft lip Lippenspalte *f*, Hasenscharte *f*, Cheiloschisis *f*
cleft lip face palate Cheilognathopalatoschisis *f*, Lippen-Kiefer-Gaumen-Spalte *f*, Wolfsrachen *m*
cleft-lip repair Lippenspaltenkorrektur(operation) *f*
cleft maxilla Kieferspalte *f*, Oberkieferspalte *f*
cleft mitral valve *(Kard)* Mitralsegelspalte *f*
cleft palate Gaumenspalte *f*, Palatoschisis *f*, Palatum *n* fissum
cleft-palate repair Gaumenspaltenkorrektur(operation) *f*
cleft palate speech Rhinolalia *f* aperta
cleft palate surgery Gaumenspaltenchirurgie *f*
cleft sternum Sternumspalte *f*, Brustbeinspalte *f*
cleft tongue Spaltzunge *f*, Zungenspalte *f*
cleft tricuspid Trikuspidalsegelspalte *f*
cleft uvula Spaltzäpfchen *n*; Uvulaspalte *f*, Zäpfchenspalte *f*
cleft vertebra Spaltwirbel *m*; Wirbelspalte *f*
cleidagra Kleidagra *f*, Schlüsselbeingicht *f*
cleidal *s.* clavicular
cleidocostal *(Anat)* kleidokostal; Schlüsselbein-Rippen-...
cleidocranial *(Anat)* kleidokranial; Schlüsselbein-Schädel-...
cleidocranial dysostosis Dysostosis *f* cleidocranialis
cleidocranial dysplasia *s.* cleidocranial dysostosis
cleidohumeral *(Anat)* kleidohumeral; Schlüsselbein-Oberarm(knochen)-...
cleidomastoid *(Anat)* kleidomastoid; Klavikula-Mastoid-..., Schlüsselbein-Warzenfortsatz-...
cleidooccipital *(Anat)* kleidookzipital; Schlüsselbein-Hinterhaupt-...
cleidorrhexis Schlüsselbein(zer)brechen *n (beim Neugeborenen)*
cleidoscapular *(Anat)* kleidoskapular; Schlüsselbein-Schulterblatt-...
cleidosternal *(Anat)* kleidosternal; Schlüsselbein-Brustbein-...
cleidotomy Kleidotomie *f*, (operative) Schlüsselbeindurchtrennung *f*
clemastine Clemastin *n (Antihistaminikum)*
clemizole Clemizol *n (Antihistaminikum)*
clenching Zusammenbeißen *n (z. B. der Zähne)*; Zusammenpressen *n (z. B. der Lippen)*
cleoid excavator *(Stom)* Amalgamkratzer *m*, klauenförmiger Exkavator *m*
cleptomania *(Neur)* Kleptomanie *f*, Stehltrieb *m*
cleptophobia *(Neur)* Kleptophobie *f (krankhafte Angst vor Diebstahl)*
Clérambault syndrome 1. Clérambault-Syndrom *n*, Automatismus *m* mentalis; 2. *s.* erotomania
clergyman's sore Pharyngitis *f* follicularis [glandularis]
clerk Pflichtassistent *m*
clerkship Pflichtassistenz *f*
click Klick *m*, (hochfrequenter systolischer) Herzextraton *m*
click of mitral valve opening Mitralöffnungston *m*, Mitralklappenöffnungsklick *m*
click syndrome Klicksyndrom *n*, Mitralklappenprolapssyndrom *n*
clicking Knacken *n (z. B. im Kiefergelenk)*
clicking hip schnappende Hüfte *f*, schnappendes Hüftgelenk *n*
clidinium Clidinium *n (Anticholinergikum)*
clidinium bromide Clidiniumbromid *n*
clidocostal *s.* cleidocostal
clidocranial *s.* cleidocranial
client-centered play therapy patienten-orientierte Spieltherapie *f*, klient-zentrierte Spieltherapie *f*
client-centered therapy patienten-orientierte Therapie *f*, klientbezogene Psychotherapie *f*
Clifford's syndrome Clifford-Syndrom *n*, Ballantyne-Runge-Syndrom *n*, Übertragungssyndrom *n (infolge Plazentadysfunktion)*
climacophobia Klimakophobie *f (Angst vor Treppen)*
climacteric *(Gyn)* klimakterisch; Klimakterium..., Menopause...

climacteric *(Gyn)* Klimakterium *n*, Klimax *f*, Menopause *f*, Wechseljahre *pl* der Frau *(siehe unter: menopausal)*
climacteric arthritis Menopausearthritis *f*
climacteric cardiopathy klimakterische Kardiopathie *f*
climacteric hot flush klimakterische Hitze(wallung) *f*, aufsteigende Hitze *f*
climacteric insanity Menopausepsychose *f*; Involutionspsychose *f*
climacteric keratoderma Keratoderma *n* climactericum
climacteric melancholia [psychosis] *s.* climacteric insanity
climacteric syndrome (vegetativ-)klimakterisches Syndrom *n*, Menopausesyndrom *n*
climacterium *s.* climacteric
climatic bubo Lymphogranuloma *n* venereum
climatic chamber Klimakammer *f*
climatic health resort Klimakurort *m*, Luftkurort *m*
climatic heat stress Klimahitzestress *m*
climatology Klimatologie *f*
climatotherapeutics *s.* climatotherpy
climatotherapy *(Bal)* Klimatherapie *f*, Klimabehandlung *f*
climax 1. Klimax *f*, Krankheitshöhepunkt *m*; 2. *s.* climacteric; 3. sexueller Orgasmus *m*
climbing fibre Kletterfaser *f (der Purkinje-Fasern des Kleinhirns)*
climbing step test Stufen-Test *m*, Stufensteigen *n*
climograph Klimakurve *f*, Klimadiagramm *n (grafische Darstellung der Klimaeinflüsse auf den Menschen)*
clinarthrosis Klinarthrose *f*
clindamycin Clindamycin *n (Antibiotikum)*
clindamycin hydrochloride Clindamycinhydrochlorid *n*
clinic 1. Klinik *f*, Krankenhaus *n*; Klinikum *n*, Universitätskrankenhaus *n*; 2. Klinikum *n*, klinische Ausbildung *f*
clinical klinisch
clinical analysis Krankenuntersuchung *f*, klinische Analyse *f*
clinical aspect klinischer Aspekt *m*
clinical assessment klinische Bewertung *f* [Einschätzung *f*] *(des Gesundheitszustandes)*
clinical characteristic klinisches Charakteristikum *n*, klinisches Kennzeichen *n*
clinical characteristics of the disease klinisches Krankheitsbild *n*
clinical course 1. klinischer Verlauf *m*, 2. klinischer Kurs *m*; 3. klinische Gruppe *f*
clinical crown *(Stom)* klinische Krone *f*
clinical-crown/clinical-root ratio *(Stom)* (klinisches) Kronen-Wurzel-Verhältnis *n*
clinical cytogenetics klinische Zytogenetik *f*
clinical death klinischer Tod *m*
clinical diagnosis klinische Diagnose *f*
clinical disease klinisch-manifeste Krankheit *f* [Erkrankung *f*]
clinical epidemiology klinische Epidemiologie *f*
clinical evicence klinischer Nachweis *m*; klinischer Befund *m*
clinical examination data klinische Befunde *mpl* [Untersuchungsbefunde *mpl*]
clinical examination findings *s.* clinical examination data
clinical feature klinisches Merkmal *n* [Zeichen *n*]
clinical genetics klinische Genetik *f*
clinical horizon klinischer Horizont *m*
clinical instruction klinische Ausbildung *f* [Anleitung *f*], klinische Unterweisung *f (der Studenten)*
clinical laboratory klinisches Labor(atorium) *n*
clinical laboratory technician Labortechniker *m*
clinical medicine klinische Medizin *f*
clinical nurse specialist Fachschwester *f*
clinical-pathological conference klinisch-pathologische Konferenz *f*
clinical pathology klinische Pathologie *f*
clinical pathway klinisch-optimierter Behandlungsablauf *m*, klinischer Therapiestandard *m*
clinical pelvimetry klinische Pelvimetrie *f* [Ausmessung *f*] *(des Geburtskanals)*
clinical pharmacologist klinischer Pharmakologe *m*, Arzt *m* [Facharzt *m*] für klinische Pharmakologie
clinical picture klinisches Bild *n*
clinical prognosis klinische Prognose *f*
clinical psychology klinische Psychologie *f*
clinical psychotherapy *(Neur)* klinische Psychotherapie *f*
clinical record Krankenblatt *n*, Krankengeschichte *f*
clinical research centre klinisches Forschungszentrum *n*
clinical specialist klinischer Spezialist *m*
clinical staging klinische Stadieneinteilung *f*, klinische Einstufung *f*
clinical thermometer Fieberthermometer *n*
clinical trial exemption Ausnahme(regelung) *f* für klinische Testung; Freistellung *f* für klinische Testung
clinical trials klinische Studien *f*
clinically apparent/become *v* klinisch manifest werden
clinically clear/be *v* klinisch sauber sein; klinisch klar sein
clinically contracted pelvis klinisch enges Becken *n*
clinically tested klinisch getestet [geprüft], klinisch bewährt
clinicar Notarztwagen *m*
clinician Kliniker *m*, klinischer Arzt *m*
clinico-diagnostic laboratory klinisch-diagnostisches Labor *n*
clinicoepidemiologic klinisch-epidemiologisch
clinicoepidemiologic screening klinisch-epidemiologisches Screening *n*
clinicogenetic klinisch-genetisch
clinicogenetic findings klinisch-genetischer Befund *m*
clinicopathologic klinisch-pathologisch
clinicopathologic feature klinisch-pathologischer Gesichtspunkt *m*
clinicopathology klinische Pathologie *f*
clinicoradiological klinisch-radiologisch
clinicoradiological diagnosis klinisch-radiologische Diagnostik *f*, klinisch-radiologische Diagnose *f*
clinocephalia *(Terat)* Klinozephalie *f*, Sattelköpfigkeit *f*, Kreuzköpfigkeit *f*
clinocephalic klinozephal, sattelköpfig
clinocephalism *s.* clinocephalia
clinocephalus *(Terat)* Klinozephalus, Sattelkopf *m*, Kreuzkopf *m*
clinodactylous klinodaktyl
clinodactyly *(Terat)* Klinodaktylie *f (Stellungsanomalie der Finger)*
clinography Klinographie *f (graphische Darstellung klinischer Befunde eines Patienten)*
clinoid process Processus *m* clinoideus, Sattelfortsatz *m*
clinomania *(Neur)* Klinomanie *f*, Bettsucht *f*
clinometer Klinometer *n*, Neigungsmesser *m* (z. B. zur Vermessung der Netzhautmeridiane)
clinoscope *(Ophth)* Klinoskop *n*
clinostatic im Liegen auftretend, liegend; Liege...
clinotherapy Liegendbehandlung *f*, Behandlung *f* durch Bettruhe
clioxanide Clioxanid *n (Anthelminthikum)*
clip Clip *m*, Klipp *m*, Klammer *f*, Klemme *f*
clip applying forceps Klammersetzzange *f*
clip forceps Clip-Zange *f*, Klammerzange *f*

clip holder Clip-Halter *m*
clip removing forceps Klammerentfernungszange *f*
clip suture geklippte Naht *f*, Clip-Naht *f*
clipped speech abgehackte Sprache *f*
clipping of a vessel Gefäß-Clippen *n*, Clip-Anlegen *n* an ein Gefäß
cliseometer *(Gyn)* Kliseometer *n*, Neigungsmesser *m* *(z. B. für das Becken)*
clithrophobia Klithrophobie *f (Angst vor dem Einschließen)*
clition Klition *m (anthropologischer Messpunkt)*
clitoral *s.* clitoridal
clitoralgia Klitoralgie *f*, Klitorisschmerz *m*
clitorectomy *s.* clitoridectomy
clitoridal Klitoris..., Kitzler...
clitoridal artery Arteria *f* clitoridis, Klitorisarterie *f*
clitoridal body Corpus *n* (cavernosum) clitoridis, Klitoriskörper *m*
clitoridal glans Glans *f* clitoridis, Klitoriseichel *f*
clitoridal prepuce Praeputium *n* clitoridis, Klitorispräputium *n*
clitoridauxe Klitorismus *m*, Klitorishypertrophie *f*
clitoridean *s.* clitoridal
clitoridectomy Klitoridektomie *f*, Klitorisexstirpation *f*, (operative) Klitorisentfernung *f*
clitoriditis *s.* clitoritis
clitoridotomy Klitoridotomie *f*, Klitorisinzision *f*, Klitoris(ein)schnitt *m*
clitorimegaly *s.* clitoromegaly
clitoris Klitoris *f*, Kitzler *m*, Membrum *n* muliebre
clitoris crisis Klitoriskrise *f*
clitorism 1. Klitorismus *m*, schmerzhafte Klitorisschwellung *f*; 2. *s.* clitoridauxe
clitoritis Klitorisentzündung *f*
clitoromania Nymphomanie *f*, Ovariomanie *f*, Östromanie *f*, Mannstollheit *f*
clitoromegaly Klitoromegalie *f*, Klitorisvergrößerung *f*
clitoroplasty Klitorisplastik *f*
clitorotomy *s.* clitoridotomy
clitorrhagia Klitorrhagie *f*, Klitorisblutung *f*
clival Clivus...
clivus *(Anat)* Clivus *m*, Klivus *m*, Hügel *m*
clivus syndrome Klivuskantensyndrom *n (einseitige Pupillenweitstellung mit Okulomotoriuslähmung)*
clivography *(Rad)* Clivographie *f*, Röntgendarstellung *f* des Clivus
cloaca *(Embr)* Kloake *f*
cloacal *(Embr)* kloakal, kloakenhaft; Kloaken...
cloacal duct *(Embr)* Kloakenkanal *m*
cloacal hillock *s.* cloacal tubercle
cloacal membrane [plate] *(Embr)* Kloakenmembran *f*
cloacal septum *(Embr)* Urogenitalseptum *n*
cloacal tubercle *(Embr)* Genitalhöcker *m*, Genitalhöckerchen *n*
clobazam Clobazam *n (Anxiolytikum)*
clobetasol Clobetasol *n (Kortikosteroid)*
clobetasol proprionate Clobetasolpropionat *n*
clocortolone Clorcortolon *n (Kortikosteroid)*
clocortolone pivalate Clorcortolonpivalat *n*
clofazimine Clofazimin *n (Tuberkulostatikum, Leprostatikum)*
clofenamic acid Clofenaminsäure *f*
clofenamide Clofenamid *n (Diuretikum)*
clofibrate *(Pharm)* Clofibrat *n (Antihyperlipoproteinämikum)*
clomacran Clomacran *n (Tranquilizer)*
clomacran phosphate Clomacranphosphat *n*
clomiphene Clomiphen *n (nicht steroidales Antiöstrogen)*
clomiphene citrate Clomiphenzitrat *n*
clomiphene stimulation test Clomiphenstimulationstest *m (zur Gonadenfunktionsprüfung)*
clomipramine Clomipramin *n (Antidepressivum)*
clomipramine hydrochloride Clomipraminhydrochlorid *n*
clonal *(Gen)* Klon...
clonal marker klonaler Marker *m*
clonal proliferation *(Gen)* Klonproliferation *f*
clonal selection Klonselektion *f*
clonal tumour cell assay klonaler Tumorzellassay *m*
clonality Klonbildungsfähigkeit *f*
clonazepam Clonazepam *n (Antikonvulsivum)*
clone *v (Gen)* klonen, klonieren, (ungeschlechtlich) vermehren
clone *(Gen)* Klon *m (1. erbgleiche Nachkommenschaft durch ungeschlechtliche Vermehrung; 2. sich gleichartig verhaltende Immunzellen)*
clone of plasma cells Plasmazellklon *m*
cloned DNA *(Gen)* geklonte DNS *f* [DNA *f*]
cloned gene *(Gen)* geklontes Gen *n*
clonic klonisch; schüttelnd
clonic contraction klonische Muskelkontraktion *f*
clonic contractions klonische Konvulsionen *fpl*, klonische Krämpfe *mpl (z. B. bei Epilepsie)*
clonic convulsion klonische Konvulsion *f*
clonic cramp klonischer Krampf *m*, Klonus *m*, Schüttelkrampf *m*
clonic fits klonische Krämpfe *mpl*
clonic knee jerk Patellarklonus *m*
clonic nystagmus klonischer Nystagmus *m*
clonic spasm *s.* clonism
clonic-tonic *s.* clonicotonic
clonicity Klonizität *f*, Klonuszustand *m*, klonischer Zustand *m*
clonicotonic klonisch-tonisch
clonidine Clonidin *n (Antihypertonikum)*
clonidine hydrochloride Clonidinhydrochlorid *n*
clonidine inhibition test Clonidin-Hemmtest *m (zum Phäochromozytomnachweis)*
cloning Klonen *n*, Klonung *f*, Klonbildung *f (Übertragung erbgleichen genetischen Materials)*
cloning vector Klon-Vektor *m (Überträger erbgleichen genetischen Materials)*
clonism(us) Klonismus *m*, Klonospasmuszustand *m*, Klonospasmus *m*
clonogenic *(Gen)* klonbildend
clonogenic cell klonogene [klonbildende] Zelle *f*
clonograph Klonograph *m (zur Aufzeichnung klonischer Bewegungen)*
clonorchiasis *(Paras)* Klonorchiasis *f*, Klonorchosis *f*, Leberegelbefall *m*
clonorchid fluke Leberegel *m*
clonorchiosis *s.* clonorchiasis
Clonorchis sinensis Chlonorchis *m* sinensis, (chinesischer) Leberegel *m*
clonospasm *s.* clonism
clonotype Klontyp *m*
clonus *(Neur)* Klonus *m*, Schüttelkrampf *m*, klonischer Krampf *m*
clopamide Clopamid *n (Diuretikum, Antihypertensivum)*
clopenthixol Copenthixol *n (Tranquilizer)*
clopidogrel Clopidogrel *n (Thrombozytenaggregationshemmer)*
clopidogrel bisulphate Clopidogrelbisulphat *n*
Cloquet's canal 1. Cloquet'scher Kanal *m*, Canalis *m* femoralis; 2. Canalis *m* hyaloideus
Cloquet's gland Cloquet'scher Lymphknoten *m* [Knoten *m*], Cloquet-Drüse *f*
Cloquet's hernia Cloquet-Hernie *f*, Hernia *f* femoralis pectinea, Hernia *f* cruralis posterior

Cloquet's node *s.* Cloquet's gland
Cloquet's septum Cloquet-Septum *n*, Septum *n* femorale
clorazepate Clorazepat *n (Anxiolytikum)*
close *v* schließen, verschließen
close *v* **in layers** in Schichten (ver)schließen *(z. B. das Abdomen)*
close *v* **lids** die Augen(lider) schließen
closed abdominal injury stumpfes Bauchtrauma *n*
closed amputation geschlossene Amputation *f*
closed anaesthesia *s.* closed-circuit anaesthesia
closed-angle glaucoma Engwinkelglaukom *n*, Winkelverschlussglaukom *n*, Winkelblockglaukom *n*
closed bite *(Stom)* tiefer Überbiss *m (der Frontalzähne)*
closed cardiac massage *s.* closed-chest cardiac compression
closed-chest cardiac compression [massage] extrathorakale [äußere] Herzmassage *f*
closed-chest defibrillation geschlossene [äußere] Defibrillation *f*, geschlossene Herzdefibrillation *f*
closed-chest heart massage *s.* closed-chest cardiac compression
closed-circuit anaesthesia geschlossenes Narkosesystem *n*; geschlossene Narkosetechnik *f*
closed-circuit breathing system geschlossenes Atmungssystem *n*
closed dislocation geschlossene Dislokation *f*, einfache Verrenkung *f*
closed drainage geschlossene Drainage *f*, geschlossenes Drainagesystem *n*
closed fist stress Faustschlusstest *m*, Faustschlussprobe *f*
closed fracture geschlossener Knochenbruch *m* [Bruch *m*], einfache [unkomplizierte] Fraktur *f*
closed gland endokrine Drüse *f*
closed injury stumpfes Trauma *n*, geschlossene Verletzung *f*
closed intercostal (tube) drainage geschlossene Thoraxsaugdrainage *f*
closed loop insulin system (geschlossenes) Insulininfusionssystem *n*
closed loop system biologisches Feedback-System *n*, Rückkopplungssystem *n*
closed nasolalia Nasolalia *f* clausa, geschlossene Nasensprache *f (bei Verlegung oder Einengung der Nase)*
closed plaster treatment Ruhigstellung *f* im Gipsverband
closed pneumothorax geschlossener Pneumothorax *m*
closed reduction of dislocation geschlossene Einrenkung *f* [Reposition *f*]
closed reduction of fracture geschlossene Frakturreposition *f* [Knochenbrucheinrichtung *f*]
closed skull injury geschlossenes Schädel-(Hirn-)Trauma *n*
closed-system helium dilution method Heliumdilutionsmethode *f* im geschlossenen System *(zur Bestimmung der funktionellen Residualkapazität)*
closed tuberculosis inaktive Lungentuberkulose *f*
closed-wound suction geschlossene Wund(ab)saugung *f*
closing coagulum *(Gyn)* Schlusskoagulum *n*
closing contraction Schließungskontraktion *f*, Schließungszuckung *f*, Endkontraktion *f*
closing of eye-slit Lidschluss *m*, Augenlidverschluss *m*
closing of the cardiac valves Herzklappenschluss *m*
closing wave of mitral valve Mitralklappenschließungszacke *f*
closiramine aceturate Closiraminazeturat *n (Antihistaminikum)*
Closs syndrome Closs-Syndrom *n*, Akrodermatitis *f* enteropathica
clostridial Klostridien..., Clostridien...
clostridial food poisoning Botulismusvergiftung *f*, Botulinusintoxikation *f*
clostridial myonecrosis Klostridienmyonekrose *f*, Gasödem *n*, Gasbrand *m*, Gasgangrän *f*
clostridiopeptidase A Klostridiopeptidase *f* A
clostridiosis Clostridieninfektion *f*
Clostridium botulinum Clostridium *n* botulinum, Botulinusbazillus *m*, Botulinusclostridium *n*
Clostridium difficile Clostridium *n* difficile
Clostridium haemolyticum Clostridium *n* haemolyticum
Clostridium histolyticum Clostridium *n* histolyticum
Clostridium histolyticum collagenase Clostridium-histolyticum-Kollagenase *f (Enzym)*
Clostridium histolyticum proteinase B Clostridium-histolyticum-Proteinase *f* B *(Enzym)*
Clostridium perfringens Clostridium *n* perfringens
Clostridium septicum Clostridium *n* septicum, Pararauschbrandbazillus *m*, Pararauschbrandclostridium *n*
Clostridium sporogenes Clostridium *n* sporogenes
Clostridium tertium Clostridium *n* tertium
Clostridium tetani Clostridium *n* tetani, Tetanusbazillus *m*, Tetanusclostridium *n*
closure Verschluss *m*; Wundverschluss *m*
clot *v* koagulieren, gerinnen, klumpen, klumpig werden, verklumpen
clot *(Hämat)* Koagulum *n*, Gerinnsel *n*
clot observation test Clot-observation-Test *m*, Gerinnselretraktionszeit *f* Gerinnselbeobachtung *f*, Gerinnselobservation *f*
clot of blood Blutgerinnsel *n*, Thrombus *m*
clot-resistance test Clot-resistance-Test *m*
clot retraction Blutgerinnselretraktion *f*, Gerinnselretraktion *f*, Blutkuchenschrumpfung *f*
clot-retraction time Gerinnselretraktionszeit *f*, Retraktionszeit *f*
clotrimazole Clotrimazol *n (Antimykotikum)*
clotting factor *(Hämat)* Gerinnungsfaktor *m (siehe: blood-clotting factor)*
clotting of blood Blutgerinnung *f*, Gerinnung *f*
clotting study Gerinnungsuntersuchung *f*
clotting time Gerinnungszeit *f*
cloud *v* **the clinical picture** das klinische Bild verschleiern
clouded/be *v* getrübt sein *(z. B. Bewusstsein)*
clouded consciousness *(Neur)* getrübtes [eingetrübtes] Bewusstsein *n*; Bewusstseins(ein)trübung *f*
clouded mental state *(Neur)* Benommenheit *f*, Benommenheitszustand *m*
cloudiness 1. Trübung *f*; 2. *(Rad)* Verschattung *f*, Trübung *f*
cloudiness of consciousness *(Neur)* Bewusstseins(ein)trübung *f*
cloudiness of the cornea *(Ophth)* Hornhaut(ein)trübung *f*
clouding of the consciousness Bewusstseins(ein)trübung *f*
clouding of the lens *(Ophth)* Linsen(ein)trübung *f*
Cloudman's melanoma Cloudman-Melanom *n*
cloudy swelling *(Histol)* trübe Schwellung *f*
cloudy urine trüber Urin *m* [Harn *m*]; Harn(ein)trübung *f*
Clouston's syndrome Clouston-Syndrom *n*, hidrotische Ektodermaldysplasie *f*
cloverleaf deformity Kleeblattdeformität *f (Röntgenzeichen bei Zwölffingerdarmgeschwür)*
cloverleaf nail *(Chir)* Dreilamellennagel *m*, Lamellennagel *m*
cloverleaf skull deformity Kleeblattschädeldeformität *f (Fetusmissbildung)*

Cloward's operation Cloward-Operation *f*, Halswirbelsäulenverblockung(soperation) *f (mit Knochenspananlagerung)*
clownism Clownismus *m*, clownhafte Manieren *pl*
cloxacillin Cloxacillin *n (Antibiotikum)*
clozapine Clozapin *n (Sedativum)*
clubbed keulenförmig
clubbed finger Keulenfinger *m*, Trommelschlägelfinger *m*, Digitus *m* hippocraticus
clubbing of digits Trommelschlägelfingerbildung *f*
clubfoot Klumpfuß *m*, Talipes *m*, Pes *m* contortus
clubhand Klumphand *f*, Manus *f* curta
clump Klumpen *m*, Aggregat *n*, Verklumpung *f*
clump kidney Klumpenniere *f*, Kuchenniere *f*
clump of pus cells Leukozytenklumpen *m*, Leukozytenzusammenballung *f*
clumping Agglutination *f*, Verklebung *f*, Zusammenballung *f*
clumsiness of movements Bewegungsungeschicklichkeit *f*, Unbeholfenheit *f* der Bewegungen; linkisches Wesen *n*
clumsy movements plumpe [ungeschickte] Bewegungen *fpl*
cluneal Gesäß...
clunes Nates *fpl*, Gesäßbacken *fpl*
cluster 1. Cluster *m*, ungeordneter Zellhaufen *m*; 2. Cluster *m*, anfallsweise Symptomatik *f*
cluster analysis *(Statist)* Cluster-Analyse *f*
cluster breathing Cluster-Atmung *f*
cluster headache 1. Migräne *f*, 2. Histaminkephalgie *f*, Horton-Bing-Syndrom *n*, (Bing-)Horton-Syndrom *n (in Serien auftretende Kopfschmerzen)*
cluster of differentiation Cluster-of-Differentiation *n*
cluster-of-differentiation antigen Cluster-of-Differentiation-Antigen *n*
clustering Cluster-Bildung *f*
cluttering *(Neur, Päd)* Silbenverschlucken *n*; Buchstabenverschlucken *n*; Wortsalat *m*
Clutton's joints Clutton-Syndrom *n*, symmetrische Kniegelenkschwellung *f (bei Syphilis)*
clysis 1. Subkutaninfusion *f*, 2. Klysis *f*, Spülung *f* einer Körperhöhle
clysma *s.* clyster
clyster Klistier *n*, Einlauf *m*, Enema *n*, Klysma *n*, Darmspülung *f*
clysterize *v* mit einem Klistier behandeln, einen Einlauf geben [machen]
cnemis *s.* tibia
cnemitis Tibiaentzündung *f*
cnida Cnida *f*, Knide *f*
Cnidaria Cnidaria *pl*, Knidarien *pl*, Nesseltiere *npl*
cnidarian Knidarien..., Nesseltier...
cnidoblast Cnidoblast *m*, Knidoblast *m*
cnidocil Cnidocilium *n*, Knidozil *n*
cnidocyst Cnidozyste *f*, Knidozyste *f*
cnidosis *s.* urticaria
CO 1. *s.* cardiac output; 2. = carbon monoxide
CoA-transferase CoA-Transferase *f (Enzym)*
coacervate Koazervat *n*
coacervation Koazervatbildung *f*
coadaptation Koadaptation *f*
coagglutination Koagglutination *f*
coagglutinin Koagglutinin *n*
coagulability Koagulabilität *f*, Gerinnbarkeit *f*, Gerinnungsfähigkeit *f*
coagulable koagulierbar, gerinnbar, gerinnungsfähig
coagulant koagulierend, Gerinnung bewirkend
coagulant (agent) Koagulans *n*, Koagulationsmittel *n*, Gerinnungsmittel *n*
coagulase Koagulase *f (Enzym)*
coagulase-negative koagulasenegativ, koagulase-negativ
coagulase-positive koagulasepositiv, koagulase-positiv
coagulase test Koagulaseprobe *f*
coagulate *v* koagulieren, gerinnen, (aus)flocken
coagulation Koagulation *f*, Gerinnung *f*, Ausflockung *f*
coagulation band (Weltmann'sches) Koagulationsband *n*
coagulation cascade *(Hämat)* Gerinnungskaskade *f*
coagulation current *(Chir)* Koagulationsstrom *m*
coagulation defect Gerinnungsdefekt *m*
coagulation disorder Gerinnungsstörung *f*
coagulation factor Gerinnungsfaktor *m (siehe auch: blood-clotting factor)*
coagulation factor deficiency Gerinnungsfaktormangel *m (siehe auch: factor deficiency)*
coagulation forceps *(Chir)* Koagulationspinzette *f*
coagulation laboratory Gerinnungslabor(atorium) *n*
coagulation mechanism Gerinnungsmechanismus *m*
coagulation necrosis *(Path)* Koagulationsnekrose *f*, Gerinnungsnekrose *f*, Verfestigungsnekrose *f*
coagulation system Gerinnungssystem *n*
coagulation time Gerinnungszeit *f*, Blutgerinnungszeit *f*
coagulation vitamin Koagulationsvitamin *n*, Gerinnungsvitamin *n*, Vitamin *n* K, antihämorrhagisches Vitamin *n*
coagulative koagulierend, gerinnend; Koagulations..., Gerinnungs...
coagulative (agent) Koagulationsmittel *n*, Koagulans *n*, Koagulativum *n*
coagulator *(Chir)* Koagulator *m*
coagulogram *(Lab)* Koagulogramm *n*, Gerinnungsstatus *m*
coagulometer *(Lab)* Koagulometer *n*, Koagulationsmesser *m*
coagulopathy Koagulopathie *f*, Gerinnungskrankheit *f*
coagulotomy Koagulationsschnitt *m (mit dem elektrischen Messer)*
coagulum Koagulum *n*, Koagel *n*, Gerinnsel *n*, Blutgerinnsel *n*
coal miner's disease *(Arb)* Anthrakosilikose *f*, Kohlen- und Silikatstaublunge(nerkrankung) *f*
coal tar Steinkohlenteer *m (Ekzemmittel)*
coal worker's pneumoconiosis *s.* anthracosis
coalesce *v* (wieder) zusammenwachsen; sich vereinigen, verschmelzen
coalescence 1. Verschmelzung *f*, Vereinigung *f*, 2. Zusammenwachsen *n (sich berührender Organe)*
coalescent 1. verschmelzend, sich vereinigend; 2. zusammenwachsend
coalition Verschmelzung *f*, Vereinigung *f*
coapt *v* adaptieren, anpassen, einrichten
coaptation Koaptation *f*, Anpassen *n*, Einrichten *n (von Knochenbrüchen)*
coaptation suturing *s.* coapting suture
coapting suture Adaptationsnaht *f*
coarct *v s.* coarctate
coarctate *v* verengen, einengen, zusammenziehen
coarctate verengt, eingeengt, zusammengezogen
coarctate retina trichterförmige Retina *f (infolge ringförmiger Ablösung)*
coarctation Coarctatio *f*, Koarktation *f*, Einengung *f*, Verengung *f*, Zusammenziehung *f*
coarctation forceps Koarktationsklemme *f*
coarctation of the aorta Coarctatio *f* aortae, Aortenisthmusstenose *f*
coarctectomy Koarktektomie *f*, (operative) Strikturentfernung *f*
coarctotomy Koarktotomie *f*, (operative) Strikturdurchtrennung *f*

coarse 1. rau, reibend, sägend *(z. B. ein Geräusch)*; 2. rau, nicht fein, nicht glatt; 3. grobschlägig
coarse breath sound raues Atemgeräusch *n*
coarse crackle rauhes Knistern *n*, rauhes Knistergeräusch *n (Atemgeräusch)*
coarse fremitus rauer Fremitus *m*
coarse-grained 1. grobkörnig; 2. grobfaserig
coarse murmur raues Herzgeräusch *n*, reibendes [sägendes] Geräusch *n*, Sägegeräusch *n*
coarse systolic murmur *(Kard)* raues Systolikum *n* [systolisches Geräusch *n*]
coarse tremor grobschlägiger Tremor *m*
coarse upbeating nystagmus grobschlägiger Vertikalnystagmus *m*
coarticulation Synovialgelenk *n*, Synarthrosis *f*
coat 1. Haut *f*, Deckschicht *f*, Tunica *f*; 2. Hülle *f*, Überzug *m*; 3. Coat *n*, Mantel *m (spezifische Proteinhülle von Viren)*
coated tablet eingehüllte Tablette *f*, Tablette *f* in Hüllenform
coated tongue belegte Zunge *f*
coating 1. Überzug *m*, Mantel *m*; 2. Belag *m*; Zungenbelag *m*; Zahnbelag *m*; 3. Tablettenhülle *f*
Coat's disease Retinitis *f* exsudativa
Coat's retinitis *s.* Coat's disease
coaxial gleichachsig
cobalamin Cobalamin *n*, Kobalamin *n*, Castle'scher Extrinsic-Faktor *m*, Vitamin *n* B_{12}
cobalamin adenosyltransferase Cobalaminadenosyltransferase *f (Enzym)*
cobalamin reductase Cobalaminreduktase *f (Enzym)*
cobalt Cobalt *n*, Co, Kobalt *n*
cobalt therapy *(Rad)* Kobalttherapie *f*; Kobaltbestrahlung *f*
cobalt-60 unit Cobalt-60-Einheit *f (für Kobaltbestrahlung)*
cobaltosis Kobaltose *f*, Kobaltpneumokoniose *f*, Kobaltstaublunge(nerkrankung) *f*
cobaltous kobalthaltig; Kobalt…
cobbler's chest Schusterbrust *f*, Trichterbrust *f*, Pectus *n* excavatum
cobblestone morphology *(Histol)* Pflastersteinmorphologie *f*
cobra venom Kobragift *n*
cobraism Kobragiftintoxikation *f*
cobralysin Kobralysin *n (Hämolysegift der Kobra)*
cocaine Kokain *n*, Cocain *n (Alkaloid)*
cocaine baby Kokainbaby *n (mit Geburtsfehlern durch Kokain)*
cocaine bug "Kokaintierchen" *npl (Hautparästhesien bei Kokainvergiftung)*
cocaine hydrochloride Kokainhydrochlorid *n*
cocainism 1. Kokainismus *m*, Kokainsucht *f*; 2. Kokainvergiftung *f*, Kokainintoxikation *f*
cocainist Kokainsüchtige(r) *m*
cocainization Kokainisierung *f*, Kokainbehandlung *f*, Kokainbetäubung *f*
cocainize *v* 1. Kokain (ein)nehmen; 2. mit Kokain betäuben [unempfindlich machen]
cocainomania Kokainismus *m*, Kokainsucht *f*
cocainomaniac Kokainsüchtiger *m*
cocarboxylase Cocarboxylase *f*, Kokarboxylase *f (Coenzym)*
cocarcinogen Kokarzinogen *n*, Synkarzinogen *n (begünstigt Krebsentstehung)*
cocarcinogenesis Kokarzinogenese *f*, Synkarzinogenese *f*
coccal *(Bakt)* Kokken…
coccal configuration Kokkenform *f*
cocci Cocci *mpl*, Kokken *fpl*
coccidial durch Kokzidien hervorgerufen; Kokzidien…, Kokzidio…
coccidian *s.* coccidial
coccidian Kokzidie *f*
coccidioidal Kokzidioido…, Kokzidioiden…
coccidioidal granuloma Kokzidioidengranulom *n*, Coccidioidomycosis *f* progressiva
coccidioidal infection *(Myk)* Kokzidioideninfektion *f*
coccidioidal meningitis Kokzidioidenmeningitis *f*
coccidioidal ventriculitis Kokzidioidenventrikulitis *f*
coccidioidin Kokzidioidin *n (Antigen)*
coccidioidin skin test *(Myk)* Kokzidioidin-Hauttest *m*
coccidioidoma Kokzidioidoma *n*, Kokzidioidomykoseknötchen *n*
coccidio(ido)mycosis Kokzidioidomykose *f*, Coccidioidomycosis *f*, Coccidioides-Mykose *f*, Talfieber *n*, Wüstenfieber *n*, Wüstenrheumatismus *m (durch Coccidioides immitis)*
coccidioidosis *s.* coccidioidomycosis
coccidiosis Kokzidiose *f (Infektion mit Isospora hominis)*
coccidiostat *s.* coccidiostatic agent
coccidiostatic kokzidiostatisch, kokzidienhemmend
coccidiostatic (agent) Kokzidiostatikum *n*, kokzidiostatisches [kokzidienhemmendes] Mittel *n*
coccidium Kokzidie *f*, Coccidie *f*, Kokzidium *n (Sporozoa)*
coccigenic kokkogen, durch Kokken verursacht
coccobacillary Kugelbakterien…
coccobacilliform kugelbakterienartig; kugelbakterienförmig
coccobacillus Kugelbakterium *n*, Kokkobazillus *m*
coccobacterium Kokkobakterium *n*, Kugelbakterium *n*
coccogenic kokkogen, durch Kokken verursacht
coccogenous *s.* coccogenic
coccoid kokkenartig, kokkenähnlich; kokkenförmig
coccus Kokkus *m*, Kokke *f*, Kugelbakterium *n*
coccyalgia *s.* coccygodynia
coccycephalus *(Terat)* Coccycephalus *m*, Kokzyzephalus *m*
coccycephaly *(Terat)* Coccycephalie *f*, Kokzyzephalie *f*
coccydynia *s.* coccygodynia
coccygalgia *s.* coccygodynia
coccygeal *(Anat)* kokzygeal; Kokzygeal…, Kokzyg(o)…, Steißbein…
coccygeal body *s.* coccyx
coccygeal fistula Steißbeinfistel *f*, sakrokokzygeale Fistel *f*
coccygeal foveola *(Anat)* Foveola *f* coccygea
coccygeal fracture Steißbeinfraktur *f*
coccygeal nerve *(Anat)* Nervus *m* coccygeus
coccygeal neuralgia Kokzygealneuralgie *f*, Steißbeinneuralgie *f*, Steißbeinnervenschmerz *m*
coccygeal pain Steißbeinschmerz *m*
coccygeal plexus *(Anat)* Plexus *m* coccygeus, Steiß(bein)plexus *m*
coccygeal region Steißbeinregion *f*
coccygeal teratoma Steißbeinteratom *n*
coccygeal vertebra *(Anat)* Vertebra *f* coccygea [caudalis], Steißwirbel *m*
coccygectomy Kokzygektomie *f*, Steißbeinexstirpation *f*, (operative) Steißbeinentfernung *f*
coccygeopubic diameter Beckenausgangsdurchmesser *m*
coccygerector *s.* coccygeus muscle
coccygeus dorsalis muscle *(Anat)* Musculus *m* sacrococcygeus dorsalis [posterior]
coccygeus muscle *(Anat)* Musculus *m* coccygeus, Steißbeinmuskel *m*
coccygeus ventralis muscle *(Anat)* Musculus *m* sacrococcygeus ventralis [anterior]

coccygocephalous kokzygozephal; Kokzygozephalie...
coccygodynia Kokzygodynie *f*, Kokzyalgie *f*, Steißbeinschmerz *m*
coccygotomy Kokzygotomie *f*, Steißbeininzision *f*, (operative) Steißbeinfreilegung *f*
coccyx *(Anat)* Os *n* coccygis, Steißbein *n*
Cochin-China diarrhoea 1. Strongyloidose *f*, 2. Amöbenruhr *f*
Cochin-China ulcer Cochinchina-Geschwür *n*, phagedänisches Geschwür *n*, Ulcus *n* tropicum
cochlea *(Anat)* Cochlea *f*, Kochlea *f*, Schnecke *f*
cochlea-like stomach Kaskadenmagen *m*
cochlear kochleär; Schnecken...
cochlear aquaeduct Aquaeductus *m* cochleae
cochlear articulation *(Anat)* Schneckengelenk *n*, Spiralgelenk *n*
cochlear canaliculus *(Anat)* Canaliculus *m* cochleae
cochlear duct *(Anat)* Ductus *m* cochlearis
cochlear endolymph *(HNO)* Schneckenendolymphe *f*
cochlear fenestra *s.* cochlear window
cochlear ganglion *(Anat)* Ganglion *n* spirale cochleae
cochlear implant Cochleaimplantat *n (bei Innenohrschwerhörigkeit)*
cochlear microphonics *(HNO)* Mikrofonpotenziale *npl*
cochlear nerve *(Anat)* Nervus *m* cochleae, Pars *f* cochlearis nervi octavi [statoacustici]
cochlear prosthesis *(HNO)* Cochleaprothese *f*
cochlear recess *(Anat)* Recessus *m* cochlearis vestibuli
cochlear reflex *(HNO)* Cochleareflex *m*
cochlear toxicity *(HNO, Pharm)* Cochleatoxizität *f*
cochlear window *(Anat)* Fenestra *f* cochleae
cochleariform schneckenförmig
cochleitis Cochleitis *f*, Kochleaentzündung *f*
cochleography Kochleographie *f*
cochleoorbicular *(Anat)* kochleoorbikulär
cochleopalpebral *(Anat)* kochhleopalpebral
cochleopapillary *(Anat)* kochleopapillär
cochleosacculotomy *(HNO)* Kochleosakkulotomie *f*
cochleostapedial *(Anat)* kochleostapedial
cochleotopic kochleotop(isch)
cochleovestibular *(Anat)* kochleovestibulär
cochlitis *s.* cochleitis
Cocket's vein Cocket-Vene *f*, Cocket'sche Vena *f* communicans
cockpit varices Cockpit-Varizen *fpl*, Corona *f* phlebectatica paraplantaris *(variköser Venenkranz an den Fußkanten)*
cockscomb papilloma *(Gyn)* Hahnenkammpapillom *n (der Cervix uteri bei Schwangerschaft)*
cocktail Cocktail *m (Mischung, z. B. von Arzneimitteln)*
cocktail party conversationalism *s.* cocktail party syndrome
cocktail party syndrome Cocktailparty-Syndrom *n (hirnorganisches Psychopsyndrom bei Hirnatrophie)*
cockup splint *(Chir, Orth)* Unterarmgips *m* mit Handextensionsstellung; Faustgips *m* in Funktionsstellung
coco *s.* framboesia
coconscious unterbewusst
coconscious(ness) Unterbewusstsein *n*
cocontraction Kokontraktion *f (von Muskeln)*
coconversion *(Gen)* Kokonversion *f (der DNA)*
coction Abkochung *f*, Kochen *n*
coctoantigen Koktoantigen *n*
coctoimmunogen Koktoimmunogen *n*
coctolabile hitzelabil, hitzunbeständig, instabil beim Abkochen
coctoprecipitin Koktopräzipitin *n*
coctoprotein Koktoprotein *n*
coctostable hitzestabil, hitzebeständig, stabil beim Abkochen
cod-liver oil Lebertran *m*
cod-liver oil unit Cod-Liver-Oil-Einheit *f*, CLO *(alte Einheit für Vitamin A; 1 CLO = 330 IE)*
code Code *m*, codierte Information *f*
code team Reanimationsteam *n (im Krankenhaus)*
codecarboxylase Codecarboxylase *f*, Kodekarboxylase *f (Enzym)*
codehydrogenase Codehydrogenase *f*, Kodehydrogenase *f (Enzym)*
codeine Codein *n*, Kodein *n*, Morphinmethylether *m*
codeine phosphate Codeinphosphat *n (Hustenmittel)*
codeine sulphate Codeinsulphat *n*
codeinomania Kodeinismus *m*, Kodeinomanie *f*, Kodeinsucht *f*
codocyte *s.* target cell
codominance Kodominanz *f*
codominant gene kodominantes Gen *n*
codominant inheritance kodominante Vererbung *f*
codon *(Bioch, Gen)* Codon *n*, Codeeinheit *f*, Basentriplett *n*
codon utation Codonmutation *f*
coecal *s.* caecal
coefficient Koeffizient *m*
coefficient of consanguinity Konsanguinitätskoeffizient *m*
coefficient of correlation Korrelationskoeffizient *m*
coefficient of fecundity Fruchtbarkeitsindex *m*; Befruchtungskoeffizient *m*
coefficient of refraction Refraktionskoeffizient *m*
coefficient of variation Variationskoeffizient *m*
coelenteron Coelenteron *n*, Zölenteron *n*
coeliac *(Anat)* zöliakal, abdominal; Bauch...
coeliac angiography *(Rad)* Zöliakographie *f*, Coeliacographie *f*, Röntgen(kontrast)darstellung *f* des Truncus coeliacus
coeliac arteriography *s.* coeliac angiography
coeliac artery *(Anat)* Truncus *m* coeliacus, Bauchhöhlenarterie *f*
coeliac artery compression Truncus-coeliacus-Kompression *f*
coeliac artery compression syndrome Truncus-coeliacus-Kompressionssyndrom *n*
coeliac artery obstruction [occlusion] Truncus-coeliacus-Obstruktion *f*, Truncus-coeliacus-Verschluss *m*
coeliac axis *s.* coeliac artery
coeliac disease Zöliakie *f*, Coeliakie *f*, intestinaler Infantilismus *m*, (Gee-)Heubner-Herter'sche Krankheit *f*, Morbus *m* coeliacus
coeliac ganglion *(Anat)* Zöliakalganglion *n*, Bauchhöhlenganglion *n*
coeliac infantilism *s.* coeliac disease
coeliac plexus *(Anat)* Plexus *m* coeliacus [solaris], Solarplexus *m*, Sonnengeflecht *n*, Bauchhöhlengeflecht *n*, Cerebrum *n* abdominale, Bauchhirn *n*
coeliac syndrome *s.* coeliac disease
coeliac trunk *s.* coeliac artery
coeliacography *(Rad)* Coeliakographie *f*, Zöliakographie *f*
coeliectasia Zöliektasie *f*, Bauchhöhlenerweiterung *f*, Bauchhöhlenaufblähung *f*
coeliocentesis Zöliozentese *f*, (operative) Bauchhöhleneröffnung *f*
coeliocolpotomy Zöliokolpotomie *f*, transvaginale Bauchhöhleneröffnung *f*
coeliocyesis *s.* abdominal pregnancy
coelioenterotomy Zölioenterotomie *f*, transabdominale Eingeweideeröffnung *f*
coeliogastrotomy Zöliogastrotomie *f*, transabdominale Mageneröffnung *f*
coeliohysterectomy Zöliohysterektomie *f*, abdominale Gebärmutterentfernung *f*

coelioma Mesotheliom *n*, Bauch(höhlen)geschwulst *f*, Bauchhöhlentumor *m*
coeliomyomectomy Zöliomyomektomie *f*, transabdominale Gebärmuttermyomentfernung *f*, abdominale Myomentfernung *f*
coeliomyomotomy Zöliomyomotomie *f*, abdominale Myominzision *f*
coelioparacentesis Zölioparazentese *f*, Abdominalparazentese *f*, Bauchhöhlenpunktion *f*
coeliopathy Baucherkrankung *f*, abdominale Erkrankung *f*
coeliorrhaphy Zöliorrhaphie *f*, Bauch(wand)naht *f*
coeliosalpingectomy Zöliosalpingektomie *f*, abdominale Eileiterentfernung *f*
coelioscope Laparoskop *n*, Bauchendoskop *n*, Bauch(höhlen)spiegel *m*
coelioscopy Zölioskopie *f*, Laparoskopie *f*, Bauchendoskopie *f*, Bauch(höhlen)spiegelung *f*
coeliotomy Zöliotomie *f*, (operative) Bauchhöhleneröffnung *f*, Bauchschnitt *m*
coelitis Zölitis *f*, Bauch(höhlen)entzündung *f*
coelom Coelom *n*, Zölom *n*, Leibeshöhle *f*
coelomic Zölom…, Leibeshöhlen…
coelomic cleft Zölomspalte *f*
coelomic pouch Zölomtasche *f*, Zölomausstülpung *f*
coeloschisis Gastroschisis *f (angeborene Spaltbildung der vorderen Bauchwand)*
coeloscopy *s.* coelioscopy
coelosoma Zölosom *n*
coelothelioma Mesothelioma *n*, Bauch(höhlen)geschwulst *f*, Bauchhöhlentumor *m*
coenaesthesia Coenaesthesia *f*, Zönasthesie *f (Gefühl für die eigene körperliche Existenz)*
coenaesthetic zönästhetisch; Zönasthesie…
coenaesthetic hallucination zönästhetische Halluzination *f*, Leibhalluzination *f*
coenaesthesiopathy Zönästhesiopathie *f*
coenocyte Zönozyt *m*
coenocytic zönozytisch
coenurosis Coenurosis *f*, Coenuriasis *f*, Zönurose *f*, Coenurus-cerebralis-Befall *m*
Coenurus cerebralis Coenurus *m* cerebralis, Gehirnblasenwurm *m*, Gehirnquese *f*
coenzyme Coenzym *n*, Koenzym *n*, prosthetische Gruppe *f*
coenzyme I Coenzym *n* I, Codehydrase *f* I, Nicotin(säure)amid-adenin-dinucleotid *n*, NAD *n*, *(veraltet)* Diphosphopyridinnukleotid *n*, DPN
coenzyme II Coenzym *n* II, Codehydrase *f* II, Nicotinamid-adenin-dinucleotidphosphat *n*, NADP, *(veraltet)* Triphosphopyridinnukleotid *n*, TPN
coenzyme A Coenzym *n* A, CoA
cofactor Cofaktor *m*, Kofaktor *m*
coferment *s.* coenzyme
coffee-ground vomiting *s.* black vomit(ing) 1.
coffeine *s.* caffeine
coffeine organic disorder *(Neur)* coffeininduzierte organisch bedingte psychische Störung *f*
coffeinism Coffeinismus *m*, Coffeinvergiftung *f*
Coffey's operation Coffey-Mayo'sche Operation *f (Harnleitereinpflanzung in das Colon sigmoideum)*
Coffin-Lowry syndrome *(Päd, Gen)* Coffin-Lawry-Syndrom *n*
Coffin-Siris syndrome *(Päd, Gen)* Coffin-Siris-Syndrom *n*
Cogan's oculomotor apraxia Cogan-Syndrom *n*, angeborene partielle okulomotorische Apraxie *f*
Cogan's syndrome 1. Cogan-Syndrom *n (nicht syphilitische interstitielle Keratitis mit Uveitis)*; 2. *s.* Cogan's oculomotor apraxia
coghweel phenomenon *(Neur)* Zahnradphänomen *n*
cognition *(Neur)* Kognition *f*, Wahrnehmung *f*
cognitive wahrnehmend; Wahrnehmungs…
cognitive behaviour therapy kognitive Psychotherapie *f*, Erkenntnistherapie *f*
cognitive development kognitive Entwicklung *f*
cognitive dissonance kognitive Dissonanz *f*
cognitive function kognitive Funktion *f*
cognitive learning kognitives Lernen *n*
cognitive psychology kognitive Psychologie *f*
cognitive restoration kognitive Restoration *f* [Wiederherstellung *f*]
cognitive restructuring kognitive Restrukturierung *f*
cognitive therapy kognitive Therapie *f*, Erkenntnistherapie *f*
coghweel respiration Zahnradatmung *f*
coghweel rigidity *(Neur)* Zahnradrigidität *f*
cohabitate *v* kohabitieren, beischlafen, beiwohnen
cohabitation Kohabitation *f*, Koitus *m*, Beischlaf *m*, Beiwohnen *n*
cohere *v* 1. zusammenhaften; 2. zusammenhängen; übereinstimmen
coherence 1. Kohärenz *f*, Zusammenkleben *n*, Zusammenhaften *n*; 2. *(Neur)* Kohärenz *f (zusammenhängendes Denken und Sprechen)*
coherent 1. kohärent, zusammenhaftend; 2. kohärent, zusammenhängend; übereinstimmend
coherent conversation *(Neur)* kohärente [zusammenhängende] Unterhaltung *f*
cohesion Kohäsion *f*
cohesive kohäsiv, zusammenhaltend; zusammenhaftend; zusammenklebend; Kohäsions…
cohesive bandage Kohäsivverband *m*
cohesiveness 1. Kohäsivität *f*, Klebrigkeit *f*, Bindungsvermögen *n*, Bindungskraft *f*, Haftvermögen *n*; Zusammenhalten *n*; 2. *(Neur)* Gruppenkohäsion *f*, Zusammengehörigkeitsgefühl *n*; 3. *(Stom)* Kohäsionsvermögen *n*, Kohäsionskraft *f*
Cohn fraction I *(Hämat)* Cohn-Fraktion *f* I, Cohn *n* I
Cohn fractionation Cohn'sche Fraktionierung *f (Gerinnungsfaktorenisolierung)*
cohort Kohorte *f*
cohort study *(Statist)* Kohortenstudie *f*, Kohortenuntersuchung *f*
coil Spirale *f*, Spule *f*, Schlange *f*, Knäuel *n*
coil dialyzer *(Nephr)* Spulendialysator *m*
coil gland Schweißdrüse *f*, Glandula *f* sudorifera
coil of small intestine Dünndarmknäuel *n*
coiled artery of the penis schneckenförmige Penisarterie *f*, Arteria *f* helicina penis
coiling of the carotid artery Karotisknickungssyndrom *n*, Karotis(arterien)-Kingking *n*
coilonychia *s.* koilonychia
coin-catcher Münzenentfernungsinstrument *n*
coin counting *(Neur)* Münzenzählen *n*
coin lesion Rundherd *m (Lunge)*
coincide *v* **with clinical findings** mit den klinischen Befunden übereinstimmen
coincidence Koinzidenz *f*, Übereinstimmung *f*, Deckung *f*
coincidence counting *(Rad)* Koinzidenzzählung *f*
coincidence detection Koinzidenzdetektion *f*
coincident koinzident, deckungsgleich
coinfection Koinfektion *f*
coinnervation Koinnervation *f*
coinoniphobia *(Neur)* Koinoniphophobie *f (Angst vor Menschenansammlungen)*
coital koital; Koitus…
coital reflex Genitalreflex *m*
coition *s.* coitus

coitophobia Koitophobie *f*, Kohabitationsfurcht *f*, Beischlafangst *f*
coitus Koitus *m*, Kohabitation *f*, Begattung *f*, Beischlaf *m*
coke Kokain *n*
cokie Kokainismus *m*
col Sattel *m (z. B. der Interdentalgingiva)*
colation 1. Filtern *n*, Filterung *f*, Filtration *f*, Seien *n*; 2. Filtrat *n*
colatorium Filter *m*
colature Filtrat *n*
colchicine Kolchizin *n (Pflanzenalkaloid, Mitosegift)*
colchicinization Kolchizintherapie *f*, Kolchizinbehandlung *f (z. B. bei Gicht und Lymphogranulomatose)*
cold 1. Kälte *f*, 2. Kälteempfindung *f*, 3. Erkältung *f*, Erkältungsinfekt *m*
cold abscess kalter Abszess *m*
cold agglutination Kälte(häm)agglutination *f*
cold agglutination phenomenon Kälteagglutinationsphänomen *n*
cold agglutination test Kälteagglutinationstest *m*
cold agglutinin Kälteagglutinin *n*
cold agglutinin disease Kälteagglutininkrankheit *f*, Acrocyanosis *f* haemopathica Frank
cold allergy Kälteallergie *f*
cold antibody Kälteantikörper *m*
cold bath Kältebad *n*
cold cautery *s.* cryocautery
cold coagulation Kältekaustik *f*, Kältekoagulation *f*, Kaltkaustik *f*
cold compress kalte Kompresse *f*, Kühlkompresse *f*
cold death Kältetod *m*
cold freckle *(Derm)* Linsenfleck *m*, Lentigo *f*
cold haemagglutination *s.* cold agglutination
cold haemoglobinuria Kältehämoglobinurie *f*
cold haemolysin Kältehämolysin *n*
cold haemolysis Kältehämolyse *f*
cold hives *(Derm)* Kälteurtikaria *f*
cold in the head akute Rhinitis *f*, (akuter) Schnupfen *m*
cold-induced kälteinduziert, durch Kälte ausgelöst
cold injury Kältetrauma *n*, Kälteschädigung *f*, Erfrierung *f*, Kälteschaden *m*
cold malaria *s.* algid malaria
cold on the chest Tracheobronchitis *f*, Trachea- und Bronchienentzündung *f*
cold pack kalte Packung *f*
cold pressure test Kälte-Druck-Test *m*, P-Test *m (Blutdruckanstieg bei Kältereiz)*
cold punch method Cold-punch-Methode *f*, Kaltstanztechnik *f (bei Prostataadenomresektion)*
cold resistance Kältebeständigkeit *f*, Kälteresistenz *f*, Kältewiderstandsfähigkeit *f*
cold-resistant kältebeständig, kälteresistent
cold sensation Kälteempfindung *f*
cold-sensitive mutation kältesensitive Mutation *f*
cold shock Kälteschock *m*
cold sore Gesichtsherpes *m*, Herpes *m* facialis; Griebe *f*
cold sterilization Kaltsterilisation *f*
cold stress Kältestress *m*
cold sweat kalter Schweiß *m*; Angstschweiß *m*
cold trauma *s.* cold injury
cold ulcer Kälteulkus *n*, Kältegeschwür *n*
cold urticaria *(Derm)* Kälteurtikaria *f*
colectasia Kolonektasie *f*, Dickdarmerweiterung *f*
colectomy Kolektomie *f*, Kolonresektion *f*, Dickdarmexstirpation *f*, (operative) Dickdarmentfernung *f*
coleitis Vaginitis *f*, Kolpitis *f*, Scheiden(schleimhaut)-entzündung *f*
coleocystitis Scheiden- und Blasenentzündung *f*
coleoptosis Scheidenprolaps *m*, Scheiden(wand)vorfall *m*
coleotomy *s.* colpotomy
coles Penis *m*, männliches Glied *n (Zusammensetzungen siehe unter: penis und penile)*
coles femininus Klitoris *f*, Kitzler *m (Zusammensetzungen siehe unter: clitoridal)*
coli group Koli(bakterien)gruppe *f*
coli infection Koli(bakterien)infektion *f*
coli sepsis Koli(bakterien)sepsis *f*
coli titre Coli-Titer *m*, Kolibakterientiter *m (Grenzwert sind 100 ml)*
colibacillaemia Kolibakteriämie *f (Auftreten von Escherichia coli im Blut)*
colibacillary Kolibakterien...
colibacillosis Koliinfektion *f*
colibacilluria Kolibakteriurie *f*, Koliurie *f*, Kolibakterienausscheidung *f* im Urin
colibacillus Kolibakterium *n*, Escherichia *f* coli *(Dickdarmflora)*
colic 1. Kolon..., Dickdarm... *(siehe auch unter: colonic und colon)*; 2. *s.* colicky
colic Kolik *f*, krampfartiger Schmerz *m*
colic angle Dickdarmwinkel *m*, Kolonwinkel *m*
colic artery Dickdarmarterie *f*, Kolonarterie *f*, Arteria *f* colica
colic artery aneurysm Dickdarmarterienaneurysma *n*
colic intussusception Kolonintussuszeption *f*, Dickdarmeinstülpung *f*
colic-like kolikartig, kolikähnlich
colic myoneurosis Colica *f* [Colitis *f*] mucosa *(siehe auch: irritable colon)*
colic valve Ileozökalklappe *f*, Valva *f* ileocoecalis
colica *s.* colic artery
colicin Colicin *n*, Kolizin *n*, Escherichia-coli-Bacteriocin *n*
colicinogeny Kolizinbildung *f (durch Bakterien)*
colicky 1. kolikartig; Kolik...; 2. für Koliken anfällig; 3. kolikauslösend
colicolitis Kolibakterienkolitis *f*, Dickdarmentzündung *f* durch Kolibakterien
colicoplegia Bleikolik *f* mit Paralyse
colicystitis Kolibakterienzystitis *f*, Blasenentzündung *f* durch Kolibakterien
colicystopyelitis Kolibakterienzystopyelitis *f*, Nierenbecken- und Blasenentzündung *f* durch Kolibakterien
coliform koli(bakterien)artig; koliförmig
Colinet's syndrome Colinet-Syndrom *n*, Silikoarthritis *f*
colipase Colipase *f*, Kolipase *f*
coliphage Coli-Phage *m*, Kolibakteriophage *m*
coliplication Kolonplikation *f*, Dickdarmfaltung(soperation) *f*
colipuncture Kolonpunktion *f*, Dickdarmparazentese *f*
colipyuria Coli-Pyurie *f*, Kolibakterienpyurie *f*
coliquy pain Kolikschmerz *m*
colitic dysentery Colitis *f* dysenterica
colitis Kolitis *f*, Dickdarmentzündung *f*
colitoxaemia Koli(bakterien)toxinämie *f*
colitoxicosis Koli(bakterien)toxikose *f*, Koli(bakterien)sepsis *f*
colitoxin Koli(bakterien)toxin *n*
coliuria *s.* colibacilluria
colla *pl s.* collum
collagen Kollagen *n (Gerüsteiweiß)*
collagen cross-linking Kollagenvernetzung *f (z. B. bei Wundheilung)*
collagen deposition Kollagenablagerung *f*
collagen disease Kollagenkrankheit *f*
collagen fibril *(Histol)* Kollagenfibrille *f*
collagen gel Kollagengel *n*
collagen graft Kollagentransplantat *n*
collagen replacement Kollagenersatz *m*

collagen shield Kollagenschild *n*
collagen thesaurismosis Kollagenspeicherkrankheit *f*
collagen turnover Kollagenumsatz *m*
collagen vascular disease Kollagengefäßkrankheit *f*
collagenase Kollagenase *f (Enzym)*
collagenase ointment Kollagenasesalbe *f*
collagenation Kollagenation *f*, Kollagenbildung *f*
collagenic *s.* collagenous
collagenization Kollagenisierung *f*, kollagener Gewebsersatz *m*
collagenoblast Kollagenoblast *m*
collagenocyte Kollagenozyt *m*, Kollagenbildungszelle *f*
collagenogenic kollagenogen, kollagenbildend; Kollagenbildungs…
collagenolysis Kollagenolyse *f*, Kollagenauflösung *f*
collagenolytic kollagenolytisch, kollagenauflösend
collagenosis Kollagenose *f*, Kollagenkrankheit *f*
collagenous kollagen; Kollagen…
collagenous fibre Kollagenfaser *f*, kollagene Faser *f*
collagenous retinopathy kollagenöse Retinopathie *f*, Retinopathia *f* collagenosa
collagenous tissue Kollagengewebe *n*
collapse *v* kollabieren, zusammenbrechen
collapse Kollaps *m*, Zusammenbruch *m*
collapse delirium Kollapsdelirium *n*, Kollapsdelir *n*
collapse of the circulation Kreislaufkollaps *m*, Kreislaufzusammenbruch *m*
collapse of the dental arch Zusammenbruch *m* des Zahnbogens *(z. B. infolge fehlender Zähne)*
collapse of the lung Lungenkollaps *m*, Zusammenfallen *n* der Lunge
collapse rale Lungenkollapsgeräusch *n*
collapse therapy *(Chir)* Kollapstherapie *f*, Lungenkollapsbehandlung *f (überholt)*
collapsed lung kollabierte [zusammengefallene] Lunge *f*
collapsible kollapsfähig; kollapsanfällig
collapsing pulse *s.* water-hammer pulse
collapsotherapy *s.* collapse therapy
collar 1. Kragen *m*, Ring *m*; Band *n*; 2. Halskrause *f*, Hals(stütz)verband *m*
collar-and-cuff sling Armschlinge *f (bei Oberarmfraktur)*
collar-button abscess Knopflochpanaritium *n*, Knopflochabszess *m*
collar muscle Halsmuskel *m*, Musculus *m* colli
collar of Venus Leukoderma *n* colli syphiliticum, Melanoleukoderma *n* colli
collar pterygium Pterygium *n* colli *(flughautartige Hautfalte am Hals)*
collar-stud abscess Kragenknopfabszess *m*
collarbone *s.* clavicle
collarette 1. Collerette *f*, Biett-Collerette *f*; 2. *(Anat)* Collerette *f (der Iris)*
collastin Kollastin *n*
collateral 1. kollateral, auf derselben Körperseite (befindlich), benachbart; Kollateral…; 2. begleitend; Begleit…; zusätzlich; sekundär; Sekundär…
collateral circulation Kollateralkreislauf *m*, Umgehungskreislauf *m*
collateral eminence Eminentia *f* collateralis
collateral fibre Kollateralfaser *f*
collateral fissure Kollateralfissur *f*
collateral ganglion Kollateralganglion *n*, Ganglion *n* collaterale
collateral hyperaemia Kollateralhyperämie *f*
collateral innervation Kollateralinnervation *f*
collateral ligament Kollateralband *n*, Ligamentum *n* collaterale
collateral ligament impairment Kollateralbandschaden *m*, Seitenbandläsion *f*
collateral ligament rupture Kollateralbandzerreißung *f*, Kollateralbandruptur *f*
collateral pulp canal *(Stom)* kollateraler Pulpakanal *m*
collateral respiration Kollateralatmung *f*
collateral sulcus Sulcus *m* collateralis
collateral trigone Trigonum *n* collaterale
collateral vascular bed Kollateralgefäßbett *n*, Kollateralisation *f*
collateral ventilation Kollateralventilation *f*
collateral vessel Kollateralgefäß *n*
collect *v* 1. sammeln, einsammeln, zusammentragen; 2. sich ansammeln, sich anhäufen; 3. zusammenkommen, sich versammeln
collect *v* **the fee from the patient** das Arzthonorar einziehen
collect *v* **urine** Urin sammeln
collecting lens Sammellinse *f*
collecting mania *(Psych)* Sammelsucht *f*
collecting tubule Sammeltubulus *m*, Sammelröhrchen *n (Niere)*
collecting vein Sammelvene *f (Leber)*
collecting vessel Auffanggefäß *n*, Sammelbehälter *m*
collectionism *(Psych)* Sammeltrieb *m*
collective kollektiv; Kollektiv…, Gemeinschafts…
collective call Sammelruf *m (z. B. bei Notfall)*
collective consciousness *(Neur)* kollektives Bewusstsein *n*
collective hysteria *(Neur)* kollektive Hysterie *f*
collective neurosis *(Neur)* kollektive Neurose *f*
collective psychotherapy *(Neur)* kollektive Psychotherapie *f*
collective suicide *(Psych)* erweiterter Suizid *m*
collective unconscious 1. *(Neur)* kollektives Unterbewusstsein *n*; 2. *(Psych)* kollektives Unbewusstes *n*
collector Kollektor *m (z. B. zum Aufnehmen von Sekretproben)*; Sammelgefäß *n*
collector's mania *(Psych)* Sammelsucht *f*
Colles' fascia Colles'sche Faszie *f*, Fascia *f* diaphragmatis urogenitalis inferior
Colles' fracture Colles'sche Radiusfraktur *f*, (Colles'scher) distaler Speichenbruch *m*, Colle-Fraktur *f*
Colles' ligament Colles'sches Band *n*, Colles-Band *n*, Ligamentum *n* reflexum
Collet-Sicard syndrome Collet-Sicard-Syndrom *n (Foramen-jugulare-Syndrom mit Lähmung der Hirnnerven IX bis XII)*
Collet's syndrome *s.* Collet-Sicard syndrome
colliculectomy Kollikulektomie *f*, (operative) Samenhügelentfernung *f*
colliculitis Kollikulitis *f*, Samenhügelentzündung *f*
colliculorubral tract Tractus *m* rubrotectalis
colliculus Colliculus *m*, Hügelchen *n*
colliculus of the arytenoid cartilage Colliculus *m* cartilaginis arytenoideae
collimate *v* parallel ausrichten
collimation *(Rad)* Kollimation *f*
collimator *(Rad)* Kollimator *m*
colliquation Kolliquation *f*, Verflüssigung *f*, Einschmelzung *f (von Geweben)*
colliquative kolliquativ, verflüssigend, einschmelzend
colliquative necrosis *(Path)* Kolliquationsnekrose *f*, Verflüssigungsnekrose *f*
colliquative softening *s.* colliquation
collision tumour *(Path)* Kollisionstumor *m*
collitis Trigonitis *f* vesicae, Blasendreieckentzündung *f*
collodion baby Kollodiumbaby *n*
colloid *s.* colloidal
colloid Kolloid *n*
colloid bath Kolloidbad *n*

colloid carcinoma Kolloidkarzinom *n*, Kolloidkrebs *m*, Gallertkrebs *m (z. B. Brustkrebs)*
colloid corpuscle Kolloidkorpuskel *n*
colloid cyst Kolloidzyste *f*
colloid degeneration Kolloiddegeneration *f*, Kolloidentartung *f*
colloid goitre Kolloidstruma *f*, Struma *f* colloides
colloid milium Kolloidmilium *n*
colloid-osmotic pressure kolloidosmotischer [onkotischer] Druck *m*
colloid ovarian cystoma pseudomuzinöses Zystadenoma *n*
colloid substance Kolloidsubstanz *f*
colloid suspension Kolloidsuspension *f*
colloidal kolloid(al), fein zerteilt; Kolloid…
colloidal gold test Kolloidgoldprobe *f*, Goldsolreaktion *f*
colloidal solution Kolloidlösung *f*, kolloid(ale) Lösung *f*
colloidin Kolloidin *n (Kolloidabbauprodukt)*
colloidoclasia Kolloidoklasie *f*, Kolloidauflösung *f*
colloidoclastic kolloidoklastisch
colloidogen Kolloidogen *n*
colloidophagy Kolloidophagie *f*, Kolloidphagozytose *f*
collonema Kollonema *n*, Myxom *n*, Schleimgewebsgeschwulst *f*
collum Collum *n*, Zervix *f*, Hals *m (siehe auch unter: cervical)*
collum-cysticus sphincter Gallenblasenhalssphinkter *m*
columnization *(Gyn)* Kolumnisation *f*, Scheidentamponade *f (zur Stützung bei Uterusprolaps)*
collunarium *(Pharm)* Kollunarium *n*, Nasentropfen *mpl*
collutorium *(Pharm)* Kollutorium *n*, Mundwasser *n*
collutory *s.* collutorium
collyrium *(Pharm)* Kollyrium *n*, Augenwasser *n*, Augentropfen *mpl*
coloboma 1. Kolobom *n*, Spalt *m*, Spaltbildung *f*; 2. *(Ophth)* Regenbogenhautspalte *f*, Irisspalte *f*, Aderhautspalte *f*
coloboma of the choroid *(Ophth)* Chorioideakolobom *n*
coloboma of the ciliary body *(Ophth)* Ziliarkörperkolobom *n*
coloboma of the fundus *(Ophth)* Funduskolobom *n*, retinochorioidales Kolobom *n*
coloboma of the iris *(Ophth)* Iriskolobom *n*
coloboma of the lens *(Ophth)* Linsenkolobom *n*
coloboma of the optic disk [nerve] *(Ophth)* Sehnervenkolobom *n*
coloboma of the retina *(Ophth)* Retinakolobom *n*, Netzhautkolobom *n*
colobomatous kolobomatös; Kolobom…
colocaecostomy *(Chir)* Zökokolostomie *f*, Dickdarm-Blinddarm-Anastomose *f*
colocentesis *(Chir)* Kolonparazentese *f*, Dickdarmpunktion *f*
colocholecystostomy *s.* cholecystocolostomy
coloclysis *(Chir)* Kolonirrigation *f*, Dickdarmspülung *f*
coloclyster Kolonklistier *n*, Dickdarmeinlauf *m*
colocolic *(Anat)* Kolon-Kolon-…, Dickdarm-Dickdarm-…
colocolostomy *(Chir)* Kolokolostomie *f*, Dickdarm-Dickdarm-Anastomose *f*
colocutaneous *(Anat)* kolokutan; Dickdarm-Haut-…
colocutaneous fistula Kolon-Haut-Fistel *f*
colocystoplasty *(Chir)* Kolozystoplastik *f*
coloduodenal *(Anat)* koloduodenal; Dickdarm-Zwölffingerdarm-…
coloduodenal fistula Kolon-Duodenum-Fistel *f*
colodyspepsia Kolondyspepsie *f*, Dickdarmdyspepsie *f*
coloenteritis *(Path)* Enterokolitis *f*, Dünndarm- und Dickdarmentzündung *f*
colohepatopexy *(Chir)* Kolohepatopexie *f*, Dickdarmfixation *f* an der Leber
coloileal *(Anat)* ileokolisch; Kolon-Ileum-…
cololysis *(Chir)* Kolonlösung *f*, Dickdarmfreilegung *f (z. B. aus Verwachsungen)*
Colombian spotted fever *(Paras)* kolumbianisches Tobiafieber *n*, amerikanisches [neotropisches] Fleckfieber *n*, neuweltliches Zeckenbissfieber *n*
colon Colon *n*, Kolon *n*, Dickdarm *m (siehe auch unter: colic und colonic)*
colon actinomycosis Kolonaktinomykose *f*
colon adenoma Kolonadenom *n*
colon air insufflation Kolonlufteinblasung *f*
colon anastomosis Kolonanastomose *f*
colon atresia Kolonatresie *f*
colon bacillus Dickdarmbazillus *m*, Kolibakterium *n*, Escherichia *f* coli
colon cancer Kolonkrebs *m*, Dickdarmkarzinom *n*
colon carcinoma *s.* colon cancer
colon cleansing Kolonreinigung *f*
colon dilatation Kolondilatation *f*, Dickdarmerweiterung *f*
colon diverticulitis Kolondivertikulitis *f*
colon elongation Kolonelongation *f*, Dickdarmverlängerung *f*
colon fibrolipoma Kolonfibrolipom *n*
colon fistula Kolonfistel *f (siehe auch: colostomy 1.)*
colon gangrene Kolongangrän *f*
colon graft Kolontransplantat *n*
colon granuloma Kolongranulom *n*
colon granulomatosis Kolongranulomatose *f*
colon haemorrhage Kolonblutung *f*
colon histiocytosis Kolonhistiozytose *f*
colon interposition Koloninterposition *f*, Dickdarmzwischenschaltung *f*
colon intussusception Kolonintussuszeption *f*, Dickdarmeinstülpung *f*
colon ischaemia Kolonischämie *f*, Dickdarmminderdurchblutung *f*
colon irrigation Kolonirrigation *f*, Dickdarmirrigation *f*
colon lavage Kolonlavage *f*, Dickdarmspülung *f*
colon melanoma Kolonmelanom *n*
colon mesentery Kolonmesenterium *n*, Mesenterium *n* coli
colon meteorism Kolonmeteorismus *m*
colon motility Kolonmotilität *f*, Dickdarmbeweglichkeit *f*
colon mucosa Kolonmukosa *f*, Dickdarmschleimhaut *f*
colon obstruction Kolonobstruktion *f*, Dickdarmverlegung *f*
colon perforation Kolonperforation *f*
colon polyp Kolonpolyp *m*
colon polyposis Polyposis *f* coli, Dickdarmpolypose *f*, Vorhandensein *n* mehrerer Polypen im Dickdarm
colon pseudopolyp Kolonpseudopolyp *n*
colon regional enteritis Colitis *f* regionalis
colon resection Kolonresektion *f*, Kolektomie *f*, (operative) Dickdarmentfernung *f*
colon rupture Kolonruptur *f*, Dickdarmzerreißung *f*
colon sclerosis Kolonsklerose *f*
colon stasis Kolonstase *f*, Dickdarm(kot)stauung *f*
colon stenosis Kolonstenose *f*, Dickdarmeinengung *f*, Dickdarmvereng(er)ung *f*
colon surgery Kolonchirurgie *f*
colon taenia Dickdarmtänie *f*, Taenia *f* coli
colon trauma Kolontrauma *n*, Dickdarmverletzung *f*
colon tumour Kolontumor *m*, Dickdarmgeschwulst *f*
colon ulcer Kolonulkus *n*, Dickdarmgeschwür *n*
colon ulceration Kolonulzeration *f*, Dickdarmgeschwürentstehung *f*
colon volvulus Kolonvolvulus *m*, Dickdarmverdrehung *f*

colonalgia Kolonschmerz *m*, Dickdarmschmerz *m*
colonial morphology *(Bakt)* Kolonienmorphologie *f*
colonic Kolon..., Dickdarm... *(siehe auch unter: colon und colic)*
colonic diverticulitis Kolondivertikulitis *f*, Dickdarmdivertikelentzündung *f*
colonic diverticulosis Kolondivertikulose *f*
colonic pseudopolyps Kolonpseudopolypen *mpl*; Colitis *f* polyposa
colonic replacement Kolonersatz *m*
colonic stricture Kolonstriktur *f*
colonization 1. Kolonisierung *f*, Besiedlung *f (z. B. durch Mikroorganismen)*; 2. Innidation *f*, Absiedlung *f*, Einnistung *f*, Einnisten *n (z. B. von Krebszellen)*
colonize *v* **the large intestine** den Dickdarm besiedeln *(Bakterien)*
colonogram *(Rad)* Kolonogramm *n*, Kolonbewegungsbild *n*
colonometer Kolonometer *n (Zählgerät für Bakterienkolonien)*
colonopathy Kolonerkrankung *f*, Dickdarmleiden *n*
colonorrhagia Kolonhämorrhagie *f*, Dickdarmblutung *f*
colonorrhoea Kolo(no)rrhoea *f*, Kolondiarrhö *f (Diarrhö im Kolon beginnend)*
colonoscopy *s.* coloscopy
colony Kolonie *f*, Bakterienkolonie *f*, Zellkolonie *f*
colony counter Kolonienzähler *m*, Kolonienzählgerät *n*
colony-stimulating activity factor koloniestimulierender Faktor *m*, Granulopoietin *n (fördert Bildung von Granulozytenkolonien in Zellkulturen)*
colopathy Kolonopathie *f*, Kolonleiden *n*, Dickdarmerkrankung *f*
colopexostomy *(Chir)* Kolopexostomie *f*, Kolonfistelung *f* mit Kolonfixation *(in der Bauchdecke)*
colopexotomy *(Chir)* Kolopexotomie *f*, Koloninzision *f* mit Kolonfixation *(in der Bauchdecke)*
colopexy *(Chir)* Kolopexie *f*, Kolonfixierung *f*, (operative) Dickdarmfixation *f*
coloplication *(Chir)* Kolonplikation *f*, Dickdarmfaltung(soperation) *f*
coloproctectomy *(Chir)* Koloproktektomie *f*, (operative) Kolon- und Rektumentfernung *f*
coloproctitis Koloproktitis *f*, Kolon- und Rektumentzündung *f*, Proktokolitis *f*
coloproctostomy *(Chir)* Koloproktostomie *f*, Dickdarm-Rektum-Anastomose *f*
coloptosis Koloptose *f*, Dickdarmsenkung *f*
colopuncture *(Chir)* Kolonparazentese *f*, Dickdarmpunktion *f*
Colorado tick fever Coloradozeckenfieber *n*
colorectal kolorektal; Kolon-Rektum-..., Dickdarm-Mastdarm-...
colorectal anastomosis Kolon-Rektum-Anastomose *f*, rektokolische [kolorektale] Anastomose *f*
colorectal cancer kolorektales Karzinom *n*
colorectitis *s.* coloproctitis
colorectostomy *s.* coloproctostomy
colorectum Kolon *n* und Rektum
colorimeter Kolorimeter *n*, Farb(konzentrations)messer *m*
colorimetric kolorimetrisch; Kolorimetrie...
colorimetry Kolorimetrie *f*, Farbstoff(konzentrations)messung *f*
colorrhagia Kolorrhagie *f*, (abnormer) Dickdarmausfluss *m*
colorrhaphy Kolorrhaphie *f*, Kolonnaht *f*, Dickdarmnaht *f*
colorrhoea *s.* colonorrhoea
coloscope Kolo(no)skop *n*, Dickdarmspiegel *m*
coloscopy Kolo(no)skopie *f*, Dickdarmspiegelung *f*
colosigmoidostomy *(Chir)* Kolosigmoidostomie *f*, Sigmoid-Dickdarm-Anastomose *f*
colostomate *(Chir)* Kolostomaträger *m*, Patient *m* mit Kolostoma
colostomy 1. *(Chir)* Kolostomie *f*, Kolostoma *n*, Dickdarmfistel *f*, Kolonafter *m*, Kunstafter *m*; 2. *(Chir)* Kolostomie *f*, Kolonfistelung *f*
colostomy bag Kolostomiebeutel *m*, Kolonafterbeutel *m*, Kunstafterbeutel *m*, Kothalter *m*, Anus-praeter-Beutel *m*
colostomy care *(Chir)* Kolostoma-Pflege *f*, Anus-praeter-Pflege *f*
colostomy irrigation *(Chir)* Kolostomairrigation *f*, Kolostomaspülung *f*
colostomy opening Kolostomieöffnung *f*, Kunstafter *m*, Kunstafteröffnung *f*
colostration Kolostrumerkrankung *f (der Neugeborenen)*
colostric Kolostrum..., Vormilch...
colostrorrhoea *(Gyn)* Kolostrorrhö *f*, Kolostrumfluss *m*
colostrous Kolostrum..., Vormilch...
colostrum *(Gyn)* Kolostrum *n*, Vormilch *f*, Kolostralmilch *f*
colostrum test Kolostrumtest *m*, Kolostrumprobe *f*
colotomy *(Chir)* Kolotomie *f*, Dickdarmschnitt *m*, (operative) Dickdarmeröffnung *f*
colour 1. Farbe *f*, Farbempfindung *f*; 2. Färbung *f*; 3. Farbe *f*, Farbstoff *m*, Pigment *n* • **be of a mottled colour** marmoriert sein *(z. B. die Haut)*
colour adaptation Farb(en)adaptation *f*
colour agnosia Farbenagnosie *f*, amnestische Farbenblindheit *f*, Farbenerkennungsstörung *f*
colour amblyopia partielle Farbenblindheit *f*
colour aphasia zentrale Farbenblindheit *f*, Farbennamenaphasie *f*, Farbenbezeichnungsstörung *f*
colour-blind farb(en)blind
colour blindness Farbenblindheit *f*, Achromatopsie *f*
colour blindness chart Farbenblindheitstafel *n*; Ishihara-Farbtafel *f*
colour discrimination Farbenunterscheidung *f*, Farbenunterscheidungsvermögen *n*
colour Doppler *s.* colour Doppler sonograph
colour Doppler echocardiography Farb-Doppler-Echokardiographie *f*, Colour-Doppler-Echokardiographie *f*
colour Doppler image *s.* colour Doppler sonogram
colour Doppler sonogram Farb-Doppler-Sonogramm *n*, Farb-Doppler-Echobild *n*, Colour-Doppler-Echo(gramm) *n*, Farb-Doppler-Bild *n*, Farbdopplerbild *n*
colour Doppler sonograph Farb-Doppler-Sonograph *m*, Farb-Doppler-Gerät *n*, Farb-Doppler *m*, Farb-Duplex-Gerät *n*
colour Doppler sonography Farb-Doppler-Sonographie *f*
colour dysnomia Farbenbenennungsstörung *f*, Farbenbezeichnungsstörung *f*
colour-encoded Doppler flow *(Kard)* farbcodierter Doppler-Fluss *m*, farbcodierter Doppler-Flow *m*
colour-flow Doppler echocardiography Farb-Flow-Doppler-Echokardiographie *f*, Colour-Flow-Doppler-Echokardiographie *f*
colour-flow Doppler study Colour-Flow-Doppler-Untersuchung *f*
colour-flow mapping Colour-Flow-Mapping *n*, Farb-Fluss-Mapping *n*
colour hearing *(Neur)* Farbenhören *n*
colour index Färbeindex *m (Hämoglobingehalt des Einzelerythrozyten)*
colour of faeces Stuhlfarbe *f*
colour of urin Urinfarbe *f*, Harnfarbe *f*
colour perception Farbempfindung *f*, Farbenwahrnehmung *f*
colour scanning Farbszintigraphie *f*, Color-Szintigraphie *f*

colour scintigram Farbszintigramm *n*, Color-Szintigramm *n*
colour scotoma Farb(en)skotom *n*
colour sense Farb(en)sinn *m*
colour threshold Farben(reiz)schwelle *f*
colour threshold test Farb(en)schwellenprobe *f*, Farbenschwellentest *m*
colour vison Farbensehen *n*, Farbsinn *m*
colour vision defect Farbensehstörung *f*, Farbsinnstörung *f*
colour vision test Farb(en)sehtest *m*, Farbsinnprüfung *f*
colourless sputum farbloses [klares] Sputum *n*
colovaginal *(Anat)* kolovaginal; Dickdarm-Scheiden-...
colovaginal fistula Dickdarm-Scheiden-Fistel *f*
colovesical *(Anat)* kolovesikal; Dickdarm-Harnblasen-...
colovesical fistula Dickdarm-Harnblasen-Fistel *f*
colpalgia *(Gyn)* Kolpalgie *f*, Scheidenschmerz *m*, Vaginodynie *f*, Vaginalgie *f*
colpatresia *(Gyn, Path)* Vaginalatresie *f*, Scheidenatresie *f*, Scheidenverschluss *m*
colpectasia *(Gyn, Path)* Kolpektasie *f*, Scheidenerweiterung *f*
colpectasis *s.* colpectasia
colpectomy *(Gyn)* Kolpektomie *f*, Scheidenexstirpation *f*, (operative) Scheidenentfernung *f*, Vaginektomie *f*
colpeurynter *(Gyn)* Kolpeurynter *m*, Scheidendehner *m*
colpeurysis *(Gyn)* Kolpeuryse *f*, (operative) Scheidendehnung *f*
colpismus *s.* vaginismus
colpitis *(Gyn, Path)* Kolpitis *f*, Scheiden(schleimhaut)entzündung *f*, Scheidenkatarrh *m*, Vaginitis *f*, Elytritis *f*
colpocele *(Gyn, Path)* Kolpozele *f*, Scheidenbruch *m*, Scheidenprolaps *m*, Vaginozele *f*
colpocephaly *(Terat)* Kolpozephalie *f*
colpocleisis *(Gyn)* Kolpokleisis *f*, (operativer) Scheidenverschluss *m*, Simond'sche Operation *f*
colpocoeliocentesis *(Gyn)* Kolpozöliozentese *f*
colpocoeliotomy *(Gyn)* Kolpozöliotomie *f*
colpocystic Scheiden-Blasen-
colpocystitis *(Gyn, Path)* Kolpozystitis *f*, Scheiden- und Harnblasenentzündung *f*
colpocystocele *(Gyn, Path)* Kolpozystozele *f*, Scheiden-Blasen-Hernie *f*
colpocystoplasty *(Gyn)* Kolpozystoplastik *f*, Scheiden-Blasen-Plastik *f*
colpocystotomy *(Gyn)* Kolpozystotomie *f*, Scheiden-Blasen-Schnitt *m*
colpocystoureterotomy *(Gyn)* Kolpozystoureterotomie *f*
colpocytodiagnosis *(Gyn)* Kolpozytodiagnostik *f*
colpocytogram *(Gyn)* Kolpozytogramm *n*, Scheidenzellausstrich *m*
colpocytology *(Gyn)* Kolpozytologie *f*
colpodynia *s.* colpalgia
colpoedema *(Gyn, Path)* Vaginalödem *n*, Scheidenschwellung *f*
colpoepisiocleisis *(Gyn)* Kolpoepisiokleisis *f*
colpoepisiorrhaphy *(Gyn)* Kolpoepisiorrhaphie *f*, Scheiden- und Scheidenvorhofnaht *f*
colpography *(Rad)* Kolpographie *f*, Scheidenröntgen(kontrast)darstellung *f*
colpohyperplasia *(Gyn, Path)* Kolpohyperplasie *f*, Scheidenschleimhauthyperplasie *f*
colpohysterectomy *(Gyn)* Kolpohysterektomie *f*, (operative) Scheiden- und Gebärmutterentfernung *f*
colpohysteropexy *(Gyn)* Kolpohysteropexie *f*, (operative) Scheiden- und Gebärmutterfixation *f*
colpohysterorrhaphy *(Gyn)* Kolpohysterorrhaphie *f*, Scheiden- und Gebärmutternaht *f*
colpohysterotomy *(Gyn)* Kolpohysterotomie *f*, (operative) Scheiden- und Gebärmuttereröffnung *f*
colpolaparoscopy *(Gyn, Path)* Kolpolaparoskopie *f*
colpolaparotomy *(Gyn, Path)* Kolpolaparotomie *f*
colpomicroscope *(Gyn)* Kolpomikroskop *n*
colpomicroscopic kolpomikroskopisch
colpomicroscopy *(Gyn)* Kolpomikroskopie *f*, Scheidenmikroskopie *f*
colpomycosis *(Gyn)* Kolpomykose *f*, Scheidenmykose *f*, Pilzerkrankung *f* der Scheide
colpomyomectomy *(Gyn)* Kolpomyomektomie *f*, vaginale Myomektomie *f*
colpopathy *(Gyn, Path)* Kolpopathie *f*, Scheidenerkrankung *f*, Scheidenleiden *n*, Vaginopathie *f*
colpoperineocleisis *(Gyn)* Kolpoperineokleisis *f*
colpoperineoplasty *(Gyn)* Kolpoperineoplastik *f*, Scheidendammplastik *f (bei Scheidensenkung)*
colpoperineorrhaphy *(Gyn)* Kolpoperineorrhaphie *f*, Scheiden-Damm-Naht *f*, Vaginoperineorrhaphie *f*
colpopexy *(Gyn)* Kolpopexie *f*, (operative) Scheidenfixation *f*, Vaginafixierung *f*
colpoplasty *(Gyn)* Kolpoplastik *f*, Scheidenrekonstruktion *f*, (operative) Scheidenwiederherstellung *f*, Vaginaplastik *f*
colpopoiesis *(Gyn)* Scheidenbildung *f (durch plastische Operation)*
colpoptosis *(Gyn)* Kolpoptose *f*, Scheidensenkung *f*, Scheidenvorfall *m*
colporectopexy *(Gyn)* Kolporektopexie *f (Kolonfixierung an der Scheidenwand)*
colporrhagia *(Gyn)* Kolporrhagie *f*, Scheidenblutung *f*
colporrhaphy *(Gyn)* Kolporrhaphie *f*, Scheidennaht *f*
colporrhexis Kolporrhexis *f*, Scheideneinriss *m*, Scheidenabriss *m*
colposcope *(Gyn)* Kolposkop *n*, Scheidenspiegel *m*, Vaginalspekulum *n*, Vaginoskop *n*
colposcopic *(Gyn)* kolposkopisch, vaginaspiegelnd
colposcopy *(Gyn)* Kolposkopie *f*, Scheidenspiegelung *f*, Vaginoskopie *f*
colpospasm *(Gyn)* Kolpospasmus *m*, Scheidenkrampf *m*, Scheidenspasmus *m*, Vaginismus *m*
colpostat *(Gyn)* Kolpostat *m*
colpostenosis *(Gyn, Path)* Kolpostenose *f*, Scheidenvereng(er)ung *f*
colpostenotomy *(Gyn)* Kolpostenotomie *f*, (operative) Scheidenstenosenerweiterung *f*
colpotome *(Gyn)* Kolpotom *n*, Scheidenmesser *n*, Vaginotom *n*
colpotomy *(Gyn)* Kolpotomie *f*, Scheidenschnitt *m*, (operative) Scheideneröffnung *f*, Vaginotomie *f*
colpoureterocystotomy *(Gyn)* Kolpoureterozystotomie *f*
colpoureterotomy *(Gyn)* Kolpoureterotomie *f*
colpoxerosis *(Gyn)* Kolpoxerosis *f*, Trockenheit *f* der Scheide
Columbia-SK virus Columbia-SK-Virus *n*, Enzephalomyokarditisvirus *n*
Columella effect Columella-Effekt *m (bei Tympanoplastik)*
column Columna *f*, Säule *f*
column chromatography Säulenchromatographie *f*
column of Goll Goll'scher Strang *m*, Fasciculus *m* gracilis medullae spinalis *(mittlerer Teil der sensiblen Hinterstrangbahn)*
column of the fornix Columna *f* fornicis
column of the vagina Columna *f* rugarum
columna *s.* column
columnar cell Zylinder(epithel)zelle *f*
columnar-cell carcinoma Zylinder(epithel)zellenkarzinom *n*, Zylinderepithelkarzinom *n*
columnar ciliated epithelium zilientragendes Zylinderepithel *n*

columnar epithelium Zylinderepithel *n*
columnization *(Gyn)* Kolumnisation *f*, Scheidentamponade *f (zur Stützung bei Uterusprolaps)*
columns of Morgagni Columnae *fpl* anales
coma *(Neur)* Koma *n*, Bewusstlosigkeit *f* • **go into coma** in das Koma eintreten, komatös werden
coma cast Koma(harn)zylinder *m*, Külz'scher Zylinder *m (bei Diabetes mellitus)*
coma-like komaartig, komaähnlich
coma therapy Komatherapie *f*, Komabehandlung *f*
comatose *(Neur)* komatös, bewusstlos • **be comatose** komatös [bewusstlos] sein
comatose condition [state] *(Neur)* komatöser Zustand *m*, Komazustand *m*, Koma *n* • **be in comatose state** sich in komatösem Zustand befinden, sich im Koma befinden
comatous *s.* comatose
combat *v* **a disease** eine Krankheit bekämpfen, gegen eine Krankheit vorgehen
combat *v* **the infection** die Infektion bekämpfen
combat *v* **the shock** den Schock bekämpfen
combat exhaustion akute Kampfreaktion *f*
combat fatigue Kriegsneurose *f*
combat neurosis *s.* combat fatigue
combination chemotherapy kombinierte Chemotherapie *f* Kombinationschemotherapie *f*
combination insulin Kombinationsinsulin *n*, Mischinsulin *n*
combination oral contraceptive *(Gyn)* kombiniertes orales Kontrazeptivum *n*, Kombinationspille *f*; Einphasenpille *f*
combination stethoscope Kombinationsstethoskop *n*
combination stethoscope with diaphragm and bell (kombiniertes) Membran- und Trichter-Stethoskop *n*
combination therapy Kombinationstherapie *f*, Kombinationsbehandlung *f*
combined anaesthesia Kombinationsnarkose *f*
combined aphasia Kombinationsaphasie *f*, kombinierte Aphasie *f*
combined blood bilirubin konjugiertes [direktes] Bilirubin *n*
combined examination kombinierte [extern-interne] Untersuchung *f*
combined externo-internal version *(Gyn)* kombinierte [extern-interne] Wendung *f*
combined fracture Kombinationsfraktur *f*
combined hydrochloric acid gebundene freie Salzsäure *f (im Magen)*
combined modality treatment kombinierte Therapie *f*, kombinierte Behandlungsmethode *f*
combined (oral contraceptive) pill *s.* combination oral contraceptive
combined system disease subakute kombinierte Degeneration *f* des Rückenmarks, funikuläre Myelose *f* [Spinalerkrankung *f*]
combined tablet Kombinationstablette *f*
combined trauma Kombinationstrauma *n*, Kombinationsverletzung *f*
combined vaccine Kombinationsimpfstoff *m*
combined valvular disease kombiniertes Klappenvitium *n*, kombinierter Klappenfehler *m*
combining site Bindungsstelle *f (z. B. an Antikörpern)*
combustion Combustio *f*, Verbrennung *f (Zusammensetzungen siehe unter: burn)*
come *v* **off easily** sich leicht (ab)lösen, leicht abgehen *(z. B. Verband)*; sich leicht entfernen lassen
come *v* **on** eintreten, auftreten *(z. B. Menopause)*
come *v* **through** überwinden, überstehen, überleben *(z. B. eine Krankheit)*
comedo *(Derm)* Comedo *m*, Komedo *m*, Mitesser *m*
comedo adenocarcinoma *(Path)* Komedokarzinom *n*
comedocarcinoma *(Path)* Komedokarzinom *n*
comedogenicity Komedogenizität *f*, Komedonenbildungseigenschaft *f (z. B. Hormone)*
comedogenous komedobildend, Komedonen bildend
comedomastitis Komedomastitis *f*
comedone *s.* comedo
comedones extractor *(Derm)* Komedonenquetscher *m*
comfort temperature Behaglichkeitstemperatur *f*, Komforttemperatur *f*
comfort temperature zone Behaglichkeitstemperaturzone *f*
comfortable for the patient patientenfreundlich
comitance Begleitung *f*, begleitende Bewegung *f*
comitant squint Begleitschielen *n*, Strabismus *m* concomitans
Comly's syndrome Comly-Syndrom *n*, alimentäre Methämoglobinämie *f (bei Säuglingen)*
comma bacillus Kommabazillus *n*, Vibrio *m* cholerae, Choleravibrio *m*
comma tract *(Anat)* Schultze-Komma *n*, Fasciculus *m* interfascicularis
command automatism *(Neur)* Befehlsautomatie *f*, Kommandoautomatismus *m*
command hallucination *(Neur)* Befehlshalluzination *f*, Kommandohalluzination *f*
commensal (symbiotisch) zusammenlebend
commensalism (symbiotisches) Zusammenleben *n*
comminute zersplittern, zerbrechen, zertrümmern
comminuted *v* zersplittert, zertrümmert; Splitter…, Trümmer…
comminuted fracture Komminutivfraktur *f*, Splitter(knochen)bruch *m*, Trümmerfraktur *f*, Zertrümmerungsbruch *m*
comminution Zersplitterung *f*, Zerbrechen *n*, Zertrümmerung *f (z. B. eines Knochens)*
commissura *s.* commissure
commissural kommissural; Kommissuren…
commissural aphasia *(Neur)* Kommissurenaphasie *f*
commissural cell *(Anat)* Kommissurenzelle *f*, Cellula *f* commissuralis
commissural fibre Kommissurenfaser *f*
commissural ileus Adhäsionsileus *m*, Bridenileus *m*
commissural nucleus Kommissurenkern *m*, Kommissurennukleus *m*
commissure Commissura *f*, Kommissur *f*, Verbindung *f (siehe auch unter: commissural)*
commissure of Forel Decussatio *f* supramamillaris
commissure of the fornix Commissura *f* fornicis
commissure of the upper and lower lips Commissura *f* labiorum oris
commissurorrhaphy *(Chir)* Kommissurorrhaphie *f*, Kommissurenraffung *f*
commissurospinal kommissurospinal
commissurotomy *(Chir)* Kommissurotomie *f*, Kommissurendurchtrennung *f*, Kommissurenspaltung *f*
commitment Zwangseinweisung *f (psychisch Kranker)*
common atrioventricular canal gemeinsamer Atrioventrikularkanal *m* [AV-Kanal *m*], kompletter Endokardkissendefekt *m*
common basal vein Vena *f* basalis communis
common bile duct Ductus *m* choledochus, Choledochus *m*, Hauptgallengang *m*, (gemeinsamer) Gallengang *m*
common bile duct anastomosis Ductus-choledochus-Anastomose *f*, Choledochusanastomose *f*
common bile duct cancer Ductus-choledochus-Karzinom *n*, Choledochuskrebs *m*
common bile duct cyst Ductus-choledochus-Zyste *f*, Choledochuszyste *f*

common bile duct dilator Choledochusdilatator *m*, Gallengangdilatationsolive *f*
common bile duct disease Ductus-choledochus-Erkrankung *f*, Choledochusleiden *n*
common bile duct drainage Ductus-choledochus-Drainage *f*, Choledochusdrainage *f*
common bile duct exploration Ductus-choledochus-Exploration *f*, Choledochusuntersuchung *f*
common bile duct forceps Choledochusklemme *f*
common bile duct reconstruction Ductus-choledochus-Rekonstruktion *f*, Choledochuswiederherstellung *f*
common bile duct stone Ductus-choledochus-Stein *m*, Choledochusstein *m*
common bile duct stone disease Ductus-choledochus-Steinkrankheit *f*, Choledochussteinleiden *n*, Choledocholithiasis *f*
common bile duct surgery Ductus-choledochus-Chirurgie *f*, Choledochuschirurgie *f*
common bile duct trauma Ductus-choledochus-Läsion *f*, Choledochusverletzung *f*
common carotid artery gemeinsame Kopfarterie *f*, Arteria *f* carotis communis
common carotid plexus Plexus *m* caroticus communis
common cold Erkältung *f*, banaler Erkältungsinfekt *m*, Infekt *m* der oberen Luftwege; grippaler Infekt *m*
common cold syndrome Erkältungs(krankheits)syndrom *n*
common cold virus Common-cold-Virus *n*, CC-Virus *n* *(banales Erkältungsvirus)*
common crus Crus *n* (osseum) commune *(Innenohr)*
common duct *s.* common bile duct
common facial vein gemeinsame Fazialvene *f*, Vena *f* facialis communis
common hepatic artery gemeinsame Leberarterie *f*, Arteria *f* hepatica communis
common hepatic duct gemeinsamer Lebergang *m*, Ductus *m* hepaticus communis
common iliac artery gemeinsame Hüftarterie *f*, Arteria *f* iliaca communis
common iliac vein gemeinsame Hüftvene *f*, Vena *f* iliaca communis
common interosseous artery gemeinsame Zwischenknochenarterie *f*, Arteria *f* interossea communis
common meatus of the nose gemeinsamer Nasengang *m*, Meatus *m* nasi communis
common palmar digital artery gemeinsame palmare Fingerarterie *f*, Arteria *f* digitalis palmaris communis
common palmar digital nerves of the median nerve Nervi *mpl* digitales palmares communes nervi mediani
common palmar digital nerves of the ulnar nerve Nervi *mpl* digitales palmares communes nervi ulnaris
common peroneal nerve Wadenbeinnerv *m*, Nervus *m* peronaeus communis
common plantar digital artery gemeinsame plantare Zehenarterie *f*, Arteria *f* digitalis plantaris communis
common plantar digital nerves of the lateral plantar nerve Nervi *mpl* digitales plantares communes nervi plantaris lateralis
common plantar digital nerves of the medial plantar nerve Nervi *mpl* digitales plantares communes nervi plantaris medialis
common pulmonary trunk Truncus *m* pulmonalis communis
common vehicle spread *(Epid)* gewöhnliche Übertragung *f*, unspezifischer Übertragungsweg *m (z. B. über Trinkwasser)*
common volar digital artery gemeinsame volare Fingerarterie *f*, Arteria *f* digitalis volaris communis
common wart (of the skin) Verruca *f* vulgaris
common wart virus (gewöhnliches) Warzenvirus *n*
commotion *s.* concussion
communicability Übertragbarkeit *f*, Übertragungsfähigkeit *f*, Infektiösität *f*
communicability period Ansteckungsperiode *f*, Infektionsperiode *f*, infektiöser Zeitraum *m (z. B. einer Infektionskrankheit)*
communicable übertragbar, übertragungsfähig, infektiös
communicable disease übertragbare Krankheit *f*, Infektionskrankheit *f*, Ansteckungskrankheit *f*
communicate *v* kommunizieren, verbinden; in Verbindung treten; anastomosieren *(auf chirurgischem Wege)*
communicated insanity 1. induziertes Irresein *n*, Folie *f* à deux; 2. *(Neur)* Kontaktwahn *m*
communicating begleitend, communicans; Begleit...
communicating artery Arteria *f* communicans
communicating hydrocephalus Hydrocephalus *m* communicans, kommunizierender Wasserkopf *m*
communicating veins of the leg Venae *fpl* perforantes *(Unterschenkel)*
community care (sozialpsychologische) Regionalfürsorge *f*
community health nurse Gemeindeschwester *f*
community medicine Sozialmedizin *f*
community mental health centre Gemeindezentrum *n* für psychische Gesundheit; gemeindenahe Psychiatrie *f*
community nurse Gemeindeschwester *f*
comorbid komorbid
comorbidity *(Epid, Path)* Komorbidität *f*, Begleitmorbidität *f*
compact kompakt, dicht (gepackt), mit dichter Struktur; zusammengedrängt
compact bone *s.* compacta
compact layer Stratum *n* compactum
compact osteoma Osteoma *n* eburneum
compact tissue *s.* compacta
compacta Substantia *f* compacta, Knochenkompakta *f*, Kompakta *f*
compaction 1. *(Gyn)* Verhakung *f*, Einkeilung *f (bei Zwillingsgeburt)*; 2. *(Embr)* Verschmelzung *f (der Blastomeren)*
companion artery of the sciatic nerve Arteria *f* comitans nervi ischiadici, Ischias(nerven)begleitarterie *f*
comparascope *(Lab)* Komparaskop *n (zur gleichzeitigen Betrachtung von mikroskopischen Präparaten)*
comparative anatomy vergleichende Anatomie *f*
comparative embryology vergleichende Embryologie *f*
comparative palpation vergleichende Palpation *f*
comparative psychiatry *(Neur)* vergleichende Psychiatrie *f*
comparator *(Lab)* Komparator *m*, Komparatorblock *m*
compartment 1. Kompartiment *n*, Kompartment *n*, Abschnitt *m (z. B. Funktionseinheit einer Zelle)*; 2. *(Anat)* Kompartment *n*, Kompartiment *n*, geschlossener Raum *m (z. B. Muskeltunnel)*; 3. *(Pharm)* Kompartiment *n*, Kompartment *n*, Verteilungsraum *m (z. B. eines Pharmakons)*
compartment syndrome Kompartmentsyndrom *n*
compartmentalization Kompartmentbildung *f*
compartmentation *s.* compartmentalization
compatibility Kompatibilität *f*, Verträglichkeit *f*, Vereinbarkeit *f*
compatible kompatibel, verträglich; vereinbar
compelling urge of overactivity *(Neur)* Beschäftigungszwang *m*
compensated acidosis kompensierte Azidose *f*
compensated alkalosis kompensierte Alkalose *f*
compensated glutaeal gait kompensierter Glutäus(muskel)gang *m*
compensated heart failure kompensierte Herzinsuffizienz *f*

compensating filter *(Rad)* Ausgleichsfilter *m*, Kompensator *m*
compensating neurosis Begehrensneurose *f*, Tendenzneurose *f*
compensation Kompensation *f*, Ausgleich *m*; Ersatz *m*
compensation neurosis Entschädigungsneurose *f*
compensatory kompensatorisch, ausgleichend
compensatory curvature kompensatorische Krümmung *f (Wirbelsäule)*
compensatory hypertension Erfordernishochdruck *m*
compensatory hypertrophy Kompensationshypertrophie *f*
compensatory pause *(Kard)* kompensatorische [postextrasystolische] Pause *f*
competence Kompetenz *f*, Fähigkeit *f*, Befähigung *f*
competition Kompetition *f*, Wettbewerb *m (z. B. um Bindungsstellen)*
competitive displacement *(Bioch)* kompetitive Verdrängung *f (z. B. von Pharmaka)*
competitive identification *(Neur)* kompetitive Identifizierung *f*
competitive inhibitor *(Bioch)* kompetitiver Inhibitor *m*
complaints Leiden *n*, Erkrankung *f*, Beschwerden *pl*
complement *(Immun)* Komplement *n*, C' *(Wirkgruppe im Blutserum)*
complement abnormality Komplementabnormalität *f*
complement cascade *(Bioch)* Komplementkaskade *f*
complement fixation *(Immun)* Komplementfixation *f*, Komplementbindung *f*
complement-fixation antibody Komplement-Fixationsantikörper *m*
complement-fixation reaction Komplement-Fixationstest *m*, Komplementbindungsreaktion *f*, KBR, Komplementablenkung(sreaktion) *f*
complement-fixation test *s.* complement-fixation reaction
complement-fixing komplementfixierend, komplementbindend
complement inhibition Komplementhemmung *f*
complement-mediated durch Komplement bewirkt [übertragen]
complement properdin system Komplement-Properdin-System *n*
complement protein molecule Komplementproteinmolekül *n*
complement system Komplementsystem *n*
complemental air Komplementärluft *f*, inspiratorisches Reservevolumen *n*
complemental space Komplementärraum *m*, Recessus *m* pleuralis, Ergänzungsraum *m*
complementary colour Komplementärfarbe *f*
complementary DNA komplementäre Desoxyribonucleinsäure *f*, komplementäre DNS *f*
complementary emphysema Komplementäremphysem *n*
complementary feeding komplementäre [ergänzende] Ernährung *f*, zusätzliche Nahrungszufuhr *f*
complementation Komplementation *f (Virusreplikation)*
complementoid Komplementoid *n*
complementophil *s.* complement-fixing
complete abortion Abortus *m* completus
complete antigen komplettes Antigen *n*
complete auriculoventricular block *s.* complete heart block
complete bed bath komplette Körper(ab)waschung *f (bei Schwerkranken)*
complete blood count komplettes [vollständiges] Blutbild *n*
complete breech komplette Steißlage *f*
complete course of treatment kompletter Behandlungsverlauf *m*, kompletter Therapieablauf *m*
complete cross block *s.* complete heart block
complete deafness komplette Taubheit *f*, völlige Taubheit *f*
complete denture Vollprothese *f*, Totalprothese *f*
complete dislocation komplette Dislokation *f* [Verrenkung *f*]
complete endocardial cushion defect *s.* common atrioventricular canal
complete fistula komplete Fistel *f (bis zur Körperoberfläche)*
complete fracture kompletter Bruch *m*, komplette Knochenfraktur *f* [Fraktur *f*]
complete heart block kompletter Atrioventrikularblock *m* [AV-Block *m*], AV-Block *m* III. Grades
complete hernia komplette Hernie *f*
complete intestinal obstruction kompletter Ileus *m*, vollständiger Darmverschluss *m*
complete ischuria kompletter Harnverhalt *m*, Anurie *f*
complete loss of sensation kompletter [totaler] Sensibilitätsverlust *m*
complete lung spread komplette Lungenausdehnung *f*, vollständige Lungenentfaltung *f*
complete paralysis komplette Paralyse *f* [Lähmung *f*]
complete rachischisis komplette Rachischisis *f* [Wirbelsäulenspalte *f*]
complete recovery komplette Heilung *f*, Ausheilung *f*, komplette Erholung *f*
complete remission komplette Remission *f*, vollständiger Rückgang *m (z. B. von Symptomen)*
complete response *(Onk)* komplette Reaktion *f*, komplettes Tumorverschwinden *n*
complete rest komplette Ruhigstellung *f*
complete transverse block *s.* complete heart block
completed stroke kompletter Schlaganfall *m* [Insult *m*], zerebrovaskuläre Insuffizienz *f* Stadium IV, CS
completion Abschluss *m*; Vervollständigung *f*, Ergänzung *f*
completion cholangiography Abschlusscholangiographie *f*
complex 1. komplex, umfassend; mehrfach, vielschichtig; vielgestaltig, kompliziert; zusammengesetzt; 2. *(Neur)* komplexhaft
complex *(Neur)* Komplex *m* • **suffer from a complex** an einem Komplex leiden, einen Komplex haben
complex compound komplexe Verbindung *f*, Komplexverbindung *f*
complex fracture komplexe Fraktur *f*
complex infection Mehrfachinfektion *f*
complex motion komplexe Bewegung *f*
complexion Hautfarbe *f*, Gesichtsfarbe *f*, Teint *m*
complexus (muscle) Musculus *m* semispinalis capitis
compliance 1. Compliance *f*, Dehnbarkeit *f*, Elastizität *f*; 2. Zusammenarbeit *f*, Mitarbeit *f (z. B. des Patienten)*; 3. *(Psych)* Willfährigkeit *f*, (konfliktfreies) Sichfügen *n* in Verhaltensvorschriften
compliance of the lung Compliance *f* (der Lunge) *(Maß für die Lungendehnbarkeit in Abhängigkeit von der Volumenänderung)*
complicated kompliziert
complicated cataract Cataracta *f* complicata
complicated delivery *s.* complicated labour
complicated dislocation komplizierte Dislokation *f* [Verrenkung *f*]
complicated fracture komplizierte Fraktur *f*, offener Knochenbruch *m* [Bruch *m*]
complicated labour komplizierte Geburt *f*, Geburtskomplikation *f*

complication Komplikation *f*, Verschlechterung *f*, Verschlimmerung *f (z. B. einer Krankheit)*
complication in anaesthesia Narkosekomplikation *f*, Narkosezwischenfall *m*
complication in blood transfusion Transfusionskomplikation *f*, Transfusionszwischenfall *m*
component Komponente *f*, Bestandteil *m*
component drip set Infusionsbesteck *n*, Infusionssystem *n*, Infusions-Set *n*
component instincts Partialtriebe *mpl*
component syringe set Spritzenbesteck *n*, Spritzen-Set *n*
component therapy Komponententherapie *f*, Blutkomponentenbehandlung *f*
compose *v* zusammensetzen
composite zusammengesetzt
composite core *(Stom)* zusammengesetzter Kern *m*, Kompositkern *m*
composite graft zusammengesetztes Transplantat *n*
composite odontoma *(Stom)* komplexes Odontom *n*
composure *(Neur)* Besonnenheit *f*
compound aneurysm komplexes Aneurysma *n*
compound articulation zusammengesetztes Gelenk *n*, Articulatio *f* composita
compound astigmatism zusammengesetzter Astigmatismus *m*
compound dislocation offene Luxation *f*, komplizierte Verrenkung *f (z. B. eines Gelenks)*
compound fracture komplizierte Fraktur *f*, offener Knochenbruch *m* [Bruch *m*]
compound granule cell *(Histol)* Gitterzelle *f*
compound hallucination komplexe Halluzination *f*
compound heart defect komplexer Herzfehler *m*
compound hypermetropic astigmatism zusammengesetzter hypermetroper Astigmatismus *m*
compound joint komplexes Gelenk *n*, Mehrfachgelenk *n*
compound myopic astigmatism zusammengesetzter myoper Astigmatismus *m*
compound ovarian tumour Eierstockteratom *n*
compound presentation *(Gyn)* Extremitätenvorfall *m (Geburtslage)*
comprehension Verstehen *n*, Auffassung *f*
comprehensive medical care umfassender Gesundheitsschutz *m*
comprehensive psychology verstehende Psychologie *f*
compress *v* komprimieren, zusammenpressen, zusammendrücken; verdichten
compress Kompresse *f*, Umschlag *m*, Wickel *m*
compressed-air illness [sickness] Dekompressionskrankheit *f*
compressibility Kompressibilität *f*, Komprimierbarkeit *f*
compressing pain konstriktorischer [einschnürender] Schmerz *m*
compression Kompression *f*, Compressio *f*, Zusammendrücken *n*, Zusammenpressen *n*
compression anaesthesia Druckanästhesie *f*, Druckunempfindlichkeit *f (Nervenleitungsstörung infolge Druckschädigung)*
compression anuria Kompressionsanurie *f*, Verschüttungsanurie *f (beim Crush-Syndrom)*
compression arthrodesis Kompressionsarthrodese *f*, Druckarthrodese *f*
compression atelectasis Kompressionsatelektase *f*, Stillstandsatelektase *f*
compression atrophy Kompressionsatrophie *f*, Druckatrophie *f*
compression bandage 1. Staubinde *f*, 2. *s.* compression dressing
compression bone plate *(Chir)* Druckosteosyntheseplatte *f*, Knochenkompressionsplatte *f*
compression bone screw *(Chir)* Druckosteosyntheseschraube *f*, Kompressionsschraube *f*
compression cyanosis Hohlvenenkompressionszyanose *f*, Kompressionszyanose *f*
compression device Kompressorium *n*
compression dressing Kompressionsverband *m*, Druckverband *m*
compression forceps Klemmzange *f*
compression fracture Kompressionsfraktur *f*, Kompressions(knochen)bruch *m*, Quetschfraktur *f*
compression fracture of the vertebral body Wirbelkörperkompressionsfraktur *f*
compression myelitis Kompressionsmyelitis *f*
compression neuritis Kompressionsneuritis *f*, Druckneuritis *f*, Druckschädigung *f* eines Nerven
compression neuropathy Kompressionsneuropathie *f*
compression nystagmus Kompressionsnystagmus *m*, Drucknystagmus *m*
compression of adjacent tissue with tumour Gewebeummauerung *f* durch Tumor
compression of artery Arterienkompression *f*, Arterienabdrücken *n*
compression of the brain Compressio *f* cerebri, Hirnquetschung *f*, Gehirnzerquetschung *f*
compression of the chest Thoraxkompression *f*, Brustkorbeinklemmung *f*
compression osteosynthesis Kompressionsosteosynthese *f*, Druckosteosynthese *f*
compression paralysis Kompressionsparalyse *f*, Drucklähmung *f*
compression plating *(Chir)* Druckverplattung *f*, Druckplattenosteosynthese *f*
compression radiculitis Kompressionsradikulitis *f*
compression shock Kompressionsschock *m*
compression syndrome Kompressionssyndrom *n*; Verschüttungssyndrom *n*; Crush-Syndrom *n*
compression thrombosis Kompressionsthrombose *f*
compression-traction syndrome Scalenus-anterior-Syndrom *n*
compression tube Kompressionsschlauch *m*, Stauschlauch *m*
compressor 1. Kompressorium *n (chirurgisches Instrument)*; 2. Kompressionsmuskel *m*, Musculus *m* compressor
compressorium Kompressorium *n*
compromise formation Kompromissbildung *f*
compromised host beeinträchtigter Wirt *m*, geschwächter Wirtsorganismus *m (z. B. infolge Immunsuppression)*
compulsatory vaccination Pflichtimpfung *f*
compulsion Zwang *m*, innerer Antrieb *m*; Obsession *f*, Zwangshandlung *f*
compulsion act *(Neur)* Zwangshandlung *f*
compulsion idea Zwangsidee *f*, Zwangsvorstellung *f*
compulsion neurosis Zwangsneurose *f*
compulsion to repeat Wiederholungszwang *m*
compulsive zwangsweise; Zwangs...
compulsive movement Kompulsivbewegung *f*, Zwangsbewegung *f*
compulsive personality Anankast(iker) *m*, Zwangsneurotiker *m*
compulsive personality disorder *(Neur)* zwanghafte Persönlichkeitsstörung *f*
compulsive polydipsia Zwangspolydipsie *f*, Zwangstrinken *n*, zwangmäßige Flüssigkeitsaufnahme *f*
compulsive psychopathic personality *(Neur)* anankastischer Psychopath *m*
compulsive ritual Zwangshandlung *f*

compulsive thinking Zwangsdenken *n*
compulsory therapy Zwangsbehandlung *f*, zwangsweise Therapie *f*
computed dental radiography computergestützte Zahn(röntgen)darstellung *f*
computed tomography *s.* computerized tomography
computer angiography *s.* computer-tomographic angiography
computer-assisted diagnosis computergestützte Diagnose *f*, Computerdiagnose *f*
computer-assisted instruction computergestützte Ausbildung *f*
computer-assisted learning computergestütztes Lernen *n*
computer-based patient monitoring computergestützte Patientenüberwachung *f*
computer-tomographic computertomographisch; CT-...
computer-tomographic angiography Computertomographie-Angiographie *f*, CT-Angiographie *f*
computer-tomographic findings Computertomographie-Befund *m*, CT-Befund *m*, computertomographischer Befund *m*
computer-tomographic scan Computertomogramm *n*, CT-Bild *n*
computer-tomographic scanner Computertomograph *m*
computer-tomographic scanning *s.* computerized tomography
computerized axial tomography *s.* computerized tomography
computerized cranial tomogram Computertomographie-Schädelbild *n*, CT-Schädelbild *n*
computerized tomogram Computertomogramm *n*, CT-Bild *n*
computerized-tomographic scanning *s.* computerized tomography
computerized tomography *(Rad)* Computertomographie *f*, CT
conarium Zirbeldrüse *f*, Epiphyse *f*, Epiphysis *f* cerebri, Corpus *n* pineale *(Zusammensetzungen siehe unter: pineal und epiphyseal)*
conation Konation *f*, Willenskraft *f*, Willensstärke *f*, Antrieb *m*
conative durch den Willen bewirkt, triebhaft, Willens..., Antriebs...
concameration Bildung *f* von verbundenen Höhlen
concanavalin A Concanavalin *n* A *(Hämagglutinin)*
concassation Zerstoßen *n*; Zerkleinern *n*; Schroten *n*; Brechen *n (z. B. von Pflanzenteile zur Extraktgewinnung)*
concatenate *v* verketten, Ketten bilden; verknüpfen
concatenation Verkettung *f*, Kettenbildung *f*, Verknüpfung *f*
Concato's disease chronische idiopathische Polyserositis *f*, Bamberger'sche Krankheit *f*, Concato-Krankheit *f*
concave konkav; Konkav...
concave border of the kidney Margo *m* medialis renis, mittlerer Rand *m* der Niere
concave lens Konkavlinse *f*, Zerstreuungslinse *f*
concave mirror Konkavspiegel *m*, Hohlspiegel *m*, Sammelspiegel *m*
concave nail Löffelnagel *m*
concavity Konkavität *f*
concavo-concave bikonkav *(z. B. Linse)*
concavo-convex konkav-konvex *(z. B. Linse)*
concealed accessory pathway *(Kard)* verborgene akzessorische Leitungsbahn *f (mit retrograder Impulsleitung)*
concealed conduction *(Kard)* verborgene Impulsleitung *f*
concealed haemorrhage versteckte [innere] Blutung *f*
concealed junctional extrasystole *(Kard)* versteckte Knotenextrasystole *f*
conceive *v* empfangen, schwanger werden
concentrate *v* 1. bündeln *(z. B. Strahlen)*; zentrieren *(z. B. Licht)*; 2. *(Lab)* konzentrieren, eindicken; einengen *(Lösungen)*
concentrating ability Konzentrierungsfähigkeit *f*, Konzentrationsfähigkeit *f (z. B. der Niere)*
concentration 1. Konzentration *f*, Gehalt *m*; 2. Konzentrierung *f*, Anreicherung *f*, Eindickung *f*; 3. (geistige) Konzentration *f*, Aufmerksamkeitsbindung *f*, Aufmerksamkeit *f*
concentration camp syndrome Konzentrationslager-Syndrom *n*, KZ-Syndrom *n*, Nierenkonzentrierungstest *m*
concentration effect Konzentrationseffekt *m*
concentration gradient Konzentrationsgradient *m*
concentration plateau Konzentrationsplateau *n*
concentration test Konzentrationstest *m*; Nierenkonzentrierungstest *m*, Durstversuch *m*
concentric konzentrisch
concentric contraction konzentrische Kontraktion *f*
concentric fibroma konzentrisches Fibrom *n (der Uterushöhle)*
concentric hypertrophy konzentrische Hypertrophie *f*
concentric sclerosis konzentrische Sklerose *f*, Encephalomyelitis *f* periaxialis concentrica, Leukoencephalitis *f* concentrica, Baló'sche Krankheit *f*
concept Konzept *n*, (abstrakte) Idee *f*; Auffassung *f*
concept of vulnerability *(Neur)* Vulnerablitätskonzept *n*, Vulnerablitäts-Stress-Konzept *n (der Schizophrenie)*
conception 1. (geistige) Vorstellung *f*, Konzeption *f*, Vorstellungsvermögen *n*; 2. Konzeption *f*, Empfängnis *f*, Befruchtung *f*
conception control *s.* contraception
conception memory *(Neur)* metaphorisches [bildhaftes] Gedächtnis *n*
conception thinking *(Neur)* metaphorisches [bildhaftes] Denken *n*
conceptional age Konzeptionsalter *n (des Fetus)*
conceptive 1. Vorstellungs..., Konzeptions...; 2. konzeptiv, empfängnisfähig; empfangend
conceptive days fruchtbare Tage *mpl*
conceptual disorder *(Neur)* konzeptionelle Störung *f*
concha 1. *(Anat)* Concha *f*, Koncha *f*, Muschel *f*; 2. Nasenmuschel *f*
conchal Koncha..., Muschel...
conchal cartilage Cartilago *f* conchalis, Muschelknorpel *m*
conchal crest Crista *f* conchalis, Muschelleiste *f*
conchal crest of the maxilla Crista *f* conchalis maxillae
conchiform konchiform, muschelförmig; Koncha..., Muschel..., Nasenmuschel...
conchiolinosteomyelitis Conchiolinosteomyelitis *f (Osteomyelitis bei Perlenarbeitern)*
conchitis *(HNO)* Konchitis *f*, Muschelentzündung *f*
conchoidal muschelartig; muschelförmig
conchoscope Konchoskop *n*, Nasen(muschel)spiegel *m*
conchotome Konchotom *n*, Nasenmuschelmesser *n*
conchotomy Konchotomie *f*, Nasenmuschelresektion *f*
conclination Konklination *f*, Inzyklovergenz *f*, unwillkürliches Einwärtsrollen *n* beider Augen
concoction 1. Zubereitung *f*, Aufkochung *f*; 2. *s.* digestive process
concomitant konkomitierend, begleitend; Begleit...
concomitant abdominal injury Abdominalbegleitverletzung *f*, Bauchbegleitverletzung *f*
concomitant appendicitis Begleitappendizitis *f*
concomitant bleeding Begleitblutung *f*
concomitant cholecystitis Begleitcholezystitis *f*
concomitant disease Begleitkrankheit *f*, Begleiterkrankung *f*

concomitant effects Begleiterscheinungen *fpl*
concomitant injury Begleitverletzung *f*
concomitant involuntary movements unwillkürliche Begleitbewegungen *fpl*
concomitant movement of eyeballs begleitende Augapfelbewegung *f*
concomitant squint Begleitschielen *n*, Strabismus *m* concomitans
concomitant strabismus *s.* concomitant squint
concomitant symptom Begleitsymptom *n*
concordance *(Gen)* Konkordanz *f*, Übereinstimmung *f* *(z. B. von Eigenschaften)*
concordant konkordant; Konkordanz...
concordant twins konkordante Zwillinge *mpl*
concrement Konkrement *n*, Steinchen *n*, Stein *m (Zusammensetzungen siehe unter: stone)*
concrescence 1. Verwachsen *n*, Zusammenwachsen *n*; Verschmelzung *f*; 2. Concrescentia *f*, Verwachsen *n* von zwei Knochen; 3. *(Stom)* Wurzelverschmelzung *f (durch Zement)*
concrescence of vertebrae Wirbel(körper)verwachsung *f*
concrete thinking *(Neur)* konkretes Denken *n*
concretio *s.* concretion
concretion 1. Concretio *f*, Verklebung *f*, Verwachsung *f*; 2. Verhärtung *f*, Steinbildung *f*
concretion of the heart Concretio *f* cordis [pericardis]
concretization *(Neur)* Konkretisierung *f*, Detailfixierung *f*, Unfähigkeit *f* zur Abstraktion
concurrent gleichzeitig (auftretend), simultan
concussion Concussio *f*, Konkussion *f*, Erschütterung *f*, Kommotion *f*, Commotio *f*
concussion cataract *(Ophth)* Erschütterungskatarakt *f*, Konkussionsstar *m*
concussion of the brain Gehirnerschütterung *f*, Commotio *f* cerebri
concussion of the labyrinth Labyrintherschütterung *f* *(z. B. durch ein Knalltrauma)*
concussion of the retina Commotio *f* retinae *(Sehschwäche nach Augenprellung)*
concussion of the spinal cord Rückenmarkserschütterung *f*, Commotio *f* (medullae) spinalis
concussor Vibrationsgerät *n*, Vibrationsmassagegerät *n*
condensation 1. Kondensation *f*, Verdichtung *f*; 2. *(Stom)* Zahnfüllung *f*, Zahnverfüllung *f*; 3. *(Neur)* (emotionale) Verdichtung *f (z. B. in Form von Symbolen)*; 4. Kondensation *f*, Kondensierung *f*, Verflüssigung *f (von Dämpfen)*
condensation of bone Knochenverdichtung *f*
condense *v* 1. kondensieren, verdichten; 2. sich verdichten, sich niederschlagen
condenser 1. Kondensationsapparat *m*, Kondensator *m*, Verflüssigungsapparat *m*; 2. *(Stom)* Verdichter *m*, Stopfer *m (für Zahnfüllungen)*; 3. *(Lab)* Kondensor *m (Sammellinsensystem)*
condensing enzyme Citratsyntethase *f (Enzym)*
condensing osteitis Sclerosis *f* ossium
condition *v* konditionieren, trainieren; abhärten
condition 1. Kondition *f*, Befinden *n*, körperliche Verfassung *f*, gesundheitlicher Zustand *m*; 2. Leiden *n*; 3. Bedingung *f*, Kondition *f* • **be in a critical condition** in einem kritischen Zustand sein, in Lebensgefahr schweben • **be in a delicate condition** schwanger [in anderen Umständen] sein
condition of collapse Kollapszustand *m*
condition of radiation protection Strahlenschutzauflage *f*
conditional dismissal bedingte Entlassung *f*
conditioned reaction *(Neur)* bedingter [konditionierter] Reflex *m*, konditionierte Reaktion *f*
conditioned reflex bedingter Reflex *m*
conditioned response *s.* conditioned reflex
conditioned stimulus bedingter Stimulus *m*
conditioning *(Physiol)* Training *n*, Konditionierung *f*
conditioning exercises Lockerungsübungen *fpl*
condom Kondom *m(n)*, Präservativ *n*
condom catheter Kondomkatheter *m*
conduct *v* leiten *(Nerv)*; übertragen *(Synapse)*
conduct disorder *(Neur)* Störung *f* des Sozialverhaltens
conductability Leitfähigkeit *f*, Leitungsfähigkeit *f*
conducted fortgeleitet; übergeleitet
conducted excitation fortgeleitete Erregung *f*
conducted impulse übergleiteter Impuls *m*
conducting leitend, fortleitend; Leitungs...; Leit...
conducting electrode Leitelektrode *f*
conducting jelly Leitpaste *f*, Elektrodenpaste *f (Elektroschocktherapie)*
conduction *(Neur, Physiol)* Konduktion *f*, Leitung *f*, Übertragung *f*
conduction anaesthesia Leitungsanästhesie *f*
conduction aphasia *(Neur)* Leitungsaphasie *f*
conduction block Reizleitungsblockade *f*
conduction block anaesthesia *s.* conduction anaesthesia
conduction bundle of His His'sches Bündel *n*, Atrioventrikularbündel *n*, AV-Bündel *n*
conduction deafness Schallleitungstaubheit *f*
conduction disorder Leitungsstörung *f*, Überleitungsstörung *f*
conduction disturbance *s.* conduction disorder
conduction impairment Herzreizleitungsstörung *f*, Reizleitungsstörung *f* des Herzens
conduction of cardiac murmur Herzgeräuschfortleitung *f*, fortgeleitetes Herzgeräusch *n*
conduction of the depolarization wave Fortleitung *f* der Depolarisationswelle, Erregungsfortleitung *f*
conduction pathway Leitungsbahn *f (z. B. für Nervenimpulse)*
conduction system (of the heart) Reizleitungssystem *n* (des Herzens)
conduction threshold *(HNO)* Schallleitungsschwelle *f*
conduction time Reizleitungszeit *f*, Überleitungszeit *f*
conduction velocity Leitungsgeschwindigkeit *f (z. B. für Nervenimpulse)*
conductive deafness *s.* conduction deafness
conductive disturbance Reizleitungsstörung *f*, Überleitungsstörung *f*
conductive hearing loss Schallleitungshörverlust *m*; Schallleitungsschwerhörigkeit *f*
conductive membrane konduktile Membran *f*
conductivity Leit(ungs)fähigkeit *f*
conductor 1. Konduktor *m (Führungsinstrument)*; 2. Konduktor *m*, Überträger *m (gesunder Genträger)*; 3. Konduktor *m*, leitfähige Substanz *f*
conductor for wire saws *(Chir)* Drahtsägeneinführungsinstrument *n*
conduit Conduit *m*, Kanal *m*; Leitung *f*, Röhre *f*
conduplicate in der Längsachse gefaltet
conduplicato corpore Conduplicato *f* corpore, Selbstentwicklung *f*, Spontanentwicklung *f*
conduplicato corpore birth Conduplicato-corpore-Geburt *f (Selbstentwicklung der Geburt bei Querlage)*
conduplicato shoulder presentation *s.* conduplicato corpore birth
condylar kondylär; Kondylar..., Kondylen..., Gelenkfortsatz..., Gelenkkopf..., Knorren..., Knöchel... *(siehe auch unter: condyloid)*
condylar articulation *s.* condylar joint
condylar axis Kondylenachse *f*

condylar canal Canalis *m* condylaris, Kondylarkanal *m*
condylar fossa Fossa *f* condylaris
condylar fracture Kondylenfraktur *f*, kondyläre Fraktur *f*
condylar guide *(Stom)* kondyläre Führung *f*, Kondylenführung *f*
condylar joint Articulatio *f* condylaris [ellipsoidea], Ellipsoidgelenk *n*, Eigelenk *n*, Kondylarthrosis *f*
condylar neck Gelenkhals *m*
condylar osteochondroma Kondylenosteochondrom *n*
condylar plate *(Chir)* Kondylenplatte *f*
condylar process Processus *m* condylaris, Kondylarfortsatz *m*
condylarthrosis Kondylarthrosis *f*, Articulatio *f* condylaris [ellipsoidea], Ellipsoidgelenk *n*, Eigelenk *n*
condyle Condylus *m*, Gelenkfortsatz *m*, Gelenkkopf *m*, Caput *n (siehe auch unter: condylar)*
condyle nail *(Chir)* Kondylennagel *m*
condyle of the humerus Condylus *m* humeri, distaler Oberarmknochengelenkkörper *m*
condyle of the mandible Processus *m* condylaris mandibulae
condyle of the scapula Angulus *m* lateralis scapulae
condyle of the tibia Tuberositas *f* tibiae
condylectomy *(Chir)* Kondylektomie *f*, Kondylenexstirpation *f*, (operative) Kondylenentfernung *f*
condylion Condylion *n (der Mandibula)*
condyloid 1. kondylenähnlich; 2. *s.* condylar
condyloid emissary vein Vena *f* emissaria condylaris
condyloid process of the mandible Processus *m* condylaris mandibulae
condyloma *(Derm)* Kondylom *n*, Feigwarze *f*, Papilloma *n* venereum
condylomatoid kondylomatoid
condylomatosis Kondylomatose *f*
condylomatous kondylomatös, feigwarzenartig; feigwarzenförmig; Feigwarzen...
condylotomy *(Chir)* Kondylotomie *f*, Gelenkknorrenschnitt *m*
condylus *s.* condyle
cone *v* konisieren, konisch-zirkulär ausschneiden, keilförmig ausschneiden, eine Konisation durchführen
cone 1. Konus *m*, Kegel *m*; 2. *(Ophth)* Zapfen *m*, Netzhautzapfen *m*, Retinazapfen *m*; 3. Abblendtubus *m*, Tubus *m*
cone biopsy Konusbiopsie *f*, Ringbiopsie *f*
cone cell Zapfenzelle *f*, Zapfen *m*
cone contact Tubuskontakt *m*
cone cutting Kegelschnitt *m*
cone dystrophy Zapfendystrophie *f*
cone exposure *(Rad)* Tubusaufnahme *f*
cone fibre Zapfenfaser *f*
cone knife Konisationsmesser *n*
cone length *(Rad)* Tubuslänge *f*
cone-like termination of the spinal cord Conus *m* medullaris, Rückenmarkskonus *m*
cone of light Lichtkegel *m*
cone of radiation Strahlenkegel *m*
cone opsin Zapfenopsin *n*, Photopsin *n (Sehfarbstoff)*
cone pigment Zapfenpigment *n*
cone radiography *(Rad)* Tubusaufnahme *f*
cone-shaped zapfenförmig, kegelförmig; tubusförmig
cone-shaped cornea *s.* keratoconus
cone-shaped crystalline lens *s.* lenticonus
cone vision Zapfensehen *n*
confabulation Konfabulation *f*, Fantasieren *n*, Ausfüllen *n* von Erinnerungslücken *n (bei Gedächtnisstörung)*
confabulatory delirium konfabulatorischer Wahn *m*
confection *(Pharm)* Konfekt *n*, mit Süßstoff zubereitetes Präparat *n*
confer *v* **immunity** Immunität verleihen [übertragen]
confer *v* **immunologic specificity** immunologische Spezifität übertragen
conference room Konferenzraum *m*
confidence interval *(Statist)* Konfidenzintervall *n*, Vertrauensintervall *n*
confidentiality Schweigepflicht *f*, Vertrauensverhältnis *n (Arzt – Patient)*
configuration Konfiguration *f*, Gestalt *f*, Formgestalt *f*, Struktur *f (eines Organs)* • **of irregular configuration** von irregulärer Konfiguration [äußerer Form], unregelmäßig geformt
configuration of the heart *(Rad)* Herzkonfiguration *f*
configurationism Konfigurationismus *m*, Gestaltpsychologie *f*
confinement 1. Geburt *f*, Niederkunft *f*, Geburtsvorgang *m*, Entbindung *f (Zusammensetzungen siehe unter: birth und delivery)*; 2. Bettlägerigkeit *f*; 3. Begrenzung *f*, Einengung *f*, Beengung *f*, Beschränkung *f*, Einschränkung *f*, Einsperrung *f*
confinement deprivation *(Neur)* Beschränkungsstörung *f*, Einengungsstörung *f*
confinement ward Geburtsabteilung *f*, Entbindungsstation *f*
confining Einengen *n*, Beengen *n*; Einschränken *n*, Beschränken *n*; Einengung *f*, Einschränkung *f*, Beschränkung *f*
confirm *v* bestätigen, erhärten, sichern, verifizieren, beweisen
confirm *v* **by X-ray examination** durch (eine) Röntgenuntersuchung bestätigen *(z. B. eine Diagnose)*
confirm *v* **the diagnosis** die Diagnose bestätigen, die Diagnose erhärten
confirmation Bestätigung *f*, Erhärtung *f*, Verifizierung *f*, Sicherung *f*
confirmation of the diagnosis Bestätigung *f* der Diagnose, Diagnosebestätigung *f*, Diagnosesicherung *f*
confirmatory bestätigend, beweisend, beweiskräftig
confirmed bestätigt, erhärtet, gesichert, verifiziert
conflict Konflikt *m*, Widerstreit *m*, Zwiespalt *m*
conflict centered analysis *(Psych)* gezielte Analyse *f*
conflict reaction *(Neur)* Konfliktreaktion *f*
conflict situation *(Neur)* Konfliktsituation *f*
conflict-solving therapy *(Psych)* konfliktlösende Psychotherapie *f*, aufdeckende Psychotherapie *f*
confluence 1. Confluens *m*; 2. Konfluenz *f*, Zusammenfluss *m*; 3. Konfluieren *n*, Zusammenfließen *n*
confluence of the sinuses Confluens *m* sinuum, Zusammenflussstelle *f* der Hirnblutleiter
confluens *s.* confluence
confluent konfluierend, zusammenfließend
confluent kidney Kuchenniere *f*, Hufeisenniere *f*
confluent pneumonia Pneumonia *f* confluens, konfluierende Lungenentzündung *f*
conformation Konformation *f*, räumliche Anordnung *f (z. B. eines Moleküls)*
conformer *(Ophth)* Konformer *m*
conforming to therapeutical standards entsprechend den therapeutischen Standards, therapiegerecht
confrication Zerreiben *n*, Zerreibung *f (zu Pulver)*
confrontation Konfrontation *f*
confused konfus, verwirrt, verworren; getrübt; zerstreut
confused consciousness *(Neur)* verwirrtes [getrübtes] Bewusstsein *n*; Verwirrung *f*, Bewusstseins(ein)trübung *f*
confused speech konfuse [ungeordnete] Sprache *f*, Sprachkonfusion *f*
confusing verwirrend; störend; Stör...
confusing reflexion störende Reflexion *f*
confusing shadow störender Schatten *m*, Störschatten *m*

confusion *(Neur)* Konfusion *f*, Verwirrung *f*, Verworrenheit *f*, Zerstreutheit *f*
confusion colours Farbtafel *f (Farbensinnprüfung)*
confusion letters Sehschärfetafel *f* mit Buchstaben
confusional (geistig) verwirrt; wirr, konfus; Konfusions…, Verwirrungs…
confusional state Konfusionzustand *m*, Verwirrungszustand *m*
congelation 1. Kongelation *f*, Erstarren *n*, Festwerden *n*, Gerinnen *n*; Gefrieren *n*; 2. Erfrierung *f*, Frostbeule *f*
congener Artverwandter *m*, Verwandter *m (z. B. ein Muskel mit gleicher Funktion)*
congeneric 1. mit gleicher Funktion *(z. B. ein Muskel)*; 2. mit gleichem Ursprung; stammverwandt; 3. in gleichem Zustand, von gleicher Natur
congenerous *s.* congeneric
congenic kongen, koisogen
congenital kongenital, angeboren, konnatal
congenital achromia Albinismus *m*
congenital adrenal hyperplasia adrenogenitales Syndrom *n*
congenital aganglionosis kongenitale Aganglionose *f*
congenital alopecia kongenitale Alopezie *f*
congenital amputation kongenitale Amputation *f*
congenital anomaly kongenitale Anomalie *f*
congenital aspiration pneumonia kongenitale Aspirationspneumonie *f*
congenital atelectasis Neugeborenenatelektase *f*, angeborene Atelektase *f*
congenital atonic pseudoparalysis Amyotonia *f* congenita
congenital bronchiectasis kongenitale Bronchiektasie *f*
congenital cardiac anomaly angeborener Herzfehler *m*
congenital cataract kongenitale Katarakt *f*
congenital cerebral diplegia kongenitale zerebrale Diplegie *f*, Little-Syndrom *n*, Little-Kankheit *f*
congenital cytomegalovirus disease kongenitale Zytomegalie *f*
congenital defect kongenitaler Defekt *m*, Geburtsfehler *m*
congenital deformity kongenitale Missbildung *f*
congenital deformity of the foot Klumpfuß *m*, Talipes *m*
congenital dermal sinus kongenitaler Dermalsinus *m*
congenital dislocation of the hip angeborene Hüft(gelenk)dislokation *f*
congenital dysmenorrhoea primäre Dysmenorrhö *f*
congenital dysplasia of the hip joint kongenitale Hüftgelenkdysplasie *f*, Dysplasia *f* coxae congenita
congenital erythropoietic porphyria kongenitale erythropoietische Porphyrie *f*
congenital facial diplegia Moebius-Syndrom *n*, angeborene beidseitige Fazialislähmung *f*, kongenitale Fazialisdiplegie *f*
congenital flat foot angeborener Plattfuß *m*
congenital glaucoma kongenitales Glaukom *n*
congenital goitre Struma *f* congenita, angeborener Kropf *m*
congenital haemolytic anaemia [icterus, jaundice] *s.* chronic acholuric jaundice
congenital heart disease angeborener Herzfehler *m*, kongenitale Herzerkrankung *f*
congenital hernia kongenitale Hernie *f*, angeborener Bruch *m*
congenital high scapulae kongenitaler Skapulahochstand *m*, angeborener Schulterblatthochstand *m*, Sprengel'sche Deformität *f*
congenital hyperbilirubinaemia 1. *(Hepat)* angeborene familiäre Hyperbilirubinämie *f*, Crigler-Najjar-Syndrom *n*; 2. *s.* Gilbert's disease
congenital hypogammaglobulinaemia kongenitale Hypogammaglobulinämie *f*
congenital hypoplastic anaemia kongenitale hypoplastische Anämie *f*, Diamond-Blakfan-Syndrom *n*
congenital ichthyosiform erythroderma Erythroderma *n* ichthyosiforme congenitum
congenital immunity angeborene [kongenitale] Immunität *f*, natürliche Immunität *f*
congenital imperfect osteogenesis Osteogenesis *f* imperfecta congenita
congenital jaundice kongenitale Gelbsucht *f*
congenital laryngeal stridor kongenitaler Kehlkopfstridor *m*
congenital leucokeratosis mucosae oris Naevus *m* spongiosus albus
congenital megacolon Megacolon *n* congenitum, Hirschsprung'sche Krankheit *f* [Erkrankung *f*]
congenital membranaceous cataract Cataracta *f* congenita membranacea
congenital muscular torticollis angeborener muskulärer Schiefhals *m*, Grisel'sche Krankheit *f*, Grisel-Syndrom *n*, Torticollis *m* atlantoepistrophealis
congenital myatonia Myatonia *f* congenita, angeborene Muskelschlaffheit *f*
congenital myotonia Myotonia *f* congenita, Thomsen'sche Krankheit *f (angeborene Muskelerkrankung mit fehlender Muskelerschlaffung)*
congenital nonspherocytic haemolytic anaemia kongenitale nonsphärozytäre hämolytische Anämie *f*
congenital oedema Neugeborenenödem *n*
congenital oligotrichia Alopecia *f* congenitalis
congenital pachyonychia Pachyonychia *f* congenita, Schäfer'sches Syndrom *n*, Schäfer-Syndrom *n*
congenital palmoplantar hyperkeratosis Keratosis *f* palmaris et plantaris
congenital pancreatic steatorrhoea *s.* mucoviscidosis
congenital pancytopenia kongenitale Panzytopenie *f*
congenital polycystic disease angeborene polyzystische Nierenerkrankung *f*
congenital pterygium Epitarsus *m*
congenital pulmonary arteriovenous fistula kongenitale arteriovenöse Lungenfistel *f*
congenital radio-ulnar synostosis Synostosis *f* radioulnaris congenita
congenital reflex angeborener [unwillkürlicher] Reflex *m*
congenital rubella syndrome Rötelnembryopathie *f*
congenital short neck syndrome kongenitales Kurzhalssyndrom *n*
congenital spinal column fissure angeborene [kongenitale] Wirbelsäulenspalte *f*, Rachischisis *f*
congenital stippled epiphyses Chondrodystrophia *f* calcificans congenita
congenital subluxation of the hip kongenitale Hüft(gelenk)subluxation *f*
congenital syphilis angeborene [konnatale] Syphilis *f*, Syphilis *f* connata [congenita]
congest *v* sich anstauen, anschoppen, sich ansammeln
congested gestaut, angeschoppt, (blut)überfüllt, von einer Stauung [Blutstauung] betroffen
congested liver gestaute Leber *f*, Leberstauung *f*
congested lungs gestaute Lungen *fpl*; Lungenstauung *f*
congestion Kongestion *f*, Blutandrang *m*, Anschoppung *f*, Stauungszustand *m*, Blutstauung *f*
congestive kongestiv; Anschoppungs…, Stauungs…, Blutstauungs…, Blutandrang…
congestive abscess Kongestionsabszess *m*, Senkungsabszess *m*
congestive atelectasis *s.* shock lung
congestive bronchitis Stauungsbronchitis *f*

congestive cardiac failure Stauungsinsuffizienz *f*, kongestive Herzinsuffizienz *f*
congestive cardiomyopathy kongestive Kardiomyopathie *f*
congestive cirrhosis Stauungszirrhose *f*, kardiale Zirrhose *f*
congestive cystitis Stauungszystitis *f*
congestive dysmenorrhoea kongestive Dysmenorrhö *f*
congestive glaucoma *(Ophth)* chronisches Engwinkelglaukom *n*, Glaucoma *n* chronicum congestivum
congestive heart failure *s.* congestive cardiac failure
congestive hypertension Stauungshypertonus *m*
congestive liver Stauungsleber *f*
congestive oedema Stauungsödem *n*
congestive pleurisy Stauungspleuritis *f*, Pleuritis *f* congestiva, kongestive Brustfellentzündung *f*
congestive splenomegaly kongestive Splenomegalie *f*
congestive symptom Stauungssymptom *n*
conglobate *v* sich zusammenballen, verklumpen
conglobation (kugelförmige) Zusammenballung *f*, Verklumpen *n*, Verklumpung *f*
conglomerate *v* konglomerieren, ein Konglomerat bilden, sich zusammenballen
conglomerate medley Konglomerattumor *m*, perityphilitische Geschwulst *f (bei Appendizitis)*
conglomerate silicosis Konglomeratsilikose *f*
conglomerate tubercle Konglomerattuberkel *m*, Solitärtuberkel *m*
conglomerate tumour Konglomerattumor *m*
conglomeration 1. Konglomeration *f*, Zusammenballung *f*; 2. Konglomerat *n*
conglutin Konglutin *n*
conglutinant konglutinierend, verklebend
conglutinate *v* konglutinieren, zusammenkleben, verkleben *(z. B. Erythrozyten)*
conglutinate *s.* conglutinant
conglutination Konglutination *f*, Zusammenkleben *n*
conglutination phenomenon Konglutinationsphänomen *n*
conglutination test Konglutinationstest *m*
conglutinin Konglutinin *n*
conglutinogen Konglutinogen *n*
Congo red Kongorot *n (saurer Farbstoff)*
Congo red test Kongorot-Probe *f*, Bennhold'sche Probe *f*
congophilic kongophil, sich leicht mit Kongorot färbend
congress Kongressus *m*, Geschlechtsverkehr *m*, Koitus *m*
congruence of joint surfaces Gelenkflächenkongruenz *f*
congruent communication kongruente Kommunikation *f (verbal und nonverbal)*
coni *pl s.* conus
conic *s.* conical
conical konisch, kegelförmig
conical cornea *(Ophth)* konische Hornhaut *f*, Hornhautkegel *m*, Keratokonus *m*
conical dental drill konischer Zahnbohrer *m*
conical fitting konischer Ansatz *m*
conical papilla Papilla *f* conica
conical pipe Hütchen *n*, Wundrohr *n*
conidia *pl s.* conidium
conidial Konidien...
conidiogenesis Konidiogenese *f*, Konidienbildung *f*
conidogenous konidiogen, konidienbildend
conidiophore *(Myk)* Konidiophor *n*, Konidienträger *m*
conidiospore Konidiospore *f*
conidium *(Myk)* Konidium *n (Spore)*
coniine Koniin *n (Alkaloid)*
coning of the cervix *(Gyn)* Zervixkonisation *f*
coniofibrosis *(Path, Pulm)* Koniofibrose *f (Lungenfibrose durch Staubinhalation)*
coniology Koniologie *f*
coniolymphostasis *(Path)* Koniolymphostase *f (Lymphstauung durch Staubfibrose)*
coniometer *s.* konimeter
coniophage *(Histol, Pulm)* Koniophage *m (Alveolarmakrophage)*
coniosis *(Arb)* Koniose *f*, Staubkrankheit *f*, Staublungenerkrankung *f*, Staublunge *f*
coniosporosis Koniosporose *f*
coniotomy *(Chir, HNO)* Koniotomie *f*, (operative) Ligamentum-conicum-Durchtrennung *f*
conization Konisation *f*, keilförmiges Ausschneiden *n (z. B. der Zervix zur histologischen Untersuchung)*
conize *v* konisieren, eine Konisation durchführen
conjoined twins eineiige Zwillinge *mpl*
conjoint family therapy *(Neur)* Kommunikationstherapie *f (nach Satir)*
conjugal konjugal, ehelich
conjugant Konjugant *m (Konjugationspartner)*
conjugase Konjugase *f*, gamma-Glutamylhydrolase *f (Enzym)*
conjugata *s.* conjugate diameter
conjugate *v (Bioch)* konjugieren, koppeln *(z. B. Gallensäuren)*
conjugate konjugiert, (paarig) verbunden, (paarig) gebunden
conjugate deviation Déviation *f* conjuguée, gleichgerichtete Augenachsenabweichung *f*
conjugate diameter *(Gyn)* Conjugata *f* vera
conjugate gaze palsy konjugierte Augenmuskellähmung *f*, Symparalyse *f (Koordinationsstörung der Augen)*
conjugate gaze paralysis *s.* conjugate gaze palsy
conjugated konjugiert, (paarig) verbunden, (paarig) gebunden
conjugated bile acid konjugierte [wasserlösliche, ausscheidungsfähige] Gallensäure *f*
conjugated blood bilirubin konjugiertes [direktes] Bilirubin *n*
conjugated nystagmus Begleitnystagmus *m*
conjugation 1. Konjugation *f*, Kernaustausch *m*; Kernverschmelzung *f*; 2. *(Bioch)* Konjugation *f*, Konjugierung *f*, Kopplung *f (z. B. von Gallensäuren)*; 3. *(Bakt)* Konjugation *f*, Gametenverschmelzung *f*, Gametenaustausch *m*; 4. *(Metab)* Konjugation *f (Inaktivierung von Stoffwechselprodukten durch Glukuronsäurekopplung in der Leber)*
conjugation nucleus Konjugationskern *m*, Konjugationsnukleus *m*, Furchungskern *m*
conjunctiva *(Ophth)* Konjunktiva *f*, Tunica *f* conjunctiva, Augenbindehaut *f*, Bindehaut *f*
conjunctival *(Ophth)* konjunktival; Bindehaut...
conjunctival application Bindehautapplikation *f*
conjunctival burn Bindehautverätzung *f*
conjunctival calcification Bindehautkalzifizierung *f*
conjunctival catarrh Bindehautkatarrh *m*
conjunctival congestion Bindehautanschoppung *f*
conjunctival cyst Bindehautzyste *f*
conjunctival degeneration Bindehautdegeneration *f*
conjunctival epithelioma Bindehautepitheliom *n*
conjunctival epithelium Bindehautepithel *n*
conjunctival erythema Bindehauterythem *n*
conjunctival fatty tissue Bindehautfettgewebe *n*
conjunctival foreign body Bindehautfremdkörper *m*
conjunctival fornix Fornix *f* conjunctivae
conjunctival gland Konjunktivaldrüse *f*, Glandula *f* conjunctivalis
conjunctival haemorrhage konjunktivale Blutung *f*, Bindehaut(ein)blutung *f*
conjunctival incarceration Bindehauteinklemmung *f*
conjunctival injury Bindehautverletzung *f*

conjunctival inoculation Konjunktivalinokulation *f*, konjunktivale Impfung *f*
conjunctival lymphoma Bindehautlymphom *n*
conjunctival melanoma Bindehautmelanom *n*
conjunctival naevus Bindehautnävus *m*
conjunctival ocular injection konjunktivale Injektion *f* [Gefäßinjektion *f*]
conjunctival oedema Bindehautödem *n*
conjunctival papilla Bindehautpapille *f*
conjunctival pemphigus Pemphigus *m* conjunctivae, vernarbendes [benignes] Schleimhautpemphigoid *n*
conjunctival petechiae Bindehautpetechien *pl*
conjunctival reaction Konjunktivaltest *m*, Ophthalmoreaktion *f (Allergietestung)*
conjunctival reflex *(Ophth)* Konjunktivalreflex *m*, Bindehautreflex *m*
conjunctival ring Konjunktivalring *m*, Anulus *m* conjunctivae
conjunctival sac Konjunktivalsack *m*, Saccus *m* conjunctivae
conjunctival swabbing Bindehautabstrich *m*
conjunctival test *s.* conjunctival reaction
conjunctival transplantation *(Ophth)* Konjunktivatransplantation *f*, Bindehautverpflanzung *f*
conjunctival vein Vena *f* conjunctivalis
conjunctival xerosis Bindehautaustrocknung *f*, Augendarre *f*, Xerosis *f* conjunctivae
conjunctive (ver)bindend, konnektiv; Konjunktiv(al)..., Bindungs..., Binde...
conjunctiviplasty *(Ophth)* Konjunktivoplastik *f*, Bindehautplastik *f*
conjunctivitis *(Ophth, Path)* Konjunktivitis *f*, Bindehautentzündung *f*
conjunctivitis of the newborn Neugeborenenkonjunktivitis *f*, Ophthalmia *f* neonatorum
conjunctivodacryocystorhinostomy *(Ophth)* Konjunktivodakryozystorhinostomie *f*
conjunctivodacryocystostomy *(Ophth)* Konjunktivodakryozystostomie *f*
conjunctivoma *(Ophth, Path)* Konjunktivom(a) *n*
conjunctivoplasty *(Ophth)* Konjunktivoplastik *f*, Bindehautplastik *f*
conjunctivorhinostomy *(Ophth)* Konjunktivorhinostomie *f*
connatal *s.* congenital
connecting cable Verbindungskabel *n*; Anschlusskabel *n*
connection 1. Konnektion *f*, Verbindung *f*, Verbinden *n*; 2. Konnektion *f*, Verbindung *f*, Bindeglied *n*
connective tissue Bindegewebe *n*
connective tissue cell Bindegewebszelle *f*
connective tissue disease Bindegewebskrankheit *f*, Bindegewebsleiden *n*, Bindegewebserkrankung *f*
connective tissue disorder Bindegewebsstörung *f*
connective tissue element Bindegewebselement *n*, Bindegewebsbestandteil *m*
connective tissue histiocyte Bindegewebshistiozyt *m*
connective tissue massage Bindegewebsmassage *f*
connective tissue matrix Bindegewebsmatrix *f*
connective tissue of the sclera *(Ophth)* Substantia *f* propria sclerae
connective tissue repair Bindegewebsersatz *m*, bindegewebiger Ersatz *m*
connective tissue sheath Bindegewebshülle *f*, Bindegewebsscheide *f*
connective tissue tumour Bindegewebsgeschwulst *f*, Bindegewebstumor *m*
connector 1. Konnektor *m*, Verbindungsteil *n*, Verbindungsstück *n*; 2. *(Stom)* Konnektor *m*, Verbindungselement *n*
conniption (fit) *(AE)* Hysterieanfall *m*; Wutanfall *m*; Lachanfall *m*
Conn's syndrome *(Endokr)* Conn-Syndrom *n*, primärer Aldosteronismus *m*, Nebennierenrindenhyperplasie *f*
conoid konoid, konusförmig, konusartig
conoid ligament Ligamentum *n* conoideum *(Teil des Ligamentum coracoclaviculare)*
conomyoidin *(Physiol)* Konomyoidin *n (der Retinazapfen)*
conophthalmus Konophthalmus *m*, Hornhautstaphylom *n*, Staphyloma *n* corneae
conquinine *s.* quinidine
Conradi-Drigalski agar *(Lab)* Conradi-Drigalski-Agar *m*
Conradi-Hünermann syndrome *s.* Conradi's disease
Conradi's disease Conradi-Hünermann-Raap-Syndrom *n*, Chondrodystrophia *f* calcificans congenita
Conradi's syndrome *s.* Conradi's disease
consanguine konsanguin(ös), blutsverwandt
consanguine marriage Verwandtenheirat *f*
consanguineous *s.* consanguine
consanguinity Konsanguinität *f*, Blutsverwandtschaft *f*
conscience *s.* consciousness
conscientious mental conflict Gewissenskonflikt *m*
conscious 1. bewusstseinsklar, bei Bewusstsein; 2. bewusst • **be conscious** bewusstseinsklar sein
conscious Bewusste(s) *n*
conscious attitude Bewusstseinslage *f*
conscious mind Bewusstsein *n*
conscious proprioception bewusste Propriozeption *f*, bewusste Körperwahrnehmung *f*
conscious sedation Analgosedierung *f*, Sedierung *f*
consciousness 1. Bewusstsein *n*, Bewusstseinsklarheit *f*; 2. Bewusstheit *f*; Besonnenheit *f*; Besinnung *f*; Gewissen *n* • **come to consciousness** (wieder) zu Bewusstsein kommen • **lose consciousness immediately** sofort das Bewusstsein verlieren, sofort bewusstlos werden • **recover consciousness** das Bewusstsein wiedererlangen, wieder zu Bewusstsein kommen • **regain consciousness** *s.* recover consciousness
consciousness-expanding bewusstseinserweiternd
consecutive symptom Folgeerscheinung *f (z. B. einer Krankheit)*
consensual 1. konsensuell, unwillkürlich, reflektorisch; 2. konsensuell, im gleichen Sinne wirkend
consensual eye [light] reflex konsensuelle [reflektorische, unwillkürliche] Pupillenreaktion *f*
consensual reaction konsensuelle Reaktion *f* [Pupillenreaktion *f*]
consent *v* übereinkommen, zustimmen, Erlaubnis erteilen
consent *v* **to surgery** einer Operation zustimmen, in einen operativen Eingriff einwilligen
consent Konsensus *m*, Übereinkunft *f (Arzt – Patient)*
conservation Konservierung *f*, Haltbarmachung *f*; Erhaltung *f*; Aufbewahrung *f*
conservation of energy Energieerhaltung *f*
conservative 1. konservativ, zurückhaltend; nicht operativ; 2. konservierend, erhaltend
conservative dentistry konservierende Zahnheilkunde *f*
conservative management of labour konservative Geburts(ein)leitung *f*
conservative surgery konservative Chirurgie *f*
conservative therapy [treatment] konservative Therapie *f*, nicht operative Behandlung *f* • **give conservative treatment** eine konservative [nicht operative] Behandlung durchführen
conserve *v* 1. konservieren, haltbar machen *(z. B. Blutkonserve)*; 2. konservieren, erhalten *(z. B. einen Zahn)*; 3. erhalten, schonen *(Gesundheit)*
conserve Konserve *f*
conserved blood Blutkonserve *f*, Konservenblut *n*

consistency Konsistenz *f*, Beschaffenheit *f* • **of soft consistency** von weicher Konsistenz *(z. B. Organe)*
consistency of faeces Stuhlkonsistenz *f*, Stuhlbeschaffenheit *f*
consistent konsistent
consolidant konsolidierend, wiederherstellend; (ver)heilend; (ver)festigend; verknöchernd
consolidant (agent) konsolidierendes [wiederherstellendes] Mittel *n*; Heilmittel *n*; Festigungsmittel *n*; Verknöcherungsmittel *n*
consolidate *v* konsolidieren, wiederherstellen; (ver)heilen; (ver)festigen; verknöchern; fest werden; sich verdichten
consolidated fracture konsolidierte Fraktur *f*, zusammengewachsener [knöchern durchgebauter] Knochenbruch *m*
consolidation Konsolidierung *f*, Wiederherstellung *f*; Heilung *f*, Verfestigung *f*, Festigung *f*, Verknöcherung *f*
consolidation of (bone) fracture Frakturkonsolidierung *f*, Knochenbruchdurchbau *m*, Knochenbruchverfestigung *f*, Knochenbruchverwachsung *f*
consolidation of the skin Hautverfestigung *f*, Hautverhärtung *f*
consolute perfekt mischbar
consonating konsonierend, klingend
consonating rale klingendes Atemgeräusch *n*
conspecific konspezifisch, von der gleichen Art
conspicuity Deutlichkeit *f*, Klarheit *f*, Augenfälligkeit *f*, Auffälligkeit *f (z. B. von Strukturen)*
constancy Konstanz *f*, Dauerhaftigkeit *f*
constant konstant, dauerhaft; Dauer...
constant Konstante *f*
constant carrier Dauerausscheider *m*
constant cough konstanter Husten *m*, Dauerhusten *m*
constant drainage Dauerdrainage *f*
constant flow of work zügiger Arbeitsablauf *m*
constant magnetic field konstantes Magnetfeld *n*, Grundmagnetfeld *n*
constant pain Dauerschmerz *m*
constant positive pressure ventilation konstante Überdruckbeatmung *f*
constant traction Dauerzug *m*, Dauerextension *f*
constant tremor Dauertremor *m*
constant urge to vomit konstanter Brechreiz *m*
constellation Konstellation *f*, Umstände *mpl (z. B. einer Handlung)*
constipate *v* konstipieren, obstipieren, verstopfen, zu Stuhlverstopfung führen
constipated konstipiert, obstipiert, verstopft, von Obstipation [Verstopfung] betroffen
constipation Konstipation *f*, Obstipation *f*, Verstopfung *f*, Stuhlverstopfung *f*
constipation colitis Konstipationskolitis *f*, Verstopfungskolitis *f*
constitution Konstitution *f*, Körperzustand *m*, Körperverfassung *f*
constitutional konstitutionell, konstitutional, anlagebedingt
constitutional Verdauungsspaziergang *m* • **go for a constitutional** einen Verdauungsspaziergang machen • **take a constitutional** *s.* go for a constitutional
constitutional abnormality konstitutionelle Anomalie *f*, Konstitutionsanomalie *f*
constitutional depressive disposition konstitutionelle Depression *f*
constitutional disease konstitutionelle Krankheit *f* [Erkrankung *f*]
constitutional hepatic dysfunction *s.* constitutional hyperbilirubinaemia
constitutional hyperbilirubinaemia *(Hepat)* hereditäre konstitutionelle (idiopathische) Hyperbilirubinämie *f*, Gilbert'sche Krankheit *f*, Gilbert'sches Syndrom *n*, Morbus *m* Gilbert, Icterus *m* intermittens juvenilis Meulengracht *(gestörte Bilirubinaufnahme in die Leberzelle)*
constitutional immunity konstitutionelle [natürliche] Immunität *f*
constitutional symptom konstitutionelles Symptom *n*
constitutional theory of personality *(Neur)* Konstitutionslehre *f*
constitutional typology *(Neur)* Konstitutionslehre *f*
constitutive konstitutiv, konstitutionell
constrained movement Zwangsbewegung *f*
constraint of thought Gedankenbeeinflussung *f*
constrict *v* konstringieren, zusammenschnüren, zusammenziehen, verengen
constriction 1. Konstriktion *f*, Zusammenschnüren *n*, Zusammenschnürung *f*, Vereng(er)ung *f (Vorgang)*; 2. Konstriktion *f*, Stenose *f*, Verengung *f*, Einengung *f*, enge Stelle *f (Zustand)*; 3. Einengungsgefühl *n*, Beklemmungsgefühl *n*, Beklemmung *f*
constriction mark Schnürmarke *f (Darmeinklemmung)*
constriction of the pupil Pupillenvereng(er)ung *f*, Miosis *f*
constriction ring Retraktionsring *m*, Schnürring *m (Gebärmutter)*
constrictive konstriktiv, zusammenschnürend, verenge(r)nd, einengend
constrictive cardiomyopathy kontriktive Kardiomyopathie *f*
constrictive pericarditis Pericarditis *f* constrictiva, konstriktive Perikarditis *f*
constrictor (muscle) Konstriktor *m*, Schnürmuskel *m*, Schließmuskel *m*
constrictor muscle of the pharynx Schlundschnürer *m*, Musculus *m* constrictor pharyngis
constringent *s.* astringent
constructional apraxia konstruktive Apraxie *f*
constructive aufbauend, anabol; Aufbau...
constructive aggression konstruktive Aggression *f*
constructive agraphia konstruktive Agraphie *f*
constructive interference konstruktive Interferenz *f (durch gleichlaufende Schallwellen bei Echographie)*
constructive metabolism Aufbaustoffwechsel *m*
consult *v* konsultieren, befragen, sich beraten lassen
consult *v* **a doctor** einen Arzt konsultieren [um Rat fragen], einen Arzt aufsuchen
consultand *(Gen)* Konsultand *m*
consultant Konsiliarius *m*, beratender Arzt *m*; Facharzt *m*
consultation Konsultation *f*, Beratung *f*, Rücksprache *f*
consultation psychiatry *(Neur)* Konsultationspsychiatrie *f*, Konsiliarpsychiatrie *f*
consulting hours Sprechstunde *f*; Ordinationszeit *f*; Besuchszeit *f (im Krankenhaus)*
consulting physician *s.* consultant
consulting psychiatry Konsultationspsychiatrie *f*
consulting room Sprechzimmer *n*
consumables Verbrauchsmaterialien *npl*
consumption 1. Konsum(p)tion *f*, Auszehrung *f*, Tuberkulose *f*; 2. Konsumtion *f*, Verbrauch *m*
consumptive 1. konsumierend, auszehrend; Tuberkulose...; 2. konsumierend, verbrauchend; Verbrauchs...
consumptive coagulopathy Verbrauchskoagulopathie *f*
contact 1. Kontakt *m*, Berührung *f*, 2. Kontakt *m*; Kontaktperson *f (z. B. bei Infektionskrankheit)*; 3. Kontaktallergen *n*
contact agent Kontaktstoff *m*
contact allergen Kontaktallergen *n*
contact allergy Kontaktallergie *f*

contact asthma Kontaktasthma *n*
contact bleeding Kontaktblutung *f*
contact cancer Kontaktkrebs *m*, Kontaktkarzinom *n*
contact dermatitis Kontaktdermatitis *f*
contact eczema Kontaktekzem *n*
contact epidemic Kontaktepidemie *f*
contact factor Oberflächenfaktor *m*, Hagemann-Faktor *m*, Blutgerinnungsfaktor *m* XII
contact haemorrhage Kontaktblutung *f*
contact hypersensitivity Kontaktallergie *f*, Kontakthypersensibilität *f*
contact infection Kontaktinfektion *f*
contact insecticide Kontaktinsektizid *n*
contact lens Kontakt(augen)linse *f*, Kontaktaugenglas *n*, Haftglas *n*
contact lens wearer Kontaktlinsenträger *m*
contact metastasis Kontaktmetastase *f*
contact person Kontaktperson *f*
contact poison Kontaktgift *n*
contact radiography Kontaktaufnahme *f*
contact radiation therapy Kontaktstrahlentherapie *f*, Kontaktradiotherapie *f*, Kontaktbestrahlung *f*
contact reaction Kontaktreaktion *f*
contact receptor Kontaktrezeptor *m*
contact ring Kontaktring *m*, Schmauchhof *m (Schusswunde)*
contact sensitivity *s.* contact hypersensitivity
contact surface *(Stom)* Kontakt(ober)fläche *f*
contact test Kontakttest *m*, Hautkontakttest *m*
contact thermometer Kontaktthermometer *n*
contact ulcer Kontaktulkus *n*, Kontaktgeschwür *n*
contact urticaria Kontakturtikaria *f*
contactant Kontaktallergen *n*
contactologist Kontaktlinsenspezialist *m*
contactology Kontaktlinsenlehre *f*
contagion 1. Kontagium *n*, Ansteckungsstoff *m*; 2. Kontagion *n*, Ansteckung *f*
contagiosity *s.* contagiousness
contagious kontagiös, ansteckend, übertragbar; Ansteckungs..., Infektions... *(siehe auch unter: infectious)*
contagious disease ansteckende [übertragbare] Krankheit *f*, Ansteckungskrankheit *f*
contagious hospital Infektionskrankenhaus *n*
contagious index *(Epid)* Kontagionsindex *m*, Infektionsindex *m*
contagious molluscum Molluscum *n* contagiosum, Dellwarze *f (erbsengroße wachsgelbe Hautgeschwulst mit zentraler Eindellung)*
contagious pemphigus Pemphigus *m* contagiosus
contagious pustular dermatitis Erythema *n* contagiosum, infektiöse pulstulöse Dermatitis *f*
contagious sycosis Sycosis *f* parasitica, Trichophytie *f* der Bartregion
contagiousness Kontagiosität *f*, Ansteckungsfähigkeit *f*, Ansteckbarkeit *f (einer Krankheit)*
contagium Kontagion *n*, Ansteckungsstoff *m*; Infektionserreger *m*
container for dentures Zahnprothesenschale *f*
container for transportation of blood Bluttransportbehälter *m*
containment Eindämmung *f (z. B. von Infektionskrankheiten)*
contaminant Verunreinigungssubstanz *f*, Kontaminant *m*
contaminate *v* kontaminieren, anstecken; verunreinigen, verschmutzen; (radioaktiv) verseuchen
contaminated culture *(Bakt)* kontaminierte [verunreinigte] Kultur *f*
contamination 1. Kontamination *f*, Ansteckung *f*, Verunreinigung *f*, Verschmutzung *f (z. B. mit Bakterien)*; (radioaktive) Verseuchung *f*; 2. *(Neur)* Kontamination *f*, Wortagglutination *f*
content-thought disorder inhaltliche Denkstörung *f*
contiguity 1. Berührung *f*, Angrenzung *f*, Nachbarschaft *f*, räumliche Nähe *f (z. B. von Knochen)*; 2. Gleichzeitigkeit *f (z. B.von Gedanken)*
contiguous 1. angrenzend, benachbart, räumlich nahe; 2. gleichzeitig vorhanden; gleichzeitig auftretend
continence 1. Kontinenz *f*, Enthaltsamkeit *f*; Enthaltung *f*; 2. Kontinenz *f (willkürliches Zurückhalten)*; Blasenkontinenz *f*; Darmkontinenz *f*
continence of faeces Stuhlkontinenz *f*
continent 1. kontinent, enthaltend; Kontinenz..., Enthaltsamkeits...; 2. kontinent, (willkürlich) zurückhaltend; Kontinenz...
continent ileostomy kontinentes Iliostoma *n*
continuation of the pregnancy Schwangerschaftsfortsetzung *f*, Schwangerschaftsfortdauer *f*
continuing education (berufliche) Weiterbildung *f*
continuing fever anhaltendes Fieber *n*, Kontinua *f*
continuity Kontinuität *f*
continuous ambulatory peritoneal dialysis kontinuierliche ambulante Peritonealdialyse *f*
continuous anaesthesia kontinuierliche Anästhesie *f*
continuous arrhythmia kontinuierliche Arrhythmie *f*, andauernde Arrhythmie *f*; absolute Arrhythmie *f*, Arrhythmia *f* perpetua [absoluta]
continuous catheter Dauerkatheter *m*
continuous caudal anaesthesia Kaudadaueranästhesie *f*, fortlaufende kaudale Blockade *f*
continuous caudal analgesia *s.* continuous caudal anaesthesia
continuous closed drainage Dauersaugung *f*, Dauersaugdrainage *f*
continuous enema kontinuierlicher Einlauf *m*, Dauereinlauf *m*
continuous fever kontinuierliches Fieber *n*, Dauerfieber *n*, Kontinua *f*
continuous gastric suction Magendauerabsaugung *f*
continuous infusion Dauerinfusion *f*
continuous injection *s.* continuous infusion
continuous intercostal drainage Thoraxdauerdrainage *f*
continuous intravenous access intravenöser Dauerzugang *m* [Dauerkatheter *m*]
continuous intravenous drip intravenöser Dauertropf *m*, intravenöse Dauertropfinfusion *f*
continuous irradiation Dauerbestrahlung *f*
continuous irrigation kontinuierliche Spülung *f*, Dauerspülung *f*
continuous load kontinuierliche Belastung *f*, Dauerbelastung *f*
continuous loop wiring Gebisscerclage *f (bei Kieferfraktur)*
continuous murmur Dauergeräusch *n*, diastolisch-systolisches Geräusch *n*
continuous night secretion nächtliche Nüchternsekretion *f*
continuous pain Dauerschmerz *m*
continuous passive motion kontinuierliche passive Bewegung *f*
continuous positive airway pressure kontinuierlicher positiver Atemwegsdruck *m*, CPAP
continuous positive pressure ventilation kontinuierliche Überdruckbeatmung *f*, CPPV, CPPB
continuous sacral anaesthesia Sakraldaueranästhesie *f*, fortlaufende extradurale sakrale Blockade *f*
continuous sleep *(Neur)* Dauerschlaf *m*
continuous sleep treatment Dauerschlafbehandlung *f*, Schlafkur *f*, Heilschlafbehandlung *f*

continuous spinal anaesthesia Spinaldaueranästhesie *f*, fortlaufende spinale Blockade *f*
continuous subcuticular suture Intrakutannaht *f*
continuous suction drainage Dauersaugdrainage *f*
continuous suture fortlaufende Naht *f*
continuous traction Dauerzug *m*, Dauerextension *f*
continuous tremor Dauertremor *m*
continuous waterseal suction geschlossene Dauersaugdrainage *f*
continuously progredient schizophrenia kontinuierlich-progrediente Schizophrenie *f*
contort *v* verwinden, verdrehen; verzerren *(z. B. das Gesicht)*; verkrümmen, verrenken *(z. B. den Körper)*
contorted gewunden, verdreht; verzerrt; verkrümmt, verrenkt
contorted tubule of the testis Tubulus *m* seminiferus contortus testis, gewundenes Hodenkanälchen *n* [Samenkanälchen *n*]
contortion Kontorsion *f*, Verwindung *f*, Verdrehung *f*; Verzerrung *f (z. B. des Gesichtes)*; Verkrümmung *f*, Verrenkung *f (z. B. des Körpers)*
contour *v (Stom)* die Zahnkontur [die normale Zahnoberfläche] wiederherstellen
contour Kontur *f*, Umrisse *mpl*; Oberflächenkonfiguration *f*, Oberflächenbeschaffenheit *f*
contoured konturiert, mit Konturen versehen
contouring Konturierung *f*, Konturenbildung *f*
contra-angle 1. Kontrawinkel *m*; 2. Kontrawinkelstück *n*, Kontrawinkel(hand)stück *n*
contra-aperture Gegenöffnung *f (siehe auch: counterincision)*
contraception Kontrazeption *f*, Antikonzeption *f*, Empfängnisverhütung *f*, Schwangerschaftsverhütung *f*, Geburtenregelung *f*
contraceptive kontrazeptiv, antikonzeptionell, empfängnisverhütend, schwangerschaftsverhütend
contraceptive (agent) Kontrazeptivum *n*, Antikonzeptionsmittel *n*, Empfängnisverhütungsmittel *n*, schwangerschaftsverhütendes Mittel *n*
contraceptive diaphragm fitting Diaphragmaanpassung *f (zur Kontrazeption)*
contraceptive method Kontrazeptionsmethode *f*, schwangerschaftsverhütende Methode *f*
contract *v* 1. kontrahieren, zusammenziehen; verkürzen; sich kontrahieren, sich zusammenziehen; sich verkürzen; schrumpfen; 2. (sich) zuziehen *(z. B. eine Infektion)*; (sich) anstecken
contract *v* **a disease** erkranken, sich eine Krankheit zuziehen
contract *v* **a habit** eine Gewohnheit annehmen
contract *v* **an infection** (sich) eine Infektion zuziehen
contracted kontrakt, zusammengezogen; gekrümmt
contracted bladder Schrumpfblase *f*
contracted foot Talipes *m* cavus, Hohlfuß *m*
contracted kidney Schrumpfniere *f*
contracted pelvis verengtes Becken *n*
contracted pelvis delivery Geburt *f* bei verengtem Becken
contractile kontraktil, zusammenziehbar; verkürzungsfähig, zusammenziehungfähig
contractility Kontraktilität *f*, Kontraktionsfähigkeit *f*, Zusammenziehbarkeit *f*, Verkürzungsfähigkeit *f*
contraction 1. Kontraktion *f*, Zusammenziehung *f (von Muskeln)*; Wehe *f*; 2. *s.* contracture
contraction of a disease Erkrankung *f*, Erkranken *n*, Krankwerden *n*
contraction of the visual field Gesichtsfeldeinengung *f*
contraction ring Kontraktionsring *m*
contraction wave Kontraktionswelle *f (Muskel)*
contractional capacity Testierfähigkeit *f*
contractor (muscle) Schließmuskel *m*, Musculus *m* contractor
contracture 1. Kontraktur *f*, dauernde Verkürzung *f (z. B. von Narbengewebe, Sehnen)*; 2. Gelenkkontraktur *f*
contracture prophylaxis Kontrakturenprophylaxe *f*
contraextension *s.* counterextension
contrafissura Contrecoup-Schädelfraktur *f*, Gegenstoß-(schädel)knochenbruch *m*
contraincision Kontrainzision *f*, Gegeninzision *f*
contraindicant kontraindiziert sein, eine Kontraindikation [Gegenanzeige] darstellend
contraindicate *v* kontraindizieren, eine Kontraindikation [Gegenanzeige] darstellen
contraindicated/be *v* kontraindiziert [gegenindiziert] sein, nicht angezeigt [indiziert] sein
contraindication Kontraindikation *f*, Gegenanzeige *f*
contraindication for blood transfusion Transfusionskontraindikation *f*
contrainsular gegen die Inselzellen wirkend, die Insulinbildung hemmend
contralateral kontralateral, auf der Gegenseite (liegend); die Gegenseite betreffend
contralateral hemiplegia Kontralateralhemiplegie *f*, kontralaterale Hemiplegie *f*
contralateral reflex kontralateraler Reflex *m*
contrasexual 1. gegengeschlechtlich; 2. heterosexual, heterosexuell
contrasexual characteristic gegengeschlechtliches Merkmal *n*, gegengeschlechtliche Eigenschaft *f*
contrast 1. Kontrast *m*, Gegensätzlichkeit *f*; 2. *(Rad)* Kontrast *m*
contrast bath *(Bal)* (Warm-Kalt-)Wechselbad *n*
contrast desire gegensätzliche Begierde *f*, gegensätzliches Verlangen *n*
contrast diet Kontrastdiät *f*, Kontrastkost *f*
contrast drive gegensätzliche Neigung *f*, gegensätzlicher Trieb *m*
contrast echocardiography Kontrastechokardiographie *f*
contrast enema Kontrast(mittel)einlauf *m*
contrast examination Kontrast(mittel)untersuchung *f*
contrast laryngography Kontrastlaryngographie *f*, Kontrastkehlkopfdarstellung *f*
contrast M-mode echocardiogram Kontrast-M-mode-Echokardiogramm *n*
contrast material *s.* contrast medium
contrast-media roentgenography Röntgenkontrastdarstellung *f*, Kontrastmittelröntgenaufnahme *f*
contrast medium Röntgenkontrastmittel *n*, Kontrastmittel *n*
contrast myelography *(Rad)* Kontrastmyelographie *f*
contrast posterior fossagram Kontrastaufnahme *f* der hinteren Schädelgrube
contrast radiogram Röntgenkontrastbild *n*
contrast radiography Rontgenkontrastdarstellung *f*, Röntgenkontrastaufnahme *f*
contrast roentgenography *s.* contrast radiography
contrast stain *(Histol)* Kontrastfärbung *f*
contrast study of small intestine Dünndarmkontrastuntersuchung *f*, Dünndarmkontrastdarstellung *f*
contrast study of small intestine by enema Dünndarmdarstellung *f* nach Kontrast(mittel)einlauf
contrast study of the stomach Magenkontrastuntersuchung *f*, Kontrast(mittel)untersuchung *f* des Magens
contrast X-ray study Röntgenkontrastuntersuchung *f*
contrastimulant 1. Gegenreiz...; einem Reiz entgegengesetzt wirksam; 2. beruhigend; Beruhigungs...
contrastimulant (agent) Beruhigungsmittel *n*

contrastimulism Beruhigungsmittelgebrauch *m*
contrastimulus Gegenreiz *m*
contrasuppressor cell *(Immun)* Kontrasuppressorzelle *f (hemmt T-Suppressorzellen)*
contrecoup Contrecoup *m*, Gegenschlag *m*, Rückstoß *m*, Gegenstoß *m*
contrecoup injury Contrecoup-Verletzung *f*, Gegenstoßverletzung *f*
contrectation 1. *(Neur)* Umarmungstrieb *m*, Liebkosungstrieb *m*; 2. (sexuelles) Vorspiel *n*
control *v* 1. kontrollieren, unter Kontrolle bringen; beherrschen; stoppen; 2. regulieren, regeln; einstellen; 3. korrigieren, wiederherstellen, den Normalzustand wiederherstellen; 4. einschränken, bändigen
control *v* **a disease** eine Krankheit unter Kontrolle bringen
control *v* **bleeding [haemorrhage]** eine Blutung unter Kontrolle bringen, eine Blutung beherrschen [stoppen]
control *v* **the pain** den Schmerz ausschalten [beseitigen], den Schmerz stillen [behandeln]
control 1. Kontrolle *f*, Beherrschung *f*; 2. Regulierung *f*, Regeln *n*, Regelung *f*, Einstellung *f*; 3. Korrektur *f*, Korrigieren *n*, Wiederherstellung *f*; 4. Einschränkung *f*, Bändigung *f*
control analysis *(Neur)* Kontrollanalyse *f*
control animal *(Lab)* Kontrolltier *n*
control experiment Kontrollexperiment *n*
control gene Kontrollgen *n*
control of bleeding [haemorrhage] Blutungskontrolle *f*, Blutstillung *f*, Hämostase *f*
control room *(Rad)* Kontrollraum *m*, Röntgenschaltraum *m*
control X-ray after reposition of the fragments and plaster bandage Röntgenkontrolle *f* nach dem Eingipsen, Röntgenkontrolle *f* im Gips
control X-ray examination Röntgenkontrolluntersuchung *f*
control X-ray film Röntgenkontrollaufnahme *f*
controlled artificial ventilation kontrollierte Beatmung *f*
controlled association *(Neur)* kontrollierte Assoziation *f*, Wortassoziation *f*
controlled contrast medium injection kontrollierte Kontrastmittelinjektion *f*
controlled hypotension kontrollierte Hypotension *f*
controlled mandatory ventilation kontrollierte maschinelle Beatmung, kontrollierte Zwangsbeatmung *f*, CMV
controlled mechanical ventilation *s.* controlled mandatory ventilation
controlled oxygen therapy kontrollierte Sauerstofftherapie *f*
controlled respiration kontrollierte Atmung *f* [Beatmung *f*]
controlled ventilation kontrollierte Beatmung *f*
contund *v s.* contuse
contuse *v* quetschen; prellen
contused kidney Nierenkontusion *f*, Nierenprellung *f*
contused wound Quetschwunde *f*
contusion Kontusion *f*, Contusio *f*, Quetschung *f*, Prellung *f*
contusion cataract *(Ophth)* Kontusionskatarakt *f*
contusion of soft tissue Weichteilkontusion *f*
contusion of the back Rückenprellung *f*
contusion of the head Kopfprellung *f*
contusion otitis Kontusionsotitis *f*
contusion pneumonia Kontusionspneumonie *f*
contusive 1. quetschend, Quetschungen verursachend; 2. gequetscht; Quetsch...; geprellt
coni *pl s.* conus
conular konisch, konusförmig, kegelförmig
conus Konus *m*, Conus *m*, Kegel *m*
conus medullaris syndrome Konussyndrom *n*
convalesce *v* rekonvaleszieren, genesen, (wieder) gesund werden
convalescence Rekonvaleszenz *f*, Genesung *f*, Wiederherstellung *f*, Anastase *f*
convalescent (re)konvaleszierend, (re)konvaleszent, genesend; Genesungs...
convalescent Konvaleszent *m*, Rekonvaleszent *m*, Genesender *m*, rekonvaleszierender Patient *m*
convalescent burn serum Verbrennungsrekonvaleszentenserum *n*
convalescent carrier Rekonvaleszenten-Carrier *m*
convalescent human serum Rekonvaleszentenserum *n*
convalescent patient *s.* convalescent
convalescent serum Rekonvaleszentenserum *n*
convalescent stage Rekonvaleszenzstadium *n*, Genesungsstadium *n*
convallaria glycoside Konvallariaglykosid *n*
convallatoxin Konvallatoxin *n*
convection Konvektion *f*
convergence Konvergenz *f*, Übereinstimmung *f*
convergence angle Konvergenzwinkel *m*
convergence insufficiency Konvergenzschwäche *f*
convergence near point relativer Nahpunkt *m*, Konvergenznahpunkt *m*
convergence paralysis Konvergenzlähmung *f*
convergence reflex Konvergenzreflex *m*
convergent konvergent, zusammenlaufend
convergent-beam therapy Konvergenzbestrahlung *f*
convergent nystagmus Nystagmus *m* convergens
convergent squint Strabismus *m* convergens, Einwärtsschielen *n*, Esotropie *f*
convergent strabismus *s.* convergent squint
convergent teeth konvergierende Zähne *mpl*
converging lens *(Ophth)* Konvergenzlinse *f*, Sammellinse *f*
converging turtle bandage konvergierender Dachziegelverband *m*
convergiometer Konvergenz(kraft)messer *m*
conversion 1. Konversion *f*, Umwandlung *f*, Umkehrung *f*; 2. *(Gyn)* Konversion *f*, Drehung *f*, Wendung *f (bei der Geburt)*; 3. Konversion *f*, Transmutation *f*; 4. *(Virol)* Konversion *f (Wandlung der Antigenstruktur durch Umwelteinflüsse)*; 5. *(Neur)* Konversion *f (Umwandlung seelicher Konflikte in Kranheitssymptome)*
conversion disorder *(Neur)* Konversionsstörung *f*
conversion disorders Ausdruckskrankheiten *fpl*
conversion hysteria Konversionshysterie *f*
conversion neurosis Konversionsneurose *f*
conversion reaction Konversionsreaktion *f*, abnorme Erlebnisreaktion *f*
conversion symptoms Konversionssymptome *npl*
convertase Konvertase *f (Enzym)*
convertible konvertibel, umwandelbar; überführbar
convertin Proconvertin *n*, Prokonvertin *n*, Konvertin *n*, Blutgerinnungsfaktor *m* VII
converting enzyme Converting-Enzym *n*, Umwandlungsenzym *n*
convex konvex, zerstreuend; Streuungs..., Streu...
convex border of the kidney Margo *m* lateralis renis, seitlicher Nierenrand *m*
convex lens Konvexlinse *f*, Sammellinse *f*
convex mirror Konvexspiegel *m*, Wölbspiegel *m*, Zerstreuungsspiegel *m*
convex superficial surface of the cerebrum Facies *f* superolateralis cerebri
convexity Konvexität *f*, konvexe Struktur *f*
convexobasia Konvexobasie *f*, Basilarimpression *f (Vorwärtsneigung des Okzipitalknochen)*

convexo-concave konvex-konkav *(z. B. Linse)*
convexo-convex bikonvex, konvexo-konvex *(z. B. Linse)*
convexo-plane plan(o)konvex *(z. B. Linse)*
convey *v* **a disease** eine Krankheit übertragen
convoluted zusammengeballt, zusammengerollt, verschlungen; knäuelförmig; Knäuel...
convoluted kidney tubule *s.* convoluted renal tubule
convoluted labyrinth [part] of the kidney Pars *f* convoluta lobuli corticalis renis
convoluted renal tubule Tubulus *m* renalis contortus, gewundenes Nierenkanälchen *n*
convoluted seminiferous tubule Tubulus *m* seminiferus contortus, gewundenes Hodenkanälchen *n* [Samenkanälchen *n*]
convolution 1. Gyrus *m*, Hirnwindung *f*, Windung *f*; 2. Kovolut *n*, Fältelung *f (Darm, Krampfadern)*
convolutional 1. Windungs..., Gyrus...; 2. Konvolut...
convolutional atrophy Konvolutions(schädelknochen)-atrophie *f*
convolutional cerebral atrophy Konvolutionshirnatrophie *f*, Pick'sche Hirnatrophie *f*
convolutional impression Impressio *f* digitata, Hirnwindungsabdruck *m*
convolutionary *s.* convolutional
convulsant krampferregend, krampfauslösend, Krämpfe auslösend, Krämpfe verursachend; Krampf...
convulsant (agent) Krampfmittel *n*, Krampfgift *n*
convulse *v* 1. schütteln, zucken; krampfen; sich schütteln; 2. krampfartig zusammenziehen *(z. B. Muskel)*
convulsibility Krampfanfälligkeit *f*, Krampfbereitschaft *f*
convulsion 1. Konvulsion *f*, Zuckung *f*, Zuckungskrampf *m*, klonischer Krampf *m*; 2. Konvulsion *f*, epileptischer Krampfanfall *m* • **be seized with convulsions** Krämpfe bekommen, krampfen • **go into convulsions** Krämpfe bekommen, krampfen
convulsion centre Konvulsionszentrum *n (im verlängerten Rückenmark)*
convulsion therapy *s.* convulsive therapy
convulsionary *s.* convulsive
convulsionary Krampfender *m*, krampfender Patient *m*, an Krämpfen Leidender *m*
convulsivant *s.* convulsant
convulsive 1. konvulsiv, krampfartig; Krampf...; 2. Konvulsionen auslösend [bewirkend] *(z. B. Giftstoffe, Medikamente)*; zu Krämpfen führend, mit Krämpfen einhergehend *(z. B. Hirnleiden, Stoffwechselstörungen)*; 3. krampfend, von Krämpfen befallen *(z. B. fiebernde Kinder)*; an Krämpfen leidend *(z. B. Epileptiker)*; 4. Krämpfe begleitend, bei Krämpfen auftretend *(z. B. unwillkürliche Bewegungen)*
convulsive cough krampfartiger Husten *m*; Hustenkrampf *m*
convulsive disorder Krampfleiden *n*
convulsive laughter Zwangslachen *n*
convulsive seizure Krampfanfall *m*
convulsive sobbing *(Neur)* Weinkrämpfe *mpl*
convulsive state Status *m* epilepticus, Epilepsiedaueranfall *m*
convulsive therapy konvulsive Therapie *f*, Krampfbehandlung *f*
convulsive tic Tic *m* convulsif, Gesichtszucken *n*, Tickkrankheit *f*, Fazialistick *m*
Cooley's anaemia Cooley'sche Anämie *f*, Thalassaemia *f* major, Erythroblastenanämie *f*, Schießscheibenzellenanämie *f*
Cooley's disease *s.* Cooley's anaemia
Cooley's trait Rietti-Greppi-Micheli'sches Syndrom *n*, Thalassaemia *f* minor
Coolidge tube Coolidge-Röhre *f*, Coolidge-Hochvakuum-Röntgenröhre *f*
cooling Kühlung *f*, Kühlen *n*
Coombs-positive haemolytic anaemia coombs-positive hämolytische Anämie *f*
Coombs' serum Coombs-Serum *n*, Antiglobulinserum *n*
Coombs' test Coombs-Test *m*, Antiglobulintest *m*
Cooper's fascia Cooper'sche Faszie *f*, Cooper-Faszie *f*, Fascia *f* cremasterica, Kremasterfaszie *f*
Cooper's hernia Cooper'sche Hernie *f*, Cooper-Hernie *f*, Schenkelbruch *m*, Schenkelhernie *f*
Cooper's ligament Cooper'sches Band *n*, Cooper-Band *n*, Ligamentum *n* pubicum
Cooper's syndrome Cooper-Syndrom *n*, Mastodynie *f*
coordinate *v* koordinieren, abstimmen *(z. B. Reflexabläufe)*; geordnet zusammenspielen *(z. B. Muskelbewegungen)*
coordinated reflex koordinierter Reflex *m*
coordination Koordination *f*, geordnetes Zusammenspiel *n*
coordination of movements *(Neur)* Bewegungskoordinierung *f*
co-ossification Verschmelzung *f* durch Knochenbildung
co-ossify *v* durch Ossifikation [Knochenbildung] verschmelzen, zu einem Knochen werden
cootie louse *s.* body louse
copaiba balsam Kopaivabalsam *m*, Balsamum *n* copaivae
cope *(Stom)* Grundplatte *f (einer Krone)*
coping 1. *(Stom)* Zahnstumpfkappe *f*, Stumpfkappe *f*; 2. Bewältigung *f*, Bewältigungsverhalten *n* von Kranken; Anstrengung *f* zur Überwindung von Schwierigkeiten, Coping-Verhalten *n*
coping mechanism Bewältigungsmechanismus *m*, Coping-Mechanismus *m (zur Wiedererlangung des psychischen Gleichgewichts)*
coping resources Bewältigungsressourcen *fpl*, Coping-Ressourcen *fpl*
coping style Bewältigungsstil *m*, Bewältigungsart *f*, Bewältigungsmethode *f (z. B. für Stress)*
copiopia Kopiopie *f*, Sehmüdigkeit *f*, Augenüberanstrengung *f*, Sehschwäche *f*
copious kopiös, massenhaft, massig; reichlich, ausgiebig
copolymer Kopolymer *n*
copper Kupfer *n*, Cu
copper blood level Kupferblutspiegel *m*
copper cataract *(Ophth)* Kupferstar *m*
copper enzyme Kupferenzym *n*
copper line Kupferlinie *f*, Kupfersaum *m (bei Kupfervergiftung)*
copper metabolism Kupfermetabolismus *m*, Kupferstoffwechsel *m*
copper-nose *s.* 1. rhinophyma; 2. rosacea
copper sulphate intoxication [poisoning] Kupfersulfatintoxikation *f*
copper-wire artery *(Ophth)* Kupferdrahtarterie *f*
copracrasia Stuhlinkontinenz *f*
copragogue Abführmittel *n*
coprecipitin Kopräzipitin *n*
copremesis Kopremesis *f*, Koterbrechen *n*, kotiges [fäkales] Erbrechen *n*, Miserere *n*
coproantibody Koproantibody *m*, Stuhlantikörper *m*
coproculture Koprokultur *f*, Stuhlkultur *f*
coprolagnia Koprolagnie *f (sexuelle Befriedigung beim Umgang mit Exkrementen)*
coprolalia Koprolalie *f*, Koprophrasie *f*, unanständige Redeweise *f* [Ausdrucksweise *f*]
coprolith Koprolith *m*, Kotstein *m*, Fäkalstein *m*
coprologic study koprologische Untersuchung *f*
coprology Koprologie *f*, Lehre *f* von der Stuhlbeschaffenheit

coproma Koprom *n*, Kotgeschwulst *f*, Fäkalom *n*
copromania *(Neur)* Kopromanie *f (krankhaftes Hantieren mit Kot)*
coprophagia Koprophagie *f*, Kotessen *n*, Kotverschlingen *n*
coprophagous koprophag, kotessend
coprophagy *s.* coprophagia
coprophemia Koprophemie *f*, Gebrauch *m* obszöner Ausdrücke
coprophil Koprophile *m*, koprophiler Mikroorganismus *m*
coprophile *s.* coprophilic
coprophilia *(Bakt, Neur)* Koprophilie *f*, Vorliebe *f* für Kot
coprophiliac *s.* coprophilic
coprophilic koprophil, kotbevorzugend; Koprophilie…
coprophilous *s.* coprophilic
coprophobia Koprophobie *f*, Kotabneigung *f*
coprophrasia *s.* coprolalia
coproplanesia Kotabgang *m* über eine Fistel
coproporphyria Koproporphyrie *f*
coproporphyrin Koproporphyrin *n*
coproporphyrinogen Koproporphyrinogen *n*
coproporphyrinogen oxidase Koproporphyrinogenoxidase *f (Enzym)*
coproporphyrinuria Koproporphyrinurie *f*, Koproporphyrinausscheidung *f* im Urin
copropraxia *(Neur)* Kopropraxie *f*, Exhibitionismus *m*
coprostane Koprostan *n*
coprostanol Koprostanol *n*, Koprosterin *n*, Koprosterol *n*
coprostanone Koprostanon *n (Oxidationsprodukt des Koprosterols)*
coprostasis Koprostase *f*, Kotstauung *f*, Koteinklemmung *f*
coprosterin *s.* coprosterol
coprosterol Koprosterol *n*, Koprosterin *n*, Koprostanol *n*
coprozoa Koprozoa *npl*, Koprozoen *npl*, Stuhlprotozoen *fpl*
coprozoic Koprozoen…
coptosis Dauererschöpfung *f*, Dauermüdigkeit *f*, Dauerüberanstrengung *f*
copula Kopula *f*, Copula *f* linguae *(embryonale Zungenwurzel)*
copulation 1. Kopulation *f*, Gametenverschmelzung *f*, 2. *s.* coitus
copy error *(Gen)* Kopierungsfehler *m*, Replikationsfehler *m (der DNS)*
coquille Uhrglas *n*, Uhrglasschale *f*
cor Cor *n*, Herz *n (Zusammensetzungen siehe unter: cardiac und heart)*
coracoacromial *(Anat)* korakoakromial, akromiokorakoid(al); Rabenschnabelfortsatz-Akromion-…
coracoacromial ligament *(Anat)* Ligamentum *n* coracoacromiale
coracobrachialis *(Anat)* Musculus *m* coracobrachialis, Hakenarmmuskel *m*
coracobrachialis brevis (muscle) *(Anat)* Musculus *m* coracobrachialis brevis [superior]
coracobrachialis muscle *s.* coracobrachialis
coracoclavicular *(Anat)* korakoklavikulär; Rabenschnabelfortsatz-Schlüsselbein-…
coracoclavicular fascia *(Anat)* Fascia *f* clavipectoralis
coracoclavicular ligament *(Anat)* Ligamentum *n* coracoclaviculare
coracohumeral *(Anat)* korakohumeral; Rabenschnabelfortsatz-Oberarmknochen-…
coracohumeral ligament *(Anat)* Ligamentum *n* coracohumerale
coracohyoid *(Anat)* korakohyoid(al)
coracoid korakoid, rabenschnabelähnlich, rabenschnabelartig
coracoid (process) *(Anat)* Processus *m* coracoideus, Korakoid *n*, Rabenschnabelfortsatz *m*
coracoiditis *(Path)* Korakoiditis *f*, Entzündung *f* des Processus coracoideus
coracoradialis *(Anat)* Caput *n* breve musculi bicibitis brachii
coral calculus Korallenstein *m*
coralliform koralliform, korallenförmig; Korallen…
coralliform cataract *(Ophth)* Korallenkatarakt *f*, Korallenstar *m*
coralloid korallenartig; Korallen…
Corbus' disease Corbus-Krankheit *f*, Balanitis *f* erosiva et gangrenosa
cord 1. Strang *m*, Band *n*; 2. Nabelschnur *f*, Nabelstrang *m*, Funiculus *m* umbilicalis *(siehe auch unter: umbilical cord)*; 3. *s.* vocal cord
cord bladder Reflexblase *f*, autonome Harnblase *f*, Rückenmarkblase *f*, Blasenautonomie *f*
cord blood Nabel(schnur)blut *n*
cord blood transplantation Transplantation *f* von Nabelschnurblut
cord compression Rückenmark(s)kompression *f*
cord knot Nabelschnurknoten *m*
cord murmur Nabelschnurgeräusch *n*
cord presentation Nabelschnurvorfall *m*
cord pulse Nabelschnurpuls *m*
cord rupture Nabelschnurruptur *f*
cord shortening Nabelschnurverkürzung *f*
cord traction Nabelschnurzug *m (bei der Plazentaentwicklung)*
cordal 1. bandförmig, Band…; 2. Stimmband…
cordate herzförmig
cordectomy *(HNO)* Chordektomie *f*, Stimmbandresektion *f*, Stimmbandexstirpation *f*, (operative) Stimmbandentfernung *f*
cordial herzstärkend
cordial (agent) Herz(stärkungs)mittel *n*, herzstärkendes Mittel *n*
cordiform herzförmig
cording-up *s.* azoturia
corditis Samenstrangentzündung *f*
cordocentesis Nabelvenenpunktion *f*, perkutane Nabelvenenblutentnahme *f*
cordoid *s.* chordoid
cordopexy *(HNO)* Stimmbandfixation *f*
cordotomy 1. *(HNO)* Chordotomie *f*, (operative) Stimmbanddurchtrennung *f*, 2. *(Chir, Neur)* Chordotomie *f (Durchtrennung des Tractus spinothalamicus lateralis)*
cordy pulse Hochdruckpuls *m*, Hypertonuspuls *m*
cordylobiasis *(Trop)* Cordylobiasis *f (Infektion durch Cordylobia-Fliegen)*
core 1. Kern *m (z. B. eines Systems)*; 2. Eiterpfropf *m*, Eiterkern *m*; 3. Viruskern *m*; 4. *(Stom)* Kern *m*; 5. *(Stom)* Gusskern *m*
core antigen Core-Antigen *n (Antigen aus dem Viruskörper)*
core gender Kerngeschlecht *n*
core gender idendity Kerngeschlechtsidentität *f*, Geschlechtsidentität *f (Weiblichkeit; Männlichkeit)*
core particle Kernpartikel *n (Untereinheit des Nukleosoms)*
core pneumonia zentrale Pneumonie *f*
core temperature of the body Körperkerntemperatur *f*
coreclisis *(Ophth)* Koreklisis *f*, Pupillen(ver)schluss *m*
corectasis *(Ophth)* Korektasis *f*, Pupillenerweiterung *f*
corectome *(Ophth)* Korektom *n*, Iridektomiemesser *n*, Irismesser *n*
corectomedialysis *(Ophth)* Korektomediadialyse *f*
corectomy *(Ophth)* Korektomie *f*, Iridektomie *f*, Irisausschneidung *f*

corectopia *(Ophth)* Korektopie *f*, Pupillenektopie *f*, Pupillenverlagerung *f (Missbildung)*
coredialysis *(Ophth)* Koredialyse *f*
corediastasis *(Ophth)* Korediastase *f*, Pupillenerweiterung *f*
corelysis *(Ophth)* Korelyse *f*, Synechiotomie *f*, Pupillenlösung *f*
coremorphosis *(Ophth)* Koremorphose *f (Bildung einer künstlichen Pupille)*
corenclisis *s.* iridencleisis
coreometer *(Ophth)* Koreometer *n*, Pupillenmessgerät *n*, Pupillometer *n*
coreometry *(Ophth)* Koreometrie *f*, Pupillen(ver)messung *f*
coreopexy *(Ophth)* Koreopexie *f*
coreoplasty *(Ophth)* Koreoplastik *f*, Pupillenplastik *f*, Pupillenrekonstruktion *f*
coreopraxy *(Ophth)* Koreopraxie *f (Schaffung einer künstlichen Pupille)*
corepressor *(Bioch)* Corepressor *m*, Korepressor *m (aktiviert den Repressor zur Regelung der Enzymbildung)*
corestenoma *(Ophth)* Korestenoma *n*, Pupillenverengung *f*
coretomedialysis *s.* corectomedialysis
coretomy *s.* corectomy
Cori cycle Cori-Zyklus *m*, Glukose-Lactat-Zyklus *m*
Cori's disease Cori-Krankheit *f*, Glykogenose *f*
coria *pl s.* corium
coriaceous lederartig *(z. B. Bakterienkultur)*
corium *(Derm)* Corium *n*, Korium *n*, Lederhaut *f*, Cutis *f* vera
corkscrew artery Korkenzieherarterie *f*
corkscrew(-like) oesophagus *(Rad)* Korkenzieherösophagus *m*
corn *(Derm)* Clavus *m*, Klavus *m*, Hühnerauge *n*
corn pad Hornhautpolster *n*
cornea Kornea *f*, Hornhaut *f* des Auges, Augenhornhaut *f*
corneal *(Ophth)* Korneal…, Hornhaut…
corneal abrasion Hornhautabrasion *f*
corneal adiposis Adipositas *f* corneae, Hornhautverfettung *f*
corneal amyloidosis Hornhautamyloidose *f*
corneal anaesthesia Hornhautunempfindlichkeit *f*, Korneaanästhesie *f*
corneal arcus Hornhautring *m*, Arcus *m* corneae
corneal astigmatism Hornhautastigmatismus *m*
corneal bleeding Hornhautblutung *f*
corneal blood vessel Hornhautblutgefäß *n*
corneal cleft Hornhautspalte *f*, Rima *f* cornealis
corneal cloudiness [clouding] Hornhauttrübung *f*
corneal contact lens Hornhautkontaktlinse *f*, Korneahaftlinse *f*
corneal corpuscle Hornhautkorpuskel *n*, Keratozyt *m*
corneal creeping ulcer Ulcus *n* serpens corneae
corneal curvature Hornhautkrümmung *f*
corneal cyst Hornhautzyste *f*
corneal dehydration Hornhautdehydrierung *f*
corneal disease Hornhauterkrankung *f*, Hornhautleiden *n*
corneal dystrophy Hornhautdystrophie *f*
corneal endothelial cell Hornhautendothelzelle *f*
corneal endothelial decompensation Hornhautendotheldekompensation *f*
corneal endothelial dystrophy Hornhautendotheldystrophie *f*
corneal endothelium Hornhautendothel *n*
corneal epithelium Hornhautepithel *n*
corneal erosion Hornhauterosion *f*
corneal fibroma Hornhautfibrom *n*
corneal fistula Hornhautfistel *f*
corneal forceps Hornhautpinzette *f*, Korneaklemme *f*
corneal foreign body Hornhautfremdkörper *m*
corneal graft Hornhauttransplantat *n*
corneal grafting Hornhauttransplantation *f*
corneal holder Korneahalter *m*
corneal hypospadias Hornhauthypospadie *f*
corneal infiltrate Hornhautinfiltrat *n*, Kornealinfiltrat *n*
corneal infiltration Hornhautinfiltration *f*
corneal injury Hornhautverletzung *f*
corneal irritation Hornhautirritation *f*, Hornhautreizung *f*
corneal keloid Hornhautkeloid *n*
corneal lesion *s.* corneal injury
corneal limbus Hornhautrand *m*, Limbus *m* corneae
corneal lipoidosis Hornhautlipoidose *f*
corneal loupe Hornhautlupe *f*
corneal macula Hornhautfleck *m*, Hornhautnarbe *f*, Macula *f* corneae
corneal margin *s.* corneal limbus
corneal membrane *s.* cornea
corneal microcystic dystrophy mikrozystische Hornhautdystrophie *f*
corneal microscope Hornhautmikroskop *n*, Spaltlampe *f*
corneal nodular dystrophy noduläre [knotige] Hornhautdystrophie *f*
corneal oedema Hornhautödem *n*
corneal opacification Hornhaut(ein)trübung *f*
corneal pannus Hornhautpannus *m*
corneal papilloma Hornhautpapillom *n*
corneal penetration Hornhautpenetration *f*
corneal perforation Hornhautperforation *f*
corneal permeability Hornhautdurchlässigkeit *f*
corneal plexus Kornealplexus *m*, Hornhautplexus *m*
corneal reepithelialization Hornhautreepithelisierung *f*
corneal reflex Kornealreflex *m*, Hornhautreflex *m*
corneal regeneration Hornhautregeneration *f*
corneal rodent ulcer Ulcus *n* rodens corneae
corneal scalpel Hornhautskalpell *n*
corneal scarring Hornhautvernarbung *f*
corneal sclerosis Hornhautsklerose *f*
corneal sensation Hornhautempfindung *f*
corneal sensibility Hornhautsensibilität *f*
corneal spot Hornhautfleck *m*, fleckartige Hornhauttrübung *f*
corneal staphyloma Hornhautstaphylom *n*, Staphyloma *n* corneae
corneal stroma Hornhautstroma *n*
corneal swelling Hornhautschwellung *f*
corneal syndrome Hornhautsyndrom *n*
corneal thickness Hornhautdicke *f*, Korneastärke *f*
corneal tissue Hornhautgewebe *n*
corneal transplant *s.* corneal graft
corneal transplantation *s.* corneal grafting
corneal ulcer Hornhautgeschwür *n*, Ulcus *n* corneae
corneal ulceration Hornhautulzeration *f*
corneal vascularization Hornhautvaskularisation *f*, Hornhautgefäßversorgung *f*
corneal xerosis Hornhautxerosis *f*
corneitis *(Ophth)* Korneaentzündung *f*
corneoblepharon *(Ophth)* Korneoblepharon *n*
corneocyte *(Histol)* Korneozyt *m*
corneoiritis *(Ophth)* Hornhaut- und Irisentzündung *f*
corneomandibular reflex korneomandibulärer Reflex *m*, Hornhaut-Unterkiefer-Reflex *m*
corneosclera *(Anat)* Korneosklera *f*, Kornea *f* und Sklera
corneoscleral *(Anat)* korneoskleral; Hornhaut-Sklera-…
corneoscleral limbus *(Anat)* Limbus *m* corneae
corneous hornig, hornartig, hornähnlich; Horn…
corneous layer *(Anat)* Stratum *n* corneum, Horn(haut)-schicht *f*

corner tooth Eckzahn *m*
corneum *(Anat)* Stratum *n* corneum, Hornschicht *f* der Haut
corniculate cartilage (of Santorini) *(Anat)* Cartilago *f* corniculata, Hörnchenknorpel *m*, Santorini'scher Knorpel *m (Kehlkopf)*
corniculate tubercle *(Anat)* Tuberculum *n* corniculatum *(Kehlkopf)*
corniculum *(Anat)* Corniculum *n*, Cartilago *f* corniculata
cornification *(Histol)* Verhornung *f*, Keratinisierung *f*, Hornbildung *f*
cornfied verhornt, keratinisiert; Horn...
cornify *v* verhornen, keratinisieren
cornoid hornig, hornartig, hornähnlich, keratinisiert; Horn...
cornu Cornu *n*, Horn *n*
cornu of the coccyx Cornu *n* coccygea [coccygeum], Steißbeinhorn *n (Gelenkfortsatz)*
cornu of the sacrum Cornu *n* sacrale, Kreuzbeinhorn *n (Gelenkfortsatz)*
cornu of the uterus Cornu *n* uteri, Gebärmutterhorn *n*
cornual pregnancy Gebärmutterhornschwangerschaft *f*
cornuate mit einem Horn versehen; Cornu..., Horn...
cornucommissural kornukommissural; Cornu-Kommissuren-...
corodiastasis *s.* corediastasis
corometer Koreometer *n*, Pupillenmessgerät *n*, Pupillometer *n*
corona Corona *f*, Krone *f*, Kranz *m*
corona virus Coronavirus *n*
coronad kronenwärts
coronal 1. kranzförmig; Korona..., Corona..., Kranz...; 2. kronenförmig; Kronen...
coronal cataract *(Ophth)* Cataracta *f* coronaria, Kranzstar *m*
coronal odontoma Zahnkronenodontom *n*
coronal pulp Zahnkronenpulpa *f*, Pulpa *f* coronale
coronal sequestrum *(Stom)* Kronensequester *m*
coronal suture Kranznaht *f*, Sutura *f* coronalis
coronale 1. Coronale *n (anthropologischer Messpunkt)*; 2. *s.* trontal bone
coronarism Koronarspasmus *m*; Angina *f* pectoris; Koronarinsuffizienz *f*
coronaritis Koronararterienentzündung *f*
coronary koronar; Koronar..., Herzkranz(gefäß)...
coronary angiitis Koronarangiitis *f*, Koronargefäßentzündung *f*
coronary angiography Koronarangiographie *f*
coronary angioplasty Koronarangioplastie *f*, Koronarangioplastik *f*
coronary anomaly Koronaranomalie *f*, Herzkranzgefäßanomalie *f*
coronary arterial ostium Koronararterienostium *n*
coronary arteritis Koronaritis *f*, Koronararterienentzündung *f*
coronary arteriography Herzkranzgefäß(röntgen)darstellung *f*
coronary arteriosclerosis Koronar(arterio)sklerose *f*, Herzkranzgefäßverkalkung *f*
coronary arteriovenous fistula koronarvenöse Koronarfistel *f*
coronary artery Koronararterie *f*, Arteria *f* coronaria, Koronarie *f*
coronary artery bypass Koronararterien-Bypass *m*
coronary artery disease Koronarerkrankung *f*, koronare Herzerkrankung *f*
coronary artery fistula Koronararterienfistel *f*
coronary artery ligation Koronararterienligatur *f*
coronary artery occlusion Koronararterienverschluss *m*
coronary artery perfusion Koronararterienperfusion *f*
coronary artery surgery Koronar(arterien)chirurgie *f*
coronary blood flow Koronardurchblutung *f*, Koronararterienblutfluss *m*
coronary care unit Koronar-Einheit *f*, Intensivstation *f* für Koronarpatienten
coronary cataract *(Ophth)* Kranzstar *m*, Cataracta *f* coronaria
coronary circulation Koronarkreislauf *m*
coronary collateralization koronare Kollateralgefäßbildung *f*, koronare Kollateralisation *f*
coronary dilatation Koronardilatation *f*
coronary disease Koronar(arterien)erkrankung *f*, Koronarkrankheit *f*
coronary embolism Koronarembolie *f*
coronary failure (syndrome) Koronarinsuffizienz *f*
coronary flow reserve Koronarreserve *f*
coronary heart disease koronare Herzerkrankung *f*
coronary high-risk patient koronarer Risikopatient *m*
coronary infarction Koronarinfarkt *m*, Koronararterienverschluss *m*
coronary insufficiency *s.* coronary failure
coronary ligament of the liver Ligamentum *n* coronarium hepatis
coronary occlusion Koronarverschluss *m*, Herzkranzgefäßverschluss *m*
coronary perfusion Koronarperfusion *f*
coronary plexus Koronarplexus *m*, Plexus *m* coronarius
coronary prone behaviour *(Neur)* Typ-A-Verhalten *n*
coronary reflex Koronarreflex *m*, Herzkranzgefäßreflex *m*
coronary reserve Koronarreserve *f*
coronary sclerosis Koronar(arterio)sklerose *f*, Koronaratherosklerose *f*, Herzkranzgefäßverkalkung *f*
coronary sinus Koronarsinus *m*, Sinus *m* coronarius
coronary spasm Koronarspasmus *m*, Herzkranzgefäßspasmus *m*
coronary stenosis Koronar(arterien)stenose *f*, Koronarienvereng(er)ung *f*, Herzkranzgefäßstenose *f*
coronary sulcus Koronarsulkus *m*, Sulcus *m* coronarius
coronary surgery Koronarchirurgie *f*, Herzkranzgefäßchirurgie *f*; koronarchirurgischer Eingriff *m*
coronary T wave koronares T *n*, koronare T-Welle *f (im EKG)*
coronary thrombosis Koronar(arterien)thrombose *f*, Herzkranzgefäßthrombose *f*
coronary valve Koronarklappe *f*, Valvula *f* sinus coronarii
coronary vascular bed Koronargefäßbett *n*, Herzkranzgefäßbett *n*
coronary vasodilating agent koronarer Vasodilator *m*, Koronarvasodilatans *n*, koronargefäßerweiterndes Mittel *n*
coronary vasodilator *s.* coronary vasodilating agent
coronary vein Koronarvene *f*, Vena *f* coronaria
coronary vein of the stomach Magenkranzvene *f*, Vena *f* coronaria ventriculi
coronary vessel Koronargefäß *n*, Herzkranzgefäß *n*
coronavirus Coronavirus *n*
coroner *(For)* amtlicher [gerichtsmedizinischer] Leichenbeschauer *m*; Gerichtsmediziner *m*, Facharzt *m* für Gerichtsmedizin, Arzt *m* für forensische Medizin
coroner's inquest 1. amtliche Leichenbeschau *f*, gerichtsmedizinische Leichenschau *f*; 2. gerichtsmedizinische Sektion *f*, forensische Leichenuntersuchung *f* [Obduktion *f*] *(bei nicht natürlichem Tod)*
coronion Koronion *n*, Coronion *n (anthropologischer Messpunkt)*
coronobasilar *(Anat)* koronobasilär; Kronennaht-Schädelbasis-...
coronofacial *(Anat)* koronofazial

coronoid *(Anat)* koronoid, kronenartig
coronoid fossa Fossa *f* coronoidea, Kronenfortsatzgrube *f*
coronoid process of the mandible Processus *m* coronoideus mandibulae, Kronenfortsatz *m* des Unterkiefers
coronoid process of the ulna Processus *m* coronideus ulnae, Kronenfortsatz *m* der Elle
coronoidectomy *(Stom)* Koronoiektomie *f (Entfernung des Procesus coronoideus mandibulae)*
coronoidotomy *(Stom)* Koronoidotomie *f*
coroparelcysis *(Ophth)* Koroparelkysis *f (Pupillenverlagerung in trübungsfreien Hornhautbezirk)*
coroplasty *s.* coreoplasty
coroscopy *s.* retinoscopy
corotomy *s.* iridectomy
corpora *pl s.* corpus
corporal körperlich; Körper...
corporal abdominal caesarean section *(Gyn)* klassischer abdominaler Kaiserschnitt *m*
corporeal körperlich; Körper...
corps Körperschaft *f*, Corps *n*; Korporation *f*
corpse Leiche *f*, Leichnam *m*, Tote(r) *m*
corpulence *s.* corpulency
corpulency Korpulenz *f*, Beleibtheit *f*
corpulent korpulent, beleibt, dick(leibig), fettleibig, adipös, feist, wohlgenährt
corpus Corpus *n*, Korpus *m*, Körper *m*, Leib *m*
corpus callosum degeneration syndrome Marchiafava-Bignami-Syndrom *n*, Marchiafava-Bignami'sche Krankheit *f*
corpus callosum radiation Radiatio *f* corporis callosi, Balkenstrahlung *f (Nervenfasern zwischen dem Corpus callosum und den Hemisphären)*
corpus carcinoma Korpuskarzinom *n*, Gebärmutterkörperkarzinom *n*
corpus luteum Gelbkörper *m*, Corpus *n* luteum *(siehe auch unter: luteal corpus)*
corpus luteum abscess Gelbkörperabszess *m*
corpus luteum cyst Gelbkörperzyste *f*, Corpus-luteum-Zyste *f*
corpus luteum function Gelbkörperfunktion *f*
corpus luteum haematoma Gelbkörperhämatom *n*
corpus spongiosum of the female urethra Corpus *n* spongiosum urethrae muliebris
corpuscallosotomy *(Chir)* Korpuskallosotomie *f*, Kallosotomie *f*
corpuscle Corpusculum *n*, Korpuskel *n*, Körperchen *n*
corpuscles surrounding terminal nerve fibres *(Anat)* Corpuscula *npl* nervosa terminalis, Terminalkörperchen *npl*
corpuscular korpuskular, korpuskulär; Korpuskular...
corpuscular radiation *(Rad)* Korpuskularstrahlung *f*
corpusculum *s.* corpuscle
correcting gymnastics Heilgymnastik *f*, Korrekturgymnastik *f*
correction Korrektion *f*, Berichtigung *f*, optische Korrektur *f*, Visuskorrektur *f*
correction of bite [occlusion] *(Stom)* Fehlbisskorrektur *f*, Korrektur *f* einer Fehlbissstellung
correction of the tooth position Zahnstellungskorrektur *f*
correction plasty Korrekturplastik *f*
correctional education Fürsorgeerziehung *f*
corrective 1. korrigierend; modifizierend; gegenwirkend; Korrektur...; Modifikations...; Gegenwirkungs...; 2. korrektiv, bessernd, lindernd; Besserungs..., Linderungs...
corrective (agent) *(Pharm)* Korrigens *n (den Geschmack verbessernder Stoff)*
corrective exercise (orthopädische) Korrekturübung *f*, therapeutische Übung *f*
corrective insole (orthopädische) Korrektureinlage *f*
corrective osteotomy *(Orth)* Korrekturosteotomie *f*
corrective spectacles *(Ophth)* Korrekturbrille *f*
corrector Korrektor *m*, Korrekturapparat *m*
correlation 1. Korrelation *f*, Wechselwirkung *f*, Wechselbeziehung *f*; 2. Korrelation *f*, Übereinstimmung *f*
correspondence Korrespondenz *f (z. B. der Netzhaut)*
Corridor disease Corridor-Krankheit *f (in Südafrika; durch Theileria lawrencei)*
Corrigan's disease Corrigan'sche Krankheit *f*, Aortenklappeninsuffizienz *f*
Corrigan's pulse Corrigan-Puls *m*, Corrigan'scher Puls *m*, Wasserhammerpuls *m*, Pulsus *m* celer et altus *(bei Aorteninsuffizienz)*
corrigent korrigierend; richtig stellend; Korrigens...
corrigent (agent) Korrigens *n*
corrigible korrigierbar, linderungsfähig, besserungsfähig; behebbar
corroborate *v* **a diagnosis** eine Diagnose erhärten
corrode *v* korrodieren, (an)ätzen, anfressen, zerfressen
corrosion Korrosion *f*, Anfressen *n*, Gewebezerstörung *f (z. B. durch Ätzen)*
corrosion preparation *(Anat)* Korrosionspräparat *n*
corrosive korrosiv, ätzend, gewebezerstörend
corrosive (agent) Korrosivum *n*, Ätzmittel *n*
corrosive gastritis Korrosionsgastritis *f*, Gastritis *f* phlegmonosa [necrotica]
corrugator (muscle) Korrugator *m*, Runzler *m*
corrugator supercilii (muscle) Musculus *m* corrugator supercilii [glabellae], Augenbrauenrunzler *m*
corset Korsett *n*
corset cancer *s.* cancer en cuirasse
corset liver Korsettleber *f*
cortex 1. *(Anat)* Cortex *m*, Kortex *m*, Rinde *f*; 2. Großhirnrinde *f*, Hirnrinde *f*; 3. Schale *f*
cortex of the cerebellum Cortex *m* cerebelli, Kleinhirnrinde *f*, Kleinhirnkortex *m*
cortex of the kidney Cortex *m* renis, Nierenkortex *m*, Nierenrinde *f*
cortex of the lymph node Cortex *m* nodi lymphatici, Lymphknotenkortex *m*, Lymphknotenrinde *f*
cortex of the suprarenal gland Cortex *m* glandulae suprarenalis, Nebennierenrinde *f*, NNR
cortex screw *(Chir)* Kortikalisschraube *f*
cortexolone Cortexolon *n*, Kortexolon *n (Mineralokortikoid)*
cortexone Cortexon *n*, Kortexon *n*, Desoxykortikosteron *n*
Corti apparatus *s.* organ of Corti
Corti membrane Corti-Membran *f*, Membrana *f* tectoria
cortical kortikal; Kortex..., Rinden...
cortical adenoma Kortexadenom *n*, Nebennierenrindenadenom *n*
cortical alexia *(Neur)* kortikale Alexie *f*, Rindenleseunfähigkeit *f*
cortical amnesia *(Neur)* kortikale Amnesie *f*
cortical aphasia *(Neur)* kortikale Aphasie *f*
cortical apraxia kortikale [motorische] Apraxie *f*
cortical audiometry kortikale Audiometrie *f*, EEG-Audiometrie *f*
cortical blindness *(Neur)* Rindenblindheit *f*
cortical bone Rindenknochen *m*, Kompakta *f*, Substantia *f* compacta
cortical carcinoma Nebennierenrindenkarzinom *n*
cortical cataract *(Ophth)* Rindenkatarakt *f*, Rindenstar *m*, Cataracta *f* corticalis
cortical cerebral vein Hirnrindenvene *f*
cortical deafness *(Neur)* Rindentaubheit *f*
cortical degeneration Rindendegeneration *f*
cortical epilepsy *(Neur)* Rindenepilepsie *f*
cortical fracture Kortikalisfraktur *f*

cortical hormone Nebennierenrindenhormon *n*
cortical osteitis *s.* periostitis
cortical osteotomy kortikale Osteotomie *f*
cortical potential Hirnrindenpotenzial *n (EEG)*
cortical screw *(Chir)* Kortikalisschraube *f*
cortical sensibility *(Neur)* Hirnrindensensibilität *f*
cortical sinus Rindensinus *m (Lymphknoten)*
cortical substance of the cerebellum Cortex *f* cerebelli, Kleinhirnrinde *f*, Kleinhirnrindensubstanz *f*
corticalization Kortikalisation *f*, Kortikalisierung *f (in der Phylogenese; Übergang der subkortikalen Funktionen auf die Hirnrinde)*
corticalosteotomy *(Stom)* Kortikalisosteotomie *f*
corticate *v* mit einer Rinde, von einer Rinde umgeben
corticectomy *(Chir)* Kortikektomie *f*, (partielle) Hirnrindenentfernung *f*
cortices *pl s.* cortex
corticifugal *(Anat)* kortikofugal, von der Rinde weggerichtet
corticipetal *(Anat)* kortikopetal, rindenwärts
corticoadrenal *(Anat)* adrenocortical; Nebennierenrinden...
corticoafferent *s.* corticopetal
corticoautonomic kortikoautonom
corticobulbar tract *(Anat)* Tractus *m* corticobulbaris
corticocancellous kortikospongiös
corticocerebellar tract *(Anat)* Tractus *m* corticocerebellaris
corticocerebellum *(Anat)* Corticocerebellum *n*, Neocerebellum *n*
corticocerebral *(Anat)* kortikozerebral; Hirnrinden...
corticodiencephalic *(Anat)* kortikodienzephal; Hirnrinden-Dienzephalon-...
corticoefferent *s.* corticofugal
corticofugal *(Anat)* kortikofugal, von der Rinde weggerichtet
corticohypothalamic tract *(Anat)* Tractus *m* corticohypothalamicus
corticoid kortikosteroidartig, mit Kortikosteroidwirkung
corticoid (hormone) *s.* corticosteroid
corticoliberin Kortikoliberin *n*, Cortikotropin-releasing-Faktor *m*
corticolipotrope kortikolipotrop
corticomedial *(Anat)* kortikomedial
corticomesencephalic *(Anat)* kortikomesenzephal; Hirnrinden-Mesenzephalon-...
corticonigral tract *(Anat)* Tractus *m* corticonigralis
corticonuclear tract *(Anat)* Tractus *m* corticonuclearis
corticopallidal tract *(Anat)* Tractus *m* corticopallidalis
corticopeduncular *(Anat)* kortikopedunkular; Hirnrinden-Hirnstiel-..., Kortex-Pedunkulus-...
corticopetal *(Anat)* kortikopetal, rindenwärts
corticopleuritis Pleuritis *f* visceralis
corticopontile tract *(Anat)* Tractus *m* corticopontinus
corticopontine tract *s.* corticopontile tract
corticopontocerebellar system *(Anat)* kortikopontozerebellares [extrapyramidales] System *n*
corticorubral fibre *(Anat)* Kortikorubralfaser *f*
corticorubral tract Tractus *m* corticorubralis
corticospinal tract *(Anat)* Tractus *m* corticospinalis, Fibrae *fpl* pyramidales medullae oblongatae
corticosteroid Corticoid *n*, Corticosteroid *n*, Nebennierenrindenhormon *n*
corticosteroid binding globulin corticosteroidbindendes Globulin *n*, CBG, Transkortin *n*
corticosteroid diabetes Steroiddiabetes *m*
corticosteroid therapy Corticoidbehandlung *f*, Corticosteroidtherapie *f*
corticosterone Corticosteron *n (Nebennierenrindenhormon)*
corticosterone methyloxidase Corticosteronmethyloxidase *f (Enzym)*
corticosterone monooxygenase Corticosteronmonooxygenase *f (Enzym)*
corticostriate radiation *(Anat)* Radiatio *f* corporis striati *(Nervenfasern zwischen der Stirn- und Scheitellappenrinde und dem Corpus striatum)*
corticostrionigral system *(Anat)* kortikostrionigrales [extrapyramidales] System *n*
corticothalamic tract *(Anat)* Tractus *m* corticothalamicus
corticotrope *s.* corticotroph
corticotroph *(Histol)* kortikotrophe Zelle *f*, Adrenocorticotropin bildende Zelle *f (in der Adenophypophyse)*
corticotrophic *s.* corticotropic
corticotropic *(Physiol)* corticotrop, kortikotrop, nebennierenrindenwirksam
corticotropic hormone *s.* corticotropin
corticotropin Corticotropin *n*, Adrenocorticotropin *n*, (adreno)corticotropes Hormon *n*, ACTH, Adrenotrophin *n*
corticotropin-releasing factor Kortikotropin-Freisetzungsfaktor *f*, Corticotropin-releasing-Faktor *m*, Corticoliberin *n*
corticotropinoma *(Path)* kortikotrophes Adenom *n*, Corticotropinom *n*
cortilymph Kortilymphe *f (im Corti'schen Organ)*
cortin Kortin *n*, Nebennierenrindenextrakt *m*
cortisol Cortisol *n*, Hydrocortison *n (Nebennierenrindenhormon)*
cortisol acetate Cortisolacetat *n*, Hydrokortisonazetat *n*
cortisone Cortison *n (Nebennierenrindenhormon)*
α-cortol alpha-Cortol *n*, α-Cortol *n*
α-cortolone alpha-Cortolon *n*, α-Cortolon *n*
coruscation *(Neur)* Funkensehen *n*, Funkeln *n*, Aufblitzen *n*, Blitzerscheinungen *fpl (subjektive Lichtempfindung des Auges)*
corymbiform *(Derm)* korymbiform, in Gruppen angeordnet, in Haufen angeordnet
corymbiform syphilid korymbiformes Syphilid *n*, Bombensyphilid *n*
corymbose *s.* corymbiform
Corynebacterium acnes Corynebacterium *n* acnes
Corynebacterium bovis Corynebacterium *n* bovis
Corynebacterium diphtheriae Corynebacterium *n* diphtheriae, Diphtheriebakterium *n*
Corynebacterium diphtheriae septicaemia Corynebacterium-diphtheriae-Septikämie *f*, Diphtheriebakterienseptikämie *f*
Corynebacterium haemolyticum Corynebacterium *n* haemolyticum
Corynebacterium minutissimum Corynebacterium *n* minutissimum *(Erreger des Erythrasma)*
Corynebacterium ovis Corynebacterium *n* ovis
Corynebacterium pseudodiphthericum Corynebacterium *n* pseudodiphthericum
Corynebacterium pyogenes Corynebacterium *n* pyogenes
coryneform koryneform, keulenförmig
coryza Koryza *f*, Rhinitis *f*, Schnupfen *m*, Nasen(schleimhaut)katarrh *m*, Nasen(schleimhaut)entzündung *f*
cosensitize *v* gegenüber mehreren Stoffen sensibilisieren
cosmetic kosmetisch; Schönheits...
cosmetic kosmetisches Präparat *n*, Kosmetikum *n*, Schönheitsmittel *n*
cosmetic dermatitis Kosmetikadermatitis *f*
cosmetic surgery kosmetische Chirurgie *f*, Schönheitschirurgie *f*
cosmetician Kosmetikerin *f*, Kosmetiker *m*
cosmid *(Gen)* Cosmid *n (beim Klonen)*
cosmonaut's osteoporosis Kosmonautenosteoporose *f*

cosmopolitan disease kosmopolitische Krankheit *f*, weltweit verbreitete Erkrankung *f*
Cossio's syndrome (Lutembacher-)Cossio-Syndrom *n*, Syndrom *n* der großen Vorhoflücke
cost-based value kostenbasierter Wert *m*
cost-benefit analysis Kosten-Nutzen-Analyse *f*
cost-benefit ratio Kosten-Nutzen-Verhältnis *n*
cost cap Kostendeckelung *f*, gedeckelte Kosten *pl*
cost control Kostenkontrolle *f*
cost effective rentabel
cost effectiveness Rentabilität *f*, Kosteneffektivität *f*
cost-effectiveness analysis Rentabilitätsanalyse *f*, Kosten-Wirksamkeits-Analyse *f*
cost model Kostenmodell *n*
cost reduction Kostensenkung *f*
cost shifting Kostenverschiebung *f*, Kostenverlagerung *f* *(z. B. von stationärer zu ambulanter Behandlung)*
cost-utility analysis Kosten-Nutzen-Analyse *f*
costa Costa *f*, Rippe *f*, Rippenknochen *m*, Os *n* costale *(Zusammensetzungen siehe unter: rib)*
costal kostal; Rippen...
costal angle epigastrischer Winkel *m*, Angulus *m* infrasternalis [arcuum costarum]
costal arch Rippenbogen *m*, Arcus *m* costae [costarum]
costal bone *s.* costa
costal breathing *s.* costal respiration
costal cartilage Rippenknorpel *m*, Cartilago *f* costalis
costal cartilage implant Rippenknorpelimplantat *n*
costal chondrosarcoma Rippenchondrosarkom *n*
costal fossa Fovea *f* costalis *(Wirbelkörper)*
costal fovea *s.* costal fossa
costal groove *s.* costal sulcus
costal margin Rippenrand *m*, Margo *m* costalis
costal notch Incisura *f* costalis *(Brustbein)*
costal periosteal reflex Rippenperiostreflex *m*
costal pleura Rippenpleura *f*, Rippenfell *n*, Pleura *f* costalis [parietalis]
costal region Regio *f* costalis
costal resection Rippenresektion *f*
costal respiration Rippenatmung *f*, Kostalatmung *f*, Brustkorbatmung *f*, thorakale Atmung *f*
costal sulcus Sulcus *m* costae
costal tubercle Tuberculum *n* costae
costal tuberosity Impressio *f* ligamenti costoclavicularis *(Schlüsselbein)*
costalgia Kostalgie *f*, Rippenschmerz *m*, Interkostalneuralgie *f*
costalis (muscle) *(Anat)* Musculus *m* iliocostalis thoracis
costatectomy *(Chir)* Kost(at)ektomie *f*, Rippenresektion *f*, Rippenexstirpation *f*, (operative) Rippenentfernung *f*
costectomy *s.* costatectomy
Costen's temporo-mandibular arthrosis Costen'sche Kiefergelenkarthrose *f*, Costen'sches Syndrom *n*, Costen-Syndrom *n*
costicartilage *s.* costal cartilage
costicervical *s.* costocervical
costiferous rippentragend
costiform rippenförmig
costispinal Rippen-Wirbelsäulen-...
costive obstipiert, konstipiert, (stuhl)verstopft
costive (agent) Stuhlstopfmittel *n*, Stopfmittel *n*, Antidiarrhoikum *n*, Mittel *n* gegen Durchfall
costiveness Konstipation *f*, Obstipation *f*, Stuhlverstopfung *f*, Verstopfung *f*
costoarticular *(Anat)* costoartikulär; Rippen-Gelenk-...
costoarticular line Kostoartikularlinie *f*, Rippengelenklinie *f*, Linea *f* costoarticularis
costobrachial syndrome Kostobrachialsyndrom *n*
costocartilage *s.* costal cartilage
costocentral *s.* costovertebral
costocervical *(Anat)* kostozervikal; Rippen-Hals-...
costocervical trunk Truncus *m* costocervicalis
costocervicalis (muscle) *(Anat)* Musculus *m* iliocostalis cervicis
costochondral kostochondral; Rippenknorpel...
costochondritis *(Path)* Kostochondritis *f*, Rippenknorpelentzündung *f*
costoclavicular *(Anat)* kostoklavikulär; Kostoklavikular..., Rippen-Schlüsselbein-...
costoclavicular ligament *(Anat)* Kostoklavikularligament *n*, Ligamentum *n* costoclaviculare
costoclavicular line *(Anat)* Kostoklavikularlinie *f*, Linea *f* costoclavicularis, Parasternallinie *f*
costoclavicular syndrome *(Orth)* Kostoklavikularsyndrom *n*, Rippen-Schlüsselbein-Syndrom *n*
costocolic fold *(Anat)* Ligamentum *n* phrenicocolicum
costocoracoid *(Anat)* kostokorakoid; Rippen-Rabenschnabelfortsatz-...
costodiaphragmatic line *(Anat)* Rippen-Zwerchfell-Linie *f*
costodiaphragmatic pleural reflection *(Anat)* Rippen-Zwerchfell-Umschlagfalte *f* der Pleura
costodiaphragmatic recess *(Anat)* Recessus *m* costodiaphragmaticus pleurae, Sinus *m* phrenicocostalis
costodiaphragmatic space *s.* costodiaphragmatic recess
costogenic kostogen, von den Rippen ausgehend
costohumeral *(Anat)* kostohumeral; Rippen-Humerus-...
costoinferior kostoinferior, die unteren Rippen betreffend
costolumbar *(Anat)* lumbokostal; Rippen-Lenden-...
costomediastinal recess *(Anat)* Recessus *m* costomediastinalis pleurae
costomediastinal reflection *(Anat)* Rippen-Mediastinum-Umschlagfalte *f* der Pleura
costomediastinal sinus [space] *s.* costomediastinal recess
costophrenic angle *(Anat)* kostophrenischer Winkel *m*, Rippen-Zwerchfell-Winkel *m*
costophrenic sinus *(Anat)* Sinus *m* phrenicocostalis
costopleural *(Anat)* kostopleural; Rippen-Pleura-...
costopulmonal *(Anat)* kostopulmonal; Rippen-Lungen-...
costoscapular *(Anat)* kostoskapulär; Rippen-Schulterblatt ...
costoscapularis (muscle) *(Anat)* Musculus *m* serratus anterior
costosternal *(Anat)* kostosternal; Rippen-Brustbein-...
costosternoplasty *(Chir)* Kostosternoplastik *f*, Rippen-Brustbeinplastik *f*
costosuperior kostosuperior, die oberen Rippen betreffend
costotome *(Chir)* Kostotom *n*, Rippenschere *f*, Rippenzange *f*
costotomy *(Chir)* Kostotomie *f*, Rippendurchschneidung *f*, (operative) Rippendurchtrennung *f*
costotransverse articulation *(Anat)* Articulatio *f* costotransversa
costotransverse ligament *(Anat)* Ligamentum *n* costotransversum
costotransversectomy *(Chir)* Kostotransversektomie *f*, (operative) Querfortsatz- und Rippen(teil)entfernung *f*
costovertebral kostovertebral; Rippen-Wirbelsäulen-...
costovertebral angle *(Anat)* kostovertebraler Winkel *m*, Rippen-Wirbelsäulen-Winkel *m*
costoxiphoid ligament *(Anat)* Ligamentum *n* costoxiphoideum, Rippen-Schwertfortsatz-Band *n*
cosubstrate *(Bioch)* Kosubstrat *n*
cosyntropin Cosyntropin *n* *(synthetisches adrenokortikotropes Hormon)*

cot 1. Fingerling *m*; 2. Kinderbett *n*, Krippe *f*
cot death plötzlicher Kind(e)stod *m*, Krippentod *m*
Cotard's syndrome Cotard-Syndrom *n*, wahnhaft gesteigerter Nihilismus *m*; chronische Depression *f*
cotarnine Cotarnin *n (Oxidationsprodukt des Nikotins)*
cothromboplastin *s.* blood clotting factor VII
cotinine Cotinin *n (Nikotinabbauprodukt)*
cotransfection *(Bioch, Gen)* Co-Transfektion *f*, Kotransfektion *f*
cotranslation *(Bioch)* Co-Translation *f*, Kotranslation *f*
cotranslational *(Bioch)* kotranslational, während der Translation
cotransmitter Co-Transmitter *m (zusätzlicher Überträgerstoff)*
cotransport Kotransport *m (gegengerichteter Transportmechanismus an Membranen)*
cotton applicator *(Chir)* Watteträger *m*
cotton dispenser *(Chir)* Gazespender *m*
cotton-mill fever *s.* byssinosis
cotton receptacles *(Stom)* Watteabfallbehälter *m*, Watteabwurfbehälter *m*
cotton swab Wattetupfer *m*, Tupfer *m*; Tampon *m*
cotton swab forceps Tamponzange *f*
cotton tampon Wattetampon *m*
cotton wool Watte *f*, Baumwollwatte *f*
cotton-wool bandage Baumwollbinde *f*
cotton-wool exudate Cotton-wool-Exsudat *n (der Retina)*
cotton wool patch *(Ophth)* Baumwollfleck *m*, Cotton-wool-Herd *m (Augenhintergrund)*
cotton wool spot *s.* cotton wool patch
cottonpox Variola *f* minor
Cotton's fracture Cotton'sche Fraktur *f* [Sprunggelenkfraktur *f*], trimalleolärer Knöchelbruch *m*
cotyl *s.* cotyloid cavity
cotyledon 1. Kotyledon *f*, Chorionzottenbüschel *n*; 2. Plazentaläppchen *n*
cotyledonary Kotyledon…
cotyloid 1. kotyloid; Gelenkpfannen…; 2. azetabulär; Azetabulum…
cotyloid bone Os *n* acetabuli
cotyloid cavity Fossa *f* acetabuli, Acetabulum *n*, Azetabulum *n*, Hüftpfanne *f*
cotylopubic kotylopubisch, Azetabulum-Schambein-…
cotylosacral kotylosakral; Azetabulum-Kreuzbein-…
couching (for cataract) Reklination *f*, Starstechen *n*, Keratonyxis *f*, Reclinatio *f* cataractae
cough *v* husten
cough *v* **up blood** Blut (aus)husten
cough Husten *m* • **give a slight cough** hüsteln; sich räuspern • **have a cough** Husten haben, husten • **suppress a cough** den Husten unterdrücken
cough fracture Hustenfraktur *f*, hustenbedingte Rippenfraktur *f*
cough lozenge Hustenbonbon *m(n)*
cough of mucus schleimiger Auswurf *m*
cough of pus eitriger Auswurf *m*
cough plate Hustenplatte *(Bakterienkulturplatte)*
cough reflex Hustenreflex *m*
cough syncope Hustensynkope *f*
cough syrup Hustensirup *m*, Hustensaft *m*
coughing bout Hustenanfall *m*
Coulter counter *(Hämat)* Counter-Partikelzählgerät *n*
coumaric anhydride *s.* coumarin
coumarin Kumarin *n*, Cumarin *n*, 2-Oxo-1,2-chromen *n (gerinnungshemmende Substanz)*
council of physicians Ärztekollegium *n*
Councilman body Councilman-Körperchen *n (z. B. bei Hepatitis und Gelbfieber)*
counseling Beratung *f*, Patientenberatung *f*; psychologische Beratung *f*
count *v* **cells** Zellen auszählen *(z. B. im Urin)*; Blutzellen (aus)zählen
count Anzahl *n*; Schätzung *f*
counter 1. Zähler *m*, Zählgerät *n*; 2. *(Rad)* Zähler *m (z. B. zur Messung ionisierender Strahlung)*
counteract *v* entgegenwirken, dagegen wirken
counteraction Gegenwirkung *f*
counterbalance Gegengewicht *n*
counterbalancing *(Neur)* Ausgleich *m*
countercathexis *(Neur)* Gegenbesetzung *f*
counterconditioning *(Neur)* Gegenkonditionierung *f*
countercurrent Gegenstrom *m*; Gegenströmung *f*
countercurrent exchanger Gegenstromaustauscher *m*
countercurrent multiplier Gegenstromvervielfacher *m*
counterdie *v* gegenfärben
counterdie Gegenfärbung *f*
counterelectrophoresis Gegen(strom)elektrophorese *f*
counterextension Kontraextension *f*, Gegenzug *m (Knochenextension unter Zug in entgegengesetzten Richtungen)*
counterfissure *s.* contrafissura
counterimagination *(Neur)* Gegenzwang *m*
counterimmunoelectrophoresis Gegenstromimmunelektrophorese *f*
counterincision *(Chir)* Gegeninzision *f*, Gegenöffnung *f*
counterindication *f* Kontraindikation *f*, Gegenanzeige *f*
counterinjunction *(Neur)* Gegenverfügung *f*
counterinvestment *(Neur)* Gegenbesetzung *f*
counterirritant gegenreizend, einen Gegenreiz auslösend
counterirritant (agent) Gegen(reiz)mittel *n*
counterirritation Gegenreizung *f*, Gegenstimulation *f*
counteropening *s.* counterincision
counterphobia *(Neur)* Kontraphobie *f*
counterphobic *(Neur)* kontraphobisch, gegen die Angst gerichtet
counterphobic activity *(Neur)* kontraphobische Aktivität *f*
counterphobic behaviour *(Neur)* kontraphobisches Verhalten *n*
counterpoison Gegengift *n*, Antitoxin *n*
counterpressure Gegendruck *m*
counterpulsation Gegenpulsation *f (durch intraaortale Ballonpumpe)*
counterpuncture Gegeninzision *f*, Gegenöffnung *f*
countershock Gegenschock *m*, Gegenreaktion *f*
counterstain *v (Histol)* gegenfärben
counterstain *(Histol)* Gegenfärbung *f*, Kontrastfärbung *f*
counterstroke Contrecoup *m*, Gegenstoß *m*, Gegenschlag *m*
countertraction Gegenzug *m* • **establish lateral countertraction** *(Chir)* einen seitlichen Gegenzug anbringen
countertansference *(Neur)* Gegenübertragung *f*
countertransport Gegentransport *m (z. B. an Membranen)*
counting cell *(Hämat)* Zählkammer *f*
counting chamber *s.* counting cell
counting compulsion *(Neur)* Zählzwang *m*
coupled beat Bigeminus *m*, doppelschlägiger Puls *m*
coupled pulse *s.* coupled beat
couples therapy Paartherapie *f*, Ehepaarbehandlung *f (bei Psychotherapie)*
couplet *(Kard)* Couplet *n*
coupling 1. Kopplung *f*, Kupplung *f*; Verbindung *f*; 2. *(Gen)* Kopplung *f*; 3. *(Kard)* Kopplung *f*, gekoppelte Extrasystole *f*
coupling interval Kopplungsintervall *n*

Cournand's catheter Cournand-Katheter *m*
course 1. Verlauf *m (z. B. einer Krankheit)*; 2. Lebensweise *f*, Verhaltensweise *f* • **take a normal course** einen normalen Verlauf nehmen *(z. B. eine Krankheit)*
course of the disease Krankheitsverlauf *m*
course of treatment Behandlungsverlauf *m* • **give a course of treatment** eine Behandlung(sserie) durchführen • **interrupt the course of treatment** eine Behandlung(sserie) abbrechen, eine Behandlung unterbrechen • **prescribe a course of treatment** eine Behandlung(sserie) verschreiben, eine Behandlung verordnen • **undergo a course of treatment** einem Behandlungsablauf folgen [Folge leisten]; einem Therapieverlauf unterliegen
courses *s.* menstruation
Courvoisier-Terrier syndrome Courvoisier-Terrier-Syndrom *n*
Courvoisier's sign *(Hepat)* Courvoisier'sches Zeichen *n* [Gallenblasenzeichen *n*], Courvoisier-Zeichen *n*
Couvelaire's syndrome Couvelaire-Syndrom *n*, Couvelaire-Uterus *m*, Apoplexia *f* uteri, uteroplazentale Apoplexie *f (vorzeitige Plazentalösung mit Uteruseinblutung)*
couvercle extravasales Blutgerinnsel *n*
covalence *(Bioch)* Kovalenz *f*
covalent bond *(Bioch)* kovalente Bindung *f*
covariance *(Statist)* Kovarianz *f*
covariate *(Statist)* Kovariate *f*
cove-plane T wave *s.* coronary T wave
cover *v* 1. bedecken, zudecken *(z. B. einen Körper)*; 2. einhüllen, umhüllen, umwickeln *(z. B. Gegenstände)*; 3. behandeln *(z. B. ein Thema)*; beinhalten, enthalten *(z. B. einen Lehrstoff)*; 4. einbeziehen, umfassen *(z. B. einen Bereich)*
cover *v* **two joints** zwei Gelenke einbeziehen [ruhig stellen] *(Gipsverband)*
cover *v* **with a blanket** mit einer Decke zudecken *(einen Patienten)*
cover *v* **with ointment** mit Salbe einstreichen, mit Salbe abdecken, mit Salbe bestreichen
cover 1. Abdeckung *f*, Bedeckung *f*, Decke *f*; Schutz *m*; 2. Hülle *f*, Schutzhülle *f*, Einhüllung *f*, Umhüllung *f*, Umwickelung *f*; 3. Abhandlung *f (z. B. eines Themas)*; Inhalt *m (z. B. Lehrstoff)*; 4. Einbeziehung *f (z. B. eines Bereichs)*
cover cell Deckzelle *f*
cover glass *(Histol)* Deckglas *n*, Deckplättchen *n*
cover glass forceps Deckglas(fass)pinzette *f*
cover memory Deckerinnerung *f*
cover slip *s.* cover glass
cover test Cover-Test *m*, Abdeckprobe *f (zur Schielwinkelbestimmung)*
coverage Erfassung *f*, Abdeckung *f*, Reichweite *f*, Deckungsgrad *m (z. B. einer Immunisierung)*
coverage by myoplasty myoplastische Deckung *f*
covered behaviour *(Psych)* verdecktes Verhalten *n*
covered by cartilage mit Knorpel bedeckt, von Knorpel überzogen
covering Hülle *f*, Hüllschicht *f*, Außenhülle *f*
coverslip *(Lab)* Deckglas *n*
cow-horn stomach *(Rad)* Stierhornmagen *m*
Cowden's disease Cowden-Syndrom *n*, multiples Hamartom-Syndrom *n*
Cowden's syndrome *s.* Cowden's disease
cowperian Cowper-...
Cowper's cyst Cowper'sche Zyste *f*, Zyste *f* der Glandula bulbourethralis
Cowper's gland Cowper'sche Drüse *f*, Glandula *f* bulbourethralis, Bulbourethraldrüse *f*
cowperitis *(Path)* Cowperitis *f*, Entzündung *f* der Cowper'schen Drüsen
cowpox Kuhpocken *pl*, Impfpocken *pl*
Cox vaccine Cox-Vakzine *f*, Fleckfieberimpfstoff *m*, Flecktyphusvakzine *f*
coxa Coxa *f*, Koxa *f*, Hüfte *f (Zusammensetzungen siehe unter: hip)*
coxal Hüft...
coxal articulation Hüftgelenk *n*
coxalgia Koxalgie *f*, Hüft(gelenk)schmerz *m*, Koxodynie *f*
coxalgic Koxalgie..., Hüftschmerz...
coxarthria *s.* coxarthritis
coxarthritis *(Path)* Koxarthritis *f*, Koxitis *f*, Hüftgelenkentzündung *f*
coxarthrocace Koxarthrokaze *f*, Pilzerkrankung *f* des Hüftgelenkes
coxarthropathy *(Path)* Koxarthropathie *f*, Hüftgelenkerkrankung *f*, Hüftgelenkleiden *n*
coxarthrosis *(Orth, Path)* Koxarthrose *f*, Arthrosis *f* deformans coxae, Malum *n* coxae senile
coxitis *s.* coxarthritis
coxodynia *s.* coxalgia
coxofemoral *(Anat)* koxofemoral; Hüftgelenk-Oberschenkel-...
coxotomy *(Chir)* Koxotomie *f*, (operative) Hüftgelenkeröffnung *f*
coxotuberculosis Hüftgelenktuberkulose *f*
Coxsacki virus Coxsacki-Virus *n*
cozymase *s.* nicotinamide adenine dinucleotide
CPAP *s.* continuous positive airway pressure
CR lead CR-(EKG-)Ableitung *f (mit indifferenter Elektrode am rechten Arm)*
crab louse Phthir(i)us *m* pubis, Filzlaus *f*
crab yaws Fußsohlenläsionen *fpl* bei Frambösie
crack 1. Crack(-Kokain) *n*; 2. Knochenfissur *f*, Fissurenknochenbruch *m*; inkomplette Fraktur *f*, unvollständiger Knochenbruch *m*
crack baby Crack-Baby *n*, Crack-Kokain-Baby *n (kokaingeschädigtes Baby)*
crack of the intervertebral disk Bandscheibenriss *m*
crack-up seelischer Zusammenbruch *m*; körperlicher Zusammenbruch *m*
cracked lips aufgesprungene Lippen *fpl*
cracked nipple Fissurenmamille *f*, Mamillenfissur *f*
cracked-pot sound Münzenklirren *n*, Geräusch *n* des gesprungenen Topfes *(z. B. bei der Lungenperkussion)*
cracked tooth abgebrochener [zerbrochener] Zahn *m*
crackle *v* rasseln, knistern
crackle Knistern *n*, Rasseln *n (Auskultationsbefund bei Pleuritis)*
cradle 1. Bettrahmen *m*, Bügel *m*; Drahtbügel *m*; Drahtschiene *f*; 2. Wiege *f*
cradle cap *(Päd)* Milchschorf *m*, Kopfschorf *m*, Seborrhoea *f* capitis
Crafoord clamp Crafoord-Klemme *f*
craft neurosis Beschäftigungsneurose *f*
Crafts' test *(Neur)* Crafts-Test *m (Provokation der Zehendorsalflexion bei Pyramidenbahnerkrankung)*
craggy zerfurcht, runzelig *(z. B. Gesichtshaut)*
Cramer splint Cramer-Schiene *f (zur Frakturbehandlung)*
cramp Krampf *m*, Spasmus *m* • **develop cramps** zu krampfen beginnen, Krämpfe entwickeln
cramp in the calf Wadenkrampf *m*
cramp-like pain krampfartiger Schmerz *m*
cramping krampfend, krampfartig
cramping pain Krampfschmerz *m*, krampfartiger Schmerz *m*
crampus neurosis Crampusneurose *f*, Crampussyndrom *n (schmerzhafte Verkrampfung von Muskelgruppen)*
crampy krampfartig; Krampf...
craniad kraniad, kopfwärts gerichtet

cranial kranial, kopfwärts, schädelwärts; Schädel... *(siehe auch unter: skull)*
cranial angiography Hirngefäßdarstellung *f*, Hirnangiographie *f*
cranial arteriitis Riesenzellenarteriitis *f*
cranial base Schädelbasis *f*
cranial bone Schädelknochen *m*, Os *n* cranii
cranial capacity Schädelvolumen *n*, Schädelfassungsvermögen *n*
cranial cavity Schädelhöhle *f*
cranial computer tomography Schädel-Computertomographie *f*
cranial configuration Schädelkonfiguration *f*
cranial decompression Hirndekompression *f*, Hirn(druck)entlastung *f*
cranial floor Schädelbasis *f*
cranial forceps Schädelzange *f*
cranial fossa Schädelgrube *f*, Fossa *f* cranialis
cranial index Schädelindex *m*
cranial length Schädellänge *f*
cranial meninx Hirnhaut *f (Zusammensetzungen siehe unter: meningeal)*
cranial nerve Kranialnerv *m*, Hirnnerv *m*, Nervus *m* cranialis
cranial nerve I I. Hirnnerv *m*, Nervus *m* olfactorius [cranialis I], Riechnerv *m*
cranial nerve II II. Hirnnerv *m*, Nervus *m* opticus [cranialis II], Sehnerv *m*
cranial nerve III III. Hirnnerv *m*, Nervus *m* oculomotorius [cranialis III]
cranial nerve IV IV. Hirnnerv *m*, Nervus *m* trochlearis [cranialis IV]
cranial nerve V V. Hirnnerv *m*, Nervus *m* trigeminus [cranialis V]
cranial nerve VI VI. Hirnnerv *m*, Nervus *m* abducens [cranialis VI]
cranial nerve VII VII. Hirnnerv *m*, Nervus *m* facialis [cranialis VII], Gesichtsnerv *m*
cranial nerve VIII VIII. Hirnnerv *m*, Nervus *m* (stato)acusticus [cranialis VIII]
cranial nerve IX IX. Hirnnerv *m*, Nervus *m* glossopharyngeus [cranialis IX]
cranial nerve X X. Hirnnerv *m*, Nervus *m* vagus [cranialis X, pneumogastricus], Vagus(nerv) *m*
cranial nerve XI XI. Hirnnerv *m*, Nervus *m* accessorius [cranialis XI], Beinerv *m*
cranial nerve XII XII. Hirnnerv *m*, Nervus *m* hypoglossus [cranialis XII]
cranial nerve function Hirnnervenfunktion *f*
cranial nerve lesion Hirnnervenläsion *f*, Hirnnervenverletzung *f*
cranial nerve motor loss motorischer Hirnnervenausfall *m*
cranial nerve palsy Hirnnervenlähmung *f*
cranial nerve paralysis *s.* cranial nerve palsy
cranial nerve terminal Hirnnervenendigung *f*
cranial neuropathy Hirnnervenkrankheit *f*, Hirnnervenerkrankung *f*, Hirnnervenleiden *n*
cranial puncture Ventrikelpunktion *f*, Hirnkammerpunktion *f*
cranial reflex Kranialreflex *m*, Hirnreflex *m*
cranial suture Schädel(knochen)naht *f*, Sutura *f* cranialis [cranii]
cranial synostosis kraniale Synostose *f*, Schädelknochensynostose *f*, Synostosis *f* cranialis
cranial trauma Schädeltrauma *n*
cranial trepanation Schädeltrepanation *f*
cranial trephine Schädeltrepan *m*
cranial vault *(Anat)* Schädeldach *n*, Schädelgewölbe *n*, Kalvaria *f*, Kalotte *f*
cranial venous sinus *(Anat)* Sinus *m* durae matris, Hirnsinus *m*, Hirnblutleiter *m*
cranialization *(Rad)* Kranialisation *f*, verstärkte kraniale Lungengefäßzeichnung *f*
craniamphitomy *(Chir)* Kraniamphitomie *f*
craniectomy *(Chir)* Kraniektomie *f*, Schädelknochenexstirpation *f*, (operative) Schädelknochenentfernung *f*
cranioacromial *(Anat)* kranioakromial; Schädel-Akromion-...
cranioaural *(Anat)* kranioaural; Schädel-Ohr-...
craniobuccal *(Anat)* kraniobukkal; Schädel-Mund-...
craniobuccal pouch *(Anat)* Rathke'sche Tasche *f*, Hypophysentasche *f*
craniocarpotarsal dystrophy kraniokarpotarsale Dystrophie *f*
craniocele Kraniozele *f*, Hirnbruch *m*, Gehirnvorfall *m*, Enzephalozele *f*
craniocerebral *(Anat)* kraniozerebral; Schädel-Hirn-...
craniocerebral trauma Schädel-Hirn-Trauma *n*, SHT
craniocervical *(Anat)* kraniozervikal; Schädel-Hals-...
cranioclasia *s.* cranioclasty
cranioclasis *s.* cranioclasty
cranioclast Kranioklast *m*, Schädelquetscher *m*, Schädelbrecher *m*
cranioclasty Kranioklastie *f*, Kephalotripsie *f*, (operative) Schädelzertrümmerung *f*
craniocleidodysostosis Dysostosis *f* cleidocranialis, kleidokraniale Dysostose *f*
craniodermal forceps kraniodermale Fasszange *f*
craniodidymus *(Terat)* Kraniodidymus *m*, Missgeburt *f* mit zwei Köpfen
craniofacial *(Anat)* kraniofazial; Gesichtsschädel...
craniofacial axis *(Anat)* Gesichtsschädelachse *f*
craniofacial dysjunction fracture Mittelgesichtsfraktur *f*, LeFort-Fraktur *f*
craniofacial dysostosis Dysostosis *f* craniofacialis, Crouzon'sche Krankheit *f* [Erkrankung *f*], Morbus *m* Crouzoni, Knochen(entwicklungs)störung *f* des Hirn- und Gesichtsschädels
craniofacial injury Gesichtsschädelverletzung *f*
craniofenestria Lückenschädeligkeit *f*, Lückenschädel *m*
craniognomy *s.* phreniology
craniograph Kraniograph *m*, Schädelvermessungsinstrument *n*
craniography Kraniographie *f*, Schädelvermessung *f*, Schädelbeschreibung *f*
craniohypohyseal xanthoma kraniohypophysäres Xanthom *n*
craniolacunia Lückenschädeligkeit *f*, Lückenschädel *m*
craniologic kraniologisch
craniology Kraniologie *f*, Schädellehre *f*
craniomalacia *s.* craniotabes
craniomeningocele *(Terat)* Kraniomeningozele *f*
craniometaphyseal dysplasia kraniometaphysiale Dysplasie *f*
craniometer Kraniometer *n*, Schädelmessinstrument *n*
craniometric kraniometrisch
craniometric point Schädelmesspunkt *m*
craniometry Kraniometrie *f*, Schädel(ver)messung *f*
craniopagia *(Terat)* Kraniopagie *f*, Zwillingsmissbildung *f* mit Schädelverwachsung
craniopagus *(Terat)* Kraniopagus *m*, Zwillingsmissgeburt *f* mit Schädelverwachsung
craniopathy *(Path)* Kraniopathie *f*, Schädelkrankheit *f*, Schädelerkrankung *f*
craniopharyngeal *(Anat)* kraniopharyngeal; Schädel-Rachen-...
craniopharyngeal canal *(Anat)* Canalis *m* craniopharyngeus

craniopharyngeal duct tumour *s.* craniopharyngioma
craniopharyngioma *(Path)* Kraniopharyngiom *n*, Erdheim-Tumor *m*
craniophore Kraniophor *m*, Schädelhalter *m*, Schädelhalteinstrument *n (bei Schädelvermessung)*
cranioplasty *(Chir)* Kranioplastik *f*, Schädelplastik *f*, Schädelknochenrekonstruktion *f*
craniopuncture Schädelpunktion *f*; Hirnpunktion *f*
craniorrhachidian *s.* craniospinal
cranior(rh)achischisis *(Terat)* Kraniorhachischisis *f*, Schädel- und Wirbelsäulenspaltbildung *f*
craniosacral 1. *(Anat)* kraniosakral; Schädel-Kreuzbein-…; 2. Parasympathikus…
craniosacral autonomic nervous system parasympathisches Nervensystem *n*
craniosacral system *s.* craniosacral autonomic nervous system
cranioschisis *(Terat)* Kranioschisis *f*, Schädeldachspalte *f*, Diastematokranie *f*
craniosclerosis *(Path)* Kraniosklerose *f (Dickenzunahme des Schädels infolge Diploeverdichtung)*
cranioscopy Kranioskopie *f*, Schädeluntersuchung *f*, Schädelbetrachtung *f (bei Kraniometrie)*
craniospinal *(Anat)* kraniospinal; Schädel-Wirbelsäulen-…
craniostat Kraniostat *m*, Kraniophor *m*, Schädelhalter *m*
craniostenosis *(Path)* Kraniostenose *f*, Schädelvereng(er)ung *f*, Einengung *f* des Schädelinnenraums
craniostosis *(Path)* Kraniostosis *f*, vorzeitige Schädelnahtverknöcherung *f*
craniosynostosis *s.* craniostosis
craniotabes *(Path)* Kraniotabes *f*, Kraniomalazie *f*, Schädelerweichung *f*
craniotabetic Kraniotabes…
craniotome *(Chir)* Kraniotom *n*, Schädelbohrer *m*, Trepan *m*
craniotomy *(Chir)* Kraniotomie *f*, Kopfschnitt *m*, (operative) Schädeleröffnung *f*
craniotomy forceps *(Chir)* Schädelknochenzange *f*
craniotomy scissors *(Chir)* Kraniotomieschere *f*, Kraniotomiezange *f*
craniotonoscopy Kraniotonoskopie *f*, auskultatorische Schädelperkussion *f*
craniotopography Kraniotopographie *f*, Schädeltopographie *f*
craniotractor Kraniotraktor *m (Geburtshilfeinstrument)*
craniotrypesis *(Chir)* Schädeltrepanation *f*
craniotubular *(Anat)* kraniotubulär
craniotympanic *(Anat)* kraniotympanal; Schädel-Tympanon-…
craniovertebral canal *(Anat)* Wirbelsäulenkanal *m*, Rückenmarkkanal *m*, Canalis *m* spinalis
cranium *(Anat)* Cranium *n*, Schädel *m (Zusammensetzungen siehe unter: cranial und skull)*
crapulent betrunken, angetrunken, trunken; in Katerstimmung
crapulous *s.* crapulent
crash cart *(Anästh)* Notfallwagen *m*, Reanimationswagen *m*
crater Krater *m*, Nische *f*, Ulkuskrater *m*, Ulkusnische *f*
crater nipple eingezogene Mamille *f* [Brustwarze *f*]
crateriform kraterförmig, trichterförmig *(z. B. Geschwür)*
craterization Kraterbildung *f*, kraterförmige Exzision *f*; (operative) Knochenausmuldung *f*
cravat (bandage) Dreiecks(tuch)verband *m*
craving heftiges Verlangen *n*, krankhafte Begierde *f*
craw-craw *s.* onchocerciasis
crawling reflex Krabbelreflex *m*, symmetrischer tonischer Nackenreflex *m*
craze *(BE) s.* crazing
crazed with pain vor Schmerzen wahnsinnig
crazing *(Stom)* Kraquelierung *f*, Haarrissbildung *f*, Netzrissbildung *f (auf künstlichen Zahnoberflächen)*
cream *(Derm)* Creme *f*
crease *(Anat, Derm)* Faltenlinie *f*, Falte *f*; Hautfalte *f*, Hautfurche *f*
creasing Faltenbildung *f*
creatinaemia Kreatinämie *f*, Kreatinerhöhung *f* im Blut
creatinase Kreatinase *f (Enzym)*
creatine Kreatin *n*
creatine kinase Kreatin(phospho)kinase *f*, CPK *(Enzym)*
creatine kinase isoenzyme Kreatinkinaseisoenzym *n*
creatine phosphate Kreatinphosphat *n*
creatine phosphokinase *s.* creatine kinase
creatine phosphoric acid Kreatinphosphorsäure *f*
creatininase Kreatininase *f (Enzym)*
creatinine Kreatinin *n*, Cr
creatinine clearance Kreatinin-Clearance *f*
creatinine clearance test Kreatinin-Clearance-Test *m*
creatinine coefficient Kreatininkoeffizient *m*
creatinine phosphokinase Kreatininphosphokinase *f (Enzym)*
creatinemia *s.* creatinaemia
creatinuria Kreatinurie *f*, Kreatinausscheidung *f* im Urin
creative activity of mentally diseased Bildnerei *f* der Geisteskranken
creatorrhoea Kreatorrhö *f*, Fleischfaserstuhl *m*
creatoxism Fleischvergiftung *f*
creatoxin Kreatoxin *n*, Fleischgift *n*
Credé's manoeuvre Credé-Handgriff *m*, Credé'scher Handgriff *m (zur Plazentalösung)*
Credé's method *s.* Credé's manoeuvre
Credé's prophylaxis Credé'sche Prophylaxe *f (Augentripperprophylaxe beim Neugeborenen)*
credentialing Zulassungsüberprüfung *f*; Überprüfung *f* der Zulassungsvoraussetzungen; Zeugnisüberprüfung *f*
credentials Zulassungsvoraussetzungen *fpl*; Zeugnisse *npl*; Referenzen *fpl*
creep *(Stom)* Kriechen *n*, Fließen *n (z. B. von flüssigen Metallen)*
creeping 1. kriechend; schleichend; wandernd; 2. kribbelnd
creeping bandage Kletterverband *m*
creeping eruption Larva *f* migrans (cutanea), Dermatitis *f* linearis, kriechender Ausschlag *m*
creeping myiasis Hautmadenfraß *m*
creeping pneumonia Pneumonia *f* migrans
creeping sensation Kribbeln *n*, kribbelndes Gefühl *n*
creeping ulcer serpiginöses Ulkus *n*, Ulcus *n* serpens
creeps Kribbelparästhesien *fpl (z. B. bei Druckfallkrankheit)*
cremaster (muscle) *(Anat)* Musculus *m* cremaster, Kremastermuskel *m*, Suspensorium *n* testis
cremasteric Kremaster(muskel)…
cremasteric artery *(Anat)* Arteria *f* cremasterica [spermatica externa], Kremaster(muskel)arterie *f*
cremasteric contraction Kremaster(muskel)kontraktion *f*
cremasteric fascia *(Anat)* Kremasterfaszie *f*, Fascia *f* cremasterica, Cooper'sche Faszie *f*
cremasteric reflex Kremaster(muskel)reflex *m*, Hodenheberreflex *m*
cremate *v* einäschern, (Leichen) verbrennen
cremation Kremation *f*, Einäscherung *f*, Leichenverbrennung *f*
crematory Krematorium *n*, Einäscherungshalle *f*, Leichenverbrennungsstelle *f*
cremnocele Hernia *f* labialis

cremnophobia Kremnophobie *f (Angst vor steilen Abgründen)*
crena Crena *f*, Spalte *f*, Furche *f*
crenate(d) gefurcht; gekerbt; gezahnt
crenation Furchung *f*, Kerbung *f*
crenocyte Krenozyt *m*; Stechapfelform *f (der Erythrozyten)*
crenocytosis Krenozytose *f (Vorhandensein von stechapfelförmigen Erythrozyten)*
crenotherapy Krenotherapie *f*
crenulation Furchung *f*, Kerbung *f*
crenophagism Fleischernährung *f*, Fleischessen *n*
creosol Kreosol *n (Expektorans)*
creosote carbonate Kreosotcarbonat *n (Expektorans)*
creotoxin *s.* Creatoxin
creotoxism *s.* creatoxism
crepitance *s.* crepitation
crepitant krepitierend, knisternd, knackend
crepitant rale *s.* crepitation 1.
crepitant tenalgia Tenalgia *f* [Tenosynovitis *f*] crepitans, schmerzhaftes Sehnenknarren *n*
crepitant tendovaginitis Tendovaginitis *f* crepitans, fibrinöse Sehnenscheidenentzündung *f*
crepitate *v* krepitieren, knistern, rasseln
crepitation 1. Krepitation *f*, Knisterrasseln *n*, Rasselgeräusch *n (z. B. bei Pneumonie)*; 2. Krepitation *f*, Knochenreiben *n (in Gelenken)*; 3. Krepitation *f*, Knistern *n (z. B. bei Hautemphysem)*
crepitation at the site of the fracture Frakturkrepitation *f*
crepitus 1. *s.* crepitant rale; 2. *s.* crepitation; 3. Flatusabgang *m*, Windabgang *m (aus dem Darm)*
crepuscular *(Neur)* in einem Dämmerzustand befindlich; Dämmerungs...
crescendo angina Crescendo-Angina *f*
crescendo murmur ansteigendes Geräusch *n*, Crescendo-Geräusch *n*
crescent sichelförmig
crescent Sichelform *f*
crescent cell anaemia *s.* sickle-cell anaemia
crescentic sichelförmig
crescograph Wachstumsmesser *m*, Aufzeichnungsgerät *n* für das Körperwachstum
cresol Kresol *n*, Cresol *n*, Methylphenol *n (Desinfektionsmittel)*
cresol red Kresolrot *n (Indikatorfarbstoff)*
cresolase Cresolase *f (Enzym)*
crest Crista *f*, Kamm *m*, Leiste *f*, Knochenleiste *f*, Rand *m*
crest femoral hernia Cloquet'sche Hernie *f*, Cloquet-Hernie *f*, Hernia *f* femoralis pectinea, Hernia *f* cruralis posterior
crest of the head of the rib Crista *f* capitis costae
crest of the ilium Crista *f* iliaca, Darmbeinkamm *m*
crest of the neck of the rib Crista *f* colli costae
CREST syndrome CREST-Syndrom *n (Calcinosis, Raynaud-Phänomen, Ösophagusdysfunktion, Sklerodaktylie und Teleangiekatasie)*
cresyl blue Kresylblau *n*, Cresylblau *n (zur Blutfärbung)*
cresyl blue brilliant Brillantkresylblau *n*
cresyl echt
cresyl violet fast violet
cresyl violet acetate Cresylviolettacetat *n (Farbstoff)*
cresylic acid *s.* cresol
cretin Kretin *m*, Idiot *m*
cretin dwarf Kretinzwerg *m*, hypothyreoter Zwerg *m*
cretinism Kretinismus *m (angeborene Idiotie durch Schilddrüsenunterfunktion)*
cretinistic Kretinismus...
cretinoid kretinoid, kretinartig, kretinähnlich
cretinous 1. Kretin...; 2. Kretinismus...
Creutzfeldt-Jakob disease *(Neur)* Jakob-Creutzfeldt-Syndrom *n*, Jakob-Creutzfeldt'sche Pseudosklerose *f*, Creutzfeldt-Jakob-Krankheit *f*
crevice Spalte *f*, Furche *f*
crevicular Spalten..., Furchen...
crib 1. *(Päd)* Gitterbett *n*; Krippe *f*; 2. *(Stom)* Klammer *f*, Klemme *f*, Federklammer *f*, Federklemme *f (zur Verankerung)*
crib death plötzlicher Kindstod *m*, Mors *f* subita infantum
cribral *s.* cribriform
cribrate *s.* cribriform
cribrate lung *s.* honeycomb lung
cribration 1. Durchsieben *n*, Durchseihen *n*; 2. (siebartige) Durchlöcherung *f*, siebartige Beschaffenheit *f*
cribriform kribriform, siebförmig, siebartig (durchlöchert)
cribriform carcinoma kribriformes Karzinom *n*
cribriform fascia Fascia *f* cribrosa
cribriform plate fracture *(HNO)* Siebplattenfraktur *f*
cribriform plate of the ethmoid Lamina *f* cribrosa (ossis ethmoidalis), Siebbeinplatte *f*
cribrum *s.* cribriform plate of the ethmoid bone
crick *v* verrenken
crick *v* **one's neck** sich einen steifen Hals holen; sich den Hals verrenken
crick *v* **the back** sich einen steifen Rücken holen [zuziehen]; sich den Rücken verrenken
crick Krampf *m*; (schmerzhafte) Verkrampfung *f*, Halsmuskelverkrampfung *f*, Rückenmuskelverkrampfung *f*
crick in the neck Halssteifigkeit *f*, steifer Hals *m*
cricoarytenoid *(Anat)* krikoarytenoid; Ringknorpel-Aryknorpel-..., Ringknorpel-Gießbeckenknorpel-...
cricoarytenoid ankylosis Ringknorpel-Aryknorpel-Gelenkversteifung *f*
cricoarytenoid joint Krikoarytenoidgelenk *n*, Articulatio *f* cricoarytenoidea, Ringknorpel-Aryknorpel-Gelenk *n*
cricoarytenoid joint arthritis Ringknorpel-Aryknorpel-Gelenkentzündung *f*
cricoid ringförmig; Ring...; Ringknorpel...
cricoid (cartilage) *(Anat)* Cartilago *f* cricoidea, Ringknorpel *m*
cricoid malformation Krikoidmalformation *f*, Ringknorpelfehlbildung *f*
cricoid pressure Krikoiddruck *m*, Sellick-Manöver *n*
cricoidectomy *(HNO)* Krikoidektomie *f*, Ringknorpelexzision *f*, Ringknorpelexstirpation *f*, (operative) Ringknorpelentfernung *f*
cricoidynia Krikoidynie *f*, Ringknorpelschmerz *m*
crico-oesophageal *(Anat)* krikoösophageal; Ringknorpel-Speiseröhren-...
crico-oesophageal tendon *(Anat)* Tendo *m* crico-oesophageus
cricopharyngeal *(Anat)* krikopharyngeal; Ringknorpel-Rachen-...
cricopharyngeal incoordination krikopharyngeale Koordinationsstörung *f*
cricothyreotomy *(Chir, HNO)* Krikothyreotomie *f*, Koniotomie *f (Luftröhrenschnitt)*
cricothyroid *(Anat)* krikothyroid...; Ringknorpel-Schildknorpel-...
cricothyroid ligament *(Anat)* Ligamentum *n* cricothyreoideum
cricothyroid membrane *(Anat)* Conus *m* elasticus
cricothyroid muscle *(Anat)* Musculus *m* cricothyreoideus, Ringschildknorpelmuskel *m*
cricothyroidotomy *s.* cricothyreotomy
cricothyrotomy *s.* cricothyreotomy
cricotomy *(Chir, HNO)* Krikotomie *f*, Ringknorpelspaltung *f*, (operative) Ringknorpeldurchtrennung *f*

cricotracheal *(Anat)* krikotracheal; Ringknorpel-Luftröhren-...
cricotracheal ligament *(Anat)* Ligamentum *n* cricotracheale
cricotracheotomy *(Chir, HNO)* Krikotracheotomie *f*, Luftröhrenschnitt *m* mit Ringknorpelspaltung
cricovocal *(Anat)* krikovokal...; Krikovokal..., Ringknorpel-Stimmband-...
cricovocal membrane *s.* cricothyroid ligament
Crigler-Najjar syndrome *(Hepat)* Crigler-Najjar-Syndrom *n*, angeborene familiäre Hyperbilirubinämie *f*
Crimean haemorrhagic fever (hämorrhagisches) Krimfieber *n*
criminal abortion *(For)* krimineller Abort *m*
criminal by instinct Triebtäter *m*, Hangtäter *m*
criminal psychology Kriminalpsychologie *f*
criminal responsibility Zurechnungsfähigkeit *f*
criminally insane *(For)* unzurechnungsfähig
crimson tongue karminrote [karmesinrote] Zunge *f*, hochrote [scharlachrote] Zunge *f*, Hunter'sche Glossitis *f*
crinis Crinis *m*, Haar *n* *(Zusammensetzungen siehe unter: hair)*
crinite behaart
crinogenic die Sekretion auslösend, sekretionsfördernd, sekretionsanregend
crinophagy Krinophagie *f* *(intrazytoplasmatische Verdauung der Sekretionsvakuolen)*
crinose behaart, haarig, mit Haaren versehen
cripple *v* 1. verkrüppeln; zum Krüppel machen; lähmen; 2. humpeln, hinken, lahmen, lahm gehen
cripple Krüppel *m*, Behinderte(r) *m*
crippled verkrüppelt; behindert
crisis 1. Krise *f*, Höhepunkt *m*; 2. Krisis *f*, schneller Fieberabfall *m* [Fieberrückgang *m*]; 3. Krise *f*, Anfall *m*
crisis intervention *(Neur)* Krisenintervention *f*
crisis-intervention unit *(Neur)* Kriseninterventionsgruppe *f*, Kriseninterventionsteam *n*
crisis of identity *(Neur)* Identitätskrise *f*
crisis of transplant rejection Rejektionskrise *f*, Abstoßungskrise *f* • **control the crisis of transplant rejection** eine Abstoßungkrise beherrschen
crisis resolution *(Neur)* Krisenlösung *f*
crisis team *(Neur)* Telefonfürsorge *f*, Telefonseelsorge *f*
crispation Muskelretraktion *f* *(nach Durchtrennung)*
crisscross inheritance Überkreuzvererbung *f*
crista *s.* crest
cristal Crista..., Kamm..., Leisten...
crit *s.* haematocrit
criteriology *(Neur)* Kriteriologie *f* *(Lehre von den Kriterien)*
criterion Kriterium *n*; Krankheitskriterium *n*, Krankheitswert *m*
criterion of exclusion Ausschlusskriterium *n*
criterion of inclusion Einschlusskriterium *n*
crithidial stage crithidiales Stadium *n*, crithidia-artige [opimastigote] Form *m* *(der Trypanosomen)*
critical care Intensivtherapie *f*, Intensivpflege *f*
critical care unit Intensivtherapiestation *f*, Intensivpflegestation *f*
critical defervescence kritische [plötzliche] Entfieberung *f*
critical faculty *(Neur)* Kritikfähigkeit *f*
critical heart weight kritisches Herzgewicht *n*
critically ill schwerkrank, kritisch erkrankt
crocidismus *s.* floccilation
crocidolite Crocidolit *n*, blauer Asbest *m*
crocodile shagreen körnerartige Degeneratioon *f*, chagrinlederartige Degeneration *f* *(der Kornea)*
crocodile skin Krokodilhaut *f*
crocodile tears Krokodilstränen *fpl*
crocodile tears syndrome Krokodilstränensyndrom *n*, Phänomen *n* der paroxysmalen Tränen
crofilcon A Crofilcon *n* A *(Kontaktlinsenmaterial)*
Crohn's disease *(Gastr)* Crohn'sche Krankheit *f* [Erkrankung *f*], Crohn-Krankheit *f*, Morbus *m* Crohn, Crohn *m*, Enteritis *f* regionalis (Crohn), regionäre Ileitis *f* [Krummdarmentzündung *f*], Ileitis *f* terminalis
Crohn's disease of the colon Colitis *f* granulomatosa, granulomatöse Kolitis *f* [Dickdarmentzündung *f*]
cromoglycate Chromoglykat *n*
cromoglycic acid Cromoglycinsäure *f* *(Antihistaminikum)*
cromolyn sodium Natriumchromoglycat *n* *(Asthmamittel)*
Cronkhite Canada syndrome Cronkhite-Canada-Syndrom *n*, diffuse gastrointestinale Polyposis *f*
Crooke's changes Crooke'sche hyaline Degeneration *f*
Crooke's hyaline cells Crooke'sche Zellen *fpl*, basophile Hypophysenzellen *fpl* mit Hyalinspeicherung
crop Menge *f*, Haufen *m*; Herd *m*
cross 1. Kreuz *n*, Crux *f*; 2. *(Gen)* Kreuzung *f*, Kreuzen *n*; 3. Kreuzung *f*, Kreuzungsprodukt *n*
cross agglutinin Gruppenagglutinin *n*
cross-arm flap *(Transp)* gekreuzter Armlappen *m*, Cross-arm-Plastik *f*
cross bandage Kreuzverband *m*
cross bite Kreuzbiss *m*
cross-bite tooth *(Stom)* Kreuzbisszahn *m*
cross birth Querlage(ngeburt) *f*, Geburt *f* in Querlage
cross-clamping of the aorta Aortenabklemmung *f*
cross-dressing Tragen *n* gegengeschlechtlicher Kleidung *(bei Transvestismus)*
cross-eye Esotropie *f*, Strabismus *m* convergens, Einwärtsschielen *n*
cross-eyed schielend *(nach innen)* • **be cross-eyed** (nach innen) schielen
cross finger flap *(Transp)* gekreuzter Fingerlappen *m*, Cross-finger-Plastik *f*
cross-fire irradiation *(Rad)* Kreuzfeuermethode *f*, Kreuzfeuerbestrahlung *f*
cross-foot Talipes *m* varus
cross infection Kreuzinfektion *f*
cross hypersensitivity Kreuzallergie *f*
cross immunity Kreuzimmunität *f*
cross infection Kreuzinfektion *f*
cross-leg bypass Cross-leg-Bypass *m*, gekreuzter Arterien-Bypass *m*
cross-leg flap *(Transp)* gekreuzter Beinlappen *m*, Cross-leg-Plastik *f*
cross-legged progression *(Neur)* Scherengang *f*
cross-linked vernetzt; Vernetzungs...
cross-linking Vernetzung *f*
cross-match *v* kreuzen
cross-match *v* **blood** eine Blutkreuzprobe machen, Blut kreuzen
cross-match test *(Hämat)* Kreuzprobe *f*, Blutgruppenkreuzversuch *m*
cross-matched blood gekreuztes Blut *n*
cross-matching (of blood) *(Hämat)* Kreuzprobe *f*, Bluteinkreuzung *f*, Bluteinkreuzen *n*, Kreuzprobendurchführung *f* • **take blood for cross-matching** Blut für eine Kreuzprobe abnehmen
cross of the heart Crux *f* cordis, Herzkreuz *n*
cross-reacting allergy Kreuzallergie *f*
cross-reacting antibody kreuzreagierender Antikörper *m*
cross reaction Kreuzreaktion *f*
cross-reactivation *(Virol)* Kreuzreaktivierung *f* *(z. B. eines Virus)*

cross reactivity *(Gen)* Reaktivität *f (z. B. eines Antigens)*
cross resistance Kreuzresistenz *f (Bakterien)*
cross section Querschnitt *m (durch eine Struktur)*
cross-sectional Querschnitts-…
cross-sectional anatomy Querschnittsanatomie *f*, Schnittanatomie *f*
cross-sectional diagnosis Querschnittsdiagnose *f*
cross-sectional echocardiogram zweidimensionales Echokardiogramm *n*, 2D-Echokardiogramm *n*, 2D-echokardiographisches Bild *n*, Schnittbild-Echokardiogramm *n*
cross-sectional echocardiography zweidimensionale Echokardiographie *f*, 2D-Echokardiographie *f*, Schnittbild-Echokardiographie *f*, Schnittbild-Echokardiographie *f*, Real-time-Echokardiographie *f*
cross-sectional image zweidimensionales Bild *n*, 2D-Bild *n*, Schnittbild-Echogramm *n (bei der Echokardiographie)*
cross sensitivity Kreuzsensibilität *f*
cross-sensitization Kreuzsensibilisierung *f*
cross-species transplant Xenotransplantat *n*
cross-structure Vernetzungsstruktur *f*
cross-tolerance Kreuztoleranz *f*
crossbite *(Stom)* Kreuzbiss *m*
crossbreeding *(Gen)* Kreuzung *f*, Kreuzen *n*
crossbridge Querbrücke *f (in A-Banden der Myofibrillen)*
crossed gekreuzt, über Kreuz
crossed amblyopia gekreuzte Amblyopie *f*, Amblyopia *f* cruciata
crossed embolus paradoxer Embolus *m*
crossed extension reflex *(Päd)* gekreuzter Streckreflex *m*
crossed grid *(Rad)* Kreuzraster *n*
crossed pyramidal tract Fasciculus *m* cerebrospinalis lateralis
crossed reflex gekreuzter Reflex *m*
crossfire treatment *(Rad)* Herdbestrahlung *f*
crosshatch grid *(Rad)* gekreuztes Raster *n*, Kreuzraster *n*, Wabenrasterblende *f*
crossing of pyramids Pyramidenbahnkreuzung *f*
crossing-over 1. *(Gen)* Crossing-over *n*, Überkreuzungsaustausch *m*, Faktorenaustausch *m (zwischen homologen Chromosomen in der Meiose)*; 2. *(Gen)* Chiasmabildung *f*, Chiasmatypie *f*
crossover plasty *(Chir)* Crossover-Plastik *f*, Palma-Operation *f*
crosstalk *(Kard)* unpassende Erkennung *f* des Vorhofsignals *(durch Ventrikel-Sensing-Mechanismus)*
crossway *(Anat)* Nervenkreuzung *f*
crotalin Crotalin *n (Protein im Klapperschlangengift)*
crotalism Krotalismus *m* (Crotalariavergiftung)
crotalotoxin Crotalustoxin *n*, Klapperschlagengift *n*
crotalus antitoxin Crotalusantitoxin *n*, Klapperschlangenserum *n*, Klapperschlangengegengift *n*
crotamine Crotamin *n (Protein im Klapperschlangengift)*
crotamiton Crotamiton *n (Skabiesmittel)*
crotaphion Krotaphion *n (anthropologischer Messpunkt)*
croton oil Krotonöl *n*, Oleum *n* crotonis
crotonism Krotonölvergiftung *f*, Krotonölintoxikation *f*
crotoxin Crotoxin *n (neurotoxisches Klapperschlangengift)*
croup Krup(p) *m*, Croup *m*, (kindliche) Laryngotracheobronchitis *f (durch Parainfluenzavirus)*
croup-associated virus Croup-associated-Virus *n*, Croup-assoziiertes Virus *n*, CA-Virus *n*, Parainfluenza-Virus *n* Typ 2
croup kettle *(Bal)* Bronchitiskessel *m*
croupine Pseudokrupp *m*, Viruskrupp *m*
croupous kruppös; Krupp…
croupous bronchitis kruppöse Bronchitis *f*, Kruppbronchitis *f*
croupous membrane Diphtheriepseudomembran *f*, Pseudomembran *f*
croupous pharyngitis Diphtheriekrupp *m*, echter Krupp *m*
croupous pneumonia kruppöse Pneumonie *f*, Croup-Pneumonie *f*
croupy kruppös; Krupp…
Crouzon's disease *s.* craniofacial dysostosis
crowding *(Stom)* Engstand *m (der Zähne)*; eng stehende Zähne *mpl*
crowing inspiration Laryngismus *m* stridulus, spasmodischer Krupp *m*
crown *v* kronen, überkronen, eine Krone aufsetzen
crown 1. Zahnkrone *f*, Krone *f*; 2. *(Anat)* Corona *f*, Krone *f*, Kranz *m (siehe auch unter: coronal)* • **fit a crown** eine Zahnkrone anpassen [einpassen] • **place a crown on a tooth** eine Zahnkrone aufsetzen
crown-heel length *(Päd)* Scheitel-Fersen-Länge *f*
crown hook Zahnkronenhaken *m*
crown of the head Corona *f* capitis
crown of the tooth Zahnkrone *f*, Corona *f* dentis
crown of Venus Venuskranz *m (bei Syphilis)*
crown pulp Zahnkronenpulpa *f*
crown-rump length Scheitel-Rumpf-Länge *f*
crown/root ratio Kronen-Wurzel-Verhältnis *n*, Kronen-Wurzel-Quotient *m*
crowning 1. *(Gyn)* Einschneiden *n (Erscheinen des Kopfes bei der Geburt)*; 2. *(Stom)* Kronen *n*, Aufsetzen *n* einer Zahnkrone, Kronenversorgung *f (eines Zahnes)*
cruces *pl s.* crux
crucial 1. kreuzend; Kreuz…; 2. ernsthaft, entscheidend; Entscheidungs…
crucial anastomosis *(Anat)* kreuzende Anastomose *f*, Kreuzanastomose *f*
crucial bandage *(Chir)* T-Verband *m*
crucial incision *(Chir)* Kreuzinzision *f*
cruciate gekreuzt; Kreuz…
cruciate eminence Eminentia *f* cruciformis
cruciate knee ligament Ligamentum *n* cruciatum genus, Kreuzband *n*
cruciate knee ligament rupture Kreuzbandruptur *f*
cruciate ligament Kreuzband *n*
cruciate ligament of the ankle Ligamentum *n* cruciforme, Retinaculum *n* musculi extensorum inferius
cruciate ligament of the atlas Ligamentum *n* cruciforme atlantis, Kreuzband *n* des Atlas
cruciate paralysis kontralaterale Lähmung *f*
cruciform kreuzförmig, gekreuzt
cruciform ligament Kreuzband *n*
crude roh, natürlich, nicht raffiniert, nicht verarbeitet; Roh…, Natur…
crude birth rate Geburtenrate *f (Anzahl der Geburten pro 1000 Einwohner pro Jahr)*
crude drug natürliche Droge *f*, Rohdroge *f*
cruor Cruor *m*, koaguliertes Blut *n*
crura *pl s.* crus
crura of the anthelix Crura *npl* anthelicis
crural *(Anat)* krural; Schenkel…; Oberschenkel… *(siehe auch unter: crus)*
crural canal Canalis *m* femoralis, Femoralkanal *m*, Oberschenkelkanal *m*
crural fascia Fascia *f* cruris, Unterschenkelfaszie *f*
crural hernia Hernia *f* femoralis, Femoralhernie *f*, Oberschenkelbruch *m*
crural interosseus nerve Nervus *m* interosseus cruris
crural plexus Plexus *m* femoralis, Oberschenkelschlagadernervengeflecht *n*
crural ring Anulus *m* femoralis, Femoralring *m*
crureus (muscle) *(Anat)* Musculus *m* vastus intermedius

cruritis *(Chir)* Phlegmasia *f* alba dolens
cruroscrotal *(Anat)* kruroskrotal; Oberschenkel-Skrotum-…
crurotomy *(HNO)* Krurotomie *f (Schenkeldurchtrennung des Stapes)*
crurovesical *(Anat)* krurovesikal; Oberschenkel-Harnblasen-…
crus 1. *(Anat)* Crus *n*, Schenkel *m*; 2. *(Anat)* Crus *n*, Unterschenkel *m (siehe auch unter: crural)*
crus of the cerebellum Crus *n* [Pedunculus *m*] cerebelli, Kleinhirnschenkel *m*, Kleinhirnstiel *m*
crus of the cerebrum Crus *n* cerebri, Großhirnschenkel *m*
crus of the clitoris Crus *n* clitoridis, Klitorisschenkel *m*
crus of the fornix Crus *n* fornicis, Fornixschenkel *m*, Gewölbebogenschenkel *m (im Endhirn)*
crus of the helix Crus *n* helicis, Ohrmuschelwindung *f*
crus of the penis Crus *n* penis, Penisschenkel *m*
crush *v* zerquetschen; zerbrechen; zerdrücken
crush fracture Stauchungsbruch *m*, Quetschungsbruch *m*, Kompressionsfraktur *f*
crush injury Quetschverletzung *f*; Quetschwunde *f*
crush kidney Crush-(Syndrom-)Niere *f*, Chromoproteinniere *f*, hämoglobinurische [myoglobinurische] Nephrose *f*, ischämische Pigmentnephrose *f*
crush syndrome Crush-Syndrom *n*, Quetschungssyndrom *n*, Zermalmungssyndrom *n*
crushed chest Brustkorbquetschung *f*
crushed kidney gequetschte Niere *f*, Nierenquetschung *f*
crushed wound Quetschwunde *f*
crushing forceps Quetschzange *f*
crushing injury *(Chir)* Quetschverletzung *f*
crushing wound Quetschwunde *f*
crusotomy Krusotomie *f*, (operative) Hirnschenkeldurchtrennung *f*
crust *v* überkrusten, mit einer Kruste überziehen, Krusten bilden
crust 1. Kruste *f*; Borke *f*; 2. Schorf *m*, Wundschorf *m*
crusta *s.* crust
crusted tetter *s.* impetigo
crutch *v* an Krücken gehen
crutch Krücke *f*, Gehstütze *f* • **go on crutches** auf [an] Krücken gehen, mit Krücken laufen
crutch palsy Krückenlähmung *f*
crutch paralysis *s.* crutch palsy
Crutchfield tongs *(Chir)* Crutchfield-Klammer *f*
Cruveilhier-Baumgarten cirrhosis [syndrome] *(Hepat)* Cruveilhier-Baumgarten'sche Krankheit *f* [Erkrankung *f*] *(Erweiterung der Umbilikalvene bei portaler Hypertonie)*
Cruveilhier's atrophy Cruveilhier'sche Atrophie *f*
Cruveilhier's sign Cruveilhier'sches Vena-saphena-Zeichen *n*
crux 1. Crux *f*, Kreuz *n*; 2. Crux *f*, kritischer [lebenswichtiger] Punkt *m*; 3. Crux *f*, schwieriges Problem *n*
crux of the heart Crux *f* cordis
Cruz trypanosomiasis *s.* Chagas' disease
Cruz's disease *s.* Chagas' disease
cry *v* schreien, aufschreien; rufen
cry *v* **with pain** vor Schmerzen schreien
cry Schrei *m*, Aufschrei *m*
cry for help *(Neur)* Schrei *m* nach Hilfe
cry reflex *(Päd)* Schreireflex *m*
cryaesthesia 1. Kryoästhesie *f*, Kältesensibilität *f*, Kälteempfindung *f*, Kälteempfindlichkeit *f*; 2. Kältesinn *m*
cryalgesia Kryalgesie *f*, Kälteschmerz *m*, Krymodynie *f*
cryanaesthesia *s.* cryoanaesthesia 1.
cryesthesia *s.* cryaesthesia
crying face syndrome schiefes Schreigesicht *n*, Aplasie *f* des Musculus depressor anguli oris
crying-fits Schreikrämpfe *mpl*
crying vital capacity *(Päd)* Schreivitalkapazität *f*
crymodynia *s.* cryalgesia
crymophilic krymophil, kälteliebend, Kälte bevorzugend *(z. B. Bakterien)*
crymophylactic krymophylaktisch, kälteresistent, Kälte wiederstehend, kryophylaktisch
crymotherapy *s.* cryotherapy
cryoablation Kryoablation *f*
cryoanaesthesia 1. Kryanästhesie *f*, Kälteunempfindlichkeit *f*; 2. Kälteanästhesie *f*, Schmerzausschaltung *f* durch Kälteanwendung
cryoanalgesia Kryoanalgesie *f*
cryoapplication Kryoapplikation *f*, Kälteanwendung *f*
cryobank Kryobank *f*, Gefrierbank *f*
cryobiology Kryobiologie *f (Lehre vom Einfluss der Kälte auf Organismen)*
cryocardoplegia Kryokardioplegie *f*
cryocauter *(Chir)* Kryokauter *m*
cryocautery Kryokauterisation *f*, Kryokautern *n*
cryoconization *(Gyn)* Kryokonisation *f*, Konisation *f* mittels Kryosonde
cryocrit Cryocrit *m*, Kryocrit *m (Kryoglobulingehalt)*
cryodesiccation Gefriertrocknung *f*
cryoextraction *(Ophth)* Kryoextraktion *f*, Linsenextraktion *f* nach Kälteanwendung *(Staroperation)*
cryoextractor Kryoextraktor *m*, Kälteextraktor *m*
cryofibrinogen Kryofibrinogen *n*
cryofibrinogenaemia Kryofibrinogenämie *f (Vorhandensein von Kryofibrinogen im Blut)*
cryoflurane Cryofluran *n*
cryogammaglobulin Kryogammaglobulin *n*
cryogen Kryogen *n*, Gefriermittel *n*, Tiefkühlmittel *n*
cryogenic kryogen, tief (ab)kühlend; Tiefkühl(ungs)…
cryogenics Kryogenik *f*
cryoglobulin Kryoglobulin *n (durch Kälte ausfallender Eiweißkörper)*
cryoglobulinaemia Kryoglobulinämie *f*, Kryoglobulinerhöhung *f* im Blut
cryohaemoglobinuria Kryohämoglobinurie *f*
cryohaemorrhoidectomy Kryohämorrhoidektomie *f*, kryochirurgische Hämorrhoidenentfernung *f*
cryohydrate Kryohydrat *n*
cryohypophysectomy Kryohypophysektomie *f (Hypophysenfunktionsausschaltung durch Kälteanwendung)*
cryolysis Kryolyse *f (Auflösung durch Kälte)*
cryometer Kältemesser *m (Thermometer für tiefe Temperaturen)*
cryonics Kryonik *f*
cryopallidectomy Kryopallidektomie *f (Zerstörung des Globus pallidus durch Kälteanwendung)*
cryopanniculitis Kryopannikulitis *f*, Adiponecrosis *f* e frigore
cryopathy Kryopathie *f*, Kälteleiden *n*, Erkrankung *f* durch Kälte
cryopexy Kryopexie *f*, Kältefixierung *f*, Kältefixation *f*
cryophile kryophil, kälteliebend, psychrophil
cryophilic *s.* cryophile
cryophake Kryophak *m*, Linsenunterkühler *m*
cryophylactic kryophylaktisch, kälteresistent *(z. B. Bakterien)*
cryoprecipitability Kryopräzipitabilität *f*, Kryopräzipitierbarkeit *f*, Ausfällbarkeit *f* durch Kälte
cryoprecipitate Kryopräzipitat *n*, Kältepräzipitat *n*
cryoprecipitated plasma kryopräzipitiertes Plasma *n*, Kryoplasma *n*
cryoprecipitation Kryopräzipitation *f*, Ausfällung *f* durch Kälte
cryopreservation Kryopräservation *f*, Kältekonservierung *f*
cryoprobe Kryosonde *f (Instrument zur Kälteapplikation)*

cryoprostatectomy Kryoprostatektomie *f (Zerstörung der Prostata durch Kälteanwendung)*
cryoprotective kryoprotektiv, vor Kälteschädigung schützend
cryoprotein Kryoprotein *n*, Kälteprotein *n (bei Abkühlung präzipitierendes Eiweiß)*
cryopulvinectomy Kryopulvinektomie *f (Zerstörung der Pulvinar durch Kälteanwendung)*
cryoretinopexy Kryoretinopexie *f*, Netzhautanheftung *f* mittels Kälteanwendung
cryoscope *(Lab)* Kryoskop *n*, Gefrierpunktbestimmungsgerät *n*
cryoscopic kryoskopisch
cryoscopical *s.* cryoscopic
cryoscopy *(Lab)* Kryoskopie *f*, Gefrierpunktbestimmung *f*
cryospasm Kryospasmus *m*, Kältespasmus *m*
cryostat 1. *(Histol)* Kryomikrotom *n*, Kältemikrotom *n (Apparat für Dünnschnitttechnik unter Kälteanwendung)*; 2. Gefrierkammer *f*
cryostat section Kryomikrotomschnitt *m*
cryosurgery Kryochirurgie *f*, Kältechirurgie *f*
cryosurgical kryochirurgisch
cryothalamectomy *s.* cryothalamotomy
cryothalamotomy Kryothalamotomie *f*, Kryothalamektomie *f* Thalamuszerstörung *f* durch Kälteanwendung
cryotherapy Kryotherapie *f*, Krymotherapie *f*, Frigotherapie *f*, Kältetherapie *f*, Behandlung *f* durch Kälteschocks *(z. B. durch Kaltwasserkuren)*
cryotolerant Kälte tolerierend, kälteunempfindlich
cryotome Kryotom *n*, Gefriermikrotom *n*
crypt Crypta *f*, Krypte *f*, Vertiefung *f*, Grube *f*, Einbuchtung *f*
crypt chronic tonsillitis Tonsillitis *f* chronica, chronische Angina *f* lacunaris
crypta Crypta *f*, Krypte *f*, Vertiefung *f*, Grube *f*, Einbuchtung *f*
cryptaesthesia Kryptästhesie *f*, außersinnliche Wahrnehmung *f*
cryptamnesia Unterbewusstsein *n*, Kryptomnesie *f*
cryptanamnesia *s.* cryptamnesia
cryptectomy Kryptektomie *f*, (operative) Kryptenentfernung *f*
cryptic verborgen, versteckt, larviert; Krypten…
cryptitis Kryptitis *f*, Kryptenentzündung *f*
cryptocephalia Kryptozephalie *f*, Cryptocephalia *f*, Mikrozephalie *f*
cryptocephalic kryptozephal, mikrozephal; Kryptocephalus…, Mikrozephalus…
cryptocephalous *s.* cryptocephalic
cryptocephalus Kryptozephalus *m*, Cryptocephalus *m*, Mikrozephalus *m*
cryptococcal Kryptokokken…
cryptococcal antigen Kryptokokkenantigen *n*
cryptococcal meningitis Kryptokokkenmeningitis *f*
cryptococcal peritonitis Kryptokokkenperitonitis *f*
cryptococcoma Kryptokkom *n*, Kryptokokkenknäuel *n*, Kryptokokkengeschwulst *f (durch Cryptococcus neoformans)*
cryptococcosis Cryptococcosis *f*, Kryptokokkose *f*, Torulosis *f*, europäische Blastomykose *f (durch Cryptococcus neoformans)*
cryptococcus Cryptococcus *m*, Kryptokokke *f*
Cryptococcus albidus Cryptococcus *m* albidus
Cryptococcus capsulatus Cryptococcus *m* capsulatus
Cryptococcus histolyticus Cryptococcus *m* histolyticus
Cryptococcus hominis Cryptococcus *m* hominis
Cryptococcus meningitidis Cryptococcus *m* meningitidis
Cryptococcus neoformans Cryptococcus *m* neoformans
cryptocrystalline kryptokristallin, viele kleine Kristalle besitzend
cryptodidymus *(Terat)* Kryptodidymus
cryptoempyema Kryptoempyem *n*
cryptogamic kryptogam, durch Sporen fortpflanzend
cryptogen anaemia kryptogene Anämie *f*
cryptogen epilepsy essenzielle Epilepsie *f*
cryptogen infection kryptogene Infektion *f*
cryptogen peritonitis kryptogene Peritonitis *f*
cryptogen pyaemia kryptogene Sepsis *f*
cryptogen septicaemia kryptogene Septikämie *f*
cryptogen(et)ic kryptogen(etisch), von unbekanntem Ausgangspunkt
cryptoglandular kryptoglandular, den Analdrüsen entstammend
cryptoinfection verborgene [latente, stumme] Infektion *f*
cryptolith Kryptolith *m*, Kryptenstein *m*
cryptolithiasis Kryptolithiasis *f*, Kryptensteinleiden *n*
cryptomenorrhoea *(Gyn)* Kryptomenorrhö *f*, verborgene Monatsblutung *f (z. B. bei intaktem Hymen)*
cryptomere Kryptomere *f*
cryptomeric gene kryptomeres Gen *n*
cryptomerism Kryptomerie *f*, Kryptomerismus *m*
cryptomeror(rh)achischisis Spina *f* bifida occulta, Spaltwirbel *m* mit Hautüberdeckung
cryptomnesia *(Neur)* Kryptomnesie *f (negative Erinnerungstäuschung)*
cryptomnesic kryptomnesisch, Kryptomnesie…
cryptophthalmia Kryptophthalmie *f*, angeborene Augapfelmissbildung *f* bei fehlender Lidspalte
cryptophthalmos *s.* cryptophthalmus
cryptophthalmus Kryptophthalmus *m*, missgebildeter Augapfel *m* im Bindehautsack
cryptoplasmic ohne sichtbaren Erreger; ohne sichtbare Ursache
cryptopodia Kryptopodie *f*
cryptopyic latent eitrig
cryptorchid kryptorchid; Kryptorchidie…, Kryptorchidismus…
cryptorchid Kryptorchide(r) *m*
cryptorchidectomy Kryptorchidektomie *f*, (operative) Hodenentfernung *f* bei Hodenhochstand
cryptorchidia *s.* cryptorchism
cryptorchidism *s.* cryptorchism
cryptorchidopexy Orchidopexie *f*, Hodenfixation *f* im Hodensack
cryptorchidy *s.* cryptorchism
cryptorchis Kryptorchider *m*
cryptorchism Kryptorchismus *m*, Hodenhochstand *m (ein- oder beidseitig)*; fehlender Hodenabstieg *m*, Ausbleiben *n* des Descensus testis
cryptoscope Kryptoskop *n*
cryptoscopy Kryptoskopie *f*
cryptospermia Kryptospermie *f*, Spermienzahlverminderung *f*, verringerte Spermienzahl *f (unter 1 Million/ml)*
cryptosporidiosis Kryptosporidiose *f*, Cryptosporidium-Infektion *f*
Cryptosporidium parvum Cryptosporidium *n* parvum *(Erreger der Cryptosporidiose)*
cryptotia Kryptotie *f (unter der Kopfhaut liegende Ohrspitze)*
cryptotomy Kryptotomie *f*, Krypteninzision *f*, (operative) Krypteneröffnung *f*
cryptotoxic kryptotoxisch, latent toxisch
cryptotrichotillomania *(Neur)* Kryptotrichotillomanie *f*
cryptoxanthin Kryptoxanthin *n (Provitamin A)*
cryptozoite Kryptozoit *m (Malariaparasitenstadium)*
cryptozygous kryptozygos, schmalgesichtig

crypts of Lieberkühn Lieberkühn'sche Krypten *fpl*, Glandulae *fpl* intestinales *(Darmsaftdrüsen der Dick- und Dünndarmmukosa)*
crypts of Littre Glandulae *fpl* preputiales
crypts of Morgagni Morgagni'sche Krypten *fpl*
crypts of the iris Iriskrypten *fpl*, Fuchs'sche Krypten *fpl*
crypts of the tongue Zungenkrypten *fpl*
crystal arthropathy Kristallarthropathie *f (Kristallablagerungen im Gelenk)*
crystal-clear kristallklar; gestochen scharf
crystal suspension Kristallsuspension *f*, kristalline Aufschwemmung *f (z. B. von Arzneimitteln)*
crystal violet Kristallviolett *n*, Hexamethylpararosanilin *n (Wurmmittel)*
crystal-vision Kristallvisionen *fpl*
crystalline 1. kristallartig, kristallin; Kristall...; 2. kristallklar, durchsichtig, transparent
crystalline capsule *(Ophth)* Capsula *f* lentis, Linsenkapsel *f*
crystalline capsule rupture Linsenkapselruptur *f*
crystalline cataract Kristallkatarakt *f*
crystalline heat rash Miliaria *npl* cristallina
crystalline lens (of the eye) Augenlinse *f*, Linse *f*, Lens *f* cristallina
crystallization Kristallisation *f*, Kristallisierung *f*, Kristallbildung *f*, Auskristallisieren *n*
crystallization test 1. *(For)* Kristallisationsprobe *f (Bildung von Teichmann-Kristallen zum Blutnachweis)*; 2. *(Gyn)* Kristallisationsprobe *f*; Farnkrautphänomen *n*
crystallize *v* kristallisieren, auskristallisieren, Kristalle bilden
crystalloconus Crystalloconus *m*, Krystallokonus *m*, Lentikonus *m*
crystallogram *(Rad)* Kristallogramm *n*
crystallography Kristallographie *f*
crystalloid kristallartig, kristallförmig; Kristall...
cristalloid Kristalloid *n*
crystallophobia Kristallophobie *f (Angst vor Glas)*
crystalluria Kristallurie *f*, Kristallausscheidung *f* im Urin
crytotetany latente Tetanie *f*
CSD *s.* cat-scratch disease
CSF *s.* cerebrospinal fluid
CT *s.* computer tomography
CTG *s.* cardiotocogram
Cuban itch *s.* alastrim
cubeb Kubebe *f*, Fructus *m* cubebae
cubebism Kubebenvergiftung *f*, Kubebenintoxikation *f*
cubital kubital; Ellenbogen... *(siehe auch unter: ulnar)*
cubital fossa Fossa *f* cubitalis, Ellenbogengrube *f*
cubital nerve *s.* ulnar nerve
cubitocarpal kubitokarpal, cubitocarpal; Ulna-Carpus-..., Ellen-Handwurzel-...
cubitoradial radioulnar; Ulna-Radius-..., Ellen-Speichen-...
cubitus 1. Antebrachium *n*, Unterarm *m*, Vor(der)arm *m*; 2. Ell(en)bogen *m*; 3. Ulna *f*, Elle *f (Zusammensetzungen siehe unter: ulnar)*
cuboid *s.* cuboidal 1.
cuboid (bone) Kuboid *n*, Os *n* cuboideum, Würfelbein *n*
cuboidal 1. kuboid, würfelförmig; Würfel...; 2. Kuboid..., Würfelbein...
cuboidal cell *(Histol)* Kuboidzelle *f*, Würfelzelle *f*
cuboidal epithelium kubisches Epithel *n*
cuboidonavicular kuboidonavikulär; Würfelbein-Kahnbein-...
cuff Manschette *f*
cuff abscess Manschettenabszess *m*
cuffed (tracheal) tubus *(Anästh)* Manschettentubus *m*
cuffing 1. Mantelbildung *f*, Ummantelung *f (z. B. durch einen Leukozytenwall)*; 2. *(Rad)* Bronchialwandverdickung *f (auf Thoraxaufnahme)*
cuirass cancer Panzerkrebs *m*
cul-de-sac of Douglas *(Anat)* Excavatio *f* rectouterina, Douglas(-Raum) *m*
culdocentesis *(Gyn)* Kuldozentese *f*, Douglas(raum)-punktion *f* durch die Scheide
culdoplasty *(Gyn)* Kuldoplastik *f*, Rekonstruktion *f* [Plastik *f*] der Excavatio rectouterina
culdoscope *(Gyn)* Kuldoskop *n (Endoskop)*
culdoscopy *(Gyn)* Kuldoskopie *f*, Douglas(raum)spiegelung *f* durch die Scheide
culdotomy *(Gyn)* Kuldotomie *f*, (operative) Douglas-(raum)eröffnung *f* durch die Scheide
culicidal mückentötend
culicide (agent) Mücken tötendes Mittel *n*, Mückentötungsmittel *n*
culicifuge *s.* culifuge
culicosis Culicosis *f*, Culex-Dermatitis *f (durch Culex-Mücken)*
culifuge Mücken vertreibend
culifuge (agent) Mücken vertreibendes Mittel *n*, Mückenvertreibungsmittel *n*
Cullen's phenomenon Cullen-Phänomen *n*, periumbilikale Zyanose *f*, Gitterzyanose *f* der Bauchdecke *(bei Bauchhöhleneinblutung)*
Cullen's sign Cullen'sches Zeichen *n*, Hofstätter-Cullen'sches Nabelzeichen *n (Braunfärbung des Nabels bei Bauchhöhlenschwangerschaft)*
culling selektive Entfernung *f*, Filterung *f (z. B. von abnormen Erythrozyten durch die Milz)*
culmen Culmen *m* monticuli, vorderer Abschnitt *m* des Kleinhirnoberwurms
cultivation Kultivierung *f (z. B. von Zellen)*
culturable kultivierbar
cultural Kultur...; Zellkultur...; Bakterienkultur...
culture *v* kultivieren, (Bakterienkulturen) züchten
culture 1. *(Bakt, Lab)* Bakterienkultur *f*, Kultur *f*; 2. *(Lab)* Zellkultur *f*
culture disk *(Lab)* Petrischale *f*
culture from the oral cavity *(Stom, HNO)* Mundhöhlenkultur *f*
culture medium *(Lab)* Kulturmedium *n*, Nährmedium *n*, Nährsubstrat *n*
culture method *(Lab)* Kulturmethode *f*
culture of moulds *(Lab)* Pilzkultur *f*
culture plate *(Lab)* Kulturplatte *f*
culture procedure *(Lab)* Kulturverfahren *n*
culture shock *(Neur)* Kulturschock *m*
culture solution *(Lab)* Kulturlösung *f*, Nährlösung *f*
culture tube *(Lab)* Abstrichröhrchen *n*
cumarin *s.* coumarin
cumulative kumulativ, kumulierend; Kumulations...
cumulative dose kumulative Dosis *f*, Kumulationsdosis *f*, Summationsdosis *f*
cumulative gene kumulatives Gen *n*
cumulative poison kumulatives Gift *n*, Summationsgift *n*
cumulative survival rate kumulative Überlebensrate *f*
cuneate keilförmig; Keil...
cuneate fasciculus Fasciculus *m* cuneatus medullae spinalis, Burdach'scher Strang *m*
cuneate lobule Cuneus *m*, Keil *m* der Großhirnhemisphären
cuneate nucleus *(Anat)* Nucleus *m* cuneatus *(verlängertes Rückenmark)*
cuneate tubercle *(Anat)* Tuberculum *n* cuneati *(im IV. Hirnventrikel)*
cuneiform kuneiform, keilförmig; Keil...

cuneiform 1. Os *n* cuneiforme, Keilbein *n (Fuß)*; 2. Os *n* triquetrum, Dreiecksbein *n (Hand)*
cuneiform bone of the carpus Os *n* triquetrum *n*, Dreiecksbein *n*
cuneiform cartilage (of Wrisberg) Cartilago *f* cuneiformis (Wrisbergi), Keilknorpel *m*
cuneiform osteotomy *(Orth)* Keilosteotomie *f*
cuneiform tubercle Tuberculum *n* cuneiforme, Keilhöckerchen *n (Kehlkopf)*
cuneocuboid *(Anat)* Keilbein-Würfelbein-...
cuneonavicular *(Anat)* kuneonavikulär; Dreiecksbein-Kahnbein-...
cuneoscaphoid *(Anat)* kuneoskaphoid; Keilbein-Kahnbein-...
cuneus Cuneus *m*, Keil *m (Zusammensetzungen siehe unter: cuneate)*
cuniculus Cuniculus *m*, Krätzmilbenkanal *m (Haut)*
cunnilinction *s.* cunnilingus
cunnilinctus *s.* cunnilingus
cunnilingus Cunnilingus *m*, Kunnilingus *m*
cunnus Vulva *f*, Cunnus *m*, Pudendum *n* femininum, weibliche Scham *f (Zusammensetzungen siehe unter: vulvar)*
cup 1. Schale *f*, Pfanne *f*, schalenförmige Struktur *f*; 2. *s.* cupping glass
cup and spill stomach Kaskadenmagen *m*
cup arthroplasty of the hip joint Hüft(gelenk)kopfplastik *f*
cup pessary *(Gyn)* Schalenpessar *n*
cup plasty Cup-Plastik *f*, Muldenplastik *f*
cupola *s.* cupula
cupped schalenförmig; ausgemuldet, muldenförmig; eingedellt, dellenförmig
cupped disk Excavatio *f* papillae, blinder Fleck *m (des Auges)*
cupping 1. Schröpfen *n*, Aufsetzen *n* von Schröpfköpfen; 2. Dellenbildung *f*
cupping and vibrating Vibrationsmassage *f (zur Mobilisierung von Lungensekreten)*
cupping glass Schröpfglas *n*, Schröpfkopf *m* • **apply cupping glasses** Schröpfköpfe ansetzen [aufsetzen, anwenden]
cupping of the disk *(Anat)* Optikusexkavation *f*, Papillenexkavation *f*, Excavatio *f* papillae
cupremia Kuprämie *f (Vorhandensein von Kupfer im Blut)*
cupric kupfer(-II-)haltig; Kupfer-II-...
cupric acetate Kupferacetat *n*
cupric arsenite Kupferarsenit *n (Insektizid)*
cupric chloride Kupfer(bi)chlorid *n*, Kupferdichlorid *n (Antiseptikum)*
cupric citrate Kupfercitrat *n*, Kupferzitrat *n (Antiseptikum)*
cupric sulphate Kupfersulphat *n (Fungizid, Emetikum)*
cupriuresis *s.* cupruresis
cupriuria Kuprurie *f (Vorhandensein von Kupfer im Urin)*
cuprophane Cuprophan *n (Hämodialysemembran)*
couprous kupfer(-I-)haltig; Kupfer-I-...
cupruresis Kuprurese *f*, Kupferausscheidung *f* im Urin
curpruretic kupferausscheidend; Kuprurese...
cupula Cupula *f*, Kuppel *f*
cupula of the ampullary crest Cupula *f* cristae ampullaris
cupula of the cochlea Cupula *f* cochleae, Schneckenkuppel *f*
cupula of the diaphragm Cupula *f* diaphragmatis, Zwerchfellkuppel *f*
cupula of the pleura Cupula *f* pleurae, Pleurakuppel *f*
cupular 1. kuppelartig, kuppelförmig; Kuppel...; 2. domartig, domförmig
cupulate *s.* cupular
cupuliform *s.* cupular
cupulogram *(HNO)* Kupulogramm *n*, Kupulometriekurve *f*
cupulolithiasis 1. Kupulolithiasis *f (Kalkansammlung in der Cupula)*; 2. *(HNO)* benigner paroxysmaler Haltungsschwindel *m*
cupulometry *(HNO)* Kupulometrie *f (Testung des Gleichgewichtssinns im drehenden Stuhl)*
curability Heilbarkeit *f*
curable heilbar
curage Fingerkürettage *f*, Kürettieren *n* mit dem Finger
curare Kurare *n (südamerikanisches Pfeilgift)*
curare-like kurareartig
curariform kurareähnlich
curarimimetic kurarimimetisch, eine Kurarewirkung auslösend [bewirkend]
curarine Kurarin *n (Kurarealkaloidgemisch)*
curarization Kurarisierung *f*, Kurareapplikation *f*
curarize *v* kurarisieren, Kurare applizieren [geben] *(zur Muskelerschlaffung)*
curative kurativ, heilend; Heil...
curative Heilmittel *n*
curative effect Heilerfolg *m*
curative factor Heilfaktor *m*
curative resection kurative Resektion *f*
curative treatment Heilbehandlung *f*
cure *v* heilen, (erfolgreich) behandeln, kurieren, die Gesundheit wiederherstellen; geheilt werden; eine Kur machen
cure 1. Kur *f*, Heilbehandlung *f*, Behandlung *f*; 2. Heilung *f*, Heilungsverlauf *m*; Ausheilung *f*, Genesung *f*, Gesundung *f*; 3. Heilmittel; 4. *(Stom)* Aushärtung *f*, Aushärtungsbehandlung *f (z. B. für Zahnprothesen)* • **make a complete cure** eine komplette (vollständige) Heilung erreichen, ausheilen • **secure a lasting cure** eine Langzeitheilung sichern; eine Dauerheilung erreichen (erzielen) • **under cure** in Behandlung
cured/be *v* geheilt werden
cureless unheilbar
curet *v s.* curette *v*
curet *s.* curette
curettage Kürettage *f*, Kürettierung *f*, Abrasio *f*, Gebärmutter(schleimhaut)auskratzung *f*, Uterusausschabung *f*
curette *v* kürettieren, auskratzen, ausschaben
curette Kürette *f*, scharfer Löffel *m*
curettement *s.* curettage
curie Curie *n*, Ci, c *(Einheit der Radioaktivität)*
curietherapy *s.* radium therapy
curing 1. Kurbehandlung *f*, Kuren *n*, Kurdurchführung *f*; 2. Aushärtung *f (z. B. von Prothesen)*
curled hair gekräuseltes Haar *n*
curling sich windend, sich schlängelnd; korkenzieherartig, korkenzieherförmig *(z. B. Ösophagus)*
Curling's (stress) ulcer Curling-Ulkus *n*, Curling'sches Magengeschwür *n (Stressulkus bei Verbrennungen)*
Currarino-Silverman syndrome Currarino-Silverman-Syndrom *n*
current 1. strömend, fließend; Fließ...; ständig, andauernd, laufend; Dauer...; 2. Strom...
current 1. Strom *m*, Strömen *n*, Fließen *n*; 2. (elektrischer) Strom *m*
current disinfection laufende Desinfektion *f*
current of injury Verletzungsstrom *m (im Myokard)*
curriculum Curriculum *n*, Studienablauf *m*, Studienverlauf *m*
curriculum vitae Lebenslauf *m*
Curschmann-Batten-Steinert syndrome Curschmann-Batten-Steinert-Syndrom *n*, myotonische Dystrophie *f*
Curschmann's spirals Curschmann-Spiralen *fpl (bei Bronchialasthma)*
curtain effect *(Rad)* Vorhangeffekt *m*

Curtius' syndrome Curtius-Syndrom *n*, Hemihypertrophie *f (des Körpers)*
curvator coccygeus (muscle) Musculus *m* sacrococcygeus ventralis, ventraler Kreuz-Steißbeinmuskel *m*
curvatura *s.* curvature
curvature Curvatura *f*, Kurvatur *f*, Krümmung *f*
curvature hyperopia Hornhautkrümmungshyperopie *f*
curvature myopia Hornhautkrümmungsmyopie *f*
curvature of the spinal column Wirbelsäulenkurvatur *f*, Wirbelsäulenverkrümmung *f*
curvature of the spinal column with forward convexity *s.* lordosis
curvature of the spine *s.* curvature of the spinal column
curve 1. Kurve *f*, kurvenförmiger Verlauf *m*; 2. Kurvenverlauf *m*, Patientenkurve *f*, Kurve *f*
curve fitting Kurvenanpassung *f (Biometrie)*
curve of occlusion *(Stom)* Okklusionskurve *f*
curve of Spee *(Stom)* Spee'sche Kompensationskurve *f*, sagittale Okklusionskurve *f*
curved cutting needle runde scharfe Nadel *f*
curved forceps gebogene Klemme *f*
curved incision Bogenschnitt *m*
curved needle Rundnadel *f*
curved packer gebogene Kornzange *f*
curved tip gebogene Spitze *f*
curvilinear incision bogenförmige Inzision *f*, Bogenschnitt *m*
curvilinear trend *(Statist)* kurvenförmiger Trend *m*, kurvenförmiger Verlauf *m*
cushingoid cushingoid, cushingartig, cushingähnlich; Cushing-...
cushingoid constitution cushingartige Konstitution *f*
Cushing's disease 1. Cushing'sche Krankheit *f*, Morbus *m* Cushing, basophiles Hypophysenvorderlappenadenom *n*; 2. Cushing-Syndrom *n* I, Nebennierenrindenhyperplasie *f*, Nebennierenrindengeschwulst *f*
Cushing's syndrome I *s.* Cushing's disease
Cushing's syndrome II Cushing-Syndrom *n* II, Kleinhirn-Brückenwinkel-Syndrom *n*
Cushing's ulcer Cushing-Ulkus *n*, Cushing'sches Magengeschwür *n (Stressulkus bei Hirnverletzungen)*
cushion Polster *n*, Kissen *n*
cusp Cuspis *f*, Kuspis *f*, Zipfel *m*, Segel *n (an Herzklappen)*
cusp of the valve Klappensegel *n*, Cuspis *f* valvae
cusp-to-fossa relationship *(Stom)* Schlussbissstellung *f*
cuspad in Richtung eines Zahnhöckers, kuspad
cuspal höckerig; Höcker...
cuspate Cuspis..., Kuspis..., Segel...
cuspid Eckzahn *m*
cuspid extracting forceps *(Stom)* Wurzel(extraktions)zange *f*
cuspidate zipflig; höckrig
cuspis *s.* cusp
cuspless tooth höckerfreier Zahn *m*
custodial hospital *(Neur)* geschlossene Anstalt *f*
cut *v* inzidieren, (ein)schneiden, eine Inzision durchführen, einen (operativen) Einschnitt vornehmen
cut *v* **down a vein** einen Venenschnitt ausführen, eine Venae sectio durchführen
cut *v* **off** abschneiden; wegschneiden; abtragen
cut *v* **open** aufschneiden, durch Schnitt eröffnen
cut *v* **out** 1. herausschneiden, ausschneiden; 2. durchschneiden *(Nahtmaterial in der Wunde)*
cut *v* **out a window in the bandage** einen Gips fenstern, einen Fenstergips anfertigen
cut 1. Inzision *f*, Einschnitt *m*, Schnitt *m*; 2. Schnittwunde *f*, Wunde *f*; 3. *(Gen)* (hydrolytische) Spaltung *f* von gegenüber liegenden Phosphodiesterbindungen *(in der DNS-Doppelhelix)*
cut-down Venae sectio *f*, Venenschnitt *m*, Venenfreilegung *f*
cut-down infusion intravenöse Katheterinfusion *f*
cut-down set Venae-sectio-Besteck *n*
cut wound Schnittwunde *f*
cutaneointestinal kutaneointestinal; Haut-Eingeweide-...
cutaneomucosal *s.* mucocutaneous
cutaneous kutan; Haut... *(siehe auch unter: cutis, dermal und skin)*
cutaneous absorption Kutanabsorption *f*, Hautaufnahme *f (z. B. von Medikamenten)*
cutaneous acne Hautakne *f*
cutaneous amoebiasis *(Paras)* Hautamöbiasis *f*, Hautamöbeninfektion *f*, kutane Amöbiasis *f*
cutaneous anaphylaxis Hautanaphylaxie *f*, Hautüberempfindlichkeitsreaktion *f*
cutaneous anthrax Hautanthrax *m*, Hautmilzbrand *m*
cutaneous appendages *(Anat)* Hautanhangsgebilde *npl*
cutaneous blastomycosis Hautblastomykose *f*
cutaneous calculus Milium *n*, Milie *f*, Hautknötchen *n*, Hornperle *f* im Korium
cutaneous circulation Hautdurchblutung *f*
cutaneous cyst Hautzyste *f*, Dermatozyste *f*
cutaneous dehydration Hautaustrocknung *f*, kutane Dehydratation *f*
cutaneous diphtheria Hautdiphtherie *f*, Diphtheria *f* cutanea
cutaneous emphysema *(Chir)* Subkutanemphysem *n*, Hautemphysem *n*
cutaneous ending Haut(nerven)endigung *f*
cutaneous eruption Hautausschlag *m*
cutaneous filariasis *(Paras)* Hautfilariasis *f*, Hautfilarienerkrankung *f*
cutaneous fold Hautfalte *f*
cutaneous gland Hautdrüse *f*, Glandula *f* cutanea
cutaneous haemorrhage Hautblutung *f*
cutaneous horn Hauthorn *n*, Cornu *n* cutis
cutaneous larva migrans Larva *f* migrans cutanea *(durch Ancylostoma braziliense)*
cutaneous leishmaniasis (of the Old World) *(Trop)* Hautleishmaniase *f*, Hautleishmaniose *f*, kutane Leishmaniose *f*, Leishmaniasis *f* cutis; Orientbeule *f*, Jahresbeule *f*, Biskrabeule *f*, Aleppobeule *f*, Jerichobeule *f*, Delhibeule *f*
cutaneous lesion Hautläsion *f*, Hautverletzung *f*
cutaneous lupus erythematosus Lupus *m* erythematodes chronicus integumentalis; Lupus *m* erythematodes chronicus discoides
cutaneous manifestation Hautmanifestation *f*
cutaneous muscle Hautmuskel *m*, Musculus *m* cutaneus
cutaneous mycosis Hautmykose *f*, Hautpilzerkrankung *f*
cutaneous myiasis Hautmyiasis *f*, Hautbeulenkrankheit *f*
cutaneous naevus Hautnävus *m*
cutaneous nerve Hautnerv *m*
cutaneous nodule Hautknötchen *n*
cutaneous oedema Hautödem *n*
cutaneous papilloma Hautpapillom *n*
cutaneous petechial haemorrhage petechiale Hautblutung *f*
cutaneous pigmentation Hautpigmentierung *f*
cutaneous pupillary reflex Haut-Pupillen-Reflex *m*
cutaneous reaction Hautreaktion *f*, Kutanreaktion *f*, Kutisreaktion *f*
cutaneous reflex Hautreflex *m*, Kutanreflex *m*
cutaneous reflex centre Hautreflexzentrum *n*
cutaneous sarcoidosis Hautsarkoidose *f*
cutaneous sebum Hauttalg *m*, Sebum *n* cutaneum
cutaneous sensation Hautempfindung *f*, Kutangefühl *n*
cutaneous sensibility Hautsensibilität *f*

cutaneous stimulation Hautstimulation *f*
cutaneous tag *(Derm)* Fibroma *n* pendulum
cutaneous test Hauttest *m*, Kutantest *m*, Hautprobe *f*
cutaneous vasoconstriction Hautgefäßkonstriktion *f*
cutaneous vein Hautvene *f*, Vena *f* cutanea
cuticle Kutikula *f*, Häutchen *n*
cuticle nippers *(Chir)* Nagelhautzange *f*
cuticle scissors *(Chir)* Hautschere *f*, Nagelhautschere *f*
cuticula *s.* cuticle
cuticular Kutikula..., Häutchen...
cuticular sulci Hautlinien *fpl*, Sulci *mpl* cutis
cuticularization Überhäutung *f*
cutification 1. *s.* cuticularization; 2. Hautbildung *f*
cutireaction Kutanreaktion *f*, Kutisreaktion *f*, Hautreaktion *f*
cutis Kutis *f*, Haut *f*, Derma *n* *(siehe auch unter: cutaneous, derma und skin)*
cutis plate Dermatom *n*, Hautabschnitt *m*, Hautsegment *n*
cutisector *(Chir)* Dermatom *n*, Hautmesser *n*
cutitis *s.* dermatitis
cutization Hautüberdeckung *f*, Überhäutung *f*, Haut(neu)bildung *f*
Cutler-Power-Wilder test Cutler-Test *m* *(Nebennierenrindenfunktionsprobe)*
cutter 1. *s.* incisor; 2. Schneidinstrument *n*, Schneidewerkzeug *n*, Schneider *m*
cutting Schneiden *n*, Schneidevorgang *m*
cutting needle scharfe [angeschliffene] Nadel *f*
cutting of the cord Nabelschnurdurchtrennung *f*, Abnabelung *f*
cutting of the teeth Zahnen *n*, Zahndurchbruch *m*
cutting oil dermatitis *(Arb)* Fräsöldermatitis *f*, Öldermatitis *f*
cutting pain schneidender Schmerz *m*
cuvet *s.* cuvette
cuvette Küvette *f*
CV *s.* cardiovascular
c.v.p. *s.* central venous pressure
CVS *s.* chorionic villus sampling
cw Doppler unit cw-Doppler *m*, Dauerschallgerät *n*
cw mode cw-Mode *m*, Dauerschallverfahren *n*
cyanamide Cyanamid *n*
cyanephidrosis Zyanephidrosis *f*, Cyanhydrosis *f*, Ausscheidung *f* von blauem Schweiß
cyanhaematin Cyanhämatin *n*
cyanhaemoglobin Cyanhämoglobin *n*, Verdoglobin *n* CN, Choleglobin *n*
cyanhidrosis *s.* cyanephidrosis
cyanic 1. Cyan...; 2. zyanblau
cyanic acid Cyansäure *f*
cyanide Cyanid *n*, Zyanid *n*
cyanide goitre Cyanidstruma *f*, Zyanidkropf *m*
cyanide of potash Zyankali *n*, Kaliumcyanid *n*
cyanide poisoning Blausäurevergiftung *f*, Cyanidintoxikation *f*
cyanmethaemoglobin Cyanmethämoglobin *n*
cyanmetmyoglobin Cyanmetmyoglobin *n*
cyanobacterium Cyanobacterium *n*
cyanochroia Hautblaufärbung *f*
cyanochroic *s.* cyanotic
cyanochrous *s.* cyanotic
cyanocobalamin Cyanocobalamin *n*, Vitamin *n* B_{12}, Erythrozytenreifungsfaktor *m*, Antiperniciosa-Faktor *m*, Animal-Protein-Faktor *m*
cyanocobalamin absorption Cyanocobalaminabsorption *f*, Vitamin-B_{12}-Resorption *f*
cyanoderma Zyanoderma *n*, zyanotische [bläuliche] Haut *f*, Hautzyanose *f*
cyanogenesis Cyanbildung *f*, Zyanentstehung *f*
cyanogenic zyanbildend
cyanohaemoglobin Cyanhämoglobin *n*, Cyanferrihämoglobin *n*
cyanomethaemoglobin *s.* cyanmethaemoglobin
cyanopathy *s.* cyanosis
cyanophil *s.* cyanophile
cyanophile zyanophile Zelle *f* *(leicht mit blauen Farbstoffen färbbar)*
cyanophilous zyanophil, leicht mit blauen Farbstoffen färbend
cyanophose Zyanophose *f*, blaue Phose *f*, blaue subjektive Lichtempfindung *f*
cyanop(s)ia Zyanopsie *f*, Blausehen *n*
cyanopsin Zyanopsin *n* *(Sehfarbstoff)*
cyanosed zyanotisch, blau gefärbt, blausüchtig; Zyanose...
cyanosis Zyanose *f*, Cyanosis *f*, Blausucht *f*
cyanosis of lips Lippenzyanose *f*
cyanotic zyanotisch, blau gefärbt, blausüchtig; Zyanose...
• **become cyanotic** zyanotisch werden
cyanotic congenital heart disease angeborener zyanotischer Herzfehler *m*, Morbus *m* caeruleus
cyanotic discolouration of the skin zyanotisches [bläuliches] Hautkolorit *n*
cyanotic heart failure zyanotischer Herzfehler *m*
cyanotic skin *s.* cyanoderma
cyanuria Zyanurie *f*, blaufarbene Harnausscheidung *f*
cyanuric acid Cyanursäure *f*
cyanurin Zyanurin *n*
cyasma Schwangerenchloasma *n*, Schwangerschaftsmal *n*
cybernetics Kybernetik *f*
cyclacillin Cyclacillin *n* *(Antibiotikum)*
cyclamate Cyclamat *n*, Zyklamat *n*, Sucaryl *n* *(zuckerfreier Süßstoff)*
cyclamic acid Cyclohexansulfaminsäure *f*
cyclamin Cyclamin *n*, Zyklamin *n*
cyclarthrodial Zyclarthrose...
cyclarthrosis Zyklarthrose *f*, Rotationsgelenk *n*
cyclase Cyclase *f*, Zyklase *f* *(Enzym)*
cycle Zyklus *m*
cyclectomy *(Ophth)* Zyklektomie *f*, Ziliarkörperexzision *f*, Zyliarkörperexstirpation *f*, (operative) Ziliarkörperentfernung *f*
cyclencephalic Zyklenzephalus...
cyclencephalous *s.* cyclencephalic
cyclencephalus Cyklencephalus *m*, Zyklenzephalus *m*
cyclencephaly Zyklenzephalie *f*
cyclic zyklisch; Zyklus...
cyclic adenosine monophosphate cyclisches Adenosinmonophosphat *n*, cyclisches AMP, cAMP
cyclic AMP *s.* cyclic adenosine monophosphate
cyclic-AMP-dependent protein kinase cAMP-abhängige Proteinkinase *f*
cyclic depression zyklische Depression *f*
cyclic GMP *s.* cyclic guanosine monophosphate
cyclic-GMP-dependent phosphodiesterase cGMP-abhängige Phosphodiesterase *f*
cyclic guanosine monophosphate cyclisches Guanosinmonophosphat *n*, cyclisches GMP, cGMP
cyclic insanity *(Neur)* zyklisches [manisch-depressives] Irresein *n*, Zyklophrenie *f*, Zyklothymie *f*
cyclic phosphate zyklisches Phosphat *n*
cyclic uterine bleeding zyklische Gebärmutterblutung *f*
cyclic vomiting zyklisches Erbrechen *n*
cyclicotomy *s.* cyclotomy
cyclitis Ziliarkörperentzündung *f*, Strahlenkörperentzündung *f*
cyclizine Cyclizin *n* *(Antihistaminikum)*
cyclobarbital Cyclobarbital *n*, Zyklobarbital *n*

cyclobenzaprine Cyclobenzaprin *n (Antidepressivum)*
cyclobenzaprine hydrochloride Cyclobenzaprinhydrochlorid *n*
cyclocephalia *(Terat)* Zyklozephalie *f (Missbildung mit verwachsenen Augäpfeln, fehlendem Riechhirn und gemeinsamer Orbita)*
cyclocephalus *(Terat)* Zyklozephalus *m*
cyclocephaly *s.* cyclocephalia
cycloceratitis *s.* cyclokeratitis
cyclochoroiditis *(Ophth)* Zyklochoroiditis *f*, Ziliarkörper- und Aderhautentzündung *f*
cyclocryotherapy *(Ophth)* Zyklokryotherapie *f*, Ziliarkörperzerstörung *f* durch Kälteanwendung
cyclodamia *(Ophth)* Akkomodationsdämpfung *f*, supprimierte Akkomodation *f*
cyclodestructive *(Ophth)* zyklodestruktiv, den Ziliarkörper zerstörend
cyclodextrin Zyklodextrin *n*
cyclodialysis *(Ophth)* Zyklodialyse *f (Druckentlastung durch Lederhautschnitt bei Glaukom)*
cyclodiathermy *(Ophth)* Zyklodiathermie *f*, Zyklodiathermiepunktur *f*, Ziliarkörperzerstörung *f* durch diathermische Stichelung
cycloduction *(Ophth)* Zykloduktion *f (des Auges)*
cycloelectrolysis *(Ophth)* Zykloelektrolyse *f (des Ziliarkörpers)*
cycloguanil pamoate Cycloguanilpamoat *n (Malariamittel)*
cycloheximide Cycloheximid *n (Antibiotikum)*
cycloid (personality) *(Neur)* Zykloide(r) *m*, Manisch-Depressive(r) *m*, Zyklothyme(r) *m*, manisch-depressiv Irrer *m*
cycloisomerase Cycloisomerase *f (Enzym)*
cyclokeratitis Zyklokeratitis *f*, Ziliarkörper- und Korneaentzündung *f*, Dalrympl'sche Krankheit *f*
cycloligase Cycloligase *f (Enzym)*
cyclomastopathy *(Gyn)* Zyklomastopathie *f*
cyclooxygenase Zyklooxygenase *f*, Cyclooxygenase *f (Enzym)*
cycloparesis *(Ophth)* Ziliarmuskelschwäche *f*
cyclopean *s.* cyclopic
cyclopentamine Cyclopentamin *n (Sympathikomimetikum)*
cyclopentamine hydrochloride Cyclopentaminhydrochlorid *n*
cyclopentanoperhydrophenanthrene Cyclopentanoperhydrophenanthren *n*
cyclopentolate hydrochloride Cyclopentolathydrochlorid *n (Anticholinergikum; zur Ziliarkörpererschlaffung)*
cyclophenazine hydrochloride Cyclophenazinhydrochlorid *n (Tranquilizer)*
cyclophorase Cyclophorase *f (Enzym)*
cyclophoria *(Ophth)* Zyklophorie *f*, rotierendes Schielen *n*, Rotationsschielen *n (bei abgedecktem Auge)*
cyclophoric zyklophor(isch)
cyclophorometer *(Ophth)* Zyklophorometer *n*
cyclophosphamide Zyklophosphamid *n (Zytostatikum)*
cyclophosphamide treatment Zyklophosphamidbehandlung *f*, Zyklophosphamidtherapie *f*
cyclophotocoagulation *(Ophth)* Zyklophotokoagulation *f*, Photokoagulation *f* des Ziliarkörpers
cyclophrenia *(Neur)* Zyklophrenie *f*, Zyklothymie *f*, zyklisches [manisch-depressives] Irresein *n*
cyclophrenic *(Neur)* zyklophren(isch), manisch-depressiv, zyklothym
cyclopentolate Cyclopentolat *n (Anticholinergikum; zur Ziliarkörpererschlaffung)*
cyclopentolate hydrochloride Cyclopentolathydrochlorid *n*
cyclophenazine Cyclophenazin *n (Tranquilizer)*
cyclophenazine hydrochloride Cyclophenazinhydrochlorid *n*
cyclophorase Cyclophorase *f (Enzym)*
cyclopia Zyklopie *f*, Einäugigkeit *f*, Monophthalmie *f*, Synophthalmie *f*
cyclopian Zyklopie…
cyclopic zyklop(isch), einäugig
cycloplegia *(Ophth)* Zykloplegie *f*, Ziliarmuskellähmung *f*
cycloplegic zykloplegisch, ziliarmuskellähmend; pupillenerweiternd
cycloplegic (agent) Zykloplegikum *n*, Mydriatikum *n*, zykloplegisches [pupillenerweiterndes] Mittel *n*
cyclopropane Cyclopropan *n (Narkosegas)*
cyclopropane anaesthesia Cyclopropan-Narkose *f*
cyclopropane cylinder *(Anästh)* Cyclopropanflasche *f*
cyclops *(Terat)* Zyklop *m*, Missgeburt *f* mit einem Auge, Synophthalmus *m*
cyclorotation *(Ophth)* Zyklorotation *f*
cyclorotatory zyklorotatorisch
cycloscope *(Ophth)* Zykloskop *n*, Gesichtsfeldbestimmungsinstrument *n*
cycloserine Zykloserin *n (Tuberkulostatikum)*
cyclosis *(Histol)* Cyclose *f*
cyclospasm Zyklospasmus *m (Akkomodationskrampf)*
cyclosporiasis Cyclosporiasis *f*, Cyclosporeninfektion *f*
cyclosporine Cyclosporin *n (Immunosuppressivum)*
cyclostat Zyklostat *m*
cyclothiazide Cyclothiazid *n (Antihypertensivum)*
cyclothyme *(Neur)* Zyklothyme(r) *m*, Manisch-Depressive(r) *m*, manisch-depressiv Irre(r) *m*
cyclothymia *(Neur)* Zyklothymie *f*, Zyklophrenie *f*, zyklisches [manisch-depressives] Irresein *n*
cyclothymiac *s.* cyclothyme
cyclothymic *(Neur)* zyklothym, manisch-depressiv, zyklophren(isch)
cyclothymic *s.* cyclothyme
cyclothymic disorder *(Neur)* zyklothyme Störung *f*
cyclothymic personality zyklothyme Persönlichkeit *f*
cyclothymic psychopathy zyklothyme Psychopathie *f*
cyclotome *(Ophth)* Zyklotom *n (Messer)*
cyclotomy *(Ophth)* Zyklotomie *f*, Ziliarmuskelschnitt *m*, (operative) Ziliarmuskeldurchtrennung *f*
cyclotorsion *s.* cycloduction
cyclotron *(Rad)* Zyklotron *n*
cyclotron cataract *(Ophth)* Strahlenkatarakt *f*, Strahlenstar *m*
cyclotropia Zyklotropie *f*, rotierendes Schielen *n*, permanente Zyklophorie *f*, Rotationsschielen *n* (bei nicht abgedecktem Auge)
cyesiognosis Schwangerschaftsdiagnostik *f*, Schwangerschaftserkennung *f*
cyesis Gravidität *f*, Schwangerschaft *f (Zusammensetzungen siehe unter: gestation und pregnancy)*
cyest(h)ein Cyesthein *n*
cylinder 1. Zylinder *m*, zylinderförmige Gestalt *f*; 2. Zylinder *m (Druckflasche)*; 3. *(Ophth)* Zylinder *m*, Zylinderlinse *f*, cyl; 4. *(Nephr)* Nierenzylinder *m*, Harnzylinder *m*
cylinder cast *(Chir)* Tutor *m*, Gipshülse *f*
cylindradenoma *s.* cylindroma
cylindrarthrosis Zylindergelenk *n*
cylindraxile *s.* axon
cylindrical zylinderförmig, zylinderartig; Zylinder…
cylindrical aneurysm Zylinderaneurysma *n*
cylindrical bronchiectasis zylinderförmige Bronchiektasie *f*
cylindrical cell Zylinder(epithel)zelle *f*, Säulenepithelzelle *f*
cylindrical-cell cancer [carcinoma] Zylinder(epithel)zellenkarzinom *n*

cylindrical epithelium Zylinderepithel *n*, Säulenepithel *n*
cylindrical grasp *(Päd)* Zylindergriff *m*
cylindrical lens Zylinderlinse *f*, Zylinderglas *n*
cylindriform zylinderförmig
cylindrocellular Zylinderzellen...
cylindroid zylinderartig, zylinderähnlich; Zylinder...
cylindroids Urinzylinder *mpl*, Harnzylinder *mpl*, Zylindroide *npl*
cylindroma Zylindrom *n*, Hyalinzylindergeschwulst *f*, Ziegler-Tumor *m*
cylindroma of the scalp Endothelioma *n* capitis, Turbantumor *m*
cylindromatous Zylindroma...
cylindromatous spiradenoma zylindromatöses Spiradenom *n*
cylindrosarcoma zylindromatöses Sarkom *n*
cylindruria Zylindrurie *f*, Hyalinzylinderausscheidung *f* im Urin
cylite Zylit *n*, Benzylbromid *n*
cyllosis Klumpfuß *m (Missbildung der unteren Gliedmaße)*
cyllosoma *s.* cyllosomus
cyllosomus *(Terat)* Cyllosomus *m*
cymarin Cymarin *n*, k-Strophanthin *n (Glykosid)*
cymbiform kahnförmig, bootförmig
cymbocephalia Zymbozephalie *f*, Kahnschäd(e)ligkeit *f*
cymbocephalic Kahnschädel...
cymbocephalous *s.* cymbocephalic
cymbocephalus Zymbozephalus *m*, Kahnschädel *m*
cymograph Kymograph *m*
cynanthropy *(Neur)* Cyanthropie *f*, Kynanthropie *f (Wahnvorstellung, ein Hund zu sein)*
cynic hundeartig
cynocephaly Cynocephalie *f*, Hundeköpfigkeit *f*, Hundekopf *m*
cynodont Dens *m* caninus, Caninus *m*, Eckzahn *m*
cynolyssa Rabies *f*, Tollwut *f (Zusammensetzungen siehe unter: rabies)*
cynophobia Zynophobie *f (Furcht vor Hunden)*
cynorexia Zynorexie *f*, Heißhunger *m*
cyogenous eine Schwangerschaft erzeugend
cyophoria *s.* gestation
cyophoric Schwangerschafts...
cyphoscoliosis *s.* kyphoscoliosis
cypridology *s.* venereology
cypridophobia Zypridophobie *f (Furcht vor Geschlechtskrankheiten)*
cyproheptadine Cyproheptadin *n (Antihistaminikum)*
cyproheptadine hydrochloride Cyproheptadinhydrochlorid *n*
cyrtosis *s.* kyphosis
cyst Zyste *f*, Blase *f*, Hohlraum *m*
cyst carrier Zystenträger *m*
cyst formation Zystenbildung *f*
cyst of the joint capsule Sehnenscheidenganglion *n*
cyst of the semilunar cartilage Sehnenscheidenganglion *n*
cystadenocarcinoma *(Path)* Zystadenokarzinom *n*, Kystadenokarzinom *n*
cystadenofibroma *(Path)* Zystadenofibrom *n*, Kystadenofibrom *n*
cystadenolymphoma *(Path)* Zystadenolymphom *n*, Kystadenolymphom *n*
cystadenoma *(Path)* Zystadenom *n*, Kystadenom *n*, Adenokystom *n*, Kystom *n*
cystadenoma of the pancreas Pankreaszystadenom *n*
cystadenosarcoma *(Path)* Zystadenosarkom *n*, Kystadenosarkom *n*
cystalgia Zystalgie *f*, Harnblasenschmerz *m*, Blasenschmerz *m*, Zystodynie *f*
cystathioninaemia Zystathioninämie *f*
cystathionine Cystathionin *n*, Zystathionin *n*
cystathionine lyase Cystathioninlyase *f (Enzym)*
cystathionine synthase Cystathioninsynthase *f (Enzym)*
cystathionine synthase deficiency Cystathioninsynthasemangel *m*
cystathioninuria Cystathioninurie *f*, Zystathioninausscheidung *f* im Urin *(angeborene Stoffwechselstörung)*
cystatrophia Blasenatrophie *f*
cystauchenitis Blasenhalsentzündung *f*
cystauchenotomy (operative) Blasenhalseröffnung *f*, Blasenhalsschnitt *m*
cystectasia Zystektasie *f*, Harnblasendilatation *f*, Blasenerweiterung *f*
cystectasy *s.* cystectasia
cystectomy 1. Zystektomie *f*, Blasenexstirpation *f*, (operative) Harnblasenentfernung *f*; 2. Zystektomie *f*, Zystenexstirpation *f*, (operative) Zystenentfernung *f*
cysteine Cystein *n*, Cys, α-Amino-β-thiopropionsäure *f*, α-Amino-β-mercaptopropionsäure *f*
cysteine endopeptidase Cysteinendopeptidase *f (Enzym)*
cysteine-type carboxypeptidase Cystein-type-Carboxypeptidase *f (Enzym)*
cystelcosis Blasenulzeration *f*, Blasengeschwür *n*, Blasenulkus *n*
cystencephalus *(Terat)* Cystencephalus *m*, Zystenzephalus *m*
cysteretism Blasenreizbarkeit *f*
cysthypersarcosis Blasenmuskelverdickung *f*, Verdickung *f* der Blasenmuskelschicht
cystic zystisch, blasenartig; Blasen..., Zysten..., Kysten...
cystic acne *(Derm)* Zystenakne *f*
cystic adamantinoma Zystenadamantinom *n*, Cystadenoma *n* adamantinum
cystic adenoma *(Path)* Zystadenom *n*
cystic artery Gallenblasenarterie *f*, Arteria *f* cystica
cystic bile Blasengalle *f*, B-Galle *f*
cystic breast Zystenmamma *f*
cystic calculus 1. Cholecystolith *m*, Gallenblasenstein *m*; 2. Harnblasenstein *m*
cystic carcinoma Harnblasenkarzinom *n*, Blasenkrebs *m*, Carcinoma *n* vesicae
cystic disease 1. fibrozystische Mastopathie *f*, Mastopathia *f* fibrocystica; 2. *s.* cystic fibrosis of the pancreas
cystic duct Zystikus *m*, Ductus *m* cysticus, Gallenblasenausführungsgang *m*
cystic duct myoblastoma Zystikusmyoblastom *n*
cystic duct neuroma Zystikusneurom *n*
cystic duct stone Zystikusstein *m*
cystic echinococcosis Blasenechinokokkose *f*
cystic fibroma zystisches Fibrom *n*
cystic fibrosis (of the pancreas) *(Päd)* zystische Pankreasfibrose *f*, Zystofibrose *f* der Bauchspeicheldrüse, Mukoviszidose *f*, Dysporia *f* bronchoentero-pancreatica (congenita familiaris), Andersen-Krankheit *f*
cystic follicle zystischer Follikel *m*; Follikelzyste *f*
cystic fossa Gallenblasenbett *n*, Fossa *f* vesicae felleae
cystic goitre Zystenstruma *f*, Zystenkropf *m*
cystic hernia Blasenhernie *f*
cystic hygroma angeborenes zystisches Lymphangiom *n*, Hygroma *n* cysticum colli congenitum
cystic imperfect osteogenesis Osteogenesis *f* imperfecta cystica
cystic kidney Zystenniere *f*
cystic liver Zystenleber *f*, Hepar *n* cysticum congenitum, angeborene polyzystische Leberfehlbildung *f*
cystic lung Zystenlunge *f*
cystic lymphangioma *s.* cystic hygroma

cystic mastitis zystische Mastitis *f*
cystic mastopathy zystische Mastopathie *f*, Mastopathia *f* cystica
cystic mole Blasenmole *f*, Mola *f* hydatidosa, Traubenmole *f*
cystic myxoma zystisches Myxom *n*, Myxoma *n* cavernosum
cystic neuroma zystisches Neurom *n*
cystic pancreatitis Pancreatitis *f* cystica
cystic triangle (of Calot) Gallenblasendreieck *n*, Calot'sches Dreieck *n*
cystic tumour of the tendon sheath Sehnenscheidenganglion *n*
cystic vein Gallenblasenvene *f*, Vena *f* cystica
cysticercoid *(Paras)* Zystizerkoid *n (Bandwurmfinnenstadium)*
cysticercosis *(Paras)* Zystizerkose *f*, Cysticercosis *f*, Schweinebandwurmfinnenbefall *m*, Zystizerkeninfektion *f*
cysticercotic 1. *(Paras)* Zystizerkus…, Finnen…, Blasenwurm…; 2. *(Paras)* Zystizerkose…
cysticercus *(Paras)* Zystizerkus *m*, Finne *f*, Blasenwurm *m (Bandwurmentwicklungsstadium)*
Cysticercus bovis Cysticercus *m* bovis
Cysticercus ovis Cysticercus *m* ovis
Cysticercus tenuicollis Cysticercus *m* tenuicollis
cysticolithectomy Zystikolithektomie *f*
cysticolithotripsy Zystikolithotripsie *f*
cysticorrhaphie Zystikorrhaphie *f*
cysticotomy Zystikotomie *f*
cystidoceliotomy Zystidozöliotomie *f*
cystidolaparotomy Zystidolaparotomie *f*
cystidotrachelotomy Zystidotrachelotomie *f*
cystiferous zystenhaltig; Zysten…
cystiform zystenförmig, zystiform
cystigerous *s.* cystiferous
cystinaemia Zystinämie *f*, Vorhandensein *n* von Cystin im Blut
cystine Cystin *n*, Zystin *n*, α-Amino-β-dithio-dilaktylsäure *f*
cystine aminopeptidase Cystinaminopeptidase *f (Enzym)*
cystine calculus Zystinstein *m*
cystine storage disease *s.* cystinosis
cystinervia Blaseninnervationsstörung *f*
cystinosis *(Päd)* Zystinose *f*, Zystinspeicherkrankheit *f*, Aminosäurediabetes *m*, Debré-de Toni-Fanconi-Syndrom *n*, Kaufmann-Abderhalden-De Lignac-Syndrom *n*, Abderhalden-Fanconi-Syndrom *n*
cystinuria Zystinurie *f*, Cystinausscheidung *f* im Urin
cystinuric zystinurisch, zystinausscheidend; Zystinurie…
cystirrhagia *s.* cystorrhagia
cystirrhoea *s.* cystorrhoea
cystis *s.* cyst
cystistaxis Zystistaxis *f*, Blasenschleimhaut(schmier)blutung *f*
cystitis Zystitis *f*, Blasenkatarrh *m*, Harnblasenentzündung *f*
cystitome Zystitom *n*, Linsenkapselmesser *n*
cystitomy Zystitomie *f*, (operative) Linsenkapseleröffnung *f* (des Auges)
cystoadenoma *(Path)* Zystadenom *n*, Kystadenom *n*
cystoblast *(Embr)* Zystoblast *m*
cystobubonocele Harnblasenprolaps *m* in der Leiste
cystocarcinoma *(Path)* Kystokarzinom *n*, Kystadenokarzinom *n*
cystocele Zystozele *f*, Harnblasenbodenvorfall *m* in die Scheide
cystochromoscopy Zystochromoskopie *f (Funktionsuntersuchung der Blase mittels Farbstoffen)*
cystocolostomy *(Chir)* Zystokolostomie *f*, Blasen-Kolon-Anastomose *f*, (operative) Blasen-Dickdarm-Fistelung *f*
cystodiaphanoscopy Zystodiaphanoskopie *f (Blasenuntersuchung im durchscheinenden Licht)*
cystoduodenostomy *(Chir)* Zystoduodenostomie *f*, Gallenblasen-Zwölffingerdarm-Anastomose *f*
cystodynia *s.* cystalgia
cystoelytroplasty *(Chir)* Zystoelytroplastik *f*, Blasen-Scheiden-Rekonstruktion *f*
cystoenterocele Zystoenterozele *f*, Harnblasen- und Darmvorfall *m* in die Scheide
cystoenterostomy *(Chir)* Zystoenterostomie *f*, Pseudozysten-Darm-Anastomose *f*, (operative) Pankreaspseudozysten-Darm-Ableitung *f*
cystoepiplocele Zystoepiplozele *f*
cystoepithelioma Zystoepitheliom *n*, Zystokarzinoma *n*
cystofibroma *(Path)* Zystofibrom(a) *n*
cystogastrostomy Zystogastrostomie *f*, Zysten-Magen-Anastomose *f*, Pankreas(pseudo)zysten-Magen-Anastomose *f*
cystogenesis Zystogenese *f*, Zystenbildung *f*, Zystenentwicklung *f*
cystogram *(Rad, Urol)* Zystogramm *n*, Harnblasenröntgen(kontrast)bild *n*
cystographic zystographisch
cystography 1. *(Rad, Urol)* Zystographie *f*, Harnblasenröntgen(kontrast)darstellung *f*; 2. *(Stom)* Zystographie *f*, Zahnzystendarstellung *f*, Kieferzystendarstellung *f*
cystoid zystoid, blasenartig, blasenförmig
cystoid Zystoid *n*, Pseudozyste *f*
cystoid intestinal pneumatosis Pneumatosis *f* cystoides intestinalis, Gasansammlung *f* in den Dünndarmwänden
cystojejunostomy *(Chir)* Zystojejunostomie *f*, Gallenblasen-Leerdarm-Anastomose *f*
cystolith Zystolith *m*, Blasenstein *m*; Harnblasenstein *m*
cystolithalopexy *(Urol)* Zystolithalopexie *f*, Blasensteinzertrümmerung *f*, Blasensteinzerquetschung *f*
cystolithectomy *(Urol)* Zystolithektomie *f*, (operative) Blasensteinentfernung *f*
cystolithiasis *(Path, Urol)* Zystolithiasis *f*, Blasensteinleiden *n*
cystolithic Blasenstein…
cystolithotomy *(Urol)* Zystolithotomie *f*, Blasensteinentfernung *f*, Blasensteinschnitt *m*
cystoma *(Path)* Zystom(a) *n*, Zystadenom(a) *n*, Kystom(a), Kystadenom *n*
cystomanometry *(Urol)* Zystomanometrie *f*, Blasendruckmessung *f*
cystomatous Zystom(a)…
cystometer *(Urol)* Zystometer *n*, Zystomanometer *n*, Blasen(b)innendruckmesser *m*
cystometrogram *(Urol)* Zystometrogramm *n*, Blasen(b)innendruckkurve *f*
cystometrography *(Urol)* Zystometrographie *f (Kurvenaufzeichnung von Harnblasenkapazität und Blasendruck)*
cystometry *(Urol)* Zystometrie *f*, Blasen(b)innendruckmessung *f*
cystomorphous blasenartig, blasenförmig, zystenförmig; Blasen…, Zysten…
cystomyoma *(Path)* Zystomyom *n*, zystisches Myom *n*
cystomyxadenoma *(Path)* Zystomyxadenom(a) *n*
cystonephrosis *(Path, Urol)* Zystonephrose *f*, zystische Nierenvergrößerung *f*
cystoneuralgia Zystoneuralgie *f*, Blasenneuralgie *f*
cystopanendoscopy *(Urol)* Zystopanendoskopie *f*
cystoparalysis Blasenlähmung *f*
cystoparesis *s.* cystoparalysis
cystopherous *s.* cystophorous
cystopexy *(Urol)* Zystopexie *f*, Harnblasenfixation *f*, Blasenfixierung *f*, (operative) Blasenanheftung *f*

cystophorous zystentragend, zystenhaltig
cystophotography *(Urol)* Zystofotografie *f*
cystophthisis Zystophthise *f*, Harnblasentuberkulose *f*
cystoplasty *(Urol)* Zystoplastik *f*, Harnblasenplastik *f*, Blasenrekonstruktion *f*
cystoplegia Zystoplegie *f*, Harnblasenparalyse *f*, Blasenlähmung *f*
cystoproctostomy *(Chir, Urol)* Zystoproktostomie *f*, Zystorektostomie *f*, Blasen-Rektum-Anastomose *f*
cysto-proliferative mastopathy zystisch-proliferative Mastopathie *f*, Schimmelbusch-Krankheit *f*
cystoprostatectomy *(Urol)* Zystoprostatektomie *f*, (operative) Harnblasen- und Vorsteherdrüsenentfernung *f*
cystoptosis *(Path, Urol)* Zystoptose *f*, Blasen(schleimhaut)vorfall *m (in die Harnröhre)*
cystopyelitis *(Path, Urol)* Zystopyelitis *f*, Harnblasen- und Nierenbeckenentzündung *f*
cystopyelogram *(Rad, Urol)* Zystopyelogramm *n*, Harnblasen-Nierenbecken-Röntgen(kontrast)bild *n*
cystopyelography *(Rad, Urol)* Zystopyelographie *f*, Harnblasen-Nierenbecken-Röntgen(kontrast)darstellung *f*
cystopyelonephritis *(Path, Urol)* Zystopyelonephritis *f*, Harnblasen-Nierenbecken-Nierenparenchym-Entzündung *f*
cystoradiogram *(Rad, Urol)* Zystoradiogramm *n*, Blasenröntgenbild *n*
cystoradiography *(Rad, Urol)* Zystoradiographie *f*, Blasenröntgenuntersuchung *f*, Blasenröntgen *n*
cystorectocele Zystorektozele *f*, Harnblasen-Rektum-Prolaps *m* in die Scheide
cystorectostomy *(Chir, Urol)* Zystorektostomie *f*, Harnblasen-Rektum-Anastomose *f*
cystorrhagia *(Path, Urol)* Zystorrhagie *f*, Harnblasenblutung *f*, Blasenblutung *f*
cystorrhaphy *(Urol)* Zystorrhapie *f*, Harnblasennaht *f*, Blasennaht *f*
cystorrhexis Blasenruptur *f*, Blasenzerreißung *f*
costorrhoea *(Path, Urol)* Zystorrhö *f*, Blasenkatarrh *m*
cystosarcoma *(Path)* Zystosarkom *n*, zystenhaltiges Sarkom *n*, Kystosarkom *n*
cystoschisis Harnblasenspalte *f*
cystosclerosis Zystosklerose *f*, Blasensklerose *f*
cystoscope *(Urol)* Zystoskop *n*, Harnblasenspiegel *m*, Blasenspiegel *m*
cystoscopic zystoskopisch
cystoscopic examination *s.* cystoscopy
cystoscopic urography *(Rad, Urol)* zystoskopische [retrograde] Urographie *f*
cystoscopy *(Urol)* Zystoskopie *f*, Harnblasenspiegelung *f*, Blasenspiegelung *f*, Zystoskopuntersuchung *f*
cystose zystenartig, zystisch; zystenhaltig, Zysten enthaltend
cystospasm Blasenspasmus *m*, Blasenkrampf *m*
cystospermitis Samenblasenentzündung *f*
cystosphincterometry Zystosphinkterometrie *f*, Blasenschließmuskelöffnungsmessung *f*
cystosteatoma Zystosteatom *n*, Talgzyste *f*
cystostomy 1. *(Urol)* Zystostomie *f*, Harnblasenfistel *f*, Blasenfistel *f*; 2. *(Urol)* Zystostomie *f*, Harnblasenfistelung *f*, (operative) Blasenfistelung *f*
cystotome *(Urol)* Zystotom *n*, Steinschnittmesser *n*
cystotomy *(Urol)* Zystotomie *f*, Steinschnitt *m*, (operative) Harnblaseneröffnung *f*
cystotomy trocar Blasenstichtrokar *m*
cystotonometry Zystotonometrie *f*, Blasendruckmessung *f*
cystotrachelotomy *(Urol)* Zystotrachelotomie *f*, Blasenhalsinzision *f*, (operative) Blasenhalseröffnung *f*
cystoureteritis *(Path, Urol)* Zystoureteritis *f*, Blasen- und Harnleiterentzündung *f*
cystoureterogram *(Rad, Urol)* Zystoureterogramm *n*, Harnblasen-Harnleiter-Röntgen(kontrast)bild *n*
cystoureterography *(Rad, Urol)* Zystoureterographie *f*, Harnblasen-Harnleiter-Röntgen(kontrast)darstellung *f*
cystoureterocele *(Path, Urol)* Zystoureterozele *f*, Harnblasen-Harnleiter-Prolaps *m* in die Scheide
cystoureteropyelitis *(Path, Urol)* Zystoureteropyelitis *f*, Harnblasen-, Harnleiter- und Nierenbeckenentzündung *f*
cystoureteropyelonephritis *(Path, Urol)* Zystoureteropyelonephritis *f*, Harnblasen-, Harnleiter- und Nierenbecken- und Nierenkelchentzündung *f*
cystourethritis *(Path, Urol)* Zystourethritis *f*, Blasen- und Harnröhrenentzündung *f*
cystourethrocele *(Path, Urol)* Zystourethrocele *f*, Harnblasen-Harnröhren-Prolaps *m* in die Scheide
cystourethrogram *(Rad, Urol)* Zystourethrogramm *n*, Harnblasen-Harnröhren-Röntgen(kontrast)bild *n*
cystourethrographic zystourethrographisch
cystourethrography *(Rad, Urol)* Zystourethrographie *f*, Harnblasen-Harnröhren-Röntgen(kontrast)darstellung *f*
cystourethropexy *(Urol)* Zystourethropexie *f*, Harnblasen- und Harnröhrenfixation *f*
cystourethroscope *(Urol)* Zystourethroskop *n*, Harnblasen-Harnröhren-Spiegel *m*
cystourethroscopic zystourethroskopisch
cystourethroscopy *(Urol)* Zystourethroskopie *f*, Harnblasen-Harnröhren-Spiegelung *f*
cystous zystenartig, zystisch; zystenhaltig, Zysten enthaltend
cystovaginal fistula Harnblasen-Scheiden-Fistel *f*
cystovolumetry Zystovolumetrie *f (Bestimmung des Harnblasenvolumens)*
cytapheresis *(Hämat)* Zytapherese *f*; Erythrozytapherese *f*; Leukozytapherese *f*, Thrombozytapherese *f*
cytaster *(Histol)* Zytaster *m*, Zellstern *m*
cythaemolysis Zytohämolyse *f*, Blutzell(en)auflösung *f*, Erythrozyten- und Leukozytenauflösung *f*
cytherean *s.* venereal
cytheromania Nymphomanie *f*, Ovariomanie *f*, Mannstollheit *f*
cytidine *(Bioch)* Cytidin *n*, Cyd, Zytidin *n*, Zytosinribosid *n*, 4-Amino-1-β-D-ribofuranosyl-2(1H)-pyrimidinon *n*
cytidine deaminase Cytidindeaminase *f*, Zytidindeaminase *f (Enzym)*
cytidine diphosphate Cytidindiphosphat *n*, CDP
cytidine diphosphocholine Cytidindiphosphocholin *n*
cytidine diphosphoglyceride Cytidindiphosphoglyzerid *n*
cytidine monophosphate Cytidinmonophosphat *n*, CMP
cytidine triphosphate Cytidintriphosphat *n*, CTP
cytoanalyzer Zytoanalyser *m*
cytoarchitectonic *s.* cytoarchitectural
cytoarchitectonics *s.* cytoarchitecture
cytoarchitectural zytarchitektonisch; Zellarchitektur...
cytoarchitecture Zytoarchitektonik *f*, Zellarchitektur *f*, Zellanordnung *f*
cytobiology Zytobiologie *f*, Zellbiologie *f*
cytobiotaxis *s.* cytoclesis
cytoblast Zytoblast *m*, Zellkern *m*
cytoblastema Zytoblastem *n*
cytocentrum *(Histol)* Zentrosom *n*
cytocerastic zytokerastisch
cytochemical techniques zytochemische Verfahren *npl*
cytochemism Zytochemismus *m*, Zellchemismus *m*
cytochemismus *s.* cytochemism
cytochemistry Zytochemie *f*, Zellchemie *f*
cytochrome Zytochrom *n (Atmungsenzym)*
cytochrome hydrogenase Zytochromhydrogenase *f (Enzym)*

cytochrome oxidase Zytochromoxidase *f*, Warburg'sches Atmungsenzym *n*
cytochrome oxidase deficiency Zytochromoxidasemangel *m*
cytochrome peroxidase Zytochromperoxidase *f (Enzym)*
cytochrome reductase Zytochromreductase *f (Enzym)*
cytochrome reductase deficiency Zytochromreductasemangel *m*
cytochylema Zytochylema *n*
cytocidal zellgiftig, zelltoxisch, Zellen zerstörend
cytocide Zellgift *n*
cytocinesis *s.* cytokinesis
cytoclasis Zytoklase *f*, Zellnekrose *f*, Zelltod *m*
cytoclastic zytoklastisch, zellzerstörend
cytoclesis Cytoclesis *f*, Zytobiotaxis *f*
cytocletic zytobiotaktisch; Zytobiotaxis…
cytocrinia *(Histol)* Zytokrinie *f*, Pigmentkörperüberführung *f (in andere Zellen)*
cytoctony Zytoktonie *f (Zellzerstörung durch Viren in Kulturen)*
cytocuprein Cytocuprein *n*
cytode *(Histol)* Zytode *f (kernlose Zelle)*
cytodendrite Zellfortsatz *m*, Zytoplasmafortsatz *m*
cytodiagnosis Zytodiagnostik *f*, Zelldiagnostik *f*, Zytodiagnose *f*
cytodieresis Zytodierese *f*, Zellteilung *f*
cytodifferentiation Zytodifferenziation *f*, Zelldifferenzierung *f*
cytofluorgraph Zytofluorograph *m*
cytofluorometry Zytofluorometrie *f (z. B. zur Zellzählung)*
cytogene *s.* plasmagene
cytogenesis Zytogenese *f*, Zellbildung *f*, Zelldifferenzierung *f*
cytogenetic zytogenetisch, zell(en)bildend; Zelldifferenzierungs…
cytogenetic abnormality zytogenetische Missbildung *f*, zytogenetische Anomalie *f*
cytogenetical *s.* cytogenetic
cytogeneticist Zytogenetiker *m*, Zellgenetiker *m*
cytogenetics Zytogenetik *f*, Zellgenetik *f*
cytogenic *s.* cytogenetic
cytogenic gland zytogene Drüse *f (z. B. Ovarien)*
cytogenic reproduction zytogene Reproduktion *f* [Fortpflanzung *f*]
cytogenous *s.* cytogenetic
cytoglucopenia Zytoglukopenie *f*, Zellglukosemangel *m*
cytogony Zytogonie *f*, zytogene Reproduktion *f*
cytohistogenesis Zytohistogenese *f*, Zellstrukturentwicklung *f*
cytohistologic zytohistologisch; Zytohistologie…
cytohistology Zytohistologie *f*
cytohormonal functional diagnosis zytohormonale Funktionsdiagnostik *f*
cytohyaloplasm Zytohyaloplasma *n*
cytoid zellähnlich, zytoid
cytoid body zytoides Körperchen *n (der Retina bei Lupus erythematodes)*
cytokalipenia Zytokalipenie *f*, Zellkaliummangel *m*
cytokerastic zytokerastisch
cytokeratin Zytokeratin *n*
cytokine Zytokin *n*
cytokine network *(Immun)* Zytokinnetzwerk *n*
cytokinesis Zytokinese *f*, Zellplasmateilung *f*
cytokinetic zytokinetisch
cytokinin Zytokinin *n*
cytolemma Zytolemm(a) *n*, Zellmembran *f*
cytolergy Zellaktivität *f*
cytolipin Zytolipin *n*
cytolipochrome Zytolipochrom *n*, Hämofuszin *n*
cytologic *s.* cytological
cytological zytologisch
cytological map zytologische Karte *f (der Gene auf Chromosomen)*
cytological sputum examination zytologische Sputumuntersuchung *f*
cytological study zytologische Untersuchung *f (z. B. von Urin)*
cytologist Zytologe *m*, Zell(en)forscher *m*
cytology Zytologie *f*, Zellenlehre *f*
cytolymph Zytolymphe *f*
cytolysate Zytolysat *n*; lysierte Zellpräparation *f*
cytolysin Zytolysin *n (1. die Zellen auflösender Giftstoff; 2. Immunstoff)*
cytolysis Zytolyse *f*, Zell(en)auflösung *f*
cytolysosome Zytolysosom *n*, Zytosegresom *n*, autophagozytäre Vakuole *f*
cytolytic zytolytisch, zell(en)auflösend; Zytolyse…, Zellauflösungs…
cytomatrix Zytoplasmamatrix *f*
cytomegalic zytomegal
cytomegalic inclusion body Einschlusskörperchen *n*
cytomegalic inclusion body disease Einschlusskörperchenkrankheit *f*, Zytomegalie *f*, Cytomegalia *f* infantum, Zytomegalovirussyndrom *n*
cytomegalic (inclusion body) virus *s.* cytomegalovirus
cytomegaloviruria Zytomegalovirurie *f*, Zytomegalievirusausscheidung *f* im Urin
cytomegalovirus Cytomegalovirus *n*, CMV, Zytomegalievirus *n*
cytomegalovirus inclusion disease [syndrome] *s.* cytomegalic inclusion body disease
cytomegaly Zytomegalie *f*, Zellvergrößerung *f*
cytomembrane Zellmembran *f*
cytometaplasia Zytometaplasie *f*, Zellmetaplasie *f*
cytometer Zytometer *n*, Zell(en)zählgerät *n*
cytometric zytometrisch
cytometry Zytometrie *f*, Zell(en)zählung *f*, Zell(ver)messung *f*
cytomicrosome Zytomikrosom *n*
cytomitome Zytomitom *n*
cytomorphologic zytomorphologisch, zellmorphologisch; Zytomorphologie…, Zellmorphologie…
cytomorphological *s.* cytomorphologic
cytomorphologist Zytomorphologe *m*, Zellmorphologe *m*
cytomorphology Zytomorphologie *f*, Zellmorphologie *f*
cytomorphosis Zytomorphose *f*, Zellverwandlung *f*, Zell(en)umbildung *f*
cytomycosis 1. Zytomykose *f*, Zellpilzinfektion *f*; 2. Histoplasmose *f*
cyton *s.* perikaryon
cytonecrosis Zytonekrose *f*, Zellnekrose *f*
cytopathic zytopathisch
cytopathogenesis Zytopathogenese *f*
cytopathogenetic Zytopathogenese…
cytopathogenic zytopathogen, zellpathogen, zellschädigend
cytopathogenic effect zytopathogener Effekt *m*
cytopathogenicity Zytopathogenität *f*, Zellpathogenität *f*
cytopathologic(al) zytopathologisch, zellpathologisch
cytopathology Zytopathologie *f*, Zellpathologie *f*
cytopathy Zytopathie *f*, Zellkrankheit *f*
cytopempsis Zytopempsis *f*, Zelltransport *m*, transendothelialer Flüssigkeitstransport *m*
cytopenia Zytopenie *f*, Zellverminderung *f*
cytophage Zytophag *m*, Zellfresszelle *f*, Phagozytosezelle *f*
cytophagocytosis Zytophagozytose *f*
cytophagous zytophag, zellfressend; Phagozytose…

cytophagy Zytophagie *f*, Phagozytose *f*
cytopheresis 1. *(Hämat)* Zytophorese *f*; 2. *(Lab)* Zytophorese *f*
cytopheretic zytophoretisch; Zytophorese...
cytophilic zytophil, zellfreundlich
cytophotometer *(Lab)* Zytophotometer *n*
cytophotometric zytophotometrisch
cytophotometry *(Lab)* Zytophotometrie *f*
cytophylactic Zytophylaxe...
cytophylaxis 1. Zytophylaxe *f*, Zellschutz *m*; 2. Zytophylaxe *f*, erhöhte Zellaktivität *f*
cytophyletic auf die Zellgenealogie beziehend
cytophysiology Zytophysiologie *f*, Zellphysiologie *f*
cytopigment Zytopigment *n*, Zellpigment *n*
cytopipette *(Lab)* Zytopipette *f*
cytoplasm Zytoplasma *n*, Protoplasma *n*, Zellplasma *n*
cytoplasmic Zytoplasma..., Zellplasma...
cytoplasmic bridge Zytoplasmabrücke *f*, Interzellularbrücke *f*
cytoplasmic cleavage Zytoplasmateilung *f*
cytoplasmic filament Zytoplasmafilament *n*
cytoplasmic granule Zytoplasmakörnchen *n*
cytoplasmic inclusion Zytoplasmaeinschluss *m*
cytoplasmic inclusion body Zytoplasmaeinschlusskörper *m*
cytoplasmic inheritance zytoplasmatische Vererbung *f*
cytoplasmic membrane Zytoplasmamembran *f*
cytoplasmic organelle Zytoplasmaorganelle *f*
cytoplasmon Zytoplasmon *n (Gesamtheit der extranukleären genetischen Information einer Zelle)*
cytoplast Zytoplast *m (Zelle ohne Zellkern)*
cytopoiesis Zytopoese *f*, Zellbildung *f*, Zellentwicklung *f*
cytopreparation Zytopräparation *f*, Zellpräparierung *f (zur zytologischen Untersuchung)*
cytoprotectant *s.* cytoprotective
cytoprotective zytoprotektiv, zellschützend; Zellschutz...
cytoprotective agent Zellschutzsubstanz *f*
cytoprotection Zytoprotektion *f*, Zellschutz *m*
cytoproximal zytoproximal, zell(en)nah
cytoreduction Zytoreduktion *f*, Zellreduktion *f*, Zellverringerung *f*
cytoreductive zytoreduktiv, zellreduzierend, Zellen verringernd
cytoreticulum Zytoretikulum *n*
cytorrhexis Zytorrhexis *f*, Zellzerfall *m*
cytorrhysis Zytorrhyse *f*, Zellschrumpfung *f (durch Wasserausstrom)*
cytoscopic zytoskopisch, zell(en)betrachtend, zell(en)beobachtend
cytoscopy *(Lab)* Zytoskopie *f*, Zell(en)betrachtung *f*, Zell(en)beobachtung *f*
cytosiderin Zytosiderin *n (eisenhaltiges Zellpigment)*
cytosine Zytosin *n*, Cytosin *n*, Cyt, 2-Hydroxy-4-aminopyrimidin *n*, C *(Nucleinsäurebestandteil)*
cytosine arabinoside Zytosinarabinosid *n*
cytosine deaminase Cytosindeaminase *f (Enzym)*
cytosis Zellvermehrung *f*, Zellzahlerhöhung *f (z. B. im Liquor cerebrospinalis)*
cytoskeletal Zytoskelett..., Zellgerüst...
cytoskeleton Zytoskelett *n*, Zellgerüst *n*
cytosmear zytologischer Abstrich *m*, Zellabstrich *m*
cytosol Zytosol *n*, Zellprotoplasma *n*
cytosol aminopeptidase Zytosolaminopeptidase *f (Enzym)*
cytosolic Zytosol...
cytosome Zytosom *n*, Zell(en)körper *m*
cytostasis Zytostase *f*, Zellteilungshemmung *f*, Zell(wachstums)hemmung *f*
cytostatic zytostatisch, zellteilungshemmend, zell(wachstums)hemmend; tumorhemmend, tumorabtötend
cytostatic (agent) Zytostatikum *n*, zytostatische [zellhemmende] Substanz *f*, tumorhemmende Substanz *f*
cytostatic therapy Zytostatikabehandlung *f*, zytostatische Therapie *f*
cytosteatonecrosis Adiponecrosis *f* subcutanea neonatorum
cytostome Zytostoma *n*, Zellmund *m (von Protozoen)*
cytostromatic Zytostroma...
cytotactic Zytotaxis...
cytotaxigen Zytotaxigen *n*
cytotaxin Zytotaxin *n*, chemotaktischer Faktor *m*
cytotaxis Zytotaxis *f*, Zellbewegung *f*
cytotechnologist Zytotechniker *m*
cytothesis Zellrestitution *f*, Zellreparatur *f*
cytotoxic zytotoxisch, zellenvergiftend; zellhemmend; zell(en)tötend
cytotoxic anaphylaxis zytotoxische Anaphylaxie *f*
cytotoxic cell zytotoxische Zelle *f*
cytotoxic drug zytotoxisches Arzneimittel *n*
cytotoxic hypersensitivity *s.* cytotoxic anaphylaxis
cytotoxic killer T cells zytotoxische Killer-T-Zellen *fpl*
cytotoxic T cells zytotoxische T-Zellen *fpl*
cytotoxicity Zytotoxizität *f*
cytotoxicity test Zytotoxizitätstest *m*
cytotoxin Zytotoxin *n*, Zellgift *n*
cytotrophoblast Zytotrophoblast *m*
cytotrophoblastic Zytotrophoblasten...
cytotrophy Zytotrophie *f*, Zellwachstum *n*
cytotropic zytotrop, auf Zellen gerichtet
cytotropism Zytotropismus *m*, Zelltropismus *m*
cytozoic zellständig, auf Zellen wachsend *(z. B. Parasiten)*
cytozoon Zytozoon *n*
cytozyme Zytozym *n*, Thrombokinase *f (Enzym)*
cyturia Zell(en)ausscheidung *f* im Urin
CY-VA-DIC CY-VA-DIC *n (Kombination von Cyclophosphamid, Vincristin, Doxorubicin und Dacarbazin zur Krebstherapie)*
Czermak's lines [spaces] Czermak-Räume *mpl*, Interglobularräume *mpl*; Interglobulardentin *n*
Czerny-Lembert suture *(Chir)* Czerny-Lembert-Naht *f*
Czerny suture *(Chir)* Czerny-Pfeilernaht *f*

D

D. *s.* 1. distal; 2. dorsal; 3. dose; 4. duct; 5. da
2-D echocardiograph 2D-Echokardiogramm *n*, zweidimensionales Echokardiogramm *n*, 2D-echokardiographisches Bild *n*
D gene D-Gen *n*
2-D recording zweidimensionale Registrierung *f*, 2D-Darstellung *f*, 2D-Aufzeichnung *f (bei Echographie)*
2-D sector scan 2D-Sektorbild *n*, zweidimensionales Echobild *n* [Sektorbild *n*]
D trisomy *(Gen)* Trisomie *f* 13, Trisomie *f* des Chromosoms 13
da gib *(Rezeptur)*
Da Costa's syndrome *(Kard)* Da Costa-Syndrom *n*, neurozirkulatorische Asthenie *f*, Effort-Syndrom *n*, Hyperventilationssyndrom *n*
dacarbazine Dacarbazin *n (Antineoplastikum)*

dacnomania Daknomanie *f (krankhafte Neigung zum Beißen)*
d'Acosta's syndrome d'Acosta-Syndrom *n*, Bergkrankheit *f*, Höhenkrankheit *f*
dacron cuff Dacronmanschette *f*
dacryadenalgia Dakryadenalgie *f*, Tränendrüsenschmerz *m*
dacryadenitis *s.* dacryoadenitis
dacryadenoscirrhus Dakryadenoszirrhus *m*, Tränendrüsenszirrhus *m*
dacryagogatresia *s.* dacryoagogatresia
dacryagogic tränentreibend
dacryagogue tränentreibend
dacryagogue (agent) tränentreibendes Mittel *n*
dacrycystalgia *s.* dacryocystalgia
dacrycystitis *s.* dacryocystitis
dacryoadenalgia Dakryoadenalgie *f*, Tränendrüsenschmerz *m*
dacryoadenectomy Dakryoadenektomie *f*, Tränendrüsenexstirpation *f*, (operative) Tränendrüsenentfernung *f*
dacryoadenitis Dakryoadenitis *f*, Tränendrüsenentzündung *f*
dacryoagogatresia Tränengangsatresie *f*, Tränengang(s)obstruktion *f (Tränendrüse)*
dacryoblennorrhoea Dakryoblennorrhö *f*, eitrige Tränendrüsenentzündung *f*, Tränendrüsen(ver)eiterung *f*
dacryocanaliculitis Dakryokanalikulitis *f*, Tränengang(s)entzündung *f*
dacryocele *s.* dacryocystocele
dacryocyst Dakryozystis *f*, Saccus *m* lacrimalis, Tränensack *m (Zusammensetzungen siehe unter: tear sac)*
dacryocystalgia Dakryozystalgie *f*, Tränendrüsenschmerz *m*
dacryocystectasia Dakryozystektasie *f*, Tränensackerweiterung *f*
dacryocystectomy Dakryozystektomie *f*, Tränensackexstirpation *f*, (operative) Tränensackentfernung *f*
dacryocystitis Dakryozystitis *f*, Tränensackentzündung *f*
dacryocystitome *s.* dacryocystotome
dacryocystoblennorrhoea Dakryozystoblennorrhö *f*, eitrige Tränensackentzündung *f*, Tränensack(ver)eiterung *f*
dacryocystocele Dakryozystozele *f*, Tränensackvorfall *m*
dacryocystogram Dakryozystogramm *n*, Tränensackröntgen(kontrast)bild *n*
dacryocystography Dakryozystographie *f*, Tränensackröntgen(kontrast)darstellung *f*
dacryocystoptosis Dakryozystoptose *f*, Tränensacksenkung *f*
dacryocystorhinostenosis Dakryozystorhinostenose *f*, Tränennasengangsvereng(er)ung *f*
dacryocystorhinostomy Dakryozystorhinostomie *f*, Tränensack-Nasen-Fistelung *f*; Toti'sche Operation *f*; West'sche Operation *f*
dacryocystostenosls Dakryozystostenose *f*, Tranensackvereng(er)ung *f*
dacryocystostomy 1. Dakryozystostomie *f*, Tränensackfistel *f*; 2. Dakryozystostomie *f*, (operative) Tränensackfistelung *f*
dacryocystotome Dakryozystotom *n*, Tränensackmesser *n*
dacryocystotomy Dakryozystotomie *f*, Tränensackschnitt *m*, (operative) Tränensackeröffnung *f*
dacryocyte Dakryozyt *m*, tränenförmiger Erythrozyt *m (bei Myelofibrose)*
dacryoectasia *s.* dacryocystectasia
dacryogelosis Dakryogelose *f (anfallsweiser Wechsel von Lachen und Weinen)*
dacryogenic die Tränensekretion fördernd
dacryohaemorrhoea Dakryohämorrhö *f*, blutige Tränensekretion *f*
dacryohelcosis Tränensackgeschwür *n*; Tränenganggeschwür *n*
dacryolith Dakryolith *m*, Tränensackstein *m*
dacryolithiasis Dakryolithiasis *f*, Tränensteinleiden *n*, Tränensteinkrankheit *f*
dacryoma Dakryom *n*, Tränendrüsengeschwulst *f*
dacryon Dakryon *n (vordere obere Tränenbeinspitze)*
dacryophlegmon Dakryophlegmone *f*, Tränensackphlegmone *f*
dacryops Dakryops *m*, Tränendrüsenretentionszyste *f*
dacryoptosis *s.* dacryocystoptosis
dacryopyorrhoea Dakryopyorrhö *f*, eitriger Tränenfluss *m*
dacryopyosis Dakryopyose *f*, Tränensack- und Tränengangeiterung *f*
dacryorhinocystotomy *s.* dacryocystorhinotomy
dacryorhinostomy *s.* dacryocystorhinostomy
dacryorrhoea Dakryorrhö *f*, Tränenfluss *m*, Tränenträufeln *n*
dacryoscintigraphy Dakryoszintigraphie *f*, Tränengangszintigraphie *f*
dacryosinusitis Dakryosinusitis *f*, Siebbeinzellen- und Tränennasengangentzündung *f*
dacryostenosis Dakryostenose *f*, Tränengangvereng(er)ung *f*, Tränenkanaleinengung *f*
dacryosyringe Tränengangsspritze *f*
dacryosyrinx 1. *s.* dacryosyringe; 2. Tränengang *m*, Canaliculus *m* lacrimalis; 3. Tränengangfistel *f*
dactinomycin Dactinomycin *n (antineoplastisches Antibiotikum)*
dactyl Daktylus *m*, Finger *m*; Zeh *m*, Zehe *f*
dactylalgia Daktylalgie *f*, Fingerschmerz *m*
dactylar Finger...; Zehen...
dactylate Finger...; Zehen...
dactyledema *s.* dactyloedema
dactylic Finger...; Zehen...
dactylion Daktylion *n*, Syndaktylie *f*, Fingerverwachsung *f*
dactylitis Daktylitis *f*, Fingerentzündung *f*; Zehenentzündung *f*
dactylocampsodynia Daktylokampsodynie *f*, schmerzhafte Fingerbeugung *f*
dactylodynia Daktylodynie *f*, Fingerschmerz *m*
dactyloedema 1. Fingerödem *n* Fingerschwellung *f*; 2. Zehenödem *n*, Zehenschwellung *f*
dactylogram Daktylogramm *n*, Fingerabdruck *m*, Hautpapillarmusterbild *n*
dactylography Daktylographie *f (Untersuchung von Fingerabdrücken)*
dactylogryposis Daktylogrypose *f*, Fingerverkrümmung *f*, Zehenverkrümmung
dactylology Daktylologie *f*, Finger- und Gebärdensprache *f (z. B. der Taubstummen)*
dactylolysis Daktylolyse *f*, Fingeramputation *f*, (operative) Fingerentfernung *f*, Zehenamputation *f*, (operative) Zehenentfernung *f*
dactylomegaly Daktylomegalie *f*, Makrodaktylie *f*, Fingervergrößerung *f*, Zehenvergrößerung *f*
dactyloscopy Daktyloskopie *f*, Fingerabdruckuntersuchung *f*
dactylospasm Daktylospasmus *m*, Fingerkrampf *m*; Zehenkrampf *m*
dactylosymphysis *s.* syndactyly
dactylus *s.* dactyl
dacuronium Dacuronium *n*
daily täglich, jeden Tag
daily Alltagsverrichtungen *fpl*

daily adjusted progressive resistance exercise täglich angepasste Widerstandsübungen *fpl*, täglich gesteigerte isotonische Spannungsübungen *fpl*
daily dose Tages(maximal)dosis *f*, Tageshöchstdosis *f*
daily hospital rate Tagespflegesatz *m*, Pflegesatz *m*
daily living skills Alltagsaktivitäten *fpl*, Alltagsverrichtungen *fpl*
daily observation ganztägige Überwachung *f* [Beobachtung *f*]
daily (output of) urine tägliche Harnmenge *f*
daily urine flow Diurese *f* am Tage, Tagesdiurese *f*, Tagesharnmenge *f*, tägliche Harnleistung *f*
dairy food substitute Milchaustauschprodukt *n*
daisy Merozit *m* *(reifer Plasmodium-malariae-Schizont)*
Dakin-Carrel treatment Dakin-Carrel-Therapie *f*, Dakin-Carrel'sche Behandlung *f*
Dakin's solution Dakin-Lösung *f* *(antiseptische Borsäurelösung)*
dakryon *s.* dacryon
Dalrymple's sign Dalrymple-Zeichen *n*, Dalrymple'sches Zeichen *n* *(bei Schilddrüsenüberfunktion)*
daltonism Daltonismus *m*, Farbenblindheit *f*
damage *v* schädigen; beschädigen; verletzen
damage Schaden *m*, Schädigung *f*, Beschädigung *f*, Verletzung *f*
damage to a tooth Zahnschaden *m*, Zahnschädigung *f*
damage to the intervertebral disc Bandscheibenschaden *m*, Bandscheibenschädigung *f*
damaged by radiation strahlengeschädigt
damning up of libido *(Neur)* Libidostauung *f*
Damoiseau's curve *(Pulm, Rad)* Damoiseau-Ellis-Linie *f*, (Ellis-)Damoiseau-Linie *f*, Pleuraergussbegrenzungslinie *f* *(bei Perkussion)*
damp *v* dämpfen
damping Dämpfung *f* *(z. B. einer Druckkurve)*; Abschwächung *f*, Abklingen *n*
damping of the arterial pressure Dämpfung *f* des arteriellen Druckes
Dana-Lichtheim's disease *(Neur)* Dana-Lichtheim-Krankheit *f*, funikuläre Myelose *f* [Spinalerkrankung *f*] *(bei Vitamin-B_{12}-Mangel)*
danazol Danazol *n* *(Hypophysenvorderlappensuppressor)*
Danbolt-Closs syndrome Danbolt-Closs-Syndrom *n*, Akrodermatitis *f* enteropathica
dance of the carotid arteries *(Kard)* Karotis(arterien)tanzen *n*
dance therapy Tanztherapie *f*, therapeutisches Tanzen *n*
dancing chorea *(Neur)* Chorea *f* Sydenham, Chorea *f* minor [infectiosa], Veitstanz *m*
dancing disease Choreomanie *f*, Tanzwut *f*
dancing eye Opsoklonus *m*, springendes Auge *n*
dancing mania *s.* dancing disease
dander *(Immun)* Tierhaarschuppe *f*, Tierhautschuppe *f*, Federschuppe *f*
dandriff *s.* dandruff
dandruff *(Päd)* Kopfschuppe *f*, Schuppe *f*, Kopfgrind *m*, Grind *m*
dandy fever *s.* dengue
Dandy-Walker syndrome *(Neur)* Dandy-Walker-Syndrom *n* *(angeborene Atresie des Foramen Magendi)*
Dandy's operation Dandy-Operation *f*, retroganglionäre Neurotomie *f* *(zur Schmerzausschaltung bei Trigeminusneuralgie)*
Dane particle *(Virol)* Dane-Partikel *n* *(Virion des Hepatitis-Virus B)*
Danforth's sign *(Gyn)* Danforth-Symptom *n* *(rechtsseitiger Schulterschmerz bei Tubenruptur)*
danger of infection Infektionsgefahr *f*
danger to the public *(Neur, For)* Gemeingefährlichkeit *f*, öffentliche Gefahr *f*
dangerous to health gesundheitsgefährdend, gesundheitsschädlich
Danielssen-Boeck disease Danielssen-Boeck-Krankheit *f*, Lepra *f* maculoanaesthetica
Danielssen's disease *s.* Danielssen-Boeck disease
Danlos syndrome (Ehlers-)Danlos-Syndrom *n*, Cutis *f* laxa [hyperelastica], Gummihaut *f*
dantrolene Dantrolene *n* *(Muskelrelaxans)*
dap *v* betupfen
daphne mezereum poisoning *s.* daphnism
daphnism Daphnismus *m* *(Vergiftung durch Früchte von Daphne mezereum)*
dapsone Dapson *n* *(Tuberkulostatikum, Lepramittel)*
Darier-Roussy sarcoid Darier-Roussy-Sarkoid *n*
Darier's disease Darier'sche Krankheit *f*, Darier-Krankheit *f*, Dyskeratosis *f* [Keratosis *f*, Psorospermosis *f*] follicularis vegetans
Darier-White disease Darier-White-Krankheit *f*, Keratosis *f* follicularis
dark adaptation *(Ophth)* Dunkeladaptation *f*, Dunkelanpassung *f*
dark-adapted dunkeladaptiert
dark adaptometry Dunkeladaptationsmessung *f*, Dunkelanpassungsbestimmung *f*
dark-field examination *(Lab)* Dunkelfelduntersuchung *f*
dark-field microscopy *(Lab)* Dunkelfeldmikroskopie *f*
dark-field-negative dunkelfeld-negativ *(mikroskopischer Treponemennachweis)*
dark-field-positive dunkelfeld-positiv *(mikroskopischer Treponemennachweis)*
dark-film fault überbelichteter Film *m*, überbelichtete Röntgenaufnahme *f*
dark-illumination Dunkelfeldillumination *f*, Dunkelfeldbeleuchtung *f*
dark-phase contrast Dunkelphasenkontrast *m* *(Mikroskopie)*
darkened room abdunkelter [verdunkelter] Raum *m*
darkroom *(Rad)* Dunkelkammer *f* *(zur Röntgenfilmentwicklung)*
darkroom illumination Dunkelkammerbeleuchtung *f*
Darling's disease Darling'sche Krankheit *f*, Histoplasmose *f* *(Pilzerkrankung des retikulo-endothelialen Systems)*
Darling's histoplasmosis *s.* Darling's disease
darmbrand *(Chir)* Darmbrand *m*, Enteritis *f* necroticans
Darrow's solution Darrow'sche Infusionslösung *f*
d'arsonvalization *s.* arsonvalization
darting pain stechender Schmerz *m*
dartoic wie die Tunica dartos kontrahierend
dartoid dartosartig; Tunica-dartos-...
dartos Tunica *f* dartos, Fleischhaut *f* des Hodensacks
dartos muscle reflex Skrotalreflex *m*
dartos tunic *s.* dartos
dartre Herpes *m(f)*, Bläschenausschlag *m* *(Zusammensetzungen siehe unter: herpes)*
dartrous herpesartig
darwinian Darwin-...
darwinian reflex *(Päd)* Greifreflex *m*
Darwin's ear Apex *m* auriculae Darwini, Darwin'sches Höckerchen *n*, Darwin-Ohr *n*
Darwin's tubercle *s.* Darwin's ear
data Daten *pl*
data acquisition Datenerfassung *f*
data acquisition system Datenerfassungssystem *n*
data analysis Datenanalyse *f*
data base Datenbank *f*
data clustering Datenzuordnung *f* *(für Diagnosestellung)*
data collection Datensammlung *f*

data file Datensatz *m*
data handling Datenverwaltung *f*
data processing Datenverarbeitung *(durch Computer)*
data protection Datenschutz *m*
data record Datensatz *m*
data retrieval Wiederauffinden *n* der Daten
data sampling Datenabfrage *f*
data smoothing Datenglättung *f*
data source Datenquelle *f*
data storage medium Datenspeicher *m*
data transmission Datenübertragung *f*
data validation Datenbewertung *f*
date of delivery Geburtstermin *m* • **determine the expected date of delivery** den voraussichtlichen Geburtstermin bestimmen
date of vaccination Impfdatum *n*
date sore *s.* leishmaniasis
date the blood was taken Blutentnahmedatum *n*, Blutspendedatum *n*
daturine Hyoscyamin *n*
daturism Daturismus *m*, Vergiftung *f* durch Hyascyamin
daughter cell Tochterzelle *f*
daughter chromosome Tochterchromosom *n*
daughter cyst Tochterzyste *f*
daughter element Tochterelement *n (beim radioaktiven Zerfall)*
daughter star Tochterstern *m*, Diaster *m (Mitosefigur)*
daunomycin *s.* daunorubicin
daunorubicin Daunorubicin *n (Antineoplastikum, Antibiotikum)*
daunorubicin hydrochloride Daunorubicinhydrochlorid *n*
David's disease David'sche Krankheit *f*, Wirbelsäulentuberkulose *f*
Davidsohn differential absorption test Paul-Bunnel-(Davidsohn-)Test *m*
Daviel's operation Daviel-Operation *f (Linsenextraktion bei senilem Katarakt)*
Daviel's spoon *(Ophth)* Daviel-Löffel *m (bei Kataraktoperation)*
Davis interlocking sound *(Urol)* Davis-Sonde *f (bei Harnröhrenruptur)*
dawn phenomenon Dämmerungsphänomen *n (morgendliche Hyperglykämie bei Diabetikern)*
Dawsons's encephalitis *(Path)* Dawson-Einschlusskörperchenenzephalitis *f*, subakute sklerosierende Panenzephalitis *f*
dazzling Blendung *f*, Blenden *n (der Auges)*
day after surgery postoperativer Tag *m*
day blindness Tagblindheit *f*, Nachtsichtigkeit *f*, Caecitas *f* diurna, Dämmerungsschwachsichtigkeit *f*, Hemeralopie *f*
day care Tagespflege *f*
day dream *(Psych)* Tagträumereien *fpl*, Tagesfantasie *f*, Wachträume *mpl*
day health care service Tagespflegedienst *m*
day hosptial Tagesklinik *f*
day patient stationärer Patient *m*; tagesstationärer Patient *m*
day residues *(Psych)* Tagesreste *mpl (im nächtlichen Traum)*
day round Tagesvisite *f*
day sight Tagessichtigkeit *f*, Nachtblindheit *f*
day terrors *(Neur)* Pavor *m* diurnus, Tagangst *f*, Tagschreck *m*
day-unit Tagesklinik *f*
daydream Wachtraum *m*, Tagträumereien *fpl*
daylight Tageslicht *n* • **under daylight conditions** im Hellen, bei Tageslicht; ohne Verdunkelung
daylight-proof verdunkelt
daylight vision *s.* photopic vision
daytime terror Tagesangst *f*
daze Hebetudo *f* sensuum
dazzle Blendung *f*
dazzling Blendung *f*, Blenden *n (der Augen)*
DC Gleichstrom *m*
DD *s.* differential diagnosis
DDD pacing DDD-Schrittmacherstimulation *f*, DDD-Stimulation *f*
DDT DDT *n*, Dichlordiphenyltrichlorethan *n*
DDT poisoning DDT-Vergiftung *f (Insektizidvergiftung)*
de Beurmann-Gougerot disease *(Myk)* De Beurmann-Gougerot'sche Krankheit *f*, Sporotrichose *f*
de Clerambault syndrome *s.* erotomania
de Morgan's spots *s.* cherry angioma
de novo purine biosynthesis De-novo-Purinbiosynthese *f*
de Pezzer catheter *(Chir, Urol)* Pezzer-Katheter *m*
de Quervain's disease 1. Quervain'sche Krankheit *f*, stenosierende Tendovaginitis *f*, Tendovaginitis *f* stenosans (de Quervain), Sehnenscheidenverengung *f* mit Sehnenscheidenverödung *f*; 2. *s.* de Quervain's thyroiditis
de Quervain's fracture Quervain'sche Fraktur *f*, Kahnbeinfraktur *f*
de Quervain's thyroiditis Quervain'sche Thyreoiditis *f*, Thyreoiditis *f* subacuta, Riesenzellenthyroiditis *f*, granulomatöse Thyroiditis *f*
de Toni-Fanconi(-Debré) syndrome *s.* Debré-de Toni-Fanconi syndrome
deacetylanatoside C Desacetyllanatosid *n* C, Deslanosid *n*, Digoxigenin-3-tridigitoxoglucosid *n*
deacidification Säureentfernung *f*, Säureneutralisierung *f*
deactivate *v* deaktivieren, entaktivieren
deactivation Deaktivierung *f*, Entaktivierung *f (Radioaktivität)*
dead 1. tot, leblos; gestorben; 2. *s.* numb; 3. spannungsfrei, stromlos
dead angle toter Winkel *m*
dead birth Totgeburt *f*
dead bone *(Chir)* Knochensequester *m*, Sequester *m*
dead-end host Fehlwirt *m*, Fehlendwirt *m (für Parasiten)*
dead foetus delivery Totgeburt *f*
dead foetus syndrome *(Gyn, Hämat)* Syndrom *n* des toten Fetus, Koagulopathie *f* bei Fetusretention
dead pulp nonvitale Pulpa *f (des Zahnes)*
dead region stumme Region *f*, stummes Gebiet *n*
dead space *(Physiol, Pulm)* Totraum *m*
dead space air Totraumluft *f*
dead space effect Totraumeffekt *m*
dead space ventilation Totraumventilation *f*
dead tooth toter [abgestorbener, avitaler] Zahn *m*
deaden *v* **the pain** den Schmerz beseitigen [stillen, eliminieren]
deadly pale leichenblass, totenblass
deadly pallor Todesblässe *f*, Leichenblässe *f*
deaf taub • **become deaf** ertauben, taub werden, das Gehör verlieren
deaf and dumb 1. *s.* deaf-mute; 2. Taubstummen...; Zeichen..., Finger...
deaf-and-dumb alphabet Taubstummenalphabet *n*
deaf-and-dumb language Taubstummensprache *f*, Zeichensprache *f*, Chirologie *f*
deaf field *(HNO)* Taubheitsfeld *m*, Taubheitsareal *n*
deaf in one ear auf einem Ohr taub
deaf-mute taubstumm
deaf-mute Taubstumme(r) *m*
deaf-muteness Taubstummheit *f*
deaf-mutism Taubstummheit *f*
deaf-mutism after bruise postkommotionelle Taubstummheit *f*

deaf point Taubheitspunkt *m*
deafen *v* taub machen
deafferentate *v* afferente Nerven durchtrennen
deafferentation *(Neur, Chir)* Deafferentierung *f (Durchtrennung der hinteren Nervenwurzeln zur Schmerzausschaltung)*
deafness 1. Taubheit *f*; 2. Schwerhörigkeit *f*
dealbation Bleichung *f*, Bleichen *n*
dealcoholization Entalkoholisierung *f*, Alkoholentfernung *f*
deallergization Desensibilisierung *f*
deallergize *v* desensibilisieren
deamidase Deamidase *f (Enzym)*
deamidate *v* desamidieren, entamidieren, Amidogruppen abspalten
deamid(iz)ation Deamidation *f*, Amidogruppenentfernung *f*
deamidize *v s.* deamidate
deaminase Deaminase *f (Enzym)*
deaminate *v* desaminieren, entaminieren, Aminogruppen abspalten
deaminating enzyme Desaminierungsenzym *n*
deamin(iz)ation Deamination *f*, Aminogruppenentfernung *f*
dean Dekan *m (einer Fakultät)*
deanol Deanol *n (Antidepressivum)*
deanol acetamidobenzoate Deanolamidobenzoat *n*
dearterialization Entarterialisation *f*, Unterbrechung *f* der arteriellen Blutversorgung
dearticulation Deartikulation *f*
death Tod *m* • **at death** bei Eintritt des Todes • **be tired to death** todmüde sein • **testify the death** den Tod feststellen, eine Leichenschau durchführen
death agony Todeskampf *m*
death benefit 1. Versicherungsleistung *f* im Todesfall; 2. Sterbegeld *n*
death by accident Unfalltod *m*, Tod *m* durch Unfall
death by exposure Erfrierungstod *m*, Tod *m* durch Erfrierung
death by radiation Strahlentod *m*
death certificate Todesschein *m*, Totenschein *m*; Sterbeurkunde *f*
death chill Algor *f* mortis, Totenkälte *f*
death feigning Totstellreflex *m*
death from infarction Tod *m* durch Myokardinfakt, Infarkttod *m*
death instinct Todesinstinkt *m*, Todestrieb *m*
death of tissue Gewebetod *m*, Nekrose *f*
death rale Todesrasseln *n*
death rate Todesrate *f*, Sterblichkeitsziffer *f*, Sterblichkeit(srate) *f (Zahl der Toten pro 1000 Lebende pro Jahr)*; Mortalität *f*
death rattle Todesröcheln *n*; Todesrasseln *n (der Lunge)*
death space *(Pulm, Physiol)* Totraum *m*
death space ventilation Totraumventilation *f*
death struggle Todeskampf *m*, Agonie *f*
death trance Scheintod *m*; Todesanschein *m*
death wish Todeswunsch *m*
death with dignity Tod *m* in Würde, würdevolles Sterben *n*
deathbed Sterbebett *n* • **be on the deathbed** im Sterben liegen
deathlike pallor Leichenblässe *f*, Totenblässe *f*
Deaver's incision Deaver-Schnitt *m*, Deaver-Inzision *f*, rechtsseitiger Pararektalschnitt *m*
debanding *(Chir, Stom)* Debanding *f*, Bandentfernung *f*
debilitant *(Neur)* debil, schwachsinnig
debilitant *(Neur)* Debiler *m*, Schwachsinniger *m*
debilitate *v* schwächen, entkräften
debilitating disease schwächende [entkräftende] Erkrankung *f*
debilitation Schwächung *f*, Entkräftung *f*
debility 1. *(Neur)* Debilität *f*, Schwachsinn *m*; 2. Schwäche *f*, Kraftlosigkeit *f*; Erschöpfung *f*
deblocking Entblocken *n*, Entblockung *f*
deblurr *v* eine Unschärfe beseitigen
debonding Ablösen *n*, Ablösung *f*, Loslösen *n*
debouch *v* münden; sich öffnen; sich entleeren; sich ergießen
debrancher enzyme *s.* debranching enzyme
debrancher enzyme deficiency Glykogenspeicherkrankheit *f* Typ III
debranching enzyme Amylo-1,6-glucosidase *f*, Glykogenspaltungsenzym *n (Glycogenabbau)*
Debré-de Toni-Fanconi syndrome *(Päd)* Debré-de Toni-Fanconi-Syndrom *n*, Abderhalden-Fanconi-Syndrom *n*, Kaufmann-Abderhalden-De-Lignac-Syndrom *n*, Zystinspeicherkrankheit *f*, Zystinose *f*, Aminosäurediabetes *m*
Debré-Fibiger syndrome Debré-Fibiger-Syndrom *n*, adrenogenitales Salzverlustsyndrom *n*
debride *v* **a gunshot wound** eine Schusswunde ausschneiden, das Debridement einer Schusswunde vornehmen
debride *v* **the skin edges** die Hautränder anfrischen, eine Wundtoilette durchführen
debridement (of wound) *(Chir)* Debridement *n*, Wundtoilette *f*, Wundexzision *f*
debris *(Path)* Debris *m*, nekrotisches Gewebe *n*, Gewebstrümmer *pl*
debrisoquin Debrisoquin *n (Antihypertensivum)*
debrisoquin sulphate Debrisoquinsulphat *n (Antihypertensivum)*
debug *v* einen Fehler suchen; einen Fehler beseitigen
debugging Fehlersuche *f*; Fehlerbeseitigung *f (Computer)*
debulking Zytoreduktion *f*, zytoreduktive Chirurgie *f*
deburring Entgraten *n*, Gratentfernung *f*
decalcification Dekalzifikation *f*, Entkalzifizierung *f*, Calciumentzug *m*, Entkalkung *f*
decalcification potential Dekalzifizierungspotenzial *n*, Entkalkungspotenzial *n*
decalcification spot Entkalkungsfleck *m*; Entkalkungsherd *m (z. B. im Zahnschmelz)*
decalcification syndrome Dekalzifizierungssyndrom *n*, Milkman-Syndrom *n*
decalcify *v* dekalzifizieren, entkalzifizieren, entkalken
decalcifying dekalzifizierend, entkalzifizierend, entkalkend
decalvant kahl machend, enthaarend, das Haar entfernend
decamethonium Dekamethonium *n (Muskelrelaxans)*
decancellation Spongiosaausschabung *f*
decannulation Dekanülierung *f*, Kanülentfernung *f*, Tracheostomiekanülenentfernung *f*
decant *v (Lab)* dekantieren
decantation *(Lab)* Dekantierung *f*
decapacitation Dekapazitation *f*, Dekapazitierung *f (der Spermien)*
decapacitation factor Dekapazitationsfaktor *m (hemmt Abtrennung der akrosomalen Kappe)*
decapeptide Dekapeptid *n*
decapitate *v* dekapitieren, dekaptieren, enthaupten, köpfen, eine Dekapitation durchführen
decapitating hook Dekapitationshaken *m*
decapitating scissors Kephalotomieschere *f*
decapitation Dekapitation *f*, Köpfung *f*
decapitator Dekapitator *m (Instrument)*
decapsulation Dekapsulation *f*, Kapselentfernung *f*, Entkapselung *f*, Ausschälung *f*
decarbonization Kohlendioxidentfernung *f (aus dem Blut)*; Oxygenierung *f*, Arterialisierung *f (des Blutes)*
decarboxylase Decarboxylase *f*, Dekarboxylase *f (Enzym)*
decarboxylate *v* decarboxylieren, Kohlendioxid [CO_2] abspalten

decarboxylating enzyme Decarboxylierungsenzym *n*
decarboxylation Decarboxylieren *n*, Dekarboxylierung *f*, Kohlendioxidabspaltung *f*
decavitamin Dekavitamin *n*
decay *v* 1. zerfallen, sich zersetzen; faulen, kariös werden *(Zähne)*; 2. verfallen *(Körper)*; alt [senil] werden
decay 1. Zerfall *m*, Zersetzung *f*; Faulen *n*, Schlechtwerden *n (von Zähnen)*; 2. Verfall *m*; Senium *n*; 3. Abfall *m*, Abklingen *n*; Abbau *m*; Dämpfung *f*
decay constant (radioaktive) Zerfallskonstante *f*, Abklingkonstante *f*
decay curve Zerfallskurve *f*, Abklingkonstante *f*
decay factor Zerfallfaktor *f*
decay product Zerfallprodukt *n*; Folgeprodukt *n*
decay rate Zerfallsgeschwindigkeit *f*, Abklinggeschwindigkeit *f*
decay resistant zerfallsresistent, zerfallsfest, dem Zerfall widerstehend
decay time Zerfallszeit *f*, Abklingzeit *f*
decayed pulp Pulpazerfall *m*; zerfallene Pulpa *f*
decease Ableben *n*, Hinscheiden *n*, Tod *m*
deceased gestorben, verstorben
decedent (kürzlich) Verstorbener *m*
deceleration 1. Dezeleration *f*, Verlangsamung *f (z. B. der Wehen, des Pulsschlags)*; 2. Abbremsung *f*, Verzögerung *f*
deceleration injury Dezelerationsverletzung *f*
deceleration phase 1. Dezelerationsphase *f (während der Geburt)*; 2. Abbremsphase *f*
Decentan syndrome *(Neur)* Decentan-Syndrom *n*, dyskinetisch-hypertones Syndrom *n (bei Decentan-Therapie)*
decentration Dezentrierung *f*, Entfernung *f* vom Zentrum
deceration Paraffinentfernung *f (aus Gewebeschnittpräparat)*
decerebellation (operative) Kleinhirnentfernung *f*
decerebrate *v* dezerebrieren, das Gehirn entfernen
decerebrate 1. Dezerebrierte(r) *m*, Hirntote(r) *m*; 2. dezerebriertes [enthirntes] Versuchstier *n*
decerebrate(d) enthirnt, ohne Gehirn, mit entferntem Gehirn; Dezerebrations...
decerebrate(d) position *(Neur)* Dezerebrationshaltung *f*
decerebrate(d) rigidity *(Neur, Physiol)* Dezerebrationsrigidität *f*, Enthirnungsstarre *f*
decerebration Dezerebrierung *f*, Hirnentfernung *f*, Enthirnung *f*
decerebrize *v s.* decerebrate
dechloridation Chlorentfernung *f*, Entchlorung *f*, Natriumchloridreduktion *f (z. B. in Körperflüssigkeiten)*
dechloruration *s.* dechloridation
decholesterolization Cholesterolentfernung *f*, Cholesterolextraktion *f*, Cholesterin(blut)spiegelsenkung *f*
decholin Decholin *n*
decidua Dezidua *f (Gebärmutterschleimhaut während einer Schwangerschaft)*
decidual Dezidua(l)...
decidual cell Deziduazelle *f*
decidual endometritis Deziduaendometritis *f*, Dezidua(schleimhaut)entzündung *f*
decidual fissure Deziduafissur *f*
decidual membrane Deziduamembran *f*, Membrana *f* decidua
decidual tissue Deziduagewebe *n*
deciduation Endometriumgewebeabstoßung *f (während der Menstruation)*
deciduitis *s.* decidual endometritis
deciduocellular sarcoma *(Path)* Syncytioma *n* malignum
deciduoma Deziduom *n (intrauterine Deziduazellansammlung)*
deciduomatosis Deziduomatose *f*, Häufung *f* von Deziduomen
deciduosis Deziduose *f (ektopische Deziduagewebeanhäufung)*
deciduous ausfallend, herausfallend
deciduous anterior tooth Milchfrontzahn *m*
deciduous dentition 1. Milchzahndurchbruch *m*, Primärzahnung *f*; 2. Primärgebiss *n*, Milchgebiss *n*
deciduous disto-occlusion Distalbiss *m* des Milchgebisses
deciduous incisor Milchschneidezahn *m*
deciduous posterior tooth Milchbackenzahn *m*
deciduous teeth Milchzähne *f*, Milchgebiss *n*, Dentes *mpl* decidui
deciduous tooth eruption Milchzahndurchbruch *m*
deciduous tooth forceps Milchzahnzange *f*
deciduous tooth pulp Milchzahnpulpa *f*
decipara Dezipara *f*, Zehntgebärende *f*
decision making Entschlussfassung *f (z. B. zur Operation)*
decision tree Entscheidungsalgorhythmus *m*
decisional conflict Entscheidungskonflikt *m*
decitabine Decitabin *n (Antineoplastikum)*
deck plate *(Embr)* Deckplatte *f*, Dorsalplatte *f*
declamol hydrochloride Deklamolhydrochlorid *n (Sedativum)*
declamping *(Chir)* Klemmenfreigabe *f*, Klemmenlösung *f*, Klemmenentfernung *f*
declarative memory *(Neur)* deklaratives Gedächtnis *n*
declawing *s.* onychectomy
declination 1. Schräglage *f*, Neigung *f*; Abweichung *f* von der Normalachse; Deklination *f (Abweichung des Augapfels um die Längsachse)*
declinator Deklinator *m*; Retraktor *m*
decline 1. Siechtum *n*; Tuberkulose *f*; 2. geistiger Verfall *m*; körperlicher Verfall *m*; 3. Rückgang *m*, Abnahme *f*
decline in the birth rate Geburtenrückgang *m*
declive *s.* declivis
declivis Declivis *m*, Lobulus *m* clivi *(des Kleinhirns)*
decoagulant die Gerinnungsfaktoren vermindernd
decoagulant (agent) Dekoagulans *n*, gerinnungshemmendes Mittel *n*; die Gerinnungsfaktoren hemmendes Mittel *n*
decoction 1. *(Pharm)* Abkochung *f*, Abkochen *n*; 2. *(Pharm)* Dekokt *n*, Absud *m*
decollation Dekapitation *f (z. B. des Fetus)*
decollator Dekapitator *m (Instrument)*
decollement Dekollement *n*, Abscherung *f*, (flächenhafte) Hautablederung *f*
decoloration 1. Dekoloration *f*, Entfärbung *f*, Farbentfernung *f*, Bleichung *f*, Bleichen *n*; 2. Farbmangel *m*; Farbverlust *m*
decolorize *v* entfärben, die Farbe entfernen; bleichen
decompensation Dekomensation *f*, Kompensationsversagen *n*, Kompensationsstörung *f (eines Organs)*
decompensation neurosis Dekompensationsneurose *f*
decompensational ileus Ileusdekompensation *f*
decomplementize *v* Komplement entfernen
decompose *v* zersetzen, abbauen; auflösen; sich auflösen, sich zersetzen
decomposition Dekomposition *f*, Zersetzung *f*, Abbau *m*; Zerfall *m*, Auflösung *f*
decomposition product Zersetzungsprodukt *n*, Abbauprodukt *n*; Zerfallsprodukt *n*
decompression Dekompression *f*, Dekomprimierung *f*, Druckentlastung *f*, Druckverminderung *f*
decompression chamber Dekompressionskammer *f*
decompression drainage Dekompressionsdrainage *f*, Entlastungsdrainage *f*
decompression of the heart *s.* decompression of the pericardium

decompression of the labyrinth Labyrinthdekompression *f*, Labyrinth(binnen)druckentlastung *f*
decompression of the pericardium Perikarddekompression *f*, Herzbeuteldruckentlastung *f*
decompression of the spinal cord Spinalmarkdekompression *f*, Druckentlastung *f* des Spinalmarks
decompression sickness Dekompressionskrankheit *f*, Caisson-Krankheit *f*, Druckluftkrankheit *f*, Taucherkrankheit *f*
decompressive trepanation *(Chir)* Dekompressionstrepanation *f*, Entlastungstrepanation *f*
decompressive trepanation of the skull Schädel(druck)entlastungstrepanation *f*
deconditioning Dekonditionierung *f*, Beseitigung *f* einer Konditionierung
decongestant entstauend, eine Stauung aufhebend [beseitigend]; abschwellend; Entstauungs…; Abschwellungs…
decongestant (agent) Entstauungsmittel *n*, eine Stauung [Blutstauung] aufhebendes Mittel *n*; Abschwellungsmittel *n*
decongestive *s.* decongestant
deconjugate *v (Bioch)* dekonjugieren, entkoppeln
deconjugation *(Bioch)* Dekonjugation *f*, Dekonjugierung *f*, Entkopplung *f (z. B. von Gallensäuren)*
decontaminate *v* 1. dekontaminieren, entseuchen, entaktivieren; 2. reinigen, säubern
decontamination 1. Dekontamination *f*, Dekontaminierung *f*, Entseuchung *f*, Entaktivierung *f*; 2. Reinigung *f*, Säuberung *f*
decoronate *v* entkronen, eine Zahnkrone entfernen
decorporation Dekorporation *f*, Radionuklidentfernung *f* aus dem Körper
decorticate *v* dekortizieren, entrinden; dekapsulieren, entkapseln, ausschälen
decorticate position [posture] Dekortikationshaltung *f*
decorticate rigidity Dekortikationsrigidität *f*, Dekortikationsstarre *f*
decortication Dekortikation *f*, Entrindung *f*, Entkapselung *f*, Ausschälung *f*
decoupling Entkopplung *f*, Entkoppeln *n*
decrease of salivary flow Speichelflussminderung *f*, Speichelverminderung *f*
decrease *v* **resistance to infection** die Widerstandskraft gegenüber einer Infektion verringern [senken]
decreased lung pattern *(Rad)* verringerte Lungenzeichnung *f*
decreased pigmentation *s.* hypopigmentation
decreasing murmur leiser werdendes Geräusch *n*
decrement 1. Dekrement *n*, Verminderung *f*, Verringerung *f*, Verminderungsbetrag *m*; 2. Dekrement *n*, Stadium *n* decrementi, Krankheitsrückgang *m*, Nachlassen *n* von Krankheitserscheinungen 3. Verlangsamung *f (z. B. der Reizleitungsgeschwindigkeit)*
decremental conduction *(Kard)* Dekrementleitung *f*, verlangsamte Reizleitung *f (infolge Potenzialminderung)*
decrepit dekrepide, altersschwach; körperlich verfallen, körperlich heruntergekommen
decrepitate *v* dekrepitieren
decrepitate percussion knisternde Perkussion *f*
decrepitation *(Bioch)* Dekrepitation *f*, Verknistern *n*
decrepitude Altersschwäche *f*, Hinfälligkeit *f*
decrescendo Dekreszendo *n*, Leiserwerden *n* (von Herzgeräuschen)
decrescent dekreszent, abnehmend; leiser werdend
decrudescence Symptomrückgang *m*, Symptomrückläufigkeit *f*, rückläufige Symptomatik *f*
decrustation Dekrustation *f*, Entkrustung *f*, Entkrusten *n*
decubation Genesung *f (von einer Infektionskrankheit)*
decubital Dekubital…
decubital ulcer *(Derm)* Dekubitalulkus *n*, Dekubitusgeschwür *n*, Druckulkus *n*, Druckgeschwür *n*
decubitus Dekubitus *m*, Druckbrand *m*, Wundliegen *n*
decubitus position [posture] 1. Lage *f*, Körperlage *f*, Horizontallage *f (des Körpers)*; 2. Lagerung *f*, Horizontallagerung *f (z. B. bei Röntgenuntersuchung)*
decubitus projection Dekubitusprojektion *f*
decubitus prophylaxis Dekubitusprophylaxe *f*
decubitus radiography anliegende [aufliegende] Röntgenaufnahme *f*
decubitus ulcer *s.* decubital ulcer
decubitus ulcer care Dekubitalulkuspflege *f*
decumbin Dekumbin *n (Gift aus Penicllium decumbens)*
decurarization *(Anästh)* Dekurarisierung *f*, Kurareantagonisierung *f*
decurrent von oben nach unten ausdehnend
decuspation Dekuspidation *f*, Höckerentfernung *f (z. B. der Zähne)*
decussate *v* sich (über)kreuzen, sich überschneiden *(z. B. Hirnnerven)*
decussatio *s.* decussation
decussation *(Anat)* Decussatio *f*, Kreuzung *f*
decussation of Forel Decussatio *f* tegmenti ventralis, Forel'sche [ventrale] Haubenkreuzung *f*
decussation of Meynert Decussatio *f* tegmenti dorsalis, Meynert'sche [dorsale] Haubenkreuzung *f*
decussation of the brachia conjunctiva *s.* decussation of the superior cerebellar peduncles
decussation of the lemnisci Decussatio *f* lemniscorum, Schleifenkreuzung *f*
decussation of the optic nerve Chiasma *n* opticum, Sehnervenkreuzung *f*
decussation of the pyramids Pyramidenbahnkreuzung *f*, Decussatio *f* pyramidum
decussation of the superior cerebellar peduncles Decussatio *f* pedunculorum cerebellarium superiorum [rostralium], große Haubenkreuzung *f*, Kreuzung *f* der Kleinhirnschenkel, Bindearmkreuzung *f*
dedentition Zahnausfall *m*, Ausfallen *n* der Zähne, Zahnverlust *m*
dedifferentiation *(Histol)* Dedifferenzierung *f*, Entdifferenzierung *f*, Desorganisation *f*
dedolation tangentiale (scheibenförmige) Hautentfernung *f*, tangentiale Wunde *f*
deduction Deduktion *f*, Ableitung *f*, logische Schlussfolgerung *f*
deductive argument deduktives Argument *n*
deductive reasoning deduktive Begründung *f*
de-efferentation Deefferentation *f (Verlust der motorischen Nervenfasern)*
deemed status den Standards entsprechender Status *m*, als gut bewerteter Status *m (z. B. eines Krankenhauses)*
deep antebrachial fascia *s.* deep fascia of the forearm
deep anterior temporal artery Arteria *f* temporalis profunda anterior, tiefe vordere Schläfenarterie *f*
deep artery of the clitoris Arteria *f* profunda clitoridis, tiefe Klitorisarterie *f*
deep artery of the penis Arteria *f* profunda penis, tiefe Gliedarterie *f*
deep artificial hypothermia tiefe artifizielle Hypothermie *f*
deep auricular artery Arteria *f* auricularis profunda, tiefe Ohrarterie *f*
deep bite *(Stom)* tiefer Biss *m*, abgesunkener Biss *m*
deep brachial artery Arteria *f* profunda brachii, tiefe Armarterie *f*
deep branch of the radial nerve Ramus *m* profundus nervi radialis
deep breathing and coughing exercises intensive Atemübungen *fpl*, intensive Atemgymnastik *f*

deep bronchitis tiefe Bronchitis *f*, Panbronchitis *f*
deep caries tiefe Karies *f*
deep cervical artery Arteria *f* cervicalis profunda, tiefe Nackenarterie *f*
deep cervical fascia Fascia *f* cervicalis, Halsfaszie *f*
deep cervical lymph node Lymphonodus *m* [Nodus *m* lymphaticus] cervicalis profundus, tiefer Halslymphknoten *m*
deep cervical vein Vena *f* cervicalis profunda, tiefe Nackenvene *f*
deep chamber of the eye tiefe Augenkammer *f*
deep dorsal sacrococcygeal ligament Ligamentum *n* sacrococcygeum dorsale profundum
deep dorsal vein of the clitoris Vena *f* dorsalis clitoridis, Klitorisrückenvene *f*
deep dorsal vein of the penis Vena *f* dorsalis penis, Penisrückenvene *f*
deep epigastric artery *s.* inferior epigastric artery
deep facial vein Vena *f* facialis profunda, Gesichtsvene *f*
deep fascia of the arm Fascia *f* brachii
deep fascia of the armpit [axilla] Fascia *f* axillaris
deep fascia of the back of the hand Fascia *f* dorsalis manus
deep fascia of the clitoris Fascia *f* clitoridis
deep fascia of the dorsum of the foot Fascia *f* dorsalis pedis
deep fascia of the forearm Fascia *f* antebrachii
deep fascia of the ischiorectal fossa Fascia *f* lunata
deep fascia of the penis Fascia *f* penis profunda
deep fascia of the wall of the pelvic cavity Fascia *f* pelvis parietalis
deep femoral artery Arteria *f* profunda femoris, tiefe Oberschenkelarterie *f*
deep femoral lymph node Lymphonodus *m* [Nodus *m* lymphaticus] femoralis profundus
deep femoral vein Vena *f* profunda femoris, tiefe Oberschenkelvene *f*
deep fluoridation tiefe Fluoridierung *f*, Tiefenfluoridierung *f*
deep folliculitis Sycosis *f* simplex [vulgaris], Folliculitis *f* barbae [vulgaris, simplex]
deep freezing Tiefkühlung *f*, Tiefkühlen *n*
deep head of the flexor pollicis brevis muscle Caput *n* profundum musculi flexoris pollicis brevis
deep heat rash Miliaria *npl* alba
deep iliac circumflex artery Arteria *f* circumflexa ilium profunda, tiefe Kranzarterie *f* der Hüfte
deep inguinal ring Anulus *m* inguinalis profundus, innerer Leistenring *m*
deep keratitis Keratitis *f* interstitialis [parenchymatosa], tiefe Hornhautentzündung *f* [Keratitis *f*]
deep layer of the levator palpebrae superioris muscle Lamina *f* profunda musculi levatoris palpebrae superioris
deep layer of the temporal fascia Lamina *f* profunda fasciae temporalis
deep lingual artery Arteria *f* profunda linguae, tiefe Zungenarterie *f*
deep lingual vein Vena *f* profunda linguae, tiefe Zungenvene *f*
deep lymph node of the neck *s.* deep cervical lymph node
deep massage *(Bal)* Tiefenmassage *f*
deep medial cerebral vein Vena *f* cerebri media profunda
deep occlusion *(Stom)* tiefer Biss *m*
deep opening of the inguinal canal Anulus *m* ingunalis profundus, innerer Leistenring *m*
deep palmar arch Arcus *m* palmaris profundus, tiefer Arterienbogen *m* der Hohlhand
deep palmar fascia Aponeurosis *f* palmaris, Palmaraponeurose *f*
deep palpation Tiefenpalpation *f*
deep percussion Tiefenperkussion *f*
deep peroneal nerve Nervus *m* peronaeus profundus
deep petrosal nerve Nervus *m* petrosus profundus
deep pocket tiefe Tasche *f*, tiefe Zahnfleischtasche *f*
deep posterior temporal artery Arteria *f* temporalis profunda posterior, hintere tiefe Schläfenarterie *f*
deep psychology Tiefenpsychologie *f*
deep pyodermia Pyodermia *f* profunda, tiefe Pyodermie *f*
deep radiotherapy Strahlentiefenbehandlung *f*, Röntgentiefenbehandlung *f*, Tiefen(strahlen)therapie *f*
deep reflex Tiefenreflex *m*
deep roentgen-ray therapy Röntgentiefenbestrahlung *f*
deep scaling subgingivale Zahnsteinentfernung *f*
deep-seated tief sitzend, tief liegend
deep-seated tumour tief liegender Tumor *m*, tief sitzende Geschwulst *f*
deep sensation Tiefenwahrnehmung *f*
deep sensibility *(Neur)* Tiefensensibilität *f*
deep sleep Tief(en)schlaf *m*
deep temporal nerve Nervus *m* temporalis profundus
deep temporal vein Vena *f* temporalis profunda, tiefe Schläfenvene *f*
deep tendon reflex Muskeleigenreflex *m*
deep tendon reflex hyperactivity Muskeleigenreflexhyperaktivität *f*
deep transverse metacarpal ligament Ligamentum *n* metacarpeum transversum profundum
deep transverse metatarsal ligament Ligamentum *n* metatarseum transversum profundum
deep transverse muscle of the perineum Musculus *m* transversus perinei profundus, tiefer querer Dammmuskel *m*
deep vein of the clitoris Vena *f* profunda clitoridis, tiefe Klitorisvene *f*
deep vein of the penis Vena *f* profunda penis, tiefe Gliedvene *f*
deep venous thrombosis tiefe Venenthrombose *f*
deep vertical overlap tiefer Überbiss *m (der Frontzähne)*
deep volar arch *s.* deep palmar arch
deep X-ray therapy Röntgentiefentherapie *f*, Röntgentiefenbestrahlung *f*
de-epicardialization Epikardentfernung *f*
de-epitheli(ali)zation Entepitheli(ali)sierung *f*, Epithelentfernung *f*
de-epitheli(ali)ze *v* entepitheli(ali)sieren, das Epithel entfernen
deer fly Amerikanische Pferdebremse *f*, Chrysops *m* discalis *(Überträger der Tularämieerreger)*
deer fly fever *(Inf)* Tularämie *f*, Hasenpest *f*
Deetjen's body Blutplättchen *n*, Thrombozyt *m (Zusammensetzungen siehe unter: thrombocyte und platelet)*
defaecate *v* defäkieren, Kot [Stuhl] absetzen, (den Darm) entleeren
defaecation Defäkation *f*, Stuhlentleerung *f*, Stuhlgang *m*, Kotentleerung *f*
defaecation reflex Defäkationsreflex *m*, Stuhlentleerungsreflex *m*
defaecation reflex centre Defäkationsreflexzentrum *n*
defaecation stimulus Defäkationsstimulus *m*, Stuhlentleerungsreiz *m*
defaecography Defäkationsröntgenuntersuchung *f*, Röntgenuntersuchung *f* der Stuhlentleerung
defamation Diffamierung *f*, Rufschädigung *f*
defat *v* entfetten; Fettgewebe entfernen
defatigation Defatigatio *f*, Ermüdung *f*, Erschöpfung *f*, Überanstrengung *f*

defatigation of muscular tissue Muskel(gewebe)erschöpfung *f*
defatted entfettet, fettarm; fettfrei *(z. B. Nahrung)*
defatting Entfetten *n*, Entfettung *f*
default judgement Versäumnisurteil *n (z. B. bei Nichterscheinen vor Gericht)*
defect Defekt *m*, Fehler *m*; Vitium *n*
defect of memory Gedächtnisschwäche *f*
defect of the aortic valve Aortenklappenfehler *m*
defect proteinaemia Defektproteinämie *f*
defect pseudarthrosis *(Chir, Orth)* Defektpseudarthrose *f*
defective 1. Geistesgestörter *m*; 2. Krüppel *m*
defective 1. defekt, mangelhaft, unzulänglich; 2. psychisch defekt, geistig unzulänglich
defective catatonia *(Neur)* Defektkatatonie *f*
defective hearing mangelhaftes [unzulängliches] Hörvermögen *n*
defective memory *s.* hypomnesia
defective speech gestörte Sprache *f*, Sprachstörung *f*, Sprachdefekt *m*
defective state *(Neur)* Defektzustand *m*
defemin(iz)ation Defeminisation *f*, Entweiblichung *f*, Verlust *m* des weiblichen Geschlechtsgefühls, Defeminierung *f*
defeminize *v* entweiblichen, die weiblichen Charakterzüge verlieren
defence Verteidigung *f*, Verteidigen *n*, Abwehr *f*, Abwehren *n*
defence hysteria *(Neur)* Abwehrhysterie *f*
defence mechanism Abwehrmechanismus *m*
defence neurosis *(Neur)* Abwehrneurose *f*
defence operotropism *(Neur)* Abwehroperotropismus *m*
defence psychism *(Neur)* Abwehrpsychismus *m*
defence reflex *(Neur, Physiol)* Schutzreflex *m*
defence response Schutzreaktion *f*, Abwehrmechanismus *m (des Körpers)*
defence strategy *(Neur)* Abwehrstrategie *f*
defense *s.* defence
defensin Defensin *n (in Neutrophilen)*
defensive protein Schutzprotein *n*, Antikörper *m*
defensive radical therapy *(Psych)* defensiv-radikale Therapie *f*, defensive Radikaltherapie *f*
defensive spectacles Schutzbrille *f*
deferent deferent, ableitend, hinausführend; hinabführend
deferent canal [duct] Ductus *m* deferens, Samenleiter *m*
deferentectomy *s.* vasectomy
deferential Ductus-deferens-…, Samenleiter…
deferential artery Arteria *f* ductus deferentis [deferentialis], Samenleiterarterie *f*
deferential plexus Plexus *m* deferentialis, Samenleiter(nerven)geflecht *n*
deferentiovesical Samenleiter-Harnblasen-…
deferentitis Deferentitis *f*, Samenleiterentzündung *f*
deferoxamine Deferoyxamin *n (Chelatbildner)*
deferoxamine mesylate Deferoyxaminmesylat *n*
defervesce *v* entfiebern, fieberfrei werden
defervescence Deferveszenz *f*, Entfieberung *f*, Fieberabfall *m*
defervescence psychosis *(Neur)* Deferveszenzpsychose *f*, symptomatische Infektionspsychose *f*
defervescent entfiebernd, fiebersenkend; fieberfrei, entfiebert
defervescent (agent) Entfieberungsmittel *n*, fiebersenkendes Mittel *n*, Fiebermittel *n*
defervescent stage Fieberabfall *m*, Stadium *n* der Fiebersenkung, Stadium *n* decrementi
defibrillate *v (Kard)* defibrillieren, entflimmern
defibrillation Defibrillation *f*, Entflimmerung *f (der Herzkammern)*
defibrillator Defibrillator *m (Apparat zur Elektroschocktherapie des Kammerflimmerns)*
defibrinate *v* defibrinieren, Fibrin entfernen
defibrination Defibrinierung *f*, Defibrinieren *n*, Fibrinentfernung *f* aus dem Blut
defibrination syndrome Defibrinierungssyndrom *n*, Defibrinationssyndrom *n*
defibrinogenation Defibrinogenation *f*, Fibrinogenentfernung *f*, Entfibrinogenisierung *f*
deficiency 1. Mangel *m*, Fehlen *n*; 2. Fehler *m*, Mangelhaftigkeit *f*, Defekt *m (z. B. in Chromosomen)*
deficiency anaemia Eisenmangelanämie *f*, sideroprive Anämie *f* [Blutarmut *f*]
deficiency disease Mangelkrankheit *f*
deficiency of movements *(Neur)* Oligokinesie *f*
deficiency of saliva Speichelmangel *m*, Hyposalivation *f*, Mundtrockenheit *f*
deficiency of sweating *s.* anhidrosis
deficiency symptom Mangelsymptom *n*, Ausfallerscheinung *f*
deficient chin fliehendes Kinn *n*
deficient judgement *(Neur)* Urteilsschwäche *f*, Debilitas *f* (mentalis) *(Unfähigkeit zur Vollendung eines Denkurteils)*
deficient perfusion Mangeldurchblutung *f*, Minderdurchblutung *f*
deficient pulse *(Kard)* Pulsdefizit *n*, Pulsus *m* deficiens
deficit Defizit *n*, Mangel *m*
defined formula diet definierte Formeldiät *f*
definition 1. Definition *f*, Begriffsbestimmung *f*, Beschreibung *f*, Bezeichnung *f*; 2. Bildschärfe *f*, Zeichenschärfe *f*
definitive definitiv, voll entwickelt [ausgebildet]
definitive callus *(Chir, Orth)* Dauerkallus *m*, definiter Kallus *m*
definitive host *(Paras)* Endwirt *m*
definitive kidney Dauerniere *f*, Metanephros *m*
definitive percussion Abgrenzungsperkussion *f*
definitive prosthesis Dauerprothese *f*, definitive Prothese *f*
definitive treatment Definitivbehandlung *f*
deflask *v (Stom)* ausküvettieren, ausbetten
deflasking knife Küvettierungsmesser *n*
deflect *v* ausschlagen; auslenken; ablenken
deflected nasal septum verschobene Nasenscheidewand *f*, Nasenseptumdeviation *f*, Septumdeviation *f*, Nasenscheidewandverschiebung *f*
deflection 1. Ausschlag *m*, Auslenkung *f*, Ablenkung *f*; 2. *(Kard)* Aktion *f*, EKG-Zacke
deflection mirror Ablenkspiegel *m*; Umlenkspiegel *m*
deflexion Deflexionslage *f*, regelwidrige Geburtshaltung *f* [Haltungsanomalie *f*] *(des Fetus)*
defloration Defloration *f*, Entjungferung *f*
defloration pyelitis Deflorationspyelitis *f*
deflorative cystitis Deflorationszystitis *f*
deflorescence Exanthemrückbildung *f*, Rückbildung *f* von Effloreszenzen, Hautausschlagrückgang *m*
defluoridation Fluorentfernung *f*, Entfluoridierung *f (z. B. aus Trinkwasser)*
defluxion 1.Defluxion *f*, (plötzliches) Verschwinden *n*; 2. Ausfallen *n (z. B. der Haare)*; 3. Flüssigkeitsabfluss *m*
defluxor Defluxor *m*, Flussmittelentferner *m*
defocussing Defokussierung *f*, Defokussieren *n*
deformability Deformabilität *f*, Verformbarkeit *f (z. B. von Zellen beim Membrandurchtritt)*
deformation 1. Deformation *f*, Deformierung *f*, Verformbarkeit *f*; 2. *s.* deformity; 3. Verzeichnung *f*
deformation of lung pattern Deformation *f* der Lungen(gefäß)zeichnung
deformation of the root of the lung *(Rad)* Lungenhilusdeformierung *f*

deforming deformierend, eine Deformation [Verformung] bewirkend, verformend
deforming osteochondritis of the hip *(Orth)* Calvé-Legg-Perthes'sche Krankheit *f*, Osteochondritis *f* deformans (coxae) juvenilis
deforming osteodystrophia *(Orth)* Osteodystrophia *f* deformans (Paget), Ostitis *f* deformans, Paget'sche Krankheit *f*, Morbus *m* Paget
deforming spondylitis *(Orth)* Spondylitis *f* deformans
deformity Deformität *f*, Deformierung *f*, Deformation *f*, Fehlbildung *f*, Missbildung *f*
deformity diagnosis Missbildungsdiagnostik *f*
deformity of dentitions Zahnreihendeformierung *f*, Gebissfehlbildung *f*
deformity of the chest Brust(korb)deformität *f*, Thoraxdeformierung *f*, Thoraxfehlbildung *f*
deformity of the foot Fußdeformität *f*, Fußdeformierung *f*, Fußmissbildung *f*
deformity of the lower lip Unterlippendeformität *f*, Unterlippenfehlbildung *f*
deformity of the mitral valve Mitralklappendeformität *f*, Mitralklappendeformierung *f*, Mitralklappenfehlbildung *f*
defunctionalization Funktionsverlust *m*, Funktionsausfall *m*
defusion *(Neur)* Entmischung *f*
defurfuration Defurfuratio *f*, Desquamatio *f* furfuracea, (kleieförmige) Abschuppung *f* *(z. B. bei Masern)*
deganglionate *v* ein Ganglion exstirpieren [operativ entfernen]
degas *v* entgasen
degassing Entgasung *f*, Entgasen *n*, Rauchentgiftung *f*
degeneracy 1. Degeneriertheit *f*, Degenerationszustand *m*; 2. Degeneration *f*, Degenerierung *f*, Degenerationsvorgang *m*
degeneracy of code Code-Degenerierung *f*
degenerate *v* degenerieren, entarten; dem Verfall unterliegen
degenerate degeneriert, entartet; verfallen
degenerated organ degeneriertes Organ *n*
degeneratio *s.* degeneration
degeneration Degeneration *f*, Degenerierung *f*, Entartung *f*
degeneration of tissue Gewebsentartung *f*, Gewebedegeneration *f*
degeneration with age senile Degeneration *f*, Altersschwund *m*, Alterungsentartung *f*
degenerative degenerativ; Degenerations…
degenerative arthritis Degenerationsarthritis *f*
degenerative atrophy Degenerationsatrophie *f*
degenerative catatonia degenerative Katatonie *f*, Defektkatatonie *f*
degenerative chorea *(Neur)* Huntington'sche Chorea *f*
degenerative disease Degenerationskrankheit *f*, degenerative Erkrankung *f*, degeneratives Leiden *n*
degenerative disease of the pulpa degenerative Pulpaerkrankung *f*, Pulpadegeneration *f*
degenerative hebephrenia degenerative Hebephrenie *f*, Defekthebephrenie *f*
degenerative joint disease *(Orth)* degenerative Gelenkerkrankung *f*, Alterungsarthritis *f*
degenerative lesion degenerativer Schaden *m*; Funktionseinschränkung *f*
degenerative neuralgia Degenerationsneuralgie *f*, degenerative Neuralgie *f*
degenerative neuritis degenerative Neuritis *f*
degenerative pannus Pannus *m* degenerativus, Degenerationspannus *m*
degenerative process degenerativer Prozess *m*, Degenerationsvorgang *m*
degenerative psychosis Degenerationspsychose *f*, Alterungspsychose *f*
degenerescence Degenereszenz *f*
degerm *v* entkeimen; antiseptisch behandeln
degermation Entkeimung *f*, Antiseptik *f*
degerminate *v* *s.* degerm
degloving 1. *(Stom)* Unterkieferfreilegung *f*, 2. Entfernen *n* der Gummihandschuhe
degloving (injury) of finger Finger(haut)ablederung *f*
degloving of thigh *(Chir)* Oberschenkeldekollement *n*, Oberschenkel(haut)ablederung *f*
deglutible schluckbar, verschluckungsfähig; Schluck…
deglutible electrode Schluckelektrode *f*
deglutible probe Schlucksonde *f*
deglutition Deglutition *f*, Schlucken *n*; Schluckfähigkeit *f*
deglutition action Schluckakt *m*, Schluckvorgang *m*
deglutition apnoea Deglutionsapnoe *f*, Schluckapnoe *f*
deglutition disturbance Schluckstörung *f*, gestörtes Schlucken *n*
deglutition habit Schluckgewohnheit *f*
deglutition reflex Schluckreflex *m*
deglutitive deglutitiv, das Schlucken erleichternd; Deglutitiv…, Schluck…
deglutitory *s.* deglutitive
deglycerolize *v* Glyzerol entfernen; das Glyzerolkryo(präservations)medium entfernen
Degos' disease *(Derm)* Degos'sche Krankheit *f*, Papulosis *f* atrophicans maligna
Degos' syndrome *s.* Degos' disease
degradation Degradation *f*, Abbau *m*, Zersetzung *f*, Zerfall *m*
degrade *v* abbauen, zersetzen, zerfallen
degranulation Degranulation *f*, Entgranulierung *f* *(z. B. von Zellen)*
degrease *v* **the skin** die Haut entfetten
degreasing solution Entfettungslösung *f*
degree of arterial oxygen desaturation Grad *m* [Ausmaß *n*] der arteriellen Sauerstoffsättigung
degree of blackening Schwärzungsgrad *m*
degree of caries Kariesgrad *m*, Kariesausmaß *n*
degree of consciousness Bewusstseinsgrad *m*
degree of freedom *(Statist)* Freiheitsgrad *m*
degree of malignancy Malignitätsgrad *m*
degree of mobility Mobilitätsgrad *m*, Bewegungsausmaß *n*
degree of nourishment Ernährungszustand *m*, EZ *m*
degree of pelvic contraction Grad *m* der Beckeneinengung
degree of polymerization Polymerisationsgrad *m*
degree of saturation Sättigungsgrad *m*
degree of shunt Shunt-Größe *f*, Shunt-Ausmaß *n*
degustation Schmecken *n*, Abschmecken *n*; Schmeckfähigkeit *f*
dehaemoglobinize *v* das Hämoglobin entfernen *(aus den Erythrozyten)*
dehiscence Dehiszenz *f*, Auseinanderweichen *n* von Wundrändern; klaffende Wunde *f*
dehiscent dehiszent, aufplatzend, aufspringend; aufgeplatzt *(z. B. eine Wunde)*
dehumanization Dehumanisierung *f*, Enthumanisierung *f*, Entmenschlichung *f*
dehumidifier Entfeuchter *m*, Raumlufttrockner *m*, Luftentfeuchter *m*
dehumidify *v* die Feuchtigkeit entziehen
dehydrant dehydrierend, Wasser entfernend, Wasser entziehend; Dehydratations…, Wasserentziehungs…
dehydrant (agent) Dehydrierungsmittel *n*, Dehydratationsmittel *n*, wasserentfernendes Mittel *n*

dehydrase Dehydr(ogen)ase *f (Enzym)*
dehydratase Dehydratase *f (Enzym)*
dehydrate *v* 1. dehydratisieren, entwässern, Wasser entziehen; 2. Wasser verlieren, austrocknen, exsikkieren; 3. dehydrieren, Wasserstoff abspalten
dehydrated alcohol absoluter [reiner] Alkohol *m*, wasserfreies Ethanol *n* [Äthanol *n*]
dehydrated creatine Kreatinin *n*
dehydration 1. Dehydratation *f*, Dehydratisierung *f*, Entwässerung *f*, Wasserentzug *m*; 2. Dehydratation *f*, Dehydratationszustand *m*, Wassermangel(zustand) *m*; Exsikkose *f*; 3. Dehydratation *f*, Wasserverlust *m*, Austrocknung *f*; 4. Dehydrierung *f*, Wasserstoffabspaltung *f*
dehydration exhaustion *(Physiol)* Dehydrierungserschöpfung *f*, Wasserentzugserschöpfung *f*
dehydration fever Dehydratationsfieber *n (z. B. der Neugeborenen)*
dehydration of gingivae Gingivadehydratation *f*, Zahnfleischaustrocknung *f*
dehydration remedy Dehydrierungsmedikament *n*, Entwässerungsmittel *n*
dehydration therapy *(Kard)* Dehydrierungstherapie *f*, Entwässerungsbehandlung *f*, Entwässerung *f*
dehydroandrosterone Dehydro(epi)androsteron *n*
dehydroascorbic acid Dehydroaskorbinsäure *f*
dehydrobilirubin Dehydrobilirubin *n*, Biliverdin *n*
dehydrocholaneresis Dehydrocholaneresis *f*, Dehydrocholsäureerhöhung *f* in der Galle
dehydrocholate Dehydrocholat *n*
7-dehydrocholesterol 7-Dehydrocholesterin *n*, Dehydro-7-cholesterin *n (Provitamin D_3)*
dehydrocholic acid Dehydrocholsäure *f*, 3,7,12-Trioxo-5β-cholan-24-säure *f (galletreibendes Mittel)*
dehydrocorticosterone Dehydrocorticosteron *n*
dehydroemetine hydrochloride Dehydroemetinhydrochlorid *n (Protozoenmittel)*
dehydroepiandrosterone Dehydro(epi)androsteron *n*, DHEA
dehydrogenase Dehydrogenase *f (Enzym)*
dehydrogenate *v* dehydrieren, Wasserstoff abspalten
dehydrogenation Dehydrierung *f*, Dehydration *f*, Wasserstoffabspaltung *f*
dehydrogenize *v s.* dehydrogenate
dehydroisoandrosterone Dehydroisoandrosteron *n*, Dehydroepiandrosteron *n*
dehydromorphine Dehydromorphin *n*
dehydroretinaldehyde Dehydroretinaldehyd *m*, Retinen-2 *n*, Vitamin-A_2-Aldehyd *m*
dehydroretinol Dehydroretinol *n*, Vitamin *n* A_2
dehypnotize *v* dehypnotisieren, aus der Hypnose erwecken
deinsectization Desinsektion *f*, Insektenvernichtung *f*, Entwesung *f*, Ungeziefervernichtung *f*
deinstitutionalization ambulante Betreuung *f (psychisch Kranker nach Entlassung)*
deiodination Deiodination *f*, Dejodination *f*, Jodentfernung *f*, Jodverlust *m*
deiodination of thyroxine Thyroxindeiodierung *f*
deionization Deionisation *f*, Ionenentfernung *f*, Entionisierung *f (z. B. durch Ionenaustauscherharze)*
deiteral Deiters...
Deiters' cell *(HNO)* Deiters'sche Zelle *f*, Stützzelle *f* des Spiralorgans
Deiters' nucleus Deiters'scher Kern *m*, Deiters-Kern *m*, Nucleus *m* vestibularis lateralis
déjà-vu phenomenon *(Neur)* Déjà-vu-Erlebnis *n*
Dejean's syndrome Dejean-Syndrom *n*, Orbitabodensyndrom *n*
dejection 1. Dejektion *f*, Defäkation *f*, Stuhlentleerung *f*, Kotentleerung *f*; 2. Fäzes *fpl*, Kot *m*; Exkrement *n*, Ausscheidung *f*; 3. Dejektion *f*, Depression *f*, Traurigkeit *f*
dejectory abführend, entleerend
Déjerine-Klumpke's paralysis *(Neur)* Déjerine-Klumpke'sche Lähmung *f*, untere Armplexuslähmung *f*
Déjerine-Klumpke's syndrome *s.* Déjerine-Klumpke's paralysis
Déjerine-Landouzy dystrophy Déjerine-Landouzy-Dystrophie *f*, fazioskapulohumerale Muskeldystrophie *f*
Déjerine-Lichtheim phenomenon Déjerine-Lichtheim-Phänomen *n*
Déjerine-Roussy syndrome *(Neur)* Déjerine-Roussy-Syndrom *n*, Thalamussyndrom *n*
Déjerine-Sottas disease Déjerine-Sottas-Syndrom *n*, progressive hypertrophe Neuropathie *f (Form der neuralen Muskelatrophie)*
Déjerine-Sottas neuropathy *s.* Déjerine-Sottas disease
Déjerine-Thomas syndrome Déjerine-Thomas-Syndrom *n*, olivopontozerebellare Atrophie *f*
Déjerine's disease *s.* Déjerine-Sottas disease
Déjerine's sign Déjerine-Zeichen *n*, Déjerine'sches Zeichen *n (bei Radikulitis auftretende Symptomverstärkung durch Husten)*
Déjerine's syndrome Déjerine-Syndrom *n*, Déjerine'sches Syndrom *n*, diphtherische Pseudotabes *f*
del Castillo's syndrome del Castillo-Syndrom *n*, Sertoli-Zell-Syndrom *n*
delacrimation (überschießender) Tränenfluss *m*
delactation Delaktation *f*, Abstillen *n*, Abstillung *f*, Muttermilchentwöhnung *f (eines Säuglings)*
Delafield's fluid Delafield-Fixierflüssigkeit *n*
Delafield's haematoxilin Delafield-Hämatoxilin *n*
delamdinone acetate Delmadinonazetat *n*
delamination Delamination *f*, Aufspaltung *f* in Schichten
delay *v* **seeing the doctor** den Arztbesuch hinausschieben [verzögern]
delay 1. Verzögerung *f*, Verzögern *n*; 2. Wartezeit *f*; 3. Aufschieben *n*, Aufschub *m*
delay in excitation Erregungsverzögerung *f*, Erregungsverspätung *f*
delay in primary wound closure Sekundärheilung *f*, Sanatio *f* per secundam intentionem
delayed allergy *(Immun)* verzögerte Allergie *f*, Spätallergie *f*
delayed dentition verzögerte Dentition *f* [Zahnung *f*]
delayed echolalia *(Neur)* verzögerte Echolalie *f*
delayed epilepsy *(Neur)* Epilepsia *f* tardiva, Spätepilepsie *f*
delayed expansion verzögerte Ausdehnung *f*
delayed graft Verzögerungstransplantat *n*, verzögertes Transplantat *n*
delayed hypersensitivity reaction zellvermittelte Immunreaktion *f*, verzögerte Überempfindlichkeitsreaktion *f*
delayed labour Partus *m* serotinus, Spätgeburt *f*
delayed language verzögerte Sprache *f* [Sprachentwicklung *f*] *(des Kindes)*
delayed miscarriage verhaltener Abort *m*, verhaltene Fehlgeburt *f*
delayed postpartum haemorrhage verzögerte Postpartalblutung *f* [postpartale Blutung *f*]
delayed primary closure verzögerte Primärnaht *f*
delayed pulse verzögerter Puls *m*, Pulsverspätung *f*, Pulsverzögerung *f*
delayed reflex Spätreflex *m*
delayed-release (einen Wirkstoff) verzögert freisetzend, mit Depotwirkung
delayed-release drug Depotpräparat *n*, Langzeitmedikament *n (mit Langzeitwirkung)*
delayed rupture zweizeitige Ruptur *f (z. B. eines Organs)*

delayed sensation verzögerte Wahrnehmung *f* [Empfindung *f*]
delayed suture verzögerte Naht *f*, Sekundärnaht *f*
delayed symptom verzögertes Symptom *n*
delayed tooth eruption Dentitio *f* tarda, verzögerter Zahndurchbruch *m*
delayed treatment seeker mit Verzögerung zur Behandlung kommender Patient *m*
delayed type hypersensitivity *(Immun)* Überempfindlichkeitsreaktion *f* vom verzögerten Typ
delead *v* entbleien, Blei entfernen *(z. B. bei Vergiftung)*
DeLee catheter Lee'scher Katheter *m (zur Absaugung des Neugeborenen)*
DeLee forceps Lee'sche Zange *f*
DeLee-Hillis obstetrical stethoscope Lee-Hillis-Stethoskop *n*
DeLee manoevre Lee'scher Spiegelhandgriff *m (zur Kopfentwicklung bei Beckenendlage)*
deleterious deletär, zerstörend; (gesundheits)schädlich
deleterious action schädigende [schädliche] Wirkung *f*
deleterious dose deletäre [schädliche] Dosis *f*
deleterious substance schädliche Substanz *f*, Schadstoff *m*
deletion Deletion *f*, Chromosomenabweichung *f (durch Verlust eines DNS-Abschnitts)*
deletion syndrome *(Gen)* Deletionssyndrom *n (Syndrom bei Chromosomendeletion)*
Delhi boil *s.* cutaneous leishmaniasis
deliberate hypotension hypotensive Anästhesie *f*, kontrollierte Hypotonie *f*, kontrollierte Blutdrucksenkung *f*
delimitation 1. Markierung *f*, Abgrenzung *f*; 2. Begrenzung *f*, Einengung *f*, Verhinderung *f* der Ausbreitung *(z. B. einer Krankheit)*
delineation Abgrenzung *f*
delinquency 1. Fahrlässigkeit *f*, Nachlässigkeit *f*; 2. Straftat *f*, kriminelle Handlung *f*
delinquent 1. nachlässig, fahrlässig; 2. eine Straftat begehend, straffällig, kriminell
delinquent (person) 1. Nachlässige(r) *m*, Fahrlässige(r) *m*; 2. Straffällige(r) *m*, Straftäter *m*, Kriminelle(r) *m*
delipidation Lipidentfernung *f*
deliquesce *v* zerfließen
deliquescence Zerfließlichkeit *f*, Zerfließen *n*, Flüssigwerden *n (durch Wasseraufnahme aus der Luft)*
deliria *pl s.* delirium
deliriant Delirante(r) *m*, im Delir befindliche Person *f*
deliriant *s.* delirifacient
deliriant agent Delirmittel *n*, delirbewirkendes Mittel *n*, ein Delir erzeugendes Mittel *n*
deliriant twilight state *(Neur)* deliranter Dämmerzustand *m*
delirifacient *(Neur)* delirant, delirbewirkend, Delirium erzeugend
delirifacient (agent) Delirmittel *n*, delirbewirkendes Mittel *n*, ein Delier erzeugendes Mittel *n*
delirious deliriös, delirant, im Delirium befindlich, fantasierend, irreredend; Delir(ium)… • **be delirious** im Delir(ium) sein, delirant sein
delirious consciousness delirantes Bewusstsein *n*
delirious jealousy Eifersuchtswahn *m*
delirious mania delirante Manie *f*
delirious mood delirante Stimmung *f*
delirious state *s.* delirium
delirium Delir(ium) *n*, Delirzustand *m*, deliranter Zustand *m (Bewusstseinstrübung mit Verwirrtheit, Desorientierung und Verkennung der Umgebung)*
delirium management Deliriummanagement *n*, Behandlungsverfahren *n* beim Delirium
delirium of persecution Verfolgungswahn *m*
delitescence 1. (plötzliches) Verschwinden *n* eines Tumors; (plötzlicher) Rückgang *m* der Symptome; (plötzliche) Rückbildung *f* einer Hautveränderung; 2. Inkubationszeit *f (einer Krankheit)*
deliver *v* 1. gebären *(ein Kind)*; entbinden *(eine Frau)*; 2. liefern, beliefern, ausgeben, abgeben; 3. applizieren, verabfolgen, geben *(z. B. eine Dosis)*; 4. abstrahlen, Strahlen abgeben, ausstrahlen
deliver *v* **prematurely** eine Frühgeburt haben, vor dem Termin gebären
deliver *v* **prescriptions** Rezepte beliefern, Medikamente ausgeben
delivered of a boy/be *v* einen Jungen gebären, von einem Knaben entbunden werden
delivering woman Kreißende *f*, Gebärende *f*, gebärende Frau *f*
delivery 1. Geburt *f*, Niederkunft *f*, Entbindung *f*, Partus *m (siehe auch unter: birth und labour)*; 2. Lieferung *f*, Belieferung *f*, Ausgabe *f*, Abgabe *f*; 3. Applikation *f*, Verabfolgung *f*, Gabe *f (z. B. eine Dosis)*; 4. Abstrahlung *f*, Abstrahlen *n*, Strahlenabgabe *f*, Strahlung *f*, Ausstrahlung *f* • **handle the delivery** die Geburt leiten, bei der Geburt assistieren
delivery at term Geburt *f* zum Termin
delivery by caesarean section *s.* caesarean section
delivery by way of natural maternal passages Geburt *f* auf natürlichem Wege
delivery card Geburtsprotokoll *n*, Geburtskurve *f*
delivery involving surgery Schnittentbindung *f*, operative Geburts(durch)führung *f*
delivery operation Entbindungsoperation *f*
delivery room Kreißsaal *m*, Entbindungsraum *m*
delivery term Geburtstermin *m*
delivery ward Entbindungsstation *m*; Geburtsabteilung *f*
dell Delle *f*, Eindellung *f*, Grübchen *n*
delling Dellenbildung *f*, Eindellung *f (Vorgang)*
delomorphic *s.* delomorphous
delomorphous delomorph, von feststehender Form
delomorphous cell *(Histol)* Belegzelle *f*, Parietalzelle *f*
delouse *v* entlausen
delousing Entlausung *f*, Entlausen *n*
delta-activity Deltaaktivität *f (EEG)*
delta alcoholism *(Neur)* Deltaalkoholismus *m*
delta cell Deltazelle *f*, D-Zelle *f (Hypophysenvorderlappen)*
delta check *(Lab)* Delta-Check *m*
delta rhythm Deltarhythmus *m (EEG)*
delta wave Deltawelle *f (EEG)*
deltavirus Deltavirus *n*, D-Virus *n*
deltoid 1. deltoid, deltaförmig; 2. Deltamuskel…
deltoid crest *s.* deltoid ridge
deltoid ligament Ligamentum *n* deltoideum
deltoid muscle Musculus *m* deltoideus, Deltamuskel *m*, Armheber(muskel) *m*
deltoid reflex Deltamuskelreflex *m*
deltoid region Regio *f* deltoidea
deltoid ridge *s.* deltoid tuberosity
deltoid tubercle *s.* deltoid tuberosity
deltoid tuberosity Tuberositas *f* deltoidea, Armhöcker *m*
deltoiditis Deltamuskelentzündung *f*
deltopectoral Deltamuskel-Pektoralmuskel-…
deltopectoral groove Trigonum *n* deltoideopectorale, Fossa *f* infraclavicularis, Mohrenheim'sche Grube *f*, Mohrenheim-Grube *f*
delusion *(Neur)* Wahn *m*, Wahnvorstellung *f*, Wahnidee *f*, Selbsttäuschung *f*
delusion of accusation Beschuldigungswahn *m*
delusion of being controlled Wahn *m* des Kontrolliertseins, Kontrollwahn *m*

delusion of being guilty Schuldwahn *m*
delusion of being influenced Beeinflussungsgefühl *n*; Beeinflussungswahn *m*
delusion of being sinful Versündigungswahn *m*
delusion of belittlement Kleinheitswahn *m*
delusion of bodily defect Körperfehlerwahn *m*
delusion of claims Anspruchswahn *m*
delusion of control *s.* delusion of being controlled
delusion of damage Schädigungswahn *m*, Beschädigungswahn *m*
delusion of discovery Entdeckungswahn *m*; Entdeckerwahn *m*
delusion of genius Genialitätswahn *m*; Größenwahn *m*
delusion of grandeur Größenwahn *m*, Megalomanie *f*
delusion of guilt Versündigungswahn *m*
delusion of high origin Abstammungswahn *m*
delusion of impoverishment Verarmungswahn *m*
delusion of innocence Unschuldswahn *m*
delusion of invention Erfindungswahn *m*; Erfinderwahn *m*
delusion of jealousy Eifersuchtswahn *m*
delusion of litigiousness Querulantenwahn *m*
delusion of misidentification Personenverkennungswahn *m*
delusion of negation Negierungswahn *m*, nihilistischer Wahn *m*
delusion of observation Beobachtungswahn *m*
delusion of other origin [parents] Abstammungswahn *m*, genealogischer Wahn *m*
delusion of pardon (präseniler) Begnadigungswahn *m*
delusion of passivity Passivitätswahn *m*
delusion of persecution Verfolgungswahn *m*, persekutorischer Wahn *m*
delusion of poisoning Vergiftungswahn *m*
delusion of poverty Verarmungswahn *m*
delusion of reference Referenzwahn *f*, Bezugswahn *m*, Beziehungswahn *m*
delusion of reforming Verbesserungswahn *m*; Umgestaltungswahn *m*
delusion of relation Beziehungswahn *m*
delusion of remembrance *(Neur)* Erinnerungstäuschung *f*
delusion of revelation *(Neur)* Offenbahrungswahn *m*
delusion of robbery Beraubungswahn *m*, Diebstahlwahn *m*, Bestehlungswahn *m*
delusion of self-condemnation Selbstverurteilungswahn *m*
delusion of self-humiliation Selbstverstümmelungswahn *m*
delusion of special meaning Bedeutungswahn *m*
delusion of wealth *s.* delusion of grandeur
delusional wahnhaft; Wahn..., Wahnvorstellungs...; (sich) selbsttäuschend; Selbsttäuschungs...
delusional disorder *(Neur)* wahnhafte Störung *f*
delusional idea Wahnidee *f*
delusional mood Wahnstimmung *f*
delusional paranoid disorder *(Neur)* wahnhafte paranoide Störung *f*
delusional perception schizophrenes Primärerlebnis *n*
delusive *s.* delusional
delusive remembrance *(Neur)* Erinnerungsfälschung *f*
delusory *s.* delusional
demand level Anspruchsniveau *n*
demand pacemaker Demand-Schrittmacher *m*, Demand-Herzschrittmacher *m*, Bedarfsschrittmacher *m*
demarcate *v* demarkieren, abgrenzen; begrenzen
demarcation Demarkation *f*, Abgrenzung *f (z. B. von Entzündungen)*
demarcation current *(Physiol)* Demarkationsstrom *m*, Verletzungsstrom *m*
demarcation potential *(Physiol)* Demarkationspotenzial *n*, Verletzungspotenzial *n*
demarcation ring Demarkationsring *m*
demasculinization Demaskulinisierung *f (Verlust der sekundären männlichen Geschlechtsmerkmale)*
demastication *(Stom)* Demastikation *f*
dematiaceous dunkelbraun [schwarzbraun] gefärbt *(z. B. Pilze)*
demecarium bromide Demecariumbromid *n (Glaukommittel, Cholinesteraseinhibitor)*
demeclocycline Demeclocyclin *n*, Demethylchlortetracyclin *n (Antibiotikum)*
demedicalization Demedikalisation *f*
dement Schwachsinnige(r) *m*, Blöde(r) *m*
demented dement, schwachsinnig, blöd
demented disintegration of thoughts *(Neur)* Gedankenzerfall *m*
dementia Dementia *f*, Demenz *f*, erworbener Schwachsinn *f*, Verblödung *f*, Wahnsinn *m*, Irrsinn *m*
dementia arising in presenium *(Neur)* Demenz *f* im Präsenium
dementia arising in senium *(Neur)* Demenz *f* im Senium
demethylase Demethylase *f*, Methyltransferase *f (Enzym)*
demethylate *v* demethylieren, Methylgruppen abspalten [entfernen]
demethylation Demethylierung *f*, Methylgruppenabspaltung *f*
demethylchlortetracycline Demethylchlortetracyclin *n (Antibiotikum)*
demibain Halbbad *n*, Sitzbad *n*
demifacet Halbfacette *f (z. B. Artikulationsfläche an Knochen)*
demigauntlet bandage Handgelenkbandage *f*, Handgelenkverband *m*
demilune halbmondförmig, sichelförmig; Halbmond..., Sichel...
demilune 1. Halbmond *m*, Sichel *f*; 2. Plasmodium-falciparum-Gametozyt *m*
demimonstrosity Fehlbildung *f* ohne Funktionseinschränkung
demineralization Demineralisation *f*, Entmineralisierung *f*, Mineralverarmung *f*, Entfernen *n* mineralischer Substanzen
demineralize *v* demineralisieren, entmineralisieren, mineralische Substanzen entfernen
demipenniform *s.* unipennate
demodectic Demodex..., Haarbalgmilben...
Demodex folliculorum Haarbalgmilbe *f*, Demodex *m* folliculorum
demodicidosis *(Inf)* Demodic(id)osis *f*, Haarbalgmilbenbefall *m*
demodicosis *(Inf)* Demodic(id)osis *f*, Haarbalgmilbenbefall *m*
demogram Demogramm *n*
demography Demographie *f*
demoniacal possesion Dämonenwahn *m*
demonism Dämonismus *m*, Dämonenglaube *m*, Geisterglaube *m*
demonomania *(Neur)* Dämonomanie *f*, Teufelswahn *m*
demonomaniac Dämonomane(r) *m*
demono-melancholia Dämonomelancholie *f*
demonopathy *s.* demonomania
demonophobia *(Neur)* Dämonophobie *f*, Dämonenfurcht *f*
demonstrable ascites nachweisbarer [deutlicher] Aszites *m*
demonstrable tenderness deutliche Druckschmerzhaftigkeit *f*; deutlicher Druckschmerz *m*; deutlicher Berührungsschmerz *m*
demonstration model Demonstrationsmodell *n*
demonstrator Lehrassistent *m*, Lehrkraft *f*, Dozent *m*

demorphinization Morphiumentzug *m*; Morphinismusbehandlung *f*
de Morsier's syndrome septo-optische Dysplasie *f*, septo-optische Dysplasie *f*
demotion reaction Abstiegsneurose *f*
demoxepam Demoxepam *n (Tranquilizer)*
demucosation Schleimhautentfernung *f*, Schleimhautabtragung *f*
demulcent die Schleimhautreizung lindernd, reizlindernd
demulcent (agent) Demulcens *n*; Linderungsmittel *n*
demustardization Mustard(gas)entfernung *f*, Entgiftung *f* bei Mustardgasintoxikation
demutization Erlernen *n* der Gebärdensprache *(bei Taubstummheit)*
demyelinate *v* entmarken
demyelinating disease *(Neur)* Demyelinationskrankheit *f*, Entmarkungskrankheit *f*
demyelin(iz)ation *(Neur)* Demyelinisation *f*, Demyelinisierung *f*, Entmarkung *f (des ZNS)*
demyelinize *v s.* demyelinate
denarcotize *v* entnarkotisieren
denasality Rhinolalia *f* clausa, geschlossenes Näseln *n*, geschlossene Nasensprache *f*
denatality Denatalität *f*, Geburtenrückgang *m*, Rückgang *m* der Geburtenzahlen
denaturant denaturierend, vergällend; (eiweiß)fällend; Denaturierungs…, Vergällungs…; Eiweißfällungs…
denaturant (agent) Denaturierungsmittel *n*, Vergällungsmittel *n*, denaturierendes [vergällendes] Mittel *n*; Eiweißfällungsmittel *n*, (eiweiß)fällendes Mittel *n*
denaturation 1. Denaturierung *f*, Vergällung *f*; 2. Denaturierung *f*, Eiweißgerinnung *f*
denature *v* 1. denaturieren, vergällen; 2. denaturieren, gerinnen lassen *(Eiweiß)*; fällen
denatured alcohol denaturierter [vergällter] Alkohol *m*
denaturization *s.* denaturation
dendric *s.* dendritic
dendriform dendriform, baumartig verzweigt
dendriform keratitis Keratitis *f* dendritica
dendrite Dendrit *m*, Nervenzellenzytoplasmafortsatz *m*, Zytoplasmafortsatz *m* der Nervenzelle
dendritic dendritisch, verästelt, verzweigt; Dendriten besitzend; Dendriten…
dendritic calculus Korallenstein *m (Nierenstein)*
dendritic cell *(Immun)* dendritische Zelle *f* [Retikulumzelle *f*]
dendritic keratitis Keratitis *f* arborescens
dendritic membrane *(Physiol)* postsynaptische Membran *f*
dendritic pattern Blitzfigur *f*
dendrodendritic dendrodendritisch; Dendriten-Dendriten-…; Synapsen…
dendrodochiotoxicosis *(Myk)* Dendrodochiotoxikose *f (hämorrhagische Gastroenterokolitis durch Dendrodochium toxicum)*
Dendrodochium toxicum Dendrodochium *n* toxicum
dendroid *s.* dendritic
dendron *s.* dendrite
dendrophagocytosis Dendrophagozytose *f*, Astrozytenphagozytose *f (durch Mikroglia)*
dendrophilia Dendrophilie *f (Vorliebe für Bäume)*
denervate *v* denervieren, entnerven
denervation Denervierung *f*, Entnervung *f*
denervation potential Denervierungspotenzial *n*
denervation syndrome Denervationssyndrom *n*, Syndrom *n* des denervierten Magens
dengue *(Inf)* Dengue(fieber) *n*, Siebentagefieber *n*, Polkafieber *n*, Aburabaku *n*
dengue haemorrhagic fever hämorrhagisches Dengue-Fieber *n (Grad I bis Grad IV)*
dengue haemorrhagic fever shock syndrome hämorrhagisches Dengue-Fieber *n* Grad IV
dengue-like dengue-artig
denial 1. *(Neur)* Negation *f*, Verneinung *f*, Verleugnen *n (z. B. von Konflikten)*; 2. *(Psych)* Verleugnen *n (psychischer Abwehrmechanismus)*
denicotinize *v* entnikotinisieren
denicotinized nikotinfrei; nikotinarm
denidation Denidation *f*, Gebärmutterschleimhautabstoßung *f*
denitrification Stickstoffentfernung *f*, Stickstoffabgabe *f (z. B. durch Bakterien)*
denitrifier denitrifizierendes Bakterium *n*
denitrify *v* 1. denitrifizieren; 2. Stickstoff entfernen
denitrogenation Stickstoffentfernung *f*, Stickstoffabatmung *f*, Denitrogenisierung *f (z. B. bei Caisson-Krankheit)*
Denman's conduplicatio corpore birth *(Gyn)* Denman-Selbstentwicklung *f*, Denman'sche Spontanentwicklung *f*, Spontanentwicklung *f* bei Querlage nach Denman
Denman's spontaneous evolution [version] *s.* Denman's conduplicatio corpore birth
Dennie-Marfan syndrome Dennie-Marfan-Syndrom *n (spastische Paralyse, mentale Retardierung und kongenitale Syphilis)*
Dennie's infraorbital fold [line] Dennie'sche Infraorbitalfalte *f*, Dennie'sche Linie *f*
Denny-Brown's sensory (radicular) neuropathy Denny-Brown-Syndrom *n (neuromuskuläre und zentralnervöse Störungen als Frühsymptomatik bei Tumoren)*
denofungin Denofungin *n (Antimykotikum, Antibiotikum)*
Denonvillier's aponeurosis Septum *n* rectovesicale
Denonvillier's fascia *s.* Denonvillier's aponeurosis
Denonvillier's ligament *(Anat)* Denonvillier'sches Band, Ligamentum *n* puboprostaticum
Denonvillier's operation Denonvillier'sche Operation *f*, Denonvillier-Operation *f*
dens *(Anat, Stom)* Dens *m*, Zahn *m (Zusammensetzungen siehe unter: dental und tooth)*
dens of the axis *(Anat)* Dens *m* axis [epistrophei], Drehwirbelzahn *m (Zahnfortsatz am 2. Halswirbel)*
dense fibrous tissue dichtes Fasergewebe *n*
dense irregular fibrous tissue dichtes irreguläres Fasergewebe *n*
dense regular fibrous tissue dichtes reguläres Fasergewebe *n*
densigram Densigramm *n*
densimeter 1. Densimeter *n*, Dichtemesser *m*; Aräometer *n*; Pyknometer *n*; 2. *s.* densitometer
densimetric densimetrisch, dichtemessend
densimetry Densimetrie *f*, Dichtemessung *f*
densitometer *(Rad)* Densitometer *n*, Schwärzungsmesser *m*
densitometry 1. *(Rad)* Densitometrie *f*, Schwärzungsmessung *f (von Röntgenfilmen)*; 2. *(Kard)* Densitometrie *f (Indikatorverdünnungsmethode)*, 3. *s.* densimetry
density 1. Dichte *f*, Verdichtung *f*; 2. Dichte *f (Masse pro Volumen)*; 3. *(Rad)* Densität *f*, Schwärzung *f*, Dichte *f*, Verdichtung *f*
density curve Schwärzungskurve *f*
density gradient Dichtegradient *m*
density gradient centrifugation *(Lab)* Dichte-Gradientenzentrifugation *f*
density image Dichtebild *n*
density measurement Dichtemessung *f*
density of information Informationsdichte *f*
dentagra 1. Zahnschmerz *m*, Dentalgie *f*, 2. Zahnextraktor *m*
dental 1. dental; Dental…, Zahn… *(siehe auch unter: tooth)*; 2. zahnärztlich; Zahnarzt…

dental abnormality Zahnabnormität *f*, Zahnanomalie *f*
dental abrasion Zahnabrieb *m*, Zahnabnutzung *f*, Zahnabschliff *m*, Abrasio *f* dentis
dental abscess Dentalabszess *m*, Alveolarabszess *m*, Zahnfachabszess *m*, Zahnvereiterung *f*
dental accident Dentalunfall *m*; zahnärztlicher Zwischenfall *m*; Zahntrauma *n*
dental adhesive Dentalhaftmittel *n*, Dentaladhäsiv *n*
dental alloy Dentallegierung *f*, Zahnlegierung *f*
dental alveolus Dentalalveolus *m*, Zahnalveole *f*
dental amalgam Dentalamalgam *n*, Zahnamalgam *n*
dental amalgam alloy Dentalamalgamlegierung *f*
dental anaesthesia Dentalanästhesie *f*, Zahnbetäubung *f*
dental anatomy Dentalanatomie *f*, Zahnanatomie *f*
dental ankylosis Dentalankylose *f*
dental anomaly *s.* dental abnormality
dental anxiety Zahnarztangst *f*, Angst *f* vor dem Zahnarzt
dental appliance zahnärztlicher Apparat *n*, zahnärztliches Gerät *n*
dental apron Dentalschürze *f*
dental arch of the lower teeth Arcus *m* dentalis inferior, unterer Alveolarbogen *m* [Zahnbogen *m*]
dental arch of the upper teeth Arcus *m* dentalis superior, oberer Alveolarbogen *m* [Zahnbogen *m*]
dental arch shape Zahnbogenform *f*
dental artery Dentalarterie *f*, Zahnschlagader *f*
dental articulation Zahnartikulation *f*
dental assistant Zahnarzthelferin *f*
dental assistent's chair Zahnarzthelferinnenstuhl *m*
dental auxiliary zahnärztliche Hilfskraft *f*
dental axis Zahnachse *f*
dental biology Zahnbiologie *f*
dental biomechanics Dentalbiomechanik *f*
dental biophysics Dentalbiophysik *f*
dental bleaching Zahnbleichen *n*; Zahntouchierung *f*
dental book zahnärztliches Fachbuch *n*
dental bridge Zahnbrücke *f*
dental bridge construction Zahnbrückenherstellung *f*, Zahnbrückenanfertigung *f*
dental bud Zahnanlage *f*
dental burr Dentalbohrer *m*
dental calculus Zahnstein *m*
dental calculus attachment Zahnsteinanlagerung *f*, Zahnsteinansatz *m*
dental canal Canalis *m* alveolaris, Alveolarkanal *m*
dental care Zahnpflege *f*
dental caries Dentalkaries *f*, Zahnkaries *f*, Zahnfäule *f*, Zahnfäulnis *f*, Karies *f*, Caries *f* dentium, Zahnschmelzzerstörung *f*
dental caries development Zahnkariesentwicklung *f*
dental caries extension Zahnkariesausbreitung *f*, Kariesausdehnung *f*
dental cart Dentalwagen *m*
dental casting gold Zahngussgold *n*
dental cavity Dentalhöhle *f*, Pulpahöhle *f* • **disinfect a dental cavity** eine Zahnhöhle desinfizieren
dental cement Dentalzement *m*, zahnärztlicher Zement *m*
dental ceramic Dentalkeramik *f*
dental chair Zahnarztbehandlungsstuhl *f*
dental chart Zahnkarte *f*
dental checkup Zahnuntersuchung *f*
dental chemistry Dentalchemie *f*
dental chisel Dentalmeißel *m*, zahnärztlicher Meißel *m*
dental clammer [clamps] Dentalklammer *f*, Zahnklammer *f*
dental clinic Dentalklinik *f*, Zahnklinik *f*, Klinik *f* für Zahn-, Mund- und Kieferkrankheiten
dental colour Zahnfarbe *f*, Zahnfärbung *f*
dental condition Zahnzustand *m*, Zahnbefund *m*
dental cone Dentaltubus *f*, Zahntubus *m* *(Aufnahmetubus für Dentalaufnahmen)*
dental contact Dentalkontakt *m*, Zahnkontakt *m*
dental crown Zahnkrone *f*, Corona *f* dentis
dental crypt Dentalkrypte *f*
dental curve Zahnbogen *m*
dental cyst Dentalzyste *f*
dental decay *s.* dental caries
dental deformity Dentaldeformität *f*, Zahndeformierung *f*
dental department zahnärztliche Abteilung *f*
dental deposit Zahnstein *m*, Zahnablagerung *f*, Zahnbelag *m*
dental depot Dentallager *n*
dental development Zahnentwicklung *f*
dental diagnosis zahnärztliche Diagnose *f*
dental diamond Dentaldiamant *m*
dental disease Zahnerkrankung *f*, Zahnkrankheit *f*
dental dislocation Zahndislokation *f*
dental disorder Zahnstörung *f*, Zahnerkrankung *f*
dental drill Zahnbohrer *m*
dental drilling engine Zahnbohrer *m*, dentale Bohrmaschine *f*
dental duplication Zweitprothesenherstellung *f*, Erstellung *f* eines Prothesenduplikats
dental dysplasia Dentaldysplasie *f*, Zahnfehlbildung *f*
dental education zahnärztliche Ausbildung *f*
dental elevator Dentalheber *m*, Zahnheber *m*
dental emergency zahnärztlicher Notfall *m*
dental enamel Zahnschmelz *m*, Schmelz *m*, Substantia *f* adamantina, Adamantin *n*, Zahnemail *n* *(siehe auch unter: enamel)*
dental enamel abrasion Zahnschmelzabschleifen *n*
dental enamel anomaly Zahnschmelzanomalie *f*
dental enamel attrition Zahnschmelzabnutzung *f*
dental enamel usures Zahnschmelzusuren *fpl*
dental engine Dental(antriebs)einheit *f*, zahnärztliche Bohrmaschine *f*
dental engine handpiece Bohrmaschinenhandstück *n*
dental engineering Dentaltechnik *f*
dental epithelium Dentalepithel *n*, Zahnepithel *n*
dental equipment Dentaleinrichtung *f*, zahnärztliche Ausrüstung *f*
dental erosion Zahnsubstanzverlust *m*, Zahnsubstanzerosion *f*
dental eruption Zahneruption *f*, Zahndurchbruch *m*
dental examination Zahnuntersuchung *f*
dental excavation Zahnaufbohrung *f*
dental excavator Dentalexkavator *m*, dentaler Ausschaber *m*; Zahnbohrer *m*
dental exostosis Zahnexostose *f*, Osteoma *n* dentale
dental expert zahnärztlicher Sachverständige(r) *m*, zahnärztlicher Gutachter *m*
dental explorer Dentalsonde *f*, Zahnsonde *f*, Sonde *f*
dental extraction Zahnextraktion *f*, Zahnziehen *n*
dental extracting [extraction] forceps Zahn(extraktions)zange *f*, Dentalzange *f*
dental filling Dentalfüllung *f*, Zahnfüllung *f*
dental film Dentalaufnahme *f*, Zahn(röntgen)film *m*
dental film developer *(Rad)* Zahnfilmentwickler *m*
dental film development *(Rad)* Zahnfilmentwicklung *f*
dental film dryer *(Rad)* Zahnfilmtrockner *m*
dental fistula Dentalfistel *f*, Zahnfistel *f*
dental floss Zahnseide *f*
dental flossing Zahnseidenanwendung *f*
dental fluorosis Dentalfluorose *f*, chronische Fluorschädigung *f* der Zähne; Dentalfluoridierung *f*
dental focal infection dentale Herdinfektion *f*
dental focus dentaler Herd *m*, Zahnherd *m*
dental follicle Dentalfollikel *m*, Zahnsäckchen *n*

dental forceps Dentalzange *f*, Zahn(extraktions)zange *f*
dental form Zahnform *f*
dental formula Dentalformel *f*, Zahnformel *f*, Gebissformel *f*
dental fracture Zahnfraktur *f*
dental function Zahnfunktion *f*
dental geriatrics dentale Geriatrie *f*, Alterszahnkunde *f*
dental germ Dentalkeim *m*, Zahnkeim *m*, Zahnanlage *f*
dental gold Zahngold *n*
dental gold alloy Zahngoldlegierung *f*
dental gold platinum alloy Zahngold-Platin-Legierung *f*
dental granuloma Dentalgranulom *n*, Periapikalgranulom *n*
dental handpiece Dentalhandgriff *m*
dental health Zahngesundheit *f*, gesunder Zahn(zustand) *m*
dental health education Zahngesundheitserziehung *f*, zahnärztliche Gesundheitserziehung *f*
dental health item Zahnpflegemittel *n*, Dentalprodukt *n*, Dentalartikel *m*
dental hemisection Zahnhemisektion *f*
dental history Dentalanamnese *f*, zahnärztliche Anamnese *f*
dental hygiene Dentalhygiene *f*, Zahnpflege *f*
dental hygienist Dentalhygieniker *m*
dental hypersensitivity dentale Überempfindlichkeit *f*, Zahnüberempfindlichkeit *f*
dental identification Dentalidentifikation *f*
dental identification record Gebissidentifizierungskarte *f*
dental illness Zahnerkrankung *f*
dental illuminator Dentallampe *f*
dental impaction Zahneinklemmung *f*, Zahneinkeilung *f*
dental implant Dentalimplantat *n*, Zahnimplantat *n*
dental implantology zahnärztliche Implantologie *f*
dental impression cap Zahnabdruckkappe *f*
dental index Dentalindex *m*, Zahnindex *m*
dental infection dentale Infektion *f*, Zahninfektion *f*
dental injury Zahnverletzung *f*, Zahnläsion *f*, Zahnschaden *m*
dental inlay Dentalinlay *n*, Zahn-Inlay *n*
dental innervation Zahninnervation *f*
dental instrument Dentalinstrument *n*, stomatologisches Instrument *n*
dental intervention zahnärztlicher Eingriff *m*
dental ivory *s.* dentine
dental jacket crown *s.* jacket crown
dental jurisprudence dentale Rechtsmedizin *f*, Zahnarztrecht *n*
dental laboratory Dentallabor *n*, Zahnlabor *n*
dental laboratory technician Zahntechniker *m*
dental lamina Zahnleiste *f*, Schmelzleiste *f*, Lamina *f* dentalis
dental laser welding zahntechnisches Laserschweißen *n*
dental ligamentous apparatus Zahnhalteapparat *m*
dental loosening Zahnlockerung *f*, Lockerung *f* der Zähne
dental luxation Zahnluxation *f*
dental malpractice zahnärztlicher Kunstfehler *m*
dental mass Zahnmasse *f*
dental massage Zahnfleischmassage *f*
dental material Dentalmaterial *n*, zahnärztlicher Werkstoff *m*
dental medicament zahnärztliches Medikament *n*
dental medicine Dentalmedizin *f*, Zahnmedizin *f*
dental metal zahnärztliches Metall *n*
dental mirror Dentalspiegel *m*, Zahnspiegel *m*
dental model Zahnabdruck *m*, Zahnabguss *m*, Zahnmodell *n*
dental neck Zahnhals *m*, Collum *n* dentis, Cervix *f* dentis
dental necrosis Dentalnekrose *f*, Zahnuntergang *m*
dental neuralgia Zahnneuralgie *f*, Neuralgia *f* dentalis
dental occlusion Dentalokklusion *f*
dental ointment Dentalsalbe *f*
dental operation Dentaloperation *f*, zahnärztlicher Eingriff *m*
dental operculum Dentaloperculum *n*, Zahnkapuze *f*
dental organ Schmelzorgan *n*
dental orthopaedic department Abteilung *f* für Kieferorthopädie, kieferorthopädische Abteilung *f*
dental orthopaedics Kieferorthopädie *f*
dental orthopaedics room kieferorthopädischer Behandlungsraum *m*
dental papilla Dentalpapille *f*, Zahnpapille *f*, Papilla *f* dentis
dental pathology Dentalpathologie *f*, orale Pathologie *f*
dental patient zahnärztlicher Patient *m*, Zahnpatient *m*
dental periostitis Dentalperiostitis *f*
dental photography Dentalfotografie *f*, Zahnaufnahme *f*
dental plaque Dentalbelag *m*, Zahnbelag *m*
dental plaque inhibition Hemmung *f* der Zahnbelagbildung
dental plaster Dentalgips *m*
dental plastic Dentalkunststoff *m*
dental plastic bridge Kunststoff(zahn)brücke *f*
dental plastic crown Kunststoff(zahn)krone *f*
dental plastic denture Kunststoff(zahn)prothese *f*
dental plastic facette Kunststoff(zahn)facette *f*
dental plastic facette crown Kunststoff(zahn)facettenkrone *f*
dental plate Gebissplatte *f*, Prothesenplatte *f*
dental plexus Dentalplexus *m*, Zahnplexus *m*
dental pliers Dentalzange *f*, Zahnzange *f*
dental pocket Zahntasche *f*
dental polishing disk Polierscheibe *f*
dental position Zahnposition *f*
dental practice Zahnarztpraxis *f*, zahnärztliche Praxis *f*
dental practice treatment Zahnpraxisbehandlung *f*
dental probe Dentalsonde *f*, Zahnsonde *f*, Sonde *f*
dental process Dentalfortsatz *m*, Alveolarfortsatz *m*
dental prophylaxis Dentalprophylaxe *f*, Zahnhygiene *f*
dental prosthesis Zahnprothese *f*, künstliches Gebiss *n*, Zahnersatz *m*
dental prosthesis wearer Zahnprothesenträger *m*
dental prosthetic works zahnprothetische Arbeiten *fpl*
dental prosthetics Zahnprothetik *f*
dental public health öffentliche Zahngesundheit *f*
dental pulp Zahnpulpa *f*, Zahnmark *n*, Pulpa *f* dentium [dentis]
dental pulp blood supply Zahnpulpadurchblutung *f*
dental pulp hyperaemia Zahnpulpahyperämie *f*, Blutfüllle *f* der Pulpa
dental radiograph *s.* dental roentgenogram
dental radiography *s.* dental roentgenography
dental reimplantation Dentalreimplantation *f*, Zahnwiedereinpflanzung *f*
dental replantation *s.* dental reimplantation
dental research zahnärztliche Forschung *f*
dental resin Dentalharz *n*
dental restoration Dentalrestoration *f*, Zahnwiederherstellung *f*
dental retention Dentalretention *f*, Zahnverhaltung *f*
dental ridge *s.* dental lamina
dental roentgenogram Dentalroentgenogramm *n*, Zahnröntgenaufnahme *f*
dental roentgenography Dentalroentgenologie *f*, Zahnröntgendarstellung *f*
dental root Zahnwurzel *f*
dental root cyst Zahnwurzelzyste *f*, Periodontalzyste *f*
dental row Zahnreihe *f*

dental sac *s.* dental follicle
dental sales representative Vertreter *m* für Dentalbedarf
dental sanation Dentalsanierung *f*, Zahnsanierung *f*
dental saw Dentalsäge *f*
dental school graduate Absolvent *m* der Zahnmedizin, approbierter Zahnarzt *m*
dental sealant Zahnversiegelungsmittel *n*, Versiegelungslack *m*
dental sensitivity Zahnempfindlichkeit *f*
dental sepsis Dentalsepsis *f*, Zahnsepsis *f*
dental specialist Dentalspezialist *m*, zahnärztlicher Spezialist *m*
dental spoon Dentallöffel *m*, Zahnlöffel *m*
dental stereoscopic radiography stereoskopische Zahnröntgenaufnahme *f*
dental stone Hartgips *m*
dental stone die Hartgipsmodell *n*, Stumpfmodell *n* aus Hartgips
dental stool Dentalhocker *m*, Zahnarztschemel *m*
dental stopping Zahnfüllung *f*, Zahnplombe *f*
dental student Student *m* der Zahnmedizin, Zahnmedizinstudent *m*
dental stump crown Zahnstumpfkrone *f*
dental supplies zahnärztlicher Bedarf *m*, Dentalbedarf *m*
dental surface Zahnoberfläche *f*
dental surgeon 1. Kieferchirurg *m*; 2. Zahnarzt *m*
dental surgery 1. Kieferchirurgie *f*; 2. Zahnarztpraxis *f*, zahnärztliche Praxis *f*
dental surgery department Abteilung *f* für Kieferchirurgie *f*, kieferchirurgische Abteilung *f*
dental survey zahnärztliche Überprüfung *f* des Gebisses
dental syringe zahnärztliche Spritze *f*
dental tartar Zahnstein *m*
dental technician Dentaltechniker *m*, Zahntechniker *m*
dental technology Dentaltechnologie *f*, zahnärztliche Technologie *f*
dental therapeutics Dentaltherapeutik *f*, zahnärztliche Therapeutik *f*
dental therapist Dentaltherapeut *m*, Zahnbehandler *m*
dental therapy Dentalbehandlung *f*, Zahnbehandlung *f*
dental therapy department Abteilung *f* für konservierende Stomatologie
dental transillumination Zahntransillumination *f*
dental transplant Dentaltransplantat *n*, Zahntransplantat *n*
dental transplantation Dentaltransplantation *f*, Zahntransplantation *f*
dental transposition Zahntransposition *f*, Zahnversetzung(soperation) *f*
dental trauma Dentaltrauma *n*, Zahnverletzung *f*
dental treatment Zahnbehandlung *f* • **provide dental treatment** eine Zahnbehandlung durchführen • **receive dental treatment** eine Zahnbehandlung erhalten
dental trephination Dentaltrepanation *f*, Zahntrepanation *f*
dental trouble Zahnbeschwerden *fpl*
dental tubercle Tuberculum *n* coronae dentis, Kauflächenhöckerchen *n*
dental tumour Zahntumor *m*, Dentalgeschwulst *f*
dental tweezers zahnärztliche Pinzette *f*, Zahnpinzette *f*
dental unit Dentaleinheit *f*
dental varnish Dentallack *m*, Zahnlack *m*
dental X-ray *s.* dental roentgenogram
dentally fit zahngesund, mit gesunden Zähnen
dentalgia Dentalgie *f*, Zahnschmerz *m*, Zahnweh *n*, Odontalgie *f*
dentary bone Zahnbein *n*
dentate gezähnt, gezahnt; sägezahnartig
dentate fissure Sulcus *m* hippocampi
dentate fracture gezahnte Fraktur *f*
dentate gyrus Gyrus *m* dentatus
dentate ligament Ligamentum *n* denticulatum
dentate line Linea *f* dentata [pectinea, sinuosa], Kryptenlinie *f*
dentate nucleus Nucleus *m* dentatus cerebelli
dentate suture Sutura *f* dentata [serrata]
dentatectomy *(Chir)* Exstirpation *f* des Nucleus dentatus
dentatoreticular dentatoretikulär
dentatorubral dentatorubral
dentatorubral tract Tractus *m* cerebellorubralis
dentatothalamic dentatothalamisch
dentatum Nucleus *m* dentatus cerebelli
dentes *pl s.* dens
dentibuccal dentibukkal; Zahn-Wangen-…
denticeps *s.* dental forceps
denticle Dentikel *m*, Zähnchen *n*
denticulate(d) feinzähnig
dentification 1. *s.* dentition 1.; 2. Zahnbildung *f*, Zahnentstehung *f*, Zahnentwicklung *f*, Odontogenese *f*
dentiform dentiform, zahnförmig
dentifrice Zahnpasta *f*, Zahncreme *f*, Zahnreinigungsmittel *n*, Zahnputzmittel *n*
dentifrice abrasion Abrieb *m* durch Zahnreinigungsmittel
dentifrice liquid Zahnreinigungsflüssigkeit *f*
dentigerous von den Zähnen ausgehend; bezahnt, Zähne tragend; einen Zahn enthaltend
dentigerous cyst dentigere Zyste *f*, Zahnkeimzyste *f*
dentilabial dentilabial; Zahn-Lippen-…
denitlingual dentilingual; Zahn-Zungen-…
dentimeter Dentimeter *n*, Zahnumfangsmesser *m (Zahnvermessungsinstrument)*
dentin *s.* dentine
dentinal Dentin…, Zahnbein…
dentinal canal Zahnbeinkanälchen *n*
dentinal cell Odontoblast *m*, Zahnbeinbildner *m*
dentinal elements Dentinelemente *npl*
dentinal fibre Odontoblastenfortsatz *m*, Zahnfaser *f*, Dentinfaser *f*
dentinal fibril Zahnbeinfibrille *f*
dentinal formation Dentinbildung *f*, Zahnbeinbildung *f*
dentinal hyperaesthesia Dentinhyperästhesie *f*
dentinal hypoplasia Dentinhypoplasie *f*
dentinal layer Dentinschicht *f*
dentinal pain Dentinschmerz *m*, Zahnbeinschmerz *m*
dentinal resorption Dentinresorption *f*, Zahnbeinresorption *f*
dentinal sheath Dentinscheide *f*, Neumann'sche Scheide *f*
dentinal substance Dentinsubstanz *f*
dentinal tissue Dentingewebe *n*, Zahnbeingewebe *n*
dentinal tubule Dentinkanälchen *n*, Zahnkanälchen *n*
dentinal wall Dentinwand *f*, Zahnbeinwand *f*
dentinalgia Dentinalgie *f*, Dentinschmerzhaftigkeit *f*, Dentinschmerz *m*, Dentinempfindlichkeit *f*
dentine Dentin *n*, Zahnbein *n*, Elfenbein *n*
dentine blushing Dentinverfärbung *f*, Zahnbeinverfärbung *f*
dentine colour Dentinfarbe *f*, Zahnbeinfarbe *f*
dentine core Dentinkern *m*, Zahnbeinkern *m*
dentine eburnation Dentineburnation *f*
dentine germ Dentinkeim *m*, Zahnbeinkeim *m*
dentine globule Dentinglobulus *m*, Dentinkügelchen *n*
dentine hyperaesthesia Dentinhyperästhesie *f*, Zahnbeinüberempfindlichkeit *f*
dentine impregnation Dentinimprägnierung *f*, Zahnbeinimprägnierung *f*
dentine matrix Dentinmatrix *f*, Zahnbeinmatrix *f*
dentine protection Dentinprotektion *f*, Zahnbeinschutz *m*
dentine resorption Dentinresorption *f*, Zahnbeinresorption *f*

dentinification *s.* dentinogenesis
dentinoblast Dentinoblast *m*
dentinoblastoma *(Path)* Dentinoblastom *n*
dentinocemental dentinozemental; Dentin-Zahnzement-...
dentinocemental junction Dentin-Zement-Übergang *m*, Dentin-Zement-Grenze *f*
dentinoenamel Dentin-Enamel-..., Dentin-Zahnschmelz-...
dentinoenamel junction Dentin-Zahnschmelz-Übergang *m*, Dentin-Zahnschmelz-Grenze *f*
dentinogenesis Dentinifikation *f*, Dentinbildung *f*, Zahnbeinbildung *f*
dentinogenic dentinogen, dentinbildend
dentinoid Dentinoid *n*, Prädentin *n*, noch unverkalkte Dentinmatrix *f*
dentinoid dentinartig; Dentin...
dentinoma *(Path)* Dentinom *n*
dentinosteoid Osteodentinom *n*
dentinum *s.* dentine
dentiparous bezahnt, Zähne tragend [besitzend]; zahnbildend
dentist Dentist *m*, Zahnarzt *m*, Odontologe *m*
dentistry Zahnheilkunde *f*, Stomatologie *f*, Odontologie *f*
dentist's bur(r) Zahnbohrer *m*, Bohrer *m*
dentist's chair Zahnarztstuhl *m*, zahnärztlicher Stuhl *m*, Dentalstuhl *m*
dentist's room zahnärztlicher Behandlungsraum *m*
dentist's surgery Zahnarztpraxis *f*
dentition 1. Dentition *f*, Zahnung *f*, Zahndurchbruch *m*; 2. Gebiss *n*; Zahnformel *f*
dentition analysis Gebissanalyse *f*
dentition brushing powder Gebissreinigungspulver *m*
dentition care Gebisspflege *f*
dentition cleaner 1. Gebissreiniger *m*, Gebissreinigungsinstrument *n*; 2. Gebissreiniger *m*, Gebissreinigungsmittel *n*
dentition cyst Dentitionszyste *f*, Zahndurchbruchzyste *f*
dentition development Gebissentwicklung *f*
dentition diagram Gebissdiagramm *n*, Gebissschema *n*
dentition impression Gebissabdruck *m*
dentition malformation Gebissdeformität *f*, Gebissmissbildung *f*
dentition profile Gebissprofil *n*
dentition retainer Gebisshalter *m*
dentition state Gebisszustand *m*
dentition ulcer Dentitionsgeschwür *n*, Zahndurchbruchgeschwür *n*
dentoalveolar dentoalveolär; Zahnalveolen..., Zahnfach...
dentoalveolar abscess Zahnfachabszess *m*, Alveolarabszess *m*, Zahnvereiterung *f*, Dentalabszess *m*
dentoalveolar cyst dentoalveoläre Zyste *f*
dentoalveolitis *(Stom)* Pyorrhoea *f* alveolaris
dentode Zahnreproduktion *f*, reproduzierter Zahn *m*
dentoenamel junction Dentin-Zahnschmelz-Übergang *m*, Dentin-Zahnschmelz-Grenze *f*
dentofacial dentofazial; Zahn-Gesichts-...
dentofacial anomaly dentofaziale Anomalie *f*
dentofacial development Gebiss- und Gesichtsentwicklung *f*
dentofacial dysplasia dentofaziale Dysplasie *f*
dentofacial orthopaedics Kieferorthopädie *f*
dentofacial syndrome dentofaziales Syndrom *n*
dentogenous dentogen, von den Zähnen ausgehend, odontogen
dentogingival dentogingival; Zahn-Gingiva-...
dentogingival fibre dentogingivale Faser *f*
dentogingival junction Zahn-Gingiva-Übergang *m*, Zahn-Gingiva-Grenze *f*
dentogingival lamina *s.* dental lamina
dentography *s.* odontography
dentoid zahnartig, zahnähnlich, dentoid
dentolegal das Zahnarztrecht betreffend, die dentale Rechtsmedizin betreffend
dentolingual Zahn-Zungen-...
dentoma *s.* dentinoma
dentomechanical dentomechanisch
dentomental Zahn-Kinn-...
dentonasal Zahn-Nasen-...
dentonomy Zahnklassifikation *f*, Zahneinteilung *f*
dentoperiosteal fibre dentoperiosteale Faser *f*
dentosurgical kieferorthopädisch; kieferchirurgisch
dentotropic dentotrop, auf Zähne gerichtet, Zähne bevorzugend
dentrifice solution Zahnreinigungslösung *f*
dentulous mit natürlichen [eigenen] Zähnen, bezahnt
dentulous dental arch bezahnter Zahnbogen *m*, Zahnbogen *m* mit natürlichen Zähnen
denture 1. Zahnersatz *m*, Zahnprothese *f*, Teilprothese *f*, künstliches Gebiss *n*, Vollprothese *f*; 2. (natürliches) Gebiss *n*, natürliche Zähne *mpl*, natürliche Bezahnung *f* • **construct a denture** eine Zahnprothese konstruieren [aufbauen] • **fix dentures on the teeth** die Zahnprothese an den Zähnen fixieren [verankern] • **remove dentures** die Zahnprothese entfernen, das künstliche Gebiss herausnehmen • **wear dentures** eine Zahnprothese tragen
denture adhesion Prothesenadhäsion *f*, Prothesenhaftung *f*
denture adhesive Prothesenhaftungsmittel *n*, Prothesenhafter *m*
denture adhesive powder Prothesenhaftpulver *n*
denture allergy Prothesenallergie *f*
denture base Prothesenlager *n*, Prothesenbasis *f*
denture-base material Prothesenbasismaterial *n*
denture-base resin Prothesenbasiskunststoff *m*
denture-bearing area prothesentragende Fläche *f*
denture brush Prothesenreinigungsbürste *f*
denture care Prothesenpflege *f*
denture case Prothesenbehälter *m*, Prothesenetui *n*
denture clasp Prothesenklammer *f*
denture cleaner Prothesenreinigungsmittel *n*, Prothesenreiniger *m*
denture compatibility Prothesenverträglichkeit *f*, Prothesentoleranz *f*
denture curing Prothesenhärtung *f*
denture design Prothesenaufbau *m*, Prothesenkonstruktion *f*
denture flask Prothesenküvette *f*
denture foundation Prothesenfundament *n*
denture impression Prothesenabdruck *m*
denture material Prothesenmaterial *n*
denture packing Prothesen(basis)packen *n*
denture pain Prothesenschmerz *m*
denture rubber Prothesengummi *m*
denture sealant Prothesenlack *m*
denture splint Prothesenschiene *f*
denture tolerance Prothesentoleranz *f*, Prothesenverträglichkeit *f*
denture trial Prothesenprobe *f*, Protheseneinpassen *n*
denture ulcer Prothesenulkus *n*, Prothesengeschwür *n*, Prothesendruckstelle *f*
denturism Zahntechnik *f*, Prothesenherstellung *f*
denturist (selbstständiger) Zahntechniker *m*
denucleated ohne Kern, kernlos
denudation Denudation *f*, Entblößung *f*, Freilegung *f*
denude *v* freilegen *(z. B. Zahnwurzel)*
deodorant desodorierend, geruchsbeseitigend; geruchsverhindernd
deodorant Desodorans *n*, Deodorant *n*

deodorization Desodorierung *f*, Geruchsbeseitigung *f*
deodorize *v* desodorieren, geruchlos machen, unangenehme Gerüche beseitigen, ein Deodorans benutzen
deodorizer *s.* deodorant
deodorizing douche desodorierende Dusche *f*
deoppilation Beseitigung *f* von Obstruktionen
deorsumduction *s.* infraduction
deorsumvergence *s.* infravergence
deorsumversion *s.* infraversion
deossification Deossifikation *f*, Knochenentmineralisierung *f*, Knochenerweichung *f*
deoxidation Deoxidation *f*, Sauerstoffentfernung *f*
deoxidize *v* den Sauerstoff entfernen *(aus einer chemischen Verbindung)*
deoxyadenosine Desoxyadenosin *n*, Adenindesoxyribonucleosid *n*
deoxyadenosine diphosphate Desoxyadenosindiphosphat *n*, dADP
deoxyadenosine methylase Desoxyadenosinmethylase *f (Enzym)*
deoxyadenosine monophosphate Desoxyadenosinmonophosphat *n*, dAMP
deoxyadenosine triphosphate Desoxyadenosintriphosphat *n*, dATP
deoxyadenosylcobalamin Deoxyadenosylcobalamin *n*
deoxyadenylic acid Desoxyadenosinmonophosphat *n*
deoxycholaneresis Desoxycholaneresis *f*, Desoxycholsäureerhöhung *f*
deoxycholic acid Desoxycholsäure *f (Gallensäure)*
deoxycholylglycine Desoxycholylglycin *n*
deoxycholyltaurine Desoxycholyltaurin *n*
deoxycorticosterone Desoxycorticosteron *n*, Desoxykorton *n (Nebennierenrindenhormon)*
deoxycortone *s.* deoxycorticosterone
deoxycytidine Desoxyzytidin *n*, Zytosindesoxyribonukleosid *n*
deoxycytidine diphosphate Desoxycytidindiphosphat *n*, dCDP
deoxycytidine monophosphate Desoxycytidinmonophosphat *n*, dCMP
deoxycytidine triphosphate Desoxycytidintriphosphat *n*, dCTP
deoxycytidylic acid Desoxycytidinmonophosphat *n*
deoxyephedrine Desoxyephedrin *n*, Methamphetamin *n*
deoxygenation Desoxidation *f*, Sauerstoffabgabe *f*, Reduktion *f*
deoxyguanosine Desoxyguanosin *n*, Guanindesoxyribonucleosid *n*
deoxyguanosine diphosphate Desoxyguanosindiphosphat *n*, dGDP
deoxyguanosine monophosphate Desoxyguanosinmonophosphat *n*, dGMP
deoxyguanosine triphosphate Desoxyguanosintriphosphat *n*, dGTP
deoxyguanylic acid Desoxyguanosinmonophosphat *n*
deoxyhaemoglobin Desoxyhämoglobin *n*, desoxigeniertes [reduziertes] Hämoglobin *n*
deoxyhexose Desoxyhexose *f*
deoxynucleoside Desoxyribonukleosid *n*
deoxynucleotide Desoxyribonukleotid *n*
deoxypentose Desoxypentose *f*
deoxyribonuclease Desoxyribonuclease *f*, DNase *f (Enzym)*
deoxyribonucleic acid *(Gen, Bioch)* Desoxyribonucleinsäure *f*, Desoxyribonukleinsäure *f*, DNS *f*, DNA *f (Zusammensetzungen siehe unter: DNA)*
deoxyribonucleoprotein Desoxyribonukleoprotein *n*
deoxyribonucleoside Desoxyribonucleosid *n*
deoxyribonucleotide Desoxyribonucleotid *n*
deoxyribose *(Bioch)* Desoxyribose *f*, 2-Desoxy-D-ribose *f*, Thyminose *f*
deoxyribosephosphate aldolase *(Bioch)* Desoxyribosephosphataldolase *f (Enzym)*
deoxyriboside *(Bioch)* Desoxyribosid *n*
deoxyribosyltransferase *(Bioch)* Desoxyribosyltransferase *f (Enzym)*
deoxyribovirus DNS-Virus *n*, DNA-Virus *n*
deoxythimidine Desoxythymidin *n*
deoxythimidine diphosphate Desoxythymidindiphosphat *n*, dTDP
deoxythimidine monophosphate Desoxythymidinmonophosphat *n*, dTMP
deoxythimidine triphosphate Desoxythymidintriphosphat *n*, dTTP
deoxythymidylic acid Desoxythymidinmonophosphat *n*
deoxyuridine Desoxyuridin *n*, Uracildesoxyribonucleosid *n*
deoxyuridine diphosphate Desoxyuridindiphosphat *n*, dUDP
deoxyuridine monophosphate Desoxyuridinmonophosphat *n*, dUMP
deoxyuridine triphosphate Desoxyuridintriphosphat *n*, dUTP
deoxyuridylic acid Desoxyuridinmonophosphat *n*
deoxyvirus DNS-Virus *n*, DNA-Virus *n*
department of medicine innere Abteilung *f*, Abteilung *f* für Innere Medizin
department of purulent surgery septische Abteilung *f*, Abteilung *f* für septische Chirurgie
department of surgery chirurgische Abteilung *f*, Chirurgie *f*, Abteilung *f* für Chirurgie
department of the hospital Krankenhausabteilung *f*
department of urgent surgery unfallchirurgische Abteilung *f*, Notaufnahme(abteilung) *f*
department of vascular surgery gefäßchirurgische Abteilung *f*, Gefäßchirurgie *f*, Abteilung *f* für Gefäßchirurgie
departmental sister Abteilungs(ober)schwester *f*, Oberschwester *f*
dependance *s.* dependence
dependence Sucht *f*, Narkomanie *f*, Rauschgiftsucht *f*, Rauschgiftabhängigkeit *f*
dependence on a combination of substances Zweizügelabhängigkeit *f*
dependency *(Neur)* (psychische) Abhängigkeit *f*
dependency needs *(Neur)* Abhängigkeitsbedürfnisse *npl*
dependency on both stimulants and sedatives Zweizügelabhängigkeit *f*
dependent 1. abhängig; Abhängigkeits…; 2. (herunter)hängend, herabhängend
dependent care Pflege *f* von abhängigen Personen *(z. B. Körperbehinderte)*
dependent differentiation abhängige Differenzierung *f (z. B. von embryonalen Zellen)*
dependent intervention ärztliches Handeln *n* auf Anweisung
dependent oedema Ödem *n* in abhängigen Körperteilen *(unterhalb des Herzens)*
dependent personality abhängige Persönlichkeit *f*
dependent personality disorder *(Neur)* dependente Persönlichkeitsstörung *f*
dependent variable *(Statist)* abhängige Variable *f*
depepsinized wenig Pepsin enthaltend, peptisch inaktiviert *(z. B. der Magensaft)*
depersonalization Depersonalisation *f (Störung des Ich-Erlebens bei Schizophrenie)*
depersonalization disorder 1. Depersonalisationsstörung *f*, 2. *(Neur)* Depersonalisationssyndrom *n*

dephosphorylation Dephosphorylierung *f*, Phosphat(rest)abspaltung *f*
depigment *v* depigmentieren
depigmentation Depigmentierung *f*, Pigmentschwund *m*, Pigmentverlust *m*
depilate *v* depilieren, enthaaren
depilation Depilation *f*, Enthaarung *f*, Haarentfernung *f*
depilatory haarentfernend, enthaarend
depilatory (agent) Haarentfernungsmittel *n*, Enthaarungsmittel *n*, Depilatorum *n*
depilatory method Haarentfernungsmethode *f*
depilatory technique Depilationstechnik *f*
depilous haarlos
deplasmolysis Deplasmolyse *f (Wiederauffüllung von entzogener Zellflüssigkeit)*
deplasmolyze *v* der Deplasmolyse unterliegen, die Deplasmolyse durchlaufen
deplete *v* Flüssigkeit entziehen; anreichern
deplethory deplethorisch, flüssigkeitsverschiebend
depletion 1. Erschöpfungszustand *m*, Erschöpfung *f*, Auszehrung *f*; 2. Verarmung *f* an Flüssigkeit, Flüssigkeitsarmut *f*; 3. Flüssigkeitsentzug *m*
depletive flüssigkeitsentziehend
depoison *v* entgiften
depolarization Depolarisation *f*, Depolarisierung *f*
depolarization block *(Anästh)* Depolarisationsblock *m*
depolarization wave Depolarisationswelle *f*, Depolarisationsfront *n*
depolarize *v* depolarisieren
depolarizing myorelaxant *(Anästh)* depolarisierendes Myorelaxans *n*
depolymerase Depolymerase *f (Enzym)*
depolymerization *(Bioch)* Depolymerisation *f*
depolymerize *v* depolymerisieren
deposit 1. Sediment *n*, Ablagerung *f*, Niederschlag *m*; 2. Depot *n*, Lager *n*; 3. Zahnablagerung *f*, Zahnbelag *m*
deposit prevention Vorbeugung *f* von Zahnbelägen, Zahnbelagprophylaxe *f*
depot corticosteroid *(Pharm)* Depotkortikosteroid *n*
depot effect Depoteffekt *m*, Depotwirkung *f*, Retardeffekt *m (eines Medikaments)*
depot fat Depotfett *n*, Speicherfett *n*
depot insulin Depotinsulin *n*
depot injection Depotinjektion *f*
depot of contrast medium Kontrastmittelablagerung *f*, Kontrastmitteldepot *n*
depot penicillin Depotpenicillin *n*
depot preparation Depotpräparat *n*, Retardpräparat *n*
depot treatment Depotbehandlung *f*
depravation Depravation *f*, Verschlechterung *f*, Krankheitsverschlechterung *f*
depressant 1. sedierend, beruhigend; 2. eindellend, eine Mulde bildend; 3. (herab)senkend, (aktivitäts)mindernd
depressant (agent) Sedativum *n*, Beruhigungsmittel *n*
depressed bipolar disorder *(Neur)* depressive bipolare Störung *f*
depressed fracture Impressionsfraktur *f*
depressed intercostal space eingezogener Interkostalraum *m*
depressed respiration Atemdepression *f*
depressed S-T segment *(Kard)* ST-Streckensenkung *f*
depression 1. *(Neur)* Depression *f*, Schwermütigkeit *f*, Traurigkeit *f*; 2. Eindellung *f*, Delle *f*, Mulde *f (auf einer Oberfläche)*; 3. Depression *f*, Senkung *f*, Herabsenkung *f*, Aktivitätsminderung *f*
depression of late onset *(Neur)* involutive Depression *f*
depression of the optic disk *s.* excavation of the optic disk
depression-pain syndrome *(Neur)* Depressions-Schmerz-Syndrom *n*
depression spectrum disease *(Neur)* Spektrumdepression *f*
depression state Depressionsstadium *n*
depression with psychotic features *(Neur)* Depression *f* mit psychotischen Erscheinungen [Zügen]
depressive *(Neur)* depressiv, stimmungsgedrückt; stimmungsdrückend
depressive character depressiver Charakter *m*
depressive delusion *(Neur)* depressive Wahnidee *f*
depressive disorder *(Neur)* depressive Störung *f*
depressive emotional response depressive Gemütsbewegung *f* [Verstimmung *f*]
depressive enormity delirium Délire d'énormité
depressive insanity Depression *f*, Schwermütigkeit *f*, Traurigkeit *f*, Involutionspsychose *f*, Altersdepression *f*
depressive moods *(Neur)* Depressivität *f*
depressive neurosis reaktive Depression *f*
depressive personality *(Neur)* depressiver Psychopath *m*
depressive reaction *(Neur)* depressive Reaktion *f*, reaktive Depression *f*
depressive state Depressionszustand *m*, depressiver Zustand *m*
depressive stupor depressiver Stupor *m*
depressomotor Bewegungen verlangsamend, die motorische Aktivität dämpfend
depressor 1. *s.* depressor muscle; 2. Depressorium *n*, Drückinstrument *n*, Druckspatel *m*; 3. *s.* depressor nerve; 4. *s.* depressor substance; 5. *s.* depressant
depressor anguli oris (muscle) Musculus *m* depressor anguli oris, Mundwinkelsenker *m*, Mundwinkelherabzieher *m*
depressor area Depressorenzentrum *n (ZNS)*
depressor epiglottidis (muscle) Musculus *m* depressor epiglottidis, Kehldeckelsenker *m*
depressor labii inferioris (muscle) Musculus *m* depressor labii inferioris, Unterlippensenker *m*, Unterlippenherabzieher *m*
depressor muscle Musculus *m* depressor, Depressor *m*, Herabzieher *m*, Senkungsmuskel *m*
depressor nerve Nervus *m* depressor (cordis), Depressor *m*, drucksenkender Nerv *m*
depressor reflex Depressorreflex *m*
depressor septi nasi (muscle) Musculus *m* depressor septi nasi, Nasenscheidenwandsenker *m*
depressor substance Depressorsubstanz *f*, blutdrucksenkendes Mittel *n*
depressor supercilii (muscle) Musculus *m* depressor supercilii, Augenbrauensenker *m*, Augenbrauenherabzieher *m*
deprivation 1. Mangel *m*, Entbehrung *f*, Entzug *m*; Verlust *m*; 2. *(Psych)* fehlende Zuwendung *f*, Verarmung *f* (der Gefühle)
deprivation of personal freedom *(Neur)* Freiheitsberaubung *f*, Freiheitsentziehung *f*
deprivation of sleep *(Neur)* Schlafentzug *f*
deprivation of sleep effects Schlafentzugserscheinungen *fpl*
deprivation syndrome Deprivationssyndrom *n*
deproteinization Deproteinisierung *f*, Proteinentfernung *f*, Entproteinisierung *f*
depth analysis tiefenpsychologische Analyse *f*
depth dose Tiefen(bestrahlungs)dosis *f*, Herddosis *f*
depth electroencephalography Tiefenelektroenzephalographie *f*
depth of anaesthesia Narkosetiefe *f*
depth of breathing Atemtiefe *f*, Tiefe *f* der Atmung

depth of focus Fokustiefe *f*, Penetration *f (einer Linse)*
depth of indentation Eindrucktiefe *f*
depth of respiration *s.* depth of breathing
depth of the orbit Orbitatiefe *f*, Augenhöhlentiefe *f*
depth perception Tiefenperzeption *f*, Tiefensehen *n*, Tiefenwahrnehmung *f*, stereoskopisches Sehen *n*
depth psychology Tiefenpsychologie *f*
depth sensitivity Tiefenempfindlichkeit *f*
depulization Flohentfernung *f*, Entfernen *n* von Flöhen
depulpation *(Stom)* (operative) Pulpaentfernung *f*, Pulpaextraktion *f*
depurant reinigend; Reinigungs…
depurant (agent) Reinigungsmittel *n*, reinigendes Mittel *n*
depurate *v* reinigen
depurative reinigend
depurative (agent) Reinigungsmittel *n*, Depurativum *n*
depurator *s.* depurative
deradelphus *(Terat)* Deradelphus *m (Doppelmissgeburt mit Verschmelzung der oberen Körperhälfte und Extremitätenverdopplung)*
deradenitis Halslymphknotenentzündung *f*
derailment Abweichen *n* von der Denkrichtung [Gedankenausrichtung], Verlust *m* des roten Fadens
deranencephalia *(Terat)* Deranenzephalie *f*
deranencephaly *s.* deranencephalia
derangement 1. Störung *f*, gestörter Zustand *m*; gestörte Ordnung *f*; 2. Geistesstörung *f*, Geistesgestörtheit *f*
derangement of task set Einstellungsstörung *f*
derby hat fracture Derbyhutfraktur *f*
Dercum's disease Dercum'sche Krankheit *f*, Adipositas *f* dolorosa, Neurolipomatosis *f*
derealization 1. *(Neur)* Derealisation *f*, Realitäts(sinn)verlust *m*; 2. *(Neur)* Entfremdung *f* der Umgebung *(z. B. von bekannten Personen)*
dereism Dereismus *m*, wirklichkeitsfernes Denken *n*
dereistic dereistisch, dereierend, traumhaft, in einer Traumwelt [Fantasie] lebend
dereistic thinking dereistisches [wirklichkeitsfremdes] Denken *n*
derencephalia *(Terat)* Derenzephalie *f*, Halswirbelsäulenspaltbildung *f* mit fehlendem Gehirn
derencephalocele *(Terat)* Derenzephalozele *f*
derencephalous derenzephal
derencephalus *(Terat)* Derenzephalus *m*, Derenzephaler *m*, Missgeburt *f* mit Halswirbelsäulenspalte und fehlendem Gehirn
derencephaly *s.* derencephalia
derepression *(Gen)* Derepression *f* (eines Operons) *(homöostatischer Mechanismus der Enzymsynthese)*
deric ektodermal
derivation 1. Derivation *f*, Ableitung *f (EKG)*; 2. Umleitung *f (zur Entstauung)*; Ableitung *f*, Drainage *f (z. B. von Blut)*
derm Derma *n*, Haut *f*, Kutis *f (Zusammensetzungen siehe unter: cutaneous, dermal und skin)*
derma *s.* derm
dermabrade *v* die Haut abschleifen
dermabrader Haut(ab)schleifer *m*
dermabrasion Hautabschleifung *f*, Dermabrasion *f*
Dermacentor andersoni Dermacentor *m* andersoni *(Überträger des amerikanischen Felsengebirgsfiebers)*
dermad hautwärts, in Richtung der Haut, dermad
dermadrome Hautsymptom *n*, Dermadrom *n*, Hautmanifestation *f* einer Krankheit
dermafat Hautfett *n*, Unterhautfettgewebe *n*
dermafat-fascia graft Vollhaut-Fettgewebe-Faszien-Transplantat *n*
dermagraphy *s.* dermographia
dermahaemia Hauthyperämie *f*, Hautblutfülle *f*
dermal dermal; Haut… *(siehe auch unter: cutaneous)*
dermal appendage Hautanhang *m*, Hautanhangsgebilde *n*
dermal graft Hauttransplantat *n*
dermal haemosiderosis Hauthämosiderose *f*
dermal infection Hautinfektion *f*
dermal injury Hautläsion *f*, Hautverletzung *f*
dermal leishmaniasis of the New World *s.* American cutaneous-mucocutaneous leishmaniasis
dermal leishmaniasis of the Old World *s.* cutaneous leishmaniasis (of the Old World)
dermal leishmanoid *(Trop)* Hautleishmanoid *n*
dermal membranous syndactyly membranöse Syndaktylie *f*
dermal muscle Hautmuskel *m*
dermal papilla Hautpapille *f*
dermal papule Hautpapel *f*
dermal pedicle flap gestielter Hautlappen *m*, Hautstiellappen *m*
dermal punch Hautstanze *f*
dermal sensation Hautempfindung *f*, Hautgefühl *n*
dermal sense Hautsinn *m*
dermal shadow Hautschatten *m*
dermal suture Intrakutannaht *f*
dermal syndactyly kutane Syndaktylie *f*
dermalaxia Cutis *f* laxa
dermalgia Derm(at)algie *f*, Hautnervenschmerz *m*, Dermatodynie *f*
dermametropathism *(Derm)* Spateldruckdiagnostik *f*, Spateldruckmethode *f*
dermamyiasis Hautmyiasis *f*, Hautmadenfraß *m*, Myiasis *f* linearis
dermanaplasty Hauttransplantation *f*, Hautverpflanzung *f*
dermatagra 1. *s.* dermatalgia; 2. Pellagra *f*
dermatalgia Dermatalgie *f*, Dermatodynie *f*, Hautnervenschmerz *m*
dermatatrophia Hautatrophie *f*
dermatauxe Hauthypertrophie *f*
dermathemia *s.* dermahaemia
dermatic dermatisch; Haut…
dermatic (agent) Dermatikum *n*, Hautmittel *n*
dermatitis Derm(at)itis *f*, Hautentzündung *f*
dermato… *(siehe auch:)* dermo…
dermatoarthritis Dermatoarthritis *f*, Haut- und Gelenkentzündung *f*
Dermatobia hominis Dermatobia *f* hominis
dermatobiasis Dermatobiasis *f*, Dasselfliegenmadenbefall *m*
dermatocellulitis Dermatozellulitis *f*, Unterhautgewebsentzündung *f*
dermatochalasis Dermatochalasis *f*, Dermatolyse *f*, Chalazodermie *f*, Hautschlaffheit *f*, Faltenhaut *f*, Schlaffhaut *f*
dermatochalazia *s.* dermatochalasis
dermatoconjunctivitis *(Ophth)* Dermatokonjunktivitis *f*, Haut- und Bindehautentzündung *f*
dermatoconiosis Dermatokoniose *f*, Stauberkrankung *f* der Haut
dermatocyst Dermatozyste *f*, Hautzyste *f*
dermatodynia Dermatodynie *f*, Hautschmerz *m*
dermatodyschroia abnorme Hautpigmentierung *f*
dermatodysplasia Dermatodysplasie *f*, Hautdysplasie *f*
dermatofibroma Dermatofibrom *n*, Hautfibrom *n*, Fibroma *n* simplex, Nodulus *m* cutaneus
dermatofibrosarcoma *(Path)* Dermatofibrosarkom *n*
dermatofibrosis Dermatofibrose *f*, Hautfibrose *f*
dermatogenic dermatogen
dermatogenic torticollis dermatogener Schiefhals *m*
dermatogenous *s.* dermatogenic
dermatoglyphic sign Fingerabdruck *m*

dermatoglyphics 1. Fingerabdruckuntersuchung *f*; 2. Hautpapillarmuster *n*
dermatogram Hautpapillarmusterbild *n*, Dermatogramm *n*, Fingerabdruck *m*
dermatograph Dermographieerythem *n*; Dermographielinie *f*, Dermographiebild *n*
dermatographia *s.* dermographia
dermatographic dermatographisch; Dermatographismus..., Dermographie...
dermatographism Dermatographismus *m*
dermatoheteroplasty Dermatoheteroplastik *f*, Fremdhauttransplantation *f*
dermatoid hautartig, hautähnlich, dermoid
dermatologic dermatologisch
dermatologic (agent) Dermatologikum *n*, Hauttherapeutikum *n*
dermatological *s.* dermatologic
dermatologist Dermatologe *m*, Haut(fach)arzt *m*, Facharzt *m* für Hautkrankheiten, Arzt *m* für Dermatologie
dermatologist's province dermatologischer Bereich *m*, Dermatologie *f*
dermatology Dermatologie *f*, Hautkrankheitslehre *f*
dermatolysis *s.* dermatochalasis
dermatomalacia Dermatomalazie *f*, Hauterweichung *f*
dermatome 1. *(Anat)* Dermatom *n*, Hautabschnitt *m*, Hautsegment *n (durch einen Spinalnerven versorgt)*; 2. *(Chir)* Dermatom *n*, Hautmesser *n (Instrument)*; 3. *(Embr)* Dermatom *n*, Kutisplatte *f*
dermatomegaly Dermatomegalie *f*
dermatomelasma *s.* Addison's disease
dermatomere *(Embr)* Dermatomer *n (segmentaler Abschnitt der embryonalen Haut)*
dermatomic Dermatom..., Hautabschnitt(s)...
dermatomic area Dermatom *n*, Hautsegment *n*
dermatomyces Derm(at)ophyt *m*, Hautpilz *m*
dermatomycete *s.* dermatomyces
dermatomycid Dermatomykid *n*
dermatomycosis Dermatomykose *f*, Hautmykose *f*, Hautpilzkrankheit *f*, Pilzflechte *f (der Hautoberfläche und tiefer Hautschichten)*
dermatomyiasis Dermatomyiasis *f*
dermatomyoma Dermatomyom *n*, Hautmyom *n*
dermatomyositis Dermatomyositis *f*, Polymyositis *f*, Haut- und Muskelentzündung *f*
dermatoneurology Dermatoneurologie *f*, Hautnervenlehre *f*
dermatoneurosis Hautneurose *f*, Neurodermatose *f*
dermatonosology Dermatonosologie *f (Lehre von der Klassifikation der Hautkrankheiten)*
dermato-ophthalmitis Dermatoophthalmitis *f*, Haut- und Augenentzündung *f*
dermatopathic dermatopathisch; Hautkrankheits...
dermatopathology Dermatopathologie *f*, Hautkrankheitslehre *f*
dermatopathophobia Dermatopathophobie *f (Angst vor Hautkrankheiten)*
dermatopathy Dermatopathie *f*, Hautkrankheit *f*
dermatopharmacology Dermatopharmakologie *f*
dermatophiliasis Dermatophiliasis *f*, Dermatophilosis *f*, Sandflohbefall *m*
dermatophilosis *s.* dermatophiliasis
Dermatophilus congolensis Dermatophilus *m* congolensis, Streptothrix *f* bovis *(Überträger der Dermatophilosis)*
Dermatophilus penetrans Dermatophilus *m* penetrans; Tunga *f* penetrans
dermatophobia Dermatophobie *f*, (krankhafte) Angst *f* vor Hautkrankheiten
dermatophone Dermatophon *n (Gerät zur Auskultation der Hautdurchblutung)*
dermatophylaxis Haut(infektions)prophylaxe *f*
dermatophyte Derm(at)ophyt *m*, Hautpilz *m*
dermatophytid Dermatophytid *n*, Epidermophytid *n*, Mykid *n (Hautausschlag bei Pilzerkrankung)*
dermatophytosis Dermatophytose *f*, Dermatophytie *f*, Dermatophyteninfektion *f*, Dermatophytenbefall *m (verhornter Hautbestandteile)*
dermatoplastic dermatoplastisch; Dermatoplastik...
dermatoplastic surgery dermatoplastische Chirurgie *f*
dermatoplasty Dermatoplastik *f*, Hautplastik *f*, plastischer Hautersatz *m*
dermatopolyneuritis Dermatopolyneuritis *f*, Feer'sche Krankheit *f*, infantile Akrodynie *f*
dermatorrhagia Dermatorrhagie *f*, Hautblutung *f*
dermatorrhexis 1. Hautzerreißung *f*, Dermatorrhexis *f*, Hautkapillarzerreißung *f*; 2. Ehlers-Danlos-Syndrom *n*, Cutis *f* laxa [hyperelastica], Gummihaut *f*, Syndrom *n* von Ehlers und Danlos
dermatorrhoea *s.* hyperhidrosis
dermatosclerosis Dermatosklerose *f*, Sklerodermie *f*, Hautverhärtung *f*
dermatoscopy Dermatoskopie *f*, Haut(kapillar)mikroskopie *f*, Hautbetrachtung *f* mittels Lupe
dermatosis Dermatose *f*, Hautkrankheit *f*
dermatosis of pregnancy Schwangerschaftsdermatose *f*
dermatosome *(Histol)* Dermatosom *n*
dermatosparaxis Dermatosparaxis *f*, kutane Asthenie *f*
dermatostomatitis Dermatostomatitis *f*, Erythema *n* exsudativum multiforme (majus), Stevens-Johnson-Syndrom *n*
dermatosyphilis Dermatosyphilis *f*, Hautsyphilis *f*
dermatotherapy Dermatotherapie *f*, Hautbehandlung *f*
dermatothlasia Dermatothlasie *f*, (krankhaftes) Hautkratzen *n*
dermatotome Dermatom *n*, Hautmesser *n*
dermatotomy Dermatotomie *f*, Hautschnitt *m*
dermatotropic dermatotrop, auf die Haut gerichtet; die Haut bevorzugend *(z. B. Parasiten)*
dermatovenereologist Dermatovenereologe *m*, Arzt *m* für Dermatovenereologie, Facharzt *m* für Haut- und Geschlechtskrankheiten
dermatovenereology Dermatovenereologie *f*, Lehre *f* von den Haut- und Geschlechtskrankheiten
dermatoxenoplasty Dermatoxenoplastik *f*
dermatozoal delusion *(Neur)* Dermatozoenwahn *m*, Parasitophobie *f*, taktile Halluzinose *f*
dermatozoiasis *s.* dermatozoonosis
dermatozoic delusion Dermatozoenwahn *m*
dermatozoon Dermatozoon *n*, Hautschmarotzer *m*, Hautparasit *m*
dermatozoonosis Dermatozoonose *f*, Hautzoonose *f*, Hautschmarotzertum *n*, Hautparasitenbefall *m*
dermatrophia Hautatrophie *f*, Dünnerwerden *n* der Haut
dermenchysis subkutane Medikamentenapplikation *f*
dermic dermal, kutan; Haut...
dermic layer Lamina *f* propria, Grundschicht *f (Trommelfell)*
dermis Dermis *f*, Corium *n*, Lederhaut *f*
dermis-fat graft Vollhaut-Fettgewebe-Transplantat *n*
dermis-fat pedicle flap gestielter Hautfettlappen *m* [Vollhaut-Fettgewebe-Lappen *m*]
dermitis *s.* dermatitis
dermo... *(siehe auch:)* dermato...
dermoactinomycosis Hautaktinomykose *f*
dermoblast Dermoblast *m*
dermographia Dermographie *f*, Dermographismus *m*, Hautschrift *f (vasomotorisches Nachröten der Haut nach dem Bestreichen)*

dermographic dermographisch
dermographic prurigo Prurigo *f* dermographica
dermographism *s.* dermographia
dermohaemia *s.* dermahaemia
dermohygrometer Dermohygrometer *n (zur Hautwiderstandsmessung)*
dermoid dermoid, hautähnlich, hautartig
dermoid (cyst) Dermoid *n*, Dermoidzyste *f*, Dermoidkystom *n*
dermoid renal cyst renale Dermoidzyste *f*
dermoid tumour Dermoidgeschwulst *f*, Dermoidtumor *m*
dermoidectomy Dermoidektomie *f*, Dermoid(zysten)ausschälung *f*, (operative) Dermoidentfernung *f*
dermolabial dermolabial; Haut-Lippen-...
dermolipectomy Dermolipektomie *f*, Haut- und Fettentfernung *f (z. B. Abdominalbereich)*
dermolipoma Dermolipom *n*
dermolysis *s.* dermatolysis
dermometer Dermometer *n*
dermometry Dermometrie *f*
dermomyotome *(Embr)* Dermomyotom *n*
dermonecrotic hautnekrotisierend, hautzerstörend; Hautnekrosen...
dermoneurosis *s.* neurodermatitis
dermoneurotropic dermoneurotrop, auf die Haut und das Nervengewebe gerichtet; Haut und Nerven(gewebe) bevorzugend
dermopathic dermopathisch; Dermopathie..., Hauterkrankungs...
dermopathy Dermopathie *f*, Hauterkrankung *f*
dermophlebitis Dermatophlebitis *f*, Hautvenenentzündung *f*
dermoplasty Derma(to)plastik *f*, Hautplastik *f*
dermoreaction Dermoreaktion *f*, Hautreaktion *f*
dermoskeleton Dermoskeleton *n*, Exoskelett *n*
dermostenosis (krankhafte) Hautzusammenziehung *f*
dermostosis Hautverknöcherung *f*, Osteoma *n* cutis
dermosynovitis Dermosynovitis *f*, Haut- und Schleimbeutelentzündung *f*
dermosyphilopathy syphilitische Hauterkrankung *f*, Hautsyphilis *f*, Syphiloderma *n*, syphilitischer Hautausschlag *m*
dermotoxin Dermotoxin *n (bakterielles Hautgift; z. B. der Staphylokokken)*
dermotropic *s.* derm(at)otrop, auf die Haut gerichtet; die Haut bevorzugend
dermotropic virus dermotropes [dermatotropes] Virus *n*
dermotropism Dermotropismus *m*, Hautaffinität *f*
dermotuberculin reaction *(Immun)* Haut-Tuberkulin-Reaktion *f*
dermovascular dermovaskulär; Hautgefäß...; Haut-Gefäß-...
dermovirus Dermovirus *n*
derodidymus *(Terat)* Derodidymus *m*, Dicephalus *m* diauchenos
derotation Derotation *f*, Rotationsumkehr(ung) *f*
derotation brace Derotationsorthese *f (z. B. für das Kniegelenk)*
derotation osteotomy *(Chir, Orth)* Derotationsosteotomie *f*
derriengue Derriengue *n (paralytische Tollwutform in Mittelamerika)*
desalination Desalination *f*, Entsalzung *f*
desalivation Desalivation *f*, Entspeichelung *f*
desamidase *s.* deamidase
desaturation Desaturation *f*, Entsättigung *f*, Sättigungsreserve *f*, Aufsättigungsbereich *m (z. B. des Hämoglobins)*
Desault's bandage Desault-Verband *m (z. B. bei Oberarmfraktur)*
descemetitis Keratitis *f* punctata, Entzündung *f* der Descemet-Membran
descemetocele Deszemetozele *f*, Keratozele *f*, Vorwölbung *f* der Descemet-Membran
Descemet's membrane Descemet'sche Membran *f*, Descemet-Membran *f*, Lamina *f* limitans interna, hintere Hornhautgrenzschicht *f*
descendent 1. deszendierend, absteigend; 2. abstammend
descending deszendierend, absteigend
descending aorta Aorta *f* descendens, absteigende Körperschlagader *f*
descending aorta aneurysm deszendierendes Aortenaneurysma *n*
descending colon Colon *n* descendens, absteigendes Kolon *n*, absteigender Dickdarm(schenkel) *m*
descending diphtheritic croup absteigender Diphtheriekrupp *m*
descending genicular artery Arteria *f* genus descendens, absteigende Kniegelenkarterie *f*
descending limb *(Nephr)* Überleitungsstück *n*, absteigender Schenkel *m* der Henle'schen Schleife
descending mesocolon Mesocolon *n* descendens, absteigendes Dickdarmgekröse *n* [Kolongekröse *n*]
descending myelitis deszendierende Myelitis *f*
descending neuritis deszendierende Neuritis *f*
descending neuropathy deszendierende Neuropathie *f*
descending oblique muscle Musculus *m* obliquus externus
descending palatine artery Arteria *f* palatina descendens, absteigende Gaumenarterie *f*
descending (part of the) thoracic aorta Aorta *f* descendens, absteigende Körperschlagader *f*
descending thoracic aortic aneurysm Aorta-descendens-Aneurysma *n*, Aneurysma *n* der absteigenden Körperschlagader
descending tract efferente Nervenbahn *f*
descending urography Ausscheidungsurographie *f*, intravenöse Pyelographie *f*
descending vestibular root [tract] Tractus *m* vestibulospinalis, Held'sches Bündel *n*
descensus *s.* descent
descent Deszensus *m*, Senkung *f*, Abstieg *m*, Herabsteigen *n*, Vorfall *m (eines Organs)*
descent delusion Abstammungswahn *m*
descent of the testicle [testis] Descensus *m* testiculorum [testis] Hodendeszensus *m*
Deschamps' compressor Deschamps-Kompressorium *n*
Deschamps' needle Deschamps-Nadel *f (für Gefäßunterbindungen)*
description Beschreibung *f*
descriptive anatomy beschreibende Anatomie *f*
descriptive embryology beschreibende Embryologie *f*
descriptive epidemiology beschreibende Epidemiologie *f*
descriptive psychiatry beschreibende Psychiatrie *f*
desensitization 1. *(Immun)* Desensibilisierung *f*, Antianaphylaxie *f*, 2. *(Psych)* Desensibilisierung *f*
desensitization of the organism Desensibilisierung *f* des Organismus
desensitize *v* desensibilisieren, unempfindlich machen
desensitizing agent Desensibilisierungsmittel *n*
desensitizing solution Desensibilisierungslösung *f*
desensitizing therapy Desensibilisierungstherapie *f*
deserpidine Deserpidin *n (Antihypertensivum)*
desert fever [rheumatism] *s.* coccidioidomycosis
desexualize *v s.* emasculate
desferrioxamine mesylate Deferoxaminmesylat *n (Chelatbildner)*

desflurane Desflurane *n (Anästhetikum)*
deshydraemia Wassermangel *m* im Blut; Hämokonzentration *f*
desiccant (aus)trocknend; entwässernd
desiccant (agent) austrocknendes Mittel *n* [Medikament *n*]
desiccation Austrocknung *f*, Trocknung *f*, Entwässerung *f*, Trockenlegung *f*
desiccative (aus)trocknend; entwässernd
desiccator Desikkator *f*, Trockner *m*
designated donor geeigneter Spender *m*
designated donor blood geeignetes Spenderblut *n*
designer drug Designerdroge *f*
desipramine hydrochloride Desipraminhydrochlorid *n (Antidepressivum)*
desire Wunsch *m*, Verlangen *n*, Begierde *f*
deslanoside Deslanosid *n*, Desacetyllanatosid *n* C *(Digitalisglykosid)*
desmalgia Desmalgie *f*, Sehnenschmerz *m*; Bänderschmerz *m*
desmectasis Sehnenzerrung *f*, Bänderzerrung *f*
desmepithelium Desmoepithel *n (Epithelschicht in Blut- und Lymphgefäßen)*
desmid Desmid *n*
desmin Desmin *n (kontraktiles Eiweiß)*
desmiognathus *(Terat)* Desmiognathus *m*
desmitis Desmitis *f*, Sehnenentzündung *f*, Bandentzündung *f*
desmocranium *(Embr)* Desmokranium *n*, Bindegewebsschädel *m*, bindegewebige Schädelanlage *f*
desmocyte Desmozyt *m*, Fibroblast *m*, Bindegewebszelle *f*
desmocytoma Desmozytom *n*, Fibrom *n*
desmodont *(Stom)* Desmodont *n*, Wurzelhaut *n*
desmodontium Ligamentum *n* periodontalis, Zahnwurzelhaut *f*, Wurzelhaut *f*, Periodontium *n*
desmodynia *s.* desmalgia
desmogeneous desmogen, von Bändern [Ligamenten] stammend
desmography Desmographie *f*, Bandbeschreibung *f*
desmohaemoblast Desmohämoblast *m*, Mesenchym *n*
desmoid desmoid, bandartig; fibrös
desmoid (tumour) Desmoid *n*, harte Bindegewebsgeschwulst *f*, Fibroma *n* durum
desmolase Desmolase *f (Enzym)*
desmology 1. Desmologie *f (Lehre von den Ligamenten)*; 2. Bandagierungskunst *f*, Methodik *f* der Bandageanlegung
desmoma Desmom *n*, desmoider Tumor *m*
desmopathy Desmopathie *f*, Sehnenerkrankung *f*, Banderkrankung *f*
desmopexia Desmopexie *f*, Sehnennaht *f*, Bandnaht *f*
desmoplasia Bindegewebsbildung *f*, Faserbindegewebsproliferation *f*
desmoplastic desmoplastisch
desmopressin acetate Desmopressinazetat *n (Antidiuretikum, Vasopressinanalogon)*
desmorrhexis Desmorrhexis *f*, Bänderriss *m*, Bänderzerreißung *f*
desmose Desmose *f*
desmosine Desmosin *n (Elastinbestandteil)*
desmosis Desmosis *f*, Bindegewebskrankheit *f*, Bindegewebserkrankung *f*
desmosome *(Histol)* Desmosom *n*, Interzellularbrücke *f*, Macula *f* adhaerens
desmosterol Desmosterol *n*
desmotomy Desmotomie *f*, Sehnenschnitt *m*, (operative) Sehnendurchtrennung *f*, Bänderschnitt *m*, (operative) Banddurchtrennung *f*
desmurgia Desmurgie *f*, Verbandlehre *f*
desobliterate *v* desobliterieren, ausschälen *(Gefäßinnenhaut)*
desobliteration Desobliteration *f*, Intimaausschälung *f*, Intimaexzision *f*, Intimektomie *f*
desocialization *(Neur)* Desozialisierung *n*
desogestrel Desogestrel *n (Kontrazeptivum)*
desoleolecithin Desoleolecithin *n (Lezithinspaltprodukt nach Kopragiftwirkung)*
desonide Desonid *n (synthetisches Kortikosteroid)*
desorb *v* desorbieren
desorption Desorption *n (Wiederfreisetzung resorbierter Substanzen)*
desoximetasone Desoximetason *n (synthetisches Kortikosteroid)*
desoxy... *(siehe auch:)* deoxy...
desoxycorticosterone Desoxykortikosteron *n (Mineralokortikoid)*
desoxycortone Desoxykorton *n*
desoxymorphine Desoxymorphin *n*
desoxyphenobarbital Desoxyphenobarbital *n*
desoxyribonucleic acid *s.* deoxyribonucleic acid
despair Hoffnungslosigkeit *f*
despecification *(Immun)* Despezifikation *f*
desquamate *v* (ab)schuppen, abschilfern, schälen, abblättern *(z. B. die Haut)*
desquamation Desquamation *f*, Hornhautabschuppung *f*, Schuppen *n*, Abschuppung *f*, Abschilferung *f*, Schälung *f*, Abblättern *n*
desquamative desquamativ, (ab)schuppend, abschilfernd, schälend, abblätternd; Desquamations..., Desquamativ..., Abschuppungs...
desquamative catarrh Desquamativkatarrh *m*
desquamative gingivitis Gingivitis *f* desquamativa, abschuppende Zahnfleischentzündung *f*
desquamative interstitial pneumonia desquamative interstitielle Pneumonie *f*
desquamatory *s.* desquamative
desquamatous glossitis Glossitis *f* desquamativa
dessicate *v* (aus)trocknen; entwässern
destiny neurosis Bestimmungsneurose *f*, Schicksalsneurose *n*
destroy *v* **bacteria** Bakterien zerstören
destruction of bone Knochenzerstörung *f*
destruction of tissue Gewebezerstörung *f*
destructive aggression *(Neur)* destruktive Aggression *f*
destructive instinct *(Neur)* Destruktionstrieb *m*, Zerstörungstrieb *m*
destructive interference destruktive Interferenz *f (bei Ultraschalluntersuchung)*
destructive (placental) mole Chorioadenoma *n* destruens, Chorioadenom *n*, destruierende Blasenmole *f*
destrudo *(Neur)* Destrudo *f*
desudation profuses Schwitzen *n*
desuggestion *(Neur)* Desuggestion *f*
detachment of the choroid Chorioideaablösung *f*, Aderhautablösung *f*, Ablatio *f* [Amotio *f*] chorioideae
detachment of the retina Retinaablösung *f*, Netzhautablösung *f*, Ablatio *f* [Amotio *f*] retinae
detachment of the vitreous body Glaskörperabhebung *f*, Ablatio *f* [Amotio *f*] corporis vitrei
detail Detail *n* • **discern a detail** ein Detail erkennen
detail accentuation Detailbetonung *f*, Detailverdeutlichung *f*
detail detection Detailerkennung *f*
detail representation Detaildarstellung *f*
detect *v* **the existence of pregnancy** eine Schwangerschaft nachweisen
detection 1. Entdeckung *f*, 2. Nachweis *m*

detection of infection Infektionserkennung *f*
detector 1. Detektor *m*, Nachweismittel *n (für Substanzen)*; 2. Detektor *m*, Strahlendetektor *m*
detergent detergent, reinigend
detergent (agent) 1. Detergens *n*, Reinigungsmittel *n*; 2. Detergens *n*, Benetzungsmittel *n*, Netzmittel *n (zur Herabsetzung der Oberflächenspannung)*
deteriorate *v* (sich) verschlechtern, schlechter werden *(Zustand)*; degenerieren
deterioration of health Verschlechterung *f* des Gesundheitszustandes
deteriorative psychosis of reference progressive Beziehungspsychose *f*
Determann's syndrome Determann-Syndrom *n*, Dyskinesia *f* intermittens angiosclerotica
determinant 1. Determinante *f*, Messgröße *f*, Parameter *m*; 2. *(Gen)* Determinante *f*
determinants of occlusion *(Stom)* Okklusionsdeterminanten *fpl*
determinate cleavage *(Histol)* determinierte Furchung *f*, Mosaikteilung *f (mitotische Teilung der befruchteten Eizelle)*
determination of arterial pressure arterielle Druckmessung *f*
determination of basal metabolic rate Grundumsatzbestimmung *f*
determination of blood Blutandrang *m*, Blutfülle *f*
determination of cardiac output Herzminutenvolumenbestimmung *f*, HZV-Messung *f*
determination of circulating blood volume Bestimmung *f* des zirkulierenden Blutvolumens
determination of isomorphous reaction *(Derm)* Auslösung *f* des isomorphen Reizeffektes
determination of musculo-hair reflex Auslösung *f* des pilomotorischen Reflexes
determination of occlusal height Bisshöhenbestimmung *f*
determination of volumen Volumenbestimmung *f*
determine *v* 1. bestimmen, feststellen, ermitteln; 2. sich entscheiden, sich entschließen
determine *v* **ammonia in blood** den Blutammoniakgehalt bestimmen, Ammoniak im Blut bestimmen
determine *v* **the central venous pressure** den zentralen Venendruck bestimmen, den ZVD messen
determine *v* **the differential blood count** das Differenzialblutbild bestimmen
determine *v* **the electrolyte content of the blood** die Blutelektrolyte bestimmen, eine Elektrolytbestimmung im Blut vornehmen
determine *v* **the gas composition of blood** die Blutgase bestimmen, eine Blutgasanalyse durchführen
determine *v* **timing of delivery** den Geburtstermin bestimmen
determining of the blood group Blutgruppenbestimmung *f*
determinism *(Neur)* Determinismus *m*
dethyroidize *v* die Schilddrüse entfernen
detonator effect *(Neur, Physiol)* Entladungseffekt *m (Synapse)*
de Toni-Fanconi syndrome *s.* Debré-de Toni-Fanconi syndrome
detorsion Detorsion *f*, Entdrallung *f*
detoxicant entgiftend
detoxicant (agent) Entgiftungsmittel *n*
detoxicate *v* entgiften
detoxication Detoxikation *f*, Entgiftung *f*
detoxification centre Entgiftungszentrum *n*; Trinkerheilstätte *f*
detoxification service Detoxikationsdienst *m*
detoxify *v s.* detoxicate
detrition Abrieb *m*, Abnutzung *f*
detritus Detritus *m*, Gewebezerfallsmaterial *n*
detritus cyst Detrituszyste *f*, Geröllzyste *f*
detruncation *s.* decapitation
detrusor contraction Detrusorkontraktion *f*, Entleerungsmuskelkontraktion *f*
detrusor muscle Musculus *m* detrusor, Entleerungsmuskel *m*
detrusor urinae (muscle) 1. *s.* detrusor vesicae (muscle); 2. Musculus *m* bulbospongiosus
detrusor vesicae (muscle) Detrusor *m* vesicae, Harnblasenentleerungsmuskel *m*
detubation *s.* extubation
detumescence Detumeszenz *f*, Abschwellung *f*, Erschlaffung *f*
detumescence impulse *(Neur)* Detumeszenztrieb *m*
deturgescence Deturgeszenz *f (der Kornea des Auges)*
deutan 1. deuteranomal, grünschwachsichtig, Deuteranomalie...; 2. deuteranop, grünblind, Deuteranopie...
deutan 1. Deuteranomale(r) *m*, Grünschwachsichtige(r) *m*; 2. Deuteranope(r) *m*, Grünblinde(r) *m*
deuteranomal Deuteranomale(r), *m* Grünschwachsichtige(r) *m*
deuteranomalous deuteranomal, grünschwachsichtig
deuteranomaly Deuteranomalie *f*, Grünschwäche *f*
deuteranope Deuteranope(r) *m*, Grünblinde(r) *m*
deuteranopia Deuteranopie *f*, Grünblindheit *f*
deuteranopic deuteranop, grünblind
deuteranopsia *s.* deuteranopia
deuteropathic deuteropathisch; Sekundärkrankheits..., Folgeerkrankungs...
deuteropathy Deuteropathie *f*, Folgeerkrankung *f*, Sekundärleiden *n*, Sekundärkrankheit *f*
deuteropin Deuteropin *n (Opiumalkaloid)*
deuteroplasm Deuteroplasma *n*, Eidotter *n*
deuteroporphyrin Deuteroporphyrin *n*
deuterosome Deuterosom *n (Zytoplasmaorganelle)*
deuterotocia Deuterotokie *f (asexuelle Reproduktionsform)*
deuterotoky *s.* deuterotocia
deutoplasm *s.* deuteroplasm
deutoplasmigenon Deutoplasmigenon
deutoplasmolysis Deut(er)oplasmolyse *f*, Deut(er)oplasmaauflösung *f*
Deutschländer's disease Deutschländer'sche Krankheit *f*, Deutschländer'sches Syndrom *n*, Deutschländer-Fraktur *f*, Marschfraktur *f (Ermüdungsbruch von Mittelfußknochen)*
devagination Desinvagination *f*, Devagination *f*, Reposition *f* einer Darminvagination
devaluation *(Psych)* Devaluation *f*
devasation *s.* devascularization
devascularization Devaskularisation *f*, Gefäßverarmung *f*
develop *v* **hypersensitivity** Überempfindlichkeit herausbilden, Hypersensibilität entwickeln
develop *v* **immunity** Immunität herausbilden [entwickeln]
develop *v* **into cancer** sich in Krebs verwandeln, maligne entarten, bösartig werden
develop *v* **vascular collapse** einen Kreislaufkollaps bekommen, kollabieren
developer Entwickler *m*
developer bath *(Rad)* Entwicklerbad *f*, Entwicklungsbad *n*
developer concentration *(Rad)* Entwicklerkonzentration *f*
developer fog *(Rad)* Entwicklerschleier *m*; Entwicklungsschleier *m*
developer solution *(Rad)* Entwicklerlösung *f*
developer temperature *(Rad)* Entwicklertemperatur *f*

developing bath Entwicklerbad *n*
developing time *(Rad)* Entwicklungszeit *f*
development Entwicklung *f*, Ontogenese *f*
developmental sich entwickelnd; reifend; Entwicklungs...; Reifungs...
developmental age Entwicklungsalter *n*
developmental agraphia Entwicklungsagraphie *f*
developmental anatomy Entwicklungsanantomie *f*, Embryologie *f*
developmental aneurysm angeborenes Aneurysma *n*
developmental anomaly Entwicklungsanomalie *f*
developmental apraxia Entwicklungsapraxie *f*
developmental arithmetic disorder *(Neur)* entwicklungsbezogene Rechenstörung *f*
developmental arrest Entwicklungsstillstand *m*
developmental articulation disorder *(Neur)* entwicklungsbezogene Artikulationsstörung *f*
developmental cell Bildungszelle *f*
developmental coordination disorder *(Neur)* entwicklungsbezogene Koordinationsstörung *f*
developmental crisis Entwicklungskrise *f*, Reifungskrise *f*
developmental defect Entwicklungsdefekt *f*
developmental disability Entwicklungsbehinderung *f*
developmental disorder Entwicklungsstörung *f*
developmental disturbance Entwicklungsstörung *f*
developmental dyspraxia Entwicklungsdyspraxie *f*
developmental enhancement Entwicklungsbeschleunigung *f*
developmental expressive language disorder *(Neur)* expressive Sprachentwicklungsstörung *f*
developmental expressive writing disorder *(Neur)* entwicklungsbezogene Schreibstörung *f*
developmental groove *(Stom)* Entwicklungslinie *f*, Entwicklungsfurche *f (des Zahnschmelzes)*
developmental guidance *(Stom)* kieferorthopädische Entwicklungskontrolle *f (der Kiefer- und Zahnentwicklung)*
developmental horizon Entwicklungshorizont *m*
developmental masturbation *(Neur)* Entwicklungsonanie *f*, Entwicklungsmasturbation *f*
developmental model Entwicklungsmodell *n*
developmental paranoia *(Neur)* Entwicklungsparanoia *f*
developmental period Entwicklungszeit *f*
developmental physiology Entwicklungsphysiologie *f*
developmental quotient Entwicklungsquotient *m*
developmental reading disorder *(Neur)* entwicklungsbezogene Lesestörung *f*
developmental receptive language disorder *(Neur)* rezeptive Sprachentwicklungsstörung *f*
developmental stage Entwicklungsstadium *n*
developmental task Entwicklungsaufgabe *f*
Devergie's disease *(Derm)* Devergie'sche Krankheit *f*, Devergie-Krankheit *f*, Pityriasis *f* rubra pilaris, Lichen *m* ruber follicularis [acuminatus], Stachelflechte *f*
deviance Abweichung *f* (von der Norm)
deviant (von der Norm) abweichend
deviant behaviour *(Psych)* abweichendes Verhalten *n*
deviant person von der Norm abweichende Person *f*
deviated septum verbogenes Nasenseptum *n*; Septumdeviation *f*
deviation Deviation *f*, Ablenkung *f*, Abweichung *f*, Abknickung *f* im Verlauf *(z. B. einer Kurve)*
deviation angle 1. Abweichungswinkel *m*, Ablenkungswinkel *m*; 2. *(Ophth)* Schielwinkel *m*
deviation from normal Normabweichung *f*, Abweichung *f* vom Normalen
deviation from the normal position Fehlstellung *f*, Abweichung *f* von der Normalstellung
deviation of occlusion *(Stom)* Okklusionsabweichung *f*, Bissabweichung *f*
deviation of the tongue Zungendeviation *f*
deviation to the left Linksverschiebung *f (im Differenzialblutbild)*
deviation to the right Rechtsverschiebung *f (im Differenzialblutbild)*
deviational nystagmus Endstellungsnystagmus *m*
device 1. Gerät *n*, Apparatur *f*, Apparat *m*; 2. Prothese *f*
device for radiation therapy Bestrahlungsgerät *n*
devient behaviour abweichendes Verhalten *n*
Devic's disease *(Neur)* Devic'sche Krankheit *f* [Erkrankung *f*], Neuromyelitis *f* optica
devil's grip Pleurodynie *f*, Bornholmer Krankheit *f*, epidemische Myalgie *f*
deviometer Strabismometer *n*, Strabometer *n*, Schiel(winkel)messer *m*
devital tooth devitalisierter [pulpaloser] Zahn *m*
devitalization (of the pulp) *(Stom)* Devitalisation *f*, Pulpadevitalisation *f*, Pulpaentfernung *f* aus dem Wurzelkanal
devitalize *v* devitalisieren
devitalized nicht vital [lebend], avital *(z. B. die Pulpa)*; tot *(z. B. ein Zahn)*
devitalizing paste Devitalisierungspaste *f (z. B. für die Zahnpulpa)*
devolution 1. Involution *f*, Rückbildung *f*; 2. Katabolismus *m*, Abbaustoffwechsel *m*; 3. Degeneration *f*, Entartung *f*
dew point Kondensationspunkt *m (Temperaturpunkt führt zur Bildung von Aerosolniederschlägen)*
Dewar flask Dewar-Gefäß *n*; Dewar-Kammer *f*
deworming Wurmabtreibung *f*, Entwurmung *f*, Wurmentfernung *f*
dexamethasone 9-Fluor-16α-methylprednisolon *n (Glukokortikoid)*
dexamethasone suppression test Dexamethason-Suppressionstest *m*, Dexamethason-Hemmtest *m (Nebennierenrindenfunktion)*
dexbrompheniramine Dexbrompheniramin *n (Antihistaminikum)*
dexbrompheniramine maleate Dexbrompheniraminmaleat *n*
dexchlorpheniramine Dexchlorpheniramin *n (Antihistaminikum)*
dexchlorpheniramine maleate Dexchlorpheniraminmaleat *n*
dexetimide Dexetimid *n (Antiparkinsonmittel)*
dexfenfluramine Dexfenfluramin *n (Anorexikum)*
dexfenfluramine hydrochloride Dexfenfluraminhydrochlorid *n*
dexiocardia *s.* dextrocardia
dexiotropic rechtsverdreht, in rechtsdrehender Spirale
dexpanthenol Dexpanthenol *n*
dexpropranol Dexpropranol *n (Antiarrhythmikum)*
dexpropranol hydrochloride Dexpropranolhydrochlorid *n*
dexter dexter, rechts(seitig)
dextrad nach rechts gerichtet, dextrad
dextrad writing Schreiben *n* von links nach rechts
dextral 1. rechts (liegend), rechtsseitig; 2. rechtshändig
dextrality 1. rechtsseitige Lage *f*, Rechtsbetonung *f*; 2. Rechtshändigkeit *f*
dextran Dextran *n (Polysaccharid; Plasmavolumenexpander)*
dextran 40 Dextran *n* mit Molekulargewicht 40.000
dextran fermentation Dextranfermentation *f*
dextran preparation Dextranpräparat *n*

dextran sucrase Dextransucrase *f (Enzym)*
dextranase Dextranase *f (Enzym)*
dextrase Dextrase *f (Enzym)*
dextraural rechtsaurikulär; Rechtsohr…
dextriferon Dextriferon *n (Eisenpräparat)*
dextrin Dextrin *n (Stärkeabbauprodukt)*
dextrin dextranase Dextrindextranase *f (Enzym)*
dextrin endoglucosidase Dextrinendoglucosidase *f (Enzym)*
dextrin glucosidase Dextringlucosidase *f (Enzym)*
dextrin glucosyltransferase Dextringlucosyltransferase *f (Enzym)*
dextrin limit Dextrinlimit *n*
dextrin transglycosylase Dextrindtransglycosylase *f (Enzym)*
dextrinase Dextrinase *f (Enzym)*
dextrinate *s.* to dextrinize
dextrinize *v* in Dextrin verwandeln [umwandeln]
dextrinogenic dextrinogen, dextrinbildend
dextrinosis Dextrinose *f (Anhäufung von Dextrin im Gewebe)*
dextrinuria Dextrinurie *f*, Dextrinausscheidung *f* im Urin
dextroamphetamine Dextroamphetamin *n (rechtsdrehendes Amphetamin mit Suchtgefahr, ZNS-Stimulans n)*
dextroangiocardiogram Dextroangiokardiogramm *n*
dextroangiocardiography Dextroangiokardiographie *f*
dextrocardia Dextrokardie *f*, Dexiokardie *f*, Rechtsverlagerung *f* des Herzens
dextrocardial dextrokardial; Rechtsherz…
dextrocardiogram Dextrokardiogramm *n*, Rechtsherzelektrokardiogramm *n*, Rechtsherz-EKG *n*
dextrocardiography Dextrokardiographie *f*, Rechtsherz-EKG-Aufzeichnung *f*
dextrocerebral dextrozerebral; Rechtshirnhemisphären…
dextroclination Dextroklination *f*, Dextrotorsion *f*, Dextrozykloduktion *f*
dextrocompound rechtsdrehende (dextrogyre) Substanz *f (im polarisierten Licht)*
dextrocular rechtsäugig
dextrocularity Rechtsäugigkeit *f*
dextrocycloduction *s.* dextroclination
dextroduction Dextroduktion *f (des Auges)*
dextrogastria Dextrogastrie *f*, Rechtsverlagerung *f* des Magens
dextroglucose Dextroglukose *f*, D-Glukose *f*, D-Glucose *f*
dextrogram 1. Dextrogramm *n*, Rechtsherzröntgen(kontrast)bild *n*; 2. *s.* dextrocardiogram
dextrogyral *s.* dextrogyre
dextrogyrate *s.* dextrogyre
dextrogyration Dextrogyration *f*, Rechtsverdrehung *f* des Auges
dextrogyratory *s.* dextrogyre
dextrogyre *(Bioch)* dextrogyr, rechtsdrehend
dextrogyrous *s.* dextrogyre
dextromanual dextromanual, dextromanuell, rechtshändig
dextromethorphan hydrobromide Dextromethorphanhydrobromid *n (Antitussivum)*
dextromoramide tartrate Dextromoramidtartrat *n (Analgetikum)*
dextropedal dextropedal, rechtsfüßig
dextroposition Dextroposition *f*, Rechtsverlagerung *f*
dextroposition of the heart *s.* dextrocardia
dextrorotation Dextrorotation *f*, Rechtsdrehung *f*
dextrorotatory dextrorotatorisch, rechtsdrehend
dextrose Dextrose *f*, Traubenzucker *m*, α-Glukose *f*
dextrosinistral von rechts nach links verlaufend, dextrosinistral
dextrosinistral (person) Linkshänder *m* mit Benutzung der rechten Hand
dextrosuria Glukosurie *f*, Glukoseausscheidung *f* im Urin, Glykosurie *f*
dextrothyroxine Dextrothyroxin *n (Lipidsenker)*
dextrotorsion Dextrotorsion *f*, Rechts(ver)drehung *f*
dextroversion Dextroversion *f*, Rechtsneigung *f*
dextroversion of the heart korrigierte Dextrokardie *f*
dextroverted dextrovertiert, nach rechts geneigt
Di George's syndrome Di George-Syndrom *n*, Thymusaplasie *f*
di Guglielmo's disease *(Hämat)* di Guglielmo'sche Krankheit *f*, Morbus *m* di Guglielmo, akute Erythrämie *f* [erythrämische Myelose *f*]
di Guglielmo's syndrome *s.* di Guglielmo's disease
diabetes 1. Diabetes *m*, Durchgang *m*, Durchfluss *m*, Harnfluss *m*, Harnruhr *f*; 2. Diabetes *m* mellitus, Zuckerharnruhr *f*; 3. Diabetes *m* insipidus, Wasserharnruhr *f*; 4. Diabetes *m* renalis, Nierendiabetes *m*, renale Glukosurie *f*
• **suffer from diabetes** an Diabetes leiden, zuckerkrank sein
diabetic diabetisch, zuckerkrank; Diabetes…
diabetic Diabetiker *m*, Zuckerkranker *m*
diabetic acidosis Ketonkörperazidose *f*, diabetische Azidose *f*
diabetic amaurosis diabetische Amaurose *f*
diabetic amyotrophy diabetische Amyotrophie *f*
diabetic angiopathy Diabetesangiopathie *f*, diabetische Angiopathie *f* [Gefäßkrankheit *f*]
diabetic cataract Diabeteskatarakt *f*, diabetische Katarakt *f*, Cataracta *f* diabetica
diabetic centre Diabeteszentrum *n (im vierten Hirnventrikel)*
diabetic coma Diabetikerkoma *n*, Diabeteskoma *n*, diabetisches Koma *n*, Coma *n* diabeticum
diabetic diet Diabetesdiät *f*, Diabetikerdiät *f*, Diabeteskost *f*
diabetic gangrene Diabetesgangrän *f*, diabetische Gangrän *f*
diabetic glomerulosclerosis (diabetische) Glomerulosklerose *f*, Kimmelstiel-Wilson'sches Syndrom *n*
diabotic glycosuria Harnzuckerausscheidung *f*, diabetische Glukosurie *f* [Glykosurie *f*]
diabetic ketoacidosis diabetische Ketoazidose *f*
diabetic-like diabetesartig
diabetic nephropathy Diabetikernephropathie *f*, diabetische Nephropathie *f* [Nierenerkrankung *f*]
diabetic neuropathy Diabetikerneuropathie *f*, diabetische Neuropathie *f*
diabetic patient Diabetespatient *m*, Diabetiker *m*
diabetic psychosis *(Neur)* diabetische Psychose *f*, Diabetespsychose *f*
diabetic polyneuritis diabetische Polyneuritis *f*, Polyneuritis *f* diabetica
diabetic polyneuropathy diabetische Polyneuropathie *f*, Polyneuropathia *f* diabetica
diabetic puncture (Bernhard'scher) Zuckerstich *m*
diabetic retinopathy diabetische Retinopathie *f* [Netzhautentzündung *f*], Retinopathia *f* diabetica
diabetic retinitis *s.* diabetic retinopathy
diabetic tabes diabetische Tabes *f*
diabetic treatment Diabetesbehandlung *f*, Diabetestherapie *f*
diabetic vulvovaginitis diabetische Vulvovaginitis *f*, Vulvovaginitis *f* diabetica
diabetic xanthoma diabetisches Xanthom *n*
diabetid diabetische Dermopathie *f*, diabetische Hauteruption *f*
diabetogenic diabetogen, diabeteserzeugend
diabetogenic state diabetogener Zustand *m*
diabetogenous *s.* diabetogenic

diabetology Diabetologie *f (Lehre vom Diabetes)*
diabetophobia Diabetophobie *f (Angst vor Zuckerkrankheit)*
diabetotherapy Diabetestherapie *f*, Diabetesbehandlung *f*
diabolism *(Neur)* Diabolie *f*
diabrosis Diabrosis *f*, Diabrose *f*, perforierende Ulzeration *f*, Arrosion *f*
diabrotic ulzerativ; korrosiv; arrodierend; ätzend
diacetaemia Diazetämie *f*, Azetonämie *f*, Auftreten *n* von Azetonkörpern [Acetonkörpern] im Blut
diacetic acid *s.* acetoacetic acid
diacetonuria *s.* diaceturia
diaceturia Diazeturie *f*, Ketonurie *f*, Azetonkörperausscheidung *f* im Urin
diacetylcholin Diacetylcholin *n*, Succinylcholin *n*
diacetylmonoxime Diacetylmonoxim *n (Acetylcholinesterase-Reaktivator)*
diacetylmorphine Dia(cetyl)morphin *n*, Heroin *n (Rauschgift; Zusammensetzungen siehe unter: heroin)*
diachorema Exkrement *n*; Fäzes *f*
diachoresis *s.* defecation
diachronia *(Neur)* Diachronie *f*
diaclasis Diaklase *f*, beabsichtigte Fraktur *f*
diaclast Diaklast *m*, Kranioklast *m*, Kraniotom *n*, Dahlgren'sche Zange *f*
diaclastic diaklastisch
diacondylar fracture diakondyläre Fraktur *f*
diacoptic fit *(Neur)* diakoptischer Anfall *m*
diacoptic reaction *(Neur)* diakoptische Reaktion *f*
diacrinous glandular cell diakrine Drüsenzelle *f*
diacrisis Diakrise *f*, Differenzialdiagnose *f*
diacritic(al) diakritisch, unterscheidend; (differenzial-) diagnostisch
diacylglycerol Diacylglycerol *n*
diacylglycerol acyltransferase Diacylglycerolacyltransferase *f (Enzym)*
diacylglycerol kinase Diacylglycerolkinase *f (Enzym)*
diacylglycerol lipase Diacylglycerollipase *f*, Lipoproteinlipase *f (Enzym)*
diadochocinesia *s.* diadochokinesis
diadochokinesis Diadochokinese *f (Fähigkeit zu schnellen antagonistischen Bewegungen)*
diadochokinetic Diadochokinese...
diagnosable diagnostizierbar
diagnose *v* diagnostizieren, eine Diagnose stellen
diagnose *v* **a case** einen Krankheitsfall diagnostizieren
diagnose *v* **as benign** als gutartig diagnostizieren; als gutartig befunden
diagnose *v* **as malign** als bösartig diagnostizieren; als bösartig befunden
diagnosing Diagnostizieren *n*; Befunden *n*, Befundung *f* • **be cautious in diagnosing** vorsichtig mit der Diagnose sein; vorsichtig bei der Befundung sein
diagnosis 1. Diagnose *f*; 2. *s.* diagnostics • **agree with a diagnosis** mit einer Diagnose übereinstimmen, einer Diagnose zustimmen • **corroborate the diagnosis** die Diagnose bestätigen • **discard a diagnosis** eine Diagnose verwerfen • **dismiss a diagnosis** *s.* to discard a diagnosis • **establish a diagnosis** eine Diagnose stellen, diagnostizieren; einen Befund erheben • **establish a differential diagnosis** eine Differentialdiagnose stellen • **establish a wrong diagnosis** eine Fehldiagnose stellen • **make a diagnosis** *s.* diagnose
diagnosis by exclusion 1. Ausschlussdiagnose *f*, 2. Ausschlussdiagnostik *f*
diagnosis of localization Lokalisationsdiagnostik *f*
diagnosis of pregnancy Schwangerschaftsnachweis *m*
diagnosis of suspected tumours Tumordiagnostik *f*
diagnosis on discharge Entlassungsdiagnose *f*
diagnosis-related group diagnosebezogene Gruppe *f*
diagnostic 1. diagnostisch; Diagnose...; 2. diagnostisch, die Diagnose bestätigend • **be diagnostic of** symptomatisch sein für
diagnostic anaesthesia diagnostische Anästhesie *f*, Anästhesie *f* für diagnostische Zwecke
diagnostic acumen diagnostischer Scharfblick *m* [Scharfsinn *m*]
diagnostic biopsy diagnostische Biopsie *f*
diagnostic confirmation diagnostische Bestätigung *f*, diagnostische Abklärung *f*
diagnostic curettage of the uterine cavity diagnostische Gebärmutterausschabung *f* [Kürettage *f*]
diagnostic denture diagnostische Zahnprothese *f*
diagnostic documentation Befunddokumentation *f*
diagnostic error [mistake] Diagnosefehler *m*
diagnostic evaluation Befundauswertung *f*
diagnostic findings Untersuchungsbefund *f*
diagnostic operation diagnostische Operation *f*
diagnostic peritoneal lavage diagnostische Peritoneallavage *f*
diagnostic pneumoperitoneum diagnostisches Pneumoperitoneum *n*
diagnostic pneumothorax diagnostischer Pneumothorax *m*
diagnostic process Diagnoseprozess *m*, diagnostischer Prozess *m*
diagnostic radiology Röntgendiagnostik *f*
diagnostic radiopharmaceutical diagnostisches Radiopharmakon *n*
diagnostic-related group diagnosebezogene Gruppe *f*
diagnostic result diagnostisches Ergebnis *f*
diagnostic sensitivity test agar DST-Agar *m*, diagnostischer Sensibilitätstestungsnährboden *m*
diagnostic serology diagnostische Serologie *f*, Serodiagnostik *f*
diagnostic splint Diagnostikschiene *f*
diagnostic ultrasound diagnostischer Ultraschall *m*
diagnostic value diagnostischer Aussagewert *m*
diagnostic X-ray equipment Röntgendiagnostikausrüstung *f*
diagnostic X-ray unit Röntgendiagnostikgerät *n*
diagnosticate *v s.* diagnose
diagnostician Diagnostiker *m*
diagnostics Diagnostik *f*
diagonal clasp *(Stom)* Diagonalklammer *f*
diagonal conjugate diameter *(Gyn)* Diameter *m* diagonalis, Conjugata *f* diagonalis
diagonal nystagmus diagonaler Nystagmus *m*
diakinesis Diakinese *f (Zellteilungsstadium)*
dial Ziffernblatt *n*; zirkuläres Diagramm *n*, Scheibendiagramm *n*
dialectrolysis *s.* iontophoresis
dialectrothermy *s.* short-wave diathermy
dialysance Dialysance *f (Maß für Stoffaustausch zwischen Blut und Dialysierflüssigkeit)*
dialysate Dialysat *n*, Dialysierlösung *f*, Spülflüssigkeit *f*, Spüllösung *f*
dialysate compartment *(Nephr)* Dialysierlösungskompartiment *n*, Spüllösungsseite *f*, Dialysierungskompartiment *n*
dialysis Dialyse *f (Verfahren zur Trennung von gelösten Stoffen)*
dialysis arthropathy Dialyse-Arthropathie *f*, Dialyse-Arthritis *f (bei Langzeithämodialyse)*
dialysis dementia Dialysedemenz *f*
dialysis dysequilibrium syndrome Dysäquilibrierungssyndrom *n* bei Dialyse
dialysis encephalopathy Dialyseenzephalopathie *f*

dialysis fluid Dialyseflüssigkeit *f*, Dialysierflüssigkeit *f*
dialysis machine Dialyseapparat *m*, Dialysierapparat *m*, künstliche Niere *f*
dialysis osteopathy Dialyse-Osteopathie *f (bei Dauerdialyse)*
dialysis patient Dialysepatient *m*
dialysis room Dialyseraum *m*
dialysis service Dialysedienst *m*
dialysis shunt Dialyse-Shunt *m*
dialysis technician Dialysetechniker *m*
dialysis therapy [treatment] Dialysetherapie *f*, Dialysebehandlung *f*
dialysis unit Dialyseabteilung *f*
dialytic dialytisch; Dialyse…
dialyzable dialysabel, dialysierbar, dialysefähig
dialyzate *s.* dialysate
dialyze *v* dialysieren, eine Dialyse durchführen; sich einer Dialyse unterziehen
dialyzer 1. Dialyseapparat *m*, künstliche Niere *f*, 2. Dialysator *m*, semipermeable Dialysemembran *f*
dialyzing fluid Dialysierlösung *f (siehe auch: dialysate)*
dialyzing membrane Dialysiermembran *f*, Dialysemembran *f*
dialyzing period Dialysierzeit *f*, Dialysezeit *f*
diameter of the foetal skull Schädeldurchmesser *m* des Fetus, fetaler Schädeldurchmesser *m*
diameter of the pelvic inlet Beckeneingangsdurchmesser *m*
diameter of the ventricle Ventrikeldurchmesser *m*
diamide Diamid *n*
diamidine Diamidin *n*
diamidine oxidase Diaminoxidase *f (Enzym)*
diamine Diamin *n*
diamine oxidase Diaminooxidase *f*, Histaminase *f (Enzym)*
diaminovaleric acid Diaminovaleriansäure *f*, Ornithin *n*
diaminuria Diaminurie *f*, Diaminausscheidung *f* im Urin
diamniotic diamniotisch, mit zwei Fruchtwassersäcken
Diamond-Blackfan anaemia Diamond-Blackfan-Anämie *f*, kongenitale hypoplastische Anämie *f*
Diamond-Blackfan syndrome *s.* Diamond-Blackfan anaemia
diamond burr *s.* diamond dental drill
diamond-coated diamantbeschichtet
diamond dental abrasive disk Diamantschleifscheibe *f*
diamond dental drill Diamantzahnbohrer *m*
diamond extraction forceps diamantbeschichtete Extraktionszange *f*
diamond finisher Diamantfinierer *m*
diamond grain size Diamantkorngröße *f*
diamond point Diamantspitze *f*
diamorphine *s.* diacetylmorphine
diamthazole dihydrochloride Diamthazoldihydrochlorid *n (Antimykotikum)*
diandry Diandrie *f (Eibefruchtung mit diploidem Spermium)*
dianoetic *(Neur)* dianoetisch, denkend, den Verstand betreffend; Denk…, Verstands…
diapedesis 1. Diapedese *f*, Gefäßwanddurchtritt *m* der Blutzellen; 2. Durchwanderung *f*, Transmigration *f (z. B. der Eizellen)*
diapedetic Diapedese…
diapedetic bleeding [haemorrhage] Diapedeseblutung *f*
diaper dermatitis Windeldermatitis *f*
diaper rash *(Derm)* Windelausschlag *m*
diaper restraint *(Orth)* Gegenextension *f* mit windelförmigem Korsett *(bei Kleinkindern)*
diaphane Diaphanoskopielampe *f*
diaphaneity Durchsichtigkeit *f*, Durchscheinbarkeit *f*, Transparenz *f*
diaphanocolposcopy Diaphanokolposkopie *f*
diaphanography Diaphanographie *f*
diaphanometer Diaphanometer *n*
diaphanometry Diaphanometrie *f*
diaphanoscope Diaphanoskop *n*, Durchleuchtungsgerät *n*
diaphanoscopic diaphanoskopisch
diaphanoscopy Diaphanoskopie *f*, Durchleuchtungsuntersuchung *f* mit Licht, Transillumination *f*
diaphanous diaphan, durchsichtig, transparent
diaphemetric diaphemetrisch, die taktile Sensibilität messend
diaphen hydrochloride Diaphenhydrochlorid *n (Antihistaminikum)*
diaphorase Diaphorase *f (Enzym)*
diaphoresis Diaphorese *f*, Perspiration *f*, Schweißsekretion *f*
diaphoretic 1. diaphoretisch, schweißtreibend, das Schwitzen bewirkend; 2. schweißbildend, schweißproduzierend
diaphoretic (agent) Diaphoretikum *n*, schweißtreibendes Mittel *n*
diaphragm 1. Diaphragma *n*, Scheidewand *f (zwischen Körperhöhlen)*; Zwerchfell *n*; 2. Trennwand *f*, Zwischenwand *f*, Membran *f*, Diaphragma *n (Dialyse, Elektrolyse)*; 3. Blende *f*, Begrenzungsblende *f*; Blendeneinrichtung *f (Optik, Röntgentechnik)*
diaphragm edge Blendenrand *m*
diaphragm of the pelvis *(Anat)* Diaphragma *n* pelvis
diaphragm of the sella *(Anat)* Diaphragma *n* sellae
diaphragm opening Blendenöffnung *f*
diaphragm pessary *(Gyn)* Diaphragmapessar *n*
diaphragm phenomenon Diaphragmaphänomen *n*, Zwerchfellzeichen *n*, Litten'sches Phänomen *n*
diaphragm plane Blendenebene *f*
diaphragm remote control Blendenfernbedienung *f*
diaphragm setting Blendeneinstellung *f*
diaphragm stethoscope Membranstethoskop *n*
diaphragmalgia Diaphragmalgie *f*, Zwerchfellschmerz *m*, Phrenalgie *f*
diaphragmatic diaphragmatisch, diaphragmal; Zwerchfell…, Diaphragma…
diaphragmatic breather Zwerchfellatmungstyp *m*, Zwerchfellatmer *m*, Bauchatmer *m*
diaphragmatic breathing Diaphragmaatmung *f*, Zwerchfellatmung *f*, Bauchatmung *f*
diaphragmatic clonus klonischer Zwerchfellkrampf *m*
diaphragmatic crus Crus *n* diaphragmatis, Zwerchfellschenkel *m*
diaphragmatic flutter Zwerchfellflattern *n*, Zwerchfellzittern *n*, Zwerchfellzucken *n*
diaphragmatic hernia Hernia *f* diaphragmatica, Zwerchfellbruch *m*, Diaphragmahernie *f*, Diaphragmatozele *f*
diaphragmatic motion Diaphragmabewegung *f*, Zwerchfellbewegung *f*
diaphragmatic node Diaphragmalymphknoten *m*
diaphragmatic peritonitis Peritonitis *f* diaphragmatica
diaphragmatic pleura Pleura *f* diaphragmatica, Zwerchfellpleura *f*
diaphragmatic pleurisy Pleuritis *f* diaphragmatica, Zwerchfellpleuraentzündung *f*
diaphragmatic plexus Plexus *m* diaphragmatis, Zwerchfell(nerven)geflecht *n*, Zwerchfellplexus *m*
diaphragmatic respiration Zwerchfellatmung *f*, Bauchatmung *f*
diaphragmatic rupture Diaphragmaruptur *f*, Zwerchfellzerreißung *f*

diaphragmatic sign Zwerchfellzeichen *n*, Litten'sches Phänomen *n*, Diaphragmaphänomen *n*
diaphragmatic tic *s.* diaphragmatic flutter
diaphragmatitis Diaphragmitis *f*, Zwerchfellentzündung *f*
diaphragmatocele Diaphragmatozele *f*, Diaphragmahernie *f*, Zwerchfellbruch *m*, Hernia *f* diaphragmatica
diaphragming Abblenden *n*, Abblendung *f*, Ausblendung *f* von Strahlen
diaphragmitis Diaphragmitis *f*, Zwerchfellentzündung *f*
diaphragmodynia *s.* diaphragmalgia
diaphysary *s.* diaphyseal
diaphyseal Diaphyse(n)..., Knochenmittelstück..., Knochenschaft...
diaphyseal aclasia Diaphysenaklasie *f*, Chondroplasia *f* deformans hereditaria; multiple Knorpelexostosen *fpl*
diaphyseal distance Diaphysenabstand *f*
diaphyseal dysplasia Diaphysendysplasie *f*
diaphyseal-epiphyeal fusion *(Chir)* Diaphysen-Epiphysen-Fusion *f*
diaphyseal fracture Diaphysenfraktur *f*, Knochenschaftbruch *m*
diaphyseal sclerosis Diaphysensklerose *f*
diaphysectomy Diaphysektomie *f*, Diaphysenexstirpation *f*, (operative) Knochenschaftentfernung *f*
diaphyses *pl s.* diaphysis
diaphysial *s.* diaphyseal
diaphysis Diaphyse *f*, Knochenschaft *m*, Knochenmittelstück *n*, Schaft *m (Zusammensetzungen siehe unter: shaft)*
diaphysitis Diaphysenentzündung *f*
diapiresis *s.* diapedesis
diaplacental diaplazental, diaplazentar, durch die Plazenta (hindurch)
diaplasis 1. Diaplasis *f*, Reposition *f*, Wiedereinrichtung *f* von Knochenfragmenten; 2. Reposition *f*, Einrenkung *f* von Gelenken
diapyesis *s.* suppuration
diapyetic die Suppuration fördernd; Suppurations...
diarrhaemia Hämoperitoneum *n*, Hämaskos *m*, blutiger Aszites *m*
diarrhoea Diarrhö *f*, Diarrhoe(a) *f*, Durchfall *m*, dünnflüssiger Stuhl *m*
diarrhoea of the newborn Neugeborenendiarrhö *f*
diarrhoeal diarrhöisch; Durchfall...
diarrhoeic diarrhöisch; Durchfall...
diarrhoeogenic diarrhöfördernd, diarroeogen
diarthric *s.* diarticular
diarthrodial Gelenk...
diarthrodial cartilage Gelenkknorpel *m*
diarthrodial joint Synovialgelenk *n*, Articulatio *f* synovialis
diarthrosis Diarthrose *f*, Kugelgelenk *n*
diarticular biartikulär, zweigelenkig
diaschisis Diaschisis *f (Tätigkeitsausfall eines Nervenabschnitts infolge Stimulationsausfalls)*
diascope Diaskop *n (Glasspatel)*
diascopic diaskopisch; Diaskopie...
diascopy 1. Diaskopie *f (Hautuntersuchungsmethode)*; 2. Transillumination *f*
diaspironecro(bio)sis Diaspironekro(bio)se *f*, disseminierte Nekrobiose *f*
diastalsis Diastalsis *f (Form der Darmbewegung)*
diastaltic diastaltisch; Diastalsis...
diastase Amylase *f (Enzym)*; *(veraltet)* Diastase *f*
diastasic 1. α-Amylase..., Diastase...; 2. Diastase..., Lücken...; Muskellücken...
diastasis 1. Diastase *f*, (anatomische) Lücke *f*, Muskellücke *f*; 2. Diastase *f*, Auseinanderdrängung *f*, Ablösung *f*, Loslösen *n (z. B. von Knochen)*; 3. Diastasis *f* cordis, Diastase *f (Endphase der Herzdiastole)*
diastasis recti abdominis *(Anat)* Rektusdiastase *f*
diastasuria Diastaseausscheidung *f* im Urin
diastatic 1. diastatisch, Diastasis..., Diastase...; 2. Diastase...
diastatic enzyme *s.* diastase
diastatic fermentation Diastasefermentation *f*
diastema 1. Diastema *n*, Spalt *m*, Spalte *f*, Spaltraum *m*, Lücke *f*; 2. Diastema *n*, Zahnlückenbildung *f*
diastematocrania *(Terat)* Diastematokranie *f*, (angeborene) Schädeldachspalte *f*, Kranioschisis *f*
diastematomyelia *(Terat)* Diastematomyelie *f*, (angeborene) Rückenmarkspalte *f*
diastematopyelia Diastematopyelie *f*, (angeborene) mediane Beckenspalte *f*
diaster *(Histol)* Diaster *m*, Doppelstern *m*, Amphiaster *m (Mitosefigur)*
diastereoisomeric diastereoisomer
diastereoisomerism Diastereoisomerismus *m*
diastereomerism Diastereomerie *f (Auftreten von teilweise spiegelbildlichen Molekülformen)*
diastole Diastole *f*, Herzerschlaffungsphase *f*, Herzerschlaffung *f*
diastolic diastolisch; Diastole(n)...
diastolic Diastolikum *n*, diastolisches Herzgeräusch *n*
diastolic augmentation diastolische Augmentation *f* [Anhebung *f*] *(z. B. des Blutdruckes)*
diastolic backward flow diastolischer Rückfluss *m*; diastolische Regurgitation *f*
diastolic blood pressure diastolischer Blutdruck *m*
diastolic filling pressure diastolischer Füllungsdruck *m*
diastolic heart sound diastolischer Herzton *m*
diastolic image diastolisches Bild *n*
diastolic murmur Diastolengeräusch *n*, diastolisches Geräusch *n* [Herzgeräusch *n*], Diastolikum *n*
diastolic pressure diastolischer Druck *m*
diastolic thrill *(Kard)* diastolisches Schwirren *n*
diastolic wave diastolische Welle *f*
diastomyelia *s.* diastematomyelia
diastrophic diastrophisch, verbogen, gebogen *(z. B. Knochen)*
diastrophic dwarf diastrophischer Zwerg *m*
diataxia Diataxie *f*, beidseitige Bewegungskoordinationsstörung *f*
diathermal diatherm(isch); Diathermie...
diathermancy Wärmedurchlässigkeit *f*
diathermanous diatherm, wärmedurchlässig, durchlässig für Wärmestrahlen
diathermic 1. *s.* diathermanous; 2. diatherm(isch); Diathermie...
diathermic therapy Diathermiebehandlung *f*
diathermocoagulation Diathermokoagulation *f*, Diathermieverkochung *f*, chirurgische Diathermie *f*
diathermy 1. Diathermie *f*, Thermopenetration *f*, Transthermie *f*, Wärmedurchdringung *f*, Kurzwellenbestrahlung *f*; 2. Diathermiestrom *m*; 3. Diathermiegerät *n*
diathermy apparatus Diathermiegerät *n*
diathermy coagulation *s.* diathermocoagulation
diathermy knife Diathermiemesser *n*
diathesis Diathese *f*, Reaktionsbereitschaft *f (des Körpers)*
diathetic Diathese...
diathetic ratio *(Neur)* diathetische Proportion *f*
diatoric tooth *(Stom)* diatorischer Zahn *m (mit Loch für Verankerung)*
diatrizoate Diatrizoat *n (Röntgenkontrastmittel)*
diazepam Diazepam *n*, 7-Chlor-1,3-dihydro-1-methyl-5-phenyl-2H-1,4-benzodiazepin-2-on *n (Sedativum)*
diazepam dependence *(Neur)* Diazepamabhängigkeit *f*, Valiumsucht *f*
diaziquone Diaziquon *n (Antineoplastikum)*

diazo compound Diazoverbindung *f*
diazo reaction *(Lab)* Diazoreaktion *f*
diazomethane Diazomethan *n*
diazotization Umwandlung *f* in eine Diazoverbindung, Diazotisierung *f*
diazotize *v* Diazogruppen einführen
diazoxide Diazoxid *n (Vasodilator, Antihypertensivum)*
dibenamine Dibenamin *n (Alpha-Rezeptorenantagonist)*
dibenamine psychosis *(Neur)* Dibenaminpsychose *f*
dibenzazepine Dibenzazepin *n (Antidepressivum)*
dibenzepin hydrochloride Dibenzepinhydrochlorid *n (Antidepressivum)*
dibenzocycloheptadiene Dibenzocycloheptadien *n (Antidepressivum)*
dibenzodiazepine Dibenzodiazepin *n*
dibenzoxazepine Dibenzoxazepin *n (Antidepressivum)*
dibothriocephaliasis *(Paras)* Dibothriozephaliasis *f*, Fischbandwurmerkrankung *f*, Fischbandwurmbefall *m*
dibothriocephalus Dibothriocephalus *m*, Fischbandwurm *m*
dibrachia *(Terat)* Dibrachie *f*, (einseitige) Doppelarmigkeit *f*
dibrachius *(Terat)* Dibrachius *m (Doppelmissbildung mit nur zwei Armen)*
dibucaine Dibucain *n (Lokalanästhetikum)*
dibucaine hydrochloride Dibucainhydrochlorid *n*
dibutoline sulphate Dibutolinsulphat *n (Anticholinergikum)*
DIC *s.* disseminated intravascular coagulation
dicarboxylicaciduria Dicarboxylsäureausscheidung *f* im Urin
dicephalia *(Terat)* Dizephalie *f*, Zweiköpfigkeit *f*, Doppelköpfigkeit *f*
dicephalous dizephal, zweiköpfig, doppelköpfig
dicephalus *(Terat)* Dizephalus *m*, zweiköpfige Missgeburt *f*, Doppelköpfiger *m*
dicephaly *s.* dicephalia
dicheilia *(Terat)* Dicheilie *f*, Doppellippigkeit *f*
dicheilus *(Terat)* Dicheilus *m*, Doppellippe *f*
dicheiria *(Terat)* Dicheirie *f*, Doppelhändigkeit *f*
dicheirus *(Terat)* Dicheirus *m*, Doppelhand *f*
dichloralphenazone Dichloralphenazon *n (Sedativum)*
dichloramine-T Dichloramin-T *n (Antiseptikum)*
dichlorodiethylsulphide Dichlorodiethylsulphid *n*, Senfgas *n*, Gelbkreuz *n*, Yperit *n*
dichlorodifluoromethane Dichlorodifluoromethan *n*
dichlorodiphenyltrichloroethane Dichlordiphenyltrichlorethan *n*, DDT *n*
dichloroisoproterenol Dichloroisoproterenol *n (Betablocker)*
dichlorphen Dichlorophen *n (Anthelmintikum)*
dichlorphenamide Dichlorphenamid *n (Karboanhydrasehemmer; zur Augendrucksenkung)*
dichogeny Dichogenie *f*
dichorial *s.* dichorionic
dichorionic zweieiig; zwei Chorions besitzend
dichorionic twins zweieiige Zwillinge *mpl*
dichotomization *s.* dichotomy
dichotomous division *s.* dichotomy
dichotomy Dichotomie *f*, Zweiteilung *f*, Bifurkation *f*, Gabelung *f*
dichroic 1. dichroit(isch), zweifarbig *(z. B. Kristalle)*; 2. *s.* dichromatic 1.
dichroism Dichroismus *m*, Doppelfarbigkeit *f (z. B. von Kristallen)*
dichromasia *(Ophth)* Dichromatopsie *f*, Dichromasie *f*, partielle Farbenblindheit *f*, Zweifarbensichtigkeit *f*
dichromasy *s.* dichromasia
dichromat(e) Dichromat(er) *m*, partiell Farbenblinder *m*
dichromatic 1. *(Ophth)* zweifarbensichtig, dichromat(isch); Dichromasie…; 2. dichromat(isch), zweifarbig
dichromatism 1. *s.* dichromasia; 2. Zweifarbigkeit *f*
dichromatopsia *s.* dichromasia
dichromic fog Zweifarbenschleier *m*
dichromophil(e) dichromophil, doppelfärbend, doppelt färbbar
dichromophilism Dichromophilie *f*, Doppelfärbbarkeit *f*
Dick test Dick-Test *m*, Dick'sche Probe *f (Scharlachtest)*
Dick toxin Dick-Toxin *n*, pyrogenes Streptokokkentoxin *n*
dicliditis Herzklappenentzündung *f*
diclidotomy Diklidotomie *f*, Herzklappeneinschnitt *m*
diclofenac Diclofenac *n (nicht steroidales Antirheumatikum)*
dicloxacillin Dicloxacillin *n (synthetisches penizillinasestabiles Penizillin)*
dicoria *s.* diplocoria
dicoumarin *s.* dicoumarol
dicoumarol Dikumarol *n*, Dikumarin *n (gerinnungshemmendes Mittel)*
dicrocoeliasis Dicrocoeliasis *f*, Dicrocoeliose *f (durch Dicrocoelium dendriticum)*
dicrocoeliosis *s.* dicrocoeliasis
Dicrocoelium dendriticum Dicrocoelium *n* dendriticum
dicrotic dikrot(isch), doppelgipfelig *(Pulskurve)*; dikrot, doppelschlägig *(Puls)*
dicrotic notch dikrote Pulswelle *f*
dicrotic pulse Pulsus *m* dicrotus [duplex], dikroter [doppelschlägiger] Puls *m*
dicrotic wave dikrote Welle *f*
dicrotism Dikrotie *f*, Doppelgipfligkeit *f (Pulskurve)*; Doppelschlägigkeit *f (Puls)*
dicrotous *s.* dicrotic
dictate *v* **on tape** auf Band diktieren
diction *(Neur)* Diktion *f*
dictyitis *s.* retinitis
dictyokinesis *(Histol)* Diktyokinese *f*, Teilung *f* des Golgi-Apparats
dictyoma *s.* diktyoma
dictyosome *(Histol)* Diktyosom *n*, Netzkörperchen *n (Teil des Golgi-Apparats)*
dicumarin *s.* dicoumarol
dicyclomine Dicyclomin *n (Anticholinergikum)*
dicyclomine hydrochloride Dicyclominhydrochlorid *n*
didactic didaktisch, (durch Vorlesung und Bücher) lehrend; Lehr…
didactylism Didaktylie *f*, Zweifingrigkeit *f*
didactylous didaktyl, nur zwei Finger besitzend *(an einer Hand)*
didanosine *s.* dideoxyinosine
didelphia Uterus *m* didelphys [duplex], doppelter Uterus *m*, Doppeluterus *m*, Didelphus *m*
didelphic didelphys, mit gedoppeltem Uterus
dideoxyadenosine Didesoxyadenosin *n*
dideoxycytidine Didesoxycytidin *n*
dideoxycytosine Didesoxycytosin *n*
dideoxyinosine Didesoxyinosin *n*
dideoxythymidine Didesoxythymidin *n*
didermoma *(Terat)* Didermom(a) *n*
didymalgia Didymalgie *f*, Hodenschmerz *m*, Orchialgie *f*, Orchiodynie *f*, Hodenneuralgie *f*
didymitis Didymitis *f*, Orchitis *f*, Hodenentzündung *f*
didymodynia *s.* didymalgia
didymous paarig auftretend
didymus *s.* testis
die *v* 1. sterben; 2. formen *(Zahnabdruck)*
die *v* **a natural death** eines natürlichen Todes sterben
die *v* **from a wound** an einer Verletzung sterben
die *v* **of cancer** an Krebs sterben
die *v* **of exposure** erfrieren, an Unterkühlung sterben
die *v* **of hunger** an Hunger sterben, verhungern

die *v* **of old age** an Altersschwäche sterben
die Abguss *m*, Zahnabdruck *m*
die preparation Stumpfmodellpräparation *f*
die stone Stumpfmodellgips *m*
diechoscope Diechoskop *n (Instrument zur simultanen Wahrnehmung unterschiedlicher Töne)*
Diego blood group Diego-Blutgruppe *f*
dielectric dielektrisch
dielectric Dielektrikum *n*, dielektrische Substanz *f*
dielectric constant Dielektrizitätskonstante *f*
dielectrography Dielektrographie *f*, Impedanzplethysmographie *f*
dielectrolysis *(Pharm)* Dielektrolyse *f*, Elektrophorese *f*, Iontophorese *f*
diembryony Zwillingsbildung *f (eineiig)*
diencephalic dienzephal; Dienzephalon..., Zwischenhirn...
diencephalic epilepsy dienzephale [vegetative] Epilepsie *f*
diencephalic syndrome Zwischenhirnsyndrom *n*
diencephalohypophyseal Dienzephalon-Hypophysen-...
diencephalon Dienzephalon *n*, Zwischenhirn *n*
dieresis Dierese *f*, Kontinuitätsunterbrechung *f*, Fraktur *f*
dieretic 1. unterbrechend; Dierese..., Fraktur...; 2. korrodierend; ulzerativ
diesterase Diesterase *f (Enzym)*
diet *v* auf Diät setzen; Diät (ein)halten, nach Diät leben
diet Diät *f*, Krankheitskost *f*, Krankenkost *f*, Heilnahrung *f*, Schonkost *f* • **be on a diet** eine Diät machen; eine Diät (ein)halten; auf Diät gesetzt sein • **choose a diet** eine Diät auswählen • **follow a diet** einer Diät folgen, eine Diät einhalten • **keep a diet** eine Diät einhalten • **order a diet** eine Diät anordnen • **take a diet** Diät leben, eine Diät (ein)halten
diet staging Diäteinstufung *f*
diet therapy Diätbehandlung *f*, Diättherapie *f*
dietary Diätschema *n*, Diätvorschrift *f*, Diätzettel *m*
dietary amenorrhoea Diätamenorrhö *f*
dietary calcium Nahrungskalzium *n*
dietary fibre Ballaststoff *m*, Faserstoff *m (in der Nahrung)*
dietary fibre component Ballaststoffkomponente *f*
dietary need Diäterfordernis *n*, diätetische Notwendigkeit *f*
dietary regime(n) Diätregime *n*
dietary restriction Diätbeschränkung *f*, diätetische Einschränkung *f*
dietetic diätetisch; Diät...
dietetic assistent Diätassistentin *f*
dietetic food Diätnahrung *f*, diätetische Nahrung *f*, diätetisches Nahrungsmittel *n*
dietetic food diarrhoea diätbedingte Diarrhö *f*, osmotische Diarrhö *f*
dietetic therapy [treatment] Diätbehandlung *f*, diätetische Therapie *f*
dietetics Diätetik *f*, Diätkunde *f*, Ernährungslehre *f*
diethadione Diethadion *n (Analeptikum)*
diethanolamine Diethanolamin *n*
diethyl ether Diethylether *m*, Diäthyläther *m (Narkoseäther)*
diethylbarbituric acid Diethylbarbitursäure *f*, Äthylbarbital *n (Schlafmittel)*
diethylcarbamazine Diethylcarbamazin *n (Anthelmintikum, Antifilarienmittel)*
diethylenetriamine pentaacetic acid Diethylenetriaminpentaessigsäure *f (Chelatbildner)*
diethylpropion hydrochloride Diethylpropionhydrochlorid *n (Appetitzügler)*
diethylstilboestrol Diethylstilböstrol *n (Östrogenwirkstoff)*
diethyltryptamine Diethyltryptamin *n (Halluzinogen)*
dietician Diätetiker *m*
dieting Diäteinhaltung *f*, Diätdurchführung *f*, Diäthalten *n*, Fasten *n* • **be dieting** eine Diät einhalten
dieting syndrome Diätsyndrom *n*
dietitian *s.* dietician
dietotherapy Diätbehandlung *f*, Diättherapie *f*
Dieulafoy's erosion Dieulafoy-Erosion *f (der Magenschleimhaut)*
Dieulafoy's triad Dieulafoy-Trias *f (Hautempfindlichkeit, Muskelabwehrspannung und Druckschmerz bei Appendizitis)*
Dieulafoy's ulcer Dieulafoy-Ulkus *n*
Dieulafoy's vascular malformation Dieulafoy-Gefäßanomalie *f (der Magenschleimhaut)*
difenoxin Difenoxin *n*, Difenoxylsäure *f (Antidiarrhöikum)*
difenoxin hydrochloride Difenoxinhydrochlorid *n*
difenoxylic acid *s.* difenoxin
differ *v* **clinically from** sich klinisch unterscheiden von
difference electrode differente Elektrode *f*
difference in absorption Absorptionsunterschied *m*
difference in brightness Helligkeitsunterschied *m*
difference in texture Strukturunterschied *m*
difference in transparency Transparenzunterschied *m*
differential absorption *(Rad)* Differenzialabsorption *f*, selektive Absorption *f*
differential blood count (weißes) Differenzialblutbild *n*
differential blood sedimentation rate Differenzialblutsenkung *f*
differential culture medium Differenzierungsnährboden *m*
differential cyanosis Differenzialzyanose *f*
differential diagnosis 1. Differenzialdiagnose *f*, DD; 2. Differenzialdiagnostik *f*
differential-diagnostic differenzialdiagnostisch
differential electrode Differenzialelektrode *f*
differential growth *(Histol)* Differenzialwachstum *n*
differential leucocyte count *s.* differential blood count
differential psychology differenzielle Psychologie *f*
differential threshold Unterscheidungsschwelle *f*
differential typology *(Neur)* Differenzialtypologie *f*
differential white (blood) cell count *s.* differential blood count
differentiate *v* sich differenzieren, sich unterschiedlich entwickeln
differentiated cancer *(Path)* differenziertes Karzinom *n*, voll ausgebildeter Krebs *m*
differentiating agent *(Histol, Onk)* Differenzierungsstoff *m (z. B. Retinoid)*
differentiation Differenzierung *f*, Spezialisierung *f (z. B. von Zellen)*
differentiation therapy *(Onk)* Differenzierungstherapie *f*
difficult childbirth *s.* dystocia
difficult dentition *s.* difficult tooth eruption
difficult labour *s.* dystocia
difficult tooth eruption Dentitio *f* difficilis, erschwerter Zahndurchbruch *m*
difficult urination *s.* dysuria
difficulty in standing *(Neur)* Schwierigkeiten *fpl* beim Stehen
difficulty in swallowing Schluckbeschwerden *fpl*
difficulty in walking *(Neur)* Schwierigkeiten *fpl* beim Laufen
diffluence 1. Verflüssigung *f*, Flüssigwerden *n*, Verflüssigen *n*; 2. Zerfließen *n*
diffluent 1. verflüssigend, flüssig werdend; 2. zerfließend
diffraction Diffraktion *f*, Beugung *f*, Brechung *f (z. B. von Strahlen)*
diffraction angle Beugungswinkel *m*, Brechungswinkel *m*
diffraction area Diffraktionsbereich *m*, Beugungshof *m (Mikroskopie)*

diffraction effect Beugungseffekt *m*, Brechungseffekt *m*
diffraction pattern Beugungsmuster *n*, Brechungsmuster *n*
diffraction tomography Diffraktionstomographie *f*
diffractometer Diffraktometer *n*
diffusate 1. Diffusat *n (Diffusionsprodukt)*; 2. *s.* dialysate
diffuse *v* diffundieren, durch eine Membran hindurchtreten, eine Gewebschicht [Struktur] durchdringen
diffuse 1. diffus, verstreut, ausgebreitet; ungeordnet; 2. *(Psych)* diffus, zerstreut, unkonzentriert; weitschweifig, unklar, verschwommen
diffuse abscess diffuser Abszess *m*
diffuse angiokeratosis *(Derm)* diffuse Angiokeratose *f*, Angiokeratoma *n* corporis diffusum (universale)
diffuse axonal injury diffuse Axonschädigung *f (bei Rotationsbeschleunigungen)*
diffuse bronchitis Bronchitis *f* diffusa, diffuse Bronchitis *f*
diffuse endothelioma *(Path)* Ewing-Sarkom *n* des Knochens
diffuse erythema diffuses Erythem *n*
diffuse fibrosing alveolitis diffuse fibrosierende Alveolitis *f*, interstitielle Pneumonie *f*
diffuse goitre Struma *f* diffusa, diffuse Struma *f*
diffuse hyersensitivity pneumonia allergische Alveolitis *f*, allergische interstitielle Pneumonie *f*
diffuse idiopathic atrophoderma Akrodermatitis *f* chronica atrophicans (Herxheimer)
diffuse idiopathic atrophy of the skin *s.* diffuse idiopathic atrophoderma
diffuse idiopathic skeletal hyperostosis diffuse idiopathische Skeletthyperostose *f*
diffuse interstitial pulmonary fibrosis diffuse interstitielle Lungenfibrose *f*, Hamman-Rich-Syndrom *n*
diffuse lipomatosis diffuse Lipomatose *f*
diffuse lung carcinoma diffuses Lungenkarzinom *n*, Bronchiolenkarzinom *n*
diffuse mammary gland cancer diffuses Mammakarzinom *n*
diffuse motion diffuse Bewegung *f*
diffuse myocardial fibrosis diffuse Myokardfibrose *f*
diffuse oesophageal spasm diffuser Ösophagusspasmus *m* [Speiseröhrenkrampf *m*]
diffuse peritonitis Peritonitis *f* diffusa, diffuse Peritonitis *f*
diffuse psoriasis *(Derm)* Psoriasis *f* diffusa
diffuse pulp sclerosis diffuse Pulpasklerose *f*, diffuse Pulpaverkalkung *f*
diffuse sclerodermia diffuse Sklerodermie *f*, diffuses Skleroderma *n*
diffuse sclerosis 1. *(Neur)* multiple Sklerose *f*, MS *f*, 2. *(Neur)* Schilder'sche Krankheit *f*, Encephalitis *f* periaxialis diffusa
diffuse syncytial reticulosarcoma Retikulumzellensarkom *n*
diffuse tenderness diffuse Druckschmerzhaftigkeit *f*, diffuser Druckschmerz *m*; diffuser Berührungsschmerz *m*
diffuse thinking *(Neur)* weitschweifiges Denken *n*
diffuse waxy spleen *(Path)* Porphyrmilz *f*
diffusibility 1. Diffusionsfähigkeit *f*, Diffusionsvermögen *n*; 2. Dialysierbarkeit *f*
diffusible diffusibel, diffundierbar
diffusing capacity (of the lungs) Diffusionskapazität *f* (der Lunge)
diffusing disorder Diffusionsstörung *f*
diffusiometer Diffusiometer *n*, Diffusionsmessgerät *n*
diffusion 1. Diffusion *f*, 2. Dialyse *f*, 3. Streuung *f*, Zerstreuung *f*
diffusion abnormality Diffusionsstörung *f*
diffusion area Diffusionsfläche *f*
diffusion capacity *(Pulm)* Diffusionskapazität *f*
diffusion coefficient Diffusionskoeffizient *m*
diffusion constant Diffusionskonstante *f*
diffusion defect Diffusionsdefekt *m (Störung der alvolar-kapillaren Diffusion)*
diffusion deposition Diffusionsdeposition *f*, Diffusionsablagerung *f (z. B. von Aerosolen)*
diffusion dialysis *(Nephr)* Diffusionsdialyse *f*
diffusion disorder Diffusionsstörung *f*
diffusion distance Diffusionsstrecke *f*
diffusion factor Diffusionsfaktor *m*
diffusion gradient Diffusionsgradient *m*
diffusion hypoxia *(Pulm)* Diffusionshypoxie *f*
diffusion of gases Gasdiffusion *f*
diffusion respiration Diffusionsatmung *f*
diffusion stasis Stauungsdiffusion *f*
diffusion test *(Physiol)* Diffusionstest *m*
diflorasone diacetate Diflorasondiazetat *n (synthetisches Kortikosteroid)*
diflucortolone valerate Diflucortolonvalerat *n (synthetisches Kortikosteroid)*
difluvium *s.* defluxion
digametic 1. männliche und weibliche Gameten bildend; 2. *s.* heterogametic
digastric *(Anat)* biventer, biventral, zweibäuchig, digastrisch
digastric fossa Fossa *f* digastrica
digastric groove Incisura *f* mastoidea
digastric muscle Musculus *m* digastricus, zweibäuchiger Kiefermuskel *m*
digastric triangle Trigonum *n* submandibulare
digastricus *s.* digastric muscle
digenesis Generationswechsel *m*, Digenesis *f*
digenetic digenetisch, heteroxenous; Digenese...
DiGeorge's syndrome DiGeorgi-Syndrom *n*, Thymusaplasie *f*
digerent *s.* digestive
digest *v* 1. verdauen; verdaut werden; 2. verdaulich sein; 3. digerieren, aufschließen, (her)ausziehen, auslaugen; 4. biologisch [mikrobiell] abbauen
digestant *s.* digestive
digestibility Digestibilität *f*, Verdaubarkeit *f*
digestible digestibel, verdaubar, verdaulich
digestion 1. Digestion *f*, Verdauung *f*, 2. Digestion *f*, Aufschließung *f*, Herausziehen *n*, Auslaugen *n* • **aid the digestion** die Verdauung fördern
digestion test Verdauungstest *m*
digestive digestiv, verdauungsfördernd, verdauend; Verdauungs...
digestive (agent) Digestivum *n*, Digestionsmittel *n*, verdauungsförderndes Mittel *n*
digestive apparatus *s.* digestive system
digestive canal *s.* digestive tract
digestive disturbance Verdauungsstörung *f*
digestive enzyme Verdauungsenzym *n*, Verdauungsferment *n*
digestive fever digestives Fieber *n*, Digestionsfieber *n*, Verdauungsfieber *n*
digestive gland Verdauungsdrüse *f*, digestive Drüse *f*
digestive juice Verdauungssaft *m*
digestive leucocytosis Digestionsleukozytose *f*, Verdauungsleukozytose *f*
digestive organ Verdauungsorgan *n*
digestive physiology Verdauungsphysiologie *f*
digestive process Verdauungsvorgang *m*, Verdauung *f*
digestive secretion Verdauungssaft *m*
digestive system Digestionssystem *n*, Systema *n* digestorium, Verdauungssystem *n*, Verdauungsapparat *m*, Apparatus *m* digestorius

digestive tract Digestionstrakt *m*, Verdauungskanal *m*, Verdauungstrakt *m*, Magen-Darm-Kanal *m*, Tubus *m* digestorius
digestive tract dysfunction Digestionstraktdysfunktion *f*, Verdauungstraktfunktionsstörung *f*
digestive tube *s.* digestive tract
digestive vacuole Phagosom *n*, Phagolysosom *n*
digin Gitogenin *n*
digipurpidase Digipurpidase *f (Hydrolase)*
digit Digitus *m*, Finger *m (Zusammensetzungen siehe unter: digital und finger)*; Zeh *m*, Zehe *f (Zusammensetzungen siehe unter: digital und toe)*
digit span test *(Päd, Neur)* Zahlenwiederholtest *m (gesprochener Wörter)*
digital 1. digital; Finger…; Zeh(en)…; 2. fingerförmig; zehenförmig
digital amputation Fingeramputation *f*; Zehenamputation *f*
digital angiography *(Rad)* digitale Angiographie *f*
digital clubbing Trommelschlägelfingerbildung *f*, Trommelschlägelfinger *m*
digital compression Fingerkompression *f*, Fingerdruck *m*, digitales Zusammenpressen *n* [Pressen *n*]
digital evacuation digitale Ausräumung *f*, Digitalausräumung *f (z. B. von Kot)*
digital fluoroscopy digitale Fluoroskopie *f*
digital fossa 1. Fossa *f* trochanterica; 2. Sinus *m* epididymidis; 3. Fossa *f* malleoli lateralis
digital fracture Fingerfraktur *f*, Fingerknochenbruch *m*
digital furrow Digitalfurche *f*, Fingerfurche *f*
digital gangrene Fingergangrän *f*, Fingerbrand *m*; Zehengangrän *f*, Zehenbrand *m*
digital impressions Impressiones *fpl* digitae
digital morcellation digitale Kotausräumung *f*
digital pulp Fingerbeere *f*
digital radiography digitale Radiographie *f*
digital rays of the extremities Fingerstrahlen *mpl*; Zehenstrahlen *mpl*
digital reflex Digitalreflex *m*, Fingerreflex *m*; Zehenreflex *m*
digital signal digitales Signal *n*
digital substraction angiography *(Rad)* digitale Subtraktionsangiographie *f*, DSA
digital thermometer Digitalthermometer *n*
digital tomosynthesis digitale Tomosynthese *f*
digital tonometry Fingertonometrie *f*, digitale [palpatorische] Augen(innen)druckmessung *f*, Augendruckmessung *f* mit den Fingern
digitalgia Fingerschmerz *m*, Fingerweh *n*; Zehenschmerz *m*
digitalin *(Pharm)* Digitalin(um) *n*
digitalis Digitalis *f* purpurea, roter Fingerhut *m*
digitalis glycoside Digitalisglykosid *n*
digitalis intoxication [poisoning] Digitalisintoxikation *f*, Digitalisvergiftung *f*
digitalis preparation Digitalispräparat *n*
digitalis therapy Digitalistherapie *f*, Behandlung *f* mit Digitalis
digitalis unit Digitaliseinheit *f*
digitalism Digitalismus *m*, Digitalisvergiftung *f*
digitalization Digitalisierung *f*, Digitaliseinstellung *f*, Digitalisbehandlung *f*, Herzglykosidtherapie *f*
digitalize *v* digitalisieren, auf Digitalis einstellen, mit Digitalis [Herzglykosiden] behandeln
digitalized patient digitalisierter [auf Digitalis eingestellter] Patient *m*
digitalizing dosis Digitalisierungsdosis *f*, Aufsättigungsdosis *f* für Digitalis
digitaloid digitalisartig
digitalose Digitalose *f (sechswertiger Zucker)*
digitate 1. gefingert, mit Fingern versehen; 2. fingerförmig
digitate wart filiforme Warze *f*
digitation Digitation *f*, Fingerfortsatz *m*; Sehnenfortsatz *m*
digitiform fingerförmig, fingerähnlich, digitiform
digitin Digitonin *n*
digitogenin Digitogenin *n (Glykosidbestandteil)*
digitometatarsal Zehen-Mittelfuß-…
digitonin Digitonin *n*
digitoplantar Zehen-Fußsohlen-…
digitoxicity Digitoxintoxizität *f*
digitoxigenin Digitoxigenin *n (Glykosidbestandteil)*
digitoxin Digitoxin(um) *n*, 3β,14β-Dihydroxy-5β,14β-card-20(22)-enolid-3-tridigitoxosid *n (Herzglykosid)*
digitoxin toxicity Digitoxintoxizität *f*
digitoxose Digitoxose *f (Hexose; Glykosidbestandteil)*
digits of the hand Digiti *mpl* manus, Finger *mpl*
digits of the foot Digiti *mpl* pedis, Zehen *mpl*
digitus *s.* digit
diglossia Diglossie *f*, Doppelzüngigkeit *f*, Doppelzunge *f*
diglossus *(Terat)* Diglossus *m*, Missgeburt *f* mit Doppelzunge *f*
diglyceride Diglycerid *n*, Diglyzerid *n (Fettstoffwechsel)*
diglyceride acyltransferase Diglyzeridacyltransferase *f*, Diacylglycerolacyltransferase *f (Enzym)*
diglyceride lipase Diglyceridlipase *f*, Lipoproteidlipase *f (Enzym)*
diglycocoll hydroiodide-iodine Diglykokollhydroiodid-iod *n (zur Trinkwasserreinigung)*
dignathus *(Terat)* Dignathus *m*, Missgeburt *f* mit zwei Unterkiefern
digoxigenin Digoxigenin *n (Glykosidbestandteil)*
digoxin Digoxin(um) *n*, 12β-Hydroxy-Digitoxin *n (Herzglykosid)*
digoxin toxicity Digoxintoxizität *f*
dihexyverine hydrochloride Dihexyverinhydrochlorid *n (Anticholinergikum)*
dihybrid cross *(Gen)* Dihybridkreuzung *f*
dihydralazine Dihydralazin *n (Antihypertensivum)*
dihydrate Dihydrat *n*
dihydrobiopterin Dihydrobiopterin *n*
dihydrobiopterin synthetase deficiency Dihydrobiopterinsynthetasemangel *m*
dihydrocholesterol Dihydrocholesterin *n*, Cholestanol *n*
dihydrocodeine (7,8-)Dihydrocodein *n*, Dihydrocodeinum *n (Hustenmittel)*
dihydrocodeine tartrate Dihydrocodeintartrat *n*
dihydrocodeinone Dihydrocodeinon *n*, Hydrocodon *n*
dihydrocortisone Dihydrocortison *n*
dihydroergocornine Dihydroergocornin *n (Sympathikolytikum)*
dihydroergocristine Dihydroergocristin *n (Sympathikolytikum)*
dihydroergocryptine Dihydroergocryptin *n (Sympathikolytikum)*
dihydroergosterine Dihydroergosterin *n (Provitamin D_4)*
dihydroergotamine Dihydroergotamin *n (Mutterkornalkaloid)*
dihydroergotamine mesylate Dihydroergotaminmesylat *n (Alpha-Blocker)*
dihydroergotoxine mesylate Dihydroergotoxinmesylat *n (Alpha-Blocker)*
dihydrofolate reductase Dihydrofolatreduktase *f (Enzym)*
dihydrofolic acid Dihydrofolsäure *f*
dihydrolipoamide Dihydrolipoamid *n*
dihydrolipoamide acetyltransferase Dihydrolipoamidacetyltransferase *f (Enzym)*

dihydrolipoamide acyltransferase Dihydrolipoamid-acyltransferase *f (Enzym)*
dihydrolipoamide dehydrogenase Dihydrolipoamiddehydrogenase *f (Enzym)*
dihydrolipoamide succininyltransferasease Dihydrolipoamidsuccinyltransferase *f (Enzym)*
dihydromorphinone Dihydromorphinon *n*
dihydromorphinone hydrochloride Dihydromorphinonhydrochlorid *n*, Hydromorphonhydrochlorid *n*
dihydro-orotase Dihydroorotase *f (Enzym)*
dihydro-orotate Dihydroorotat *n*
dihydro-orotic acid Dihydroorotsäure *f*
dihydropteridine Dihydropteridin *n*
dihydropteridine reductase Dihydropteridinreduktase *f (Enzym)*
dihydropyrimidine Dihydroptyridin *n*
dihydropyrimidine dehydrogenase Dihydroptyridindehydrogenase *f (Enzym)*
dihydroquinine Dihydrochinin *n (herzrhythmisierendes Mittel)*
dihydrostreptomycin Dihydrostreptomyzin *n*, N-methyl-1-glucosamido-dihydrostreptosido-streptidin *n (Antibiotikum)*
dihydrotachysterol Dihydrotachysterol *n*, Dihydrotachysterin *n*, 9,10-Secoergosta-5,7,22-trien-3β-ol *n (bewirkt Blutcalciumspiegelerhöhung)*
dihydrotestosterone Dihydrotestosteron *n*
dihydrotheelin Östradiol *n*
dihydrouracil Dihydrouracil *n*
dihydrouracil dehydrogenase Dihydrouracildehydrogenase *f (Enzym)*
dihydrouridine Dihydrouridin *n*
dihydroxyacetone Dihydroxyaceton *n*
dihydroxyacetone phosphate Dihydroxyacetonphosphat *n*
dihydroxyacetone phosphate acyltransferase Dihydroxyacetonphosphatacyltransferase *f (Enzym)*
dihydroxyadenine Dihydroxyadenin *n*
dihydroxyaluminium aminoacetate Dihydroxyaluminiumaminoacetat *n (Antazidum)*
dihydroxycholanic acid Dihydroxycholansäure *f*
dihydroxycholecalciferol Dihydroxycholecalciferol *n*, Vitamin *n* D_3
dihydroxycholesterol Dihydroxycholesterin *n*
dihydroxyergocalciferol Dihydroxyergocalciferol *n*
dihydroxyoestrin Östradiol *n*
dihydroxymendelic acid Dihydroxymandelsäure *f*
dihydroxyphenylalanine 3,4-Dihydroxyphenylalanin *n*, DOPA *n*, 2-Amino-3-(3,4-dihydroxyphenyl)propansäure *f (Dopaminvorstufe)*
dihydroxyphenylethylamine Dihydroxyphenylethylamin *n*
dihydroxyvitamin D Dihydroxyvitamin *n* D
diiodohydroxyquin Diiodohydroxyquin *n (Amöbenmittel)*
diiodothyronine Diiodthyronin *n*, Dijodthyronin *n*
diiodotyrosine Diiodtyrosin *n*, Dijodtyrosin *n*
diktyitis Diktyitis *f*, Netzhautentzündung *f*
diktyoma Diktyoma *n*, Netzhautgeschwulst *f*
dilaceration 1. Dilazeration *f*, Zerreißung *f*; 2. *(Ophth)* Dilazeration *f (Zerreißung der Nachtstarplatte)*
dilatability Dehnbarkeit *f*, Dehnungsvermögen *n*
dilatable dilatierbar, erweiterungsfähig, (auf)dehnbar
dilatancy Dilatanz *f (z. B. Viskositätserhöhung des Zytoplasmas)*
dilatant dilatant; Dilatanz...
dilatation 1. Dilatation *f*, Erweiterung *f*, Dehnungszustand *m*, Auswalzung *f*, Weitstellung *f*; 2. Dilatation *f*, Dehnung *f*, Aufdehnung *f*, Aufweitung *f*
dilatation and curettage *(Gyn)* Dilatation *f* und Kürettage, Zervixdehnung *f* mit Endoemtriumkürettage
dilatation and evacuation *(Gyn)* Dilatation *f* und Ausräumung *f*, Zervixdehnung *f* mit Embryoausräumung
dilatation of the heart Herzdilatation *f*, Herzerweiterung *f*, Herzausweitung *f*, Herzauswalzung *f*
dilatation of the oesophagus 1. Ösophagusdilatation *f*, Speiseröhrenerweiterung *f*; 2. Ösophagusbougierung *f*, Speiseröhren(auf)dehnung *f*
dilatation of the pupil Pupillendilatation *f*, Pupillenerweiterung *f*, Mydriasis *f*
dilatation of the stomach Magendilatation *f*, Magenerweiterung *f*
dilatator *s.*dilator
dilate *v* dilatieren, erweitern, (auf)dehnen
dilating bougie *s.* bougie
dilating pain Dehnungsschmerz *m*; Eröffnungsschmerz *m (Geburt)*
dilation *s.* dilatation
dilator 1. Dilatator *m*, Erweiterer(muskel) *m*; 2. Dilatator *m*, Dehnsonde *f*, Dehnungsinstrument *n (siehe auch: bougie)*
dilator for mitral valve Mitralstenosendilatator *m*, Tubbs-Dilatator *m*
dilator pupillae (muscle) Musculus *m* dilatator pupillae, Pupillenerweiterer *m*
diloxanide furoate Diloxanidfuroat *n (Amöbizid)*
diltiazem Diltiazem *n (Calciumantagonist)*
diltiazem hydrochloride Diltiazemhydrochlorid *n*
diluent verdünnend; Verdünnungs...
diluent Verdünnungsmittel *n*
dilute *v* verdünnen
diluting agent Dilutionsmittel *n*, Verdünnungsmittel *n*
diluting paste Verdünnungspaste *f*
dilution Dilution *f*, Verdünnung *f*
dilution analysis Verdünnungsanalyse *f*
dilution test Nierenverdünnungstest *m*
dilutional Dilutions..., Verdünnungs...
dim *v* abdunkeln, verdunkeln
dimeglumine Dimeglumin *n*
dimelia *(Terat)* Dimelie *f*
dimelus *(Terat)* Dimelus *m*
dimenhydrinate Dimenhydrinat *n (Antihistaminikum)*
dimensional stability Formbeständigkeit *f*
dimercaprol Dimercaprol *n*, 2,3-Dimercaptopropan-1-ol *n (Antidot gegen Lewisit)*
dimercaptopropanol *s.* dimercaprol
dimetacrine Dimetacrin *n (Andidepressivum)*
dimetacrine tartrate Dimetacrintartrat *n*
dimethindene Dimethinden *n (Antihistaminkum)*
dimethindene maleate Dimethindenmaleat *n*
dimethisoquin Dimethisoquin *n (Lokalanästhetikum)*
dimethisoquin hydrochloride Dimethisoquinhydrochlorid *n*
dimethisterone Dimethisteron *n (Kontrazeptivum)*
dimethoxyamphetamine Dimethoxyamphetamin *n (Halluzinogen)*
dimethoxymethylamphetamine Dimethoxymethylamphetamin *n (Halluzinogen)*
dimethoxyphenylethylamine Dimethoxyphenylethylamin *n*
dimethyl sulphoxide Dimethylsulphoxid *n*, DMSO *(Antirheumatikum)*
dimethyl tubocurarine Dimethyltubokurarin *n (Muskelrelaxans)*
dimethyl tubocurarine chloride Dimethyltubokurarinchlorid *n (Muskelrelaxans)*
dimethyl tubocurarine iodide Dimethyltubokurariniodid *n (Muskelrelaxans)*
dimethylacetamide Dimethylacetamid *n*
dimethylallyl transferase Dimethylallyltransferase *f (Enzym)*

dimethylamine Dimethylamin *n*
dimethylaminophenazone Dimethylaminophenazon *n*
dimethylcysteine Dimethylcystein *n*, Penicillamin *n*
dimethylglycine dehydrogenase Dimethylglycindehydrogenase *f (Enzym)*
dimethylketone Dimethylketon *n*
dimethylmercury Dimethylquecksilber *n (Teratogen)*
dimethylmorphine *(Pharm)* Dimethylmorphin *n*
dimethylnitrosamine Dimethylnitrosamin *n*
dimethylphenol Dimethylphenol *n*
dimethylphenylpiperazinium Dimethylphenylpiperazin *n*
dimethylpiperazine tartrate Dimethylpiperazintartrat *n*
dimethyltryptamine Dimethyltryptamin *n (Halluzinogen)*
dimetria Didelphus *m*, Uterus *m* didelphys [duplex], Doppeluterus *m*, doppelter Uterus *m*
diminished food instinct verminderter Nahrungstrieb *m*
diminished hearing verschlechtertes Gehör *n*; Hörverschlechterung *f*
diminished hilar marking *(Rad)* verwaschene Hiluszeichnung *f (Lunge)*
diminished nutritional instinct verminderter Nahrungstrieb *m*
Dimmer's keratitis Dimmer'sche Keratitis *f*, Keratitis *f* nummularis
dimorphic 1. dimorph, doppelgestaltig, doppelförmig; 2. doppelsymptomatisch
dimorphic lepra Borderline-Lepra *f*, dimorphe Lepra *f*
dimorphism Dimorphismus *m*, Dimorphie *f*, Doppelförmigkeit *f*, Doppelgestaltigkeit *f (z. B. von Lepra)*
dimorpholamine Dimorpholamin *n (Analeptikum)*
dimorphous *s.* dimorphic
dimple Grube *f*, Grübchen *n*, Hauteinziehung *f*
dimpled sign Eindellungszeichen *n (zur Diagnostik bösartiger Geschwülste)*
dimpling 1. Eindellung *f*, Einziehung *f (z. B. der Haut)*; 2. Grübchenbildung *f*, Bildung *f* einer Eindellung
dinic(al) *(Neur)* vertiginös, schwindelig; Vertigo..., Schwindel...
dinitroaminophenol Dinitroaminophenol *m*
dinitrobenzene Dinitrobenzen *n*
dinitrochlorobenzene Dinitrochlorobenzen *n (Test-Allergikum)*
dinitrocresol poisoning Dinitrokresolvergiftung *f*
dinitrofluorobenzene Dinitrofluorobenzol *n (Test-Allergikum)*
dinitro-ortho-cresol Dinitroorthokresol *n*
dinitrophenol Dinitrophenol *n*
dinoprost Dinoprost *n*, Prostaglandin *n* $F_{2}\alpha$ *(Oxytocikum)*
dinoprost tromethamine Dinoprosttromethamin *n (Oxytocikum)*
dinoprostone Dinoproston *n*, Prostaglandin *n* E2
dinucleotide Dinukleotid *n*, Dinucleotid *n*
dinus *(Neur)* Vertigo *f*, Schwindel *m*
dioctophymiasis Dioctophymiasis *f (durch Dioctophyma renale)*
diopsimeter Diopsimeter *n*, Sehfeldmesser *m*
diopter *(Ophth)* Dioptrie *f (Brechkrafteinheit)*
dioptometer Dioptometer *n*, Brechkraftmesser *m*
dioptometry *(Ophth)* Dioptometrie *f*, Brechkraftbestimmung *f*
dioptoscopy Dioptoskopie *f (Brechkraftbestimmung mittels Ophthalmoskops)*
dioptral Dioptren..., Refraktions...
dioptre *s.* diopter
dioptric dioptrisch, lichtbrechend
dioptric power Brechkraft *f*, Refraktionsstärke *f (z. B. von Linsen)*
dioptrometer *s.* dioptometer
dioptrometry *s.* dioptometry
dioptroscopy *s.* dioptoscopy
dioptry *s.* diopter
diotic *s.* biauricular
diovular diovular, biovular
diovulatory diovulatorisch, zwei Eier pro Zyklus freigebend
dioxane *(Lab, Histol)* Dioxan *n*
dioxide Dioxid *n*
dioxin Dioxin *n (Teratogen, Kanzerogen)*
dioxybenzone Dioxybenzon *n (schützt vor UV-Licht)*
dioxygenase Dioxygenase *f (Enzym)*
dip Senke *f*, Einsenkung *f*, Schleifenbewegung *f (z. B. einer Kurve)*
dip phenomenon Dip-Phänomen *n*
dipeptidase Dipeptidase *f (Enzym)*
dipeptide Dipeptid *n*
dipeptidyl carboxypeptidase Dipeptidylcarboxypeptidase *f*, Pepdidyldipeptidase *f* A *(Enzym)*
dipeptidyl peptidase Dipeptidylpeptidase *f (Enzym)*
dipeptidyl transferase Dipeptidyltransferase *f (Enzym)*
dipetalonemiasis *(Paras)* Dipetalonemiasis *f*, Dipetalonema-perstans-Befall *m*, Akanthocheilonema-perstans-Befall *m*, Akanthocheilonemiasis *f*
diphallia Diphallie *f*
diphallic diphallisch; Doppelpenis...
diphallus Diphallus *m*, Doppelpenis *m*
diphasic ECG wave *(Kard)* biphasische EKG-Zacke *f*
diphemanil methylsulphate Diphemanilmethylsulphat *n (Anticholinergikum)*
diphenadione Diphenadion *n (Antikoagulans)*
diphenhydramine Diphenhydramin *n (Antihistaminikum)*
diphenhydramine hydrochloride Diphenhydraminhydrochlorid *n (Antihistaminikum)*
diphenidol Diphenidol *n (Antiemetikum)*
diphenol oxidase Diphenoloxidase *f (Enzym)*
diphenoxylate hydrochloride Diphenoxylathydrochlorid *n (Antiperistaltikum)*
diphenylamine Diphenylamin *n*
diphenylbutylpiperidine Diphenylbutylpiperidin *n (Antipsychotikum)*
diphenylchlorarsine Diphenylchlorarsin *n (Sternutator)*
diphenylcyanoarsine Diphenylcyanoarsin *n (Sternutator)*
diphenylhydantoin Diphenylhydantoin *n (Krampfmittel)*
diphenylnitrosamine Diphenylnitrosamin *n*
diphenylpyraline hydrochloride Diphenylpyralinhydrochlorid *n (Antihistaminikum)*
diphonia Diplophonie *f*, Doppelstimme *f*, Diphonie *f*, Diphthongie *f*
diphosgene Diphosgen *n (chemischer Kampfstoff)*
diphosphate Diphosphat *n*, Pyrophosphat *n*
diphosphoglycerate Diphosphoglycerat *n*
diphosphoglycerate mutase Diphosphoglyceratmutase *f (Enzym)*
diphosphoglyceric acid 1,3-Diphospho-Glycerinsäure *f (Fettstoffwechsel)*
diphosphopyridine nucleotide *s.* nicotinamide-adenine dinucleotide
diphosphotransferase Diphosphotransferase *f (Enzym)*
diphtheria *(Inf)* Diphtherie *f (durch Corynebacterium diphtheriae)*
diphtheria and tetanus toxoid Diphtherie-Tetanus-Toxoid *n*, Diphtherie-Tetanus-Impfstoff *m*, DT-Impfstoff *m (zur aktiven Immunierung)*
diphtheria and tetanus toxoid and pertussis vaccine Diphtherie-Tetanus-Pertussis-Dreifachimpfstoff *m*, Diphtherie-Tetanus-Pertussis-Impfstoff *m*, DTP-Impfstoff *m (zur aktiven Immunierung)*
diphtheria antitoxin Diphtherieantitoxin *n*

diphtheria bacillus Diphtheriebazillus *m*, Klebs-Löffler'scher Bazillus *m*, Corynebacterium *n* diphtheriae, Diphtheriebakterium *n*
diphtheria-like diphtherieartig
diphtheria of a wound Wunddiphtherie *f*
diphtheria of external genitals diphtheritische Vulva- und Scheidenentzündung *f*, Vulvovaginitis *f* diphtherica
diphtheria of fauces Rachendiphtherie *f*
diphtheria of the vulva Vulvadiphtherie *f*
diphtheria toxin Diphtherietoxin *n*, Diphtheriebakteriengift *n*
diphtheria toxoid Diphtherietoxoid *n*
diphtherial *s.* diphtheritic
diphtheriaphor *(Epid)* Diphtherieüberträger *m*, Diphtherie-Carrier *m*
diphtheric *s.* diphtheritic
diphtherin Diphtherin *n (Hauttestantigen)*
diphtheritic diphtherisch; Diphtherie…
diphtheritic antitoxic serum Diphtherie(antitoxin)serum *n*
diphtheritic ataxia Diphtherieataxie *f*
diphtheritic conjunctivitis Diphtheriekonjunktivitis *f*, Conjunctivitis *f* diphtherica
diphtheritic cough Diphtheriehusten *m*, kruppöser Husten *m*
diphtheritic croup Diphtheriekrupp *m*, echter Krupp *m*; Kehlkopfdiphtherie *f*, Laryngitis *f* diphtherica
diphtheritic gastritis Diphtheriegastritis *f*, Gastritis *f* diphtherica
diphtheritic laryngitis Diphtherielaryngitis *f*, Laryngitis *f* diphtherica, Kehlkopfdiphtherie *f*
diphtheritic membrane Diphtherie(pseudo)membran *f*
diphtheritic necrosis Diphtherienekrose *f*
diphtheritic neuritis Diphtherieneuritis *f*
diphtheritic pharyngitis Diphtheriepharyngitis *f*, Pharyngitis *f* diphtherica
diphtheritic rhinitis Nasendiphtherie *f*, Rhinitis *f* diphterica
diphtheritic sore throat Rachendiphtherie *f*, Pharyngitis *f* diphtherica
diphtheritic stomatitis Stomatitis *f* diphtherica
diphtheritic ulcer Diphtheriegeschwür *n*
diphtheritis *s.* diphtheria
diphtheroid diphtheroid, diphtherieartig, diphtherieähnlich
diphtheroid Diphtheroid *n (1. diphtherieartiges Bakterium; 2. diphtherieartige Krankheit)*
diphtheroid angina Rachendiphtherie *f*, Angina *f* diphtherica
diphtherotoxin Diphtherietoxin *n*, Diphtheriebakteriengift *n*
diphthongia Diphthongie *f*, Diphonie *f*, Doppelstimme *f*, Diplophonie *f*
diphyllobothriasis Diphyllobothriasis *f*, Diphyllobothriose *f*, Fischbandwurmbefall *m*, Diphyllobothrium-latum-Befall *m*
Diphyllobothrium cordatum Diphyllobothrium *n* cordatum
Diphyllobothrium latum Diphyllobothrium *n* latum, Fischbandwurm *m*
Diphyllobothrium mansonoides Diphyllobothrium *n* mansonoides *(Erreger der Sparganose)*
Diphyllobothrium parvum Diphyllobothrium *n* parvum
diphyodont diphyodont, mit Zahnwechsel; Zahnwechsel…
diphyodont dentition diphyodontes Gebiss *n*, Gebiss *n* mit einem Zahnwechsel
diphyodontia Diphyodontie *f*, doppelte Zahnung *f*
dipipanone hydrochloride Dipipanonhydrochlorid *n (Analgetikum, Methadonanalogon)*
dipivefrin hydrochloride Dipivefrinhydrochlorid *n (intraokularer Drucksenker)*
diplacusis Diplakusis *f*, Doppelhören *n*, Paracusia *f* duplicata
diplasmatic diplasmatisch
diplegia Diplegie *f*, doppelseitige Lähmung *f*
diplegic diplegisch; Diplegie…
diploalbuminuria Diploalbuminurie *f (normale und pathologische Albuminurie)*
diplobacillary Diplobazillus…
diplobacilli *pl s.* diplobacillus
diplobacillus Diplobazillus *m*, Moraxella *f* lacunata *(Erreger der Lidwinkelkonjunktivitis)*
diplobacterium Diplobakterium *n*
diploblastic diploblastisch, zweikeimblättrig, doppelkeimblättrig
diplocephalia *(Terat)* Diplozephalie *f*, Missbildung *f* mit zwei Köpfen
diplocephalus *(Terat)* Diplozephalus *m*, Diplokephalus *m*, Missgeburt *f* mit zwei Köpfen
diplocephaly *s.* diplocephalia
diplocheiria *s.* dicheiria
diplococcaemia Diplokokkämie *f*, Diplokokkensepsis *f*
diplococcal Diplokokken…
diplococci *pl s.* diplococcus
diplococcin Diplococcin *n (Antibiotikum)*
diplococcoid diplokokkoid; Diplokokken…
diplococcus Diplokokkus *m (paarweise zusammenliegende Kokken)*
diplocoria Diplokorie *f*, Dikorie *f*, Doppelpupille *f*
diplodiatoxicosis *s.* diplodiosis
diplodiosis Diplodiosis *f (durch Diplodiapilze)*
diploe Diploe *f*, Substantia *f* spongiosa, Schädelknochenschwammsubstanz *f*, Schwammsubstanz *f* der Schädelknochen
diploetic *s.* diploic
diplogenesis Diplogenesis *f*, Doppelanlage *f (Missbildung)*
diploic Diploe…
diploic bone Diploeknochen *m*; Schädeldach *n (aus zwei Knochentafeln bestehend)*
diploic vein of the frontal bone Vena *f* diploica frontalis
diploic vein of the occipital bone Vena *f* diploica occipitalis
diploic vein of the posterior part of the parietal bone Vena *f* diploica temporalis posterior
diploic veins Venae *fpl* diploicae, Diploevenen *fpl*
diploid diploid, doppelt *(Chromosomensatz)*
diploidy Diploidie *f (zwei homologe Chromosomensätze)*
diplokaryon Diplokaryon *m*
diplomelituria Diplomeliturie *f (diabetische und nicht diabetische Glukosurie)*
diplomonadina Diplomonadina *pl*
diplomyelia Diplomyelie *f*, Rückenmarkverdoppelung *f*
diplonema Diplonema *n (Mitosestadium)*
diploneural diploneural; Doppelinnervations…, Doppelnervenversorgungs…
diplont Diplont *m*
diplopagus *(Terat)* Diplopagus *m*, komplette Doppelmissgeburt *f*
diplophase Diplophase *f*, diploide Phase *f*, Phase *f* mit diploiden Zellkernen
diplophonia Diplophonie *f*, Doppeltönigkeit *f* der Stimme
diplopia Diplopie *f*, Doppeltsehen *n*, Doppelsichtigkeit *f*, Visus *m* duplicatus
diplopic Diplopie…
diplopiometer Diplopiometer *n*, Doppelsichtigkeitsmesser *m*
diplopodia Diplopodie *f*, Zehenverdoppelung *f*

diplornavirus Diplornavirus *n (RNA-Virus)*
diploscope *(Ophth)* Diploskop *n*
diplosomatia *(Terat)* Diplosomie *f*, komplette Doppelmissbildung *f (z. B. siamesische Zwillinge)*
diplosome Diplosom *n*, doppeltes Zentralkörperchen *n*
diplosomia *(Terat)* Diplosomie *f*
diplotene *(Gen, Histol)* Diplotän *n (Meiosephase)*
diploteratology Diploteratologie *f (Lehre der Doppelmissbildungen)*
dipodia Dipodie *f*; Doppelfuß *m*
dipodial Dipodie…; mit doppeltem Fuß
dipolar ion Zwitterion *n*, dipolares Ion *n*
dipole Dipol *m*
dipole location Dipollage *f*
dipole moment Dipolmoment *f*
dipotassium phosphate Kaliumphosphat *n*
dipping 1. *s.* palpation; 2. Eintauchen *n*, Tauchen *n (in eine Desinfektionslösung)*
diprenorphine Diprenorphin *n (Narkoseantidot)*
dipropyltryptamine Dipropyltryptamin *n (Halluzinogen)*
diprosopia *(Terat)* Diprosopie *f*, Doppelgesichtigkeit *f*
diprosopus *(Terat)* Diprosopus *m*, Doppelgesicht *n*, Januskopf *m*
dipsesis extremer [krankhafter] Durst *m*
dipsogen Dipsogen *n*, Durstauslöser *m*, Durst bewirkende Substanz *f*
dipsogenic dipsogen, durstauslösend
dipsomania Dipsomanie *f*, periodische Trunksucht *f*
dipsomaniac Dipsomaner *m*, Trinksüchtiger *m*
dipsophobia Dipsophobie *f*, Trinkfurcht *f*, Trinkabneigung *f*
dipsotherapy Dipsotherapie *f*, therapeutische Flüssigkeitsbeschränkung *f* [Flüssigkeitseinschränkung *f*]
dipsourography Dursturographie *f*
dipstick *(Lab)* Urinstreifen *m*; Diagnostikstreifen *m*, Tauchstreifen *m*
dipus *(Terat)* Dipus *m (Zwillingsmissgeburt mit zwei Füßen)*
dipygus *(Terat)* Dipygus *m*, Duplicitas *f* incompleta, Doppelmissgeburt *f* mit doppelter unterer Körperhälfte
dipylidiasis *(Paras)* Dipylidium-caninum-Befall *m*, Gurkenkernbandwurminfestation *f*
Dipylidium caninum Dipylidium *n* caninum, Gurkenkernbandwurm *m*
dipyridamole Dipyridamol(um) *n*, N,N'-(4,8-Dipiperimidopyramido(5,4-d)pyrimidin-2,6-diyl)-bis(2,2'-iminodiethanol) *n (gefäßerweiterndes Mittel)*
dipyrimidine photolyase Dipyrimidinphotolyase *f (Enzym)*
dipyrine Dipyrin *n*, Aminopyrin *n*
direct *v* **a patient to the ward** einen Patienten auf (die) Station schicken
direct 1. direkt, unmittelbar; 2. direkt, klar, eindeutig, unmissverständlich; 3. direkt, blutig *(z. B. Blutdruckmessung)*; 4. direkt, persönlich
direct agglutination test direkter Agglutinationstest *m*
direct analysis direkte Analyse *f*
direct analytical therapy direkte Analyse *f*
direct antagonist direkter Antagonist *m*
direct bilirubin direktes [konjugiertes] Bilirubin *n*
direct blood donation direkte Blutspende *f (für einen bestimmten Empfänger)*
direct bonding direktes Kleben *n*, direkte Verklebung *f*
direct bone impression direkter Knochenabdruck *m*
direct causal association direkte Kausalbeziehung *f*
direct cerebellar tract Tractus *m* spinocerebellaris posterior, hintere [dorsale] Kleinhirnseitenstrangbahn *f*
direct Coombs test *(Hämat)* direkter Coombs-Test *m*, Antiglobulintest *m*
direct contact Direktkontakt *m*
direct costs direkte Kosten *pl (der Krankenversorgung)*
direct current Gleichstrom *m*
direct current shock *(Kard)* Gleichstromschock *m*, DC-Schock *m*
direct endometriosis direkte Endometriose *f*
direct excitation Direkterregung *f*, Direktreizung *f*
direct fracture direkte Fraktur *f*, direkter Knochenbruch *m*
direct hernia direkter Leistenbruch *m*, Hernia *f* directa
direct illumination Direktbeleuchtung *f (Mikroskopie)*
direct immunofluorescence [immunofluorescent] staining Immunofluoreszenz(direkt)färbung *f*
direct impression direkter Abdruck *m*
direct impression taking direkte Abdrucknahme *f*
direct intervention Direktintervention *f*
direct laryngoscopy Direktlaryngoskopie *f*, direkte Kehlkopfspiegelung *f*
direct lead 1. Direktableitung *f (EKG)*; 2. Direkt(ableitungs)elektrode *f (EKG)*
direct light reflex direkter Lichtreflex *m (der Pupille)*
direct measurement of blood pressure direkte [arterielle] Blutdruckmessung *f (mittels Katheter)*
direct memory *(Neur)* mechanisches Gedächtnis *n*, Spontangedächtnis *n*
direct occlusion *(Stom)* Direktokklusion *f*, Direktbiss *m*
direct ophthalmoscopy Direktophthalmoskopie *f*, direkte Augenspiegelung *f*
direct patient care direkte [unmittelbare] Patientenbetreuung *f*
direct percussion Direktperkussion *f*, direkte Perkussion *f*
direct provider reimbursement Direktbezahlung *f (für Gesundheitsdienstleistung)*
direct pulp capping direkte Pulpaüberdeckung *f*
direct pyramidal tract Fasciculus *m* cerebrospinalis anterior
direct-question interview Interview *n* mit Direktfragen [geschlossenen Fragen]
direct reaction to light direkte Lichtreaktion *f*
direct reflex direkter Reflex *m*
direct retainer *(Stom)* direkter Anker *m*
direct self-destructive behaviour direktes Selbstzerstörungsverhalten *n*
direct symptom Leitsymptom *n*
direct transfusion Direkttransfusion *f*, direkte Blutübertragung *f (vom Spender zum Empfänger)*
direct vision Zentralsehen *n*, Makulasehen *n*
directive therapy *(Neur)* direktive Therapie *f*
director Leitsonde *f*, Führungsinstrument *n*
dirhinic beide Nasenhöhlen betreffend
dirigation *(Neur, Physiol)* Führung *f*, Kontrolle *f (z. B. über unwillkürliche Abläufe)*
dirigomotor die Muskelaktivität kontrollierend [steuernd]
dirithromycin Dirithromycin *n (Antibiotikum)*
Dirofilaria conjunctivae *(Paras)* Dirofilaria *f* conjunctivae
Dirofilaria immitis *(Paras)* Dirofilaria *f* immitis
dirofilariasis *(Paras)* Dirofilariose *f*, Dirofilarieninfestation *f*, Dirofilarienbefall *m*
dirrhinus Dirrhinus *m*, Doppelnase *f*
dirty linen room Schmutzwäscheraum *m*
disability 1. Arbeitsunfähigkeit *f*; Erwerbsunfähigkeit *f*, Invalidität *f*; 2. Gebrechen *n*, Körperbehinderung *f*
disability benefit Invaliditätsrente *f*
disability pension Berufsunfähigkeitsrente *f*
disabled arbeitsunfähig; erwerbsunfähig, invalid(e)
disabled person Arbeitsunfähige(r) *m*; Erwerbsunfähige(r) *m*, Invalide(r) *m*
disablement *s.* disability
disaccharidase Disaccharidase *f (Enzym)*

disaccharidase deficiency Disaccharidasemangel *m*
disaccharide Disaccharid *n*
disacchariduria Disaccharidurie *f*, Disaccharidausscheidung *f* im Urin
disacidify *v* eine Säure neutralisieren; eine Säure entfernen
disaggregation Disaggregation *f*
disarticulate *v* ein Gelenk trennen, exartikulieren, im Gelenk amputieren [trennen]
disarticulation Exartikulation *f*, Gelenkamputation *f*
disassimilate *v* disassimilieren, abbauen
disassimilation Katabolismus *m*, Dissimilation *f*, Abbau(stoffwechsel) *m*
disaster-preparedness plan Katastrophen(schutz)plan *m (z. B. im Krankenhaus)*
disaster syndrome *(Neur)* akute Gefühlslähmung *f*
disavowal *(Psych)* Verleugnen *n*, Verleugnung *f*
disc *s.* disk
discectomy *s.* diskectomy
discernability Erkennbarkeit *f*
discernable erkennbar
discerning ability *(Neur)* Einsichtsfähigkeit *f*
discharge *v* absondern, ausscheiden; sezernieren; freisetzen *(z. B. eine Substanz)*; ausströmen; entladen *(Strom)*
discharge *v* **a defibrillator** einen Defibrillator entladen
discharge *v* **a patient in a satisfactory condition** einen Patienten in einem zufrieden stellenden Zustand entlassen *(aus dem Krankenhaus)*
discharge *v* **from the hospital** aus dem Krankenhaus entlassen *(Patienten)*
discharge *v* **matter** eitern, Eiter absondern
discharge 1. Absonderung *f*, Ausscheidung *f*, Sekretion *f*; Entleerung *f*; Freisetzung *f*; Entladung *f*; 2. Ausscheidungsprodukt *n*; Exkret *n*; Sekret *n*
discharge abstract Entlassungsdaten *pl*
discharge coordinator Entlassungskoordinator *m (für Patientenweiterversorgung)*
discharge from the ear Ohr(en)ausfluss *m*, Ohrensekretion *f*
discharge of affect Affektkrise *f*
discharge of bloody urine *s.* haematuria
discharge of emotions affektive [emotionale] Entladung *f*, emotionaler Ausbruch *m*
discharge of liquor Liquor(aus)fluss *m*, Liquorentleerung *f*, Liquorrhö *f*
discharge of matter Eiterabsonderung *f*
discharge of pus *s.* discharge of matter
discharge planning Entlassungsplanung *f (aus dem Krankenhaus)*
discharge psychosis *(Neur)* Freiheitspsychose *f*
discharge summery Entlassungsbericht *m*, Entlassungsbrief *m*, Epikrise *f*
discharged from hospital (aus dem Krankenhaus) entlassen
discharging lesion Entladungsläsion *f (Gehirn)*
dischromatopsy *s.* dyschromatopsia
dischronation Störung *f* des Zeitgefühls, Zeitagnosie *f*, gestörtes Zeitgefühl *n*
disci *pl s.* discus
disciform disciform, scheibenförmig, diskoid
disciform keratitis *(Ophth)* Scheibenkeratitis *f*, Keratitis *f* disciformis
disciform macular degeneration *(Ophth)* scheibenförmige Makuladegeneration *f*, Retinitis *f* disciformis
discission Diszision *f*, Spaltung *f*
discission needle Diszisionsnadel *f*, Starmesser *n*
discission of cataract Kataraktdiszision *f*
discission of the cervix uteri Gebärmutterhalsdiszision *f*
discitis 1. Diskusentzündung *f*, Diszitis *f*; Bandscheibenentzündung *f*, 2. Meniskusentzündung *f*
disclination *s.* extorsion
disclose *v* entdecken; enthüllen
disclosing material *(Stom)* Abdruckmaterial *n*, Abgussmaterial *n*
disclosing plaque solution *(Stom)* Erkennungslösung *f* für Zahnbelag
disclosure Offenlegung *f*, Offenlegen *n*, Sichtbarmachung *f*, Sichtbarmachen *n*
discoblastic Diskoblastula..., Scheibenblastula...
discoblastula *(Histol)* Scheibenblastula *f*, Diskoblastula *f*
discobolus attitude *(HNO)* Diskuswerferhaltung *f (bei einseitiger Labyrinthreizung)*
discocyte Diskozyt *m (reifer Erythrozyt)*
discogastrula *(Histol)* Scheibengastrula *f*
discogenetic diskogen, von einer Nervenwurzel ausgehend
discogenic radiculitis diskogene Nervenwurzelentzündung *f*, Bandscheibenradikulitis *f*
discogram Diskogramm *n*, Bandscheibenröntgen(kontrast)bild *n*
discography Diskographie *f*, Bandscheibenröntgen(kontrast)darstellung *f*, Nukleographie *f*
discoid diskoid, scheibenförmig, scheibenähnlich
discoid excavator *(Stom)* Scheibenexkavator *m*
discoid lupus erythematosus *(Derm)* Lupus *m* erythematodes discoides, Scheibenrose *f*, Zehrrose *f*, Schmetterlingsflechte *f*
discoid meniscus Diskusmeniskus *m*, Scheibenmeniskus *m*
discoid placenta Placenta *f* discoidea, Diskusplazenta *f*, Scheibenplazenta *f*
discoid psoriasis *(Derm)* Psoriasis *f* discoidea [nummularis]
discoidectomy Diskusexzision *f*, Diskusentfernung *f*, (operative) Scheibenentfernung *f*; (operative) Bandscheibenentfernung *f*
discoloured stool acholischer Stuhl *m*
discongruence of the intervertebral joints *(Orth)* Diskongruenz *f* der Intervertebralgelenke
disconnection syndrome *(Neur)* Diskonnektion-Syndrom *n (Störung infolge Nervenbahndurchtrennung)*
discopathy Diskopathie *f*, Bandscheibenerkrankung *f*, Bandscheibenschaden *m*
discoplacenta *s.* discoid placenta
discoplasm Diskoplasma *n*, Erythrozyten(zell)plasma *n*
discordance Diskordanz *f*
discordant diskordant, nicht übereinstimmend, gegensinnig, gegenteilig, unterschiedlich
discordant twins diskordante Zwillinge *mpl*
discrepancy of tooth size Zahngrößendiskrepanz *f*
discrete diskret, verborgen, versteckt, wenig auffallend, mit unauffälliger Symptomatik
discriminant analysis Diskriminanzanalyse *f*
discriminate *v* unterscheiden; erkennen
discriminating sense Diskriminationssinn *m*
discrimination Diskrimination *f*, Unterscheidung *f (z. B. von Berührungsreizen)*; Unterscheidungsvermögen *n*; Trennschärfe *f*
discriminator *(Rad)* Diskriminator *m*
discus Diskus *m*, Scheibe *f (siehe auch: disk)*
discus prolapse Diskusprolaps *m*, Bandscheibenvorfall *m*
discussive *s.* discutient
discutient auflösend, zerstreuend, beseitigend *(z. B. Tumorgewebe)*
discutient (agent) Auflösungsmittel *n*, Zerstreuungsmittel *n*, Beseitigungsmittel *n*

disdiaclast Disdiaklast *m (in der quer gestreiften Muskulatur)*
disdiadochokinesia *s.* dysdiadochokinesia
disease Krankheit *f*, Erkrankung *f*, Morbus *m*, Leiden *n* • **be recovered from a disease** von einer Krankheit genesen [wiederhergestellt] sein • **be struck by a disease** von einer Krankheit befallen sein • **be taken with a disease** von einer Krankheit befallen werden, eine Krankheit bekommen; sich eine Krankheit zuziehen • **be treated for a disease** wegen einer Krankheit behandelt werden • **catch a disease** sich eine Krankheit zuziehen, an einer Krankheit erkranken • **communicate a disease** eine Krankheit übertragen • **develop a disease** erkranken, krank werden, eine Krankheit entwickeln • **protect against a disease** gegen eine Krankheit schützen *(z. B. durch Impfung)* • **take a disease** sich eine Krankheit holen [einfangen], erkranken
disease activity Krankheitsaktivität *f*
disease of childhood Kinderkrankheit *f*
disease of the heart Herzkrankheit *f*, Herzerkrankung *f*, Herzleiden *n*
disease of the lung Lungenerkrankung *f*, Lungenleiden *n*
disease of the mammary gland Mastopathie *f*
disease of the stomach Magenkrankheit *f*, Magenerkrankung *f*, Magenleiden *n*
disease of unknown aetiology Krankheit *f* (mit) unbekannter Ätiologie
disease prevention Krankheitsprävention *f*, Krankheitsvorbeugung *f*, Vorbeugung *f* einer Erkrankung
disease process Krankheitsprozess *m*
disease-producing germ Krankheitserreger *m*
disembowel *v* 1. den Bauch aufschlitzen; 2. *s.* eviscerate
disengagement 1. Hervortreten *n* des Kopfes *(aus der Vulva)*; Liberation *f* des Fetus *(bei der Geburt)*; 2. *(Neur)* Zurückziehung *f*, Zurückziehen *n*, Rückzug *m*, Loslösung *f*, Loslösen *n*
disentomb *v s.* disinter
disequilibrium Dysäquilibrium *n*, Ungleichgewicht *n (z. B. im Elektrolythaushalt)*
disergastic reaction *(Neur)* disergastische Reaktion *f*
disesthesia *s.* dysaesthesia
disfiguring scar deformierende [entstellende] Narbe *f*
disgerminoma Disgerminom *n*, Dysgerminom *n (Ovargeschwulst)*
disgregation phobia *(Neur)* Disgregationsangst *f*
dish *(Lab)* Schale *f*, schalenförmiges Gefäß *n*
dishpan fracture Impressionsfraktur *f*, Schädelimpressionsfraktur *f*
disimmunity *s.* dysimmunity
disimpact *v* aufrichten, anheben *(Knochenimpression)*
disimpaction Frakturaufrichtung *f*, Bruchstückhebung *f*
disimpaction forceps 1. Aufrichtungszange *f (z. B. für Nasenbeinfraktur)*; 2. *(Stom)* Repositionszange *f*
disinfect *v* desinfizieren, entkeimen, keimfrei machen, entseuchen
disinfectant desinfizierend, entkeimend, keimtötend, entseuchend
disinfectant (agent) Desinfektionsmittel *n*, desinfizierendes [keimtötendes] Mittel *n*, Entkeimungsmittel *n*, Entseuchungsmittel *n*
disinfectant solution Desinfektionslösung *f* • **plunge into a disinfectant solution** in eine Desinfektionslösung eintauchen *(z. B. Instrumente)* • **soak in a disinfectant solution** in einer Desinfektionslösung einweichen *(z. B. Kleidung)*
disinfection Desinfektion *f*, Desinfizierung *f*, Entkeimung *f*, Entseuchung *f*
disinfection apparatus Desinfektionsapparat *m*; Desinfektionsanlage *f*
disinfection chamber Desinfektionskammer *f*
disinfection in an epidemic centre [focus] Desinfektion *f* im Epidemieherd
disinfection of thermometer Thermometerdesinfektion *f*
disinfector Desinfektor *m*, Desinfektionsapparat *m*
disinfest *v* entwesen, Ungeziefer vernichten, von Ungeziefer befreien
disinfestation Entwesung *f*, Ungeziefervernichtung *f*
disinhibition Enthemmung *f*
disinsect *v* eine Desinsektion durchführen, Insekten vernichten
disinsection Desinsektion *f*, Insektenvernichtung *f*
disinsectization *s.* disinsection
disinsector Desinsektor *m*, Insektenvernichtungsapparat *m*
disinsertion Disinsertion *f*, Sehnenanriss *m*, Abriss *m*
disintegrant *s.* disintegrator
disintegration 1. Desintegration *f*, Zerfall *m*, Auflösung *f*; 2. Auflösung *f*, Abbau *m*, Zerfall *m*; Zertrümmerung *f*
disintegration constant (radioaktive) Zerfallskonstante *f*
disintegration of personality *(Neur)* Persönlichkeitszerfall *m*, Disintegration *f* (der Persönlichkeit)
disintegration product Zerfallsprodukt *n*
disintegration rate (radioaktive) Zerfallsrate *f*, (radioaktive) Zerfallsgeschwindigkeit *f*
disintegration time Zerfallszeit *f*
disintegrative psychosis *(Neur, Päd)* desintegrative Psychose *f (mit Zerfall der Persönlichkeit)*
disintegrator *(Pharm)* Desintegrator *m*, Lösungsvermittler *m*, den Zerfall bewirkende Substanz *f (Tablettenauflösungsmittel)*
disinter *v* exhumieren, wieder ausgraben *(eine Leiche)*
disinterment Exhumierung *f* (einer Leiche)
disintoxication therapy Entgiftungstherapie *f*, Entgiftungsbehandlung *f*, Detoxikation *f*
disinvagination Beseitigung *f* einer Invagination, Invaginatausstülpung *f*, Einlaufreposition *f (des Darmes)*
disjection *(Neur)* Disjektion *f*
disjoint *v* luxieren, verrenken; ausrenken; dislozieren
disjoint luxiert, verrenkt *(Gelenk)*
disjunction 1. Trennung *f*, Abtrennung *f (Vorgang)*; 2. *(Gen)* Chromosomendisjunktion *f*, Chromosomenseparation *f (Anaphasenstadium der Meiose)*; 3. *(Ophth)* Disjunktion *f* der Koordination; Störung *f* der Blickkoordination
disk 1. *(Anat)* Diskus *m*, Scheibe *f*; 2. *(Anat)* Bandscheibe; 3. *(Stom)* Schleifscheibe *f*, Polierscheibe *f*; 4. Platte *f*, Festplatte *f*
disk diffusion technique *(Bakt)* Scheibendiffusionstechnik *f*
disk dispenser Scheibenspender *m*
disk drive Laufwerk *n*, Festplattenlaufwerk *n*
disk electrophoresis *(Lab)* Scheibenelektrophorese *f*
disk hernia *s.* disk prolapse
disk kidney Diskusniere *f*, Scheibenniere *f*
disk oxygenator Scheibenoxygenator *m*
disk prolapse Diskusprolaps *m*, Bandscheibenvorfall *m*
disk saw *(Stom)* Rundsäge *f*
diskectomy Diskektomie *f*, (operative) Diskusentfernung *f*, Bandscheibenentfernung *f*
diskform cataract *(Ophth)* Cataracta *f* disciformis
diskform keratitis *(Ophth)* Keratitis *f* disciformis
diskform psoriasis *(Derm)* Psoriasis *f* nummularis
diskhaler *(Pharm)* Diskhaler *m (Trockeninhalator)*
diskitis Diskitis *f*, Entzündung *f* des Discus interarticularis
diskogram *s.* discogram
diskography *s.* discography
dislike *(Neur)* Aversion *f*
dislocate *v* dislozieren; luxieren, verrenken; ausrenken *(Gelenk)*

dislocate *v* **the shoulder** sich die Schulter verrenken; die Schulter ausrenken
dislocatio *s.* dislocation
dislocation Dislokation *f*, Dislozierung *f*; Luxation *f*, Verrenkung *f*; Ausrenkung *f* • **reduce a dislocation** (eine Dislokation) einrenken, eine Verrenkung reponieren
dislocation fracture Dislokationsfraktur *f*, Verrenkungsknochenbruch *m*
dislocation of the ankle joint Sprunggelenkdislokation *f*
dislocation of the cervical vertebra Halswirbel(körper)dislokation *f*
dislocation of the clavicle [collarbone] Klavikuladislokation *f*, Schlüsselbeinverrenkung *f*
dislocation of the distal phalanx Endglieddislokation *f*
dislocation of the finger Fingerdislokation *f*, Fingerverrenkung *f*
dislocation of the head of fibula Fibulaköpfchendislokation *f*
dislocation of the head of the radius Radiusköpfchendislokation *f*
dislocation of the hip Hüft(gelenk)dislokation *f*, Hüftgelenkverrenkung *f*
dislocation of the jaw Kiefer(gelenk)dislokation *f*, Kieferverrenkung *f*
dislocation of the knee Knie(gelenk)dislokation *f*, Knieverrenkung *f*
dislocation of the knee-cap Kniescheibendislokation *f*, Patellaverrenkung *f*
dislocation of the lens Linsendislokation *f*, Augenlinsenvorfall *m*
dislocation of the mandible Mandibulaluxation *f*, Unterkieferverrenkung *f*
dislocation of the radius Radiusdislokation *f*
dislocation of the scaphoid bone Kahnbeindislokation *f*
dislocation of the shank Unterschenkelluxation *f*
dislocation of the shin Kniegelenkverrenkung *f*, Tibialuxation *f*, Schienbeinluxation *f*
dislocation of the shoulder Schulter(gelenk)dislokation *f*, Schulterverrenkung *f*
dislocation of the shoulder blade Skapuladislokation *f*, Schulterblattverrenkung *f*
dislocation of the thumb Daumendislokation *f*
dislocation of the toe Zehendislokation *f*, Zehenverrenkung *f*
dislocation of the vertebral body Wirbelkörperdislokation *f*
dislocation of the wrist Handgelenkverrenkung *f*, Handgelenkluxation *f*
dislodg(e)ment of a tooth Zahnverschiebung *f*
dismember *v* amputieren, abschneiden, absetzen; zerstückeln, zergliedern
dismemberment 1. Gliedamputation *f*; 2. Zerstückelung *f*, Zergliederung *f*
dismissal on probation *(Neur)* bedingte Entlassung *f*
dismutase Dismutase *f (Enzym)*
dismutation Dismutation *f*
disobliterative endarterectomy Desobliteration *f*, desobliterative Endarteriektomie *f*
disocclude *v (Stom)* disokkludieren, fehlokkludieren, nicht schlüssig schließen *(das Gebiss)*
disomus Diplosomie *f*, Doppelmissbildung *f*
disomy Disomie *f (Vorhandensein eines homologen Chromosomenpaares)*
disopyramide Disopyramid *n (Antiarrhythmikum)*
disorder Erkrankung *f*; Störung *f*
disorder of articulation artikulatorische Sprachstörung *f*
disorder of feelings *(Psych)* Gefühlsstörung *f*
disorder of movement Bewegungsstörung *f*, gestörte Bewegung *f*
disorder of sleep Schlafstörung *f*, gestörter Schlaf *m*
disorder of speech development Sprachentwicklungsstörung *f*
disordered krank; gestört; geisteskrank, geistesgestört
disordered condition of consciousness Bewusstseinsstörung *f*
disordered growth gestörtes Wachstum *n*; Wachstumsstörung *f*
disordered menstrual cycle gestörter Menstruationszyklus *m*; Menstruationszyklusstörung *f*
disordered metabolism gestörter Metabolismus *m*, Stoffwechselstörung *f*
disorders of initiating and maintaining sleep Einschlaf- und Durchschlafstörungen *fpl*
disorders of the disposition of emotions Bereitstellungskrankheiten *fpl*
disorganization Desorganisation *f*, Gewebe(struktur)auflösung *f*, Gewebezerfall *m*, Gewebezerstörung *f*
disorganized schizophrenia hebephrene Schizophrenie *f*, Hebephrenie *f*
disorganized type *(Neur)* desorganisierter Typ *m*
disorient *v* desorientieren, die Orientierung verlieren *(z. B. für Raum und Zeit)*
disorientation *(Neur)* Desorientierung *f*, Orientierungsstörung *f*, inkonstante Orientierung *f*, Desorientiertheit *f*, fehlende Orientierung *f*, Verwirrtheit *f (bei Bewusstseinsstörung)*
disorientation in own personality autopsychische Desorientierung *f*; autopsychische Desorientiertheit *f*
disorientation in space örtliche [räumliche] Desorientierung *f*; örtliche [räumliche] Desorientiertheit *f*
disorientation in surrounding persons personenbezogene Desorientierung *f*, personenbezogene Desorientiertheit *f*
disorientation in surroundings situative Desorientierung *f*, situative Desorientiertheit *f*
disorientation in time zeitliche Desorientierung *f*, zeitliche Desorientiertheit *f*
disoriented *(Neur)* desorientiert
dispar *s.* disparate
disparasitization Parasitenvernichtung *f*
disparasitize *v* Parasiten vernichten, eine Parasitenvernichtung durchführen
disparasitized parasitenfrei
disparate nicht gleich, ungleich; nicht paarig; unterschiedlich (in der Art); nicht in der gleichen Situation
dispensary 1. Fürsorgestelle *f*, Dispensairesprechstunde *f*, Dispensaire-Ambulanz *f*; 2. Apotheke *f*, Krankenhausapotheke *f* • **be registered in a dispensary** in einem Dispensaire erfasst sein
dispensary observation Dispensairebetreuung *f*
dispensatory Arzneibuch *n*, Arzneimittelverzeichnis *n*
dispense *v* 1. Arzneien zubereiten *(nach Rezept)*; 2. Arzneien [Medikamente] ausgeben; Rezepte beliefern
dispenser 1. Apotheker *m*; 2. Spender *m*, Spendergerät *n*
dispenser bottle Spenderflasche *f*
dispenser roll Spenderrolle *f*
dispermia Dispermie *f*, Doppelbefruchtung *f*
dispermy *s.* dispermia
dispersal Dispersion *f*, Auflösung *f*, Zerfall *m (z. B. einer Tablette)*
disperse *v* 1. (ver)streuen, zerstreuen, verbreiten; sich zerstreuen; 2. dispergieren, fein verteilen *(Stoffe in einem Zweiphasensystem)*
dispersible 1. dispersibel, verstreubar, zerstreubar; 2. dispergierbar
dispersing (agent) *(Pharm)* Dispersionsmittel *n*
dispersing lens Zerstreuungslinse *f*, Konkavlinse *f*

dispersion 1. *(Pharm)* Dispersion *f*, Auflösung *f*; 2. Dispersion *f*, Streuung *f*, Zerstreuung *f*
dispersion amalgam Dispersionsamalgam *n*
dispersion forces Dispersionskräfte *fpl*
dispersion medium Dispersionsmedium *n*
dispersion-strengthened dispersionsverstärkt
dispersity Dispergierbarkeit *f*, Dispersionsfähigkeit *f*
dispersoid Dispersionskolloid *n*
dispert *(Pharm)* Dispert *n*, Auszug *m*
dispireme *(Histol)* Dispirem *n (Zellteilungsstadium)*
displace *v* dislozieren; verschieben
displaceability Verschieblichkeit *f*
displaced fracture dislozierte Fraktur *f*, verschobener Knochenbruch *m*
displaced mediastinal shadow *(Rad)* verschobener Mediastinalschatten *m*, verschobenes Mediastinum *n*
displaced testis dislozierter [fehlplatzierter] Hoden *m*; Hodendislokation *f*
displacement 1. Malposition *f*, Fehllage *f (Zustand)*; Fehllagerung *f*, Verschiebung *f (Vorgang)*; 2. Verdrängung *f*, Verschiebung *f (z. B. von Gegenständen)*; 3. Perkolation *f*; 4. *(Neur)* Displacement *n*, Verschiebung *f*, Verlagerung *f (z. B. von Streit auf Gespräch)*; 5. *(Stom)* Malposition *f*, Zahnfehlstellung *f*
displacement activity *(Neur)* Übersprungsbehandlung *f*
displacement analysis Displacement-Analyse *f*
displacement chromatography Displacement-Chromatographie *f*, Verdrängungschromatographie *f*
displacement impulse *(Neur)* Bewegungsdrang *m*
displacement of a tooth Zahnverschiebung *f*
displacement of fragments along length *s.* displacement of fragments longitudinally
displacement of fragments at an angle Dislocatio *f* ad axim, Achsenknickung *f* einer Fraktur
displacement of fragments longitudinally Dislocatio *f* ad longitudinem, Längsverschiebung *f* einer Fraktur
displacement of the endotracheal tube *(Anästh)* Tubusverlagerung *f*
displacement of the patella Patellaluxation *f*, Kniescheibenverrenkung *f*
displacement reaction *(Neur)* Übersprungsbehandlung *f*
displacement threshold acuity räumliche Schwellensehschärfe *f*
display screen Bildschirm *m*
disposable articulator Wegwerfartikulator *m*
disposable blood lancet Einmalgebrauchsblutlanzette *f*, Wegwerfblutlanzette *f*
disposable burr Wegwerfbohrer *m*
disposable cannula Einwegkanüle *f*, Wegwerfkanüle *f*
disposable diaper Wegwerfwindel *f*
disposable gloves Wegwerfhandschuhe *mpl*, Einmalgebrauchshandschuhe *mpl*
disposable instruments Wegwerfinstrumente *npl*, Einmalgebrauchsinstrumente *npl*
disposable napkin *s.* disposable diaper
disposable needle Einwegkanüle *f*, Wegwerfkanüle *f*
disposable plastic transfusion set *s.* disposable transfusion pack
disposable plastic tube Einmalgebrauchs-Plastiksonde *f*, Wegwerfplastiksonde *f*
disposable product Wegwerfartikel *m*, Einmalgebrauchsartikel *m*
disposable scalpel Wegwerfskalpell *n*, Einmalgebrauchsskalpell *n*
disposable spatula Wegwerfspatel *m*
disposable syringe Einwegspritze *f*, Wegwerfspritze *f*
disposable system for blood transfusion Einmalgebrauch-Transfusionssystem *n*
disposable toothbrush Einwegzahnbürste *f*, Wegwerfzahnbürste *f*
disposable towel Wegwerfhandtuch *n*, Einmalgebrauchshandtuch *n*
disposable transfusion pack Einmalgebrauch-Transfusionsbesteck *n*, Wegwerftransfusionsbeutel *m*
disposition 1. Disposition *f*, Veranlagung *f*; 2. (momentane) Verfassung *f*; 3. Anfälligkeit *f*, Krankheitsbereitschaft *f*
disproportion Disproportion *f*, Missverhältnis *n*
disputable diagnosis zweifelhafte Diagnose *f*
disruption 1. Disruption *f*, Unterbrechung *f*, Störung *f*; 2. Disruption *f (Fehlbildung durch Schädigung während der Schwangerschaft)*
disruption of the sleep-wake cycle *(Neur)* Störung *f* des Schlaf-Wach-Rhythmus, Schlaf-Wach-Störung *f*
disruptive unterbrechend; störend
disruptive behaviour disorder *(Neur)* expansive Verhaltensstörung *f*
dissect *v* 1. dissezieren, eine Dissektion durchführen, (Gewebe) durchtrennen; 2. sezieren, auseinander schneiden
dissecting (aortic) aneurysm dissezierendes Aortenaneurysma *n*, Aneurysma *n* dissecans
dissecting forceps 1. Dissektionsklemme *f*, Dissektor *m*, Präparierklemme *f*; 2. anatomische Pinzette *f*
dissecting haematoma *s.* dissecting (aortic) aneurysm
dissecting instruments Sezierbesteck *n*
dissecting metritis *(Gyn)* Metritis *f* dissecans
dissecting room Sektionssaal *m*, Präparationssaal *m*, Anatomiesaal *m*
dissecting scissors Dissektionsschere *f*, Präparierschere *f*
dissecting sponge *(Chir)* Stieltupfer *m*
dissection 1. Dissektion *f*, Durchtrennung *f*, Gewebedurchtrennung *f*; 2. Sektion *f*, Sezieren *n*, Auseinanderschneiden *n*
dissection adenoidectomy *(HNO)* Dissektionsadenektomie *f*
dissection laboratory Präparationssaal *m*, Sektionssaal *m*
dissection of the gall bladder from the cystic duct upward retrograde Cholezystektomie *f*
dissection of the gall bladder from the fundus downward orthograde Cholezystektomie *f*
dissection of the uterine neck Gebärmutterhalsschnitt *m*
dissection room Sektionssaal *m*, Präparationssaal *m*
dissection tonsillectomy Dissektionstonsillektomie *f*
dissection tubercle Sektionstuberkel *m*, Leichentuberkel *m*, Verruca *f* necrogenica
dissector 1. Dissektor *m*, Dissektionsklemme *f*, Präparierklemme *f*; 2. Prosektor *m*, Sezierer *m*, Zerleger *m*; Präparator *m*
disseminated disseminiert, verstreut, zerstreut, verbreitet
disseminated chorioiditis diffuse Chorioiditis *f*, Chorioiditis *f* diffusa
disseminated condensing osteopathy Osteopathia *f* condensans disseminata
disseminated gonorrhoea disseminierte Gonorrhö *f*
disseminated intravascular coagulation disseminierte intravaskuläre Gerinnung *f*, DIC, Verbrauchskoagulopathie *f*
disseminated lesion verstreuter [disseminierter] Herd *m*
disseminated lupus erythematosus Lupus *m* erythematodes disseminatus
disseminated multiple sclerosis *s.* disseminated sclerosis
disseminated myelitis diffuse [disseminierte] Myelitis *f*
disseminated neuritis disseminierte Neuritis *f* [Nervenentzündung *f*]

disseminated neurodermatitis Neurodermatitis *f* disseminata, endogenes [atopisches] Ekzem *n*
disseminated sclerosis *(Neur)* multiple Sklerose *f*, MS *f*
disseminated tuberculosis *s.* miliary tuberculosis
dissemination Dissemination *f*, Krankheitskeimaussaat *f*, Keimverstreuung *f*
dissemination of the tumour Tumorverbreitung *f*, Geschwulstaussaat *f*
dissemination of tumour cells Tumorzellendissemination *f*, Geschwulstzellenaussaat *f*
dissimilar twins zweieiige Zwillinge *mpl*
dissimilate *v* dissimilieren, katabolisieren, abbauen; abgebaut [dissimiliert] werden, dem Abbau(stoffwechsel) unterliegen
dissimilation Dissimilation *f*, Katabolismus *m*, Abbau(-stoffwechsel) *m*
dissimulate *v* dissimulieren, untertreiben *(Krankheiten)*
dissimulation Dissimulation *f*, Krankheitsuntertreibung *f*
dissociated anaesthesia *(Neur)* dissoziierte Empfindungsstörung *f*
dissociated nystagmus *(Ophth)* dissoziierter Nystagmus *m*
dissociated personality *(Neur)* gespaltene [schizoide] Persönlichkeit *f*
dissociated sensory defect *(Neur)* dissoziierte Sensibilitätsstörung *f*
dissociation 1. Dissoziation *f*, Spaltung *f*, Aufspaltung *f*; 2. *(Neur)* Dissoziation *f*, Spaltung *f* der Persönlichkeit, Persönlichkeitsspaltung *f*, Spaltung *f* des Bewusstseins, Ich-Spaltung *f*
dissociation amnesia *(Neur)* Dissoziationsamnesie *f*
dissociation syndrome *(Neur)* Dissoziationssyndrom *n*
dissociative anaesthesia dissoziative Anästhesie *f* [Narkose *f*]
dissociative disorder *(Neur)* dissoziative Störung *f*
dissociative of ideas *(Neur)* Ideendissoziation *f*
dissociative reaction *(Neur)* dissoziative Reaktion *f*
dissolution 1. Dissolution *f*, Auflösung *f (z. B. chemischer Substanzen)*; 2. Dissolution *f*, Auflösen *n*, Inlösunggehen *n (in einer Flüssigkeit)*; 3. Liquefaktion *f*, Verflüssigung *f*; 4. Lösen *n*, Entspannen *n*, Entspannung *f*, Relaxation *f*, Lockerung *f*
dissolution of gallstones Gallensteinauflösung *f*
dissolutiuon rate Auflösungsgeschwindigkeit *f*
dissolve *v* 1. auflösen; 2. sich auflösen, in Lösung gehen
dissolvent (auf)lösend
dissolvent (agent) 1. Dissolvens *n*, Lösungsmittel *n*, Auflösungsmittel *n*; 2. Dissolvens *n*, Lösungsvermittler, auflösendes Mittel *n*; 3. Verflüssiger *m*, Verflüssigungsmittel *n*
dissonance Dissonanz *f*
distad in distaler Richtung, distad
distal distal, körperfern, entfernt
distal cavity *(Stom)* distale Kavität *f*
distal convoluted tubule distaler Tubulus *m* [Nierentubulus *m*]
distal crown *(Stom)* distale Krone *f*
distal cusp *(Stom)* distaler Höcker *m*
distal end of the radius Facies *f* articularis carpea radii, distale Radiusgelenkfläche *f*
distal latency terminale Latenz *f (Elektroneuromyographie)*
distal movement distale Bewegung *f*, Distalbewegung *f*
distal muscular dystrophy distale [Gowers'sche] Muskeldystrophie *f*
distal occlusion *(Stom)* Distalbiss *m*
distal outline distaler Umriss *m*, distale Kontur *f*
distal phalanx Endglied *n (z. B. eines Fingers)*
distal phalanx of the finger Phalanx *f* distalis [tertia] digitorum manus, Fingerendglied *n*
distal phalanx of the toe Phalanx *f* distalis [tertia] digitorum pedis, Zehenendglied *n*
distal position distale Position *f*, distale Lage *f*, Distallage *f*, Distalstand *m (z. B. eines Zahnes)*
distal radioulnar articulation [joint] Articulatio *f* radioulnaris distalis, distales Ellen-Speichen-Gelenk *n*
distal renal tubular acidosis distale Nierentubulusazidose *f*
distal root distale Wurzel *f*, Distalwurzel *f*
distal sparing distaler Ersatz *m*, distales Ersetzen *n (durch spinale Eigenreflexe bei Rückenmarkdurchtrennung)*
distal surface of the tooth Facies *f* distalis dentis
distal tibiofibular joint *s.* inferior tibiofibular joint
distal tilting distales Kippen *n*, Distalkippen *n*
distal tubule distaler Tubulus *m* [Nierentubulus *m*]
distal wall distale Wand *f*, Distalwand *f (z. B. eines Zahnes)*
distance Distanz *f*, Entfernung *f*, Abstand *m*
distance radiography Distanzaufnahme *f*, Fernaufnahme *f*
distance regulation *(Neur)* Distanzregulation *f*
distance vision 1. *(Ophth)* Fernsichtigkeit *f*; 2. *(Ophth)* Übersichtigkeit *f*, Weitsichtigkeit *f*, Hyperopie *f*, Hypermetropie *f*
distant memory Langzeitgedächtnis *n*
distant metastasis *(Path)* Fernmetastase *f*
distant murmur Distanzgeräusch *n*
distantia *s.* distance
distend *v* 1. aufdehnen, aufblasen, aufblähen; 2. sich aufdehnen, sich aufblähen
distended abdomen geblähtes Abdomen *n*
distensibility Aufdehnbarkeit *f*, Dehnbarkeit *f*
distension *s.* distention
distention 1. Distension *f*, Aufdehnung *f*, Dehnung *f*, Dehnungsvorgang *m*; 2. Dilatation *f*, Erweiterung *f*, Dehnungszustand *m*
distention cyst Distensionszyste *f*
distention luxation Distensionsluxation *f*
distention of the joint capsule Gelenkkapseldistension *f*
distention of the renal pelvis Nierenbeckenerweiterung *f*
distichia(sis) Distichiasis *f*, doppelseitiger Wimpernwuchs *m*, doppelte Wimpernreihe *f (Lidanomalie)*
distill *v* destillieren
distillate Destillat *n*, Destillationsprodukt *n*
distillation Destillation *f*, Destillieren *n*
distilled water destilliertes Wasser *n*, Aqua *f* destillata
distoaxiogingival *(Stom)* distoaxiogingival
distoaxioincisal *(Stom)* distoaxioinzisal
distoaxio-occlusal *(Stom)* distoaxio-okklusal
distobuccal *(Stom)* distobukkal
distobuccal angle distobukkaler Winkel *m*
distobuccal cusp distobukkaler Höcker *m*
distobucco-occlusal *(Stom)* distobukko-okklusal
distobuccopulpal *(Stom)* distobukkopulpal
distocervical *(Stom)* distozervikal
distocia Zweitgeburt *f*
distoclination *(Stom)* Distoklination *f*, Rückwärtsneigung *f (eines Zahnes)*
distoclusal *s.* disto-occlusal
distoclusion *(Stom)* Distalbiss *m*
distogingival *(Stom)* distogingival
distolabial *(Stom)* distolabial
distolabial angle distolabialer Winkel *m*
distolabioincisal *(Stom)* distolabioinzisal

distolabiopulpal *(Stom)* distolabiopulpal
distolingual *(Stom)* distolingual
distolinguofacial *(Stom)* distolinguofazial
distolinguoincisal *(Stom)* distolinguoinzisal
distolinguo-occlusal *(Stom)* distolinguo-okklusal
distolinguopulpal *(Stom)* distolinguopulpal
distomatosis *s.* fascioliasis
distomia Distomie *f*, Doppelmund *m*
distomiasis *s.* fascioliasis
distomolar *(Stom)* Distomolar *m*, vierter Molarzahn *m*, Retromolar *m*
distomolar cusp distomolarer Höcker *m*, Distomolarhöcker *m*
Distomum haematobium Distomum *n* haematobium *(Erreger der Urogenitalbilharziose)*
Distomum hepaticum Distomum *n* hepaticum, Leberegel *m (Erreger der Faszioliasis)*
distomus *(Terat)* Distomus *m*, Missgeburt *f* mit doppeltem Mund
disto-occlusal *(Stom)* disto-okklusal
disto-occlusion *(Stom)* Distalokklusion *f*, Distalbiss *m*
distoplacement *(Stom)* Distalverschiebung *f (Verschiebung eines Zahnes nach hinten)*
distopulpal *(Stom)* distopulpal
distopulpolabial *(Stom)* distopulpolabial
distopulpolingual *(Stom)* distopulpolingual
distortion 1. Distorsion *f*, Verstauchung *f*, Umknickung *f (z. B. Gelenk)*; Verdrehung *f*, Verzerrung *f (z. B. Bänder)*; Verschiebung *f*; 2. *(Neur)* Entstellung *f (z. B. von Gedanken)*; 3. *(Rad)* Verzerrung *f*, Verzeichnung *f (auf Röntgenbildern)*
distortion of electrolyte balance *(Physiol)* Verschiebung *f* des Elektrolytgleichgewichts
distortion of memory *(Neur)* Gedächtnisverzerrung *f*, Kryptomnesie *f*
distoversion *(Stom)* Distoversion *f*
distractibility *(Neur)* Ablenkbarkeit *f*, Unkonzentriertheit *f*
distraction 1. *(Neur)* Konzentrationsunfähigkeit *f*; 2. Distraktion *f*, Auseinanderweichen *n (z. B. von Knochenbrüchen)*; 3. *(Chir)* Distraktion *f*, Auseinanderziehen *n (durchtrennter Knochen)*; 4. Distraktion *f*, Dehnung *f*, Überdehnung *f (z. B. von Bändern)*; 5. *(Stom)* Distraktion *f (Verbreiterung des Kieferbogens)*
distraction-compression apparatus Extensionsapparat *m*, Fixateur *m* extern
distraught *(Neur)* zerstreut
distress 1. Leiden *n*, Qual *f*, Quälen *n*, Sich-Quälen *n*; 2. (psychische) Qual *f*, (mentales) Leiden *n*
distress of the human spirit geistliche Verzweiflung *f*, Verzweiflung *f* am Leben *(z. B. Verlust der Wertvorstellungen durch Schicksalsschlag)*
distribution 1. Distribution *f*, Verteilung *f (in Raum und Zeit)*; 2. Distribution *f*, Aufzweigung *f*, (baumartige) Verzweigung *f (z. B. von Nerven)*; 3. Distribution *f*, Verbreitung *f*, (geographische) Verteilung *f (z. B. einer Krankheit)*; 4. *(Statist)* Verteilung *f*
distribution acidosis Verteilungsazidose *f*
distribution pattern Verteilungsmuster *n*
distributive analysis and synthesis *(Psych)* distributive Analyse *f* mit anschließender Synthese
distributive care öffentliche Aufklärung(sarbeit) *f (z. B. über Krankheiten)*
districhiasis Districhiasis *f*, Doppelhaar *n*, Doppelhaarbildung *f (aus einer Wurzel)*
district 1. Distrikt *m*, Bereich *m*, Bezirk *m*; 2. Patientenbereich *m (einer Schwester auf der Krankenstation)*; Schwesternbereich *m*
district hospital Bezirkskrankenhaus *n*
district nurse Gemeindeschwester *f*
district physician Bereicharzt *m*
distrix Spaltung *f* der Haarenden, Haaraufspaltung *f (an den Enden)*
distrust *(Neur)* Misstrauen *n*
disturbance Störung *f*, Beunruhigung *f*, (seelische) Aufgeregtheit *f*
disturbance in judgement *(Neur)* (schizophrene) Urteilsstörung *f*, krankhaftes Urteilen *n*
disturbance of cardiac rhythm Herzrhythmusstörung *f*
disturbance of circulation Kreislaufstörung *f*
disturbance of consciousness *(Neur)* Bewusstseinsstörung *f*
disturbance of counting *(Neur)* Zählstörung *f*, Akalkulie *f*
disturbance of digestion Verdauungsstörung *f*
disturbance of drive *(Neur)* Triebstörung *f*
disturbance of memory *(Neur)* Gedächtnisstörung *f*
disturbance of muscular coordination *(Neur)* Muskelkoordinationsstörung *f*
disturbance of occlusion *(Stom)* Okklusionsstörung *f*, Bissstörung *f*
disturbance of orientation *(Neur)* Orientierungsstörung *f*
disturbance of power *(Neur)* Willensstörung *f*
disturbance of reading *(Neur)* Lesestörung *f*
disturbance of respiration Respirationsstörung *f*, Atemstörung *f*
disturbance of sensation *(Neur)* Sensibilitätsstörung *f*
disturbance of vision *(Neur)* Sehstörung *f*
disturbance of will *(Neur)* Willensstörung *f*
disturbance of writing *(Neur)* Schreibstörung *f*
disturbance psychism *(Neur)* Störungspsychismus *m*
disturbances in state of preparedness *(Neur)* Bereitstellungskrankheiten *fpl*
disturbances of psychomotility *(Neur)* psychomotorische Erregung *f*
disturbed calcification gestörte Kalzifikation *f*, Kalzifikationsstörung *f*
disturbed electrolyte balance gestörtes Elektrolytgleichgewicht *n*, Elektrolytentgleisung *f*
disturbed sensation gestörte Sensibilität *f*, Sensibilitätsstörung *f*
disturbed stimulus conduction gestörte Reizleitung *f*, Reizleitungsstörung *f*
disulfamide Disulphamid *n*
disulfate Disulfat *n*, Disulphat *n*
disulfide Disulfid *n*, Disulphid *n*
disulfiram Disulfiram *n*
disuse arteriosclerosis Inaktivitätsarteriosklerose *f*, Involutionsarteriosklerose *f*
disuse atrophy Inaktivitätsatrophie *f*, Involutionsatrophie *f*
disuse osteoporosis Inaktivitätsosteoporose *f*, Involutionsosteoporose *f*
disuse phenomenon Inaktivitätsphänomen *n (physische und psychische Veränderungen durch fehlende Aktivität)*
disuse syndrome Inaktivitätssyndrom *n (Funktionsverlust durch Nichtgebrauch)*
disvitaminosis *s.* avitaminosis
dithiazanine iodide Dithiazaniniodid *n (Anthelmintikum)*
dithiotreitol Dithiotreitol *n*
dithranol Dithranol *n*, Anthralin *n*
diuresis Diurese *f*, Harnausscheidung *f*
diuretic diuretisch, harntreibend; Diurese…, Harnausscheidungs…
diuretic (agent) Diuretikum *n*, diuretisches [harntreibendes] Mittel *n*
diuretic ceiling effect *(Pharm)* maximale Diuretikawirkung *f*
diuria Diurie *f*, Tagesharnen *n*, Wasserlassen *n* am Tage

diurnal enuresis Tageseinnässen *n*, Enuresis *f* diurna
diurnal mood variation Stimmungsveränderung *f* im Tagesverlauf
diurnal periodicity Tagesperiodizität *f* (der Loa-loa-Filarien)
diurnal pollution Spermatorrhö *f* [Samenfluss *m*] ohne Koitus, Pollutio *f* diurna [nimiae]
diurnal rhythm Tagesrhythmus *m*
diurnal urine excretion Tagesurinmenge *f*, Tagesurinausscheidung *f*
diurnal variation Tagesschwankung *f*
diurnule Tagespille *f*, Tagesarzneimenge *f (Pille mit Tagesarzneimittelbedarf)*
divaccine Zweifachimpfstoff *m*
divagation Divagation *f*, Sprachverwirrtheit *f*, Sprachstörung *f*
divalence Divalenz *f*, Zweiwertigkeit *f*
divalency *s.* divalence
divalent divalent, zweiwertig
divalproex sodium Divalproexnatrium *n (Antikonvulsivum)*
divarication *s.* 1. divergence 1.; 2. diastasis
divergence 1. Divergenz *f*, Auseinanderweichen *n*; Auseinanderlaufen *n*, Auseinandergehen *n*; 2. *s.* divergent squint
divergence angle Divergenzwinkel *m*
divergence of straight abdominal muscles Rektusdiastase *f*
divergent dislocation divergierende Dislokation *f* [Verrenkung *f*]
divergent forceps *(Gyn)* Divergenzzange *f*
divergent palsy *(Ophth)* Divergenzlähmung *f*
divergent paralysis *s.* divergent palsy
divergent squint *(Ophth)* Strabismus *m* divergens, Auswärtsschielen, Außenschielen *n*
divergent strabismus *s.* divergent squint
diverging beam divergierender Strahl *m*, Zerstreuungsstrahl *m*
diverging turtle bandage divergierender Dachziegelverband *m*
diver's conjunctivitis Taucherkonjunktivitis *f*
diver's ear Taucherohr *n*
diver's neurosis Taucherneurose *f*
diver's palsy [paralysis] Taucherparalyse *f*, Taucherlähmung *f*
diverse big liver *(Path)* bunte Lebervergrößerung *f*
diversional activity deficit Zerstreuungsdefizit *n*, Defizit *n* an Zerstreuungsaktivitäten [Ablenkungen]
diverticula *pl s.* diverticulum
diverticular Divertikel...
diverticular disease Divertikelkrankheit *f*
diverticular hernia Divertikelhernie *f*
diverticularization Divertikelbildung *f*
diverticulectomy Divertikulektomie *f*, Divertikelexzision *f*, (operative) Divertikelabtragung *f*
diverticulitis Divertikulitis *f*, Divertikelentzündung *f*
diverticulogram Divertikulogramm *n*, Divertikelröntgen(kontrast)bild *n*
diverticulography Divertikulographie *f*, Divertikelröntgen(kontrast)darstellung *f*
diverticuloma Divertikulom *n*
diverticulopexy Divertikulopexie *f*, Divertikelfixierung *f*, Divertikelanheftung *f*
diverticulosis Divertikulose *f*, Divertikelhäufung *f*, Vorhandensein *n* mehrerer Divertikel
diverticulum Divertikel *n*, Ausstülpung *f*, Schleimhautausstülpung *f*, Schleimhauttasche *f*
diverticulum hernia Divertikelhernie *f*
diverticulum of the stomach Magendivertikel *n*
divided dose geteilte Dosis *f*, Teildosis *f*, Dosis *f* refracta; aufgeteilte Dosierung *f*
diving goitre Tauchkropf *m*
diving reflex *(Physiol)* Tauchreflex *m*
divinyl ether Divinyläther *m*, Divinylether *m*, Ethenyloxyethen *n (Narkoseäther)*
division 1. Division *f*, Aufteilung *f*, Teilung *f*; Spaltung *f*; 2. Teil *m*, Teilbereich *m*; Abteilung *f*
division of medicine Abteilung *f* für Innere Medizin
divulse *v* abreißen; absprengen
divulsion Divulsion *f*, Abriss *m*, Absprengung *f*
divulsor *s.* dilator 2.
dixyrazine Dixyrazin *n (Antipsychotikum)*
dizygotic dizygot, zweieiig
dizygotic twins zweieiige Zwillinge *mpl*
dizygous *s.* dizygotic
dizziness *(Neur)* Schwindel *m*, Vertigo *f*, Schwindelgefühl *n* • **have dizziness** ein Schwindelgefühl haben, sich schwind(e)lig fühlen
dizzy schwind(e)lig • **feel dizzy** sich schwindelig fühlen, ein Schwindelgefühl haben, Schwindel fühlen
dizzy spell Schwindelanfall *m*
DNA *(Gen, Bioch)* DNS *f*, Desoxyribonucleinsäure *f*, Desoxyribonukleinsäure *f*, DNA *f*
DNA acid polymerase Desoxyribonucleinsäurepolymerase *f*, DNA-Polymerase *f (Enzym)*
DNA acid replication Desoxyribonucleinsäurereplikation *f*, DNA-Replikation *f*
DNA acid synthesis Desoxyribonucleinsäuresynthese *f*, DNA-Synthese *f*
DNA acid virus Desoxyribonucleinsäurevirus *n*, DNA-Virus *n*
DNA analysis *(Gen)* DNA-Analyse *f*, DNS-Analyse *f*
DNA blotting *(Gen)* DNA-Blotting *n (Transfer von DNA-Fragmenten auf Chromatographiepapier)*
DNA chimera *(Gen)* DNA-Chimäre *f*
DNA cloning DNS-Klonierung *f*, DNA-Klonierung *f (Gentechnologie)*
DNA copy DNA-Kopie *f*
DNA cytophotometry DNS-Zytophotometrie *f*, DNA-Photometrie *f (zur Bestimmung der Zellkern-DNS)*
DNA diagnostics DNA-Diagnostik *f (bei Erbkrankheiten)*
DNA-directed DNA polymerase DNA-Polymerase *f (Enzym)*
DNA-directed RNA polymerase RNA-Polymerase *f (Enzym)*
DNA-DNA hybridization *(Gen)* DNA-DNA-Hybridisierung *f*
DNA fingerprint genetischer Fingerabdruck *m*
DNA fingerprinting Bestimmung *f* des genetischen Fingerabdruckes
DNA fragment DNS-Fragment *n*, DNA-Fragment *n*, DNS-Bruchstück *n*
DNA gyrase DNA-Gyrase *f (Enzym)*
DNA helicase DNA-Helikase *f (Enzym)*
DNA library DNA-Bibliothek *f*
DNA ligase DNA-Ligase *f (Enzym)*
DNA marker DNA-Marker *m*
DNA molecule DNA-Molekül *n*
DNA nucleotidylexotransferase DNA-Nukleotidylexotransferase *f (Enzym)*
DNA nucleotidyltransferase DNA-Nukleotidyltransferase *f (Enzym)*
DNA polymerase DNA-Polymerase *f (Enzym)*
DNA probe DNA-Untersuchung *f*, DNA-Probe *f*
DNA profiling DNA-Profilbestimmung *n*
DNA technology DNA-Technologie *f*
DNA topoisomerase DNA-Topoisomerase *f (Enzym)*
DNA typing DNA-Typisierung *f*

DNase *s.* deoxyribonuclease
do *v* **for malignancy** wegen einer bösartigen Erkrankung durchführen *(z. B. Radikaloperation)*
do not attempt resuscitation „kein Wiederbelebungsversuch"
do not resuscitate „keine Wiederbelebung"
dobutamine Dobutamin *n (Beta-Stimulator)*
dobutamine hydrochloride Dobutaminhydrochlorid *n*
doctor *v* 1. praktizieren, den Heilberuf ausüben; 2. ärztlich behandeln; sich (ärztlich) behandeln lassen
doctor Arzt *m*, Mediziner *m*, Doktor *m (siehe auch unter: doctor's und physician)* • **approach to a doctor** sich an einen Arzt wenden • **arrange to see a doctor** einen Arztbesuch vereinbaren, eine Arztkonsultation vereinbaren • **be at the doctor's** beim Arzt sein, sich beim Arzt vorstellen • **be under doctor's supervision** in ärztlicher Kontrolle sein, unter ärztlicher Beobachtung stehen • **be under the doctor** in (ärztlicher) Behandlung sein • **come to see a doctor** einen Arzt aufsuchen [konsultieren] • **go to the doctor** den Arzt aufsuchen, zum Arzt gehen • **make an appointment with the doctor at a certain time** mit dem Arzt einen Termin [Vorstellungstermin] vereinbaren • **rush to a doctor** schnell einen Arzt aufsuchen, dringend zum Arzt gehen • **take the doctor's degree** (zum Doktor) promovieren • **turn to a doctor** sich an einen Arzt wenden, einen Arzt konsultieren [zurate ziehen]
doctor in charge Dienst habender Arzt *m*
Doctor of Medicine Doktor *m* der Medizin, Doctor *m* medicinae, Dr. med.
doctor on duty *s.* doctor in charge
doctor-patient relationship Arzt-Patient-Beziehung *f*, Arzt-Patient-Verhältnis *n*
doctor testifying the death (medizinischer) Leichenbeschauer *m*, den Tod feststellender Arzt *m*
doctoral candidate Doktorand *m*
doctoral thesis Dissertation *f*, Doktorarbeit *f*
doctorand Doktorand *m*
doctorate (degree) Doktorat *n*, Doktorgrad *n*, Doktortitel *m*, Doktorwürde *f*
doctor's advice Arztkonsultation *f*, ärztliche Beratung *f* [Konsultation *f*]
doctor's assistant Feldscher *m (Militärmedizin)*
doctor's consulting room Sprechzimmer *n*, Arztsprechzimmer *n*, Konsultationsraum *m*
doctor's overall Doktorkittel *m*, Arztkittel *m*
doctor's personal seal Arztstempel *m*
doctor's private seal *s.* doctor's personal seal
doctor's report Arztbericht *m*
doctor's room Arztzimmer *n*
doctor's round Arztvisite *f*, Visite *f*, Arztbesuch *m*; Krankenbesuch *m*
doctor's signature Arztunterschrift *f*, Signatur *f*
doctor's visit Arztbesuch *m (beim Patienten)*
doctrine Doktrin *f*, Lehrmeinung *f*
docusate calcium Docusatcalcium *n (bei Obstipation)*
docusate sodium Docusatnatrium *n (bei Obstipation)*
dodecadactylitis *s.* duodenitis
dodecadactylon *s.* duodenum
dodecanoyl-CoA synthetase Dodecanoylsynthetase *f (Enzym)*
dodecarbonium chloride Dodecarboniumchlorid *n (Antiseptikum)*
Döderlein's bacillus *(Gyn)* Döderlein'scher Bazillus *m*, Döderlein'sches Stäbchen *n*
doff *v* **a prosthesis** eine Prothese abschnallen
dog nose Spaltnase *f*, Nasenspalte *f*
dog tapeworm Hundebandwurm *m*, Dipylidium *n* caninum
Döhle-Heller aortitis *s.* Döhle's disease
Döhle's disease Döhle-Krankheit *f*, Aortitis *f* syphilitica
Döhle's inclusion bodies Döhle-Einschlusskörperchen *npl*
dolichocephalia Dolichozephalie *f*, Langköpfigkeit *f*, Langschäd(e)ligkeit *f*
dolichocephalic dolichozephal, langköpfig, langschäd(e)lig
dolichocephalism *s.* dolichocephalia
dolichocephalous *s.* dolichocephalic
dolichocephalus Dolichozephalus *m*, Langkopf *m*, Langschädel *m*
dolichocephaly *s.* dolichocephalia
dolichocolon Dolichokolon *n*, überlanger Dickdarm *m*
dolichocranial *s.* dolichocephalic
dolichoderous langhalsig
dolichoenteria Dolichoenterie *f (abnorme Länge des Darmtraktes)*
dolichofacial dolichofazial, langgesichtig
dolichogastria Dolichogastrie *f (abnorme Länge des Magens)*
dolichohieric mit Sakralindex unter 100
dolichokerkic mit Radiohumeralindex über 80
dolichoknemic mit Tibiofemoralindex über 83
dolichomelia Dolichomelie *f (abnorme Länge der Gliedmaßen)*
dolichomorphic dolichomorph
dolicho-oesophagus Dolichoösophagus *m*, verlängerte und geschlängelte Speiseröhre *f*, Speiseröhrenverlängerung *f*
dolichopellic *s.* dolichopelvic
dolichopelvic dolichopelvin; Langbecken...
dolichoprosopic *s.* dolichofacial
dolichoprosopous *s.* dolichofacial
dolichorrhine langnasig
dolichosigmoid Dolichosigmoid(eum) *n*
dolichostenomelia Dolichostenomelie *f*, Arachnodaktylie *f*, Marfan-Syndrom *n*, Spinnenfingrigkeit *f*
Dollinger-Bielschowsky syndrome Dollinger-Bielschowsky-Syndrom *n*, spätinfantile amaurotische Idiotie *f*
doll's-eye reflex *(Päd)* Puppenaugenphänomen *n (fixierte Blickrichtung entgegen einer Kopfdrehung)*
doll's gait Marionettengang *m*, Automatengang *m*
doll's head manoevre Puppenkopfmanöver *n (zur Prüfung des Puppenaugenphänomens bei Hirnstammläsionsdiagnostik)*
dolly Wagen *m*, Gerätewagen *m*
dolor Dolor *m*, Schmerz *m (Zusammensetzungen siehe unter: pain)*
dolorific *s.* dolorogenic
dolorimeter Dolorimeter *n*, Schmerzmesser *m*
dolorimetry Dolorimetrie *f (Intensitätsmessung der Schmerzempfindung)*
dolorogenic schmerzhaft; schmerzauslösend, schmerzbringend, schmerzbereitend
domatophobia *(Neur)* Domatophobie *f*, Häuserangst *f*
dome fracture Domfraktur *f (z. B. der Hüftpfanne)*
dome of the diaphragm Zwerchfellkuppel *f*, Cupula *f* diaphragmatis
dome of the pleura Pleurakuppel *f*, Cupula *f* pleurae
dome-shaped kuppelförmig, gewölbt, kalottenförmig
domestic remedy Hausmittel *n*
domestic violence häusliche Gewalt(anwendung) *f*
domestication *(Neur)* Domestizieren *n*
dominance 1. Dominanz *f*, Dominieren *n*, Vorherrschen *n* 2. *(Gen)* Dominanz *f*, Gendominanz *f*, Genexpression *f*; 3. Dominanz *f* der Koronarversorgung
dominance of traits Erbgangdominanz *f*

dominant vorherrschend, dominierend, dominant
dominant eye dominantes Auge *f*
dominant gene dominantes Gen *n*
dominant group dominante (sociale) Gruppe *f*
dominant heredity dominanter Erbgang *m*
dominant ideas *(Neur)* Zwangsgedanken *mpl*
dominant idiotype dominanter Idiotyp *m*
dominant left ventricle dominanter linker Ventrikel *m*; Linksherzdominanz *f*, Vorherrschen *n* des linken Herzens
dominant right coronary artery dominante rechte Herzkranzarterie *f*
dominant trait dominanter Erbgang *m*
domiodol Domiodol *n (Expektorans)*
domiphen bromide Domiphenbromid *n (Antiseptikum)*
domperidone Domperidon *n (Dopaminantagonist, Antiemetikum)*
don *v* **a prosthesis** eine Prothese anschnallen
Donath-Landsteiner phenomenon [syndrome] *(Hämat)* Donath-Landsteiner-Phänomen *n*, paroxysmale Kältehämoglobinurie *f*
Donath-Landsteiner test Donath-Landsteiner'scher Versuch *m*, Kältehämolysinnachweismethode *f*
Donath's cold autoantibody Donath-Kälteautoantikörper *m*
donee *(Hämat, Transp)* Empfänger *m (von Blut oder Transplantaten)*
donor *(Hämat, Transp)* Spender *m (von Blut oder Transplantaten)*
donor card Organspenderausweis *m*
donor of cadre Stamm(blut)spender *m*
donor organ Spenderorgan *n*
donor red cell Spendererythrozyt *m*
donor serum Spenderserum *n*
donor tissue Spendergewebe *n*
donor tooth Spenderzahn *m*
donor's heart Spenderherz *n*
donor's name Spendername *m*; Blutspendername *m*
donorship of cadre Stammspende *f*, Stammblutspende *f*
donorship of relatives Verwandtenspende *f*, Verwandtenblutspende *f*
Donovan body Donovan'sches Körperchen *n*, Donovania *f* [Calymmatobacterium *n*] granulomatis *(Erreger des Granuloma inguinale)*
Donovania granulomatis Donovania *f* granulomatis
donovaniasis *(Trop)* Granuloma *n* inguinale [venereum], Donovanosis *f*, Donovaniasis *f*
donovanosis *s.* donovaniasis
dopa DOPA *n*, Dopa *n*, 3,4-Dioxyphenylalanin *n*, 3,4-Dihydroxyphenylalanin *n*, 2-Amino-3-(3,4-dihydroxyphenyl)propansäure *f (Dopaminvorstufe, Zwischenprodukt der Melaninbildung)*
dopa decarboxylase DOPA-Decarboxylase *f (Enzym)*
dopa oxidase DOPA-Oxidase *f*, Dopase *f*, Tyrosinase *f (Enzym)*
dopa-oxidase activity DOPA-Oxidase-Aktivität *f*, Dopaseaktivität *f*, Tyrosinaseaktivität *f*
dopamine Dopamin *n*, Hydroxytyramin *n*, 3,4-Dihydroxyphenylethylamin *n (Catecholamin, Neurotransmitter)*
dopamine hydrochloride Dopaminhydrochlorid *n (Catecholamin, Neurotransmitter)*
dopamine hydroxylase Dopaminhydroxylase *f (Enzym)*
dopamine hypothesis *(Neur)* Dopaminhypothese *f*
dopamine monooxygenase Dopaminmonooxigenase *f (Enzym)*
dopaminergic receptor dopaminerger Rezeptor *m*
dopaminergic regulation dopaminerge Regulation *f*
dopase *s.* dopa oxidase
dope *v* dopen, aufputschen, stimulieren, anregen
dope Dopingmittel *n*, Stimulans *n*, Aufputschmittel *n*, Anregungsmittel *n*; Rauschgift *n*
dope addict Rauschgiftsüchtiger *m*
dope test Dopingtest *m*, Dopingkontrolle *f*
doping Doping *n*, Dopen *n*, Aufputschen *n*
doppler Dopplergerät *n*, Doppler *m*
Doppler angle Doppler-Winkel *m*
Doppler colour flow Doppler-Farbfluss *m*
Doppler data *s.* Doppler findings
Doppler echocardiography Doppler-Echokardiographie *f*, Doppler-Sonographie *f* des Herzens
Doppler effect Doppler-Effekt *m*, Doppler-Phänomen *n*
Doppler findings Doppler-Befunde *mpl*, Doppler-Untersuchungsergebnisse *npl*
Doppler flow Doppler-Fluss *m*
Doppler flow detector Doppler-Flussmesser *m*
Doppler flow imaging *(Kard)* Doppler-Flow-Darstellung *f*, Doppler-Fluss-Darstellung *f*
Doppler flow measurement Doppler-Flussmessung *f*
Doppler-guided injection doppler-gestützte Injektion *f*
Doppler measurement of gradient *(Kard)* Doppler-Gradientenbestimmung *f*, Gradientenmessung *f* mittels Doppler-Sonographie
Doppler probe Doppler-Sonde *f*
Doppler scanning Doppler-Scanning *n*, Doppler-Abtastung *f*, Doppler-Messung *f*
Doppler shift Doppler-Verschiebung *f*
Doppler signal Doppler-Signal *n*
Doppler sonogram Doppler-Sonogramm *n*, Doppler-Echobild *n*, Doppler-Bild *n*
Doppler sonograph Doppler-Sonograph *m*, Doppler-Gerät *n*, Doppler *m*
Doppler sonography Doppler-Sonographie *f*
Doppler study Doppler-Untersuchung *f*
Doppler ultrasonic flowmeter Doppler-Ultraschall-Flowmeter *n*
Doppler ultrasonography Doppler-Ultrasonographie *f*, Doppler-Ultraschalluntersuchung *f*
dormancy 1. Schlafzustand *m*; 2. Inaktivitätszustand *m (z. B. von Bakterien)*
dormant 1. schlafend, Schlaf..., 2. inaktiv, ruhig
dormant cells zurückgebliebene Tumorzellen *fpl*, Tumorrestzellen *fpl*
dornase Dornase *f (Enzym)*
doromania *(Neur)* Doromanie *f*, Schenktrieb *m*
Dorothy Reed cell *(Path)* Reed-Sternberg-Zelle *f (bei Lymphogranulomatose)*
dorsa *pl s.* dorsum
dorsad dorsad, rückenwärts, zum Rücken gerichtet
dorsal Rücken..., Dorsal...; rückseitig gelegen
dorsal accessory olivary nucleus Nucleus *m* olivaris accessorius dorsalis
dorsal aorta Aorta *f* thoracica, Brustaorta *f*
dorsal artery of the clitoris Arteria *f* dorsalis clitoridis, dorsale Klitorisschlagader *f*, Klitorisrückenarterie *f*
dorsal artery of the penis Arteria *f* dorsalis penis, dorsale Penisschlagader *f*, Penisrückenarterie *f*
dorsal aspect Rückseite *f*
dorsal carpal ligament Ligamentum *n* carpi dorsale, Retinaculum *n* extensorum (manus), Extensorenretinakulum *n*
dorsal carpal rete Rete *n* carpi dorsale, Handrückenarteriennetz *n*
dorsal cochlear nucleus Nucleus *m* cochlearis dorsalis
dorsal cornu Cornu *n* posterius, Hinterhorn *n*, Columna *f* posterior, Hintersäule *f*
dorsal cusp Cuspis *f* dorsalis, hinteres Segel *n*
dorsal cyst Dorsalzyste *f (z. B. der Finger)*

dorsal decubitus position Rückenlage *f*, Rückenlagerung *f (z. B. zur Operation)*
dorsal digital artery of the foot Arteria *f* digitalis dorsalis pedis, Zehenrückenarterie *f*
dorsal digital artery of the hand Arteria *f* digitalis dorsalis manus, Fingerrückenarterie *f*
dorsal digital nerves of the foot Nervi *mpl* digitales dorsales pedis, Zehenrückennerven *mpl*
dorsal digital nerves of the radial nerve Nervi *mpl* digitales dorsales nervi radialis
dorsal digital nerves of the ulnar nerve Nervi *mpl* digitales dorsales nervi ulnaris
dorsal elevated position Rückenlage *f* mit erhöhtem Oberkörper
dorsal external arcuate fibres Fibrae *fpl* arcuatae externae dorsales
dorsal flexure Dorsalflexur *f*, Rückenflexur *f*, Rückenwölbung *f*
dorsal horn *s.* dorsal cornu
dorsal impaction syndrome dorsales Einklemmungssyndrom *n (z. B. des Handgelenkes bei Gewichthebern)*
dorsal inertia posture Körperhaltung *f* bei Rückenschwäche *(z. B. Einsinken des Oberkörpers im hochgestellten Bett)*
dorsal interossei muscles of the foot Musculi *mpl* interossei dorsales pedis, dorsale Zwischenknochenmuskeln *mpl* des Fußes
dorsal interossei muscles of the hand Musculi *mpl* interossei dorsales manus, dorsale Zwischenknochenmuskeln *mpl* der Hand
dorsal interosseous recurrent artery Arteria *f* interossea recurrens (dorsalis)
dorsal interventricular artery Ramus *m* interventricularis posterior
dorsal lateral nucleus of the thalamus Nucleus *m* lateralis dorsalis thalami
dorsal longitudinal fasciculus Fasciculus *m* longitudinalis dorsalis
dorsal longitudinal fibre tract of the medulla oblongata Fasciculus *m* longitudinalis dorsalis medullae oblongatae
dorsal longitudinal fibre tract of mesencephalon Fasciculus *m* longitudinalis dorsalis mesencephali
dorsal longitudinal fibre tract of the pons Fasciculus *m* longitudinalis dorsalis pontis
dorsal median septum Septum *n* medianum posterius
dorsal mesentery Mesenterium *n* (dorsale) commune
dorsal metacarpal artery Arteria *f* metacarpea dorsalis, dorsale Mittelhandarterie *f*, Mittelhandrückenarterie *f*
dorsal metacarpal vein Vena *f* metacarpea dorsalis, dorsale Mittelhandvene *f*, Mittelhandrückenvene *f*
dorsal metatarsal artery Arteria *f* metatarsea dorsalis, dorsale Mittelfußarterie *f*, Mittelfußrückenarterie *f*
dorsal metatarsal vein Vena *f* metatarsea dorsalis pedis, dorsale Mittelfußvene *f*, Mittelfußrückenvene *f*
dorsal motor nucleus of the vagus (nerve) Nucleus *m* dorsalis nervi vagi
dorsal muscle Rückenmuskel *m*, Musculus *m* dorsi
dorsal nasal artery Arteria *f* dorsalis nasi, Nasenrückenarterie *f*
dorsal nasal flap Nasenrückenlappen *m*
dorsal nasal rotation flap Nasenrückenrotationslappen *m*
dorsal nerve of the clitoris Nervus *m* dorsalis clitoridis
dorsal nerve of the penis Nervus *m* dorsalis penis
dorsal pancreatic artery Arteria *f* pancreatica dorsalis, hintere Bauchspeicheldrüsenarterie *f*
dorsal pedal artery Arteria *f* dorsalis pedis, Fußrückenarterie *f*
dorsal phthisis tuberkulöse Wirbelsäulenentzündung *f (siehe auch: Pott's disease)*
dorsal plate *(Embr)* Dorsalplatte *f*, Deckplatte *f*
dorsal portion of the pons Pars *f* dorsalis pontis
dorsal position Rückenlage *f*
dorsal radiocarpal ligament Ligamentum *n* radiocarpeum dorsale
dorsal recumbent position *(Chir)* Steinschnittlage *f*
dorsal reflex Rücken(muskel)reflex *m*
dorsal rigid posture Rückenlage *f* mit Beinanziehung
dorsal root Radix *f* dorsalis nervorum spinalium, Hinterwurzel *f*
dorsal root ganglion Spinalganglion *n*, Hinterwurzelganglion *n*
dorsal scapular nerve Nervus *m* dorsalis scapulae
dorsal scapular vein Vena *f* scapularis dorsalis
dorsal sclerosis Dorsalsklerose *f*
dorsal slipping dorsale Dislokation *f*, Dorsaldislokation *f*
dorsal spinocerebellar fasciculus (of Flechsig) *s.* dorsal spinocerebellar tract
dorsal spinocerebellar tract Tractus *m* spinocerebellaris posterior, hintere Kleinhirnseitenstrangbahn *f*, Flechsig'sches Bündel *n*
dorsal surface of the arytenoid cartilage Facies *f* posterior cartilaginis arytenoideae, Aryknorpelrückseite *f*
dorsal surface of the forearm Facies *f* posterior antebrachii, Unterarmrückseite *f*
dorsal surface of the hand Dorsum *n* manus, Handrücken *m*
dorsal surface of the pancreas Facies *f* posterior pancreatis, Bauchspeicheldrüsenrückseite *f*
dorsal surface of the prostate Facies *f* posterior prostatae, Vorsteherdrüsenrückseite *f*
dorsal surface of the radius Facies *f* posterior radii, Radiusrückseite *f*
dorsal surface of the sacrum Facies *f* dorsalis ossis sacri, Kreuzbeinrückseite *f*
dorsal surface of the ulna Facies *f* posterior ulnae, Ulnarückseite *f*
dorsal ulnar recurrent artery Arteria *f* recurrens ulnaris posterior
dorsal vein of the clitoris Vena *f* dorsalis clitoridis, dorsale Klitorisvene *f*, Klitorisrückenvene *f*
dorsalgia Dorsalgie *f*, Rückenschmerz *m*
dorsalis pedis (artery) Arteria *f* dorsalis pedis, Fußrückenarterie *f*
dorsalis pedis pulse Dorsalis-pedis-Puls *m*, Puls *m* der Arteria dorsalis pedis
dorsiduct *v* zum Rücken ziehen; rückwärts ziehen
dorsiflect *v s.* to dorsiflex
dorsiflex *v* dorsalflektieren, rückwärts beugen
dorsiflexion Dorsalflexion *f*, Rückwärtsbeugung *f*
dorsiflexor Dorsalflexionsmuskel *m*, Rückwärtsbeuger(-muskel) *m*
dorsiflexor gait Dorsiflexorengang *m*
dorsiflexor muscle *s.* dorsiflexor
dorsiscapular dorsoskapulär, dorsoskapular
dorsoanterior dorsoanterior, mit dem Rücken nach vorn
dorsocephalad zum Hinterkopf gerichtet, dorsozephalad
dorsodynia *s.* dorsalgia
dorsointercostal am Rücken hinter den Rippen (liegend)
dorsolateral zum Rücken und zur Seite gehörend, dorsolateral
dorsolateral fasciculus Funiculus *m* posterolateralis, Fasciculus *m* dorsolateralis, Hinterseitenstrang *m*
dorsolateral plate *(Embr)* Flügelplatte *f*
dorsolateral tract Tractus *m* dorsolateralis, Hinterseitenstrangbahn *f*
dorsolumbar lumbodorsal

dorsolumbar fascia Fascia *f* lumbodorsalis [thoracolumbalis]
dorsolumbar region Regio *f* dorsolumbalis, Dorsolumbarregion *f*
dorsomedial hypothalamic nucleus Nucleus *m* dorsomedialis hypothalami
dorsomedial nucleus of the thalamus Nucleus *m* medialis dorsalis
dorsomedian Rückenmedianlinie *f*, Rückenmittellinie *f*
dorsomesial Rückenmittellinien...
dorsonasal Nasenrücken...
dorsonuchal zur Halsrückseite gehörend, Halsrückseiten...
dorsoposterior dorsoposterior, zum Rücken hin gerichtet
dorsoradial dorsoradial
dorsosacral dorsosakral
dorsosacral position *(Chir)* Steinschnittlage *f*
dorsoscapular dorsoskapulär, dorsoskapular
dorsospinal dorsospinal
dorsoulnar dorsoulnar
dorsoventrad vom Rücken zum Bauch gerichtet; von dorsal nach ventral gerichtet, dorsoventrad
dorsoventral dorsoventral
dorsovolar dorsovolar
dorsum Dorsum *n*, Rücken *m*
dorsum of the foot Dorsum *n* pedis, Fußrücken *m*
dorsum of the hand Dorsum *n* manus, Handrücken *m*
dorsum of the nose Dorsum *n* nasi, Nasenrücken *m*
dorsum of the tongue Dorsum *n* linguae, Zungenrücken *m*
dorzoleamide hydrochloride Dorzolhydrochlorid *n* *(Karboanhydrasehemmer)*
dosage 1. Dosierung *f*, Dosieren *n*; 2. Arzneigabe *f*, Verabreichen *n*; 3. *s.* dose
dosage calculation Dosisberechnung *f*
dosage cart Dosierungstabelle *f*
dosage compensation *(Gen)* Dosiskompensation *f (für X-chromosomal lokalisierte Gene)*
dosage schedule Dosierungsschema *n*, Dosierungsplan *m*
dosaged rowing dosiertes Rudern *n*
dosaged running dosiertes Laufen *n*
dosaged walking *(Bal)* dosiertes Gehen *n*; dosiertes Wandern *n*
dosaging plan Dosierungsplan *m*
dosaging schema Dosierungsschema *n*; Dosierungsplan *m*
dose *v* 1. dosieren, (in Dosen) verabreichen *(z. B. Arzneien)*; 2. Arzneimittel einnehmen
dose 1. *(Pharm)* Dosis *f*, Arzneimittelmenge *f*; 2. *(Rad)* Strahlendosis *f* • **in divided doses** in geteilten Dosen, refracta dosi • **increase the dose** die Dosis erhöhen • **lower [reduce] the dose** die Dosis verringern [erniedrigen]
dose administration Dosisverabreichung *f*
dose calculation Dosisberechnung *f*, Dosiskalkulation *f*
dose constant Dosiskonstante *f*
dose curve Dosiskurve *f*, Dosisverlauf *m*
dose-dependent dosisabhängig
dose distribution Dosisverteilung *f*
dose-effect Dosiseffekt *m*, Dosiswirkung *f*
dose-effect curve Dosis-Wirkungs-Kurve *f*
dose equivalent Dosis-Äquivalent *n*
dose factor Dosisfaktor *m*
dose for the course of treatment Behandlungsdosis *f*
dose fractionation Dosisfraktionierung *f*
dose-limited side effect dosisabhängige [dosisbeschränkende] Nebenwirkung *f*
dose maximum Dosismaximum *n*
dose monitoring Dosisüberwachung *f*
dose peak Dosisgipfel *m*
dose range Dosisbereich *m*
dose rate *(Rad)* Dosisrate *f*, Dosisleistung *f*
dose rate meter *(Rad)* Dosisleistungsmesser *m*
dose rate monitoring Dosisleistungsüberwachung *f*
dose reduction Dosisreduzierung *f*, Dosisverminderung *f*
dose-related dosisabhängig, dosierungsabhängig
dose response Wirkungsbereich *m (eines Medikamentes; zwischen Minimal- und Maximaldosis)*
dose-response relationship *(Rad)* Dosis-Wirkungs-Beziehung *f*
dose threshold Dosisschwelle *f*, Dosierungsschwelle *f* *(für Wirkung)*
dose to patient *(Rad)* Patientendosis *f*, Strahlenbelastung *f* des Patienten
dose to skin *(Rad)* Hautdosis *f*, Strahlenbelastung *f* der Haut
dose unit Dosiseinheit *f*
dosemeter *s.* dosimeter
dosimeter *(Rad)* Dosimeter *n*, Strahlendosismesser *m*, Strahlungsmessgerät *n*
dosimetric dosimetrisch
dosimetry *(Rad)* Dosimetrie *f*, Strahlendosismessung *f*, Dosismessverfahren *n*
dosing bottle Dosierflasche *f*, Messflasche *f*
dosing syringe Dosierspritze *f*, Maßspritze *f*
dosis *s.* dose
dossier Krankenakte *f*, Krankenunterlagen *fpl*
dot Tüpfel *m*, Tüpfelchen *n*, kleiner Fleck *m*
dotage *(Neur)* Senilität *f* • **be in his dotage** senil sein
dotardness *s.* dotage
double *(Neur)* Doppelgänger *m*
double aorta Doppelaorta *f*
double-approach conflict *(Psych)* Appetenz-Appetenz-Konflikt *m (bei zwei gleich erstrebenswerten Zielen)*
double-avoidant conflict *(Psych)* Aversion-Aversions-Konflikt *m (bei zwei gleich bedrohlichen Zielen)*
double-barrel colostomy doppelläufiges Kolostoma *n*, doppelläufiger Anus *m* praeter(naturalis)
double-barrelled doppelläufig *(z. B. Anus praeternaturalis)*
double-barrelled aorta Aneurysma *n* dissecans der Aorta
double-bellied muscle doppelbäuchiger Muskel *m*
double-blind doppelt blind; Doppelblind...
double-blind clinical trial klinischer Doppelblindversuch *m* [Doppelblindtest *m*]
double-blind experiment *s.* double-blind study
double-blind group Doppelblindversuchsgruppe *f*
double-blind study Doppelblindstudie *f*, Doppelblindversuch *m*
double-blind test Doppelblindtest *m*, doppelter Blindtest *m*
double blind trial doppelter Blindversuch *m*
double breech presentation *(Gyn)* Steiß-Fuß-Lage *f* *(bei der Geburt)*
double cannula Doppelkanüle *f*
double cavity stomach Uhrglasmagen *m*; Zweikammermagen *m*
double cervix Doppelzervix *f*
double-channel catheter Doppellumenkatheter *m*
double chin Doppelkinn *n*
double consciousness *(Neur)* doppeltes Bewusstsein *n*
double contour Doppelkontur *f*
double-contrast arthroscopy Doppelkontrastarthroskopie *f*
double-contrast barium enema *(Rad)* Doppelkontrastbariumeinlauf *m*

double-contrast enema *(Rad)* Doppelkontrasteinlauf *m*
double-contrast radiography Doppelkontrast(röntgen)darstellung *f*
double-contrast study of stomach Magendoppelkontrast(röntgen)untersuchung *f*
double-contrast technique *(Rad)* Doppelkontrasttechnik *f*, Doppelkontrastverfahren *n*
double-contrast visualization Doppelkontrastdarstellung *f*
double-ended zweiseitig, doppelseitig
double-ended bone curette *(Chir)* scharfer Doppellöffel *m*
double-ended probe doppelseitige Knopfsonde *f*
double-ended scraper Doppelkratzer *m*
double eversion of the eyelid Doppelektropium *n* (des Augenlids)
double exposure Doppelbelichtung *f*
double-flap amputation Doppellappenamputation *f*
double footling presentation vollkommene Fußlage *f* *(Vorliegen beider Füße bei der Geburt)*
double fracture Doppelfraktur *f*, Doppel(knochen)bruch *m*
double gel diffusion Doppel-Gel-Diffusion *f*
double gestation Zwillingsschwangerschaft *f*, Doppelschwangerschaft *f*
double hearing Doppelhören *n*, Diplakusis *f*, Paracusia *f* duplicata
double helix Doppelhelix *f (der DNS)*
double-hinged dental prosthesis Doppelscharnierprothese *f*
double innervation Doppelinnervation *f*
double insanity *(Neur)* Foliè *f* deux
double investment doppelseitige Einbettung *f*
double kidney Doppelniere *f*
double knot Doppelknoten *m*, chirurgischer Knoten *m*
double ligation [ligature] Doppelligatur *f*, Zweifachunterbindung *f*, Doppelunterbindung *f*
double-lumen catheter Doppellumenkatheter *m*
double-mask *s.* double-blind
double monster Zwillingsmissgeburt *f*, Doppelmissbildung *f*, Monstrositas *f* duplex
double mortar Doppelmörser *m*
double-needle entry Doppelkanülenzugang *m*
double orientation *(Neur)* doppelte Orientierung *f*
double outlet ventricle *(Kard)* Double-outlet-Ventrikel *m*
double personality *(Neur)* duale [doppelte] Persönlichkeit *f*, doppeltes Bewusstsein *n*
double pleuritis beidseitige Brustfellentzündung *f*, Pleuritis *f* duplex
double pneumonia doppelseitige Pneumonie *f*
double point threshold *(Physiol)* Zweipunkteschwelle *f*, Zweipunktediskrimination *f (Tastsinn)*
double promontory *(Anat)* Doppelpromontorium *n*
double protrusion Doppelprotrusion *f (Vorstehen der Zähne im Ober- und Unterkiefer)*
double pupil Doppelpupille *f*, Di(plo)korie *f*
double quartan fever doppeltes Quartana-Fieber *n* *(Malaria)*
double refraction Doppelrefraktion *f*, Doppelbrechung *f*
double renal pelvis Doppelnierenbecken *n*
double rhythm *(Kard)* Doppelrhythmus *m*, Interferenzdissoziation *f*
double-rooted tooth zweiwurzeliger Zahn *m*, Zweiwurzler *m (siehe auch: premolar)*
double setup doppelte Vorbereitung *f (für zwei verschiedene Operationen)*
double-sided dental mirror doppelseitiger Zahnspiegel *m*
double-stage operation zweizeitige Operation *f*, Zwei-Stufen-Operation *f*
double suicide *(Neur)* Doppelselbstmord *m*
double tachycardia *s.* double rhythm
double touch Rektal- und Abdominaluntersuchung *f*, Vaginal- und Abdominaluntersuchung *f*
double tracer technique *(Rad)* Doppeltracer-Technik *f* *(gleichzeitige Verwendung von zwei Radionukliden)*
double-track standard method of Kretschmer *(Psych)* zweigleisige Standardmethode *f*
double vagina Doppelscheide *f*, Vagina *f* duplex; Scheidenverdopplung *f*
double vision *(Ophth)* Doppeltsehen *n*, Diplopie *f*, Doppelsichtigkeit *f*, Visus *m* duplicatus
double voice Diphonie *f*, Doppelstimme *f*, Diplophonie *f*, Diphthongie *f*
double-void Doppelentleerung *f*, Zweitentleerung *f (Urinprobe)*
double wax technique Doppelwachstechnik *f*
doubleconcave bikonkav
doubleconvexe bikonvex
doubling of heart sound Herzton(ver)doppelung *f*, gedoppelter Herzton *m*
doubtful agglutination reaction zweifelhafte Agglutination(sreaktion) *f*
doubtful diagnosis zweifelhafte Diagnose *f*
doubtful signs of pregnancy zweifelhafte Schwangerschaftszeichen *npl*
doubting mania *(Neur)* Folie *f* du doute
douche Dusche *f*, Spülung *f*
doughnut kidney *(Path)* Kuchenniere *f*
doughnut pessary *(Gyn)* Ringpessar *n*
Douglas abscess Douglas-Abszess *m*, Douglas'scher Abszess *m*
Douglas bag *s.* Douglas pouch
Douglas' conduplicatio corpore birth *(Gyn)* Douglas-Selbstentwicklung *f*
Douglas cul-de-sac *s.* Douglas pouch
Douglas pouch *(Anat)* Douglas'scher Raum *m*, Douglas *m*, Excavatio *f* rectouterina [rectovesicalis]
Douglas pouch puncture Douglaspunktion *f*, Punktion *f* der Excavatio rectouterina
Douglas' septum Septum *n* urorectale, Urorektalseptum *n*
douglascele Douglaszele *f*, hintere Scheidenhernie *f*
douglasitis Entzündung *f* der Excavatio rectouterina
doula Geburtsbeistand *m (z. B. Kindesvater)*
dove-coo murmur *(Kard)* gurrendes Geräusch *n*; Spinnradgeräusch *n*
dovetailed *(Stom)* taubenschwanzförmig, schwalbenschwanzförmig
dowager's hump Witwenbuckel *m*
dowel Zahnstift *m*; Zahndübel *m*
dowel cementation Zahnstiftzementierung *f*, Stiftzementieren *n*; Eindübeln *n*
dowel crown Stiftkrone *f*, Dübelkrone *f*
dowel-retained durch Stift gehalten, stiftgestützt
dowel retention Stiftretention *f*, Dübelretention *f*
down Computerabsturz *m*
down-beat nystagmus Abwärtsnystagmus *m*
down-regulation Herunterregulation *f*, Herunterregulierung *f*
Down's syndrome *(Gen)* (Langdon-)Down-Syndrom *n*, Langdon-Down'sche Krankheit *f*, Mongolismus *m*, mongoloide Idiotie *f*, Trisomie *f* 21, Trisomie *f* (des Chromosoms) XXI
downward ECG wave abfallende [deszendierende] EKG-Zacke *f*
downward squint *s.* hypotropia
downward strabism *s.* hypotropia
doxacurium Doxacurium *n (Muskelrelaxans)*

doxacurium chloride Doxacuriumchlorid *n*
doxapram Doxapram *n (Atemstimulans)*
doxapram hydrochloride Doxapramhydrochlorid *n*
doxazosin Doxazosin *n (Antihypertensivum)*
doxazosin mesylate Doxazosinmesylate *n*
doxepin Doxepin *n (Antidepressivum)*
doxepin hydrochloride Doxepinhydrochlorid *n*
doxophylline Doxophyllin *n (Bronchodilator)*
doxorubicin Doxorubicin *n (Antibiotikum)*
doxorubicin hydrochloride Doxorubicinhydrochlorid *n*
doxycycline Doxycyclin *n (Antibiotikum)*
doxylamine succinate Doxylaminsukzinat *n (Antihistaminikum)*
Doyen's (rib) raspatory *(Chir)* Raspatorium *n* nach Doyen, Doyen *m*, Doyen-Rippenraspatorium *n*
Doyne's familial honeycombed choroiditis Doyne-Chorioidose *f*, Doyne'sche Makuladrüsen *fpl*
Doyne's honeycomb choroidopathy *s.* Doyne's familial honeycombed choroiditis
DPN *(diphosphopyridine nucleotide) s.* nicotinamide-adenine dinucleotide
dracontiasis *(Paras)* Drakontiasis *f*, Drakunkulose *f*, Dracunculus-medinensis-Befall *m*, Guineawurminfestation *f*, Medinawurminfektion *f*
dracuncular Dracunculus...
dracunculiasis *s.* dracontiasis
dracunculosis *s.* dracontiasis
Dracunculus medinensis Dracunculus *m* medinensis, Guineawurm *m*, Medinawurm *m*
draft Dosis *f*; Trunk *m*
drag 1. Mitschleppen *n*, Mitschleifen *n*; 2. *(Stom)* Anker *m*, Verankerung *f*
drag-to gait schleppender [schleifender] Gang *m (mit Krücken)*
dragon worm Dracunculus *m* medinensis, Guineawurm *m*, Medinawurm *m*
Dragstedt's operation *(Chir)* Stammvagotomie *f*, trunkuläre Vagotomie *f* [Säurenervendurchtrennung *f*]
drain *v* drainieren, ableiten, abfließen lassen; abzapfen *(z. B. Eiter)*; abfließen
drain Drain *m*, Drainageröhrchen *n*, Abflussrohr *n*
drainage Drainage *f*, Wundsekretableitung *f*, Wundflüssigkeitsabfluss *m*; Abfluss *m*; Absaugung *f*
drainage conditions Drainagebedingungen *fpl*, Abflussverhältnisse *npl*
drainage disorder Drainagestörung *f*, Abflussstörung *f*
drainage headache Liquormangelkopfschmerz *m*, Lumbalpunktionskopfschmerz *m*
drainage operation Drainageoperation *f*
drainage route Abflussweg *m*
drainage system Drainagesystem *n*, Ableitungssystem *n*
drainage tube *s.* drain
drainage vein Drainagevene *f*, Abflussvene *f*
draining sinus Drainagesinus *m*, Ableitungsfistel *f*
draining valve Ablassventil *n*, Entleerungsventil *n*
dramatism *(Neur)* dramatisches Verhalten *n*
drape *v* (steril) abdecken
drape (steriles) Abdecktuch *n*
drapetomania *s.* dromomania
drastic stark wirksam, gründlich wirksam
drastic (agent) Drastikum *n*, stark wirksames Abführmittel *n*
draught *s.* draft
drawer sign Schubladenphänomen *n*, Schubladensymptom *n (z. B. bei Kreuzbandruptur im Knie)*
drawing Ziehen *n*, Muskelziehen *n*, ziehender Muskelschmerz *m*
drawsheet Stecktuch *n*
dream *v* träumen
dream Traum *m*
dream analysis Traumanalyse *f*
dream association Traumassoziation *f*
dream by nocturnal sensory stimuli *(Neur)* Leibreiztraum *m*
dream censor *(Neur)* Traumzensor *m*
dream interpretation *(Neur)* Trauminterpretation *f*
dream-like *(Neur)* traumartig, oneiroid
dream pain *s.* hypnalgia
dream phase Traumphase *f*, Traumstadium *n*
dream-screen *(Neur)* Traumhintergrund *m*
dream stage *s.* dream phase
dream state Traumzustand *m*, oneiroider Zustand *m*; Dämmerzustand *m*
dream-symbolism *(Neur)* Traumsymbolik *f*
dream thought *(Neur)* Traumdenken *n*
dream-work *(Neur)* Traumarbeit *f*
dreamy state *s.* dream state
drepanocyte *(Hämat)* Drepanozyt *m*, Sichelzelle *f*, sichelförmiger Erythrozyt *m*, Meniskozyt *m (Zusammensetzungen siehe unter: sickle cell)*
drepanocythaemia *s.* drepanocytosis
drepanocytic drepanozytär, sichelzellenförmig; Drepanozyten..., Sichelzellen...
drepanocytic anaemia *s.* drepanocytosis
drepanocytosis Drepanozytose *f*, Drepanozytenanämie *f*, drepanozytäre Anämie *f*, Sichelzellenanämie *f*, Hämoglobin-S-Krankheit *f*
Dresbach's syndrome Dresbach-Syndrom *n*, Elliptozytose *f*
dresser Krankenpfleger *m*, Pfleger *m*
dressing 1. Verband *m*, Wundverband *m*; Umschlag *m*, Kompresse *f*; 2. Verbinden *n*; Verbandwechsel *m*; Wundversorgung *f* • **apply a dressing** einen Verband anlegen [auflegen] • **change a dressing** einen Verband wechseln, einen Verbandwechsel machen [vornehmen] • **do a dressing** verbinden, einen Verband machen
dressing cart Verbandwagen *m*
dressing container Verbandstoffbehälter *m*, Verbandstofftrommel *f*
dressing forceps 1. Abwaschzange *f*, Waschzange *f*, Kornzange *f*; 2. anatomische Pinzette *f*; 3. Tupferzange *f*
dressing material Verbandmaterial *n*, Verbandstoff *m*, Verbandszeug *n*
dressing room Verbandraum *m*
dressing sterilizing drum Verbandstofftrommel *f*
Dressler's syndrome 1. Dressler-Syndrom *n*, Postmyokardinfarktsyndrom *n*; 2. paroxysmale Kältehämoglobinurie *f*
dribble *v* träufeln, tropfen
dribbling of urine Stillicidium *n* urinae, Harnträufeln *n*, Strangurie *f*
dried plasma Trockenplasma *n*
drift movements Wanderbewegungen *fpl (z. B. der Augen)*
drifting tooth wandernder Zahn *m*, Wanderzahn *m*
drifts *s.* drift movements
drill *v* **a tooth** einen Zahn anbohren [aufbohren]
drill *(Chir, Stom)* Bohrer *m*; Bohrgerät *n*, Bohrmaschine *f*
drill canal Bohrkanal *m*
drill for passing a pin [wire] Extensionsdrahtbohrer *m*
drill head Bohrkopf *m*
drill-wire osteosynthesis Bohrdrahtosteosynthese *f*
drilling Bohren *n*, Aufbohren *n*
drinking habit Trinkergewohnheit *f*
drinking test Wasserbelastungstest *m* der Niere, Wassertrinkversuch *m*
drinking water fluoridation Trinkwasserfluoridierung *f*
drip 1. Tropf *m*, Tropfinfusion *f*, Infusion *f*; 2. Einträufeln *n*

drip chamber Tropfkammer *f (Infusionssystem)*
drip dish Abtropfschale *f*, Auffangschale *f*
drip for blood Bluttropf *m*, Bluttropfsystem *n*, Bluttransfusionssystem *n* • **be on a drip for blood** am Bluttropf hängen [sein], sich am Bluttropf(system) befinden
drip gavage Hyperalimentation *f* mittels Sonde; parenteraler Tropf *m*, hyperkalorische Sondenernährung *f (als Tropfinstillation)*
drip infusion *s.* drip 1.
drip narcosis Tropfnarkose *f*
drip phleboclysis *s.* drip 1.
drip rate Tropfgeschwindigkeit *f*
drip set Infusions(schlauch)system *n*
drip system Tropfsystem *n*
drip transfusion Tropftransfusion *f*, Bluttropf *m*
drip treatment Infusionsbehandlung *f*, Infusionstherapie *f*
drive *v* antreiben, aktivieren, in Bewegung setzen; beschleunigen; steuern, ansteuern
drive Trieb *m*, Neigung *f*, Strebung *f*, Streben *n*; Spontaneität *f*
drivel *(Neur)* Faseln *n*
drivenness Hyperaktivität *f*, Getriebenheit *f*
driving Antrieb *m*, Aktivierung *f*, Beschleunigung *f (z. B. der Hirnströme)*
drocode Dihydrocodein *n*
dromedary curve Dromedartyp(us) *m*, zweigipfliger Fieberkurvenverlauf *m*
dromolepsy *(Neur)* Dromolepsie *f (epileptischer Anfall nach einigen Schritten)*
dromomania *(Neur)* Dromomanie *f*, Wandertrieb *m*, Lauftrieb *(motorische Unruhe bei Epileptikern)*
dromophobia *(Neur)* Dromophobie *f*, Wanderfurcht *f*, Laufangst *f*
dromostanolone proprionate Dromostanolonproprionat *n (synthetisches Androgen)*
dromotropic dromotrop, die Reizleitung (des Herzens) beeinflussend
dromotropism Dromotropismus *m*, Beeinflussung *f* der Reizleitung
dronabinol Dronabinol *n (Antiemetikum)*
drooling Ptyalismus *m*, Sabbern *n*, (vermehrter) Speichelfluss *m*
drooping eyelid *s.* ptosis
drop 1. Tropfen *m*; Arzneitropfen *m*; 2. Sinken *n*, Abfallen *n (z. B. der Temperatur)*
drop arm test Drop-Arm-Test *m*, Test *m* des fallenden Armes *(bei Supraspinatussehnenriss)*
drop attack plötzliches Hinfallen *n* [Einknicken *n*], Drop-Anfall *m (ohne Bewusstlosigkeit)*
drop foot Spitzfuß *m*, Pes *m* equinus
drop hand Fallhand *f*, Karpoptose *f*
drop heart *(Rad)* Tropfenherz *n*
drop in blood pressure Blutdruckabfall *m*
drop metastasis *(Path)* Abklatschmetastase *f*, Abtropfmetastase *f*, Tropfmetastase *f*, Krukenberg-Tumor *m*
drop seizure *(Neur)* Sturzanfall *m*
dropacism Dropazismus *m (Herausreißen von Haaren mittels Pflaster)*
droperidol Droperidol *n (Tranquilizer)*
droperidol fentanyl compound Droperidol-Fentanyl-Kombination *f*, Thalamonal *n*
droplet infection Tröpfcheninfektion *f*
dropped beat Systolenausfall *m (bei AV-Block II. Grades)*
dropped beat pulse Pulsus *m* intermittens
dropped heart *s.* dropped beat
dropped wrist Fallhand *f*, Radialis(nerven)lähmung *f*
dropper Pipette *f*
dropper bottle Tropfflasche *f*
dropping of the lid Ptosis *f*, Oberlidsenkung *f*, Lidptose *f*
dropsical wassersüchtig; Wassersucht..., Hydrops...
dropsical ovum *(Gyn)* Blasenmole *f*, Traubenmole *f*, Mola *f* hydatidosa
dropsy Wassersucht *f*, Hydrops *m (siehe auch unter: hydrops und oedema)*
dropsy of pregnancy Schwangerschaftsödem *n*
dropsy of the belly Aszites *m*, Bauch(fell)wassersucht *f*
dropsy of the brain 1. Hydrozephalie *f*, Hydrozephalus *m*; 2. Hirnödem *n*, Hirnschwellung *f*
dropsy of the chest Hydrothorax *m*
dropsy of the pericardium Hydroperikard *n*, Herzbeutelerguss *m*
dropsy of the testicular membranes Hydrozele *f*
dropwise tropfenweise
drown *v* 1. ertrinken; 2. am Lungenödem sterben [ersticken]
drowned lung 1. Sekundärinfektion *f* einer atelektatischen Lunge; 2. Ertrinkungslunge *f*
drowning Ertrinken *n*
drowsiness Schläfrigkeit *f*, Benommenheit *f*, Somnolenz *f*
drug 1. Droge *f*, Arzneimittel *n*, Medikament *n*, Heilmittel *n*, Medizin *f*; 2. Narkotikum *n*; Droge *f*, Rauschgift • **administer a drug** ein Medikament geben [applizieren], ein Arzneimittel verwenden [anwenden] • **be allergic to drugs** auf Medikamente allergisch reagieren • **dispense drugs** Medikamente ausgeben; Rezepte beliefern • **overdose a drug** ein Medikament [Arzneimittel] überdosieren • **prescribe a drug** ein Medikament verordnen, ein Arzneimittel verschreiben • **take a drug ante meridiem** ein Medikament vormittags [am Morgen] einnehmen • **take a drug hourly [every hour]** ein Medikament stündlich [jede Stunde] einnehmen • **take a drug post meridiem** ein Medikament nachmittags [am Nachmittag] einnehmen • **take a drug with food** ein Medikament mit der Nahrung einnehmen • **take a drug with meals** ein Medikament zu den Mahlzeiten einnehmen
drug absorption Arzneimittelabsorption *f*
drug abuse Drogenmissbrauch *m*; Arzneimittelmissbrauch *m*
drug action Arzneimittelwirkung *f*, Medikamentenwirkung *f*
drug addict 1. Arzneimittelabhängige(r) *m*, Drogenabhängige(r) *m*, Süchtiger *m*; 2. Rauschgiftsüchtige(r) *m*
drug-addicted 1. arzneimittelsüchtig, medikamentenabhängig; 2. drogensüchtig, drogenabhängig, rauschgiftsüchtig
drug addiction 1. Arzneimittelgewöhnung *f*, Medikamentensucht *f*, Arzneimittelabhängigkeit *f*; 2. Drogenabhängigkeit *f*, Rauschgiftsucht *f*
drug agonist Arzneimittelagonist *m (mit gleichem Wirkungsort)*
drug allergy Arzneimittelallergie *f*
drug cabinet Medikamentenschrank *m*
drug clearance Arzneimittel-Clearance *f*
drug clinic Drogenklinik *f*
drug compliance Arzneimittel-Compliance *f (Verlässlichkeit der Medikamenteneinnahme)*
drug concentration Arzneimittelkonzentration *f*
drug-counselling service Drogenberatungsdienst *m*
drug dependence Drogenabhängigkeit *f*, Arzneimittelgewöhnung *f*, Medikamentensucht *f*, Arzneimittelabhängigkeit *f*
drug dispensing Arzneimittelzubereitung *f*, Arzneimittelabgabe *f*
drug disposition Arzneimitteldisposition *f*
drug distribution Arzneimittelverteilung *f (im Körper)*
drug dosage Arzneimitteldosierung *f*, Medikamentendosierung *f*
drug-drug interaction Arzneimittelwechselwirkung *f*, Medikamenteninteraktion *f*

drug effect *s.* drug action
drug enema Medikamenteneinlauf *m*, Arzneimittelklistier *n*
drug eruption Arzneimittelausschlag *m*, Arzneimittelexanthem *n*
drug-fast *s.* drug-resistant
drug fever Arzneimittelfieber *n*
drug-food interaction Arzneimittel-Nahrungs-Wechselwirkung *f*, Medikamenteninteraktion *f* mit Nahrungsmitteln
drug for external use Medikament *n* zur äußeren [externen] Anwendung
drug for internal use Medikament *n* zur inneren [internen] Anwendung
drug habit *s.* drug addiction
drug holiday Medikamentenpausierung *f*, arzneimittelfreier Zeitraum *m*; medikamentenfreie [einnahmefreie] Tage *mpl*; Psychopharmakapause *f*
drug hypersensitivity Medikamentenüberempfindlichkeit *f*, Arzneimittelallergie *f*
drug-induced medikamenteninduziert, arzneimittelbedingt, durch Arzneimittel hervorgerufen
drug-induced constipation medikamenteninduzierte Verstopfung *f*
drug-induced hypertension medikamentöser Hypertonus *m*
drug-induced parkinson medikamentöser Parkinsonismus *m*
drug-induced shock medikamentöser [arzneimittelbedingter] Schock *m*
drug-induced sleep medikamentös induzierter Schlaf *m*
drug-induced stomatitis Stomatitis *f* medicamentosa
drug-induced teratogenesis medikamentöse [arzneimittelbedingte] Teratogenese *m*, Arzneimittelteratogenese *f*
drug-induced ulcer Arzneimittelgeschwür *n*, Drogengeschwür *n*, durch Medikamente ausgelöstes Geschwür *n*
drug interaction Medikamenteninteraktion *f*, Arzneimittelwechselwirkung *f*
drug intoxication Medikamentenintoxikation *f*, Arzneimittelvergiftung *f*
drug jaundice Drogenikterus *m*, Medikamentenikterus *m*
drug metabolism Arzneimittelmetabolismus *m*, Medikamentenabbau(stoffwechsel) *m*
drug monograph Arzneimittelmonographie *f*
drug of choice Arzneimittel *n* [Medikament *n*] der Wahl
drug overdose Arzneimittelüberdosierung *f*
drug package Arzneimitteldarreichung *f (z. B. in Ampullen)*
drug potency Arzneimittelpotenz *f*
drug profile Arzneimittelprofil *n*
drug psychosis Drogenpsychose *f*, Arzneimittelpsychose *f*
drug rash *s.* drug eruption
drug reaction Arzneimittelreaktion *f*, Arzneimittelnebenwirkung *f*
drug receptor Arzneimittelrezeptor *f*
drug rehabilitation centre Rehabilitationszentrum *n* für Suchtkranke, Entziehungskurheim *f*
drug-resistance Arzneimittelresistenz *f*, Medikamentenunempfindlichkeit *f*
drug-resistant arzneimittelunempfindlich, medikamentenresistent
drug-resistant Streptococcus pneumoniae arzneimittelunempfindlicher [medikamentenresistener] Streptococcus *m* pneumoniae
drug-seeking behaviour Arzneimittelerschleichung *f*, Rezeptbetrug *m*; (psychische) Schmerzmittelabhängigkeit *f*
drug sequestration Arzneimittelsequestration *n*, Arzneimittelablagerung *f (im Gewebe)*
drug suppression Arzneimittelsuppression *f*, Medikamentensuppression *f*
drug targeting Zielanreicherung *f* von Arzneimitteln, gezielte Medikamentenanreicherung *f (z. B. im Tumorgewebe)*
drug therapy medikamentöse Therapie *f* [Behandlung *f*], Arzneimittelbehandlung *f*
drug tolerance Arzneimitteltoleranz *f*, Arzneimittelgewöhnung *f*, Gewöhnung *f (mit Wirkungsverlust)*
drug trial Arzneimitteleinschleichung *f*, Medikamenten(dosis)anpassung *f*
drug toxicity Arzneimittelgiftigkeit *f*, Medikamententoxizität *f*
druggist Drogist *m*, Pharmazeut *m*; *(AE)* Apotheker *m*
druggy *s.* drugster
drugster 1. Drogenabhängige(r) *m*, Medikamentenabhängiger *m*; 2. Drogenabhängiger *m*, Rauschgiftsüchtiger *m*
drugstore Apotheke *f*
drum 1. Sterilisiertrommel *f*, Trommel *f*; 2. *s.* drum membrane
drum cartridge catheter technique Einführung *f* eines zentralen Venenkatheters *(von einer Rolle)*
drum electrode Trommelelektrode *f*
drum membrane Membrana *f* tympani, Trommelfell *n*, Paukenfell *n*
drum perforation Trommelfellperforation *f*
drum stand Trommelständer *m*
drumhead *s.* drum membrane
drumhead epidermis Trommelfellepidermis *f*
drummer's palsy Trommlerlähmung *f*
drummer's paralysis *s.* drummer's palsy
Drummond's marginal artery Arteria *f* marginalis coli
drumstick finger Trommelschlägelfinger *m*
drunkard Trinker *m*, Alkoholiker *m (Zusammensetzungen siehe unter: alcoholic)*
drunkard's arm paralysis Drucklähmung *f* des Nervus radialis
drunken(n)ess 1. Trunksucht *f*, 2. Trunkenheit *f*, Betrunkensein *n*
drunken(n)ess offence Trunkenheitsdelikt *m*
druse Druse *f (1. hyaline Aderhautablagerung des Auges; 2. Knötchenbildung an der Sehnervenpapille; 3. Vegetationsform der Aktinomyzeten; 4. senile Plaques im Gehirn bei Alzheimer'scher Krankheit)*
drusenoid drusenartig, drusenähnlich
dry 1. trocken; 2. ausgetrocknet, exsikkiert, entwässert; 3. blutleer, blutlos; 4. Blutungsfrei
dry abscess trockener [kalter] Abszess *m*
dry amputation Amputation *f* in Blutleere, Blut sparende Amputation *f*
dry barking cough trockener bellender Husten *m (z. B. bei Keuchhusten)*
dry calcination Trockenbrennen *n*, Trockenbrand *m*
dry caries trockene Karies *f*
dry catarrh trockener Katarrh *m*, Husten *m* ohne Auswurf
dry cholera Cholera *f* sicca
dry cough trockener Husten *m*; bellender Husten *m*
dry crackle trockenes Knistern *n*
dry culture *s.* dry nutrient medium
dry dressing Trockenverband *m*, trockener Verband *m*
dry drilling Trockenbohren *n*
dry eczema trockenes Ekzem *n*, Ekzema *n* siccum
dry eye syndrome Syndrom *n* der trockenen Augen *(siehe auch Sjögren syndrome)*
dry gangrene trockene Gangrän *f*, trockener Brand *m*
dry gauze wound dressing trockener Gazeverband *m*
dry heat sterilization Heißluftsterilisation *f*
dry heat sterilizer Heißluftsterilisator *m*
dry ice Trockeneis *n*, Kohlendioxidschnee *m*

dry keratoconjunctivitis Keratoconjunctivitis *f* sicca, Fädchenkeratitis *f*
dry labour Partus *m* siccus, Geburt *f* nach vorzeitigem Fruchtwasserabgang
dry laryngitis Laryngitis *f* sicca
dry mouth trockener Mund *m*; Xerostomie *f*
dry necrosis trockene Nekrose *f*, trockener Brand *m* [Gewebstod *m*]
dry-nurse *v* pflegen *(einen Säugling)*
dry nurse Säuglingsschwester *f*
dry nutrient medium Trockennährboden *m*
dry pericarditis Pericarditis *f* sicca, trockene Perikarditis *f*
dry pharyngitis Pharyngitis *f* sicca, trockene Pharyngitis *f* [Rachenentzündung *f*]
dry pleurisy [pleuritis] Pleuritis *f* sicca, trockene Pleuritis *f* [Brustfellentzündung *f*]
dry powder inhaler Pulver-Inhaler *m*, Trockenpulver-Inhalator *m*
dry preparation Trockenpräparation *f*
dry rale *(Pulm)* trockenes Rasselgeräusch *n*
dry rhinitis Rhinitis *f* sicca, Ozeana *f*
dry skin trockene Haut *f*, Xerosis *f*, Hauttrockenheit *f*
dry socket *(Stom)* Osteitis *f* alveolaris, Alveolitis *f*, Alveolenentzündung *f*
dry spirometer Trockenspirometer *n*
dry sterilization Trockensterilisation *f*
dry substance Trockensubstanz *f (z. B. von Antibiotika)*
dry tetter squamöses Ekzem *n*
dry tooth socket Ostitis *f* alveolaris *(Zahnfachentzündung nach Trauma)*
dry vaccine Trockenvakzine *f*, Trockenimpfstoff *m*
dry vomiting trockenes Erbrechen *n*, Brechreiz *m*, Würgen *n*
dry wound dressing trockener Wundverband *m*
drying trocknend; Trocken…
drying cabinet Trockenschrank *m*
drying-out Trockenlegen *n*, Austrocknen *n*
drying-out center Trinkerheilstätte *f*, Entgiftungsklinik *f*
drying process Trocknungsvorgang *m*
dryness in the mouth Mundtrockenheit *f*
dryness of the skin Hauttrockenhaut *f*
DSA *s.* digital subtraction angiography
DTH *s.* delayed type hypersensitivity
dual analysis duale Psychoanalyse *f*
dual bite Dualbiss *m*
dual-chamber pacemaker Zweikammerschrittmacher *m*
dual-energy imaging Doppelspektrumdarstellung *f*, Zwei-Spektren-Darstellung *f*
dual-energy X-ray absorptiometry Zwei-Spektren-Röntgen-Absorptiometrie *f*
dual-focus tube *(Rad)* Doppelfokusröhre *f*
dual personality doppelte Persönlichkeit *f*
dual sexuality *(Neur)* duale Sexualität *f*, dualer Liebesmodus *m*
Duane's syndrome *(Ophth)* Duane-Syndrom *n*, Stilling-Türk-Duane-Syndrom *n (erbliche Lähmung der geraden Augenmuskels)*
duazomycin Duazomycin *n (Antibiotikum, Antineoplastikum)*
Dubin-Johnson syndrome Dubin-Johnson-Syndrom *n*, chronischer idiopathischer Ikterus *m*
Dubin Sprinz syndrome *s.* Dubin-Johnson syndrome
Dubini's chorea Dubini-Syndrom *n*, Chorea *f* electrica *(myoklonale Gesichts- und Gliedmaßenzuckungen)*
Dubini's disease *s.* Dubini's chorea
dubious findings zweifelhafter Befund *m*
dubious prognosis zweifelhafte Prognose *f*, Prognosis *f* dubia
Dubois' abscess [disease] Dubois-Abszess *m (eitrige Pseudozyste im Thymus von Säuglingen)*
Dubreuil-Chambardel's syndrome Dubreuil-Chambardel-Syndrom *n (Verlaufsform der Karies bei Jugendlichen)*
Dubreuilh's disease *(Derm)* Dubreuilh-Krankheit *f*, Melanosis *f* circumscripta praeblastomatosa Dubreuilh
Duchenne-Aran disease *(Neur)* Duchenne-Aran'sche Krankheit *f*, spinale progressive Muskelatrophie *f*
Duchenne-Aran muscular atrophy *s.* Duchenne-Aran disease
Duchenne-Erb palsy (Duchenne-)Erb'sche Lähmung *f*, obere Armplexuslähmung *f*
Duchenne-Erb syndrome *s.* Duchenne-Erb palsy
Duchenne-Griesinger disease Duchenne-Griesinger'sche Krankheit *f*, pseudohypertrophe infantile Muskelatrophie *f*
Duchenne-Landouzy dystrophy fazioskapulohumerale Muskeldystrophie *f*
Duchenne's disease 1. Tabes *f* dorsalis; 2. progressive Bulbärparalyse *f*; 3. spinale Muskelatrophie *f*
Duchenne's muscular dystrophy Duchenne'sche Muskelatrophie *f*, pseudohypertrophe infantile Muskeldystrophie *f*
Duchenne's paralysis progressive Bulbärparalyse *f*
Duchenne syndrome *s.* Duchenne paralysis
duck walk Entengang *m*; Metatarsus *m* valgus
Ducrey's bacillus Ducrey-Bazillus *m*, Haemophilus *m* ducreyi
duct Ductus *m*, Gang *m*
duct cell epithelium Gang(auskleidungs)epithel *n*
duct of Arantius *(Embr)* Ductus *m* venosus [Arantii], Arantius'scher Gang *m (fetale Verbindung zwischen Nabelvene und unterer Hohlvene)*
duct of Cuvier *(Embr)* Ductus *m* Cuvieri, Cuvier'scher Gang *m (durch Zusammenfluss der oberen und unteren Kardinalvene)*
duct of Rivinus Ductus *m* sublingualis minor
duct of Santorini Ductus *m* pancreaticus accessorius [Santorinii], Nebenausführungsgang *m* der Bauchspeicheldrüse
duct of Stensen Ductus *m* parotideus, Ausführungsgang *m* der Ohrspeicheldrüse
duct of the bulbourethral gland Ductus *m* (excretorius) glandulae bulbourethralis, Ausführungsgang *m* der Glandula bulbourethralis
duct of the epididymis Ductus *m* epididymidis, Nebenhodengang *m*
duct of the seminal vesicle Ductus *m* excretorius (vesiculae seminalis), Ausführungsgang *m* des Samenbläschens
duct of the testicle Ductus *m* deferens, Samenleiter *m*
duct of Wirsung Ductus *m* pancreaticus (Wirsungianus), Wirsung'scher Gang *m*, Hauptausführungsgang *m* der Bauchspeicheldrüse
duct orifice Ausführungsgangöffnung *f*, Gangöffnung *f*, Orificium *n*
ductal duktal; Duktus…, Ductus…, Gang…
ductal carcinoma Duktuskarzinom *n*, Drüsengangskarzinom *n*; Brustdrüsengangskarzinom *n*
ductal ectasia Duktusektasie *f*, Gangerweiterung *f*
ductal papilloma Duktuspapillom *n*, Drüsengangspapillom *n*; Brustdrüsengangspapillom *n*
ductal tumour Duktustumor *m*, Drüsengangsgeschwulst *f*, Brustdrüsengangstumor *m*, Brustdrüsengangsgeschwulst *f*
duction Augen(ver)drehung *f (in vertikaler, horizontaler oder antero-posteriorer Achse)*

ductless ohne Ausführungsgang, ganglos, duktuslos; endokrin
ductless gland endokrine Drüse *f*
ductogram Galaktogramm *n*, Brustgangröntgen(kontrast)bild *n*
ductography Galaktographie *f*, Brustgangröntgen-(kontrast)darstellung *f*, Ductographie *f*
ductular Ductulus..., Kanälchen...; duktulär
ductule Ductulus *m*, Kanälchen *n*
ductulus *s.* ductule
ductus *s.* duct
due care Grundpflege *f*
due treatment geeignete Therapie *f*, notwendige Behandlung *f*
Duffy Blood group system Duffy-System *n*, Blutgruppen-Duffy-System *n*
Duhring's disease Duhring'sche Krankheit, Duhring-Krankheit *f*, Morbus *m* Duhring, Dermatitis *f* herpetiformis
Dührssen's incisions Dührssen-Inzisionen *fpl* (kleine Muttermundeinschnitte bei der Geburt)
Dührssen's operation Dührssen-Operation *f*, Vaginofixation *f* des Uterus
duipara Zweitgebärende *f*, Sekundipara *f*
Duke test Duke-Probe *f*, Duke'sche Blutungszeitbestimmung *f*
Dukes' classification Dukes-Klassifikation *f*
Dukes' disease Dukes-Filatow'sche Krankheit *f*, Exanthema *n* subitum, Dreitagefieber *n*
dull 1. dumpf *(z. B. Schmerz)*; gedämpft; 2. langsam wahrnehmend; träge; schwer von Begriff, beschränkt; 3. *s.* hard of hearing; 4. unempfindlich
dull abdominal trauma dumpfes [stumpfes] Bauchtrauma *n*
dull pain dumpfer Schmerz *m*
dull probe stumpfe Sonde *f*
dullness 1. Dämpfung *f (z. B. bei Perkussion der Lunge)*; 2. (geistige) Trägheit *f*
dullness of consciousness *(Neur)* Bewusstseins-(ein)trübung
dumb 1. stumm; 2. stupid
dumb madness Rabies *f*, Tollwut *f*, Hundswut *f*, Wutkrankheit *f*, Lyssa *f (Zusammensetzungen siehe unter: rabies)*
dumbbell tumour Hanteltumor *m*
dumbness Stummheit *f*
dumdum fever *(Inf, Trop)* Kala-Azar *f*, Splenomegalia *f* tropica, schwarze Krankheit *f*, schwarzes Fieber *n*, Dum-Dum-Fieber *n (durch Leishmanien)*
dummy 1. Plazebo *n*; 2. Zahnbrücke *f*, Zahnspange *f*
dumping stomach [syndrome] *(Gastr)* Dumping-Syndrom *n*, Magensturzentleerung *f*, Sturzentleerung *f* (des Magens)
Duncan disease [syndrome] Duncan-Syndrom *n*, X-Chromosom-gebundenes lymphoproliferatives Syndrom *n*
Duncan's mechanism Duncan-Mechanismus *m (Lösungsmechanismus der Plazenta)*
Duncan's position Duncan-Position *f (der Plazenta)*
Duncan's ventricle Cavum *n* septi pellucidi
Dunlop skeletal traction Dunlop-Skelett-Extension *f*, Skelettextension *f* nach Dunlop
Dunlop skin traction Dunlop-Haut-Extension *f*, Hautextension *f* nach Dunlop
duodenal duodenal; Duodenal... Zwölffingerdarm...
duodenal aspirate Duodenalaspirat *n*
duodenal atresia Duodenalatresie *f*
duodenal bulb Duodenalbulbus *m*, Bulbus *m* duodeni, Pars *f* superior duodeni
duodenal bulb deformation *(Rad)* Duodenalbulbusdeformierung *f*
duodenal cancer Duodenalkarzinom *n*
duodenal cap *s.* duodenal bulb
duodenal compression Duodenalkompression *f*
duodenal diverticulectomy Zwölffingerdarmdivertikelexzision *f*, (operative) Duodenaldivertikelentfernung *f*
duodenal digestion duodenale Verdauung *f* [Digestion *f*], Duodenalverdauung *f*
duodenal diverticulum Duodenaldivertikel *n*
duodenal gland Duodenaldrüse *f*, Zwölffingerdarmdrüse *f*, Glandula *f* duodenalis, Brunner'sche Drüse *f*
duodenal growth *s.* duodenal tumour
duodenal intubation Duodenalsondierung *f*, Einführung *f* einer Zwölffingerdarmsonde
duodenal juice Duodenalsaft *m*
duodenal mesentery Mesoduodenum *n*, duodenales Mesenterium *n*
duodenal mucosa Duodenalmukosa *f*, Zwölffingerdarmschleimhaut *f*
duodenal papilla 1. Papilla *f* duodeni major, Vater'sche Papille *f*; 2. Papilla *f* duodeni minor
duodenal perforation Duodenalperforation *f*
duodenal probe Duodenalsonde *f*
duodenal probing Duodenalsondierung *f*
duodenal regurgitation Duodenalregurgitation *f*
duodenal rupture Duodenalruptur *f*, Duodenumzerreißung *f*
duodenal stenosis Duodenalstenose *f*, Zwölffingerdarmvereng(er)ung *f*
duodenal stump dehiscence Duodenalstumpfdehiszenz *f*, Duodenalstumpfinsuffizienz *f*
duodenal stump perforation Duodenalstumpfperforation *f*
duodenal tube Duodenalsonde *f*
duodenal tumour Duodenaltumor *m*, Zwölffingerdarmgeschwulst *f*
duodenal ulcer Duodenalulkus *n*, Zwölffingerdarmgeschwür *n*, Ulcus *n* duodeni
duodenal ulcer patient Duodenalulkuspatient *m*
duodenal vein Duodenalvene *f*, Zwölffingerdarmvene *f*, Vena *f* duodenalis
duodenal villus Duodenalzotte *f*, Villus *m* duodenalis
duodenectasis Duodenalektasie *f*, Zwölffingerdarmerweiterung *f*
duodenectomy Duodenektomie *f*, Duodenumresektion *f*, (operative) Zwölffingerdarmentfernung *f*
duodenitis Duodenitis *f*, Zwölffingerdarmentzündung *f*
duodenocholangitis Duodenocholangitis *f*, Entzündung *f* des Duodenums und des Ductus choledochus
duodenocholecystostomy Cholezystoduodenostomie *f*, Duodenum-Gallenblasen-Anastomose *f*
duodenocholedochotomy Duodenocholedochotomie *f*, (operative) Duodenum- und Choledochuseröffnung *f*
duodenocolic duodenokolisch; Duodenum-Kolon-..., Zwölffingerdarm-Dickdarm-...
duodenocystostomy *s.* duodenocholecystostomy
duodenoduodenostomy Duodenoduodenostomie *f*, Zwölffingerdarm-Zwölffingerdarm-Anastomose *f*
duodenoenterostomy Duodenoenterostomie *f*, Zwölffingerdarm-Darm-Anastomose *f*
duodenogram Duodenogramm *n*, Zwölffingerdarmröntgen(kontrast)bild *n*
duodenography Duodenographie *f*, Zwölffingerdarmröntgen(kontrast)darstellung *f*
duodenohepatic duodenohepatisch; Zwölffingerdarm-Leber-...
duodenoileostomy Duodenoileostomie *f*, Zwölffingerdarm-Krummdarm-Anastomose *f*

duodenojejunal duodenojejunal; Duodenum-Jejunum-..., Zwölffingerdarm-Leerdarm-...
duodenojejunal angle *s.* duodenojejunal flexure
duodenojejunal flexure Flexura *f* duodenojejunalis, Duodenum-Jejunum-Übergang *m*, Zwölffingerdarm-Leerdarm-Übergang *m*
duodenojejunal fold *s.* duodenojejunal plica
duodenojejunal fossa *s.* duodenojejunal recess
duodenojejunal hernia Duodenojejunalhernie *f*
duodenojejunal junction *s.* duodenojejunal flexure
duodenojejunal plica Plica *f* duodenalis superior, Duodenojejunalfalte *f*
duodenojejunal recess Recessus *m* duodenojejunalis [duodenalis superior]
duodenojejunoscopy Duodenojejunoskopie *f*, Zwölffingerdarm- und Leerdarmspiegelung *f*
duodenojejunostomy Duodenojejunostomie *f*, Zwölffingerdarm-Leerdarm-Anastomose *f*
duodenolysis Duodenolyse *f*, Duodenum(heraus)lösung *f* *(z. B. aus Verwachsungen)*
duodenomesocolic duodenomesokolisch
duodenomesocolic fold [plica] Plica *f* duodenomesocolica [duodenalis inferior]
duodenopancreatectomy Duodenopankreatektomie *f*, (operative) Zwölffingerdarm- und Bauchspeicheldrüsenentfernung *f*, Whipple'sche Operation *f*
duodenoplasty Duodenalplastik, Zwölffingerdarmrekonstruktion *f*
duodenopylorectomy Duodenopylorektomie *f*, (operative) Zwölffingerdarm- und Magenpförtnerentfernung *f*
duodenorenal duodenorenal; Duodenum-Nieren-...
duodenorrhaphy Duodenorrhaphie *f*, Duodenumnaht *f*, Zwölffingerdarmnaht *f*
duodenoscope Duodenoskop *n*, Zwölffingerdarmendoskop *n*, Duodenalspiegel *m*
duodenoscopy Duodenoskopie *f*, Zwölffingerdarmendoskopie *f*, Duodenalspiegelung *f*
duodenostomy 1. Duodenostomie *f*, Zwölffingerdarmfistel *f*; 2. Duodenostomie *f*, (operative) Zwölffingerdarmfistelung *f*
duodenotomy Duodenotomie *f*, Zwölffingerdarmschnitt *m*, (operative) Duodenumeröffnung *f*
duodenum Duodenum *n*, Zwölffingerdarm *m*
duovirus Duovirus *n*, Rotavirus *n*
Duplay's disease Duplay'sche Krankheit *f*, Duplay'sche Kontraktur *f*, Duplay-Schultersteife *f*, Periarthritis *f* [Periarthropathia *f*] humeroscapularis
duplex bladder Doppelblase *f*, doppelte Harnblase *f*, Harnblasen(ver)doppelung *f*
duplex imaging Duplexbildgebungsverfahren *n*
duplex inheritance amphigene Vererbung *f*
duplex kidney Doppelniere *f*
duplex placenta Placenta *f* duplex, Doppelplazenta *f*
duplex scanner Duplex-Scanner *m*
duplex sonography Duplex-Sonographie *f*, Doppler- und Schnittbildechographie *f*, Doppler- und Schnittbildsonographie *f*
duplex stomach Doppelmagen *m*
duplex transmission Duplextransmission *f* *(in Nervenfasern)*
duplex ultrasonography Duplex-Ultrasonographie *f*
duplex ureter Doppelureter *m*, gedoppelter Harnleiter *m*, Ureter *m* duplex
duplex uterus Uterus *m* duplex, Doppeluterus *m*, Doppelgebärmutter *f*
duplicability Reproduzierbarkeit *f*
duplicate denture Zweitprothese *f*, Ersatzprothese *f*
duplicate mandibular denture Unterkieferzweitprothese *f*
duplicating matrix Dupliermatrix *f*, Dupliermatritze *f*
duplicating process Duplierprozess *m*, Dupliervorgang *m*
duplication Duplikation *f*, Verdopp(e)lung *f*
duplication of chromosomes Chromosomenduplikation *f*, Chromosomenverdoppelung *f*
duplicator Duplikator *m*; Duplierapparat *m*
duplicature Duplikatur *f*, Doppelbildung *f*, Doppelung *f* *(z. B. der Bauchfellfalte)*
duplicity *(Terat)* Duplizität *f*, doppeltes Auftreten *n* *(z. B. von Organen, Körperteilen)*
duplicity theory (of vision) Duplizitätstheorie *f* des Sehens
dupp II. Herzton *m* *(bei Auskultation)*
Dupuytren's contracture Dupuytren'sche Kontraktur *f*, Dupuytren-Kontraktur *f*, Beugekontraktur *f* der Finger
dura Dura *f* (mater), Pachymeninx *f*, harte Hirnhaut *f* *(siehe auch unter: dural)*
dura clip Duraklammer *f*
dura knife Duramesser *n*
dura mater of the brain Dura *f* mater encephali, Pachymeninx *f*, harte Hirnhaut *f*
dura mater of the spinal cord Dura *f* mater spinalis, harte Rückenmarkhaut *f*
dura retractor Durahäkchen *n*
dura scissors Duraschere *f*
durable haltbar, verschleißfest
duraencephalosynangiosis Duraencephalosynangiosis *f*, Enzephaloduroarteriosynangiosis *f* *(zur Hirnrevaskularisation)*
dural dural; Hirnhaut..., Dura... *(siehe auch unter: dura)*
dural branch Dura(blutgefäß)ast *m*
dural closure Duraverschluss *m*
dural endothelioma Duraendotheliom *n*
dural envelope of the spinal cord Dura *f* mater spinalis, harte Rückenmarkhaut *f*
dural sac Durasack *m*
dural sheath Durascheide *f*
dural sinus *s.* dural venous sinus
dural sleeve Duraausstülpung *f*
dural tube Durasack *m*
dural venous sinus Sinus *m* durae matris, Durasinus *m*, Hirnblutleiter *m*
duramatral Dura-mater-...
Duran-Reynals' permeability factor Duran-Reynals-Permeabilitätsfaktor *m*
Durand-Nicolas-Favre disease Durand-Nicolas-Favre'sche Krankheit *f*, Lymphopathia *f* venerea, Lymphogranuloma *n* inguinale [venereum], Lymphogranulomatosis *f* inguinalis subacuta
duraplasty Duraplastik *f*, Durarekonstruktion *f*
duration 1. Dauer *f*, Andauern *n* *(z. B. einer Handlung)*; 2. Periode *f*, Periodendauer *f*, Zeitintervall *n*; 3. *(Neur)* Gegenwartsdauer *f*
duration of the disease Krankheitsdauer *f*
duration tetanus *(Neur)* Dauertetanus *m*
Dürck's node Dürk'sches Knötchen *n*, Malariagranulom *n* des Gehirns
duritis Pachymeningitis *f*, Hirnhautentzündung *f*
duroarachnitis Duroarachnitis *f*, Entzündung *f* der Dura mater und der Arachnoidea
Duroziez' disease Duroziez-Syndrom *n*, kongenitale Mitralstenose *f*
Duroziez' murmur [sign] Duroziez-Doppelgeräusch *n*, Duroziez'sches Doppelgeräusch *n*, Traube'scher Doppelton *m* *(bei Aorteninsuffizienz)*
dust *v* bestäuben, einpudern; verstäuben
dust *v* **insecticides** Insektizide verstäuben; mit Insektiziden bestäuben

dust cell Staublungenzelle *f*
dust control *(Arb)* Entstaubung *f*, Staubentfernung *f*
dust disease *(Arb)* Staubkrankheit *f*, Staublunge(nerkrankung) *f*, Pneumokoniose *f*, Koniose *f*
dust fever *s.* brucellosis
dust inhalation Staubinhalation *f*
dust mask Staubmaske *f*
dust of Müller *(Hämat)* Hämokonien *fpl*
dust particle Staubpartikel *n*
dust protection Staubschutz *m*
dustborne *v* durch Staub übertragen *(z. B. Keime)*
dusting powder Streupuder *m*; Streupulver *n*
Dutton's relapsing fever Dutton'sches Rückfallfieber *n* *(in Zentralafrika; durch Borrelia duttonii)*
Dutton's spirochaete Dutton'sche Spirochäte *f*, Borrelia *f* duttonii
duty at the patient's bedside Dauer(bett)wache *f*
duty doctor Dienst habender Arzt *m*
Duverney's fracture Duverney-Fraktur *f*, Duverney-Thieme'scher Querbruch *m*, Duverney'sche Iliumfraktur *f* *(Form der Beckenringfraktur mit Beckenschaufelquerbruch)*
DVI pacing DVI-Schrittmacherstimulation *f*, DVI-Stimulation *f*
dwarf Zwerg *m*, Knirps *m*
dwarf bladder Harnblasenhypoplasie *f*, Blasenhypoplasie *f*
dwarf cell Zwergzelle *f*, Dwarf-Zelle *f* *(bei Promyelozytenleukämie)*
dwarf pelvis Pelvis *f* nana, Zwergbecken *n*
dwarf tapeworm Zwergbandwurm *m*, Hymenolepis *f* nana
dwarf tapeworm infection Zwergbandwurminfektion *f*, Zwergbandwurmbefall *m* *(durch Hymenolepis nana)*
dwarfish zwergenhaft; Zwerg…
dwarfishness *s.* dwarfism
dwarfism Nanismus *m*, Nanosomie *f*, Zwergwuchs *m*
dwindles Schwinden *n* der körperlichen Leistungsfähigkeit *(im Alter)*
dyad *(Gen)* Dyade *f*, Doppelchromosom *n*
dyadic Dyaden…
dyadic interpersonal communication dyadische Kommunikation *f* *(zwischen zwei Personen)*
dyaster *s.* amphiaster
dyclonine hydrochloride Dicloninhydrochlorid *n* *(Lokalanästhetikum)*
dydrogesterone Dydrogesteron *n* *(synthetisches Progestin)*
dye *v* (an)färben
dye Farbstoff *m*
dye dilution curve Farbstoffverdünnungskurve *f*
dye dilution method Farbstoffverdünnungsmethode *f*
dye laser Farb-Laser *m*, Color-Laser *m*
dye-workers' cancer *(Arb)* Anilinkrebs *m* *(der Harnblase)*
dying sterbend • **be dying** im Sterben liegen, sterben
dying-back Absterben *n*, Degeneration *f* *(z. B. eines Nerven von distal nach zentral)*
dying hour Todesstunde *f*
dynamic dynamisch, wechselnd
dynamic Dynamik *f*
dynamic cardiac work dynamische Herzarbeit *f*
dynamic cerebral circulation impairment transitorischer zerebraler Insult *m*
dynamic compliance dynamische Compliance *f* *(der Lunge)*
dynamic compression implant dynamisches Kompressionsimplantat *n*
dynamic compression plate dynamische Kompressionsplatte *f*
dynamic computed tomography dynamische Computertomographie *f*
dynamic equilibrium dynamisches Äquilibrium *n*, dynamisches Gleichgewicht *n*
dynamic eye refraction dynamische Refraktion *f* des Auges
dynamic hip screw dynamische Hüftkopfschraube *f*
dynamic ileus dynamischer Ileus *m*
dynamic imaging dynamische Darstellung *f*, Bewegungsaufnahme *f*, Bewegungsdarstellung *f* *(bei Sonographie)*
dynamic impression dynamischer Zahnabdruck *m*
dynamic nurse-patient relationship dynamische Krankenschwester-Patienten-Beziehung *f*
dynamic occlusion *(Stom)* dynamische Okklusion *f*
dynamic process dynamischer Prozess *m*; Bewegungsvorgang *m*
dynamic psychiatry *(Neur)* dynamische Psychiatrie *f*
dynamic range dynamischer Bereich *m* *(z. B. bei Audiometrie)*
dynamic response dynamische Reaktion *f*
dynamic splint dynamische Schiene *f*, Bewegungsschiene *f*
dynamic tremor dynamischer Tremor *m*, Bewegungstremor *m*, Bewegungsschütteln *n*, Intentionstremor *m*
dynamocardiography Dynamokardiographie *f*
dynamogenic dynamogen, Kraft entwicklend *(z. B. in einem Muskel)*
dynamogeny Dynamogenese *f*, Kraftentwicklung *f* *(z. B. in Muskeln)*
dynamograph Dynamograph *m*, Muskelkraftaufzeichnungsgerät *n*
dynamography Muskelkraftaufzeichnung *f*
dynamometer Dynamometer *n*, Muskelkraftmesser *m*, Leistungsmesser *m*
dynamometry Dynamometrie *f*, Muskelkraftmessung *f*
dynamopathic kraftbedingt, funktionell, nicht organisch
dynamophore energieliefernd, dynamophor
dynamoscope Dynamoskop *n*
dynamoscopy 1. Dynamoskopie *f*, Funktionsbeobachtung *f* *(z. B. eines Organs)*; 2. Muskelauskultation *f*
dynein Dynein *n* *(Protein)*
dynorphin Dynorphin *n* *(endogenes Opioid)*
dyphylline Dyphyllin *n* *(Bronchodilatator)*
dysacousia Dysakusis *f*, Schwerhörigkeit *f*, Hörempfindungsstörung *f*
dysacousma *s.* dysacousia
dysacusis *s.* dysacousia
dysadaptation Fehladaptation *f*, Dysadaptation *f*, Adaptationsstörung *f* *(z. B. der Netzhaut)*
dysadrenia Drüsenfunktionsstörung *f*, Nebennierenfunktionsstörung *f*
dysaemia Dysämie *f*, Blutkrankheit *f*
dysaesthesia 1. Dysästhesie *f*, Empfindungsstörung *f*, Schmerzempfindungsstörung *f*; 2. Tastsinnstörung *f*
dysaethetic dysästhetisch; Dysästhesie…
dysallilognathia Dysallilognathie *f* *(Missverhältnis zwischen Ober- und Unterkiefer)*
dysanagnosia Dysanagnosie *f*
dysantigraphia Dysantigraphie *f*, Unfähigkeit *f* zum Textabschreiben
dysaphia gestörte taktile Sensibilität *f*, gestörter Berührungssinn *m*
dysaptation Akkommodationsstörung *f* bei Lichtveränderungen
dysarteriotony Blutdruckabweichung *f*
dysarthria Dysarthrie *f* *(Sprachstörung infolge Sprechmuskelstörung)*
dysarthric dysarthrisch; Dysarthrie…
dysarthrosis 1. Dysarthrosis *f*, fehlerhaftes Gelenk *n*, Gelenkdeformität *f*, Gelenkerkrankung *f*; 2. *s.* dysarthria

dysarticulation Dysartikulation *f*, Artikulationsstörung *f* *(der Zahnreihen)*
dysautonomia Dysautonomie *f (Entwicklungsstörung des vegetativen Nervensystems)*
dysbarism Druckanpassungsstörung *f (z. B. bei Dekompressionskrankheit)*
dysbasia Dysbasie *f*, Gangstörung *f*
dysbetalipoproteinaemia Dysbetalipoproteinämie *f*
dysboulia Dysbulie *f*, (krankhafte) Willensschwäche *f*, gestörte Willenskraft *f*
dysboulic Dysbulie…
dyscalculia Dyskalkulie *f*, Rechenstörung *f*, Rechenschwäche *f*
dyscephaly Dyszephalie *f*, Kopf- und Gesichtsfehlbildung *f*
dyscheiria Dyschirie *f*, Störung *f* der Rechts-Links-Unterscheidungsfähigkeit
dyschezia Dyschezie *f*, Defäkationsstörung *f*
dyschiria *s.* dyscheiria
dyscholia Dyscholie *f*, veränderte Gallenzusammensetzung *f*
dyschondrogenesis Dyschondrogenese *f*, gestörte Knorpelentwicklung *f*, Knorpelbildungsstörung *f*
dyschondroplasia Dyschondroplasie *f*, Ollier-Syndrom *n*, Chondrodysplasie *f*, Knorpelfehlbildung *f*
dyschondroplasia with haemangiomas Dyschondroplasia *f* haemangiomatosa, Maffucci-Syndrom *n*
dyschondrosteosis Dyschondrosteosis *f*, Leri'sche Pleonostose *f*, Leri-Weill-Syndrom *n*, Leri-Weill-Krankheit *f*
dyschroia Dyschroa *f*, Dyschromatose *f*, Hautverfärbung *f*
dyschroic film fault *(Rad)* dyschroischer Filmfehler *m*
dyschromasia *s.* 1. dyschromia; 2. dyschromatopsia
dyschromatopsia Dyschroma(top)sie *f*, partielle Farbenblindheit *f*
dyschromatosis Dyschromatose *f*, Pigmentationsstörung *f (besonders bei Japanern)*
dyschromia Dyschromie *f*, Hautpigmentstörung *f*, Hautverfärbung *f (z. B. bei Syphilis)*
dyschylia 1. Dyschylie *f (Funktionsstörung der Speichel- und Schleimdrüsen)*; 2. Dyschylie *f*, gestörte Chyluszusammensetzung *f*
dyscinesia *s.* dyskinesia
dyscontrol *(Neur)* Sich-nicht-unter-Kontrolle-Haben *n*, Unbeherrschtheit *f*
dyscoordinated labour (activity) *(Gyn)* unkoordinierte Wehentätigkeit *f*
dyscoria *(Ophth)* Dyskorie *f*, Pupillenverformung *f*
dyscorticism Nebennierenrindenfehlfunktion *f*, Funktionsstörung *f* der Nebennierenrinde
dyscrania Dyskranie *f*, pathologische Schädelform *f*
dyscrasia Dyskrasie *f*, Störung *f* der Blutzusammensetzung
dyscrasic Dyskrasie…
dyscrastic fracture dyskrastische Fraktur *f*
dyscratic Dyskrasie…
dyscrinia Dyskrinie *f*, Störung *f* des endokrinen Systems, endokrine Störung *f*
dyscrinism *s.* dyscrinia
dysdacnic syndrome *(Neur)* dysdaknisches Syndrom *n*
dysdiadochokinesia Dysdiadochokinese *f (Unfähigkeit zu schnellen entgegengesetzten Bewegungen, z. B. Pronation und Supination)*
dysdiadochokinetic dysdiadochokinetisch; Dysdiadochokinese…
dysdipsia Dysdipsie *f*, Trinkstörung *f*
dysecoia *s.* dysacousia
dysembryoma Dysembryom *n*, Teratom *n*, teratoide Geschwulst *f*
dysembryoplasia Dysembryoplasie *f*, embryonale [pränatale] Fehlbildung *f*
dysemesis Dysemesis *f*, schmerzhaftes Erbrechen *n*
dysendocrine dysendokrin
dysendocrinia Dysendokrinismus *m*, Störung *f* der endokrinen Sekretion
dysendocrinism *s.* dysendocrinia
dysenteric 1. dysenterisch, ruhrartig; Dysenterie…, Ruhr…; 2. ruhrkrank
dysenteriform dysenterieähnlich, dysenterieartig
dysenterioid *s.* dysenteriform
dysentery Dysenterie *f*, Ruhr *f*
dysentery toxin Dysenterietoxin *n (Exotoxin der Shigella dysenteriae)*
dyserethism Dyserethismus *m*
dysergasia Dysergasie *f (Geistesstörung infolge Giftwirkung)*
dysergia Dysergie *f*
dyserythropoiesis Dyserythropoese *f*, Erythrozytenbildungsstörung *f*
dysesthesia *s.* dysaesthesia
dysfibrinogenaemia Dysfibrinogenämie *f*, Serumfibrinogenstörung *f*
dysfluency Fließstörung *f*, gestörtes Fließen *n*; gestörter Fluss *m*; 2. Störung *f* des Sprachflusses, Stottern *n*; gestörter Sprachfluss *m*
dysfluent nicht fließend, nicht gleichmäßig; stotternd
dysfunction Dysfunktion *f*, Funktionsstörung *f*, Fehlfunktion *f*
dysfunctional dysfunktionell, funktionsgestört, nicht funktionierend; Funktionsstörungs…
dysfunctional communication *(Neur)* gestörte Kommunikation *f*; Kommunikationsstörung *f*
dysfunctional stereotype dysfunktioneller Stereotyp *m*
dysfunctional uterine bleeding dysfunktionelle Gebärmutterblutung *f*
dysgalactia Dysgalaktie *f*, gestörte Milchsekretion *f*
dysgammaglobulinaemia Dysgammaglobulinämie *f*, Serumglobulinstörung *f*
dysgenesis Dysgenesie *f*, Fehlbildung *f*
dysgenetic dysgenetisch; Dysgenesie…
dysgenic dysgenisch, erbschädigend, einen Erbschaden verursachend, eine Erbschädigung bewirkend
dysgenic factor dysgenischer [erbschädigender] Faktor *m*
dysgenics Dysgenik *f (Lehre der Erbschädigungen)*
dysgenitalism Dysgenitalismus *m*, abnorme Genitalentwicklung *f*, Genitalentwicklungsstörung *f*
dysgerminoma Dysgerminom *n*, Disgerminom *n (bösartige Eierstock- oder Hodengeschwulst)*
dysgeusia Dysgeusie *f*, Geschmacks(sinn)störung *f*, Geschmacksanomalie *f*
dysglandular dysglandulär; Drüsen(funktions)störungs…
dysglobulinaemia Dysglobulinämie *f*, Serumglobulinstörung *f*
dysglossia Dysglossie *f*, Artikulationsstörung *f*
dysglycaemia gestörter Glukosegehalt *m* im Blut
dysgnathia Dysgnathie *f*, Kieferfehlstellung *f*
dysgnathic dysgnath(isch); Dysgnathie…
dysgnathic anomaly *(Stom)* dysgnathische Anomalie *f*
dysgnosia Dysgnosie *f*, Intelligenzstörung *f*, Intelligenzdefekt *m*
dysgonesis Funktionsstörung *f* der Geschlechtsorgane; Störung *f* der Genitalfunktion *f*, Gonadenfunktionsstörung *f*
dysgonic *(Bakt)* dysgonisch, langsam wachsend *(auf künstlichem Nährboden)*
dysgonic bacteria culture dysgonische Bakterienkultur *f*
dysgrammatism Dysgrammatismus *m*, partieller Agrammatismus *m*
dysgraphia Dysgraphie *f*, Schreibstörung *f*

dyshaem(at)opoiesis Dyshäm(at)opoese *f*, Blutbildungsstörung *f*, Blutfehlbildung *f*
dyshaem(at)opoietic dyshäm(at)opoetisch
dyshepatia Leberfunktionsstörung *f*
dyshesion gestörte Zelladhäsion *f*
dyshidrosis 1. Dyshidrosis *f*, anomale Schweißabsonderung *f*; 2. Dyshidrosis *f*, Schweißdrüsenentzündung *f* an Händen und Füßen *(bei Pilzerkrankung)*
dyshoria Dyshorie *f*, Gefäßpermeabilitätsstörung *f*
dyshormonal dyshormonal
dyshormonic dyshormonal
dyshormonism Dyshormonose *f*, Hormon(haushalts)störung *f*
dyshydrosis *s.* dyshidrosis
dyshydrotic eczema dyshydrotisches Ekzem *n*, Ekzema *n* dyshydroticum
dyshypophysia Hypophysen(funktions)störung *f*
dysidria *s.* dyshidrosis
disidrosis *s.* dyshidrosis
dysimmunity Immunitätsstörung *f*, Immunitätsdefekt *m*
dyskaryosis Dyskaryose *f*, Zellkernabnormität *f*
dyskaryotic dyskaryotisch; Dyskaryose…
dyskeratoma Dyskeratom *n*, dyskeratotischer Tumor *m*
dyskeratosis Dyskeratose *f*, Hautverhornungsstörung *f*, Hautverhornungsanomalie *f*
dyskeratotic dyskeratotisch
dyskinesia Dyskinesie *f*, Bewegungs(ablauf)störung *f*, motorische Fehlfunktion *f (der Muskeln)*
dyskinetic dyskinetisch; Dyskinesie…
dyskinetic syndrome *(Neur)* dyskinetisches Syndrom *n*, Dyskinesiesyndrom *n*
dyslalia Dyslalie *f*, Stammeln *n (Sprachstörung)*
dyslexia Dyslexie *f*, Lesestörung *f*
dyslipidaemia Dyslipidämie *f*
dyslip(o)idosis Dyslipidose *f*
dyslipoproteinaemia Dyslipoproteinämie *f*, Serumlipoproteinstörung *f*
dyslochia Dyslochie *f*, gestörter Lochialfluss *m*
dyslogia Dyslogie *f*, Logopathie *f*, Logoneurose *f (Sprachstörung bei fehlerhafter Gedankenbildung)*
dysmasesia Dysmasesie *f*, Kaustörung *f*, erschwertes Kauen *n*
dysmasesis Dysmasesie *f*, Kaustörung *f*, erschwertes Kauen *n*
dysmature dysmatur, nicht reif (entwickelt), in der Reife gestört
dysmature (child) Unreife(s) *n*, unreifes Neugeborene(s) *n*, unreif geborenes Kind *n*
dysmaturity Dysmaturität *f*, Reifestörung *f*, Unreife *f*
dysmegalopsia Dysmegalopsie *f (Sehstörung mit falscher Größenvorstellung)*
dysmelia Dysmelie *f*, Störung *f* der Extremitätenentwicklung
dysmenorrhoea Dysmenorrhoe(a) *f*, schmerzhafte Monatsblutung *f*, Menstruationsschmerz *m*, Menstrualkolik *f*
dysmetabolism Dysmetabolismus *m*, Stoffwechselstörung *f*
dysmetria Dysmetrie *f (Störung des Ausmaßes einer Zielbewegung)*
dysmetropsia Dysmetropsie *f (fehlerhafte Größenabschätzung)*
dysmimia Dysmimie *f*, Mimikstörung *f*
dysmnesia Dysmnesie *f*, Gedächtnisstörung *f*, Gedächtnisschwäche *f*
dysmnesic dysmnesisch, dysmnestisch, mit gestörtem Gedächtnis; Dysmnesie…
dysmnesic syndrome dysmnestisches Syndrom *n*, Dysmnesiesyndrom *n*
dysmorphia Dysmorphie *f*, Deformität *f*, Missbildung *f*
dysmorphic dysmorph, missgebildet, fehlgestaltet; Dysmorphie…
dysmorphism *s.* dysmorphia
dysmorphogenesis Dysmorphogenese *f*, abnorme Gewebebildung *f*
dysmorphology Dysmorphologie *f*
dysmorphophobia Dysmorphophobie *f (Angst wegen subjektiver Fehlbildungen)*
dysmorphopsia Dysmorphopsie *f (Störung der Formerkennung)*
dysmorphosis Dysmorphose *f*, Malformation *f*, Fehlbildung *f*, Fehlgestalt *f*
dysmyelination Dysmyelination *f*, Myelinfehlbildung *f*, Myelinscheidenzerfall *m*
dysmyotonia Dysmyotonie *f*, Muskeltonusstörung *f*
dysneuria Dysneurie *f*, gestörte Nervenfunktion *f*
dysnomia Dysnomie *f*, amnestische Aphasie *f*, nominale Aphasie *f*
dysnystaxis Halbschlaf *m*, leichter Schlaf *m*
dysodontiasis gestörte Zahneruption *f*, gestörter [irregulärer] Zahndurchbruch *m*
dysontogenesis Dysontogenie *f*, Entwicklungsstörung *f*, Wachstumsstörung *f (z. B. von Gewebe)*; Missbildung *f (z. B. eines Fetus)*
dysontogenetic dysontogenetisch, durch anomale Entwicklung entstanden *(z. B. Tumoren)*
dysop(s)ia Dysopie *f*, Sehstörung *f*
dysorexia Dysorexie *f*, Appetit(s)störung *f*
dysorganoplasia gestörte Organentwicklung *f*
dysoria Dysorie *f*, Dyshorie *f (Permeabilitätsstörung des Gefäßendothels)*
dysorthographia *(Neur)* Dysorthographie *f*, Schreibschwäche *f*
dysosmia Dysosmie *f*, Geruchsstörung *f (Störung des Geruchssinns)*
dysosteogenesis Dysosteogenese *f*, Knochenbildungsstörung *f*
dysostosis Dysostose *f*, Knochen(entwicklungs)störung *f*, Ossifikationsstörung *f*, Verknöcherungsstörung *f*
dysovarism Ovardysfunktion *f*, Eierstockfunktionsstörung *f*
dyspallia Dyspallie *f*, gestörte Hirnmantelentwicklung *f*
dyspancreatism Pankreasdysfunktion *f*, Bauchspeicheldrüsenfunktionsstörung *f*
dysparathyroidism Dysparathyreoidismus *m*, Nebenschilddrüsen(funktions)störung *f*
dyspareunia Dyspareunie *f*, Orgasmusunfähigkeit *f*
dyspepsia Dyspepsie *f*, Verdauungsstörung *f*
dyspepsodynia *s.* gastralgia
dyspeptic dyspeptisch
dyspeptic Dyspeptiker *m*
dysperistalsis Dysperistaltik *f*, Peristaltikstörung *f*
dysphagia Dysphagie *f*, Schluckstörung *f*, Schlingbeschwerden *pl*
dysphagic dysphag(isch)
dysphagocytosis Dysphagozytose *f*, Phagozytosestörung *f*, gestörte Phagozytose *f*
dysphagy *s.* dysphagia
dysphasia Dysphasie *f*, Sprachkoordinationsstörung *f*, Sprachausdrucksstörung *f (infolge Hirnstörung)*
dysphasic Dysphasie…
dysphemia Dysphemie *f*, Stottern *n*
dysphonia Dysphonie *f*, Phonationsstörung *f*, Stimm(bildungs)störung *f*
dysphonic dysphon(isch), stimmbildungsgestört; Dysphonie…
dysphoretic *s.* 1. dysphoric; 2. dysphoriant
dysphoria Dysphorie *f*, Verstimmung *f*, Übelbefinden *n*, Gereiztheit *f*, unbehagliche Stimmung *f*, Angst *f*

dysphoriant Dysphorie bewirkend
dysphoriant (agent) Dysphorie bewirkendes Mittel *n*
dysphoric dysphorisch, verstimmt, unzufrieden, gereizt, ruhelos, deprimiert; ängstlich; Dysphorie...
dysphoric personality *(Neur)* dysphorischer Psychopath *m*, Dysphoriker *m*; dysphorische Psychopathen *mpl*
dysphoric state *(Neur)* dysphorischer Zustand *m*
dysphotia Myopie *f*, Kurzsichtigkeit *f*
dysphrasia Dysphrasie *f*, Sprachstörung *f (infolge Intelligenzstörung)*
dysphylaxia plötzliches Erwachen *n (aus dem Tiefschlaf)*
dyspigmentation 1. Dyspigmentation *f*, Pigmentbildungsstörung *f*, Pigmentverteilungsstörung *f*; 2. gestörte [verminderte] Pigmentation *f*, Depigmentation *f*
dyspinealism Dyspinealismus *m*, gestörte Pinealdrüsenfunktion *f*
dyspituitarism Dyspituitarismus *m*, Hypophysen(funktions)störung *f*
dysplasia Dysplasie *f*, Missgestalt *f*, Fehlentwicklung *f*, Fehlbildung *f*, Fehlgestaltung *f*
dysplastic dysplastisch, missgestaltet, fehlentwickelt, fehlgebildet, fehlgestaltet
dysplastic type *(Neur)* dysplastischer Typ *m*, Dysplastiker *m*
dyspnoea Dyspnoe *f*, Atemnot *f*, Kurzatmigkeit *f* • **diminish dyspnoea** die Dyspnoe verringern; die Atemnot beseitigen • **suffer from dyspnoea** kurzatmig [dyspnoeisch] sein
dyspnoea at rest Ruhedyspnoe *f*
dyspnoea on effort Belastungsdyspnoe *f*
dyspnoea on exertion Belastungsdyspnoe *f*, Atemnot *f* bei Belastung
dyspnoeal *s.* dyspnoeic
dyspnoeic dyspnoisch, kurzatmig
dyspnoeic attack Atemnotanfall *m*
dyspoiesis *s.* 1. dysgenesis; 2. dyshaematopoiesis
dysponderal im Gewicht gestört; übergewichtig; untergewichtig
dysponesis Dysponesis *f (Störung der neurophysiologischen Reaktionen auf Umweltreize oder Körpergefühle)*
dyspractic Dyspraxie...
dyspragia Dyspragie *f*, schmerzhafte Funktionsstörung *f*
dyspraxia Dyspraxie *f*, partielle Bewegungskoordinationsstörung *f*
dysproteinaemia Dysproteinämie *f*, Plasmaproteinstörung *f*
dysraphia Dysraphie *f*, fehlende Nahtbildung *f*, Spaltbildung *f*, Araphie *f*
dysraphic Dysraphie...
dysraphic syndrome Dysraphiesyndrom *n*
dysraphism *s.* dysraphia
dysreflexia Dysreflexie *f*, Reflex(funktions)störung *f*
dysrhaphia *s.* dysraphia
dysrhythmia Dysrhythmie *f*, Rhythmusstörung *f (z. B. des Herzens)*
dysrhythmic dysrhythmisch, rhythmusgestört; Rhythmusstörungs...
dyssebacea Dyssebacea *f*, Dyssteatose *f*, seborrhoische Dermatitis *f (Störung der Talgdrüsensekretion)*
dyssebacia *s.* dyssebacea
dyssecretosis Dyssekretion *f*, Sekretionsstörung *f*
dyssocial behaviour *(Neur)* Dysozialität *m*, sozial gestörtes Verhalten *n*
dyssomnia Dyssomnie *f*, Schlafstörung *f*
dysspermatism 1. Ejakulationsschmerz *m*; 2. Dysspermie *f*, Samenzellenbildungsstörung *f*, Spermienbildungsstörung *f*
dysspermia *s.* dysspermatism
dyssplenism Dyssplenie *f*, Dyssplenismus *m*, Milz(funktions)störung *f*, Milzüberfunktion *f*, Hypersplenismus *m*
dysspondylism Wirbelsäulenentwicklungsstörung *f*, gestörte Wirbelsäulenentwicklung *f*
dysstasia Dysstasie *f*, Stehstörung *f*, gestörtes Stehen *n*
dysstatic dysstatisch, stehunfähig, im Stehen gestört
dyssymbolia Dyssymbolie *f (Unfähigkeit zur verständlichen Gedankendarlegung)*
dyssynergia Dyssynergie *f*, Muskelkoordinationsstörung *f*
dystaxia Dystaxie *f*, partielle Ataxie *f*, Bewegungskoordinationsstörung *f*
dystectia Neuralrohrfehlbildung *f*
dystelectasis *(Pulm)* Dystelektase *f (Lungenabschnitt mit gestörter Belüftung)*
dysthanasia Dysthanasie *f*, schmerzhafter Tod *m*, qualvolles Sterben *n*
dysthermia Dysthermie *f*, Körpertemperaturfehlregulation *f*, Regulationsstörung *f* der Körpertemperatur
dysthymia 1. Dysthymie *f*, Thymus(funktions)störung *f*; 2. *(Neur)* Dysthymie *f*, milde zyklothyme Depression *f*, Melancholie *f*; Psychopathie *f*
dysthymic 1. Dysthymie..., Thymus(funktions)störungs...; 2. *(Neur)* dysthym, melancholisch; psychopathisch
dysthymic disorder dysthyme Störung *f* [Stimmungsstörung *f*], dysthyme Verstimmung *f*
dysthymic person *(Neur)* Dysthymiker *m*
dysthymic personality *(Neur)* Dysthymiker *m*
dysthymic psychopathy dysthyme Psychopathie *f*
dysthymic schizophrenia *(Neur)* dysthyme Schizophrenie *f*
dysthyreosis *s.* dysthyroidism
dysthyroid(al) Dysthyreose..., Schilddrüsen(funktions)störungs...
dysthyroidism Dysthyreose *f*, Schilddrüsen(funktions)störung *f*
dystithia Dystithie *f*, Stillstörung *f*
dystocia Dystokie *f*, Geburtsstörung *f*, gestörter Geburtsverlauf *m*, erschwerte Entbindung *f*, Partus *m* difficilis, Parodynie *f*
dystocic dystok; Dystokie...
dystonia Dystonie *f*, Tonusverlust *m*, Tonusstörung *f (Störung des Spannungszustandes; z. B. von Muskeln und Gefäßen)*
dystonic dystonisch; Dystonie...
dystopia Dystopie *f*, Fehllagerung *f*, Fehllage *f*, Organverlagerung *f* infolge Entwicklungsstörung, Allotopie *f*, Keimverlagerung *f*
dystopic dystop(isch), fehlgelagert, verlagert, am falschen Ort liegend; am falschen Ort ablaufend; Dystopie...
dystopic kidney dystope Niere *f*, Nierenfehllagerung *f*
dystopy *s.* dystopia
dystrophia 1. Dystrophie *f*, Ernährungsstörung *f*, Fehlernährung *f*; 2. Degeneration *f*, Muskelschwäche *f*
dystrophic 1. dystroph(isch), ernährungsgestört, fehlernährt; 2. degeneriert, muskelschwach
dystrophic bullous epidermolysis Epidermolysis *f* bullosa dystrophica
dystrophic calcification dystrophe Kalzifikation *f*
dystrophin *(Histol)* Dystrophin *n (im Muskelsarkolemm)*
dystrophoneurosis Dystrophoneurose *f*
dystrophy *s.* dystrophia
dystropic dystrop
dystrypsia Dystrypsie *f*, gestörte Pankreassaftsekretion *f*
dysuresia *s.* dysuria
dysuria Dysurie *f*, gestörtes Harnlassen *n*, (schmerzhafte) Miktionsstörung *f*, Harnbeschwerden *pl*
dysuriac Miktionsgestörte(r) *m*
dysuric dysurisch; Dysurie...
dysvascular mit gestörter Blut(gefäß)versorgung

dysversion Dysversion *f (des Sehnerven)*
dysvitaminosis *s.* avitaminosis
dyszoospermia Dyszoospermie *f*, gestörte Samenzellenfunktion *f*, Samenzellenfunktionsstörung *f*

E

E. *s.* emmetropia
E-N-T set *s.* ear-nose-throat set
EACA *s.* epsilon-aminocaproic acid
Eales' disease *(Ophth)* Eales'sche Krankheit *f (Glaskörperblutungen durch Periphlebitis retinae)*
ear Ohr *n*, Auris *f (siehe auch unter: otic)* • **a good ear** ein feines Gehör *n* • **have a good ear** ein gutes Gehör [Ohr] haben • **syringe the ear** das Ohr (aus) spülen
ear bleeding Ohrenblutung *f*
ear canal epidermis Gehörgangsepidermis *f*
ear canal exostosis Gehörgangsexostose *f*
ear cartilage Ohrknorpel *m*
ear disease Ohrenkrankheit *f*, Ohrerkrankung *f*
ear drop instillation Ohrentropfeninstillation *f*
ear drops Ohrentropfen *mpl*, Guttae *fpl* pro auribus
ear dust *(Anat)* Gehörsand *m*, Otokonien *fpl*, Otolithen *mpl*, Statokonien *fpl*, Statolithen *mpl*
ear involvement Ohrbeteiligung *f*
ear lobe *s.* earlobe
ear malformation Ohrmissbildung *f*, Ohrfehlbildung *f*
ear-minded *(Psych)* auditiv
ear, nose, and throat clinic Hals-Nasen-Ohren-Klinik *f*, HNO-Klinik *f*, Klinik *f* für Hals-, Nasen- und Ohrenkrankheiten
ear-nose-throat set Hals-Nasen-Ohren-Besteck *n*, HNO-Besteck *n*
ear oximeter Ohroximeter *n*
ear oximetry Ohroximetrie *f*
ear polyp(us) Ohrpolyp *m*
ear polypus forceps Ohrpolypenzange *f*
ear protrusion Ohrabstehen *n*
ear speculum Ohrtrichter *m*
ear speculum holder Ohrtrichterhalter *m*
ear syringe Ohrenspritze *f*
ear thermometer Ohrthermometer *n*
ear thermometry Ohrthermometrie *f*
ear trumpet Hörrohr *n*
ear tubercle Darwin'sches Ohrhöckerchen *n* [Höckerchen *n*], Apex *m* auriculae Darwini
earache Otalgie *f*, Ohrenschmerz *m*, Neuralgia *f* tympanica
eardrum Trommelfell *n*, Membrana *f* tympani
eardrum perforation Trommelfellperforation *f*
eardrum reflex Trommelfellreflex *m*
eardrum umbilicus [umbo] Trommelfellnabel *m*, Umbo *m* membranae tympani
earlobe Ohrläppchen *n*, Lobulus *m* auriculae
earlobe electrode Ohrläppchenelektrode *f*
early abortion *(Gyn)* Frühabort *m*
early appearance Früherscheinung *f*
early case frühes Krankheitsstadium *n*
early cavity Frühkaverne *f (Tuberkulose)*
early climacteric *(Gyn)* Frühklimakterium *n*
early compressive strength frühe Druckfestigkeit *f*
early death Frühtodesfall *m*
early deceleration *(Gyn)* Frühtief *n*, Wehenreaktionstyp *m* I *(Wehenbeginn und gleichzeitiger Herzfrequenzabfall beim Fetus; Schädelkompressionszeichen)*
early delivery Frühgeburt *f*
early detection Früherkennung *f*
early diagnosis 1. Frühdiagnose *f*, frühzeitige Diagnose *f*; 2. Frühdiagnostik *f*, frühzeitige Diagnostik *f*
early diagnosis of cancer Krebsfrühdiagnose *f*, Karzinomfrüherkennung *f*
early diastolic dip frühdiastolische Senke *f (Herzdruckkurve)*
early disturbance frühe Störung *f*, Frühstörung *f*
early erythroblast (of Sabin) *(Hämat)* basophiler Normoblast *m*
early gastric cancer Magenfrühkarzinom *n*
early glaucoma *(Ophth)* Frühglaukom *n*
early infantile autism frühkindlicher Autismus *m*
early lesion Frühläsion *f*
early manifestation Frühmanifestation *f*, Früherscheinung *f (z. B. von Symptomen)*
early miscarriage *s.* early abortion
early normoblast *s.* early erythroblast
early-onset periodontitis frühzeitig auftretende Periodontitis *f*
early postnatal period frühe Nachgeburtsperiode *f*
early pregnancy Frühschwangerschaft *f*, frühes Schwangerschaftsstadium *n*
early prosthetic fitting Prothesenfrühversorgung *f*, frühzeitige Prothesenanpassung *f*
early receptor potential Rezeptorfrühpotenzial *n*
early sign frühes Zeichen *n*, Frühzeichen *n*, Vorbote *m*
early symptom Frühsymptom *n*, frühzeitiges Symptom *n*
early systolic murmur frühsystolisches Geräusch *n*
early syphilis Frühsyphilis *f*
early toxaemia of pregnancy Frühgestose *f*
early treatment Frühbehandlung *f*
earminded auditiv, hörend, das Gehör betreffend; Hör...
earpick Ohrlöffel *m*
earpiece Ohrolive *f (Stethoskop)*
earplug Gehörgangswattepfropfen *m*, Ohrwatte *f*, Gehörschutzmasse *f*, Wattepfropf *m*
earshot Hörweite *f*, Hörentfernung *f*, Hördistanz *f*
earsplitting ohrenbetäubend
earth *v* **the anaesthetic apparatus** das Narkosegerät erden
earth plate Erdungsplatte *f*, Erde *f*
earthing Erdung *f*
earwax Cerumen *n*, Zerumen *n*, Ohrenschmalz *n*
East African sleeping sickness *(Trop)* Ostafrikanische Schlafkrankheit *f* [Trypanosomiasis *f*] *(durch Trypanosoma rhodesiense)*
East African tick fever ostafrikanisches Zeckenbissfieber *n*
East African trypanosomiasis *s.* East African sleeping sickness
East African visceral leishmaniasis ostafrikanische viszerale Leishmaniasis *f*
Eastern equine encephalitis [encephalomyelitis] östliche Pferdeenzephalitis *f* [Pferdeenzephalomyelitis *f*] *(durch Stechmücken übertragene Arbovirusinfektion)*
easy to operate leicht bedienbar, bedienerfreundlich, bedienungsfreundlich
easy to process leicht zu bearbeiten, leicht verarbeitungsfähig
eating disorder Essstörung *f*
eating pattern Essmuster *n*
Eaton agent Mycoplasma *n* pneumoniae
Eaton agent pneumonia primäre atypische Pneumonie *f* [Lungenentzündung *f*]

Eaton-Lambert syndrome Eaton-Lambert-Syndrom *n*
Eaton virus *s.* Eaton agent
EB virus *s.* Epstein-Barr virus
Ebbecke's reaction Dermatographismus *m*, Dermatographie *f*
Ebner's glands Ebner'sche Drüsen *fpl (seröse Zungendrüsen)*
Ebola virus Ebola-Virus *n*
Ebola virus disease Ebola-Fieber *n*
Ebola virus haemorrhagic fever Ebola-Fieber *n*
ebonation Knochenfragmententfernung *f (z. B. aus einer Wunde)*
ebriety Ebrietas *f*, Trunkenheit *f*
Ebstein's anomaly [disease] *(Kard)* Ebstein'sche Anomalie *f*, Ebstein'sches Syndrom *n*, Ebstein-Syndrom *n*, Trikuspidalklappenanomalie *f*
Ebstein's malformation (of the tricuspid valve) *s.* Ebstein's anomaly
Ebstein's syndrome *s.* Ebstein's anomaly
ebulism Ebulismus *m (Krankheitserscheinungen durch Gasbläschen im Gewebe bei Druckabfall)*
ebulition Kochen *n*, Brodeln *n*
eburnated osteoma Osteoma *n* durum [eburneum] *(gutartige Knochengeschwulst aus hartem Knochengewebe)*
eburnation Eburnifikation *f*, Eburnisierung *f*, Eburneation *f*, elfenbeinähnliche Verknöcherung *f*
eburnation of dentin Dentineburnifikation *f*
eburneous elfenbeinartig; elfenbeinfarbig
eburnitis Dentinverdichtung *f*
EBV *s.* Epstein-Barr virus
ecbolic geburtsauslösend, geburtsbeschleunigend; abortauslösend; wehenfördernd
ecbolic (agent) geburtsauslösendes [geburtsbeschleunigendes] Mittel *n*, Wehenmittel *n*; Abortmittel *n*, abortauslösendes Mittel *n*
ecbovirus *(enteric cytopathic bovine orphan virus)* ECBO-Virus *n*
eccentric 1. *(Psych)* exzentrisch, überspannt; 2. exzentrisch, vom Mittelpunkt abweichend, außerhalb des Zentrums
eccentric Exzentriker *m*, exzentrische Persönlichkeit *f*
eccentric compression bone plate Exzenterkompressionsplatte *f*
eccentric contraction exzentrische Kontraktion *f* [Muskelkontraktion *f*]
eccentric dynamic compression plate exzentrische dynamische Kompressionsplatte *f*
eccentric exercise exzentrische Übung *f*
eccentric implantation exzentrische Implantation *f (der Blastozyste)*
eccentric jaw relation *(Stom)* exzentrische Kieferrelation *f*
eccentric occlusion *(Stom)* exzentrische Okklusion *f*
eccentric premature contact exzentrischer Vorkontakt *m*
eccentric rotational radiotherapy exzentrische Rotationsbestrahlung *f*
eccentricity *(Neur)* Exzentrizität *f*, exzentrisches Verhalten *n*
eccentro-chondroosteodystrophy Morquio'sches Syndrom *n*, Dysostosis *f* enchondralis metaepiphysaria Typ Morquio
eccentrochondroplasia *s.* eccentro-chondroosteodystrophy
eccentro-osteochondrodysplasia *s.* eccentro-chondroosteodystrophy
ecchondroma Ekchondrom *n*, Knorpelauswuchs *m (vom Knorpel ausgehende Geschwulst)*
ecchondromatosis Ecchondromatose *f*
ecchondrosis Ekchondrose *f*, Knorpelwucherung *f*
ecchondrotome Knorpelmesser *n*
ecchymoma Ecchymom(a) *n*, Hämatom *n*, Bluterguss *m*
ecchymosed mit Hautunterblutungen; Ekchymose…
ecchymosis Ekchymose *f*, Ecchymosis *f*, (flächiges) Hämatom *n*, Bluterguss *m*, Haut(unter)blutung *f*
ecchymotic ekchymotisch; Ekchymose…, Hämatom…, Bluterguss…
ecchymotic mask *(For)* ekchymotische Maske *f (Strangulationszeichen)*
ecchymotic rash ekchymotische Fleckenbildung *f*, (kutane) Prellmarkenbildung *f*
eccrine ekkrin, nach außen sezernierend, über einen Drüsengang absondernd
eccrine gland ekkrine Drüse *f*
eccrisis Exkretion *f*, Ausstoßung *f (z. B. von Stoffwechselprodukten)*
eccritic ausstoßend, ausscheidend
eccyesis Extrauteringravidität *f*, ektope Schwangerschaft *f*, Bauchhöhlenschwangerschaft *f*, Schwangerschaft *f* außerhalb der Gebärmutter
ECD *s.* endocardial cushion defect
ecdemonomania *(Neur)* Ekdemonomanie *f (unstillbares Verlangen nach Reisen und Unterwegssein)*
ecdysis Desquamation *f*, Abschuppung *f*, Schuppung *f*
E.C.F. *s.* extracellular fluid
ECG *s.* 1. electrocardiogram; 2. electrocardiography; 3. electrocardiograph
ecgonine Ecgonin *n (Hydrolyseprodukt des Kokains)*
echidnase Echidnase *f (Enzym im Viperngift)*
echidnin Echidnin *n (Schlangengift)*
echidnotoxin Echidnotoxin *n (Viperngift)*
echidnovaccine Echidnovakzine *f (Impfstoff)*
echinococcal *(Paras)* Echinokokken…, Echinokokkus…
echinococcal cyst Echinokokkuszyste *f*, Hydatidenzyste *f*
echinococcal cyst of kidney Nierenechinokokkuszyste *f*, Echinokokkusnierenzyste *f*
echinococcal hepatic cyst Leberechinokokkuszyste *f*, Echinokokkusleberzyste *f*
echinococcal skin test Echinokokkus(haut)test *m* (nach Casoni), Casoni-Test *m*, Casoni'sche Hautprobe *f*
echinococciasis *s.* echinococcosis
echinococcosis *(Paras)* Echinokokkose *f*, Echinokokken-Krankheit *f*, Hundebandwurmerkrankung *f*, Hundebandwurmfinneninfestation *f*
echinococcotomy Echinokokkuszystenexstirpation *f*, (operative) Echinokokkuszystenentfernung *f*
echinococcus *(Paras)* Echinokokkus *m*, Echinococcus *m*, Blasenwurm *m*, Hundebandwurmfinne *f*
echinococcus cyst Echinokokkuszyste *f*
echinococcus test *s.* echinococcal skin test
Echinococcus alveolaris *(Paras)* Echinococcus *m* alveolaris
Echinococcus granulosus *(Paras)* Echinococcus *m* granulosus
Echinococcus multilocularis *(Paras)* Echinococcus *m* multilocularis
echinocyte Echinozyt *m*, Stechapfelform *f* der Eythrozyten
echinophthalmia Echinophthalmie *f (Augenlidentzündung)*
echinosis Echinozytose *f*, Vorhandensein *n* von Stechapfelformen *(der Erythrozyten)*
echinostome Echinostoma *n (Darmparasit)*
Echinostoma ilocanum Echinostoma *n* ilocanum
Echinostoma lindoensis Echinostoma *n* lindoensis
Echinostoma revolutum Echinostoma *n* revolutum
echinostomiasis *(Paras)* Echinostomiase *f*, Echinostomainfestation *f*
echinulate stachelig, mit Stacheln versehen; Stachel… *(z. B. Bakterienkulturen)*
echo amplification Echoverstärkung *f*

echo amplitude Echoamplitude *f*
echo beat *(Kard)* Echorhythmus *m (durch Impulsrückkehr)*
echo deflection Echoauslenkung *f*, Echo-Zacke *f*
echo density Echodichte *f*
echo distribution Echoverteilung *f*
echo enhancement Echoverstärkung *f*
echo-free echofrei, ohne Echo *(z. B. Gewebestrukturen)*
echo home eigener [eigenständiger] Haushalt *m (älterer Menschen)*
echo imaging Echodarstellung *f*, Echobildgebung *f*
echo intensity Echostärke *f*, Echointensität *f*
echo interpretation Echointerpretation *f*, Echodeutung *f*
echo motion pattern Echobewegungsmuster *n*
echo plane Echoebene *f*
echo-producing echobildend, echogebend
echo recording Echoaufzeichnung *f*
echo-reflecting schallreflektierend, echogebend
echo sensitivity Echosensibilität *f*, Echoempfindlichkeit *f*
echo sign Echozeichen *n*
echo source Echoquelle *f*, Echoausgang *m*, Echoursprung *m*
echo speech *s.* echolalia
echo strength Echostärke *f*
echo transmission time Echoübertragungszeit *f*, Echolaufzeit *f*
echo wave Echowelle *f*
ECHO virus ECHO-Virus *n*, Enteric-Cytopath(ogen)ic-Human-Orphan-Virus *n*
echoacousia Echoakusie *f*, Echohören *n*, Widerhallempfindung *f*
echoacoustic Echoakusie...
echoaortography Echoaortographie *f*
echocardiogram Echokardiogramm *n*
echocardiographer echo(kardio)graphierender [eine Echokardiographie durchführender] Arzt *m*
echocardiographic recordings Echokardiographiebefund *m*; echokardiographische Aufzeichnungen *fpl* [Befunde *mpl*]
echocardiography Echokardiographie *f*, Ultraschallkardiographie *f*, UKG
echoencephalogram Echoenzephalogramm *n*
echoencephalograph Echoenzephalograph *m*
echoencephalographic echoenzephalographisch
echoencephalography Echoenzephalographie *f*
echogenic echogen, ein Echo auslösend, (Schal) reflektierend
echogenicity Echogenität *f*, Echofähigkeit *f*, Echobildungsfähigkeit *f*
echogram Echogramm *n*
echographer Echographierende(r) *m*, eine Echographie durchführende Person *f*
echographic echographisch
echographia Echographie *f*, Abschreibefähigkeit *f (Unfähigkeit, eigene Ideen niederzuschreiben)*
echography Echographie *f*, Ultraschallechographie *f*
echokinesia *s.* echopraxia
echokinesis *s.* echopraxia
echolalia Echolalie *f*, Echophrasie *f*, (krankhaftes) Nachsprechen *n*
echolalic echolal(isch), nachsprechend
echolalus Nachsprecher *m*, Nachsprechender *m*
echolucent ultraschall(durch)gängig, für Ultraschall durchgängig
echomatism *s.* echopraxia
echomimia Echomimie *f*, (krankhaftes) Imitieren *n* von Gebärden
echomotism *s.* echopraxia
echooculogram Echookulogramm *n*
echooculographic echookulographisch
echooculography Echookulographie *f*
echoophthalmometry Echoophthalmometrie *f*
echoorbitogram Echoorbitogramm *n*
echoorbitographic echoorbitographisch
echoorbitography Echoorbitographie *f*
echopathic echopatisch
echopathy Echopathie *f*, Nachsprechkrankheit *f*
echophenomena *(Neur)* Echoerscheinungen *fpl*
echophonocardiography Echophonokardiographie *f (Kombination von Echokardiographie und Phonokardiographie)*
echophony Echophonie *f*
echophotony Echophotonie *f (Assoziation von Farben mit Tönen)*
echophrasia *s.* echolalia
echopraxia Echopraxie *f*, Echokinese *f*, automatenhaftes Nachahmen *n*, Echoerscheinungen *fpl*
echopraxis *s.* echopraxia
echoradiography Echoradiographie *f*
echoranging Echoentfernungsmessung *f*, Echotiefenmessung *f*, Echoloten *n*, Echolotung *f*
echorenogram Echorenogramm *n*
echorenographic echorenographisch
echorenography Echorenographie *f*
echoscope Echoskop *n*
ecoscopy Echoskopie *f*
echosonoencephalogram Echoenzephalogramm *n*
echosonogram Echogramm *n*
echothiophate iodide *(Pharm)* Echothiophatiodid *n (Augendrucksenker)*
echotomogram Echotomogramm *n*
echotomographic echotomographisch
echotomography Echotomographie *f*
echouterogram Echouterogramm *n*
echouterographic echouterographisch
echouterography Echouterographie *f*
echovirus *s.* ECHO virus
Eck's fistula Eck'sche Fistel *f*, Pfortader-Hohlvenen-Anastomose *f*
eclabium Lippenausstülpung *f*, Lippeneversion *f*
eclampsia Eklampsie *f*, Schwangerschaftskrampfen *n*
eclampsism Eklampsismus *m*, Präeklampsie *f*, Schwangerschaftstoxikose *f (mit Organschäden)*
eclamptic eklamptisch; Eklampsie...
eclamptic coma Eklampsiekoma *n*, eklamptisches Koma *n*
eclamptic psychosis *(Neur)* eklamptische Psychose *f*
eclamptogen toxaemia *s.* eclampsia
eclamptogen(et)ic eklamptogen, eklampsieauslösend, eklampsiebewirkend
eclectic eklektisch
eclipse-blindness Sonnenfinsternisblindheit *f*, Sonnenstrahlenblindheit *f*
eclipse scotoma Eklipsenskotom *n*, Sonnenskotom *n*
ecmetropia *s.* ametropia
ecmnesia Ekmnesie *f (Vorstellung, in einem früheren Lebensabschnitt zu leben)*
ecmovirus *(enteric cytopathic monkey orphan virus)* ECMO-Virus *n*
ecnoea *(Neur)* Eknoia *f (krankhafte emotionale Reizbarkeit der Pubertät)*
ecnoic state *(Neur)* eknoischer Zustand *m (Erregungszustand mit Beziehungsideen)*
ecoendocrinology Ekoendokrinologie *f (Lehre von der Wechselwirkung zwischen Umwelt und endokrinem System)*
ecomania *(Psych)* Ekomanie *f*, Untertanengeist *m*
econazole Econazol *n (Antimykotikum)*
econazole nitrate Econazolnitrat *n*

Economo's disease Economo'sche Krankheit (Erkrankung) *f*, Encephalitis *f* epidemica (lethargica), Economo-Enzephalitis *f*
Economo's encephalitis *s.* Economo's disease
economical alloy Sparlegierung *f*
ecostate rippenlos
ecostatism Ekostatismus *m*, Rippenlosigkeit *f*, Fehlen *n* der Rippen, Apleurie *f*
ecotaxis *(Immun)* Ekotaxis *f (der Lymphozyten)*
ecphoria Ekphorie *f*, Erinnerungsvorgang *m*
ecphorize *v* sich erinnern, eine Erinnerung zurückrufen
ecphorizing *(Neur)* Ekphorieren *n*, Auslösen *n* der Erinnerung, Abrufen *n* von Erinnerungen
ecphyma Ekphyma *n*, warziger Auswuchs *m*, warzige Protuberanz *f*
ECS *s.* electroconvulsive shock
ecstasize *v* in Ekstase geraten; in Ekstase versetzen
ecstasy 1. Ekstase *f*, Verzückung *f*, Entzückung *f*, Außersichsein *n*; 2. *s.* catalepsia
ecstatic 1. in Ekstase (befindlich); 2. ekstatisch, statuenhaft *(siehe auch: cataleptic)*
ecstatic visions *(Neur)* ekstatische Visionen *fpl*
ecstrophy *s.* exstrophy
ECT *s.* electroconvulsive therapy
ectasia Ektasie *f*, Erweiterung *f*, Dilatation *f*, Ausdehnung *f*
ectasis *s.* ectasia
ectatic ektatisch, erweitert, dilatiert
ectatic emphysema Überdehnungsemphysem *n*, Ausdehnungsemphysem *n*, kompensatorisches Emphysem *n*
ectental Ektoderm-Endoderm-...
ectethmoid Labyrinthus *m* ethmoidalis
ecthyma Ecthyma *n*, Ekthyma *n*, Grindgeschwür *n*, Hauteiterung *f*
ecthymatiform ekthymaartig, ekthymaähnlich; Ekthyma...
ecthymatous syphilid Ecthyma *n* syphiliticum
ecthymiform *s.* ecthymatiform
ectiris *(Anat, Ophth)* äußere Irisschicht *f*
ectoantigen Ektoantigen *n (der Bakterienwand)*
ectoblast *(Histol)* Ektoblast *m*, Ektoderm *n*, äußeres Keimblatt *n*, Epiblast *m*
ectocardia Ektokardie *f*, Ectopia *f* cordis, Herzvorfall *m*
ectocervical ektozervikal; Ektozervix..., Portio...
ectocervix äußerer Gebärmuttermund *m*, Portio *f* vaginalis uteri
ectochoroidea Ektochorea *f*, Lamina *f* suprachoroidea
ectocolon Kolondilatation *f*, Dickdarmerweiterung *f*
ectocommensal Ektokommensale *m (lebt auf der Wirtsoberfläche)*
ectocommensalism Ektokommensalismus *m (kommensale Lebensweise auf der Wirtsoberfläche)*
ectocondylar *s.* ectocondyloid
ectocondyle Außenkondylus *m*
ectocondyloid Außenkondylus..., Lateralkondylus...
ectocornea Ektokornea *f*, äußere Hornhautoberfläche *f* (des Auges)
ectocuneiform Os *n* cuneiforme laterale
ectocyst Hydatidenaußenschicht *f*
ectocytic außerzellulär, außerhalb der Zelle, extrazellulär
ectoderm *(Embr, Histol)* Ektoderm *n*, Ektoblast *m*, äußeres Keimblatt *n*
ectodermal ektodermal; Ektoderm(al)... • **be ectodermal in origin** ektodermalen Ursprungs sein, aus dem Ektoderm (ab)stammen
ectodermal collagen ektodermales Kollagen *n*
ectodermal dysplasia ektodermale Dysplasie *f*
ectodermatosis *s.* ectodermosis
ectodermic *s.* ectodermal
ectodermoidal ektodermähnlich, ektodermoidal
ectodermosis Ektoderm(at)ose *f (Erkrankung ektodermaler Hautgebilde)*
ectoentad von außen nach innen (gerichtet)
ectoenzyme Ektoenzym *n*, extrazelluläres Enzym *n*
ectoethmoid Labyrinthus *m* ethmoidalis
ectogenetic ektogenetisch
ectogenic ektogen, von außen wirkend (ausgehend), außen entspringend, äußeren Ursprungs
ectogenous *s.* ectogenic
ectoglia *(Histol)* Ektoglia *f*
ectoglobular außerhalb eines Erythrozyten; außerhalb eines Globulus
ectogony Ektogonie *f (Einwirkung des Fetus auf die Mutter)*
ectohormone Ektohormon *n*
ectolysis Ekto(plasma)lyse *f*, Auflösung *f* des Ektoplasmas
ectomere *(Histol)* Ektomere *f*
ectomerogony Ektomerogonie *f (Merozoitenbildung der Sporozoen)*
ectomesenchyme Ektomesenchym *n*, Mesektoderm *n*
ectomesoblast Ektomesoblast *m*
ectomorphic ektomorph(isch)
ectomorphic type *(Neur)* Ektomorphe(r) *m*, ektomorpher Typ *m*; Ektomorphie *f*
ectomorphy Ektomorphie *f (Dominanz des ektodermalen Gewebes)*
ectomy Herausschneiden *n*, Ausschneiden *n*, Exzision *f*
ectonuclear ektonukleär
ectopagus *(Terat)* Ektopagus *m*, Doppelmissgeburt *f* mit seitlicher Verwachsung am Thorax
ectoparasite Ektoparasit *m*, Ektosit *m*, Außenschmarotzer *m*
ectoparasitic ektoparasitisch
ectoparasiticide Ektoparasitozid *n*, Ektoparasitengift *n*
ectoparasitism Ektoparasitismus *m*, Infestation *f*, Parasitenbefall *m*
ectopectoralis (muscle) *s.* pectoralis major muscle
ectoperitoneal ektoperitoneal, die Peritoneumaußenseite betreffend
ectoperitonitis Ektoperitonitis *f*, Entzündung *f* der Peritoneumaußenseite
ectophyte Ektophyt *m*, oberflächlicher Hautpilz *m*
ectophytic ektophytisch, (nach) außen wachsend
ectopia Ektopie *f*, Organverlagerung *f*, Organvorfall *m*
ectopic ektopisch
ectopic beat *(Kard)* Extrasystole *f*
ectopic cardiac rhythm Extrasystolie *f*
ectopic focus ektoper Herd *m*; ektoper Reizbildungsherd *m*
ectopic gestation Extrauteringravidität *f*, Bauchhöhlenschwangerschaft *f*, Schwangerschaft *f* außerhalb der Gebärmutter
ectopic heart beat Extrasystole *f*
ectopic kidney ektope Niere *f*, Nierenektopie *f*, Ectopia *f* renis
ectopic myelopoiesis ektope [extamedulläre] Myelogenese *f*
ectopic pacemaker *(Kard)* ektoper Schrittmacher *m*, ektopes Reizbildungszentrum *n*
ectopic pregnancy *s.* ectopic gestation
ectopic pregnancy implantation site ektoper Schwagerschaftsimplantationsort *m*
ectopic rhythm *(Kard)* ektoper Rhythmus *m*
ectopic spleen Wandermilz *f*
ectopic tachycardia ektope Tachykardie *f*
ectopic teratism ektoper Teratismus *m*
ectopic testis ektoper Hoden *m*
ectopic tooth eruption ektopischer Zahndurchbruch *m*

ectopic ureter ektopischer Ureter *m*; Harnleiterektopie *f*
ectoplacenta Ektoplazenta *f*, Plazentatrophoblast *m*, Trophoderm *n*
ectoplacental ektoplazental; Ektoplazenta..., Trophoderm...
ectoplasm Ektoplasma *n*, Exoplasma *n*, Plasmaaußenschicht *f*, Außenplasma *n*
ectoplasm(at)ic ektoplasmatisch; Ektoplasma..., Exoplasma...
ectoplast Zellmembran *f*
ectoplastic *s.* ectoplasmatic
ectopy *s.* ectopia
ectoretina Stratum *n* opticum retinae *(Pigmentschicht der Retina)*
ectorhinal außerhalb der Nase
ectoscopy äußere Betrachtung *f*, Inspektion *f* des Körpers *(bei Diagnostik)*
ectosite *s.* ectoparasite
ectoskeleton Ektoskeleton *n*, Exoskeleton *n*, Außenskelett *n*
ectosphere Ektosphäre *f*, Exosphäre *f (äußere Zone des Zentrosoms)*
ectosteal ektosteal, die äußere Knochenschicht betreffend
ectostosis Ektostose *f (wächst unterhalb der Knochenhaut)*
ectosymbiont Ektosymbiont *m (lebt außerhalb des Wirtsorganismus)*
ectotherm die Außentemperatur annehmend
ectotoxin *s.* exotoxin
ectotrochanter Trochanter *m* major (femoris)
ectozoal Ektozoon..., Außenschmarotzer...
ectozoon Ektozoon *n*, Außenschmarotzer *m*
ectrocheiry Ektroch(e)irie *f*, (angeborenes) Fehlen *n* einer Hand
ectrodactylism Ektrodaktylie *f*, Oligodaktylie *f*, (angeborenes) Fehlen *n* von Fingern und Zehen
ectrodactyly *s.* ectrodactylism
ectrogenic ektrogen; Ektrogenie...
ectrogenic teratism ektrogener Teratismus *m*
ectrogeny Ektrogenie *f (angeborenes Fehlen von Körperteilen oder Organen)*
ectromelia Ektromelie *f*, (angeborene) Gliedmaßenverstümmelung *f*
ectromelic Ektromelie...
ectromelus *(Terat)* Ektromelus *m*, Missgeburt *f* mit Gliedmaßenverstümmelung
ectrometacarpia Ektrometakarpie *f (angeborenes Fehlen der Metakarpalknochen)*
ectrometatarsia Ektrometatarsie *f (angeborenes Fehlen der Metatarsalknochen)*
ectrophalangia Ektrophalangie *f (angeborenes Fehlen von Fingergliedern)*
ectropic evertiert, nach außen gestülpt
ectropion 1. Ektropion *n*, Ektropium *n*, Ektropie *f*, Auswärtskehrung *f*; 2. Augenlidausstülpung *f*, Lidumstülpung *f*
ectropion of the uvea Uveaektropium *n*, Uveaektropion *n*
ectropionization *(Ophth)* Ektropionierung *f*, Ektropionieren *n*, Auswärtskehrung *f*, Ausstülpung *f*
ectropionize *v* ektropionieren, auswärts kehren, ausstülpen, umklappen
ectropium *s.* ectropion
ectropodism Ektropodismus *m*, (angeborene) Fußlosigkeit *f*, (angeborenes) Fehlen *n* eines Fußes
ectrosyndactyly Ektrosyndaktylie *f*, Fingerlosigkeit *f* mit Fingerverschmelzung
ectrotic 1. die Krankheitsentwicklung hemmend; 2. einen Abort bewirkend; Abort...

eczema Ekzem *n (allergische Hautkrankheit mit Ausschlag)*
eczema-like mammary cancer ekzematöses Mammakarzinom *n*, ekzemartiger Brustdrüsenkrebs *m*
eczematic ekzematisch; Ekzem...
eczematid(e) Ekzematid *n*
eczematization Ekzematisierung *f*, Ekzematisation *f*, Ekzembildung *f*
eczematogenic ekzematogen, ekzemauslösend, ekzembewirkend
eczematogenous ekzematogen, ekzemauslösend, ekzembewirkend
eczematoid ekzematoid, ekzemartig, ekzemähnlich
eczematoid dermatitis [reaction] Ekzematoidreaktion *f*
eczematosis Ekzematose *f*, ekzematische Hautkrankheit *f*
eczematous ekzematisch, ekzematös; Ekzem...
Eddowes' disease [syndrome] (Spurway-)Eddowes'sche Krankheit *f*, Eddowes-Syndrom *n*, Osteogenesis *f* imperfecta
eddy-current application Wirbelstromanwendung *f*
Edebohls' position Edebohls-Lage *f*, Simon-Lage *f*, Sinon-Position *f*
Edelmann's great toe phenomenon [sign] Edelmann'sches Großzehensyndrom *n*, Edelmann'sche Großzehendorsalflexion *f (Pyramidenbahnzeichen)*
edema *s.* oedema
edematization Ödembildung *f*
edematogenic ödemauslösend, ein Ödem bewirkend
edematous ödematös, ödemartig; Ödem...
edentate zahnlos
edentate Zahnlose(r) *m*
edentia Zahnlosigkeit *f*
edentulate zahnlos, zahnfrei
edentulous zahnlos *(teilweise oder total)*
edetate EDTA-Salz *n (Chelatbildner)*
edetate calcium disodium Kalziumdisodiumedetat *n*, Kalziumdisodium-EDTA *n (Chelatbildner)*
edetate disodium Disodiumedetat *n*, Disodium-EDTA *n (Chelatbildner)*
edetic acid Edetinsäure *f*, Ethylendiamintetraessigsäure *f*, EDTA *n*
edge Kante *f*, Rand *m*, Randsaum *m*
edge enhancement Konturenverstärkung *f*, Randbetonung *f*
edge fog Konturenverschleierung *f*, Randschleier *f*
edge-response function hohe Konturschärfe *f (z. B. bei Echographie)*
edge strength Kantenfestigkeit *f (gegen Abrieb)*
edge-to-edge bite Kantenbiss *m*, Kopfbiss *m*, Aufbiss *m*
edgewise fixed orthodontic appliance *(Stom)* kantenfixierter kieferorthopädischer Apparat *m*
Edinger's nucleus *s.* Edinger-Westphal nucleus
Edinger-Westphal nucleus Edinger-Westphal-Kern *m (Lateralkern des Nucleus oculomotorius)*
edrofonium chloride Edrofoniumchlorid *n (Cholinesterasehemmer)*
edrofonium test Edrofoniumtest *m (bei Myasthenia gravis)*
Edsall's disease Hitzekrampf *m*
educational program Aufklärungsprogramm *n*
edulcurant süßend; Süß...
edulcurate *v* süßen, süß machen; weniger sauer machen
Edward's syndrome *(Gen)* Edward'sches Syndrom *n*, Trisomie *f* XVIII, Trisomie *f* (des Chromosoms) 18, Trisomie-18-Syndrom *n*
EEG *s.* 1. electroencephalogram; 2. electroencephalography; 3. Electroencephalograph
effacement *(Gyn)* Verstreichen *n* des Zervixkanals *(bei der Geburt)*
effect Effekt *m*, Wirkung *f*, Wirksamkeit *f*

effect of scattering Streueffekt *m*, Streuungseffekt *m*
effective wirksam, effektiv
effective compliance effektive Compliance *f (der Lunge)*
effective dose Effektivdosis *f*, ED, effektive [tatsächlich wirksame] Dosis *f*, Wirkdosis *f*
effective grain size wirksame Korngröße *f*
effective half-life *(Rad)* effektive Halbwertszeit *f (beim radioaktiven Zerfall)*
effective osmotic pressure effektiver osmotischer Druck *m*
effective radiating area effektive Schallabgabefläche *f (eines Schallkopfes)*
effective refractory period effektive Refraktärperiode *f*
effective therapy [treatment] effektive Therapie *f*, wirksame Behandlung *f*
effectiveness Effektivität *f*, Wirksamkeit *f*
effector 1. Effektor *m*, Effektauslöser *m*; 2. Effektor *m*, Effektororgan *n*; Effektorgewebe *n*
effector cell 1. Effektorzelle *f (ausdifferenzierter Leukozyt)*; 2. Muskelzelle *f*; 3. Drüsenzelle *f*
effeminate *v* verweiblichen, weibliche Eigenschaften entwickeln
effemin(iz)ation Effeminisierung *f*, Verweiblichung *f*
efferent efferent, herausführend, nach außen führend; herausleitend
efferent duct Drüsenausführungsgang *m*
efferent ductules (of the testis) Hodenausführungsgänge *mpl*, Ductuli *pl* efferentes testis
efferent lymphatic Lymphabflussgefäß *n*
efferent nerve efferenter Nerv *m*
efferent pathway 1. efferente Nervenbahn *f*; 2. efferentes Blutgefäß *n*; efferentes Blutgefäßsystem *n*
efferential *s.* efferent
evervesce *v* Blasen [Gasbläschen] bilden
effervescence Blasenbildung *f*, Gasbläschenbildung *f*; Schaumbildung *f*, Schäumen *n*
effervescent sprudelnd, brausend, Gasblasen bildend; Sprudel..., Brause...
effervescent bath Kohlensäurebad *n*, CO_2-Bad *n*
effervescent tablet Brausetablette *f*
efficacious effektiv, wirksam
efficacy 1. Effektivität *f*, Wirksamkeit *f (z. B. einer Handlung)*; 2. *(Pharm)* Wirksamkeit *f (z. B. eines Medikamentes)*
efficiency Effizienz *f*, Wirkungsgrad *m (Verhältnis von Aufwand und Nutzen)*
efficiency test Eignungstest *m*, Eignungsprüfung *f*
efficient level Wirkspiegel *m (Medikament)*
effleurage Klopfmassage *f*, Klopfen *n*, klopfende Massage *f*
efflorescence Effloreszenz *f*, Hautausschlag *m*, Hautblüte *f*
efflorescent effloreszierend; Effloreszenz..., Hautausschlag...
effluvium 1. Effluvium *n*, Erguss *m*, Ausfluss *m*; 2. Ausfall *m (z. B. von Haaren)*
effort Belastung *f*, Anstrengung *f*
effort dyspnoea Belastungsdyspnoe *f*, Belastungsatemnot *f*
effort syndrome Effort-Syndrom *n*, Da Costa-Syndrom *n*, Hyperventilationssyndrom *n*, neurozirkulatorische Asthenie *f*
effort thrombosis Paget-von Schrötter'sches Syndrom *n*, Paget-von-Schrötter-Syndrom *n*, akuter Achselvenenstau *m*, akute Achselvenenthrombose *f*, thrombotischer Achselvenenverschluss *m*
effort tremor Intentionstremor *m*
effraction 1. Aufbrechen *n*; 2. Aufweichung *f*, Schwächung *f*
effuse *v* 1. ausfließen; sich ergießen, sich ausbreiten *(z. B. Flüssigkeiten)*; sich verbreiten [ausbreiten], sich ausdehnen *(z. B. Bakterienkolonien)*; 2. übertreten *(z. B. in das Gewebe)*
effusion 1. Effusion *f*, Erguss *m*; Flüssigkeitsansammlung *f*, Exsudat *n*; Transsudat *n*; 2. Flüssigkeitsaustritt *m*, Flüssigkeitsübertritt *m*, Ergießen *n (z. B. in das Gewebe)*
effusion of blood Bluterguss *m*
eflornithine hydrochloride Eflornithinhydrochlorid *n (zur Therapie der Trypanosomiasis und Pneumocystis-carinii-Pneumonie)*
egagropilus Trichobezoar *m*, Haarknäuel *n*, Haargeschwulst *f (im Magen)*
egersis gesteigerte Aufmerksamkeit *f*
egest *v* ausscheiden; Stuhl(gang) absetzen
egesta Egesta *npl*, Körperausscheidungen *fpl*, Ausscheidungen *fpl*; Stuhlgang *m*
egestion Egestion *f*, Ausscheidung *f* (unverdaulicher Stoffe), Ausscheidung *f* von Ballaststoffen
EGF *s.* epidermal growth factor
egg 1. Ei *n*; 2. *s.* ovum
egg of worm Wurmei *n*
egg-shell contour Eierschalenkontur *f*
egg-shell nail Eierschalennagel *m*
egg-shell technique Eierschalentechnik *f*
egg transport *(Gyn)* Eitransport *m*
eglandular aglandular, drüsenlos
eglandulous *s.* eglandular
ego-alien *s.* ego-dystonic
ego analysis *(Psych)* Selbstanalyse *f*, Eigenanalyse *f*, Ich-Analyse *f*
ego boundary *(Psych)* Ich-Grenzen *fpl*
ego complex *(Psych)* Ich-Komplex *m*
ego consciousness *(Psych)* Ich-Bewusstsein *n*
ego-defence mechanism *(Psych)* Abwehrmechanismus *m*
ego-dystonic egodyston(isch), ich-fremd, im Widerstreit mit dem Inneren [eigenem Ich]
ego-dystonic homosexuality egodystonische Homosexualität *f*
ego erotism *s.* autoerotism
ego ideal Ego-Ideal *n*, Ich-Ideal *n*
ego identity *(Psych)* Ich-Identität *f*
ego instincts *(Psych)* Ich-Grenzen *fpl*
ego-integrity Ego-Integrität *f*
ego libido Ego-Libido *f*, Eigenliebe *f*, Narzismus *m*
ego pain *(Psych, Neur)* Unlustgefühl *n*, Unlustgefühle *npl*
ego psychology *(Psych)* Ich-Psychologie *f*
ego restriction *(Psych)* Selbstbeschränkung *f*
ego strength Ego-Stärke *f*
ego-syntonic egosynton(isch), in Übereinstimmung mit dem Inneren [eigenem Ich]
egobronchpophony Egophonie *f*, Eigenstimmenhören *n (bei Auskultation)*
egocentric egozentrisch
egocentricity egozentrische Veranlagung *f* [Haltung *f*]
egodystonic egodyston(isch), im Widerstreit mit dem Inneren [eigenem Ich]
egoism Egoismus *m*, Eigenliebe *f*
egoist Egoist *m*
egoistic egoistisch, selbstsüchtig
egomania Selbstüberschätzung *f*, (krankhafte) Selbstsucht *f*
egomorphism *(Psych)* Egomorphismus *m (Projektion eigener Verhaltensweisen und Probleme auf andere Menschen)*
egopathy Egopathie *f (1. verbal-aggressives Verhalten durch Beleidigungen; 2. Auftreten schizophrener Zustandsbilder)*
egophonic egophon(isch); Egophonmie...
egophony Ego(broncho)phonie *f*, Eigenstimmenhören *n*, Tragophonie *f*

egotism Selbstüberhebung *f*, Ich-Betonung *f*
egotist Egotist *m*
egotropic egozentrisch
egotropy Egotropie *f*, Egozentrizität *f*, Selbstbezogenheit *f*
Egyptian chlorosis *s.* ancylostomiasis
Egyptian conjunctivitis [ophthalmia] *(Trop)* Trachom *n*, Ägyptische Augenkrankheit *f* [Körnerkrankheit *f*], Conjunctivitis *f* granulosa [trachomatosa]
Egyptian splenomegaly *(Trop)* Ägyptische Intestinalschistosomiasis *f*, Ägyptischer Adernegelbefall *m*, viszerale Schistosomiasis *f* [Bilharziose *f*], Intestinalbilharziose *f*
Ehlers-Danlos syndrome Ehlers-Danlos-Syndrom *n*, Syndrom *n* von Ehlers und Danlos, Cutis *f* laxa [hyperelastica]
Ehrlich-Heinz granule *(Hämat)* Ehrlich'scher [Heinz'scher] Innenkörper *m*
ehrlichiosis Ehrlichiose *f (Erkrankung durch Ehrlich-Bakterien)*
Ehrlich's side-chain theory *(Immun)* Ehrlich'sche Seitenkettentheorie *f*
EIA *s.* enzyme immunoassay
Eichhorst's atrophy Eichhorst-Atrophie *f*, femorotibiale progressive Muskelatrophie *f (mit Zehenkontrakturen)*
Eichhorst's disease Eichhorst-Krankheit *f*, Eichhorst'sche Erkrankung *f*, interstitielle Neuritis *f*
eiconometer *s.* eikonometer
eicosanoate Eikosanoat *n (Salz der Eikosaensäure)*
eicosanoic acid Eicosaensäure *f*, Arachidonsäure *f*
eicosanoid Eikosanoid *n*
eicosapentanoic acid Eikosapentaensäure *f*
eideogen Eidogen *n (modifiziert embryonale Organentwicklung)*
eidetic eidetisch
eidetic (agent) Eidetikum *n*; Halluzinogen *n*
eidetic disposition *(Neur)* eidetische Anlage *f*
eidetic image eidetisches Anschauungsbild *n*
eidetic individual *(Neur)* Eidetiker *m*
eidetics Eidetik *f (Lehre von den eidetischen Anschauungsbildern)*
eidoptometry Sehschärfebestimmung *f (für Form und Gestalt)*
EIFT *s.* embryo intrafallopian transfer
eighth cranial nerve VIII. Hirnnerv *m*, Nervus *m* octavus [stato-acusticus, vestibulocochlearis], Hörgleichgewichtsnerv *m*
eighth-nerve deafness Hörnerventaubheit *f*
eighth-nerve tumour Akustikusneurinom *n*
eikonometer *(Ophth)* Eikonometer *n*, Aniseikometer *n*
Einthoven's triangle Einthoven'sches Dreieck *n*, Einthoven-Dreieck *n (EKG)*
eisanthema *s.* enanthema
Eisenmenger's complex [tetralogy] *(Kard)* Eisenmenger-Komplex *m*, Eisenmenger-Syndrom *n*
eisodic *s.* afferent
eisophoria *s.* esophoria
ejaculate *v* ejakulieren, ausspritzen, herausschleudern
ejaculation Ejakulation *f*, Samenerguss *m*, Herausschleuderung *f*
ejaculation centre Ejakulationszentrum *n*
ejaculation reflex Ejakulationsreflex *m*
ejaculator urinae (muscle) Musculus *m* bulbospongiosus
ejaculatory ejakulatorisch; Ejakulations…
ejaculatory canal [duct] Ductus *m* ejaculatorius, Ausspritzungsgang *m* des Samenleiters
ejaculatory reflex Ejakulationsreflex *m*
ejaculum Ejakulat *n*
ejecta *s.* egesta
ejection click *(Kard)* Ejektionsklick *m*
ejection fraction Ejektionsfraktion *f*, Auswurffraktion *f*
ejection murmur Austreibungsgeräusch *n*
ejection period Austreibungsperiode *f*
ejection phase Ejektionsphase *f*, Ausstoßungsphase *f*
ejection sound Austreibungston *m*
ejection time Austreibungszeit *f*
ejector Ejektor *m*, Auswerfer *m*
Ekbom's syndrome Ekbom-Syndrom *n*, Wittmaack-Ekbom-Syndrom *n*, Syndrom *n* der rastlosen Beine
EKG *s.* electrocardiogram
Ekman's syndrome Ekman-Syndrom *n*, Osteogenesis *f* imperfecta Typ I, Osteogenesis *f* imperfecta tarda, Osteogenesis *f* imperfecta mit blauen Skleren
El Tor cholera El-Tor-Cholera *f*
elaborate *v* synthetisieren, aufbauen, bilden *(z. B. Hormone durch Drüsen)*
elaborate *v* **digestive enzymes** Verdauungsenzyme synthetisieren, Verdauungsfermente produzieren
elaboration 1. Ausarbeitung *f*, Herausarbeiten *n*, Detaildarstellung *f*; 2. *(Neur)* Elaboration *f*, Detailbetonung *f*, Ausschmückung *f (z. B. von Trauminhalten)*
elaidic acid Elaidinsäure *f*
elaioma Elaiom(a) *n*
elaiometer Elaiometer *n*
elantrine Elantrin *n (Anticholinergikum)*
elapse *v* ablaufen, verstreichen, vergehen
elastance Elastance *f (z. B. der Lunge)*
elastance of the lung *s.* elastic recoil of the lung
elastase Elastase *f (Enzym)*
elastic elastisch, dehnbar
elastic-band fixation elastische Bandfixierung *f*, Gummibandfixation *f (bei Kieferfrakturbehandlung)*
elastic bandage 1. elastischer Verband *m*; 2. elastische Binde *f*
elastic bite cushion elastisches Bisspolster *n*
elastic bougie elastische Bougie *f*
elastic cartilage elastischer Knorpel *m*
elastic cone Ligamentum *n* cricothyreoideum
elastic dressing elastischer Verband *m*
elastic membrane Membrana *f* elastica
elastic membrane of the larynx Membrana *f* (fibro)elastica laryngis
elastic pseudoxanthoma Pseudoxanthoma *n* elasticum
elastic recoil (of the lung) Elastance *f* (der Lunge) *(Maß für die Lungendehnbarkeit in Abhängigkeit von der Druckänderung)*
elastic resistance elastischer Widerstand *m*
elastic roller (bandage) elastische Binde *f* [Rollbinde *f*]
elastic stocking elastischer Strumpf *m*, Gummistrumpf *m (zur Krampfaderbehandlung)*
elastic tissue elastisches Gewebe *n*
elastic traction elastischer Zug *m*, elastische Extension *f* [Traktion *f*]
elastic upper part of the cricothyroid membrane Conus *m* elasticus laryngis
elastica Elastika *f*, Tunica *f* elastica *(elastische Bindegewebsmembran der Blutgefäße)*
elasticin *s.* elastin
elasticity Elastizität *f*, Dehnbarkeit *f*, Biegsamkeit *f*, Spannkraft *f*
elastin Elastin *n (Skleroprotein)*
elastoclasis Elastoklasis *f*, Zerfall *m* elastischer Fasern
elastofibroma *(Path)* Elastofibrom *n*
elastoid Elastoid *n*
elastoidin Elastoidin *n (Kollagen)*
elastoidosis Elastoidose *f*
elastolysis Elastolyse *f (Degeneration elastischer Fasern)*
elastolytic Elastolyse…

elastoma Elastom(a) *n*
elastomer *(Stom)* Elastomer *n*, Elastomeres *n*
elastometer Elastometer *n (Instrument zur Bestimmung der Elastizität)*
elastometry Elastometrie *f (Bestimmung der Hautelastizität)*
elaastomucin Elastomuzin *n (Bindegewebsmukoproteid)*
elastopathy Elastopathie *f (Mangel an elastischem Gewebe)*
elastorrhexis Elastorrhexis *f (Zerreißung der elastischen Fasern)*
elastosis 1. Elastose *f (Degeneration des elastischen Gewebes)*; 2. Elastose *f (Störung des Hautbindegewebes)*
elastotic Elastose...
elastotonometer Elastotonometer *n*
elation *(Psych)* freudige Erregung *f*, gehobene Stimmung *f*, Stimmungshoch *n*, Hochstimmung *f*
elbow Ellenbogen *m*
elbow bone Ulna *f*, Elle *f*
elbow cap Patella *f* cubiti
elbow catheter Winkelkatheter *m*, gekrümmter Katheter *m*
elbow extension 1. Ellenbogenextension *f (Traumatologie)*; 2. Ellenbogenextension *f*, Ellenbogenstreckung *f*
elbow flexion Ellenbogenflexion *f*, Ellenbogenbeugung *f*
elbow jerk *s.* elbow reflex
elbow joint Ellenbogengelenk *n*, Articulatio *f* cubiti
elbow locking Ellenbogenblockierung *f*, Ellenbogensperre *f*
elbow reflex Ellenbogenreflex *m*, Olekranonreflex *m*, Trizepsreflex *m*
elcosis Ulzeration *f*, Ulkus *n*
elder abuse Misshandlung *f* älterer Menschen *(psychisch und physisch)*
elderly primagravida ältere [überalterte] Erstschwangere *f*
elective abortion elektiver Abort *m* [Schwangerschaftsabbruch *m*], elektive Schwangerschaftsunterbrechung *f*
elective induction of labour elektive Geburtseinleitung *f*
elective mutism *(Neur)* elektiver Mutismus *m*
elective operation elektive Operation *f*, Elektivoperation *f*, Operation *f* zum Zeitpunkt der Wahl
electric anaesthesia Elektroanästhesie *f*
electric blood warmer elektrischer Blutwärmer *m*, elektrisches Blutwärmegerät *n*
electric burn elektrische Verbrennung *f*, Elektroverbrennung *f*
electric cataract Elektrokatarakt *f*, elektrischer Star *m*, Lichtbogenstar *m*, Blitzstar *m*, Cataracta *f* electrica
electric cauter Elektrokauter *m*, Hochfrequenzkauter *m*
electric cautery Elektrokauterisation *f*, Elektrokaustik *f*, Hochfrequenzkauterisation *f*
electric contact burn Elektroverbrennung *f*, Stromverbrennung *f*
electric convulsion Elektrokonvulsion *f*, Elektrokrampf *m*
electric convulsive therapy Elektrokrampfbehandlung *f*, Elektrokonvulsionsbehandlung *f*, elektrokonvulsive Therapie *f*, Elektroschockbehandlung *f*
electric cradle Warmlichtkasten *m*, Lichtbügel *m*
electric dental device elektrischer Dentalapparat *m*
electric dental engine elektrische Zahnbohrmaschine *f*, zahnärztliche Elektrobohrmaschine *f*
electric hearing aid elektrisches Hörgerät *n*, Batteriehörgerät *n*
electric hydraulic chair elektrohydraulischer Zahnarztstuhl *m*
electric muscle stimulator elektrischer Muskelstimulator *m*, elektrisches Muskelstimulationsgerät *n*
electric ophthalmia Ophthalmia *f* [Photophthalmia *f*] electrica, Lichtstrahlenkeratokonjunktivitis *f*, Verblitzung *f*, Verblitzen *n*
electric probe Elektrosonde *f*
electric response audiometry EEG-Audiometrie *f*, Electric-response-Audiometrie *f*, ERA *(objektive Hörprüfung mit akustisch evozierten Potenzialen)*
electric shock Elektroschock *m*, Elektrokrampf *m*
electric shock therapy [treatment] Elektroschocktherapie *f*, Elektrokrampfbehandlung *f*
electric spinal orthosis elektrische Spinalorthese *f*
electric sterilization elektrische Sterilisation *f*, Elektrosterilisation *f*
electric suction machine [pump] Elektrosauger *m*, elektrischer Sauger *m*
electric toothbrush elektrische Zahnbürste *f*
electric welding elektrisches Schweißen *n*, Elektroschweißen *n*
electrically stimulated osteogenesis elektrisch stimulierte Osteogenese *f* [Knochenbildung *f*] *(zur Frakturheilung)*
electrization Elektrotherapie *f*, Elektrisierung *f*
electroacoustic elektroakustisch
electroacoustics Elektroakustik *f*
electroacupuncture Elektroakupunktur *f*
electroanaesthesia Elektroanästhesie *f*
electroanalgesia Elektroanalgesie *f*
electroappendectomy Appendektomie *f* mit dem Elektrokauter
electroaxonography Elektroaxonographie *f*
electrobasograph Elektrobasograph *m*, Gang-Schreiber *m*
electrobasography Elektrobasographie *m*, (grafische) Gang-Aufzeichnung *f*
electrobiology Elektrobiologie *f*
electrobioscopy Elektrobioskopie *f*
electrocardiogram Elektrokardiogramm *n*, EKG *n*, Ekg *n* • **interpret an electrocardiogram** ein Elektrokardiogramm auswerten, ein EKG interpretieren • **obtain an electrocardiogram** ein EKG ableiten • **record an electrocardiogram after exercise** ein Belastungs-EKG aufzeichnen • **take an electrocardiogram at rest** ein Ruhe-EKG aufzeichnen [schreiben]
electrocardiograph Elektrokardiograph *m*, EKG-Schreiber *m*, EKG-Registriergerät *n*
electrocardiographic elektrokardiographisch
electrocardiographic card EKG-Karte *f*
electrocardiographic change elektrokardiographische Veränderung *f*, EKG-Veränderung *f*
electrocardiographic channel elektrokardiographischer Kanal *m*, EKG-Kanal *m*
electrocardiographic chest lead EKG-Brustwandableitung *f*, Brunstwand-EKG *n*
electrocardiographic curve elektrokardiographische Kurve *f*, EKG-Kurve *f*
electrocardiographic diagnosis elektrokardiographische Diagnose *f*, EKG-Diagnostik *f*
electrocardiographic finding elektrokardiographischer Befund *m*, EKG-Befund *m*
electrocardiographic interval elektrokardiographisches Intervall *n*, EKG-Intervall *n*
electrocardiographic isoelectric line isoelektrisches Elektrokardiogramm *n* [EKG *n*], Null-Linien-EKG *n*
electrocardiographic laboratory EKG-Labor *n*
electrocardiographic lead 1. EKG-Elektrode *f*; 2. Elektrokardiogrammableitung *f*, elektrokardiographische Ableitung *f*, EKG-Ableitung *f*
electrocardiographic monitor EKG-Monitor *m*, EKG-Sichtgerät *n*, EKG-Überwachungsgerät *n*

electrocardiographic monitoring elektrokardiographische Überwachung *f*, EKG-Überwachung *f*, EKG-Monitoring *n*
electrocardiographic recording elektrokardiographische Aufzeichnung *f*, EKG-Registrierung *f*, EKG-Aufzeichnung *f*
electrocardiographic sensitivity elektrokardiographische Empfindlichkeit *f*, EKG-Empfindlichkeit *f*
electrocardiographic technician EKG-Assistent *m*, EKG-Techniker *m*; EKG-Assistentin *f*, EKG-Schwester *f*
electrocardiographic trace elektrokardiographische Kurve *f*, EKG-Kurve *f*
electrocardiographic wave EKG-Zacke *f*, Herzstromkurvenzacke *f*
electrocardiographically controlled EKG-gesteuert, durch das EKG gesteuert
electrocardiographically triggered EKG-getriggert, durch das EKG getriggert
electrocardiography Elektrokardiographie *f*, EKG-Aufzeichnung *f*, EKG, Herzstromkurvenschreibung *f*
electrocardiophonogram Phonokardiogramm *n*
electrocardiophonograph Phonokardiograph *m*
electrocardiophonography Phonokardiographie *f*, Herzschallaufzeichnung *f*, Herzschallschreibung *f*
electrocardioscope Elektrokardioskop *n*, Elektrokardiogrammsichtgerät *n*, EKG-Oszillograph *m*
electrocardioscopy Elektrokardioskopie *f*
electrocauterization Elektrokauterisation *f*, Elektrokautern *n*
electrocautery 1. Elektrokaustik *f*, Elektrokauterisation *f*, Elektrokoagulation *f*; 2. Elektrokauter *m*, elektrisches Messer *n*
electrocerebral inactivity elektrozerebrale Inaktivität *f*, isoelektrisches Elektroenzephalogramm *n*
electrocerebral silence *s.* electrocerebral inactivity
electrochemical corrosion elektrochemische Korrosion *f*
electrooholecystectomy Cholezystektomie *f* mit dem Elektrokauter
electrocholecystocausis Elektrocholezystokaustik *f*
electrochromatography Elektrochromatographie *f*
electrocoagulate *v* elektrokoagulieren, elektrisch verkochen
electrocoagulation Elektrokoagulation *f*, elektrische Verkochung *f*
electrocochleogram Elektrokochleogramm *n*
electrocochleographic elektrokochleographisch; Elektrokochleographie...
electrocochleography Elektrokochleographie *f*
electrocolonography Elektrokolonographie *f*
electrocoma Elektro(schock)koma *n*, Elektroschockbewusstlosigkeit *f*
electrocontractility Elektrokontraktilität *f*
electroconvulsive elektrokonvulsiv; Elektrokrampf...
electroconvulsive shock Elektroschock *m*, Elektrokrampf *m*
electroconvulsive therapy Elektroschocktherapie *f*, Elektrokrampfbehandlung *f*
electroconvulsive treatment *s.* electroconvulsive therapy
electrocortical potential elektrisches Hirnpotenzial *n*, Hirnrindenpotenzial *n*
electrocorticogram Elektrokortikogramm *n*, Hirnstrombild *n*
electrocorticography Elektrokortikographie *f*, Hirnstromaufzeichnung *f*, Hirnrindenpotenzialableitung *f*
electrocuted/be *v* einen tödlichen Stromschlag erhalten; auf dem elektrischen Stuhl getötet werden
electrocution Elektrokution *f*, Tötung *f* auf dem elektrischen Stuhl
electrocystography Elektrozystographie *f*
electrocystoscope Elektrozystoskop *n*
electrocystoscopy Elektrozystoskopie *f*
electrode Elektrode *f*
electrode connecting cable Elektrodenanschlusskabel *n*
electrode connection Elektrodenanverbindung *f*, Elektrodenanschluss *m*
electrode contact Elektrodenkontakt *m*
electrode fixation Elektrodenfixierung *f*
electrode jelly Elektrodenpaste *f*, Elektrodensalbe *f*
electrode of reference Referenzelektrode *f*
electrode pad Elektrodenpolster *n*, Elektrodenkontaktunterlage *f*
electrode paper Elektrodenpapier *n*, Elektrodenkontaktpapier *n*
electrode paste Elektrodenpaste *f*
electrode placement Elektrodenplatzierung *f*, Elektrodenpositionierung *f*
electrode site Elektrodenstelle *f*, Elektrodenort *m*
electrode sponge Elektrodenschwamm *m*
electrode surface Elektrodenfläche *f*, Elektrodenoberfläche *f*
electrode tip Elektrodenspitze *f*
electrodermal elektrodermal; Hautwiderstand(s)...
electrodermal audiometry elektrodermale Audiometrie *f*
electrodermatome Elektrodermatom *n*, elektrisches Dermatom *n* [Hautmesser *n*]
electrodesiccation Abtragung *f* mit der elektrischen Schlinge
electrodiagnosis Elektrodiagnostik *f*
electrodiagnostics Elektrodiagnostik *f*
electrodialysis Elektrodialyse *f*
electrodialyzer Elektrodialysegerät *n*
electrodiaphake Elektrodiaphak *f* *(zur Linsenentfernung mittels Diathermie)*
electrodiaphane Diaphanoskop *n*, Durchleuchtungsgerät *n*
electrodiaphanoscope Diaphanoskop *n*, Durchleuchtungsgerät *n*
electrodiaphanoscopy Diaphanoskopie *f*, Durchleuchtung *f*
electrodiaphany Diaphanoskopie *f*, Durchleuchtung *f*
electrodynamic probe elektrodynamischer Schallkopf *m*
electrodynograph Elektrodynograph *m*
electroejaculation Elektroejakulation *f*
electroencephalogram Elektroenzephalogramm *n*, Hirnstromkurve *f*, Hirnstrombild *n*, EEG *n*
electroencephalograph Elektroenzephalograph *m*, EEG-Schreiber *m*
electroencephalographic elektroenzephalographisch
electroencephalographic examination elektroenzephalographische Untersuchung *f*, EEG-Untersuchung *f*, Hirnstromableitung *f*
electroencephalographic laboratory EEG-Labor *n*
electroencephalographic lead 1. EEG-Elektrode *f*; 2. Elektroenzephalogrammableitung *f*, EEG-Ableitung *f*
electroencephalographic technician EEG-Assistent *m*, EEG-Techniker *m*; EEG-Assistentin *f*, EEG-Schwester *f*
electroencephalographic wave pattern elektroenzephalographisches Kurvenmuster *n*
electroencephalography Elektroenzephalographie *f*, Hirnstromkurvenschreibung *f*, EEG-Aufzeichnung *f*, EEG
electroencephaloscope Elektroenzephaloskop *n*, Detektor *m* für Hirnstrompotenziale
electroendesmosis Elektroendesmose *f*
electroenteromyography Elektroenteromyographie *f*
electroexcision Elektroexcision *f*, Exzision *f* mit dem elektrischen Messer
electrofit *(Neur)* Elektrokrampf *m*
electrofocus(s)ing Elektrofokusierung *f*, isoelektrische Fokussierung *f* *(bei pH-Gradienten-Elektrophorese)*

electrogastrogram Elektrogastrogramm *n*, Magenaktionsstromkurve *f*
electrogastrograph Elektrogastrograph *m*
electrogastrography Elektrogastrographie *f*, Magenaktionsstromaufzeichnung *f*
electrogastromyography Elektrogastromyographie *f*
electrogoniometer Elektrogoniometer *n*
electrogram Elektrogramm *n*; Aktionsstromkurve *f*
electrograph *s.* electrogram
electrography Elektrographie *f*, Aktionsstromaufzeichnung *f*, Aktionsstromschreibung *f*
electrogustometry Elektrogustometrie *f*
electrohaemodynamics Elektrohämodynamik *f*
electrohaemostasis Diathermieblutstillung *f*, Blutstillung *f* durch Elektrokoagulation
electrohysterogram Elektrohysterogramm *n*
electrohysterograph Elektrohysterograph *m (Gerät zur Aufzeichnung der elektrischen Gebärmutteraktivität)*
electrohysterography Elektrohysterographie *f (Aufzeichnung der elektrischen Gebärmutteraktivität)*
electroimmunodiffusion Elektroimmunodiffusion *f*
electrokymogram Elektrokymogramm *n*
electrokymograph Elektrokymograph *m*
electrokymography Elektrokymographie *f (Darstellung der mechanischen Herzrandbewegungen mittels Durchleuchtung)*
electrolarynx Elektrolarynx *m (künstlicher Kehlkopf)*
electrolithotrity Elektrolithotripsie *f*, elektrische Steinezertrümmerung *f*
electrolysis 1. Elektrolyse *f*, Tumorauflösung *f* durch elektrischen Strom; 2. Elektrolyse *f*, Elektrolytzersetzung *f*
electrolysis needle Elektrolysenadel *f*
electrolyte analysis Elektrolytanalyse *f*
electrolyte balance Elektrolytgleichgewicht *n*
electrolyte concentration Elektrolytkonzentration *f*
electrolyte content Elektrolytgehalt *m (z. B. des Blutes)*
electrolyte disturbance Elektrolytstörung *f*
electrolyte imbalance Elektrolytentgleisung *f*
electrolyte infusion Elektrolytinfusion *f*
electrolyte loss Elektrolytverlust *m*
electrolyte monitoring Elektrolytüberwachung *f*
electrolyte replacement (therapy) Elektrolytsubstitution *f*, Elektrolytergänzungstherapie *f*
electrolyte solution Elektrolytlösung *f*
electrolyte study Elektrolytuntersuchung *f*
electrolyte supplementation *s.* electrolyte replacement therapy
electrolytic elektrolytisch; Elektrolyt...; Elektrolyse...
electrolytic medication Iontophorese *f*
electrolytically bonded elektrolytisch verbunden, eingalvanisiert
electrolyzable elektrolysefähig, auflösungsfähig durch Elektrolyse
electromagnetic elektromagnetisch
electromagnetic probe elektromagnetischer Schallkopf *m*
electromagnetic radiation elektromagnetische Stahlung *f*
electromagnetism Elektromagnetismus *m*
electromanometer Elektromanometer *n (zur Gasdruckmessung)*
electromassage Elektromassage *f*
electrometrogram Elektrometrogramm *n*, Gebärmutterkontraktionskurve *f*
electromicturition Elektromiktion *f*, elektrisch ausgelöste Harnentleerung *f*
electromigratory elektromigratorisch, sich unter Stromeinfluss bewegend
electromotive force elektromotorische Kraft *f*
electromyogram Elektromyogramm *n*, Muskelaktionsstromkurve *f*, Muskelaktionspotenzialbild *n*
electromyograph Elektromyograph *m (Gerät zur Aufzeichnung der elektrischen Muskelaktivität)*
electromyographic elektromyographisch, das Muskelaktionspotenzial aufzeichnend
electromyographic biofeedback elektromyographisches Biofeedback *n*
electromyographic laboratory EMG-Labor *n*
electromyographic rest position elektromyographische Ruhelage *f*
electromyographic technician EMG-Assistent *m*, EMG-Techniker *m*; EMG-Assistentin *f*, EMG-Schwester *f*
electromyography Elektromyographie *f (Aufzeichnung der elektrischen Muskelaktivität)*
electron Elektron *n*, Negatron *n*
electron accelerator Elektronenbeschleuniger *m*
electron acceptor Elektronenakzeptor *m*
electron beam Elektronenstrahl *m*
electron beam computed tomography Elektronenstrahltomographie *f*
electron capture Elektroneneinfang *m*; Elektroneneinfangen *n*
electron deep therapy Elektronentiefentherapie *f*
electron-dense elektronendicht *(bei Elektronenmikroskopie)*
electron density Elektronendichte *f*
electron donor Elektronendonator *m*
electron emission Elektronenemission *f*
electron filter Elektronenfilter *m*
electron gun Elektronenkanone *f*, Elektronenschleuder *f*
electron irradiation Elektronenbestrahlung *f*
electron micrograph Elektronenmikroskopaufnahme *f*, Elektronenmikroskopbild *n*
electron microprobe Elektronenmikrosonde *f*
electron microscope Elektronenmikroskop *n*
electron microscope study *s.* electron microscopy investigation
electron-microscopic elektronenmikroskopisch, sichtbar unter dem Elektronenmikroskop; mit dem Elektronenmikroskop untersuchungsfähig
electron-microscopic study *s.* electron microscopy investigation
electron microscopy Elektronenmikroskopie *f*
electron microscopy investigation Elektronenmikroskopuntersuchung *f*
electron-optical focus(s)ing elektronenoptische Fokusierung *f*, elektronenoptische Schärfe *f*
electron-optical lens elektronenoptische Linse *f*, Elektronenlinse *f*
electron-optical magnification elektronenoptische Vergrößerungstechnik *f*
electron-optical system elektronenoptisches System *n*
electron paramagnetic resonance elektronenparamagnetische Resonanz *f*, EPR
electron photomicrograph *s.* electron micrograph
electron-probe microanalysis *(Lab)* Elektronensonden-Mikroanalyse *f*
electron protection Elektronenschutz *m*
electron radiation Elektronenstrahlung *f*
electron scanning microscope Elektronenrastermikroskop *n*
electron scanning microscopy Elektronenrastermikroskopie *f*
electron shell Elektronenhülle *f*
electron spin Elektronen-Spin *m*, Elektronendrall *m*
electron spin resonance Elektronen-Spin-Resonanz *f*, ESR
electron sterilization Elektronensterilisation *f*
electron therapy Elektronentherapie *f*
electron transfer Elektronenübertragung *f*

electron volt Elektronenvolt *n*, eV
electronarcosis Elektronarkose *f (milde Form der Elektroschocktherapie)*
electronegative elektronegativ, eine negative elektrische Ladung tragend, negativ geladen sein
electronegativity Elektronegativität *f*
electroneurodiagnostic technologist elektrophysiologischer Assistent *m*, elektrophysiologische Assistentin *f*
electroneurography Elektroneurographie *f*, ENG, Bestimmung *f* der Nervenleitgeschwindigkeit
electroneurolysis Elektroneurolyse *f (elektrische Zerstörung von Nervengewebe)*
electroneuromyography Elektroneuromyographie *f*
electronic fetal monitor elektronischer Monitor *m* zur Fötusüberwachung
electronic fetal monitoring elektronische Fötusüberwachung *f*
electronic infusion device elektronisches Infusionsgerät *n*
electronic speed control elektronische Drehzahlsteuerung *f*
electronic stethoscope elektronisches Stethoskop *n*
electronic structure formula Elektronenformel *f*
electronic temperature system elektronisches Temperatur(steuerungs)system *n*
electronic thermometer elektronisches Thermometer *n*
electronic thermometry elektronische Thermometrie *f*
electronic timer elektronischer Zeitgeber *m*
electronystagmogram Elektronystagmogramm *n*, Nystagmusbild *n*
electronystagmograph Elektronystagmograph *m (Gerät zur Nystagmusaufzeichnung)*
electronystagmographic elektronystagmographisch
electronystagmography Elektronystagmographie *f*, Nystagmusaufzeichnung *f (elektrische Darstellung der Augenbewegungen)*
electro-oculogram Elektrookulogramm *n*
electro-oculographic elektrookulographisch
electro-oculography Elektrookulographie *f*
electro-odontodiagnosis Elektroodontodiagnostik *f*
electro-olfactogram Elektroolfaktogramm *n*
electro-olfactography Elektroolfaktographie *f*
electro-osmosis Elektroosmose *f*
electroparacentesis Elektroparazentese *f*
electropathology Elektropathologie *f*
electropenetration Elektropenetration *f*
electropharmacologic elektropharmakologisch
electropherogram *(Lab)* Elektrophoretogramm *n*, Elektropherogramm *n*, Elektrophorogramm *n*
electropherography *(Lab)* Elektropherographie *f*, Elektrophorographie *f*
electrophobia Elektrophobie *f (Angst vor elektrischem Strom)*
electrophoresis *(Lab, Bioch)* Elektrophorese *f*
electrophoretic elektrophoretisch; Elektrophorese…
electrophoretic migration Elektrophoresewanderung *f (z. B. von Proteinen)*
electrophoretic mobility elektrophoretische Mobilität *f* [Beweglichkeit *f*]
electrophoretic mobility test elektrophoretischer Mobilitätstest *m*, Elektrophorese-Mobilitätstest *m*, EMT
electrophoretic separation elektrophoretische Separation *f* [Auftrennung *f*]
electrophoretogram *(Lab)* Elektrophoretogramm *n*, Elektropherogramm *n*, Elektrophorogramm *n*
electrophotometer Elektrophotometer *n*
electrophototherapy Elektrophototherapie *f (Therapie mit elektrischem Licht)*
electrophrenic elektrophrenisch, den Nervus phrenicus elektrischreizend; das Zwerchfell elektrisch reizend
electrophrenic respiration elektrophrenische Atmung *f*
electrophysiologic(al) elektrophysiologisch
electrophysiology Elektrophysiologie *f*
electropiezo activity Elektropiezoaktivität *f*
electroplexy Elektroschock *m*
electropneumograph Elektropneumograph *m*
electropolishing Elektropolierung *f*, Elektropolieren *n*
electroporation elektrische Porenbildung *f (zur Öffnung der Plasmamembran)*
electropositive elektropositiv, eine positive elektrische Ladung tragend, positiv geladen sein
electropuncture Elektropunktur *f (Zerstörung krankhaften Gewebes durch eine Nadelelektrode)*
electropyrexia Elektrofieberbehandlung *f*
electroradiography Elektroradiographie *f*
electroresection Elektroresektion *f*, Gewebsabtragung *f* mit dem elektrischen Messer
electroresectoscope Elektroresektoskop *n*, Instrument *n* zur elektrischen Gewebsabtragung
electroretinogram Elektroretinogramm *n*, Netzhautaktionsstromkurve *f*
electroretinographic elektroretinographisch; Elektroretinographie…
electroretinography Elektroretinographie *f*, ERG *(Darstellung der Netzhautaktionsstromkurve)*
electroroentgenography Elektroröntgenographie *f*
electrosalivogram Elektrosalivogramm *n*
electroscission Elektrotomie *f*, Gewebsschnitt *m* mit dem elektrischen Messer
electroscope Elektroskop *n*
electrosection *s.* electroscission
electroshock Elektroschock *m*, Elektrokrampf *m*
electroshock therapy [treatment] Elektroschocktherapie *f*, Elektrokrampfbehandlung *f*
electrosleep Elektroschlaf *m*
electrosleep electrode Elektroschlafelektrode *f*
electrosleep parameter Elektroschlafparameter *m*
electrosleep therapy Elektroschlaftherapie *f*, Elektroschlafbehandlung *f*
electrospectrogram Elektrospektrogramm *n*
electrospectrography Elektrospektrographie *f*
electrospinogram Elektrospinogramm *n (Aktionsstromkurve des Rückenmarks)*
electrospinographic elektrospinographisch; Elektrospinographie…
electrospinography Elektrospinographie *f (Aufzeichnung der Aktionsstromkurve des Rückenmarks)*
electrostatic elektrostatisch
electrostenolysis Elektrostenolyse *f*
electrostethograph Elektrostethograph *m*
electrostimulation Elektrostimulation *f*
electrostimulation analgesia Elektrostimulationsanalgesie *f*, ESA
electrostriatogram Elektrostriatogramm *n*
electrostriction Elektrostriktion *f (Volumenverringerung von Eiweißlösungen bei Proteolyse)*
electrosuction machine Elektrosauger *m*
electrosuggestion therapy *(Neur)* Elektrosuggestivbehandlung *f*
electrosurgery Elektrochirurgie *f*, Chirurgie *f* mit dem elektrischen Messer, elektrisches Operieren *n*
electrosurgical elektrochirurgisch, diathermisch; Diathermie…
electrosurgical intervention elektrochirurgischer Eingriff *m*
electrosurgical knife elektrisches Messer *n*, Elektrokauter *m*, Kauter *m*, Diathermiemesser *n*
electrosurgical unit Elektrochirurgieeinheit *f*, Elektrochirurgiegerät *n*

electrosynthesis Elektrosynthese *f*
electrotaxis Elektrotaxis *f (Bewegung unter Stromeinfluss)*
electrothanasia Elektrothanasie *f*, Elektroexekution *f*, Tötung *f* mittels elektrischem Strom
electrotherapeutic current elektrotherapeutischer Strom *m*, Elektrotherapiestrom *m*
electrotherapeutic sleep elektrotherapeutischer Schlaf *m*, Elektrotherapieschlaf *m*
electrotherapeutics *s.* electrotherapy
electrotherap(eut)ist Elektrotherapeut *m*
electrotherapy Elektrotherapie *f*, Elektrobehandlung *f*
electrotherm Diathermiegerät *n*, Kurzwellengerät *n*
electrothermal Diathermie..., Kurzwellen...
electrothermic Diathermie..., Kurzwellen...
electrothermotherapy Elektrothermotherapie *f*
electrothermy Diathermie *f*, Thermopenetration *f*, Transthermie *f*, Kurzwellenbehandlung *f*
electrotome Diathermiemesser *n*, elektrisches Messer *n* [Skalpell *n*]
electrotomy Elektrotomie *f*, Schneiden *n* mit dem elektrischen Messer
electrotonic elektrotonisch; Elektrotonus...
electrotonic current elektrotonischer Strom *m (eines Nerven)*
electrotonographic elektrotonographisch
electrotonography Elektrotonographie *f*, elektrische Augen(innen)druckmessung *f*
electrotonus Elektrotonus *m*
electrotropism Elektrotropismus *m*
electroultrafiltration Elektroultrafiltration *f*
electroureterogram Elektroureterogramm *n*, Ureteraktionsstromkurve *f*, Harnleiteraktionsstrombild *n*
electroureterographic elektroureterographisch
electroureterography Elektroureterographie *f*, Harnleiterelektromyographie *f*, Harnleiteraktionsstromaufzeichnung *f*
electrovagogram Elektrovagogramm *n*, Vagus(nerven)aktionsstromkurve *f*
electroventriculogram Elektroventrikulogramm *n*, EVG
electroventriculography Elektroventrikulographie *f*
electrovibratory massage Elektrovibrationsmassage *f*
eleidin Eleidin *n (lichtbrechende Substanz im Stratum lucidum der Haut)*
elementary body 1. *(Virol)* Elementarkörperchen *n*, Elementarkörnchen *n*; 2. *s.* thrombocyte; 3. *s.* virion
eleoma Elaiom *n*, Oleom *n*, Oleogranulom *n*, Ölgeschwulst *f*, Öltumor *m*, Oleosklerom *n (Fremdkörpergeschwulst nach Injektion von Ölen)*
eleometer Oleometer *n*
eleopathy Oleopathie *f*
eleotherapy Oleotherapie *f*, Ölbehandlung *f*
elephant leg *s.* elephanthiasis
elephant man disease *s.* neurofibromatosis
elephantiac Elephantiasiskranke(r) *m*
elephantia(si)c an Elephantiasis erkrankt; Elephantiasis...
elephantiasis 1. Elephantiasis *f (Hautverdickung durch Lymphstauung bei Filarieninfektion)*; 2. Elephantiasis *f*, ödematöse Gewebeverdickung *f (z. B. der Beine)*
elephantiasis of the lower extremities Beinelephantiasis *f*
elephantiasis of the scrotum Skrotumelephantiasis *f*
elephantine psoriasis elephantenhautartige Psoriasis *f*, Psoriasis *f* inveterata
elephantoid elephantiasisartig; Elephantiasis...
elephantoid fever Elephantiasisfieber *n*
elephantoid scrotum Elephantiasisskrotum *n*
elephantoid skin Elephantiasishaut *f*, elephantiasisartige Haut *f*, Elephantenhaut *f*
elevate the skin *v* die Haut ablösen [abheben]
elevated blood pressure erhöhter Blutdruck *m*; Blutdruckerhöhung *f*
elevated dermographism Dermographismus *m* elevatus, urtikarieller Dermographismus *m* ruber
elevating forceps Hebezange *f*
elevation 1. Elevation *f*, Hebung *f*, Erhebung *f*, Hochstand *m*; 2. Erhöhung *f*, Steigerung *f*
elevation in the ocular tension Augen(b)innendruckerhöhung *f*
elevation of the diaphragm Zwerchfellhochstand *m*
elevation of the scapula Skapulahochstand *m*, Schulterblatthochstand *m*
elevation of the tongue Zungenhochstand *m*
elevator 1. Elevator *m*, Hebeinstrument *n*, Heber *m*; 2. *(Stom)* Elevatorium *n*, Hebel *m*; Wurzelheber *m*
eleventh cranial nerve XI. Hirnnerv *m*, Nervus *m* accessorius
elicit hypersensitivity *v* eine Allergie [Überempfindlichkeit] auslösen; eine Allergie aufdecken
elicitation of the Achilles tendon reflex Auslösung *f* des Achillessehnenreflexes
eliminant eliminierend, aussondernd, beseitigend
eliminant (agent) Eliminierungsmittel *n*, Aussonderungsmittel *n*, Beseitigungsmittel *n*
eliminate *v* **the pain** den Schmerz eliminieren [beseitigen, ausschalten], Schmerz stillen
elimination Elimination *f*, Aussonderung *f*, Beseitigung *f*
elimination diet Eliminationsdiät *f (zur Diagnostik einer Lebensmittelallergie)*
elimination disorder *(Neur)* Ausscheidungsstörung *f*
elimination rate Eliminationsrate *f*, Ausscheidungsrate *f*, Clearance *f*
elinguation Zungenexzision *f*, Zungenexstirpation *f*, (operative) Zungenentfernung *f*, Glossektomie *f*
ELISA *s.* enzyme-linked immunosorbent assay
elixir Elixier *n*
Elliot's operation Elliot'sche Trepanation *f*, Elliot-Trepanation *f*, Elliot'sche Druckentlastungsoperation *f* bei Glaukom
Elliot's sign Elliot-Zeichen *n*
ellipsis *(Neur)* Ellipsis *f (Auslassen von Wörtern oder Gedanken)*
ellipsoid 1. *(Histol, Path)* Ellipsoid *n (spindelförmige Makrophagenkondensation in den Milzkapilaren)*; 2. Ellipsoid *n*, ellipsenförmige Gestalt *f*
ellipsoid articulation Ellipsoidgelenk *n*, Eigelenk *n*, Articulatio *f* condylaris [ellipsoidea]
elliptical recess Recessus *m* ellipticus vestibuli
elliptocytary Elliptozyten..., Ovalozyten...
elliptocyte Elliptozyt *m*, Ovalozyt *m (Erythrozytenform)*
elliptocytosis Elliptozytose *f*, Elliptozytenanämie *f*, Ovalozytose *f*
elliptocytotic Elliptozytose..., Ovalozytose...
Ellis type 1 glomerulonephritis Ellis-Glomerulonephritis *f* Typ 1
Ellis type 1 nephritis Ellis-Nephritis *f* Typ 1
Ellis-van Creveld syndrome Ellis-van-Creveld-Syndrom *n*, chondroektodermale Dysplasie *f*
elongation 1. Elongation *f*, Verlängerung *f*, Dehnung *f*, Ausdehnung *f (z. B. des Gebärmutterhalses)*; 2. *(Stom)* Elongation *f*; 3. *(Rad)* Elongation *f*
ELS *s.* endolymphatic sac
eluant Auswaschungsprodukt *n*
eluate Eluat *n*, Auswaschflüssigkeit *f*, Auswaschungsprodukt *n*
eluent 1. Elutionsmittel *n*, Auswaschmittel *n*; Auswaschungslösung *f*; 2. mobile Phase *f (bei Chromatographie)*
elutant *s.* eluent

elution Elution *f*, Eluierung *f*, Auswaschung *f*, Herausspülen *n*
elution process Elutionsprozess *m*, Auswaschungsvorgang *m*, Auswaschung *f*
elutriation *s.* elution
elytritis *s.* vaginitis
elytrorrhaphy *s.* colporrhaphy
elytrotomy *s.* colpotomy
emaciate *v* abmagern, auszehren
emaciated abgemagert, ausgezehrt
emaciating vomiting auszehrendes Erbrechen *n*
emaciation Abmagerung *f*, Auszehrung *f*, Magersucht *f*
emaculation Hautfleckentfernung *f*, Fleckenabtragung *f*
emailloblast *s.* ameloblast
emanate *v* ausstrahlen
emanation Emanation *f*, Ausstrahlung *f*
emancipation Emanzipation *f*
emanotherapy Emanationstherapie *f*, Strahlenbehandlung *f*
emarginate gekerbt; gezahnt; (aus)gefranst; gezackt
emargination Kerbe *f*, Furche *f*, zackenartige Form *f* [Gestalt *f*]
emasculate *v* entmannen, kastrieren
emasculation Emaskulation *f*, Entmannung *f*, Kastration *f*
ematine treatment *(Neur)* Ematinkur *f*
embalm *v* (ein)balsamieren, salben
embalming *s.* embalmment
embalmment Einbalsamierung *f*, Balsamierung *f*
embarass *v* die Funktion behindern [stören]
Embden ester Embden-Ester *m*
Embden-Meyerhof defect *(Bioch, Gen)* Embden-Meyerhof-Defekt *m*
Embden pathway Embden-Meyerhof-Weg *m*, Embden-Meyerhof-Stoffwechselweg *m*
embed *v* einbetten; einlagern
embed *v* **in paraffin** in Paraffin (ein)betten
embedded denticle interstitieller Dentikel *m*
embedded tooth interstitieller Zahn *m (nicht durchgebrochener Zahn im Kieferknochen)*
embedding Einbettung *f*, Einbetten *n (histologischer Schnitte)*
embolaemia 1. Embolämie *f*, Vorhandensein *n* von Gerinnseln im Blut; 2. Gerinnselausschwemmung *f*, Thrombusausschwemmung *f*, Gerinnselbildung *f*, Thrombusbildung *f*
embolalia *s.* embololalia
embole *v* einrenken *(z. B. ein Gelenk)*; 2. einstülpen, invaginieren
embolectomy Embolektomie *f*, (operative) Embolusentfernung *f (aus einer Schlagader)*
embolectomy catheter Embolektomiekatheter *m*
emboli *pl s.* embolus
embolic embolisch; Embolie...
embolic gangrene embolische Gangrän *f*
embolic necrosis embolische Nekrose *f*
embolic pneumonia Emboliepneumonie *f*, embolische Lungenentzündung *f*
embolic thrombosis embolische Thrombose *f*
emboliform emboliform, embolusförmig, embolusartig
emboliform nucleus Nucleus *m* emboliformis cerebelli, Kleinhirnpfropfkern *m*
embolism Embolie *f*, embolischer Gefäßverschluss *m*, Thromboembolie *f*
embolism of cerebral vessels Hirn(gefäß)embolie *f*
embolism of the aortic bifurcation Aortenbifurkationsembolie *f*
embolization 1. Embolisation *f*, Embolusbildung *f*; 2. Embolisation *f*, Embolisierung *f*, therapeutischer Verschluss *m* mittels Embolus
embolization of tumour emboli embolische Tumorversprengung *f* [Geschwulstverbreitung *f*]
embolize *v* 1. embolisieren, durch Embolie verschließen; 2. Emboli [Gerinnsel] bilden
embolized atheroma embolisiertes Atherom *n*
embolizing agent Embolisationsmittel *n*, Embolisierungsmittel *n*
emboloid embolusartig
embololalia Embololalie *f*, Embolophrasie *f (Gebrauch sinnloser Flickwörter oder Silben)*
embolomycotic einen infektiösen Embolus betreffend
emboloph(r)asia *s.* embololalia
embolotherapy Embolotherapie *f*, therapeutische Embolisierung *f* [Embolisation *f*]
embolus Embolus *m*, Gefäßpfropf *m (z. B. Thrombus, Fetttropfen, Gasblase)*
embolus grasping forceps Embolusfasszange *f*
emboly *(Histol)* Gastrulaeinstülpung *f (bei Gastrulabildung)*
embolysis Embolusauflösung *f*
embrace reflex *(Päd)* Moro'scher Reflex *m* [Umklammerungsreflex *m*]
embranchment Gabelung *f*, Verzweigung *f (z. B. von Nerven)*
embrasure space *(Anat, Stom)* Papillenraum *m*
embrocate *v* einreiben
embrocation 1. Einreibemittel *n*, Liniment *n*; 2. Einreibung *f*, Einreiben *n*
embryatrics Fötologie *f*, Fetologie *f*
embryectomy Embryektomie *f*, (operative) Embryoentfernung *f* bei Extrauteringravidität
embryo Embryo *m*, Leibesfrucht *f (Keimling von der ersten Zellteilung bis zur achten Schwangerschaftswoche; siehe auch unter: embryonal und embryonic)*
embryo intrafallopian transfer intratubarer Embryotransfer *m*, EIFT, Embryoeinführung *f* in die Eileiter
embryo transfer Embryotransfer *m*, ET
embryoblast Embryoblast *m (Teil der Keimscheibe)*
embryocardia Embryokardie *f*, Pendelrhythmus *m*, Status *m* embryocardicus
embryocidal embryozid, embryotötend; embryoschädigend
embryoctony Embryo(ab)tötung *f*, Fetus(ab)tötung *f*
embryofoetopathy Embryofetopathie *f*
embryogenesis *s.* embryogeny
embryogenetic embryogen(etisch); Embryogenese..., Keimentwicklungs..., Embryonalentwicklungs...
embryogenic embryogen, einen Embryo erzeugend [bildend]
embryogeny Embryogenese *f*, Embryonalentwicklung *f*, Keim(lings)entwicklung *f*
embryograph Embryograph *m*
embryography 1. Embryographie *f*, Embryobeschreibung *f*; 2. Embryodarstellung *f (mittels Embryograph)*
embryoid embryoid, embryoartig, embryoähnlich
embryoism Embryonalzustand *m*
embryolethality Embryotoxizität *f*, den Embryo tötende Schädlichkeit *f*
embryologic embryologisch
embryological development *s.* embryogeny
embryologist Embryologe *m*, Embryospezialist *m*
embryology Embryologie *f*, Embryonalentwicklungslehre *f*, Keimentwicklungslehre *f*
embryoma Embryom(a) *n*, Embryonalgeschwulst *f*, Embryonaltumor *m*
embryoma of the kidney Wilms-Tumor *m*, Nierenadenosarkom *n*, embryonales Adenomyosarkom *n* [Nephrom *n*, Sarkom *n*]
embryoma of the ovary Ovardysgerminom *n*, Eierstockdisgerminom *n (bösartige Geschwulst)*

embryomorph embryonales Restgewebe *n (z. B. beim Abort)*
embryomorphous embryoartig, embryoähnlich
embryon *s.* embryo
embryonal embryonal; Embryo... *(siehe auch unter: embryonic)*
embryonal adenomyosarcoma embryonales Adenomyosarkom *n*
embryonal adenosarcoma embryonales Adenosarkom *n*
embryonal carcinoma embryonales Karzinom *n*
embryonal cartilage Embryonalknorpel *m*
embryonal cataract Embryonal(naht)katarakt *f*, Embryonalstar *m*
embryonal cell lipoma Liposarkom *n*
embryonal condition Embryonalzustand *m*
embryonal leukaemia Stammzellenleukämie *f*
embryonal mixed tumour of the kidney *s.* embryoma of the kidney
embryonal nephroma *s.* embryoma of the kidney
embryonal period Embryonalperiode *f*
embryonal state Embryonalzustand *m*
embryonary *s.* embryonal
embryonate 1. embryoartig; Embryo...; 2. einen Embryo enthaltend; schwanger; befruchtet
embryonic embryonal; Embryo... *(siehe auch unter: embryonal)*
embryonic area Embryonalanlage *f*, Keimscheibe *f*, Area *f* germinativa
embryonic abortion 1. embryonaler Abort *m*, Embryoabort *m*; 2. Schwangerschaftsunterbrechung *f* in der Embryonalperiode
embryonic blastoderm embryonales Blastoderm *n*
embryonic cell Embryonalzelle *f*
embryonic coelom Embryonalzölom *n*, Cavum *n* pleuropericardiacoperitoneale
embryonic competence embryonale Kompetenz *f*
embryonic connective tissue embryonales Gallertgewebe *n*, Embryonalbindegewebe *n*; Gallertbindegewebe *n*, Wharton'sche Sulze *f*
embryonic disk *s.* embryonic area
embryonic kidney Urniere *f*, Mesonephros *m*
embryonic layer Embryonalschicht *f*, Keimblatt *n*; Endoderm *n*; Mesoderm *n*; Ektoderm *n*
embryonic rest Embryonalrest *m*, embryonaler Rest *m*
embryonic shield *s.* embryonic area
embryonic stage Embryonalstadium *n*, embryonales Stadium *n*
embryonic tissue Embryonalgewebe *n*, embryonales Gewebe *n*
embryonic transfer *(Gyn)* Embryon(en)transfer *m*
embryoniform embryoform, embryoähnlich, embryoartig
embryonism Embryonalzustand *m*
embryonization Embryonisierung *f*, Rückkehr *f* zum Embryonalzustand *(z. B. Gewebe)*
embryonoid *s.* embryoniform
embryony *s.* embryogeny
embryopathic embryopathisch, keim(lings)geschädigt; Embryopathie...
embryopathology Embryopathologie *f (Lehre von der pathologischen Embryonalentwicklung)*
embryopathy Embryopathie *f*, Embryopathia *f*, Keimschädigung *f*, embryonaler Entwicklungsschaden *m*
embryoplastic embryoplastisch, embryogen, einen Embryo bildend
embryoscope Embryoskop *n*
embryoscopy Embryoskopie *f*
embryotocia Abort *m*, Fehlgeburt *f*
embryotome Embryotom *n*, Embryomesser *n*
embryotomy Embryotomie *f*, (operative) Kindeszerstückelung *f (unter der Geburt)*
embryotoxic embryotoxisch, embryotötend, keimschädigend
embryotoxic (agent) Keim(lings)tötungsmittel *n*, keimschädigendes Mittel *n*
embryotoxicity Keim(lings)toxizität *f*, Keimschädlichkeit *f*
embryotoxon Embryotoxon *n*, Arcus *m* juvenilis, (angeborene) Hornhautrandtrübung *f*, Neugeborenenhornhauttrübung *f*
embryotroph(e) Embryotrophe *f*, Embryonahrung *f*
embryotrophic embryotroph, keimlingsnährend
embryotrophy Embryotrophie *f*, Embryoernährung *f*, Keimlingsernährung *f*
embryulcia Zangenentbindung *f*, Zangengeburt *f*, Extraktion *f*, instrumentelle Entbindung *f*
embryulcus Forzeps *m(f)*, Forceps *m*, Geburtszange *f*
EMC *s.* encephalomyocarditis
emedulate *v* Knochenmark extrahieren [gewinnen]
emerge *v* heraustreten, austreten, herausgehen
emergence 1. Heraustreten *n*, Austreten *n*, Austritt *m*, Herausgehen *n*; 2. *(Anästh)* Erholung *f* der normalen Funktionen; Erholungsphase *f (bei Vollnarkose)*
emergence profile Kontur *f* an der Austrittstelle
emergency Notfall *m*; Zwischenfall *m*
emergency airway notfallmäßige Beatmungsmöglichkeit *f*, Notfallintubation *f*, Notfalltubus *m*
emergency ambulance Rettungswagen *m*, RTW, Notfallwagen *m*
emergency cardiac care kardiologische [koronare] Intensivtherapie *f*
emergency cardiac care unit kardiologische Intensivtherapieeinheit *f*, koronare Intensivpflegestation *f*, Koronareinheit *f*
emergency care Notfalltherapie *f*, Notfallbehandlung *f*, Notfallversorgung *f*
emergency childbirth Notfallgeburt *f*, notfallmäßige Geburt *f*
emergency department Schockraum *m*; Notfallaufnahmestation *f*, Unfallabteilung *f*
emergency diagnosis Notfalldiagnostik *f*
emergency drug Notfallmedikament *n*
emergency endoscopy Notfallendoskopie *f*
emergency equipment Notfallausrüstung *f*
emergency hospital Unfallklinik *f*, Unfallkrankenhaus *n*, Akutkrankenhaus *n*
emergency hospitalization Not(fall)aufnahme *f*
emergency medical service ärztlicher Notdienst *m*, Notfalldienst *m*
emergency medical service crew Rettungswagenmannschaft *f*, Rettungswagenbesatzung *f*, Rettungsassistententeam *n*
emergency medical service standing orders Notfall(therapie)anweisungen *fpl*; Notfall(therapie)schema *n*
emergency medical system Not(fall)arztsystem *n*; dringliche medizinische Hilfe *f*, DMH; schnelle medizinische Hilfe *f*, SMH
emergency medical tag Notfallmarke *f*, Notfalletikett *n*
emergency medical technician(-ambulance) Rettungsassistent *m*
emergency medicine Notfallmedizin *f*
emergency nephrectomy Notfallnierenexstirpation *f*, Notnephrektomie *f*
emergency nursing Intensiv(therapie)pflege *f*
emergency operation Not(fall)operation *f*, vitale Operation *f*
emergency physician Notarzt *m*
emergency power supply Notstromversorgung *f*
emergency procedure Not(fall)maßnahme *f*

emergency room Notaufnahmeraum *m*; Schockraum *m*
emergency situation Notfallsituation *f*
emergency surgeon Notfallchirurg *m*; Unfallchirurg *m*; Unfallarzt *m*
emergency surgery Notfallchirurgie *f*, Unfallchirurgie *f*
emergency thoracotomy Not(fall)thorakotomie *f*
emergency tracheotomy Not(fall)tracheotomie *f*, Notfallluftröhrenschnitt *m*
emergency transfusion Not(fall)transfusion *f*, Notfallblutübertragung *f*
emergency transport Notfalltransport *m*
emergency treatment Notfallbehandlung *f*
emergency ward Notaufnahme *f*, Akutstation *f*, Unfallstation *f*
emergent 1. dringend, notfallmäßig; Notfall…; 2. heraustretend, austretend *(z. B. aus einer Körperhöhle)*, eine Höhle hinterlassend
emery disk Schmirgelscheibe *f*
emery file Schmirgelfeile *f*
emery paper Schmirgelpapier *n*
Emery-Dreifuss syndrome Emery-Dreifuss-Syndrom *n*
emesia *s.* emesis
emesis Emesis *f*, Vomitus *m*, Erbrechen *n*
emesis basin Brechschale *f*, Nierenschale *f*
emetatrophia Atrophie *f* infolge ständigen Erbrechens
emetic erbrechend; Erbrechen erregend [auslösend]; Erbrechen…, Brech…
emetic (agent) Emetikum *n*, Brechmittel *n*, Vomitiv(um) *n*
emeticology Brechmittellehre *f*
emetine Emetin *n (Brechmittel)*
emetocatharsis Emetokatharsis *f*, Brechdurchfall *m*
emetocathartic Erbrechen und Abführen auslösend; erbrechend und abführend
emetocathartic (agent) Brech- und Abführmittel *n*, Erbrechen und Stuhlentleerung auslösendes Mittel *n*
emetogenic emetogen, Erbrechen auslösend
emetogenicity Erbrechen auslösende Eigenschaft *f*
emetomorphine Apomorphin *n (Brechmittel)*
emetophobia Emetophobie *f (Angst vor Erbrechen)*
EMG *s.* electromyography
EMG syndrome EMG-Syndrom *n*, Exophthalmus-Makroglossie-Gigantismus-Syndrom *n*, Beckwith-Wiedemann-Syndrom *n*
emiction Miktio *f*, Harnlassen *n*, Wasserlassen *n*, Harnen *n*
emictory diuretisch, harntreibend; Diurese…, Harnausscheidungs…
emictory (agent) Diuretikum *n*, diuretisches [harntreibendes] Mittel *n*
emigrate *v* **to the site of injury** zur Verletzungsstelle wandern *(Leukozyten)*
emigration Diapedese *f*, Gefäßwanddurchtritt *m* der Blutzellen; Migration *f*
eminectomy Resektion *f* der Temporalknocheneminenz
eminence Eminentia *f*, Vorsprung *m*, Vorwölbung *f*
eminence of the concha Eminentia *f* conchae
eminence of the scapha Eminentia *f* scaphae
eminence of the triangular fossa Eminentia *f* fossae triangularis
eminentia *s.* eminence
emissarium *s.* emissary
emissary Emissarium *n*, Durchtrittsloch *n*; Abzugskanal *m*
emissary vein Vena *f* emissaria
emission 1. Emission *f*, Ausstrahlung *f (physikalisch)*; 2. Emissio *f*, Sekretentleerung *f*, Pollution *f*, Samenerguss *m*
emission angiography Emissionsangiographie *f*
emission computed tomogram Emissionscomputertomogramm *n*
emission computed tomography Emissionscomputertomographie *f*, ECT, Schichtszintigraphie *f*
emission computer-assisted tomography *s.* emission computed tomography
emission spectrum Emissionsspektrum *n*
emissivity *(Rad)* Emissivität *f*, Emissionsvermögen *n*, Ausstrahlungsvermögen *n*
emit *v* emittieren, herausgeben, abgeben; ausstrahlen, abstrahlen
EMIT *s.* enzyme multiplied immunotechnique
emmenagogic menstruationsauslösend
emmenagogue (agent) Emenagogum *n*, menstruationsförderndes Mittel *n*
emmenia *(Gyn)* Menstruation *f*, Menses *pl*, Regelblutung *f* *(Zusammensetzungen siehe unter: menstrual)*
emmenic Menstruations…
emmeniopathy Menstruationsstörung *f*
emmenology Menstruationslehre *f*
emmetrope Emmetrope(r) *m*, Normalsichtige(r) *m*
emmetropia Emmetropie *f*, Normalsichtigkeit *f*
emmetropic emmetrop, normalsichtig
emmetropic eye refraction emmetrope Refraktion *f* des Auges
emmetropization Emmetropie *f*, Normalbrechungszustand *m* des Auges, Normalakkommodation *f*
Emmet's (cervix) laceration *(Gyn)* Emmet-Riss *m*, Zervixriss *m*
Emmet's operation Emmet-Operation *f*, Emmet'sche Dammrekonstruktion *f*
Emmet's retractor Emmet-Retraktor *m*
emollient 1. erweichend; 2. lindernd
emollient (agent) 1. erweichendes Mittel *n*, Aufweichungsmittel *n*; 2. linderndes Mittel *n*
emollient bath 1. aufweichendes Bad *n*; 2. linderndes Bad *n*
emotion Emotion *f*, Gemütsbewegung *f*, Erregung *f*, Affekt *m*
emotional emotional, emotionell, gefühlsmäßig (bedingt); empfindsam, gefühlsbetont; leicht erregbar; Emotions…, Gefühls…
emotional abuse emotionale Erniedrigung *f*, emotionale Entwürdigung *f*, emotionale Vernachlässigung *f*
emotional age emotionales Alter *n*, emotionales Entwicklungsalter *n*
emotional amalgam emotionale Mischung *f*, Gefühlsmischung *f*, gemischte Gefühle *npl (z. B. bei Angstunterdrückung)*
emotional amenorrhoea emotional-bedingte Amenorrhö *f*
emotional blunting emotionale Abstumpfung *f*, affektive Verödung *f*
emotional characteristics Erlebnischarakter *m*
emotional care of the dying patient emotionaler Beistand *m* beim Sterben
emotional contagion Gefühlsansteckung *f*
emotional deprivation emotionale Verarmung *f*, emotionale Mangelsituation *f*
emotional diarrhoea emotional-bedingte Diarrhö *f*, Stress-Diarrhö *f*
emotional disposition emotionale Verfassung *f*, Gefühlslage *f*
emotional disturbance emotionale Störung *f*, Affektstörung *f*
emotional excitability emotionale Erregbarkeit *f*, Gefühlserregbarkeit *f*
emotional flatness emotionale Flachheit *f*, emotionale Oberflächlichkeit *f*, abgeflachte [verödete] Gefühlslage *f*
emotional flattening emotionale Abflachung *f*, Gefühlsverödung *f*
emotional glycosuria emotionale Glukosurie *f*

emotional-hyperaesthesic hyposthenia hyperästhetisch-emotionaler Schwächezustand *m*
emotional illness emotionales Leiden *n*, emotionale Erkrankung *f*, Gemütsleiden *n*
emotional indifference emotionale Indifferenz *f*, mangelnde emotionale Ansprechbarkeit *f*
emotional insufficiency emotionaler Mangel *m*, Gefühlsmangel *m*, emotionale Mangelsituation *f*
emotional inversion emotionale Inversion *f*, Gefühlsumkehr(ung) *f*, Affektinversion *f*
emotional irradiation Affektirradiation *f*, Affektausdehnung *f*, Affektverschiebung *f*
emotional irritation emotionale Irritation *f*, affektive Reizung *f*, Affektirritation *f*
emotional lability emotionelle Labilität *f*, Stimmungslabilität *f*, Affektlabilität *f*
emotional liability emotionale Anfälligkeit *f*, emotionale Ansprechbarkeit *f*
emotional life Gefühlsleben *n*, Gefühlswelt *f*, emotionale Sphäre *f*
emotional needs emotionale Bedürfnisse *n*
emotional overreaction *(Psych)* Rührseligkeit *f*, rührseliger Affekt *m*; erleichterte Anrührbarkeit *f (trauriger Gefühle)*
emotional plattening emotionale Abkapselung *f*, emotionale Verhärtung *f*, emotionale Verrohung *f*, Gefühlsverarmung *f*
emotional psychosis emotionale Psychose *f*, Gefühlspsychose *f*, Emotionspsychose *f*
emotional reaction emotionale Reaktion *f*, Erlebnisreaktion *m*
emotional response Affektaustausch *m*
emotional sensibility emotionale Sensibilität *f* [Ansprechbarkeit *f*], Gefühlserregbarkeit *f*
emotional shock emotionaler Schock *m*
emotional state emotionaler Zustand *m*, (emotionales) Befinden *n*
emotional stress emotionale Stress *m*, emotionale Belastung *f*
emotional stupidity Emotionsstupidität *f*
emotional stupor emotionaler Stupor *m*, emotionale Abstumpfung *f*
emotional support emotionaler Beistand *m*
emotional suppression *(Psych)* emotionale Verhaltung *f*, Unterdrückung *f* von Gefühlen, Affektverhaltung *f*, affektive Verhaltung *f*
emotional type emotionaler Typ *m*, Gefühlstyp *m*, Erlebnistyp *m*
emotionality Emotionalität *f*
emotionally coloured speech emotional gefärbte Sprache *f*
emotionally disturbed seelisch gestört
emotionally unstable personality *(Neur)* emotional instabile Persönlichkeit *f*, emotionaler [emotiver] Psychopath *m*
emotionless 1. gefühllos, unempfindsam; 2. teilnahmslos
emotiovascular emotiovaskulär; Emotion-Blutgefäß-...; Hautrötungs...
emotivity Emotivität *f*, Erregbarkeit *f*, Gefühlserregbarkeit *f*
empasm(a) Puder *m*
empathic empathisch, einfühlend, sich gefühlsmäßig identifizierend
empathy Empathie *f*, Einfühlungsvermögen *n*, emotionale Einfühlung *f*, gefühlsmäßige Identifikation *f*
emperipolesis Lymphozytenpenetration *f (in Zellen)*
emphasis Betonung *f*, Verstärkung *f*
emphractic emphraktisch, verschließend; porenschließend
emphraxis Verschluss *m*; Stopp *m*; Infarzierung *f*, Obstruktion *f*
emphyma Geschwulst *f*, Tumor *m*
emphysema Emphysem *n*, Aufblähung *f*
emphysematous emphysematös
emphysematous abscess gashaltiger Abszess *m*
emphysematous bulla Emphysemblase *f*, Bulla *f* emphysematosa
emphysematous chest Emphysemthorax *m*, Fassthorax *m*
emphysematous cholecystitis emphysematöse Cholezystitis *f*, Cholecystitis *f* emphysematosa
emphysematous colpitis Colpitis *f* emphysematosa
emphysematous heart Emphysemherz *n*
emphysematous phlegmon emphysematöse Phlegmone *f*, Gasbrand *m*, Gasphlegmone *f*
emphysematous thorax *s.* emphysematous chest
empiric(al) empirisch, durch Erfahrung, auf Erfahrung beruhend
empiricism 1. Empirizismus *m*; 2. Quacksalberei *f*
emplastic 1. haftend, adhäsiv; 2. stopfend
emplastic (agent) stopfendes Medikament *n*
emplastration 1. Pflasteranwendung *f*, Verpflastern *n*; 2. Pflasterverband *m*; 3. Salbenauftragung *f*, Salbenaufbringung *f*
emplastrum Pflaster *n*
emporiatrics Reisemedizin *f*
emprosthotonus Emprosthotonus *m (Körperkrampf in vornübergebeugter Stellung)*
empty *v* (ent)leeren *(z. B. den Magen)*; sich entleeren *(z. B. die Blase)*
empty end-feel Fehlen *n* der Bewegungssperre *(beim Durchbewegen von Gelenken)*
empty follicle syndrome Syndrom *n* der leeren Follikel
empty motion Leerbewegung *f*
empty sella syndrome Syndrom *n* der leeren Sella
empty stomach leerer [nüchterner] Magen • **on an empty stomach** auf nüchternen Magen, mit nüchternem Magen • **take on an empty stomach** auf nüchternen Magen (ein)nehmen
emptying stimulus Entleerungsreiz *m (z. B. des Darmes)*
emptysis Hämoptysis *f*, Hämoptoe *f*, Blutspucken *n*, Bluthusten *m*
empyectomy Empyemresektion *f*, (operative) Empyementfernung *f*
empyema Empyem(a) *n*, Eiteransammlung *f* in Körperhöhlen [vorgebildeten Höhlen]
empyema of the pericardium Perikardempyem *n*
empyema space Empyemhöhle *f*
empyemic Empyem...
empyesis Eiterung *f*, Suppuration *f*, eitriger Ausschlag *m*
empyocele 1. Empyozele *f*, eitrige Hydrozele *f*, 2. Nabelabszess *m*, Nabeleiterung *f*
emulgent emulgierend, eine Emulsion bildend
emulsifiable emulgierbar, in eine Emulsion umwandelbar
emulsification Emulgation *f*, Emulgierung *f*, Emulsionieren *n*, Emulsionsbildung *f*
emulsifier Emulgator *m*, Emulgierungsmittel *n*
emulsify *v* emulgieren, emulsionieren, eine Emulsion bilden
emulsion Emulsion *f*
emulsion polymerization Emulsionspolymerisation *f*
emulsive 1. eine Emulsion bildend, emulgierend; 2. emulsionsartig; Emulsions...; 3. eine Emulsion enthaltend; 4. weich machend
emulsum Emulsion *f*
emunctory Ausscheidungsorgan *n*
enalapril Enalapril *n (ACE-Hemmer, Antihypertensivum)*
enalapril maleate Enalaprilmaleat *n*
enalaprilat Enalaprilat *n*
enamel *(Stom)* Zahnschmelz *m*, Schmelz *m*, Zahnemail *n*, Substantia *f* adamantina, Adamantin *n*

enamel abrasion Schmelzabschleifen *n*, Zahnschmelzabschliff *m*
enamel anomaly Zahnschmelzanomalie *f*
enamel bud Zahnschmelzknospe *f*
enamel cap Schmelzhaube *f*, Schmelzkappe *f*
enamel caries Zahnschmelzkaries *f*
enamel cell Schmelzzelle *f*
enamel cleavage Zahnschmelzspaltung *f*
enamel column *s.* enamel prism
enamel crack Zahnschmelzriss *m*
enamel crest Zahnschmelzkante *f*, Schmelzgrat *m*
enamel crevice Zahnschmelzsprung *m*
enamel crypt *s.* enamel niche
enamel cuticle Schmelzoberhäutchen *n*, Cuticula *f* dentis
enamel cutter Zahnschmelzschneider *m*
enamel decalcification Schmelzentkalkung *f*
enamel defect Zahnschmelzdefekt *m*
enamel demineralization Zahnschmelzdemineralisierung *f*
enamel dissolution Zahnschmelzauflösung *f*
enamel dysplasia Zahnschmelzdysplasie *f*
enamel etching Zahnschmelzätzung *f*
enamel fibre *s.* enamel prism
enamel file Zahnschmelzfeile *f*
enamel fissure Zahnschmelzfissur *f*
enamel fluoridization Zahnschmelzfluoridierung *f*
enamel fluorosis Zahnschmelzfluorose *f*
enamel formation Zahnschmelzbildung *f*
enamel fracture Zahnschmelzfraktur *f*
enamel germ Zahnschmelzkeim *m*
enamel hardness Zahnschmelzhärte *f*
enamel hyperaesthesia Zahnschmelzhyperästhesie *f*
enamel hyperplasia Zahnschmelzhyperplasie *f*
enamel hypocalcification Zahnschmelzhypokalzifikation *f*
enamel hypomineralization Zahnschmelzhypomineralisation *f*
enamel hypoplasia Zahnschmelzhypoplasie *f*
enamel inflammation Zahnschmelzentzündung *f*
enamel island Zahnschmelzinsel *f*
enamel lamella Schmelzlamelle *f*
enamel margin Zahnschmelzrand *m*
enamel matrix Zahnschmelzmatrix *f*
enamel maturation Zahnschmelzreifung *f*
enamel metabolism Zahnschmelzmetabolismus *m*, Schmelzstoffwechsel *m*
enamel mineralization Zahnschmelzmineralisation *f*
enamel niche Zahnschmelznische *f*
enamel organ Zahnschmelzorgan *n*
enamel pearl Zahnschmelzperle *f*
enamel pigmentation Zahnschmelzpigmentierung *f*
enamel pretreatment Zahnschmelzvorbehandlung *f*
enamel prism Zahnschmelzprisma *n*
enamel projection Zahnschmelzfortsatz *m*
enamel pulp Zahnschmelzpulpa *f*
enamel remineralization Zahnschmelzremineralisierung *f*
enamel resistance Zahnschmelzresistenz *f*
enamel scaler Zahnschmelzschaber *m*
enamel softening Zahnschmelzerweichung *f*
enamel surface Zahnschmelzoberfläche *f*
enamel veneering Zahnschmelzverblendung *f*
enameloblast Enameloblast *m*, Ameloblast *m*, Adamantoblast *m*, Ganoblast *m*, Zahnschmelzbildner *m*, Zahnemaillezelle *f*
enameloblastoma Adamantinom *n*, Ameloblastom *n*, Schmelzzellengeschwulst *f*
enameloma Enamelom *n*, Schmelzgeschwulst *f*
enameloplasty Enameloplastik *f*
enamelum *s.* enamel
enanthem(a) Enanthem *n*, Schleimhautausschlag *m*
enanthem(a) of measles Masernenanthem *n*, Masernschleimhautausschlag *m*
enanthematous Enanthem…
enantiobiosis Enantiobiose *f (Antagonismus zwischen zusammenlebenden Organismen)*
enantiomerism Enantiomerie *f*, optische Isomerie *f*, Spiegelbildisomerie *f (Auftreten zweier spiegelbildlicher Molekülformen)*
enarthritis Enarthritis *f*, Enarthrosenentzündung *f*
enarthrodial Enarthrose…, Nussgelenk…
enarthrosis Enarthrose *f*, Nussgelenk *n*, Articulatio *f* cotylica
encaine hydrochloride Encainhydrochlorid *n (Antiarrhythmikum)*
encapsulate *v* (ein)kapseln, abkapseln, verkapseln; sich einkapseln
encapsulated peritonitis abgekapselte Peritonitis *f*
encapsulated pleurisy abgekapselte Pleuritis *f*
encapsulation Einkapselung *f*, Abkapselung *f*
encapsuled *s.* encapsulated
encarditis *s.* endocarditis
enceinte schwanger • **be four month enceinte** im 4. Monat schwanger sein
encelialgia Eingeweideschmerz *m*, Schmerz *m* eines Bauchorgans
encelitis Entzündung *f* eines Bauchorgans
encephalaemia Hirn(blut)stauung *f*
encephalalgia Kephalgie *f*, Kopfschmerz *m*
encephalasthenia Enzephalasthenie *f*, Neurasthenia *f* cerebralis, Hirnschwäche *f*
encephalatrophy Enzephalatrophie *f*, Hirnatrophie *f*, Gehirnschwund *m*
encephalauxe Enzephalauxe *f*, Hirnhypertrophie *f*
encephalic Enzephalon…, Gehirn…, Hirn… *(Zusammensetzungen siehe unter: cerebral)*
encephalitic enzephalitisch; Enzephalitis…, Hirnentzündungs…
encephalitic meningitis Meningoenzephalitis *f*, Hirnhaut- und Gehirnentzündung *f*, Enzephalomeningitis *f*
encephalitis Enzephalitis *f*, Hirnentzündung *f*
encephalitogen Enzephalitogen *n*, enzephalitisbewirkende [Hirnentzündung] auslösendes Mittel *n*
encephalitogenic enzephalitisbewirkend, hirnentzündungsauslösend
encephalitozoonosis Enzephalitozoonose *f*
encephalization *(Embr)* Gehirnbildung *f*, Gehirnentwicklung *f*
encephalocele Enzephalozele *f*, Hirnbruch *m*, Gehirnvorfall *m*, Kraniozele *f*
encephalocystocele Enzephalozystozele *f*, Gehirnvorfall *m* mit Ventrikelzysten
encephalodialysis *s.* encephalomalacia
encephaloduroarteriosynangiosis Enzephaloduroarteriosynangiose *f*
encephalodynia *s.* encephalalgia
encephalodysplasia Enzephalodysplasie *f*, Hirnfehlentwicklung *f*, Gehirnfehlbildung *f*
encephaloedema Hirnödem *n*, Hirnschwellung *f*, Oedema *n* cerebri
encephalofacial enzephalofazial; Hirn-Gesichts-…
encephalofacial angiomatosis enzephalo-trigemiale Angiomatose *f*, Sturge-Weber'sche Krankheit *f*
encephalogram Enzephalogramm *n*, Pneumenzephalogramm *n*, Hirnröntgen(kontrast)bild *n*, Gehirnröntgenbild *n*
encephalograph Enzephalograph *m*, Hirnstromschreiber *m*, Hirnstromaufzeichnungsgerät *n*
encephalographic enzephalographisch

encephalography Enzephalographie *f*, Pneumenzephalographie *f*, Hirnröntgen(kontrast)darstellung *f*, Gehirnröntgendarstellung *f*
encephalohepatitis Enzephalohepatitis *f (Hirnödem mit fettiger Leberdegeneration)*
encephaloid enzephal; Gehirn..., Hirn...
encephaloid carcinoma enzephaloides Karzinom *n*, medulläres Karzinom *n*
encephalolith Enzephalolith *m*, Gehirnkalkulus *m*, Hirnstein *m*
encephalology Enzephalologie *f*, Gehirnlehre *f*, Hirnlehre *f*
encephaloma Enzephalom(a) *n*, Hirngeschwulst *f*
encephalomalacia Enzephalomalazie *f*, Hirnerweichung *f*
encephalomeningitis Enzephalomeningitis *f*, Meningoenzephalitis *f*, Gehirn- und Hirnhautentzündung *f*
encephalomeningocele Enzephalomeningozele *f*, Meningoenzephalozele *f*, Gehirn- und Hirnhautbruch *m*
encephalomeningopathy Enzephalomeningopathie *f*, Meningoenzephalopathie *f*, Hirn- und Hirnhautkrankheit *f*, Gehirn- und Hirnhautleiden *n*
encephalomere *(Embr)* Enzephalomer *n*, Neuromer *n*
encephalometer Enzephalometer *n*, Hirnmessinstrument *n*
encephalomyelic zerebrospinal; Zerebrospinal..., Gehirn-Rückenmark-... *(Zusammensetzungen siehe unter: cerebrospinal)*
encephalomyelitis Enzephalomyelitis *f*, Gehirn- und Rückenmarkentzündung *f*
encephalomyelocele Enzephalomyelozele *f*, Myeloenzephalozele *f*, Gehirn- und Rückenmarkbruch *m*
encephalomyeloneuropathy Enzephalomyeloneuropathie *f*
encephalomyelonic Enzephalomyelon..., Gehirn- und Rückenmark-..., Zerebrospinal... *(Zusammensetzungen siehe unter: cerebrospinal)*
encephalomyelopathy Enzephalomyelopathie *f*, Gehirn- und Rückenmarkkrankheit *f*, Hirn- und Rückenmarkerkrankung *f*
encephalomyeloradiculitis Enzephalomyeloradikulitis *f*, Gehirn-Rückenmark-Nervenwurzelentzündung *f*
encephalomyeloradiculoneuritis Enzephalomyeloradikuloneuritis *f*, Hirn-, Rückenmark- und Nervenwurzelentzündung *f (siehe auch: Landry-Guillain-Barré syndrome)*
encephalomyeloradiculopathy Enzephalomyeloradikulopathie *f*, Gehirn-Rückenmark-Nervenwurzelerkrankung *f*
encephalomyelosis Enzephalomyelosis *f*, Gehirn- und Rückenmarkerweichung *f*
encephalomyocarditis Enzephalomyokarditis *f*, Gehirn- und Herzmuskelentzündung *f*, EMC-Syndrom *n*
encephalomyocarditis virus Enzephalomyokarditisvirus *n*, EMC-Virus *n*
encephalomyopathy Enzephalomyopathie *f*, Gehirn- und Herzmuskelerkrankung *f*
encephalon Enzephalon *n*, Gehirn *n*, Hirn *n (Zusammensetzungen siehe unter: brain)*
encephalonarcosis Enzephalonarkose *f (Stupor durch Hirnschädigung)*
encephalopathic enzephalopathisch; Enzephalopathie...
encephalopathy Enzephalopathie *f*, Gehirnleiden *n*, Hirnerkrankung *f*
encephalopsy Enzephalopsie *f (Verbindung von Farben mit Wörtern)*
encephalopuncture Hirnpunktion *f*
encephalopyosis Hirneiterung *f*, Gehirnabszess *m*, Eiterbildung *f* im Gehirn
encephalorachidian *s.* cerebrospinal
encephaloradiculitis Enzephaloradikulitis *f*, Gehirn- und Nervenwurzelentzündung *f*
encephalorrhagia Enzephalorrhagie *f*, Hirnblutung *f*
encephaloschisis Enzephaloschisis *f*, Hirnspalte(nbildung) *f*
encephalosclerosis Zerebralsklerose *f*, Hirnsklerose *f*
encephaloscope Enzephaloskop *n*, Gehirnspiegel *m*, Hirnspiegelungsinstrument *n*
encephaloscopic enzephaloskopisch
encephaloscopy Enzephaloskopie *f*, Gehirnspiegelung *f*
encephalosepsis Hirnsepsis *f*
encephalosis Enzephalose *f*, degenerative Gehirnerkrankung *f*, Hirndegeneration *f*
encephalospinal zerebrospinal, enzephalospinal; Hirn-Rückenmark-...; Zerebrospinal...
encephalospinal axis Zentralnervensystem *n*, ZNS
encephalothlipsis Hirndruck *m*; Hirndrucksymptomatik *f*, Hirnkompression *f*
encephalotome Enzephalotom *n*, Gehirnmesser *n*, Hirnmesser *n*
encephalotomy 1. Enzephalotomie *f*, Gehirnzerlegung *f*, Hirnschnitt *m*; 2. Enthirnung *f* des Fetus
encephalotrigeminal angiomatosis enzephalotrigeminale Angiomatose *f*, Sturge-Weber'sche Krankheit *f*
encephalovirus Enzephalitisvirus *n*, Arbovirus *n*
enchondral enchondral, im Knorpel liegend
enchondral bone formation enchondrale Knochenbildung *f* [Ossifikation *f*]
enchondral ossification [osteogenesis] *s.* enchondral bone formation
enchondroma Enchondrom *n*, Knorpelgeschwulst *f*
enchondromatosis Enchondromatose *f*, Knorpelwucherung *f*
enchondromatous enchondromatös; Enchondrom..., Knorpelgeschwulst...
enchondromatous myxoma enchondromatöses Myxom *n*
enchondrosarcoma Chondrosarkom *n*, Knorpelsarkom *n*
enchondrosis Enchondrose *f*, Knorpelauswuchs *m*
enchylema *s.* 1. hyaloplasm; 2. karyolymph
encircling endocardial ventriculotomy kreisförmige endokardiale Infarktumschneidung *f*, kreisförmige endokardiale Ventrikulotomie *f*
enclave Gewebeeinschluss *m*; Gewebeversprengung *f*, Abkapselung *f* von versprengtem Gewebe
enclavement Einklemmung *f (des Fetuskopfes im Becken)*
enclitic enklitisch *(betrifft Schädelneigung bei der Geburt)*
encoded (in)/be *v* codiert [verschlüsselt] sein *(Gene)*
encoelialgia Eingeweideschmerz *m*
encolpism intravaginale Medikamentenanwendung *f*
encolpitis Enkolpitis *f*, Vaginitis *f*, Scheidenschleimhautentzündung *f*
encopresis Enkopresis *f*, Einkoten *n*, Stuhlinkontinenz *f*
encounter group Encountergruppe *f*, Begegnungsgruppe *f (bei Psychotherapie)*
encranial *s.* intracranial
encyesis intrauterine Schwangerschaft *f*, Gebärmutterschwangerschaft *f*
encyopyelitis Schwangerschaftspyelitis *f*, Schwangerschaftspyelonephritis *f*
encystation Zysteneinschluss *m*, Einkapselung *f*, Zystenbildung *f*
encysted eingekapselt, abgekapselt, von einer Membran umgeben
encystment 1. Zystenbildung *f*, Zystenformung *f*, Umwandlung *f* in eine Zyste; 2. zystischer Zustand *m*
end arborization Endarborisation *f*, Endaufzweigung *f (z. B. von Gefäßen)*
end artery Endarterie *f*
end branch Nervenendaufzweigung *f*

end bud Endknospe *f (eines Nerven)*
end bulb (of Krause) Krause'scher Endkolben *m*, Corpusculum *n* bulboideum, Kältepunkt *m*
end-diastolic *(Kard)* enddiastolisch, am Ende der Systole
end-diastolic pressure endiastolischer Druck *m*, EDP
end-expiratory phase end-exspiratorische Phase *f*
end-feel Endgefühl *n*, Anschlaggefühl *n (z. B. beim Durchbeugen von Gelenken)*
end fibril Endfibrille *f (eines Nerven)*
end flake Nervenendplatte *f*
end foot Endfüßchen *n*
end-inspiratory phase end-inspiratorische Phase *f*
end nucleus Endkern *m*
end organ Endorgan *n (eines Nerven)*
end plate Nervenendplatte *f*, motorische Endplatte *f*
end-point nystagmus Einstellungsnystagmus *m*, Endstellennystagmus *m*, physiologischer Nystagmus *m*
end-positional nystagmus *s.* end-point nystagmus
end-stage disease Endstadium *n* einer Krankheit, Krankheitsendstadium *n*
end-stage kidney Schrumpfniere *f*
end-stage renal disease terminales Nierenversagen *n*, terminale Niereninsuffizienz *f*
end-stage renal failure *s.* end-stage renal disease
end-tidal am Ende der Exspiration, endexspiratorisch
end-tidal capnography endexspiratorische Kapnographie *f*
end-tidal carbon dioxide concentration endexspiratorische Kohlendioxidkonzentration *f*
end-tidal carbon dioxide determination endexspiratorische Kohlendioxidbestimmung *f*, Bestimmung *f* der endexspiratorischen CO_2-Konzentration
end-to-end anastomosis End-zu-End-Anastomose *f*
end-to-end gastroduodenostomy End-zu-End-Gastroduodenostomie *f*
end-to-side gastroduodenostomy End-zu-Seit-Gastroduodenostomie *f*
endadelphus *(Terat)* Endadelphus *m*
endamoebiasis Entamöbiasis *f*, Amöbenruhr *f*, Amöbenbefall *m*
endamoebic abscess Amöbenabszess *m*
endangering constituents *(Neur)* Gefährdungsstrukturen *fpl*
endangiitis Endangiitis *f*, Gefäßinnenhautentzündung *f*, Endovaskulitis *f*
endanthem *s.* enanthema
endaortitis Endaortitis *f*, Intimaentzündung *f* der Aorta
endarterectomize *v* desobliterieren, eine Endarteriektomie [Gefäßinnenhautentfernung] durchführen
endarterectomy Endarteriektomie *f*, Desobliteration *f*, (operative) Gefäßinnenhautentfernung *f*
endarterectomy stripper *(Chir)* Ringstripper *m*, Endarteriektomiestripper *m*
endarterial 1. intraarteriell, in einer Arterie; 2. Gefäßinnenhaut..., Intima...
endarteriectomy *s.* endarterectomy
endarteritis Endarteriitis *f*, Arterieninnenwandentzündung *f*
endarterium Arterieninnenwand *f*
endarteropathy Endarteropathie *f*, Arterieninnenwanderkrankung *f*
endaural endaural; Innenohr...
endaural operation Innenohroperation *f*
endbrain Telenzephalon *n*, Endhirn *n*
endemia Endemie *f*, örtlich begrenzte Krankheit *f*
endemic endemisch, heimisch, auf ein enges Gebiet begrenzt *(Krankheiten)*
endemic cretinism Jodmangelkretinismus *m*
endemic disease endemische Krankheit *f* [Erkrankung *f*]
endemic goitre endemische Struma *f*, Jodmangelkropf *m*
endemic haemoptysis Paragonimiasis *f*, Paragonimose *f*, ostasiatische endemische Hämoptyse *f*, Lungendistomatose *f*, Lungenegelbefall *m*
endemic neuritis Beriberi *f*, Vitamin-B_1-Avitaminose *f*, Vitamin-B_1-Mangelkrankheit *f*
endemic non-venereal syphilis *s.* endemic syphilis of the Bedouins
endemic syphilis of the Bedouins Bejel *f*, endemische Syphilis *f* [Lues *f*], nicht venerische Syphilis *f*
endemic tick-borne recurrent fever Zeckenrückfallfieber *n*
endemic typhus endemisches [murines] Fleckfieber *n*
endemicity Endemieneigung *f*, endemische Ausprägung *f*
endemiology Endemiologie *f*, Endemielehre *f*
endemo-epidemic endemisch und epidemisch; Endemie-Epidemie-...
endepidermis Epithel(ium) *n*
enderm(at)ic 1. endermal, in die Haut wirkend; 2. endermal, in der Haut befindlich
endermism endermale Medikamentenanwendung *f* [Therapie *f*]
endermosis 1. Schleimhautausschlag *m*; 2. endermale Chemotherapie *f*, Hautchemotherapie *f*
ending 1. Ende *n*, Beendigung *f*; 2. Nervenendigung *f*, Nervenende *n*
endo-intoxication innere [endogene] Vergiftung *f*, Autointoxikation *f (Vorgang)*
endo-oesophagitis Endoösophagitis *f*, Ösophagusschleimhautentzündung *f*
endo probe Endosonde *f*, Endo-Sonde *f*
endo-uterine *s.* intrauterine
endoabdominal intraabdominal, innerhalb des Bauchraums liegend; Bauchhöhlen... *(siehe auch: intraabdominal)*
endoamylase Endoamylase *f (Enzym)*
endoaneurysmoplasty Endoaneurysmoplastik *f*
endoaneurysmorrhaphy Endoaneurysmorrhaphie *f*
endoangiitis *s.* endangiitis
endoaortitis *s.* endaortitis
endoappendicitis Appendicitis *f* catarrhalis, katarrhalische Blinddarmentzündung *f*
endoarteritis *s.* endarteritis
endoauscultation Endoauskultation *f (z. B. des Magens)*
endobacillary endobazillär, in einem Bazillus
endobiotic in einem Wirt [Wirtsorganismus] lebend *(z. B. Parasiten)*
endoblast Endoderm *n*
endoblastic endodermal; Endoderm...
endobrachyoesophagus Endobrachyösophagus *m*, Barret-Ösophagus *m*, endogener Brachyösophagus *m*
endobronchial endobronchial, intrabronchial, in einem Bronchus liegend
endobronchial tube *(Anästh)* Endobronchialtubus *m*
endobronchitis Endobronchitis *f*, Bronchialschleimhautentzündung *f*
endocardiac *s.* endocardial
endocardial *(Kard)* intrakardinal, endokardial; Endokard..., Herzinnenhaut...
endocardial cushion *(Anat)* Endokardkissen *n*
endocardial cushion defect Endokardkissendefekt *m*
endocardial electrode Endokardelektrode *f*
endocardial fibroelastosis Endokardfibroelastose *f*, Endokardfibrose *f*
endocardial fibrosis *s.* endocardial fibroelastosis
endocardial murmur Endokardgeräusch *n*
endocardial pacing endokardiale Stimulation *f*, Endokardstimulation *f*
endocardial ridge Endokardleiste *f*

endocardial sclerosis Endokardsklerose *f*, Herzinnenhautverdickung *f*
endocardial thickening Endokardverdickung *f*
endocardiography Endokardiographie *f*
endocardiopathy Endokardiopathie *f*, Herzinnenhauterkrankung *f*
endocardiosis Endokardiose *f*, Herzinnenhautfibrose *f*
endocarditic endokarditisch; Endokarditis…, Herzinnenhautentzündung(s)…
endocarditis Endokarditis *f*, Herzinnenhautentzündung *f*
endocardium Endokard(ium) *n*, Herzinnenhaut *f*
endocellular intrazellulär, endozellulär, in einer Zelle liegend
endocervical endozervikal, intrazervikal; Gebärmutterhals…
endocervical biopsy curette Endozervixbiopsiekürette *f*
endocervical canal Zervixkanal *m*, Gebärmutterhalskanal *m*
endocervicitis Endozervizitis *f*, Gebärmutterhals(schleimhaut)entzündung *f*
endocervix Endozervix *f*, Gebärmutterhalsschleimhaut *f*
endocholedochal endocholedochal, intracholedochal, im Ductus choledochus liegend
endochondral *s.* enchondral
endochorion Endochorion *n*, Chorioninnenschicht *f*
endocoeliac *s.* endoabdominal
endocolitis Endokolitis *f*, Dickdarmschleimhautentzündung *f*
endocolpitis Kolpitis *f*, Vaginitis *f*, Scheidenschleimhautentzündung *f*
endocommensal Endokommensale *m (lebt im Inneren des Wirtsorganismus)*
endocommensalism Endokommensalismus *m (kommensale Lebensweise im Inneren des Wirts)*
endoconidiotoxicosis Endokonidiotoxikose *f*
endocorpuscular endokorpuskulär, intrakorpuskulär
endocranial intrakranial, intrakraniell, innerhalb des Schädels liegend
endocraniosis Endokraniose *f*, Hyperostosis *f* frontalis interna
endocranitis Endokraniitis *f*, Pachymeningitis *f* externa, extradurale Entzündung *f* mit Abszessbildung
endocranium Endokranium *n*, Schädelperiostauskleidung *f*
endocrinasthenia endokrine Asthenie *f*
endocrine endokrin, innersekretorisch, inkretorisch
endocrine adenomatosis endokrine Adenomatose *f*, Hormongeschwulstkrankheit *f*
endocrine diabetes mellitus endokriner Diabetes mellitus *m*
endocrine gland Hormondrüse *f*, Endokrindrüse *f*, endokrine Drüse *f*
endocrine hypertension endokriner Hypertonus *m*
endocrine keratoderma Keratoderma *n* climacterium
endocrine psychosyndrome *(Neur)* endokrines Psychosyndrom *n*
endocrine system endokrines System *n*, Endokrinsystem *n*, System *n* der endokrinen Sekretion
endocrine therapy Hormontherapie *f*, Hormonbehandlung *f*
endocrinic *s.* endocrine
endocrinium Endokrinium *n*, endokrines [hormonales] System *n*
endocrinological endokrinologisch
endocrinologist Endokrinologe *m*
endocrinology Endokrinologie *f*, Hormonlehre *f*, Lehre *f* von der inneren Sekretion
endocrinology department endokrinologische Abteilung *f*, Endokrinologie *f*, Abteilung *f* für Endokrinologie
endocrinoma Endokrinom *n*, endokrine Geschwulst *f*, endokrin aktiver Tumor *m*
endocrinopathic Endokrinopathie…, Hormonstörungs…
endocrinopathic type Endokrinopath *m*
endocrinopathy Endokrinopathie *f*, Hormon(ausfalls)krankheit *f (durch Ausfall einer endokrinen Drüse)*
endocrinosis Endokrinose *f*, Endokrinopathie *f*, endokrine Erkrankung *f*
endocrinotherapy Endokrinotherapie *f*, Hormonbehandlung *f*
endocrinous endokrin, innersekretorisch
endocyst Endozyste *f*, Hydatideninnenschicht *f*
endocystitis Blasenschleimhautentzündung *f*, Zystitis *f*, Blasenkatarrh *m*
endocyte Zelleinschluss *m*
endocytosis Endozytose *f (zelluläre Stoffaufnahme durch Phagozytose oder Pinozytose)*
endodeoxyribonuclease Endodesoxyribonuklease *f (Enzym)*
endoderm *(Embr, Histol)* Entoderm *n*, Entoblast *m*, Darmblatt *n*, inneres Keimblatt *n*
endodermal 1. entodermal; Entoderm…; 2. endodermal, intradermal, in der Haut liegend
endodermal pouch Entodermausstülpung *f*, Entodermtasche *f*
endodermatozoonosis Endodermatozoonose *f*, Hautparasitenbefall *m*
endodermophyton Endodermophyton *n*, Trichophyton *n*
endodermophytosis Tinia *f* imbricate, Tokelau *n (Hautpilzerkrankung durch Trichophyton concentricum)*
endodermoreaction Intradermoreaktion *f*, Intrakutanreaktion *f*
endodontia *s.* endodontology
endodontic endodontisch, im Wurzelkanal liegend
endodontic anchorage endodontische Verankerung *f*
endodontic cavity endodontische Kavität *f*
endodontic file Wurzelkanalfeile *f*
endodontic implant endodontisches Implantat *n*
endodontic pin Wurzelkanalstift *m*, endodontischer Stift *m*
endodontic treatment Wurzelkanalbehandlung *f*, endodontische Behandlung *f*
endodontics *s.* endodontology
endodontist *s.* endodontologist
endodontitis Pulpitis *f*, Zahnmarkentzündung *f*, Pulpaentzündung *f*
endodontium Zahnpulpa *f*, Zahnmark *n*, Pulpa *f* dentium [dentis]
endodontologist Endodontologe *f*
endodontology Zahnheilkunde *f*, Zahnarzneikunde *f*, konservierende Zahnheilkunde *f*
endodyocyte Endodyozyt *m (Trophozoit)*; 2. Merozoit *m*
endodyogeny Endodyogenie *f*
endoectothrix Endoektothrix *f*
endoenteritis Enteritis *f*, Darmschleimhautentzündung *f*
endoenzyme Endoenzym *n*, Zellenzym *n*, intrazelluläres Enzym *n*
endoepidermal endoepidermal intraepidermal, in der Epidermis
endoepithelial endoepithelial intraepithelial, im Epithel
endoerythrocytic phase [stage] *(Paras)* endoerythrozytäres Stadium *n (Malariaparasiten)*
endoesophagitis *s.* endo-oesophagitis
endogamous endogam
endogamy Endogamie *f*
endogastrectomy Magenschleimhautexzision *f*, Magenschleimhautausschälung *f*
endogastric intragastral, im Magen

endogastritis Magenschleimhautentzündung *f*
endogen(et)ic *s.* endogenous
endogenote *(Gen, Histol)* Endogenote *m (Empfängerzellgenom)*
endogenous endogen, von innen stammend; innen wachsend; sich innen entwickelnd; innen entstanden
endogenous depression endogene Depression *f*
endogenous hepatic coma Leberzerfallskoma *n*, endogenes hepatisches Koma *n*
endogenous hypertriglyceridaemia endogene Hypertriglyzeridämie *f*
endogenous infection endogene Infektion *f*
endogenous iritis endogene Iritis *f*
endogenous obesity endogene [endokrine] Fettsucht *f*
endogenous opioid endogenes Opioid *n*
endogenous psychosis *(Neur)* endogene Psychose *f*
endogenous toxicosis endogene [innere] Vergiftung *f*, Autointoxikation *f (Zustand)*
endogenous uric acid endogene Harnsäure *f*
endoglob(ul)ar endoglobulär, intrakorpuskulär
endognathion Endognathion *n*
endoherniorrhaphy Endoherniorrhaphie *f*
endoherniotomy Endoherniotomie *f*
endolabyrinthitis Endolabyrinthitis *f*, Entzündung *f* des häutigen Labyrinths
endolaryngeal endolaryngeal, intralaryngeal, im Kehlkopf [Larynx] liegend
endolarynx Endolarynx *m*, Kehlkopfinneres *n*
endolith *(Stom)* Endolith *m (in der Pulpahöhle)*
endolymph(a) Endolymphe *f*, Innenlymphe *f*, Labyrinthlymphe *f*, Vitrina *f* auditoria [auris]
endolymphangeal endolymphangial, endolymphangisch
endolymphatic endolymphatisch; Endolymphe...
endolymphatic duct Ductus *m* endolymphaticus, Endolymph(e)gang *m*
endolymphatic hydrops *(HNO)* Menière'scher Symptomenkomplex *m*, Morbus *m* Menière, Menière *m*
endolymphatic sac Saccus *m* endolymphaticus, Endolymphsack *m*
endolymphatic shunt Endolymphdrainage *f*, Endolymphentlastung *f*
endolymphic *s.* endolymphatic
endolysin Endolysin *n*, intrazelluläres Lysin *n*
endolysis Endolysis *f*, Plasmazerfall *m*
endomastoiditis Endomastoiditis *f*, Mastoiditis *f*
endomerogony Endomerogonie *f (Form der Merozoitenbildung)*
endomesoderm *(Embr)* Endomesoderm *n*
endometrectomy Endometrektomie *f*, Uterusschleimhautausschabung *f*, (operative) Gebärmutterschleimhautentfernung *f*
endometria *pl s.* endometrium
endometrial Endometrium..., Gebärmutterschleimhaut... *(siehe auch unter: endometrium)*
endometrial biopsy Endometriumbiopsie *f*, Gebärmutterschleimhautbiopsie *f*
endometrial biopsy curette Endometriumbiopsiekürette *f*, Endometriumabstrichkürette *f*
endometrial cancer [carcinoma] Endometriumkarzinom *n*, Gebärmutterschleimhautkrebs *m*
endometrial cavity Gebärmutterhöhle *f*, Cavum *n* uteri
endometrial cycle Endometriumzyklus *m*, Gebärmutterschleimhautzyklus *m*
endometrial cyst Endometriumzyste *f*, Gebärmutterschleimhautzyste *f*
endometrial hyperplasia Endometriumhyperplasie *f*, Gebärmutterschleimhauthyperplasie *f*
endometrial polyp Endometriumpolyp *m*, Gebärmutterschleimhautpolyp *m*
endometrial sepsis Endometriumsepsis *f*, Gebärmutterschleimhautsepsis *f*
endometrioid endometrioid, endometriumartig
endometrioma Endometriom *n*, Gebärmutterschleimhautgeschwulst *f*
endometriosis Endometriose *f*, Gebärmutterschleimhautversprengung *f*
endometriotic endometriotisch; Endometriose...
endometritis Endometritis *f*, Uterusschleimhautentzündung *f*, Gebärmutterschleimhautentzündung *f*
endometrium Endometrium *n*, Uterusschleimhaut *f*, Tunica *f* mucosa uteri, Gebärmutterschleimhaut *f (siehe auch unter: endometrial)*
endometrium adenoacanthoma Endometriumadenoakanthom *n*, Gebärmutterschleimhautadenoakanthom *n*
endometrium aspiration Endometriumsaugbiopsie *f*, Gebärmutterschleimhautaspiration *f*
endometrium atrophy Endometriumatrophie *f*, Gebärmutterschleimhautrückbildung *f*
endometrium cyst Endometriumzyste *f*, Gebärmutterschleimhautzyste *f*
endometrium cytology Endometriumzytologie *f*, Gebärmutterschleimhautzelluntersuchung *f*
endometrium glandular hyperplasia glanduläre Endometriumhyperplasie *f*, Gebärmutterschleimhautdrüsenhyperplasie *f*
endometrium hyperplasia Endometriumhyperplasie *f*, Gebärmutterschleimhauthyperplasie *f*
endometrium metaplasia Endometriummetaplasie *f*, Gebärmutterschleimhautmetaplasie *f*
endometrium polyp Endometriumpolyp *m*, Gebärmutterschleimhautpolyp *m*
endometrium proliferation Endometriumwachstum *n*, Gebärmutterschleimhautproliferation *f*, Endometriumproliferationsphase *f*
endometropic endometrop(isch), auf das Endometrium gerichtet *(z. B. ein Reiz)*
endometrorrhagia *s.* metrorrhagia
endomitosis Endomitose *f*, Zellkernteilung *f*
endomitotic endomitotisch, Endomitose..., Zellkernteilungs...
endomotorsonde Endomotorsonde *f (Radiotelemetriekapsel)*
endomorphic endomorph
endomorphy Endomorphie *f (Gewebestrukturen aus dem Entoderm)*
endomyocardial endomyokardial; Endokard-Myokard-..., endomyokard(ial)...
endomyocardial fibrosis Endomyokardfibrose *f*, Endokard- und Myokardfibrose *f*
endomyocarditis Endomyokarditis *f*, Endokard- und Myokardentzündung *f*, Herzinnenhaut- und Herzmuskelentzündung *f*
endomyometritis Endomyometritis *f*, Endometrium- und Myometriumentzündung *f*, Gebärmutterinnenhaut- und Gebärmuttermuskelentzündung *f*
endomysial endomysial; Endomysium...
endomysium Endomysium *n*, Perimysium *n* internum, Muskelbindegewebe *n*
endonasal endonasal, intranasal, in der Nase(nhöhle) liegend
endonephritis *s.* pyelitis
endoneural endoneural, intraneural, in einem Nerven liegend
endoneural anaesthesia Endoneuralanästhesie *f*
endoneural fibroma Neurofibrom *n*
endoneural space Endoneuralraum *m*
endoneurial Endoneurium...

endoneurial nerve sheath Endoneuralscheide *f*, Nervenscheide *f*
endoneuritis Endoneuritis *f*, Endoneuriumentzündung *f*, Endoneuralscheidenentzündung *f*
endoneurium Endoneurium *n*, Endoneuralscheide *f*
endoneurolysis Endoneurolyse *f*, interfaszikuläre Neurolyse *f*
endonuclear endonuklear, intranukleär, im Zellkern [Nukleus] liegend
endonuclease Endonuklease *f (Enzym)*
endonucleolus Endonukleolus *m*
endoparasite Endoparasit *m*, Innenschmarotzer *m*, Binnenschmarotzer *m*
endoparasitic endoparasitisch; Endoparasiten...
endopathy Endopathie *f*, endogene Erkrankung *f*
endopelvic intrapelvisch, intrapelvin, endopelvisch, innerhalb des Beckens liegend
endopelvic fascia Fascia *f* endopelvina [pelvis visceralis], Beckeneingeweidefaszie *f*
endopeptidase Endopeptidase *f (Enzym)*
endoperiarteritis Endoperiarteritis *f*, Panarteritis *f*
endopericardial endoperikardial; Endokard-Perikard-...
endopericarditis Endoperikarditis *f*, Endokard- und Perikardentzündung *f*, Herzinnenhaut- und Herzaußenhautentzündung *f*
endoperimyocarditis Endoperimyokarditis *f*, Pankarditis *f*, Endokard-, Perikard- und Myokardentzündung *f*, Herzinnenhaut-Herzaußenhaut-Herzmuskel-Entzündung *f*
endoperineuritis Endoperineuritis *f*, Endoneurium- und Perineuriumentzündung *f*
endoperitoneal endoperitoneal, intraperitoneal
endoperoxide isomerase Endoperoxidisomerase *f (Enzym)*
endoperoxide reductase Endoperoxidreduktase *f (Enzym)*
endopharyngeal endopharyngeal, intrapharyngeal, im Pharynx [Rachen] liegend
endophasia *(Neur)* innere Stimme *f*
endophlebectomy Endophlebektomie *f*, (operative) Thrombusentfernung *f*
endophlebitis Endophlebitis *f*, Veneninnenhautentzündung *f*
endophoria Endophorie *f*, Esophorie *f*, (latentes) Einwärtsschielen *n*, Nachinnenschielen *n (bei geschlossenen Augen)*
endophotocoagulation *(Ophth)* Endophotokoagulation *f*
endophthalmitis Endophthalmitis *f*, Augen(b)innenentzündung *f*
endophthalmodonesis Endophthalmodonese *f*
endophyte Endophyt *m*, tiefer Hautpilz *m*
endophytic endophytisch, (nach) innen wachsend
endophytic growth of tumour endophytisches Tumorwachstum *n*
endoplasm Endoplasma *n*, Plasmainnenschicht *f*, Innenplasma *n*
endoplasmic endoplasmatisch; Endoplasma...
endoplasmic reticulum endoplasmatisches Retikulum *n*
endoplast Zellkern *m*, Nukleus *m*
endopolygeny Endopolygenie *f (Form der Merozoitenbildung)*
endopolyploid endopolyploid
endopolyploidy Endopolyploidie *f*
endoprosthesis Endoprothese *f*
endoradiography Endoradiographie *f*
endoradiosonde Telemetriekapsel *f*
endoreactive dysthymia endoreaktive Dysthymie *f*
endoreduplication Endoreduplikation *f*
endoribonuclease Endoribonuklease *f (Enzym)*
endorphin Endorphin *n*
endorphinergic endorphinartig; Endorphin...
endorrhachis Dura *f* mater medullae spinalis
endorrhinitis Endorhinitis *f*, Nasenschleimhautentzündung *f*
endorsement Anerkennung *f*, Übertragung *f (ärztlicher Urkunden)*
endosac Endosack *m (bei laparoskopischer Chirurgie)*
endosalpingioma Endosalpingiom *n*, Eileiteradenomyom *n*
endosalpingiosis Tubarendometriose *f*, Eileiterendometriose *f*, Adenomyosis *f* des Eileiters, Adenomyosalpingitis *f*
endosalpingitis Endosalpingitis *f*, Eileiterschleimhautentzündung *f*
endosalpinx Tubenschleimhaut *f*, Eileiterschleimhaut *f*
endosarc Endoplasma *n*; Protozoenendoplasma *n*
endoscope Endoskop *n*, Spiegelungsinstrument *n*, Spiegelinstrument *n* (für Körperinnenräume)
endoscopic endoskopisch
endoscopic findings endoskopischer Befund *m*, Endoskopiebefund *m*
endoscopic laser cholecystectomy endoskopische [laparoskopische] Laser-Cholezystektomie *f*
endoscopic polypectomy Endoskoppolypektomie *f*, endoskopische Polypenentfernung *f*
endoscopic retrograde cholangiography *(Rad)* endoskopische retrograde Cholangiographie *f*, ERC
endoscopic retrograde cholangiopancreatography *(Rad)* retrograde endoskopische Cholangiopankreatikographie *f*, ERCP
endoscopic retrograde pancreatography *(Rad)* endoskopische retrograde Pankreatographie *f*, ERP
endoscopic retrograde papillotomy endoskopische retrograde Papillotomie *f*, ERPT
endoscopist Endoskopiker *m*, endoskopisch Untersuchende(r) *m*
endoscopy Endoskopie *f*, Körperhöhlenspiegelung *f*, Spiegelung *f* von Körperinnenräumen
endoscopy set Endoskopie-Besteck *n*; Endoskopie-Apparatur *f*, Endoskopie-Einrichtung *f*
endosecretory *s.* incretory
endosepsis Septikämie *f*, Blutvergiftung *f*
endosite *s.* endoparasite
endoskeletal prosthesis Prothese *f* mit innerer Stütze
endoskeleton Endoskelett *n*, Knochen- und Knorpelskelett *n*
endosmometer Endosmometer *n (zur Bestimmung der Endosmoserate)*
endosmosis Endosmose *f*
endosmotic endosmotisch; Endosmose...
endosome Endosom *n*
endosonography Endosonographie *f*
endosonoscopy Endosonoskopie *f*
endosperm Endosperm *n*
endosporium Endosporium *n*, Endospore *f*
endosteal endostal; Knocheninnenhaut...
endosteal hyperostosis endostale Hyperostose *f*, van Buchem-Syndrom *n*
endosteitis Endost(e)itis *f*, Knocheninnenraumentzündung *f*
endosteoma Endosteom *n*, Knochenmarktumor *m*, Knochenmarkgeschwulst *f*
endostethoscope Endostethoskop *n*
endosteum Endosteum *n*, Knocheninnenhaut *f*
endostitis *s.* endosteitis
endostoma *s.* endosteoma
endostosis Endostosis *f*, Knorpelverknöcherung *f*
endosymbiont Endosymbiont *m (lebt in den Zellen des Wirts)*

endotendineum *(Anat)* Endotendineum *n*
endotenon *s.* endotendineum
endothelia *pl s.* endothelium
endothelial endothelial; Endothel…
endothelial cancer [carcinoma] Endothelkrebs *m*, Endothel(zellen)karzinom *n*
endothelial cell Endothelzelle *f*
endothelial-derived relaxing factor endothelständiger Relaxationsfaktor *m*
endothelial dystrophy Endotheldystrophie *f*
endothelial leucocyte *s.* histiocyte
endothelial lining Endothelauskleidung *f*
endothelial myeloma endotheliales Myelom *n*, Ewing-Sarkom *n*
endothelial phagocyte *s.* endotheliocyte
endothelial pliability Endothelgeschmeidigkeit *f*
endothelial proliferation Endothelproliferation *f*, Endothelwachstum *n*
endothelialization Endothelisation *f*, Endotheli(ali)sierung *f*, Endothelbildung *f*
endothelialize *v* endotheli(ali)sieren, das Endothel bilden, die Innenhaut bilden; die Gefäßinnenhaut bilden
endotheliitis Endotheliitis *f*, Endothelentzündung *f*
endothelin Endothelin *n (Neurotransmitter, Vasokonstriktor)*
endothelioangiitis Endothelioangiitis *f*
endothelioblastoma Endothelioblastom *n*, Endothelsarkom *n*
endotheliochorial endotheliochorial
endotheliocyte Endotheliozyt *m*, Makrophag(e) *m*, Bindegewebsfresszelle *f*
endothelioid endothelioid, endothelartig
endothelioleiomyoma Endothelioleiomyom(a) *n*
endotheliolysin Endotheliolysin *n*
endotheliolytic endotheliolytisch; Endotheliolyse…
endothelioma Endotheliom(a) *n*, Endothelgeschwulst *f*, Deckzellengeschwulst *f*, Mesothelium *n*
endothelioma of lymph node Retikulosarkom *n*, Retikulumzellensarkom *n*
endotheliomatosis Endotheliomatose *f*, Endotheliom-(an)häufung *f*
endotheliomyoma Endotheliomyom(a) *n*
endotheliomyxoma Endotheliomyxom(a) *n*
endotheliorhabdomyoma Endotheliorhabdomyom(a) *n*
endotheliosarcoma Endotheliosarkom *n*
endotheliosis Endotheliose *f*, Retikuloendotheliose *f*
endotheliotoxin Endothelgift *n*, Hämorrhagin *n*
endothelium Endothel(ium) *n*, Innenhaut *f*, Gefäßinnenhaut *f*
endothermic endothermisch; Endothermie…
endothermy Kurzwellendurchströmung *f*, Wärmedurchdringung *f*, Wärmedurchflutung *f*
endothoracic endothorakal, endothorakisch, im Brustkorb liegend
endothoracic fascia Fascia *f* endothoracica
endothrix Endothrix *f (Fadenpilz der Trichophytonarten)*
endothymic sphere *(Neur)* endothymer Grund *m*
endothymics *(Neur)* Endothymie *f*
endotoxaemia Endotoxinämie *f*
endotoxic Endotoxin…
endotoxicosis Endotoxikose *f*, endogene Toxikose *f*, Endotoxinvergiftung *f*
endotoxin Endotoxin *n (bakterieller Giftstoff)*
endotoxin infusion Endotoxineinschwemmung *f*
endotoxin shock Endotoxinschock *m*
endotoxoid infusion Endotoxoidinfusion *f*
endotracheal endotracheal, intratracheal, innerhalb der Luftröhre liegend
endotracheal anaesthesia Endotrachealnarkose *f*, Intratrachealnarkose *f*, Intubationsnarkose *f*
endotracheal extubation *(Anästh)* Extubation *f*, Tubusentfernung *f* aus der Luftröhre
endotracheal intubation *(Anästh)* endotracheale Intubation *f*, Tubuseinführung *f* in die Luftröhre
endotracheal tube *(Anästh)* Endotrachealtubus *m*, Trachealtubus *m*, intratrachealer Tubus *m*
endotracheal tube cuff *(Anästh)* Tubusmanschette *f*
endotracheal tube introducing forceps Intubationszange *f*, Tubuszange *f*
endotrachelitis *s.* endocervicitis
endourethral endourethral, in der Harnröhre liegend
endourology Endourologie *f (invasive diagnostische und therapeutische Urologie)*
endovaccination orale Vakzination *f*, Schluckimpfung *f*
endovascular endovaskular, im Gefäß liegend
endovasculitis Endovaskulitis *f*, Endangiitis *f*, Gefäßinnenhautentzündung *f*
endovenitis Endophlebitis *f*, Veneninnenhautentzündung *f*
endovenous *s.* intravenous
endoventricular endoventrikulär, intraventrikulär, in einer Herzkammer liegend
endpleasure *(Neur)* Endlust *f*
endrysone *(Ophth, Pharm)* Endryson *n (entzündungshemmend)*
endure pain *v* Schmerz aushalten [ertragen], Schmerz erdulden [tolerieren]
endyma *s.* ependyma
enema 1. Klistier *n*, Klysma *n*, Einlauf *m*; 2. Einlaufmittel *n*; 3. Klistierspritze *f* • **administer [give] an enema** einen Einlauf machen, ein Klistier geben
enema disinvagination *s.* enema reposition
enema kit Einlaufbesteck *n*
enema reposition Einlaufreposition *f*, Desinvagination des Darms *f* mittels Einlauf
enema with glycerine Glyzerineinlauf *m*
enemator Enemator *m*, Klistiergerät *n*, Einlaufgerät *n*
enemiasis Einlaufanwendung *f*, Einlaufgebrauch *m*
energizer Energiespender *m*
energy Energie *f*
energy absorption Energieabsorption *f*
energy-consuming energieverbrauchend
energy density Energiedichte *f*
energy-dependent energieabhängig
energy dose Energiedosis *f*
energy level Energiestufe *f*, Energieniveau *n*, Energiepegel *m*
energy metabolism Energiestoffwechsel *m*
energy output Energieabgabe *f*, Energieleistung *f*
energy-protein malnutrition Kalorien- und Eiweißmalnutrition *f*, kalorien- und eiweißarme Ernährung *f*
energy release Energiefreisetzung *f*
energy storage Energiespeicherung *f*
energy supply Energiezufuhr *f*, Energieversorgung *f*
energy-yielding conversion energieliefernde Umwandlung *f (z. B. der Glukose)*
enervate *v* 1. entkräften, schwächen; 2. entnerven
enervation 1. Neurasthenie *f*, Nervenerschöpfung *f*, Nervenschwäche *f*; 2. Enervierung *f*, Denervierung *f*, Entnervung *f* eines Organs, Nervenausschaltung *f*
enflagellation 1. Enflagellation *f*, Flagellenbildung *f*; 2. *s.* flagellation
enflurane Enfluran *n (Inhalationsanästhetikum)*
engagement Schädeleinstellung *f*, Einstellung *f (beim Geburtsvorgang)*
engastrius *(Terat)* Engastrius *m (Missbildung)*
Engel-Recklinghausen's disease (Engel-)Recklinghausen'sche Krankheit *f*, Osteodystrophia *f* fibrosa generalisata, Ostitis *f* cystica

Engelmann's disease (Camurati-)Engelmann'sche Krankheit *f*, Camurati-Engelmann'sches Syndrom *n*, progressive Diaphysendysplasie *f* [Diaphysensklerosierung *f*], Osteopathia *f* hyperostotica multiplex infantilis
Engelmann's disk Engelmann-Streifen *m*, Hensen-Streifen *m*, H-Band *n (der quergestreiften Muskelfibrille)*
engine-driven motorgetrieben
englobe *v s.* phagocytize
englobement *s.* phagocytosis
engorge *v* anschoppen, anschwellen *(z. B. Gewebe)*
engorged 1. gestaut, angeschwollen, mit Flüssigkeit (prall) gefüllt, mit Flüssigkeit überfüllt; Stauungs...; 2. hyperämisch, mit Blut überfüllt
engorged kidney Stauungsniere *f*
engorged papilla *(Ophth)* Stauungspapille *f*, gestaute Sehnervenpapille *f*, Sehnervenpapillenstauung *f*, Papillenödem *n*
engorgement 1. Anschoppung *f*, Blutfülle *f*, Hyperämie *f*; 2. Anschwellung *f*, Schwellung *f*
engorgement of the lung rote Anschoppung *f* [Hepatisation *f*] *(bei Lungenentzündung)*
engraftment Transplantatinkorporation *f*, Transplantateinwachsen *n*
engram *(Neur)* Engramm *n*, Erinnerungsspur *f*, Gedächtnisspur *f*, Erinnerungsbild *n*
engraphia Engraphie *f*, Engrammbildung *f*
engulfed/be *v* umflossen werden *(bei Phagozytose)*
enhaem(at)ospore *(Trop)* Merozoit *m (Jugendform der Malariaerreger)*
enhanced emotional lability erhöhte emotionale Labilität *f*
enhanced food instinct verstärkter Nahrungstrieb *m*
enhanced information Informationssteigerung *f*, Informationsgewinn *m*
enhanced nutritional instinct *s.* enhanced food instinct
enhancement 1. Erhöhung *f*, Steigerung *f*, Beschleunigung *f*; 2. *(Immun)* (immunologisches) Enhancement *n*
enhancer *(Gen)* Enhancer *m (Nukleotidsequenz; Bindungsstelle für Transkriptionsfaktoren)*
enhancing antobody *(Immun)* Enhancing-Antikörper *m*
enhancing phenomenon *(Immun)* Enhancing-Phänomen *n*
enkephalin Enkephalin *n*
enkephalinergic neuron enkephalinerges Neuron *n*
enlarged heart vergrößertes [dilatiertes] Herz *n*; Herzvergrößerung *f*, Herzerweiterung *f*
enlarged kidney vergrößerte Niere *f*, Nierenvergrößerung *f*
enlarged liver vergrößerte Leber *f*, Lebervergrößerung *f*
enlarged mammary gland vergrößerte Brustdrüse *f*, Mammahypertrophie *f*, Brust(drüsen)vergrößerung *f*
enlarged ovary vergrößertes Ovar(ium) *n*; Eierstockvergrößerung *f*
enlarged radiogram Vergrößerungsaufnahme *f*
enlarged root of the lung Lungenhilusvergrößerung *f*
enlarged sectional view Vergrößerungsdarstellung *f*, vergrößerter Bildausschnitt *m*
enlarged segment Vergrößerungssegment *n*, vergrößerter Ausschnitt *m*
enlarged tonsil vergrößerte Tonsille *f* [Mandel *f*]; Mandelvergrößerung *f*, Tonsillenvergrößerung *f*
enlargement 1. Vergrößerung *f*, Erweiterung *f*; 2. *(Anat)* Anschwellung *f*, Schwellung *f*, Intumescentia *f*, Intumeszenz *f*
enlargement of lymphatic glands Lymphknotenvergrößerung *f*
enlargement of the heart Herzvergrößerung *f*, Herzerweiterung *f*
enlargement of the liver Lebervergrößerung *f*, Leberschwellung *f*
enlargement of the pulmonary trunk Pulmonalstammvergrößerung *f*, Pulmonaltrunkusverbreiterung *f*
enlargement of the spleen Milzvergrößerung *f*, Milzschwellung *f*
enol pyruvate Enolpyruvat *n*
enol pyruvate phosphate Enolpyruvatphosphat *n*, Phosphoenolpyruvat *n*
enolase Enolase *f*, Phosphopyruvat-Hydratase *f (Enzym)*
enomania *(Neur)* Säuferwahnsinn *m*, Delirium *n* tremens
enophthalmia Enophthalmie *f*
enophthalmic enophthalm(isch)
enophthalmic Enophthalmiker *m*
enophthalmos Enophthalmus *m*, (in die Augenhöhle) zurückgesunkener Augapfel *m*; Enophthalmie *f*
enopthalmus *s.* enophthalmos
enorchia *s.* cryptorchism
enostosis Enostose *f*, Osteom *n*, Knochen(b)innengeschwulst *f*
enostosis of calvaria Hyperostosis *f* frontalis interna, Stirnknochenverdickung *f*
enoxaparin Enoxaparin *n (niedermolekulares Heparin)*
enoximone Enoximone *n (Phosphodiesterasehemmer)*
enoyl-CoA hydratase Enoyl-CoA-Hydratse *f (Enzym)*
enoyl coenzyme A Enoyl-Coenzym *n* A, Enoyl-Koenzym *n* A
enoyl hydrase *s.* enoyl-CoA hydratase
enprofylline Enprofyllin *n (Bronchodilatator)*
enrichment Anreicherung *f (z. B. der Nahrung)*
ensiform schwertförmig
ensiform cartilage Processus *m* xiphoideus [ensiformis], Schwertfortsatz *m*
ensiform process *s.* ensiform cartilage
ensomphalus *(Terat)* Ensomphalus *m*
enstrophe Entropium *n*, Entropion *n*
ENT clinic *s.* ear, nose, and throat clinic
ENT specialist *s.* otorhinolaryngologist
entad einwärts, zentralwärts
Entamoeba coli Entamoeba *f* coli
Entamoeba gingivalis Entamoeba *f* gngivalis
Entamoeba histolytica Entamoeba *f* histolytica
entamoebiasis *s.* endamoebiasis
entasia Entase *f*, Schrumpfung *f*
enter *v* **a hospital** sich in ein Krankenhaus begeben; in ein Krankenhaus aufgenommen werden
enteraden intestinale Drüse *f*
enteradenitis Enteroadenitis *f*, Darmdrüsenentzündung *f*
enteraemia Eingeweideblutfülle *f*, Eingeweidehyperämie *f*
enteral enteral, intestinal, über den Darm; Darm..., Eingeweide...
enteral alimentation enterale Ernährung *f*
enteral feeding enterale Nahrungszufuhr *f* (Ernährung *f*)
enteral nutrition enterale Ernährung *f*
enteral tube feeding enterale Sondenernährung *f*
enteralgia Enteralgie *f*, Darmschmerz *m*, Leibschmerz *m*, Enterodynie *f*
enteramine *s.* serotonin
enterectasis Darmektasie *f*, Darmerweiterung *f*, Darmdilatation *f*
enterectomy Enterektomie *f*, Darmresektion *f*, (operative) Darmentfernung *f*
enterelcosis Enterelkosis *f*, Darmgeschwür *n*
enterepiplocele Enteroepiplozele *f*, Epiploenterozele *f*, Darmnetzbruch *m*
enteric 1. enterisch, enteral, intestinal; Darm..., Eingeweide... *(siehe auch unter: intestinal)*; 2. magensaftresistent, darmlöslich *(z. B. eine Tablette)*
enteric-coated *s.* enteric 2.
enteric coating (magensaftresistente) Schutzhülle *f* *(Tablette)*

enteric cytopathogenic human orphan virus ECHO-Virus *n*
enteric cytopathogenic monkey orphan virus ECMO-Virus *n*
enteric fever *s.* typhoid fever
enteric infection enterale Infektion *f*, Darminfektion *f*, Enteritis *f*
enteric inoculation enterale Inokulation *f*, perorale Impfung *f*
enteric intussusception Dünndarmintussuszeption *f*, Dünndarmeinscheidung *f*, Darminvagination *f*, Darmeinstülpung *f*
enteric juice Succus *m* entericus, Intestinalsaft *m*, Darmsaft *m*
enteric mucosa Intestinalschleimhaut *f*, Darmmukosa *f*
enteric plexus Plexus *m* entericus, Eingeweide(nerven)geflecht *n*
entericoid fever Enteritis-Fieber *n*, fieberhafter Darminfekt *m*
enteritis Enteritis *f*, Darmentzündung *f*, Dünndarmkatarrh *m*
entero-intoxication *s.* autointoxication
enteroaden Darmdrüse *f*, Glandula *f* intestinalis
enteroanastomosis Enteroanastomose *f*, Darm-zu-Darm-Anastomose *f*, Darmvereinigung *f*
enteroanthelone Enterogastron *n*
Enterobacter aerogenes Enterobacter *m* aerogenes
enterobacterial enterobakteriell; Enterobakterien...
enterobiasis *(Paras)* Enterobiasis *f*, Enterobiusinfektion *f*, Kinderwurmbefall *m*
enterobiliary enterobiliär; Dünndarm-Gallen-...
Enterobius vermicularis Enterobius *m* [Oxyuris *m*] vermicularis, Kinderwurm *m*
enterobrosis Darmperforation *f*
enterocele Enterozele *f*, Darmwandbruch *m*, Eingeweidebruch *m*
enterocentesis Enterozentese *f*, Darmpunktion *f*
enterochirurgia Eingeweidechirurgie *f*
entorocholecystostomy Enterocholezystostomie *f*, (operative) Darm- und Gallenblasenfistelung *f*, Darm-Gallonblasen-Anastomose *f*
enterocholecystotomy Enterocholezystotomie *f*, (operative) Darm- und Gallenblaseneröffnung *f*
enterochromaffin cell enterochromaffine Zelle *f (Verdauungskanal)*
enterocinesia Peristaltik *f*, Darmtätigkeit *f*
enterocinetic enterokinetisch, die Peristaltik anregend; Peristaltik...
enterocleaner subaquales Darmbad *n*, Sudabad *n*, Unterwasserdarmbad *n*
enterocleisis 1. Enterokleisis *f*, Darmlumenverschluss *m*; 2. Verschluss *m* einer Darmverletzung
enteroclysis Klysma *n*, Klistier *n*, Darmeinlauf *m*
enterococcaemia Enterokokkämie *f (Vorhandensein von Enterkokken im Blut)*
enterococcal endocarditis Enterokokkenendokarditis *f*, Herzinnenhautentzündung *f* durch Streptokokken der Lancefield-Serogruppe D
enterococcus Enterococcus *m*, Enterokokkus *m*, Streptokokkus *m* der Lancefield-Serogruppe D
enterococcus faecalis Enterococcus *m* faecalis
enterocoele Enterozöle *f*, Bauchhöhle *f*, Leibeshöhle *f*
enterocoelic Enterozöl..., Leibeshöhlen..., Bauchhöhlen...
enterocolectomy Enterokolektomie *f*, (operative) Dünn- und Dickdarmentfernung *f*
enterocolic enterokolisch; Dünndarm-Dickdarm-...
enterocolic intussusception Dünndarm-Dickdarm-Intussuszeption *f*, Ileozökaleinstülpung *f*, Dünndarm-Dickdarm-Einscheidung *f*
enterocolitis Enterokolitis *f*, Dünndarm- und Dickdarmentzündung *f*
enterocolitis syndrome 1. Enterokolitissyndrom *n*, akute bakterielle Nahrungsmittelvergiftung *f*; 2. Dünn- und Dickdarmentzündung *f*
enterocolostomy Enterokolostomie *f*, enterokolische Anastomose *f*, Dünndarm-Dickdarm-Anastomose *f*
enterocrinin Enterokrinin *n (Hormon)*
enterocutaneous enterokutan; Darm-Haut-...
enterocyst Enterozyste *f*, Darmzyste *f*
enterocystocele Enterozystozele *f*, Harnblasen- und Darmvorfall *m*
enterocystoma Enterokystoma *n*, Enterozyste *f (Rest des Ductus omphalomesentericus)*
enterocystoplasty Enterozystoplastik *f*, Harnblasen-Darm-Anastomose *f*
enterocyte Darmepithelzelle *f*
enterodynia Enterodynie *f*, Darmschmerz *m*, Leibschmerz *m*
enteroenteric enteroenterisch
enteroenterostomy Enteroanastomose *f*, Darm-zu-Darm-Anastomose *f*, Darmvereinigung *f*
enteroepiplocele Enteroepiplozele *f*, Darmnetzbruch *m*
enterogastric enterogastrisch, gastrointestinal; Magen-Darm-...
enterogastritis Gastroenteritis *f*, Magen-Darm-Entzündung *f*, Magen-Darm-Katarrh *m*
enterogastrone Enterogastron *n (Hormon)*
enterogen(et)ic *s.* enterogenous
enterogenous enterogen, vom Darm ausgehend, im Darm erzeugt
enterogenous cyanosis 1. Methämoglobinämie *f*, Vorhandensein *n* von Methämoglobin im Blut; 2. Sulfhämoglobinämie *f*, Verdoglobinämie *f*
enteroglucagon Enteroglukagon *n (Hormon)*
enterogram Enterogramm *n*
enterograph Enterograph *m (Gerät zur Aufzeichnung der Darmbewegung)*
enterographic enterographisch
enterography Enterographie *f*, Aufzeichnung *f* der Darmbewegung
enterohaemorrhagic Escherichia coli enterohämorrhagische Escherichia *f* coli
enterohepatic enterohepatisch; Darm-Leber-...
enterohepatic circulation enterohepatischer Kreislauf *m*, Darm-Leber-Rezirkulation *f*
enterohepatic cycling *s.* enterohepatic circulation
enterohepatitis Enterohepatitis *f*, Darm- und Leberentzündung *f*
enterohepatocele Enterohepatozele *f*, Darm- und Lebervorlagerung *f*, Darm- und Lebervorfall *m*
enterohydrocele Enterohydrozele *f*
enteroidea fieberhafte Darmerkrankungen *fpl*; Salmonellenenteritis *f*, Salmonellose *f*, Paratyphus *m*
enterointestinal intestinointestinal; Darm-Darm-...
enterokinase Enterokinase *f (Enzym)*
enterokinesia *s.* peristalsis
enterokinesis *s.* peristalsis
enterokinetic enterokinetisch; Peristaltik..., Darmbewegungs..., Enterokinese...
enterolith Enterolith *m*, Darmstein *m*, Intestinalstein *m*, Alvinolith *m*
enterolithiasis Enterolithiasis *f*, Darmsteinleiden *n*
enterologist Gastroenterologe *m*, Magen-Darm-Spezialist *m*
enterology Gastroenterologie *f*, Lehre *f* von den Magen- und Darmkrankheiten
enterolysis Enterolyse *f*, (operative) Darmlösung *f*
enteromegaly Enteromegalie *f*, Intestinalvergrößerung *f*, Megakolon *n*

enteromenia Enteromenien *pl (durch Hormonwirkung ausgelöste Darmschleimhautblutung)*
enteromere Enteromer *n*, embryonaler Darmabschnitt *m*
enteromerocele Femoralhernie *f* [Oberschenkelbruch *m*] mit Darmvorfall
enteromesenteric infarction enteromesenterialer Infarkt *m*, Darminfarkt *m*, Darminfarzierung *f*
enterometer Enterometer *n (Messinstrument für das Darmlumen)*
enteromphalus Enteromphalus *m*, Darmvorfall *m* durch den Nabel
enteromycodermitis Darmschleimhautentzündung *f*
enteromycosis Enteromykose *f*, Darmmykose *f*, Darmpilzerkrankung *f*
enteromyiasis Enteromyiasis *f*, Madenkrankheit *f* des Darms
enteron Enteron *n*, Darm *m*, Intestinum *n (Zusammensetzungen siehe unter: bowel und enteric)*; 2. Eingeweide *n*, Gedärm *n*
enteroneuritis Darmnervenentzündung *f*
enteronitis Enteritis *f*, Darmentzündung *f*
enteroparalysis Darmparalyse *f*, Darmlähmung *f*
enteropathic enteropathisch; Enteropathie..., Darmkrankheit(s)...
enteropathic Escherichia coli enteropathische Escherichia *f* coli
enteropathogen entropathogener Mikroorganismus *m*
enteropathogenesis Enteropathogenese *f*, Entwicklung *f* einer Darmkrankheit
enteropathogenic enteropathogen, Darmkrankheiten erzeugend
enteropathogenic Escherichia coli enteropathogene Escherichia *f* coli
enteropathy Enteropathie *f*, Darmkrankheit *f*, Darmleiden *n*
enteropeptidase Enteropeptidase *f (Enzym)*
enteropexy Enteropexie *f*, Darmfixierung *f*
enterophthisis Darmtuberkulose *f*, Tuberculosis *f* intestinalis
enteroplastic enteroplastisch
enteroplasty Enteroplastik *f*, plastische Darmoperation *f*
enteroplegia Enteroplegie *f*, Darmlähmung *f*
enteroplegic enteroplegisch, darmlähmend
enteroproctia Anus *m* praeter(naturalis), künstlicher [widernatürlicher] After *m*, Kunstafter *m*
enteroptosis Enteroptose *f*, Darmsenkung *f*, Eingeweidesenkung *f*, Glenard'sche Krankheit *f* [Erkrankung *f*]
enteroptotic enteroptotisch
enteroptychia Enteroplikation *f*, Darmfaltung(soperation) *f*
enterorectal enterorektal; Darm-After-...
enterorenal enterorenal; Darm-Nieren-...
enterorrhagia Enterorrhagie *f*, Darmblutung *f*, Darmbluten *n*
enterorrhaphy Enterorrhaphie *f*, Darmnaht *f*
enterorrhexis Enterorrhexis *f*, Darmruptur *f*, Darmriss *m*, Darmzerreißung *f*
enterorrhoea Diarrhoe(a) *f*, Diarrhö *f*, Durchfall *m*, dünnflüssiger Stuhl *m*
enteroscope Enteroskop *n*, Darmspiegel *m*
enteroscopic enteroskopisch, darmspiegelnd
enteroscopy Enteroskopie *f*, Darmspiegelung *f*
enterosepsis Darmsepsis *f*, intestinale Sepsis *f* [Toxämie *f*]
enterospasm Enterospasmus *m*, Darmkrampf *m*, Darmkolik *f*, Eingeweidekrampf *m*
enterostasis Intestinalstase *f*, Darmstase *f*, Darm(inhalt)stauung *f*
enterostaxis Enterostaxis *f*, Darmschleimhautblutung *f*
enterostenosis Enterostenose *f*, Darmvereng(er)ung *f*, Darmstriktur *f*
enterostomal mit einer Darmfistel; Enterostomie..., Enterostoma...
enterostomal therapy Enterostomabehandlung *f*, Enterostomapflege *f*
enterostomy 1. Enterostoma *n*, Darmfistel *f*; 2. Enterostomie *f*, (operative) Darmfistelung *f*
enteroteratoma Darmteratom *n*
enterotome Enterotom *n*, Darmmesser *n*
enterotomy Enterotomie *f*, Darmschnitt *m*, (operative) Darmeröffnung *f*
enterotomy bowel scissors Darmschere *f*
enterotoxaemia Enterotoxinämie *f*, Vorhandensein *n* von Enterotoxin im Blut
enterotoxication Enterotoxinvergiftung *f*, enterogene Autointoxikation *f*
enterotoxicism *s.* enterotoxication
enterotoxigenic enterotoxinogen, enterotoxinbildend
enterotoxigenic Escherichia coli enterotoxinbildende Escherichia *f* coli
enterotoxin Enterotoxin *n*
enterotoxin-producing *s.* enterotoxinogenic
enterotoxinogenic enterotoxinogen, enterotoxinbildend
enterotoxism *s.* enterotoxication
enterotropic enterotrop, den Darm bevorzugend
enterovaginal enterovaginal; Darm-Scheiden-...
enterovenoud enterovenös; Darmlumen-Venen-...
enterovesical enterovesikal; Darm-Blasen-...
enteroviral enteroviral; Enteroviren..., Enterovirus...
enteroviral rash Enteroviren(haut)ausschlag *m*, Enterovirenexanthem *n*
enterovirus Enterovirus *n*, Enteroviren *npl (Gruppe der Poliomyelitis-, Coxsackie- und ECHO-Viren)*
enterozoic Enterozoon...
enterozoon Enterozoon *n*, Eingeweideparasit *m*, Darmparasit *m*
enteruria Enterurie *f (Vorhandensein von Kot im Urin)*
enthesis Sehnenansatz *m (z. B. eines Muskels)*
enthesitis Sehnenansatzentzündung *f*
enthes(i)opathic enthesiopathisch; Enthesiopathie...
enthes(i)opathy Enthesiopathie *f*, Sehnenansatzerkrankung *f*
enthlasis Schädelimpressionsfraktur *f*
entiris hintere Irispigmentschicht *f*
entoblast *(Embr, Histol)* Entoblast *m*, Entoderm *n*, inneres Keimblatt *n*, Darmblatt *n*
entocele innere Hernie *f*, innerer Bruch *m*
entochodrostosis Entochondrostose *f*, Knochenbildung *f* im Knorpel
entochoroidea Lamina *f* choroidocapillaris
entocnemial an der Schienbeininnenseite
entocondylar Innenkondylus..., Medialkondylus...
entocone *(Stom)* mesolingualer Höcker *m (eines Oberkiefermolarzahnes)*
entoconid *(Stom)* innerer hinterer Höcker *m (eines Unterkiefermolarzahnes)*
entocornea Lamina *f* limitans posterior corneae
entocranium *s.* endocranium
entocuneiform Os *n* cuneiforme mediale
entoderm *s.* endoderm
entoectad von innen nach außen
entomb *v* bestatten, beisetzen, beerdigen, begraben
entombment Bestattung *f*, Beisetzung *f*, Beerdigung *f*, Begräbnis *n*
entomesoderm *s.* endomesoderm
entomion *(Anat)* Entomion *n*
entomiasis Insektenkrankheit *f*, Insektenleiden *n*
entomogenous entomogen, durch Insekten verursacht [übertragen]
entomophobia Entomophobie *f*, Insektenangst *f*

entomophthoramycosis Entomophthoramykose *f*, Entomophthoromykose *f*
entomophthoromycosis conidiobolae Entomophthoromycosis *f* conidiobolae
entomosis Entomosis *f*, Insektenbefall *m*
entoparasite *s.* endoparasite
entophthalmia *s.* endophthalmitis
entopic gestation Intrauterinschwangerschaft *f*, Intrauteringravidität *f*, intrauterine Gravidität *f*
entopic pregnancy *s.* entopic gestation
entoplasm *s.* endoplasm
entoptic entoptisch, im Auge(ninneren) liegend
entoptic imagery *(Ophth)* entoptische Bilder *npl*, entoptische Wahrnehmungen *fpl*
entoptoscope *(Ophth)* Entoptoskop *n*
entoptoscopic entoptoskopisch, augenspiegelnd
entoptoscopy *(Ophth)* Entoptoskopie *f*, Augenspiegelung *f*
entoretina Henle'sche Nervenschicht *f*
entorganism Endoparasit *m*
entorhinal endorhin(al), in der Nase
entorrhagia innere Blutung *f*
entostosis *s.* enostosis
entotic entotisch, im Ohr liegend
entotrochanter Trochanter *m* minor (femoris)
entotympanic endotympanal
entozoal Entozoen...
entozoon Entozoon *n*, Binnenschmarotzer *m*, Innenschmarotzer *m*
entrain *v* die Herzfrequenz überspielen *(mittels Schrittmachers)*
entrainment 1. Überspielen *n* der Herzfrequenz, Einfangen *n* des Schrittmachers *(z. B. bei Vorhofflattern)*; 2. Synchronisierung *f*, Synchronisation *f*
entrance Eingang *m*, Aditus *m*, Zugang *m*; Eintritt *m*
entrance block *(Kard)* Entrance-block *m*, Eintrittsblock *m*
entrance exposure *(Rad)* Eintrittsdosis *f*, Hautdosis *f*
entrance field *(Rad)* Eintrittsfeld *n*
entrance to the larynx Aditus *m* laryngis, Kehlkopfeingang *m*
entrance to the mastoid antrum Aditus *m* ad antrum (mastoideum), Recessus *m* epitympanicus, Vorhofeingang *m*
entrance wound Eintritt(s)wunde *f*
entrapment Kompression *f*, Einklemmung *f*
entrapment-free dentine einschlussfreies Dentin *n*
entrapment neuropathy Kompressionsneuritis *f*
entropion 1. Entropium *n*, Einstülpung *f*, Einwärtskehrung *f*; 2. Augenlideinstülpung *f*, Lideinwärtskehrung *f*
entropionize *v* entropionieren, einwärts rollen, einwärts kehren
entropium *s.* entropion
entry 1. Eingang *m*, Aditus *m*; Zugang *m*; Eintritt *m*; 2. Eingabe *f*
entry dose *(Rad)* Eintrittsdosis *f*, Hautdosis *f*
entry dose rate *(Rad)* Eintrittsdosisleistung *f*
entry site Eintritt *m*, Eintrittsstelle *f*, Zugang *m*, Zugangsort *m*
entry wound 1. Keimeintrittswunde *f*, Eintrittswunde *f (für Keime)*; 2. *(For)* Einschusswunde *f*, Einschuss *m*
enucleate *v* enukleieren, entkernen, ausschälen
enucleation Enukleation *f*, Entkernung *f*, Ausschälung *f*
enuresis Enurese *f*, Harninkontinenz *f*, Harnträufeln *n*; Bettnässen *n*
enuretic enuretisch, einnässend; Enurese...; bettnässend
envelope 1. Hülle *f (z. B. eines Virus)*; Membran *f*, Hüllmembran *f*; 2. Umschlag *m*, Schutzumschlag *m*, Schutzhülle *f*
envenom *v* das Gift einspritzen *(z. B. bei Schlangenbiss)*
envenomation Envenomation *f*, Gifteinspritzung *f*
envenomation coagulopathy Koagulopathie *f* [Gerinnungsstörung *f*] bei Giftschlangenbiss
environmental durch die Umwelt hervorgerufen, umweltbedingt, durch die Umwelt ausgelöst; Umwelt...
environmental carcinogen Umweltkarzinogen *n*, krebserregender Stoff *m* aus der Umwelt
environmental conditions Umweltbedingungen *fpl*
environmental influence Umwelteinfluss *m*
enzygotic twins eineiige Zwillinge *mpl*
enzymatic enzymatisch, fermentativ; Enzym...
enzymatic analysis enzymatische Analyse *f*
enzymatic block enzymatischer Block *m*, Enzymblock *m*
enzymatic debridement enzymatische Wundreinigung *f*, physiologische Kürettage *f*
enzymatic defect enzymatischer Defekt *m*, Enzymdefekt *m*
enzymatic detergent asthma Asthma *n* durch Waschmittelenzyme, Waschmittel-Asthma *n*, Alkalase-Asthma *n*, Detergentien-Asthma *n*
enzymatic diagnostics Enzymdiagnostik *f*
enzymatic infarction enzymatischer Infarkt *m*, Enzyminfarkt *m*
enzymatic test enzymatischer Test *m*, Enzymtest *m*
enzyme Enzym *n*, Ferment *n*
enzyme activator Enzymaktivator *m*
enzyme activity Enzymaktivität *f*
enzyme aggregate Enzymaggregat *n*
enzyme assay Enzymtest *m*
enzyme deficiency Enzymmangel *m*, Enzymopenie *f*
enzyme deficiency anaemia enzymoprive Anämie *f*, Enzymmangelanämie *f*
enzyme diagnostics enzymatische Diagnostik *f*, Enzymdiagnostik *f*
enzyme immunoassay Enzym-Immunassay *m*, EIA
enzyme-inducing enzyminduzierend
enzyme induction Enzyminduktion *f*
enzyme inhibition Enzymhemmung *f*
enzyme inhibitor Enzyminhibitor *m*
enzyme kinetics Enzymkinetik *f*
enzyme-linked immunosorbent assay heterologer Enzym Immunassay *m*, heterogener EIA *m*, ELISA
enzyme multiplied immunoassay technique *s.* enzyme multiplied immunotechnique
enzyme multiplied immunotechnique homologer Enzym-Immunassay *m*, homogener EIA, EMIT
enzyme pattern Enzymmuster *n*
enzyme polymorphism Enzympolymorphismus *m*
enzyme profile Enzymprofil *n*
enzyme repression Enzymrepression *f*, Hemmung *f* der Enzymsynthese
enzyme unit Enzymeinheit *f*, enzymatische Einheit *f*
enzymic *s.* enzymatic
enzymologist Enzymologe *m*, Enzymspezialist *m*
enzymology Enzymologie *f*, Enzymlehre *f*
enzymolysis Enzymolyse *f*, Enzymauflösung *f*
enzymolytic enzymolytisch; Enzymolyse...
enzymopathy Enzymopathie *f*
enzymopenia Enzymopenie *f*, Enzymmangel *m*
enzymuria Enzymurie *f*, Enzymausscheidung *f* im Urin
EOG *s.* electrooculogram
eonism Eonismus *m*, Transvesti(ti)smus *m*, Transsexualismus *m*
eosin Eosin *n*, Tetrabromfluoreszein *n*, Tetrabromfluorescein *n*
eosin-methylene blue stain *(Lab)* Eosin-Methylenblau-Färbung *f*
eosin preparation Eosinpräparat *n*
eosinoblast Eosinoblast *m*, Eosinophiloblast *m (Eosinophilenvorstufe im Knochenmark)*

eosinocyte eosinophiler Leukozyt *m*, Eosinophiler *m*
eosinopenia Eosinopenie *f*, Eosinophilenverminderung *f*, Eosinophilenmangel *m*
eosinopenic eosinopenisch; Eosinophilenmangel…
eosinophil(e) eosinophiler Leukozyt *m*, Eosinophile(r) *m*
eosinophilia 1. *(Hämat)* Eosinophilie *f*, Eosinophilenvermehrung *f*, 2. *(Lab)* Eosinfreundlichkeit *f*, Eosinfärbbarkeit *f*
eosinophilia-myalgia syndrome (tryptophan-induziertes) Eosinophilie-Myalgie-Syndrom *n*
eosinophilic eosinophil, eosinfreundlich, eosinfärbend
eosinophilic adenoma eosinophiles Adenom *n*
eosinophilic cytoplasmic inclusions *s.* Guarnieri bodies
eosinophilic enteropathy eosinophile Enteropathie *f*
eosinophilic erythroblast *s.* normoblast
eosinophilic granuloma eosinophiles Granulom *n*
eosinophilic granuloma of bone eosinophiles Knochengranulom *n*
eosinophilic leucocyte Eosinophiler *m*, eosinophiler Leukozyt *m*
eosinophilic leukaemie Eosinophilenleukämie *f*
eosinophilic lung *s.* pulmonary tropical eosinophilia
eosinophilic pneumonia eosinophile Pneumonie *f*
eosinophilic pulmonary infiltrate eosinophiles Lungeninfiltrat *n*
eosinophilic tumour of the pituitary eosinophiles Hypophysenadenom *n*
eosinophilocytic Eosinophilen…
eosinophilopoietin Eosinophilopoietin *n*
eosinophilosis *s.* eosinophilia
eosinophilous *s.* eosinophilic
eosinophiluria Eosinophilurie *f*, Eosinophilenausscheidung *f* im Urin
eosinotactic eosinotaktisch, die Eosinophilenbewegung beeinflussend
eosinotaxis Eosinotaxis *f*, Eosinophilenbewegung *f* auf Reizwirkung
epactal cartilage Cartilago *f* nasalis accessoria
eparsalgia Überlastungsschmerz *m (z. B. eines Gelenks)*
eparterial oberhalb einer Arterie (liegend)
epencephalon *s.* rhombencephalon
ependopathy *s.* ependymopathy
ependyma Ependym *n (Gliazellschicht des Rückenmarkkanals und der Hirnventrikel)*
ependymal ependymal; Ependym…
ependymal cell Ependym(al)zelle *f*, Ependymozyt *m*
ependymal cyst Ependymzyste *f*
ependymal glioma ependymales Gliom *n (bösartiger Tumor)*
ependymal layer Ependym(al)schicht *f*, Ependym *n*
ependymal spongioblastoma Ependymspongioblastom *n*, ependymales Spongioblastom *n*
ependymitis Ependymitis *f*, Ependymentzündung *f*
ependymoblast Ependymoblast *m*, embryonale Ependymzelle *f*
ependymoblastoma Ependymoblastom *n*, unreifes Ependymom *n*
ependymocyte *s.* ependymal cell
ependymocytoma *s.* ependymoma
ependymoma Ependymom *n*, Ependymgliom *n*, Blastoma *n* ependymale, Medulloepithelioma *n*, Spongioblastoma *n* primitivum *(vom Ependym abgeleitete Ventrikelgeschwulst)*
ependymopathy Ependymopathie *f*, Ependymerkrankung *f*, Ependymkrankheit *f*
epersalgia *s.* eparsalgia
eperythrozoonosis Eperythrozoonosis *f*, Eperythrozoeninfekton *f*
ephapse Ephapse *f (elektrische Synapse)*
ephaptic ephaptisch, durch elektrische Impulse übertragen; Ephapsen…
ephaptic transmission ephaptische Transmission *f* [Nervenimpulsübertragung *f*]
ephebiatrics Adoleszentenmedizin *f*
ephebic pubertierend; Adoleszenz…
ephebogenesis Ephebogenese *f (Gestaltwandel des Jugendlichen)*
ephebophilia Ephebophilie *f (homosexuelle Neigung zu Jugendlichen)*
ephedrine Ephedrin *n (spasmolytisches und antiallergisches Sympathikomimetikum)*
ephelis *(Derm)* Ephelis *f*, Sommersprosse *f*
ephemera Ephemera *pl*, Eintagefieber *n*
ephemeral ephemer, kurzlebig, vorübergehend; nur für einen Tag, eintägig; Eintags…
ephemeral fever *s.* ephemera
ephidrosis Ephidrosis *f*, Hyperhidrose *f*, übermäßige Schweißproduktion *f*, vermehrte Schweißabsonderung *f*, verstärktes Schwitzen *n*
ephiledes *pl s.* ephelis
epiallopregnanolone Epiallopregnanolon *n*
epiandrosterone Epiandrosteron *n (androgenes Steroid)*
epiblast *s.* ectoblast
epiblastic Epiblasten…
epiblepharon Epiblepharon *n*, dicke Lidrandhautfalte *f*
epiboly Epibolie *f*, Epibole *f (bei der Gastrulation)*
epibulbar epibulbär, oberhalb des Augapfels
epicanthal *s.* epicanthic
epicanthic Epikanthus…
epicanthic fold *(Ophth)* Epikanthus *m*, Oberlidhautfalte *f*, Mongolenfalte *f*
epicanthine *s.* epicanthic
epicanthus *s.* epicanthic fold
epicarcinogen Epikarzinogen *n*, epigenetisches Karzinom *m*
epicardia Epikardia *f (unteres Ösophagusende zwischen Zwerchfell und Magen)*
epicardial 1. *(Kard)* epikardial; Epikard…, Herzaußenhaut…; 2. *(Gastr)* Epikardia…
epicardial electrode *(Kard)* Epikardelektrode *f*
epicardial pacing epikardiale Stimulation *f*, Epikardstimulation *f*
epicardicotomy Epikardiektomie *f*, Epikardresektion *f*
epicardiolysis Epikardiolyse *f*, Epikard(ab)lösung *f*
epicardium Epicardium *n*, Epikard *n*, Herzaußenhaut *f*, viszerales Perikardblatt *n*, Lamina *f* visceralis pericardii serosi
epicauma Epikauma *n (Oberflächenverätzung des Auges)*
epicentral epizentral, oberhalb des Wirbelkörperzentrums liegend
epichordal epichordal, dorsal der Chorda dorsalis liegend
epichorion Epichorion *n*, Decidua *f* capsularis
epicillin *(Pharm)* Epicillin *n (Antibiotikum)*
epicoeloma Epizölom *n*
epicomus *(Terat)* Epicomus *m (Missbildung)*
epicondylalgia Epikondylalgie *f*, Epikondylenschmerz *m*
epicondylar epikondylär; Epikondylus…, Epikondylen…
epicondylar fracture Epikondylusfraktur *f*, epikondylärer Knochenbruch *m* [Bruch *m*]
epicondyle Epikondylus *m*, Gelenkhöcker *m*
epicondylian *s.* epicondylar
epicondylic *s.* epicondylar
epicondylitis Epikondylitis *f*, Epikondylusentzündung *f*
epicondylus *s.* epicondyle
epicoracoid epikorakoid, oberhalb des Processus coracoideus
epicorneascleritis Epikorneaskleritis *f (Entzündung der Kornea und der Sklera)*

epicostal epikostal, über einer Rippe liegend
epicranial epikranial; Kopfschwarte(n)...
epicranial aponeurosis Aponeurosis *f* epicranialis, Galea *f* (aponeurotica), Sehnenhaube *f*
epicraniotomy Epikraniotomie *f*, (operative) Durchtrennung *f* der Galea aponeurotica
epicranium *(Anat)* Epikranium *n*, Kopfschwarte *f*
epicranius (muscle) Musculus *m* epicranius
epicrisis 1. Epikrise *f*, abschließender Krankheitsbericht *m*; 2. Rezidiv *n*, Krankheitsrückfall *m*, Wiederaufflackern *n* einer Krankheit
epicritic 1. epikritisch; Epikrise(n)...; 2. epikritisch, feine Unterschiede wahrnehmend *(z. B. Nervenfasern)*
epicutaneous inoculation Epikutaninokulation *f*, epikutane Impfung *f*
epicyesis *s.* superfecundation
epicystitis Epizystitis *f (Gewebeentzündung oberhalb der Blase)*
epicystotomy Epizystotomie *f*, suprapubische Zystotomie *f*, hoher Steinschnitt *m*
epicyte 1. Zellwand *f*; 2. Epithelzelle *f*
epidemic epidemisch (auftretend); Epidemie...
epidemic *(Inf)* Epidemie *f* • **abate an epidemic** eine Epidemie eindämmen
epidemic arthritic erythema Haverhill-Fieber *n*
epidemic catarrhal fever Influenza *f*, Grippe *f*
epidemic centre *s.* epidemic focus
epidemic cerebrospinal meningitis *s.* meningococcic meningitis
epidemic chorea epidemische Chorea *f*, Chorea *f* epidemica, Choreomanie *f*
epidemic curve Epidemiekurve *f*, Epidemieverlauf *m*
epidemic diarrhoea in newborns Neugeborenendiarrhö *f*
epidemic dropsy *(Trop)* Argemonenölvergiftung *f (bei Genuss von Argemone mexicana)*
epidemic encephalitis epidemische Enzephalitis *f*
epidemic focus epidemischer Herd *m*, Epidemieherd *m*, Epidemiezentrum *n*
epidemic gangrenous proctitis epidemische gangränöse Proktitis *f*
epidemic haemoglobinuria Säuglingssepsis *f*, Winckel'sche Krankheit *f*
epidemic haemorrhagic conjunctivitis epidemische hämorrhagische Konjunktivitis *f*
epidemic haemorrhagic fever epidemisches hämorrhagisches Fieber *f*
epidemic hepatitis infektiöse Hepatitis *f*, Hepatitis *f* infectiosa
epidemic hysteria epidemische Hysterie *f*
epidemic impetigo of the newborn Impetigo *f* neonatorum
epidemic jaundice *s.* epidemic hepatitis
epidemic keratoconjunctivitis epidemische Keratokonjunktivitis *f*
epidemic louse-borne relapsing fever Läuserückfallfieber *n*
epidemic myalgia epidemische Myalgie *f*, Pleurodynie *f*, Bornholmer Krankheit *f*
epidemic myositis *s.* epidemic myalgia
epidemic occurrence Epidemiegeschehen *n*
epidemic parotitis Parotitis *f* epidemica, Mumps *m*, Ziegenpeter *m*
epidemic pleurodynia *s.* epidemic myalgia
epidemic roseola 1. Röteln *pl*; 2. Masern *pl*
epidemic serous meningitis Virusmeningitis *f*, abakterielle Meningitis *f*, aseptische [idiopathische] Gehirnhautentzündung *f*, Meningitis *f* serosa [lymphocytaria benigna]
epidemic stomatitis Stomatitis *f* epidemica *(siehe auch: aphthous fever)*
epidemic typhus klassisches [epidemisches] Fleckfieber *n*, Typhus *m* exanthematicus
epidemic typhus vaccine Cox-Vakzine *f*, Fleckfiebervakzine *f*, Fleckfieberimpfstoff *m*
epidemic vomiting epidemisches Erbrechen *n*
epidemicity *(Inf)* Epidemieneigung *f*, Epidemiefähigkeit *f*, epidemischer Zustand *m (z. B. einer Krankheit)*
epidemiography Epidemiographie *f*
epidemiologic epidemiologisch; Epidemiologie...
epidemiologic history epidemiologische Anamnese *f*, Epidemieanamnese *f*
epidemiologist Epidemiologe *m*, Epidemiespezialist *m*
epidemiology Epidemiologie *f (Lehre von der Entstehung, Verbreitung und Bekämpfung von Infektionskrankheiten)*
epiderm *s.* epidermis
epidermal epidermal; Epidermis..., Oberhaut...
epidermal cancer [carcinoma] *s.* epithelioma 2.
epidermal cell Epidermiszelle *f*
epidermal cyst Epidermiszyste *f*
epidermal graft Epidermistransplantat *n*, Epidermislappen *m*
epidermal grafting Epidermistransplantation *f*, Epidermisverpflanzung *f*
epidermal growth factor epidermaler Wachstumsfaktor *m*
epidermal naevus Naevus *m* verrucosus, Warzennävus *m*, Warzen(mutter)mal *n*
epidermal papule Epidermispapel *f*
epidermal rete Rete *n* mucosum
epidermalization Epidermalisation *f*, Epidermalisierung *f*, squamöse Metaplasie *f*
epidermatic *s.* epidermal
epidermatous *s.* epidermal
epidermatitis Epidermatitis *f*, Epidermisentzündung *f*
epidermatoplasty Epidermatoplastik *f*, Epidermistransplantation *f*, Transplantation *f* von Epidermislappen
epidermatomycosis *s.* dermatomycosis
epidermatozoonosis Epidermatozoonose *f*, Epizoonose *f*, Hautschmarotzerbefall *m*, Hautschmarotzerkrankheit *f*
epidermic *s.* epidermal
epidermicula Epidermioula *f*, Epidermishäutchen *n*
epidermidalization Epidermialisierung *f*, Epidermialisation *f*, Epidermiszellenbildung *f*
epidermides *pl s.* epidermis
epidermidosis Epidermidose *f*, Epidermisanomalie *f*, Oberhautfehlbildung *f*
epidermis Epidermis *f*, Oberhaut *f*
epidermis cyst Epidermiszyste *f*
epidermitis Epidermitis *f*, Epidermisentzündung *f*, Oberhautentzündung *f*
epidermization 1. Epidermisierung *f*, Oberhautbildung *f*; 2. Hauttransplantation *f*
epidermodysplasia Epidermodysplasie *f*, Epidermisdysplasie *f*, Oberhautfehlentwicklung *f*
epidermoid epidermoid, epidermisartig, oberhautähnlich
epidermoid Epidermoid *n*, (angeborene) Epidermiszyste *f*
epidermoid carcinoma Epidermoidkarzinom *n*, Plattenepithelkarzinom *n*
epidermoid cell Epidermoidzelle *f*
epidermoid cell carcinoma Epidermoidzellkarzinom *n*
epidermoid cholesteatoma Epidermoidcholesteatom *n*
epidermoid cyst Epidermoidzyste *f*
epidermoidoma Epidermoidom(a) *n*, Epidermisgeschwulst *f*
epidermolysin Epidermolysin *n*, Exfoliatin *n*
epidermolysis Epidermolyse *f*, Nikolski'sches Zeichen *n*, Epithelablösung *f*, Oberhautablösung *f* mit Blasenbildung
epidermolytic epidermolytisch, die Epidermis ablösend; Epidermolyse...

epidermoma Epidermom *n*, Epidermisgeschwulst *f*
epidermomycosis Epidermomykose *f*, Oberhautpilzkrankheit *f*
epidermophytid Epidermophytid *n (allergisches Hautexanthem bei Epidermomykosen)*
epidermophytosis Epidermophytie *f*, Hautpilzkrankheit *f*, Hautpilzerkrankung *f*
epidermoplasty Epidermisplastik *f*, Epidermis(lappen)transplantation *f*
epidermosis Epidermosis *f*, Epidermisaffektion *f*, Oberhauterkrankung *f*
epidermotropic epidermotrop(isch), in Richtung Epidermis wandernd; von der Epidermis angezogen werden; die Epidermis bevorzugend
epidermotropism Epidermotropismus *m (z. B. von Lymphozyten)*
epidiascope Epidiaskop *n*, Overhead-Projektor *m*
epididymal epididymal; Epididymis..., Nebenhoden...
epididymal appendage Appendix *f* epididymidis, Nebenhodenanhängsel *n*
epididymal duct Ductus *m* epididymidis, Nebenhodengang *m*
epididymal fossa Fossa *f* epididymidis, Nebenhodengrube *f*
epididymectomy Epididymektomie *f*, Nebenhodenexzision *f*, Nebenhodenresektion *f*, (operative) Nebenhodenentfernung *f*
epididymis Epididymis *f*, Nebenhoden *m*
epididymitis Epididymitis *f*, Nebenhodenentzündung *f*
epididymodeferentectomy Epididymodeferentektomie *f*, Nebenhoden-Samenstrang-Resektion *f*, (operative) Nebenhoden- und Samenstrangentfernung *f*
epididymodeferential Nebenhoden-Samenstrang-...
epididymo-orchi(d)ectomy Epididymoorchidektomie *f*, Nebenhoden-Hoden-Resektion *f*, (operative) Nebenhoden- und Hodenentfernung *f*
epididymo-orchitis Epididymoorchitis *f*, Orchiepididymitis *f*, Nebenhoden- und Hodenentzündung *f*
epididymoplasty Epididymoplastik *f*, Nebenhodenplastik *f*, (operative) Nebenhodenrekonstruktion *f*
epididymotomy Epididymotomie *f*, Nebenhodeninzision *f*, Nebenhodenschnitt *m*
epididymovasectomy Epididymovasektomie *f*, (operative) Nebenhoden-Samenleiter-Entfernung *f*
epididymovasostomy Epididymovasostomie *f*, Nebenhoden-Samenleiter-Anastomose *f*
epididymovesiculography Epididymovesiculographie *f*
epidural epidural, extradural *(siehe auch unter: extradural)*
epidural abscess Epiduralabszess *m*, epiduraler Abszess *m*, Pachymeningitis *f* externa
epidural anaesthesia Epiduralanästhesie *f*, Periduralanästhesie *f*, extradurale Spinalanästhesie *f*
epidural analgesia Epiduralanalgesie *f*, Periduralanalgesie *f*, extradurale Spinalanalgesie *f*
epidural blood patch epiduraler Blut-Patch *m*, epidurales Blutdepot *m (Ersatz von Zerebrospinalflüssigkeit nach Lumbalpunktion)*
epidural haemorrhage epidurale Blutung *f*, extradurale Blutung *f*
epidural haematoma Epiduralhämatom *n*, epidurales [extradurales] Hämatom *n*, epiduraler Bluterguss *m*
epidural space Epiduralraum *m*, Cavum *n* epidurale [extradurale], Periduralraum *m*
epidural spinal haematoma epidurales Rückenmarkhämatom *n*
epidural spinal haemorrhage epidurale Rückenmarkblutung *f*
epidurography *(Rad)* Epidurographie *f (Röntgendarstellung des Epiduralraumes mittels Kontrastmittel)*

epifascial epifaszial, auf einer Faszie liegend
epifolliculitis Epifollikulitis *f*, Follikulitis *f*, Hautfollikelentzündung *f*
epigaster *(Embr)* Epigaster *m*
epigastralgia Epigastralgie *f*, Oberbauchschmerz *m*
epigastric epigastrisch; Epigastrium..., Oberbauch...
epigastric angle epigastrischer Winkel *m*, Rippenwinkel *m*, Angulus *m* infrasternalis
epigastric aura epigastrische Aura *f*, Aura *f* epigastrica
epigastric cross section Oberbauchquerschnitt *m*
epigastric fold epigastrische Falte *f*, Plica *f* epigastrica
epigastric fossa epigastrische Grube *f*, Fossa *f* epigastrica
epigastric hernia Oberbauchhernie *f*, Oberbauchbruch *m*, Epigastrozele *f*, Hernia *f* epigastrica
epigastric (lymph) node epigastrischer Lymphknoten *m*
epigastric pain epigastraler Schmerz *m*, Schmerz *m* im Epigastrium
epigastric plexus Oberbauch(nerven)geflecht *n*, Plexus *m* coeliacus
epigastric pulse epigastrischer Puls *m*, epigastrische Pulsation *f*
epigastric region *s.* epigastrium
epigastric reflex epigastraler Reflex *m*
epigastric sensation epigastrische Empfindung *f*
epigastric transverse incision *(Chir)* querer Oberbauchschnitt *m*, Oberbauchquerschnitt *m*
epigastrium Epigastrium *n*, Oberbauch *m*, Magengrube *f*, Regio *f* epigastrica [abdominis cranialis]
epigastrius *(Terat)* Epigastrius *m (Doppelmissbildung)*
epigastrocele *s.* epigastric hernia
epigenesis 1. *(Embr)* Epigenese *f (Entwicklung aus einer Zygote)*; 2. *(Gen)* Epigenese *f (Form der Regulation der Genexpression)*
epigenetic epigenetisch; Epigenese...
epigenetics Epigenetik *f*
epiglottal *s.* epiglottic
epiglottectomy *s.* epiglottidectomy
epiglottic epiglottisch; Epiglottis..., Kehldeckel...
epiglottic cartilage Cartilago *f* epiglottica, Kehldeckelknorpel *m*
epiglottic tubercle Tuberculum *n* epiglotticum, Kehldeckelhöckerchen *n*
epiglottic vallecula Vallecula *f* epiglottica (linguae)
epiglottidean *s.* epiglottic
epiglottidectomy Epiglottidektomie *f*, Kehldeckelexzision *f*, (operative) Kehldeckelentfernung *f*
epiglottis Epiglottis *f*, Kehldeckel *m*
epiglottis retractor Epiglottisretraktor *m*, Epiglottishalter *m*
epiglottitis Epiglottitis *f*, Kehldeckelentzündung *f*
epiglottoplasty Epiglottoplastik *f*, Epiglottisplastik *f*, plastische Epiglottisoperation *f*
epignathous Epignathus...
epignathus *(Terat)* Epignathus *m (1. Doppelmissbildung; 2. fetale Geschwulst)*
epigonal epigonadal, oberhalb einer (fetalen) Gonade liegend
epihyal epihyal
epihyoid epihyoid(al), oberhalb des Zungenbeins liegend
epikeratophakia *(Ophth)* Epikeratophakie *f*, epikeratophak(isch)e Keratoplastik *f*
epikeratoprosthesis *(Ophth)* Epikeratoprothese *f (Kontaktlinse)*
epilamellar epilamellär, auf einer Lamelle liegend; auf der Basalmembran liegend
epilate *v* epilieren, enthaaren, die Haare entfernen
epilating dose *(Rad)* Epilationsdosis *f*, Enthaarungsdosis *f*
epilating forceps Epilationsklemme *f*, Enthaarungspinzette *f*

epilation Epilation *f*, Enthaarung *f*, Haarentfernung *f*
epilation radiotherapy Epilationsradiotherapie *f*, Epilationsbestrahlung *f*
epilatory epilatorisch, die Haare entfernend; Epilations..., Haarentfernungs...
epilatory (agent) Epilationsmittel *n*, Haarentfernungsmittel *n*, die Haare entfernendes Mittel *n*
epilemma Epilemma *n*, Endoneurium *n*
epilemmal Epilemma..., Epineurium...
epilepsy Epilepsie *f*, Fallsucht *f*, *(veraltet)* Morbus *m* sacer [divinus, caducus]
epilepsy syndrome *(Neur)* Epilepsiesyndrom *n*
epileptic epileptisch, an Epilepsie leidend; Epilepsie...
epileptic Epileptiker *m*, Epilepsiekranker *m*
epileptic absence epileptische Absence *f*
epileptic attack epileptischer Anfall *m*, Epilepsieanfall *m*
epileptic automatism epileptischer Automatismus *m*; epileptischer Dämmerzustand *m*
epileptic coma Epilepsiekoma *n*, epileptisches Koma *n*, Coma *n* epilepticum
epileptic constitution *(Neur)* epileptische Konstitution *f*, enechetische Konstitution *f*
epileptic crisis epileptische Krise *f*, Epilepsiekrise *f*, epileptischer Anfall *m*
epileptic cry epileptischer Schrei *m*, Initialschrei *m*
epileptic dementia epileptische Demenz *f*, Dementia *f* epileptica
epileptic derangement (epileptischer) Ausnahmezustand *m*
epileptic equivalent epileptisches Äquivalent *n*
epileptic fit epileptischer Anfall *m*, Epilepsieanfall *m*
epileptic fraud epileptischer Schwindler *m*
epileptic insanity epileptisches Irresein *n*
epileptic personality epileptische Persönlichkeit *f*; epileptische Wesensänderung *f*
epileptic psychosis epileptische Psychose *f*, Epilepsiepsychose *f*
epileptic rate Anfallshäufigkeit *f*, Anfallsfrequenz *f*
epileptic seizure *s.* epileptic fit
epileptic state Status *m* epilepticus, Epilepsiedauerzustand *m*
epileptic stupor epileptischer Stupor *m*
epileptic twilight state *(Neur)* epileptischer Dämmerzustand *m*
epileptic type epileptischer Typ *m*, Epilepsietyp *m*, Enechetiker *m*
epileptic vertigo epileptische Vertigo *f*, epileptischer Schwindel *m*
epileptiform epileptiform, epilepsieartig
epileptiform neuralgia epileptiforme Neuralgie *f*, Trigeminusneuralgie *f*
epileptogenesis 1. Epileptogenese *f*, Epilepsieentwicklung *f*, Epilepsieentstehung *f*; 2. Epilepsieauslösung *f*
epileptogenic epileptogen, epilepsieauslösend
epileptogenic focus epilepsieauslösender Herd *m* [Fokus *m*], Epilepsiefokus *m*
epileptogenous *s.* epileptogenic
epileptoid epileptoid, epilepsieartig, epilepsieähnlich
epileptoid alcoholic *(Neur)* epileptoider Trinker *m*
epileptoid convulsion *(Neur)* epileptiformer [epileptischer] Krampf *m*
epileptoid psychopathy epileptoide Psychopathie *f*
epileptologist Epilepsiespezialist *m*
epileptology Epilepsielehre *f*
epiloia tuberöse Sklerose *f*
epilose haarlos, enthaart; Glatzen...
epiluminescence microscopy Epilumineszenzmikroskopie *f*
epimandibular epimandibuär, über dem Unterkiefer liegend
epimastical sich stetig erhöhend, einen Höhepunkt erreichend *(z. B. Fieber)*
epimastigote epimastigotes Stadium *n*, epimastigote Form *f (der Trypanosomen)*
epimenorrhagia Epimenorrhagie *f (zu häufige und zu heftige Menstruation)*
epimenorrhoea Epimenorrhö *f (zu häufige Menstruation; Zyklus kürzer als 28 Tage)*
epimer Epimer *n (Produkt der Epimerasen)*
epimerase Epimerase *f (Enzym)*
epimere Epimer *n (Rückseite des Myotoms)*
epimerism *(Bioch)* Epimerie *f (Molekülformen mit einem spiegelbildlichen Kohlenstoffatom)*
epimestrol Epimestrol *n (Ovulationsstimulator)*
epimicroscope Epimikroskop *n*
epimorphic nachwachsend; Epimorphose...
epimorphosis Epimorphose *f (Nachwachsen abgetrennter Körperteile)*
epimyocardium *(Embr)* Epimyokard(ium) *n*
epimysial Muskelscheiden..., Muskelbinden...
epimysiotomy Epimysiotomie *f*, Epimysiuminzision *f*
epimysium Epimysium *n*, Perimysium *n* externum, Muskelscheide *f*, Muskelbinde *f*
epinephral *s.* suprarenal
epinephrectomy Epinephrektomie *f*, Adrenalektomie *f*, Suprarenalektomie *f*, Nebennierenexstirpation *f*, (operative) Nebennierenentfernung *f*
epinephrinaemia Adrenalinämie *f*, Vorhandensein *n* von Adrenalin im Blut
epinephrine Epinephrin *n*, Adrenalin *n*, Suprarenin *n (Nebennierenmarkhormon)*
epinephrine bitartrate *(Ophth)* Epinephrinbitartrat *n (zur Augendrucksenkung)*
epinephritis 1. Epinephritis *f*, Nierenfettkapselentzündung *f*; 2. Adrenalitis *f*, Nebennierenentzündung *f*
epinephro-phlebography Nebennierenphlebographie *f*, Nebennierenvenenröntgen(kontrast)darstellung *f*, Röntgen(kontrast)darstellung *f* der Nebennieren
epinephroma Hypernephrom *n*, Grawitz-Tumor *m*, hypernephroide Geschwulst *f*
epinephros Epinephron *n*, Nebenniere *f*, Glandula *f* suprarenalis, Corpus *n* suprarenale
epinephryl borate *(Ophth)* Epinephrylborat *n (Adrenergikum)*
epineural 1. epineural, oberhalb eines Wirbelkörpers (liegend); 2. *s.* epineurial
epineurial epineural; Epineurium..., Nervenscheiden...
epineurium Epineurium *n*, Nervenscheide *f*
epinosic Epinose..., Krankheitseinbildungs...
epinosic gain sekundärer Krankheitsgewinn *m*
epinosis Epinosis *f*, Krankheitseinbildung *f*, primärer Krankheitsgewinn *m*
epioestriol Epiöstriol *n (im Urin Schwangerer)*
epionychium *s.* eponychium
epiorchium Epiorchium *n*, Lamina *f* visceralis tunicae vaginalis testis
epiotic oberhalb des Ohres liegend
epipalatum *(Terat)* Epipalatum *n*, Palatopagus *m* parasiticus *(Doppelmissbildung)*
epipastic puderartig, als Puder zu gebrauchen; verstreubar; Puder...
epipastic (agent) Puder *m*; Pulver *n*, Streupulver *n*
epipatellar suprapatellar, über der Kniescheibe [Patella] liegend
epipatellar reflex Suprapatellarreflex *m*
epipericardial epiperikardial, auf dem Perikard liegend; Epiperikard...

epipharyngeal epipharyngeal, nasopharyngeal; Epipharynx..., Nasenrachen...
epipharyngitis Epipharyngitis *f*, Nasenrachenentzündung *f*
epipharyngoscopy Epipharynxspiegelung *f*, posteriore Rhinoskopie *f*
epipharynx Epipharynx *m*, Nasenrachen(raum) *m*
epiphenomenon Epiphenomen *n*, zusätzliches Ereignis *n* *(während einer Krankheit)*
epiphora Epiphora *f*, Tränenträufeln *n*, Tränenfluss *m*, Stillicidium *n* lacrimarum; Oculus *m* lacrimans
epiphrenal epiphrenisch, supraphrenisch, über dem Zwerchfell (liegend)
epiphrenic *s.* epiphrenal
epiphyseal Epiphysen...
epiphyseal cartilage 1. Epiphysenknorpel *m*, Cartilago *f* epiphysialis; 2. *s.* epiphyseal plate 1.
epiphyseal centre of ossification Epiphysenverknöcherungszentrum *n*, Epiphysenossifikationskern *m*
epiphyseal chondromatous giant-cell tumour *(Path)* Chondroblastom *n*, Chondrom *n*
epiphyseal closure Epiphysen(fugen)schluss *m*
epiphyseal disk *s.* epiphyseal plate 2.
epiphyseal dysplasia Epiphysendysplasie *f*, Dysplasia *f* epiphysialis multiplex
epiphyseal fracture Epiphysenfraktur *f*
epiphyseal growth Epiphysenwachstum *n*
epiphyseal growth centre Epiphysenwachstumszentrum *n*
epiphyseal joint Epiphysenfuge *f*
epiphyseal line Epiphysenlinie *f*, Wachstumslinie *f*, Linea *f* epiphysialis
epiphyseal plate 1. Epiphysenfuge *f*, Wachstumsfuge *f*, Epiphysen(fugen)knorpel *m (Knochenlängenwachstumszone)*; 2. Epiphysenplatte *f*, Epiphysenscheibe *f (Wirbelkörper)*
epiphyseal process *s.* epiphysis 1.
epiphyseal separation *(Orth)* Epiphysensprengung *f*, Epiphysenlösung *f*
epiphyseodesis *s.* epiphysiodesis
epiphyseolysis *s.* epiphysiolysis
epiphysial *s.* epiphyseal
epiphysiodesis 1. Epiphysiodese *f*, vorzeitiger Epiphysenschluss *m*; 2. Epiphyseodese *f*, (operative) Epiphysenschlussauslösung *f*
epiphysioid epiphysenartig, epiphysioid
epiphysiolisthesis Epiphysiolisthesis *f*, Epiphysengleiten *n*, Epiphysenverlagerung *f*
epiphysiolysis 1. Epiphysiolyse *f*, Epiphysen(ab)lösung *f*, Epiphysenseparation *f*; 2. Epiphysiolyse *f*, (operative) Ausschaltung *f* der Wachstumszone
epiphysiometer Epiphysiometer *n (zur Epiphysenvermessung)*
epiphysiometry Epiphysiometrie *f*, Epiphysenvermessung *f*
epiphysionecrosis Epiphysionekrose *f*, Epiphysennekrose *f*, (aseptische) Knochenepiphysennekrose *f*
epiphysiopathy 1. *(Orth)* Epiphysiopathie *f*, Knochenepiphysenkrankheit *f*; 2. *(Endokr)* Epiphysenerkrankung *f*, Zirbeldrüsenkrankheit *f*
epiphysis 1. Epiphyse *f*, Knochenende *n*; 2. *(Anat, Endokr)* Epiphyse *f*, Epiphysis *f* cerebri, Zirbeldrüse *f*, Corpus *n* pineale *(Zusammensetzungen siehe unter: epiphyseal)*
epiphysitis Epiphysitis *f*, Epiphysenentzündung *f*
epiphysitis of the tarsal scaphoid *s.* Köhler's disease
epiphyte Epiphyt *m (Parasit)*
epiphytic epiphytisch, auf der Oberfläche [Haut] wachsend; Epiphyten...
epipia Epipia *f (Pia-mater-Seite zur Arachoidea)*
epipial 1. auf der Pia mater liegend; 2. Epipia...
epipleural epipleural, auf der Pleura liegend
epiplocele Epiplozele *f*, Netzbruch *m*, Netzhernie *f*
epiploectomy Omentektomie *f*, Netzresektion *f*, (operative) Netzentfernung *f*, Netzabtragung *f*
epiploenterocele Epiploenterozele *f*, Enteroepiplozele *f*, Darmnetzbruch *m*, Bauchdeckenbruch *m* mit Darm- und Netzinhalt
epiploic epiploisch; Epiploon..., Netz..., Omentum...
epiploic appendage Appendix *f* epiploica, Bauchfellanhang *m*
epiploic foramen (of Winslow) *(Anat)* Foramen *n* epiploicum (Winslowi), Netzbeuteleingang *m*, Netzbeutelöffnung *f*
epiploitis Epiploitis *f*, Omentitis *f*, Netzentzündung *f*
epiplomerocele Epiplomerozele *f (Oberschenkelhernie mit Netzinhalt)*
epiplomphalocele Epiomphalocele *f (Nabelbruch m mit Netzinhalt)*
epiploon *(Anat)* Epiploon *n*, Omentum *n*, Netz *n*
epiplopexy Epiplopexie *f*, Netzanheftung *f*, Netzfixierung *f*, Omentopexie *f*
epiploplasty Epiploplastik *f*, plastische Netzoperation *f*, Omentoplastik *f*
epiplorrhaphy Epiplorrhaphie *f*, Netznaht *f*, Omentumnaht *f*
epiploscheocele Epiploscheozele *f*, Hodensackbruch *m*
epipodophyllotoxine *(Pharm)* Epipodophyllotoxin *n* *(Grundstoff für Antineoplastika)*
epipygus *(Terat)* Epipygus *m (Doppelmissbildung)*
epipyramis Epipyramis *f*, Epitriquetrum *n (zusätzlicher Handwurzelknochen)*
epirhamnose Epirhamnose *f*, 6-Desoxy-D-Glukose *f*
epirotulian auf der Patella [Kniescheibe] liegend
epirubicin Epirubicin *n (Antibiotikum)*
episclera Episklera *f (Bindegewebe zwischen Binde- und Lederhaut des Auges)*
episcleral episkleral; Episklera(l)...
episcleral artery Arteria *f* episcleralis, Skleraoberflächenarterie *f*, Lederhautoberflächenschlagader *f*
episcleral ocular injection episklerale Injektion *f* [Gefäßinjektion *f*]
episcleral space Episkleralraum *m*
episcleral vein Vena *f* episcleralis, Skleraoberflächenvene *f*
episcler(ot)itis Episkleritis *f*, Episkleraentzündung *f*
episcope Episkop *n*
episiocele Episiozele *f*, Vulvahernie *f*
episioclisia Episioklisie *f*, (operativer) Vulvaverschluss *m*, Scheideneingangsnaht *f*, Dammnaht *f*
episioperineoplasty Episioperineoplastik *f*, Scheidendammplastik *f*
episioperineorrhaphy Episioperineorrhaphie *f*, Scheidendammnaht *f*
episioplasty Episioplastik *f*, Vulvaplastik *f*, Scheideneingangsplastik *f*, Dammplastik *f*
episiorrhagia Episiorrhagie *f*, Vulvablutung *f*
episiorrhaphy Episiorrhaphie, Vulvanaht *f*, Dammnaht *f*
episiostenosis Episiostenose *f*, Vulvastenose *f*, Scheideneingangsvereng(er)ung *f*
episiotomy Episiotomie *f*, Scheidendammschnitt *m*, Dammschnitt *m*
episiotomy scissors Episiotomieschere *f*, Dammschere *f*
episode 1. Episode *f*, Ereignis *n*, Attacke *f*, Anfall *m*; 2. Episode *f*, vorübergehende Situation *f*; 3. *(Neur)* Anfall *m*, (akuter) Schub *m*; symptomatische Periode *f*, Zeitraum *m* mit Krankheitssymptomatik *(völlig rückbildungsfähig)*
episode of hospital care (vorübergehende) Krankenhausbehandlung *f*
episode of migraine Migräneanfall *m*

episode of pain Schmerzepisode *f*, Schmerzattacke *f*
episodic care vorübergehende Behandlung *f (z. B. während Notfall)*
episodic dyspnoea periodische Dyspnoe *f*, phasenhafte Atemnot *f*
episodic excessive hard drinking periodische Trunksucht *f*, periodisches Trinken *n*, Quartalstrinken *n*
episodic twilight state *(Neur)* episodischer Dämmerzustand *m*
episome Episom *n (genetisches Element in Bakterien)*
epispadiac Harnröhrenspaltträger *m*, Epispadieträger *m*
epispadial epispadial; Epispadie..., Hyperspadie...
epispadias Epispadie *f*, Hyperspadie *f*, Fissura *f* urethrae superior, (angeborene) Penisrückenspalte *f*, obere Harnröhrenspalte *f*
epispadic penis Penisepispadie *f*, obere Harnröhrenspalte *f (beim Mann)*
epispastic epispastisch, hautreizend; (haut)blasenbildend
epispastic (agent) Epispastikum *n*, Zugmittel *n*, Hautreizmittel *n*
epispinal 1. epispinal, auf dem Rückenmark liegend; 2. epispinal, auf der Wirbelsäule liegend
episplenitis Episplenitis *f*, Milzkapselentzündung *f*
epistasis 1. Epistase *f*, Ausscheidungsunterdrückung *f*, Unterdrückung *f* einer Sekretion *f (z. B. von Blut)*; Verhalt *m (z. B. einer Menstruation)*; 2. Epistasis *f*, Epistase *f*, Genunterdrückung *f*, Phänotypeninteraktion *f (nichtalleler Gene)*; 3. Häutchen *n*, Oberflächenfilm *m*, Oberflächenschicht *f (z. B. auf stehender Flüssigkeit)*
epistatic 1. sekretionshemmend, unterdrückend, verhaltend; 2. epistatisch, genunterdrückend; 3. Häutchen..., Film..., Schicht..., Oberflächenfilm...
epistaxis Epistaxis *f*, Nasenbluten *n*, Rhinorrhagie *f*
episternal episternal, suprasternal, über dem Brustbein (liegend)
episternum Episternum *n*, Manubrium *n* sterni
episthotonos *s.* emprosthotonus
epistropheal joint Articulatio *f* atlantoaxialis, unteres Kopfgelenk *n*
epistropheus Epistropheus *m*, Axis *m*, zweiter Halswirbel *m*
epistrophic Epistropheus..., Axis...
epitarsus Epitarsus *m (anomale Bindehautfalte am Auge)*
epitela Epitela *f (auf dem rostralen Velum medullare)*
epitendineum Epitendineum *n*, Vagina *f* tendinis, fibröse Sehnenscheide *f*
epitenon *s.* epitendineum
epitestosterone Epitestosteron *n*
epithalamic epithalamisch; Epithalamus...
epithalamus Epithalamus *m (umfasst Stria medullaris, Trigonum habenulae, Habenula und Epiphyse)*
epithalaxia Epithelaxis *f*, Epitheldesquamation *f (z. B. der Darmschleimhaut bei Cholera)*
epithelia *pl s.* epithelium
epithelial epithelial; Epithel...
epithelial attachment Zahnhalteapparat *m*, Zahnaufhängeapparat *m*, Zahnbett *n*, Parodontium *n*
epithelial bleb Epithelblase *f*, Bulla *f* epithelialis
epithelial body *s.* parathyroid
epithelial bud Epithelknospe *f*
epithelial cancer epitheliales Karzinom *m*, Epithel(zellen)karzinom *n*, Epithelioma *n*
epithelial cast Epithelzylinder *m (im Urin)*
epithelial cell Epithelzelle *f*
epithelial cell culture *(Lab)* Epithelzell(en)kultur *f*
epithelial cuff Epithelmanschette *f*, epitheliale Manschette *f*
epithelial cyst Epithelzyste *f*
epithelial debridement *(Stom)* Kanaldebridement *n*, Deepithelialisation *f*
epithelial desquamation Epitheldesquamation *f*, Epithelabschilferung *f*
epithelial excision Epithelexzision *f*, Epithelausschneidung *f*
epithelial gland Epitheldrüse *f*
epithelial hyperplasia Epithelhyperplasie *f*
epithelial keratinization Epithelkeratinisierung *f*
epithelial lesion Epithelverletzung *f*, Epithelläsion *f*
epithelial-lined mit Epithel ausgekleidet
epithelial lining Epithelauskleidung *f*
epithelial migration Epithelmigration *f*
epithelial molluscum *s.* contagious molluscum
epithelial naevus epithelialer Nävus *m*, Epidermalnävus *m*
epithelial necrosis Epithelnekrose *f*, Epitheluntergang *m*
epithelial pearl Epithelperle *f*, Hornperle *f*
epithelial peg Epithelzapfen *m*
epithelial permeability Epithelpermeabilität *f*
epithelial plate Lamina *f* epithelialis
epithelial separation Epithelabtrennung *f*
epithelial tissue Epithelgewebe *n*, Epithel(ium) *n*
epithelial tumour Epithelgeschwulst *f*, epithelialer Tumor *m*
epithelialization Epitheli(ali)sation *f*, Epitheli(ali)sierung *f*, Epithelbildung *f*
epithelialize *v* epitheli(ali)sieren, Epithel bilden
epitheliitis Epitheliitis *f*, Epithelentzündung *f*
epithelioblastoma Epithelioblastom(a) *n*
epitheliochorial epitheliochorial; Chorion-Uterusepithel-...
epitheliocyte Epithelzelle *f (in in-vitro-Zellkulturen)*
epitheliofibril Epitheliofibrille *f*, Tonofibrille *f*, Epithel(zellen)fibrille *f*
epitheliogenesis Epitheliogenese *f*, Epithelbildung *f*, Epithelentwicklung *f*, Epithelentstehung *f*
epitheliogenetic epitheliogenetisch, durch Epithelproliferation bedingt
epitheliogenic epithelbildend
epithelioglandular Drüsenepithel...
epithelioid epitheloid, epithelartig, epithelähnlich
epithelioid cell Epitheloidzelle *f*
epithelioid cell granuloma Epitheloidzellgranulom *n*
epithelioid leiomyoma epithelioides Leiomyom *n*, bizarres Leiomyom *n*, Leiomyoblastoma *n*
epitheliolysin Epitheliolysin *n*
epitheliolysis Epitheliolyse *f*, Epithelauflösung *f*, Epithelverfall *m*
epitheliolytic epitheliolytisch, epithelauflösend; Epitheliolyse..., Epithelauflösungs..., Epithelzerfalls...
epithelioma 1. Epitheliom(a) *n*, Epithel(zellen)geschwulst *f*, 2. Hautkrebs *m*, Carcinoma *n* cutaneum
epitheliomatosis Epitheliomatose *f*, Vorhandensein *n* von Epitheliomen
epitheliomatous epitheliomatös; Epitheliom(a)...
epitheliomuscular epitheliomuskulär; Epithel-Muskel-...
epitheliopathy Epitheliopathie *f*, Epitheliumerkrankung *f*
epitheliosis Epitheliosee *f*, (übermäßige) Epithelproliferation *f*
epitheliotoxin Epitheliotoxin *n (Epithelzellen zerstörendes Zytotoxin)*
epitheliotropic epitheliotrop(isch), das Epithel bevorzugend; auf das Epithel gerichtet
epithelite *(Derm, Rad)* Weichteilfibrose *f*, fibröses Strahlenexsudat *n*
epithelium Epithel(ium) *n*, Epithelgewebe *n*
epithelization *s.* epithelialization
epithelize *v s.* epithelialize
epitheloid *s.* epithelioid
epithelomesenchymal epithelomesenchymal; Epithel-Mesenchym-...

epithesis 1. Epithese *f (orthopädische Korrektur einer Extremitätendeformität)*; 2. Epithese *f (anmodelliertes Organersatzstück)*
epithiazide Epithiazid *n (Diuretikum)*
epitonic im Tonus erhöht, mit erhöhtem Tonus, mit erhöhter Spannung
epitope *(Immun)* Epitop *n*, Antigendeterminante *f*, antigene Determinante *f*
epitoxoid Epitoxoid *n*
epitrichial Epitrichium…
epitrichium Epitrichium *n*, Periderm *n (der fetalen Epidermis)*
epitriquetrum Epitriquetrum *n*, Epipyramis *f (überzähliger Handwurzelknochen)*
epitrochlea Epitrochlea *f*, Epicondylus *m* medialis humeri
epitrochlear epitrochleär, über der Trochlea liegend; Epitrochlea…
epituberculosis Epituberkulose *f*
epitympanic epitympanisch, epitympanal, über der Paukenhöhle (liegend)
epitympanic recess Recessus *m* epitympanicus, epitympanaler Raum *m*, Paukenhöhlenkuppel *f*, Paukenhöhlenkuppelraum *m*, Epitympanon *n*, Mittelohrdach *n*
epitympanic space *s.* epitympanic recess
epitympanitis Epitympanitis *f*, Epitympanumentzündung *f*, Otitis *f* media epitympanica
epitympanum *s.* epitympanic recess
epityphlitis Epityphlitis *f*, Appendizitis *f*, Wurmfortsatzentzündung *f*, Blinddarmentzündung *f*
epityphlon Epityphlon *n*, Appendix *f* vermiformis, Wurmfortsatz *m*
epizoa *pl s.* epizoon
epizoic Epizoon…, Hautschmarotzer…
epizoicide Epizoozid *n*, Hautschmarotzer tötendes Mittel *n*
epizoon Epizoon *n*, Hautschmarotzer *m*
epizoonosis Epizoonose *f*, Epidermatozoonose *f*, Hautschmarotzerbefall *m*, Hautschmarotzerkrankheit *f*
epizootic diffus verbreitet; (sich) schnell ausbreitend; epidemieartig auftretend *(z. B. Tierkrankheiten)*
EPMA *s.* electron-probe microanalysis
epoitin Epoitin *n*, rekombinantes humanes Erythropoietin *n*
eponychia Eponychie *f*, Nagelfalteninfektion *f*
eponychium Eponychium *n*, Nageloberhäutchen *n*
epoophoral Epoophoron…, Nebeneierstock…
epoophorectomy Epoophorektomie *f*, (operative) Nebeneierstockentfernung *f*
epoophoron Epoophoron *n*, Parovarium *n*, Nebeneierstock *m*
epoprostenol *(Pharm)* Epoprostenol *n*, Prostazyklin *n*, PGI2
epoxide Epoxid *n*
epoxy Epoxid *n*
epoxy resin Epoxidharz *n*
epoxytroponine tropate *(Pharm)* Epoxytroponintropat *n*, Methakopolamin *n*
EPS *s.* exophthalmus-producing substance
epsilon-aminocaproic acid ε-Aminocapronsäure *f*, EACA, ε-Aminokapronsäure *f*
Epstein-Barr virus Epstein-Barr-Virus *n*
Epstein-Barr virus antibody Epstein-Barr-Virus-Antikörper *m*
Epstein's disease Epstein'sche Kranheit *f*, Pseudodiphtherie *f*, Diphtheroid *n*
Epstein's nephrosis Epstein'sche Nephrose *f*, Epstein-Nephrose *f*
Epstein's pearls Epstein-Perlen *fpl (am harten Gaumen des Neugeborenen)*
Epstein's syndrome Epstein-Syndrom *n*, nephrotisches Syndrom *n*
eptatretin Eptatretin *n*
epulides *pl s.* epulis
epulis Epulis *f*, Zahnfleischwucherung *f*, Alveolarfortsatztumor *m*, Zahnfleischgranulationsgeschwulst *f*
epulofibroma Epulofibrom *n*, Gaumengeschwulst *f*, Gaumenfibrom *n*
epuloid vernarbt; Narben…
epuloid Epuloid *n (der Gingiva)*
epulosis Vernarbung *f*, Narbenbildung *f*
epulotic vernarbend, narbenbildend; Vernarbungs…
equal chance random sample *(Statist)* Zufallsstichprobe *f*
equal cleavage *(Histol)* Äquationsteilung *f*
equal distribution Gleichverteilung *f (Statistik)*
equal pupils *(Neur)* gleich weite Pupillen *fpl*; gleiche Pupillenweite *f*
equalization Ausgleich *m*; Gleichstellung *f*
equlalize *v* ausgleichen, gleichstellen; abgleichen
equally marked tendon reflexes *(Neur)* gleichartig ausgeprägte Sehnenreflexe *mpl*
equational division Äquationsteilung *f*, Gleichheitsteilung *f* (der Chromosomen)
equator of the cell Zelläquator *m*
equator of the eyeball Aequator *m* bulbi (oculi), Augapfelumfang *m*, Augenäquator *m*
equator of the lens Aequator *m* lentis, Augenlinsenumfang *m*, Augenlinsenäquator *m*
equatorial cleavage Äquatorialteilung *f (Zellteilung)*
equatorial disk [plate] Äquatorialplatte *f*, Äquatorialscheibe *f (Chromosomenanordnung bei der Zellkernteilung)*
equianalgesic äquianalgetisch, mit gleicher analgetischer Wirkung
equianalgesic dose äquianalgetische Dosis *f*
equicaloric äquikalorisch, isokalorisch, mit gleichem Wärmewert [Energiegehalt], die gleiche Kalorienmenge bildend
equilateral gleichseitig, gleiche Seiten betreffend, isolateral
equilibration Äquilibration *f*, Äquilibrierung *f*
equilibration of occlusion Okklusionsausgleich *m*
equilibration time Äquilibrierungszeit *f*
equilibrium Äquilibrium *n*, Gleichgewicht *n*; Gleichgewichtszustand *m*
equimolar äquimolar, mit gleichem Molgehalt, mit gleicher Molarität
equimolecular äquimolekular, mit gleicher Molekülanzahl
equine equin, vom Pferd stammend; Pferd(e)…
equine antitetanus serum Antitetanusserum *n* vom Pferd
equine encephalitis Pferdeenzephalitis *f*
equine gait *(Neur)* Steppergang *m*
equine leukoencephalomalacia Pferdeleukoenzephalomalazie *f*
equinocavus (deformity) Equinokavus *m*, Talipes *m* [Pes *m*] equinocavus, Spitzhohlfuß *m*
equinophobia Equinophobie *f*, (krankhafte) Furcht *f* vor Pferden
equinovalgus (deformity) Equinovalgus *m*, Talipes *m* [Pes *m*] equinovalgus, Spitzknickfuß *m*
equinovarus (deformity) Equinovarus *m*, Talipes *m* [Pes *m*] equinovarus, Spitzklumpfuß *m*
equinus (deformity) Equinus *m*, Talipes *m* [Pes *m*] equinus, Spitzfuß *m*
equip *v* **a hospital**ein Krankenhaus ausrüsten
equipment Ausrüstung *f*, Ausstattung *f*, Geräte *npl*; Anlagen *fpl*
equipment manufacturer Gerätehersteller *m*
equiped with instruments mit Instrumenten ausgerüstet

equipotential äquipotenzial, äquipotenziell, mit gleicher Stärke; Äquipotenzial…
equipotentiality gleiche Potenz *f* [Stärke *f*]
equitoxic mit gleicher Toxizität, die gleiche Giftigkeit besitzend
equivalence Äquivalenz *f*, Gleichwertigkeit *f*
equivalency *s.* equivalence
equivalent äquivalent, gleichwertig, Äquivalenz…
equivalent dose Äquivalenzdosis *f*, äquivalente Dosis *f*
equivalent weight Äquivalenzgewicht *n*
ER *s.* endoplasmic reticulum
ERA *s.* electric response audiometry
eradicate *v* **the infection** die Infektion ausrotten [beseitigen, ausheilen]
eradicate *v* **vectors** *(Epid)* Krankheitsüberträger vernichten [ausrotten]
eradication Ausrottung *f (z. B. einer Krankheit)*; Vernichtung *f (z. B. von Keimen)*
Erb-Charcot's disease *(Neur)* Erb-Charcot'sche Krankheit *f*, spastische Spinalparalyse *f (bei zerebrospinaler Syphilis)*
Erb-Duchenne's paralysis *(Neur)* Erb-Duchenne'sche Lähmung *f* [Paralyse *f*], obere Brachialplexuslähmung *f* [Armplexuslähmung *f*]
Erb-Goldflam's disease *(Neur)* Erb-Goldflam'sche Krankheit *f*, Myasthenia *f* gravis pseudoparalytica
Erben's phenomenon Erben'sches Phänomen *n (vagusbedingte Pulsverlangsamung beim Vorbeugen des Oberkörpers)*
Erben's reflex *s.* Erben's phenomenon
Erb's muscular dystrophy *s.* Erb's scapulohumeral juvenile muscular dystrophy
Erb's palsy *s.* Erb-Duchenne's paralysis
Erb's paralysis *s.* Erb-Duchenne's paralysis
Erb's point *(Kard)* Erb'scher Punkt *m*, Aortenklappenauskultationspunkt *m*, Punctum *n* quintum
Erb's scapulohumeral juvenile muscular dystrophy *(Neur)* Erb'scher Typ *m* der Dystrophia musculorum progressiva, skapulo-humerale Muskeldystrophie *f*
Erb's sign Erb'sches Zeichen *n* [Tetaniezeichen *n*]
Erb's spastic spinal paraplegia *s.* Erb-Charcot's disease
ERC *s.* endoscopic retrograde cholangiography
ercalciol *s.* ergocalciferol
E.R.C.P. *s.* endoscopic retrograde cholangiopancreatography
Erdheim's cystic media necrosis zystische Medianekrose *f*, Gsell-Erdheim-Syndrom *n*, Gsell-Erdheim'sche Medianekrose *f*, Erdheim-Krankheit *f*, Erdheim'sche Erkrankung *f*
Erdheim's disease *s.* Erdheim's cystic media necrosis
erect abdominal X-ray film Abdomenübersicht(saufnahme) *f* im Stehen
erect patient (aufrecht) stehender Patient *m*
erectile 1. erektil, erektionsfähig, aufrichtbar; Erektions…; schwellfähig; 2. aufgerichtet
erectile myxoma erektiles Myxom *n*
erectile tissue erektiles Gewebe *n*, Schwellkörpergewebe *n*
erection Erektion *f*, Aufrichten *n*, Aufrichtung *f*
erection centre Erektionszentrum *n*
erection disturbance Erektionsstörung *f*
erection reflex Erektionsreflex *m*
erector Erektor *m*, Aufrichter *m*, Aufrichtmuskel *m*, Musculus *m* erector
erector clitoridis (muscle) Klitorisaufrichtemuskel *m*, Musculus *m* ischiocavernosus *(der Frau)*
erector muscle *s.* erector
erector penis (muscle) Gliedaufrichtemuskel *m*, Musculus *m* ischiocavernosus *(des Mannes)*
erector spinae (muscle) Rückenstrecker *m*, Wirbelsäulenaufrichtemuskel *m*, Musculus *m* erector spinae
erector spinae [spinal] reflex Aufricht(ungs)reflex *m*, Rückenstreckerreflex *m*
eremophilia Eremophilie *f*, Bevorzugung *f* des Alleinseins
eremophobia Eremophobie *f*, Angst *f* vor dem Alleinsein
erethism Erethismus *m*, Übererregbarkeit *f*, (krankhafter) Reizzustand *m*, Erregungszustand *m*
erethismic erethisch, (leicht) erregbar, reizbar; Erethismus…
erethistic *s.* erethismic
ereuthophobia Ereuthophobie *f*, Errötungsfurcht *f*, (krankhafte) Angst *f* vor dem Erröten
ERG *s.* electroretinogram
ergasia Ergasie *f*, (mentale) Aktivität *f*
ergasi(o)dermatosis Ergodermatose *f*, Berufsdermatose *f*, Industriedermatitis *f*, Berufsdermatitis *f*
ergasiology Ergasiologie *f*, Psychobiologie *f*
ergasiomania Ergasiomanie *f*, Arbeitswut *f*, Arbeitsdrang *m*
ergasiophobia Ergasiophobie *f*, Arbeitsscheu *f*, Arbeitsabneigung *f*
ergasthenia Ergasthenie *f*, Arbeitsüberlastung *f*, Arbeitsüberanstrengung *f*
ergastoplasm Ergastoplasma *n (basophiler Zytoplasmabezirk)*
ergastoplasmic membrane Ergastoplasmamembran *f*
ergoaesthesiograph Ergoästhesiograph *m*
ergoaesthesiography Ergoästhesiographie *f (Darstellung der Muskelbewegung nach Reizung)*
ergobasin Ergobasin *n*, Ergometrin *n*, Ergonovin *n*
ergocalciferol Ergocalciferol *n*, Ergokalziferol *n*, Vitamin *n* D_2, 9,10-Seco-5,7,10(19),22-ergostatetraen-3β-ol *n*
ergocornine Ergocornin *n (Ergotaminalkaloid)*
ergocristine Ergocristin *n (Ergotaminalkaloid)*
ergocryptine Ergocryptin *n (Ergotaminalkaloid)*
ergodermatosis *s.* ergasi(o)dermatosis
ergodynamograph Ergodynamograph *m (Gerät zur Muskelkraftdarstellung)*
ergodynamography Ergodynamographie *f*, Muskelkraftdarstellung *f*
ergogenic ergogen, die Arbeitsleistung steigernd
ergogenic aid ergogenes Mittel *n*, die Arbeitsleistung steigerndes Mittel *n*
ergogram Ergogramm *n*
ergograph Ergograph *m*
ergographic ergographisch; Ergographie…
ergoloid mesylate Ergoloidmesylat *n (Geriatrikum)*
ergometer Ergometer *n*, Belastungsmessinstrument *n*, Belastungsmesser *m*
ergometer bicycle Fahrradergometer *n*
ergometric exercise Ergometerbelastung *f*, ergometrische Belastung *f*
ergometrine Ergometrin *n*, Ergobasin *n (Mutterkornalkaloid)*
ergometrine maleate Ergometrinmaleat *n*
ergometry Ergometrie *f*, Belastungsmessung *f*, Arbeitsleistungsmessung *f*
ergonomics Ergonomik *f*
ergonovine Ergonovin *n*, Ergobasin *n (Mutterkornalkaloid)*
ergonovine maleate Ergonovinmaleat *n*
ergo-oxymetry Ergooximetrie *f*, Ergometeroximetrie *f*, Oximetrie *f* unter Belastung
ergoplasm *(Histol)* Ergastoplasma *n*
ergosine Ergosin *n (Mutterkornalkaloid)*
ergosome *(Histol)* Ergosom *n*, Polyribosom *n*
ergospirometry Ergospirometrie *f*, Spirometrie *f* unter Belastung
ergostat Ergostat *m*, Muskeltrainingsgerät *n (Apparat für Muskeltraining)*

ergosterin *(Bioch)* Ergosterin *n*, Ergosterol *n*
ergosterol *s.* ergosterin
ergostetrine Ergostetrin *n*, Ergonovin *n (Mutterkornalkaloid)*
ergot *(Pharm)* Secale *n* cornutum, Mutterkorn *n*
ergot alkaloid Mutterkornalkaloid *n*
ergot poisoning Mutterkorn(alkaloid)vergiftung *f*
ergotamine Ergotamin *n (Mutterkornalkaloid)*
ergotamine tartrate Ergotamintartrat *n*
ergotherapeutic ergotherapeutisch; Ergotherapie…
ergotherapy Arbeitstherapie *f*, Ergotherapie *f*
ergothioneine Ergothionein *n (Histidinderivat)*
ergotism Ergotismus *m*, Ergotoxikose *f*, Mutterkorn(alkaloid)vergiftung *f*
ergotized 1. mit Ergotamin behandelt; 2. mit Ergotamin vergiftet
ergotocine Ergotocin *n (Mutterkornalkaloid)*
ergotoxicosis *s.* ergotism
ergotoxine Ergotoxin *n (Mutterkornalkaloid)*
ergotropic 1. ergotrop, die Leistung steigernd; die Leistungsfähigkeit steigernd *(z. B. beim Sport)*; 2. die Widerstandsfähigkeit steigernd
erisophake *s.* erysiphake
erisphac *s.* erysiphake
erode *v* 1. angegriffen werden, erodiert werden *(z. B. Magenwand)*; 2. erodieren, angreifen *(z. B. Säuren)*
eroded surface erodierte Oberfläche *f*
eroded tooth erodierter Zahn *m*
erogenic *s.* erogenous
erogenous erogen, erregend; Erregungs…
erogenous zone erogene Zone *f*, Erregungszone *f*
eromania *s.* erotomania
erose(d) erodiert, zerfressen, angenagt *(z. B. Oberflächen)*
erosio *s.* erosion
erosion Erosion *f*, Abschürfung *f*, Schleimhautdefekt *m*; Sekundäreffloreszenz *f*
erosion capacity Erosionsfähigkeit *f*, Erosionskapazität *f*
erosion of the tooth enamel Zahnschmelzerosion *f*, Schmelzerosion *f*
erosion pit Erosionsgrube *f*
erosive 1. erosiv, erodierend, Erosionen bewirkend; Erosions…; 2. erosiv, erodiert, Erosionen besitzend; Erosions…; Erosionen…
erosive (agent) Erosivum *n*, Erosionsmittel *n*, erosive Substanz *f*
erosive aneurysm Erosionsaneurysma *n*
erosive bronchitis Bronchitis *f* erosiva, erosive Bronchitis *f*
erosive gastritis Gastritis *f* ulcerosa [erosiva], erosive Gastritis *f*
erosive osteoarthritis erosive Osteoarthritis *f*, Kellgren-Syndrom *n*
erotic erotisch, erregend
erotic delirium erotisches Delir(ium) *n*
eroticism *s.* erotism
eroticize *v* erotisieren
erotism 1. Eroti(zi)smus *m*, Betonung *f* des Erotischen; 2. Erotik *f*
erotization Erotisation *f*, Erotisierung *f*, Auslösung *f* erotischer Gefühle
erotize *v* erotisieren
erotogenesis Erotogenese *f*, Entwicklung *f* erotischer Gefühle
erotogenic erotogen, sexuell [geschlechtlich] erregend
erotogenic masochism primärer Masochismus *m*
erotomania Erotomanie *f*, Hypererosie *f*, Aphrodisie *f*, Liebeszwang *m*, Liebeswahn *m*
erotomaniac *(Neur)* Erotomane(r) *m*, Liebeswahnsinniger *m*
erotopath Erotopath *m*, Sexualtriebgestörte(r) *m*
erotopathic erotopathisch, geschlechtstriebgestört, (sexual)triebgestört
erotopathy Erotopathie *f*, Sexualtriebstörung *f*, Triebstörung *f*
erotophobia Erotophobie *f*, Liebesfurcht *f*
ERP *s.* endoscopic retrograde pancreatography
ERPT *s.* endoscopic retrograde papillotomy
erratic 1. wechselnd, sich (ständig) verändernd *(z. B. Symptome)*; (umher)wandernd *(z. B. Schmerzen)*; in der Stärke verändernd [wechselnd]; unregelmäßig auftretend; umherirrend; 2. exzentrisch, von der Norm abweichend; unberechenbar; launenhaft
errhine nasensekretfördernd, die Nasenentleerung fördernd
erroneous diagnosis Fehldiagnose *f*
erroneous projection Fehlabbildung *f (Auge)*
erroneous programming Fehlprogrammierung *f*
error 1. Fehler *m*, Abweichung *f*, Anomalie *f*; 2. *(Statistik)* Fehler *m*; Falschhypothese *f*, falsche Hypothese *f* [Annahme *f*]
error analysis Fehleranalyse *f*
error detection Fehlersuche *f*
error identification Fehleridentifizierung *f*, Fehlererkennung *f*
error in ECG recording EKG-Ableitungsfehler *m*
error limit Fehlergrenze *f*
error of interpretation Interpretationsfehler *m*, Auslegungsfehler *m*
error of refraction Brechungsfehler *m*, Refraktionsanomalie *f (z. B. der Augenlinse)*
error of the first kind *(Statist)* Fehler *m* ersten Grades, Typ-I-Fehler *m*, Alpha-Fehler *m*
error of the second kind *(Statist)* Fehler *m* zweiten Grades, Typ-II-Fehler *m*, Beta-Fehler *m*
erubescence Rötung *f*, Hautrötung *f*
eruct *v s.* eructate
eructate *v* eruktieren, aufstoßen, rülpsen
eructation Eruktation *f*, Ruktation *f*, Efflation *f*, Aufstoßen *n*, Rülpsen *n*, Ruktus *m*
erugation Hautstraffung *f*, Hautfaltenentfernung *f*
erugatory hautstraffend; Hautstraffungs…
erupt *v* durchbrechen *(Zähne)*
erupted tooth durchgebrochener Zahn *m*
eruption 1. Eruption *f*, Ausschlag *m*, Hautausschlag *m*; 2. Ausbruch *m (z. B. einer Krankheit)*; 3. Durchbruch *m (der Zähne)*
eruption gingivitis Eruptionsgingivitis *f*
eruption of prodromal rash Vorexanthem *n*, Rash *m (z. B. bei Windpocken)*
eruptive eruptiv; Hautausschlag…
eruptive disease eruptive Erkrankung *f*, Exanthem *n*
eruptive fever *s.* exanthematous fever 1.
eruptive gingivitis eruptive Gingivitis *f*
eruptive stage Eruptivstadium *n*, Eruptionsstadium *n*, Stadium *n* eruptionis
eruptive xanthoma eruptives Xanthom *n*
ERV *s.* expiratory reserve volume
erysipelas Erysipel *n*, Wundrose *f*, Wundbrand *m*
erysipelas antitoxin Erysipelantitoxin *n*
erysipelatous erysipelartig; Erysipel…, Wundrose…
erysipeloid erysipeloid; Erysipeloid…
erysipeloid *(Inf)* Erysipeloid *n (durch Erysipelothrix insidiosa)*
Erysipelothrix insidiosa Erysipelothrix *f* insidiosa
Erysipelothrix rhusiopathiae Erysipelothrix *f* rhusiopathiae
erysipelotoxin Erysipelotoxin *n (aus Streptococcus pyogenes)*

erysiphake *(Ophth)* Erysiphak *m*, Saugglocke *f*, Linsensauginstrument *n*
erythema Erythem *n*, Hautröte *f*, Röte *f*
erythema dose *(Rad)* Erythemdosis *f*, Hauterythemdosis *f*
erythematoid erythematoid, erythemartig, erythemähnlich
erythemato-oedematous erythematoödematös, Erythem-Ödem-...
erythematous *(Derm)* erythematös; Erythem...
erythematous pemphigus erythamtöser Pemphigus *m*, Pemphigus *m* erythematosus
erythematous reaction erythematöse Reaktion *f*, Erythemreaktion *f*, Erythemaufflackern *n*
erythematous red plane lichen Lichen *m* ruber planus erythematosus
erythematovesicular erythem(at)ovesikulär; Erythem-Blasenbildung-...
erythemogenic erythembewirkend, erythemverursachend
erythemoid *s.* erythematoid
erythermalgia *s.* erythromelalgia
erythraemia *s.* 1. erythrocythaemia 1.; 2. erythrocytosis; 3. erythroblastosis
erythraemic disease *s.* erythroleukaemia
erythraemic myelosis *s.* erythroleukaemia
erythralgia Erythralgie *f*, schmerzhafte Hautrötung *f*
erythrasma Erythrasma *n (Hauterkrankung durch Corynebacterium minutissimum)*
erythremomelalgia Erythremomelalgie *f*, Erythromelalgie *f*
erythrism Erythrismus *m (rötliche Übereinstimmung von haut und Haaren)*; Rothaarigkeit *f*, Rotbärtigkeit *f*
erythristic erythristisch; Erythrismus...; rothaarig; rotbärtig
erythrite *s.* erythritol
erythritol Erythrit(ol) *n*, Erythroglucin *n*, Erythrol *n (Zuckeralkohol)*
erythrityl tetranittrate Erythrityltetranitrat *n (Koronardilatator)*
erythro... *(siehe auch:)* erythrocyt...
erythroblast Erythro(zyto)blast *m (kernhaltige Erythrozytenvorstufe)*
erythroblastaemia Erythroblastämie *f*, Erythroblastenvermehrung *f* im Blut
erythroblastic erythroblastisch
erythroblastic anaemia Erythroblastenanämie *f*, Schießscheibenzellenanämie *f*, Thalassaemia *f* major, Cooley'sche Anämie *f*
erythroblastoma Erythroblastom *n*, Erythroblastengeschwulst *f* des Knochenmarks
erythroblastomatosis Erythroblastomatose *f*
erythroblastopenia Erythroblastopenie *f*, Erythroblastenverminderung *f*
erythroblastophthisis Erythroblastophthise *f*, Erythroblastenphthise *f (Schwund des erythropoetischen Gewebes)*
erythroblastosis Erythroblastose *f*, Erythroblastenvermehrung *f* im Blut
erythroblastotic erythroblastotisch; Erythroblastose...
erythrocatalysis Hämolyse *f*, Phagozytose *f* der Erythrozyten
erythrochlorop(s)ia Erythrochloropsie *f*, Rot-Grün-Sehen *n*, Rot-Grün-Sichtigkeit *f*
erythrochromia Erythrochromie *f*, Rotverfärbung *f*, fleischwasserartige Verfärbung *f (z. B. der Spinalflüssigkeit)*
erythroclasis Erythroklasis *f*, Erythrozytenzerstörung *f*
erythroclast Erythroklast *m*, Achromozyt *m*, Erythrozytenschatten *m*
erythroclastic erythroklastisch, erythrozytenzerstörend
erythrocuprein Erythrocuprein *n*, Erythrozytenkupferproteid *n*, Superoxiddismutase *f*

erythrocyanosis Erythrozyanose *f*, Cutis *f* marmorata *(vasomotorische Zirkulationsstörung der Haut)*
erythrocyt... *(siehe auch:)* erythro...
erythrocytapheresis Erythrozytapherese *f*
erythrocyte Erythrozyt *m*, rotes Blutkörperchen *n*
erythrocyte agglomeration Erythrozytenagglomeration *f*
erythrocyte agglutination Erythrozytenagglutination *f*
erythrocyte aggregation Erythrozytenaggregation *f*
erythrocyte anomaly Erythrozytenanomalie *f*
erythrocyte antibody Erythrozytenantikörper *m*
erythrocyte antibody detection Erythrozytenantikörpernachweis *m*
erythrocyte cast Erythrozytenzylinder *m*
erythrocyte cell washing Erythrozytenwäsche *f*
erythrocyte colour index Erythrozytenfärbeindex *m*
erythrocyte colour coefficient Erythrozytenfärbekoeffizient *m*
erythrocyte count Erythrozytenzahl *f*
erythrocyte deformability Erythrozytenverformbarkeit *f*, Erythrozytenflexibilität *f*
erythrocyte destruction Erythrozytenzerstörung *f*
erythrocyte distribution curve Erythrozytenverteilungskurve *f*
erythrocyte enzyme Erythrozytenenzym *n*
erythrocyte fragility Erythrozytenfragilität *f*
erythrocyte fragility test Erythrozytenfragilitätsprobe *f*
erythrocyte glutathione reductase Erythrozytenglutathionreductase *f (Enzym)*
erythrocyte life span *s.* erythrocyte survival time
erythrocyte-maturing factor Erythrozytenreifungsfaktor *m*, Vitamin *n* B_{12}, Cyanocobalamin *n*, Antiperniziosa-Faktor *m*
erythrocyte membrane Erythrozytenmembran *f*
erythrocyte membrane protein Erythrozytenmembraneiweiß *n*
erythrocyte phosphoglucomutase Erythrozytenphosphoglucomutase *f (Enzym)*
erythrocyte precursor Erythrozytenvorstufe *f*
erythrocyte reinfusion Erythrozytenreinfusion *f*
erythrocyte resistance Erythrozytenresistenz *f*
erythrocyte sedimentation *(Lab)* Erythrozytensedimentation *f*, Blut(körperchen)senkung *f*
erythrocyte sedimentation rate Erythrozytensenkungsgeschwindigkeit *f*, Blut(körperchen)senkungsgeschwindigkeit *f*, BSG
erythrocyte sedimentation test Blutsenkungsreaktion *f*, BSR
erythrocyte survival (time) Erythrozytenüberlebenszeit *f*
erythrocythaemia 1. *(Hämat)* Morbus *m* Vaquez-Osler, Vaquez-Osler'sche Krankheit *f*, (idiopathische) Polycythaemia *f* rubra vera; 2. *s.* erythrocytosis
erythrocytic Erythrozyten...
erythrocytic antigen Erythrozytenantigen *n*
erythrocytic phase *(Paras)* Erythrozytenphase *f (Malariaerreger)*
erythrocytic schizogony Erythrozytenschizogonie *f (Malariaerreger)*
erythrocyto-opsonin Erythrozytoopsonin *n*, Erythrozytenopsonin *n*, Hämopsonin *n*
erythrocytoblast *s.* erythroblast
erythrocytogenesis *s.* erythropoiesis
erythrocytolysin Erythro(zyto)lysin *n (die Erythrozyten auflösender Serumkörper)*
erythrocytolysis Erythrozytolyse *f*, Auflösung *f* roter Blutkörperchen, Erythrozytenzerfall *m*
erythrocytolytic erythrozytenauflösend; Erythro(zyto)lyse...
erythrocytometer Erythrozytometer *n*, Hämozytometer *n*, Blutkörperchenzählapparat *m*

erythrocytometric erythrozytometrisch, erythrozytenzählend
erythrocytometry Erythrozytometrie *f*, Erythrozytenzählung *f*, Blutkörperchenzählung *f*
erythrocytopenia Erythro(zyto)penie *f*, Erythrozytenmangel *m*
erythrocytophagous erythrozytophag(isch), Erythrozyten fressend; Erythrozytenphagozytose...
erythrocytophagy Erythrozytophagie *f*, Erythro(zyten)-phagozytose *f*
erythrocytopoiesis Erythrozytopoese *f*, Erythrozytenbildung *f*
erythrocytorrhexis Erythrozytorrhexis *f*, Erythrozytenzerfall *m*, Erythrozytenauflösung *f*
erythrocytoschisis Erythroschisis *f*, Erythrozytenaufspaltung *f*, Erythrozytenzerfall *m*
erythrocytosis Erythrozytose *f*, Erythrozytenvermehrung *f*
erythrocyturia Erythro(zyt)urie *f*, Erythrurie *f*, Erythrozytenausscheidung *f* im Urin, Hämaturie *f*, Mikrohämaturie *f*, Makrohämaturie *f*
erythrodegenerative erythrozytodegenerativ
erythroderma Erythroderma *n*, rötlich entzündeter Hautabschnitt *m*
erythrodermatitis Erythrodermatitis *f*, Hautentzündung *f* mit Rötung
erythrodermia Erythrodermie *f*, (entzündliche) Hautrötung *f*
erythrodextrin Erythrodextrin *n*
erythrodontia Erythrodontie *f*, Rotverfärbung *f* der Zähne
erythroedema (polyneuropathy) *s.* acrodynia 2.
erythrogenesis Erythrozytogenese *f*, Erythrozytenbildung *f*
erythrogenic 1. erythrozytenbildend; Erythrozytenbildungs...; 2. erythemogen, erythembildend, hautrötend; 3. eine Rotempfindung bewirkend
erythrogenic toxin Scharlachtoxin *n*
erythrogonium Erythrogonium *n (Erythrozytenvorstufe)*
erythroid 1. rot (gefärbt), rötlich gefärbt; 2. erythrozytär; Erythrozyten...
erythroidin Erythroidin *n*
erythrokatalysis Erythrokatalyse *f*, Hämolyse *f*
erythrokeratodermia Erythrokeratodermie *f*, Hyperkeratose *f* mit Hautrötung
erythrokinetics *(Hämat, Lab)* Erythrokinetik *f*, Erythrozytenkinetik *f*, Erythrozytenumsatz *m*
erythrol Erythritol *n*, Erythritol *n*
erythrolein Erythrolein *n*
erythroleucoblastosis Erythroleukoblastose *f*, Vorhandensein *n* von unreifen Erythrozyten und Leukozyten im Blut
erythroleukaemia Erythroleukämie *f*, Erythroleukomyelose *f*, erythroleukämische [akute erythrämische] Myelose *f*, akute Erythroblastose *f*, Morbus *m* di Guglielmo
erythroleukosis Erythroleukose *f*
erythrolitmin Erythrolitmin *n*
erythrolysin Erythro(zyto)lysin *n*, Hämolysin *n*
erythrolysis *s.* erythrocytolysis
erythromania Erythromanie *f*, zwanghaftes Erröten *n*
erythromelalgia Erythromelalgie *f*, Weir-Mitchell'sche Krankheit *f*, Akromelalgie *f (anfallsweises schmerzhaftes Anschwellen der Haut an den Gliedern)*
erythromelalgia of the head Histaminkopfschmerz *m*, Histaminkephalgie *f*
erythromelia Erythromelie *f*, Pick-Herzheimer'sche Krankheit *f (Hautatrophie mit blauroter Verfärbung an Beinen und Armen)*
erythrometer *s.* erythrocytometer
erythromycin Erythromyzin *n (Antibiotikum)*
erythromycin ethylcarbonate Erythromyzinethylkarbonat *n (Antibiotikum)*
erythromycin ethylsuccinate Erythromyzinethylsukzinat *n (Antibiotikum)*
erythromycin glucoheptonate Erythromyzinglukoheptonat *n (Antibiotikum)*
erythromycin lactobionate Erythromyzinlactobionatat *n (Antibiotikum)*
erythromycin propionate Erythromyzinpropionat *n (Antibiotikum)*
erythromycin stearate Erythromyzinstearat *n (Antibiotikum)*
erythromyeloblastic erythromyoblastisch
erythromyeloblastic leukaemia erythromyeloblastische Leukämie *f*
erythromyeloblastosis Erythromyoblastose *f*
erythron Erythron *n*, erythrozytäre Reifungsreihe *f*
erythroneocytosis Erythrozytenvorstufenvermehrung *f* im Blut
erythroparasite Erythrozytenparasit *m*, Erythrozytenschmarotzer *m*
erythropathy Erythropathie *f*, Blutleiden *n*, Blut(körperchen)krankheit *f*
erythropenia *s.* erythrocytopenia
erythropenin Erythropenin *n*
erythrophage Erythrophag(e) *m*, erythrozytenbeladener Makrophag(e) *m*
erythrophagia *s.* erythrophagocytosis
erythrophagocytic erythrophagozytisch, Erythrozyten fressend; Erythro(zyto)phagozytose...
erythrophagocytosis Erythrozytenphagozytose *f*, Erythrozytenaufnahme *f* durch Fresszellen
erythrophagous erythrozytenphagozytierend, erythrozytenfressend
erythrophil 1. Erythrophile(r) *m*, erythrophile Zelle *f*; 2. *s.* erythrophilous
erythrophilous erythrophil, erythrozytenfreundlich; leicht rot färbbar
erythrophobia Erythrophobie *f*, Errötungsfurcht *f*, Angst *f* vor Schamröte
erythrophobic erythrophob, nicht mit roten Farbstoffen färbend
erythrophore Erythrophor *n (Chromatophor mit rotbraunen Pigmenten)*
erythrophose Erythrophose *f*
erythrophthisis Erythrophthise *f*
erythropia *(Ophth)* Erythropsie *f*, Rotsehen *n*, Rotsichtigkeit *f*
erythroplakia Erythroplakie *f (plaqueartige Schleimhautläsion)*
erythroplasia Erythroplasie *f (Epitheldysplasie mit Erythem)*
erythroplasia of Queyrat Erythroplasie *f* Queyrat, Queyrat-Erythroplasie *f (Carcinoma in situ der Glans penis)*
erythroplastid Erythroplastid *m*, kernloser Erythrozyt *m*
erythropoiesis Erythro(zyto)poese *f*, Erythrozytenbildung *f*
erythropoietic erythro(zyto)poetisch, erythrozytenbildend
erythropoietic factor erythropoetischer Faktor *m*
erythropoietic porphyria Porphyria *f* erythropoietica [haemopoietica]
erythropoietic system erythropoetisches System *n*
erythropoietin Erythropoetin *n*, EPO *n (Hormon)*
erythroprosopalgia Erythroprosopalgie *f*, (Bing-)Horton-Syndrom *n*, Horton-Bing-Syndrom *n*, Migräne *f* der Männer
erythropsia *s.* erythropia
erythropsin *(Ophth)* Erythropsin *n*, Rhodopsin *n*, Sehpurpur *m*, Sehrot *n*
erythropyknosis Erythropyknose *f (z. B. bei Malaria)*
erythrorrhexis Erythrorrhexis *f*, Erythrozytenzerfall *m*, Erythrozytenauflösung *f*

erythrose Erythrose *f*, Erythro-Tetrose *f*, Erythro-4-phosphat *n*
erythrosedimentation Blutsenkung *f*, Blutkörperchensenkung *f*, Erythrozytensedimentation *f*
erythrosine *(Histol)* Erythrosin *n* B, Tetraiodfluoreszein *n* *(roter Farbstoff)*
erythrosine sodium *(Pharm, Stom)* Erythrosinnatrium *n* *(zum Plaquenachweis)*
erythrosis Erythrose *f*, Hautrötung *f*
erythrostasis Erythrozytostase *f*, Erythrozytenstauung *f* *(im Kapillargebiet)*
erythrothioneine Erythrothionein *n*, Ergothionein *n*
erythrothrombomonoblastosis Erythrothrombomonoblastose *f*
erythroxyline *s.* cocaine
erythrulose Erythrulose *f (Ketotetrose)*
erythruria *s.* erythrocyturia
Esbach's method *(Lab)* Esbach'sche Methode *f* [Eiweißuntersuchung *f*], Eiweißausscheidungsbestimmung *f* nach Esbach *(im Urin)*
escape *v* **the attention of the physician** der Aufmerksamkeit des Arztes entgehen, vernachlässigt werden, vom Arzt übersehen werden
escape beat *(Kard)* Ersatzsystole *f*, Ersatzschlag *m*
escape channel Abflusskanal *m*
escape drinker *(Neur)* Betäubungstrinker *m*
escape focus *(Kard)* Ersatzfokus *f*, Ersatzschrittmacherzentrum *m*
escape into disease Flucht *f* in die Krankheit
escape reflex *(Neur)* Fluchtreflex *m*
escape rhythm *(Kard)* Ersatzrhythmus *f*, Ersatzherzrhythmus *m*
eschar Kruste *f*, Schorf *m*; Brandschorf *m*; Ätzschorf *m*
escharectomy Nekrektomie *f*, Schorfabtragung *f*, Abtragung *f* nekrotischen Gewebes
escharotic verschorfend, krustenbildend, schorfbildend; Verschorfungs…
escharotic (agent) Verschorfungsmittel *n*; Ätzungsmittel *n*, Ätzmittel *n*
escharotomy 1. Escharotomie *f*, Schorfinzision *f (zur Verhinderung von Konstriktionen)*; 2. Nekrektomie *f*, Schorfabtragung *f*, Abtragung *f* nekrotischen Gewebes
Escherichia aurescens Escherichia *f* aurescens
Escherichia coli Escherichia *f* coli, E. coli
Escherichia freundii Citrobacter *m* freundii
Escherichia hermanii Escherichia *f* hermanii
Escherichia intermedia Citrobacter *m* intermedius
Escherichia vulneris Escherichia *f* vulneris
Escherich's bacillus Escherichia *f* coli
Escobar syndrome Escobar-Syndrom *n*, (multiples) Pterygium-Syndrom *n*
escorcin(ol) *(Pharm, Ophth)* Escorcin *n*, Escorcinol *n*
esculapian *s.* aesculapian
escutcheon Schild *n*, schildförmige Struktur *f*
eseptate ohne Septum [Scheidewand], ohne Septen
eseridine Eseridin *n*, Eserinaminoxid *n*
eserine Eserin *n*, Physostigmin *n (Parasympathikomimetikum)*
eserine aminoxide Eserinaminoxid *n*
eserine salicylate Eserinsalicylat *n*, Physostigminsalicylat *n*
Esmarch's bandage *(Chir)* Esmarch'sche Binde *f*, Esmarch-Schlauch *m*, Esmarch'scher Stauschlauch *m*
Esmarch's tourniquet *s.* Esmarch's bandage
Esmarch's tube *s.* Esmarch's bandage
esmolol Esmolol *n (Betablocker; Antiarrhythmikum)*
esmolol hydrochloride Esmololhydrochlorid *n*
esocataphoria Esokataphorie *f (Abweichung der Sehachsen nach unten und innen)*
esodeviation *s.* 1. esotropia; 2. esophoria
esodic afferent
esoethmoidits Sinusitis *f* ethmoidalis
esogastritis Esogastritis *f*, Magenschleimhautentzündung *f*
esohyperphoria *s.* hyperesophoria
esophag… *(siehe auch:)* oesophag…
esophagalgia Ösophagalgie *f*, Ösophagusschmerz *m*
esophageal *(Gastr)* ösophageal; Ösophagus…
esophageal achalasia Ösophagusachalasie *f*
esophageal artery Ösophagusarterie *f*, Speiseröhrenschlagader *f*, Arteria *f* oesophagea
esophageal atresia Ösophagusatresie *f*, Speiseröhrenatresie *f*
esophageal atriogram Ösophagusatriogramm *f*
esophageal balloon tube *(Gastr)* Ösophagusballonsonde *f*
esophageal bleeding Ösophagusblutung *f*
esophageal bougie *(Chir)* Ösophagusbougie *f*, Schlundbougie *f*
esophageal burn Ösophagusverbrennung *f*, Speiseröhrenverätzung *f*
esophageal cancer [carcinoma] Ösophaguskarzinom *n*, Speiseröhrenkrebs *m*
esophageal catheter Ösophaguskatheter *m*, Speiseröhrenkatheter *m*
esophageal chalasia Ösophaguschalasie *f*, Erschlaffung *f* der Speiseröhre
esophageal compression Ösophaguskompression *f*
esophageal cyst Ösophaguszyste *f*
esophageal dilatation Ösophagusdilatation *f*
esophageal diverticulum Ösophagusdivertikel *n*, Speiseröhrendivertikel *n*
esophageal dysfunction Ösophagusfunktionsstörung *f*
esophageal electrode Ösophaguselektrode *f*
esophageal electrocardiogram Ösophaguselektrokardiogramm *n*, transösophageales EKG *n*, Ösophagus-EKG *n*
esophageal electrocardiography Ösophaguselektrokardiographie *f*, transösophageale EKG-Aufzeichnung *f*, TEE
esophageal endoprosthesis *(Chir)* Ösophagusendoprothese *f*, Speiseröhrenendothese *f*
esophageal fistula Ösophagusfistel *f*, Speiseröhrenfistel *f*
esophageal foramen *s.* esophageal hiatus
esophageal forceps Ösophaguszange *f*
esophageal haemorrhage Ösophagusblutung *f*
esophageal haemostatic tube Ösophagus-Hämorrhagie-Tamponadesonde *f*
esophageal hiatus Ösophagushiatus *m*, Hiatus *m* oesophageus *(Zwerchfelllücke)*
esophageal hiatus hernia Ösophagushiatushernie *f*
esophageal hiatus hernioplasty Ösophagushiatushernienplastik *f*
esophageal inlet Ösophaguseingang *m*
esophageal intubation Ösophagussondierung *f*
esophageal kymography Ösophaguskymographie *f*
esophageal lead 1. Ösophagusableitung *f (EKG)*; 2. Ösophaguselektrode *f*
esophageal manometry Ösophagusmanometrie *f*, Ösophagusdruckmessung *f*, Speiseröhren(b)innendruckmessung *f*
esophageal moniliasis Ösophagusmoniliasis *f*, Speiseröhrensoor *m*, Ösophagus-Candidamykose *f*
esophageal motility Ösophagusmotilität *f*
esophageal motility disorder Ösophagusmotilitätsstörung *f*
esophageal obturator airway Ösophagusobturatortubus *m*
esophageal orifice of the diaphragm *s.* esophageal hiatus

esophageal perforation Ösophagusperforation *f*
esophageal plexus Speiseröhrennervengeflecht *n*, Plexus *m* oesophageus
esophageal probing *s.* esophageal intubation
esophageal pseudodiverticulosis Ösophaguspseudodivertikulose *f*
esophageal reflux Ösophagusreflux *m*, ösophagealer Reflux *m*
esophageal rupture Ösophagusruptur *f*, Speiseröhrenzerreißung *f*
esophageal sound Ösophagussonde *f*, Speiseröhrensonde *f*
esophageal spasm *s.* oesophagospasm
esophageal speech Ösophagussprache *f*, ösophageale Sprache *f*, Ösophagusstimme *f*
esophageal sphincter Ösophagussphinkter *m*, ösophagealer Sphinkter *m*
esophageal stenosis Ösophagusstenose *f*, Speiseröhrenvereng(er)ung *f*
esophageal stricture Ösophagusstriktur *f*, Speiseröhrenstriktur *f* • **dilate an esophageal stricture** eine Speiseröhrenstriktur aufdehnen
esophageal tear Ösophagusriss *m*, Speiseröhrenzerreißung *f*
esophageal traction diverticulum Ösophagustraktionsdivertikel *n*
esophageal tube Schlundrohr *n*
esophageal ulceration Ösophagusulzeration *f*, Speiseröhrengeschwür(s)bildung *f*
esophageal ultrasonic probe *(Kard)* Ösophagusechosonde *f*
esophageal varices Ösophagusvarizen *fpl*
esophageal vein Speiseröhrenvene *f*, Vena *f* oesophagea
esophageal voice Ösophagusstimme *f*
esophagectasia Ösophagektasie *f*, Ösophagusdilatation *f*, Speiseröhrenerweiterung *f*
esophagectomy Ösophagektomie *f*, Ösophagusexzision *f*, Ösophagusresektion *f*, (operative) Speiseröhrenentfernung *f*
esophagectopy Speiseröhrenverlagerung *f*, Ösophagusverdrängung *f*
esophagism(us) *s.* oesophagospasm
esophagitis Ösophagitis *f*, Speiseröhrenentzündung *f*
esophagobronchial ösophagobronchial; Speiseröhren-Bronchus-...
esophagobronchial fistula Ösophagobronchialfistel *f*, Speiseröhren-Bronchus-Fistel *f*
esophagocardiography Ösophagokardiographie *f*
esophagocardiomyotomy Ösophago(kardio)myotomie *f*, Heller'sche Kardiomyotomie *f*
esophagocardioplasty Ösophagokardioplastik *f*, Speiseröhren-Magen-Anastomose *f*
esophagocele Ösophagozele *f*, Ösophagushernie *f*
esophagocologastrostomy Ösophagokologastrostomie *f (Herstellung der Ösophagus-Magen-Kontinuität durch ein Koloninterponat)*
esophagocoloplasty Ösophagokoloplastik *f (Herstellung der Ösophaguskontinuität durch ein Koloninterponat)*
esophagoduodenostomy Ösophagoduodenostomie *f*, Speiseröhren-Zwölffingerdarm-Anastomose *f*, (operative) Ösophagus-Duodenum-Verbindung *f*
esophagodynia Ösophagodynie *f*, Speiseröhrenschmerz *m*
esophagoectasia *s.* oesophagectasia
esophago-enterostomy Ösophagoenterostomie *f*, Ösophagus-Darm-Anastomose *f*, (operative) Speiseröhren-Darm-Verbindung *f*
esophagofundopexy Ösophagofundopexie *f*, Magenfundusfixation *f* am Ösophagus
esophagogastrectomy Ösophagogastrektomie *f*, Ösophagus- und Magenexstirpation *f*, (operative) Speiseröhren- und Magenentfernung *f*
esophagogastric *(Gastr)* ösophagogastral; Speiseröhren-Magen-...
esophagogastric junction *s.* cardia
esophagogastric mucosal laceration Mallory-White-Syndrom *n*, Mallory-Weiß'sches Syndrom *n (oberflächliche Schleimhautblutungen am Ösophagus-Magen-Übergang)*
esophagogastroanastomosis Ösophagogastroanastomose *f*, Speiseröhren-Magen-Anastomose *f*
esophagogastroduodenal ösophagogastroduodenal; Ösophagus-Magen-Duodenum-...
esophagogastroduodenoscopy Ösophagoga-Strodudenoskopie *f*, Speiseröhren-Magen-Zwölffingerdarm-Spiegelung *f*
esophagogastromyotomy Ösophagogastromyotomie *f (Durchtrennung der Muskelschicht von Ösophagus und Magen)*
esophagogastroplasty Ösophagogastroplastik *f*, Speiseröhren- und Magenplastik *f*, (operative) Speiseröhren- und Magenrekonstruktion *f*
esophagogastroscope Ösophagogastroskop *n*, Speiseröhren- und Magenspiegel *m*
esophagogastroscopy Ösophagogastroskopie *f*, Speiseröhren- und Magenspiegelung *f*
esophagogastrostomy Ösophagogastrostomie *f*, Speiseröhren-Magen-Anastomose *f*, (operative) Ösophagus-Magen-Verbindung *f*
esophagogram Ösophagogramm *n*, Speiseröhrenröntgen(kontrast)bild *n*
esophagographic ösophagographisch
esophagography Ösophagographie *f*, Speiseröhrenröntgen(kontrast)darstellung *f*
esophagojejunogastrostomy Ösophagojejunogastrostomie *f (Herstellung der Ösophagus-Magen-Kontinuität durch ein Jejunuminterponat)*
esophagojejunoplasty Ösophagojejunoplastik *f (Herstellung der Ösophaguskontinuität durch ein Jejunuminterponat)*
esophagojejunostomy Ösophagojejunostomie *f*, Ösophagus-Jejunum-Anastomose *f*, (operative) Speiseröhren-Leerdarm-Verbindung *f*
esophago-oesophagostomy Ösophagoösophagostomie *f*, Ösophagus-Ösophagus-Anastomose *f*, (operative) Speiseröhrenvereinigung *f*
esophagolaryngectomy Ösophagolaryngektomie *f (Entfernung des oberen Ösophagus und des Kehlkopfes)*
esophagology Ösophagologie *f (Lehre vom Ösophagus und dessen Krankheiten)*
esophagomalacia Ösophagomalazie *f*, Speiseröhrenerweichung *f*
esophagomycosis Ösophagomykose *f*, Speiseröhrenpilzerkrankung *f*
esophagomyotomy Ösophagomyotomie *f*, (operative) Speiseröhrenmuskeldurchtrennung *f*
esophagopathy Ösophagopathie *f*, Ösophaguserkrankung *f*, Speiseröhrenkrankheit *f*
esophagopharyngeal ösophagopharyngeal, pharyngoösophageal; Ösophagus-Pharynx-..., Speiseröhren-Rachen-...
esophagoplasty Ösophagoplastik *f*, Ösophagusplastik *f*, Speiseröhrenrekonstruktion *f*
esophagoplegia Ösophagoplegie *f*, Speiseröhrenlähmung *f*
esophagoplication Ösophagusfältelung *f*, Speiseröhrenfaltungsoperation *f*
esophagoptosis Ösophagusptose *f*, Ösophagusprolaps *m*, Speiseröhrenvorfall *m*

esophagorespiratoric ösophagorespiratorisch; Ösophagus-Atemwegs-…; Ösophagus-Trachea-…; Ösophagus-Bronchien-…
esophagoscope Ösophagoskop *n*, Speiseröhrenspiegel *m*
esophagoscopic ösophagoskopisch
esophagoscopy Ösophagoskopie *f*, Speiseröhrenspiegelung *f*
esophagospasm Ösophagospasmus *m*, Ösophagismus *m*, Speiseröhrenkrampf *m*
esophagostenosis Ösophagostenose *f*, Speiseröhrenvereng(er)ung *f*
esophagostoma Ösophagostoma *n*, Speiseröhrenöffnung *f*, Speiseröhrenfistel *f*
esophagostomiasis Ösophagostomiasis *f*
esophagostomy 1. Ösophagostomie *f*, (operative) Speiseröhrenfistelung *f*, 2. *s.* oesophagostoma
esophagotome Ösophagotom *n*, Ösophagusmesser *n*
esophagotomy Ösophagotomie *f*, (operative) Speiseröhreneröffnung *f*
esophagotracheal ösophagotracheal; Ösophagus-Trachea-…, Speiseröhren-Luftröhren-…
esophagotracheal fistula Ösophagotrachealfistel *f*, Speiseröhren-Luftröhren-Fistel *f*
esophagram Ösophagogramm *n*, Ösophagusröntgenbild *n*
esophagus Ösophagus *m*, Speiseröhre *f*, Schlund *m* *(siehe auch unter: oesophageal)*
esophagus stethoscope Ösophagusstethoskop *n*
esophoria Esophorie *f*, Endophorie *f*, (latentes) Einwärtsschielen *n*, Nachinnenschielen *n*, Esodevitation *f*
esophoric esophorisch, (latent) einwärts schielend; Esophorie…
esosphenoiditis Esosphenoiditis *f*, Keilbeinentzündung *f*, Keilbeinosteomyelitis *f*
esotropia Esotropie *f*, Strabismus *m* convergens, (manifestes) Einwärtsschielen *n*
esotropic esotropisch, (manifest) einwärts schielend; Esotropie…
espundia *(Trop)* Espundia *f*, Südamerikanische Schleimhautleishmaniasis *f* [Hautleishmaniase *f*]
esquilectomy Knochenfragmententfernung *f*, (operative) Splitterentfernung *f*, Knochensplitterentfernung *f* *(nach Geschosseinwirkung)*
esquinancea Erstickungsgefühl *n* *(infolge entzündlicher Halsschwellung)*
ESR *s.* erythrocyte sedimentation rate
ESS *s.* euthyroid sick syndrome
essence 1. Essenz *f* *(Lösung von Öl in Alkohol)*; 2. Wesen *n*, Kern *m* *(einer Sache)*
essential 1. essenziell, notwendig, erforderlich, lebenswichtig *(z. B. Vitamine, Minerale)*; 2. selbstständig auftretend, idiopathisch *(Krankheiten)*
essential amino acid essenzielle Aminosäure *f*
essential dysmenorrhoea primäre Dysmenorrhö *f*
essential epilepsy essenzielle Epilepsie *f*
essential familial hyperlipaemia familiäre Hyperlipoproteinämie *f*
essential fatty acid essenzielle Fettsäure *f*
essential fever essenzielles Fieber *n*
essential hypertension essenzieller Bluthochdruck *m* [Hypertonus *m*]
essential hypochromic anaemia essenzielle hypochrome Anämie *f*
essential myoclonia *(Neur)* Paramyoclonus *m* multiplex
essential nutrient essenzieller Nährstoff *m*, essenzieller Nahrungsbestandteil *m*
essential pruritus essenzieller Pruritus *m*
essential purpura *(Hämat)* idiopathische thrombo(zyto)penische Purpura *f*, Purpura *f* thrombopenica, Morbus *m* Werlhof [maculosus Werlhofi], Werlhof'sche Krankheit *f*, Werlhof-Krankheit *f*
essential thrombocythaemia essenzielle Thrombozythämie *f*
essential tremor essenzieller Tremor *m*
essential vertigo essenzielle Vertigo *f*, essenzieller Schwindel *m*
Esser's graft Esser-Transplantat *n*, Esser-Plastik *f* *(Epithelisierungsplastik mittels Plombe)*
EST *s.* electroshock therapy
establish *v* **by gram stain** *(Lab)* durch Gram-Färbung nachweisen [unterscheiden] *(z. B. Bakterien)*
established lesion etablierte Läsion *f*, etablierter Schaden *m*
establishment artefact *(Neur)* Anstaltsartefakt *m*
ester local anaesthetic *(Pharm)* Lokalanästhetikum *n* vom Ester-Typ
esterapenia Cholinesterasemangel *m* im Blut
esterase Esterase *f* *(Enzym)*
esterase activity Esteraseaktivität *f*
esterase inhibitor Esteraseinhibitor *m*
esterification Esterbildung *f*, Veresterung *f*
esterified oestrogen verestertes Östrogen *n*
esterify *v* verestern, in einen Ester umwandeln
esterifying agent Veresterungsmittel *n*
esterize *v* verestern, einen Ester bilden; verestert werden, zu einem Ester umgewandelt werden
esterolysis Esterauflösung *f*, Esterhydrolyse *f*
esterolytic Ester auflösend; Esterhydrolyse…
esthematology Esthematologie *f* *(Lehre von den Sinnen und Sinnesorganen)*
esthesia *(AE)* *s.* aesthesia
esthesic wahrnehmend, fühlend, empfindend; Wahrnehmungs…, Gefühls…, Empfindungs…
esthesioblast Esthesioblast *m*, Ganglioblast *m*
esthesiodic Sinnesreize [Sinneseindrücke] übertragend; Sinnesreizleitungs…
esthesiogenic esthesiogen, eine Empfindung auslösend
esthesiography Esthesiographie *f* *(Lokalisierung der taktilen Hautareale)*
esthesiology Esthesiologie *f* *(Lehre von der Sinneswahrnehmung)*
esthiomene Esthiomene *n*, Lymphopathia *f* venerea, Lymphogranuloma *n* venereum [inguinale], Lymphogranulomatosis *f* [Lymphadenitis *f*] inguinalis subacuta, Lymphomatosis *f* inguinalis suppurativa subacuta
esthesiometer Esthesiometer *n* *(Instrument zur Prüfung der taktilen Sensibilität)*
esthesiometry Esthesiometrie *f* *(Messung der taktilen Sensibilität)*
esthesioneure Esthesioneure *f*, sensorisches Neuron *n*
esthesioneuroblastoma Esthesioneuroblastom *n*
esthesioneurocytoma Esthesioneurozytom *n*
esthesiophysiology Esthesiophysiologie *f* *(Lehre von der Physiologie der Sinne und der Sinnesorgane)*
esthesioscopy Esthesioskopie *f* *(Prüfung der taktilen Sensibilität)*
esthesodic Sinnesreize [Sinneseindrücke] übertragend; Sinnesreizleitungs…
esthetic 1. wahrnehmend, fühlend, empfindend; Wahrnehmungs…; 2. ästhetisch; Schönheits…
esthetics *(Stom)* Zahnästhetik *f*, Gebissästhetik *f*
estimate *v* **the differential blood count** das Differenzialblutbild bestimmen
estimate *(Statistik)* Schätzung *f*, Hochrechnung *f*
estimation 1. *(Statistik)* Schätzung *f*, Hochrechnung *f*, 2. Einschätzung *f*, Beurteilung *f*
estimator Kalkulator *m*
estival *s.* aestival

estivation Sommerschlaf *m*
estivo-autumnal estivoautumnal; Sommer-Herbst-…
estradiol Östradiol *n (Follikelhormon)*
estradiol benzoate Östradiolbenzoat *n*
estradiol dipropionate Östradioldipropionat *n*
estradiol valerate Östradiolvalerat *n*
estramustine phosphate Östramustinphosphat *n (Antineoplastikum)*
estrane Östran *n*
estrangement *(Psych)* Entfremdung *f (der Mutter vom Kind)*
estrazinol hydrobromide Östrazinolhydrobromid *n (Östrogen)*
estriasis Östriasis *f*
estrin *s.* oestrogen
estrinization Östrogenisierung *f (führt zu zyklusabhängigen Zellveränderungen im Vaginalepithel)*
estriol Östriol *n*
estrofurate Östrofurat *n*
estrogen *s.* oestrogen
estrogenic östrogen (wirksam), Östrogenwirkung besitzend
estrogenicity Östrogenität *f*, östrogene Wirksamkeit *f*
estrogenous *s.* estrogenic
estrone Östron *n*
estrophilin Östrophilin *n (Östrogenrezeptor)*
estrous Östrus…
estrual Östrus…
estruation Östrus *m*
estrum Östrum *n*
estrus Östrus *m*
estuarium Dampfbad *n*
etafedrine hydrochloride Etafedrinhydrochlorid *n*, Ethylephedrinhydrochlorid *n (Bronchialdilatator)*
etafilcon A Etafilcon *n* A *(Kontaktlinsenmaterial)*
etched enamel geätzter Zahnschmelz *m*
etching Ätzung *f*, Ätzen *n*
etching liquid Ätzlösung *f*
etching paste Ätzpaste *f*
etching pattern Ätzmuster *n*
ethacridine Ethacridin *n*
ethacridine lactate Ethacridinlaktat *n (Antiseptikum)*
ethacrynate sodium Natriumethacrynat *n*, Ethacrynat-Natrium *n*
ethacrynic acid Äthacrynsäure *f (Schleifendiuretikum)*
ethambutol Äthambutol *n (Tuberkulostatikum)*
ethambutol hydrochloride Äthambutolhydrochlorid *f*
ethamivan Ethamivan *n (Analeptikum)*
ethamoxytriphetol Ethamoxytriphetol *n (Östrogenantagonist)*
ethamsylate Äthamsylat *n (Hämostyptikum)*
ethanal Ethanal *n*, Äthanal *n*, Azetaldehyd *m*
ethanoic acid Essigsäure *f*, Acidum *n* aceticum
ethanol Ethanol *n*, Äthanol *n*, Ethylalkohol *m*
ethanolamine Äthanolamin *n*, 2-Aminoethanol *n*
ethanolamine phosphotransferase Äthanolaminphosphotransferase *f (Enzym)*
ethanolism Alkoholismus *m*
ethaverine hydrochloride Äthaverinhydrochlorid *n*, Ethylpapaverinhydrochlorid *n (Spasmolytikum)*
ether Ether *m*, Äther *m*, Diethylether *m*, Ethoxyethan *n*
ether acetone solution Äther-Aceton-Lösung *f*
ether anaesthesia Ätheranästhesie *f*, Äthernarkose *f*
ether and chloroform dropper Narkosetropfer *m*
ether atomizer Ätherzerstäuber *m*, Ätherzerstäubungsapparat *m*
ether convulsion Ätherkrampf *m*
ether mask Äthermaske *f*, Narkosemaske *f*
ether-oxygen anaesthesia [narcosis] Äther-Sauerstoff-Narkose *f*, Ether-Sauerstoff-Narkose *f*
ether-sensitive äthersensibel, ätherempfindlich
ether sensitivity Äthersensibilität *f*, Ätherempfindlichkeit *f (z. B. von Mikroorganismen)*
ether stability Ätherstabilität *f*, Ätherfestigkeit *f*, Ätherresistenz *f*, Etherwiderstandsfähigkeit *f (z. B. von Mikroorganismen)*
ether-stable ätherstabil, ätherfest, ätherresistent, widerstandsfähig gegen Ether
ether vaporizer Ätherverdampfer *m*
ethereal 1. ätherartig; Äther…; 2. ätherisch
etherification Ätherbildung *f*
etherism 1. Äthernarkose *f*, Ätherbetäubung *f*, 2. *(Neur)* Ätherismus *m*, Ätheromanie *f*, Äthersucht *f*
etherization Ätherbetäubung *f*, Äthernarkose *f*
etherize *v* mit Äther betäuben, mit Ether narkotisieren, eine Äthernarkose durchführen
etheromania Ätheromanie *f*, Ätherschnüffeln *n*
ethiazide Ethiazid *n (Diuretikum)*
ethical ethisch; Ethik…
ethics Ethik *f*
ethionamide Äthionamid *n*, 2-Ethylisothionicotinamid *n (Tuberkulostatikum)*
ethisterone Ethisteron *n*, 17alpha-Ethynyltestosteron *n (synthetisches Progestin)*
ethmocarditis Herzbindegewebsentzündung *f*
ethmocephalia *(Terat)* Ethmokephalie *f (Missbildung)*
ethmocephalus *(Terat)* Ethmozephalus *m*, Ethmokephalus *m (Missgeburt)*
ethmocranial ethmokranial; Siebbein-Schädel-…
ethmofrontal ethmofrontal; Siebbein-Stirnbein-…
ethmofrontal suture Siebbein-Stirnbein-Naht *f*, Sutura *f* ethmofrontalis
ethmoid *s.* ethmoidal
ethmoid *s.* ethmoid bone
ethmoid air cells Cellulae *fpl* ethmoidales, Siebbeinzellen *fpl*
ethmoid antrum *s.* ethmoid sinus
ethmoid artery Arteria *f* ethmoidalis, Siebbeinarterie *f*, Ethmoidalarterie *f*
ethmoid bone Os *n* ethmoidale, Siebbein *n*
ethmoid bulla *(Anat)* Bulla *f* ethmoidalis, Siebbeinblase *f*
ethmoid canal Foramen *n* ethmoidale, Siebbeinloch *n*
ethmoid cells *s.* ethmoid sinus
ethmoid crest 1. Crista *f* ethmoidalis maxillae, Siebbeinleiste *f* des Oberkiefers; 2. Crista *f* ethmoidalis ossis palatini, Siebbeinleiste *f* des Gaumenbeins
ethmoid foramen Foramen *n* ethmoidale, Siebbeinloch *n*
ethmoid infundibulum Infundibulum *n* ethmoidale, Siebbeintrichter *m*
ethmoid labyrinth (of cells) *s.* ethmoid sinus
ethmoid mucosa Siebbeinmukosa *f*, Siebbein(höhlen)-schleimhaut *f*
ethmoid notch Incisura *f* ethmoidalis, Siebbeineinschnitt *m*, Siebbeinkerbe *f*
ethmoid process Processus *m* ethmoidalis, Siebbeinfortsatz *m*
ethmoid sinus Sinus *mpl* ethmoidales, Siebbeinhöhle *f*, Siebbeinlabyrinth *n*, Labyrinthus *m* ethmoidalis, Siebbeinzellen *fpl*, Cellulae *fpl* ethmoidales
ethmoid sinus tumour Siebbeinhöhlentumor *m*, Siebbeinzellengeschwulst *f*
ethmoid sinusitis Sinusitis *f* ethmoidalis, Siebbein(zellen)entzündung *f*, Siebbeinhöhlenentzündung *f*
ethmoid vein Vena *f* ethmoidalis, Siebbeinvene *f*, Ethmoidalvene *f*
ethmoidal ethmoidal; Ethmoidal…, Siebbein… *(Zusammensetzungen siehe unter: ethmoid)*

ethmoidale Ethmoidale *n (kraniometrischer Messpunkt)*
ethmoidectomy Ethmoidektomie *f*, Siebbeinresektion *f*, (operative) Siebbeinhöhlenausräumung *f*, Siebbeinzellenentfernung *f*
ethmoiditis Ethmoiditis *f*, Siebbeinentzündung *f*
ethmoidofrontal suture Siebbein-Stirnbein-Naht *f*, Sutura *f* frontoethmoidalis
ethmoidolacrimal *s.* ethmolacrimal
ethmoidomaxillary suture Siebbein-Oberkiefer-Naht *f*, Sutura *f* ethmoid(e)omaxillaris
ethmoidonasal ethmoidonasal; Siebbein-Nasen(bein)-…
ethmoidopalatal ethmoidopalatin; Siebbein-Gaumen(bein)-…
ethmoidosphenoid ethmo(ido)sphenoidal; Siebbein-Keilbein-…
ethmoidotomy Ethmoidotomie *f*, Siebbeininzision *f*, (operative) Siebbeinhöhleneröffnung *f*
ethmolacrimal ethmolakrimal, ethmoido-lakrimal; Siebbein-Tränenbein-…
ethmolacrimal recess ethmoido-lakrimales Grübchen *n*, Recessus *m* ethmolacrimalis
ethmolacrimal suture Siebbein-Tränenbein-Naht *f*, Sutura *f* ethmolacrimalis
ethmomaxillary ethmomaxillär; Siebbein-Oberkiefer-…
ethmonasal ethmonasal; Siebbein-Nasenbein-…
ethmopalatal ethmopalatal; Siebbein-Gaumenbein-…
ethmosphenoid ethmosphenoidal; Siebbein-Keilbein-…
ethmosphenoid suture Siebbein-Keilbein-Naht *f*, Sutura *f* ethmosphenoidalis
ethmoturbinal ethmo(ido)turbinal, zur oberen und unteren Nasenmuschel gehörend
ethmovomerine ethmo(ido)vomerin; Siebbein-Vomer-…
ethnic group ethnische Gruppe *f*
ethnocentrism Ethnozentrismus *m*, ethnische Bewertung *f (vom eigenen ethnischen Standard ausgehend)*
ethnography Ethnographie *f*
ethnology Ethnologie *f*
ethnopharmacology Ethnopharmakologie *f*
othology Fthologie *f*, Verhaltenslehre *f*, Verhaltensforschung *f*
ethomoxone Ethomoxon *n (Anxiolytikum)*
ethopharmacology Ethopharmakologie *f*
ethopropazine hydrochloride Ethopropazinhydrochlorid *n*, Phenopropazinhydrochlorid *n*, Profenaminhydrochlorid *n (Parkinsonmittel)*
ethosuximide Ethosukzimid *n (Antiepileptikum)*
ethotoine Ethotoin *n*, 3-Ethyl-5-phenylhydantoin *n (Antikonvulsivum)*
ethotrimeprazine Ethotrimeprazin *n*, Etymemazin *n*
ethoxazene hydrochloride Ethoxazenhydrochlorid *n (Analgetikum)*
ethoxyzolamide Ethoxyzolamid *n*, 6-Ethoxy-2-benzothiazolsulfonamid *n (Diuretikum)*
ethoxzolamide Ethoxzolamid *n (Karboanhydrasehemmer)*
ethyl alcohol Ethylalkohol *m*
ethyl aminobezoate Ethylaminobenzoat *n*, Benzocain *n*
ethyl chloride Ethylchlorid *n*, Chlorethan *n*, Chlorethyl *n*
ethyl chloride inhalation Chlorethylinhalation *f*, Chlorethylrausch *m*
ethyl ether Ethylether *m*
ethylbenztropine Ethylbenztropin *n (Parkinsonmittel)*
ethylene dibromide Ethylendibromid *n (Insektizid)*
ethylene dibromide poisoning Ethylendibromidvergiftung *f*
ethylene glycol Ethylenglykol *n*
ethylene glycol poisoning Ethylenglykolvergiftung *f*, Gefrierschutzmittelvergiftung *f*
ethylene oxide Ethylenoxid *n*
ethylene oxide sterilization Ethylenoxidsterilisation *f*
ethylenediamine Ethylendiamin *n*
ethylenediaminetetraacetate Ethylendiamintetraazetat *n*
ethylenediaminetetraacetic acid Ethylendiamintetraessigsäure *n*, EDTA
ethylestrenol Ethylestrenol *n (Anabolikum)*
ethylism Ethylismus *m*, Äthylismus *m*, Ethylalkoholvergiftung *f*
ethylisopropylbarbituric acid Ethylisopropylbarbitursäure *f*
ethylmorphine hydrochloride Ethylmorphinhydrochlorid *n*
ethylnoradrenaline Ethylnoradrenalin *n*
ethylnorepinephrine Ethylnorepinephrin *n*
ethylnorepinephrine hydrochloride Ethylepinorphinhydrochlorid *n (Bronchodilatator)*
ethylnorsuprarenin Ethylnoradrenalin *n*
ethylpapaverine hydrochloride Ethylpapaverinhydrochlorid *n*
ethylparaben Ethylparaben *n (Antimykotikum)*
ethylphenacemide Ethylphenazemid *n (Antimykotikum)*
ethylphenylephrine hydrochloride Ethylphenylephrinhydrochlorid *n (Sympatikomimetikum)*
ethylphenylhydantoin Ethylphenylhydantoin *n*
etidocaine hydrochloride Etidocainhydrochlorid *n (Lokalanästhetikum)*
etidronic acid Etidronsäure *f*
etilefrine Etilefrin *n (Sympatikomimetikum)*
etilefrine hydrochloride Etilefrinhydrochlorid *n*
etiochonalolone Etiocholanolon *n (Testosteronmetabolit)*
etiogenic kausal, ursprünglich, kausalen Ursprungs
etiolation 1. Blässe *f*, Fahlheit *f (infolge Sonnenlichtmangel)*; 2. Blasswerden *n*, Fahlwerden *n (der Haut infolge Lichtmangel)*
etiologic ätiologisch; Ätiologie…
etiology *s.* aetiology
ethipathic äthiopathisch
etiopathology Ätiopathologie *f*, Pathogenese *f*
etiotropic ätiotrop, gegen die Ursache gerichtet
etodolac Etodolac *n (nicht steroidales Antirheumatikum)*
etofamide Etofamid *n (Amöbenmittel)*
etofenamate Etofenamat *n (nicht steroidales Antirheumatikum)*
etofibrate Etofibrat *n (Lipidsenker)*
etomidate Etomidat *n*, Etomidate *n (Hypnotikum)*
etoposide Etoposid *n (Mitosehemmer)*
etozolin Etozolin *n (Diuretikum)*
etretinate Etretinat *n (Psoriasismittel)*
etymemazine Etymemazin *n (Antihistaminikum)*
euadrenocorticism Euadrenokortizismus *m*, normale Nebennierenrindenfunktion *f*
euaesthesia Wohlbefinden *n*
euallele Euallel *n*
eubacterium Eubakterium *n*
Eubacterium aerofaciens Eubacterium *n* aerofaciens
Eubacterium biforme Eubacterium *n* biforme
eubiotics Eubiotik *f (Lehre von der gesunden Lebensweise)*
eubolism Normalstoffwechsel *m*
eucaine Eucain *n (Lokalanästhetikum)*
eucalyptus Eukalyptus *m*
eucalyptus oil Eukalyptusöl *n*
eucapnia Eukapnie *f*, Normokapnie *f (normaler Kohlendioxidgehalt im Blut)*
eucapnic mit normalem Kohlendioxidgehalt im Blut; Eukapnie…
eucaryon *s.* eukaryon
eucaryosis *s.* eukaryosis

eucaryotic eukaryot
eucatropine hydrochloride Eucatropinhydrochlorid *n* *(Mydriatikum)*
euchlorhydria Normochlorhydrie *f*, normaler Magen(salz)säuregehalt *m*
eucholia Eucholie *f*, normale Gallenbeschaffenheit *f*
euchromatic euchromatisch *(Chromosomen)*
euchromatin Euchromatin *n (Chromosomenbestandteil)*
euchromatopsia Euchromatopsie *f*, normales Farbensehen *n*
euchromosome *(Gen)* Euchromosom *n*, Autosom *n*
euchylia Euchylie *f*, normale Chylusbeschaffenheit *f*
eucorticalism Eukortikalismus *m*, Nebennierenrindennormalfunktion *f*
eucrasia Homöostase *f*
eudiaphoresis normales Schwitzen *n*
eudipsia Eudipsie *f*, normaler Durst *m*, normales Durstgefühl *n*
eugamic eugam(isch); Eugamie…
eugamy Eugamie *f*
eugenic eugenisch; Eugenik…
eugenic acid *s.* eugenol
eugenicist Eugeniker *m*, Erbhygieniker *m*
eugenics Eugenik *f*, Erbhygiene *f*
eugenol Eugenol *n*, Allylguaiacol *n*, 4-Allyl-2-methoxyphenol *n (Dentalanalgetikum)*
euglobulin Euglobulin *n*
euglycaemia Euglykämie *f*, Normoglykämie *f*, normaler Blutzuckergehalt *m*
euglycaemic euglykämisch, normoglykämisch, mit normalem Blutzuckergehalt; Euglykämie…, Normoglykämie…
eugnathic eugnath; Normalkiefer…
eugnathic anomaly eugnathe Anomalie *f* [Zahnanomalie *f*]
eugnathic scissors bite eugnather Scherenbiss *m*
eugnathy Eugnathie *f*, Normalkiefer *m*, Normalgebiss *n*
eugnosia Eugnosie *f*, normale Sinneswahrnehmung *f*
eugnostic eugnostisch, normal wahrnehmend; Eugnosie…
eugonic *(Bakt)* eugonisch, üppig wachsend *(auf künstlichem Nährboden)*
euhydration Euhydra(ta)tion *f*, normaler Körperwassergehalt *m*
eukaryocyte Eukaryozyt *m*
eukaryon *(Histol)* Eukaryon *m*, normaler Zellkern *m*
eukaryosis Eukaryose *f*
eukaryote Eukaryote(r) *m*, eukaryoter Organismus *m*
eukaryotic 1. eukarytot(isch); Eukaryon…; 2. eukaryot; Eukaryose…; 3. Eukaryoten…
eukaryotic cell eukaryotische Zelle *f*
eukeratin Eukeratin *n*, Normalkeratin *n*, normales Keratin *n*
eukinesia Eukinese *f*, motorischer Normalzustand *m*; Eukinese *f*, Normalbewegung *f*, normale Bewegung *f* *(z. B. der Muskeln)*
eukinesis *s.* eukinesia
eukinetic eukinetisch, normal bewegend; Eukinese…, Normalbewegungs…
Eulenburg's disease *(Neur)* Eulenburg-Krankheit *f*, Eulenburg'sche Krankheit *f* [Erkrankung *f*], Paramyotonia *f* congenita
eumelanin Eumelanin *n*, normales Melanin *n*
eumelanosome Eumelanosom *n*, normales Melanosom *n*
eumenorrhoea Eumenorrhö *f*, normale Menstruation *f* [Regelblutung *f*]
eumetria Eumetrie *f*, Zielgenauigkeit *f (z. B. einer Bewegung)*
eumorphic eumorph, normal geformt
eumorphism Eumorphismus *m*, Erhaltung *f* einer normalen Gestalt; normale Gestalt *f (z. B. von Zellen)*
eumycete Eumyzet *m*, normaler Pilz *m*
eumycetoma Eumyzetom *n*, eumykotisches Myzetom *n*
eunuch Eunuch *m*, Kastrat *m*
eunuchism Eunuchismus *m*, Eunuchentum *n*, Eunuchendasein *n*, Kastratentum *n*
eunuchoid eunuchoid, eunuchenartig
eunuchoid voice Eunuchenstimme *f*
eunuchoidism Eunuchoidismus *m (Körperzustand infolge mangelhafter Keimdrüsenentwicklung)*
euosmia Euosmie *f*, normaler Geruchssinn *m*
eupancreatism normale Pankreasfunktion *f*
euparal Euparal *n (zum Einbetten histologischer Präparate)*
eupaverin Eupaverin *n (Muskelrelaxans)*
eupepsia Eupepsie *f*, Normalverdauung *f*, gute Verdauung *f*
eupeptic eupeptisch, gut [schnell] verdauend; Eupepsie…
eupeptide Eupeptid *n*, Normalpeptid *n*
euperistalsis Normalperistaltik *f*, normale Peristaltik *f*, schmerzfreie Peristaltik *f*
euphonia Euphonie *f*, Normalstimme *f*
euphoretic 1. euphorisch, in behaglicher Stimmung; Euphorie…; 2. *s.* euphoriant
euphoria Euphorie *f*, Wohlbefinden *n*, behagliche Stimmung *f*
euphoriant euphorisierend, eine Euphorie auslösend
euphoriant (agent) Euphorikum *n*, euphorisierendes Mittel *n*
euphoric euphorisch, in behaglicher Stimmung; Euphorie…
euphorigenic euphorisierend, eine Euphorie erzeugend [auslösend]
euphoristic *s.* euphorigenic
euplasia Euplasie *f*, normaler Zellzustand *m*; normaler Gewebezustand *m*
euplastic euplastisch; Euplasie…
euploid euploid, mit euploidem Chromosomensatz
euploid Euploide(r) *m*, euploide Zelle *f*, euploider Organismus *m*
euploidy Euploidie *f (Zustand mit euploidem Chromosomensatz)*
eupnoea Eupnoe *f*, Normalatmung *f*
eupnoeic eupnoisch, normal atmend, mit normaler Atmung; Eupnoe…
euplastic euplastisch, normales Gewebe bildend; normal heilend
eupractic eupraktisch, normal bewegend, mit normalen Bewegungen; Eupraxie…
eupraxia Eupraxie *f*, Normalbewegung *f*
eupraxic 1. *s.* eupractic; 2. eupraktisch, normal funktionierend, mit normalen Funktionen; Eupraxie…
eupyrexia Eupyrexie *f*, leichtes Fieber *n*
eurhythmia Eurhythmie *f*, Normalrhythmus *m*, normaler Rhythmus *m*
European blastomycosis europäische Blastomykose *f*, kutane Kryptokokkose *f*
European typhus *s.* epidemic typhus
eurycephalous euryprosop, breitgesichtig
eurycranial eurykranial, breitschädelig
eurygnathic eurygnath, breitkiefrig
eurygnathic jaw breiter Kiefer *m*
eurygnathism Eurygnathismus *m*, Breitkiefrigkeit *f (Vorhandensein eines breiten Oberkiefers)*
eurynter Eurynter *m (Aufdehnungsinstrument für ein Hohlorgan)*
euryopic euryop(isch), mit weit offenen Augen; mit weit geöffneten Lidspalten
euryoxybiont euryoxybiont, an unterschiedliche Sauerstoffkonzentrationen anpassend

euryprocephalia Euryprokephalie *f*, Breitgesichtigkeit *f*
euryprosopic euryprosop, breitgesichtig
euryrhinia Euryrhinie *f*, Breitnasigkeit *f*
eurysomatic eurysomatisch, mit breitem Körper
eurysomatism Eurysomie *f (Konstitutionstyp mit breitem Körper)*
eurytherm eurytherm, an unterschiedliche Temperaturbereiche anpassend; bei unterschiedlichen Temperaturen lebensfähig
eusplanchnia Eusplanchnie *f*, Normalzustand *m* der Eingeweide
eusplenia Eusplenismus *m*, Eusplenie *f*, normale Milzfunktion *f*
Eustachian cartilage *(HNO)* Ohrtrompetenknorpel *m*, Tubenknorpel *m*, Cartilago *f* tubae auditivae
Eustachian catheter Tubenkatheter *m*
Eustachian cushion Tubenwulst *m*, Torus *m* tubarius
Eustachian diverticulum Ohrtrompetendivertikel *n*, Tubendivertikel *n*
Eustachian salpingitis Ohrtrompetenentzündung *f*, Tubenkatarrh *m*, Ohrtubenentzündung *f*, Ohrtrompetenkatarrh *m*, Salpingitis *f* Eustachii, Syringitis *f*
Eustachian tonsil Tubentonsille *f*, Tonsilla *f* tubaria, Gerlach'sche Tonsille *f*, Noduli *mpl* lymphatici tubarii
Eustachian tube Eustachi'sche Röhre *f* [Tube *f*], Ohrtrompete *f*, Tuba Eustachii [auditiva], Eustachio-Röhre *f*
Eustachian tube blockage *s.* Eustachian tube occlusion
Eustachian tube dysfunction Ohrtrompetendysfunktion *f*, Tubenfunktionsstörung *f*
Eustachian tube occlusion Ohrtrompetenverschluss *m*, Tubenverschluss *m*
Eustachian tube orifice 1. Ostium *n* pharyngeum tubae auditivae; 2. Ostium *n* tympanicum tubae auditivae
Eustachian valve Valvula *f* Eustachii [venae cavae inferioris], Klappe *f* der unteren Hohlvene
eustachitis *s.* Eustachian salpingitis
eusthenia Eusthenie *f*, normale Stärke *f*, normaler Kräftezustand *m*, normaler Aktivitätszustand *m*
eusthenic eusthen(isch), mit normaler Kraft; mit normaler Aktivität
eustress Eustress *m*, normaler Stress *m*
eustrongiliais Eustrongyliasis *f*, Eustrongylose *f*, Nierenwurmbefall *m*
Eustrongylus gigas Eustrongylus *m* gigas, Dioctophyma *n* renale, Nierenwurm *m*
eusystole Eusystole *f*, Normalsystole *f*
eusystolic eusystolisch, mit normaler Systole; Normalsystolen...
eutectic eutektisch, leicht schmelzend
eutectic alloy eutektische [leicht schmelzende] Legierung *f*
euthanasia Euthanasie *f*, willentliche Todesherbeiführung *f*
eutherapeutic eutherapeutisch, mit gutem therapeutischem Effekt; mit ausgezeichneten Heileigenschaften
euthymia Euthymie *f*, psychischer Normalzustand *m*; euthymer Gemütszustand *m*, normale Stimmungslage *f*, ausgeglichenes und harmonisches Seelenleben *n*
euthymic 1. euthym, mit normaler Stimmungslage, mit ausgeglichenem und harmonischem Seelenleben; 2. mit normaler Thymusfunktion, mit normaler Thymusaktivität
euthymism 1. *s.* euthymia; 2. normale Thymusaktivität *f*, normale Thymusfunktion *f*
euthyphoria Euthyphorie *f (Normallage der Gesichtslinien in Horizontalebene)*
euthyroid euthyreot, mit normaler Schilddrüsenfunktion; Euthyreose...
euthyroid sick syndrome *(Endokr)* Niedrig-$T_3(T_4)$-Syndrom *n*
euthyroidism Euthyreoidismus *m*, normale Schilddrüsenfunktion *f*, Euthyreose *f*
eutocia Eutokie *f*, Normalentbindung *f*, normale Entbindung *f* [Geburt *f*], normaler Entbindungsverlauf *m*
eutocic eutokisch, normal entbindend [gebärend]
eutopia Eutopie *f*, normale Organlage *f*
eutrichosis Eutrichose *f*, Normalbehaarung *f*
eutrophia *s.* eutrophy
eutrophic eutroph(isch), normal ernährt; normal ernährend
eutrophy Eutrophie *f*, normaler Ernährungszustand *m*; guter Ernährungszustand *m*; normale Ernährung *f*
evacuant 1. entleerend, leer machend; 2. abführend, purgativ, (den Darm) reinigend
evacuant (agent) Abführmittel *n*, Purgativ(um) *n*, Purgans *n*
evacuate *v* evakuieren; abführen *(z. B. den Darm)*; auspumpen *(z. B. den Magen)*
evacuate *v* **the bowels** (den Darm) entleeren, Stuhl absetzen, Stuhlgang haben
evacuate *v* **the stomach** den Magen entleeren
evacuation 1. Entleerung *f*, Ausleeren *n*, Leermachen *n*; 2. Darmentleerung *f*, Stuhlentleerung *f*, Stuhlgang *m*; 3. Stuhl *m*, Fäzes *pl*; 4. Luftentfernung *f*, Vakuumherstellung *f*
evacuation cystoscope *(Urol)* Spülzystoskop *n*, Irrigationszystoskop *n*
evacuation phase Entleerungsphase *f*
evacuator Evakuator *m*, Absaugpumpe *f*, Vakuumpumpe *f (Entfernungsinstrument für Hohlräume)*
evagination Evagination *f*, Ausstülpung *f*
evaluate *v* bewerten, beurteilen; befunden; auswerten
evaluation Bewertung *f*, Beurteilung *f*, Befunden *n*, Befundung *f*, Auswerten *n*, Auswertung *f*
evaluation of the diagram Diagrammauswertung *f*
evaluation of the electrocardiogram EKG-Auswertung *f*
evaluation system Bewertungssystem *n*
evanescent verschwindend; schnell vorübergehend; nicht gebunden, nicht fixiert
Evans' syndrome Evans-Syndrom *n*, Evans-Fischer-Syndrom *n (erworbene hämolytische Anämie und Thrombozytopenie infolge Autoaggression)*
evaporate *v* evaporieren, verdampfen, verdunsten
evaporation Evaporation *f*, Verdampfung *f*, Verdunstung *f*
evaporator Verdampfer *m*, Abdampfvorrichtung *f (z. B. für Narkosegase)*
evasion *(Neur)* Vermeidung *f*, Vermeiden *n*; Vortäuschen *n*, Vorgaukeln *n*
even irradiation gleichmäßige Bestrahlung *f*
even respiration gleichmäßiges Atmen *n*, ausgeglichene Atmung *f*
even-toned speech monotone Sprache *f*
evenly suspended attention *(Neur)* gleichschwebende Aufmerksamkeit *f*
event-related potential ereignisbezogenes Potenzial *n (EEG)*
eventration 1. Eventration *f*, Eingeweidevorfall *m*; Hernie *f*; 2. Eingeweidevorlagerung *f (bei einer Operation)*
eventual appendectomy Gelegenheitsappendektomie *f*, Intervallappendektomie *f*
ever-ready container Bereitschaftsbehälter *m*
eversion 1. Eversion *f*, Umstülpung *f*, Ausstülpung *f*, Umkehrung *f*; 2. Eversion *f (Anheben der Fußaußenkante)*
eversion fracture Eversionsfraktur *f*
eversion of the cervix Gebärmutterhalsausstülpung *f*
eversion of the eyelid Augenlidausstülpung *f*, Ektropion *n*
evert *v* evertieren, umstülpen, ausstülpen; nach außen drehen [wenden]; ektropionieren

every day jeden Tag, täglich, quaque die, q.d.
every hour jede [alle] Stunde, stündlich, quaque hora, q.h.
everywhere lines Kerley-Linien *fpl*
evidence Nachweis *m*, Beweis *m*; Klarheit *f*
evidence-based nachgewiesen, bewiesen, wissenschaftlich begründet
eviration 1. Kastration *f*, Emaskulation *f*; 2. Potenzverlust *m*, Impotenz *f*; 3. Eviratio *f (Verlust der männlichen Geschlechtseigenschaften und Austausch durch weibliche)*
eviscerate *v* eviszerieren, ausweiden, die Eingeweide entfernen, die Bauch- und Thoraxorgane entfernen
evisceration Eviszeration *f*, Ausweidung *f*, Entfernung *f* der Bauch- und Thoraxorgane
evocation *(Embr)* Evokation *f (Induktion spezifischer Gewebeentwicklung in der Embryogenese)*
evocator *(Embr)* Evokator *m (Kontrollfaktor der embryonalen Morphogenese)*
evoked potential evoziertes Potenzial *n (EEG)*
evoked response audiometry EEG-Audiometrie *f*, Audiometrie *f* unter EEG-Anwendung, Evoked-response-Audiometrie *f*, ERA
evolution Entwicklung *f*
evolution of infarction Infarktentwicklung *f*, Infarktausbreitung *f*
evulsed tooth ausgeschlagener Zahn *m*
evulsion Evulsion *f*, Ausreißung *f*, Abriss *m*, Ausziehen *n*
Ewing's sarcoma [tumour] Ewing-Sarkom *n (bösartige Knochenmarkgeschwulst)*
exacerbate *v* exazerbieren, wieder aufflackern, verschlimmern
exacerbation Exazerbation *f*, Wiederaufflackern *n*, Verschlimmerung *f (z. B. einer Krankheit)*
exacerbation of pain Schmerzverstärkung *f*
exaemia Exämie *f*, intrakorporaler Blutvolumenverlust *m*; Schockzustand *m*, Blutumverteilung *f* im Körper
exaggeratedly merry mood Euphorie *f*
exaggeration Exaggeration *f*, Steigerung *f*, Erhebung *f*, Übertreibung *f*, Simulation *f*
exairesis *s.* exeresis
exaltation *(Neur)* Exaltation *f*, Enthemmung *f*, Enthemmungszustand *m*, krankhafte Aufregung *f*
exaltative reaction Enthemmungsreaktion *f*
examination Krankenuntersuchung *f*, Untersuchung *f*, Organuntersuchung *f*; Prüfung *f*, Überprüfung *f* • **carry out an examination** eine Untersuchung durchführen [vornehmen] • **undergo an examination** eine Untersuchung durchlaufen
examination anxiety Examensangst *f*
examination by eye Untersuchung *f* mit den Augen, Inaugenscheinnahme *f*
examination by touching Untersuchung *f* mit den Händen, Abtastung *f*, Palpation *f*
examination chair Untersuchungsstuhl *m*
examination couch Untersuchungsliege *f*
examination data Untersuchungsdaten *pl*
examination findings Untersuchungsbefunde *mpl*
examination for parasites Untersuchung *f* auf Parasiten *(z. B. von Blut, Urin)*
examination gloves Untersuchungshandschuhe *mpl*
examination method Untersuchungsmethode *f*
examination of blood Blutuntersuchung *f*
examination of bone marrow Knochenmarkuntersuchung *f*
examination of faeces Stuhluntersuchung *f*
examination of gastric juice contents Untersuchung *f* des Mageninhalts, Mageninhaltsuntersuchung *f*
examination of vomits Untersuchung *f* von Erbrochenem
examination phase Untersuchungsphase *f*
examination procedure 1. Untersuchungsverfahren *n*; 2. Untersuchungsgang *m*
examination protocol Untersuchungsprotokoll *n*; Aufnahmeprotokoll *n*
examination room Untersuchungsraum *m*
examination stupor Examensstupor *m*
examination table Untersuchungstisch *m*
examination technique Untersuchungstechnik *f*
examination time Untersuchungszeit *f*, Messzeit *f*, Prüfzeit *f*
examination under a microscope Mikroskopuntersuchung *f*
examine *v* untersuchen *(z. B. Patienten, Organe)*
examine *v* **blood for alcohol** Blut auf Alkohol untersuchen
examine *v* **invasively** invasiv untersuchen; blutig untersuchen
examine *v* **the abdomen** den Bauch untersuchen
examine *v* **the patient for a tropical disease** den Patienten auf eine Tropenkrankheit untersuchen
examine *v* **with ultrasound** mit Ultraschall untersuchen, eine Sonographie durchführen
examinee Untersuchte(r) *m*; Untersuchte *f*, untersuchte Person *f*, Prüfling *m*; Proband *m*, Versuchsperson *f*
examineer Untersucher *m*, untersuchender Arzt *m*
examining finger Untersuchungsfinger *m*
examining physician Untersucher *m*, untersuchender Arzt *m*
exanimation Koma *n*; Bewusstlosigkeit *f*
exanthem(a) Exanthem *n*, Hautausschlag *m*
exanthematic *s.* exanthematous
exanthematous exanthematisch; Exanthem…
exanthematous fever 1. Exanthemfieber *n*, eruptives Fieber *n*, Fieber *n* mit Exanthem; 2. *(Trop)* Marseille-Fieber *n*, Mittelmeer-Fieber *n*, altweltliches Zeckenbissfieber *n*, Boutonneuse-Fieber *n*; Afrikanisches [Indisches] Zeckenbissfieber *n*
exanthematous typhus *s.* typhus fever
exanthrop äußere Krankheitsursache *f*, Krankheitsquelle *f* außerhalb des menschlichen Körpers
exanthropic mit äußerer Ursache, außerhalb des menschlichen Körpers entspringend
exarteritis Adventitiaentzündung *f*, Gefäßhüllenentzündung *f*
exarticulation Exartikulation *f*, Gelenkamputation *f*
excalation Fehlen *n* einer Entwicklung; fehlende Entwicklung *f*, Unterdrückung *f* einer Entwicklung *(z. B. eines Fingers)*
excarnation Exkarnation *f*, Muskelentfernung *f*, Fleischabtragung *f*
excavating drill Höhlenbohrer *m*, Kavitätenbohrer *m*
excavation 1. Exkavation *f*, Aushöhlung *f*, Aushöhlen *n*, Höhlenbildung *f*; 2. Excavatio *f*, Exkavation *f*, Aushöhlung *f*, Höhle *f*, Delle *f*
excavation of the optic disk Excavatio *f* disci [papillae nervi optici], Sehnerven(papillen)grube *f*, blinder Fleck *m*
excavator 1. Exkavator *m*, Auskratzer *m*; 2. *(Stom)* Bohrer *m*
excementosis *(Stom)* Excementosis *f (knötchenförmiger Zahnzementauswuchs)*
excentric *s.* eccentric
excerebration Exzerebration *f*, Enthirnung *f*
excess granulation überschießende Granulation *f*, wildes Fleisch *n*
excess in birth Geburtenüberschuss *m*
excess lactate *(Bioch)* Lactatstau *m*, Exzess-Laktat *n*
excess removal Überschussentfernung *f*, Überschussabtragung *f*, Überschussbeseitigung *f*
excessive exzessiv, übermäßig, überschießend; unstillbar

excessive appetite exzessiver Appetit *f*, unstillbarer Hunger *m*
excessive drinking Alkoholmissbrauch *m*, übermäßiger Alkoholgenuss *m*
excessive eye-strain Augenüberanstrengung *f*, Augenüberlastung *f (z. B. am Bildschirm)*
excessive menstruation *s.* hypermenorrhoea
excessive pigmentation *s.* hyperpigmentation
excessive sensitivity *s.* hyperaesthesia
excessive sexual drive *s.* hypersexuality
excessive sweating *s.* ephidrosis
excessive tearing Tränenüberlauf *m*, exzessives Tränen *n*
excessive wilfulness *s.* hyperbulia
excessively nourished überernährt
exchange Austausch *m*, Umsatz *m*
exchange blood transfusion *s.* exchange transfusion
exchange of energy Energieaustausch *m*
exchange rate Austauschrate *f*
exchange transfusion Austausch(blut)transfusion *f*, Blutaustausch *m* • **perform an exchange transfusion** eine Austauschtransfusion durchführen
exchangeable disk Wechselfestplatte *f*, Wechselplatte *f*
excimer laser Excimer-Laser *m*
excipient 1. Salbengrundlage *f*, Füllstoff *m*; 2. Vehikel *n*, Transportsubstanz *f*, Trägerstoff *m (für Arzneistoffe)*
excise *v* exzidieren, ausschneiden *(z. B. Wunden)*; entfernen *(z. B. Organe)*
excise *v* **tissue** Gewebe herausschneiden [exzidieren]
excision Exzision *f*, Ausschneidung *f*, Abtragung *f*, Abtragen *n*; Abzwicken *n*; Abknipsen *n*
excision of a thrombus *s.* thrombectomy
excision of the (penile) prepuce *(Urol)* Vorhautbeschneidung *f*, Vorhautexzision *f*, Zirkumzision *f*
excision of the wound Wundexzision *f*, Wundausschneidung *f*
excisional biopsy Exzisionsbiopsie *f*
excisional method Exzisionsmethode *f*
excitability Reizbarkeit *f*, Erregbarkeit *f*, Irritabilität *f*, Empfindlichkeit *f*, Ablenkbarkeit *f*
excitable reizbar, erregbar, irritabel; empfindlich; ablenkbar
excitant erregend; anregend
excitant (agent) Stimulans, Anregungsmittel *n*, Stimulierungsmittel *n*; Aufputschmittel *n*
excitation 1. Exzitation *f*, Erregung *f (Zustand)*; 2. Reizung *f*, Anregung *f*, Stimulierung *f*; 3. Reiz *m*, Stimulus *m*
excitation curve *(Physiol)* Exzitationskurve *f*, Exzitationswelle *f*, Erregungskurve *f*
excitation phase *s.* excitement phase
excitatory exzitatorisch, reizend; eine Reizung erzeugend; Reiz(ungs)…
excitatory amino acid exzitatorische Aminosäure *f (z. B. Glutamat)*
excitatory impulse exzitatorischer Impuls *m* [Reiz *m*], Erregungsimpuls *m*
excitatory interval Stimulationsintervall *n*, Reizintervall *n*
excitatory parameter Stimulationsparameter *m*, Reizparameter *m*
excitatory process exzitatorischer Prozess *m*, Erregungsvorgang *m*
excitatory spectrum exzitatorisches Spektrum *n*, Erregungsspektrum *n*
excitatory wave exzitatorische Welle *f*, Erregungswelle *f*
excite *v* erregen, anregen, stimulieren
excited depression agitierte Depression *f*
excited speech erregte Sprache *f*
excited state erregter Zustand *m*, Erregungszustand *m*
excitement *(Neur)* Exzitation *f*, Erregung *f*, Aufregung *f*, Erregungszustand *m*
excitement phase [stage] *(Physiol)* Exzitationsstadium *n*, Erregungsphase *f*
exciter neuron postganglionäres Neuron *n*
exciting electrode *(Physiol)* Exzitationselektrode *f*, Reizelektrode *f*
exciting eye Primärauge *n*, auslösendes Auge *n (bei sympathischer Ophthalmie)*
excitoanabolic den Aufbaustoffwechsel anregend [stimulierend], den Anabolismus fördernd
excitocatabolic den Abbaustoffwechsel anregend [stimulierend], den Katabolismus fördernd
excitoglandular die Drüsensekretion anregend [stimulierend], die Drüsensekretion fördernd
excitometabolic den Stoffwechsel anregend [stimulierend], Stoffwechselveränderungen bewirkend
excitomotor(y) exzitomotorisch, die Bewegung anregend [stimulierend]; bewegungsbeschleunigend
excitomuscular muskelstimulierend, muskelanregend, muskelreizend; die Muskelaktivität anregend [stimulierend]
excitosecretory sekretionsanregend, sekretionsstimulierend, sekretionsfördernd, die Sekretion anregend [stimulierend], die Sekretion fördernd
excitotoxic exzitotoxisch, anregend und toxisch
excitotoxin Exzitotoxin *n*
excitovascular gefäßanregend, gefäßstimulierend; den Kreislauf anregend [stimulierend], Kreislaufveränderungen bewirkend
exclamation of pain Schmerzensschrei *m*
exclude *v* exkludieren, ausschließen
exclusion Exklusion *f*, Ausschließen *n*, Ausschließung *f*, Ausschluss *m*; Ausschaltung *f*
excochleation Exkochleation *f*, Auskratzung *f*, Auslöffeln *n*
excoriate *v* abschürfen, aufschürfen, aufkratzen
excoriation Exkoration *f*, Abschürfung *f*, Hautabschürfung *f*
excoriation of the nipple Mamillenexkoriation *f*
excortication *s.* decortication
excrement Exkrement *n*, Ausscheidungsprodukt *n*, Ausscheidung *f*, Kot *m*; Harn *m*
excrementitious 1. Exkrement…; 2. Fäzes…, Kot…, Stuhl…; fäkal
excrescence Hautauswuchs *m*, Auswuchs *m*
excrete *v* ausscheiden; abscheiden *(z. B. aus dem Körper)*; absondern, ausschütten *(aus exokrinen Drüsen)*
excreted in the bile/be *v* mit [in] der Galle ausgeschieden werden
excreted spontaneously/be *v* spontan ausgeschieden werden *(z. B. Nierensteine)*
excretin Exkretin *n*
excretion 1. Exkretion *f*, Ausscheidung *f (z. B. aus dem Körper)*; Absonderung *f*, Ausschüttung *f (z. B. von Drüsenprodukten)*; 2. Exkrete *npl*, Körperausscheidungen *fpl*; Körperausscheidungsprodukt *n*; Exkret *n*, Ausscheidungsprodukt *n (z. B. von Drüsen)*
excretion pyelography Ausscheidungspyelographie *f*
excretion threshold Exkretionsschwelle *f*, Ausscheidungsschwelle *f*, Nierenschwelle *f*
excretory exkretorisch, ausscheidend; Exkretions…, Ausscheidungs…
excretory anuria postrenale Anurie *f*
excretory duct Exkretionsgang *m*, Ausscheidungsgang *m*
excretory duct of the mammary gland Milchdrüsenausführungsgang *m*, Tubulus *m* lactiferus
excretory gland exkretorische Drüse *f*, Ausscheidungsdrüse *f*
excretory mechanism Exkretionsmechanismus *m*, Ausscheidungsvorgang *m*
excretory organ exkretorisches Organ *n*, Ausscheidungsorgan *n*

excretory phase exkretorische Phase *f*, Ausscheidungsphase *f*, Entleerungsphase *f*, Eliminationsphase *f*
excretory pyelogram Ausscheidungspyelogramm *n*
excretory pyelography Ausscheidungspyelographie *f*
excretory urogram Ausscheidungsurogramm *n*, Infusionsurogramm *n*
excretory urography Ausscheidungsurographie *f*, Infusionsurographie *f*
excruciating and pulling rectal pains ziehende Mastdarmschmerzen *mpl (z. B. bei Ruhr)*
excruciating pain quälender [peinigender] Schmerz *m*, qualvoller Schmerz *m*
excruciating vomiting quälendes [unerträgliches] Erbrechen *n*
excurrent *s.* 1. excretory; 2. efferent
excursion Exkursion *f*, exkursive Bewegung *f*; Bewegungsumfang *m*
excursive exkursiv; Exkursions...
excycloduction *(Ophth)* Exzykloduktion *f*
excyclophoria Exozyklophorie *f*, plus [positive] Zyklophorie *f*, Augenauswärtsrollen *n*
excyclotorsion *(Ophth)* Exzyklotorsion *f*
excyclotropia *(Ophth)* Exzyklotropie *f* plus [positive] Zyklotropie *f*
excyclovergence *(Ophth)* Exzyklovergenz *f*
excystation Zystenaustritt *m (z. B. von Parasiten im Zystenstadium)*
exencephalia Exenzephalie *f*, Missbildung *f* mit freiliegendem Gehirn
exencephalic *s.* exencephalous
exencephalocele Exenzephalozele *f*, Gehirnvorfall *m*
exencephalous exenzephal; Exenzephahlie...
exencephalus Exenzephalus *m*, Missgeburt *f* mit freiliegendem Gehirn
exenterate *v* eviszerieren, Bauch- und Thoraxorgane entfernen
exenteration Exenteration *f*, Entfernung *f* der Bauch- und Thoraxorgane
exenterative exenterativ, die Eingeweide entfernend
exenteritis Exenteritis *f*, viszerale Peritonitis *f (Entzündung der Peritoneumaußenhülle)*
exercise körperliche Übung *f*, körperliches Training *n*, Muskeltraining *n*, Krafttraining *f*, körperliche Belastung *f*
exercise amenorrhoea Belastungsamenorrhö *f*
exercise echocardiography Belastungsechokardiographie *f*, Belastungs-ECHO *n*
exercise electrocardiogram Belastungselektrokardiogramm *n*, Belastungs-EKG *n*
exercise electrocardiography Belastungselektrokardiographie *f*
exercise-induced anaphylaxis belastungsinduzierte Anaphylaxie *f*
exercise-induced asthma belastungsinduziertes Asthma *n*, Belastungsasthma *n*
exercise prescription Verordnung *f* von Krankengymnastik; individuelles Krankengymnastikprogramm *n*
exercise test Belastungstest *m*; Belastungsversuch *m*; Untersuchung *f* unter Belastungsbedingungen
exercise therapy *(Bal)* Bewegungstherapie *f*, Übungsbehandlung *f* • **refer for exercise therapy** zur Bewegungstherapie überweisen [schicken]
exercise tolerance Belastungstoleranz *f*
exercise tolerance test Belastungstoleranztest *m*; Belastungsprobe *f*
exercises Gymnastik *f*, Krankengymnastik *f*
exeresis Ex(h)airese *f*, Exhärese *f*, Nervenextraktion *f*, Nervenausreißung *f*, Nervenausdrehen *n*
exertion Belastung *f*, Anstrengung *f*
exertional dyspnoea Belastungsdyspnoe *f*
exertional headache Belastungskopfschmerz *m*
exflagellation Flagellenbildung *f*, Geißelbildung *f*, Mikrogamentenbildung *f (Malaria)*
exfoetation Extrauteringravidität *f*, Bauchhöhlenschwangerschaft *f*, extrauterine [ektopische] Schwangerschaft *f*
exfoliate *v* abblättern, abschilfern, schuppen; abschaben
exfoliation 1. Exfoliation *f*, Abblätterung *f*, Abschilferung *f*, Schuppung *f*; Abschabung *f*; 2. Ausfall *m* der Weisheitszähne
exfoliative exfoliativ, abblätternd, abschilfernd, schuppend
exfoliative cystitis Deflorationszystitis *f*
exfoliative cytology Exfoliativzytologie *f*, Papanicolaou-Karzinomdiagnostik *f*
exfoliative dermatitis Pityriasis *f* rubra
exfoliative dermographism Dermographismus *m* exfoliativus
exfoliative vaginitis Exfoliativvaginitis *f*
exhale *v* ausatmen; ausdünsten
exhalation 1. Exhalation *f*, Ausatmung *f*, Exspiration *f*; Ausdünstung *f*; 2. Exhalat *n*, ausgeatmete Luft *f*
exhaustion Exhaustion *f*, Erschöpfung *f*, Ermattung *f*, Ermüdung *f*, Entkräftung *f*; nervöser Erschöpfungszustand *m*
exhaustion atrophy Erschöpfungsatrophie *f*
exhaustion delirium Erschöpfungsdelir(ium) *n*, Erschöpfungspsychose *f*, Delirium *n* ex inanitione
exhaustion depression Erschöpfungsdepression *f*
exhaustion paralysis Erschöpfungslähmung *f*
exhaustion psychosis Erschöpfungspsychose *f*
exhaustive delir *s.* exhaustion delirium
exhaustive psychosis *s.* exhaustion delirium
exhibit *v* 1. *(Neur)* exhibitionieren, zur Schau stellen, entblößen; 2. ein Medikament applizieren [geben], einer Medikation aussetzen
exhibitionism *(Neur)* Exhibitionismus *m*, sexueller Befriedigung dienende Genitalentblößung *f*
exhibitionist *(Neur)* Exhibitionist *m*
exhilarant mental [geistig] stimulierend
exhumation *(For)* Exhumation *f*, Exhumierung *f*, Leichenausgrabung *f*, Wiederausgrabung *f* (einer Leiche)
exhume *v (For)* exhumieren, eine Leiche wieder ausgraben
eximer laser Eximer-Lasor *m*
existential analysis *(Neur)* Existenzanalyse *f*, Daseinsanalyse *f*
existential anxiety existenzielle Angst *f*, Existenzangst *f*
existential guilt *(Neur)* existenzielle Schuld *f*
existential neurosis existenzielle Neurose *f*
existential order *(Neur)* Daseinsordnung *f*
existential orientation *(Neur)* Befindlichkeit *f*
existential psychiatry *(Neur)* anthropologische [existenzielle] Psychiatrie *f*
existential psychotherapy *(Neur)* anthropologische [existenzielle] Psychotherapie *f*
existential therapy existenzielle Therapie *f*
existential vacuum *(Neur, Psych)* existenzielles Vakuum *n*
exit block *(Kard)* Exit-Block *m*, Ausgangsblock *m*
exit dose *(Rad)* Austrittsdosis *f (der Radioaktivität)*
exit dose rate *(Rad)* Austrittsdosisleistung *f*
exit site Austrittsstelle *f*
exit wound *(For)* Austrittswunde *f*, Ausschusswunde *f*, Ausschuss *m*
exitus 1. Exitus *m*, Tod *m*; 2. Ausflussöffnung *f*, Ausgang *m*
exoamylase Exoamylase *f*
exoantigen Exoantigen *n*, Ektoantigen *n*
exocardia Exokardie *f*, Ectopia *f* [Hernia *f*] cordis, Herzvorlagerung *f*
exocardiac *s.* exocardial

exocardial extrakardial, außerhalb des Herzens
exocardial murmur Extrakardialgeräusch *n*
exocataphoria *(Ophth)* Exokataphorie *f*
exocele Exozöle *f*, Exozölom *n*, extraembryonales Zölom *n*
exocervix Exozervix *f*, Portio *f* vaginalis cervicis
exocoelom Exozöl(om) *n*, außerembryonale Leibeshöhle *f*
exocoelomic membrane Exozölmembran *f*, Heuser'sche Membran *f*
exocolitis Exokolitis *f*, Kolonaußenschichtentzündung *f*
exocranium *s.* pericranium
exocrine exokrin, nach außen absondernd
exocrine gland exokrine Drüse *f*
exocrinology Exokrinologie *f*
exocrinosity exokrine Sekretion *f*
exocytosis Exozytose *f*, zelluläre Stoffabgabe *f*
exodeoxyribonuclease Exodesoxyribonuklease *f (Enzym)*
exoderm *s.* ectoderm
exodeviation Exodeviation *f (des Auges)*
exodontia *s.* exodontics
exodontics 1. Exodontie *f*, Zahnextraktionslehre *f*; 2. Zahnextraktion *f*
exoenzyme Exoenzym *n*, extrazelluläres Enzym *n*
exoerythrocytic exoerythrozytär
exoerythrocytic phase *(Paras)* exoerythrozytäres Stadium *n (Malariaerreger)*
exoerythrocytic schizogony exoerythrozytäre Schizogonie *f (Malariaparasiten)*
exoerythrocytic stage *s.* exoerythrocytic phase
exogamous exogam
exogamy Exogamie *f*
exogastric die Magenaußenseite betreffend
exogastritis *s.* perigastritis
exogastrula *(Embr)* Exogastrula *f*
exogastrulation *(Embr)* Exogastrulation *f*
exogen(et)ic *s.* exogenous
exogenote *(Gen, Histol)* Exogenote *n (Spender-Genfragment)*
exogenous exogen, von außen stammend; außen wachsend; sich außen entwickelnd; außen entstanden
exogenous aneurysm exogenes [traumatisches] Aneurysma *n*
exogenous haemochromatosis exogene Hämochromatose *f*, Bronzediabetes *m*
exogenous hepatic coma Leberausfallkoma *n*, exogenes hepatisches Koma *n*
exogenous hypertriglycerideaemia exogene Hypertriglyzeridämie *f*
exogenous infection exogene Infektion *f*
exogenous obesity exogene Fettsucht *f*
exogenous reactions *(Neur)* exogene Reaktionstypen *mpl*
exogenous toxin *s.* exotoxin
exogenous uric acid exogene Harnsäure *f*
exognathia *s.* prognathism
exognathion Exognathion *n*
exohysteropexy Exohysteropexie *f*, Gebärmutterfixierung *f* an der Bauchdecke, Bauchdeckenfixierung *f* der Gebärmutter
exolever *(Stom)* Elevator *m*, Periosthebel *m*
exometritis Parametritis *f*, Parametriumentzündung *f*, Beckenbindegewebeentzündung *f*, Entzündung *f* des Bindegewebes um die Gebärmutter
exomphalocele Exomphalozele *f*, Nabelhernie *f*
exomphalos Exomphalus *m*, Exomphalos *m*, Nabelhernie *f*, Nabelbruch *m*
exomysium Exomysium *n*
exon *(Gen)* Exon *n (die RNS-Synthese kodierendes DNS-Fragment)*
exon shuffle *(Gen)* Exonmischung *f*
exonuclease Exonuklease *f (Enzym)*
exopathic außerhalb des Körpers entstehend; Exopathie…
exopathy Exopathie *f*, exogene Krankheit *f*, außerhalb des Körpers verursachte Erkrankung *f*
exopeptidase Exopeptidase *f (Enzym)*
exophoria Exophorie *f*, (latentes) Auswärtsschielen *n*, Nachaußenschielen *n (bei geschlossenen Augen)*
exophoric exophorisch, (latent) nach außen schielend; Exophorie…
exophthalmia Exophthalmie *f*, Hervortreten *n* des Augapfels
exophthalmic Exophthalmus…
exophthalmic goitre *(Endokr)* Glotzaugenkrankheit *f*, Basedow'sche Krankheit *f*, Morbus *m* Basedow, Schilddrüsenüberfunktion *f* mit Exophthalmus, Cachexia *f* exophthalmica
exophthalmogenic exophthalmogen, einen Exophthalmus bewirkend [verursachend]
exophthalmometer Exophthalmometer *n*, Exophthalmusmesser *m*
exophthalmometric exophthalmometrisch, exophthalmusmessend
exophthalmometry Exophthalmometrie *f*, Exophthalmusmessung *f*
exophthalmos *s.* exophthalmus
exophthalmus Exophthalmus *m*, Exophthalmos *m*, Glotzauge *n*
exophthalmus-macroglossia-gigantism syndrome Exophthalmus-Makroglossie-Gigantismus-Syndrom *n*, EMS-Syndrom *n*
exophthalmus-producing factor *s.* exophthalmus-producing substance
exophthalmus-producing substance exophthalmusproduzierender Faktor *m*, EPF, EPS
exophytic exophytisch, nach außen wachsend, herauswachsend
exophytic carcinoma exophytisches Karzinom *n*
exophytic growth of tumour exophytisches Tumorwachstum *n*
exoplasm Exoplasma *n*, Ektoplasma *n*
exorbitism *s.* exophthalmus
exoribonuclease Exoribonuklease *f (Enzym)*
exosepsis Exosepsis *f*, exogene Sepsis *f*
exoserosis Serumaustritt *m*, seröse Exsudatbildung *f* [Exsudation *f*]
exosialidase Exosialidase *f (Enzym)*
exoskeletal prosthesis Exoskelettprothese *f*
exosmose *v* von innen nach außen diffundieren
exospore Exospore *f*, exogene Spore *f*, Conidium *n*
exosporium Exosporium *n*, Sporenaußenhülle *f*
exostosectomy Exostosenresektion *f*, Exostosenabtragung *f*, (operative) Exostosenentfernung *f*
exostosis *(Path)* Exostose *f*, Knochenauswuchs *m*
exostotic Exostosen…, Knochenauswuchs…
exoteric außerhalb des Organismus entstanden
exothelioma *s.* meningioma
exotic exotisch, fremden Ursprungs; nicht eingeboren, fremd
exotoxic exotoxisch; Exotoxin…
exotoxin Exotoxin *n*, Ektotoxin *n*, Außengift *n*
exotropia *(Ophth)* Exotropie *f*, Strabismus *m* divergens, Auswärtsschielen *n*
exotropic exotrop, auswärts schielend
expand *v* expandieren, erweitern, ausdehnen, ausbreiten; ausweiten; ausbauen
expander Expander *m*
expansion 1. Expansion *f*, Ausdehnung *f (z. B. des Brustkorbes)*; Ausbreitung *f*, Verbreitung *f (z. B. von Krankheiten)*; 2. ausgedehnter [erweiterter] Zustand *m*

expansion coefficient Expansionskoeffizient *m*
expansion curve Expansionskurve *f*, Dehnungskurve *f*
expansion of the dental arch Zahnbogenerweiterung *f*, Kiefer(auf)weitung *f*
expansion splint Expansionsschiene *f*, Dehnungsschiene *f*
expansive expansiv, größer werdend, sich ausdehnend
expansive confabulation *(Neur)* expansive Konfabulation *f*
expansive delusion *(Neur)* Größenwahn *m*, Megalomanie *f*
expansive paranoia *(Neur)* Expansivparanoia *f*
expansiveness *(Neur)* manisches Verhalten *n*; Größenwahn *m*, Megalomanie *f*
expectancy Erwartung *f*; Wahrscheinlichkeit *f (z. B. für ein Ereignis)*
expectant abwartend *(z. B. Therapie)*
expectant mother werdende [zukünftige] Mutter *f*, Schwangere *f*
expectant treatment expektative Therapie *f*, abwartende Behandlung
expectation neurosis Erwartungsneurose *f*
expectation of life Lebenserwartung *f*
expected date of confinement [delivery] voraussichtlicher Geburtstermin *m*
expectorant expektorierend, auswurffördernd, schleimlösend; abhustend
expectorant (agent) *(Pharm)* Expektorans *n*, auswurfförderndes [schleimlösendes] Mittel *n*, Abhustemittel *n*
expectorate *v* expektorieren, auswerfen, abhusten, aushusten *(Sputum)*
expectoration 1. Expektoration *f*, Aushusten *n*; 2. Auswurf *m*, Sputum *n*
expectoration of blood Blutexpektoration *f*, blutige Expektoration *f*, Blutaushusten *n*
expel *v* ausstoßen *(Fetus)*; abtreiben *(Würmer)*
expellent (agent) Wurmaustreibungsmittel *n*
expelling of a tooth from its socket Zahn(wurzel)aushebelung *f*, Wurzelheraushebelung *f*
expenditure Aufwand *m*, Kostenaufwand *m*; Ausgaben *pl*, Kosten *pl*
experience *v* **complete recovery** vollständige Heilung [Ausheilung] haben
experience *v* **pain** Schmerz fühlen, Schmerz(gefühl) haben
experience *(Neur)* Erfahrungswissen *n*; Erlebnis *n*
experience of conversion Bekehrungswahn *m*
experiment Experiment *n*, Versuch *m*, Probe *f*
experimental animal Versuchstier *n*
experimental design Studienentwurf *m*, Experimentanordnung *f*
experimental embryology experimentelle Embryologie *f*
experimental epidemiology experimentelle Epidemiologie *f*
experimental medicine Experimentalmedizin *f*, experimentelle Medizin *f*
experimental neurosis experimentelle Neurose *f*
experimental pathology experimentelle Pathologie *f*
experimental physiology experimentelle Physiologie *f*
experimental psychiatry *(Neur)* experimentelle Psychiatrie *f*
experimental psychology experimentelle Psychologie *f*
experimental psychosis *(Neur)* experimentelle Psychose *f*, Modellpsychose *f*
experimental set-up experimenteller Aufbau *m*, Versuchsanordnung *f*
experimental solution Versuchslösung *f*
experimental variable experimentelle Variable *f*, unabhängige Variable *f*
expert evidence Sachverständigengutachten *n*; Sachverständigenaussage *f*
expert testimony Sachverständigenaussage *f*
expert witness *(For)* Gutachter *m*, Sachverständige(r) *m*, Sachkundige(r) *m*, Fachkundige(r) *m*
expirate Exspirat *n*, exspirierte Luft(menge) *f*
expiration Exspiration *f*, Ausatmung *f*
expiratory exspiratorisch, ausatmend; Exspirations..., Ausatmungs...
expiratory air Exspirationsluft *f*, Ausatmungsluft *f*
expiratory centre *(Anat)* Exspirationszentrum *n*
expiratory force exspiratorische Kraft *f*, Exspirationskraft *f*, Ausatmungskraft *f*
expiratory muscle exspiratorischer Muskel *m*, Exspirationsmuskel *m*
expiratory phase exspiratorische Phase *f*, Exspirationsphase *f*, Ausatmungsphase *f*
expiratory reserve volume *(Pulm)* exspiratorisches Reservevolumen *n*
expiratory retard exspiratorische Verzögerung *f*
expiratory standstill (end)exspiratorische Pause *f*
expiratory time exspiratorische Zeit *f*, Exspirationszeit *f*, Ausatmungszeit *f*
expiratory wheeze *(Pulm)* exspiratorischer Stridor *m*, Ausatmungsstridor *m*
expiratory work exspiratorische Atemarbeit *f*, Exspirationsarbeit *f*, Ausatmungsarbeit *f*
expire *v* 1. exspirieren, ausatmen; 2. sterben, den letzten Atemzug machen
expired air Ausatmungsluft *f*, Exspirationsluft *f*
expired gas ausgeatmetes [abgeatmetes] Gas *n*
expired volume ausgeatmetes Volumen *n*, Exspirationsvolumen, Ausatmungsvolumen *n*
expiring date of blood *(Hämat)* Blutverfallsdatum *n*
expirium Exspirium *n*, Ausatemluft *f*
explanation 1. Erklärung *f*, Klarstellung *f*; 2. *(Neur)* Erklären *n*
explanatory delusion *(Neur)* Erklärungswahn *m*
explant *v* explantieren *(z. B. Gewebe)*; (ein Implantat) entnehmen
explant Explantat *n*, Explantierte(s) *n*; explantiertes Gewebe *n*
explantation Explantation *f (z. B. von Gewebe)*; Entnahme *f* eines Implantats
explode *v* explodieren, sich rasend schnell verbreiten *(z. B. eine Epidemie)*
exploration Exploration *f*, Untersuchung *f*; Ausforschung *f*, Anamneseerhebung *f*
exploratory exploratorisch, explorierend, untersuchend; ausforschend; orientierend; Explorations..., Untersuchungs...; Orientierungs...
exploratory abrasion *s.* exploratory curettage
exploratory burr hole *(Chir)* Probebohrung *f*, Probebohrloch *n*
exploratory curettage explorative Kürettage *f*
exploratory curettage of the uterine cavity diagnostische Gebärmutterausschabung *f* [Kürettage *f*]
exploratory excision Probeexzision *f*, PE
exploratory incision Probeinzision *f*, Probeeinschnitt *m*
exploratory laparotomy Explorativlaparotomie *f*, Probelaparotomie *f*
exploratory operation Explorationsoperation *f*, Explorativlaparotomie *f*
exploratory puncture Probepunktion *f*, Probeeinstich *m*, Punctura *f* exploratoria
exploratory thoracotomy Explorativthorakotomie *f*, Probethorakotomie *f*, Probethoraxeröffnung *f*
exploratory traction probatorische Traktion *f*, Probezug *m*, Probeextension *f* • **do an exploratory traction** ei-

nen Probezug durchführen, eine probatorische Traktion durchführen
exploratory view orientierende Aufnahme *f*, Übersichtsaufnahme *f*, Blindaufnahme *f*
explore *v* 1. explorieren, untersuchen; die Anamnese erheben; 2. sondieren
explorer 1. Explorer *m*, Explorationsinstrument *n*; Fremdkörpersonde *f*, Sonde *f*; 2. *(Stom)* Explorer *m*, Zahnexplorer *m*
explorer tip Explorerspitze *f*, Sondenspitze *f*
exploring depth Sondierungstiefe *f*
exploring electrode Explorationselektrode *f*
exploring needle 1. Punktionskanüle *f*, Punktionsnadel *f*; 2. Sondierkanüle *f*, Sondierungsnadel *f*
explosion 1. Explosion *f*, Explosionsvorgang *m*; 2. *(Neur)* Explosion *f*, (psychischer) Ausbruch *m*
explosion of population Bevölkerungsexplosion *f*
explosion readiness *(Neur)* Explosivität *f*
explosive explosiv, explodierend; Explosions...
explosive personality *(Neur)* explosive Persönlichkeit *f*, explosibler Psychopath *m*
explosive personality structure explosive Persönlichkeitsstruktur *f*
explosive reaction *(Neur)* explosive Reaktion *f*, Explosivreaktion *f*
explosive speech explosive Sprache *f*
explosiveness *(Neur)* Explosivität *f*
exponent Exponent *m*
expose *v* aussetzen *(z. B. dem Licht)*; freilegen *(z. B. eine Zahnwurzel)*; belichten *(einen Film)*; einer Belichtung unterliegen *(z. B. Röntgenfilm)*
expose *v* **an organ** ein Organ freilegen
expose *v* **to large doses of X-rays** hohen Strahlendosen aussetzen
exposed film belichteter Film *m*
exposed pulpa freiliegende Pulpa *f*
exposed root freiliegende Zahnwurzel *f*, Zahnwurzelexposition *f*
exposure 1. Exposition *f*, Ausgesetztsein *n*; 2. *(Chir)* Exposition *f*, Freilegung *f*, Darstellung *f (z. B. von Strukturen)*; 3. *(Rad)* Exposition *f*, Expositionsdosis *f*, Strahlendosis *f*; 4. *(Rad)* Belichtung *f (z. B. einer Röntgenaufnahme)*
exposure angle *(Rad)* Expositionswinkel *m*
exposure conditions Belichtungsbedingungen *fpl*, Aufnahmebedingungen *fpl*
exposure dose Belichtungsdosis *f*, Bestrahlungsdosis *f*
exposure during respiration veratmete Aufnahme *f*, Veratmungsunschärfe *f*
exposure in oblique projection Schrägaufnahme *f*
exposure keratitis *(Ophth)* Expositionskeratitis *f*, Keratitis *f* e lagophthalmo
exposure of person *s.* exhibitionism
exposure of tissue Gewebefreilegung *f*
exposure rate meter Dosisleistungsmesser *m*
exposure switch Expositionsschalter *m*
exposure technique Belichtungstechnik *f*, Aufnahmetechnik *f*, Bestrahlungstechnik *f*
exposure time Belichtungszeit *f*, Bestrahlungszeit *f*
exposure to infection Gefährdung *f* durch Infektion, Infektionsaussetzung *f*
exposure to lead Bleibelastung *f*, Bleigefährdung *f*
exposure to radiation Strahlenaussetzung *f*, Strahlenbelastung *f*, Gefährdung *f* durch Strahlen, Bestrahlung *f*
exposure unit Expositionseinheit *f (physikalischer Parameter)*
express *v* exprimieren, (her)auquetschen
express laboratory Schnell-Labor *n*, Cito-Labor *n*
expressate Expressat *n*, Ausgepresste(s) *n*, ausgepresstes Material *n*
expressed tenderness ausgeprägte Druckschmerzhaftigkeit *f*, ausgeprägter Druckschmerz *m*; ausgeprägter Berührungsschmerz *m*
expression 1. Expression *f*, Herauspressung *f*, Herauspressen *n*, Auspressen *n*; 2. Ausdruck *m*, Gesichtsausdruck *m*; 3. Expression *(z. B. eines Gens)*
expression deficiency *(Neur)* Ausdrucksverarmung *f*
expression of the foetus Fruchtaustreibung *f*, Fetusauspressung *f*
expression of the lens Linsenauspressung *f*, Linsenauspressen *n*
expression of the placenta Plazentaaustreibung *f*, Plazentaausstoßung *f*
expressive aphasia *(Neur)* verbale Aphasie *f*
expressive asemia *(Neur)* Asemia *f* expressiva, expressive Asemie *f*, Verlust *m* der Zeichenbildung
expressive slips *(Neur)* Ausdruckshader *m*
expressive speech ausdrucksvolle [expressive] Sprache *f*
expressivity Expressivität *f*, Ausprägung *f (von Merkmalen)*; Genexpressivität *f*
expulsion Expulsion *f*, Austreibung *f*, Abstoßung *f*
expulsion of the afterbirth Nachgeburtausstoßung *f*
expulsive expulsiv, austreibend; Expulsions..., Austreibungs...
expulsive bleeding *(Gyn)* Austreibungsblutung *f*
expulsive contractions *(Gyn)* Austreibungswehen *fpl*
expulsive pain *(Gyn)* Expulsionsschmerz *m*, Ausstoßungsschmerz *m*, Austreibungsschmerz *m*
expulsive pains *(Gyn)* Austreibungswehen *fpl*
expulsive period *(Gyn)* Expulsionsperiode *f*, Ausstoßungsperiode *f*, Austreibungsperiode *f*
expulsive stage of labour *s.* expulsive period
exsanguinate *v* ausbluten, verbluten
exsanguinate *s.* exsanguine
exsanguination Exsanguination *f*, Ausblutung *f*, Verblutung *f*
exsanguine 1. blutleer, blutlos; 2. anämisch
exsanguinity 1. Blutleere *f*, Blutlosigkeit *f*; 2. Anämie *f*
exsanguinotransfusion Austauschtransfusion *f*
exscind *v s.* excise
exsect *v s.* excise
exsection *s.* excision
exsiccant exsikkant, austrocknend; Austrocknungs...
exsiccant (agent) Austrocknungsmittel *n*
exsiccate *v* exsikkieren, austrocknen
exsiccation Exsikkose *f*, Austrocknung *f* (des Körpers)
exsiccative exsikkierend, austrocknend
exsomatize *v* aus dem Körper entfernen; aus einer Körperhöhle entfernen
exsorption Exsorption *f (Stoffabgabe von der Blutbahn in den Darm; Gegenteil der Resorption)*
exstrophic ekstrophisch, ausgestülpt, umgestülpt; vorgelagert
exstrophy Ekstrophie *f*, Ecstrophia *f*, Exstrophie *f*, Ausstülpung *f*, Umstülpung *f*, Vorlagerung *f*
exstrophy of the bladder Harnblasenekstrophie *f*, Harnblasenausstülpung *f*, Ecstrophia *f* vesicae; Spaltblase *f*
exsufflation Exsufflation *f*, verschärfte [verstärkte] Ausatmung *f (mittels Apparat)*
exsufflator Exsufflator *m*
extend *v* extendieren, strecken, ziehen *(z. B. eine Knochenfraktur)*; sich vergrößern [ausdehnen], größer werden *(z. B. im Umfang)*; extendieren, strecken *(z. B. eine Gliedmaße)*
extend *v* **into depth** sich in die Tiefe ausdehnen, in die Tiefe wachsen *(z. B. ein Tumor)*

extend *v* **the incision** die Inzision ausdehnen, den Schnitt erweitern
extend *v* **to the hip** in die Hüfte ausstrahlen *(z. B. Schmerzen)*; sich in die Hüfte ausdehnen
extend of suture Nahtlänge *f*
extended arm verlängerter Arm *m*, Hilfsarm *m*
extended care facility Langzeitpflegeeinrichtung *f*, Rehabilitationseinrichtung *f*
extended field radiation erweiterte Feldbestrahlung *f*
extended insulin-zinc suspension Langzeit-Insulin *n*
extended legs *(Gyn)* gestreckte Beine *npl (bei Beckenendlage)*
extended-release drug Langzeitmedikament *n*
extended wear contact lens Langzeitkontaktlinse *f*
extender Expander *m*, Ausdehner *m*; Verlängerer *m*
extending pain ausstrahlender Schmerz *m*, sich ausbreitender Schmerz *m*
extension 1. Extension *f*, Streck(verband) *m*, Streckung *f*, Zug *m (z. B. bei Frakturen)*; 2. Vergrößerung *f* (im Umfang); Verbreiterung *f*, Ausdehnung *f*; 3. Extension *f*, Extensionsbewegung *f*
extension bandage Streckverband *m*, Streck *m*, Extensionsverband *m*
extension bar *(Chir)* Extensionsbügel *m*
extension bridge *(Stom)* Extensionsbrücke *f*
extension contracture of the knee joint Kniegelenkversteifung *f* in Streckstellung
extension fracture Extensionsfraktur *f*
extension of the tumour Tumorausdehnung *f*, Geschwulstausbreitung *f*
extension partial denture partielle Extensionsprothese *f*, Teilprothese *f*
extension table *(Chir)* Extensionstisch *m*
extensive extensiv, ausgedehnt; großflächig
extensive burn ausgedehnte Verbrennung *f*
extensive disinfection großflächige Desinfektion *f*
extensive loss of blood ausgeprägter Blutverlust *m*
extensor extendierend, streckend; (aus)dehnend
extensor Musculus *m* extensor, Extensor(muskel) *m*, Streckmuskel *m*, Strecker *m*
extensor carpi radialis accessorius (muscle) Musculus *m* extensor carpi radialis accessorius, zusätzlicher radialer Handstrecker *m* [Handstreckmuskel *m*]
extensor carpi radialis brevis (muscle) Musculus *m* extensor carpi radialis brevis, kurzer radialer Handstrecker *m* [Handstreckmuskel *m*]
extensor carpi radialis longus (muscle) Musculus *m* extensor carpi radialis longus, langer radialer Handstrecker *m* [Handstreckmuskel *m*]
extensor carpi ulnaris Musculus *m* extensor carpi ulnaris, ulnarer Handstrecker *m* [Handstreckmuskel *m*]
extensor carpi ulnaris digiti minimi (muscle) Musculus *m* extensor carpi ulnaris digiti minimi, ulnarer Kleinfingerstrecker *m* [Kleinfingerstreckmuskel *m*]
extensor carpi ulnaris muscle *s.* extensor carpi ulnaris
extensor coccygeus (muscle) Musculus *m* sacrococcygeus dorsalis, dorsaler Kreuz-Steißbein-Muskel *m*
extensor communis digitorum (muscle) *s.* extensor digitorum communis (muscle)
extensor digiti medii (muscle) Musculus *m* extensor digiti medii, Mittelfingerstrecker *m*, Mittelfingerstreckmuskel *m*
extensor digiti minimi (muscle) Musculus *m* extensor digiti minimi, Kleinfingerstrecker *m*, Kleinfingerstreckmuskel *m*
extensor digiti quinti proprius (muscle) *s.* extensor digiti minimi muscle
extensor digitorum Musculus *m* extensor digitorum, Fingerstrecker *m*, Fingerstreckmuskel *m*
extensor digitorum brevis (muscle) Musculus *m* extensor digitorum brevis, kurzer Zehenstrecker *m* [Zehenstreckmuskel *m*]
extensor digitorum communis (muscle) Musculus *m* extensor digitorum communis, gemeinsamer Fingerstrecker *m* [Fingerstreckmuskel *m*]
extensor digitorum longus (muscle) Musculus *m* extensor digitorum longus, langer Zehenstrecker *m* [Zehenstreckmuskel *m*]
extensor digitorum muscle *s.* extensor digitorum
extensor hallucis brevis (muscle) Musculus *m* extensor hallucis brevis, kurzer Großzehenstrecker *m* [Großzehenstreckmuskel *m*]
extensor hallucis longus (muscle) Musculus *m* extensor hallucis longus, langer Großzehenstrecker *m* [Großzehenstreckmuskel *m*]
extensor hallucis proprius (muscle) *s.* extensor hallucis longus (muscle)
extensor indicis (muscle) Musculus *m* extensor indicis, Zeigefingerstrecker *m*, Zeigefingerstreckmuskel *m*
extensor indicis proprius (muscle) *s.* extensor indicis (muscle)
extensor muscle *s.* extensor
extensor (muscle) of the fingers *s.* extensor digitorum communis muscle
extensor muscles Streckmuskeln *mpl*, Streckmuskulatur *f*
extensor plantar response *(Neur)* Babinski-Reflex *m*
extensor pollicis brevis (muscle) Musculus *m* extensor pollicis brevis, kurzer Daumenstrecker *m* [Daumenstreckmuskel *m*]
extensor pollicis longus (muscle) Musculus *m* extensor pollicis longus, langer Daumenstrecker *m* [Daumenstreckmuskel *m*]
extensor retinaculum (of the wrist) Retinaculum *n* extensorum (manus), Handstreckerhalteband *n*, Streckerhalteband *n*, Ligamentum *n* carpi dorsale
extensor tendon Extensorsehne *f*, Streck(er)sehne *f*
extensor thrust Streckreaktion *f* bei Säuglingen *(Spinalreflex mit Beinstreckung bei Fußsohlenberührung)*
exterior außen (gelegen), exterior
exterior of heart Herzäußere(s) *n*, Herzoberfläche *f*
exteriorization *f* 1. Vorlagerung *f*, 2. Vorlagerungsoperation *f*, 3. *(Neur)* Externalisieren *n*, Externalisierung *f*, Konfliktverlagerung *f* nach außen
exteriorize *v* 1. exteriorisieren, externalisieren, nach außen verlagern *(z. B. ein Organ)*; 2. *(Neur)* exteriorisieren, externalisieren, nach außen projizieren *(z. B. die Gedanken)*; Konflikte nach außen verlagern
exterminate *v* ausrotten *(Schädlinge)*; vernichten
extern externer Assistent *m*
external extern, äußerlich; außen liegend [befindlich], äußerer
external abdominal oblique muscle Musculus *m* obliquus externus abdominis
external abdominal region laterale Bauchregion *f*
external abdominal ring *s.* external inguinal ring
external absorption externe Absorption *f*, Absorption *f* durch die Haut
external acoustic meatal nerve äußerer Gehörgangsnerv *m*, Nervus *m* meatus acustici [auditorii] externi
external acoustic meatus äußerer Gehörgang *m*, Meatus *m* acusticus [auditorius] externus
external acoustic pore äußere Öffnung *f* des knöchernen Gehörgangs, Porus *m* acusticus externus
external anal sphincter (muscle) äußerer Afterschließmuskel *m*, Musculus *m* sphincter ani externus
external aperture of the aqueduct of the vestibule Apertura *f* externa aquaeductus vestibuli

external aperture of the canaliculus of the cochlea Apertura *f* externa canaliculi cochleae
external aperture of the tympanic canaliculus Apertura *f* **inferior** canaliculi tympanici
external arcuate fibres äußere Rautenhirnbogenfasern *fpl*, äußere Bogenfasern *fpl* des Rautenhirns, Fibrae *fpl* arcuatae externae
external auditory canal [foramen] *s.* external acoustic meatus
external capsule äußere Kapsel *f* [Großhirnhemisphärenkapsel *f*], Capsula *f* externa
external cardiac compression äußere [extrathorakale] Herzmassage *f*
external carotid *s.* external carotid artery
external carotid arteriogram Carotis-externa-Arteriogramm *n*
external carotid artery äußere Kopfarterie *f*, Arteria *f* carotis externa
external carotid artery aneurysm Carotis-externa-Aneurysma *n*
external carotid nerve äußerer Karotisnerv *m* [Halsnerv *m*], Nervus *m* caroticus externus
external carotid plexus Nervengeflecht *n* der äußeren Kopfarterie, Plexus *m* caroticus externus
external cervical os äußerer Muttermund *m*, Os *n* [Ostium *n*] uteri externum, Orificium *n* externum isthmi
external conjugate diameter *(Gyn)* Baudelocque'scher Diameter *m* [Beckendurchmesser *m*], Conjugata *f* externa
external counterpulsation externe Gegenpulsation *f*
external cuneate nucleus Nucleus *m* cuneatus accessorius
external drainage of the gall bladder äußere Gallenblasendrainage *f*
external ear äußeres Ohr *n*, Auris *f* externa
external ear canal *s.* external acoustic meatus
external elastic lamina [membrane] äußere elastische Gefäßmembran *f*, Tunica *f* elastica externa, Elastica *f* externa
external fertilization externe Fertilisation *f* [Befruchtung *f*]
external fistula äußere Fistel *f*, Fistula *f* externa
external fixation externe Fixation *f* *(mittels Fixateur extern)*
external genital organs of the female äußere weibliche Geschlechtsorgane *npl*, Partes *fpl* genitales femininae externae
external genital organs of the male äußere männliche Geschlechtsorgane *npl*, Partes *fpl* genitales masculinae externae
external genitalia äußere Genitalien *npl* [Geschlechtsorgane *npl*]
external genu facialis [of the facialis nerve] äußeres Fazialis(nerven)knie *n*, Geniculum *n* nervi facialis
external granular layer of the cerebellum äußere Körnerschicht *f* der Kleinhirnrinde *f*, Lamina *f* granularis externa (cerebelli)
external granular layer of the cerebrum äußere Körnerschicht *f* der Großhirnrinde, Lamina *f* granularis externa (cerebri)
external haemorrhage äußere Blutung *f*
external haemorrhoidal ring äußerer Hämorrhoidenring *m*
external hernia äußere Hernie *f*, äußerer Bruch *m*
external hirudiniasis äußerer Blutegelbefall *m*, Hirudiniasis *f* externa
external hordeolum äußeres Gerstenkorn *n*, Hordeolum *n* externum *(Eiterbildung in den Zeisschen Liddrüsen)*
external iliac artery äußere Hüftarterie *f*, Arteria *f* iliaca externa
external iliac vein äußere Hüftvene *f*, Vena *f* iliaca externa
external inguinal fossa äußere Leistengrube *f*, Fossa *f* inguinalis externa
external inguinal ring äußerer Leistenring *m*, Anulus *m* inguinalis superficialis
external intercostal membrane Membrana *f* intercostalis externa
external intercostal muscles äußere Zwischenrippenmuskeln *mpl*, Musculi *mpl* intercostales externi
external irradiation externe [äußere] Bestrahlung *f*
external jugular vein äußere Drosselvene *f*, Vena *f* jugularis externa
external lateral ligament of the elbow (joint) Ligamentum *n* collaterale radiale
external lateral ligament of the knee äußeres fibuläres Kollateralband *n*, Ligamentum *n* collaterale fibulare
external limiting membrane (of the retina) äußere Grenzmembran *f* [Grenzschicht *f*] der Netzhaut, Membrana *f* limitans externa retinae
external lip of the iliac crest Labium *n* externum cristae iliacae
external malleolar reflex [sign] Außenknöchelzeichen *n*, Chaddock'sches Zeichen *n*
external malleolus Außenknöchel *m*, äußerer Knöchel *m*, Malleolus *m* lateralis
external maxillary artery Gesichtsarterie *f*, Arteria *f* facialis [maxillaris externa]
external maxillary plexus äußerer Maxillarplexus *m*, Plexus *m* maxillaris externus
external meningitis Pachymeningitis *f* externa
external meniscus äußerer Meniskus *m*, Außenmeniskus *m*, Meniscus *m* lateralis, äußerer Faserknorpelring *m* im Kniegelenk
external mouth of the womb *s.* external cervical os
external nose äußere Nase *f*, Nasus *m* externus
external oblique muscle of the abdomen äußerer schräger Bauchmuskel *m*, Musculus *m* obliquus externus abdominis
external occipital crest äußere Hinterhauptsleiste *f*, Crista *f* occipitalis externa
external occipital protuberance äußerer Hinterhauptshöcker *m*, Inion *n*, Protuberantia *f* occipitalis externa
external opening of the aquaeduct of the vestibule Apertura *f* externa aquaeductus vestibuli
external ophthalmoplegia äußere Augenmuskellähmung *f*, Ophthalmoplegia *f* externa
external orifice of the female urethra äußere weibliche Harnröhrenöffnung *f*, Orificium *n* [Ostium *n*] urethrae femininae externum
external orifice of the male urethra äußere männliche Harnröhrenöffnung *f*, Orificium *n* [Ostium *n*] urethrae masculinae externum
external orifice of the urethra *s.* external urethral orifice
external orifice of the vagina Scheideneingang *m*, Orificium *n* [Ostium *n*] vaginae
external os *s.* external cervical os
external otitis Entzündung *f* des äußeren Gehörgangs, Otitis *f* externa
external pacemaker externer Schrittmacher *m* [Herzschrittmacher *m*]
external palatine vein Gaumenvene *f*, Vena *f* palatina (externa)
external pelvimetry *(Gyn)* äußere Pelvimetrie *f*, Beckenaußenmessung *f*
external pin fixation externe Drahtfixation *f*
external popliteal nerve *s.* common peroneal nerve
external pterygoid muscle Musculus *m* pterygoideus externus [lateralis]

external pudendal artery äußere Schamarterie *f*, Arteria *f* pudenda externa
external pudendal vein äußere Schamvene *f*, Vena *f* pudenda externa
external pyramidal layer äußere Pyramiden(zell)schicht *f*, Lamina *f* pyramidalis externa *(Großhirnrinde)*
external radiation therapy externe Strahlentherapie *f* [Strahlenbehandlung *f*]
external rectus (muscle) äußerer [lateraler, temporaler] gerader Augenmuskel *m*, Musculus *m* rectus bulbi lateralis
external remedy äußerliches Heilmittel *n* [Mittel *n*]
external respiration *(Physiol)* äußere Respiration *f* [Atmung *f*], äußerer Gasaustausch *m*
external rotation Außenrotation *f (z. B. Gelenk)*
external saphenous vein Vena *f* saphena parva
external secretion externe [exokrine] Sekretion *f*
external semilunar fibrocartilage *s.* external meniscus
external skeletal fixation *(Chir)* äußere Drahtfixation *f* von Knochen, Knochenstabilisierung *f* mit dem Fixateur externe
external spermatic artery Kremasterarterie *f*, Arteria *f* cremasterica [spermatica externa]
external spermatic fascia äußere Samenstrangfaszie *f*, Fascia *f* spermatica externa
external spermatic nerve Ramus *m* genitalis nervi genitofemoralis
external sphincter of the anus *s.* external anal sphincter muscle
external strabismus Auswärtsschielen *n*, Strabismus *m* divergens
external theca Theca *f* externa, Tunica *f* externa thecae folliculi
external ulcer Ulcus *n* superficialis
external urethral orifice äußere Harnröhrenöffnung *f*, Orificium *n* [Ostium *n*] urethrae externum
external urethral [urinary] sphincter Harnröhrenschließmuskel *m*, Musculus *m* sphincter urethrae, Sphincter *m* urethrae, Urethrasphinkter *m*
external uterine os *s.* external cervical os
external version *(Gyn)* äußere [externe] Wendung *f*
external wall of the cochlear duct Paries *m* externus ductus cochlearis
external welfare ambulante Fürsorge *f*, Außenfürsorge *f*
externalization *(Psych)* Externalisation *f*, Externalisierung *f*, Nachaußenverlagerung *f* (von Konflikten)
externalize *v (Psych)* externalisieren, nach außen verlagern *(z. B. Konflikte)*
exteroceptive exterozeptiv, Außenreize wahrnehmend; Exterozeptor...
exteroceptive sensation exterozeptive Wahrnehmung *f*
exteroceptor Extero(re)zeptor *m*
exterofective *(Neur)* exterofektiv, auf äußere Reize antwortend, auf äußere Reizung reagierend
exterogestate sich außerhalb des Uterus entwickelnd
extero-interoceptive conditioning *(Neur)* extero-interozeptive Konditionierung *f*
extinction Extinktion *f*, Auslöschung *f (z. B. eines bedingten Reflexes)*
extinction of a reflex Reflexauslöschung *f*, Reflexerlöschung *f*, Reflexerlöschen *n*
extinguish *v* auslöschen *(z. B. einen bedingten Reflex)*
extirpate *v* exstirpieren, ausschneiden, (operativ) entfernen
extirpation Exstirpation *f*, Entfernung *f*, Ausschneidung *f*, operative Entfernung *f* [Ausrottung *f*]
extorsion Auswärtsdrehung *f*, Auswärtsdrehen *n*
extortor Extortor(muskel) *m*, Auswärtsverdreher *m*
extra-adenal extraadrenal, außerhalb einer Drüse
extra-anatomic extraanatomisch, außerhalb der normalen Anatomie (verlaufend)
extra-anthropic extraanthrop(isch), außerhalb des Menschen
extra-articular extraartikulär, außerhalb des Gelenks
extra beat Extrasystole *f*
extra food for a donor *(Hämat)* Spenderfrühstück *n*
extra formation of callus überschießende Kallusbildung *f*
extra-muros therapy Extra-muros-Behandlung *f*
extrabronchial extrabronchial, außerhalb des Bronchus
extrabuccal extrabukkal, außerhalb der Mundhöhle
extrabulbar extrabulbär, außerhalb des Bulbus
extracaliceal extrakalikeal, außerhalb des Kelches
extracapsular extrakapsulär, außerhalb der Kapsel
extracapsular ankylosis extrakapsuläre [falsche] Ankylose *f*
extracapsular dendrite extrakapsulärer Dendrit *m*
extracapsular fracture extrakapsuläre Fraktur *f*
extracardiac extrakardial, außerhalb des Herzens
extracardial *s.* extracardiac
extracarpal extrakarpal, außerhalb des Handgelenks
extracellular extrazellulär, außerhalb der Zelle
extracellular enzyme extrazelluläres Enzym *n*, Exoenzym *n*
extracellular fluid Extrazellulärflüssigkeit *f*
extracellular matrix extrazelluläre Matrix *f*
extracellular space Extrazellulärraum *m*, EZR
extracerebral extrazerebral, außerhalb des Gehirns
extrachromosomal extrachromosomal, außerhalb der Chromosomen; ohne Chromosomen(beteiligung)
extracoronal extrakoronal, außerhalb der Zahnkrone liegend
extracoronal retainer *(Stom)* extrakoronaler Halter *m*
extracorporeal extrakorporal, außerhalb des Körpers
extracorporeal circuit [circulation] Extrakorporalkreislauf *m*
extracorporeal circulatory perfusion extrakorporale Perfusion *f*
extracorporeal membrane oxygenation extrakorporale Membranoxygenation *f*
extracorporeal membrane oxygenator extrakorporaler Membranoxygenator *m*
extracorporeal oxygenation extrakorporale Oxygenation *f* [Oxygenierung *f*]
extracorporeal photochemotherapy extrakorporale Photochemotherapie *f*
extracorporeal shock-wave lithotripsy extrakorporale Stoßwellenlithotrypsie *f*
extracorporeal techician Perfusionstechniker *m*, Kardiotechniker *m*
extracorpuscular extrakorpuskulär, außerhalb der Erythrozyten
extracranial extrakranial, extrakraniell, außerhalb des Schädels
extract *v* **a tooth** einen Zahn extrahieren [ziehen]
extract Extrakt *m*
extractant Extraktionsmittel *n*
extraction 1. Extraktion *f*, Herausziehen *n (z. B. eines Gegenstandes)*; 2. Ausziehen *n*, Herauslösen *n*, Extrahieren *n (von Stoffen)*; 3. Zahnextraktion *f*; 4. Zangenentbindung *f*, Zangengeburt *f*
extraction forceps Extraktionszange *f*
extraction of cataract *(Ophth)* Starextraktion *f*, Extractio *f* lentis
extraction of pulp *(Stom)* Pulpaextraktion *f*
extraction of the lens *(Ophth)* Linsenextraktion *f*
extraction site Extraktionsstelle *f*, Extraktionsort *m*
extraction time Extraktionszeit *f*

extraction wound Extraktionswunde *f*
extractor 1. Extraktor *m*, Extraktionszange *f (z. B. für Zähne)*; 2. Geburtszange *f*
extractor of pulp Pulpaextraktor *m*
extractum Extrakt *m*, Auszug *m*, Presssaft *m*
extracystic extrazystisch, außerhalb der Blase
extradural extradural, epidural, außerhalb der Dura mater *(siehe auch unter: epidural)*
extradural anaesthesia extradurale Anästhesie *f*
extradural caudal anaesthesia Kaudalanästhesie *f*
extradural cavity Cavum *n* extradurale [epidurale], Epiduralraum *m*, Periduralraum *m*
extradural empyema Epiduralempyem *n*, epidurales Empyem *n*
extradural haemorrhage Epiduralblutung *f*, epidurale [extradurale] Blutung *f*
extraembryonic extraembryonal, außerhalb des Embryos
extraembryonic blastoderm extraembryonales Blastoderm *n*
extraembryonic coelom extraembryonales Zölom *n*
extraembryonic mesoderm extraembryonales Mesoderm *n*
extraepiphyseal extraepiphysial, außerhalb der Epiphyse
extraerythrocytic extraerythrozytär, außerhalb des Erythrozyten
extrafascial extrafaszial, außerhalb der Faszie
extrafocal extrafokal, außerhalb des Fokus
extrafocal osteosynthesis extrafokale Osteosynthese *f*
extragenital extragenital, außerhalb des Genitals
extraglomerular extraglomerulär, außerhalb des Glomerulums
extrahepatic extrahepatisch, außerhalb der Leber
extrahepatic obstructive jaundice extrahepatischer Verschlussikterus *m*
extrajection *(Psych)* Projektion *f (z. B. von Gedanken auf andere Menschen)*
extraligamentous extraligamentär, außerhalb des Bandes
extralobular extralobulär, außerhalb des Läppchens
extralymphatic extralymphatisch, außerhalb des Lymphgefäßes [Lymphgefäßsystems]
extramalleolus Außenknöchel *m*, äußerer Knöchel *m*, Malleolus *m* lateralis
extramammary extramammär, außerhalb der Brust
extramammary Paget's disease extramammäre Paget-Krankheit *f*
extramarginal außerhalb des Bewusstseins
extramastoiditis Extramastoiditis *f*
extramedullary extramedullär, außerhalb des Marks
extramedullary haemopoiesis extramedulläre Blutbildung *f*, Blutbildung *f* außerhalb des Knochenmarks
extramedullary myeloma extramedulläres Myelom *n*
extramedullary myelopoiesis extramedulläre Myelopoese *f*
extramedullary plasmacytoma extramedulläres Plasmozytom *n*
extrameningeal extrameningeal, außerhalb der Hirnhaut
extramitochondrial extramitochondrial, außerhalb der Mitochondrien
extramural extramural, außerhalb der Wand (eines Hohlorgans)
extraneous exogen, von außen wirkend, von außen in den Körper eindringend; nicht zum Körper gehörend
extraneous factor äußerer Faktor *m*
extraneous noise äußeres Geräusch *n*, Nebengeräusch *n*; Störgeräusch *n*
extranuclear extranukleär, außerhalb des Kerns
extraocular extraokulär, außerhalb des Auges
extraocular muscle palsy extraokuläre Augenmuskellähmung *f*
extraocular muscles extraokuläre Augenmuskeln *mpl*; extraokuläre Augenmuskulatur *f*
extraoesophageal extraösophageal, außerhalb der Speiseröhre
extraoral extraoral, außerhalb des Mundes
extraoral anchorage *(Stom)* extraorale Verankerung *f*
extraoral findings extraoraler Befund *m*
extraoral injection extraorale Injektion *f*
extraoral orthodontic appliance extraoraler kieferorthopädischer Apparat *m*
extraoral record extraoraler Befund *m*
extraosseous extraossär, extraossal, außerhalb des Knochens
extrapancreatic extrapankreatisch, außerhalb der Speicheldrüse
extrapapillary extrapapillär, außerhalb einer Papille
extraparenchymal extraparenchymal, außerhalb des Parenchyms
extrapelvic extrapelvin, außerhalb des Beckens
extrapericardial extraperikardial, außerhalb des Herzbeutels
extraperineal extraperineal, außerhalb des Perineums
extraperiosteal extraperiosteal, außerhalb der Knochenhaut
extraperitoneal extraperitoneal, außerhalb des Bauchfells
extraperitoneal caesarean section extraperitonealer Kaiserschnitt *m*, extraperitoneale Schnittentbindung *f*
extraperitoneal tissue Extraperitonealgewebe *n*
extrapial außerhalb der Pia mater
extraplacental extraplazental, extraplazentär, außerhalb der Plazenta
extraplantar an der Fußsohlenaußenkante
extrapleural extrapleural, außerhalb der Pleura
extrapleural haematoma Extrapleuralhämatom *n*, extrapleurales Hämatom *n*
extrapleural pneumothorax extrapleuraler Pneumothorax *m*
extraprostatic extraprostatisch, außerhalb des Prostata
extraprostatitis Extraprostatitis *f*, Paraprostatitis *f*
extrapsychic extrapsychisch, im Umgang mit der Außenwelt, im Umgang mit anderen Personen
extrapsychic conflict extrapsychischer Konflikt *m*
extrapulmonary extrapulmonär, extrapulmonal, außerhalb der Lunge
extrapulmonary bronchus Primärbronchus *m*
extrapulmonary small cell carcinoma extrapulmonales kleinzelliges Karzinom *n*
extrapyramidal extrapyramidal, außerhalb der Pyramidenbahn
extrapyramidal disease extrapyramidale Erkrankung *f*, Erkrankung *f* des extrapyramidalen Systems
extrapyramidal pathway extrapyramidale Bahn *f* [Nervenbahn *f*]
extrapyramidal side effects extrapyramidale Nebenwirkungen *fpl*
extrapyramidal system Extrapyramidalsystem *n*, extrapyramidales System *n*
extrapyramidal (system) tract extrapyramidaler Traktus *f*
extrarectus Musculus *m* rectus lateralis bulbi
extrarenal extrarenal, außerhalb der Niere
extrarenal anuria extrarenale Anurie *f*
extrarenal uremia extrarenale Urämie *f*
extrasensory extrasensorisch, außerhalb der Sinnesorgane; außerhalb der Sinneswahrnehmung
extrasensory perception extrasensorische Perzeption *f*, außersinnliche Wahrnehmung *f*
extraserous extraserosal, außerhalb der Serosahöhle
extrasomatic extrasomatisch, außerhalb des Körpers; unabhängig vom Körper

extrasphincteric extrasphinkterisch, außerhalb des Schließmuskels
extraspinal extraspinal, außerhalb des Rückenmarks
extrasuprarenal extrasuprarenal, außerhalb der Nebennieren
extrasystole Extrasystole *f*, vorzeitige Herzkontraktion *f*
extratarsal extratarsal, ohne Beziehung zum Tarsus; an der Tarsusaußenseite
extrathoracic extrathorakal, außerhalb der Brusthöhle
extratracheal extratracheal, außerhalb der Luftröhre
extratubal 1. extratubal, außerhalb der Ohrtrompete; 2. extratubal, außerhalb des Eileiters
extratympanic extratympanal, außerhalb des Mittelohres
extrauterine extrauterin, außerhalb der Gebärmutter
extrauterine gestation Extrauteringravidität *f*, Bauchhöhlenschwangerschaft *f*
extrauterine pregnancy *s.* extrauterine gestation
extravaginal extravaginal, außerhalb der Scheide
extravasate *v* austreten *(aus einem Blutgefäß)*
extravasate Extravasat *n*, in das Gewebe ausgetretenes Blut *n*
extravasation 1. Extravasation *f*, Blutung *f*, Blutaustritt *m*; 2. *s.* extravasate
extravasation cyst Blutungszyste *f*, traumatische Zyste *f*
extravascular extravaskulär, extravasal, außerhalb eines Gefäßes
extravascular fluid extravaskuläre [extravasale] Flüssigkeit *f*
extravascular space Extravaskularraum *m*
extraventricular extraventrikulär, außerhalb des Ventrikels, außerhalb der Kammer
extraventricular hydrocephalus extraventrikulärer Hydrozephalus *m*
extraversion *s.* extroversion
extravert *v* extrovertieren, extravertieren
extravert Extrovertierte(r) *m*
extraverted personality extrovertierte Persönlichkeit *f*
extraverted sensation type *(Neur)* extravertierter Empfindungstyp *m*
extravisual 1. extravisuell, außerhalb des Sehfeldes; 2. außerhalb des sichtbaren Spektrums
extreme retentiveness of memory *s.* hypermnesia
extremital die Extremitäten betreffend; Extremitäten...
extremitas 1. *s.* extremity; 2. Ende *n*, Pol *m*
extremity 1. Endglied *n*; 2. Extremität *f*, Glied *n*, Gliedmaße *f (siehe auch unter: limb)* • **cut off an extremity** eine Extremität resezieren [amputieren]
extremity axis *(Rad)* Extremitätenachse *f*
extremity cuff Extremitätenmanschette *f*
extremity electrode Extremitätenelektrode *f*
extremity lead Extremitätenableitung *f (EKG)*
extremity rheography Extremitätenrheographie *f*
extrinsic 1. von außen (wirkend); 2. außen (liegend), außerhalb eines Organs
extrinsic allergic alveolitis extrinsische allergische Alveolitis *f*
extrinsic allergic pneumonia extrinsische allergische Pneumonie *f*
extrinsic asthma extrinsisches Asthma *n*
extrinsic factor Extrinsic-Faktor *m*, Vitamin *n* B_{12}, Anämiefaktor *m*, Cobalamin *n*
extrinsic muscle extrinsischer Muskel *m*
extrinsic ocular muscles äußere Augenmuskeln *mpl*
extrogastrulation *(Embr)* Extrogastrulation *f (Evagination des Primitivdarms)*
extrophy 1. Organfehlbildung *f*; 2. *s.* exstrophy
extrospection Hautbetrachtung *f*, Hautinspektion *f (nach Ungeziefer)*
extroversion 1. Extroversion *f*, Ausstülpung *f*; 2. *(Psych)* Extroversion *f*, Zuwendung *f* nach außen, Weltoffenheit *f*; 3. *(Stom)* Extroversion *f*
extrovert *v* 1. extrovertieren, nach außen umkehren [wenden], ausstülpen; 2. *(Psych)* extrovertieren, sich nach außen ausrichten [wenden], (welt)offen sein
extrovert Extrovertierte(r) *m*, (welt)offener Mensch *m*
extroverted 1. extrovertiert, nach außen gewendet, ausgestülpt; 2. *(Psych)* extrovertiert, (welt)offen
extrude *v* ausstoßen; aus der Reihe stoßen *(z. B. einen Zahn)*
extrusion 1. Expulsion *f*, Ausstoßung *f (z. B. aus einer Normalposition)*; Abstoßung *f*; 2. *(Stom)* Extrusion *f (eines Zahnes)*
extrusion of the implant Implantatausstoßung *f*, Implantatabstoßung *f*
extrusion reflex Zungenreflex *m*, reflektorisches Zungenherausstrecken *n (bei Berühren des Säuglings)*
extubate *v* extubieren, den Tubus entfernen
extubation Extubation *f*, Tubusentfernung *f*
extuberance 1. *s.* protuberance; 2. Schwellung *f*, Anschwellung *f*
exuberant stark wuchernd, ungebremst wachsend, exzessiv proliferierend, überschießend *(Gewebe)*
exuberant callus überschießender Kallus *m*
exuberant granulation überschießende Granulation *f*
exudate Exsudat *n*, Ausschwitzung *f*, Ausschwitzungsprodukt *n*
exudation 1. Exsudation *f*, Exsudatabsonderung *f*, Ausschwitzen *n*; Ausscheidung *f*; 2. Exsudat *n*
exudative exsudativ, (aus)schwitzend; ausscheidend
exudative angina Krupp *m*
exudative bronchitis Bronchitis *f* exsudativa, exsudative Bronchitis *f*
exudative eczema nässendes Ekzem *n*
exudative enteropathy exsudative Enteropathie *f*
exudative inflammation exsudative Entzündung *f*
exudative pericarditis Pericarditis *f* exsudativa, exsudative Perikarditis *f*
exudative peritonitis Peritonitis *f* exsudativa
exudative phase Exsudationsphase *f*
exudative pleurisy Pleuritis *f* exsudativa, exsudative Pleuritis *f*, feuchte Brustfellentzündung *f*
exudative psoriasis *(Derm)* Psoriasis *f* exsudativa
exudative retinitis *(Ophth)* Retinitis *f* exsudativa
exude *v* exsudieren, ausschwitzen, absondern; ausscheiden
exulcerating exulzerierend, ein Ulkus [Geschwür] bildend
exulceration *s.* 1. ulceration; 2. sore
exumbilication 1. Abnabelung *f*; 2. Umbilikalhernie *f*, Hernia *f* umbilicalis; 3. Nabelprotrusion *f*, vorstehender Nabel *m*
exuviation Abwerfung *f*, Abwerfen *n*
eye 1. *(Anat)* Auge *n*, Oculus *m (siehe auch unter: oculus und ocular)*; 2. *(Chir)* Öhr *n*, Nadelöhr *n* • **bathe the eye** das Auge (aus)spülen • **examine the eyes** die Augen untersuchen • **have bad eyes** schlecht sehen, schlechte Augen haben • **have good eyes** gut sehen, gute Augen haben
eye bank Augenbank *f*
eye burn Augenverbrennung *f*
eye chamber Augenkammer *f*
eye clinic Augenklinik *f*
eye closure reflex *s.* eyelid closure reflex
eye contact Blickkontakt *m*
eye contusion Augenkontusion *f*, Augenprellung *f*, Contusio *f* bulbi
eye curved scissors gebogene Augenschere *f*
eye department Augenabteilung *f*, ophthalmologische Abteilung *f*

eye deviation Augenabweichung *f*
eye diameter Augendurchmesser *m*
eye disease Augenerkrankung *f*, Augenkrankheit *f*
eye doctor Augenarzt *m*, Ophthalmologe *m*, Facharzt *m* für Augenheilkunde
eye dominance Augendominanz *f*
eye enucleation Augenenukleation *f*, Augapfelausschälung *f*
eye explorer Augensonde *f*, Ösensonde *f*
eye fold Epikanthus *m*, Oberlidfalte *f*, Mongolenfalte *f*
eye fundus Augenhintergrund *m*, Augenfundus *m*, Fundus *m* oculi
eye fundus camera Augenfunduskamera *f*
eye guard Augenschutz *m*
eye hospital Augenklinik *m*
eye hypertelorism Hypertelorismus *m*, Augenwinkelabstandsvergrößerung *f*
eye lens Augenlinse *f (eines Okulars)*
eye level Augenebene *f*, Augenhöhe *f*
eye lotion Augenwasser *n*
eye luxation Augapfelvorfall *m*, Augenluxation *f*
eye malformation Augenfehlbildung *f*, Augenmissbildung *f*
eye memory visuelles Gedächtnis *n*
eye metastasis Augenmetastase *f*
eye-minded visuell orientiert, augenbetont
eye movement Augenbewegung *f*
eye myopathy Augenmuskelkrankheit *f*, Augenmuskelerkrankung *f*
eye needle Augennadel *f*
eye ointment Augensalbe *f*
eye operation Augenoperation *f*
eye pain Augenschmerz *m*
eye patching Augenabdeckung *f*; okkludierender Augenverband *m*
eye perforation Augenperforation *f*, Augapfelperforation *f*
eye probe Augensonde *f*
eye protection Schützung *f* der Augen, Augenschutzmaßnahme *f*
eye protector Augenschützer *m*, Augenschutz *m*, Augenschutzschild *n*
eye rigidity Augenrigidität *f*, Augapfelstarre *f*
eye scintigraphy Augenszintigraphie *f*
eye-shield Augenklappe *f*, Augenschutzschild *n*
eye shielding Anlegen *n* einer Augenklappe; Augenabdeckung *f*
eye shower Augenspülgefäß *n*, Undine *f*
eye showering Augenspülung *f*
eye siderosis Augensiderose *f*, Siderosis *f* oculi
eye-slit width Lidbreite *f*
eye socket Augenhöhle *f*
eye speculum Augenspekulum *n*, Augenspiegel *m*
eye syringe Augenspritze *f*
eye test Sehtest *m*, Sehprüfung *f*
eye tooth *s.* canine tooth
eye witness Augenzeuge *m*
eye worm *(Trop)* Augenwurm *m*, Loa *f* [Filaria *f*] loa, Afrikanische Wanderfilarie *f*
eyeball Augapfel *m*, Bulbus *m* oculi
eyeball atrophy Augapfelatrophie *f*
eyeball bulging *s.* exophthalmus
eyeball compression reflex Augendruckreflex *m*; Augendruckversuch *m*
eyeball immobility Augapfelfixierung *f*, fixierter Augapfel *m*
eyeball injury Augapfelverletzung *f*
eyeball massage Augapfelmassage *f*, Augenreiben *n*
eyebath Augenbad *n*
eyebrow Augenbraue *f*, Braue *f* • **knit the eyebrows** die Augenbrauen [Brauen] runzeln • **lower the eyebrows** die Augenbrauen senken
eyebrow reconstruction Augenbrauenrekonstruktion *f*, Brauenwiederherstellung *f*
eyecup Augenschälchen *n*, Augenbad *n*
eyedrops Augentropfen *mpl*, Guttae *fpl* ophthalmicae
eyeglass 1. Augenglas *n*; Brillenglas *n*; 2. *s.* eye-cup
eyeglasses Brille *f*
eyeground *s.* eye fundus
eyelash Cilium *n*, Augenwimper *f*, Wimperhaar *n*
eyeless 1. blind; 2. augenlos; 3. *(Chir)* ohne Öhr *(Nadel)*
eyeless needle atraumatische Nadel *f*
eyelet Öse *f*
eyelet wiring Ösenverdrahtung *f*, Ösendrahtung *f*
eyelid Augenlid *n*, Lid *n*, Palpebra *f*, Blepharon *n*, Augendeckel *m (siehe auch unter: lid und palpebral)*
eyelid abscess Augenlidabszess *m*, Lidabszess *m*
eyelid anomaly Augenlidanomalie *f*, Lidanomalie *f*
eyelid closure Augenlidschluss *m*, Lidschluss *m*
eyelid closure reflex Augenlidschlussreflex *m*, Lidschlussreflex *m*, Kornealreflex *m*
eyelid coloboma Augenlidkolobom *n*, Lidkolobom *n*, Coloboma *n* palpebrale
eyelid fissure Augenlidfissur *f*, Lidspalte *f*, Rima *f* palpebrarum
eyelid lag seltener Lidschlag *m*, (von) Graefe'sches Zeichen *n*
eyelid movement Augenlidbewegung *f*, Lidbewegung *f*
eyelid oedema Augenlidödem *n*, Lid(an)schwellung *f*
eyelid reconstruction Augenlidrekonstruktion *f*, Lidrekonstruktion *f*
eyelid retraction Augenlidretraktion *f*, Lidretraktion *f*
eyelid retractor Augenlidretraktor *m*, Lidretraktor *m*
eyepiece Linse *f*, Okular *n*
eyepoint Augenpunkt *m (bei Mikroskopie)*
eyeshade Augenklappe *f*
eyesight Sehkraft *f*, Augenlicht *n*, Augen *npl* • **give back eyesight to a patient** einem Patienten das Augenlicht wiedergeben, das Sehvermögen wiederherstellen • **have good eyesight** gute Augen [Sehkraft] haben • **have poor eyesight** schwache Augen [Sehkraft] haben • **lose one's eyesight** erblinden
eyespot *(Embr)* Augenfleck *m*, Primitivauge *n*
eyestrain Augenüberanstrengung *f*, Augenübermüdung *f*, Augenermüdung *f*, Asthenopie *f*
eyewash Augenwasser *n*, Augentropfen *mpl*, Kollyrium *n*
eyewater 1. *s.* eyewash; 2. Tränen *fpl*, Tränenfluss *m*; 3. *s.* aqueous humour
eyewatering Augentränen *n*; tränendes Auge *n*

F

F_1 *s.* filial generation
F and R Kraft *f* und Rhythmus *m (des Pulses)*
F-duction *(Bakt, Gen)* F-Duktion *f*, Sexduktion *f*
F element *s.* fertility factor
F factor *s.* fertility factor
F test *(Statist)* F-Test *m*
F wave Flatterwelle *f*, F-Welle *f (EKG)*
f wave Flimmerwelle *f*, f-Welle *f (EKG)*
FA test Fluoreszenz-Antikörper-Test *m*, FA-Test *m*
Fab *(Immun)* antigen-bindendes Fragment *n*, Fab
Fab portion *(Immun)* Fab-Abschnitt *m*
Fab region *(Immun)* Fab-Region *f*

Fabc *(Immun)* antigen- und komplementbindendes Fragment *n*
fabella Fabella *f (Sesambein des Musculus gastrocnemius)*
Faber's anaemia Faber-Anämie *f*, Faber'sche Anämie *f*, Faber'sches Syndrom *n (Eisenmangelanämie bei Achlorhydrie)*
Faber's syndrome *s.* Faber's anaemia
fabism(us) *s.* favism
fabric lining material Abdeckungsmaterial *n*
fabrication Konfabulation *f*
Fabricius' bursa *(Anat)* Bursa *f* fabricii
Fabry's disease *(Derm)* Fabry'sche Krankheit *f*, Fabry'sches Syndrom *n*, Angiokeratoma *n* corporis diffusum universale
fabulation Konfabulation *f*
face 1. Facies *f*, Fazies *f*, Gesicht *n (siehe unter: facial)*; 2. Gesichtsausdruck *m*, Miene *f*, Aussehen *n* • **have the face lifted** sich das Gesicht liften lassen • **make a face** ein Gesicht machen, eine Grimasse schneiden
face asymmetry Gesichtsasymmetrie *f*; ungleiche Gesichtshälften *fpl*
face-bow *(Stom)* Gesichtsbogen *m*
face deformity Gesichtsdeformität *f*
face form Gesichtsform *f*
face fracture Gesichtsfraktur *f*, Gesichtsknochenbruch *m*
face growth Gesichtswachstum *n*
face guard Gesichtsschutz *m*, Gesichtsschutzschild *n*
face injury Gesichtsverletzung *f*
face length Gesichtslänge *f*
face-lift(ing) Gesichts(haut)straffung *f*, Rhytidoplastik *f*
face mask Gesichtsmaske *f*, Gesichtsschutz *m*; Atemmaske *f*
face mask for anaesthesia Narkosemaske *f*
face mite Haarbalgmilbe *f*, Demodex *m* folliculorum
face pack (kosmetische) Gesichtspackung *f*, Gesichtsmaske *f*
face phenomenon *s.* facialis phenomenon
face-presentation *(Gyn)* Gesichtslage *f*, Kinnlage *f (bei der Geburt)*
face protecting mask *(Chir)* Gesichtsschutzmaske *f*, Gesichtsschutz *m*
face restoration Gesichtsrekonstruktion *f*, Gesichtswiederherstellung *f*
face shield Gesichtsschutz *m*, Gesichtsschutzschirm *m*
face skin Gesichtshaut *f*
face symmetry Gesichtssymmetrie *f*
face towel Gesichtshandtuch *n*
faceache Gesichtsschmerz *m*, Trigeminusneuralgie *f*
faceometer Faceometer *n*, Gesichtsvermesser *m*
facet Gelenkfläche *f (eines Knochens)*
facet joint Facettengelenk *n*
facetectomy Facettektomie *f (Abtragung des Processus articularis eines Wirbelkörpers)*
facette *s.* facet
facial fazial; Gesichts… *(siehe unter: face)*
facial angiography *(Rad)* Gesichtsangiographie *f*, Gesichtsarterienröntgen(kontrast)darstellung *f*
facial angle Gesichtswinkel *m*
facial arteriography *(Rad)* faziale Arteriographie *f*
facial artery Gesichtsarterie *f*, Arteria *f* facialis
facial bone Gesichtsknochen *m*
facial bone fracture Gesichtsknochenbruch *m*
facial canal Fazialis(nerven)kanal *m*, Canalis *m* facialis, Aquaeductus *m* Fallopii
facial cleft Gesichtsspalte *f*
facial colliculus *(Anat)* Colliculus *m* facialis
facial coloboma Gesichtskolobom *n*
facial contour Gesichtskontur *f*
facial contour restoration *(Chir)* Gesichtskonturwiederherstellung *f*
facial diplegia Fazialisdiplegie *f*, beidseitige Fazialis(nerven)lähmung *f*
facial disfigurement Gesichtsentstellung *f*
facial eminence *s.* facial colliculus
facial emphysema Gesichtsemphysem *f*, emphysematöse Gesichtsschwellung *f*
facial expression Gesichtsausdruck *m*
facial hemihypertrophy halbseitige Gesichtshypertrophie *f*, Halbseitenhypertrophie *f* des Gesichtes
facial hemiplegia halbseitige Gesichts(muskel)lähmung *f*
facial hemiplegia alternans *(Neur)* alternierende Hemiplegie *f*, Millard-Gubler'sche Lähmung *f*
facial hemispasm halbseitiger Gesichtsspasmus *m*, Halbseitenspasmus *m* des Gesichtes
facial hiatus Öffnung *f* des Fazialiskanals, Hiatus *m* canalis facialis
facial index Gesichtsindex *m*
facial injury Gesichtsverletzung *f*, Gesichtswunde *f*
facial laceration *s.* facial injury
facial length index Gesichtslängenindex *m*
facial line *(Anat)* Linea *f* facialis
facial malformation Gesichtsfehlbildung *f*, Gesichtsmissbildung *f*
facial massage Gesichtsmassage *f*
facial monoplegia *(Neur)* Fazialismonoplegie *f*, halbseitige Fazialis(nerven)lähmung *f*
facial muscle Gesichtsmuskel *m*
facial nerve Gesichtsnerv *m*, Nervus *m* facialis, Fazialis *m*, VII. Hirnnerv
facial nerve decompression *(Chir, Neur)* Fazialis(nerven)dekompression *f*, Gesichtsnerven(druck)entlastung *f (bei Einklemmung)*
facial nerve palsy [paralysis] *(Neur)* Fazialis(nerven)lähmung *f*, Gesichtsnervenlähmung *f*, Fazialisparese *f*
facial neuralgia *(Neur)* Trigeminusneuralgie *f*
facial neuritis Fazialis(nerven)entzündung *f*, Gesichtsnervenentzündung *f*
facial nucleus *(Anat)* Fazialis(nerven)kern *m*, Nucleus *m* nervi facialis
facial numbness Gesichtsstarre *f*, Gesichtserstarrung *f*
facial oedema Gesichtsödem *n*; aufgetriebenes [aufgequollenes] Gesicht *n (z. B. durch Flüssigkeitseinlagerung)*
facial outline Gesichtskontur *f*
facial palsy *s.* facial nerve palsy
facial paralysis *s.* facial nerve palsy
facial perception faziale Perzeption *f*, Gesichtswahrnehmung *f*
facial plexus *(Anat)* Fazialisplexus *m*, Plexus *m* facialis
facial profile Gesichtsprofil *n*
facial prosthetics Gesichtsprothetik *f*
facial pyoderma *(Derm)* Pyoderma *n* faciale
facial rash *(Derm)* Gesichtserythem *n*, Gesichtsausschlag *m*; Gesichtsrötung *f*, Gesichtsröte *f*
facial region Gesichtsregion *f*
facial restoration Gesichtsrekonstruktion *f*, Gesichtswiederherstellung *f*
facial skull tomography *(Rad)* Gesichtsschädeltomographie *f*, Gesichtsknochenschichtdarstellung *f*
facial spasm Fazialis(nerven)krampf *m*, Gesichtsnervenkrampf *m*, Fazialisspasmus *m*
facial teleangiectasis *(Derm)* Acne *f* rosacea [erythematosa], Rosazea *f*, Rotfinnen *fpl*
facial tic *(Neur)* Fazialis(nerven)tick *m*, Fazialiszucken *n*

facial triangle Gesichtsdreieck *n*
facial trophoneurosis *(Neur)* halbseitige Gesichtshautatrophie *f*, Hemiatrophia *f* faciei progressiva, Romberg'sches Syndrom *n*
facial vein Fazialvene *f*, Gesichtsvene *f*, Vena *f* facialis
facial vision *s.* facial perception
facial weakness *(Neur)* Fazialis(nerven)schwäche *f*, Gesichtsnervenschwäche *f*
facial wound Gesichtswunde *f*
facialis phenomenon *(Neur)* Fazialisphänomen *n* nach Chvostek, Chvostek'sches Fazialiszeichen *n* [Zeichen *n*]
facies 1. Facies *f*, Fazies *f*, Oberfläche *f*, Fläche *f (z. B. von Organen)*; 2. *s.* face
facilitation 1. Facilitation *f*, Förderung *f*, Erleichterung *f*; 2. Nervenbahnung *f*, Bahnung *f* der Nervenleitung *(z. B. für Reflexabläufe)*
facilitation across a block *(Neur, Physiol)* Wedensky-Bahnung *f*
facilitative *(Pharm)* fördernd, erleichternd; den Weg bahnend
facilitory fördernd, erleichternd; bahnend
facing crown *(Stom)* Facettenkrone *f*
facing wax Facettenwachs *n*
faciobrachial faziobrachial; Gesicht(s)-Arm-...
faciocephal(al)gia Gesichtskephalgie *f*, Gesichtskopfschmerz *m*
faciocervical faziozervikal; Gesicht(s)-Hals-...
faciolingual faziolingual; Gesicht(s)-Zungen-...
faciomaxillary faziomaxillär; Gesicht(s)-Kiefer-...
facioplasty *(Chir)* Gesichtsplastik *f*
facioplegia Fazialisparese *f*, Fazialis(nerven)lähmung *f*, Gesichtslähmung *f*
facioscapulohumeral fazioskapulohumeral; Gesicht-Schulterblatt-Humerus-...
faciostenosis Faziostenose *f*, Wachstumshemmung *f* des Mittelgesichtes
factitial künstlich hergestellt; unbeabsichtig bewirkt [ausgelöst]
factitial dermatitis künstliche ausgelöste Dermatitis *f (z. B. durch Kratzen)*
factitious künstlich; nicht natürlich (auftretend)
factitious disorder *(Neur)* vorgetäuschte Störung *f*
factitious disorder with physical symptoms *(Neur)* vorgetäuschte Störung *f* mit körperlichen Symptomen
factitious disorder with psychological symptoms *(Neur)* vorgetäuschte Störung *f* mit psychischen Symptomen
factitious hypoglycamia Hypoglycaemia *f* factitia
factitious urticaria Urticaria *f* factitia, Dermographie *f*, Dermographismus *m (vasomotorisches Nachröten der Haut nach dem Bestreichen)*
factor 1. Faktor *m*; 2. Gerinnungsfaktor *m*; Blutgerinnungsfaktor *m (siehe unter: blood-clotting factor)*
factor I Faktor *m* I, Gerinnungsfaktor *m* I, Fibrinogen *n*
factor II Faktor *m* II, Gerinnungsfaktor *m* II, Prothrombin *n*
factor III Faktor *m* III, Gerinnungsfaktor *m* III, Thromboplastin *n*
factor IV Faktor *m* IV, Gerinnungsfaktor *m* IV, Calcium *n*
factor V Faktor *m* V, Gerinnungsfaktor *m* V, Proaccelerin *n*
factor VI Faktor *m* VI, Gerinnungsfaktor *m* VI
factor VII Faktor *m* VII, Gerinnungsfaktor *m* VII, Prokonvertin *n*
factor VIII Faktor *m* VIII, Gerinnungsfaktor *m* VIII, antihämophiles Globulin *n*
factor IX Faktor *m* IX, Gerinnungsfaktor *m* IX, Christmas-Faktor *m*
factor X Faktor *m* X, Gerinnungsfaktor *m* X, Stuart-Prower-Faktor *m*
factor XI Faktor *m* XI, Gerinnungsfaktor *m* XI
factor XII Faktor *m* XII, Gerinnungsfaktor *m* XII, Hageman-Faktor *m*, Oberflächenfaktor *m*
factor XIII Faktor *m* XIII, Gerinnungsfaktor *m* XIII, fibrinstabilisierender Faktor *m*, Laki-Lorand-Faktor *m*
factor analysis *(Hämat)* Faktoranalyse *f*
factor deficiency Blutgerinnungsfaktormangel *m*, Gerinnungsfaktormangel *m*
factor I deficiency Gerinnungsfaktor-I-Mangel *m*, Fibrinogenmangel *m*, Afibrinogenämie *f*
factor II deficiency Gerinnungsfaktor-II-Mangel *m*, Prothrombinmangel *m*
factor V deficiency Gerinnungsfaktor-V-Mangel *m*, Akzeleratorglobulinmangel *m*, Owren'sche Krankheit *f*
factor VII deficiency Gerinnungsfaktor-VII-Mangel *m*, Prokonvertinmangel *m*
factor VIII deficiency Gerinnungsfaktor-VIII-Mangel *m*, Hämophilie *f*
factor IX deficiency Gerinnungsfaktor-IX-Mangel *m*, Christmas-Faktor-Mangel *m*, Christmas-Krankheit *f*, Hämophilie *f* B
factor XI deficiency Gerinnungsfaktor-XI-Mangel *m*, Plasma-Thromboplastin-Antezedent-Mangel *m*, Rosenthal'sche Krankheit *f*, Hämophilie *f* C
factor XII deficiency Gerinnungsfaktor-XII-Mangel *m*, Hageman-Faktor-Mangel *m*, Oberflächenfaktormangel *m*
factor replacement Faktorsubstitution *f*
factory doctor Werksarzt *m*, Betriebsarzt *m*
facultative fakultativ, nicht obligatorisch
facultative aerobe fakultativ Aerobe(r) *m*, fakultativ anaerorober Organismus *m*
facultative aerobically fakultativ aerobe
facultative anaerobe fakultativ Anaerobe(r) *m*, fakultativ anaerober Organismus *m*
facultative anaerobically fakultativ anaerobe
facultative parasite fakultativer Parasit *m*
faculty 1. Vermögen *n*, Fähigkeit *f*; 2. Fähigkeit *f*, Anlage *f*, Talent *n*, (natürliche) Gabe *f*; 3. Lehrkörper *m*, Fakultät *f*
faculty of hearing Hörvermögen *n*
FAD *s.* flavin adenine dinucleotide
fade *v* **away** immer schwächer werden *(z. B. ein Patient)*
fade-out time Abklingzeit *f*
fading in colour of the optic disk [papilla] Papillenabblassung *f*
fading time *(Ophth)* Verblassungszeit *f (z. B. eines Lichtreizes)*
faecal fäkal, kotig; Kot...
faecal abscess Fäkalabszess *m*, Kotabszess *m*
faecal belching fäkales Aufstoßen *n*
faecal culture Stuhlkultur *f*
faecal fistula Fäkalfistel *f*, Kotfistel *f*
faecal flora Fäkalflora *f*, Kotkeime *mpl*
faecal impaction Fäkalstauung *f*, Koteinklemmung *f*
faecal incontinence Stuhlinkontinenz *f*
faecal peritonitis Kotperitonitis *f*, kotige Bauchfellentzündung *f* [Peritonitis *f*]
faecal specimen Stuhlprobe *f*
faecal stasis Fäkalstase *f*, Kotstauung *f*
faecal stream Fäkalstrom *m*, Kotstrom *m*
faecal vomiting Koterbrechen *n*, fäkales Erbrechen *n*, Miserere *n*, Kopremesis *f*
faecalith Fäkalstein *m*, Koprolith *m*, Kotstein *m*
faecaloid kotartig, kotig
faecaloma Fäkalom *n*, Koprom *n*, Kotgeschwulst *f*
faecaluria Fäkalurie *f*
faeces Faezes *fpl*, Faeces *fpl*, Kot *m*, Stuhl *m*
faeculence Fäkulenz *f*, Kotartigkeit *f*
faeculent fäkulent, kotig, kotartig
fagicladosporic acid Fagicladosporinsäure *f (Toxin aus Cladosporium epiphyllum)*

fagopyrism Fagopyrismus *m*, Buchweizenkrankheit *f*, Buchweizenausschlag *m (Photosensibilisierung durch Genuss von Fagopyrum esculentum)*
failed forceps *(Gyn)* misslungene Zange(ngeburt) *f*
failure Störung *f*, Versagen *n (z. B. eines Organs)*
failure of circulation Kreislaufversagen *n*, Kreislaufzusammenbruch *m*
failure of conception Konzeptionsversagen *n*
failure to urinate [pass urine] Miktionsschwäche *f*
failure to thrive *(Neur, Päd)* Gedeihstörung *f*, Wachstumsstörung *f*
faint *v* ohnmächtig werden, in Ohnmacht fallen
faint 1. schwach; matt *(z. B. Stimme)*; 2. ohnmächtig, bewusstlos
faint Ohnmacht *f*, Synkope *f*, synkopaler Anfall *m* • **be in a dead faint** in tiefer Ohnmacht liegen
faint heart sound schwacher [leiser] Herzton *m*
faint murmur leises [schwaches] Herzgeräusch *n*
fainting fit Ohnmachtsanfall *m*; synkopaler Anfall *m*
faintness Ohnmacht *f*, Bewusstlosigkeit *f*
fairy Homosexuelle(r) *m*
faith healer Gesundbeter *m*
faith healing Gesundbeten *n*
faithful reproduction originalgetreue Reproduktion *f*, genaue Wiedergabe *f*
fakir hand *(Neur)* Fakirhand *f*
falcate *s.* falciform
falces *pl s.* falx
falcial Falx..., Sichel...
falcial sinus *s.* inferior longitudinal sinus
falciform falziform, sichelförmig; Sichel...
falciform cartilage *s.* meniscus
falciform crest Crista *f* falciformis *(im Innenohr)*
falciform ligament Ligamentum *n* falciforme
falciform ligament of the liver Ligamentum *n* falciforme hepatis, Mesohepaticum *n* ventrale
falciform process Processus *m* falciformis ligamenti sacrotuberosi
falciform sinus *s.* inferior longitudinal sinus
falciparum malaria *(Trop)* Falziparum-Malaria *f*, Malaria *f* falciparum [tropica]
falcula *(Anat)* Kleinhirnsichel *f*, Falx *f* cerebelli
falcular sichelförmig; Falx..., Sichel...
Falk's operation Falk-Operation *f*, extranasale Dakryorhinostomie *f (Knochenfensterungsoperation)*
fall *v* **asleep easily** leicht einschlafen
fall *v* **asleep with difficulty** schlecht [schwer] einschlafen
fall *v* **ill** erkranken, krank werden
fall *v* **to death** tödlich stürzen; sich zu Tode stürzen
fall in blood pressure Blutdruckabfall *m*
fall in erythrocyte count Erythrozytenabfall *m*, Ery-Abfall *m*, Erythrozytenverringerung *f*
fall in haematocrit Hämatokritabfall *m*, Hk-Abfall *m*
fall in haemoglobin content Hämoglobinabfall *m*, Hb-Abfall *m*, Hämoglobinverringerung *f*
fall in temperature Fieberabfall *m*; Temperatursenkung *f*
fallectomy *s.* salpingectomy
fallen arch *(Orth)* Fußgewölbesenkung *f*, Senkfuß *m*
falling birth rate Geburtenrückgang *m*
falling of the womb Gebärmuttersenkung *f*, Gebärmuttervorfall *m*
falling out of a tooth Zahnausfall *m*
falling out of hair Haarausfall *m*, Haarverlust *m*
falling palate *s.* uvuloptosis
falling sickness Epilepsie *f*, Fallsucht *f*
fallings *(Neur)* astatische Anfälle *mpl*
Fallopian aquaeduct [canal] Fazialis(nerven)kanal *m*, Aquaeductus *m* Fallopii, Canalis *m* facialis
Fallopian pregnancy Eileiterschwangerschaft *f*, Tubenschwangerschaft *f*
Fallopian tube Eileiter *m*, Tuba *f* uterina [Fallopii], Tube *f*, Muttertrompete *f (Zusammensetzungen siehe unter: uterine tube)*
Fallot's pentalogy *s.* pentalogy of Fallot
Fallot's tetralogy *s.* tetralogy of Fallot
Fallot's trilogy *s.* trilogy of Fallot
fallout Fallout *m*, radioaktiver Niederschlag *m*
falls *(Neur)* astatische Anfälle *mpl*
false angina Angina *f* pectoris vasomotorica
false ankylosis Pseudoankylose *f*, Scheingelenkversteifung *f*, falsche Ankylose *f*
false anorexia Pseudoanorexie *f*
false apophysis *(Anat, Endokr)* Corpus *n* pineale, Epiphysis *f* cerebri, Epiphyse *f*, Zirbeldrüse *f (Zusammensetzungen siehe unter: epiphyseal)*
false articulation *s.* false joint
false cast Pseudozylinder *m (im Urin)*
false contractions Pseudowehen *fpl*
false croup Pseudokrup(p) *m*
false diganosis Fehldiagnose *f*, Fehldeutung *f*, Fehlinterpretation *f*
false diverticulum Pseudodivertikel *n*, Scheindivertikel *n*
false erosion of the cervix uteri glanduläre Pseudoerosion *f*, Muttermundlippenausstülpung *f*, Erosio *f* glandularis [papillaris], Erosio *f* falsa der Portio
false haematuria Pseudohämaturie *f*
false hypertrophy Pseudohypertrophie *f*
false joint Pseudarthrose *f*, Scheingelenk *n*
false joint of the femoral neck Schenkelhalspseudarthrose *f*
false labour Braxton-Hicks-Kontraktionen *fpl (Uteruskontraktionen während der Schwangerschaft)*
false membrane Pseudomembran *f*, Scheinmembran *f*
false myopia *s.* pseudomyopia
false-negative falschnegativ *(Testergebnis)*
false-negative rate *(Statist)* falsch-negative Rate *f*
false-negative test result *(Statist)* falsch-negatives Testergebnis *n*
false neuroma 1. Pseudoneurom *n (Geschwulst ohne Nervengewebe)*; 2. falsches Neurom *n*, zystisches Neurom *n*
false nucleolus *(Histol)* Pseudonukleolus *m*, Karyosom *n*, Karyoplasmaverdichtung *f*
false passage falscher Weg *m*, Via *f* falsa
false pelvis großes Becken *n*, Pelvis *f* major
false-positive falschpositiv *(Testergebnis)*
false-positive test result falsch-positives Testergebnis *n*
false pregnancy Scheinschwangerschaft *f*, Pseudokyesis *f*, eingebildete Schwangerschaft *f*
false recollection *s.* paramnesia
false rib freie Rippe *f*, Costa *f* spuria
false spermatorrhoea Pseudospermatorrhö *f*
false teeth *s.* denture
false therapy falsche Therapie *f*, Therapiefehler *m*, Fehlbehandlung *f*
false transactions *(Psych)* falsche Transaktionen *fpl*
false twins falsche [dizygote] Zwillinge *mpl*
false urge to defecate Tenesmus *m*
false urge to void urine falscher Harndrang *m*
false vertebra Scheinwirbel(körper) *m*, Pseudovertebra *f*
false vocal cord Taschenfalte *f*, Plica *f* vestibularis
falsetto voice Kopfstimme *f*, Fistelstimme *f*, Vox *f* capitis
falsification Fälschung *f*, Verfälschung *f*
falx Falx *f*, Sichel *f*
falx meningeoma Falxmeningeom *n*
famciclovir Famciclovir *n (bei Herpesinfektionen)*
fames Hunger *m*

familial adenomatous polyposis adenomatöse Polyposis *f* coli
familial centrolobular sclerosis *(Neur)* Pelizaeus-Merzbacher'sche Krankheit *f*, familiäre zentrolobuläre Sklerose *f*
familial cretinism familiärer Kretinismus *m*
familial disease Familienkrankheit *f*, familiäres Leiden *n*
familial erythroblastic anaemia Thalassämie *f*, Mittelmeeranämie *f*, Mediterrananämie *f*
familial haemolytic anaemia [icterus] hereditäre Sphärozytose *f*
familial histiocytic reticulosis familiäre histiozytäre Retikulose *f*
familial hypercholesterolaemia familiäre Hypercholesterinämie *f*, hypocholesterolämische Xanthomatose *f*, Hyperlipidämie *f* Typ III
familial hyperglyceridaemia familiäre Hyperglyzeridämie *f*, Hyperlipidämie *f* Typ II
familial iminoglycinuria familiäre Iminoglyzinurie *f*
familial juvenile nephronophthisis familiäre juvenile Nephrolithiasis *f*
familial lipoprotein lipase deficiency familiärer Lipoproteinlipasemangel *m*, Hyperchylomikronämie *f*
familial microcytic anaemia *s.* familial erythroblastic anaemia
familial multiple endocrine adenomatosis familiäre multiple endokrine Adenomatose *f*
familial neuroviscerolipidosis familiäre Neuroviszerolipidose *f*
familial non-haemolytic jaundice *(Hepat)* Gilbert'sche Krankheit *f*, hereditäre konstitutionelle Hyperbilirubinämie *f*
familial osseous dystrophy Dysostosis *f* enchondralis metaepiphysaria Typ Morquio, Morquio'sches Syndrom *n*
familial osteochondrodystrophy *s.* familial osseous dystrophy
familial periodic paralysis familiäre periodische Paralyse *f*
familial polyposis familiäre Polypose *f*
familial psychoplasm *(Neur)* familiäres Psychoplasma *n* *(psychische Eigenschaften bei allen Mitgliedern einer Familie)*
familial rosacea-like dermatosis Haber-Syndrom *n* *(Gesichtserythem mit Teleangiektasien)*
familial spinal muscular atrophy familiäre spinale Muskelatrophie *f*, Werdnig-Hoffmann'sche Krankheit *f*, Werdnig-Hoffmann-Krankheit *f*
familial splenic anaemia Morbus *m* Gaucher, Gaucher'sche Krankheit *f*, Kerasinspeicherkrankheit *f*
familial steatorrhoea zystische Pankreasfibrose *f*, Dysporia *f* broncho-entero-pancreatica congenita familiaris *(siehe unter: mucoviscidosis)*
familial tremor familiärer Tremor *m*
familial unconscious *(Psych)* familiäres Unbewußtes *n*
family care leave Freistellung *f* zur Pflege eines Familienangehörigen
family-centered care familienorientierte Fürsorge *f*, Familienfürsorge *f*
family-centered maternity care familienorientierte Mutterschaftsfürsorge *f*
family cohesion Familienzusammenhalt *m*
family counseling Familienberatung *f* *(z. B. bei genetischen Defekten)*
family disorganization Familienauflösung *f*, Familienzerfall *m*; zerrüttete Familienverhältnisse *npl*
family doctor *s.* family physician
family dynamics Familiendynamik *f*
family function Familienfunktion *f*
family history Familienanamnese *f*, Familienkrankengeschichte *f*
family medicine Allgemeinmedizin *f*
family neurosis Familienneurose *f*
family physician Hausarzt *m*, Allgemeinpraktiker *m*, praktischer Arzt *m*
family planning Familienplanung *f*
family practice physician *s.* family physician
family practitioner *s.* family physician
family psychiatry Familienpsychiatrie *f*
family psychotherapy Familienpsychotherapie *f*
family social work Familientherapie *f*
family therapy Familientherapie *f*
famine oedema Hungerödem *n*, Mangelödem *n*, Eiweißmangelödem *n*
famotidine Famotidin *n* *(Histamin-H_2-Antagonist)*
famotine hydrochloride Famotinhydrochlorid *n* *(Virostatikum)*
fan beam Fächerstrahl *m*; Strahlenfächer *m*
fan blade Ventilatorblatt *n*, Lüfterblatt *n*
fan lateral projection *(Rad)* laterale Fächerprojektion *f* *(der Finger)*
fanatic psychopath *(Neur)* fanatischer Psychopath *m*
fanatic psychopathic personality *(Neur)* fanatischer Psychopath *m*
Fanconi-Hegglin syndrome Fanconi-Hegglin-Syndrom *n*, wassermann-positive [pseudoluische] Bronchopneumonie *f*
Fanconi-Schlesinger syndrome Fanconi-Schlesinger-Syndrom *n*, chronische idiopathische Hyperkalziämie *f*
Fanconi syndrome Abderhalden-Fanconi-Syndrom *n*, Fanconi-Abderhalden-Syndrom *n*, Debré-de Toni-Fanconi-Syndrom *n*, Kaufmann-Abderhalden-De Lignac-Syndrom *n*, Aminosäurediabetes *m*, Zystinose *f*, Zystinspeicherkrankheit *f*
Fanconi's anaemia [disease] Fanconi'sche Anämie *f*, Fanconi-Anämie *f*, konstitutionelle hyperchrome Elliptozytenanämie *f* Typ Fanconi
fang marks Bissmarken *fpl* *(z. B. nach Schlangenbiss)*
fango Fango *m* *(Mineralschlamm)*
fango therapy Fangotherapie *f*, Heilschlammbehandlung *f*
fanning sign of Babinski *(Neur)* Babinski-Reflex *m*, Babinski'sches Zehenphänomen *n*, Großzehendorsalflexion *f*
fantasy Fantasie *f*, Einbildungskraft *f*, Vorstellungsvermögen *n*
Far Eeastern encephalitis *s.* Russian tick-borne encephalitis
Far Eastern haemorrhagic fever fernöstliches hämorrhagisches Fieber *n*, epidemisches hämorrhagisches Fieber *n* des Fernen Ostens, koreanisches hämorrhagisches Fieber *n*, koreanische hämorrhagische Nephrosonephritis *f*, hämorrhagisches Fieber *n* mit renalem Syndrom *(durch Hantaviren)*
far field divergence Fernfeldstreuung *f*
far from the head kopffern, entfernt vom Kopf
far point Fernpunkt *m*, Punctum *n* remotum *(des Auges)*
far sight *s.* farsightedness
far visual point *s.* far point
faradism Faradismus *m*, Induktionselektrizität *f*
faradizable faradisierbar
faradization Faradisation *f*, Faradisierung *f*, Faradotherapie *f*
faradize *v* faradisieren, mit faradischen Strömen behandeln
faradocontractility Faradokontraktilität *f* *(z. B. eines Muskels)*
faradomuscular faradomuskulär
faradopalpation Faradopalpation *f* *(Form der Ästhesiometrie)*

faradotherapy *s.* faradism
faraway feeling *(Neur)* Entfremdungserlebnis *n*
Farber test *(Päd)* Farber-Test *m (Mekoniumuntersuchung auf Lanugohaare)*
Farber-Uzman syndrome *s.* Farber's disease
Farber's disease Farber'sche Krankheit *f*, Farber'sche Lipogranulomatose *f*, Ceramidase-Mangel *m*
Farber's lipogranulomatosis *s.* Farber's disease
Farber's syndrome *s.* Farber's disease
farcy *s.* glanders
farmer's disease *s.* 1. farmer's skin; 2. farmer's lung
farmer's lung Farmerlunge *f*, Dreschfieber *n*, Drescherkrankheit *f (exogen-allergische Alveolitis)*
farmer's skin Landmannshaut *f*, Seemannshaut *f*, Keratosis *f* solaris
farnesyl pyrophosphate Farnesylpyrophosphat *n*
farsighted 1. fernsichtig; 2. weitsichtig, übersichtig, hyperop, hypermetrop
farsightedness 1. Fernsichtigkeit *f*; 2. Weitsichtigkeit *f*, Übersichtigkeit *f*, Hyperopie *f*, Hypermetropie *f*
fascia Faszie *f*, Fascia *f*, Binde *f*, Muskelfaszie *f*
fascia of the bulb Tenon'sche Kapsel *f*, Vagina *f* [Fascia *f*, Capsula *f*] bulbi, Augenkapsel *f*
fascial faszial; Faszien...
fascial canal of Alcock Alcock'scher Faszienkanal *m* [Kanal *m*], Canalis *m* pudendalis
fascial cleft Faszienspalte *f*
fascial compartment Faszienkompartment *n*, Kompartment *n*
fascial envelope Faszienhülle *f*
fascial graft Faszientransplantat *n*
fascial membrane Faszienmembran *f*
fascial membrane lamination Faszienlamination *f*, Schichtanordnung *f* der Faszie
fascial reflex Faszienreflex *m*
fascial rupture Faszienruptur *f*, Faszienzerreißung *f*, Faszienriss *m*
fascial space Faszienraum *m*, Faszialraum *m*
fascial strip Faszienstreifen *m*
fascial transplantation Faszientransplantation *f*
fasciaplasty Faszienplastik *f*, Faszienrekonstruktion *f*
fasciatome Fasziotom *n*, Faszienmesser *n*
fascicle 1. Fasciculus *m*, Muskelbündel *n*; 2. Fasciculus *m*, Nerven(faser)bündel *n*
fascicle of Türck Tractus *m* corticospinalis anterior, Pyramidenvorderstrangbahn *f*
fascicular 1. faszikulär, faszikular, zu einem Faszikel gehörend; Faszikel...; 2. *s.* fasciculated
fascicular keratitis *(Ophth)* Bandkeratitis *f*, Keratitis *f* fascicularis *(besondere Form der Hornhautentzündung)*; Gefäßbändchen *n*
fascicular neuroma faszikuläres Neurom *n*
fascicular twitching *s.* fasciculation 2.
fasciculate *v* faszikulieren
fasciculated in Bündeln vorliegend, faszikulär, büschelförmig
fasciculated keratitis *(Ophth)* Keratitis *f* fasciculosa *(Stoffwechselstörung der Hornhautoberfläche)*; queres Kalkband *n*
fasciculated zone *(Anat)* Zona *f* fasciculata *(Nebenniere)*
fasciculation 1. Faszikelbildung *f*, Bündelbildung *f*; 2. Faszikulation *f*, Faszikulieren *n*, Muskelzucken *n*
fasciculation potential Faszikulationspotenzial *n*, Muskelzuckungspotenzial *n*
fasciculoventricular faszikuloventrikulär, faszikuloventrikular, Hisbündel-Ventrikel-...
fasciculus *s.* fascicle
fasciectomy Fasziektomie *f*, Faszienresektion *f*, (operative) Faszienentfernung *f*
fasciitis Fasziitis *f*, Faszienentzündung *f*
fasciodesis Fasziodese *f*, Faszienfixierung *f*
fasciola Fasciola *f*, kleines Band *n*, streifenförmige Struktur *f*
Fasciola gigantica Fasciola *f* gigantica
Fasciola hepatica Fasciola *f* hepatica
fasciolar 1. fasziolär; Faszien...; 2. Gyrus-fasciolaris-...
fascioliasis *(Paras)* Fascioliasis *f*, Fasziolose *f*, Leberdistomatose *f*, Leberegelkrankheit *f*
fasciolicide (agent) Fasziolizid *n (Mittel gegen Fasziola)*
fasciolopsiasis *(Paras)* Fasciolopsiasis *f*, Riesendarmegelbefall *m*, Fasciolopsis-buski-Infestation *f*
Fasciolopsis buski Fasciolopsis *f* buski
fasciolosis *s.* fascioliasis
fascioplasty Faszienplastik *f*, Faszienrekonstruktion *f*
fasciorrhaphy Fasziorrhaphie *f*, Fasziennaht *f*
fascioscapulohumeral muscular dystrophy fazioskapulo-humerale Muskeldystrophie *f*, Landouzy-Dejerine-Muskeldystrophie *f*
fasciotomy Fasziotomie *f*, Faszienschnitt *m*
fascitis *s.* fasciitis
fast *v* fasten
fast 1. unveränderlich, fest, beständig *(z. B. gegenüber Säuren)*; 2. widerstandsfähig, resistent *(z. B. gegen Antibiotika)*; 3. schnell, rapid; schnell wirkend; schnellwachsend
fast Fasten *n* • **break the fast** das Fasten unterbrechen
fast-acting insulin schnell wirkendes Insulin *n*
fast brushing schnelles Bürsten *n (zur Stimulation von C-Fasern)*
fast developer Schnellentwickler *m*, Rapidentwickler *m*
fast-flowing blood schnellfließendes Blut *n*
fast gradient echo schnelles Gradientenecho *n*
fast-growing tissue schnellwachsendes Gewebe *n*
fast growing tumour schnell wachsende Geschwulst *f*
fast-moving sich schnell bewegend; schnell ablaufend
fast neutron therapy Therapie *f* mit schnellen Neutronen
fast pain schneller Schmerz *m*
fast smear schneller Abstrich *m*, Schnellabstrich *m*
fast-twitch (muscle) fibre Zuckungsfaser *f*, weiße Muskelfaser *f*
fast vital capacity forcierte Vitalkapazität *f*
fast X-ray film kurzbelichtbarer Film *m*, empfindlicher Film *m*
fasten *v* befestigen, festklemmen, festmachen
fastening band Fixationsband *n*
fastening clasp Fixationsklammer *f*
fastening material Fixationsmaterial *n*, Befestigungsmaterial *n*
fastening point Fixationspunkt *m*, Befestigungspunkt *m*
fastidious *(Bakt)* mit komplexen Nahrungsanforderungen, wählerisch, anspruchsvoll *(z. B. Bakterienkulturen)*
fastigial nucleus Nucleus *m* fastigii
fastigiobulbar tract Tractus *m* bulbocerebellaris
fastigium 1. Fastigium *n*, Giebelkante *f* des verlängerten Rückenmarks; 2. Fastigium *n*, Fiebergipfel *m*; Krankheitshöhepunkt *m*
fasting 1. hungernd, fastend; Fasten...; 2. nüchtern; Nüchtern...
fasting blood sugar Nüchternblutzucker *m*
fasting coma Hungerkoma *n*
fasting cure Fastenkur *f*, Hungerkur *f*, Heilfasten *n*
fasting day Fastentag *m*
fasting diet Fastendiät *n*, Hungerdiät *f*
fasting pain Nüchternschmerz *m*
fasting specimen Nüchternprobe *f*, Probegut *n (z. B. von entnommenem Blut)*
fasting test Nüchternprobe *f*, Probeentnahme *f* im nüchternen Zustand

fastness Unveränderlichkeit *f*, Festigkeit *f (z. B. gegenüber Säuren)*; Widerstandsfähigkeit *f*, Resistenz *f (z. B. gegenüber Antibiotika)*
fat Fett *n*, Lipid *n*
fat body of the orbital cavity Augenhöhlenfettkörper *m*, Corpus *n* adiposum orbitae
fat cell Fettzelle *f*
fat cell lipoma Hibernom *n*
fat constituent Fettbestandteil *m*
fat embolism Fettembolie *f*
fat gain phase Fettansatzphase *f*
fat-induced hyperlipidaemia fettinduzierte Hyperlipidämie *f*, Hyperlipidämie *f* Typ I
fat infiltration Fettinfiltration *f*, Fettdurchtränkung *f*, Fettablagerung *f*, Fettgewebsdurchwachsung *f*
fat injection Fettinjektion *f*; Fetttransplantation *f*; Fettunterspritzung *f (z. B. von Hautfalten)*
fat marrow Fett(knochen)mark *n*, gelbes Knochenmark *n*, Medulla *f* ossium flava
fat metabolism Fettmetabolismus *m*, Lipidstoffwechsel *m*
fat metabolism disorder Fettstoffwechselstörung *f*
fat necrosis Fett(gewebs)nekrose *f*
fat overload syndrom Fettüberladungssyndrom *n (z. B. bei Fettinfusionen)*
fat pad Fettpolster *n*
fat solubility Fettlöslichkeit *f*, Lip(o)idlöslichkeit *f*
fat-soluble fettlöslich, lip(o)idlöslich
fat tissue Fettgewebe *n*
fat tissue necrosis Fettgewebsnekrose *f*, Steatonekrose *f*, Nekrose *f* des Fettgewebes
fatal tödlich, zum Tode führend, mit tödlichem Ausgang; Todes...
fatal dose tödliche Dosis *f*
fatal issue [outcome] of the operation tödlicher [letaler] Operationsausgang *m*, letale Operation *f*
fatality 1. tödlicher Verlauf *m*; 2. tödlicher Unfall *m*; 3. Todesopfer *n*, Todesfall *m*
fatality rate Todesrate *f (z. B. für ein Unfallereignis)*
fate Schicksal *n*
fate analysis *(Neur)* Schicksalsanalyse *f*
fate neurosis *(Neur)* Schicksalsneurose *f*
father Vater *m* • **on the father's side** väterlicherseits, von väterlicher Seite *(z. B. Krankheiten)*
father *v* **a child** ein Kind zeugen
father complex *(Neur)* Vaterkomplex *m*
father figure Vaterfigur *f*
father fixation Vaterfixierung *f*, Vaterbindung *f*
father tie Vaterbindung *f*
fatherhood Vaterschaft *f*
fathership *s.* fatherhood
fatigability Ermüdbarkeit *f*
fatigable (leicht) ermüdbar; (leicht) ermüdend
fatigue Müdigkeit *f*, Ermüdung *f*, Ermattung *f*
fatigue aspiration Ermüdungsaspiration *f*
fatigue contracture Ermüdungskontraktur *f*
fatigue crack Ermüdungsriss *m*
fatigue fever Ermüdungsfieber *n (nach Muskelüberdehnung)*
fatigue fracture Ermüdungsknochenbruch *m*, Ermüdungsfraktur *f*, Marschfraktur *f*
fatigue-free ermüdungsfrei
fatigue neurosis Ermüdungsneurose *f*, Erschöpfungsneurose *f*
fatigue nystagmus Ermüdungsnystagmus *m*
fatigue pad Fettwulst *n*
fatigue spasm Ermüdungsspasmus *m*, Ermüdungs(muskel)krampf *m*
fatigue state Neurasthenie *f*, Nervenschwäche *f*, nervöse Erschöpfung *f*
fatigueless ermüdungsfrei
fatiguing ermüdend; Ermüdungs...
fatness Adipositas *f*, Fettsucht *f*, Fettleibigkeit *f*, Fettanhäufung *f*
fatty fettig; Fett...
fatty acid Fettsäure *f*
fatty-acid synthetase Fettsäuresynthetase *f (Enzym)*
fatty-acid thiokinase Fettsäurethiokinase *f (Enzym)*
fatty alcohol Fettalkohol *m*
fatty ascites fettiger Aszites *m*
fatty atrophy *s.* fatty degeneration
fatty capsule of the kidney Nierenfettkapsel *f*, Capsula *f* adiposa renis
fatty cirrhosis fettige Zirrhose *f* [Leberzirrhose *f*]
fatty degeneration fettige Degeneration *f*, Verfettung *f*
fatty degeneration of the heart Herzverfettung *f*
fatty degeneration of the liver fettige Leberdegeneration *f*, Adiposis *f* hepatica; Fettleber *f*
fatty degeneration of the pulp fettige Pulpadegeneration *f*
fatty diarrhoea fettige Diarrhö *f*, Pimelorrhö *f*
fatty diet Fettdiät *f*
fatty food intolerance Fettintoleranz *f*, Fettunverträglichkeit *f*
fatty heart Fettherz *n*; Herzverfettung *f*
fatty hernia epigastrische Hernie *f*
fatty infiltration fettige Infiltration *f*
fatty infiltration of the heart fettige Herzinfiltration *f*
fatty kidney Fettniere *f*, Nierenverfettung *f*
fatty layer Fettschicht *f*
fatty liver Fettleber *f*, Leberverfettung *f*
fatty marrow (of the bone) fettiges Knochenmark *n*, Fettmark *n*
fatty metamorphosis Fettinfiltration *f*, Fettdurchtränkung *f*
fatty pancreonecrosis fettige Pankreasnekrose *f*
fatty pneumonia Lipoidpneumonie *f*
fatty stool fettiger Stuhl *m*, Fettstuhl *m*
fatty subserous tissue subseröses Fettgewebe *n*
fatty tissue Fettgewebe *n*
fatty tumour Fettgeschwulst *f*
fatuity *(Neur)* Fatuität *f*, Schwachsinn *m*, Demenz *f*, Intelligenztiefstand *m*; Dummheit *f*, Narrheit *f*
fauces Fauces *npl*, Schlund *m*, Rachen *m*
Fauchard's disease Fauchard-Krankheit *f*, Fauchard'sche Krankheit *f*, Periodontitis *f* marginalis
faucial Schlund..., Rachen...
faucial isthmus Isthmus *m* faucium, Rachenenge *f*
faucial reflex Schlundreflex *m*, Rachenreflex *m*
faucial tonsil Gaumenmandel *f*, Tonsilla *f* palatina
faucial tonsillar region Gaumenmandelregion *f*
faucitis Rachenentzündung *f*
faulty articulation Artikulationsfehler *m*
faulty attitude *(Neur)* Fehlhaltung *f*
faulty diagnosis Fehldiagnose *f*
faulty exposure Fehlbelichtung *f*
faulty function Fehlfunktion *f*
faulty irradiation Fehlbestrahlung *f*
faulty positioning falsche Positionierung *f*, Fehllagerung *f*
faulty setting falsche Einstellung *f*, Fehleinstellung *f*
fava Vicia *f* faba
faveolar foveolar; Fovea...
foveolate foveolar; Fovea...
favid Favid *n (allergische Hautreaktion bei Favus)*
favism Favismus *m*, Fabismus *m*, Vicia-faba-Bohnen-Krankheit *f*, Saubohnenkrankheit *f (hämolytische Anämie infolge Enzymmangels)*
favour *v* **liquefaction** die Gewebseinschmelzung begünstigen [fördern] *(Eiterbildung)*

favourable prognosis günstige Prognose *f* [Krankheitsprognose *f*]
Favre(-Durand-Nicolas) disease *(Trop)* Favre-Durand-Nicolas'sche Krankheit *f*, Lymphogranuloma *n* venereum [inguinale], Lymphopathia *f* venerea
Favre-Racouchot nodular elastosis Favre-Racouchot-Syndrom *n*, noduläre Elastoidose *f*
Favre's dystrophy *(Ophth)* Favre'sche Dystrophie *f*, vitreo-tapetoretinale Dystrophie *f*
favus Favus *m*, Erbgrind *m*, Grindflechte *f*, Tinea *f* [Trichomycosis *f*] favosa
Fazio-Londe atrophy [disease] *(Päd)* Fazio-Londe-Syndrom *n*, familiäre infantile progressive Bulbärparalyse *f*
Fc fragment *(Gen)* Fc-Fragment *n*
Fc portion Fc-Abschnitt *m*
fear Furcht *f*, Angst *f*
fear of blushing Errötungsfurcht *f*
fear of cancer Kanzerophobie *f*, Krebsfurcht *f*
fear of death Todesangst *f*
fear-tension-pain syndrome *(Gyn)* Angst-Spannungs-Schmerz-Syndrom *n (bei der Geburt)*
feasible durchführbar, machbar
features Gesichtszüge *mpl*, Gesichtsmerkmal *n*; Symptom *n*; Erscheinungsbild *n (des Gesichts)*
febricant *s.* febrifacient
febricide *s.* febrifuge agent
febricity fiebriger Zustand *m*, fieberhafter Zustand *m*, Fiebrigkeit *f*
febricula leichtes Fieber *n*; vorübergehende Fieber *n*, leichter Fieberanfall *m*
febrifacient fieberbewirkend, fiebererzeugend
febrifacient (agent) fieberbewirkendes [fiebererzeugendes] Mittel *n*
febrific *s.* febrifacient
febrifugal fiebersenkend, antipyretisch
febrifuge fiebersenkend, antipyretisch
febrifuge (agent) fiebersenkendes [antipyretisches] Mittel *n*, Antipyretikum *n*
febrifugine Febrifugin *n (pflanzliches Malariamittel)*
febrile febril, fiebernd, fiebrig, fieberhaft; Fieber... • **be febrile** Fieber haben, fiebern
febrile-allergic febril-allergisch
febrile attack Fieberattacke *f*, Fieberschub *m*
febrile convulsion Fieberkrampf *m*, Fieberkonvulsion *f*
febrile crisis Fieberkrise *f*
febrile delirium Fieberdelir(ium) *n*, Fieberwahn *m*
febrile illness fieberhafte Erkrankung *f*
febrile pemphigus akuter Pemphigus *m*
febrile period Fieberperiode *f*
febrile proteinuria Fieberproteinurie *f*, Eiweißausscheidung *f* im Urin bei Fieber
febrile pulse Fieberpuls *m*
febrile purpura Fieberpurpura *f*
febrile seizure Fieberkrampf *m*
febrile state Fieberzustand *m*
febrile temperature Fieber *n*
febrile tropical splenomegaly *s.* kala-azar
febrile urine Fieberharn *m*, Urin *m* bei Fieber
febriphobia Fieberfurcht *f*
febris *s.* fever
fecal fäkal, kotig; Kot...
fecal abscess Fäkalabszess *m*, Kotabszess *m*
fecal belching fäkales Aufstoßen *n*
fecal culture Stuhlkultur *f*
fecal fistula Fäkalfistel *f*, Kotfistel *f*
fecal flora Fäkalflora *f*, Kotkeime *mpl*
fecal impaction Fäkalstauung *f*, Koteinklemmung *f*
fecal incontinence Stuhlinkontinenz *f*
fecal peritonitis Kotperitonitis *f*, kotige Bauchfellentzündung *f* [Peritonitis *f*]
fecal softener Stuhlweichmacher *m*
fecal specimen Stuhlprobe *f*
fecal stasis Fäkalstase *f*, Kotstauung *f*
fecal stream Fäkalstrom *m*, Kotstrom *m*
fecal vomiting Koterbrechen *n*, fäkales Erbrechen *n*, Miserere *n*, Kopremesis *f*
fecalith Fäkalstein *m*, Koprolith *m*, Kotstein *m*
fecaloid kotartig, kotig
fecaloma Fäkalom *n*, Koprom *n*, Kotgeschwulst *f*
fecaluria Fäkalurie *f*
feces *(AE)* Faezes *fpl*, Faeces *fpl*, Kot *m*, Stuhl *m*
feculence Fäkulenz *f*, Kotartigkeit *f*
feculent fäkulent, kotig, kotartig
fecund fekund, fruchtbar
fecundate *v* befruchten, schwängern, schwanger machen
fecundation Fekundation *f*, Befruchtung *f*, Imprägnation *f*, Schwängerung *f*
fecundative befruchtend, schwängernd
fecundity Fertilität *f*, Fruchtbarkeit *f*
Fede-Riga ulcer (Fede-)Riga-Geschwür *n*, Keuchhustengeschwür *n*
feeble-minded schwachsinnig, debil, geistesschwach, hypophren
feeble-mindedness Schwachsinnigkeit *f*, Debilität *f*, Geistesschwäche *f*, Hypophrenie *f*, Oligophrenie *f*
feebleness of will *s.* hypobulia
feed *v* **a patient from a spoon** einen Patienten mit einem Löffel füttern
feed *v* **at the breast** stillen
feedback *(Physiol)* Rückkopplung *f*, Feed-back *n*
feedback inhibition Feedback-Hemmung *f*, Rückkopplungshemmung *f*
feedback loop Rückkopplungsschleife *f*
feedback mechanism Feedback-Mechanismus *m*, Rückkopplungsmechanismus *m*
feedback system Rückkopplungssystem *n*
feeder vessel Speisegefäß *n*, Einspeisungsgefäß *n*
feedforward control Feedforward-Kontrolle *f (der Bewegungen)*
feeding 1. Füttern *n*, Nähren *n*; 2. Nahrungsaufnahme *f*, Ernährung *f*
feeding cup Schnabeltasse *f*, Schnabelbecher *m*
feeding difficulty Ernährungsproblematik *f*, Ernährungserschwerung *f*
feeding gastrostomy Ernährungsgastrostomie *f*, Ernährungsmagenfistelung *f*
feeding hose Zulaufschlauch *m*, Zuflussschlauch *m*
feeding jejunostomy Ernährungsjejunostomie *f*, Ernährungsleerdarmfistelung *f*
feeding on demand *(Päd)* Stillen *n* auf Verlangen, bedarfsgerechte Brusternährung *f*, Füttern *n* nach Bedarf
feeding tube Ernährungssonde *f*
feel *v* 1. fühlen, tasten; 2. fühlen, empfinden; Gefühle haben; 3. sich fühlen
feel *v* **cold** frieren, frösteln
feel *v* **hungry** hungrig sein, Hunger haben
feel *v* **ill** sich krank fühlen
feel *v* **pain** Schmerz fühlen, Schmerz(gefühl) haben
feel *v* **pain on pressure** beim Drücken Schmerzen haben, bei Druck Schmerz empfinden
feel *v* **pain the most** den meisten [stärksten] Schmerz empfinden
feel *v* **the pulse** den Puls tasten [fühlen]
feeling Gefühl *n*, Empfindung *f* • **suppress a feeling** ein Gefühl unterdrücken
feeling of elation *(Neur)* Beglückungserlebnis *n*

feeling of indifference *(Neur)* Gefühl *n* der Gefühllosigkeit
feeling of the day before Katergefühl *n*, Kater *m*
feeling of weakness Schwächegefühl *n*
Feer's disease (Selter-Swift-)Feer'sche Krankheit *f*, infantile Akrodynie *f*, Dermatopolyneuritis *f*
fefe *s.* elephantiasis
Fehling's reagent *s.* Fehling's solution
Fehling's solution Fehling'sche Lösung *f*, Fehling'sches Reagens *n*
feigning *(Neur)* Simulation *f*
Feil-Klippel syndrome Klippel-Feil'sches Syndrom *n*, Klippel-Feil'sche Krankheit *f*, Feil-Krankheit *f*, angeborener Kurzhals *m*
fel Bilis *f*, Galle *f (Zusammensetzungen siehe unter: bile, gall)*
Feldenkrais therapy Feldenkrais-Therapie *f*
feldsher Feldscher *m (Militärmedizin)*; Arzthelfer *m*
feldspathic porcelain crown Feldspatkeramikkrone *f*
felinosis Felinosis *f*, Katzenkratzkrankheit *f*
Felix test Weil-Felix-Probe *f (Fleckfiebernachweis)*
Felix-Weil reaction Weil-Felix-Reaktion *f*
fellatio Fellatio *f*, Coitus *m* per os
fellatorism *s.* fellatio
fellow patient Mitkranke(r) *m*
fellowship *(AE)* Subspezialisierung *f*, Teilgebietweiterbildung *f*
felodipine Felodipin *n (Kalziumantagonist)*
felon Paronychie *f*, Nagelbetteiterung *f*, Nagelbettentzündung *f*, Nagelwallentzündung *f*, Nagelfalzpanaritium *n*, Umlauf *m*
felt polisher Filzpolierer *m*
felt polishing point Filzpolierspitze *f*
felt strip Filzstreifen *m*
Felton's phenomenon Felton-Phänomen *n (immunologische Toleranz gegenüber Pneumokokkenpolysacchariden)*
Felty's syndrome Felty'sches Syndrom *n*, Felty-Syndrom *n (Form der rheumatoiden Arthritis)*
female feminin, weiblich, weiblichen Geschlechts
female castration Oophorektomie *f*, Ovarektomie *f*, (operative) Eierstockentfernung *f*
female catheter weiblicher Katheter *m*
female catheterization Katheter(isier)ung *f* einer Frau
female dental technician Zahntechnikerin *f*
female dentist Zahnärztin *f*
female genital discharge Fluor *m* (genitalis), Ausfluss *m*
female genital mutilation *s.* clitoridectomy
female genital organs weibliche Geschlechtsorgane *npl*, Organa *npl* genitalia feminina [muliebra]
female genital tract cytologic smear zytologischer Abstrich *m* aus dem weiblichen Genitaltrakt
female gonad Ovarium *n*, Eierstock *m (Zusammensetzungen siehe unter: ovary)*
female homosexuality weibliche Homosexualität *f*
female Oedipus complex *(Neur)* weiblicher Ödipuskomplex *m*, Elektra-Komplex *m*
female patient Patientin *f*
female prenatal dispensary Schwangerenberatung *f*
female prepuce Kitzlerpräputium *n*, Praeputium *n* clitoridis
female pseudohermaphroditism weiblicher Pseudohermaphroditismus *m*, Pseudohermaphroditismus *m* femininus, weibliches Scheinzwittertum *n*, Gynandrie *f*
female reproductive system assessment Beurteilung *f* des weiblichen Fortpflanzungssystems, komplexe Bewertung *f* der weiblichen Fortpflanzungsfähigkeit
female sexual coldness *s.* frigidity
female sexual dysfunction weibliche Sexualstörung *f*
female sterility weibliche Sterilität *f*
female urethra weibliche Harnröhre *f*, Urethra *f* feminina
feminine feminin, weiblich, weiblichen Geschlechts
feminine masochism weiblicher Masochismus *m*
feminism Feminismus *m*, weibische Art *f*, weibliches Verhalten *n*
feminization Femin(is)ierung *f*, Verweiblichung *f*, Effeminisation *f*
feminize *v* feminisieren, verweiblichen
feminizing adrenal tumour feminisierender Nebennierentumor *m*
femora *pl s.* femur
femoral femoral; Femoral..., Oberschenkel...
femoral arteriography Femoralisarteriographie *f*, Röntgendarstellung *f* der Femoralarterie
femoral artery Femoralarterie *f*, Oberschenkelschlagader *f*, Arteria *f* femoralis
femoral artery aneurysm Femoralarterienaneurysma *n*
femoral canal Femoralkanal *m*, Canalis *m* femoralis
femoral condyle Femurkondylus *m*
femoral ectopia *(Urol)* Femoralektopie *f*, Oberschenkelektopie *f* des Hodens
femoral epiphysis Femurepiphyse *f*
femoral fracture Femurfraktur *f*, Oberschenkel(knochen)bruch *m*
femoral head Femurkopf *m*, Caput *n* femoris, Oberschenkel(knochen)kopf *m*, Schenkelkopf *m*
femoral head driver *(Chir)* Femurkopfstößel *m*
femoral head prosthesis Femurkopfprothese *f*
femoral hernia Femoralhernie *f*, Hernia *f* femoralis, Oberschenkelhernie *f*
femoral hernial region Femoralhernienregion *f*, Oberschenkelbruchgebiet *n*
femoral hernioplasty Femoralhernienoperation *f*, Femoralherniotomie *f*
femoral herniorrhaphy (operativer) Femoralhernienverschluss *m*, Femoralbruchnaht *f*
femoral muscle Musculus *m* vastus intermedius
femoral nailing Femurnagelung *f*, Oberschenkelnagelung *f*
femoral neck Schenkelhals *m*, Femurhals *m*, Collum *n* femoris
femoral neck fracture Schenkelhalsfraktur *f*
femoral neck plate *(Chir)* Schenkelhalsplatte *f*
femoral nerve Oberschenkelnerv *m*, Nervus *m* femoralis
femoral nerve block Femoralnervenanästhesie *f*, Oberschenkelnervenblockade *f*
femoral nerve palsy [paralysis] Femoralis(nerven)-lähmung *f*
femoral neuritis Femoralis(nerven)entzündung *f*, Neuritis *f* nervi femoralis
femoral phlebitis Femoralvenenentzündung *f*, Oberschenkelphlebitis *f*
femoral plexus Oberschenkelarteriennervengeflecht *n*, Plexus *m* femoralis
femoral reflex Femoralreflex *m*
femoral region Femoralregion *f*, Oberschenkelregion *f*, Regio *f* femoralis
femoral ring Femoralring *m*, Anulus *m* femoralis
femoral septum Femoralseptum *n*, Oberschenkelseptum *n*, Septum *n* femorale (Cloqueti)
femoral shaft Femurschaft *m*
femoral shaft fracture Femurschaftfraktur *f*
femoral sheath Femoralscheide *f*
femoral strap Femoralisbinde *f*
femoral torsion Femurtorsion *f*
femoral triangle Femoral(is)dreieck *n*, Trigonum *n* femorale, Scarpa'sches Dreieck *n*
femoral vein Femoralvene *f*, Vena *f* femoralis, Oberschenkelvene *f*

femoral vein cannulation Femoralvenenkanülierung *f*
femoral vein puncture Femoralvenenpunktion *f*
femoro bypass femoro-femoraler Bypass *m*
femoro-femoral femoro-femoral *(die linke und die rechte Femoralarterie betreffend)*
femoro-femoropopliteal bypass Femoro-Femoropopliteal-Bypass *m*
femoro-iliac femoro-iliakal; Femur-Ilium-…, Oberschenkelknochen-Darmbein-…
femorocele Femoralhernie *f*, Hernia *f* femoralis, Schenkelbruch *m*, Oberschenkelbruch *m*
femoropopliteal femoropopliteal
femoropopliteal bypass *(Chir)* femoro-poplitealer Bypass *m*
femoropopliteal vein Vena *f* femoropoplitea
femorotibial femorotibial; Femur-Tibia-…, Oberschenkelknochen-Schienbein-…
femorotibial joint Kniegelenk *n*, Articulatio *f* genus
femur Femur *n*, Oberschenkelknochen *m (siehe unter: femoral)*
femur length Femurlänge *f*
femur nail *(Chir)* Oberschenkelnagel *m*
fenamate Fenamat *n (Analgetikum)*
fenbendazole Fenbendazol *n (Anthelmintikum)*
fenbufen Fenbufen *n (nicht steroidales Antirheumatikum)*
fencamine Fencamin *n (ZNS-Stimulans)*
fenclofenac Fenclofenac *n (nicht steroidales Antirheumatikum)*
fenclonine Fenclonin *n (Serotonininhibitor)*
fenestra 1. *(Anat)* Fenestra *f*, Fenster *n*; 2. Fenster *n*, Fensterung *f (z. B. im Gipsverband)*
fenestrate *v* fenestrieren, durchlöchern, mit Öffnungen versehen
fenestrated gefenstert, mit Öffnungen versehen; Fenster…
fenestrated drape Lochtuch *n*; gefenstertes Tuch *n*
fenestrated placenta Placenta *f* fenestrata
fenestrated plaster bandage gefensterter Gipsverband *m*, Fenstergips(verband) *m*; Brückengips(verband) *m*
fenestrated skull Schädelosteoporose *f*
fenestrated splint gefensterte Schiene *f*, Fensterschiene *f*
fenestration Fenestration *f*, Fensterung *f*, Fensterbildung *f*
fenestration (operation) Fenestration *f*, Fensterungsoperation *f*
fenethylline hydrochloride Fenethyllinhydrochlorid *n (Analeptikum)*
fenfluramine hydrochloride Fenfluraminhydrochlorid *n (Anorexikum)*
fenmetozole hydrochloride Fenmetozolhydrochlorid *n*
fenoprofen calcium Fenoprofencalcium *n (nicht steroidales Antirheumatikum)*
fenoterol hydrochloride Fenoterolhydrochlorid *n (Bronchodilatator)*
fenpipramide Fenpipramid *n (Antispasmodikum)*
fenspiride hydrochloride Fenspiridhydrochlorid *n (Bronchodilatator)*
fentanyl Fentanyl *n*, N-(1-Phenethyl-4-piperidyl)-propionanilid *n (Schmerzmittel)*
fentanyl citrate Fentanylcitrat *n*
fenticlor Fenticlor *n (antimykotisch wirksam)*
Fenwick's disease Fenwick-Krankheit *f*, idiopathische atrophische Gastritis *f*
Ferguson-Smith epithelioma Ferguson-Smith-Epitheliom *n*
Ferguson's reflex Ferguson-Reflex *m (des Uterus)*
Fergusson's speculum Fergusson-Spekulum *n*
ferment Ferment *n*, Enzym *n (Zusammensetzungen siehe unter: enzyme)*
fermentable gärungsfähig, vergärbar, fermentabel; fermentierbar
fermentation Fermentation *f*, Fermentierung *f*, Gärung *f*
fermentation saccharimeter *(Lab)* Fermentationssaccharimeter *n*
fermentative 1. *s.* enzymatic; 2. gärend, Gärung bewirkend, gärungserregend; Gär(ungs)…
fermentative dyspepsia Gärungsdyspepsie *f*
fermentative system *(Metab)* fermentatives System *n*, Fermentsystem *n*
fermenter Fermenter *m*, Fermentationsbehälter *m*
fermenting gärend; Gär(ungs)…
fern leaf phenomenon *(Gyn)* Farnkrautphänomen *n*, Arborisationsphänomen *n*
fern leaf tongue Farnkrautzunge *f*
fern pattern *(Gyn)* Farnkrautbild *n*
fern test *(Gyn)* Farntest *m*
Fernbach flask Fernbach-Flasche *f*, Fernbach-Kolben *m (Mikrobiologie)*
ferning classification *(Gyn)* Farnkrautklassifizierung *f*
ferning test Farntest *m*, Arborisationstest *m*
Ferrata's cell Ferrata-Zelle *f*, Hämatozytoblast *m*, Hämatohistioblast *m*
ferrated eisenhaltig, Eisen enthaltend
ferrialbuminic Eisen und Albumin enthaltend
ferric Eisen(III)-…, Ferri…
ferric ammonium citrate Eisen(III)-ammoniumcitrat *n*
ferric chloride Eisen(III)-chlorid *n*
ferric fructose Eisen(III)-fructose *f*
ferric glycerophosphate Eisen(III)-glycerophosphat *n*
ferric hydroxide Eisen(III)-hydroxid *n (Arsenantidot)*
ferric phosphate Eisen(III)-phosphat *n*
ferric sulfate Eisen(III)-sulphat *n*
ferricytochrome Eisen(III)-cytochrom *n*
ferrihaeme *s.* haematin
ferrihaemoglobin Methämoglobin *n*, Eisen(III)-hämoglobin *n (Blutfarbstoff)*
ferriporphyrin Ferriporphyrin *n*, Eisen(III)-porphyrin *n*
ferriprotoporphyrin Hämin *n*, Eisen(III)-protoporphyrin *n*, Ferriprotoporphyrin *n*
ferritin Ferritin *n (Speicherform des Eisens im Organismus)*
ferrocholinate Ferrocholinat *n*
ferrocytochrome Eisen(II)-cytochrom *n*
ferroelectric ferroelektrisch
ferroflocculation Ferroflokkulation *f*, Henry-Test *m (zum Malarianachweis)*
ferrohaeme *s.* haem
ferrohaemoglobin Hämoglobin *n*, Hb, Eisen(II)-hämoglobin *n (Blutfarbstoff; Zusammensetzungen siehe unter: haemoglobin)*
ferrokinetic Ferrokinetik…
ferrokinetics Ferrokinetik *f*, Eisenkinetik *f*
ferromagnetic ferromagnetisch
ferroporphyrin Ferroporphyrin *n*, Eisen(II)-porphyrin *n*
ferroprotein Ferroprotein *n*
ferroprotoporphyrin Häm *n*, Eisen(II)-protoporphyrin *n*, Ferroprotoporphyrin *n*
ferrosoferric Eisen(II)-Eisen(III)-…
ferrotherapy Eisentherapie *f*, Eisenbehandlung *f*
ferrous Eisen(II)-…, Ferro…; eisenhaltig
ferrous citrate Eisen(II)-citrat *n*
ferrous fumarate Eisen(II)-fumarat *n*
ferrous gluconate Eisen(II)-glukonat *n*
ferrous lactate Eisen(II)-laktat *n*
ferrous powder Eisenpulver *n*
ferrous succinate Eisen(II)-sukzinat *n*
ferrous sulfate Eisen(II)-sulphat *n*
ferroxidase Ferroxidase *f (Enzym)*

ferrugination Eisenablagerung *f* (im Gewebe), Siderose *f*
ferruginous 1. ferruginös, eisenhaltig; Eisen...; 2. rostfarben
fertile fertil, fruchtbar
fertile eunuch syndrome fertiles Eunuchensyndrom *n*
fertile period fertile Periode *f*, fruchtbarer Zeitraum *m (des Zyklus)*
fertility Fertilität *f*, Fruchtbarkeit *f*
fertility factor Fertilitätsfaktor *m*
fertility rate Fertilitätsrate *f*
fertility vitamin Fertilitätsvitamin *n*, Antisterilitätsvitamin *n*, Vitamin *n* E, Alpha-Tokopherol *n*, Tocopherol *n*
fertilization Befruchtung *f*, Fekundation *f*
fertilization age Fertilisationsalter *n*, Befruchtungsalter *n (Embryo)*
fertilization alcohol effect fetaler Alkoholeffekt *m*
fertilization alcohol syndrome fetales Alkoholsyndrom *n*
fertilization asphyxia fetale Asphyxie *f*, Fetalasphyxie *f*, Fetuserstickung *f*
fertilization attitude fetales Verhalten *n*
fertilization bradycardia fetale Bradykardie *f*
fertilization cartilage Fetalknorpel *m*
fertilization circulation Fetalkreislauf *m*
fertilization death Fetustod *m*
fertilization dose fetale Dosis *f*, Fetusdosis *f*
fertilization distress fetale Notsituation *f*, fetaler Gefahrenzustand *m*; intrauterine Asphyxie *f*
fertilization endocarditis fetale Endokarditis *f*, Fetusendokarditis *f*
fertilization erythroblastosis Erythroblastosis *f* fetalis
fertilization growth fetales Wachstum *n*, Fetuswachstum *n*
fertilization haemoglobin Fetalhämoglobin *n*, Hämoglobin *n* F, HbF
fertilization head Fetuskopf *m*
fertilization heart rate fetale Herzfrequenz *f*
fertilization heart sounds fetale Herztöne *mpl*
fertilization hepatitis Hepatitis *f* fetalis
fertilization hydantoin syndrome fetales Hydantoinsyndrom *n*
fertilization hydrops fetaler Hydrops *m*, Hydrops *m* fetalis
fertilization inclusion *(Terat)* Inclusio *f* fetalis *(Einschluss eines unterentwickelten Fetus im normal entwickelten)*
fertilization lie fetale Lage *f*, Fetallage *f*
fertilization lipoma fetales Lipom *n*
fertilization membrane fetale Membran *f*, Fetalmembran *f*
fertilization monitor fetaler Monitor *m*
fertilization monitoring fetales Monitoring *n*, Fetusüberwachung *f*
fertilization mortality fetale Mortalität *f*, Fetusmortalität *f*
fertilization movement Fetusbewegung *f*, Kindsbewegung *f (in der Gebärmutter)*
fertilization part fetaler Teil *m*, Fetusteil *m*
fertilization period Fetalperiode *f*
fertilization placenta fetale Plazenta *f*, Placenta *f* fetalis, Pars *f* fetalis placentae
fertilization position fetale Position *f*, Fetusposition *f*
fertilization presentation Fetuslage *f*, Fetuseinstellung *f (bei der Geburt)*
fertilization pulmonary maturity fetale Lungenreife *f*
fertilization respiration fetale Atmung *f*, Fetalatmung *f*
fertilization reticularis 1. fetale Nebennierenrinde *f*; 2. androgene Zone *f*
fertilization stage fetales Stadium *n*, Fetusstadium *n*
fertilization souffle Fetalgeräusch *n*; Nabelschnurgeräusch *n*
fertilization tachycardia fetale Tachykardie *f*, Fetustachykardie *f*
fertilization version Fetaldrehung *f*, Fetusdrehung *f*
fertilize *v* fertilisieren, befruchten
fertilizin Fertilizin *n (der weiblichen Gameten)*
fervescence Temperaturerhöhung *f*, Fieberentwicklung *f*
fester *v* 1. (oberflächlich) Eiter bilden, (auf der Oberfläche) eitern; 2. eine Entzündung bewirken, entzünden; 3. (zunehmend) virulent werden
festinant den Gang beschleunigend; trippelnd; Trippel...
festinating gait Trippelgang *m*, trippelnder Gang *m*; Gangbeschleunigung *f (z. B. bei Morbus Parkinson)*
festination *(Neur)* Festination *f*, (unwillkürliche) Gangbeschleunigung *f*, Trippelgang *m*, Propulsion *f (z. B. bei Parkinsonismus)*
festoon 1. *(Stom)* Vereiterung *f*, Fäulnis *f*, Zahnfleischschwellung *f*; 2. *(Stom)* Gaumenprofil *n (Riffelmuster an Prothesen)*
festooning *(Stom)* Vereitern *n*, Vereiterung *f*, Eiterbildung *f*, Fäulnisbildung *f*
fetal fetal, fötal; Fetus..., Fötus... *(siehe auch unter: foetal)*
fetal abortion fetaler Abort *m*, Fetusabort *m*
fetal activity determination Bestimmung *f* der fetalen Aktivität *(z. B. der Herztöne bei Bewegungen)*
fetal age Fetalalter *n*
fetal age chart Schwangerschaftstabelle *f*
fetal alcohol effect fetaler Alkoholeffekt *m*
fetal alcohol syndrome fetales Alkoholsyndrom *n*
fetal asphyxia fetale Asphyxie *f*, Fetalasphyxie *f*, Fetuserstickung *f*
fetal attitude fetale Haltung *f*, Fetusverhalten *n*
fetal bradycardia fetale Bradykardie *f*
fetal cartilage Fetalknorpel *m*
fetal circulation Fetalkreislauf *m*
fetal death Fetustod *m*
fetal dose fetale Dosis *f*, Fetusdosis *f*
fetal distress fetale Notsituation *f*, fetaler Gefahrenzustand *m*; intrauterine Asphyxie *f*
fetal endocarditis fetale Endokarditis *f*, Fetusendokarditis *f*
fetal erythroblastosis Erythroblastosis *f* fetalis
fetal growth fetales Wachstum *n*, Fetuswachstum *n*
fetal haemoglobin Fetalhämoglobin *n*, Hämoglobin *n* F, HbF
fetal head Fetuskopf *m*
fetal heart rate fetale Herzfrequenz *f*
fetal heart sounds fetale Herztöne *mpl*
fetal hepatitis Heptatitis *f* fetalis
fetal hydantoin syndrome fetales Hydantoinsyndrom *n*
fetal hydrops fetaler Hydrops *m*, Hydrops *m* fetalis
fetal inclusion *(Terat)* Inclusio *f* fetalis *(Einschluss eines unterentwickelten Fetus im normal entwickelten)*
fetal lie fetale Lage *f*, Fetallage *f*
fetal lipoma fetales Lipom *n*
fetal membrane fetale Membran *f*, Fetalmembran *f*
fetal mortality Fetalmortalität *f*
fetal monitor fetaler Monitor *m*
fetal monitoring fetales Monitoring *n*, Fetusüberwachung *f*
fetal mortality fetale Mortalität *f*, Fetusmortalität *f*
fetal movement Fetusbewegung *f*, Kindsbewegung *f (in der Gebärmutter)*
fetal part fetaler Teil *m*, Fetusteil *m*
fetal period Fetalperiode *f*
fetal placenta fetale Plazenta *f*, Placenta *f* fetalis, Pars *f* fetalis placentae
fetal position fetale Position *f*, Fetusposition *f*

fetal presentation Fetuslage *f*, Fetuseinstellung *f (bei der Geburt)*
fetal pulmonary maturity fetale Lungenreife *f*
fetal respiration fetale Atmung *f*, Fetalatmung *f*
fetal rest Fetalrest *m*, Embryonalrest *m*, Epithelrest *m (embryonales Gewebe beim Erwachsenen)*
fetal reticularis 1. fetale Nebennierenrinde *f*; 2. androgene Zone *f*
fetal rickets fetaler Skorbut *m*, Dyschondroplasie *f*, Anchondroplasie *f*
fetal rotation Fetusdrehung *f*, fetale Rotation *f (bei der Geburt)*
fetal stage fetales Stadium *n*, Fetusstadium *n*
fetal souffle Fetalgeräusch *n*; Nabelschnurgeräusch *n*
fetal tachycardia fetale Tachykardie *f*, Fetustachykardie *f*
fetal version Fetaldrehung *f*, Fetusdrehung *f*
fetal viability fetale Lebensfähigkeit *f*, lebensfähiges Neugeborenes *n*, lebensfähiges Kind *n*
fetalism Fetalismus *m*, fetaler Zustand *m* [Restzustand *m*] *(Persistenz fetaler Strukturen nach der Geburt)*
fetalization Fetalisierung *f*
fetation 1. Fetalentwicklung *f*, Fetusentwicklung *f*; 2. *s.* pregnancy
feticide fetustötend
fetid fötid, übelriechend, stinkend
fetid bronchitis fötide [stinkende] Bronchitis *f*
fetid perspiration Bromhidrosis *f*, übler Schweißgeruch *m*, stinkender Schweiß *m (infolge von Zersetzungsvorgängen)*
fetid stomatitis Stomatitis *f* exsudativa
fetish Fetisch *m*
fetishism *(Neur)* Fetischismus *m*
fetishist Fetischist *m*
fetochorionic fetochorional; Fetus-Chorion-…
fetofetal transfusion fetofetale Transfusion *f*
fetoglobulin Fetoglobulin *n*, Fötuin *n*
fetography Fetographie *f*, Fetusdarstellung *f*
fetology Fetologie *f*, Fetuslehre *f*
fetometric fetus(ver)messend, fetometrisch
fetometry Fetus(ver)messung *f*
fetopathy Fetopathie *f*, Fötopathie *f*, fetale Krankheit *f*
fetoplacental fetoplazental, fetoplazentar; Fetoplazental…, Fetus-Plazenta-
fetoplacental unit Fetoplazentaleinheit *f*, fetoplazentale Einheit *f*
fetoprotein Fetoprotein *n*, Fötoprotein *n*
fetor Fötor *m*, übler Geruch *m*, Gestank *m*
fetor ex ore Foetor *m* ex ore, übler Mundgeruch *m*
fetoscope Fetoskop *n*, Fötoskop *n*
fetoscopic fetoskopisch
fetoscopy Fetoskopie *f*, Fetusbetrachtung *f*
fetotoxic fetotoxisch, den Fetus schädigend, toxisch [schädigend] für den Fetus
fetotoxicity Fetotoxizität *f*
fetuin Fetuin *n (Globulin)*
fetus *(Gyn)* Fetus *m*, Fötus *m*, Fet *m*, Föt *m*, Leibesfrucht *f (ab 3. Schwangerschaftsmonat; siehe auch unter: foetal)*
fetus death Fetaltod *m*, Leibesfruchttod *m*
fetus loss Abort *m*, Fehlgeburt *f*
fetus maturity Fetusmaturität *f*, Leibesfruchtreife *f*
fetus membrane rupture Amnionruptur *f*, Eihautzerreißung *f*
fetus monitoring Fetusüberwachung *f*
fetus wastage Interruptio *f*, künstlicher Abort *m*, Abtreibung *f* (der Leibesfrucht)
Feuerstein-Mims syndrome Feuerstein-Mims-Syndrom *n*, Naevus *m* sebaceus, Talgdrüsennävus *m* Jadassohn
fever 1. Fieber *n*, Febris *f (siehe unter: febrile und temperature)*; 2. Fieberkrankheit *f*, Fieberzustand *m* • **be delirious with fever** im Fieberwahn sein, im Fieber fantasieren • **bring the fever down** das Fieber senken • **keep the fever down** das Fieber niedrig [unten] halten, das Fieber senken
fever blister Fieberbläschen *n*
fever of undetermined [unknown] origin unklares Fieber *n*
fever sore Lippenherpes *m*; Fieberbläschen *npl*
fever therapy Fiebertherapie *f*, Heilfieberbehandlung *f*
fever thermometer Fieberthermometer *n*
fever treatment fiebersenkende Behandlung *f*, antipyretische Therapie *f*
fevered fiebernd, fieb(e)rig
feverish 1. fieberhaft, fieb(e)rig, febril; Fieber…; fieberkrank; 2. Fieber bewirkend [hervorrufend] • **be feverish** Fieber haben, fiebern
feverish cold fieberhafte Erkältung *f*
feverish temperature fieberhafte Temperatur(erhöhung) *f*, Fieber *n*
Fèvre-Languepin syndrome Fèvre-Languepin-Syndrom *n*, Poplitea-Pterygium-Syndrom *n (Flügelfellbildung in den Kniekehlen)*
fexofenadien hydrochloride Fexofenadinhydrochlorid *n (Antihistaminikum)*
FFA *s.* free fatty acid
FGT cytologic smear *s.* female genital tract cytologic smear
fiber *(AE) s.* fibre
fibraemia Fibrinämie *f (Vorhandensein von Fibrin im Blut)*
fibre Fiber *f*, Faser *f (siehe unter: fibrous)*
fibre bundle Faserbündel *n*
fibre cell Faserzelle *f*
fibre diet Faserdiät *f*, faserreiche Kost *f*
fibre-illuminated faserbeleuchtet
fibre-optic Faseroptik…, Glasfaseroptik…
fibre-optic bronchoscope Faseroptikbronchoskop *n*
fibre-optic bronchoscopy Faseroptikbronchoskopie *f*
fibre-optic colonoscope Faseroptikkolonoskop *n*
fibre-optic colonoscopy Faseroptikkolonoskopie *f*
fibre-optic duodenoscope Faseroptikduodenoskop *n*
fibre-optic endoscope Faseroptikendoskop *n*
fibre-optic endoscopy Faseroptikendoskopie *f*
fibre-optic gastroduodenoscope Faseroptikgastroduodenoskop *n*
fibre-optic gastroduodenoscopy Faseroptikgastroduodenoskopie *f*
fibre-optic light Faseroptiklicht *n*, Glasfaserlicht *n*
fibre-reinforced faserverstärkt; glasfaserverstärkt; Faserverbund…; Glasfaserverbund…
fibrecolonoscope Faseroptikkolonoskop *n*
fibregastroscope Faseroptikgastroskop *n*
fibregastroscopy Faseroptikgastroskopie *f*
fibreglass dermatitis Glasfaserdermatitis *f*
fibreoptic (glas)faseroptisch; Faseroptik…, Glasfaseroptik…
fibreoptics Faseroptik *f*, Glasfaseroptik *n*
fibres on the surface of the pons Fibrae *fpl* pontis superficiales
fibrescope Fiberskop *n*, Faseroptikinstrument *n*
fibrescopy Fiberskopuntersuchung *f*, Faseroptikuntersuchung *f*
fibresigmoidoscopy Faseroptiksigmoidoskopie *f*
fibriform faserförmig, faserig
fibril Fibrille *f*, Fäserchen *n*
fibril sheath Fibrillenscheide *f*
fibrilla *s.* fibrille
fibrillar(y) fibrillär; Fibrillen…; Flimmer…

fibrillar(y) architecture *(Histol)* Fibrillenarchitektur *f*
fibrillar(y) pulp sclerosis fibrilläre Pulpasklerose *f*, faserige Pulpaverkalkung *f*
fibrillar(y) twitching Muskelfibrillenzuckung *f*, Muskelfibrillieren *n*
fibrillar(y) wave Flimmerwelle *f*
fibrillate *v* fibrillieren *(von Muskel)*; flimmern *(Herz)*; das Flimmern verursachen
fibrillated aus Fibrillen bestehend; Fibrillen besitzend
fibrillation Fibrillieren *n (von Muskeln)*; Flimmern *n (des Herzens)*
fibrillation of the heart Herzflimmern *n*
fibrillation potential Fibrillationspotenzial *n*; Flimmerpotenzial *n*
fibrillation threshold Flimmerschwelle *f*
fibrillation wave Flimmerwelle *f*
fibrilliform faserförmig
fibrillin Fibrillin *n (Glykoproteid)*
fibrilloblast *s.* odontoblast
fibrilloflutter *(Kard)* unreines Flattern *n*
fibrillogenesis Fibrillogenese *f*, Fibrillenbildung *f*
fibrillolysis Fibrillolyse *f*, Fibrillenauflösung *f*
fibrillolytic fibrillenauflösend
fibrin *(Hämat)* Fibrin *n*, Faserstoff *m (Eiweißendprodukt der Blutgerinnung)*
fibrin calculus Fibrinstein *m*
fibrin clot Fibringerinnsel *n*
fibrin degradation product Fibrinabbauprodukt *n*, Fibrinspaltprodukt *n*
fibrin deposition Fibrinablagerung *f*
fibrin film Fibrinfilm *m*
fibrin foam Fibrinschaum *m*
fibrin glue Fibrinkleber *m*
fibrin pleurodesis Fibrinpleurodese *f*, (therapeutische) Fibrinverklebung *f* der Pleura
fibrin split product Fibrinspaltprodukt *n*
fibrin splitting Fibrinspaltung *f*
fibrin sponge *(Chir)* Fibrinschwamm *m*
fibrin-stabilizing factor Blutgerinnungsfaktor *m* XIII, fibrinstabilisierender Faktor *m*, Laki-Lorand-Faktor *m*, Fibrinase *f*
fibrin star Fibrinstern *m*
fibrin strand Fibrinfaser *f*
fibrin thread Fibrinfaden *m*
fibrinaemia Fibrinämie *f*, Vorhandensein *n* von Fibrin im Blut
fibrinase *s.* fibrin-stabilizing factor
fibrinocellular fibrinozellulär; Fibrin-Zellen-…
fibrinogen Fibrinogen *n*, Blutgerinnungsfaktor *m* I
fibrinogen derivative Fibrinogenderivat *n*
fibrinogenaemia Fibrinogenämie *f*, Vorhandensein *n* von Fibrinogen im Blut
fibrinogenase Fibrinogenase *f (Enzym)*
fibrinogenesis Fibrinogenese *f*, Fibrinbildung *f*, Fibrinentstehung *f*
fibrinogenic 1. Fibrinogen…; 2. fibrinogen, fibrinbildend; Fibrinogenese…, Fibrinbildungs…
fibrinogenolysis Fibrinogenolyse *f*, Fibrinogenauflösung *f*
fibrinogenolytic fibrinogenolytisch, fibrinogenauflösend; Fibrinogenolyse…, Fibrinogenauflösungs…
fibrinogenopenia Fibrinogenopenie *f*, Fibrinogenmangel *m*
fibrinogenous fibrinogen, fibrinbildend
fibrinoid fibrinoid, fibrinartig, faserartig
fibrinoid *(Path)* Fibrinoid *n*, fibrinoide Bindegewebsverquellung *f*
fibrinokinase Fibrinokinase *f (Enzym)*
fibrinolysin Fibrinolysin *n*, Plasmin *n*
fibrinolysis Fibrinolyse *f*, Fibrinauflösung *f*
fibrinolysis inhibitor [inhibiting agent] Fibrinolyseinhibitor *m*
fibrinolysokinase *s.* fibrinokinase
fibrinolytic fibrinolytisch, fibrin(auf)lösend; Fibrinolyse…
fibrinolytic (agent) Fibrinolytikum *n*, fibrinolytisches [fibrinauflösendes] Mittel *n*
fibrinolytic bleeding [haemorrhage] Fibrinolyseblutung *f*, fibrinolytische Blutung *f*
fibrinopenia *s.* fibrinogenopenia
fibrinopeptide Fibrinopeptid *n*
fibrinoplatelet aus Fibrin und Thrombozyten bestehend
fibrinoplastin Fibrinoplastin *n (Globulin)*
fibrinopurulent fibrinös-purulent, fibrinös-eitrig
fibrinorrhoea Fibrinorrhö *f*, diffuse Fibrinausscheidung *f*, Fibrinausschwitzung *f*
fibrinoscopy Fibrinoskopie *f*
fibrinosis Fibrinose *f*, Fibrinanhäufung *f* (im Blut)
fibrinous fibrinös, fibrinhaltig; aus Fibrin bestehend; Fibrin…
fibrinous adhesion Fibrinadhäsion *f*, Fibrinauflagerung *f*
fibrinous angina Angina *f* fibrinosa *(bei Diphtherie)*
fibrinous bronchitis Bronchitis *f* fibrinosa, fibrinöse Bronchitis *f*
fibrinous calculus Fibrinkonkrement *n*, Fibrinstein *m*, Fibrinsteinchen *n*
fibrinous cast Fibrinzylinder *m (im Urin)*
fibrinous cystitis Cystitis *f* fibrinosa
fibrinous exudate *(Path)* Fibrinexsudat *n*, Fibrinausschwitzung *f*
fibrinous gastritis Gastritis *f* fibrinosa, fibrinöse Gastritis *f*
fibrinous pericarditis Pericarditis *f* fibrinosa, fibrinöse Herzbeutelentzündung *f*
fibrinous peritonitis Peritonitis *f* fibrinosa
fibrinous pleurisy Pleuritis *f* fibrinosa (adhaesiva)
fibrinuria Fibrinurie *f*, Fibrinausscheidung *f* im Urin
fibro-odontoma Fibroodontom *n*
fibro-osseous faserig-knöchern, aus Fasern und Knochengewebe bestehend
fibro-osteochondroma *(Path)* Fibroosteochondrom *n*, Osteochondrofibrom *n (Geschwulst aus Bindegewebs-, Knochen- und Knorpelanteilen)*
fibro-osteoclasis Fibroosteoklasie *f (bei chronischer Dialyse)*
fibro-osteoma *(Path)* Fibroosteom *n*, Osteofibrom *n*, ossifizierendes Fibrom *n*, Knochenbindegewebsgeschwulst *f*
fibro-osteosarcoma *(Path)* Fibroosteosarkom *n*, Osteofibrosarkom *n*
fibroadenoma *(Path)* Fibroadenom *n*, (gutartige) Drüsen- und Faser(binde)gewebegeschwulst *f*
fibroadenoma of the mammary gland Brustdrüsenfibroadenom *n*
fibroadenosis Fibroadenose *f (Fibroadenomanhäufung in der Brust)*
fibroadipose faserig und fettig, fibroadipös; Faser-Fett-…
fibroameloblastoma Fibroameloblastom *n*
fibroangiolipoma *(Path)* Fibroangiolipom *n (Gewächs aus Binde-, Gefäß- und Fettgewebe)*
fibroangioma *(Path)* Fibroangiom *n (Gewächs aus Blut- und Lymphgefäßen sowie Bindegewebe)*
fibroangioma of the ethmoid sinus Siebbeinfibroangiom *n*
fibroangioma of the nasopharynx Nasenrachenfibroangiom *n*
fibroareolar fibroareolär; Faser-Areola-…
fibroareolar tissue fibroareoläres Gewebe *n*
fibroatrophy Fibrose *f* mit Atrophie
fibroblast Fibroblast *m (undifferenzierte Mesenchymzelle)*
fibroblast tissue culture Fibroblastengewebekultur *f*

fibroblastic 1. Fibroblasten...; 2. fibroplastisch, faser(bindegewebs)bildend
fibroblastoma Fibroblastom *n (Bindegewebstumor)*
fibrobronchitis *s.* fibrinous bronchitis
fibrocalcific mit kalzifiziertem [verkalktem] Fasergewebe
fibrocarcinoma *(Path)* Fibrokarzinom *n*, Faserkrebs *m*, Szirrhus *m*
fibrocartilage Faserknorpel *m*, Fibrocartilago *f*
fibrocartilage of the pubic symphysis Discus *m* interpubicus
fibrocartilagines *pl s.* fibrocartilago
fibrocartilaginous fibrokartilaginös, faserknorpelartig; Faserknorpel...
fibrocartilaginous joint Faserknorpelgelenk *n*, Symphyse *f*
fibrocartilago Fibrocartilago *f*, Faserknorpel *m*
fibrocaseous fibrös und käsig *(degeneriert)*
fibrocellular fibrozellulär, faser- und zellhaltig, faserig und zellig
fibrochondritis Fibrochondritis *f*, Faserknorpelentzündung *f*
fibrochondroma *(Path)* Fibrochondrom *n (gutartiges Gewächs aus Binde- und Knorpelgewebe)*
fibrochondroosteoma Fibrochondroosteom *n*
fibrocollagenous fibrokollagen(ös), fibrös und kollagenhaltig
fibrocongestive fibrokongestiv, durch Stauung fibrös verändert
fibrocyst 1. zystisches Fibrom *n*, 2. Fasergewebszyste *f*
fibrocystic fibrozystisch, fibrös und Zysten enthaltend
fibrocystic disease of the breast *s.* fibrocystic mastopathy
fibrocystic disease of the pancreas Zystofibrose *f* der Bauchspeicheldrüse, Mukoviszidose *f*, zystische Pankreasfibrose *f*, Dysporia *f* broncho-entero-pancreatica (congenita familiaris)
fibrocystic mastopathy fibrozystische Mastopathie *f*, Mastopathia *f* fibrocystica, chronische zystische Mastitis *f*
fibrocystoma Fibrozystom *n*
fibrocyte *(Histol)* Fibrozyt *m*
fibrocytogenesis Fibrozytogenese *f*, Entwicklung *f* von Bindegewebsfibrillen
fibrodysplasia Fibrodysplasie *f*, fibröse Dysplasie *f*, Faserfehlbildung *f*, Fasergewebshyperplasie *f*
fibroelastic fibroelastisch, aus fibrösem und elastischem Gewebe bestehend
fibroelastic tissue fibroelastisches Gewebe *n*
fibroelastoma Fibroelastom *n*
fibroelastosis Fibroelastose *f*, Fasergewebsproliferation *f*, Endokardfibroelastose *f*
fibroenchondroma *(Path)* Enchondroma *n* fibrosum, fibröse Knorpelgeschwulst *f*
fibroendothelioma *(Path)* Fibroendotheliom *n*
fibroepithelial papilloma fibroepitheliales Papillom *n*, Fibropapillom *n*
fibroepithelioma *(Path)* Fibroepitheliom *n*
fibrofascitis Fibrofaszitis *f*
fibrofatty faserig und fettig, faserig und Fett enthaltend; Faser-Fett-...
fibrofibrous fibrofibrös, Fasern verbindend; Faser-Faser-...
fibrofolliculoma Fibrofollikulom *n*
fibrogenesis Bindegewebsfaserentstehung *f*, Bindegewebsfaserbildung *f*
fibrogenic fibrogen, faserbildend; Fasern bildend; Fibrogenese..., Faserbildungs...
fibroglia Fibroglia *f*
fibroglioma Fibrogliom *n*
fibrogliosis Fibrogliose *f*
fibrogranuloma Fibrogranulom(a) *n*, fibrosierendes Granulom *n*
fibrogranulomatosis Fibrogranulomatose *f*
fibrohaematothorax Fibrohämatothorax *m*, Fibrin- und Blutansammlung *f* im Pleuraspalt
fibrohaemorrhagic fibrohämorrhagisch, mit Blutung und Fibrinbildung verlaufend; Blutung-Fibrinbildungs-...
fibrohistiocytic fibrohistiozytär, Fasern und Histiozyten enthaltend; Fasern-Histiozyten-...
fibrohistiocytoma *(Path)* Fibrohistiozytom *n*
fibroid 1. faserartig, faserähnlich; 2. aus Fasern bestehend; Faser...
fibroid Gebärmutterleiomyom *n (gutartige Geschwulst)*
fibroid cartilage Faserknorpel *m*
fibroid degeneration of the pulp faserartige Pulpadegeneration *f*
fibroid tumour Fibrom *n*
fibroidectomy Fibromektomie *f*, Fibromexzision *f*
fibrokeratoma Fibrokeratom *n*
fibrolamellar fibrolamellär, fibrolamellar, Kollagenfaserschichten bildend
fibrolaminar thrombus Abscheidungsthrombus *m*
fibroleiomyoma Leiofibromyom *n*, gutartige Bindegewebs- und Muskelfasergeschwulst *f*
fibrolipoma *(Path)* Fibrolipom *n*, (gutartige) Bindegewebs- und Fettgewebsgeschwulst *f*
fibrolipomatous fibrolipomatös; Fibrolipom...
fibroliposarcoma *(Path)* Fibroliposarkom *n*
fibrolysis Fibrolyse *f*, Fasergewebsauflösung *f*
fibrolytic fibrolytisch, faser(gewebs)auflösend
fibroma *(Path)* Fibrom(a) *n*, Fasergeschwulst *f*
fibroma of the breast Brustfibrom *n*
fibromatogenic fibrombildend, faser(geschwulst)bildend
fibromatoid *(Path)* fibromartig; Fibrom...
fibromatosis Fibromatose *f*, knotige Bindegewebsvermehrung *f*
fibromatous fibromatös; Fibrom...
fibromatous accretion of the gum *s.* gingival fibromatosis
fibromectomy 1. Fibromektomie *f*, Fibromexzision *f*, (operative) Fibromentfernung *f*; 2. (operative) Gebärmuttermyomentfernung *f*, uterine Myomektomie *f*
fibromembranous fibromembranös
fibrometer Fibrometer *n (zur Blutgerinnselbestimmung)*
fibromuscular fibromuskulär, aus Fasern und Muskelgewebe bestehend; Muskelbindegewebs...
fibromuscular dysplasia fibromuskuläre Dysplasie *f*
fibromyalgia Fibromyalgie *f*, fibromyalgisches Syndrom *n*, Fibrositissyndrom *n*, Tendomyopathie *f*
fibromyangioma *(Path)* Fibromyangiom *n*
fibromyectomy Fibromy(om)ektomie *f*, (operative) Fibromyomentfernung *f*
fibromyitis Fibromyitis *f (Muskelentzündung mit fibröser Degeneration)*
fibromyoma *(Path)* Fibromyom *n*, (gutartige) Bindegewebs- und Muskelgewebsgeschwulst *f*
fibromyomectomy Fibromyomexzision *f*, Fibro-Myomektomie *f*, (operative) Fibromyomentfernung *f*
fibromyositis Fibromyositis *f*, Muskelbindegewebsentzündung *f*
fibromyxolipoma *(Path)* Fibromyxolipom *n (Geschwulst aus Faser-, Schleim- und Fettgewebsanteilen)*
fibromyxoma *(Path)* Fibromyxom *n (gutartige Geschwulst aus Faser- und Schleimanteilen)*
fibromyxosarcoma *(Path)* Fibromyxosarkom *n (bösartige Geschwulst aus Faser-, Schleim- und Muskelanteilen)*
fibronectin Fibronectin *n (Glykoproteid)*
fibroneuroma *(Path)* Fibroneurom *n*, Neurofibrom *n (gutartige Geschwulst aus Nerven- und Bindegewebe)*

fibronuclear fibronukleär, kernhaltige Fasern enthaltend
fibropapilloma *(Path)* Fibropapillom *n*, Fibroadenom *n*
fibropericarditis Fibroperikarditis *f*, fibröse Perikarditis *f* [Herzbeutelentzündung *f*], Pericarditis *f* fibrosa; Zottenperikard *n*
fibropituicyte Fibropituizyt *m (der Neurohypophyse)*
fibroplasia Fibroplasie *f*, Bindegewebswachstum *n*, Bindegewebsbildung *f*
fibroplastic fibroplastisch, Fasergewebe bildend
fibroplastic appendicitis Appendicitis *f* fibroplastica
fibroplastic induration of the penis Induratio *f* penis fibroplastica
fibroplate Faserplatte *f*, Fibrocartilago *f* interarticularis
fibropolypus Fibropolyp *m*, Polyp *m* mit Fasern
fibropsammoma *(Path)* Fibropsammom *n (Mischgeschwulst)*
fibropurulent fibrinös-purulent, fibrinös-eitrig
fibroreticulate fibroretikulär, aus einem Fasernetz(werk) bestehend
fibrosarcoma *(Path)* Fibrosarkom *n (bösartige Fasergewebsgeschwulst)*
fibrosarcoma of temporal bone Schläfenknochenfibrosarkom *n*
fibrosarcoma of tonsil Tonsillenfibrosarkom *n*
fibrosarcomatous fibrosarkomatös; Fibrosarkom...
fibrosclerosis Fibrosklerose *f*, Fibrose *f* mit Sklerose
fibrose *v* fibrosieren, Bindegewebe bilden
fibrose *s.* fibrous
fibroserous fibrinös-serös, sero-fibrinös
fibrosing alveolitis fibrosierende Alveolitis *f*, Alveolitis *f* fibrosans
fibrosis Fibrose *f*, Bindegewebsvermehrung *f*
fibrosis of the lungs Lungenfibrose *f*
fibrositic Fibrositis..., Bindegewebsentzündungs...
fibrositis Fibrositis *f*, Bindegewebsentzündung *f*, Weichteilrheumatismus *m*
fibrosquamous papilloma fibrosquamöses Papillom *n*
fibrothorax Fibrothorax *m*, Pleuraverwachsung *f*
fibrotic fibrotisch, faserig; faserreich; Fibrose...
fibrous fibrös, faserig, aus Fasern bestehend, derb bindegewebig; faserartig
fibrous ankylosis fibröse Ankylose *f*, bindegewebige Gelenkversteifung *f*
fibrous astrocyte fibröser Astrozyt *m*
fibrous callus Faserkallus *m*
fibrous capsule 1. fibröse Kapsel *f* [Gelenkkapsel *f*]; 2. *(Anat)* Capsula *f* fibrosa
fibrous capsule of the kidney *(Anat)* Nierenbindegewebskapsel *f*, Capsula *f* fibrosa renis
fibrous cartilage fibröser Knorpel *m*, Faserknorpel *m*
fibrous cavernitis fibröse Kavernitis *f*, Schwellkörperschwielen *fpl*; Peyronie'sche Krankheit *f*, Peyronie-Krankheit *f*, Induratio *f* penis plastica
fibrous connective tissue Faserbindegewebe *n*
fibrous dysplasia 1. Fibrodysplasie *f*, Faserfehlbildung *f*, Fasergewebshyperplasie *f*; 2. Osteodystrophia *f* fibrosa, Osteitis *f* fibrosa (cystica) disseminata; 3. fibröse Mammadysplasie *f*
fibrous dysplasia of bone 1. *(Orth)* fibröse monostotische Knochendysplasie *f* [Dysplasie *f*], Ostefibrosis *f* deformans juvenilis (Uehlinger), Ostitis *f* fibrosa polyostotica unilateralis; 2. *s.* Jaffé-Lichtenstein disease
fibrous formation Faserbildung *f*
fibrous goitre fibröse Struma *f*
fibrous histiocytoma fibröses Histiozytom *n*
fibrous joint Junctura *f* fibrosa, Bandhaft *f*, Syndesmose *f*, bindegewebige Knochenverbindung *f*
fibrous mastopathy fibröse Mastopathie *f*, Mastopathia *f* fibrosa
fibrous membrane fibröse Membran *f*, Membrana *f* fibrosa
fibrous osteodysplasia fibröse Osteodysplasie *f*, Brayzew-Lichtenstein'sche Krankheit *f*
fibrous pericarditis fibröse Perikarditis *f*, Pericarditis *f* fibrosa
fibrous pericardium fibröses Perikard *n*, Pericardium *n* fibrosum
fibrous perinephritis Perinephritis *f* fibrosa [sclerotícans]; Panzerniere *f*
fibrous ring 1. *(Anat)* Faserring *m*, Anulus *m* fibrosus; 2. *(Orth)* Anulus *m* fibrosus disci intervertebralis; 3. *(Kard)* Anulus *m* fibrosus cordis; 4. *(HNO)* Anulus *m* fibrocartilagineus membranae tympani
fibrous substance of the lens *(Ophth)* Substantia *f* lentis
fibrous thyroiditis fibröse Thyroiditis *f*, Riedel'sche Struma *f* [Thyroiditis *f*]
fibrous tissue Faser(binde)gewebe *n*
fibrous tissue proliferation Faser(binde)gewebsproliferation *f*
fibrous trigone of the heart Trigonum *n* fibrosum cordis
fibrovascular fibrovaskulär, Fasern und Gefäße enthaltend
fibrovascular proliferation fibrovaskuläre Proliferation *f*
fibroxanthoma Fibroxanthom *n (Geschwulst)*
fibroxanthosarcoma Fibroxanthosarkom *n (bösartige Geschwulst)*
fibula Fibula *f*, Wadenbein *n*
fibular fibulär; Fibula..., Wadenbein...
fibular artery Wadenbeinarterie *f*, Arteria *f* fibularis [peronea]
fibular collateral ligament (of the knee) äußeres [fibuläres] Kollateralband *n*, Ligamentum *n* collaterale fibulare
fibular neck Fibulahals *m*, Wadenbeinhals *m*
fibular neuritis Fibularis(nerven)entzündung *f*, Neuritis *f* nervi fibularis
fibular retinaculum Retinaculum *n* musculorum peronaeorum
fibular vein Wadenbeinvene *f*, Vena *f* fibularis [peronea]
fibularis phenomenon *(Neur)* Fibularis(nerven)phänomen *n*, Lust'sches Zeichen *n* [Fibulariszeichen *n*], Lust-Zeichen *n*
fibulocalcaneal fibulokalkaneal; Fibula-Calcaneum-..., Wadenbein-Fersenbein-...
fibulotalar ligament Ligamentum *n* talofibulare
ficosis Fikosis *f*, Folliculitis *f* barbae, *(veraltet)* Sykosis *f*
Fiedler's disease *(Inf)* Fiedler'sche Krankheit *f*, Leptospirosis *f* icterohaemorrhagiae, Weil'scher Ikterus *m*, Morbus *m* Weil *(durch Leptospira icterohaemorrhagiae)*
Fiedler's myocarditis Fiedler'sche Myokarditis *f* [Herzmuskelentzündung *f*], Fiedler-Myokarditis *f*, interstitielle Herzmuskelentzündung *f*
field 1. Feld *n*; Areal *n*; Bereich *m*; Sehbereich *m*; Gebiet *n*; Operationsgebiet *n*; 2. Situs *m*, Organsitus *m* • **be in the field** auf dem Spezialgebiet liegen, im Fachgebiet liegen
field ambulance Sanitätswagen *m*
field block (anaesthesia) Feldblockanästhesie *f*, Feldblock *m*, Feldblockade *f (örtliche Betäubung)*
field brightening Feldaufhellung *f*
field collimation Feldausblendung *f*, Formateinstellung *f*
field defect *(Ophth)* Gesichtsfelddefekt *m*, Gesichtsfeldausfall *m*
field delimitation Feldabgrenzung *f*, Feldausblendung *f*
field density Felddichte *f*
field dental station Feldzahnarztstation *f*
field echo Feldecho *n*
field energy Feldenergie *f*

field epidemiology Feldepidemiologie *f*
field fever *(Inf)* Feldfieber *n*, Erntefieber *n*, Wasserfieber *n*, Schlammfieber *n (durch Leptospira grippotyphosa)*
field fluctuation Feldfluktuation *f*, Feldschwankung *f*
field focusing Feldfokusierung *f*
field frequency Bildfrequenz *f*
field hospital Feldlazarett *n*
field illumination Feldausleuchtung *f*
field inhomogeneity Feldinhomogenität *f*
field intensity Feldstärke *f*
field investigation of epidemics *s.* field trial
field-limiting diaphragm feldbegrenzende Blende *f*
field of application Applikationsbereich *m*, Anwendungsbereich *m*, Anwendungsgebiet *n*
field of consciousness *(Neur)* Bewusstseinsfeld *n*
field of deflection Ablenkungsbereich *m*, Ablenkungsfeld *n*
field of examination Untersuchungsbereich *m*
field of experience *(Neur)* Erlebnisfeld *n*, Erlebnisbereich *m*
field of fixation Fixationsfeld *n*, Blickfeld *n*
field of indication Indikationsbereich *m*, Indikationsgebiet *n*
field of irradiation Bestrahlungsfeld *n*
field of view Abbildungsbereich *m*, Bildfeld *n*, Blickfeld *n*, Sichtfeld *n*
field of vision Sehfeld *n*, Gesichtsfeld *n*
field penetration Feldpenetration *f*, Felddurchdringung *f*
field plane Feldebene *f*
field selection Feldselektion *f*, Feldauswahl *f*, Formatwahl *f*
field setting Feldeinstellung *f*, Formateinstellung *f*
field size Feldgröße *f*, Formatgröße *f*, Bildformat *n*
field strength Feldstärke *f*
field surgical hospital *s.* field hospital
field trial *(Epid)* Feldversuch *m*, Feldstudie *f*
field unit Feldeinheit *f*
Fiessinger-Baader-Stevens-Johnson syndrome *(Derm)* Fiessinger-Baader-Stevens-Johnson-Syndrom *n*, Erythema *n* exsudativum multiforme majus
Fiessinger-Leroy-Reiter syndrome Fiessinger-Leroy-Reiter-Syndrom *n*
fifth cranial nerve V. Hirnnerv *m*, Nervus *m* trigeminus
fifth disease fünfte Krankheit *f*, Erythema *n* infectiosum, Großfleckenkrankheit *f*, Ringelröteln *pl*
fifth left interspace fünfter linker Interkostalraum *m*
fig wart *(Derm)* Feigwarze *f*, Verruca *f* acuminate, Condyloma *n* acuminatum
fight *v* **against a disease** eine Krankheit bekämpfen, gegen eine Krankheit vorgehen
fight against cancer Krebsbekämpfung *f*
fight-or-flight reaction *(Physiol)* Cannon'sche Notfallsreaktion *f* [Notfallsfunktion *f*], Cannon-Syndrom *n*
figurate figurbildend, figuriert *(z. B. Hautexanthem)*
figure-of-eight bandage Achter(touren)verband *m (Wundverband)*
figure-of-eight dressing [plaster bandage] Rucksackverband *m (bei Schlüsselbeinfraktur)*
figure-of-eight suture *(Chir)* Transfixationsnaht *f*, Zuggurtung *f*
figure *v* **out** rechnen, berechnen, ausrechnen
figure psoriasis *(Derm)* Psoriasis *f* figurata
fila *pl s.* filum
filaceous *s.* filamentous
filamen Filamen *n (aktinbindendes Protein)*
filament Filament *n*, Faden *m*, Faser *f*
filamentary keratitis *(Ophth)* Fädchenkeratitis *f*, Keratitis *f* filamentosa [filiformis chronica], Keratoconjunctivitis *f* sicca
filamentous filamentär, filamentös
filamentous bacteria Fadenbakterien *npl*
filamentous keratitis *s.* filamentary keratitis
filamin Filamin *n (aktinbindendes Protein)*
filar fadenartig, fadenförmig; filamentär
filaria Filarie *f*, Fadenwurm *m*
Filaria bancrofti Filaria *f* bancrofti
Filaria diurna Filaria *f* diurna, Loa *f* loa
Filaria immitis Filaria *f* immitis, Dirofilaria *f* immitis
Filaria juncea Filaria *f* juncea, Mansonella *f* ozzardi
Filaria loa Filaria *f* loa, Loa *f* loa
Filaria medinensis Filaria *f* medinensis, Dracunculus *m* medinensis
Filaria nocturna Filaria *f* nocturna, Wuchereria *f* bancrofti
Filaria ozzardi Filaria *f* ozzardi, Mansonella *f* ozzardi
Filaria perstans Filaria *f* perstans, Mansonella *f* perstans
Filaria sanguinis hominis Filaria *f* sanguinis hominis, Wuchereria *f* bancrofti
Filaria volvulus Filaria *f* volvulus, Onchocerca *f* volvulus
filarial filarial; Filarien…
filarial complement fixation test *(Lab)* Filarien-Komplement-Fixationstest *m*
filarial complement-fixing antibody Filarien-Komplement-Fixations-Antikörper *m*
filarial fever Filarienfieber *n*
filarial nephropathy Filariennephropathie *f*
filariasis *(Paras)* Filariasis *f*, Filariose *f*, Filarienkrankheit *f*, Fadenwürmerbefall *m*, Augenwurmbefall *m*
filaricidal filarientötend
filaricide filarientötend
filaricide (agent) filarientötendes Mittel *n*
filariform filariform, filarienförmig, filarienartig
Filatov-Duke's disease *(Inf)* Filatow-Duke'sche Krankheit *f* [Erkrankung *f*], sechste Krankheit *f*, Exanthema *n* subitum, (kritisches) Dreitagefieber *n*
Filatov's disease infektiöse Mononukleose *f*
Filatov's spot Koplik'scher Fleck *m*, Masernausschlag *m* der Wangenschleimhaut
Fildes enrichment agar Fildes-Agar *m*, Fildes-Anreicherungsagar *m (zur Isolierung von Haemophilus influenzae)*
file 1. Patientenakte *f*, Krankenblatt *n*; 2. Feile *f*, Knochenfeile *f*, Zahnfeile *f* • **be filed** „im Krankenblatt ablegen [abheften]"; „zur Ablage im Krankenblatt!"
file carrier Feilenträger *m*, Feilenhalter *m*
file management Krankenblattverwaltung *f*, Dateiverwaltung *f*
fileable archivierbar, archivbereit, archivfähig
filed/be *v* „im Krankenblatt ablegen (abheften)"; „zur Ablage im Krankenblatt!"
filed evidence Dokumentation *f*, Dokumentationsunterlagen *fpl*
filial generation F_1-Generation *f*, erste Nachkommengeneration *f* [Filialgeneration *f*]
filicide 1. Kindesmord *m*; 2. Kindesmörder *m*
filiform filiform, fadenförmig
filiform adnatum ankyloblepharon Ankyloblepharon *n* filiforme adnatum
filiform bougie Filiformbougie *f*
filiform catheter filiformer Katheter *m*
filiform papilla Papilla *f* filiformis
filiform pulse fadenförmiger Puls *m*, Pulsus *m* filiformis
filiform verruca [wart] Verruca *f* filiformis
filigree insert Filigraneinlage *f*
filing Feilen *n*
filing cart Karteikarte *f*
filing number Archivierungsnummer *f*, Archivnummer *f*
filioparental Kind(er)-Eltern-…
filioparental relationship Kind-Eltern-Beziehung *f*
filled tooth plombierter [gefüllter] Zahn *m*

filler Füller *m*, Füllstoff *m*
fillet 1. Schleife *f*, Lemniscus *m*; 2. Embryonalschlinge *f*
filling 1. Füllung *f*, Plombe *f*, Zahneinlage *f*, Zahnfüllung *f*, 2. Plombierung *f*, Plombeneinsetzen *n*; Zahnfüllung *f*, Füllen *n* des Zahnes • **polish a filling** eine Zahnplombe [Plombe] polieren • **put in a filling** eine Zahnfüllung vornehmen, eine Zahnplombe einsetzen
filling compound Füllungsmasse *f*, Füllmasse *f*
filling cone Füllungskonus *m*
filling defect Füllungsdefekt *m (z. B. in Geweben)*
filling defect in the duodenal bulb *(Rad)* Füllungsdefekt *m* im Duodenalbulbus *(z. B. bei Kontrastmittelgabe)*
filling gallop protodiastolischer Galopp *m*, dritter Herzton *m*
filling gold Füllungsgold *n*
filling imitation Füllungsimitation *f*
filling in a patient's card Krankenblatteintragung *f*
filling instrument Füllungsinstrument *n*
filling manipulative outfit Füllungsinstrumentarium *n*
filling material Zahnfüllungsmaterial *n*, Plombenmaterial *f*
filling of a tooth Zahnplombierung *f*, Zahnfüllung *f*
filling of pulmonary artery Pulmonalarterien(blut)füllung *f*
filling of the veins Venenfüllung *f*
filling paste Füllungspaste *f*
filling phase Füllungsphase *f*
filling porcelain Füllungsporzellan *n*
filling pressure of the left ventricle linksventrikulärer Füllungsdruck *m*, linksventrikulärer enddiastolischer Druck *m*, LVEDP
filling process Füllungsvorgang *m*
filling rate Füllungsrate *f*
filling wax Füllungswachs *n*
filling with contrast medium Kontrastmittelfüllung *f*, Kontrastmittelausfüllung *f*, Kontrastmittelausguss *m*
film 1. Film *m*, dünne Schicht *f*; 2. Augentrübung *f*, Schleier *m (des Auges)*; 3. *(Rad)* Film *m*
film badge *(Rad)* Filmdosimeter *n*, Strahlenschutzplakette *f*
film bag Filmtüte *f*
film border Filmkante *f*
film brightness Filmhelligkeit *f*
film changer *(Rad)* Filmwechsler *m*
film consultation office Filmbesprechungsraum *m*
film copying machine Filmkopiermaschine *f*
film dosimetry *(Rad)* Filmdosimetrie *f*
film dryer Filmtrockner *m*
film envelope Filmtasche *f*
film exposed before contrast Nativaufnahme *f*, Leeraufnahme *f*
film exposure time Filmbelichtungszeit *f*
film fault *(Rad)* Filmfehler *m*
film fogging Filmtrübung *f*, Filmschleier *m*
film identification Filmidentifizierung *f*, Filmbeschriftung *f*
film interpretation Filminterpretation *f*, Filmbefundung *f*, Filmauswertung *f*
film on teeth Zahnbelag *m*
film oxygenator Filmoxygenator *m*
film processing Filmverarbeitung *f*, Filmentwicklung *f*
film processor Filmverarbeitungsmaschine *f*, Filmentwicklungsmaschine *f*
film projector Filmprojektor *m*, Filmvorführgerät *n*
film screen mammography Film-Folien-Mammographie *f*
film sensitivity Filmempfindlichkeit *f*
film taken after contrast injection Füllungsaufnahme *f*
film unsharpness Filmunschärfe *f*
film viewer Filmbetrachtungskasten *f*, Schaukasten *m*
film viewing panel Filmschaufläche *f*, Schauwand *f*
film viewing room Filmbetrachtungsraum *m*, Filmbesprechungsraum *m*
filopressure Gefäßkompression *f* mittels Fadenligatur
filovaricosis Filovarikose *f (Gefäßerweiterungen an Nervenfasern)*
filter *v* filtrieren, filtern; abfiltern
filter *v* **off** abfiltern
filter Filter *n(m)*
filter in the blood transfusion set Bluttransfusionsfilter *n*
filter-passing virus nicht filtrierbares Virus *n*
filter photometer Filterphotometer *n*
filterable filtrierbar
filterable virus filtrierbares Virus *n*
filtering Filterung *f*, Filtern *n*
filtering operation Fistelungsoperation *f (Glaukom)*
filtering scar Filternarbe *f*, Cicatrix *f* filtrans
filtrabel filtrierbar
filtrate Filtrat *n*, Filtrationsprodukt *n*
filtrate factor Filtratfaktor *m*, Pantothensäure *f*
filtration 1. Filtration *f*, Filtrierung *f*, Filtern *n*; 2. *(Rad)* Filtration *f (z. B. von Strahlen)*
filtration angle Filtrationswinkel *m*, vorderer Augenkammerwinkel *m*, Angulus *m* iridocornealis
filtration fraction *(Nephr)* Filtrationsfraktion *f*, FF
filum Filum *n*, Faser *f*, Faden *m*
fimbria Fimbrie *f*, Franse *f*, Zotte *f*
fimbrial tubal pregnancy Extrauteringravidität *f* im Fimbrienbereich *(Tubenschwangerschaft)*
fimbriate(d) mit Fimbrien (ausgestattet); (aus)gefranst
fimbriate(d) end of the oviduct Ostium *n* abdominale tubae uterinae, Eileiteröffnung *f* in die Bauchhöhle
fimbriation Fimbrienbildung *f*, fimbrienartiger Zustand *m*
fimbriectomy Fimbrienresektion *f*, (operative) Zottenentfernung *f*
fimbrin Fimbrin *n (aktinbindendes Protein)*
fimbriocele Fimbriozele *f*, fimbrienhaltige Hernie *f*
fimbrioplasty *(Gyn)* Fimbrienplastik *f (Rekonstruktion der Tubenfimbrien)*
final concentration Endkonzentration *f*
final condition Endzustand *m*
final denture endgültige [definitive] Prothese *f*, Definitivprothese *f*
final diagnosis Enddiagnose *f*, Abschlussdiagnose *f*
final echo Endecho *m*
final expiratory endexspiratorisch
final filling endgültige [definitive] Füllung *f*, Definitivfüllung *f*
final finishing abschließendes Finieren *f*, Schlussfinieren *f*, Endfinieren *n*
final haemostasis definitive [abschließende] Blutstillung *f*
final inpiratory endinspiratorisch
final polishing abschließendes Polieren *n*, Schlusspolieren *n*, Endpolieren *n*
final position Endposition *f*, Endstellung *f*
final sealing abschließendes Versiegeln *n*, Schlussversiegeln *n*, Endversiegelung *f*
final tendency *(Neur)* finale Tendenz *f*
final washing Endwässerung *f*, Schlusswässerung *f*
finasteride Finasterid *n (zur Behandlung der Prostatahyperplasie)*
finder Sucher *m (Mikroskopie)*
finding(s) Befund *m*, Ergebnis *n*
findings of catheterization Katheterbefunde *mpl*
findings of examination Untersuchungsbefunde *mpl*
fine bone structure Knochenfeinstruktur *f*, Knochendetail *n*
fine branlike desquamation *(Derm)* kleieförmige Desquamation *f*, Desquamatio *f* furfuracea, Desquamation *f* in kleinsten Schüppchen
fine curettage Feinkürettage *f*, Feinkürettierung *f*

fine dosaging Feindosierung *f*
fine explorer feiner Explorer *m*, Feinsonde *f*
fine filter Feinfilter *m*
fine graduation Feineinteilung *f*
fine grain feines Korn *n*
fine-grain noise feinkörniges Rauschen *n*
fine grinding feines Schleifen *n*, Feinschleifen *n*
fine motor skills feinmotorische Fähigkeiten *fpl*
fine needle feine [zarte] Nadel *f*
fine-needle aspiration Feinnadelaspiration *f*
fine polishing feines Polieren *n*, Feinpolieren *n*
fine setting Feineinstellung *f*
fine structure Feinstruktur *f*, Feingefüge *n*
fine tremor *(Neur)* feinschlägiger Tremor *m*
finger 1. Finger *m*, Digitus *m (siehe unter: digital)*; 2. Fingerling *m* • **pinch one's fingers** sich die Finger quetschen • **tap with the finger** mit dem Finger beklopfen
finger agnosia *(Neur)* Fingeragnosie *f*, Fingernamenamnesie *f*
finger apoplexy *(Chir)* Fingerapoplexie *f*
finger arthrosis Finger(gelenk)arthrose *f*
finger clubbing Trommelschlägelfingerbildung *f*, Trommelschlägelfinger *m*
finger cot *s.* fingerstall
finger cuff Fingermanschette *f*
finger exploration digitale Exploration *f*, Untersuchung *f* mit dem Finger
finger-finger test *(Neur)* Finger-Finger-Versuch *m*
finger flexor reflex Fingerbeugerreflex *m*
finger fracture 1. Fingerfraktur *f*, Fingerknochenbruch *m*; 2. *s.* finger fracture operation of the mitral valve
finger fracture operation of the mitral valve *(Chir, Kard)* digitale Sprengung *f* (der Mitralstenose), Fingersprengung *f* (der Mitralklappenverengung)
finger goniometer Fingergoniometer *n*
finger guard Fingerprotektor *m*, Fingerschützer *m*, Fingerschutz *m*
finger joint Fingergelenk *n*
finger joint prosthesis Fingergelenkprothese *f*
finger-nose test *(Neur)* Finger-Nasen-Versuch *m*, FNV
finger percussion Fingerperkussion *f*
finger phenomenon Fingerphänomen *n*
finger plethysmograph Fingerplethysmograph *m*
finger prick Fingerbeerenpunktion *f*
finger protector Fingerschützer *m*
finger puncture Fingerpunktion *f*
finger reposition forceps Fingerrepositionszange *f*
finger ring saw *(Chir)* Fingerringsäge *f*
finger screw *(Chir)* Fingerschraube *f*
finger stick Finger(spitzen)stich *m (zur Kapillarblutgewinnung)*
finger sweep Auswischen *n* der Mundhöhle mit einem Finger *(bei Bewusstlosen)*
finger test *(Neur)* Fingerversuch *m*
finger tip Fingerspitze *f*
finger-tip switch Fingerdruckschalter *m*
finger-to-finger percussion Finger-Finger-Perkussion *f*
fingeragnosia Fingeragnosie *f*, Nichterkennen *n* der Finger
fingernail Fingernagel *m*, Unguis *m* • **file the fingernails** die Fingernägel feilen
fingerprint 1. Fingerabdruck *m*; 2. *(Bioch, Gen)* genetischer Fingerabdruck *m*
fingerprinting Gewinnung *f* des genetischen Fingerabdrucks
fingerstall Fingerling *m*
finishing 1. Beendigung *f*, Beenden *n*, Fertigstellen *n*; 2. *(Stom)* Finieren *n*, Feinbearbeitung *f*, endgültige Korrektur *f*
finishing diamond Finierdiamant *m*
finishing file Finierfeile *f*
finishing paper Finierpapier *n*
finishing powder Finierpulver *n*
finishing work Fertigstellung *f*, Abschlussarbeiten *fpl*
Finkelstein's feeding Finkelstein-Nahrung *f*
Finney's pyloroplasty Pyloroplastik *f* nach Finney, Finney'sche Magendrainageoperation *f*
Finochietto's stirrup Finochietto-Bügel *m (bei Extensionsbehandlung)*
fire 1. Feuer *n*; 2. Entzündung *f*, Erysipelas *n*; 3. Fieber *n*, Temperaturerhöhung *f*
fire ant sting Biss *m* der Feuerameise
fire-proof feuerfest, feuersicher, nicht brennbar
fire-stone liver *(Path)* Feuersteinleber *f*
fired porcelain inlay gebranntes Prozellaninlay *n*
fireman's cramp Hitzekrampf *m*
firing time Brennzeit *f*, Brandzeit *f*, Brenndauer *f*
firm bandage fester Verband *m*, straffer [fest sitzender] Verband *m*
firm enlargement Induration *f*, derbe Schwellung *f*
firm grasp fester Griff *m*, fester Handschluss *m*
first aid Ersthilfe *f*, erste Hilfe *f*, Laienhilfe *f*
first-aid bag [kit] Erste-Hilfe-Kasten *m*, Erste-Hilfe-Tasche *f*
first-aid measure Erste-Hilfe-Maßnahme *f*
first-aid post *s.* first-aid station
first-aid station Unfallstation *f*
first-aid treatment *s.* first aid
first-aider Ersthelfer *m*; Laienhelfer *m*
first care Erstversorgung *f*
first-class ward Privatstation *f*
first costs Anschaffungskosten *pl*
first cranial nerve I. [erster] Hirnnerv *m*, Nervus *m* olfactorius, Riechnerv *m*
first cuneiform Os *n* cuneiforme mediale
first-degree atrioventricular block Atrioventrikularblock *m* I. [ersten] Grades, AV-Block *m* I. Grades
first-degree burn *s.* burn of first degree
first-degree frostbite Erfrierung *f* I. [ersten] Grades, erstgradige Erfrierung *f*
first-degree heart block *s.* first-degree atrioventricular block
first delivery Erstgeburt *f*
first dentition Milchzähne *mpl*, Milchgebiss *n*
first filial generation erste Nachkommengeneration *f*
first half of pregnancy erste Schwangerschaftshälfte *f*
first heart sound I. [erster] Herzton *m*
first intention an erster Stelle, primär
first intention healing Primärheilung *f*, Sanatio *f* per primam intentionem, Heilung *f* per primam
first labour Erstgeburt *f*, erste Geburt *f* [Entbindung *f*]
first metacarpal bone erster Mittelhandknochen *m*, Os metacarpale primum
first molar erster Molarzahn *m*, erster Molar *m*
first order symptoms *(Psych)* Symptome *mpl* ersten Ranges
first pass effect Effekt *m* der ersten Leberpassage
first perforating artery Arteria *f* perforans prima
first premolar erster Prämolarzahn *m*, erster Prämolar *m*
first set reaction *(Transp)* Erstabstoßungsreaktion *f*
first stage of labour Geburtseinleitung *f*, Eröffnungsperiode *f*
first-state cementome periapikales Fibrom *n*
fish-handler's disease Erysipeloid *n*, Fischrose *f*
fish poisoning Fischvergiftung *f*
fish-scale disease *s.* fishskin disease
fish tapeworm Fischbandwurm *m*, Diphyllobotrium *n* latum

fish tapeworm infection Fischbandwurmbefall *m*, Diphyllobothriasis *f*
Fishberg's concentration test Fishberg'scher Konzentrierungstest *m (zur Bestimmung der Konzentrierungsfähigkeit der Nieren)*
Fisher's syndrome Fisher-Syndrom *n*, Miller-Fisher-Syndrom *n (Areflexie, Ophthalmoplegie und Ataxie)*
fishhook stomach *(Rad)* Angelhakenmagen *m*, angelhakenförmiger Magen *m*
fishskin disease *(Derm)* Ichthyosis *f*, Fischschuppenkrankheit *f*
fissile spaltbar, (auf)spaltbar, spaltungsfähig
fission Teilung *f*, Zellteilung *f*, Spaltung *f*, Zertrümmerung *f*
fission product Spaltprodukt *n*
fissionable 1. teilungsfähig; Teilungs...; Zellteilungs...; 2. spaltungsfähig; Spaltungs...
fissiparity *s.* schizogenesis
fissiparous durch Spaltung fortpflanzend; Spaltungsteilungs...
fissula Fissula *f*, kleine Spalte *f*
fissura 1. *(Anat)* Fissura *f*; 2. *s.* fissure
fissural Fissuren...
fissural angioma Fissurenangiom *n (der Embryonalspalten im Lippenbereich)*
fissural burnisher Fissurenglätter *m*, Fissurenglättungsinstrument *n*
fissural cavity Fissurenkavität *f*
fissural dental caries Zahnfissurenkaries *f*
fissural dental drill Fissuren(dental)bohrer *m*
fissural plaque Fissurenplaque *f*
fissural sealing Fissurenversiegelung *f*, Fissurenverschluss *m*
fissure 1. Fissur *f*, Spalte *f*, Spaltbildung *f*, Einriss *m*; Furche *f*, Rhagade *f*, Schrunde *f*; 2. *(Stom)* Fissur *f*, Zahnschmelzfissur *f*
fissure fracture (knöcherne) Fissur *f*, Knochenfissur *f*, fissurale Fraktur *f*
fissure-in-ano Analfissur *f*
fissure of Bichat Fissura *f* transversa
fissure of Rolando Zentralfurche *f*, Sulcus *m* centralis *(ZNS)*
fissure of Sylvius Sulcus *m* Sylvii, Sulcus *m* lateralis cerebri, Fissura *f* lateralis cerebri
fissure of the anus Analfissur *f*, Afterschrunde *f*, Fissura *f* ani
fissure of the optic cup Augenbecherspalte *f*
fissure of the optic stalk Augenbecherstielspalte *f*, Stielspalte *f*
fissure of the urinary bladder Blasenspalte *f*, Ecstrophia *f* [Exstrophia *f*] vesicae; Spaltblase *f*
fissured aufgesprungen, schrundig, rissig *(z. B. die Haut)*
fissured chest Brustkorbspalte *f*, Thorakoschisis *f*
fissured fracture Knochenfissur *f*, Haarlinienknochenbruch *m*
fissured tongue Spaltzunge *f*, Fissurenzunge *f*, Lingua *f* plicata
fissuring Aufspringen *n*, Fissurenbildung *f*
fist Faust *f* • **close the fist** eine Faust machen, zur Faust schließen • **open the fist** die Faust öffnen
fist grasp Faustschluss *m*
fistula Fistel *f*, Fistelgang *m*; Röhre *f*, Verbindungsgang *m*
fistula bag Fisteltasche *f*
fistula canula Fistelkanüle *f*
fistula curettage Fistelkürettage *f*, Fistelausschabung *f*, Fistelauskratzung *f*
fistula explorer Fistelexplorer *m*, Fistelsonde *f*
fistula formation Fistelbildung *f*
fistula hook Fistelhaken *m*
fistula-in-ano Analfistel *f*
fistula knife Fistelmesser *n*
fistula probe Fistelsonde *f*
fistula syringe Fistelspritze *f*
fistula vein Fistelvene *f (Dialyse)*
fistular fistelartig; Fistel...
fistulate *s.* fistular
fistulating fistelnd, fistelbildend
fistulatome Fistelmesser *n*
fistulectomy Fistelexzision *f*, Fistelausschneidung *f*, (operative) Fistelentfernung *f*
fistulization Fistelbildung *f*, Fistelung *f*
fistulization of the caecum Zökumfistelung *f*
fistulize *v* fisteln, eine Fistel bilden
fistuloenterostomy Fistuloenterostomie *f*, Fistel-Darm-Anastomose *f*
fistulogram Fistulogramm *n*, Fistelröntgen(kontrast)aufnahme *f*, Röntgen(kontrast)fistelbild *n*
fistulography Fistulographie *f*, Fistelröntgen(kontrast)darstellung *f*, Röntgen(kontrast)fisteldarstellung *f*
fistulotomy Fistelinzision *f*, Fistelspaltung *f*
fistulous *s.* fistular
fit 1. Attacke *f*, Anfall *m*; 2. *(Neur)* Krampfanfall *m*; 3. Epilepsie *f*; 4. *(Stom)* Einpassen *n*, Einpassung *f*, Anpassen *n (z. B. einer Zahnprothese)*
fit *v* **a prosthesis** eine Prothese anpassen
fit of coughing Hustenanfall *m*
fit of giddiness Schwindelanfall *m*
fit of insanity *(Neur)* Wahnsinnsanfall *m*
fit of rage Wutanfall *m*
fitness Fähigkeit *f*, Fitness *f*, Eignung *f*
fitness for arrest *(For)* Haftfähigkeit *f*
fitness for work Arbeitsfähigkeit *f*
fitness to plead *(For, Neur)* strafrechtliche Verhandlungsfähigkeit *f*
fitting accuracy Passgenauigkeit *f*
Fitz-Hugh-Curtis syndrome Fitz-Hugh-Curtis-Syndrom *n*, Stajano-Syndrom *n*, Perihepatitis *f* acuta gonorrhoica
Fitzgerald factor Fitzgerald-Faktor *m (Kininogen der Blutgerinnung)*
Fitzgerald treatment Fitzgerald-Behandlung *f*, Zonentherapie *f*, Reflexzonentherapie *f*
five-day fever *(Inf)* Fünftagefieber *n*, Febris *f* quintana, Wohlhyni'sches Fieber *n*, Schützengrabenfieber *n*
five-glass test *(Urol)* Fünfgläserprobe *f*
five-in-one repair Nicholas-Verfahren *n*, Nicholas-Methode *f (Fünffachreparatur bei Kniegelenksverletzung)*
five-step nursing process Fünf-Stufen-Pflege-Prozess *m*
five-year survival rate Fünfjahresüberlebensrate *f*, 5-Jahresheilungsrate *f*
fix *v* 1. *(Chir)* fixieren, befestigen; 2. *(Histol)* fixieren, haltbar machen *(z. B. Präparate)*
fixate(d) fixiert
fixating eye fixierendes Auge *n*
fixation 1. *(Chir)* Fixation *f*, Fixierung *f*, Befestigung *f*; 2. *(Histol)* Fixation *f*, Fixierung *f (z. B. von Schnitten)*
fixation appliance Fixationsapparatur *f*, Befestigungsapparatur *f*
fixation axis 1. Fixationsachse *f*; 2. *(Neur)* Fixation *f (z. B. auf eine Person)*; Fixierung *f (z. B. auf eine Idee)*; 3. *(Rad)* Fixation *f*, Fixierung *f (z. B. von Filmen)*; 4. *(Ophth)* Fixation *f*, Blickfixierung *f*
fixation clasp Fixationsband *n*, Befestigungsband *n*
fixation defect Fixationsfehler *m*; Fixationsstörung *f*
fixation field Fixationsfeld *n*, Blickfeld *n*
fixation forceps 1. chirurgische Pinzette *f*; 2. Haltezange *f*, Halteklemme *f*
fixation line Fixationslinie *f*

fixation muscle Fixationsmuskel *m*, Haltemuskel *m*

fixation nystagmus Fixationsnystagmus *m*, Einstellungsnystagmus *m*

fixation of complement Komplementfixation *f*, Komplementbindung *f*

fixation of tissue section Gewebsschnittfixierung *f*

fixation palsy Fixationslähmung *f*

fixation point Fixationspunkt *m*, Befestigungsstelle *f*

fixation reflex Fixationsreflex *m*

fixation splint Fixatioonsschiene *f*, Befestigungsschiene *f*

fixational ocular movements fixierende Augenbewegungen *fpl*

fixative Fixativ *n*, Fixiermittel *n*

fixator Fixator *m (z. B. für einen Knochenbruch)*

fixed bandage Fixationsverband *m*

fixed bridge festsitzende Brücke *f*

fixed bridgeworks fest sitzender Zahnersatz *m*

fixed cantilever festsitzende Flügelbrücke *f*

fixed-combination drug *(Pharm)* Kombinationspräparat *n*

fixed coupling feste Kopplung *f (z. B. von Extrasystolen)*

fixed daily routine Tagesroutine *f*, fester Tagesablauf *m*

fixed delusion *(Neur)* fixierter Wahn *m*

fixed dental restoration festsitzender Zahnersatz *m*

fixed-dose combination *(Pharm)* Kombinationspräparat *n*

fixed dressing Fixationsverband *m*, Ruhigstellungsverband *m*

fixed-drug eruption fixiertes Arzneimittelexanthem *n (tritt immer an gleicher Stelle auf)*

fixed focus Fixfokus *m*

fixed hydrochloric acid gebundene freie Salzsäure *f (im Magen)*

fixed idea *(Neur)* fixe Idee *f*

fixed interval reinforcement *(Neur)* Verstärkung *f* in fixierten Intervallen

fixed macrophyge fixierter Makrophage *m*

fixed magnetic field festes Magnetfeld *n*

fixed muscae *(Ophth)* Mückensehen *n*, Myodesopsie *f*

fixed orthodontic appliance festsitzende Prothese *f*

fixed partial denture festsitzende Teilprothese *f*

fixed-performance oxygen delivery system High-Flow-Sauerstoff-System *n*

fixed phagocyte fixierter Phagozyt *m*

fixed pupil fixierte Pupille *f*

fixed rate pacemaker starrfrequenter [asynchroner] Schrittmacher *m*

fixed ratio reinforcement *(Neur)* Verstärkung *f* im feststehenden Verhältnis

fixed torticollis fixierter Schiefhals *m* [Torticollis *m*]

fixed vertebra falsche Rippe *f*

fixer *(Rad)* Fixierer *m (für Filme)*

fixing agent *(Rad)* Fixiermittel *n*, Fixativ *f*

fixing bath Fixierbad *n*

fixing liquid Fixierflüssigkeit *f*

fixing of a dental crown Zahnkronenfixierung *f*, Kronenverankerung *f*

fixing salt Fixiersalz *n*

fixing solution Fixierlösung *f*

fixing splint Fixationsschine *f*, Befestigungsschiene *f*

fixing tank Fixierungsbehälter *m*

fixing tape Fixierungsband *n*, Befestigungsband *n*

FK *s.* fructokinase

flabby skin schlaffe Haut *f*, Cutis *f* laxa; Hautschlaffheit *f*

flaccid 1. schlaff, atonisch, ohne Tonus; 2. weich

flaccid bladder schlaffe [atonische] Blase *f*, autonome Blase *f*

flaccid drop of the hand Fallhand *f*

flaccid membrane of Shrapnell Pars *f* flaccida (membranae tympani), Shrapnell'sche Membran *f (schlaffer Trommelfellteil)*

flaccid paralysis schlaffe Paralyse *f* [Lähmung *f*]

flaccid portion of the drum membrane *s.* flaccid membrane of Shrapnell

flaccid skin *s.* flabby skin

flaccid uterine contractions schlaffe Gebärmutterkontraktionen *fpl* [Wehen *fpl*]

flaccidity Schlaffheit *f*, schlaffer Zustand *m*

flaccidness *s.* flaccidity

Flack's node Flack'scher Sinusknoten *m*, Nodus *m* sinuatrialis

flagella *pl s.* flagellum

flagellant Flagellant *m*

flagellantism Peitschen *n*, Auspeitschen *n*; Auspeitschung *f (Form des Sadomasochismus)*

flagellar Flagellen…, Geißel…

flagellar agglutinin H-Agglutinin *n*

flagellar antigen Flagellenantigen *n*, H-Antigen *n*

flagellate *v* 1. flagellieren, mit Geißeln schlagen; 2. Flagellation betreiben, (aus)peitschen

flagellate Flagelle *f*, flagellentragender Mikroorganismus *m*

flagellate(d) begeißelt, geißeltragend, Geißeln besitzend; Geißel…

flagellate(d) cell begeißelte Zelle *f*, Geißelzelle *f*

flagellate(d) protozoon geißel(n)tragendes Protozoon *n*

flagellation 1. Flagellation *f*, Geißelschlag *m*, Geißeln *n*; 2. Flagellation *f*, Flagellenbesatz *m*, begeißelte Oberfläche *f*; 3. Peitschen *n*, Auspeitschen *n*; Auspeitschung *f (Form der sexuellen Befriedigung)*; 4. Flagellation *f*, Flagellationsmassage *f*, Klopfmassage *f*

flagelliform flagelliform, geißelförmig; peitschenförmig; Geißel…; Peitschen…

flagellin Flagellin *n (Flagellenprotein)*

flagellosis Flagellateninfektion *f*, Geißeltierchenbefall *m*

flagellum Flagellum *n*, Geißel *f*

flail instabil, nicht fest;; wackelnd; Wackel…; abnorm beweglich

flail chest *(Chir)* instabiler Thorax *m* [Brustkorb *m*]; Thoraxinstabilität *f*

flail joint *(Orth)* Schlottergelenk *n*

flake fracture Splitterbruch *m*, Splitterfraktur *f*, Knochen-Knorpel-Absprengung *f* (im Gelenkbereich); Abschälungsfraktur *f*

flaky schollig, schollenförmig

flame emission photometry *(Lab)* Flammenemissionsphotometrie *f*

flame photometer *(Lab)* Flammenphotometer *n*

flame photometric flammenphotometrisch

flame sterilization Flammensterilisation *f*

flange *(Stom)* Schenkel *m*; Randkrampe *f*, Halteflansch *m*

flank Körperflanke *f*, Flanke *f*, Seite *f*

flank breathing Flankenatmung *f*

flank pain Flankenschmerz *m*

flank section Flankenschnitt *m*

flap Lappen *m*, Hautlappen *m*; Muskellappen *m (z. B. zur Transplantation)*; 2. unkontrollierte Bewegung *f*

flap amputation *(Transp)* Lappenamputation *f*

flap of skin *(Transp)* Hautlappen *m*

flap of the ear Ohrläppchen *n*

flap procedure Lappenverfahren *n*, Lappenmethode *f*

flap reconstruction Lappenrekonstruktion *f (z. B. der Brust)*

flap shrinkage Lappenschrumpfung *f*

flap surgery Lappenchirurgie *f (bei plastischer Chirurgie)*

flapped muscle transplant gestieltes Muskeltransplantat *n*

flapping (heart) sound Herzklappenschließungston *m*, Klappen(schluss)ton *m*

flapping tremor Flapping-Tremor *m*, Flattertremor *m*

flare 1. (plötzliches) Aufflackern *n (z. B. einer Krankheit)*; 2. erythematöse allergische Reaktion *f*, allergische Sofortreaktion *f (der Haut)*; 3. Rötung *f*, Rötungshof *m (z. B. um einen Fremdkörper)*
flaring of nostrils Nasenflügeln *n*, Nasenflügelatmen *n*
flaring of the nasal ali *s.* flaring of nostrils
flash 1. Blitz *m*, Lichtblitz *m*; 2. (plötzliche) Wärmestrahlung *f*, 3. *(Stom)* Fahne *f*
flash blindness Verblitzung *f*, Verblitzen *n* (der Augen), Lichtstrahlenkeratokonjunktivitis *f*, Ophthalmia *f* [Photophthalmia *f*] electrica, Conjunctivitis *f* (photo)electrica
flash burn Blitzlichtverbrennung *f*
flash ophthalmia *s.* flash blindness
flashback psychosis *(Neur)* Nachhallpsychose *f (z. B. nach Halluzinogengebrauch)*
flasheye *s.* flash blindness
flashlamp Blitzlampe *f (z. B. bei gepulstem Farb-Laser)*
flashover phenomenon Überschlagphänomen *n* der Haut *(bei Starkstromverletzungen)*
flask *v* küvettieren
flask 1. Flasche *f*, Kolben *m*, Kolbenflasche *f*, 2. *(Stom)* Küvette *f*
flask closure *(Stom)* Küvettenschluss *m*
flask-shaped keulenförmig
flasking *(Stom)* Küvettieren *n*, Küvettierung *f*, Küvetteneinbettung *f*
flat 1. flach, abgeflacht; 2. platt, ausgebreitet, breit; mit ebener [gleichmäßiger] Oberfläche; 3. ohne Resonanz, nicht klingend
flat abdominal X-ray film Abdomenübersicht(saufnahme) *f* im Liegen
flat affect *(Neur)* flacher Affekt *m*
flat back Flachrücken *m*
flat-band clasp Flachbandklammer *f*
flat bone platter Knochen *m*, Os *n* planum
flat burnisher Flachglätter *m*
flat-celled flachzellig
flat condyloma *(Derm)* Condyloma *n* latum, flaches [breites] Kondylom *n*, flache [breite] Feigwarze *f*
flat-cusped flachhöckerig
flat ECG wave flache [abgeflachte] EKG-Zacke *f*
flat electroencephalogram flaches [isoelektrisches] Elektroenzephalogramm *n*
flat filling Flachfüllung *f*
flat film Planfilm *m*
flat foot *(Orth)* Plattfuß *m*, Pes *m* planus
flat hand Flachhand *f (bei Medianuslähmung)*; Handabflachung *f*
flat image flaues [kontrastarmes] Bild *n*
flat pelvis *(Anat)* Flachbecken *n*
flat pliers Flachzange *f*
flat rachitic pelvis platt-rachitisches Becken *n*
flat red plane lichen *s.* flattened red plane lichen
flat speech ausdrucksarme Sprache *f*
flat spring contraceptive diaphragm Scheidendiaphragma *n* mit elastischem Ring
flat tooth erosion flache Zahnerosion *f*
flat ultrasonic transducer flacher Ultraschallwandler *n*
flat-valgus foot *(Orth)* Knick-Plattfuß *m*, Pes *m* planovalgus
flat wart Verruca *f* plana, flache Warze *f*
Flatau-Schilder disease Flatau-Schilder-Krankheit *f*
flatfoot *s.* flat foot
flatness Dämpfung *f*, Dämpfungsschall *m*, resonanzloser Schall *m (bei der Perkussion)*
flattened affect *(Neur)* flacher Affekt *m*
flattened red plane lichen *(Derm)* Lichen *m* ruber planus, flache Knötchenflechte *f*
flattening 1. abflachend; Abflachungs...; 2. vermindernd, verringernd; Verminderungs...
flattening 1. Abflachen *n*, Abflachung *f*, 2. Vermindern *n*, Verminderung *f*, Verringerung *f*, Verminderung *f*
flattening of the cornea *(Ophth)* Hornhautabflachung *f*, Applanatio *f* corneae
flatulence Flatulenz *f*, Blähung *f*, Darmgasbildung *f*
flatulence reduction Flatulenzreduktion *f*, Blähungsverminderung *f*
flatulent flatulent, (auf)blähend, (darm)gasbildend; Flatulenz...
flatus Flatus *m*, Darmwind *m*, Blähung *f*
flatus-conducting tube Darmrohr *n*
flatus formation Flatusbildung *f*, Flatusentstehung *f*
flatus tube Darmrohr *n*
flatworm Plattwurm *m*, Platyhelminthe *f*
flavectomy Flavektomie *f*, Exzision *f* des Ligamentum flavum
flavescent gelblich (färbend); sich gelblich verfärbend
flavin(e) Flavin *n (1. Gruppe gelber Acridinfarbstoffe als Desinfektionsmittel; 2. Gruppe gelber Pigmente als Coenzym des Flavoproteins)*
flavin(e) adenine dinucleotide Flavinadenindinukleotid *n*, FAD, Alloxazin-adenin-dinukleotid *n*
flavin(e) enzyme *s.* flavoprotein
flavin(e) icterus Flavinikterus *m*
flavin(e) mononucleotide Flavinmononukleotid *n*, FMN, Riboflavin-5-phosphat *n*
flavin(e) monooxygenase Flavinmonooxygenase *f (Enzym)*
flavin(e) nucleotide Flavinnukleotid *n*
flavivirus Flavivirus *n*
flavobacterium Flavobakterium *n*
flavoenzyme Flavoenzym *n*
flavokinase Flavokinase *f*, Riboflavinkinase *f (Enzym)*
flavone Flavon *n (erhöht Kapillarresistenz)*
flavonoid Flavonoid *n*
flavoprotein *(Bioch)* Flavoprotein *n*, Flavinenzym *n*, gelbes Ferment *n (enthält Flavinnukleotide als prosthetische Gruppe)*
flavoxate hydrochloride Flavoxathydrochlorid *n (Spasmolytikum)*
flaw echo Zwischenecho *n*
flax dressers' phthisis *(Arb)* Flachs(staub)pneumokoniose *f*, Flachsstaublunge(nerkrankung) *f*
flea bite Flohstich *m*, Flohbiss *m*
flea-borne typhus murines [endemisches] Fleckfieber *n (durch Rickettsia mooseri)*
flecainide acetate Flecainazetat *n (Antiarrhythmikum)*
Flechsig's cuticulum Flechsig'sches Kutikulum *n*
Flechsig's field Flechsig'sches Feld *n*, myelinogenetisches Feld *n*
Flechsig's tract Flechsig'sche Bahn *f*, Flechsig-Bahn *f*, Flechsig-Bündel *n*, Flechsig'sches Bündel *n*, Tractus *m* spinocerebellaris dorsalis [posterior], hintere Kleinhirnseitenstrangbahn *f*
fleck dystrophy of the cornea fleckige Korneadystrophie *f*
fleck typhus Fleckfieber *n*, Flecktyphus *m*, Typhus *m* exanthematicus, Hungertyphus *m*, Nervenfieber *n*, Petechialfieber *n*
flecked spleen Fleckmilz *f*, gefleckte Milz *f*
fleckfieber *s.* fleck typhus
fleeting disturbance flüchtige Störung *f*
Flegel's disease Flegel'sche Krankheit *f*, Hyperkeratosis *f* lenticularis perstans
Fleischner's disease Fleischner'sche Krankheit *f*, Osteochondritis *f* der Mittelphalangen
Flemming's centre Flemming'sches Zentrum *n*, Flemming'sches Keimzentrum *n (in Lymphknoten)*

Flemming's fixing fluid Flemming'sche Fixierlösung *f* *(für histologische Schnitte)*
fleroxacin Fleroxacin *n (Antibiotikum)*
flesh 1. Fleisch *n*, Muskulatur *f*; 2. Cutis *f*, Haut *f*
flesh wound Fleischwunde *f*
fleshy mole Fleischmole *f*
flex *v* flektieren, beugen, in eine gebeugte Position bringen; in eine gebeugte Stellung bringen
flexibility Flexibilität *f*
flexible flexibel, biegbar, biegungsfähig; beugungsfähig
flexible catheter flexibler Katheter *m*
flexible fibre-optic endoscope flexibles Faseroptikendoskop *n*
flexile *s.* flexible
fleximeter Fleximeter *n*, Beugungs(winkel)messer *m*
flexio *s.* flexion
flexion 1. Flexion *f*, Abknickung *f*, Biegung *f*; 2. Bogen *m*, gekrümmter Teil *m* [Abschnitt *m*]; 3. *(Anat)* Flexio *f* uteri, Gebärmutterflexion *f*; 4. Flexion *f (des Kindskopfes bei der Geburt)*
flexion contracture Beugekontraktur *f*
flexion crease of the wrist Hand(gelenks)beugefalte *f*
flexion fracture Flexionsfraktur *f*, Biegungsknochenbruch *m*
flexion jacket Flexionskorsett *n*
flexion of the elbow Ellenbogen(gelenk)flexion *f*, Ellenbogen(gelenk)beugung *f*
flexion of the knee Knie(gelenk)flexion *f*, Knie(gelenk)beugung *f*
flexion reflex Beugereflex *m*
Flexner's bacillus Flexner-Bakterium *n*, Shigella *f* flexneri
Flexner's dysentery Flexner'sche Dysenterie *f*, bakterielle Ruhr *f*, Shigellenenteritis *f*
Flexner-Wintersteiner rosette Flexner-Wintersteiner-Rosette *f (bei Retinoblastom)*
flexor 1. flektierend, biegend; 2. flektierend, beugend; Beugungs..., Beuge...
flexor Musculus *m* flexor, Flexor(muskel) *m*, Beugemuskel *m*, Beuger *m*
flexor canal Flexorenkanal *m*
flexor carpi radialis Musculus *m* flexor radialis, radialer Handbeuger *m* [Handbeugemuskel *m*]
flexor carpi radialis brevis (muscle) Musculus *m* flexor carpi radialis brevis, kurzer radialer Handbeuger *m* [Handbeugemuskel *m*]
flexor carpi radialis muscle *s.* flexor carpi radialis
flexor carpi radialis tendon Tendo *f* musculi flexoris radialis, Sehne *f* des radialen Handbeugemuskels
flexor carpi ulnaris Musculus *m* flexor carpi ulnaris, ulnarer Handbeuger *m* [Handbeugemuskel *m*]
flexor carpi ulnaris brevis (muscle) Musculus *m* flexor carpi ulnaris brevis, kurzer ulnarer Handbeuger *m* [Handbeugemuskel *m*]
flexor carpi ulnaris muscle *s.* flexor carpi ulnaris
flexor digiti minimi [quinti] brevis (muscle) of the foot Musculus *m* flexor digiti minimi brevis pedis, kurzer Kleinzehenbeuger *m* [Kleinzehenbeugemuskel *m*]
flexor digiti minimi [quinti] brevis (muscle) of the hand Musculus *m* flexor digiti minimi brevis manus, kurzer Kleinfingerbeuger *m* [Kleinfingerbeugemuskel *m*]
flexor digitorum accessorius (muscle) Musculus *m* flexor digitorum accessorius, Musculus *m* quadratus plantae, Sohlenviereckmuskel *m*
flexor digitorum brevis (muscle) Musculus *m* flexor digitorum brevis, kurzer Zehenbeuger *m* [Zehenbeugemuskel *m*]
flexor digitorum longus (muscle) Musculus *m* flexor digitorum longus, langer Zehenbeuger *m* [Zehenbeugemuskel *m*]
flexor digitorum profundus (muscle) Musculus *m* flexor digitorum profundus, tiefer Fingerbeuger *m* [Fingerbeugemuskel *m*]
flexor digitorum superficialis (muscle) Musculus *m* flexor digitorum superficialis, oberflächlicher Fingerbeuger *m* [Fingerbeugemuskel *m*]
flexor hallucis brevis (muscle) Musculus *m* flexor hallucis brevis, kurzer Großzehenbeuger *m* [Großzehenbeugemuskel *m*]
flexor hallucis longus (muscle) Musculus *m* flexor hallucis longus, langer Großzehenbeuger *m* [Großzehenbeugemuskel *m*]
flexor muscle *s.* flexor
flexor ossis metacarpi pollicis (muscle) Musculus *m* opponens hallucis, Daumengegensteller *m*
flexor pollicis brevis (muscle) Musculus *m* flexor pollicis brevis, kurzer Daumenbeuger *m* [Daumenbeugemuskel *m*]
flexor pollicis longus (muscle) Musculus *m* flexor pollicis longus, langer Daumenbeuger *m* [Daumenbeugemuskel *m*]
flexor reflex Flexorreflex *m*, Beugemuskelreflex *m*
flexor retinaculum of the ankle Retinaculum *n* musculorum flexorum pedis, Ligamentum *n* laciniatum
flexor retinaculum of the hand Retinaculum *n* flexorum (manus)
flexor retinaculum of the wrist Retinaculum *n* flexorum (manus), Ligamentum *n* carpi transversum, Handbeugerhalteband *n*, Beugerhalteband *n*
flexor tendon Flexorsehne *f*, Beugesehne *f*
flexor tunnel *s.* flexor canal
flexorplasty Flexorenplastik *f*, Flexor(muskel)plastik *f*, plastische Flexor(muskel)rekontruktion *f*
flexuose gewunden; Windungs...; gebogen; Biegungs...; wellenförmig; Wellen...
flexura *s.* flexure
flexural Flexur..., Biegungs..., Krümmungs...
flexure Flexur *f*, Biegung *f*, Krümmung *f*
flick movement Flackerbewegungen *fpl (der Augen)*
flicker Flackern *n*; Flimmern *n*
flicker activation Flimmerlichtaktivierung *f*
flicker discrimination Flimmerlichtdiskriminierung *f*
flicker-free image flimmerfreies Bild *n*
flicker fusion Flackerfusion *f*, Flimmerfusion *f (Verschmelzung von Lichtimpulsen)*
flicker fusion frequency Flimmerlichtfusionsfrequenz *f*
flicker phenomenon Flackerphänomen *n*; Flimmerphänomen *n*
flickering image flimmerndes Bild *n*; Bildflackern *n*
flicks *s.* flick movements
flight into disease Flucht *f* in die Krankheit
flight into health Flucht *f* in die Gesundheit
flight of ideas *(Neur)* Ideenflucht *f*
flight-or-fight reaction *(Physiol)* Flucht-oder-Kampf-Reaktion *f*
flight to illness *(Neur)* Flucht *f* in die Krankheit
flight-worthy flugtauglich
flimmer scotoma *(Ophth)* Flimmerskotom *n*
Flinders Island spotted fever Flinders-Island-Fleckfieber *n (durch Rickettsia honei)*
flint disease *s.* chalicosis
flint glass *(Ophth)* Flintglas *n*
Flint's murmur Flint'sches Geräusch *n (bei Aorteninsuffizienz)*
flip einseitige Verbrennung *f*, Verbrennungsstreifen *m (einer Schusswunde)*
flittering scotoma *s.* teichopsia
floaters *(Ophth)* fliegende Mücken *fpl*, Mouches *fpl* volantes *(Glaskörpertrübungen)*

floating cartilage *(Orth)* freier Knorpelgelenkkörper *m*, knorpelige Gelenkmaus *f*
floating gall bladder Gleitgallenblase *f*, Wandergallenblase *f*
floating head *(Gyn)* ballottierender Kopf *m (des Fetus)*
floating kidney Wanderniere *f*, Senkniere *f*, Ren *m* mobilis; Nierensenkung *f*, Nephroptose *f*
floating liver Wanderleber *f*, Hepar *n* migrans [mobile]; Lebersenkung *f*
floating patella *(Chir)* tanzende Patella *f* [Kniescheibe *f*]
floating patella symptom Symptom *n* der tanzenden Patella
floating rib Costa *f* fluctuans, falsche [kurze] Rippe *f*
floating spleen 1. Wandermilz *f*, Lien *m* migrans [mobilis]; 2. Milzsenkung *f*
floccilation Flockenlesen *n*, Floccilatio *f*, Floccilegium *n*, Karphologie *f*, Krozidismus *m*
floccose flockig; Flocken... *(z. B. Bakterienkolonien)*
flocculable ausflockbar, ausflockungsfähig; Ausflockungs...
flocculant (agent) Ausflockungsmittel *n*
floccular 1. *(Anat)* Flocculus...; 2. flockig
flocculate *v* ausflocken, zur Ausflockung bringen
flocculation reaction *(Lab)* Ausflockungsreaktion *f*, Flockungsreaktion *f*, Trübungsreaktion *f*
flocculation test *(Lab)* Ausflockungstest *m*, Flockungstest *m*
floccule *s.* flocculus
flocculent (agent) Flockungsmittel *n*, Ausflockungsmittel *n*
flocculonodular syndrome *(Neur)* Kleinhirnwurmsyndrom *n*, Vermis-Syndrom *n*
flocculoreaction *s.* flocculation reaction
flocculus *(Anat)* Flocculus *m*, Flöckchen *n (Teil der Kleinhirnhemisphäre)*
floctafenine Floctafenin *n (nicht steroidales Antirheumatikum)*
flood *v* profus bluten *(z. B. aus dem Uterus)*
flood fever *s.* tsutsugamushi disease
flooding 1. profuse Gebärmutterblutung *f (z. B. nach Entbindung)*; 2. Überflutung *f*, Angstüberflutung *f (Methode der psychischen Konditionierung)*
floor Boden *m*; Fußboden *m*
floor of mouth Mundboden *m*
floor of mouth cancer Mundbodenkrebs *m*, Mundbodenkarzinom *n*
floor of mouth resection Mundbodenresektion *f*
floor of the fourth ventricle Boden *m* des vierten [IV.] Ventrikels, Solum *n* ventriculi quarti
floor of the nose Nasenboden *m*
floor of the orbit [orbital cavity] Augenhöhlenboden *m*, Orbitalboden *m*
floor of the pelvis Beckenboden *m*, Diaphragma *n* pelvis
floor of the tympanic cavity Paukenhöhlenboden *m*, Solum *n* tympani
floor track Bodenlaufschiene *f*
floppy infant schlaffes Kind *n (bei Verminderung des kontraktilen Muskeltonus)*
floppy infant syndrome *(Päd)* Syndrom *n* des schlaffen Kindes, Floppy-Infant-Syndrom *n (bei Myopathie und zerebralen Erkrankungen)*
floppy valve syndrome *(Kard)* Floppy-valve-Syndrom *n*, Mitralklappenprolapssyndrom *n*, Barlow-Syndrom *n*, Klicksyndrom *n*, Mitralsegelprolaps *m* mit Mitralinsuffizienz
florantyrone Florantyron *n (erhöht Gallevolumen)*
florid florid(e), aufblühend; stark entwickelt
florid phthisis galoppierende Lungentuberkulose *f*
florid thrombophlebitis floride Thrombophlebitis *f*
floss *v* die Zähne mit Zahnseide behandeln
floss Zahnseide *f*
flossing *(Stom)* Zahnseidebehandlung *f (der Zähne)*
flotation device Schwebegerät *n*, Schwebebettmatratze *f*, Dekubitusmatratze *f (zur Patientenlagerung)*
flotation therapy Schwebelagerung *f*, Schwebelagerungstherapie *f (zur Druckgeschwürprophylaxe)*
flow 1. Fluss *m*, Fließen *n*, Strömen *n*; 2. Fluss *m*, Flow *m*, Flussrate *f*, Flow-Rate *f (der Organperfusion)*; 3. *s.* menstruation
flow angle Strömungswinkel *m*
flow artefact Flussartefakt *m*, Strömungsartefakt *m*
flow conditions Flussbedingungen *fpl*, Strömungsverhältnisse *npl*
flow direction Flussrichtung *f*, Strömungsrichtung *m*
flow disturbance Flussstörung *f*, gestörte Strömung *f*
flow image Flussbild *n*, Strömungsbild *n*
flow measurement Flussmessung *f*, Strömungsmessung *f*
flow of blood Blutstrom *m*; Blutströmung *f*
flow of consciousness *(Neur)* Bewusstseinsstrom *m*
flow of thoughts *(Neur)* Gedankenfluss *m*
flow-off channel Abflusskanal *m*, Ablaufkanal *m*
flow pattern Flussmuster *n*, Strömungsmuster *n*
flow rate Flussrate *f*, Strömungsgeschwindigkeit *f*
flow-related contrast flussabhängiger Kontrast *m*, strömungsbedingter Kontrast *m*
flow resistance Gefäßwiderstand *m*; bronchialer Strömungswiderstand *m*
flow sheet Fließkurve *f*, Flussdiagramm *n*, Überwachungskurve *f (z. B. bei der Geburt)*
flow signal Flusssignal *n*, Strömungssignal *n*
flow towards the transducer Fluss *m* in Richtung Schallkopf
flow velocity Flussrate *f*, Strömungsgeschwindigkeit *m*
flow volume Flussvolumen *f*, Durchflussvolumen *n*
flow-volume curve *(Physiol)* Fluss-Volumen-Kurve *f*
Flower's index *(Stom)* Flower-Index *m*, Flower'scher Dental-Index *m*
flowing free speech fließende freie Rede *f*
flowmeter Flussmesser *m*, Flussmessgerät *n*, Flowmeter *n*
flowmeter for oxygen supply *(Anästh)* Sauerstoff Flowmeter *n*
floxacillin Floxacillin *n (Antibiotikum)*
floxuridine Floxuridin *n (Antineoplastikum)*
flu 1. *s.* influenza; 2. grippaler Infekt *m (der oberen Luftwege)*; 3. gastrointestinale Grippe *f*, Magen-Darm-Grippe *f*, grippaler Magen- und Darminfekt *m* • **catch the flu** die Grippe bekommen, sich eine Grippe einfangen • **get the flu** *s.* • catch the flu
flu bug Grippevirus *n*; Grippeerreger *m*
flu case Grippefall *m*
flu epidemic Grippeepidemie *f*
flu outbreak Grippeausbruch *m*; Grippewelle *f*
fluanisone Fluanison *n (Anxiolytikum)*
flucloronide Flucloronid *n (synthetisches Glukokortikoid)*
fluconazole Fluconazol *n (Antimykotikum)*
fluctuant fluktuierend, fließend; Fluss..., Fließ...
fluctuate *v* fluktuieren, wellenförmig fließen, sich in Wellen bewegen
fluctuating attention distributive Aufmerksamkeit *f*
fluctuation Fluktuation *f*, Wellenbewegung *f (z. B. bei Perkussion)*
fluctuation sign Fluktuationszeichen *n (beim Bluterguss)*
fluctuations of consciousness fluktuierendes Bewusstsein *n*
flucytosine Flucytosin *n (Antimykotikum)*
fludarabine phosphate Fludarabinphosphat *n (Antineoplastikum)*

fludeoxyglucose Fludesoxyglukose *f*, Fluorodesoxyglukose *f (bei Positronemissionstomographie)*
fludrocortisone acetate Fludrokortisonazetat *n (Mineralokortikoid, Glukokortikoid)*
fluent aphasia fließende Aphasie *f*
fluid balance Flüssigkeitsgleichgewicht *n*, ausgeglichener Flüssigkeitshaushalt *m*
fluid chromatography Flüssigkeitschromatographie *f*
fluid equilibrium Flüssigkeits(haushalts)gleichgewicht *n*
fluid level Flüssigkeitsspiegel *m (Ileusdiagnostik)*
fluid loss Flüssigkeitsverlust *m*, Körperflüssigkeitsverlust *m*
fluid lung Flüssigkeitslunge *f*, feuchte Lunge *f*, Lungenüberwässerung *f*
fluid management Flüssigkeitsmanagement *n*
fluid monitoring Flüssigkeits(haushalt)überwachung *f*
fluid overload Flüssigkeitsüberlastung *f (z. B. des Kreislaufs)*
fluid replacement Flüssigkeitsersatz *m*, Flüssigkeitsersetzung *f*
fluid resuscitation Flüssigkeitsauffüllung *f*, lebensnotwendige Flüssigkeitszufuhr *f*
fluid retention Flüssigkeitsretention *f*, Flüssigkeitseinlagerung *f*
fluid therapy Flüssigkeitstherapie *f*
fluid volume deficit Flüssigkeitsdefizit *n*, Flüssigkeits(volumen)mangel *m*
fluid volume excess Flüssigkeitsüberschuss *n*, Flüssigkeits(volumen)überschuss *m*
fluid wave Aszitesweile *f*, Aszitesfluktuation *f*
fluidextract Flüssigextrakt *m*
fluidglycerate *(Pharm)* Fluidglyzerat *n*
fluke Plattwurm *m*
flulike *s.* influenzal
flumazenil Flumazenil *n (Benzodiazepinantagonist)*
flumequine Flumequin *n*
flumethasone Flumethason *n (synthetisches Kortikosteroid)*
flumethiazide Flumethiazid *n (Karboanhydrasehemmer)*
flunarizine hydrochloride Flunarizinhydrochlorid *n (Kalziumantagonist)*
flunisolide Flunisolid *n (bei Asthma bronchiale)*
flunitrazepam Flunitrazepam *n (Benzodiazepin)*
fluocinolone acetonide Flucinolonacetonid *n (synthetisches Kortikosteroid)*
fluocinonide Flucinonid *n (synthetisches Kortikosteroid)*
fluocortolone Fluocortolon *n (Glukokortikoid)*
fluoresce *v* fluoreszieren
fluorescein Fluoreszein *n*, Fluorescein *n*, Resorcinolphthalein *n*
fluorescein angiogram Fluoreszeinangiogramm *n*, Fluoreszeingefäßbild *n*
fluorescein angiography Fluoreszeinangiographie *f*, Fluoreszeingefäßdarstellung *f*
fluorescein angioretinography Fluoreszeinangioretinographie *f*, Fluoreszeinnetzhautgefäßdarstellung *f*
fluorescein densimetry curve Fluoreszeindensimetriekurve *f*
fluorescein dye Fluoreszeinfarbstoff *m*, Fluoreszein *n*
fluorescein isothiocyanate Fluoresceinisothiocyanat *n (Antikörpermarker)*
fluorescein-labelled fluoreszeinmarkiert *(z. B. Antikörper)*
fluorescein retina angiography *s.* fluorescein angioretinography
fluorescein-tagged *s.* fluorescein-labelled
fluorescein test *(Ophth)* Fluoreszeinversuch *m (zur Untersuchung des Tränenabflusses)*
fluoresceinuria Fluoresceinurie *f (Vorhandensein von Fluorescein im Urin)*
fluorescence-activated cell sorter Fluoreszenz-Zell-Analysegerät *n*, Fluoreszenz-Zellseparator *m*
fluorescence cytophotometry Fluoreszenzzytophotometrie *f*
fluorescence microscope Fluoreszenzmikroskop *n*
fluorescence-microscopic fluoreszenzmikroskopisch
fluorescence microscopy Fluoreszenzmikroskopie *f*
fluorescent fluoreszierend; Fluoreszenz...
fluorescent angiography Fluoreszenzangiographie *f*
fluorescent antibody Fluoreszenz-Antikörper *m*, fluoreszierender Antikörper *m*
fluorescent antibody examination *(Lab)* Fluoreszenz-Antikörper-Untersuchung *f*
fluorescent antibody reaction Fluoreszenz-Antikörper-Reaktion *f*
fluorescent antibody solution Fluoreszenz-Antikörper-Lösung *f*
fluorescent antibody technique Fluoreszenz-Antikörper-Technik *f*
fluorescent antibody test Fluoreszenz-Antikörper-Test *m*
fluorescent anticomplement conjugate Fluoreszenz-Antikomplement-Konjugat *n*
fluorescent foil Leuchtfolie *f*
fluorescent lamp Fluoreszenzlampe *f*
fluorescent microscope Fluoreszenzmikroskop *n*
fluorescent microscopy Fluoreszenzmikroskopie *f*
fluorescent rabies antibody test Fluoreszenz-Rabies-Antikörper-Test *m*
fluorescent radiation *(Rad)* Fluoreszenzstrahlung *f*
fluorescent screen Fluoreszenzschirm *m*, Leuchtschirm *m*, Röntgenschirm *m*
fluorescent screen examination Leuchtschirmuntersuchung *f*, Durchleuchtung *f*
fluorescent screen image Leuchtschirmbild *n*, Schirmbild *n*
fluorescent screen plane Leuchtschirmebene *f*, Schirmebene *f*
fluorescent treponemal antibody absorption test *(Lab)* Fluoreszenz-Treponema-Antikörper-Absorptionstest *m*
fluorescent treponemal antibody test *(Lab)* Fluoreszenz-Treponema-Antikörper-Test *m*
fluorescin Fluoreszin *n (fluoreszierender Farbstoff)*
fluoridate *v* fluoridieren, fluorisieren, Fluor zusetzen *(Trinkwasser)*
fluoridated table salt fluoridiertes Speisesalz *n*
fluoridation Fluoridierung *f*, Fluorisierung *f*
fluoride dental treatment (direkte) Zahnfluoridierung *f*, Fluorbehandlung *f* der Zähne
fluoride gel Fluoridgel *n*
fluoride intake Fluoraufnahme *f*
fluoride mouthwash Fluoridmundwasser *n*
fluoride poisoning Fluoridvergiftung *f*
fluoride preparation Fluoridpräparat *n*
fluoride prophylaxis *(Stom)* Fluoridprophylaxe *f*
fluoride salt fluoridiertes Salz *n*, Fluoridsalz *n*
fluoride tablet Fluoridtablette *f*
fluoride tooth paste Fluoridzahnpasta *f*, Fluoridzahnpaste *f*, Fluoridzahncreme *f*
fluoridize *v s.* fluoridate
fluorimeter *s.* fluorometer
fluorimetry *s.* fluorometry
fluorination Fluoridierung *f*, Fluorisierung *f*
fluoroacetic acid Fluoressigsäure *f*
fluoroangiophotography Fluoroangiofotografie *f*
fluorocarbon Fluorocarbon *n (künstlicher Sauerstoffträger)*

fluorochrome Fluorochrom *n*, Fluoreszenzfarbstoff *m*, fluoreszierender Farbstoff *m*
fluorochrome staining Fluorochromfärbung *f*
fluorochroming Fluorochromisierung *f*, Fluoreszenzfärbung *f*
fluorocyte fluoreszierender Retikulozyt *m*
fluorograph Leuchtschirmbild *n*, Schirmbild *n*
fluorographic fluorographisch
fluorography Fluorographie *f*, Leuchtschirmfotografie *f*, Röntgenschirmbildverfahren *n*
fluorohydrocortisone acetate Fluorohydrocortisonacetat *n*
fluoroimmunoassay Fluoroimmunoassay *m*, Fluoreszenz-Immunoassay *m*, FIA
fluorometer Fluorometer *n*, Fluorimeter *n*, Fluoreszenzmesser *m*
fluorometric fluorometrisch
fluorometry Fluorometrie *f*, Fluorimetrie *f*, Fluoreszenzmessung *f*
fluoronephelometer Fluoronephelometer *n*
fluorophenylalanine Fluorophenylalanin *n*
fluorophotometry *s.* fluorometry
fluoropyrimidine Fluoropyrimidin *n* *(Antineoplastikum)*
fluoroquinolone Fluoroquinolon *n* *(Antibiotikum)*
fluororadiography Fluororadiographie *f*
fluororoentgenography Röntgenschirmbildfotografie *f*
fluoroscope Fluoroskop *n*, Durchleuchtungsgerät *n*
fluoroscopic fluoroskopisch; Durchleuchtungs...
fluoroscopic check Durchleuchtungskontrolle *f*, Kontrolldurchleuchtung *f*
fluoroscopic conditions Durchleuchtungsbedingungen *fpl*
fluoroscopic diagnosis Durchleuchtungsdiagnostik *f*
fluoroscopic dose Durchleuchtungsdosis *f*
fluoroscopic examination Durchleuchtung *f*
fluoroscopic findings Durchleuchtungsbefunde *mpl*
fluoroscopic goggles Durchleuchtungsbrille *f*, Strahlenbrille *f*
fluoroscopic image Durchleuchtungsbild *n*, Leuchtschirmbild *n*
fluoroscopic phase Durchleuchtungsphase *f*
fluoroscopic plane Durchleuchtungsebene *f*
fluoroscopic position Durchleuchtungsposition *f*
fluoroscopic screen Durchleuchtungs(bild)schirm *m*, Leuchtschirm *m*
fluoroscopic table Durchleuchtungstisch *m*
fluoroscopic time Durchleuchtungszeit *f*
fluoroscopic X-ray unit Durchleuchtungseinheit *f*, Röntgendurchleuchtungsgerät *n*
fluoroscopical *s.* fluoroscopic
fluoroscopist durchleuchtender Radiologe *m* [Arzt *m*]
fluoroscopy Fluoroskopie *f*, Röntgenoskopie *f*, Röntgendurchleuchtung *f*, Durchleuchtung *f* • **carry out fluoroscopy** durchleuchten, eine Durchleuchtung durchführen
fluoroscopy of the chest Thoraxdurchleuchtung *f*
fluoroscopy unit Durchleuchtungseinheit *f*
fluorosis Fluorose *f*, (chronische) Fluorvergiftung *f*
5-fluorouracil 5-Fluorourazil *n* *(Chemotherapeutikum bei Tumoren)*
fluothane anaesthesia Fluothannarkose *f*
fluoxetine hydrochloride Fluoxetinhydrochlorid *n* *(Antidepressivum)*
fluoxymesterone Fluoxymesteron *n*
flupentixol Flupenthixol *n* *(Antipsychotikum)*
fluphenazine Fluphenazin *n* *(Tranquilizer)*
fluphenazine hydrochloride Fluphenazinhydrochlorid *n*
fluprednisolone Fluprednisolon *n* *(synthetisches Kortikosteroid)*
fluprostenol sodium Fluprostenolnatrium *n* *(Prostaglandin)*
flurandrenolide Flurandrenolid *n*, Flurandrenolon *n* *(synthetisches Kortikosteroid)*
flurazepam hydrochloride Flurazepamhydrochlorid *n* *(Hypnotikum)*
flurbiprofen Flurbiprofen *n* *(nicht steroidales Antirheumatikum)*
flurogestone acetate Flurogestonacetat *n*
fluroxene Fluroxen *n* *(Inhalationsanästhetikum)*
flush *v* 1. (aus)spülen, auswaschen; 2. strömen, sich ergießen; 3. erröten, rot werden
flush Flush *m*, Aufwallung *f*, Erröten *n*, Röte *f*
flush aortography *s.* aortography
flush-out solution Auswaschungsflüssigkeit *f*, Spüllösung *f*, Perfusionslösung *f* *(z. B. bei Nierentransplantation)*
flush syndrome Flush-Syndrom *n*, Karzinoidsyndrom *n*
flushing fluid Spülflüssigkeit *f*
fluspirilene Fluspirilen *n* *(Antipsychotikum)*
flutamide Flutamid *n* *(bei Prostatahyperplasie)*
flute *v* einkerben, einriefen, einkehlen
fluted tongue Lingua *f* plicata
fluticasone propionate Fluticasonpropionat *n* *(synthetisches Kortikosteroid)*
flutter Flattern *n*
flutter-fibrillation Flatter-Fibrillation *f*, unreines Flattern *n* *(Wechsel von Flattern und Flimmern)*
flutter wave Flatterwelle *f*, F-Welle *(EKG)*
fluvoxamine maleate Fluvoxaminmaleat *n* *(Serotoninantagonist)*
flux 1. Fluss *m*, Ausfließen *n*, Ausfluss *m* *(z. B. der Galle)*; 2. Abgang *m* *(von Patienten aus dem Krankenhaus)*
fly bite Fliegenbiss *m* *(z. B. durch Pferdefliegen)*
Flynn-Aird syndrome Flynn-Aird-Syndrom *n* *(Muskelschwund, Ataxie, Demenz, Hautatrophie und Augenanomalien)*
FMN *s.* flavin mononucleotide
foam cell Schaumzelle *f*, Xanthomzelle *f*
foam bath Schaumbad *n*
foam rubber mattress Schaumgummimatratze *f*
foaming at the mouth Mundschaum *m* *(z. B. beim epileptischen Anfall)*
focal 1. fokal; Fokus..., Herd...; 2. fokal; Fokus..., Brennpunkt...
focal analysis *(Neur)* Fokalanalyse *f*, Herdanalyse *f*
focal axis Brennachse *f*
focal clouding of nail plates herdförmige Nageltrübungen *fpl*
focal depth Fokustiefe *f*
focal dermal hypoplasia syndrome *(Derm)* Hypoplasia *f* cutis congenita, Naevus *m* lipomatodes superficialis
focal dose *(Rad)* Herddosis *f*
focal embolic encephalomalacia embolische Herdenzephalomalazie *f*
focal epilepsy *(Neur)* Fokalepilepsie *f*, Herdepilepsie *f*, Jackson-Epilepsie *f*
focal glomerulonephritis Herdglomerulonephritis *f*, glomeruläre Herdnephritis *f*
focal haemorrhage Herdblutung *f*, hämorrhagischer Infarkt *m*
focal illumination fokale Beleuchtung *f*
focal infection 1. Fokus *m*, Infektionsherd *m*; 2. Fokalinfektion *f*, Herdinfektion *f*
focal Jacksonian epileptic attack *(Neur)* Jackson-Anfall *m*, Jackson'scher Herdanfall *m*
focal lesion Herdläsion *f*, Herdschädigung *f* *(z. B. des Gehirns)*
focal meningitis fokale Meningitis *f*, Herdmeningitis *f*

focal motor seizure motorischer Herdanfall *m*, motorische Herdepilepsie *f*
focal necrosis Herdnekrose *f*
focal nephritis Herdnephritis *f*
focal neurologic sign (neurologisches) Herdzeichen *n*, Hirnherdzeichen *n*
focal plane Fokusebene *f (z. B. auf einem Tomogramm)*
focal pneumonia Herdpneumonie *f*
focal point Brennpunkt *m*, Fokuspunkt *m*
focal radiation Fokalstrahlung *f*, Herdstrahlung *f*
focal resolution Fokusauflösung *f*
focal scleroderma *s.* circumscribed scleroderma
focal sclerosis Herdsklerose *f*
focal seizure Herdanfall *m*, Herdepilepsie *f*
focal sign Herdzeichen *n*
focal spot *(Rad)* Brennfleck *m*
focal spot deflection Brennfleckablenkung *f*
focal spot location Fokuslage *f*
focal symptom Herdsymptom *n*
focal symptom of the disease Lokalsymptom *n* (einer Krankheit)
focal toxicosis Fokaltoxikose *f*, Fokalsepsis *f*
focal visual field defect herdförmiger Gesichtsfeldausfall *m*
focimeter Fokusmesser *m*
focus 1. Fokus *m*, Herd *m*, Krankheitsherd *m*, Infektionsherd *m*; 2. Schrittmacherzentrum *n*; 3. Fokus *m*, Brennpunkt *m*
focus-cassette distance Fokus-Kassetten-Abstand *m*
focus-collimator distance Fokus-Blenden-Abstand *m*
focus diameter Fokusdurchmesser *m*
focus-grid distance Fokus-Raster-Abstand *m*
focus-object distance Fokus-Objekt-Abstand *m*
focus of a disease Krankheitsherd *m*
focus of infection Infektionsherd *m*
focus-screen distance Fokus-Schirm-Abstand *m*
focus-skin distance Fokus-Haut-Abstand *m*
focus-tumour distance Fokus-Tumor-Abstand *m*
focus(s)ed fokussiert, zentriert
focus(s)ed acoustic field fokussiertes Schallfeld *n*
focus(s)ed activity *(Neur)* gezielte Aktivität *f*
focus(s)ed analysis *(Neur)* gezielte Analyse *f*
focus(s)ed grid *(Rad)* fokussiertes Raster *n*
focus(s)ed ray beam fokussiertes Strahlenbündel *f*, gebündelter Strahl *m*
focus(s)ed ultrasonic beam fokussierter Ultraschallstrahl *m*, gebündelter Ultraschall *m*
focussing Fokussierung *f*, Scharfeinstellung *f*, Bildschärfeeinstellung *f*, Zentrierung *f*
focussing cone Fokussierungskegel *m*, Zentrierkegel *m*
focussing mirror Fokussierungsspiegel *m*
focussing range Fokussierungsbereich *m*
fodrin Fodrin *n (Proteid in Nervenzellen)*
Foerster's operation *(Neur)* Foerster'sche Chordotomie *f*, Resektion *f* der hinteren sensiblen Spinalnervenwurzeln, Rhizotomia *f* posterior
foetal fetal, fötal; Fetus..., Fötus... *(siehe auch unter: foetus)*
foetal age Fetalalter *n*
foetal asphyxia Fetalasphyxie *f*, Fetuserstickung *f*
foetal cartilage Fetalknorpel *m*
foetal circulation Fetalkreislauf *m*
foetal death Fetustod *m*
foetal distress fetale Notsituation *f*, fetaler Gefahrenzustand *m*; intrauterine Asphyxie *f*
foetal endocarditis fetale Endokarditis *f*, Fetusendokarditis *f*
foetal erythroblastosis Erythroblastosis *f* fetalis
foetal growth fetales Wachstum *n*, Fetuswachstum *n*
foetal haemoglobin Fetalhämoglobin *n*, Hämoglobin *n* F, HbF
foetal head Fetuskopf *m*
foetal heart rate fetale Herzfrequenz *f*
foetal heart sounds fetale Herztöne *mpl*
foetal hepatitis Hepatitis *f* fetalis
foetal inclusion *(Terat)* Inclusio *f* fetalis *(Einschluss eines unterentwickelten Fetus im normal entwickelten)*
foetal membrane fetale Membran *f*, Fetalmembran *f*
foetal mortality Fetalmortalität *f*
foetal movement Fetusbewegung *f*, Kindsbewegung *f* (in der Gebärmutter)
foetal period Fetalperiode *f*
foetal placenta fetale Plazenta *f*, Placenta *f* fetalis, Pars *f* fetalis placentae
foetal position Fetalposition *f*, Fetuslage *f*
foetal presentation Fetuslage *f*, Fetuseinstellung *f (bei der Geburt)*
foetal pulmonary maturity fetale Lungenreife *f*
foetal respiration Fetalatmung *f*
foetal souffle Fetalgeräusch *n*; Nabelschnurgeräusch *n*
foetal version Fetaldrehung *f*, Fetusdrehung *f*
foetalism Fetalismus *m*, fetaler Zustand *m* [Restzustand *m*] *(Persistenz fetaler Zeichen nach der Geburt)*
foetation 1. Fetalentwicklung *f*, Fetusentwicklung *f*; 2. *s.* pregnancy
foeticide fetustötend
foetid fötid, übel riechend, stinkend
foetid bronchitis fötide [stinkende] Bronchitis *f*
foetid perspiration Bromhidrosis *f*, übler Schweißgeruch *m*, stinkender Schweiß *m (infolge von Zersetzungsvorgängen)*
foetid stomatitis Stomatitis *f* exsudativa
foetoglobulin Fetoglobulin *n*, Fötuin *n*
foetography Fetographie *f*, Fetusdarstellung *f*
foetology Fetologie *f*, Fetuslehre *f*
foetometric fetus(ver)messend, fetometrisch
foetometry Fetus(ver)messung *f*
foetoplacental unit Fetoplazentaleinheit *f*, fetoplazentale Einheit *f*
foetor Fötor *m*, übler Geruch *m*, Gestank *m*
foetoscopic fetoskopisch
foetoscopy Fetoskopie *f*, Fetusbetrachtung *f*
foetotoxicity Fetotoxizität *f*
foetus *(Cyn)* Fetus *m*, Fötus *m*, Fet *m*, Föt *m*, Leibesfrucht *f (ab 3. Schwangerschaftsmonat; siehe auch unter: foetal)*
foetus death Fetaltod *m*, Leibesfruchttod *m*
foetus loss Abort *m*, Fehlgeburt *f*
foetus maturity Fetusmaturität *f*, Leibesfruchtreife *f*
foetus membrane rupture Amnionruptur *f*, Eihautzerreißung *f*
foetus monitoring Fetusüberwachung *f*
foetus wastage Interruptio *f*, künstlicher Abort *m*, Abtreibung *f* (der Leibesfrucht)
fog Nebel *m*; Schleier *m*
Fogarty (balloon) catheter *(Chir)* Fogarty-Ballon-Katheter *m*
fogged film fault *(Rad)* verschwommener Film *m*
fogging *(Ophth)* Beschlagen *n*; Eintrüben *n*, Eintrübung *f*, Trübung *f*; Blindwerden *n*, Mattwerden *n (z. B. Glas)*
foggy nebelig; von einem Schleier bedeckt; unscharf, verschwommen
foggy film verschwommener Film *m*
foil Folie *f*, Metallfolie *f*
foil carrier Folienträger *m*
foil condenser Folienverdichter *m*
foil gold Foliengold *n*
foil holder Folienhalter *m*
foil impression Folienabdruck *m*

foil manipulator Folienmanipulator *m*; Folienspatel *m*
foil pellet *(Stom)* Folienkügelchen *n*
foil plugger Folienstopfer *m*
foil plugging Folienstopfen *n*, Folienverdichtung *f*
foil scissors Folienschere *f*
foil spatula Folienspatel *m*
Foix-Alajouanine syndrome Foix-Alajouanine-Syndrom *n (Thrombophlebitis der Spinalvenen mit schlaffer Paralyse)*
Foix syndrome Sinus-cavernosus-Syndrom *n*
folacin *s.* folic acid
folate deficiency Folsäuremangel *m*
fold Falte *f*, Plica *f*
fold of the urachus Ligamentum *n* umbilicale mediale [medianum]
folded cravat sling Armschlinge *f*, Armtrageschlinge *f*, Armtragetuch *n*
folding bed Faltbett *n*
folding stand Faltstativ *n*
Foley (balloon) catheter *(Urol)* Foley-Katheter *m*, Dauerkatheter *m*, Ballonkatheter *m*
folia *pl s.* folium
foliaceous blattförmig, blattartig, mit Blättern versehen; Blatt…
foliate papillae Papillae *fpl* foliatae *(Zunge)*
folic acid Folsäure *f*, Pteroylglutaminsäure *f*, N-4-(2-Amino-3,4-dihydro-4-oxo-6-phteridinylmethyl-amino)benzoyl-L-glutaminsäure *f*
folic acid antagonist Folsäureantagonist *m*
folic acid biosynthesis Folsäurebiosynthese *f*
folic acid deficiency Folsäuremangel *m*
folic acid deficiency anaemia Folsäuremangelanämie *f*
folic acid metabolism Folsäurestoffwechsel *m*
folie Geisteskrankheit *f*, Irresein *n*; Psychose *f*, Gemütserkrankung *f*
folinic acid Folinsäure *f*, Leukovorin *n*, Citrovorumfaktor *m*
folinium *(Anat)* Folinium *n*
folliberin Follikelstimulierendes-Hormon-Freisetzungsfaktor *m*, FSH-RF, Follikelreifungshormonfreisetzungsfaktor *m*
follicle Follikel *m*, Bläschen *n (siehe unter: follicular)*
follicle-ripening hormone *s.* follicle-stimulating hormone
follicle rupture Follikelsprung *m*, Ovulation *f (Zusammensetzungen siehe unter: ovulation)*
follicle-stimulating hormone follikelstimulierendes Hormon *n*, FSH, Follikelreifungshormon *n*, Follitropin *n*
follicle-stimulating hormone releasing factor Follikelstimulierendes-Hormon-Freisetzungsfaktor *m*, FSH-RF, Follikelreifungshormonfreisetzungsfaktor *m*
folliclis Folliklis *f*, papulonekrotisches Tuberkuloid *n*, Tuberculosis *f* papulonecrotica
follicular follikulär; Follikel… *(siehe unter: follicle)*
follicular abscess *(Derm)* Follikelabszess *m*
follicular adenocarcinoma follikuläres Adenokarzinom *n*
follicular angina *(HNO)* Angina *f* follicularis
follicular cell *(Gyn)* Follikelzelle *f*, Granulosazelle *f*
follicular conjunctivitis *(Ophth)* Follikelkatarrh *m*, Conjunctivitis *f* follicularis
follicular cyst 1. *(Gyn)* Follikelzyste *f*; 2. *(Stom)* Follikularzyste *f*
follicular development *(Gyn)* Follikelentwicklung *f*
follicular fluid *(Gyn)* Follikelflüssigkeit *f*, Liquor *m* folliculi
follicular hormone *(Gyn)* Follikelhormon *n*, Östrogen *n*
follicular hyperkeratosis *(Derm)* Haarfollikelhyperkeratose *f*, Follikelhyperkeratose *f*
follicular goitre follikuläre Struma *f*
follicular keratosis *(Derm)* Keratosis *f* [Psorospermosis *f*] follicularis, Darier'sche Krankheit *f*, Dyskeratosis *f* follicularis vegetans
follicular maturation *(Gyn)* Follikelreifung *f*
follicular maturation phase *(Gyn)* Follikelreifungsphase *f*
follicular mite Haarbalgmilbe *f*, Demodex *m* folliculorum
follicular naevus *(Derm)* Naevus *m* comedonicus
follicular phase Follikelphase *f (des Menstruationszyklus)*
follicular psoriasis *(Derm)* Psoriasis *f* follicularis
follicular psorospermosis *s.* follicular keratosis
follicular puncture Follikelpunktion *f*
follicular stigma *(Gyn)* Follikelstigma *n*, Follikelzeichen *n*
follicular theca *(Gyn)* Theca *f* folliculi
follicular tonsillitis *(HNO)* Tonsillitis *f* follicularis, Angina *f* lacunaris, follikuläre Angina *f*
follicular trachoma *(Trop)* Follikeltrachom *n*, Trachom *n* im Stadium I
follicular ulcer *(Derm)* Follikelulkus *n*, Follikelgeschwür *n*
follicular vulvitis follikuläre Vulvitis *f*
folliculin *s.* oestrone
folliculitis Follikulitis *f*, Follikelentzündung *f*
folliculogenesis Follikulogenese *f*, Follikelbildung *f*
folliculoid follikelartig
folliculoma Follikulom *n*, Granulosazelltumor *m* der Eierstöcke
folliculose 1. follikelhaltig, follikelreich; 2. follikelartig; Follikel…
folliculosis Follikulose *f (verstärkte Lymphfollikelbildung)*
folliculostatin Follikulostatin *n*, Follistatin *n*
folliculus *s.* follicle
follistatin Follistatin *n*, Follikulostatin *n*
follitropin Follitropin *n (des Hypophysenvorderlappens)*
follow-up Nachsorge *f*, Nachbetreuung *f*, Nachbehandlung *f*, Verlaufskontrolle *f* • **call in for a follow-up check** zur Nachuntersuchung bestellen
follow-up care Nachsorge *f*
follow-up examination Nachuntersuchung *f*
follow-up of a patient Patientennachbeobachtung *f*, Nachkontrolle *f* eines Patienten
follow-up period Nachbeobachtungszeit *f*
follow-up study Verlaufskontrolle *f*
following Folgen *n* von Sinnesreizen *(EEG-Zackenbeschleunigung bei Sinnesreizung)*
fomentation 1. feucht-warmer Umschlag *m*; 2. Anwendung *f* feucht-warmer Umschläge
fomite Fomes *n*, Keimträger *m*, infizierter Gegenstand *m*
Fontan procedure Fontan-Operation *f*, Fontan-Verfahren *n (bei Trikuspidalatresie)*
Fontana's markings *(Histol)* Fontana'sche Markierungen *fpl (an Nervenfasern)*
Fontana's silver stain Fontana'sche Silberfärbung *f* [Silberimprägnierung *f*] *(von Spirochäten)*
Fontana's spaces *(Anat)* Fontana'sche Räume *mpl*, Fontana-Räume *mpl*, Spatia *npl* anguli iridis
fontanel(le) Fontanelle *f*, Fontikulus *m*
fontanel(le) sign Fontanellenzeichen *n*
food 1. Nahrung *f*, Speise *f*, Ernährung *f*; 2. Nahrungsmittel *n*; Lebensmittel *n(npl)* • **after food** nach dem Essen, nach den Mahlzeiten, post cibum • **before food** vor dem Essen, vor den Mahlzeiten, ante cibum • **take food** Nahrung aufnehmen [zu sich nehmen]
food additive Nahrungs(mittel)zusatz *m*; Nahrungsergänzung *f*
food allergy Nahrungsmittelallergie *f*
food and drug interaction Nahrungsmittel-Arzneimittel-Wechselwirkung *f*
food ball *s.* phytobezoar
food-borne nahrungs(mittel)übertragen, durch Nahrungsmittel übertragen
food chain *(Ökol)* Nahrungskette *f*
food contaminant Nahrungs(mittel)kontaminationsmittel *n*
food contamination Nahrungsmittelkontamination *f*

food debris Speisereste *mpl*, Nahrungsreste *mpl (in der Mundhöhle)*
food exchange list Nahrungsaustauschliste *f*
food hypersensitivity reaction Nahrungsmittelallergie *f*
food insalivation Nahrungseinspeichelung *f*
food passages Nahrungswege *mpl*, Speisewege *mpl*
food poisoning Nahrungsmittelvergiftung *f*
food taking Nahrungsaufnahme *f*
foot Fuß *m*, Pes *m*
foot-and-mouth disease Maul- und Klauenseuche *f*, Aphthenseuche *f*, Stomatitis *f* epidemica, Aphtha *f* epizootica
foot bath Fußbad *n*
foot cell Füßchenzelle *f*, Fußzelle *f*
foot clonus Fußklonus *m*
foot cuff Fußmanschette *f*
foot deformity Fußdeformität *f*
foot drop Spitzfuß *m*, Pes *m* equinus; Spitzfußstellung *f*
foot-drop gait *(Neur)* Steppergang *m*, Hahnentritt *m (bei Peroneuslähmung)*
foot exarticulation *(Chir)* Fußexartikulation *f*
foot injury Fußverletzung *f*
foot lever Fußhebel *m*, Fußpedal *n*, Fußschalter *m*
foot-operated mit dem Fuß betätigt, fußbetrieben
foot presentation *(Gyn)* Fußlage *f*, Fußvorlagerung *f (bei der Geburt)*
foot process Füßchenfortsatz *m*
foot pulse Fußpuls *m*
foot soreness Wundsein *n* (der Füße); wunde Füße *mpl*
foot spray Fußspray *m(n)*
foot support Fußstütze *f*
football knee Fußball(er)knie *n*
footboard Fußbrett *n (im Bett)*; Bettkasten *m*; Trittbrett *n*
footling (presentation) *s.* foot presentation
footplate Fußplatte *f*
footplate of the stapes *(HNO)* Steigbügelplatte *f*, Basis *f* stapedis
footprint Fußabdruck, Fußspur *f*, Ichnogramm *n*
footprinting *(Gen)* Ankopplung *f*
foramen *(Anat)* Foramen *n*, Loch *n*, Öffnung *f*
foramen caecum of the frontal bone Foramen *n* caecum ossis frontalis
foramen caecum of the medulla oblongata Foramen *n* caecum medullae oblongatae
foramen caecum of the tongue *s.* foramen of Morgagni
foramen of Bochdalek Bochdalek'sches Dreieck *n*, Trigonum *n* lumbocostale, Hiatus *m* pleuroperitonealis
foramen of Luschka Foramen *n* Luschkae, Apertura *f* lateralis ventriculi quarti
foramen of Magendi Foramen *n* Magendii, Apertura *f* mediana ventriculi quarti
foramen of Monro Foramen *n* Monroi [interventriculare]
foramen of Morgagni Foramen *n* Morgagnii [caecum linguae]
foramen of Scarpa Foramen *n* incisivum medianum
foramen of Stenson Foramen *n* incisivum laterale
foramen of Vicq d'Azyr Foramen *n* caecum posterius
foramen of Winslow Foramen *n* Winslowi [epiploicum]
foramen ovale of the heart Foramen *n* ovale cordis
foramen ovale of the sphenoid (bone) Foramen *n* ovale ossis sphenoidalis
foramenotomy Foramenotomie *f*
foramina *pl s.* foramen
foraminal Foramen..., Fenster...
foraminal hernia Foramenhernie *f*, innere Hernie *f*
foraminiferous gefenstert, mit einem Fenster (versehen), mit Fenstern
foraminotomy Foraminotomie *f*, Foramenerweiterung *f*, (operative) Wirbelfenstervergrößerung *f*
foraminous entry Forameneintritt *m*
Forbes-Albright syndrome Forbes-Albright-Syndrom *n*, Galaktorrhö-Amenorrhö-Syndrom *n*
Forbes-Hers syndrome Forbes-Hers-Syndrom *n*, Glykogenose *f* Typ III b
Forbes syndrome Forbes-Syndrom *n*, Glykogenose *f* Typ III a, Debrancher-Glycogenose *f*
forced alimentation 1. Hyperalimentation *f*, 2. Zwangsernährung *f*
forced attitude Zwangshaltung *f*
forced diuresis *(Nephr)* forcierte Diurese *f* [Harnausscheidung *f*] • **carry out forced diuresis** eine forcierte Diurese durchführen
forced expiration Atemstoß *m*
forced expiration test Atemstoßtest *m*
forced expiratory flow forcierter exspiratorischer Fluss *m*
forced expiratory time forcierte Exspirationszeit *f*, Atemstoßzeit *f*
forced expiratory volume forciertes exspiratorisches Volumen *n*, Einsekundenkapazität *f*, FEV_1; Atemstoßvolumen *n*
forced expired vital capacity forcierte Vitalkapazität *f*, FVC
forced feeding *s.* forced alimentation
forced-inhalation abdominal breathing forcierte Abdominalatmung *f*
forced therapy Zwangsbehandlung *f*, zwangsweise Therapie *f*
forced thinking *(Neur)* Zwangsdenken *n*, Gedankendrängen *n*; Gedankeneingebung *f*
forced ventilation Zwangsbeatmung *f*
forced vital capacity forcierte Vitalkapazität *f*, FVC
forceps Forzeps *m(f)*, Forceps *m*, Fasszange *f*, Geburtszange *f*, Zange *f*, Pinzette *f* • **apply the forceps to the head** die Geburtszange am Kopf ansetzen
forceps baby Zangengeburt *f*
forceps blade Zangenblatt *n*, Zangenbranche *f*
forceps delivery Zangengeburt, Zangenentbindung *f*, Extraktion *f*
forceps extraction Zangenextraktion *f (z. B. der Augenlinse)*
forceps operation Zangenoperation *f*, Zangengeburt *f*
forceps rotation Zangenwendung *f*, Geburtszangendrehung *f*
forceps set Zangensatz *m*
forceps tenaculum Hakenzange *f*, Muttermundfasszange *f*
Forchheimer spots Forchheimer'sche Flecken *mpl (bei Röteln am Gaumen sichtbar)*
forcible inspiration mechanische Beatmung *f*, assistierte Beatmung *f*
forcipal Forzeps..., Zangen...; Pinzetten...
forcipate zangenförmig; Zangen...; pinzettenförmig; Pinzetten...
forcipressure Blutgefäßabklemmung *f*, Abklemmung *f* (von Blutgefäßen)
Fordyce's angiokeratoma Fordyce'sches Angiokeratoma *n (Gefäßpapeln am Skrotum)*
Fordyce's disease 1. *s.* Fordyce's granules; 2. Fox-Fordyce-Krankheit *f (Auftreten von juckenden Papeln in Achselhöhlen und Schamgegend)*
Fordyce's granules Fordyce'sche Krankheit *f*, Fordyce'sche Granula *npl*, ektope Talgdrüsen *fpl (z. B. an Lippen)*
Fordyce's spots *s.* Fordyce's granules
forearm Antebrachium *n*, Unterarm *m*, Vor(der)arm *m*
forearm cuff Unterarmmanschette *f*
foreboding of an epileptic seizure epileptische Aura *f*

forebrain Vorderhirn *n*, Prosenzephalon *n (aus Dienzephalon und Telenzephalon)*
forefinger Index *m*, Zeigefinger *m*, Digitus *m* secundus
forefoot Vorderfuß *m*, Vorfuß *m*
forefoot gangrene Vorfußgangrän *f*
foregilding *(Histol)* Vorbehandlung *f* mit Goldsalzen *(von Nervengewebe)*
foregut *(Embr)* Vorderdarm *m*
forehead Stirn *n*, Frons *f*, Vorderhaupt *n (siehe unter: frontal)* • **wipe the forehead** *(Chir)* die Stirn abwischen • **wrinkle one's forehead** die Stirn runzeln
forehead band Stirnband *n*
forehead flap Stirnlappen *m*
forehead lamp Kopflampe *f*, Stirnlampe *f*
forehead mirror Kopfspiegel *m*, Stirnspiegel *m*
foreign fremd
foreign body Fremdkörper *m*
foreign-body extraction forceps Fremdkörperextraktionszange *f*
foreign-body forceps Fremdkörper(fass)zange *f*
foreign-body giant cell *(Histol)* Fremdkörperriesenzelle *f*
foreign-body giant cell reaction Fremdkörperriesenzellenreaktion *f*
foreign-body granuloma Fremdkörpergranulom *n*
foreign body in airway Fremdkörper *m* in den Luftwegen
foreign body in ear Fremdkörper *m* im Ohr
foreign body in eye Fremdkörper *m* im Auge
foreign body in oesophagus Fremdkörper *m* in der Speiseröhre
foreign body in throat Fremdkörper *m* im Rachen
foreign-body irritation Fremdkörperreiz *m*
foreign body obstruction Fremdkörperobstruktion *f*
foreign-body reaction Fremdkörperreaktion *f*
foreign-body removal Fremdkörperentfernung *f*
foreign-body sensation Fremdkörpergefühl *n*
foreign-body vasculitis Fremdkörpervaskulitis *f*
foreign material Fremdmaterial *m*
foreign protein Fremdeiweiß *n*
forekidney Vorniere *f*, Pronephros *m*
foremilk Vormilch *f*, Kolostrum *n*, Kolostralmilch *f*
forensic forensisch, gerichtlich; gerichtsmedizinisch
forensic dental expert zahnärztlicher Sachverständige(r) *m*, zahnärztlicher Gerichtsgutachter *m*
forensic dentistry forensische Zahnmedizin *f*
forensic medicine Gerichtsmedizin *f*, forensische Medizin *f*, Rechtsmedizin *f*
forensic psychiatric examination forensisch-psychiatrische Untersuchung *f*, forensisch-psychiatrisches Gutachten *n*
forensic psychiatry *(Neur)* forensische Psychiatrie *f*, gerichtliche Psychiatrie *f*
foreshortened image (perspektivisch) verkürzte Röntgenaufnahme *f*
foreskin Vorhaut *f*, Präputium *n (Zusammensetzungen siehe unter: prepuce, preputial)*
forest yaws *s.* American cutaneous-mucocutaneous leishmaniasis
Forestier's disease Forestier-Krankheit *f*, Hyperostosis *f* ankylosans vertebralis senilis
forewaters *(Gyn)* Vorwasser *n*
forgetfulness *(Neur)* Vergesslichkeit *f*, Zerstreutheit *f*, Vergessen *n*
forked tongue Spaltzunge *f*, Lingua *f* bifida
form of faeces Stuhlform *f*
form of therapy [treatment] Therapieform *f*, Behandlungsart *f*
form sense Form(en)sinn *m*
formal thought disorder *(Neur)* formale Denkstörung *f*
formaldehyde Formaldehyd *m*, Methanal *n*
formaldehyde dehydrogenase Formaldehyddehydrogenase *f (Enzym)*
formalin Formalin *n*, (wässrige) Formaldehydlösung *f (Desinfektionsmittel, Fixierungsmittel für histologische und anatomische Präparate)*
formalin-detoxified diphtherial toxin formalinentgiftetes Diphtherietoxin *n*
formalin-ethylene oxide inactivated vaccine durch Formalin und Ethylenoxid inaktivierter Impfstoff *m*
formalin-inactivated measles virus vaccine formalininaktivierter Masernvirusimpfstoff *m*
formalin instillation Formalininstillation *f*
formalin-killed formalin(ab)getötet, mit Formalin (ab)getötet
formal(in)ize *v* mit Formalin [Formaldehyd] behandeln
formamidase Formamidase *f (Enzym)*
formate dehydrogenase Formatdehydrogenase *f (Enzym)*
formatio *(Anat)* Formatio *f (im Gehirn)*
formation 1. *s.* formatio; 2. Formation *f*, Bildung *f*, Entstehung *f*
formation of a false joint Scheingelenkbildung *f*, Pseudarthrosenentstehung *f*
formation of condensed water Kondenswasserbildung *f*
formation of nodules Knotenbildung *f*
formboard *(Neur)* Formbrett *n (zur Testung des Tastsinns)*
formed elements of blood geformte Blutbestandteile *mpl*
formed stool geformter Stuhl *m*
formic acid Ameisensäure *f*, Acidum *n* formicum, Forminsäure *f*
formic aldehyde *s.* formaldehyde
formicant pulse Pulsus *m* formicans
formication *(Neur)* Formikation *f*, Ameisenlaufen *n*, Kribbeln *n*, Kribbelgefühl *n*
formiciasis Formiciasis *f*, Vergiftung *f* durch Ameisengift
formiminoglutamic acid Formiminiglutaminsäure *f*
formiminotetrahydrofolate Formiminotetrahydrofolat *n (Histidinmetabolit)*
formiminotetrahydrofolate cyclodeaminase Formiminotetrahydrofolatcyclodesaminase *f (Enzym)*
formiminotransferase Formiminotransferase *f (Enzym)*
formiminotransferase deficiency Glutamatformiminotransferasemangel *m*
forming pliers Formzange *f*
formol *s.* formalin
formol gel reaction Formol-Gel-Reaktion *f*
formol toxoid Formoltoxoid *n*
formolage Formalin(durch)spülung *f (Echinokokkuszysten)*
formolated vaccine formolinaktivierter Impfstoff *m*
formolize *v* mit Formalin [Methanal] behandeln
formoterol fumarate Formoterolfumarat *n (Antiasthmatikum)*
formula 1. Rezept *n*, Verschreibung *f*; 2. *(Pharm)* Rezeptur *f*, Formula *f*, Rezeptformel *f*
formylglycinamide ribotide Formylglycinamidribotid *n (Metabolit der Purinbiosynthese)*
formylmethionine Formylmethionin *n*
formyltetrahydrofolate Formyltetrahydrofolat *n*
formyltetrahydrofolate cycloligase Formyltetrahydrofolatligase *f (Enzym)*
formyltetrahydrofolate dehydrogenase Formyltetrahydrofolatdehydrogenase *f (Enzym)*
formyltransferase Formyltransferase *f (Enzym)*
fornical commissure *(Anat)* Commissura *f* fornicis (hippocampi), Fornixkommissur *f*

fornicate bogenförmig, gewölbeförmig, gewölbt; Gewölbe...
fornix *(Anat)* Fornix *m*, Gewölbebogen *m*, Gewölbe *n*
fornix of the conjunctiva Fornix *m* conjunctivae, Bindehautscheitel *m*
fornix of the stomach Fundus *m* ventriculi, Magenfundus *m*, Magengrund *m*
fornix of the vagina Fornix *m* vaginae, Scheidengewölbe *n*
Forsius-Eriksson syndrome Forsius-Eriksson-Syndrom *n*, okulärer Albinismus *m* vom Forsius-Eriksson-Typ
Forssel's syndrome Forssel-Syndrom *n*, sekundäre nephrogene Polyzythämie *f*
Forssman's antibody Forssman-Antikörper *m*, F-AK
Forssman's antigen Forssman-Antigen *n*, F-Antigen *n*, heterogenisches Antigen *n*
Förster's atonic-astatic syndrome *s.* Förster's diplegia
Förster's choroiditis Förster'sche Choroiditis *f*, areoläre zentrale Choroiditis *f*
Förster's diplegia Förster'sche atonisch-astatische Diplegie *f*
Förster's disease *s.* Förster's choroiditis
Förster's photometer Förster-Photometer *n*, Photoptometer *n (Gerät zur Bestimmung der lichtabhängigen Sehschärfe)*
Förster's syndrome *s.* Förster's diplegia
Fort Bragg fever Fort-Bragg-Fieber *n*, prätibiales Fieber *n*, Japanisches Herbstfieber *n*, Japan-Herbstfieber *n (durch Leptospira autumnalis)*
fortified milk angereicherte Milch *f*
fortified vitamin D milk vitamin-D-angereicherte Milch *f*
forward deviation of the hand Manus *f* flexa
forward movement Vorwärtsbewegung *f*
foscarnet sodium Foscarnet-Natrium *n*, Trinatriumphosphonoformiat *n (Virostatikum)*
fosfomycin tromethamine Fosfomycintromethamin *n*
fosinopril sodium Fosinapril-Natrium *n (ACE-Hemmer)*
fossa Fossa *f*, Grube *f*, Vertiefung *f*
fossette Grübchen *n*, Delle *f*
fossile tooth fossiler Zahn *m*
fossula Fossula *f*, kleine Vertiefung *f*
Foster-Kennedy syndrome Foster-Kennedy-Syndrom *n*, homolaterale Optikusatrophie *f* mit kontralateraler Stauungspapille *(bei Stirnhirntumoren)*
Fothergill disease Fathergill-Krankheit *f*, (schwere) Scharlachangina *f*, Scarlatina *f* anginosa; 2. *s.* trigeminal neuralgia
Fothergill neuralgia *s.* trigeminal neuralgia
Fothergill operation Fothergill-Operation *f*, Manchester-Operation *f*
foudroyant foudroyant, gefährlich, blitzartig, plötzlich einsetzend, unerwartet *(z. B. Krankheitsverlauf)*
foul odour of faeces fauler Stuhlgeruch *m*
foul-smelling belching faules Aufstoßen *n*
foundling Findling *m*, ausgesetztes Kind *n*
fountain decussation 1. *(Anat)* Decussatio *f* tegmenti ventrale, Forel'sche Haubenkreuzung *f*, 2. *s.* fountain decussation of Meynert
fountain decussation of Meynert Meynert'sche Haubenkreuzung *f*, Meynert-Haubenkreuzung *f*, Decussatio *f* tegmenti dorsale
four-chamber ... *s.* four-chambered ...
four-chambered echo view 1. Vier-Kammer-Blick *m*, Vier-Kammer-Ansicht *f (bei der Echokardiographie)*; 2. Vier-Kammer-Echokardiogramm *n*
four-chambered heart Vier-Kammer-Herz *n*
four-handed dentistry vierhändiges Arbeiten *n (Zahnarzt und Helferin)*
four-poster cast Vierpfeilergips *m (für die Halswirbelsäule)*
four-tailed bandage Schleuderverband *m*, Schleuder *f*, Schleuderbinde *f*
four-tailed bandage for nose Nasenschleuder *f*, Nasenschleuderverband *m*
four-tailed bandage for occiput Hinterhauptschleuder *f*, Okziputschleuderverband *m*
four-tailed bandage for vertex Kopfschleuder *f*, Kopfschleuderverband *m*
four times a day *(Pharm)* viermal täglich, quater in die, q.i.d.
four-week menstrual cycle vierwöchiger Menstruationszyklus *m*
fourchet(te) *s.* frenulum of the pudendum
Fournier's disease Fournier'sche Krankheit *f (Weichteilinfektion des Skrotums mit Gangrän)*
Fournier's gangrene *s.* Fournier's disease
fourth cranial nerve IV. [vierter] Hirnnerv *m*, Nervus *m* trochlearis
fourth-degree burn *s.* burn of fourth degree
fourth-degree frostbite Erfrierung *f* IV. [vierten] Grades, viertgradige Erfrierung *f*
fourth heart sound vierter [IV.] Herzton *m*, S_4, Vorhofton *m*
fourth toe Digitus *m* IV (pedis), vierte Zehe *f*
fourth venereal disease vierte Geschlechtskrankheit *f*, Lymphogranuloma *n* venereum [inguinale], Lymphopathia *f* venerea, Lymphadenitis *f* granulomatosa venerea, Lymphomatosis *f* inguinalis (suppurativa) subacuta
fourth ventricle Ventriculus *m* quartus, vierte Hirnkammer *f*, IV. Hirnventrikel *m*
fovea Fovea *f*, Grube *f*, Delle *f*
fovea of the head of the femur Fovea *f* capitis femoris
fovea of the head of the radius Fovea *f* capituli radii
foveal foveal; Fovea...
foveal vision direktes [zentrales] Sehen *n*, Foveasehen *n*
foveation Eindellung *f*, Dellenbildung *f*, Delle *f*
foveola Foveola *f*
foveolar reflex Foveareflex *m*
foveolate Foveola...
foveomacular foveomakulär; Fovea-Makula-...
Foville's syndrome Foville-Syndrom *n*, Syndrom *n* der kaudalen Brückenhaube
Fowler's position *(Chir)* Fowler-Lagerung *f*, halb sitzende Lagerung *f*, Peritonitislagerung *f*
foxglove Digitalis *f*, Fingerhut *m (Zusammensetzungen siehe unter: digitalis)*
fraction of inspired oxygen Sauerstoffgehalt *m* der Einatmungsluft, inspirierter O_2-Anteil *m*, FiO_2
fractional caudal anaesthesia fraktionierte Kaudaanästhesie *f*, kaudale Daueranästhesie *f*
fractional dilatation and curettage fraktionierte Dilatation *f* und Kürettage *f*
fractional distillation fraktionierte Destillation *f*
fractional dose fraktionierte Dosis *f*, Teildosis *f*
fractional irradiation fraktionierte Bestrahlung *f*
fractional spinal anaesthesia fraktionierte Spinalanästhesie *f*, spinale Daueranästhesie *f*
fractional sterilization fraktionierte Sterilisation *f*
fractionally protracted irradiation fraktioniert-protrahierte Bestrahlung *f*
fractionate *v* fraktionieren
frationated dose fraktionierte [geteilte] Dosis *f*, Teildosis *f*
frationated irradiation fraktionierte Bestrahlung *f*, Teilbestrahlung *f*
frationated radiotheapy fraktionierte Radiotherapie *f*, fraktionierte Strahlenbehandlung *f*
fractionation 1. Fraktionierung *f*, Aufteilung *f (z. B. einer Dosis)*; 2. *(Bioch)* Fraktionierung *f (z. B. von Substanzen)*; 3. *(Lab, Histol)* Fraktionierung *f*, Auftrennung *f* in Fraktionen *(z. B. beim Zentrifugieren)*

fractionation radiation fraktionierte Bestrahlung *f*, Dosisfraktionierung *f*, fraktionierte Strahlenbehandlung *f*
fractography Fraktographie *f*
fracture *v* brechen *(Knochen)*
fracture Fraktur *f*, Knochenbruch *m* • **set a fracture** einen Bruch einrichten, eine Fraktur richten
fracture area Frakturgebiet *n*; Frakturfläche *f*, Bruchfläche *f*
fracture bed *(Chir)* Frakturbett *n*, Knochenbruchbett *n*
fracture by contrecoup Kontrekoupfraktur *f*, Kontrekoupknochenbruch *m*
fracture callus Frakturkallus *m*
fracture clasp Frakturklammer *f*
fracture cleft Frakturspalt *m*, Bruchspalt *m*
fracture-dislocation Dislokationsfraktur *f*, Dislokationsknochenbruch *m*
fracture displacement Frakturdislokation *f*, Knochenbruchverschiebung *f*, Bruchverschiebung *f*
fracture fragment Frakturfragment *n*, Knochenbruchstück *n*, Bruchstück *n*
fracture healing Frakturheilung *f*, Bruchheilung *f*
fracture line Frakturlinie *f*, Knochenbruchlinie *f*, Bruchlinie *f*
fracture mechanism Frakturmechanismus *m*, Bruchmechanismus *m*
fracture nail Frakturnagel *m*, Knochenbruchnagel *m*
fracture of a crown Zahnkronenfraktur *f*, Kronen(ab)bruch *m*
fracture of a transverse process Querfortsatzfraktur *f*
fracture of a vertebra Wirbelkörperfraktur *f*
fracture of both ankles bilaterale Knöchelfraktur *f*, bimalleoläre Sprunggelenkfraktur *f*
fracture of shin bones Unterschenkelknochenbruch *m*, Fraktur *f* der Unterschenkelknochen
fracture of the acetabulum Azetabulumfraktur *f*
fracture of the ankle bone Talusfraktur *f*, Sprungbeinfraktur *f*
fracture of the base of the skull Schädelbasisfraktur *f*
fracture of the breast bone Brustbeinfraktur *f*, Sternumfraktur *f*
fracture of the calcaneus bone Kalkaneusfraktur *f*, Fersenbeinfraktur *f*
fracture of the clavicle Klavikulafraktur *f*, Schlüsselbeinfraktur *f*
fracture of the coccygeal bone Steißbeinfraktur *f*
fracture of the collarbone Klavikulafraktur *f*, Schlüsselbeinbruch *m*
fracture of the diaphysis of the humerus Humerusschaftfraktur *f*
fracture of the digital phalanx Fingergliedfraktur *f*
fracture of the femoral neck Schenkelhalsfraktur *f*
fracture of the femur Femurfraktur *f*, Oberschenkel(knochen)bruch *m*
fracture of the femur head Femurkopffraktur *f*
fracture of the fibula Fibulafraktur *f*, Wadenbein(knochen)bruch *m*
fracture of the head of the humerus Humeruskopffraktur *f*, Fraktur *f* des Humeruskopfes
fracture of the humerus condyle Humeruskondylusfraktur *f*
fracture of the humerus epicondyle Fraktur *f* des Epicondylus humeri
fracture of the ischial bone Sitzbeinfraktur *f*, Hüftbeinfraktur *f*
fracture of the knee-cap Patellafraktur *f*, Kniescheiben(knochen)bruch *m*
fracture of the lateral ankle Außenknöchelfraktur *f*, laterale Sprunggelenkfraktur *f*
fracture of the mandible Mandibula(r)fraktur *f*, Unterkieferbruch *m*
fracture of the medial ankle Innenknöchelfraktur *f*, mediale Sprunggelenkfraktur *f*
fracture of the metacarpal bone Mittelhandknochenfraktur *f*
fracture of the metatarsal bone Metatarsalfraktur *f*, Mittelfußknochenbruch *m*
fracture of the navicular bone Kahnbeinfraktur *f*
fracture of the nose Nasen(bein)bruch *m*
fracture of the olecranon Olekranonfraktur *f*
fracture of the odontoid process of epistropheus Dens-axis-Fraktur *f*
fracture of the patella Patellafraktur *f*, Kniescheibenfraktur *f*
fracture of the pelvis Beckenfraktur *f*, Beckenknochenbruch *m*
fracture of the pubic bone Schambeinfraktur *f*
fracture of the radius Radiusfraktur *f*
fracture of the ribs Rippenfraktur *f*
fracture of the sacrum Kreuzbeinfraktur *f*
fracture of the scaphoid bone Kahnbeinfraktur *f*
fracture of the shoulder blade Skapulafraktur *f*, Schulterblattfraktur *f*
fracture of the skull Schädelfraktur *f*
fracture of the sphenoid bone Keilbeinfraktur *f*
fracture of the spinous process Dornfortsatzfraktur *f*
fracture of the temporal bone Schläfenbeinfraktur *f*
fracture of the tibial condyles Tibiakondylenfraktur *f*
fracture of the tibial head Tibiakopffraktur *f*
fracture of the toe Zehenfraktur *f*, Zehenknochenbruch *m*
fracture of the vertebral arch Wirbelbogenfraktur *f*
fracture of the vertebral body Wirbelkörperfraktur *f*
fracture of three ankles trimalleoläre Sprunggelenkfraktur *f*
fracture outline Frakturform *f*, Knochenbruchform *f*
fracture path Frakturverlauf *m*
fracture pin Knochennagel *m*
fracture-separation of the symphysis pubis Symphysensprengung *f*
fracture site Frakturstelle *f*, Knochenbruchstelle *f*, Bruchstelle *f*
fracture splint Frakturschiene *f*, Bruchschiene *f*
fracture splinting Frakturschienung *f*
fracture stabilizer Frakturstabilisator *m*
fracture staple Knochenklammer *f*
fracture stress Frakturspannung *f*, Bruchspannung *f*
fracture surgeon Traumatologe *m*
fracture threshold Frakturschwelle *f*
fracture treatment Frakturbehandlung *f*, Bruchbehandlung *f*
fractured base Schädelbasisbruch *m*
fractured pelvis Beckenbruch *m*
fractured skull Schädelfraktur *f*, Schädelbruch *m*
fractured tooth frakturierter [gebrochener] Zahn *m*
fragile X chromosome fragiles X-Chromosom *n*
fragile X-linked mental retardation Fragile-X-Syndrom *n*, Marker-X-Syndrom *n*, Martin-Bell-Syndrom *n (X-chromosomal vererbte Makrogenitosomie und Makroorchidie infolge Brüchigkeit des X-Chromosoms)*
fragile X syndrome *s.* fragile X-linked mental retardation
fragility Brüchigkeit *f (z. B. von Haaren, Nägeln)*
fragilocyte fragiler Erythrozyt *m (infolge verminderter osmotischer Resistenz)*
fragilocytosis Fragilozytose *f (Vorhandensein von Fragilozyten im Blut)*
fragment Fragment *n*, Bruchstück *n*
fragment displacement Fragmentdislokation *f*, Bruchstückverschiebung *f*
fragment of a dental crown Zahnkronenfragment *n*, Kronenbruchstück *n*

fragmentation Fragmentation *f*, Zerfall *m* in Bruchstücke
fragmentation myocarditis Fragmentationsmyokarditis *f*
fragmentation of the myocardium Myokardfragmentation *f*
fragmented fracture Trümmerfraktur *f*, fragmentierte Fraktur *f*
fragmentography Fragmentographie *f*
frail 1. gebrechlich, hinfällig; 2. frakturgefährdet, bruchgefährdet
frail elder gebrechlicher älterer Mensch *m*
frail patient gebrechlicher Patient *f*, gebrechlicher Kranker *m*
framb(o)esia Framboesia *f* tropica, Frambösie *f*, Himbeerkrankheit *f*, Himbeerwarzensucht *f*, Erdbeerpocken *pl*, Pian *m (durch Treponema pertenue)*
framb(o)esiform frambösieartig
framb(o)esiform sycosis Sycosis *f* framboesiformis Hebra, Folliculitis *f* nuchae, Dermatitis *f* papillaris capillitii
framb(o)esioma Frambösie-Initialaffekt *m*, Primäraffekt *m* der Frambösie
frame retractor *(Chir)* Rahmenretraktor *m*
frame size Bildgröße *f*
frame speed Bildfrequenz *f*
frame stability Bildstabilität *f*, Bildstillstand *m*; stehendes Bild *n*
framework *(Stom)* Gerüst *n (einer Prothese)*
framework forming Gerüstformung *f*, Gerüstgestaltung *f*
Franceschetti-Jadassohn syndrome Franceschetti-Jadassohn-Syndrom *n*
Franceschetti's syndrome Franceschetti-Syndrom *n*, Dysostosis *f* mandibulofacialis
Francisella tularensis Francisella *f* tularensis *(Erreger der Tularämie)*
Franco's operation suprapubische Zystotomie *f*, suprapubische Zystotomie *f*
frank klinisch manifest, eindeutig; klinisch evident; unmissverständlich
frank breech presentation *(Gyn)* Steißlage *f (bei der Geburt)*
Frank-Sterling curve Frank-Sterling'sche Kurve *f*, Frank-Sterling-Kurve *f*
Frankel classification Frankel'sche Klassifikation *f* (der Rückenmarkverletzungen) *(Typ A bis Typ E)*
Fränkel's speculum *(HNO)* Fränkel-Spekulum *n*
Fränkel's test Fränkel-Test *m*; Fränkel-Zeichen *n (Seitneigung des Kopfes zum Nachweis von Kieferhöhleneiterungen)*
Franois' syndrome Franois-Syndrom *n*, okulomandibulofaziales Syndrom *n*
Fraser syndrome *(Gen)* Fraser-Syndrom *n*, Kryptophthalmus-Syndrom *n*
Frazier-Spiller operation Frazier-Spiller-Operation *f (trigeminale Rhizotomie durch die mittlere Schädelgrube)*
fraternal twins zweieiige [dizygote] Zwillinge *mpl*
freckle *v* Sommersprossen bilden
freckle *(Derm)* Ephelis *f*, Sommersprosse *f*
freckling Auftreten *n* von Sommersprossen
Fredet-Ramstedt operation Fredet-Ramstedt'sche Operation *f*, Pyloromyotomie *f*
free acidity *(Gastr)* freie Säure *f*, freier Säuregehalt *m*
free articulation *(Psych)* freier Einfall *m*
free association *(Psych)* freie Assoziation *f*
free blood bilirubin freies [unkonjugiertes] Bilirubin *n*
free border of the testis freier [vorderer] Hodenrand *m*, Margo *m* anterior testis
free edge of the nail freier Nagelrand *m*, Margo *m* liber unguis *(der Finger- und Zehennägel)*
free fatty acid *f* freie Fettsäure *f (unverestert)*
free-fatty-acid content Gehalt *m* an freien Fettsäuren
free-floating anxiety frei flottierende Angst *f*
free from overlying structures frei von Überlagerungsstrukturen, überlagerungsfrei
free from parallax frei von Parallaxe, parallaxefrei
free gingiva freie Gingiva *f*, Zahnfleischsaum *m*
free gingival graft freies Zahnfleischtransplantat *n*
free gingival groove freie Zahnfleischrille *f*
free graft freies Transplantat *n*
free gum Zahnfleischrand *m*
free hydrochloric acid *(Gastr)* freie Salzsäure *f*
free-induction decay freier Induktionszerfall *m*, freier Induktionsabfall *m*; Abklingkurve *f (MRT)*
free macrophage freier Makrophage *m*
free mucosal graft freies Schleimhauttransplantat *n*
free muscle transplant freies Muskeltransplantat *n*
free nerve endings freie Nervenendigungen *fpl*, Terminationes *fpl* nervorum liberae
free of artefacts frei von Artefakten, artefaktfrei
free of gallstones frei von Gallensteinen, gallensteinfrei
free phagocyte freier Phagozyt *m*
free radical *(Bioch)* freies Radikal *n*
free radical disease Krankheit *f* der freien Radikale
free rounded cell Myeloblast *m*, Knochenmarkkeimzelle *f (Leukozytenvorstufe)*
free thyroxine freies Thyroxin *n*
free thyroxine index freier Thryoxinindex *m*
free will *(Neur)* freier Wille *m*
freedom from pain Schmerzfreiheit *f*
freedom of motion Freiheit *f* von Bewegungen, Bewegungsfreiheit *f*
freeing of arm *(Gyn)* Armlösung *f (bei der Geburt)*
freeing of tissue Gewebefreilegung *f*
Freeman-Sheldon syndrome Freeman-Sheldon-Syndrom *n*, kraniokarpotarsale Dystrophie *f*
freestanding praxis Privatpraxis *f*
freeway space *(Stom)* interokklusaler Zwischenraum *m*
freeze cleaving *s.* freeze-etching
freeze-dried gefriergetrocknet
freeze-dry *v* gefriertrocknen
freeze dryer Gefriertrockner *m*, Gefriertrocknungsanlage *f*
freeze-drying Gefriertrocknung *f*
freeze-etching Freeze-Etching *n*, Gefrierätzung *f (elektronenmikroskopische Technik)*
freeze-fracturing Freeze-fracturing *n (elektronenmikroskopische Technik)*
freeze microtome Gefriermikrotom *n*
freeze substitution Gefriersubstitution *f*
freezing 1. einfrierend; 2. sich verhärtend; sich versteifend *(durch Kälte)*
freezing 1. Gefrieren *n*, Einfrieren *n*; 2. *(Anästh)* Vereisen *n*
freezing arthritis Periarthritis *f* [Periarthropathia *f*] humeroscapularis
freezing point Gefrierpunkt *m*
Freiberg's disease Freiberg-Köhler-Syndrom *n (aseptische Epiphysennekrose des Köpfchens des zweiten Mittelfußknochens)*
Freiberg's infraction *s.* Freiberg's disease
Frei's antigen Frei-Antigen *n*, Frei'sches Antigen *n*
Frei's disease Frei'sche Krankheit *f*, Lymphogranuloma *n* venereum, Lymphopathia *f* venerea
fremitus Fremitus *m*, Schwirren *n*, Vibrieren *n*
frena *pl s.* frenum
frenal Frenum...
French measles Röteln *pl (Zusammensetzungen siehe unter: rubella)*
frenectomy Frenektomie *f*, Zungenbändchenexzision *f*, (operative) Zungenbändchenentfernung *f*

Frenkel's movements Frenkel'sche Therapie *f*, Frenkel'sche Übungen *fpl (zur Rehabilitation bei Ataxie)*
Frenkel's symptom Frenkel'sches Symptom *n (verminderter Muskeltonus bei tabetischer Neurosyphilis)*
Frenkel's treatment *s.* Frenkel's movements
frenoplasty Fren(ul)oplastik *f*, Frenulumplastik *f*
frenosecretory sekretionshemmend
frenotomy Frenotomie *f*, Frenulotomie *f*, Zungenbanddurchtrennung *f*
frenula *pl s.* frenulum
frenulum *(Anat)* Frenulum *n*, Bändchen *n*, Zügel *m*
frenulum of the clitoris Kitzlerbändchen *n*, Frenulum *n* clitoridis
frenulum of the ileocaecal valve Bändchen *n* der Bauhin'schen Klappe, Frenulum *n* valvulae ileocaecalis [coli]
frenulum of the lip Lippenbändchen *n*, Frenulum *n* labii
frenulum of the prepuce Vorhautbändchen *n*, Frenulum *n* preputii penis
frenulum of the pudendum hinteres Scheidenhäutchen *n*, hintere Schamlippenkommissur *f*, Frenulum *n* labiorum pudendi
frenulum of the tongue Zungenbändchen *n*, Frenulum *n* linguae
frenum Frenum *n*, Band *n*, Zügel *m*
frenzied anxiety ängstliche Raserei *f*, Amok *m*
frenzied business *(Neur)* Beschäftigungsdelir *n*
frenzy *(Neur)* Tobsucht *f*, Raserei *f*
frequency Frequenz *f*, Häufigkeit *f*
frequency determination Frequenzbestimmung *f*
frequency-determining frequenzbestimmend
frequency distribution Frequenzverteilung *f*
frequency echo sequence Frequenzechosequenz *f*
frequency-modulated ultrasound frequenzmodulierter Ultraschall *m*
frequency modulation Frequenzmodulation *f*
frequency of errors Fehlerhäufigkeit *f*
frequency of oscillation Oszillationsfrequenz *f*, Schwingungsfrequenz *f*
frequency shift Frequenzverschiebung *f*
frequency stabilization Frequenzstabilisierung *f*
frequency transformation Frequenztransformation *f*, Frequenzumwandlung *f*
frequent contractions häufige Wehen *fpl*
frequent pulse Pulsus *m* frequens
frequent urination *s.* pollakisuria
fresh air Frischluft *f*
fresh-air supply Frischluftzufuhr *f*
fresh bandage frischer [neuer] Verband *m*
fresh blood Frischblut *n*
fresh dislocation frische Verrenkung *f* [Dislokation *f*]
fresh frozen plasma Gefrierfrischplasma *n*, Plasmakonserve *f*
fresh infarction frischer Infarkt *m*
fresh plasma Frischplasma *n*
fresh whole blood Frisch(voll)blut *n*
freshening Auffrischung *f*, Anfrischen *n (z. B. einer Wunde)*
freshly operated patient frisch operierter Patient *m*, Frischoperierte(r) *m*
Fresnel lens Fresnel-Linse *f*
freudian fixation Freud'sche Fixierung *f*
freudian psychoanalysis Freud'sche Psychoanalyse *f*
freudian slip Freud'scher Versprecher *m*
freudianism Freud'sche Schule *f*, Freud'sche Lehre *f* der Psychoanalyse
Freund's anomaly Freund'sche Anomalie *f*, Einengung *f* der oberen Thoraxapertur
Freund's complete adjuvant *(Bakt)* komplettes Freund'sches Adjuvans *n (als Wasser-in-Öl-Emulsion mit abgetöteten Mykobakterien)*
Freund's incomplete adjuvant *(Bakt)* inkomplettes Freund'sches Adjuvans *n (als Wasser-in-Öl-Emulsion)*
Freund's manoeuvre Freund'scher Handgriff *m (der Plazentalösung)*
Freund's operation Freund'sche Operation *f (Brustwandknorpelresektion)*
Frey's syndrome Frey-Baillarger'sches Syndrom *n*, aurikulotemporales Syndrom *n*
friable (leicht) zerkrümelbar, (leicht) zerbröselbar; morsch, brüchig; staubartig zerfallend *(z. B. Bakterienkulturen)*
friable bowl wall brüchige [morsche] Darmwand *f (z. B. bei Peritonitis)*
fricative Frikativ *m*, Reibelaut *m*
friction Friktion *f*, Einreibung *f*, Reibung *f*
friction force Reibungskraft *f*
friction knot chirurgischer Knoten *m*
friction murmur *s.* friction sound
friction resistance Reibungswiderstand *m*
friction rub 1. Perikardreiben *n*; 2. Perikardreibegeräusch *n*; 3. Reibegeräusch *n*, Reiben *n*
friction sound *(Kard, Pulm)* Reibegeräusch *n*
friction wear Abrieb *m*, Reibungsverschleiß *m*
frictionless ohne Reibung, reibungsfrei
Fridenberg's stigmometric card test *(Ophth)* Fridenberg'scher stigmometrischer Kartentest *m*
Friderichsen(-Waterhouse) syndrome *(Endokr, Inf)* (Marchand-)Waterhouse-Friderichsen-Syndrom *n*, Nebennierenrindenaplasie *f*
Friedländer's bacillus Friedländer-Bakterium *n*, Klebsiella *f* pneumoniae
Friedländer's disease Friedländer'sche Krankheit *f*, Friedländer-Krankheit *f*, Endarteritis *f* obliterans
Friedländer's pneumobacillus *s.* Friedländer's bacillus
Friedländer's pneumonia Friedländer-Pneumonie *f*, Lungenentzündung *f* durch Klebsiella pneumoniae
Friedmann's vasomotor syndrome Friedmann'sches vasomotorisches Syndrom *n*, posttraumatisches Hirnsyndrom *n*, posttraumatische Enzephalopathie *f*
Friedreich's ataxia Friedreich-Ataxie *f*, spinozerebelläre [spinale] Heredoataxie *f*
Friedreich's disease 1. *s.* Friedreich's ataxia; 2. Mediastino-pericarditis *f* adhaesiva
Friedreich's phenomenon *s.* Friedreich's sign
Friedreich's sign 1. Friedreich'sches Zeichen *n*, diastolischer Halsvenenkollaps; 2. Friedreich'sches Kavernenzeichen *n (wechselnder Klopfschall über Lungenkavernen bei Exspiration und Inspiration)*
Friedrich's wound toilet Friedrich'sche Wundtoilette *f* [Wundexzision *f*], Friedrich-Wundausschneidung *f*
fright Schreck *m*; Angst *f*, Furcht *f*
fright neurosis Angstneurose *f*
fright psychosis Schreckpsychose *f*
frigid 1. kalt; kühl; 2. (gefühls)kalt, frigid(e)
frigidity Frigidität *f*, weibliche Gefühlskälte *f*, geschlechtliche Gleichgültigkeit *f* der Frau
frigolabile kälteempfindlich, frigolabil
frigorific kälteerzeugend
frigostab(i)le kälteunempfindlich, frigostabil
frigotherapy Frigotherapie *f*, Kältebehandlung *f*, Kältetherapie *f*
fringe *s.* fimbria
fringe field Streufeld *n (MRT)*
fringe-field distribution Streufeldverteilung *f*
fringe shift Randverschiebung *f*
fringe zone Randzone *f*
Fritsch retractor *(Chir)* Fritsch-Bauchdeckenhaken *m*, Fritsch(-Haken) *m*
Froehlich's dwarfism Fröhlich'sches Syndrom *n* mit Zwergwuchs

Froehlich's syndrome Fröhlich'sche Krankheit *f*, Dystrophia *f* adiposogenitalis, Adipositas *f* hypogenitalis, Adiposis *f* orchalis, adiposogenitale Dystrophie *f*
frog belly Froschbauch *m*
frog leg position *(Rad)* Froschbeinstellung *f*, Froschbeinhaltung *f*, Lauenstein-Methode *f (bei Hüftgelenkdarstellung)*
frog test Krötentest *m*, Galli-Mainini-Reaktion *f (Schwangerschaftstest)*
Froin's syndrome Froin-Syndrom *n*, Nonne-Froin-Syndrom *n*, Kompressionssyndrom *n*, Lokulationssyndrom *n*, spinales Blocksyndrom *n*
frolement Reibegeräusch *n*, Reiben *n (z. B. Perikardreiben)*
Froment's paper sign Froment'sches Zeichen *n*, Froment-Zeichen *n (Daumenendgliedbeugung bei Ulnarislähmung)*
Froment's phenomenon *s.* Froment's paper sign
Frommel-Chiari syndrome Frommel-Krankheit *f*, Chiari-Frommel-Krankheit *f (Laktationsatrophie des Genitale)*
frons Frons *f*, Stirn *f*, Vorderhaupt *n (Zusammensetzungen siehe unter: frontal und forehead)*
front Vorderseite *f*
front of the teeth Zahnfront *f*
front panel Frontplatte *f*, Vorderwand *f*
front screen Schirmvorderseite *f*, Vorderfolie *f*
front side Frontseite *f*, Vorderseite *f*
front tooth *s.* incisor
front tooth forceps Inzisorzange *f*, Frontzahnzange *f*
front tooth splint Frontzahnschiene *f*
front tooth splinting Frontzahnschienung *f*
frontad in Richtung der Stirn, frontad
frontal frontal, stirnwärts, stirnseitig; Stirn...
frontal adversive area epilepsy *(Neur)* Adversivkrämpfe *mpl*
frontal artery Stirnarterie *f*, Arteria *f* frontalis
frontal ataxia Stirnhirnataxie *f*, Stirnlappenataxie *f*
frontal baldness Stirnglatze *f*
frontal beam frontaler Strahl *m*, frontaler Strahlengang *m*
frontal belly *s.* frontalis muscle
frontal bone Stirnbein *n*, Os *n* frontale
frontal cerebral abscess Stirnhirnabszess *m*
frontal convolution *s.* frontal gyrus
frontal craniopagus Craniopagus *m* frontalis, Doppelmissgeburt *f* mit Stirnverwachsung
frontal crest Stirnleiste *f*, Crista *f* frontalis
frontal eminence Stirnhöcker *m*, Tuber *m* frontale
frontal extremity of the thalamus Tuberculum *n* anterius thalami
frontal fluoroscopy frontale Durchleuchtung *f*, Frontaldurchleuchtung *f*
frontal gyrectomy frontale Gyrektomie *f*, (operative) Stirnwindungsentfernung *f*
frontal gyrus Stirnwindung *f*, Gyrus *m* frontalis
frontal headache Stirnkopfschmerz *m*
frontal lobe of the brain Frontallappen *m*, Stirnlappen *m* (des Gehirns), Lobus *m* frontalis
frontal lobe syndrome Frontallappensyndrom *n*, Stirnlappensyndrom *n*, Stirnhirnsyndrom *n*
frontal lobotomy Frontotomie *f*, Stirnhirnschnitt *m*, (operative) Stirnlappenentfernung *f*
frontal mirror *(HNO)* Stirnspiegel *m*
frontal nerve Stirnnerv *m*, Nervus *m* frontalis
frontal notch Incisura *f* frontalis
frontal operculum Operculum *n* frontale *(Teil des Stirnlappens)*
frontal plane Frontalebene *f*
frontal pole Stirnpol *m*, Polus *m* frontalis
frontal process of the maxilla Processus *m* frontalis maxillae
frontal region Stirnregion *f*, Regio *f* frontalis
frontal section Frontalschnitt *m*
frontal series frontale Serie *f*, Frontalserie *f*
frontal sinus Stirn(bein)höhle *f*, Sinus *m* frontalis
frontal sinus carcinoma Stirn(bein)höhlenkarzinom *n*
frontal sinus disease Stirn(bein)höhlenerkrankung *f*
frontal sinus fracture Stirn(bein)höhlenfraktur *f*
frontal sinus mucocele Stirn(bein)höhlenmukozele *f*
frontal sinus osteoma Stirn(bein)höhlenosteom *n*
frontal sinus suppuration Stirnhöhlen(ver)eiterung *f*
frontal sinusitis Stirn(bein)höhlenentzündung *f*, Sinusitis *f* frontalis
frontal sinusitis-osteomyelitis Stirnhöhlen- und Knochen(mark)entzündung *f*
frontal sinusotomy frontale Sinusotomie *f*, (operative) Stirn(bein)höhleneröffnung *f*
frontal spina Spina *f* nasalis ossis frontalis
frontal squama Stirnbeinschuppe *f*, Squama *f* frontalis
frontal suture Frontalnaht *f*, Sutura *f* frontalis
frontal teeth Frontalzähne *mpl*
frontal vein Stirnvene *f*, Vena *f* frontalis
frontalis muscle Musculus *m* frontalis, Venter *m* frontalis musculi epicranii
frontipetal stirnwärts, in Richtung der Stirn, frontipetal
frontocerebellar frontozerebellar; Stirnbein-Kleinhirn-...
frontocortical aphasia frontokortikale [motorische] Aphasie *f*
frontoethmoid(al) frontoethmoidal; Stirnbein-Siebbein-...
frontoethmoid(al) suture Sutura *f* frontoethmoidalis, Stirnbein-Siebbein-Naht *f*
frontolacrimal frontolakrimal; Stirnbein-Tränenbein-...
frontolacrimal suture Sutura *f* frontolacrimalis, Stirnbein-Tränenbein-Naht *f*
frontomalar frontomalar; Stirnbein-Jochbein-...
frontomaxillary frontomaxillar; Stirnbein-Oberkiefer-..., Stirnbein-Oberkieferknochen-...
frontomaxillary suture Sutura *f* frontomaxillaris, Stirnbein-Oberkiefer-Naht *f*
frontomental frontomental; Stirn(bein)-Kinn-...
frontonasal frontonasal; Stirnbein-Nasenbein-...
frontonasal suture Sutura *f* frontonasalis, Stirnbein-Nasenbein-Naht *f*
frontonuchal frontonuchal, Stirn(bein)-Nacken-...
fronto-occipital frontookzipital; Stirnbein-Hinterhauptbein-...
frontoparietal frontoparietal; Stirnbein-Scheitelbein-...
frontoparietal operculum Operculum *n* frontoparietale [proper]
frontoparietal suture Sutura *f* coronalis, Kranznaht *f*
frontoparietotemporal flap *(Transp)* Frontoparietotemporallappen *m*, frontoparietotemporaler Lappen *m*
frontopontine tract Tractus *m* frontopontinus, frontale Brückenbahn *f*
frontosphenoidal frontosphenoidal; Stirnbein-Keilbein-...
frontosphenoidal process Processus *m* frontalis ossis zygomatici
frontotemporal frontotemporal; Stirnbein-Schläfenbein-..., Stirn-Schläfen-...
frontotemporal suture Sutura *f* frontotemporalis, Stirnbein-Schläfenbein-Naht *f*
frontotemporale Frontotemporale *n (kraniometrischer Messpunkt)*
frontozygomatic Stirnbein-Jochbein-...
frontozygomatic suture Sutura *f* frontozygomatica, Stirnbein-Jochbein-Naht *f*
frost-itch *(Derm)* Pruritus *m* hiemalis
frostbite *(Derm)* Erfrierung *f*, Frostbeule *f*

frosted glass Mattglas *n*
frosted liver *s.* sugar-icing liver
frottage *s.* frotteurism
frotteur Frotteur *m*
frotteurism Frotteurismus *m (sexuelle Erregung durch Reiben an anderen Personen)*
frozen blood Blutkonserve *f*, konserviertes Blut *n*
frozen plasm Gefrierplasma *n*
frozen section *(Histol)* Gefrierschnitt *m*
frozen section diagnosis Gefrierschnittdiagnose *f*
frozen section method Gefrierschnittmethode *f*
frozen section study Gefrierschnittuntersuchung *f*
frozen section technique Gefrierschnitttechnik *f*
frozen shoulder fibröse Schultersteife *f*, Periarthritis *f* humeroscapularis, Periarthropathia *f* scapulohumeralis
frozen sperm Gefriersperma *n*
fructofuranose Fruktofuranose *f*
fructofuranosidase Fruktofuranosidase *f (Enzym)*
fructokinase Fruktokinase *f (Enzym)*
fructolysis Fruktolyse *f*, Fruktoseabbau *m (zu Laktat)*
fructopyranose Fruktopyranose *f*
fructosan Fruktosan *n*
fructosaemia Fruktosämie *f (Vorhandensein von Fruktose um Blut)*
fructose (D-)Fructose *f*, Fruchtzucker *m*, Lävulose *f*, β-D-Fructopyranose *f*
fructose-1,6-bisphosphatase Fruktose-1,6-diphosphatase *f (Enzym)*
fructose-1,6-bisphosphatase deficiency Fruktose-1,6-diphosphatasemangel *m*
fructose-1,6-bisphosphate Fruktose-1,6-diphosphat *n*
fructose bisphosphate aldolase Fruktosediphosphataldolase *f (Enzym)*
fructose-2,6-bisphosphatase Fruktose-2,6-diphosphatase *f (Enzym)*
fructose-2,6-bisphosphate Fruktose-2,6-diphosphat *n*
fructose-2,6-bisphosphate 2-phosphatase Fruktose-2,6-diphosphatase *f (Enzym)*
fructose-1,6-diphosphatase Fruktose-1,6-diphosphatase *f (Enzym)*
fructose-1,6-diphosphate Fructose-1,6-diphosphat *n*
fructose diphosphate aldolase Fructosediphosphataldolase *f (Enzym)*
fructose intolerance Fructoseintoleranz *f (Fructoseverwertungsstörung infolge Enzymdefekts)*
fructose monophosphate Fructose-6-phosphat *n*
fructose-1-phosphate Fructose-1-phosphat *n*
fructose 1-phosphate aldolase Fruktose-1-phosphataldolase *f (Enzym)*
fructose test Fruktosetest *m (Fertilitätstest)*
fructose tolerance test Fructosebelastungstest *m*
fructosidase Fructosidase *f (Enzym)*
fructosuria Fruktosurie *f*, Lävulosurie *f*, Fruchtzuckerausscheidung *f* im Urin
fructovegetative diet Früchte- und Gemüsediät *f*, Obst- und Gemüsekost *f*
fruit day Obsttag *m*
fruit sugar Fruchtzucker *m*, Fruktose *f*, Lävulose *f*
frusemide Furosemid *n (Diuretikum)*
frustration Frustration *f*, Enttäuschung *f*, Vereitelung *f* der Bedürfnisbefriedigung
FSF *s.* fibrin-stabilizing factor
FSH *s.* follicle-stimulating hormone
FTA-ABS test *s.* fluorescent treponemal antibody absorption test
FTA test *s.* fluorescent treponemal antibody test
Fuchs' coloboma Fuchs'sches Kolobom *n*
Fuchs' corneal dystrophy Fuchs'sche Hornhautdystrophie *f*
Fuchs' heterochromia Fuchs'sche Heterochromie *f*
Fuchs-Rosenthal (counting) chamber Fuchs-Rosenthal-Kammer *f (Zellzählkammer bei Liquordiagnostik)*
Fuchs' syndrome Fuchs'sches Syndrom *n*
fuchsin(e) Fuchsin *n (Farbstoff)*
fuchsin(e) staining *(Histol)* Fuchsinfärbung *f*
fuchsinophil 1. Fuchsinophile(r) *m*, fuchsinophile [leicht mit Fuchsin färbbare] Zelle *f*; 2. *s.* fuchsinophilic
fuchsinophilic fuchsinophil, leicht mit Fuchsin färbend
fuchsinophilia Fuchsinophilie *f*, leichte Fuchsinfärbbarkeit *f*
fuchsinophilous *s.* fuchsinophilic
fucosan Fucosan *n*
fucose Fucose *f*, Fukose *f*, 6-Desoxygalaktose *f (Methylpentose)*
α-fucosidase α-Fukosidase *f (Enzym)*
β-fucosidase β-Fukosidase *f (Enzym)*
fucosidosis Fukosidose *f*, Pseudo-Hurler-Krankheit *f*, Hurler-Variante *f (Mukopolysaccharidspeicherkrankheit)*
fugacity Flüchtigkeit *f (z. B. einer Lösung)*
fugitive temporär, vorübergehend, transitiv; inkonstant, flüchtig *(z. B. Symptome)*
fugue *(Neur)* Umdämmerung *f*
fugue period *(Neur)* Dämmerzeitraum *m*
fugue state *(Neur)* Dämmerzustand *m*
fulgurant *s.* fulgurating
fulgurate *v* mit Elektroblitzen behandeln, eine Elektroblitzbehandlung durchführen
fulgurating 1. blitzartig, fulgurant; stechend *(z. B. Schmerzen)*; 2. Fulgurations..., Elektroblitz..., Blitz...
fulguration Fulguration *f*, Elektroblitzbehandlung *f (z. B. von Geschwülsten)*
fulgurize *v* mit Elektroblitzen behandeln
full-arch wire *(Stom)* Vollbogendraht *m*
full bath Vollbad *n*
full-blood transfusion Vollbluttransfusion *f*
full canine crown Eckzahnvollkrone *f*
full casting bridge Vollgussbrücke *f*
full casting crown Vollgusskrone *f*
full casting restoration Vollgussrestaurierung *f*
full-circle rotation Vollkreisdrehung *f*, Vollrotation *f*
full crown Vollkrone *f*
full deflection volle Ablenkung *f*, Vollausschlag *m*
full denture *(Stom)* Vollprothese *f*
full-denture radiograph dentaler Röntgenstatus *m*; Zahnstatusaufnahme *f*, Panoramaaufnahme *f*
full denture wearer Vollgebissträger *m*
full diet Normalkost *f*, Vollkost *f*
full digitalis treatment Volldigitalisierung *f*
full-field digital mammography digitale Vollfeld-Mammographie *f*
full-field illumination Vollfeldbeleuchtung *f*, Vollfeldausleuchtung *f*
full-length plaster cast on the hand Handschienengipsverband *m*, Hand(gips)schiene *f*
full-length plaster cast on the leg Beinschienengipsverband *m*, Bein(gips)schiene *f*
full-length radiography Röntgenaufnahme *f* in ganzer Länge, Röntenganzaufnahme *f*, Ganzaufnahme *f*
full-liquid diet Flüssigkost *f*, (reine) Flüssignahrung *f*
full-lung tomography komplette Lungentomographie *f*
full metallic crown Ganzmetallkrone *f*
full-mouth denture *(Stom)* Vollprothese *f*
full mouth reconstruction volle Gebisswiederherstellung *f*, komplette orale Rehabilitation *f*
full-mouth X-ray Panoramaaufnahme *f*, dentaler Röntgenstatus *m*
full parasite Vollparasit *m*

full pharmacological dose Vollwirkdosis *f*
full plaster impression vollständiger Gipsabdruck *m*, Vollgipsabdruck *m*
full professor ordentlicher Professor *m*
full pulse gefüllter Puls *m*, voller Pulsschlag *m*, Pulsus *m* plenus
full recovery komplette Wiederherstellung *f*, komplette Erholung *f*, Restitution *f*
full scan voller Scan *m*, Vollrotationsabtastung *f*
full-screen image Vollbild *n*
full-size radiography Röntgenübersichtsaufnahme *f*, Röntgenganzaufnahme *f*
full term normale Schwangerschaftsdauer *f*, Fetusausreifung *f (38–41 Wochen)*
full-term foetus reifer Fetus *m*
full-term neonate Reifgeborene(s) *n*
full-term pregnancy Terminschwangerschaft *f*
full-term uterus Uterus *m* zum Termin
full-thickness flap Vollschichtlappen *m*
full-thickness (skin) graft *(Transp)* Vollhautlappen *m*
full-thickness skin transplantation Vollhauttransplantation *f*
full value diet vollwertige Kost *f*
full-weight bearing unter Vollbelastung, unter voller Gewichtsbelastung
full-weight bearing view *(Rad)* Röntgenaufnahme *f* unter voller Körperlast *(z. B. Plattfußdarstellung)*
fully developed voll entwickelt; vollständig ausgreift
fully splinted komplett geschient, vollgeschient
fully toothed dentition vollständiges Gebiss *n*, Vollgebiss *n*
fulminant plötzlich, unerwartet schnell, blitzartig; heftig, schwer, gefährlich, foudroyant *(z. B. Krankheitsverlauf)*; plötzlich auftretend *(z. B. Schmerzen)*; plötzlich ausbrechend *(z. B. eine Infektion)*
fulminant hepatitis fulminante [fulminant verlaufende] Hepatitis *f*
fulminant purpura Purpura *f* fulminans
fulminate *v* plötzlich auftreten *(z. B. Schmerzen)*; plötzlich ausbrechen *(z. B. eine Krankheit)*
fulminating schnell verlaufend; mit schneller Verschlechterung einhergehend, sich schnell verschlechternd
fulminating adrenal meningitis *s.* Friderichsen syndrome
fulminating cholera Cholera *f* fulminans
fulminating scarlatina Scarlatina *f* fulminans
fulminating tertian tropical malaria fulminante Malaria *f* tropica *(durch Plasmodium falciparum)*
fumagillin Fumagillin *n (Antimykotikum)*
fumarase Fumarase *f*
fumarate Fumarat *n*
fumarate hydratase Fumarathydratase *f (Enzym)*
fumarate reductase Fumaratreduktase *f (Enzym)*
fumaric acid Fumarsäure *f*
fumaric aminase Fumarsäureaminase *f (Enzym)*
fumaric hydrogenase Fumarsäurehydrogenase *f*, Succinatdehydrogenase *f (Enzym)*
fumaricaciduria Fumarsäureausscheidung *f* im Urin
fumarylacetoacetase Fumarylacetoacetase *f (Enzym)*
fumarylacetoacetate Fumarylacetoacetat *n*
fumarylacetoacetate hydrolase Fumarylacetoacetathydrolase *f (Enzym)*
fumigant (agent) Ausräucherungsmittel *n*
fumigate *v* **with insecticides** mit Insektiziden ausräuchern [aussprühen]
fumigation Ausräucherung *f*, Desinfektion *f*
fuming rauchend *(z. B. konzentrierte Säuren)*
function *v* funktionieren, die Funktion ausführen *(z. B. ein Organ)*
function 1. Funktion *f*, Organfunktion *f*; 2. *(Statist)* Funktion *f*
functional age funktionelles Alter *n*
functional analysis Funktionsanalyse *f*
functional antagonism funktioneller Antagonismus *m*
functional bite taking funktionelle Bissnahme *f*, Funktionsbissnahme *f*
functional bowel syndrome funktionelles Darmsyndrom *n*
functional compliance funktionelle Compliance *f*
functional contracture funktionelle Kontraktur *f*
functional control funktionelle Kontrolle *f*, Funktionskontrolle *f*
functional denture funktionelles Gebiss *n*, Funktionsgebiss *n*
functional diagnosis Funktionsdiagnose *f*, Funktionsdiagnostik *f*
functional diagram Funktionsdiagramm *n*; Funktionsbild *n*
functional differentiation funktionelle Differenzierung *f (des Embryonalgewebes)*
functional disease funktionelle Krankheit *f*, Funktionskrankheit *f*
functional disorder funktionelle Störung *f*, Funktionsstörung *f*
functional disparity funktionelle Ungleichheit *f*, funktioneller Unterschied *m*
functional dyspepsia funktionelle Dyspepsie *f*
functional electrocardiography funktionelle Elektrokardiographie *f*
functional examination Funktionsprüfung *f (z. B. eines Organs)*
functional hinge Funktionsgelenk *n*
functional hyperkinesia funktionelle [hysterische] Hyperkinesie *f*
functional illness funktionelles Leiden *n*
functional imaging *(Rad)* funktionelle Darstellung *f*, Funktionsaufnahme *f (z. B. von Stoffwechselvorgängen durch Isotope)*
functional impairment of the kidney Nierenfunktionsstörung *f*
functional impotence funktionelle Impotenz *f*
functional impression funktioneller Abdruck *m*, Funktionsabdruck *m*
functional incontinence funktionelle Inkontinenz *f*
functional magnetic resonance imaging Funktions-MRT *n*, Funktions-Magnetresonanz-Tomographie *f (zur Darstellung von Stoffwechseländerungen)*
functional morphology funktionelle Morphologie *f*, Funktionsmorphologie *f*
functional murmur funktionelles Geräusch *n*; funktionelles Herzgeräusch *n*
functional neuroradiology funktionelle Neuroradiologie *f*
functional occlusal harmony *(Stom)* funktionelle Okklusionsharmonie *f*
functional overlay *(Neur)* funktionelle [psychische] Überlagerung *f (einer Krankheit)*
functional pathology funktionelle Pathologie *f*
functional pattern Funktionsmuster *n*, Funktionsbild *n*
functional position Funktionsstellung *f (z. B. bei Knochenbrüchen)*
functional position of the hand Funktionsstellung *f* der Hand
functional progression funktionelle Progression *f (z. B. bei Rehabilitation)*
functional psychosis Funktionspsychose *f*, funktionelle [reversible symptomatische] Psychose *f*

functional radiodiagnosis funktionelle Röntgendiagnostik *f*
functional relationship funktionelle Beziehung *f*, Funktionsbeziehung *f*
functional renal diagnosis funktionelle Nierendiagnostik *f*
functional residual air [capacity] funktionelle Residualluft *f* [Residualkapazität *f*]
functional scan funktioneller Scan *m*, gescannte Funktionsaufnahme *f*, Funktionsszintigramm *n*
functional scintigraphy funktionelle Szintigraphie *f*, Funktionsszintigraphie *f*
functional spasm Ermüdungskrampf *m*
functional splint *(Chir, Orth)* Funktionsschiene *f*
functional stress funktionelle Beanspruchung *f*
functional study funktionelle Studie *f*, Funktionsstudie *f*
functional test funktioneller Test *m*, Funktionstest *m*
functional training funktionelles Training *n*, Funktionstraining *n*
functional two-chambered heart funktionelles Zwei-Kammer-Herz *n*
functional vascular diagnosis funktionelle Gefäßdiagnostik *f*
functional visual skills normale Sehfunktionen *fpl (z. B. Tiefenschärfe des Auges)*
functioning (carcinoid) syndrome *s.* carcinoid syndrome
funda Funda *f*, schleuderförmiger Verband *m*
fundal Fundus...
fundal height of the womb oberer Gebärmutterpol *m*
fundal placenta Fundusplazenta *f*
fundamental character traits grundlegende Charakterzüge *mpl*; Charakterradikale *npl*
fundamental psychoanalytical rule psychoanalytische Grundregel *f*
fundamental research Grundlagenforschung *f*
fundamental symptoms Grundsymptome *npl*
fundectomy Fundektomie *f*, Fundusamputation *f*, (operative) Magenfundusentfernung *f*
fundi *pl s.* fundus
fundic Fundus...
fundiform schleifenförmig; schlingenförmig, fundiform
fundiform ligament of penis Ligamentum *n* fundiforme penis
fundoplasty Fundoplastik *f*, Fundusplastik *f*
fundoplication Fundoplikatio *f*, Magenfundusfaltung(soperation) *f*
fundoscopic fundoskopisch, fundusspiegelnd
fundoscopy Fundoskopie *f*, Augenhintergrundspiegelung *f*, Augenhintergrundbetrachtung *f*
fundus 1. Fundus *m*, Boden *m*, Grund *m*; Hintergrund *m*; 2. *s.* fundus of the eye
fundus dystrophy *(Ophth)* Makuladegeneration *f*
fundus fluorescein angiography Fundusfluoreszeinangiographie *f*, Augenfundusgefäßdarstellung *f* mit Fluoreszein
fundus microscopy Fundusmikroskopoie *f*, Augenhintergrundmikroskopie *f*
fundus of the eye Augenfundus *m*, Augenhintergrund *m*
fundus of the gall bladder Gallenblasenfundus *m*, Gallenblasengrund *m*, Fundus *m* vesicae felleae
fundus of the stomach Magenfundus *m*, Fundus *m* ventriculi, Magengrund *m*
fundus of the ulcer Ulkusgrund *m*, Geschwürsgrund *m*
fundus of the urinary bladder Harnblasenfundus *m*, Blasengrund *m*, Fundus *m* vesicae (urinariae)
fundus of the uterus Uterusfundus *m*, Gebärmuttergrund *m*, Fundus *m* uteri
fundus photography Fundusfotografie *f*
fundus reflex Fundusreflex *m*
fundus reflex test Augenfundusreflextest *m*
funduscope Ophthalmoskop *n*, Augen(hinter-grund)spiegel *m*
funduscopy Ophthalmoskopie *f*, Augen(hinter-grund)spiegelung *f*
fundusectomy Fundektomie *f*, Fundusamputation *f*, (operative) Magenfundusentfernung *f*
fungaemia Fungämie *f*, Pilzsepsis *f*, Pilzblutvergiftung *f*
fungal pilzartig; Fungus..., Pilz... *(siehe unter: fungus)*
fungal abscess Pilzabszess *m*
fungal agar Pilzagar *m*, Pilznährboden *m*
fungal asthma Pilzasthma *n*
fungal cell wall Pilzzellwand *f*
fungal diagnosis Pilzdiagnostik *f*, Pilzdiagnose *f*
fungal disease Pilzkrankheit *f*, Pilzerkrankung *f*, Mykose *f*
fungal infection Pilzinfektion *f*, Pilzbefall *m*
fungal infection of the nail Nagelmykose *f*
fungal pneumonia Funguspneumonie *f*, Lungenentzündung *f* durch Pilze
fungal poisoning Pilzvergiftung *f*
fungal seeding Pilzaussaat *f*, Pilzverstreuung *f*
fungal sepsis Pilzsepsis *f*
fungal septicaemia Pilzseptikämie *f*, systemische Pilzinfektion *f*, Pilzsepsis *f*
fungate *v* aufsprießen, (schnell) wie ein Pilz wachsen
fungi *pl s.* fungus
fungicidal fungizid, pilztötend, antimykotisch
fungicide (agent) Antimykotikum *n*, pilztötendes [fungizides] Mittel *n*
fungicidin Fungizidin *n (Antimykotikum)*
fungiform fungiform, pilzförmig
fungiform papilla Papilla *f* fungiforme
fungilliform *s.* fungiform
fungistasis Fungistase *f*, Pilz(wachstums)hemmung *f*
fungistat Fungistatikum *n*, pilz(wachstums)hemmendes Mittel *n*
fungistatic fungistatisch, pilz(wachstums)hemmend
fungitoxic fungitoxisch, toxisch [giftig] für Pilze
fungitoxicity Fungitoxizität *f*, Giftigkeit *f* für Pilze
fungoid fungoid, pilzartiq, pilzähnlich, myzetoid
fungoid cancer fungoides Karzinom *n*
fungoid dermatitis Mycosis *f* fungoides
fungoma Funguskugel *f*, Pilzknäuel *n*
fungosity 1. Fungosität *f*, Pilzartigkeit *f*; 2. pilzartige Wucherung *f*
fungous pilzartig, pilzähnlich, fungös; Fungus..., Pilz...
fungous arthritis Gelenktuberkulose *f*, Fungus *m* articuli, Synovitis *f* fungosa
fungous skin disease *s.* dermatomycosis
fungous synovitis *s.* fungous arthritis
fungus Fungus *m*, Pilz *m*; Schwamm *m (siehe unter: fungal)*
fungus ball Pilzkugel *f*, Pilzknäuel *n*
fungus of the brain Gehirnvorfall *m*, Hirnprolaps *m*, Hernia *f* cerebri
funic Nabelstrang..., Nabelschnur...
funic presentation Nabelschnurvorfall *m*
funic pulse Nabelschnurpuls *m*
funic souffle Nabelschnurgeräusch *n*
funicle *(Anat)* Funikulus *m*, Strang *m*, Schnur *f*
funicular funikulär, strangartig; Funikulus...; Samenstrang...
funicular hernia Hernia *f* funicularis, Leistenbruch *m* im Samenstrangbereich
funicular hydrocele Funikelhydrozele *f*, Samenstranghydrozele *f*
funicular myelosis funikuläre Myelose *f* [Spinalerkrankung *f*], Dana-Lichtheim-Krankheit *f*, Dana-[Lichtheim-Putnam-]Syndrom *n*

funicular souffle Nabelschnurgeräusch *n*
funiculitis Funikulitis *f*, Spermatitis *f*, Samenstrangentzündung *f*
funiculocele Funikulozele *f*, Hydrozele *f* funiculi spermatici
funiculoepididymitis Funikuloepididymitis *f*, Samenstrang- und Nebenhodenentzündung *f*
funiculolysis *(Chir)* Funikulolyse *f*, Hoden- und Samenstrangmobilisation *f*
funiculopexy Funikulopexie *f*, Samenstrangfixierung *f*
funiculus *s.* funicle
funiform nabelschnurartig, funiform
funipuncture Nabelschnurpunktion *f*
funis Funiculus *m* umbilicalis, Nabelstrang *m*, Nabelschnur *f*
funis presentation Nabelschnurvorlagerung *f*, Nabelschnurvorfall *m (bei der Geburt)*
funisitis Nabelstrangentzündung *f*
funnel chest Trichterbrust *f*, Schusterbrust *f*, Pectus *n* excavatum
funnel feeding Trichterernährung *f*
funnel-shaped pelvis Trichterbecken *n*, hohes Becken *n*
fur Belag *m*; Zungenbelag *m*
furanose Furanose *f (Zuckermodifikation)*
furanoside Furanosid *n (Glykosid)*
furazolidone Furazolidon *n (gegen Pilze und Protozoen wirksam)*
furcation defect *(Stom)* Furkationsdefekt *m (der Backenzähne)*
furfuraceous 1. abschilfernd, schuppend; schuppig; Schuppen...; 2. kleieartig
furfuraceous desquamation kleieförmige Abschuppung *f (der Haut)*
furibund furibund, rasend
furifosmin Furifosmin *n (Phosphin)*
furocoumarin Furocumarin *n*, Furokumarin *n*
furor Furor *m*, Wut *f*, Raserei *f*
furosemide Furosemid *n (Diuretikum)*
furred tongue belegte Zunge *f*; Zungenbelag *m*
furrow *v* furchen, runzeln *(z. B. das Gesicht)*
furrow Furche *f*, Rinne *f*, Sulkus *m*, Sulcus *m*, Runzel *f*
furrow cavity Furchenkavität *f*
furrowed tongue Furchenzunge *f*, gefurchte Zunge *f*
furuncle Furunkel *m*, Eiterbeule *f*
furuncle core Eiterpfropf *m (eines Furunkels)*
furuncle of the external auditory passage Gehörgangfurunkel *m*
furuncular furunkulär, furunkulös; Furunkel...
furunculoid furunkelartig
furunculosis Furunkulose *f*, Furunkelhäufung *f*
furunculous *s.* furuncular
furunculus *s.* furuncle
fury crisis Wutanfall *m*
fusariotoxicosis Fusariotoxikose *f*, Fusarien-Mykotoxikose *f (z. B. durch Fusarium sporotrichioides)*
Fusarium sporotrichiela Fusarium *n* sporotrichiela *(Erreger der Kashin-Bek-Krankheit)*
Fusarium sporotrichioides Fusarium *n* sporotrichioides *(Erreger der alimentären toxischen Aleukie)*
Fusarium tricinctum Fusarium *n* tricinctum
fuscin Fuszin *n (braunes Pigment der Augennetzhaut)*
fuse *v* **the fimbriae** die Eileiterfimbrien verkleben
fused kidney Fusionsniere *f*, Verschmelzungsniere *f*, Hufeisenniere *f*
fused roots verschmolzene Wurzeln *fpl*
fused teeth verschmolzene Zähne *mpl*
fusicellular *s.* fusocellular
fusiform fusiform, spindelförmig
fusiform aneurysm fusiformes Aneurysma *n*
fusiform bronchiectasis fusiforme Bronchiektasie *f*
fusiform cataract *(Ophth)* Spindelstar *m*, Cataracta *f* fusiformis
fusiform cell Spindelzelle *f*
fusiform gyrus Gyrus *m* fusiformis
fusimotor fusimotorisch; Fusimotor...
fusing Schmelzen *n*, Verschmelzen *n*
fusion Fusion *f*, Verschmelzung *f (z. B. von Gelenkkörpern)*
fusion beat Fusionsschlag *m*, Fusionssystole *f*, Verschmelzungssystole *f (EKG)*
fusion kidney Fusionsniere *f*, Verschmelzungsniere *f*
fusion of cervical vertebrae Halswirbel(körper)fusion *f*, Klippel-Feil'sche Krankheit *f*
fusion of joint (operative) Gelenkversteifung *f*, Gelenkankylosierung *f*, Arthrodese *f*
fusion of vesicles *(Derm)* Zusammenfließen *n* von Blasen, Blasenverschmelzung *f*
fusional amplitude Fusionsamplitude *f*, Konvergenzamplitude *f*
fusional movement Fusionsbewegung *f (der Augen)*
fusional vergence power Fusionsfähigkeit *f* (des Auges), Vis *f* fusionis
fusobacterium Fusobakterium *n*, Bacterium *n* fusiforme
Fusobacterium gonidiaformans Fusobacterium *n* gonidiaformans
Fusobacterium mortiferum Fusobacterium *n* mortiferum
Fusobacterium naviforme Fusobacterium *n* naviforme
Fusobacterium necrophorum Fusobacterium *n* necrophorum
Fusobacterium nucleatum Fusobacterium *n* nucleatum
Fusobacterium russii Fusobacterium *n* russii
Fusobacterium varium Fusobacterium *n* varium
fusocellular spindelzell(en)förmig
fusocellular sarcoma Spindelzellensarkom *n*
fusospirillary Fusobakterien-Spirillen-...; Fusospirillose...
fusospirillosis Fusospirillose *f*, Fusobakterien- und Spirilleninfektion *f*
fusospirochaetal fusospirochätal, Fusobakterien-Spirochäten-...; Fusospirochätose...
fusospirochaetal disease *s.* fusospirochaetosis
fusospirochaetosis Fusospirochätose *f*, Fusobakterien- und Spirochäteninfektion *f*
fusostreptococc(ic)osis Fusostreptokokkose *f*, Fusobakterien-Streptokokken-Infektion *f*
fustigation Fustigation *f*, Schlagen *n (z. B. mit Birkenreisern)*
fuzz coat *s.* glycocalyx

G

G-actin G-Aktin *n*
G-strophant(h)in g-Strophantin *n*, Ouabain *n (Herzglykosid)*
GABA-ergic GABA-ergisch, Gamma-Aminobuttersäure übertragend
GABA transaminase GABA-Transaminase *f (Enzym)*
gabapentin Gabapentin *n*
gadodiamide Gadodiamid *n (Kontrastmittel bei MRT)*
gadopentetate Gadopentetat *n (Kontrastmittel bei MRT)*
gadopentetate dimeglumine Gadopentetatdimeglumin *n*
gadoteridol Gadoteridol *n (Kontrastmittel bei MRT)*

Gaffky scale [table] Gaffky-Skala *f*
gag *v* 1. (den Mund) offen halten *(mit einem Mundkeil)*; 2. würgen, herauswürgen
gag Mundsperrer *m*, Mundkeil *m*, Keil *m*
gag reflex Würgereflex *m*, Brechreflex *m*
gagging Würgen *n*, Herauswürgen *n*
gaile *s.* scabies
gain *v* **consciousness** das Bewusstsein wiedererlangen
gain *v* **the patient's confidence** das Vertrauen des Patienten gewinnen
gain *v* **weight** (an Gewicht) zunehmen
gain from illness *(Neur)* Krankheitsgewinn *m*
gain in contrast Kontrastgewinn *m*, Kontrastverstärkung *f*
gain in information Informationsgewinn *m*
gain in resolution Auflösungsgewinn *m*, Auflösungsverstärkung *f*
Gairdner's disease Gairdner'sche Krankheit *f*, Angina *f* pectoris sine dolore
Gaisböck's syndrome *(Hämat)* Gaisböck'sches Syndrom *n*, Gaisböck-Syndrom *n*, Gaisböck'sche Krankheit *f*, Polycythaemia *f* hypertonica, Stress-Polyzythämie *f*
gait Gangart *f*, Gang *m*
gait determinant Gangdeterminante *f*
gait disorder Gangstörung *f*
gait training *(Chir, Orth)* Gehschule *f*
galactacrasia Galaktakrasie *f*, Galaktokrasie *f (abnorme Zusammensetzung der Muttermilch)*
galactaemia Galaktämie *f*, Vorhandensein *n* von Milch im Blut
galactagogue milchtreibend, milchfördernd
galactagogue (agent) Galaktagogum *n*, milchtreibendes Mittel *n*
galactapostema Milchabszess *m*
galact(h)idrosis Galakthidrosis *f*, Milchschweiß *m*
galactic galaktisch, milchtreibend; Milch..., Muttermilch...
galactin Galaktin *n*, Prolactin *n*, PRL, luteotrophes [laktotrophes] Hormon *n*, Laktationshormon *n*, Laktogen *n*, Laktotropin *n*, Luteotrophin *n*, LTH
galactischia Unterdrückung *f* der Milchsekretion
galactitol Galaktitol *n*
galactoblast Galaktoblast *m*, Donné-Körperchen *n*, Kolostrumkörperchen *n*
galactobolic galaktobol(isch)
galactocele 1. Galaktozele *f*, Milchzyste *f*, Milchbruch *m*; 2. Hydrozele *f* mit milchigem Inhalt
galactocerebroside Galaktocerebrosid *n*
galactocerebroside beta-galactosidase Galaktocerebrosid-beta-galaktosidase *f*, Galaktosylceramidase *f (Enzym)*
galactocerebroside lipidosis Galaktocerebrosidlipidose *f*, Krabbe-Syndrom *n*
galactogen Galaktogen *n*
galactogenous galaktogen, die Milchbildung anregend
galactographic galaktographisch, milchgangdarstellend
galactography Galaktographie *f*, Milchgangröntgen(kontrast)darstellung *f*
galactoid galaktoid, milchartig, milchähnlich
galactokinase Galaktokinase *f (Enzym)*
galactokinase deficiency Galaktokinasemangel *m*
galactolipid Galaktolipid *n*; Zerebrosid *n*
galactolipin(e) Galaktolipid *n*; Zerebrosid *n*
galactoma *s.* galactocele 1.
galactometastasis Galaktoplanie *f*
galactometer *(Lab)* Laktometer *n*, Milchmesser *m*
galactoncus *s.* galactocele
galactopexic galaktopektisch, galaktosebindend
galactopexy Galaktopexie *f*, Galaktosebindung *f (durch die Leber)*
galactophagous galaktophag(isch), galaktoseaufnehmend; von Milch ernährend
galactophlebitis Leukophlegmasie *f*, Phlegmasia *f* alba dolens *(schmerzhafte weiße Beinanschwellung bei Thrombose)*
galactophlysis milchige Hauteruption *f*
galactophore *s.* galactophorous canal
galactophoritis Galaktophoritis *f*, Milchgang(s)entzündung *f*
galactophorous milchführend
galactophorous canal [duct] Ductus *m* lactiferus, Brustmilchgang *m*, Milchgang *m* (der Brustdrüse)
galactophygous milch(fluss)hemmend
galactoplania Galaktoplanie *f*, Milchabsonderung *f* an abnormer Stelle
galactopoiesis Galaktopoese *f*, Milchbildung *f*, Milchproduktion *f*
galactopoietic galaktopoetisch, milchbildend; Galaktopoese..., Milchbildungs...
galactoposia Milchdiät *f*, Milchkur *f*
galactopyra Milchfieber *n*
galactopyranose Galaktopyranose *f*
galactopyretic galaktopyretisch; Milchfieber...
galactorrhoea Galaktorrhoe *f*, Milchfluss *m*, Laktorrhoe *f*
galactorrhoea-amenorrhoea syndrome Galaktorrhoe-Amenorrhoe-Syndrom *n*
galactosaemia Galaktosämie *f*, Galaktoseintoleranz-Syndrom *n*, Galaktoseverwertungsstörung *f*, Galaktoseunverträglichkeit *f*
galactosamine Galaktosamin *n (Aminoderivat der Galaktose)*
galactosamine-6-sulfatase Galaktosamin-6-sulphatase *f (Enzym)*
galactosaminoglycan Galaktosaminoglycan *n*
galactoschesis *s.* galactostasis
galactoscope Galaktoskop *n*
galactose Galaktose *f*, Galactose *f (Aldohexose)*
galactose diabetes Galaktosediabetes *m*
galactose metabolism Galaktosestoffwechsel *m*
galactose-1-phosphate Galaktose-1-phosphat *n*
galactose-1-phosphate uridyl transferase Galaktose-1-phosphat-uridyl-Transferase *f (Enzym)*
galactose-6-sulfatase Galaktose-6-sulphatase *f (Enzym)*
galactose-6-sulfurase *s.* galactose-6-sulfatase
galactose tolerance test Galaktosebelastungstest *m*, Galaktosetoleranztest *m*
galactosialidosis Galaktosialidose *f (Mangel an β-Galaktosidase und Sialidase)*
α-D-galactosidase α-D-Galaktosidase *f*, Melbiase *f (Enzym)*
β-D-galactosidase β-D-Galaktosidase *f*, Lactase *f*, Laktase *f (Enzym)*
β-galactosidase β-Galaktosidase *f (Enzym)*
galactoside Galaktosid *n (Glykosid)*
galactoside permease Galaktosidpermease *f (Enzym)*
galactosis Laktation *f*, Milchsekretion *f*, Milchabsonderung *f (aus der Brust)*
galactosphingoside Galaktosphingosid *n (Zerebrosid)*
galactostasia *s.* galactostasis
galactostasis Galaktostase *f*, Milchstauung *f*, Milchretention *f*, Milchverhaltung *f*, Milchstau *m*
galactosuria Galaktosurie *f*, Galaktoseausscheidung *f* im Urin
β-galactosylceramidase β-Galaktosylceramidase *f (Enzym)*
galactosylceramide Galaktosylceramid *n*
galactosylceramide β-galactosidase *s.* β-galactosylceramidase

galactosylceramide lipidosis Galaktosylcermaidlipidose *f*
galactosyltransferase Galaktosyltransferase *f (Enzym)*
galactotherapy Galaktotherapie *f*, Laktotherapie *f*, Milchdiät(behandlung) *f*
galactotoxin Galaktotoxin *n*
galactotoxism Galaktotoxismus *m*, Milchvergiftung *f*
galactotrophy Milchernährung *f*, Milchdiät *f*
galactozymase Galaktozymase *f (Enzym)*
galacturia Galacturie *f*, Chylurie *f*, Chylusausscheidung *f* im Urin
galacturonan Galacturonan *n*
galacturonic acid Galacturonsäure *f*
D-galacturonic acid D-Galacturonsäure *f*
galanin Galanin *n*
galant(h)amine Galantamin *n (Anticholinesterase)*
galant(h)amine hydrobromide Galantaminhydrobromid *n*
Galant's reflex [response] Galant-Reflex *m*, Rückgratreflex *m (beim Säugling)*
Galassi's pupillary phenomenon Galassi'sches Pupillenphänomen *n*, Lid-Pupillen-Reflex *m*, Orbikularisphänomen *n (reflektorische Pupillenverengung bei Lidschluss)*
galea 1. Galea *f*, Helm *m*, Haube *f*; 2. *s.* galeal aponeurosis; 3. haubenförmiger Kopfverband *m*
galeal aponeurosis Galea *f* aponeurotica, Sehnenhaube *f*, Aponeurosis *f* epicranialis, Kopfschwarte *f*
Galeazzi's fracture Galeazzi-Fraktur *f (Radiusfraktur mit Dislokation im Radioulnargelenk)*
galenic galenisch
galenical galenisches Mittel *n* [Heilmittel *n*], Galenikum *n*
Galen's vein Galen'sche Vene *f*, Vena *f* cerebri magna
galeophobia Galeophobie *f*, Ailurophobie *f (krankhafte Angst vor Katzen)*
galerop(s)ia Galeropsie *f (abnorm gesteigerte Sehschärfe)*
gall 1. Galle *f*, Fel *n*, Bilis *f (siehe auch unter: bile)*; 2. Exkoriation *f*, Erosion *f*; Hauterosion *f*, Hautabschürfung *f*
gall bladder Gallenblase *f*, Vesica *f* fellea
gall-bladder aplasia Gallenblasenaplasie *f*
gall-bladder bed *s.* gall-bladder fossa
gall-bladder cancer [carcinoma] Gallenblasenkrebs *m*, Gallenblasenkarzinom *n*
gall-bladder carrier state Gallenblasenreservoir *n*, Gallenblasen(keim)dauerausscheidung *f*
gall-bladder colic Gallenblasenkolik *f*
gall-bladder contraction Gallenblasenkontraktion *f*
gall-bladder disease Gallenblasenkrankheit *f*, Gallenblasenleiden *n*, Cholezystopathie *f*
gall-bladder dyskinesia Gallenblasendyskinesie *f*
gall-bladder empyema Gallenblasenempyem *n*
gall-bladder evacuation Gallenblasenentleerung *f*
gall-bladder forceps Gallenblasen(fass)zange *f*
gall-bladder fossa Gallenblasenbett *n*, Leberbett *n* der Gallenblase
gall-bladder hydrops Gallenblasenhydrops *m*
gall-bladder injury Gallenblasenverletzung *f*, Gallenblasenschädigung *f*
gall-bladder lambliasis Gallenblasenlambliasis *f*
gall-bladder perforation Gallenblasenperforation *f*
gall-bladder resection Gallenblasenexstirpation *f*, Cholezystektomie *f*, (operative) Gallenblasenentfernung *f*
gall-bladder stone Gallenblasenstein *m*, Cholezystolith *m*
gall-bladder torsion Gallenblasentorsion *f*, Gallenblasenverdrehung *f*
gall-bladder trocar *(Chir)* Gallenblasentrokar *m*
gall-bladder volvulus Gallenblasenvolvulus *m*
gall duct Gallengang *m*, Ductus *m* biliferus, Gallenweg *m (siehe auch unter: bile duct)*
gall-duct dilator Gallengangdilatator *m*
gall-duct forceps Gallengangklemmzange *f*, Gallenkanalklemme *f*
gall-duct probe *(Chir)* Gallengangsonde *f*
gall-stone *s.* gallstone
gallamine triiodide Galamintrijodid *n (Muskelrelaxans)*
Gallavardin's phenomenon Gallavardin-Phänomen *n (des Geräusches bei Aortenstenose)*
gallbladder *s.* gall bladder
Gallego's differentiating solution Gallego'sche Lösung *f*, Gallego'sche Differenzierungslösung *f (beschleunigt Bindung von basischem Fuchsin in gramnegativen Mikroorganismen)*
gallein Gallein *n*, Pyrogallolphthalein *n*
gallic acid Gallussäure *f*, Gallsäure *f*, Acidum *n* gallicum, 3,4,5-Trihydroxybenzoesäure *f*
Gallie's transplant Gallie'sches Transplantat *n*, Fascialata-Streifentransplantat *n (Hernienchirurgie)*
gallocyanin(e) Gallocyanin *n*
gallon Gallone *f (entspricht 3,785412 Litern)*
gallop rhythm Galopprhythmus *m*, Dreierrhythmus *m* (des Herzens)
gallop sound Galoppgeräusch *n*, III. [IV.] Herzton *m*
galloping consumption galoppierende Lungentuberkulose *f* [Schwindsucht *f*], Phthisis *f* florida
galloping phthisis *s.* galloping consumption
galloping schizophrenia galoppierende Schizophrenie *f*
gallsickness Anaplasmosis *f (durch Anaplasma marginale)*
gallstone Gallenstein *m*, Cholelith *m*, Gallenkonkrement *n*
• **detect gallstones by sonography** Gallensteine mittels Ultraschall nachweisen
gallstone colic Gallen(stein)kolik *f*
gallstone dislodger Gallensteinextraktor *m*
gallstone forceps Gallenstein(fass)zange *f*
gallstone ileus Gallensteinileus *m*
gallstone pancreatitis Gallensteinpankreatitis *f*
gallstone probe Gallensteinsonde *f*
gallstone scoop [spoon] Gallensteinlöffel *m*
Galton's whistle Galton'sche Pfeife *f (zur Prüfung der oberen Hörgrenze)*
galvanic galvanisch
galvanic cautery galvanisches Kautern *n*, Galvanokaustik *f*
galvanic conductivity galvanische Leitfähigkeit *f*, galvanisches Leitungsvermögen *n*
galvanic electric stimulation galvanoelektrische Stimulation *f*
galvanic separation galvanische Trennung *f*
galvanic skin response *(Neur)* galvanische Hautreaktion *f*, psychogalvanischer Reflex *m*
galvanic solution galvanische Lösung *f*
galvanic surgery galvanische Chirurgie *f*, Galvanochirurgie *f*
galvanism *(Stom)* Galvanismus *m (bei Zahnfüllungen mit verschiedenen Metallen)*
galvanization Galvanisation *f*, Galvanotherapie *f*, Gleichstrombehandlung *f*
galvanize *v* galvanisieren, mit galvanischem Strom behandeln
galvanobridge Galvanobrücke *f*
galvanocauter Galvanokauter *m*, elektrisches Messer *n*
galvanocautery Galvanokaustik *f*
galvanocontractility Galvanokontraktilität *f*
galvanofaradization Galvanofaradisierung *f*
galvanogustometer Galvanogustometer *n*
galvanogustometry Galvanogustometrie *f*

galvanoionization Iontophorese *f*
galvanometer Galvanometer *n*
galvanomuscular galvanomuskulär
galvanonarcosis Galvanonarkose *f (Längsdurchströmung des Rückenmarks mit konstantem Gleichstrom)*
galvanopalpation Galvanopalpation *f*
galvanopuncture Galvanopunktur *f*
galvanoscope Galvanoskop *n*
galvanosurgery Galvanochirurgie *f*, Elektrochirurgie *f*
galvanotaxis *s.* galvanotropism
galvanotherapy Galvanotherapie *f*, Galvanisation *f*, Gleichstrombehandlung *f*
galvanotonus Galvanotonus *m (tonische Muskelkontraktion durch galvanische Reizung)*
galvanotropism Galvanotropismus *m (Ausrichtung der Bewegung von Zellen im Gleichstromfeld)*
gamabufagin *s.* gamabufotalin
gamabufotalin Gamabufotalin *n*
gamasidiosis Gamasidiosis *f*, Gamasoidose *f*, Vogelmilbenkrätze *f*
gamasoidiosis *s.* gamasidiosis
Gambian sleeping sickness *(Trop)* Trypanosomagambiense-Infektion *f*, Gambienseinfektion *f*, Westafrikanische Schlafkrankheit *f (durch Trypanosoma brucei gambiense)*
Gambian trypanosomiasis *s.* Gambian sleeping sickness
gambling *(Neur)* Spielleidenschaft *f*, Glücksspielleidenschaft *f*
game knee Spielknie *f*, Spielerbein *n*
gamenomania Gamenomanie *f*, Heiratswut *f*
gametangium Gametangium *n*
gamete Gamet *m*, Geschlechtszelle *f*
gamete intrafallopian transfer intratubarer Gametentransfer *m*, GIFT, Gametentransfer *m* in die Eileiter
gametic Gameten..., Geschlechtszellen...
gametic chromosome Gametenchromosom *n (im haploiden Chromosomensatz)*
gametocidal *s.* gametocide
gametocide gameten(ab)tötend, gametenzerstörend
gametocide (agent) gametenabtötendes [gametenzerstörendes] Mittel *n*
gametocyst Gametozyste *f (Zyste um Gamonten)*
gametocyte 1. Gametozyt *m*, Keimzelle *f (vor der Reduktionsteilung)*; Spermatozyte *f*; Oozyte *f*; 2. Gametozyt *m*, Malariageschlechtszelle *f*; Mikrogametozyt *m (männliche Form)*; Makrogametozyt *m (weibliche Form)*
gametocythaemia Gametozythämie *f*, Vorhandensein *n* von Malariagametozyten im Blut
gametogenesis Gametogenese *f*, Keimzellenbildung *f*
gametogenic gametogen, gametenbildend, keimzellenbildend
gametogenic hormone *s.* follicle-stimulating hormone
gametogonia *s.* gametogony
gametogony Gametogonie *f*, Gamogonie *f*
gametoid geschlechtszellenartig, keimzellenartig
gametokinetic gametokinetisch
gametopathy Gametopathie *f*, Krankheit *f* infolge Gametenschädigung
gametophagia Gametophagie *f*, Gamophagie *f (Verschwinden der Geschlechtsfaktoren bei Konjugation von Einzellern)*
gametophyte Gametophyt *m (haploides Geschlechtsstadium; weiblicher Makrogametophyt; männlicher Mikrogametophyt)*
gamic sexuell, geschlechtlich
gamma-aminobutyric acid Gamma-Aminobuttersäure *f*, GABA
gamma-benzene hexachloride γ-Benzenhexachlorid *n*, Lindan *n*
gamma camera Gammakamera *f*
gamma decay Gamma-Zerfall *m*
gamma dose rate Gamma-Dosisleistung *f*
gamma efferent fibre efferente γ-Faser *f*
gamma emission Gamma-Emission *f (Aussendung von Gamma-Strahlen)*
gamma emitter Gamma-Emitter *m*, Gamma-Strahler *m*
gamma encephalography Gamma-Enzephalographie *f*
gamma globulin 1. Gammaglobulin *n*, γ-Globulin *n (ein Serumglobulin)*; 2. *s.* immunoglobulin
gamma-glutamyl transferase Gamma-Glutamyltransferase *f*, γ-GT, Gamma-Glutamyltranspeptidase *f (Enzym)*
gamma-glutamyl transpeptidase *s.* gamma-glutamyl transpeptidase
gamma granule Gammakörnchen *n*, chromophobe Hypophysenzelle *f*
gamma haemolysin γ-Hämolysin *n (von Staphylococcus aureus)*
gamma interferon Gamma-Interferon *n*, γ-Interferon *n*
gamma knife stereotaxic radiosurgery stereotaktische Gamma-Strahlenchirurgie *f*
gamma radiation Gammastrahlung *f*, γ-Strahlung *f*
gamma rays Gammastrahlen *mpl*, γ-Strahlen *mpl*
gamma rhythm Gamma-Rhythmus *m*, γ-Rhythmus *m (EEG)*
gamma spectrometry *(Rad)* Gamma-Spektrometrie *f*
gammacism Gammazismus *m*, G-Stammeln *n*; Gaumenlautstammeln *n*
gammaglobulinopathy Gammaglobulinopathie *f*
gammagram Gammagramm *n*, Gammastrahlenaufzeichnung *n*
gammagraphy Gammagraphie *f*
gammaloidosis *(Path)* Amyloidose *f*, Wachsentartung *f*, Amyloidentartung *f*
gammopathy Gammopathie *f*, Gammaglobulinmangelkrankheit *f*
Gamna-Favre bodies Gamna-Favre-Körperchen *npl (basophile zytoplasmatische Einschlusskörperchen bei Lymphogranuloma venereum)*
Gamna-Gandy bodies Gamna-Gandy-Körperchen *npl*, Gamna-Gandy'sche Knötchen *npl (aus organisierten Blutresten in Leber und Milz)*
Gamna's disease Gamna-Krankheit *f*, Gamna'sche Krankheit *f (Splenomegalie mit Eisenablagerungen in der Milz)*
gamogenesis Gamogenese *f (sexuelle Fortpflanzung durch Gametenverschmelzung)*
gamogenetic gamogenetisch, sexuell [durch Gametenverschmelzung] fortpflanzend; Gamogenese...
gamogony *s.* gametogony
gamomania Gamomanie *f*, krankhafter Heiratsdrang *m*
gamone Gamon *n (bewirkt Anziehung gegengeschlechtlicher Gameten)*
gamont Gamont *m*, Gametozyt *m*
gamophagia Gamophagie *f*, Gametophagie *f (Verschwinden männlicher und weiblicher Elemente in der Zygose)*
gamophobia Gamophobie *f*, Heiratsangst *f*, Heiratsfurcht *f*
Gamper's bowing reflex Gamper'scher Reflex *m* [Verbeugungsreflex *m*] *(Labyrinth-Stellreflex)*
gampsodactyly Gampsodaktylie *f*, Pes *m* cavus
Gamstorp's syndrome *(Päd)* Gamstorp-Syndrom *n*, Adynamia *f* episodica hereditaria, familiäre periodische hyperkaliämische Lähmung *f*
ganciclovir Ganciclovir *n (Virostatikum)*
Gandy-Gamna bodies *s.* Gamna-Gandy-bodies

Gandy-Nanta disease Gandy-Nanta-Krankheit *f*, Gandy-Nanta'sche Krankheit *f*, siderotische Splenomegalie *f*
ganglia *pl s.* ganglion
ganglial ganglionär; Ganglion...
gangliar *s.* ganglial
gangliate *s.* ganglial
gangliated sympathetic chain Symphathikusganglienkette *f*
gangliectomy *s.* ganglionectomy
gangliform ganglienförmig, gangliform
gangliitis Ganglionitis *f*, Ganglienentzündung *f*
ganglioblast Ganglioblast *m (in embryonalen Spinalganglien)*
gangliocyte Ganglienzelle *f*
gangliocytoma *s.* ganglioneuroma
ganglioform *s.* gangliform
ganglioglioma Gangliogliom *n*, Neuroastrozytom *n*
ganglioglioneuroma Ganglioglioneurom *n*
ganglioid ganglioid, ganglienartig, ganglienähnlich
gangliolysis Gangliolyse *f*, Ganglienauflösung *f*
gangliolytic 1. gangliolytisch, ganglienauflösend; Gangliolyse...; 2. ganglienhemmend, ganglioplegisch
ganglioma Gangliom *n*, Ganglioneurom *n*, Ganglioma *n* embryonale sympathicum *(bösartige Nervengeschwulst)*
ganglion 1. Ganglion *n*, Nervenknoten *m*; 2. Hygrom *n*, Überbein *n*, Ganglion *n (einer Sehnenscheide)*
ganglion blocking agent Ganglienblocker *m*, ganglienblockierende Substanz *f*, Ganglioplegikum *n*
ganglion cell Ganglienzelle *f*
ganglion-cell glioma Ganglienzellengliom *n*, Ganglienzellenneurom *n*
ganglion-cell neuroma *s.* ganglion-cell glioma
ganglion ridge *s.* ganglionic crest
ganglionar neuroma Ganglienneurom *n*
ganglionate(d) ganglienhaltig
ganglionate(d) nerve sympathischer Nerv *m*
ganglionate(d) neuroma *s.* ganglioneuroma
ganglionectomy Ganglionektomie *f*, Ganglionexzision *f*, Ganglionexstirpation *f*, (operative) Ganglienentfernung *f*
ganglioneuroblastoma Ganglioneuroblastom *n (Nervengeschwulst)*
ganglioneurocytoma Ganglioneurozytom *n (Nervengeschwulst)*
ganglioneurofibroma Ganglioneurofibrom *n (Nervengeschwulst)*
ganglioneuroma Ganglioneurom *n*, Gangliozytom *n*, Neuroma *n* verum *(Nervengeschwulst)*
ganglioneuromatosis Ganglioneuromatose *f (gehäuftes Auftreten von Ganglioneuromen)*
ganglionic ganglionär; Ganglion...; Ganglien...
ganglionic block(ade) Ganglienblockade *f*
ganglionic blocking agent *(Pharm)* Ganglienblocker *m*, Ganglien blockierende Substanz *f*, Ganglioplegikum *n*
ganglionic crest Ganglienleiste *f*, Neuralleiste *f*
ganglionic glioma Ganglioglioma *n*, Ganglienzellengliom *n*
ganglionic neuroma *s.* ganglioneuroma
ganglionic ridge *s.* ganglionic crest
ganglionitis 1. Ganglionitis *f*, Ganglionentzündung *f*, Nervenganglionentzündung *f*; 2. Ganglionitis *f*, Lmphknotenentzündung *f*
ganglionoplegic ganglioplegisch, ganglienlähmend, ganglienblockierend
ganglionoplegic (agent) *(Pharm)* Ganglioplegikum *n*, Ganglienblocker *m*
ganglionostomy Gangliostomie *f*, Ganlienfistelung *f*, Hygromeröffnung *f*
ganglions of the autonomic nervous system Ganglia *npl* plexuum autonomicorum [sympathicorum]
gangliopathy Gangliopathie *f*, Ganglienerkrankung *f*
ganglioplegic ganglioplegisch, ganglienhemmend
ganglioplegic activity ganglioplegische [ganglienhemmende] Aktivität *f*
ganglioplegic (agent) Ganglioplegikum *n*, Ganglienblocker *m*, ganglienhemmendes Mittel *n*
gangliosialidosis *s.* gangliosidosis
ganglioside Gangliosid *n*, Sialoglycosphingolipid *n (Glykolipid)*
ganglioside sialidase Gangliosidsialidase *f*, Sialidase *f (Enzym)*
gangliosidosis Gangliosidose *f (degenerative ZNS-Erkrankung)*
gangliosidosis type I Gangliosidose *f* Typ I, Tay-Sachs'sche Krankheit *f*, Tay-Sachs-Syndrom *n*, infantile amaurotische Idiotie *f*
gangliosidosis type II Gangliosidose *f* Typ II, Sandhoff'sche Krankheit *f*
gangliosympathectomy Gangliosympathektomie *f*, Exstirpation *f* sympathischer Ganglien
gangliosympathicoblastoma *(Path)* Sympathoblastom *n*, Sympathikoblastom *n*, Sympathogoniom *n*
gangosa Rhinopharyngitis *f* mutilans, tertiäre Frambösie *f*
gangrene Gangrän *f*, Brand *m*, Gewebsnekrose *f*
gangrene of the appendix Appendicitis *f* gangraenosa, Wurmfortsatzgangrän *f*
gangrene of the lung Lungengangrän *f*
gangrenescent gangränisierend
gangrenopsis *s.* gangrenous stomatitis
gangrenosis Gangränentwicklung *f*, Gangränbildung *f*
gangrenous gangränös, brandig; Gangrän...
gangrenous appendicitis Appendicitis *f* gangraenosa, gangränöse Appendizitis *f*
gangrenous blepharitis Blepharitis *f* gangraenosa
gangrenous cholecystitis Cholecystitis *f* gangraenosa, gangränose Cholezystitis *f*
gangrenous cystitis Cystitis *f* gangraenescens
gangrenous myonecrosis Myonecrosis *f* gangraenosa
gangrenous necrosis Gangrän *f*, gangränöser Zerfall *m*
gangrenous pneumonia Pneumonia *f* gangraenosa
gangrenous pulp necrosis gangränöse Pulpanekrose *f*, Pulpagangrän *f*
gangrenous pyoderma Pyoderma *n* gangraenosum
gangrenous stomatitis Stomatitis *f* gangraenosa, Wangenbrand *m*, Wasserkrebs *m*, Noma *n(f)*, Gesichtsbrand *m*, Mundbrand *m*
gangrenous varicella Varicella *f* gangraenosa, Dermatitis *f* gangraenosa infantum
gangrenous vulvitis Vulvitis *f* gangraenosa, gangränöse Vulvitis *f*
ganja *s.* cannabis
ganoblast Ganoblast *m*, Ameloblast *m*, Adamantoblast *m*, Zahnschmelzbildner *m*, Schmelzzelle *f*, Zahnemaillezelle *f (Zusammensetzungen siehe unter: ameloblastic)*
Ganser's commissure Ganser'sche Kommissur *f*, Commissura *f* supraoptica
Ganser's syndrome Ganser-Syndrom *n*, Ganser'sches Syndrom *n*, Pseudodemenz *f*, Scheinblödsinn *m*, Zweckpsychose *f*
gantry assembly Abtasteinheit *f (Computertomographie)*
gap 1. Spalte *f*, Schlitz *m*, Hiatus *m*; 2. Zeitraum *m*, Zeitintervall *n*
gap closure Lückenschluss *m*
gap mainainer Lückenhalter *m*, Platzhalter *m*
gap of consciousness Bewusstseinslücke *f*
gap of memory Gedächtnislücke *f*
gap phenomenon *(Kard)* erregbare Lücke *f*, exzitable Lücke *f*

Garcin's syndrome Garcin-Syndrom *n*, Garcin-Guillain-Syndrom *n*, Halbbasis-Syndrom *n* *(Halbseitenlähmung von Hirnnerven bei einseitigem Krankheitsherd)*
Gardner-Diamond syndrome Gardner-Diamond-Syndrom *n*, autoerythrozytäres Sensibilisierungssyndrom
Gardnerella vaginalis Gardnerella *f* vaginalis
Gardnerella vaginalis vaginitis Gardnerella-vaginalis-Vaginitis *f*
Gardner-Wels tongs Gardner-Wels-Klammer *f* *(bei Halswirbelsäulenextension)*
Gardner's syndrome I Gardner-Syndrom *n* I, hereditäre Adenomatose *f*
Gardner's syndrome II Gardner-Syndrom *n* II, pseudomembranöse Vaginitis *f*
gargalaesthesia Gargalästhesie *f* *(Kitzelgefühl bei Berührungsreizen)*
gargalaesthetic Gargalästhesie...
gargalanaesthesia Gargalanästhesie *f* *(Verlust des Kitzelgefühls bei Berührungsreizen)*
gargarism(a) Gurgelmittel *n*
gargle *v* gurgeln, den Rachen spülen
gargle Gurgellösung *f*, Gurgelmittel *n*
gargoylism Gargoylismus *m*, Wasserspeiergesicht *n*, Dysostosis *f* multiplex *(siehe auch unter: Hurler's syndrome)*
Garland's triangle Garland'sches Dreieck *n*, Garland-Dreieck *n* *(bei Pleuraerguss)*
Garré's disease Garré'sche Krankheit *f*, sklerosierende nonsuppurative Osteomyelitis *f*
Garré's osteomyelitis *s.* Garré's disease
garrulity of the vulva Garrulitas *f* vulvae, Flatus *m* vaginalis, Luftabgang *m* aus der Scheide
garrulous epilepsy *(Neur)* Epilepsia *f* marmorata
Gärtner bacillus Salmonella *f* enteritidis
Gärtner's phenomenon Gärtner'sches Zeichen *n* *(verbleibende Venenfüllung beim Heben der Arme infolge Rückstauung)*
Gärtner's tonometer Gärtner'sches Tonometer *n*
Gärtner's vein phenomenon *s.* Gärtner's phenomenon
Gartner's canal *s.* Gartner's duct
Gartner's cyst Gartner-Zyste *f*, Gartner'sche Zyste *f* *(gutartiger Scheidentumor aus Resten des Gartner'schen Ganges)*
Gartner's duct Gartner'scher Gang *m*, Ductus *m* epoophori longitudinalis [Gartneri], Ductus *m* longitudinalis epoophori
gas Gas *n*; Narkosegas *n*
gas abscess Gasabszess *m*
gas accumulation Gasansammlung *f*
gas anaesthesia Gasnarkose *f*
gas analysis Gasanalyse *f*
gas apparatus Gasapparatur *f*
gas bacillus gasbildender Bazillus *m*, gasbildendes Bakterium *n*
gas bloat syndrome Gasbauch *m*, Meteorismus *m*
gas burner Gasbrenner *m*
gas chromatography Gas-Chromatographie *f*, Gaschromatographie *f*
gas-conducting tube Darmrohr *n*
gas contrast angiocardiography Gas-Kontrast-Angiokardiographie *f*
gas cylinder Gaszylinder *m*, Gasflasche *f*
gas distension Gasaufblähung *f*, Flatulenz *f*
gas distribution Gasverteilung *f*
gas-driven gasgetrieben, durch Gas angetrieben
gas embolism Gasembolie *f*, Dekompressionskrankheit *f*
gas endarteriectomy Gasendarteriektomie *f*
gas exchange Gasaustausch *m*
gas exchange area Gasaustauschfläche *f*
gas-filled segment gasgefülltes Segment *n*
gas flexible tube flexibler Gasschlauch *m*
gas flow Gasfluss *m*, Gasstrom *m*
gas freeing Entgasung *f*
gas gangrene Gasbrand *m*, Gasödem *n*, Gasphlegmone *f*, Oedema *n* malignum, malignes Ödem *n*
gas gangrene antitoxin Gasbrandantitoxin *n*
gas gangrene bacillus (Welch-Fraenkel'scher) Gasbrandbazillus *m*, Clostridium *n* Welchii [perfringens Typ A], Gasbrandklostridium *n*
gas gangrene myositis Gasbrandmyositis *f*
gas insufflation Gasinsufflation *f*, Gasaufblähung *f*
gas ionization Gasionisation *f*
gas-liquid chromatography Gas-Flüssigkeits-Chromatographie *f*
gas myelography Gasmyelographie *f*, Rückenmarkröntgen(kontrast)darstellung *f* mit Luft
gas narcosis Gasnarkose *f*
gas-oxygen mixture Gas-Sauerstoff-Gemisch *n*
gas pains Blähungsschmerzen *mpl*; Flatulenz *f*
gas phlegmon *s.* gas gangrene
gas pressure Gasdruck *m*
gas-pressure casting Gaspressguss *m*, Gasdruckguss *m*
gas-producing microorganism gasbildender Mikroorganismus *m*
gas-scavenging system *(Anästh)* Gasauffangsystem *n*
gas sepsis Gasbrandsepsis *f*
gas sterilization Gassterilisation *f*, Kaltsterilisation *f* mit Gas
gas sterilizer Gassterilisator *m*
gas therapy Gastherapie *f*, Gasbehandlung *f* *(z. B. hyperbare Sauerstofftherapie)*
gas transmitting fistula Gasfistel *f*
gaseous gasartig; gasförmig; Gas...
gaseous anaesthetic gasförmiges Narkosemittel *n*
gaseous oedema *s.* gas gangrene
gaseousness Aufgetriebenheit *f*, Völlegefühl *n*, Blähung *f*, Aufblähung *f*, Flatulenz *f*
gasiform gasförmig
gasogenic gasbildend
gasoline sniffing Benzinismus *m*, Benzinschnüffeln *n*
gasometer Gasometer *n*, Gasmessgerät *n*, Gasmessinstrument *n*
gasometric gasometrisch; Gasometrie...
gasometry Gasometrie *f*, Gasmessung *f*
gasp *v* keuchen, schwer atmen, nach Atem [Luft] ringen
gasp *v* **for breath** nach Luft schnappen
gasp schweres Atmen *n*, Keuchen *n*
Gasserian ganglion *s.* Gasser's ganglion
Gasser's ganglion Gasser'sches Ganglion *n*, Gasser-Ganglion *n*, Ganglion *n* semilunare (Gasseri), Ganglion *n* trigeminale
Gasser's syndrome Gasser'sches Syndrom *n*, hämolytisches urämisches Syndrom *n*
Gastaut's syndrome Lennox-Gastaut-Syndrom *n*, Lennox-Syndrom *n* *(epileptische Anfälle mit langsamen diffusen Spitze-Welle-Komplexen bei infantiler Enzephalopathie)*
gaster Gaster *m*, Ventriculus *m*, Magen *m*, Stomachus *m* *(Zusammensetzungen siehe unter: gastric und stomach)*
gasterhysterotomy abdominale Hysterotomie *f*, Gebärmuttereröffnung *f* durch die Bauchhöhle
Gasteromycetes Gasteromycetes *pl*
Gasterophilidae Gasterophilidae *pl*
Gasterophilus haemorrhoidalis Gasterophilus *m* haemorrhoidalis
Gasterophilus intestinalis Gasterophilus *m* intestinalis
gastradenitis Magen(schleim)drüsenentzündung *f*
gastral *s.* gastric

gastralgia Gastralgie *f*, Magenschmerz *m*, Magenkrampf *m*
gastralgokenosis Gastralgokenose *f*, Nüchternschmerz *m*
gastrasthenia Magenatonie *f*, Magenschlaffheit *f*
gastratrophia Magenatrophie *f*, Gastratrophie *f*, atrophische Gastritis *f*
gastrectasia Gastrektasie *f*, Magenektasie *f*, Magenerweiterung *f*
gastrectasis *s.* gastrectasia
gastrectomy Gastrektomie *f*, Magenresektion *f*, Magenexstirpation *f*, (operative) Magenentfernung *f*
gastric gastrisch; Magen... *(siehe auch unter: stomach)*
gastric achlorhydria Achlorhydria *f* gastrica, Magenachlorhydrie *f*, Magensäuremangel *m*
gastric acid Magensäure *f*
gastric acid secretion Magensäuresekretion *f*
gastric actinomycosis Magenaktinomykose *f*
gastric adenohypersthenia Adenohypersthenia *f* gastrica
gastric adenomyoma Magenadenomyom *n*
gastric analysis 1. Magensaftanalyse *f*; 2. Mageninhaltanalyse *f*
gastric angle Incisura *f* angularis
gastric antacid Magenantazidum *n*, Magensäureneutralisierer *m*
gastric antrum Magenantrum *n*, Antrum *n* pyloricum, Pars *f* pylorica ventriculi
gastric area Magenschleimhautareal *n*, Magenschleimhautbezirk *m*
gastric aspirate Magenaspirat *n*, abgesaugter Mageninhalt *m*
gastric aspiration Magenabsaugung *f*, Magenausheberung *f*
gastric aspiration tube Magenschlauch *m*, Magensonde *f*
gastric atony Magenatonie *f*
gastric atrophy Magen(schleimhaut)atrophie *f*, atrophe Gastritis *f*
gastric biopsy Magenbiopsie *f*
gastric bleeding Magenblutung *f*
gastric bubble Magenblase *f*
gastric canal Magenstraße *f*, Canalis *m* ventriculi
gastric cancer *s.* gastric carcinoma
gastric carcinoma Magenkrebs *m*, Magenkarzinom *n*, Carcinoma *n* ventriculi
gastric cardia Pars *f* cardiaca ventriculi, Kardia *f*
gastric catarrh Magenkatarrh *m*
gastric cooling Magenunterkühlung *f*, Magenspülung *f* mit Eiswasser
gastric crisis Magenkrise *f*
gastric cyst Magenzyste *f*
gastric cytoprotection Magenschleimhautschutz *m*
gastric decompression Magendekompression *f*, Magen(druck)entlastung *f*
gastric diagnosis Magendiagnostik *f*
gastric digestion Magenverdauung *f*
gastric disorder Magenstörung *f*, Magenbeschwerden *fpl*
gastric distension *(Rad)* Magen(auf)dehnung *f*
gastric distress Magenschädigung *f*, Magenreizung *f*
gastric diverticulum Magendivertikel *n*
gastric dyspepsia Magendyspepsie *f*
gastric emesis gastrisches [magenbedingtes] Erbrechen *n*
gastric emptying Magenentleerung *f*
gastric emptying time Magenentleerungszeit *f*
gastric erosion Magen(schleimhaut)erosion *f*
gastric fistula Magenfistel *f*
gastric fluid *s.* gastric juice
gastric foveola Magengrübchen *n*, Foveola *f* gastrica
gastric gland Magendrüse *f*, Glandula *f* gastrica
gastric growth Magentumor *m*, Magengeschwulst *f*
gastric haemorrhage Magenblutung *f*
gastric hormone Magenhormon *n (z. B. Gastrin)*
gastric hyperacidity *s.* gastroxynsis
gastric inhibitory polypeptide gastroinhibitorisches Polypeptid *n*, GIP
gastric intubation Magensondierung *f*, Magensondeneinführung *f*
gastric invagination Mageninvagination *f*, Mageneinstülpung *f*
gastric juice Magensaft *m*, Succus *m* gastricus
gastric juice acidity Magensaftazidität *f*
gastric juice analysis Magensaftanalyse *f*, Magensaftuntersuchung *f*
gastric juice examination after having test meal Magensaftanalyse *f* nach Testmahlzeit
gastric juice examination by the fractional method fraktionierte Magensaftanalyse *f*
gastric juice hyperacidity Magensafthyperazidität *f*
gastric juice hypoacidity Magensafthypoazidität *f*
gastric juice total acidity totale Magensaftazidität *f*
gastric lavage Magenlavage *f*, Magenspülung *f*
gastric lesion Magenläsion *f*, Magenschaden *m*, Magenschädigung *f*
gastric malignancy bösartiges Magenneoplasma *n*, bösartige Magengeschwulst *f*
gastric motility Magenmotilität *f*
gastric mucin Magenmuzin *n*
gastric mucosa Magenschleimhaut *f*
gastric mucosal barrier Magenschleimhautbarriere *f*
gastric mucous membrane *s.* gastric mucosa
gastric myenteric plexus Plexus *m* myentericus, Auerbach'scher Plexus *m*
gastric neurasthenia Magenneurose *f*
gastric node Magenlymphknoten *m*
gastric notch *s.* gastric angle
gastric operation Magenoperation *f*
gastric pain Magenschmerz *m*
gastric paralysis Magenlähmung *f*
gastric perforation Magenperforation *f*, Magen(wand)durchbruch *m*
gastric peristalsis Magenperistaltik *f*
gastric pit *s.* gastric foveola
gastric plexus Magenplexus *m*, Plexus *m* gastricus
gastric polyp Magenpolyp *m*
gastric polyposis Magenpolypose *f*, Polyposis *f* ventriculi, polypenartige Schleimhautgeschwulst *f* im Magen
gastric pyrosis Sodbrennen *n*
gastric resection Magenresektion *f*
gastric resection according to Billroth I Billroth-I-Magenresektion *f*, Magenresektion *f* nach Billroth I
gastric rupture Magenruptur *f*, Magen(wand)zerreißung *f*
gastric sarcoma Magensarkom *n*
gastric secretion Magensekretion *f*
gastric secretion within normal limits Magensekretion *f* im Normalbereich
gastric secretory test Magensaftsekretionsanalyse *f*
gastric spasm Magenspasmus *m*, Magenkrampf *m*
gastric stasis Magenstauung *f*, Magenstase *f*
gastric stump Magenstumpf *m*
gastric stump carcinoma Magenstumpfkarzinom *n*
gastric stump insufficiency [leakage] Magenstumpfinsuffizienz *f*
gastric stump suture appliance Magenstumpfnähapparat *m*
gastric surface Magenoberfläche *f*, Facies *f* gastrica
gastric tetany Magentetanie *f*, Tetania *f* gastrica

gastric tube Magenschlauch *m*, Magensonde *f*
gastric tuberculosis Magentuberkulose *f*
gastric tumour Magentumor *m*, Magengeschwulst *f*
gastric ulcer Magengeschwür *n*, Magenulkus *n*, Ulcus *n* ventriculi
gastric volume 1. Magenvolumen *n*; 2. Mageninhalt *m*
gastric volvulus Magenvolvulus *m*
gastricsin Gastricsin *n*, Pepsin *n* C
gastrin Gastrin *n (Hormon)*
gastrinoma Gastrinom *n*, gastrinproduzierender Tumor *m*
gastritic gastritisch; Gastritis..., Magenschleimhautentzündung(s)...
gastritis Gastritis *f*, Magenschleimhautentzündung *f*, Magenkatarrh *m*
gastroacephalus *(Terat)* Gastroacephalus *m (Doppelmissgeburt)*
gastroadenitis Gastroadenitis *f*, Magendrüsenentzündung *f*
gastroadynamic gastroadynamisch
gastroalbumorrhoea Gastroalbumorrhoe *f (Albuminverlust in den Magen)*
gastroamorphus *(Terat)* Gastroamorphus *m (Doppelmissgeburt)*
gastroanastomosis Gastroanastomose *f*, Gastrogastrostomie *f*, operative Magen-Magen-Verbindung *f*
gastroatonia Magenatonie *f*, Magenlähmung *f*
gastroblennorrhoea Gastroblennorrhoe *f (überschießende Magenschleimabgabe)*
gastrocamera Gastrokamera *f*
gastrocardiac gastrokardial; Magen-Herz-...
gastrocele Gastrozele *f*, Magenbruch *m*, Magenhernie *f*
gastrochronorrhoea Gastrochronorrhoe *f (länger dauernde überschießende Magensaftsekretion)*
gastrocnemius *s.* gastrocnemius muscle
gastrocnemius gait Gastrocnemiusgang *m*
gastrocnemius muscle Musculus *m* gastrocnemius, Zwillingsmuskel *m*, Gastrocnemius *m*, Wadenmuskel *m*
gastrocnemius test Gastrocnemiustest *m*
gastrocolic gastrokolisch; Magen-Kolon-..., Magen-Dickdarm-...
gastrocolic fistula Gastrokolonfistel *f*, Magen-Dickdarm-Fistel *f*, gastrokolische Fistel *f*
gastrocolic ligament Ligamentum *n* gastrocolicum, Magen-Dickdarm-Ligament *n*
gastrocolic omentum Omentum *m* majus, großes Netz *n*
gastrocolic reflex gastrokolischer Reflex *m*, Magen-Dickdarm-Reflex *m*
gastrocolitis Gastrokolitis *f*, Magen- und Dickdarmentzündung *f*
gastrocoloptosis Gastrokoloptosis *f*, Magen- und Kolonsenkung *f*
gastrocolostomy Gastrokolostomie *f*, Magen-Dickdarm-Anastomose *f*, operative Magen-Dickdarm-Verbindung *f*
gastrocolotomy Gastrokolotomie *f*, Magen-Dickdarm-Inzision *f*, operative Magen-Dickdarm-Eröffnung *f*
gastrocutaneous gastrokutan; Magen-Haut-...
gastrocutaneous fistula gastrokutane Fistel *f*
gastrocystoplasty Gastrozystoplastik *f (Blasenersatz durch Magenanteile)*
gastrodialysis Gastrodialyse *f (Dialyse über die Magenschleimhaut)*
gastrodiaphane Gastrodiaphanielampe *f*, Magendurchleuchtungslampe *f*
gastrodiaphanoscopy Gastrodiaphanoskopie *f*, Magenuntersuchung *f* im durchscheinenden Licht
gastrodiaphany *s.* gastrodiaphanoscopy
gastrodidymus *(Terat)* Gastrodidymus *m*, Doppelmissgeburt *f* mit nur einem Abdomen

gastrodisciasis Gastrodisciasis *f (Infektion durch Gastrodiscoides hominis)*
Gastrodiscoides hominis Gastrodiscoides *m* hominis
Gastrodiscus hominis Gastrodiscus *m* hominis
gastrodisk *(Embr)* Keimscheibe *f*
gastroduodenal gastroduodenal; Magen-Zwölffingerdarm-...
gastroduodenal artery Arteria *f* gastroduodenalis, Magen-Zwölffingerdarm-Arterie *f*
gastroduodenal plexus Plexus *m* gastroduodenalis, Magen-Zwölffingerdarm-Plexus *m*
gastroduodenal tube Gastroduodenalsonde *f*, Magen-Zwölffingerdarm-Schlauch *m*
gastroduodenectomy Gastroduodenektomie *f*, Magen- und Zwölffingerdarmentfernung *f*
gastroduodenitis Gastroduodenitis *f*, Magen- und Zwölffingerdarmentzündung *f*
gastroduodenoscopy Gastroduodenoskopie *f*, Magen- und Zwölffingerdarmspiegelung *f*
gastroduodenostomy Gastroduodenostomie *f*, Magen-Duodenum-Anastomose *f*, operative Magen-Zwölffingerdarm-Verbindung *f*
gastrodynia Gastrodynie *f*, (krampfartiger) Magenschmerz *m (bei Magenneurose)*
gastroenteralgia Gastroenteralgie *f*, Magen-Darm-Schmerz *m*
gastroenteric gastroenterisch, gastroenteral; Magen-Darm-...
gastroenteritic gastroenteritisch; Gastroenteritis...
gastroenteritis Gastroenteritis *f*, Magen- und Darmentzündung *f*, Magen-Darm-Katarrh *m*
gastroenteroanastomosis Gastroenterostomie *f*, Magen-Darm-Anastomose *f*, operative Magen-Darm-Verbindung *f*
gastroenterocolitic dysentery Gastroenterokolitis *f* dysenterica, dysenterische Gastroenterokolitis *f*
gastroenterocolitis Gastroenterokolitis *f*, Magen-Dünndarm-Dickdarm-Entzündung *f*
gastroenterocolitis syndrome Gastroenterokolitis-Syndrom *n*
gastroenterocolostomy Gastroenterokolostomie *f*, Magen-Darm-Dickdarm-Anastomose *f*, operative Magen-Darm-Dickdarm-Verbindung *f*
gastroenterologist Gastroenterologe *m*, Magen-Darm-Spezialist *m*
gastroenterology Gastroenterologie *f*, Lehre *f* von den Magen- und Darmkrankheiten
gastroenterology department gastroenterologische Abteilung *f*
gastroenteropathy Gastroenteropathie *f*, Magen-Darm-Leiden *n*, Magen-Darm-Krankheit *f*
gastroenteroplasty Gastroenteroplastie *f*, Magen-Darm-Plastik *f*
gastroenteroptosis Gastroenteroptose *f*, Magen-Darm-Senkung *f*
gastroenterostomy Gastroenterostomie *f*, Magen-Darm-Anastomose *f*, (operative) Magen-Darm-Verbindung *f*
gastroenterotomy Gastroenterotomie *f*, Magen-Darm-Inzision *f*, (operative) Magen-Darm-Eröffnung *f*
gastroepiploic gastroepiploisch; Magen-Netz-...
gastroesophageal *s.* gastro-oesophageal
gastrofibrescope Gastrofibroskop *n*, Glasfasergastroskop *n*
gastrogastrostomy Gastrogastrostomie *f*, Magen-Magen-Anastomose *f*, operative Magenwiedervereinigung *f*
gastrogavage 1. Magenverweilsonde *f*, 2. Magensondenernährung *f*, Sondenernährung *f*
gastrogenic gastrogen, vom Magen ausgehend *(Krankheiten)*

gastrograph Gastrograph *m (zur Aufzeichnung der Magenbewegungen)*
gastrography Gastrographie *f (Aufzeichnung der Magenbewegungen)*
gastrohelcoma Magengeschwür *n*, Magenulkus *n*
gastrohelcosis Magengeschwürleiden *n*, Magenulkuskrankheit *f*
gastrohepatic Magen-Leber-...
gastrohepatic ligament Ligamentum *n* gastrohepaticum [hepatogastricum], Magen-Leber-Ligament *n*
gastrohepatic omentum Omentum *n* minus, kleines Netz *n*
gastrohepatitis Gastrohepatitis *f*, Magen- und Leberentzündung *f*
gastrohydrorrhoea Gastrohydrorrhoe *f (Sekretion von wässrigem Magensaft)*
gastrohypertonic gastrohypertonisch
gastrohysterectomy abdominale Hysterektomie *f*, Gebärmutterentfernung *f* durch die Bauchhöhle
gastrohysteropexy Ventrofixation *f* des Uterus
gastrohysterotomy *s.* gasterhysterotomy
gastroileac Magen-Ileum-...
gastroileitis Gastroileitis *f*, Magen- und Ileumentzündung *f*
gastroileostomy Gastroileostomie *f*, Magen-Krummdarm-Anastomose *f*, (operative) Magen-Krummdarm-Verbindung *f*
gastrointestinal gastrointestinal; Magen-Darm-...
gastrointestinal actinomycosis Magen-Darm-Aktinomykose *f*, gastrointestinale Strahlenpilzkrankheit *f*
gastrointestinal allergy gastrointestinale Allergie *f*, Magen-Darm-Trakt-Allergie *f*
gastrointestinal anthrax Magen-Darm-Anthrax *m*, Magen-Darm-Milzbrand *m*
gastrointestinal bleeding *s.* gastrointestinal haemorrhage
gastrointestinal diagnosis gastrointestinale Diagnostik *f*, Magen-Darm-Diagnostik *f*
gastrointestinal disturbance Magen-Darm-Störung *f*, gastrointestinale Störung *f*
gastrointestinal examination gastrointestinale Untersuchung *f*, Magen-Darm-Untersuchung *f*
gastrointestinal gas Magen-Darm-Blähung *f*, Flatulenz *f*
gastrointestinal haemorrhage Magen-Darm-Blutung *f*, Gastrointestinalblutung *f*
gastrointestinal illness Magen-Darm-Krankheit *f*, Gastrointestinalerkrankung *f*
gastrointestinal infection gastrointestinale Infektion *f*, Magen-Darm-Infektion *f*
gastrointestinal intubation gastrointestinale Intubation *f* [Sondeneinführung *f*], Magen-Darm-Sondierung *f*
gastrointestinal irritation Magen-Darm-Reizung *f*, gastrointestinale Reizung *f*
gastrointestinal manifestation Magen-Darm-Manifestation *f*, gastrointestinale Ausprägung *f*
gastrointestinal obstruction gastrointestinale Obstruktion *f*, Magen-Darm-Verschluss *m*
gastrointestinal suction Magen-Darm-Absaugung *f*, Gastrointestinalabsaugung *f*
gastrointestinal surgery gastrointestinale Chirurgie *f*, Magen-Darm-Chirurgie *f*
gastrointestinal system assessment Bewertung *f* des Magen-Darm-Systems, komplette Untersuchung *f* des Magen-Darm-Systems
gastrointestinal tract Magen-Darm-Kanal *m*, Gastrointestinaltrakt *m*, Verdauungstrakt *m*
gastrojejunal gastrojejunal; Magen-Leerdarm-...
gastrojejunal fistula Gastrojejunalfistel *f*, Magen-Leerdarm-Fistel *f*
gastrojejunitis Gastrojejunitis *f*, Magen- und Leerdarmentzündung *f*
gastrojejunocolic Magen-Jejunum-Kolon-..., Magen-Leerdarm-Dickdarm-...
gastrojejunooesophagostomy Gastrojejunoösophagostomie *f (Wiederherstellung der Ösophagus-Magen-Kontinuität durch Jejunuminterponat)*
gastrojejunostomy Gastrojejunostomie *f*, Magen-Jejunum-Anastomose *f*, (operative) Magen-Leerdarm-Verbindung *f*
gastrokateixia *s.* gastroptosis
gastrokinesograph Gastrokinesiograph *m*, Gastrograph *m*
gastrokinetic drug gastrokinetisches [die Magenmotorik beeinflussendes] Medikament *n*
gastrolavage *s.* gastric lavage
gastrolienal gastrolienal; Magen-Milz-...
gastrolienal ligament Ligamentum *n* gastrolienale, Magen-Milz-Ligament *n*
gastrolith Gastrolith *m*, Magenstein *m*, Magenkonkrement *n*
gastrolithiasis Gastrolithiasis *f*, Magensteinleiden *n*; Magensteinbildung *f*
gastrologist Gastrologe *m*, Magenspezialist *m*
gastrology Gastrologie *f*, Magenkrankheitslehre *f*
gastrolysis Gastrolyse *f*, Magen(heraus)lösung *f*
gastromalacia Gastromalazie *f*, Magenwanderweichung *f*
gastromegaly Gastromegalie *f*, Magenvergrößerung *f*, Riesenmagen *m*
gastromelus *(Terat)* Gastromelus *m (Missgeburt)*
gastromesenteric gastromesenterisch, gastromesenterial; Magen-Mesenterium-...
gastromucoprotein Gastromukoprotein *n*
gastromycosis Gastromykose *f*, Magenpilzerkrankung *f*
gastromyotomy Gastromyotomie *f*, Pylorusdurchtrennung *f*, Magenpförtnerdurchtrennung *f*
gastromyxorrhoea Gastromyxorrhoe *f*, Magenschleimfluss *m*
gastronesteostomy *s.* gastrojejunostomy
gastro-oesophageal gastroösophageal; Magen-Speiseröhren-...
gastro-oesophageal haemorrhage gastroösophageale Blutung *f*, Magen-Duodenum-Blutung *f*, obere Magen-Darmblutung *f*
gastro-oesophageal reflux gastroösophagealer Reflux *m* [Rückfluss *m*]
gastro-oesophagitis Gastroösophagitis *f*, Magen- und Speiseröhrenentzündung *f*, Magen-Speiseröhren-Katarrh *m*
gastro-oesophagoplasty Gastroösophagoplastik *f*, Magen-Speiseröhren-Plastik *f*
gastro-oesophagostomy Gastroösophagostomie *f*, Magen-Ösophagus-Anastomose *f*, (operative) Magen-Speiseröhren-Verbindung *f*
gastropagus *(Terat)* Gastropagus *m (Missgeburt)*
gastropancreatic gastropankreatisch; Magen-Bauchspeicheldrusen-...
gastropancreatic plicae *(Anat)* Plicae *fpl* gastropancreaticae *(an der Rückseite der Bursa omentalis)*
gastroparalysis Gastroparalyse *f*, komplette Magenlähmung *f*
gastroparasitus *(Terat)* Gastroparasit *m (Missgeburt)*
gastroparesis Gastroparese *f*, Magenatonie *f*, inkomplette Magenlähmung *f*
gastroparietal gastroparietal; Magen-Bauchwand-...
gastropathic gastropathisch; Magenkrankheits..., Magenleiden...
gastropathy Gastropathie *f*, Magenkrankheit *f*, Magenleiden *n*

gastroperiodynia Gastroperiodynie *f*, periodische Magenschmerzattacken *fpl*
gastroperitonitis Gastroperitonitis *f*, Magen- und Peritoneumentzündung *f*
gastropexy Gastropexie *f*, Magenfixation *f*
Gastrophilidae Gastrophilidae *pl*
Gastrophilus intestinalis *s.* Gasterophilus intestinalis
gastrophotography Magenfotografie *f*
gastrophrenic gastrophrenisch; Magen-Zwerchfell-...
gastrophthisis 1. Gastrophthisis *f (Hyperplasie der Magenschleimhaut mit Lumeneinengung)*; 2. Gastrophthise *f*, gastrogene Kachexie *f (Auszehrung infolge Magenerkrankung)*
gastroplasty Gastroplastik *f*, Magenplastik *f*, plastische Magenoperation *f*
gastroplegia Gastroplegie *f*, Magenlähmung *f*
gastroplication Gastroplicatio *f*, Magenfaltung *f*, (operative) Magenraffung *f*
gastropneumonic gastropneumonisch; Magen-Lungen-...
gastropod Gastopode *f*, Schnecke *f*
Gastropoda Gastropoda *pl*, Gastropoden *pl*, Schnecken *pl*
gastropore *(Embr)* Gastropore *f*
gastroptosia *s.* gastroptosis
gastroptosis Gastroptose *f*, Magensenkung *f*, Magenptose *f*, Senkmagen *m*
gastroptyxis Gastroptyxis *f*, Gastroplikation *f*
gastropulmonary gastropulmonal; Magen-Lungen-...
gastropylorectomy Gastropylorektomie *f*, Pylorusresektion *f*, (operative) Magenpförtnerentfernung *f*
gastropyloric gastropylorisch, Magen-Pylorus-...
gastrorrhagia Gastrorrhagie *f*, Magenblutung *f*, Magenbluten *n*
gastrorrhaphy Gastrorrhaphie *f*, Magennaht *f*
gastrorrhexis Gastrorrhexis *f*, Magenruptur *f*, Magenriss *m*
gastrorrhoea Gastrorrhoe *f*, verstärkte Magensaftsekretion *f*
gastrosalivary reflex Magenspeichelreflex *m*
gastroschisis Gastroschisis *f*, Bauchwandspalte *f*
gastroscope Gastroskop *n*, Magenspiegel *m*
gastroscopic gastroskopisch
gastroscopy Gastroskopie *f*, Magenspiegelung *f*
gastroselective gastroselektiv, magenselektiv, den Magen bevorzugend
gastrosis *s.* gastropathy
gastrospasm Gastrospasmus *m*, Magenspasmus *m*, Magenkrampf *m*
gastrosplenic *s.* gastrolienal
gastrostaxis Gastrostaxis *f*, Magen(schleimhaut)blutung *f*
gastrostenosis Gastrostenose *f*, Magenvereng(er)ung *f*, Magenschrumpfung *f*
gastrostoma Gastrostoma *n*, Magenfistel *f*
gastrostomalavage Magenspülung *f (durch eine Magenfistel)*; Magenfistelspülung *f*
gastrostomy Gastrostomie *f*, (operative) Magenfistelung *f*
gastrostomy feeding Gastrostoma-Fütterung *f*, Ernährung *f* über eine Magenfistel
gastrostomy tube Gastrostomierohr *n*, Gastrostoma-Katheter *m*, Magenfistelschlauch *m*
gastrosuccorrhoea Gastrosukkorrhoe *f*, Reichmann'sches Syndrom *n (dauernder Magensaftfluss mit Sodbrennen und Erbrechen bei Ulcus duodeni)*
gastrothoracopagus *(Terat)* Gastrothorakopagus *m*, Doppelmissgeburt *f* mit Brustkorb- und Bauchverwachsung
gastrotome Gastrotom *n*, Magenmesser *n*
gastrotomy Gastrotomie *f*, Magenschnitt *m*, (operative) Mageneröffnung *f*
gastrotonometer Gastrotonometer *n*, Magen(b)innendruckmesser *m*
gastrotonometry Gastrotonometrie *f*, Magen(b)innendruckmessung *f*
gastrotoxic gastrotoxisch, magentoxisch, magengiftig
gastrotoxin Gastrotoxin *n*, Magen(schleimhaut)gift *n*
gastrotropic gastrotrop, auf den Magen gerichtet, den Magen befallend
gastrotympanites Magenblähung *f*
gastroxia *s.* gastroxynsis
gastroxynsis Hyperchlorhydrie *f*, exzessive Magensäuresekretion *f*, Magenübersäuerung *f*
gastrula *(Embr)* Gastrula *f*, Becherkeim *m (Keimentwicklungsstadium)*
gastrular Gastrula..., Becherkeim...
gastrulation *(Embr)* Gastrulation *f*, Becherkeimbildung *f*
gate *v* kontrolliert durchlassen, sich regelmäßig öffnen und schließen
gate-clip Infusionsklemme *f*
gate-control theory *(Neur)* Gate-Theorie *f (des Schmerzes)*
gate size Öffnungsgröße *f*; Größe *f* der Durchtrittsöffnung; Fenstergröße *f*
gated radionuclide angiocardiography getriggerte Radionuklidangiographie *f*
gated scintigraphy getriggerte Szintigraphie *f*
gatekeeper Primärarzt *m*; Weichensteller *m (für weiterführende Diagnostik und Therapie)*
gateway drugs Einführungsdrogen *fpl*, Einstiegsdrogen *fpl*
gather *v* aufnehmen, erfassen *(z. B. Signale)*
gating 1. *(Rad)* Triggerung *f*, Triggern *n*; 2. Tastung *f*, Abtasten *n*
gating mechanism *(Physiol)* Öffnungs- und Schließungsmechanismus *m (von Zellmembranen)*
Gaucher's cell Gaucher'sche Zelle *f (des retikulohistiozytären Systems)*
Gaucher's disease Gaucher'sche Krankheit *f* [Erkrankung *f*], Gaucher-Krankheit *f*, Morbuc *m* Gaucher, Lipidspeicher(ungs)krankheit *f*
gauge 1. Normalmaß *n*, Eichmaß *n*, Maß *n*; 2. Messgerät *n*
14-gauge needle Injektionsnadel *f* Nr. 14, Kanüle *f* Nr. 14
gauging Eichen *n*; Eichung *f*
gaultheria oil Methylsalicylat *n*
gaultherin Gaultherin *n*
gauntlet (bandage) handschuhartiger Handverband *m*
gauntlet flap *(Transp)* gestielter Lappen *m*, Rundstiellappen *m*
gaussian curve *(Statist)* Gauss'sche Kurve *f*, Gauss-Kurve *f (glockenförmige symmetrische Kurve der Normalverteilung)*
gaussian distribution *(Statist)* Gauss'sche Verteilung *f*, Gauss-Verteilung *f*, Gauss'sche Normalverteilung *f*
gauze Gaze *f*, Mull *m*, Verbandmull *m*
gauze bandage Mullbinde *f*, Mullverband *m*
gauze dispenser *(Chir)* Gazespender *m*
gauze pad Tupfer *m*, Mullbausch *m*
gauze sponge *s.* gauze pad
gauze strap *(Chir)* Gazestreifen *m*, Streifen *m*
gauze swab *(Stom)* Tupfer *m*
gauze tampon *(Stom)* Tampon *m*
gavage 1. Hyperalimentation *f*, 2. Sondenfütterung *f*, Magensondenernährung *f*
gavage feeding of the newborn Sondenfütterung *f* des Neugeborenen
gay homosexuell

gay Homosexuelle(r) *m*
gay bowel syndrome intestinales Syndrom *n* der Homosexuellen
Gay-Lussac's equation Gay-Lussac-Gleichung *f*
Gay-Lussac's law Gay-Lussac'sches Gesetz *n (Vergrößerung des Gasvolumens pro Grad Celsius um den Faktor 0,003661)*
gaze *v* starr blicken, in eine Richtung blicken
gaze (starres) Blicken *n*, Starren *n*; (starrer) Blick *m*
gaze nystagmus Blicknystagmus *m*
gaze palsy supranukleäre Blickstörung *f*, Blicklähmung *f*
gaze paresis Blickparese *f*
gaze spasm *(Neur)* Blickkrampf *m*, Schauanfall *m*, Blickanfall *m*
GDP-mannose phosphorylase Mannose-1-phosphatguanyltransferase *f (Enzym)*
Gedoelstia Gedoelstia *pl*
gedoelstiosis Gedoelstiose *f (Infektion durch Gedoelstia-Larven mit Ohthalmomyiasis)*
Gee-Herter-Heubner disease Gee-Herter-Heubner'sche Krankheit *f*, infantile Zöliakie *f*
Gee-Thaysen disease Gee-Thaysen'sche Krankheit *f*, Erwachsenenzöliakie *f*
Gee's disease *s.* Gee-Herter-Heubner disease
Gehrig's disease Lou Gehrig'sche Krankheit *f*, amyotrophe Lateralsklerose *f*
Geigel's reflex Geigel'scher Reflex *m*, Inguinalreflex *m (weibliches Äquivalent des Cremasterreflexes)*
Geiger counter *s.* Geiger-Müller counter
Geiger-Müller counter Geiger(-Müller)-Zähler *m*
gel *v* 1. ein Gel bilden; 2. in ein Gel umwandeln, in die Gelform umwandeln *(z. B. ein Sol)*
gel Gel *n*, Gelatum *n (feste Phase einer Kolloidlösung)*
gel accelerator Gelbeschleuniger *m*
gel condition Gelzustand *m*
gel diffusion Geldiffusion *f*
gel-diffusion technique *(Lab)* Geldiffusionstechnik *f*
gel-diffusion test Geldiffusionsprobe *f*
gel electrophoresis Gelelektrophorese *f*
gel filtration Gelfiltration *f (Chromatographie)*
gel filtration separation technique Gel-Filtrations-Separations-Technik *f*
gel formation Gelbildung *f*
gel precipitation *(Immun)* Gelpräzipitation *f*
gel state Gelzustand *m*
gel surface Geloberfläche *f*
gelasmus Gelasma *n*, (hysterischer) Lachkrampf *m*
gelastic epilepsy gelastische Epilepsie *f*
gelastic laughter epileptisches Lachen *n*
gelate *v* gelatinieren, Gelatine bilden
gelatification Gelatinbildung *f*, Umwandlung *f* in Gelatin
gelatigenous gelatinbildend
gelatin Gelatine *f*
gelatin bildup *(Rad)* Gelatineartefakt *m*
gelatin film Gelatinefilm *m (Wundabdeckung)*
gelatinase Gelatinase *f*, Pepsin *n B (Enzym)*
gelatine *s.* gelatin
gelatine foam 1. Gelatineschwamm *m*; 2. *(Rad)* Gelatineschaum *m*
gelatine sponge Gelatineschwamm *m*
gelatiniferous gelatinbildend; Gelatin enthaltend
gelatiniform carcinoma muzinöses Karzinom *n*
gelatinization Gelatinierung *f*, Umwandlung *f* in Gelatin
gelatinize *v* 1. gelatinieren, in Gelatin umwandeln, Gelatin bilden; 2. in Gelatin umgewandelt werden
gelatinoid gelatinoid, gelatinartig, gelatinös; Gelatine...
gelatinolytic gelatinolytisch, gelatinauflösend; Gelatinauflösungs...
gelatinous 1. gelatinös, gelatineartig; Gelatine...; gallertig; 2. gelatinehaltig
gelatinous ascites Pseudomyxoma *n* peritonei
gelatinous carcinoma muzinöses Karzinom *n*
gelatinous peritonitis Pseudomyxoma *n* peritonei
gelatinous sponge Gelatineschwamm *m*
gelation Gelierung *f*, Gel(atin)ieren *n*; Gallertbildung *f*
gelation time Gelierungszeit *f*
Gélinau's syndrome Gélinau-Syndrom *n*, Gélinau-Westphal-Syndrom *n*, Narkolepsie *f*
Gell and Coombs classification Gell-Coombs-Klassifikation *f (der immunologischen Gewebereaktion; Typ I bis Typ IV)*
Gell and Coombs reaction type I Gell-Coombs-Reaktion *f* Typ I, allergische Reaktion *f* vom Sofort-Typ *(durch IgE vermittelt)*
Gell and Coombs reaction type II Gell-Coombs-Reaktion *f* Typ II, antikörper-vermittelte allergische Reaktion *f (complement-abhängige Lyse; antikörper-abhängige zellvermittelte Zytotoxizität; Phagozytose durch opsonierende Antikörper)*
Gell and Coombs reaction type III Gell-Coombs-Reaktion *f* Typ III, immunkomplex-vermittelte allergische Reaktion *f (Serum-Krankheit; Arthus-Phänomen; systemische Lupus erythematosus)*
Gell and Coombs reaction type VI Gell-Coombs-Reaktion *f* Typ VI, T-Lymphozyten-vermittelte allergische Reaktion *f (T-Zellen-vermittelte Zytotoxizität als Kontaktdermatitis, Allograft-Rejektion und Graft-versus-Host-Reaktion)*
gelometer Gelometer *n (Gerät zur Bestimmung der Gelbildungszeit)*
gelose Gelose *f*, Agar *m(n)*
gelosis Gelose *f*, Myogelose *f*, Muskelhärte *f*, Muskelverhärtung *f*, Hartspann *m*
gelotripsy Gelotripsie *f (Gelosenentfernung durch Massage)*
gelsemine Gelsemin *n (Mydriatikum)*
gelsolin Gelsolin *n (Aktin bindendes Protein)*
gemellary Zwillings...
gemellary pregnancy Zwillingsschwangerschaft *f*
gemellipara Zwillingsmutter *f*, Zwillingsgebärende *f*
gemellology Gemellologie *f (Lehre von den Zwillingen)*
gemellus Musculus *m* gemellus, Zwillingsmuskel *m*
gemellus test Gemellus-Test *m*
gemfibrozil Gemfibrozil *n (Antihyperlipämikum)*
geminate paarig (auftretend)
gemination *(Embr)* Doppelbildung *f (aus gemeinsamer Keimanlage)*
geminous paarig (auftretend)
geminus Zwilling *m*
gemistocyte Gemistozyt *m*, gemistozytärer Astrozyt *m (Astrozytenform)*
gemistocytic gemistozytär, gemistozytisch; Gemistozyten...
gemistocytoma Gemistozytom *n*
gemma 1. Gemma *f*, Knospe *f*; 2. Geschmacksknospe *f*
gemmate 1. Knospen tragend; Knospen...; 2. durch Knospung fortpflanzend; Knospungs...
gemmation Knospung *f*
gemmiferous Knospen tragend [besitzend]
gemmiform knospenförmig; Knospen...
gemmiparous *s.* gemmiferous
gemmulation Knospung *f*
gena Gena *f*, Wange *f*, Backe *f*, Mala *f*
genal Wangen..., Backen...
genal cleft quere Gesichtsspalte *f*, Wangenspalte *f*
genal coloboma *s.* genal cleft
genal fissure *s.* genal cleft

gender Geschlecht *n*
gender identity Geschlechtsidentität *f*, emotionale Geschlechtszugehörigkeit *f*
gender identity disorder Geschlechtszugehörigkeitsstörung *f*
gender identity disorder of childhood *(Neur)* Störung *f* der Geschlechtsidentität in der Kindheit
gender identity problem Geschlechtszugehörigkeitsproblem *n*
gender role Geschlechtsrolle *f*
gender testing Geschlechtstestung *f (durch Nachweis von Y-Chromosomen)*
gene Gen *n*, Erbanlage *f*, Erbfaktor *m*, Erbeinheit *f*
gene amplification Genamplifikation *f*
gene combination Genkombination *f*
gene complement Genkomplement *n*
gene duplicating process Genduplikationsvorgang *m*
gene duplication Genduplikation *f*
gene expression Genexpression *f*
gene frequency Genfrequenz *f*
gene library Genbibliothek *f*
gene marker Genmarker *m*
gene pool Genpool *m*
gene probe Gensonde *f*
gene redundance Genredundanz *f*
gene regulation Genregulation *f*
gene therapy Gentherapie *f*
gene transfer Gentransfer *m*
genealogy Genealogie *f*
general adaptation syndrome *(Physiol)* Selye'sches [allgemeines] Adaptationssyndrom *n*
general anaesthesia Vollnarkose *f*, Allgemeinanästhesie *f* • **be operated upon on [under] general anaesthesia** in Allgemeinnarkose [Vollnarkose] operiert werden
general anaesthetic Vollnarkotikum *n*, Allgemeinanästhetikum *n*
general condition allgemeiner Zustand *m*, Allgemeinzustand *m*
general dentistry allgemeine Zahnheilkunde *f*
general examination allgemeine Untersuchung *f*
general exposure allgemeine Belastung *f*, Allgemeinbelastung *f*
general fluoroscopy allgmeine Durchleuchtung *f*, Übersichtsdurchleuchtung *f*
general hospital allgemeines Krankenhaus *n*
general hypertrophy allgemeine Hypertrophie *f*
general improving health therapy allgemein (gesundheits)stärkende Therapie *f*
general lymphadenomatosis of bones Morbus *m* Kahler, generalisierte Knochenmarkmyelome *npl*
general medical allgemeinmedizinisch
general medicine Allgemeinmedizin *f*
general osteopetrosis Osteopetrosis *f* generalisata
general paralysis progressive Paralyse *f (z. B. bei Spätsyphilis)*
general paralysis of the insane Dementia *f* paralytica, progressive Paralyse *f* [Lähmung *f*] der Irren
general paresis allgemeine Parese *f*, paretische Demenz *f*
genaral paresis of the insane allgemeine Parese *f*, paretische Demenz *f*
general peritonitis diffuse Peritonitis *f*
general practice allgemeinärztliche Praxis *f*, Praxis *f* für Allgemeinmedizin
general practitioner Arzt *m* [Facharzt *m*] für Allgemeinmedizin, Allgemeinarzt *m*, Allgemeinpraktiker *m*; Hausarzt *m*
general purpose cleaner Allzweckreiniger *m*, Universalreiniger *m*
general radiodontic examination Panoramaaufnahme *f*
general radiography allgemeine Röntgenaufnahme *f*, Übersichtsröntgenaufnahme *f*
general recipient Universalempfänger *m*
general relaxation allgemeine Relaxation *f* [Entspannung *f*]
general sclerosis Allgemeinsklerose *f*, allgemeine [generalisierte] Sklerose *f*
general state of the patient Allgemeinzustand *m* des Patienten
general surgeon Allgemeinchirurg *m*
general surgery Allgemeinchirurgie *f*
general surgical allgemeinchirurgisch
general surgical case allgemeinchirurgischer Fall *m*
general surgical patient allgemeinchirurgischer Patient *f*
general symptom Allgemeinsymptom *n*
general system theory allgemeine Systemtheorie *f*
general trembling *(Neur)* allgemeines Zittern *n (des Körpers)*
generalist Allgemeinmediziner *m*, Hausarzt *m*
generalization Generalisation *f*, Generalisierung *f (z. B. von Metastasen)*
generalize *v* generalisieren, sich im gesamten Körper ausbreiten *(z. B. Metastasen)*
generalized actinomycosis generalisierte Aktinomykose *f*
generalized anaphylaxis generalisierte Anaphylaxie *f*
generalized anxiety generalisierte Angst *f*, frei flottierende Angst *f*
generalized anxiety disorder *(Neur)* generalisierte Angststörung *f*, generalisiertes Angstsyndrom *n*, Angstreaktion *f*
generalized arteriosclerosis Allgemeinarteriosklerose *f*, allgemeine [generalisierte] Arteriosklerose *f*
generalized glycogenosis Pompe'sches Syndrom *n*, Pompe'sche Krankheit *f*, Glykogenose *f* Typ III, Cardiomegalia *f* glycogenica
generalized metastatic spread generalisierte Metastasierung *f* [Metastasenausbreitung *f*]
generalized peritonitis diffuse [generalisierte] Peritonitis *f*
generalized rigidity of abdominal muscles diffuse Abwehrspannung *f (des Abdomens)*
generalized rubromycosis Rubromycosis *f* generalisata
generalized salmonellosis generalisierte Salmonellakrankheit *f*, Salmonellose *f* der Typhusgruppe
generalized seizure großer Epilepsieanfall *m*, Grand mal *n*
generalized symptoms of the disease allgemeine Krankheitszeichen *npl*
generalized zoster Herpes *m* zoster disseminatus, generalisierter Herpes *m* zoster
generally recognized as effective *(Pharm)* allgemein als wirksam angesehen
generally recognized as safe *(Pharm)* allgmein als sicher angesehen
generate *v* 1. generieren, hervorbringen; erzeugen; 2. sich fortpflanzen, zeugen
generate *v* **into cancer** sich in Krebs umwandeln, maligne entarten, bösartig werden
generation 1. Generation *f (z. B. Großeltern)*; 2. Bildung *f*, Erzeugung *f (z. B. einer Strahlung)*; Aufbau *m (z. B. eines Magnetfeldes)*; 3. Fortpflanzung *f*, Zeugung *f*
generation time Generationszeit *f*
generational Generations…
generative generativ; Fortpflanzungs…, Zeugungs…
generative organ Fortpflanzungsorgan *n*
generative tract Fortpflanzungssystem *n*, Fortpflanzungstrakt *m*

generator potential *(Physiol)* Generatorpotenzial *n*, Rezeptorpotenzial *n*
generator voltage Generatorspannung *f*
generic 1. generisch; Freinamen...; 2. generisch; Generikum...
generic drug Generikum *n*, generisches Arzneimittel *n*
generic equivalent generisches Äquivalent *n*
generic name generischer Name *m*, Generika-Name *m*, Freiname *m (eines Arzneimittels)*
generic term *s.* generic name
genesial cycle Fortpflanzungsperiode *f*, Geschlechtsperiode *f*
genesiology *s.* genetics
genesis 1. Genese *f*, Entstehung *f*, Entwicklung *f*; 2. Genese *f*, Fortentwicklung *f*, Weiterentwicklung *f*
genesistasis Entwicklungshemmung *f (z. B. durch Chemotherapie)*
genestatic sporulationshemmend, die Sporulation hemmend
genetic 1. genetisch; Genetik...; 2. genetisch, angeboren, erblich bedingt; Erb...; 3. genetisch, durch ein Gen bewirkt; Gen...
genetic affinity genetische Affinität *f*
genetic association genetische Assoziation *f*
genetic carrier Genträger *m*, genetischer Carrier *m* [Überträger *m*]
genetic code Gen-Code *m*, genetischer Code *m*
genetic colonization genetische Kolonisierung *f (durch Parasiten)*
genetic constitution genetische Konstitution *f*
genetic counseling genetische Beratung *f*
genetic counseling service genetischer Beratungsdienst *m*
genetic damage genetischer Schaden *m*, genetische Schädigung *f*, Erbschaden *m*
genetic death genetischer Tod *m*; genetisches Aussterben *n*
genetic disorder genetische Störung *f*, genetischer Defekt *m*
genetic drift Gen-Drift *f*, genetische Drift *f*
genetic engineering Gentechnologie *f*, genetische Manipulation *f*
genetic equilibrium genetisches Gleichgewicht *n* [Äquilibrium *n*]
genetic homoeostasis genetisch Homöostase *f*
genetic immunity genetische Immunität *f*
genetic information genetische Information *f*
genetic isolate genetisches Isolat *n*
genetic load genetische Belastung *f*
genetic map Genkarte *f*, genetische Karte *f*
genetic mapping Genlokalisation *f*, Chromosomenlokalisation *f*
genetic marker genetischer Marker *m*, Gm-Faktor *m*
genetic polymorphism genetischer Polymorphismus *m*
genetic population genetische Population *f*
genetic screening genetisches Screening *n*
genetic test genetischer Test *m*
geneticist Genetiker *m*, Erbspezialist *m*
genetics Genetik *f*, Erblehre *f*, Vererbungslehre *f*
genetotrophic genetotroph(isch)
genetous kongenital, angeboren *(Zusammensetzungen siehe unter: congenital)*
genial Kinn...
genial angle Kinnwinkel *m*, Unterkieferprofilwinkel *m*
genian *s.* genial
genic Gen...
genicula *pl s.* geniculum
genicular Knie...; Kniegelenk...
genicular vein Kniegelenkvene *f*, Vena *f* genus
geniculate kniеartig (gebeugt)
geniculate ganglion Ganglion *n* geniculi
geniculate herpes zoster Herpes *m* zoster oticus, Ramsay-Hunt-Syndrom *n*
geniculate neuralgia Genikulatum-Neuralgie *f*, Hunt-Neuralgie *f*, Hunt'sche Neuralgie *f (bei Zoster oticus)*
geniculate zoster Geniculatum-Zoster *m*, Zoster *m* oticus, Zoster *m* geniculatus *(Herpes-zoster-Befall des Ganglion geniculatum)*
geniculated *s.* geniculate
geniculocalcarine radiation [tract] *(Anat)* Radiatio *f* optica, Sehstrahlung *f*
geniculostriate genikulostriatal
geniculotemporal radiation [tract] *(Anat)* Radiatio *f* acustica, Hörstrahlung *f*
geniculum Geniculum *n*, (kleines) Knie *n*
geniocheiloplasty Geniocheiloplastik *f*, Kinn-Lippen-Plastik *f*
genioglossal genioglossal; Kinn-Zungen-...
genio(hyo)glossus Musculus *m* genioglossus, Kinn-Zungen-Muskel *m*
geniohyoid geniohyoid; Kinn-Zungenbein-...
geniohyoid (muscle) Musculus *m* geniohyoideus, Kinn-Zungenbein-Muskel *m*
geniohyoideus *s.* geniohyoid muscle
genion Genion *n (anthropologischer Messpunkt)*
genioplasty *(Chir)* Kinnplastik *f*
genital 1. genital; Genital..., Geschlechts...; 2. *s.* generative
genital alopecia Alopecia *f* genitalis, Schamhaarausfall *m*
genital character genitaler Charakter *m*
genital cord Genitalband *n*, Geschlechtsband *n*
genital corpuscles Corpuscula *npl* nervosa genitalia, Genitalkörperchen *npl*
genital eminence Genitalhöcker *m*, Geschlechtshöcker *m*
genital fluor Genitalfluor *m*, Fluor *m* genitalis
genital fold Genitalfalte *f*, Geschlechtsfalte *f*
genital fossa Genitalgrube *f*, Geschlechtsgrube *f*
genital hair Schamhaar *n*
genital herpes Genitalherpes *m*, Herpes *m* genitalis
genital nerve Genitalnerv *m*, Geschlechtsnerv *m*
genital papilla Genitalpapille *f*, Geschlechtspapille *f*
genital peritonitis Beckenperitonitis *f*
genital phase Genitalphase *f*
genital reflex Genitalreflex *m*, Geschlechtsreflex *m*
genital ridge Genitalleiste *f*, Geschlechtsleiste *f*
genital self-examination *(Onk)* genitale Selbstuntersuchung *f (1. der weiblichen Brüste; 2. der männlichen Hoden)*
genital stage *(Psychiol)* Genitalstadium *n*, genitales Stadium *n*
genital stimulant Aphrodisiakum *n*, den Geschlechtstrieb steigerndes Mittel *n*
genital swelling Genital(an)schwellung *f*, Labioskrotalschwellung *f*
genital system Genitalsystem *n*, Genitaltrakt *m*, Fortpflanzungssystem *n*, Reproduktionsorgane *npl*
genital system infection Genitalsysteminfektion *f*, Genitaltraktinfektion *f*
genital torus Genitalwulst *m*, Torus *m* genitalis
genital tract *s.* genital system
genital tubercle Tuberculum *n* genitale, Geschlechtshöckerchen *n*
genital tuberculosis Genitaltuberkulose *f*
genital wart Genitalwarze *f*, Verruca *f* acuminata, Condyloma *n* acuminatum
genitalia Genitalien *npl*, Zeugungsorgane *npl*, Geschlechtsorgane *npl*
genitality *(Psych)* Genitalität *f*, genitaler Charakter *m*

genitaloid genitaloid
genitals *s.* genitalia
genitocrural genitokrural; Genitalien-Schenkel-…
genitofemoral genitofemoral; Genitalien-Oberschenkel-…
genitofemoral nerve Nervus *m* genitofemoralis
genitography Genitographie *f (Radiographie der Genitalorgane)*
genitoinfectious *s.* venereal 1.
genitoplasty Genitoplastik *f (plastische Chirurgie der Genitalorgane)*
genitourinary urogenital; Urogenital…, Harnorgan-Geschlechtorgan-…
genitourinary instrumentation urologisches Instrumentarium *n*, urologische Instrumente *npl*
genitourinary slit Urogenitalspalte *f*, Sinus *m* urogenitalis
genitourinary system *s.* geniturinary tract
genitourinary tract Urogenitaltrakt *m*, Urogenitalsystem *n*
Gennari's band *s.* Gennari's stria
Gennari's stria Gennari-Streifen *m*, Gennari'scher Streifen *m*, Gennari-Band *n*, Gennari'sches Band *n*
Gennari's stripe *s.* Gennari's stria
genoblast Genoblast *m (Zellkern der befruchteten Eizelle)*
genocide Genozid *m (Ausrottung einer Population)*
genocopy Genkopie *f*, genetische Kopie *f*
genodermatology Genodermatologie *f (Lehre von den ererbten Hautkrankheiten)*
genodermatosis Genodermatose *f*, angeborene Hautkrankheit *f*
genogram Genogramm *n (Ahnentafel über drei Generationen)*
genom *s.* genome
genome Genom *n*, Genbestand *m*, Erbmasse *f*
genome map Genomkarte *f*
genome mutation Genommutation *f*
genomic Genom…
genote *(Gen, Histol)* Genote *n (Rekombinationselement der Chromosomen)*
genotoxic genschädigend, DNS-schädigend
genotoxic carcinogen genotoxisches Karzinogen *n (bewirkt Krebsentwicklung und Mutationen)*
genotype 1. Genotyp *m*, Anlagebild *n*, Erbbild *n* (eines Lebewesens); 2. Genotyp *m*, Genkombination *f*
genotypic(al) genotypisch; Genotyp…, Erbbild…
gentamycin Gentamycin *n (Antibiotikum)*
gentamycin sulfate Gentamycinsulphat *n*
gentian violet Gentianaviolett *n*, Enzianviolett *n*
gentian violet stain *(Histol)* Gentianaviolett-Färbung *f*
gentianophil(e) *s.* gentianophilic
gentianophilic gentianophil, sich leicht mit Gentianaviolett färbend
gentianophilous *s.* gentianophilic
gentianophobic gentianophob, sich nicht mit Gentianaviolett färbend
gentiavern *s.* gentian violet
gentiobiose β-D-Glukosidase *f*
gentiotannic acid Gentiotanninsäure *f (Hepatotoxizität)*
gentisic acid Gentisinsäure *f*, 2,5-Dihydroxybenzoesäure *f*, 5-Hydroxysalicylsäure *f*
gentle palpation sanfte [weiche] Palpation *f*, zartes Betasten *n*, vorsichtiges Abtasten *n*
genu Genu *n*, Knie *n (Zusammensetzungen siehe unter: knee)*
genua *pl s.* genu
genual Knie…
genucubital genukubital; Knie-Ellenbogen-…
genucubital position Knie-Ellenbogen-Lage *f*
genufacial genufazial; Knie-Gesicht-…
genuine genuin, angeboren, ursprünglich; selbstständig
genuine epilepsy *(Neur)* genuine [essenzielle] Epilepsie *f*
genupectoral genupektoral; Knie-Brust-…
genupectoral position Knie-Brust-Lage *f*
genyantrum Sinus *m* maxillaris, Kieferhöhle *f*
genycheiloplasty Lippen- und Wangenplastik *f*
genyplasty Wangenplastik *f*
geobiology Geobiologie *f*
geode *(Rad)* Lymphraum *m (zystischer Hohlraum bei arthritischen Gelenkveränderungen)*
geographic(al) tongue Landkartenzunge *f*, Lingua *f* geographica
geomedicine Geomedizin *f*
geometrical distorsion geometrische Verzerrung *f*, geometrische Verzeichnung *f*
geometrical distribution geometrische Verteilung *f (z. B. von Strahlung)*
geometrical field size geometrische Feldgröße *f*
geometrical irradiation geometrische Bestrahlung *f*
geopathology Geopathologie *f*
geophagia *s.* geophagy
geophagism *s.* geophagy
geophagy Geophagie *f*, Erdeessen *n*
geophilic geophil, im Erdreich lebend, auf dem Erdboden lebend, terrestrisch
Geophilus rubens Geophilus *m* rubens
geotactic geotaktisch; Geotaxis…
geotaxis Geotaxis *f*, Bewegung *f* in Richtung Erdreich *(auf Schwerkraftreize)*
geotrichosis Geotrichosis *f (Infektion durch Geotrichum candidum)*
Geotrichum candidum Geotrichum *n* candidum
geotropic geotrop; Geotropismus…
geotropism Geotropismus *m*
gephyrophobia Gephyrophobie *f (Angst vor Brückenüberquerungen)*
gepirone Gepiron *n (Anxiolytikum)*
geranylgeranyl pyrophosphate Geranylgeranylpyrophosphat *n*
geranyl pyrophosphate Geranylpyrophosphat *n*
geratic Alters…
geratology *s.* gerontology
Gerbode defect Gerbode-Defekt *m (Kommunikation zwischen rechtem Ventrikel und rechtem Vorhof)*
Gerdy's fibres *s.* Gerdy's ligament
Gerdy's fontanel Gerdy-Fontanelle *f*, Fontanella *f* sagittalis
Gerdy's hyoid fossa Trigonum *n* caroticum, Karotisdreieck *n*
Gerdy's interatrial loop Gerdy'sche interatriale Schleife *f*, Gerdy'scher interatrialer Muskelfaszikel *m*
Gerdy's ligament Gerdy'sche Ligament *n*, Ligamentum *n* metacarpale transversum superficiale
Gerdy's tubercle Gerdy'sches Tuberkulum *m (Ansatzstelle des Tractus iliotibialis)*
gereology Geriatrie *f*
Gerhardt's disease *s.* Gerhardt's syndrome
Gerhardt's phenomenon *s.* Gerhardt's sign
Gerhardt's sign Gerhardt-Zeichen *n*, Gerhardt'sches Zeichen *n (Thoraxdämpfung bei offenem Ductus arteriosus)*
Gerhardt's syndrome Gerhardt-Syndrom *n*, Erythromelalgie *f*
Gerhardt's test Gerhardt-Test *m (auf Urobilin im Harn)*
Gerhardt's test for acetoacetic acid Gerhardt-Probe *f*, Eisenchloridprobe *f (Acetessigsäurenachweis im Urin)*
geriatric geriatrisch; Geriatrie…
geriatric (agent) Geriatrikum *n*, Mittel *n* zur Leistungssteigerung alter Menschen
geriatric day care geriatrische Tagespflege *f*
geriatric dentistry geriatrische Zahnheilkunde *f*

geriatric depression scale geriatrische Depressionsskala *f*
geriatric hospital Alters(pflege)heim *n*
geriatric medicine *s.* geriatrics
geriatric nurse practitioner Altenpflegeschwester *f*
geriatric nursing Alterskrankenpflege *f*
geriatrician Geriatriker *m*, Geriatriespezialist *m*
geriatrics Geriatrie *f*, Altersheilkunde *f*, Presbyatrie *f*
geriatrist *s.* geriatrician
geriodontics dentale Geriatrie *f*, Alterszahnheilkunde *f*
geriodontist Zahnarzt *m* mit geriatrischem Schwerpunkt
geriopsychosis Alterspsychose *f*
Gerlach's annular tendon Annulus *m* fibrocartilagineus membranae tympani
Gerlach's tonsil Tonsilla *f* tubaria, Tubentonsille *f*
Gerlach's valve (of vermiform appendix) *s.* Gerlach's valvula
Gerlach's valvula Gerlach'sche Klappe *f*, Gerlach-Klappe *f*, Valvula *f* processus vermiformis *(am Wurmfortsatz)*
Gerlier's disease Gerlier'sche Krankheit *f*, Vertigo *f* epidemica, paralytische Vertigo, endemischer paralytischer Schwindel *m*, vestibuläre Neuronitis *f*, Neuronitis *f* vestibularis
germ 1. Keim *m*; Embryo *m*; 2. Keim *m*, Krankheitskeim *m*, Krankheitserreger *m*; Mikroorganismus *m*, Bakterie *f*, Krankheitskeim *m*
germ carrier Keimträger *m*; Bazillenträger *m*; Keimausscheider *m*
germ cell *(Embr)* Keimzelle *f*
germ cell tumour *(Path)* Keimzellentumor *m*, Keimzellengeschwulst *f*
germ disk *(Embr)* Keimscheibe *f*
germ-free keimfrei, steril
germ layer *(Embr)* Keimblatt *n*
germ line Keimlinie *f*
germ membrane *(Embr)* Blastoderm *n*
germ nucleus germinaler Nukleus *m*, Pronukleus *m*
germ plasm *(Embr)* Keimplasma *n*
germ pole *(Embr)* Keimpol *m*
germ ridge *(Embr)* Keimfalte *f*
germ vesicle *(Embr)* Keimbläschen *n*, Blastula *f*
germ warfare biologische [bakteriologische] Kriegsführung *f*
German measles Rubella *f*, Rubeola *f*, Röteln *pl*
germectomy Germektomie *f*, operative Zahnkeimentfernung *f*
germicidal *s.* germicide
germicide keimtötend, antiseptisch
germicide (agent) Germizid *n*, keimtötendes Mittel *n*, Antiseptikum *n*
germifuge Mikroorganismen vertreibend; keimvertreibend
germinal 1. *(Embr)* Keim... *(siehe auch unter: germ)*; 2. Keim..., Krankheitserreger...; Mikroorganismen..., Bakterien...
germinal aplasia Germinal(zell)aplasie *f*, Castillo-Syndrom *n*, Sertoli-cell-only-Syndrom *n*
germinal centre *(Histol)* Keimzentrum *n (Lymphknoten)*
germinal disk Keimscheibe *f*
germinal epithelium *(Embr)* Keimepithel(ium) *n*
germinal infection germinale Infektion *f*, durch Keimzellen übertragene Infektion *f*
germinal layer *(Embr, Histol)* Keimschicht *f (z. B. in der Haut)*
germinal membrane germinale Membran *f*, Keimmembran *f*
germinal nucleus germinaler Nukleus *m*, Pronukleus *m*
germinal pole Keimpol *m*
germinal spot Keimfleck *m*
germinal stage germinales Stadium *n*, Keimstadium *n*
germinal streak *(Embr)* Primitivstreifen *m*
germinate *v* (aus)keimen, (aus)sprossen
germination Keimung *f*, Sprossung *f*
germinative layer Stratum *n* germinativum, Keimschicht *f*
germinative macula Macula *f* germinativa, Keimfleck *m*
germine Germin *n (Alkaloid)*
germinoma Germinom *n*, Keimzellengeschwulst *f*
germitrine Germitrin *n (Antihypertensivum)*
geroderma Geroderma *n*, Greisenhaut *f*
gerodontia Gerodontie *f*, Gerodontologie *f*, Alterszahnheilkunde *f*, dentale Geriatrie *f*
gerodontic gerodontal; Gerodontie..., Alterszahnheilkunde...
gerodontics *s.* gerodontia
gerodontist Zahnarzt *m* mit geriatrischem Schwerpunkt
gerodontology 1. Gerodontologie *f*, Alterszahnheilkunde *f*, 2. dentale Geriatrie *f*
geromarasmus Marasmus *m* senilis, Altersmarasmus *m*
geromorphism Geromorphismus *m*, Hautvoralterung *f*, Frühvergreisung *f* der Haut
gerontal *s.* grontic
gerontic senil; Alters..., Alterungs...
gerontic nursing Alterspflege *f*, Altenpflege *f*, gerontologische Pflege *f*
gerontogen Gerontogen *n (Alterungsstoff aus der Umwelt)*
gerontological gerontologisch; Gerontologie...
gerontologist Gerontologe *m*
gerontology Gerontologie *f*, Alterungsforschung *f (Wissenschaft der Alterungsvorgänge)*
gerontophilia Gerontophilie *f (Vorliebe für alte Menschen)*
gerontophobia Gerontophobie *f (Abneigung gegen alte Menschen)*
gerontopia *s.* presbyopia
gerontopsychiatry Gerontopsychiatrie *f*, Alterspsychiatrie *f*
gerontotherapeutics Gerontotherapeutik *f (Lehre von der Behandlung alter Menschen)*
gerontotherapy Gerontotherapie *f*, geriatrische Therapie *f*, Greisenheilkunde *f (Behandlung alter Menschen)*
gerontoxon *(Ophth)* Gerontoxon *n*, Greisenbogen *m*, Greisenring *m*, Arcus *m* senilis [lipoides]
geroprosthodontics Altersprothetik *f*, Geroprothetik *f*
geropsychiatry *s.* gerontopsychiatry
Gerota's capsule *s.* Gerota's fascia
Gerota's fascia *(Anat)* Gerota'sche Faszie *f*, Nierenfaszie *f*, Fascia *f* renalis
Gerota's fascitis Gerota'sche Fasziitis *f*, Gerota-Fasziitis *f*, retroperitoneale Fibrose *f*
Gerota's method Gerota'sche Methode *f* (der Lymphgefäßanfärbung)
Gerstmann-Sträussler(-Scheinker) syndrome Gerstmann-Sträussler-Scheinker-Syndrom *n*, Prionen-Krankheit *f* beim Menschen, humane Form *f* der Prionen-Krankheit *(chronische Kleinhirnmanifestation der spongiformen Enzephalopathie)*
Gerstmann's syndrome *(Neur)* Gerstmann-Syndrom *n*, Angularissyndrom *n*
gestagen Gestagen *n (Steroidhormon)*
gestagenic Gestagen...
gestalt psychology Gestaltpsychologie *f*
gestalt theory Gestalttheorie *f*, Strukturtheorie *f*
gestalt therapy Gestalttherapie *f*
gestaltism *s.* gestalt theory
gestant anomaly Odontom *n*
gestant diagnosis gastrointestinale Diagnostik *f*, Magen-Darm-Diagnostik *f*
gestant odontoma Dens *m* in dente
gestate *v* 1. schwanger sein, einen Fetus austragen; 2. (aus)reifen *(z. B. ein Fetus)*

gestation Gestation *f*, Gravidität *f*, Schwangerschaft *f* *(Zusammensetzungen siehe unter: gestational und pregnancy)*
gestational Gestations..., Schwangerschafts...
gestational age Gestationsalter *n*
gestational assessment Schwangerschaftsbeurteilung *f*, Bestimmung *f* des Gestationsalters
gestational depression *(Neur)* Schwangerschaftsdepression *f*
gestational diabetes mellitus Gestationsdiabetes *m*, Schwangerschaftsdiabetes *m*
gestational hypertension Gestationshypertonus *m*, Schwangerschaftshypertonus *m*
gestational nephrosis Gestationsnephrose *f*, Schwangerschaftsnephrose *f*
gestational oedema Gestationsödem *n*, Schwangerschaftsödem *n*
gestational period Schwangerschaftsdauer *f*, Tragezeit *f*
gestational proteinuria Gestationsproteinurie *f*, Schwangerschaftsproteinurie *f*
gestational psychosis Gestationspsychose *f*, Schwangerschaftspsychose *f*
gestational sac Gestationshüllen *fpl*, Eihäute *fpl*
gestational toxicosis Gestationstoxikose *f*, Schwangerschaftstoxkose *f*, Gestose *f*
gestin *s.* gestagen
gestosis Gestose *f*, Schwangerschaftstoxikose *f*, Gestationstoxikose *f*
gestrinone Gestrinon *n*
get *v* **infected** infiziert werden; sich infizieren, sich anstecken
get *v* **inpatient treatment** stationär behandelt werden
get *v* **swollen** anschwellen *(z. B. Augenlider)*
get *v* **swollen by the evening** abends angeschwollen sein *(z. B. Beine)*; tagsüber [während des Tages] anschwellen *(z. B. Augenlider)*
get *v* **swollen in the morning** morgens [am Morgen] angeschwollen sein *(z. B. Beine)*; nachts [während der Nacht] anschwellen *(z. B. Augenlider)*
get *v* **the blood drip stand immediately** die Transfusion sofort fertig machen
get *v* **well** gesunden, genesen, gesund werden
getting gray Ergrauen *n*, Grauwerden *n* *(der Haare)* • **be getting gray** ergrauen, graue Haare bekommen
Gey's solution Gey'sche Nährlösung *f*
GFR *s.* glomerular filtration rate
GH *s.* growth hormone
Ghon-Sachs bacillus Ghon-Sachs-Bazillus *m*, Clostridium *n* septicum
Ghon's complex Ghon'scher Primärkomplex *m* *(Kombination von Primärherd und Lymphknotenbefall)*
Ghon's focus Ghon'scher Herd *m*, (verkalkter) tuberkulöser Primärherd *m*
Ghon's primary lesion *s.* Ghon's focus
Ghon's tubercle *s.* Gohn's focus
ghost Schattenfigur *f*, Schatten *m*; Geist *m*
ghost cell Schattenzelle *f*, Zellschatten *m*, Blutkörperchenschatten *m*
ghost corpuscle Erythrozytenschatten *m*
ghost image Geisterbild *n*
ghost teeth Adontodysplasie *f*
ghost vessel Gefäßschatten *m*
GI *s.* gastrointestinal
Giannuzzi's cell [crescent] *(Anat)* Giannuzzi'scher [seröser] Halbmond *m*, Giannuzzi-Halbmond *m* *(Drüsen)*
Giannuzzi's demilune *s.* Giannuzzi's cell
Gianotti-Crosti syndrome Gianotti-Crosti-Syndrom *n*, Akrodermatitis *f* papulosa infantum *(Folge einer Hepatitis-B-Erstinfektion)*
giant Riese *m*, Gigant *m*
giant bullous emphysema großblasiges [bullöses] Emphysem *n*
giant cell Riesenzelle *f*
giant-cell arteritis Riesenzellenarteritis *f*
giant-cell carcinoma Riesenzellenkarzinom *n*
giant-cell epulis Riesenzellenepulis *f*
giant-cell glioblastoma Riesenzellenglioblastom *n*
giant-cell granuloma Riesenzellengranulom *n*
giant-cell granulomatosis Riesenzellengranulomatose *f*
giant-cell interstitial pneumonia interstitielle Riesenzellenpneumonie *f*
giant-cell leukaemia Megakaryozytenleukämie *f*
giant-cell myeloma Riesenzellenmyelom *n*
giant cell of the Langhans type Langhans'sche Riesenzelle *f*
giant-cell sarcoma Riesenzellensarkom *n*
giant-cell thyroiditis Riesenzellenthyroiditis *f*
giant-cell tumour Riesenzellengeschwulst *f*, Riesenzellentumor *m*
giant-cell tumour of bone Riesenzellenmyelom *n*
giant-cell xanthoma Riesenzellenxanthom *n*
giant chromosome Riesenchromosom *n*
giant colon Megakolon *n*, Riesenkolon *n*
giant cornea *s.* megalocornea
giant finger Riesenfinger *m*
giant foetus Riesenfetus *m*
giant follicular lymphadenopathy großfollikuläre Lymphadenopathie *f*, Morbus *m* Brill-Symmers
giant follicular lymphoma großfollikuläres Lymphom *n*
giant hypertrophic gastritis Morbus *m* Ménétrier, Ménétrier'sche Krankheit *f*, foveoläre Magenschleimhauthyperplasie *f*
giant metamyelocyte Riesenmetamyelozyt *m*, Riesenstabkerniger *m*
giant oedema *s.* giant urticaria
giant peristaltic contraction riesige Peristaltikwelle *f*, Riesenperistaltikwelle *f*
giant pigmented naevus Riesenpigmentnävus *m*
giant platelet Riesenthrombozyt *m*, Makrothrombozyt *m*
giant pyramidal cell (Betz'sche) Riesenpyramidenzelle *f*
giant urticaria angioneurotisches Ödem *n*
giant vacuole Riesenvakuole *f*
giantism *s.* gigantism
Giardia intestinalis Giardia *f* intestinalis
Giardia lamblia Giardia *f* lamblia
giardiasis *(Paras)* Giardiasis *f*, Lambliasis *f*, Lamblienbefall *m*
gibbosity Buckligkeit *f*, Gibbosität *f*, Kyphose *f*, Rückgrat(ver)krümmung *f* nach hinten
gibbous bucklig; kyphotisch, kyphös
Gibbs-Donnan equilibrium Gibbs-Donnan-Verteilung *f*, Gibbs'sches Gleichgewicht *n*
Gibbs-Helmholtz's equation Gibb-Helmholtz-Gleichung *f*
gibbus Gibbus *m*, (Pott'scher) Buckel *m*
Gibney's boot *s.* Gibney's fixation bandage
Gibney's disease Gibney'sche Krankheit *f*, Gibney'sche Perispondylitis *f* *(schmerzhafte Fibrositis der Spinalmuskeln)*
Gibney's fixation bandage Gibney'sche Bandage *f* *(mit Fuß in Varusstellung)*
Gibney's perispondylitis *s.* Gibney's disease
Gibney's strapping *s.* Gibney's fixation bandage
Gibraltar fever *s.* brucellosis 2.
Gibson walking splint Gibson'sche Gehschiene *f*
Gibson's bandage Gibson-Bandage *f* *(bei Unterkieferfraktur)*
Gibson's murmur (Gibson'sches) Maschinengeräusch *n* *(z. B. bei Ductus Botalli)*

giddiness Schwindel *m*, Schwindelgefühl *n* • **have giddiness** ein Schwindelgefühl haben, sich schwind(e)lig fühlen
giddy schwind(e)lig, schwindelnd
Giemsa's chromosome banding stain Giemsa'sche Chromosomenbandenfärbung *f*
Giemsa's stain *(Lab)* Giemsa-Färbung *f*, Erythrozytenfärbung *f* nach Giemsa
Gierke's disease von Gierke'sche Krankheit *f*, Gierke-Krankheit *f*, Glykogenspeicherkrankheit *f*, Hepatonephromegalia *f* glycogenica, Glykogenose *f* Typ I
Gierke's respiratory bundle Tractus *m* solitarius, Fasciculus *m* solitarius, Gierke'sches Atmungsbündel *n*, Krause'sches Atmungsbündel *n*
Gifford's reflex *(Ophth)* Gifford'scher Reflex *m*, Lidschlussreflex *m*, Orbikularisphänomen *n*, Westphal'scher Pupillenreflex *m*, Westphla-Piltz-Phänomen *n*
GIFT *s.* gamete intrafallopian transfer
gift spots *(Derm)* Weißfleckigkeit *f* der Nägel, Leukonychie *f*, Leukoma *n* unguium
gigantiform cementoma gigantiformes Zementom *n*, Riesenzementom *n*
gigantiform monstruous cementoma *s.* gigantiform cementoma
gigantism Gigantismus *m*, Riesenwuchs *m*, Makrosomie *f*
gigantoblast Gigantoblast *m*
gigantocellular gigantozellulär; Riesenzellen…
gigantocellular thyroiditis *s.* de Quervain's disease 2.
gigantocyte Riesenzelle *f*
gigantomastia Gigantomastie *f*, extreme Brustvergrößerung *f*
giggle incontinence Inkontinenz *f* beim Lachen
Gigli's operation Gigli'sche Operation *f (laterale Durchtrennung des Os pubis bei schwieriger Geburt)*
Gigli's saw *(Chir)* Gigli'sche Säge *f*, Giglisäge *f*
Gigli's saw guide Einführungssonde *f* für Giglisägen
Gigli's wire saw *s.* Gigli's saw
Gil-Vernet operation *(Urol)* Gil-Vernet-Operation *f (paraanale extrasphinkterische Prostataenukleation)*
Gilbert's cholaemia *s.* Gilbert's disease
Gilbert's disease *(Hepat)* Gilbert'sche Krankheit *f*, (Gilbert-)Meulengracht-Syndrom *n*, Morbus *m* Gilbert, hereditäre konstitutionelle (idiopathische) Hyperbilirubinämie *f*, Icterus *m* intermittens juvenilis Meulengracht *(gestörte Bilirubinaufnahme in die Leberzellen mit Bilirubinerhöhung im Blut)*
Gilbert's syndrome *s.* Gilbert's disease
Gilchrist's bandage Gilchrist-Verband *m*, Schulter-Arm-Verband *m (z. B. bei subkapitaler Humerusfraktur)*
Gilchrist's disease Gilchrist'sche Krankheit *f*, nordamerikanische Blastomykose *f*
Gilchrist's mycosis *s.* Gilchrist's disease
gilding Vergoldung *f*
gilding bath Goldbad *n*, Vergoldungsbad *n*
gilding solution Goldlösung *f*, Vergoldungslösung *f*
Gilford-Hutchinson disease *(Päd)* Gilford'sche Progerie *f*, Hutchinson-Gilford'sches Syndrom *n*, greisenhafter Zwergwuchs *m*
gill cleft carcinoma branchiogenes Karzinom *n*
Gilles de la Tourette disease [syndrome] *(Neur)* (Gilles-de-la-)Tourette'sche Krankheit *f*, Gilles-de-la-Tourette-Krankheit *f*, allgemeine Tickkrankheit *f*, Gilles-de-la-Tourette-Syndrom *n*
Gillespie's syndrome 1. Gillespie-Syndrom *n*, okulodentodigitales Syndrom *n*; 2. Gillespie-Syndrom *n (familiärer beidseitiger Regenbogenhautmangel)*
Gillette's suspensory ligament Tendo *m* crico-oesophageus
Gillies' operation Gillies'sche Operation *f*, Gillies-Operation *f*
Gillies' tubed pedicle Gillies-Lappen *m*, Gillies'scher Tunnellappen *m*
Gillmore needle *(Stom)* Gillmore-Nadel *f (für Zement)*
Gilmer wiring *(Stom)* Gilmer-Schiene *f*, Gilmer'sche Verdrahtung *f*
Gimbernat's ligament Ligamentum *n* lacunare
ginger jake paralysis Ingwer-Paralyse *f*, Ingwer-Lähmung *f (durch pestizidverunreinigten Ingwer)*
gingili oil Sesamöl *n*
gingiva Gingiva *f*, Zahnfleisch *n*
gingival gingival; Gingiva…, Zahnfleisch…
gingival abscess Gingivaabszess *m*, Zahnfleischabszess *m*
gingival abutement gingivales Widerlager *n*
gingival accretion Zahnfleischwucherung *f*, Gingivahyperplasie *f*
gingival area Gingivaareal *n*, Zahnfleischbereich *m*
gingival atrophy gingivale Atrophie *f*, Gingivaatrophie *f*
gingival blanching Gingivaabblassung *f*, Zahnfleischverblassen *n (z. B. infolge gestörter Durchblutung durch Druck)*
gingival bleeding Gingivablutung *f*, Zahnfleischblutung *f*
gingival blood supply Zahnfleischdurchblutung *f*, Gingivablutzufuhr *f*
gingival body Gingivakörper *m*, Zahnfleischkörper *m*
gingival capillary Gingivakapillare *f*, Zahnfleischkapillare *f*
gingival cavity Zahnfleischhöhle *f*, Gingivatasche *f*, Zahnfleischtasche *f*
gingival cleft Gingivaspalte *f*, Zahnfleischspalte *f*
gingival colour Gingivafarbe *f*, Zahnlfeischfarbe *f*
gingival consistence Gingivakonsistenz *f*, Zahnfleischkonsistenz *f*
gingival corium Gingivakorium *n*, Zahnfleischkorium *n*
gingival crater Gingivakrater *m*, Zahnfleischkrater *m*
gingival crevice Gingivasulkus *m*, Zahnfleischsulkus *m*
gingival cuff Gingivamanschette *f*, Zahnfleischmanschette *f*
gingival dentine Gingivadentin *n*, Zahnfleischdentin *n*
gingival discolouration Gingivaentfärbung *f*, Zahnfleischverfärbung *f*
gingival enamel Gingivaschmelz *m*, Zahnfleischschmelz *m*
gingival enlargement *s.* gingival accretion
gingival epithelium Zahnfleischepithel *n*
gingival festoon Gingivaschwellung *f*, Zahnfleischschwellung *f*
gingival fibroma Gingivafibrom *n*, Zahnfleischfibrom *n*
gingival fibromatosis Gingivafibromatose *f*, fibromatöse Gingivahyperplasie *f*, Fibromatosis *f* gingivae
gingival fibromatous accretion *s.* gingival fibromatosis
gingival fibrosis Gingivafibrose *f*, Zahnfleischfibrose *f*
gingival fistula Gingivafistel *f*, Zahnfleischfistel *f*
gingival furrow Gingivafurche *f*, Zahnfleischfurche *f*
gingival graft Gingivatransplantat *n*, Zahnfleischtransplantat *n*
gingival haemorrhage Zahnfleisch(ein)blutung *f*
gingival hormonal enlargement hormonale Gingivavergrößerung *f*, Zahnfleischvergrößerung *f*, Schwangerschaftsepulis *f*
gingival hyperplasia Gingivahyperplasie *f*, Zahnfleischhyperplasie *f*
gingival hypertrophy Gingivahypertrophie *f*, Zahnfleischhypertrophie *f*
gingival index Gingivaindex *m (bei Peridontalerkrankung)*
gingival inflammation Zahnfleischentzündung *f*
gingival injury Zahnfleischverletzung *f*, Gingivaläsion *f*

gingival insertion gingivaler Ansatz *m*, Gingivaansatz *m*, Zahnfleischansatz *m*
gingival involvement Gingivabeteligung *f*, Zahnfleischbeteiligung *f*
gingival irritation Gingivareizung *f*, Zahnfleischreizung *f*
gingival lancet Gingivalanzette *f*, Zahnfleischlanzette *f*
gingival line Gingivalinie *f*, Zahnfleischsaum *m*
gingival margin Zahnfleischrand *m*, Zahnfleischsaum *m*, Margo *m* gingivae
gingival margin alteration Zahnfleischrandveränderung *f*
gingival margin atrophy Zahnfleischrandatrophie *f*
gingival margin necrosis Zahnfleischrandnekrose *f*
gingival margin trimmer Gingivarandtrimmer *m*, Zahnfleischrandtrimmer *m*
gingival massage Gingivamassage *f*, Zahnfleischmassage *f*
gingival mucosa Zahnfleischmukosa *f*, Gingiva(l)schleimhaut *f*
gingival oedema Gingivaödem *n*, Zahnfleisch(an)schwellung *f*
gingival papilla Zahnfleischpapille *f*, Interdentalgingiva *f*
gingival paste Gingivapaste *f*, Zahnfleischpaste *f*
gingival-periodontal index Gingiva-Periodontium-Index *m*, Gingiva-Parodontal-Index *m*
gingival physiology Gingivaphysiologie *f*, Zahnfleischphysiologie *f*
gingival pigmentation Gingivapigmentation *f*, Zahnfleischpigmentierung *f*
gingival plasmocytoma Gingivaplasmozytom *n*
gingival pocket Gingivatasche *f*, Zahnfleischtasche *f*
gingival polyp Gingivapolyp *m*, Zahnfleischpolyp *m*
gingival position Gingivaposition *f*, Zahnfleischposition *f*
gingival recess Gingivarezessus *f*, Zahnfleischnische *f*
gingival recession Gingivarückbildung *f*, Zahnfleischschwund *f*, Zahnfleischatrophie *f*
gingival rupture Gingivaruptur *f*, Zahnfleischzerreißung *f*, Zahnfleischriss *m*
gingival septum Gingivaseptum *n*, Zahnfleischseptum *n*
gingival shrinkage Gingivaschrumpfung *f*, Zahnfleischretraktion *f*
gingival stippling Gingivatüpfelung *f*, Zahnfleischtüpfelung *f*
gingival sulcus Gingivasulkus *m*, Zahnfleischsulkus *m*
gingival tenderness Gingiva(spannungs)schmerz *m*
gingival tisse Gingivagewebe *n*, Zahnfleischgewebe *n*
gingival trauma Gingivatrauma *n*, Zahnfleischverletzung *f*
gingival ulcer(ation) Zahnfleischgeschwür *n*, Zahnfleischulzeration *f*
gingivalgia Ulalgie *f*, Zahnfleischschmerz *m*
gingivectomy Gingivektomie *f*, Zahnfleischresektion *f*, (operative) Zahnfleischentfernung *f*, Ulektomie *f*
gingivectomy knife Gingivektomiemesser *n*, Zahnfleischentfernungsmesser *n*
gingivitis Gingivitis *f*, Zahnfleischentzündung *f*, Ulitis *f*
gingivitis in pregnancy Schwangerschaftsgingivitis *f*, Gingivitis *f* gravidarum
gingivoaxial gingivoaxial
gingivobuccal gingivobukkal; Zahnfleisch-Wangen-…
gingivobuccoaxial gingivobukkoaxial
gingivodental crevice *s.* gingival crevice
gingivoglossal gingivoglossal; Zahnfleisch-Zungen-…
gingivoglossitis Zahnfleisch- und Zungenentzündung *f*
gingivolabial gingivolabial; Zahnfleisch-Lippen-…
gingivolabial fold Gingivolabilafalte *f*, Zahnfleischlippenfalte *f*
gingivolinguoaxial gingivolinguoaxial
gingivo-osseous gingivo-ossal, gingivo-ossär; Gingiva-Knochen-…, Zahnfleisch-Knochen-…
gingivopericementitis Gingivopericementitis *f*, Pyorrhoea *f* alveolaris
gingivoperiodontitis Gingivoperiodontitis *f*, Gingiva- und Periodontiumentzündung *f*
gingivoplasty Gingivoplastik *f*, Zahnfleischplastik *f*
gingivorrhagia Zahnfleischblutung *f*
gingivosis Gingivitis *f* desquamativa chronica, chronische desquamative Gingivitis *f* [Zahnfleischentzündung *f*]
gingivostomatitis Gingivostomatitis *f*, Zahnfleisch- und Mundschleimhautentzündung *f*
ginglyform *s.* ginglymoid
ginglymoarthrodial ginglymoarthrodial; Ginglymus-Arthrodie-…, Scharniergelenk-Gleitgelenk-…
ginglymoid Scharniergelenk…, Winkelgelenk…
ginglymoid joint *s.* ginglymus joint
ginglymus (joint) Ginglymus *m*, Scharniergelenk *n*, Winkelgelenk *n*
ginkgo Ginkgo *m*
ginseng Ginseng *m*
Giordano-Giovetti diet Giordano-Giovetti-Diät *f*
GiP *s.* gastric inhibitory polypeptide
gipoma Gipom *n*
Giraldes' organ *(Anat)* Giraldes'sches Organ *n*, Paradidymis *m*, Beihoden *m*
girdle anaesthesia Gürtelanästhesie *f*
girdle pain Gürtelschmerz *m*
girdle sensation Gürtelgefühl *n*
gitalin Gitalin *n (Herzglykosid)*
gitaloxin Gitaloxin *n (Herzglykosid)*
githagism Githagismus *m (Vergiftung durch Lychnis githago)*
gitogenin Gitogenin *n (Glykosidbestandteil)*
gitonin Gitonin *n (Glykosidbestandteil)*
gitoxigenin Gitoxigenin *n (Glykosidbestandteil)*
gitoxin Gitoxin *n (Herzglykosid)*
gitter cell *(Histol)* Gitterzelle *f*
give *v* **an injection** injizieren, eine Injektion verabreichen [applizieren], eine Spritze geben, spritzen
give *v* **by intramuscular injection** durch intramuskuläre Injektion verabfolgen [applizieren], eine i.m.-Injektion geben
give *v* **by mouth** oral applizieren [zuführen], durch den Mund eingeben
given nothing by mouth/be *v* nüchtern gelassen werden; nüchtern bleiben
given off into the bloodstream/be *v* in das Blut abgegeben werden
glabella Glabella *f*, Stirnglatze *f*, Zwischenbrauenraum *m*
glabellar Glabella…, Stirnglatzen…
glabrate *s.* glabrous
glabrous glatt, haarlos *(z. B. Haut)*
glabrous skin glatte [haarlose] Haut *f (z. B. der Handfläche)*
glacial acetic acid Eisessig *m*, wasserfreie Essigsäure *f*
glacial man Eiszeitmensch *m*
gladiate xiphoidal, schwertförmig
gladiolus Corpus *n* sterni, Brustbeinkörper *m*
gladiomanubrial joint Synchondrosis *f* sternalis, Brustbeinhandgriff-Brustbeinkorpus-Gelenk *n*
gland Glandula *f*, Drüse *f (siehe auch unter: glandular und glands)*
gland of Montgomery Montgomery'sche Drüse *f*, Glandula *f* areolaris
gland of the cervix of the uterus Glandula *f* cervicalis uteri, Gebärmutterhalsdrüse *f*
gland of Virchow-Troisier Virchow'sche Drüse *f*, Virchow'scher Lymphknoten *m*
gland of Zeis Zeis'sche Drüse *f*, Wimpernbalgdrüse *f*
glanderous Rotz…

glanders *(Inf)* Rotz *m*, Malleus *m*, Maliasmus *m (durch Malleomyces mallei)*
glanders bacillus Rotzbakterium *n*, Actinobacillus *m* mallei, Malleomyces *n* [Bacterium *n*] mallei
glandes *pl s.* glans
glandilemma Drüsenkapsel *f*, Drüsenhülle *f*, Glandilemma *n*
glandotropic glandotrop, auf eine Drüse gerichtet
glands of the mouth Glandulae *fpl* oris
glands of the mucous membrane of the large intestine Glandulae *fpl* intestinales intestini crassi
glands of the mucous membrane of the larynx Glandulae *fpl* laryngeae
glands of the mucous membrane of the palate Glandulae *fpl* palatinae
glands of the mucous membrane of the rectum Glandulae *fpl* intestinales recti
glands of the mucous membrane of the renal pelvis Glandulae *fpl* pelvis renalis
glands of the mucous membrane of the small intestine Glandulae *fpl* intestinales intestini tenuis
glands of the mucous membrane of the tongue Glandulae *fpl* linguales
glands of the mucous membrane of the ureter Glandulae *fpl* mucosae ureteris
glands of the olfactory mucous membrane Glandulae *fpl* olfactoriae
glandula *s.* gland
glandular glandulär; Drüsen...
glandular carcinoma Adenokarzinom *n*, Drüsenkrebs *m*
glandular cheilitis Cheilitis *f* glandularis (apostematosa Volkmann), Myxadenitis *f* labialis, Lippenschleimdrüsenentzündung *f*
glandular disease Drüsenerkrankung *f*, Drüsenkrankheit *f*
glandular duct Drüsen(ausführungs)gang *m*
glandular epithelial cell Drüsenepithelzelle *f*
glandular epithelium Drüsenepithel *n*
glandular fever (Pfeiffer'sches) Drüsenfieber *n*, infektiöse Mononukleose *f*, Mononucleosis *f* infectiosa, Lymphoidzellenangina *f*, Monozytenangina *f*, lymphämoides Drüsenfieber *n*
glandular lumen Drüsenlumen *n*
glandular parenchyma Drüsenparenchym *n*
glandular phthisis *s.* glandular tuberculosis
glandular plaque *s.* bubonic plaque
glandular secretion Drüsensekretion *f*, Drüsenabsonderung *f*
glandular swelling Drüsenschwellung *f*
glandular tissue Drüsengewebe *n*
glandular tissue of the prostate Substantia *f* glandularis prostatae, Prostatadrüsengewebe *n*
glandular tuberculosis Drüsentuberkulose *f*, Lymphdrüsen-Tbk *f*
glandule Glandula *f*, kleine Drüse *f*
glandulography Glandulographie *f*, Drüsenröntgen(kontrast)darstellung *f*
glandulous *s.* glandular
glans 1. *(Anat)* Glans *f* penis, Eichel *f*; 2. *(Anat)* Glans *f* clitoridis
glans hypospadias Hypospadias *f* glandis
glanular Glans...; Glans-penis-...; Glans-clitoridis-...
glanuloplasty Glansplastik *f*, (plastische) Glansrekonstruktion *f*
Glanzmann-Naegeli syndrome *(Hämat)* Glanzmann-Naegeli-Syndrom *n*, Thrombasthenie *f*
Glanzmann's disease *s.* Glanzmann-Naegeli syndrome
Glanzmann's thrombasthenia *s.* Glanzmann-Naegeli syndrome
glaphenine Glaphenin *n*
glare *(Ophth)* grelles [gleißendes] Licht *n*; Blendung *f*
glarometer *(Ophth)* Glarometer *n (zur Messung der Blendungsempfindlichkeit)*
Glasgow coma scale Glasgow-Coma-Scale *f*, Glasgow-Koma-Skala *f*, GCS *(zur Beurteilung von Bewusstseinsstörungen)*
Glasgow outcome scale Glasgow-Outcome-Score *m (zur Beurteilung der Behandlungsergebnisse nach Schädel-Hirn-Trauma)*
glass Glas *n*
glass capillary tube Glaskapillare *f*, Kapillarröhrchen *n*
glass ceramic crown Glaskeramikkrone *f*
glass ceramic inlay Glaskeramikinlay *n*
glass factor *s.* Hageman factor
glass flask Glaskolben *m*
glass-like glasartig
glass mouth piece Glasmundstück *n*
glass pestle Glasstößel *m*, Glaspistil *n*
glass pipette Glaspipette *f*
glass polisher Glaspolierer *m*, Glaspolierinstrument *n*
glass-slide Objektträger *m*
glass spatula Glasspatel *m*
glass syringe Glasspritze *f*
glass test Uringläserprobe *f*, Gläserprobe *f*
glass tray Glastablett *n*
glass-workers' cataract *s.* glassblower's cataract
glassblower's cataract *(Ophth, Arb)* Glasbläserstar *m*, Glasbläserkatarakt *f*, Feuerstar *m*
glassblower's disease Glasbläserkrankheit *f (Ohrspeicheldrüsenentzündung)*
glassblower's emphysema Glasbläseremphysem *n*
glassblower's mouth *s.* glassblower disease
glasses Brille *f* • **adjust glasses** eine Brille anpassen • **wear glasses** eine Brille tragen [benutzen]
glasses symptom Brillen(hämatom)zeichen *n*, Brillenhämatom *n*, Monokelhämatom *n*
glasspox *(Inf)* Alastrim *n*, Variola *f* minor, weiße Pocken *pl*, Milchpocken *pl*
glassy glasig, gläsern, glasartig; hyalin; durchscheinend, trüb
glassy swelling *(Path)* glasige [trübe] Schwellung *f*, Amyloiddegeneration *f*, amyloidartige Degeneration *f*
Glauber's salt Glauber-Salz *n*, Glaubersalz *n*, Natriumsulphat *n*
glaucine Glaucin *n*, 1,2,9,10-Tetramethoxyaporphin *n*, Boldindimethylether *m (Antitussivum)*
glaucoma *(Ophth)* Glaukom *n*, Glaucoma *n*, grüner Star *m*
glaucoma microsurgery Glaukommikrochirurgie *f*
glaucoma spots Glaukomflecken *mpl*
glaucoma therapy [treatment] Glaukomtherapie *f*, Glaukombehandlung *f*
glaucomatocyclic crisis glaukomatozyklische Krise *f*, Posner-Schlossman-Syndrom *n*
glaucomatocyclitic glaukomatozyklitisch, mit erhöhtem Augendruck und Ziliarkörperentzündung (einhergehend)
glaucomatous glaukomatös; Glaukom...
glaucomatous attack Glaukomanfall *m*
glaucomatous cup glaukomatöse randständige Exkavation *f*
glaucomatous field defect Glaukomblindheit *f*
glaucosis Glaukomblindheit *f*
glaucosuria *s.* indicanuria
glaze *v* glasieren, mit einer Glasur versehen
glaze *(Stom)* Glasur *f*
glazing Glasieren *n*, Glasuraufbringung *f*
Gleason's score *s.* Gleason's tumour grade
Gleason's tumour grade Gleason-Tumorstadieneinteilung *f (des Prostatakarzinoms)*

gleet Nachtripper *m*, postgonorrhoischer Katarrh *m*; Harnröhrenausfluss *m*
Glénard's disease Glénard'sche Krankheit *f* [Erkrankung *f*], Enteroptose *f*, Darmsenkung *f*, Eingeweidesenkung *f*
Glenner-Lillie stain for pituitary Glenner-Lillie-Hypophysenfärbung *f*
Glenn's operation *(Chir)* Glenn-Operation *f*, kavopulmonale Anastomose *f*
glenohumeral glenohumeral: Schultergelenk…
glenohumeral joint Schultergelenk *n*
glenohumeral ligament Ligamentum *n* glenohumerale, Schultergelenkkapsel(verstärkungs)band *n*
glenoid glenoid, flachschalig; Glenoid…
glenoid cavity Cavitas *f* glenoidalis, Gelenkpfanne *f*
glenoid fossa Fossa *f* mandibularis, Unterkiefergelenkgrube *f*
glenoid labrum [lip] Labrum *n* glenoidale, Gelenklippe *f* am Oberarmgelenk, Labium *n* articulare articulationis humeri
Gley's gland *(Anat, Endokr)* Glandula *f* parathyreoidea, Nebenschilddrüse *f*
glia Glia *f*, Neuroglia *f*, (ektodermales) Nervenstützgewebe *n*
glia cell Gliazelle *f*
gliacyte Neurogliazelle *f*, Gliazelle *f*
gliadin Gliadin *n (Prolamin in Weizen und Roggen; siehe auch unter: gluten)*
gliadin intolerance Gliadinunverträglichkeit *f*
glial Glia…, Neuroglia…
glial cell line derived neurotrophic factor gliazellenabgeleiteter neurotropher Faktor *m*, GDNF *(schützt dopaminerge Nervenzellen; bei Parkinson-Krankheit)*
glial cicatrix Glianarbe *f*
glial stroma Gliastroma *n*
glibenclamide Glibenclamid *n (Antidiabetikum)*
glibornuride Glibornurid *n (Antidiabetikum)*
glicetanile sodium Glicetanilnatrium *n (Antidiabetikum)*
gliclazide Gliclazid *n (Antidiabetikum)*
glide Gleiten *n*; Schweben *n*
gliding contusion Gleitkontusion *f (durch Verschiebung der grauen Hirnsubstanz bei Beschleunigungstrauma)*
gliding joint Gleitgelenk *n*, Articulatio *f* plana, ebenes Gelenk *n*; Arthrodia *f*
gliding plane Gleitebene *f*, Gleitfläche *f*
gliding zone Gleitzone *f*
glifumide Glifumid *n (Antidiabetikum)*
glimepiride Glimepirid *n (Antidiabetikum)*
glioblast *s.* spongioblast
glioblastoma Glioblastom *n (bösartige Großhirngeschwulst)*
glioblastosis cerebri Glioblastosis *f* [Gliomatosis *f*] cerebri
gliocarcinoma *(Path)* Glioblastoma *n* multiforme
gliococcus Gliokokkus *m*
gliocyte Gliozyt *m*, Neurogliazelle *f*
gliofibrillary gliofibrillär; Neurogliafibrillen…
gliofibrosarcoma Gliofibrosarkom *n (Nervengeschwulst)*
gliogenous (neuro)gliabildend
glioma Gliom(a) *n (Nervengeschwulst)*
glioma of the optic chiasm Chiasma-opticum-Gliom *n*
glioma of the pons Glioma *n* pontis, Ponsgliom *n*
glioma of the retina Retinoblastom *n*, Glioma *n* [Neuroepithelioma *n*] retinae
glioma of the spinal cord Rückenmarkgliom *n*
gliomatosis Gliomatose *f*, Glioblastose *f*, Neurogliawucherung *f*
gliomatosis cerebri Gliomatosis *f* [Glioblastosis *f*] cerebri
gliomatous gliamatös; Glioma…; Gliomatose…
gliomesenchymal cicatrix Glia-Mesenchym-Narbe *f*, gliomesenchymale Narbe *f*
gliomyxoma Gliomyxom(a) *n*
glioneuroblastoma Glioneuroblastom *n*, Ganglioneurom *n*, Gangliozytom *n (Nervengeschwulst)*
glioneuroma *s.* glioneuroblastoma
gliophagia Gliophagie *f*, Neurogliaphagozytose *f*
gliosarcoma Gliosarkom *n*, Gliosarcoma *n* multiforme *(Nervengeschwulst)*
gliosis Gliose *f*, Gliahyperplasie *f*
gliosome Gliosom *n (Zytoplasmakörnchen der Neurogliazellen)*
glipizide Glipizid *n (Antidiabetikum)*
glischrin Glischrin *n (durch Bakterien gebildetes Muzin)*
glischroidia Glischroidie *f*, epileptischer Charakater *m (zähflüssiges Haften der Epileptiker)*
glischruria Glischrurie *f (Vorhandensein von Glischrin im Urin)*
Glisson's capsule *(Anat)* Glisson'sche Kapsel *f*, Capsula *f* hepatis [fibrosa perivascularis], Leberbindegewebskapsel *f*
Glisson's cirrhosis Glisson-Zirrhose *f*, Kapselzirrhose *f*
Glisson's disease Glisson-Krankheit *f*, Glisson'sche Erkrankung *f*, Rachitis *f*
Glisson's sling 1. *(Orth)* Glisson-Schlinge *f*; 2. *(Orth)* Glisson'sche Schwebe *f* [Wirbelsäulenextension *f*]
Glisson's sphincter Musculus *m* sphincter ampullae hepatopancreaticae, Sphincter *m* ampullae
glissonitis Glissonitis *f*, Entzündung *f* der Glisson-Kapsel
glistening skin Glanzhaut *f*
glitter cell Glitzerzelle *f*, Sternheimer'sche Zelle *f (bei Pyelonephritis im Harnsediment)*
global aphasia globale Aphasie *f*
global price Fallpauschale *f*
globe 1. Globus *m*, Kugel *f*; 2. Augapfel *m*, Bulbus *m* oculi
globe-cell anaemia Sphärozytose *f*, Sphärozytenvermehrung *f* im Blut
globe of the eye *s.* globe 2.
globin Globin *n (Hämoglobinprotein)*
globin chain synthesis Globinkettensynthese *f*
globin thrombus Kugelthrombus *m*
globocellular sarcoma Rundzellensarkom *n*
globoid kugelförmig, kugelartig, sphärisch
globoid cell Globoidzelle *f (Riesenzelle bei infantiler familiärer Hirnsklerose)*
globoid leukodystrophy Globoidzellenleukodystrophie *f*, Galaktosyl-Ceramid-Lipidose *f*, Galaktocerebrosidose *f*, Krabbe-Syndrom *n*, Krabbe-Christensen-Syndrom *n*, Leukodystrophia *f* cerebri progressiva hereditaria
globomyeloma Rundzellensarkom *n*
globose kugelförmig, kugelförmig; spheroid
globose nucleus Nucleus *m* globosus cerebelli
globoside Globosid *n (Glykosphingolipid)*
globotriaosylceramide Globotriaosylceramid *n*, Ceramidtrihexosid *n*, Trihexosylceramid *n*
globular cornea *s.* keratoglobus
globule 1. Kügelchen *n*, Globulus *m*; 2. Dentinkügelchen
globulicidal erythrozytenvernichtend, blutkörperchenzerstörend
globuliferous Globuli enthaltend; Erythrozyten enthaltend
globulin Globulin *n*
globulin-albumin ratio Globulin-Albumin-Quotient *m*
globulin fraction Globulinfraktion *f*
globulin permeability factor Globulinpermeabilitätsfaktor *m*
α_1-globulin fraction [region] α_1-Globulinfraktion *f*
globulinaemia Globulinämie *f*, Vorhandensein *n* von Globulinen im Blut
globulinuria Globulinurie *f*, Globulinausscheidung *f* im Urin
globulus Globulus *m*, Kügelchen *n*

globus Globus *m*, Kugel *f*, runder Körper *m*
globus hystericus Globus *m* hystericus
globus pharyngis feeling Globusgefühl *n*
glomal Glomus...
glomangioma Glomangiom(a) *n*, Angiomyoneurom(a) *n*, Angioneurom *n*
glomangiosis Glomangiose *f*, Glomangiosis *f*
glome *s.* glomus
glomectomy Glomektomie *f*, Glomus-caroticus-Exzision *f*
glomera *pl s.* glomus
glomerate knäuelförmig, geknäuelt
glomerate Glomerat *n*
glomeriform glomeriform, knäuelförmig
glomerular glomerulär; Glomerulum...
glomerular basement membrane Glomerulumbasalmembran *f*
glomerular capsule Capsula *f* glomeruli, Bowman'sche Kapsel *f*, Nierenglomerulumkapsel *f*
glomerular disease glomeruläre Erkrankung *f*
glomerular filtrate *(Nephr)* glomeruläres Filtrat *n*, Glomerulumfiltrat *n*
glomerular filtration glomeruläre Filtration *f*, Glomerulumfiltration *f*
glomerular filtration rate glomeruläre Filtrationsrate *f*, Glomerulumfiltrationsrate *f*
glomerular immune complex glomerulärer Immunkomplex *m*, Glomerulum-Immun-Komplex *m*
glomerular injury Glomerulumschädigung *f*
glomerular membrane *s.* glomerular basement membrane
glomerular nephritis Glomerulonephritis *f*, Nierenglomerulumentzündung *f*
glomerular permeability Glomerulumpermeabilität *f*
glomerular renal function glomeruläre Nierenfunktion *n*
glomerular zona Zone *f* glomerulosa *(Nebenniere)*
glomerule Glomerulum *n*, Glomerulus *m*, Nierenknäuel *n* *(Zusammensetzungen siehe unter: glomerular)*
glomerulitis Glomerulitis *f*, Nierenglomerulumentzündung *f*
glomerulonephritic glomerulonephritisch
glomerulonephritis Glomerulonephritis *f*, Nierengewebe- und Glomerulumentzündung *f*
glomerulonephropathy Glomerulonephropathie *f*, Nierengewebe- und Glomerulumerkrankung *f*
glomerulopathy Glomerulopathie *f*, Glomerulumerkrankung *f*
glomerulosclerosis Glomerulosklerose *f*, Kimmelstiel-Wilson-Syndrom *n*, Nierenglomerulafibrose *f*
glomerulose *s.* glomerular
glomerulus *s.* glomerule
glomic Glomus...
glomoid glomusartig, knäuelartig, knäuelförmig; Glomus..., Knäuel...
glomus Glomus *n*, Gefäßknäuel *n*, Knäuel *n*
glomus body Knäueldrüse *f*, Glandula *f* glomiformis
glomus cell Glomuszelle *f*
glomus jugulare tumour Glomus-jugulare Tumor *m*
glomus tumour Glomustumor *m*, Angioneuromyom *n*, Angiomyoneurom *n*, Angioma *n* myoneuroarteriale, Masson-Tumor *m*
glonoin Nitroglycerin *n*
gloominess Melancholie *f*, Schwermut *f*
glossa Glossa *f*, Zunge *f*, Lingua *f* *(Zusammensetzungen siehe unter: lingual)*
glossagra Glossagra *f* *(Zungenschmerz bei Gicht)*
glossal glossal, lingual; Zungen... *(siehe auch unter: lingual)*
glossal inflammation Zungenentzündung *f*
glossalgia Glossalgie *f*, Zungenschmerz *m*
glossanthrax Glossanthrax *m*, Zungenmilzbrandkarbunkel *m*
glossectomy Glossektomie *f*, Zungenresektion *f*, (operative) Zungenentfernung *f*
Glossina morsitans Glossina *f* morsitans *(Übertrager von Trypanosoma brucei brucei und Trypanosoma brucei rhodesiense)*
Glossina pallidipes Glossina *f* pallidipes *(Übertrager von Trypanosoma brucei rhodesiense)*
Glossina palpalis Glossina *f* palpalis *(Übertrager von Trypanosoma brucei gambiense)*
glossitic Glossitis..., Zungenentzündungs...
glossitis Glossitis *f*, Zungenentzündung *f*
glossocele Glossozele *f*, Zungenschwellung *f*, Zungenödem *n*
glossocinaesthetic glossokinästhetisch; Zungenbewegungs...
glossodontotropism Glossodontotropismus *m*
glossodynamometer Glossodynamometer *m*
glossodynia Glossodynie *f*, Zungenschmerz *m*
glossodyniotropism Glossodyniotropismus *m*
glossoepiglottic glossoepiglottisch; Zungen-Kehldeckel-...
glossoepiglottic fold Plica *f* glossoepiglottica, Zungen-Kehldeckel-Falte *f*
glossoepiglottic fossa Fossa *f* glossoepiglottica, Zungen-Kehldeckel-Grube *f*
glossoepiglottidean *s.* glossoepiglottic
glossograph Glossograph *m* *(zur Aufzeichnung der Zungenbewegungen beim Sprechen)*
glossohyal glossohyal; Zungen-Zungenbein-...
glossohyoid glossohyal; Zungen-Zungenbein-...
glossokinaesthetic glossokinästhetisch
glossolabial glossolabial; Zungen-Lippen-...
glossolabial paralysis progressive Bulbärparalyse *f*
glossolalia Glossolalie *f*, Zungenreden *n*
glossology Glossologie *f*, Glottologie *f*
glossolysis *s.* glossoplegia
glossomantia Glossomantie *f*, Diagnosestellung *f* aus dem Zungenzustand
glossoncus Zungenschwellung *f*
glossopalatine linguogingival; Zungen-Gaumen-...
glossopalatine arch Arcus *m* palatoglossus, vorderer Gaumenbogen *m*
glossopalatine nerve Nervus *m* glossopalatinus [intermedius], Zungen-Gaumen-Nerv *m*
glossopalatinus (muscle) Musculus *m* palatoglossus, Gaumen-Zungen-Muskel *m*
glossopathy Zungenleiden *n*, Zungenerkrankung *f*, Zungenkrankheit *f*
glossopexy Glossopexie *f* *(Zungenadhäsion an der Lippe)*
glossopharyngeal glossopharyngeal; Zungen-Rachen-...
glossopharyngeal breathing glossopharyngeale Atmung *f*
glossopharyngeal nerve Nervus *m* glossopharyngeus, IX. [neunter] Hirnnerv *m*, Zungen-Schlund-Nerv *m*
glossopharyngeal neuralgia Glossopharyngeusneuralgie *f*, Zungen-Schlund-Nervenschmerz *m*
glossopharyngeal paralysis Glossopharyngeusparalyse *f*, Zungen-Schlund-Nervenlähmung *f*
glossopharyngeal spasm Glossopharyngeuskrampf *m*
glossopharyngeum Glossopharyngeum *n*, Zungen- und Rachenbereich *m*
glossopharyngeus (muscle) Musculus *m* glossopharyngeus
glossophobia Glossophobie *f*, Lalophobie *f*
glossophytia *s.* glossotrichia
glossoplasty Zungenplastik *f*, plastische Zungenoperation *f*, Zungenrekonstruktion *f*

glossoplegia Glossoplegie *f*, Zungenlähmung *f*, Hypoglossuslähmung *f*
glossoptosis Glossoptosis *f*, Glossoptose *f*
glossopyrosis Zungenbrennen *n*
glossorrhaphy Glossorrhaphie *f*, Zungennaht *f*
glossoschisis Glossoschisis *f*, Zungenspalte *f*, Spaltzunge *f*
glossoscopy Zungeninspektion *f*, Zungenuntersuchung *f*
glossospasm Glossospasmus *m*, Zungenkrampf *m*
glossosteresis *s.* glossectomy
glossotomy Glossotomie *f*, Zungenschnitt *m*, Zungeninzision *f*
glossotrichia Glossotrichie *f*, Haarzunge *f*, Lingua *f* villosa
glossy skin Glanzhaut *f*, glänzende Haut *f*
glottal Glottis..., Stimmritzen...
glottic 1. Glottis..., Stimmritzen...; 2. Zungen...
glottic cancer [carcinoma] Glottiskarzinom *n*, Stimmritzenkrebs *m*
glottic closure Glottis(ver)schluss *m*, Stimmritzenschluss *m*
glottic slit Stimmritze *f*, Rima *f* glottidis, Glottis *f*
glottic spasm Stimmritzenkrampf *m*, Spasmus *m* glottidis
glottides *pl s.* glottis
glottidospasm *s.* glottic spasm
glottis Glottis *f*, Rima *f* glottidis, Stimmritze *f*
glottitis Glottitis *f*, Stiummritzenentzündung *f*
glottography Glottographie *f (Darstellung der Stimmbandbewegungen)*
glottology *s.* glossology
glove container Handschuhbüchse *f*, Handschuhtrommel *f*
glove dispenser Handschuhspender *m*
gloved/be *v* mit sterilen Handschuhen angezogen sein, sterile Handschuhe tragen
glover's stitch *(Chir)* fortlaufende Naht *f*
glover's suture Kürschnernaht *f*
glucagon Glukagon *n (Bauchspeicheldrüsenhormon)*
glucagon-insulin ratio Glukagon-Insulin-Quotient *m*
glucagon-like peptide 1 Glucagon-like-Peptid *n* 1, GLP-1 *n*
glucagon test Glukagontest *m*
glucagone *s.* glucagon
glucagonoma Glukagonom *n (Geschwulst)*
glucagonoma syndrome Glukagonomsyndrom *n (bei Glukagon sezernierendem Inselzelltumor)*
glucan Glucan *n*, Glukan *n (Polyglukose)*
1,4-α-glucan branching enzyme 1,4-α-Glukan-branching-Enzym *n*, Brancher-Enzym *n*, Branching-Enzym *n*
α-glucan branching glycosyltransferase α-Glukan-branching-glycosyltransferase *f (Enzym)*
glucan 1,4-α-glucosidase Glukan-1,4-alpha-glucosidase *f*, saure Maltase *f*, lysosomale α-Glukosidase *f (Enzym)*
1,4-α-D-glucan-6-α-D-glycosyltransferase 1,4-α-D-Glukan-6-α-D-glykosyltransferase *f (Enzym)*
α-glucan phosphorylase α-Glukanphosphorylase *f (Enzym)*
glucan transferase Glukantransferase *f (Enzym)*
4-α-D-glucanotransferase 4-α-D-glukanotransferase *f*, Dextrintransglykosylase *f*, Dextringlykosyltransferase *f*, Amylomaltase *f (Enzym)*
glucitol *s.* sorbitol
glucoamylase *s.* glucan 1,4-α-glucosidase
glucoascorbic acid Glukoascorbinsäure *f*
β-glucocerebrosidase β-Glukocerebrosidase *f*, β-Glukosylceramidase *f (Enzym)*
glucocerebroside Glukocerebrosid *n*, Glukosylceramid *n*
glucocorticoid Glucocorticoid *n*, Glukokortikoid *n (Nebennierenrindenhormon)*
glucocorticoid receptor Glukokortikoidrezeptor *m*
glucocorticoid replacement Glukokortikoidsubstitution *f*
glucocorticotrophic glukokortikotroph
glucocyamine Glukocyamin *n*, Glykocyamin *n*
glucofuranose Glukofuranose *f*
glucogenesis Glukogenese *f*, Glukosebildung *f*
glucogenic glukosebildend, glukogen
glucohaemia Hyperglykämie *f*, Blutzuckererhöhung *f*
glucoheptonate Glukoheptonat *n*
glucoinvertase Glukoinvertase *f*, α-D-Glukosidase *f (Enzym)*
glucokinase Glukokinase *f (Enzym)*
glucokinetic glukokinetisch, Glukose mobilisierend [freisetzend]
glucolipid Glukolipid *n*
glucolysis *s.* glycolysis
glucometer Glukometer *n*, Glukosemessgerät *n*
glucometry Glukometrie *f*, Glukosebestimmung *f*
gluconeogenesis Glukoneogenese *f*, Zuckerneubildung *f (aus Fett oder Eiweißen)*
gluconeogenetic glukoneogenetisch, zuckerneubildend; Glukoneogenese...
gluconic acid Glukonsäure *f*
gluconolactonase Glukonolactonase *f (Enzym)*
gluconolactone Glukonolacton *n*
glucopenia Hypoglykämie *f*
glucoplastic glukoplastisch, glukogen, glukosebildend
glucoprotein *s.* glycoprotein
glucopyranose Glukopyranose *f*
glucoregulation Glukosestoffwechselregulation *f*
glucosamin Glukosamin *n*, Aminoglukose *f*, 2-Amino-2-desoxyglukose *f*
glucosamin-phosphate Glukosaminphosphat-N-acetyltransferase *f (Enzym)*
glucosaminoglycan Glukosaminoglycan *n*
glucose Glukose *f*, Glucose *f*, Dextrose *f*, Traubenzucker *m*, Glykose *f*, α-D-Glukopyranose *f* • **estimate glucose in blood** den Blutzucker bestimmen
glucose 1,6-bisphosphate D-Glukose-1,6-bisphosphat *n*
glucose-corticoid test Glukose-Corticoid-Test *m*
glucose dehydrogenase Glukosedehydrogenase *f (Enzym)*
glucose determination Glukosebestimmung *f*
glucose electrode Glukoseelektrode *f*
glucose grain broth Glukose-Gehirn-Bouillon *f*, Glukose-Gehirn-Nährlösung *f (für Bakterienkulturen)*
glucose intolerance Glukoseintoleranz *f*, Glukoseunverträglichkeit *f*
glucose level Glukose(blut)spiegel *m*
glucose oxidase Glukoseoxidase *f (Enzym)*
glucose 6-phosphatase Glukose-6-phosphatase *f (Enzym)*
glucose 1-phosphate Glukose-1-phosphat *n*, Cori-Ester *m*
glucose 6-phosphate Glukose-6-phosphat *n*, Embden-Rubinson-Ester *m*
glucose 6-phosphate dehydrogenase Glukose-6-phosphat-Dehydrogenase *f (Enzym)*
glucose 6-phosphate dehydrogenase deficiency Glukose-6-phosphat-Dehydrogenase-Mangel *m*
glucose 6-phosphate isomerase Glukose-6-phosphat-Isomerase *f (Enzym)*
glucose 1-phosphate kinase Glukose-1-phosphat-Kinase *f (Enzym)*
glucose 1-phosphate phosphodismutase Glukose-1-phosphat-Phosphodismutase *f (Enzym)*
glucose 6-phosphate translocase Glukose-6-phosphat-Translocase *f (Enzym)*
glucose 1-phosphate uridyltransferase Glukose-1-phosphat-Uridyltransferase *f (Enzym)*

glucose phosphomutase Glukosephosphomutase *f*, Phosphoglukomutase *f (Enzym)*
glucose 1-phosphoric acid Glukose-1-phosphorsäure *f*
glucose 6-phosphoric acid Glukose-6-phosphorsäure *f*
glucose tolerance factor Glukosetoleranzfaktor *m*, GTF
glucose tolerance test Glukosetoleranztest *m*, GTT, Glukosebelastungsprobe *f*
α-glucosidase α-Glukosidase *f (Enzym)*
α-1,4-glucosidase α-1,4-Glukosidase *f (Enzym)*
β-glucosidase β-Glukosidase *f (Enzym)*
α-glucosidase deficiency α-1,4-Glukosidasemangel *m*, Glykogenspeicherkrankheit *f* Typ II
glucoside *s.* glycoside
glucosidolytic glykosidspaltend, glykosidolytisch
glucosphingoside Glykosphingosid *n (Zerebrosid)*
glucosteroid therapy Glukosteroidtherapie *f*, Glukokortikoidbehandlung *f*
glucosulfone sodium Glukosulphonnatrium *n (Lepramittel)*
glucosuria Glukosurie *f*, Glukoseausscheidung *f* im Urin
glucosylceramidase Glukosylceramidase *f*, Glukocerebrosidase *f (Enzym)*
glucosylceramide Glukosylceramid *n*, Glukocerebrosid *n*
glucosyltransferase Glukosyltransferase *f*, Transglukosylase *f (Enzym)*
glucuronate Glukuronat *n*, Glukuronsäuresalz *n*
glucuronic acid Glukuronsäure *f*
α-glucuronidase α-Glukuronidase *f (Enzym)*
β-glucuronidase β-Glukuronidase *f (Enzym)*
glucuronide Glukuronid *n*
D-glucuronolactone G-Glukuronolacton *n*
glucuronose Glukuronose *f*
glucuron(os)yltransferase Glukuron(os)yl-Transferase *f (Enzym)*
glucuronyltransferase Glukuronyl-Transferase *f (Enzym)*
glue Leim *m*
glue ear seröse Otitis *f* media
glue-sniffing Leimschnüffeln *n*
Gluge's corpuscles Gluge'sche Körperchen *npl (Fetttropfen enthaltende Eiterzellen)*
glusulase β-D-Glukuronidase *f (Enzym)*
glutaconic acid Glutaconsäure *f*
glutamate Glutamat *n*
glutamate acetyltransferase Glutamatacetyltransferase *f (Enzym)*
glutamate-ammonia ligase Glutamat-Ammoniak-Ligase *f*, Glutaminsynthetase *f (Enzym)*
glutamate-cysteine ligase Glutamat-Cystein-Ligase *f (Enzym)*
γ-glutamate carboxypeptidase γ-Glutamatcarboxypeptidase *f (Enzym)*
γ-glutamate decarboxylase Glutamatdecarboxylase *f (Enzym)*
γ-glutamate dehydrogenase Glutamatdehydrogenase *f (Enzym)*
γ-glutamate formiminotransferase Glutamatformiminotransferase *f (Enzym)*
γ-glutamate-oxalacetate transaminase *s.* glutamic-oxalacetic transaminase
γ-glutamate-pyruvate transaminase *s.* glutamic-pyruvic transaminase
γ-glutamate synthase Glutamatsynthase *f (Enzym)*
glutamic acid L-Glutaminsäure *f*, α-Aminoglutarsäure *f*, 2-Aminopentandisäure *f*
glutamic acid decarboxylase Glutaminsäure-Decarboxylase *f (Enzym)*
glutamic acid decarboxylase autoantibody Glutaminsäure-Decarboxylase-Autoantikörper *m*
glutamic acid dehydrogenase Glutaminsäure-Dehydrogenase *f (Enzym)*
glutamic acid hydrochloride Glutaminsäurehydrochlorid *n (Magensäurer)*
glutamic-alanine transaminase *s.* glutamic-pyruvic transaminase
glutamic-aspart(at)ic transaminase *s.* glutamic-oxalacetic transaminase
glutamic-oxal(o)acetic transaminase Glutamat-Oxalazetat-Transaminase *f*, GOT, Aspartataminotransferase *f*, ASAT *(Enzym)*
glutamic-pyruvic transaminase Glutamat-Pyruvat-Transaminase *f*, GPT, Alaninaminotransferase *f*, ALAT *(Enzym)*
glutaminase Glutaminase *f (Enzym)*
glutamine Glutamin *n*, Glutaminsäuremonoamid *n*, Glu-NH_2
glutamine aminotransferase Glutaminaminotransferase *f (Enzym)*
glutamine synthetase Glutaminsynthetase *f (Enzym)*
glutamine transaminase Glutamintransaminase *f (Enzym)*
glutaminic acid *s.* glutamic acid
γ-glutamyl carboxylase γ-Glutamylcarboxylase *f (Enzym)*
γ-glutamyl hydrolase γ-Glutamylhydrolase *f (Enzym)*
γ-glutamyl transpeptidase γ-Glutamyltranspeptidase *f*, γ-Glutamyltransferase *f (Enzym)*
γ-glutamyl transpeptidase deficiency γ-Glutamyltranspeptidasemangel *m*, Glutathionurie *f*
γ-glutamylcyclotransferase γ-Glutamylcyclotransferase *f (Enzym)*
γ-glutamylcysteine γ-Glutamylcystein *n*
γ-glutamylcysteine synthetase γ-Glutamylcysteinsynthetase *f (Enzym)*
γ-glutamylcysteine synthetase deficiency γ-Glutamylcysteinsynthetasemangel *m*
γ-L-glutamyl-L-cysteinylglycine Glutathion *n*
γ-glutamyltransferase γ-Glutamyltransferase *f (Enzym)*
glutaral *s.* glutaraldehyde
glutaraldehyde Glutaraldehyd *m*
glutargine Argininglutamat *n*
glutaric acid Glutarsäure *f*, Acidum *n* glutaricum
glutaricacidaemia Glutarazidämie *f*, Glutarsäureerhöhung *f* im Blut
glutaricaciduria Glutarazidurie *f*, Glutarsäureausscheidung *f* im Urin
glutaryl-CoA dehydrogenase Glutaryl-CoA-dehydrogenase *f (Enzym)*
glutaryl-CoA synthetase Glutaryl-CoA-synthetase *f (Enzym)*
glutathionaemia Glutathionämie *f*, Vorhandensein *n* von Glutathion im Blut
glutathione Glutathion *n*, γ-L-Glutamyl-L-cysteinyl-glycin *n*
glutathione deficiency Glutathionmangel *m*
glutathione metabolism Glutathionstoffwechsel *m*
glutathione peroxidase Glutathionperoxidase *f (Enzym)*
glutathione reductase Glutathionreductase *f (Enzym)*
glutathione synth(et)ase Glutathionsynthetase *f (Enzym)*
glutathione synth(et)ase deficiency Glutathionsynthetasemangel *m*
glutathione *S*-transferase Glutathion-*S*-transferase *f (Enzym)*
glutathionuria Glutathionurie *f*, Glutathionausscheidung *f* im Urin
gluteal glutäal; Gesäß...
gluteal bursa Bursa *f* ischiadica musculi glutei maximi
gluteal fold *s.* gluteal sulcus

gluteal furrow Crena *f* ani [clunium], Afterfurche *f*
gluteal gait Trendelenburg-Gang *m*
gluteal hernia Glutäalhernie *f*
gluteal musculature Glutäalmuskulatur *f*, Gesäßmuskulatur *f*
gluteal reflex Glutäalreflex *m*, Gesäß(muskel)reflex *m*
gluteal region Glutäalregion *f*, Regio *f* glutaea
gluteal ridge Gesäßmuskelleiste *f*
gluteal sulcus Sulcus *m* glutaeus, Gesäßfurche *f*, Sitzhalfter *n*
gluteal tuberosity Tuberositas *f* glutaea
gluten Gluten *n*, Klebereiweiß *n (in Weizen und Roggen)*
gluten casein Glutenkasein *n*
gluten-induced enteropathy *(Päd)* Zöliakie *f*, intestinaler Infantilismus *m*, Heubner-Herter'sche Krankheit *f*
gluten intolerance *(Päd)* Glutenintoleranz *f*, Glutenunverträglichkeit *f*
gluten sensitivity Gliadinallergie *f*
glutenin Glutenin *n*
gluteofascial bursa Bursa *f* trochanterica
gluteofemoral gluteofemoral; Gesäßmuskel-Oberschenkelknochen-...
gluteoinguinal gluteoinguinal; Gesäß(muskel)-Leisten-...
gluteotrochanteric bursa Bursa *f* trochanterica
glutethimide Glutethimid *n*, 2-Ethyl-2-phenylglutarimid *n (Hypnotikum)*
gluteus 1. Glutaeus *m*, Glutäus *m*, Hinterbacke *f*, Gesäß *n*; 2. *s.* gluteus muscle
gluteus maximus (muscle) Musculus *m* glutaeus maximus, großer Gesäßmuskel *m*
gluteus medius (muscle) Musculus *m* glutaeus medius, mittlerer Gesäßmuskel *m*
gluteus minimus (muscle) Musculus *m* glutaeus minimus, kleiner Gesäßmuskel *m*
gluteus muscle Musculus *m* glutaeus, Gesäßmuskel *m*
glutin *s.* gliadin
glutinoid Glutinoid *n*
glutinous klebrig
glutitis Glutitis *f*, Glutäusmuskelentzündung *f*, Gesäßentzündung *f*
glyburide Glyburid *n (Antidiabetikum)*
glycaemia 1. Glykämie *f*, Vorhandensein *n* von Zucker im Blut; 2. Blutzuckererhöhung *f*, Hyperglykämie *f*
glycan Glycan *n*, Glykan *n*, Polysaccharid *n*
glycanohydrolase Glycanhydrolase *f (Enzym)*
glyceraldehyde Glycerinaldehyd *m*
glyceraldehyde 3-phosphate Glycerinaldehyd-3-phosphat *n*
glyceraldehyde-3-phosphate dehydrogenase Glycerinaldehyd-3-phosphatdehydrogenase *f (Enzym)*
glyceraldehyde-3-phosphate dehydrogenase deficiency Glycerinaldehyd-3-phosphatdehydrogenasemangel *m*
glycerate Glycerat *n*
glycerate dehydrogenase Glyceratdehydrogenase *f (Enzym)*
glyceric acid Glycerinsäure *f*
glyceric acidaemia Glycerinsäureerhöhung *f* im Blut
glyceric aciduria Glycerinausscheidung *f* im Urin
glyceric aldehyde *s.* glyceraldehyde
glyceridase Glyceridase *f (Enzym)*
glyceride Glycerid *n*
glycerin Glycerin *n*, Glyzerin *n*, Glycerol *n*
glycerin suppository *(Pharm)* Glyzerinsuppositorium *n*, Glyzerinzäpfchen *n*
glycerinated glyzerinbehandelt, glyzerinkonserviert, glyzerininaktiviert
glycerinated vaccine virus (glyzerinkonservierte) Pockenvakzine *f*, Pockenlymphe *f*
glycerite 1. Glycerin *n*; Glycerinlösung *f*; 2. Glycerit *n (Arzneimittel in Glyzerinlösung)*
glycerogel Glyceringel *n*
glycerogelatin Glyceringelatine *f*
glyceroketone Glyceroketon *n*, Dihydroxyaceton *n*
glycerokinase Glycerokinase *f*, Glycerolkinase *f (Enzym)*
glycerol Glycerol *n*, Glycerin *n*, Glycerit *n*, Glycerylalkohol *m*, 1,2,3-Propantriol *n*
glycerol kinase Glycerolkinase *f*, Glycerokinase *f (Enzym)*
glycerol phosphate Glycerolphosphat *n*, Glycerophosphat *n*
glycerol-3-phosphate *O*-acyltransferase Glycerol-3-phosphat-*O*-acylteransferase *f (Enzym)*
glycerol-3-phosphate dehydrogenase Glycerol-3-phosphatdehydrogenase *f (Enzym)*
glycerol trinitrate *(Pharm)* Glyceroltrinitrat *n*, Nitroglycerin *n*, 1,2,3-Propantrioltrinitrat *n*
glycerolize *v* mit Glyzerin behandeln
glyceroluria Glycerolurie *f*, Glycerolauscheidung *f* im Urin
glycerone Glyceron *n*, Dihydroxyaceton *n*
glycerophosphatase Glycerophosphatase *f (Enzym)*
glycerophosphate Glycerophosphat *n*
glycerophosphate dehydrogenase Glycerophosphatdehydrogenase *f*, Baranowski-Enzym *n*
α-glycerophosphate pathway α-Glycerolphosphatstoffwechselweg *m*
glycerophosphatide Glycerophosphatid *n*
glycerophosphocholine Glycerophospho(ryl)cholin *n*
glycerophospholipid Glycerophospholipid *n*
glycerophosphoric acid Glycerolphosphorsäure *f*
glycerophosphorylcholine *s.* glycerophosphocholine
glycerulose Glycerulose *f*, Dihydroxyaceton *n*
glyceryl Glyceryl...*(trivalentes Radikal)*
glyceryl alcohol Glycerylalkohol *m*, Glycerin *n*
glyceryl borate Glycerylborat *n*, Borglycerin *n*
glyceryl guaiacolate Glycerylguaiacolat *n*, Guaifenesin *n*
glyceryl iodide Glyceryliodid *n*, 3-Iodo-1,2-propandiol *n (Mukolytikum)*
glyceryl monostearate Glycerylmonostearat *n (Grundsubstanz für dermatologische Präparate)*
glyceryl triacetate Glyceryltriacetat *n*, Triacetin *n*
glyceryl tributyrate Glyceryltributyrat *n*, Tributyrin *n*
glyceryl tricaprate Glyceryltricaprat *n*, Caprin *n*
glyceryl trinitrate Glyceryltrinitrat *n*, Glyceroltrinitrat *n*, Nitroglycerin *n*
glycinaemia Glycinämie *f*, Hyperglycinämie *f*
glycinamide ribonucleotide Glycinamidribonukleotid *n*
glycinate Glycinat *n*
glycine Glycin *n*, Gly, Glykokoll *n*, Aminoessigsäure *f*, Aminoethansäure *f*
glycine acyltransferase Glycinacyltransferase *f (Enzym)*
glycine amidinotransferase Glycinamidinotransferase *f (Enzym)*
glycine dehydrogenase Glycindehydrogenase *f (Enzym)*
glycine hydroxymethyltransferase Glycinhydroxymethyltransferase *f (Enzym)*
glycine-rich β-glycoprotein β-Glykoprotein *n*, Properdinfaktor *m* B
glycine-rich β-glycoproteinase β-Glykoproteinase *f*, Properdinfaktor *m* D
glycine synthase Glycinsynthase *f (Enzym)*
glycine transamidinase Glycintransamidinase *f (Enzym)*
glycinuria Glyzinurie *f*, Glyzinausscheidung *f* im Urin
glycobiarsol Glycobiarsol *n (Amöbenmittel)*
glycocalix *(Histol)* Glykokalyx *f*
glycocalyx *s.* glycocalix
glycochenodeoxycholate Glykochenodesoxycholat *n*, Chenodesoxycholylglycin *n*

glycochenodeoxycholic acid Glykochenodesoxycholsäure *f*, Chenodesoxycholsäure *f*, 3α,7α-Dihydroxy-5β-cholansäure *f*
glycocholate Glykocholat *n*
glycocholic acid Glykocholsäure *f (Gallensäure)*
glycocoll *s.* glycine
glycoconjugate Glykokonjugat *n*
glycocorticoid Glukocorticoid *n*, Glukokortikoid *n*
glycocyamine Glykocyamin *n*, Glukozyamin *n*
glycogelatin Glykochelatin *n*, Glukochelatin *n*
glycogen *(Bioch)* Glykogen *n*, Leberstärke *f*
glycogen depletion Glykogenerschöpfung *f*, Glykogenverarmung *f*
glycogen liver level Leberglykogenspiegel *m*
glycogen phosphorylase Glykogenphosphorylase *f (Enzym)*
glycogen phosphorylase kinase Glykogenphosphorylasekinase *f (Enzym)*
glycogen starch synthase Glykogensynthase *f (Enzym)*
glycogen storage disease Glykogenspeicherkrankheit *f*, Glykogenose *f*, Glykogen-Thesaurismose *f*
glycogen storage disease type Ia *s.* Gierke's disease
glycogen storage disease type Ib Glykogenspeicherkrankheit *f* Typ Ib, Glukose-6-phosphatase-Translokase-Mangel *m*
glycogen storage disease type II *s.* Pompe's disease
glycogen storage disease type III *s.* Cori's disease
glycogen storage disease type IV *s.* Andersen's disease
glycogen storage disease type V *s.* McArdle's disease
glycogen storage disease type VI *s.* Hers' disease
glycogen storage disease type VII *s.* Tarui's disease
glycogen synthase Glykogensynthase *f (Enzym)*
glycogen-synthase-D phosphatase Glykogensynthase-D-phosphatase *f (Enzym)*
glycogen synthesis Glykogensynthese *f*
glycogen synthetase Glykogensynthetase *f*, UDPG-Glykogen-Transglukosidase *f (Enzym)*
glycogen synthetase deficiency Glykogensynthetasemangel *m*
glycogen thesaurismosis *s.* glycogen storage disease 1.
glycogenase Glykogenase *f (Enzym)*
glycogenesis Glykogenie *f*, Glykogenbildung *f*, Leberstärkebildung *f*
glycogenetic glykogenetisch, glykogenbildend, leberstärkebildend
glycogenic Glykogen...
glycogenolysis Glykogenolyse *f*, Glykogenspaltung *f*, Glykogenabbau *m*
glycogenolytic glykogenolytisch, glykogenspaltend, glykogenabbauend
glycogenolytic hormone glykogenspaltendes Hormon *n*; Glukagon *n*
glycogenosis *s.* glycogen storage disease 1.
glycogenous *s.* glycogenetic
glycogeny *s.* glycogenesis
glycogeusia Glykogeusie *f*, süßer Geschmack *m (subjektiv)*
glycoglycinuria Glykoglycinurie *f*, Glukurie *f* mit Hyperglycinurie
glycohaemoglobin Glykohämoglobin *n*
glycol Glykol *n*
glycolaldehyde Glykolaldehyd *m*
glycolaldehydetransferase Glykolaldehydtansferase *f (Enzym)*
glycolate Glykolat *n*
glycoleucine Glykoleucin *n*
glycolic acid Glykolsäure *f*, Glycolsäure *f*, Acidum *n* glycolicum, Hydroxyessigsäure *f*
glycolic aciduria Glykolsäureausscheidung *f* im Urin, primare Hyperoxalurie *f* Typ I
glycolipid(e) Glykolipid *n (Zerebrosid)*
glycolipin *s.* glycolipide
glycolyl Glycolyl..., Glykolyl... *(Radikal)*
glycolylurea Glykolylharnstoff *m*, Hydantoin *n*
glycolysis Glykolyse *f*, Glukosespaltung *f*, Glukoseabbau *m*
glycolytic glykolytisch, glukosespaltend, glukoseabbauend; Glykolyse...
glycolytic enzyme Glykolyseenzym *n*, glykolytisches Enzym *n*
glycometabolic Glukosestoffwechsel..., Zuckerstoffwechsel...
glycometabolism Glukosestoffwechsel *m*, Zuckerstoffwechsel *m*
glycone Glykon *n*, Glycon *n (Glykosidbestandteil)*
glyconic acid Glykonsäure *f*, Glyconsäure *f*
glyconeogenesis *s.* gluconeogenesis
glyconucleoprotein Glykonukleoprotein *n*
glycopenia Hypoglykämie *f*, Blutzuckerverringerung *f*
glycopeptide Glykopeptid *n*
glycopexic glykogenspeichernd
glycopexis Glykogenspeicherung *f*
glycophilia Hyperglykämieneigung *f*, Neigung *f* zum Blutzuckeranstieg
glycophorin Glykophorin *n*
glycopolyuria Glykopolyurie *f*, Polyurie *f* durch Glukose
glycoprival glykopriv, glukopriv; Zuckermangel...
glycoprotein Glykoprotein *n*, Glykoproteid *n*, Glukoproteid *n*
glycoptyalism *s.* glycosialia
glycopyrrolate *s.* glycopyrronium bromide
glycopyrronium bromide Glykopyrroniumbromid *n*, Glykopyrrolat *n*, 3-Hydroxy-1,1-dimethylpyrrolidiniumbromid *n (Anticholinergikum)*
glycoregulatory zuckerstoffwechselregulierend
glycorrhachia Glykorrhachie *f*, Liquorzucker *m*, Liquorglukose *f*
glycorrhoea Glykorrhoe *f*
glycosaemia Glykämie *f*
glycosamine Glykosamin *n*
glycosaminoglycan *(Bioch)* Glykosaminoglykan *n (Mukopolysaccharid)*
glycose *s.* glucose
glycosecretory glykosekretorisch, Glykogen freisetzend
glycosialia Glykosialie *f*, Glykoptyalismus *m (Vorhandensein von Zucker im Speichel)*
glycosialorrhoea Glykosialorrhoe *f (Sekretion zuckerhaltigen Speichels)*
glycosidal *s.* glycosidic
glycosidase Glykosidase *f (Enzym)*
α-glycosidase α-Glykosidase *f (Enzym)*
β-glycosidase β-Glykosidase *f (Enzym)*
glycoside Glykosid *n*
glycosidic glykosidisch; Glykosid...
glycosphingolipid Glykosphingolipid *n*, Ceramidsaccharid *n*
glycosphingolipidosis Glykosphingolipidose *f*
glycostatic glykostatisch, einen normalen Blutzuckergehalt erhaltend
glycosuria 1. Glukosurie *f*, Glukoseausscheidung *f* im Urin; 2. Glykosurie *f*, Glykurese *f*, Zuckerausscheidung *f* im Urin
glycosuric glukosurisch; Glukosurie...
glycosyl Glycosyl..., Glykosyl... *(Radikal)*
glycosylated haemoglobin glykosyliertes Hämoglobin *n*
glycosylation Glykosylierung *f*
glycosylceramidase Glykosylceramidase *f (Enzym)*

glycosyltransferase Glykosyltransferase *f (Enzym)*
glycotaxis Glukoseverteilung *f (in die Gewebe)*
glycotropic glykotrop, blutzuckerhöhend, Hyperglykämie bewirkend
glycotropic factor glykotroper [blutzuckererhöhender] Faktor *m*
glycuresis *s.* glycosuria
glucuronate Glykuronat *n*, Glukuronat *n*
glycuronic acid Glykuronsäure *f*, Glukuronsäure *f*, Acidum *n* glycuronicum
glycuronidase Glykuronidase *f*, Glukuronidase *f*, β-D-Glucuronidase *f (Enzym)*
glycuronide Glykuronid *n*, Glukuronid *n*
glycuronuria Glykuronurie *f (Vorhandensein von Glykuronsäure im Urin)*
glycyl Glycyl..., Glyzyl... *(Radikal)*
glycylclamide Glycylclamid *n*, 1-Cyclohexyl-3-*p*-tolylsulfonylharnstoff *m*
glycylglycine Glycylglycin *n*, Glyzylglyzin *n*
glycyrrhizic acid Glycyrrhizinsäure *f*
glykemia *(AE) s.* glycaemia
glyoxalase Glyoxalase *f (Enzym)*
glyoxalate Glyoxalat *n*
glyoxalate transacetylase Glyoxalattransacetylase *f*, Malatsynthase *f (Enzym)*
glyoxalin Glyoxalin *n*
glyoxosome Glyoxosom *n* Glycoxyldiureid *n*, Allantoin *n*
glyoxyldiureide Glycoxyldiureid *n*, Allantoin *n*
glyoxylic acid Glyoxylsäure *f*, Glyoxalsäure *f*
Gmelin's test *(Lab)* Gmelin'sche (Bilirubin-)Probe *f*
GMP *s.* guanosine monophosphate
gnashing Bruxismus *m*, Zähneknirschen *n*
gnat *(Am)* Stechfliege *f*, Stechmücke *f* • **exterminate gnats** Stechmücken ausrotten
gnathalgia Gnathalgie *f*, Kieferschmerz *m*, Kieferneuralgie *f*, Gnathodynie *f*
gnathic Kiefer...
gnathic cyst Kieferzyste *f*
gnathic index gnathischer Index *m*, Kieferindex *m*
gnathic tumour Kiefertumor *m*, Kiefergeschwulst *f*
gnathion Gnathion *n (anthropologischer Messpunkt)*
gnathitis 1. Kieferentzündung *f*; 2. Wangenentzündung *f*
gnathocephalus *(Terat)* Gnathocephalus *m (Missgeburt)*
gnathodynamics Gnathodynamik *f*
gnathodynamometer Kaukraftmesser *m*, Okklusometer *n*
gnathodynia *s.* gnathalgia
gnathogenous gnathogen, vom Kiefer ausgehend
gnathography Gnathographie *f (Aufzeichnung der Kaubewegungen)*
gnathologic(al) gnathologisch; Gnathologie...
gnathology Gnathologie *f*, Gebissfunktionslehre *f*
gnathopalatoschisis Gnathopalatoschisis *f*, Kiefer-Gaumen-Spalte *f*
gnathoplasty 1. Gnathoplastik *f*, Kieferplastik *f*, (operative) Kieferrekonstruktion *f*; 2. Wangenplastik *f*, plastische Wangenoperation *f*
gnathoschisis Gnathoschisis *f*, Kieferspalte *f*, Spaltkiefer *m*
gnathosonics Gnathosonie *f*
gnathostat Gnathostat *m*
gnathostatic cast Kieferabguss *m*
gnathostatics Gnathostatik *f*
Gnathostoma spinigerum Gnathostoma *n* spinigerum
gnathostomiasis *(Inf)* Gnathostomiasis *f*, Gnathostoma-spinigerum-Infektion *f*
Gnathostomum Gnathostomum *n*
gnawing pain nagender Schmerz *m*, quälender [zermürbender] Schmerz *m*
gnosia *s.* gnosis
gnosis Gnosis *f*, Erkenntnis *f*
gnostic gnostisch, erkennend; Gnosis...
gnotobiology Gnotobiologie *f*
gnotobiote gnotobioter Organismus *m*, Gnotobiote(r) *m*, Gnotobiont *m*
gnotobiotic gnotobiotisch, keimfrei; mit definierter mikrobieller Flora
gnotobiotics Gnotobiose *f*
gnotophoresis Gnotophorese *f*
gnotophoric gnotophor; Gnotophorese...
go *v* **on crutches** an [auf] Krücken gehen, mit Krücken laufen
goal-oriented movement zielorientierte Bewegung *f (willkürliche Bewegung)*
goat leap pulse *(Kard)* Pulsus *m* capricans, Bocksprungpuls *m*
goat's-milk anaemia Ziegenmilchanämie *f*
goblet cell *(Histol)* Becherzelle *f*
goggle 1. Augenschutzschild *n*, Augenschutz *m*; 2. *s.* goggles
goggles Augenschutzbrille *f*, Schutzbrille *f*
goiter *s.* goitre
goitre Struma *f*, Kropf *m*, Schilddrüsenvergrößerung *f*
goitre heart (toxisches) Kropfherz *n*
goitre operation Strumaoperation *f*
goitrogen strumigene [strumaauslösende] Substanz *f*
goitrogenic strumigen, strumaauslösend, kropfbildend
goitrogenic glycoside strumigenes Glykosid *n*
goitrogenicity strumigene Veranlagung *f*, Neigung *f* zur Kropfbildung, Kropfveranlagung *f*
goitrogenous *s.* goitrogenic
goitrous strumös; Struma..., Kropf...
gold Gold *n*, Aurum *n*, Au
gold alloy casting Goldlegierungsguss *m*, Goldlegierungsgussstück *n*
gold amalgam Goldamalgam *n*
gold cast Goldguss *m*
gold cast inlay Goldgussinlay *n*, Goldguss-Inlay *n*
gold clasp wire Goldklammerdraht *m*
gold collar crown Goldringkrone *f*
gold compound goldhaltiges Präparat *n* [Medikament *n*]
gold core Goldkern *m*
gold denture Goldprothese *f*
gold finishing Goldfinieren *n*
gold foil Goldfolie *f*
gold-foil filling Goldfolienfüllung *f*, Goldhämmerfüllung *f*
gold-foil plugger Goldfolienstopfer *m*
gold inlay *(Stom)* Gold-Inlay *n*
gold-palladium alloy Gold-Palladium-Legierung *f*
gold-platinum alloy Gold-Platin-Legierung *f*
gold plugger Goldstopfer *m*
gold polisher Poldpolierer *m*, Goldpolierinstrument *n*
gold-silver alloy Gold-Silber-Legierung *f*
gold sodium thiomalate Goldnatriumthiomalat *n (Antirheumatikum)*
gold standard Goldstandard *m (beste Methode; beste Therapie)*
gold therapy Goldtherapie *f*, Goldbehandlung *f*
Goldberger limb lead Goldberger'sche (EKG-)Ableitung *f*
Goldberg's syndrome Goldberg-Syndrom *n*, Galaktosialidose *f*
golden disease Ileitis *f* follicularis, nicht stenosierende Ileitis *f (durch Yersinia pseudotuberculosis)*
Goldenhar's syndrome Goldenhar-Syndrom *n*, okuloaurikuläres Syndrom *n*, okuloaurikulovertebrale Dysplasie *f*
Goldflam's disease *(Neur)* (Erb-)Goldflam'sche Krankheit *f*, Myasthenie *f*, Myasthenia *f* gravis pseudoparalytica *(Krankheit mit gesteigerter Ermüdbarkeit der quer gestreiften Muskulatur)*

Goldman(-Hodgkin-Katz)-equation Goldman(-Hodgkin-Katz)-Gleichung *f*
Goldmann's applanation tonometer *(Ophth)* Goldmann-Applanationstonometer *n*
Goldscheider's disease *(Derm)* Epidermolysis *f* bullosa
Goldscheider's percussion Goldscheider-Perkussion *f*, Schwellenwertperkussion *f*
Goldscheider's test Goldscheider-Test *m*, Goldscheider'scher Test *m*
Goldstein's disease Goldstein'sche Krankheit *f*, hereditäre hämorrhagische Teleangiektasie *f*
Goldstein's toe sign Goldstein-Zehenzeichen *n*
Goldthwait's sign Goldthwait-Zeichen *n*
golfer's elbow Golfer-Ellenbogen *m*
Golgi apparatus [body] *(Histol)* Golgi-Apparat *m*, Apparato *m* reticulare interno, Trophospongium *n*
Golgi cells Golgi-Zellen *fpl (Körnerzellen im Stratum granulosum der Kleinhirnrinde)*
Golgi complex *s.* Golgi apparatus
Golgi corpuscle Golgi-Korpuskel *f*, Golgi-Körperchen *n*, Golgi-Rezeptor *m*, Sehnenspindel *f*
Golgi element *s.* Golgi apparatus
Golgi internal reticulum Golgi-Binnennetz *n*
Golgi-Mazzoni corpuscles Golgi-Mazzoni-Körperchen *npl*
Golgi membranes *s.* Golgi apparatus
Golgi network *s.* Golgi apparatus
Golgi osmiochromate fixative Golgi-Osmiumchromat-Fixativ *n*, Golgi-Reagens *n*
Golgi stain Golgi-Färbung *f (zur Darstellung von Ganglienzellen)*
Golgi substance *s.* Golgi apparatus
Golgi tendon organ Golgi'scher Sehnenrezeptor *m*, Sehnenspindel *f (Muskelsinnesorgan)*
Golgi type I neuron Golgi-Neuron *n* Typ I
Golgi type II neuron Golgi-Neuron *n* Typ II
Golgi zone Golgi-Zone *f*, Golgi-Feld *n*
golgiokinesis Golgiokinese *f (Teilung des Golgi-Apparates in der Mitose)*
Goll's column Goll'scher Strang *m*, Goll-Strang *m*, Fasciculus *m* gracilis medullae spinalis
Goll's nucleus Nucleus *m* gracilis
Goll's tract *s.* Goll's column
Goltz-Gorlin syndrome Goltz-Gorlin-Syndrom *n*, fokale dermale Hypoplasie *f*
Gombault-Philippe triangle Gombault-Philippe-Dreieck *n (dreieckiges Feld im Conus medullaris)*
Gombault's degeneration Gombault'sche Degeneration *f (Déjérine-Sottas-Typ der neuralen Muskelatrophie)*
Gombault's neuritis *s.* Gombault's degeneration
Gombault's triangle *s.* Gombault-Philippe triangle
Gomori's chrome alum haematoxylin-phloxine stain Gomori'sche Chrom-Aluminium-Hämatoxilin-Phloxin-Färbung *f (zur Darstellung von Zytoplasmagranula)*
Gomori's nonspecific alkaline phosphatase stain Gomori'sche unspezifische alkalische-Phosphatase-Färbung *f*
Gomori's one-step trichrome stain Gomori'sche Einstufen-Trichrom-Färbung *f*
Gomori's silver impregnation Gomori'sche Silberimprägnation *f (Schwärzung von Retikulumfasern)*
Gomori's silver impregnation stain *s.* Gomori's silver impregantion
gomphiasis Gomphiasis *f*, Zahnlockerung *f*, Losewerden *n* der Zähne
gomphosis Gomphose *f*, Einkeilung *f*, Einzapfung *f (z. B. der Zähne)*
gonacratia Spermatorrhoe(a) *f*, Spermatorrhö(e) *f*, Samenfluss *m*
gonad Gonade *f*, Geschlechtsdrüse *f*, Keimdrüse *f*, Keimstock *m*
gonadal gonadal; Gonaden..., Keimdrüsen..., Geschlechtsdrüsen...
gonadal agenesia Gonadenagenesie *f*
gonadal aplasia *s.* gonadal dysgenesia
gonadal dose *(Rad)* Gonadendosis *f*, Gonadenbelastung *f*
gonadal dysgenesia Gonadendysgenesie *f*, Gonadendysgenesie-Syndrom *n*, Gonadenhypoplasie *f*, Gonadenaplasie *f*, Agonadismus *m*
gonadal fold Gonadenfalte *f*, Genitalfalte *f*
gonadal hypoplasia *s.* gonadal dysgenesia
gonadal protection *(Rad)* Gonadenschutz *m*
gonadal protector Gonadenschutzkapsel *f*
gonadal ridge *(Embr)* Gonadenleiste *f*, Keimdrüsenleiste *f*
gonadal shield Gonadenschutzschild *n*, Gonadenschutz *m*
gonadal tumour Gonadentumor *m*, Keimdrüsengeschwulst *f*
gonadal vessel Keimdrüsen(blut)gefäß *n*
gonadarche Gonadarche *f*, Beginn *m* der Gonadenfunktion
gonadectomize *v* eine Gonadektomie durchführen, die Gonaden [Keimdrüsen] entfernen
gonadectomy Gonadektomie *f*, (operative) Keimdrüsenentfernung *f*
gonadoblastoma Gonadoblastom *n (Geschwulst)*
gonadocrin Gonadokrin *n (Peptid)*
gonadogenesis Gonadogenese *f*, Gonadenentwicklung *f*
gonadoinhibitory gonadoinhibitorisch, die Gonadenfunktion hemmend
gonadokinetic
gonadoliberin Gonadoliberin *n*
gonadopathy Gonadopathie *f*, Gonadenerkrankung *f*
gonadorelin Gonadorelin *n (gonadotropinfreisetzendes Hormon)*
gonadorelin hydrochloride Gonadorelinhydrochlorid *n*
gonadotherapy Keimdrüsenextraktbehandlung *f*, Geschlechtshormontherapie *f*
gonadotrope gonadotrop, auf die Gonadenfunktion wirkend
gonadotroph gronadotrophe Zelle *f (der Adenohypophyse)*
gonadotrophic *s.* gonadotropic
gonadotrophin *s.* gonadotropin
gonadotropic gonadotrop, keimdrüsenstimulierend, auf die Gonaden wirkend
gonadotropic hormone *s.* gonadotropin
gonadotropic substance *s.* gonadotropin
gonadotropin Gonadotropin *n*, gonadotropes [keimdrüsenstimulierendes] Hormon *n*
gonadotropin excretion Gonadotropinausschüttung *f*, Gonadotropinfreisetzung *f*, Gonadotropinausscheidung *f*
gonadotropin-releasing hormone Gonadoliberin *n*, Gonadotropin-Freisetzungshormon *n*
gonadotropin test Gonadotropintest *m*
gonaduct *s.* 1. seminal duct; 2. uterine tube
gonagra Gonagra *n*, Gicht *f* am Knie
gonalgia Gonalgie *f*, Knieschmerz *m*
gonarthritis Gonarthritis *f*, Gonitis *f*, Kniegelenk(s)entzündung *f*
gonarthrocace Gonarthrokaze *f*, Kniegelenk(s)tuberkulose *f*
gonarthromeningitis Gonarthromeningitis *f (Entzündung der Synovialmembran des Kniegelenkes)*
gonarthrosis Gonarthrose *f*, Kniegelenk(s)arthrose *f*
gonarthrotomy Gonarthrotomie *f*, (operative) Kniegelenk(s)eröffnung *f*
gonatocele Knie(gelenk)tumor *m*
gonecyst Samenblase *f*, Glandula *f* vesiculosa
gonecystic Samenblasen...

gonecystis *s.* gonecyst
gonecystitis Samenblasenentzündung *f*
gonecystolith Samenblasenstein *m*
gonecystopyosis Samenblaseneiterung *f*, Samenblasensuppuration *f*
goneitis Kniegelenkentzündung *f*, Gonitis *f*
gonepoiesis Samenbildung *f*, Samenproduktion *f*
gonepoietic samenbildend; Samenbildungs...
Gongylonema pulchrum Gongylonema *n* pulchrum
gongylonemiasis *(Paras)* Gongylonemiasis *f*, Gongylonemainfektion *f*
gonial Gonion...
gonial angle Kiefer(gelenk)winkel *m*
goniocheiloschisis Goniocheiloschisis *f*, quere Gesichtsspalte *f*
goniocraniometry Goniokraniometrie *f*, Schädelwinkelmessung *f*
goniodysgenesis Goniodysgenese *f*, Augenkammerwinkelfehlbildung *f*
goniometer Goniometer *n*, Winkelmesser *m*
goniometry Goniometrie *f*
gonion Gonion *n (anthropologischer Messpunkt)*
goniophotography Goniofotografie *f*, Kammerwinkelfotografie *f*
goniopuncture Goniopunktion *f*, Augenkammerwinkelstichelung *f (bei Glaukom)*
gonioscope Gonioskop *n*, Augenkammerwinkelspiegel *m*
gonioscopic gonioskopisch
gonioscopy Gonioskopie *f*, Augenkammerwinkelspiegelung *f*
goniosynechia Goniosynechie *f*, Augenkammerwinkelverwachsung *f*
goniotomy Goniotomie *f*, Augenkammerwinkelschnitt *m*
goniotomy knife Goniotomiemesser *n*
goniotrabeculotomy Goniotrabekulotomie *f*
goniotrephination *s.* goniopuncture
gonitis *s.* gonarthritis
gonoblast Gonoblast *m*, Keimzelle *f*
gonoblennorrhoea 1. Gonoblennorrhoe *f*, Augentripper *m*, Conjunctivitis *f* gonorrhoica, Blennorrhoea *f* neonatorum; 2. *s.* gonorrhoea
gonocampsis *s.* gonyocampsis
gonocele Gonozele *f*, Samenbruch *m*, Spermatozele *f*
gonochorism Gonochorismus *m*, Geschlechtstrennung *f*, Geschlechtsdifferenzierung *f*
gonococcaemia Gonokokkämie *f*, Gonokokkensepsis *f*, Vorhandensein *n* von Gonokokken im Blut
gonococcal Gonokokken...
gonococcal antigen Gonokokkenantigen *n*
gonococcal arthritis Gonokokkenarthritis *f*, Reiter'sches Syndrom *n*, Kniegelenkentzündung *f* bei Gonorrhö(e)
gonococcal bartholinitis Gonokokkenbartholinitis *f*, Bartholinitis *f* gonorrhoica
gonococcal bursitis Gonokokkenbursitis *f*, Bursitis *f* gonorrhoica
gonococcal capsule Gonokokkenkapsel *f*
gonococcal complement fixation test *(Lab)* Gonokokken-Komplement-Fixationstest *m*
gonococcal conjunctivitis *s.* gonoblennorrhoea 1.
gonococcal endocarditis Gonokokkenendokarditis *f*, Endocarditis *f* gonorrhoica
gonococcal joint infection Gonokokkengelenkinfektion *f*
gonococcal meningitis Gonokokkenmeningitis *f*, Meningitis *f* gonorrhoica
gonococcal ophthalmia *s.* gonoblennorrhoea 1.
gonococcal pyomyositis Gonokokkenpyomyositis *f*
gonococcal salpingitis Gonokokkensalpingitis *f*, Eileitergonorrhö(e) *f*, Salpingitis *f* gonorrhoica
gonococcal urethral stricture gonokokkenbedingte Harnröhrenstriktur *f*, gonorrhoische Harnröhrenvereng(er)ung *f*
gonococcal urethritis Gonokokkenurethritis *f*, Harnröhrengonorrhö(e) *f*, Harnröhrentripper *m*, Urethritis *f* gonorrhoica
gonococcal vaginitis Gonokokkenvaginitis *f*, Scheidengonorrhö(e) *f*, Vaginitis *f* [Vulvovaginitis *f*] gonorrhoica
gonococcal vesiculitis Gonokokkenvesikulitis *f*, Samenblasengonorrhö(e) *f*, Spermatozystitis *f* gonorrhoica
gonococcal vulvovaginitis Gonokokkenvulvovaginitis *f*, Vulvovaginitis *f* gonorrhoica
gonococci *pl s.* gonococcus
gonococcic *s.* gonococcal
gonococcide gonokokkentötend
gonococcide (agent) gonokokken(ab)tötendes Mittel *n*
gonococcocide *s.* gonococcide
gonococcus Gonococcus *m*, Gonokokke *f*, Gonorrhoeerreger *m*, Erreger *m* der Gonorrhö(e), Neisseria *f* gonorrhoeae
gonocyte Keimzelle *f*
gonodeviation *(Lab)* Gonoreaktion *f*, Gonokokkenantikörper-Komplementbindungsreaktion *f*
gonomery *(Gen)* Gonomerie *f (unvollständige Verschmelzung von männlichen und weiblichen Chromosomen)*
gononephrotome *(Embr)* Gononephrotom *n*
gono-opsonin Gonoopsonin *n (Gonokokkenopsonin)*
gonophage Gonophage *m*, gonozider Bakteriohage *m*
gonophore Gonophore *f*
gonorrhoea Gonorrhoe(a) *f*, Gonorrhö(e) *f*, GO, Tripper *m*, Neisserieninfektion *f (durch Neisseria gonorrhoeae)*
gonorrhoea of the pregnant Schwangerengonorrhö(e) *f*
gonorrhoeal gonorrhoisch; Gonorrhö(e)..., Tripper...
gonorrhoeal adnexitis Adnexitis *f* gonorrhoica, Gonokokkenadnexitis *f*
gonorrhoeal arthritis Arthritis *f* gonorrhoica, gonorrhoische Arthritis *f*
gonorrhoeal conjunctivitis Conjunctivitis *f* gonorrhoica, Gonoblennorrhö(e) *f*, Augentripper *m*
gonorrhoeal conjunctivitis of the newborn Ophthalmia *f* [Blennorhoea *f*] neonatorum, Neugeborenen(gono)blennorrhoe *f*, Neugeborenenaugentripper *m*
gonorrhoeal endometritis Endometritis *f* gonorrhoica [specifica], Gonokokkenendometritis *f*, Gebärmuttertripper *m*
gonorrhoeal ophthalmia *s.* gonorrhoeal conjunctivitis
gonorrhoeal parakeratosis Keratosis *f* blennorrhagica
gonorrhoeal proctitis Proctitis *f* gonorrhoica
gonorrhoeal prostatitis Prostatitis *f* gonorrhoica
gonorrhoeal salpingitis Salpingitis *f* gonorrhoica
gonorrhoeal thread Tripperfaden *m*
gonorrhoeal urethritis Urethritis *f* gonorrhoica
gonorrhoeic *s.* gonorrhoeal
gonosome Gonosom *n*, Geschlechtschromosom *n*
gonotome *(Embr)* Gonotom *n*
gonotoxaemia Gonotoxämie *f*, Gonokokkensepsis *f (Vorhandensein von Gonokokken und Gonokokkentoxinen im Blut)*
gonotoxin Gonotoxin *n*, Gonokokkentoxin *n*
gonycampsis Gonyokampsis *f*, Kniegelenks(beuge)verkrümmung *f*, Kniegelenkankylose *f*
gonycrotesis *(Orth)* Genu *n* valgum, X-Bein *n*
gonyectyposis *(Orth)* Genu *n* varum, O-Bein *n*, Säbelbein *n*
gonyocele 1. Gonyozele *f*, Kniegelenksynovitis *f*; 2. Kniegelenktuberkulose *f*, Gonarthritis *f* tuberculosa, tuberkulöse Kniegelenkentzündung *f*
gonyoncus Gonyonkus *m*, Knie(gelenks)schwellung *f*

good degree of nourishment guter Ernährungszustand *m*, guter EZ *m*
good faith and fair dealing "nach bestem Wissen und Gewissen"
good general condition guter Allgemeinzustand *m*
good heart starkes [kräftiges] Herz *n*, gesundes Herz *n*
good-risk patient Patient *m* mit geringem Risiko; normaler Patient *m*
Good Samaritan legislation *(For)* Haftungsfreistellung *f* bei Notfallbehandlung
good spirits gute Laune *f*, gute Stimmung *f* • **be in good spirits** *(Psych)* in guter Laune sein, gut gelaunt sein
Goodman's syndrome Goodman-Syndrom *n*, Goodman'sches Syndrom *n*, Akrozephalopolysyndaktylie *f* Typ IV
Goodpasture's stain Goodpasture-Färbung *f (zum Peroxidase-Nachweis)*
Goodpasture's syndrome Goodpasture-Syndrom *n (hämorrhagisches Lungeninfiltrat mit progressiver Glomerulonephritis)*
Good's syndrome Good-Syndrom *n*, Good'sches Syndrom *n (Agammaglobulinämie mit Thymom)*
Goormaghtigh's cells Goormaghtigh'sche Zellen *fpl*, juxtaglomeruläre Zellen *fpl*
goose-flesh Cutis *f* anserina, Gänsehaut *f*
goose-neck radial (artery) Gänsegurgelradialarterie *f (durch Arteriosklerose)*
goose pimples *s.* goose-flesh
goose-skin *s.* goose-flesh
goose's foot *(Orth)* Pes *m* anserinus, Gänsefuß *m*
Gopalan's syndrome Gopalan-Syndrom *n*, Gopalan'sches Syndrom *n*, Syndrom *n* der brennenden Füße *(bei Pyridoxin- und Pantothensäuremangel)*
Gordan-Overstreet syndrome Gordan-Overstreet-Syndrom *n*, Gonadendysgenesie *f* mit Virilisierung
Gordon's elementary body Gordon'sches Elementarkörperchen *n*
Gordon's encephalopathic agent *s.* Gordon's elementary body
Gordon's reflex Gordon-Reflex *m*
Gordon's sign Gordon'sches Zehenzeichen *n (Pyramidenbahnsymptom)*
Gordon's syndrome Gordon-Syndrom *n*, exsudative Enteropathie *f*
Gordon's test Gordon-Test *m*, Polyvinylpyrrolidontest *m (bei exsudativer Enteropathie)*
Gorham's disease Gorham'sche Krankheit *f*, Gorham'sche Osteophthise *f (umschriebene Knochensubstanzauflösung)*
Gorlin formula Gorlin-Formel *f*
Gorlin-Goltz syndrome Gorlin-Goltz-Syndrom *n*, Goltz-Gorlin-Syndrom *n*
Gorlin's sign Gorlin'sches Zeichen *n*
Gorlin's syndrome Gorlin-Syndrom *n*, Basalzellnävussyndrom *n*
Gorman's syndrome Gorman-Syndrom *n (Hämangiomatose des Skelettsystems)*
Gosslin's fracture Gosslin-Fraktur *f (v-förmige distale Tibiafraktur mit Sprunggelenkbeteiligung)*
GOT *s.* glutamic-oxalacetic transaminase
gothic palate gothischer Gaumen *m*, Steilgaumen *m*
Gottron's papules Gottron'sche Papeln *fpl*
Gottron's sign Gottron-Zeichen *n*, Gottron'sches Zeichen *n*
Gottron's syndrome 1. Gottron-Syndrom *n*, familiäre Akrogerie *f*; 2. Gottron-Syndrom *n*, Erythrokeratodermia *f* congenita progressiva symmetrica
Gottstein-Heller operation Gottstein-Heller-Operation *f*, Heller'sche Operation *f*, Kardiomyotomie *f*
gouge *(Chir)* Hohlmeißel *m*
Gougerot-Blum disease [syndrome] Gougerot-Blum'sche Krankheit *f*, Dermatitis *f* lichenoides purpurea et pigmentosa, Purpura *f* pigmentosa progressiva
Gougerot-Carteaud syndrome Gougerot-Carteaud-Syndrom *n*, Papillomatosis *f* confluens et reticularis
Gougerot-Nulock-Houwer syndrome *s.* Gougerot-Sjögren syndrome
Gougerot-Sjögren syndrome *(Neur, Ophth)* (Gougerot-Houwer-)Sjögren-Syndrom *n*
Gouley's catheter Gouley-Katheter *m*
Gouley's dilatator Gouley'scher Dilatator *m*, Harnröhrendehnsonde *f*
goundou *(Trop)* Goundou *n (Hyperostose der Nasenknochen bei Frambösie)*
gout Gicht *f* • **be troubled with gout** an Gicht leiden, von der Gicht geplagt werden
gout diet Gichtdiät *f*, purinfreie Kost *f*
gouty 1. *(Path)* gichtkrank, gichtig, Gicht...; 2. *(Path)* zur Gicht neigend; 3. *(Path)* Gicht verursachend
gouty arthritis Gichtarthritis *f*
gouty kidney *(Path)* Gichtniere *f*
gouty nephropathy Gichtnephropathie *f*
gouty node Gichtknoten *m*
gouty pearl Gichtperle *f*
Gowers' column *(Anat)* Gowers'sche Bahn *f*, Gowers-Bahn *f*, vordere Kleinhirnseitenstrangbahn *f*, Gowers'sches Bündel *n*, Gowers-Bündel *n*, Tractus *m* spinocerebellaris anterior
Gowers' contraction Gowers'sche Kontraktion *f*, Gowers-Reflex *m (Kontraktion der Wadenmuskulatur beim Beklopfen der Tibia)*
Gowers' disease Gowers-Krankheit *f*, saltatorischer Spasmus *m*, Spasmus *m* saltatorius
Gowers' fasciculus *s.* Gowers' column
Gowers' muscular dystrophy Gowers'sche distale Muskeldystrophie *f*
Gowers' sign *(Neur)* Gowers'sches Zeichen *n* [Tabeszeichen *n*], paradoxe Pupillenreaktion *f*
Gowers' syndrome Gowers-Syndrom *n*, vasovagaler Anfall *m*
Gowers' tract *s.* Gowers' column
gown Operationskittel *m*, Kittel *m*
GPT *s.* glutamic-pyruvic transaminase
Graafian follicle Graaf'scher Follikel *m*, Graaf-Follikel *m*, Folliculus *m* oophorus vesiculosus, Bläschenfollikel *m*, Tertiärfollikel *m*
Graafian vesicle *s.* Graafian follicle
gracile grazil, fein
gracilis muscle Musculus *m* gracilis, Schlankmuskel *m*
gracilis nucleus Nucleus *m* gracilis
gradation of activity Abstufung *f* der Aktivitäten
grade 1 astrocytoma *(Path)* Astrozytom *n*
grade 2 astrocytoma *(Path)* Astroblastoma *n*
grade 3 astrocytoma *(Path)* Glioblastoma *n* multiforme
graded exercise test abgestufter Belastungstest *m*
Gradenigo's syndrome Gradenigo-Syndrom *n*
gradient Gradient *m*
gradient amplitude Gradientenamplitude *f*
gradient application Gradientenanwendung *f*
gradient calibration Gradientenkalibrierung *f*, Gradienteneichung *f*
gradient echo Gradientenecho *n*
gradient elution Gradientenelution *f (chromatographische Stoffauftrennung)*
gradient field strength Gradientenfeldstärke *f*
gradient gel electrophoresis Gradienten-Gel-Elektrophorese *f*
gradient magnetic field Gradientenmagnetfeld *n (bei MRT)*

gradient motion Gradientenbewegung *f*, Gradientenwanderung *f*
gradient plate technique Gradienten-Plattentechnik *f* *(zur Bakterienisolierung)*
gradient position Gradientenposition *f*, Gradientenlage *f*
gradient refocusing Gradientenrefokussierung *f*
gradient reversal Gradientenumkehr *f*
gradient spin echo Gradientenspinecho *n*
gradient system Gradientensystem *n*
grading Gradeinteilung *f*, Stadieneinteilung *f (z. B. von Tumoren)*
grading of consciousness Bewusstseinseinstufung *f*
graduate 1. Messbecher *m*; 2. *s.* graduate nurse
graduate medical education berufliche Weiterbildung *f*, fachliche Fortbildung *f*
graduate nurse examinierte Krankenschwester *f*, Vollschwester *f*
graduated active hypnosis gestufte Aktivhypnose *f*
graduated bath absteigendes Bad *n (mit Temperaturabsenkung)*
graduated glass Messglas *n*
graduated measure *(Lab)* Messbecher *m*, Mensur *f*
graduated muscular contractions abgestufte Muskelkontraktionen *fpl*
graduated resistance exercise abgestufte Widerstandsübung *f*, progressive Widerstandsübung *f*
graduation mark Messlinie *f*, Markierung *f*, Teilstrich *m*
Graefe's disease *s.* Graefe's syndrome
Graefe's forceps Graefe'sche Pinzette *f*
Graefe's knife Graefe'sches Kataraktmesser *n*
Graefe's operation Graefe'sche Operation *f (1. extrakapsuläre Linsenextraktion; 2. transkonjunktivale Tenotomie zur Schielkorrektur)*
Graefe's sign Graefe'sches Zeichen *n* [Augenlidzeichen *n*], Graefe-Zeichen *n (z. B. bei Hyperthyreose)*
Graefe's spots Graefe'sche Flecken *mpl (am Foramen supraorbitale)*
Graefe's syndrome Graefe'sches Syndrom *n*, Graefe-Syndrom *n*, obere Bulbärparalyse *f*, Ophthalmoplegia *f* externa chronica progressiva
graft *v* transplantieren, Gewebe verpflanzen [überpflanzen, übertragen]
graft 1. Transplantat *n*, verpflanztes [überpflanztes] Gewebe *n*; 2. *s.* grafting
graft bed Transplantatbett *n*
graft facilitation Erleichterung *f* des Transplantüberlebens *(durch immunologische Vorbehandlung des Empfängers)*
graft rejection Transplantatabstoßung *f*
graft-versus-host disease Graft-versus-host-Krankheit *f*
graft-versus-host reaction Transplantat-Empfänger-Reaktion *f*
grafted hebephrenia *(Neur)* Pfropfhebephrenie *f*
grafted schizophrenia *(Neur)* Pfropfschizophrenie *f*
grafted tissue transplantiertes Gewebe *n*, Gewebetransplantat *n*
grafting Transplantation *f*, Gewebeverpflanzung *f*, Gewebeübertragung *f (siehe auch unter: transplantation)*
grafting technique Transplantationstechnik *f*
Graham-Little syndrome Graham-Little-Syndrom *n*, atrophisierende Alopezie *f*
Graham-Steell murmur *(Kard)* Graham-Steell'sches Geräusch *n*, Graham-Steell-Geräusch *n*, Pulmonalis-Insuffizienz-Geräusch *n* bei Mitralstenose
Graham's reaction Graham-Reaktion *f (zum Nachweis von Peroxidasen in Blutzellen)*
grain 1. Korn *n*, Sandkorn *n*, Sandkörnchen *n*; 2. Granum *n (Gewichtseinheit; 0,064799 g)*
grain itch Getreidemilbeninfestation *f*, Getreidemilbenausschlag *m*
grain itch mite Getreidemilbe *f*, Pyemotes *m* [Pediculoides *m*] ventricosus
grain size Korngröße *f*
grainage Grain-Gewicht *n*, Gewichtsberechnung *f* in Grain
grainy körnig, gekörnt
grainy image körniges Bild *n*
grainy structure körnige Struktur *f*
gram Gramm *n*, g, gm
gram-equivalent weight Gramäquivalentgewicht *n*, Grammäquivalent *n*, Äquivalent *n*, Äq, Val *n*, val
gram-molecular weight Grammolekulargewicht *n*, Molekulargewicht *n*, Molekülmasse *f*, molare Masse *n*, Gramm-Molekül *n*, Grammol *n*, Mol *n*
Gram-negative *(Bakt, Lab)* Gram-negativ
Gram-positive Gram-positiv
Gram-stained Gram-gefärbt
Gram-variable Gram-variabel
gramicidin Gramicidin *n (Antibiotikum)*
Gram's method (of staining) *s.* Gram's staining method
Gram's stain 1. Gram-Färbung *f*, Bakterienfärbung *f* nach Gram *(Zustand)*; 2. *s.* Gram's staining method
Gram's staining method Gram-Färbung *f*, Bakterienfärbeverfahren *n* nach Gram
Gram's technique *s.* Gram's staining method
grand mal epilepsy Grand-mal-Epilepsie *f*
grand mal seizure großer Epilepsieanfall *m*, generalisierter Anfall *m*
grand multipara Multipara *f* mit mehr als sechs Geburten
grand rounds große Runde *f*, Fallkonferenz *f*
grandfather complex *(Neur)* Großvaterkomplex *m*
grandiose self *(Neur)* grandioses Selbst *n*, Größenselbst *n*
Granger line *(Rad)* Granger-Linie *f (bei Schädelaufnahmen)*
Granger sign Granger-Zeichen *n (bei Zerstörung des Mastoids sichtbare Wand des Sinus lateralis)*
granisetron Granisetron *n (Antiemetikum)*
granny(s) knot *(Chir)* Altweiberknoten *m*
granoplasm granuliertes Protoplasma *n*
granula 1. *(Pharm)* kleine Pille *f*, Pillula *f*; 2. Granula *f*, Körnchen *n*
granular granulär, granulös, körnig, gekörnt
granular atrophy Granularatrophie *f*, körnige Nierenatrophie *f*
granular cast granulärer Zylinder *m*, Granulozytenzylinder *m*
granular cell Körnerzelle *f*
granular-cell carcinoma Körnerzellenkarzinom *n*
granular-cell cystadenoma Körnerzellenzystadenom *n*
granular-cell layer Körnerzell(en)schicht *f*, Stratum *n* granulosum
granular-cell layer of the cerebellum Stratum *n* granulosum cerebelli, Kleinhirnkörnerzellenschicht *f*
granular-cell layer of the epidermis Stratum *n* granulosum epidermidis, Hautkörnerzellenschicht *f*
granular-cell layer of the vesicular ovarian follicle Stratum *n* granulosum folliculi ovarici vesiculosi
granular-cell myoblastoma Granularzellmyoblastom *n*, granuläres Neurom *n*, Granularzelltumor *m*, Schaumzelltumor *m*, Abrikosow-Tumor *m*
granular-cell myosarcoma Körnerzellenmyosarkom *n*
granular-cell neurofibroma Körnerzellenneurofibrom *n*
granular-cell schwannoma *s.* granular-cell myoblastoma
granular conjunctivitis *(Trop)* Trachom *n*, ägyptische Augenkrankheit *f* [Körnerkrankheit *f*], Conjunctivitis *f* granulosa [trachomatosa]
granular cytoplasm *(Histol)* Körnerzytoplasma *n*

granular endoplasmatic reticulum granuläres endoplasmatisches Retikulum *n*
granular foveolas Foveolae *fpl* granulares
granular induration granuläre Induration *f*
granular kidney *s.* gouty kidney
granular layer *s.* granular-cell layer
granular leucocyte *s.* granulocyte
granular lids *s.* granular conjunctivitis
granular ophthalmia *s.* granular conjunctivitis
granular pharyngitis Pharyngitis *f* (chronica) granulosa
granular tendovaginitis Sehnenscheidentuberkulose *f*, Tendovaginitis *f* granulosa
granularity Körnigkeit *f*, körniger Zustand *m*
granulating wound granulierende Wunde *f*
granulation 1. Granulation *f*, Körnelung *f (z. B. einer Oberfläche)*; 2. Granulation *f*, Granulationsgewebebildung *f*; 3. Granulation *f*, Granulationsgewebe *n (auf einer Wunde)*; 4. Granulation *f*, Zytoplasmakörnchenbildung *f*
granulation anomaly Granulationsanomalie *f*
granulation tissue Granulationsgewebe *n*
granulation tumour Granulom *n*, Granulationsgewebetumor *m*
granulationes *pl s.* granulation
granule 1. Granulum *n*, Körnchen *n*; 2. Wundgranulum *n*; 3. Zytoplasmagranulum *n*, Zytoplasmakörnchen *n*; 4. *(Pharm)* Granulum *n*, kleine Pille *f*, kleine Tablette *f*
granule cell *s.* granular cell
granuliform körnchenförmig, körnchenartig; Granulum…, Körnchen…
granulitis akute Miliartuberkulose *f*, Tuberculosis *f* miliaris acuta
granuloadipose granuloadipös, fett- und körnchenhaltig
granuloblast Granuloblast *m*, Myeloblast *m*, Knochenmarkkeimzelle *f (Leukozytenvorstufe)*
granuloblastosis Myeloblastose *f*
granulocyte Granulozyt *m (Leukozyt mit Zytoplasmakörnern)*
granulocyte colony-stimulating factor Granulocyte-colony-stimulating-Faktor *m*, G-CSF
granulocyte-macrophage colony-stimulating factor Granulocyte-Macrophage-colony-stimlating-Faktor *m*, GM-CSF
granulocyte migration Granulozytenwanderung *f*
granulocyte transfusion Granulozytentransfusion *f*
granulocytic Granulozyten…
granulocytic differentiation Granulozytendifferenzierung *f*
granulocytic hypoplasia Granulozytenhypoplasie *f*
granulocytic leukaemia Granulozytenleukämie *f*
granulocytic sarcoma Chlorom *n*
granulocytopathy Granulozytopathie *f*, Granulozytenstörung *f*, Granulozytenerkrankung *f*
granulocytopenia Granulozytopenie *f*, Granulozytenmangel *m* im Blut
granulocytopenic Granulozytopenie…, Granulozytenmangel…
granulocytopoiesis Granulo(zyto)poese *f*, Granulozytenbildung *f*, Granulozytendifferenzierung *f*
granulocytopoietic granulozytopoetisch, granulozytenbildend
granulocytosis Granulozytose *f*, Granulozytenvermehrung *f* im Blut
granulofatty *s.* granuloadipose
granuloma Granulom(a) *n*
granuloma of the intestine Ileitis *f* regionalis
granulomatosis Granulomatose *f*, Vorhandensein *n* mehrerer Granulome
granulomatous granulomatös, Granulome enthaltend
granulomatous angiitis [arteriitis] Riesenzellenarteriitis *f*
granulomatous lipophagia granulomatöse Lipophagie *f*, Lipophagia *f* granulomatosis
granulomatous lymphoma Lymphogranulomatose *f*, Morbus *m* Hodgkin, Hodgkin'sche Krankheit *f*
granulomatous thyroiditis *s.* de Quervain's disease 2.
granulomatous tissue granulomatöses Gewebe *n*
granulomere Granulomer *n*, Chromomer *n (zentraler Thrombozytenabschnitt)*
granulopenia *s.* granulocytopenia
granulophthisis Granulophthise *f*, Granulozytenmangel *m* im Blut *(durch Knochenmarkstörung)*
granuloplasm Granuloplasma *n (z. B. einer Amöbe)*
granuloplastic granuloplastisch, Körnchen bildend
granulopoiesis *s.* granulocytopoiesis
granulopoietic Granulozytopoese…, Granulozytenbildungs…
granulopoietin Granulopoietin *n*, Leukopoietin *n*
granulopotent fähig zur Körnchenbildung, granulopotent
granulosa Stratum *n* granulosum folliculi ovarici vesiculosi, Cumulus *m* oophorus
granulosa cell Granulosazelle *f*, (Graaf'sche) Follikelepithelzelle *f*
granulosa-cell carcinoma Granulosazellkarzinom *n*
granulosa-cell tumour Granulosazelltumor *m*
granulosa membrane Granulosamembran *f*, Membrana *f* granulosa *(Eierstockfollikel)*
granulosa-theca cell tumour Granulosa-Thekazelltumor *m*, Theka-Granulosazelltumor *m (feminisierende Ovarialgeschwulst)*
granulose granulös, körnchenhaltig; mit Körnern versehen
granulosis Granulose *f (Ansammlung von Granula)*
granulosity Häufung *f* von Granulationen; Granulationsmasse *f*
granulovacuolar granulovakuolär, Körnchen und Vakuolen enthaltend
grape cell Traubenzelle *f (Plasmazelle)*
graphaesthesia *(Neur)* Graphästhesie *f*
graphanaesthesia *(Neur)* Graphanästhesie *f*, Agraphästhesie *f*
graphic information grafische Information *f*
graphic representation grafische Darstellung *f*
graphitosis Graphitpneumokoniose *f*, Graphitstaublunge(nerkrankung) *f*
graphoanalysis Graphoanalyse *f*, Persönlichkeitsanalyse *f* aus der Handschrift
graphology Graphologie *f*, Handschriftenlehre *f*
graphomania Graphomanie *f*, Schreibsucht *f*, Kritzelsucht *f*
graphomaniac Graphomane *m*, Schreibsüchtige(r) *m*
graphomotor graphomotorisch, die Schreibbewegungen betreffend; Schreibbewegungs…
graphopathologia Graphopathologie *f*
graphophobia Graphophobie *f*, Schreibangst *f*, Schreibfurcht *f*
graphorrhoea Graphorrhoe *f*, endloses Schreiben *n (sinnloser Wörter)*
graphospasm Graphospasmus *m*, Schreibkrampf *m*
grasp *v* **by stitches the bleeding vessel** ein blutendes Gefäß umstechen
grasp(ing) reflex *(Neur)* Greifreflex *m*
grass *s.* cannabis
Grasset-Bychowski sign *s.* Grasset's phenomenon
Grasset-Gaussel-Hoover sign Grasset-Gaussel-Hoover-Zeichen *n*, Zeichen *n* der komplementären Opposition *(Dorsalstreckung des gesunden Beines beim Anheben des gelähmten Beines infolge Pyramidenbahnläsion)*

Grasset-Gaussel phenomenon *s.* Grasset's phenomenon
Grasset's phenomenon Grasset-Phänomen *n*, Grasset-Gaussel-Phänomen *n* *(Unfähigkeit zum Anheben beider Beine bei inkompletter Heniplegie)*
Grasset's sign *s.* Grasset's phenomenon
grasshopper mind sprunghaftes Denken *n*
grating 1. Gitter *n*, Gitterstruktur *f*; 2. Knirschen *n*, Knarren *n*; Krepitation *f*
Gratiolet's optic radiation *(Anat)* Gratiolet'sche Strahlung *f*, (Gratiolet-)Sehstrahlung *f*, Radiatio *f* optica
Gratiolet's radiating fibres *s.* Gratiolet's optic radiation
grattage 1. Anfrischen *n*, Anfrischung *f*, Abkratzen *n* *(z. B. von schlecht heilenden Hautgeschwüren)*; 2. Entfernung *f* von Granulationen *(z. B. bei Trachom)*
grave ernst, ernsthaft; schwer (verlaufend); bedenklich; gefährlich
grave condition ernster [bedenklicher] Zustand *m* *(eines Kranken)*
grave general condition schlechter [ernster] Allgemeinzustand *m*
grave-wax *s.* adipocere
gravel Gries *m*, Harngries *m*
Graves' disease Basedow-Krankheit *f*, Basedow'sche Krankheit *f*, Glotzaugenkrankheit *f*, Morbus *m* Basedow
Graves' ophthalmopathy *s.* Graeves' disease
Graves' orbitopathy *s.* Graeves' disease
gravid gravid, schwanger
gravid uterus Schwangerschaftsuterus *m*
gravida Gravida *f*, Schwangere *f*
gravida I Primigravida *f*, Gravida *f* I, Erstschwangere *f*
gravida II Sekundigravida *f*, Gravida *f* II, Zweitschwangere *f*
gravida macromastia Schwangerschaftsmakromastie *f*, Schwangerschaftsbrustvergrößerung *f*
gravidarum chloasma Schwangerschaftschloasma *n*
gravidic während der Schwangerschaft auftretend; Schwangerschafts...; Schwangeren...
gravidism Schwangerschaftssymptome *npl*, Schwangerschaftssymptomatik *f*
gravidity Gravidität *f*, Schwangerschaft *f* *(Zusammensetzungen siehe unter: gestational und pregnancy)*
gravidness *s.* gravidity
gravidocardiac eine Herzkrankheit in der Schwangerschaft betreffend
gravidopuerperal gravidopuerperal, die Schwangerschaft und das Wochenbett betreffend
gravidum gingivitis Schwangerschaftsgingivitis *f*
gravimeter Gravimeter *n*
gravimetric analysis *s.* gravimetry
gravimetry Gravimetrie *f*, Gewichtsanalyse *f* *(quantitative Analyse von chemischen Niederschlägen)*
gravis neonatorum jaundice Icterus *m* gravis neonatorum, Neugeborenengelbsucht *f*
gravitation Gravitation *f*, Schwerkraft *f*
gravitation(al) abscess Senkungsabszess *m*
gravitational field Gravitationsfeld *n*, Schwerkraftfeld *n*
gravitational force Schwerkraft *f*
gravitometer Gravitometer *n*
gravity-eliminated plane schwerkraftfreie Ebene *f*, schwerelose Bewegungsebene *f*
gravity traction *(Chir)* Schwerkraftextension *f*, Schwerkraftzug *m*
Grawitz's tumour Grawitz-Tumor *m*, hypernephroide Geschwulst *f*, Hypernephrom *n*, hypernephroides Karzinom *n* *(bösartige Nierengeschwulst)*
gray ... *(Am) s.* grey ...
gray Gray *n*, Gy *(SI-Einheit der absorbierten Strahlendosis; 1 Gy entspricht 100 rad)*
grease pencil Fettstift *m*
greasy skin Fetthaut *f*
great auricular nerve Nervus *m* auricularis magnus
great calorie große Kalorie *f*
great cardiac vein große Herzvene *f*, Vena *f* cordis magna
great cerebral vein (of Galen) große Gehirnvene *f*, Vena *f* cerebri magna (Galeni)
great fontanel Fontanella *f* anterior
great saphenous vein große Rosenvene *f*, Vena *f* saphena magna
great toe Großzehe *f*, Großzeh *m*, Hallux *m*, Digitus *m* I pedis
great-toe phenomenon [reflex] Großzehenreflex *m*, Großzehenzeichen *n*
great vessels große Gefäße *npl*
great wing of the sphenoid (bone) großer Keilbeinflügel *m*, Ala *f* major ossis sphenoidalis
greater alar cartilage Cartilago *f* alaris major, großer Nasenflügelknorpel *m*
greater arterial circle of the iris Circulus *m* arteriosus iridis major
greater cavernous nerve of the clitoris Nervus *m* cavernosus clitoridis major
greater cavernous nerve of the penis Nervus *m* cavernosus penis major
greater circulation Körper(blut)kreislauf *m*, Systemkreislauf *m*
greater cornu of the hyoid bone Cornu *n* majus ossis hyoidei
greater curvature of the stomach Curvatura *f* ventriculi major, große Magenkurvatur *f*
greater ischiadic foramen Foramen *n* ischiadicum majus
greater lip Labium *n* majus, große Schamlippe *f*
greater multangular (bone) Os *n* trapezium [multangulum majus], großes Vielecksbein *n*
greater occipital nerve Nervus *m* occipitalis major
greater omentum Omentum *n* majus, großes Netz *n*
greater palatine artery Arteria *f* palatina major, große Gaumenarterie *f*
greater palatine canal Canalis *m* palatinus major
greater palatine foramen Foramen *n* palatinum majus
greater palatine nerve Nervus *m* palatinus major
greater pancreatic artery Arteria *f* pancreatica major
greater petrosal nerve Nervus *m* petrosus major
greater ring of the iris Anulus *m* iridis major
greater saphenous-venous system Saphena-magna-System *n*
greater sciatic foramen Foramen *n* ischiadicum majus
greater sciatic notch Incisura *f* ischiadica major
greater sphenoidal wing *s.* great wing of the sphenoid bone
greater splanchnic nerve Nervus *m* splanchnicus major
greater superficial petrosal nerve Nervus *m* petrosus superficialis major
greater superficial petrosal neuralgia Neuralgie *f* des Nervus petrosus superficialis major
greater trochanter of the femur Trochanter *m* major, großer Rollhügel *m*
greater tubercule of the humerus Tuberculum *n* majus humeri
greater tuberosity of the femur *s.* greater trochanter of the femur
greater tympanic spine Spina *f* tympanica major
greater vestibular gland Bartholin'sche Drüse *f*, Bartholin-Drüse *f*, Glandula *f* vestibularis major
green-blind grünblind
green blindness Grünblindheit *f*, Deuteranopie *f*

green cancer *(Hämat, Path)* Chlorom *n*, Chlorosarkom *n*, Chlorolymphom *n*, Chloromyelom *n*
green-eyed grünäugig
green fluorescent protein grünes fluoreszierendes Protein *n*, GFP
green sickness Chlorose *f*, Bleichsucht *f*, Chloranämie *f*, hypochrome mikrozytäre Anämie *f (bei Mädchen)*; Morbus *m* virgineus
green tobacco sickness Grüner-Tabak-Krankheit *f (Erkrankung durch Hautkontakt mit grünen Tabaksblättern)*
Greenfield filter Greenfield-Filter *m*
Greenfield syndrome *(Neur, Path)* Greenfield-Syndrom *n*, metachromatische Leukodystrophie *f*
Greenfield's disease *s.* Greenfield syndrome
Greenough microscope Greenough-Mikroskop *n*, stereoskopisches Mikroskop *n*
greensick bleichsüchtig
greensickness *s.* chlorosis
greenstick fracture *(Chir)* Grünholzfraktur *f*
gregaloid colony Gregaloid *n*, gregaloide Kolonie *f (Amöbenstadium der Protozoen)*
gregarine Gregarinia *f*
gregarinosis Gregarinose *f*, Gregarinosis *f*
gregarious instinct Herdentrieb *m*, Gesellschaftstrieb *m*
gregariousness *s.* gregarious instinct
Gregg's syndrome Gregg-Syndrom *n*, Gregg'sches Syndrom *n*, Embryopathia *f* rubeolosa, Rötelnembryopathie *f*
Greig's hypertelorism *(Neur, Päd)* Greig'sches Syndrom *n*, Greig-Syndrom *n*, okulärer Hypertelorismus *m*
Greig's syndrome *s.* Greig's hypertelorism
grenz rays Grenzstrahlen *mpl (weiche Röntgenstrahlen)*
grepafloxacin hydrochloride Grepafloxacinhydrochlorid *n*
gression *(Stom)* Rückwärtsverlagerung *f* eines Zahnes
grey baby syndrome *s.* grey syndrome
grey column Columna *f* posterior
grey hepatization *(Path)* graue Hepatisation *f* (der Lunge)
grey-level contrast Graustufenkontrast *m*, Graukontrast *m*
grey matter Substantia *f* grisea, graue Substanz *f*
grey matter of the cerebrum Substantia *f* grisea cerebri
grey matter of the hypothalamus Pars *f* grisea hypothalami
grey matter of the spinal cord Substantia *f* grisea medullae spinalis
grey plate Lamina *f* cinerea
grey reticular substance of the medulla oblongata Substantia *f* reticularis grisea medullae spinalis
grey scale Grau-Skala *f (z. B. bei Sonographie)*
grey-scale display Grauwertdarstellung *f*, Kompressionsamplifikation *f (bei Sonographie)*
grey-scale distribution Graustufenverteilung *f (z. B. bei Sonographie)*
grey-scale image Grauwertbild *n*
grey-scale interpretation Grauwertinterpretation *f*
grey-scale resolution Grauwertauflösung *f*, Grautonauflösung *f*
grey substance *s.* grey matter
grey syndrome Gray-Syndrom *n*, Chloramphenikolintoxikation *f*, Grau-Syndrom *n*
grey tone Grauwert *m*, Grauton *m*
Grey-Turner's sign Grey-Turner-Zeichen *n (bei hämorrhagischer Pankreatitis)*
greyish-white faeces grauweißer [aschefarbener] Stuhl *m*
grid *(Rad)* Raster *n*, Rasterblende *f*, Blende *f*
grid collimator *(Rad)* Rasterkollimator *m*, Rasterblende *f*
grid cut-off *(Rad)* Rasterverschattung *f*
grid distance *(Rad)* Rasterabstand *m*
grid factor *(Rad)* Rasterfaktor *m*; Blendenfaktor *m*
grid irradiation *(Rad)* Rasterbestrahlung *f*
grid radiography *(Rad)* Rasteraufnahme *f*
grid shadow *(Rad)* Rasterschatten *m*
grid size *(Rad)* Rastergröße *f*, Rasterformat *n*
gridiron incision *(Chir)* Wechselschnitt *m*
Gridley's stain for fungi Gridley'sche Pilzfärbung *f*
grief *(Neur)* Trauer *f*, Kummer *m*
grief process *(Neur) s.* grief reaction
grief reaction *(Neur)* Trauerreaktion *f*, Kummerreaktion *f*
Griesinger's disease 1. *(Neur)* (Duchenne-)Griesinger-Krankheit *f*, Dystrophia *f* musculorum progressiva, progressive spinale Muskelatrophie *f*; 2. *(Trop)* ägyptische Krankheit *f*, Ankylostomiasis *f*
Griesinger's sign Griesinger-Zeichen *n (retromastoidales Ödem bei Sinus-transversus-Thrombose)*
Griesinger's symptom *s.* Griesinger's sign
Griffith's sign Griffith'sches Zeichen *n (Hängen des Unterlides beim Blick nach oben)*
grimacing Grimassieren *n*, Grimassenschneiden *n*
grind *v* **off** abschleifen, wegschleifen, zurückschleifen
grinder 1. Schleifer *m*; 2. *s.* molar
grinder's asthma *s.* silicosis
grinder's disease *s.* silicosis
grinding 1. Mahlen *n*, Zermahlen *n*; 2. *(Stom)* Abrieb *m*; Abschliff *m*; Abschleifen *n*, Beschleifen *n*; Formbeschleifung *f*
grinding disk Schleifscheibe *f*
grinding grain Schleifkorn *n*
grinding-in *(Stom)* Einschleifen *n*
grinding machine Schleifmaschine *f*
grinding mark Schleifmarke *f*, Schleifspur *f*
grinding paper Schleifpapier *n*
grinding scratch Schleifkratzer *m*
grinding tooth Molarzahn *m*, Molar *m*, Mahlzahn *m*
grip 1. Griff *m*; 2. *s.* grippe
grip and pinch strength grobe Kraft *f*
gripe *(Gastr)* Kolik *f*, Eingeweidekrampf *m*, Bauchkneifen *n*
griping Kolik verursachend; Kolik...
grippal grippal; Grippe...
grippal enanthema Grippeenanthem *n*
grippal exanthema Grippeexanthem *n*
grippe Grippe *f*, Influenza *f (Zusammensetzungen siehe unter: influenza)*
gripping *s.* gripe
Griscelli syndrome Griscelli-Syndrom *n (Hypopigmentation mit Immunmangelsyndrom)*
Grisel's syndrome *(Päd)* Grisel-Syndrom *n*, Torticollis *m* atlantoepistrophealis
griseofulvin Griseofulvin *n (Antimykotikum)*
griseomycin Griseomycin *n*, Proactinomycin *n* B
gristle Knorpel *m*, Cartilago *f*
Gritti-Stokes amputation *(Orth)* Gritti'sche (Oberschenkel-)Amputation *f*, osteoplastische Oberschenkelamputation *f*, Amputatio *f* femoris supracondylica osteoplastica
Gritti's amputation Gritti-Amputation *f*, Gritti'sche Amputation *f (osteoplastische Oberschenkelamputation mit Verwendung der Patella)*
Gritti's operation *s.* Gritti's amputation
Grocco's sign *s.* Grocco's triangle
Grocco's triangle Grocco-Rauchfuß'sches Dreieck *n*, Grocco'sches Paravertebraldreieck *n*, Grocco'sches Dämpfungsdreieck *n (bei Dämpfungsbezirk bei Pleuraerguss)*
Grocco's triangular dullness *s.* Grocco's triangle
grocer's itch *(Paras)* Wohnungsmilbenbefall *m*, Infestation *f* mit Glyciphagus domesticus
Grocott-Gomori methenamine-silver stain Grocott-Gomori'sche Methenamin-Silber-Färbung *f*

Groenblad-Strandberg syndrome *(Derm)* Groenblad-Strandberg'sches Syndrom *n*, Pseudoxanthoma *n* elasticum mit Augenhintergrundstreifen, Elastorrhexis *f* generalisata
Groenouw's corneal dystrophy Groenouw'sche Hornhautdystrophie *f*, Groenouw-Syndrom *n*
Groenouw's type I corneal dystrophy Groenouw-Syndrom *n* Typ I, granuläre Hornhautdystrophie *f*
Groenouw's type II corneal dystrophy Groenouw-Syndrom *n* Typ II, makuläre Hornhautdystrophie *f*
groin Leiste *f*, Inguen *n*, Leistengegend *f*, Inguinalregion *f*, Regio *f* inguinalis *(siehe auch unter: inguinal)*
groin crease Leistenfalte *f*
groin hernia Leistenbruch *m*, Hernia *f* inguinalis
groin pain Leistenschmerz *m*
groove Furche *f*, Rinne *f*, Sulcus *m*, Sulkus *m*
grooved director 1. *(Chir)* Durarinne *f*; 2. Hohlsonde *f*
grooved tongue *s.* fissured tongue
groping *(Neur)* Zwangstasten *n*, (pathologisches) Nachgreifen *n*
gross grob; groß, umfassend; schwer; mit dem bloßen Auge sichtbar, makroskopisch
gross anatomy makroskopische Anatomie *f*
Gross disease Gross'sche Krankheit *f*, zystisches Rektum *n* *(mit Stuhleinklemmung)*
gross-focal pulmonary dissemination großherdige Lungendissemination *f* [Lungenaussaat *f*]
gross haemorrhage schwere Blutung *f*
gross motor skills grobmotorische Fähigkeiten *fpl*
gross sensory testing grobsensorische Testung *f*
gross visual skills grobvisuelle Fähigkeiten *fpl*
Gross's leukaemia virus *s.* Gross's virus
Gross's virus Gross-Virus *n*, Gross-Leukämie-Virus *n*, Mäuse-Leukämie-Virus *n*
ground *v* **the anaesthetic apparatus** *(Am)* das Narkosegerät erden
ground Erdung *f* *(für Elektrizität)*
ground bundles Fasciculi *mpl* proprii medullae spinalis
ground fog Grundtrübung *f*, Grundschleier *m*
ground glass Mattglas *f*, Mattscheibenglas *f*, Milchglas *n*
ground itch *(Trop)* kutane Ankylostomiasis *f* *(Dermatose durch Befall mit Hakenwurmlarven)*
ground plate Erdungsplatte *f*, Erdplatte *f*
ground substance *(Histol)* Grundsubstanz *f*
grounding cable Erdungskabel *n*, Erdung *f*
group A beta haemolytic streptococcus β-hämolysierender Streptokokkus *m* der Gruppe A
group agglutination Gruppenagglutination *f* *(Serologie)*
group agglutinin Gruppenagglutinin *n* *(Serologie)*
group analysis *(Hämat)* Gruppenanalyse *f*
group dynamics *(Psychiol)* Gruppendynamik *f*
group exercise Gruppenübung *f*
group function *(Stom)* Gruppenfunktion *f*
group neurosis *(Psych)* Gruppenneurose *f*, Massenneurose *f*
group of examinees Gruppe *f* zu untersuchender Patienten, Untersuchungsgruppe *f*
group practice Gruppenpraxis *f*, Gemeinschaftspraxis *f*
group practice without walls Praxisgemeinschaft *f*
group psychotherapy Gruppen(psycho)therapie *f*
group 0 Rh-negative blood 0d-Blut *n*, 0 rh-negatives Blut *n*, 0 rh-Blut *n*
group 0 Rh-positive blood 0D-Blut *n*, 0 Rh-positives Blut *n*, 0 Rh-Blut *n*
group-specific (blut)gruppenspezifisch
group-specific component *(Immun)* gruppenspezifische Komponente *f*
group specificity Gruppenspezifität *f*
group therapy *(Psychiol)* Gruppentherapie *f*
group transfer Gruppen-Transfer *m*
grouping Zuordnung *f*, Klassifizierung *f*
grouping of blood Blutgruppenbestimmung *f*
grow *v* **bald** glatzköpfig werden, eine Glatze bekommen
grow *v* **blind** erblinden, blind werden
grow *v* **into an organ** in ein Organ (hin)einwachsen, in ein Organ infiltrieren
grow *v* **through surrounding tissues** infiltrativ [infiltrierend] wachsen, Gewebe infiltrieren *(z. B. ein Tumor)*
growing fracture wachsende Fraktur *f* *(Fragmentdislokation infolge Weichteileinklemmung)*
growing murmur stärker werdendes Geräusch *n*, ansteigendes Geräusch *n*
growing pains 1. überlastungsbedingte Muskel- und Gelenkschmerzen *mpl* *(nicht wachstumsbedingt)*; 2. Probleme *npl* des Erwachsenwerdens *(emotional und psychisch)*
growing skull fracture wachsende Schädelfraktur *f* *(bei Kleinkindern)*
grown-up Erwachsene(r) *m* *(Zusammensetzungen siehe unter: adult)*
growth 1. Wachstum *n*, Wachsen *n*; Entwicklung *f*, Vergrößerung *f*; 2. Tumor *m*, Geschwulst *f*, Neoplasma *n* *(Zusammensetzungen siehe unter: tumour)*
growth acceleration Wachstumsbeschleunigung *f*
growth cartilage *s.* growth disk
growth chart Wachstumskarte *f* *(der Säuglinge)*
growth curve Wachstumskurve *f* *(einer Zellkultur)*
growth disk Wachstumsfuge *f*, Epiphysenfuge *f*, Epiphysen(fugen)knorpel *m* *(Knochenlängenwachstumszone)*
growth disturbance Wachstumsstörung *f*
growth factor Wachstumsfaktor *m*
growth factor receptor Wachstumsfaktorrezeptor *m*
growth failure Wachstumsrückstand *m*
growth hormone Wachstumshormon *n*, Somatotropin *n*, somatotropes Hormon *n*, STH
growth hormone release inhibiting hormone Wachstumshormon-Freisetzungshemmfaktor *m*, Somatostatin *n*
growth hormone releasing factor [hormone] Wachstumshormon-Freisetzungsfaktor *m*, Somatoliberin *n*
growth inhibition Wachstumshemmung *f*
growth line Wachstumslinie *f*
growth of bacteria Bakterienwachstum *n* • **show a heavy growth of bacteria** ein starkes Bakerienwachstum zeigen [aufweisen] *(Kulturen)*
growth of hair Haarwuchs *m*
growth of the tumour Tumorwachstum *n*
growth onset diabetes juveniler Diabetes *m*
growth-promoting wachstumsfördernd
growth promotion Wachstumsförderung *f*
growth quotient Wachstumsquotient *m*
growth rate Wachstumsgeschwindigkeit *f*
growth-related change wachstumsbedingte Veränderung *f*, Wachstumsänderung *f*
growth retardation Wachstumsretardierung *f*, Wachstumsverzögerung *f*
Gruber-Widal reaction Gruber-Widal-Reaktion *f*, Gruber-Widal-Test *m* *(zum Salmonellennachweis)*
Gruber's cul-de-sac Gruber'sches Divertikel *n*, Gruber'sche Tasche *f*
Gruber's reaction Gruber-Reaktion *f*, Gruber'sche Reaktion *f* *(serologische Bestimmung eines Bakterienstammes mittels Bakterienagglutination)*
Gruber's syndrome Meckel-Gruber-Syndrom *n*, Meckel-Syndrom *n*, Dysencephalia *f* splanchnocystica
Gruentzig balloon catheter Gruentzig-Ballonkatheter *m*
grumose *s.* grumous

grumous klumpig, geronnen; dick
Grünfelder's reflex Grünfelder-Reflex *m (bei Mittelohrerkrankung auftretende Zehenspreizung und Dorsalflexion der Großzehe nach Fontanellendrücken)*
grunting Grunzen *n*, grunzendes Geräusch *n*
grutum Milium *n*, Hautgrieß *m*, Milie *f*
Grynfelt-Lesshaft triangle Grynfelt-Lesshaft-Luschka-Dreieck *n (Muskellücke der seitlichen Bauchwand; Ort einer lumbalen Hernie)*
Grynfelt's hernia Grynfelt-Hernie *f*, Grynfelt'sche Hernie *f*, lumbale Hernie *f*
Grynfelt's triangle *s.* Grynfelt-Lesshaft triangle
gryochrome granulierte Nervenzelle *f*
gryphosis *s.* gryposis
gryposis Gryphosis *f*, Gryposis *f*, abnorme Krümmung *f*, Verbiegung *f*, Zehennagelverkrümmung *f*, Nagelverkrümmung *f*
GTP cyclohydrolase I GPT-Cyclohydrolase *f* I *(Enzym)*
guaiac Guajac *n*, Guajykholz *n*
guaiac test Guajakprobe *f*, Guajaktest *m (zum Blutnachweis in Harn und Stuhl)*
guaiacin Guajacin *n*
guaiacol Guaiacol *n*, Guajacolum *n*, Guajakol *n*, o-Methoxyphenol *n*, Methylcatechol *n*, Catecholmonomethyläther *m*
guaiacol glyceryl ether *s.* guaifenesin
guaiacol phosphat Guaiacolphosphat *n*
guaiacol poisoning Guaiacolvergiftung *f*
guaifenesin Guaifenesin *n*, Glycerylguaiacolat *n*, Guaiacolglyceryläther *m (Expektorans)*
guanabenz acetate Guanabenzacetat *n (Antihypertensivum)*
guanacline sulfate Guanaclinsulphat *n (Antihypertensivum)*
guanadrel sulfate Guanadrelsulphat *n (Antihypertensivum)*
guanase Guanase *f*, Guanindesaminase *f (Enzym)*
guanethidine Guanethidin *n (Antihypertensivum)*
guanethidine monosulfate Guanethidinmonosulphat *n*
guanefacine Guanefacin *n (Antihypertensivum)*
guanefacine hydrochloride Guanefacinhydrochlorid *n*
guanidase *s.* guanine deaminase
guanidinaemia Guanidinämie *f (Vorhandensein von Guanidin im Blut)*
guanidine Guanidin *n*, Iminoharnstoff *m*, Aminomethanamidin *n*
guanidine hydrochloride Guanidinhydrochlorid *n (bei Myasthenia gravis)*
guanidine phosphate Guanidinphosphat *n*, Phosphoguanidin *n*
guanidinoacetate Guanidinoacetat *n (Intermediärprodukt der Kreatinbiosynthese)*
guanidinoacetate *N*-methyltransferase Guanidinoacetat-*N*-methyltransferase *f (Enzym)*
guanidinoacetic acid Guanidinessigäure *f*, Glycocyamin *n*, Glykocyamin *n*
guanido-acetic acid *s.* guanidinoacetic acid
guanine Guanin *n*, Gua, G, 2-Amino-6-hydroxypurin *n (Bestandteil der Nucleinsäure)*
guanine aminase *s.* guanine deaminase
guanine deaminase Guanindesaminase *f*, Guanidase *f (Enzym)*
guanine deaminase assay Guanindeaminase-Assay *m*
guanine deoxyribonucleotide Guanindesoxyribonukleotid *n*
guanine ribonucleotide Guanindesoxyribonukleotid *n*
guanochlor sulfate Guanochlorsulfat *n*
guanophore Guanophore *f (Guaninkristalle enthaltende Zelle)*
guanosine Guanosin *n (Nukleosid, Baustein der Nukleoproteide)*
guanosine deaminase Guanosindesaminase *f (Enzym)*
guanosine diphosphate Guanosindiphosphat *n*, GDP
guanosine monophosphate Guanosinmonophosphat *n*, GMP
guanosine triphosphate Guanosintriphosphat *n*, GTP
guanosine triphosphate cyclohydrolase Guanosintriphosphatcyclohydrolase *f*, GTP-Cyclohydrolase *f (Enzym)*
guanoxan sulfate Guanoxansulphat *n (Antihypertensivum)*
guanyl Guanyl *n (Guaninradikal)*
guanylate Guanylat *n*
guanylate cyclase Guanylatcyclase *f (Enzym)*
guanylate klinase Guanylatkinase *f (Enzym)*
guanylic acid Guanylsäure *f*
guanylic acid reductase Guanylsäurereduktase *f (Enzym)*
guanylic acid synthetase Guanylsäuresynthetase *f (Enzym)*
guanyloribonuclease Guanyloribonuklease *f (Enzym)*
guard Schutz *m*, Schutzeinrichtung *f*, Schutzvorrichtung *f*, Abdeckung *f*, Schutzabdeckung *f*
guard splint Schutzschiene *f*, Boxerschiene *f*
guardianship *(For, Neur)* Vormundschaft *f*
guarding of abdominal muscles abdominale Abwehrspannung *f*
guarding of the lumbar muscles lumbale Abwehrspannung *f*
guarding reflex Schutzreflex *m*
guarding symptom Schutzsymptom *n*
Guarnieri bodies Guarnieri'sche Körperchen *npl* [Einschlusskörperchen *npl*], Guarnieri-Körperchen *npl (bei Pockenvirusinfektion)*
Guarnieri corpuscles *s.* Guarnieri bodies
Gubbay test of motor proficiency Gubbay-Test *m* der motorischen Fertigkeiten
gubernacula *pl s.* gubernaculum
gubernacular *(Anat)* Gubernakulum..., Leitband...
gubernacular cord Gubernaculum *n* testis, Hodenleitband *n*
gubernaculum *(Anat)* Gubernakulum *n*, Leitband *n*
Gubler-Robin typhus Gubler-Robin-Typhus *m*, renaler Typhus *m*
Gubler's hemiplegia Gubler'sche Lähmung *f*, Miller-Gubler-Syndrom *n*, Brücken-Mittelhirn-Syndrom *n*, Hemiplegia *f* alternans inferior
Gubler's line Gubler'sche Linie *f*, Gubler'sche Ebene *f*
Gubler's paralysis *s.* Gubler's hemiplegia
Gubler's tumour Gubler'scher Tumor *m*, Gubler-Zeichen *n (Schwellung des Handrückens bei Bleilähmung)*
Gudden's atrophy Gudden'sche Atrophie *f*, Degeneration *f* der Thalamuskerne
Gudden's commissure Commissura *f* supraoptica
Gudden's ganglion Gudden'sches Ganglion *n*
Gudden's tegmental nuclei Gudden'sche Haubenkerne *mpl*, Nuclei *f* tegmenti *(in der Formatio reticularis der Haube)*
Guedel's sign Guedel-Zeichen *n (der Narkosestadien)*
Guérin-Stern syndrome *(Orth)* Guérin-Stern-Syndrom *n*, Arthrogryposis *f* multiplex congenita
Guérin's fold Guérin'sche Falte *f*, Valvula *f* fossae navicularis
Guérin's fracture Guérin-Fraktur *f*, Guérin'scher Querbruch *m*, Oberkieferfraktur *f* nach Le Fort I
Guérin's vaccine *s.* Calmette's vaccine
Guerreiro-Machado complement fixation test *(Lab)* Guerreiro-Machado-Komplement-Fixationstest *m (bei Chagas-Krankheit)*

guidance 1. Führung *f*, Führen *n*; 2. Führungssonde *f*, Führungsschiene *f*
guidance mechanism Führungsmechanismus *m*
guidance of occlusion Okklusionsführung *f*, okklusive Führung *f*
guidance path Führungsbahn *f*
guidance plane Führungsebene *f*
guide 1. Führungsinstrument *n*; Führungssonde *f*; 2. Richtschnur *f*, Anleitung *f*
guide dog Blindenhund *m*
guide groove Führungsrinne *f*, Führungsrille *f*
guide handle Führungsgriff *m*
guide needle Führungsnadel *f*
guide pin Führungsspieß *m (z. B. bei Knochennagelung)*; Führungsstift *m*
guide tube Führungsrohr *n*
guide value Richtwert *m*
guide wire Führungsdraht *m*
guided affective imaginary *(Neur)* katathymes Bilderleben *n*
guided imagery *(Neur)* angeleitete Bildvorstellung *f (z. B. eines schmerzfreien Zustandes)*
guideline Führungslinie *f*, Richtlinie *f*, Anleitung *f*
guiding Führung *f*, Anleitung *f (z. B. durch Therapeuten)*
guiding catheter Führungskatheter *m*
guiding crown Führungskrone *f*
guiding probe Führungs(hohl)sonde *f*
Guidi's canal Guidi-Kanal *m*, Canalis *m* pterygoideus
Guillain-Barré reflex Guillain-Barré-Reflex *m*, Fußsohlenreflex *m*, Plantaraponeurosenreflex *m*
Guillain-Barré syndrome *s.* Landry-Guillain-Barré syndrome
guillotine Tonsillen(exzisions)zange *f*, Tonsillenringmesser *n*, Tonsillotom *n*
guilt *(Neur)* Schuld *f*
guilt feeling *(Neur)* Schuldgefühl *n*
guinea green B Guinea-Grün *n* B *(pH-Indikator; Zytoplasmafaserfarbstoff)*
Guinea worm infection *(Trop)* Drakontiasis *f*, Drakunkulose *f*, Guineawurminfestation *f*, Medinawurminfektion *f*, Dracunculus-medinensis-Befall *m*
Guinon's disease Gilles-de-la-Tourette-Syndrom *n*
Gulf war syndrome Golfkrieg-Syndrom *n*
gullet 1. Ösophagus *m*, Speiseröhre *f*; 2. Schlund *m*, Rachen *m*; Kehle *f*, Gurgel *f (Zusammensetzungen siehe unter: oesophageal)*
Gull's disease Gull'sche Krankheit *f*, Myxödem *n (bei Schilddrüsenunterfunktion)*
Gullstrand-Waage law Gullstrand-Gesetz *n (Wanderung des Korneareflexbildes zur Seite des Schielmuskels)*
Gullstrand's biomicroscope *s.* Gullstrand's slit lamp
Gullstrand's slit lamp Gullstrand-Lampe *f*, Gullstrand'sche Spaltlampe *f*
gulonic acid Gulonsäure *f (Reduktionsprodukt der Glukuronsäure)*
gulonolactone Gulonolakton *n*, L-Glulonolacton *n*, L-Gulono-γ-Lacton *n*
gulonolactone oxidase Glulonolaktonoxidase *f (Enzym)*
gulose Gulose *f (Aldose)*
gum 1. Gingiva *f*, Zahnfleisch *n (Zusammensetzungen siehe unter: gingival)*; 2. Gummi *m*
gum arabic Gummi *n* arabicum
gum benjamin Benzoin *n*
gum benzoin Benzoin *n*
gum camphor Camphora *f*, Campher *m*, Kampher *m*
gum line Zahnfleischlinie *f*, Zahnfleischrand *m*, Margo *m* gingivae
gum opium Opium *n*
gumboil Parulis *f*, Gingivaeiterung *f*, Zahnfleischabszess *m*, Zahngeschwür *n*
gumma *(Path)* Gumma *n*, Gummiknoten *m*, tertiäres Syphilom *n*; tuberkulöses Gumma *n*
gummatous gummös; Gumma…
gummatous periostitis *(Trop)* Knochenframbösie *f*
gummatous syphilid syphilitisches Gumma *n*
gummy 1. gummaartig; Gumma…; 2. Gingiva…
Gumprecht's shadow nuclei Gumprecht-Kernschatten *mpl*
Gumprecht's shadows *(Hämat)* Gumprecht-Schatten *mpl*, Gumprecht'sche Schollen *fpl*
gun-barrel vision Röhrensehen *n*
Gunning's splint *(Stom)* Gunning-Schiene *f*, Gunning'sche Schiene *f*
Gunn's crossing sign *(Ophth)* Gunn'sches Kreuzungsphänomen *n*, Gunn-Kreuzungszeichen *n*
Gunn's dots Gunn'sche Flecken *mpl (am Augenfundus)*
Gunn's phenomenon Gunn's Pupillenphänomen *n*, Gunn'sches Zeichen *n*, Gunn'sches Kiefer-Lid-Phänomen *n*
Gunn's pupil *s.* Gunn's phenomenon
Gunn's pupillary phenomenon *s.* Gunn's phenomenon
Gunn's syndrome Marcus-Gunn-Syndrom *n*
gunshot fracture Schussfraktur *f*, Schussknochenbruch *m*
gunshot injury to the jaw Kieferschussverletzung *f*
gunshot wound Schusswunde *f* • **debride a gunshot wound** eine Schusswunde ausschneiden, das Debridement einer Schusswunde vornehmen
gunstock deformity *(Orth)* Cubitus *m* varus
Günther's disease Günther'sche Krankheit *f*, Porphyria *f* erythropoietica congenita
gurgle Gurgeln *n*, gurgelndes Geräusch *n*
gurney fahrbare Krankentrage *f*, Krankentrage *f*, Umlagerungswagen *m*
gurry biologischer Abfall *m*, Abfall *m (z. B. nach Verletzung oder chirurgischem Eingriff)*
Gurvich radiation Gurvich-Strahlung *f*, mitogene Strahlung *f (bei Zellteilung)*
Gussenbauer's suture Gussenbauer'sche Naht *f*
gustation 1. Geschmackssinn *m*, Geschmack *m*; 2. Schmecken *n*
gustatism Pseudogeusie *f*
gustatory gustatorisch; Geschmack(s)…; Geschmackssinns…
gustatory acuity Geschmacks(sinns)schärfe *f*
gustatory bud Geschmacksknospe *f*, Caliculus *m* gustatorius
gustatory bulb *s.* gustatory bud
gustatory centre Geschmackszentrum *n*
gustatory fit gustatorischer Epilepsieanfall *m*
gustatory hallucination Geschmackshalluzination *f*
gustatory nerve Geschmacksnerv *m*
gustatory organ Geschmacksorgan *n*, Organum *n* gustus
gustatory papilla Geschmackspapille *f*
gustatory pore Geschmacksporus *m*, Porus *m* gustatorius
gustatory receptor Geschmacksrezeptor *m*
gustatory region Geschmacksregion *f*
gustatory seizure *s.* gustatory fit
gustducin Gustducin *n (Messenger-Protein des Geschmacks)*
gustin Gustin *n (Polypeptid)*
gustometer Gustometer *n*, Geschmackssinnmesser *m*
gustometry Gustometrie *f*, Geschmackssinnmessung *f*, Geschmacksinnprüfung *f*
gut 1. Darm *m*, Darmkanal *m*, Intestinum *n*, Eingeweide *n (siehe auch unter: intestinal)*; 2. *(Chir)* Katgut *n (Nahtmaterial)*

gut decontamination Darmdekontamination *f*, Darmentkeimung *f*
Guthrie test Guthrie-Test *m*, Guthrie'scher Hemmtest *m* *(Test auf Phenylketonurie)*
Guthrie's bacterial inhibition assay *s.* Guthrie's test
Guthrie's muscle Musculus *m* sphincter urethrae
gutta Gutta *f*, gt., Tropfen *m*
gutta-percha Guttapercha *f(n)* *(kautschukähnlicher Milchsaft, z. B. für provisorische Zahnfüllungen)*
gutta-percha cement *(Stom)* Guttaperchazement *m*
gutta-percha filling *(Stom)* Guttaperchafüllung *f*
gutta-percha impression *(Stom)* Guttaperchaabdruck *m*
gutta-percha point *(Stom)* Guttaperchaspitze *f*
gutta-percha stopping *(Stom)* Guttaperchaplombe *f*
guttae Guttae *fpl*, gtt., Tropfen *mpl*
guttate tropfenförmig gefleckt [gesprenkelt], mit tropfenförmigen Veränderungen
guttate psoriasis *(Derm)* Psoriasis *f* guttata
gutter Impression *f*, Vertiefung *f*, Eindellung *f*, Recessus *m*
gutter fracture Impressionsfraktur *f*
guttiform tropfenförmig
guttur *s.* fauces
guttural guttural; Kehl(e)...
gutturophony Gutturophonie *f*, Kehllautbildung *f*, Kehllaut *m*
gutturotetany Gutturotetanie *f*, Kehlkopfkrampf *m* mit Stottern
Gutzeit's test Gutzeit-Test *m*, Gutzeit'scher Test *m*
guy suture Haltenaht *f*
Guyon's amputation Guyon'sche Amputation *f*
Guyon's canal Guyon'sche Loge *f*, Guyon'scher Kanal *m*, Ulnartunnel *m*
Guyon's isthmus Guyon'scher Isthmus *m*, Isthmus *m* uteri
Guyon's operation *s.* Guyon's amputation
Guyon's phenomenon Guyon-Phänomen *n*, Guyon-Symptom *n*, ballotierende Niere *f* *(bei Hydronephrose)*
Guyon's sign *s.* Guyon's phenomenon
gymnastic gymnastisch; Gymnastik...
gymnastics Gymnastik *f*, Leibesübung *f*, Freiübungen *fpl*
Gymnoascaceae Gymnoascaceae *pl*
Gymnoascus gypseus Gymnoascus *m* gypseus, Microsporum *n* gypseum
gymnocarpous gymnokarpös
gymnocyte Gymnozyt *m*
Gymnodinium Gymnodinium *n*
gymnophobia Gymnophobie *f* *(krankhafte Angst vor Nackten oder Nacktsein)*
gymnoplast *s.* gymnocyte
gymnosperm Gymnospermium *n*
gymnospore Gymnospore *f*, nackte Spore *f*
gymnothecium Gymnothecium *n*
gynaecogenic 1. gynäkogen, weibliche Nachkommen gebärend; 2. gynäkogen, verweiblichend, feminisierend
gynaecography Gynäkographie *f*, Röntgen(kontrast)darstellung *f* der weiblichen Beckenorgane
gynaecoid frauenartig, feminin, gynäkoid
gynaecoid pelvis gynäkoides Becken *n*
gynaecologic gynäkologisch
gynaecologic examination gynäkologische Untersuchung *f*
gynaecologic history gynäkologische Anamnese *f*
gynaecologic operative procedure gynäkologisch-chirurgisches Verfahren *n*
gynaecologic problem gynäkologisches Problem *n*
gynaecological gynäkologisch
gynaecological department gynäkologische Abteilung *f*, Gynäkologie *f*
gynaecological hospital Frauenklinik *f*
gynaecologist Gynäkologe *m*, Frauenarzt *m*, Facharzt *m* für Gynäkologie (und Geburtshilfe), Arzt *m* für Frauenheilkunde [Gynäkologie]
gynaecology Gynäkologie *f*, Frauenheilkunde *f* • **practise gynaecology** auf dem Gebiet der Gynäkologie tätig sein, als Frauenarzt praktizieren
gynaecology department *s.* gynaecological department
gynaecomania Satyriasis *f* *(gesteigerter Geschlechtsdrang beim Mann)*
gynaecomastia Gynäkomastie *f*, Brustentwicklung *f* bei Männern
gynaecomastia-aspermatogenesis syndrome Klinefelter-(Reifenstein-Albright-)Syndrom *n*, Gynäkomastie-Aspermiogenese-Syndrom *n* *(Insuffizienz der Hodenkanälchen)*
gynaecomastism *s.* gynaecomastia
gynaecopathy Frauenkrankheit *f*, Frauenleiden *n*
gynae(co)phobia Gynäkophobie *f* *(Scheu vor dem weiblichen Geschlecht)*
gynander 1. Gynander *m*; 2. weiblicher Pseudohermaphrodit *m*; 3. Hermaphrodit *m*
gynandria 1. Gynandrie *f*, weibliche Vermännlichung *f* [Maskulinisierung *f*]; 2. weiblicher Pseudohermaphroditismus *m*; 3. Hermaphroditismus *m*
gynandrism (syndrome) *s.* gynandria
gynandroblastoma 1. Gynandroblastom *n* *(Eierstockgeschwulst)*; 2. Arrhenoblastom(a) *n*
gynandroid gynandroid, zwittrig
gynandroid Gynandroide(r) *m*, Zwitter *m*
gynandromorphism 1. *s.* gynandromorphy; 2. Gynandromorphismus *m*; Geschlechtschromosomenmosaik *n* *(im Gewebe)*
gynandromorphous 1. gynandromorph; Gynandromorphismus...; 2. hermaphroditisch; Hermaphroditen...
gynandromorphy Gynandromorphismus *m*, Zwitterzustand *m*
gynandrous *s.* gynandroid
gynandry 1. Gynandrie *f*, weiblicher Pseudohermaphroditismus *m*, Pseudohermaphroditismus *m* femininus, weibliches Scheinzwittertum *n*; 2. Effe-mination *f*, Verweiblichung *f*
gynatresia Gynatresie *f* *(angeborener Verschluss der weiblichen Genitalorgane)*
gynecophoral canal gynäkophoraler Kanal *m* *(der Schistosomen)*
gyneduct Ductus *m* paramesonephricus
gynephobia *s.* gynophobia
gyneplasty *s.* gynoplasty
gyngliform *s.* ginglymoid
gyniatrics *s.* gynaecology
gyniatry *s.* gynaecology
gynism syndrome *s.* adipose gynism
gynogamone Gynogamon *n* *(geschlechtsspezifisches Ektohormon)*
gynogenesis *(Gen)* Gynogenese *f* *(Entwicklung ohne väterlichen Kernanteil)*
gynomerogon Gynomerogon *n*
gynomerogony Gynomerogonie *f*
gynopathic gynopathisch; Gynopathie..., Frauenleiden..., Frauenkrankheits...
gynopathy Gynopathie *f*, Frauenleiden *n*, Frauenkrankheit *f*
gynophobia Gynophobie *f* *(1. Angst vor Frauen; 2. Abneigung gegen Frauen)*
gynoplastic gynoplastisch; Gynoplastik...
gynoplasty Gynäkoplastik *f* *(plastische Operation am weiblichen Genitale)*
gypsum Gips *m*
gypsum die Gipsmodell *n*

gyral Gyrus…, Hirnwindungs…, Windungs…
gyrase *(Gen)* Gyrase *f (DNA-Replikationsenzym)*
gyrase inhibitor Gyraseinhibitor *m*, Gyrasehemmer *m*
gyrate *v* (kreisförmig) drehen, verdrehen
gyrate kreisförmig; gewunden, gekrümmt
gyrate psoriasis *(Derm)* Psoriasis *f* gyrata, girlandenförmige Psoriasis *f* [Schuppenflechte *f*]
gyration 1. Drehung *f*, Verdrehung *f*, Rotation *f*; 2. Gyration *f*, Gyrusanordnung *f (im Gehirn)*
gyratory epilepsy *(Neur)* Epilepsia *f* rotatoria
gyrectomy Gyrektomie *f*, Gyrusexzision *f*, operative Hirnwindungsentfernung *f*
Gyrencephala Gyrencephala *pl (Säuger mit gefurchtem Hirnmantel)*
gyrencephalic gyrenzephal(isch), mit Hirnwindungen; Gyrenzephalie…
gyri *pl s.* gyrus
gyrometer Gyrometer *n*, Hirnwindungsmesser *m*, Hirnwindungsmessinstrument *n*
gyrometry Gyrometrie *f*, Hirnwindungsvermessung *f*
gyrosa Gyrosa *f*, Scheinbewegungsschwindel *m*
gyrose gewunden; Gyrus…; geschlängelt verlaufend
gyrospasm Gyrospasmus *m*, Spasmus *m* nutans, Nickkrampf *m*
gyrous *s.* gyrose
gyrus Gyrus *m*, Gehirnwindung *f*, Hirnwindung *f*

H

H agglutination H-Agglutination *f (Ausflockung von Bakteriengeißeln)*
H agglutinin H-Agglutinin *n*
H and E stain Hämatoxylin- und Eosinfärbung *f*
H antigen H-Antigen *n*, Flagellenantigen *n (thermolabiles Antigen geißeltragender H Bakterien)*
H chain *s.* heavy immunoglobulin chain
H chain disease *s.* heavy chain disease
H0 *(Statist)* Null-Hypothese *f*
H1 receptor H1-Rezeptor *m (Histaminrezeptor)*
H2 receptor H2-Rezeptor *m (Histaminrezeptor)*
H zone H-Zone *f*, H-Bande *f*, Hensen-Zone *f*, H-Steifen *m*
Haab's reflex Haab'scher Reflex *m (Hirnrindenreflex)*
Haas method *(Rad)* Haas-Methode *f*, Haas-Projektion *f*
habena Habena *f*, Zügel *m*
habenal Habena…, Zügel…
habenar *s.* habenal
habentude *(Neur)* Stumpfheit *f*
habenula Habenula *f*, Zügelchen *n*
habenular commissure *(Anat)* Commissura *f* habenularum
habenular nucleus Nucleus *m* habenulae
habenular trigone Trigonum *n* habenulae
habenulopeduncular tract *(Anat)* Fasciculus *m* retroflexus, Meynert'sches Bündel *n*
Habermann's disease Habermann-Krankheit *f*, akute lichenoide Pityriasis *f*
habit 1. Gewohnheit *f*, Sucht *f*, 2. *s.* habitus • **have a smoking habit** Raucher sein, an Rauchen gewöhnt sein
habit control Kontrolle *f* der Gewohnheiten, Abgewöhnung *f* von Gewohnheiten
habit-forming suchterzeugend
habit hierarchies Gewohnheitshierarchien *fpl*
habit spasm habitueller Spasmus *m*
habit tic *(Neur)* Gewohnheitstick *m*
habit training Training *n* der Alltagsgewohnheiten *(z. B. bei Kindern)*
habitual habituell, gewohnheitsmäßig; öfter auftretend
habitual abortion habituelle Fehlgeburt, Abortus *m* habitualis, habitueller Abort *m*; krankhafte Fehlgeburtsneigung *f*
habitual alcoholism habitueller Alkoholismus *m*
habitual dislocation habituelle Luxation *f*, gewohnheitsmäßige [sich häufig wiederholende] Gelenkverrenkung *f*
habitual fever habituelles Fieber *n*, habituelle Hyperthermie *f*
habitual miscarriage *s.* habitual abortion
habitual occlusion *(Stom)* habituelle Okklusion *f*
habitual paralysis habituelle Lähmung *f*
habituation 1. Gewöhnung *f*, Anpassung *f (z. B. an Klima)*; 2. Pharmakatoleranz *f*, Gifttoleranz *f*, 3. *(Physiol)* Gewöhnung *f*, Reizgewöhnung *f*, Reizauslöschung *f*
habituation drinker Gewohnheitstrinker *m*
habitus Habitus *m*, Konstitution *f*, Körperbeschaffenheit *f*, äußere Erscheinung *f*
hachement *s.* hacking
hacking Klopfmassage *f*, Massage *f*
hacking cough Hüsteln *n*
Hadfield-Clarke syndrome Clarke-Hadfield-Syndrom *n (angeborene Pankreaserkrankung mit Infantilismus)*
haem Häm *n*, Protohäm *n*, Eisen(II)protoporphyrin *n*, Ferrohäm *n*, Ferroprotoporphyrin *n*
haem pigment Hämpigment *n*
haemabsorption virus Hämabsorptionsvirus *n*, HA-Virus *n*
haemachromatosis Hämachromatose *f*, Hämochromatose *f*, Bronzediabetes *m*
haemachromatotic Hämachromatose…, Hämochromatose…, Bronzediabetes…
haemachrome Hämachrom *n*, Blutfarbstoff *m*
haemacrosis verstärkte Rotfärbung *f* des Blutes
haemacyte Häm(at)ozyt *m*, Blutzelle *f*
haemacytometer Hämozytometer *n*, Blut(körperchen)zählkammer *f*
haemacytometry Hämozytometrie *f*, Blutkörperchenzählung *f*
haemacytopoiesis *s.* haemopoiesis
haemacytozoon Hämozytozoon *n*
haemadostenosis Blutgefäßverengung *f*, Blutgefäßstenose *f*
haemadromograph Hämodromograph *m*
haemadromometer Hämodromometer *n*
haemadsorbent Hämadsorptions…
haemadsorption Hämadsorption *f*
haemadsorption inhibition test Hämadsorptionshemmungstest *m*
haemadsorption test Hämadsorptionstest *m*
haemadsorption virus Hämadsorptionsvirus *n (Parainfluenzavirus mit Hämagglutinationseffekt)*
haemadynamometer Hämodynamometer *n*
haemadynamometry Hämadynamometrie *f*, Blutdruckmessung *f*
haemafacient Blut bildend; Blutbildungs…
haemagglutination Hämagglutination *f*, Erythrozytenverklumpung *f*, Blutkörperchenzusammenballung *f*
haemagglutination inhibition Hämagglutinationshemmung *f*
haemagglutination-inhibition antibody Hämagglutinationshemmungsantikörper *m*
haemagglutination inhibition reaction Hämagglutinationshemmungsreaktion *f*
haemagglutination-inhibition test Hämagglutinationshemmungstest *m*

haemagglutination test Hämagglutinationstest *m*
haemagglutinative agglutinierend, Agglutination bewirkend; Hämagglutinations..., Agglutinations...
haemagglutinin Hämagglutinin *n*, erythrozytenverklumpender Stoff *m*
haemagogic blutungsfördernd; den Blutfluss fördernd, eine Blutung fördernd
haemagogue *s.* 1. haemagogic; 2. emmenagogue agent
haemagogue (agent) blutungsförderndes Mittel *n*
haemal Häm..., Blut...; Blutgefäß...
haemalum Hämalaun *m (Zellkernfarbstoff)*
Haemamoeba Haemamoeba *pl*, Blutamöben *fpl*
haemamoebiasis Hämamöbiasis *f (Parasitenbefall des Blutes; z. B. bei Malaria)*
haemanalysis Hämoanalyse *f*, Blutanalyse *f*
haemanalytic hämoanalytisch, blutanalytisch
haemangiectasia Hämangi(o)ektasie *f*, Blutgefäßerweiterung *f*
haemangiectasis *s.* haemangiectasia
haemangiectatic hämangi(o)ektatisch, blutgefäßerweitert; blutgefäßerweiternd
haemangioameloblastoma *(Path)* Hämangioameloblastom *n*
haemangioblast Hämangioblast *m*
haemangioblastoma Hämangioblastom *n*, Hämangiom *n*, Blutgefäßgeschwulst *f*
haemangioblastomatosis Hämangioblastomatose *f*, Vorhandensein *n* mehrerer Hämangioblastome
haemangioelastomyxoma *(Path)* Hämangioelastomyxom *n*
haemangioendothelioblastoma *(Path)* Hämangioendothelioblastom *n*
haemangioendothelioma *(Path)* Hämangioendotheliom *n (bösartige Blutgefäßgeschwulst)*
haemangioendotheliosarcoma *(Path)* Hämangioendotheliosarkom *n*
haemangiofibroma *(Path)* Hämangiofibrom *n*
haemangiolipoma *(Path)* Hämangiolipom *n*
haemangioma Hämangiom *n*, Angiom *n*, Blutgefäßgeschwulst *f*
haemangiomatosis Hämangiomatose *f*, Vorhandensein *n* vieler Hämangiome
haemangiomatous hämangiomatös; Hämangiomatose...
haemangiomyolipoma *(Path)* Hämangiomyolipom *n*
haemangiopericyte Hämangioperizyt *m*
haemangiopericytoma *(Path)* Hämangioperizytom *n*
haemangiosarcoma *(Path)* Hämangiosarkom *n*
haemapheic Hämaphein enthaltend; Hämaphein...
haemaphein Hämaphein *n*
haemapheism Hämapheismus *m (Vorhandensein van Hämaphein im Urin)*
haemapheresis Hämapherese *f*, Apherese *f*
haemapoiesis *s.* haemopoiesis
haemapoietic *s.* haemopoietic
haemapophysis Hämapophysis *f*
haemarthron *s.* haemarthrosis
haemarthros *s.* haemarthrosis
haemarthrosis Hämarthros *m*, Gelenk(ein)blutung *f*, Gelenkbluterguss *m*
haemarthrotic hämarthrotisch; Hämarthrose...
haemastrontium staining *(Histol)* Hämastrontiumfärbung *f*
haematachometer *s.* haemotachometer
haematal *s.* haemic
haemataposterna Hämatapostema *n*, bluthaltiger Abszess *m*
haematein Hämatein *n (Oxidationsprodukt von Hämatoxylin; Farbstoff)*
haematemesis Hämatemesis *f*, Bluterbrechen *n*, Vomitus *m* cruentes
haematencephalon 1. Hämatenzephalon *n*, Hirneinblutung *f*; 2. Hirnarterienblutung *f*; 3. Hirnvenenblutung *f*
haematherapy *s.* haemotherapy
haemathermal *s.* homoeothermal
haemathermous *s.* homoeothermal
haemathidrosis Hämat(h)idrosis *f*, Blutschwitzen *n*
haemathorax *s.* haemothorax
haematic 1. blutig; 2. bluthaltig, Blut enthaltend; blutgefüllt; 3. *s.* haematinic 2.
haematic encephalic barrier Blut-Hirn-Schranke *f*, Blut-Liquor-Schranke *f*
haematidrosis *s.* haemathidrosis
haematimeter *s.* haemacytometer
haematin Hämatin *n*, Eisen(III)-protoporphyrin-hydroxid *n*
haematinaemia Hämatinämie *f*, Vorhandensein *n* von Hämatin im Blut
haematinic 1. Hämatin...; 2. Blut bildend
haematinic (agent) Blut bildendes Mittel *n*
haematinogen Hämatinogen *n (Blut bildende Substanz)*
haematinometer *s.* haemoglobinometer
haematinuria Hämatinurie *f*, Hämatinausscheidung *f* im Urin
haematischesis Hämostase *f*, Blutungsstillstand *m*
haemato... *siehe auch: haemo...*
haemato-omphalocele Hämatoomphalozele *f*, Nabelhernie *f* mit Bluterguss
haematoaerometer Hämatoaerometer *n*, Blutgasanalysator *m*
haematobilia *s.* haemobilia
haematoblast Hämatoblast *m*
haematocatharsis Hämatokatharsis *f*, Blutreinigung *f*
haematocele Hämatozele *f*, Blutbruch *m*
haematocephalus Hämatozephalus *m (1. Blutung in das Gehirn; 2. Blutansammlung im Schädelinneren)*
haematocephaly Hämatozephalie *f*
haematochezia Hämatochezie *f*, blutiger Stuhlgang *m*; blutiger Stuhl *m*
haematochlorin Hämatochlorin *n (in der Plazenta)*
haematochromatosis 1. Hämatochromatose *f (Färbung von Gewebe durch Blutpigmente)*; 2. *s.* haemochromatosis
haematochylocele Hämatochylozele *f*, Blut- und Chylusansammlung *f*
haematochylia Hämatochylie *f*, blutiger Chylus *m*
haematochyluria Hämatochylurie *f*, Blut- und Chylusausscheidung *f* im Urin
haematocoelia Hämatozölie *f (Blutansammlung in der Peritonealhöhle)*
haematocolpometra Hämatokolpometra *f*, Blutansammlung *f* im Uterus und in der Scheide
haematocolpometrasalpinx Hämatokolpometrasalpinx *f*, Blutansammlung *f* im Uterus, in der Scheide und im Eileiter
haematocolpos Hämatokolpos *m*, Blutansammlung *f* in der Scheide
haematocolpos-like hämatokolposartig
haematocrit 1. Hämatokrit *m*, Hämatokrit-Röhrchen *n (Instrument)*; 2. *s.* haematocrit reading
haematocrit measurement *(Lab)* Hämatokritbestimmung *f*
haematocrit reading [value] Hämatokrit(wert) *m (Verhältnis zwischen Erythrozyten- und Plasmavolumen)*
haematocyanin Hämatocyanin *n*
haematocyst Hämatozyste *f*, Blutzyste *f*
haematocystis Hämatozystis *f (Blutansammlung in der Blase)*
haematocyte Hämatozyt *m*

haematocytoblast Hämatozytoblast *m*
haematocytolysis Hämatozytolyse *f*
haematocytometer Hämatozytometer *n*
haematocytometry *s.* haemacytometry
haematocytopenia Hämatozytopenie *f*
haematocytosis Hämatozytose *f (Zellanreicherung im Blut)*
haematocyturia Häm(at)ozyturie *f*, Erythrozytenausscheidung *f* im Urin
haematodialysis Hämatodialyse *f*, Hämodialyse *f*
haematodyscrasia Hämatodyskrasie *f*, Blutkrankheit *f*
haematodystrophy Hämodystrophie *f*
haematoencephalic barrier *s.* haematic encephalic barrier
haematogenesis Hämatogenese *f*, Blutbildung *f*
haematogenic 1. hämatogen, Blut bildend; Blut...; Blutungs...; 2. hämatogen, aus dem Blut stammend
haematogenic labyrinthitis hämatogene Labyrinthentzündung *f*
haematogenic peritonitis hämatogene Peritonitis *f*
haematogenic shock Blutungsschock *m*; Blutvolumenmangelschock *m*
haematogenic spread *(Path)* hämatogene Ausbreitung *f* [Aussaat *f*, Verbreitung *f*, Streuung *f*]
haematogenic spread of cancer hämatogene Krebsausbreitung *f*, Metastasierung *f* auf dem Blutweg
haematogenous 1. hämatogen, aus dem Blut stammend; 2. hämatogen, durch den Blutkreislauf verteilt; über das Blut verstreut; 3. hämatogen, hämatopoetisch, Blut bildend; Hämatogenese..., Hämatopoese..., Blutbildungs...
haematogenous pigment hämatogenes Pigment *n*
haematogenous tuberculosis hämatogene Tuberkulose *f*
haematogone *s.* haemocytoblast
haematohidrosis *s.* haemathidrosis
haematohistioblast Häm(at)ohistioblast *m*
haematohyaloid der hyalinen Degeneration unterliegend *(z. B. ein Thrombus)*
haematoid blutartig; Blut...
haematoidin Hämatoidin *n (Hämoglobinbestandteil)*
haematokolpos *s.* haematocolpos
haematologic hämatologisch
haematologic death syndrome *(Rad)* tödliches (hämatologisches) Strahlensyndrom *n (bei Strahlenbelastung über 200 rad)*
haematologic effect *(Rad)* hämatologischer Effekt *m (der Strahlung auf Blutzellen)*
haematologic pathology Häm(at)opathologie *f*, Blutkrankheitslehre *f*
haematologic study hämatologische Untersuchung *f*
haematologic unit hämatologische Abteilung *f*
haematologist Hämatologe *m*, Blutspezialist *m*
haematology Hämatologie *f*, Blutlehre *f*
haematolymphangioma Hämatolymphangiom *n*
haematolymphuria Hämatolymphurie *f*, Blut- und Lymphausscheidung *f* im Urin
haematolysis *s.* haemolysis
haematolytic *s.* haemolytic
haematoma Hämatom *n*, Bluterguss *m*
haematoma mole Hämatommole *f*, Blutmole *f*
haematoma of the ear Ohrhämatom *n*
haematoma of the kidney Nierenhämatom *n*, renales Hämatom *n*
haematoma resolution [resolving] Hämatomauflösung *f*
haematomanometer Hämomanometer *n*, Sphygmomanometer *n*
haematomediastinum Häm(at)omediastinum *n*
haematomatous Hämatom..., Bluterguss...

haematometer *s.* 1. haemoglobinometer; 2. haemacytometer; 3. haemodynamometer
haematometra Häm(at)ometra *f*, Uterushämatom *n*, Gebärmutter(ein)blutung *f*, Blutansammlung *f* in der Gebärmutter
haematometrium *s.* haematometra
haematometry Hämatometrie *f*
haematomole Hämatommole *f*, Blutmole *f*
haematomphalocele Hämatomphalozele *f*
haematomyelia Hämatomyelie *f*, Rückenmark(ein)blutung *f*, Spinalapoplexie *f*
haematomyelitis Hämatomyelitis *f*, Rückenmarkentzündung *f* mit Einblutung
haematomyelopore Hämatomyelopore *f*
haematonephrosis Hämatonephrose *f*, Blutansammlung *f* im Nierenbecken
haematonic *s.* haematinic
haematopathology Hämatopathologie *f*
haematopathy *s.* haemopathy
haematopenia Hämatopenie *f*, Blutmangel *m*
haematopericardium Häm(at)operikard *n*
haematoperitoneum Häm(at)operitoneum *n*, Hämaskos *m*, Bauchhöhlenbluterguss *m*
haematophage Hämatophage *m*
haematophagia Häm(at)ophagie *f*
haematophagocyte Häm(at)ophagozyt *m (Erythrozyten zerstörender Makrophage)*
haematophagous hämatophagisch, sich von Blut ernährend
haematophagy *s.* haematophagia
haematophilia Häm(at)ophilie *f*, Blutungsneigung *f*
haematoplastic *s.* haemopoietic
haematopoiesis *s.* haemopoiesis
haematopoietic hämatopoetisch, Blut bildend; Häm(at)opoese..., Blutbildungs...
haematopoietic growth factor hämatopoetischer Wachstumsfaktor *f (stimuliert die Blutzellenproliferation)*
haematopoietic stem cell hämatopoetische Stammzelle *f*
haematopoietic syndrome hämatopoetisches Syndrom *n*
haematopoietic system hämatopoetisches System *n*
haematopoietin Hämatopoietin *n*, Erythropoietin *n*
haematoporphyria Hämatoporphyrie *f*, Porphyrie *f (angeborene Stoffwechselkrankheit)*
haematoporphyrin Hämatoporphyrin *n (Blutfarbstoff)*
haematoporphyrin derivative Hämatoporphyrinderivat *n*
haematoporphyrinaemia Hämatoporphyrinämie *f*, Vorhandensein *n* von Hämatoporphyrin im Blut
haematoporphyrinism Hämatoporphyrinismus *m*
haematoporphyrinuria Hämatoporphyrinurie *f*, Porphyrinurie *f*, Porphyrinausscheidung *f* im Urin
haematopsia *s.* haemophthalmia
haematorrhachis Hämatorrhachis *f*, Rückenmarkhaut(ein)blutung *f*
haematorrhoea Hämatorrhoe *f*, Blutsturz *m*, starke Blutung *f*
haematosalpinx Häm(at)osalpinx *f*
haematoscheocele Hämatoscheozele *f*, Blutansammlung *f* im Skrotum
haematoscope Hämatoskop *n (Instrument zur Blutuntersuchung)*
haematose blutgefüllt, blutig
haematosepsis *s.* septicaemia
haematosis 1. Hämatose *f*, Blutbildung *f*, Hämatopoese *f*, 2. Blutoxygenation *f*, O_2-Anreicherung *f* des Blutes
haematospectrophotometer Hämatospektrophotometer *n (zur Hämoglobingehaltmessung)*
haematospectroscope Hämatospektroskop *n*
haematospectroscopic hämatospektroskopisch
haematospectroscopy *(Lab)* Hämatospektroskopie *f*

haematospermatocele Hämatospermatozele *f*, Blut enthaltender Samenstrangbruch *m*
haematospermia Häm(at)ospermie *f*
haematostatic hämostatisch; Hämatostase…, Blutstillungs…
haematostaxis Hämatostaxis *f (Blutung infolge Bluterkrankung)*
haematosteum Hämatosteum *n*, Hämatosteon *n (Einblutung in die Knochenmarkhöhle)*
haematotherapy Häm(at)otherapie *f*
haematothermal *s.* homoeothermal
haematothorax Häm(at)othorax *m*
haematotoxic häm(at)otoxisch
haematotoxicosis Häm(at)otoxikose *f (Schädigung des Blutbildungssystems durch Giftstoffe)*
haematotoxin Hämatotoxin *n*
haematotrachelos Hämatotrachelos *m*
haematotropic *s.* haemotropic
haematotympanum Häm(at)otympanum *n*
haematoxic häm(at)otoxisch
haematoxylin Hämatoxylin *n (Farbstoff)*
haematoxylin-eosin Hämatoxylin-Eosin *n (histologischer Farbstoff)*
haematoxylin-eosin stain *(Histol)* Hämatoxylin-Eosin-Färbung *f*
haematozaemia stufenweiser Blutverlust *m*
haematozoa *pl s.* haematozoon
haematozoon Hämatozoon *n*, Blutparasit *m*, Blutschmarotzer *m*
haematuresis *s.* haematuria
haematuria Hämaturie *f*, Blutharnen *n*; blutiger Harn *m*
haemazoin Hämazoin *n (Malariapigment)*
haeme Häm *n*
haeme oxygenase Hämoxygenase *f (Enzym)*
haeme synthase Ferrochelatase *f (Enzym)*
haemendothelioma Hämangioendotheliom *n*
haemerythrin Hämerythrin *n*
haemic aus dem Blut stammend, zum Blut gehörend; Blut…
haemic distomiasis *s.* schistosomiasis
haemic murmur Blutströmungsgeräusch *n*
haemichrome Hämichrom *n (oxidiertes Methämoglobinderivat)*
haemidrosis *s.* haemathidrosis
haemin Hämin *n*, Protohämin *n*, Eisen(III)-protoporphyrinchlorid *n*
haemin crystals Häminkristalle *mpl*, Teichmann'sche Kristalle *mpl*
haemisotonic hämoisotonisch *(mit gleichem osmotischem Druck wie das Blut)*
haemo… *s.* haemato…
haemoaccess arteriovenöser Shunt *m*, Dialyse-Shunt *m*
haemoagglutination *s.* haemagglutination
haemoagglutinin *s.* haemagglutinin
haemoalkalimeter Hämoalkalimeter *n*, Blutalkalimessgerät *n*
haemoalkalimetry Hämoalkalimetrie *f*, Blutalkalimessung *f*
haemoantitoxin Hämoantitoxin *n*
Haemobartonella Haemobartonella *f*
haemobartonellosis Hämobartonellosis *f*
haemobilia Hämobilie *f*, Vorhandensein *n* von Blut in den Gallenwegen
haemobilinuria Hämobilinurie *f (Vorhandensein von Urobilin im Urin)*
haemobilirubin Hämobilirubin *n*
haemoblast 1. Häm(at)oblast *m*, Proerythroblast *m*; 2. Hämotoblast *m*, Blutplättchen *n*, Thrombozyt *m (Zusammensetzungen siehe unter: thrombocyte und platelet)*
haemoblastic leukaemia Hämo(zyto)blastenleukämie *f*, Stammzellenleukämie *f*, Blutstammzellenleukämie *f*
haemoblastosis Hämoblastose *f (Proliferation des Blut bildenden Gewebes)*
haemocatheresis Hämolyse *f*, Hämozytocatheresis *f*
haemocele Hämozölom *n*
haemochezia Hämochezia *f*, Blutstuhl *m*
haemocholecyst Hämatocholezystis *f (Blutansammlung in der Gallenblase)*
haemocholecystitis Hämatocholezystitis *f (Gallenblasenentzündung mit Blutansammlung in der Gallenblase)*
haemochorial hämochorial
haemochromatosis Hämochromatose *f (Eisenstoffwechselstörung mit Eisenablagerung in den Organen)*
haemochromatotic Hämochromatose…
haemochrome Hämochrom *n*, Blutfarbstoff *m*
haemochromogen Hämochromogen *n (Blutfarbstoffabbauprodukt)*
haemochromometer *s.* haemoglobinometer
haemocidal blutzellenzerstörend; blutzerstörend
haemoclasis Hämoklasie *f*, Erythrozytenzerstörung *f*, Erythrozytenzerplatzen *n*
haemoclastic hämoklastisch, erythrozytenzerstörend
haemoclip Hämoclip *m (zur Abbindung kleiner Blutgefäße)*
haemocoagulation Hämokoagulation *f*, Blutgerinnung *f*
haemocoagulin Hämokoagulin *n (Schlangengiftbestandteil)*
haemocoagulograph Hämokoagulograph *m (zur grafischen Darstellung der Blutgerinnung)*
haemocoelom(a) Hämozölom *n*
haemoconcentration Hämokonzentration *f*, Bluteindickung *f*
haemoconia Hämokonie *f*, Blutstäubchen *n*
haemoconiosis Hämokoniose *f*, Hämokonienhäufung *f* im Blut
haemocryoscopy Hämokryoskopie *f (1. Kryoskopie des Blutes; 2. Gefrierpunktbestimmung des Blutes)*
haemoculture Blutkultur *f*
haemocuprein Hämokuprein *n (Erythrozytenkupferproteid)*
haemocyanin Hämozyanin *n*
haemocyte Hämozyt *m*, Blutzelle *f*, Blutkörperchen *n*
haemocytoblast Hämozytoblast *m (Blutstammzelle)*
haemocytoblastic hamozytoblastlsch, blutzellenbildend
haemocytoblastic leukaemia *s.* haemoblastic leukaemia
haemocytoblastoma *(Path)* Hämozytoblastom *n*
haemocytocatheresis Hämolyse *f*, Hämozytocatheresis *f*
haemocytogenesis Hämozytogenese *f*, Hämozytopoese *f*, Blut(zellen)bildung *f*
haemocytology Hämozytologie *f*
haemocytolysis Hämozytolyse *f*, Blutkörperchenauflösung *f*, Hämolyse *f*
haemocytoma Hämozytom *n*
haemocytometer *s.* haemacytometer
haemocytometry *s.* haemacytometry
haemocytophagia *s.* haemophagocytosis
haemocytopoiesis *s.* haemocytogenesis
haemocytotripsis Hämozytotripsis *f (Erythrozytenzerstörung durch Druck)*
haemocytozoon Hämozytozoon *n*, Erythrozytenparasit *m*
haemodiafiltration Hämodiafiltration *f*, Highflux-Hämodiafiltration *f*
haemodiagnosis Hämodiagnose *f*, Blutdiagnose *f*
haemodialysis Hämodialyse *f*, Dialyse *f*, Blutdialyse *f*, Blutwäsche *f*
haemodialysis patient Hämodialysepatient *m*, Dialysepatient *m*

haemodialysis technician Hämodialysetechniker *m*, Dialysetechniker *m*
haemodialyze *v* dialysieren, eine Hämodialyse [Dialyse] durchführen
haemodialyzer Dialysegerät *n*, Dialysierapparat *m*, künstliche Niere *f*
haemodiapedesis Hämodiapedese *f (Blutdurchtritt durch die Haut)*
haemodiastase Blutdiastase *f*, Serumamylase *f (Enzym)*
haemodilution Hämodilution *f*, Blutverdünnung *f*
haemodromograph Hämodromograph *m*, Blutflussschreiber *m*
haemodromometer Hämodromometer *n*, Blutflussmessgerät *n*
haemodromometry Hämodromometrie *f*, Blutflussmessung *f*
haemodynamic hämodynamisch; Blutströmungs...
haemodynamic laboratory hämodynmisches Labor *n*, Hämodynamiklabor *n*
haemodynamics Hämodynamik *f*, Blutströmungslehre *f*
haemodynamometer Hämodynamometer *n*, Blutdruckmessgerät *n*, Blutdruckmesser *m*
haemodynamometry Hämodynamometrie *f*, Blutdruckmessung *f*
haemodyscrasia Häm(at)odyskrasie *f*
haemodystrophy Hämodystrophie *f*
haemoendothelial hämoendothelial
haemofilter Hämofilter *m*, Blutfilter *m*
haemofiltration Hämofiltration *f*
haemoflagellates *(Trop)* Hämoflagellaten *mpl (Trypanosomen und Leishmanien)*
haemofuscin Hämofuszin *n (Hämatinabbauprodukt)*
haemogenesis *s.* haematogenesis
haemogenic 1. hämatogen, aus dem Blut stammend; 2. hämatogen, durch den Blutkreislauf verteilt; über das Blut verstreut; 3. hämatogen, hämatopoetisch, Blut bildend; Hämatogenese..., Hämatopoese..., Blutbildungs...
haemoglobin Hämoglobin *n*, Hb, Eisen(II)-Hämoglobin *n (roter Blutfarbstoff)* • **test (the blood) for haemoglobin** eine Hämoglobinbestimmung [Hb-Bestimmung] vornehmen, den Hb-Gehalt (des Blutes) bestimmen
haemoglobin A Hämoglobin *n* A, HbA
haemoglobin A_1c Hämoglobin *n* A_1c, HbA_1c
haemoglobin A_2 Hämoglobin *n* A_2, HbA_2
haemoglobin Anti-Lepore Hämoglobin *n* Anti-Lepore
haemoglobin C Hämoglobin *n* C, HbC
haemoglobin C disease Hämoglobin-C-Krankheit *f (leichte chronische hämolytische Anämie)*
haemoglobin C Georgetown Hämoglobin *n* C Georgetown
haemoglobin C Harlem Hämoglobin *n* C Harlem
haemoglobin cast Hämoglobinzylinder *m*
haemoglobin Chesapeake Hämoglobin *n* Chesapeake
haemoglobin concentration Hämoglobinkonzentration *f*
haemoglobin Constant Spring Hämoglobin *n* Constant Spring
haemoglobin content *s.* haemoglobin level
haemoglobin D Hämoglobin *n* D, HbD
haemoglobin D Punjab Hämoglobin *n* D Punjab
haemoglobin E Hämoglobin *n* E, HbE
haemoglobin E disease Hämoglobin-E-Krankheit *f (milde hypochrome mikrozytäre Anämie)*
haemoglobin electrophoresis Hämoglobinelektrophorese *f*
haemoglobin F Hämoglobin *n* F, HbF, fetales Hämoglobin *n*, Fetalhämoglobin *n*
haemoglobin G Hämoglobin *n* G, HbG
haemoglobin Gower Hämoglobin *n* Gower
haemoglobin Gun Hill Hämoglobin *n* Gun Hill
haemoglobin H Hämoglobin *n* H, HbH *(bei Thalassämie)*
haemoglobin I Hämoglobin *n* I, HbI
haemoglobin J Capetown Hämoglobin *n* J Capetown
haemoglobin Kansas Hämoglobin *n* Kansas
haemoglobin Kenya Hämoglobin *n* Kenia
haemoglobin Köln Hämoglobin *n* Köln
haemoglobin Lepore Hämoglobin *n* Lepore
haemoglobin level Hämoglobingehalt *m*, Hämoglobinspiegel *m*, Hämoglobin *n*
haemoglobin M Hämoglobin *n* M, HbM
haemoglobin M disease Hämoglobin-M-Krankheit *f*, angeborene Methämoglobinämie *f*
haemoglobin oxygen saturation Hämoglobinsauerstoffsättigung *f*, Sauerstoffsättigung *f* des Hämoglobins
haemoglobin Portland Hämoglobin *n* Portland
haemoglobin Rainier Hämoglobin *n* Rainier
haemoglobin S Hämoglobin *n* S, HbS, Sichelzellenhämoglobin *n*
haemoglobin saturation Hämoglobinsättigung *f*
haemoglobin SC *s.* haemoglobin S
haemoglobin SC disease Hämoglobin-S-C-Krankheit *f*, Sichelzellen-Hb-C-Krankheit *f*
haemoglobin Seattle Hämoglobin *n* Seattle
haemoglobin Yakima Hämoglobin *n* Yakima
haemoglobinaemia Hämoglobinämie *f*, Vorhandensein *n* von Hämoglobin im Plasma
haemoglobinated hämoglobinhaltig, Hämoglobin enthaltend
haemoglobiniferous hämoglobintragend, hämoglobintransportierend; hämoglobinliefernd
haemoglobinocholia Hämoglobinocholie *f (Vorhandensein von Hämoglobin in der Galle)*
haemoglobinogenous hämoglobinbildend, hämoglobinproduzierend
haemoglobinolysis Hämoglobinolyse *f*, Hämoglobinauflösung *f*, Hämoglobin(auf)spaltung *f*
haemoglobinometer Hämoglobinometer *n*, Hämochromometer *n*, Blutfarbstoff(gehalt)messer *m*
haemoglobinometric hämoglobinometrisch, blutfarbstoffmessend, hämoglobinbestimmend
haemoglobinometry *(Lab)* Hämoglobinometrie *f*, Blutfarbstoffmessung *f*, Hämoglobin(gehalt)bestimmung *f*
haemoglobinopathy Hämoglobinopathie *f*, Hämoglobinkrankheit *f*
haemoglobinopepsia *s.* haemoglobinolysis
haemoglobinophilic hämoglobinophil, auf Blut wachsend, Blut benötigend
haemoglobinous hämoglobinhaltig, Hämoglobin enthaltend
haemoglobinuria Hämoglobinurie *f*, Hämoglobinausscheidung *f* im Urin
haemoglobinuric hämoglobinurisch; Hämoglobinurie...
haemoglobinuric fever *(Trop)* Schwarzwasserfieber *n*
haemoglobinuric nephrosis hämoglobinurische Nephrose *f*
haemogram Hämogramm *n*, Blutbild *n*; Differenzialblutbild *n*
haemohistioblast Hämohistioblast *m*, Ferrata-Zelle *f*
haemohydrosalpinx Hämohydrosalpinx *f*, Ansammlung *f* von blutiger Flüssigkeit im Eileiter
haemokinesis Blutzirkulation *f*, Blutkreislauf *m*
haemokinetic Blutkreislauf...
haemolipase Blutlipase *f (Enzym)*
haemolith Hämolith *m*, Blutkonkrement *n*, Blutstein *m*
haemolymph Hämolymphe *f*, Blutlymphe *f*
haemolymph node Hämolymphknoten *m*, Blutlymphknoten *m*
haemolymphangioma Hämolymphangiom *n (Geschwulst aus Blut- und Lymphgefäßen)*

haemolysate Hämolysat *n*
haemolysin Hämolysin *n*, Erythro(zyto)lysin *n (Blutkörperchenzerfall bewirkender Serumkörper)*
haemolysinogen Hämolysinogen *n (antigenes Material der Erythrozyten)*
haemolysis Hämolyse *f*, Hämozytolyse *f*, Erythro(zyto)lyse *f (Hämoglobinaustritt aus den Erythrozyten)*; Blutkörperchenauflösung *f*, Erythrozytenzerfall *m*
haemolytic hämolytisch, blutauflösend; Hämolyse...
haemolytic activity Hämolyseaktivität *f*, hämolytische Aktivität *f*
haemolytic anaemia Hämolyseanämie *f*, hämolytische Anämie *f*
haemolytic anaemia of pregnancy Schwangerschaftsmegaloblastenanämie *f*
haemolytic antibody Hämolyseantikörper *m*, hämolytischer Antikörper *m*
haemolytic disease of the newborn Erythroblastosis *f* fetalis [neonatorum], Neugeborenenerythroblastose *f*
haemolytic glaucoma Hämolyseglaukom *n*
haemolytic index Hämolyseindex *m*
haemolytic jaundice 1. hämolytischer Ikterus *m*, Hämolysegelbsucht *f*; 2. *s.* haemolytic splenomegaly
haemolytic shock hämolytischer Schock *m*, Hämolyseschock *m*
haemolytic splenomegaly Sphärozytenanämie *f*, Kugelzellenanämie *f*, hereditäre Sphärozytose *f*, familiärer hämolytischer Ikterus *m*
haemolytic streptococcus Streptococcus *m* haemolyticus [epidemicus]
haemolytic transfusion reaction hämolytische Transfusionsreaktion *f*
haemolytic uraemia syndrome hämolytisches Urämiesyndrom *n*, HUS
haemolyzable hämolysierbar, hämolysefähig
haemolyzation Hämolysierung *f*, Hämolyseauslösung *f*
haemolyze *v* hämolysieren, Hämolyse bewirken
haemomanometer Hämomanometer *n*, Blutdruckmessgerät *n*, Blutdruckmesser *m*
haemomediastinum Hämomediastinum *n*, Mediastinumbluterguss *m (Blutansammlung im Mittelfellraum)*
haemometra *s.* haematometra
haemometry *s.* 1. haemoglobinometry; 2. haemacytometry; 3. haemodynamometry
haemomyelogram Hämomyelogramm *n*, Knochenmarkdifferenzialblutbild *n*, Knochenmarkdifferenzierung *f*
haemonephrosis Häm(at)onephrose *f*
haemopathic hämopathisch; Hämopathie..., Blutkrankheits...
haemopathology Häm(at)opathologie *f*, Blutkrankheitslehre *f*
haemopathy Hämopathie *f*, Blutkrankheit *f*, Blutleiden *n*
haemoperfusion Hämoperfusion *f*
haemoperfusion cartridge Hämoperfusionspatrone *f*, Hämoperfusionskapsel *f*
haemoperfusion treatment Hämoperfusionsbehandlung *f*
haemopericardium 1. Häm(at)operikard *n*, Herzbeutelbluterguss *m (Blutansammlung im Herzbeutel)*; 2. Herzbeuteltamponade *f*
haemoperitoneum Hämoperitoneum *n*, Hämaskos *m*, Bauchhöhlenbluterguss *m (Blutansammlung in der Peritonealhöhle)*
haemopexin Hämopexin *n (Plasmaglykoproteid)*
haemophage Hämophage *m*, Hämatophage *m*, Erythrozytenfresszelle *f*
haemophagia Hämophagie *f*, Erythrozytenphagozytose *f*
haemophagic 1. häm(at)ophagisch, erythrozytenzerstörend; 2. hämophagisch, Blut saugend
haemophagocyte Hämophagozyt *m*, Erythrozytenfresszelle *f*
haemophagocytic 1. hämophagozytisch, Erythrozyten fressend; Hömophagozyten...; 2. Hämophagozytose...
haemophagocytosis Hämophagozytose *f*, Erythrozytenzerstörung *f* durch Phagozyten
haemophagous *s.* haemophagic
haemophil 1. hämophil, sich von Blut ernährend; auf Blutkultur wachsend; 2. hämophiler [sich von Blut ernährender] Organismus *m*
haemophilia Hämophilie *f*, Bluterkrankheit *f*
haemophilia A Hämophilie *f* A, Blutgerinnungsfaktor-VIII-Mangel *m*
haemophilia B Hämophilie *f* B, Blutgerinnungsfaktor-IX-Mangel *m*, Christmas-Faktormangel *m*, Christmas-Krankheit *f*
haemophilia C Hämophilie *f* C, Blutgerinnungsfaktor-XI-Mangel *m*, Rosenthal-Syndrom *n*
haemophiliac Hämophile(r) *m*, Bluter *m*, an Hämophilie Leidende(r) *m*
haemophilic 1. hämophil; Hämophilie...; 2. hämophil, Blut bevorzugend, sich von Blut ernährend; auf Blutkulturen wachsend
haemophilic factor A [VIII] antihämophiles Globulin *n* A, AHG, Blutgerinnungsfaktor *m* VIII
haemophilic factor B [IX] antihämophiles Globulin *n* B, Blutgerinnungsfaktor *m* IX, Plasma-Thromboplastin-Komponente *f*, PTC, Christmas-Faktor *m*
haemophilic factor C [XI] Blutgerinnungsfaktor *m* XI, Plasma-Thromboplastin-Antezedent *n*, PTA
haemophiloid hämophiloid, hämophilieartig, der Hämophilie ähnlich
Haemophilus aegypticus Haemophilus *m* aegypticus
Haemophilus aphrophilus Haemophilus *m* aphrophilus
Haemophilus bronchisepticus Haemophilus *m* bronchisepticus
Haemophilus ducreyi Haemophilus *m* ducreyi
Haemophilus haemolyticus Haemophilus *m* haemolyticus
Haemophilus influenzae Haemophilus *m* influenzae
Haemophilus parainfluenzae Haemophilus *m* parainfluenzae
Haemophilus paraphrophilus Haemophilus *m* paraphrophilus
Haemophilus pertussis Haemophilus *m* pertussis
Haemophilus suis Haemophilus *m* suis
Haemophilus vaginalis Haemophilus *m* vaginalis
haemopneumopericardium Hämopneumoperikard(ium) *n (Blut- und Luftansammlung im Herzbeutel)*
haemophobia Hämophobie *f*, Blutabscheu *m*, Blutekel *m*
haemophthalmia Hämophthalmie *f*, Blutung *f* im Auge; Glaskörper(ein)blutung *f*
haemophthalmitis Hämophthalmitis *f*
haemophthalmos Hämophthalmos *m*, Hämophthalmus *m*, Blutauge *n*
haemophthalmus *s.* haemophthalmos
haemophthisis Hämophthise *f*, Anämie *f*, Blutarmut *f*
haemopiezometer Hämopiezometer *n*, Blutdruckmessgerät *n*
haemoplastic hämoplastisch, Blut bildend; Blutbildungs..., Hämatopoese...
haemopleura *s.* haemothorax
haemopneumopericardium Hämopneumoperikard *n (Blut- und Luftansammlung im Herzbeutel)*
haemopneumothorax Hämopneumothorax *m (Blut- und Luftansammlung im Pleuraspalt)*
haemopoiesis Hämatopoese *f*, Blutbildung *f*
haemopoietic häm(at)opoetisch, Blut bildend
haemopoietic marrow hämopoetisches Knochenmark *n*, Blutbildungs(knochen)mark *n*

haemopoietic stem cell Blut(bildungs)stammzelle *f*
haemopoietic system Blutbildungssystem *n*, hämopoetisches System *n*
haemopoietic system disease hämopoetische Systemkrankheit *f*, Blutbildungssystemkrankheit *f*
haemopoietic tissue Blutbildungsgewebe *n*
haemopoietin 1. Hämopoetin *n (Blutbildungswirkstoff)*; 2. *s.* intrinsic factor
haemoporphyrin Häm(at)oporphyrin *n*
haemoposia Hämatophagie *f*
haemoprecipitin Häm(at)opräzipitin *n*, Blutpräzipitin *n*
haemoproctia Hämoproktie *f*, Rektumblutung *f*
haemoprotein Hämoprotein *n*
haemoprotozoon *(Paras)* Hämoprotozoon *n*
haemopsin Hämopsin *n*
haemoptoic Hämoptyse…
haemoptysic Hämoptyse…
haemoptysis Hämoptysis *f*, Hämoptoe *f*, Blutspucken *n*, Bluthusten *n*
haemopyelectasis Hämopyelektasie *f (Nierenbeckenerweiterung mit Blutansammlung)*
haemorepellant das Blut abstoßend, die Blutanlagerung verhindernd
haemorepellant agent die Blutanlagerung verhindernder Stoff *m*
haemorheology *s.* haemorrheology
haemorrhachis Hämorrhachis *f*, Hämatomyelie *f*
haemorrhage *v* bluten
haemorrhage Hämorrhagie *f*, Blutung *f*, Blutausfluss *m*
haemorrhage into the hypophysis Hypophyseneinblutung *f*
haemorrhage into the knee joint cavity Kniegelenk(ein)blutung *f*
haemorrhagenic eine Blutung bewirkend, blutungsauslösend
haemorrhagic hämorrhagisch; Hämorrhagie…, Blutungs…
haemorrhagic abscess hämorrhagischer Abszess *m*, Blutungsabszess *m*
haemorrhagic anaemia hämorrhagische Anämie *f*, Blutungsanämie *f*
haemorrhagic ascites hämorrhagischer [blutiger] Aszites *m*
haemorrhagic bronchitis hämorrhagische Bronchitis *f*, Bronchitis *f* haemorrhagica
haemorrhagic cystitis Cystitis *f* haemorrhagica
haemorrhagic diathesis Blutungsneigung *f*, Blutungsbereitschaft *f*, hämorrhagische Diathese *f*
haemorrhagic disease Bluterkrankheit *f*, Blutungsleiden *n*
haemorrhagic disease of newborn Morbus *m* haemorrhagicus [maculosus] neonatorum
haemorrhagic encephalitis hämorrhagische Enzephalitis *f*, Encephalitis *f* haemorrhagica
haemorrhagic familial angiomatosis familiäre hämorrhagische Angiomatose *f*, Osler-Weber-Rendu-Syndrom *n*
haemorrhagic fever epidemisches hämorrhagisches Fieber *n*
haemorrhagic gastritis hämorrhagische Gastritis *f*, Gastritis *f* haemorrhagica
haemorrhagic infarct hämorrhagischer [roter] Infarkt *m*, Blutungsinfarkt *m*
haemorrhagic internal pachymeningitis Pachymeningitis *f* haemorrhagica interna; chronisches subdurales Hämatom *n*
haemorrhagic jaundice hämorrhagische Gelbsucht *f*, hämorrhagischer Ikterus *m*
haemorrhagic lung hämorrhagische Lunge *f*, Blutfülle *f* in der Lunge
haemorrhagic measles hämorrhagische [schwarze] Masern *pl*
haemorrhagic nephrosonephritis akute hämorrhagische Nephrosonephritis *f*, Nephropathia *f* epidemica, epidemisches hämorrhagisches Fieber *n* mit renalem Syndrom
haemorrhagic osteomyelitis Osteitis *f* fibrosa cystica
haemorrhagic pachymeningitis *s.* haemorrhagic internal pachymeningitis
haemorrhagic pancreonecrosis hämorrhagische Pankreasnekrose *f*
haemorrhagic pericarditis hämorrhagische Perikarditis *f*, Pericarditis *f* haemorrhagica
haemorrhagic peritonitis hämorrhagische Peritonitis *f*, Peritonitis *f* haemorrhagica
haemorrhagic pian Verruga *f* peruana
haemorrhagic plague Bubonenpest *f*, schwarze Pest *f*
haemorrhagic pleurisy hämorrhagische Brustfellentzündung *f*, Pleuritis *f* haemorrhagica
haemorrhagic polioencephalitis hämorrhagische Polioenzephalitis *f*, Polioencephalitis *f* haemorrhagica, Entzündung *f* der grauen Hirnsubstanz mit Blutung
haemorrhagic poliomyelitis hämorrhagische Poliomyelitis *f*, Poliomyelitis *f* haemorrhagica
haemorrhagic purpura hämorrhagische [idiopathische thrombozytopenische] Purpura *f*
haemorrhagic rhinitis Rhinitis *f* haemorrhagica
haemorrhagic salpingitis *s.* haemosalpinx
haemorrhagic scurvy hämorrhagischer Skorbut *m*, infantiler Skorbut *m*
haemorrhagic shock Blutungsschock *m*, hämorrhagischer Schock *m*
haemorrhagic tendency *s.* haemorrhagic diathesis
haemorrhagic thrombocythaemia hämorrhagische Thrombozythämie *f*
haemorrhagic urticaria hämorrhagische Urtikaria *f*, Urticaria *f* haemorrhagica
haemorrhagic zoster Zoster *m* haemorrhagicus
haemorrhagin Hämorrhagin *n (Endothelgift)*
haemorrheological hämorrheologisch
haemorrheology Hämorrheologie *f*, Blutströmungslehre *f*
haemorrhoid Hämorrhoide *f*, Hämorrhoidenknoten *m*
haemorrhoidal hämorrhoidal; Hämorrhoiden…
haemorrhoidal bleeding Hämorrhoidenblutung *f*
haemorrhoidal forceps Hämorrhoiden(fass)zange *f*, Hämorrhoidenklemme *f*
haemorrhoidal haemorrhage Hämorrhoidenblutung *f*
haemorrhoidal ligator Hämorrhoidenligator *m*, Hämorrhoidenunterbindungsinstrument *n*
haemorrhoidal plexus Hämorrhoidalplexus *m*, Plexus *m* haemorrhoidalis [venosus rectalis]
haemorrhoidal prolapse Hämorrhoidenprolaps *m*, Hämorrhoidenvorfall *m*; prolabierte [vorgefallene] Hämorrhoiden *fpl*
haemorrhoidal ring *s.* haemorrhoidal zone
haemorrhoidal tag Mariske *f*
haemorrhoidal thrombosis Hämorrhoidalthrombose *f*
haemorrhoidal zone Hämorrhoidenring *m*, Zona *f* haemorrhoidalis
haemorrhoidectomy Hämorrhoidektomie *f*, (operative) Hämorrhoidenentfernung *f*
haemosalpinx Hämatosalpinx *f*, Eileiter(ein)blutung *f*, Tubenhämatom *n*; Salpingitis *f* haemorrhagica
haemosialemesis Hämosialmesis *f*, Blut- und Speichelerbrechen *n*
haemosiderin Hämosiderin *n (Hämoglobinabbauprodukt)*
haemosiderinuria Hämosiderinurie *f*, Hämosiderinausscheidung *f* im Urin
haemosiderosis Hämosiderose *f*, Hämosiderinablagerung *f* im Gewebe

haemosiderotic 1. hämosiderotisch; Hämosiderin…; 2. Hämosiderose…
haemosiderotic glaucoma hämosiderotisches Glaukom *n*, Hämosideringlaukom *n*
haemospermia Häm(at)ospermie *f (Vorhandensein von Blut im Samen)*; blutiges Ejakulat *n*
haemospor(id)ian Hämosporin…, Hämosporidium…
haemosporidium Hämosporidium *n*
haemosporin Hämosporidium *n*
haemostasis 1. Hämostase *f*, Blutstillung *f*; 2. Blutstau *m*, Blutstauung *f*, Blutstockung *f*
haemostat *(Chir)* Gefäßklemme *f*, Arterienklemme *f*; Elektrokoagulator *m*
haemostatic 1. blutstillend, hämostatisch, hämostyptisch, antihämorrhagisch; 2. Blutstau…, Blutstauungs…, Blutstockungs…
haemostatic (agent) Hämostatikum *n*, Hämostyptikum *n*, Antihämorrhagikum *n*, blutstillendes Mittel *n*
haemostatic catheter Tamponadekatheter *m*
haemostatic chisel Blutstillungsmeißel *m*
haemostatic cotton blutstillende Watte *f*
haemostatic forceps Arterienklemme *f*, Gefäßklemme *f*
haemostatic sponge Hämostaseschwamm *m*
Haemostrongylus vasorum Haemostrongylus *m* [Angiostrongylus *m*] vasorum
haemostylet Hämostilett *n*
haemostyptic *s.* haemostatic
haemotachometer Hämotachometer *n*, Blutfluss(raten)-messgerät *n*
haemotachometry Hämotachometrie *f*, Blutflussmessung *f*
haemotherapeutics *s.* haemotherapy
haemotherapy Hämotherapie *f*, Bluttherapie *f (Behandlung mit Blut und Blutbestandteilen)*
haemothorax Häm(at)othorax *m (Blutansammlung im Pleuraraum)*
haemothymia Hämothymie *f*
haemotoxic häm(at)otoxisch, bluttoxisch, blutgiftig
haemotoxicity Hämotoxizität *f*, Blutgiftigkeit *f*
haemotoxin Hämotoxin *n*, Blutgift *n*; Hämolysgift *n*
haemotransfusion shock Bluttransfusionsschock *m*, Posttransfusionsschock *m*
haemotroph(e) *s.* haemotrophic nutrition
haemotrophic hämotroph
haemotrophic nutrition hämotrophe Ernährung *f*, Hämotroph *n (Blutversorgung und gesamte Ernährung des Fetus während der Schwangerschaft)*
haemotropic hämotrop, blutbevorzugend, blutliebend *(z. B. Parasiten)*
haemotympanum Häm(at)otympanum *n*, Trommelfell(ein)blutung *f (Blutansammlung in der Paukenhöhle)*
haemozoic Hämatozoon…
haemozoic Hämatozoon *n*
haemozoin Hämozoin *n (Malariapigment)*
haemozoon Hämatozoon *n*
haemuresis Hämaturie *f (Ausscheidung von blutigem Urin)*; blutiger Urin *m*
Haenel's symptom Haenel'sches Symptom *n (bei Tabes dorsalis)*
haff disease *(Inf)* Haffkrankheit *f*
Haffkine's vaccine Haffkine-Vakzine *f*
Hafnia alvei Hafnia *f* alvei, Enterobacter *f* hafnia
Hageman factor Hageman-Faktor *m*, Blutgerinnungsfaktor *m* XII, Oberflächenfaktor *m*
hagiotherapy Hagiotherapie *f*
Haglund's deformity *s.* Hagelund's disease
Haglund's disease Haglund-Krankheit *f*, Hagelund'sche Ferse *f (oberer Kalkaneussporn)*
Hagner's disease hypertrophe pulmonale Osteoarthropathie *f*
hahnemannian Homöopathie…
hahnemannism Homöopathie *f*
Haily-Haily disease *(Derm)* Haily-Haily-Krankheit *f*, benigner familiärer Pemphigus *m*, Pemphigus *m* chronicus familiaris benignus
hair Haar *n*, Crinis *m*; Kopfhaar *n*
hair analysis Haaranalyse *f*
hair ball Trichobezoar *m*, Haarknäuel *n*, Haargeschwulst *f (im Magen)*
hair bulb Haarbulbus *m*, Bulbus *m* pili, Haarzwiebel *f*
hair canal Haar(wurzel)kanal *m*
hair cell Haarzelle *f*
hair colour Haarfarbe *f*
hair follicle Haarfollikel *m*, Haarbalg *m*
hair follicle mite Demodex *m* folliculorum
hair gland Haartalgdrüse *f*, Glandula *f* sebacea
hair matrix carcinoma Basalzellkarzinom *n*
hair papilla Haarpapille *f*, Papilla *f* pili
hair pulling Trichotillomanie *f*
hair root Haarwurzel *f*, Radix *f* pili
hair shaft Haarschaft *m*, Scapus *m* pili
hair tongue Haarzunge *f*, Lingua *f* villosa, Trichoglossie *f*
hair transplantation Haartransplantation *f*
hair whorls Haarwirbel *mpl*, Vortices *mpl* pilorum
hairache Haarwurzelschmerz *m*
hairdresser's dermatitis Frisör(kontakt)dermatitis *f*
hairless woman disease [syndrome] testikuläre Feminisierung *f*
hairline crack Haarriss *m (z. B. im Knochen)*
hairline fracture Haarlinienfraktur *f*, Knochenfissur *f*
hairpin-shaped haarnadelförmig
hairworm Trichostrongylus *m*
hairy cell leukaemia Haarzell-Leukämie *f*, leukämische Retikuloendotheliose *f*, lymphozytisches Lymphom *n*
hairy heart *(Path)* Zottenherz *n*, Cor *n* villosum
hairy leucoplakia Haarleukoplakie *f*, orale haarförmige Leukoplakie *f*
hairy naevus Haarnävus *m*, Naevus *m* pilosus
hairy tongue *s.* hair tongue
Hakim-Adams syndrome Hakim-Syndrom *n*, normotoner Hydrozephalus *m*
Hakim's syndrome *s.* Hakim-Adams syndrome
halazepam Halazepam *n (Benzodiazepin)*
halazone Halazon *n (zur Trinkwasserreinigung)*
Halberstaedter(-Prowazek) bodies Halberstädter-Prowazek'sche Einschlusskörperchen *npl*, Halberstädter-Prowazek-Körperchen *npl*, Trachomkörperchen *npl*, Trachomkörner *npl (im Zytoplasma fixiertes Trachomvirus)*
halcinoide Halcinoid *n (synthetisches Kortikosteroid)*
Haldane apparatus Haldane-Apparat *m*
Haldane chambre Haldane-Barcroft-Apparat *m*
Haldane effect Haldane-Effekt *m*
Haldane-Priestley sample Haldane-Priestley-Probe *f (der Alveolarluft endexspiratorisch)*
Haldane relationship Haldane-Beziehung *f (Enzymkinetik)*
Haldane transformation Haldane-Transformation *f*
Haldane tube Haldane-Rohr *n*
Hale's colloidal iron stain Hale'sche kolloidale Eisenfärbung *f*
halethazole Halethazol *n (Antiseptikum)*
half body irradiation Halbkörperbestrahlung *f*
half clasp Halbklammer *f*
half coping crown Halbkappenkrone *f*
half face Profil *n*, Gesichtsprofil *n*
half-life (period) Halbwert(s)zeit *f*, HWZ
half-moon Lunula *f*
half-normal saline 0,45ige Natriumchloridlösaung *f*
half retention Halbretention *f*

half shadow Halbschatten *m*
half sib(ling) Halbgeschwister *n*
half-time *s.* half-life
half tooth Halbzahn *m*
half-value layer Halbwertschicht *f*
half-vision *s.* hemianopsia
half wave Halbwelle *f*
haliphagia Haliphagie *f (übermäßiges Essen von Salz)*
halisteresis Halisterese *f*, Knochenentkalkung *f*, Kalksalzverlust *m* der Knochen
halisteretic Halisterese…
halitosis Halitosis *f*, Fötor *m* ex ore, übler Mundgeruch *m*
halituous mit Dampf bedeckt; mit Feuchtigkeit bedeckt
halitus Halitus *m*, Atemhauch *m*, Hauch *m*
hall of the ward Stationsflur *m*
hallation *(Neur)* Stammeln *n*
Hallberg effect Hallberg-Effekt *m*
Hallermann-Streiff-Francois syndrome Hallermann-Streiff-Francois-Syndrom *n*, Dyscephalia *f* mandibulo-oculofacialis *(angeborener Missbildungskomplex mit Schädel- und Gesichtsfehlbildungen)*
Hallermann-Streiff syndrome *s.* Hallermann-Streiff-Francois syndrome
Haller's annulus Haller'scher Anulus *m*
Haller's ansa Haller'sche Schleife *f*, Ramus communicans cum nervo glossopharyngeo
Haller's arch Haller Bogen *m*, Arcus *m* lumbocostalis medialis; Haller-Bogen *m*, Arcus *m* lumbocostalis lateralis
Haller's circle Haller'scher Arterienkreis *m*, Circulus *m* vasculosus nervi optici *(an der Eintrittstelle des Sehnervs in das Auge)*
Haller's insula *s.* Haller's annulus
Haller's isthmus Haller'scher Isthmus *m*, Fretum *n* Halleri
Haller's rete Rete *n* testi (Halleri)
Haller's tripod Haller'scher Dreifuß *m*, Tripus *m* Halleri, Truncus *m* coeliacus
Haller's tunica vasculosa Tunica *f* vasculosa oculi
Haller's unguis Unguis *m* avis, Calcar *m* avis
Haller's vas aberrans Ductulus *m* aberrans inferior
Haller's vascular tissue Lamina *f* vasculosa choroideae
Hallervorden-Spatz disease [syndrome] *(Päd)* Hallervorden-Spatz'sche Krankheit *f*, Hallervorden-Spatz-Erkrankung *f (Erbkrankheit mit Pigmentansammlungen im Gehirn und neuroaxonaler Dystrophie)*
hallex *s.* hallux
Hallgren's syndrome Hallgren-Syndrom *n (vestibulozerebelläre Ataxie, pigmentäre Netzhautdystrophie, Katarakt und Taubheit)*
Hallopeau's acrodermatitis [disease] Hallopeau'sche Krankheit *f*, Hallopeau'sches Syndrom *n*, Acrodermatitis *f* chronica suppurativa, Acrodermatitis *f* suppurativa continua *(Verlaufsform der Psoriasis pustulosa)*
Hallpike's manoeuvre Hallpike-Manöver *n (zum Nachweis von Lagerungsschwindel)*
hallucal Hallux…, Großzehen…
halluces *pl s.* hallux
hallucinate *v* halluzinieren, Halluzinationen haben
hallucination Halluzination *f*, Sinnestäuschung *f* • **have hallucinations** *s.* hallucinate • **suffer from hallucinations** an Halluzinationen leiden
hallucination of general feeling sensorische Halluzination *f*
hallucinative *s.* hallucinatory
hallucinatory halluzinatorisch
hallucinatory delirium halluzinatorischer Wahn *m*, Halluzinose *f*
hallucinatory neuralgia halluzinatorische Neuralgie *f*
hallucinogen *(Pharm)* Halluzinogen *n*, halluzinogener Stoff *m*
hallucinogen intoxication Halluzinogenrausch *m*
hallucinogenesis Halluzinogenese *f*, Halluzinationsentstehung *f*, Halluzinationsauslösung *f*
hallucinogenetic *s.* hallucinogenic
hallucinogenic halluzinogen, Halluzinationen hervorrufend
hallucinogenous *s.* hallucinogenic
hallucinosis Halluzinose *f*, persisitierende Halluzinationen *fpl*
hallucinotic halluzinotisch; Halluzinose…
hallux Hallux *m*, Großzehe *f*
Hallwachs effect Hallwachs-Effekt *m*, photoelektrischer Effekt *m*
halmatogenesis Halmatogenese *f*
halo 1. Halo *m*, Randsaum *m*; entzündlicher Hof *m*; 2. *(Ophth)* Halo *m*, Aderhautatrophie *f*
halo effect Halo-Effekt *m*
halo naevus Halonävus *m*
haloalkylamine Haloalkylamin *n*
haloderma Haloderm(a) *n (Hautveränderung nach Halogenanwendung)*
halodermia Halodermie *f*
haloduric salzbeständig; bei hoher Salzkonzentration lebensfähig
halofantrine hydrochloride Halofantrinhydrochlorid *n*
halogen Halogen *n*
halogen acne *(Derm)* Halogenakne *f*
halogenation Halogenierung *f*, Halogenbindung *f*
halogenoderma Halogenoderma *n*
haloid 1. salzartig; 2. halogenartig; Halogen…
haloid acid Haloidsäure *f*
halometer 1. *(Ophth)* Halometer *n*; 2. *(Hämat)* Halometer *n (zur Erythrozytenvermessung)*
halometry Halometrie *f*
halonaevus *(Derm)* Halonävus *m*, Nävus *m* Sutton, Leukoderma *n* acquisitum centrifugum, Albinismus *m* perinaevicus
haloperidol Haloperidol(um) *n*, 4-[4-(4-Chlorphenyl)-4-hydroxypiperidino]-4'-fluor-butyrophenon *n (Antipsychotikum)*
halophil Halophile(r) *m*, halophiler Mikroorganismus *m*
halophile *s.* 1. halophilic; 2. halophil
halophilic halophil, salzliebend, salzfreundlich
haloprogin Haloprogin *n (Antimykotikum)*
halosteresis *s.* halisteresis
halothane Halothan *n*, 2-Brom-2-Chlor-1,1,1-trifluorethan *n (Inhalationsnarkotikum)*
halothane anaesthesia Halothananästhesie *f*, Halothannarkose *f*
halothane hepatitis Halothanhepatitis *f*
halothane-related hepatitis *s.* halothane hepatitis
Halsted's forceps *(Chir)* Halsted'sche Klemme *f*
Halsted's radical mastectomy Mastektomie *f* nach (Rotter-)Halsted, radikale Brustamputation *f* nach Halsted, (Rotter-)Halsted-Operation *f*
Halsted's suture Halsted-Naht *f*
Haltia-Santavuori disease Haltia-Santavuori-Krankheit *f*
halzoun *(Inf, Trop)* pharyngeale Fasziolasis *f*, Rachen-Fasziolasis *f*
ham Fossa *f* poplitea
hamamelis Hamamelis *f*
hamartia Hamartie *f (lokale Gewebsfehlbildung durch atypische Keimmaterialdifferenzierung)*
hamartial Hamartie…
hamartoblastoma Hamartoblastom *n (Geschwulst)*
hamartoblastoma of the kidney *(Path)* Nierenadenosarkom *n*, Wilms-Tumor *m*
hamartochondromatosis Hamartochondromatose *f*
hamartoma Hamartom *n (Geschwulst)*

hamartomatosis Hamartomatose *f*, Häufung *f* von Hamartomen; gehäufte Hamartome *npl*
hamartomatous Hamartom...
hamartophobia Hamartophobie *f*
hamate hakenförmig, hamatus
hamate (bone) Os *n* hamatum, Hamatum *n*, Hakenbein *n*
hamate process Hamulus *m* ossis hamati, Hakenbein *n*
hamatum *s.* hamate bone
Hamburger interchange Hamburger Austausch *m*, Chlorid-Shift *n* *(Austausch von Chloridionen gegen Bikarbonationen)*
Hamburger phenomenon *s.* Hamburger interchange
Hamman-Rich syndrome Hamman-Rich'sches Syndrom *n*, Hamman-Rich-Syndrom *n*, chronische diffuse interstitielle Lungenfibrose *f*, idiopathische [diffuse progressive interstitielle] Lungenfibrose *f*, diffuse fibrosierende Alveolitis *f*
Hamman's disease *s.* Hamman's syndrome
Hamman's murmur Hamman-Geräusch *n*, Hamman'sches Geräusch *n* *(herzsynchrones Geräusch bei Pneumomediastinum)*
Hamman's sign Hamman-Zeichen *n*, Hamman'sches Zeichen *n* *(bei Pneumomediastinum)*
Hamman's syndrome Hamman-Syndrom *n*, Pneumomediastinum *n*
hammer *(HNO)* Malleus *m*, Hammer *m* *(Gehörknöchelchen)*
hammer finger Hammerfinger *m*
hammer nose Rhinophym *n*
hammer toe Hammerzehe *f*, Pes *m* malleus valgus
Hammond's disease *(Neur)* Hammond'sches Syndrom *n*, kongenitale Athetose *f*
Hampton hump *(Rad)* Hampton-Buckel *m*, Hampton-Kegel *m*, Lungeninfarktdreieck *n*
Hampton line Hampton-Linie *f*
Ham's test Ham-Test *m*, Ham-Serumtest *m*, azidifierter Serumtest *m*
hamstring *s.* hamstring tendon
hamstring muscles ischiokrurale Muskeln *mpl*, ischiokrurale Muskelgruppe *f* *(1. Musculus semimembranosus; 2. Musculus semitendinosus; 3. Musculus biceps femoris)*
hamstring reflex ischiokruraler Reflex *m*, Kniebeugerreflex *m*
hamstring tendon Kniebeugersehne *f*, Sehne *f* eines ischiokruralen Muskels
hamular hakenförmig; Haken...
hamular process *s.* hamate process
hamulus Hamulus *m*, Hakenfortsatz *m*, Häkchen *n*
hamulus of the hamate bone *s.* hamate process
hamycin Hamycin *n* *(Antimykotikum; Trichomonadenmittel)*
hand Manus *f*, Hand *f* • **get the hand caught** sich die Hand quetschen
hand burr Handbohrer *m*
hand condenser *(Stom)* Handverdichter *m*
hand disinfectant Handdesinfektionsmittel *n*
hand dosimeter Handdosimeter *n*
hand dryer Handtrockner *m*
hand fatigue Handermüdung *f*
hand flexor reflex Handbeugerreflex *m*
hand-foot-and-mouth disease *(Inf)* Maul- und Klauenseuche *f*, Aphthenseuche *f*, Stomatitis *f* epidemica
hand-held in der Hand gehalten; mit der Hand geführt, handgeführt
hand instrumentation manuelle Instrumentierung *f*
hand mirror Handspiegel *m*
hand-operated mit der Hand angetrieben, handgetrieben
hand plugger Handstopfer *m*
hand polisher Handpolierer *m*
hand reamer Handreibahle *m*
hand-restraining cuff Handfessel *f*
Hand-Schüller-Christian disease [syndrome] *(Päd)* Hand-Schüller-Christian'sche Krankheit *f*, Lipoidgranulomatose *f*, Xanthogranulomatose *f*
hand-shoulder syndrome *(Neur)* Hand-Schulter-Syndrom *n*
hand surgery Handchirurgie *f*
hand switch Handschalter *m*
handicap Behinderung *f*, Körperbehinderung *f*
handicapped behindert, körperbehindert
handle *v* handhaben, benutzen, anwenden; betätigen; bedienen
handle *v* **the transducer** den Schallkopf benutzen
handle Griff *m*; Instrumentengriff *m*; Skalpellgriff *m*
handle of the malleus *(HNO)* Manubrium *n* mallei, Hammerhandgriff *m*
handleless intestinal clamp grifflose Darmklemme *f*
handpiece *(Stom)* Handgriff *m*, Ansatzstück *n*
handpiece drill Handstückbohrer *m*
handpiece spindle Handstückspindel *f*
Hand's disease *s.* Hand-Schüller-Christian disease
Hanger's test Hanger-Test *m*, Kephalin-Cholesterin-Flockungsreaktion *f* *(veraltete Methode)*
hanging cast *(Chir)* Hängegips *m*, hängender Gipsverband *m* *(bei Humerusschaftfraktur)*
hanging drop hängender Tropfen *m* *(zur Bakterienlebendbeobachtung)*
hanging-drop culture Bakterienkultur *f* im hängenden Tropfen
hanging-drop preparation Präparat *n* mit hängendem Tropfen
hanging groin hängende Leiste *f* *(Hautveränderungen bei Onychozerkose)*
hanging heart *(Rad)* Tropfenherz *n*
hanging perversion *(Neur)* Strangulation *f* *(sexuelle Perversion)*
hangnail Niednagel *m*
hangover Nachhang *m*, Nachwirkung *f*, Überhang *m* *(z. B. von Arzneimitteln)*
Hanhart's syndrome Hanhart-Syndrom *n*
Hanot-Chauffard syndrome Hanot-Chaffard-Syndrom *n*
Hanot's cirrhosis [disease] Hanot'sche Krankheit *f*, Hanot-Krankheit *f*, splenomegale Leberzirrhose *f*
hansenid Lepra *f* tuberosa, tuberkuloide Lepra *f*
Hansen's bacillus Hansen'scher Bazillus *m*, Mycobacterium *n* leprae, Leprabakterium *n*
Hansen's disease *(Trop)* Hansen'sche Krankheit *f* *(siehe auch: lepra)*
hapadnavirus Hapadnavirus *n*
hapalonychia Hapalonychie *f*, abnorme Nagelweichheit *f* *(der Finger und Zehen)*
haphalgesia *(Neur)* Haphalgesie *f*, Hautberührungsschmerz *m*
haphephobia *(Neur)* Haphephobie *f*, Berührungsangst *f*
haplodont haplodont, einfachzähnig
haplodiploidy Haplodiploidie *f*
haploid haploid, mit einfachem [haploidem] Chromosomensatz, monoploid
haploid Haploide(r) *m*, haploides Individuum *n*
haploid nucleus haploider Nukleus *m*
haploidentical haploidentisch
haploidentity Haploidentität *f*
haploidy Haploidie *f*, einfacher Chromosomensatz *m*
haplont Haploide(r) *m*, haploides Individuum *n*
haplopathy unkomplizierte [einfache] Krankheit *f*
haplophase Haplophase *f* *(der Keimzellen)*
haplopia *(Ophth)* Haplopie *f*, Einfachsehen *n*, Einfachsichtigkeit *f*

haploprotein Haploprotein *n*
haploscope Haploskop *n (Instrument zur Messung der Tiefenwahrnehmung)*
haploscopic haploskopisch, stereoskopisch; Haploskop…
haplosporangin Haplosporangin *n (Antigen)*
haplosporangium Haplosporangium *n*
haplotype Haplotyp *m (Chromosomensatz)*
hapten Hapten *n*, Halbantigen *n*, inkomplettes Antigen *n*
haptenic Hapten…
haptephobia *s.* haphephobia
haptic haptisch, tastend, taktil
haptics Tastsinnlehre *f*
haptodysphoria Haptodysphorie *f*
haptoglobin Haptoglobin *n*, Hp *(Serumeiweiß)*
haptometer Haptometer *n (zur Messung der Berührungsempfindlichkeit)*
haptophore Haptophor *m*, Haptophorengruppe *f*, Haftgruppe *f (der Toxine)*
Harada's disease Harada'sche Krankheit *f*, Harada-Syndrom *n*, Uveoenzephalitis *f*, Uveomeningitis-Syndrom *n*
Harada syndrome Vogt-Koyanagi-Harada-Syndrom *n*
harara Urticaria *f* multiformis endemica *(allergische Hautreaktion durch Phlebotomus papatasii)*
harbour *v* **an infectious agent** einen Infektionserreger beherbergen
hard alloy dental drill Hartmetallzahnbohrer *m*
hard chancre *(Derm)* harter Schanker *m*, Ulcus *n* durum
hard coating Hartbeschichtung *f*
hard consistency of faeces feste [geformte] Stuhlkonsistenz *f*
hard contact lens harte Kontaktlinse *f*
hard data harte Daten *pl*, objektive Untersuchungsergebnisse *npl*
hard disk Festplatte *f*
hard drive Festplattenlaufwerk *n*
hard drive extension Festplattenerweiterung *f*
hard fibroma Fibroma *n* durum
hard-hearing patient schwerhöriger Patient *m*
hard naevus harter Nävus *m*, epidermaler Nävus *m*
hard of hearing schwerhörig
hard outer layer of the bone Substantia *f* corticalis ossis, Kortikalis *f*
hard palate *(Anat)* harter [knöcherner] Gaumen *m*, Palatum *n* durum [osseum]
hard palate cylindroma *(Path)* Zylindrom *n* des harten Gaumens
hard palate obturator Hartgaumenobturator *m*
hard pulse *(Kard)* harter [gespannter] Puls *m*, Pulsus *m* durus
hard radiation *(Rad)* Hartstrahlung *f*, harte [energiereiche] Strahlung *f*
hard radiation technique *(Rad)* Hartstrahltechnik *f*
hard radiation therapy Hartstrahltherapie *f*, Hochenergie-Strahlentherapie *f*
hard rays harte Strahlen *mpl*; Hartstrahlung *f*
hard sore *s.* hard chancre
hard tooth tissue Zahnhartsubstanz *f*
hard X-rays harte Röntgenstrahlen *mpl* • **examine with hard X-rays** mit harten Röntgenstrahlen untersuchen
hard water hartes Wasser *n*
Harden-Young ester *(Bioch)* Harden-Young-Ester *m*, D-Fruktose-1,6-diphosphorsäureester *m*
hardener Härter *m*
hardening 1. Aushärtung *f*, Hartwerden *n (z. B. von weichen Stoffen)*; 2. Induration *f*, Fibrose *f (z. B. von Gewebe)*; 3. Sklerose *f*
hardening agent Härtungsmittel *n*
hardening of the arteries *s.* arteriosclerosis
hardening of the plaster Gips(verband)aushärtung *f*, Hartwerden *n* des Gipsverbandes
hardening process Härtungsprozess *m*
hardening solution Härterlösung *f*
hardening treatment Härtungsbehandlung *f*, Härten *n*
harderoporphyria Harderoporphyrie *f (Form der hereditären Porphyrie)*
harderoporphyrin Harderoporphyrin *n*
Harding-Passey melanoma Harding-Passey-Melanom *n*
hardness of X-rays Strahlenhärte *f*, Röntgenstrahlenhärte *f*
harelip Cheiloschisis *f*, Lippenspalte *f*, Hasenscharte *f*, Labium *n* leporium [fissum]
harelip traction bow Lippensperrer *m* für Hasenschartenoperation
hare's eye Hasenauge *n*, Lagophthalmus *m*, Augenlidspaltenerweiterung *f*, Augenschlussunfähigkeit *f*, Oculus *m* leporinus
Hare's syndrome Pancoast-Syndrom *n*
harlequin foetus Harlekinfetus *m*, Ichthyose-Fetus *m*
harm Schaden *m* • **cause bodily harm** körperlich schädigen, einen körperlichen Schaden bewirken [verursachen]
harmful schädlich
harmful dose schädliche Dosis *f*
harmful to (the) health gesundheitsschädlich
harmless unschädlich
harmless dose unschädliche Dosis *f*
harmless radiatherapeutical method unschädliche Bestrahlungsmethode *f*
harmonia Sutura *f* plana
harmonization Harmonisierung *f*
harpaxophobia Harpaxophobie *f (Furcht vor Dieben)*
Harris' staining method Harris'sche Färbungsmethode *f*, Harris'sche Färbung *f*
Harris tube Harris'scher Magenschlauch *m (zur Magen-Darm-Entlastung)*
Harrison's groove Harrison'sche Furche *f*, Harrison-Furche *f (bei Rachitis)*
Harrison's sulcus *s.* Harrison's groove
harsh breathing raues Atemgeräusch *n*
harsh respiration Bronchovesikuläratmen *n*; verschärftes Atemgeräusch *n*
Hartmannella hyalina Hartmannelle *f* hyalina
hartmannelliasis Hartmannelliasis *f (Infektion mit Hartmannella hyalina)*
Hartmann's colostomy Hartmann'sche Kolostomie *f*, Hartmann-Operation *f*
Hartmann's curette Hartmann-Kürette *f*
Hartmann's operation *s.* Hartmann's colostomy
Hartmann's pouch Hartmann'sche Tasche *f (Aussackung der Gallenblase)*
Hartmann's procedure *s.* Hartmann's colostomy
Hartmann's solution Hartmann-Lösung *f*
Hartmann's speculum Hartmann-Spekulum *n*
Hartnup's disease [syndrome] Hartnup-Krankheit *f*, Hartnup'sche Erkrankung *f (Störung der Tryptophanresorption)*
harvest bug *s.* harvest mite
harvest fever *(Inf)* Erntefieber *n*, Feldfieber *n*, Schlammfieber *n*, Wasserfieber *n (durch Leptospira grippotyphosa)*
harvest mite Trombicula *f* irritans
Hashimoto's disease [struma] Hashimoto-Syndrom *n*, lymphozytäre Thyreoiditis *f*, Struma *f* lymphomatosa (Hashimoto)
Hashimoto's thyroiditis *s.* Hashimoto's disease
hashish Haschisch *m(n)*, Marihuana *n (Rauschgift von Cannabis indica)*
hashish intoxication Haschisch-Rausch *m*
hashish psychosis Haschisch-Psychose *f*

hashishism Haschisch-Sucht *f*
hashitoxicosis Hashimoto-Thyreotoxikose *f*, Hashimoto-Hyperthyreose *f*
Hasner's fold [valve] Hasner'sche Klappe *f*, Plica *f* lacrimalis [ductus nasolacrimalis] *(Schleimhautfalte an der Tränengangsmündung)*
Hassall's bodies [corpuscles] Hassall'sche Körperchen *npl*
hasten *v* **infusion** eine Druckinfusion durchführen, unter Druck infundieren
hasten *v* **recovery** die Gesundung [Genesung] beschleunigen
hasty diagnosis hastige Diagnostik *f*, flüchtige Diagnostik *f*, hastige Diagnose *f*, flüchtige Diagnose *f*
hat cell *s.* target cell
Hata phenomenon Hata-Phänomen *n*
hatchet (excavator) *(Stom)* beilförmiger [beidseits geschliffener] Exkavator *m*
hatchet face *(Neur)* Salbengesicht *n*, Facies *f* myotonica
Haudeck's niche Haudeck-Nische *f*, Haudeck'scher Ulkuskrater *m*
Haudeck's sign *s.* Haudeck's niche
haunch Lende *f*, Hüfte *f*
haustra *pl s.* haustrum
haustra coli Haustra *npl* coli, Kolonhaustren *fpl*
haustral Haustren..., Haustral...
haustral churning *s.* haustration
haustral fold Haustralfalte *f*, Plica *f* semilunaris coli
haustral segmentation *s.* haustration
haustration 1. *(Anat)* Haustrierung *f*, Haustrenbildung *f*; 2. *s.* haustrum
haustrum Haustrum *n*, Dickdarmwandausbuchtung *f*
have *v* **a poor prognosis** eine schlechte Prognose haben
have *v* **out** entfernen; sich etwas herausnehmen lassen
have *v* **out a tooth** sich einen Zahn ziehen lassen
have *v* **stools** Stuhlgang haben
Haverhill fever *(Inf)* Haverhill-Fieber *n*, Erythema *n* arthriticum epidemicum *(siehe auch: ratbite fever)*
Haversian canal *(Anat)* Havers'scher Knochenkanal *m* [Kanal *m*], Ernährungskanal *m*, Canalis *m* nutricius
Haversian glands Villi *mpl* synoviales
Haversian lamella Havers'sche Knochenlamelle *f* [Lamelle *f*]
Haversian system Havers'sches Knochensystem *n* [System *n*], Osteon *n*
Haver's glands *s.* Haversian glands
haw Membrana *f* nictitans, Nickmembran *f*
hawking *(Neur)* Räuspertick *m*
hawkinsin Hawkinsin *n*
hawkinsinuria Hawkinsinurie *f*, Hawkinsinausschiedung *f* im Urin
Hawley appliance *(Stom)* Hawley'sche Aufbissplatte *f*, Hawley'sches Bissplattengerät *n*
Hawley retainer *s.* Hawley's appliance
hay asthma *s.* hay fever
hay fever Heufieber *n*, Heuschnupfen *m*, Pollenkrankheit *f*, Pollinose *f*
hay-fever conjunctivitis Heufieberkonjunktivitis *f*
Hay-Wells syndrome Hay-Wells-Syndrom *n* *(autosomal dominantes Syndrom der ektodermalen Dysplasie mit Ankyloblepharon und Lippen-Gaumenspalte)*
Hayem-Widal syndrome Hayem-Widal-Syndrom *n* *(hämolytische Anämie)*
Hayem's encephalitis Hayem'sche Enzephalitis *f*, Hayem-Enzephalitis *f*
Hayem's solution Hayem-Lösung *f*, Hayem'sche Lösung *f*
haziness of the vitreous body *(Ophth)* Glaskörpertrübung *f*
hazy getrübt, unscharf; verwaschen
HCG radioreceptor assay Human-Choriogonadotropin-Radiorezeptor-Test *m* *(Schwangerschaftstest)*
Hct. *s.* haematocrit
HDL *s.* high-density lipoprotein
head Kopf *m*, Caput *n* • **hit the head** sich den Kopf stoßen • **place the head lower than the rest of the body** in Kopftieflage bringen [lagern] • **throw the head back** *(Chir)* den Kopf überstrecken
head band Stirnband *n*
head bandage Kopfverband *m*, Haubenverband *m*, Haube *f*
head birth Kopflage *f* *(des Fetus)*
head circumference Kopfumfang *m*, Okzipitofrontalzirkumferenz *f*
head clamp Schädelklammer *f*, Schädelklemme *f*, Kopfhalteklammer *m*
head coating Kopfbeschichtung *f*
head delivery Geburt *f* des Kopfes
head doctor *s.* head physician
head-down position [tilt] *s.* head-low position
head examination Kopfuntersuchung *f*
head gut Vorderdarm *m*
head hair Kopfhaar *n*
head holder Kopfhalter *m*
head injury Kopfverletzung *f*
head kidney *(Embr)* Pronephros *m*, Vorniere *f*
head-light Stirnlampe *f*
head louse Kopflaus *f*, Pediculus *m* humanus capitis
head-low position Kopftieflage *f* *(z. B. bei der Geburt)*
head mirror Stirnspiegel *m*, Kopfspiegel *m*, Reflexspiegel *m*
head movement Kopfbewegung *f*
head muscle Kopfmuskel *m*, Musculus *m* capitis
head-nodding Kopfnicken *n*
head nurse Oberschwester *f*
head of the astragalus Caput *n* tali
head of the bed Kopfteil *n*
head of the caudate nucleus Caput *n* nuclei caudati, Schweifkernkopf *m*
head of the condyloid process of the mandible Caput *n* mandibulae
head of the dorsal horn of the spinal cord Caput *n* cornus posterioris medullae spinalis
head of the epididymis Caput *n* epididymidis, Nebenhodenkopf *m*
head of the femur Caput *n* femoris, Femurkopf *m*, Oberschenkelkopf *m*, Hüftkopf *m*
head of the fibula Caput *n* fibulae, Wadenbeinköpfchen *n*
head of the humerus Caput *n* humeri, Humeruskopf *m*, Oberarmknochenkopf *m*
head of the malleus Caput *n* mallei, Hammerkopf *m*
head of the mandible Caput *n* mandibulae, Unterkiefergelenkköpfchen *n*
head of the metacarpal bone Caput *n* ossis metacarpalis, Metakarpalköpfchen *n*, Mittelhandknochenköpfchen *n*
head of the metatarsal bone Caput *n* ossis metatarsalis, Metatarsalköpfchen *n*, Mittelfußknochenköpfchen *n*
head of the muscle Caput *n* musculi, Muskelkopf *m*
head of the pancreas Caput *n* pancreatis, Pankreaskopf *m*, Bauchspeicheldrüsenkopf *m*
head of the penis Glans *f* penis
head of the phalanx of fingers Caput *n* phalangis manus
head of the phalanx of toes Caput *n* phalangis pedis
head of the posterior horn of the spinal cord Caput *n* cornus posterioris medullae spinalis
head of the radius Caput *n* radii, Radiusköpfchen *n*
head of the stapes Caput *n* stapedii, Steigbügelköpfchen *n*

head of the talus Caput *n* tali, Sprungbeinkopf *m*
head of the ulna Caput *n* ulnae, Ellenkopf *m*
head physician Chefarzt *m*; Oberarzt *m*; Abteilungsarzt *m*
head position Kopflage *f*, Kopfstellung *f*
head presentation *(Gyn)* Kopflage *f (bei der Geburt)*
head process *(Embr)* Kopffortsatz *m*
head reflector *s.* head mirror
head rolling 1. Kopfrollen *n*; 2. *(Neur)* Jactatio *f* capitis, Jactatio *f* nocturna
head section Kopfteil *n*; Kopfplatte *f*
head sister Oberschwester *f*
head support Kopfstütze *f*, Kopfhalterung *f*
head tilting test Kopfneigetest *m*
head traction Kopfzug *m*, Schädelextension *f*
head trauma Schädeltrauma *n*
head up position Kopfhochlage *f*, Beintieflage *f*
head version *(Gyn)* Kopfwendung *f*
headache Kephalgie *f*, Kopfschmerz *m*, Kopfweh *n* • **have headache** Kopfschmerzen haben
headache attack Kopfschmerzanfall *m*, Anfall *m* von Kopfschmerzen
headboard Kopfstütze *f*, Kopfhalterung *f*
headcap *s.* headgear
headgear *(Stom)* Kopfbogen *m*, Kopfkappe *f*
Head's area *s.* Head's zone
Head's lines Head'sche Linien *fpl*
Head's zone Head'sche Zone *f*, Head-Zone *f*, hyperästhetisch-hyperalgische Rumpfhautzone *f*
headwards kopfwärts
Heaf test Heaf-Test *m (Tuberkulin-Test)*
heal *v* 1. heilen, (erfolgreich) behandeln, kurieren, die Gesundheit wiederherstellen; 2. heilen, ausheilen *(z. B. eine Wunde)*; gesund werden
heal *v* **by first intention** primär heilen, per primam intentionem heilen
heal *v* **by granulation** durch Granulierung heilen, sekundär heilen
heal *v* **by second intention** sekundär heilen, per secundam intentionem heilen
heal *v* **completely** komplett verheilen, abheilen
healable heilbar
healing 1. Heilung *f*, Heilungsförderung *f*, Gesundheitswiederherstellung *f*, Förderung *f* der Wundheilung; 2. Heilungsverlauf *m*; Ausheilung *f*, Genesung *f*, Gesundung *f*; 3. Wundheilung *f*, Wundverschluss *m*
healing by first intention Primärheilung *f*, Sanatio *f* per primam (intentionem)
healing by second intention Sekundärheilung *f*, Sanatio *f* per secundam (intentionem)
healing disturbance Heilungsstörung *f*
healing effect Heileffekt *m*, heilende Wirkung *f*
healing mechanism Heilungsmechanismus *m*
healing of a wound Wundheilung *f*
healing ointment Heilungssalbe *f*
healing phase Heilungsphase *f*
healing rate Heilungsrate *f*
healing response Heilungsreaktion *f*
health Gesundheit *f*, Wohlbefinden *n* • **be in roaring health** kerngesund sein • **be in rude health** eine kräftige Gesundheit haben, vor Gesundheit strotzen • **for reasons of health** aus Gesundheitsgründen, aus gesundheitlichen Gründen • **return health** wieder gesund werden, genesen • **wreck the health** die Gesundheit ruinieren [zerrütten, zugrunde richten]
health assessment (komplette) Gesundheitsuntersuchung *f*, Bewertung *f* des Gesundheitszustandes
health authorities Gesundheitsbehörde *f*, Gesundheitsamt *n*
health behaviour (bewusstes) Gesundheitsverhalten *n*, gesunde Lebensführung *f*
health care Gesundheitsschutz *m*, Gesundheitsfürsorge *f*
health care consumer Patient *m*; die Gesundheitsdienstleistungen in Anspruch Nehmender *m*; Verbraucher *m* im Gesundheitsbereich
health care delivery system Gesundheitsdienstleistungssystem *n*
health care industry Gesundheitsindustrie *f*, Gesundheitsbranche *f*, medizinisch-industrieller Komplex *m*
health care provider Gesundheitsdienstleister *m*, Leistungserbringer *m* im Gesundheitswesen
health care proxy Bevollmächtigter *m* für Gesundheitsbetreuung *(für Behinderte)*
health care system Gesundheitssystem *n*, Gesundheitswesen *n*
health centre Gesundheitszentrum *n*
health certificate Gesundheitszeugnis *n*, (ärztliches) Attest *n*
health consumer *s.* health care consumer
health counseling Gesundheitsberatung *f*
health culture Gesundheitskultur *f*
health defect Gesundheitsschaden *m*
health economics Gesundheitsökonomie *f*
health education Gesundheitserziehung *f*
health food Gesundheitskost *f*, Reformkost *f*, Biokost *f*
health freak Gesundheitsfanatiker *m*
health hazard Gesundheitsrisiko *n*
health history Anamnese *f*, Gesundheitsanamnese *f*
health information Gesundheitsinformation *f*
health insurance 1. Sozialversicherung *f*, 2. Krankenversicherung *f*, Krankenkasse *f*
health maintenance Gesundheitserhaltung *f*
health maintenance organization Gesundheitserhaltungsorganisation *f*, HMO; Gesundheitsnetz-System *n*, Netzarzt-System *n*
health monitoring Gesundheitsüberwachung *f*
health nurse Schwester *f* im Hausbesuchsdienst, Schwester *f* im häuslichen Pflegedienst; Gemeindeschwester *f*
health physicist medizinischer Physiker *m*
health physics medizinische Physik *f*
health policy Gesundheitspolitik *f*
health professional Angehöriger *m* eines Heilberufes
health radiophysicist Beauftragter *m* für Strahlenschutz, Strahlenschutzbeauftragter *m*
health-related services gesundheitsbezogene Dienstleistungen *fpl*
health resort Kurort *m*
health resources Gesundheitsresourcen *fpl*
health risk Gesundheitsrisiko *n*
health risk appraisal Bewertung *f* des Gesundheitsrisikos, Abschätzung *f* des gesundheitlichen Risikos
health screening Gesundheits-Screening *n*, Gesundheitsprophylaxe *f*
health service Gesundheitswesen *n*
health service area Versorgungsgebiet *n (von Gesundheitseinrichtungen)*
health supervision Gesundheitsüberwachung *f*, Gesundheitsprophylaxe *f*
health system Gesundheitssystem *n*
health system plan Gesundheitssystemplan *m*, Gesundheitssystemplanung *f*, Krankenhausplan *m*
health teaching Gesundheitserziehung *f*
healthy gesund; in normalem Funktionszustand, mit normaler Funktion; frei von Krankheit, ohne Krankheit; Gesundheits…
healthy individual gesundes Individuum *n*, Gesunde(r) *m*
healthy organ gesundes Organ *n*

healthy tissue gesundes Gewebe *n*
hear *v* hören
hear *v* **poorly** schlecht hören
hear *v* **well** gut hören
hearing 1. Hören *n*; 2. Gehör *n*, Hörvermögen *n* • **lose hearing** das Gehör verlieren, ertauben • **regain hearing** das Gehör wiedererlangen, wieder hören können
hearing acuity Hörschärfe *f*
hearing aid Hörhilfe *f*, Hörapparat *m*, Hörgerät *n*
hearing disorder Hörstörung *f*
hearing impaired hörgeschädigt, hörgestört, hörbeeinträchtigt, hörgemindert
hearing impairment Hörschädigung *f*, Hörbeeinträchtigung *f*, Hörverschlechterung *f*, Hörminderung *f*
hearing loss Hörverlust *m*, Hörschwund *m*; Taubheit *f*
hearing nerve *s.* acoustic nerve
hearing of voices *(Neur)* Stimmenhören *n*
hearing organ Hörorgan *n*
hearing test Hörprobe *f*, Hörtest *m*
hearing threshold Hörschwelle *f*
heart Cor *n*, Herz *n (siehe auch unter: cardiac)*
heart abnormality Herzanomalie *f*, Herzfehler *m*
heart action Herzaktion *f*, Herztätigkeit *f*
heart action current Herzaktionsstrom *m*
heart action potential Herzaktionspotenzial *n*
heart arrest Herzstillstand *m*
heart arrhythmia Herzarrhythmie *f*, Herzrhythmusstörung *f*, Arrhythmia *f* cordis
heart atrioventricular block Atrioventrikularblock *m*, AV-Block *m*
heart atrium myxoma Herzvorhofmyxom *n*, Vorhofmyxom *n*
heart atrium septum defect Herzvorhofscheidewanddefekt *m*, Vorhofseptumdefekt *m*, ASD
heart attack 1. Herzanfall *m*; 2. *s.* heart infarction
heart axis Herzachse *f*
heart beat Herzschlag *m*, Herzaktion *f*
heart beat rate Herzfrequenz *f*
heart block *s.* heart atrioventricular block
heart bruit Herzgeräusch *n*
heart case Herzpatient *m*, Herzkranke(r) *m*
heart catheter Herzkatheter *m*
heart catheterization Herzkatheterung *f*
heart catheterization technique Herzkathetertechnik *f*
heart chamber Herzkammer *f*, Ventrikel *m*, Ventriculus *m* cordis
heart complaint Herzbeschwerden *fpl*
heart condition krankhafter Herzzustand *m*, Herzleiden *n*
heart contour Herzkontur *f*, Herzumrisse *mpl*; Herzgrenze *f*
heart cycle Herzzyklus *m*, Herzperiode *f*
heart disease Herzerkrankung *f*, Herzleiden *n*, Kardiopathie *f*
heart disease risk factor Risikofaktor *m* für Herzerkrankungen
heart failure 1. Herz(kraft)versagen, Herzmuskelversagen *n*, Herzinsuffizienz *f*; 2. Herzfehler *m*
heart-failure cell *(Histol)* Herzfehlerzelle *f*
heart fibrillation Herzflimmern *n*
heart flutter Herzflattern *n*
heart-hand syndrome Hand-Herz-Syndrom *n*, Holt-Oram-Syndrom *n*
heart hurry Herzrasen *n*
heart infarct patient Herzinfarktpatient *m*
heart infarction Herzinfarkt *m*, Infarctus *m* cordis
heart involvement Herzbeteiligung *f*
heart laser Herzlaser *m*
heart-lung apparatus [machine] Herz-Lungen-Maschine *f*, HLM
heart-lung preparation *(Anat)* Herz-Lungen-Präparat *n*
heart-lung ratio Herz-Lungen-Quotient *m*
heart-lung transplantation Herz-Lungen-Transplantation *f*
heart massage Herz(druck)massage *f*
heart monitor Herzmonitor *m*, Monitor *m* zur Herzüberwachung
heart monitoring kardiale Überwachung *f*, Herz-Monitoring *n*, Herzüberwachung *f*
heart movement kardiale Bewegung *f*, Herzbewegung *f*
heart murmur Herzgeräusch *n*
heart muscle Herzmuskel *m*, Myokard *n*
heart muscle mass Herzmuskelmasse *f*
heart muscle volume Herzmuskelvolumen *n*
heart operation Herzoperation *f*
heart pacemaker Herzschrittmacher *m*
heart rate Herzfrequenz *f*, Herzrate *f*
heart reserve Herzreserve *f*
heart sac Perikard *n*, Herzbeutel *m (Zusammensetzungen siehe unter: pericardial)*
heart scan Herzszintigraphie *f*
heart shadow *(Rad)* Herzschatten *m*
heart silhouette of normal size and shape *(Rad)* Herz *n* [Herzsilhouette *f*] von normaler Form und Größe
heart size Herzgröße *f*
heart sound Herzton *m*
heart-sound amplifier Herzschallverstärker *m*
heart-sound splitting Herztonspaltung *f*, gespaltener Herzton *m*
heart-sound tracing Herzschallkurve *f*
heart stimulation Herzstimulation *f*
heart stroke volume Herzschlagvolumen *n*, Schlagvolumen *n*
heart surgeon Herzchirurg *m*, Kardiochirurg *m*, Arzt *m* [Facharzt *m*] für Herzchirurgie
heart surgery 1. Herzchirurgie *f*, Kardiochirurgie *f*; 2. Herzoperation *f*
heart tamponade Herztamponade *f*
heart throb *s.* heartbeat
heart tone Herzton *m*
heart transplant Herztransplantat *n*
heart transplantation Herztransplantation *f*, Herzverpflanzung *f*
heart tumour Herzgeschwulst *f*, Herztumor *m*, Tumor *m* cordis
heart valve Herzklappe *f*, Valvula *f* cordis *(siehe auch unter: cardiac valve)*
heart valve disease Herzklappenerkrankung *f*, Herzklappenkrankheit *f*; Herzklappenfehler *m*
heart valve prosthesis Herzklappenprothese *f*, künstliche Herzklappe *f*
heart valve tissue Herzklappengewebe *n*
heart volume Herzvolumen *n*
heart weight Herzgewicht *n*
heartbeat *(Physiol)* Herzaktion *f*, Herzschlag *m*, Ictus *m* cordis; Herzspitzenstoß *m*
heartburn Sodbrennen *n*, Magenbrennen *n*, Pyrosis *f*
heartworm Dirofilaria *f* immitis
heat 1. Hitze *f*, Fieberhitze *f*; 2. Hitzeempfindung *f*
heat accumulation Wärmeansammlung *f*, Wärmestau *m*
heat apoplexy *s.* heatstroke
heat cataract *(Ophth)* Hitzekatarakt *f*, Wärmestar *m*
heat collapse Hitzekollaps *m*, Hitzeerschöpfung *f*
heat conduction Wärmeleitung *f*
heat cramp Hitzekrampf *m*
heat dermatosis Hitzedermatose *f*
heat discharge Wärmeabgabe *f*, Wärmeableitung *f*
heat disorder *(Physiol)* Thermoregulationsstörung *f*
heat distribution Wärmeverteilung *f*

heat emission Wärmeemission *f*, Wärmeabstrahlung *f*, Wärmeabgabe *f*
heat exchange Wärmeaustausch *m*
heat exchanger Wärmeaustauscher *m*
heat exhaustion *s.* heat prostration
heat-inactivated hitzeinaktiviert *(z. B. Toxine)*
heat irritation Hitzeirritation *f*, thermale Reizung *f*
heat-labile hitzeempfindlich, thermolabil; durch Hitze zerstört
heat-labile antibody thermolabiler Antikörper *m*
heat melanosis Hitzemelanose *f*, Pigmentatio *f* reticularis calorica; Cutis *f* marmorata pigmentosa (Buschke-Eichhorn)
heat of combustion Verbrennungswärme *f*
heat of crystallization Kristallisationswärme *f*
heat of evaporation Verdunstungswärme *f*
heat of vaporization Verdunstungswärme *f*
heat picture Wärmebild *n*, Temperaturbild *n*
heat production Wärmebildung *f*
heat prostration (saloprive) Hitzeerschöpfung *f*, Kochsalzmangelerschöpfung *f*, Hitzschlag *m*
heat pyrexia Hitzefieber *n*; Hitzschlag *m*
heat radiation Wärmestrahlung *f*
heat rash *(Derm)* Hitzeerythem *n*, Hitzeausschlag *m*, Miliaria *f* rubra
heat-ray cataract *s.* heat cataract
heat regulating centre *(Physiol)* Wärmeregulationszentrum *n*
heat release Wärmeabgabe *f*, Wärmefreisetzung *f*
heat resistance Hitzebeständigkeit *f*, Hitzeresistenz *f*, Wärmebeständigkeit *f*
heat resistance test Hitzeresistenztest *m*
heat-resistant hitzebeständig, hitzeresistent, wärmebeständig
heat sensor Wärmesensor *m*, Temperaturfühler *m*
heat shock protein Hitzeschockprotein *n*
heat stability Wärmefestigkeit *f*, Thermostabilität *f*
heat-stable wärmefest, thermisch stabil, thermostabil
heat sterilization Hitzesterilisation *f*
heat-storage capacity Wärmespeicherkapazität *f*
heat supply Wärmezufuhr *f*
heat treatment Wärmebehandlung *f*, Thermotherapie *f*, Wärmeanwendung *f*
heat value Wärmewert *m*
heating effect Wärmeeffekt *m*, Wärmewirkung *f*
heating pad Heizkissen *n*
heatstroke Hitzschlag *m*
heavy breathing schweres Atmen *n*, Keuchen *n*
heavy chain disease *(Immun)* Schwerkettenkrankheit *f*, Schwerketten-Krankheit *f*, Schwere-Ketten-Krankheit *f*, H-Ketten-Krankheit *f*, Franklin-Syndrom *n (angeborene Synthesestörung der Immunglobuline)*
heavy chain disease of IgA IgA-Schwerketten-Krankheit *f*, alpha-Ketten-Krankheit *f*, α-Ketten-Krankheit *f*
heavy chain disease of IgD IgD-Schwerketten-Krankheit *f*, delta-Ketten-Krankheit *f*, δ-Ketten-Krankheit *f*
heavy chain disease of IgG IgG-Schwerketten-Krankheit *f*, gamma-Ketten-Krankheit *f*, γ-Ketten-Krankheit *f*
heavy chain disease of IgM IgM-Schwerketten-Krankheit *f*, micro-Ketten-Krankheit *f*, μ-Ketten-Krankheit *f*
heavy dose hohe Dosis *f*
heavy haemorrhage schwere Blutung *f*
heavy hydrogen schwerer Wasserstoff *m*, Deuterium *n*
heavy immunoglobulin chain schwere Immunoglobulinkette *f*
heavy metal poisoning Schwermetallvergiftung *f*
heavy nasal discharge reichliches Nasensekret *n*
heavy patient schwerer Patient *m*, schwergewichtiger [korpulenter] Patient *m*
heavy periods *s.* hypermenorrhoea
heavy water schweres Wasser *n*
heavy weight loss ausgeprägter [deutlicher, großer] Gewichtsverlust *m*
hebdomadal die erste Lebenswoche betreffend
hebeosteotomy *s.* hebosteotomy
hebephrenia Hebephrenie *f*, Dementia *f* praecox, Jugendirresein *n (Schizophrenieform)*
hebephreniac Hebephrene(r) *m*
hebephrenic 1. hebephren(isch); Hebephrenie...; 2. *s.* hebephreniac
hebephrenic schizophrenia hebephrene Schizophrenie *f*
Heberden's angina Heberden'sche Krankheit *f*, Angina-pectoris-Syndrom *n*
Heberden's arthritis Heberden-Arthritis *f*, Heberden'sche Polyarthrose *f (Arthrose der Fingerendgelenke)*
Heberden's disease 1. Heberden'sche Krankheit *f*, Angina-pectoris-Syndrom *n*; 2. *s.* Heberden's arthritis
Heberden's nodes Heberden-Knoten *mpl*, Heberden'sche Knoten *mpl (Verdickungen der Fingerendgelenke)*
Heberden's nodosities *s.* Heberden's nodes
Heberden's polyarthrosis *s.* Heberden's arthritis
hebetic Pubertäts...
hebetude Hebetudo *f*, Stupor *m*, Sinnesstumpfheit *f*, emotionale Abstumpfung *f*
hebetudinous stuporös, stumpfsinnig, (emotional) abgestumpft
heboid paranoia *(Neur)* Hebephrenokatatonie *f*
heboid schizophrenia *s.* heboidophrenia
heboidophrenia Heboidophrenie *f (Abortivform der Hebephrenie)*
hebosteotomy *s.* hebotomy
hebotomy Hebotomie *f*, Pubiotomie *f*, Pubeotomie *f*, Hebosteotomie *f*, (operative) Schambeinknochendurchtrennung *f*, Schambeinspaltung *f*
Hebra's disease *(Derm)* Hebra'sche Krankheit *f*, Hebra-Krankheit *f*, Impetigo *f* herpetiformis (Hebra), Herpes *m* vegetans *(Verlaufsform der Psoriasis pustulosa)*
Hebra's prurigo Prurigo *f* mitis
hecateromeral *s.* hecateromeric
hecateromeric hekateromer(isch), hekatomer, hekatomeral
hecateromeric neuron hekatomeres Neuron *n*
Hecht-Beals(-Wilson) syndrome Hecht-Beals-Wilson-Syndrom *n*, Trismus-Pseudokamptodaktylie-Syndrom *n*
Hecht's phenomenon Rumpel-Leede-Phänomen *n*
Hecht's pneumonia Hecht'sche Pneumonie *f*
heckle cell *s.* prickle cell
hectic fever hektisches Fieber *n*, hektischer Temperaturanstieg *m*
hectic temperature *s.* hectic fever
hedonic hedonistisch; Hedonismus...
hedonism *(Neur)* Hedonismus *m*, Hedonie *f*
hedonophobia Hedonophobie *f (krankhafte Angst vor freudigen Ereignissen)*
hedratresia Hedratresie *f*, Atresia *f* recti
hedrocele Hedrozele *f*, Rektumprolaps *m*, Hernia *f* perinealis *(Darmvorfall durch den Anus)*
hedrology Hedrologie *f*, Proktologie *f*
heel Ferse *f*
heel bone Fersenbein *n*, Calcaneus *m*, Kalkaneus *m*, Os *n* calcis *(Zusammensetzungen siehe unter: calcaneal)*
heel-knee test Hacken-Knie-Test *m (Koordinationsstest)*
heel of the hand Handballen *m*
heel ring cushion *(Chir)* Fersenring *m*
heel-shin test Hacken-Schienbein-Test *m (Koordinationstest)*

heel spur Kalkaneussporn *m*, Fersenbeinsporn *m*
Heerfordt's disease [syndrome] Heerfordt'sches Syndrom *n*, Heerfordt-Syndrom *n*, Febris *n* uveoparotidea, Uveoparotitis *f*, Traubenhaut- und Ohrspeicheldrüsenentzündung *f*
Hefke-Turner sign Hefke-Turner'sches Zeichen *n*
Hegar's dilator *(Gyn)* Hegar-Stift *m*
Hegar's sign Hegar-Zeichen *n*, Hegar'sches Zeichen *n*
Hegglin's anomaly May-Hegglin-Anomalie *f*
Heidenhain's cells Heidenhain'sche Zellen *fpl (Haupt- und Belegzellen der Magenschleimhaut)*
Heidenhain's crescents *s.* Heidenhain's demilunes
Heidenhain's demilunes Heidenhain'sche Halbmonde *mpl*
Heidenhain's iron haematoxylin stain Heidenhain-Färbung *f*, Heidenhain'sche Hämatoxylinfärbung *f*
Heidenhain's syndrome Heidenhain'sches Syndrom *n*, Heidenhain-Syndrom *n*, subakute spongiöse Enzephalopathie *f*
height of contour *(Stom)* Konturenhöhe *f*
height vertigo Höhenschwindel *m*
Heimlich manoeuvre Heimlich-Griff *m*
Heine-Medin disease Heine-Medin'sche Krankheit *f*, Heine-Medin-Krankheit *f*, Polio(myelitis) *f*, Poliomyelitis *f* epidemica [anterior acuta], spinale Kinderlähmung *f (Entzündung der grauen Rückenmarksubstanz)*
Heineke-Mikulicz operation Heineke-Mikulicz'sche Pyloroplastik *f* [Magenausgangserweiterung *f*]
Heineke pyloroplasty *s.* Heine-Mikulicz operation
Heinig's projection Heinig-Projektion *f*, Heinig'sche Projektion *f (zur Darstellung des Sternoklavikulargelenkes)*
Heinz bodies Heinz'sche Körperchen *npl*, Heinz-Körperchen *npl*
Heinz body anaemia (hereditäre) Heinz-Körper-Anämie *f (bei Trägern des hitzeempfindlichen Hämoglobins Köln)*
Heinz-Ehrlich bodies *s.* Heinz bodies
Heinz granules *s.* Heinz bodies
Heister's diverticulum Heister'sches Diverticulum *n*
Heister's fold *s.* Heister's valve
Heister's valve Heister'sche Klappe *f*, Heister-Klappe *f*, Plica *f* spiralis *(Gallenblasenschleimhautfalte)*
HeLa cells Helene-Lange-Zellen *fpl*
helcogenic helkogen, aus einem Geschwür entstanden
helcoid geschwürartig, ulzerös; Ulkus…, Geschwür…
helcology Geschwürlehre *f*
helcoma 1. Helkoma *n*, Geschwür *n*, Eiterung *f*; 2. Helcoma *n*, Hornhautgeschwür *n*, Ulcus *n* corneae
helcomenia Menstruation *f* mit Geschwürbildung
helcoplasty Helkoplastik *f*, Geschwürplastik *f*
helcosis Ulzeration *f*, Geschwürleiden *n*
Held's bundle Held'sches Bündel *n*, Tractus *m* vestibulospinalis
Held's end foot Held'sches Endfüßchen *n (Synapse des Zentralnervensystems)*
heliation *s.* heliotherapy
helical helikal, helixartig; Helix…
helical spine Spina *f* helicis, Ohrmuschelknorpelhöcker *m*
helical virus helixförmiges Virus *n*
heliciform helixförmig
helicine *s.* helical
helicis major (muscle) Musculus *m* helicis major
helicis minor (muscle) Musculus *m* helicis minor
Helicobacter cinaedi Heliobacter *m* cinaedi
Helicobacter pylori Heliobacter *m* pylori
helicoid helixförmig
helicopod helikopodal, schleifend, schlürfend, mit schlürfenden Fußbewegungen; mit kreisenden Fußbewegungen
helicopod gait *s.* helicopodia
helicopodia Helikopodie *f*, Zirkumduktion *f*, kreisende Gelenkbewegung *f*
helicotrema Helikotrema *n*, Schneckenloch *n (Verbindung zwischen Pauken- und Vorhoftreppe der Schnecke)*
helioaerotherapy Helioaerotherapie *f*, Sonnenlicht- und Frischluftbehandlung *f*
helioencephalitis *(Neur)* Helioenzephalitis *f*, Sonnenstich *m*
heliopathy Heliopathie *f (Erkrankung durch Sonnenlicht)*
heliophobia *(Neur)* Heliophobie *f (Furcht vor Sonnenstrahlen)*
heliosensitivity *(Derm)* Sonnen(über)empfindlichkeit *f*
heliosis Heliose *f*, Insolation *f*, Sonnenbrand *m*; Sonnenstich *m*; Hitzschlag *m*
heliotaxis Heliotaxis *f (Beeinflussung der Bewegungsrichtung durch Sonnenlicht)*
heliotherapy Heliotherapie *f*, Sonnenstrahlenbehandlung *f*, (therapeutisches) Sonnenbad *n*
heliotropism Heliotropismus *m (Hinwendung zum Sonnenlicht)*
helium Helium *n*, He
helium bath Heliumbad *n*
helium cooling Heliumkühlung *f*
helium loss Heliumverlust *m*
helium-oxygen therapy Helium-Sauerstoff-Therapie *f*
helium therapy Heliumtherapie *f*, Heliumbehandlung *f*
helix 1. Helix *f*, Spirale *f*, spiralförmige Struktur *f*, Windung *f*; 2. *(Anat)* Helix *f*, Ohrleiste *f*, Ohrkrempe *f*
Heller's (oesophago)myotomy Heller'sche Ösophagomyotomie *f*, Heller'sche Kardiomyotomie *f*
Heller's operation *s.* Heller's oesophagomyotomy
Heller's plexus Heller'scher Plexus *m*
Heller's syndrome Heller'sches Syndrom *n*, Heller-Syndrom *n*, Dementia *f* infantilis
HELLP syndrome *(hemolysis, elevated liver function, low platelet level)* HELLP-Syndrom *n (Präeklampsie-Syndrom)*
helmet cell Helmzelle *f (bei thrombozytopenischer Purpura)*
Helmholtz (axis) ligament Helmholtz'sches Ligament *n*
Helmholtz theory Helmholtz'sche Theorie *f*
Helmholtz theory of accommodation Helmholtz'sche Theorie *f* der Nahanpassung
Helmholtz theory of colour vision Helmholtz'sche Theorie *f* des Farbsehens
Helmholtz theory of hearing Helmholtz'sche Hörtheorie *f*, Helmholtz'sche Resonanzhypothese *f*
helminth Helminthe *f*, Darmwurm *m*, Eingeweidewurm *m*
helminthagogue anthelminthisch, helminthenvertreibend
helminthagogue (agent) *(Pharm)* Anthelminthikum *n*, Wurmmittel *n*
helminthemesis Helminthemesis *f*, Wurmerbrechen *n*
helminthiasis *(Paras)* Helminthiasis *f*, Wurmleiden *n*, Wurmkrankheit *f*
helminthic Helminthen…, Eingeweidewurm…, Wurm…
helminthic abscess Wurmabszess *m*
helminthic infection Wurmbefall *m*, Wurminfektion *f*
helminthicide helminthizid, wurmtötend
helminthicide (agent) Helminthizid *n*, wurmtötendes Mittel *n*
helminthism *s.* helminthiasis
helminthoid helminthenartig, (eingeweide)wurmartig; Helminthen…
helminthology Helminthologie *f*, Lehre *f* von den Eingeweidewürmern
helminthoma Helminthom *n (Geschwulst bei Helminthenbefall)*
helminthophobia Helminthophobie *f (Angst vor Darmwurmbefall)*

helminthous *s.* helminthic
heloma Heloma *n,* Hautschwiele *f*
helosis Helose *f,* Hyperkeratose *f*
helopyra *(Trop)* Helopyra *f,* Sumpffieber *n,* Malaria *f*
helotomy Helotomie *f (operative Entfernung von Hautschwielen)*
help/be *v* **of** helfen, von Wert sein; wirken, ansprechen *(z. B. ein Medikament)*
helper-factor Helper-Faktor *m*
helper T cell Helper-T-Zelle *f,* Helper-T-Lymphozyt *m*
helper virus Helper-Virus *n*
helplessness *(Neur)* Hilflosigkeit *f*
helvolic acid Helvolsäure *f,* Helvolinsäure *f,* Fumagillin *n,* Fumigacin *n (Antibiotikum, Amöbizid)*
Helweg-Larsen's syndrome *(Derm)* Helweg-Larsen-Syndrom *n*
Helweg's bundle (tract) Tractus *m* olivospinalis [Helweg]
hem(e) *s.* haem
hemeralope *(Ophth)* Hemeralope(r) *m,* Tagblinde(r) *m*
hemeralopia 1. Hemeralopie *f,* Tagblindheit *f,* Nachtsichtigkeit *f,* Caecitas *f* diurna, Dämmerungsschwachsichtigkeit *f;* 2. *(fälschlich)* Hemeralopie *f,* Nachtblindheit *f*
hemiablepsia *s.* hemianopsia
hemiacardius *(Terat)* Hemiacardius *m (Missgeburt)*
hemiacephalus *(Terat)* Hemiacephalus *m (Missgeburt)*
hemiachromatopsia Hemi(a)chromatopsie *f,* halbseitige Farbenblindheit *f*
hemiacidrin solution Hemiacidrinlösung *f*
hemiacrosomia Hemiakrosomie *f*
hemiageusia Hemiageusie *f,* halbseitiger Geschmacksverlust *m*
hemialbumin Hemialbumin *n*
hemialbumose Hemialbumose *f*
hemialbumosuria Hemialbumosurie *f (Vorhandensein von Hemialbumosen im Urin)*
hemialgia Hemialgie *f,* Halbseitenschmerz *m,* halbseitiger Körperschmerz *m (einer Körperhälfte)*
hemiamaurosis Hemiamaurose *f,* Halbblindheit *f*
hemiamblyopia *s.* hemianopsia
hemiamyosthenia Hemiamyosthenie *f,* Hemimyasthenie *f,* halbseitige Muskelschwäche *f*
hemianacousia Hemianakusis *f,* Halbseitentaubheit *f,* halbseitige Taubheit *f*
hemianaesthesia Hemianästhesie *f,* Halbseitenanästhesie *f,* halbseitige Schmerzunempfindlichkeit *f*
hemianalgesia Hemianalgesie *f,* Halbseitenanalgesie *f,* halbseitige Analgesie *f*
hemianencephalia Hemianenzephalie *f (angeborenes Fehlen einer Gehirnhälfte)*
hemianopia *s.* hemianopsia
hemianopic hemianop(isch), halbsichtig, halb blind
hemianopsia Hemianopsie *f,* Hemiablepsie *f,* Halbsichtigkeit *f,* Halbseitenblindheit *f,* Visus *m* dimidiatus *(Ausfall einer Gesichtfeldhälfte)*
hemianoptic *s.* hemianopic
hemianosmia Hemianosmie *f,* Halbseitenanosmie *f,* halbseitige Anosmie *f,* halbseitiger Geruchsverlust *m*
hemiaplasia Hemiaplasie *f,* halbseitige Aplasie *f,* halbseitiges Fehlen *n* eines paarigen Organs
hemiapraxia Hemiapraxie *f,* Halbseitenapraxie *f,* halbseitige Apraxie *f*
hemiarthroplasty Hemiarthroplastik *f (halbseitiger künstlicher Gelenkersatz)*
hemiarthrosis Hemiarthrose *f*
hemiasomatognosia Hemiasomatognosie *f (halbseitiger Verlust des Körpergefühls)*
hemiasynergia Hemiasynergie *f,* Halbseitenasynergie *f,* halbseitige Asynergie *f*

hemiataxia Hemiataxie *f,* Halbseitenataxie *f,* halbseitige Bewegungskoordinationsstörung *f*
hemiathetosis Hemiathetose *f,* Halbseitenathetose *f,* halbseitige Wurmbewegung *f (bei Hirnläsion)*
hemiatrophy Hemiatrophie *f,* Halbseitenatrophie *f,* halbseitige Atrophie *f*
hemiaxial hemiaxial
hemiazygous hemiazygos, teilweise paarig
hemiazygous vein Vena *f* hemiazygos, Vena *f* thoracica longitudinalis sinistra, linke Brustkorblängsvene *f*
hemiballism *(Neur)* Hemiballismus *m,* halbseitiger Schüttelkrampf *m*
hemibladder Hemiblase *f*
hemiblock *(Kard)* Hemiblock *m*
hemicanities Hemicanities *f,* halbseitges Ergrauen *n;* halbseitig ergrautes Haar *n*
hemicardia Hemikardie *f,* Halbseitenherz *n*
hemicardius *(Terat)* Hemikardius *m (Missgeburt)*
hemicellulose Hemizellulose *f,* Halbzellulose *f*
hemicentrum Hemizentrum *n*
hemicephalalgia Hemizephalalgie *f,* halbseitiger Kopfschmerz *m*
hemicephalia 1. *(Terat)* Hemizephalie *f,* Halbschädeligkeit *f,* Hemikephalie *f;* 2. Hemizephalie *f (angeborene halbseitige Gehirnlosigkeit)*
hemicephalus *(Terat)* Hemizephalus *m,* Halbschädel *m (Missgeburt)*
hemicerebrum Hemicerebrum *n,* Gehirnhälfte *f*
hemichondrodystrophy Hemichondrodystrophie *f,* Ollier-Syndrom *n*
hemichorea Hemichorea *f,* Halbseitenchorea *f,* halbseitige Chorea *f*
hemichromatopsia *s.* hemiachromatopsia
hemicolectomy Hemikolektomie *f,* halbseitige Dickdarmentfernung *f,* Kolonteilresektion *f,* (operative) Dickdarmteilentfernung *f*
hemiconvulsion *(Neur)* Halbseitenepilepsie *f*
hremicorporectomy Hemikorporektomie *f (Entfernung der unteren Körperhälfte)*
hemicorticectomy Hemikortikektomie *f (Entfernung einer Gehirnhälfte)*
hemicranla 1. Hemizephalie *f,* Halbschädeligkeit *f;* 2. Migräne *f,* Halbseitenkopfschmerz *m,* halbseitiger Kopfschmerz *m*
hemicraniectomy Hemikraniektomie *f,* halbseitige Schädeldachentfernung *f (Entfernung einer Schädeldachhälfte)*
hemicraniosis Hemikraniose *f,* einseitige Schädelhypertrophie *f*
hemicraniotomy *s.* hemicraniectomy
hemicystectomy Hemizystektomie *f,* Blasenteilresektion *f*
hemidecortication Hemidekortikation *f (Entfernung einer Gehirnrindenhälfte)*
hemidesmosome Hemidesmosom *n,* halbes Desmosom *n*
hemidiaphoresis Hemihyperhidrosis *f,* halbseitiges Schwitzen *n*
hemidiaphragm Hemidiaphragma *n,* Zwerchfellhälfte *f*
hemidysaesthesia Hemidysästhesie *f,* Halbseitendysästhesie *f,* halbseitige Dysästhesie *f*
hemidystrophia Hemidystrophie *f,* Halbseitendystrophie *f,* halbseitige Dystrophie *f*
hemiectromelia Hemiektromelie *f (halbseitiges Fehlen der Extremitäten)*
hemiencephalia *s.* hemicephalia
hemiencephalus Hemiencephalus *m (Missgeburt mit nur einer Gehirnhälfte)*
hemiepilepsy Hemiepilepsie *f,* Halbseitenepilepsie *f,* halbseitige Epilepsie *f*

hemifacial hemifazial; Halbgesichts...
hemifacial spasm hemifazialer Spasmus *m*, konvulsiver Tick *m (klonische Krämpfe der Gesichtsmuskulatur)*
hemigastrectomy Hemigastrektomie *f*, Magenteilresektion *f*, (operative) Magenteilentfernung *f*
hemigeusia Hemigeusie *f*
hemigigantism Hemigigantismus *m*, halbseitige Körpervergrößerung *f*
hemiglossal eine Zungenhälfte betreffend, hemilingual; Zungenhälften...
hemiglossectomy Hemiglossektomie *f*, halbseitige Zungenresektion *f*, (operative) Zungenteilentfernung *f*
hemiglossitis Hemiglossitis *f*, halbseitige Zungenentzündung *f*
hemiglossoplegia Hemiglossoplegie *f*, halbseitige Zungenlähmung *f*
hemignathia Hemignathie *f*, halbseitiger Kieferverlust *m*
hemihepatectomy Hemihepatektomie *f*, halbseitige Leberresektion *f*, (operative) Leberteilentfernung *f*
hemihidrosis Hemihidrosis *f*, halbseitiges Schwitzen *n*
hemihydranencephaly Hemihydranenzephalie *f*
hemihypaesthesia Hemihypästhesie *f*, halbseitige Gefühlsminderung *f*
hemihypalgesia Hemihypalgesie *f*, halbseitige Schmerzempfindlichkeitsminderung *f*
hemihyperaesthesia Hemihyperästhesie *f*, halbseitige Hautüberempfindlichkeit *f*
hemihyperhidrosis Hemihyperhidrosis *f*, halbseitiges verstärktes Schwitzen *n*
hemihypermetria Hemihypermetrie *f*, halbseitige überschießende Muskelbewegungen *fpl*
hemihyperplasia Hemihyperplasie *f*, halbseitige Hyperplasie *f (z. B. eines Organs)*
hemihypertonia Hemihypertonie *f*, halbseitig verstärkter Muskeltonus *m*
hemihypertonus Hemihypertonus *m*, Halbseitenhochdruck *m*
hemihypertrophy 1. Hemihypertrophie *f*, Halbseitenhypertrophie *f*, halbseitiger Riesenwuchs *m*; 2. Curtius-Syndrom *n*
hemihypoaesthesia *s.* hemihypaesthesia
hemihypometria Hemihypometrie *f*, halbseitige eingeschränkte Muskelbewegungen *fpl*
hemihypoplasia Hemihypoplasie *f*, halbseitige Hypoplasie *f (z. B. eines Organs)*
hemihypotonia Hemihypotonie *f*, halbseitig verminderter Muskeltonus *m*
hemikaryon Hemikaryon *m (Zellkern mit haploidem Chromosomensatz)*
hemilaminectomy Hemilaminektomie *f*, halbseitige Wirbelbogenexzision *f*, (operative) Wirbelbogenteilentfernung *f*
hemilaminectomy retractor Hemilaminektomiespreizer *m*
hemilaryngectomy Hemilaryngektomie *f*, halbseitige Kehlkopfresektion *f*
hemilateral halbseitig, hemilateral
hemilingual eine Zungenhälfte betreffend, hemilingual
hemimacroglossia Hemimakroglossie *f*, halbseitige Zungenvergrößerung *f*
hemimandibulectomy Hemimandibulektomie *f*, Unterkieferteilresektion *f*, halbseitige Unterkieferresektion *f*
hemimaxillectomy Hemimaxillektomie *f*, Oberkieferteilresektion *f*, halbseitige Oberkieferresektion *f*
hemimelia Hemimelie *f*, Peromelie *f (Missbildung mit halbseitiger Extremitätenverstümmelung)*
hemimelus *(Terat)* Hemimelus *m (Missgeburt)*
heminephrectomy Heminephrektomie *f*, Nierenteilresektion *f*, halbseitige Nierenentfernung *f*
heminephroureterectomy Heminephroureterektomie *f*, Nierenteil- und Harnleiterentfernung *f*, halbseitige Nieren- und Ureterentfernung *f*
hemiobesity Halbseitenfettsucht, halbseitige Fettsucht *f*
hemiopalgia halbseitige Kopf- und Augenschmerzen *mpl*
hemiopia *s.* hemianopsia
hemipagus *(Terat)* Hemipagus *m (Missgeburt)*
hemipalatectomy Hemipalatektomie *f*, Gaumenteilresektion *f*
hemipancreatectomy Hemipankreatektomie *f*, halbseitige Pankreasentfernung *f*
hemiparaesthesia Hemiparästhesie *f*, halbseitige Missempfindung *f*
hemiparalysis Hemiparalyse *f*, Halbseitenlähmung *f*, halbseitige Körperlähmung *f*
hemiparaplegia Hemiparaplegie *f*, Paraplegie *f* der unteren Körperhälfte
hemiparesis Hemiparese *f*, unvollständige Halbseitenlähmung *f*, unvollständige halbseitige Körperlähmung *f*
hemiparetic hemiparetisch, inkomplett halbseitengelähmt; Hemiparese...
hemiparkinsonism *(Neur)* Hemiparkinsonismus *m*, Halbseitenparkinsonismus *m*
hemipelvectomy Hemipelvektomie *f*, Beckenteilresektion *f*, halbseitige Beckenentfernung *f*
hemiphalangectomy Hemiphalangektomie *f*, Fingerteilresektion *f*
hemipharyngectomy Hemipharyngektomie *f*, Rachenteilresektion *f*
hemiplacenta Hemiplazenta *f*
hemiplegia Hemiplegie *f*, komplette Halbseitenlähmung *f*, komplette halbseitige Lähmung *f*
hemiplegic hemiplegisch, halbseitengelähmt, halbseitig gelähmt; Hemiplegie...
hemiplegic gait hemiplegischer Gang *m*, Hemiplegikergang *m*
hemiprostatectomy Hemiprostatektomie *f*, halbseitige Prostataresektion *f*
hemipylorectomy Hemipylorektomie *f*, Pylorusteilresektion *f*
hemipyonephrosis Hemipyonephrose *f*, halbseitige Pyonephrose *f*
hemirachischisis Hemirachischisis *f*, Spina *f* bifida occulta, unvollständige Wirbelsäulenspalte *f*
hemisacralization Hemisakralisation *f*, Halbseitensakralisation *f (halbseitige Verschmelzung des V. Lendenwirbelkörpers mit dem Kreuzbein)*
hemiscotosis *s.* hemianopsia
hemisectectomy *(Stom)* Hemisektektomie *f (Entfernung einer Zahnwurzel)*
hemisection 1. Hemisektion *f (Halbierung in zwei Teile)*; 2. *(Stom)* Hemisektion *f (eines mehrwurzeligen Zahnes)*
hemisensory mit halbseitigem Gefühlsverlust
hemiseptum Hemiseptum *n*
hemisomus *(Terat)* Hemisomus *m (Missgeburt)*
hemispasm Hemispasmus *m*, Halbseitenkrampf *m*
hemisphere 1. Hemisphäre *f*, Halbkugel *f*; 2. Gehirnhemisphäre *f*
hemisphere of the penis Hemispherium *n* bulbi urethrae
hemisphere syndrome Hemisphärensyndrom *n*
hemispherectomy Hemisphärektomie *f*, Großhirnhemisphärenresektion *f*, halbseitige Gehirnhemisphärenentfernung *f*
hemispheric *s.* hemispherical
hemispheric(al) hemisphärisch; Hemisphären...
hemispheric dominance Hemisphärendominanz *f*, Vorherrschen *n* einer Gehirnhälfte
hemisphygmia Hemisphygmie *f*
hemispore Hemispore *f*

hemistrumectomy Hemistrumektomie *f*, halbseitige Strumaresektion *f*
hemisyndrome Halbseitensyndrom *n*, halbseitiger Symptomenkomplex *m*
hemisystole Hemisystole *f*, Halbsystole *f*
hemitetany Hemitetanie *f*, halbseitige Tetanie *f*
hemithermoanaesthesia Hemithermoanästhesie *f*, halbseitige Temperaturunempfindlichkeit *f*
hemithorax Hemithorax *m*, Halbseitenthorax *m*; Thoraxhälfte *f*
hemithyroidectomy Hemithyreoidektomie *f*, halbseitige Schilddrüsenentfernung *f*
hemitonia *s.* hemihypertonia
hemitoxin Hemitoxin *n (Toxin mit halber Giftigkeit)*
hemitremor *(Neur)* Hemitremor *m*, Halbseitentremor *m*, halbseitiger Tremor *m*
hemitruncus Hemitrunkus *m*, Hemitruncus *m*
hemivagotonia Hemivagotonie *f*, halbseitiger Vagotonus *m*
hemivertebra Hemivertebra *f*, Halbwirbel *m*
hemivulvectomy Hemivulvektomie *f*, halbseitige Scheidenvorhofentfernung *f*
hemizygosity Hemizygosität *f (Vorhandensein von nur einem Gen des Allelenpaares)*
hemizygote Hemizygote(r) *m*; hemizygoter Organismus *m*; hemizygote Zelle *f*
hemizygotic *s.* hemizygous
hemizygous hemizygot, nur ein Gen besitzend
hen worker's lung *s.* pigeon breeder's lung
Hench-Rosenberg syndrome Hench-Rosenberg-Syndrom *n*, palindromischer Rheumatismus *m*
Henderson-Hasselbalch equation Henderson-Hasselbalch-Gleichung *f*
Henderson-Paterson bodies Henderson-Paterson-Körperchen *npl*, Moluscum-Körperchen *npl*
Henle's ampulla *(Anat)* Ampulla *f* ductus deferentis, Samenleiterampulle *f*
Henle's ansa *s.* Henle's loop
Henle's glands Henle'sche Drüsen *fpl*
Henle's ligament *(Anat)* Henle'sches Band *n*, Falx *f* inguinalis, Leistensichel *f*
Henle's loop Ansa *f* nephroni, Henle'sche Schleife *f (Teil des Hauptstücks der Nierenkanälchen)*
Henle's spine Spina *f* suprameatum *(Gehörgang)*
Henoch-Schoenlein purpura *s.* Schoenlein-Henoch surpura
Henoch's purpura Henoch'sche [allergische, anaphylaktoide] Purpura *f*, Purpura *f* allergica [abdominalis] *(siehe auch: Schoenlein-Henoch purpura)*
henogenesis *s.* ontogeny
Henry's melanoflocculation test *(Lab)* Henry-Reaktion *f*, Melanoflokkulation *f*
Hensen's body Hensen'scher Körper *m (im Corti-Organ)*
Hensen's canal Hensen'scher Kanal *m*, Ductus *m* reuniens
Hensen's cells Hensen'sche Stützzellen *fpl (im Corti-Organ)*
Hensen's disk Hensen'scher Streifen *m*, H-Streifen *m*
Hensen's duct *s.* Hensen's canal
Hensen's knot *s.* Hensen's node
Hensen's line Hensen'sche Linie *f*, M-Steifen *m*, Mesophragma *n*
Hensen's node *(Embr)* Hensen'scher Knoten *m*, Primitivknoten *m*
Hensen's stripe 1. Hensen'scher Streifen *m (Mittelstreifen der A-Bande der quer gestreiften Muskelfibrillen)*; 2. Hensen'scher Streifen *m*, äußerer Corti'scher Pfeiler *m*
hepadenovirus Hepadenovirus *n*
hepadnavirus Hepadanvirus *n*
hepar Hepar *n*, Leber *f (siehe auch unter: hepatic und liver)*
hepar-like leberartig
heparan-α-glucosaminide *N*-acetyltransferase Heparan-α-glukosaminid-*N*-acetyltransferase *f (Enzym)*
heparan *N*-sulfatase Heparan-*N*-sulphatase *f (Enzym)*
heparan sulfate Heparansulphat *n*
heparan sulfate sulfamidase Heparansulphatsulphamidase *f (Enzym)*
heparin Heparin *n*, Heparinum *n*, Glukosamin-N-sulfatmucopolysaccharid *n*, Glucuronsäure-O-Sulfat-mucopolysaccharid *n (gerinnungshemmender Stoff)*
heparin clearing factor Heparinklärfaktor *m*
heparin infusion pump Heparininfusionspumpe *f*
heparin inhibitor Heparininhibitor *m*
heparin lock flush solution Heparin-Spüllösung *f (für Kathetersysteme)*
heparin lyase Heparinlyase *f (Enzym)*
heparin rebound Heparin-Rebound *m*
heparin therapy Heparintherapie *f*, Heparinbehandlung *f*
heparin tolerance test Heparintoleranztest *m (zur Bestimmung der Rekalzifizierungszeit)*
heparinaemia Heparinämie *f*, Vorhandensein *n* von Heparin im Blut
heparinase Heparinase *f (Enzym)*
heparinic acid *s.* heparin
heparinization Heparinisierung *f*
heparinize *v* heparinisieren, ungerinnbar machen
heparinocyte Heparinozyt *m (z. B. Gewebsmastzelle)*
heparinoid Heparinoid *n*
heparitin sulfate Heparitinsulphat *n*
heparitinuria Heparitinurie *f*, Mukopolysaccharid-Speicherkrankheit *f* Typ III
hepatalgia Hepatalgie *f*, Leberschmerz *m*
hepatalgic hepatalgisch; Leberschmerz...
hepatargia Hepatargie *f*, Autointoxikation *f* durch Leberinsuffizienz
hepatatrophy Leberatrophie *f*
hepatectomize *v* hepatektomieren, die Leber entfernen
hepatectomy Hepatektomie *f*, Leberresektion *f*, (operative) Leberentfernung *f*
hepatic hepatisch; Leber... *(siehe auch unter: liver)*
hepatic abscess Leberabszess *m*
hepatic adenoma Leberadenom *n*
hepatic amoebiasis Leberamöbiasis *f*, Amöbenbefall *m* der Leber
hepatic arteriography Hepatikagraphie *f*, Leberarterien(röntgenkontrast)darstellung *f*
hepatic artery Leberarterie *f*, Arteria *f* hepatica
hepatic artery-hepatic vein fistula Leberarterien-Lebervenen-Fistel *f*
hepatic artery proper *(Am)* Arteria *f* hepatica propria
hepatic bile Lebergalle *f*, C-Galle *f*
hepatic biopsy Leberbiopsie *f*
hepatic biopsy specimen Leberbiopsieprobe *f*
hepatic blood flow Leberdurchblutung *f*
hepatic calculus Leberkonkrement *n*, Leberstein *m*
hepatic cancer [carcinoma] Leberkrebs *m*
hepatic catabolism Leberkatabolismus *m*, Leberabbau(stoffwechsel) *m*
hepatic cell Leberzelle *f*
hepatic cirrhosis of Laennec type Leberzirrhose *f* Typ Laennec, Laennec'sche Leberzirrhose *f*
hepatic coma Leberkoma *n*, Coma *n* hepaticum
hepatic cord Leberzellen *fpl (um die zentralen Lebervenen)*
hepatic deacetylation Leberdeazetylierung *f*
hepatic decompensation Leberversagen *n*, Leberdekompensation *f*
hepatic disease Lebererkrankung *f*, Leberkrankheit *f*

hepatic disorders Leberbeschwerden *fpl*
hepatic distomiasis *(Paras)* Leberdistomiasis *f*
hepatic duct Lebergang *m*, Gallengang *m*, Ductus *m* hepaticus
hepatic duct system Gallengangsystem *n*
hepatic dysfunction Leberdysfunktion *f*, Leberfunktionsstörung *f*
hepatic dyspepsia hepatische Dyspepsie *f*
hepatic dystrophy Leberdystrophie *f*
hepatic echinococcosis Leberechinokokkose *f*
hepatic encephalopathy Leberenzephalopathie *f*, Leberkoma *n*
hepatic engorgement Leberstauung *f*, Leberschwellung *f*
hepatic enlargement Lebervergrößerung *f*
hepatic enzyme Leberenzym *n*
hepatic enzyme induction Leberenzyminduktion *f*
hepatic enzyme synthesis Leberenzymsynthese *f*
hepatic failure Leberversagen *n*, Leberausfall *m*
hepatic fistula Leberfistel *f*
hepatic flexure of the colon rechte Kolonflexur *f*, Flexura *f* coli dextra
hepatic fluke *(Paras)* Leberegel *m*, Fasciola *f* hepatica; Distomum *n* hepaticum, Clonorchis *m* sinensis
hepatic foetor Lebergeruch *m*, Foetor *m* hepaticus
hepatic function Leberfunktion *f*
hepatic glucuronyl transferase activity Leber-Glukuronyl-Transferase-Aktivität *f*
hepatic glycogen Leberglykogen *n*
hepatic glycogenosis von Gierke'sche Krankheit *f*, Glykogenspeicherkrankheit *f*, Glykogenose *f* Typ I, Hepatonephromegalia *f* glycogenica
hepatic hydatid disease *(Paras)* Leberechinokokkuserkrankung *f*, Leberechinokokkose *f*
hepatic insufficiency Leberinsuffizienz *f*, (partielles) Leberversagen *n*
hepatic lipase Leberlipase *f*, hepatische Lipase *f (Enzym)*
hepatic lobe Leberlappen *m*, Lobus *m* hepaticus
hepatic lobectomy Leberlobektomie *f*, Leberlappenresektion *f*, (operative) Leberlappenentfernung *f*
hepatic malignancy bösartige [maligne] Lebererkrankung *f*
hepatic merozoite *(Trop)* Lebermerozoit *m (Malariaerreger)*
hepatic metabolism Lebermetabolismus *m*, Leberstoffwechsel *m*
hepatic metastasis *(Path)* Lebermetastase *f*
hepatic necrosis Lebernekrose *f*
hepatic node Leberlymphknoten *m*, hepatischer Lymphknoten *m*
hepatic oncocyte *(Path)* Leberonkozyt *m*, Lebergeschwulstzelle *f*
hepatic pedicle *(Anat)* Leberstiel *m*
hepatic peliosis Peliosis *f* hepatis, Leberpeliose *f*, Leberunterblutung *f*
hepatic phosphorylase Leberphosphorylase *f*, hepatische Phosphorylase *f (Enzym)*
hepatic phosphorylase deficiency Leberphosphorylasemangel *m (siehe auch: glycogen storage disease type IV)*
hepatic phosphorylase kinase Leberphosphorylasekinase *f*, hepatische Phosphorylasekinase *f (Enzym)*
hepatic phosphorylase kinase deficiency Leberphosphorylasekinasemangel *f*, Phosphorylase-β-kinasemangel *m*
hepatic phthisis Lebertuberkulose *f*
hepatic plexus Leber(nerven)geflecht *n*, Plexus *m* hepaticus
hepatic porphyria hepatische [hepatogene] Porphyrie *f (Porphyrinbildung in der Leber)*
hepatic porta Leberpforte *f*, Porta *f* hepatica
hepatic portoenterostomy Leberpforten-Darm-Anastomose *f*
hepatic precoma Leberpräkoma *n*, Praecoma *n* hepaticum
hepatic pulse Leberpuls *m*
hepatic pyogenic abscess pyogener Leberabszess *m*
hepatic schistosomiasis *(Trop)* Leberschistosomiasis *f*
hepatic schizont *(Trop)* Leberschizont *m (Malariaerreger)*
hepatic schizonticide leberschizontentötendes Mittel *n*
hepatic secondary *(Path)* Lebermetastase *f*
hepatic siderosis *(Path)* Lebersiderose *f*, Siderosis *f* hepatis
hepatic transplantation Lebertransplantation *f*
hepatic tumour Lebertumor *m*, Lebergeschwulst *f*
hepatic vein Lebervene *f*, Vena *f* hepatica
hepatic vein catheterization Lebervenenkatheter(isier)ung *f*
hepatic vein occlusion Lebervenenverschluss *m*; Lebervenenthrombose *f*, Lebervenenverschlusssyndrom *n*, Budd-Chiari-Syndrom *n*
hepatic vein thrombosis Lebervenenthrombose *f*
hepatic venogram Lebervenenröntgen(kontrast)bild *n*
hepatic venography Lebervenenröntgen(kontrast)darstellung *f*
hepaticocholangiojejunostomy Hepatikocholangiojejunostomie *f*, Gallengang-Gallengang-Jejunum-Anastomose *f*
hepaticodochotomy Hepatikodochotomie *f*, Gallengang- und Choledochusinzison *f*, (operative) Gallengang- und Choledochuseröffnung *f*
hepaticoduodenostomy Hepatikoduodenostomie *f*, Gallengang-Zwölffingerdarm-Anastomose *f*
hepaticoenterostomy Hepatikoenterostomie *f*, Gallengang-Darm-Anastomose *f*
hepaticogastrostomy Hepatikogastrostomie *f*, Gallengang-Magen-Anastomose *f*
hepaticojejunostomy Hepatikojejunostomie *f*, Gallengang-Jejunum-Anastomose *f*
Hepaticola Hepaticola *fpl*, Capillaria *npl*
hepaticoliasis Capillariasis *f*
hepaticolithotomy Hepatikolithotomie *f*, Gallenganginzision *f* mit Gallensteinentfernung, (operative) Gallengangeröffnung *f* und Gallensteinentfernung
hepaticolithotripsy Hepatikolithotripsie *f*, Gallensteinzertrümmerung *f*
hepaticopancreatic *s.* hepatopancreatic
hepaticopulmonary hepatikopulmonal, Leber-Lungen-...
hepaticostomy 1. Hepatikostomie *f*, Gallengangsfistel *f*; 2. Hepatikostomie *f*, (operative) Gallengangsfistelung *f*
hepaticotomy Hepatikotomie *f*, Gallenganginzision *f*, (operative) Gallengangeröffnung *f*
hepatism Leber(funktions)störung *f*
hepatitides *pl s.* hepatitis
hepatitic Hepatitis...
hepatitis Hepatitis *f*, Leberentzündung *f*
hepatitis A Hepatitis *f* A [epidemica], epidemische Hepatitis *f*, MS-1-Hepatitis *f*
hepatitis A virus Hepatitis-A-Virus *n*, HAV
hepatitis B Hepatitis *f* B, Serumhepatitis *f*, MS-2-Hepatitis *f*, Transfusionshepatitis *f*, Inokulationshepatitis *f*
hepatitis B immune globulin Hepatitis-B-Immunglobulin *n*
hepatitis B surface antigen *s.* hepatitis virus B antigen
hepatitis B vaccine Hepatitis-B-Vakzine *f*, Hepatitis-B-Impfstoff *m*
hepatitis B virus Hepatitis-B-Virus *n*, HBV
hepatitis C Hepatitis *f* C
hepatitis C virus Hepatitis-C-Virus *n*
hepatitis D Hepatitis *f* D, Delta-Hepatitis *f*

hepatitis D virus Hepatitis-D-Virus *n*, HDV
hepatitis E Hepatitis *f* E, enteral übertragene Non-A-non-B-Hepatitis *f*, ET-NANB-Hepatitis *f*
hepatitis E virus Hepatitis-E-Virus *n*, HEV
hepatitis G Hepatitis *f* G
hepatitis G virus Hepatitis-G-Virus *n*, HGV
hepatitis non-A, non-B Hepatitis *f* Non-A-Non-B, Non-A-non-B-Hepatitis *f*, NANB-Hepatitis *f*
hepatitis virus A Hepatitis-Virus *n* A, Hepatitis-A-Virus *n*, HAV, IH-Virus *n*
hepatitis virus B Hepatitis-Virus *n* B, Hepatitis-B-Virus *n*, HBV, SH-Virus *n*
hepatitis virus B antigen Hepatitis-Virus-B-Antigen *n*, Australia-Antigen *n*, SH-Antigen *n*
hepatitis virus C Hepatitis-Virus *n* C, Hepatitis-C-Virus *n*, HCV
hepatitis virus D Hepatitis-Virus *n* D, Hepatitis-D-Virus *n*, HDV
hepatitis virus E Hepatitis-Virus *n* E, Hepatitis-E-Virus *n*, HEV
hepatitis virus G Hepatitis-Virus *n* G, Hepatitis-G-Virus *n*, HGV
hepatization *(Path)* Hepatisation *f*, leberartige Lungenverfestigung *f (bei Lungenentzündung)*
hepatize *v (Path)* hepatisieren, in Hepatisation übergehen
hepatoadenoma Hepatoadenom *n*, Leberadenom *n*
hepatobiliary hepatobiliär; Leber-Gallen-...
hepatobiliary capsule hepatobiliäre Kapsel *f*, Capsula *f* fibrosa perivascularis, Glisson-Kapsel *f*
hepatoblastoma Hepatoblastom *n (embryonale Lebermischgeschwulst)*
hepatobronchial hepatobronchial; Leber-Bronchien-...
hepatocanalicular jaundice cholestatische Gelbsucht *f*, Gallestauungsikterus *m*
hepatocarcinogen Hepatokarzinogen *n*, Leberkrebs erzeugender Stoff *m*
hepatocarcinogenesis Hepatokarzinogenese *f*, Leberkrebsentstehung *f*, Leberkrebsentwicklung *f*
hepatocarcinogenic hepatokarzinogen, leberkrebserzeugend; Hepatokarzinogenese...
hepatocarcinoma Hepatokarzinom *n*, Leberkrebs *m*
hepatocele Hepatozele *f*, Leberhernie *f*
hepatocellular hepatozellulär; Leberzell(en)...
hepatocellular damage Leberzell(en)schaden *m*
hepatocellular disease Leberzellenerkrankung *f*, Leberzellenkrankheit *f*
hepatocellular dysfunction Leberzelldysfunktion *f*
hepatocellular injury Leberzellschädigung *f*
hepatocellular jaundice hepatozelluläre Gelbsucht *f*, Leberparenchymikterus *m*
hepatocerebral dystrophy hepatozerebrale Dystrophie *f*
hepatocholangiocarcinoma Hepatocholangiokarzinom *n*, Leber- und Gallengangkarzinom *n*
hepatocholangioduodenostomy Hepatocholangioduodenostomie *f*, Gallengang-Duodenum-Anastomose *f*
hepatocholangioenterostomy Hepatocholangioenterostomie *f*, Gallengang-Darm-Anastomose *f*
hepatocholangiogastrostomy Hepatocholangiogastrostomie *f*, Gallengang-Magen-Anastomose *f*
hepatocholangiostomy Hepatocholangiostomie *f*, Gallengangableitung *f (1. in den Darm; 2. durch die Bauchwand)*
hepatocholangitis Hepatocholangitis *f*, Leber- und Gallengangentzündung *f*
hepatocirrhosis *s.* liver cirrhosis
hepatocolic hepatokolisch; Leber-Kolon-..., Leber-Dickdarm-...
hepatocolic ligament Ligamentum *n* hepatocolicum, Leber-Dickdarm-Band *n*
hepatocuprein Hepatokuprein *n (Kupferproteid der Leber)*
hepatocystic hepatozystisch; Leber-Gallenblasen-...
hepatocyte *(Histol)* Hepatozyt *m*, Leberzelle *f*
hepatocytoprotective substance hepatozytoprotektive [leberzellenschützende] Substanz *f*, Leberzellschutzsubstanz *f*
hepatoduodenal ligament Leber-Zwölffingerdarm-Band *n*, Ligamentum *n* hepatoduodenale
hepatoduodenostomy 1. Hepatoduodenostomie *f*, Lebergang-Zwölffingerdarm-Anastomose *f*; 2. Hepatoduodenostomie *f*, (operative) Lebergang-Zwöffingerdarm-Fistelung *f*
hepatodynia *s.* hepatalgia
hepatodysentery Hepatodysenterie *f*, Dysenterie *f* mit Lebererkrankung
hepatodystrophy Hepatodystrophie *f*, akute Lebernekrose *f*
hepatoenteric hepatoenteral; Leber-Darm-...
hepatoenterostomy Hepatoenterostomie *f*, Leber-Darm-Anastomose *f*
hepatoerythropoietic porphyria hepatoerythropoetische Porphyrie *f*
hepatoflavin Hepatoflavin *n*, Riboflavin *n*, Lactoflavin *n*, Vitamin *n* B_2
hepatofugal hepatofugal, von der Leber weggerichtet; von der Leber wegfließend
hepatogastric hepatogastrisch; Leber-Magen-...
hepatogastric ligament Leber-Magen-Band *n*, Ligamentum *n* hepatogastricum
hepatogenic 1. hepatogen, von der Leber stammend; aus der Leber kommend; Leber...; 2. hepatogen, Lebergewebe bildend
hepatogenic jaundice hepatogene Gelbsucht *f*, hepatogener Ikterus *m*
hepatogenic pigment Gallepigment *n*
hepatogenous *s.* hepatogenic
hepatogram 1. Hepatogramm *n*, Leberröntgen(kontrast)bild *n*; 2. Hepatogramm *n*, Leberpulskurve *f*; 3. Leberpunktatausstrich *m*
hepatography Hepatographie *f*, Leberröntgen(kontrast)darstellung *f*
hepatoid leberartig, leberähnlich, hepatoid
hepatojugular hepatojugular; Leber-Jugularvenen-...
hepatojugular reflux hepatojugulärer Reflux *m*
hepatojugularometer Hepatojugularomter *n*
hepatojugularometry Hepatojugularomtrie *f*
hepatolenticular hepatolentikulär; Leber-Linsenkern-...
hepatolenticular degeneration *(Neur)* hepatolentikuläre Degeneration *f*, Degeneratio *f* hepatolenticularis, Wilson'sche Krankheit *f*
hepatolienal hepatolienal; Leber-Milz-...
hepatolienal fibrosis hepatolienale Fibrose *f*
hepatolienography Hepatolienographie *f*, Röntgen(kontrast)darstellung *f* von Leber und Milz
hepatolienomegaly *s.* hepatosplenomegaly
hepatolith Hepatolith *m*, Lebergallenstein *m*
hepatolithectomy Hepatikolithotomie *f*, (operative) Gallensteinentfernung *f*
hepatolithiasis Hepatolithiasis *f*, Lebersteinleiden *n*
hepatologist Hepatologe *m*, Leberspezialist *m*
hepatology Hepatologie *f (Lehre von der Leber)*
hepatolysin Hepatolysin *n (Leberzellen auflösendes Zytolysin)*
hepatolysis Hepatolyse *f*, Leberauflösung *f*, Leberzerfall *m*; Leberzellenauflösung *f*
hepatolytic hepatolytisch, leber(gewebs)auflösend, leberzell(en)auflösend
hepatoma 1. Hepatom *n*, Lebertumor *m*; 2. Hepatom *n*, hepatozelluläres Karzinom *n*

hepatomalacia Hepatomalazie *f*, Lebererweichung *f*
hepatomegaly Hepatomegalie *f*, Lebervergrößerung *f*
hepatomelanosis Hepatomelanose *f*, Lebermelanose *f*
hepatometry Hepatometrie *f*, Lebervermessung *f*
hepatomphalocele Hepatomphalozele *f*
hepatomphalos Hepatomphalos *m*
hepatonecrosis 1. Lebernekrose *f*; Lebergangrän *f*; 2. Leberzellnekrose *f*, Leberzelltod *m*
hepatonephric hepatorenal, Leber-Nieren-…
hepatonephritic hepatonephritisch; Hepatonephritis…
hepatonephritis Hepatonephritis *f*, Leber- und Nierenentzündung *f*
hepatonephromegaly Hepatonephromegalie *f*, Leber- und Nierenvergrößerung *f*
hepatopancreatic hepatikopankreatisch; Leber-Pankreas-…, Leber-Bauchspeicheldrüsen-…
hepatopancreatic ampulla Ampulla *f* hepatopancreatica [Vateri], Vater'sche Ampulle *f*
hepatopancreatic duct Ductus *m* hepatopancreaticus, Leber-Pankreas-Gang *m*
hepatopath Leberkranke(r) *m*
hepatopathic die Leber schädigend, leberschädlich
hepatopathy Hepatopathie *f*, Leberkrankheit *f*, Leberleiden *n*
hepatoperitonitis Hepatoperitonitis *f*, Leber- und Bauchfellentzündung *f*
hepatopetal hepatopetal, zur Leber führend; zur Leber fließend
hepatopexy Hepatopexie *f*, Leberfixation *f*, Leberanheftung *f*
hepatophlebitis Hepatophlebitis *f*, Lebervenenentzündung *f*
hepatophlebography Hepatophlebographie *f*, Lebervenenröntgen(kontrast)darstellung *f*
hepatophyma Leberabzess *m*
hepatopleural hepatopleural; Leber-Pleura-…
hepatopneumonic hepatopulmonal; Leber-Lungen-…
hepatopoietin A Hepatopoietin *n* A, HPTA *(Hepatozytenwachstumsfaktor)*
hepatoportal hepatoportal, Leber-Pfortader(system)-…
hepatoportoenterostomy Hepatoportoenterostomie *f*
hepatoptosis 1. Hepatoptose *f*, Lebersenkung *f*, Lebertiefstand *m*; 2. Wanderleber *f*, Hepar *n* migrans [mobile]
hepatopulmonary hepatopulmonal, Leber-Lungen-…
hepatorenal hepatorenal; Leber-Nieren-…
hepatorenal glycogenosis *s.* hepatic glycogenosis
hepatorenal ligament Ligamentum *n* hepatorenale, Leber-Nieren-Band *n*
hepatorenal pouch [recess] Recessus *m* hepatorenalis
hepatorenal syndrome hepatorenales Syndrom *n*
hepatorrhagia Hepatorrhagie *f*, Leberblutung *f*
hepatorrhaphy Hepatorrhaphie *f*, Lebernaht *f*
hepatorrhexis Hepatorrhexis *f*, Leberriss *m*
hepatorrhoea Hepatorrhoe *f (vermehrter Gallen- oder Sekretfluss aus der Leber)*
hepatoscan Leberszintigramm *n*
hepatoscopy Hepatoskopie *f*, Leberspiegelung *f*
hepatosis Hepatose *f*, Leberfunktionsstörung *f*, Leberparenchymschädigung *f*, degenerative Leberparenchymerkrankung *f*
hepatosolenotropic hepatosolenotrop, auf die Interlobulärkanälchen der Leber wirkend, auf die Cholangiolen wirkend
hepatosplenic schistosomiasis *(Trop, Paras)* hepatosplenische Schistosomiasis *f*, hepatolienale [ostasiatische] Bilharziose *f*, japanisches Katayamasyndrom *n*, Yangtse-Flussfieber *n*, ägyptische Hepatosplenomegalie *f*
hepatosplenitis Hepatosplenitis *f*, Leber- und Milzentzündung *f*
hepatosplenography Hepatosplenographie *f*, Röntgen(kontrast)darstellung *f* von Leber und Milz
hepatosplenomegaly Hepatosplenomegalie *f*, Leber- und Milzvergrößerung *f*
hepatosplenometry Hepatosplenomemetrie *f*, Leber- und Milzvermessung *f*
hepatosplenopathy Hepatosplenopathie *f*, Leber- und Milzerkrankung *f*
hepatostomy Hepatostomie *f*, (operative) Leberfistelung *f*
hepatotherapy Hepatotherapie *f*, Lebertherapie *f*, Leberextraktbehandlung *f*
hepatotomy Hepatotomie *f*, Leberschnitt *m*, Leberinzision *f*
hepatotoxaemia Hepatotoxämie *f*
hepatotoxic hepatotoxisch, lebergiftig, leberschädigend
hepatotoxicity Hepatotoxizität *f*, Lebergiftigkeit *f*
hepatotoxin Hepatotoxin *n*, Lebergift *n*
hepatotropic hepatotrop, die Leber bevorzugend *(z. B. Parasiten)*
hepatourologic syndrome hepatorenales Syndrom *n*
hepatovenography Hepatovenographie *f*, Lebervenenröntgen(kontrast)darstellung *f*
hepatovirus Hepatovirus *n*
hepatoxic *s.* hepatotoxic
hepatozoonosis Hepatozoonose *f*
heptabarbital Heptabarbital *n (Hypnotikum)*
heptachlor poisoning Heptachlorvergiftung *f (Insektizidvergiftung)*
heptadactylia *s.* heptadactylism
heptadactylism Heptadactylismus *m*, Heptadaktylie *f*, Siebenfingerigkeit *f*; Siebenzehigkeit *f*
heptadactyly *s.* heptadactylism
heptaene Heptaen *n*
heptanoic acid Heptansäure *f*, Önanthensäure *f*
heptapeptide Heptapeptid *n*
heptavalent heptavalent, siebenwertig
heptoglobin Heptoglobin *n (Serumproteid)*
heptose Heptose *f*
heptosuria Heptosurie *f (Vorhandensein von Heptosen im Urin)*
heptylpenicillin Penicillin *n* K
herald patch *(Derm)* Primärfleck *m (bei Pityriasis rosacea)*
heralding sign Vorzeichen *n*, erstes Anzeichen *n*, Vorbote *m*
herbaceous pflanzlich; kräuterartig; Pflanzen…; Kräuter…
herbal 1. Kräuterbuch *n*; 2. pflanzlich; kräuterartig; Pflanzen…; Kräuter…
herbalist Pflanzenspezialist *m*, Pflanzenkenner *m*; Kräuterspezialist *m*
herbicide herbizid, pflanzenvernichtend, unkrautvernichtend
herbicide (agent) Herbizid *n*, Pflanzenvernichtungsmittel *n*, Unkrautvernichtungsmittel *n*
herbicide poisoning Pflanzengiftvergiftung *f*, Herbizidvergiftung *f*
herbivore Pflanzenfresser *m*
herbivorous herbivor, pflanzenfressend
herd immunity Immunität *f* einer Population, Immunität *f* einer Gemeinschaft
herd instinct *(Neur)* Gruppentrieb *m*, Herdentrieb *m*
hereditability *(Gen)* Vererbbarkeit *f*, Erblichkeit *f*
hereditary hereditär, angeboren; ererbt, vererbt; (ver)erblich, vererbbar
hereditary angio-oedema hereditäres Angioödem *n*
hereditary ataxia *(Neur)* hereditäre Ataxie *f*, spinale Heredoataxie *f*, Friedreich'sche Krankheit *f*
hereditary brown enamel *s.* hereditary enamel hypoplasia
hereditary character Erbmerkmal *n*

hereditary chorea *(Neur)* Huntington'sche Chorea *f*, Chorea *f* chronica progressiva hereditaria
hereditary deforming chondroplasia hereditäre Chondroplasia *f* deformans; multiple Exostosen *fpl*
hereditary disease Erbkrankheit *f*, erbliche Krankheit *f*
hereditary disorder Erbstörung *f*, Erbfehler *m*, genetischer Defekt *m*
hereditary elliptocytosis hereditäre Elliptozytose *f*
hereditary enamel hypoplasia erbliche braune Schmelzhypoplasie *f*, erblicher brauner Zahnschmelz *m*, angeborene Schmelzaplasie *f*, Amelogenesis *f* imperfecta
hereditary essential tremor hereditärer essenzieller Tremor *m*
hereditary factor Erbfaktor *m*; Erbanlage *f*
hereditary fibromatosis hereditäre Fibromatose *f*, Fibromatosis *f* gingivae
hereditary haemorrhagic telangiectasia hereditäre hämorrhagische Teleangiektasie *f* [Angiomatose *f*], Rendu-Osler-Weber'sche Krankheit *f*
hereditary hyperuricaemia hereditäre Hyperurikämie *f*
hereditary immunity natürliche Immunität *f*, hereditäre [vererbte] Immunität *f*
hereditary multiple exostoses *s.* hereditary deforming chondroplasia
hereditary non-haemolytic hyperbilirubinaemia *(Hepat)* hereditäre konstitutionelle Hyperbilirubinämie *f*, Gilbert'sche Krankheit *f*
hereditary opalescent dentin Dentinogenesis *f* imperfecta
hereditary oral disease hereditäre orale Krankheit *f*
hereditary protoporphyria hereditäre Protoporphyrie *f*
hereditary spherocytosis hereditäre Sphärozytose *f*, Sphärozytenanämie *f*, Kugelzellenanämie *f*, familiärer hämolytischer Ikterus *m*
hereditary thyrosinaemia hereditäre Thyrosinämie *f*
heredity 1. Heredität *f*, Vererbung *f*, Erblichkeit *f*; 2. *s.* heritage
heredoataxia *s.* Friedreich's ataxia
heredodegeneration Heredodegeneration *f*, erbliche Entartung *f*
heredodegenerative disease heredodegenerative [familiäre] Erkrankung *f*, Heredodegenerationskrankheit *f*, Familienkrankheit *f*
heredodiathesis Heredodiathese *f*, hereditäre Diathese *f*, hereditäre Prädisposition *f*
heredofamilial (heredo)familiär, in einer Familie vererbt, in einer Familie auftretend *(z. B. Krankheiten)*
heredoinfection Heredoinfektion *f*, vererbte Infektion *f*, keimlingsbedingte [germinale] Infektion *f*
heredolues *s.* heredosyphilis
heredoluetic *s.* heredosyphilitic
heredopathia Heredopathie *f*, Erbkrankheit *f*, Erbleiden *n*
heredosyphilis Heredosyphilis *f*, vererbte Syphilis *f*, kongenitale [angeborene] Syphilis *f*, Syphilis *f* hereditaria, Heredolues *f*
heredosyphilitic heredosyphilitisch; Heredosyphilis…, Heredolues…
heredosyphilology Heredosyphilologie *f* *(Lehre von der kongenitalen Syphilis)*
Hering-Breuer reflexe Hering-Breuer-Reflex *m* *(Hemmung des Einatmungszentrums bei Lungenausdehnung)*
Hering's nerve Hering'scher Nerv *m*, Karotissinusnerv *m*, Ramus *m* sinus carotici nervi glossopharyngei
Hering's phenomenon Hering-Phänomen *n*, Hering'sches Phänomen *n* *(Geräusch unter dem Sternum beim Eintritt des Todes)*
Hering's test Hering-Test *m*, Hering'scher Test *m* *(zur Überprüfung des binokulären Sehens)*
heritability Heritabilität *f*, Vererbbarkeit *f*
heritable vererbbar
heritage Erbgut *n*, Erbmasse *f*, vererbte Anlagen *fpl*
Herlitz's disease Herlitz-Krankheit *f*, Herlitz-Syndrom *n*, junktionale Epidermolysis *f* bullosa, Epidermolysis *f* bullosa hereditaria letalis
Hermansky-Pudlak syndrome Hermansky-Pudlak-Syndrom *n*
hermaphrodism *s.* hermaphroditism
hermaphrodite Hermaphrodit *m*, Zwitter *m*
hermaphroditic hermaphroditisch, zwittrig, ambisexuell, bisexuell, androgyn, gynandroid, gynandromorph; Hermaphroditismus…
hermaphroditism Hermaphroditismus *m*, Zwittertum *n*, Zwittrigkeit *f*
hermetic hermetisch, luftdicht (verschlossen)
hernia Hernie *f*, Hernia *f*, Bruch *m*, Eingeweidebruch *m* • **reduce a hernia** ein Hernie reponieren, einen Bruch zurücklagern • **suffer from a hernia** an einer Hernie leiden, einen Bruch haben
hernia bandage Bruchband *n*, Leistenbruchband *n*
hernia of the bladder Blasenhernie *f*, Harnblasenbruch *m*
hernia of the intervertebral disk *s.* herniated disk
hernia of the semilunar line *s.* Spigelian hernia
hernia of the sheath of the rectus abdominis Rektusscheidenhernie *f*
hernia strangulation Hernienstrangulation *f*, Brucheinklemmung *f*
hernia truss *s.* hernia bandage
hernial Hernien…, Bruch…
hernial appendicitis Hernienappendizitis *f*
hernial canal Bruchkanal *m*
hernial protrusion Hernienprolaps *m*, Bruchvorfall *m*
hernial ring Hernienring *m*
hernial sac Bruchsack *m*
hernial sac content Bruchsackinhalt *m*
hernial sac dissection Bruchsackdissektion *f*, Bruchsackisolierung *f*
hernial sac neck Bruchsackhals *m*
hernial sac opening Bruchsacköffnung *f*
hernial sac phlegmon Bruchsackphlegmone *f*
herniary *s.* hernial
herniate *v* vorfallen, eine Hernie bilden, einen Bruch bilden
herniated 1. Hernien…; bruchsackartig; 2. bruchleidend, an einer Hernie leidend
herniated disk *(Orth)* vorgefallene Bandscheibe *f*, prolabierter Nucleus *m* pulposus; Bandscheibenvorfall *m*, Nucleus-pulposus-Prolaps *m*
herniated intervertebral disk *s.* herniated disk
herniated nucleus pulposus *s.* herniated disk
herniation 1. Hernienbildung *f*, Bruchbildung *f*; 2. Herniation *f*, Einklemmung *f* *(z. B. von Gehirnteilen)*
herniation intervertebral disk *s.* herniation of nucleus pulposus
herniation of nucleus pulposus *(Orth)* Nucleus-pulposus-Prolaps *m*, Bandscheibenvorfall *m*
hernioappend(ic)ectomy Hernioappendektomie *f*, Hernienoperation *f* mit Blinddarmentfernung
hernioenterotomy Hernioenterotomie *f*, Herniotomie *f* mit Darmeröffnung
herniography Herniographie *f*, Hernienröntgen(kontrast)darstellung *f*
hernioid hernienartig; Hernien…
herniolaparotomy Herniolaparotomie *f*, Baucheröffnung *f* mit Herniotomie
herniology Herniologie *f*, Hernienlehre *f*, Bruchlehre *f*
hernioplasty Hernienplastik *f*, Bruchoperation *f*
hernioppuncture Hernienpunktion *f*, Bruchpunktion *f*
herniorrhaphy Herniorrhaphie *f*, Bruchnaht *f*

herniotome Herniotom *n*, Bruchmesser *n*
herniotomy Herniotomie *f*, Bruchschnitt *m*, Hernienradikaloperation *f*
heroic treatment Radikaltherapie *f*, Radikalbehandlung *f*, Radikalkur *f*
heroin Heroin *n*, Dia(cetyl)morphin *n (Rauschgift)* • **be on heroin** heroinsüchtig sein
heroin addict Heroinsüchtiger *m*
heroin addiction Heroinsucht *f*, Heroingewöhnung *f*
heroin habit *s.* heroin addiction
heroinism Heroinismus *m*, Heroinsucht *f*
herpangina Herpangina *f*, Zahorsky-Syndrom *n (Virusinfektion)*
herpes Herpes *m(f)*, Bläschenausschlag *m (siehe auch unter: herpetic)*
herpes catarrhalis Herpes *m* catarrhalis
herpes encephalitis *s.* herpes simplex encephalitis
herpes facialis Herpes *m* facialis
herpes febrilis Herpes *m* febrilis
herpes genitalis Herpes *m* genitalis
herpes gestationis Herpes *m* gestationis
herpes group Herpes(virus)gruppe *f*
herpes labialis Herpes *m* labialis, Lippenherpes *m*
herpes menstrualis Herpes *m* menstrualis
herpes simplex Herpes *m* simplex
herpes simplex encephalitis Herpesenzephalitis *f*, Encephalitis *f* epidemica [lethargica], Economo'sche Krankheit *f*, Gehirngrippe *f*, Kopfgrippe *f*, europäische Schlafkrankheit *f*
herpes simplex keratitis *(Ophth)* Herpes-simplex-Keratitis *f*
herpes simplex virus Herpes-simplex-Virus *n*
herpes zoster *(Derm)* Herpes *m* zoster, Gürtelrose *f*
herpes zoster keratitis *(Ophth)* Herpes-zoster-Keratitis *f*
herpes zoster of the cornea Herpes *m* corneae [zoster ophthalmicus], Zona *f* ophthalmica
herpes zoster of the ear Herpes *m* zoster auricularis
herpes zoster ophthalmicus *s.* Herpes zoster of the corneae
herpes zoster oticus *s.* Herpes zoster of the ear
herpes zoster virus Herpes-zoster-Virus *n*
herpesviral Herpesvirus…
Herpesviridae Herpesviridae *fpl*, Herpesvirusgruppe *f*
herpesvirus Herpesvirus *n*
herpesvirus antibody Herpesvirusantikorper *m*
herpesvirus hominis Herpesvirus *n* hominis
herpesvirus simiae encephalitis Herpesvirus-simiae-Enzephalitis *f*
herpetic 1. herpesartig; Herpes…; 2. herpetisch, mit Bläschenausschlag *(siehe auch unter: herpes)*
herpetic angina Herpesangina *f*
herpetic bilateral panuveitis bilaterale Herpespanuveitis *f*
herpetic conjunctivitis Conjunctivitis *f* herpetica
herpetic corneal disease *s.* herpes zoster of the cornea
herpetic dendritic ulcer Herpesulcus *n* dendriticum
herpetic encephalitis *s.* herpes simplex encephalitis
herpetic infection Herpesinfektion *f*
herpetic keratitis Herpeskeratitis *f*, Keratitis *f* herpetica
herpetic keratouveitis Herpeskeratouveitis *f*
herpetic neuralgia Herpesneuralgie *f*
herpetic sepsis Herpessepsis *f (z. B. der Neugeborenen)*
herpetic sore throat Herpespharyngitis *f*, Pharyngitis *f* herpetica, Pharynxherpes *m*
herpetic stomatitis Herpesstomatitis *f*, Stomatitis *f* herpetica
herpetic tonsillitis Herpestonsillitis *f*, Tonsillitis *f* herpetica
herpetiform herpetiform, herpesförmig, herpesartig; mit Bläschengruppen, mit Bläschen
herpetophobia Herpetophobie *f (Angst vor Reptilien)*
Herrick's anaemia *s.* sickle-cell anaemia
Herrmann's syndrome Herrmann-Syndrom *n*
Hers disease Hers-Krankheit *f*, Hepatophosphorylasemangel *m*, Glykogenose *f* Typ VI, Leberphosphorylase-insuffzienz *f*, Glykogenspeicherkrankheit *f* Typ VI
Hers syndrome *s.* Hers disease
hersage Endoneurolyse *f (Freilegung von Nervenfasern im Narbengewebe)*
Herter-Heubner disease Herter-Heubner'sche Krankheit *f*, Zöliakie *f*
Herter's disease *s.* Herter-Heubner's disease
Hertwig-Magendie phenomenon Hertwig-Magendie-Phänomen *n*
Hertwig syndrome Hertwig-Magendie-Syndrom *n*, Hertwig-Magendie'sches Syndrom *n* [Augenfehlstellungssyndrom *n*] *(ein Auge nach oben und das andere nach unten)*
Hertwig-Weyers syndrome Hertwig-Weyers-Syndrom *n*, Oligodaktyliesyndrom *n*
Hertwig's (epithelial root) sheath Hertwig'sche Epithelscheide *f*, Huxley'sche Wurzelscheide *f* der Zahnkeime
Herxheimer's fibres Herxheimer-Fasern *fpl (des Stratum mucosum der Haut)*
Herxheimer's spirals *s.* Herxheimer's fibres
Herxheimer's reaction [Jarisch-]Herxheimer-Reaktion *f*, Herxheimer-Jarisch-Reaktion *f (verstärkte Syphilissymptome infolge Spirochätenzerfall mit Toxinfreisetzung bei wirksamer Therapie)*
Heschl's convolutions Heschl-Querwindungen *fpl*, Heschl'sche Querwindungen *fpl*, Gyri *mpl* temporales transversi
Heschl's gyri *s.* Heschl's convolutions
hesitancy Miktionssperre *f*, Miktionsverzögerung *f*
hesitation Häsitieren *n*, stockende [schwerfällige] Sprechweise *f*, Silbenhaften *n*, Silbenwiederholung *f*
hesperanopia *s.* nyctalopia
hesperidin Hesperidin *n (Bioflavonoid)*
Hesselbach's fascia Hesselbach'sche Faszie *f*
Hesselbach's hernia Hesselbach-Hernie *f*, Hernia *f* femoralis externa
Hesselbach's ligament Hesselbach'sches Band *n*, Ligamentum *n* interfoveolare (Hesselbachi)
Hesselbach's triangle *(Anat)* Hesselbach'sches Dreieck *n*, Trigonum *n* inguinale
hetacillin Hetacillin *n (synthetisches Penizillin)*
heteradelphus *(Terat)* Heteradelphus *m (Missgeburt)*
heteraesthesia Heterästhesie *f (unterschiedliche Sensibilität benachbarter Hautareale)*
heteralius *(Terat)* Heteralius *m (Missgeburt)*
heterauxesis Heterauxesis *f (disproportionales Wachstum)*
heterergic mit zwei verschiedenen Wirkungen
hetero-antibody Heteroantikörper *m*
hetero-antigen Heteroantigen *n*
hetero-antiserun Heteroantiserum *n*
hetero-osteoplasty Heteroosteoplastik *f*
hetero-ovular heteroovular, heteroovulär, aus verschiedenen Eiern stammend, dizygot
heteroagglutination Heteroagglutination *f*
heteroagglutinin Heteroagglutinin *n*
heteroalbumose Heteroalbumose *f*
heteroallele Heteroallel *n*
heteroallelic heteroallel; Heteroallelen…
Heterobilharzia Heterobilharzia
heteroblastic heteroblastisch, aus unterschiedlichen Geweben stammend
heterocele Heterozele *f*
heterocellular heterozellulär, aus unterschiedlichen Zellen bestehend

heterocentric 1. heterozentrisch, mit unterschiedlichem Fokus, mit verschiedenen Zentren *(z. B. Röntgenstrahlen mit verschiedenem Focus)*; 2. allozentrisch

heterocephalic heterozephal; Heterocephalus…

heterocephalous *s.* heterocephalic

heterocephalus *(Terat)* Heterocephalus *m (Missgeburt mit zwei unterschiedlichen Köpfen)*

heterochiral heteroch(e)iral *(spiegelbildlich zur anderen Hand)*

heterochromatic 1. heterochromatisch; 2. Heterochromatin…

heterochromatin Heterochromatin *n (Chromosomenbestandteil)*

heterochromat(in)ization Heterochromatisation *f*

heterochromatosis Heterochromatose *f*, Fremdfärbung *f* der Haut *(z. B. durch Stoffablagerung)*

heterochromia 1. Heterochromie *f*, Verschiedenfarbigkeit *f*; 2. Heterochromie *f*, Heterochromia *f* iridis *(Verschiedenfarbigkeit der Regenbogenhaut)*

heterochromic heterochrom, verschiedenfarbig; Heterochromie…

heterochromic cataract Heterochromiestar *m*

heterochromic cyclitis Heterochromiezyklitis *f*

heterochromosomal heterochromosomal; Heterochromosomen…

heterochromosome Heterochromosom *n*, Geschlechtschromosom *n*, Allosom *n*

heterochromous *s.* heterochromic

heterochronia Heterochronie *f*, Aberratio *f* temporis *(Gewebsentstehung zu ungewöhnlicher Zeit)*

heterochronic 1. heterochronisch, in unteschiedlichen Entwicklungsstadien; 2. heterochronisch, zu unterschiedlichen Zeiten; Heterochronie…

heterochylia Heterochylie *f (plötzliche Änderung der Magensaftazidität)*

heterocladic heterokladisch

heterocladic anastomosis heterokladische Anastomose *f (zwischen Endaufzweigungen von Arterien)*

heterocrine heterokrin, verschiedenartig sezernierend

heterocrisis Heterokrise *f*

heterocyclic heterozyklisch

heterocytotropic heterozytotrop, die Zellen verschiedener Spezies befallend

heterocytotropic antibody heterozytotroper Antikörper *m*

heterodermic heterodermal, ein Hauttransplantat von einer anderen Spezies betreffend

heterodesmotic heterodesmotisch

heterodesmotic fibre heterodesmotische Faser *f (des ZNS)*

heterodidymus *(Terat)* Heterodidymus *m (Missgeburt)*

heterodimer Heterodimer *m*

heterodont heterodont, mit verschiedenen Zähnen

heterodont dentition heterodonte Bezahnung *f*, heterodontes Gebiss *n*

heterodont tooth heterodonter Zahn *m*

heterodromous heterodrom, in der Gegenrichtung angeordnet; sich in die Gegenrichtung bewegend

heteroduplex *(Gen)* Heteroduplex *f (doppelsträngiges DNS-Molekül mit einzelsträngigen Bereichen)*

heteroduplex mapping *(Gen)* Heteroduplex-Mapping *n*, Heteroduplex-Kartographie *f*

heterodymus *(Terat)* Heterodymus *m (Missgeburt)*

heteroenzyme Heteroenzym *n*

heteroerotic heteroerotisch; Heteroerotismus…

heteroeroticism *s.* heteroerotism

heteroerotism Heteroerotismus *m*, Heterosexualismus *m*

heterofermentation Heterofermentation *f*, heterolaktische Fermentation *f*

heterofermenter Heterofermenter *m*, heterofermentativer Mikroorganismus *m*

heterogamete Heterogamet *m*

heterogametic 1. *(Gen)* heterogametisch; 2. *(Gen)* Heterogameten bildend, verschiedene Geschlechtschromosomen bildend

heterogamety Heterogametenbildung *f (Bildung von X- und Y-Gameten)*

heterogamous Heterogamie…

heterogamy 1. Heterogamie *f*, Vorhandensein *n* verschiedener Geschlechtschromosomen *(X- und Y-Chromosom)*; 2. Generationswechsel *m*

heteroganglionic heteroganglionär

heterogeneity Heterogenität *f*, Verschiedenartigkeit *f*

heterogeneous 1. heterogen, verschiedenartig; Heterogenität…; 2. heterogen, artfremd

heterogeneous radiation heterogene Strahlung *f*

heterogeneous X rays heterogene Röntgenstrahlen *mpl*

heterogenesis 1. Heterogenese *f*, andersartige Entwicklung *f (z. B. durch Virusinfektion)*; 2. Generationswechsel *m*

heterogenetic heterogenetisch, andersartig

heterogenetic cortex heterogenetischer Kortex *m*, Allokortex *m*

heterogenic heterogen, artfremd *(z. B. ein Transplantat)*

heterogenic vaccine heterogene Vakzine *f*, heterogener Impfstoff *m*

heterogenicity Heterogenität *f*

heterogenote Heterogenote *f*

heterogenous *s.* heterogenic

heterogeny *s.* heterogenesis

heterogeusia Heterogeusie *f*, Fremdgeschmack *m*

heteroglobulose Heteroglobulose *f*

heterogony *s.* heterogenesis

heterograft *s.* heterotransplant

heterohaemagglutination Heterohämagglutination *f (Agglutination artfremder Erythrozyten)*

heterohaemagglutinin Heterohämagglutinin *n (bewirkt Agglutination artfremder Erythrozyten)*

heterohaemolysin Heterohämolysin *n (Serumkörper)*

heterohexosan Heterohexosan *n*

heterohypnosis Heterohypnose *f*, Fremdhypnose *f*

heteroimmune heteroimmun; Heteroimmunität…

heteroimmunity Heterimmunität *f*

heteroimmunization Heteroimmunisation *f*, Heteroimmunisierung *f*

heteroinfection äußere Infektion *f*, Fremdinfektion *f*

heteroinoculation Heteroinokulation *f*, Fremdvirusimpfung *f*

heterointoxication Heterointoxikation *f (Vergiftung durch äußere Substanzen)*

heterokaryon *(Gen)* Heterokaryon *m*

heterokaryosis *(Gen)* Heterokaryose *f*

heterokaryotic *(Gen)* Heterokaryose…

heterokeratoplasty Heterokeratoplastik *f (mittels tierischer Kornea)*

heterokinesia *(Neur)* Heterokinese *f (einer Anweisung entgegengesetzte Bewegungen)*

heterokinesis 1. *s.* heterokinesia; 2. *(Gen)* Heterokinese *f (Verteilung der X- und Y-Chromosomen in der Meiose)*

heterolactic heterolaktisch

heterolactic acid fermentation heterolaktische Milchsäuregärung *f*

heterolalia Heterolalie *f*, (krankhaftes) Versprechen *n*

heterolateral kontralateral, die Gegenseite betreffend, heterolateral

heterolipid Heterolipid *n*

heteroliteral heteroliteral, einen Buchstaben beim Sprechen austauschend

heterolith Heterolith *m*, nicht mineralischer Stein *m*
heterologous heterolog, abweichend, nicht übereinstimmend
heterologous anaphylaxis heterologe Anaphylaxis *f*
heterologous cancellous bone heterologe Knochenspongiosa *f*
heterologous graft *s.* heterotransplant
heterologous insemination heterologe Insemination *f*
heterologous stimulus heterologer Reiz *m*
heterologous tumour heterologer Tumor *m*
heterologous twins heterologe Zwillinge *mpl*
heterology Heterologie *f*, Normabweichung *f (morphologisch oder funktionell)*
heterolysin Heterolysin *n (Serumkörper)*
heterolysis Heterolyse *f (Zellauflösung durch Zellen einer anderen Art)*
heterolysosome Heterolysosom *n*
heterolytic 1. heterolytisch; Heterolyse...; 2. Heterolysin...
heteromastigote Heteromastigote *f*
heteromeral heteromeral, mit Nervenfasern zur gegenüberliegenden Rückenmarkseite
heteromeral neuron heteromerales Neuron *n* [Spinalmarkneuron *n*]
heteromeric *s.* heteromeral
heterometaplasia Heterometaplasie *f*
heterometropia Heterometropie *f (verschiedene Refraktionsfehler beider Augen)*
heteromorphic heteromorph, von verschiedener Gestalt, in verschiedener Gestalt auftretend
heteromorphism Heteromorphismus *m*
heteromorphosis Heteromorphose *f*
heteromorphous *s.* heteromorphic
heteroneurosis *(Neur)* Heteroneurose *f*, Fremdneurose *f*
heteronuclear heteronuklear, heteronukleär; Heteronukleus...
heteronymous heteronym, ungleichnamig, entgegengesetzt
heteronymous diplopia heteronyme Diplopie *f*
heteronymous hemianopsia heteronyme Hemianopsie *f*
heteropagus *(Terat)* Heteropagus *m (Missgeburt)*
heteropancreatism Heteropankreatismus *m*
heteropathy 1. Heteropathie *f*, Hyperästhesie *f*; 2. Heteropathie *f*, Allopathie *f*
heteropentosan Heteropentosan *n (Heterosaccharid)*
heterophagosome Heterophagosom *n (abgekapseltes phagozytiertes Material in einer Zelle)*
heterophagy Heterophagie *f (Aufnahme fremden Materials durch die Zellen)*
heterophany Heterophanie *f*
heterophasia Heterophasie *f*, Heterophemie *f*, (krankhaftes) Versprechen *n*
heterophemia *s.* heterophasia
heterophil(e) 1. Heterophile(r) *m*, heterophiler Leukozyt *m*; 2. heterophiles Antigen *n*
heterophilic heterophil, zu Artfremden neigend
heterophilic antibody reaction heterophile Antikörperreaktion *f*
heterophilic antibody test heterophiler Antikörpertest *m*
heterophilic antigen heterophiles Antigen *n*
heterophilic leukocyte heterophiler Leukozyt *m*
heterophonia 1. Heterophonie *f*, Stimmwechsel *m*; 2. Heterophonie *f*, Heterophthongie *f*
heterophoralgia Heterophoralgie *f*, Schmerzempfindung *f* bei Heterophorie
heterophoria Heterophorie *f*, latentes Schielen *n*
heterophoric heterophor(isch); Heterophorie...
heterophthalmia 1. Heterophthalmie *f (Verschiedenartigkeit der Augenform, Augengröße und Blickrichtung)*; 2. *s.* heterochromia
heterophthalmos Heterophthalmus *m*
heterophthongia *s.* heterophonia 2.
Heterophyes brevicaeca Heterophyes *m* brevicaeca
Heterophyes heterophyes Heterophyes *m* heterophyes, kleiner Darmegel *m*
Heterophyes katsuradai Heterophyes *m* katsuradai
heterophyiasis *(Paras, Trop)* Heterophy(di)iasis *f*, Heterophyes-heterophyes-Befall *m*, Befall *m* durch den kleinen Darmegel, Zwergdarmegelbefall *m*
heterophyidiasis *s.* heterophyiasis
heteroplasia 1. Heteroplasie *f*, Gewebsversprengung *f*; 2. abnorme [fremdartige] Gewebsentwicklung *f*
heteroplasm heterologes Gewebe *n*
heteroplastic heteroplastisch, fremdgewebeverpflanzend
heteroplastic transplantation *s.* heteroplasty
heteroplastid Heteroplastid *n*, Xenotransplantat *n*
heteroplasty Heteroplastik *f*, Heterotransplantation *f*, Fremdtransplantation *f*, Übertragung *f* [Transplantation *f*] körperfremden Gewebes
heteroploid heteroploid *(Chromosomensatz)*
heteroploid Heteroploide(r) *m*; heteroploider Organismus *m*; heteroploide Zelle *f*
heteroploidy Heteroploidie *f (Vorhandensein einer abnormen Chromosomenzahl)*
heteropodal heteropodal, mit unterschiedlichen Nervenfortsätzen
heteropolysaccharide Heteropolysaccharid *n*
heteroprosopus *(Terat)* Heteroprosopus *m (Missgeburt)*
heteroprotein Heteroprotein *n*, Fremdeiweiß *n*
heteroproteinaemia Heteroproteinämie *f*, Vorhandensein *n* von Heteroproteinen im Blut
heteroproteose Heteroproteose *f*
heteropsia Heteropsie *f*, Ungleichsichtigkeit *f* beider Augen
heteropsychologic heteropsychologisch
heteropyknosis Heteropyknose *f*
heteropyknotic heteropyknotisch; Heteropyknose...
heterosaccharide Heterosaccharid *n*
heteroscedastic mit verschiedenen Varianzen auftretend
heteroscope Heteroskop *n*
heteroscopy 1. Heteroskopie *f (Untersuchung mit dem Heteroskop)*; 2. Heteroskopie *f (ungleiches Sehen beider Augen)*
heteroserotherapy Heteroserotherapie *f*, Fremdserumbehandlung *f*
heterosexual heterosexuell, normalgeschlechtlich; sich zum anderen Geschlecht hinwendend
heterosexual Heterosexuelle(r) *m*; Heterosexuelle *f*
heterosexual activity heterosexuelle Aktivität *f*
heterosexual panic heterosexuelle Panik *f*
heterosexuality Heterosexualität *f*, Normalgeschlechtlichkeit *f*, Hinwendung *f* zum anderen Geschlecht
heterosis Heterosis *f*, Hybridvigor *f*, Bastardluxurierung *f*
heterosmia Heterosmie *f*, Fremdgeruch *m*
heterosome Heterosom *n*, akzessorisches Chromosom *n*
heterospecific heterospezifisch
heterosuggestibility Heterosuggestibilität *f*, Fremdbeeinflussbarkeit *f*
heterosuggestion Heterosuggestion *f*, Fremdsuggestion *f*, Fremdbeeinflussung *f*
heterotaxia angeborene Organverlagerung *f*, Situs *m* inversus viscerum, Heterotaxie *f*, Heterotaxis *f*
heterotaxic heterotaktisch; Heterotaxie...
heterotaxy *s.* heterotaxia
heterothallic heterothallisch; Heterothallismus...
heterothallism Heterothallismus *m*
heterotherapy Heterotherapie *f*
heterotherm Heterotherme(r) *m*, heterothermer Organismus *m*
heterothermic heterotherm(isch); Heterothermie...

heterothermy Heterothermie *f (mit großen Schwankungen der Körpertemperatur)*
heterotonia Heterotonie *f*, Blutdruckschwankung *f*
heterotonic heteroton(isch), mit Tonusschwankungen; mit Blutdruckschwankungen; Heterotonie...
heterotopia 1. Heterotopie *f*, Organverlagerung *f*, Ektopie *f*; 2. *s.* choristoma
heterotopic heterotop(isch), fehlgelagert, ektopisch, an atypischer Stelle liegend; an atypischer Stelle entstanden; Heterotopie...
heterotopic ossification heterotope Ossifikation *f* [Verknöcherung *f*]; Myositis *f* ossificans, Callus *m* exuberans
heterotopic pain heterotoper Schmerz *m*
heterotopic pineal teratoma heterotopes Zirbeldrüsenteratom *n*
heterotopic pregnancy heterotope Schwangerschaft *f*
heterotopic transplantation heterotope Transplantation *f*
heterotransplant Heterotransplantat *n*, heterologes [heterogenes] Transplantat *n*, Fremdtransplantat *n*, artfremdes [xenogenes] Transplantationsgewebe *n*
heterotransplant rejection Fremdtransplantatabstoßung *f*, Fremdtransplantatrejektion *f*
heterotransplantation Heterotransplantation *f*, heterologe [heterogene, xenogene] Transplantation *f*, Fremdtransplantation *f*, Transplantation *f* [Verpflanzung *f*] artfremden Gewebes
heterotrichosis Heterotrichose *f (Haarwachstum mit unterschiedlichen Farben)*
heterotroph(e) Heterotrophe(r) *m*, heterotropher Organismus *m*
heterotrophia Heterotrophie *f*, Ernährungsstörung *f*, Ernährungsfehler *m*
heterotrophic heterotroph, sich von organischen Stoffen ernährend
heterotrophic microorganism heterotropher Mikroorganismus *m*
heterotrophy heterotropher Ernährungszustand *m*, heterotrophe Ernährung *f*
heterotropia *(Ophth)* Heterotropie *f*, Strabismus *m*, Schielen *n (Zusammensetzungen siehe unter: strabismus)*
heterotropic heterotrop *(z. B. ein Enzym)*
heterotropy *s.* heterotropia
heterotypic heterotypisch, untypisch
heterotypic chromosome heterotypisches Chromosom *n*
heterotypic mitosis *(Histol)* Reduktionsteilung *f*
heterotypical *s.* heterotypic
heterovaccine Heterovakzine *f*, Fremdimpfstoff *m*
heteroxanthine Heteroxanthin *n*, 7-Methylxanthin *n*
heteroxenous heteroxen, mehrere Wirtsorganismen befallend *(Parasiten)*
heterozoic zu einer anderen Spezies gehörend
heterozygosis Heterozygotenbildung *f*
heterozygosity 1. Heterozygotie *f*, Vereinigung *f* ungleichartiger Geschlechtszellen; 2. Gemischterbigkeit *f*, Spalterbigkeit *f*
heterozygote Heterozygote(r) *m*; heterozygoter Organismus *m*; Heterozygote *f*, heterozygote Zelle *f*, Bastard *m*, Hybrid *m*
heterozygote detection Heterozygotensuche *f*, Heterozygotenaufdeckung *f (z. B. mittels Amniozentese)*
heterozygotic *s.* heterozygous
heterozygous heterozygot, gemischterbig, spalterbig
Heubner-Herter disease Heubner-Herter'sche Krankheit *f*, Heubner-Herter-Krankheit *f*, Zöliakie *f*, intestinaler Infantilismus *m*
Heubner's disease Heubner'sche Krankheit *f*, Heubner-Krankheit *f*, syphilitische Endarteriitis *f* der Hirngefäße
Heubner's endarteritis *s.* Heubner's disease
hexachlorobenzene Hexachlorobenzol *n*, Hexachlorobenzen *n*
hexachlorocyclohexane Hexachlorcyclohexan *n*, Benzolhexachlorid *n*
hexachloroethane Hexachlorethan *n (Anthelminitikum)*
hexachlorophane *s.* hexachlorophene
hexachlorophene Hexachlorophen *n (Desinfektionsmittel)*
hexadactylia *s.* hexadactylism
hexadactylism Hexadaktylie *f*, Sechsfingrigkeit *f*, Sechszehigkeit *f*
hexadactyly *s.* hexadactylism
hexadecanoate Hexadecanoat *n*, Palmitat *n*
hexadecanoic acid Hexadecanonsäure *f*, Palmitinsäure *f*
hexaene Hexaen *n*
hexafluorenium bromide Hexafluoreniumbromid *n (Acetylcholinesterasehemmer)*
hexamethonium Hexamethonium *n*
hexamethylenamine Hexamethylenamin *n*
hexamethylmelamine Hexamethylmelamin *n*
hexamethylphosphoramide Hexamethylphosphoramid *n*
hexamethylpropyleneamine oxime Hexamethylpropylenaminoxim, HMPAO, Hexametazim *n (lipophile Substanz; als Radiopharmakon benutzt)*
hexamine Hexamin *n*
hexane Hexan *n*
hexanoic acid Hexansäure *f*
hexapeptide Hexapeptid *n*
hexaploidy Hexaploidie *f*
hexavalent hexavalent, sechswertig
hexavitamin Hexavitamin *n (Präparat mit sechs Vitaminen)*
hexetidine Hexetidin *n*
hexobarbital Hexobarbital *n*, 5-[1-Cyclohexenyl]-1,5-dimethylbarbitursäure *f (Narkosemittel)*
hexobarbital sodium Hexobarbital-Natrium *n*
hexobarbitone *s.* hexobarbital
hexobendine Hexobendin *n (Koronardilatator)*
hexocyclium methylsulfate Hexocycliummethylsulphat *n (Anticholinergikum)*
hexokinase Hexokinase *f (Enzym)*
hexokinase deficiency Hexokinasemangel *m*
hexone Hexon *n*
hexonic acid Hexonsäure *f*
hexosamine Hexosamin *n*
hexosaminidase Hexosaminidase *f (Enzym)*
hexosan Hexosan *n*
hexosazone Hexosazon *n*
hexose Hexose *f*
hexose phosphate Hexosephosphat *n*
hexose 1-phosphate uridylyltransferase Hexose-1-phosphaturidylyltransferase *f (Enzym)*
hexosebisphosphatase Hexosediphosphatase *f*, Fructose-1,6-diphosphatase *f (Enzym)*
hexosyltransferase Hexosyltransferase *f (Enzym)*
hexulose Hexulose *f*
hexuronic acid Hexuronsäure *f*
hexylcaine hydrochloride Hexylcainhydrochlorid *n (Lokalanästhetikum)*
hexylresorcinol Hexylresorcinol *n (Anthelmintikum; Antiseptikum)*
Heymann's nephritis Heymann-Nephritis *f (experimentelles Modell der membranösen Glomerulonephritis)*
Hey's amputation Hey'sche Amputation *f (zwischen Tarsus und Metatarsus)*
Hey's derangement Hey'sche Kniegelenksubluxation *f*
Hey's encysted hernia Hey'sche Hernie *f*, Hernia *f* encystica

Hey's internal derangement *s.* Hey's derangement
Hey's operation Hey'sche Operation *f (suprapubische transvesikale Prostatektomie)*
HGH *s.* human growth hormone
HHG *s.* human hypophysis gonadotropin
hiatal hernia *s.* hiatus hernia
hiation Gähnen *n*
hiatodontia *(Stom)* Hiatodontie *f*, offener Biss *m*
hiatus Hiatus *m*, Öffnung *f*, Spalte *f*
hiatus for greater superficial petrosal nerve *s.* hiatus of Fallopius
hiatus hernia Hiatushernie *f*, Hiatusbruch *m*
hiatus of Fallopius Hiatus *m* Falloppii, Hiatus *m* canalis nervi petrosi majoris
hiatus of the facial canal Hiatus *m* canalis facialis, Fazialiskanalöffnung *f*
Hib disease Haemophilus-influenzae-Typ-B-Krankheit *f*
hibernation 1. Hibernation *f*, künstlicher Winterschlaf *m (durch Unterkühlung des Körpers)*; 2. Hibernation *f*, künstliche Unterkühlung *f (z. B. eines Organs)*
hibernoma Hibernom *n*, Fettzellenlipom *n*, fetales Lipom *n*
hiccough Singultus *m*, Schlucken *m*, Schluckauf *m*
hiccup *s.* hiccough
Hickman catheter Hickman-Katheter *m*
hickory stic fracture Grünholzfraktur *f*
Hicks' syndrome Hicks-Syndrom *n (aseptische Knochennekrose des zweiten Os cuneiforme)*
Hicks version Hicks-Wendung *f*, Braxton-Hicks-Zweifingerwendung *f*, Braxton-Hicks-Wendung *f (bei der Geburt)*
hidden twilight state *(Neur)* besonnener Dämmerzustand *m*
hidradenitis Hidradenitis *f*, Schweißdrüsenentzündung *f*
hidradenocarcinoma Hidradenokarzinom *n*, Schweißdrüsenkarzinom *n*, Schweißdrüsenkrebs *m*
hidradenoid hydradenoid, schweißdrüsenartig, schweißdrüsenförmig; Schweißdrüsen...
hidradenoid carcinoma *s.* hidradenocarcinoma
hidradenoma 1. Hydr(o)adenom *n*, gutartiger Schweißdrüsentumor *m*; 2. Hydradenoma *n* papilliferum, papilläre Schweißdrüsenhyperplasie *f*, Schweißdrüsennävus *m*; 3. *s.* syringoma
hidroacanthoma Hidroakanthom *n*
hidroadenoma Hidroadenoma *n*
hidrocystoma Hydrokystom *n*, Schweißdrüsenretentionszyste *f*
hidromeiosis Hidromeiosis *f (Schweißreduktion unter Hitzewirkung)*
hidropoiesis Schweißproduktion *f*, Schweißbildung *f*
hidropoietic schweißproduzierend, schweißbildend
hidrorrhoea Hidrorrhoe *f*, Schweißfluss *m*; übermäßiges Schwitzen *n*
hidrosadenitis *s.* hidradenitis
hidroschesis Hidroschesis *f*, Schweißretention *f*
hidrosis 1. Schweißbildung *f*, Schweißsekretion *f*; 2. übermäßiges Schwitzen *n*
hidrotic schweißtreibend
hidrotic (agent) Hidrotikum *n*, schweißtreibendes Mittel *n*
hieralgia Kreuzbeinschmerz *m*
high hoch; Höhen... • **be high** ein Hochgefühl haben, high sein *(z. B. durch Drogen)*
high-altitude cerebral oedema Höhenhirnödem *n*
high-altitude erythraemia Höhenpolyglobulie *f*, Erythrozytenvermehrung *f* in Höhen
high-altitude oedema Höhenlungenödem *n*
high-altitude pulmonary oedema Höhenlungenödem *n*
high amplitude murmur Herzgeräusch *n* mit hoher Amplitude
high bite hoher Biss *m*
high blood sugar *s.* hyperglycaemia
high blood pressure Bluthochdruck *m*, Hypertonus *m*
high-caloric diet hochkalorische Diät *f*, kalorienreiche Kost *f*
high-caloric food hochkalorische [kalorienreiche] Nahrung *f*
high-capacity generator Hochleistungsgenerator *m*
high-carbohydrate diet kohlenhydratreiche Diät *f*, kohlenhydratangereicherte Kost *f*
high cardiac output hohes Herzzeitvolumen *n*
high-contrast resolution kontrastreiche Auflösung *f*
high-definition hochauflösend, scharfzeichnend, feinzeichnend, konturenscharf
high-definition imaging hochauflösende Bilddarstellung *f (zur Brustkrebsdiagnostik)*
high-definition screen Bildschirm *m* mit hoher Auflösung
high-density lipoprotein High-density-Lipoprotein *n*, HDL
high-dosage immunosuppression hochdosierte Immunsuppression *f*
high-dose antibiotic [antimicrobial] treatment hochdosierte Antibiotikabehandlung *f*
high-dose tolerance Hochdosistoleranz *f (z. B. gegenüber Antigenen)*
high ECG wave hohe EKG-Zacke *f*
high-efficiency respirator Hochleistungsrespirator *m*
high enema hohes Klistier *n* [Enema *n*], hoher Einlauf *m*
high-energy phosphate compound energiereiches Phosphat *n*
high forceps hohe Zange *f (Geburtshilfe)*
high frequency Hochfrequenz *f*
high-frequency atrial stimulation atriale Hochfrequenzstimulation *f*
high-frequency coagulation Hochfrequenzkoagulation *f*
high-frequency electrical surgery Hochfrequenzchirurgie *f*
high-frequency generator Hochfrequenzgeneraqtor *m*
high-frequency hearing loss Hörverlust *m* im hohen Frequenzbereich
high-frequency jet ventilation Hochfrequenz-Jet-Beatmung *f*, HFJV
high-frequency positive pressure ventilation Hochfrequenzbeatmung *f*, HFPPV
high-frequency surgery Hochfrequenzchirurgie *f*
high-frequency therapy Hochfrequenztherapie *f*
high-frequency thermotherapy Hochfrequenzthermotherapie *f*, Hochfrequenzwärmetherapie *f*
high-frequency ultrasound Hochfrequenz-Ultraschall *m*, hochfrequenter Ultraschall *m*
high-frequency ventilation Hochfrequenzventilation *f*, Hochfrequenzbeatmung *f*
high-grade tumour schnell wachsender Tumor *m*
high intestinal obstruction *(Gastr)* hoher Dünndarmverschluss *m* [Dünndarmileus *m*]
high-kilovolt technique Hartstrahltechnik *f*, Hartstrahlaufnahmetechnik *f*
high labial arch *(Stom)* hoher Labialbogen *m*
high lip line obere Lippenlinie *f*, Oberlippenlinie *f*
high lithotomy hoher Steinschnitt *m*, suprapubische Lithotomie *f*
high mountain disease Höhenkrankheit *f*
high-osmolar contrast medium hochosmolares Kontrastmittel *n*
high pelvic position Beckenhochlagerung *f*, Trendelenburg'sche Lagerung *f*
high-performance apparatus Hochleistungsgerät *n*, Hochleistungsapparat *m*
high-performance turbine Hochfrequenzturbine *f*
high position of the left dome of the diaphragm *(Rad)* linker Zwerchfellhochstand *m*

high position of the patella Patellahochstand *m*
high position of the right dome of the diaphragm rechter Zwerchfellhochstand *m*
high position of the scapula Skapulahochstand *m*, Schulterblatthochstand *m*
high-potassium diet kaliumreiche Diät *f*, kaliumreiche Kost *f*
high-power machine Hochleistungsmaschine *f*
high-pressure injector Hochdruckinjektor *m*
high-pressure liquid chromatography Hochdruck-Flüssig-Chromatotraphie *f*
high-pressure syringe Hochdruckspritze *f*
high-protein diet proteinreiche Diät *f*, eiweißreiche Kost *f*
high-quality alimentation *s.* high-quality nutrition 1.
high-quality diet *s.* high-quality nutrition 2.
high-quality food qualitativ hochwertige Nahrung *f*
high-quality nourishment *s.* high-quality nutrition 2.
high-quality nutrition 1. Vollwerternährung *f*, 2. vollwertige Nahrung *f*, Vollwertnahrung *f*, vollwertige Kost *f*
high-rating X-ray tube Hochleistungsröntgenröhre *f*
high-residue diet ballaststoffreiche Diät *f*, ballaststoffreiche Kost *f*
high-resolution real-time sonography Echtzeit-Sonographie *f* mit hoher Auflösung
high-resolution X-ray tube hochauflösende Röntgenröhre *f*
high-risk birth Risikogeburt *f*
high-risk family (genetische) Risikofamilie *f*
high-risk infant Risikokind *n*
high-risk neonate Risikoneugeborenes *n*
high-risk patient Risikopatient *m*, Patient *m* mit hohem Risiko
high-risk pregnancy Risikoschwangerschaft *f*
high section of the urinary bladder hoher Blasenschnitt *m*
high-speed computerized tomography Hochgeschwindigkeitscomputertomographie *f*
high-speed drill Hochgeschwindigkeitsbohrer *m*, hochtouriger Bohrer *m*, Hochtourenbohrer *n*
high-speed electrosurgical unit hochtourige Elektrochirurgie-Antriebseinheit *f*
high-speed handpiece Hochgeschwindigkeitshandstück *n*, Hochtourenhandstück *n*
high-speed processing Hochgeschwindigkeitsentwicklung *f (z. B. von Filmen)*
high takeoff hoher ST-Abgang *m*, ST-Segmenterhöhung *f*, ST-Erhöhung *f*, erhöhte ST-Strecke *f (EKG)*
high-tension pulse Hochdruckpuls *m*, gespannter und harter Puls *m*, Pulsus *m* durus et altus
high urine flow *s.* polyuria
high-vacuum tube Hochvakuumröhre *f*
high-vitamin diet vitaminreiche Diät *f* [Kost *f*]
high voltage 1. Hochspannung *f*, 2. Hochvoltage *f (EKG)*
high-voltage electrode Hochspannungselektrode *f*
high-voltage electrophoresis Hochspannungselektrophorese *f*
high-voltage generator Hochspannungsgenerator *m*
high-voltage injury Hochspannungsverletzung *f*, Starkstromverletzung *f*, elektrischer Unfall *m*
high-voltage irradiation Hochvoltbestrahlung *f*
high-voltage radiation therapy Hochspannungs(strahlen)therapie *f*, Röntgen(strahlen)tiefenbehandlung *f*, Röntgentiefenbestrahlungstherapie *f*
high-voltage roentgen therapy *s.* high-voltage radiation therapy
high-voltage therapy Hochvolttherapie *f*
high white blood cell count leukämoides Blutbild *n*
higher position of the left dome of the diaphragm *s.* high position of the left dome of the diaphragm
highest intercostal vein Vena *f* intercostalis suprema
highest thoracic artery Arteria *f* thoracica [thoracalis] suprema, oberste Brustarterie *f*
highgrade malignancy hochgradige Malignität *f (z. B. einer Geschwulst)*
highly diagnostic findings aussagekräftige [aufschlussreiche] Befunde *mpl*
highly effective drug hochwirksames Medikament *n*
highly efficient therapy hocheffektive [hochwirksame] Therapie *f*
highly experienced doctor hochqualifizierter Arzt *m*
highly skilled surgeon hochqualifizierter [exzellenter] Chirurg *m*
Highmore's antrum Sinus *m* maxillaris
Highmore's body Mediastinum *n* testis
highmoritis Sinus-maxillaris-Entzündung *f*
Higouménaki's sign Higouménaki-Zeichen *n (Verdickung der medialen Schlüsselbeinbereiche bei angeborener Syphilis)*
hila *pl s.* hilum
hilar hilär; Hilus... *(siehe auch unter: hilum)*
hilar adenopathy Hiluslymphknotenerkrankung *f*, Hilusadenopathie *f*
hilar cyst Lungenhiluszyste *f*, Hiluszyste *f*
hilar dance *(Rad)* Hilustanz *m*, Hilustanzen *n*
hilar lymph node Hiluslymphknoten *m*
hilar lymphadenopathy *s.* hilar adenopathy
hilar marking *(Rad)* Hiluszeichnung *f (Lunge)*
hilar pulsation Hiluspulsation *f*
hilar tuberculosis Hilustuberkulose *f*
hili *pl s.* hilus
hilitis Hilitis *f*, Hilusentzündung *f*
Hill posterior gastropexy Hill'sche posteriore Gastropexie *f*
Hill-Sachs lesion Hill-Sachs-Läsion *f*, Hill-Sachs'sche Delle *f (Impressionsfraktur des Humeruskopfes)*
Hillis-Müller manoeuvre Hillis-Müller-Manöver *n*, Hillis-Müller'scher Handgriff *m (bei der Geburt)*
hillock Colliculus *m*, kleiner Hügel *m*
Hill's sign Hill-Zeichen *n*, Hill'sches Zeichen *n (erhöhter Femoralarterienblutdruck bei Aorteninsuffizienz)*
Hilton's line Hilton-Linie *f*, Hilton'sche Linie *f (der Afterkanalhaut)*
Hilton's muscle Musculus *m* aryepiglotticus
Hilton's sac Sacculus *m* laryngis
Hilton's white line *s.* Hilton's line
hilum Hilus *m*, Gefäßeintrittspforte *f*, Eintrittspforte *f (an Organen; siehe auch unter: hilar)*
hilum cell Hiluszelle *f*
hilum-cell tumour Hiluszell(en)tumor *m*
hilum of the adrenal gland Nebennierenhilus *m*, Hilus *m* glandulae suprarenalis
hilum of the caudal olivary nucleus Hilus *m* nuclei olivaris inferioris
hilum of the dentate nucleus Hilus *m* nuclei dentati
hilum of the inferior olivary nucleus Hilus *m* nuclei olivaris inferioris
hilum of the kidney Nierenhilus *m*, Nierenpforte *f*, Hilus *m* renalis, Porta *f* renis
hilum of the lung Lungenhilus *m*, Lungenpforte *f*, Hilum *n* pulmonis, Hilus *m* [Porta *f*] pulmonis
hilum of the lymph node Hilus *m* nodi lymphoidei
hilum of the ovarium Eierstockhilus *m*, Hilus *m* ovarii
hilum of the spleen Milzhilus *m*, Milzpforte *f*, Hilus *m* lienalis, Porta *f* lienis
hilum of the suprarenal gland Nebennierenhilus *m*, Hilus *m* glandulae suprarenalis

hilus *s.* hilum
himantosis Uvulaelongation *f*, Uvulaverlängerung *f*; verlängerte Uvula *f*
hind kidney Nachniere *f*, Metanephros *m*
hindbrain 1. Hinterhirn *n*, Metenzephalon *n*, Metencephalon *n*; 2. Nachhirn *n*, Myelenzephalon *n*, Myelencephalon *n*, Medulla *f* oblongata, verlängertes Mark *n*
hindfoot Hacke *f*, Ferse *f*
hindgut *(Embr)* Enddarm *m*, Hinterdarm *m*
hindkidney Nachniere *f*, Metanephros *n*
Hines-Bannick syndrome Hines-Bannick-Syndrom *n*
hinge axis *(Stom)* Scharnierachse *f*, Kiefergelenkachse *f*
hinge axis-orbital plane Kiefergelenkachse-Orbita(boden)-Ebene *f*
hinge-bow *s.* face-bow
hinge joint Scharniergelenk *n*, Winkelgelenk *n*, Ginglymus *m*
hinged denture Scharnierprothese *f*
hinged joint Scharniergelenk *n*, Ginglymus *m*
hinged knee Kniegelenkorthese *f*
hinged plaster bandage Scharniergips(verband) *m*
hinged splint Scharnierschiene *f*
Hinman syndrome Hinman-Syndrom *n*
hip Hüfte *f*, Coxa *f*
hip bath Sitzbad *n*
hip cup *(Orth)* Hüftkappe *f*, Hüftgelenkpfanne(nprothese) *f*
hip disarticulation Hüft(gelenks)luxation *f*, Hüft(gelenks)verrenkung *f*
hip dislocation *s.* hip disarticulation
hip displacement Luxatio *f* coxae congenita, angeborene Hüftgelenkverrenkung *f*, Luxationshüfte *f*
hip joint Hüftgelenk *n*, Articulatio *f* coxae
hip joint disease Hüftgelenkkrankheit *f*, Hüftgelenkleiden *n*, Morbus *m* coxae
hip joint surgery Hüftgelenkchirurgie *f*, Hüftgelenksoperation *f*
hip joint tuberculosis Hüftgelenktuberkulose *f*
hip nail *(Chir)* Schenkelhalsnagel *m*
hip nailing Schenkelhalsnagelung *f*
hip plaster bandage Hüftgips(verband) *m*
hip prosthesis *(Orth)* Hüftgelenk(kopf)prothese *f*
hip region Hüftregion *f*
hip replacement Hüftgelenkersatz *m*
hip screw *(Chir)* Schenkelhalsschraube *f*
hipbone Hüftbein *n*, Os *n* coxae
Hippel-Lindau disease *(Ophth)* von Hippel-Lindau'sche Krankheit *f*, Angiomatosis *f* retinae (cystica), Netzhautangiomatose *f*
Hippel's disease *s.* Hippel-Lindau disease
hippocamp *s.* hippocampus
hippocampal Hippocampus...
hippocampal commissure *(Anat)* Commissura *f* fornicis (hippocampi), Fornixkommissur *f*
hippocampal fissure Fissura *f* hippocampi
hippocampal formation Formatio *f* hippocampi
hippocampal gyrus Gyrus *m* parahippocampalis
hippocampal sulcus Sulcus *m* hippocampi
hippocampus Hippokampus *m*, Pes *m* hippocampi, Ammonshorn *n*, Cornu *n* Ammonis
hippocratic face Facies *f* hippocratica
Hippocratic Oath Eid *m* des Hippokrates
hippocratism Hippokratismus *m*
hippocratist Hippokrat *n*, Anhänger *m* der Hippokrates-Medizin
hippotherapy Hippotherapie *f*, Reittherapie *f*
hippurate Hippurat *n*
hippuria Hippurie *f*, Hippursäureausscheidung *f* im Urin
hippuric acid Hippursäure *f*, Benzoylaminoessigsäure *f*, Benzoylglykokoll *n*
hippuric acid test Hippursäuretest *m (Leberfunktionsprobe)*
hippuricase Hippurikase *f*, Aminoacyclase *f (Enzym)*
hippus Hippus *m*, springende Pupillen *fpl*, Iriszittern *n*
hirci Hirci *mpl*, Achsel(höhlen)haare *npl*
hircismus Hircismus *m*, übel riechender Achselgeruch *m*
Hirschfeld-Dunlop file *(Stom)* Hirschfeld-Dunlop-Feile *f*
Hirschowitz syndrome Hirschowitz-Syndrom *n*
Hirschsprung's disease *(Päd)* Hirschsprung'sche Krankheit *f*, Hirschsprung-Krankheit *f*, Morbus *m* Hirschsprung, kongenitale Aganglionose *f*, kongenitales Megakolon *n* [Megasigma *n*]
hirsute (übermäßig) behaart
hirsuties Hypertrichose *f*, übermäßiger Haarwuchs *m*; abnorm starke Behaarung *f*
hirsutism 1. Hirsutismus *m*, männlicher Haarwuchs *m* bei Frauen *(bei Nebennierenüberfunktion)*; 2. *s.* hirsuties
hirsutoid papilloma of the penis Papillomatosis *f* coronae penis
hirudicidal hirudizid, blutegeltötend
hirudicide (agent) hirudizides [blutegeltötendes] Mittel *n*
hirudin Hirudin *n (Gerinnungshemmstoff des Blutegels)*
Hirudinaria Hirudinaria *pl*
Hirudinea Hirudinea *pl*, Blutegel *mpl*
hirudiniasis Hirudiniasis *f*, Blutegelbefall *m*
hirudinization 1. Hirudinbehandlung *f*, Blutegeltherapie *f*, 2. Hirudininjektion *f*
hirudinize *v* 1. mit Hirudin behandeln; 2. Hirudin injizieren
hirudo Hirudo *m*, Blutegel *m*
Hirudo aegyptica Hirudo *m* aegyptica
Hirudo japonica Hirudo *m* japonica
Hirudo javanica Hirudo *m* javanica
Hirudo medicinalis Hirudo *m* medicinalis
Hirudo quinquestriata Hirudo *m* quinquestriata
Hirudo troctina Hirudo *m* troctina
hirulog Hirulog *n*
His band *s.* His bundle
His bundle *(Anat, Kard)* His-Bündel *n*, His'sches Bündel *n*, Fasciculus *m* atrioventricularis
His bundle ablation His-Bündel-Ablation *f*
His bundle electrocardiogram His-Bündel-Elektrokardiogramm *n*
His bundle electrocardiography His-Bündel-Elektrokardiographie *f*
His disease His'sche Krankheit *f*, Wolhynisches Fieber *n*
His-Purkinje system His-Purkinje-System *n*
His-Tawara node Atrioventrikularknoten *m*, Aschoff-Tawara'scher Knoten *m*, His-Tawara-Knoten *m (Herzreizleitungssystem)*
His-Werner disease His-Werner'sche Krankheit *f*
Hiss capsule stain Hiss'sche Kapselfärbung *f*
histaminaemia Histaminämie *f*, Vorhandensein *n* von Histamin im Blut
histaminase Histaminase *f (Enzym)*
histamine Histamin *n*, 4-[2'-Aminoethyl]imidazol *n (Gewebshormon)*
histamine antagonist Histaminantagonist *m*
histamine blocking agent Histaminantagonist *m*
histamine cephalalgia Histaminkephalgie *f*, Histaminkopfschmerz *m*, Horton-(Bing-)Syndrom *n*
histamine desensitization Histamindesensibilisierung *f*
histamine-fast histaminstabil; histaminrefraktär
histamine headache *s.* histamine cephalalgia
histamine liberator Histaminliberator *m*, Histaminfreisetzer *m*
histamine phosphate Histaminphosphat *n*
histamine-proved achlorhydria durch den Histamin-Test bestätigte Achlorhydrie *f*
histamine receptor Histaminrezeptor *m*

histamine test Histamintest *m*
histaminergic histaminerg(isch)
histaminia Histaminschock *m*
histaminic headache *s.* histamine cephalalgia
histaminuria Histaminurie *f*, Histaminausscheidung *f* im Urin
histangic *s.* histoangic
histanoxia Histanoxie *f*, Gewebeanoxie *f (Sauerstoffmangel im Gewebe)*
histenzyme Histenzym *n (der Niere)*
histic Gewebe…
histidase Histidase *f*, Histidin-Ammoniak-Lyase *f (Enzym)*
histidinaemia Histidinämie *f*, Histidin(spiegel)erhöhung *f* im Blut
histidinase Histidinase *f*, Histidase *f (Enzym)*
histidine Histidin *n*, α-Amino-β-imidazolylpropionsäure *f*, β-Imidazolylalanin *n*
histidine ammonia-lyase Histidin-Ammoniak-Lyase *f (Enzym)*
histidine decarboxylase Histidindecarboxylase *f (Enzym)*
histidine test Histidin(schwangerschafts)test *m*
histidine tolerance test Histidinbelastungstest *m*
histidinuria Histidinurie *f*, Histidinausscheidung *f* im Urin
histidyl Histidyl… *(Radikal)*
histioblast Histioblast *m*, Gewebehistiozyt *m (Teil des retikuloendothelialen Systems)*
histioblastoma Histioblastom *n (retikuloendotheliale Geschwulst)*
histiocyte Histiozyt *m*, ruhende Wanderzelle *f (im Bindegewebe)*
histiocytic histiozytär; Histiozyten…
histiocytic leukaemia Histio(zyten)leukämie *f*, histiozytäre Leukämie *f*
histiocytic malignant lymphoma Retikulumzellsarkom *n*
histiocytic sarcoma Retikulumzellensarkom *n*
histiocytoid histiozytenartig
histiocytoma Histiozytom(a) *n*, Dermatofibrom *n (gutartige, zellreiche Geschwulstform der Haut)*
histiocytomatosis Histiozytomatose *f*
histiocytosarcoma Histiozytosarkom *n (bösartiger retikuloendothelialer Tumor)*
histiocytosis Histiozytose *f*, (exzessive) Histiozytenvermehrung *f*
histiocytosis X Histiozytose *f* X, Langerhanszellen-Histiozytose *f*, Retikuloendotheliose *f*
histiocytotic Histiozytose…
histiogenic histogen, vom Gewebe abstammend
histioid *s.* histoid
histioma *s.* histoma
histionic vom Gewebe stammend; Gewebe…
histiotypic growth histiotypisches Wachstum *n (z. B. von Bakterienkulturen)*
histoangic die Blutgefäßstruktur betreffend; Gefäßstruktur…
histoblast Histoblast *m*
histochemical histochemisch
histochemistry Histochemie *f*, Gewebechemie *f*
histochemotherapy Histochemotherapie *f*, Chemotherapie *f*
histoclastic gewebszerstörend
histoclinical histologisch-klinisch, histologisch und klinisch bewertet
histocompatibility Histokompatibilität *f*, Gewebeverträglichkeit *f*
histocompatibility antigen Histokompatibilitätsantigen *n*
histocompatibility complex Histokompatibilitätskomplex *m*
histocompatibility gene Histokompatibilitätsgen
histocompatibility locus Histokompatibilitätslokus *m*
histocompatibility test Histokompatibilitätstest *m*
histocompatibility testing Histokompatibilitätstestung *f*
histocompatible histokompatibel, gewebeverträglich
histocyte Histiozyt *m*
histocytosis *s.* histiocytosis
histodiagnosis 1. Histodiagnose *f*, Gewebsdiagnose *f*; 2. Gewebsdiagnostik *f*
histodialysis Gewebezerfall *m*, Gewebeauflösung *f*
histodifferentiation Histodifferenzierung *f*, Gewebedifferenzierung *f*
histofluorescence Histofluoreszenz *f*, Gewebefluoreszenz *f*
histogenesis Histogenese *f*, Gewebebildung *f*, Gewebeentwicklung *f*
histogenetic histogenetisch, gewebebildend; Histogenese…
histogenous histogen, vom Gewebe abstammend
histogeny *s.* histogenesis
histogram Histogramm *n*
histographic histographisch; Histographie…
histography Histographie *f*, Gewebebeschreibung *f*
histohaematin Histohäm(at)in *n*, Zytochrom *n*, Zellfarbstoff *m*
histohaematogenous histohämatogen, vom Gewebe und vom Blut gebildet
histohydria Histohydrie *f*, erhöhter Gewebewassergehalt *m*, Gewebeüberwässerung *f*
histohypoxia Histohypoxie *f (verminderter Sauerstoffgehalt im Gewebe)*
histoid histoid, gewebeartig; Gewebe…, Gewebs…
histoid leprosy histoide Lepra *f*
histoincompatibility *(Immun)* Histoinkompatibilität *f*, Gewebeunverträglichkeit *f*
histoincompatible histoinkompatibel, gewebeunverträglich
histokinesis Histokinese *f*
histologic histologisch; Histologie…
histologic technician Histotechniker *m*
histologic technologist *s.* histologic technician
histological *s.* histologic
histological examination histologische Untersuchung *f*
histological measurement histologische Vermessung *f*
histological pathology Histopathologie *f*
histological study histologische Untersuchung *f*
histologically proven histologisch nachgewiesen *(z. B. ein Karzinom)*
histologist Histologe *m*, Gewebespezialist *m*
histology Histologie *f*, Gewebelehre *f*
histolysate Histolysat *n*, Histolyseprodukt *n*
histolysis Histolyse *f*, Gewebeauflösung *f*
histolytic histolytisch, gewebeauflösend; Histolyse…
histoma Histom(a) *n*
histometaplastic histometaplastisch; Histometaplasie…
histomorphology Histomorphologie *f*, Gewebemorphologie *f*
histomorphometric histomorphometrisch; Histomorphometrie…
histomorphometry Histomorphometrie *f*, Gewebevermessung *f*
histomycosis Gewebemykose *f*, tiefe Mykose *f*
histone Histon *n (Protein)*
histonectomy periarterielle Sympathektomie *f*
histoneurology Histoneurologie *f*, Neurohistologie *f*
histonuria Histonurie *f*, Vorhandensein *n* von Histonen im Urin
histopathogenesis Histopathogenese *f*, pathologische Gewebeentwicklung *f (Embryo)*

histopathologic histopathologisch, pathohistologisch; Histopathologie...
histopathology Histopathologie *f*, Gewebepathologie *f*
histophagous histophag, gewebefressend, von Gewebe lebend
histophysiologic histophysiologisch, gewebephysiologisch; Histophysiologie...
histophysiology Histophysiologie *f*, Gewebephysiologie *f*
histoplasma agglutinin Histoplasma-Agglutinin *n*
Histoplasma capsulatum Histoplasma *n* capsulatum *(Erreger der Histoplasmose)*
histoplasmin Histoplasmin *n (Antigen)*
histoplasmin (skin) test Histoplasmin(haut)test *m*
histoplasmoma 1. Histoplasmom *n*, Histoplasminreaktionsknötchen *n*; 2. Histoplasmom *n*, Histoplasma-granulatum-Granulom *n (in der Lunge)*
histoplasmosis Histoplasmosis *f*, Histoplasmose *f*, Darling'sche Krankheit *f (Pilzerkrankung des retikuloendothelialen Systems)*
historadiography Historadiographie *f*, Historöntgenographie *f*, Mikroröntgenographie *f* feiner Gewebeschnitte
historetention Geweberetention *f*, Gewebeverhaltung *f (z. B. von Substanzen)*
historrhexis Historrhexis *f*, Gewebezerreißung *f*
history Anamnese *f*, Krankengeschichte *f*, Vorgeschichte *f*
history of allergy Allergieanamnese *f*
history of exposure Expositionsanamnese *f*
history of present illness aktuelle Anamnese *f*, Anamnesis *f* praesens
history of the patient 1. Krankengeschichte *f*, Anamnese *f*; 2. Krankenblatt *n*
history taking Anamneseerhebung *f*, Erhebung *f* der Krankengeschichte
histospectroscopic histospektroskopisch
histospectroscopy Histospektroskopie *f*
histotechnician Histotechniker *m*
histoteliosis Histoteliose *f*
histotherapy Histotherapie *f*, Gewebs(saft)behandlung *f*, Organotherapie *f*, Opotherapie *f*
histothrombin Histothrombin *n*, Gewebsthrombin *n*
histotome Histotom *n*, Gewebsschnittmesser *n*
histotomy Histotomie *f*, Gewebsschnitt *m*
histotoxic histotoxisch, gewebstoxisch, gewebsgiftig
histotoxicity Histotoxizität *f*, Gewebsgiftigkeit *f*
histotoxin Histotoxin *n*, Gewebegift *n*
histotribe Gewebequetsche *f*, Gewebequetscher *m*
histotripsy Histotripsie *f*, Gewebequetschung *f*
histotroph Histotroph *n*
histotrophic 1. histotroph(isch), gewebeernährend, die Gewebebildung fördernd; 2. Histotroph...
histotropic histotrop, auf Gewebe gerichtet, auf Gewebe (ein)wirkend
histozoic auf Gewebe lebend; im Gewebe lebend *(z. B. Parasiten)*
histrelin acetate Histrelinacetat *n (synthetischer Gonadotropinfreisetzer)*
histrionic *(Neur)* histrionisch; Histrionismus...
histrionic paralysis histrionische Paralyse *f*
histrionic personality histrionische Persönlichkeit *f*
histrionic personality disorder histrionische Persönlichkeitsstörung *f*
histrionicism *s.* histrionism
histrionism *(Neur)* Histrionismus *m (Neigung zu aufsehenerregenden dramatischen Handlungen)*
hit rate Trefferquote *f*
HIV *(human immunodeficiency virus)* HIV-Virus *n*
HIV disease HIV-Krankheit *f (z. B. Aids)*
HIV embryopathy HIV-Embryopathie *f*
HIV encephalopathy HIV-Enzephalopathie *f*, HIV-Demenzsyndrom *n*
HIV-infected patient HIV-infizierter Patient *m*
HIV infection HIV-Infektion *f*
HIV-negative HIV-negativ
HIV-positive HIV-positiv
hive Urtica *f*, Quaddel *f*, Hautquaddel *f*
hives Urtikaria *f*, juckender Hautausschlag *m*
HLM *s.* heart-lung machine
HMG *s.* human menopausal gonadotropin
hoarse heiser *(Stimme)*
hoarseness Heiserkeit *f*, Trachyphonie *f*
hob-nail liver *(Path)* Schuhzweckenleber *f (bei Leberzirrhose)*; Alkoholleber *f*
Hochsinger's phenomenon Hochsinger'sches Phänomen *n*
Hochsinger's sign Hochsinger'sches Zeichen *n*
hockey-stick incision Hockeyschlägerinzision *f (bei Sprunggelenkoperation)*
Hodge pessary *(Gyn)* Hodge-Pessar *n (zur Behandlung einer Retroflexio uteri)*
Hodge plane *(Gyn)* Hodge-Ebene *f*
Hodgen apparatus Hodgen-Apparat *m*
Hodgen splint Hodgen'sche Schiene *f*
Hodgkin cycle Hodgkin-Zyklus *m*
Hodgkin's cells Hodgkin-Zellen *fpl*, Hodgkin'sche Zellen *fpl*, Reed-Sternberg-Zellen *fpl*
Hodgkin's disease Hodgkin'sche Krankheit *f*, Hodgkin-Krankheit *f*, Morbus *m* Hodgkin, Lymphogranulomatose *f*
Hodgkin's granuloma *(Path)* Hodgkin-Granulom *n*
Hodgkin's lymphoma *(Path)* Hodgkin-Lymphom *n*
Hodgkin's sarcoma *(Path)* Hodgkin-Sarkom *n*
Hodgson's disease Hodgson-Krankheit *f (aneurysmatische Erweiterung der Aorta)*
hodogenesis Hodogenese *f (Wegbahnung bei Nervenzellregeneration)*
hodoneuromere *(Embr)* Hodoneuromere *n*
hodophobia Hodophobie *f*, Reiseangst *f*, Reisefurcht *f*
hody-potsy *(Derm)* Pityriasis *f* versicolor
hoe *(Stom)* Kratzer *m*, Schaber *m*, Hakenkratzer *m*
Hofbauer cells Hofbauer-Zellen *fpl*
Hoffa's disease Hoffa'sche Krankheit *f*, Hoffa-Krankheit *f*, Erkrankung *f* des Kniegelenkfettkörpers
Hoffmann-Werdnig disease *s.* Hoffmann's atrophy
Hoffmann-Werdnig syndrome *s.* Hoffmann's atrophy
Hoffmann's atrophy *(Neur)* Hoffmann-Krankheit *f*, Hoffmann-Werdnig'sche Krankheit *f*, Werdnig-Hoffmann'sche Erkrankung *f*, infantile spinale (progressive) Muskeldystrophie *f*
Hoffmann's duct Ductus *m* pancreaticus *(Hauptausführungsgang der Bauchspeicheldrüse)*
Hoffmann's phenomenon Hoffmann'sches Phänomen *n (erhöhte elektrische Reizbarkeit sensibler Nerven)*
Hoffmann's reflex Hoffmann-Reflex *m*, Hoffmann'scher Fingerreflex *m (bei Hemiplegie)*
Hoffmann's sign *s.* Hoffmann's reflex
Hoffmann's spinal muscular atrophy *s.* Hoffmann's atrophy
Hofmann's bacillus Hofmann-Wellenhof-Bakterium *n*, Pseudodiphtheriebakterium *n*, Corynebacterium *n* pseudodiphtheriticum
Hofmann's violet Hofmann'sches Violett *n*, Jod-Violett *n*
holandric nur durch männliche Nachkommen vererbt, nur väterlich vererbt, die väterliche Erblinie betreffend; nur über Y-Chromosomen übertragen; an Y-Chromosomen gebunden
holandric inheritance holandrische Vererbung *f*
holarthritic mit vielen entzündeten Gelenken; Holarthritis...

holarthritis Holarthritis *f (Entzündung aller Gelenke)*
hold *v* **the breath** den Atem anhalten
hold *v* **the key for diagnosis** den Schlüssel zur Diagnose (in der Hand) haben; die Diagnose kennen
holder for endotracheal tube *(Anästh)* Tubushalter *m*
holdfast organ Haftorgan *n*
holding suture *(Chir)* Haltenaht *f*
hole Loch *n*, Borloch *n*; Perforation *f*, Öffnung *f*
hole in retina Retinaloch *n*, Netzhautloch *n*
Holger-Nielsen counseling holistische [ganzheitliche] Beratung *f*
Holger-Nielsen health care holistische Pflege *f*, ganzheitliche Gesundheitspflege *f (den Körper und die Psyche berücksichtigend)*
Holger-Nielsen method Holger-Nielsen-Methode *f (künstliche Beatmung)*
Holger-Nielsen psychology holistische Psychologie *f*, Ganzheitspsychologie *f*
holism Holismus *m*, Ganzheitsauffassung *f*, ganzheitliche Medizin *f (berücksichtigt Körper und Seele)*
holistic holistisch, ganzheitlich, den Körper in seiner Gesamtheit betreffend, Leib und Seele betreffend; Ganzheits..., Holismus...
Hollander test *(Lab)* Hollander-Test *m*, Insulin-Hypoglykämie-Test *m*
Hollenback condenser Hollenback-Kondenser *m*, pneumatischer Kondenser *m*
Hollenhorst plaques *(Ophth)* Hollenhorst'sche Plaques *fpl (atheromatöse Emboli in den Retinaarteriolen)*
hollow Delle *f*, Dellenbildung *f*, Konkavität *f*
hollow back Hohlrücken *m*, Hohlkreuz *n*
hollow bougie Hohlsonde *f*, Hohlbougie *f*
hollow cast Hohlguss *m*
hollow foot Hohlfuß *m*, Talipes *m* cavus, Pes *m* excavatus [cavus]
hollow handle Hohlgriff *m*
hollow of the knee Kniekehle *f*
hollow organ Hohlorgan *n*
hollow probe Hohlsonde *f*
hollow space Hohlraum *m*
hollow ulcer tiefes Geschwür *n*, Ulcus *n* profundum
hollow viscus Hohlorgan *n*
Holmes-Adie syndrome Holmes-Adie-Syndrom *n*, Adie'sche tonische Pupillenreaktion *f*
Holmes-Stewart phenomenon Holmes-Stewart-Phänomen *n*, Rückstoßphänomen *n*
Holmes's degeneration Holmes'sche Degeneration *f*, primäre progressive Kleinhirndegeneration *f*
Holmes's phenomenon *s.* Holmes-Stewart phenomenon
Holmes's rebound phenomenon *s.* Holmes-Stewart phenomenon
Holmes's sign *s.* Holmes-Stewart phenomenon
Holmgren's test Holmgren-Test *m (Farbsinnprüfung mit farbigen Wollfäden)*
holoacardius *(Terat)* Holoakardius *m*, Zwillingsmissgeburt *f* ohne Herz
holoacrania Holoakranie *f*
holoanencephaly Holoanenzephalie *f*
holoantigen Holoantigen *n*, komplettes Antigen *n*
holoarthritis Holoarthritis *f*, Arthritis *f* aller Gelenke
Holobasidiomycetes Holobasidiomycetes *pl*
holoblastic *(Embr)* holoblastisch, sich vollständig furchend, sich komplett teilend *(bei der Eiteilung)*
holocarboxylase synthetase Holocarboxylasesynthetase *f (Enzym)*
holocephalic holozephal(isch)
holocord das gesamte Rückenmark betreffend
holocrine holokrin *(Sekretionsform mit Umwandlung der Drüse zum Sekret)*
holocrine gland holokrine Drüse *f*
holocrine secretion holokrine Sekretion *f*
holodiastolic *(Kard)* holodiastolisch, pandiastolisch, während der gesamten Diastole auftretend
holoendemic holoendemisch
holoenzyme Holoenzym *n (bestehend aus Apoenzym und Coenzym)*
hologamy Hologamie *f*
hologastroschisis Hologastroschisis *f*, totale Bauchspalte *f*
hologenesis Hologenese *f*
hologram Hologramm *n*
holographic reconstruction holographische Nachbildung *f (dreidimensionale Bilddarstellung mittels Ultraschall)*
holography Holographie *f*
hologynic nur durch weibliche Nachkommen vererbt, nur mütterlich vererbt, die mütterliche Erblinie betreffend; hologyn, sich nur in der weiblichen Linie zeigend; nur über X-Chromosomen übertragen; an X-Chromosomen gebunden
hologynic inheritance hologyne Vererbung *f*
hologynic inheritancy *s.* hologynic inheritance
holomastigote Holomastigote *f*
holometabolic holometabolisch
holomiantic infection holomiantische Infektion *f (eine gesamte Gruppe betreffende Infektion)*
holomorphic fungus holomorpher [kompletter] Pilz *m*
holomorphosis Holomorphose *f (komplette Regeneration von Körperteilen)*
holonarcosis komplette Narkose *f*
holoprosencephalic holoprosenzephalisch; Holoprosenzephalie...
holoprosencephaly Holoprosenzephalie *f*
holoprotein Holoprotein *n*
holorachischisis Holorachischisis *f*, totale Rachischisis *f*, totale Spina *f* bifida
holosaccharide Holosaccharid *n*
holoschisis *s.* amitosis
holosystolic *(Kard)* holosystolisch, pansystolisch, während der gesamten Systole auftretend
holotelencephaly Holotelenzephalie *f*
holotetanus generalisierter Tetanus *m* [Muskelkrampf *m*]
holotonia *s.* holotetanus
holotomy Holotomie *f*, Totalexstirpation *f*
holotopy Holotopie *f (Lage eines Organs im Körper)*
holotrichous holotrich, holotrichös, gleichmäßig mit Zilien bedeckt
holotype Holotyp *m*
holoxenic holoxen(isch)
Holt-Oram syndrome Holt-Oram-Syndrom *n*, atriodigitale Dysmelie *f*
Holter drainage Holter-Drainage *f*, Holter'sche Ventrikeldrainage *f (der Hirnkammern)*
Holter monitoring Holter-Monitoring *n*
Holthouse's hernia Holthouse'sche Hernie *f*, Hernia *f* inguinocruralis
Holzknecht's space Holzknecht'scher Raum *m*
homalocephalus Homalozephalus *m*, Flachkopf *m*
homalography Homalographie *f (Darstellung des gesamten Körpers mittels Querschnitten)*
Homalomyia Homalomyia *pl*
homaluria Homalurie *f*, normale Urinausscheidung *f*
Homans' operation Homans-Operation *f*, Homans'sche Operation *f (Unterbindung der Vena femoralis als Emboliеprophylaxe)*
Homans' sign Homans-Zeichen *n (Dorsalflexion des Fußes bewirkt Wadenschmerz bei Unterschenkelthrombose)*

homatropine Homatropin *n (Alkaloid)*
homatropine hydrobromide Homatropinhydrobromid *n*
homatropine methylkbromide Homatropinmethylbromid *n*
home birth Hausgeburt *f*, häusliche Geburt *f* [Entbindung *f*], Hausentbindung *f*
home care Hauspflege *f*
home delivery *s.* home birth
home dialysis Heimdialyse *f*
home dialysis unit Heimdialyseeinheit *f*
home health nurse Hauspflegeschwester *m*; Gemeindeschwester *f*
home oral hygiene häusliche Mundhygiene *f*
home remedy Hausmittel *n*
homeless person Obdachlose(r) *m*, Obdachlose *f*
homeo-osteoplasty Homöo-Osteoplastik *f*
homeochrome homöochrom
homeokinesis Homöokinese *f*
homeometric homöometrisch
homeomorphous homöomorph
homeopathy *s.* homoeopathy
homeotherm Warmblüter *m*
homeothermal homöotherm, warmblütig
homeothermic *s.* homeothermic
homeotransplantation *s.* homotransplantation
homeotypic mitosis Äquationsteilung *f*
homergic homerg(isch), mit gleichem Effekt, mit gleicher Wirkung
homesickness Heimweh *n*
homicidal homizid, tötend; Homizid..., Tötungs...
homicidal insanity *s.* homicidomania
homicidal mania *s.* homicidomania
homicide Homizid *m*, Tötung *f*, Mord *m*
homicidology Homizidologie *f (Lehre von den psychischen und sozialen Ursachen bei Tötungsdelikten)*
homicidomania Homizidomanie *f*, Phonomanie *f*, Mordsucht *f (zwanghafter Drang zu töten)*
homidium bromide Homidiumbromid *n (gegen Trypanosomen wirksam)*
hominal 1. hominal, human, zum Menschen gehörend; Menschen...; 2. hominal, männlich, zu Männern gehörend
homoarginine Homoarginin *n*
homoarterenol hydrochloride Homoarterenolhydrochlorid *n*
homobiotin Homobiotin *n*
homoblastic homoblastisch, aus der gleichen Gewebekeimschicht stammend
homobody Homobody *m (Antikörper)*
homocarnosinase Homocarnosinase *f (Enzym)*
homocarnosine Homocarnosin *n*
homocarnosinosis Homocarnosinose *f (Ansammlung von Homocarnosin im Liquor cerebrospinalis)*
homocentric homozentrisch, mit gleichem Fokus, mit gleichem Zentrum
homochlorcyclizine Homochlorzyklizin *n*
homochronous inheritance homochrone Vererbung *f*
homocinchonine Homocinchonin *n*
homocitrullinuria Homozitrullinurie *f*
homocyclic homozyklisch
homocysteine Homozystein *n*, α-Amino-γ-thiobuttersäure *f*, α-Amino-γ-mercaptobuttersäure *f*
homocysteine-tetrahydrofolate methyltransferase Homozysteintetrafolatmethyltransferase *f (Enzym)*
homocystinaemia Homozystinämie *f (Vorhandensein von Homozystin im Blut)*
homocystine Homozystin *n*
homocystinuria Homozystinurie *f (Homozystinausscheidung im Urin)*
homocystinuric Homozystinurie...
homocytotropic homozytotrop(isch), auf Zellen der gleichen Spezies orientierend
homodont homodont, mit gleichartigen Zähnen, mit nur einem Zahntyp
homodont dentition homodonte Bezahnung *f*, homodontes Gebiss *n*
homodromous homodrom, in der gleichen Richtung wirksam, sich in die gleiche Richtung bewegend
homoeopath Homöopath *m*
homoeopathic homöopathisch
homoeopathist Homöopath *m*
homoeopathy Homöopathie *f (Therapieform; Gegenteil: Allopathie)*
homoeoplasia Homöoplasie *f*, organähnliche Neubildung *f*
homoeoplastic homöoplastisch; Homöoplasie...
homoeosis Homöose *f*
homoeostasis Homöostase *f*, inneres Körpergleichgewicht *n*
homoeostatic homöostatisch; Homöostase...
homoeotherapy Homöotherapie *f*
homoeothermal homöotherm, warmblütig
homoeothermic *s.* homoeothermal
homoeothermism *s.* homoeothermy
homoeothermy Homöothermie *f*
homoeotransplantation *s.* homotransplantation
homoeotypical homöotypisch, vom normalen Typ
homoerotic homoerotisch, homosexuell
homoeroticism *s.* homoerotism
homoerotism Homoerotismus *m*, Homosexualismus *m*
homofermentation Homofermentation *f*
homofermenter Homofermenter *m (die homolaktische Fermentation durchführender Mikroorganismus)*
homogamete Homogamet *m*
homogametic homogametisch; Homogameten...
homogamous homogam; Homogamie...
homogamy Homogamie *f*, Vorhandensein *n* gleicher Geschlechtschromosomen *(zwei X-Chromosomen)*
homogenate Homogenat *n*
homogeneity Homogenität *f*, Gleichartigkeit *f*
homogeneous homogen, gleichartig; artgleich
homogeneous density homogne Dichte *f*, homogene Schwärzung *f*
homogeneous magenetic field homogenes Magnetfeld *n*
homogenesis Homogenese *f*, gleichartige Entwicklung *f*
homogenetic homogen; Homogenese...
homogenitality *s.* homosexuality
homogenization Homogenisierung *f*
homogenize *v* homogenisieren, homogen machen
homogenized homogenisiert, homogen, gleichmäßig verteilt; mit gleichmäßiger Struktur; von gleichartiger Beschaffenheit
homogenized milk homogenisierte Milch *f*
homogenote Homogenote *f*
homogenous homogen, gleichartig strukturiert, von gleichartiger Struktur
homogenous graft homogenes Transplantat *n*
homogenous psychosis homogene Psychose *f*, Einheitspsychose *f*
homogentisate Homogentisat *n*
homogentisate 1,2-dioxygenase Homogentisat-1,2-dioxygenase *f (Enzym)*
homogentisic acid Homogentisinsäure *f*, Hydrochinonessigsäure *f*, Alkapton *n*
homogentisic acid oxidase Homogentisinsäureoxidase *f (Enzym)*
homogentisic acid oxidase deficiency Homogentisinsäureoxidasemangel *f*, Alkaptonurie *f*

homogentisuria Homogentisinurie *f*, Homogentisinausscheidung *f* im Urin
homogeny *s.* homogenesis
homoglandular homoglandulär, homoglandular, zur gleichen Drüse gehörend
homograft *s.* homotransplantat
homoiopodal homoiopod(al), nur gleiche Nervenfortsätze besitzend
homoiostasis Homöostase *f*
homoiothermal *s.* homoeothermal
homoiotransplantation *s.* homotransplantation
homokaryon Homokaryon *m*
homokaryotic homokaryot; Homokaryon...
homokeratoplasty *(Ophth)* Homokeratoplastik *f*
homolactic homolaktisch *(Milchsäurebildung über den Embden-Meyerhof-Weg)*
homolateral homolateral, gleichseitig, die gleiche Körperhälfte betreffend
homolateral limb synkinesis homolaterale Extremitätensynkinese *f*
homologous 1. homolog, in der Spezies übereinstimmend [zusammengehörig], von der gleichen Spezies stammend; allogen; isolog; 2. homolog, gleichen Ursprungs
homologous anaphylaxis homologe Anaphylaxis *f*
homologous antigen homologes Antigen *n*
homologous antibody homologer Antikörper *m*
homologous chromosome homologes Chromosom *n*
homologous disease homologe Krankheit *f*
homologous graft homologes Transplantat *n*
homologous insemination homologe Insemination *f*
homologous organ homologes Organ *n*
homologous origin homologer Ursprung *m*, homologe Abstammung *f*
homologous part homologes Teil *n* [Organteil *n*]
homologous position homologe Position *f*
homologous serum hepatitis homologer Serumikterus *m*, Serumhepatitis *f*
homologous serum jaundice *s.* homologous serum hepatitis
homologous structure homologe Struktur *f*
homologous transplantation homologe [homoplastische] Transplantation *f*
homologous tumour homologer Tumor *m*
homolography Homalographie *f (Darstellung des gesamten Körpers mittels Querschnitten)*
homologue homologes Organ *n*
homology homologer Zustand *m*
homology of chains *(Gen)* Kettenhomologie *f (der DNS-Sequenzen)*
homology of strands *s.* homology of chains
homolysin Homolysin *n*
homolysis Homolyse *f*
homomorphic homomorph, von gleicher Gestalt, gleichgestaltig
homomorphic filtration homomorphe Filtration *f*
homomorphosis Homomorphose *f*, gleichartige Regeneration *f*
homomorphous *s.* homomorphic
homonomous homonom, gleichwertig
homonuclear homonuklear, homonukleär
homonymous 1. homonym, gleichnamig; 2. homonym, im gleichen Verhältnis zueinander stehend
homonymous diplopia *(Ophth)* homonyme Diplopie *f*
homonymous hemianopsia homonyme Hemianopsie *f*
homophil Homophile(r) *m*, homophiler Antikörper *m*
homophilic homophil, nur mit einem bestimmten Antigen reagierend
homophilic antibody homophiler Antikörper *m*
homophobia Homophobie *f (Abneigung gegenüber Homosexuellen)*
homoplastic homoplastisch, artgleiches Gewebe verpflanzend, allogen
homoplastic transplantation homoplastische [homologe] Transplantation *f*
homoplasty Homoplastik *f*, Homotransplantation *f*, Übertragung *f* [Transplantation *f*] artgleichen Gewebes, allogene Transplantation *f*
homopolymer Homopolymer *n*
homopolysaccharide Homopolysaccharid *n*
homoproline Homoprolin *n*
homorganic durch das gleiche Organ gebildet; durch ein homologes Organ gebildet
homosalate 3,3,5-Trimethylcyclohexylsalicylat *n (UV-Sonnenschutz)*
homoscedasticity *(Statist)* konstante Varianz *f*
homoserine Homoserin *n*
homoserine deaminase Homoserindesaminase *f (Enzym)*
homoserine dehydratase Homoserindehydratase *f (Enzym)*
homosexual homosexuell, sich zum gleichen Geschlecht hinwendend, zum gleichen Geschlecht gehörend
homosexual Homosexuelle(r) *m*
homosexual panic homosexuelle Panik *f*
homosexuality Homosexualität *f*, Hinwendung *f* zum gleichen Geschlecht
homosporous nur gleiche Sporen tragend
homosporous organism homosporer Organismus *m*
homostimulant das gleiche Organ stimulierend
homostimulant (agent) Homostimulans *n*, homostimulierendes Mittel *n (Organextrakt mit Wirkung auf das Ursprungsorgan)*
homostimulation Homostimulation *f (Behandlung mit homostimulierenden Mitteln)*
homothallic homothallisch
homothallism Homothallismus *m*
homothermal *s.* homeothermal
homotonic homoton(isch), mit gleichem Tonus; mit gleichmäßiger Spannung
homotopic homotop(isch), an der gleichen Stelle [Körperstelle] auftretend
homotopic pain homotoper Schmerz *m*, Schmerz *m* an der Verletzungsstelle
homotransplant Homotransplant(at) *n*, homologes [homogenes] Transplantat *n*, allogenes [artgleiches] Transplantationsgewebe *n*
homotransplantation Homotransplantation *f*, homologe [homogene, allogene] Transplantation *f*, Verpflanzung *f* [Transplantation *f*] artgleichen Gewebes
homotransplantation rejection Homotransplantatabstoßung *f*, Homotransplantatrejektion *f*
homotropic homotrop
homotropism Homotropismus *m (Anziehung gleichartiger Zellen)*
homotype Homotyp *m (symmetrisches Spiegelbild; z. B. die rechte Hand zur linken Hand)*
homotypic homotypisch; Homotyp...
homovanillic acid Homovanillinsäure *f (Katecholaminabbauprodukt)*
homozygosis Homozygosis *f*, Vereinigung *f* gleichartiger Geschlechtszellen
homozygosity Homozygotie *f*, Reinerbigkeit *f*, Gleicherbigkeit *f*
homozygote Homozygote(r) *m*, Reinerbige(r) *m*; homozygoter Organismus *m*
homozygous homozygot, reinerbig, gleicherbig; homogen
honeycomb (bienen)wabenartig; Bienenwaben..., Waben...

honeycomb choroiditis of Doyne *(Ophth)* Bienenwabenmakula *f* von Doyne, Doyne'sche Chorioiditis *f* [Aderhautentzündung *f*]
honeycomb lung *(Path)* Honigwabenlunge *f*, Wabenlunge *f*
honeycomb ringworm [tetter] Favus *m*, Erbgrind *m*, Tinea *f* favosa
Hong Kong influenza A virus Influenzavirus *n* Typ A Hongkong
hood 1. Haube *f*, Abdeckung *f*, Abdeckhaube *f*, Operkulum *n*; 2. Zahnhaube *f*
hoof-and-mouth-disease Maul- und Klauenseuche *f*
hook *v* **out the appendix** den Wurmfortsatz hervorluxieren
hook bundle *(Anat)* Hakenbündel *n*, Fasciculus *m* uncinatus
hook cuff Hakenmanschette *f*
hook electrode Hakenelektrode *f*
hook nose Hakennase *f*, Nasus *m* aduncus
hook of the hamate (bone) Hakenfortsatz *m* des Hakenbeins, Hamulus *m* ossis hamati
hooked/be *v* drogenabhängig sein
hooklet Saugnapf *m (Bandwürmer)*
hookworm Ankylostoma *n*, Hakenwurm *m*
hookworm anaemia [disease] Hakenwurmkrankheit *f*, Tunnelanämie *f (siehe auch: ancylostomiasis)*
hookworm egg Ankylostomenei *n*, Hakenwurmei *n*
hooping-cough Keuchhusten *m*, Pertussis *f*
hoose wurmbedingte Bronchitis *f*, Bronchitis *f* verminosa
Hoover's sign Hoover-Zeichen *n*
hop dermatitis Hopfendermatitis *f*
hopelessly advanced case hoffnungloser Fall *m*, hoffnungslos fortgeschrittenes Stadium *n*
hordeolum *(Ophth)* Hordeolum *n*, Gerstenkorn *n*
horizontal 1. horizontal; Horizont...; 2. sich horizontal verbreitend, von Mensch zu Mensch ausbreitend
horizontal abdominal position Bauchlage *f*
horizontal alveolar atrophy horizontale Alveolaratrophie *f*
horizontal cell Horizontalzelle *f (z. B. in der Netzhaut)*
horizontal cerebellar fissure Sulcus *m* [Fissura *f*] horizontalis cerebelli
horizontal fissure of the right lung Fissura *f* horizontalis
horizontal folds of the rectum *s.* Houston's valves
horizontal format Querformat *n*
horizontal heart *(Rad)* quer gelagertes Herz *n*
horizontal hemianopsia Horizontalhemianopsie *f*
horizontal mobility horizontale Beweglichkeit *f*
horizontal nystagmus Horizontalnystagmus *m*
horizontal overbite horizontaler Überbiss *m*
horizontal plane Horizontalebene *f*
horizontal planigraphy horizontale Planigraphie *f*, horizontale Schichtaufnahme *f*
horizontal plate of the palatine bone Lamina *f* horizontalis ossis palatini, Pars *f* horizontalis palati
horizontal position Horizontallage *f (z. B. bei Operation)*
horizontal pursuit horizontales Verfolgen *n (der Augen zur Nystagmusuntersuchung)*
horizontal resorption horizontale Resorption *f (z. B. von Knochen)*
horizontal section Horizontalschnitt *m*
horizontal semicircular canal Canalis *m* semicircularis lateralis [horizontalis], lateraler Bogengang *m (Innenohr)*
horizontal squint [strabism] Horizontalstrabismus *m*, Strabismus *m* horizontalis
horizontal transmission horizontale Ausbreitung *f* [Übertragung *f*] *(von Krankheitskeimen)*
horizontal type Horizontaltyp *m*, Linkstyp *m (im EKG)*
horizontal vertigo Horizontalschwindel *m*, Vertigo *f* horizontalis
horme *(Neur)* Horme *f*, Antrieb *m*, schöpferische Triebkraft *f*
hormic psychology *(Neur)* hormische Psychologie *f*
hormion Hormion *n (anthropologischer Messpunkt)*
hormism *(Neur)* Hormismus *m (Zielanstrebung zum Selbstzweck)*
hormogenous *(Neur)* hormogen
hormogenous stimulus *(Neur)* hormogener Reiz *m (führt zu Appetenz- oder Aversionsverhalten)*
hormonagogue Hormonagogum *n*, die Hormonbildung stimulierendes Mittel *n*
hormonal hormonal, hormonell; Hormon... *(siehe auch unter: hormone)*
hormonal balance hormonales Gleichgewicht *n*, Hormongleichgewicht *n*
hormonal hypertension endokriner Hypertonus *m*
hormonal imbalance hormonales Ungleichgewicht *n*, Hormonungleichgewicht *n*
hormonal metabolism Hormonstoffwechsel *m*
hormonal preparation Hormonpräparat *n*
hormonal therapy *s.* hormonotherapy
hormone Hormon *n (körpereigener Wirkstoff; siehe auch unter: hormonal)* • **inject a hormone** ein Hormon injizieren • **treat with a hormone** mit einem Hormon behandeln
hormone-dependent tumour hormonabhängiger Tumor *m*
hormone inactivation Hormoninaktivierung *f*
hormone medication *s.* hormonotherapy
hormone preparation Hormonpräparat *n*
hormone production Hormonbildung *f*, Hormonproduktion *f*
hormone replacement therapy [treatment] Hormonsubstitutionstherapie *f*
hormone therapy *s.* hormonotherapy
hormone treatment *s.* hormonotherapy
hormonic *s.* hormonal
hormonogen Hormonogen *n*, Prohormon *n*, Hormonvorstufe *f*
hormonogenesis *s.* hormonopoiesis
hormonogenic *s.* hormonopoietic
hormonology Hormonologie *f*, Hormonlehre *f*
hormonopexic hormonfixierend, hormonbindend
hormonopoiesis Hormonbildung *f*, Hormonerzeugung *f*, Hormonproduktion *f*
hormonopoietic hormonopoetisch, hormonbildend, hormonproduzierend
hormonoprivia Hormonmangel *m*
hormonoprivic hormonopriv, an Hormonmangel leidend; Hormonmangel...
hormonosis Hormonose *f (Zustand infolge erhöhter Hormonwirkung)*
hormonotherapy Hormontherapie *f*, Hormonbehandlung *f*, endokrine Therapie *f*
horn 1. *(Histol)* Horn *n*, Hornsubstanz *f*; 2. *(Anat)* Horn *n*, Cornu *n*
horn cell 1. Hornzelle *f (Epithel)*; 2. Hornzelle *f*, Vorderhornzelle *f*, Hinterhornzelle *f (Rückenmark)*
Horner-Trantas dots Horner-Trantas-Flecken *mpl (weiße Infiltrate bei Frühjahrskeratokonjunktivitis)*
Horner's muscle Horner-Muskel *m*, Horner'scher Muskel *m*, Pars *f* (sacci) lacrimalis musculi orbicularis oculi
Horner's oculopupillary syndrome Horner'sches [okulopupilläres] Syndrom *n*, Horner'sche Trias *f*, Horner'scher Symptomenkomplex *m*, Horner-Symptomenkomplex *m (Miosis, Ptosis, Enophthalmus)*
Horner's ptosis Horner-Ptose *f*, Horner'sche Ptose *f*
Horner's pupil Horner-Pupille *f*, Horner'sche Pupille *f*

Horner's sign Horner-Zeichen *n*, Horner'sches Zeichen *f*
Horner's syndrome *s.* Horner's oculopupillary syndrome
Horner's teeth Horner'sche Zähne *mpl (mit horizontaler Eindellung)*
hornification *s.* cornification
hornified epithelium keratinisiertes Epithel *n*
horny cell layer *s.* horny layer
horny eczema hyperkeratotisches Ekzem *n*
horny layer *(Derm)* Horn(zellen)schicht *f*, Stratum *n* corneum
horny red plane lichen *(Derm)* hyperkeratotischer Lichen *m* ruber planus
horny wart *s.* plantar wart
horopter Horopter *m*, Sehgrenze *f (visuelle Projektionsebene)*
horopteric Horopter...
horripilation Haaraufrichtung *f*, Piloerektion *f*, Gänsehaut *f*, Cutis *f* anserina
horror trip *(Neur)* Angstreise *f (zur Angst und Panik führender Drogenrausch)*
horse serum *(Immun)* Pferdeserum *n*
horsefoot Talipes *m* equinus
Horseley's bone wax Horsley'sches Knochenwachs *n*
Horseley's dura mater separator Hirnhautseparator *m* nach Horseley
Horseley's operation Horsley'sche Operation *f (Topektomie zur Ausschaltung von Krampfzentren bei Epilepsie)*
Horseley's wax *s.* Horseley's bone wax
horseshoe fistula Hufeisenfistel *f*
horseshoe kidney Hufeisenniere *f*, Fusionssniere *f*, Ren *m* arcuatus [concretus, unguliformis]
horseshoe placenta Hufeisenplazenta *f*
horseshoe tear Hufeisenriss *m*, Lappenriss *m*
Hortega cell Hortega'sche Zelle *f*, Hortega-Zelle *f (Mikrogliazelle)*
hortobezoar Phytobezoar *m*, Pflanzenfaserknäuel *n* (im Magen)
Horton's arteritis Horton-Riesenzellenarteriitis *f*, Arteriitis *f* temporalis
Horton's cephalalgia *s.* Horton's headache
Horton's disease *s.* Horton's arteritis
Horton's giant cell arteritis Horton-Riesenzellenarteriitis *f*, Arteriitis *f* temporalis
Horton's headache Horton-(Bing-)Syndrom *n*, Histaminkopfschmerz *m*, Histaminkephalgie *f*
Horton's histamine cephalalgia *s.* Horton's headache
Horton's syndrome *s.* Horton's headache
hose clip Schlauchklemme *f*
hospice Hospiz *n*
hospital Hospital *n*, Krankenhaus *n*; Lazarett *n (Militär)*; Anstalt *f* • **be admitted to a hospital** in ein Krankenhaus aufgenommen werden • **be discharged from the hospital** aus dem Krankenhaus entlassen werden • **be in hospital** im Krankenhaus liegen, stationär liegen • **be taken to the hospital** ins Krankenhaus gebracht werden • **be treated in a hospital** in einem Krankenhaus behandelt werden • **come to the hospital of its own accord** freiwillig [von selbst] ins Krankenhaus kommen • **come to the hospital with a referral from a specialist** mit einer Überweisung vom Spezialisten ins Krankenhaus kommen • **come to the hospital without a referral** ohne Überweisung ins Krankenhaus kommen • **direct a patient to the hospital** einen Patienten in das Krankenhaus überweisen • **discharge a patient from the hospital on the seventh day after surgery** einen Patienten am 7. postoperativen Tag aus dem Krankenhaus entlassen • **stay in hospital** im Krankenhaus bleiben, stationär bleiben
hospital-acquired im Krankenhaus erworben
hospital-acquired infection *s.* hospital infection
hospital administration Krankenhausverwaltung *f*
hospital admission Krankenhausaufnahme *f*, Krankenhauseinweisung *f*, Krankenhauseinlieferung *f*
hospital artefact *(Neur)* Anstaltsartefakt *m*
hospital bed Kranken(haus)bett *n*
hospital chart Krankenblatt *n*
hospital clinical laboratory klinisches Labor(atorium) *n*
hospital department Krankenhausabteilung *f*, Abteilung *f* eines Krankenhauses
hospital discharge Krankenhausentlassung *f*
hospital doctor Krankenhausarzt *m*
hospital epidemiology Krankenhausepidemiologie *f*
hospital facility Krankenhauseinrichtung *f*
hospital fever Typhus *m* epidemicus [abdominalis], Abdominaltyphus *m*, Bauchtyphus *m*, Unterleibstyphus *m*
hospital gangrene Hospitalbrand *m*, Gasödem *n*
hospital grounds Krankenhausgelände *n*
hospital infection Krankenhaus(wund)infektion *f*
hospital infection committee „Wundpolizei" *f (verantwortlich für Erfassung von Wundinfektionen)*
hospital nurse Kranken(haus)schwester *f*
hospital ship Lazarettschiff *n*
hospital stay Krankenhausaufenthalt *m*
hospital supervision stationäre Beobachtung *f* • **be under hospital supervision** in stationärer Kontrolle sein, unter stationärer Beobachtung stehen
hospital train Lazarettzug *m*
hospital treatment Krankenhausbehandlung *f*, stationäre Therapie *f* [Behandlung *f*]
hospital unit Krankenhausabteilung *f*
hospital ward Krankenhausstation *f*, Bettenstation *f*
hospitalism *(Bakt, Päd, Psych)* Hospitalismus *m*
hospitalist Krankenhausarzt *m*
hospitalization 1. Hospitalisierung *f*, Krankenhauseinweisung *f*; 2. Hospitalisierung *f*, Krankenhausaufenthalt *m*
hospitalization time Hospitalisierungszeit *f*, Krankenhausverweildauer *f*, Krankenhausaufenthaltsdauer *f*
hospitalize *v* hospitalisieren, in ein Krankenhaus einweisen
hospitalized/be *v* in das Krankenhaus eingewiesen [eingeliefert] werden, hospitalisiert werden
host 1. Wirtsorganismus *m*, Wirt *m*; 2. Transplantatempfänger *m*
host defence mechanisms Schutzmechanismen *mpl* des Wirtsorganismus
host of predilection bevorzugter Wirtsorganismus *m*, Vorzugswirt *m (z. B. für Parasiten)*
host-parasite balance Wirt-Parasit-Gleichgewicht *n*
host-parasite interaction Wirt-Parasit-Wechselbeziehung *f*
host-parasite relationship Wirt-Parasit-Beziehung *f*, Wirt-Parasit-Verhältnis *n*
host resistance Wirtsresistanz *f*, Wirtswiderstand *m*
host-versus-graft disease [reaction] Empfänger-gegen-Transplantat-Reaktion *f*, Host-versus-graft-Krankheit *f*
HOT *(hyperbaric oxygen therapy) s.* hyperbaric oxygenation
hot 1. heiß, warm; 2. stark radioaktiv, kritisch radioaktiv
hot air bath Heißluftbad *n*
hot air drying Heißlufttrocknung *f*, Warmlufttrocknung *f*
hot air sterilization Heißluftsterilisation *f*
hot air sterilizer Heißluftsterilisator *m*
hot air treatment Heißluftbehandlung *f*
hot bath heißes Bad *n*
hot compress heiße Kompresse *f*
hot flash *(Derm)* Hitzewallung *f*, Hitzerötung *f*
hot flush *(Gyn)* aufsteigende Hitze *f*
hot line Krisentelefon *n (z. B. zur Intervention bei Suizidgefahr)*

hot node *(Rad)* heißer Knoten *m (bei erhöhter Nuklidanreicherung; z. B. bei Struma)*
hot pack *(Bal)* Hitzepackung *f*, Wärmepackung *f*
hot spot 1. *(Gen)* Stelle *f* mit häufigen Mutationen, Hot spot *m*; 2. *s.* hot node
hot stage Fieberschub *m (Malaria)*
hot-water bag Wärmflasche *f*
hot-water bath warmes Bad *n*, Wärmebad *n*
hot-water bottle *s.* hot-water bag
hourglass bladder Sanduhrblase *f*
hourglass contraction Sanduhrkontraktion *f*, sanduhrförmige Kontraktion *f*
hourglass neurinoma Sanduhrneurinom *n*
hourglass stomach Sanduhrmagen *m*
hourglass tumour Sanduhrgeschwulst *f*, Zwerchsackgeschwulst *f*, sanduhrförmiger Tumor *m*
hourglass uterus Sanduhruterus *m*
hourly urine flow Stundenurin *m*, stündliche Urinmenge *f*
house-bound patient stationärer Patient *m*
house-bound physician diensthabender Arzt *m*
house-bound officer Assistenzarzt *m*
house physician Dienst habender Arzt *m*
house staff Assistenzärzte *mpl*
house surgeon Dienst habender Chirurg *m*
housemaid's knee Bursitis *f* praepatellaris
housewive's eczema Hausfrauenekzem *n*
Houston's folds *s.* Houston's valves
Houston's muscle Houston'scher Muskel *m*
Houston's valves *(Anat)* Houston'sche Klappen *fpl*, Plicae *fpl* transversales [transversae] recti
hoven Magentympanie *f*
Howell-Jolly body Howell-Jolly-Körper *m*, Kernkugel *f (bei Erythrozytenzellkernzerfall)*
Howell's bodies Howell'sche Körperchen *npl*
Howship-Romberg sign [symptom] Howship-Romberg-Zeichen *n (Schmerzen an der Oberschenkelinnenseite bei Obturatoriusneuralgie)*
Howship's lacuna Howship-Lakune *f (bei lakunärer Knochenresorption)*
HPL *s.* human placental lactogen
HSG *s.* hysterosalpingography
HSV *s.* herpes simplex virus
HTLV *s.* human T-cell leucaemia virus
H^+-transporting ATP synthase H^+-transportierende ATP-Synthase *f (Enzym)*
Huchard's disease Huchard'sche Krankheit *f* [Präsklerose *f*], arterieller Hochdruck *m*
hucklebone *s.* talus
hue Farbton *m*
Huerthle cell adenoma Hürthle-Zell-Adenom *n*
Huerthle cell carcinoma of the thyroid Hürthle-Zell-Karzinom *n* der Schilddrüse
Hueter's line Hueter'sche Linie *f (zwischen Olekranonkondylen)*
Hueter's manoeuvre Hueter'scher Handgriff *m*, Hueter'sche Methode *f (Hervorziehen der Zunge beim Einführen eines Magenschlauches)*
Hueter's sign Hueter'sches Zeichen *n (fehlende Knochenkrepitation bei Weichteilinterposition)*
Huggins operation Huggins-Operation *f*
Hughes' reflex Hughes-Reflex *m*
Hughes-Stovin syndrome Hughes-Stovin-Syndrom *n (oberflächliche Thrombophlebitiden mit mykotischen Lungenarterienaneurysmen)*
Hughston's projection Hughston-Projektion *f*
Hughston's sinus Huguier'scher Sinus *m*, Fossula *f* fenestrae vestibuli *(zwischen Fenestra ovalis und Fenestra rotunda)*
Huguier's canal Iter *m* chordae anterius *(Austrittstelle der Chorda tympani im Mittelohr)*
Huhner test Huhner-Test *m*, Huhner-Sims-Test *m*, postkoitaler Spermienkombatibilitätstest *m (Verträglichkeitsprüfung von Sperma und Zervixschleim)*
human human, menschlich
human Mensch *m*
human albumin Humanalbumin *n*
human antitetanus gamma globulin humanes Anti-Tetanus-Gammaglobulin *n*
human bite Menschenbiss *m*
human chorionic gonadotropin humanes Choriongonadotropin *n*, HCG
human chorionic somatomammotropin humanes Chorionsomatomammotropin *n*, HCS
human chorionic thyrotropin humanes Chorionthyreotropin *n*
human dental formula menschliche Zahnformel *f*, Gebissformel *f* des Menschen
human diploid cell rabies vaccine Tollwutvakzine *f* ad usum humanum *(inaktivierter lyophilisierter Tollwutimpfstoff aus auf humanen diploiden Zellen vermehrten Virusstämmen)*
human flea Menschenfloh *m*, Pulex *m* irritans
human genetics Humangenetik *f*
human granulocytic ehrlichosis humane granulozytäre Ehrlichiose *f*, HGE *(durch Ehrlichia chaffeensis)*
human growth hormone somatotropes Hormon *n*, STH, menschliches Wachstumshormon *n*
human growth movement *(Neur)* Human-growth-Bewegung *f*
human hypophysis gonadotropin humanes Hypophysengonadotropin *n*
human immune serum globulin humanes Immunserumglobulin *n*, HISG
human immunodeficiency virus HIV-Virus *n (Zusammensetzungen siehe unter: HIV)*
human insulin Humaninsulin *n*
human leucocyte antigen humanes Leukozytenantigen *n*, HLA
human leucocyte antigen (locus A) system HLA-System *n*
human liver fluke humaner Leberegel *m*
human measles immune serum humanes Masernimmunserum *n*
human menopausal gonadotropin humanes Menopausengonadotropin *n*, HMG
human monocytic ehrlichosis humane monozytäre Ehrlichiose *f*, HMG *(durch Ehrlichia equi)*
human natural killer cells menschliche natürliche Killer-Zellen *fpl*
human papilloma virus humanes Papillomavirus *n*, HPV
human parvovirus humanes Parvovirus *n*
human placental lactogen humanes Plazentalaktogen *n*
human prion disease humane Prionenkrankheit *f (z. B. Jakob-Creutzfeldt-Krankheit; Gerstmann-Straussler-Syndrom)*
human protein C humanes Protein *n* C
human rabies immune globulin humanes Tollwut-Immunglobulin *n*
human relations group *(Neur)* Human-relations-Gruppe *f (führt Sensitivity-Training durch)*
human rhinovirus humanes Rhinovirus *n*
human scarlet fever immune serum humanes Scharlachimmunserum *n*, Scharlachrekonvaleszentenserum *n*
human serum Humanserum *n*, Menschenserum *n*, humanes [menschliches] Serum *n*
human serum albumin Humanalbumin *n*, humanes Serumalbumin *n*

human skull menschlicher Schädel *m*
human T-cell leukaemia virus Human-T-Zellen-Leukämie-Virus *n*, Human-T-cell-leucaemia-Virus *n*, HTLV
human T-cell lymphotropic virus *s.* human T-cell leucaemia virus
human tissue menschliches Gewebe *n*
human-to-human transmission Mensch-zu-Mensch-Übertragung *f*
humanistic psychology *(Neur)* humanistische Psychologie *f*
humectant nässend, befeuchtend
humectant (agent) Nässungsmittel *n*, Befeuchtungsmittel *n*; Feuchthaltemittel *n*
humectation Befeuchtung *f*, Anfeuchtung *f*
humeral Humerus..., Oberarmknochen...
humeral articulation Schultergelenk *n*
humeral head Caput *n* humeri, Humeruskopf *m*
humeral head of the extensor carpi ulnaris muscle Caput *n* humerale musculi extensoris carpi ulnaris
humeral head of the flexor carpi ulnaris muscle Caput *n* humerale musculi flexoris carpi ulnaris
humeral head of the pronator teres muscle Caput *n* humerale musculi pronatoris teretis
humeri *pl s.* humerus
humero-ulnar humeroulnar; Humerus-Ulna-..., Oberarmknochen-Ellen-...
humeroradial humeroradial; Humerus-Radius-..., Oberarmknochen-Speichen-...
humeroscapular humeroskapular; Humerus-Skapula-..., Oberarmknochen-Schulterblatt-...
humerus Humerus *m*, Oberarmknochen *m*
humerus head Humeruskopf *m*, Caput *n* humeri
humerus nail Oberarmnagel *m*
humid humid(e), feucht
humid oxygen angefeuchteter Sauerstoff *m*
humid pleurisy feuchte Pleuritis *f* [Brustfellentzündung *f*], Pleuritis *f* exsudativa
humid tetter feuchtes [nässendes] Ekzem *n*, Ekzema *n* humidum
humidification Befeuchtung *f*, Feuchtmachen *n*, Anfeuchten *n*
humidifier Raumbefeuchter *m*, Befeuchtungsapparat *m*
humidify *v* befeuchten, feucht machen
humidity Feuchtigkeit *f*, Feuchtigkeitsgehalt *m*
humidity sensor Feuchtigkeitssensor *m*
humor *s.* humour
humoral humoral, durch Körperflüssigkeiten übertragen
humoral immunity humorale Immunität *f*
humoral pathology Humoralpathologie *f*
humoral response humorale Reaktion *f*
humour 1. Humor *m*, Flüssigkeit *f*, Körperflüssigkeit *f*, 2. Humor *m*, inneres Lächeln *n*, inneres Schmunzeln *n (über Unzulänglichkeiten des Lebens)*
hump Höcker *m*; Buckel *m*
hump formation Buckelbildung *f*
humpback *s.* hunchback 1.
Humphry's ligament Humphry-Ligament *n*, Ligamentum *n* meniscofemorale anterius
hunchback 1. Buckel *m*, Rundrücken *m*; Rückgratverkrümmung *f* nach hinten, Kyphose *f*, 2. Bucklige(r) *m*
hunger Hunger *m*
hunger contraction Hungerkontraktion *f (des Magens)*
hunger faeces Hungerstuhl *m (der Säuglinge)*
hunger neurosis *(Neur)* Hungerneurose *f*
hunger oedema Hungerödem *n*, Eiweißmangelödem *n*
hunger pain Nüchternschmerz *m*, Hungerschmerz *m*
hunger psychosis *(Neur)* Hungerpsychose *f*
hunger swelling *s.* hunger oedema
Hunter-Hurler disease *s.* Hunter's syndrome
Hunter-Schreger bands Hunter-Schreger'sche Faserstreifen *mpl (Hell-Dunkel-Streifung auf Zahnschmelzschliffen)*
Hunterian chancre *(Derm)* Hunter'scher [syphilitischer] Schanker *m*
Hunter's canal Hunter'scher Kanal *m*, Adduktorenkanal *m*, Canalis *m* adductorius (Hunteri)
Hunter's glossitis atrophische Glossitis *f* [Zungenentzündung *f*], Hunter-Glossitis *f*, Hunter'sche Zunge *f*
Hunter's gubernaculum Hunter'sches Gubernaculum *n*, Gubernaculum *n* testis
Hunter's ligament Hunter'sches Band *n*, Ligamentum *n* teres uteri
Hunter's line Hunter'sche Linie *f*, Linea *f* alba
Hunter's membrane Hunter'sche Membran *f*, Membrana *f* decidua, Decidua *f*, Caduca *f*
Hunter's operation Hunter'sche Operation *f (Arterienunterbindung proximal und distal eines Aneurysmas)*
Hunter's syndrome Hunter'sches Syndrom *n*, Hunter-Syndrom *n*, Mukopolysaccharidose *f* Typ II
Huntington's chorea [disease] *(Neur)* Huntington'sche Chorea *f*, Huntington-Chorea *f*, Chorea *f* chronica progressiva hereditaria
Hunt's disease *s.* Hunt's syndrome
Hunt's neuralgia Hunt'sche Neuralgie *f*, Hunt'sches Syndrom *n*, Herpes *m* zoster oticus
Hunt's paradoxical phenomenon *s.* Hunt's phenomenon
Hunt's phenomenon Hunt'sches Phänomen *n (bei Dystonia musculorum deformans)*
Hunt's syndrome 1. *s.* Hunt's neuralgia; 2. Hunt-Syndrom *n*, Dyssynergia *f* cerebellaris progressiva (myoclonica)
Hurler-Pfaundler syndrome *s.* Hurler's syndrome
Hurler-Scheie syndrome Hurler-Scheie-Syndrom *n*, Mukopolysaccharidose *f* Typ I-H/S
Hurler's disease 1. *s.* Hurler's syndrome; 2. Hurler'sche Krankheit *f*, psychogener Husten *m (aus seelischer Ursache entstehender Husten)*
Hurler's syndrome *(Päd)* (Pfaundler-)Hurler'sches Syndrom *n*, Hunter-Hurler'sche Krankheit *f*, Dysostosis *f* multiplex, Lipochondrodystrophie *f*, Mukopolysaccharidose *f* I, MPS I *(erbliche Phosphatidstoffwechselstörung)*
hurry *v* **forward an operation** dringend operieren, schnell [schleunigst] eine Operation durchführen
hurt *v* 1. schmerzen, wehtun, Schmerzen bereiten; 2. *s.* injure *v*
Hürthle cell adenoma Hürthle-Zell-Adenom *n (der Schilddrüse)*
Hürthle cell carcinoma Hürthle-Zell-Karzinom *n (der Schilddrüse)*
Hürthle cell tumour Hürthle-Zell-Tumor *m (der Schilddrüse)*
Hürthle cells Hürthle-Zellen *fpl*
husband-coached childbirth Bradley-Methode *f*
Huschke's cartilage *(Anat)* Huschke'scher Knorpel *m*, Cartilago *f* vomeronasalis
Huschke's foramen Huschke'sches Foramen *n*
husk Bronchitis *f* verminosa
Hutchinson-Boeck disease Hutchinson-Boeck'sche Krankheit *f*, Morbus *m* Boeck, Sarkoidose *f*
Hutchinson-Gilford disease [syndrome] *(Päd)* Hutchinson-Gilford-Syndrom *n*, Hutchinson-Gilford'sche Erkrankung *f* [Krankheit *f*], Progerie *f*, greisenhafter Zwergwuchs *m*, Vergreisung *f* im Kindesalter, Progeria *f* infantum [infantilis]
Hutchinson syndrome Hutchinson-Syndrom *n*
Hutchinsonian teeth Hutchinson'sche Zähne *mpl*, Tonnenzähne *mpl (bei Syphilis)*

Hutchinson's crescentic notch Hutchinson'sche Einkerbung *f (der Schneidezähne bei Syphilis)*
Hutchinson's disease 1. Prurigo *f* aestivalis; 2. Angioma *n* serpiginosum; 3. Tay'sche choroiditis *f*
Hutchinson's face Hutchinson-Gesicht *n*, Hutchinson'sches Gesicht *n*
Hutchinson's freckle Lentigo *f* maligna, Lentigopolyposis *f*, Hutchinson-Weber-Peutz-Syndrom *n*
Hutchinson's mask Hutchinson-Maske *f*, Hutchinson'sche Maske *f (Gefühlsstörung des Gesichtes bei Tabes dorsalis)*
Hutchinson's pupil Hutchinson-Pupille *f*, Hutchinson'sche Pupille *f (weite und lichtstarre Pupille bei Hirndruck)*
Hutchinson's teeth *s.* Hutchinsonian teeth
Hutchinson's triad Hutchinson'sche Trias *f (Keratitis parenchymatosa, Hutchinson'sche Zähne, Labyrinthschwerhörigkeit)*
Hutchison syndrome Hutchison-Syndrom *n*, Sympathoblastomblastom *n* mit Schädelmetastasen
Hutchison-type neuroblastoma *s.* Hutchison syndrome
Hutinel's disease Hutinel-Krankheit *f*, Hutinel'sche Krankheit *f (konstriktive tuberkulöse Perikarditis im Kindesalter mit Stauungszeichen)*
Huxley's layer Huxley-Schicht *f*, Huxley'sche Schicht *f (innere Zellschicht der Haarwurzelscheide)*
Huxley's membrane *s.* Huxley's layer
Huxley's sheath Huxley'sche Wurzelscheide *f (Epithelscheide des Zahnes)*
hyal *s.* hyoid
hyalin(e) hyalin, glasig, glasartig
hyaline Hyalin *n (glasiger kolloidaler Eiweißkörper)*
hyaline bodies Hyalinkörperchen *npl*
hyaline cartilage Hyalinknorpel *m*, hyaliner Knorpel *m*
hyaline cast *(Urol)* Hyalinzylinder *m*, hyaliner Zylinder *m*
hyaline degeneration *(Path)* hyaline Degeneration *f* [Umwandlung *f*], Hyalinose *f*
hyaline membrane 1. *(Anat)* Hyalinmembran *f*, Glashaut *f*, Membrana *f* hyaloidea; 2. *(Pulm, Päd)* hyaline Membran *f*, Hyalinmembran *f (des Neugeborenen)*
hyaline membrane disease Hyalinmembran-Krankheit *f*, Atemnotsyndrom *n* des Neugeborenen
hyaline thrombus hyaliner Thrombus *m*
hyalinization Hyalinisierung *f*, Hyalineinlagerung *f*
hyalinize *v* hyalinisieren, Hyalin einlagern; in Hyalin umwandeln
hyalinocalcinosis Hyalinokalzinose *f*, Hyalinverkalkung *f*
hyalinosis *(Path)* Hyalinose *f*, hyaline Degeneration *f* [Umwandlung *f*]
hyalinuria Hyalinurie *f*, Hyalinausscheidung *f* im Urin
hyalitis *(Ophth)* Hyalitis *f*, Hyaloiditis *f*, Vitritis *f*, Glaskörperentzündung *f*
hyalocapsulitis Kapselhyalinisierung *f*
hyalocyte Hyalozyt *m*, Hyalinknorpelzelle *f*
hyalogen Hyalogen *n*
hyalohyphomycosis Hyalohyphomykose *f*
hyaloid 1. glasartig; 2. *(Ophth)* Glaskörper…
hyaloid artery Glaskörperarterie *f* (des Auges), Arteria *f* hyaloidea
hyaloid canal Glaskörper(zentral)kanal *m*, Canalis *m* hyaloideus
hyaloid capsule *s.* hyaloid membrane
hyaloid fossa Fossa *f* hyaloidea
hyaloid membrane Glaskörpermembran *f* [Glashaut *f*] des Auges, Membrana *f* vitrea
hyaloideo-capsular hyaloidokapsulär
hyaloiditis *s.* hyalitis
hyaloma Hyalom(a) *n (1. Degeneration der Haut mit Bildung gelber gelatinöser Papeln; 2. degenerierte Glaskörpermasse des Auges)*
hyalomere Hyalomer *n (peripherer Teil des Blutplättchens)*
hyalomitome *s.* hyaloplasm
hyalomucoid Hyalomukoid *n*, Glaskörpermukoid *n*
hyalonyxis *(Ophth)* Glaskörperpunktion *f*
hyalophagia Hyalophagie *f*, Glasessen *n*, Glasverschlucken *n*
hyalophagy *s.* hyalophagia
hyalophobia Hyalophobie *f (Angst vor Glas)*
hyaloplasm *(Histol)* Hyaloplasma *n*, homogenes Grundplasma *n*
hyaloserositis Hyaloserositis *f*
hyalosis Hyalose *f*, degenerative Glasskörperveränderungen *fpl*
hyalosome Hyalosom *n (Zellstruktur)*
hyalotome *s.* hyaloplasm
hyalurate *s.* hyaluronate
hyaluronate Hyaluronat *n*
hyaluronate lyase Hyaluronatlyase *f (Enzym)*
hyaluronic acid Hyaluronsäure *f*
hyaluronic lyase Hyaluronatlyase *f (Enzym)*
hyaluronidase Hyaluronidase *f (Enzym)*
hyaluronoglucosaminidase Hyaluronglucosaminidase *f (Enzym)*
hyaluronoglucuronidase Hyaluronglucuronidase *f (Enzym)*
hybaroxia Hybaroxie *f*, hyperbare Sauerstofftherapie *f*
hybrid Hybrid *m*, Hybride *m(f)*, Bastard *m*, Mischling *m*
hybridism 1. Hybridzustand *m*; 2. Hybridbildung *f*, Hybridisierung *f*
hybridity Hybridzustand *m*
hybridization Hybridisierung *f*, Hybridbildung *f*
hybridoma Hybridom *n*
hycanthone mesylate Hycanthonmesylat *n (Schistosomenmittel)*
hydaleous *s.* dropsical
hydantoin Hydantoin *n*, Glykol(yl)harnstoff *m (Antiepileptikum)*
hydantoin syndrome Hydantoinsyndrom *n (kindliche Organfehlbildungen infolge Hydantoineinnahme der Mutter)*
hydantoinate Hydantoinat *n*
hydatic Echinokokkus…, Hundenbandwurm…
hydatid 1. Hydatide *f*, Mole *f*, Zyste *f*, zystenartige Struktur *f*; 2. *(Paras)* Hydatide *f*, Echinokokkusfinne *f*, Blasenwurmfinne *f*, Hundebandwurmfinne *f*; 3. *s.* hydatid of Morgagni
hydatid cyst Hydatidenzyste *f*, Echinokokkuszyste *f (in der Leber)*
hydatid disease *(Paras)* Echinokokkose *f*, Echinokokkenkrankheit *f*, Echinokokkeninfestation *f*, Hundebandwurmbefall *m*, Blasenwurmkrankheit *f*
hydatid fluid Hydatidenflüssigkeit *f*
hydatid fremitus *(Paras, Pulm)* Hydatidenschwirren *n*, Echinokokkenfremitus *m*
hydatid material Hydatidenmaterial *n*
hydatid mole *(Gyn)* Blasenmole *f*, Traubenmole *f*, Mola *f* hydatidosa
hydatid of Morgagni *(Anat)* Morgagni'sche Hydatide *f*, Morgagni-Hydatide *f*, Appendix *f* testis, Hodenanhang *m*
hydatid pregnancy Blasenmolenschwangerschaft *f*
hydatid sand *(Paras)* Hydatidensand *m*
hydatid thrill *s.* hydatid fremitus
hydatid torsion *(Urol)* Hydatidentorsion *f*, Verdrehung *f* der Morgagni-Hydatide
hydatidiform hydatidiform, hydatidenförmig, zystenförmig; Hydatiden…
hydatidiform mole *s.* hydatid mole
hydatidocele Hydatidozele *f*, Skrotalhernie *f* mit Echinokokkuszysten

hydatidoma Hydatidom(a) *n*, Echinokokkenblasengeschwulst *f*, Echinokokkustumor *m*
hydatidosis *(Paras)* Echinokokkose *f*, Echinokokkeninfestation *f*, Echinokokkenkrankheit *f*, Blasenwurmkrankheit *f*, Hundebandwurmbefall *m*
hydatidostomy Hydatidostomie *f*, (operative) Echinokokkuszystenfistelung *f*
hydatidotomy Hydatidotomie *f*, (operative) Echinokokkuszystenеröffnung *f*
hydatiduria Hydatidurie *f (Ausscheidung von Hydatidenmaterial im Urin)*
hydatiform mole *s.* hydatid mole
hydatism 1. Flüssigkeitsansammlung *f* in einer Höhle; 2. Hydatidenschwirren *n*
hydatoid Humor-aquosus-…, Kammerwasser…
hydatoid 1. Glaskörpermembran *f*, Membrana *f* hyaloidea [vitrea]; 2. Humor *m* aquosus, Kammerwasser *n*
Hyde's disease 1. Glaskörpermembran *f*, Membrana *f* hyaloidea [vitrea]; 2. Humor *m* aquosus, Kammerwasser *n*
hydradenitis *s.* hidradenitis
hydradenoma Hydradenom(a) *n*, Syringocystadenom(a) *n*
hydraemia Hydrämie *f*, Blutverdünnung *f*
hydraemic hydrämisch; Hydrämie…
hydraeroperitoneum Hydroaeroperitoneum *n (Wasser- und Luftansammlung in der Bauchhöhle)*
hydragogue Wasser austreibend; wässrige Ausscheidung bewirkend; wässrigen Stuhlgang bewirkend
hydragogue (agent) Hydragogum *n*, wasser(aus)treibendes Mittel *n*
hydralazine Hydralazin *n*, 1-Hydralazinophthalazin *n (Antihypertonikum)*
hydralazine hydrochloride Hydralazinhydrochlorid *n*
hydralostane Hydralostan *n*, 4,5α-Dihydrocortisol *n*
hydramine Hydramin *n*
hydramitrazine tartrate Hydramitrazintartrat *n (Spasmolytikum)*
hydramnion Hydramnion *n*, Polyhydramnion *n*, Polyhydramnie *f*, (übermäßige) Fruchtwasservermehrung *f*
hydramnios *s.* hydramnion
hydranencephaly Hydranenzephalie *f (Wasserkopf mit kaum vorhandener Hirnrinde)*
hydrargyria(sis) Hydrargyrosis *f*, Quecksilberintoxikation *f*, Quecksilbervergiftung *f*, Merkurialismus *m*
hydrargyrism *s.* hydrargyriasis
hydrargyrophobia Hydrargyrophobie *f (Angst vor Quecksilber)*
hydrargyrosis *s.* hydrargyriasis
hydrargyrum Hydrargyrum *n*, Quecksilber *n*
hydrarthrodial Hydrarthrose…
hydrarthron *s.* hydrarthrosis
hydrarthrosis Hydrarthros *m*, Hydrops *m* articuli, Gelenkwassersucht *f*, Gelenkerguss *m*
hydrase Hydrase *f (Enzym)*
hydrastine Hydrastin *n*
hydrastinine Hydrastinin *n*
hydratase Hydratase *f (Enzym)*
hydrate Hydrat *n*
hydrated 1. hydriert, mit Wasser angelagert; 2. hydriert, mit Wasser versorgt *(z. B. der Körper)*; mit Wasser aufgefüllt *(z. B. Gewebe)*
hydrated chloral Chloralhydrat *n*, Chloratum *n* hydratum
hydration 1. Hydratation *f*, Wasseranlagerung *f*; 2. Hydratation *f*, Wasserzufuhr *f*, Hydratisierung *f (z. B. des Körpers)*; hydratisierter Zustand *m (z. B. des Gewebes)*
hydraulic system hydraulisches System *n*, Hydraulik *f*
hydrazine Hydrazin *n (Karzinogen)*
hydrazinolysis Hydrazinolyse *f*
hydrazone Hydrazon *n*
hydremesis Hydremesis *f*, wässriges Erbrechen *n*
hydremia *s.* hydraemia
hydrencephalocele Hydroenzephalozele *f*
hydrencephalomeningocele Hydrenzephalomeningozele *f*
hydrencephalus *s.* hydrocephalus
hydrencephaly *s.* hydrocephalia
hydrepigastrium Hydroepigastrum *n (Flüssigkeitsansammlung zwischen Peritoneum und Bauchwand)*
hydriat(r)ic *s.* hydrotherapeutic
hydriatrics *s.* 1. hydrotherapeutics 1.; 2. hydrotherapy
hydriatrist *s.* hydrotherapist
hydriatry *s.* 1. hydrotherapeutics 1.; 2. hydrotherapy
hydric Hydrogen…, Wasserstoff…
hydride Hydrid *n*
hydrindantin Hydrindantin *n (reduziertes Ninhydrin)*
hydriodic acid Iodwasserstoffsäure *f*
hydrion Wasserstoffion *n*
hydro-electrolytic metabolism Wasser- und Elektrolytstoffwechsel *m*, Wasser- und Elektrolythaushalt *m*
hydro-oligocythaemia Hydrooligozythämie *f*, Anämie *f* mit zusätzlicher Blutverdünnung
hydroa *(Derm)* Hydroa *npl*, Hidroa *npl*, Schwitzbläschen *npl*
hydroabdomen *s.* hydroperitoneum
hydroadipsia Hydroadipsie *f*, Fehlen *n* des Durstes
hydroappendix Hydroappendix *f (Wasseransammlung in der Appendix vermiformis)*
hydrobilirubin Hydrobilirubin *n*
hydroblepharon Hydroblepharon *n*, Augenlidödem *n*
hydrobromic acid Bromwasserstoffsäure *f*, Acidum *n* hydrobromicum
hydrobromide Hydrobromid *n*
hydrocalycosis Hydrocalycosis *f*, zystische Nierenkelcherweiterung *f*
hydrocalyx Hydrocalyx *m*, Hydrokalix *m*, Nierenkelchzyste *f*
hydrocarbon Hydrocarbon *n*, Kohlenwasserstoff *m*
hydrocarbon chain Kohlenwasserstoffkette *f*
hydrocarbonism Hydrokarbonismus *m*, Kohlenwasserstoffvergiftung *f*
hydrocardia Hydrokardie *f*, Hydroperikard(ium) *n*, Herzbeutelwassersucht *f*, Herzbeutelerguss *m*
hydrocele Hydrozele *f*, Wasserbruch *m*
hydrocelectomy Hydrozelektomie *f*, Hydrozelenoperation *f*, Wasserbruchoperation *f*
hydrocephalia Gehirnwassersucht *f*, Hydrozephalie *f*
hydrocephalic hydrozephal, hydrokephal, wasserköpfig; Hydrozephalus…, Wasserkopf…
hydrocephalic child Hydrozephaluskind *n*
hydrocephalic cry *(Päd)* Hydrozephalusschrei *m*
hydrocephalocele *s.* hydroencephalocele
hydrocephaloid hydrozephaloid, hydrokephaloid, hydrozephalusartig, hydrozephalusförmig
hydrocephalus Hydrozephalus *m*, Hydrokephalus *m*, Wasserkopf *m*
hydrocephaly *s.* hydrocephalus
hydrochloric acid Chlorwasserstoffsäure *f*, Salzsäure *f*, Acidum *n* hydrochloricum
hydrochloric acid secretion Magensäuresekretion *f*
hydrochloride Hydrochlorid *n*
hydrochlorothiazide Hydrochlorothiazid *n (Diuretikum)*
hydrocholecystis Gallenblasenhydrops *m*
hydrocholeresis Hydrocholerese *f*, Hydrocholeresis *f*, verdünnter Gallefluss *m*
hydrocholeretic hydrocholeretisch; Hydrocholerese…
hydrocholeretic (agent) hydrocholeretisches Mittel *n*
hydrocholesterol Hydrocholesterol *n*, Hydrocholesterin *n*

hydrocinchonidine Hydrocinchonidin *n*
hydrocirsocele Hydrocirsozele *f (Hydrozele mit Varikozele)*
hydrocodone Hydrocodon *n*, Hydrokodon *n (Analgetikum)*
hydrocodone bitartrate Hydrocodonbitartrat *n*
hydrocolloid Hydrokolloid *n*
hydrocolloid impression Hydrokolloidabdruck *m*
hydrocolloid solution Hydrokolloidlösung *f*, hydrokolloidale Lösung *f*
hydrocolpocele Hydrokolpozele *f*
hydrocolpos Hydrokolpos *m*, Wasseransammlung *f* in der Scheide
hydroconion Aerosolapparat *m*, Zerstäuber *m*
hydrocortamate hydrochloride Hydrocortamathydrochlorid *n (synthetisches Glukokortikoid)*
hydrocortisone Hydrocortison *n*, Cortisol *n*, 11β,17,21-Trihydroxy-4-pregnen-3,20-dion *n (Nebennierenrindenhormon)*
hydrocortisone acetate Hydrocortisonazetat *n (Antiphlogistikum)*
hydrocortisone butyrate Hydrocortisonbutyrat *n (Dermatikum)*
hydrocortisone cyclopentylpropionate Hydrocortisoncyclopentylpropionat *n*
hydrocortisone valerate Hydrocortisonvalerianat *n*
hydrocrania *s.* hydrocephalia
hydrocyanic acid Zyanwasserstoff *m*, Cyanwasserstoff *m*, Zyanwasserstoffsäure *f*, Blausäure *f*, Acidum *n* hydrocyanicum, HCN
hydrocyanism Zyanwasserstoffintoxikation *f*, Blausäurevergiftung *f*, Zyanvergiftung *f*
hydrocyst Wasserzyste *f*, Wasserblase *f*
hydrocystadenoma Hydrozystadenom *n*, Syringozystadenom *n*, Syringom *n*, Lymphangioma *n* tuberosum multiplex
hydrocystoma Hydrokystom *n*
hydrocytosis Hydrozytose *f*, Stomatozytose *f (Form der hämolytischen Anämie)*
hydrodelineation *(Ophth)* Hydrodelineation *f (der Augenlinse bei Kataraktchirurgie)*
hydrodiffusion Hydrodiffusion *f*
hydrodipsomania Hydrodipsomanie *f (periodisch auftretender exzessiver Durst)*
hydrodissection *(Ophth)* Hydrodissektion *f (der Augenlinse bei Kataraktchirurgie)*
hydrodiuresis Hydrodiurese *f (Ausscheidung von Urin mit niedrigem spezifischem Gewicht)*
hydroelectric bath hydroelektrisches Bad *n*
hydroelectric therapy hydroelektrische Behandlung *f*, Therapie *f* mit elektrischen Bädern
hydroencephalocele Hydroenzephalozele *f*, Hydrocephalus *m* herniosus
hydroflumethiazide Hydroflumethiazid *n (Diuretikum)*
hydrofluoric acid Fluorwasserstoffsäure *f*, Flusssäure *f*, Acidum *n* hydrofluoricum
hydrogel Hydrogel *n*
hydrogen Hydrogenium *n*, Wasserstoff *m*
hydrogen atom Wasserstoffatom *n*
hydrogen bond Wasserstoffbrücke *f*
hydrogen bromide Bromwasserstoff *m*
hydrogen chloride Chlorwasserstoff *m*
hydrogen cyanide Cyanwasserstoff *m*, Wasserstoffcyanid *n*
hydrogen donor Wasserstoffdonor *m*
hydrogen fluoride Fluorwasserstoff *m*
hydrogen ion Wasserstoffion *n*
hydrogen-ion concentration Wasserstoffionenkonzentration *f*
hydrogen isotope Wasserstoffisotop *n*
hydrogen peroxide Wasserstoffperoxid *n*
hydrogenase Hydrogenase *f (Enzym)*
hydrogenate *v* hydrogenieren, mit Wasserstoff verbinden
hydrogenation Hydrierung *f*
hydrogenize *v s.* hydrogenate
hydroglossa Ranula *f*, Fröschleingeschwulst *f (bläschenartige Zystenbildung unter der Zunge)*
hydrogymnastic hydrogymnastisch; Hydrogymnastik…
hydrogymnastics Hydrogymnastik *f*, Unterwassergymnastik *f*, Unterwasserübungen *fpl*
hydrohaematocele Hydrohämatozele *f*, Hydrozele *f* mit Blutansammlung
hydrohaematonephrosis Hydrohämatonephrose *f*, Ansammlung *f* von blutigem Urin im Nierenbecken
hydrohaematosalpinx Hydrohämatosalpinx *f*, Ansammlung *f* von blutiger Flüssigkeit im Eileiter
hydrohaemia Hydrohämie *f*, Blutverdünnung *f*, Blutverwässerung *f*, verdünntes [verwässertes] Blut *n*
hydrohaemothorax Hydrohäm(at)othorax *m*, Wasser- und Blutansammlung *f* im Pleuraspalt
hydrohepatosis Hydrohepatose *f*, Wasseransammlung *f* in der Leber
hydrohymenitis Hydrohymenitis *f*, Entzündung *f* einer serösen Membran
hydrohystera *s.* hydrometra
hydrokinesitherapy Unterwasserbewegungstherapie *f*, Hydrokinesiotherapie *f*
hydrokinetic hydrokinetisch; Hydrokinetik…
hydrokinetics Hydrokinetik *f*
hydrolabile hydrolabil, den Wassergehalt verändernd; Körperwasser verlierend
hydrolability Hydrolabilität *f (Veränderung des Wassergehaltes; z. B. des Körpers)*
hydrolabyrinth Hydrolabyrinth *n*, Wasseransammlung *f* im Innenohr
hydrolase Hydrolase *f (Enzym)*
hydrolyase Hydrolyase *f (Enzym)*
hydrolysate Hydrolysat *n*
hydrolysis Hydrolyse *f*
hydrolyst hydrolysierende Substanz *f*, die Hydrolyse förderndes Mittel *n*
hydrolytic hydrolytisch, die Hydrolyse fördernd; Hydrolyse…
hydrolytic cleavage *(Bioch)* hydrolytische Spaltung *f*
hydrolyze *v* hydrolysieren, der Hydrolyse aussetzen
hydroma *s.* hygroma 1.
hydromania 1. Hydromanie *f*, Trinksucht *f*, übermäßiger Durst *m*; 2. Ertränkungssucht *f*
hydromassage Hydromassage *f*, Unterwassermassage *f*, Wasserstrahlmassage *f*
hydromeningitis Hydromeningitis *f*
hydromeningocele Hydromeningozele *f*
hydrometer Hydrometer *n (zur Dichtebestimmung einer Flüssigkeit)*
hydrometra Hydrometra *f*, Wasseransammlung *f* in der Gebärmutterhöhle
hydrometrectasia Hydrometrektasie *f*, Uterus(auf)dehnung *f* durch Flüssigkeitsansammlung
hydrometric hydrometrisch, dichtebestimmend; Hydrometrie…
hydrometrocolpos Hydrometrokolpos *m*, Wasseransammlung *f* in Scheide und Uterus
hydrometry Hydrometrie *f (Dichtebestimmung einer Flüssigkeit)*
hydromicrocephalia Hydromikrozephalie *f*, Mikrozephalie *f* mit Liquorvermehrung
hydromorphone Hydromorphon *n (Morphinalkaloid)*

hydromorphone hydrochloride Hydromorphonhydrochlorid *n*
hydromphalocele Hydromphalozele *f*, Nabelhernie *f* mit zystischem Tumor
hydromphalos Hydromphalus *m*, Nabelwassergeschwulst *f*
hydromyelia Hydromyelie *f*, Rückenmarkkanalerweiterung *f* mit Liquorvermehrung
hydromyelocele Hydromyelozele *f*
hydromyelomeningocele Hydromyelomeningozele *f* *(enthält spinalflüssigkeit und Rückenmarkgewebe)*
hydromyoma Hydromyom *n (Uterusleiomyom mit zystischer Degeneration)*
hydromyrinx *s.* hydrotympanum
hydronephrosis Hydronephrose *f*, Wassersackniere *f*, Harnstauungsniere *f*
hydronephrotic hydronephrotisch; Hydronephrose...
hydroparasalpinx Hydroparasalpinx *f*
hydroparotitis Hydroparotitis *f*, Ohrspeicheldrüsen(an)schwellung *f* durch Flüssigkeit
hydropathic 1. hydropathisch; Wasserkur...; 2. *s.* hydrotherapeutic
hydropathy 1. hydropathische Behandlung *f*, Wasserbehandlung *f (innerlich und äußerlich)*; 2. Wasserheilkunde *f*
hydropedesis Hydropedese *f*, exzessive Schweißsekretion *f*
hydropelvis Hydropelvis *f*, Nierenbecken(über)dehnung *f* infolge Urinansammlung
hydropenia 1. Hydropenie *f*, Wassermangel *m*; Körperwassermangel *m*; 2. Wasserentzug *m*, Hydrohydratation *f*, Unterwässerung *f*
hydropenic Wassermangel...
hydropericarditis Hydroperikarditis *f*, Pericarditis *f* exsudativa, seröse Perikarditis *f*
hydropericardium Hydroperikard(ium) *n*, Herzbeutelerguss *m*, Hydrokardie *f (Flüssigkeitsansammlung im Herzbeutel)*
hydroperinephrosis Hydroperinephrose *f*
hydroperion Hydroperion *n*
hydroperitoneum Hydroperitoneum *n*, Bauch(fell)wassersucht *f*, Bauchhöhlenhydrops *m*, Wasserbauch *m*, Aszites *m (Flüssigkeitsansammlung in der Bauchhöhle)*
hydroperitonia *s.* hydropperitoneum
hydroperoxidase Hydroperoxidase *f (Enzym)*
hydroperoxide Hydroperoxid *n*
5-hydroperoxyeicosatetraenoic acid 5-Hydroperoxyeicosatetraensäure *f*, 5-HPETE *(Präkursor der Leukotriene)*
hydropertubation *s.* hydrotubation
hydropexia Hydropexie *f*, Wasserbindung *f*, Wasserfixierung *f*, Wassereinlagerung *f*
hydropexic wasserbindend, wasserfixierend; Wasser einlagernd
hydropexis *s.* hydropexia
hydrophagocytosis Hydrophagozytose *f*, Lewis-Phänomen *n (Plasmaaufnahme durch Makrophagen)*
hydrophilia *s.* hydrophilism
hydrophilic hydrophil, wasseranziehend, wasseraufnehmend; benetzbar
hydrophilic gel contact lens *(Ophth)* hydrophile Gelkontaktlinse *f*
hydrophilism Wasseranziehungsvermögen *n*
hydrophilous *s.* hydrophilic
hydrophlegmasia Hydrophlegmasie *f*, Entzündungszustand *m* mit Wassereinlagerung
hydrophobe Hydrophobe(r) *m*, Wasserscheue(r) *m*
hydrophobia 1. Hydrophobie *f*, Wasserscheu *f*, Furcht *f* vor Schluckkrämpfen; 2. *s.* rabies
hydrophobic 1. hydrophob, Wasser abstoßend, Wasser abweisend; nicht benetzbar; 2. *s.* rabid
hydrophobophobia Lyssophobie *f*, Tollwutangst *f*, Tollwutfurcht *f*
hydrophorograph Hydrophorograph *m*
hydrophthalmia Hydrophthalmus *m* congenitus, Augenwassersucht *f*, Buphthalmie *f*, angeborenes [primär kindliches] Glaukom *n*, Glaucoma *n* congenitum [infantile]
hydrophthalmos Hydrophthalmus *m*, Buphthalmus *m*, Wasserauge *n*, Ochsenauge *n*
hydrophysometra Hydrophysometra *f*, Flüssigkeits- und Luftansammlung *f* in der Gebärmutterhöhle
hydrophytic hydrophytisch, im Waser wachsend
hydropic wassersüchtig, von Wassersucht befallen; ödematös
hydropigenous hydropigen, Wassersucht erzeugend
hydroplasma Hydroplasma *n (flüssiger Teil des Protoplasmas)*
hydroplasmia Blutplasmaverdünnung *f*
hydropleura *s.* hydrothorax
hydropneumatosis Hydropneumatose *f*, Flüssigkeits- und Luftansammlung *f* im Gewebe
hydropneumogony Luftinjektion *f* in ein Gelenk *(zum Flüssigkeitsnachweis)*
hydropneumopericardium Hydropneumoperikard *n*, Luft- und Flüssigkeitsansammlung *f* im Herzbeutel
hydropneumoperitoneum Hydropneumoperitoneum *n*, Luft- und Flüssigkeitsansammlung *f* in der Bauchhöhle
hydropneumothorax Hydropneumothorax *m*, Luft- und Flüssigkeitsansammlung *f* im Brustfellraum
hydroposia Hydroposie *f*, Trinken *n* von Wasser
hydropotherapy Hydropotherapie *f*, Aszitesinjektion *f*
hydrops Hydrops *m*, Wassersucht *f (siehe auch unter: dropsy und oedema)*
hydrops of the gall bladder Gallenblasenhydrops *m*
hydrops of the labyrinth Labyrinthhydrops *m*, Innenohrhydrops *m*; Ménière'sches Syndrom *n*, Ménière'scher Symptomenkomplex *m*
hydropyonephrosis Hydropyonephrose *f*, Urin- und Eiteransammlung *f* im Nierenbecken
hydropyopneumothorax Hydropyopneumothorax *m*, Flüssigkeits- und Eiteransammlung *f* bei Pneumothorax
hydropyosalpinx Hydropyosalpinx *f*, Flüssigkeits- und Eiteransammlung *f* im Eileiter
hydroquinone Hydroquinon *n (zur Hautbleichung bei Überpigmentierung)*
hydrorrhachis Hydrorrhachis *f*, Flüssigkeitsansammlung *f* im Rückenmark
hydrorrhoea Hydrorrhoe *f*, Wasserfluss *m*
hydrosadenitis *s.* hidradenitis
hydrosalpinx Hydrosalpinx *f*, Flüssigkeitsansammlung *f* im Eileiter
hydrosarca *s.* anasarca
hydrosarcocele Hydrosarkozele *f (Kombination von Hydrozele mit Sarkozele)*
hydrosis *s.* hidrosis
hydrosol Hydrosol *n*
hydrosoluble wasserlöslich
hydrospermatocele Hydrospermatozele *f*, Spermatozele *f*
hydrospermatocyst Hydrospermatozyste *f*
hydrosphygmograph Hydrosphygmograph *m (mit Pulsübertragung über eine Wassersäule)*
hydrospirometer Hydrospirometer *n*
hydrostabile hydrostabil, mit unverändertem Wassergehalt; mit gleichem Körperwasser; mit gleichem Körpergewicht
hydrostat Hydrostat *m*
hydrostatic hydrostatisch

hydrostatic bed hydrostatisches Bett *n*, Antidekubitusbett *n*
hydrostatic dosimetry hydrostatische Dosimetrie *f*
hydrostatic pressure hydrostatischer Druck *m*
hydrostatics Hydrostatik *f*
hydrostomia Hydrostomie *f*, (konstanter) Wasserfluss *m* aus dem Mund
hydrosudotherapy Hydrosudotherapie *f*
hydrosyringomyelia Hydrosyringomyelie *f*
hydrotaxis Hydrotaxis *f (Richtungsänderung durch Wasser oder Feuchtigkeit)*
hydrotherapeutic *(Bal)* hydrotherapeutisch, mit Wasser behandelnd, Wasser anwendend; Hydrotherapie…, Wassertherapie…
hydrotherapeutics 1. Hydrotherapie *f*, Wasserheilkunde *f (Lehre von der Wasseranwendung)*; 2. *s.* hydrotherapy
hydrotherapist Hydrotherapeut *m*
hydrotherapy *(Bal)* Hydrotherapie *f*, Wasserbehandlung *f*, Wasseranwendung *f*, Wasserheilverfahren *n*
hydrothermal hydrothermal
hydrothermic *s.* hydrothermal
hydrothionaemia Hydrothionämie *f*, Schwefelwasserstoffvergiftung *f (Vorhandensein von Schwefelwasserstoff im Blut)*
hydrothionuria Hydrothionurie *f (Ausscheidung von Schwefelwasserstoff im Urin)*
hydrothoracic Hydrothorax…
hydrothorax Hydrothorax *m*; Brustwassersucht *f*
hydrotomy Hydrotomie *f (Spaltung von Schichten durch Wasserstrahl)*
hydrotropism Hydrotropismus *m (Ausrichtung zum Wasser)*
hydrotubation *(Gyn)* Hydrotubation *f*, Hydropertubation *f*, uterotubare Perfusion *f (Eileiterdurchspülung von der Gebärmutter aus)*
hydrotympanum Hydrotympanum *n*, Flüssigkeitsansammlung *f* im Mittelohr
hydroureter Hydroureter *m*, Harnstauungsureter *m*; Harnleitererweiterung *f* durch Harnstauung
hydroureteronephrosis Hydroureteronephrose *f*, Harnstauungsniere *f*
hydroureterosis *s.* hydroureter
hydrouria *s.* hydruria
hydrous wasserhaltig, Wasser enthaltend
hydrous wool fat Lanolin *n*, (wasserhaltiges) Wollfett *n*
hydrovarium Hydrovarium *n*, Ovarialhydrops *m*, Flüssigkeitsansammlung *f* im Eierstock; Eierstockzyste *f*
hydroxide Hydroxid *n*
hydroxocobalamin Hydroxocobalamin *n*, Hydroxykobalamin *n (natürliches Vitamin B_{12})*
hydroxyacetic acid Hydroxyessigsäure *f*
hydroxyacyl CoA Hydroxyazyl-Coenzym *n* A
3-hydroxyacyl-CoA dehydrogenase 3-Hydroxyacyl-CoA-dehydrogenase *f (Enzym)*
3-hydroxyacyl-CoA epimerase 3-Hydroxyacyl-CoA-epimerase *f (Enzym)*
hydroxyacyl coenzyme A Hydroxyacyl-Coenzym *n* A
hydroxyacylglutathione hydrolase Hydroxyacylglutathionhydrolase *f (Enzym)*
hydroxyamphetamine hydrobromide Hydroxyamphetaminhydrobromid *n (Adrenergikum; Mydriatikum)*
hydroxyandrosterone Hydroxyandrosteron *n (Hormon)*
hydroxyanthranilic acid Hydroxyanthranilsäure *f*
hydroxyapatite Hydroxyapatit *n*
hydroxybenzene Hydroxybenzen *n*, Phenol *n*, Karbolsäure *f*
hydroxybenzylpenicillin Hydroxybenzylpenizillin *n*, Penizillin X *n*
hydroxybutyrate Hydroxybutyrat *n*
hydroxybutyrate dehydrogenase Hydroxybutyrat-Dehydrogenase *f (Enzym)*
β-hydroxybutyric acid β-Hydroxybuttersäure *f*
β-hydroxybutyric dehydrogenase β-Hydroxybutyrat-Dehydrogenase *f*, HBDH *(Enzym)*
4-hydroxybutyricaciduria 4-Hydroxybuttersäureausscheidung *f* im Urin
3-hydroxybutyryl-CoA epimerase 3-Hydroxybutyryl-CoA-epimerase *f (Enzym)*
hydroxychloroquine sulfate Hydroxychloroquinesulphat *n (Malariamittel)*
25-hydroxycholecalciferol 25-Hydroxycholecalciferol *n*
hydroxycholesterol Hydroxycholesterol *n*
11-hydroxycorticosteroid 11-Hydroxycorticosteroid *n*
17α-hydroxycorticosterone 17α-Hydroxycortico-steron *n*, Hydrocortison *n*, Cortisol *n*
17-hydroxydeoxycorticosterone 17-Hydroxydesoxycorticosteron *n*, Cortison *n*
5-hydroxyeicosatetraenoic acid 5-Hydroxyeicosatetraensäure *f*, 5-HETE *(Nebenprodukt des Leukotrienstoffwechsels)*
hydroxyestrin benzoate Hydroxyestrinbenzoat *n*, Estradiolbenzoat *n*
2-hydroxyethanesulfonate 2-Hydroxyethansulfonat *n*
2-hydroxyethanesulfonic acid 2-Hydroxyethansulfonsäure *f*
hydroxyethyl starch Hydroxyethylstärke *f*, HES
11-hydroxyetiocholanolone 11-Hydroxyetiocholanolon *n (Hormon)*
hydroxyfatty acid Hydroxyfettsäure *f*
hydroxyformobenzoylic acid Hydroxyformobenzoylsäure *f*
hydroxyglutamic acid Hydroxyglutaminsäure *f*
3-hydroxyglutaric acid 3-Hydroxyglutarsäure *f*
hydroxyheptadecatrienoic acid Hydroxyheptadecatriensäure *f*
hydroxyhexadecanoic acid Hydroxyhexadekansäure *f*
5-hydroxyindoleacetic acid 5-Hydroxyindolessigsäure *f*
3-hydroxyisobutyryl-CoA hydrolase 3-Hydroxyisobutyryl-CoA-hydrolase *f (Enzym)*
3-hydroxyisovaleric acid 3-Hydroxyisovaleriansäure *f*
hydroxykynurenine Hydroxykynurenin *n (Zwischenprodukt des L-Tryptophanabbaus)*
hydroxykynureninuria Hydroxykynureninurie *f (Hydroxykynureninausscheidung im Urin)*
hydroxylamine Hydroxylamin *n*
hydroxylapatite Hydroxylapatit *n*
hydroxylapatite granules Hydroxylapatitgranulat *n*
hydroxylase Hydroxylase *f (Enzym)*
11β-hydroxylase deficiency 11β-Hydroxylasemangel *m*
17α-hydroxylase deficiency 17α-Hydroxylasemangel *m*
18-hydroxylase deficiency 18-Hydroxylasemangel *m*
21-hydroxylase deficiency 21-Hydroxylasemangel *m*
hydroxylysine Hydroxylysin *n*
hydroxylysyl galactosyltransferase Hydroxylysylgalactosyltransferase *f (Enzym)*
hydroxymethylbilane synthase Hydroxymethylbilansynthase *f (Enzym)*
3-hydroxy-3-methylglutaric acid 3-Hydroxy-3-methylglutarsäure *f*
3-hydroxy-3-methylglutaric aciduria 3-Hydroxy-3-methylglutarsäureausscheidung *f* im Urin
3-hydroxy-3-methylglutaryl-CoA lyase 3-Hydroxy-3-methylglutaryl-CoA-lyase *f (Enzym)*
3-hydroxy-3-methylglutaryl-CoA reductase 3-Hydroxy-3-methylglutaryl-CoA-reduktase *f (Enzym)*
3-hydroxy-3-methylglutaryl-CoA synthase 3-Hydroxy-3-methylglutaryl-CoA-synthase *f (Enzym)*

hydroxymethyltransferase Hydroxymethyltrtansferase *f (Enzym)*
4-hydroxy-2-oxoglutarate aldolase 4-Hydroxy-2-oxoglutarat aldolase *f (Enzym)*
hydroxypentacosanic acid Hydroxypentakosansäure *f*
hydroxyphenamate Hydroxyphenamat *n (Tranquilizer)*
***p*-hydroxyphenylacetate** *p*-Hydroxyphenylazetat *n*
hydroxyphenylacetic acid Hydroxyphenylessigsäure *f*
hydroxyphenylethylamine Hydroxyphenylethylamin *n*, Tyramin *n*
***p*-hydroxyphenyllactate** *p*-Hydroxyphenyllaktat *n*
hydroxyphenylpropionic acid Hydroxyphenylpropionsäure *f*
***p*-hydroxyphenylpyruvate** *p*-Hydroxyphenylpyruvat *n*
4-hydroxyphenylpyruvate dioxygenase Hydroxyphenylpyruvatdioxigenase *n (Enzym)*
***p*-hydroxyphenylpyruvate oxidase** p-Hydroxyphenylpyruvatoxidase *n (Enzym)*
4-hydroxyphenylpyruvic acid 4-Hydroxyphenylbrenztraubensäure *f*
hydroxypregnenolone Hydroxypregnenolon *n*
21-hydroxyprogesterone 21-Hydroxyprogesteron *n*, 11-Desoxycorticosteron *n*
17α-hydroxyprogesterone aldolase 17α-Hydroxyprogesteronaldolase *f (Enzym)*
hydroxyprogesterone caproate Hydroxyprogesteroncaproat *n*
hydroxyprolinaemia Hydroxyprolinämie *f*
hydroxyproline Hydroxyprolin *n*
hydroxyproline oxidase Hydroxyprolinoxidase *f (Enzym)*
β-hydroxypropionic acid β-Hydroxypropionsäure *f*
β-hydroxypropionic aciduria β-Hydroxypropionsäureausscheidung *f* im Urin
15-hydroxyprostaglandin dehydrogenase 15-Hydroxyprostaglandindehydrogenase *f*
6-hydroxypurine 6-Hydroxypurin *n*
hydroxypyruvate Hydroxypyruvat *n*
8-hydroxyquinoline 8-Hydroxyquinolin *n*, Oxyquinolin *n*
8-hydroxyquinoline sulfate 8-Hydroxyquinolinsulphat *n*
hydroxysteroid Hydroxysteroid *n*
3β-hydroxysteroid dehydrogenase 3β-Hydroxysteroiddehydrogenase *f (Enzym)*
11β-hydroxysteroid dehydrogenase 11β-Hydroxysteroiddehydrogenase *f (Enzym)*
17β-hydroxysteroid dehydrogenase 17β-Hydroxysteroiddehydrogenase *f (Enzym)*
18-hydroxysteroid dehydrogenase 18-Hydroxysteroiddehydrogenase *f (Enzym)*
3β-hydroxysteroid dehydrogenase deficiency 3β-Hydroxy-steroiddehydrogenasemangel *m*
11β-hydroxysteroid dehydrogenase deficiency 11β-Hydroxy-steroiddehydrogenasemangel *m*
17β-hydroxysteroid dehydrogenase deficiency 17β-Hydroxy-steroiddehydrogenasemangel *m*
3β-hydroxysteroid sulfate sulfatase 3β-Hydroxysteroidsulphatsulphatase *f (Enzym)*
hydroxystilbamidine isethionate Hydroxystilbamidinisethionat *n (gegen Leishmanien wirksam; Antiprotozoenmittel; Antimykotikum)*
5-hydroxytryptamine *s.* serotonin
hydroxytryptophan decarboxylase Hydroxytryptophandecarboxylase *f (Enzym)*
5-hydroxytyramine *s.* dopamine
hydroxyurea Hydroxyharnstoff *m (Antineoplastikum; hemmt DNS-Synthese)*
25-hydroxyvitamin D 25-Hydroxyvitamin *n* D *(25-Hydroxycholecalciferol und Ergocalciferol zusammen)*
25-hydroxyvitamin D3 25-Hydroxycholecalciferol *n*
hydroxyzine Hydroxyzin *n (Antihistaminikum, Tranquilizer)*
hydroxyzine hydrochloride Hydroxyzinhydrochlorid *n*
hydruria Polyurie *f*, Harnflut *f (Harnausscheidung mit niedriger Konzentration)*
hydruric polyurisch; Harnflut...
hygeist *s.* hygienist
hygiene 1. Hygiene *f*, Gesundheitslehre *f*; 2. Hygiene *f*, Gesundheitspflege *f*
hygienic hygienisch; Hygiene...
hygienic condition Hygienezustand *m*, hygienischer Zustand *m*
hygienic conditions Hygienebedingungen *fpl*, hygienische Bedingungen *fpl*
hygienics Hygieneprinzipien *npl*, Hygienegrundsatz *m*, hygienische Grundsätze *mpl*
hygienist Hygieniker *m*, Arzt *m* [Facharzt *m*] für Hygiene
hygienization Hygienedurchsetzung *f*, Schaffung *f* hygienischer Bedingungen
hygrechema Auskultationston *m* bei Vorhandensein von Wasser
hygroblepharic mit feuchten Augenlidern
hygroma 1. Hygrom(a) *n*, Wassergeschwulst *f*; 2. Hygrom *n*, Überbein *n*, Ganglion *n (einer Sehnenscheide)*
hygromatous hygromatös; Hygrom...
hygrometer Hygrometer *n*
hygrometric hygrometrisch
hygrometry Hygrometrie *f*
hygromycin Hygromycin *n (Antibiotikum)*
hygroscopic hygroskopisch, Feuchtigkeit anziehend
hygroscopic expansion hygroskopische Expansion *f*
hygroscopic humidifier *(Anästh)* hygroskopoische Befeuchter *m* [Atemgasbefeuchter *m*]
hygrostomia Speichelüberproduktion *f*
hylemorphism Hylemorphismus *m*
hylic tumour *s.* hyloma
hyloma Hylom *n*, Hyloma *n (Tumor aus Pulpagewebe)*
hylomorphism *s.* hylemorphism
hylotropic hylotrop(isch), den Aggregatzustand wechselnd; Hylotropie...
hylotropy Hylotropie *f (Fähigkeit zum Wechsel des Aggregatzustandes, z. B. zwischen flüssig und gasförmig)*
hymen Hymen *m(n)*, Jungfernhäutchen *n*
hymenal hymenal; Hymen...
hymenal atresia Hymenalatresie *f*, (angeborener) Hymenverschluss *m*
hymenal caruncle Caruncula *f* hymenalis
hymenal tissue Hymengewebe *n*
hymenectomy Hymenexzision *f*, (operative) Hymenentfernung *f*
hymenitis Hymenitis *f*, Hymenentzündung *f*
hymenoid 1. hymenoid, hymenartig; 2. membranös
hymenolepiasis *(Inf)* Hymenolepiasis *f*, Hymenolepis-Infestation *f*, Zwergbandwurmbefall *m*, Zwergbandwurminfektion *f*
hymenolepidid Hymenolepis *f*
Hymenolepididae Hymenolepididae *pl*
Hymenolepis diminuta Hymenolepis *f* diminuta
Hymenolepis nana Hymenolepis *f* nana
hymenology Hymenologie *f*
Hymenomycetes Hymenomycetes *pl*
Hymenoptera Hymenoptera *pl*, Hymenopteren *pl (z. B. Bienen und Wespen)*
hymenopteran Hymenopetera...
hymenopterism Hymenopterismus *m (Vergiftung durch Biss der Hymenoptera)*
hymenorrhaphy *(Gyn)* Hymenorrhaphie *f*, Hymennaht *f*
Hymenostomatida Hymenostomatida *pl*
hymenotome *(Gyn)* Hymenotom *n*

hymenotomy *(Gyn)* Hymenotomie *f*, (operative) Hymendurchtrennung *f*, Hymendurchschneidung *f*
hyo-epiglottic *(Anat)* hyoepiglottisch; Zungenbein-Kehldeckel-...
hyo-epiglottidean s. hyo-epiglottic
hyoglossal *(Anat)* hyoglossal; Zungenbein-Zungen-...
hyoglossus (muscle) *(Anat)* Musculus *m* hyoglossus, Zungenbein-Zungen-Muskel *m*
hyoid *(Anat)* hyoid; Zungenbein...
hyoid s. hyoid bone
hyoid arch *(Anat)* Zungenbeinbogen *m*
hyoid bone *(Anat)* Zungenbein *n*, Os *n* hyoideum
hyoid region *(Anat)* Zungenbeinregion *f*, Regio *f* hyoidea
hyolaryngeal *(Anat)* hyolaryngeal; Zungenbein-Kehlkopf-...
hyomandibular *(Anat)* hyomandibular; Zungenbein-Unterkiefer-...
hyoscine Hyoszin *n*, Skopolamin *n* *(Alkaloid)*
hyoscine bromide Hyoszinbromid *n*, Skopolaminbromid *n* *(Alkaloid)*
hyoscine hydrobromide Hyoszinhydrobromid *n*, Skopolaminhydrobromid *n* *(Alkaloid)*
hyoscyamine Hyoszyamin *n*, Atropin *n* *(Alkaloid)*
hyoscyamine sulfate Hyoszyaminsulphat *n*
hyothyroid *(Anat)* hyothyroid(al); Zungenbein-Schildknorpel-...
hyothyroid ligament *(Anat)* Ligamentum *n* thyreohyoideum, Zungenbein-Schildknorpel-Band *n*
hyothyroid membrane *(Anat)* Membrana *f* thyreohyoidea
hyp... *siehe auch: hypo...*
hypacidaemia Hyp(o)azidämie *f*, Säuremangel *m* im Blut
hypacousia Hypakusis *f*, Hörminderung *f*, Schwerhörigkeit *f*
hypacusis s. hypacousia
hypaesthesia Hypästhesie *f*, Unempfindlichkeit *f*; Berührungsunterempfindlichkeit *f*; Schmerzunterempfindlichkeit *f*
hypaesthesic hypästhetisch, unempfindlich; berührungsunterempfindlich; schmerzunterempfindlich
hypaesthetic hypästhetisch, unempfindlich; berührungsunterempfindlich; schmerzunterempfindlich
hypalbuminaemia s. hypoalbuminaemia
hypalbuminosis s. hypoalbuminaemia
hypalgesia Hypalgesie *f*, Hyp(o)algie *f*, verminderte Schmerzempfindlichkeit *f*
hypalgesic hypalgesisch, hypalgetisch, mit verminderter Schmerzempfindlichkeit; Hypalgesie...
hypalgetic s. hypalgesic
hypalgia s. hypalgesia
hypamnion Hypamnion *n* *(Fruchtwassermangelzustand)*
hypamnios s. hypamnion
hypanakinesia Hypokinesie *f*
hypanakinesis s. hypanakinesia
hypaphorine Hypaphorin *n* *(Alkaloid)*
hyparterial unterhalb einer Arterie (liegend)
hypasthenia Hypoasthenie *f*, unterschwellige Asthenie *f*
hypaxial hypaxial
hypazoturia Hyp(o)azoturie *f*, verminderte Stickstoffausscheidung *f* im Urin
hyper... *siehe auch: super...*
hyperabduction Hyperabduktion *f*, Superabduktion *f*
hyperabduction syndrome Hyperabduktionssyndrom *n*
hyperabsorption Hyperabsorption *f*, gesteigerte [übermäßige] Absorption *f* *(z. B. im Darm)*
hyperacanthosis Hyperakanthose *f*, Akanthose *f*, Acanthosis *f*, Wucherung *f* der Stachelzellen
hyperacid hyperazid, superazid, stark [übermäßig] sauer; übersäuert
hyperacidaminaemia s. hyperaminoacidaemia
hyperacidaminuria s. hyperaminoaciduria
hyperacidity Hyperazidität *f*, Superazidität *f*, Übersäuerung *f*, Säureüberschuss *m*
hyperacousia Hyperakusie *f*, Hyperacusis *f*, Hörsteigerung *f*, Feinhörigkeit *f*, akustische [auditorische] Hyperästhesie *f*
hyperactive hyperaktiv, überaktiv; Hyperaktitäts..., Überaktivitäts...
hyperactive child syndrome Syndrom *n* des hyperaktiven Kindes, kindliches Hyperkinesiesyndrom *n*
hyperactive labour activity hyperaktive Wehentätigkeit *f*
hyperactive panic reactions hyperaktive Panikreaktionen *fpl*, Erregungssturm *m*
hyperactive reaction of childhood hyperkinetische Reaktion *f* im Kindesalter
hyperactive reflex hyperaktiver Reflex *m*
hyperactive syndrome hyperkinetisches Syndrom *n*
hyperactivity Hyperaktivität *f*, Überaktivität *f*, Aktivitätsüberschuss *m*
hyperacuity s. hyperacousia
hyperacusis s. hyperacousia
hyperacute hochakut, sehr akut
hyperadenoma Hyperadenom *n*, vergrößerte Drüse *f*; vergrößerte Lymphdrüse *f*
hyperadenosis 1. Drüsenvergrößerung *f*, Drüsenschwellung *f*; 2. Lymphknotenschwellung *f*, Lymphknotenvergrößerung *f*
hyperadiposis Hyperadipositas *f*, übermäßige Fettsucht *f*, krankhafte Fettleibigkeit *f*
hyperadiposity s. hyperadiposis
hyperadrenal hyperadrenal; Nebennierenüberfunktion(s)...
hyperadrenalaemia Hyperadrenalinämie *f*, Adrenalin(spiegel)erhöhung *f* im Blut
hyperadrenalcorticalism s. hyperadrenocorticism
hyperadrenalinaemia s. hyperadrenalaemia
hyperadrenalism Hyperadrenalismus *m*, Nebennierenüberfunktion *f*, gesteigerte Nebennierenhormonausschüttung *f*
hyperadrenia s. hyperadrenalism
hyperadrenocorticism Nebennierenrindenüberfunktion *f*, Hyperkortizismus *m*, Hyperadrenokortizismus *m*, Hyperkortisolismus *m*
hyperaemia Hyperämie *f*, Blutfülle *f*
hyperaemia of the fauces Rachenhyperämie *f*
hyperaemic hyperämisch, blutgefüllt; Hyperämie..., Blutfülle...
hyperaemization Hyperämisierung *f*, Durchblutungserhöhung *f*
hyperaemize *v* hyperämisieren, die Durchblututung erhöhen
hyperaemizing effect hyperämisierender Effekt *m*, hyperämisierende Wirkung *f*
hyperaeration Hyperventilation *f*, verstärkte Atmung *f*, Atmungsverstärkung *f*
hyperaesthesia 1. Hyperästhesie *f*, Überempfindlichkeit *f*, Berührungsüberempfindlichkeit *f*, Schmerzüberempfindlichkeit *f*; 2. Hyperästhesie *f*, gesteigerte Erregbarkeit *f* der Affektivität
hyperaesthetic hyperästhetisch, überempfindlich; berührungsüberempfindlich; schmerzüberempfindlich
hyperaesthetic emotional debility hyperästhetisch-emotionaler Schwächezustand *m*
hyperaffective hyperaffektiv, affektgesteigert
hyperaffectivity Hyperaffektivität *f*, Affektsteigerung *f*
hyperakusis s. hyperacousia
hyper-β-alaninaemia Hyper-β-alaninämie *f*, β-Alaninämie *f*
hyperalbuminaemia Hyperalbuminämie *f*, Albumin(spiegel)erhöhung *f* im Blut

hyperalbuminosis Hyperalbuminose *f*, erhöhter Albumingehalt *m (z. B. im Blut)*

hyperaldosteronism Hyperaldosteronismus *m*, Aldosteronismus *m*, Aldosteron(spiegel)erhöhung *f* im Blut

hyperaldosteronuria Hyperaldosteronurie *f*, Aldosteronurie *f*, erhöhte Aldosteronausscheidung *f* im Urin

hyperalgesia Hyperalgesie *f*, verstärkte Schmerzempfindlichkeit *f*, Hyperalgie *f*

hyperalgesic hyperalgesisch, hyperalgetisch, schmerzüberempfindlich, verstärkt schmerzempfindlich

hyperalgetic *s.* hyperalgesic

hyperalgia *s.* hyperalgesia

hyperalimentation Hyperalimentation *f*, Überernährung *f*

hyperalimentosis Hyperalimentose *f*, Überfütterungskrankheit *f*

hyperalkalescence Hyperalkalinität *f*, Alkaliüberschuss *m*

hyperalkalinity Hyperalkalinität *f*, Alkliüberschuss *m*, gesteigerte [übermäßige] Alkalität *f*, erhöhter Basengehalt *m*

hyperallantoinuria Hyperallantoinurie *f*, gesteigerte [übermäßige] Allantoinausscheidung *f* im Urin

hyperallergenic hyperallergen

hyperalonaemia *s.* hypersalaemia

hyperalphalipoproteinaemia Hyperalphalipoproteinämie *f*, Alphalipoprotein(spiegel)erhöhung *f* im Blut

hyperaminoacidaemia Hyperaminoazidämie *f*, Aminosäure(spiegel)erhöhung *f* im Blut

hyperaminoaciduria Hyperaminoazidurie *f*, Aminoazidurie *f*, (gesteigerte) Aminosäureausscheidung *f* im Urin

hyperammon(i)aemia Hyperammon(i)ämie *f*, Ammoniak(spiegel)erhöhung *f* im Blut

hyperammon(i)uria Hyperammon(i)urie *f*, (gesteigerte) Ammoniakausscheidung *f* im Urin

hyperamnesia Hyperamnesie *f*, gesteigertes Erinnerungsvermögen *n*

hyperamylasaemia Hyperamylasämie *f*, Amylase(spiegel)erhöhung *f* im Blut

hyperandrogenic hyperandrogen

hyperandrogenism Hyperandrogenismus *m*, Androgenüberschuss *m*

hyperaphia Hyperaphie *f*, erhöhte Berührungsempfindlichkeit *f*, gesteigerte taktile Empfindlichkeit *f*, taktile Hyperästhesie *f*

hyperaphic mit gesteigerter Berührungsempfindlichkeit, taktil überempfindlich; Hyperaphie…

hyperargininaemia 1. Hyperargininämie *f*, Arginasemangel *m*; 2. Hyperargininämie *f*, erhöhter Arginingehalt *m* im Blut

hyperarousal reaction erhöhtes Wachbewusstsein *n*, Hyperarousal-Reaktion *f*

hyperazotaemia Hyperazotämie *f*, Stickstofferhöhung *f* im Blut

hyperazoturia Hyperazoturie *f*, gesteigerte Stickstoffausscheidung *f* im Urin

hyperbaric hyperbar, mit erhöhtem Druck; Überdruck…

hyperbaric chambre Überdruckkammer *f*

hyperbaric oxygen hyperbarer Sauerstoff *m*

hyperbaric oxygen therapy *s.* hyperbaric oxygenation

hyperbaric oxygenation hyperbare Sauerstoffbehandlung *f* [Oxygenierung *f*], Sauerstoffüberdrucktherapie *f*

hyperbaric oxygenation session Durchführung *f* einer Sauerstoffüberdrucktherapie [hyperbaren Oxygenierung] • **carry out a hyperbaric oxygenation session** eine Sauerstoffüberdruckbehandlung [hyperbare Oxygenierung] durchführen

hyperbaric solution hyperbare Lösung *f (z. B. für Spinalanästhesie)*

hyperbaric ventilation Überdruckbeatmung *f*

hyperbarism Hyperbarismus *m*

hyperbasophilic hyperbasophil, verstärkt mit basischen Farbstoffen färbend

hyperbetalipoproteinaemia Hyperbetalipoproteinämie *f*

hyperbicarbonataemia Hyperbikarbonatämie *f*, erhöhter Bikarbonatgehalt *m* im Blut

hyperbilirubinaemia Hyperbilirubinämie *f*, Bilirubin(spiegel)erhöhung *f* im Blut, Ikterus *m*, Gelbsucht *f*

hyperbilirubinaemia of the newborn Neugeborenenhyperbilirubinämie *f*

hyperbilirubinuria Hyperbilirubinurie *f*, erhöhte Bilirubinausscheidung *f* im Urin

hyperbrachycephalia Hyperbrachyzephalie *f*, Hyperbrachykephalie *f (mit einem Kephalindex über 85,5)*

hyperbrachycephalic hyperbrachyzephal; Hyperbrachyzephalie…

hyperbrachycephaly *s.* hyperbrachycephalia

hyperbradykininaemia Hyperbradykininämie *f*, Bradykinin(spiegel)erhöhung *f* im Blut

hyperbradykininism Hyperbradykininismus *m*

hyperbulia *(Neur)* Hyperbulie *f*, (übermäßige) Willensstärke *f*, Überfunktion *f* des Willens

hypercalcaemia Hyperkalziämie *f*, Calciumspiegelerhöhung *f* [Calciumerhöhung *f*] im Blut

hypercalcaemic hyperkalziämisch; Calciumüberschuss…

hypercalcaemic nephropathy hyperkalziämische Nephropathie *f*

hypercalcification Hyperkalzifikation *f*, erhöhte Kalk(salz)einlagerung *f*

hypercalcinaemia *s.* hypercalcaemia

hypercalcinuria *s.* hypercalciuria

hypercalcipectic verstärkt Calcium bindend; Hyperkalzipexie…

hypercalcipexy Hyperkalzipexie *f*, erhöhte Calciumbindung *f*

hypercalcitoninaemia Hyperkalzitoninämie *f*, Hypercalcitoninämie *f*, Calcitoninspiegelerhöhung *f* im Blut

hypercalciuria Hyperkalziurie *f*, erhöhte Calciumausscheidung *f* im Urin

hypercalciuric hyperkalziurisch, verstärkt Calcium im Urin ausscheidend; Hyperkalziurie…

hypercapnia Hyperkapnie *f*, Kohlendioxiderhöhung *f* im Blut, CO_2-Partialdruckerhöhung *f*, Hyperkarbie *f*

hypercapnic hyperkapnisch, mit Hyperkapnie verlaufend, an einer Hyperkarbie leidend; Hyperkapnie…

hypercapnic acidosis hyperkapnische Azidose *f*, Kohlendioxidazidose *f*, respiratorische Azidose *f*

hypercapnic patient Patient *m* mit Hyperkapnie

hypercarbia *s.* hypercapnia

hypercarotenaemia Hyperkarotinämie *f*, Hyperkarotenämie *f*, Karotinspiegelerhöhung *f* im Blut

hypercatabolic hyperkatabol(isch), mit gesteigertem Abbaustoffwechselverlaufend; den Hyperkatabolismus auslösend; Hyperkatabolismus…

hypercatabolism Hyperkatabolismus *m*, gesteigerter Abbaustoffwechsel *m*

hypercatharsis Hyperkatharsis *f*, übermäßige Stuhlentleerung *f*

hypercathartic mit übermäßiger Stuhlentleerung (verlaufend); Hyperkatharsis

hypercathexis Konzentrationsstärke *f*, Konzentrationserhöhung *f*

hypercellular hyperzellulär, mit erhöhter Zellzahl

hypercellularity Zustand *m* mit erhöhter Zellzahl

hypercementosis Hyperzementose *f*, Zementhyperplasie *f*, Cementosis *f*, gesteigerte Zahnzementbildung *f*

hyperceruloplasminaemia Hyperzeruloplasminämie *f*, Zeruloplasmin(spiegel)erhöhung *f* im Blut

hyperchloraemia Hyperchlorämie *f*, Chlor(spiegel)-erhöhung *f* im Blut
hyperchloraemic hyperchlorämisch, mit erhöhtem Chlorgehalt (verlaufend); Hyperchlorämie...
hyperchloraemic acidosis hyperchlorämische Azidose *f*
hyperchlorhydria Hyperchlorhydrie *f*, Chlorhydrie *f*, Superazidität *f*, erhöhte Magenazidität *f*, Magenübersäuerung *f*, erhöhte Magensäuresekretion *f*
hyperchloridaemia *s.* hyperchloraemia
hyperchloridation kochsalzreiche Diät *f*, Salzüberschussdiät *f*, salzreiche Kost *f*
hyperchloruration erhöhter Chloridgehalt *m* im Körper
hyperchloruria Hyperchlorurie *f*, erhöhte Chloridausscheidung *f* im Urin
hypercholester(in)aemia *s.* hypercholesterolaemia
hypercholesterolaemia Hypercholesterinämie *f*, Cholesterin(spiegel)erhöhung *f* im Blut
hypercholesterolaemic hypercholester(ol)ämisch, mit Hypercholesterinämie (verlaufend); Hypercholesterinämie..., Cholesterinüberschuss...
hypercholesterolaemic splenomegaly hypercholesterolämische Splenomegalie *f*
hypercholesterolaemic xanthomatosis hypercholesterolämische Xanthomatosis *f*
hypercholesterolia Hypercholesterolie *f*, Cholesterinerhöhung *f* in der Galle
hypercholia Hypercholie *f*, Galleüberproduktion *f*
hypercholuria Hypercholurie *f*, vermehrte Galleausscheidung *f* im Urin
hyperchondroplasia Hyperchondroplasie *f*, übersteigerte Knorpelbildung *f*
hyperchromaemia Hyperchromämie *f*, hyperchrome Anämie *f* *(Blutfärbeindex >1)*
hyperchromaffinism Hyperchromaffinismus *m* *(erhöhte Freisetzung biogener Amine aus chromaffinen Zellen)*
hyperchromasia 1. Hyperchromasie *f*, verstärkte Färbung *f* *(z. B. von Zellen)*; 2. Hyperchromasie *f*, erhöhter Hämoglobingehalt *m* der Erythrozyten
hyperchromatic 1. hyperchromatisch, gesteigert [übermäßig] färbbar; Hyperchromasie...; 2. hyperchromatisch, überpigmentiert, verstärkt pigmentiert; Hyperchromatismus...
hyperchromatin Hyperchromatin *n*
hyperchromatism 1. Hyperchromatismus *m*, Hyperchromatose *f*, Hyperchromie *f*, gesteigerte Farbbarkeit *f* *(z. B. des Zellkerns)*; 2. Zellkernchromatinvermehrung *f*; 3. Überpigmentierung *f* (der Haut)
hyperchromatopsia Hyperchromatopsie *f*, (übersteigerte) Farbensichtigkeit *f*
hyperchromatosis *s.* 1. hyperchromatism; 2. hyperchromasia
hyperchromia *s.* hyperchromatism
hyperchromic hyperchrom, übermäßig gefärbt; Hyperchromie...
hyperchromic anaemia hyperchrome Anämie *f*
hyperchylia Hyperchylie *f*, erhöhte [übermäßige] Magensaftsekretion *f*, gesteigerte Magensaftbildung *f*
hyperchylomicronaemia Hyperchylomikronämie *f*, Chylomikronämie *f*, Chylomikron(spiegel)erhöhung *f* im Blut
hypercinesia *s.* hyperkinesia
hypercoagulability Hyperkoagulabilität *f*, erhöhte Gerinnbarkeit *f* (des Blutes); Gerinnungsneigung *f*
hypercoagulable hyperkoagulabel, leicht gerinnbar, mit erhöhter Gerinnbarkeit (verlaufend)
hypercoenaesthesia Euphorie *f*
hypercoria *s.* hyperkoria
hypercorticalism *s.* hypercorticism
hypercorticism Hyperkortizismus *m*, Nebennierenrindenüberfunktion *f*
hypercortisolism Hyperkortisolismus *m*, Cortisol(spiegel)erhöhung *f* im Blut
hypercreatinaemia Hyperkreatinämie *f*, Kreatin(spiegel)erhöhung *f* im Blut
hypercrinia Hyperkrinie *f*, übermäßige Sekretion *f*
hypercryaesthesia Hyperkryalgesie *f*, Hyperkryästhesie *f*, Kälteüberempfindlichkeit *f*
hypercryalgesia *s.* hypercryaesthesia
hypercupraemia Hyperkuprämie *f*, Kuprämie *f*, Kupfer(spiegel)erhöhung *f* im Blut
hypercupriuria Hypercupriurie *f*, erhöhte Kupferausscheidung *f* im Urin
hypercyanotic hyperzyanotisch, sehr [stark] zyanotisch
hypercyesis Superfetation *f*, Überschwängerung *f*, Superfekundation *f*
hypercythaemia Hyperzythämie *f*, Blutzellenerhöhung *f*, Polyzythämie *f*; Erythrozytenvermehrung *f*, erhöhte Erythrozytenzahl *f*
hypercytochromia Hyperzytochromie *f*, erhöhte Färbbarkeit *f* der Blutzellen
hypercytosis Hyperzytose *f*, Zellzahlerhöhung *f*
hyperdactylia Hyperdaktylie *f*, Polydaktylie *f*, Fingerüberzahl *f*, erhöhte Fingeranzahl *f*, Zehenüberzahl *f*, erhöhte Zehenanzahl *f*
hyperdactylism *s.* hyperdactylia
hyperdactyly *s.* hyperdactylia
hyperdense structure hyperdense Struktur *f*
hyperdicrotic hyperdikrot
hyperdicrotism Hyperdikrotismus *m*
hyperdiploid hyperdiploid
hyperdiploid Hyperdiploide(r) *m*; hyperdiploider Organismus *m*; hyperdiploide Zelle *f*
hyperdiploidy Hyperdiploidie *f*
hyperdipsia Hyperdipsie *f*, verstärkter [übermäßiger] Durst *m*
hyperdipsic mit verstärktem [übermäßigem] Durst; Hyperdypsie...
hyperdistention Hyperdistension *f*, übermäßige Dehnung *f*, Überdehnung *f*; Überblähung *f*
hyperdiuresis Hyperdiurese *f*, erhöhte Urinausscheidung *f*
hyperdontia Hyperdontie *f*, erhöhte Anzahl *f* von Zähnen
hyperdynamia Hyperdynamie *f*, Muskelüberaktivität *f*, übermäßige Muskelaktivität *f*
hyperdynamic hyperdynam(isch); Hyperdynamie...
hyperdynamic ileus hyperdynamischer Ileus *m* [Darmverschluss *m*], spastischer Ileus *m*
hyperdynamic syndrome hyperdynamisches Syndrom *n*
hypereccrisia vermehrte Exkretion *f*, übermäßige Ausscheidung *f*
hypereccritic mit vermehrter Exkretion, mit übermäßiger Ausscheidung
hyperechoic mit vielen Echos, echoreich, viele Echos liefernd; stark reflektierend *(z. B. Strukturen bei Sonographie)*
hyperedism Hyperedismus *m* *(krankhaft feindselige Haltung gegenüber der Gesellschaft)*
hyperelastic skin Cutis *f* hyperelastica
hyperelectrolytaemia Hyperelektrolytämie *f*, übermäßige Elektrolytämie *f*, Elektrolyt(spiegel)erhöhung *f* im Blut
hyperemesis Hyperemesis *f*, übermäßiges Erbrechen *n*
hyperemetic hyperemetisch; Hyperemesis...
hyperemotivity Hyperemotivität *f* *(übermäßig heftige und lang andauernde emotionale Ansprechbarkeit)*
hyperencephalus Hyperenzephalus *m*, Hyperencephalus *m*, Akranius *m*, Acranius *m*
hyperencephaly Hyperenzephalie *f*
hyperendemic hyperendemisch, hochgradig endemisch, in allen Altersgruppen einer Population auftretend; Hyperendemie...

hyperendophasia Hyperendophasie *f (lebhafte Wahrnehmung der inneren Stimme)*
hypereosinophilia Hypereosinophilie *f*, übermäßige Eosinophilenvermehrung *f*, hochgradige Eosinophilie *f*
hyperephidrosis *s.* hyperhidrosis
hyperepinephrinaemia Hyperepinephrinämie *f*, übermäßiger Adrenalinblutspiegel *m*, Adrenalin(spiegel)erhöhung *f* im Blut
hyperequilibrium übermäßiges Schwindelgefühl *n*, starke Neigung *f* zur Gleichgewichtsstörung
hyperergasia 1. *s.* hyperergia; 2. *(Neur)* Hyperergasie *f*, krankhaft gesteigerte Aktivität *f*
hyperergia Hyperergie *f*, Allergie *f*, Überempfindlichkeit *f* gegenüber Antigenen
hyperergic hypererg, allergisch, überempfindlich gegenüber Antigenen
hypererosia *s.* erotomania
hypererotism *s.* hypersexualism
hypererythrocythaemia Hypererythrozythämie *f*, übermäßiger Erythrozytengehalt *m* im Blut, Polyzythämie *f*
hyperesophoria *(Ophth)* Hyperesophorie *f*, latentes Einwärtsschielen *n* nach oben
hypereuryopia Hypereuryopie *f*
hypereuryprosopic hypereuryprosop(isch)
hyperevolution Hyperevolutiopn *f*, beschleunigte Entwicklung *f*, Entwicklungsbeschleunigung *f*
hyperexcitability Überreizbarkeit *f*, übermäßige Erregbarkeit *f* [Reizbarkeit *f*]
hyperexcitability syndrome *(Päd)* Hyperexzitabilitätssyndrom *n*
hyperexcretory hyperexkretorisch, übermäßig sezernierend, mit übermäßiger Sekretion (verlaufend)
hyperexophoria *(Ophth)* Hyperexophorie *f*, latentes Auswärtsschielen *n* nach oben
hyperextend *v* hyperextendieren, überstrecken
hyperextension 1. Hyperextension *f*, Muskelüberdehnung *f*; 2. Hyperextension *f*, Überstreckung *f*
hyperextension bed Hyperextensionsbett *n*, Schwartz-Bett *n*
hyperextension fracture Hyperextensionfraktur *f*
hyperextension frame Extensionsapparat *m*, Streckapparat *m*
hyperextension suspension Hyperextensionsaufhängung *f*
hyperferraemia Hyperferr(ik)ämie *f*, übermäßiger Eisengehalt *m* im Blut, Eisen(blutspiegel)erhöhung *f*
hyperferraemic hyperferr(ik)ämisch, mit übermäßigem Eisengehalt; Hyperferrikämie...
hyperferricaemia *s.* hyperferraemia
hyperfertile hyperfertil, mit erhöhter Fertilität; Hyperfertilitäts...
hyperfertility Hyperfertilität *f*, erhöhte Fruchtbarkeit *f*
hyperfibrinogenaemia Hyperfibrinogenämie *f*, Fibrinogen(spiegel)erhöhung *f* im Blut
hyperfibrinolysis Hyperfibrinolyse *f*, gesteigerte Blutgerinnselauflösung *f*
hyperfiltration Hyperfiltration *f*, übermäßige glomeruläre Filtration *f*
hyperflexion Hyperflexion *f*, übermäßige Beugung *f* [Gelenkbeugung *f*], Gelenküberbeugung *f*
hyperflexion phenomenon Hyperflexionsphänomen *n*
hyperfluorescence Hyperfluoreszenz *f (des Auges)*
hyperfolliculinaemia Hyperfollikulin(äm)ie *f*, Follikelhormonüberproduktion *f*
hyperfractionated radiotherapy *s.* hyperfractionation
hyperfractionation *(Rad)* Hyperfraktionierung *f*, hyperfraktionierte Strahlentherapie *f*
hyperfructosaemia Hyperfruktosämie *f*, Fruktose(spiegel)erhöhung *f* im Blut
hyperfunction Hyperfunktion *f*, Überfunktion *f*, Tätigkeitssteigerung *f (z. B. eines Organs)*
hyperfunctional hyperfunktionell; Hyperfunktions...
hypergalactia Hypergalaktie *f*, verstärkte Milchabsonderung *f*, gesteigerte Milchsekretion *f*, übermäßige Milchbildung *f*
hypergalactosis *s.* hypergalactia
hypergalactous mit erhöhter Milchbildung verlaufend, mit Hypergalaktie einhergehend; Hypergalaktie...
hypergammaglobulinaemia Hypergammaglobulinämie *f*, Gammaglobulin(spiegel)erhöhung *f* im Blut
hyperganglionosis Hyperganglionose *f*, neuronale Hyperplasie *f*
hypergasia Hypergasie *f*, verminderte funktionelle Aktivität *f*
hypergastrinaemia Hypergastrinämie *f*, Gastrin(spiegel)erhöhung *f* im Blut
hypergenesis Hypergenese *f*, Überentwicklung *f*, Wachstumsbeschleunigung *f*, Hypertrophie *f*
hypergenetic hypergenetisch, überentwickelt; Überentwicklungs...
hypergenetic teratism hypergenetischer Teratismus *m*
hypergenitalism Hypergenitalismus *m*, überentwickelte Geschlechtsorgane *npl*, übermäßige Genitalentwicklung *f*
hypergeusaesthesia *s.* hypergeusia
hypergeusia Hypergeusie *f*, gesteigerte Geschmacksempfindung *f*, erhöhte Geschmacks(sinn)empfindlichkeit *f*
hyperglandular hyperglandulär, mit erhöhter Drüsenaktivität einhergehend
hyperglobulia Hyperglobulie *f*, Erythrozytenvermehrung *f* im Blut
hyperglobulinaemia Hyperglobulinämie *f*, Globulinvermehrung *f* im Blut, Globulin(spiegel)erhöhung *f* im Blut
hyperglobulism *s.* hyperglobulia
hyperglucagonaemia Hyperglukagonämie *f*, Glukagon(spiegel)erhöhung *f* im Blut
hypergluconeogenesis Hyperglukoneogenese *f*, verstärkte Zuckerneubildung *f*
hyperglycaemia Hyperglykämie *f*, Blutzuckererhöhung *f*, erhöhter Glukoseblutspiegel *m*, Glukose(spiegel)erhöhung *f* im Blut
hyperglycaemic 1. hyperglykämisch, mit erhöhtem Glukoseblutspiegel einhergehend; Hyperglykämie...; 2. *s.* hypoglycaemic agent
hyperglycaemic agent Hyperglykämikum *n*, den Blutzucker erhöhendes Mittel *n* [Präparat *n*]
hyperglycaemic glycogenolytic factor Glukagon *n* *(Bauchspeicheldrüsenhormon)*
hyperglycaemic-hyperosmolar non-ketotic coma hyperglykämisch-hyperosmolares nicht-ketoazidotisches Koma *n*
hyperglyceridaemia Hyperglyzeridämie *f*, Triglyzeriderhöhung *f*, erhöhter Triglyzeridgehalt *m*, Triglyzerid(spiegel)erhöhung *f* im Blut
hyperglyceridaemic hypertriglyeridämisch, mit erhöhtem Triglyzeridgehalt einhergehend; Hypertriglyzeridämie...
hyperglycerolaemia Hyperglyzerolämie *f*, erhöhter Glyzerolblutspiegel *m*, Glyzerol(spiegel)erhöhung *f* im Blut
hyperglycinaemia Hyperglyzinämie *f*, Glyzin(spiegel)erhöhung *f* im Blut
hyperglycinuria Hyperglyzinurie *f*, vermehrte Glyzinausscheidung *f* im Urin
hyperglycistia erhöhter Zuckergehalt *m* im Gewebe
hyperglycogenolysis Hyperglykogenolyse *f*, erhöhte [übermäßige] Glykogenolyse *f*, gesteigerte Glykogen(auf)spaltung *f*
hyperglycorrhachia Hyperglykorrhachie *f*, erhöhter Liquorzuckergehalt *m*, übermäßige Liquorzuckererhöhung *f*
hyperglycosaemia *s.* hyperglycaemia

hyperglycosuria Hyperglykosurie *f*, erhöhte Glukoseausscheidung *f* im Urin
hypergnosis Hypergnosis *f*, gesteigerte Wahrnehmung *f*
hypergonadism Hypergonadismus *m*, Keimdrüsenüberfunktion *f*, Überfunktion *f* der Keimdrüsen
hypergonadotropic hypergonadotrop, durch Gonadotropinüberschuss bewirkt
hypergonadotropinuria Hypergonadotropinurie *f*, erhöhte Gonadotropinausscheidung *f* im Urin
hypergranulosis Hypergranulose *f*
hyperguanidinaemia Hyperguanidinämie *f*, Guanidin(spiegel)erhöhung *f* im Blut
hypergynaecosmia Hypergynäkosmie *f*, Überentwicklung *f* der sekundären weiblichen Geschlechtsmerkmale
hyperhaemoglobinaemia Hyperhämoglobinämie *f*, Hämoglobin(spiegel)erhöhung *f* im Blut
hyperhaemolytic jaundice hyperhämolytischer Ikterus *m*
hyperhedonia Hyperhedonie *f*, Hyperhedonismus *m*; gesteigertes Lustgefühl *n*
hyperhedonism *s.* hyperhedonia
hyperheparinaemia Hyperheparinämie *f*, Heparin(spiegel)erhöhung *f* im Blut
hyperhepatia Leberüberfunktion *f*, Überfunktion *f* der Leber
hyperhidrosis Hyperhidrose *f*, Ephidrosis *f*, vermehrte Schweißabsonderung *f*, übermäßige Schweißbildung *f*, verstärktes Schwitzen *n*
hyperhidrotic hyperhidrotisch, übermäßig Schweiß absondernd, verstärkt schwitzend
hyperhistaminaemia Hyperhistaminämie *f*, Histamin(spiegel)erhöhung *f* im Blut
hyperhormia Hyperhormie *f*, gesteigerter Antrieb *m*; Antriebssteigerung *f*
hyperhormonal *s.* hyperhormonic
hyperhormonic hyperhormonal; Hormonüberschuss…
hyperhydration Hyperhydratation *f*, Wasserüberschuss *m*, Überwässerung *f (z. B. bei Infusionstherapie)*
hyperhydrochloria *s.* hyperchlorhydria
hyperhydrochloridia *s.* hyperchlorhydria
hyperhydroxypexis Hyperhydroxypexie *f*, erhöhte Wasserbindung *f* im Gewebe
hyperhydroxypexy *s.* hyperhydroxypexis
hyperhydroxyprolinaemia Hyperhydroxyprolinämie *f*, Hydroxyprolin(spiegel)erhöhung *f* im Blut
hyperidrosis *s.* hyperhidrosis
hyperimidodipeptiduria Hyperimidodipeptidurie *f*, erhöhte Imidodipeptidausscheidung *f* im Urin
hyperimmune hyperimmun, mit erhöhter Immunität; Hyperimmun…
hyperimmune globulin Hyperimmunglobulin *n*, HIG
hyperimmune plasma Hyperimmunplasma *n*
hyperimmune serum Hyperimmunserum *n*
hyperimmunity Hyperimmunität *f*, erhöhte Immunität *f*, Immunitätserhöhung *f*
hyperimmunization Hyperimmunisation *f*, Hyperimmunisierung *f*, Überimmunisierung *f*
hyperimmunize *v* hyperimmunisieren, überimmunisieren
hyperimmunoglobulinaemia Hyperimmunoglobulinämie *f*, Hypergammaglobulinämie *f*, Immunglobulin(spiegel)erhöhung *f* im Blut
hyperindicanaemia Hyperindikanämie *f*, Indikan(spiegel)erhöhung *f* im Blut
hyperinfection Hyperinfektion *f (Infektion mit zwei oder mehr Mikroorganismen)*
hyperinfestation Hyperinfestation *f (Befall mit zwei oder mehr Parasiten)*
hyperinflation Hyperinflation *f*, Überblähung *f*, Überblähen *n*, übermäßige Dehnung *f (z. B. der Lunge)*
hyperinosaemia Hyperinosämie *f*, Hyperinose *f*, Fibrin(spiegel)erhöhung *f* im Blut, Hyperfibrinämie *f*
hyperinosis *s.* hyperinosaemia
hyperinsulinaemia Hyperinsulinämie *f*, übermäßige Insulinblutspiegelerhöhung *f*
hyperinsulinaemic hyperinsulinämisch, mit erhöhtem Insulinblutspiegel (verlaufend)
hyperinsulinar hyperinsulinär, mit erhöhter Insulinsekretion einhergehend; Insulinüberschuss…
hyperinsulinism 1. Hyperinsulinismus *m*, Insulinüberproduktion *f*, Insulinüberschuss *m*; 2. *s.* hyperinsulinaemia; 3. Insulinschock *m*
hyperinvolution Hyperinvolution *f*, übermäßige Zurückbildung *f (z. B. von Organen)*
hyperiodaemia Hyperjodämie *f*, Hyperiodämie *f*, erhöhter Jodgehalt *m* im Blut, Jod(spiegel)erhöhung *f* im Blut
hyperiodism Hyperjodismus *m*, Hyperiodismus *m*, erhöhter Jodgehalt *m* im Körper, Jodüberschuss *m* im Körper
hyperirritability Hyperirritabilität *f*, erhöhte Reizbarkeit *f* [Erregbarkeit *f*]
hyperisotonia Hyperisotonie *f*, ausgeprägte Tonuskonstanz *f*
hyperisotonic hyperisoton(isch)
hyperkal(i)aemia Hyperkaliämie *f*, Kalium(spiegel)erhöhung *f* im Blut
hyperkal(i)aemic 1. hyperkaliämisch, mit Hyperkaliämie einhergehend; Hyperkaliämie…; 2. *s.* hyperkaliaemic agent
hyperkaliaemic agent Hyperkaliämikum *n*, hyperkaliämisch Mittel *n*, eine Hyperkaliämie bewirkendes Mittel *n*
hyperkaliaemic periodic paralysis hyperkaliämische periodische Lähmung *f*, Adynamia *f* episodica hereditaria
hyperkaluresis Hyperkaliurese *f*, erhöhte Kaliumausscheidung *f* im Urin
hyperkeratinization Hyperkeratinisierung *f*, Keratinüberproduktion *f*
hyperkeratomycosis Hyperkeratomykose *f*, Hyperkeratose *f* bei Pilzbefall
hyperkeratosis 1. Hyperkeratose *f*, übermäßige Hautverhornung *f*, verstärkte Hornhautbildung *f*; 2. Hyperkeratose *f*, Hornhauthypertrophie *f*, Korneahypertrophie *f*
hyperkeratotic hyperkeratotisch, mit verstärkter Honhautbildung; Hyperkeratose…
hyperkeratotic psoriasis hyperkeratotische Psoriasis *f*
hyperkeratotic red plane lichen hyperkeratotischer Lichen *m* ruber planus
hyperketonaemia Hyperketonämie *f*, Ketonkörper(spiegel)erhöhung *f* im Blut
hyperketonuria Hyperketonurie *f*, vermehrte Ketonkörperausscheidung *f* im Urin
hyperkinaemia erhöhtes Herzzeitvolumen *n*, HZV-Erhöhung *f*, erhöhter Blutfluss *m*
hyperkinaemic die Gewebedurchblutung erhöhend, mit erhöhtem Blutfluss einhergehend
hyperkinaemic (agent) die Durchblutung förderndes Mittel *n*
hyperkinesia Hyperkinese *f*, Bewegungssteigerung *f*, gesteigerte Muskelbewegung *f*
hyperkinesis *s.* hyperkinesia
hyperkinetic hyperkinetisch, überaktiv, mit erhöhter Aktivität (einhergehend); Hyperkinese…
hyperkinetic heart syndrome hyperkinetisches Herzsyndrom *n*
hyperkinetic psychosis *(Neur)* hyperkinetische Psychose *f*, hyperkinetisches Motilitätssyndrom *n*
hyperkinetic syndrome *(Neur)* hyperkinetisches Syndrom *n*, übermäßiger Bewegungsdrang *m* bei Kindern

hyperkoria 1. Hyperkorie *f*, Übersättigung *f*, Übersättigungsgefühl *n*; 2. *(Neur)* Hyperkorie *f*, Lebensüberdruss *m*, Daseinsübersättigung *f*
hyperlactacidaemia Hyperlaktazidämie *f*, erhöhter Laktatgehalt *m* im Blut *f*, Milchsäure(spiegel)erhöhung *f* im Blut
hyperlactation Hyperlaktation *f*, Milchüberproduktion *f*, vermehrte Milchsekretion *f*
hyperlecithinaemia Hyperlezithinämie *f*, erhöhter Lezithingehalt *m* im Blut *f*, Lezithin(spiegel)erhöhung *f* im Blut
hyperlethal hyperletal, besonders tödlich wirkend, den Tod sicher bewirkend
hyperleucocytosis Hyperleukozytose *f*, Leukozytenvermehrung *f*, Leukozyten(zahl)erhöhung *f*
hyperlexia Hyperlexie *f*
hyperleydigism Hodenzwischenzellenüberfunktion *f*, Überfunktion *f* der Leydig'schen Zellen
hyperlipaemia Hyperlipämie *f*, Lipidvermehrung *f* im Blut, Fett(spiegel)erhöhung *f* im Blut
hyperlipaemic hyperlipämisch, mit erhöhtem Lipidgehalt im Blut (einhergehend); Hyperlipidämie…
hyperlipasaemia Hyperlipasämie *f*, Lipase(spiegel)erhöhung *f* im Blut
hyperlipidaemia Hyperlipämie *f*
hyperlipidaemia type I Hyperlipämie *f* Typ I, exogene Hypertriglyzeridämie *f*, familiäre Hyperglyzeridämie *f*, fettinduzierte Hyperlipidämie *f*
hyperlipidaemia type IIa Hyperlipämie *f* Typ IIa
hyperlipidaemia type IIb Hyperlipämie *f* Typ IIb
hyperlipidaemia type III Hyperlipämie *f* Typ III
hyperlipidaemia type IV Hyperlipämie *f* Typ IV, endogene Hypertriglyzeridämie *f*
hyperlipidaemia type V Hyperlipämie *f* Typ V, gemischte Hypertriglyzeridämie *f* [Hyperlipidämie *f*]
hyperlipidaemic hyperlipidämisch; Hyperlipidämie…
hyperlipochromaemia Hyperlipochromämie *f*, erhöhter Lipochromgehalt *m* im Blut
hyperlipoidaemia Hyperlipoidämie *f*, Lipämie *f*
hyperlipoproteinaemia Hyperlipoproteinämie *f*, Lipoprotein(spiegel)erhöhung *f* im Blut
hyperliposis Lipoproteinüberschuss *m* im Körper
hyperlithaemia Hyperlithämie *f*, Lithiumvermehrung *f* im Blut, Lithium(spiegel)erhöhung *f* im Blut
hyperlithic mit erhöhtem Harnsäurregehalt (einhergehend)
hyperlithuria Hyperlithurie *f*, erhöhte Harnsäureausscheidung *f* im Urin
hyperlogia Hyperlogie *f*, Rededrang *m* bei Manie
hyperlordosis Hyperlordose *f*, übermäßige [verstärkte] Lordose *f*
hyperlucency *(Rad)* erhöhte Strahlentransparenz *f*, erhöhte Strahlendurchlässigkeit *f*
hyperluteinization Hyperluteinisierung *f*
hyperlysinaemia 1. Hyperlysinämie *f*, Lysin(spiegel)erhöhung *f* im Blut; 2. *(Metab)* Hyperlysinämie *f*, Lysinintoleranz *f*, Lysinunverträglichkeit *f*
hyperlysinuria Hyperlysinurie *f*, erhöhte Lysinausscheidung *f* im Urin
hypermagnesaemia Hypermagnesiämie *f*, Magnesium(spiegel)erhöhung *f* im Blut
hypermania Hypermanie *f (schwere Form der Manie)*
hypermaniac Hypermane(r) *m*, Hypermaniekranke(r) *m*
hypermanic hyperman(isch); Hypermanie…
hypermastia Hypermastie *f*, Mammahypertrophie *f*, Brustvergrößerung *f*
hypermature überreif, hypermatur *(z. B. Katarakt)*
hypermature cataract hypermature Katarakt *f*
hypermazia *s.* hypermastia

hypermelanosis Hypermelanose *f*, Melaninüberpigmentierung *f*
hypermelanotic melaninüberpigmentiert, hypermelanotisch; Hypermelanose…
hypermenorrhoea Hypermenorrhoe *f*, verstärkte Regelblutung *f* [Menstruation *f*]
hypermenstrual syndrome hypermenstruelles Syndrom *n*
hypermetabolic hypermetabol(isch); Hypermetabolismus…
hypermetabolic state hypermetabolischer Zustand *m (z. B. bei Fieber)*
hypermetabolism Hypermetabolismus *m*, Stoffwechselüberfunktion *f*, Stoffwechselsteigerung *f*, gesteigerter Stoffwechesl *m*
hypermetamorphosis Hypermetamorphose *f (rascher Aufmerksamkeitswechsel bei wechselnden Außenreizen)*
hypermetaplasia Hypermetaplasie *f*
hypermethioninaemia Hypermethioninämie *f*, Methionin(spiegel)erhöhung *f* im Blut
hypermetria Hypermetrie *f*, das Ziel nicht erreichende Bewegung *f*, überschießende Muskelbewegung *f*
hypermetrope *s.* hyperope
hypermetropia *s.* hyperopia
hypermimia Hypermimie *f*, Mimiksteigerung *f*, gesteigerte Mimik *f*, gesteigerte mimische Ausdrucksbewegungen *fpl*
hypermimic hypermimisch, mit gesteigerter Mimik (einhergehend); Hypermimie…
hypermineralization Hypermineralisation *f*, Mineralienüberschuss *m*
hypermineralocorticoidism Hypermineralokortizismus *m*, Mineralocorticoid(spiegel)erhöhung *f* im Blut
hypermnesia Hypermnesie *f*, gesteigerte Gedächtnisleistung *f*, abnorme Gedächtnisstärke *f*, krankhaft gesteigertes Erinnerungsvermögen *n*
hypermnesic hypermnestisch, mit gesteigertem Erinnerungsvermögen (einhergehend); Hypermnesie
hypermodal *(Statist)* hypermodal
hypermobile hypermobil, übermäßig beweglich
hypermobility Hypermobilität *f*, gesteigerte [übermäßige] Beweglichkeit *f*
hypermorph 1. Langbeinige(r) *m*, langbeiniger Mensch; 2. hypermorphes Gen *n*
hypermotility Hypermotilität *f*, verstärkte Motilität *f*, übermäßige Bewegung *f (z. B. des Darms)*
hypermotor stomach *(Rad)* hypermotorischer Magen *m*
hypermyotonia Hypermyotonie *f*, Muskelhypertonie *f*, gesteigerter Muskeltonus *m*, erhöhte Muskelspannung *f*
hypermyotrophy Muskelhypertrophie *f*, übermäßige Muskelentwicklung *f*
hypernasality Rhinolalia *f* aperta, offene Rhinolalie *f*, übermäßig näselnde Sprache *f*
hypernatraemia Hypernatriämie *f*, Natrium(spiegel)erhöhung *f* im Blut
hypernatraemic hypernatriämisch, mit Hypernatriämie (einhergehend); Hypernatriämie…
hypernatraemic syndrome Hypernatriämiesyndrom *n*, Natriumüberschusssyndrom *n*
hypernatronaemia *s.* hypernatraemia
hypernatruria Hypernatriurie *f*, erhöhte Natriumausscheidung *f* im Urin
hyperneocytosis Hyperleukozytose *f* mit Linksverschiebung [vielen unreifen Leukozytenformen]
hypernephritis Hypernephritis *f*, Nebennierenentzündung *f*
hypernephroid 1. hypernephroid; Nebennieren…; 2. Hypernephrom…
hypernephroid renal carcinoma hypernephroides Karzinom *n*, Grawitz-Tumor *m*, Hypernephrom *n*, Nierenzellenkarzinom *n*

hypernephroma 1. Hypernephrom *n*, Grawitz-Tumor *m*, hypernephroider Tumor *m*, hypernephroides Adenom *n*; 2. *s.* hypernephroid renal carcinoma
hypernephronia renales Adenokarzinom *n*
hyperneuria *s.* hypernoia
hypernitraemia Hyperniträmie *f*, Stickstoff(spiegel)erhöhung *f* im Blut
hypernoia 1. Hyopernoia *f*, Gedankenschnelligkeit *f*, hohe Denkgeschwindigkeit *f*; 2. übermäßige mentale Aktivität *f*, gesteigerte psychische Aktivität *f*
hypernomic jenseits der Regel; ungehemmt, ungehindert; unkontrolliert; exzessiv
hypernormal hypernormal, übernormal
hypernutrition Überernährung *f*, Überfütterung *f*, Hyperalimentation *f*
hyperodontia Hyperodontie *f*, Zahnüberzahl *f*, erhöhte Anzahl *f* von Zähnen
hyperoestrinaemia *s.* hyperoestrogenaemia
hyperoestrogenaemia Hyperöstrogenämie *f*, Östrogen(spiegel)erhöhung *f* im Blut
hyperoestrogenism Hyperöstrogenismus *m*, übermäßige Östrogenbildung *f*, erhöhter Östrogengehalt *m* im Körper
hyperoestrogenosis *s.* hyperoestrogenism
hyperoncotic hyperonkotisch, mit erhöhtem onkotischen Druck
hyperonychia Hyperonychie *f*, übermäßige Nagelbildung *f*, Nagelhypertrophie *f*
hyperope Hyperope(r) *m*, Hypermetrope(e) *m*, Weitsichtige(r) *m*
hyperopia Hyperopie *f*, Hypermetropie *f*, Weitsichtigkeit *f*, Übersichtigkeit *f*
hyperopic hyperop, hypermetrop, weitsichtig, übersichtig; Hyperopie…
hyperopic astigmatism hyperoper Astigmatismus *m*
hyperorchidia *s.* hyperorchidism
hyperorchidism Hyperorchidismus *m*, gesteigerte Hodenfunktion *f*, übermäßige Hodenaktivität *f*
hyperorexia Hyperorexie *f*, gesteigerter [übermäßiger] Appetit *m*, abnormer Appetit *m*, Bulimie *f*, Heißhunger *m*, Gefräßigkeit *f*
hyperornithinaemia Hyperornithinämie *f*, Ornithin(spiegel)erhöhung *f* im Blut
hyperorthocytosis Hyperleukozytose *f* mit normalem Differenzialblutbild
hyperosmia Hyperosmie *f*, Geruchsüberempfindlichkeit *f*, gesteigertes Geruchsvermögen *n*, Hyperosphresie *f*, olfaktorische Hyperästhesie *f*
hyperosmolal hyperosmolal, mit erhöhter Osmolalität (einhergehend)
hyperosmolar hyperosmolar, mit erhöhter Omolarität (einhergehend)
hyperosmolarity Hyperosmolarität *f (des Serums)*
hyperosmotic 1. hyperosmotisch, mit erhöhtem osmotischen Druck (einhergehend); 2. hyperosmotisch, durch erhöhten osmotischen Druck (verursacht)
hyperosphresia *s.* hyperosmia
hyperosteogeny exzessive [überschießende] Knochenbildung *f*, übermäßige Knochenentwicklung *f*
hyperostosteoidosis Hyperosteoidose *f*, übermäßige Osteoidbildung *f*
hyperostosis Hyperostose *f*, Knochenhypertrophie *f*, Knochenauswuchs *m*, Exostose *f*
hyperostotic hyperostotisch, mit Knochenhypertrophie einhergehend; Hyperostose…, Knochenhypertrphie…; Exostose(n)…
hyperovaria *s.* hyperovarianism
hyperovar(ian)ism Eierstocküberfunktion *f*, erhöhte Eierstockaktivität *f*, gesteigerte Ovarialsekretion *f*
hyperoxaemia Azidose *f*, erhöhte Säurekonzentration *f* im Blut, Blutübersäuerung *f*
hyperoxaemic 1. Azidose…, Blutübersäuerungs…, Hyperoxämie…; 2. *s.* hyperoxic
hyperoxalaemia Hyperoxalämie *f*, Oxalsäurevermehrung *f* im Blut, Oxalat(spiegel)erhöhung *f* im Blut
hyperoxaluria Hyperoxalurie *f*, erhöhte Oxalsäureausscheidung *f* im Urin, Oxalurie *f*, erhöhte Oxalatkonzentration *m* im Urin
hyperoxia 1. Hyperoxie *f*, erhöhte Sauerstoffkonzentration *f*; 2. Hyperoxie *f*, erhöhter Sauerstoffpartialdruck *m*, erhöhte Sauerstoffspannung *f*
hyperoxic 1. mit erhöhter Sauerstoffkonzentration; Hyperoxie…; 2. mit erhöhtem Sauerstoffpartialdruck
hyperoxidation Hyperoxidation *f*, übermäßige Oxidation *f*
hyperoxygenation Hyperoxygenierung *f*
hyperpallaesthesia Hyperpallästhesie *f*, erhöhte Vibrationsempfindlichkeit *f*, gesteigerte Vibrationswahrnehmung *f*
hyperpancreatism Hyperpankreatismus *m*, gesteigerte Pankreasaktivität *f*
hyperpancreorrhoea Hyperpankreorrhoe *f*, gesteigerte Pankreassekretion *f*, übermäßige Bauchspeicheldrüsensekretion *f*
hyperparasite Hyperparasit *m*
hyperparsitic hyperparasitär, hyperparasitisch; Hyperparasiten…
hyperparasitism Hyperparasitismus *m*
hyperparathyreosis *s.* hyperparathyroidism
hyperparathyroid hyperparathyroid, hyperparathyreot; Hyperparathyreose…, Nebenschilddrüsenüberfunktions…
hyperparathyroid osteodystrophy hyperparathyroide Osteodystrophie *f*
hyperparathyroidism Hyperparathyreoidismus *m*, Hyperparathyreose *f*, Nebenschilddrüsenüberfunktion *f*
hyperparotidism Hyperparotidismus *m*, gesteigerte Ohrspeicheldrüsenaktivität *f*
hyperpathia Hyperpathie *f*, gesteigerte Schmerzreaktion *f*
hyperpepsia Hyperpepsie *f*
hyperpepsinaemia Hyperpepsinämie *f*, Pepsinvermehrung *f* im Blut, Pepsin(spiegel)erhöhung *f* im Blut
hyperpepsinia erhöhte Pepsinbildung *f*
hyperpepsinuria Hyperpepsinurie *f*, erhöhte Pepsinausscheidung *f* im Urin, erhöhte Pepsinkonzentration *m* im Urin
hyperperfusion Hyperperfusion *f*, Überperfusion *f*
hyperperfusion syndrome Hyperperfusionssyndrom *n* *(z. B. des Gehirns)*
hyperperistalsis Hyperperistaltik *f*, Peristaltikverstärkung *f*, gesteigerte [verstärkte] Peristaltik *f*
hyperpermeability Hyperpermeabilität *f*, gesteigerte [erhöhte] Durchlässigkeit *f (z. B. einer Membran)*
hyperpexia Hyperpexie *f*, gesteigerte Substanzbindung *f*, erhöhte [übermäßige] Fixierung *f* von Stoffen *(z. B. im Gewebe)*
hyperpexy *s.* hyperpexia
hyperphagia Hyperphagie *f*, Heißhunger *m*, Polyphagie *f*
hyperphalangia *s.* hyperphalangism
hyperphalangism Hyperphalangismus *m*, Hyperphalangie *f*, Phalangenüberzahl *f*
hyperphasia 1. *(Neur)* Garrulitas *f*, Geschwätzigkeit *f*, übermäßige Gesprächigkeit *f*; 2. *(Neur)* Hyperphasie *f* *(Unfähigkeit zum kontrollierten Gebrauch der Sprechorgane)*
hyperphenylalaninaemia 1. Hyperphenylalaninämie *f* *(Stoffwechselstörung durch Mangel an Phenylalanin-4-monooxygenase)*; 2. Hyperphenylalaninämie *f*, Phenylalanin(spiegel)erhöhung *f* im Blut

hyperphonesis Hyperphonese *f (Lautverstärkung bei der Auskultation)*
hyperphonia Hyperphonie *f*, gesteigerte Phonation *f*, Phonationsverstärkung *f*, hyperenergetische Phonation *f*
hyperphoria *(Ophth)* Hyperphorie *f*, latentes Nach-oben-Schielen *n*
hyperphosphataemia Hyperphosphatämie *f*, Phosphat(spiegel)erhöhung *f* im Blut
hyperphosphataemic hyperphosphatämisch; Hyperphosphatämie..., Phosphatüberschuss...
hyperphosphatasaemia Hyperphosphatasämie *f*, Phosphatase(spiegel)erhöhung *f* im Blut
hyperphosphatasia *s.* hyperphosphatasaemia
hyperphosphaturia Hyperphosphaturie *f*, vermehrte Phosphatausscheidung *f* im Urin
hyperphosphoraemia Hyperphosphorämie *f*, Phosphor(spiegel)erhöhung *f* im Blut
hyperphrasia *s.* logorrhoea
hyperphrenia Hyperphrenie *f*, erhöhte Geistesaktivität *f*, gesteigerte Geistestätigkeit *f (1. schöpferisches Genie; 2. manisch Kranker)*
hyperphrenic hyperphren(isch), geistig überaktiv
hyperpiesia *s.* hypertension
hyperpigmentation Hyperpigmentierung *f*, Hyperpigmentation *f*, erhöhte Pigmenteinlagerung *f*, abnorme [vermehrte] Pigmentierung *f*, Überpigmentierung *f*
hyperpigmented hyperpigmentiert, überpigmentiert
hyperpinealism Hyperpinealismus *m*, Zirbeldrüsenüberfunktion *f*, gesteigerte [übermäßige] Zirbeldrüsenaktivität *f*
hyperpipecolataemia Hyperpipecolatämie *f*, Pipecolsäure(spiegel)erhöhung *f* im Blut
hyperpipecolic acidaemia *s.* hyperpipecolataemia
hyperpituitarism Hyperpituitarismus *m*, Hypophysenüberfunktion *f*
hyperplasia Hyperplasie *f*, Überentwicklung *f (von Organen und Geweben)*; Zellvermehrungswachstum *n*
hyperplasmia Hyperplasmie *f*, Plasmavermehrung *f*, erhöhtes Plasmavolumen *n*, Hypervolämie *f*
hyperplasminaemia Hyperplasminämie *f*, erhöhter Plasmingehalt *m* im Blut
hyperplastic hyperplastisch, überentwickelt; Hyperplasie...
hyperplastic cholecystosis hyperplastische Cholezystose *f*
hyperplastic gingivitis hyperplastische Gingivitis *f*, Gingivitis *f* hyperplastica
hyperplastic laryngitis hyperplastische Kehlkopfentzündung *f*, Laryngitis *f* hyperplastica
hyperplastic maxillary sinusitis hyperplastische Kieferhöhlenentzündung *f*
hyperplastic rhinitis hyperplastische Nasenschleimhautentzündung *f*, Rhinitis *f* hyperplastica [hypertrophicans]
hyperplastic synovitis Synovitis *f* hyperplastica
hyperploid hyperploid, mit überzähligen Chromosomen; Hpyerploidie...
hyperploid Hyperploide(r) *m*, hyperploider Organismus *m*; Zelle *f* mit überzähligen Chromosomen
hyperploidy Hyperploidie *f (Vorhandensein überzähliger Chromosomen)*
hyperpnoea Hyperpnoe *f*, Polypnoe *f*, gesteigerte Atmung *f*
hyperpnoeic hyperpnoeisch, mit gesteigerter [verstärkter] Atmung (einhergehend); Hyperpnoe...
hyperpolarization Hyperpolarisation *f*, erhöhte elektrische Ladung *f (z. B. einer Membran)*
hyperpolarization block Hyperpolarisationsblock *m (Nervenleitung)*
hyperpolypeptidaemia Hyperpolypeptidämie *f*, Polypeptid(spiegel)erhöhung *f* im Blut
hyperponesis Hyperponese *f (Erhöhung der Abgabe von Aktionspotenzialen in der motorischen Hirnrinde)*
hyperponetic hyperponetisch, verstärkt Aktionspotenziale abgebend; Hyperponese...
hyperporosis Hyperporose *f*, verstärkte Kallusbildung *f*
hyperposia Hyperposie *f*, übermäßige [erhöhte] Flüssigkeitsaufnahme *f*, verstärktes Trinken *n*
hyperpotassaemia *s.* hyperkalaemia
hyperpotassaemic *s.* hyperkalaemic
hyperpragia Hyperpragie *f*, gesteigerte geistige Aktivität *f*
hyperpragic überaktiv, rastlos, geschäftig
hyperpraxia Hyperpraxie *f*, gesteigerte Aktivität *f*, Rastlosigkeit *f*, Bewegungsdrang *m*
hyperprebetalipoproteinaemia Hyperpräbetalipoproteinämie *f*, Präbetaliporotein(spiegel)erhöhung *f* im Blut
hyperpresbyopia Hyperpresbyopie *f*, gesteigerte Alterssichtigkeit *f*
hyperprochoresis Hyperperistaltik *f*, gesteigerte Magenmotorik *f*
hyperproduction of hormone Hormonüberproduktion *f*
hyperproinsulinaemia Hyperproinsulinämie *f*, Proinsulin(spiegel)erhöhung *f* im Blut
hyperprolactinaemia Hyperprolaktinämie *f*, Hyperprolanämie *f*, Prolaktin(spiegel)erhöhung *f* im Blut
hyperprolactinaemic hyperprolaktinämisch; Hyperprolaktinämie..., Prolaktinüberschuss...
hyperprolinaemia 1. Hyperprolinämie *f (Stoffwechselstörung)*; 2. Hyperprolinämie *f*, Prolin(spiegel)erhöhung *f* im Blut
hyperprolinaemia type I Hyperprolinämie *f* Typ I *(durch Prolinoxidasemangel)*
hyperprolinaemia type II Hyperprolinämie *f* Typ II *(durch 1-Pyrrolin-5-carboxylat-Dehydrogenasemangel)*
hyperprosexia 1. Hyperprosexie *f*, gesteigerte Aufmerksamkeit *f*, Auffassungsbeschleunigung *f*, erhöhte Erweckbarkeit *f* der Aufmerksamkeit; 2. Wahnfixierung *f (z. B. bei Psychosen)*
hyperprosody Hyperprosodie *f*
hyperproteinaemia Hyperproteinämie *f*, Protein(spiegel)erhöhung *f* im Blut, erhöhter Plasmaproteinspiegel *m*, Plasma- und Serumeiweißerhöhung *f*
hyperproteinaemic hyperproteinämisch; Hyperproteinämie..., Bluteiweißüberschuss...
hyperproteosis Hyperproteose *f (durch erhöhten Eiweißgehalt in der Nahrung)*
hyperpselaphesia Hyperpselaphesie *f*, krankhafte Tastgefühlsteigerung *f*, gesteigertes Tastgefühl *n*, taktiler Hyperästhesie *f*
hyperpsychosis *s.* hypernoia
hyperptyalism Hyperptyalismus *m*, vermehrte Speichelsekretion *f*
hyperpyretic hyperpyretisch, sehr fiebrig, hoch fieberhaft; hoch fiebernd; hohes Fieber auslösend [bewirkend]; Hyperpyrexie...
hyperpyretic temperature Fieber *n*
hyperpyrexia Hyperpyrexie *f*, hohes Fieber *n*
hyperpyrexial *s.* hyperpyretic
hyperpyrexic *s.* hyperpyretic
hyperpyrexic patient hoch fiebernder Patient *m*
hyperreactive hyperreaktiv, überreagierend, übermäßig stark reagierend; Überreaktions..., Hyperreaktivitäts...
hyperreactivity Hyperreaktivität *f*, übermäßig starke Reaktion *f*, Überreaktion *f*
hyperreflection *(Neur)* Hyperreflexion *f*, Reflexionskrampf *m*, übermäßige Neigung *f* zum Reflektieren *(der Umwelt)*
hyperreflexia Hyperreflexie *f*, Reflexsteigerung *f*, gesteigerte Reflexaktivität *f*, übermäßig gesteigerte Reflexe *mpl*

hyperreflexic hyperreflektorisch, reflexgesteigert, mit gesteigerter Reflexaktivität, mit gesteigerten Reflexen; Hyperreflexie...
hyperreflexive hyperreflexiv, die Aufmerksamkeit auf eigene seelische Vorgänge lenkend
hyperrenninaemia Hyperrenninämie *f*, Rennin(spiegel)erhöhung *f* im Blut, erhöhter Renninspiegel *m* im Blut
hyperrenninaemic mit erhöhtem Renninspiegel im Blut; Hyperrenninämie...
hyperresonance Hyperresonanz *f*, Resonanzsteigerung *f*, verstärkte [erhöhte] Resonanz *f* *(z. B. bei Pneumothorax)*
hyperresponsive *s.* hyperreactive
hyperresponsiveness *s.* hyperreactivity
hypersalaemia Hypersalinämie *f*, Salz(spiegel)erhöhung *f* im Blut, erhöhter Salzspiegel *m* im Blut
hypersaline hypersalin, übermäßig salzhaltig, mit hohem Kochsalzgehalt *(z. B. die Nahrung)*
hypersalivation Hypersalivation *f*, vermehrte Speichelsekretion *f*
hypersarcosinaemia Hypersarkosinämie *f*, Sarkosinämie *f*, Sarkosin(spiegel)erhöhung *f* im Blut, erhöhter Sarkosinspiegel *m* im Blut
hypersecretion Hypersekretion *f*, Sekretionssteigerung *f*, vermehrte [erhöhte] Sekretion *f*
hypersecretory hypersekretorisch, mit verstärkter [übermäßiger] Sekretion verlaufend; Hypersekretions...
hypersegmentation Hypersegmentation *f*, Hypersegmentierung *f*, Übersegmentierung *f* *(z. B. von Organen)*
hypersensibility *s.* hypersensitivity
hypersensitive 1. hypersensibel, überempfindlich; 2. allergisch, anaphylaktisch, immunologisch überempfindlich • **be hypersensitive to** 1. überempfindlich sein gegenüber; 2. allergisch sein [reagieren] gegenüber • **become hypersensitive** überempfindlich werden
hypersensitive personality disorder *(Neur)* hypersensitive Persönlichkeitsstörung *f*
hypersensitiveness *s.* hypersensitivity 2.
hypersensitivity 1. Hypersensibilität *f*, Überempfindlichkeit *f* *(z. B. auf äußere Reize)*; 2. Allergie *f*, Anaphylaxie *f*, immunologische Überempfindlichkeit *f*
hypersensitivity angiitis Hypersensitivitätsangiitis *f*
hypersensitivity pneumonitis exogene allergische Alveolitis *f*
hypersensitivity reaction Überempfindlichkeitsreaktion *f*
hypersensitivity reaction type I allergische Reaktion *f* Typ I, allergische Reaktion *f* vom Sofort-Typ, allergische Sofortreaktion *f* *(Beteiligung von IgE)*
hypersensitivity reaction type II allergische Reaktion *f* Typ II, antikörper-vermittelte allergische Reaktion *f*, zytotoxische allergische Reaktion *f* *(Beteiligung von IgG und IgM)*
hypersensitivity reaction type III allergische Reaktion *f* Typ III, immunkomplex-vermittelte allergische Reaktion *f* *(Beteiligung von Antigen-Antikörper-Immunkomplexen)*
hypersensitivity reaction type IV allergische Reaktion *f* Typ IV, T-lymphozyten-vermittelte allergische Reaktion *f* *(Beteiligung von antigenspezifischen T-Lymphozyten)*
hypersensitization Hypersensibilisierung *f*, Übersensibilisierung *f*
hypersensitize *v* hypersensibilisieren, (immunologisch) überempfindlich machen, allergisch machen
hyperseroton(in)aemia Hyperserotoninämie *f*, Serotonin(spiegel)erhöhung *f* im Blut
hypersexuality Hypersexualität *f*, abnorm starkes sexuelles Verlangen *n*; (übermäßig) gesteigerte sexuelle Aktivität *f*, Hypersexualismus *m*
hypersialosis Sialorrhoe *f*, Speichelüberfluss *m*
hypersiderinaemia Hypersiderinämie *f*, Eisenspiegelerhöhung *f* im Blut
hyperskeocytosis *s.* hyperneocytosis
hypersomatotropism 1. Hypersomatotropismus *m*, übermäßige Wachstumshormonsekretion *f*, erhöhte [verstärkte] Somatotropinausschüttung *f*; 2. Hypersomatotropismus *m*, Somatotropinspiegelerhöhung *f* im Blut
hypersomia Hypersomie *f*, Riesenwuchs *m*, Gigantismus *m*
hypersomnia Hypersomnie *f*, Schlafsucht *f*
hypersomnia-bulimia syndrome Hypersomnie-Bulimie-Syndrom *n*, Kleine-Levin-Syndrom *n*, Hypersomnia *f* periodica
hypersomnolence Hypersomnolenz *f*, erhöhte Schläfrigkeit *f*
hypersomnolent hypersomnolent; Hypersomnolenz..., Schläfrigkeits...
hyperspadias Epispadie *f*
hyperspermia Hyperspermie *f*, vermehrte Samen(faden)bildung *f*
hypersphyxia Hypersphyxie *f*, erhöhte Kreislaufaktivität *f*
hypersplenia *s.* hypersplenism
hypersplenism Hypersplenie *f*, Hypersplenismus *m*, Milzüberfunktion *f*
hyperspongiosis Hyperspongiose *f* *(Proliferation der Substantia spongiosa ossi)*
hypersteatosis Hypersteatosis *f*, vermehrte Talgabsonderung *f*
hyperstereoradiography Hyperstereoradiographie *f*, Stereoradiographie *f* mit großen Abständen
hyperstereoskiagraphy Hyperstereoskiagraphie *f*
hypersthenia Hypersthenie *f*, allgemeine Körperstärke *f* [Muskelstärke *f*]
hypersthenic hypersthenisch, körperlich stark; Hypersthenie...
hypersthenic heart Holzschuhherz *n*, Coeur *m* en sabot
hypersthenuria Hypersthenurie *f*, erhöhte Konzentrierungsleistung *f* der Nieren, erhöhte Urinosmolalität *f*
hypersuprarenalism Hypersuprarenalismus *m*, Nebennieren(rinden)überfunktion *f*
hypersusceptible *s.* hypersensitive 1.
hypersympathicotonus Hypersympathikotonus *m*, erhöhter Sympathikotonus *m*, Sympathikusüberfunktion *f*
hypersystole Hypersystole *f*, Systolenverstärkung *f*
hypertarachia extreme Reizbarkeit *f* des Nervensystems, erhöhte Reizempfindlichkeit *f* des Nervensystems
hypertaurodontism Hypertaurodontismus *m*
hypertelorism Hypertelorismus *m*, Augenwinkelabstandsvergrößerung *f*, okulärer Hypertelorismus *m*
hypertensin Hypertensin *n*, Angiotonin *n*, Angiotensin *n* *(blutdruckerhöhende Substanz)*
hypertensinogen Hypertensinogen *n*, Angiotensinogen *n* *(Hypertensinvorstufe)*
hypertension Hypertonie *f*, Hypertension *f*, Bluthochdruck *m*, erhöhter Blutdruck *m*; Blutdruckerhöhung *f*
hypertensive hyperton, hypertensiv; Hypertonie..., Hochdruck...
hypertensive Hypertoniker *m*, Hochdruckkranke(r) *m*, an Bluthochdruck Leidende(r) *m*; Hypertonikerin *f*, an einem hohen Blutdruck Leidende *f*
hypertensive arteriosclerosis hypertensive Arteriosklerose *f*, Hochdruck-Arteriosklerose *f*
hypertensive crisis hypertensive Krise *f*, Hochdruck-Krise *f*
hypertensive encephalopathy hypertensive Enzephalopathie *f*, Encephalopathia *f* hypertonica
hypertensive meningeal hydrops Pseudotumor *m* cerebri
hypertensive patient Hochdruckpatient *m*; Hochdruckpatientin *f*
hypertensive retinopathy Hochdruckretinopathie *f*, Retinopathia *f* hypertonica

hypertensive (agent) *s.* hypertensor
hypertensor Hypertensivum *n*, Antihypotonikum *n*, blutdruckerhöhendes Mittel *n*, Antihypotensivum *n*
hyperthecosis Hyperthekose *f*, Hyperthecosis *f*, Thekazellenhyperplasie *f (der Graaf'schen Follikel)*
hyperthelia Hyperthelie *f*, Brustwarzenüberzahl *f (Vorhandensein überzähliger Brustwarzen)*
hyperthermaesthesia Hyperthermoästhesie *f*, Thermohyperästhesie *f*
hyperthermal hypertherm(al), mit erhöhter Temperatur [Körpertemperatur] einhergehend; Hyperthermie…
hyperthermal coma Hyperthermiekoma *n*, hyperthermisches Koma *n*
hyperthermalgesia Hyperthermalgesie *f*, Thermohyperalgesie *f*, Hitzeüberempfindlichkeit *f*
hyperthermia 1. Hyperthermie *f*, künstliche Temperaturerhöhung *f*, künstliches Fieber *n*; 2. Hyperthermie *f*, Körpertemperaturerhöhung *f*, hohes Fieber *n*
hyperthermic *s.* hyperthermal
hyperthermy *s.* hyperthermia
hyperthermo-aesthesia *s.* hyperthermalgesia
hyperthermy *s.* hyperthermia
hyperthrombinaemia Hyperthrombinämie *f*, Thrombin(spiegel)erhöhung *f* im Blut
hyperthrombocytaemia Hypertrombozytämie *f*, vermehrte Trombozytenzahl *f* im Blut
hyperthymergasia *(Neur)* Hyperthymergasie *f*, manisches Zustandsbild *n*
hyperthymergastic reaction *(Neur)* hyperthymergastische Reaktion *f*
hyperthymia Hyperthymie *f*, hypomane Aktivitätssteigerung *f*, manische Erregung *f*, gesteigerte Affektneigung *f*
hyperthymic hyperthym, manisch erregt, affektgeneigt, affektgesteigert; Hyperthymie…
hyperthymic personality *(Neur)* Hyperthymiker *m*, hyperthymer Psychopath *m*
hyperthymism Hyperthymismus *m*, Thymusüberfunktion *f*, erhöhte Thymusaktivität *f*
hyperthymization *s.* hyperthymism
hyperthyrea *s.* hyperthyroidism
hyperthyreosis *s.* hyperthyroidism
hyperthyroid hyperthyreot; Hyperthyreose…, Schilddrüsenüberfunktion(s)…
hyperthyroid crisis hyperthyroide [hyperthyreote] Krise *f*, Thyreotoxikose *f*
hyperthyroidation Hyperthyreoseauslösung *f*
hyperthyroidism Hyperthyreoidismus *m*, Hyperthyreose *f*, Schilddrüsenüberfunktion *f*, thyreotoxische Krise *f*
hyperthyroidosis *s.* hyperthyroidism
hyperthyrotropinaemia Hyperthyreotropinämie *f*, Thyreotropin(spiegel)erhöhung *f* im Blut
hyperthyrotropinism Hyperthyreotropinismus *m*
hyperthyroxinaemia Hyperthyroxinämie *f*, Thyroxin(spiegel)erhöhung *f* im Blut
hypertonia 1. Hypertonie *f*, Hypertonus *m*, Druckerhöhung *f*; 2. Hypertonizität *f*, erhöhter osmotischer Druck *m*; 3. Hypertonie *f*, gesteigerte Muskelspannung *f*, Tonussteigerung *f*, Tonuserhöhung *f*
hypertonic 1. hyperton(isch), druckerhöht, mit erhöhtem Druck [Blutdruck]; 2. hyperton, mit erhöhtem osmotischer Druck; 3. hyperton, mit erhöhtem Muskeltonus, tonusgesteigert
hypertonic bladder hypertone Blase *f*
hypertonic contracture hypertone Kontraktur *f*
hypertonic saline hypertone Kochsalzlösung *f*
hypertonic salt solution dressing mit physiologischer Kochsalzlösung getränkter Verband *m*
hypertonicity *s.* hypertonia
hypertonus *s.* hypertonia
hypertoxic hypertoxisch, extrem [übermäßig] toxisch
hypertoxic dysentery hypertoxische Dysenterie *f*
hypertoxic scarlatina Scarlatina *f* fulminans
hypertoxicity Hypertoxizität *f*, extreme [übermäßige] Toxizität *f*
hypertransfusion Hypertransfusion *f*, Übertransfusion *f*, übermäßige Transfusion *f*
hypertrichiasis *s.* hypertrichosis
hypertrichophrydia übermäßig verdickte Augenbrauen *fpl*
hypertrichosis Hypertrichose *f*, vermehrter [übermäßiger] Haarwuchs *m*, Haar(wuchs)vermehrung *f*, Polytrichia *f*, Polytrichosis *f*
hypertrichotic hypertrichot, überbehaart, sehr behaart
hypertriglyceridaemia Hypertriglyzeridämie *f*, Triglycerid(spiegel)erhöhung *f* im Blut
hypertriploid hypertriploid
hypertrophia *s.* hypertrophy
hypertrophic hypertroph, hypertrophisch; Hypertrophie…
hypertrophic angioma hypertrophes Angiom *n*
hypertrophic bronchiectasis hypertrophe Bronchiektasie *f*
hypertrophic bronchitis hypertrophe Bronchitis *f*
hypertrophic cardiomyopathy hypertrophe Kardiomyopathie *f*
hypertrophic catarrh hypertropher Katarrh *m*
hypertrophic cervical pachymeningitis Pachymeningitis *f* cervicalis hypertrophica
hypertrophic chronic pharyngitis Pharyngitis *f* chronica hyperplastica
hypertrophic cicatrization hypertrophe Narbenbildung *f* [Vernarbung *f*]
hypertrophic cirrhosis hypertrophe Zirrhose *f*
hypertrophic gastritis hypertrophe Gastritis *f*, Gastritis *f* hypertrophica
hypertrophic gingivitis Gingivitis *f* hypertrophicans [hyperplastica]
hypertrophic obstructive cardiomyopathy hypertrophe obstruktive Kardiomyopathie *f*, HOCM, idiopathische hypertrophe Subaortenstenose *f*
hypertrophic pulmonary osteoarthropathy Trommelschlägelfingerbildung *f*, Akropachie *f*
hypertrophic ringworm Granuloma *n* trichophyticum
hypertrophic salpingitis Pachysalpingitis *f*
hypertrophic scarring *s.* hypertrophic cicatrization
hypertrophy *v* hypertrophieren
hypertrophy Hypertrophie *f (Organvergrößerung durch Kernverdoppelungswachstum)*
hypertrophy of the heart Herzhypertrophie *f*
hypertrophy of the left heart and enlarged aorta *(Rad)* Linksherzvergrößerung *f* und erweiterte Aorta *f*
hypertrophy of the media Mediahypertrophie *f*, Mediaverdickung *f*
hypertrophy of the right ventricle Rechtsherzhypertrophie *f*
hypertropia *(Ophth)* Hypertropie *f*, Nach-oben-Schielen *n*, Aufwärtsschielen *n*
hypertyrosinaemia Hypertyrosinämie *f*, Tyrosin(spiegel)erhöhung *f* im Blut
hyperuresis Polyurie *f*, vermehrte Harnausscheidung *f* [Urinausscheidung *f*]
hyperuricacidaemia *s.* hyperuricaemia
hyperuricaciduria *s.* hyperuricuria
hyperuricaemia Hyperurikämie *f*, Harnsäure(blutspiegel)erhöhung *f*, Harnsäurevermehrung *f* im Blut
hyperuricaemic hyperurikämisch; Hyperurikämie…
hyperuricosuria *s.* hyperuricuria
hyperuricuria Hyperurik(os)urie *f*, vermehrte Harnsäureausscheidung *f* im Urin

hypervaccination Hypervakzination *f*
hypervalinaemia Hypervalinämie *f*, Valin(spiegel)erhöhung *f* im Blut
hypervascular hypervaskulär, blutgefäßreich, hypervaskularisiert, reich(lich) mit Blutgefäßen versorgt
hypervascularity Hypervaskularität *f*, Blutgefäßreichtum *m*, Gefäßüberversorgung *f (z. B. von Organen)*
hyperventilate *v* hyperventilieren, verstärkt [verschärft] atmen; die Lunge überbelüften
hyperventilation Hyperventilation *f*, verstärkte Atmung *f*, Atmungsverstärkung *f*, Lungenüberbelüftung *f*
hyperventilation syndrome Hyperventilationssyndrom *n*
hyperventilation tetany Hyperventilationstetanie *f*, psychogene Tetanie *f*
hypervigilance Hypervigilanz *f*, gesteigerte [übermäßige] Vigilanz *f*, Vigilanzsteigerung *f*, Hypervigilität *f*, Überwachheit *f*
hyperviscosity Hyperviskosität *f*, gesteigerte [übermäßige] Viskosität *f*, Viskositätssteigerung *f*
hyperviscosity syndrome *(Hämat)* Hyperviskositätssyndrom *n*
hypervitaminosis Hypervitaminose *f*, Vitaminüberschuss *m*; Vitaminüberschusskrankheit *f*
hypervitaminosis A Vitamin-A-Hypervitaminose *f*
hypervitaminosis D Vitamin-D-Hypervitaminose *f*
hypervitaminotic Hypervitaminose..., Vitaminüberschuss...
hypervolaemia Hypervolämie *f*, Blutvolumenvermehrung *f*, Blutfülle *f*, erhöhtes Plasmavolumen *n*
hypervolaemic hypervolämisch, mit erhöhtem Blutvolumen [Plasmavolumem] einhergehend; Hypervolämie..., Blutfülle...
hypervolia Hypervolie *f*, Volumenerhöhung *f*, erhöhtes Volumen *n (z. B. einer Zelle)*
hypha Hypha *f*, Hyphe *f*, Pilzfaden *m*, Myzelfaden *m*
hyphaema Hyphäma *n*, Augenkammereinblutung *f*
hyphaemia 1. *s.* hyphaema; 2. Oligämie *f*, Blut(volumen)verminderung *f*, Hypovolämie *f*
hyphal Hypha...
hyphedonia Hyphedonie *f (Verlust des Gefühls der Freude)*
hyphephilia Hyphephilie *f (Erregung beim Anfassen von Samt und Seide)*
hyphidrosis *s.* hypohidrosis
hyphogenic hyphogen, Pilzfäden bildend
hyphogenic sycosis Folliculitis *f* barbae, Bartflechte *f*, Bartfinne *f*, Tinea *f* [Sycosis *f*] barbae
Hyphomycetales Hyphomycetales *pl*
hyphomycete Hyphomyzet *m*, Fadenpilz *m*
hyphomycetic Hyphomyzeten..., Fadenpilz...
hyphomycosis Hyphomykose *f*, Hyphomycosis *f*, Hyphomyzetose *f*, Fadenpilzkrankheit *f*
hypinosis Hypinose *f*, Fibrinogen(spiegel)verminderung *f* im Blut
hypisotonic hypoisotonisch, mit niedrigerem osmotischem Druck
hypnagogic 1. hypnagog(isch), einschläfernd, schlafbewirkend; Einschlaf...; 2. hypnotisch; Teilschlaf...; Halbschlaf...; 3. hypnagog(isch), im Halbschlaf vorkommend, während des Einschlafens auftretend
hypnagogic convulsion *(Neur)* hypnagoge Konvulsion *f*
hypnagogic cramp *s.* hypnagogic convulsion
hypnagogic delirium *(Neur)* hypnagogisches Delir(ium) *n*
hypnagogic hallucination hypnagogische Halluzination *f*, Einschlafhalluzination *f*
hypnagogic state *(Neur)* hypnagoger Zustand *m*
hypnagogue (agent) Schlafmittel *n*, Hypnagogum *n* (remedium)
hypnalgia Hypnalgie *f*, Schlafschmerz *m*, Auftreten *n* von Schmerzen im Schlaf; Traumschmerz *m*
hypnapagogic schlafhemmend, schlafverhindernd
hypniatrist *(Neur)* Hypniater *m*
hypnic einschläfernd, schlafbringend; hypnotisch; Schlaf..., Hypnose...
hypnoanaesthesia Hypnoanästhesie *f*, hypnotische Anästhesie *f*, Schmerzfreiheit *f* durch Hypnose, Schmerzlosigkeit *f* während einer Hypnose
hypnoanalysis Hypnoanalyse *f (Psychotherapie)*
hypnoanalytic hypnoanalytisch; Hypnoanalyse...
hypnobatia Somnambulismus *m*, Schlafwandeln *n*, Nachtwandeln *n*, Oneirodynia *f* activa
hypnocatharsis Hypnokatharsis *f (aufdeckendes psychotherapeutisches Verfahren)*
hypnocinematograph Hypnokinematograph *m*, Somnokinematograph *m*
hypnocyst Hypnozyste *f*, ruhende Zyste *f*
hypnodontia *s.* hypnodontics
hypnodontics Hypnodontie *f (Anwendung von Hypnose in der Zahnmedizin)*
hypnodreasia Hypnodrasie *f (Aktivitäten während des Schlafes)*
hypnogenesis 1. Einschläferung *f*, Schlaferzeugung *f*, Herbeiführung *f* von Schlaf; 2. Hypnogenese *f*, Hypnoseinduzierung *f*, Herbeiführung *f* von Hypnose, Teilschlaferzeugung *f*
hypnogenetic *s.* hypnogenic
hypnogenic 1. hypnogen, einschläfernd, schlafbringend, schlaferzeugend, Schlaf herbeiführend; 2. hypnogen(etisch), hypnoseerzeugend, Hypnose herbeiführend, teilschlaferzeugend
hypnogenic zone hypnogene Zone *f*
hypnogenous *s.* hypnogenic
hypnogogic *s.* hypnagogic
hypnogram Hypnogramm *n*, Schlaftiefenkurve *f*
hypnoid hypnoid, schlafähnlich; Schlaf...; hypnoseähnlich; Hypnose...; narkoseähnlich; Narkose...
hypnoid hysteria *(Neur)* Hypnoidhysterie *f*, hypnoide Hysterie *f*
hypnoid state *(Neur)* hyonoider Zustand *m*
hypnoidal *s.* hypnoid
hypnoidization Hypnoidisation *f*, Zustand *m* leichter Hypnose
hypnolepsy Hypnolepsie *f*, abnorme Schläfrigkeit *f*
hypnology 1. Hypnologie *f*, Schlaflehre *f*; 2. Hypnoselehre *f*
hypnomania Hypnomanie *f*, Schlafsucht *f*
hypnonarcoanalysis Hypnonarkoanalyse *f (Psychotherapie)*
hypnonarcosis Hypnonarkose *f*, Hypnose- und Narkosekombination *f*, Narkoseeinleitung *f* durch Hypnose
hypnophobia Hypnophobie *f*, Schlafangst *f*, Einschlaffurcht *f*, Angst *f* vor dem Einschlafen, Angst *f* vor Schlaf
hypnophrenosis Hypnophrenose *f*, Schlafstörung *f*
hypnopodia Hypnopodie *f*, Schlaflernen *n*, Lernen *n* im Schlaf
hypnopompic 1. hypnopompisch, erwachend, aufwachend; Nachschlaf...; 2. hypnopomp(isch), nach dem Schlaf vorkommend, während des Aufwachens auftretend
hypnopompic hallucination hypnopomp(isch)e Halluzination *f*, Aufwachhalluzination *f*, Nachschlafhalluzination *f*
hypnopompic state *(Neur)* hypnopomper Zustand *m*, Hypnopompie *f*
hypnosigenesis *s.* hypnotization
hypnosigenous hypnosigen, Hypnose einleitend; Hypnose herbeiführend
hypnosis 1. Hypnose *f*, hypnotische Suggestion *f*; 2. Hypnose *f*, Bewusstmachung *f* verdrängter Erlebnisse; 3. Hypnose *f*, (künstlicher) Teilschlaf *m*, Heilschlaf *m*

hypnotherapeusis *s.* hypnotherapy
hypnotherapist *(Neur)* Hyonotherapeut *m*
hypnotherapy 1. Hypnotherapie *f*, Heilschlaf *m*, Schlafkur *f*; 2. Hypnosetherapie *f*, Hypnosebehandlung *f*, therapeutische Hypnoseanwendung *f*
hypnotic 1. hypnotisch; Hypnose…; 2. hypnotisiert; 3. für Hypnose empfänglich; 4. schlaferzeugend
hypnotic 1. Hypnotisierte(r) *m*; leicht zu hypnotisierender Mensch *m*; 2. *s.* hypnotic agent
hypnotic agent Hypnotikum *n*, Hypnoticum *n* remedium, Schlafmittel *n*
hypnotic drug psychotherapy *(Neur)* Hypnoanalyse *f*, Narkoanalyse *f*
hypnotic imagery *(Neur)* Bildstreifendenken *n*
hypnotic situation *(Neur)* hyonotische Situation *f*
hypnotic sleep hypnotischer Schlaf *m*, Hypnoseschlaf *m*, Teilschlaf *m*
hypnotic suggestion *(Neur)* hypnotische Suggestion *f*
hypnotic trance *(Neur)* hypnotische Trance *f*, hypnotischer Trancezustand *m*
hypnotism 1. Hypnotisieren *n*, Hypnotisierungsvorgang *m*, Hypnoseauslösung *f*, Hypnoseerzeugung *f*; 2. Hypnologie *f*, Hypnoselehre *f*, Hypnotik *f*; 3. *s.* hypnosis
hypnotist Hypnotiseur *m*, Hypnosespezialist *m*
hypnotization Hypnotisierung *f*, Bewusstseinseinengung *f*, Einschläferung *f*
hypnotize *v* hypnotisieren, eine Hypnose auslösen, eine Bewusstseinseinengung bewirken; einschläfern
hypnotoxin Hypnotoxin *n*
hypnozoite Hypnozoit *m (Malariaentwicklungsstadium)*
hypo… *siehe auch: hyp…*
hypo-oestrinaemia *s.* hypo-oestrogenaemia
hypo-oestrogenaemia Hypoöstrogenämie *f*, Östrogen(spiegel)verminderung *f* im Blut
hypo-oestrogenism Hypoöstrogenismus *m*, verminderte Östrogenbildung *f*, verminderter Östrogengehalt *m* im Körper
hypo-oestrogenosis *s.* hypo-oestrogenism
hypo-oncotic hypoonkotisch, mit vermindertem onkotischen Druck
hypo-orchidia *s.* hypo-orchidism
hypo-orchidism Hypoorchidismus *m*, verminderte Hodenfunktion *f*, verringerte Hodenaktivität *f*, Hodenschwäche *f*
hypo-orthocytosis Leukozytopenie *f* mit normalem Differenzialblutbild
hypo-osmolal hypoosmolal, mit verminderter Omolalität (einhergehend)
hypo-osmolality Hypoosmolalität *f (des Serums)*
hypo-osmolar hypoosmolar, mit verminderter Omolarität (einhergehend)
hypo-osmolarity Hypoosmolarität *f (des Serums)*
hypo-osmotic 1. hypoosmotisch, mit vermindertem osmotischen Druck (einhergehend); 2. hypoosmotisch, durch verminderten osmotischen Druck (verursacht)
hypo-ostosis Knochenhypoplasie *f*, Knochenunterentwicklung *f*
hypo-ovaria *s.* hypo-ovarianism
hypo-ovar(ian)ism Eierstockunterfunktion *f*, verringerte Eierstockaktivität *f*, verminderte Ovarialsekretion *f*, Ovarialschwäche *f*
hypoacidity Hypoazidität *f*, Subazidität *f*, Untersäuerung *f*, Säuremangel *m*
hypoactive hypoaktiv, minderaktiv; Hypoaktivität(s)…
hypoactive reflex hypoaktiver Reflex *m*
hypoactivity Hypoaktivität *f*, Minderaktivität *f*, Aktivitätsmangel *m*, verminderte [verringerte] Aktivität *f*
hypoacusis Hypakusis *f*, Hypoakusis *f*, Hörminderung *f*, vermindertes Hörvermögen *n*, akustische [auditorische] Hypoästhesie *f*
hypoadenia Hypoadenie *f*, Drüsenunterfunktion *f*, herabgesetzte Drüsenaktivität *f*, verminderte Drüsenfunktion *f*
hypoadrenal hypoadrenal; Nebenniereninsuffizienz…, Nebennierenunterfunktion(s)…
hypoadrenal(in)aemia Hypoadrenalinämie *f*, Adrenalin(spiegel)verminderung *f* im Blut
hypoadrenalism 1. Hypoadrenalismus *m*, Nebennierenunterfunktion *f*; 2. Nebennierenrindeninsuffizienz *f*
hypoadrenia *s.* hypoadrenalism
hypoadrenocorticism Nebennierenrindenunterfunktion *f*, Hypokortizismus *m*, adrenokortikale Insuffizienz *f*
hypoaffective hypoaffektiv, affektgemindert, vermindert emotional ansprechbar
hypoaffectivity Hypoaffektivität *f*, Affektminderung *f*
hypoagnathus Hypoagnathus *m*, Unterkieferloser *m*
hypoalbuminaemia Hypalbuminämie *f*, Hypoalbuminämie *f*, verminderter Albumingehalt *m* im Blut, Albuminmangel *m* im Blut
hypoalbuminosis *s.* hypoalbuminaemia
hypoaldosteronaemia Hypoaldosteronämie *f*, Aldosteron(spiegel)verminderung *f* im Blut
hypoaldosteronism Hypoaldosteronismus *m*, Aldosteronmangel *m*
hypoaldosteronuria Hypoaldosteronurie *f*, verminderte Aldosteronausscheidung *f* im Urin
hypoalgesia *s.* hypalgesia
hypoalimentation Unterernährung *f*, Hypoalimentation *f*, unzureichende [insuffiziente] Ernährung *f*
hypoalkaline hypoalkalisch, hypoalkalin, mit vermindertem Basengehalt, mit verringerter Alkalinität (verlaufend); Hypoalkalinitäts…, Alkalimangel…
hypoalkalinity Hypoalkalinität *f*, Alkalimangel *m*, verringerte [verminderte] Alkalinität *f*, verminderter Basengehalt *m*
hypoallergenic hypoallergen
hypoalonaemia *s.* hyposalaemia
hypoalphalipoproteinaemia 1. Hypoalphalipoproteinämie *f*, Alphalipoprotoin(spiogol)verminderung *f* im Blut, 2. Hypoalphalipoproteinämie *f*, Tangier-Krankheit *f*
hypoaminoacidaemia Hypoaminoazidämie *f*, Aminosäure(spiegel)verminderung *f* im Blut
hypoaminoaciduria Hypoaminoazidurie *f*, (verminderte) Aminosäureausscheidung *f* im Urin
hypoamylasaemia Hypoamylasämie *f*, Amylase(spiegel)senkung *f* im Blut
hypoandrogenic hypoandrogen
hypoandrogenism Hypoandrogenismus *m*, Androgenmangel *m*
hypoaraemia Hypourämie *f*, niedriger Harnstoffgehalt *m* im Blut
hypoazoturia Hypoazoturie *f*, verminderte Stickstoffausscheidung *f* im Urin
hypobaric hypobar, mit erniedrigtem Druck; Unterdruck…
hypobarism Hypobarismus *m*
hypobaropathy Hypobaropathie *f*, Höhenkrankheit *f*, Bergkrankheit *f*
hypobasophilic hypobasophil, schlecht mit basischen Farbstoffen färbend
hypobasophilism *s.* hypopituitarism
hypobetalipoproteinaemia Hypobetalipoproteinämie *f*
hypobicarbonataemia Hypobikarbonatämie *f*, verminderter Bikarbonatgehalt *m* im Blut
hypobilirubinaemia Hypobilirubinämie *f*, Bilirubin(spiegel)verminderung *f* im Blut
hypobilirubinuria Hypobilirubinurie *f*, verminderte Bilirubinausscheidung *f* im Urin

hypoblast Hypoblast *m*, inneres Keimblatt *n*, Entoderm *n*
hypoblastic Hypoblast...
hypobranchianl hypobranchial, unter den Kiemenbögen (liegend)
hypobromite Hypobromit *n (Salz der unterbromigen Säure)*
hypobromous acid unterbromige Säure *f*
hypobulia *(Neur)* Hypobulie *f*, (übermäßige) Willensschwäche *f*
hypobulic hypobulisch, unterhalb des Willenskraft; unterhalb des Willensmäßigen
hypocalcaemia Hypokalziämie *f*, Calciumspiegelverminderung *f* [Calciumverminderung *f*] im Blut
hypocalcaemic hypokalziämisch; Calciummangel...
hypocalcaemic tetany hypokalziämische Tetanie *f*
hypocalcia *s.* calcipenia
hypocalcification Hypokalzifikation *f*, verminderte Kalk(salz)einlagerung *f*
hypocalcipectic vermindert Calcium bindend; Hypokalzipexie...
hypocalcipexy Hypokalzipexie *f*, verminderte Calciumbindung *f*
hypocalciuria Hypokalziurie *f*, verminderte Calciumausscheidung *f* im Urin
hypocapnia Hypokapnie *f*, Kohlendioxidmangel *m* im Blut, CO_2-Partialdruckverminderung *f*, Hypokarbie *f*
hypocapnic hypokapnisch, mit Hypokapnie verlaufend, an einer Hypokarbie leidend; Hypokapnie...
hypocapnic patient Patient *m* mit Hypokapnie
hypocarbia *s.* hypocapnia
hypocatalasia Katalasemangel *m*, Hypokatalasie *f*
hypocathexis Konzentrationsschwäche *f*, Konzentrationsmangel *m*
hypocellular hypozellulär, mit verminderter Zellzahl
hypocellularity Zustand *m* mit verminderter Zellzahl
hypocelom *s.* hypocoelom
hypocementosis Hypozementose *f*, Zementhypoplasie *f*, verminderte Zahnzementbildung *f*
hypoceruloplasminaemia Hypozeruloplasminämie *f*, Zeruloplasmin(spiegel)verminderung *f* im Blut
hypochloraemia Hypochlorämie *f*, Blutchlormangel *m*, Chlor(spiegel)verminderung *f* im Blut
hypochloraemic hypochlorämisch, mit vermindertem Chlorgehalt (verlaufend); Hypochlorämie...
hypochloraemic alkalosis hypochlorämische Alkalose *f*
hypochlorhydria Hypochlorhydrie *f*, verminderte Magenazidität *f*, Magenuntersäuerung *f*, verminderte Magensäuresekretion *f*
hypochloridation kochsalzarme Diät *f*, Salzmangeldiät *f*, salzarme Kost *f*
hypochloridaemia *s.* hypochloraemia
hypochlorite Hypochlorit *n (Salz der unterchlorigen Säure)*
hypochlorite poisoning Hypochloritvergiftung *f*
hypochlorization kochsalzarme Diät *f*, Salzmangeldiät *f*
hypochlorous acid unterchlorige Säure *f*
hypochloruria Hypochlorurie *f*, verminderte Chlorausscheidung *f* im Urin
hypocholester(in)aemia *s.* hypocholesterolaemia
hypocholesterolaemia Hypocholesterinämie *f*, Cholesterin(spiegel)verminderung *f* im Blut
hypocholesterolaemic hypocholester(ol)ämisch, mit Hypocholesterinämie (verlaufend); Hypocholesterinämie..., Cholesterinmangel...
hypocholia Hypocholie *f*, verminderte Galleproduktion *f*
hypocholuria Hypocholurie *f*, verminderte Galleausscheidung *f* im Urin
hypochondria *v* 1. hypochondriasis; 2. hypochondrium
hypochondria of adolescence *(Neur)* Adoleszentenhypochondrie *f*
hypochondriac 1. hypochondrisch; Hypochondrie..., Hypochondriasis...; 2. Hypochondrium...
hypochondriac Hypochonder *m*
hypochondriac delusion *(Neur)* hypochondrischer Wahn *m*
hypochondriac delirium Krankheitswahn *m*, eingebildetes Kranksein *n*
hypochondriac euphoria *(Neur)* hypochondrische Euphorie *f*
hypochondriac hallucination *(Neur)* hypochondrische Halluzination *f*, somatopsychische Halluzination *f*
hypochondriac idea *(Neur)* hypochondrische Idee *f*
hypochondriac region Regio *f* hypochondriaca, Hypochondrium *n*, Unterrippengegend *f*
hypochondriac schizophrenia *(Neur)* hypochondrische Schizophrenie *f*
hypochondriacal 1. hypochondrisch; Hypochondrie..., Hypochondriasis...; 2. Hypochondrium...
hypochondriacal idea *(Neur)* hypochondrische Idee *f*
hypochondriacal melancholia *(Neur)* hypochondrische Depression *f*
hypochondriacal preoccupation hypochondrische Beschäftigung *f (Zwangshandlung)*
hypochondrial reflex Hypochondriumreflex *m*
hypochondriasis Hypochondrie *f*, Krankheitswahn *m*
hypochondrism *s.* hypochondriasis
hypochondrium *s.* hypochondriac region
hypochondroplasia Hypochondroplasie *f*, verminderte Knorpelbildung *f*
hypochromaemia Hypochromämie *f*, hypochrome Anämie *f (Blutfärbeindex < 1)*
hypochromasia 1. Hypochromasie *f*, Minderfärbung *f (z. B. von Zellen)*; 2. Hypochromasie *f*, verminderter Hämoglobingehalt *m* der Erythrozyten
hypochromatic 1. hypochromatisch, vermindert [gering] färbbar; Hypochromasie...; 2. hypochromatisch, unterpigmentiert, vermindert pigmentiert; Hypochromatismus...
hypochromatism 1. Hypochromatismus *m*, Minderfärbbarkeit *f (z. B. des Zellkerns)*; 2. Zellkernchromatinmangel *m*; Minderpigmentierung *f* (der Haut)
hypochromatosis *s.* 1. hypochromatism; 2. hypochromasia
hypochromia *s.* hypochromatism
hypochromic hypochrom, gering gefärbt; Hypochromie...
hypochromic anaemia hypochrome Anämie *f*, Achreozythämie *f*
hypochromic microcytic anaemia hypochrome mikrozytäre Anämie *f*
hypochromotrichia *s.* achromotrichia
hypochylia Hypochylie *f*, verminderte [verringerte] Magensaftsekretion *f*, reduzierte Magensaftbildung *f*
hypocinesia *s.* hypokinesia
hypocitrataemia Hypozitratämie *f*, Zitrat(spiegel)verminderung *f* im Blut
hypocitraturia Hypozitraturie *f*, verminderte Zitratausscheidung *f* im Urin
hypocoagulability Hypokoagulabilität *f*, verminderte Gerinnbarkeit *f* (des Blutes), Gerinnungsschwäche *f*, Blutungsneigung *f*
hypocoagulable hyperkoagulabel, schlecht gerinnbar, mit verminderter Gerinnbarkeit (verlaufend)
hypocoelom Hypozölom *n (ventrales Zölom)*
hypocomplementaemia Hypokomplementämie *f*, Komplement(spiegel)erniedrigung *f* im Blut
hypocomplementaemic hypokomplementämisch, mit Hypokomplementämie (verlaufend); Hypokomplementämie..., Komplementüberschuss...

hypocondylar hypokondylar, unter einer Kondyle (liegend), unter einem Condylus
hypocone *(Stom)* Hypokonus *m (eines Oberkiefermolars)*
hypoconid *(Stom)* Hypokonid *m (eines Unterkiefermolars)*
hypoconule *(Stom)* Hypokonulus *m (eines Oberkiefermolars)*
hypoconulid *(Stom)* Hypokonulid *m (eines Unterkiefermolars)*
hypoconvertinaemia Hypokonvertinämie *f*, Faktor-VII-Mangelkrankheit *f*
hypocorticalism *s.* hypocorticism
hypocorticism Hypokortizismus *m*, Nebennierenrindenunterfunktion *f*
hypocorticoidism *s.* hypocorticism
hypocortisolism Hypokortisolismus *m*, Cortisol(spiegel)erniedrigung *f* im Blut
hypocupraemia Hypokuprämie *f*, Kupfer(spiegel)erniedrigung *f* im Blut
hypocupriuria Hypocupriurie *f*, verminderte Kupferausscheidung *f* im Urin
hypocycloidal motion *(Rad)* hypozykloidale Bewegung *f (trizyklische Bewegung zur Artefaktvermeidung bei Tomographie)*
hypocyclosis *(Ophth)* Akkommodationsschwäche *f*, Hypocyclosis *f*
hypocystotomy perineale Zystotomie *f*
hypocythaemia Hypozythämie *f*, Blutzellenverminderung *f*; Erythrozytenverminderung *f*, verminderte Erythrozytenzahl *f*
hypocytic leukaemia aleukämische Leukämie *f*
hypocytosis Hypozytose *f*, Zell(zahl)verminderung *f*, Zytopenie *f*
hypodactylism *s.* hypodactyly
hypodactyly Hypodaktylie *f*, Fingerminderzahl *f*, verminderte Fingeranzahl *f*, Zehenminderzahl *f*, verminderte Zehenanzahl *f*
hypodense hypodens, geringer durchlässig *(z. B. für Röntgenstrahlen)*; weniger durchscheinend *(z. B. Licht)*
hypoderm Hypodermis *f*, Sukutangewebe *n*, subkutanes Gewebe *n*, Subkutis *f*
Hypoderma bovis Hypoderma *n* bovis
Hypoderma lineatum Hypoderma *n* lineatum
hypodermatic *s.* hypodermic
hypodermatoclysis *s.* hypodermoclysis
hypodermatotomy Hypodermatotomie *f*, Sukutanschnitt *m*, Sukutaninzision *f*, Subkutangewebedurchtrennung *f*
hypodermiasis Hypodermiasis *f*, Infektion *f* mit Hypoderma-Larven; Larva *f* migrans cutanea; Myiasis *f* linearis
hypodermic hypoderm(atisch), subkutan, unter der Haut (gelegen); unter die Haut (erfolgend)
hypodermic *s.* 1. hypodermic injection; 2. hypodermic syringe
hypodermic implantation hypodermale Implantation *f*, Implantation *f* in das Subkutangewebe *(z. B. von Medikamenten)*
hypodermic injection Subkutaninjektion *f*, subkutane Injektion *f*
hypodermic medication subkutane Medikamentenapplikation *f*, Subkutanmedikation *f*
hypodermic needle Subkutankanüle *f*, subkutane Kanüle *f*
hypodermic syringe Subkutanspritze *f*, subkutane Spritze *f*
hypodermis Subkutis *f*, Unterhaut *f*, Unterhautzellgewebe *n*
hypodermoclysis Hypodermoklyse *f*, subkutane Infusion *f*, Subkutaninfusion *f*
hypodermolithiasis Hypodermolithiasis *f*, Calcinosis *f* cutis circumscripta, subkutane Kalkablagerung *f*, subkutane Klakknötchen *npl*, Kalkgicht *f*
hypodiaphragmatic subdiaphragmatisch, unter dem Zwerchfell
hypodiploid hypodiploid
hypodiploid Hypodiploide(r) *m*; hypodiploider Organismus *m*; hypodiploide Zelle *f*
hypodiploidy Hypodiploidie *f*
hypodipsia Hypodipsie *f*, verminderter [verringerter] Durst *m*
hypodipsic mit vermindertem [verringertem] Durst; Hypodypsie…
hypodontia Hypodontie *f*, Hypodontia *f*, Zahnunterzahl *f*, Zahnmangel *m*, partielle Anodontie *f*
hypodynamia Hypodynamie *f*, Muskelminderaktivität *f*, verminderte Muskelaktivität *f*
hypodynamic hypodynam(isch); Hypodynamie…
hypoeccrisia verringerte Exkretion *f*, verminderte Ausscheidung *f*
hypoeccritic mit verringerter Exkretion, mit verminderter Ausscheidung
hypoechoic mit wenigen Echos; wenige Echos liefernd; reflexarm *(z. B. Strukturen bei Sonographie)*
hypoelectrolytaemia Hypoelektrolytämie *f*, verringerte Elektrolytämie *f*, Elektrolyt(spiegel)verminderung *f* im Blut
hypoeosinophilia Hypoeosinophilie *f*, Eosinophilenverminderung *f*, Eosinopenie *f*
hypoepinephrinaemia Hypoepinephrinämie *f*, verringerter Adrenalinblutspiegel *m*, Adrenalin(spiegel)verminderung *f* im Blut
hypoequilibrium verringertes Schwindelgefühl *n*, verminderte Neigung *f* zur Gleichgewichtsstörung
hypoergia Hypoergie *f*, Unterempfindlichkeit *f* gegenüber Antigenen
hypoergic hypoerg, wenig empfindlich gegenüber Antigenen
hypoerythrocythaemia Hypoerythrozythämie *f*, verringerter Erythrozytengehalt *m* im Blut
hypoesophoria Hypoesophorie *f*, latentes Einwärtsschielen *n* nach unten
hypoevolution Hypoevolutiopn *f*, verlangsamte [verzögerte] Entwicklung *f*, Entwicklungsverzögerung *f*
hypoexcretory hypoexkretorisch, vermindert sezernierend, mit verringerter Sekretion (verlaufend)
hypoexophoria Hypoexophorie *f*, latentes Auswärtsschielen *n* nach unten
hypoferraemia Bluteisenmangel *m*, verminderter Eisengehalt *m* im Blut, Eisen(blutspiegel)verminderung *f*, Hypoferrinämie *f*
hypoferraemic hypoferr(ik)ämisch, mit vermindertem Eisengehalt; Hypoferrikämie…
hypoferricaemia *s.* hypoferraemia
hypofertile hypofertil, mit verminderter Fertilität; Hypofertilitäts…
hypofertility Hypofertilität *f*, verminderte Fruchtbarkeit *f*
hypofibrinogenaemia Hypofibrinogenämie *f*, Fibrinogen(spiegel)verminderung *f* im Blut
hypofolliculinaemia Hypofollikulin(äm)ie *f*, Follikelhormonmangelproduktion *f*
hypofrontalization Hypofronatalisation *f (verminderter Glukosegehalt im Stirnhirn bei Schizophrenen)*
hypofunction Hypofunktion *f*, Unterfunktion *f*, Funktionseinschränkung *f*, Funktionsverminderung *f (z. B. eines Organs)*
hypofunctional hypofunktionell; Hypofunktions…
hypogalactia Hypogalaktie *f*, verminderte Milchabsonderung *f*, reduzierte Milchsekretion *f*, verringerte Milchbildung *f*
hypogalactosis *s.* hypogalactia
hypogalactous mit verringerter Milchbildung verlaufend, mit Hypogalaktie einhergehend; Hypogalaktie…

hypogammaglobulinaemia Hypogammaglobulinämie *f*, Gammaglobulin(spiegel)verminderung *f* im Blut
hypoganglionosis Hypoganglionose *f*, Hypoganglionosis *f*, verminderte Ganglienzellenanzahl *f (im Dickdarm)*
hypogastric 1. hypogastrisch, unterhalb des Magens (liegend); 2. hypogastrisch, Hypogastrium…; 3. *s.* hypogastric artery
hypogastric artery Arteria *f* hypogastrica [iliaca interna], innere Hüftarterie *f*
hypogastric fold Plica *f* umbilicalis lateralis
hypogastric nerve Nervus *m* hypogastricus, Unterbauchnerv *m*
hypogastric pain hypogastrischer Schmerz *m*, Unterbauchschmerz *m*
hypogastric plexus Plexus *m* hypogastricus
hypogastric reflex hypogastrischer Reflex *m*, Unterbauchreflex *m*
hypogastric region Regio *f* hypogastrica [abdominis inferior], Unterbauchregion *f*, Unterbauchgegend *f*, Hypogastrium *n*, Unterbauch *m*
hypogastric vein Vena *f* hypogastrica [iliaca interna], innere Hüftvene *f*, Beckenvene *f*
hypogastrium *s.* hypogastric region
hypogastrocele Hypogastrozele *f*
hypogastropagus *(Terat)* Hypogastropagus *m (Missgeburt)*
hypogastroschisis Hypogastroschisis *f (Spaltbildung im Hypogastrium)*
hypogenesis Hypogenese *f*, Wachstumshemmung *f*, Unterentwicklung *f*, Hypotrophie *f*
hypogenetic hypogenetisch, unterentwickelt; Unterentwicklungs…
hypogenitalism Hypogenitalismus *m*, unterentwickelte Geschlechtsorgane *npl*, verringerte Genitalentwicklung *f*
hypogeusaesthesia *s.* hypogeusia
hypogeusia Hypogeusie *f*, verminderte Geschmacksempfindung *f*, verminderte Geschmacks(sinn)empfindlichkeit *f*
hypoglandular hypoglandulär, mit verringerter Drüsenaktivität einhergehend
hypoglobulia Hypoglobulie *f*, Erythrozytenverminderung *f* im Blut
hypoglossal 1. hypoglossal; Hypoglossus…, Unterzungen…; 2. sublingual, unter der Zunge (liegend)
hypoglossal canal Canalis *m* nervi hypoglossi, Unterzungennervenkanal *m*
hypoglossal nerve Nervus *m* hypoglossus, Unterzungennerv *m*, Zungenfleischnerv *m*, XII. Hirnnerv *m*
hypoglossal nucleus Nucleus *m* nervi hypoglossi
hypoglossal paralysis Hypoglossuslähmung *f*
hypoglossal trigone Trigonum *n* nervi hypoglossi
hypoglossitis Hypoglossitis *f*, Unterzungengewebeentzündung *f*
hypoglossus *s.* hypoglossal nerve
hypoglottis Hypoglottis *f*, Zungenunterseite *f*
hypoglucagonaemia Hypoglukagonämie *f*, Glukagon(spiegel)verminderung *f* im Blut
hypoglycaemia Hypoglykämie *f*, Blutzuckerverringerung *f*, verringerter Glukoseblutspiegel *m*, Glukose(spiegel)verminderung *f* im Blut
hypoglycaemic 1. hypoglykämisch, mit vermindertem Glukoseblutspiegel einhergehend; Blutzuckermangel…; 2. *s.* hypoglycaemic agent
hypoglycaemic agent Hypoglykämikum *n*, den Blutzucker senkendes Mittel *n* [Präparat *n*]
hypoglycaemic attack Hypoglykämieanfall *m*, hypoglykämischer Anfall *m*
hypoglycaemic coma Hypoglykämiekoma *n*, hypoglykämisches Koma *n*, Coma *n* hypoglycaemicum
hypoglycaemic preparation *s.* hypoglycaemic agent
hypoglycaemic shock hypoglykämischer Schock *m*, Hypoglykämieschock *m*; Insulinschock *m*
hypoglycaemic shock therapy [treatment] Insulinschockbehandlung *f*, Insulinschocktherapie *f*, Insulinkomatherapie *f*
hypoglycemosis abnorm verringerter Zuckergehalt *m (im Gewebe)*
hypoglycogenolysis Hypoglykogenolyse *f*, Glykogenolysehemmung *f*, verringerte [reduzierte] Glykogenolyse *f*, verminderte Glykogen(auf)spaltung *f*
hypoglycorrhachia Hypoglykorrhachie *f*, verringerter Liquorzuckergehalt *m*, Liquorzuckermangel *m*, Liquorzuckerverminderung *f*
hypognathia Hypognathie *f*, Mikrognathie *f*
hypognathous hypognath, einen zurückstehenden Unterkiefer besitzend
hypognathus *(Terat)* Hypognathus *m (Missgeburt)*
hypogonadism Hypogonadismus *m*, Keimdrüsenunterfunktion *f*, Unterfunktion *f* der Keimdrüsen; Eunuchentum *n*
hypogonadotropic hypogonadotrop, durch Gonadotropinmangel bewirkt
hypogonadotropinuria Hypogonadotropinurie *f*, verminderte Gonadotropinausscheidung *f* im Urin
hypogranulocytosis Hypogranulozytose *f*, Granulozytopenie *f*, Granulozytenverminderung *f* im Blut
hypohepatia Leberunterfunktion *f*, Unterfunktion *f* der Leber
hypohidrosis Hypohidrosis *f*, verminderte Schweißabsonderung *f*, verminderte Schweißbildung *f*, vermindertes Schwitzen *n*
hypohidrotic hypohidrotisch, vermindert Schweiß absondernd, vermindert schwitzend
hypohormonal *s.* hypohormonic
hypohormonic hypohormonal; Hormonmangel…
hypohydraemia Hypohydrämie *f*
hypohydration Hypohydratation *f*, Wassermangel *m*, Unterwässerung *f*
hypohydrochloridia *s.* hypochlorhydria
hypohydroxyprolinaemia Hypohydroxyprolinämie *f*, Hydroxyprolin(spiegel)verminderung *f* im Blut
hypohyloma Hypohyloma *n (Geschwulst aus embryonalem Gewebe)*
hypohypnosis Hypohypnose *f*
hypohypnotic hypohypnotisch, leicht schlafend, in leichtem Schlaf
hypoidrosis *s.* hypohidrosis
hypoimmune hypoimmun, mit verringerter [verminderter] Immunität; Hypoimmun…
hypoimmunity Hypoimmunität *f*, Immunitätsverringerung *f*, Immunitätsmangel *m*, Immunitätsverlust *m*
hypoimmunoglobulinaemia Hypoimmunoglobulinämie *f*, Hypogammaglobulinämie *f*, Gammaglobulinmangel *m* im Blut, Immunglobulin(spiegel)verminderung *f* im Blut
hypoinsulinaemia Hypoinsulinämie *f*, übermäßige Insulinblutspiegelverminderung *f*
hypoinsulinaemic hypoinsulinämisch, mit vermindertem Insulinblutspiegel (verlaufend)
hypoinsulinar hypoinsulinär, mit verminderter Insulinsekretion einhergehend; Insulinmangel…
hypoinsulinism 1. Hypoinsulinismus *m*, verminderte Insulinbildung *f*, Insulinmangel *m*; 2. *s.* hypoinsulinaemia
hypointense hypointensiv, weniger intensiv
hypoiodaemia Hypojodämie *f*, Hypoiodämie *f*, verringerter Jodgehalt *m* im Blut, Jod(spiegel)verminderung *f* im Blut
hypoiodism Hypojodismus *m*, Hypoiodismus *m*, verringerter Jodgehalt *m* im Körper, Jodmangel *m* im Körper
hypoirritability Hypoirritabilität *f*, verminderte Reizbarkeit *f* [Erregbarkeit *f*]

hypoisotonia Hypoisotonie *f*, ausgeprägte Tonusinkonstanz *f*
hypoisotonic hypoisoton(isch)
hypokal(i)aemia Hypokaliämie *f*, Kalium(spiegel)verminderung *f* im Blut, Blutkaliummangel *m*
hypokal(i)aemia syndrome Hypokaliämiesyndrom *n*, Kaliummangelsyndrom *n*
hypokal(i)aemic 1. hypokaliämisch, mit Hypokaliämie einhergehend; Hypokaliämie...; 2. *s.* hypokaliaemic agent
hypokaliaemic agent Hypokaliämikum *n*, hypokaliämisch Mittel *n*, eine Hypokaliämie bewirkendes Mittel *n*
hypokaliaemic alkalosis hypokaliämische Alkalose *f*
hypokaliaemic periodic paralysis hypokaliämische periodische Paralyse *f*
hypokeratosis Hypokeratose *f*, verminderte Hautverhornung *f*, verringerte Hornhautbildung *f*
hypokeratotic hypokeratotisch, mit verminderter Hornhautbildung einhergehend
hypokinaemia verringertes Herzzeitvolumen *n*, HZV-Verminderung *f*, verringerter Blutfluss *m*
hypokinaemic die Gewebedurchblutung vermindernd, mit verringertem Blutfluss einhergehend
hypokinesia Hypokinese *f*, Bewegungsarmut *f*, Bewegungsverminderung *f*, verminderte Muskelbewegung *f*
hypokinesis *s.* hypokinesia
hypokinetic hypokinetisch, wenig aktiv, mit verringerter Aktivität (einhergehend); Hypokinese...
hypokinetic syndrome hypokinetisches Syndrom *n*
hypokinospermia Hypokinospermie *f*, herabgesetzte Spermienbeweglichkeit *f*
hypolactasia Laktasemangel *m*
hypolactation Hypolaktation *f*, Milchmangelproduktion *f*
hypolarynx Hypolarynx *m*, Cavitas *f* infraglottica
hypolecithinaemia Hypolezithinämie *f*, verringerter Lezithingehalt *m* im Blut *f*, Lezithin(spiegel)verminderung *f* im Blut
hypolethal hypoletal, nicht tödlich wirkend, den Tod nicht bewirkend
hypoleucocytic angina Leukozytenmangelangina *f*
hypoleucocytosis Hypoleukozytose *f*, Leukozytenverminderung *f*, Leukozyten(zahl)verringerung *f*
hypoleydigism Hodenzwischenzelleninsuffizienz *f*, Unterfunktion *f* der Leydig'schen Zellen
hypolipaemia Hypolipämie *f*, Blutlipidmangel *m*, Fett(spiegel)verminderung *f* im Blut
hypolipaemic hypolipämisch, mit vermindertem Lipidgehalt im Blut (einhergehend); Hypolipidämie...
hypolipidaemia *s.* hypolipaemia
hypolipoproteinaemia Hypolipoproteinämie *f*, Lipoprotein(spiegel)verminderung *f* im Blut
hypoliposis Lipoproteinmangel *m* im Körper
hypologia 1. Hypologie *f*, Spracharmut *f*, Verringerung *f* des Sprachumfangs; 2. Hypologie *f (Unfähigkeit zur Aussprache von mehrsilbigen Wörtern)*
hypolucency *(Rad)* verminderte Strahlentransparenz *f*, verringerte Strahlendurchlässigkeit *f*
hypolymphaemia Lymphozytopenie *f*, Lymphozytenmangel *m* im Blut
hypomagnesaemia Hypomagnesiämie *f*, Magnesium-(spiegel)verringerung *f* im Blut
hypomania Hypomanie *f*, Hyperthymie *f (leichte Form der Manie)*
hypomaniac Hypomane(r) *m*, Hypomaniekranke(r) *m*
hypomanic hypoman(isch); Hypomanie...
hypomastia Hypomastie *f*, Mammahypothrophie *f*, Brustunterentwicklung *f*
hypomazia *s.* hypomastia
hypomelancholia Hypomelancholie *f*, leichte Melancholie *f*, milde Depression *f*
hypomelancholic personality hypomelancholischer Psychopath *m*, Dysthymiker *m*
hypomelanosis Hypomelanose *f*, Melaninmangel *m*
hypomelanotic hypomelanotisch; Melaninmangel..., Hypomelanose...
hypomenorrhoea Hypomenorrhoe *f*, schwache Regelblutung *f* [Menstruation *f*]
hypomenstrual syndrome hypomenstruelles Syndrom *n*
hypomere Hypomer *n*
hypometabolic hypometabol(isch); Hypometabolismus...
hypometabolism Hypometabolismus *m*, Stoffwechselunterfunktion *f*, Stoffwechseleinschränkung *f*
hypomethioninaemia Hypomethioninämie *f*, Methionin(spiegel)verminderung *f* im Blut
hypometria Hypometrie *f*, das Ziel nicht erreichende Bewegung *f*, zu kurz greifende Muskelbewegung *f*
hypometrope Hypometrope(r) *m*, Kurzsichtige(r) *m*
hypometropia Hypometropie *f*, Kurzsichtigkeit *f*
hypomimia Hypomimie *f*, Mimikverminderung *f*, verminderte Mimik *f*
hypomimic hypomimisch, mit verminderter Mimik (einhergehend); Hypomimie
hypomineralization Hypomineralisation *f*, Mineralienmangel *m*
hypomineralocorticoidism Hypomineralokortizismus *m*, Mineralokortikoid(spiegel)verminderung *f* im Blut
hypomnesia Hypomnesie *f*, verminderte Gedächtnisleistung *f*, Erinnerungsschwäche *f*
hypomnesic hypomnestisch, mit vermindertem Erinnerungsvermögen (einhergehend); Hypomnesie
hypomobile hypomobil, mit verminderter Beweglichkeit
hypomobility Hypomobilität *f*, verminderte [verringerte] Beweglichkeit *f*
hypomodal *(Statist)* hypomodal
hypomorph 1. Hypomorphe(r) *m*, kurzbeiniger Mensch *m*; 2. hypomorphes Gen *n*
hypomotility Hypomotilität *f*, verringerte Motilität *f*, verminderte Bewegung *f (z. B. des Darms)*
hypomyelination Hypomyelination *f*
hypomyelinogenesis Hypomyelinogenese *f*
hypomyotonia Hypomyotonie *f*, Muskelhypotonie *f*, Muskeltonusschwäche *f*, verminderter Muskeltonus *m*, verringerte Muskelspannung *f*
hypomyxia Hypomyxie *f*, verminderte Schleimsekretion *f*, Schleimmangel *m*
hyponasality Rhinolalia *f* clausa, geschlossene Rhinolalie *f*, kaum [gering] näselnde Sprache *f*
hyponatraemia Hyponatriämie *f*, Natrium(spiegel)-verminderung *f* im Blut
hyponatraemic hyponatriämisch, mit Hyponatriämie (einhergehend); Hyponatriämie...
hyponatraemic syndrome Hyponatriämiesyndrom *n*, Natriummangelsyndrom *n*
hyponatruria Hyponatriurie *f*, verminderte Natriumausscheidung *f* im Urin
hyponeocytosis Leukozytopenie *f* mit Linksverschiebung [vielen unreifen Leukozytenformen]
hyponitraemia Hyponiträmie *f*, Stickstoff(spiegel)verminderung *f* im Blut
hyponoia 1. Hyponoia *f*, Gedankenverlangsamung *f*, verringerte Denkgeschwindigkeit *f*; 2. verminderte geistige Aktivität *f*
hyponoide hyponoisch, unterhalb des Verstandesmäßigen
hyponoide-hypobulic mechanisms *(Neur)* hyponoisch-hypobulische Mechanismen *mpl*
hyponoide state *(Neur)* hyponoischer Zustand *m*
hyponychial hyponychal, unter dem Nagel; Hyponychium...

hyponychium Hyponychium n, Nagelbett n, Nagelmatrix f, Matrix f unguis
hyponychon Hyonychon n, subunguale Ecchymose f
hypopallaesthesia Hypopallästhesie f, verringerte Vibrationsempfindlichkeit f, verminderte Vibrationswahrnehmung f
hypopancreorrhoea Hypopankreorrhoe f, verringerte Pankreassekretion f, verminderte Bauchspeicheldrüsensekretion f
hypopancreatism Pankreasinsuffizienz f, Bauchspeicheldrüsenunterfunktion f
hypoparathyreosis s. hypoparathyroidism
hypoparathyroid hypoparathyreot, parathyreopriv; Hypoparathyreose..., Nebenschilddrüsenunterfunktions...; Nebenschilddrüsenmangel...
hypoparathyroidism Hypoparathyreoidismus m, Hypoparathyreose f, Nebenschilddrüsenunterfunktion f, Nebenschilddrüseninsuffizienz f
hypopepsia Hypopepsie f
hypopepsinia verminderte Pepsinbildung f
hypoperfusion Hypoperfusion f, Mangelperfusion f
hypoperistalsis Hypoperistaltik f, Peristaltikschwäche f, verminderte Peristaltik f
hypopermeability Hypopermeabilität f, verminderte [verringerte] Durchlässigkeit f *(z. B. einer Membran)*
hypopexia Hypopexie f, verminderte Substanzbindung f, verringerte [mangelnde] Fixierung f von Stoffen *(z. B. im Gewebe)*
hypopexy s. hypopexia
hypophalangia s. hypophalangism
hypophalangism Hypophalangismus m, Hypophalangie f, Phalangenunterzahl f
hypopharyngeal carcinoma Hypopharynxkarzinom n
hypopharyngitis 1. Laryngopharyngitis f, Kehlkopfrachenentzündung f; 2. Kehlkopf- und Rachenentzündung f
hypopharyngoscope Hypopharyngoskop n, Kehlkopfrachenspiegel m
hypopharyngoscopy Hypopharyngoskopie f, Hypopharynxspiegelung f
hypopharynx Hypopharynx m, Kehlkopfrachen m, Pars f laryngea pharyngis, Laryngopharynx m
hypophobia *(Neur)* Hypophobie f, Fehlen n von Angst *(infolge krankhaft gestörter Emotionalität)*
hypophonosis Hypophonose f *(Lautverminderung bei der Auskultation)*
hypophonia Hypophonie f, Leptophonie f, Mikrophonie f, Phonationsschwäche f, subenergetische Phonation f, Flüstersprache f
hypophoria *(Ophth)* Hypophorie f, latentes Nach-unten-Schielen n
hypophosphataemia Hypophosphatämie f, Phosphat(spiegel)verminderung f im Blut
hypophosphataemic hypophosphatämisch; Hyperphosphatämie..., Phosphatmangel...
hypophosphataemic rickets hypophosphatämische Rachitis f
hypophosphatasaemia Hypophosphatasämie f, Phosphatase(spiegel)verminderung f im Blut
hypophosphatasia Hypophosphatasie f, Phosphatasemangelrachitis f, Rathburn-Syndrom n, Hypophosphatasämie f, Mangel m an alkalischer Phosphatase
hypophosphaturia Hypophosphaturie f, verminderte Phosphatausscheidung f im Urin
hypophosphoraemia Hypophosphorämie f, Phosphor(spiegel)verminderung f im Blut
hypophosphorous acid unterphosphorige Säure f, Acidum n hypophosphorosum
hypophrasia verlangsamte Sprache f, verminderte Sprechgeschwindigkeit f, monotone und abgehakte Sprache f
hypophrenia Hypophrenie f, verminderte geistige Aktivität f, Geistesschwäche f, Schwachsinn m
hypophrenic 1. hypophren(isch), geistesschwach, schwachsinnig; 2. subdiaphragmatisch, subphrenisch, unter dem Zwerchfell
hypophrenium Hypophrenium n
hypophrenosis s. hypophrenia
hypophyseal hypophysär; Hypophysen..., Hirnanhang(s)..., Hirnanhangdrüsen... *(siehe auch unter: pituitary)*
hypophyseal atrophy Hypophysenatrophie f
hypophyseal blood supply Hypophysendurchblutung f
hypophyseal cachexia hypophysäre Kachexie f, Hypophysenvorderlappeninsuffizienz f, Simmonds'sche Kachexie f [Krankheit f], Morbus m Simmonds, Cachexia f hypophysopriva
hypophyseal cell Hypophysenzelle f
hypophyseal circulation Hypophysenkreislauf m
hypophyseal cyst Hypophysenzyste f
hypophyseal destruction Hypophysenzerstörung f
hypophyseal disease Hypophysenerkrankung f, Hypophysenkrankheit f
hypophyseal-duct tumour Hypophysengangsgeschwulst f, Erdheim-Tumor m, Kraniopharyngeom n, Craniopharyngioma n
hypophyseal dwarf hypophysärer Zwerg m
hypophyseal forceps Hypophysenpinzette f
hypophyseal fossa Hypophysengrube f, Hirnanhangs(drüsen)grube f, Fossa f hypophysialis [hypophyseos]
hypophyseal function Hypophysenfunktion f
hypophyseal hormone Hypophysenhormon n
hypophyseal hyperplasia Hypophysenhyperplasie f
hypophyseal hypoplasia Hypophysenhypoplasie f
hypophyseal inflammation Hypophysenentzündung f
hypophyseal injury Hypophysenverletzung f, Hypophysenschädigung f
hypophyseal innervation Hypophyseninnervation f
hypophyseal lobe Hypophysenlappen m
hypophyseal necrosis Hypophysennekrose f
hypophyseal parenchyma Hypophysenparenchym n
hypophyseal portal system hypophysäres Pfortadersystem n, Hypophysen-Zwischenhirn-System n
hypophyseal stalk Hypophysenstiel m
hypophyseal stalk cyst Hypophysenstielzyste f
hypophysectomize v die Hypophyse entfernen [ausschalten]
hypophysectomy Hypophysektomie f, (operative) Hypophysenentfernung f, Hypophysenausschaltung f
hypophyseoportal hypophyseoportal
hypophyseoprivic hypophysopriv; Hypophysenhormonmangel..., Hypophysenausfall(s)...
hypophyseotropic hypophyseotrop
hypophysial s. hypophyseal
hypophysioportal hypophyseoportal
hypophysioprivic s. hypophyseoprivic
hypophysiotropic s. hypophyseotropic
hypophysis Hypophyse f, Hypophysis f cerebri, Hirnanhang m, Glandula f pituitaria, Hirnanhangdrüse f
hypophysis adenoma Hypophysenadenom n
hypophysis cerebri s. hypophysis
hypophysis function test Hypophysenfunktionstest m
hypophysis system Hypophysensystem n
hypophysis tumour Hypophysentumor m, Hirnanhanggeschwulst f
hypophysitis Hypophysitis f, Hypophysenentzündung f
hypopiesia s. hypotension
hypopiesis s. hypotension
hypopietic s. hypotensive

hypopigmentation Hypopigmentierung *f*, Hypopigmentation *f*, verminderte Pigmenteinlagerung *f*, verminderte [verringerte] Pigmentierung *f*, Minderpigmentierung *f*
hypopigmented hypopigmentiert, unterpigmentiert
hypopigmenter Depigmentationsmittel *n*, Bleichmittel *n*, Mittel *n* zur Pigmententfernung
hypopinealism Hypopinealismus *m*, Zirbeldrüsenunterfunktion *f*, Zirbeldrüseninsuffizienz *f*, verminderte [verringerte] Zirbeldrüsenaktivität *f*
hypopituitarism Hypopituitarismus *m*, Hypophysenunterfunktion *f*, Hypophyseninsuffizienz *f*
hypopituitary cachexia *s.* hypophyseal cachexia
hypoplasia Hypoplasie *f*, Unterentwicklung *f (von Organen und Geweben)*
hypoplasia of the mesenchyme Mesenchymhypoplasie *f*, Osteogenesis *f* imperfecta
hypoplastic hypoplastisch, unterentwickelt; Hypoplasie…
hypoplastic anaemia hypoplastische Anämie *f*
hypoplastic chondrodystrophy hypoplastische Chondrodystrophie *f*
hypoplastic dwarf hypoplastischer Zwerg *m*
hypoplastic left heart syndrome hypoplastisches Linksherzsyndrom *n*, Linksherzhypoplasie-Syndrom *n*
hypoplastic left ventricle hypoplastischer linker Ventrikel *m*
hypoplasty *s.* hypoplasia
hypoploid hypoploid, mit verringerter Chromosomenanzahl; Hpyoploidie…
hypoploid Hypoploide(r) *m*, hypoploider Organismus *m*; Zelle *f* mit verringerter Chromosomenanzahl
hypoploidy Hypoploidie *f (Chromosomenzahl unterhalb der Norm)*
hypopnoea Hypopnoe *f*, verminderte Atmung *f*
hypopnoeic hypopnoeisch, mit verminderter [reduzierter] Atmung (einhergehend); Hypopnoe…
hypoponesis Hypoponese *f (Verminderung der Abgabe von Aktionspotenzialen in der motorischen Hirnrinde)*
hypoponetic hypoponetisch, vermindert Aktionspotenziale abgebend; Hyperponese…
hypoporosis Hypoporose *f*, verminderte Kallusbildung *f*
hypoposia Hypoposie *f*, verringerte [reduzierte] Flüssigkeitsaufnahme *f*, vermindertes Trinken *n*
hypopotassaemia *s.* hypokalaemia
hypopotassaemic *s.* hypokalaemic
hypopraxia Hypopraxie *f*, Aktivitätsmangel *m*, verminderte Aktivität *f*
hypoproaccelerinaemia Hypoproakzelerinämie *f*
hypoproconvertinaemia Hypoprokonvertinämie *f*, Faktor-VII-Mangelkrankheit *f*
hypoprolactinemia Hypoprolaktinämie *f*, Hypoprolanämie *f*, Prolaktin(spiegel)verminderung *f* im Blut
hypoprolactinaemic hypoprolaktinämisch; Hypoprolaktinämie…, Prolaktinmangel…
hypoproliferative anaemia hypoproliferative Anämie *f*
hypoprosexia Hypoprosexie *f*, herabgesetzte Aufmerksamkeit *f*, Auffassungsschwäche *f (z. B. bei Psychosen)*
hypoprosody Hypoprosodie *f*
hypoproteinaemia Hypoproteinämie *f*, Protein(spiegel)verminderung *f* im Blut, verminderter Plasmaproteinspiegel *m*, Plasma- und Serumeiweißverminderung *f*
hypoproteinaemic hypoproteinämisch; Hypoproteinämie…, Bluteiweißmangel…
hypoproteinia Proteinmangelzustand *m* im Körper
hypoproteinic Proteinmangel…
hypoproteinosis Hypoproteinosis *f*, Eiweißmangel *m*
hypoproteosis Hypoproteose *f (durch verminderten Eiweißgehalt in der Nahrung)*
hypoprothrombinaemia Hypoprothrombinämie *f*, Prothrombin(spiegel)verminderung *f* im Blut
hypopselaphesia Hypopselaphesie *f*, krankhafte Tastgefühlverminderung *f*, vermindertes Tastgefühl *n*, taktile Hypoästhesie *f*
hypopsychosis Hypopsychose *f (krankhaft herabgesetzte Geistestätigkeit)*
hypoptyalism Hypoptyalismus *m*, Hyposalivation *f*, Hyposialose *f*, verminderte Speichelsekretion *f*, Mundtrockenheit *f*
hypopyon Hypopyon *n*, Oculus *m* purulentus, Eiterablagerung *f* in der Augenvorderkammer, Augenkammervereiterung *f*
hypopyon keratitis Hypopyonkeratitis *f*
hyporeactive hyporeaktiv, wenig reagierend, vermindert [extrem gering] reagierend; Hyporeaktivitäts…
hyporeactivity Hyporeaktivität *f*, extrem geringe Reaktion *f*, verminderte Reaktion *f*
hyporeflexia Hyporeflexie *f*, Reflexverminderung *f*, Reflexschwäche *f*, verminderte Reflexaktivität *f*, übermäßig verringerte Reflexe *mpl*
hyporeflexic hyporeflektorisch, reflexvermindert, reflexschwach, mit verminderter Reflexaktivität, mit verringerten Reflexen; Hyporeflexie…
hyporenninaemia Hyporenninämie *f*, Rennin(spiegel)verminderung *f* im Blut, verringerter Renninspiegel *m* im Blut
hyporenninaemic mit vermindertem Renninspiegel im Blut; Hyporenninämie…
hyporesponsive *s.* hyporeactive
hyporesponsiveness *s.* hyporeactivity
hyporiboflavinosis Hyporiboflavinose *f*
hyposalaemia Hyposalinämie *f*, verminderter Salzgehalt *m* im Blut
hyposalivation Hyposalivation *f*, verminderte Speichelsekretion *f*
hyposarca *s.* anasarca
hyposcheotomy Hydrozelenpunktion *f* am tiefsten Punkt
hyposcleral hyposkleral, unter der Lederhaut [Sklera] gelegen
hyposecretion Hyposekretion *f*, Sekretionsverminderung *f*, verminderte [verringerte] Sekretion *f*, Sekretionsschwäche *f*
hyposecretory hyposekretorisch, mit verringerter [verminderter] Sekretion verlaufend; Hyposekretions…
hyposemia Hyposemie *f*, verminderte Mimik *f*, Mimikverminderung *f*
hyposensibility *s.* hyposensitivity
hyposensitive 1. hyposensibel, hyposensitiv, gering empfindlich; unempfindlich; 2. immunologisch tolerant, immuntolerant, anerg(isch)
hyposensitiveness *s.* hyposensitivity 2.
hyposensitivity 1. Hyposensibilität *f*, Unterempfindlichkeit *f*, Unempfindlichkeit *f (z. B. auf äußere Reize)*; 2. Immuntoleranz *f*, immunologische Unempfindlichkeit *f*, Anergie *f*
hyposensitization Desensibilisierung *f*, Erzeugung *f* einer Immuntoleranz *(gegenüber Antigenen)*
hyposensitize *v* desensibilisieren, unempfindlich [immuntolerant, anergisch] machen
hyposexuality Hyposexualität *f*, abnorm schwaches sexuelles Verlangen *n*, Sexualschwäche *f*, verminderte sexuelle Aktivität *f*
hyposialosis *s.* hypoptyalism
hyposiderinaemia Hyposiderinämie *f*, Eisenspiegelverminderung *f* im Blut
hyposmia Hyposmie *f*, Geruchsdefekt *m*, herabgesetztes Geruchsvermögen *n*, Geruchsunterempfindlichkeit *f*, Geruchsschwäche *f*
hyposmolality *s.* hypo-osmolality
hyposmolarity *s.* hypo-osmolarity
hyposmosis Osmoseverlangsamung *f*, verlangsamte Osmose *f*

hyposmotic *s.* hypo-osmotic
hyposomatotropism 1. Hyposomatotropismus *m*, verringerte Wachstumshormonsekretion *f*, verminderte [reduzierte] Somatotropinausschüttung *f*, hypophysärer Zwergwuchs *m*; 2. Hyposomatotropismus *m*, Somatotropinspiegelverminderung *f* im Blut
hyposomia Hyposomie *f*, Kleinwuchs *m*; Zwergenwuchs *m*
hyposomnia Hyposomnie *f*, Schlafschwäche *f*, Schlaflosigkeit *f*
hyposomniac mit kurzer Schlafzeit, wenig [nur kurz] geschlafen
hypospadia *s.* hypospadias
hypospadiac an einer Hypospadie leidend; Hypospadie...
hypospadiac Hypospadieträger *m*
hypospadias Hypospadie *f*, untere Harnröhrenspalte *f* *(angeborene Missbildung)*
hypospermatogenesis Hypospermatogenese *f*, verminderte Samen(faden)bildung *f*, Spermienbildungsschwäche *f*
hypospermia Hypospermie *f*
hyposphresia *s.* hyposmia
hyposphyxia Hyposphyxie *f*, stark erniedrigter Blutdruck *m*, instabiler Kreislauf *m*
hyposplenia *s.* hyposplenism
hyposplenism Hyposplenie *f*, Hyposplenismus *m*, Milzunterfunktion *f*
hypostasis 1. Hypostase *f*, Senkungsblutfülle *f*; 2. Sediment *n*, Ablagerung *f*; 3. genetische Unterdrückung *f* [Maskierung *f*]
hypostatic 1. hypostatisch; Hypostase...; 2. hypostatisch, genetisch unterdrückt
hypostatic abscess Senkungsabszess *m*, hypostatischer Abszess *m*
hypostatic albuminuria hypostatische Albuminurie *f*
hypostatic lung collapse hypostatischer Lungenkollaps *m*
hypostatic pleurisy hypostatische Pleuritis *f* [Brustfellentzündung *f*]
hypostatic pneumonia Hypostasepneumonie *f*, hypostatische Lungenentzündung *f*, Stauungspneumonie *f*
hyposteatolysis verminderte Fetthydrolyse *f*, verringerte Fettspaltung *f*
hyposteatosis Hyposteatosis *f*, verminderte Talgabsonderung *f*
hyposthenia Hyposthenie *f*, allgemeine Körperschwäche *f* [Muskelschwäche *f*]; Kräfteverfall *m*
hyposthenianti kraftmindernd, hyposthenisch wirksam, Hyposthenie bewirkend, schwächend
hypostheniant (agent) hyposthenisches [kraftminderndes] Mittel *n*, schwächendes Mittel *n*
hyposthenic hyposthenisch, körperlich schwach; Hyposthenie...
hyposthenuria Hyposthenurie *f*, verminderte Konzentrierungsleistung *f* der Nieren, Harnkonzentrierungsschwäche *f* (der Nieren)
hypostomia Hypostomie *f*, Mundverkleinerung *f*, kleiner Mund *m*
hypostosis Hypostose *f*, mangelhafte Knochenentwicklung *f*
hypostypsis Hypostypsis *f*
hypostyptic hypostyptisch
hyposulfite Hyposulphit *n*, Thiosulphat *n*
hyposuprarenalism Hyposuprarenalismus *m*, verminderte Nebennierenfunktion *f*, Nebennierenfunktionsschwäche *f*
hyposympathicotonus Hyposympathikotonus *m*, Sympathikusunterfunktion *f*, Sympathikusschwäche *f*
hyposynergia Hyposynergie *f*, Koordinationsschwäche *f*
hyposystole Hyposystolie *f*, Systolenschwäche *f*
hypotaxia 1. Hypotaxie *f*, mittlere Hypnosetiefe *f*; 2. Hypotaxie *f*, Affektsuggestion *f (Resonanz zwischen Hypnotiseur und Hypnotisierten)*; 3. Hypopraxie *f*, geringgradige Ataxie *f*
hypotelorism Hypotelorismus *m*, Augenwinkelabstandsverringerung *f*, okulärer Hypotelorismus *m*
hypotension Hypotonie *f*, Hypotension *f*, Blutunterdruck *m*, niedriger Blutdruck *m*; Blutdruckerniedrigung *f*
hypotensive hypoton, hypotensiv; Hypotonie..., Unterdruck...
hypotensive Hypotoniker *m*, an niedrigem Blutdruck Leidende(r) *m*; Hypotonikerin *f*, an einem niedrigen Blutdruck Leidende *f*
hypotensive (agent) *s.* hypotensor
hypotensive anaesthesia hypotensive Anästhesie *f*
hypotensive encephalopathy Sauerstoffmangelenzephalopathie *f*
hypotensive patient hypotensiver Patient *m*; hypotensive Patientin *f*
hypotensor Hypotensivum *n*, Antihypertonikum *n*, blutdrucksenkendes Mittel *n*, Antihypertensivum *n*
hypothalamic 1. hypothalamisch, unter dem Sehhügel liegend; 2. Hypothalamus...
hypothalamic amenorrhoea hypothalamische Amenorrhoe *f*
hypothalamic epilepsy hypothalamische Epilepsie *f*
hypothalamic hormone Hypothalamushormon *n*
hypothalamic injury Hypothalamusverletzung *f*
hypothalamic obesity hypothalamische Fettsucht *f* [Adipositas *f*]
hypothalamic-pituitary-adrenal axis Hypothalamus-Hypophysen-Nebennieren-Achse *f*
hypothalamic-pituitary-ovarian system Hypothalamus-Hypophysen-Eierstock-System *n*
hypothalamic sulcus Sulcus *m* hypothalamicus
hypothalamic tumour Hypothalamustumor *m*
hypothalamohypophyseal system Hypothalamus-Hypophysen-System *n*, hypothalamo-hypophysäres System *n*
hypothalamohypophyseal tract Tractus *m* hypothalamohypophysialis
hypothalamotomy Hypothalamotomie *f*, Hypothalamusinzision *f*
hypothalamus Hypothalamus *m (Teil des Zwischenhirns)*
hypothalamus hypophysis system Hypothalamus-Hypophysen-System *n*, Hypophysen-Zwischenhirn-System *n*
hypothenar Hypothenar *n*, Antithenar *n*, Kleinfingerballen *m*
hypothenar area Hypothenarareal *n*
hypothenar electrode Hypothenarelektrode *f*
hypothenar eminence *s.* hypothenar
hypothenar muscle Hypothenarmuskel *m*
hypothenar reflex Hypothenarreflex *m*
hypothermal hypotherm(al), mit erniedrigter Temperatur [Körpertemperatur] einhergehend, Hypothermie...
hypothermalgesia Hypothermalgesie *f*, Thermohypoalgesie *f*, Hitzeunempfindlichkeit *f*
hypothermia Hypothermie *f*, kontrollierte Körperunterkühlung *f*, physikalische Körpertemperaturverringerung *f*
hypothermia blanket Hypothermiedecke *f*, Wärmedecke *f*
hypothermia therapy hypotherme Therapie *f*, künstliche Unterkühlung *f*
hypothermic *s.* hypothermal
hypothermy *s.* hypothermia
hypothrepsia Malnutrition *f*, Mangelernährung *f*
hypothrombinaemia Hypothrombinämie *f*, Thrombin(spiegel)verminderung *f* im Blut

hypothrombocytaemia Thrombozytopenie f, verringerte Trombozytenzahl f im Blut
hypothromboplastinaemia Hypothromboplastinämie f
hypothymergasia Hypothymergasie f, herbagestztes Stimmungsniveau n bei Depressiven
hypothymia 1. Hypothymie f, Emotionsschwäche f; geringgradige emotionale Ansprechbarkeit f; Temperamentsschwäche f; 2. Mutlosigkeit f, Verzweiflung f, Verzagen n
hypothymic hypothym, emotionsschwach, geringgradig emotional ansprechbar; temperamentsschwach; mutlos, verzweifelt, verzagt; Hypothymie…
hypothymic personality *(Neur)* hypothyme Persönlichkeit f, Hypothymiker m
hypothymic psychopathy hypothyme Psychopathie f
hypothymism Hypothymismus m, Thymusunterfunktion f, verminderte Thymusaktivität f
hypothyrea s. hypothyroidism
hypothyreosis s. hypothyroidism
hypothyroid hypothyreot, hypothyroidal, thyreopriv; Hypothyreose…, Schilddrüsenunterfunktion(s)…, Schilddrüsenmangel…
hypothyroid coma hypothyreotes [hypothyroidales] Koma n
hypothyroid dwarf hypothyroider Zwerg m
hypothyroid heart Myxödemherz n
hypothyroidal s. hypothyroid
hypothyroidation Hypothyreoseauslösung f
hypothyroidism Hypothyreoidismus m, Hypothyreose f, Hypothyreoidie f, Schilddrüsenunterfunktion f
hypothyrosis s. hypothyroidism
hypothyroxinaemia Hypothyroxinämie f, erniedrigter Thyroxingehalt m im Blut
hypotonia 1. Hypotonie f, Hypotonus m, Druckverminderung f; 2. Hypotonizität f, erniedrigter osmotischer Druck m; 3. Hypotonie f, verminderte Muskelspannung f, Tonusschwäche f, (inkompletter) Tonusverlust m
hypotonia of the stomach Magenhypotonie f
hypotonic 1. hypoton(isch), druckvermindert, mit erniedrigtem Druck [Blutdruck]; 2. hypoton, mit erniedrigtem osmotischen Druck; 3. hypoton, mit verminderter Muskelspannung, tonusschwach
hypotonic bladder hypotone Blase f [Harnblase f]
hypotonic duodenography hypotone Duodenographie f
hypotonic saline hypotone Salzlösung f; hypotone Kochsalzlösung f
hypotonic solution hypotone Lösung f
hypotonicity s. hypotonia
hypotonus s. hypotonia
hypotoxic hypotoxisch, gering [mäßig] toxisch
hypotoxicity Hypotoxizität f, geringe [mäßige] Toxizität f
hypotrichiasis s. hypotrichosis
hypotrichosis Hypotrichose f, verminderter Haarwuchs m, Haar(wuchs)verminderung f
hypotriglyceridaemia Hypotriglyzeridämie f, Triglycerid(spiegel)verminderung f im Blut
hypotriiodothyroninaemia Hypotrijodthyroninämie f, Triiodthyronin(spiegel)verminderung f im Blut
hypotrophia s. hypotrophy
hypotrophic hypotroph, unterernährt; Hypotrophie…
hypotrophy Hypothrophie f, Unterernährung f
hypotropia Hypotropie f, Nach-unten-Schielen n, Abwärtsschielen n
hypotryptophanic durch Tryptophanmangel bedingt; Tryptophanmangel…
hypotympanic unterhalb des Sulcus tympanicus (liegend)
hypotympanotomy Hypotympanotomie f, (operative) Hypotympanoneröffnung f
hypotympanum Hypotympanon n
hypouresis Oligurie f, verminderte Harnausscheidung f [Urinausscheidung f]
hypouricaemia Hypourikämie f, Harnsäure(spiegel)senkung f im Blut, Harnsäureverminderung f im Blut
hypouricaemic hypourikämisch; Hypourikämie…
hypouricosuria s. hypouricuria
hypouricuria Hypourik(os)urie f, verminderte Harnsäureausscheidung f im Urin
hypourocrinia mangelhafte Harnbildung f, mangelhafte Harnausscheidung f
hypovarianism s. hypo-ovarianism
hypovascular hypervaskulär
hypovascularity Hypovaskularität f, Blutgefäßmangel m, Gefäßunterversorgung f *(z. B. von Organen)*
hypovasopressinaemia Hypovasopressinämie f, Vasopressin(spiegel)verminderung f im Blut
hypovenosity Unterentwicklung f des venösen Systems, venöse Unterversorgung f *(z. B. von Organen)*
hypoventilate v hypoventilieren, vermindert atmen; die Lunge unterbelüften
hypoventilation Hypoventilation f, verminderte Atmung f, Atmungsverminderung f; Lungenunterbelüftung f
hypoventilation atelectasis Hypoventilationsatelaktase f
hypovigilance Hypovigilanz f, verminderte Vigilanz f, Vigilanzminderung f
hypoviscosity Hypoviskosität f, verminderte [reduzierte] Viskosität f, Viskositätsminderung f
hypoviscosity syndrome *(Hämat)* Hypoviskositätssyndrom n
hypovitaminosis Hypovitaminose f, Vitaminmangel(zustand) m; Vitaminmangelkrankheit f
hypovitaminosis A Hypovitaminose f A, Vitamin-A-Mangelkrankheit f
hypovitaminosis A xerophthalmia (Vitamin-A-Mangel-)Xerophthalmie f, Xerosis f conjunctivae
hypovitaminosis chondrodystrophy Vitaminmangelchondrodystrophie f
hypovitaminotic Hypovitaminose…, Vitaminmangel…
hypovolaemia Hypovolämie f, Blutvolumenverringerung f, Blutvolumenmangel m; vermindertes Plasmavolumen n
hypovolaemic hypovolämisch, mit vermindertem Blutvolumen [Plasmavolumem] einhergehend; Hypovolämie…; Blutvolumenmangel…
hypovolaemic hypotension hypovolämische Hypotonie f, Volumenmangelhypotonie f
hypovolaemic shock hypovolämischer Schock m, Blutvolumenmangelschock m
hypovolia Hypovolie f, Volumenverminderung f, vermindertes Volumen n *(z. B. einer Zelle)*
hypoxaemia 1. Hypoxämie f, verminderte Sauerstoffkonzentration f im Blut, verminderte Blutsauerstoffkonzentration f; 2. Hypoxämie f, Sauerstoffpartialdrucksenkung f im Blut
hypoxaemia test Hypoxämietest m
hypoxaemic 1. hypoxämisch, mit verminderter Blutsauerstoffkonzentration f; Hypoxämie…; 2. hypoxämisch, mit vermindertem Sauerstoffpartialdruck im Blut
hypoxanthine Hypoxanthin n, 6-Hydroxypurin n *(Zwischenstoffwechselprodukt der Nukleoproteide)*
hypoxanthine-guanine phosphoribosyltransferase s. hypoxanthine phosphoribosyltransferase
hypoxanthine phosphoribosyltransferase Hypoxanthin(-guanin-)phosphoribosyltransferase f *(Enzym)*
hypoxanthine phosphoribosyltransferase deficiency Hypoxanthinphosphoribosyltransferasemangel m, Lesch-Nyhan-Syndrom n
hypoxanthinosine Hypoxanthinosin n, Inosin n

hypoxia 1. Hypoxie *f*, verminderte Sauerstoffkonzentration *f* im Gewebe; Sauerstoffmangel *m* im Gewebe; 2. Hypoxie *f*, verminderter Sauerstoffpartialdruck *m*
hypoxic 1. hypoxisch, mit verminderter Sauerstoffkonzentration *f*; Hypoxie..., Sauerstoffmangel...; 2. hypoxisch, mit vermindertem Sauerstoffpartialdruck
hypoxic drive hypoxischer Atemantrieb *m*
hypoxic emphysema Sauerstoffmangelemphysem *n*
hypoxic encephalopathy Sauerstoffmangelenzephalopathie *f*
hypoxidosis Hypoxidose *f*
hypoxiphilia Hypoxyphilie *f*
hypromellose phthalate Hypromellosephthalat *n (Tablettenhüllstoff)*
hypsarhythmia *s.* hypsarrhythmia
hypsarrhythmia Hypsarrhythmie *f (im EEG z. B. bei Propulsiv-petit-mal)*
hypsarrhythmoid hypsarrhythmisch
hypsibrachycephalic hypsibrachyzephal, hypsibrachykephal
hypsibrachycephaly Hypsibrachyzephalie *f*, Hypsibrachykephalie *f*
hypsicephalia Hypsizephalie *f*, Hypsikephalie *f*, Oxyzephalie *f*, Oxykephalie *f*, Turmschädligkeit *f*, Spitzköpfigkeit *f*
hypsicephalic hypsizephal, hypsikephal, oxyzephal, oxykephal, turmschädlig, spitzköpfig
hypsicephalus Hypsizephalus *m*, Hypsikephalus *m*, Oxyzephalus *m*, Oxykephalus *m*, Turmschädel *m*
hypsiconchous hypsikonchös, mit einer hohen Augenhöhle; Hypsikonchie...
hypsiconchy Hypsikonchie *f*, hohe Augenhöhle *f (Orbitaindex über 85)*
hypsistaphylia Hypsistaphylie *f*, Steilgaumen *m*
hypsistenocephalic hypsistenozephal, hypsistenokephal
hypsocephalous *s.* hypsicephalic
hypsochrome Hypsochrom *n*; hypsochrome Gruppe *f*
hypsochromic hypsochrom, arbaufhellend
hypsochromy Hypsochromie *f*, Farbaufhellung *f (Verschiebung der Absorptionsbande in höhere Frequenzbereiche)*
hypsodont hypsodont
hypsokinesis *(Neur)* Hypsokinese *f*
hypsophobia Hypsophobie *f*, Hypsiphobie *f*, Höhenfurcht *f*, Höhenangst *f*, Höhenschwindel *m*
hypsotherapy Höhentherapie *f*, Höhenkur *f*
hypurgia Hypurgie *f (Summe der Heilung bewirkenden Faktoren)*
Hyrtl's anastomosis Hyrtle'sche Anastomose *f (zwischen rechten und linken Nervus hypoglossus)*
Hyrtl's loop *s.* Hyrtl's anastomosis
Hyrtl's plexus Hyrtl'scher Plexus *m*, Hyrtl'sches Venengeflecht *n (unterhalb des Schilddrüsenisthmus)*
Hyrtl's sphincter Hyrtl'scher Sphinkter *m*, Hyrtl-Sphinkter *m*
hysteralgia Hysteralgie *f*, Hysterodynie *f*, Gebärmutterschmerz *m*, Uteralgie *f*, Metralgia *f*, Metrodynie *f*
hysteralgic hysteralgisch; Hysteralgie..., Gebärmutterschmerz...
hysteratresia Hysteratresie *f*, Gebärmutterverschluss *m*, Atretometrie *f*
hysterectomize *v* hysterektomieren, eine Hysterektomie [Gebärmutterentfernung] durchführen
hysterectomy Hysterektomie *f*, (operative) Gebärmutterentfernung *f*, Uterusexstirpation *f*
hysterectomy forceps Hysterektomieklemme *f*, Gebärmutter(extraktions)zange *f*
hysteresis Hysterese *f*
hystereurynter Hystereurynter *m*, Metreurynter *m*, Gebärmutterhalserweiterer *m*, Muttermunderöffner *m*
hystereurysis Hystereurysis *f*, Gebärmuttermunddilatation *f*, Muttermundaufdehnung *f*
hysteria 1. (klassische) Hysterie *f*, Somatisationsstörung *f*, 2. hysterische Neurose *f*, Hysterieneurose *f*, Konversionstörung *f*, dissoziative Störung *f*, 3. Angsthysterie *f*, ängstliche Hysterie *f*, 4. hysterische Persönlichkeit *f*, histrionische Persönlichkeit *f*
hysteria fit Hysterieanfall *m*, hysterischer Anfall *m*
hysteria scale Hysterieskala *f*
hysteriac Hysteriker *m*, Hysterikerin *f*
hysteric *s.* 1. hysteriac; 2. hysterical
hysterical *(Neur, Psych)* hysterisch, von Hysterie befallen
hysterical amaurosis hysterische Amaurose *f*
hysterical aphonia hysterische Aphonie *f*
hysterical ataxia hysterische Ataxie *f*
hysterical attack hysterischer Anfall *m*
hysterical aura hysterische Aura *f*
hysterical belching hysterisches Aufstoßen *n*, Ructus *m* hystericus
hysterical blindness hysterische [psychische] Blindheit *f*, psychogene Blindheit *f*, pithiatische Blindheit *f*
hysterical character hysterischer Charakter *m*, hysterische Chrakterneurose *f*, hysterische Charakterstruktur *f*
hysterical chorea hysterische Chorea *f*, Chorea *f* hysterica
hysterical convulsion *s.* hysteroepilepsy
hysterical delirium Hysteriedelir(ium) *n*
hysterical dumbness hysterische Stummheit *f*
hysterical dyspepsia hysterische Dyspepsie *f*
hysterical epilepsy *s.* hysteroepilepsy
hysterical hyperkinesia hysterische [funktionelle] Hyperkinesie *f*
hysterical laughing fit hysterischer Lachkrampf *m*
hysterical lethargy hysterische Lethargie *f*
hysterical mutism hysterischer Mutismus *m*
hysterical neurosis Hysterieneurose *f*, hysterische Neurose *f*, hysterischer Anfall *m*
hysterical paralysis hysterische Paralyse *f*
hysterical personality hysterische Persönlichkeit *f*
hysterical psychopathy hysterische Psychopathie *f*
hysterical psychosis Hysteriepsychose *f*, hysterische Psychose *f*, hysterischer Anfall *m*
hysterical reaction hysterische Reaktion *f*
hysterical seizure Hysteroepilepsie *f*
hysterical syncope hysterische Synkope *f*
hysterical tendency Hysterieneigung *f*
hysterical tremor hysterischer Tremor *m*, Hysterieschütteln *n*
hysterical vertigo hysterische Vertigo *f*, hysterischer Schwindel *m*
hystericoneuralgic hysterikoneuralgisch
hysterics hysterischer Anfall *m*
hysteriform hysterieartig, hysterieähnlich, hysteriform, hysteroid
hysteritis Hysteritis *f*, Gebärmutterentzündung *f*
hystero-oophorectomy Hysteroovariektomie *f*, Oophorohysterektomie *f*, (operative) Gebärmutter- und Eierstockentfernung *f*
hystero-ovariotomy *s.* hystero-oophorectomy
hysterobubonocele Hysterobubonozele *f (Gebärmuttervorfall in eine Leistenhernie)*
hysterocarcinoma Gebärmutterkrebs *m*, Uteruskarzinom *n*
hysterocatalepsy Hysterokatalepsie *f*, hysterische Starrsucht *f*
hysterocele Hysterozele *f*, Gebärmutterbruch *m*, Uterushernie *f*, Metrozele *f*

hysterocervicotomy Hysterozervikotomie *f*, Gebärmutter- und Gebärmutterhals(ein)schnitt *m*
hysterocleisis Hysterokleisis *f*, (operativer) Gebärmutterverschluss *m*
hysterocolpectomy Hysterokolpektomie *f*, (operative) Gebärmutter- und Scheidenentfernung *f*
hysterocolposcope Hysterokolposkop *n*, Gebärmutter-Scheiden-Spiegel *m*
hysterocolposcopy Hysterokolposkopie *f*, Gebärmutter-Scheiden-Spiegelung *f*
hysterocystic hysterozystisch; Gebärmutter-Harnblasen-...
hysterocystocleisis Hysterozystokleisis *f*, Bozeman-Operation *f (Implantation der Cervix uteri in die Blase)*
hysterocystopexy Hysterozystopexie *f*, Gebärmutter-Blasen-Fixation *f*
hysterodynia *s.* hysteralgia
hysteroepilepsy Hysteroepilepsie *f (Kombination von Hysterie und Epilepsie)*
hysterofrenatory *s.* hysterofrenic
hysterofrenic hysterofren(atorisch), hysterische Krämpfe unterbrechend
hysterofrenic point hysterofrener [hysterofrenatorischer] Punkt *m*, spasmogener Punkt *m*; spasmogene Zone *f*
hysterogenic hysterieerzeugend, hysteriebewirkend, hysterogen
hysterogenic zone hysterogene Zone *f*
hysterogenous *s.* hysterogenic
hysterogram Hysterogramm *n*, Gebärmutterröntgen-(kontrast)bild *n*, Uterogramm *n*
hysterographic hysterographisch, uterographisch
hysterography 1. Hysterographie *f*, Gebärmutterröntgen(kontrast)darstellung *f*, Uterographie *f*, Metrographie *f*; 2. Hysterographie *f (Darstellung der Gebärmutterkontraktionen bei der Geburt)*
hysteroid(al) hysteroid, hysterieartig, hysterieähnlich
hysterolaparotomy Hysterolaparotomie *f*, Gebärmutterentfernung *f* durch Bauchschnitt, abdominale Hysterektomie *f* [Uterusexstirpation *f*]
hysterolith Hysterolith *m*, Gebärmutterstein *m*, Uterolith *m*, Uteruskonkrement *n*
hysterolithiasis Hysterolithiasis *f*, Gebärmuttersteinleiden *n*
hysterology Hysterologie *f*, Gebärmutterlehre *f*
hysterolysis Hysterolyse *f*, Gebärmutterlösung *f (z. B. aus Verwachsungen)*
hysteromalacia Hysteromalazie *f*, Gebärmuttererweichung *f*
hysteromania Hysteromanie *f*, Nymphomanie *f*, Mannstollheit *f*
hysterometer Hysterometer *n*, Uterometer *n*, Gebärmuttervermessungsinstrument *n*
hysterometric hysterometrisch, uterometrisch, gebärmuttervermessend
hysterometry Hysterometrie *f*, Uterometrie *f*, Gebärmuttervermessung *f*
hysteromyoma Hysteromyom *n*, Gebärmutter(leio)myom *n*, Uterusmyom *n*
hysteromyomectomy Hysteromyomektomie *f*, (operative) Gebärmuttermyomentfernung *f*, Uterusmyomexstirpation *f*
hysteromyotomy Hysteromyotomie *f*, Gebärmuttermuskelschnitt *m*
hysteronarcolepsy Narkolepsie *f* hysterischen Ursprungs, emotionale Narkolepsie *f*
hysteroneurasthenia Hysteroneurasthenie *f (Mischung von Neurasthenie und Hysterie)*
hysteropathic hysteropathisch; Hysteropathie...
hysteropathy Hysteropathie *f*, Metropathie *f*, Gebärmutterkrankheit *f*
hysteropexia Hysteropexie *f*, (operative) Gebärmutteranheftung *f*, Uteropexie *f*, Uterusfixation *f (an die Bauchdecken)*
hysteropexy *s.* hysteropexia
hysteroplasty Hysteroplastik *f*, Gebärmutterplastik *f*, Uterusplastik *f*
hysteroptosia *s.* hysteroptosis
hysteroptosis Hysteroptose *f*, Gebärmuttersenkung *f*, Gebärmuttervorfall *m*, Uterusprolaps *m*
hysterorrhaphy 1. Hysterorrhaphie *f*, Gebärmutternaht *f*; 2. *s.* hysteropexia
hysterorrhexis Hysterorrhexis *f*, Gebärmutterriss *m*, Uterusruptur *f*
hysterosalpingectomy Hysterosalpingektomie *f*, (operative) Gebärmutter- und Eileiterentfernung *f*
hysterosalpingo-oophorectomy Hysterosalpingo-oophorektomie *f*, Hysterosalpingo-ovariektomie *f*, (operative) Gebärmutter-, Eierstock- und Eileiterentfernung *f*
hysterosalpingo-oothecectomy *s.* hysterosalpingo-oophorectomy
hysterosalpingogram Hysterosalpingogramm *n*, HSG, Hysterotubogramm *n*, Uterosalpingogramm *n*, Uterotubogramm *n*, Metrosalpingogramm *n*, Metrotubogramm *n*, Gebärmutter- und Eileiterröntgen(kontrast)bild *n*
hysterosalpingography Hysterosalpingographie *f*, HSG, Hysterotubographie *f*, Uterosalpingographie *f*, Uterotubographie *f*, Metrosalpingographie *f*, Metrotubographie *f*, Gebärmutter- und Eileiterröntgen(kontrast)darstellung *f*
hysterosalpingostomy Hysterosalpingostomie *f*, Gebärmutter-Eileiter-Anastomose *f*, Eileitereinpflanzung *f* in die Gebärmutter
hysterosaturnism Hysterosaturnismus *m (hysterische Symptome bei Bleivergiftung)*
hysteroscope Hysteroskop *n*, Gebärmutterspiegel *m*, Uteroskop *n*, Uterusspekulum *n*
hysteroscopic hysteroskopisch, uteroskopisch, gebärmutterspiegelnd
hysteroscopy Hysteroskopie *f*, Gebärmutterspiegelung *f*, Uteroskopie *f*
hysterospasm Hysterospasmus *m*, Gebärmutterkrampf *m*, Uterospasmus *m*
hysterostat Hysterostat *m (zur Fixierung von Radiumkapseln bei Uteruskarzinom)*
hysterothermometry Hysterothermometrie *f*, Uterothermometrie *f*
hysterotome Hysterotom *n*, Gebärmuttermesser *n*, Uterotom *n*
hysterotomotocia *s.* caesarian section
hysterotomy Hysterotomie *f*, Gebärmutterschnitt *m*, (operative) Gebärmuttereröffnung *f*, Uterotomie *f*, Uterusschnitt *m*
hysterotrachelectasia Hysterotrachelektasie *f*, Zervix- und Uterusdilatation *f*, Zervixdehnung *f* (mit Gebärmutterkürettage)
hysterotrachelectomy Hysterotrachelektomie *f*, (operative) Gebärmutterhalsentfernung *f*, Zervixamputation *f*
hysterotracheloplasty Hysterotracheloplastik *f*, Gebärmutterhalsplastik *f*, Zervixplastik *f*
hysterotrachelorrhaphy Hysterotrachelorrhaphie *f*, Gebärmutterhalsnaht *f*
hysterotrachelotomy Hysterotrachelotomie *f*, Gebärmutterhalsschnitt *m*, Zervixschnitt *m*
hysterotrism(us) *s.* hysterospasm
hysterotubography *s.* hysterosalpingography
hysterovaginoenterocele Hysterovaginoenterozele *f (Vorfall von Gebärmutter, Scheide und Darm in eine Hernie)*

I

I and O *s.* input and output
I band I-Bande *f*, isotrope Bande *f*, I-Streifen *m (eines Muskels)*
I-blood group I-Blutgruppe *f*
I-cell disease I-Zell-Krankheit *f*, Mukolipidose *f* Typ II
I:E ratio Inspirations-Exspirations-Verhältnis *n*, Inspirations-Exspirations-Dauer *f*
ianthinopsia Ianthinopsie *f*, Violettsichtigkeit *f*
ianthopsia *s.* ianthinopsia
iatraliptic iatraliptisch, einreibend; Einreibungs…
iatraliptics Einreibungsbehandlung *f*
iatreusiology *s.* therapeutics
iatric 1. medizinisch; Medizin…; 2. ärztlich; Arzt…
iatric diabetes mellitus iatrogener [sekundärer] Diabetes *m* mellitus
iatric pneunothorax iatrogener Pneumothorax *m*
iatrochemisty Iatrochemie *f*, Chemiatrie *f*
iatrogenesis 1. Iatrogenese *f*, Iatrogenie *f (Entstehung eines medizinisch verursachten Problems)*; 2. Iatrogenese *f (Entstehung einer ärztlich verursachten Komplikation)*; 3. Iatrogenie *f*, Iatropsychogenie *f (krankhafte Persönlichkeitsreaktionen eines Patienten durch seelische Traumatisierung)*
iatrogenic iatrogen, durch den Arzt bewirkt [verursacht]
iatrogenic complication iatrogene Komplikation *f*
iatrogenic wound infection iatrogene Wundinfektion *f*
iatrogeny *s.* iatrogenesis
iatrology medizinische Wissenschaft *f*
iatromania *(Neur)* Iatromanie *f (Tendenz zum ständigen Arztwechsel)*
iatromathematical *s.* iatrophysical
iatromechanical iatromechanisch; Iatromechanik…
iatromechanics Iatromechanik *f*
iatropathy Iatropathie *f*, Iatrosomatopathie *f (Körperleiden durch medizinische Diagnostik und Behandlung)*
iatrophysical iatrophysikalisch; Iatrophysik…
iatrophysical school iatrophysikalische Schule *f*
iatrophysics Iatrophysik *f*
iatropsychogeny Iatropsychogenie *f*, Iatrogenie *f (krankhafte Persönlichkeitsreaktionen eines Patienten durch seelische Traumatisierung)*
iatropic einen Arzt erfordernd [erforderlich machend]
iatropic stimulus einen Arzt erfordernder Reiz *m*, medizinische Hilfe erforderndes Symptom *n*
iatrosomatopathy *s.* iatropathy
IBF *s.* immunoglobulin binding factor
ibotenic acid Ibotensäure *f*
ibufenac Ibufenac *n (nicht steroidales Antirheumatikum)*
ibuprofen Ibuprofen *n (nicht steroidales Antirheumatikum)*
ibutilide acetate Ibutilidacetat *n (Antiarrhythmikum)*
i.c. *s.* intracardial
ICD *s.* International Classification of Diseases
ice bag Eisbeutel *m* • **apply an ice bag** einen Eisbeutel auflegen
ice bag for abdominal use Leibeisbeutel *m*, Baucheisblase *f*
ice bag for throat Halseisbeutel, Eiskrawatte *f*
ice burn Gewebeschaden *m* durch Eisanwendung, (lokale) Erfrierung *f*, Kälteschädigung *f* (der Haut)
ice pack Eispackung *f*, Eisbeutel *m*
ice-pick view *s.* M-mode recording
iced spleen *(Path)* Zuckergussmilz *f*
Iceland disease benigne myalgische Enzephalomyelitis *f*, Encephalomyelitis *f* benigna myalgica, chronisches Ermüdungssyndrom *n*, epidemische Neuromyasthenie *f*
ichnogram Ichnogramm *n*, Fußabdruck *m*, Fußspur *f*
ichor Ichor *m*, Wundsekret *n*
ichoremia *s.* ichorrhaemia
ichoroid *s.* ichorous
ichorous ichoroid, blutwasserartig; jauchig; Wundsekret…
ichorous pericarditis jauchige Perikarditis *f*
ichorous pleurisy jauchige Pleuritis *f*
ichorous pus jauchiger Eiter *m*
ichorrhaemia Septikämie *f*, Blutvergiftung *f*, septisches Fieber *n*, Sepsis *f*
ichorrhoea Ichorrhoe *f*, üble Wundsekretion *f*, jauchiger Wundsekretfluss *m*
ichthammol Ichthammol *n*, Ammoniumichthyosulphonat *n*, Ammoniumsulphoichthyolat *n (Dermatikum)*
ichthyasis *s.* ichthyosis
ichthyism(us) Ichthyismus *m*, Fischvergiftung *f*
ichthyoacanthotoxin Ichthyoakanthotoxin *n (Fischgift)*
ichthyoacanthotoxism Ichthyoakanthotoxinvergiftung *f*
ichthyohaemotoxin Ichthyohämotoxin *n (Fischgift)*
ichthyohaemotoxism Ichthyohämotoxinvergiftung *f*
ichthyoid ichthyoid, fischartig; fischförmig; Fisch…
ichthyol Ichthyol *n*, Ammonium *n* sulfoichthyolicum
ichthyootoxin Ichthyootoxin *n*
ichthyootoxism Ichthyootoxismus *m*
ichthyophagia Ichthyophagie *f*, Fischernährung *f*
ichthyophagous ichthyophag, fischessend
ichthyophobia Ichthyophobie *f*, Fischabneigung *f*
ichthyophthiriasis Ichthyophthiriasis *f*
Ichthyophthirius multifiliis Ichthyophthirius *m* multifiliis
ichthyosarcotoxin Ichthyosarkotoxin *n*
ichthyosarcotoxism Ichthyosarkotoxinvergiftung *n*
ichthyosiform ichthyosisartig; Ichthyosis…
ichthyosis Ichthyosis *f*, Ichthyose *f*, Fischschuppenkrankheit *f*
ichthyosis fetus Ichthyosefötus *m*, Harlekin-Fetus *m*
ichthyotic ichthyoseartig; Ichthyose…, Fischschuppenkrankheit(s)…
ichthyotoxic ichthyotoxisch
ichthyotoxicology Ichthyotoxikologie *f*
ichthyotoxin Ichthyotoxin *n*, Fischgift *n*
ichthyotoxism Ichthyotoxismus *m*, Fischvergiftung *f*
icing liver *(Path)* Zuckergussleber *f*, Perlhepatitis *f* chronica hyperplastica
icing spleen *(Path)* Zuckergussmilz *f*
icon *(Neur)* Ikon *n*, Gedankenbild *n*
iconolagny Ikonolagnie *f (sexuelle Erregung durch Betrachtung von Bildern)*
icosanoic acid Eicosansäure *f*, Arachinsäure *f*
ICSH *s.* interstitial-cell-stimulating hormone
ictal Iktus…
ictal automatism *(Neur)* psychomotorischer Anfall *m*
icteric ikterisch; Ikterus…, Gelbsucht…
icteric discoloration of the skin ikterisches Hautkolorit *n*
icteric period Ikterusperiode *f*, ikterische Periode *f*, ikterisches Stadium *n*
icteritious *s.* icteric
icteroanaemia erworbener hämolytischer Ikterus *m*, Ikteroanämie *f (Ikterus mit Anämie)*
icterode *s.* icteroid
icterogenic ikterogen, Gelbsucht bewirkend, Ikterus hervorrufend
icterogenic spirochaetosis *s.* icterohaemorrhagic fever
icterogenicity Ikterogenizität *f*, Fähigkeit *f* zur Ikterusauslösung, ikterogene Fähigkeit *f*
icterogenous *s.* icterogenic

icterohaematuria Ikterohämaturie *f (Gelbsucht mit Blutausscheidung im Urin)*
icterohaematuric ikterohämaturisch
icterohaemoglobinuria Ikterohämoglobinurie *f (Gelbsucht mit Hämoglobinausscheidung im Urin)*
icterohaemorrhagic fever *(Inf)* Weil'sche Krankheit *f* [Erkrankung *f*], Morbus *m* Weil, Leptospirosis *f* [Spirochaetosis *f*] icterohaemorrhagiae, Icterus *m* infectiosus
icterohepatitis Ikterohepatitis *f*, Hepatitis *f* mit Ikterus, ikterische Hepatitis *f*
icteroid ikterisch, gelbsuchtähnlich, gelbsuchtartig
icterus Ikterus *m*, Gelbsucht *f*
icterus gravis Icterus *m* gravis, akute gelbe Leberatrophie *f*
icterus gravis neonatorum Icterus *m* gravis neonatorum, schwerer Neugeborenenikterus *m*, Morbus *m* haemolyticus neonatorum, Erythroblastose *f (bei Rh-Inkompatibilität)*
icterus index Ikterus-Index *m*
icterus neonatorum Icterus *m* neonatorum, Neugeborenenikterus *m*
ictic Iktus...
ictometer Iktomter *n (Gerät zur Bestimmung der Kraft des Herzspitzenstoßes)*
ictus 1. Ictus *m* cordis, Herzschlag *m*; Herzspitzenstoß *m*; 2. Iktus *m*, Iktus *m*, (plötzlicher) Anfall *m*; 3. Schlaganfall *m*, Gehirnschlag *m*, Hirnschlag *m*, zerebrovaskulärer Insult *m*
ictus laryngis Charcot'scher Kehlkopfschwindel *m*, Vertigo *f* laryngea, Larynxschwindel *m*, Kehlkopfepilepsie *f*, Kehlkopfschlag *m*
ICU *s.* intensive care unit
id Id *n*, Erbanlage *f*
id reaction Id-Reaktion *f*, Id-Typ *m (reaktive Hauterscheinungen eines Sensibilisierten auf eingeschwemmte Erreger)*
idarubicin hydrochloride Idarubicinhydrochlorid *n (Antineoblastikum)*
idea 1. Idee *f*, Gedanke *n*, Eindruck *m*, Vorstellung *f*; 2. Ansicht *f*, Meinung *f*; 3. Plan *m*, Absicht *f*
idea chase *(Neur)* Ideenflucht *f*
idea of influence Beeinflussungsgedanke *m*
idea of persecution Verfolgungsgedanke *m*
idea of reference Bezugsgedanke *m*, Beziehungsidee *f*
ideal body weight ideales Körpergewicht *n*, Idealgewicht *n*
ideal occlusion *(Stom)* Normalbiss *m*
ideal weight *s.* ideal body weight
idealization *(Psych)* Idealisierung *f (Überschätzung eines geliebten Objektes im Wert)*
idealized image *(Psych)* idealisierte Vorstellung *f*
ideas of observation *(Neur)* Beobachtungswahn *m*
ideas of reference *(Neur)* Beziehungsidee *f*
ideation Ideenbildung *f*, Gedankenbildung *f*, Entwicklung *f* einer bildhaften Vorstellung, gedanklicher Entwurf *m* einer Handlung
ideation mydriasis Aufmerksamkeitsmydriasis *f*, Aufmerksamkeitsreflex *m* (der Pupille)
ideational Ideenbildungs...; Gedankenbildungs...
ideational apraxia ideatorische Apraxie *f*
identical twins eineiige [monozygote] Zwillinge *mpl*
identification *(Psych)* psychoanalytische Identifizierung *f* [Identifikation *f*], Gleichmachung *f*, (gedankliche) Verschmelzung *f (mit anderen Personen)*
identification with the aggressor *(Neur)* Identifizierung *f* mit dem Angreifer
identify *v* **a disease** eine Krankheit diagnostizieren
identity 1. Identität *f*, Übereinstimmung *f*, Gleichheit *f*; 2. Identität *f*, Persönlichkeit *f*
identity confusion Identitätskonfusion *f*
identity crisis Identitätskrise *f*
identity diffusion Identitätsdiffusion *f*
identity disorder Identitätsstörung *f*
identity disorder of childhood Identitätskrise *f* der Kindheit, kindliche Identitätskrise *f*
ideogenetic ideogenetisch, einer Idee entstammend, aus dem Geist hervorkommend
ideokatharsis *(Neur)* Ideokatharsis *f*, Ideenbereinigung *f*, Wertebesinnung *f*
ideokinesis Ideokinese *f*
ideokinetic ideokinetisch, ideomotorisch, psychomotorisch
ideokinetic apraxia ideokinetische [ideomotorische] Apraxie *f*, transkortikale Apraxie *f*
ideology 1. Ideologie *f*, Ideenschema *n*; Weltanschauung *f*; 2. Ideologie *f*, Lehre *f* von der Ideenentwicklung
ideomotion Ideomotorik *f*, Psychomotorik *f*
ideomotor ideomotorisch, psychomotorisch
ideomotor apraxia ideomotorische Apraxie *f*
ideophobia Ideophobie *f (Angst vor neuen oder anderen Ideen)*
ideoplasty 1. Ideoplasie *f*, Ideoplastie *f*, Verformbarkeit *f* des Willens *(z. B. in Hypnose)*; 2. Ideoplasie *f*, Ideoplastie *f (Handlungsbeeinflussung durch Denkinhalte)*
idioagglutinin Idioagglutinin *n*
idiochromosome *s.* sex chromosome
idiocrasy *s.* idiosyncrasy
idiocy Idiotie *f*, hochgradiger Schwachsinn *m*, Blödsinn *m*
idiodynamic idiodynamisch, unabhängig aktiv
idiogamia Idiogamie *f (Bindung an einen Sexualpartner)*
idiogamic idiogam
idiogenesis Idiogenese *f*, spontaner Krankheitsausbruch *m (Krankheitsentstehung ohne erkennbare Ursache)*
idioglossia Idioglossie *f*, Idiolalie *f*, Gaumenlautbildungsstörung *f*
idioglottic Idioglossie...
idiogram 1. *s.* karyotype; 2. Idiogramm *n*, Karyogramm *n (grafische Darstellung eines Karyotypen)*
idiographic idiographisch
idioheteroagglutinin Idioheteroagglutinin *n*
idioheterolysin Idioheterolysin *n*
idiohypnotism Idiohypnose *f*, Spontanhypnose *f*, Autohypnose *f*, Selbsthypnose *f*, selbst induzierte Hypnose *f*
idioisoagglutinin Idioisoagglutinin *n*
idioisolysin Idioisolysin *n*
idiojunctional rhythm Knotenrhythmus *m*, Knoteneigenrhythmus *m*
idiolalia *s.* idioglossia
idiolysin Idiolysin *n*
idiomere Idiomere *n*, Chromomere *n*
idiomotor reflex idiomotorischer Reflex *m*, Aufmerksamkeitsreflex *m*
idiomuscular contraction idiomuskuläre Kontraktion *f* [Muskelkontraktion *f*]
idioneurosis Idioneurose *f*
idionodal idionodal, vom Atrioventrikularknoten ausgehend, aus dem AV-Knoten stammend
idionomic idionom, eigengesetzlich
idiopathetic *s.* idiopathic
idiopathic idiopathisch, selbstständig (auftretend), ohne äußere Ursache *(z. B. Krankheiten)*
idiopathic adult steatorrhoea nicht tropische [einheimische] Sprue *f*
idiopathic diffuse alveolar haemorrhage idiopathische diffuse Alveolen(ein)blutung *f*
idiopathic disease idiopathische Krankheit *f* [Erkrankung *f*]
idiopathic eczema idiopathisches Ekzem *n*

idiopathic elephantiasis *s.* Milroy's disease
idiopathic gangrene idiopathische Gangrän *f*, Gangrän *f* unbekannter Ursache
idiopathic guttate hypomelanosis idiopathische Hypomelanosis *f* guttata
idiopathic haemosiderosis idiopathische Hämosiderose *f*
idiopathic hypertrophic subaortic stenosis idiopathische hypertrophe Subaortenstenose *f*, IHSS
idiopathic hypoventilation idiopathische Hypoventilation *f*
idiopathic infantile steatorrhoea Zöliakie *f*, Heubner-Herter'sche Krankheit *f*, intestinaler Infantilismus *m*
idiopathic megacolon idiopathisches [funktionelles] Megakolon *n*
idiopathic midline destructive disease idiopahtische destruktive Mittelgesichtserkrankung *f*
idiopathic multiple pigmented haemorrhagic sarcoma *s.* Kaposi's syndrome
idiopathic myocarditis idiopathische [Fiedler'sche] Myokarditis *f*
idiopathic necrotizing crescentic glomerulonephritis idiopathische nekrotisierende sichelförmige Glomerulonephritis *f*
idiopathic nephrotic syndrome idiopathisches nephrotisches Syndrom *n*
idiopathic neuralgia idiopathische Neuralgie *f*
idiopathic pericarditis idiopathische Perikarditis *f*
idiopathic peritonitis idiopathische Peritonitis *f*
idiopathic postpartum renal failure idiopathisches postpartales Nierenversagen *n*
idiopathic pulmonary fibrosis idiopathische Lungenfibrose *f*
idiopathic pulmonary haemorrhage idiopathische Lungen(ein)blutung *f*
idiopathic reactive hypoglycaemia idiopathische reaktive Hypoglykämie *f*
idiopathic respiratory distress syndrome idiopathisches Atemnotsyndrom *n*
idiopathic respiratory distress (syndrome) of the newborn Neugeborenenatemnotsyndrom *n*, (idiopathisches) Atemnotsyndrom *n* des Neugeborenen
idiopathic scoliosis idiopathische Skoliose *f*
idiopathic scoliosis with rib hump deformity idiopathische Skoliose *f* mit Rippenbuckeldeformität
idiopathic scoliosis with scapular asymmetry idiopathische Skoliose *f* mit Schulterblattasymmetrie
idiopathic sprue *s.* idiopathic adult steatorrhoea
idiopathic steatorrhoea idiopathische Steatorrhoe *f*, idiopathische Fettstühle *mpl*
idiopathic tetanus idiopathischer Tetanus *m*
idiopathic thrombocytopenic purpura idiopathische thrombo(zyto)penische Purpura *f*, Morbus *m* Werlhof [maculosus Werlhofi], Werlhof'sche Krankheit *f*, Werlhof-Krankheit *f*, Purpura *f* thrombopenica
idiopathic ventricular tachycardia idiopathische ventrikuläre Tachykardie *f*
idiopathy Idiopathie *f (Primärerkrankung ohne erkennbare Ursache)*
idiophrasia Idiophrasie *f*, Eigensprache *f (z. B. eines Schizophrenen)*
idiophrenia Idiophrenie *f*
idiophrenic idiophrenisch, direkt vom Gehirn stammend, direkt vom Gehirn ausgehend
idioplasm Idioplasma *n*, Erbplasma *n*, Erbmasse *f*
idiopsychologic idiopsychologisch, dem eigenem Denken entstammend; nicht durch Fremdsuggestion verursacht
idioreflex Idioreflex *m*, Eigenreflex *m*
idioretinal idioretinal, der Retina entstammend, von der eigenen Netzhaut ausgehend
idiosome 1. *s.* sex chromosome; 2. Idiosom *n*, Akrosom *n (Spermienteil)*; 3. Idiosom *n (stark granulierte Zytoplasmazone um das Zentrosom)*
idiospasm Idiospasmus *m*, lokal begrenzter Krampf *m*
idiospastic idiospastisch; Idiospasmus…
idiosyncrasy 1. *(Bioch)* Idiosynkrasie *f*, angeborene Überempfindlichkeit *f*, nichtimmunologische Überempfindlichkeit *f (z. B. auf bestimmte Stoffe)*; 2. *(Psych)* Idiosynkrasie *f*, Überempfindlichkeit *f* gegenüber Personen
idiosyncratic idiosynkratisch; Idiosynkrasie…
idiosyncratic drug idiosynkratisches Medikament *n*
idiosyncratic effect idiosynkratischer Effekt *m*
idiosyncratic reaction idiosynkratische Reaktion *f*, nicht allergische Überempfindlichkeit *f (z. B. bei Enzymdefekt)*
idiot Idiot *m*, (hochgradig) Schwachsinnige(r) *m*, Blöde(r) *m*
idiot-prodigy Idiot-Savant *m*
idiotism Idiotie *f*, (hochgradige) Schwachsinnigkeit *f*, hochgradiger Schwachsinn *m*
idiotope Idiotop *m*, idiotypische Determinante *f (eines Immunoglobulinmoleküls)*
idiotopy Idiotopie *f (innere Strukturierung eines Organs)*
idiotrophic idiotroph, die eigene Ernährung auswählend
idiotropic idiotrop, den eigenen Körper betreffend; sich auf das eigene Körperinnere richtend; introspektiv; egozentrisch
idiotype Idiotyp *m*, idiotypische Antigendeterminante *f*
idiotypic idiotypisch
idioventricular idioventrikulär, herzkammereigen, vom Ventrikel ausgehend, aus der Herzkammer stammend
idioventricular rhythm ventrikulärer Eigenrhythmus *m*, Herzkammereigenrhythmus *m*, Kammereigenrhythmus *m*
idioventricular tachycardia idioventrikuläre Tachykardie *f*
iditol Iditol *n*
iditol 2-dehydrogenase Iditol-2-dehydrogenase *f*, Iditdehydrogenase *f*, Sorbitdehydrogenase *f*, Sorbitoldehydrogenase *f (Enzym)*
idolatria Idolatrie *f*, Fetischismus *m*
idose Idose *f (Aldohexose)*
idoxuridine Idoxuridin *n*, 2-Desoxy-5-joduridin *n*, 5-Joduracil-2-desoxyribosid *n (Pyrimidinanalogon; Virostatikum)*
idromania *s.* hydromania
idrosis *s.* hidrosis
iduronate-2-sulfatase Iduronatsulfatase *f (Enzym)*
iduronate-2-sulfatase deficiency Iduronatsulfatasemangel *m*, Iduronatsulfat-sulfatase-Defekt *m*, Mukopolysaccharidose *f* II, Hunter-Syndrom *n*
iduronic acid Iduronsäure *f*
α-L-iduronidase α-L-Iduronidase *f (Enzym)*
α-L-iduronidase deficiency Iduronidasemangel *m*, Mukopolysaccharidose *f* Typ I-S, Ullrich-Scheie-Syndrom *n*; Mukopolysaccharidose *f* Typ I-H, Pfaundler-Hurler-Syndrom *n*
Ig *s.* immunoglobulin
IgA deficiency IgA-Mangel *m*, Immunoglobulin-A-Mangel *m*
IgA-deficient mit IgA-Mangel (verlaufend), einen Immunoglobulin-A-Mangel besitzend
IgA-deficient donor Spender *m* [Donor *m*] mit IgA-Mangel
IgA-deficient patient Patient *m* mit IgA-Mangel
IgA level IgA-Spiegel *m*, Immunoglobulin-A-Blutspiegel *m*
IgA receptor IgA-Rezeptor *m*, Immunoglobulin-A-Rezeptor *m*
IgA synthesis IgA-Synthese *m*, Immunoglobulin-A-Synthese *f*

ignioperation Elektrokauteroperation *f*
ignipeditis Ignipeditis *f*, Fußbrennen *n (bei peripherer Nervenentzündung)*
ignipuncture Ignipunktur *f*, Heißnadelpunktion *f*
IHSS *s.* idiopathic hypertrophic subaortic stenosis
ilea *pl s.* ileum
ileac 1. *s.* ileal; 2. Ileus...
ileadelphus *s.* iliopagus
ileal ileal; Ileum..., Krummdarm...
ileal artery Ileumarterie *f*, Krummdarmschlagader *f*, Arteria *f* ilei [iliaca]
ileal bypass Ileum-Bypass *m*, Ileumausschaltung(soperation) *f (bei alimentärer Fettsucht)*
ileal conduit Ileum-Conduit *m*, Ileum-Blase *f*
ileal graft Ileumtransplantat *n*, Krummdarmtransplantat *n*
ileal intussusception Ileumintussuszeption *f*, Krummdarminvagination *f*, Krummdarmeinstülpung *f*
ileal mesentery Ileummesenterium *n*, Krummdarmmesenterium *n*
ileal operculum *s.* ileocaecal valve
ileal stoma Ileumstoma *n*, Ileostoma *n*, Krummdarmfistel *f*
ileal vein Ileumvene *f*, Krummdarmvene *f*, Vena *f* ilei [iliaca]
ileectomy Ileumexstirpation *f*, Ileumresektion *f*, (operative) Krummdarmentfernung *f*
ileitis Ileitis *f*, Krummdarmentzündung *f*
ileoanal anastomosis ileoanale Anastomose *f*, Ileum-After-Anastomose *f*
ileoanastomosis *s.* ileoanal anastomosis
ileoappendicular *s.* ileocaecal
ileoascendostomy Ileoaszendostomie *f*, Ileum-Ascendens-Anastomose *f*, (operative) Ileum-Colon-ascendens-Verbindung *f*
ileocaecal ileozökal; Ileozökal..., Ileum-Zökum-..., Krummdarm-Blinddarm-...
ileocaecal actinomycosis Ileozökalaktinomykose *f*
ileocaecal fistula Ileozökalfistel *f*, Ileum-Zökum-Fistel *f*, ileozökale Fistel *f*
ileocaecal fold Ileozökalfalte *f*, Plica *f* ileocaecalis
ileocaecal fossa Ileozökalgrube *f*, Fossa *f* ileocaecalis
ileocaecal growth *s.* ileocaecal tumour
ileocaecal incompetence *s.* ileocaecal insufficiency
ileocaecal insufficiency Ileozökalinsuffizienz *f*, Schlussunfähigkeit *f* der Ileozökalklappe
ileocaecal intussusception Ileozökalintussuszeption *f*, Ileozökaleinstülpung *f*
ileocaecal lipomatosis Ileozökallipomatose *f*
ileocaecal murmur Ileozökalgeräusch *n*, Ileozökalplätschern *n*
ileocaecal syndrome Ileozökalsyndrom *n*
ileocaecal tuberculosis Ileozökaltuberkulose *f*, Tuberculosis *f* ileocaecalis
ileocaecal tumour Ileozökaltumor *m*, Ileozökalgeschwulst *f*
ileocaecal valve Ileozökalklappe *f*, Valvula *f* [Valva *f*] ileocaecalis [coli], Bauhin'sche Klappe *f*
ileocaecocystoplasty Ileozökozystoplastik *f (Blasenrekonstruktion mit Ileum- und Zökumanteilen)*
ileocaecocystostomy Ileozökozystostomie *f*
ileocaecostomy 1. Ileozökostomie *f*, Ileozökalfistel *f*; 2. (operative) Ileozökumfistelung *f*
ileocaecum Ileozökum *n*, Krumm- und Blinddarm *m*
ileocoecal *s.* ileocaecal
ileocolectomy Ileokolektomie *f*, (operative) Krummdarm- und Grimmdarmentfernung *f*
ileocolic ileokolisch; Ileum-Kolon-..., Krummdarm-Dickdarm-...
ileocolic artery Krumm- und Dickdarmarterie *f*, Arteria *f* ileocolica
ileocolic intussusception *s.* ileocaecal intussusception
ileocolic valve *s.* ileocaecal valve
ileocolic vein Krumm- und Blinddarmvene *f*, Vena *f* ileocolica
ileocolitis Ileokolitis *f*, Ileocolitis *f*, Krumm- und Grimmdarmentzündung *f*
ileocolonic *s.* ileocolic
ileocolostomy Ileokolostomie *f*, Ileum-Kolon-Anastomose *f*, (operative) Krummdarm-Grimmdarm-Verbindung *f*
ileocolotomy Ileokolotomie *f*, (operative) Krummdarm- und Grimmdarmeröffnung *f*
ileocystoplasty Ileozystoplastik *f*, künstliche Ileumblase *f*
ileocystostomy Ileozystostomie *f*, Ileum-Blasen-Anastomose *f*
ileogastric reflex ileogastrischer Reflex *m*
ileoileostomy Ileoileostomie *f*, Ileum-Ileum-Anastomose *f*, (operative) Krummdarm-Krummdarm-Verbindung *f*
ileopexy Ileopexie *f*, Ileumfixation *f*, Krummdarmfixierung *f*
ileoproctostomy *s.* ileorectostomy
ileorectal ileorektal; Ileum-Rektum-...
ileorectal fistula Ileorektalfistel *f*, Ileum-Rektum-Fistel *f*, ileorektale Fistel *f*
ileorectostomy Ileorektostomie *f*, Ileoproktostomie *f*, Ileum-Rektum-Anastomose *f*, (operative) Krummdarm-Mastdarm-Verbindung *f*
ileorrhaphy Ileorrhaphie *f*, Ileumnaht *f*, Krummdarmnaht *f*
ileoscopy Ileoskopie *f*, Ileumspiegelung *f*
ileosigmoid ileosigmoidal; Ileum-Sigmoid-..., Krummdarm-Grimmdarm-...
ileosigmoidostomy Ileosigmoidostomie *f*, Ileum-Sigma-Anastomose *f*, (operative) Krummdarm-Sigmoideum-Verbindung *f*
ileostomate Ileostomaträger *m*, Patient *m* mit Ileostoma
ileostomy 1. Ileostomie *f*, Krummdarmfistel *f*, Ileostoma *n*; 2. Ileostomie *f*, (operative) Ileumfistelung *f*
ileostomy bag Ileostomiebeutel *m*
ileothoracopagus *(Terat)* Ileothorakopagus *m (Doppelfehlbildung)*
ileotomy Ileotomie *f*, Ileumschnitt *m*, (operative) Krummdarmeröffnung *f*
ileotransversostomy Ileotransversostomie *f*, Ileum-Transversum-Anastomose *f*, (operative) Krummdarm-Querkolon-Verbindung *f*
ileotyphlitis Ileotyphlitis *f*, Krumm- und Blinddarmentzündung *f*
ileovaginal fistula Ileovaginalfistel *f*, Ileum-Vagina-Fistel *f*, Krummdarm-Scheiden-Fistel *f*
ileovesical ileovesikal; Krummdarm-Blasen-...
ileum Ileum *n*, Krummdarm *m*, Intestinum *n* ileum
ileum conduit *(Urol)* Ileum-Conduit *m*, Ileumblase *f*, Dünndarmblase *f*, Brickerblase *f*
ileum regional enteritis Ileitis *f* regionalis, Enteritis *f* regionalis Crohn, Morbus *m* Crohn
ileus Ileus *m*, Darmverschluss *m*, Darmverlegung *f*, Darmobstruktion *f*
ileus in the lower intestine unterer Ileus *m*, tiefer Darmverschluss *m*
iliac iliakal; Iliakal..., Darmbein...
iliac abscess Darmbeinabszess *m*, Iliakalabszess *m*
iliac bone Darmbein *n*, Os *n* ilium, Ilium *n*
iliac crest Darmbeinkamm *m*, Crista *f* iliaca
iliac fascia Fascia *f* iliaca
iliac fossa Darmbeingrube *f*, Fossa *f* iliaca
iliac horn Darmbeinhorn *n*, Darmbeinsporn *n (bei Nail-Patella-Syndrom)*
iliac lymph node Darmbeinlymphknoten *m*, Iliakallymphknoten *m*
iliac plexus Plexus *m* iliacus
iliac region Darmbeingegend *f*, Regio *f* iliaca
iliac spine Darmbeinstachel *m*, Spina *f* iliaca

iliac tuberosity Darmbeinrauigkeit *f*, Tuberositas *f* iliaca
iliacus (muscle) Musculus *m* iliacus, Darmbeinmuskel *m*
iliadelphus *(Terat)* Iliadelphus *m*, Duplicitas *f* posterior *(Missgeburt)*
ilial *s.* iliac
iliocapsularis (muscle) Musculus *m* iliacus minor, kleiner Darmbeinmuskel *m*
iliococcygeal iliokokzygeal; Ilium-Coccyx-…, Darmbein-Steißbein-…
iliococcygeal muscle *s.* iliococcygeus muscle
iliococcygeus (muscle) Musculus *m* iliococcygeus
iliocolotomy Iliokolotomie *f*, (operative) Koloneröffnung *f* durch Leistenschnitt
iliocostal iliokostal; Ilium-Rippen-…
iliocostalis Musculus *m* iliocostalis, Darmbeinrippenmuskel *m*
iliocostalis cervicis (muscle) Musculus *m* iliocostalis cervicis
iliocostalis dorsi (muscle) *s.* iliocostalis thoracis muscle
iliocostalis lumborum (muscle) Musculus *m* iliocostalis lumborum
iliocostalis muscle *s.* iliocostalis
iliocostalis thoracis (muscle) Musculus *m* iliocostalis thoracis
iliocostocervicalis (muscle) *s.* iliocostalis cervicis muscle
iliofemoral iliofemoral; Ilium-Femur-…, Darmbein-Oberschenkel-…
iliofemoral circulation Iliofemoralzirkulation *f*
iliofemoral ligament Ligamentum *n* iliofemorale, Iliofemoralband *n*
iliofemoral thrombosis Iliofemoralthrombose *f*
iliofemoral triangle Iliofemoraldreieck *n*, Bryant'sches Dreieck *n*
iliofemoral vein Vena *f* iliofemoralis, Iliofemoralvene *f*
iliohypogastric iliohypogastrisch; Ileum-Hypogastrium-…
iliohypogastric nerve Nervus *m* iliohypogastricus
ilioinguinal ilioinguinal; Ileum-Leisten-…, Ilioinguinal…
ilioinguinal nerve Nervus *m* ilioinguinalis, Ilioinguinalnerv *m*, Ilioinguinalis(nerv) *m*
ilioinguinal neuralgia Ilioinguinalneuralgie *f*, Ilioinguinal(isnerven)syndrom *n*
iliolumbar iliolumbal; Hüft-Lenden-…
iliolumbar artery Arteria *f* iliolumbalis, Hüft-Lenden-Arterie *f*
iliolumbar ligament Ligamentum *n* iliolumbale, Ileolumbalband *n*
iliolumbar vein Vena *f* iliolumbalis, Hüftlendenvene *f*
iliolumbocostoabdominal iliolumbokostoabdominal
iliometer Iliometer *n*
iliopagus *(Terat)* Iliopagus *m (Missgeburt)*
iliopectineal ililopektinal, iliopubisch; Ilium-Schambein-…, Darmbein-Schambein-…
iliopectineal eminence *s.* iliopubic eminence
iliopectineal line Linea *f* iliopectinea [terminalis], Iliopektineallinie *f*
iliopelvic iliopelvin; Hüft(region)-Becken-…
iliopsoas Musculus *m* iliopsoas, Hüftlendenmuskel *m*
iliopsoas abscess Iliopsoasabszess *m*
iliopsoas fascia Iliopsoasfaszie *f*
iliopsoas muscle *s.* iliopsoas
iliopsoas syndrome Iliopsoassyndrom *n*; Psoaszeichen *n*
iliopsoas test Iliopsoastest *m*
iliopubic iliopubisch; Ilium-Schambein-…, Darmbein-Schambein-…
iliopubic eminence Eminentia *f* iliopubica
iliosacral iliosacral; Ilium-Sacrum-…, Darmbein-Kreuzbein-…
iliosacral syndrome Iliosakralsyndrom *n (bei Kreuz-Darmbein-Gelenk-Blockierungen)*
iliosciatic Ilium-Ischium-…, Darmbein-Sitzbein-…
ilioscrotal ilioskrotal; Ilium-Skrotum-…, Ilioskrotal…
ilioscrotal hernia ilioskrotale Hernie *f*, Ilioskrotalhernie *f*, Ilium-Skrotum-Hernie *f*, ilioskrotaler Bruch *m*
iliospinal iliospinal; Ilium-Wirbelsäulen-…
iliothoracopagus *(Terat)* Iliothorakopagus *m (Missgeburt)*
iliotibial iliotibial; Ilium-Tibia-…, Darmbein-Schienbein-…, Iliotibial…
iliotibial band *(Anat)* Tractus *m* iliotibialis fasciae latae, Maissiat'scher Streifen *m*
iliotibial tract *s.* iliotibial band
iliotrochanteric iliotrochanterisch; Ilium-Trochanter-…
ilioxiphopagus *(Terat)* Ilioxiphopagus *m (Missgeburt)*
ilium (bone) Ilium *n*, Darmbein *n*, Os *n* ilium *(Zusammensetzungen siehe unter: iliac)*
ill krank • **be ill** krank sein • **be seriously ill** ernsthaft [schwer] krank sein • **be taken ill with measles** an Masern erkranken • **become ill** krank werden, erkranken • **fall ill** krank werden, erkranken
ill Leiden *n*, Erkrankung *f*, Krankheit *f*
ill-sustained accommodation Akkommodationsschwäche *f*
illacrimation *(Ophth)* Epiphora *f*, Tränenträufeln *n*
illaqueation *(Ophth)* Illaqueation *f (Korrektur der Lidstellung mittels Fadenschlingen)*
illegal abortion illegaler Abort *m*, illegale Schwangerschaftsunterbrechung *f*
illegitimate 1. illegitim, gesetzlich nicht erlaubt; 2. abnormal, nicht normal; 3. unehelich (geboren)
illicit ungesetzlich, illegal; nicht erlaubt, unerlaubt; verboten
illinition Einreibung *f*, Einreiben *n (z. B. von Salben)*
illiterate lese- und schreibunfähig, unfähig zum Lesen und Schreiben
illness Krankheit *f*, Erkrankung *f*, Leiden *n (siehe auch unter: disease)* • **be treated for an illness** wegen einer Krankheit behandelt werden • **have an illness** eine Krankheit (in sich) haben; erkrankt sein
illness behaviour Krankheitsverhalten *n*, Verhalten *n* bei Erkrankung
illness experience Krankheitserfahrung *f*, Erfahrungen *fpl* bei Erkrankung
illness prevention Krankheitsvorbeugung *f*, Krankheitsprävention *f*
illogical action *(Neur)* Defekthandlung *f*
illuminate *v* illuminieren, (be)leuchten, ausleuchten
illumination Illumination *f*, Beleuchtung *f*, Ausleuchtung *f*
illuminator Illuminator *m*, Beleuchter *m*; Leuchtvorrichtung *f*
illuminism *(Psych)* Erleuchtung *f*
illusion *(Neur, Psych)* Illusion *f*, Wahnbild *n*, Sinnestäuschung *f*, verfälschte Wahrnehmung *f*, Selbsttäuschung *f*, Einbildung *f*
illusion of being robbed Bestehlungswahn *m*
illusion of doubles Capgras-Syndrom *n*, Illusion *f* der Doppelgänger *(wahnhafte Personenverkennung)*
illusion of movement Bewegungsillusion *f (z. B. durch Stimulation von benachbarten Netzhautarealen)*
illusional *s.* illusory
illusory illusorisch, in der Illusion bestehend, eingebildet, nicht wirklich
i.m. *s.* intramuscular
image 1. Bild *n*, Abbild *n*, Abbildung *f*; 2. geistiges Bild *n*, geistige Vorstellung *f*, geistiges Konzept *n*; 3. Anschein *m*, Ähnlichkeit *f*, ähnliche Erscheinung *f*
image acquisition time Bilderfassungszeit *f*, Akquisitionszeit *f* eines Bildes; Datenerfasssungszeit *f (z. B. bei Computertomographie)*

image agglutination *(Neur)* Bildagglutination *f*
image amplifier *(Rad)* Bildverstärker *m*
image foreshortening (perspektivische) Bildverkürzung *f*
image format Bildformat *n*
image intensification fluoroscopy *(Rad)* Bildverstärkungsfluoroskopie *f*, Bildverstärkerfluoroskopie *f*
image intensifier *(Rad)* Bildverstärker *m*
image matrix *(Rad)* Bildmatrix *f*
image memory *(Neur)* metaphorisches [bildhaftes] Gedächtnis *n*; bildhafte Erinnerung *f*
image perception *(Neur)* Bildwahrnehmung *f*, Bild-Erleben *n*
image thinking *(Neur)* metaphorisches [bildhaftes] Denken *n*
imagery *(Psych)* Vorstellung *f*, Einbildung *f*
imagery delirium sensorisches Delir *n*, Wahrnehmungswahn *m*, bildhafter Wahn *m*
imaginal bildlich darstellend; bildlich dargestellt; Bild...
imaginary imaginär, in der Einbildung [Vorstellung] vorhanden
imaginary sensation *(Neur)* imaginäre Empfindung *f*, Scheinwahrnehmung *f*, Pseudoästhesie *f*
imagination 1. Imagination *f*, Einbildung *f*; 2. Imagination *f*, Fantasie *f*, Vorstellung *f*
imaging 1. bildliche Vorstellung *f*, bildhafte Vorstellung *f*; 2. *s.* imaging method
imaging department Röntgen(diagnostik)abteilung *f*
imaging method bildgebende Untersuchungsmethode *f*, bildgebendes Untersuchungsverfahren *n (z. B. Echographie)*
imaging technique bildgebende Technik *f* [Untersuchungstechnik *f*] *(z. B. Echographie)*
imago Imago *f*, Urbild *n (Psychoanalyse)*
imbalance 1. Ungleichgewicht *n*, gestörtes Muskelgleichgewicht *n*; 2. Gleichgewichtsstörung *f (biologischer Systeme)*; 3. geistige Imbalanz *f*, ungleichmäßige geistige Entwicklung *f (ungleichmäßige Ausprägung besonderer Fähigkeiten)*; 4. ungleichmäßige Verteilung *f*, Ungleichgewicht *n* der Verteilung *(z. B. einer Population)*
imbecile imbezil(l), mittelgradig geistesschwach [schwachsinnig]
imbecile Imbezille(r) *m*, mittelgradig Geistesschwache(r), mittelgradig Schwachsinnige(r) *m*
imbecility Imbezillität *f*, mittelgradige Geistesschwäche *f* [Schwachsinnigkeit *f*]
imbed *v* einbetten *(z. B. histologische Präparate)*
imbedded tooth nicht durchgebrochener Zahn *m*, eingebetteter Zahn *m*
imbibe *v* 1. imbibieren, durchtränken *(mit Flüssigkeiten)*; imbibieren; aufsaugen, absorbieren *(Flüssigkeiten)*; 2. inhalieren; 3. assimilieren
imbibition 1. Imbibition *f*, Durchtränkung *f*; 2. Absorption *f*, Flüssigkeitsaufnahme *f*, Flüssigkeitsaufsaugung *f*
imbricate *v* überlappen, doppeln *(z. B. eine Faszie)*
imbricated bandage Dachziegelverband *m*
imbrication Überlappung *f*, Doppelung *f (Fasziennaht)*
Imerslund syndrome Imerslund-Syndrom *n*, Imerslund-(Najman-)Graesbeck-Syndrom *n*, selektive Vitamin-B_{12}-Malabsorption *f*
Imerslund Graesbeck syndrome *s.* Imerslund syndrome
imidamine Imidamin *n*, Antazolin *n*
imidazole Imidazol *n*, Glyoxalin *n (Histidingrundgerüst)*
4-imidazolone-5-propionate 4-Imidazolon-5-propionat *n (Histidinabbauprodukt)*
imidazolyl Imidazolyl *n (Imidazolradikal)*
imidazolylethylamine Imidazolylethylamin *n*, Histamin *n*
imidodipeptidase Imidodipeptidase *f (Enzym)*
imidodipeptide Imidodipeptid *n*
imidodipeptiduria Imidodipeptidurie *f*
imidole Imidol *n*, Pyrrol *n*
imiglucerase Imiglucerase *f (Enzym)*
iminazole *s.* imidazole
iminazolylethylamine *s.* imidazolylethylamine
imino acid Iminosäure *f*
iminodiacetic acid Iminodiessigsäure *f*
iminodipeptidase Iminodipeptidase *f*, Prolyldipeptidase *f (Enzym)*
iminodipeptide Iminodipeptid *n*
iminoglycinuria Iminoglyzinurie *f*, Iminoglycinurie *f*
iminohydrolase Iminohydrolase *f (Enzym)*
iminostilbene Iminostilben *n*
iminourea Iminoharnstoff *m*, Guanidin *n*, Aminomethanamidin *n*
imipenem Imipenem *n (Antibiotikum)*
imipenem-cilastatin sodium Imipenem-cilastatin-Natrium *n (Breitspektrumantibiotikum)*
imipramine Imipramin *n (Antidepressivum)*
imipramine hydrochloride Imipraminhydrochlorid *n*
imitate *v* imitieren, nachahmen, vortäuschen
imitation Imitation *f*, Nachahmung *f*, Vortäuschung *f*
imitative imitativ, nachahmend, vortäuschend; sich anpassend
Imlach's fat-pad Imlach'scher Fettpfropf *m*, Imlach-Fettpfropf *m (im äußeren Leistenring)*
immature immatur, unreif, nicht voll entwickelt
immature baby immatures (unreifes) Baby *n*, nicht voll entwickeltes Baby *n*
immature cataract *(Ophth)* unreifer Star *m*, Cataracta *f* immatura
immature delivery Fehlgeburt *f*
immature erythrocyte immaturer [unreifer] Erythrozyt *m*
immature foetus labour Spätabort *m*; Frühgeburt *f*
immature pregnancy immature Schwangerschaft *f*
immaturity Unreife *f*, unreifer Zustand *m (z. B. des Fetus)*
immediate 1. unmittelbar; Immediat...; sofort, gleich; Sofort...; 2. direkt betreffend; direkt berührend; in unmittelbarem Kontakt; 3. direkt, unmittelbar, in unmittelbarer Nähe
immediate agglutination 1. Sofortagglutination *f*, Sofortverklumpung *f*; 2. Primärheilung *f*, Primärverklebung *f (einer Wunde)*
immediate allergy Sofortallergie *f*, allergische Sofortreaktion *f*, Anaphylaxie *f*
immediate auscultation Direktauskultation *f*
immediate automatism *(Psych)* direkter Automatismus *m*
immediate complication Sofortkomplikation *f*, Primärkomplikation *f*
immediate denture *(Stom)* Direktprothese *f*, Immediatprothese *f*, Sofortprothese *f*, vorläufiger Zahnersatz *m*
immediate hypersensitivity (reaction) *s.* immediate allergy
immediate memory *(Neur)* Kurzzeitgedächtnis *n*, mechanisches Gedächtnis *n*, Spontangedächtnis *n*
immediate operation Sofortoperation *f*
immediate percussion Direktperkussion *f*
immediate postoperative fit prosthesis Immediatprothese *f*, temporäre postoperative [postoperativ angepasste] Prothese *f*
immediate posttraumatic automatism *(Psych)* direkter posttraumatischer Automatismus *m*
immediate prosthesis *s.* immediate denture
immediate recall Immediatgedächtnis *n*, unmittelbares Gedächtnis *n*, Neugedächtnis *n*; Kurzzeitgedächtnis *n*
immediate transfusion Direkttransfusion *f*
immediate union Primärheilung *f*, Sanatio *f* per primam intentionem

immedicable inkurabel, unheilbar *(z. B. Wunden)*
immerse *v* eintauchen, tauchen
immersion Immersion *f*, Eintauchen *n*
immersion feet Immersionsfüße *mpl*; Immersions-Kälte-(Nässe-)Schaden *m* der Füße
immersion lens Immersionslinse *f (Mikroskop)*
immersion microscope Immersionsmikroskop *n*
immersion microscopy Immersionsmikroskopie *f*
immersion objective Immersionsobjektiv *n*
immersion oil Immersionsöl *n*
immigration Immigration *f*, Einwanderung *f*, Zelleinwanderung *f (in Körpergewebe)*
imminent imminent, drohend, unmittelbar bevorstehend
imminent abortion drohender Abort *m*, drohende Fehlgeburt *f*, Abortus *m* imminens
immiscible imiszibel, nicht mischbar, unvermischbar
immittance *(HNO)* Immittance *f (akustische Impedanz und akustische Admittanz)*
immobile immobil, unbeweglich; unverschieblich
immobility Immobilität *f*, Unbeweglichkeit *f*
immobilization 1. Immobilisation *f*, Immobilisierung *f*, Ruhigstellung *f*, Stillstellung *f*, Unbeweglichmachen *n (z. B. eines Knochenbruchs)*; 2. Immobilisation *f*, Immobilisierung *f*, Ruhigstellung *f (z. B. eines Patienten)*
immobilization test Immobilisationstest *m*
immobilize *v* immobilisieren, ruhig stellen, unbeweglich [unverschieblich] machen
immobilize *v* **a limb in a functional position** eine Extremität in Funktionsstellung ruhig stellen
immobilizing bandage Immobilisationsverband *m*, Ruhigstellungsverband *m*, ruhig stellender Verband *m*, Gipsverband *m*
immortalization Immortalisation *f*, Unsterblichwerden *n (z. B. von Zellen in vitro durch Spontanmutationen)*
immotile immotil, unbeweglich
immotile cilia syndrome Syndrom *n* der immotilen Zilien, Immotile-cilia-Syndrom *n*; Kartagener-Syndrom *n*
immune immun, unempfänglich, unempfindlich, gefeit, geschützt • **render immune** immunisieren, immun [unempfindlich] machen, eine Immunisierung bewirken [in Gang setzen]
immune adherence Immunadhärenz *f*
immune agglutinin Immunagglutinin *n*
immune antibody Immunantikörper *m*
immune assay *s.* immunoassay
immune bacteriolysis Immunbakteriolyse *f*
immune body Immunkörper *m*, Antikörper *m*, (körpereigener) Abwehrstoff *m (Zusammensetzungen siehe unter: antibody)*
immune cell Immunzelle *f*, immunkompetente Zelle *f*
immune competence *s.* immunocompetence
immune complex Immunkomplex *m*
immune complex assay Immunkomplex-Assay *m*
immune complex disease Immunkomplexkrankheit *f*
immune complex hypersensitivity Immunkomplex-überempfindlichkeit *f*, immunkomplex-vermittelte Überempfindlichkeitsreaktion *f*, Überempfindlichkeitsreaktion *f* Typ III
immune cytolysis Immunzytolyse *f*
immune defence Immunabwehr *f*
immune deficiency Immunmangel *m*, Immun(itäts)defekt *m*, Immuninsuffizienz *f*
immune deficiency disease Immunmangelkrankheit *f*
immune deficiency state Immunitätsmangelzustand *m*
immune deficiency syndrome Immundefektsyndrom *n*
immune deviation Immundeviation *f*
immune elimination Immunelimination *f*
immune exclusion Immunexklusion *f*
immune factor Immunfaktor *m*
immune gamma globulin Immun(gamma)globulin *n*
immune globulin *s.* immunoglobulin
immune haemolysin Immunhämolysin *n*
immune haemolysis Immunhämolyse *f*
immune human globulin humanes [menschliches] Immunglobulin *n*
immune mechanism Immunmechanismus *m*
immune neutropenia Immunneutropenie *f*
immune plasma donor Immunplasmaspender *m*
immune process Immunprozess *m*, Immunvorgang *m*
immune protein Immunprotein *n*, Immuneiweiß *n*
immune reaction Immunreaktion *f*
immune recognition Immunaktivierung *f*, immunologische Erkennung *f*, B-Zellen-Aktivierung *f*, T-Zellen-Aktivierung *f*
immune response Immunantwort *f*, Immunreaktion *f*
immune serum Immunserum *n*
immune serum globulin Immunserumglobulin *n*
immune status Immunstatus *m*, Immunzustand *m*
immune stimulation Immunstimulation *f*
immune surveillance Immunüberwachung *f*, immunologische Überwachung *f*
immune system Immunsystem *n*
immune system reaction Immunsystemreaktion *f*
immune tolerance Immuntoleranz *f*, immunologische Toleranz *f*
immune vasculitis Immunvaskulitis *f*
immunifacient immunisierend, immun machend, Immunität bewirkend [erzeugend]
immunifaction *s.* immunization
immunity Immunität *f*, Unempfänglichkeit *f*, Unempfindlichkeit *f*, Feiung *f*, Schutz *m* • **acquire immunity** Immunität erlangen [erwerben], Immunität entwickeln • **confer immunity against hepatitis** Immunität gegen Hepatitis bewirken [erzeugen]
immunization Immunisierung *f*, (künstliche) Immunitätserzeugung *f*
immunization procedure Immunisierungsverfahren *n*
immunization therapy Immunisierungsbehandlung *f*, Immunisierung *f*
immunization with a gammaglobulin Gammaglobulinprophylaxe *f*
immunization with a serum Serumprophylaxe *f*, Serumtherapie *f*, Serumbehandlung *f*
immunization with a vaccine Schutzimpfung *f*, Impfung *f*, Vakzinationsbehandlung *f*
immunization with an antitoxin Anatoxinimmunisierung *f*, Antitoxinimmunisierung *f*, Antitoxinbehandlung *f*
immunization with interferon Interferonprophylaxe *f*
immunize *v* immunisieren, immun [unempfindlich] machen, eine Immunisierung bewirken [in Gang setzen]
immunoabsorbent Immun(o)absorbens *n*
immunoadjuvant Immun(o)adjuvans *n*
immunoadsorbent Immun(o)adsorbens *n*
immunoadsorption Immun(o)adsorption *f*, immunologische Adsorption *f*
immunoagglutination Immunoagglutination *f*
immunoassay Immun(o)assay *m*, Immunprobe *f*, Immuntest *m*, Immunanalyse *f (zum Nachweis antigener Substanzen)*
immunobead Immunosphäre *f*, Immunkugel *f*, Immunperle *f (mit Antigen bedeckt)*
immunobiological immun(o)biologisch
immunobiological (agent) immunobiologisches Mittel *n (z. B. ein aktiver Impfstoff)*
immunobiology Immun(o)biologie *f*
immunoblast Immunoblast *m (durch Antigene stimulierter Lymphozyt)*
immunoblastic immunoblastisch; Immunoblasten

immunoblastic lymphoma immunoblastisches Lymphom *n*, Immunoblastenlymphom *n*
immunoblot *s.* immunoblotting
immunoblotting Immunoblotting *n*, Westernblot-Analyse *f*
immunochemical immun(o)chemisch
immunochemistry Immun(o)chemie *f*
immunochemotherapy Immun(o)chemotherapie *f*
immunocoagulopathy Immunkoagulopathie *f*
immunocompetence Immunkompetenz *f*, immunologische Kompetenz *f*
immunocompetent immun(o)kompetent
immunocompetent cell immunkompetente Zelle *f*, Immunzelle *f*
immunocomplex Immunkomplex *m*, Antigen-Antikörper-Komplex *m*
immunocompromized immungeschwächt, mit geschwächter Immunreaktion [Immunabwehr] verlaufend, (immun)abwehrgeschwächt
immunocompromized host immunologisch geschwächter Wirt *m*, abwehrgeschwächtes Individuum *n*, Organismus *m* mit abgeschwächter Immunabwehr
immunoconglutinin Immunokonglutinin *n (Autoantikörper gegen fixierte Komplementkomponenten)*
immunocyte Immunozyt *m*, Immunzelle *f*, immunologisch kompetente Zelle *f*
immunocytoadherence Immunozytoadhärenz *f*
immunocytochemical immunozytochemisch
immunocytochemistry Immunozytochemie *f*
immunodeficiency Immundefizienz *f*, Immun(itäts)mangel *m*, Immun(itäts)defekt *m*
immunodeficiency disease Immun(itäts)mangelkrankheit *f*, Defektimmunopathie *f*
immunodeficiency syndrome Immundefizienzsyndrom *n*, Immun(itäts)mangelsyndrom *n*
immunodeficient immungeschwächt, mit geschwächter Immunreaktion [Immunabwehr] verlaufend, (immun)abwehrgeschwächt
immunodepressant (agent) *s.* immunosuppressive (agent)
immunodepression Immun(o)depression *f*
immunodepressive *s.* immunosuppressive
immunodepressor *s.* immunosuppressive (agent)
immunodermatology Immun(o)dermatologie *f*
immunodetection Immun(o)detektion *f (Nachweis von substanzen mittels Antigen-Antikörper-Reaktion)*
immunodeviation Immun(o)deviation *f (selektive Unterdrückung einer Immunantwort)*
immunodiagnosis Immun(o)diagnostik *f*, serologische Diagnostik *f*, Immun(o)diagnose *f*, serologische Diagnose *f*
immunodiagnosis sign immunodiagnostisches Zeichen *n*
immunodiagnostic immunodiagnostisch; Immunodiagnostik...; Immunodiagnose...
immunodiffusion Immun(o)diffusion *f*
immunodominance Immun(o)dominanz *f*
immunodominant immun(o)dominant
immunoelectroadsorption Immun(o)elektroadsorption *f*
immunoelectrodiffusion Immun(o)elektrodiffusion *f*
immunoelectron microscopy Immunoelektronenmikroskopie *f*
immunoelectrophoresis Immun(o)elektrophorese *f*
immunoenhancement immunologisches Enhancement *n*, Erhöhung *f* der immunologischen Reaktion *(z. B. durch Impfung)*
immunoenhancer immunologischer Beschleuniger *m*, immunologische Verstärkersubstanz *f (z. B. ein Impfstoff)*
immunoferritin Immunoferritin *n*
immunoferritin technique Immunoferritintechnik *f*
immunofiltration Immun(o)filtration *f*
immunofixation Immun(o)fixation *f*
immunofluorescence Immun(o)fluoreszenz *f*
immunofluorescence antibody Immunofluoreszenzantikörper *m*
immunofluorescence test Immunofluoreszenztest *m*
immunofluorescent microscopy Immunofluoreszenzmikroskopie *f*
immunofluorescent staining Immunofluoreszenzfärbung *f*
immunogammaglobulin Immun(o)gammaglobulin *n*
immunogen Immunogen *n*, Antigen *n (Zusammensetzungen siehe unter: antigen)*
immunogenetic Immungenetik...
immunogenetics Immungenetik *f*
immunogenic immunogen, (die) Immunität bewirkend
immunogenic capacity immunogene Kapazität *f*
immunogenicity Immunogenität *f*, Immunisierungsstärke *f*, Immunisationskraft *f*, antigene Stärke *f (eines Antigens)*
immunoglobulin Immun(o)globulin *n*, IG, Ig, antigenbindendes Serumprotein *n*
immunoglobulin-A Immun(o)globulin *n* A, IgA
immunoglobulin binding factor Immunglobulinbindungsfaktor *m*
immunoglobulin chain Immun(o)globulinkette *f*
immunoglobulin class Immun(o)globulinklasse *f*
immunoglobulin concentration Immun(o)globulinkonzentration *f*
immunoglobulin-D Immun(o)globulin *n* D, IgD
immunoglobulin deficiency Immun(o)globulinmangel *m*
immunoglobulin deficiency disease Immun(o)globulinmangelkrankheit *f*
immunoglobulin disorder Immun(o)globulinstörung *f*, Immunoglobulindefekt *m*
immunoglobulin domain Immun(o)globulindomäne *f*
immunoglobulin-E Immun(o)globulin *n* E, IgE
immunoglobulin fraction Immunoglobulinfraktion *f*
immunoglobulin fragment Immun(o)globulinfragment *n*
immunoglobulin-G Immun(o)globulin *n* G, IgG
immunoglobulin-G subclass deficiency Immun(o)globulin-G-Mangel *m*, IgG-Mangel *m*
immunoglobulin idiotype Immun(o)globulinidiotyp *m*
immunoglobulin-M Immun(o)globulin *n* m, IgM
immunoglobulin M antibody Immun(o)globulin-M-Antikörper *m*, IgM-Antikörper *m*
immunoglobulin medication Immun(o)globulinmedikation *f*, Serumbehandlung *f*
immunoglobulin molecule Immun(o)globulinmolekül *n*
immunoglobulin monomer Immun(o)globulinmonomer *n*
immunoglobulin therapy Immun(o)globulintherapie *f*
immunoglobulinaemia Immun(o)globulinämie *f*, Immunoglobulin(spiegel)erhöhung *f* im Blut
immunoglobulinopathy Immunoglobulinopathie *f*, Gammopathie *f*
immunohaematology Immun(o)hämatologie *f*
immunohaemolysis Immun(o)hämolyse *f*
immunohistochemical immun(o)histochemisch; Immun(o)histochemie...
immunohistochemistry Immun(o)histochemie *f*
immunohistofluorescence Immun(o)histofluoreszenz *f*
immunohistologic immun(o)histologisch
immuno-incompatible pregnancy immuninkompatible Schwangerschaft *f*
immunoincompetence Immun(o)inkompetenz *f*
immunoincompetent immun(o)inkompetent
immunolocalization Immun(o)lokalisation *f*, Immun(o)lokalisierung *f*
immunologic immunologisch, zur Antikörperbildung führend; Immun..., Immunitäts...

immunologic adjustment immunologische Anpassung *f*, immunologische Gewöhnung *f*
immunologic barrier immunologische Barriere *f*, Immunschranke *f*
immunologic defence immunologische Abwehr *f*, Immunabwehr *f*
immunologic disease immunologische Krankheit *f*
immunologic enhancement *s.* immunoenhancement
immunologic granuloma immunologisches Granulom *n*
immunologic inertia immunologische Trägheit *f*, immunologische Schwäche *f*
immunologic mechanism immunologischer Mechanismus *m*, Immunmechanismus *m*
immunologic paralysis Immunparalyse *f*, fehlende Immunreaktion *f*
immunologic phenomenon immunologisches Phänomen *n*, Immunphänomen *n*
immunologic potentiation immunologische Potenzierung *f*
immunologic pregenancy test *s.* immunologic test for pregnancy
immunologic regulation immunologische Regulation *f*
immunologic surveillance immunologische Überwachung *f*
immunologic technique immunologische Technik *f*
immunologic test immunologischer Test *m*
immunologic test for pregnancy immunologischer Schwangerschaftstest *m*
immunologic theory immunologische Theorie *f*
immunologic tolerance immunologische Toleranz *f*, Immuntoleranz *f*
immunological *s.* immunologic
immunologically competent cell *s.* immunocyte
immunologically mediated inflammatory reaction immunologisch vermittelte Entzündungsreaktion *f*
immunologist Immunologe *m*, Immunologiespezialist *m*
immunology Immunologie *f (Lehre von den immunbiologischen Reaktionen)*
immunolymphoscintigraphy Immun(o)lymphoszintigraphie *f*
immunomicroscopic immunomikroskopisch
immunomodulation Immun(o)modulation *f*
immunomodulator Immun(o)modulator *m*
immunomodulatory immun(o)modulatorisch; Immun(o)modulations…
immunoparalysis Immunparalyse *f*, erworbene Immuntoleranz *f*
immunoparasitology Immun(o)parasitologie *f*
immunopathogenesis Immun(o)pathogenese *f*
immunopathologic immun(o)pathologisch; Immunopathologie…
immunopathology Immun(o)pathologie *f*
immunopathophysiology Immun(o)pathophysiologie *f*
immunoperoxidase Immunoperoxidase *f (Enzym)*
immunoperoxidase staining Immunoperoxidase-Färbung *f*
immunophagocytosis Immun(o)phagozytose *f*
immunophenotype Immun(o)phänotyp *m*
immunophenotypic analysis immun(o)phänotypische Analyse *f*
immunophenotyping Immuno(o)phänotypisierung *f*
immunophoresis Immunophorese *f*
immunophysiology Immun(o)physiologie *f*
immunopolysaccharide Immunopolysaccharid *n*
immunopotency Immun(o)potenz *f*
immunopotentiation Immun(o)potenzierung *f*, immunologische Potenzierung *f*
immunopotentiator Immun(o)potenziator *m*, Immunverstärker *m*
immunoprecipitation Immun(o)präzipitation *f*
immunoproliferative immunproliferativ
immunoproliferative disorder immunproliferative Störung *f*
immunoproliferative small intestine disease Mittelmeerlymphom *n*, immunoproliferatives Dünndarmsyndrom *n*
immunoprophylaxis Immun(o)prophylaxe *f*
immunoprotein *s.* immune protein
immunoradiometric immun(o)radiometrisch
immunoradiometric assay immunoradiometrischer Assay *m*, IRMA, immunoradiometrische Untersuchung *f*, immunoradiometrischer Test *m*
immunoradiometry Immun(o)radiometrie *f*
immunoreactant Immun(o)reaktans *n (z. B. ein Antigen oder ein Antikörper)*
immunoreaction Immun(o)reaktion *f*
immunoreactive immun(o)reaktiv
immunoreactivity Immun(o)reaktivität *f*
immunoregulation Immun(o)regulation *f*
immunoregulatory hormone immunoregulatorisches Hormon *n (durch endokrine Drüsen gebildet)*
immunoresistant immun(o)resistent
immunoresponsiveness *s.* immunocompetence
immunoscintigraphy Immun(o)szintigraphie *f*
immunoselection Immun(o)selektion *f*, Immunauswahl *f*
immunoserologic immunoserologisch
immunoserum Immunserum *n*
immunosorbent Immun(o)sorbens *n*, Immun(o)adsorbens *n*
immunostaining Immun(o)staining *n*, Immun(o)färbung *f*, immunologische Markierung *f (z. B. mittels immunologisch markierter Fluoreszenzfarbstoffe)*
immunostimulant immunstimulierend
immunostimulant (agent) Immunstimulans *n*, das Immunsystem stimulierende Substanz *f*
immunostimulation Immun(o)stimulation *f*, Immunstimulierung *f*
immunosuppress *v* immunosupprimieren, das Immunsystem unterdrücken [abschwächen], mit Immunosuppressiva behandeln
immunosuppressant *s.* immunosuppressive (agent)
immunosuppressed immun(o)supprimiert, immunologisch unterdrückt [abgeschwächt]
immunosuppression Immunosuppression *f*, Unterdrückung *f* [Abschwächung *f*] des Immunsystems, Immunabwehrhemmung *f* durch Arzneimittel
immunosuppressive immunosuppressiv, immunodepressiv, immunitätshemmend
immunosuppressive (agent) Immunosuppressivum *n*, immunitätshemmendes Mittel *n*, die immunologische Reaktion unterdrückendes [abschwächendes] Mittel *n*
immunosuppressive therapy immunosuppressive Therapie *f*, Immunosuppressionsbehandlung *f*, immunologische Reaktionen unterdrückende Therapie *f*
immunosurgery Immunochirurgie *f (Anwendung antigener Substanzen in der Chirurgie)*
immunosurveillance Immunüberwachung *f*, immunologische Überwachung *f (z. B. gegenüber Krebsentwicklung)*
immunosympathectomy Immunosympathektomie *f*
immunotherapeutic immunotherapeutisch; Immun(o)therapie…
immunotherapeutic (agent) Immunotherapeutikum *n*, immunotherapeutisches Mittel *n*
immunotherapy Immun(o)therapie *f*
immunotolerance Immun(o)toleranz *f*
immunotoxin Immun(o)toxin *n*
immunotransfusion Immun(o)transfusion *f*, Antikörperübertragung *f*

immunotype Immunotyp *m*
immunprotein Immunprotein *n*
imolamine Imolamin *n*
IMP-aspartate ligase Adenylsuccinatsynthetase *f*, IMP-Aspartat-Ligase *f (Enzym)*
impact *v* einklemmen, festklemmen, einkeilen
impact 1. Einwirkung *f*, Einfluss *m*; Auswirkung *f*, Wirkung *f*; 2. Stoß *m*, Zusammenstoß *m*; (plötzliche) Einwirkung *f*, Aufschlag *m*, Aufprall *m*, Anprall *m*
impacted impaktiert, eingeklemmt, festgeklemmt, eingekeilt • **become impacted** eingeklemmt werden, inkarzeriert werden *(z. B. Meniskus)*
impacted cerumen Zeruminalpfropf *m*, Cerumenpfropf *m*
impacted fracture Stauchungs(knochen)bruch *m*, eingestauchte Fraktur *f*
impacted transverse lie [presentation] eingeklemmte Querlage *f (bei der Geburt)*
impacted twins eingeklemmte Zwillinge *mpl*
impaction Einstauchung *f*, Einklemmung *f*, Einkeilung *f*
impaction of gallstone Gallensteineinklemmung *f*, Gallensteininkarzeration *f*
impaction of the third molar Weisheitszahneinklemmung *f*
impaired carbohydrate metabolism gestörter Kohlenhydratstoffwechsel *m*; Kohlenhydratstoffwechselstörung *f*
impaired cerebral function *(Neur)* Hirnleistungsschwäche *f*
impaired gas exchange gestörter Gasaustausch *m*; Gasaustauschstörung *f*
impaired glucose tolerance gestörte Glukosetoleranz *f*
impaired puberty gestörte Pubertät *f*, Pubertätsstörung *f*
impaired speech gestörte Sprache *f*, Sprachstörung *f*
impaired urination *s.* dysuria
impaired vision vermindertes [beeinträchtigtes] Sehen *n*; Sehstörung *f*, Visusbeeinträchtigung *f*, Sehverminderung *f*
impairment Störung *f*, Beeinträchtigung *f*, Funktionsstörung *f*; Defekt *m*; Schädigung *f*
impairment of cardiac rhythm Herzrhythmusstörung *f*
impairment of cerebral circulation zerebrale Durchblutungsstörung *f*
impairment of circulation Kreislaufstörung *f*
impairment of posture Haltungsfehler *m*, Körperhaltungsschaden *m*
impairment of vision Sehstörung *f*
impalement injury Pfählungsverletzung *f*
impalpable inpalpabel, nicht palpabel [tastbar, fühlbar]
impaludation Malariatherapie *f*, Malariafieberbehandlung *f (zur Behandlung von Lähmungen)*
impaludism chronische Malaria *f*
impar azygisch, azygos, unpaarig; ungepaart
imparidigitate mit ungleicher Fingerzahl, mit einem zusätzlichen Finger, mit einem überzähligen Finger; mit ungleicher Zehenzahl, mit einer zusätzlichen Zehe, mit einer überzähligen Zehe
impatency Verschluss *m*, verschlossener Zustand *m*, Undurchgängigkeit *f*
impatent geschlossen, verschlossen, nicht (mehr) offen
impedance 1. Impedanz *f*, Z, (elektrischer) Widerstand *m (eines Wechselstromkreises)*; 2. (akustische) Impedanz *f*, Schallimpedanz *f*, (akustischer) Widerstand *m*; 3. (mechanische) Impedanz *f (gegenüber Wechseldruckschwankungen)*
impedance audiometry Impedanzaudiometrie *f*
impedance plethysmography Impedanzplethysmographie *f*
imperative conception *(Psych)* imperative Vorstellung *f (spontan auftretend; nicht bezwingbar)*
imperative hallucination *(Neur)* imperative Halluzination *f*
imperative idea Zwangsvorstellung *f*, imperative Idee *f*
imperative urge to void urine imperativer [zwingender] Harndrang *m*
imperceptible imperzeptibel, nicht wahrnehmbar
imperception Imperzeption *f*, Nichtwahrnehmung *f*
imperfect imperfekt, unvollständig, unvollendet, nicht fertig
imperfect odontogenesis Odontogenesis *f* imperfecta, Zahnmissbildung *f*
imperfect osteogenesis Osteogenesis *f* imperfecta, Knochengewebsmangel *m*, Glasknochenkrankheit *f*
imperfectly united fracture falsch verwachsener Knochenbruch *m*
imperforate imperforiert, nicht perforiert; intakt, nicht eröffnet; verschlossen, atretisch *(z. B. natürliche Körperöffnungen)*
imperforate anus fehlende Analöffnung *f*, Anus *m* imperforatus; (angeborenes) Fehlen *n* des Afters, Analatresie *f*
imperforate hymen Hymen *m* imperforatus
imperforation Fehlen *n* einer natürlichen Körperöffnung *f (siehe: atresia)*
impermeable impermeabel, undurchlässig, undurchgängig, undurchdringlich
impersistence vorrübergehendes Auftreten *n*, vorrübergehende Erscheinung *f*
impervious *s.* impermeable
impetigin(iz)ation Impetiginisation *f*, Impetiginisierung *f (Aufpfropfung einer Eiterflechte auf andere Hautkrankheiten)*
impetiginoid impetigoähnlich, impetiginoid
impetiginous impetigoartig, impetiginös, borkig, eiterflechtenartig; Impetigo…; Eiterflechten…
impetiginous eczema impetiginöses Ekzem *n*, Ekzema *n* impetiginosum
impetigo *(Derm)* Impetigo *f*, Eiterflechte *f*, Eitergrind *m*, Grindflechte *f*
impetigo of nail walls Nagelwallimpetigo *f*
impilation *s.* rouleaux formation
impingement Impingement *n*
impingement injection test Injektionstest *m* bei Impingement-Syndrom *(Lokalanästhesie beseitigt Beschwerden)*
impingement sign Impingement-Zeichen *n*, Impingementzeichen *n*
impingement syndrome Impingement-Syndrom *n*, Impingementsyndrom *n (z. B. im Schultergelenk infolge Gewebeeinklemmung durch Bänder)*
implant *v* implantieren, eine Implantation durchführen, einpflanzen, einbetten
implant Implantat *n*
implant denture *(Stom)* Implantatprothese *f*, Implantationsprothese *f*
implant forceps Implantationspinzette *f*, Implantationsgabel *f*
implant restoration *(Stom)* Implantatrestauration *f*, Implantationsrestaurierung *f*
implantable cardioverter-defibrillator implantierbarer Defibrillator *m*
implantation 1. Implantation *f*, Einpflanzung *f*, Einbettung *f*; 2. *s.* transplantation; 3. *s.* nidation
implantation cyst Implantationszyste *f*
implantation dermoid cyst Implantationsdermoidzyste *f*
implantation endometriosis Implantationsendometriose *f*
implantation graft Implantat *n*
implantation metastasis Implantationsmetastase *f*
implantation metastatic spread Implantationsmetastasierung *f*
implantation of the bile duct Gallengangsimplantation *f*, Gallengangseinpflanzung *f*

implantation of the ureter Ureterimplantation *f*, Harnleitereinpflanzung *f*
implantation stage Implantationsphase *f (z. B. der Plazentaentwicklung)*
implanted framework *(Stom)* implantiertes Gerüst *n*, implantiertes Prothesengerüst *n*
implanted infusion port implantierter Infusions-Port *m*
implanted suture implantierte Naht *f*
implantodontics Implantodontologie *f*
implantodontology *s.* implantology
implantologist Implantologe *m*
implantology *(Stom)* Implantologie *f*, Implantodontologie *f*, Implantierungsprothetik *f*, Implantationsprothetik *f*
implementation Implementation *f*, Umsetzung *f (z. B. einer neuen Therapie)*; Vollzug *m (z. B. eines Therapieplanes)*; Erfüllung *f (z. B. einer Absprache)*; Einhaltung *f (z. B. eines Termins)*
implementation mechanism Implementationsmechanismus *m*, Umsetzungsmechanismus *m*
implementing Umsetzung *f*, Durchsetzung *f (z. B. eines Gesundheitsplanes)*
implied consent inbegriffene Zustimmung *f*, stillschweigend einbezogene [mitverstandene] Zustimmung *f*; konkludentes Handeln *n (eines Patienten zum ärztlichen Eingriff)*
implode *v* implodieren
implosion 1. Implosion *f*, Implodieren *n*; 2. Überflutung *f*, Angstüberflutung *f (psychotherapeutische Methode)*
implosive therapy *(Psych)* Überflutungsbehandlung *f*
important for the diagnosis wichtig [wesentlich] für die Diagnose, diagnosewesentlich, digagnosewichtig
imported disease importierte Krankheit *f*, Importkrankheit *f*
impotence 1. Impotenz *f*, Unvermögen *n*; Unfähigkeit *f* zum Geschlechtsverkehr *(von Männern)*; 2. Impotenz *f*, Impotentia *f*, Zeugungsunfähigkeit *f*, Mannesschwäche *f*
impotency *s.* impotence
impotent 1. impotent, unfähig zum Geschlechtsverkehr *(Männer)*; 2. impotent, (zeugungs)unfähig
impregnate *v* 1. befruchten, schwängern, schwanger machen; 2. imprägnieren, durchtränken *(z. B. Gewebe)*
impregnation 1. Imprägnation *f*, Fekundation *f*, Befruchtung *f*, Schwängerung *f*; 2. *(Histol)* Imprägnation *f*, Imprägnierung *f*, Durchtränkung *f (z. B. von Gewebe zur Darstellung von Strukturen)*
impressio *(Anat)* Impressio *f*, Eindruck *m*, Eindellung *f*, Vertiefung *f*
impression 1. Impression *f*, Hineindrücken *n*; 2. Impression *f*, Eindruck *m*, Eindellung *f*, Vertiefung *f*; 3. Impression *f*, Sinneseindruck *m*; 4. Abdruck *m (Negativkopie)*; 5. Zahnabdruck *m*
impression fracture Impressionsfraktur *f*
impression material *(Stom)* Impressionsmaterial *n*, Abdruckmaterial *n*
impression of teeth Zahnabdruck *m*
impression tonometer Impressionstonometer *n*
impression tonometry Impressionstonometrie *f (Augendruckmessung)*
impressiones *pl s.* impressio
imprinting *(Neur)* Prägung *f (z. B. von Verhaltensweisen)*
impromidine Impromidin *n (H2-Histamin-Rezeptoragonist)*
improvised tourniquet provisorischer Tourniquet *m*
impulse 1. Impuls *m*, Antrieb *m*, Anstoß *m*; 2. *(Psych)* Impuls *m*, Drang *m*, Trieb *m*, Zwang *m*; 3. *(Physiol)* Impuls *m*, Nervenimpuls *m*; Aktionspotenzial *n*
impulse act *(Neur)* Triebhandlung *f*
impulse behaviour *(Neur)* Dranghandlung *f*
impulse conduction system Reizleitungssystem *n (z. B. des Herzens)*
impulse control *(Neur)* Impulskontrolle *f*
impulse-control disorder gestörte Triebkontrolle *f*
impulse control training Training *n* zur Triebkontrolle
impulse cytophotometry Impulszytophotometrie *f*, Durchflusszytophotometrie *f*
impulsion Impulsion *f*, (psychischer) Zwang *m*, (unwiderstehlicher) Drang *m*, Triebdurchbruch *m*, Antrieb *m*
impulsive impulsiv, abrupt, affektiv, lebhaft; Impuls..., Drang..., Trieb..., Zwangs...
impulsive action Triebhandlung *f*, Impulsivhandlung *f*
impulsive behaviour Triebverhalten *n*, impulsives Verhalten *n*
impulsive debilitation *(Neur)* Antriebsverarmung *f*
impulsive desire triebhaftes Verlangen *n*, triebhafte Begierde *f*
impulsive drive triebhafte Neigung *f*
impulsive drive for alcoholic drinks triebhafte Alkoholneigung *f*, triebhaftes Alkoholverlangen *n*
impulsive drive for arson Pyromanie *f*, Brandstiftungstrieb *m*
impulsive drive for roaming zwanghafter Wandertrieb *m*
impulsive drive for theft *s.* kleptomania
impulsive insanity *(Neur)* impulsives Irresein *n*
impulsive petit mal Impulsiv-petit-mal-Epilepsie *f*, Impulsiv-Petit-mal *n*
impulsivity *(Neur)* Impulsivität *f*
imputability *(Neur)* geistige Gesundheit *f*, Zurechnungsfähigkeit *f*
in d. in dies, täglich
in dies in dies, täglich
in divided doses in geteilten Dosen, refracta dosi
in knee *s.* knock-knee
in-shot wound *(For)* Einschusswunde *f*, Einschuss *m*
in situ in natürlicher Lage, in situ
in utero in utero, in der Gebärmutter
in vacuo in vacuo, in einem Vakuum
in vitro in vitro, im Reagenzglas, nicht am lebenden Organismus
in-vitro fertilization in-vitro-Fertilisation *f*, in-vitro-Befruchtung *f*
in-vitro study in-vitro-Studie *f*, in-vitro-Untersuchung *f*
in-vitro susceptibility testing in-vitro-Empfindlichkeitstestung *f (z. B. von Mikroorganismen)*
in vivo in vivo, im Leben, am lebenden Organismus *(z. B. Versuch)*
in-vivo fertilization in-vivo-Fertilisation *f*, in-vivo-Befruchtung *f*
in-vivo tracer study in-vivo-Tracer-Studie *f*, in-vivo-Tracer-Untersuchung *f*
inability to write Schreibunfähigkeit *f*, Agraphie *f*
inactivate *v* inaktivieren, inaktiv machen; die biologische Wirksamkeit zerstören; einen biologischen Effekt beseitigen
inactivated inaktiviert, inaktiv [unwirksam] gemacht
inactivated measles virus vaccine inaktivierte Masernvirusvakzine *f*
inactivated poliomyelitis vaccine inaktivierte Poliomyelitisvakzine *f*
inactivated serum inaktiviertes [unwirksam gemachtes] Serum *n*
inactivated vaccine inaktivierte Vakzine *f*, inaktivierter Impfstoff *m*
inactivation 1. Inaktivierung *f*, Unwirksammachung *f*, Unwirksammachen *n (z. B. eines Serums)*; 2. Inaktivierung *f*, Ruhigstellung *f (z. B. einer Gliedmaße)*
inactivation of complement Komplementinaktivierung *f*
inactivator Inaktivator *m*
inactive inaktiv, nicht aktiv, ruhend; gegenwärtig nicht krank machend • **render inactive** inaktivieren, inaktiv machen

inactive colon inaktives [träges] Kolon *n*; Koloninaktivität *f*, Dickdarmträgheit *f*
inactivity Inaktivität *f*, Untätigkeit *f*
inactivity atrophy Inaktivitätsatrophie *f*, Involutionsatrophie *f*
inactivity osteoporosis Inaktivitätsosteoporose *f*, Involutionsosteoporose *f*
inadequacy Insuffizienz *f*, Unangemessenheit *f*, Unzulänglichkeit *f*
inadequate inadäquat, nicht passend, unangemessen
inadequate personality inadäquate Persönlichkeit *f*
inagglutinable inagglutinabel, nicht agglutinierbar
inalimental nicht ernährend
inanimate tot, nicht lebend, ohne Lebenszeichen
inanition Inanition *f*, Hungerkachexie *f*, Hungerentkräftung *f*, Hungerzustand *m*
inanition fever Hungerfieber *n*, Dehydratationsfieber *n* *(des Neugeborenen)*
inapparent inapparent, symptomlos; symptomarm; nicht in Erscheinung tretend
inappetence 1. Inappetenz *f*, Appetitlosigkeit *f*, Appetitmangel *m*; 2. *(Psych)* Fehlen *n* der sexuellen Appetenz
inarticulate 1. gelenklos, ohne Gelenk(e); 2. *s.* inarticulated
inarticulated unartikuliert, undeutlich ausgesprochen
inassimilable nicht assimilierbar; als Nahrungsmittel nicht verwendbar
inattention Aufmerksamkeitsmangel *m*; fehlende Aufmerksamkeit *f*, Nachlässigkeit *f*
inborn angeboren, eingeboren, kongenital *(siehe auch unter: congenital)*
inborn error of metabolism angeborener Stoffwechseldefekt *m*, angeborene Stoffwechselanomalie *f*
inborn lysosomal disease lysosomale Speicherkrankheit *f*
inborn reflex unbedingter Reflex *m*
inbred Inzucht…; durch Inzucht ererbt, infolge Inzucht angeboren, durch Inzucht bedingt
inbreeding Inzucht *f*
Inca bone Inka-Knochen *m*, Inka-Bein *n*, Os *n* Incae [interparietale]
incarcerate *v* inkarzerieren, (Darmschlingen) einklemmen; einen Bruch einklemmen
incarcerated inkarzeriert, eingeklemmt; eingeschnürt
incarcerated hernia inkarzerierte Hernie *f*, Einklemmungsbruch *m*; Incarceratio *f* herniae
incarceration Inkarzeration *f*, Einklemmung *f* *(z. B. eines Eingeweidebruchs)*
incarial bone *s.* Inca bone
incarnant *s.* incarnative
incarnation of the nail Nageleinwachsen *n*; Unguis *m* incarnatus
incarnative die Granulation fördernd, die Granulationsgewebebildung anregend
incarnative (agent) die Granulation förderndes Mittel *n*, die Granulationsgewebebildung anregendes Mittel *n*
incendiarism Pyromanie *f*
incentive anreizend, anspornend
incentive spirometry anreizende Spirometrie *f*, inzentive Spirometrie *f*
inception Beginn *m*, Anfang *m*; Einführung *f*
incest Inzest *m*, Inzucht *f*, Blutschande *f*
incest barrier *(Neur)* Inzestschranke *f*
incestuous Inzest…, Unzucht…
incestuous wish *(Neur)* Inzestwunsch *m*
incidence 1. *(Statist)* Inzidenz *f*, Vorkommen *n*, Häufigkeit *f* *(z. B. von Erkrankungsfällen)*; 2. *(Rad)* Inzidenz *f*, Einfallen *n* *(z. B. von Strahlen)*
incidence rate Inzidenzrate *f*, Häufigkeitsrate *f* *(z. B. einer Krankheit)*
incident einfallend
incident Ereignis *n*, Vorfall *m*, Vorkommnis *n*, Begebenheit *f*, Zwischenfall *m*; Unfall *m*
incident radiation einfallende Strahlung *f*, auftreffende Strahlung *f*
incident rays einfallende Stahlen *mpl*; auftreffende Strahlen *mpl*
incident report Unfallbericht *m*, Ereignisbericht *m*, Bericht *m* über ein Vorkommnis
incidental zufällig, beiläufig; gelegendlich; Zufalls…; Gelegenheits…; Neben…
incidental additives zufällige Beimengungen *fpl* *(z. B. in Nahrungsmitteln)*
incidental appendectomy Gelegenheitsappendektomie *f*
incidental finding zufälliger Befund *m*, Gelegenheitsbefund *m*
icidentaloma Inzidentalom *n* *(zufälligerweise entdeckter Nebennierentumor)*
incinerate *v* einäschern, verbrennen
incineration Einäscherung *f*, Leichenverbrennung *f*, Feuerbestattung *f*
incipient beginnend, anfangend, inzipient; Anfangs…; in Erscheinung tretend
incipient abortion beginnende Fehlgeburt *f*, Abortus *m* incipiens
incipient carious lesion beginnende kariöse Läsion *f*, primäre Zahnkaries *f*, Primärkaries *f*
incipient dental caries beginnende Zahnkaries *f*
incisal schneidend, inzisal; Schneide…
incisal angle Schneidezahnwinkel *m*, Inzisorwinkel *m*
incisal guide Schneidezahnführung *f*, Inzisalführung *f*
incisal guide angle Schneidezahnführungswinkel *m*
incisal guide pin Schneidezahnführungsführungsstift *m*, Führungsstift *m* *(des Artikulators)*
incisal guide table Schneidezahnführungsplatte *f*
incisal tooth *s.* incisor
incise *v* inzidieren, einschneiden, (mit dem Messer) schneiden; mit dem Messer eröffnen
incised wound Schnittwunde *f*, Schnittverletzung *f*
incision 1. *(Chir)* Inzision *f*, Schnitt *m*, Einschnitt *m*; 2. *(Chir)* Inzision *f*, Inzidieren *n*, Einschneiden *n*, Eröffnen *n* *(Vorgang)* • **deepen the incision** die Inzision vertiefen • **expand the incision** die Inzision ausdehnen, den Schnitt erweitern
incision of the common bile duct Choledochusinzision *f*
incision of the renal pelvis Nierenbeckeninzision *f*, Nierenbeckenschnitt *m*
incision scissors Inzisionsschere *f*
incision site Inzisionsstelle *f*
incision site care Inzisions(wunden)pflege *f*, Operationswundenpflege *f*, Wundpflege *f*
incisional inzidierend, (ein)schneidend
incisional biopsy Inzisionsbiopsie *f*
incisional hernia Narbenhernie *f*, Narbenbruch *m*, Operationsnarbenbruch *m*, Hernia *f* cicatricia
incisive 1. inzisiv, (ein)schneidend; 2. *s.* incisor
incisive bone Os *n* incisivum [intermaxillare], Intermaxillarknochen *m*, Zwischenkiefer *m*
incisive canal Canalis *m* incisivus, Nasen-Mundhöhlen-Gang *m*
incisive foramen Foramen *n* incisivum
incisive fossa Fossa *f* incisiva
incisive pad [papilla] Papilla *f* incisiva
incisive suture Sutura *f* incisiva
incisolabial *(Stom)* inzisolabial; Schneidezähne-Lippen-…
incisolingual *(Stom)* inzisolingual; Schneidezähne-Zungen-…

incisoproximal inzisoproximal
incisor Inzisiv *m*, Schneidezahn *m*, Dens *m* incisivus
incisor extracting forceps Inzisorextraktor *m*, Inzisor(extraktions)zange *f*
incisor tooth *s.* incisor
incisura *s.* incisure
incisurae helicis (muscle) Musculus *m* incisurae helicis
incisural Inzisur(en)..., Einschnitt...
incisure 1. Inzisur *f*, Einschnitt *m*; 2. *(Anat)* Incisura *f*, Einschnitt *m*, Einbuchtung *f*
incisure of Rivinus Incisura *f* tympanica
incisure of the acetabulum Incisura *f* acetabuli
incisure of the gall bladder Gallenblasengrube *f*, Fossa *f* vesicae felleae
incisure of the tentorium Incisura *f* tentorii
inciting eye Primärauge *n*, auslösendes Auge *n (bei sympathischer Ophthalmie)*
inclinatio *s.* inclination
inclination 1. Inclinatio *f*, Inklination *f*, Neigung *f*, Neigungswinkel *m*; 2. Inklination *f*, Zahnneigung *f*
inclination of the pelvis Beckenneigungswinkel *m*, Inclinatio *f* pelvis
incline *v* inklinieren, neigen
incline *s.* inclination
inclinometer Inklinometer *n (zur Augendurchmesserbestimmung)*
included foetus eingeschlossener Fetus *m*; Inclusio *f* fetalis
inclusion 1. Inklusion *f*, Einschließen *n*, Einbettung *f (z. B. eines Fremdkörpers)*; 2. Inklusion *f*, Einschluss *m*; Zelleinschluss *m*
inclusion blennorrhoea Einschlussblennorrhö(e) *f*
inclusion body Einschlusskörperchen *n*
inclusion body encephalitis (of Dawson) Einschlusskörperchenenzephalitis *f*
inclusion cell disease I-Zell-Erkrankung *f*, Leroy-Syndrom *n*, Leroy-DeMars-Syndrom *n*, Mukolipidose *f* Typ II
inclusion conjunctivitis Einschlusskonjunktivitis *f*, Schwimmbadkonjunktivitis *f*, Paratrachom *n*
inclusion cyst Einschlusszyste *f*
inclusion dermoid cyst Einschlussdermoidzyste *f*
inclusive rate Fallpauschale *f*
incoagulability Ungerinnbarkeit *f*
incoagulable ungerinnbar, nicht gerinnbar
incoercible vomiting unstillbares Erbrechen *n*
incoherence *(Neur)* Inkohärenz *f*, Zusammenhang(s)losigkeit *f*, Verwirrtheit *f* des Denkens; Zerfahrenheit *f*
incoherence of speech Sprachinkohärenz *f*, inkohärente [zusammenhangslose] Sprache *f*
incoherence of thinking *s.* incoherent thinking
incoherence of thought *(Neur)* Zerfahrenheit *f*
incoherent *(Neur)* inkohärent, verwirrt, unzusammenhängend, ohne Zusammenhang; zerfahren; abgerissen *(z. B. Sprache)*
incoherent conversation inkohärente [zusammenhangslose] Unterhaltung *f*
incoherent scattering *(Rad)* inkohärente Streuung *f*, Streustrahlung *f*
incoherent thinking inkohärentes [zerfahrenes] Denken *n*
incompatibility Inkompatibilität *f*, Unverträglichkeit *f*, Unvereinbarkeit *f (z. B. im Rh-System)*
incompatibility of tissue Gewebeinkompatibilität *f*, Gewebeunverträglichkeit *f*
incompatible inkompatibel, unverträglich, unvereinbar, nicht zusammenstimmend [zusammenpassend]
incompatibleness *s.* incompatibility
incompensation Inkompensation *f*, Kompensationsmangel *m* (eines Organs) *(Zustand zwischen Kompensation und Dekompensation)*
incompetence 1. Inkompetenz *f*, Insuffizienz *f*, Schlussunfähigkeit *f*; 2. Inkompetenz *f*, Insuffizienz *f*, Unfähigkeit *f*, Untauglichkeit *f*; 3. *(For, Psych)* Geschäftsunfähigkeit *f*
incompetence of the aortic valve Aortenklappeninsuffizienz *f*, Aortenklappenschlussunfähigkeit *f*
incompetence of the cardiac valves Herzklappeninsuffizienz *f*, Herzklappenschlussunfähigkeit *f*
incompetency *s.* incompetence
incompetency to stand trial *(For, Psych)* Verhandlungsunfähigkeit *f*
incompetent 1. inkompetent, insuffizient, nicht schlussfähig; 2. inkompetent, insuffizient, unfähig; untauglich
incompetent AV valve insuffiziente Atrioventrikularklappe *f*, Atrioventrikularklappeninsuffizienz *f*
incompetent cervix Zervixinsuffizienz *f*
incompetent pregnancy prämature Geburt *f*, Frühgeburt *f*
incomplete inkomplett, unvollständig, unvollendet; nicht vollzählig
incomplete abortion unvollständige Fehlgeburt *f*, Abortus *m* incompletus
incomplete antigen inkomplettes Antigen *n*, Hapten *n*, Halbantigen *n*
incomplete breech presentation inkomplette Steißlage *f*
incomplete bundle branch block inkompletter Schenkelblock *m (EKG)*
incomplete dislocation unvollständige Verrenkung *f*, partielle Dislokation *f*, Subluxation *f*
incomplete fistula inkomplette [blinde] Fistel *f*, Blindgang *m*
incomplete fracture inkompletter Knochenbruch *m*, inkomplette Fraktur *f*, Fissurenknochenbruch *m*, Fissur *f*
incomplete heart block atrioventrikulärer Block *m* 2. Grades, inkompletter Atrioventrikularblock *m*
incomplete hemianopia inkomplette Hemianopie *f*
incomplete hernia inkomplette Hernie *f*
incomplete ischuria inkompletter Harnverhalt *m*
incomplete lung spread inkomplette Lungenausdehnung *f*, unvollständige Lungenentfaltung *f*
incomplete paralysis *s.* paresis
incomplete protein inkomplettes Eiweiß *n*
incomplete recovery inkomplette Heilung *f*, Defektheilung *f*; inkomplette Erholung *f*
incomplete tonsillectomy inkomplette Tonsillektomie *f*, Tonsillenresektion *f*, Mandelkappung *f*
incomprehension of speech *(Neur)* sensorische Aphasie *f*
incongruence of articular surfaces Gelenkflächeninkongruenz *f*, Deckungsungleichheit *f* der Gelenkflächen
incongruent communication inkongruente Kommunikation *f*
inconscious *(Neur)* unbewusst
inconstant inkonstant, nicht feststehend, veränderlich; unstet, unbeständig, flüchtig
incontinence 1. Inkontinenz *f*, Incontinentia *f*, Blaseninkontinenz *f*, Darminkontinenz *f*; 2. Inkontinenz *f*, mangelnde Triebbeherrschung *f*
incontinence of milk *(Gyn)* Milchinkontinenz *f*, Galaktorrhoe *f*
incontinence of the faeces Stuhlinkontinenz *f*, Incontinentia *f* alvi
incontinence of urine Harninkontinenz *f*, Incontinentia *f* urinae
incontinence pigment 1. Pigmentinkontinenz *f*, Incontinentia *f* pigmenti, Bloch-Sulzberger-Krankheit *f*, Bloch-Sulzberger-Syndrom *n*; 2. Incontinentia *f* pigmenti achromians, Hypomelanosis *f* Ito
incontinent 1. inkontinent, nicht kontinent; Inkontinenz...; 2. inkontinent, die Triebe nicht beherrschend • **be incontinent of faeces** stuhlinkontinent sein

incontinentia s. incontinence
incoordination Inkoordination *f*, Koordinationsverlust *m*, Koordinationsstörung *f*, mangelhafte [fehlende] Koordination *f*, Ataxie *f* *(z. B. von Muskelbewegungen)*
incorporate *v* inkorporieren, einverleiben
incorporation 1. Inkorporation *f*, Einverleibung *f*; 2. Resorption *f* radioaktiver Stoffe
incostapedial *s.* incudostapedial
increase *v* zunehmen, anwachsen, sich verstärken *(z. B. Schmerzen)*; zunehmen, sich erhöhen *(Werte)*
increase *v* **the colloidal oncotic pressure** den kolloidosmotischen Druck erhöhen
increase *v* **the oxygen supply** die Sauerstoffzufuhr erhöhen
increase Zunahme *f*, Mengenzunahme *f*, Steigerung *f*, Erhöhung *f*, Anstieg *m*; Vergrößerung *f*
increase of carbon dioxide Kohlendioxiderhöhung *f*, CO_2-Erhöhung *f (z. B. im Blut)*
increased lung pattern *(Rad)* verstärkte Lungen(gefäß)zeichnung *f*
increased peristalsis verstärkte Peristaltik *f*, Peristaltikverstärkung *f*
increment Inkrement *n*, Wachstum *n*, Zuwachs *m*
incremental Inkrement...
incremental line 1. Wachstumslinie *f*; 2. *(Stom)* Anbaulinie *f*, Wachstumslinie *f*, Retzius-Linie *f*, Retzius-Streifung *f*
incretion Inkretion *f*, innere Sekretion *f*, Einsonderung *f*
incretology *s.* endocrinology
incretopathy inkretorische Krankheit *f* [Erkrankung *f*]
incretory inkretorisch, ins Körperinnere absondernd, endokrin
incretory gland inkretorische [endokrine, innersekretorische] Drüse *f*, Hormondrüse *f*
incretory organ Inkretionsorgan *n*, endokrines [hormonales] Organ *n*
incretotherapy *s.* endocrinotherapy
incrust *v* inkrustieren, verkrusten; mit einer Kruste überziehen
incrustation 1. Inkrustation *f*, Verkrustung *f*, Krustenbildung *f*; 2. Kalksalzablagerung *f*, Kruste *f*
incubate *v* 1. inkubieren, die Inkubationszeit durchmachen; 2. bebrüten, im Brutschrank halten; 3. Bakterienkulturen ansetzen
incubation 1. Inkubation *f*, Latenzstadium *n*, Entwicklungszeit *f*; 2. *(Bakt)* Inkubation *f*, Bebrütung *f*, Ausbrütung *f*; 3. Inkubatoraufzucht *f (z. B. eines Säuglings)*
incubation apparatus *s.* incubator
incubation period Inkubationszeit *f*, Inkubationszeitraum *m*
incubation resistance Inkubationsresistenz *f (z. B. der Erythrozyten)*
incubation time *s.* incubation period
incubator 1. *(Bakt)* Inkubator *m*, Brutapparat *m*, Brutkasten *m*, Wärmeschrank *m*; 2. *(Gyn)* Inkubator *m (Gerät für Frühgeborenenaufzucht)*
incubator care Inkubatorpflege *f*
incubus Inkubus *m*, Alpdrücken *n*
incudal Amboss...
incudectomy *(HNO)* Inkudektomie *f*, Ambossexzision *f*, (operative) Ambossentfernung *f*
incudes *pl s.* incus
incudiform inkudiform, ambossförmig; ambossartig; Amboss...
incudomalleal inkudomalleal; Hammer-Amboss-...
incudomalleal articulation [joint] Articulatio *f* incudomallearis, Hammer-Amboss-Gelenk *n*
incudomallear *s.* incudomalleal
incudomalleolar *s.* incudomalleal
incudostapedial inkudostapedial; Amboss-Steigbügel-...
incudostapedial articulation [joint] Articulatio *f* incudostapedia, Amboss-Steigbügel-Gelenk *n*
inculturing 1. Kultivierung *f*, Kultivieren *n (von Bakterien)*; 2. Beimpfung *f (von Kulturen)*
incurability Inkurabilität *f*, Unheilbarkeit *f*
incurable inkurabel, unheilbar
incurable Unheilbare(r) *m*, unheilbar Kranke(r) *m*
incurvate *v* beugen, (ein)biegen, krümmen
incurvation Inkurvation *f*, Beugung *f*, Biegung *f*, Einwärtsbiegung *f*, Krümmung *f*, Verkrümmung *f* (nach innen)
incus Incus *m*, Inkus *m*, Amboss *m (Gehörknöchelchen)*
incus homograft Incushomotransplantat *n*
incycloduction Inzykloduktion *f*, Incycloduction *f (Einwärtsrollen des oberen Augenpols)*
incyclophoria *(Ophth)* Inzyklophorie *f*, Minuszyklophorie *f*, negative Zyklophorie *f*, Zyklophorie *f* nach innen, Einwärtsrollen *n* des Auges bei geschlossenem Augenlid
incyclotropia *(Ophth)* Inzyklotropie *f*, Minuszyklotropie *f*, negative Zyklotropie *f*, Einwärtsrollen *n* des Auges bei offenem Augenlid
incycloversion *(Ophth)* Inzykloversion *f*, Incycloversio *f*, Einwärtsrollen *m* beider Augen *(nasenwärts)*
indanedione Indandion *n (Antikoagulans)*
indanedione derivative Indandionderivat *n*
indapamide Indapamid *n (Antihypertensivum)*
indecainide Indecainid *n (Antiarrhythmikum)*
indecent assault Sittlichkeitsdelikt *m*
indeciduate ohne Uterusanteile *(Plazenta)*
indecision *(Neur)* (krankhafte) Unentschlossenheit *f*, Entschlussunfähigkeit *f*
indemnify *v* entschädigen
indemnity neurosis Entschädigungsneurose *f*, Assekurose *f (Krankheitssimulation zur Erreichung von Versicherungsleistungen)*
indenization *s.* innidation
indent *v* eindrücken, eindellen; einkerben; einschneiden
indentation 1. Eindellung *f*, Delle *f*; Grube *f*; 2. Eindrücken *n*, Eindellen *n*
indentation tonometer Impressionstonometer *n*
indentation tonometry Impressionstonometrie *f*
independence Unabhängigkeit *f*
independent assortment *(Gen)* unabhängige Zusammenstellung *f*, unabhängige Auswahl *f (der Genpaare)*
independent intervention unabhängige Intervention *f*, freiberufliche Tätigkeit *f*
independent living centre Rehabilitationszentrum *n* für Behinderte *(zur Erlernung eines unabhängigen Alltagslebens)*
independent practice unabhängige Praxis *f*, Privatpraxis *f*
independent variable *(Statist)* unabhängige Variable *f*
indeterminate cleavage *(Embr)* nichtdeterminierte Furchung *f*
index 1. Index *m*, Verzeichnis *n*, Register *n*; 2. Index *m*; 3. *s.* index finger
index ametropia Indexametropie *f*, Brechungsametropie *f*
index astigmatism Indexastigmatismus *m*, Brechungsastigmatismus *m*
index case Indexfall *m*
index finger Zeigefinger *m*, Index *m*, Digitus *m* secundus
index myopia Indexmyopie *f*, Brechungsmyopie *f*
index of deterioration *(Neur)* Abbauindex *m*
index of diffraction Beugungsindex *m*
index of refraction Refraktionsindex *m*, Brechungsindex *m*
India rubber skin Gummihaut *f*, Cutis *f* laxa
Indian hemp indischer Hanf *m*, Cannabis *f* indica
Indian liver fluke Opisthorchis *m* noverca

Indian tick fever indisches Zeckenfieber *n*, Marseillesfieber *n (durch Rickettsia conorii)*
Indian visceral leishmaniasis *s.* kalaazar
indican Indikan *n (Tryptophanabbauprodukt)*
indican hidrosis Indikanhidrosis *f*, Indikan(aus)schwitzen *n*
indican test Indikantest *m*, Indikanprobe *f*
indicanaemia Indikanämie *f*, Vorhandensein *n* von Indikanen im Blut
indicanidrosis *s.* indican hidrosis
indicanmeter Indikanmeter *n*
indicanorachia Indikanorrhachie *f (Vorhandensein von Indikan in der Spinalflüssigkeit)*
indicant anzeigend, hinweisend
indicant eindeutiges Symptom *n*, spezifisches [hinführendes] Symptom *n*; Indikation *f*, Hinweis *m*
indicanuria Indikanurie *f*, Indikanausscheidung *f* im Urin
indicate *v* **an infection** eine Infektion anzeigen
indicated/be *v* indiziert [angezeigt] sein, eine Indikation haben
indication Indikation *f*, Heilanzeige *f*, Anzeige *f (für bestimmtes Heilverfahren)*
indication for blood transfusion Transfusionsindikation *f*
indication for operation Operationsindikation *f*
indication for therapy [treatment] Behandlungsindikation *f*, Therapieanzeige *f*
indicator 1. Indikator *m*; Reagens *n (Nachweissubstanz)*; 2. Zeigefinger *m*, Digitus *m* secundus; 3. Musculus *m* extensor indicis
indicator culture medium Indikatornährboden *m*
indicator-dilution method *(Lab)* Indikatordilutionsmethode *f*, Indikatorverdünnungsmethode *f*
indicator enzyme Indikatorenzym *n*
indicator reaction *(Lab)* Indikatorreaktion *f*
indicophose *(Ophth)* indigofarbige Phose *f*
indifference 1. *(Neur)* Indifferenz *f*, Gleichgültigkeit *f*; 2. Indifferenz *f*, Wirkungslosigkeit *f (z. B. von Stoffen)*; Neutralität *f*
indifference-to-pain syndrome Schmerzindifferenzsyndrom *n (durch angeborenes Fehlen von Schmerzrezeptoren)*
indifferent 1. *(Neur)* indifferent, gleichgültig; 2. indifferent, wirkungslos *(z. B. Stoffe)*; neutral; uncharakteristisch
indifferent electrode indifferente Elektrode *f*
indifferent tissue undifferenziertes Gewebe *n*
indifferent zone Indifferenzzone *f (Gewebszone)*
indigenous 1. eingeboren, einheimisch; 2. angeboren
indigested muscular fibres unverdaute Muskelfasern *fpl (im Stuhl)*
indigestibility Unverdaulichkeit *f*
indigestible indigestibel, unverdaulich, nicht verdaubar
indigestion Indigestion *f*, Verdauungsstörung *f*
indigestive indigestiv, verdauungsgestört
indigitation Invagination *f*, Intussuszeption *f*, Einstülpung *f*, Darmeinstülpung *f*
indigo Indigo *m(n)*, Indigoblau *n*, Indigotin *n*
indigo blue Indigoblau *n*
indigo carmine Indigokarmin *n*, Indigocarmin *n*, Natriumindigotindisulfonat *n*
indigopurpurine Indigopurpurin *n*
indigotin *s.* indigo
indigotindisulfonate Indigocarmin *n*, lösliches Indigoblau *n*
indig(o)uria Indigourie *f*, Indigoausscheidung *f* im Urin
indinavir Indinavir *n (Proteaseninhibitor; Mittel gegen HIV)*
indinavir sulfate Indinavirsulfat *n*
indirect indirekt, nicht direkt, mittelbar, auf Umwegen
indirect anamnesis indirekte Anamnese *f*, Fremdanamnese *f*
indirect anaphylaxis indirekte Anaphylaxie *f*
indirect calorimetry indirekte Kalorimetrie *f*
indirect Coombs test *(Hämat)* indirekter Coombs-Test *m*, indirekter Antiglobulintest *m*
indirect division indirekte Teilung *f* [Zellteilung *f*], Mitose *f*
indirect fracture indirekter Knochenbruch *m*
indirect hernia indirekter Bruch *m*, Hernia *f* indirecta, Lateralhernie *f*
indirect laryngoscopy indirekte Laryngoskopie *f* [Kehlkopfspiegelung *f*]
indirect ophthalmoscope indirektes Ophthalmoskop *n*
indirect percussion indirekte [mittelbare] Perkussion *f*, Plessimeterperkussion *f*
indirect-reacting bilirubin indirektes Bilirubin *n*
indirect restorative method *(Stom)* indirekte restaurative Methode *f*
indirect retainer indirekter Anker *m*, Sekundäranker *m*
indirect transfusion indirekte Transfusion *f* [Blutübertragung *f*]
indirect vision indirektes [peripheres] Sehen *n*
indirubin Indirubin *n*
indirubinuria Indirubinurie *f (Vorhandensein von Indirubin im Urin)*
indiscriminate unkritisch; unterschiedslos; wahllos; willkürlich
indisposition Unwohlsein *n*, Unpässlichkeit *f*
indistinct outline of shadow *(Rad)* undeutliche [schlecht demarkierte] Schattenkontur *f*
individual individuell, individual, das Individuum [Einzelwesen] betreffend; Individual..., Individuum..., Einzel(wesen)...
individual dosimeter Individualdosimeter *n*, Personendosimeter *n*
individual immunity Individualimmunität *f*
individual lymph nodules of the colon Folliculi *mpl* lymphatici solitarii coli
individual lymph nodules of the small intestine Folliculi *mpl* lymphatici solitarii intestini tenuis
individual-model health maintenance organization Einzelmodell *n*, Erprobungsmodell *n*; Modellversuch *m (der Gesundheitsversorgung)*
individual psychology Individualpsychologie *f*
individual therapy *(Neur)* Individualtherapie *f*
individual X-ray radiation dosimeter Individual(strahlen)dosimeter *n*
individuation 1. Individuation *f*, individuelle Selbstfindung *f*, Reifung *f* zur selbständigen Persönlichkeit; 2. psychologischer Differenzierungsprozess *m*; 3. *(Embr)* Individuation *f (lokale Aktivität infolge Organizer-Wirkung)*
indocyanine green Indozyaningrün *n*, Indocyaningrün *n*
indocybin Psilocybin *n*
indolaceturia Indolazeturie *f*, Indolessigsäureausscheidung *f* im Urin
indolamine Indolamin *n*
indole Indol *n*, 2,3-Benzopyrrol *n (Tryptophanabbauprodukt)*
indoleacetic acid Indol-3-Essigsäure *f*, Indolylessigsäure *f*, Acidum *n* indolyl-3-aceticum
indolence 1. Indolenz *f*, Gleichgültigkeit *f*, Stumpfheit *f*, Unbeeindruckbarkeit *f*, Trägheit *f*; 2. Unempfindlichkeit *f* gegen Schmerzen, Schmerzunempfindlichkeit *f*
indolent 1. indolent, gleichgültig, stumpf, unbeeindruckbar, träge; 2. unempfindlich gegen Schmerzen, schmerzunempfindlich, schmerzlos; 3. langsam wachsend
indolent lesion indolente [schmerzlose] Verletzung *f*
indolent tumour indolenter [langsam wachsender] Tumor *m*
indolic acid Indolsäure *f*
indoloemia *s.* cholera

indologenous indologen, Indol bildend; die Indolbildung bewirkend
indoluria Indolurie *f*, Indolausscheidung *f* im Urin
indomethacin Indomethazin *n*, Indomethacin *n (nicht steroidales Antirheumatikum)*
indophenol Indophenol *n*
indophenol blue *(Histol)* Indophenoblau *n (zur Fettgewebefärbung)*
indophenol(oxid)ase Indophenoloxidase *f*, Zytochromoxidase *f*, Cytochrom-C-oxidase *f (Enzym)*
indoramin Indoramin *n (Antihypertensivum)*
indoxyl Indoxyl *n*, 3-Hydroxyindol *n (Tryptophanabbauprodukt)*
indoxylaemia Indoxylämie *f*, Vorhandensein *n* von Indoxyl im Blut
indoxyluria Indoxylurie *f*, Indoxylausscheidung *f* im Urin
induce *v* auslösen *(z. B. eine Reaktion)*; einleiten *(z. B. die Geburt)*
induce *v* **anaesthesia** die Anästhesie [Narkose] einleiten
induce *v* **pain** Schmerzen auslösen [verursachen, bereiten]
induced 1. künstlich eingeleitet, künstlich ausgelöst [bewirkt]; 2. künstlich hergestellt
induced abortion eingeleiteter [künstlicher] Abort *m*, (ärztlicher) Schwangerschaftsabbruch *m*, Interruptio *f*
induced delusion *(Neur)* induzierter Wahn *m*
induced fever induziertes [künstlich ausgelöstes] Fieber *n*
induced hypotension induzierte [künstlich ausgelöste] Hypotension *f*, hypotensive Anästhesie *f*
induced insanity induziertes Irresein *n*, induzierter Wahn *m*, Induktionsirresein *n*
induced lethargy induzierte [künstlich ausgelöste] Lethargie *f*
induced malaria Inokulationsmalaria *f*, Impfmalaria *f*
induced mutation induzierte [künstlich ausgelöste] Mutation *f*
induced phagocytosis induzierte [künstlich ausgelöste] Phagozytose *f*
induced pneumothorax künstlicher Pneumothorax *m*
induced psychotic disorder induzierte [künstlich ausgelöste] psychische Störung *f*
induced reaction *(Neur)* induzierte Reaktion *f*
induced trance *(Neur)* induzierter Trancezustand *m*
induced tumor Induktionstumor *m*
induced vomiting induziertes [künstlich ausgelöstes] Erbrechen *n*
inducer Inducer *m (Molekulargenetik)*
inducible induzierbar
inducing of delivery Geburtseinleitung *f*
induction 1. (künstliche) Einleitung *f*, (künstliche) Auslösung *f*; 2. *s.* induction of anaesthesia
induction chemotherapy Induktionschemotherapie *f*
induction of anaesthesia Narkoseeinleitung *f*, Anästhesieeinleitung *f*
induction of labour Geburtseinleitung *f*
induction phase Induktionsphase *f*
inductive induktiv, einleitend; Induktions..., Einleitungs...
inductive approach induktive Annäherung *f* [Problemanalyse *f*]
inductor *(Embr)* Induktor *m*
inductorium *(Physiol)* Induktor *m*, Induktionsapparat *m*
inductotherm Hochfrequenzwärmegerät *n*
inductothermy Induktothermie *f*, Wärmedurchflutung *f*, Behandlung *f* mit Hochfrequenzstrom
indulin Indulin *n (histologischer Farbstoff)*
indulinophil *s.* indulinophilic
indulinophilic indulinophil, sich leicht mit Indulin färbend
indurate *v* indurieren, verhärten; sich verhärten; sich verdichten
indurated induriert, verhärtet
induration Induration *f*, Verhärtung *f*, Verdichtung *f (z. B. von Organen)*
induration of the breast Brust(drüsen)verhärtung *f*, Mammainduration *f*
indurative indurativ, verhärtend; Indurations...
indurative dermal tuberculosis Tuberculosis *f* indurativa (cutis)
indurative headache Muskelverhärtungskopfschmerz *m*
indurative myocarditis Indurationsmyokarditis *f*
indurescent indurierend, sich verhärtend
industrial accident *(Arb)* Arbeitsunfall *m*
industrial dermatosis Berufsdermatose *f*
industrial disease Berufskrankheit *f*, Berufserkrankung *f*
industrial health berufliche Gesundheit *f*; arbeitsmedizinische Belange *mpl*; Arbeitsmedizin *f*
industrial hygiene Arbeitshygiene *f*
industrial medicine Arbeitsmedizin *f*
industrial neurosis Betriebsneurose *f*
industrial psychiatrist *(Neur)* Betriebspsychiater *m*
industrial psychology Arbeitspsychologie *f*
indwelling catheter Dauerkatheter *m*, Verweilkatheter *m*
indwelling intravenous catheter venöser Infusionskatheter *m*
indwelling urinary catheter Harnblasen(verweil)katheter *m*, Blasendauerkatheter *m*
inebriant berauschend, (be)trunken machend; betäubend
inebriant (agent) berauschendes Mittel *n*, (be)trunken machendes Mittel *n*; Rauschmittel *n*
inebriate *v* betrunken machen, berauschen
inebriation Trunkenheit *f*; Alkoholintoxikation *f*
inebriaty Alkoholabhängigkeit *f*
inelastic unelastisch, nicht dehnbar
inequality of the pupils Pupillenungleichheit *f*, Pupillendifferenz *f*, Anisokorie *f*
inert 1. inert, untätig *(z. B. Organe)*; träge *(z. B. Bewegungen)*; 2. *(Psych)* inaktiv, reaktionslos; 3. reaktionsträge *(z. B. Chemikalien)*
inert gas Edelgas *n*
inertia Untätigkeit *f*, Trägheit *f*, Schwäche *f*, Unvermögen *n (z. B. von Organen)*
inertial impaction trägheitsbewdingte Ablagerung *f (von großen Aerosolpartikeln)*
inevitable abortion unvermeidlicher Abort *m*
infancy Säuglingsalter *n (bis zum 12. Monat)*; Kleinkindalter *n*
infant Säugling *m (bis zum 12. Monat)*; Kleinkind *n*; Kind *n (siehe unter: child)* • **feed an infant** ein Kind füttern [ernähren]
infant botulism Kinderbotulismus *m*
infant bronchoscope Kinderbronchoskop *n*
infant care Säuglingspflege *f*
infant coxitis Säuglingskoxitis *f*
infant death Säuglingstod *m*; Kindstod *m*
infant feeder Säuglingsfüttergerät *n*
infant feeding Säuglingsernährung *f*, Säuglingsfütterung *f*
infant feeding pattern Säuglingsernährungsmuster *n*
infant mortality (rate) Säuglingssterblichkeit *f (im ersten Lebensjahr gestorbene Säuglinge pro 1000 Lebendgeburten)*; Kindersterblichkeit *f*
infant nourishment [nutrition] 1. *s.* infant feeding; 2. Säuglingsnahrung *f*
infant of chemically dependant mother Säugling *m* einer medikamentenabhängigen Mutter
infant osteomyelitis Säuglingsosteomyelitis *f*
infant otitis Säuglingsotitis *f*
infant prescription Rezept *n* für Kinder, Verordnung *f* [Verschreibung *f*] für Kinder, Kinderrezeptur *f*
infant scoliosis Säuglingsskoliose *f*
infant stimulation Säuglingsstimulation *f*

infant toxicosis Säuglingstoxikose *f*
infanticide 1. Kindestötung *f*; 2. Kindermörder *m*, Kindermörderin *f*
infantile 1. infantil, kindlich, im Kindesalter; 2. infantil, kindisch, zurückgeblieben
infantile amaurotic familial disease [idiocy] infantile amaurotische Idiotie *f*, Tay-Sachs'sche Krankheit *f*
infantile amnesia infantile Amnesie *f*
infantile arteritis infantile Arteritis *f*
infantile autism infantiler Autismus *m*
infantile cerebral ataxic paralysis kindliche zerebrale ataktische Paralyse *f (Form der angeborenen Diplegie)*
infantile cerebral paralysis kindliche [infantile] zerebrale Paralyse *f*; Poliomyelitis *f* anterior acuta
infantile cerebral sphingolipidosis infantile zerebrale Sphingolipidose *f*, Tay-Sachs-Krankheit *f*
infantile cirrhosis infantile Zirrhose *f*
infantile coeliac disease Zöliakie *f*, Heubner-Herter'sche Krankheit *f*, intestinaler Infantilismus *m*
infantile colic infantile Kolik *f*
infantile colic patient Patient *m* mit infantiler Kolik
infantile convulsion *(Neur)* Fieberkrampf *m*, Gelegenheitskrampf *m*
infantile cortical hyperostosis *(Päd)* kindliche Kortikalishyperostose *f* [kortikale Hyperostose *f*], Hyperostosis *f* corticalis infantilis, Caffey-Silverman'sches Syndrom *n*, Caffey-de-Toni'sches Syndrom *n*
infantile dwarf infantiler Zwerg *m*
infantile eczema Ekzema *n* infantum
infantile encephalitis infantile Enzephalitis *f*
infantile glaucoma angeborenes [primär kindliches] Glaukom *n*, Glaucoma *n* congenitum [infantile], Hydrophthalmus *m* congenitus, Buphthalmie *f*, Augenwassersucht *f*
infantile hemiplegia infantile Hemiplegie *f*
infantile hydrocele infantile Hydrozele *f*
infantile leishmaniasis *(Paras)* Kinderleishmaniose *f*, Leishmaniasis *f* infantum
infantile mortality Säuglingssterblichkeit *f*
infantile neuropsychiatry Jugendpsychiatrie *f*
infantile osteomalacia *s.* rickets
infantile paralysis infantile Paralyse *f*, Kinderlähmung *f*, Poliomyelitis *f*
infantile pellagra infantile Pellagra *f*, Kwashiorkor *n*
infantile pelvis infantiles [jugendliches] Becken *n*
infantile poliomyelitis infantile Poliomyelitis *f*, akute atrophische Paralyse *f*
infantile pseudoleukaemia kindliche Pseudoleukämie *f*, Anaemia *f* pseudoleucaemica infantum, Jaksch-Hayem'sche Anämie *f*
infantile pseudoleukaemic anaemia *s.* infantile pseudoleukaemia
infantile psychosis Kinderpsychose *f*
infantile reticulosis Säuglingsretikulose *f*
infantile scurvy *(Päd)* kindlicher Skorbut *m*, Möller-Barlow'sche Krankheit *f*, Säuglingsskorbut *m*
infantile spasms *(Neur)* Blick-Nick-Salaam-Krämpfe *mpl*, BNS-Krämpfe *mpl*, infantile Krämpfe *mpl*, Grußkrämpfe *mpl*, propulsiv-petit mal *n*
infantile spinal muscular atrophy kindliche spinale Muskelatrophie *f*, Werdnig-Hoffmann'sche Krankheit *f*
infantile spinal paralysis infantile Spinalparalyse *f*, Poliomyelitis *f* anterior acuta
infantile thinking *(Neur)* infantiles [kindliches] Denken *n*
infantile uterus infantiler Uterus *m*
infantilism Infantilismus *m*
infarct Infarkt *m (1. Absterben von Organen oder Organteilen nach lang dauernder Blutleere; 2. Ablagerung von Kalksalzen in der Nierenpapille)*
infarct extension Infarktextension *f*, Infarktausbreitung *f*
infarct pleuritis Infarktpleuritis *f*
infarct pneumonia Infarktpneumonie *f*
infarct zone Infarktzone *f*, Infarktgebiet *n*
infarctectomy Infarktektomie *f*, (operative) Infarktentfernung *f*
infarction 1. Infarzierung *f*, Infarktbildung *f*; 2. Infarkt *m*
infarction of the ventricular septum Kammerseptuminfarkt *m*, Septuminfarkt *m*
infaust infaust, Unheil bringend; aussichtslos *(Krankheitsverlauf)*
infect *v* infizieren, anstecken, eine Infektion bewirken
infectable infizierbar, ansteckungsfähig
infected/become *v* sich infizieren, sich anstecken; infiziert werden
infected abortion infizierter Abort *m*
infecting agent Infektionserreger *m*
infection 1. Infektion *f*, Ansteckung *f*, Krankheitserregerübertragung *f*, Infekt *m*; 2. *s.* infectious disease • **be dead of infection** an einer Infektion sterben • **be treated for an infection** wegen einer Infektion behandelt werden • **catch an infection** sich infizieren, sich anstecken, sich eine Infektion zuziehen • **eradicate the infection** die Infektion ausheilen [beseitigen, ausrotten] • **take an infection** *s.* catch an infection
infection control Infektionskontrolle *f*
infection control activities Infektionskontrollaktivitäten *fpl*
infection control committee Infektionskontrollkomitee *n*
infection control nurse Infektionskontrollschwester *f*
infection control personnel Infektionskontrollpersonal *n*
infection defence Infektionsabwehr *f*, Infektabwehr *f*
infection dosis Infektionsdosis *f*
infection immunity Infektionsimmunität *f*
infection of vein Veneninfektion *f*
infection protection Infektionsschutz *m*
infection psychosis *(Neur)* Infektionspsychose *f*
infection rate Infektionsrate *f*
infection titer Infektionstiter *m*
infectiosity Infektiosität *f*, Ansteckungsfähigkeit *f (eines Krankheitserregers)*
infectious infektiös, ansteckend; mit Krankheitserregern behaftet [verunreinigt]; Infektions... *(siehe unter: infective)*
infectious abortion infektiöser Abort *m*
infectious adenitis *s.* infectious mononucleosis
infectious agent infektiöse Substanz *f*, Infektionskeim *m*, Infektionserreger *m*
infectious arthritis infektiöse [septische] Arthritis *f*
infectious bulbar paralysis infektiöse Bulbärparalyse *f*, Pseudorabies *f*
infectious chorea infektiöse Chorea *f*, Chorea *f* infectiosa [minor], Sydenham'sche Chorea *f*, Chorea *f* Sydenham
infectious delirium *(Neur)* Infektionsdelir(ium) *n*
infectious disease Infektionskrankheit *f*, ansteckende Krankheit *f*, Infekt *m* • **contract an infectious disease** sich eine Infektionskrankheit zuziehen
infectious diseases hospital Krankenhaus *n* für Infektionskrankheiten • **be treated in an infectious diseases hospital** in einem Infektionskrankenhaus behandelt werden
infectious diseases specialist Spezialist *m* für Infektionskrankheiten
infectious erythema Erythema *n* infectiosum (acutum), Großfleckenkrankheit *f*, V. [fünfte] Krankheit *f*, Morbus *m* quintus, Ringelröteln *pl*, Megalerythema *n* epidemicum [infectiosum], Ohrfeigenkrankheit *f*
infectious-exhaustive syndrome (post)infektiöses Erschöpfungssyndrom *n*, postinfektiöse Psychose *f*
infectious granuloma infektiöses Granulom *n*

infectious hepatitis Hepatitis *f* A, übertragbare Leberentzündung *f*, Hepatitis *f* infectiosa, Virushepatitis *f*, epidemische Gelbsucht *f*
infectious hepatitis virus Hepatitis-infectiosa-Virus *n*, Hepatitis-A-Virus *n*
infectious isolation infektiöse Isolierung *f*, Isolierung *f* von infektiösen Patienten
infectious jaundice *s.* infectious hepatitis
infectious mononucleosis infektiöse Mononukleose *f*, Mononucleosis *f* infectiosa, Pfeiffer'sches [lymphämoides] Drüsenfieber *n*, Monozytenangina *f*, Lymphoidzellenangina *f*
infectious myoclonia *s.* infectious chorea
infectious myringitis infektiöse [bullöse] Myringitis *f*
infectious neuritis *s.* Landry-Guillain-Barré syndrome
infectious nucleic acid infektiöse Nukleinsäure *f*, infektiöse Ribonukleinsäure *f*, infektiöse Desoxyribonukleinsäure *f*
infectious parotitis infektiöse Parotitis *f* [Ohrspeicheldrüsenentzündung *f*], Parotitis *f* infectiosa
infectious polyneuritis *s.* Landry-Guillain-Barré syndrome
infectious process Infektionsprozess *m*, Infektionsvorgang *m*
infectious twilight state infektiöser Dämmerzustand *m*
infectious uroarthritis Reiter'sches Syndrom *n*, Reiter-Syndrom *n*
infectiousness *s.* infectivity
infective infektiös, ansteckend, übertragbar; Infektions... *(siehe auch unter: infectious)*
infective chain *s.* infective cycle
infective change Infektionswechsel *m*
infective cycle Infektionskette *f*, Infektionszyklus *m*
infective defence Infektionsabwehr *f*
infective endocarditis infektiöse Endokarditis *f*
infective immunity infektionsbedingte Immunität *f*
infective index Infektionsindex *m*
infective psychosis Infektionspsychose *f*, Fieberpsychose *f*
infective toxic shock toxisch-infektiöser Schock *m*
infective tubulointerstitial nephritis infektiöse tubulointerstitielle Nephritis *f*
infectivity Infektiosität *f*, Ansteckungsfähigkeit *f*
infecundity Unfruchtbarkeit *f*, Sterilität *f*, Fortpflanzungsunfähigkeit *f*, Infertilität *f*
inferent *s.* afferent
inferior inferior, unterer, untere
inferior acromioclavicular ligament Ligamentum *n* acromioclaviculare inferius, unteres Akromioklavikularband *n*
inferior alveolar artery Arteria *f* alveolaris inferior, Unterkieferarterie *f*
inferior alveolar canal Canalis *m* alveolaris inferior, unterer Alveolarkanal *m*
inferior alveolar nerve Nervus *m* alveolaris inferior [mandibularis]
inferior alveolar vein Vena *f* alveolaris inferior, Unterkiefervene *f*
inferior anastomotic vein Vena *f* anastomotica inferior
inferior angle of the scapula Angulus *m* inferior scapulae, unterer Schulterblattwinkel *m*
inferior aperture of the (minor) pelvis *s.* inferior pelvic strait
inferior aperture of the thorax untere Thoraxapertur *f*, Apertura *f* thoracis inferior
inferior articular process Processus *m* articularis inferior, unterer Gelenkfortsatz *m*
inferior articular process of the vertebra Processus *m* articularis inferior vertebrae, unterer Wirbelgelenkfortsatz *m*
inferior articular surface of the atlas Fovea *f* articularis inferior atlantis
inferior basal vein Vena *f* basalis inferior
inferior belly of the omohyoid muscle Venter *m* inferior musculi omohyoidei
inferior blunt tip of the patella Apex *m* patellae, Kniescheibenspitze *f*
inferior border of the lung Margo *m* inferior pulmonis, Lungenunterrand *m*, unterer Lungenrand *m*
inferior boundary of the thoracic cavity Apertura *f* thoracis inferior, untere Brustkorböffnung *f*
inferior bulb of the internal jugular vein Bulbus *m* venae jugularis inferior
inferior caroticotympanic nerve Nervus *m* caroticotympanicus inferior
inferior carotid triangle Trigonum *n* caroticum, unteres Karotisdreieck *n*
inferior central nucleus Nucleus *m* centralis inferior
inferior cerebellar peduncle Pedunculus *m* cerebellaris inferior, Corpus *m* restiforme, unterer Kleinhirnstiel *m* [Strickkörper *m*]
inferior cerebellar vein Vena *f* cerebelli inferior, untere Kleinhirnvene *f*
inferior cerebral vein Vena *f* cerebri inferior, untere Gehirnvene *f*
inferior cervical cardiac nerve Nervus *m* cardiacus cervicalis inferior
inferior cervical ganglion Ganglion *n* cervicale inferius
inferior cluneal nerves Nervi *mpl* clunium inferiores
inferior colliculus Colliculus *m* inferior, unterer Hügel *m* *(der Vierhügelplatte des Mittelhirns)*
inferior conjunctival fornix Fornix *f* conjunctivae inferior, untere Bindehautumschlagfalte *f*
inferior constrictor (muscle) of the pharynx Musculus *m* laryngopharyngicus [constrictor pharyngis inferior], unterer Schlundschnürer(muskel) *m*
inferior cornu of the thyroid cartilage *s.* inferior horn of the thyroid cartilage
inferior costal facet Fovea *f* costalis inferior
inferior curved line of the occipital bone *s.* inferior nuchal line
inferior dental canal *s.* mandibular canal
inferior dental foramen *s.* mandibular foramen
inferior dental plexus Plexus *m* dentalis inferior [mandibularis], Unterkiefernervengeflecht *n* (der Zähne)
inferior duodenal flexure Flexura *f* duodeni inferior, untere Zwölffingerdarmflexur *f*
inferior duodenal fold Plica *f* duodenalis inferior
inferior duodenal fossa (of Jonnesco) Fossa *f* [Recessus *m*] duodenalis inferior
inferior entrance to the glottis Aditus *m* glottidis inferior
inferior epigastric artery Arteria *f* epigastrica inferior, untere Bauchdeckenarterie *f*
inferior epigastric vein Vena *f* epigastrica inferior, untere Bauchdeckenvene *f*
inferior extensor retinaculum Retinaculum *n* musculorum extensorum pedis inferius
inferior fascia of the urogenital diaphragm Fascia *f* diaphragmatis urogenitalis inferior
inferior fovea Fovea *f* inferior fossae rhomboideae
inferior frontal gyrus Gyrus *m* frontalis inferior, untere Stirnwindung *f*
inferior frontal sulcus Sulcus *m* frontalis inferior, untere Stirnfurche *f*
inferior ganglion of the glossopharyngeal nerve Ganglion *n* inferius nervi glossopharyngei
inferior ganglion of the vagus nerve Ganglion *n* inferius nervi vagi
inferior gastric node Nodus *m* gastricus inferior

inferior gastric plexus Plexus *m* gastricus inferior
inferior gemellus (muscle) Musculus *m* gemellus inferior
inferior gluteal artery Arteria *f* glutaea inferior, untere Gesäßarterie *f*
inferior gluteal line Linea *f* glutaea inferior
inferior gluteal nerve Nervus *m* glutaeus inferior, unterer Gesäßnerv *m*
inferior gluteal vein Vena *f* glutaea inferior, untere Gesäßvene *f*
inferior haemorrhoidal artery *s.* inferior rectal artery
inferior haemorrhoidal vein *s.* inferior rectal vein
inferior horn of the falciform margin Cornu *n* inferius marginis falciformis
inferior horn of the lateral ventricle Cornu *n* inferius ventriculi lateralis, unteres Seitenventrikelhorn *n*
inferior horn of the thyroid cartilage Cornu *n* inferius cartilaginis thyreoideae, unteres Schildknorpelhorn *n*
inferior hypogastric plexus Plexus *m* pelvinus [hypogastricus inferior]
inferior ileocaecal recess Recessus *m* ileocaecalis inferior
inferior labial artery Arteria *f* labialis inferior, Unterlippenarterie *f*
inferior labial vein Vena *f* labialis inferior, Unterlippenvene *f*
inferior laryngeal artery Arteria *f* laryngea inferior, untere Kehlkopfarterie *f*
inferior laryngeal nerve Nervus *m* laryngeus inferior, unterer Kehlkopfnerv *m*
inferior laryngeal vein Vena *f* laryngea inferior, untere Kehlkopfvene *f*
inferior laryngotomy *s.* cricothyreotomy
inferior lateral brachial cutaneous nerve Nervus *m* cutaneus brachii lateralis inferior
inferior left pulmonary vein Vena *f* pulmonalis inferior sinistra, linke untere Lungenvene *f*
inferior lobe of the left lung Lobus *m* inferior pulmonis sinistri, linker Lungenunterlappen *m*
inferior lobe of the lung Lobus *m* inferior pulmonis, Lungenunterlappen *m*
inferior lobe of the right lung Lobus *m* inferior pulmonis dextri, rechter Lungenunterlappen *m*
inferior longitudinal diameter unterer Längsdurchmesser *m (Schädel)*
inferior longitudinal fasciculus Fasciculus *m* longitudinalis inferior cerebri
inferior longitudinal sinus Sinus *m* sagittalis inferior
inferior longitudinalis muscle of the tongue Musculus *m* longitudinalis inferior linguae, unterer [tiefer] Langmuskel *m* der Zunge
inferior margin of the pancreas Margo *m* inferior pancreatis, unterer Bauchspeicheldrüsenrand *m*
inferior maxilla *s.* mandible
inferior maxillary bone *s.* mandible
inferior meatus of the nose Meatus *m* nasi inferior, unterer Nasengang *m*
inferior median laparotomy unterer Medianschnitt *m*, Unterbauchmedianschnitt *m*
inferior medullary velum Velum *n* medullare inferius [posterior], unteres [hinteres] Kleinhirnmarksegel *n*
inferior mesenteric artery Arteria *f* mesenterica inferior, untere [kaudale] Gekrösearterie *f*
inferior mesenteric ganglion Ganglion *n* mesentericum inferius
inferior mesenteric node Nodus *m* mesentericus inferior
inferior mesenteric plexus Plexus *m* mesentericus inferior
inferior mesenteric vein Vena *f* mesenterica inferior, untere [kaudale] Gekrösevene *f*
inferior myocardial infarction inferiorer Myokardinfarkt *m*
inferior nasal concha *s.* inferior nasal turbinate
inferior nasal meatus Meatus *m* nasi inferior, unterer Nasengang *m*
inferior nasal turbinate Concha *f* nasalis inferior, untere Nasenmuschel *f*
inferior nuchal line Linea *f* nuchae inferior, Linea *f* plani nuchalis
inferior nucleus of the pons Nucleus *m* inferior pontis
inferior nutrient artery of the femur Arteria *f* nutricia femoris inferior
inferior oblique muscle (of the eye) Musculus *m* obliquus bulbi inferior, unterer schräger Augenmuskel *m*
inferior oblique muscle of the head Musculus *m* obliquus capitis inferior, unterer schräger Kopfmuskel *m*
inferior occipital fossa Fossa *f* occipitalis inferior
inferior olivary nucleus Nucleus *m* olivaris (inferior), unterer Olivenkern *m*
inferior olive *s.* inferior olivary nucleus
inferior opening of the pelvis *s.* inferior pelvic strait
inferior ophthalmic vein Vena *f* ophthalmica inferior, untere Augenhöhlenvene *f*
inferior orbital fissure Fissura *f* orbitalis inferior
inferior palpebral vein Vena *f* palpebralis inferior, Unterlidvene *f*
inferior pancreatic artery Arteria *f* pancreatica inferior, untere Bauchspeicheldrüsenarterie *f*
inferior pancreaticoduodenal artery Arteria *f* pancreaticoduodenalis inferior, untere Bauchspeicheldrüsen-Zwölffingerdarm-Arterie *f*
inferior parathyroid gland Glandula *f* parathyreoidea inferior, untere Nebenschilddrüse *f*
inferior parietal lobe [lobule] Lobulus *m* parietalis inferior, unterer Scheitelhirnlappen *m*
inferior part of the concha of the ear Cavum *n* conchae, untere Ohrmuschelgrube *f*
inferior pelvic strait Apertura *f* pelvis minoris inferior, Beckenausgang *m*
inferior peroneal retinaculum Retinaculum *n* musculorum peronaeorum inferius
inferior petrosal sinus Sinus *m* petrosus inferior, unterer Felsenbeinsinus *m*
inferior petrosal sulcus of the temporal bone Sulcus *m* petrosus inferior ossis temporalis
inferior phrenic artery Arteria *f* phrenica inferior, untere Zwerchfellarterie *f*
inferior phrenic vein Vena *f* phrenica inferior, untere Zwerchfellvene *f*
inferior pole of the kidney unterer Nierenpol *m*, Polus *m* inferior renis
inferior portion of the middle frontal gyrus Pars *f* inferior gyri frontalis medii
inferior pubic ligament Ligamentum *n* arcuatum pubis, Symphysenbogenband *n*
inferior quadrigeminal body *s.* inferior colliculus
inferior quadrigeminal brachium Brachium *n* colliculi inferioris
inferior radioulnar joint distales Radioulnargelenk *n*, Articulatio *f* radioulnaris distalis
inferior recess of the omental bursa Recessus *m* inferior bursae omentalis
inferior rectal artery Arteria *f* rectalis [haemorrhoidalis] inferior, untere Mastdarmarterie *f*
inferior rectal nerves Nervi *mpl* rectales inferiores
inferior rectal vein Vena *f* rectalis [haemorrhoidalis] inferior, untere Mastdarmvene *f*
inferior right pulmonary vein Vena *f* pulmonalis inferior dextra, rechte untere Lungenvene *f*

inferior root of the ansa cervicalis Radix *f* inferior ansae cervicalis
inferior sagittal sinus Sinus *m* sagittalis inferior
inferior salivatory nucleus Nucleus *m* salivatorius inferior
inferior semilunar lobule Lobulus *m* semilunaris inferior
inferior strait of the pelvis *s.* inferior pelvic strait
inferior subscapular nerve Nervus *m* subscapularis inferior
inferior suprarenal artery Arteria *f* suprarenalis inferior, untere Nebennierenarterie *f*
inferior surface of the cerebellar hemisphere Facies *f* inferior hemispherii cerebelli, Kleinhirnunterseite *f*
inferior surface of the cerebral hemisphere Facies *f* inferior hemispherii cerebri, Hemisphärenunterseite *f*
inferior surface of the clavicle Facies *f* inferior claviculae, Schlüsselbeinunterfläche *f*
inferior surface of the liver Leberunterseite *f*
inferior surface of the mesencephalon Facies *f* inferior mesencephali, Mittelhirnunterseite *f*
inferior surface of the pancreas Facies *f* inferior pancreatis, Bauchspeicheldrüsenunterseite *f*
inferior temporal arcade Arcus *m* zygomaticus, Jochbogen *m*
inferior temporal gyrus Gyrus *m* temporalis inferior, untere Schläfenwindung *f*
inferior temporal line Linea *f* temporalis inferior (ossis parietalis)
inferior temporal sulcus Sulcus *m* temporalis inferior, untere Schläfenfurche *f*
inferior thyroid artery Arteria *f* thyreoidea inferior, untere Schilddrüsenarterie *f*
inferior thyroid notch Incisura *f* thyreoidea inferior, untere Schildknorpelinzisur *f*
inferior thyroid vein Vena *f* thyreoidea inferior, untere Schilddrüsenvene *f*
inferior tibiofibular joint Articulatio *f* tibiofibularis inferior, unteres Tibiofibulargelenk *n*
inferior transverse ligament of the scapula Ligamentum *n* transversum scapulae inferius
inferior trunk of the brachial plexus Truncus *m* inferior plexus brachialis
inferior turbinate *s.* inferior nasal turbinate
inferior tympanic artery Arteria *f* tympanica inferior, untere Paukenhöhlenarterie *f*
inferior ulnar collateral artery Arteria *f* collateralis ulnaris inferior, untere ellenseitige Armnebenarterie *f*
inferior vena cava Vena *f* cava inferior, untere Hohlvene *f*
inferior vena cava syndrome Vena-cava-inferior-Syndrom *n*
inferior vena cava valve Valvula *f* venae cavae inferioris
inferior vermis Vermis *m* inferior, Unterwurm *m (Kleinhirn)*
inferior vertebral incisure Incisura *f* vertebralis inferior
inferior vesical artery Arteria *f* vesicalis inferior, untere Harnblasenarterie *f*
inferior vestibular area Area *f* vestibularis inferior
inferior vestibular nucleus Nucleus *m* vestibularis inferior
inferior wall of the orbit Paries *m* inferior orbitae, Orbitalboden *m*, Augenhöhlenboden *m*
inferiority Inferiorität *f*, Unterlegenheit *f*, Minderwertigkeit *f*, Untergeordnetheit *f*
inferiority complex Minderwertigkeitskomplex *m*
inferiority feeling Minderwertigkeitsgefühl *n*
infero-anterior inferoanterior, unten und vorn gelegen [liegend]
inferocostal inferokostal; unter den Rippen
inferolateral inferolateral, unten und seitlich gelegen [liegend]
inferolateral surface of the prostate Facies *f* inferolateralis prostatae
inferomedial inferomedial, unten und in der Mitte gelegen [liegend]
inferomedian *s.* inferomedial
inferonasal inferonasal, unten und nasenwärts gelegen [liegend]
inferoposterior inferoposterior, unten und hinten gelegen [liegend]
inferotemporal inferotemporal, unten und schläfenwärts gelegen [liegend]
infertile infertil, unfruchtbar, steril, nicht fortpflanzungsfähig
infertility Infertilität *f*, Unfruchtbarkeit *f*, Sterilität *f*, Fortpflanzungsunfähigkeit *f*
infest *v* befallen, plagen, heimsuchen *(Ungeziefer)*
infestation Infestation *f*, Befall *m (durch Ungeziefer)*; Plage *f*
infestation disease Infestationskrankheit *f*
infestation with lice *s.* pediculosis
infibulation Infibulation *f*, Genitalverschluss *m*
infiltrate *v* infiltrieren, eindringen *(z. B. Zellen)*; einsickern, einströmen *(z. B. Blut)*; einlagern *(Gewebsflüssigkeit)*; durchsetzen *(Gewebe mit Fett)*
infiltrate *v* **the fat tissue** das Fettgewebe infiltrieren
infiltrate Infiltrat *n*
infiltrating lipoma Liposarkom *n (bösartige Geschwulst)*
infiltration Infiltration *f*, Infiltrierung *f*, Eindringen *n*, Einsickern *n*, Einströmen *n*; Einlagerung *f*, Durchsetzung *f*
infiltration anaesthesia [analgesia] Infiltrationsanästhesie *f*
infiltration block anaesthesia (infiltrative) Nervenblockade *f*
infiltration of the lung root Lungenhilusinfiltration *f*
infiltrative infiltrativ, eindringend; Infiltrations…
infiltrative disorder infiltrative Störung *f (z. B. von Zellen)*
infiltrative mastitis Mastitis *f* infiltrativa
infiltrative-purulent trichophytosis infiltrativpurulente Trichophytose *f*
infirm schwach, gebrechlich, hinfällig; krank
infirmary Krankenhaus *n*, Hospital *n*; Krankenabteilung *f*
infirmity Schwäche *f*, Gebrechlichkeit *f*, Hinfälligkeit *f*, Krankheit *f*
inflame *v* 1. *(Path)* inflammieren, sich entzünden; eine Entzündung auslösen, entzünden; 2. entflammen *(z. B. Chemikalien)*
inflamed conjunctiva entzündete [entzündliche] Konjunktiva *f*, Bindehautentzündung *f*
inflamed eye entzündetes Auge *n*
inflamed parotid gland *s.* parotitis
inflamed periodontium *s.* periodontitis
inflamed prostate entzündliche [entzündete] Prostata *f*, Prostataentzündung *f*
inflamed spermatic cord *s.* funiculitis
inflammable inflammabel, entzündbar
inflammation Inflammation *f*, Entzündung *f*
inflammation of the crypts of Morgagni *s.* cryptitis
inflammation of the external ear *s.* external otitis
inflammation of the internal ear *s.* internal otitis
inflammation of the liver Leberentzündung *f*, Hepatitis *f*
inflammation of the middle ear Otitis *f* media, Mittelohrentzündung *f*
inflammatory inflammatorisch, entzündlich; Entzündungs…
inflammatory autobullectomy inflammatorische Autobullektomie *f*
inflammatory bowel disease entzündliche Darmerkrankung *f*, Colitis *f* ulcerosa, Crohn'sche Erkrankung *f*, Morbus *m* Crohn
inflammatory carcinoma entzündliches Karzinom *n* [Mammakarzinom *n*]

inflammatory cell Entzündungszelle *f*
inflammatory dysmenorrhoea entzündliche [sekundäre] Dysmenorrhoe *f*
inflammatory exudate entzündliches Exsudat *n*, Entzündungsexsudat *n*
inflammatory fracture entzündliche [entzündlich bedingte] Fraktur *f*
inflammatory fungoid neoplasm Mycosis *f* fungoides, Granuloma *n* fungoides
inflammatory linear verrucous epidermal naevus entzündlicher linearer verruköser epidermaler Nävus *m*, ILVEN-Nävus *m*
inflammatory macrophage Entzündungsmakrophage *m*
inflammatory oedema entzündliches Ödem *n*, Entzündungsödem *n*
inflammatory process entzündlicher Prozess *m*, Entzündungsprozess *m*
inflammatory reaction entzündliche Reaktion *f*, Entzündungsreaktion *f*
inflammatory response *s.* inflammatory reaction
inflammatory rheumatism *s.* rheumatic fever
inflammatory scoliosis entzündliche Skoliose *f*
inflammatory skin disease *s.* dermatitis
inflammatory tissue entzündliches Gewebe *n*, Entzündungsgewebe *n*
inflatable aufblasbar
inflatable pessary aufblasbares Pessar *n*
inflatable splint aufblasbare [pneumatische] Schiene *f*
inflate *v* inflatieren, aufblähen, auftreiben, aufpumpen
inflate *v* **gas into peritoneum for diagnostics** ein diagnostisches Pneumoperitoneum anlegen
inflate *v* **with gas** mit Gas füllen
inflated aufgebläht, aufgetrieben *(z. B. Abdomen)*
inflated rubber bedpan Gummischieber *m*, Gummibettpfanne *f*
inflating tube *(Anästh)* Luftzuführungsschlauch *m*
inflation Inflation *f*, Aufblähung *f*, Auftreibung *f*
inflation bulb *(Anästh)* Gebläsedruckball *m*
inflator Inflator *m*, Einblasgerät *n*; Luftpumpe *f*, Ballonpumpe *f*, Durchblasgerät *n*, Durchblasungsinstrument *n*
inflection Inflexion *f*, Einwärtsbeugung *f*
inflexion *s.* inflection
inflict *v* **a wound** verletzen, verwunden, eine Wunde beibringen [zufügen]
inflow tract Einflussbahn *f (Herz)*
influenza Influenza *f*, Grippe *f*
influenza A Influenza *f* A, A-Grippe *f*
influenza A virus Influenza-A-Virus *n*, Grippevirus *n* A
influenza B Influenza *f* B, B-Grippe *f*
influenza B virus Influenza-B-Virus *n*, Grippevirus *n* B
influenza bacteria Influenzabakterien *npl*
influenza C Influenza *f* C, C-Grippe *f*
influenza C virus Influenza-C-Virus *n*, Grippevirus *n* C
influenza vaccination Grippe(schutz)impfung *f*
influenza vaccine Influenzavakzine *f*, Grippe(schutz)-impfstoff *m*
influenza virus Influenzavirus *n*, Grippevirus *n*
influenza virus type A Influenzavirus *n* Typ A, Grippevirus *n* A
influenza virus type B Influenzavirus *n* Typ B, Grippevirus *n* B
influenza virus type C Influenzavirus *n* Typ C, Grippevirus *n* C
influenza virus vaccine Influenzavirusvakzine *f*, Grippevirusimpfstoff *m*
influenzal grippeartig, grippal; Influenza..., Grippe...
influenzal angina Influenzaangina *f*
influenzal encephalitis Encephalitis *f* lethargica
influenzal meningitis Influenzameningitis *f*, Grippemeningitis *f (durch Haemophilus influenzae)*
influenzal otitis Influenza-Otitis *f*, Grippe-Otitis *f*
influenzal pneumonia Influenzapneumonie *f*, Grippepneumonie *f (durch Haemophilus influenzae)*
influenzal rhinitis Influenzarhinitis *f*, Gripperhinitis *f*
influenzavirus Influenzavirus *n*, Grippevirus *n*
influenzavirus A Influenzavirus A *n*, Grippevirus A *n*
influenzavirus B Influenzavirus B *n*, Grippevirus B *n*
influenzavirus C Influenzavirus C *n*, Grippevirus C *n*
infold *v* einfalten, einstülpen; ummanteln
infolding Einfaltung *f*, Faltenbildung *f*, Einstülpung *f*, Ummantelung *f*, Ummanteln *n*
informal admission formlose Einweisung *f (z. B. in eine psychiatrische Klinik)*
informed consent informierte Einwilligung *f*, Patienteneinverständnis *f* nach Aufklärung *f*, Patienteneinwilligung *f (z. B. zur Operation)*
infra-alveolar infraalveolär, unter dem Zahnfach liegend
infra-auricular infraaurikulär, unter dem Ohr liegend
infra-axillary infraaxillär, unter der Achselhöhle liegend
infra-axillary region Regio *f* infraaxillaris, Infraaxillarregion *f*
infrabony pocket Zahnwurzeltasche *f*
infracardiac infrakardial, unter dem Herzen liegend
infracerebral infrazerebral, unterhalb des Gehirns liegend
infraclavicular infraklavikulär, unter dem Schlüsselbein liegend
infraclavicular fossa Fossa *f* infraclavicularis, Infraklavikulargrube *f*, Unterschlüsselbeingrube *f*, Mohrenheim'sche Grube *f*
infraclavicular region Regio *f* infraclavicularis, Subklavikularregion *f*
infraclusion *s.* infraocclusion
infracolic infrakolisch, unter dem Kolon liegend
infracolic space Spatium *n* infracolicum
infracommissure Commissura *f* inferior hypothalami
infraconscious unterbewusst
infraconstrictor *s.* inferior constrictor of the pharynx
infracortical infrakortikal, unter der Rinde liegend
infracostal infrakostal, unter der Rippe liegend
infracostal line Linea *f* infracostalis, Infrakostallinie *f*
infracotyloid unter dem Azetabulum liegend
infracristal infrakristal, unter der Crista liegend
infraction Infraktion *f*, unvollständiger Knochenbruch *m*; Knick(ungs)bruch *m*
infraction fracture Infraktionsfraktur *f*
infracture *s.* infraction
infradentale Infradentale *n (kraniometrischer Messpunkt)*
infradian infradian, in weniger als 24-Stundenintervallen auftretend
infradian rhythm infradianer Rhythmus *m* [Biorhythmus *m*]
infradiaphragmatic infradiaphragmatisch, unter dem Zwerchfell liegend
infraduction Infraduktion *f*, Deorsumduktion *f*, Subduktion *f*, Abwärtswendung *f* eines Auges
infraglenoid infraglenoidal, unterhalb der Fossa glenoidalis liegend
infraglenoid tubercle [tuberosity] Tuberculum *n* infraglenoidale
infraglottic infraglottisch, unter der Stimmritze liegend
infrahepatic infrahepatisch, unter der Leber liegend
infrahyoid infrahyoid, unter dem Zungenbein liegend
infrainguinal infrainguinal, unter dem Leistenband liegend
inframalleolar inframalleolar, unter dem Malleolus liegend
inframamillary inframamillär, unter der Brustwarze liegend
inframammary inframammär, unter der Brust liegend

inframammary region Regio *f* inframammaria, Inframammärregion *f*
inframandibular inframandibulär, unter dem Unterkiefer liegend
inframarginal inframarginal, unterhalb einer Kante liegend, unterhalb eines Margo gelegen
inframaxillary inframaxillär, unter dem Oberkiefer liegend
infranodal infranodal, unterhalb des Atrioventrikularknotens liegend
infranodal block infranodaler Block *m* [Reizleitungsblock *m*]
infranodal disease infranodale Erkrankung *f*, (in)kompletter Schenkelblock *m*; Linksschenkelblock *m*; Rechtsschenkelblock *m*
infranuclear infranukleär, unter einem Nervenkern liegend; peripher eines Nervenkerns liegend
infra-occlusion Infraokklusion *f*, offener Biss *m*, Zahnverschiebung *f* nach unten
infraorbital infraorbital, unter der Augenhöhle liegend
infraorbital artery Arteria *f* infraorbitalis, Infraorbitalarterie *f*
infraorbital canal Canalis *m* infrarorbitalis, Infraorbitalkanal *m*
infraorbital foramen Foramen *n* infraorbitale *(vordere Mündung des Canalis infraorbitalis)*
infraorbital groove *s.* infraorbital sulcus
infraorbital nerve Nervus *m* infraorbitalis, Infraorbitalnerv *m*
infraorbital neuralgia Infraorbitalneuralgie *f*
infraorbital region Regio *f* infraorbitalis, Infraorbitalregion *f*
infraorbital ridge [rim] Margo *m* infraorbitalis, Infraorbitalleiste *f*
infraorbital sulcus Sulcus *m* infraorbitalis, Infraorbitalsulkus *m*
infraorbital suture Sutura *f* infraorbitalis, Infraorbitalnaht *f*
infrapatellar infrapatellar, subpatellar, unter der Kniescheibe liegend
infrapatellar bursa Bursa *f* infrapatellaris
infrapatellar fat pad infrapatellärer [Hoffa'scher] Fettkörper *m*
infrapatellar fatty pad *s.* infrapatellar fat pad
infrapatellar synovial fold Plica *f* synovialis patellaris
infrapiriform foramen Foramen *n* infrapiriforme
infrapopliteal infrapopliteal, unter der Kniekehle liegend
infrapsychic unterhalb der Bewusstseinsschwelle liegend; automatisch
infrared coagulation Infrarotkoagulation *f*
infrared contact coagulation Infrarotkontaktkoagulation *f*
infrared moxibustion Infrarotmoxibustion *f (Akupunkturmethode)*
infrared radiation Infrarotstrahlung *f*, infrarote [ultrarote] Strahlung *f*
infrared therapy Infrarotbehandlung *f*, Infrarotbestrahlung *f*
infrared thermography Infrarotthermographie *f*
infrascapular infraskapulär, unter dem Schulterblatt liegend
infrascapular line Linea *f* infrascapularis
infrascapular region Regio *f* infrascapularis, Infraskapularregion *f*
infrasonic unterhalb der Hörschwelle liegend
infraspinatus (muscle) Musculus *m* infraspinatus, Untergrätenmuskel *m*
infraspinatus reflex Infraspinatusreflex *m*, Untergrätenmuskelreflex *m*
infraspinous unter der Schulterblattgräte liegend
infraspinous fossa Fossa *f* infraspinata
infrasplenic infrasplenisch, unter der Milz liegend
infrasternal infrasternal, unter dem Brustbein liegend
infrasternal angle Angulus *m* infrasternalis [arcuum costarum], epigastrischer Winkel *m*
infrastructure Infrastruktur *f*
infratemporal infratemporal, unter der Schläfe liegend
infratemporal crest Crista *f* infratemporalis, Infratemporalleiste *f*
infratemporal fossa Fossa *f* infratemporalis, Unterschläfengrube *f*
infratemporal region Regio *f* infratemporalis, Infratemporalregion *f*
infratentorial infratentoriell, unter dem Kleinhirnzelt liegend
infrathoracic infrathorakal, unter dem Thorax liegend
infratonsillar infratonsillär, unter der Gaumenmandel liegend
infratracheal infratracheal, unter der Luftröhre liegend
infratrochlear infratrochleär, unter der Rolle liegend
infratrochlear nerve Nervus *m* infratrochlearis
infratubal infratubal, unter einer Tube liegend
infraturbinal *s.* inferior nasal turbinate
infratympanic infratympanal, subtympanal, unter dem Trommelfell liegend
infra-umbilical infraumbilikal, unter dem Nabel liegend
infravaginal infravaginal, unter der Scheide liegend
infravergence Infravergenz *f*, Deorsumvergenz *f (Abwärtswendung nur eines Auges)*
infraversion 1. *(Ophth)* Infraversion *f*, Deorsumversion *f*, Augenabweichung *f* nach unten, Abwärtswendung *f* beider Augen; Sonnenuntergangsphänomen *n*; 2. *(Stom)* Infraokklusion *f*, offener Biss *m*, Zahnverschiebung *f* nach unten
infravesical infravesikal, unter der Harnblase liegend
infrazygomatic infrazygomatisch, unter dem Jochbein liegend
infrequent contractions seltene Wehen *fpl*
infrequent urination *s.* oligakisuria
infriction Infriktion *f*, Einreibung *f*, Salbeneinreibung *f*
infundibula *pl s.* infundibulum
infundibular infundibulär, trichterförmig; Infundibulum..., Trichter...
infundibular process Infundibularfortsatz *m*, Hypophysenhinterlappen *m*, HHL
infundibular pulmonic stenosis infundibuläre Pulmonalstenose *f*, Infundibulumstenose *f*, Konusstenose *f (der rechten Herzkammer)*
infundibular recess Recessus *m* infundibuli *(Ausbuchtung der dritten Hirnkammer in den Hypophysenstiel)*
infundibular stalk Hypophysenstiel *m*
infundibular stem Infundibulum *n* (hypothalami)
infundibular stenosis *s.* infundibular pulmonic stenosis
infundibulectomy Infundibulektomie *f*, Infundibulumresektion *f*, (operative) Infundibulumentfernung *f*
infundibuliform infundibuliform, trichterförmig; Infundibulum...
infundibuliform anus faltenloser After *m*, Trichterafter *m*
infundibuliform fascia Fascia *f* spermatica interna, Tunica *f* vaginalis testis et funiculi spermatici
infundibulin Infundibulin *n (20iger Hypophysenhinterlappenextrakt)*
infundibulofolliculitis Infundibulofollikulitis *f (der Haare)*
infundibuloma Infundibulom *n (Geschwulst des Infundibulum hypothalamicum)*
infundibulo-ovarian infundibuloovariell, Infundibulum-Ovarium-..., Infundibulum-Eierstock-...
infundibulopelvic infundibulopelvin, Infundibulum-Nierenbecken-...
infundibulopelvic ligament Ligamentum *n* suspensorium ovarii

infundibuloventricular infundibuloventrikular; Infundibulum-Herzkammer-...
infundibuloventricular crest Crista *f* supraventricularis, Supraventrikularleiste *f*
infundibulum 1. Infundibulum *n*, Trichter *m*; 2. *s.* infundibular stem
infundibulum of the Fallopian tube *s.* infundibulum of the uterine tube
infundibulum of the frontal sinus Ductus *m* nasofrontalis
infundibulum of the heart Conus *m* arteriosus
infundibulum of the hypophysis Infundibulum *n* (hypothalami)
infundibulum of the nose 1. Infundibulum *n* ethmoidale ossis ethmoidalis; 2. Infundibulum *n* ethomidale cavi nasi
infundibulum of the urinary bladder Fundus *m* vesicae
infundibulum of the uterine tube Infundibulum *n* tubae uterinae, Eileitertrichter *m*
infusate contamination Infusatkontamination *f*
infusible 1. infundibel, infusionsfähig, infundierbar; 2. unschmelzbar, nicht schmelzbar; nicht (auf)lösbar nicht auflösungsfähig
infusion 1. Infusion *f*, Einfließen *n*; 2. Infusion *f*, Flüssigkeitsinfusion *f*, Arzneimittelinfusion *f*, Injektion *f*, 3. Aufguss *m*
infusion anaesthesia Infusionsanästhesie *f*, Infusionsnarkose *f*
infusion bottle Infusionsflasche *f*
infusion cholangiogram Infusionscholangiogramm *n*
infusion cholangiography Infusionscholangiographie *f*
infusion cholegraphy Infusionscholegraphie *f*
infusion equipment Infusionsbesteck *n*
infusion pump Infusionspumpe *f*
infusion rate Infusionsgeschwindigkeit *f*
infusion reaction Infusionsreaktion *f*
infusion set Infusionsbesteck *n*
infusion stand Infusionsständer *m*
infusion therapy Infusionstherapie *f*, Infusionsbehandlung *f*
infusion under pressure Druckinfusion *f*
infusion urogram Infusionsurogramm *n*
infusion urography Infusionsurographie *f*
infusional pericarditis Infusionsperikarditis *f*
infusional pleurisy Infusionspleuritis *f*
infusodecoction Infusodekoktion *f*
infusor Infusor *m*, Infusionsgerät *n*, Infusionsapparat *m*; Infusomat *m (für Medikamente)*
Infusoria Infusorien *npl*, Aufgusstierchen *npl (Mikroorganismen)*
infusum Infusum *n*, Infus *n*, Inf., Aufguss *m*
ingesta Ingesta *npl*, gesamte aufgenommene Nahrung *f*
ingestant mit der Nahrung Aufgenommenes *n*; Nahrung *f*, Nahrungsmittel *n*
ingestant allergen Ingestionsallergen *n*
ingestion 1. Ingestion *f*, Nahrungsaufnahme *f*, 2. Zytoplasmainkorporation *f*
ingestion tuberculosis Ingestionstuberkulose *f*, Fütterungstuberkulose *f*
ingestive ingestiv, Nahrung aufnehmend
ingestive wing *s.* Ingrassia's apophysis
Ingrassia's apophysis Ala *f* minor ossis sphenoidalis
ingravescent sich verschlimmernd, bedrohlicher werdend
ingredient Ingrediens *n*, Bestandteil *m (z. B. eines Arzneimittels)*
ingrowing placenta Placenta *f* increta
ingrowing toe-nail Unguis *m* incarnatus, eingewachsener Zehennagel *m*
ingrown hairs Pili *mpl* incarnati, eingewachsene Haare *npl*
ingrowth Eingewachsene(s) *n*, Einwuchs *m*; Einwachsende(s) *n*
inguen Inguen *n*, Leiste *f*, Leistengegend *f*, Inguinalregion *f*, Regio *f* inguinalis
inguinal inguinal; Inguinal..., Leisten...
inguinal adenitis *s.* inguinal lymphadenitis
inguinal adenopathy Leistenlymphdrüsenerkrankung *f*, inguinale Adenopathie *f*
inguinal canal Inguinalkanal *m*, Leistenkanal *m*, Canalis *m* inguinalis
inguinal cryptorchidism Retentio *f* testis inguinalis, inguinaler Kryptorchismus *m*
inguinal falx Falx *f* inguinalis, Henle'sches Band *n*, Leistensichel *f*
inguinal fold Inguinalfalte *f*, Leistenfalte *f*, Plica *f* inguinalis
inguinal fovea Inguinalgrube *f*, Leistengrube *f*, Fovea *f* inguinalis
inguinal groove *s.* inguinal fovea
inguinal hernia Inguinalhernie *f*, Leistenbruch *m*, Hernia *f* inguinalis
inguinal hernial region Inguinalhernienregion *f*, Leistenbruchgebiet *n*
inguinal hernioplasty inguinale Hernioplastik *f*, Leistenbruchplastik *f*
inguinal incision Inguinalinzision *f*, Leistenschnitt *m*
inguinal ligament Inguinalligament *n*, Leistenband *n*, Ligamentum *n* inguinale, Poupart'sches Band *n* [Ligament *n*], Poupart-Band *n*
inguinal lymphadenitis Leistenlymphknotenentzündung *f*, Leistendrüsenentzündung *f*, Lymphadenitis *f* inguinalis
inguinal lymphogranuloma Lymphogranuloma *n* venereum
inguinal node Nodus *m* lymphaticus inguinalis, Leistenlymphknoten *m*, Leisten(lymph)drüse *f*
inguinal panus Panus *m* inguinalis, Bubo *m*
inguinal reflex Inguinalreflex *m*, Leistenreflex *m*
inguinal region Inguinalregion *f*, Leistengegend *f*, Regio *f* inguinalis, Leiste *f*, Inguen *n*
inguinal ring Inguinalring *m*, Leistenring *m*, Anulus *m* inguinalis
inguinal testis Inguinalhoden *m*, Leistenhoden *m*, Testis *m* inguinalis
inguinal triangle [trigone] Inguinaldreieck *n*, Leistendreieck *n*, Trigonum *n* inguinale
inguino-abdominal inguinoabdominal; Leisten-Bauch-...
inguinocrural inguinokrural; Leisten-Oberschenkel-...
inguinocrural hernia inguinokrurale Hernie *f*, Leisten-Oberschenkel-Bruch *m*, Holthouse-Hernie *f*
inguinocrural pain Inguinokruralgie *f*, Pierson-Syndrom *n*
inguinodynia Inguinodynie *f*, Leistenschmerz *m*
inguinolabial inguinolabial; Leisten-Schamlippen-...
inguinoperitoneal inguinoperitoneal; Leisten-Peritoneum-...
inguinoscrotal inguinoskrotal; Leisten-Hodensack-...
inhabit *v* **the nose** die Nase besiedeln *(Mikroorganismen)*
inhalant 1. inhalierend, einatmend; 2. Inhalations...
inhalant 1. Inhalationsmittel *n*; 2. *s.* inhalator
inhalant allergen Inhalationsallergen *n*
inhalation Inhalation *f*, Einatmung *f (z. B. von Dämpfen)*
inhalation administration of medication Medikamenteninhalation *f*, Inhalationsapplikation *f* von Arzneimitteln
inhalation anaesthesia Inhalationsanästhesie *f*, Inhalationsnarkose *f*, Inhalationsanalgesie *f (zentrale Analgesie durch gas- oder dampfförmige Narkosemittel)*
inhalation anaesthetic agent Inhalationsanästhetikum *n*, Inhalationsnarkotikum *n*
inhalation analgesia *s.* inhalation anaesthesia
inhalation challenge test inhalativer Provokationstest *m*, Inhalationsprovokationstest *m*

inhalation hypalgesia Inhalationshypalgesie *f*
inhalation injury Inhalationsschädigung *f*, Inhalationsverletzung *f (z. B. des Lungenparenchyms)*
inhalation of vomit Aspiration *f* von Erbrochenem
inhalation pneumonia Inhalationspneumonie *f*
inhalation room Inhalationsraum *m*; Inhalatorium *n*
inhalation scintigraphy Inhalationsszintigraphie *f*
inhalation therapist Atemgymnast(iker) *m*, Atemtherapeut *m*
inhalation therapy Inhalationstherapie *f*
inhalation toxicity Inhalationstoxizität *f (z. B. durch Manganstaub)*
inhalator Inhalator *m*, Inhalationsapparat *m*
inhalatorium Inhalatorium *n (Therapieabteilung)*
inhale *v* inhalieren, Gase [Dämpfe] einatmen; inspirieren, einatmen
inhaler *s.* inhalator
inherent inhärent, innewohnend, angeboren, eingeboren, kongenital *(Zusammensetzungen siehe unter: congenital)*
inherent rate Eigenfrequenz *f (z. B. des Sinusknoten)*
inherit *v* erben
inheritance 1. Vererbung *f*; 2. Erbgut *n*, Erbanlagen *fpl*
inherited 1. ererbt, geerbt; vererbt; Erb…; 2. unbedingt • **be inherited** ererbt sein *(z. B. Krankheiten)*
inherited disorder genetische Störung *f*, genetische Erkrankung *f*, Erbkrankheit *f*
inherited reflex *(Physiol)* unbedingter Reflex *m*
inherited response *s.* inherited reflex
inherited trait ererbte Eigenschaft *f*, Erbeigenschaft *f*, ererbtes Charakteristikum *n*
inhibin Inhibin *n (Hodenhormon)*
inhibit *v* inhibieren, hemmen, (ver)hindern
inhibited thinking *(Neur)* gehemmtes Denken *n*; Denkhemmung *f*
inhibiting factor Hemmfaktor *m*, Inhibiting-Faktor *m*, Freisetzungshemmfaktor *m (z. B. für Hormone)*
inhibiting gene Hemmgen *n*, Inhibitor-Gen *n*, inhibitorisches [unterdrückendes] Gen *n*
inhibiting hormone Hemmhormon *n*, Inhibiting-Hormon *n*, inhibitorisches Hormon *n*
inhibition 1. Inhibition *f*, Hemmung *f*; 2. *(Psych)* Inhibition *f*, Gehemmtheit *f*
inhibition assay Hemmungs-Assay *m*, inhibitorischer Assay *m (Hemmung der Indikatorphase durch Antigenüberschuss)*
inhibition of reflexes Reflexhemmung *f*
inhibitive *s.* inhibitory
inhibitor Inhibitor *m*, Hemmstoff *m*, Hemmungsmittel *n*; Hemmkörper *m*
inhibitory inhibitorisch, hemmend, hindernd
inhibitory concentration Hemm(ungs)konzentration *f (z. B. von Antibiotika)*
inhibitory enzyme inhibitorisches Enzym *n*, Hemmenzym *n*
inhibitory gymnastics *(Neur)* Hemmungsgymnastik *f*
inhibitory ileus adynamischer Ileus *m* [Darmverschluss *m*]
inhibitory interneuron inhibitorisches Zwischenneuron *n*, Renshaw-Zelle *f*, Interneuron *n*, Schaltneuron *n*
inhomogeneity Inhomogenität *f*, inhomogener Zustand *m*, inhomogene Beschaffenheit *f*
inhomogeneous inhomogen; Inhomogenitäts…
inhuman(e) inhuman, unmenschlich
inhumation Bestattung *f*, Beisetzung *f*, Beerdigung *f*
inhume *v* bestatten, beisetzen, beerdigen
iniac Inion…
iniad iniad, inionwärts, in Richtung des Inions
inial *s.* iniac
iniencephalus *(Terat)* Iniencephalus *m (Missgeburt)*
iniencephaly *(Terat)* Inienzephalie *f*, Iniencephalie *f*
iniodymus *(Terat)* Iniodymus *m (Missgeburt)*
inion Inion *n (kraniometrischer Messpunkt)*
iniopagus *(Terat)* Iniopagus *m (Missgeburt)*
iniops *(Terat)* Iniops *m (Missgeburt)*
initial einleitend, initial, beginnend, am Beginn (stehend); Initial…, Einleitungs…
initial complex Initialkomplex *m (im EEG)*
initial contact stance stage initiales Kontaktstadium *n (des Fußes beim Laufvorgang)*
initial convulsion Initialkonvulsion *f*, Initialkrampf *m*
initial cramp *s.* initial convulsion
initial cry *(Neur)* Initialschrei *m*
initial deflection Initialschwankung *f (EKG)*
initial deflection of QRS complex Initialzacke *f (EKG)*
initial delirium *(Neur)* Initialdelir(ium) *n*
initial diagnosis Initialdiagnose *f*, Anfangsdiagnose *f*
initial dose Initialdosis *f*, Anfangsdosis *f*
initial fever (attack) Initialfieber *n*, initiale Fieberattacke *f*
initial grade of peritonitis Peritonitis *f* im Anfangsstadium, beginnende Peritonitis *f*
initial haematuria initiale Hämaturie *f*, Hämaturie *f* bei Miktionsbeginn
initial lesion Initialläsion *f*, Initialverletzung *f*, Primärläsion *f*
initial narcosis Initialnarkose *f*, Einleitung(snarkose) *f*
initial phase Initialphase *f*, Einleitungsphase *f*
initial sclerosis Initialsklerose *f*, Primäraffekt *m*, Ulcus *n* durum *(bei Syphilis)*
initial symptom Initialsymptom *n*, Anfangssymptom *n*
initial therapeutic agent Initialtherapeutikum *n*
initial therapy Initialtherapie *f*
initiation Initiierung *f*, Initiation *f*, Einleitung *f*; Auslösung *f*; Start *m*, Beginn *m*
initiation codon Initiatorcodon *n*, Startercodon *n*
initiation factor Initiationsfaktor *m*
initiation of labour Geburtseinleitung *f*, Ingangsetzung *f* der Geburt; Geburtsbeginn *m*
initiation phase Initiationsphase *f*
initiator Initiator *m*
initis *s.* myositis
inject *v* injizieren, in den Körper (ein)spritzen
inject *v* **intravenously in a drip** mittels Tropfinfusion infundieren *(z. B. Medikamente)*
injectable injizierbar, einspritzbar, zur Injektion geeignet
injectable silicone injizierbares Silikon *n*
injected 1. injiziert, durch Injektion appliziert [in den Körper eingebracht]; 2. (gefäß)injiziert, mit gestauten Gefäßen; gestaut; Stauungs…
injection 1. Injektion *f*, Einspritzung *f*; 2. Injektion(slösung) *f*, eingespritztes Medikament *n*; 3. blutige Injektion *f (z. B. von Schleimhäuten)* • **give an injection** eine Injektion geben [machen], injizieren
injection cannula Injektionskanüle *f*
injection cap Injektionskappe *f*, Durchstichverschluss *m*, Gummiverschlusskappe *f*, Gummiverschlussstöpsel *m*
injection injury Injektionsschaden *m*
injection of scleral vessels *(Path, Ophth)* Sklereninjektion *f*, Injektion *f* der Skleragefäße
injection technique Injektionstechnik *f*
injector Injektor *m*, Injektionsgerät *n*; Injektionsapparat *m*
injure *v* verletzen, verwunden, beschädigen, traumatisieren
injured/be *v* verletzt sein [werden]; sich verletzen
injury Verletzung *f*, Wunde *f*, Verwundung *f*, Beschädigung *f*, Trauma *n* • **cause injury** eine Verletzung bewirken [auslösen]
injury benefit Krankengeld *n*; Unfallgeld *n*
injury current *(Physiol)* Verletzungsstrom *m*, Demarkationsstrom *m*
injury of soft tissue Weichteilverletzung *f*

injury of the ankle joint Sprunggelenkverletzung *f*
injury of the brachial plexus Armplexusverletzung *f*, Brachialplexusläsion *f*
injury of the foot Fußverletzung *f*
injury of the hip Hüft(gelenk)verletzung *f*
injury of the knee joint Kniegelenkverletzung *f*
injury of the lung Lungenverletzung *f*
injury of the median nerve Medianus(nerven)verletzung *f*
injury of the peroneal nerve Peroneus(nerven)-verletzung *f*
injury of the radial nerve Radialis(nerven)verletzung *f*
injury of the shoulder (joint) Schulter(gelenk)verletzung *f*
injury of the thigh Oberschenkelverletzung *f*
injury of the tibial nerve Tibialisnervenverletzung *f*
injury of the ulnar nerve Ulnaris(nerven)verletzung *f*
injury potential *(Physiol)* Verletzungspotenzial *n*, Demarkationspotenzial *n*
injury severity score Einteilungsschema *n* für Verletzungsgrade, Schweregradschema *n* für Verletzungen
inlay 1. Inlay *n*, Füllung *f*, Defektfüllung *f*, Knochenfüllung *f*, Gewebefüllung *f*; 2. Inlay *n*, Einlage *f*, Füllung *f*, Zahnfüllung *f*
inlay splint *(Stom)* Inlay-Schiene *f*, Einlageschiene *f*
inlet Eingang *m*, Zugang *m*
inlet of the larynx Aditus *m* laryngis, Kehlkopfeingang *m*
inlet of the pelvis Beckeneingang *m*, obere Beckenenge *f*, Apertura *f* pelvis minoris superior
inlet of the thorax Apertura *f* thoracis superior, obere Thoraxapertur *f*
innate angeboren, eingeboren, kongenital *(siehe unter: congenital)*
innate immunity angeborene Immunität *f*
inner innerer, innere; Innen...
inner cell mass *(Embr)* innere Zellmasse *f* *(am animalen Pol der Blastozyste)*
inner circular border of the iris Margo *m* pupillaris (iridis), Regenbogenhautinnenrand *m*
inner circular layer of the muscular coat of the colon Stratum *n* circulare tunicae muscularis coli
inner circular layer of the muscular coat of the rectum Stratum *n* circulare tunicae muscularis recti
inner circular layer of the muscular coat of the small intestine Stratum *n* circulare tunicae muscularis intestini tenuis
inner circular layer of the muscular coat of the uterine tube Stratum *n* circulare tunicae muscularis tubae uterinae
inner ear Innenohr *n*, Auris *f* interna
inner ear aplasia Innenohraplasie *f*
inner ear degeneration Innenohrdegeneration *f*
inner layer of the ciliary body Lamina *f* basalis corpus ciliaris
inner layer of the muscle coat of the ductus deferens Stratum *n* internum tunicae muscularis ductus deferentis
inner layer of the muscle coat of the ureter Stratum *n* internum tunicae muscularis ureteris
inner layer of the muscle coat of the urinary bladder Stratum *n* internum tunicae muscularis vesicae urinariae
inner longitudinal arch of the foot Pars *f* medialis arcus pedis longitudinalis
inner malleolus *s.* medial malleolus
inner opening of the carotid canal Foramen *n* caroticum internum
inner sty internes [inneres] Hordeolum *n*, Hordeolum *n* internum
inner surface of the eyelid Facies *f* posterior palpebrae
inner surface of the frontal bone Facies *f* interna ossis frontalis
inner surface of the parietal bone Facies *f* interna ossis parietalis
inner table of the skull Tabula *f* interna [vitrea], Schädeldachinnenschicht *f*
inner wall of the tympanic cavity *s.* labyrinthine wall of the tympanic cavity
inner white matter of the cerebellum Corpus *n* medullare cerebelli, (innere weiße) Kleinhirnmarksubstanz *f*
innermost intercostal muscles Musculi *mpl* intercostales intimi, innerste Zwischenrippenmuskeln *mpl*
innervate *v* 1. innervieren, mit Nerven versehen; 2. anregen, stimulieren *(mittels Nervenreizen)*
innervation 1. Innervation *f*, Nervenversorgung *f*, Versorgung *f* mit Nervenfasern; 2. Anregung *f*, Stimulation *f* *(durch Nervenreize)*
innervation apraxia Innervationsapraxie *f*, gliedkinetische Apraxie *f*
innervation pattern Innervationsmuster *n*
innidation Innidation *f*, Einnistung *f*, Einnisten *n*; Kolonisation *f*, Kolonisierung *f* *(z. B. von Zellen)*
innocent *s.* innocuous
innocent heart murmur funktionelles [harmloses] Herzgeräusch *n*
innocuous harmlos, unschädlich; funktionell; gutartig, benigne, nicht bösartig [maligne]
innominatal Hüftbein...
innominate (artery) Arteria *f* anonyma [brachio-cephalica], Truncus *m* brachiocephalicus, Arm-Kopf-Arterie *f*
innominate bone Hüftbein *n*, Os *n* coxae
innominate cartilage Cartilago *f* cricoidea
innominate vein Vena *f* anonyma, Arm-Kopf-Vene *f*
innoxious *s.* innocuous
innutrition Nahrungsmangel *m*
inoblast *s.* fibroblast
inochondritis Inochondritis *f*, Faserknorpelentzündung *f*
inochondroma *(Path)* Inochondrom *n*, Fibrochondrom *n*
inocula *pl s.* inoculum
inoculability Inokulierbarkeit *f*, Inokulationsfähigkeit *f*, Verimpfungsfähigkeit *f*, Verimpfbarkeit *f*, Impfbarkeit *f*, Überimpfbarkeit *f*
inoculable inokulabel, inokulierbar, verimpfbar
inoculant *s.* inoculum 1.
inoculate *v* 1. *(Immun)* inokulieren, einimpfen, verimpfen *(z. B. Impfstoff)*; impfen *(Personen)*; 2. *(Bakt, Lab)* inokulieren, (be)impfen
inoculate *v* **according to a plan** *(Immun)* nach einem Impfplan impfen, entsprechend dem Impfkalender impfen
inoculate *v* **according to epidemic indications** *(Immun)* entsprechend der epidemischen Situation impfen
inoculated malaria Transfusionsmalaria *f*
inoculation 1. *(Immun)* Inokulation *f*, Impfen *n*, Impfung *f*, Einimpfen *n*, Verimpfung *f* *(z. B. von Serum)*; 2. *(Bakt, Lab)* Inokulation *f*, Beimpfung *f*, Beimpfen *n* • **get an inoculation against** geimpft werden gegen • **give an inoculation** impfen, eine Impfung durchführen
inoculation against tetanus Tetanus(schutz)impfung *f*, Schutzimpfung *f* gegen Wundstarrkrampf
inoculation gun Impfpistole *f*
inoculation jaundice Inokulationsgelbsucht *f*, Inokulationshepatitis *f*, Serumhepatitis *f*, homologer Serumikterus *m*
inoculation smallpox Inokulationspocken *pl*, Impfpocken *pl*
inoculative Impf(ungs)...
inoculator 1. Impfarzt *m*; 2. Inokulator *m*, Impfinstrument *n*, Impfgerät *n*
inoculum 1. *(Immun)* Impfstoff *m*, Impfmaterial *n*; 2. *(Bakt, Lab)* Inokulum *n*, Impfkultur *f*

inocyte *(Histol)* Fibrozyt *m (Bindegewebszelle)*
inodilator (agent) positiv inotropes und gefäßerweiterndes Mittel *n*
inogenesis Fasergewebebildung *f*, Bindegewebsbildung *f*
inogenous Fasergewebe bildend, Bindegewebe bildend
inoglia Fibroglia *n*
inoglioma *s.* fibroglioma
inolith Fasergewebestein *m*, faseriger Stein *m*
inoma *s.* fibroma
inomyositis Fibromyositis *f*
inopectic Inopexie…
inoperability Inoperabilität *f*
inoperable inoperabel, unoperierbar, (technisch) nicht mehr operierbar
inoperculate ohne Operculum
inopexia Inopexie *f*, spontane Blutgerinnungsfähigkeit *f*
inophragma Inophragma *n (Z-Band und M-Band)*
inorganic 1. ohne Organe, organlos; 2. nicht organisch, nicht durch Organe ausgelöst, nicht organbedingt, nicht von Organen stammend; funktionell; 3. anorganisch *(z. B. chemische Substanzen)*
inorganic acid anorganische Säure *f*
inorganic chemistry anorganische Chemie *f*
inorganic dust *(Arb)* anorganischer Staub *m*
inorganic murmur funktionelles Geräusch *n (z. B. Herzgeräusch)*
inorganic phosphate anorganisches Phosphat *n*
inorganic phosphorus anorganischer Phosphor *m*; anorganisches Phosphat *n (im Blutserum)*
inorganic pyrophosphatase anorganische Pyrophosphatase *f (Enzym)*
inosaemia Inosämie *f*, Hyperfibrinämie *f*, Fibrin(spiegel)erhöhung *f* im Blut, Hyperinose *f*
inosamine Inosamin *n*
inosclerosis Inosklerose *f*, Sklerose *f* durch Faservermehrung
inoscopy Inoskopie *f*
inosculate *v* anastomosieren, miteinander verbinden *(z. B. Blutgefäße, Nerven)*; anastomosieren, zusammenmünden
inosculation Inoskulation *f*, Anastomosierung *f*, Zusammenmünden *n (z. B. von Blutgefäßen)*
inose *s.* inositol
inosine Inosin *n*, Hypoxanthosin *n*, 9-β-D-Ribo-furanosylhypoxanthin *n*
inosine 5-diphosphate Inosin-5-diphosphat *n*, IDP
inosine 5-monophosphate Inosin-5-monophosphat *n*, IMP
inosine 5-triphosphate Inosin-5-triphosphat *n*, ITP
inosinic acid *s.* inosine 5-monophosphate
inositaemia Inositämie *f*, erhöhter Inositgehalt *m* im Blut
inosite *s.* inositol
inositide Inositid *n*
inositis Inositis *f*
inositol Inositol *n*, Cyclohexan-1,2,3,4,5,6-hexol *n* Muskelzucker *m*
inositol niacinate Inosit(ol)niacinat *n*
inositol phosphatide Inosit(ol)phosphatid *n*
inositol 1,2,3,4-tetraphosphate Inosit(ol)-1,2,3,4-tetraphosphat *n*
inositol 1,2,3-triphosphate Inosit(ol)-1,2,3-triphosphat *n*
inositoluria *s.* inosituria
inosituria Inositurie *f*, Inosurie *f*, Inositolausscheidung *f* im Urin
inosuria 1. *s.* inosituria; 2. Inosurie *f (Vorhandensein von Fibrin im Blut)*
inotagma Inotagma *n (linerare Anordnung der kontraktilen Strukturen)*
inotropic inotrop, die Muskelkraft [Kontraktilität] beeinflussend
inotropic (agent) inotropes [die Muskelkraft beeinflussendes] Mittel *n*, die Kontraktilität beeinflussendes Mittel *n*
inotropism Inotropie *f*, Muskelkraftbeeinflussung *f*, Kontraktilitätsbeeinflussung *f*
inpatient stationärer Patient *m*; Anstaltsinsasse *m*
inpatient care unit Pflegestation *f*, Krankenpflegestation *f*, Station *f*
inpatient department stationäre Abteilung *f*, Krankenhausabteilung *f*
inpatient treatment stationäre Behandlung *f*, Krankenhausbehandlung *f* • **get [receive] inpatient treatment** eine stationäre Behandlung erhalten, stationär behandelt werden
inquest (gerichtsmedizinische) Untersuchung *f*
insalivate *v* einspeicheln, die Nahrung mit Speichel mischen *(beim Kauen)*
insalivation Insalivation *f*, Einspeichelung *f (der Nahrung)*
insalubrious unverträglich, ungesund; (gesundheits-)schädlich *(z. B. Klima)*
insalubrity Unverträglichkeit *f (z. B. Klima)*; Gesundheitsschädlichkeit *f*
insane geisteskrank, wahnsinnig, irre
insane asylum *(Neur)* Irrenanstalt *f*, Nervenheilstätte *f*, Nervenheilanstalt *f*
insane institution *s.* insane asylum
insanitary unhygienisch, gesundheitsschädlich
insanitation unhygienischer Zustand *m*, mangelnde Hygiene *f*
insanity *(Neur)* Insania *f*, Geisteskrankheit *f*, Wahnsinn *m*, Irresein *n*, Irrsinn *m*, Alienation *f*
insatiable appetite unstillbarer Appetit *m*
inscriptio 1. *(Pharm)* Inscriptio *f*, Rezepturvorschrift *f*; 2. *(Anat)* Inscriptio *f*, Inskription *f*, Intersektion *f*, sehnige Muskelfaserunterbrechung *f*
inscription 1. *s.* inscriptio; 2. Beschriftung *f*, Aufschrift *f*
inscription on the ampoule's label Ampullenbeschriftung *f*
inscriptiones *pl s.* inscriptio
insect Insekt *n*
insect bite Insektenstich *m*; Insektenbiss *m*
insect-repellent insektenvertreibend
insect-repellent (agent) insektenvertreibendes Mittel *n*
insect venom allergy Insektengiftallergie *f*
insecticide Insektizid *n*, Insektenvernichtungsmittel *n*
insecticide poisoning Insektizidvergiftung *f*
insectifuge Insektenabschreckungsmittel *n*, Insektenvertreibungsmittel *n*
insectivorous Insekten fressend
insecurity Unsicherheit *f*, Gefühl *n* der Hilflosigkeit
inseminate *v* inseminieren, besamen; (künstlich) befruchten
insemination Insemination *f*, Besamung *f*, (künstliche) Befruchtung *f*
insenescence Alterung *f*, Älterwerden *n*
insensibility 1. Insensibilität *f*, Unempfindlichkeit *f*, Empfindungslosigkeit *f*, Gefühllosigkeit *f*; 2. Bewusstlosigkeit *f*
insensibility to pain Schmerzunempfindlichkeit *f*
insensible 1. insensibel, unempfindlich, empfindungslos, gefühllos; 2. bewusstlos; 3. nicht spürbar, nicht wahrgenommen, unbemerkt
insensible perspiration *s.* insensible water loss
insensible psychopathy asensorische Psychopathie *f*
insensible water loss Wasserverdunstung *f* durch die Haut, Perspiratio *f* insensibilis
insert *v* 1. einlegen; einfügen, einsetzen; einführen; implantieren; 2. inserieren, ansetzen

insert *v* **a drain** einen Drain einlegen, ein Drain einlegen
insert *v* **a filling** eine Plombe [Zahnfüllung] einsetzen
insert Einsatz *m*, Einlage *f*
insertio *s.* insertion
insertion 1. Einfügen *n*, Einsetzen *n (z. B. eines Organs)*; Einfügung *f (z. B. eines DNA Bruchstückes)*; 2. Einsatz *m*, Eingefügtes *n*; Einsatzstück *n (z. B. ein Chromosomenabschnitt)*; 3. Insertion *f*, Ansatz(punkt) *m (z. B. eines Muskels am Knochen)*; 4. *(Stom)* Insertion *f*, Einfügung *f*, Einsetzung *f*, Einschiebung *f*, Eingliederung *f*
insertion forceps *(Stom)* Insertionszange *f*, Einsetzungszange *f (z. B. für Zahnfüllungen)*
insertion mutation Insertionsmutation *f (durch Chromosomenbruchstücke)*
insertion segment Insertionssegement *n*
insertion sequence Insertionssequenz *f*
insertion site Insertionsstelle *f (z. B. eines Katheters)*; Punktionsstelle *f (z. B. einer Vene)*
insertion tendopathy Insertionstendopathie *f*, Enthesiopathie *f (Entzündung des Muskelsehnenansatzes)*
insheathed eingescheidet, von einer Scheide umgeben
insidious insidiös, heimlich, schleichend *(z. B. eine Krankheit)*
insight *(Neur)* Einsicht *f*, Einsehen *n*
insipid geschmackfrei, fade, insipidus
insipid diabetes Diabetes *m* insipidus, einfache Harnruhr *f*
insolation 1. Insolation *f*, Sonnenbestrahlung *f*, Sonnenstrahlenbehandlung *f*, Heliotherapie *f*; 2. Insolation *f*, Heliose *f*, Sonnenstich *m*
insoluble insolubel, un(auf)löslich, nicht löslich
insomnia Insomnie *f*, Schlaflosigkeit *f*, Agrypnie *f*, Asomnie *f* • **suffer from insomnia** an Schlaflosigkeit leiden
insomnia of alcoholics Alkoholikerinsomnie *f*
insomniac schlaflos; Insomnie..., Schlaflosigkeits...
insomniac Schlaflose(r) *m* • **be an insomniac** an Schlaflosigkeit leiden
insomnic *s.* insomniac
insonate *v* beschallen, mit Ultraschall untersuchen [bearbeiten]
inspection Inspektion *f*, Körperbesichtigung *f*, Körperbetrachtung *f (bei Untersuchung)*
inspection of the corpse (medizinische) Leichenschau *f*, (ärztliche) Todesfeststellung *f*, Feststellung *f* des Todes *(bei natürlichem Tod)*
inspection of the teeth Zahnuntersuchung *f*
inspersion Inspersion *f*, Bestreuung *f (z. B. mit Puder)*; Zerstreuung *f (z. B. von Puder)*; Versprühen *n*; Besprühen *n*
inspirate Inspirat *n*, inhalierte Luft *f*, inhaliertes Gas *n*
inspiration Inspiration *f*, Einatmung *f*, Einatmen *n*
inspiration/exspiration ratio Inspiration-Exspiration-Verhältnis *n*
inspirator *s.* 1. inhalator; 2. respirator 1.
inspiratory inspiratorisch; Inspirations..., Einatmungs...
inspiratory capacity inspiratorische Kapazität *f*, Inspirationskapazität *f*
inspiratory convulsive whoop inspiratorischer stridoröser Husten *m*
inspiratory dyspnoea inspiratorische Dyspnoe *f*, Atemnot *f* beim Einatmen
inspiratory gas flow rate inspiratorischer Gasfluss *m*
inspiratory hold inspiratorisches Halten *n (z. B. des Atemdruckes)*
inspiratory muscle inspiratorischer Muskel *m*, Inspirationsmuskel *m*
inspiratory muscle fatigue Ermüdung *f* der Inspirationsmuskeln, Atemmuskelschwäche *f*
inspiratory muscle trainer Inspirationsmuskeltrainer *m*, Atemmuskeltrainingsapparat *m*
inspiratory pressure Inspirationsdruck *m*
inspiratory reserve volume inspiratorisches Reservevolumen *n*
inspiratory resistance muscle training Atemmuskeltraining *n* gegen Widerstand
inspiratory spasm inspiratorischer Spasmus *m*, Inspirationskrampf *m*
inspiratory standstill inspiratorische Atempause *f*, inspiratorischer Atemstillstand *m*
inspiratory waveform inspiratorische Wellenform *f*, inspiratorisches Atemmuster *n (eines Respirators)*
inspire *v* inspirieren, (ein)atmen
inspire *v* **vomitus** Erbrochenes aspirieren
inspired mixture *(Anästh)* Einatmungsgemisch *n*
inspirometer Inspirometer *n*, Volumeter *n*
inspissate *v* eindampfen, kondensieren; eindicken
inspissated eingedickt; eingetrocknet; weniger flüssig geworden; weniger flüssig (gemacht)
inspissated bile syndrome *(Gastr)* Gallepfropfsyndrom *n*, Syndrom *n* der eingedickten Galle
inspissated milk syndrome Milchpfropfsyndrom *n*
inspissation 1. Inspissation *f*, Eindampfen, Eindickung *f*, Eintrocknung *f*, Eintrocknen *n*; 2. Eingetrocknetsein *n*, Eindickung *f*
inspissator Eintrocknungsapparat *m*, Eintrockner *m*, Eindickungsapparat *m*
instability Instabilität *f*, Unbeständigkeit *f*, Veränderlichkeit *f*, Unsicherheit *f*
instantaneous irradiation Sofortbestrahlung *f*
instep Spann *m*, Rist *m*
instep insole orthopädische Einlage *f*, Knickfußeinlage *f*, Supinationseinlage *f*
instep raiser Senkfußeinlage *f*, Plattfußeinlage *f*
instill *v* instillieren, einträufeln, eintröpfeln; einflößen
instillation Instillation *f*, Einträufeln, Eintröpfelung *f*, Einflößen *n*
instillator Instillator *m*, Einträufler *m*, Eintropfer *m*
instinct Instinkt *m*, Naturtrieb *m*
instinct for mastery *(Neur)* Bemächtigungstrieb *f*
instinct of selfpreservation *(Neur)* Selbsterhaltungstrieb *m*
instinct to master *s.* instinct for mastery
instinctive instinktiv, durch den Instinkt bestimmt, angeboren; Instinkt...; gefühlsmäßig
instinctive aim *(Neur)* Triebziel *n*
instinctive reflex *s.* inherited reflex
instinctive representative *(Neur)* Triebrepräsentanz *f*
instinctual *s.* instinctive
institutional institutionell, stationär; Stations...
institutional care Heimpflege *f*, stationäre Pflege *f*
institutional treatment stationäre Behandlung *f*, Krankenhausbehandlung *f*
institutionalism *(Psych)* Institutionalismus *m*
institutionalism syndrome Institutionalismus-Syndrom *n*
institutionalization 1. Unterbringung *f*, Hospitalisierung *f*, Zwangseinweisung *f*, Zwangsunterbringung *f*, Zwangshospitalisierung *f*, Zwangsasylierung *f*; 2. Krankenhausgewöhnung *f*
institutionalize *v* unterbringen, hospitalisieren; zwangseinweisen, zwangsunterbringen zwangshospitalisieren
instruction for the patient Patientenanweisung *f*, Patienteninformation *f*
instrument 1. (chirurgisches) Instrument *n*; zahnärztliches Instrument; Apparat *m*; 2. Messgerät *n*, Messinstrument *n* • **be ready with an instrument** ein Instrument vorbereitet haben • **hand an instrument** ein Instrument (an)reichen
instrument box Instrumentenkasten *m*
instrument table Instrumententisch *m*

instrumental instrumentell, mit [mittels] Instrumenten; Instrumenten...
instrumental activities of daily living die wesentlichen Dinge *npl* des Alltagslebens *(z. B. Körperreinigung)*
instrumental conditioning *(Psych)* instrumentelle Konditionierung *f (z. B. durch Lob oder Tadel)*
instrumental labour instrumentelle Geburt *f*, Extraktionsgeburt *f*, Zangengeburt *f*
instrumentarium 1. Instrumentarium *n*, Instrumentensatz *m*, Instrumentenbesteck *n*; 2. medizinische Ausrüstung *f*
instrumentation 1. Instrumentieren *n*, Instrumentierung *f*, Instrument(en)anreichung *f*; 2. Instrumentenanwendung *f*, Instrumentenbenutzung *f*
instruments *(Chir, Stom)* Besteck *n*, Instrumente *npl*
• place instruments on the instrument table Instrumente auf den Instrumententisch legen
insuccation *(Pharm)* Auslaugung *f*, Mazeration *f*, Mazerierung *f (z. B. einer Rohdroge)*
insudate *v* insudieren, eindringen *(z. B. Plasma)*; einpressen *(z. B. in Gefäßwände)*
insudate Insudat *n*
insudation Insudation *f*, Eindringen *n* (von Plasma) *(z. B. in Gefäßwände)*
insufficiency Insuffizienz *f*, funktionelle Leistungsschwäche *f*, mangelnde Leistungsfähigkeit *f (eines Organs)*; Unvermögen *n*, Unfähigkeit *f*
insufficiency neurotic *(Neur)* Insuffizienzneurotiker *m*
insufficiency of the externi Insuffizienz *f* der äußeren Augenmuskeln *(führt zu Esophorie)*
insufficiency of the eyelids Insuffizienz *f* der Augenlider
insufficiency of the valves 1. Klappeninsuffizienz *f*, Klappenschlussunfähigkeit *f*; 2. venöse Insuffizienz *f*, Venenklappeninsuffizienz *f*
insufficient insuffizient, nicht voll leistungsfähig; mangelhaft, unzureichend; unvermögend, unfähig
insufficient muscular relaxation *(Anästh)* ungenügende Muskelrelaxation *f*, unzureichende Muskelerschlaffung *f*
insufficient sleep syndrome Schlafmangelsyndrom *n*, Syndrom *n* des mangelnden Schlafes
insufflate *v* insufflieren, einblasen
insufflation Insufflation *f*, Einblasung *f*, Einblasen *n (z. B. von Medikamentenpulvern oder Gasen)*
insufflation anaesthesia Insufflationsanästhesie *f*, Insufflationsnarkose *f*
insufflation catheter *(Anästh)* Insufflationskatheter *m*
insufflation gas *(Anästh)* Insufflationsgas *n*
insufflation narcosis Insufflationsnarkose *f*
insufflation of the lungs Lungeninsufflation *f*, Lungenbelüftung *f*; künstliche Beatmung *f*
insufflator Insufflator *m*, Einbläser *m*; Pulverbläser *m*; Blasebalg *m (z. B. für Drucktransfusion)*
insula Insula *f*, Insel *f*, Stammlappen *m*, Lobus *m* insularis *(verdeckter Teil der Großhirnrinde)*
insulaemia *s.* insulinaemia
insular insulär; Insel..., Insula...
insular epilepsy *(Neur)* Insulaepilepsie *f*
insular sclerosis multiple Sklerose *f*, MS *f*
insulation *(Rad)* Isolierung *f*
insulator *(Rad)* Isolator *m*
insulin Insulin *n*, Inselhormon *n (der Bauchspeicheldrüse)*
insulin allergy Insulinallergie *f*
insulin analogue Insulinanalogon *n*
insulin antagonist Insulinantagonist *m*
insulin antibody Insulinantikörper *m*
insulin atrophy Insulinatrophie *f*
insulin coma Insulinkoma *n*
insulin coma therapy *s.* insulin shock therapy
insulin-dependent diabetes mellitus insulinpflichtiger Diabetes *m* mellitus, Insulinmangeldiabetes *m*
insulin-glucose equivalent Insulin-Glukose-Äquivalent *n*
insulin hypertrophy Insulinhypertrophie *f*
insulin hypoglycaemia Insulinhypoglykämie *f*
insulin hypoglycaemia test Insulinhypoglykämietest *m*, Hollander-Test *m*
insulin-induced lipodystrophy Insulinlipodystrophie *f*
insulin infusion Insulininfusion *f*
insulin infusion pump Insulininfusionspumpe *f*
insulin infusion system Insulininfusionssystem *n*
insulin injection Insulininjektion *f*
insulin injection pump Insulininfusionspumpe *f*
insulin injection site Insulininjektionsstelle *f*, Insulininjektionsort *m*
insulin kinase Insulinkinase *f (Enzym)*
insulin-like growth factor Insulin-like-Wachstumsfaktor *m*, Somatomedin *n* C
insulin lipodystrophy Insulinlipodystrophie *f*
insulin preparation Insulinpräparat *n*
insulin pump Insulinpumpe *f*
insulin reaction Insulinreaktion *f*
insulin receptor Insulinrezeptor *m*
insulin requirement Insulinbedarf *m*
insulin resistance Insulinresistenz *f*
insulin shock Insulinschock *m*, Insulinkoma *n*, hypoglykämischer Schock *m*
insulin shock therapy Insulinschocktherapie *f*, Insulinkomatherapie *f*, Insulinschockbehandlung *f*
insulin shock treatment *s.* insulin shock therapy
insulin syringe Insulinspritze *f*
insulin therapy 1. Insulintherapie *f*, Insulinbehandlung *f*, 2. *(Neur)* Insulinkur *f*
insulin tolerance test Insulintoleranztest *m*
insulin unit Insulineinheit *f*, IE
insulinaemia Insulinämie *f*, Vorhandensein *n* von Insulin im Blut *n*, Insulin(blutspiegel)erhöhung *f*
insulinase Insulinase *f (Enzym)*
insulinization Insulintherapie *f*, Insulinbehandlung *f*, Insulineinstellung *f*
insulinize *v* mit Insulin behandeln, auf Insulin einstellen
insulinlipodystrophy Insulinlipodystrophie *f*
insulinogenesis Insulingenese *f*, Insulinbildung *f*, Insulinproduktion *f*
insulinogenic 1. insulinogen, Insulin bildend; die Insulinbildung fördernd; Insulinbildungs...; 2. insulinogen, durch Insulin bewirkt
insulinoid insulinartig, insulinähnlich; Insulin...
insulinoid Insulinoid *n*, insulinartig wirkende Substanz *f*
insulinoma *(Path)* Insul(in)om *n*, Insel(zell)adenom *n (der Bauchspeicheldrüse)*
insulinomectomy Insulinomektomie *f*, (operative) Insul(in)omentfernung *f*
insulinopathy Insulinopathie *f*
insulinopenic Insulinopenie..., Insulinmangel...
insulintropin Insulintropin *n*
insulism *s.* hyperinsulinism
insulitis Inselzellentzündung *f*, Entzündung *f* der Langerhans-Inseln
insulogenic *s.* insulinogenic
insuloma *s.* insulinoma
insult 1. Insult *m*, Verletzung *f*; 2. Insult *m*, Anfall *m*, plötzlich einsetzender Krankheitszustand *m* **• writhe under an insult** an einem Insult leiden
insuring drain *(Chir)* Sicherheitsdrain *n*
insusceptibility 1. Insuszeptibilität *f*, Unempfänglichkeit *f*, 2. Unempfindlichkeit *f*, Immunität *f*

intact tooth gesunder [intakter] Zahn *m*
intake Aufnahme *f (z. B. von Nahrung)*; Zustrom *m*, Zufluss *m*
intake and output Ein- und Ausfuhr *f*, Aufnahme *f* und Ausscheidung *f (z. B. von Flüssigkeiten)*
intake and output record Ein- und Ausfuhr(bilanz) *f (z. B. bei Infusionstherapie)*
integral dose *(Rad)* Integraldosis *f*, Raumdosis *f*, integrale Energiedosis *f*
integral vector Integralvektor *m (EKG)*
integrated health care delivery system integriertes Gesundheitsdienstleistungssystem *n*
integrated multispecialty group integrierte interdisziplinäre Gruppe *f (z. B. von niedergelassenen Ärzten)*
integrated system integriertes System *n (der Gesundheitsversorgung)*
integrating dose meter *(Rad)* integrierender Dosismesser *m*, integrierendes Dosimeter *n*
integration 1. Integration *f*, Integrierung *f*, Vereinigung *f*; 2. Integration *f*, Integrierung *f*, Erneuerung *f*, Wiederherstellung *f*; 3. Integration *f*, Integrierung *f*, Wiedereingliederung *f*, Eingliederung *f*, Einfügung *f*; 4. *(Gen)* Integration *f (z. B. von genetischem Material in Chromosomen)*
integration of self Selbstintegration *f*
integrator Integrator *m (Instrument zur Messung von Körperoberflächen)*
integrin Integrin *n (Zell-Adhäsions-Rezeptor)*
integument 1. Integument *n*, (äußere) Haut *f*, Bedeckung *f*, Deckhaut *f*; Hülle *f*; 2. Integumentum *n* (commune); Haut *f*
integumentary Haut..., Deckhaut...; Hüllen...
integumentary system Haut- und Hautanhangsystem *n*
integumentary system assessment (umfassende) Bewertung *f* des Hautsystems, (allumfassende) Begutachtung *f* des Hautsystems
integumentum *s.* integument
intellect Intellekt *m*, Verstand *m*, Denkvermögen *n*, Begriffsvermögen *n*, Intelligenz *f*
intellectual intellektuell, verstandesmäßig; Intelligenz..., Verstand(es)...
intellectual debility Intelligenzstörung *f*
intellectual decline Intelligenzabbau *m*
intellectual deficiency Intelligenzminderung *f*
intellectual deterioration Intelligenzabbau *m*
intellectual type Denkertyp *m*
intellectualization Intellektualisierung *f*
intelligence Intelligenz *f*, Verstand *m*, Klugheit *f*, Auffassungsgabe *f*
intelligence defect Intelligenzdefekt *m*
intelligence quotient Intelligenzquotient *m*, IQ *(Zahl für Verstandesstärke)*
intelligence structure test Intelligenzstrukturtest *m (zur Bestimmung von Intelligenzhöhe und Begabungsstruktur)*
intelligence test Intelligenztest *m*, Intelligenzprüfung *f*
intelligent intelligent, verständig, klug, schnell auffassend
intemperance 1. Unbeherrschtheit *f*; Unmäßigkeit *f*; 2. Trunksucht *f*
intemperate 1. unbeherrscht, unmäßig; leidenschaftlich, hitzig; 2. trunksüchtig
intemperate Trunksüchtiger *m*, Säufer *m*, Potator *m*
intense 1. intensiv; stark, heftig *(z. B. Schmerzen)*; 2. *(Psych)* stark gefühlsbetont *(siehe auch: intensive)* • **become less intense** schwächer werden, sich abschwächen *(z. B. Schmerzen)* • **become more intense** stärker werden, sich verstärken *(z. B. Schmerzen)*
intensification Intensifikation *f*, Intensivierung *f*, Verstärkung *f*, Steigerung *f*
intensified nutrition Hyperalimentation *f*
intensify *v* intensivieren, verstärken, steigern
intensify *v* **anaesthesia by ether** die Narkose durch Ether verstärken [vertiefen]
intensifying screen *(Rad)* Bildverstärkerröntgenschirm *m*
intensimeter *(Rad)* Intensimeter *n*, Strahlungsstärkemessgerät *n*
intensionometer Intensionometer *n (ionometrisches Instrument zur Bestimmung der Röntgenstrahlenstärke)*
intensitometer *s.* intensimeter
intensity 1. Intensität *f*, Stärke *f*; Heftigkeit *f*, Schärfe *f (z. B. von Schmerzen)*; Ausprägung *f (z. B. einer Krankheit)*; Härte *f (z. B. von Strahlung)*; 2. Intensität *f*, Tiefe *f (z. B. von Gefühlen)*; 3. Anspannung *f*, Spannungsgrad *m (Muskelkontraktion)*
intensity of consciousness Bewusstseinsgrad *m*
intensity of shadow *(Rad)* Verschattungsintensität *f*, Schattendichte *f*
intensity of X-rays Röntgenstrahlenintensität *f*
intensive intensiv, stark, heftig *(z. B. Reaktionen auf Medikamente)*; intensiv, gründlich, angespannt *(z. B. Behandlung)*; stark wirkend [wirksam] *(z. B. Medikament)*
intensive care Intensivpflege *f*, Intensivtherapie *f*
intensive care bed Intensivpflegebett *n*, ITS-Bett *n*
intensive care medicine Intensivmedizin *f*
intensive care nurse Intensivpflegeschwester *f*
intensive care syndrome *(Neur)* Intensivstationssyndrom *n (psychisches Krankheitsbild bei Patienten infolge 24-Stunden-Betrieb)*
intensive care unit Intensiv(pflege)station *f*, ITS, Intensivpflegeeinheit *f*, Intensivtherapieabteilung *f*
intensive contractions starke [kräftige] Wehen *fpl*
intensive psychotherapy Intensivpsychotherapie *f*, Tiefenpsychotherapie *f*
intensive therapy Intensivtherapie *f*, Intensivbehandlung *f*
intensivist Intensivmediziner *m*, Intensivtherapeut *m*
intention 1. Heilung *f*, Heilungsweise *f*; 2. Intention *f*, Absicht *f*, Bestrebung *f*, Willensrichtung *f*, Richtung *f* der Aufmerksamkeit
intention nystagmus *(Ophth)* Intentionsnystagmus *m*
intention psychosis Intentionspsychose *f*
intention rigidity *(Neur)* Intentionsrigidität *f*
intention tremor *(Neur)* Intentionstremor *m*, Intentionszittern *n*, Zittern *n* bei Willkürbewegung
intentional trauma vorsätzliche Verletzung *f*
interaccessory interakzessorisch
interacinar interazinös, zwischen den beerenförmigen Drüsenendstücken liegend
interacinous *s.* interacinar
interaction Interaktion *f*, Wechselwirkung *f*, Zusammenspiel *n*
interaction of drugs Arzneimittelwechselwirkung *f*, Wechselwirkung *f* von Medikamenten
interalveolar interalveolär, zwischen den Bläschen liegend
interalveolar septum 1. Interalveolarseptum *n*, Lungenbläschenscheidewand *f*; 2. Interdentalseptum *n*, Zahnfachscheidewand *f*
interangular zwischen (zwei) Winkeln liegend
interannular 1. *(Anat, Kard)* interanulär, zwischen zwei Herzklappenringen liegend; 2. *(Anat, Neur)* interanulär, zwischen zwei Ranvier'schen Schnürringen liegend
interannular segment Interanularsegment *n (Nervenfaserabschnitt zwischen zwei Ranvier'schen Schnürringen)*
interarticular interartikulär, zwischen Gelenkflächen liegend
interarticular (fibro)cartilage *s.* meniscus
interarytenoid interarytenoid, zwischen den Gießbeckenknorpeln liegend

interarytenoid incisure [notch] Incisura *f* interarytenoidea
interatrial interatrial, zwischen den Herzvorhöfen liegend
interatrial groove *s.* interatrial sulcus
interatrial septum Septum *n* interatriale [atriorum], Herzvorhofscheidewand *f*
interatrial sulcus Sulcus *m* interatrialis
interauricular *s.* interatrial
interaxonal interaxonal, zwischen zwei Achsenzylinderfortsätzen liegend
interbody Ambozeptor *m*, Zwischenkörper *m* *(Immunkörper)*
interbrain Zwischenhirn *n*, Dienzephalon *n*
interbreed *v* *(Gen)* kreuzen; sich kreuzen
intercadence unregelmäßiger Puls(schlag) *m*
intercadent unregelmäßig, unrhythmisch *(Puls)*
intercalary *s.* intercalated
intercalary staphyloma Interkalarstaphylom *n*
intercalate *v* zwischenschalten; dazwischenschieben, einschieben
intercalated interkalar, zwischengeschaltet; eingeschoben
intercalated duct Schaltstück *n* *(Drüsenausführungsgang)*
intercalated neuron Schaltneuron *n*, Interneuron *n*, inhibitorisches Zwischenneuron *n*, Renshaw-Zelle *f*
intercalated nucleus Schaltkern *m*, Nucleus *m* intercalatus
intercalation Zwischenschaltung *f*, Zwischenschiebung *f*, Dazwischenschieben *n*, Einschieben *n*
intercanalicular interkanalikulär, zwischen kleinen Kanälchen liegend
intercapillary interkapillär, zwischen Kapillaren liegend
intercapillary glomerulosclerosis *(Nephr)* interkapilläre Glomerulosklerose *f*, Kimmelstiel-Wilson-Syndrom *n*
intercapillary nephrosclerosis interkapilläre [arteriоläre] Nephrosklerose *f*
intercapitular zwischen kleinen Köpfen liegend
intercarotic interkarotid, zwischen äußerer und innerer Kopfschlagader liegend
intercarotid *s.* intercarotic
intercarpal interkarpal, zwischen den Handwurzelknochen liegend
intercarpal joint Articulatio *f* intercarpea
intercartilaginous interkartilaginös, zwischen Knorpeln liegend
intercavernous interkavernös, zwischen zwei Hohlräumen liegend
intercavernous sinus Sinus *m* intercavernosus
intercellular interzellulär, zwischen Zellen liegend
intercellular bridge *(Histol)* Interzellularbrücke *f*
intercellular cement Interzellularzement *m*
intercellular plexus Interzellularplexus *m*
intercellular spaces Interzellularräume *mpl*, Zwischenzellräume *mpl*, Interzellularspalten *fpl*
intercellular substance Interzellularsubstanz *f*
intercentral zwischen (zwei) Zentren liegend, zwischen (zwei) Nervenzentren liegend
intercerebral interzerebral, zwischen den Hirnhemisphären liegend
interchange 1. *(Gen)* reziproke Translokation *f*, 2. Austausch *m*
interchondral interchondral, zwischen Knorpeln liegend
intercilium Glabella *f*, Stirnglatze *f*, Zwischenbrauenraum *m*
interclavicular interklavikulär, zwischen den Schlüsselbeinen liegend
interclavicular ligament Ligamentum *n* interclaviculare
interclinoid interklinoid, zwischen den Keilbeinflügelfortsätzen liegend

intercoccygeal interkokzygeal, interkokzygisch, zwischen den Steißbeinsegmenten liegend
intercolumnar zwischen (zwei) Säulen liegend; zwischen (zwei) Pfeilern liegend
intercondylar interkondylär, zwischen den Gelenkfortsätzen [Kondylen] liegend
intercondylar eminence Interkondylarvorsprung *m*, Eminentia *f* intercondylaris *(Kniegelenk)*
intercondylar fossa Interkondylargrube *f*, Fossa *f* intercondylaris femoris
intercondylar fracture interkondyläre Fraktur *f*, Interkondylarfraktur *f*
intercondylar line Interkondylarlinie *f*, Linea *f* intercondylaris
intercondylar notch *s.* intercondylar fossa
intercondyloid *s.* intercondylar
intercondylous *s.* intercondylar
intercoronary interkoronar, zwischen Herzkranzarterien liegend
intercostal interkostal, zwischen den Rippen liegend
intercostal anaesthesia Interkostalanästhesie *f*
intercostal artery Interkostalarterie *f*, Zwischenrippenarterie *f*, Arteria *f* intercostalis
intercostal block *(Anästh)* Interkostalblockade *f*
intercostal bulging interkostale Vorwölbung *f* *(z. B. bei Asthma)*
intercostal chest tube Interkostaldrain *m*; Thoraxsaugdrain *m*
intercostal drain *s.* intercostal chest tube
intercostal membrane Interkostalmembran *f*, Zwischenrippenband *n*, Membrana *f* intercostalis
intercostal muscles Interkostalmuskeln *mpl*, Zwischenrippenmuskeln *mpl*, Musculi *mpl* intercostales
intercostal nerve Interkostalnerv *m*, Zwischenrippennerv *m*, Nervus *m* intercostalis
intercostal nerve block(ade) Interkostalnervenblockade *f*, Interkostalblock *m*
intercostal nerve pain Interkostalnervenschmerz *m*
intercostal neuralgia Interkostalneuralgie *f*
intercostal node Interkostallymphknoten *m*
intercostal retraction Interkostalretraktion *f*, Interkostaleinziehung *f*
intercostal space Interkostalraum *m*, Zwischenrippenraum *m*, Spatium *n* intercostale
intercostal vein Interkostalvene *f*, Zwischenrippenvene *f*, Vena *f* intercostalis
intercostal vessel Interkostalgefäß *n*
intercostobrachial interkostobrachial; Zwischenrippenraum-Arm-...
intercostobrachial nerve Nervus *m* intercostobrachialis
intercostohumeral interkostohumeral; Zwischenrippenraum-Oberarmknochen-...
intercourse Geschlechtsverkehr *m*, Beischlaf *m*, Koitus *m*, Kohabitation *f*
intercricothyr(e)otomy Interkrikothyr(e)otomie *f*, Koniotomie *f*
intercricothyr(e)otomy trocar Nottracheotomietrokar *m*
intercristal interkristal, zwischen den Leisten liegend *(z. B. Knochenleisten)*
intercritical zwischen (zwei) kritischen Phasen liegend; zwischen (zwei) Schüben liegend; zwischen (zwei) Attacken liegend
intercrural interkrural, zwischen den Schenkeln des äußeren Leistenrings liegend
intercurrent interkurrent, dazukommend, zwischenzeitlich auftretend *(Krankheit)*
intercurrent disease interkurrente Erkrankung *f*, zwischenzeitlich auftretende Krankheit *f*

intercurrent fever interkurrentes [zwischenzeitlich auftretendes] Fieber *n*
intercuspation *(Stom)* Schlussbissstellung *f*, Occlusio *f* dentium, Schlussbiss *m*
intercusping *s.* intercuspation
intercutaneomucous zwischen Haut und Schleimhaut liegend
interdeferential interdeferential, zwischen den zwei Samenleitern liegend
interdental interdental, zwischen zwei (benachbarten) Zähnen liegend, zwischen den Zähnen
interdental canal Interdentalkanal *m*, Canalis *m* nutriens
interdental dysglossia interdentale Dysglossie *f*, Interdentalität *f*
interdental gingiva Interdentalgingiva *f*
interdental groove Interdentalgrube *f*, Gingivapapillenrille *f*
interdental papilla Interdentalpapille *f*, Papilla *f* interdentalis
interdental septum Interdentalseptum *n*, Septum *n* interdentale, Scheidewand *f* zwischen zwei Zähnen
interdental space Interdentalraum *m*
interdental spillway interdentale Spülrinne *f*
interdental splint Interdentalschiene *f*, Interdentalschienung *f*
interdentale Interdentale *n (kraniometrischer Messpunkt)*
interdentium Interdentium *n*, Zahnzwischenraum *m*
interdialytic zwischen (zwei) Dialysen liegend
interdiction Interdiktion *f*, Entmündigung *f*
interdigestive migrating motor complex interdigestiver wandernder motorischer Komplex *m (des Darmes)*
interdigit Interdigitalraum *m*, Zwischenfingerraum *m*; Zwischenzehenraum *m*
interdigital interdigital, zwischen den Fingern liegend; zwischen den Zehen liegend
interdigital mycosis Interdigitalmykose *f*
interdigital space Interdigitalraum *m*, Spatium *n* interdigitale
interdigital web Interdigitalfalte *f*
interdigitate *v* verzahnen
interdigitation Verzahnung *f (z. B. Muskelfasern)*
interdisciplinary interdisziplinär
interductal interduktal, zwischen Gängen liegend
interface Grenzbereich *m*, Grenzmembran *f*
interfacial Interface..., Grenzbereich..., Grenzmembran...
interfascicular interfaszikulär, zwischen Faszikeln [kleinen Bündeln] liegend
interfemoral interfemoral, zwischen den Oberschenkeln liegend
interference Interferenz *f*, Beeinflussung *f*, Beeinträchtigung *f (durch Überlagerung verschiedener Vorgänge)*
interference dissociation *(Kard)* Interferenzdissoziation *f (Überleitungsstörung bei Herzblock)*
interference phenomenon Interferenzphänomen *n*
interferometer Interferometer *n*
interferometry Interferometrie *f*
interferon Interferon *n*, IFN, Virusschutzsubstanz *f*
interferon-α Interferon-α *n*, IFN-α, Leukozyteninterferon *n*
interferon alpha *s.* interferon-α
interferon alfa-2a Interferon *n* alfa-2a *(synthetisches Interferon-α)*
interferon alfa-2b Interferon *n* alfa-2b *(synthetisches Interferon-α)*
interferon alfa-n3 Interferon *n* alfa-n3
interferon alfacon-1 Interferon *n* alfacon-1, Consensus-Interferon *n*
interferon-β Interferon-β *n*, IFN-β, Fibroblasteninterferon *n*, fibroepitheliales Interferon *n*, epitheliales Interferon *n*
interferon beta *s.* interferon-β
interferon beta-2 Interferon *n* beta-2, B-Zellen-Wachstumsfaktor *m*
interferon-γ Interferon *n* gamma, Interferon-γ *n*, IFN-γ, Immuninterferon *n*
interferon gamma *s.* Interferon-γ
interferon gamma-1b Interferon *n* gamma-1b *(synthetisches Interferon-γ)*
interferon inductor Interferoninduktor *m*
interferon nomenclature Interferonnomenklatur *f*
interferonogen Interferonogen *n*
interferonogenesis Interferonogenese *f*, Interferonproduktion *f*, Interferonstimulation *f*
interfibrillar interfibrillär, zwischen Fäserchen liegend
interfibrillar mass of Flemming *s.* interfilar mass
interfibrillary *s.* interfibrillar
interfibrous interfibrös, zwischen Fasern liegend
interfilamentous interfilamentär, zwischen Filamenten liegend
interfilar interfilär, zwischen Fäden liegend
interfilar mass Interfilarmasse *f*, Hyaloplasma *n*
interfollicular interfollikulär, zwischen Bläschen liegend
interfoveolar ligament Interfoveolarligament *n*, Ligamentum *n* interfoveolare, Hesselbach'sches Band *n*
interfrontal interfrontal, zwischen den Stirnbeinhälften liegend
interganglionic interganglionär, zwischen (zwei) Ganglien liegend
intergemmal intergemmal, zwischen den Geschmacksknospen liegend
intergenal zwischen verschiedenen Genen (liegend)
interglobular dentin Interglobulardentin *n*, Tomes'sche Körnerschicht *f*
interglobular space *s.* interglobular dentin
intergluteal interglutäal, zwischen den Gesäßmuskeln liegend
intergonial intergonial, zwischen den zwei Gonia liegend
intergranular intergranulär, zwischen Körnerzellen liegend *(Hirn)*
intergyral intergyral, zwischen Hirnwindungen liegend
interhemicerebral *s.* interhemispheric
interhemispheric interhemisphärisch, zwischen den Hirnhemisphären liegend
interhemispheric fissure Interhemisphärenfurche *f*, Fissura *f* interhemisphaerica [longitudinalis cerebri]
interictal zwischen zwei Anfällen auftretend, interparoxysmal
interior interior, innen liegend, innerer, innere, inneres; Innen...
interior of the cranium Schädelinnere(s) *n*
interiorization Verinnerlichung *f*
interischiadic zwischen den beiden Sitzbeinen liegend
interkinesis Interkinese *f*, Interphase *f*, Ruhephase *f (z. B. bei Zellteilung)*
interlabial interlabial, zwischen den Lippen liegend
interlace mode *(Rad)* Zeilensprungmodus *m*, Zeilensprungverfahren *n*
interlamellar interlamellär, zwischen Lamellen liegend
interlaminar interlaminär, zwischen Platten liegend
interleukin Interleukin *n*, Il *(zur Immunregulation)*
interleukin-1 Interleukin-1 *n*, Il-1, Lymphocyte-activating-Faktor *m*, LAF
interleukin-2 Interleukin-2 *n*, Il-2, Lymphocyte-mitogenic-Faktor *m*, T-Zell-Wachstumsfaktor *m*, T-cell-growth-Faktor(-1) *m*, TCGF
interleukin-3 Interleukin-3 *n*, Il-3, Multi-colony-stimulating-Faktor *m (Wachstumfaktor für Mastzellen)*
interleukin-4 Interleukin-4 *n*, Il-4, B-cell-differentiating-Faktor *m*, T-cell-growth-Faktor-2 *m*, Switching-Faktor *m*
interleukin-5 Interleukin-5 *n*, Il-5, T-cell-replacing-Faktor *m*

interleukin-6 Interleukin-6 *n*, Il-6, B-cell-stimulating-Faktor-2 *m*, Interferon beta-2 *n*, Colony-stimulating-Faktor *m*, CSF *(Wachstumsfaktor für Plasmazellen und Mesangiumzellen)*
interleukin-7 Interleukin-7 *n*, Il-7 *(Wachstumsfaktor für B- und T-Lymphozyten)*
interleukin-8 Interleukin-8 *n*, Il-8, Neutrophile-activating-Peptid *n* 1, NAP-1, Neutrophile-activating-Faktor *m*, Neutrophile-chemotactant-Faktor *m*
interleukin-9 Interleukin-9 *n*, Il-9 *(fördert Wachstum der T-Zellen)*
interleukin-10 Interleukin-10 *n*, Il-10 *(blockiert die Zytokin-Synthese; supprimiert Makrophagen und natürliche Killerzellen)*
interleukin-11 Interleukin-11 *n*, Il-11
interleukin-12 Interleukin-12 *n*, Il-12, Natural-killer-cell-stimulating-Faktor *m (stimuliert die natürlichen Killerzellen)*
interleukin-13 Interleukin-13 *n*, Il-13 *(hemmt Zytokinin-Wirkung)*
interleukin-14 Interleukin-14 *n*, Il-14 *(stimuliert die B-Zell-Proliferation und hemmt Immunglobulinsekretion)*
interleukin-15 Interleukin-15 *n*, Il-15 *(stimuliert die T-Zell-Proliferation und die Aktivierung der natürlichen Killerzellen)*
interleukin-16 Interleukin-16 *n*, Il-16 *(wirkt chemotaktisch auf T-Lymphozyten)*
interleukin-17 Interleukin-17 *n*, Il-17 *(fördert Bildung von Adhäsionsmolekülen)*
interleukin-18 Interleukin-18 *n*, Il-18 *(Interferon-γ induzierender Faktor)*
interlevator cleft Spatium *n* prostaticum anterius
interligamentary interligamentär, zwischen Bändern liegend
interligamentous *s.* interligamentary
interlobar interlobär, zwischen Lappen liegend
interlobar artery of the kidney Arteria *f* interlobaris renis, Nierenarterie *f* zwischen den Nierenpyramiden
interlobar effusion Interlobärerguss *m*
interlobar empyema Interlobärempyem *n*
interlobar fissure Fissura *f* interlobaris pulmonis, Interlobärfissur *f*
interlobar pleurisy Interlobärpleuritis *f*
interlobar vein of the kidney Vena *f* interlobaris renis, Nierenvene *f* zwischen den Nierenpyramiden
interlobitis Interlobitis *f*, interlobäre Pleuritis *f*, Interlobärpleuritis *f*, Brustfellentzündung *f* im Bereich eines Zwischenlappenspalts
interlobular interlobulär, zwischen Läppchen liegend
interlobular artery of the kidney Arteria *f* interlobularis [corticalis radiata] renis, Nierenrindenarterie *f*
interlobular artery of the liver Arteria *f* interlobularis hepatis, Leberzwischenläppchenarterie *f*, Leberinterlobulararterie *f*
interlobular duct Ductulus *m* interlobularis *(z. B. der Drüsen)*
interlobular vein of the kidney Vena *f* interlobularis renis, Nierenzwischenläppchenvene *f*, Niereninterlobularvene *f*, Nierenrindenvene *f*
interlobular vein of the liver Vena *f* interlobularis (hepatis), Leberzwischenlläppchenvene *f*, Leberinterlobularvene *f*
interlocked twins verhakte Zwillinge *mpl*; eingeklemmte Zwillinge *mpl*
interlocking Einklemmung *f*, Verhakung *f*
interlocking ligature *(Chir)* Kettenligatur *f*
interlocking twins *s.* interlocked twins
intermalleolar intermalleolar, zwischen den Knöcheln liegend
intermamillary intermamillär, zwischen den Brustwarzen liegend
intermammary intermammär, zwischen den Brüsten liegend
intermarriage 1. Verwandtenehe *f*; 2. Mischehe *f*
intermaxilla *s.* intermaxillary bone
intermaxillary intermaxillär, zwischen den Oberkieferknochen liegend
intermaxillary (bone) Intermaxillarknochen *m*, Zwischenkieferknochen *m*, Intermaxillare *n*, Os *n* incisivum
intermaxillary suture Intermaxillarknochennaht *f*, Zwischenkieferknochennaht *f*, Sutura *f* intermaxillaris
intermaxillary wiring Drahtcerclage *f (bei Kieferbrüchen)*
intermediary intermediär, dazwischenliegend; zeitlich dazwischenliegend; örtlich dazwischenliegend; Zwischen... *(siehe unter: intermediate)*
intermediary carcinoma *s.* intermediatecell carcinoma
intermediary cartilage Intermediärknorpel *m*
intermediary metabolism Intermediärmetabolismus *m*, Intermediärstoffwechsel *m*, Zwischenstoffwechsel *m*
intermediary stage Intermediärstadium *n*
intermediate intermediär; Intermediär..., Zwischen...
intermediate-acting insulin Intermediärinsulin *n*
intermediate body of Flemming Intermediärkörper *m*, Zwischenkörper *m*, Spindelbrücke *f (bei der Zellteilung)*
intermediate callus Intermediärkallus *m*, Zwischenkallus *m*
intermediate care Zwischenpflege *f*
intermediate care facility Zwischenpflegeeinrichtung *f*
intermediate care unit Zwischenpflegestation *f*, Intermediate-Care-Station *f*
intermediate cell Intermediärzelle *f (z. B. im Übergangsepithel)*
intermediate-cell carcinoma Intermediärzellkarzinom *n*
intermediate cell mass Intermediärzellmasse *f*
intermediate cervical septum Septum *n* cervicale intermedium
intermediate coronary syndrome *(Kard)* Koronarinsuffizienz *f*
intermediate cuneiform bone Os *n* cuneiforme intermedium [secundum]
intermediate-density lipoprotein Intermediate-densitiy-Lipoprotein *n*, IDL
intermediate disk Z-Linie *f*
intermediate dorsal cutaneous nerve of the foot Nervus *m* cutaneus dorsalis intermedius
intermediate host *(Paras)* Zwischenwirt *m*
intermediate lamella Intermediärlamelle *f (Knochen)*
intermediate line Intermediärlinie *f*, Linea *f* intermedia (christae iliacae)
intermediate lobe of the hypophysis Hypophysenzwischenlappen *m*, Pars *f* intermedia der Hypophyse
intermediate massa *(Anat)* Adhesio *f* interthalamica
intermediate mesoderm intermediäres Mesoderm *n*, Nephrotom *n*, Mittelplatte *f*
intermediate normoblast polychromatischer Normoblast *m*
intermediate part of the anterior lobe of the hypophysis Pars *f* intermedia lobi anterioris hypophyseos
intermediate part of the floor of the fourth ventricle Pars *f* intermedia fossae rhomboideae
intermediate phase Intermediärphase *f*, Intermediärstadium *n*
intermediate plexus Intermediärplexus *m*
intermediate position Intermediärstellung *f*
intermediate split graft *(Transp)* Spalthautlappen *m*
intermediate substance Intermediärprodukt *n*, Zwischenprodukt *n*, Stoffwechselzwischenprodukt *n*
intermedin Intermedin *n*, Melanotropin *n*, melanozytenstimulierendes Hormon *n (Hormon des Hypophysenzwischenlappens)*

intermediolateral intermediolateral, seitlich und dazwischenliegend
intermediomedial intermediomedial, in der Mitte und dazwischenliegend
intermediomedial nucleus Nucleus *m* intermediomedialis
intermedius in der Mitte liegend
intermedius (nerve) Nervus *m* intermedius
intermedius neuralgia Intermediusneuralgie *f*
intermembranous intermembranös, zwischen Membranen liegend
intermeningeal intermeningeal, zwischen den Hirnhäuten liegend
intermenstrual *(Gyn)* intermenstrual, intermenstruell, zwischen zwei Monatsblutungen
intermenstrual bleeding Zwischenblutung *f*, Gebärmutterzwischenblutung *f*
intermenstrual fever Intermenstrualfieber *n*
intermenstrual flow *s.* intermenstrual bleeding
intermenstrual pain Mittelschmerz *m*, Follikelschmerz *m*, Ovulationsschmerz *m*
intermenstruum Intermenstruum *n*
intermetacarpal intermetakarpal, zwischen den Mittelhandknochen liegend
intermetameric intermetamer, zwischen zwei Metameren liegend
intermetatarsal intermetarsal, zwischen den Mittelfußknochen liegend
intermission Intermission *f*, beschwerdefreies Krankheitsstadium *n*
intermit *v* intermittieren, unterbrechen; aussetzen; in Schüben verlaufen
intermitotic intermitotisch, zwischen der Zellteilung
intermittency Unterbrechung *f*, Aussetzung *f*, Aussetzen *n*
intermittent intermittierend, zeitweilig aussetzend, mit Unterbrechungen auftretend, wechselnd, (periodisch) unterbrochen
intermittent assisted ventilation intermittierende assistierte Beatmung *f*
intermittent biliary fever cholangitischer Schub *m*
intermittent branched-chain ketonuria Ahornsirupkrankheit *f*
intermittent claudication intermittierendes Hinken *n*, Claudicatio *f* intermittens, Charcot'sches Syndrom *n*, „Schaufensterkrankheit" *f*
intermittent compression intermittierende Kompression *f (z. B. der Extremitäten)*
intermittent convergent strabism(us) *(Ophth)* intermittierendes Konvergenzschielen *n* [Einwärtsschielen *n*], Strabismus *m* convergens intermittens
intermittent demand ventilation intermittierende assistierte Beatmung *f*
intermittent explosive disorder *(Psych)* intermittierende explosive Störung *f*, Kurzschlusshandlung *f*
intermittent fever 1. Febris *f* intermittens, wechselndes Fieber *n*; 2. *s.* malaria
intermittent hepatic fever *s.* intermittent biliary fever
intermittent hydrarthrosis intermittierender Gelenkerguss *m*
intermittent hydrosalpinx intermittierende Hydrosalpinx *f*, Hydrops *m* tubae profluens
intermittent incontinence intermittierende Inkontinenz *f*
intermittent insanity *(Neur)* manisch-depressives Irresein *n*, manisch-depressive Krankheit *f*
intermittent mandatory ventilation *(Anästh)* intermittierende maschinelle Beatmung *f*, IMV
intermittent positive-pressure breathing *(Anästh)* intermittierende Überdruckbeatmung *f* [Druckbeatmung *f*], IPPB, IPPV
intermittent positive-pressure breathing unit IPPB-Ventilator *m*
intermittent positive-pressure respiration *s.* intermittent positive-pressure breathing
intermittent positive-pressure ventilation *s.* intermittent positive-pressure breathing
intermittent psychosis intermittierende Psychose *f*
intermittent pulse *(Kard)* aussetzender Puls *m*, Pulsus *m* intermittens
intermittent thinking *(Neur)* intermittierendes [fragmenthaftes] Denken *n*
intermittent torticollis intermittierender Torticollis *m*
intermittent tremor *(Neur)* intermittierender Tremor *m*, wechselndes Zittern *n (z. B. der Hände)*
intermolecular intermolekular, zwischen Molekülen liegend
intermural intermural, zwischen den Wänden liegend *(z. B. von Organen)*
intermuscular intermuskulär, zwischen den Muskeln liegend
intermuscular hernia *s.* interstitial hernia
intermuscular septum Intermuskularseptum *n*, Septum *n* intermusculare
intern (physician) Pflichtassistent *m*; *(Am)* Assistenzarzt *m* (im ersten Jahr der Facharztausbildung)
internal intern, innerlich; im Innern befindlich, innen liegend, innerer
internal abdominal oblique muscle Musculus *m* obliquus internus abdominis
internal abdominal ring *s.* internal inguinal ring
internal acoustic meatus innerer Gehörgang *m*, Meatus *m* acusticus internus
internal acoustic pore innere Öffnung *f* des knöchernen Gehörgangs, Porus *m* acusticus internus
internal anal sphincter (muscle) innerer Afterschließmuskel *m*, Musculus *m* sphincter ani internus
internal annular ligament Retinaculum *n* musculi flexorum pedis
internal aperture of the tympanic canaliculus Apertura *f* superior canaliculi tympanici
internal arcuate fibres innere Bogenfasern *fpl* des Rautenhirns, Fibrae *fpl* arcuatae internae
internal auditory artery innere Ohrarterie *f*, Arteria *f* auditiva interna
internal auditory canal [foramen] *s.* internal acoustic meatus
internal auditory vein innere Ohrvene *f*, Vena *f* auditiva interna
internal bleeding innere Blutung *f*, Blutung *f* in eine Körperhöhle
internal capsule innere Kapsel *f* [Großhirnhemisphärenkapsel *f*], Capsula *f* interna
internal carotid *s.* internal carotid artery
internal carotid arteriogram Carotis-interna-Arteriogramm *n*
internal carotid artery innere Kopfarterie *f*, Arteria *f* carotis interna
internal carotid artery aneurysm Carotis-interna-Aneurysma *n*
internal carotid nerve innerer Karotisnerv *m* [Halsnerv *m*], Nervus *m* caroticus internus
internal carotid plexus Nervengeflecht *n* der inneren Kopfarterie, Plexus *m* caroticus internus
internal cerebral vein innere Gehirnvene *f*, Vena *f* cerebri interna
internal cervical os innerer Muttermund *m*, Os *n* [Ostium *n*] uteri internum, Orificium *n* internum isthmi
internal cuneiform bone Os *n* cuneiforme medialis
internal ear Innenohr *n*, Auris *f* interna

internal ear canal *s.* internal acoustic meatus
internal elastic coat [membrane] innere elastische Gefäßmembran *f*, Tunica *f* elastica interna, Elastica *f* interna
internal fertilization innere Fertilisation *f* [Befruchtung *f*]
internal fistula innere Fistel *f*, Fistula *f* interna
internal fixation innere Fixation *f* [Fixierung *f*] *(z. B. von Knochenbrüchen)*
internal genital organs of the female innere weibliche Geschlechtsorgane *npl*, Partes *fpl* genitales femininae internae
internal genital organs of the male innere männliche Geschlechtsorgane *npl*, Partes *fpl* genitales masculinae internae
internal genitalia innere Genitalien *npl* [Geschlechtsorgane *npl*]
internal genu facialis [of the facialis nerve] inneres Fazialis(nerven)knie *n*, Genu *n* nervi facialis
internal granular layer of the cerebellum innere Körnerschicht *f* der Kleinhirnrinde, Lamina *f* granularis interna cerebelli
internal granular layer of the cerebrum innere Körnerschicht *f* der Großhirnrinde, Lamina *f* granularis interna (cerebri)
internal haemorrhage *s.* internal bleeding
internal haemorrhoid innere Hämorrhoide *f*
internal haemorrhoidal ring innerer Hämorrhoidenring *m*
internal hernia innere Hernie *f*, innerer Bruch *m*
internal hirudiniasis innerer Blutegelbefall *m*, Hirudiniasis *f* interna
internal hordeolum inneres Gerstenkorn *n*, Hordeolum *n* internum *(Eiterbildung in den Meibom'schen Liddrüsen)*
internal hydrocephalus Verschlusshydrozephalus *m*
internal iliac artery innere Hüftarterie *f*, Arteria *f* iliaca interna
internal iliac node Nodus *m* lymphaticus iliacus internus
internal iliac vein innere Hüftvene *f*, Vena *f* iliaca interna
internal inguinal fossa innere Leistengrube *f*, Fossa *f* inguinalis interna
internal inguinal ring innerer Leistenring *m*, Anulus *m* inguinalis profundus
internal injury innere Verletzung *f*
internal intercostal membrane Membrana *f* intercostalis interna
internal intercostal muscles innere Zwischenrippenmuskeln *mpl*, Musculi *mpl* intercostales interni
internal jugular vein innere Drosselvene *f*, Vena *f* jugularis interna
internal lateral ligament Ligamentum *n* deltoideum
internal lateral ligament of the elbow (joint) Ligamentum *n* collaterale ulnare
internal limiting membrane (of the retina) innere Grenzmembran *f* [Grenzschicht *f*] der Netzhaut, Membrana *f* limitans interna retinae
internal lip of the iliac crest Labium *n* internum cristae iliacae
internal malleolus Innenknöchel *m*, innerer Knöchel *m*, Malleolus *m* medialis
internal mammary artery *s.* internal thoracic artery
internal mammary artery bypass Arteria-mammaria-interna-Bypass *m*
internal mammary artery implantation Arteria-mammaria-interna-Implantation *f*
internal mammary node innerer Brustlymphknoten *m*
internal mammary vein *s.* internal thoracic vein
internal maxillary artery Oberkieferarterie *f*, Arteria *f* maxillaris (interna)
internal maxillary plexus innerer Maxillarplexus *m*, Plexus *m* maxillaris internus
internal medicine innere Medizin *f*
internal meningitis Pachymeningitis *f* interna
internal meniscus innerer Meniskus *m*, Innenmeniskus *m*, Meniscus *m* medialis, innerer Faserknorpelring *m* im Kniegelenk
internal mouth of the womb *s.* internal cervical os
internal naris innere [hintere] Nasenöffnung *f*, Choana *f* interna
internal nuclei of the thalamus Nuclei *mpl* laterales thalami
internal oblique muscle of the abdomen innerer schräger Bauchmuskel *m*, Musculus *m* obliquus internus abdominis
internal occipital crest innere Hinterhauptsleiste *f*, Crista *f* occipitalis interna
internal occipital protuberance innerer Hinterhauptshöcker *m*, Protuberantia *f* occipitalis interna
internal opening of the inguinal canal innerer Leistenring *m*, Anulus *m* inguinalis profundus
internal ophthalmoplegia innere Augenmuskellähmung *f*, Ophthalmoplegia *f* interna
internal organs innere Organe *npl*
internal orifice of the female urethra innere weibliche Harnröhrenöffnung *f*, Orificium *n* [Ostium *n*] urethrae femininae internum
internal orifice of the male urethra innere männliche Harnröhrenöffnung *f*, Orificium *n* [Ostium *n*] urethrae masculinae internum
internal orifice of the urethra innere Harnröhrenöffnung *f*, Orificium *n* [Ostium *n*] urethrae internum
internal os *s.* internal cervical os
internal otitis Innenohrentzündung *f*, Otitis *f* interna
internal pelvimetry innere Pelvimetrie *f*, Beckeninnenmessung *f*
internal podalic version and total breech extraction innere Fußwendung *f* und komplette Steißentbindung
internal pterygoid muscle Musculus *m* pterygoideus internus [medialis]
internal pudendal artery innere Schamarterie *f*, Arteria *f* pudenda interna
internal pudendal vein innere Schamvene *f*, Vena *f* pudenda interna
internal pyramidal layer 1. Stratum *n* ganglionare nervi optici, Ganglienzellschicht *f (Netzhaut)*; 2. Lamina *f* pyramidalis interna, innere Pyramiden(zell)schicht *f (Großhirnrinde)*
internal ramus of the accessory nerve Ramus *m* internus nervi accessorii
internal rectus (muscle) innerer [medialer, nasaler] gerader Augenmuskel *m*, Musculus *m* rectus bulbi medialis
internal respiration *(Physiol)* innere Respiration *f* [Atmung *f*], innerer Gasaustausch *m*, Gewebsatmung *f*
internal respiratory nerve of Bell Nervus *m* phrenicus, Zwerchfellnerv *m*
internal reticular apparatus *s.* Golgi apparatus
internal rotation Innenrotation *f (z. B. Gelenk)*
internal saphenous vein Vena *f* saphena magna
internal secretion innere Sekretion *f*, Inkretion *f*, Einsonderung *f*
internal semilunar fibrocartilage *s.* internal meniscus
internal spermatic artery innere Hodenarterie *f*, Arteria *f* testicularis [spermatica interna]
internal spermatic fascia innere Samenstrangfaszie *f*, Fascia *f* spermatica interna
internal sphincter of the anus *s.* internal anal sphincter muscle
internal spinal vein innere Rückenmarkvene *f*, Vena *f* spinalis interna

internal strabism(us) *(Ophth)* Einwärtsschielen *n*, Strabismus *m* convergens
internal strangulation innere Strangulation *f*
internal theca Theca *f* interna, Tunica *f* interna thecae folliculi
internal thoracic artery innere Brust(korb)arterie *f*, Arteria *f* thoracica [mammaria] interna
internal thoracic vein innere Brust(korb)vene *f*, Vena *f* thoracica [mammaria] interna
internal ulcer tiefes Geschwür *n*, Ulcus *n* profundum
internal unwanted version *(Gyn)* innere Spontanwendung *f*
internal urethral orifice *s.* internal orifice of the urethra
internal uterine os *s.* internal cervical os
internal version *(Gyn)* innere Wendung *f*
internal vesical sphincter Blasenschließmuskel *m*, Musculus *m* sphincter vesicae
internalization *(Neur)* Verinnerlichung *f* *(z. B. von Verhaltensweisen)*
internarial internarial, zwischen den Nasenlöchern liegend
internasal internasal, zwischen den Nasenknochen liegend
internasal suture Nasenknochennaht *f*, Sutura *f* internasalis, knöcherne Verbindung *f* der Nasenknochen
internatal internatal, zwischen den Gesäßbacken [Hinterbacken] liegend
internatal cleft Gesäßspalte *f*
International Classification of Diseases Internationale Krankheitsklassifikation *f*, ICD *(der WHO)*
International Nonproprietary Names internationale Freinamen *mpl*
International Pharmacopoeia Internationales Arzneibuch *n*
International Union of Pure and Applied Chemistry Internationale Union *f* für Reine und Angewandte Chemie, IUPAC
international unit internationale Einheit *f*, I.E., IE *(für Wirkstoffe)*
interne *s.* intern
interneuromeric zwischen den Neuromeren liegend
interneuron Interneuron *n*, Zwischenneuron *n*, Schaltneuron *n*; Renshaw-Zelle *f*
interneuronal interneuronal, zwischen Nervenzellen liegend
internist Internist *m*, Arzt *m* [Facharzt *m*] für Innere Medizin
internodal internodal, zwischen zwei Knoten liegend
internodal segment internodales Segment *n*, Internodium *n*
internode Internodium *n*, internodales Segment *n*
internode of Ranvier *s.* internode
internodular internodulär, zwischen zwei Knoten liegend
internodular segment *s.* internode
internship Pflichtassistenz *f*, Pflichtassistentenzeit *f*, *(Am)* Internship *(erstes Jahr der Facharztausbildung)*
internuclear 1. internukleär, zwischen den Zellkernen [Kernen] liegend; 2. internukleär, zwischen den Kernschichten der Netzhaut liegend
internuclear ophthalmoplegia internukleäre Ophthalmoplegie *f*
internuncial verbindend; dazwischenschaltend; Verbindungs…; Schalt…
internuncial cell *s.* interneuron
internuncial neuron *s.* interneuron
internus (muscle) innerer [nasaler, medialer] gerader Augenmuskel *m*, Musculus *m* rectus bulbi medialis
interocclusal interokklusal, interokklusiv
interocclusal record Aufzeichnung *f* der Interokklusion, Festlegung *f* der Interokklusion *(beider Kiefer)*
interoceptive interozeptiv, zu einer Rezeptorzelle gehörend
interoceptive sensation viszerale Empfindung *f*, interozeptive Wahrnehmung *f*
interoceptor Interozeptor *m*, reizaufnehmende freie Nervenendigung *f* *(z. B. an inneren Organen)*
interocular interokular, zwischen den Augen
interocular distance Augenabstand *m*
interofective system autonomes [vegetatives] Nervensystem *n*
interogestate Embryo *m*, Leibesfrucht *f*, Fetus *m*, Fötus *m* *(Zusammensetzungen siehe unter: foetus)*
interoinferiorly nach innen und nach unten ausgerichtet; innen und unten liegend
interolivary interolivär, zwischen den Olivenkernen liegend
interorbital interorbital, zwischen den Augenhöhlen liegend
interosseal 1. *s.* interosseous; 2. zu den Musculi interossei gehörend
interosseous interossär, zwischen den Knochen liegend
interosseous bursa Bursa *f* interossea *(Schleimbeutel zwischen Knochen)*
interosseous crest Interossalleiste *f*, Margo *m* interosseus
interosseous knife Zwischenknochenmesser *n*
interosseous margin *s.* interosseous crest
interosseous membrane of the forearm Membrana *f* interossea antebrachii
interosseous membrane of the leg Membrana *f* interossea cruris
interosseus (muscle) Zwischenknochenmuskel *m*, Musculus *m* interosseus
interosseous ridge *s.* interosseous crest
interosseous talocalcaneal ligament Ligamentum *n* talocalcaneum interosseum
interpalatine interpalatin(al), zwischen den Gaumenknochen liegend
interpalatine suture Gaumenknochennaht *f*, Sutura *f* interpalatina, knöcherne Verbindung *f* der Gaumenknochen
interpalpebral interpalpebral, zwischen den Augenlidern liegend
interpapillary interpapillär, zwischen den Warzen liegend
interparietal 1. interparietal, zwischen Wänden [Schichten] liegend; 2. zwischen den Scheitelbeinen; 3. zwischen den Scheitellappen *(des Gehirns)*
interparietal bone Zwischenscheitelbein *n*, Os *n* interparietale
interparietal fissure *(Anat)* Sulcus *m* interparietalis [intraparietalis], Pansch'sche Fissur *f*
interparietal hernia *s.* interstitial hernia
interparietal sulcus Sulcus *m* interparietalis
interparietal suture Sagittalnaht *f*, Pfeilnaht *f*, Sutura *f* sagittalis
interparoxysmal interparoxysmal, zwischen zwei Anfällen
interpediculate interpedikulär
interpediculate distance interpedikulärer Abstand *m*, Interpdikulärdistanz *f*
interpeduncular interpedunkular, zwischen den Großhirnstielen [Großhirnschenkeln] liegend
interpeduncular cistern Cisterna *f* interpeduncularis
interpeduncular fossa Fossa *f* interpeduncularis
interpeduncular nucleus Nucleus *m* interpeduncularis, Ganglion *n* interpedunculare *(Nervenzellanhäufung im Mittelhirn)*
interpeduncular space Interpedunkularraum *m*
interpelvioabdominal amputation interpelvi(o)abdominale Amputation *f*, Hemipelvektomie *f*
interperiosteal fracture intraperiostale Fraktur *f*, Grünholzfraktur *f*

interpersonal interpersonell, zwischenmenschlich, zwischen (den) Menschen; sozial
interpersonal psychiatry interpersonelle Psychiatrie *f*
interpersonal therapy interpersonelle Therapie *f*
interphalangeal interphalangeal, interphalangär, zwischen den Fingergliedern liegend; zwischen den Zehengliedern liegend
interphalangeal arthrose Interphalangealarthrose *f*
interphalangeal joint Interphalangealgelenk *n*, Fingergliederzwischengelenk *n*, Articulatio *f* interphalangea
interphase Interphase *f*, Interkinese *f*, Ruhepause *f (z. B. bei Zellteilung)*
interphasic interphasisch, in der Ruhepause liegend
interphyletic interphyletisch
interpial interpial, zwischen den Pia-mater-Schichten
interplacental interplazental, zwischen den Plazentalakunen liegend
interplant Interplant *n (embryonales Zelltransplantat)*
interplanting Interplantation *f (Zelltransplantation zwischen Embryonen)*
interpleural interpleural, zwischen den Brustfellen liegend
interpleural space Mediastinum *n*, Mittelfell *n*, Mittelfellraum *m (Zusammensetzungen siehe unter: mediastinal)*
interpolar zwischen den [zwei] Polen liegend
interpolated beat *(Kard)* interpolierte Extrasystole *f*, Extrasystole *f* ohne kompensatorische Pause
interpolated extrasystole *s.* interpolated beat
interpolated premature ventricular contraction interpolierte ventrikuläre Extrasystole *f*
interpolation 1. *(Statist)* Interpolation *f (Ermittlung eines Zwischenwertes)*; 2. Interpolation *f*, Einschiebung *f*, Zwischenschaltung *f*, Zwischenpflanzung *f (z. B. eines Darmsegmentes)*
interpose *v* interponieren, einschieben, dazwischensetzen, dazwischenlagern, dazwischenstellen, dazwischenschalten
interposed interponiert, eingeschoben, dazwischengesetzt, dazwischengestellt, dazwischengeschaltet
interposition Interposition *f*, Dazwischenlagerung *f (z. B. von Muskelfetzen zwischen Knochenbruchenden)*
interposition of soft tissue Weichteilinterposition *f*
interposition operation Interpositionsoperation *f*, Schauta-Wertheim-Operation *f* bei Scheidenvorfall *(Lagerung des Gebärmutterkörpers zwischen Scheide und Blase)*
interpositum Interpositum *n*, Dazwischengeschobene(s) *n*, Dazwischengesetzte(s) *n*, Dazwischengelagerte(s) *n*, Dazwischengestellte(s) *n*, Dazwischengeschaltete(s) *n*
interpret *v* **an X-ray film** (eine Röntgenaufnahme) befunden, einen Röntgenbefund geben
interpretation 1. Interpretion *f*, Interpretierung *f*, Auslegung *f*, Deutung *f*; 2. Auswertung *f*, Befundung *f*
interpretation delusion Wahnwahrnehmung *f*
interproximal interproximal, zwischen zwei benachbarten Zähnen
interproximal film *(Rad)* Interproximalfilm *m*
interproximal space Zahnzwischenraum *m*, Interdentium *n*
interproximate *s.* interproximal
interpubic interpubisch, zwischen den Schambeinen liegend
interpubic disk Discus *m* interpubicus
interpulse interval Interpulsintervall *n*, Intervall *n* zwischen zwei Nervenimpulsen
interpupillary *(Ophth)* interpupillär, zwischen den Pupillen liegend
interpupillary distance Pupillendistanz *f*
interpyramidal *(Neur)* interpyramidal, zwischen den Pyramidenbahnen liegend
interradial zwischen den [zwei] Strahlen liegend
interradicular interradikulär, interradikular, zwischen den Wurzeln liegend; Interradikulär...
interradicular septum *(Stom)* Interradikularseptum *n*, Zwischenwurzelscheidewand *f*, Septum *n* interradiculare
interradicular space *(Stom)* Interradikulärraum *m*
interrenal interrenal, zwischen den Nieren liegend
interreticular interretikulär, außerhalb des endoplasmatischen Retikulums liegend
interrupted unterbrochen; nicht durchgängig
interrupted aorta Aortenatresie *f*
interrupted suture Einzelstichnaht *f*, Einzelknopfnaht *f*
interruption Interruption *f*, Unterbrechung *f*
interruption of pregnancy Schwangerschaftsunterbrechung *f*
interscapilium Interskapularraum *m*, Raum *m* zwischen beiden Schulterblättern
interscapular interskapulär, zwischen den Schulterblättern liegend
interscapular line Interskapularlinie *f*
interscapular reflex Interskapularreflex *m*, Schulterblattreflex *m*
interscapular region Interskapularregion *f*, Regio *f* interscapularis
interscapulothoracic interskapulothorakal, zwischen Schulterblatt und Brustkorb liegend
intersciatic *s.* interischiadic
intersectio *s.* intersection
intersection Intersectio *f*, Intersektion *f*, Kreuzung *f*, Überkreuzung *f (z. B. von Nervenbahnen)*
intersection syndrome Intersektionssyndrom *n*
intersectiones *pl s.* intersectio
intersegment 1. Intersegment *n*, Zwischensegment *n*; 2. Metamer *n*
intersegmental intersegmental, zwischen Segmenten liegend
intersegmental pathway Intersegmentärbahn *f*
intersegmental reflex Intersegmentalreflex *m*
interseptal interseptal, zwischen den [zwei] Septen liegend
interseptovalvular interseptovalvulär, zwischen einer Scheidewand und einer Herzklappe liegend
interseptum Zwerchfell *n*
intersex Intersexuelle(r) *m*, Zwitter *m*, Intersex *n*
intersexual intersexuell, zwittrig, zwischengeschlechtlich
intersexuality Intersexualität *f*, Zwittrigkeit *f*, Zwischengeschlechtlichkeit *f*
intersigmoid intersigmoid(al), zwischen Sigmaabschnitten des Grimmdarms liegend
intersigmoid hernia Intersigmoidalhernie *f*
intersigmoid recess Recessus *m* intersigmoideus *(Bauchfelltasche an der linken Fläche des Mesosigmoideums)*
interspace Zwischenraum *m (z. B. zwischen den Rippen)*
interspersion pattern *(Gen)* Interspersionsmuster *n*
intersphenoid synchondrosis Synchondrosis *f* intersphenoidalis
intersphincteric intersphinkterisch, zwischen dem inneren und dem äußeren Afterschließmuskel liegend
interspinal interspinal, zwischen Dornfortsätzen liegend
interspinal arthrosis Interspinalarthrose *f*, Baastrup-Syndrom *n*
interspinal diameter Darmbeinstachelabstand *m*; Interspinaldurchmesser *m*
interspinal ligament Ligamentum *n* interspinale, Band *n* zwischen den Dornfortsätzen der Wirbelsäule
interspinal line Linea *f* interspinalis, Interspinallinie *f*
interspinales muscles of the lumbar region Musculi *mpl* interspinales lumborum, Zwischendornmuskeln *mpl* der Lendenwirbelsäule

interspinales muscles of the neck Musculi *mpl* interspinales cervicis, Zwischendornmuskeln *mpl* der Halswirbelsäule
interspinales muscles of the thoracic region Musculi *mpl* interspinales thoracis, Zwischendornmuskeln *mpl* der Brustwirbelsäule
interspinous *s.* interspinal
interstage *s.* interphase
interstice Interstitium *n*, Zwischenraum *m*
interstitial interstitiell, im Zwischengewebe befindlich
interstitial bleeding interstitielle Blutung *f*, Gewebeeinblutung *f*
interstitial calcinosis Calcinosis *f* universalis, Kalkgicht *f*, Münchmeyer'sche Krankheit *f*, Mesenchymverkalkung *f*
interstitial cell Interstitialzelle *f (siehe auch: Leydig cell)*
interstitial-cell-stimulating hormone Interstitialzellenstimulierendes [die interstitiellen Zellen stimulierendes] Hormon *n*, ICSH, Luteinisierungshormon *n*, luteninisierendes Hormon *n*, LH, Gelbkörperreifungshormon *n*
interstitial-cell tumour Leydig'sches Zwischenzellenadenom *n*, (gutartige) Zwischenzellengeschwulst *f*, Leydig-Zelltumor *m*
interstitial cystitis interstitielle Zystitis *f* [Blasenentzündung *f*], Hunner'sches Ulkus *n*
interstitial emphysema interstitielles Emphysem *n*
interstitial fibroid interstitielles Fibroid *n (des Uterus)*
interstitial fluid interstitielle Flüssigkeit *f*
interstitial gestation *s.* interstitial pregnancy
interstitial gland Hodenzwischenzelle *f*, Leydig'sche Zwischenzelle *f*
interstitial growth interstitielles Wachstum *n*
interstitial hepatitis interstitielle [unspezifische] Hepatitis *f*
interstitial hernia interstitielle Hernie *f*, intermuskulärer [interparietaler] Leistenbruch *m*
interstitial hypertrophic neuropathy interstitielle hypertrophe Neuropathie *f*, Déjérine-Sottas-Krankheit *f*
interstitial implantation *(Embr)* interstitielle Implantation *f (in das Endometrium)*
interstitial inflammation interstitielle Entzündung *f*
interstitial infusion interstitielle Infusion *f*, Hypodermoclysis *f*
interstitial keratitis Keratitis *f* interstitialis [parenchymatosa]
interstitial laser coagulation interstitielle Laserkoagulation *f*
interstitial lung disease interstitielle Lungenerkrankung *f*
interstitial mastitis Mastitis *f* interstitialis
interstitial myocarditis interstitielle Myokarditis *f* [Herzmuskelentzündung *f*], Fiedler'sche Myokarditis *f*
interstitial myositis interstitielle Myositis *f*
interstitial nephritis 1. unspezifische Nierenentzündung *f*; 2. Pyelonephritis *f*, Nierenbecken- und Nierengewebeentzündung *f*
interstitial plasma-cell pneumonia interstitielle plasmazelluläre Lungenentzündung *f*, Pneumocystis-carinii-Pneumonie *f (der Neugeborenen)*
interstitial pneumonia interstitielle Pneumonie *f* [Lungenentzündung *f*]
interstitial pregnancy interstitielle Schwangerschaft *f*
interstitial substance *(Histol)* Grundsubstanz *f*
interstitial therapy *(Rad)* interstitielle Therapie *f*, Brachytherapie *f*
interstitial tissue interstitielles Gewebe *n*, Interstitium *n*, Zwischenraum *m (z. B. der bindegewebige Raum um Gefäße)*
interstitial tube Pars *f* uterina tubae
interstitial tube pregnancy interstitielle Eileiterschwangerschaft *f*, interstitielle Tubargravidität *f*
interstitioma *s.* interstitial-cell tumour
interstitium *s.* 1. interstitial tissue; 2. interstice
intersystole Intersystole *f*, Zwischensystole *f*
intersystolic intersystolisch, zwischen Herzvorhof- und Herzkammerkontraktion liegend
intertarsal intertarsal, zwischen den Fußwurzelknochen liegend
intertendinous intertendinös, zwischen Sehnen liegend
interthoracicoscapular interthorakoskapulär, zwischen Brustkorb und Schulterblatt liegend
intertragic intertragal, zwischen Tragus und Antitragus liegend
intertragic incisure [notch] Incisura *f* intertragica
intertransversales (muscles) Musculi *mpl* intertransversarii *(Muskeln der Halswirbelquerfortsätze)*
intertransverse intertransversal, zwischen den Wirbelquerfortsätzen liegend
intertransverse ligament Ligamentum *n* intertransversarium *(zwischen den Wirbelquerfortsätzen)*
intertriginous intertriginös; Intertrigo…
intertriginous candidiasis *(Derm, Myk)* intertriginöse Candidiasis *f*, Candidiasis *f* intertriginosa, Candida-Intertrigo *f*, Candidiasis *f* der Körperfalten
intertriginous eczema intertriginöses Ekzem *n*, Ekzema *n* intertriginosum
intertriginous psoriasis intertriginöse Psoriasis *f*
intertrigo *(Derm)* Intertrigo *f*, Wundsein *n*, „Wolf" *m*
intertrochanteric intertrochantär, zwischen den Rollhügeln liegend
intertrochanteric bone plate *(Chir)* Schaftplatte *f (Osteosynthese)*
intertrochanteric crest Crista *f* intertrochanterica
intertrochanteric fossa Fossa *f* intertrochanterica
intertrochanteric fracture intertrochantärer Knochenbruch *m*, intertrochantäre Fraktur *f*
intertrochanteric line Linea *f* intertrochanterica
intertuberal intertuberal, zwischen Höckern [Vorsprüngen] liegend
intertuberal diameter *(Gyn)* Beckenausgangsquerdurchmesser *m*
intertuberal line Linea *f* intertuberalis
intertubercular intertuberkulär, zwischen Knötchen liegend
intertubercular groove [sulcus] Sulcus *m* intertubercularis
intertubercular substance Intertubularsubstanz *f*
intertuberous *s.* intertuberal
intertubular intertubulär, zwischen Röhrchen [Kanälchen] liegend
interureteral *s.* interureteric
interureteric interuretär, zwischen den Harnleitern liegend
interureteric ridge Plica *f* interureterica *(der Harnblase)*
interuterine *s.* intrauterine
interuteroplacental interuteroplazental, zwischen Uterus und Plazenta liegend
intervaginal intervaginal, zwischen Scheiden liegend
intervaginal spaces Spatia *npl* intervaginalia
interval 1. Intervall *n*, Zwischenzeit *f*, Zwischenraum *m*, Zeitabstand *m*; 2. symptomfreies Erkrankungsstadium *n*, symptomloser Krankheitsabschnitt *m*
interval appendectomy Intervallappendektomie *f*
interval cholecystectomy Intervallcholezystektomie *f*
interval health history Zwischenanamnese *f*
interval operation Intervalloperation *f*
interval therapy Intervalltherapie *f*, Intervallbehandlung *f*
interval tonsillectomy Intervalltonsillektomie *f*
intervalvular intervalvulär, zwischen Klappen liegend
intervascular intervaskulär, zwischen Gefäßen liegend
intervening sequence *(Gen)* Intron *n*

intervenous intervenös, zwischen Venen liegend
intervenous tubercle Tuberculum *n* intervenosum
intervention 1. Intervention *f*, Einschreiten *n*; 2. Intervention *f*, (therapeutisches) Eingreifen *n*; (chirurgischer) Eingriff *m*; (ärztliche) Maßnahme *f*
intervention study Interventionsstudie *f*
interventricular *(Anat)* interventrikulär, zwischen den Ventrikeln [Kammern] liegend; zwischen den Herzkammern liegend
interventricular foramen Foramen *n* interventriculare [Monroi] *(verbindet 3. Hirnventrikel mit den Seitenventrikeln)*
interventricular septum Septum *n* interventriculare, Herzkammerscheidewand *f*
intervertebral intervertebral, zwischen Wirbeln liegend
intervertebral calcinosis Calcinosis *f* intervertebralis
intervertebral cartilage Discus *m* intervertebralis, Intervertebralscheibe *f*, Zwischenwirbelscheibe *f*, Bandscheibe *f*
intervertebral disk *s.* intervertebral cartilage
intervertebral fibrocartilage *s.* intervertebral cartilage
intervertebral foramen Foramen *n* intervertebrale, Intervertebralloch *n*, Zwischenwirbelloch *n*
intervertebral ganglion Intervertebralganglion *n*
intervertebral vein Vena *f* intervertebralis, Zwischenwirbelvene *f*
interview *(Neur)* Interview *n*, Exploration *f*
interview therapy *(Neur)* Gesprächstherapie *f*
intervillous intervillös, zwischen Zotten liegend
intervillous circulation Intervillärzirkulation *f*, Interplazentarkreislauf *m*
intervillous space Intervillärraum *m*, intervillöser Raum *m*, Zottenzwischenraum *m*
intervillous thrombosis Intervillärthrombose *f*
intestinal intestinal, enteral; Darm…, Eingeweide…
intestinal abscess Intestinalabszess *m*, Darmabszess *m*
intestinal absorption intestinale Absorption *f*, Darmaufnahme *f (z. B. von Lipiden)*
intestinal amoebiasis *(Trop)* Intestinalamöbiasis *f*, intestinale Amöbenruhr *f*, Darmamöbiasis *f*
intestinal-and-stomach-suturing apparatus *(Chir)* Magen- und Darmnähapparat *m*
intestinal angina Intestinalangina *f*, Angina *f* abdominalis
intestinal angiodysplasia intestinale Angiodysplasie *f*, Darmgefäßdysplasie *f*
intestinal anthrax Intestinalanthrax *m*, Darmmilzbrand *m*
intestinal apoplexy intestinale Apoplexie *f*, Darmarterienverschluss *m*; Mesenterialarterienverschluss *m*
intestinal arteriography *(Rad)* intestinale Arteriographie *f*, Darmarterienröntgen(kontrast)darstellung *f*
intestinal artery Intestinalarterie *f*, Arteria *f* intestinalis
intestinal atresia Intestinalatresie *f*
intestinal biopsy Intestinalbiopsie *f*, Darmbiopsie *f*
intestinal bleeding *s.* intestinal haemorrhage
intestinal bypass surgery intestinale Bypass-Chirurgie *f*, Darmausschaltungsoperation *f*, Darmumgehungsoperation *f*
intestinal calculus Intestinalstein *m*, Enterolith *m*, Darmstein *m*, Alvinolith *m*
intestinal canal Intestinalkanal *m*, Darmtrakt *m*, Canalis *m* intestinalis
intestinal capillariasis *s.* strongyloidiasis
intestinal clamp *(Chir)* Darmklemme *f* • **apply an intestinal clamp** eine Darmklemme ansetzen [anlegen] • **take off an intestinal clamp** eine Darmklemme entfernen
intestinal colic Darmkolik *f*
intestinal complaints Intestinalbeschwerden *fpl*, Darmbeschwerden *fpl*
intestinal crisis Intestinalkrise *f*, Darmkrise *f*
intestinal crushing clamp Darmquetschklemme *f*, Darmquetsche *f*
intestinal decompression Intestinaldekompression *f*, Druckentlastung *f* des Darms, Darmentlastung *f*
intestinal digestion Intestinaldigestion *f*, Darmverdauung *f*
intestinal disease Darmerkrankung *f*, intestinale Krankheit *f*
intestinal distension Darm(auf)dehnung *f*
intestinal distomiasis *(Paras, Trop)* Intestinalfaszioliasis *f*, Darmdistomiasis *f*, Darmegelbefall *m*
intestinal disturbance Darmstörung *f*
intestinal dyskinesia Intestinaldyskinesie *f*
intestinal dyspepsia Darmdyspepsie *f*, Darmverdauungsstörung *f*
intestinal emptying Intestinalentleerung *f*, Darmentleerung *f*
intestinal epithelial cell Darmepithelzelle *f*
intestinal epithelium Darmepithel(ium) *n*
intestinal evacuation Darmentleerung *f*
intestinal fistulas intestinale Fistel *f*, Darmfistel *f*
intestinal flora Intestinalflora *f*, Darmflora *f*
intestinal flu Intestinalgrippe *f*, Darmgrippe *f*
intestinal fluke Darmegel *m*, fernöstlicher Riesendarmegel *m*, Fasciolopsis *m* Buski *(Leber- und Darmparasit des Menschen)*
intestinal forceps *(Chir)* Darmpinzette *f*, Darmklemme *f*
intestinal gangrene Intestinalgangrän *f*, Darmgangrän *f*, Darmbrand *m*
intestinal gas Intestinalgas *n*, Darmgas *n*
intestinal glands Intestinaldrüsen *fpl*, Darmdrüsen *fpl*, Glandulae *fpl* intestinales, Lieberkühn'sche Drüsen *fpl (Schleimdrüsen des Dünn- und Dickdarms)*
intestinal grasping forceps *(Chir)* Darmfasspinzette *f*, Darmfasszange *f*, Darmfasszängchen *n*
intestinal haemorrhage Intestinalblutung *f*, Darmblutung *f*
intestinal helminth *(Paras)* Eingeweidewurm *m*, Helminthe *f*
intestinal hernia Intestinalhernie *f*, Eingeweidebruch *m*
intestinal hormones Intestinalhormone *npl*, Eingeweidehormone *npl*, Darmhormone *npl (Sekretin und Cholezystokinin)*
intestinal incarceration Intestinalinkarzeration *f*, Darmeinklemmung *f* (in einem Bruch)
intestinal infarction 1. Intestinalinfarzierung *f*, Darminfarktbildung *f*; 2. Intestinalinfarkt *m*
intestinal inflammation Darmentzündung *f*
intestinal juice Intestinalsaft *m*, Darmsaft *m*, Succus *m* intestinalis
intestinal lipodystrophy *(Gastr)* intestinale Lipodystrophie *f*, Whipple'sche Krankheit *f*, Morbus *m* Whipple
intestinal loop Darmschlinge *f* • **release an intestinal loop** eine Darmschlinge lösen [befreien]
intestinal lymphangiectasia intestinale Lymphangiektasie *f*, Darmlymphgefäßerweiterung *f*
intestinal microbial balance Darmkeimgleichgewicht *n*
intestinal mucosa Intestinalmukosa *f*, Darmschleimhaut *f*
intestinal mucus Intestinalschleim *m*, Darmschleim *m*
intestinal myiasis Intestinalmyiasis *f*, Madenbefall *m* des Darms
intestinal needle *(Chir)* Darmnadel *f*
intestinal nematode *s.* intestinal roundworm
intestinal obstruction *(Chir)* Intestinalobstruktion *f*, Darmverschluss *m*, Darmverlegung *f*, Ileus *m*
intestinal obturation *s.* intestinal obstruction
intestinal perforation Intestinalperforation *f*, Darmperforation *f*, Dünndarmperforation *f*
intestinal peristalsis Darmperistaltik *f*

intestinal pneumatosis Darmwandemphysem *n*; Pneumatosis *f* cystoides intestini
intestinal polyposis-cutaneous pigmentation syndrome Peutz-Jeghers'sches Syndrom *n*, Peutz-Jeghers-Syndrom *n (Schleimhautpolypen im Magen-Darm-Kanal mit Haut- und Schleimhautpigmentation)*
intestinal protozoa Intestinalprotozoen *npl*, Darmprotozoen *npl*
intestinal reflex Intestinalreflex *m*
intestinal resection *(Chir)* Intestinalresektion *f*, Darmresektion *f*, Dünndarmresektion *f*
intestinal roundworm Fadenwurm *m*, Nematode *f*
intestinal schistosomiasis *(Paras, Trop)* intestinale Schistosomiasis *f*, Darmschistosomiasis *f*, Intestinalbilharziose *f*
intestinal spasm Darmkrampf *m*, Darmkolik *f*
intestinal spatula *(Chir)* Darmspatel *m*
intestinal stasis Intestinalstase *f*, Darmstase *f*
intestinal stenosis Intestinalstenose *f*, Darmverengung *f*
intestinal strangulation Intestinalstrangulation *f*, Darmeinklemmung *f*
intestinal suture Darmnaht *f*
intestinal teleangiectasia intestinale Teleangiektasie *f*, Intestinalteleangiektasie *f*
intestinal tissue forceps *(Chir)* Darmfasszange *f*
intestinal tone Darmgeräusch *n*
intestinal tonsil Peyer'sche Plaques *mpl*
intestinal tract Intestinaltrakt *m*, Verdauungstrakt *m*, Darmtrakt *m*
intestinal trunk *(Anat)* Truncus *m* intestinalis
intestinal tuberculosis Intestinaltuberkulose *f*, Tuberculosis *f* intestinalis, Darm-Tbk *f*
intestinal tubes Intestinalkanal *m*, Darmkanal *m*
intestinal twist *s.* intestinal volvulus
intestinal vein Intestinalvene *f*, Vena *f* intestinalis, Dünndarmvene *f*
intestinal villi Darmzotten *fpl*, Villi *mpl* intestinales
intestinal volvulus Intestinalvolvulus *m*, Darmverdrehung *f*
intestinal wall Darmwand *f*
intestinal wall mucosal surface Darmschleimhautoberfläche *f*
intestine 1. Intestinum *n*, Darm *m*, Enteron *n (siehe unter: intestinal und bowel)*; 2. Eingeweide *n*, Gedärm *n*
intestine suture appliance Darmnähapparat *m*
intestino-intestinal intestinointestinal; Darm-Darm-...
intestino-intestinal reflex intestinointestinaler Reflex *m*
intestinotoxin intestinales Toxin *n*, Darmgift *n*
intestinum *s.* intestine
intima *(Anat)* Tunica *f* intima, Gefäßinnenhaut *f*
intimal intimal, Intima..., Gefäßinnenhaut...
intimal arteriosclerosis Intimaarteriosklerose *f*, Arteriosklerose *f*
intimal change Intimaveränderung *f*
intimal fibrosis Intimafibrose *f*
intimal hyperplasia Intimahyperplasie *f*
intimal proliferation Intimaproliferation *f*
intimal rupture Intimaruptur *f*, Intimazerreißung *f*
intimal sclerosis Intimasklerose *f*
intimal thickening Intimaverdickung *n*
intimectomy *(Chir)* Intimektomie *f*, Intimaexzision *f*, Intimaausschälung *f*, Desobliteration *f*
intimitis Gefäßinnenhautentzündung *f*, Endangitis *f*, Endovaskulitis *f*
intoe Hallux *m* valgus
intolerance 1. Intoleranz *f*, Unverträglichkeit *f*, Empfindlichkeit *f*; 2. *(Psych)* Intoleranz *f*, Unduldsamkeit *f*
intolerance to a drug Arzneimittelunverträglichkeit *f*
intorsion Intorsion *f*, Incyclotorsion *f*, Einwärtsdrehung *f*
intorsion of the globe Bulbusintorsion *f*, Augapfeleinwärtsdrehung *f*
intort *v* intorquieren, einwärts drehen
intorter Musculus *m* rectus bulbi superior, oberer gerader Augenmuskel *m*
intortion *s.* intorsion
intoxicant eine Vergiftung bewirkend; berauschend, trunken machend
intoxicant Gift *n*, Rauschgift *n*; berauschendes Getränk *n*, Rauschgetränk *n*
intoxicate *v* vergiften; berauschen, trunken machen
intoxication Intoxikation *f*, Vergiftung *f*
intoxication amaurosis *(Ophth)* Intoxikationsamaurose *f*
intoxication anuria *(Nephr)* Intoxikationsanurie *f*
intoxication parkinsonism *(Neur)* Intoxikationsparkinsonismus *m*
intoxication sign [symptom] Intoxikationszeichen *n*, Vergiftungssymptom *n*
intra-abdominal intraabdominal, intraabdominell, innerhalb des Bauchraumes liegend; Intraabdominal..., Bauchhöhlen...
intra-acinar intraazinös, in einem beerenförmigen Drüsenendstück liegend
intra-acinous *s.* intra-acinar
intra-adenoidal intraadenoidal, innerhalb der Adenoide liegend
intra-alveolar 1. intraalveolar, intraalveolär, in einem Lungenbläschen liegend; 2. in einem Zahnfach liegend
intra-alveolar pocket intraalveoläre Tasche *f*, Zahnfachtasche *f*
intra-amniotic intraamniotisch, im Amnion liegend
intra-aortic balloon counterpulsation *(Kard)* intraaortale Ballongegenpulsation *f* [Gegenpulsation *f*], IABP
intra-aortic balloon pump *(Kard)* intraaortale Ballonpumpe *f*, IABP
intra-aortic balloon pumping *s.* intra-aortic balloon counterpulsation
intra-appendicular intraappendikulär, im Wurmfortsatz liegend
intra-arachnoid *(Anat)* intraarachnoidal, in der Spinnwebenhaut liegend
intra-arterial intraarteriell, in einer Arterie liegend
intra-articular intraartikulär, in einem Gelenk liegend
intra-articular fracture intraartikuläre Fraktur *f*, Gelenkfraktur *f*, Knochenbruch *m* mit Gelenkbeteiligung
intra-articular injection intraartikuläre Injektion *f*
intra-articular ligament intraartikuläres Ligament *n*
intra-atrial intraatrial, in einem Herzvorhof liegend
intra-atrial block *(Kard)* intraatrialer Block *m*, Vorhofblock *m*
intra-aural intraaural, in einem Ohr liegend
intra-auricular *s.* intra-atrial
intra-epidermal intraepidermal, in der Oberhaut liegend
intra-epidermal carcinoma intraepidermales Karzinom *n*; präkanzeröse Dermatitis *f*, Dermatitis *f* praecancerosa
intra-epidermal vesicle intraepidermales Bläschen *n*
intra-epidermic *s.* intra-epidermal
intra-epiphysial intraepiphyseal, in einer Epiphyse liegend
intra-epithelial intraepithelial, im Epithel liegend
intra-epithelial carcinoma intraepitheliales Karzinom *n*, Carcinoma *n* in situ
intra-erythrocytic intraerythrozytär, in den roten Blutkörperchen liegend
intra haemorrhage Intraabdominalblutung *f*
intra infection intraabdominale Infektion *f*
intra pressure Intraabdominaldruck *m*, intraabdomineller Druck *m*, Bauch(b)innendruck *m*
intra-umbilical intraumbilikal, innerhalb des Nabels liegend

intra-ureteral intrauretär, innerhalb des Harnleiters liegend
intra-urethral intraurethral, innerhalb der Harnröhre liegend
intra-uterine intrauterin, innerhalb der Gebärmutter liegend
intra-uterine blood transfusion intrauterine Bluttransfusion *f*
intra-uterine catheter intrauteriner Katheter *m*
intra-uterine contraceptive device *(Gyn)* Intrauterinspange *f*, Intrauterinpessar *n*, IUP, IUD
intra-uterine death Intrauterintod *m*
intra-uterine device *s.* intra-uterine contraceptive device
intra-uterine douche intrauterine Spülung *f*, Intrauterinlavage *f*
intra-uterine fracture intrauterine Fraktur *f*, intrauteriner Knochenbruch *m*
intra-uterine growth curve intrauterine Wachstumskurve *f*
intra-uterine growth retardation intrauterine Wachstumsverzögerung *f*
intra-uterine irrigation *s.* intra-uterine douche
intra-uterine life Intrauterinleben *n*
intra-uterine pressure Intrauterindruck *m*, Gebärmutter(b)innendruck *m*
intra-uterine suction curette Saugkürette *f*
intra vitam staining *s.* intravital staining
intrabony pocket parodontale Tasche *f*, Knochentasche *f*
intrabronchial intrabronchial, in einem Bronchus liegend
intrabronchiolar intrabronchiolar, in einem Bronchiolus liegend
intrabuccal intrabukkal, in der Wange liegend
intracalyceal in einem Kelch [Nierenkelch] liegend
intracanalicular intrakanalikulär, in einem Kanälchen liegend
intracanalicular fibroadenoma intrakanalikuläres Fibroadenom *n* [Myxom *n*] *(gutartiger Brusttumor)*
intracanalicular fibroma intrakanalikuläres Fibrom *n* *(gutartiger Brusttumor)*
intracanalicular mastitis intrakanalikuläre Mastitis *f*, Mastitis *f* intracanalicularis
intracanalicular myxoma *s.* intracanalicular fibroadenoma
intracanalicular papilloma intrakanalikuläres Papillom *n* *(Brusttumor)*
intracanalicular sarcoma intrakanalikuläres Sarkom *n*, Cystosarcoma *n* phylloides
intracapillary intrakapillär, in den Kapillaren liegend
intracapillary pressure Kapillar(b)innendruck *m*, intrakapillärer Druck *m*
intracapsular intrakapsulär, in einer Gelenkkapsel liegend
intracapsular fracture intrakapsulärer Knochenbruch *m*, Gelenkfraktur *f*
intracardiac *s.* intracardial
intracardiac catheter intrakardialer Katheter *m*, Herzkatheter *m*
intracardial intrakardial, endokardial, innerhalb des Herzens liegend
intracardial electrode intrakardiale Elektrode *f*
intracardial electrode lead intrakardiale Elektrodenableitung *f* [Ableitung *f*] *(EKG)*
intracarpal intrakarpal, in der Handwurzel liegend, im Handgelenk liegend
intracartilaginous intrakartilaginär, enchondral, im Knorpel liegend
intracartilaginous ossification intrakartiliginäre Ossifikation *f*
intracatheter intravenöser Katheter *m* [Punktionskatheter *m*]
intracavernosal intrakavernosal, im Corpus cavernosum liegend
intracavernous intrakavernös, in einem Hohlraum liegend, in einer Kaverne liegend
intracavitary intrakavitär, in einer Höhle liegend
intracavitary electrocardiogram endokardiales Elektrokardiogramm *n*
intracavitary irradiation intrakavitäre Bestrahlung *f*
intracavitary therapy *(Rad)* intrakavitäre Therapie *f*
intracellular intrazellulär, in einer Zelle liegend, zellständig; Intrazellular…
intracellular enzyme intrazelluläres Enzym *n*, Zellenzym *n*, Endoenzym *n*
intracellular fluid Intrazellularflüssigkeit *f*
intracellular space Intrazellularraum *m*
intracephalic intrazephal, im Gehirn liegend
intracerebellar intrazerebellar, im Kleinhirn liegend
intracerebral intrazerebral, im Großhirn [Gehirn] liegend
intracerebral haematoma intrazerebrales Hämatom *n*, Intrazerebralhämatom *n*, Gehirnhämatom *n*
intracerebral haemorrhage intrazerebrale Blutung *f*, Hirn(ein)blutung *f*
intracerebroventricular intrazerebroventrikulär
intracervical intrazervikal, im Zervixkanal [Gebärmutterkanal] liegend
intrachondral intrachondral, im Knorpel liegend
intrachordal intrachordal, im primitiven Achsenskelett liegend
intracisternal intrazisternal, in einer Zisterne liegend
intracolic intrakolisch, im Kolon [Dickdarm] liegend
intracondylar intrakondylär, in den Gelenkfortsätzen liegend
intracondyloid *s.* intracondylar
intracondylous *s.* intracondylar
intracordal *s.* intracardial
intracorneal intrakorneal, in der Hornhaut des Auges liegend
intracoronal intrakoronal, innerhalb der Krone [Zahnkrone] liegend
intracoronal retainer *(Stom)* intrakoronaler Anker *m*
intracoronary intrakoronar, in der Koronararterie liegend
intracorpor(e)al intrakorporal, im Körper liegend; im Körper verlaufend [ablaufend]
intracorpuscular intrakorpuskulär, in einem Erythrozyten liegend
intracostal intrakostal, an der Rippeninnenseite liegend
intracranial intrakranial, intrakraniell, im Schädel(inneren) liegend
intracranial abscess intrakranialer Abszess *m*, Hirnabszess *m*
intracranial aneurysm intrakranielles Aneurysma *n*
intracranial angiography intrakranielle Angiograhie *f*, intrakranielle Gefäßröntgen(kontrast)darstellung *f*
intracranial electroencephalography intrakranielle Elektroenzephalographie *f*
intracranial haematoma intrakranielles Hämatom *n*, Schädelhämatom *n*
intracranial haemorrhage intrakraniale [interkranielle] Blutung *f*, Schädel(b)innenblutung *f*
intracranial pressure intrakranieller Druck *m*, Schädel(b)innendruck *m*, Gehirndruck *m*
intracranial pressure monitoring intrakranielles Druck-Monitoring *n*, Schädel(b)innendrucküberwachung *f*, Gehirndrucküberwachung *f*
intractable 1. *(Psych)* refraktär, widerstehend, uneinsichtig; 2. refraktär, nicht beherrschbar, nicht stillbar, unstillbar *(z. B. Schmerz)*
intractable pain unstillbarer Schmerz *m*
intracutaneous *s.* intradermal
intracuticular intrakutikulär, in der Oberhaut liegend
intracystic intrazystisch, in einer Blase liegend
intracystic papilloma intrazystisches Papillom *n*
intracytoplasmic intrazytoplasmatisch, im Zytoplasma liegend

intrad einwärts [nach innen] gerichtet
intradermal intradermal, in der Haut liegend
intradermal bleb of local anaesthesia intradermale Quaddel *f* mit Lokalanästhetikum
intradermal bleb symptom Apfelsinenschalenphänomen *n*
intradermal injection Intrakutaninjektion *f*
intradermal inoculation Intradermalinokulation *f*, Intrakutanimpfung *f*
intradermal jet injection Intrakutaninjektion *f* mit der Impfpistole
intradermal reaction Intrakutanreaktion *f*
intradermal suture Intrakutannaht *f*
intradermal test Intrakutantest *m*, Intrakutanprobe *f*
intradermal testing Intrakutantestung *f*, Intrakutanprüfung *f*, Intrakutanprobe *f*
intradermal vaccination Intrakutanimpfung *f*
intradermic *s.* intradermal
intradialitic während der Dialyse ablaufend [stattfindend]
intraductal intraduktal, in einem Gang liegend
intraductal carcinoma intraduktales Karzinom *n*
intraductal papilloma intraduktales Papillom *n*
intraduodenal intraduodenal, im Zwölffingerdarm liegend
intradural intradural, innerhalb der harten Hirnhaut liegend
intradural bleeding intradurale Blutung *f*, Intraduralblutung *f*
intradural haemorrhage *s.* intradural bleeding
intradural lipoma intradurales Lipom *n*
intraembryonic intraembryonal, im Embryo liegend, in der Leibesfrucht liegend
intrafacial intrafazial, innerhalb des Nervus facialis liegend
intrafaradization Intrafaradisierung *f*, Faradisierung *f* einer Organhöhle
intrafascicular intrafaszikulär, in einem Faszikel [kleinen Bündel] liegend
intrafebrile intrafebril, während des Fiebers, im Fieber
intrafilar in einem Netzwerk [Reticulum] liegend
intrafissural intrafissural, in einer Fissur liegend
intrafistular intrafistular, in einer Fistel liegend
intrafocal intrafokal, in einem Fokus liegend; in einem Herd liegend
intrafoetation Intrafetation *f*, Intrafötation *f*
intrafollicular intrafollikulär, in einem Bläschen liegend
intrafusal intrafusal, innerhalb der Muskelspindel liegend
intrafusal muscle fibre intrafusale Muskelfaser *f*, Muskelspindelfaser *f*
intragalvanization Intragalvanisierung *f*, Galvanisierung *f* einer Organhöhle
intragastric intragastrisch, intragastral, im Magen liegend
intragemmal intragemmal, innerhalb der Geschmacksknospen liegend
intragenal *s.* intragenic
intrageneric innerhalb des Knies liegend
intragenic in einem Gen liegend
intraglandular intraglandulär, in einer Drüse liegend
intraglobular in einem Blutkörperchen liegend
intragluteal intraglutaal, im Gesäßmuskel liegend
intragyral intragyral, in einer Hirnwindung liegend
intrahepatic intrahepatisch, innerhalb der Leber liegend
intrahyoid intrahyoidal, im Zungenbein liegend
intra-ictal während eines Anfalls auftretend
intra-intestinal intraintestinal, im Darm(kanal) liegend
intrajugular process 1. Processus *m* intrajugularis ossis occipitalis; 2. Processus *m* intrajugularis ossis temporalis
intralabyrinthine intralabyrinthär, im Labyrinth liegend
intralabyrinthine pressure Labyrinth(b)innendruck *m*
intralamellar intralamellär, in (den) Lamellen liegend
intralaryngeal intralaryngeal, im Kehlkopf liegend
intralesional innerhalb einer Verletzung (liegend); in eine Verletzung einführend
intraleucocytic intraleukozytär, in einem Leukozyten liegend
intraligamentary intraligamentär, zwischen der Bauchfellduplikatur des Ligamentum latum liegend
intraligamentary cyst *(Gyn)* Ligamentum-latum-Zyste *f*
intraligamentary pregnancy Ligamentum-latum-Schwangerschaft *f*
intraligamentous *s.* intraligamentary
intralingual intralingual, in der Zunge liegend
intralobar intralobär, in einem Lappen liegend
intralobular intralobulär, in einem Läppchen liegend
intralobular artery Intralobulararterie *f*, Arteria *f* intralobularis
intralobular vein (of the liver) Leberzentralvene *f*
intralocular intralokulär
intralumbar intralumbal, im Lumbalkanal liegend
intraluminal intraluminal, in einem Lumen liegend
intraluminal coronary artery stent intraluminaler Stent *m* [Koronargefäß-Stent *m*]
intraluminal tube *(Chir, Gastr)* Endoprothese *f (z. B. bei Speiseröhrenkrebs)*
intramammary intramammär, in der Brust liegend
intramammary abscess intramammärer Abszess *m*
intramarginal intramarginal, in einem Rand liegend
intramatrical in einer Matrix liegend
intrameatal intrameatal, in einem Meatus liegend
intramedullary intramedullär, innerhalb des Marks liegend *(z. B. Rückenmark)*
intramedullary fixation *(Chir)* intramedulläre Fixation *f*, Marknagelfixation *f (von Knochenbrüchen)*
intramedullary nail *(Chir)* Mark(raum)nagel *m (zur Knochenbruchfixierung)*
intramedullary nailing *(Chir)* Marknagelung *f*
intramedullary pin *s.* intramedullary nail
intramedullary Rush type of pin *(Chir)* Rushpin *m*
intramedullary wire fixation *(Chir)* intramedulläre Drahtfixation *f (von Knochenbrüchen)*
intramembranous intramembranös, innerhalb einer Membran liegend
intramembranous ossification intramembranöse Ossifikation *f*
intrameningeal intrameningeal, innerhalb der Hirnhäute liegend
intramenstrual intramenstrual, intramenstruell, in der Monatsblutung liegend
intramenstrual pain intramenstrueller Schmerz *m*, Ovulationsschmerz *m*, Mittelschmerz *m*
intramolecular intramolekular, in einem [den] Molekülen liegend
intramucosal in einer Schleimhaut liegend
intramural intramural, in einer Wand liegend *(z. B. eines Organs)*
intramural aneurysm Aneurysma *n* dissecans, dissezierendes [intramurales] Aneurysma *n*
intramural bleeding intramurale Blutung *f*
intramural haemorrhage *s.* intramural bleeding
intramural myocardial infarction intramuraler Myokardinfarkt *m*
intramuscular intramuskulär, i.m., innerhalb eines Muskels liegend
intramuscular haematoma intramuskuläres Hämatom *n*, Muskelhämatom *n*
intramuscular injection intramuskuläre Injektion *f*
intramyocardial intramyokardial, im Herzmuskel liegend
intramyometrial intramyometrial, in der Muskulatur der Gebärmutterwand liegend
intranarial intranarial, in den Nasenlöchern liegend

intranasal intranasal, endonasal, in der Nase(nhöhle) liegend
intranasal inoculation Intranasalinokulation *f*
intranatal intranatal, während der Geburt
intraneural intraneural, endoneural, in einem Nerven liegend
intraneural anaesthesia intraneurale Anästhesie *f*
intranuclear intranukleär, im Zellkern liegend
intranuclear inclusion body Kerneinschlusskörper *m*, Zellkerneinschlusskörper *m*
intraocular intraokular, innerhalb des Auges liegend
intraocular muscle intraokulärer Muskel *m*, Augen(b)innenmuskel *m*
intraocular pressure intraokulärer Druck *m*, Intraokulardruck *m*, Augen(b)innendruck *m* • **relieve intraocular pressure** den Augen(b)innendruck senken
intraocular structure Augeninnenstruktur *f*
intraoesophageal intraösophageal, in der Speiseröhre liegend
intraoperative intraoperativ, während einer Operation
intraoperative cholangiography intraoperative Cholangiographie *f*
intraoperative hyperthermia intraoperative Hyperthermie *f*
intraoperative ultrasound intraoperativer Ultraschall *m*; intraoperative Ultraschalluntersuchung *f*
intraoral intraoral, in der Mundhöhle liegend
intraoral contact X-ray of teeth and jaws intraorale Kontakt(röntgen)aufnahme *f* (der Zähne und Kiefer)
intraoral examination intraorale Untersuchung *f*
intraoral orthodontic appliance intraoraler kieferorthopädischer Apparat *m*
intraorbital intraorbital, in der Augenhöhle liegend
intraossal *s.* intraosseous
intraosseous intraossal, im Knochen liegend
intraosseous infusion intraossale Infusion *f*
intraosseous osteosynthesis intraossale Osteosynthese *f*
intraosteal *s.* intraosseous
intraovarial intraovariell, im Ovar liegend
intraovarian *s.* intraovarial
intraovular in einem Ei [Ovum] liegend; in einer Oozyte liegend
intrapancreatic intrapankreatisch, in der Bauchspeicheldrüse liegend
intraparenchymatous intraparenchymatös, im Parenchym liegend
intraparietal 1. intraparietal, intramural, in der Wand liegend; 2. in den Scheitelbeinen liegend; 3. in den Scheitellappen liegend *(des Gehirns)*
intraparietal sulcus Sulcus *m* intraparietalis
intrapartal intra partum, intrapartal, unter [während] der Geburt
intrapartal care intrapartale Betreuung *f*, Intrapartalpflege *f*
intrapartal period intrapartale Periode *f*, Intrapartalperiode *f*
intrapartum *s.* intrapartal
intrapartum haemorrhage intrapartale Blutung *f*
intrapelvic intrapelvisch, intrapelvin, endopelvisch, innerhalb des Beckens liegend
intrapericardial intraperikardial, innerhalb des Herzbeutels liegend
intrapericardial space Intraperikardialraum *m*
intraperineal intraperineal, im Dammbereich liegend; im Dammgewebe liegend
intraperiosteal intraperiosteal, im Periost liegend, in der Knochenhaut liegend
intraperiosteal fracture intraperiostale Fraktur *f*
intraperitoneal intraperitoneal, innerhalb des Bauchfells liegend, in der Peritonealhöhle liegend
intraperitoneal haemorrhage *s.* haematoperitoneum
intraperitoneal irrigation solution Peritonealspüllösung *f*
intraperitoneal lavage *(Chir)* Peritonealspülung *f*, Peritoneallavage *f*
intrapersonal *s.* intrapsychic
intrapial intrapial, innerhalb der Pia mater liegend; unterhalb der Pia mater liegend
intraplacental intraplazental, in der Plazenta liegend
intrapleural intrapleural, in der Pleurahöhle liegend, innerhalb des Brustfells liegend
intrapleural effusion Pleuraerguss *m*
intrapleural pressure intrapleuraler Druck *m*, Intrapleuraldruck *m*, Pleuradruck *m*
intrapleural space Intrapleuralraum *m*, Pleuraraum *m*, Pleuraspalte *f*, Pleuraspalt *m*
intrapontine intrapontin, innerhalb der Brücke liegend
intraprostatic intraprostatisch, in der Vorsteherdrüse liegend
intraprotoplasmic intraprotoplasmatisch, im Protoplasma liegend
intrapsychic intrapsychisch, in der Psyche liegend; aus der Psyche stammend, in der Psyche ablaufend [vorgehend]
intrapsychic ataxia intrapsychische Ataxie *f*
intrapsychic conflict psychischer Konflikt *m*
intrapsychical *s.* intrapsychic
intrapulmonary intrapulmonär, intrapulmonal, innerhalb der Lunge liegend
intrapulmonary shunt intrapulmonaler Shunt *m*
intrapyretic während des Fiebers auftretend
intrarachidian *s.* intraspinal
intrarectal intrarektal, im Rektum liegend
intrarenal intrarenal, innerhalb der Nieren liegend
intrarenal haemodynamics intrarenale Hämodynamik *f*, renales Blutverteilungsmuster *n*
intraretinal intraretinal, in der Netzhaut liegend
intrarrhachidian *s.* intraspinal
intrascapular intrascapular, innerhalb des Schulterblatts liegend
intrascleral intraskleral, in der weißen Augenhaut liegend
intrascrotal intraskrotal, innerhalb des Hodensacks liegend
intrasegmental innerhalb eines Segments liegend
intrasellar intrasellar, im Türkensattel liegend, in der Sella turcica liegend
intrasellar abscess intrasellärer Abszess *m*, Türkensattelabszess *m*
intraserous im Blutserum [Serum] liegend
intraspinal intraspinal, intraspinös, im Wirbelsäulenkanal liegend, in einem Wirbelkörperfortsatz liegend
intraspinal block Intraspinalblock *m*, Spinalanästhesie *f*
intraspinal hypodermic Spinalkanalpunktions...
intraspinous *s.* intraspinal
intrasplenic intrasplenisch, innerhalb der Milz liegend
intrasplenic pseudodyst intrasplenische Pseudozyste *f*
intrasternal intrasternal, innerhalb des Brustbeins liegend
intrastitial intrastitiell, im Gewebe liegend
intrastromal intrastromal, im Stroma liegend
intrasynovial intrasynovial, innerhalb einer Synovialmembran [Gelenkschleimhaut] liegend
intratarsal intratarsal, in der Fußwurzel liegend
intratendinous intratendinös, in einer Sehne liegend
intratesticular intratestikulär, im Hoden liegend
intrathecal intrathekal, innerhalb des Liquorraums liegend
intrathecal injection intrathekale Injektion *f*, Injektion *f* in den Subarachnoidalraum

intrathenar intrathenar, zwischen dem Thenar und dem Hypothenar liegend
intrathoracic intrathorakal, innerhalb der Brusthöhle liegend
intrathoracic goitre intrathorakale Struma *f*
intrathoracic pressure intrathorakaler Druck *m*, Intrathorakaldruck *m*, Thorax(b)innendruck *m*
intratonsillar intratonsillär, innerhalb einer Mandel liegend
intratrabecular intratrabekulär, in den Trabekeln liegend
intratracheal intratracheal, endotracheal, innerhalb der Luftröhre liegend
intratrochanteric intratrochanterisch, innerhalb eines Rollhügels liegend
intratubal intratubal, innerhalb eines Eileiters liegend
intratubular intratubulär, in den Röhrchen [Kanälchen] liegend
intratympanic intratympanal, in der Paukenhöhle liegend
intravaginal 1. intravaginal, innerhalb der weiblichen Scheide; 2. intravaginal, innerhalb der Sehnenscheide
intravasate Intravasat *n*
intravasation Intravasation *f*
intravascular intravaskulär, intravasal, innerhalb der Blutgefäße liegend
intravascular agglutination *s.* sludging of the blood
intravascular coagulation test intravaskulärer Gerinnungstest *m*
intravascular echocardiography intravaskuläre Echokardiographie *f*
intravascular ultrasonic device intravaskuläres Ultraschallgerät *n*
intravascular ultrasound examination intravaskuläre Ultraschalluntersuchung *f*
intravenation intravenöse Injektion *f*, intravenöse Einführung *f*
intravenous intravenös, i.v., in die Vene hinein; innerhalb der Vene (liegend)
intravenous alimentation intravenöse [parenterale] Ernährung *f*
intravenous anaesthesia intravenöse Narkose *f*, Injektionsnarkose *f*
intravenous bolus intravenöser Bolus *m*
intravenous bolus injection intravenöse Bolusinjektion *f*
intravenous bolus site Injektionsstelle *f* für einen intravenösen Bolus
intravenous catheter intravenöser Katheter *m*
intravenous cholangiogram intravenöses Cholangiogramm *n*, i.v.-Cholangiogramm *n*
intravenous cholangiography *(Rad)* intravenöse Cholangiographie *f*, i.v.-Cholangiographie *f*
intravenous cholecystocholangiography *(Rad)* intravenöse Cholezystocholangiographie *f* [Gallenblasen-Gallengang-Darstellung *f*]
intravenous controller (intravenöser) Tropfenzähler *m*
intravenous digitale subtraction angiography Subtraktionsangiographie *f*, intravenöse DSA *f*
intravenous drip Tropfinfusion *f*, Tropf *m*
intravenous fat emulsion intravenöse Fettemulsion *f*
intravenous fat emulsion infusion intravenöse Fettemulsionsinfusion *f*
intravenous feeding parenterale Ernährung *f*
intravenous fluid intravenöse Flüssigkeit *f*
intravenous giving set *s.* infusion set
intravenous hyperalimentation intravenöse Hyperalimentation *f*, hochkalorische parenterale Ernährung *f*
intravenous infusion intravenöse Infusion *f*
intravenous infusion of fluid intravenöse Flüssigkeitsinfusion *f*
intravenous infusion technique intravenöse Infusionstechnik *f*
intravenous injection intravenöse Injektion *f*
intravenous insertion intravenöse Kanülen(ein)legung *f*, Schaffung *f* eines intravenösen Zugangs
intravenous line intravenöse Linie *f* [Leitung *f*]
intravenous medication intravenöse Medikamentengabe *f* [Arzneimittelapplikation *f*]
intravenous narcosis *s.* intravenous anaesthesia
intravenous peristaltic pump (intravenöse) Schlauchpumpe *f*
intravenous piston pump (intravenöse) Stempelpumpe *f*, Infusionspumpe *f*
intravenous portal Venenzugang *m*, venöser Zugang *m*; Venenkatheter *m*
intravenous pump (intravenöse) Infusionspumpe *f*
intravenous push intravenöser Bolus *m*
intravenous pyelogram intravenöses Pyelogramm *n*, i.v.-Pyelogramm *n*
intravenous pyelography *(Rad)* intravenöse Pyelographie *f*, i.v.-Pyelographie *f*
intravenous route *s.* intravenous portal
intravenous solution intravenöse Lösung *f*, (intravenöse) Infusionslösung *f*
intravenous syringe pump (intravenöse) Spritzenpumpe *f*
intravenous tension Venen(b)innendruck *m*
intravenous therapy intravenöse Therapie *f*, intravenöse Medikamentengabe *f*, (intravenöse) Infusionsbehandlung *f*
intravenous tubing intravenöses Schlauchsystem *n*
intravenous urogram intravenöses Urogramm *n*, i.v.-Urogramm *n*
intravenous urography *(Rad)* intravenöse Urographie *f*, i.v.-Urographie *f*
intraventricular intraventrikulär, in einer Herzkammer liegend
intraventricular block intraventrikulärer Block *m*, Kammerblock *m*
intraventricular conduction intraventrikuläre Reizleitung *f (des Herzens)*
intraventricular conduction defect intraventrikuläre Reizleitungsstörung *f*
intraventricular conduction delay intraventrikulärer Herzblock *m*, intraventrikuläre Reizleitungsverzögerung *f*
intraventricular haematoma intraventrikuläres Hämatom *n*, Ventrikelhämatom *n*
intraventricular heart block *s.* intraventricular conduction delay
intraventricular hydrocephalus intraventrikulärer Hydrozephalus *m*
intraventricular pressure intraventrikulärer Druck *m*, Herzkammer(b)innendruck *m*
intraventricular stimulus conduction *s.* intraventricular conduction
intraversion *(Stom)* Intraversion *f (Abweichung der Kieferstrukturen zur Kiefermitte)*
intravertebral intravertebral, innerhalb eines Wirbels liegend
intravesical intravesikal, innerhalb der Harnblase liegend
intravillous intravillös, in den Zotten liegend; in einer Zotte liegend
intravital intravital, intra vitam, während des Lebens
intravital stain Vitalfarbstoff *m*
intravital staining *(Histol)* Vitalfärbung *f*
intravitelline intravitellin, im Eidotter liegend
intravitreal *s.* intravitreous
intravitreous *(Ophth)* intravitreal, im Glaskörper liegend
intravitreous injection Glaskörperinjektion *f*
intrinsic eingeboren, angeboren, kongenital *(Zusammensetzungen siehe unter: congenital)*

intrinsic asthma Intrinsic-Asthma *n*, intrinsisches Asthma *n*, nichtallergisches Asthma *n* bronchiale
intrinsic coagulation system Intrinsic-Gerinnungs-System *n*
intrinsic factor Intrinsic-Faktor *m*, endogener Magenfaktor *m*
intrinsic minus hand deformity intrinsische Minusdeformität *f* der Hand *(bei Ulnarisnerven- und Medianusnervenläsion an der Handwurzel)*
intrinsic muscles intrinsische Muskeln *mpl*
intrinsic β-sympathomimetic activity intrinsische β-sympathomimetische Aktivität *f*
introduce *v* **a contrast substance** *(Rad)* ein Kontrastmittel einführen [geben]
introduce *v* **the barium meal through a probe** *(Rad)* Bariumkontrastmittel über eine Sonde einführen
introduce *v* **the barium meal via a fistula** *(Rad)* Bariumkonstrastmittel über eine Fistel einführen
introducer Intubator *m*, Einführer *m*, Einführinstrument *n*
introfier Emulgator *m (zur Verringerung der Oberflächenspannung von Emulsionen)*
introflexion Introflexion *f*, Einwärtsbeugung *f*
introgastric in den Magen führend; in den Magen eingeführt
introgression *(Gen)* Introgression *f*
introital introital; Introitus…
introitus Introitus *m*, Eingang *m*, Zugang *m (zu einer Körperhöhle)*
introjection *(Psych)* Introjektion *f*, Verinnerlichung *f*
intromission Intromission *f*, Einführung *f*
intromittent einführend, in den Körper einbringend
intron *(Gen)* Intron *n*, Insert *n*, Gen-transkribierende Sequenz *f*
introspection 1. Introspektion *f*, Selbstbeobachtung *f*; 2. Introspektion *f*, instrumentelle Einsicht *f* in das Körperinnere
introspective introspektiv; Introspektions…
introsusception *s.* intussusception
introversion 1. Introversion *f*, Einstülpung *f*; 2. *(Neur)* Introversion *f*, Zuwendung *f* nach innen *(auf eigene seelische Vorgänge)*; Weltabgeschlossenheit *f*; 3. Intraversion *f*
introvert *v* 1. introvertieren, nach innen umkehren [wenden], einstülpen; 2. *(Neur)* introvertieren, sich nach innen ausrichten [wenden] *(auf das eigene Seelenleben)*; (welt)verschlossen sein
introvert 1. Eingestülpte(s) *n*; Invaginat *n*; 2. *(Neur)* Introvertierte(r) *m*, (welt)verschlossener Mensch *m*
introverted introvertiert, nach innen ausgerichtet
introverted personality introvertierte Persönlichkeit *f*
intubate *v* intubieren, einen Tubus einführen [einschieben] *(z. B. in die Luftröhre)*
intubating guide Führungsinstrument *n (bei Intubation)*
intubation Intubation *f*, Tubuseinführung *f (z. B. in die Luftröhre)*
intubation anaesthesia Intubationsnarkose *f*
intubation forceps *(Anästh)* Intubationszange *f*
intubation narcosis Intubationsnarkose *f*
intubation tube Intubationstubus *m*, Tubus *m*
intubation tube guide *(Anästh)* Führungssonde *f*, Führungsdraht *m*, Mandrin *n*
intubationist Intubierende(r) *m*, intubierender Arzt *m*, Tubuseinführender *m*
intubator 1. Intubator *m*, Intubationsinstrument *n*, Tubuseinführungsinstrument *n*; Intubationszange *f*; 2. *s.* intubationist
intuition Intuition *f*, plötzliche Idee *f*
intuitional intuitiv, auf Intuition beruhend, instinktiv erfassend
intuitive *s.* intuitional
intumesce *v* anschwellen, schwellen, an Volumen zunehmen, im Volumen vergrößern
intumescence 1. Intumeszenz *f*, Anschwellung *f*, Volumenzunahme *f*, Volumenvergrößerung *f*; 2. *(Anat)* Intumescentia *f* cervicalis, Halsmarkanschwellung *f*; 3. *(Anat)* Intumescentia *f* lumbalis, Lendenmarkanschwellung *f*
intumescent intumeszent, anschwellend, das Volumen vergrößernd
intumescent cataract *(Ophth)* Quellungskatarakt *f*, Cataracta *f* intumescens
intumescentia *s.* intumescence
intussusception Intussuszeption *f*, Invagination *f*, Einstülpung *f*, Einscheidung *f* • **correct intussusception** eine Invagination ausstülpen, eine Darmeinstülpung devaginieren
intussusceptive einstülpend, invaginierend; Intussuszeptions…; Einstülpungs…, Invaginations…
intussusceptum Intussuszeptum *n*, Invaginat *n*, Eingestülpte(s) *n*
intussuscipiens Intussuszipiens *n*, das Invaginat einschließender Darmabschnitt *m*
inulase Inulase *f (Enzym)*
inulin Inulin *n*, Polyfruktosid *n*
inulin clearance *(Nephr)* Inulin-Clearance *f*
inulinase Inulinase *f (Enzym)*
inunction Inunktion *f*, Einreibung *f*, Einsalbung *f*, Schmierkur *f*
inundate *v* überschwemmen, überfluten
inundation Überschwemmung *f*, Überflutung *f*
inundation fever *s.* scrub typhus
invaccination Einimpfung *f*, Erregerübertragung *f* bei Impfung
invaginate *v* invaginieren, einstülpen, einscheiden
invaginate planula *s.* gastrula
invaginating suture invaginierende [einstülpende] Naht *f*, Einstülpungsnaht *f*
invagination Invagination *f*, Intussuszeption *f*, Einstülpung *f*, Einstülpen *n*, Einscheidung *f*
invagination ileus *(Chir, Gastr)* Invaginationsileus *m*
invagination vacuole Invaginationsvakuole *f*
invalid invalid(e), arbeitsunfähig, dienstuntauglich *(z. B. durch Krankheit)*; krank, gebrechlich
invalid Invalide(r) *m*, arbeitsunfähiger [dienstuntauglicher] Mensch *m*; Gebrechlicher *m*
invalid as a result of war Kriegsversehrte(r) *m*, Kriegsbeschädigte(r) *m*
invalid because of a disease Invalider *m* durch Krankheit
invalid chair Kranken(fahr)stuhl *m*, Rollstuhl *m*
invalid from work Berufsinvalider *m*
invalidism Invalidität *f*, Arbeitsunfähigkeit *f*, Dienstuntauglichkeit *f*; Gebrechlichkeit *f*
invalidity benefit Invaliditätsleistung *f (einer Versicherung)*
invalidity pension Frührente *f*, Invaliditätsrente *f* • **get an invalidity pension** wegen Invalidität berentet werden, eine Frührente [Invaliditätsrente] erhalten
invariable behaviour nichtvariables Verhalten *n*, unveränderliches Verhalten *n (z. B. einer physiologischen Reaktion)*
invariably lethal dose absolut tödliche Dosis *f*, LD 100
invasin *s.* hyaluronidase
invasion Invasion *f*, Einbruch *m*, Eindringen *n* von Krankheitskeimen; Infektionskrankheitsbeginn *m*
invasion of privacy Verletzung *f* der Privatsphäre
invasive invasiv, eindringend, einbrechend, einfallend
invasive carcinoma invasives [invasiv wachsendes] Karzinom *n*

invasive disease Invasionskrankheit *f*
invasive haemodynamic monitoring invasives hämodynamisches Monitoring *n*, intensive hämodynamische Überwachung *f*
invasive mole *(Gyn)* destruierende Blasenmole *f*, Chorioadenoma *n* destruens, Chorioadenom *n*
invasive procedure invasives Verfahren *n*
invasive thermometry invasive Thermometrie *f* [Temperaturmessung *f*]
invasiveness Eindringungsfähigkeit *f (von Krankheitskeimen, Tumorzellen)*
inventive mania *(Neur)* Erfinderwahn *m*
inventory *(Psych)* (psychoanalytischer) Fragebogen *m*
invermination *(Paras)* Wurmbefall *m*, Wurminfestation *f*, Wurmkrankheit *f*
inverse invers, umgekehrt; umgestülpt, verkehrt
inverse anaphylaxis inverse Anaphylaxie *f (allergische Reaktion durch Antikörper)*
inverse astigmatism *(Ophth)* inverser Astigmatismus *m*, Astigmatismus *m* gegen die Regel
inverse I:E ratio inverses Inspiration-Exspiration-Verhältnis *n*
inverse Marcus Gunn syndrome invertiertes Marcus-Gunn-Syndrom *n*, Marin-Amat-Syndrom *n (Augenverschluss bei Kieferbewegung)*
inversed ratio ventilation *(Anästh)* Beatmung *f* mit umgekehrtem Atemphasen-Zeit-Verhältnis
inversion 1. Inversion *f*, Umkehrung *f*, Umstülpung *f*, Ausstülpung *f (z. B. eines Hohlorgans)*; 2. Inversion *f*, Verdrehung *f*, Umstülpung *f (z. B. eines Organs um die Längsachse)*; 3. *(Gen)* Inversion *f*, Chromosomeninversion *f*; 4. *(Psych)* (sexuelle) Inversion *f*, Homosexualität *f*; 5. *(Orth)* Inversion *f*, Rückfußkippung *f*
inversion fracture Inversionsfraktur *f*
inversion gastroscopy Inversionsgastroskopie *f*
inversion of chromosomes Chromosomeninversion *f*
inversion of T wave T-Wellenumkehrung *f (EKG)*; negative T-Welle *f*, negatives T *n*
inversion of the bladder Blasenumstülpung *f*, Blasenausstülpung *f (z. B. in die weibliche Harnröhre)*
inversion of the foot Fußeinwärtsdrehung *f*, Fußeinwärtskehrung *f*
inversion of the uterus Uterusumstülpung *f*, Gebärmutterumstülpung *f*, Inversio *f* uteri
inversion of the vagina Vaginaumstülpung *f*, Scheidenumstülpung *f*, Inversio *f* vaginae
inversion traction Inversiontraktion *f*, Inversionzug *m (z. B. der Wirbelsäule)*
invert *v* invertieren, umkehren; umstülpen
invert *s.* homosexual
invert sugar Invertzucker *m*
invertase Invertase *f*, Invertin *n*, Sa(c)charase *f*, Sucrase *f*, β-Fructosidase *f (Enzym)*
invertebral invertebral, wirbel(säulen)los
invertebrate *s.* invertebral
invertebrate Invertebrate(r) *m*, Wirbel(säulen)lose(r) *m*
inverted invertiert, umgekehrt; umgestülpt, eingezogen; verdreht
inverted nipple eingezogene Mamille *f*
inverted repeat *(Gen)* invertierte Wiederholung *f (z. B. der Nukleotidfrequenz)*
inverted testis Inversionshoden *m*, um seine Achse verdrehter Hoden *m*
invertin *s.* invertase
invertor (muscle) Außendreher *m*, Außendrehermuskel *m*
invertose Invertose *f*, Invertzucker *m*
investigation Investigation *f*, Untersuchung *f*, Forschung *f*, Erforschung *f*
investigation of behaviour Verhaltensforschung *f*
investigation of duodenal contents Untersuchung *f* des Duodenalinhaltes
investigational device exemption Ausnahmegenehmigung *f* für Gerätetestung, Ausnahme *f* für die Testung medizinischer Geräte
investigational new drug für experimentelle Forschung freigegebenes Medikament *n*
investigative process (ärztlicher) Untersuchungsvorgang *m*
investing 1. Einhüllen *n*, Umkleiden *n*; Abdecken *n*; Überziehen *n*; 2. Einbetten *n* histologischer Schnitte; 3. *(Stom)* Einbetten *n*
investing cartilage Gelenkknorpel *m*
investing the pattern Abdrucknahme *n* eines Zahnmusters *(zur Gussherstellung von Zahnkronen)*
investment 1. *(Anat)* Hülle *f*, Umkleidung *f*, Deckschicht *f*, Überzug *m*; 2. Einbettung *f* histologischer Schnitte; 3. *(Stom)* Einbettung *f*, Einbettungsmasse *f*
inveterate chronisch, hartnäckig; lange bestehend [existierend]; etabliert
invirility *s.* impotence 2.
inviscation Einspeichelung *f*, Einspeicheln *n (der Nahrung)*
invisible invisibel, unsichtbar
invisible differentiation *(Embr)* unsichtbare Differenzierung *f (embryonaler Zellen)*
involucre Involukrum *n*, Hülle *f*, Kapsel *f*
involucrum *s.* involucre
involuntary 1. involuntär, unfreiwillig, entgegen dem Willen, gegen den Willen; 2. unwillkürlich, vom Willen unabhängig
involuntary fibre unwillkürliche [glatte] Muskelfaser *f*
involuntary forced movements *s.* hyperkinesia
involuntary memory *(Neur)* unwillkürliches Gedächtnis *n*
involuntary muscle unwillkürlicher [glatter] Muskel *m*, Eingeweidemuskel *m*
involuntary musculature glatte Muskulatur *f*, Eingeweidemuskulatur *f*
involuntary nervous system autonomes Nervensystem *n*
involuntary patient *(Psych)* zwangseingewiesener Patient *m*
involuntary urination Harninkontinenz *f*, unfreiwilliges Wasserlassen *n*
involuntomotory eine unwillkürliche Bewegung betreffend; zur nichtwillkürlicher Bewegung gehörend
involution 1. Involution *f*, Rückbildung *f (z. B. eines Organs)*; 2. *(Neur)* Involution *f*, geistige Rückbildung *f*, geistiger Verfall *m*, Katagenese *f*
involution form Involutionsform *f*, Rückbildungsform *f (z. B. bei Mikroorganismen)*
involution melancholia *s.* involutional depression
involution of the uterus Uterusinvolution *f*, Gebärmutterrückbildung *f (z. B. nach einer Geburt)*
involutional involutionell, involutionierend, sich (zu)rückbildend; Involutions…, Rückbildungs…
involutional arteriosclerosis *(Path)* Involutionsarteriosklerose *f*
involutional atrophy *(Path)* Involutionsatrophie *f*, Inaktivitätsatrophie *f*
involutional cyst Involutionszyste *f*
involutional depression *(Neur)* Involutionsdepression *f*, Altersdepression *f*, Altersniedergeschlagenheit *f*
involutional entropion *(Ophth)* Involutionsentropion *n*
involutional melancholia *(Neur)* Involutionsmelancholie *f*, Altersmelancholie *f*
involutional osteoporosis *(Path, Orth)* Involutionsosteoporose *f*

involutional paranoia *(Neur)* Involutionsparanoia *f*
involutional paraphrenia *(Neur)* Involutionsparaphrenie *f*
involutional psychosis Involutionspsychose *f (des alternden Menschen)*
involutional psychotic reaction *(Neur)* Involutionsmelancholie *f*
involutionary memory *(Neur)* Involutionsgedächtnis *n*
inward aggression *(Neur)* Selbstzerstörung *f*, Selbstbeschädigung *f*
iobenguane m-Iodobenzylguanidin *n*
iobenzamic acid Iobenzaminsäure *f*, Iodbenzamsäure *f*
iocetamic acid Iocetaminsäure *f*, Iodcetaminsäure *f (Kontrastmittel)*
iod-Basedow *s.* iodine-Basedow
iodaemia Iodhämie *f*, Vorhandensein *n* von Iod im Blut
iodalbumin Iodalbumin *n*, iodiertes Albumin *n*
iodamide Iodamid *n (Kontrastmittel)*
iodate Iodat *n*
iodic acid Iodsäure *f*
iodide Iodid *n*
iodide peroxidase Iodidperoxidase *f*, Iodinase *f*
iodimetry *s.* iodometry
iodinase *s.* iodide peroxidase
iodinate *v* iodieren, mit Iod verbinden
iodinated I 131 serum albumin mit Iod-131 markiertes Serumalbumin *n*
iodinated thyroglobulin jodiertes Thyroglobulin *n*
iodination Iodierung *f*, Iodieren *n*, Iodination *f*
iodine Iod *n*, Jod *n* • **be sensitive to iodine** iodempfindlich sein, auf Iod allergisch reagieren, eine Iodallergie haben • **paint with iodine** mit Iod bestreichen, (ab)iodieren
iodine acne *(Derm)* Iodakne *f*
iodine antiseptic solution antiseptische Iodlösung *f*
iodine-Basedow Iod-Basedow *m*, Iodhyperthyreose *f*
iodine-deficiency goitre Iodmangelstruma *f*
iodine exanthema Iodexanthem *n*, Iodausschlag *m*
iodine-fast iodstabil, iodfest
iodine forceps Iodpinzette *f*
iodine-induced hyperthyroidism *s.* iodine-Basedow
iodine number Iodzahl *f*
iodine pemphigus Iodpemphigus *m*
iodine poisoning Iodintoxikation *f*, Iodvergiftung *f*
iodine-potassium iodide solution Iod-Iodkalium-Lösung *f*
iodine prophylaxis Iodprophylaxe *f*
iodine purpura Iodpurpura *f*
iodine reaction Iodreaktion *f*
iodine sensibility Iodempfindlichkeit *f*, Iodsensibilität *f*, Iodallergie *f*
iodine solution Iodlösung *f*
iodine-131-tagged albumin mit Iod-131 markiertes Albumin *n*
iodine test Iodtest *m*, Iodtestung *f*
iodine test for starch Iodstärkereaktion *f*
iodine tincture Iodtinktur *f*, Tinctura *f* iodi, alkoholische Iodlösung *f*
iodinophil(e) 1. Iodophile(r) *m*, iodophiler Organismus *m*; sich leicht mit Iod färbende Zelle *f*; 2. *s.* iodophil
iodinophilous *s.* iodophil(e)
iodipamide Iodipamid *n*
iodipamide methylglucamine Iodipamidmethylglucamin *n*
iodipamide sodium Iodipamid-Natrium *n*
iodism Iodismus *m*, Iodintoxikation *f*, Iodvergiftung *f*
iodixanol *(Rad)* Iodixanol *n (Kontrastmittel)*
iodization Iodisation *f*, Iodieren *n*
iodize *v* iodieren, mit Iod(lösung) bestreichen
iodized salt iodiertes Salz *n* [Speisesalz *n*] *(zur Strumaprophylaxe)*
iodizing of a hormone Hormoniodierung *f*
iodoacetamide Iodazetamid *n*
iodoacetic acid Iodessigsäure *f*
iodoalphionic acid Iodalphionsäure *f (Kontrastmittel)*
iodobenzylguanidine m-Iodbenzylguanidin *n*, Iobenguane *n*
iodochlorhydroxyquin Iodchlorhydroxyquin *n*, Chloriodhydroxychinolin *n*, Clioquinol *n*
iodochlorohydroxyquinoline *s.* iodochlorhydroxyquin
iodocholesterol I 131 Iodcholesterin *n* I 131
iododerma Iododerm *n*, Iododerma *n* tuberosum *(flache Knotenbildungen an den Gliedern nach langem Iodgebrauch)*
iodoform Iodoform *n*, Jodoformum *n*, Triiodmethan *n (Wundantiseptikum)*
iodoformism Iodoformintoxikation *f*, Jodoformvergiftung *f*
iodoformize *v* iodoformieren, mit Iodoform behandeln
iodogenic Iod liefernd; Iod bildend
iodoglobulin Iodglobulin *n*
iodogorgoic acid Diiodthyrosin *n (Thyroxinpräkursor)*
iodohippurate sodium Natrium-*o*-iodhippurat *n (Kontrastmittel)*
iodolography Iodkontrastmitteldarstellung *f (z. B. eines Organs)*
iodomethamate sodium Natriumiodomethamat *n (Kontrastmittel)*
iodomethane Methyliodid *n*
iodomethylnorcholesterol Iodmethylnorcholesterol *n (Kontrastmittel)*
iodometric iodometrisch, iodmessend, iodbestimmend
iodometry iodometrie *f*, quantitative Iodmessung *f* [Iodbestimmung *f*]
iodopanoic acid Jopanoesäure *f*, Acidum *n* jopanoicum
iodophenol Iodphenol *n*
iodophil iodophil, iodfreundlich; iodfärbend
iodophilia 1. Iodophilie *f*, Iodfreundlichkeit *f*, Iodaffinität *f* der weißen Blutkörperchen; 2. Iodophilie *f*, Iodfärbbarkeit *f*
iodophor Iodophor *m (iodhaltiges Antiseptikum)*
iodophthalein sodium Iodphthalein-Natrium *n (Kontrastmittel)*
iodoprotein Iodprotein *n*
iodopsin Iodopsin *n (Sehstoff der Netzhautzapfenzellen)*
iodopyracet Iodopyracet *n (Kontrastmittel)*
iodoquinol Iodoquinol *n*, Diiodohydroxyquin *n*
iodosulfate Iodosulphat *n*
iodotherapy Iodtherapie *f*, Iodbehandlung *f*
iodothyroglobulin Iodthyreoglobulin *n*
iodothyronine Iodthyronin *n*
iodothyrosine Iodthyrosin *n*
iodothyrosine dehalogenase Iodthyrosinhalogenase *f (Enzym)*
iodothyrosine deiodinase Iodthyrosindeiodinase *f*, Iodidperoxidase *f (Enzym)*
iodoventriculography Iodventrikulographie *f*, Hirnkammerröntgen(kontrast)darstellung *f* nach Iodinjektion
iodovolatilization Jodfreisetzung *f (z. B. durch jodhaltige Algen)*
iodoxamate meglumine Iodoxamatmeglumin *n*
iodoxamic acid Iodoxaminsäure *f (Kontrastmittel)*
ioduria Iodurie *f*, Iodausscheidung *f* im Urin
iofetamine hydrochloride I 123 Iofetaminhydrochlorid *n (Kontrastmittel)*
ioglycamic acid Ioglycaminsäure *f (Kontrastmittel)*
iohexol Iohexol *n (Kontrastmittel)*
iometer Ionometer *n*, Ionisationsmessgerät *n*
ion exchange Ionenaustausch *m*
ion exchange chromatography *(Lab)* Ionenaustauschchromatographie *f*

ion-exchange resin Ionenaustauschharz *n*
ion exchanger Ionenaustauscher *m*
ion-protein Ionenprotein *n*
ion transfer Ionen-Transfer *m*
ionic ionisch; Ionen...
ionic bonding Ionenbindung *f*
ionic compound Ionenverbindung *f*
ionic dissociation Ionendissoziation *f*
ionic strength Ionenstärke *f*
ionization Ionisation *f*, Ionenbildung *f*, Ionenentstehung *f*
ionization chamber Ionisationskammer *f (Ionenzählrohr)*
ionization constant Ionisationskonstante *f*
ionization potential Ionisationspotenzial *n*, Ionisationsspannung *f*
ionization radiation *s.* ionizing radiation
ionize *v* 1. ionisieren, in Ionen zerfallen; 2. ionisieren, in Ionen umwandeln; Ionen abspalten
ionized calcium ionisiertes Calcium *n*
ionizing energy ionisierende Energie *f*, Ionisationsenergie *f*
ionizing radiation ionisierende Strahlung *f*
ionizing radiation injury Schaden *m* [Schädigung *f*] durch ionisierende Strahlung
ionocolorimeter Ionokolorimeter *n*
ionogenic ionogen, ionenbildend; Ionen liefernd
ionogram Ionogramm *n*, Elektropherogramm *n*
ionomer Ionomer *n (Polymer)*
ionometer Ionometer *n*, Ionenmesser *m*, Ionenzähler *m (Strahlenbelastungsmessung)*
ionometry *(Rad)* Ionometrie *f*, Ionenmessung *f*, Ionenzählung *f*
ionopherogram Ionopherogramm *n*, Elektropherogramm *n*
ionophore Ionophor *n*
ionophoresis Ionophorese *f*, Elektrophorese *f*, Iontophorese *f*
ionophoretic elektrophoretisch; Elektrophorese...
ionophose Ionophose *f*
ionoscope Ionoskop *n*
ionotherapy *s.* iontophoresis
iontophoresis Iontophorese *f*, Ionentherapie *f (Medikamenteneinführung in den menschlichen Körper mittels elektrischer Ströme)*
iontophoresis time Iontophoresezeit *f*
iontophoretic iontophoretisch; Iontophorese...
iontophoretic anaesthesia iontophoretische Anästhesie *f*, Iontophoreseanästhesie *f*
iontophoretic pilocarpin test iontophoretischer Pilocarpintest *m*
iontoquantimeter Ionometer *n*
iontoradiometer Ionometer *n*
iontotherapy *s.* iontophoresis
iopamidol Iopamidol *n (Kontrastmittel)*
iopanoic acid Jopanoesäure *f*, Acidum *n* jopanoicum *(Kontrastmittel)*
iopentol Iopentol *n (Kontrastmittel)*
iophendylate Iophendylat *n (Kontrastmittel)*
iophenoic acid Iophenonsäure *f (Kontrasmittel)*
iophenoxic acid *s.* iophenoic acid
iophobia Iophobie *f (Furcht vor Giften)*
iopromide Iopromid *n (Kontrastmittel)*
ioseric acid Ioserinsäure *f (Kontrastmittel)*
iosulamide meglumine Iosulamidmeglumin *n (Kontrastmittel)*
iothalamate Iothalamat *n (Kontrastmittel)*
iothalamate meglumine Iothalamatmeglumin *n (Kontrastmittel)*
iothalamic acid Iothalaminsäure *f (Kontrastmittel)*
iothiouracil sodium Iothiouracil-Natrium *n*
iotrol *s.* iotrolan
iotrolan Iotrolan *n*
ioversol Ioversol *n (Kontrastmittel)*
ioxaglate Ioxaglat *n (Kontrastmittel)*
ioxaglic acid Ioxaglinsäure *f (Kontrastmittel)*
ioxilan Ioxilan *n (Kontrastmittel)*
ioxithalamate Ioxithalamat *n (Kontrastmittel)*
ipecac(uanha) Ipekakuanha *f*, Brechwurz(el) *f*, Radix *f* ipecacuanhae *(Bronchialsekretolytikum)*
ipodate Ipodat *n (Kontrastmittel)*
ipratropium bromide Ipratropiumbromid *n*
iprindole Iprindol *n*
iproniazid Iproniazid *n*
ipronidazole Ipronidazol *n*
iproplatin Iproplatin *n*
iproveratril *s.* verapamil
ipsation Ipsation *f*, Selbstbefriedigung *f*, Masturbation *f*, Onanie *f*
ipsilateral ipsilateral, ipsolateral, kollateral, auf der gleichen Seite (liegend); die gleiche Seite betreffend
ipsolateral *s.* ipsilateral
IPV *s.* inactivated poliomyelitis vaccine
IQ [I.Q.] *s.* intelligence quotient
iralgia *s.* iridalgia
irascibility 1. Ruhelosigkeit *f*, Rastlosigkeit *f*; 2. Jähzorn *m*, Reizbarkeit *f*
iridaemia Irishämorrhagie *f*, Regenbogenhaut(ein)blutung *f*
iridal *s.* iridic
iridalgia Iridalgie *f*, Irisschmerz *m*
iridauxesis Iridauxesis *f*, Irisverdickung *f*, Regenbogenhautverdickung *f*
iridavulsion Irisexairese *f*, Regenbogenhautausschneidung *f*
iridectome Iridektom *n*, Regenbogenhautausschälungsmesser *n*
iridectomesodialysis Iridektomesodialysis *f (Schaffung einer künstlichen Iris durch Lösung von Verwachsungen)*
iridectomize *v* iridektomieren, eine Iridektomie ausführen, die Regenbogenhaut (her)ausschneiden
iridectomy Iridektomie *f*, Regenbogenhautausschneidung *f*, (operative) Irisentfernung *f*
iridectomy scissors Iridektomieschere *f*
iridectropium Irisektropium *n*, Regenbogenhautausstülpung *f*
iridencleisis Iridenkleisis *f*, Iriseinklemmung *f*, Regenbogenhauteinklemmung *f (Operation zur Behandlung des grünen Stars)*
iridentropium Irisentropium *n*, Irisinversion *f*, Regenbogenhauteinkippung *f*
irideremia Irideremie *f*, (angeborenes) Fehlen *n* der Regenbogenhaut
irides *pl s.* iris
iridescence Iridisieren *n*, Schillern *n (in den Regenbogenfarben)*
iridescent iridisierend, (in den Regenbogenfarben) schillernd
iridesis Iridesis *f*, Irisfixation *f*, Irisbefestigung *f*
iridiagnosis *s.* iridodiagnosis
iridial *(Ophth)* Iris..., Regenbogenhaut...
iridial vascular endothelium Irisgefäßendothel *n*, Regenbogenhautgefäßinnenhaut *f*
iridian *(Ophth)* Iris..., Regenbogenhaut...
iridian angle *s.* iris angle
iridic *(Ophth)* Iris..., Regenbogenhaut...
iridization Iridisation *f (Wahrnehmung iridisierender Ringe bei Glaukom)*
irido-avulsion Iridoavulsion *f*, Irisabreißung *f*, Irisausreißen *n*, Regenbogenhautausreißung *f*

iridocapsulitis Iridokapsulitis *f*, Regenbogenhaut- und Linsenkapselentzündung *f*
iridocapsulotomy Iridokapsulotomie *f*, Regenbogenhaut- und Linsenkapselschnitt *m*
iridocele Iridozele *f*, Irisvorfall *m*, Regenbogenhautvorfall *m (durch eine Augenwunde)*
iridochoroiditis Iridochorioiditis *f*, Traubenhautentzündung *f*, Regenbogenhaut- und Aderhautentzündung *f*
iridociliary-choroidal tunic *s.* uveal tract
iridocinesia *s.* iridokinesia
iridocoloboma Iridokolobom *n*, (angeborene) Irisspalte *f*, Regenbogenhautlücke *f*
iridoconstrictor Iriskonstriktor *m*, Regenbogenhautverengerer *m*
iridocorneal iridokorneal; Iridokorneal..., Iris-Kornea-...
iridocorneal angle *s.* iris angle
iridocorneosclerectomy Iridokorneosklerektomie *f*, Iris-Kornea-Sklera-Fensterungsoperation *f (bei Glaukom)*
iridocyclectomy Iridozyklektomie *f*, (operative) Regenbogenhaut- und Strahlenkörperentfernung *f*
iridocyclitis Iridozyklitis *f*, Regenbogenhaut- und Strahlenkörperentzündung *f*
iridocyclochoroiditis Iridozyklochorioiditis *f*, Entzündung *f* der Regenbogen- und Aderhaut und des Strahlenkörpers
iridocystectomy Iridozystektomie *f*
iridodesis *s.* iridesis
iridodiagnosis Iridodiagnose *f*, Irisdiagnose *f*, Regenbogenhautdiagnose *f*, Augendiagnose *f*
iridodialysis Iridodialysis *f*, Irisabriss *m*, Regenbogenhautablösung *f* vom Ziliarrand
iridodiastasis Iridodiastase *f*, Irisdiastase *f*, Regenbogenhautdefekt *m*
iridodilator Irisdilatator(muskel) *m*, Regenbogenhauterweiterer *m*
iridodilator (agent) Iridodilator *m*, Irisdilatator *m*, die Iris erweiterndes Mittel *n*
iridodonesis Iridodonesis *f*, Irisschlottern *n*, Regenbogenhautzittern *n*; Iris *f* tremulans
iridokeratitis Iridokeratitis *f*, Keratoiritis *f*, Regenbogen- und Hornhautentzündung *f*
iridokinesia Iridokinese *f*, Irisbewegung *f*, Regenbogenhautbewegung *f*
iridokinetic iridokinetisch; Iridokinese..., Irisbewegungs...
iridoleptynsis Iridoletynsis *f*, Irisverdünnung *f*, Irisatrophie *f*
iridology Iridologie *f*
iridomalacia Iridomalazie *f*, Iriserweichung *f*, Regenbogenhauterweichung *f*
iridomesodialysis Iridomesodialysis *f (Lösung von Irisadhäsionen an der Pupille)*
iridomotor iridomotorisch, die Iris bewegend
iridoncosis Iridonkosis *f*, Irisvortreibung *f*, Vortreibung *f* einer verdünnten Regenbogenhaut
iridoncus Iridonkus *m*, Iristumor *m*, Regenbogenhautschwellung *f*
iridoparalysis *s.* iridoplegia
iridoparesis Iridoparese *f*, teilweise Lähmung *f* der Irismuskulatur [Regenbogenhautmuskulatur]
iridopathy Iridopathie *f*, Iriskrankheit *f*, Irisleiden *n*, Regenbogenhauterkrankung *f*
iridoperiphakitis Iridoperiphakitis *f*, Linsenkapselentzündung *f*
iridoplegia Iridoplegie *f*, Iridoparalysis *f*, Irismuskulaturlähmung *f*, Lähmung *f* der Regenbogenhautmuskulatur
iridoptosis Iridoptosis *f*, Irisprolaps *m*, Regenbogenhautvorfall *m*
iridopupillary iridopupillär; Iris-Pupille(n)-...
iridorrhexis 1. Iridorrhexis *f*, Irisruptur *f*, Regenbogenhautzerreißung *f*; 2. Iridorrhexis *f*, Irisabriss *m*
iridoschisis Iridoschisis *f*, Irisspalte *f*, Regenbogenhautspaltung *f*
iridoschisma *s.* iridoschisis
iridosclerosis Iridosklerosis *f*, Regenbogenhautsklerose *f*
iridosclerotomy Iridosklerotomie *f*, Iris- und Sklerapunktion *f (bei Glaukom)*
iridoscope Iridoskop *n*, Irisspiegel *m*
iridoscopy Iridoskopie *f*, Irisspiegelung *f*
iridosteresis Iridosteresis *f*, Fehlen *n* der Regenbogenhaut
iridotasis Iridotasis *f*, Irisstreckung *f*, Regenbogenhautdehnung *f*
iridotome Iridotom *n*, Irisskalpell *n*, Regenbogenhautmesser *n*
iridotomy Iridotomie *f*, Iriseinschneidung *f*, Regenbogenhautdurchschneidung *f*
iridotromos *s.* hippus
iridovalosis Iridovalosis *f*, Vorhandensein *n* einer ovalen Iris [Regenbogenhaut]
Iridoviridae Iridoviridae *pl*
iridovirus Iridovirus *n*
iris *(Ophth)* Iris *f*, Regenbogenhaut *f*
iris angiography *(Rad)* Irisangiographie *f*, Regenbogenhautgefäßdarstellung *f*
iris angle Angulus *m* iridocornealis, vorderer Augenkammerwinkel *m*, Filtrationswinkel *m*
iris angle spaces (of Fontana) Spatia *npl* anguli iridis [iridocornealis], Fontana'sche Räume *mpl*
iris anomaly Irisanomalie *f*
iris atrophy *(Path)* Irisatrophie *f*, Regenbogenhautatrophie *f*
iris block glaucoma Engwinkelglaukom *n*
iris bombé Irisbombe *f*, Regenschirmiris *f*, Napfkucheniris *f*
iris coloboma *s.* iridocoloboma
iris colour Irisfarbe *f*, Regenbogenhautfarbe *f*
iris contraction reflex Iriskontraktionsreflex *m*, Pupillenreflex *m (Pupillenverengung auf Licht)*
iris crypt Iriskrypte *f*, Crypta *f* iridis
iris cyst Iriszyste *f*, Regenbogenhautzyste *f*
iris diaphragm Irisdiaphragma *n*, Irisblende *f (Mikroskopie)*
iris forceps Irispinzette *f*
iris frill Iriskrause *f*, Fimbriae *fpl* iridis
iris hernia Irisprolaps *m*, Regenbogenhautvorfall *m*
iris heterochromia Irisheterochromie *f*, unterschiedliche Regenbogenhautfarbe *f*
iris hypoplasia Irishypoplasie *f*, Regenbogenhauthypoplasie *f*
iris incarceration Irisinkarzeration *f*, Regenbogenhauteinklemmung *f*
iris inclusion (operation) *s.* 1. iridencleisis; 2. iridotasis
iris-lens diaphragm Irislinsendiaphragma *n*, Diaphragma *n* irido-lenticulare
iris melanoma Irismelanom *n*, Regenbogenhautmelanom *n*
iris necrosis Irisnekrose *f*, Regenbogenhautnekrose *f*
iris nodule Irisknötchen *n*, Regenbogenhautknötchen *n*, Nodulus *m* iridis
iris pigment Irispigment *n*, Regenbogenhautfarbstoff *m*
iris pigmentation Irispigmentation *f*, Regenbogenhautfärbung *f*
iris pigmented layer Irispigmentschicht *f*
iris prolapse Irisprolaps *m*, Prolapsus *m* iridis, Regenbogenhautvorfall *m*
iris repositor Irisrepositorium *n*
iris retraction Irisretraktion *f*, Regenbogenhauteinziehung *f*
iris retractor Irisretraktor *m*, Regenbogenhautretraktor *m*
iris root Iriswurzel *f*, Regenbogenhautwurzel *f*, Radix *f* iridea

iris rubeosis Irisrubeose *f*, Regenbogenhautrubeose *f*
iris scissors Irisschere *f*, Regenbogenhautschere *f*
iris stratification Irisstratifikation *f*, Regenbogenhautstreifung *f*
iris stroma Irisstroma *n*, Regenbogenhautstroma *n*
iris synechia Irissynechie *f*, Regenbogenhautverklebung *f*
iris transillumination Iristransillumination *f*, Regenbogenhautdurchleuchtung *f*
iris tumour Iristumor *m*, Regenbogenhauttumor *m*
irisin Irisin *n (Fruktosepolysaccharid)*
irisopsia Irisopsie *f (Gegenstände werden mit schillernden Ringen gesehen)*
iritic Iritis..., Regenbogenhautentzündung(s)...
iritis Iritis *f*, Regenbogenhautentzündung *f*
iritoectomy Iritoektomie *f*, Iristeilexzision *f*, Regenbogenhautteilausschneidung *f*
iritomy *s.* iridotomy
iron Eisen *n*, Ferrum *n*, Fe
iron acetate Eisenacetat *n*, Eisenazetat *n*
iron albuminate Eisenalbuminat *n*
iron binding capacity Eisenbindungskapazität *f (Hämoglobin)*
iron blood level Eisenblutspiegel *m*
iron chloride Eisenchlorid *n*
iron choline citrate Eisencholinzitrat *n*
iron citrate Eisencitrat *n*, Eisenzitrat *n*
iron deficiency Eisenmangel *m*
iron-deficiency anaemia Eisenmangelanämie *f*, sideroprive Anämie *f*
iron dextrin Eisendextrin *n*
iron excess Eisenüberschuss *m*
iron gluconate Eisengluconat *n*, Eisenglukonat *n*
iron-hard tumour *s.* Riedel's struma
iron liver *(Path)* Lebersiderose *f*, Siderosis *f* hepatis
iron lung Eiserne Lunge *f*
iron metabolism Eisenstoffwechsel *m*
iron poisoning Eisenvergiftung *f*
iron-porphyrin protein Eisenporphyrinprotein *n (z. B. Hämoglobin)*
iron protoporphyrin Eisenprotoporphyrin *n*
iron protosulfate Eisenprotosulphat *n*
iron-rich food eisenreiche Nahrung *f*
iron-salt poisoning Eisen(salz)vergiftung *f*
iron saturation Eisensättigung *f*
iron saturation capacity Eisensättigungskapazität *f*
iron sorbitol Eisensorbitol *n*
iron-storage disease Eisenspeicherkrankheit *f*
iron sulfate Eisensulphat *n*
iron transport Eisentransport *m*
irotomy *s.* iridotomy
irradiate *v* bestrahlen *(z. B. mit radioaktiven Strahlen)*
irradiated ergosterol Vitamin *n* D_2, Ergocalciferol *n*
irradiation 1. Irradiation *f*, Bestrahlung *f*, Strahlentherapie *f*; 2. Irradiation *f*, Bestrahlung *f (mit ultraviolettem Licht zur Vitaminanreicherung)*; 3. Ausstrahlung *f (z. B. von Nervenimpulsen)*
irradiation cataract *(Ophth)* Strahlenkatarakt *f*, grauer Star *m* durch Röntgenbestrahlung
irradiation cystitis *(Urol)* Strahlenzystitis *f*, Bestrahlungsblasenentzündung *f*
irradiation therapy *(Rad)* Bestrahlungstherapie *f*, Strahlenbehandlung *f*
irradiation-treated strahlenbehandelt
irrational irrational, nicht rational, unvernünftig, unlogisch, nicht verstandesmäßig
irrational/be *v* bewusstlos sein
irrational state Bewusstlosigkeit *f*
irreducible irreduktibel, irreduzibel, unwiederherstellbar, unzurückführbar; nicht reponierbar, irreponibel *(z. B. Bruch)*
irreducible dislocation irreponible Verrenkung *f*, nicht einrenkbare Dislokation *f*
irreducible hernia irreponible Hernie *f*, eingeklemmter Bruch *m*
irregular irregulär, unregelmäßig, von der Regel abweichend; nur gelegentlich auftretend; ohne Gesetzmäßigkeit auftretend
irregular dentin *(Stom)* irreguläres Dentin *n*, Sekundärdentin *n*
irregular pulse irregulärer Puls *m*, Pulsus *m* irregularis, Puls *m* mit unregelmäßiger Schlagfolge
irregularity Unregelmäßigkeit *f*, Regelabweichung *f*
irremediable 1. nicht heilbar, unheilbar; 2. nicht wieder gutzumachen(d)
irrespirable irrespirabel, nicht (ein)atembar, nicht inspirierbar
irresponsibility 1. *(Neur)* Unverantwortlichkeit *f*; 2. *(For)* Unzurechnungsfähigkeit *f*
irresponsible 1. unverantwortlich; 2. unzurechnungsfähig
irresuscitable nicht reanimierbar, nicht wiederbelebbar, nicht wiedererweckbar
irreversible irreversibel, nicht umkehrbar; nur in einer Richtung verlaufend
irreversible coma irreversibles Koma *n*, Hirntod *m*
irreversible shock irreversibler Schock *m*
irrigant Spülflüssigkeit *f*
irrigate *v* irrigieren, (aus)spülen, eine Spülung [Ausspülung] machen, auswaschen *(z. B. Wunden)*
irrigation 1. Irrigation *f*, Spülung *f*, Ausspülen *n*; 2. Spülflüssigkeit *f*, Spül(ungs)lösung *f*
irrigation cystoscope *(Urol)* Irrigationszystoskop *n*, Spülzystoskop *n*
irrigator Irrigator *m*, Spülapparat *m*, Spülgefäß *n*
irrigo(radio)scopy Darm(röntgen)untersuchung *f* nach Kontrastmittelgabe
irritability 1. Irritabilität *f*, Reizbarkeit *f*, Erregbarkeit *f*; 2. Empfindlichkeit *f*; Ablenkbarkeit *f*
irritability of the bladder irritable Blase *f*, Reizblase *f*
irritability of the stomach irritabler Magen *m*, Reizmagen *m*
irritable 1. irritabel, reizbar, erregbar; 2. gereizt, nervös; empfindlich; ablenkbar
irritable bladder irritable Blase *f*, Reizblase *f*
irritable bowel syndrome Reizdarmsyndrom *n*; funktionelles Darmsyndrom *n*; spastisches Kolon *n*
irritable colon irritables [spastisches] Kolon *n*, Reizkolon *n*
irritable heart irritables [nervöses] Herz *n*; Herzneurose *f*, Kardioneurose *f*
irritable stomach Reizmagen *m*
irritant irritierend, reizend, erregend; Reiz...
irritant Reizmittel *n*
irritant poison Reizgift *n*
irritated stomach 1. *(Rad)* hypermotorischer Magen *m*; 2. Reizmagen *m*
irritation 1. Irritation *f*, Reizung *f*, Reiz *m*; 2. Irritation *f*, Reiz(ungs)zustand *m*, Erregung *f*
irritation fibroma Irritationsfibrom *n*, Fibrom *n* durch Gewebereizung
irritation of the meninges *(Neur)* Meningealreizung *f*, meningeale Reizung *f*
irritative irritativ, reizend, als Reiz wirkend; durch Reizung verursacht [bewirkt]; Irritations..., Reiz...
irruption Durchbrechen *n*, Durchbruch *m (zur Oberfläche)*
irruptive durchbrechend *(zur Oberfläche)*; Durchbruchs...
Irvine's syndrome Irvine-Syndrom *n*, Irvine-Gass-Syndrom *n (Makulaödem, Aphakie und Glaskörperadhäsionen)*

Isaacs' syndrome *s.* Isaac-Mertens syndrome
Isaacs-Mertens syndrome Issacs-Mertens-Syndrom *n*, Isaac-Syndrom *n (progressive Muskelsteifigkeit mit Krämpfen)*
isauxesis Isauxesis *f*, proportionales Wachstum *n*, Wachstum *n* im gleichen Größenverhältnis
ischaemia Ischämie *f*, (örtliche) Blutleere *f*
ischaemic ischämisch, blutleer; Ischämie...
ischaemic contracture ischämische [Volkmann'sche] Kontraktur *f*, ischämische muskuläre Atrophie *f*
ischaemic heart disease ischämische Herzerkrankung *f* [Herzkrankheit *f*], IHK
ischaemic lumbago ischämische Lumbago *f*
ischaemic muscular atrophy *s.* ischaemic contracture
ischaemic myositis ischämische Myositis *f*
ischaemic necrosis ischämische Nekrose *f*
ischaemic pain ischämischer Schmerz *m*, Ischämieschmerz *m*
ischaemic paralysis ischämische Paralyse *f* [Muskellähmung *f*]
ischaemic pericarditis ischämische Perikarditis *f*
ischaemic stroke ischämischer Insult *m*, Hirninfarkt *m*, Hirnschlag *m*
ischaemic syndrome Ischämiesyndrom *n*, ischämisches Syndrom *n*
ischemia *s.* ischaemia
ischesis Verhaltung *f*, Sekretverhaltung *f*, Hemmung *f*, Sekretionshemmung *f*, Ausscheidungshemmung *f*
ischia *pl s.* ischium
ischiac *s.* ischiadic
ischiadelphus *(Terat)* Ischiadelphus *m (Missgeburt)*
ischiadic ischiatisch; Sitzbein..., Hüft..., Gesäß...
ischiadic apophyseal separation Sitzbeinapophysenlösung *f*
ischiadic hernia Hernia *f* ischiadica, Gesäßhernie *f*
ischiadic nerve Nervus *m* ischiadicus, Hüftnerv *m*
ischiadic spine Spina *f* ischiadica, Sitzbeinstachel *m*
ischiadic syndrome Ischiassyndrom *n*, Ischiadikusneuralgie *f*, Ischias *m*
ischiadic tuber Tuber *m* ischiadicum, Sitzbeinhöcker *m*, Sitzbeinknorren *m*
ischiadic tuberosity *s.* ischiadic tuber
ischlagra Ischlagra *f*, Hüftgicht *f*
ischial *s.* ischiadic
ischialgia Ischialgie *f*, Hüftweh *n*, Hüftschmerz *m*
ischialgic isch(i)algisch; Hüftschmerz...; Ischias...
ischiatic *s.* 1. ischiadic; 2. sciatic
ischiatitis Ischiasnervenentzündung *f*, Hüftnervenentzündung *f*
ischidrosis Ischidrosis *f*, verminderte Schweißabsonderung *f*, verringerte Schweißproduktion *f*, Hypohidrosis *f*
ischidrotic hypohydrotisch; Schweißmangel...
ischiectomy Ischiektomie *f*, Sitzbeinresektion *f*, (operative) Sitzbeinentfernung *f*
ischiitis Ischiitis *f*, Sitzbeinentzündung *f*
ischioanal ischioanal; Sitzbein-Anus-...
ischiobulbar ischiobulbär; Ischium-Penisbulbus-...
ischiobulbosus (muscle) Musculus *m* ischiobulbosus
ischiocapsular ischiokapsulär; Sitzbein-Hüftgelenkkapsel-...
ischiocapsular ligament Ligamentum *n* ischiocapsulare
ischiocavernosus (muscle) Musculus *m* ischiocavernosus [erector penis], äußerer Genitalmuskel *m*
ischiocavernous ischiokavernös; Sitzbein-Schwellkörper-...
ischiocele Ischiozele *f*, Darmbeinhernie *f*
ischiococcygeal ischiokokzygeal; Sitzbein-Steißbein-...
ischiococcygeus (muscle) Musculus *m* coccygeus, Steißbeinmuskel *m*
ischiodidymus *s.* ischiopagus
ischiodymia Ischiodymie *f*
ischiodynia *s.* ischialgia
ischiofemoral ischiofemoral; Sitzbein-Oberschenkel-...; Sitzbein-Femur-...
ischiofemoral ligament Ligamentum *n* ischiofemorale
ischiofibular ischiofibular, ischiofibulär; Sitzbein-Fibula-...
ischiomelus *(Terat)* Ischiomelus *m (Missgeburt)*
ischiomenia *s.* ischomenia
ischiomyelitis Ischiomyelitis *f*, Lendenmarkentzündung *f*
ischioneuralgia *s.* ischialgia
ischionitis Ischiumentzündung *f*, Sitzbeinentzündung *f*
ischiopagia *(Terat)* Ischiopagie *f*, Doppelmissbildung *f* mit seitlicher Beckenverschmelzung *f*
ischiopagus *(Terat)* Ischiopagus *m*, Doppelmissgeburt *f* mit seitlicher Beckenverschmelzung
ischiopagy *s.* ischiopagia
ischioperineal ischioperineal; Sitzbein-Damm-...
ischioprostatic ischioprostatisch; Sitzbein-Prostata-...
ischiopubic ischiopubisch; Sitzbein-Schambein-...
ischiopubiotomy Ischiopubiotomie *f*, Sitzbein- und Schambeinschnitt *m (zur Erweiterung des engen Beckens unter der Geburt)*
ischiopubis Ischiopubikum *n*, Sitz- und Schambein *n*
ischiorectal ischiorektal; Sitzbein-Mastdarm-...
ischiorectal abscess Ischiorektalabszess *m*
ischiorectal fascia Ischiorektalfaszie *f*, Fascia *f* ischiorectalis
ischiorectal fossa Ischiorektalgrube *f*, Fossa *f* ischiorectalis *(Raum zwischen Diaphragma pelvis und Fascia obturatoria)*
ischiorectal hernia Ischiorektalhernie *f*
ischiorectal paraproctitis Periproktitis *f* ischiorectalis
ischiorectal region Ischiorektalregion *f*, Regio *f* ischiorectalis
ischiosacral ischiosakral; Sitzbein-Kreuzbein-...
ischiothoracopagus *(Terat)* Ischiothoracopagus *m (Missgeburt)*
ischiotibial ischiotibial; Ischium-Tibia-..., Sitzbein-Schienbein-...
ischiovaginal ischiovaginal; Sitzbein-Scheiden-...
ischiovertebral ischiovertebral; Sitzbein-Wirbelsäulen-...
ischium Ischium *n*, Sitzbein *n*, Os *n* ischii
ischocholia Ischocholie *f*, Galleverhaltung *f*
ischochymia Ischochymie *f*, Chymusverhaltung *f* im Magen
ischogalactia Ischogalaktie *f*, Milchverhaltung *f*
ischogalactic ischogalaktisch, milchverhaltend
ischogyria Ischogyrie *f*
ischomenia *(Gyn)* Ischomenie *f*, Menstrualverhaltung *f*, Unterdrückung *f* der Monatsblutung
ischuretic ischuretisch, harnverhaltend; Ischurie..., Harnverhaltungs...
ischuria Ischuria *f*, Harnverhaltung *f*
iseiconia *s.* isoiconia
iseiconic *s.* isoiconic
iseikonia *s.* isoiconia
isethionic acid Isethionsäure *f*, Hydroxyethansulfonsäure *f*
Ishihara colour test Farbsehtest *m* [Farbenblindheitstest *m*] nach Ishihara *(mit Farbtafeln)*
Ishihara plates Ishihara-Tafeln *fpl*, Ishihara-Farb(seh)tafeln *fpl*
Ishihara test *s.* Ishihara colour test
island fever *s.* scrub typhus
island flap *(Transp)* Insellappen *m (Haut)*
island graft *(Transp)* Inseltransplantat *n*
island of Reil *(Anat)* Insula *f* Reili *(verdeckter Teil der Großhirnrinde)*
islands of Calleja Calleja'sche Inseln *fpl*, olfaktorische Inseln *fpl (der Substantia perforata anterior)*

islands of Langerhans *s.* islets of Langerhans
islands of the pancreas *s.* islets of Langerhans
islet(-cell) adenoma *s.* insulinoma
islet-cell antibody Inselzellantikörper *m*
islet-cell-cancer Inselzellenkarzinom *n*
islet-cell-carcinoma *s.* islet-cell-cancer
islet-cell tumour Inselzelltumor *m*, Inselzellgeschwulst *f*
islets of Langerhans [the pancreas] Langerhans'sche Inseln *fpl*, Insulae *fpl* pancreatis *(Insulin produzierende Zellinseln der Bauchspeicheldrüse)*
isoacceptor tRNA Isoakzeptor-tRNA *f*
isoadrenocorticism Isoadrenokortizismus *m*, Euadrenokortizismus *m*
isoagglutination Isoagglutination *f*, Isohämagglutination *f* *(Zusammenballung artgleicher Erythrozyten verschiedener Blutgruppen)*
isoagglutinin Isoagglutinin *n*, Isohämagglutinin *n* *(agglutinierender Antikörper)*
isoagglutinogen Isoagglutinogen *n*
isoajmaline Isoajmalin *n* *(Alkaloid)*
isoallele Isoallel *n*
isoallelism Isoallelismus *m*
isoalloxazine Isoalloxazin *n* *(Bestandteil des Vitamins* B_2*)*
isoalloxazine adenine dinucleotide *s.* flavin adenine dinucleotide
isoalloxazine mononucleotide *s.* flavin mononucleotide
isoaminile Isoaminil *n* *(Antitussivum)*
isoamyl alcohol Isoamylalkohol *m*, Amylalkohol *m*
isoamylase Isoamylase *f* *(Enzym)*
isoamylethylbarbituric acid Isoamylethylbarbitursäure *f*, Acidum *n* ethylisoamylbarbituricum, Amobarbital *n*
isoamylnitrite Isoamylnitrit *n*
isoandrosterone Isoandrosteron *n*
isoantibody Isoantikörper *m* *(im Blut)*
isoantigen Isoantigen *n*
isobar Isobare *f* *(1. Linie gleicher Drucke; 2. Atomkerne der gleichen Massenzahl mit unterschiedlicher Ordnungszahl)*
isobaric 1. isobar, mit gleichem Druck; 2. isobar, mit gleichem Gewicht
isobucaine hydrochloride Isobucainhydrochlorid *n* *(Lokalanästhetikum)*
isobutyl alcohol Isobutylalkohol *m*
isobutyl nitrite Isobutylnitrit *n*
isocaloric isokalorisch, die gleiche Kalorienmenge enthaltend; mit gleicher Kalorien(an)zahl
isocapnia Isokapnie *f*, konstanter Kohlendioxidgehalt *m*
isocapnic isokapnoisch, mit konstantem Kohlendioxidgehalt *(z. B. im Gewebe)*
isocarboxazid Isocarboxazid *n* *(Monooxidaseinhibitor; Antidepressivum)*
isocellular isozellulär, gleichzellig
isocentre *(Rad)* Isozentrum *n*, Isodosenkurvenzentrum *n*; Messfeldmitte *f*
isocholesterol Isocholesterin *n*
isochromatic isochromatisch, isochrom, gleich gefärbt
isochromatophil isochromatophil, gleich färbend
isochromosome Isochromosom *n*
isochronal isochron, gleichzeitig (auftretend)
isochronia *s.* isochronism
isochronic *s.* isochronal
isochronism Isochronismus *m*
isochronous *s.* isochronal
isochrooic *s.* isochromatic
isochroous *s.* isochromatic
isocitra(ta)se *s.* isocitrate lyase
isocitrate dehydrogenase Isocitratdehydrogenase *f*, Isozitratdehydrogenase *f* *(Enzym)*
isocitrate lyase Isozitratlyase *f*, Isozitrase *f*, Isozitratase *f*
isocitric acid *(Bioch)* Isozitronensäure *f*, Isocitronensäure *f*, 1-Hydroxypropan-1,2,3-tricarbonsäure *f*
isocitric acid dehydrogenase Isocitratdehydrogenase *f* *(Enzym)*
isocomplement Isokomplement *n*
isoconazole Isoconazol *n* *(Antimykotikum)*
isocoria Isokorie *f*, Pupillengleichheit *f*
isocortex Isokortex *m* *(Teil der Großhirnrinde mit Sechsschichtfolge der Zellarchitektur)*
isocrotic isokrot *(Chromatographie)*
isocyanate Isocyanat *n*, Isozyanat *n*
isocyanic acid Isocyansäure *f*, Isorhodanwasserstoffsäure *f*
socyanide Isocyanid *n*, Isonitril *n*
isocyclic isozyklisch, homozyklisch
isocytolysin Isozytolysin *n*
isocytosis Isozytose *f* *(Vorhandensein von Zellen gleicher Größe)*
isocytotoxin Isozytotoxin *n*
isodactylism Isodaktylismus *m*, Gleichheit *f* der Fingerlängen; Gleichheit *f* der Zehenlängen
isodactylous isodaktyl, gleichfingrig; gleichzehig
isodense mit gleicher Röntgenstrahlendurchlässigkeit, isodens
isodesmosine Isodesmosin *n* *(in Elastin)*
isodiametric isodiametrisch, mit gleichem Durchmesser *(in allen Richtungen)*
isodont isodont, homodont, gleichartig bezahnt
isodontia Isodontie *f*, Homodontie *f* *(1. gleichartige Zahngestaltung f; 2. regelmäßige Zahnanordnung im Kiefer)*
isodontic *s.* isodont
isodontous *s.* isodont
isodose *(Rad)* Isodosis *f*
isodose chart *(Rad)* Isodosenkarte *f*, Isodosenkurve *f*
isodose curve Isodosenkurve *f*
isodynamia Isodynamie *f*, energetische Gleichwertigkeit *f*
isodynamic isodynam(isch), energetisch gleichwertig, gleiche Energiemengen liefernd
isodynamic law Isodynamiegesetz *n*
isodynamogenic 1. isodynamogen(etisch), die gleiche Kraft [Stärke] aufbauend, mit gleicher Kraft; 2. isoenergetisch, die gleiche Nervenstärke [Nervenkraft] aufbauend
isoeffect Isoeffekt *m*, gleicher tumorschädigender Effekt *m*
isoeffect lines *(Rad)* Linien *fpl* mit gleichen tumorschädigenden Effekten
isoelectric isoelektrisch, mit gleichem elektrischem Potenzial
isoelectric electrocardiogram isoelektrisches Elektrokardiogramm *n*
isoelectric electroencephalogram isoelektrisches Elektroenzephalogramm *n*
isoelectric focusing isoelektrische Fokusierung *f*, isoelektrische Konzentrierung *f* von Substanzen *(entsprechend dem isoelektrischen Potenzial)*
isoelectric level isoelektrische Linie *f*
isoelectric line *s.* isoelectric level
isoelectric period isoelektrische Periode *f*
isoelectric T-wave isoelektrische T-Welle *f*
isoenergetic isoenergetisch, mit gleicher Energie; mit gleicher Aktivität, die gleiche Aktivität aufbringend
isoenzyme Isoenzym *n*
isoenzyme pattern Isoenzymmuster *n*
isoerythroagglutin *s.* isoagglutinin
isoerythrolysis Isoerythrolyse *f* *(Erythrozytenzerstörung durch Isoantikörper)*
isoetharine Isoetharin *n* *(Bronchodilatator)*
isoetharine hydrochloride Isoetharinhydrochlorid *n*
isoetharine mesylate Isoetharinmesylat *n*
isoeugenol Isoeugenol *n*

isoexposure lines Linien *fpl* gleicher Strahlenexposition
isofebrifugine Isofebrifugin *n (pflanzliches Malariamittel)*
isofluorophate Isofluorophat *n*, Diisopropylfluorophosphat *n (Anticholinesterase)*
isoflurane Isofluran *n (Inhalationsanästhetikum)*
isoform Isoform *f (der Proteine)*
isofosfamide *s.* isophosphamide
isogame *s.* isogamy
isogamete Isogamet *m*, morphologisch gleiche Geschlechtszelle *f*
isogametic isogametisch, gleich große Geschlechtszellen bildend; Isogameten…
isogamety Isogametie *f*, Bildung *f* gleicher Geschlechtszellen
isogamous isogam; Isogamie…
isogamy Isogamie *f*, Verschmelzung *f* gleicher Geschlechtszellen
isogeneic *s.* isogenic
isogenesis Isogenese *f*, gleiche Entwicklung *f*, Entwicklungsgleichheit *f*
isogenic isogen(etisch), syngen(etisch), erbgleich, mit gleichen Erbanlagen, genetisch identisch, gleichen Ursprungs; isolog
isogenous *s.* isogenic
isoglutamine Isoglutamin *n*
isognathous isognath *(Gebiss)*
isograft *s.* isotransplant
isohaemagglutinin *s.* isoagglutinin
isohaemoagglutination *s.* isoagglutination
isohaemolysin Isohämolysin *n (artgleiche Erythrozyten auflösender Antikörper)*
isohaemolysis Isohämolyse *f*, Auflösung *f* artgleicher Erythrozyten
isohaemolytic isohämolytisch, gleichartige Erythrozyten auflösend
isohydria Isohydrie *f*, Körperwasseräquilibrium *n*, Wassergleichgewicht *n* im Körper
isohydric mit gleichem pH-Wert
isohydric shift isohydrische Verschiebung *f*
isohydruria Isohydrurie *f*, Urinausscheidung *f* mit gleichem pH-Wert
isoiconia Isoikonie *f*, Abbildungsgleichheit *f* im Auge
isoiconic gleichartig [gleich groß] abbildend; Isoikonie…
isoimmunization Isoimmunisation *f*, Isoimmunisierung *f*
isokinetic isokinetisch; Isokinese…
isokinetic exercise isokinetische Übung *f*
isolactose Isolaktose *f*
isolate *v* 1. isolieren, absondern, getrennt halten; 2. isolieren, rein darstellen; 3. rein kultivieren
isolated explosive disorder primitive Affektreaktion *f*, Kurzschlussreaktion *f*
isolated fracture isolierter Knochenbruch *m*
isolated in the laboratory/be *v* im Laboratorium isoliert werden
isolated systolic hypertension isolierter systolischer Hochdruck *m* [Hypertonus *m*]
isolation 1. Isolation *f*, Isolierung *f*, Absonderung *f*, Getrennthaltung *f*; 2. Isolierung *f*, Reindarstellung *f (z. B. Hormone)*; 3. Reinkultivierung *f (z. B. von Bakterienstämmen)*
isolation cell *(Neur)* Isolierzelle *f*
isolation incubator Isolationsinkubator *m*
isolation ward Isolierstation *f*
isolecithal mit gleichmäßig verteiltem Eidotter, isolezithal
isoleucine Isoleuzin *n (essenzielle Aminosäure)*
isoleucoagglutinin Isoleukoagglutinin *n (agglutiniert Leukozyten)*
isoleucocytosis Isoleukozytose *f*, Leukozytenvermehrung *f* mit normaler Leukozytenverteilung
isologous *s.* isogenic
isologous graft isologes Transplantat *n*
isolophobia *(Neur)* Isolophobie *f (Angst vor dem Alleinsein)*
isolysergic acid Isolysergsäure *f*
isolysin Isolysin *n*
isolysis Isolyse *f*
isolytic isolytisch; Isolyse…
isomaltase Isomaltase *f*, Oligo-1,6-glucosidase *f (Enzym)*
isomaltose Isomaltose *f*
isomastigote Isomastigote *f*, isomastigote Form *f*
isomer Isomer *n*
isomerase Isomerase *f (Enzym)*
isomeric Isomerismus…
isomeride *s.* isomer
isomerism Isomerie *f*, Isomerismus *m*
isomerization Isomerisation *f*, Isomerisierung *f*, Isomerenbildung *f*
isomerous Isomerismus…
isomethadone Isomethadon *n*
isometheptene Isomethepten *n (sympathikomimetisches Peptid)*
isometheptene hydrochloride Isometheptenhydrochlorid *n*
isometheptene mucate Isometheptenmucat *n*
isometric isometrisch, mit gleicher Länge
isometric contraction isometrische Kontraktion *f*
isometric exercise isometrische Übung *f*
isometric growth isometrisches Wachstum *n*
isometrope *(Ophth)* Isometrope(r) *m*
isometropia Isometropie *f*, Refraktionsgleichheit *f* [Brechkraftgleichheit *f*] beider Augen
isometropic isometrop
isomorphic isomorph, gleichgestaltig
isomorphic irritation effect *(Derm)* isomorpher Reizeffekt *m*, Köbner'sches Phänomen *n*, Köbner-Phänomen *n*
isomorphism Isomorphie *f*, Gleichgestaltigkeit *f (z. B. von Zellen im normalen Blut)*
isomorphous *s.* isomorphic
isomuscarine Isomuskarin *n*
isomuscular reflex isomuskulärer Reflex *m*, Eigenreflex *m*
isoncotic mit gleichem onkotischem Druck
isonephrotoxin Isonephrotoxin *n*
isoniazid Isoniazid *n*, Isonicotinsäurehydrazid *n*, INH *(Tuberkulostatikum)*
isoniazid polyneuropathy Isoniazidpolyneuropathie *f (infolge Isoniazidtherapie)*
isonicotinic acid Isonicotinsäure *f*
isonicotinic acid hydrazide *s.* isoniazid
isonicotin(o)ylhydrazine *s.* isoniazid
isonitrile Isonitril *n*, Isocyanid *n*, Isozyanid *n*
isonitrosoacetone Isonitrosoaceton *n*, Monoisonitrosoaceton *n*, Pyruvaloxin *n*
isonormocytosis Isonormoleukozytose *f*, Normoleukozytose *f*, normale Leukozytenzahl *f*
iso-oncotic isoonkotisch, mit gleichem onkotischem Druck; Isoonkose…
iso-osmotic isoosmotisch, mit gleichem onkotischem [osmotischem] Druck, isotonisch
iso-osmotic solution isoosmotische [isotonische] Lösung *f*, äquilibrierte Salzlösung *f*
Isoparorchis trisimilitubis Isoparorchis *m* trisimilitubis
isopathy Isopathie *f*
isopentenylpyrophosphate Isopentylpyrophosphat *n*
isopentoic acid Isovaleriansäure *f*
isopeptide Isopeptid *n*
isophagy Autolyse *f*
isophane insulin Isophaninsulin *n*, Protamin-Zink-Insulin *n*, PZ-Insulin *n (Depotinsulin)*
isophane insulin suspension Isophan-Insulin-Suspension *f*

isophenic isophän, vom gleichen Phänotyp, mit gleicher äußerer Erscheinung
isophoria Isophorie *f*, gleiche Stellung *f* beider Augen
isophosphamide Isophsphamid *n*
isopia Isopie *f*, gleiche Sehschärfe *f* beider Augen
isoplastic isoplastisch, syngen, von der gleichen Spezies stammend
isoprecipitin Isopräzipitin *n (gegen artgleiches Serum gerichteter, Ausflockung bewirkender Antikörper)*
isopregnenone Isopregnenon *n*, Dydrogesteron *n*
isoprenaline Isoprenalin *n (Broncholytikum)*
isoprenaline hydrochloride Isoprenalinhydrochlorid *n*
isoprenaline sulfate Isoprenalinsulfat *n*
isoprene Isopren *n*, Methylbutadien *n*
isoprenoid Isoprenoid *n*
isoprenoid side chain Isoprenoidseitenkette *f*
isopropamide iodide Isopropamidjodid *n (Anticholinergikum)*
isopropanol Isopropanol *n*, Isopropylalkohol *m*, Propan-2-ol *n (Desinfektionsmittel)*
isoprophenamine hydrochloride Isoprophenaminhydrochlorid *n*, Clorprenalinhydrochlorid *n*
isopropyl alcohol *s.* isopropanol
isopropyl meprobamate Isopropylmeprobamat *n*
isopropyl myristate Isopropymyristat *n*
isopropylacetic acid Isopropylessigsäure *f*, Isovaleriansäure *f*
isopropylaminoacetic acid Isopropylaminoessigsäure *f*, Aminoisovaleriansäure *f*, Valin *n*
isopropylarterenol *s.* isoprenaline
isopropylarterenol hydrochlorid *s.* isoprenaline hydrochloride
isopropylcarbinol Isopropylcarbinol *n*
2-isopropylmalate synthetase 2-Isopropylmalatsynthetase *f (Enzym)*
isopropylthiogalactoside Isopropylthiogalaktosid *n*
isoproterenol *s.* isoprenaline
isoproterenol hydrochloride Isoproterenolhydrochlorid *n*, Isoprenalinhydrochlorid *n*
isoproterenol sulfate Isoproterenolinsulfat *n*, Isoprenalinsulfat *n*
isoproterenol sulfate inhalation Isoproterenolinsulphatinhalation *f*, Isoprenalininhalation *f*
isopters *(Ophth)* Isopteren *fpl*, Linien *fpl* gleicher Sehschärfe
isopyknic isopyknisch, mit gleicher Dichte; mit gleicher Dicke
isopyknosis Isopyknose *f*
isopyknotic isopyknotisch; Isopyknose...
isopyrocalciferol Isopyrocalciferol *n*, Isopyrokalziferol *n*
isoriboflavin Isoriboflavin *n (Antimetabolit)*
isorrhoea Isorrhoe *f*, ausgeglichener Wasserhaushalt *m*, Wasseräquilibrium *n (gleiche Wasseraufnahme und Wasserausscheidung)*
isorrhoeic mit ausgeglichenem Wasserhaushalt; Isorrhoe..., Wasseräquilibrium...
isorubin Isorubin *n*, neues Fuchsin *n*, Trimethylfuchsin *n*
isoscope *(Ophth)* Isoskop *n*
isosensitization *s.* allosensitization
isosensitize *v s.* autosensitize
isoserine Isoserin *n*
isoserotherapy *(Immun)* Isoserotherapie *f*, Isoserumbehandlung *f*
isoserum *(Immun)* Isoserum *n*, krankheitsgleiches Serum *n*
isosexual isosexuell, mit männlichen und weiblichen Eigenschaften
isosmotic isoosmotisch, mit gleichem osmotischen Druck; Isoosmose...
isosmoticity Isoosmose *f*
isosorbide Isosorbid *n*
isosorbide dinitrate Isosorbiddinitrat *n*, 1,4:3,6-Dianhydro-D-glucitol-dinitrat *n*, ISDN *(koronarerweiterndes Mittel)*
isosorbide mononitrate Isosorbidmononitrat *n*, 1,4:3,6-Dianhydro-D-glucitol-5-nitrat *n (koronarerweiterndes Mittel)*
Isospora Isospora *npl (eine Darmerkrankung hervorrufende Kokzidienart)*
Isospora belli Isospora *npl* belli
Isospora bigemina Isospora *npl* bigemina, Cystoisospora *npl* burrowsi
Isospora hominis Isospora *npl* hominis
isospore 1. Isospore *f (Isogamet sporenbildender Organismen)*; 2. Isospore *f (asexuelle Spore)*
isosporiasis *s.* isosporosis
isosporosis *(Paras)* Isosporosis *f*, Isosporabefall *m*
isosporous isospor, Isosporen tragend [besitzend]
isostere Isoster *n*, Istostere(s) *n*
isostery Isosterie *f*
isosthenuria Isosthenurie *f*, Harnstarre *f (mangelnde Konzentrations- und Verdünnungsfähigkeit der Nieren)*
isosthenuric isothenurisch
isosuccinic acid Isosuccinsäure *f*, Methylmalonsäure *f*
isosulfamerazine Isosulfamerazin *n*
isothebaine Isothebain *n (Alkaloid aus Papaver orientalis)*
isotherapy *s.* isopathy
isothermal isotherm, temperaturgleich
isothermognosis Isothermognose *f (Wärmeempfindung bei Kälte- und Schmerzreizen)*
isothiazine hydrochloride Isothiazinhydrochlorid *n*
isothiocyanate Isothiocyanat *n*, Isothiozyanat *n*
isothiocyanic acid Isothiocyansäure *f*, Isothiozyansäure *f*
isothromboagglutinin Isothromboagglutinin *n*
isotone Isoton *n (Nukleid)*
isotones Isotone *npl (Nukleide mit gleicher Neutronenzahl)*
isotonia 1. Isotonie *f*, gleicher osmotischer Druck *m*; 2. Isotonie *f*, gleicher Tonus *m*
isotonic 1. isotonisch, den gleichen osmotischen [onkotischen] Druck zeigend; 2. isotonisch, den gleichen Tonus besitzend
isotonic contraction *(Physiol)* isotonische Kontraktion *f*, Muskelverkürzung *f* durch Kontraktion bei gleicher Spannung
isotonic exercise isotonische Übung *f*
isotonic sodium chloride solution isotone Natriumchloridlösung *f* [Kochsalzlösung *f*]
isotonic solution isotone [isotonische] Lösung *f*
isotonicity 1. Isotonizität *f*, gleiche Muskelspannung *f*, gleicher Muskeltonus *m*; 2. Isotonizität *f*, gleicher osmotischer [onkotischer] Druck *m (z. B. einer Lösung)*
isotope Isotop *n*
isotope cisternography *(Rad)* Isotopenzisternographie *f*
isotope nephrogram Isotopennephrogramm *n*, Radioisotopennephrogramm *n*
isotope radionephrography *(Rad)* Isotopenradionephrographie *f*, Radioisotopennephrographie *f*
isotopic Isotopen...
isotopic labelling *(Rad)* Isotopenmarkierung *f*
isotopic renography *(Rad)* Isotopenrenographie *f*, Isotopennephrographie *f*
isotopic tracer Isotopentracer *m*, Isotopenindikator *m*, Leitisotop *n*
isotopically labelled *(Rad)* isotopenmarkiert
isotoxic isotoxisch; Isotoxin...
isotoxin Isotoxin *n*
isotransplant Isotransplantat *n*, isologes [isogenes] Transplantat *n*, syngenes [genetisch identisches] Transplantationsgewebe *n*
isotransplantation Isotransplantation *f*, isologe [isogene] Transplantation *f*, syngene [genetisch identische] Trans-

plantation *f*, Verpflanzung *f* genetisch identischen Gewebes; Transplantation *f* zwischen eineiigen Zwillingen
isotretinoin Isotretinoin *n (Aknemittel)*
Isotricha intestinalis Isotricha *f* intestinalis
isotrimorphism Isotrimorphismus *m*
isotrimorphous isotrimorph; Isotrimorphismus...
isotrimorphous substance isotrimorphe Substanz *f*
isotron Isotron *n (Gerät zur elektromagnetischen Isotopentrennung)*
isotropic 1. isotrop, mit gleichen Eigenschaften, (in allen Richtungen) gleichartig *(z. B. Kristalle)*; 2. isotrop, einfach lichtbrechend *(z. B. Muskelfasern)*
isotropy Isotropie *f*
isotype Isotyp *m*
isotypic isotypisch; Isotypen...
isotypical isotypisch, vom gleichen Typ, typengleich
isouretin Isouretin *n*, Formamidoxim *n*
isovolaemia Isovolämie *f*, Volumenkonstanz *f*
isovaleric acid Isovaleriansäure *f*
isovaleric acidaemia Isovalerianazidämie *f*, Isovaleriansäureerhöhung *f* im Blut
isovaleryl-CoA Isovaleryl-CoA *n*, Isovaleryl-Coenzym *n* A
isovaleryl-CoA dehydrogenase Isovaleryl-CoA-dehydrogenase *f (Enzym)*
isovaleryl-CoA dehydrogenase deficiency Isovaleryl-CoA-dehydrogenasemangel *m*
isovalerylcoenzyme A *s.* isovaleryl-CoA
isovalerylglycine Isovalerylglycin *n*, Isovalerylglyzin *n*
isovolume pressure-flow curve isovolumetrische Druck-Fluss-Kurve *f*
isovolumetric *s.* isovolumic
isovolumic isovolumetrisch, mit gleichem Volumen, volumengleich
isovolumic contraction isovolumetrische Kontraktion *f*
isoxicam Isoxicam *n (Antiphlogistikum; Antipyretikum)*
isoxuprine hydrochloride Isoxuprinhydrochlorid *n (Vasodilatator)*
isozyme *s.* isoenzyme
isradipine Isradipin *n (Calciumantagonist)*
issue 1. Eiterentleerung *f*, Eiterabgang *m*, Eiterausfluss *m*; Blutentleerung *f*, Blutabgang *m*, Blutausfluss *m*; Serumentleerung *f*, Serumabgang *m*, Serumausfluss *m*; Sekretentleerung *f*, Sekretabgang *m*, Sekretausfluss *m*; 2. eiterende [Eiter entleerende] Wunde *f*, blutendende [Blut entleerende] Wunde *f*, Serum entleerende Wunde *f*, sezernierende [Sekret entleerende] Wunde *f*
IST *s.* insulin shock therapy
isthmectomy Isthmektomie *f*, Isthmusresektion *f*, (operative) Isthmusentfernung *f*
isthmi *pl s.* isthmus
isthmian *s.* isthmic
isthmic Isthmus...; Isthmo...
isthmic caesarean section *(Gyn)* unterer [tiefer] Kaiserschnitt *m*
isthmic endometrium *(Anat, Gyn)* Isthmusendometrium *n*
isthmic nodular salpingitis *s.* endosalpingiosis
isthmitis *(HNO)* Isthmitis *f*, Entzündung *f* des Isthmus faucium
isthmoparalysis Isthmusparalyse *f*, Isthmoplegie *f*, Rachenisthmuslähmung *f*
isthmoplegia *s.* isthmoparalysis
isthmospasm *(HNO)* Isthmospasmus *m*, Isthmusverkrampfung *f*
isthmus Isthmus *m*, enge [schmale] Verbindung *f*, verengte Stelle *f*, Enge *f*
isthmus of aorta Isthmus *m* aortae, Aortenenge *f*
isthmus of auditory tube Isthmus *m* tubae auditivae, Tubenenge *f (Grenze von knöchernem und knorpeligem Teil der Ohrtrompete)*
isthmus of auricular cartilage Isthmus *m* cartilaginis auricularis [auris]
isthmus of Eustachian tube *s.* isthmus of auditory tube
isthmus of external acoustic meatus Isthmus *m* meatus acustici externi
isthmus of Fallopian tube *s.* isthmus of the uterine tube
isthmus of gyrus fornicatus *s.* isthmus of the cingulate gyrus
isthmus of His Isthmus *m* rhombencephali
isthmus of limbic lobe *s.* isthmus of the cingulate gyrus
isthmus of the cingulate gyrus Isthmus *m* gyri cinguli [cingulatus], Isthmus *m* fornicati, Isthmus *m* hippocampi *(im Großhirn)*
isthmus of the fauces Isthmus *m* faucium, Rachenenge *f (Übergang von der Mund- zur Rachenhöhle)*
isthmus of the limbic lobe *s.* isthmus of the cingulate gyrus
isthmus of the prostata Isthmus *m* prostatae
isthmus of the rhombencephalon Isthmus *m* rhombencephali
isthmus of the thyroid gland Isthmus *m* glandulae thyroideae, Schilddrüsenisthmus *m (Verbindungsstück der beiden Schilddrüsenlappen)*
isthmus of the urethra Isthums *m* urethrae
isthmus of the uterine tube Isthmus *m* tubae uterinae, Tubenisthmus *m*, Eileiterenge *f*
isthmus of the uterus Isthmus *m* uteri, Gebärmutterenge *f (zwischen Körper und Hals)*
isthmus of Vieussens Limbus *m* fossae ovalis
isuria Isurie *f*, gleicher Harnfluss *m*
itch 1. Hautjucken *n*, Pruritus *m*; 2. juckende Hautkrankheit *f*, pruriginöse Dermatose *f*; 3. Skabies *f*, Krätze *f (durch die Krätzemilbe hervorgerufene, übertragbare Hautkrankheit)*
itch mite Sarcoptes *f* scabiei, Krätzemilbe *f*, Räudemilbe *f*
itch of the skin Hautjucken *n*, Hautpruritus *m*
itching juckend, pruriginös; Juck..., Pruritus...
itching *(Derm)* Jucken *n*, Juckreiz *m*, Juckempfindung *f*, Pruritus *m*
itching dermatosis juckende Dermatose *f*
itchy/be *v* jucken *(Haut)*
iter Aditus *m*, Zugang *m*, Eingang *m*; Canaliculus *m*
iter of Sylvius Aquaeductus *m* mesencephali
iteral Aditus..., Zugangs..., Eingangs...
iteration *(Neur)* Iteration *f*, (krankhafte) Wiederholung *f* von Worten und Handlungen *(infolge Enthemmung primitiver hirnorganischer Vorgänge)*
iterative iterativ, sich mehrfach wiederholend; wiederholt; Iterativ..., Wiederholungs...
iterative excitability iterative Erregbarkeit *f*, Iterativität *f (Erregbarkeit des Nervensystems nur durch iterative Reize)*
iterative movements *(Neur)* Iterativbewegungen *fpl*, wiederholte Bewegungen *fpl*; Beschäftigungsunruhe *f*
iteroparity Iteroparität *f*, mehrfache Fortpflanzung *f*, mehrfache Fortpflanzungsfähigkeit *f (im Lebenszyklus)*
iteroparous iteropar, sich mehrfach im Leben fortpflanzend
ithycyphos *s.* ithyokyphosis
ithylordosis Ithylordose *f*, Lordose *f* ohne Seitenkrümmung
ithyokyphosis Ithyokyphose *f*, physiologische Kyphose *f (z. B. der Brustwirbelsäule)*
Ito naevus Ito-Nävus *m*, Naevus *m* acromians
Ito's syndrome *(Derm)* Ito-Syndrom *n*, Incontinentia *f* pigmenti achromians, Hypomelanosis *f* Ito
itraconyzole Itraconazol *n (Antimykotikum)*
I.U. *s.* international unit
IUD *s.* intrauterine contraceptive device

IUPAC *s.* International Union of Pure and Applied Chemistry
I.V. [i.v.] *s.* intravenous
Ivemark syndrome *(Päd)* Ivemark-Syndrom *n*, Milzagenesiesyndrom *n*
ivermectin Ivermectin *n (Makrolidantibiotikum; Filarienmittel)*
IVF *s.* in-vitro fertilization
IVIC syndrome IVIC-Syndrom *n*, okulo-oto-radiales Syndrom *n (Ophthalmoplegie, Hörschaden und Fingermissbildungen)*
ivory Zahnbein *n*, Elfenbein *n*, Dentin *n*, Dentinum *n (siehe unter: dentinal)*
ivory bone Marmorknochen *m*
ivory osteosis Osteoma *n* eburneum [durum]
IVP *s.* intravenous pyelogram
Ivy loop wiring *(Stom)* Ivy'sche Verdrahtung *f*, Ivy'sche Schleifen-Drahtschienung *f*
ivy poisoning Toxicodendron-Vergiftung *f*, Toxicodendrol-Vergiftung *f*, Toxicodendron-Kontaktdermatitis *f*, Rhus-Kontaktdermatitis *f*
Ivy's (bleeding time) test Ivy-Test *m*
Iwanoff's cyst *s.* Iwanow's cyst
Iwanow's cyst *(Ophth)* Blessig-Zyste *f*, Blessig'sche Zyste *f*
Ixodes bicornis Ixodes *m* bicornis, Rhipicentor *m* bicornis
Ixodes cavipalpus Ixodes *m* cavipalpus
Ixodes dammini Ixodes *m* dammini
Ixodes frequens Ixodes *m* frequens
Ixodes pacificus Ixodes *m* pacificus
Ixodes persulcatus Ixodes *m* persulcatus *(Überträger der russischen Frühsommerenzephalitis)*
Ixodes rasus Ixodes *m* rasus
Ixodes ricinus Ixodes *m* ricinus *(Überträger der russischen Frühsommerenzephalitis, der Tularämie und des Erythema chronicum migrans)*
Ixodes scapularis Ixodes *m* scapularis *(Überträger der Lyme-Krankheit)*
ixodiasis Ixodiasis *f*, Zeckenkrankheit *f*, Zeckenbefall *m*
ixodic ixodisch; Zecken…
ixodid *s.* ixodic
ixodid Zecke *f*
Ixodidae Ixodidae *pl*
Ixodides Ixodides *pl*, Zecken *fpl*
Ixodiphagus caucurtei Ixophagus *m* caucurtei *(Zeckenparasit)*
ixodism *s.* ixodiasis
ixophrenia *(Neur)* Ixophrenie *f*, epileptische Wesensänderung *f*
ixothymia *(Neur)* Ixothymie *f*, visköses Temperament *n (leichte Form der epileptischen Wesensänderung)*
ixyomyelitis Lumbalmarkentzündung *f*, Lendenrückenmarkentzündung *f*

J

j-chain *(Immun)* J-Kette *f*
J-point *s.* junctional point
J pouch J-Reservoir *n*, J-Ileumreservoir *n (bei Ileumkunstafter)*
J reflex juxtaalveolärer Reflex *m*, J-Reflex *m*
J stomach *(Rad)* Angelhakenmagen *m*, lang gestreckter Magen *m*
J wave J-Zacke *f*, Osborne-Welle *f (EKG)*
Jaboulay's amputation Jaboulay-Amputation *f*, Hemipelvektomie *f*
Jaboulay's button Jaboulay-Knopf *m*, Jaboulay'scher Anastomosenknopf *m*
Jaboulay's dissociated fever Jaboulay'sches dissoziiertes Fieber *n (meningitisches Fieber mit Pulsverlangsamung)*
Jaboulay's operation Jaboulay-Operation *f*, Jaboulay-Winkelmann-Operation *f (Hydrozelenoperation)*
Jaboulay's pyloroplasty Pyloroplastik *f* nach Jaboulay
Jaccoud's arthritis Jaccoud-Arthritis *f*, Jaccoud'sche Arthropathie *f*, Jaccoud-Syndrom *n*
Jaccoud's arthropathy *s.* Jaccoud's arthritis
Jaccoud's dissociated fever Jaccoud'sches dissoziiertes Fieber *n (meningitisches Fieber mit Pulsverlangsamung)*
jacket *(Chir)* Korsett *n*; Gipskorsett *n*
jacket crown Jacket-Krone *f*, Mantelkrone *f (für zerstörte Frontzähne)*
jacket restraint Korsettimmobilisation *f*, Korstettfixierung *f (des Oberkörpers)*
jackknife position Taschenmesserposition *f*
jackscrew Zahnreguliervorrichtung *f*, Zahnspange *f (mit Schraubenzug)*
Jackson appliance *(Stom)* Jackson-Klammer *f*, Jackson'sche Wiegenklammer *f*
Jackson crib *s.* Jackson appliance
Jackson-Rees system Jackson-Rees-System *n (halb offenes Narkosesystem für Kinder)*
Jackson trachetomy tube Jackson-Tracheostoma *n*, Jackson-Tracheostomiekanüle *f*
Jacksonian convulsion *s.* Jacksonian seizure
Jacksonian epilepsy *(Neur)* Jackson-Epilepsie *f*, Rindenepilepsie *f* mit Jackson-Anfällen
Jacksonian epileptic fit *s.* Jacksonian seizure
Jacksonian fit *(Neur)* fokaler Anfall *m*
Jacksonian march Jackson-Marsch *m*
Jacksonian seizure Jackson-Anfall *m*, epileptischer Anfall *m* vom Jacksontyp
Jackson's membrane Jackson'sche Membran *f (des Colon ascendens)*
Jackson's savety triangle Jackson-Dreieck *n*, Jackson'sches Sicherheitsdreieck *n (für eine Tracheotomie)*
Jackson's sign Jackson-Zeichen *n (bei einseitiger Atemlähmung)*
Jackson's syndrome Jackson-Syndrom *n*
Jackson's veil *s.* Jackson's membrane
Jacob's membrane Jacob'sche Membran *f*, Stratum *n* neuroepitheliale retinae
Jacob's ulcer Jacob'sches Geschwür *n*, Ulcus *n* rodens der Augenlider
Jacobson's anastomosis *(Anat)* Jacobson-Anastomose *f (zwischen Ganglion inferius nervi glossopharyngei und Ganglion oticum)*
Jacobson's canal Jacobson'scher Kanal *m*, Canaliculus *m* tympanicus
Jacobson's cartilage Jacobson'scher Knorpel *m*, Cartilago *f* vomeronasalis
Jacobson's nerve Jacobson'scher Nerv *m*, Nervus *m* tympanicus
Jacobson's organ Jacobson'sches Organ *n*, Organon *n* vomeronasale Jacobsoni
Jacobson's phenomenon Jacobson'sches Phänomen *n*, Mediastinalpendeln *n*
Jacobson's plexus Jacobson'scher Plexus *m*, Plexus *m* tympanicus
Jacobson's reflex Jacobson'scher Reflex *m (Fingerbeugung beim Beklopfen der Beudersehnen)*

Jacobson's retinitis Retinitis *f* syphilitica
Jacod's syndrome Jacod-(Negri-)Syndrom *n*, Jacod-Trias *f*, petrosphenoidales Syndrom *n*
Jacod's triad *s.* Jacod's syndrome
Jacquart's facial angle Jacquart'scher Gesichtswinkel *m*
Jacquemet's recess Jacquemet'scher Rezessus *m (zwischen Gallenblase und Leber)*
Jacquemier's sign Jacquemier'sches Zeichen *n (Farbintensivierung der Scheidenmukosa)*
Jacquet's dermatitis Jacquet'sche Dermatitis *f*, Jacquet'sches Erythem *n*, Windeldermatitis *f*
Jacquet's erythema *s.* Jacquet's dermatitis
jactatio *s.* jactitation
jac(ti)tation Jaktation *f*, Gliederzucken *n*, Gliederwerfen *n*
Jadassohn-Dösseker disease Jadassohn-Dösseker-Krankheit *f*, Myxoedema *n* tuberosum
Jadassohn-Lewandowsky syndrome *(Derm)* Jadassohn-Lewandowsky-Syndrom *n*, Jadassohn-Lewandowsky-Anomalie *f*, Pachyonychia *f* congenita
Jadassohn-Pellizari anetoderma Jadassohn-Pellizari-Krankheit *f*, Anetodermie *f*
Jadassohn-Tieche naevus Jadassohn-Tieche-Nävus *m*, Naevus *m* caeruleus
Jadassohn's anetoderma *s.* Jadassohn-Pellizari anetoderma
Jadassohn's dermatitis Jadassohn-Dermatitis *f*, Pityriasis *f* lichenoides chronicum
Jadassohn's disease 1. Jadassohn-Krankheit *f*, Granulosis *f* rubra nasi; 2. Cutis *f* rhomboidalis nuchae
Jadassohn's sebaceous naevus Jadasohn'scher Nävus *m*, Naevus *m* sebaceus
Jadelot's furrows Jadelot'sche Furchen *fpl*, Jadelot'sche Linien *fpl (des Gesichtes bei Kindern)*
Jaeger's test Jaeger-Sehprobe *f (zur Prüfung der Nahsehschärfe)*
Jaeger's test types Jaeger'sche Sehtestbuchstaben *mpl*
Jaffé-Lichtenstein disease *(Orth)* Jaffé-Lichtenstein-Syndrom *n*, Morbus *m* Jaffé-Lichtenstein, Osteodystrophia *f* fibrosa (polyostotica) unilateralis, polyostotische fibröse Dysplasie *f* [Knochendysplasie *f*] *(tritt auch monostotisch auf)*
Jaffé-Lichtenstein syndrome *s.* Jaffé-Lichtenstein disease
Jaffé's test Jaffé-Probe *f (zum Kreatininnachweis im Harn)*
jail fever *s.* epidemic typhus
Jakob-Creutzfeldt disease *(Neur)* Jakob-Creutzfeldt'sche Krankheit *f* [Pseudosklerose *f*] *(siehe auch: bovine spongiform encephalopathy)*
Jakob-Creutzfeldt syndrome *s.* Jakob-Creutzfeldt disease
Jakob's disease *s.* Jakob-Creutzfeldt disease
Jaksch-Hayem syndrome *(Päd)* Jaksch-Hayem-Syndrom *n*, Anaemia *f* pseudoleucaemica infantum
jam *v* **a finger** sich einen Finger quetschen; den Finger einquetschen
James bundle James'sches Bündel *n (Reizleitungsfasern im Vorhofmyokard)*
James fibres *s.* James bundle
James tracts *s.* James bundle
Janeway lesion Janeway'sche erythematöse [hämorrhagische] Makula *f (bei subakuter bakterieller Endokarditis)*
janiceps *(Terat)* Janizeps *m (symmetrische Doppelmissbildung mit Verschmelzung der Köpfe)*
Jannetta procedure Jannetta'sche Operation *f*, mikrovaskuläre Dekompression *f (bei Trigeminusneuralgie)*
Jansen's syndrome Jansen'sches Syndrom *n*, Metaphysendysostose *f*
Janský-Bielschowski disease Janský-Bielschowski-Syndrom *n*
Janský's classification Jansky'sche Blutgruppenklassifikation *f*
Janus green B Janusgrün *n* B, Diethylsafraninazodimethylanilinchlorid *n (zur supravitalen Mitochondrienfärbung)*
Japanese (B) encephalitis Japan-B-Enzephalitis *f*, japanische Enzephalitis *f*
Japanese B encephalitis virus Japan-B-Enzephalitis-Virus *n (Arbovirus)*
Japanese flood fever *(Trop) s.* tsutsugamushi disease
Japanese river fever *(Trop) s.* tsutsugamushi disease
jar *v* 1. quietschen; scheppern; 2. beben, erbeben, zittern, erzittern; 3. erschüttern, durchrütteln; 4. aufkratzen, aufreiben
jar Gefäß *n*, Standgefäß *n*, Zylindergefäß *n*, Zylinder *m*
jar with lid *(Chir, Lab)* Standgefäß *n* mit Deckel
Jarcho-Levin syndrome Jarcho-Levin-Syndrom *n*
Jarcho's pressometer *(Rad)* Jarcho'sche Manometer *n (bei Hysterosalpingographie)*
jargon 1. Jargon *m*, berufliche Umgangssprache *f*; 2. *(Neur)* Paraphasie *f*, inkohärente Sprache *f*, Wortsalat *m*
jargon aphasia Jargonaphasie *f*, Kauderwelschaphasie *f*
jargon paraphasia Jargonparaphasie *f*
jargonagraphia *(Neur)* Jargonagraphie *f (unverständliche und unkoordinierte Schrift)*
jargonaphasia *s.* jargon aphasia
jargonapraxia *(Neur)* Jargonapraxie *f (Ausführung ziellloser und unkoordinierter Bewegungen)*
Jarisch-Herxheimer phenomenon *s.* Jarisch-Herxheimer reaction
Jarisch-Herxheimer reaction (Jarisch-)Herxheimer'sche Reaktion *f (Antigen-Antikörper-Reaktion)*
Jarotzky's treatment Ulkusbehandlung *f* nach Jarotzky, Jarotzky-Ulkusdiät *f*
Jarvik-7 (artificial heart) Jarvik-7-Herz *n*, Jarvik-7 *n (künstliches Herz)*
jaundice Gelbsucht *f*, Ikterus *m*
jaundice of pregnancy Schwangerschaftsgelbsucht *f*, Schwangerschaftsikterus *m*, Icterus *m* gravidarum, Hepatopathia *f* gravidarum
jaundice of the newborn Neugeborenengelbsucht *f*, (physiologischer) Neugeborenenikterus *m*, Icterus *m* neonatorum
jaundiced/be *v* ikterisch sein
javelle water Javelle-Wasser *n*, wässrige Kaliumchloridlösung *f (Bleichmittel, Desinfektionsmittel)*
jaw 1. Kiefer *m*; 2. *s.* jaw-bone
jaw-bone 1. Kieferknochen *m*; 2. Unterkiefer *m*, Mandibula *f (Zusammensetzungen siehe unter: mandibular)*
jaw cancer [carcinoma] Kieferkarzinom *n*
jaw chattering Zähneklappern *n*, Kiefermyoklonus *m*
jaw contracture Kieferkontraktur *f*
jaw fracture Kieferfraktur *f*, Kieferbruch *m*
jaw fracture appliance Kieferfrakturstabilisator *m*
jaw jerk *s.* mandibular reflex
jaw reflex *s.* mandibular reflex
jaw relation Kieferrelation *f*, Oberkiefer-Unterkiefer-Relation *f*
jaw winking Marcus-Gunn-Syndrom *n*, Gunn'sches Phänomen *n (Lidschluss bei Kiefergelenkschluss)*
Jaworski's bodies Jaworski-Körperchen *npl*, Jaworski'sche Kerne *mpl (freie Leukozytenkerne im Magensaft)*
Jaworski's corpuscles *s.* Jaworski's bodies
JBE virus *s.* Japanese B encephalitis virus
jealousy mania *(Neur)* Eifersuchtswahn *m*
jeans disease Jeans-Krankheit *f*, Meralgia *f* paraesthetica *(durch enge Hosen)*

Jeanselme's nodules Jeanselme'sche Knoten *mpl*, tertiäre Syphilisknoten *mpl*, juxta-artikuläre Knoten *mpl*
jecorose *s.* hepatic
Jeddah ulcer *(Trop)* Jeddah-Ulkus *n*, Furunculus *m* orientalis, Orientbeule *f*, arabische Hautleishmaniase *f*, Leishmaniasis *f* cutis
Jefferson('s) fracture *(Chir, Orth)* Jefferson-Fraktur *f*, Jefferson'sche Fraktur *f*, Atlas(ring)fraktur *f*, Berstungs(knochen)bruch *m* des Atlasringes
Jefferson's syndrome Jefferson-Syndrom *n*, Sinuscavernosus-Syndrom *n*
Jeghers-Peutz syndrome *(Gastr)* Peutz-Jeghers-Syndrom *n*, Magen-Darm-Kanal-Polypen *mpl* mit Schleimhautpigmentation
jejunal jejunal; Jejunum..., Leerdarm...
jejunal artery Jejunalarterie *f*, Leerdarmschlagader *f*, Arteria *f* jejunalis
jejunal epithelium Jejunumepithel *n*, Leerdarmepithel *n*
jejunal feeding tube Jejunumsonde *f*, Jeujunostomie-Nahrungssonde *f*, Jejunostomie-Ernährungssonde *f*
jejunal mesentery Jejunummesenterium *n*
jejunal ulcer (peptisches) Jejunalulkus *n*, Ulcus *n* pepticum jejuni; Anastomosengeschwür *n*
jejunal vein Jejunalvene *f*, Vena *f* jejunalis
jejunectomy Jejunektomie *f*, Jejunumresektion *f*, (operative) Leerdarmentfernung *f*
jejunitis Jejunitis *f*, Leerdarmentzündung *f*
jejuno-ileal jejunoileal; Jejunum-Ileum-..., Leerdarm-Krummdarm-..., Dünndarm...
jejuno-ileal mesentery Jejunum-Ileum-Mesenterium *n*, Dünndarmmesenterium *n*
jejuno-ileitis Jejunoileitis *f*, Jejunum- und Ileumentzündung *f*
jejuno-ileostomy Jejunoileostomie *f*, Jejunum-Ileum-Anastomose *f*, (operative) Jejunum-Ileum-Verbindung *f*
jejuno-ileum Jejunoileum *n*, Leerdarm *m* und Krummdarm *m*
jejunocaecostomy Jejunozökostomie *f*, Jejunum-Zökum-Anastomose *f*, (operative) Jejunum-Zökum-Verbindung *f*
jejunocolostomy Jejunokolostomie *f*, Jejunum-Kolon-Anastomose *f*, (operative) Jejunum-Kolon-Verbindung *f*
jejunogastric jejunogastral; Magen-Leerdarm-...
jejunojejunostomy Jejunojejunostomie *f*, Jejunum-Jejunum-Anastomose *f*, (operative) Leerdarm-Leerdarm-Verbindung *f*
jejunoplasty Jejunoplastik *f*, Jejunumplastik *f*, Leerdarmplastik *f*
jejunorrhaphy Jejunorrhaphie *f*, Jejunumnaht *f*, Leerdarmnaht *f*
jejunostomy 1. Jejunostomie *f*, Jejunostoma *n*, Jejunumfistel *f*, Leerdarmfistel *f*; 2. Jejunostomie *f*, (operative) Jejunumfistelung *f*
jejunostomy feeding Jejunostomie-Fütterung *f*, Jejunostomie-Sondenernährung *f*
jejunotomy Jejunotomie *f*, Jejunumeröffnung *f*, (operative) Leerdarmeröffnung *f*
jejunum Jejunum *n*, Leerdarm *m*, Intestinum *n* jejunum
Jellinek formula Jellinek'sche Formel *f* der Alkoholismusberechnung *(in einer Bevölkerung)*
Jellinek's sign Jellinek'sches Zeichen *n (Augenlidpigmentation bei Schilddrüsenüberfunktion)*
jelly Gallerte *f*, gallertartige Masse *f*; Gelee *m*; Sulze *f*
jelly-belly *(Path)* Gallertbauch *m*, Peritonealpseudomyxom *n*, Pseudomyxoma *n* peritonei
jelly-like consistency of faeces geleeartige Stuhlkonsistenz *f*
jelly-like faeces geleeartiger Stuhl *m*
jelly of Wharton Wharton'sche Sulze *f*, gallertiges Nabelschnurbindegewebe *n*
jellyfish sting Quallen(nessel)stich *m*
Jena Nomina Anatomica Jenaer Nomenklatur *f*, JNA
Jendrassik's manoeuvre *(Neur)* Jendrassik-Handgriff *m*, Jendrassik'scher Handgriff *m (zur Reflexbahnung)*
Jendrassik's sign Jendrassik-Zeichen *n*, Jendrassik'sches Zeichen *n (Augenmuskelschwäche bei endokrinem Exophthalmus)*
Jenner-Kay unit Jenner-Kay-Einheit *f (der Phosphataseaktivität; 1 Jenner-Kay-Einheit entspricht zwei Bodansky-Einheiten)*
Jennerian vaccination Jenner'sche Vakzination *f*, Pocken(schutz)impfung *f*, Jenner-Pockenimpfung *f*
Jennerian vaccine Jenner'sche Vakzine *f*, Pockenimpfstoff *m*, Jenner-Vakzine *f*
jennerization aktive Impfung *f*, aktive Schutzimpfung *f (durch Applikation abgeschwächter Viren)*
Jenner's stain Jenner'sche Färbung *f*, Jenner'scher Methylenblau-Eosinat-Färbung *f (von Blutausstrichen)*
Jensen's disease Jensen'sche Krankheit *f* [Retinopathie *f*], Chorioiditis *f* [Retinochorioiditis *f*] juxtapapillaris, Papillenchorioiditis *f*
Jensen's retinopathy *s.* Jensen's disease
Jensen's sarcoma Jensen-Sarkom *n (transplantierbares Sarkom)*
Jensen's tumour *s.* Jensen's sarcoma
jerk *(Neur)* Reflexbewegung *f*, Reflex *m*, Zuckung *f*, Krampf *m*, Spasmus *m*
jerk finger Triggerfinger *m*
jerk nystagmus klonischer Nystagmus *m*
jerks Chorea *f*, Tic *m*
jerky pulse *(Kard)* Pulsus *m* vibrans, schnellender [hüpfender] Puls *m*
Jervell-Lange-Nielsen syndrome *(Kard)* Jervell-Lange-Nielsen-Syndrom *n*, kardioauditives [surdokardiales] Syndrom *n*
Jesuits' bark *s.* cinchona bark
jet Jet *m*, Strahl *m*; Blutstrahl *m*, Blutstrom *m*
jet humidifier Jet-Befeuchter *m*, Jet-Aerosolgerät *n*
jet injection Düseninjektion *f (Impfpistole)*
jet injector Jet-Injektor *m*
jet lag Jet lag *n*, Jetlag, Dysrhythmie *f*, Störung *f* des physiologischen Rhythmus, chronobiologische Beschwerden *fpl (bei Langzeitflügen)* • **suffer from jet lag** am Jetlag leiden
jet leg Jet-leg *n*, tiefe Beinvenenthrombose *f*, Economy-class-Syndrom *n (bei Langstreckenflügen)*
jet nebulizer Jet-Vernebler *m*
jet-stream aneurysm Jet-stream-Aneurysma *n (entsteht hinter einer Gefäßverengerung)*
jet-wash technique Jet-wash-Technik *f*, Jet-wash-Methode *f*, Uterusspülung *f* mit Lavagezytologie
Jeune's syndrome Jeune-Krankheit *f*, zur Asphyxie führende Thoraxdysplasie *f (Atemstörungen bei verändertem knöchernem Brustkorb)*
Jewett angle nail *(Chir)* Jewett'scher Winkelnagel *m*
Jewett brace Jewett'sche Stützkorsett *n*, Griswald-Korstett *n (bei Wirbelkompressionsfraktur)*
Jewett nail *s.* Jewett angle nail
Jezler-Takata test *(Hämat, Lab)* Takata-Ara-Test *m*, Takata-(Ara-)Reaktion *f (Serumlabilitätsprobe)*
jigger Tunga *f* penetrans, Trombicula-Larve *f*
jimson weed Datura *f* stramonium
jitter Muskelfaserzittern *n*; Aktionspotenzialdifferenz *f* der Muskelfasern
jitters 1. Nervosität *f*, 2. Verzitterung *f (bei Ultraschalluntersuchung)*
JNA *s.* Jena Nomina Anatomica
Jobert de Lamballe's fossa *(Anat)* Jobert-Grube *f (Weichteilgrube am Oberschenkel zwischen M. adductor magnus, M. gracilis und M. sartorius)*

Job's syndrome Job-Syndrom *n*, Hiob-Syndrom *n* *(X-chromosomal vererbtes Granulozyten-Defektsyndrom)*
jock itch *s.* jockey itch
jockey itch Tinea *f* cruris *(Hautkrankheit)*
jockstrap Hodensuspensorium *n*
jocularity *(Neur)* Witzelsucht *f*
jodbasedow Jodbasedow *m*, jodinduzierte Hyperthyreose *f* [Schilddrüsenüberfunktion *f*]
jodbasedow phenomenon Jodbasedow-Phänomen *n* *(Thryreotoxikose bei endemischen Strumapatienten nach Jodgabe in Kropfgebieten)*
Joest's bodies Joest'sche Körperchen *npl*, Joest'sche intranukleäre Einschlusskörperchen *npl*
Joffrey's reflex Joffrey'scher Reflex *m (bei spastischer Paralyse)*
Joffrey's sign Joffrey'sches Zeichen *n (Störung der einfachen Rechenfähigkeiten bei beginnendem organischem Hirnsyndrom)*
jogger's heel Jogger-Ferse *f*
johimbine Yohimbin *n (Alkaloid)*
Johne's bacillus Johne'scher Bazillus *m*, Mycobacterium *n* paratuberculosis (Johne), Mycobacterium *n* johnei
johnin Johnin *n*, Mycobacterium-paratuberculosis-Impfstoff *m*, Paratuberkulin *n*
Johnson-Stevens syndrome Stevens-Johnson-Syndrom *n*, Ectodermosis *f* erosiva pluriorificialis, Erythema *n* multiforme majus
joining chain *(Immun)* J-Kette *f*
joining enzyme Joining-Enzym *n*, DNS-Ligase *f (fügen Polynukleotide und Oligonukleotide zusammen)*
joint *(Neur)* Joint *m (Drogengebrauch als Haschisch-Tabak-Gemisch)*
joint Gelenk *n*, Articulatio *f*, gelenkige Verbindung *f (siehe auch unter: articular)* • **flex a joint to right angle** ein Gelenk im rechten Winkel beugen
joint arthrodesis (operative) Gelenkversteifung *f*, Gelenkfusion *f*
joint body *s.* joint mouse
joint capsule Gelenkkapsel *f*, Capsula *f* articularis
joint cavity Gelenkhöhle *f*, Cavum *n* articulare
joint chondroma Gelenkchondrom *n*
joint dislocation Gelenkverrenkung *f*, Gelenkluxation *f*
joint effusion Gelenkerguss *m*
joint fracture Gelenkfraktur *f*, Gelenk(knochen)bruch *m*
joint fusion *s.* joint arthrodesis
joint instability Gelenkinstabilität *f*, erhöhte Gelenkmobilität *f*, instabiles Gelenk *n*
joint ligament Gelenkband *n*, Ligamentum *n* articulare
joint meniscus Gelenkmeniskus *m*, Meniscus *m* articularis
joint mobility Gelenkbeweglichkeit *f*
joint mouse Gelenkmaus *f*, Corpus *n* liberum [articulare mobile], freier Gelenkkörper *m*, Arthrophyt *m*
joint of the foot Fußgelenk *n*, Articulatio *f* pedis
joint pain Gelenkschmerz *m*
joint-pin for osteosynthesis Osteosynthesegelenkbohrdraht *m*
joint play Gelenkspiel *n*
joint protection Gelenkschutz *m*; Gelenkorthese *f*
joint sensation Gelenkempfindung *f*, Gelenkgefühl *n*
joint space Gelenkraum *m*, Gelenkhöhle *f*
joint-sprig for osteosynthesis Osteosynthesegelenkbohrdraht *m*
joint stiffness Gelenksteife *f*, Gelenksteifigkeit *f*
joint structure Gelenkstruktur *f*
joint suppuration Gelenk(ver)eiterung *f*
joint synovia Gelenksynovia *f*, Synovia *f* articularis
joking mania *(Neur)* Witzelsucht *f*, Moria *f*
Jolly bodies *(Hämat)* (Howell-)Jolly'sche Körperchen *npl*, Jolly-Körperchen *npl*, Kernkugeln *fpl (in Erythrozyten)*
Jones brace Jones'sches Korsett *n*, thorakolumbosakrales Korsett *n*
Jones (diagnostic) criteria Jones-Kriterien *npl (Rheuma)*
Jones fracture Jones-Fraktur *f (Diaphysenfraktur des fünften Metatarsalknochens)*
Jones position Jones'sche Position *f (Ellenbogenflexion bei Fraktur des medialen Humerusepikondylus)*
Jones protein Jones'scher Elweißkörper *m*, Bence-Jones-Protein *n*
Jonnesco's fold Jonnesco'sche Falte *f*, pariteoperitoneale Falte *f*
Jonnesco's fossa Jonnesco'sche Grube *f*, Fossa *f* duodenojejunalis
Jonston's alopecia Jonston'sche Alopezie *f*, Alopecia *f* areata
Jonxis syndrome Jonxis-Syndrom *n*, Jonxis'sches Syndrom *n (Hyperaminoazidurie, Hyperphosphaturie und renale Rachitis)*
Jordans' anomaly Jordans-Anomalie *f (familiäre Leukozytenanomalie)*
josamycin Josamycin *n (Makrolidantibiotikum)*
Joseph clamp Joseph-Klemme *f (bei Nasenoperation)*
Joseph disease Joseph'sche Krankheit *f*, Machado-Joseph'sche Krankheit *f*, Azoren-Krankheit *f (Typ I mit pyramidalen und extrapyramidalen Defiziten; Typ II mit zerebellären, pyramidalen und extrapyramidalen Defiziten; Typ III mit zerebellären Defiziten und distaler sensorimotorischer Neuropathie; Typ IV mit Parkinsonismus und distaler sensorischer Neuropathie)*
Joseph knife Joseph-Messer *n*
Joseph rhinoplasty Joseph'sche Rhinoplastik *f*, Nasenplastik *n* nach Joseph
Josephs anaemia Josephs'sche Anämie *f*, Diamond-Blakfan-Syndrom *n*
Joubert's syndrome Joubert'sches Syndrom *n (Aplasie des Vermis cerebellaris, Hypotonie, Hyperpnoe, geistige Retardierung und abnorme Augenbewegungen)*
joule Joule *n*, J *(SI-Einheit für Arbeit, Energie und Wärmemenge)*
juccuya *s.* cutaneous leishmaniasis
Judd method *(Rad)* Judd'sche Lagerung *f (zur Darstellung von Atlas und Dens)*
Judet's prosthesis Judet'sche Prothese *f*, Judet'sche Hüftkopfendoprothese *f*, Judet'sche Kopf-Hals-Prothese *f*
judgment 1. *(For)* Urteil *n*; 2. Begründung *f*, Urteilsbegründung *f*; 3. Verurteilung *f*, Urteilsspruch *m*, Schiedspruch *m*, Strafe *f*; 4. *(Psych)* Urteilsfähigkeit *f*, Urteilsvermögen *n*
judgment call Entscheidung *f* aus Erfahrung, Erfahrungsurteil *n*, Erfahrungsentscheidung *f*
Judkins technique *(Rad)* Judkins-Technik *f (Koronarangiographie mittels Kathetereinführung über die Femoralarterie)*
juga *pl s.* jugum
jugal 1. Wangen..., Backen...; 2. Jochbein...
jugal point *s.* jugale
jugale Jugale *n (kraniometrischer Messpunkt)*
jugate 1. paarig, paarweise verbunden, gepaart; 2. mit leistenförmigen Erhebungen
juglone Juglon *n (antibiotisch wirkende Substanz)*
jugomaxillary jugomaxillär; Jochbein-Oberkiefer-...
jugular jugular; Drossel(gruben)..., Kehl...
jugular arch Arcus *m* venosus juguli
jugular bulb Bulbus *m* jugularis
jugular compression Jugularkompression *f*, Vena-jugularis-Kompression *f*, Drosselvenenkompression *f*, Queckenstedt'sche Probe *f*
jugular eminence Eminentia *f* jugularis
jugular foramen Foramen *n* jugulare

jugular foramen syndrome Foramen-jugulare-Syndrom *n*, Vernet-Syndrom *n (bei Schädelbasisfraktur)*
jugular fossa Fossa *f* jugularis ossis temporalis
jugular ganglion 1. Ganglion *n* superius nervi glossopharyngei; 2. Ganglion *n* superius nervi vagi
jugular incisura Incisura *f* jugularis
jugular nerve Nervus *m* jugularis
jugular notch of the occipital bone Incisura *f* jugularis ossis occipitalis
jugular notch of the sternum Incisura *f* jugularis sterni
jugular notch of the temporal bone Incisura *f* jugularis ossis temporalis
jugular process Processus *m* jugularis ossis temporalis
jugular pulse Jugular(venen)puls *m*, Jugularispuls *m*
jugular trunk Truncus *m* jugularis
jugular tubercle Tuberculum *n* jugulare ossis occipitalis
jugular vein Drosselvene *f*, Vena *f* jugularis
jugular venous arch Arcus *m* venosus juguli
jugular venous pressure Jugularvenendruck *m*
jugular venous pulse Jugularvenenpuls *m*
jugular wall of the tympanic cavity Paries *m* jugularis cavi tympani
jugulation Krankheitsabbruch *m*, Krankheitsbeendigung *f*, Krankheitskupierung *f (durch gezielte Therapie)*
jugulum Jugulum *n*, Drosselgrube *f*
jugum 1. Jugum *n*, Joch *n*; 2. Zange *f*
Juhel-Renoy's syndrome Juhel-Renoy-Syndrom *n (Nierenrindennekrose bei Eklampsie)*
juice Körperflüssigkeit *f*, Körpersaft *m*; Gewebsflüssigkeit *f*, Gewebssaft *m*; Sekret *n*
Juillard-Piguet syndrome Juillard-Piguet-Syndrom *n (Hyperaminoazidurie und renale Glukosurie)*
jumbling of words *(Neur)* Paraphrasia *f* vesana
jumentous nach Pferd riechend *(z. B. Urin)*
jump(ing) cramp springender [saltatorischer] Krampf *m*
jumping gene Jumping-Gen *n (wanderndes DNS-Segment im Genom)*
jumps *s.* 1. chorea; 2. alcoholic delirium
junctio *s.* 1. junction 1.; 2. joint
junction 1. Junctura *f*, Verbindung *f*, Vereinigung *f*; 2. Gelenk *n*
junction naevus *s.* junctional naevus
junction of the upper and lower lip Commissura *f* labiorum oris
junction point J-Punkt *m*
junctional 1. Verbindung(s)...; 2. Gelenk...
junctional beat junktionale Systole *f*, Knoten-Systole *f*, Knoten-Schlag *m*
junctional bigeminy junktionaler Bigeminus *m*, Knoten-Bigeminus *m*
junctional-capillary präkapillär, vor dem Kapillarbett
junctional capillary Präkapillare *f*
junctional cyst Ligamentum-latum-Zyste *f*
junctional epithelium Saumepithel *n*, Grenzschichtenepithel *n*, Gingivamanschette *f*, Epithelmanschette *f (der Zähne)*
junctional extrasystole junktionale Extrasystole *f*, Knoten-Extrasystole *f*
junctional naevus Junktionsnävus *m*, junktionaler Nävus *m*, Übergangsnävus *m*, Grenzflächennävus *m*
junctional pacing site junktionale Schrittmacherstelle *f*, Knoten-Schrittmacher *m*
junctional point J-Punkt *m*, Übergangspunkt *m (EKG; Beginn der ST-Strecke)*
junctional rhythm junktionaler Rhythmus *m*, Knoten-Rhythmus *m*
junctional tachycardia Atrioventrikulartachykardie *f*, AV-Knotentachykardie *f*
junctura *s.* junction

Jungbluth's vessels Jungbluth-Gefäße *npl*, Jungbluth'sche Vasa *npl* propria
jungian psychology Jung'sche Psychoanalyse *f*, analytische Psychologie *f*
jungle yellow fever *(Trop)* Dschungelgelbfieber *n*, Buschgelbfieber *n*
Jüngling's disease *(Orth)* Jüngling'sche Krankheit *f*, Jüngling-Krankheit *f*, Osteitis *f* cystica, Ostitis *f* tuberculosa cystoides multiplex, Ostitis *f* multiplex cystoides (Jüngling)
Jung's theory Jung'sche Theorie *f*, Jung-Theorie *f (der Tiefenpsychologie)*
Junin fever Junin-Fieber *n*, argentinisches hämorrhagisches Fieber *n (hämorrhagisches Fieber durch Arenaviren)*
junior sister (jüngere) Schwester *f*, Hilfsschwester *f*
juniper Wacholder *m*, Juniperus *m* communis
juniper berry Wacholderbeere *f*
juniper berry oil Wacholder(beeren)öl *n*
juniper tar Wacholderteer *m*
junk *s.* heroin
junk DNA junk-DNA *f (nicht codierte DNS-Sequenz im Genom)*
Juster's reflex Juster'scher Reflex *m*, Juster-Reflex *m (Daumenadduktion durch Bestreichen des Kleinfingerballens; Pyramidenbahnzeichen)*
justifiable abortion therapeutischer Abort *m*
justo major pelvis Pelvis *n* justo major
justo minor pelvis Pelvis *n* justo minor
juvantia Juvantia *npl*, Heilmittel *npl*; therapeutische Maßnahmen *fpl*
juvenile juvenil, jugendlich, im Jugendalter auftretend; Jugend..., Pubertäts..., Adoleszenten...
juvenile 1. Jugendliche(r) *m*, Jugendliche *f*, jugendliches Individuum *n*; 2. Juvenile(r) *m*, juvenile Zelle *f*; 3. juveniler Organismus *m*
juvenile acanthosis juvenile Akanthose *f*, Acanthosis *f* juvenilis
juvenile alveolar rhabdomyosarcoma juveniles alveoläres Rhybdomyosarkom *n*
juvenile amaurotic familial idiocy juvenile amaurotische familiäre Idiotie *f*
juvenile angiofibroma juveniles Angiofibrom *n*
juvenile cell *(Hämat)* Metamyelozyt *m*
juvenile delinquency Jugendkriminalität *f*
juvenile delinquent jungendlicher Kriminelle(r) *m*, jugendlicher Straftäter *m*
juvenile dementia *(Neur)* Jugendschwachsinn *m*
juvenile diabetes *s.* juvenile-onset diabetes
juvenile glaucoma juveniles Glukom *n*
juvenile goitre juvenile Struma *f*, Pubertätsstruma *f*, in der Pubertät auftretende Struma *f*
juvenile heart juveniles [jugendliches] Herz *n*
juvenile hypertension juveniler Hypertonus *m*, jugendlicher Bluthochdruck *m*
juvenile kyphosis *(Orth)* juvenile Kyphose *f*, Scheuermann'sche Krankheit *f*, Morbus *m* Scheuermann
juvenile laryngeal respiratory papillomatosis juvenile Kehlkopfpapillomatose *f*
juvenile lentigo juvenile Lentigo *f*
juvenile macular degeneration *(Ophth)* juvenile Makuladegeneration *f*, Stargardt-Syndrom *n*
juvenile myoclonic syndrome juveniles myoklonisches Syndrom *n*
juvenile myxoedema juveniles Myxödem *n*
juvenile offender *s.* juvenile delinquent
juvenile-onset diabetes juveniler Diabetes *m*, Diabetes *m* mellitus Typ I, Typ-I-Diabetes *m*, insulinpflichtiger Diabetes *m* mellitus

juvenile-onset diabetic juveniler Diabetiker *m*
juvenile osteochondritis dissecans *(Orth)* juvenile Osteochondritis *f* dissecans
juvenile osteomalacia *(Orth)* juvenile Osteomalazie *f*, Rachitis *f*
juvenile osteoporosis juvenile Osteoporose *f*, Fischwirbelkrankheit *f*
juvenile paresis jugendliche Paralyse *f*
juvenile periodontitis juvenile Periodontitis *f*
juvenile rheumatoid arthritis juvenile Rheumatoidarthritis *f*, Still'sche Krankheit *f*, Still'sches Syndrom *n*, Still-Syndrom *n*
juvenile spinal muscular atrophy juvenile spinale Muskelatrophie *f*
juvenile xanthogranuloma juveniles Xanthogranulom *n*
juvenilism *(Neur)* Juvenilismus *m*, psychischer Infantilismus *m*
juxta-alveolar reflex juxtaalveolärer Reflex *m*, J-Reflex *m*
juxta-articular juxtaartikulär, gelenknah, neben dem Gelenk
juxta-articular nodes juxtaartikuläre Knoten *mpl*
juxtacortical juxtakortikal, rindennah, neben der Rinde
juxtacrine juxta(endo)krin
juxta-epiphysial juxtaepiphysär, epiphysennah, neben den Epiphysen (liegend)
juxtaglomerular juxtaglomerulär, neben dem Glomerulum (liegend)
juxtaglomerular apparatus juxtaglomerulärer Apparat *m*
juxtaglomerular cells juxtaglomeruläre Zellen *fpl*
juxtaglomerular complex *s.* juxtaglomerular apparatus
juxtamedullary juxtamedullär, marknah, neben einer Medulla liegend
juxtangina Pharynxmuskelentzündung *f*
juxta-oral juxtaoral, mundnah, neben dem Mund (liegend)
juxtapapillary *(Ophth)* juxtapapillär, papillennah, neben der Papille (liegend)
juxtapapillary choroiditis *s.* Jensen's disease
juxtapose *v* juxtaponieren, anlagern, auflagern; nebeneinander stellen; sich anlagern; sich nebeneinander stellen
juxtaposition Juxtaposition *f*, Anlagerung *f*, Auflagerung *f* *(z. B. bei Steinbildung)*; Nebeneinanderstellung *f*
juxtapyloric juxtapylorisch, pylorusnah, neben dem Pylorus, dicht neben dem Magenpförtner (liegend)
juxtapyloric peptic ulcer parapylorisches Geschwür *n*, parapylorisches Ulcus *n* pepticum
juxtaspinal juxtaspinal, wirbelsäulennah, neben der Wirbelsäule (liegend)
juxtavesical juxtavesikal, harnblasennah, neben der Harnblase (liegend)

K

K blood group *s.* Kell blood group
kabure (itch) *(Trop)* Kabure *n*, Schistosomiasis *f* japonica, japanische Schistosomiasis *f (Hauterkrankung durch Schistosoma japonicum)*
Kader's operation *(Chir)* Kader-Fistel *f*, Gastrostomie *f* [Magenfistel *f*] nach Kader
Kaes' felt work Kaes'sches Band *n*, Kaes'scher Streifen *m*, Bechterew'sches Band *n*, Kaes-Bechterew-Schicht *f*, Kaes-Bechterew-Streifen *m*, Vicq d'Azyr'scher Streifen *m (horizontales Myelinfaserband)*
kafindo *s.* onyalai
Kahler's disease *(Onk)* Kahler'sche Krankheit *f*, Kahler-Krankheit *f*, Morbus *m* Kahler, malignes Plasmozytom *n*, multiple Myelome *npl*
Kahn (flocculation) test Kahn-Flockungsreaktion *f*, Kahn-Test *m*, Präzipitationstest *m* nach Kahn *(Serumprobe auf Syphilis)*
kainic acid Kainsäure *f (Neurotoxin aus Diginea simplex stammend)*
kainophobia Kainophobie *f (Angst vor dem Neuen)*
kairophobia *(Neur)* Kairophobie *f*, Situationsangst *f*
kaiserling Kaiserling-Präparat *n (in Kaiserling-Lösung eingelegtes Präparat)*
Kaiserling's fixative *s.* Kaiserling's solution 1.
Kaiserling's method Kaiserling'sche Methode *f*, Kaiserling'sche Konservierungsmethode *f*
Kaiserling's solution 1. Kaiserling'sche Lösung *f*, Kaiserling'sche Fixationslösung *f (Formalin, Kaliumnitrat und Kaliumazetat enthaltend)*; 2. Kaiserling'sche Lösung *f*, Kaiserling'sche Auffrischungslösung *f* für Farben, Kaiserling'sche Farbaufhellungslösung *f (80%ige Alkohollösung)*; 3. Kaiserling'sche Lösung *f*, Kaiserling'sche Konservierungslösung *f (Kaliumacetat, Glycerin, Natriumarsenat enthaltend)*
Kaiserstuhl disease Kaiserstuhl-Krankheit *f (durch arsenhaltige Insektizide bei Weinbauern)*
kakke *(Metab, Trop)* Kakke *f*, Beriberi *f*, Reisesserkrankheit *f*, Polyneuritis *f* [Panneuritis *f*] epidemica *(Vitamin-B_1-Mangelkrankheit)*
kakodyl Cacodyl *n*, Kakodyl *n*, Tetramethyldiarsin *n*
kakorraphiophobia Kakorraphiophobie *f (Angst vor Fehlern)*
kakosmia *s.* cacosmia
kala-azar *(Trop, Inf)* Kala-Azar *f*, schwarze Krankheit *f*, Splenomegalia *f* tropica, tropische Splenomegalie *f*, viszerale Leishmaniase *f*, Dum-Dum-Fieber *n*, schwarzes Fieber *n (durch Leishmanien)*
kalaemia Kaliämie *f*, Vorhandensein *n* von Kalium im Blut
kalafungin Kalafungin *n (Antimykotikum)*
kalak *s.* kallak
kal(i)emia *s.* kalaemia
kalimeter *s.* alkalimeter
kaliopenia *s.* hypokalaemia
kaliopenic *s.* hypokalaemic
kaliuresis Kaliurese *f*, Kaliumausscheidung *f* im Urin
kaliuretic Kalium ausscheidend; Kaliurese...
kallak pustulöse Dermatitis *f* (der Eskimos)
kallidin Kallidin *n (Decapeptid)*
kallidin 9 *s.* bradykinin
kallidin 10 *s.* kallidin
kallidin I *s.* bradykinin
kallidin II *s.* kallidin
kallidinogen Kallidinogen *n (Vorstufe von Kallidin)*
kallikrein Kallikrein *n*, Kininogenase *f*, Kininogen *n (Enzym)*
kallikrein inhibitor Kallikreininhibitor *m*
kallikrein-kinin system Kallikrein-Kinin-System *n*
kallikreinogen Kallikreinogen *n*, Präkallikrein *n*
Kallmann's syndrome Kallmann-Syndrom *n*, olfaktogenitales Syndrom *n*
kaluresis *s.* kaliuresis
kaluretic *s.* kaliuretic
Kambin's triangular working zone Kambin'scher Bereich *m*, Kambin'sches Dreieck *n (Zugangsgebiet bei lumbalen Bandscheibenoperationen)*
kanamycin Kanamycin *n (Antibiotikum)*
kanamycin sulfate Kanamycinsulfat *n*
Kanavel's incision Kanavel'scher Schnitt *m (bei Sehnenscheidenpanaritium)*

Kanavel's sign Kanavel-Zeichen *n*, Kanavel'sches Zeichen *n (Schmerz in der Hohlhand bei Sehnenscheidenentzündung)*
Kandahar sore *s.* cutaneous leishmaniasis
Kanner's syndrome Kanner'sches Syndrom *n*, Kanner-Syndrom *n*, frühkindlicher Autismus *m*
Kantor's sign Kantor-Zeichen *n*, Kantor'sches Zeichen *n (Füllungsdefekt bei Kolonkontrastdarstellung)*
kanyemba Kanyemba *n*, akute Rektitis *f (in Südafrika)*
kaolin Kaolin *n*, Bolus *m* alba, weißer Ton *m (Adsorptionsmittel bei Darmkatarrhen)*
kaolin cataplasm Kaolinkataplasma *n*
kaolinosis *(Arb)* Kaolinose *f*, Kaolinpneumokoniose *f*, Porzellanstaublunge(nerkrankung) *f*
Kaplan-Meier method *(Statist)* Kaplan-Meier'sche Methode *f*, Kaplan-Meier-Schätzer *m*, Produkt-Limit-Schätzer *m*
Kaplan-Meier survival curve *(Statist)* Kaplan-Meier'sche Überlebenkurve *f*, Kaplan-Meier'sche Überlebenswahrscheinlichkeit *f*
Kaposi's dermatitis 1. Kaposi-Dermatitis *f*, Dermatitis *f* diabetica papillomatosa; 2. *s.* Kaposi's varicelliform eruption
Kaposi's disease Kaposi'sches Xeroderma *n*, Xeroderma *f* pigmentosum, Xeroderma *n* pigmentosum, Atrophoderma *n* pigmentosum, Lioderma *n* essentiale
Kaposi's sarcoma *(Derm, Immun)* Kaposi-Sarkom *n*, Sarcoma *n* idiopathicum multiplex haemorrhagicum; Pseudosarcomatosis *f* haemorrhagica pigmentosa
Kaposi's sarcomatosis *s.* Kaposi's sarcoma
Kaposi's syndrome *s.* Kaposi's sarcoma
Kaposi's varicelliform eruption Kaposi-Dermatitis *f*, Ekzema *n* herpeticatum
kappa light chain kappa-light-Kette *f*, k-light-Kette *f*
kappacism Kappazismus *m (falsches Aussprechen des K-Lautes)*
Karnovsky's index Karnovsky-Index *m*, Aktivitätsindex *m (zur Patientenbeurteilung)*
Karnovsky's scale *s.* Karnovsky's index
Karplus' sign Karplus-Zeichen *n (Änderung der Vokalresonanz von U nach Ä bei Pleuraerguss)*
Kartagener's syndrome *(Päd)* Kartagener-Syndrom *n (angeborene Bronchiektasen mit Missbildungen der Lungenarterie, Wabenlunge, Eiterungen der Nasennebenhöhlen, fehlenden Stirnhöhlen und anderen angeborenen Missbildungen)*
Kartagener's triad *s.* Kartagener's syndrome
karyapsis Karyapsis *f (Zellkernverschmelzung)*
karyenchyma Karyenchyma *n*, Zellkernsaft *m*
karyoblast *(Hämat, Histol)* Karyoblast *m*
karyochromatophil(e) karyochromatophil, leicht (zell)kernfärbbar
karyochrome karyochrom, (zell)kernfärbend
karyochrome karyochrome Zelle *f*
karyochrome cell *s.* karyochrome
karyochylema *s.* karyolymph
karyoclasis Karyoklasie *f*, Karyorrhexis *f*, Kernzertrümmerung *f*
karyoclastic karyoklastisch, kernzertrümmernd, kernzerbrechend
karyocyte *s.* normoblast
karyogamic karyogam, (zell)kernverschmelzend; Karyogamie...
karyogamy Karyogamie *f*, Kernverschmelzung *f (bei geschlechtlicher Fortpflanzung)*
karyogenesis Karyogenese *f*, Zellkernbildung *f*, Zellkernentwicklung *f*
karyogenetic karyogenetisch; Karyogenese...
karyogenic karyogen, zellkernbildend; Karyogenese...
karyogonad Karyogonade *f*, Mikronukleus *m*, Geschlechtskern *m (generativer Kleinkern)*
karyogram Karyogramm *n*, Darstellung *f* des Chromosomenbestandes *(einer Zelle)*
karyokinesis Karyokinese *f*, Mitose *f*, indirekte Zellkernteilung *f (mit Chromosomenausbildung)*
karyokinetic *(Histol)* karyokinetisch, mitotisch; Karyokinese...; Mitose... *(Zusammensetzungen siehe unter: mitotic)*
karyoklasis *s.* karyoclasis
karyoklastic *s.* karyoclastic
karyolobic karyolobär *(Zellkern)*
karyologic(al) karyologisch; Karyologie...
karyology Karyologie *f*, Lehre *f* vom Zellkern, Zellkernlehre *f*
karyolymph *(Histol)* Karyolymphe *f*, Kernsaft *m*
karyolysis *(Histol)* Karyolyse *f*, Zellkernauflösung *f*, Kernauflösung *f*
karyolytic karyolytisch, (zell)kernauflösend; Karyolyse...
karyomastigont Karyomastigont *m (Verschmelzung des Mastigontensystems mit einem Zellkern)*
karyomegaly Karyomegalie *f*, Zellkernvergrößerung *f*, Kernvergrößerung *f*
karyomere Karyomer *n*, Chromosomensegment *n*, Chromosomenabschnitt *m*
karyometry *(Histol)* Karyometrie *f*, Zellkernmessung *f*, Kernvermessung *f*
karyomicrosome Karyomikrosom *n*, Zentralkörperchen *n (im Zellkern)*
karyomit 1. Chromatinfibrille *f*; 2. Chromosom *n*
karyomitome Karyomitom *n*, Chromatingerüst *n (im Zellkern)*
karyomitosis Karyomitose *f*, Zellkernteilung *f*
karyomitotic karyomitotisch, zellkernteilend; Karyomitose...
karyomorphic karyomorph; Karyomorphismus...
karyomorphism *(Histol)* Karyomorphismus *m*, Zellkernform *f*
karyon *(Histol)* Karyon *n*, Zellkern *m*, Nukleus *m*, Nucleus *m (Zusammensetzungen siehe unter: nucleus)*
karyophage *(Histol)* Karyophage *m*, Zellkernfresszelle *f*, den Zellkern phagozytierende [aufnehmende] Zelle *f*
karyophagic *s.* karyophagous
karyophagous karyophag, den Zellkern phagozytierend [aufnehmend]
karyoplasm *(Histol)* Karyoplasma *n*, Zellkernplasma *n*, Kernplasma *n*
karyoplasmic karyoplasmatisch, zum Kernplasma gehörend; Karyoplasma..., Kernplasma...; Kern-Plasma-...
karyoplasmic ratio Kern-Plasma-Relation *f*
karyoplasmolysis Karyoplasmolyse *f*, Achromatolyse *f (Auflösung des Achromatins)*
karyoplast *s.* karyon
karyoplastin Karyoplastin *n*
karyopyknosis Karyopyknose *f*, Zellkernschrumpfung *f*, Zellkernverdichtung *f*
karyopyknotic karyopyknotisch, zellkernverdichtend; Karyopyknose...
karyopyknotic index *(Gyn)* Karyopyknoseindex *m*
karyoreticulum *s.* karyomitome
karyorrhectic 1. karyorrhektisch, (zell)kernzertrümmernd; 2. zerfallend *(Zellkern nach dem Zelltod)*
karyorrhexis Karyorrhexis *f*, Kernzerfall *m (nach dem Zelltod)*
karyosome *(Histol)* Karyosom *n*, Karyoplasmaverdichtung *f*, Pseudonukleolus *m*
karyospherical karyosphärisch, mit einem kugelförmigen Zellkern
karyospherical (nucleus) karyosphärischer Nukleus *m*, kugelförmiger Zellkern *m*

karyostasis *(Histol)* Karyostase *f*, Kernruhe *f*, Interphase *f*
karyostatic karyostatisch; Karyostase...
karyotheca Karyothek *f*, Zellkernmembran *f*, Kernmembran *f*
karyothecal Karyotheka...
karyotin Chromatin *n*
karyotropic karyotrop, auf den Zellkern gerichtet
karyotropic virus karyotropes Virus *n*
karyotype *v* karyotypisieren, den Zellkern typisieren
karyotype *(Histol)* Karyotyp *m*, Kerntyp *m*
karyotypic Karyotyp...
karyozoic in Zellkernen lebend *(z. B. Parasiten)*
Kasabach-Merritt syndrome *(Päd)* Kasabach-Merritt-Syndrom *n*, Angiectasia *f* cavernosa multiplex fibrinopenica
Kasai operation Kasai-Operation *f*, Portoenterostomie *f*
Kashin-Beck disease Kaschin-Beck-Syndrom *n*, Osteoarthritis *f* deformans endemica, endemische Arthrosis *f* deformans
Kasten's fluorescent PAS stain Kasten'sche Fluoreszenz-PAS-Färbung *f*
Kasten's fluorescent Schiff reagent Kasten'sches fluoreszierendes Schiff'sches Reagens *n*, Kasten'sches Fluoreszenz-Schiff-Reagens *n*
Kast's syndrome Kast-Syndrom *n*, Kast'sches Syndrom *n*, Maffucci-Syndrom *n (Enchondromatose mit multiplen viszeralen und kutanen Angiomen)*
katabolism *s.* catabolism
katadidymus *(Terat)* Katadidymus *m (Missgeburt)*
katalepsia *(Neur)* Katalepsie *f*, Starrsucht *f*
kataplasia *s.* cataplasia
katathermometer Katathermometer *n (zur Bestimmung der Abkühlungsgröße)*
katathymic image perception *(Neur)* katathymes Bilderleben *n*
katatonia *s.* catatonia
Katayama disease *(Trop)* Katayama-Krankheit *f*, Schistosomiasis *f* japonica
Katayama fever *s.* Katayama disease
katharometer Katharometer *n (zur Bestimmung des Grundumsatzes)*
kathepsin Kathepsin *n (Enzym)*
kathisophobia *(Neur)* Kathisophobie *f (Furcht vor dem Hinsetzen)*
katolysis Katolyse *f (digestiver Abbau komplexer chemischer Verbindungen zu einfachen Grundbausteinen)*
katophoria Katophorie *f*
katotropia Katotropie *f*
Katz-Wachtel syndrome Katz-Wachtel-Syndrom *n*; Katz-Wachtel-Symptom *n (EKG-Veränderungen bei hochsitzendem Ventrikelseptumdefekt)*
Kauffmann-White classification Kauffmann-White-Klassifikation *f*, Kauffmann-White'sche serologische Klassifikation *f (der Salmonellen-Stämme)*
Kauffmann's antigen table Kauffmann'sche Antigen-Tabelle *f*, Kauffmann-Antigen-Tabelle *f (Typen-Schema der Escherichia-coli-Stämme)*
Kauffmann's scheme Kauffmann-Schema *n*, Kauffmann-White-Schema *n (Typen-Schema der Salmonellen-Stämme)*
Kaufman-McKusick syndrome Kaufman-McKusick-Syndrom *n*, McKusick-Kaufman'sches Syndrom *n (Hydrometrokolpos mit Polydaktylie, angeborenen Herzfehlern und Hydronephrose)*
kaulischisis Kaulischisis *f*, bauchseitige Rumpfpaltbildung *f*
kava 1. Kava *n*, Kavawurzel *f*, Methysticum *n*; 2. Kava *n*, Jaqona *n*, Kavagetränk *n (berauschendes Getränk aus Piper methysticum)*
Kawasaki's disease *(Päd)* Kawasaki-Krankheit *f*, Kawasaki-Syndrom *n*, mukukutanes Lymphknoten-Syndrom *n*, MLKS
Kawasaki's syndrome *s.* Kawasaki's disease
Kayser-Fleischer ring *(Ophth)* Kayser-Fleischer-Hornhautring *m*, Kayser-Fleischer'scher Pigmentring *m (Farbeinlagerung in der Hornhautperipherie bei Pseudosklerose)*
Kazanjian forceps Kazanjian-Klemme *f*
Kazanjian flap Kazanjian-Lappen *m (zur Rekonstruktion eines Nasendefektes)*
Kazanjian operation Kazanjian-Operation(smethode) *f (Rekonstruktion eines partiellen Nasendefektes)*
Kearns-Sayre syndrome Kearns-Sayre-Syndrom *n (Mutation mitochondrialer DNS)*
kebocephaly *(Terat)* Kebozephalie *f*, Zebozephalie *f*, Cebocephalia *f*, Affenköpfigkeit *f*, Affenkopf *m (Missgeburt)*
Kedani disease [fever] *s.* tsutsugamushi disease
keeled chest Hühnerbrust *f*, Kielbrust *f*, Pectus *n* carinatum
keep *v* **alive** am Leben erhalten
Kegel's exercises Kegel'sche Gymnastik *f*, Pubococcygeus-Übungen *fpl*, Beckenbodengymnastik *f*
Kehrer's pain reflex Kehrer-Zeichen *n*, Kehrer'sches Zeichen *n (Hinterhauptdruckschmerz bei Hirndruck)*
Kehrer's reflex Kehrer-Reflex *m*, akustischer Lidreflex *m*
Kehr's sign Kehr'sches Zeichen *n*, Kehr-Zeichen *n (in die linke Schulter ausstrahlender Oberbauchschmerz)*
keirospasm Keirospasmus *m*, Cheirospasmus *m*
Keith-Flack node *(Anat)* Keith-Flack'scher Sinusknoten *m* [Knoten *m*] *(Herzreizleitung)*
Keith-Wagener–Barker classification Keith-Wagener-Barker-Klassifikation *f*, Keith-Wagener-Barker'sche Hypertonusklassifiaktion *f (Gruppe I bis IV der arteriosklerotischen Netzhautveränderungen)*
Keith's bundle Keith-Flack'sches Bündel *n (Faserbündel für die Reizleitung in der Herzvorhofwand)*
Keith's node *s.* Keith-Flack node
kelis *s.* keloid
Kell blood group Kell-(Cellano)-Blutgruppen-System *n*, Kell-System *n*
Keller bunionectomy *s.* Keller operation
Keller operation Keller'sche Operation *f*, Keller'sche Hallux-valgus-Operation *f*, Resektions-Interpositions-Arthroplastik *f* nach Brandes
Kellgren's syndrome Kellgren-Syndrom *n*, erosive Osteoarthritis *f*, Osteoarthritis *f* erosiva
Kellock's sign Kellock'sches Zeichen *n*
Kelly clamp Kelly-Klemme *f*
Kelly's operation Kelly-Operation *f (einseitige Arytenoidektomie)*
Kelly's pad Kelly-Polster *n*, Kelly'sches Polster *n*, Kelly'sches Drainagekissen *n*
Kelly's rectal speculum *s.* Kelly's speculum
Kelly's sign Kelly'sches Zeichen *n (Auslösung einer Peristaltikwelle durch Ureterberührung)*
Kelly's speculum Kelly'sches Spekulum *n*, Kelly'sches Rektumspekulum *n*, Kelly'sches Sphinkteroskop *n (mit Obturator)*
keloid Keloid *n*, Narbenkeloid *n*, Wulstnarbe *f*, hypertrophische Narbe *f*, Narbenwucherung *f*
keloid acne *(Derm)* Keloidakne *f*, Folliculitis *f* keloidalis [nuchae scleroticans], Dermatitis *f* papillaris capillitii; Aknekeloid *n*
keloid blastomycosis Keloidblastomykose *f*
keloid formation Keloidbildung *f*
keloid scar Keloidnarbe *f*
keloid sycosis Keloidsykose *f*, Ulerythema *n* sycosiforme *(unter Narbenbildung abheilende follikuläre Eiterbläschen der Wangen- und Bartgegend)*

keloidal keloidal; Keloid..., Wulstnarben...
keloidal area Keloidareal *n*
keloidal folliculitis *s.* keloid acne
keloidal scar *s.* keloid scar
keloidosis Keloidose *f*, Keloid(bildungs)neigung *f*
keloma *s.* keloid
keloplasty Keloplastik *f*, Narbenplastik *f*
kelotomy Kelotomie *f*, Narbenstrikturdurchtrennung *f*
Kelvin Kelvin *n*, K
Kelvin scale Kelvin-Skala *f*, Kelvin-Temperaturskala *f* *(absoluter Nullpunkt bei 0 Grad Kelvin; entspricht –273,15 Grad Celsius)*
Kempner rice-fruit diet Reis-Obst-Diät *f* nach Kempner
Kennedy's classification Kennedy-Klassifikation *f (des Zahnstatus bei Prothesenversorgung)*
Kennedy's disease Kennedy-Krankheit *f*, Kennedy'sche Krankheit *f (X-Chromosom gebundene progressive spinale und bulbäre Muskelatrophie mit endokrinen Störungen)*
Kennedy's syndrome Kennedy-(Powers-Paton-)Syndrom *n (Sehnervenatrophie mit Zentralskotom auf der Herdseite und Stauungspapille auf der Gegenseite)*
kenogenesis Kenogenese *f*, Zenogenese *f (Auftreten neuer Formen als phylogenetische Anpassung an die Umgebung)*
kenophobia *(Neur)* Kenophobie *f*, Kenotophobie *f*, Platzangst *f*
Kent-His bundle His'sches Bündel *n*, Kent His-Bündel *n*, Kent-His-Bündel *n*, Atrioventrikularbündel *n*, AV-Bündel *n*, Fasciculus *m* atrioventricularis
kentomania *(Neur)* Kentomanie *f (krankhafter Wunsch nach Spritzen)*
Kent's bundle Kent'sches Bündel *n*, Kent-(Paladino)-Bündel *n (akzessorisches Reizleitungsbündel zwischen Herzvorhof und Ventrikel bei Wolff-Parkinson-White-Syndrom)*
Kenya tick typhus *(Trop)* Keniafieber *n*, Kenya-Fieber *n*
kephalin Kephalin *n*
Kerandel's sign Kerandel-Zeichen *n*, Kerandel'sches Zeichen *n*
keraphyllocele Keraphyllozele *f*
kerasin Kerasin *n (Zerebrosid)*
kerasin thesaurismosis *(Metab)* Kerasin-Thesaurismose *f*, Kerasin-Speicherkrankheit *f*, Morbus *m* Gaucher
keratalgia *(Ophth)* Keratalgie *f*, Hornhautschmerz *m*
keratan sulfate Keratansulfat *n*, Keratosulfat *n*
keratectasia *(Ophth)* Keratektasie *f*, Hornhautstaphylom *n*, Hornhautausweitung *f*
keratectomy *(Ophth)* Keratektomie *f*, Kerektomie *f*, Hornhautexzision *f*, (operative) Hornhautentfernung *f*
keratein Keratein *n*
keratiasis *(Derm)* Keratiasis *f*, Vorhandensein *n* von verhornten Warzen auf der Haut
keratic 1. *(Derm)* keratisch, hornig, schwielig; Hornhaut...; 2. *(Ophth)* Kornea..., Hornhaut...
keratic precipitate Hornhautpräzipitat *n*, Praecipitatum *n* corneale
keratin *(Derm)* Keratin *n*, Hornsubstanz *f (Gerüsteiweiß)*
keratin cyst Keratinzyste *f*
keratin-rich keratinreich
keratinase Keratinase *f (Enzym)*
keratinization *(Derm)* Keratinisation *f*, Verhornung *f*, Hautverhornung *f*, Hyperkeratose *f*
keratinization process Verhornungsprozess *m*, Verhornung *f*, Verhornungsvorgang *m*, Verhornen *n*
keratinize *v* keratinisieren, verhornen, Keratin [Horn] bilden, sich zu Keratin umwandeln
keratinized keratinisiert, verhornt; Keratin..., Horn...
keratinocyte *(Derm)* Keratinozyt *m*, Keratin produzierende Zelle *f*
keratinoid magensaftresistentes Dragee *n*
keratinophilic keratinophil, Keratin bevorzugend; sich von Keratin ernährend
keratinosome Keratinosom *n*
keratinous hornig; Horn..., Keratin...
keratitic keratitisch; Keratitis..., Hornhautentzündungs...
keratitis *(Ophth)* Keratitis *f*, Hornhautentzündung *f*
keratitis hypopyon Keratitis *f* purulenta
keratitis punctata of leprous origin Keratitis *f* punctata leprosa
keratoacanthoma *(Derm)* Keratoakanthom *n*, Akanthokeratom *n*, Molluscum *n* pseudocarcinomatosum [sebaceum] *(gutartige Hautwucherung)*
keratoangioma Keratoangiom(a) *n*, Angiokeratom(a) *n*
keratoatrophoderma Keratoatrophoderma *n*, Porokeratose *f*
keratoblast *(Histol)* Keratoblast *m*
keratocele *(Ophth)* Keratozele *f*, Hornhauthernie *f*, Deszemetozele *f*
keratocentesis *(Ophth)* Keratozentese *f*, Hornhautschnitt *m*, Augenhornhautpunktion *f*
keratochromatosis *(Ophth)* Keratochromatose *f*, Hornhautpigmentierung *f*
keratoconjunctivitis *(Ophth)* Keratokonjunktivitis *f*, Hornhaut-Bindehaut-Entzündung *f*, Entzündung *f* der Horn- und Bindehaut
keratoconometer *(Ophth)* Keratokonometer *n (zur Bestimmung der Hornhautkrümmung)*
keratoconus *(Ophth)* Keratokonus *m*, Hornhautkegel *m*
keratocricoid (muscle) Musculus *m* cricothyroideus posterior, hinterer Ringschildknorpelmuskel *m*
keratocyst Keratozyste *f (odontogene Zyste)*
keratocyte *(Histol)* Keratozyt *m*
keratoderma Keratodermie *f*, Keratose *f*, Keratodermatose *f*
keratodermatitis *(Derm)* Keratodermatitis *f*, Hornhautentzündung *f*
keratodermatocele *s.* keratocele
keratodermatosis Keratodermatose *f*
keratodermia *s.* keratoderma
keratoectasia *(Ophth)* Keratoektasie *f*, Korneaprotrusion *f*
keratoelastoidosis *(Derm)* Keratoelastoidose *f (Hyperkeratose mit Degeneration elastischer Hautbestandteile)*
keratoepithelioplasty *(Ophth)* Keratoepithelioplastik *f*
keratofibril *(Derm)* Keratofibrille *f*, Hornfibrille *f*
keratogenesis *(Derm)* Keratogenese *f*, Keratinbildung *f*, Horn(substanz)bildung *f*
keratogenetic keratogenetisch, keratinbildend, horn(substanz)bildend; Keratogenese...
keratogenous *(Derm)* keratogen, horn(haut)bildend
keratoglobus *(Ophth)* Keratoglobus *m*, Megalokornea *f*, kugelige Hornhautvorwölbung *f*
keratoglossus (muscle) Musculus *m* chondroglossus
keratography Keratographie *f*, Hornhautdarstellung *f*
keratohaemia *(Ophth)* Keratohämie *f*, Hornhaut(ein)blutung *f*
keratohelcosis Keratohelkose *f*, Hornhautulkus *n* des Auges
keratohyaline keratohyalin, hornig und hyalin; Keratohyalin...
keratohyalin Keratohyalin *n*, Eleidinkörnchen *npl (Hornsubstanzvorstufe der Oberhaut)*

keratohyaline granules Keratohyalinkörnchen *npl*
keratohyaline layer Stratum *n* granulosum epidermidis
keratoid keratoid, hornartig
keratoiditis *s.* keratitis
keratoiridocyclitis *(Ophth)* Keratoiridozyklitis *f*, Entzündung *f* der Hornhaut, der Regenbogenhaut und des Strahlenkörpers
keratoiritis *(Ophth)* Keratoiritis *f*, Iridokeratitis *f*, Hornhaut- und Regenbogenhautentzündung *f*
keratoleptynsis *(Ophth)* Keratoleptynsis *f (Resektion der vorderen Hornhautschicht und Abdeckung mit Bindehaut)*
keratoleukoma *(Ophth)* Keratoleukom *n*, weißer Hornhautfleck *m*
keratolysis *(Derm)* Keratolyse *f*, Hornhautablösung *f*, Hornhautauflösung *f*
keratolytic keratolytisch, hornhautablösend, hornhautauflösend; Keratolyse…
keratolytic (agent) *(Derm)* Keratolytikum *n*, hornhautablösendes [hornhautauflösendes] Mittel *n*
keratoma *(Derm)* Keratom *n*, Horngeschwulst *f*, Hornschichtverdickung *f*
keratomalacia *(Ophth)* Keratomalazie *f*, Hornhauterweichung *f*
keratomata *pl s.* keratoma
keratome *(Ophth)* Keratom *n*, Keratotom *n*, Hornhautmesser *n*
keratomegaly *(Ophth)* Keratomegalie *f*, Hornhautvergrößerung *f*
keratometer *(Ophth)* Keratometer *n*, Hornhautmesser *m*
keratometric keratometrisch; Keratometrie…; Keratometer…
keratometry Keratometrie *f (Messung des Hornhautdurchmessers und der Hornhautkrümmung)*
keratomileusis *(Ophth)* Keratomileusis *f (Einpflanzung einer Hornhautlamelle in die Kornea zur Visuskorrektur)*
keratomycosis *(Ophth)* Keratomykose *f*, Hornhautpilzerkrankung *f*, Pilzkrankheit *f* der Hornhaut
keratoncus *s.* keratoma
keratonosis *(Derm)* Keratonose *f*, Hornhautdegeneration *f*, Dyskeratose *f*
keratonyxis *(Ophth)* Keratonyxis *f*, Hornhautstich *m (Staroperation)*
keratopachyderma Keratopachyderma *n*
keratopathy *(Ophth)* Keratopathie *f*, Korneakrankheit *f*, Hornhauterkrankung *f*
keratophakia *(Ophth)* Keratophakie *f*, keratophakische Keratoplastik *f (Implantation einer Kunstlinse in die Kornea zur Visusverbesserung)*
keratophakic keratoplasty *s.* keratophakia
keratophotography Keratofotografie *f*
keratoplasia *(Derm)* Keratoplasie *f*, Hornhautbildung *f*
keratoplastic *(Ophth)* keratoplastisch; Keratoplastik…, Hornhautübertragungs…
keratoplasty *(Ophth)* Keratoplastik *f*, Hornhautplastik *f*, Hornhauttransplantation *f*, Hornhautübertragung *f (Operation zum Ersatz der Hornhaut)*
keratoprosthesis *(Ophth)* Keratoprothese *f*, Hornhautprothese *f*
keratoprotein Keratoprotein *n*; Hornsubstanz *f*
keratorrhexis *(Ophth)* Keratorrhexis *f*, Hornhautruptur *f*, Hornhautzerreißung *f*
keratorus *s.* keratotorus
keratoscleritis *(Ophth)* Keratoskleritis *f*, Hornhaut- und Lederhautentzündung *f*, Hornhaut- und Skleraentzündung *f*
keratoscope *(Ophth)* Keratoskop *n*, Plazidoscheibe *f*
keratoscopic keratoskopisch
keratoscopy *(Ophth)* Keratoskopie *f (Methode zur Bestimmung der Hornhautkrümmung)*
keratose keratotisch, hornig, verhornt; Keratose…
keratosis Keratose *f*, Keratosis *f*, Verhornung *f*, verhornte Haut *f*
keratosis of the larynx Kehlkopfkeratose *f*, Larynxverhornung *f*
keratosis of the sweet glands Schweißdrüsenkeratose *f*, Sudokeratose *f*
keratosulfate Keratosulfat *n*
keratosulfaturia *s.* Morquio's syndrome
keratotic keratotisch, hornig, verhornt; verhornend
keratotome *s.* keratome
keratotomy *(Ophth)* Keratotomie *f*, Hornhautschnitt *m*, Hornhautspaltung *f*
keratotorus *(Ophth)* Keratotorus *m*, Keratorus *m (Hornhautvorwölbung)*
kerato-uveitis *(Ophth)* Keratouveitis *f*, Hornhaut- und Traubenhautentzündung *f*
keraunograph Keraunograph *m*, Blitzaufzeichnungsgerät *n*
keraunographic keraunographisch; Blitzfigur…
keraunography Keraunographie *f*, Aufzeichnung *f* der Blitzfiguren
keraunoneurosis Keraunoneurose *f (Neurose durch Blitzschlag oder Starkstrom)*
keraunoparalysis Keraunoparalyse *f (Lähmung durch Blitzschlag oder Starkstrom)*
keraunophobia *(Neur)* Keraunophobie *f*, Gewitterangst *f (Angst vor Blitzschlag oder Starkstrom)*
keraunophobia folds Kerckring'sche Falten *fpl*, Plicae *fpl* circulares *(oberer Dünndarm)*
keraunophobia valves *s.* keraunophobia folds
Kerckring's centre Kerckring'sches Ossifikationszentrum *n (am Foramen magnum)*
Kerckring's ossicle *s.* Kerckring's centre
kerectasis Hornhautektasie *f*, Protrusio *f* corneae
kerectomy *s.* keratectomy
Kergaradec's sign Kergaradec-Zeichen *n (Strömungsgeräusch der Uterusarterien bei Schwangerschaft)*
kerion Kerion *n (von Pusteln und Abszessen durchsetzter Hautabschnitt bei Tinea capitis)*
keritherapy Keritherapie *f*, Paraffinölbehandlung *f*
Kerley's lines *(Rad)* Kerley-Linien *fpl*, Kerley'sche Linien *fpl*
kerma *(kinetic energy released in matter) (Rad)* Kerma *f*, Energieübertragungsgröße *f (SI-Einheit ist das Gray)*
kernicterus Kernikterus *m (Bilirubinpigmentation des ZNS)*
Kernig's sign Kernig-Zeichen *n*, Kernig'sches Zeichen *n (Schmerzen bei Kniestreckung im Sitzen; Meningitiszeichen)*
kernschwund *(Histol)* Kernschwund *m*
keroid korneaähnlich, korneaartig, hornhautartig
kerosene poisoning Kerosinvergiftung *f*
Kerr's sign Kerr'sches Zeichen *n (Hautveränderungen distal einer Querschnittslähmung)*
Keshan disease Keshan-Krankheit *f (kongestive Kardiomyopathie infolge Spurenelementmangel)*
Kesling appliance *(Stom)* Kesling-Schiene *f*
Kesling spring *(Stom)* Kesling-Feder *f*
Kestenbaum's sign Kestenbaum'sches Zeichen *n (verminderte Arteriolenzahl am Rand des Nervus opticus bei Atrophie)*
ketamine Ketamin *n (Anästhetikum)*
ketamine hydrochloride Ketaminhydrochlorid *n*
ketanserin Ketanserin *n (Serotoninrezeptorantagonist)*
ketazolam Ketazolam *n (Benzodiazepin)*
keto acid Ketonsäure *f*, Keto(carbon)säure *f*
3-ketoacid-CoA transferase 3-Ketosäure-CoA-Transferase *f (Enzym)*
keto acid (de)carboxylase Carboxylase *f (Enzym)*

α-keto acid dehydrogenase α-Ketosäure-Decarboxylase *f (Enzym)*
α-keto acid dehydrogenase complex α-Ketosäure-Decarboxylase-Komplex *m*
α-keto acid dehydrogenase deficiency α-Ketosäure-Decarboxylase-Mangel *m*
ketoacidaemia Ketoazidämie *f*, erhöhter Ketonkörpergehalt *m* im Blut
ketoacidosis Ketoazidose *f*, Ketonkörperazidose *f*
ketoaciduria Ketoazidurie *f*, erhöhte Ketonkörperausscheidung *f* im Urin
3-ketoacyl-CoA thiolyse Acetyl-CoA-*C*-acyltransferase *f (Enzym)*
α-ketoadipate α-Ketoadipat *n*
α-ketoadipate dehydrogenase α-Ketoadipat-Dehydrogenase *f (Enzym)*
α-ketoadipic acid α-Ketoadipinsäure *f*
α-ketoadipic acidaemia α-Ketoadipinsäureerhöhung *f* im Blut
α-ketoadipicaciduria α-Ketoadipicacidurie *f*, α-Ketoadipinsäureausscheidung *f* im Urin
ketoaminoacidaemia Ketoaminoazidämie *f*
11-ketoandrosterone 11-Ketoandrosteron *n*
β-ketobutyric acid β-Ketobuttersäure *f*
ketoconazole Ketoconazol *n (Antimykotikum)*
α-ketodecarboxylase *s.* keto acid decarboxylase
ketoetiocholanolone Ketoetiocholanolon *n*
ketogenesis Ketogenese *f*, Ketonkörperbildung *f (z. B. beim Diabetes mellitus)*
ketogenetic *s.* ketogenic
ketogenic ketogen, ketonkörperbildend; Ketogenese...
ketogenic amino acid ketogene Aminosäure *f*
ketogenic diet ketogene Diät *f (fettreiche und kohlenhydratarme Kost)*
α-ketoglutarate Ketoglutarat *n*
ketoglutarate dehydrogenase Ketoglutarat-Dehydrogenase *f (Enzym)*
ketoglutaric acid Ketoglutarsäure *f (Zwischenprodukt beim Abbau der Zitronensäure zu Bernsteinsäure)*
ketoheptose Ketoheptose *f*
ketohexokinase Ketohexokinase *f (Enzym)*
ketohexose Ketohexose *f*
ketohydroxyestrin *s.* oestrone
ketoisomerase Ketoisomerase *f (Enzym)*
α-ketoisovalerate dehydrogenase α-Ketoisovalerat-Dehydrogenase *f (Enzym)*
ketolysis Ketolyse *f*, (metabolischer) Ketonkörperabbau *m*
ketolytic ketolytisch, ketonkörperabbauend; Ketolyse...
ketonaemia Ketonämie *f*, Ketonkörpererhöhung *f* im Blut
ketonaemic ketonämisch; Ketonämie...
ketone Keton *n*
ketone alcohol Ketonalkohol *m*
ketone-aldehydmutase Ketonaldehydmutase *f*, Lactoylglutathion-lyase *f (Enzym)*
ketone body Ketonkörper *m*, Acetonkörper *m*, Azetonkörper *m*
ketone group Ketongruppe *f*
ketonemia *s.* ketonaemia
ketonic Keton...
ketonization Ketonisierung *f*, Ketonbildung *f*, Umwandlung *f* in Keton
ketonuria Ketonurie *f*, Ketonkörperausscheidung *f* im Urin
ketopantoic acid Ketopantoinsäure *f*
ketopentose Ketopentose *f*
ketoplasia Ketoplasie *f*, Ketonkörperbildung *f*
ketoplastic ketoplastisch, keton(körper)bildend; Ketoplasie...
ketoprofen Ketoprofen *n (nicht steroidales Antirheumatikum)*
ketopropionic acid α-Ketopropionsäure *f*
ketoreductase Ketoreductase *f (Enzym)*
ketorolac Ketorolac *n (nicht steroidales Antirheumatikum)*
ketorolac tromethamine Ketorolactromethamin *n*
ketose Ketose *f*, Keto(n)zucker *m*
ketose-1-phosphate aldolase Ketose-1-phosphat-Aldolase *f (Enzym)*
ketose reductase Ketosereduktase *f (Enzym)*
ketoside Ketosid *n*
ketosis Ketose *f*, Ketonkörpervermehrung *f* im Blut und Urin *(bei schwerem Diabetes mellitus)*
ketosis-prone diabetes insulinpflichtiger Diabetes *m* mellitus
ketosis-resistent diabetes nicht insulinpflichtiger Diabetes *m* mellitus
17-ketosteroid 17-Ketosteroid *n*
17β-ketosteroid reductase 17β-Ketosteroid-Reduktase *f (Enzym)*
ketosuccinic acid Oxalessigsäure *f*
ketosugar Ketozucker *m*
ketosuria Ketosurie *f*, Ketoseausscheidung *f* im Urin
ketotetrose Ketotetrose *f*
3-ketothiolase 3-Ketothiolase *f (Enzym)*
β-ketothiolase β-Ketothiolase *f (Enzym)*
β-ketothiolase deficiency β-Ketothiolase-Mangel *m*
ketotic 1. ketotisch, ketonkörpervermehrend; 2. Ketose...
ketotriose Ketotriose *f*
ketoxime Ketoxim *n*
kettle-singing sound Wasserkesselgeräusch *n (z. B. in der Lunge)*
Kew Gardens spotted fever Rickettsienpocken *pl*, vesikuläre Rickettsiose *f*, Pockenfleckfieber *n*
key event *(Neur)* Schlüsselerlebnis *n*
Key-Retzius foramen Key-Retzius-Foramen *n*, Foramen *n* Luschkae, Apertura *f* lateralis ventriculi quarti
Key-Retzius sheath Key-Retzius-Scheide *f*, Endoneurium *n*, Henle'sche Scheide *f*, Epilemma *n*
key scene *(Neur)* Primärszene *f*
kick *(Neur)* Kick *m (Wahrnehmungsveränderungen nach Drogeneinnahmne)*
Kidd blood group Kidd-Blutgruppe *f*
kidney Niere *f*, Ren *m (siehe auch unter: renal)*
kidney abruption Nierenabriss *m*
kidney agenesis Nierenagenesie *f*, Nierendefektbildung *f*, fehlende Nierenbildung *f*
kidney anomaly Nierenanomalie *f*
kidney aplasia Nierenaplasie *f*
kidney basin *(Chir)* Nierenschale *f*
kidney blood flow Nierendurchblutung *f*
kidney bowl *(Chir)* Nierenschale *f*
kidney cancer Nierenkarzinom *n*, Nierenkrebs *m*
kidney circulation Nierenkreislauf *m*
kidney clamp *(Chir)* Nierenklemme *f*
kidney contusion Nierenkontusion *f*, Nierenprellung *f*
kidney crushing Nierenquetschung *f*
kidney degeneration Nierendegeneration *f*
kidney dialysis Hämodialyse *f*, Dialyse *f*
kidney disease Nierenkrankheit *f*, Nierenerkrankung *f*, Nierenleiden *n*
kidney elevating forceps *(Chir)* Nierenfasszange *f*
kidney failure *(Nephr)* Nierenversagen *n*, renales Versagen *n*
kidney function test Nierenfunktionstest *m*, Nierenfunktionsprobe *f*
kidney hilum Nierenhilus *m*
kidney laceration Nierenzerreißung *f*, Nierenriss *m*
kidney machine künstliche Niere *f*, Dialyseapparat *m*
kidney pelvis Nierenbecken *n*, Pelvis *f* renalis
kidney pelvis rupture Nierenbeckenruptur *f*

kidney perfusion Nierenperfusion *f*
kidney polycystic disease Zystennierenkrankheit *f*, Zystennierenerkrankung *f*, Zystenniere *f*
kidney preservation unit Nierenkonservierungsgerät *n*
kidney rejection Nieren(transplantat)abstoßung *f*
kidney roll *(Chir)* Nierenrolle *f*
kidney rupture Nierenruptur *f*, Nierenzerreißung *f*
kidney scanning *(Rad)* Nierenabtastung *f (nach Isotopenmarkierung)*; Nierenszintigraphie *f*
kidney stone Nierenstein *m*, Calculus *m* renalis, Nierenkonkrement *n*
kidney stone forceps *(Chir)* Nierensteinzange *f*
kidney transplant Nierentransplantat *n*
kidney transplantation Nierentransplantation *f*
kidney tray *(Chir)* Nierenschale *f*
kidney tumour Nierentumor *m*, Nierengeschwulst *f*
Kielland's forceps Killand-Zange *f*, Kielland-Zange *f (Geburtszange)*
Kielland's rotation Kielland-Rotation *f (des Fetuskopfes bei der Geburt mittels Zange)*
Kienböck-Adamson points *(Rad)* Kienböck-Adamson-Punkte *mpl*, Kienböck-Adamson'sche Schädelpunkte *f (für Röntgenbestrahlung)*
Kienböck's disease *(Chir, Orth)* Kienböck'sche Erkrankung *f*, Kienböck-Krankheit *f*, Lunatummalazie *f*, aseptische Mondbeinnekrose *f*
Kienböck's dislocation Kienböck'sche Dislokation *f*, Verrenkung *f* des Os lunatum, Mondbeinluxation f
Kienböck's lumbar syndrome Kienböck'sches Lumbalsyndrom *n*, Kienböck-Lendensyndrom *n*
Kienböck's malacia Kienböck'sche Malazie *f*, Kienböck-Malazie *f*
Kienböck's sign Kienböck'sches Zeichen *n*, Kienböck-Zeichen *n*, Waagebalkenphänomen *n (paradoxe Zwerchfellbewegung bei Phrenikuslähmung)*
Kiesselbach's area Locus *m* Kiesselbachi, Kiesselbach-Ort *m*, Kiesselbach'scher Ort *m (gefäßreiche Gegend am vorderen Teil der Nasenscheidewand)*
Kiesselbach's plexus Kiesselbach-Plexus *m*
Kiesselbach's space *s.* Kiesselbach's area
Kiesselbach's triangle *s.* Kiesselbach's area
Kikuchi's disease Kikuchi-Krankheit *f*, Kikuchi-Lymphadenitis *f*, histiozytäre nekrotisierende Lymphadenitis *f*, subakute nekrotisierende Lymphadenitis *f*
Kikuchi's lymphadenitis *s.* Kikuchi's disease
Kilian's line Kilian-Linie *f*
kill *v* **the pain** den Schmerz beseitigen [aufheben, ausschalten]
killed vaccine Totimpfstoff *m*
killer cell Killer-Zelle *f*
killer lymphocyte *(Immun)* Killerlymphozyt *m*
killer plasmid Killer-Plasmid *n*
killer T cell Killer-T-Zelle *f*
killer yeast Killer-Hefe *f (enthält Killer-Plasmid)*
Killian-Freer operation Killian-Freer-Operation *f (submuköse Resektion der Nasenscheidewand)*
Killian's dehiscence Killian'sches Dreieck *n (Ort der Divertikelbildung)*
Killian's diverticulum Killian-Divertikel *n*, Killian'sches Divertikel *n (Pulsionsdivertikel der Speiseröhrenhinterwand)*
Killian's laryngoscopy Killian'sche Laryngoskopie *f*, Killian-Laryngoskopie *f*, Schwebelaryngoskopie *f*
Killian's muscle Killian'scher Muskel *m*, Killian-Muskel *m*, Musculus *m* constrictor pharyngis inferior
Killian's operation *(HNO)* Killian'sche Stirnhöhlenradikaloperation *f*, Killian-Radikaloperation *f*
Killian's polyp Killian'scher Polyp *m*, Killian-Polyp *m*, Choanalpolyp *m*
Killian's position Killian-Haltung *f*, Killian'sche Haltung *f*
Killian's triangle Killian-Dreieck *n (muskelschwaches Dreieck der Speiseröhrenhinterwand)*
killing Tötung *f*, Morden *n*, Mord *m*
kilobase Kilobase *f*, kb
kilobase pair Kilobasenpaar *n*, kbp
kilobyte Kilobyte *n*, kb
kilocalorie Kilokalorie *f*, kcal, große Kalorie *f*, Cal
kilogram Kilogramm *n*, kg
kilogram calorie *s.* kilocalorie
kilohertz Kilohertz *n*, kHz
kilolitre Kiloliter *m*, kl
kilovolt Kilovolt *n*, kV
Kimmelstiel-Wilson disease *s.* Kimmelstiel-Wilson syndrome
Kimmelstiel-Wilson lesions *s.* Kimmelstiel-Wilson nodules
Kimmelstiel-Wilson nodules Kimmelstiel-Wilson-Läsionen *fpl*, Kimmelstiel-Wilson'sche Hyalinkugeln *fpl*
Kimmelstiel-Wilson syndrome *(Nephr)* Kimmelstiel-Wilson-Syndrom *n*, interkapilläre Glomerulosklerose *f*
Kimray-Greenfield filter Kimray-Greenfield-Filter *m*
Kimura cartilage graft Kimura-Knorpeltransplantat *n (Rippenknorpeltransplantat für Trachealknorpelplastik)*
Kimura's disease Kimura-Krankheit *f*, angiolymphoide Hyperplasie *f (Wucherungen des lymphoiden Gewebes und der Kapillarendothelien)*
kinaesthesia Kinästhesie *f*, Muskelsinn *m*, Muskelgefühl *n*
kinaesthesiometer Kinästhesiometer *n (Instrument zur Prüfung des Muskelsinns)*
kinaesthetic kinästhetisch; Kinästhesie…, Muskelsinn…
kinaesthetic memory *s.* kinaesthesia
kinaesthetic sense kinästhetischer Sinn *m*, Muskelsinn *m*, Muskelsensibilität *f*, Bewegungssinn *m*
kinanaesthesia *(Neur)* Kinanästhesie *f*, Bewegungsgefühlverlust *m*
kinase Kinase *f (Enzym)*
kind firmness *(Psych)* freundliche Bestimmtheit *f*
kind of pain Schmerzart *f*
kind of therapy [treatment] Behandlungsart *f*, Behandlungsform *f*
kind to the skin hautfreundlich *(z. B. Kosmetik)*
kindling *(Neur, Physiol)* Auslösung *f* lang anhaltender epileptogener Veränderungen *(durch regelmäßige unterschwellige elektrische Hirnstimulation)*
kinematic kinematisch, sich aus der Bewegung ergebend
kinematic amputation *s.* kineplasty
kinematic face-bow *(Stom)* kinematischer Gesichtsbogen *m*
kinematics Kinematik *f*, Lehre *f* von den Bewegungen
kineplastic kineplastisch; Kineplastik…
kineplastic amputation *s.* kineplasty
kineplastics *s.* kineplasty
kineplasty Kineplastik *f (Weichteilplastik an Amputationsstümpfen, bei der die Muskelkräfte zur Bewegung ausgenutzt werden)*
kineradiotherapy Kineradiotherapie *f*
kinesalgia Kinesialgie *f*, Muskelschmerz *m* bei Bewegung
kinescope Kineskop *n (Instrument zur Refraktionsprüfung des Auges)*
kinesi-aesthesiometer *s.* kinaesthesiometer
kinesia *s.* kinetosis
kinesialgia *s.* kinesalgia
kinesiatrics Kinesiotherapie *f*, Bewegungstherapie *f*, Übungsbehandlung *f*, Bewegungsbehandlung *f*, Heilgymnastik *f*
kinesic *s.* kinetic
kinesic behaviour Bewegungsverhalten *n*; nichtverbale Kommunikation *f*

kinesics Kinesik *f (Lehre von der nichtverbalen Kommunikation)*
kinesigenic kinesigen, durch Bewegung verursacht
kinesimeter Kinesimeter *n*, Körperbewegungsmesser *m*
kinesin Kinesin *n (Zytoplasmaprotein)*
kinesineurosis *(Neur)* Kinesineurose *f*, Kinesioneurose *f*, Motilitätsneurose *f*
kinesiologic electromyography kinesiologische Elektromyographie *f (Aufzeichnung der Muskelaktivität bei Körperbewegungen)*
kinesiology Kinesiologie *f (Lehre von den mechanischen und anatomischen Grundlagen der Bewegung)*
kinesiometer *s.* kinesimeter
kinesioneurosis Kinesioneurose *f*, Bewegungsneurose *f*
kinesiotherapist Bewegungstherapeut *m*
kinesiotherapy Kinesiotherapie *f*, Bewegungstherapie *f*
kinesipathist Kinesitherapeut *m*, Bewegungstherapeut *m*
kinesipathy 1. Kinesiopathie *f*, Motilitätsstörung *f*, Bewegungsstörung *f*; 2. Kinesiotherapie *f*, Bewegungstherapie *f*, Übungsbehandlung *f*, Bewegungsbehandlung *f*, Heilgymnastik *f*
kinesis Kinese *f*, Bewegung *f*, körperliche Bewegung *f*, körperliche Kraftentwicklung *f*
kinesitherapy Kinesiotherapie *f*, Bewegungstherapie *f*, Übungsbehandlung *f*, Bewegungsbehandlung *f*, Heilgymnastik *f*
kinesophobia *(Neur)* Kinesophobie *f*, Bewegungsangst *f (Angst vor Bewegungen)*
kinesthesia *s.* kinaesthesia
kinesthetic *s.* kinaesthetic
kinetic kinetisch; Bewegungs…
kinetic analysis Bewegungsanalyse *f*
kinetic apraxia *(Neur)* kinetische Apraxie *f*, Bewegungsapraxie *f*; gliedkinetische Apraxie f
kinetic ataxia *(Neur)* kinetische Ataxie *f*, Bewegungsataxie *f*
kinetic hallucination kinetische Halluzination *f*, falsche Wahrnehmung *f* der Körperbewegung
kinetic reflex Bewegungsreflex *m*; Labyrinthreflex *m*
kinetic tremor *(Neur)* kinetischer Tremor *m*, Bewegungstremor *m*, Intentionstremor *m*, Bewegungsschütteln *n*
kinetics Kinetik *f*, Bewegungslehre *f*, Lehre *f* von den Bewegungen
kinetid Kinetid *n (Struktureinheit der Wimpertierchen)*
kinetin Kinetin *n (pflanzlicher Wachstumsfaktor z. B. für Bakterienkolonien)*
kinetism Kinetismus *m (1. Fähigkeit zur Muskelbewegung; 2. Fähigkeit zur Auslösung einer Muskelaktion)*
kinetocardiogram Kinetokardiogramm *n (z. B. Ballistokardiogramm)*
kinetocardiograph Kinetokardiograph *m*
kinetocardiography Kinetokardiographie *f*, Aufzeichnung *f* der Herzvibrationen
kinetochore 1. Kinetochor *n (Chromosomenabschnitt zur Anheftung der Mikrotubuli)*; 2. Kinetochor *n (proteingebundene Zentromerenregion)*
kinetodesma Kinetodesma *n*
kinetofragment Kinetofragment *n*
kinetogenic kinetogen, bewegungsauslösend
kinetomer Kinetomer *n (Teilstruktur des Zentromers)*
kinetonucleus Kinetonukleus *m*, Bewegungskern *m (z. B. bei Flagellaten)*
kinetoplasm Kinetoplasma *n*, Bewegungsplasma *n*
kinetoplast *s.* kinetonucleus
kinetoplastid Kinetoplastiden…
Kinetoplastida Kinetoplastida *pl*, Kinetoplastiden *pl*, Protomastigida *pl*, Protomonadina *pl*
kinetoscope Kinetoskop *n*
kinetoscopy Kinetoskopie *f*
kinetosis Kinetose *f*, Bewegungskrankheit *f (z. B. Flugzeugkrankheit)*
kinetosome Kinetosom *n*, Basalkörperchen *n*
kinetotherapeutic kinetotherapeutisch…, Bewegungs…
kinetotherapeutic bath kinetotherapeutisches Bad *n*, Bewegungsbad *n*
kinetotherapy *s.* kinesiatrics
King syndrome King-Syndrom *n (Form der malignen Hyperthermie mit körperlichen Missbildungen)*
King unit King-Einheit *f (Einheit der alkalischen Phosphataseaktivität)*
king's evil Skrofulose *f*, Skrofeln *fpl*, Halslymphknotentuberkulose *f*
Kingsley appliance *(Stom)* Kingsley'sches Plattengerät *n*
Kingsley plate *(Stom)* Kingsley-Platte *f*, Kingsley'sche Platte *f*
Kingsley splint *(Stom)* Kingsley-Schiene *f*, Kingsley'sche Schiene *f*
kinin Kinin *n (pharmakologisch aktives Polypeptid)*
kinin-forming enzyme *s.* kininogenase
kininase Kininase *f (Enzym)*
kininase I Kininase *f* I, Serin-Carboxypeptidase *f*
kininase II Kininase *f* II, Peptidyldipeptidase *f*
kininogen Kininogen *n*
kininogenase Kininogenase *f (Enzym)*
kininogenin Kininogenin *n*
kinking of aorta Aortenabknickung *f*, kinking Aorta *f*
kinking of the cannula Kanülenabknickung *f*
kinky hair disease *s.* kinky hair syndrome
kinky syndrome Menkes-Syndrom *n*, Syndrom *n* des verfilzten Haares *(Kupferstoffwechselstörung)*
kinocentrum *(Histol)* Kinozentrum *n*, Zentrosom *n*, Zentralkörper *m*, Zentralkörperchen *n*, Zentriol *n*, Zentriole *f*
kinocilium Kinocilium *n*, Kinozilie *f*, Flagellum *n*
kinohapt Kinohapt *n (Ästhesiometer)*
kinology Kinesiologie *f*
kinometer *(Gyn)* Kinometer *n (Instrument)*
kinomometer Kinomometer *n*, Goniometer *n (zur Messung von Bewegungsgraden)*
kinoplasm Kinoplasma *n (Zytoplasmaabschnitt)*
kinosphere Kinosphäre *f*, Aster *m (bei der Zellteilung)*
Kinsbourne syndrome *(Neur, Päd)* Kinsbourne-Syndrom *n*, Encephalopathia *f* myoclonica infantilis
kionitis Kionitis *f*, Gaumenzäpfchenentzündung *f*
kionorrhaphy *s.* staphylorrhaphy
kiotome Uvulotom *n*, Gaumenzäpfchenmesser *n*
kiotomy Kiotomie *f*, Uvularesektion *f*, Uvulektomie *f*, (operative) Gaumenzäpfchenentfernung *f*
Kirchner's diverticulum Kirchner'sches Divertikel *n*, Kirchner-Divertikel *n (in der Ohrtrompete)*
Kirklin staging system Kirklin'sches Staging-System *n*, Kirklin'sches System *n* der Stadieneinteilung *(für Prognose bei Kolonkarzinomen)*
Kirschner wire Kirschner-Draht *m (bei Osteosynthese)*
Kirschner wire fixation *(Chir)* Kirschnerdrahtfixation *f*
Kirschner's traction Kirschner-Drahtextension *f (Knochenbruchbehandlungsverfahren)*
Kirstein's method direkte Laryngoskopie *f*
Kisch's reflex Kisch-Reflex *m (reflektorischer Augenlidschluss bei thermischer Trommelfellreizung)*
kissing disease *s.* infectious mononucleosis
kissing spine *(Orth)* Arthrosis *f* interspinosa, Baastrup-Zeichen *n*
kissing ulcer Doppelulkus *n*, Doppelgeschwür *n*; Abklatschgeschwür *n*
Kite method *(Rad)* Kite'sche Lagerung *f (bei Klumpfußaufnahme)*
kiting *(Pharm, For)* Rezeptfälschung *f*

Kjehldal method Kjehldal-Analyse *f (zur Stickstoffbestimmung in stickstoffhaltigen Substanzen)*
Kjelland forceps *s.* Kielland forceps
Klapp's creeping treatment Klapp'sches Kriechen *n*
Klapp's method *s.* Klapp's creeping treatment
Klebs' disease Glomerulonephritis *f*
Klebs-Löffler bacillus Klebs-Löffler'scher Bazillus *m*, Diphtheriebazillus *m*, Corynebacterium *n* diphtheriae, Diphteriebakterium *n*
Klebsiella Klebsiella *f (gramnegatives Stäbchen)*
Klebsiella friedländeri Klebsiella *f* friedländeri [pneumoniae]
Klebsiella pneumoniae Klebsiella *f* pneumoniae [friedländeri]
Klebsiella pneumoniae ozaenae Klebsiella *f* pneumoniae ozaenae
Klebsiella pneumoniae rhinoscleromatis Klebsiella *f* pneumoniae rhinoscleromatis
Klebsiella rhinoscleromatis Klebsiella *f* pneumoniae rhinoscleromatis
Klebsiella terrigena Klebsiella *f* terrigena
klebsiellal pneumonia Klebsiellenpneumonie *f*
Klein-Waardenburg syndrome Klein-Waardenburg'sches Syndrom *n*, Waardenburg-Syndrom *n*, Akrozephalosyndaktylie *f* Typ IV
Kleine-Levin syndrome *(Neur)* Kleine-Levin-Syndrom *n*, periodische Schlafsucht *f*
kleptolagnia Kleptolagnie *f*
kleptomania Kleptomanie *f*, krankhafter Stehltrieb *m*
kleptomaniac kleptomanisch; Kleptomanie…
kleptomaniac Kleptomane(r) *m*
kleptophobia *(Neur)* Kleptophobie *f*, Diebstahlfurcht *f*, Stehlangst *f*
Kline (flocculation) test Kline-Test *m*, Kline-Reaktion *f* *(Schnellmethode zum Nachweis von Syphilis)*
Klinefelter-Reifenstein-Albright syndrome *s.* Klinefelter's syndrome
Klinefelter's syndrome Klinefelter(-Reifenstein-Albright)-Syndrom *n*, Gynäkomastie-Aspermiogenese-Syndrom *n*, XXY-Trisomie *f*, Trisomie *f* XXY *(Insuffizienz der Hodenkanälchen)*
Klinger-Ludwig acid-thionin stain for sex chromatin Klinger-Ludwig'sche saure Thionin-Färbung *f* für Geschlechtschromatin *(zur Barr-Körper-Isolierung)*
Klippel-Feil deformity *s.* Klippel-Feil syndrome
Klippel-Feil disease *s.* Klippel-Feil syndrome
Klippel-Feil malformation *s.* Klippel-Feil syndrome
Klippel-Feil syndrome *(Neur)* Klippel-Feil-Syndrom *n*, Klippel-Feil'sche Krankheit *f* [Deformität *f*], hohe Spina *f* bifida *(angeborener Kurzhals)*
Klippel-Trénaunay-Weber syndrome *(Päd)* Klippel-Trénaunay-Weber-Syndrom *n*, angioosteohypertrophisches Syndrom *n*, partieller angiektatischer Riesenwuchs *m*, partieller Gigantismus *m*, Naevus *m* osteohypertrophicus, Haemangioectasia *f* hypertrophica
Klippel-Weil sign Klippel-Weil-Zeichen *n*, Klippel-Weil'sches Zeichen *n (Daumenbeugung bei Fingerstreckung; Pyramidenbahnzeichen)*
kliseometer Kliseometer *n*, Beckenneigungsmesser *m*
klismaphilia Klysmaphilie *f (abnorme Vorliebe für Einläufe)*
Kloehn cervical extraoral orthodontic appliance *(Stom)* Kloehn'scher extraoraler orthodontischer Apparat *m (zur Korrektur einer Malokklusion)*
klopemania *s.* kleptomania
Klumpke-Déjerine paralysis *s.* Klumpke's palsy
Klumpke-Déjerine syndrome *s.* Klumpke's palsy
Klumpke's palsy Klumpke-Lähmung *f*, Klumpke'sche Lähmung *f*, untere Armplexuslähmung *f*
Klumpke's paralysis *s.* Klumpke's palsy
Klüver-Bucy syndrome Klüver-Bucy-Syndrom *n*
Knapp's operation Knapp'sche Kataraktoperation *f (periphere Kapseleröffnung ohne Iridektomie)*
Knapp's procedure Knapp'sche Operation *f (Schieloperation mit Raffung von Augenmuskeln)*
Knapp's streaks Knapp'sche Striae *fpl*, Knapp'sche Streifen *mpl (Netzhautlinien nach Blutung)*
Knapp's striae *s.* Knapp's streaks
kneading Kneten *n*, Durchkneten *n*
kneading massage Knetmassage *f*
knee Knie *n*, Genu *n* • **bend the knee** das Knie beugen
knee-ankle interaction Knie-Sprunggelenk-Wechselspiel *n (bei der Laufbewegung)*
knee arthrography Kniearthrographie *f*, Kniegelenkröntgen(kontrast)darstellung *f*
knee-cap Kniescheibe *f*, Patella *f (Zusammensetzungen siehe unter: patellar)*
knee-chest position Knie-Brust-Lage *f*
knee clonus *s.* patellar clonus
knee-elbow position Knie-Ellenbogen-Lage *f*
knee-hip flexion Knie-Hüftgelenk-Beugung *f (bei der Laufbewegung)*
knee jerk Kniesehnenreflex *m*, Patellar(sehnen)reflex *m*
knee-jerk reflex *s.* knee jerk
knee joint Kniegelenk *n*, Articulatio *f* genu(s)
knee-joint contusion Kniegelenkkontusion *f*, Kniegelenkprellung *f*
knee-joint effusion Kniegelenkerguss *m*
knee-joint ligamental strain Kniegelenkzerrung *f*, Bänderzerrung *f* des Kniegelenks
knee-joint strain Kniegelenkverstauchung *f*
knee ligamental tear Bandruptur *f* im Knieglenk, Kniebandzerreißung *f*
knee of the internal capsule Genu *n* capsulae internae
knee reflex (phenomenon) *s.* knee jerk
knee replacement Kniegelenkersatz *m*, Ersetzung *f* des Kniegelenks *(durch eine Prothese)*
knee retractor *(Chir)* Meniskushaken *m*
knee sling Knieschlinge *f (für Extensionslagerung)*
knee strapping Knieverband *m*
kneeling-squatting position kniende Hockstellung *f*
kneippism Kneippkur(anwendung) *f*
Kniest syndrome Kniest'sches Syndrom *n*, spondylo-epimetaphysäre Dysplasie *f*, unproportionaler Zwergwuchs *m*
knife Messer *n*, Skalpell *n*, Operationsmesser *n*; Sektionsmesser *n* • **die under the knife** während der Operation versterben • **go under the knife** operiert werden, unter das Messer kommen
knife handle Messergriff *m*, Skalpellgriff *m*
knife-like pain messer(stich)artiger Schmerz *m*, messerscharfer Schmerz *m*
knife needle *(Ophth)* Starmesser *n*
Knight brace *(Orth)* Knight-Korsett *n*, Knight'sches Korsett *n*
knismogenic knismogen, kitzelnd, ein kitzelndes Gefühl auslösend
knismolagnia Knismolagnie *f*
knitted net dressing Mullverband *m*
knitted net dressing for forearm Unterarmnetzverband *m*; Unterarmtrikotschlauchverband *m*
knitted net dressing for shoulder Schulternetzverband *m*; Schultertrikotschlauchverband *m*
knitted net dressing for the shank [shin] Unterschenkelnetzverband *m*; Unterschenkeltrikotschlauchverband *m*
knitted net dressing for thorax Thoraxnetzverband *m*; Thoraxtrikotschlauchverband *m*

knitted net roller Trikotschlauchbinde *f*
knitted prosthesis *(Chir)* gestrickte Prothese *f*
knitted roller Trikot(schlauch)binde *f*
knitting Zusammenwachsen *n*, (knöcherner) Durchbau *m* *(z. B. einer Fraktur)*; Zusammenheilen *n*, Zusammenwachsen *n*, Verwachsen *n*, Durchbau *m (z. B. einer Wunde)*
knob 1. Knopf *m*, Bulbus *m*, bulbusförmige Masse *f*; 2. Vorsprung *m*; Auswuchs *m*; Höcker *m*
knock-knee Genu *m* valgum, X-Bein *n*
knock-kneed x-beinig
knocked-up fracture Splitterfraktur *f*
knockout drops KO-Tropfen *mpl (z. B. Chloralhydratlösung)*
Knops blood group Knops-Blutgruppe *f*
knot Knoten *m* • **tie a knot tight** einen Knoten fest knüpfen • **untie a knot** einen Knoten lösen
knot tier Schlingendreher *m*
knot tying forceps Knüpfzange *f*, Fadenhaltezange *f*
knotting hair Trichonodose *f*, Trichorrhexis *f* nodosa, Haarverknotung *f*
knowledge empiric *(Neur)* Erfahrungswissen *n*
knuckle 1. *(Anat)* Knöchel *m*, Fingerknöchel *m*; 2. *(Anat)* Fingergelenk *n*, Interdigitalgelenk *n (Hand)*
knuckle pads Fingerknöchelpolster *npl*
Kobelt's tubes *s.* Kobelt's tubules
Kobelt's tubules Kobelt-Kanälchen *npl (1. Reste des Wolff'schen Ganges im Paroophoron; 2. Reste des Wolff'schen Ganges in der Paradidymis)*
Kober's test Kober'scher Östrogen-Test *m*
Köbner's disease *(Derm)* Köbner'sche Krankheit *f*, Epidermitis *f* bullosa (hereditaria)
Köbner's forceps *(Chir)* Kocher-Klemme *f*, Kocher'sche Arterienklemme *f*
Köbner's incision Kocher-Schnitt *m*, Rippenbogenrandschnitt *m* nach Kocher *(Gallenchirurgie)*
Köbner's phenomenon *(Derm)* Köbner-Phänomen *n*, isomorpher Reizeffekt *m*
Kocher clamp *s.* Kocher's forceps
kocherization *s.* Kocher's manoeuvre
Kocher's collar incision (Kocher'scher) Kragenschnitt *m*, Kocher-Schnitt *m*
Kocher's manoeuvre 1. *(Chir)* Kocher'sches Manöver *n*, Schultergelenkeinrenkung *f* nach Kocher, Kocher-Reposition *f*; 2. *(Chir)* Kocher'sche Duodenummobilisierung *f*, Duodenalmobilisierung *f* nach Kocher
Kocher's sign Kocher'sches Zeichen *n (Nachhängen des Augapfels gegenüber dem Augenlid beim Blick nach oben)*
Koch's bacillus Koch'scher Bazillus *m*, Mycobacterium *n* tuberculosis, Tuberkelbakterium *n*, Tuberkulosebakterium *n*
Koch's blue bodies Koch'sche blaue Körperchen *npl*, Theileria-parva-Schizonten *mpl (East-Coast-Fieber in Epithelzellen nachweisbar)*
Koch's old tuberculin *s.* Koch's tuberculin
Koch's phenomenon 1. Koch-Phänomen *n*, Koch'sches Phänomen *n*, Phänomen *n* der Infektionsimmunität; 2. Koch-Phänomen *n (Symptomverstärkung und Fieber nach Tuberkulininjektion bei Tuberkulosekranken)*
Koch's reaction *s.* Koch's phenomenon
Koch's tuberculin Koch'sches Tuberkulin *n*, Koch-Tuberkulin *n*
Kock's ileostomy Kock-After *m*, Kock'sches kontinentes Ileostoma *n*, kontinentes Ileum-Reservoir *n*
Kock's pouch *s.* Kock's ileostomy
Kock's procedure *s.* Kock's ileostomy
Kogoj's pustule spongiforme Pustel *f* Kogoj, Kogoj'sche Pustula spongiforme
Köhler-Pellegrini-Stieda disease Köhler-Pellegrini-Stieda-Syndrom *n*; Stieda-Pellegrini-Köhler-Schatten *m (Verkalkungsherd im Bereich des medialen Kollateralbandes des Kniegelenkes)*
Köhler's (first) disease Köhler-I-Krankheit *f*, Köhler'sche Krankheit *f*, Köhler *m* I, aseptische Kahnbeinnekrose *f (des Fußes)*
Köhler's second disease Köhler-II-Krankheit *f*, Köhler-Freiberg'sche Krankheit *f*, Köhler *m* II, aseptische Metatarsalknochennekrose *f*
Köhler's tarsal scaphoiditis *s.* Köhler's first disease
Kohlrausch's folds Kohlrausch-Falten *fpl*, Kohlrausch'sche Falten *fpl*, Plicae *fpl* transversales recti
Kohlrausch's muscle Kohlrausch'scher Muskel *m (Längsmuskel der Rektumwand)*
Kohlrausch's valves *s.* Kohlrausch's folds
Kohnstamm's phenomenon Kohnstamm-Phänomen *n*, Nachbewegung *f (z. B. des Armes nach Freigabe einer Gegenkraftwirkung)*
koilocyte Koilozyt *m*
koilocytic Koilozyten...
koilocytosis Koilozytose *f (Zellveränderung infolge perinukleärer Vakuolen)*
koilocytotic Koilozytose...
koilonychia Koilonychie *f*, Vorhandensein *n* von Hohlnägeln [Löffelnägeln]
koilorrhachic koilorrhachisch, nach vorn konkav *(Lendenwirbelsäule)*
koilosternia Trichterbrust *f*, Pectus *n* excavatum
Kojewnikow's epilepsy *(Neur)* Epilepsia *f* partialis continua corticalis
kola Cola *f*, Kolagewächs *n*, Cola *f* nitida
Kölliker's column Kölliker'sche Säule *f*, Muskelsäule *f*
Kölliker's fasciculus Kölliker'sches graues Längsbündel *n*, Fasciculus *m* longitudinalis posterior [dorsalis]
Kölliker's granules Kölliker'sche interstitielle Granula *npl (im Sarkoplasma von Muskelfasern)*
Kölliker's layer Kölliker'sche Schicht *f (Bindegewebsschicht der Iris)*
Kölliker's membrane Kölliker'sche Membran *f*, Membrana *f* reticularis organi spiralis
Kölliker's nucleus Kölliker-Fuse-Kern *m*, Kölliker'scher Nukleus *m*, Kölliker'sche Kernsubstanz *f*, Nucleus *m* subparabrachialis, Substantia *f* gelatinosa centralis
Kölliker's reticulum Kölliker'sches Retikulum *n*, Neuroglia *f*
Kollmann's dilator Kollmann-Dilatator *m*, Kollmann'scher Harnröhrendilatator *m*
Kolmer test Kolmer-Test *m*, Kolmer'scher Test *m (modifizierter Wassermann-Test auf Syphilis)*
kolyphrenia *(Neur)* Kolyphrenie *f (stärkere geistige Behinderung)*
kolytic *(Neur)* kolytisch, das Temperament betreffend
König's rods König'sche Klangstäbe *mpl*, König-Klangstäbe *mpl*
konimeter Kon(i)ometer *n*, Staubgehaltmesser *m*, Staub(teilchen)zähler *m*
konimetric konimetrisch
konimetry Koniometrie *f*, Staubgehaltmessung *f*, Staub(teilchen)zählung *f*
koniosis *(Arb)* Koniose *f*, Staubkrankheit *f*, Staublungenerkrankung *f*, Staublunge *f*
konometer *s.* konimeter
Kopan's needle Kopan-Nadel *f*, Kopan'sche Biopsiekanüle *f*
kophemia Worttaubheit *f*
kopholalia Kopholalie *f*, verwaschene und undeutliche Sprache *f*
Koplik's spots Koplik'sche Flecken *mpl*, Masernausschlag *m* der Wangenschleimhaut

Koplik's sign Koplik-Zeichen *n*, Koplik'sches Zeichen *n* [Masernzeichen *n*]
kopophobia Kopophobie *f (Angst vor Erschöpfung)*
koprostearin *s.* coprosterol
Korff's fibres Korff'sche (argyrophile) Fasern *fpl (der Zahnpulpa)*
koroscopy *s.* retinoscopy
Korotkoff's method Korotkow'sche Methode *f*, Korotkow'sche Blutdruckauskultation *f*
Korotkoff's sound Korotkow'sches Geräusch *n*, Korotkow-Ton *m (bei Blutdruckmessung)*
Korsakoff's psychosis *(Neur)* Korsakow-Psychose *f*, Korsakow'sche Alkoholpsychose *f*
Korsakoff's syndrome Korsakow-Syndrom *n*, amnestisches Psychosyndrom *n*
Kostmann's neutropenia Kostmann-Syndrom *n*, Kostmann'sche Neutropenie *f*, infantile genetische Agranulozytose *f*
Kostmann's syndrome *s.* Kostmann's neutropenia
Kovalevsky's canal Kowalewski-Kanal *m*, Canalis *m* neurentericus
Koyter's muscle Koyter-Muskel *m*, Koyter'scher Muskel *m*, Musculus *m* corrugator supercilii
Krabbe's disease Krabbe-Syndrom *n*, Krabbe'sche Leukodystrophhie *f*, Galaktosylceramid-Lipidose *f*, Leukodystrophia *f* cerebri progressiva hereditaria *(androtrope frühkindliche diffuse Hirnsklerose durch Mangel an Galaktocerebrosid-β-Galaktosidase)*
Krabbe's leukodystrophy *s.* Krabbe's disease
kramotherapy *s.* cryotherapy
Kraske's operation Kraske'sche Operation *f (sakrale Mastdarmentfernung)*
Kraske's position Kraske-Position *f*, Kraske'sche Nierenlagerung *f*
kratometer Kratometer *n (Prismenleiste zur subjektiven Bestimmung des Schielwinkels)*
krauomania *(Neur)* Krauomanie *f (Tic mit rhythmischen Bewegungen)*
kraurosis Kraurosis *f*, Craurosis *f (Hautkrankheit)*
kraurosis of the penis Kraurosis *f* [Leukoplakia *f*] penis
kraurosis of the vulva Kraurosis *f* [Leukoplakia *f*] vulvae
Krause-Wolfe graft Wolfe-Krause-Lappen *m (frei transplantierter Hautlappen)*
Krause's bulb *s.* Krause's end bulb
Krause's corpuscles Krause-Körperchen *npl*, Krause-Endkolben *mpl*
Krause's end bulb Krause'scher Endkolben *m (Kälterezeptor der Haut)*
Krause's glands Krause'sche Drüsen *fpl*, Glandulae *fpl* conjunctivales [mucosae conjunctivae]
Krause's ligament Krause'sches Band *n*, Ligamentum *n* transversum perinei
Krause's line Krause'sche Linie *f*, Z-Linie *f*, Z-Streifen *m*, Telophragma *n*, Dobie's Linie *f*, Intermediärscheibe *f*
Krause's membrane *s.* Krause's line
Krause's operation Krause-Plastik *f (Hautdefektdeckung durch frei transplantierten Hautlappen)*
Krause's respiratory bundle Krause'sches Atembündel *n*, Tractus *m* solitarius
Krause's valve Krause'sche Klappe *f*, Béraud'sche Klappe *f (Hautfalte im Tränensack)*
kreatin *s.* creatine
kreatinine *s.* creatinine
Krebs cycle *(Bioch)* Krebs-Zyklus *m*, Citronensäurezyklus *m*, Citratzyklus *m*, Tricarbonsäurezyklus *m*
Krebs-Henseleit cycle Krebs-Henseleit-Zyklus *m*, Harnstoffzyklus *m*, Ornithinzyklus *m*
Krebs-Ringer solution Krebs-Ringer-Lösung *f*
kreotoxin Kreotoxin *n*, Fleischgift *n (durch Bakterien produziert)*
kreotoxism Kreotoxismus *n*, Fleischvergiftung *f*
kresofuchsin Kresofuchsin *n*
Kretschmer types Kretschmer-Typen *mpl*, Kretschmer'sche Konstitutionstypen *mpl*
Kretz's granules Kretz'sche Körnchen *npl (bei Leberzirrhose)*
Kreysig's sign Kreysig'sches Zeichen *n*, Heim-Kreysig-Zeichen *n (Interkostaleinziehung bei adhäsiver Perikarditis)*
Krishaber's disease Krishaber'sche Krankheit *f*, zerebrokardiales Syndrom *n (Tachykardie, Insomnie, Schwindelgefühl und Gefühl der Kopfleere)*
Kristeller manoeuvre *(Gyn)* Kristeller-Handgriff *m (bei der Geburt)*
Krogh spirometer Krogh'sches Spirometer *n (Wasserschlossspirometer)*
Kromayer's lamp Kromayer-Lampe *f (Quecksilberhochdrucklampe)*
Krompecher's carcinoma Krompecher-Krebs *m*, Krompecher-Karzinom *n*
Kronecker's centre *(Physiol)* Kronecker'sches Zentrum *n*, kardioinhibitorisches Zentrum *n*
Kronecker's puncture Krönecker'sche Punktion *f*, Punktion *f* des Kronecker'schen Zentrums
Krönig's fields Krönig'sche Schallfelder *npl (Lungenschallfelder über den Lungenspitzen)*
Krönlein's hernia Krönlein'sche Hernie *f*, Hernia *f* inguinoproperitonealis; Bruggiser'sche Hernie *f (bilokuläre Hernie)*
Krönlein's lines *(Chir)* Krönlein-Schema *n*, Krönlein'sches Linienschema *n (der klassischen Trepanationspunkte bei intrazerebraler Blutung)*
Krönlein's operation Krönlein'sche Operation *f (Augentumorentfernung durch die laterale Augenhöhlenwand)*
Krueger instrument stop Krüger'scher Instrumentenstopper *m (zur Begrenzung der Eindringtiefe)*
Krukenberg's amputation Krukenberg-Amputation *f*, Krukenberg'sche (kineplastische) Amputation *f (des Unterarmes)*
Krukenberg's arm Krukenberg-Arm *m*, Krukenberg'scher gefühlsaktiver Greifarm *m*, kineplastischer Greifarm *m (zangenartig beweglicher Unterarm)*
Krukenberg's spindle Krukenberg'sche Pigmentspindel *f*, Krukenberg-Axenfeld-Spindel *f (dreieckförmige Pigmentablagerung an der Hornhauthinterfläche bei kurzsichtigem Auge)*
Krukenberg's tumour Krukenberg-Tumor *m*, Fibrosarcoma *n* ovarii mucocellulare carcinomatodes
Krukenberg's veins Venae *fpl* centrales hepatis, Zentralvenen *fpl (der Leber)*
kubis(a)gari Kubisagari-Krankheit *f*, vestibuläre Neuronitis *f*, Neuronitis *f* vestibularis, endemischer paralytischer Schwindel *m*, Vertigo *f* epidemica, paralysierende Vertigo *f*, japanische Schwindelkrankheit *f*, Gerlier'sche Krankheit *f*
Kuchendorf method *(Rad)* Kuchendorf-Lagerung *f (zur Kniescheibendarstellung)*
Kufs' disease *s.* Kufs-Hallervorden syndrome
Kufs-Hallervorden syndrome Kufs-Syndrom *n*, Kufs-Hallervorden-Krankheit *f*, amaurotische Idiotie *f* bei Erwachsenen
Kugelberg-Welander syndrome Kugelberg-Welander-Syndrom *n (juvenile Form der progressiven Muskelatrophie)*
Kugel's (anastomotic) artery Kugel'sche Arterie *f*, Atrioventrikularknotenarterie *f*, Ramus *m* nodi atrioventricularis
Kühne's fibres Kühne'sche Fasern *fpl (zur Demonstration der Protoplasmakontraktion)*
Kühne's methylene blue Kühne'sches Methylenblau *n (in absolutem Alkohol und Phenol gelöst)*

Kühne's muscular phenomenon Kühne'sches Muskelphänomen *n (Wellenbewegung in Muskeln von Plus nach Minus im Gleichstromfeld)*
Kühne's spindle Kühne'sche Spindel *f*, neuromuskuläre Spindel *f*
Kühne's terminal plates Kühne'sche Endplatten *fpl*, motorische Nervenendplatten *fpl (in Muskelspindeln)*
Kuhnt-Junius disease Kuhnt-Junius-Krankheit *f*, disziforme [scheibenförmige] Makuladegeneration *f*
Kulchitsky's carcinoid tumour Kulchitsky-Tumor *m*, Karzinoid *n*, Chromaffinom *n*
Kulchitsky's cell carcinoma *s.* Kulchitsky's carcinoid
Kulchitsky's cells Kulchitsky-Zellen *fpl*, enterochromaffine Zellen *fpl*
Külz's cast Külz-Zylinder *mpl*, Külz'sche Urinzylinder *mpl*, Külz'sche Komazylinder *mpl (im Urin bei drohendem diabetischem Koma)*
Külz's cylinders *s.* Külz's casts
Külz's test Külz'sche Test *m*, Külz'sche Urinprobe *f (auf β-Hydroxybuttersäure)*
Kümmell-Verneuil disease Kümmell-Verneuil-Krankheit *f*, traumatische Kyphose *f* [Spondylopathie *f*], Spondylomalacia *f* traumatica, posttraumatische Spondylitis *f*
Kümmell's disease *s.* Kümmell-Verneuil disease
Kümmell's spondylitis *s.* Kümmell-Verneuil disease
Kunitz inhibitor Trypsininhibitor *m*
Kunkel's syndrome Kunkel-Syndrom *n*, Bearn-Kunkel-Slater-Syndrom *n*, Lupoid-Hepatitis *f (chronisch aktive Hepatitis mit Autoimmunmanifestation)*
Küntscher (intramedullary) nail *(Chir)* Küntscher-Nagel *m*, Küntschers Marknagel *m*, Marknagel *m* nach Küntscher
Küntscher's method *(Chir)* Küntscher-Verfahren *n*, Küntscher'sche Marknagelung *f*
Kupffer cells Kupffer'sche Sternzellen *fpl (Leber)*
Kurloff's bodies Kurloff'sche Körperchen *npl (in mononukleären Leukozyten)*
Kurthia zopfii Kurthia *f* zopfii, Proteus *m* zenkeri
kuru Kuru(-Kuru) *n*, Lachkrankheit *f*, Schüttelkrankheit *f (endemische Krankheit in Westguinea)*
Kussmaul-Kien respiration *s.* Kussmaul breathing
Kussmaul-Landry paralysis Kussmaul-Landry-Paralyse *f*, Kussmaul-Landry'sche Lähmung *f*, akute idiopathische Polyneuritis *f*
Kussmaul-Maier disease Kussmaul-Maier'sche Krankheit *f*, Kussmaul'sche Krankheit *f*, Polyarthritis *f* nodosa, Periarthritis *f* nodosa
Kussmaul's aphasia Kussmaul-Aphasie *f*, Kussmaul'sche Aphasie *f*, Mutismus *m* bei Psychose
Kussmaul's breathing Kussmaul'sche (große) Atmung *f*, Kussmaul-Atmung *f*, Lufthunger *m*
Kussmaul's coma Kussmaul'sches Koma *n*, Kussmaul-Koma *n*, diabetisches Koma *n (mit Kussmaul'scher Atmung)*
Kussmaul's disease *s.* Kussmaul-Maier disease
Kussmaul's paradoxical pulse Kussmaul'scher [paradoxer] Puls *m*, Pulsus *m* paradoxus, Pulsus *m* respiratione intermittens
Kussmaul's pulse *s.* Kussmaul's paradoxical pulse
Kussmaul's respiration *s.* Kussmaul's breathing
Kussmaul's sign Kussmaul-Zeichen *n (Jugularvenendehnung während der Inspiration bei Mediastinaltumoren oder adhäsiver Perikarditis)*
Kussmaul's symptom *s.* Kussmaul's sign
Kveim antigen Kveim-Antigen *n*, Kveim-Siltzbach-Antigen *n*
Kveim reaction Kveim-Reaktion *f*
Kveim-Siltzbach antigen *s.* Kveim antigen
Kveim-Siltzbach test Kveim-Test *m*, Kveim'scher Sarkoidosetest *m*, Kveim-Nickerson-Hauttest *m*, Kveim-Nickerson-Test *m (Hauttest zum Sarkoidosenachweis)*
Kveim test *s.* Kveim-Siltzbach test
kwashiorkor *(Päd, Trop)* Kwashiorkor-Syndrom *n*, Polykarenzsyndrom *n (chronische Ernährungsstörung)*
kyanopsia *s.* cyanop(s)ia
Kyasanur Forest disease Kyasanurwald-Fieber *n*
Kyasanur Forest disease virus Kyasanurwald-Fieber-Virus *n*, KFD-Virus *n*
kyllosis Kyllosis *f*, Talipes *m*, Klumpfuß *m*
kymatism *s.* myokymia
kymocyclomyograph *s.* kymograph
kymogram Kymogramm *n (Röntgenbild von sich bewegenden Organen)*
kymograph 1. Kymograph *m*, Kymographion *n (Gerät zur Aufzeichnung mechanischer Vorgänge)*; 2. Kymograph *m*, Pulsaufzeichner *m*, Pulswellenaufzeichnungsgerät *n*
kymographic kymographisch
kymography 1. Kymographie *f*, (mechanische) Wellenschreibung *f*; 2. Kymographie *f*, Puls(wellen)aufzeichnung *f*
kynocephalus *(Terat)* Kynozephalus *m*, Cynocephalus *m (Missgeburt)*
kynophobia *s.* cynophobia
kynurenic acid Kynurensäure *f*
kynurenin Kynurenin *n*
kynureninase Kynureninase *f (Enzym)*
kynurenine Kynurenin *n*
kynurenine formamidase Kynureninformamidase *f (Enzym)*
kynurenine 3-hydroxylase Kynurenin-3-hydroxylase *f (Enzym)*
kynurenine 3-monooxygenase Kynurenin-3-monooxygenase *f (Enzym)*
kyogenic kyogen, schwangerschaftsbedingt; Schwangerschaft...
kyphomelic dysplasia kyphomele Dysplasie *f*
kyphorachitic kyphorachitisch
kyphos Buckel *m (bei Kyphoskoliose)*
kyphoscoliorachitic kyphoskoliorachitisch
kyphoscoliosis Kyphoskoliose *f*, Buckelbildung *f* mit Wirbelsäulenseitenverkrümmung
kyphoscoliotic kyphoskoliotisch; Kyphoskoliose...
kyphoscoliotic heart Kyphoskolioseherz *n*
kyphoscoliotic thorax Kyphoskoliosethorax *m*
kyphosis *(Orth)* Kyphose *f*, Rückgratverkrümmung *f* nach hinten
kyphotic kyphotisch, kyphös, bucklig; Kyphose...; Buckel...
kyphotic pelvis Kyphosebecken *n*
Kyrle's disease Kyrle-Krankheit *f*, Kyrle'sche Krankheit *f*, Hyperkeratosis *f* penetrans, Hyperkeratosis *f* follicularis et parafollicularis
kyrtorrhachic kyrtorrhachisch, kyrtospinal, mit nach ventral konvexer Lendenwirbelsäule
kysthitis Kysthitis *f*, Scheidenentzündung *f*
kysthoptosis Kysthoptosis *f*, Scheidenprolaps *m*, Scheidenvorfall *m*

L

l. *s.* 1. lethal; 2. left eye; 3. lumbar
LAA *s.* lymphadenopathy-associated virus
Labbé's triangle Labbé-Dreieck *n*, Labbé'sches Dreieck *n*
Labbé's vein Labbé-Vene *f*, Vena *f* anastomotica inferior
labdacism *s.* lambdacism

label *v* 1. markieren *(eine Substanz durch Isotope)*; 2. kennzeichnen; etikettieren
label *v* **radioactively** radioaktiv markieren
label(l)ing 1. Kennzeichnung *f*, Markierung *f*; 2. *(Pharm)* Etikettierung *f*
labetalol Labetalol *n (Betablocker, Antihypertensivum)*
labetalol hydrochloride Labetalolhydrochlorid *n*
labia *pl s.* labium
labia oris Labia *fpl* oris, Lippen *fpl*
labia pudendi Labia *fpl* pudendi, Schamlippen *fpl*
labial labial; Lippen... *(siehe auch unter: lip)*
labial angle Angulus *m* oris, Mundwinkel *m*
labial bar *(Stom)* Labialsteg *m*
labial carbuncle Lippenkarbunkel *m*
labial cleft Lippenspalte *f*, Hasenscharte *f*, Labium *n* fissum
labial colour Lippenfarbe *f*
labial commissure Lippenkommissur *f*
labial configuration Lippenkonfiguration *f*
labial flange *(Stom)* Labialflügel *m*, Lippenflügel *m*
labial form Lippenform *f*
labial frenulum Zungenbändchen *n*, Frenulum *n* linguae
labial furuncle Lippenfurunkel *m*
labial glands Glandulae *fpl* labiales, Speicheldrüsen *fpl* an der Lippeninnenseite
labial hernia Hernia *f* labialis, in die großen Schamlippen eingetretener Leistenbruch *m*
labial injury Lippenverletzung *f*, verletzte Lippe *f*
labial keratoacanthoma Lippenkeratoakanthom *n*
labial line Linea *f* labialis, Labiallinie *f*
labial mucosa Mucosa *f* labialis, Lippenmukosa *f*, Lippenschleimhaut *f*
labial notch *(Stom)* Labialkerbe *f*, Lippenbändchenkerbe *f*
labial occlusion *(Stom)* Labialokklusion *f*
labial oedema Lippenödem *n*, Lippen(an)schwellung *f*
labial plastics Lippenplastik *f*
labial size Lippengröße *f*
labial skin Lippenhaut *f*
labial swelling *(Embr)* Labialschwellung *f*
labial tubercle Tuberculum *n* labii superioris
labial tuberculosis Lippentuberkulose *f*, Lippen-Tbk *f*, Lippen-Tbc *f*
labial tumour Lippentumor *m*, Lippengeschwulst *f*
labialism Labialismus *m*, Labialsprache *f*
labidontia *(Stom)* Labi(do)dontie *f*, Kopfbiss *m*, Zangenbiss *m*
labile 1. labil, unbeständig; anfällig; sich leicht verändernd; unsicher; 2. (chemisch) instabil
labile factor *s.* proaccelerin
labile hypertension labiler Hochdruck *m* [Hypertonus *m*]
labile psychopath *(Neur)* stimmungslabiler [launischer] Psychopath *m*
lability 1. Labilität *f*, Unbeständigkeit *f*, Anfälligkeit *f*, Veränderlichkeit *f*; 2. (emotionale) Labilität *f*, (emotionale) Instabilität *f*
lability reaction Labilitätsreaktion *f*
labio-alveolar labioalveolär; Lippen-Alveolen-...
labio-axiogingival *(Stom)* labioaxiogingival
labiocervical 1. labiozervikal; Lippen-Nacken-..., Lippen-Hals-...; 2. *(Stom)* labiozervikal *(zur Lippenseite der Zahnhälse gehörend)*
labiochorea Labiochorea *f*, Lippenchorea *f*, Lippenzittern *n*
labioclination *(Stom)* Labioklination *f (Zahnabweichung in Richtung der Lippen)*
labiodental labiodental; Lippen-Zahn-...
labiodental sound Labiodentallaut *m*, Labiodental *m*, Lippenzahnlaut *m*
labiogingival labiogingival; Lippen-Zahnfleisch-...
labioglossolaryngeal labioglossolaryngeal; Lippen-Zungen-Kehlkopf-...
labioglossolaryngeal paralysis labioglossolaryngeale Paralyse *f*, Bulbärparalyse *f*
labioglossopharyngeal labioglossopharyngeal; Lippen-Zungen-Rachen-...
labiograph Labiograph *m (Gerät zur Aufzeichnung der Lippenbewegungen)*
labioincisal *(Stom)* labioinzisal, die labiale und die inzisale Zahnfläche betreffend
labiolingual labiolingual; Lippen-Zungen-...
labiolingual-fixed orthodontic appliance *(Stom)* Labiolingualbogen *m*
labiological labiologisch; Labiologie...
labiology Labiologie *f (Lehre von den Lippenbewegungen)*
labiomancy Lippenlesen *n*, Ablesen *n* von den Lippen
labiomandibular labiomandibulär; Lippen-Unterkiefer-...
labiomental labiomental; Lippen-Kinn-...
labiomycosis Labiomykose *f*, Lippenmykose *f*, Lippenpilzerkrankung *f*
labionasal labionasal; Lippen-Nasen-...
labiopalatine labiopalatin; Lippen-Gaumen-...
labioplacement *(Stom)* Labialverschiebung *f*, Zahnverschiebung *f* in Richtung Lippe
labioplasty Lippenplastik *f*, Cheiloplastik *f*, Lippenrekonstruktion *f*, (operative) Lippenwiederherstellung *f*
labiorrhaphy Labiorrhaphie *f*, Cheilorrhaphie *f*, Lippennaht *f*
labioscrotal labioskrotal
labioscrotal swelling *(Embr)* Labioskrotalschwellung *f*
labiotenaculum Lippenhaken *m (Instrument)*
labioversion *(Stom)* Labioversion *f (labiale Abkippung eines Zahnes aus der Okklusionslinie)*
labitome Labiotom *n*, scharfe Lippenzange *f*
labium Labium *n*, Lippe *f*
labor *s.* labour
laboratorian Laborant *m*; Laborantin *f*
laboratory Labor(atorium) *n* • **refer to the laboratory** zum Labor schicken [überweisen]
laboratory assistant Laborant *m*
laboratory core *(Stom)* Laborkern *m*
laboratory data Labordaten *pl*
laboratory diagnosis Labor(atoriums)diagnose *f*
laboratory error Laborfehler *m*
laboratory examination Labor(atoriums)untersuchung *f*
laboratory findings Labor(atoriums)befunde *mpl*
laboratory investigation *s.* laboratory examination
laboratory medicine Labormedizin *f*
laboratory personnel Laborpersonal *n*
laboratory physician Laborarzt *m*, Arzt *m* [Facharzt *m*] für Labor(atoriums)medizin
laboratory report Laborbericht *m*
laboratory result Laborergebnis *n*
laboratory study *s.* laboratory examination
laboratory test Laboratoriumstest *m*, Labortest *m*
Laborde's forceps Laborde-Klemme *f*
Laborde's method Laborde'sche Methode *f (Stimulation der Atmung durch rhythmisches Ziehen der Zunge)*
Laborde's sign Laborde-Zeichen *n*
Laborde's test Laborde-Test *m*
labour *v* **for breath** nach Luft ringen
labour Geburt *f*, Geburtsvorgang *m*, Entbindung *f*, Niederkunft *f*, Partus *m (siehe auch unter: birth und delivery)* • **be ill prepared for labour** schlecht auf die Geburt vorbereitet sein • **be in labour** in den Wehen liegen, Wehen haben • **be well prepared for labour** gut auf die Geburt vorbereitet sein • **induce labour** die Geburt einleiten, die Wehen auslösen • **stimulate labour** die Geburt anregen, die Wehen stimulieren [steigern]

labour activity Geburtsaktivität *f*, Geburtsfortschritt *m*
labour at (full) term Partus *m* maturus, Reifgeburt *f*
labour complication Geburtskomplikation *f*
labour coach Geburtsbeistand *m*, psychologischer Geburtshelfer *m (z. B. Kindesvater)*
labour haematoma Geburtshämatom *n*
labour induction Geburtseinleitung *f*
labour inhibition Geburtshemmung *f*, aktive Geburtsverzögerung *f*
labour pains Geburtsschmerzen *mpl*, Gebärmutterkontraktionsschmerzen *mpl*, Wehen *fpl*
labour pushing Austreibungswehen *fpl*; Geburtswehen *fpl*
labour stage Geburtsstadium *n*
labour support person *s.* labour coach
labour suppression Geburtsunterdrückung *f*, Wehenhemmung *f (vor dem Geburtstermin)*
labour without assistance Spontangeburt *f*
laboured breathing erschwerte Atmung *f*, schweres Atmen *n*
labra *pl s.* labrum
labrale Labrale *n (anthropometrischer Messpunkt)*
labrocyte *s.* mast cell
labrum Labrum *n*, Lippe *f*, Rand *m*
labyrinth Labyrinth *n*, Labyrinthus *m*; Innenohr *n*
labyrinth of the ethmoid Labyrinthus *m* ethmoidalis
labyrinthectomy Labyrinthektomie *f*, Labyrinthexstirpation *f*, (operative) Labyrinthentfernung *f*
labyrinthic *s.* labyrinthine
labyrinthine labyrinthär, labyrinthisch, zum Labyrinth gehörend; Labyrinth...
labyrinthine artery Labyrintharterie *f*, Arteria *f* labyrinthi
labyrinthine ataxia vestibuläre Ataxie *f*
labyrinthine deafness Labyrinthschwerhörigkeit *f*
labyrinthine fluid Labyrinthflüssigkeit *f*, Perilymphe *f (zwischen knöchernem und häutigem Labyrinth)*
labyrinthine hydrops *(HNO)* Labyrinthhydrops *m*
labyrinthine irritation Labyrinthirritation *f*, Labyrinthreizung *f*
labyrinthine nystagmus Labyrinthnystagmus *m*, Vestibularnystagmus *m*, Nystagmus *m*, Augenzittern *n*
labyrinthine otitis Labyrinthentzündung *f*, Otitis *f* labyrinthica
labyrinthine reflex Labyrinthreflex *m*
labyrinthine righting Labyrinthstellreflex *m*
labyrinthine sense Gleichgewichtssinn *m*
labyrinthine symptom Labyrinthsymptom *n*
labyrinthine testing Labyrinthtestung *f*, Labyrinthprüfung *f*, Labyrinthuntersuchung *f*
labyrinthine tonic neck reflex Labyrinthstellreflex *m*
labyrinthine vein Labyrinthvene *f*, Gehörgangvene *f*, Vena *f* labyrinthi
labyrinthine vertigo Labyrinthschwindel *m*; Morbus *m* Ménière
labyrinthine wall of the tympanic cavity Paries *m* labyrinthicus cavi tympani
labyrinthitis Labyrinthitis *f*, Labyrinthentzündung *f*
labyrinthogenic labyrinthogen, vom Labyrinth ausgehend
labyrinthopathy *(HNO)* Labyrinthkrankheit *f*, Labyrintherkrankung *f*
labyrinthotomy Labyrinthotomie *f*, Labyrinthinzision *f*, (operative) Labyrintheröffnung *f*
labyrinthus *s.* labyrinth
lac 1. Milch *f*, Lac *n*; 2. *(Pharm)* Milch *f*, milchige Lösung *f*, milchiges Präparat *n*
laccase Laccase *f*, Phenolase *f*, Phenoloxidase *f*, p-Polyphenolase *f (Enzym)*
lacerable zerreißbar
lacerate *v* lazerieren, einreißen, zerreißen
lacerated lacer, lazeriert, zerrissen; ausgefranst
lacerated-contused wound Riss-Quetsch-Wunde *f*, ausgefranste Wunde *f*
lacerated foramen Foramen *n* lacerum *(Loch zwischen Pyramidenspitze und großem Keilbeinflügel)*
lacerated wound Risswunde *f*
laceration 1. Lazeration *f*, Zerreißung *f*, Einreißen *n*, Einriss *m*; 2. Riss *m*, Risswunde *f*
laceration ectropion *(Gyn)* Lazerationsektropium *n (nach Zervixriss)*
laceration of cervic Zervixriss *m*, Zervixeinriss *m*
laceration of the perineum *(Gyn)* Scheidendammriss *m*, Dammriss *m*
lacertus fibrosus *(Anat)* Aponeurosis *f* musculi bicipitis brachii, Lacertus *m* fibrosus
lachryma *s.* lacrima
lachrymal *s.* lacrimal
lachrymation *s.* lacrimation
laciniate ligament Retinaculum *n* musculi flexorum pedis
lack of appetite Appetitmangel *m*
lack of binding *(Neur)* Bindungslosigkeit *f*
lack of discrimination *(Neur)* Kritikschwäche *f*
lack of emotional response *(Neur)* Gemütsarmut *f*
lacrima Lacrima *f*, Träne *f (Zusammensetzungen siehe unter: lacrimal und tear)*
lacrimal lakrimal; Lakrimal..., Tränen... *(siehe auch unter: tear)*
lacrimal adenitis Tränendrüsenentzündung *f*, Dakryoadenitis *f*
lacrimal apparatus Apparatus *m* lacrimalis, Tränenapparat *m*, Tränenorgane *npl*
lacrimal artery Arteria *f* lacrimalis, Tränendrüsenarterie *f*
lacrimal bay *(Anat)* Tränenbucht *f*
lacrimal bone Os *n* lacrimale, Tränenbein *n*
lacrimal canal Canalis *m* nasolacrimalis, Tränennasenkanal *m*
lacrimal canaliculus Canaliculus *m* lacrimalis, Tränenkanälchen *n*
lacrimal canaliculus inflammation Tränenkanälchenentzündung *f*
lacrimal canaliculus stenosis Tränenkanälchenstenose *f*, Tränenkanälchenvereng(er)ung *f*
lacrimal caruncle Caruncula *f* lacrimalis, Tränenwärzchen *n*
lacrimal crest Crista *f* lacrimalis, Tränenleiste *f*
lacrimal drainage system Tränendrainagesystem *n*, Tränenabflusssystem *n*
lacrimal duct Ductus *m* nasolacrimalis, Tränennasengang *m*
lacrimal duct inflammation Tränengangentzündung *f*
lacrimal duct narrowing Tränengangeinengung *f*, Tränengangstriktur *f*
lacrimal duct obstruction Tränengangobstruktion *f*, Tränengangverschluss *m*
lacrimal ducts Tränentrakt *m*, Tränengangsystem *n*, Tränenwege *mpl* • **bathe [wash out] the lacrimal ducts** die Tränenwege (aus)spülen • **probe lacrimal ducts** die Tränenwege sondieren
lacrimal fascia Fascia *f* lacrimalis
lacrimal fistula Tränenfistel *f*
lacrimal flow Tränenfluss *m*
lacrimal fold Plica *f* lacrimalis [ductus nasolacrimalis], Hasner'sche Klappe *f (Schleimhautfalte an der Tränengangsmündung)*
lacrimal fossa Fossa *f* lacrimalis, Tränen(drüsen)grube *f*
lacrimal gland Glandula *f* lacrimalis, Tränendrüse *f*
lacrimal gland infection Tränendrüseninfektion *f*
lacrimal groove *s.* lacrimal sulcus
lacrimal lake Lacus *m* lacrimalis, Tränensee *m*

lacrimal nerve Nervus *m* lacrimalis, Tränennerv *m*
lacrimal notch Incisura *f* lacrimalis
lacrimal opening Punctum *n* lacrimale, Tränenpunkt *m* • **widen the lacrimal opening** den Tränenpunkt dilatieren, die Tränengangöffnung aufdehnen
lacrimal opening eversion Tränenpunkteversion *f*, Ektropion *n* [Eversion *f*] der Tränengangöffnung
lacrimal opening stricture Tränenpunktstriktur *f*, Tränengangsöffnungsstriktur *f*
lacrimal papilla Papilla *f* lacrimalis, Tränenpapille *f*
lacrimal passages Tränenwege *mpl*
lacrimal point *s.* lacrimal opening
lacrimal process Processus *m* lacrimalis [conchae nasalis] *(zum Tränenbein ziehender Fortsatz der unteren Nasenmuschel)*
lacrimal pump mechanism Tränenpump(en)-mechanismus *m*
lacrimal punctum *s.* lacrimal opening
lacrimal reflex Tränenreflex *m*
lacrimal sac Saccus *m* lacrimalis, Tränensack *m*, Dakryocystis *f (Zusammensetzungen siehe unter: tear sac)*
lacrimal sulcus Sulcus *m* lacrimalis maxillae, Tränensackgrube *f*
lacrimal surgery Tränenwegchirurgie *f*, Tränenapparatchirurgie *f*
lacrimal tracts *s.* lacrimal ducts
lacrimal tubercle *s.* lacrimal papilla
lacrimal vein Vena *f* lacrimalis, Tränendrüsenvene *f*
lacrimale Lakrimale *n (anthropologischer Messpunkt)*
lacrimation Tränensekretion *f*, Tränenabsonderung *f*, Tränenfluss *m*
lacrimator (gas) Tränengas *n*
lacrimatory die Tränensekretion bewirkend
lacrimoconchal suture Sutura *f* lacrimoconchalis
lacrimomaxillary suture Sutura *f* lacrimomaxillaris
lacrimonasal lakrimonasal, zum Tränenapparat und zur Nase gehörend
lacrimonasal duct *s.* lacrimal duct
lacrimotome Lakrimotom *n*, Tränensackmesser *n*
lacrimotomy Lakrimotomie *f*, Tränennasengangschnitt *m*, Tränennasenganginzision *f*, (operative) Tränennasengangeröffnung *f*
lacta *pl s.* lac
lactacidaemia Laktazidämie *f*, Vorhandensein *n* von Milchsäure im Blut
lactacidase Laktazidase *f (Enzym)*
lactaciduria Laktazidurie *f*, Milchsäureausscheidung *f* im Urin
lactagogue milchtreibend, milchfördernd
lactalbumin Lactalbumin *n*, Milchalbumin *n*, Milcheiweiß *n*
lactam Laktam *n*
lactam antibiotic Laktamantibiotikum *n*
lactamase Laktamase *f (Enzym)*
lactamic acid *s.* alanine
lactamide Laktamid *n*
lactamine *s.* alanine
Lactarius poisoning Lactarius-Syndrom *n (Vergiftung durch Lactarius torminosus)*
lactase Lactase *f*, β-Galaktosidase *f (Enzym)*
lactase deficiency Lactasemangel *m*
lactase deficiency syndrome Lactasemangelsyndrom *n*
lactate *v* 1. laktieren, Milch absondern; 2. stillen, säugen
lactate Lactat *n*, Laktat *n*
lactate acidosis Lactatazidose *f*, Milchsäureazidose *f*
lactate dehydrogenase Lactatdehydrogenase *f*, LDH *(Enzym)*
lactate 2-monooxygenase Lactat-2-monooxygenase *f (Enzym)*
lactated Ringer's injection Ringer-Lactatlösung *f*
lactation 1. Laktation *f*, Milchbildung *f*, Milchproduktion *f*, Milchabsonderung *f*, Milchsekretion *f (aus der Brust)*; 2. Laktation *f*, Stillen *n*, Säugen *n*; 3. Laktationsperiode *f*, Stillperiode *f*
lactation amenorrhoea Laktationsamenorrhoe(a) *f*, Laktationsamenorrhö(e) *f*, Stillamenorrhoe *f*
lactation hormone Laktationshormon *n*, Prolactin *n*, PRL, luteotropes [laktogenes] Hormon *n*, LTH, Laktogen *n*, Laktotropin *n*, Luteotrophin *n*, Galaktin *n*
lactation hyperinvolution Laktationshyperinvolution *f*, übermäßige Involutio *f* uteri
lactation inhibition Laktationshemmung *f*
lactation mastitis Laktationsmastitis *f*
lactation period *s.* lactation 3.
lactation psychosis *(Neur)* Laktationspsychose *f*
lactation suppression Laktationsunterdrückung *f*
lactational Laktations...
lacteal milchig; Milch...
lacteal Lymphgefäß *n*; Chylusgefäß *n*
lacteal ampulla *s.* lactiferous sinus
lacteal calculus Milchkonkrement *n*, Milchstein *m*
lacteal cataract *(Ophth)* Cataracta *f* lactea, Morgagni'sche Katarakt *f*
lacteal duct Milchgang *m* (der Brustdrüse), Ductus *m* lactiferus
lacteal fistula Milchgangfistel *f*
lacteal vessel Lymphgefäß *n*; Chylusgefäß *n*
lactenin Laktenin *n*, Lactenin *n*
lacteous *s.* lacteal
lactescence Lakteszenz *f*, Milchigkeit *f*, Milchähnlichkeit *f (z. B. der Darmlymphe)*
lactescent 1. milchartig, milchig, Milch...; 2. laktierend, Milch absondernd
lactic Milch...
lactic acid *(Bioch)* Milchsäure *f*
lactic acid accumulation Milchsäureakkumulation *f*, Lactatanhäufung *f*
lactic acid dehydrogenase Lactatdehydrogenase *f (Enzym)*
lactic acid fermentation Milchsäurefermentation *f*
lactic acid oxidative decarboxylase Laktat-2-monooxygenase *f (Enzym)*
lactic acidaemia *s.* lactacidaemia
lactic acidosis Lakt(at)azidose *f*, Milchsäureazidose *f*
lactic mastitis Laktationsmastitis *f*
lacticacidaemia *s.* lactacidaemia
lacticaemia *s.* lactacidaemia
lactiferous milchführend, laktifer
lactiferous duct Ductus *m* lactiferus, Milchgang *m* (der Brustdrüse)
lactiferous glands Milchdrüsen *fpl*, Brustdrüsen *fpl*
lactiferous sinus Sinus *m* lactiferus, Milchgangsinus *m (spindelförmige Milchgangerweiterung vor der Mündung auf die Brustwarze)*
lactiferous tubule *s.* lactiferous duct
lactific milchbildend, milchproduzierend
lactification Milchsäureproduktion *f*, Milchsäurebildung *f (durch Bakterien)*
lactiform milchartig, milchähnlich
lactifugal *s.* lactifuge
lactifuge laktifug, milchhemmend
lactifuge (agent) Laktifugum *n*, milchhemmendes Mittel *n*
lactigenous 1. laktigen, milchproduzierend; 2. milchsezernierend, milchausscheidend
lactigerous *s.* lactiferous
lactim *s.* lactam
lactimorbus Lactimorbus *m (durch Kuhmilch auf Menschen übertragen)*
lactin *s.* lactose

lactinated mit Laktose zubereitet, mit Milchzucker versetzt; milchzuckerhaltig, Milchzucker enthaltend, laktosehaltig, Laktose enthaltend
lactisugium Brustpumpe *f*, Muttermilch(absaug)pumpe *f*
lactitol Lactitol *n*, Laktitol *n*
lactivorous milchabhängig, auf Milchernährung basierend, sich von [mit] Milch ernährend
lacto-ovo-vegetarian lakto-ovo-vegetarisch, sich von Milch, Eiern und Pflanzenkost ernährend
lacto-ovo-vegetarian Lakto-Ovo-Vegetarier *m*, Milch-Ei-Vegetarier *m*, Vegetarier *m* mit Milch- und Eiernährung
Lactobacillaceae Lactobacillaceae *pl*, Lactobacteriaceae *pl*
Lactobacilleae Lactobacilleae *pl*
lactobacillus Lactobacillus *m*, Laktobakterium *n*, Azidobakterium *n*, Milchsäurestäbchen *n*
Lactobacillus acidophilus Lactobacillus *m* acidophilus
Lactobacillus bifidus Lactobacillus *m* bifidus
Lactobacillus bulgaricus Lactobacillus *m* bulgaricus
Lactobacillus casei Lactobacillus *m* casei *(Testorganismus für Vitamin* B_2*)*
Lactobacillus casei factor Lactobacillus-casei-Faktor *m*, Folsäure *f*, Folinsäure *f*
Lactobacillus gastrophilus Lactobacillus *m* gastrophilus
Lactobacillus lactis Dorner Lactobacillus *m* lactis Dorner
Lactobacillus lactis Dorner factor Lactobacillus-lactis-Dorner-Faktor *m*, LLF-Faktor *m*, Vitamin *n* B_{12}, Cyanocobalamin *n*, Zyanokobalamin *n*
Lactobacteriaceae Lactobacteriaceae *pl*
lactobutyrometer Laktobutyrometer *n*, Milchfettmesser *m*
lactocele Galaktozele *f*, Milchzyste *f*, Milchbruch *m*
lactocrit Laktokrit *m*, Milchfettmesser *m*
lactodensimeter *s.* lactometer
lactofarinaceous Milch-Stärke-...
lactoferrin Laktoferrin *f*, Lactoferrin *n*
lactoflavin Laktoflavin *n*, Riboflavin *n*, Vitamin *n* B_2
lactogen 1. Laktigen *n*, milchstimulierendes Mittel *n*; 2. *s.* lactation hormone
lactogenesis Laktogenese *f*, Milchbildung *f*, Milchsekretion *f*
lactogenic laktogen, die Milchdrüse stimulierend [anregend, aktivierend]
lactogenic hormone *s.* lactation hormone
lactoglobulin Lactoglobulin *n*, Laktoglobulin *n*, Milchglobulin *n*
lactometer Lakto(densi)meter *n*, Milchwaage *f*
lactonase Lactonase *f*, Laktonase *f (Enzym)*
lactone Lacton *n*, Lakton *n*
lactoperoxidase Laktoperoxidase *f (Enzym)*
lactoprecipitin Laktopräzipitin *n*
lactoprive laktopriv; Milchmangel...
lactoprotein Laktoprotein *n*, Milcheiweiß *n*
lactorrhoea Laktorrhoe *f*, Milchfluss *m*, Galaktorrhoe *f*
lactoscope Laktoskop *n (Instrument zur Bestimmung des Fettgehalts der Milch)*
lactose Laktose *f*, Lactose *f*, Milchzucker *m*
lactose intolerance Laktoseintoleranz *f*, Milchzuckerunverträglichkeit *f*
lactose monohydrate Laktosemonohydrat *n*
lactose synthase Laktosesynthase *f (Enzym)*
lactoside Laktosid *n*, Lactosid *n*
lactosuria Laktosurie *f*, Laktoseausscheidung *f* im Urin
lactosylceramide Lactosylceramid *n*
lactosylcerebrosidase Lactosylcerebrosidase *f (Enzym)*
lactosylcerebroside Lactosylcerebrosid *n*
lactosylcerebrosidosis Lactosylcerebrosidose *f*, Dawson-Syndrom *n*
lactotherapy Laktotherapie *f*, Galaktotherapie *f*, Milchdiät(behandlung) *f*
lactotoxin Laktotoxin *n*
lactotrope lactotrop, milcherzeugend
lactotroph laktotrophe Zelle *f*, laktotrope Zelle *f*, mammotrophe Zelle *f*, Prolaktinzelle *f*
lactotrop(h)in *s.* prolactin
lactovegetarian laktovegetarisch, laktovegetabil
lactovegetarian Laktovegetarier *m (sich durch Milch- und Pflanzenkost ernährende Person)*
lactovegetarian diet laktovegetabile Kost *f*
lactovegetarianism Ernährung *f* durch Milch- und Pflanzenkost
lactoylglutathione Laktoyglutathion *n*
lactoylglutathione lyase Laktoyglutathion-Lyase *f (Enzym)*
lactulose Laktulose *f (Kohlenhydrat)*
lacuna Lacuna *f*, Lakune *f*, Lücke *f*, Delle *f*, Vertiefung *f*
lacuna musculorum Lacuna *f* musculorum, Muskellücke *f (unter dem Leistenband)*
lacuna vasorum Lacuna *f* vasorum, Gefäßlücke *f (unter dem Leistenband)*
lacunar lakunär, lückenhaft; hohlraumartig; Gewebelücken bildend; Lakunen...
lacunar amnesia Gedächtnislücke *f*, lakunäre Amnesie *f*
lacunar angina *s.* tonsillitis
lacunar chronic tonsillitis Tonsillitis *f* chronica, chronische Angina *f* lacunaris
lacunar ligament (of Gimbernat) Ligamentum *n* lacunare [Gimbernati] *(vom Leistenband zum Pecten ossis pubis ziehend)*
lacunar state *(Neur)* Status *m* lacunaris
lacunar tonsillitis Tonsillitis *f* lacunaris *(Gaumenmandelentzündung mit Beteiligung der Gaumenbögen und der Rachenschleimhaut)*
lacune *s.* lacuna
lacunose lakunenhaltig, hohlraumhaltig; lückenhaft
lacunule Lacunula *f*, kleine Lakune *f*, kleine Lücke *f*, kleine Spalte *f*, kleine Ausbuchtung *f*
lacus *s.* lake 1.
LAD *s.* lactic acid dehydrogenase
Ladd's anastomosis Ladd-Anastomose *f*, Ladd'sche Anastomose *f (einschichtige End-zu-End-Dünndarmanastomose)*
Ladd's bands Ladd-Bänder *npl*, Ladd'sche Bänder *npl (bei Malrotation)*
Ladd's operation *s.* Ladd's procedure
Ladd's procedure Ladd'sche Operation *f (Durchtrennung der Ladd'schen Bänder bei Duodenalstenose)*
Ladd's syndrome Ladd-Syndrom *n*, Ladd'sches Syndrom *n (Duodenalstenose durch peritoneale Bänder bei Malrotation)*
laemoparalysis Ösophagusparalyse *f*
Laennec's catarrh Bronchialasthma *n*
Laennec's cirrhosis Laennec'sche Zirrhose *f*, atrophische Leberzirrhose *f*
Laennec's pearls Laennec'sche Perlen *fpl (im Sputum bei Asthma)*
laetrile Laetrile *n*, Vitamin *n* B_{17} *(Antineoplastikum)*
laevoangiocardiogram Lävoangiokardiogramm *n*
laevoangiocardiography *(Rad)* Lävoangiokardiographie *f (Darstellung des linken Herzens und der Gefäße)*
laevobunolol hydrochloride Lävobunololhydrochlorid *n (Glaukommittel; Betablocker)*
laevocardia 1. Lävokardie *f*, Normallage *f* des Herzens; 2. Linkslage *f* des Herzens *(z. B. bei Situs inversus)*
laevocardiogram Lävokardiogramm *n*, Linksherzkardiogramm *n*, EKG-Ableitung *f* des linken Herzens
laevocardiography Laevokardiographie *f*, Linksherzkardiographie *f*
laevocarnitine Lävokarnitin *n*, Laevocarnitin *n*
laevoclination Linksverdrehung *f (des Auges)*

laevocycloduction *(Ophth)* Lävozykloduktion *f*
laevodopa Lävodopa *n*, L-Dopa *n*, 3-(3,4-Dihydroxyphenyl)-L-Alanin *n* *(Antiparkinsonmittel)*
laevoduction Lävoduktion *f*, Linksablenkung *f*, Linksabweichung *f*
laevogram *s.* laevocardiogram
laevogyral *(Bioch)* lävogyr, linksdrehend
laevogyrate *s.* laevogyral
laevogyration Linksdrehung *f*, Lävorotation *f*
laevogyrous *s.* laevogyral
laevomepromazine Lävomepromazin *n*, Methotrimeprazin *n*
laevomethadyl acetate Lävomethadylacetat *n* *(Narkoanalgetikum)*
laevonordefrin Lävonordefrin *n* *(Vasokonstriktor; Nasenabschwellungsmittel)*
laevonorgestrel Lävonorgestrel *n* *(Kontrazeptivum)*
laevonorgestrel implant Lävonorgestrelimplantat *n*
laevophacetoperane Lävophacetoperan *n*, α-Phenyl-2-piperidinmethanolacetat *n* *(Antidepressivum; Anorexikum)*
laevophobia *(Neur)* Lävophobie *f*, Linksangst *f*
laevophoria *(Ophth)* Lävophorie *f* *(Abweichung der Blickrichtung nach links)*
laevopropoxyphene napsylate Lävopropoxyphennapsylat *n* *(Antitussivum)*
laevopropylcillin Laevopropylcillin *n*, Lävopropylzillin *n*, Propicillin *n* *(Antibiotikum)*
laevorotory *s.* laevorotatory
laevorotation Lävorotation *f*, Linksverdrehung *f* *(des Herzens)*
laevorotatory lävorotatorisch, linksdrehend
laevorphanol tartrate Lävorphanoltartrat *n* *(Analgetikum)*
laevothyroxine Lävothyroxin *n*, L-Thyroxin *n* *(Schilddrüsenhormon)*
laevotorsion Lävotorsion *f*
laevoversion 1. Lävoversion *f*, Links(ver)drehung *f* *(des Auges)*; 2. *s.* laevorotation
laevulan Lävulan *n*, Fructosan *n*
laevulic acid *s.* laevulinic acid
laevulin Lävulin *n* *(Zwischenprodukt der Inulinspaltung)*
laevulinate Lävulinat *n*
laevulinic acid Lävulinsäure *f*, Acetylpropionsäure *f*
laevulosaemia Lävulosämie *f*, Vorhandensein *n* von Lävulose im Blut
laevulose Lävulose *f*, [d-]Fructose *f*, α-Fruktose *f*, Fruchtzucker *m*
laevulose test Lävulosetest *m*, Lävuloseprobe *f*
laevulose tolerance test Lävulose-Toleranztest *m*, Lävulosebelastungstest *m*
laevulosuria Lävulosurie *f*, Fruktosurie *f*, Fruchtzuckerausscheidung *f* im Harn
Lafora's bodies Lafora-Körperchen *npl*, Lafora'sche Körperchen *npl*
Lafora's body disease *s.* Lafora's myoclonic epilepsy
Lafora's myoclonic epilepsy Lafora-Syndrom *n*, Lafora'sche myoklonische Epilepsie *f*
Lafora's sign Lafora-Zeichen *n*, Lafora'sches Zeichen *n* *(bei zerebrospinaler Meningitis)*
lag period Lag-Periode *f* *(anfängliche Wachstumsverzögerung bei Mikroorganismen nach Aussaat in ein Substrat)*
lag phase *s.* lag period
lag screw *(Chir)* Spongiosaschraube *f*
lageniform flaschenförmig
lagging Nachhängen *n* *(z. B. einer Thoraxhälfte beim Atmen)*
lagneia *s.* erotomania
lagophthalmia Lagophthalmie *f*, Augenschlussunfähigkeit *f*, Augenlidspaltenerweiterung *f*
lagophthalmic lagophthalmisch; Lagophthalmus…, Hasenauge…
lagophthalmic keratitis Keratitis *f* lagophthalmo, Hornhautentzündung *f* des Auges durch fehlenden Lidschluss
lagophthalmos *s.* lagophthalmus
lagophthalmus Lagophthalmus *m*, Hasenauge *n*, Oculus *m* leporinus
Lagrange's operation Lagrange-Operation *f*, Sklerektoiridektomie *f*, Iridosklerektomie *f*
lake *v s.* haemolyze
lake 1. Lacus *m*, See *m* *(z. B. Blutsee)*; 2. *s.* lacuna
laked blood hämolytisches [hämolysiertes] Blut *n*
Laki-Lorand factor Laki-Lorand-Faktor *m*, Blutgerinnungsfaktor *m* XIII
laky lackfarben, lackfarbig
laky blood serum lackfarbiges [lackfarbenes] Blutserum *n* *(nach Hämolyse)*
laliatry Sprachheilkunde *f*, Stimmheilkunde *f*, Phoniatrie *f* *(Lehre von den Sprachstörungen und deren Behandlung)*
laliophobia *s.* lalophobia
lallation Lallen *n* *(z. B. eines Säuglings)*
lalling *s.* lallation
lalochezia Lalochezie *f* *(psychisches Abreagieren durch Gebrauch obszöner Wörter)*
lalognosis Lalognosis *f*, Sprachverstehen *n*, Sprachverständnis *n*
laloneurosis Laloneurose *f*, Sprachneurose *f*, Sprechneurose *f*
lalopathology Lalopathologie *f*, Lehre *f* von den Sprachstörungen
lalopathy Lalopathie *f*, Sprachstörung *f*, Sprechstörung *f*
lalophobia Lalophobie *f*, Sprechangst *f*, Sprechfurcht *f*
lalophomiatrist Spezialist *m* für Sprachstörungen
laloplegia Laloplegie *f*, Sprachlähmung *f*
lalorrhoea Lalorrhoe *f*, Redefluss *m*; Redesucht *f*
lambda Lambda *n*, λ
lambda light chains Lambda-light-Kette *f*, λ-Light-Kette *f*
lambda wave Lambda-Welle *f*, λ-Welle *f* *(EEG)*
lambdacism(us) Lambdazismus *m* *(1. Unvermögen der L-Aussprache; 2. häufiger Gebrauch des L-Lautes als Ersatz für den R-Laut)*
lambdoid lambdaförmig, lambdoid; Lambda…
lambdoid suture Sutura *f* lambdoidea, Lambdanaht *f* *(Knochennaht zwischen Scheitelbein und Hinterhauptbein)*
lambdoidal *s.* lambdoid
Lambert-Eaton-Rooke syndrome Lambert-Eaton-Rooke-Syndrom *n*, pseudomyasthenisches Syndrom *n*
Lamblia intestinalis Lamblia *f* intestinalis *(Dünndarmparasit)*
lambliasis *(Paras)* Lambliasis *f*, Lamblienerkrankung *f*, Lamblienbefall *m*, Giardiasis *f*
lambliose *s.* lambliasis
lame lahm, gelähmt
lamel *(Pharm)* Lamelle *f* *(Arzneimittelform)*
lamella Lamella *f*, Lamelle *f*, Plättchen *n*
lamella of bone Knochenlamelle *f*
lamellar lamellar, lamellenartig; Lamellen…
lamellar bone Lamellenknochen *m*
lamellar cataract *(Ophth)* Schichtstar *m*, Cataracta *f* zonularis
lamellar corpuscles *(Anat)* Corpuscula *npl* lamellosa, Lamellenkörperchen *npl*, (Vater-)Pacini'sche Körperchen *npl*, Pacini-Körperchen *npl*, (Vater-Pacini'sche) Tastkörperchen *npl*
lamellar exfoliation of the newborn Ichthyosis *f* foetalis [congenita]
lamellar keratoplasty *(Ophth)* Lamellenkeratoplastik *f*
lamellar sheath *s.* perineurium

lamellate(d) *s.* lamellar
lamelliform lamelliform, lamellenförmig; Lamellen…
Lamellipodia Lamellipodia *pl*
lameness Lahmheit *f*
lamin Lamin *n (Intermediärfilament der inneren Zellkernmembran)*
lamin antibody *(Immun)* Lamin-Antikörper *m*
lamina *(Anat)* Lamina *f*, Blatt *n*, Platte *f*
lamina affixa Lamina *f* affixa *(auf den Thalamus aufgelagerter dünner Teil der Endhirnwand)*
lamina densa Lamina *f* densa *(der Basalmembran)*
lamina dura 1. *(Anat)* Lamina *f* dura, innere Alveolenkortikalis *f*; 2. *(Rad)* radiopake Linie *f (der Zahnwurzelhaut)*
lamina lucida Lamina *f* lucida
lamina of mesencephalic tectum Lamina *f* tecti mesencephali, Tectum *n* mesenceophali, Lamina *f* quadrigemina
lamina of the cricoid cartilage Lamina *f* cartilaginis cricoideae
lamina papyracea of the ethmoid Lamina *f* orbitalis ossis ethmoidalis
lamina spreader Wirbelkörperspreizer *m*
laminagram Laminagramm *n*, Schichtbild *n*, Röntgenschichtbild *n*, Schichtaufnahme *f*, Röntgenschichtaufnahme *f*
laminagram of the trachea Tracheaschichtbild *n*, Luftröhrenröntgenschichtaufnahme *f*
laminagraph Laminagraph *m*, Röntgenschicht(ungs)apparat *m*
laminagraphy Laminagraphie *f*, Röntgenschichtdarstellung *f*, Schichtdarstellung *f*, Röntgenschichtung *f*, Schichtaufnahme *f*
laminaplasty Laminaplastik *f*, Laminoplastik *f*, Türflügellaminoplastik *f (zur Dekompression des Rückenmarks)*
laminar laminar, geschichtet; Schicht(en)…
laminar air flow laminare Luftströmung *f*
laminar air flow system Laminar-air-flow-System *n*, laminares Luftströmungssystem *n (System zur Erzielung einer wirbelfreien Luftströmung)*
laminar flow Laminarströmung *f*
laminar scaling Desquamatio *f* lamellosa [membranosa], Desquamation *f* in Fetzen *(z. B. bei Scharlach)*
laminaria tent Laminariastift *m*, Quellstift *m (zur Erweiterung des Gebärmutterhalskanals)*
laminarin Laminarin *n (Polysaccharid)*
laminated geschichtet; Schichten…
laminated thrombus Schichtthrombus *m*, geschichteter Thrombus *m*
lamination 1. Schichtung *f*, Schichten *n*; 2. Zerschneiden *n* in Scheiben *(bei Embryotomie)*
laminectomize *v* laminektomieren, eine Laminektomie durchführen
laminectomy Laminektomie *f*, Wirbelbogenexzision *f*, (operative) Wirbelbogenentfernung *f (Operation zur Freilegung des Rückenmarks)*
laminectomy punch Laminektomiestanze *f*
laminin Laminin *n (Glykoprotein der Basalmembran)*
laminitis Laminitis *f*, Laminaentzündung *f*, Entzündung *f* einer Lamina
laminogram *s.* laminagram
laminography *s.* laminagraphy
laminotomy Laminotomie *f*, Wirbelbogenschnitt *m*, (operative) Wirbelbogendurchtrennung *f*
laminotrigine Laminotrigin *n (Antikonvulsivum)*
lamins Lamin-Geflecht *n*, Lamin-Netzwerk *n (der inneren Zellkernmembran)*
lamivudine Lamivudin *n (Virostatikum)*
LAMMA *s.* laser-microprobe mass analysis
lamotrigine Lamotrigin *n (Antikonvulsivum)*
lampbrush chromosome Lampenbürstenchromosom *n*
lamprophonia Lamprophonie *f*, Stimmenreinheit *f*, Stimmenklarheit *f*
lamprophonic lamprophon(isch), stimmenrein, stimmenklar
Lamy-Maroteaux syndrome *(Päd)* Lamy-Maroteaux-Syndrom *n*, diastrophische Dysplasie *f*
lanata glycoside Lanata-Glykosid *n*, Digitalisglykosid *n (herzwirksames Glykosid aus Digitalis lanata)*
lanatoside Lanatosid *n*, Digilanid *n (Herzglykosid)*
lanatoside A Lanatosid *n* A, Digilanid *n* A *(Herzglykosid)*
lanatoside B Lanatosid *n* B, Digilanid *n* B *(Herzglykosid)*
lanatoside C Lanatosid *n* C, Digilanid *n* C *(Herzglykosid)*
lance *v* mit einer Lanzette eröffnen, inzidieren, einschneiden; anstechen
lance *s.* lancet
Lancefield's classification Lancefield-Klassifikation *f*, Lancefield-Einteilung *f (serologische Klassifizierung der hämolytischen Streptokokken)*
lanceolate lanzenförmig
Lancereaux-Mathieu disease Lancereaux-Mathieu-Krankheit *f*, Weil-Syndrom *n*, Leptospirosis *f* icterohaemorrhagica; Leptospiren-Ikterus *m*, Spirochäten-Ikterus *m*
lancet *(Chir)* Lanzette *f*, Lanze *f*, Lanzenmesser *n*, zweischneidiges kleines Messer *n*
lancinate *v* lanzinieren, blitzartig stechen, scharf einschneiden, einschießen *(Schmerzen)*
lancinating lanzinierend, stechend, scharf *(z. B. Schmerz)*
lancinating pain lanzinierender [stechender, scharfer] Schmerz *m*
land scurvy *(Hämat)* idiopathische thrombozytopenische Purpura *f*, essenzielle Thrombozytopenie *f*, Morbus *m* Werlhoff
Landau-Kleffner syndrome Landau-Kleffner-Syndrom *n*, Landau-Syndrom *n (Aphasie und Epilepsie im Kindesalter)*
Landau reflex *(Päd)* Landau-Reflex *m*
Landolt's bodies Landolt-Körperchen *npl*, Landolt'sche Körperchen *npl (bipolare Nervenzellen)*
Landouzy-Déjerine atrophy *s.* Lancereaux-Mathieu disease
Landouzy-Déjerine dystrophy Landouzy-Déjerine-Dystrophie *f*, Landouzy-Déjerine-Atrophie *f*, Landouzy-Déjerine'sche Muskelatrophie *f*, faszioskapulohumerale Muskeldystrophie *f*
Landouzy-Déjerine muscular dystrophy *s.* Landouzy-Déjerine dystrophy
Landouzy's disease *s.* Lancereaux-Mathieu disease
Landouzy's dystrophy *s.* Landouzy-Déjerine dystrophy
Landouzy's typhobacillosis Landouzy-Typhobazillose *f*, Thyphobazillose *f* Landouzy, Sepsis *f* tuberculosa acutissima
Landry-Guillain-Barré syndrome *(Neur)* Landry-Guillain-Barré-Syndrom *n*, aufsteigende Paralyse *f* [Lähmung *f*], akute aufsteigende Rückenmarklähmung *f*, Paralysis *f* spinalis ascendens acuta, akute idiopathische Polyneuritis *f*, akute postinfektiöse Polyneuritis *f*, akute postinfektiöse Polyneuropathie *f*, Landry'sche Paralyse *f*, Landry-Syndrom *n*
Landry's ascending paralysis *s.* Landry-Guillain-Barré syndrome
Landry's syndrome *s.* Landry-Guillain-Barré syndrome
Landsteiner-Donath cold autoantibody Landsteiner-Donath-Kälte-Autoantikörper *m*
Landsteiner-Donath phenomenon Donath-Landsteiner-Phänomen *n (bei 5 Grad Celsius auftretende Hämolyse bei paroxysmaler Hämoglobinurie)*
Landsteiner-Donath test Landsteiner-Donath-Test *m*
Landsteiner's antibody Landsteiner-Antikörper *m*, Landsteiner'scher Antikörper *m*

Landsteiner's blood group Landsteiner'sche Blutgruppe *f*, Landsteiner-Blutgruppe *f*
Landsteiner's classification of blood groups Landsteiner-Blutgruppen-Klassifikation *f*
Lane's bands Lane'sche Bänder *npl (Briden zwischen terminalen Ileumschlingen)*
Lane's disease 1. Lane'sche Krankheit *f*, chronische Intestinale Stauung *f*; 2. Erythema *n* palmare hereditarium
Lane's operation Lane'sche Operation *f*, Lane'sche Methode *f (ileorektale Anastomose zur Ausschaltung des Kolons)*
Lane's plate Lane-Platte *f*, Lane'sche Platte *f (Stahlplatte zur äußeren Knochenfragmentschienung)*
Lange-Nielsen syndrome Lange-Nielsen-Syndrom *n*, Jarvell-Lange-Nielson-Syndrom *n*, surdokardiales Syndrom *n (mit verlängertem Q-T-Intervall im EKG)*
Langenbeck's amputation Langenbeck-Amputation *f*, Langenbeck'sche Amputation *f (Schnittführung von außen nach innen)*
Langenbeck's flap Langenbeck-Lappen *m*, Langenbeck'scher gestielter mukoperiostealer Lappen *m (zur Gaumenrekonstruktion)*
Langenbeck's triangle Langenbeck'sches Dreieck *n (am Hüftgelenk)*
Langerhans' cells Langerhans'sche Zellen *fpl*, Epidermisstemzellen *fpl (dendritische Epidermiszellen mit tennisschlägerförmigen Melaningranula)*
Langerhans' granules Langerhans'sche Granula *npl*, Birbeck'schje Granula *npl*, vermiforme Granula *f (tennisschlägerförmige Melaningranula in Langerhans'schen Zellen)*
Langerhans' islands Langerhans'sche Inseln *fpl*, Insulae *fpl* pancreatis *(Insulin produzierende Zellinseln der Bauchspeicheldrüse)*
Langerhans' islets *s.* Langerhans' islands
Langerhansian adenoma Langerhans'sches Adenom *n*, Inselzell(en)adenom *n*, Insul(in)om *n*
Langer's axillary arch Langer'scher Achselbogen *m*, Fibrae *fpl* falciformes axillares
Langer's lines Langer-Linien *fpl*, Hautspaltlinien *fpl*, Langer'sche Hautspannungslinien *fpl (Anordnung feinster Hautfalten in für jede Körperregion typischen Richtungen)*
Langer's muscle Langer'scher Muskel *m (Muskelfasern zwischen M. pectoralis major und M. latissimus dorsi)*
Lange's solution Lange'sche Lösung *f*, Lange'sche kolloidale Goldlösung *f (zum Nachweis von Eiweißveränderungen im Liquor)*
Lange's syndrome 1. *(Päd)* Lange-Syndrom *n* I, Brachmann-de-Lange-Syndrom *n*, Amsterdamer Degeneration *f* Typ Lange, Typus *m* degenerativus Amstelodamensis; 2. *(Päd)* Lange-Syndrom *n* II, Bruck-Lange-Krankheit *f*, maligne Dystrophia *f* musculorum congenita
Lange's test 1. Lange-Test *m*, Lange'scher Aceton-Test *m (im Urin)*; 2. Lange'scher Test *m (auf Eiweißveränderungen im Liquor)*
Langhans' cell 1. *(Embr)* Langhans'sche Zelle *f (polygonale Zelle des Zytotrophoblasten)*; 2. *s.* Langhans' giant cell
Langhans' giant cell *(Path)* Langhans'sche Riesenzelle *f (z. B. in tuberkulösem Gewebe)*
Langhans' layer Langhans'sche Zellschicht *f*, Zytotrophoblast *m*
Langhans' stria *s.* Langhans' layer
Langley's ganglion Langley'sches Ganglion *n*
Langley's granules Langley'sche Granula *npl (in serösen Drüsen)*
Langley's nerves Langley'sche Nerven *mpl*, pilomotorische Nerven *mpl*
language Sprache *f*
language centre Sprachzentrum *n (Hirnrinde)*
language disorder Sprachstörung *f*
language disturbance Sprachstörung *f*
languor Mattigkeit *f*, Schwäche *f*, Abgespanntheit *f*, Trägheit *f*, Stumpfheit *f*
lankamycin Lankamycin *n (Antibiotikum)*
Lannois-Gradenigo syndrome Lannois-Gradenigo-Syndrom *n*, Gradenigo-Syndrom *n (Lähmung des Nervus abducens bei chronischer eitriger Otitis media)*
lanolin Lanolin *n*, (wasserhaltiges) Wollfett *n*
lanosterol Lanosterin *n (Cholesterinpräkursor aus Squalen)*
Lansing virus Lansing-Virus *n*, Poliomyelitisvirus *n*
Lantermann's clefts Lantermann'sche Segmente *npl*, Schmidt-Lantermann'sche Einkerbungen *fpl (Einschnitte der Markscheide der peripheren Nervenfasern)*
Lantermann's incisures *s.* Lantermann's clefts
lantern-yawed hohlwangig, mit eingefallenen Wangen
lantern yaws hohle [eingefallene] Wangen *fpl*
lanthanic symptomfrei, symptomlos *(z. B. nicht erkannte Krankheit)*
lanthanide *(Bioch)* Lanthanid *n*, seltene Erde *f*
lanthanin Lanthanina *n*, Oxychromatin *n*
Lanthanum Lanthan *n*, Lanthanum *n*, La *(seltenes Erdmetall)*
lanthionine Lanthionin *n (schwefelhaltige Aminosäure)*
lanuginose *s.* lanuginous
lanuginous lanugo(haar)artig, flaumartig, wollhaarartig
lanugo Lanugohaare *npl*, Flaum *m*, Flaumhaar *n*, Wollhaar *n (des Fetus)*
lanulous flaumig, flaumenhaarig; Flaum..., Flaumen...
Lanz's point Lanz'scher Punkt *m*, Lanz-Punkt *m (Appendizitispunkt)*
lapactic entfernend, abführend, laxativ, purgativ, reinigend; Entfernmungs..., Abführungs..., Laxativ..., Purgativ..., Reinigungs...
laparectomy Laparektomie *f*, operative Bauchwandteilexzision *f*, Bauchwandreduktionsplastik *f*
laparelytrotomy *s.* laparo-elytrotomy
laparo-elytrotomy Laparoelytrotomie *f*, Laparokolpotomie *f*, Bauch(wand)schnitt *m* und Gebärmutterhalsschnitt *m*; Kindesentbindung *f* durch Leistenschnitt
laparo-enterostomy Laparoenterostomie *f*, Bauchschnitt *m* und Darmfistelung *f*
laparo-enterotomy Laparoenterotomie *f*, Bauch(wand)-schnitt *m* und Darmeröffnung *f*, Darmeröffnung *f* durch Bauchschnitt
laparo-ileotomy Laparoileotomie *f*, Bauch(wand)schnitt *m* und Krummdarmeröffnung *f*, Ileumeröffnung *f* durch Bauchschnitt
laparo-uterotomy Laparouterotomie *f*, Bauch(wand)-schnitt *m* und Uteruseröffnung *f*, Gebärmuttereröffnung *f* durch Bauchschnitt
laparocele Laparozele *f*, Hernia *f* ventralis, Bauch(wand)-hernie *f*, Bauch(wand)bruch *m*
laparocholecystotomy Laparocholezystotomie *f*, Bauch(wand)schnitt *m* und Gallenblaseneröffnung *f*
laparoclysis Peritoneum(aus)spülung *f*, Peritoneallavage *f*
laparocolectomy Laparokolektomie *f*, Bauch(wand)-schnitt *m* und Dickdarmentfernung *f*
laparocolostomy Laparokolostomie *f*, Bauch(wand)schnitt *m* und Dickdarmfistelung *f*
laparocolotomy Laparokolotomie *f*, Bauch(wand)schnitt *m* und Dickdarmeröffnung *f*
laparocolpohysterotomy Laparokolpohysterotomie *f*, Gebärmuttereröffnung *f* nach Bauch(wand)schnitt und Scheidenschnitt
laparocolpotomy *s.* laparo-elytrotomy

laparocystectomy Laparozystektomie *f*, Bauch(wand)-schnitt *m* und Zystenentfernung *f*, Zystenentfernung *f* durch Bauchschnitt
laparocystidotomy Laparozystidotomie *f*, Bauch(wand)-schnitt *m* und Blaseneröffnung *f*, Blaseneröffnung *f* durch Bauchschnitt
laparocystotomy Laparozystotomie *f*, Bauch(wand)-schnitt *m* und Zysteneröffnung *f*, Zysteneröffnung *f* durch Bauchschnitt
laparogastroscopy Laparogastroskopie *f*, Magenspiegelung *f* nach Bauchschnitt und Mageneröffnung
laparogastrostomy Laparogastrostomie *f*, Gastrostomie *f*, Bauch(wand)schnitt *m* und Magenfistelung *f*
laparogastrotomy Laparogastrotomie *f*, Bauch-(wand)schnitt *m* und Mageneröffnung *f*, Mageneröffnung *f* durch Bauchschnitt
laparohepatotomy Laparohepatotomie *f*, Bauch(wand)-schnitt *m* und Leberschnitt *m*
laparohysterectomy Laparohysterektomie *f*, abdominale Hysterektomie *f* [Uterusexstirpation *f*], Bauch(wand)schnitt *m* und Gebärmutterentfernung *f*, Gebärmutterentfernung *f* durch Bauchschnitt
laparohystero-oophorectomy Laparohystero-Oophorektomie *f*, Bauch(wand)schnitt *m* mit Gebärmutter- und Eierstockentfernung
laparohysteropexy Laparohysteropexie *f*, Bauch(wand)-schnitt *m* und Gebärmutterfixierung *f* [Gebärmutteranheftung *f*]
laparohysterosalpingo-oophorectomy Laparohysterosalpingo-Oophorektomie *f*, Bauch(wand)schnitt *m* mit Gebärmutter-, Eileiter- und Eierstockentfernung
laparohysterotomy Laparohysterotomie *f*, Bauch(wand)-schnitt *m* und Gebärmuttereröffnung *f*, Kaiserschnitt *m*
laparomonodidymus *(Terat)* Laparomonodidymus *m* *(Missgeburt)*
laparomyitis Laparomyitis *f*, Bauchmuskelentzündung *f*, Lendenmuskelentzündung *f*
laparomyomectomy Laparomyomektomie *f*, Bauch-(wand)schnitt *m* und Myomentfernung *f*, Myomentfernung *f* durch Bauchschnitt
laparomyositis Bauchmuskelentzündung *f*
laparonephrectomy Laparonephrektomie *f*, Bauch-(wand)schnitt *m* und Nierenentfernung *f*, Nierenentfernung *f* durch Bauchschnitt
laparorrhaphy Laparorrhaphie *f*, Bauch(decken)naht *f*, Bauchwandnaht *f*
laparosalpingectomy Laparosalpingektomie *f*, abdominale Salpingektomie *f*, Bauchschnitt *m* und Eileiterentfernung *f*, Eileiterentfernung *f* durch Bauchschnitt
laparosalpingo-oophorectomy Laparosalpingo-Oophorektomie *f*, Bauch(wand)schnitt *m* mit Eileiter- und Eierstockentfernung, Eileiter- und Eierstockentfernung *f* durch Bauchschnitt
laparosalpingostomy Laparosalpingostomie *f*, Bauch-(wand)schnitt *m* und Eileitererfistelung *f*, Eileiterfistelung *f* durch Bauchschnitt
laparosalpingotomy Laparosalpingotomie *f*, Bauch-(wand)schnitt *m* und Eileitereröffnung *f*, Eileitereröffnung *f* durch Bauchschnitt
laparoscope Laparoskop *n*, Bauch(höhlen)spiegel *m*, Bauchendoskop *n*
laparoscopic laparoskopisch
laparoscopic-assisted vaginal hysteroscopy laparoskop-gestützte vaginale Hysteroskopie *f*
laparoscopic cholecystectomy laparoskopische Cholezystektomie *f*
laparoscopic laser cholecystectomy laparoskopische Laser-Cholezystektomie *f*
laparoscopy Laparoskopie *f*, Bauch(höhlen)spiegelung *f*, Bauchendoskopie *f*
laparosplenectomy Laparosplenektomie *f*, Bauch-(wand)schnitt *m* und Milzentfernung *f*, Milzentfernung *f* durch Bauchschnitt
laparosplenotomy Laparosplenotomie *f*, Bauch(wand)-schnitt *m* und Milzeröffnung *f*, Milzschnitt *m* nach Baucheröffnung
laparothoracoscopy Laparothorakoskopie *f*, Bauchhöhlen- und Brusthöhlenspiegelung *f*
laparotome *(Chir)* Laparotom *n*, Laparotomiemesser *n*
laparotomize *v (Chir)* laparotomieren, den Bauch eröffnen [aufschneiden], eine Laparotomie durchführen
laparotomy *(Chir)* Laparotomie *f*, Bauch(wand)schnitt *m*, (operative) Bauchhöhleneröffnung *f* • **do [perform] a laparotomy** eine Laparotomie durchführen, einen Bauchschnitt machen
laparotomy-confirmed durch Laparotomie bestätigt [gesichert]
laparotrachelotomy Laparotrachelotomie *f*, Sectio *f* caesarea, (tiefer, zervikaler) Kaiserschnitt *m*
laparotyphlotomy Laparotyphlotomie *f*, Bauch(wand)-schnitt *m* und Blinddarmeröffnung *f*, Blinddarmeröffnung *f* durch Bauchschnitt
laparovaginal *s.* abdominovaginal
lapinization Lapinisation *f*, Kaninchenpassage *f (eines Virus)*
lapinize *v* durch Kaninchenpassage abschwächen, die Virulenz durch Kaninchenpassage vermindern
lapinized durch Kaninchenpassage abgeschwächt
lapis infernalis *s.* lunar caustic
lapsus calami *(Neur)* Lapsus *m* calami, Schreibfehler *m*, Sichverschreiben *n*
lapsus linguae *(Neur)* Lapsus *m* linguae, Sprechfehler *m*, Sichversprechen *n*
lapsus memoriae *(Neur)* Lapsus *m* memoriae, Gedächtnisfehler *m*
lapsus unguium Lapsus *m* unguium, Nagelausfall *m*; Fehlen *n* der Nägel
laratadine Laratadin *n (H_1-Rezeptor-Antagonist)*
larbish Larbish *n (kriechende Hauteruption)*
lard Schweinefett *n*, Schweineschmalz *n*, Adeps *m* suillus; Speck *m*
lardaceous amyloidartig; Amyloid...
lardaceous degeneration Amyloiddegeneration *f*, amyloidartige [speckige] Degeneration *f*, Speckdegeneration *f*
lardaceous kidney *(Path)* Amyloidniere *f*, Speckniere *f*; Nierenamyloidose *f*
lardaceous liver *(Path)* Amyloidleber *f*, Speckleber *f*, Leberamyloidose *f*
lardaceous spleen *(Path)* Amyloidmilz *f*, Wachsmilz *f*, Speckmilz *f*, Milz(pulpa)amyloidose *f*
large-bore cannula weitlumige Kanüle *f*
large bowel Dickdarm *m*, Intestinum *n* crassum
large bowel obstruction Dickdarmverschluss *m*, Kolonobstruktion *f*
large dose hohe Dosis *f*
large for date baby hypertrophes Neugeborenes *n*, Riesenbaby *n*
large for gestational age infant *s.* large for date baby
large intestine *s.* large bowel
large-lung emphysema *s.* emphysema
large pelvis großes Becken *n*, Pelvis *f* major
large-swinging nystagmus grobschlägiger Nystagmus *m*
Laron dwarf Laron'scher Zwerg *m*
Laron dwarfism Laron'scher Zwergwuchs *m*, autosomal-rezessiver erblicher hypophysärer Zwergwuchs *m*

Laron syndrome Laron-Syndrom *n*, Laron'sches Syndrom *n (proportionierter hypophysärer Zwergwuchs bei Mangel an Somatomedin)*
Laron type dwarfism *s.* Laron dwarfism
Larrey-Weil disease Larrey-Weil'sche Krankheit *f*, Lancereaux-Mathieu-Krankheit *f*, Weil-Syndrom *n*, Leptospirosis *f* icterohaemorrhagica; Leptospiren-Ikterus *m*, Spirochäten-Ikterus *m*
Larrey's amputation Larrey'sche Amputation *f*, Larrey'sche Operation *f*, Larrey'sche Schultergelenkamputation *f*
Larrey's cleft *s.* Larrey's trigone
Larrey's hernia Larrey'sche Hernie *f (linksseitige parasternale Zwerchfellhernie)*
Larrey's operation *s.* Larrey's amputation
Larrey's spaces Larrey'sche Spalten *fpl*
Larrey's trigone *(Anat)* Larrey-Spalte *f*, Trigonum *n* sternocostale sinistrum, Larrey-Lücke *f*
Larsen-Johansson disease Larsen-Johansson-Syndrom *n*, Osteopathia *f* patellae juvenilis
Larsen's disease *s.* Larsen-Johansson disease
Larsen's syndrome Larson-Syndrom *n (Gaumenspalte, multiple Gelenkluxationen, Finger- und Fußdeformitäten und Gesichtsdysplasien)*
larvaceous *s.* larvate
larval 1. larval; Larven…; larvenähnlich; 2. *s.* larvate
larval epilepsy larvierte Epilepsie *f*
larval parasitism Larvenparasitismus *m*
larvate larviert, versteckt, verborgen, verkappt, ohne die üblichen Merkmale verlaufend
larvate depression larvierte Depression *f*
larvicidal larvizid, larventötend
larvicide (agent) Larvizidum *n*, Larvizid *n*, larventötendes Mittel *n*
larviparous larvipar, larventragend, mit Larven besiedelt
larviphagic larviphag(isch), larvenessend; larvenfressend
larviposition Larvenablagerung *f*, Larvenablagern *n (im Wirtsorganismus)*
larvivorous *s.* larviphagic
laryngalgia Laryngalgie *f*, Kehlkopfschmerz *m*, Kehlkopfneuralgie *f*
laryngeal 1. laryngeal; Larynx…, Kehlkopf…; 2. im Kehlkopf erzeugt *(z. B. Ton)*
laryngeal abscess Larynxabszess *m*, Kehlkopfabszess *m*
laryngeal amyloidosis Kehlkopfamyloidose *f*, Amyloidlarynx *m*
laryngeal angina Laryngitis *f* submucosa
laryngeal cancer Larynxkarzinom *n*, Kehlkopfkrebs *m*
laryngeal carcinoma *s.* laryngeal cancer
laryngeal cartilages Kehlkopfknorpel *mpl*, Cartilagines *fpl* laryngeales
laryngeal catheterization Kehlkopfkatheterung *f*, Intubation *f*
laryngeal cavity Kehlkopfhöhle *f*, Larynxhöhle *f*, Cavum *n* laryngis
laryngeal cord spasm Stimmbandspasmus *m*, Stimmbandkrampf *m*
laryngeal crisis Kehlkopfkrise *f*, Larynxkrise *f*
laryngeal diphtheria Kehlkopfdiphtherie *f*, Larynxdiphtherie *f*, diphtherischer Kupp *m*
laryngeal diverticulum Kehlkopfdivertikel *n*, Larynxdivertikel *n*
laryngeal erysipelas Larynxerysipel *n*, Kehlkopferysipel *n*
laryngeal foreign body Larynxfremdkörper *m*, Kehlkopffremdkörper *m*
laryngeal inlet Kehlkopfeingang *m*, Aditus *m* laryngis
laryngeal lancet Kehlkopflanzette *f*
laryngeal manifestation Kehlkopfmanifestation *f*
laryngeal mirror Kehlkopfspiegel *m*, Laryngoskop *n*
laryngeal mirror test Kehlkopfspiegeltest *m*
laryngeal mucosa Kehlkopfschleimhaut *f*, Larynxmukosa *f*
laryngeal neoplasm Kehlkopfneoplasma *n*, Larynxneoplasma *n*
laryngeal obstruction Kehlkopfverschluss *m*, Kehlkopfverlegung *f*, Larynxobstruktion *f*
laryngeal oedema Kehlkopf(an)schwellung *f*, Larynxödem *n*
laryngeal pachydermia Pachydermia *f* laryngis *(Plattenepithelwucherung der Stimmbänder bei chronischer Kehlkopfentzündung)*
laryngeal papilloma Kehlkopfpapillom *n*, Larynxpapillom *n*
laryngeal papillomatosis Kehlkopfpapillomatose *f*, Larynxpapillomatose *f*
laryngeal paralysis Kehlkopflähmung *f*, Larynxparalyse *f*
laryngeal pharynx *s.* laryngopharynx
laryngeal phthisis *s.* laryngophthisis
laryngeal polyp Kehlkopfpolyp *m*, Larynxpolyp *m*
laryngeal pouch Sacculus *m* laryngis; Laryngozele *f*
laryngeal precancerosis Kehlkopfpräkanzerose *f*
laryngeal prominence Adamsapfel *m*, Prominentia *f* laryngea
laryngeal protuberance *s.* laryngeal prominence
laryngeal reflex Kehlkopfreflex *m*, Larynxreflex *m*
laryngeal saccule *s.* laryngeal pouch
laryngeal sarcoma Kehlkopfsarkom *n*, Larynxsarkom *n*
laryngeal sinus *s.* laryngeal ventricle
laryngeal skeleton Kehlkopfskelett *n*, Larynxskelett *n*
laryngeal spasm *s.* laryngospasm
laryngeal speculum Kehlkopfspiegel *m*, Larynxspekulum *n*
laryngeal speech Kehlkopfsprache *f*
laryngeal stenosis Kehlkopfvereng(er)ung *f*, Larynxstenose *f*, Laryngealstenose *f*
laryngeal stridor Kehlkopfstridor *m*, Larynxstridor *m*
laryngeal syphilis Kehlkopfsyphilis *f*, Larynxsyphilis *f*
laryngeal syringe Kehlkopfspritze *f*
laryngeal tic *(Neur)* Räuspertic *f*
laryngeal tonsils Noduli *mpl* lymphatici laryngei
laryngeal trauma Kehlkopfschädigung *f*, Larynxtrauma *n*
laryngeal tuberculosis *s.* laryngophthisis
laryngeal tumour Kehlkopftumor *m*, Larynxgeschwulst *f*
laryngeal ventricle Kehlkopftasche *f*, Ventriculus *m* laryngis, Morgagni'sche Tasche *f*
laryngeal vertigo laryngeale Vertigo *f*, Hustensynkope *f*
laryngectomee Kehlkopfexstirpierte(r) *m*, Laryngektomierte(r) *m*
laryngectomy Laryngektomie *f*, Larynxexstirpation *f*, Kehlkopfexstirpation *f*, Kehlkopfausschneidung *f*, (operative) Kehlkopfentfernung *f*
laryngectomy tube Laryngektomietubus *m*
laryngemphraxis *s.* laryngostenosis
laryngendoscope Larynxendoskop *n*; Kehlkopfspiegel *m*
laryngismal laryngismal; Stimmritzenkrampf…
laryngismus *s.* laryngospasm
laryngitic laryngitisch; Laryngitis…, Kehlkopfentzündungs…
laryngitis Laryngitis *f*, Kehlkopfentzündung *f*
laryngocatarrh Kehlkopfschleimhautkatarrh *m*, Larynxkatarrh *m*
laryngocele Laryngozele *f*, Kehlkopfluftsack *m*
laryngocentesis Laryngozentese *f*, Kehlkopfpunktion *f*
laryngoepiglottitis Laryngoepiglottitis *f (durch Haemophilus influenzae)*

laryngofissure 1. Kehlkopfspaltung *f*, (mediane) Laryngotomie *f*, Kehlkopferöffnung *f*, Thyreochondrotomie *f*; 2. Laryngofissur *f*, Kehlkopfspalte *f*
laryngogram Laryngogramm *n*, Kehlkopfröntgen(kontrast)aufnahme *f*, Kehlkopf(röntgen)bild *n*
laryngograph Laryngograph *m (Gerät zur Kehlkopfdarstellung)*
laryngography Laryngographie *f*, Kehlkopfröntgen(kontrast)darstellung *f*
laryngologic laryngologisch
laryngologist Laryngologe *m*, Kehlkopfspezialist *m*
laryngology Laryngologie *f*, Lehre *f* vom Kehlkopf und seinen Krankheiten
laryngomalacia Laryngomalazie *f*, Kehlkopferweichung *f*
laryngometry Laryngometrie *f*, Kehlkopf(aus)messung *f*
laryngoparalysis Laryngoparalyse *f*, Kehlkopf(muskel)lähmung *f*, Lähmung *f* der Kehlkopfmuskeln
laryngopathy Laryngopathie *f*, Kehlkopfkrankheit *f*, Kehlkopfleiden *n*
laryngophantom Laryngophantom *n*, Kehlkopfmodell *n*, Kehlkopfnachbildung *f*
laryngopharyngeal laryngopharyngeal; Kehlkopf-Rachen-…, Larynx-Pharynx-…
laryngopharyngectomy Laryngopharyngektomie *f*, (operative) Kehlkopf- und Rachenentfernung *f*
laryngopharyngeus (muscle) Musculus *m* laryngopharyngicus, unterer Schlundschnürer(muskel) *m*
laryngopharyngitis 1. Laryngopharyngitis *f*, Kehlkopfrachenentzündung *f*; 2. Kehlkopf- und Rachenentzündung *f*
laryngopharyngography *s.* laryngography
laryngopharynx Laryngopharynx *m*, Hypopharynx *m*, Kehlkopfrachen *m*, Pars *f* laryngea pharyngis
laryngophony Laryngophonie *f*, Kehlkopfstimme *f*
laryngophthisis Laryngophthisis *f*, Laryngophthise *f*, Larynxtuberkulose *f*, Tuberculosis *f* laryngis, Kehlkopftuberkulose *f*, Kehlkopf-Tbk *f*, Kehlkopf-Tbc *f*
laryngoplasty Laryngoplastik *f*, Kehlkopfplastik *f*
laryngoplegia Laryngoplegie *f*, Kehlkopflähmung *f*
laryngoptosis Laryngoptosis *f*, Laryngoptose *f*, Kehlkopfsenkung *f*
laryngopyocele Laryngopyozele *f*, Eiteransammlung *f* im Kehlkopfluftsack
laryngorhinology Laryngorhinologie *f*, Rhinolaryngologie *f*
laryngorrhagia Laryngorrhagie *f*, Kehlkopfblutung *f*
laryngorrhaphy Laryngorrhaphie *f*, Kehlkopfnaht *f*
laryngorrhoea Laryngorrhoe *f*, Schleimabsonderung *f* aus dem Kehlkopf
laryngoscleroma Laryngosklerom *n*, Kehlkopfinduration *f*, Kehlkopfverhärtung *f*
laryngoscope Laryngoskop *n*, Kehlkopfspiegel *m*
laryngoscopic laryngoskopisch, kehlkopfspiegelnd
laryngoscopist Laryngoskopiker *m*
laryngoscopy Laryngoskopie *f*, Kehlkopfspiegelung *f*
laryngospasm Laryngospasmus *m*, Kehlkopfkrampf *m*, Glottiskrampf *m*, Stimmritzenkrampf *m*, Spasmus *m* glottidis, Laryngismus *m* (stridulus)
laryngostasis Laryngostasis *f*, Kehlkopfkrupp *m*, Krupp *m*
laryngostat *(Rad)* Laryngostat *m (Instrument zur Platzierung von radioaktiven Kapseln im Kehlkopf)*
laryngostenosis Laryngostenosis *f*, Kehlkopfstenose *f*, Kehlkopfvereng(er)ung *f*
laryngostomy 1. Laryngostomie *f*, Laryngostoma *n*, Larynxfistel *f*, Kehlkopffistel *f*; 2. Laryngostomie *f*, (operative) Kehlkopffistelung *f*
laryngostomy tube Laryngostomiekanüle *f*
laryngostroboscope Laryngostroboskop *n*
laryngostroboscopy Laryngostroboskopie *f*
laryngotome Laryngotom *n*, Larynxmesser *n*, Kehlkopfmesser *n*
laryngotomy Laryngotomie *f*, Kehlkopfschnitt *m*, (operative) Kehlkopferöffnung *f*, Kehlkopfspaltung *f*
laryngotomy tube *s.* laryngostomy tube
laryngotrachea Laryngotrachea *f*, Kehlkopf *m* und Luftröhre *f*
laryngotracheal laryngotracheal; Kehlkopf-Luftröhre(n)-…, Larynx-Trachea-…
laryngotracheitis Laryngotracheitis *f*, Larynx- und Tracheaentzündung *f*, Kehlkopf-Luftröhren-Entzündung *f*
laryngotracheo-oesophageal cleft Kehlkopf-Luftröhren-Speiseröhren-Spalte *f*
laryngotracheobronchitis Laryngotracheobronchitis *f*, Entzündung *f* von Kehlkopf, Luftröhre und Bronchien
laryngotracheobronchoscopy Laryngotracheobronchoskopie *f*, Spiegelung *f* [Betrachtung *f*] von Kehlkopf, Luftröhre und Bronchien
laryngotracheoscopy Laryngotracheoskopie *f*, Kehlkopf-Luftröhren-Inspektion *f*, Spiegelung *f* [Betrachtung *f*] von Kehlkopf und Luftröhre
laryngotracheotomy Laryngotracheotomie *f*, Kehlkopf-Luftröhren-Schnitt *m*, (operative) Kehlkopf- und Luftröhreneröffnung *f*
laryngotyphoid Laryngotyphus *m*, Kehlkopftyphus *m*
laryngoxerosis Laryngoxerosis *f*, Laryngoxerose *f*, Kehlkopftrockenheit *f*, Austrocknung *f* der Kehlkopfschleimhaut
larynx Larynx *m*, Kehlkopf *m (siehe auch unter: laryngeal)*
larynx cyst Larynxzyste *f*, Kehlkopfzyste *f*
laser *v* lasern, mit dem Laser schneiden, mit dem Laser durchtrennen; mit einem Laser(strahl) behandeln
laser *(light amplification by stimulated emission of radiation)* Laser *m*
laser angioplasty Laser-Angioplastie *f*, Laser-Angioplastik *f*
laser bronchoscopy Laser-Bronchoskopie *f*
laser burn Laser-Verbrennung *f*
laser coagulation Laser-Koagulation *f*
laser disk optische Platte *f*, Laser-Scheibe *f (zur Datenspeicherung)*
laser drilling treatment Laser-Bohr(ungs)behandlung *f*
laser energy Laser-Energie *f*
laser iridotomy Laser-Iridotomie *f*
laser lithotripsy Laser-Lithotripsie *f*, Laser-Steinzertrümmerung *f*
laser microprobe mass analysis *(Lab)* Laser-Mikrosonden-Massenanalyse *f*
laser nephelometer Laser-Nephelometer *n*, Laser(strahl)-Trübungsmesser *m*
laser nephelometry *(Lab)* Laser-Nephelometrie *f*, LN, Trübungsmessung *f* mit einem Laser(strahl)
laser pain management Laser-Schmerzbehandlung *f (an schmerzhaften Trigger-Punkten)*
laser photocoagulation Laser-Photokoagulation *f*
laser precautions Sicherheitsmaßnahmen *fpl* bei Laser-Anwendung, Vorsichtsmaßnahmen *fpl* bei Laser-Behandlung
laser revascularization Laser-Revaskularisierung *f*
laser scalpell Laser-Skalpell *n*
laser scan microscope Laser-Scan-Mikroskop *n*
laser surgery Laser-Chirurgie *f*
laser therapy Laser-Therapie *f*, Laser-Behandlung *f*
laser trabeculoplasty *(Ophth)* Laser-Trabekuloplastik *f*
lasering Lasern *n*, Laser-Schnitt *m*, Laser-Durchtrennung *f*, Laser-Anwendung *f*, Laser-Verwendung *f*
lash Augenwimper *f*, Cilium *n*, Wimperhaar *n*
lash blepharoptosis Blepharoptose *f*, Ptosis *f (Herabhängen des Oberlids)*
Lassa (haemorrhagic) fever *(Trop)* Lassafieber *n*, Lassa-Fieber *n*

Lassa virus Lassafiebervirus *n*
Lassar's betanaphthol paste Lassar'sche Betanaphthol-Paste *f*
Lassar's paste *(Derm)* Lassar'sche Paste *f*, Zinkoxid-Salicylsäure-Paste *f*, Pasta *f* zinci salicylata
Lassar's plain zinc paste *s.* Lassar's zinc oxide paste
Lassar's zinc oxide paste Lassar'sche Zinkoxidpaste *f*
lassitude Lassitudo *f*, Erschöpfung *f*, Ermüdung *f*, Abgespanntheit *f*
last rites *s.* last sacraments
last sacraments Sterbesakrament *npl*
lasting pain Dauerschmerz *m*
latanoprost Latanoprost *n (Glaukommittel)*
Latarjet's nerve 1. Latarjet'scher Nerv *m (Vagusast an der kleinen Magenkurvatur)*; 2. Plexus *m* hypogastricus superior, Nervus *m* praesacralis
latchkey children Schlüsselkind *n*
late abortion Spätabort *m*
late catatonia Spätkatatonie *f*
late catatony Spätkatatonie *f*
late complication Spätkomplikation *f*
late death Spättodesfall *m*
late deceleration *(Gyn)* Spätdezeleration *f*, Spättief *n*, Wehenreaktionstyp *m* II
late dyspituitary eunuchism akromegaler Eunuchismus *m*
late epilepsy Spätepilepsie *f*
late erythroblast polychromatischer Erythroblast *m*
late gestosis Spätgestose *f*
late haematuria Späthämaturie *f*
late infantile amaurotic familial idiocy spätinfantile amaurotische Idiotie *f*, Bielschowsky-Syndrom *n*
late juvenile amaurotic familial idiocy Spätform *f* der amaurotischen Idiotie, familiäre Idiotie *f* vom Typ Kufs, Kufs'sches Syndrom *n*
late pain Spätschmerz *m*
late-phase hypersensitivity reaction Spätphasen-Überempfindlichkeitsreaktion *f (IgE-vermittelte Allergiereaktion)*
late reaction Spätreaktion *f*
late recurrence Spätrezidiv *n*
late rickets Spätrachitis *f*
late schizophrenia Spätschizophrenie *f*
late syphilis Spätsyphilis *f*
late tetanus Spättetanus *m*
late toxaemia of pregnancy Spätgestose *f*
late toxicosis Spättoxikose *f*
late ulcerative dermal leishmaniasis spät-ulzerative Hautleishmaniasis *f*
latency 1. Latenz *f*; 2. Latenzstadium *n (siehe auch: latent period)*; 3. *s.* latency stage
latency period *s.* latent period
latency stage 1. *s.* latent period; 2. *(Psych)* Latenzperiode *f (der Sexualentwicklung)*
latent latent, verborgen, versteckt, ohne typische Merkmale vorhanden, ohne Symptome verlaufend
latent carcinoma latentes Karzinom *n*, okkultes Karzinom *n*
latent deviation *(Ophth)* latentes Schielen *n*, Heterophorie *f*
latent diabetes latenter Diabetes *m* mellitus
latent dream content latente Traumgedanken *mpl*
latent epilepsy latente Epilepsie *f*
latent image *(Rad)* latentes Bild *n* [Röntgenbild *n*]
latent infection latente Infektion *f*
latent learning latentes Lernen *n*, unbeabsichtigtes Lernen *n*
latent malaria latente Malaria *f*
latent period Latenzperiode *f*, Latenzzeit *f*, Inkubationszeit *f*
latent phase Latenzphase *f (der Geburt)*
latent schizophrenia latente Schizophrenie *f*
latent squint *s.* latent deviation
latent strabism *s.* latent deviation
latent syphilis latente Syphilis *f*
latent tetany latenter Tetanus *m*, latente Tetanie *f*
laterad lateralwärts gerichtet, seitlich [zur Seite] gerichtet
lateral lateral, seitlich, seitwärts gelegen
lateral abdominal fissure Pleurosomatoschisis *f*, laterale Bauchspalte *f*
lateral abdominal region laterale Bauchregion *f*
lateral aberration Lateralaberration *f*
lateral accessory patellar ligament Retinaculum *n* patellae laterale; äußeres Kniescheibenhalteband *n*; lateraler akzessorischer Streckapparat *m*, lateraler Reservestreckapparat *m (Kniegelenk)*
lateral ampullary nerve Nervus *m* ampullaris lateralis
lateral angle of the eye Angulus *m* oculi lateralis [temporalis], seitlicher Lidspaltenwinkel *m*
lateral angle of the scapula Angulus *m* lateralis scapulae
lateral antebrachial cutaneous nerve *s.* lateral cutaneous nerve of forearm
lateral aortic node paraaortaler Lymphknoten *m*
lateral aperture of the fourth ventricle Apertura *f* lateralis ventriculi quarti, Foramen *n* Luschkae *(Verbindungsloch zwischen 4. Hirnkammer und dem Subarachnoidalraum)*
lateral arcuate ligament (of the diaphragm) Ligamentum *n* arcuatum laterale, seitliches Bogenband *n (zwischen 2. Lendenwirbelquerfortsatz und 12. Rippe)*
lateral area of the arm Regio *f* brachii lateralis
lateral bicipital sulcus Sulcus *m* bicipitalis lateralis, seitliche Bizepsfurche *f*
lateral border of the foot Margo *m* lateralis pedis, seitlicher Fußrand *m*, Fußaußenrand *m*
lateral border of the humerus Margo *m* lateralis humeri, seitlicher Rand *m* des Oberarmknochens
lateral border of the tongue Margo *m* lateralis linguae, seitlicher Zungenrand *m*
lateral cerebral sulcus Sulcus *m* [Fissura *f*] cerebri lateralis *(Furche zwischen Stirn und Schläfenlappen)*
lateral chain ganglion *(Neur)* Seitenstrangganglion *n*
lateral chest roentgenogram *s.* lateral roentgenogram of the thorax
lateral column of grey matter of the spinal cord Columna *f* lateralis medullae spinalis, Seitensäule *f* der grauen Substanz des Rückenmarks
lateral column of white matter of the spinal cord Funiculus *m* lateralis medullae spinalis, Seitenstrang *m* der weißen Substanz des Rückenmarks
lateral commissure of the upper and lower eyelids Commissura *f* palpebrarum lateralis
lateral condensation method *(Stom)* laterale Kondensationsmethode *f*
lateral condyle of the femur Condylus *m* femoris lateralis, äußerer Oberschenkelgelenkknorren *m*
lateral condyle of the tibia Condylus *m* lateralis tibiae, äußerer Schienbeingelenkknorren *m*
lateral cord of the brachial plexus Fasciculus *m* lateralis plexus brachialis
lateral cornu *s.* lateral horn
lateral corticospinal tract Tractus *m* corticospinalis lateralis, Pyramidenseitenstrangbahn *f*
lateral cricoarytenoid muscle Musculus *m* cricoarytenoideus lateralis
lateral cubital region Regio *f* cubiti lateralis
lateral cuneiform bone Os *n* cuneiforme laterale [tertium]
lateral curvature (of the spine) Skoliose *f*, Wirbelsäulenseitenverkrümmung *f*

lateral cutaneous nerve of calf Nervus *m* cutaneus surae lateralis, seitlicher Unterschenkelhautnerv *m*
lateral cutaneous nerve of forearm Nervus *m* cutaneus antebrachii lateralis, seitlicher Unterarmhautnerv *n*
lateral cutaneous nerve of thigh Nervus *m* cutaneus femoris lateralis, seitlicher Oberschenkelhautnerv *m*
lateral decentering *(Rad)* laterale Dezentrierung *f (eines fokussierten Rasters)*
lateral decubitus Seitenlage *f*
lateral decubitus film Röntgenaufnahme *f* in Seitenlage, Seitenkontaktaufnahme *f*
lateral displacement of fragments Dislocatio *f* ad latus, Seitenverschiebung *f* einer Fraktur
lateral dorsal cutaneous nerve of the foot Nervus *m* cutaneus dorsalis lateralis
lateral end of the clavicle Extremitas *f* acromialis (claviculae)
lateral epicondyle of the femur Epicondylus *m* lateralis femoris
lateral epicondyle of the humerus Epicondylus *m* lateralis humeri
lateral femoral circumflex artery Arteria *f* circumflexa femoris lateralis, seitliche Oberschenkelkranzarterie *f*
lateral femoral circumflex vein Vena *f* circumflexa femoris lateralis, seitliche Oberschenkelkranzvene *f*
lateral femoral condyle Condylus *m* lateralis femoris, seitlicher Femurknorren *m*, Femuraußenknorren *m*
lateral femoral cutaneous nerve *s.* lateral cutaneous nerve of thigh
lateral fillet *s.* lateral lemniscus
lateral film *s.* lateral X-ray film
lateral fistula of the neck laterale [seitliche] Halsfistel *f*, Kiemengangsfistel *f*, branchiogene Fistel *f (Rest des Ductus thymopharyngicus)*
lateral fontanel Seitenfontanelle *f*
lateral ganglion Seitenganglion *n*
lateral gastrocnemius bursa Bursa *f* subtendinea musculi gastrocnemii lateralis
lateral geniculate body Corpus *n* geniculatum laterale, äußerer Kniehöcker *m (Schaltstelle der Sehbahn)*
lateral glossoepiglottic fold Plica *f* glossoepiglottica lateralis, seitliche Schleimhautfalte *f* vom Zungengrund zum Kehldeckel
lateral head of the gastrocnemius muscle Caput *n* laterale musculi gastrocnemii
lateral head of the triceps brachii muscle Caput *n* laterale musculi tricipitis brachii
lateral hemianopsia laterale Hemianopsie *f*
lateral hernia *s.* indirect hernia
lateral horn (of the spinal medulla) Cornu *n* laterale medullae spinalis, Seitenhorn *n* (des Rückenmarks)
lateral humeral epicondylitis Epicondylitis *f* humeri lateralis; Tennisellenbogen *m*
lateral hypothalamic nucleus Nucleus *m* lateralis hypothalami
lateral incisal guide angle *(Stom)* lateraler Schneidezahnführungswinkel *m*
lateral infarction *(Kard)* Lateralinfarkt *m*, Seiteninfarkt *m*
lateral inferior genicular artery Arteria *f* genus inferior lateralis, untere seitliche Kniegelenkarterie *f*
lateral inguinal fossa [fovea] Fossa *f* inguinalis lateralis, äußere Leistengrube *f* des Bauchfells
lateral intercondylar tubercle Tuberculum *n* intercondylare laterale
lateral intermuscular septum of the arm Septum *n* intermusculare brachii laterale
lateral intermuscular septum of the thigh Septum *n* intermusculare femoris laterale
lateral J-shaped incision (of Kocher) *(Chir)* Hockeyschlägerschnitt *m* (nach Kocher)
lateral lacuna Lacuna *f* lateralis *(Ausbuchtung der Hirnblutleiter)*
lateral lemniscus Lemniscus *m* lateralis, seitliche untere Schleifenbahn *f*
lateral ligament of the malleus Ligamentum *n* mallei laterale, Knöchelaußenband *n*
lateral lip of the linea aspera of the femur Labium *n* laterale lineae asperae femoris
lateral lobe enlargement Seitenlappenvergrößerung *f*
lateral lobe of the thyroid gland Schilddrüsen(seiten)lappen *m*
lateral longitudinal stria Stria *f* longitudinalis lateralis corporis callosi
lateral lumbar intertransverse muscles Musculi *mpl* intertransversarii laterales lumborum
lateral lumbocostal arch *s.* lateral arcuate ligament
lateral malleal ligament Ligamentum *n* mallei laterale, Knöchelaußenband *n*
lateral malleolar region Regio *f* malleolaris lateralis, Außenknöchelregion *f*
lateral malleolus Malleolus *m* lateralis [fibulae], Außenknöchel *m (des oberen Sprunggelenks)*
lateral margin of the nail Margo *m* lateralis unguis, seitlicher Nagelrand *m*
lateral mass of the atlas Massa *f* lateralis atlantis
lateral mass of the sacrum Pars *f* lateralis ossis sacri
lateral membranous ampulla Ampulla *f* membranacea lateralis
lateral meniscus Meniscus *m* lateralis, lateraler Meniskus *m*, Außenmeniskus *m*, seitlicher [äußerer] Faserknorpelring *m (im Kniegelenk)*
lateral nasal cartilage Cartilago *f* nasi lateralis, seitlicher Nasenknorpel *m*
lateral nucleus of the thalamus Nucleus *m* lateralis thalami, Thalamusseitenkern *m*
lateral nystagmus Lateralnystagmus *m*, Seitennystagmus *m*, Horizontalnystagmus *m*
lateral occipital gyri Gyri *mpl* occipitales laterales, seitliche Hinterhauptwindungen *fpl (des Gehirns)*
lateral occipital sulcus Sulcus *m* occipitalis lateralis
lateral occlusion *(Stom)* Lateralbiss *m*, Lateralokklusion *f*
lateral opening of the carotid canal Foramen *n* caroticum externum
lateral orbital wall Paries *m* lateralis orbitae, äußere [laterale] Orbitawand *f*
lateral palpebral artery Arteria *f* palpebralis lateralis, seitliche Lidarterie *f*
lateral palpebral ligament Ligamentum *n* palpebrale laterale
lateral part of the posterior intertransverse muscle of the neck Pars *f* lateralis musculorum intertransversariorum posteriorum cervicis
lateral patellar retinaculum Retinaculum *n* patellae laterale, äußeres Kniescheibenhalteband *n*
lateral pectoral nerve Nervus *m* pectoralis lateralis, seitlicher Brustnerv *m*
lateral pectoral region Regio *f* pectoralis lateralis, seitliche Brustregion *f*
lateral pelvic displacement laterale Beckenverschiebung *f (Phase der Gehbewegung)*
lateral pharyngeal fossa Recessus *m* pharyngeus, Rosenmüller'sche Grube *f*, Schlundtasche *f (hinter dem Tubenwulst)*
lateral pinch seitliches Greifen *n*, Schlüsselgriff *m (Oppositionsstellung des Daumens zur Zeigefingermittelphalanx)*
lateral plantar artery Arteria *f* plantaris lateralis, äußere Fußsohlenarterie *f*

lateral plantar nerve Nervus *m* plantaris lateralis [fibularis]
lateral plate *(Embr)* Neuralwulst *m*, Medullarwulst *m* *(Neuralrohr)*
lateral plate of the cartilage of the auditory tube Lamina *f* cartilaginis lateralis tubae auditivae
lateral position Seitenlage *f*, Seitenlagerung *f*
lateral process of the malleus Processus *m* lateralis mallei, dicker seitlicher Hammerfortsatz *m (Gehörknöchelchen)*
lateral process of the talus Processus *m* lateralis tali, seitlich hervorragender Sprungbeinfortsatz *m*
lateral projection *(Rad)* seitliche Projektion *f*, Seitenaufnahme *f*, seitliche Röntgenaufnahme *f*
lateral pterygoid lamina Lamina *f* lateralis processus pterygoidei, seitliche Platte *f* des Flügelfortsatzes
lateral pterygoid muscle Musculus *m* pterygoideus lateralis, äußerer Flügelmuskel *m*
lateral pterygoid nerve Nervus *m* pterygoideus lateralis [externus]
lateral pterygoid plate *s.* lateral pterygoid lamina
lateral puboprostatic ligament Ligamentum *n* puboprostaticum laterale
lateral pyramidal tract Fasciculus *m* cerebrospinalis lateralis
lateral radiograph *s.* lateral roentgenogram
lateral recess Recessus *m* lateralis ventriculi quarti, seitliche Ausbuchtung *f* der 4. Hirnkammer
lateral rectus muscle innervation Nervenversorgung *f* des äußeren geraden Augenmuskels, Musculus-rectus-bulbi-lateralis-Innervation *f*
lateral rectus muscle palsy Lähmung *f* des äußeren geraden Augenmuskels, Musculus-rectus-bulbi-lateralis-Lähmung *f*
lateral recumbent position Sims-Position *f*, Halbseitenlage *f (linkseitige Halbseitenlage mit gebeugtem rechten Bein)*
lateral region Regio *f* lateralis, seitliche Region *f*
lateral region of the abdomen Regio *f* lateralis abdominis, seitliche Bauchregion *f*, seitliches Abdomen *n*
lateral region of the leg Regio *f* cruris lateralis
lateral region of the neck Regio *f* colli lateralis, seitliche Halsregion *f*
lateral region of the thigh Regio *f* femoris lateralis
lateral resolution laterale Auflösung *f (Sonographie)*
lateral rocking seitliches Schaukeln *n (zur seitlichen Körperfortbewegung im Sitzen)*
lateral roentgenogram Röntgenseitenaufnahme *f*, seitliches Röntgenbild *n*
lateral roentgenogram of the thorax Thoraxröntgenseitenaufnahme *f*, Thoraxseitenröntgenbild *n*, seitliche Thoraxröntgenaufnahme *f*
lateral root abscess *(Stom)* Lateralwurzelabszess *m*
lateral rotation laterale Rotation *f*, seitliche Drehung *f*
lateral sacral artery Arteria *f* sacralis lateralis, seitliche Sakralarterie *f* [Kreuzbeinarterie *f*]
lateral sacral vein Vena *f* sacralis lateralis, seitliche Sakralvene *f* [Kreuzbeinvene *f*]
lateral sacrococcygeal ligament Ligamentum *n* sacrococcygeum laterale
lateral sclerosis Lateralsklerose *f*
lateral semicircular canal (of the bony labyrinth of the inner ear) Canalis *m* semicircularis lateralis, lateraler [horizontaler] Bogengang *m (Ohr)*
lateral sinus Sinus *m* transversus durae matris, Lateralsinus *m*, Seitenhirnblutleiter *m*
lateral sinus thrombosis Lateralsinusthrombose *f*, Sinus-lateralis-Thrombose *f*
lateral spinal curvature seitliche Wirbelsäulenverkrümmung *f*, Wirbelsäulenskoliose *f*, Skoliose *f*, skoliotische Wirbelsäule *f*
lateral spinothalamic tract Tractus *m* spinothalamicus lateralis *(verbindet die Hinterhornzellen mit dem Thalamus)*
lateral superior genicular artery Arteria *f* genus superior lateralis, obere seitliche Kniegelenkarterie *f*
lateral supraclavicular nerves Nervi *npl* supraclaviculares laterales
lateral sural cutaneous nerve *s.* lateral cutaneous nerve of calf
lateral surface of the arm Facies *f* lateralis brachii
lateral surface of the fibula Facies *f* lateralis fibulae
lateral surface of the leg Facies *f* lateralis cruris
lateral surface of the radius Facies *f* lateralis radii
lateral surface of the testis Facies *f* lateralis testis
lateral surface of the thigh Facies *f* lateralis femoris
lateral surface of the tibia Facies *f* lateralis tibiae
lateral surface of the zygomatic bone Facies *f* lateralis ossis zygomatici
lateral sympathetic nucleus Nucleus *m* intermediolateralis
lateral talocalcaneal ligament Ligamentum *n* talocalcaneum laterale
lateral tarsal artery Arteria *f* tarsea lateralis, seitliche Fußwurzelarterie *f*
lateral thoracic artery Arteria *f* thoracica [thoracalis] lateralis, seitliche Brustkorbarterie *f*
lateral thoracic vein Vena *f* thoracica [thoracalis] lateralis, seitliche Brustkorbvene *f*
lateral thrombus Lateralthrombus *m*, Seitenthrombus *m*, wandständiger Thrombus *m*
lateral thyrohyoid ligament Ligamentum *n* thyreohyoideum, seitlicher Teil *m* der Membrana thyreohy-oidea
lateral thyroid lobe Lobus *m* lateralis thyroideae, Schilddrüsen(seiten)lappen *m*
lateral umbilical fold Plica *f* umbilicalis lateralis, seitliche Nabelfalte *f*
lateral umbilical ligament Ligamentum *n* umbilicale laterale
lateral vaginal fornix Fornix *f* vaginae lateralis, seitliches Scheidengewölbe *n*
lateral ventral nucleus of the thalamus Nucleus *m* ventralis lateralis (thalami)
lateral ventricle Ventriculus *m* lateralis, Seitenventrikel *m*, laterale Hirnkammer *f*
lateral vestibular nucleus Nucleus *m* vestibularis lateralis
lateral wall of the orbit Paries *m* lateralis orbitae
lateral X-ray film Röntgenseitenaufnahme *f*, Seitenaufnahme *f*
lateral X-ray view Röntgenseitenansicht *f*, Seitenansicht *f*, Lateralansicht *f*
laterality Seitenbetonung *f (einer Körperhälfte)*
lateralization Lateralisation *f*, Lateralisierung *f (z. B. von Fähigkeiten in den Gehirnhälften)*
latericeous *s.* lateritious
lateriflection *s.* lateroflexion
lateriflexion *s.* lateroflexion
lateritious ziegelrot *(z. B. Harnsediment)*
lateriversion *s.* lateroversion
latero-abdominal lateroabdominal, zur seitlichen Bauchregion gehörend
latero-abdominal position Lateroabdominalposition *f*
laterodeviation Laterodeviation *f*, Seitwärtsablenkung *f*, seitliche Ablenkung *f*
lateroduction Lateroduktion *f*, Seitwärtsbewegung *f (z. B. des Auges)*
laterofixation Laterofixation *f (des Kehlkopfes)*
lateroflection *s.* lateroflexion

lateroflexion Lateroflexion *f*, Seitwärtsverlagerung *f (z. B. der Gebärmutter)*
laterognathism Laterognathismus *m*, Laterognathie *f (asymmetrischer Unterkiefer)*
lateromarginal lateromarginal, am seitlichen Rand gelegen
lateroposition Lateroposition *f*, Lateralverlagerung *f*, Seitwärtsverlagerung *f*, Seitenlage *f*
lateropulsion Lateropulsion *f*, Seitenpulsion *f*, Seitwärtsfallen *n (Symptom bei Parkinsonismus)*
laterotorsion Laterotorsion *f*, Seitwärtsverdrehung *f*, Seitwärtsdrehen *n*
lateroversion Lateroversion *f*, Seitwärtsneigung *f*, Seitwärtsbeugen *n (z. B. der Gebärmutter)*
latex Latex *m*
latex fixation test Latexfixationstest *m*, Latextest *m (immunchemische Nachweismethode mittels antigen- oder antikörperbeschichteten Latexpartikeln)*
latex particle agglutination Latexpartikelagglutination *f*, Latexpartikelverklumpung *f*
lathe *(Stom)* Drehbank *f (z. B. zur Bearbeitung von Zahnmodellen)*
lathyrism Lathyrismus *m (chronische Vergiftung durch die Platterbse Lathyrus)*
lathyritic Lathyrismus…
lathyrogenic lathyrogen, Lathyrismus bewirkend [auslösend]
latissimus dorsi (muscle) Musculus *m* latissimus dorsi, breiter Rückenmuskel *m*
latissimus thoracis (muscle) *s.* latissimus dorsi muscle
latitude *(Rad)* Belichtungsspielraum *m*, Schwärzungsbreite *f*
latitude film *(Rad)* Film *m* mit hohem Belichtungsspielraum
latrodectism Latrodektismus *m (Vergiftung durch Biss der Witwenspinnen)*
Latrodectus mactans Latrodectus *m* mactans, Schwarze Witwenspinne *f*
LATS *s.* long-acting thyroid stimulator
lattice Gitter *n*; Gitterwerk *n*, Netzwerk *n*
lattice cells *(Histol)* Gitterzellen *fpl*
lattice fibre *(Histol)* Gitterfaser *f*, Retikulinfaser *f*
lattice formation *(Immun)* Gitterbildung *f*, Gitterstrukturbildung *f*
lattice theory *(Immun)* Gittertheorie *f*
latus Latus *n*, Seite *f*, seitlicher Teil *m*, Flanke *f*
α-latyl-thiamin pyrophosphate aktives Pyruvat *n*
Latzko's caesarean section Latzko'scher Kaiserschnitt *m (extraperitonealer Kaiserschnitt)*
Lauber's disease *(Ophth)* Lauber'sche Krankheit *f*, Lauber-Krankheit *f*, Fundus *m* albipunctatus
laudable laudabel, gesund
laudable pus Pus *n* laudandum
laudanidine l-Laudanin *n*, Laudanidin *n (Opiumalkaloid)*
laudanine dl-Laudanin *n (Opiumalkaloid)*
laudanosine Laudanosin *n*, N-Methyltetrahydropapaverin *n (Opiumalkaloid)*
laudanum Laudanum *n (Opiumtinktur)*
Lauenstein method *(Rad)* Lauenstein-Aufnahme *f*, Hüftgelenk(röntgen)aufnahme *f* nach Lauenstein, Froschstellung *f (Schenkelhalslage parallel zur Filmebene)*
laugh *v* lachen, in Lachen ausbrechen
laugh Lachen *n*
laugh lines Lachfalten *fpl*
laughing fit Lachkrampf *m*
laughing gas *s.* nitrous oxide
laughing muscle *s.* risorius
laughing seizure epileptisches Lachen *n*
laughter Gelächter *n*
Laugier's hernia Laugier'sche Hernie *f*, Gimbernat'sche Hernie *f (Femoralhernie)*
Laugier's sign Laugier'sches Zeichen *n (gleiche Höhe von radialem und ulnarem Processus styloideus bei Radiusfraktur)*
Laumonier's ganglion Laumonier'sches Ganglion *n*
laundryman's itch *(Myk)* Tinea *f* cruris
Launois syndrome Launois-Syndrom *n*, hypophysärer Gigantismus *m*
Laurell-Eriksson syndrome Laurell-Eriksson-Syndrom *n*, $Alpha_1$-Antitrypsin-Mangelkrankheit *f*
Laurence-Moon-(Bardet-)Biedl syndrome *(Neur)* Laurence-Moon-Biedl'sche Krankheit *f*, Biedl'sche Krankheit *f*, dienzephaloretinale Degeneration *f*
lauric acid Laurinsäure *f*, Acidum *n* lauricum
Lauth's canal *s.* Lauth's sinus
Lauth's ligamentum Ligamentum *n* transversum atlantis
Lauth's sinus Sinus *m* venosus sclerae, Schlemm'scher Kanal *m*, Lauth'scher Kanal *m*
Lauth's violet Thionin *n*
lavage Lavage *f*, Spülung *f*, Ausspülung *f*
lavage cytology Lavagezytologie *f*
lavage fluid Spülflüssigkeit *f*
lavage of the stomach Magenspülung *f*
lavation *s.* lavage
laveur Spülinstrument *n*
law of constancy Konstanzprinzip *n*
Lawrence-Seip syndrome Lawrence-Seip-Syndrom *n*, lipoatropher Diabetes *m*
laxation Stuhlentleerung *f*, Stuhlentleeren *n*, Stuhlabsetzung *f*, Stuhlabsetzen *n*
laxative laxierend, abführend, stuhlbefördernd
laxative Laxans *n*, Laxativ(um) *n*, Abführmittel *n*
laxative abuse Laxantienmissbrauch *m*
laxative regimen abführende Diät *f*, ballaststoffreiche Kost *f*
laxatory relaxierendes Mittel *n*
laxity Laxheit *f*, Tonusmangel *m*; Tonusverlust *m*
lay analysis *(Neur)* Lügenanalyse *f*
layer Lage *f*, Schicht *f*
layer of fusiform cells Lamina *f* multiformis, multiforme Schicht *f* der Großhirnrinde
layer of pyramidal cells Lamina *f* pyramidalis externa, äußere Pyramidenschicht *f* der Großhirnrinde
layer of rods and cones Stratum *n* bacillorum retinae, Stratum *n* neuroepitheliale retinae, Zapfen- und Stäbchenschicht *f*, Stäbchen-Zapfen-Schicht *f (der Netzhaut)*
layer of small pyramidal cells Lamina *f* granularis externa, äußere Körnerschicht *f* der Großhirnrinde
lazar Aussätzige(r) *m*, Leprakranke(r) *m*
lazaret(te) 1. Lazarett *n*, Krankenhaus *n*; 2. Infektionsspital *n*; Pesthaus *n*, Siechenhaus *n*; 3. Quarantänestation *f*, Infektionsstation *f*
lazarine leprosy *(Trop)* Lepra *f* lacarina [manchada] *(Form der lepromatösen Lepra)*
lazy colon träges [atonisches] Kolon *n*, atonische Obstipation *f*
lazy leucocyte syndrome *(Immun)* Lazy-leucocyte-Syndrom *n (mit verlangsamter Leukozytenmotilität und Neutropenie)*
LBBB *s.* left bundle-branch block
L.C.C. *s.* left common carotid artery
LD *s.* lethal dose
LD 50 *s.* median lethal dose
LD_{50} *s.* median lethal dose
LD 100 *s.* invariably lethal dose
LD_{100} *s.* invariably lethal dose
LDH *s.* lactate dehydrogenase
LDL *s.* low-density lipoprotein
L.E. *s.* 1. lupus erythematosus; 2. left eye
LE cell Lupus-erythematosus-Zelle *f*, LE-Zelle *f*

Le Fort I fracture Le Fort-Fraktur *f* I, horizontale Maxillarfraktur *f*, Guérin-Fraktur *f (Abtrennung des Alveolarfortsatzes des Oberkiefers)*
Le Fort II fracture Le Fort-Fraktur *f* II, pyramidale Maxillarfraktur *f (Abtrennung des gesamten Oberkiefers vom Gesichtsskelett)*
Le Fort III fracture Le Fort-Fraktur *f* III, quere Gesichtsfraktur *f (kraniofaziale Dysjunktion)*
Le Fort's amputation Le Fort'sche Amputation *f (mit horizontaler Kalkaneusdurchtrennung)*
Le Fort's fracture Le-Fort-Fraktur *f*, Gesichtsfraktur *f* nach Le Fort
leach *v* auslaugen, auswaschen, extrahieren, herauslösen, ausziehen
leaching Lixiviation *f*
lead 1. Ableitung *f (z. B. beim EKG)*; 2. Ableitungselektrode *f*
lead I Ableitung *f* I, bipolare Standardableitung *f* I *(zwischen dem rechten Arm und dem linken Arm)*
lead II Ableitung *f* II, bipolare Standardableitung *f* II *(zwischen dem rechten Arm und dem linken Bein)*
lead III Ableitung *f* III, bipolare Standardableitung *f* III *(zwischen dem linken Arm und dem linken Bein)*
lead axis elektrische Achse *f* [Herzachse *f*]
lead Blei *n*, Plumbum *n*, Pb
lead acetate Bleiacetat *n*, Bleiazetat *n*
lead amblyopia Bleiamblyopie *f*, Schwachsichtigkeit *f* durch Bleivergiftung
lead anaemia Bleianämie *f*
lead apron *(Rad)* Bleischürze *f*
lead carbonate Bleicarbonat *n*, Bleikarbonat *n*
lead chromate Bleichromat *n*
lead-containing eye glasses *(Rad)* bleihaltige Brillengläser *npl*
lead delirium Bleidelirium *n*
lead dioxide Bleidioxid *n*
lead encephalopathy Bleienzephalopathie *f*, akutes Bleihirnleiden *n*
lead epilepsy Bleiepilepsie *f*
lead equivalent Bleigleichwert *m*
lead gingivitis Bleigingivitis *f*
lead hand *(Chir)* Bleihand *f*
lead line Bleisaum *n (schiefergraublauer Saum am Zahnfleisch)*
lead monoxide Bleimonoxid *n*
lead neuritis Bleineuritis *f*
lead nitrate Bleinitrat *n*
lead oxide Bleioxid *n*
lead palsy *s.* paralysis
lead paralysis Bleilähmung *f*
lead-pencil stool Bleistiftstuhl *m (Zeichen für Dickdarmverengung z. B. bei Krebs)*
lead-pipe fracture Bleirohrfraktur *f*
lead-pipe rigidity *(Neur)* Bleirohrrigidität *f*
lead poisoning 1. (akute) Bleivergiftung *f*, Bleikrankheit *f*; 2. *s.* plumbism
lead poisoning encephalopathy *(Neur)* Encephalopathia *f* saturnina
lead polyneuropathy Bleipolyneuropathie *f*, Bleilähmung *f*
lead shielding Bleiabschirmung *f*
lead sulfide Bleisulfid *n*
leader 1. Tendo *m*, Sehne *f (Zusammensetzungen siehe unter: tendon)*; 2. entzündeter Lymphkanal *m*
leading chronische Bleivergiftung *f*
leaflet *(Kard)* Segel *n*, Klappensegel *n*, Cuspis *f* (valvae)
leakage headache *(Neur)* Kopfschmerz *m* nach Lumbalpunktion, Liquorpunktionskopfschmerz *m*
leakage of urine unfreiwilliger Harnabgang *m*
leakage radiation Leckstrahlung *f*, Gehäusedurchlassstrahlung *f*
leaky gene hypopmorphes Gen *n*
lean body mass fettfreie Körpermasse *f*
learned helplessness *(Psych)* erlernte Hilflosigkeit *f*
learning Lernen *n*, Lernvorgang *m*
learning curve Learning-Kurve *f*, Lernkurve *f*
learning disabilities Lernstörungen *fpl*
learning-disabled adult lerngestörter Erwachsene(r) *m*
learning disorder Lernstörung *f*
learning disturbation *s.* learning disorder
learning environment Lernumgebung *f*
learning facilitation Lernvereinfachung *f*
learning theory Lerntheorie *f*, Theorie *f* des Lernens; Lernforschung *f*
leash Band *n*, Bündel *n*, Fasciculus *m*, Faszikel *m*
least splanchnic nerve Nervus *m* splanchnicus imus
leather bottle stomach *(Path)* entzündlicher Schrumpfmagen *m*; Linitis *f* plastica, Gastritis *f* cirrhoticans [stenosans], Fibromatosis *f* ventriculi
Leber's congenital amaurosis Amaurosis *f* congenita Leber
Leber's disease Leber'sche Krankheit *f* [Optikusatrophie *f*], familiär auftretende Sehnervenatrophie *f*
Leber's hereditary optic atrophy *s.* Leber's disease
Leber's idiopathic stellate neuroretinitis Leber'sche idiopathische Neuroretinitis *f* stellata
Leber's optic atrophy *s.* Leber's disease
Leboyer method of delivery *(Gyn)* Leboyer'sche Methode *f*, Leboyer'sche Entbindungsmethode *f*
lecanopagus *(Terat)* Lecanopagus *m*, Ischiodidymus *m (Missgeburt)*
lecantomantia *(Neur)* Lekantomantie *f (systematische Erzeugung von Kristallvisionen)*
Lecat's gulf Lecat'sche Bucht *f*, Pars *f* bulbosa urathrae
lechopyra *(Gyn)* Puerperalfieber *n*, Kindbettfieber *n*
lecithal Lezithin…
lecithalbumin Lezithalbumin *n*, Ovovitellin *n (Phosphorproteid im Eidotter)*
lecithid Lezithid *n*
lecithin Lezithin *n*
lecithin-cholesterol acetyltransferase Lezithin-Cholesterin-Acyltransferase *f*, LCAT *(Enzym)*
lecithin-cholesterol acetyltransferase deficiency Lezithin-Cholesterin-Acyltransferase-Mangel *m*, LCAT-Mangel *m*
lecithin-sphingomyelin ratio *(Neur)* Lezithin-Sphingomyelin-Quotient *m*, L/S-Quotient *m*
lecithinaemia Lezithinämie *f*, Vorhandensein *n* von Lezithin im Blut
lecithinase Lezithinase *f (Enzym)*
lecithinase A Lezithinase *f* A, Phsopholipase *f* A_2 *(Enzym)*
lecithinase B Lezithinase *f* B, Lysophosphopholipase *f (Enzym)*
lecithinase C Lezithinase *f* C, Phospholipase *f* C *(Enzym)*
lecithinase D Lezithinase *f* D, Phospholipase *f* D *(Enzym)*
lecithoblast *(Embr)* Lezithoblast *m*
lecithoid lezithinähnlich; Lezithin…
lecithoprotein Lezithoprotein *n*
lecithovitellin Lecithovitellin *n*
lectin Lektin *n*
lectotype *(Bakt)* Lectotyp *m*
lectual bettlägerig
Ledderhose's syndrome Ledderhose-Syndrom *n*, Fibromatosis *f* plantae, Schrumpfung *f* der Plantaraponeurose *(mit Zehenkontraktur)*
LeDuc implantation *(Urol)* LeDuc'sche Implantation *f (der Urtereren in den Darm)*

LeDuc technique LeDuc'sche Implantationstechnik *f* *(T-förmige Anastomosengestaltung)*
leech Blutegel *m*, Hirudo *m* medicinalis
leeches 1. Blutegel *mpl*, Hirudinea *pl*; 2. Pythiosis *f*, Hyphomycosis *f* destruens equi • **apply leeches (to)** Blutegel (an)setzen
leeching Blutegelansetzen *n*, Blutegelsetzen *n*
Lee's ganglion Lee'sches Ganglion *n*, Ganglion *n* cervicale uteri
left anonymous vein Vena *f* anonyma [brachio-cephalica] sinistra
left anterior descending branch (of the left coronary artery) Ramus *m* interventricularis anterior (arteriae coronariae sinistrae), RIVA
left anterior hemiblock *(Kard)* linksanteriorer Hemiblock *m*
left anterior oblique (position) *(Rad)* Boxerstellung *f*, II. schräger Durchmesser *m* *(die linke Schulter ist dem Leuchtschirm bei Durchleuchtung genähert)*
left anterior oblique roentgenogram Röntgenaufnahme *f* in Boxerstellung *f*, Röntgenbild *n* im II. schrägen Durchmesser
left atrioventricular ostium Ostium *n* atrioventriculare sinistrum *(Öffnung zwischen dem linken Herzvorhof und der linken Herzkammer)*
left atrioventricular valve Valva *f* atrioventricularis sinistra, Valvula *f* bicuspidalis [mitralis], Bicuspidalis *f*, Mitralis *f*, Bikuspidalklappe *f*, Mitralklappe *f*
left atrium of the heart Atrium *n* cordis sinistrum, linker Herzvorhof *m*
left auricular appendage Auricula *f* sinistra (cordis), linkes Herzohr *n*
left axis deviation [shift] Linkstyp *m* *(EKG)*
left border of the heart Margo *m* sinister cordis, linker Herzrand *m*
left brachiocephalic vein Vena *f* brachiocephalica sinistra, linke Arm- und Kopfvene *f*
left branch of the atrioventricular bundle Crus *n* fasciculi atrioventricularis sinistrum
left bundle-branch block Linksschenkelblock *m*
left circumflex coronary artery Arteria *f* coronaria circumflexa sinistra
left colic artery Arteria *f* colica sinistra, linke Grimmdarmarterie *f*
left colic flexure *s.* left flexure of the colon
left colic vein Vena *f* colica sinistra, linke Grimmdarmvene *f*
left colostomy Linkskunstafter *m*, Linkskolostoma *n*
left common carotid artery Arteria *f* carotis communis sinistra, linke gemeinsame Halsarterie *f*
left coronary artery Arteria *f* coronaria (cordis) sinistra, linke Herzkranzschlagader *f* [Koronararterie *f*]
left crus of the diaphragm Crus *n* sinistrum diaphragmatis, linker Zwerchfellschenkel *m*
left crus of the penis Crus *n* penis sinistrum, linker Penisschenkel *m*
left dome of the diaphragm Cupula *f* sinistra diaphragmatis, linke Zwerchfellkuppel *f*
left dorsoanterior position of the foetus *(Gyn)* linke [l.] dorsoanteriore Querlage *f* *(Kindesrücken zu den mütterlichen Bauchdecken)*
left dorsoinferior position of the foetus *(Gyn)* linke [l.] dorsoinferiore Querlage *f* *(Kindesrücken gegen mütterlichen Beckenboden)*
left dorsoposterior postion of the foetus *(Gyn)* linke [l.] dorsoposteriore Querlage *f* *(Kindesrücken zur mütterlichen Wirbelsäule)*
left dorsosuperior position of the foetus *(Gyn)* linke [l.] dorsosuperiore Querlage *f* *(Kindesrücken gegen mütterliches Zwerchfell)*
left duct of the caudate lobe of the liver Ductus *m* lobi caudati sinister
left duodenojejunal fossa Fossa *f* duodenojejunalis sinistra
left eye Oculus *m* sinister, linkes Auge *n*
left-eyedness Linksäugigkeit *f*
left fibrous trigone of the heart Trigonum *n* fibrosum cordis sinistrum
left flexure of the colon Flexura *f* coli sinistra, linke Kolonflexur *f*
left-footedness Linksfüßigkeit *f*
left frontoanterior position of the foetus *(Gyn)* linke [l.] Vorderhauptslage *f*
left gastric artery Arteria *f* gastrica sinistra, linke Magenarterie *f*
left gastric vein Vena *f* gastrica sinistra, linke Magenvene *f*
left gastroepiploic artery Arteria *f* gastroepiploica sinistra, linke Magen- und Netzarterie *f*
left gastroepiploic vein Vena *f* gastroepiploica sinistra, linke Magen- und Netzvene *f*
left-handed linkshändig
left-handed person *s.* left hander
left-handedness Linkshändigkeit *f*
left hander Linkshänder *m*
left heart Cor *n* sinistrum, Linksherz *n*, linkes Herz *n*
left heart catheterization Linksherzkatheterisation *f*, Linksherzkatheterung *f*, Linksherzkatheterismus *m*; Linksherzkatheter *m*
left heart failure *s.* left ventricular (heart) failure
left hepatic duct Ductus *m* hepaticus sinister, linker Lebergang *m*
left hepatic vein Vena *f* hepatica sinistra, linke Lebervene *f*
left inferior frontal gyrus Gyrus *m* frontalis inferior sinistra, Broca'sche Windung *f*, linke untere Stirnwindung *f*
left innominate vein Vena *f* anonyma [brachiocephalica] sinistra
left intercostal superior vein Vena *f* intercostalis superior sinistra, linke obere Zwischenrippenvene *f*
left lamina of the thyroid cartilage Lamina *f* sinistra cartilaginis thyroideae
left lateral (position) Linksseitenlage *f* *(z. B. beim Röntgen)*
left lateral recumbent position Linksseitenlage *f* mit angezogenen Beinen*(z. B. beim Röntgen)*
left lobe of the liver Lobus *m* hepatis sinister, linker Leberlappen *m*
left lower lobar pulmonary artery linke Lungenunterlappenarterie *f*
left lower lobe of the lung linker Lungenunterlappen *m*
left lymphatic duct Ductus *m* thoracicus
left main (stem) bronchus Bronchus *m* principalis sinister, linker Hauptbronchus *m* [Stammbronchus *m*]
left mentoanterior position of the foetus *(Gyn)* linke [l.] vordere Gesichtslage *f*
left mentoposterior position of the foetus *(Gyn)* linke [l.] hintere Gesichtslage *f*
left occipitoanterior position of the foetus *(Gyn)* linke [l.] vordere Hinterhauptslage *f*
left occipitoposterior position of the foetus *(Gyn)* linke [l.] hintere Hinterhauptslage *f*
left occipitotransverse position of the foetus *(Gyn)* linker [l.] tiefer Querstand *m*
left ovarian vein Vena *f* ovarica sinistra, linke Eierstockvene *f*
left pulmonary artery Arteria *f* pulmonalis sinistra, linke Lungenarterie *f*
left pulmonary vein Vena *f* pulmonalis sinistra, linke Lungenvene *f* [Pulmonalis *f*]

left sacroanterior position of the foetus *(Gyn)* linke [l.] vordere Beckenendlage *f*
left sacroposterior position of the foetus *(Gyn)* linke [l.] hintere Beckenendlage *f*
left shift Linksverschiebung *f (Blutbild)*
left-sided failure *s.* left-heart failure
left-sided hemicolectomy linksseitige Hemikolektomie *f*
left-sided pneumothorax linksseitiger Pneu(mothorax) *m*
left spermatic vein Vena *f* spermatica sinistra, linke Samenstrangvene *f*
left stomach coronary artery *s.* left gastric artery
left stomach coronary vein *s.* left gastric vein
left subclavian artery Arteria *f* subclavia sinistra, linke Schlüsselbeinarterie *f*
left subclavian vein Vena *f* subclavia sinistra, linke Schlüsselbeinvene *f*
left superior pulmonary vein Vena *f* pulmonalis sinistra superior
left suprarenal vein Vena *f* suprarenalis sinistra, linke Nebennierenvene *f*
left testicular vein Vena *f* spermatica [testicularis] sinistra, linke Hodenvene *f*
left-to-right-shunt *(Kard)* Links-Rechts-Shunt *m*
left triangular ligament (of the liver) Ligamentum *n* triangulare sinistrum (hepatis)
left upper lobe of the lung linker Lungenoberlappen *m*
left ventricle load Linksherzbelastung *f*
left ventricle of the heart Ventriculus *m* sinister, linker Ventrikel *m*, linke Herzkammer *f*
left ventricular aneurysm Linksherzaneurysma *n*
left ventricular assist device Linksherz-Entlastungssystem *n*, Linksherz-Assist-Device *n*, LVAD
left ventricular dilatation Linksherzdilatation *f*, Erweiterung *f* [Überdehnung *f*] des linken Ventrikels
left ventricular end-diastolic pressure linksventrikulärer enddiastolischer Druck *m*, LVEDP
left ventricular (heart) failure Linksherzversagen *n*, Versagen *n* des linken Ventrikels
left ventricular hypertrophy Linksherzhypertrophie *f*, Hypertrophie *f* des linken Ventrikels
left ventricular outflow tract linksventrikuläre Ausflussbahn *f* [Ausstrombahn *f*]
left ventricular pressure Links(herz)kammerdruck *m*, linker Ventrikeldruck *m*
left ventricular thrust Ictus *m* cordis, Herzspitzenstoß *m*
left ventriculogram Links(herz)ventrikulogramm *n*, Röntgen(kontrast)bild *n* der linken Herzkammer
left ventriculography Links(herz)ventrikulographie *f*, Röntgen(kontrast)darstellung *f* der linken Herzkammer
leg 1. untere Extremität *f*, Bein *n*; 2. Unterschenkel *m*, Crus *n* • **bend the leg** das Bein anwinkeln [beugen] • **straighten the leg** das Bein strecken
leg cylinder cast Oberschenkelgips(verband) *m*; Tutor *m*, Gipstutor *m*
leg oedema Beinödem *n*; (an)geschwollenes Bein *n*
leg of anthelix Crus *n* anthelicis
leg scissoring *(Neur)* Scherengang *m*
leg splint *(Chir)* Beinlagerungsschiene *f*, Unfallschiene *f*
leg strap *(Chir)* Beingurt *m*
leg vein thrombosis Beinvenenthrombose *f*
legal 1. gesetzlich zulässig, rechtlich zulässig, legal; rechtsgültig; 2. juristisch, rechtlich; Rechts...; Gerichts...; 3. gesetzlich, gesetzlich verankert, gesetzlich vorgeschrieben
legal blindness gesetzliche Blindheit *f*
legal death juristischer Tod *m*
legal diagnosis gerichtsmedizinische Diagnose *f*
legal medicine Gerichtsmedizin *f*, forensische Medizin *f*
legal medicine diagnosis gerichtsmedizinische Diagnose *f*
legal psychiatry *(Neur)* forensische Psychiatrie *f*, gerichtliche Psychiatrie *f*
Legal's test Legal'scher Test *m*, Legal-Probe *f (Nachweismethode für Aceton und Acetessigsäure im Harn)*
legasthenia Legasthenie *f*, Lese- und Schreibschwäche *f*, kongenitale Wortblindheit *f*
Legg-Calvé-Perthes disease *(Orth)* Legg-Calvé-Perthes'sche Krankheit *f*, Osteochondropathia *f* deformans coxae juvenilis, Coxa *f* plana, Pseudocoxalgie *f*
Legg's disease *s.* Legg-Calvé-Perthes disease
legionella Legionelle *f*
Legionella bozemanii Legionella *f* bozemanii
Legionella dumoffii Legionella *f* dumoffii
Legionella feeleii Legionella *f* feeleii
Legionella gormanii Legionella *f* gormanii
Legionella jordanis Legionella *f* jordanis
Legionella long-beachae Legionella *f* long-beachae
Legionella micdadei Legionella *f* micdadei
Legionella pittsburgensis Legionella *f* pittsburgensis
Legionella pneumoniae Legionella *f* pneumoniae
Legionella pneumophila Legionella *f* pneumophila
Legionella wadsworthii Legionella *f* wadsworthii
Legionellaceae Legionellaceae *pl*
legionellosis Legionellose *f*, Legionellenkrankheit *f*, Legionelleninfektion *f*
legionnaire's disease Legionärskrankheit *f*, Veteranenkrankheit *f (Atemwegserkrankung durch Legionella pneumophila)*
legumelin Legumelin *n*
legumin Legumin *n*
leguminivorous leguminivor, Hülsenfrüchte essend; Erbsen essend; Bohnen essend
leguminous leguminös, die Hülsenfrüchte betreffend; bohnenartig; erbsenartig; Hülsenfrüchte...; Bohnen...; Erbsen...
leiasthenia Leiasthenie *f (Schwäche der glatten Muskulatur)*
Leichtenstern's encephalitis Leichtenstern'sche Enzephalitis *f*, Encephalitis *f* haemorrhagica, Strümpell-Leichtenstern'sche Enzephalitis *f*
Leichtenstern's phenomenon Leichtenstern'sches Phänomen *n (bei Meningitis schmerzhaftes Aufschreien beim Beklopfen von Extremitätenknochen)*
Leichtenstern's sign *s.* Leichtenstern's phenomenon
Leigh's disease Leigh-Syndrom *n*, subakute nekrotisierende Enzephalomyelopathie *f*
Leigh's syndrome *s.* Leigh's disease
Leiner's disease *(Derm)* Leiner'sche Krankheit *f*, Leiner-Krankheit *f*, Erythrodermia *f* desquamativa (Leiner), Schälflechte *f*
leiodermatous leiodermatös, glanzhäutig; glatthäutig
leiodermia Leiodermie *f*, Glanzhaut *f*, Glatthäutigkeit *f*
leiodystonia Leiodystonie *f (Dystonie der glatten Muskulatur)*
leiomyoblastoma Leiomyoblastom *n (gutartige Muskelfasergeschwulst)*
leiomyofibroma Leiomyofibrom *n (gutartige Bindegewebs- und Muskelfasergeschwulst)*
leiomyoma Leiomyom *n (gutartige Geschwulst aus glatten Muskelfasern)*
leiomyomatosis Leiomyomatose *f (Häufung von Leiomyomen)*
leiomyomectomy Leiomyomektomie *f*, (operative) Myomentfernung *f*
leiomyosarcoma Leiomyosarkom *n (bösartige Geschwulst)*
leiotrichous leiotrichös, glatthaarig, lissotrich(ös)

leipostomatous mundlos
leipothymia *s.* syncope
Lei's disfiguring rhinopharyngitis *(Trop)* Rhinopharyngitis *f* mutilans *(bei Frambösie)*
Leishman-Donovan body *(Trop)* Leishman-Donovan'sches Körperchen *n*, Leishman-Donovan-Körperchen *n*
Leishman-Donovan parasite *s.* Leishman-Donovan body
Leishman-Donovan's disease *(Trop)* viszerale Leishmaniasis *f*
leishmania Leishmania *f*, Leishmanie *f*
Leishmania brasiliensis *(Trop)* Leishmania *f* brasiliensis *(Erreger der Espundia)*
Leishmania brasiliensis brasiliensis *(Trop)* Leishmania *f* brasiliensis brasiliensis
Leishmania brasiliensis guayanensis *(Trop)* Leishmania *f* brasiliensis guayanensis
Leishmania brasiliensis panamensis *(Trop)* Leishmania *f* brasiliensis panamensis
Leishmania donovani Leishmania *f* donovani *(Erreger der Kala Azar)*
Leishmania donovani chagasi Leishmania *f* donovani chagasi
Leishmania donovani donovani Leishmania *f* donovani donovani
Leishmania donovani infantum Leishmania *f* donovani infantum *(Erreger der Kinderleishmaniose)*
Leishmania major Leishmania *f* major
Leishmania mexicana Leishmania *f* mexicana *(Erreger der Chiclero-Krankheit)*
Leishmania mexicana amazonensis Leishmania *f* mexicana amazonensis
Leishmania mexicana mexicana Leishmania *f* mexicana mexicana
Leishmania mexicana venezuelensis Leishmania *f* mexicana venezuelensis
Leishmania peruviana Leishmania *f* peruviana *(Erreger des Uta-Geschwürs)*
Leishmania tropica Leishmania *f* tropica *(Erreger der Orientbeule)*
leishmanial leishmanial; Leishmania…, Leishmanien…
leishmanial microorganism Leishmaniamikroorganismus *m*
leishmanial pseudocyst Leishmaniapseudozyste *f*
leishmaniasis Leishmaniasis *f*, Leishmaniose *f*, Leishmanieninfektion *f*
leishmanicidal leishmanizid, leishmanien(ab)tötend
leishmanid Leishmanid *n*, Hautknötchen *n* bei kutaner Leishmaniose
leishmanin Leishmanin *n*
leishmanin sensitivity Leishmaninallergie *f*
leishmanin (skin) test Leishmanin-Hauttest *m*, Leishmanintest *m*, Leishmanin-Intrakutanprobe *f*, Montenegrotest *m (Antigentest zur Bestimmung der zellvermittelten Immunität gegen Leishmanien)*
leishmanioma Leishmaniom *n (Primärschanker bei Kala-Azar)*
leishmaniosis *s.* leishmaniasis
leishmanoid Leishmanoid *n (Hautsymptom bei Leishmaniose)*
Leishman's (chrome) cells Leishman'sche Zellen *fpl (basophile granuläre Leukozyten bei Schwarzwasserfieber)*
Leishman's stain Leishman-Färbung *f (Mischung aus Methylenblau und Eosin)*
Lejeune syndrome Lejeune-Syndrom *n*, Katzenschreisyndrom *n*
Leksell apparatus Leksell'scher (stereotaktischer) Apparat *m*
Leksell technique Leksell'sche (stereotaktische) Technik *f*
lema Lema *f*, Augenbutter *f*, Sebum *n* palpebrale *(Sekret der Meibom'schen Drüsen)*
Lembert's suture *(Chir)* Lembert-Naht *f*, seroseröse Naht *f (z. B. am Magen, Darm)*
lemic epidemisch; Epidemie…; Seuchen…
Lemieux-Neemeh syndrome Lemieux-Neemeh-Syndrom *n (Charcot-Marie-Tooth-Syndrom mit progressiver Taubheit)*
lemmoblast Lemnoblast *m (unreifer Lemnozyt)*
lemmoblastic lemnoblastisch; Lemnoblasten…
lemmoblastoma *s.* spongioblastoma
lemmocyte Lemnozyt *m*
lemmoma Lemnom *n*
lemniscal lemniskal, die epikritische Sensibilität betreffend; Schleifenbahn…
lemniscal system lemniskales System *n*, Schleifenbahnsystem *n*
lemniscus *(Anat)* Lemniscus *m*, Schleifenbahn *f*
lemnoblastoma Lemnoblastom *n*, Spongioblastom *n*
lemnocyte Mantelzelle *f*, Hüllzelle *f*, Satellitenzelle *f*, Amphizyt *m*, Lemnozyt *m*
lemoparalysis Lemoparalysis *f*, Ösophagusparalyse *f*, Speiseröhrenlähmung *f*, Schlundparalyse *f*, Schlundlähmung *f*
lemostenosis Stenosis *f* faucium, Ösophagusstenose *f*, Speiseröhrenvereng(er)ung *f*, Rachenstenose *f*, Rachenvereng(er)ung *f*
Lempert's fenestration operation Lempert'sche Fensterungsoperation *f (bei Otosklerose)*
Lenègre's disease Lenègre'sche Krankheit *f*, Lenègre Syndrom *n (idiopathische Fibrose des Reizleitungssystems des Herzens)*
Lenègre's syndrome *s.* Lenègre's disease
length-height index Längen-Höhen-Index *m*
length of stay (stationäre) Aufenthaltsdauer *f*, Dauer *f* der stationären Behandlung
lenitive lenitiv, lindernd; mild
lenitive (agent) Leniens *n*, Linderungsmittel *n*
Lennert's classification Lennert'sche Klassifikation *f*, Kiel-Klassifikation *f (der Non-Hodgkin-Lymphome)*
Lennert's lymphoma Lennert-Lymphom *n (Typ eines Non-Hodgkin-Lymphoms)*
Lennox(-Gastaut) syndrome Lennox-Syndrom *n*, Lennox-Gastaut-Syndrom *n (langsame Spike-Welle-Komplexe bei infantiler epileptischer Enzephalopathie)*
lens 1. *(Ophth)* Lens *f*, Augenlinse *f*, Kristalllinse *f*, Linse *f*; 2. Linse *f (Optik)*
lens astigmatism Linsenastigmatismus *m*
lens capsule Linsenkapsel *f*, Capsula *f* lentis
lens cone Linsenkonus *m*, Lentikonus *m*, Conus *m* lenticularis
lens cortex Linsenrinde *f*, Linsenkortex *m*, Cortex *m* lenticularis
lens curvature Linsenkrümmung *f*
lens ectopia Linsenektopie *f*
lens extraction Linsenextraktion *f*
lens fibres Linsenfasern *fpl*, Fibrae *fpl* lentis
lens implant Linsenimplantat *n*, implantierte Linse *f*
lens implantation Linsenimplantation *f*
lens luxation Linsenluxation *f*
lens opacification Linseneintrübung *f*, Trübwerden *n* der Linse
lens opacity Linsentrübung *f*, trübe Linse *f*
lens permeability Linsenpermeabilität *f*, Linsendurchlässigkeit *f*
lens pit Linsengrube *f*, Fovea *f* [Fossa *f*] lenticularis
lens placode Linsenplakode *f*
lens scoop Starlöffel *m*
lens size Linsengröße *f*

lens star *(Anat)* Linsenstern *m*, Linsennaht *f*, Stella *f* lenticularis
lens suture Linsennaht *f (durch Operation)*
lens vesicle Linsenbläschen *n*, Linsensäckchen *n*, Vesicula *f* lenticularis
lens vortex Linsenwirbel *m*, Vortex *m* lenticularis
lensectomy Lensektomie *f*, Augenlinsenexstirpation *f*, (operative) Linsenentfernung *f*
lensometer Lensometer *n*, Linsenmessgerät *n*
lensopathy Lensopathie *f (der Kontaktlinsen durch Proteinablagerung der Tränenflüssigkeit)*
lent fever *s.* typhoid fever
lenticel linsenförmige Drüse *f (z. B. an der Zunge)*
lenticele *(Ophth)* Lentizele *f*, Linsenhernie *f*
lenticonus Lentikonus *m*, Linsenkonus *m (kugelförmige Missbildung der Linsenvorder- bzw.-hinterfläche)*
lenticula *s.* 1. lentigo; 2. lenticular nucleus
lenticular 1. *(Ophth)* lentikulär; Linsen…, Augenlinsen…; 2. lentikulär, linsenförmig; 3. Linsenkern…
lenticular apophysis *(HNO, Anat)* Processus *m* lenticularis incudis, Os *n* lenticulare [orbiculare] *(ovales Köpfchen des Ambosses)*
lenticular astigmatism *(Ophth)* Astigmatismus *m* lenticularis
lenticular carcinoma *(Ophth, Path)* Carcinoma *n* lenticulare
lenticular cataract *(Ophth)* Cataracta *f* lentis, lentikuläre Katarakt *f*, grauer Star *m*
lenticular fasciculus *(Anat)* Fasciculus *m* lenticularis
lenticular loop *(Anat)* Ansa *f* lenticularis [lentiformis], Linsenkernschlinge *f* im Hirnstamm
lenticular nucleus Nucleus *m* lenticularis [lentiformis], Linsenkern *m (im Gehirn)*
lenticular papilla Papilla *f* lenticularis
lenticular papule *(Derm)* Papula *f* lenticularis, Linsenpapel *f*
lenticular process (of the incus) *s.* lenticular apophysis
lenticulate *s.* lenticular
lenticulo-optic lentikulooptisch; Linsenkern-Sehbahn-…
lenticulopapular *(Derm)* lintikulopapular, lentikulopapulär
lenticulostriate lentikulostriatal; Linsenkern-Striatum-…
lenticulothalamic lentikulothalamisch; Linsenkern-Thalamus-…
lenticulothalamic tract Tractus *m* lenticulothalamicus
lenticulus Lenticulus *m*; (intraokuläre) Linsenprothese *f*, Pseudophakie *f*, Prosthetophakie *f*
lentiform linsenförmig *(Zusammensetzungen siehe unter: lenticular)*
lentigines *pl s.* lentigo
lentiginose lentiginös; Linsenfleck…
lentiginosis Linsenfleckigkeit *f*
lentiginous *s.* lentiginose
lentiglobus *(Ophth)* Lentiglobus *m*, Kugellinse *f*
lentigo *(Derm)* Lentigo *f*, Linsenfleck *m*, Leberfleck *m* der Haut, Muttermal *n*
lentigo maligna Lentigo *f* maligna, präkanzeröse Melanose *f*
lentigo maligna melanoma Lentigo-maligna-Melanom(a) *n*
lentigomelanosis *(Derm)* Lentigomelanose *f*
lentitis *s.* phacitis
lentivirus Lentivirus *n*
lentogenic lentogen *(Virulenz von Newcastle-Virus)*
lentoid Lentoid *n (Netzhautgebilde aus linsenartigem Gewebe)*
lentula *(Stom)* Lentula *f*, Pastenträger *m (für Wurzelkanalfüllung)*
lentulo *s.* lentula
Lenz's syndrome Lenz-Syndrom *n*, Lenz'sches Mikrophthalmie-Syndrom *n (rezessiv-geschlechtsgebundene Mikrophthalmie mit multiplen Missbildungen)*
leontiasis Leontiasis *f*, Facies *f* leonina, Löwengesicht *n*
LEOPARD syndrome LEOPARD-Syndrom *n*, kardiokutanes Syndrom *n (LEOPARD: lentigines, electrocardiographic abnormalities, ocular hypertelorism, pulmonary stenosis, abnormalities of genitalia, retardation of growth and deafness)*
Leopold's manoeuvre *(Gyn)* Leopold-Handgriff *m (bei der Geburt)*
leotropic leotrop, spiralförmig von links nach rechts verlaufend
leper Lepröse(r) *m*, Leprakranke(r) *m*
leper hospital Leprakrankenhaus *n*
lepidic schuppig, schuppenartig; Schuppen…; Schuppungs…
lepidoid *s.* scaly
lepidoplastic schuppenbildend
lepidosis schuppiger Ausschlag *m*
lepocyte Lepozyt *m (kernhaltige Zelle mit Zellmembran)*
lepothrix Lepothrix *f*, Trichomykose *f*, Trichomycosis *f* axillaris
lepra *(Trop)* Lepra *f*, Aussatz *m*, Knotenaussatz *m*, Elephantiasis *f* graecorum, Hansen'sche Krankheit *f*, Morbus *m* Hansen
lepra bacillus Leprabazillus *m*, Mycobacterium *n* leprae
lepra cell Leprazelle *f*
lepra reaction Leprareaktion *f*
leprechaunism Leprechaunismus-Syndrom *n*, Leprechaunismus *m*, Donohue-Syndrom *n*, Donohue-Krankheit *f (gynäkotrope Missbildungskombination mit Elfengesicht, Minderwuchs und Oligophrenie)*
leprelcosis Lepraulkus *n*, Lepraulzeration *f*
leprid(e) Leprid *n (Lepraausschlag)*
leprolin Leprolin *n (Lepravakzine)*
leprolin test Leprolintest *m*, Leprolinprobe *f*
leprologic leprologisch
leprologist Leprologe *m*, Lepraspezialist *m*
leprology Lepralehre *f*, Lepraforschung *f*
leproma *(Trop)* Leprom *n*, Lepraknoten *m*, Aussatzknoten *m*
lepromatous 1. lepromatös; 2. leprös, lepraartig; Lepra…
lepromatous leprosy *(Trop)* Lepra *f* lepromatosa
lepromin Lepromin *n (Lepratestsubstanz)*
lepromin anergy Leprominanergie *f*
lepromin reaction Leprominreaktion *f*
lepromin (skin) test Lepromin(haut)test *m*
leprophobia Leprophobie *f*, Lepraangst *f*, Leprafurcht *f*
leprosarium Leprosorium *n*, Lepraheim *n*, Leprakrankenhaus *n*, Leprastation *f*, Leprakolonie *f*, Leprasiedlung *f*
leprosary *s.* leprosarium
leprose *s.* leprous
leprosery *s.* leprosarium
leprostatic leprostatisch, leprahemmend
leprostatic (agent) Leprostatikum *n*, leprahemmendes Mittel *n*
leprosy *s.* lepra
leprosy patient Leprapatient *m*
leprotic *s.* leprous
leprous leprös, leprakrank, aussätzig; Lepra…
leprous neuritis Lepraneuritis *f*, Nervenlepra *f*, Lepra *f* anaesthetica [nervosa]
leprous rhinitis Leprarhinitis *f*
lepsis Lepsis *f*, Anfall *m*
leptin Leptin *n*
leptocephalia Leptozephalie *f*, Schmalköpfigkeit *f*, Schmalschäd(e)ligkeit *f*
leptocephalic *s.* leptocephalous
leptocephalous leptozephal, lepto-kephal, schmalköpfig

leptocephalus Leptozephalus *m*, Leptokephalus *m*, Schmalkopf *m*
leptocephaly Leptozephalie *f*, Leptokephalie *f*, Schmalköpfigkeit *f*
leptochroa sehr empfindliche Haut *f*, sehr zarte Haut *f*
leptochromatic leptochromatisch, mit feinem Chromatinnetzwerk
leptocyte *(Hämat)* Leptozyt *m*, Kokardenzelle *f (dünner farbarmer Erythrozyt)*
leptocytic 1. Leptozyten...; 2. Leptozytose...
leptocytosis Leptozytose *f*, Vorhandensein *n* von Leptozyten im Blut
leptodactylous leptodaktyl(ös), schlankfingrig, schmalfingrig; schlankzehig, schmalzehig
leptodactyly Leptodaktylie *f*
leptodermic leptoderm, dünnhäutig
leptodontous leptodont, schmalzahnig
leptokurtic distribution *(Statist)* leptokurtische Verteilung *f (näher um den Mittelwert verteilt)*
leptomeningeal leptomeningel; Leptomeninx...
leptomeninges *s.* leptomeninx
leptomeningioma Leptomeningiom(a) *n*, Geschwulst *f* der weichen Hirnhaut
leptomeningitis Leptomeningitis *f*, Entzündung *f* der weichen Hirnhaut
leptomeningopathy Leptomeningopathie *f*, Erkrankung *f* der weichen Hirnhaut
leptomeninx Leptomeninx *f*, weiche Hirnhaut *f (besteht aus Gefäßhaut und Spinnwebenhaut)*
leptomere Leptomer *n*
leptomonad (form) *s.* leptomonas
leptomonas *(Trop)* Leptomonas-Form *f (extrazelluläres Geißelstadium der Trypanosomen und Leishmanien)*
leptonema Leptonema *n*, Leptonem *n*; Leptotän *n (präsynaptisches Meiosestadium; Chromosomenformation)*
leptonomorphology Membranmorphologie *f*, Morphologie *f* der Membranen
leptopelvic mit engem Becken; Engbecken..., Schmalbecken...
leptophonia Leptophonie *f*, Stimmenschwäche *f*, Stimmenweichheit *f*
leptophonic leptophon(isch), stimm(en)schwach
leptopodia Leptopodie *f*, Schmalfüßigkeit *f*
leptoprosope Schmalgesicht *n*
leptoprosopia Leptoprosopie *f*, Schmalgesichtigkeit *f*
leptoprosopic leptoprosop, schmalgesichtig
leptorrhine leptorrhin, schmalnasig
leptoscope Leptoskop *n (zur Bestimmung der Dicke der Plasmamembran)*
leptosomatic leptosom, schmalwüchsig, schlankwüchsig, schmächtig
leptosomatic habit leptosomer Habitus *m*
leptosome Leptosome(r) *m*, Schmalwüchsige(r) *m*, Schlankwüchsige(r) *m*, Schmächtige(r) *m*
leptosomic leptosom, schmalwüchsig, schlankwüchsig, schmächtig
leptosomic type leptosomer Typ *m*
leptospira Leptospira *f*, Leptospire *f*
leptospira agglutinin Leptospirenagglutinin *n*
Leptospira Leptospira *npl (Gattung der Treponemataceae)*
Leptospira australis Leptospira *f* australis
Leptospira autumnalis Leptospira *f* autumnalis
Leptospira canicola Leptospira *f* canicola
Leptospira grippotyphosa Leptospira *f* grippotyphosa
Leptospira hebdomadis Leptospira *f* hebdomadis
Leptospira icterohaemorrhagiae Leptospira *f* icterohaemorrhagiae
Leptospira interrogans Leptospira *f* interrogans
Leptospira pyrogenes Leptospira *f* pyrogenes
Leptospiraceae Leptospiraceae *pl*
leptospiraemia Leptospirämie *f*, Vorhandensein *n* von Leptospiren im Blut
leptospiraemic leptospirämisch; Leptospirämie...
leptospiral jaundice *(Inf)* Spirochaetosis *f* [Leptospirosis *f*] icterohaemorrhagica, Icterus *m* infectiosus, Morbus *m* Weil, Weil'sche Krankheit *f* [Erkrankung *f*]
leptospire *s.* leptospira
leptospirocidal leptospirozid, leptospirentötend
leptospirosis Leptospirose *f*, Leptospireninfektion *f*, Leptospirenerkrankung *f*
leptospiruria Leptospirurie *f*, Leptospirenausscheidung *f* im Urin
leptostaphyline leptostaphylin, mit einem engen und hohen Gaumen
leptotene *(Histol)* Leptotän *n*, Leptonema *n*
leptothricosis *(Bakt, Inf)* Leptothricosis *f*, Leptothrikose *f*, Leptotrichose *f*, Leptothrixinfektion *f*
leptothrix leptothrix *f (grampositives, sporenloses Stäbchen)*
Leptothrix buccalis Leptothrix *f* buccalis, Leptotrichia *f* buccalis
leptotrichal leptotrichal; Leptothrix...
leptotrichal conjunctivitis Leptothrixkonjunktivitis *f*, Leptotrichosis *f* conjunctivae, Parinaud'sche Konjunktivitis *f*
Leptotrichia Leptotrichia *f (Gattung grampositiver, sporenloser Stäbchen)*
leptotrichosis *s.* leptothricosis
Lerch's percussion Lerch'sche Perkussion *f (instrumentelle Perkussion mittels freiem Fall des Plexors)*
Leredde's syndrome Leredde-Syndrom *n (Dyspnoe infolge Emphysembronchitis bei kongenitaler Syphilis)*
leresis Redesucht *f*
Léri syndrome *s.* Leri-Weill disease
Léri-Weill disease Leri-Weill'sche Erkrankung *f*, Leri-Weill-Syndrom *n*, Leri'sche Pleonosteose *f*, Dyschondrosteose *f*
Leriche syndrome Leriche-Syndrom *n*, abdominaler Aortenverschluss *m*, Bifurkationssyndrom *n*
Leriche's operation Leriche-Brüning'sche Operation *f*, periarterielle Sympathektomie *f*
Léri's pleonosteosis *s.* Leri-Weill disease
Léri's reflex Hand-Vorderarm-Zeichen *n*, Léri-Zeichen *n*, Léri-Vorderarmzeichen *n (Pyramidenbahnzeichen)*
Léri's sign *s.* Léri's reflex
Léri's syndrome Léri-Syndrom *n*, Leri-Syndrom *n*, Melorheostose *f (Auftreten streifenförmiger Sklerosierungsherde in der Knochensubstanz)*
Lermoyez's syndrome Lermoyez-Syndrom *n*, Lermoyez-Anfall *m (atypisches symptomatisches Menière-Syndrom; Teilerscheinung des zervikalen Sympathikussyndroms)*
lesbian lesbisch
lesbian Lesbierin *f*, Tribade *f*
lesbian homosexuality weibliche Homosexualität *f*
lesbianism lesbische Liebe *f*, weibliche Homosexualität *f*, Sapphismus *m*
Lesch-Nyhan's syndrome Lesch-Nyhan-Syndrom *n*, Hyperurikämiesyndrom *n*
lesion Läsion *f*, Schädigung *f*, Verletzung *f*, Affektion *f (Zusammensetzungen siehe unter: injury)*
lesionectomy Läsionsentfernung *f*, Herdentfernung *f (z. B. bei Epilepsie)*
lessening of sexual drive Geschlechtstriebverringerung *f*
lesser alar cartilage Cartilago *f* alaris minor
lesser arterial circle of the iris Circulus *m* arteriosus iridis minor

lesser cavity of the peritoneum s. lesser peritoneal cavity
lesser circulation kleiner Kreislauf *m*, Pulmonalkreislauf *m*, Lungenkreislauf *m*
lesser circulatory system s. lesser circulation
lesser cornu of the hyoid bone Cornu *n* minus ossis hyoidei
lesser curvature of the stomach Curvatura *f* ventriculi minor, kleine Kurvatur *f* [Magenstraße *f*], konkave Krümmung *f* des Magens
lesser ischiadic foramen s. lesser sciatic foramen
lesser lip Labium *n* minus, kleine Schamlippe *f*
lesser multangular (bone) Os *n* trapezoideum [multangulum minus], kleines Vieleckbein *n*
lesser occipital nerve Nervus *m* occipitalis minor
lesser omentum Omentum *n* minus, kleines Netz *n (Teil des Bauchfells)*
lesser palatine artery kleine Gaumenarterie *f*, Arteria *f* palatina minor
lesser palatine foramen Foramen *n* palatinum minor, untere Öffnung *f* des Canalis palatini
lesser pelvis Pelvis *f* minor, kleines Becken *n*
lesser peritoneal cavity Bursa *f* omentalis, Netzbeutel *m (Bauchfelltasche zwischen Leber und Magen)*
lesser petrosal nerve s. lesser superficial petrosal nerve
lesser ring of the iris Anulus *m* iridis minor
lesser sac (of the peritoneum) s. lesser peritoneal cavity
lesser sciatic foramen Foramen *n* ischiadicum minus
lesser sciatic notch Incisura *f* ischiadica minor
lesser splanchnic nerve Nervus *m* splanchnicus minor, kleiner Eingeweidenerv *m*
lesser superficial petrosal nerve Nervus *m* petrosus (superficialis) minor
lesser trochanter (of the femur) Trochanter *m* minor, kleiner Rollhügel *m*
lesser tubercle of the humerus Tuberculum *n* minus humeri
lesser tuberosity (of the femur) s. lesser trochanter of tho fomur
lesser tympanic spine Spina *f* tympanica minor
lesser wing of the sphenoid Ala *f* parva [minor] ossis sphenoidalis, kleiner Keilbeinflügel *m*
let-down Milchsekretion *f*, Milcheinschießen *n*
let-down reflex Milchsekretionsreflex *m*
lethal letal, tödlich wirkend; tödlich verlaufend
lethal catatony akute tödliche Katatonie *f*
lethal dose letale [tödliche] Dosis *f*, LD
lethal equivalent letales Äquivalent *n (rezessives letales Gen)*
lethal gene letales Gen *n (führt zum Tod im bestimmten Entwicklungsstadium)*
lethal hereditary bullous epidermolysis Epidermolysis *f* bullosa hereditaria letalis
lethal outcome of the operation letaler Operationsausgang *m*
lethality Letalität *f (Verhältnis der Todesfälle zur Erkrankungsfallzahl)*
lethality rate Letalitätsrate *f*
lethargic 1. lethargisch, schlafsüchtig; 2. lethargisch, teilnahmslos, interesselos, gleichgültig; träge
lethargic encephalitis Encephalitis *f* lethargica, europäische Schlafkrankheit *f*
lethargogenic lethargieauslösend
lethargy 1. Lethargie *f*, Schlafsucht *f*, anhaltende Bewusstlosigkeit *f*; 2. Lethargie *f*, Teilnahmslosigkeit *f*, tiefste Gleichgültigkeit *f*, Stumpfheit *f*
letheomania *(Neur)* Letheomanie *f*, Narkotikasucht *f (Drogenabhängigkeit vom Barbiturat-Typ)*
Letterer-Siwe disease (Abt-)Letterer-Siwe'sche Krankheit *f*, diffuse Retikuloendotheliose *f* der Säuglinge, akute Säuglingsretikulose *f*
Letterer-Siwe syndrome s. Letterer-Siwe disease
leuc(a)emia s. leukaemia
leucine Leuzin *n*, Leucin *n*, Leu, 2-Amino-4-methylpentansäure *f*, α-Aminoisokapronsäure *f*
leucine aminotransferase Leuzinaminotransferase *f (Enzym)*
leucine crystal Leuzinkristall *m (im Urin)*
leucine dehydrogenase Leuzindehydrogenase *f (Enzym)*
leucine tolerance test Leuzintoleranztest *m*
leucine zipper Leuzin-Zipper *m (Strukturmotiv von DNS-bindenden Regulator-Proteinen)*
leucinimide Leuzinamid *n*
leucinosis Leuzinose *f*, Leucinose *f (Leuzinerhöhung im Blut und Leuzinurie)*
leucinuria Leuzinurie *f*, Leucinausscheidung *f* im Urin
leucitis s. scleritis
leucoagglutination Leukoagglutination *f*
leucoagglutinin Leukoagglutinin *n*
leucobilin Leukobilin *n*, weiße Galle *f*
leucoblast Leukoblast *m (Leukozytenvorstufe)*
leucoblastosis Leukoblastose *f*, Leukoblastenvermehrung *f* im Blut
leucochloroma Leukochlorom *n*; Myelozytomatose *f*
leucocidin Leukocidin *n (leukozytenzerstörende Substanz)*
leucocytactic s. leucocytotactic
leucocytal s. leucocytic
leucocyte Leukozyt *m*, weiße Blutzelle *f*, weißes Blutkörperchen *n*
leucocyte adhaesion deficiency Leukozytenadhäsionsdefekt *m*
leucocyte agglutination Leukozytenagglutination *f*
leucocyte alkaline phosphatase alkalische Leukozytenphosphatase *f*
leucocyte alloantibody Leukozytenalloantikörper *m*
leucocyte cast Leukozytenzylinder *m*
leucocyte elastase Leukozytenelastase *f (Enzym)*
leucocyte index Leukozytenindex *m*
leucocyte infiltration Leukozyteninfiltration *f*, leukozytäre Infiltration *f*
leucocyte migration Leukozytenmigration *f*, Leukozytenwanderung *f*
leucocyte migration inhibition Leukozytenmigrationsinhibition *f*, Leukozytenwanderungshemmung *f*
leucocyte migration inhibition factor Leukozytenmigrationshemm(ungs)faktor *m*
leucocyte migration inhibition test Leukozytenmigrationshemm(ungs)test *m*
leucocythaemia s. leukaemia
leucocytic leukozytisch; Leukozyten...
leucocytic cast Leukozytenzylinder *m*
leucocytic crystals Leukozytenkristalle *mpl*, Charcot-Leyden'sche Kristalle *mpl*, Asthmakristalle *f (durch Zerfall eosinophiler Leukozyten)*
leucocytic infiltration s. leucocyte infiltration
leucocytoblast Leukozytoblast *m*
leucocytoclasis Leukozytoklasie *f*
leucocytogenesis Leukozytogenese *f*, Leukozytenentwicklung *f*
leucocytogram weißes Blutbild *n*
leucocytoid leukozytoid, leukozytenartig, leukozytenähnlich
leucocytology Leukozytenlehre *f*
leucocytolysin Leukozytolysin *n*, Leukolysin *n (leukozytenauflösender Stoff)*
leucocytolysis Leukozytolyse *f*, Leukolyse *f*, Leukozytenauflösung *f*

leucocytolytic leukozytolytisch, leukozytenauflösend, leukolytisch
leucocytoma Leukozytom *n*, Leukozytenanhäufung *f*
leucocytometer Leukozytometer *n*, Leukozytenzählkammer
leucocytopenia Leuko(zyto)penie *f*, Leukozytenmangel *m*
leucocytopenic leuko(zyto)penisch; Leukozytenmangel...
leucocytophagy Leukozytophagie *f*
leucocytoplania Leukozytendiapedese *f*
leucocytopoiesis Leukozytopoese *f*, Leukozytenbildung *f*, Leukozytenproduktion *f*
leucocytopoietic leukozytopoetisch, leukozytenbildend, leukozytenproduzierend; Leukozytopoese...
leucocytosis Leukozytose *f*, gutartige Leukozytenvermehrung *f* (im Blut)
leucocytotactic leukozytotaktisch, leukozytenanziehend
leucocytotaxis Leukozytotaxis *f*, Leukozytenanziehung *f*
leucocytotherapy Leukozytentherapie *f*, Leukozytentransfusion *f*
leucocytotic leukozytotisch; Leukozytose...
leucocytotoxicity Leukozytotoxizität *f*, Leukozytentoxizität *f*
leucocytotoxin Leukozytotoxin *n*, Leukozytengift *n*
leucocytotropic leukozytenanziehend
leucocytozoon Leukozytozoon *n*, Leucocytozoon *n*
leucocytozoonosis Leukozytozoonose *f*, Leucocytozoonosis *f*
leucocyturia Leukozyturie *f*, Leukozytenausscheidung *f* im Urin
leucoderma Leukoderm(a) *n*, Leukodermie *f*, pigmentfreier Hautfleck *m*
leucodermatous *s.* leucodermic
leucodermia *s.* leucoderma
leucodermic leukoderm, weißhäutig; pigmentlos
leucodextrin Leukodextrin *n* *(Intermediärprodukt der Stärkeumwandlung)*
leucodiagnosis Leukozytendiagnose *f*, Diagnose *f* aus dem weißen Blutbild
leucodontia Leukodontie *f*, Weißzahnigkeit *f*, weißes Gebiss *n*
leucodystrophy Leukodystrophie *f*
leucoedema Leuködem *n*, Leukoedema *n* *(der Wangenschleimhaut)*
leucoencephalitis Leuk(o)enzephalitis *f*, Entzündung *f* der weißen Hirnsubstanz
leucoencephalomalacia Leukoenzephalomalazie *f*, Erweichung *f* der weißen Hirnsubstanz
leucoencephalopathy Leukoenzephalopathie *f*, Erkrankung *f* der weißen Hirnsubstanz
leucoencephaly *s.* leucoencephalopathy
leucoerythroblastic leukoerythroblastisch; Leukoerythroblastose...
leucoerythroblastic anaemia leukoerythroblastische Anämie *f*
leucoerythroblastosis Leukoerythroblastose *f*, Vorhandensein *n* von unreifen Leukozyten und Erythrozyten im Blut
leucogram *s.* leucocytogram
leucogranulocytic *(Hämat)* leukogranulozytär
leucokeratosis *s.* leucoplakia
leucokinesine Leukokinesin *n* *(beeinflusst die Leukozytenbeweglichkeit)*
leucokinesis Leukokinese *f*, Leukozuytenbewegung *f*
leucokinetic leukokinetisch, die Bewegung der Leukozyten betreffend; Leukokinese...
leucokinetics Leukokinetik *f*, Leukozytenkinetik *f* *(befasst sich mit dem Leukozytenlebenszyklus)*
leucokinin Leukokinin *n* *(beeinflusst Phagozytosefunktion der Leukozyten)*
leucokoria Leukokorie *f*, Katzenaugenreflex *m* *(Auftreten weißlicher Reflexe an der Pupille)*
leucokraurosis Leukokraurose *f*, Kraurosis *f* vulvae
leucolymphosarcoma Leukolymphosarkom *n*, Leukosarkom *n*
leucolysin *s.* leucocytolysin
leucolysis *s.* leucocytolysis
leucolytic *s.* leucocytolytic
leucoma *(Ophth)* Leukom *n*, weißer Linsenfleck *m*, weiße Narbe *f* der Hornhaut
leucomaine Leukomain *n*
leucomainic Leukomain...
leucomalacia Leukomalazie *f*, Erweichung *f* der weißen Hirnsubstanz
leucomatous leukomatös; Leukom(a)...
leucomethylene blue Leukomethylenblau *n*
leucomyelitis Leukomyelitis *f*, Entzündung *f* der weißen Rückenmarksubstanz
leucomyelopathy Leukomyelopathie *f*, Erkrankung *f* der weißen Rückenmarksubstanz
leucomyoma Leukomyom *n*
leucon 1. Leukon *n* *(Gesamtheit der zirkulierenden Leukozyten und der Knochenmarkstammzellen)*; 2. Leukon *n* *(granulopoetische Zellinsel im Knochenmark)*
leuconecrosis Leukonekrose *f*
leuconychia Leukonychie *f*, Leukoma *n* unguium, Weißfleckigkeit *f* der Nägel
leucopathy Leukopathie *f*, Albinismus *m*
leucopedesis Leuko(dia)pedese *f*, Leukozytenwanderung *f* (durch Gefäßwände)
leucopenia Leuko(zyto)penie *f*, Leukozytenmangel *m*
leucopenic leuko(zyto)penisch; Leukozytenmangel...
leucopenic leukaemia leukopenische [aleukämische] Leukämie *f*
leucophagocytosis Leukophagozytose *f*
leucophlegmasia Leukophlegmasie *f*, Phlegmasia *f* alba dolens
leucophoresis Leukophorese *f*
leucophthalmous leukophthalmisch, weißäugig
leucoplakia Leukoplakie *f*, Weißschwielenkrankheit *f*, Keratosis *f* mucosae, Leukokeratosis *f* linguae, Psoriasis *f* [Ichthyosis *f*] oris
leucoplakia of the palate Gaumenleukoplakie *f*
leucoplakic Leukoplakie...
leucoplakic vulvitis Leucoplacia *f* [Kraurosis *f*] vulvae
leucoplasia *s.* leucoplakia
leucopoiesis Leukopoese *f*, Leukozytenbildung *f*, Bildung *f* weißer Blutzellen
leucopoietic leukopoetisch, leukozytenbildend; Leukopoese...
leucopoietin Leukopoietin *n*, Granulopoietin *n*
leucoporphyria Leukoporphyrie *f* *(akute Porphyrie mit Ausscheidung von Leukouroporphyrin)*
leucoprecipitin Leukopräzipitin *n*
leucoprophylaxis Leuko(zyten)prophylaxe *f*
leucoprotease Leukoprotease *f* *(Enzym)*
leucopsin Leukopsin *n*, Sehweiß *n*
leucopterin Leukopterin *n*, 2-Amino-4,6,7-trihydroxypteridin *n* *(Folsäure-Derivat)*
leucoriboflavin Leukoriboflavin *n*
leucorrhagia *s.* leucorrhoea
leucorrhoea Leukorrhoe(a) *f*, Leukorrhö(e) *f*, Fluor *m* albus, weißer Ausfluss *m* [Schleimausfluss *m*] aus der Scheide
leucorrhoeal leukorrhoeisch, leukorrhöisch; Leukorrhoe...
leucosarcoma *(Path)* Leukosarkom *n*
leucosarcomatosis Leukosarkomatose *f*
leucoscope Leukoskop *n* *(Instrument zur Farbensinnuntersuchung)*

leucosis Leukose *f (Wucherung des leukozytenbildenden Gewebes)*
leucostasis Leukostase *f*
leucotactic leukotaktisch, leukozytenanziehend; Leukotaxis...
leucotaxia *s.* leucotaxis
leucotaxine Leukotaxin *n (erhöht Kapillarpermeabilität)*
leucotaxis Leukotaxis *f*, Leukozytenanziehung *f*
leucotherapy *s.* leucocytotherapy
leucothrombin Leuko(zyto)thrombin *n*
leucothrombopenia Leukozytothrombopenie *f*, Leukozyten- und Thrombozytenmangel *m* im Blut
leucotic Leukose...
leucotome Leukotom *n*, Leukotomiemesser *n*, Leukotomieskalpell *n*
leucotomy Leukotomie *f*, Lobotomie *f*
leucotoxic leukotoxisch, leukozytengiftig, leukozytenzerstörend, leukozytenschädlich, leukozytenschädigend
leucotoxicity Leukotoxizität *f*, Leukozytengiftigkeit *f*
leucotoxin Leukotoxin *n*
leucotrichia Leukotrichose *f*, Weißwerden *n* der Haare
leucotrichous leukotrich(ös), weißhaarig
leucotriene Leukotrien *n (Entzündungsmediator; Allergiemediator)*
leucourobilin Leukourobilin *n*
leucouroporphyrin Leukouroporphyrin *n*
leucovirus Leukovirus *n*
leucovorin Leukovorin *n*, Folinsäure *f*
leucyl aminopeptidase Leucylaminopeptidase *f*, LAP, Cytosolaminopeptidase *f*, Zytosolaminopeptidase *f (Enzym)*
leuenkephalin Enkephalin *n*
leukaemia Leukämie *f*, Leukozythämie *f*, Leukose *f*, Weißblütigkeit *f*
leukaemia inhibitory factor Leukämie-Hemmfaktor *m*
leukaemic leukämisch, weißblütig
leukaemic Leukämiker *m*, Leukämiekranke(r) *m*
leukaemic cell Leukämiezelle *f*
leukaemic leukaemia leukämische Leukämie *f*
leukaemic reticuloendotheliosis leukämische Retikuloendotheliose *f*
leukaemid Leukämid *n*
leukaemogen Leukämogen *n (Leukämie bewirkende Substanz)*
leukaemogenesis Leukämogenese *f*, Leukämieentstehung *f*
leukaemogenic leukämogen, leukämiebewirkend, Leukämie auslösend
leukaemoid leukämoid, leukämieartig, leukämieähnlich
leukaemoid reaction leukämoide Reaktion *f*
leukanaemia Leukanämie *f (Blutkrankheit)*
leukapheresis Leukapherese *f*
leukemia *(Am) s.* leukaemia
leukergy Leukergie *f*, Leukozytenverklumpung *f*, Leukozytenzusammenballung *f*
leukin Leukin *n*
leukocorea Leukokorie *f*, weiße Pupille *f*
leukocytal *(Am) s.* leucocytic
leukocyte *(Am) s.* leucocyte
leukotriene Leukotrien *n*
leupetin Leupetin *n*
leuprolide acetate Leuprolidazetat *n*, Leuptrolidacetat *n (Antineoplastikum)*
leurocristine Leurocristin *n*, Vincristinsulfat *n*
Levaditi's method Levaditi'sche Methode *f*, Levaditi'sche Färbung *f*, Levaditi-Manouéllen-Färbung *f (Blockimprägnation zur Darstellung von Spirochäten und Listerien)*
levallorphan tartrate 1-*N*-Allyl-3-hydroxymorphintartrat *n*
levamfetamine *s.* lefamphetamine
levamisole Levamisol *n (Anthelminthikum)*
levamisole hydrochloride Levamisolhydrochlorid *n*
levamphetamine Lefamphetamin *n*
levan Levan *n*
levansucrase Levansukrase *f (Enzym)*
levarterenol Levarterenol *n*, l-Noradrenalin *n*, l-Arterenol *n (Neurotransmitter)*
levarterenol bitartrate Norepinephrinbitartrat *n*, Noradrenalinbitartrat *n*
levator 1. Musculus *m* levator, Levator(muskel) *m*, Hebemuskel *m*, Heber *m*; 2. Elevatorium *n*, Hebeinstrument *n*
levator anguli oris (muscle) Musculus *m* levator anguli oris, Mundwinkelheber *m*
levator anguli scapulae (muscle) *s.* levator scapulae muscle
levator ani (muscle) Musculus *m* levator ani, Anusheber *m*, Afterheber *m*
levator claviculae (muscle) Musculus *m* levator claviculae, Schlüsselbeinheber *m*
levator epiglottidis (muscle) Musculus *m* levator epiglottidis, Epiglottisheber *m*
levator glandulae thyroideae (muscle) Musculus *m* levator glandulae thyroideae, Schilddrüsenheber *m*
levator labii superioris Musculus *m* labii superioris, Oberlippenheber *m*
levator labii superioris alaeque nasi (muscle) Musculus *m* levator labii superioris alaeque nasi, Oberlippen- und Nasenflügelheber *m*
levator labii superioris muscle *s.* levator labii superioris
levator menti (muscle) Musculus *m* mentalis, Kinnmuskel *m*
levator muscle *s.* levator 1.
levator palati (muscle) *s.* levator veli palatini muscle
levator palpebrae superioris (muscle) Musculus *m* levator palpebrae superioris, oberer Lidhebermuskel *m*, Oberlidheber *m*
levator prostatae (muscle) Musculus *m* levator prostatae, Prostataheber *m*
levator scapulae (muscle) Musculus *m* levator scapulae, Schulterblattheber *m*
levator sign Levatorzeichen *n*
levator veli palatini (muscle) Musculus *m* levator veli palatini, Gaumensegelheber *m*
levatores costarum Musculi *mpl* levatores costarum, Musculi *mpl* transversocostales breves et longi, Querfortsatzrippenmuskeln *mpl*, Rippenhebemuskeln *mpl*
LeVeen shunt LeVeen-Shunt *m (peritoneovenöser Shunt bei Aszites)*
level 1. Grad *m*, Ausmaß *n*; 2. Konzentration *f*, Gehalt *m*; 3. Position *f*, 4. Lage *f*, Ebene *f*, Stufe *f*
level aspiration *(Psych)* Anspruchsniveau *n*
level awareness *(Psych)* Wachheitsgrad *m*
level of activities Aktivitätsebene *f (der Tätigkeit des Nervensystems)*
level of care Pflegestufe *f*
level of consciousness Bewusstseinsebene *f*
level of contamination Strahlenbelastung *f*
level of injury Verletzungsgrad *m*
level of significance *(Statist)* Signifikanzgrad *m*
lever Heber *m*, Elevator *m*, Elevatorium *n*, Hebeinstrument *n*
Lévi infantilism Lévi-Lorain-Syndrom *n*, Lévi-Lorain'scher Infantilismus *m*, hypophysärer Zwergwuchs *m*
Lévi-Lorain dwarf Lévi-Lorain-Zwerg *m*, hypophysärer Zwerg *m*
Lévi syndrome *s.* Lévi-Lorain infantilism
levicellular glattzellig
levigate *v* zerreiben, pulverisieren; verreiben *(mit Flüssigkeit)*

levigation Zerreiben *n*, Zerreibung *f*
Levin tube Levin-Sonde *f*, Levin-Magenschlauch *m*
levitation 1. Schweben *n*, Schwebe *f*, Schwebezustand *m* *(z. B. zur Patientenlagerung)*; 2. Levitation *f*, freies Schweben *n (z. B. von Menschen im Traum)*
levobunolol hydrochloride Levobunololhydrochlorid *n (Glaukommittel; Betablocker)*
levofloxacin Levofloxacin *n (Antibiotikum)*
levonorgestrel implant Levonorgestrel-Implantat *n (zur Kontrazeption)*
levopropoxyphene napsylate Levopropoxyphennapsylat *n (Antitussivum)*
Lev's disease Lev'sche Krankheit *f (idiopathische Sklerosierung des Herzskeletts)*
Lévy-Roussy syndrome Lévy-Roussy-Syndrom *n*, Roussy-Lévy-Syndrom *n*, erbliche areflektorische Dysstasie *f*
Lewandowsky-Lutz disease Lewandowsky-Lutz-Krankheit *f*, Epidermodysplasia *f* verruciformis
Lewandowsky's naevus elasticus Lewandowsky'scher Naevus *m* elasticus
Lewis blood group Lewis-Blutgruppe *f*
Lewis blood group system Lewis-Blutgruppen-System *n*
Lewis-Pickering test Lewis-Pickering-Test *m (des peripheren Kreislaufs)*
lewisite Lewisit *n (hautschädigender Kampfstoff)*
Lewy bodies Lewy-Körperchen *npl (argentaffine intraplasmatische Einschlusskörperchen in Gliazellen bei Morbus Parkinson)*
Leyden crystals *s.* Charcot-Leyden crystals
Leyden jar Leydener Flasche *f*
Leyden-Möbius muscular dystrophy *s.* Leyden-Möbius muscular dystrophy syndrome
Leyden-Möbius muscular dystrophy syndrome Leyden-Möbius'sche Muskeldystrophie *f (der Extremitätengürtel)*; skapulohumerale Muskeldystrophie *f*, pelvifemorale Muskeldystrophie *f*
Leyden's ataxia Leyden'sche Ataxie *f*, Pseudotabes *f*
Leyden's disease Leyden'sche Krankheit *f*, periodisches Erbrechen *n*
Leyden's neuritis Leyden'sche Neuritis *f*, Leyden'sche fettige Nervenfaserdegeneration *f*
Leydig's cell Leydig'sche Zwischenzelle *f*, Leydig-Zelle *f*, Hodenzwischenzelle *f*
Leydig's-cell adenoma *s.* Leydig's-cell tumour
Leydig's-cell tumour Leydig'sches Zwischenzellenadenom *n*, Leydig-Zelltumor *m*, (gutartige) Zwischenzellengeschwulst *f*, Interstitiom *n*
Leydig's cylinders Leidig'sche Zylinder *mpl*, Leidig'sche Muskelfaserbündel *npl*
Leydig's duct Ductus *m* mesonephricus
L.F.A. *s.* left frontoanterior position of the foetus
LGL syndrome *s.* Lown-Ganong-Levine syndrome
LH *s.* luteinizing hormone
Lhermitte's sign Lhermitte-Zeichen *n (bei multipler Sklerose)*
liaison psychiatry *(Neur)* Liaisonpsychiatrie *f (ratgebende Tätigkeit eines Psychiaters)*
liberation 1. Befreiung *f*, Freilegen *n*, Freisetzen *n*; 2. *(Gyn)* Entwicklung *f*, Entwickeln *n (bei der Geburt)*
liberation of the arm *(Gyn)* Armlösung *f*, Armentwicklung *f*, Entwicklung *f* der Arme
liberator Liberator *m*, Freisetzer *m*, Freisetzungssubstanz *f*, Freisetzungshormon *n*
liberin Liberin *n*, Freisetzungsfaktor *m*, Releasing-Faktor *m*
liberomotor Willkürbewegungs…
libidinal libidinös, triebhaft, wollüstig; Libido…
libidinal development psychosexuelle Entwicklung *f*
libidinization *(Psych)* Erotisierung *f*
libidinous *s.* libidinal
libido Libido *f*, sexuelle Begierde *f*, Sexuallust *f*, Geschlechtstrieb *m*
libido-cathexis *(Neur)* Libidobesetzung *f*
libido disorder Libidostörung *f*
libido fixation Libidofixierung *f*
Libman endocarditis Endocarditis *f* Libman-Sacks, verruköse Endokarditis *f (bei Lupus erythematodes)*
Libman-Sacks disease *s.* Libman endocarditis
Libman syndrome *s.* Libman endocarditis
library *(Gen)* DNS-Bibliothek *f*
licence Zulassung *f*, (behördliche) Genehmigung *f*, Konzession *f*, Berufserlaubnis *f*, Approbation *f*
licenced lizensiert, zugelassen
licenced practical nurse lizensierte Schwester *f*, Schwester *f* mit Berufserlaubnis
licenced psychologist lizensierter [zugelassener] Psychologe *m*, klinischer [diplomierter] Psychologe *m*
licenced vocational nurse *s.* licenced practical nurse
licensure Lizenz *f*, Konzession *f (z. B. für ein Krankenhaus)*; Zulassung *f (z. B. eines Arztes)*; Ermächtigung *f*
licentiate approbierter Arzt *m*, Arzt *m* mit Approbation
licentious zügellos, ausschweifend
lichen *(Derm)* Lichen *m*, Flechte *f*, Knötchenflechte *f*
lichen amyloidosis Lichenamyloidose *f*
lichenification Lichenifikation *f*, Lichenifizierung *f*, Lichenisation *f (chagrinlederartiges Aussehen der Haut bei Knötchenflechte)*
licheniformin Licheniformin *n (Antibiotikum)*
lichenin Lichenin *n*
lichenization *s.* lichenification
lichenoid lichenoid, lichenifiziert, flechtenähnlich, knötchenartig
lichenoid eczema lichenifiziertes Ekzem *n*
lichenous 1. Lichen…, Flechten…; 2. *s.* lichenoid
Lichtheim's aphasia Lichtheim-Aphasie *f*, Lichtheim'sche Aphasie *f*, transkortikale Aphasie *f*
Lichtheim's sign Déjerine-Lichtheim-Phänomen *n (Angabe von Silben und Wörtern mittels Klopfzeichen bei reiner motorischer Aphasie)*
Lichtheim's syndrome Lichtheim-Syndrom *n*, Lichtheim'sches Syndrom *n*, funikuläre degenerative Spinalerkrankung *f*, subakute kombinierte Rückenmarkdegeneration *f*, Putnam-Dana-Syndrom *n*
licorice 1. Süßholz *n*, Süßholzwurzel *f*; 2. Lakritze *f*, Lakritzensaft *m*; 3. Süßholzstrauch *m*
lid Lid *n*, Augenlid *n*, Palpebra *f*, Blepharon *n (siehe auch unter: eyelid und palpebral)* • **evert a lid** ein Augenlid ausstülpen, ektropionieren
lid cancer [carcinoma] Lidkarzinom *n*, Augenlidkrebs *m*
lid closure Lidschluss *m*
lid closure reaction Lidschlussreaktion *f*, Orbikularisreaktion *f*, Westphal-Pilcz-Zeichen *n*
lid drop Ptosis *f*, Herabhängen *n* des Oberlids
lid eversion Augenlidektropion *n*
lid furuncle Augenlidfurunkel *m*
lid haemangioma Augenlidhämangiom *n*
lid injury Augenlidverletzung *f*
lid lag von Graefe'sches Zeichen *n (Zurückbleiben des oberen Augenlids beim Blick nach unten)*
lid margin Lidrand *m*, Margo *m* palpebralis
lid phlegmon Augenlidphlegmone *f*
lid poppers Amphetamine *npl*
lid reflex Augenlidreflex *m*, Konjunktivalreflex *m*, reflektorischer Lidschluss *m* beim Berühren der Bindehaut
lid retraction Lidretraktion *f*, Augenlidschrumpfung *f*
lid rupture Augenlidruptur *f*, Lidruptur *f*, Lidzerreißung *f*

lid skin eczema Augenlid(haut)ekzem *n*
lidamine Lidamin *n*
Liddle's syndrome Liddle'sches Syndrom *n*, Pseudohyperaldosteronismus *m*
lidocaine Lidokain *n*, Xylokain *n*, 2-(Diethylamino)-2′,6′-acetoxylidid *n* *(Lokalanästhetikum)*
lidocaine hydrochloride Lidokainhydrochlorid *n*, Lidocainum *n* hydrochloricum
lidofenin Lidofenin *n* *(Kontrastmittel)*
lidofilcon Lidofilcon *n* *(Kontaktlinsenmaterial)*
lidoflazine Lidoflazin *n* *(Koronardilatator)*
lie *v* **down flat on the stomach** sich flach auf den Bauch legen
lie *v* **down on the couch** sich auf die Untersuchungsliege legen
lie *v* **down on the left side** sich auf die linke Körperseite legen
lie *v* **down on the right side** sich auf die rechte Körperseite legen
lie 1. Lage *f*, Position *f* *(z. B. des Fetus)*; 2. Lüge *f*, Unwahrheit *f*
lie detector *(For)* Lügendetektor *m*, Polygraph *m*
Lieben's test *(Lab)* Lieben'sche Probe *f* *(zum Acetonnachweis im Harn)*
Lieberkühn's ampulla Lieberkühn'sche Ampulle *f*
Lieberkühn's crypts *s.* Lieberkühn's glands
Lieberkühn's follicles *s.* Lieberkühn's glands
Lieberkühn's glands Lieberkühn'sche Drüsen *fpl*, Lieberkühn-Drüsen *fpl*, Glandulae *fpl* intestinales, Intestinaldrüsen *fpl*, Darmdrüsen *fpl*
Liebermann's test Liebermann-Burchard-Test *m*, Liebermann-Burchard-Reaktion *f* *(zum Cholesterinnachweis)*
Liebermeister's furrows Liebermeister'sche Furchen *f* *(der Leberoberfläche)*
Liebermeister's grooves *s.* Liebermeister's furrows
Liebow's usual interstitial pneumonia Liebow'sche gewöhnliche interstitielle Pneumonie *f*
lien Lien *m*, Milz *f*, Splen *m*
lienal *s.* splenic
lienal vein Vena *f* lienalis, Milzvene *f*
lienculus Lienculus *m*, akzessorische Milz *f*, Lien *m* accessorius, Nebenmilz *f*
lienectomy Splenektomie *f*, Milzexstirpation *f*, (operative) Milzentfernung *f*
lienitis Lienitis *f*, Splenitis *f*, Milzentzündung *f*
lienocele Lienozele *f*, Splenozele *f*, Milzbruch *m*, Milzhernie *f*
lienogram Lienogramm *n*, Splenogramm *n*, Röntgen(kontrast)bild *n* der Milz
lienography Lienographie *f*, Splenographie *f*, Röntgen(kontrast)darstellung *f* der Milz
lienointestinal lienointestinal, splenointestinal; Milz-Darm-…
lienomalacia Lienomalazie *f*, Splenomalazie *f*, Milzerweichung *f*
lienomedullary lienomedullär, splenomedullär; Milz-Knochenmark-…
lienomyelogenous *s.* lienomedullary
lienomyelomalacia Lienomyelomalazie *f*, Milz- und Knochenmarkerweichung *f*
lienopancreatic lienopankreatisch; Milz-Pankreas-…
lienopathy Lienopathie *f*, Splenopathie *f*, Milzkrankheit *f*, Milzerkrankung *f*, Milzleiden *n*
lienorenal lienorenal; Milz-Nieren-…
lienorenal ligament Ligamentum *n* lienorenale [phrenicolienale]
lienotoxin Lienotoxin *n*, Splenotoxin *n*, Milzgift *n*
lienteric lienterisch; Lienterie…
lienteric diarrhoea *s.* lientery
lientery Lienterie *f* *(Durchfall mit Abgang unverdauter Nahrungsteile)*
lienunculus *s.* lienculus
Liesegang's phenomenon Liesegang'sches Phänomen *n* *(Bildung von Ringen, Streifen oder Wellen beim Aufeinandertreffen von zwei Elektrolyten in einem Kolloidgel)*
Liesegang's rings Liesegang'sche Ringe *mpl*
Liesegang's striae Liesegang'sche Streifen *mpl*
Liesegang's waves Liesegang'sche Wellen *fpl*
Lieutaud body *s.* Lieutaud triangle
Lieutaud triangle Lieutaud-Dreieck *n*, Trigonum *n* vesicae Lieutaud
Lieutaud uvula Lieutaud'sche Uvula *f*, Uvula *f* vesicae
life 1. Leben *n*; 2. Lebenskraft *f*; 3. Lebensdauer *f*; 4. Lebensweise *f*
life assurance Lebensversicherung *f*
life change event *s.* life event
life circumstance *(Neur)* Lebensumstand *m*
life cycle Lebenszyklus *m*
life event *(Neur)* Lebensereignis *n*, Life event *n*
life expectancy Lebenserwartung *f*
life expectation *s.* life expectancy
life extension Lebensverlängerung *f*, Verlängerung *f* der Lebenserwartung
life insurance Lebensversicherung *f*
life instinct *(Neur)* Lebenstrieb *m*
life island keimfreies Milieu *n*; (steriles) Isolierzelt *n*; (steriler) Isolierraum *m* *(für infektionsgefährdete Patienten)*
life lie *(Neur)* Lebenslüge *f*
life panorama *(Neur)* Lebensbilderschau *f*
life-plan *(Neur)* Lebensplan *m*
life review 1. *(Psych)* Lebensrückblick *m*; Reminiszenz *f* des Lebens; 2. *(Psych)* Reminiszenztherapie *f*
life-saver 1. Lebensretter *m*; 2. Rettungsschwimmer *m*
life-saving Lebensrettung *f*
life-saving measure lebensrettende Maßnahme *f*
life-saving operation lebensrettende Operation *f*
life sciences Biowissenschaften *fpl*
life space Lebensraum *m*, Lebensumfeld *n*
life span Lebenszeit *f*, Leben *n* *(eines Individuums)*; Lebenserwartung *f*
life support Aufrechterhaltung *f* der Lebensfunktionen
life-sustaining measures lebensverlängernde [lebenserhaltende] Maßnahmen *fpl*
life table Sterblichkeitstabelle *f*
life threatening lebensbedrohlich, lebensbedrohend
life trauma Alltagsverletzung *f*, Alltagstrauma *n*
lifeguard *(Am)* *s.* life-saver 2.
lifeless leblos, tot; unbelebt
lifelong lebenslang, das ganze Leben anhaltend [andauernd]
lifetime Lebenszeit *f*, Leben *n*
lift *v* liften, (das Gesicht) straffen
lift *s.* lifting
lifting Lifting *n*, Lift *m*, Straffung *f* • **have a lifting** sich liften lassen
ligament Ligament *n*, Ligamentum *n*, Band *n*, Binde *f*, Sehne *f*
ligament of the neck of the rib Ligamentum *n* costotransversum mediale
ligament of the tubercle of the rib *s.* ligament of the neck of the rib
ligamenta *pl s.* ligament
ligamental Ligamentum…, Band…
ligamental tear Bandzerreißung *f*, Bandruptur *f*
ligamentary *s.* ligamentous
ligamentopexy Ligamentopexie *f* *(Gebärmutterfixierung durch Kürzung des Ligamentum rotundum)*
ligamentous ligamentär, ligamentartig, bandartig; Ligament…, Band…

ligamentous support Bandaufhängung *f*
ligamentous symphysis *s.* syndesmosis
ligamentum *s.* ligament
ligand Ligand *m*
ligandin Ligandin *n*, Glutathion-*S*-transferase *f (Enzym)*
ligase Ligase *f (Enzym)*
ligate *v* ligieren, unterbinden, abbinden; unterbrechen, abschnüren
ligation Ligatur *f*, Unterbindung *f*, Abbinden *n (z. B. eines Blutgefäßes)*; Unterbrechung *f*, Abschnürung *f*
ligation of external carotid artery Carotis-externa-Ligatur *f*, Unterbindung *f* der äußeren Halsschlagader
ligation of haemorrhoids Hämorrhoidenligatur *f*, Hämorrhoidenunterbindung *f*
ligator Ligator *m*, Ligationsinstrument *n*
ligature 1. Ligaturfaden *m*, Unterbindungsfaden *m*, Abbindungsfaden *m*; 2. *s.* ligation
ligature carrier Fadenführer *m*
ligature forceps Ligaturklemme *f*, Fadenpinzette *f*
ligature guide forceps *(Chir)* Ligaturträger *m*, Fadenführungszange *f*
ligature holding forceps *(Chir)* Fadenhaltezange *f*
ligature needle *(Chir)* Unterbindungsnadel *f*
ligature pliers *(Chir)* Ligaturzange *f*
ligature scissors *(Chir)* Ligaturschere *f*
light leicht, bland(e) *(z. B. Kost)*; leicht, nicht schwergewichtig; leicht, unbedeutend, unkompliziert *(z. B. Krankheitsverlauf)*; leicht benommen, schwindelig; leicht, gewandt, geschickt *(z. B. Hände)*; leicht *(z. B. Schlaf)*; leicht, mild *(z. B. ein Urteil)*; leicht, unkompliziert, nicht schwierig *(z. B. Durchführung einer Operation)*
light chain Leichtkette *f*, L-Kette *f*, leichte Kette *f*, leichte Immunglobulinkette *f*
light chain deficiency Leichtketten-Krankheit *f*, L-Ketten-Mangel *m*
light chain disease Leichtketten-Krankheit *f*, L-Ketten-Krankheit *f*
light diet leichte Kost *f*
light film fault *(Rad)* leichter Filmfehler *m*
light for date baby *s.* small for date baby
light-headed benommen, schwind(e)lig, schwindelnd; verwirrt, fantasierend, mit Fieberwahn behaftet; ohnmächtig; schwach, matt, kraftlos
light-headedness Schwindel *m*, Schwindelgefühl *n*; Benommenheit *f*, Verwirrtheit *f*, Irrereden *n*; Ohnmacht *f*, Schwäche *f*, Mattigkeit *f*, Kraftlosigkeit *f*
light-touch palpation weiche [leichte] Palpation *f*
light vaginal bleeding leichte vaginale Blutung *f*
light wire appliance *(Stom)* festsitzender kieferorthopädischer Apparat *m*
light 1. Licht *n*; Helligkeit *f*; 2. Licht *n*, Lampe *f*, Beleuchtung *f*
light adaptation Helladaptation *f*, Lichtanpassung *f (des Auges)*
light-adapted eye lichtadaptiertes Auge *n*
light bath Licht(strahlen)bad *n*
light coagulation Lichtkoagulation *f (z. B. mit Laser)*
light difference Lichtdifferenz *f*, LD
light dispersion Lichtstreuung *f*
light microscope Lichtmikroskop *n*
light microscopy Lichtmikroskopie *f*
light minimum Lichtminimum *n*, LM, Lichtwahrnehmungsminimum *n*
light perception *(Ophth)* Lichtwahrnehmung *f*, Lichtempfindung *f*
light reaction Lichtreaktion *f (z. B. der Pupille)*
light reflex 1. *(Ophth)* Pupillenreflex *m*, Pupillenverengung *f* bei Lichteinfall; 2. *(HNO)* Lichtreflex *m (z. B. am gesunden Trommelfell)*
light scatter(ing) Lichtstreuung *f*, Streulicht *n*
light sense Lichtsinn *m*, Sensus *m* luminosus
light sense tester Lichtsinnprüfer *m*, Lichtsinnprüfgerät *n*
light-sensitive lichtempfindlich
light sensitivity Lichtempfindlichkeit *f*
light spot *s.* light reflex 2.
light therapy *s.* light treatment
light treatment Lichttherapie *f*, Licht(heil)behandlung *f (mit natürlichem oder künstlichem Licht)*
light *v* **up an X-ray** einen Röntgenfilm belichten
light-yellow colour of faeces strohgelbe Stuhlfarbe *f*
light-yellow faeces strohgelber Stuhl *m*
lightening *(Gyn)* Senkung *f*, Senkwehen *pl*
lightning cataract *(Ophth)* Blitzstar *m*, Cataracta *f* electrica
Lightwood-Albright syndrome *(Nephr)* Lightwood-Albright-Syndrom *n*, renale tubuläre Azidose *f*
Lignac-Fanconi syndrome *s.* 1. cystinosis; 2. Fanconi's syndrome
Lignac's syndrome *s.* 1. cystinosis; 2. Fanconi's syndrome
ligneous holzartig, holzig; Holz...
ligneous phlegmon *(Chir)* Holzphlegmone *f*
ligneous thyroiditis eisenharte [Riedel'sche] Struma *f*, chronisch schwielige Schilddrüsenentzündung *f (mit Bindegewebswucherung, Atrophie und Follikelschwund)*
lignin Lignin *n*
lignocaine *s.* lidocaine
like-dyslike (behaviour) *(Psych)* Appetenz-Aversionsverhalten *f*
likelihood *(Statist)* Wahrscheinlichkeit *f*
lilac ring Sclerodermia *f* circumscripta
liliputian hallucination Liliputhalluzination *f*, mikropsychische Halluzination *f*, Mikrohalluzination *f*
lily-white appendix *(Chir)* Unschuldswurmfortsatz *m*, Unschuldswurm *m*
limb Glied *n*, Extremität *f* • **hold a limb in a splint** eine Extremität in einer Schiene lagern • **train the limb** eine Extremität trainieren
limb amputation Gliedmaßenamputation *f*
limb bud *(Embr)* Extremitätenknospe *f*
limb girdle (muscular) dystrophy 1. Schultergürteldystrophie *f*, Erb'sche Muskeldystrophie *f*; 2. Beckengürteldystrophie *f*, Leyden-Möbius'sche Muskelatrophie *f*, pelvifemorale Muskeldystrophie *f*
limb-kinetic apraxia Ideomotorische Apraxie *f*, transkortikale Apraxie *f*, ideokinetische Apraxie *f*
limb lead Extremitäten-Ableitung *f*, Gliedmaßen-Ableitung *f (beim EKG)*
limb pain Gliederschmerz *m*
limb tremor Gliedertremor *m*, Gliederzittern *n*
limba *pl s.* limbus
limbal limbal; Limbus...
limbal conjunctiva Limbusbindehaut *f*, Conjunctiva *f* limbaris
limbal follicle Limbusfollikel *m (bei Trachom)*
limbic 1. limbisch, zum limbischen System gehörend; 2. Limbus..., Rand..., Saum...
limbic cortex Gyrus *m* fornicatus, limbisches System *n (Gehirnabschnitt zur Steuerung vegetativer Vorgänge)*
limbic lobe *s.* limbic cortex
limbic system *s.* limbic cortex
limbs Gliedmaßen *fpl*
limbus 1. Limbus *m*, Rand *m*, Saum *m*; 2. Hornhautrand *m*
limbus of the spiral lamina Limbus *m* laminae spiralis osseae, Zona *f* cartilaginea
lime (gebrannter) Kalk *m*, Branntkalk *m*, Calciumoxid *n*
lime water Kalziumhydroxidlösung *f*
limen Limen *n*, Grenze *f*, Schwelle *f*
limen insulae Limen *n* insulae, Inselschwelle *f* des Gehirns

limen nasi Limen *n* nasi, Vorhofsschwelle *f (Grenze zwischen Vorhof und eigentlicher Nasenhöhle)*
limen of twoness Zweipunktediskriminierung *f*, Zweipunkteunterscheidung *f*
limes Limes *m*, Grenze *f*, Schwelle *f*
limes dose Limes-Dosis *f*, Schwellendosis *f*, Grenzdosis *f*
limic *(Am)* Hunger…
limina *pl s.* limes
liminal liminal, Schwellen…; Grenz…
liminal audiometry Schwellenaudiometrie *f*, Gehörschwellenmesung *f*, Tonschwellenaudiometrie *f*
liminal stimulus *(Physiol)* Schwellenreiz *m*
liminometer Liminometer *n (Instrument zur Testung der Sehnenempfindlichkeit)*
limit Limit *n*, Grenze *f*, Begrenzung *f*, Beschränkung *f*
limit dextrinase Oligo-1,6-dextrinase *f*, α-Dextrinase *f (Enzym)*
limit of flocculation Flockungsgrenze *f*
limit of perception Wahrnehmungsgrenze *f*
limit of stability Stabilitätsgrenze *f (bei Seitwärtsbeugung)*
limitation Limitation *f*, Limitierung *f*, Begrenzung *f*
limitation of motion Bewgungsbegrenzung *f*
limited arachnoiditis Arachnoiditis *f* circumscripta
limited consciousness Bewusstseinseinengung *f*
limited fluctuation method of dosing *(Pharm)* Dosierung *f* mit begrenzten Schwankungen, Maximum-Minimum-Dosierung *f*
limiting begrenzend, limitans; Begrenzungs…
limiting charge Rechnungslimit *n*
limiting membrane 1. *(Ophth)* Membrana *f* vitrea, Glashaut *f*; 2. *s.* limiting membrane of the retina
limiting membrane of the retina Membrana *f* limitans retinae, Grenzhaut *f* der Netzhaut
limiting resolution limitierende Auflösung *f*
limitrophe limitroph, angrenzend, benachbart
limitrophic 1. limitroph, die Nahrungsaufnahme kontrollierend; 2. limitroph, metabolismussteuernd, den Stoffwechsel kontrollierend
limnaemia Malariakachexie *f*, chronische Malaria *f*
limnaemic malariakachektisch; an chronischer Malaria leidend; Malariakachexie…
limoctonia *(Neur)* Limoctonia *f (Selbsttötung durch Hungern)*
limophthisis Inanition *f*, Hungerkachexie *f*, Hungerentkräftung *f*, Hungerzustand *m*
limotherapy Hungertherapie *f*, Fastenbehandlung *f*
limp hinkender Gang *m*
limping Hinken *n*, Claudicatio *f*
limy bile Kalkmilchgalle *f*
lincomycin Lincomycin *n (Antibiotikum)*
lincomycin hydrochloride Lincomycinhydrochlorid *n*
lincture *s.* linctus
linctus Linctus *m*, Lecksaft *m*, Leckmus *n*
lindane Lindan *n (Skabiesmittel; Läusemittel)*
Lindau-von Hippel disease *s.* Hippel-Lindau disease
Lindau's disease Lindau'sche Krankheit *f*, Hämangiom *n* [Hämangioblastom *n*] des Kleinhirns
Lindau's tumour Lindau-Tumor *m (Angioblastom des Kleinhirns mit Zystenbildungen)*
Lindbergh pump (Carrel-)Lindbergh-Pumpe *f (zur Organperfusion)*
line 1. Linea *f*, Linie *f*, Strich *m (an Knochen)*; 2. Handlinie *f*; 3. Katheter *m*, Schlauch *m*, Infusionsschlauch *m*; Druckmessschlauch *m*
line array *(Rad)* Linearschallkopf *m*; lineare Wandlergruppe *f*
line array transducer *(Rad)* Linearwandler *m*
line of demarcation Demarkationslinie *f (zwischen totem und lebendem Gewebe)*
line of skin cleavage Hautspaltlinie *f*
line of the soleus muscle Linea *f* poplitea [musculi solei]
line pair Linienpaar *n (Sonographie)*
linea 1. Linea *f*, Linie *f*, Strich *m (an Knochen)*; 2. Handlinie *f*
linea alba Linea *f* alba, weiße Linie *f (sehniger Streifen zwischen den Bauchmuskeln)*
linea aspera Linea *f* aspera femoris, Crista *f* femoris
lineae *pl s.* linea
lineae albicantes Striae *fpl* gravidarum [cutis distensae], Schwangerschaftsstreifen *mpl*, Hautdehnungsstreifen *mpl (Hautatrophien durch Zerreißung der elastischen Fasern)*
lineae gravidarum *s.* lineae albicantes
lineal 1. *s.* linear; 2. geradlinig *(Abstammung)*
linear 1. linear, geradlinig, linienförmig; 2. von Linien gebildet
linear accelerator *(Rad)* Linearbeschleuniger *m*
linear bone growth lineares Knochenwachstum *n*
linear discision Leardiszision *f (Kataraktoperation)*
linear energy transfer *(Rad)* lineare Energieübertragung *f*
linear extraction *(Ophth)* Linearextraktion *f (Kataraktoperation)*
linear flow velocity lineare Flussgeschwindigkeit *f*
linear fracture lineare Fraktur *f*, Längsfissur *f (in Knochenlängsrichtung)*
linear grid *(Rad)* Lininerаster *n*
linear ichthyosis Papilloma *n* lineare
linear IgA bullous disease Dermatitis *f* bullosa mit linearer IgA-Ablagerung in der Lamina lucida
linear naevus Naevus *m* verrucosus
linear osteotomy Osteotomie *f*, Knochendurchtrennung *f*
linear red plane lichen linearer Lichen *m* ruber planus
linear regression *(Statist)* lineare Regression *f*
linear scan linearer Scan *m*
linear staining lineare Färbung *f*, Linearfärbung *f*
linear tomography lineare Tomographie *f*
linen Wäsche *f*, Bettwäsche *f* • **give clean linen to a patient** das Krankenbett neu [frisch] beziehen
Lineweaver-Burk equation Lineweaver-Burk'sche Gleichung *f*
Lineweaver-Burk plot Lineweaver-Burk'sches Verfahren *n (doppelt reziproke Darstellung von enzymatischer Reaktionsgeschwindigkeit und Substratkonzentration)*
Lineweaver-Burk transformation Lineweaver-Burk-Transformation *f*
lingua Lingua *f*, Zunge *f*, Glossa *f (siehe unter: tongue und lingual)*
lingua nigra Lingua *f* nigra, schwarze Haarzunge *f*
lingual lingual; Lingual…, Zungen … *(siehe auch unter: tongue)*
lingual abscess Zungenabszess *m*
lingual artery Arteria *f* lingualis, Zungenarterie *f*
lingual bar *(Stom)* Lingualbügel *m*
lingual bone *s.* hyoid bone
lingual crib *(Stom)* Lingualklammer *f*
lingual flange *(Stom)* Lingualflügel *m*, Zungenflügel *m*
lingual frenulum Frenulum *n* linguae, Zungenbändchen *n*, Zungenband *n*
lingual gingiva Gingiva *f* lingualis
lingual glands Glandulae *fpl* linguales, Schleim- und Speicheldrüsen *fpl* der Zunge
lingual goitre Struma *f* lingualis, Zungengrundstruma *f*, Zungengrundschilddrüse *f (Insel von versprengtem Schilddrüsengewebe am Zungengrund)*
lingual gyrus Gyrus *m* lingualis
lingual mucosa Zungenmukosa *f*, Zungenschleimhaut *f*
lingual nerve Nervus *m* lingualis, Zungennerv *m*
lingual occlusion Zungenokklusion *f*, Zungenschluss *m*, Lingualbiss *m*

lingual pain Zungenschmerz *m*
lingual papillae Papillae *fpl* linguales, Lingualpapillen *fpl*, Zungenpapillen *fpl*
lingual paralysis Zungenlähmung *f*
lingual placement *(Stom)* Lingualverlagerung *f*, linguale Zahnverlagerung *f*
lingual plate *(Stom)* Lingualplatte *f*
lingual plexus Plexus *m* lingualis, Lingualplexus *m*, Zungenarteriennervengeflecht *n*
lingual psoriasis Psoriasis *f* linguae, Zungenpsoriasis *f*
lingual rest *(Stom)* lingualer Stützbereich *m*, lingualer Auflagebereich *m*
lingual saliva Zungen(drüsen)speichel *m*
lingual septum Septum *n* linguae, Zungenseptum *n*, Zungenscheidewand *f*
lingual spasm Lingualspasmus *m*, Zungenkrampf *m*
lingual surface Facies *f* lingualis, Zungenoberfläche *f*
lingual thyroid *s.* lingual goitre
lingual titubation Stottern *n*, Stammeln *n*
lingual tonsil Tonsilla *f* lingualis, Zungentonsille *f*, Zungenmandel *f*
lingual vein Vena *f* lingualis, Zungenvene *f*
lingual version *(Stom)* Lingualversion *f*, linguale Version *f*, linguale Neigung *f*
linguale Linguale *n (kraniometrischer Messpunkt)*
lingualis Musculus *m* linguae, Zungenmuskel *m*
lingualis leukoplakia linguale Leukoplakie *f*, Zungenleukoplakie *f*
lingualis muscle *s.* lingualis
Linguatula serrata Linguatula *f* serrata
linguatuliasis *(Paras)* Linguatuliasis *f*, Zungenwurmbefall *m*, Zungenwurminfestation *f*
Linguatulidae Linguatulidae *pl*
linguatulosis *s.* linguatuliasis
linguiform linguiform, zungenförmig
lingula 1. Lingula *f*, Zünglein *n*, kleine Zunge *f*; 2. Lingula *f* cerebelli
lingula of the cerebellum Lingula *f* cerebelli
lingula of the left lung Lingula *f* pulmonis sinistri
lingula of the lower jaw Lingula *f* mandibulae
lingula of the mandible Lingula *f* mandibulae
lingula of the sphenoid Lingula *f* sphenoidalis
lingular lingular; Lingula..., Zünglein...
lingulate *s.* linguiform
lingulectomy Lingulektomie *f*, Lingularesektion *f*, (operative) Lingulaentfernung *f*
linguo-axial *(Stom)* linguoaxial
linguo-axiogingival *(Stom)* linguoaxiogingival
linguo-incisal *(Stom)* linguoinzisal; Zungen-Schneidezahn-...
linguo-occlusal *(Stom)* linguooklusal
linguo-occlusion *(Stom)* Linguookklusion *f*, Lingualbiss *m*
linguocervical *(Stom)* linguozervikal
linguoclination *(Stom)* linguale Inklination *f*, Lingualinklination *f*, linguale Neigung *f*
linguodental *(Stom)* linguodental; Zungen-Zahn-...
linguodistal *(Stom)* linguodistal, zungenfern
linguogingival *(Stom)* linguogingival; Zungen-Gaumen-...
linguomesial *(Stom)* linguomesial
linguopapillitis Linguopapillitis *f*, Zungenpapillenentzündung *f*
linguoplacement *s.* lingual placement
linguoplate *s.* lingual plate
linguopulpal *(Stom)* linguopulpal
linguotrite Tenaculum *n* linguae, Zungenfasszange *f*
linguoversion *(Stom)* Linguoversion *f*
liniment Liniment(um) *n*, flüssiges Einreibemittel *n (aus Seife oder Ölen mit Zusätzen von Arzneimitteln)*
linin Linin *n*, Achromatin *n (Teil des Kerngerüsts)*
lining Auskleidung *f (z. B. einer Höhle)*
lining epithelium Auskleidungsepithel *n*
linitis plastica Linitis *f* plastica, hypertrophische Magenzirrhose *f*, Sklerostenose *f* des Magens; derber Schrumpfmagen *m (mit plumpen, starren Schleimhautfalten)*
linkage 1. Bindung *f*, Verbindung *f*; 2. *(Psych)* Bindung *f (z. B. einer Reaktion auf einen Stimulus)*; 3. *(Bioch)* Bindung *f*, Atombindung *f*; 4. *(Gen)* Verbindung *f*, Verkettung *f*
linkage disequilibrium *(Gen)* Verbindungsdysäquilibirum *n*, Verkettungsdysäquilibrium *n*
linkage group *(Gen)* Verkettungsgruppe *f (z. B. von Chromosomen)*
linkage map *(Gen)* genetische Karte *f*, Verkettungskarte *f*
linked verbunden, gebunden; gekoppelt; verkettet
linked genes verbundene [verkettete] Gene *npl*
linker *(Gen)* DNA-Linker *m*
linker scanning Linker-Scanning *n*
linoleate Linoleat *n*
linoleic acid *s.* linolic acid
linolein Linolein *n*
linolenic acid Linolensäure *f*, Acidum *n* linolenicum
linolic acid Linolsäure *f*, Acidum *n* linolicum
linseed Leinsamen *m*
lint Scharpie *f*, zerzupfte Leinwand *f (als Verbandstoff verwendet)*
lintin *s.* lint
Linton-Nachlas tube *(Gastr)* Linton-Nachlas-Sonde *f*
Linton shunt Linton-Shunt *m*, splenorenaler Shunt *m*
lio... *s. a.* leio...
liothyronine Liothyronin *n (synthetisches Schilddrüsenhormon)*
liothyronine I 125 Liothyronin *n* I 125
liothyronine sodium Liothyronin-Natrium *n*
liotrix T_3-T_4-Hormon-Gemisch *n*, Thyronin-Thyroxin-Hormon-Gemisch *n*
lip 1. Lippe *f*, Labium *n (siehe auch unter: labial)*; 2. Lefze *f*, Wundlefze *f*
lip cancer [carcinoma] Lippenkrebs *m*, Lippenkarzinom *n*
lip fissure Lippenspalte *f*, Hasenscharte *f*, Labium *n* fissum
lip-form fistula of the stomach lippenförmige Magenfistel *f*
lip furrow band Lippenfurchenband *n*
lip furuncle Lippenfurunkel *m*
lip herpes Lippenherpes *m*, Herpes *m* labialis
lip of the cervix of the uterus Muttermundlippe *f*, Labium *n* ostii uteri
lip protrusion Lippenprotrusion *f*
lip reading Lippenlesen *n*
lip reflex Lippenreflex *m*, Saugreflex *m*
lip retractor *(Stom)* Lippenretraktor *m*, Lippensperrer *m*
lipacidaemia Lipazidämie *f*, Fettsäureerhöhung *f* im Blut
lipaciduria Lipazidurie *f*, Fettsäureausscheidung *f* im Urin
lipaemia Lipämie *f*, Fettanreicherung *f* im Blut
lipaemic lipämisch
lipaemic nephrosis *s.* lipoid nephrosis
liparocele Netzhernie *f*, Liparozele *f*, Hernia *f* omentalis
liparodyspnoea adipöse Dyspnoe *f*
liparoid fettartig, fettähnlich
liparotrichia Liparotrichie *f*, Fetthaarigkeit *f*
liparous verfettet, fettleibig, adipös
lipase Lipase *f (Enzym)*
lipasuria Lipasurie *f*, Lipaseausscheidung *f* im Urin
lipectomy Lipektomie *f*, Fettgewebsresektion *f*, (operative) Fettgewebsentfernung *f*
lipedema *s.* lipoedema
lipemia *s.* lipaemia
lipemic *s.* lipaemic
lipid Lipid *n (Sammelbezeichnung für Fette und Lipoide)*

lipid blood level Lipidblutspiegel *m*
lipid-cell tumour Lipidzelltumor *m*, Lipidzellgeschwulst *f*
lipid-cell tumour of the ovary *s.* luteoma
lipid granulomatosis Lipidgranulomatose *f*, Hand-Schüller-Christian'sche Krankheit *f*
lipid histiocytosis Lipidhistiozytose *f (siehe auch: Niemann-Pick disease)*
lipid metabolism Lipidmetabolismus *m*, Fettstoffwechsel *m*
lipid pneumonia Lipidpneumonie *f*, Fettpneumonie *f*, Ölpneumonie *f*, Paraffinpneumonie *f*
lipid solubility Lipidlöslichkeit *f*
lipid stain Lipidfärbung *f*
lipid storage disease *s.* lipidosis
lipid thesaurismosis *s.* lipidosis
lipidaemia *s.* lipaemia
lipidic lipidisch, lipidartig
lipidolysis *s.* lipolysis
lipidolytic *s.* lipolytic
lipidosis Lipidose *f*, Lipidspeicherkrankheit *f*, Fettspeicher(ungs)krankheit *f*, Lip(o)idthesaurismose *f*
lipiduria Lipidurie *f*, Lipidausscheidung *f* im Urin
lipin(e) *s.* lipid
lipoadenoma Lipoadenom *n*
lipoamide Lipoamid *n*
lipoamide dehydrogenase Lipoamiddehydrogenase *f (Enzym)*
lipoamide dehydrogenase deficiency Lipoamid-dehydrogenasemangel *m*
lipoamide disulfide Lipoamiddisulfid *n*
lipoamide reductase Lipoamidreduktase *f (Enzym)*
lipoarthritis Lipoarthritis *f*, Gelenkfett(körper)entzündung *f*
lipoate Lipoat *n*
lipoate acetyltransferase Lipoatacetyltransferase *f*, Lipoatazetyltransferase *f (Enzym)*
lipoatrophic lipoatroph(isch); Lipoatrophie...
lipoatrophic diabetes lipoatropher Diabetes *m* mellitus
lipoatrophy Lipoatrophie *f*, Fett(gewebe)atrophie *f*
lipoblast *(Histol)* Lipoblast *m*, Fettzelle *f*
lipoblastic lipoblastisch, fett(zellen)bildend
lipoblastoma *s.* liposarcoma
lipoblastomatosis Lipoblastomatose *f*
lipoblastosis Lipoblastose *f*, Auftreten *n* multipler Lipome
lipocalcinogranulomatosis Lipokalzinogranulomatose *f*, Calcinosis *f* progrediens [universalis interstitialis], Teutschländer-Krankheit *f (Cholesterinspeicherkrankheit)*
lipocardiac Fettherz..., Herzverfettungs...
lipocatabolic lipokatabol(isch); Fettabbaustoffwechsel...
lipocele Lipozele *f*, Adipozele *f*, Hernia *f* adiposa, Fett(gewebs)bruch *m*
lipoceratous Fettwachs..., Leichenwachs...
lipocere *(Path)* Adipocire *f*, Leichenwachs *n*
lipochondria Lipochondrie *f*
lipochondrodystrophy *(Päd)* Lipochondrodystrophie *f*, Pfaundler-Hurler'sche Krankheit *f*
lipochondroma Lipochondrom *n*
lipochondroplasia *s.* lipochondrodystrophy
lipochromaemia Lipochromämie *f*, erhöhter Lipochromgehalt *m* im Blut
lipochrome 1. Lipochrom *n*, Lipoidpigment *n (Farbstoff)*; 2. *s.* lipofuscin
lipochromogen Lipochromogen *n*
lipoclasis *s.* lipolysis
lipoclastic *s.* lipolytic
lipocrit Lipokrit *m*, Fettgehaltsmesser *m*
lipocyanine Lipozyanin *n*
lipocyte *(Histol)* Lipozyt *m*, Lipidozyt *m*, Fettzelle *f*
lipodieresis Fettspaltung *f*, Fettzerstörung *f*
lipodieretic Fett spaltend, Fett zerstörend
lipodystrophy Lipodystrophie *f*, Fettgewebsschwund *m*, Fettgewebeschwund *m*
lipoedema Lipödem *n*, symmetrisches schmerzhaftes Ödem *n (an Oberschenkeln)*
lipofectin Lipofektin *n*
lipofection Lipofektion *f*
lipoferous fetthaltig, fettenthaltend
lipofibroma *(Path)* Lipofibrom *n*
lipofibromyxoma *(Path)* Lipofibromyxom *n*
lipofibrosarcoma *(Path)* Lipofibrosarkom *n*
lipoflavonoid Lipoflavonoid *n*
lipofuscin *(Path)* Lipofuszin *n*, Abnutzungspigment *n*, Alterungspigment *n*
lipofuscinosis Lipofuszinose *f*
lipogenesis Lipogenese *f*, Fettbildung *f*
lipogenetic *s.* lipogenic
lipogenic lipogen, fettbildend, fettproduzierend; Lipogenese...
lipogenous *s.* lipogenic
lipogranuloma *(Path)* Lipogranulom *n*
lipogranulomatosis Lipogranulomatose *f*
lipohaemarthrosis Lipohämarthrosis *f*, Fett- und Blutansammlung *f* im Gelenk
lipohaemia *s.* lipaemia
lipohistiodieresis Lipohistiodierese *f*
lipohyalin Lipohyalin *n*
lipohypertrophy Lipohypertrophie *f (Hypertrophie des subkutanen Fettgewebes)*
lipoic acid Lipoinsäure *f*, Liponsäure *f*
lipoid lipoid, fettähnlich, fettartig
lipoid Lipoid *n (fettähnliche Substanz; siehe auch: lipid)*
lipoid arch (of the cornea) *(Ophth)* Lipoidbogen *m* der Hornhaut, Arcus *m* lipoideus cornealis, Gerontotoxon *n*, Greisenbogen *m*
lipoid cholecystitis Lipoidcholezystitis *f*
lipoid necrobiosis of diabetics Necrobiosis *f* lipoidica diabeticorum
lipoid nephrosis Lipidnephrose *f*, Lipidablagerung *f* in der Niere
lipoid proteinosis Lipidproteinose *f*, Hyalinosis *f* [Lipoidosis *f*] cutis et mucosae
lipoid thesaurismosis *s.* lipidosis
lipoidaemia *s.* lipaemia
lipoidic *s.* lipoid
lipoidosis *s.* lipidosis
lipoidproteinosis *s.* lipoid proteinosis
lipoidsiderosis Lipidsiderose *f*, Eisen- und Fettablagerung *f* im Gewebe
lipoiduria Lipoidurie *f*, Lipoidausscheidung *f* im Urin
lipolipoidosis Lipolipoidose *f (Ansammlung von Neutralfetten und Lipiden in Zellen)*
lipolysis Lipolyse *f*, (enzymatische) Fettspaltung *f*, Triglyceridspaltung *f*
lipolytic lipolytisch, fettspaltend; Lipolyse...
lipolytic digestion lipolytische Digestion *f*
lipolytic enzyme Fett spaltendes Enzym *n*
lipoma Lipom(a) *n*, Adipom *n*, Fett(gewebs)geschwulst *f*
lipomatoid lipomatös, lipomartig
lipomatosis Lipomatose *f*, Lipomatosis *f*, umschriebene Fett(gewebs)anhäufung *f*, Fett(gewebs)durchwachsung *f*, Fett(gewebs)anreicherung *f*, Fettsucht *f*
lipomatous 1. lipomatös; Lipom...; 2. lipomatös, fettreich
lipomatous myxoma lipomatöses Myxom *n*
lipomatous nephritis lipomatöse Nephritis *f*, Lipomatosis *f* renis, Lipoma *n* diffusum renis
lipomelanotic lipomelanotisch; Fett-Melanin-...
lipomeningocele Lipomeningozele *f*
lipometabolic lipometabolisch; Fettstoffwechsel...

lipometabolism Fettmetabolismus *m*, Fettstoffwechsel *m*; Fettausnutzung *f*
lipomukopolysaccharidosis Lipomukopolysaccharidose *f*, Mukosulfatidose *f*
lipomyelomeningocele Lipomyelomeningozele *f*
lipomyohaemangioma *(Path)* Lipomyohämangiom *n*
lipomyoma *(Path)* Lipomyom *n*, Myolipom *n*
lipomyosarcoma *(Path)* Lipomyosarkom *n*
lipomyxoma *(Path)* Lipomyxom(a) *n*, Myxolipom *n*, Lipoma *n* myxomatodes
lipomyxosarcoma *(Path)* Lipomyxosarkom *n*
liponephrosis *s.* lipoid nephrosis
liponucleoprotein Liponukleoprotein *n*
lipopathy Lipopathie *f*, Fettstoffwechselstörung *f*
lipopectic *s.* lipopexic
lipopenia Lipopenie *f*, Fettmangel *m* im Gewebe
lipopenic Fettmangel...
lipopeptide Lipopeptid *n*
lipopexia Lipopexia *f*, Fettanhäufung *f*
lipopexic fettbindend, Fett anhäufend; Lipopexie...
lipophage Lipophag(e) *m*, Fett verzehrende Zelle *f*
lipophagia Lipophagie *f*, Fettaufnahme *f (durch Zellen)*
lipophagic lipophag, fettaufnehmend, fettfressend
lipophagic granuloma lipophages Granulom *n*, Lipo(id)-granulom *n (Speicherform endogener und exogener Fettstoffe in Bindegewebszellen)*
lipophanerosis Lipophanerose *f*
lipophil lipophile Substanz *f*
lipophile lipophil, fettliebend, sich mit Fett mischend, in Fett löslich
lipophilia 1. Lipophilie *f*, Fettaffinität *f*, 2. Neigung *f* zum Fettansatz
lipophilic lipophil, fettliebend, sich mit Fett mischend, in Fett löslich
lipophilin Lipophilin *n*
lipophore Lipophor *m*
lipophosphodiesterase I Lipophosphodiesterase *f* I, Phospholipase *f* C
lipophosphodiesterase II Lipophosphodiesterase *f* II, Phospholipase *f* D
lipoplastic lipoplastisch, Fettgewebe bildend, fett(gewebs)bildend
lipoplasty Lipoplastlk *f*, Liposuktion *f*, Fettabsaugung *f*
lipopolysaccharide Lipopolysaccharid *n*
lipoprotein Lipoprotein *n*
lipoprotein electrophoresis Lipoproteinelektrophorese *f*
lipoprotein envelope Lipoproteinhülle *f*
lipoprotein lipase Lipoproteinlipase *f*, Klärfaktor *m (Enzym)*
lipoprotein membrane Lipoproteinmembran *f*
lipoprotein-X Lipoprotein-X *n (bei Verschlussikterus)*
lipoproteinaemia Lipoproteinämie *f*, erhöhter Lipoproteingehalt *m* im Blut
lipoproteinosis Lipoidproteinose *f*
liposarcoma Liposarkom *n*, Lipoma *n* sarcomatodes *(bösartige Bindegewebsgeschwulst)*
liposarcomatous liposarkomatös
liposis *s.* lipomatosis
liposoluble fettlöslich
liposome Liposom *n (Ablagerung von Fetttröpfchen)*
liposteatosis Liposteatose *f*
lipostomy Lipostomie *f*, Mundatrophie *f*
liposuction Fettabsaugung *f*, Liposuktion *f*
liposuctioning Fettabsaugen *n*, Fettabsaugung *f*
lipothiamide pyrophosphate Lipothiamidpyrophosphat *n*
lipothymia Lipothymie *f*, Ohnmacht *f*, Schwindel *m*
lipotroph lipotrophe Zelle *f (des Hypophysenvorderlappens)*
lipotrophic lipotroph, fettansetzend, fetteinlagernd
lipotrophy Lipotrophie *f*, Fettansetzen *n*, Fetteinlagerung *f*
lipotropic lipotrop(isch), auf den Fettstoffwechsel wirkend
lipotropin Lipotropin *n*, lipotropes Hormon *n*, LPH
lipotropism Lipotropismus *m*
lipotropy Lipotropie *f*
lipotuberculin Lipotuberkulin *n (enthält fettige Fraktion von Mycobacterium tuberculosis)*
lipovaccine Lipovakzine *f*, fettlösliche Vakzine *f*
lipovitellin Lipovitellin *n*
lipoxanthine Lipoxanthin *n*
lipoxenic lipoxen(isch); Lipoxenie...
lipoxeny Lipoxenie *f (Verlassen des Wirts durch den Schmarotzer)*
lipoxidase *s.* lipoxygenase
lipoxygenase Lipoxygenase *f (Enzym)*; *(veraltet)* Lipoxydase *f*
lipoxysm Lipoxysmus *m*, Vergiftung *f* durch Ölsäure
lippa Blepharitis *f* marginalis [ciliaris]
lipping Knochenauswuchs *m (bei Gelenkentzündung)*
lippitude Lippitudo *f*, Triefen *n* des Auges; Triefauge *n*
lippitudo *s.* lippitude
Lipschütz bodies Lipschütz-Körperchen *npl (intranukleäre eosinophile Einschlusskörperchen bei Herpes simplex)*
Lipschütz disease Lipschütz-Krankheit *f*, Ulcus *n* vulvae acutum
Lipschütz ulcer Lipschütz-Ulkus *n*, Lipschütz-Geschwür *n*
lipsotrichia Haarausfall *m*, Haarausfallen *n*
lipuria Lipurie *f*, Adiposurie *f*, Fettausscheidung *f* im Urin
lipuric lipurisch; Lipurie...
liquefacient verflüssigend; Liquefaktions..., Verflüssigungs...
liquefacient (agent) Verflüssigungsmittel *n*, verflüssigendes Mittel *n*
liquefaction Liquefaktion *f*, Verflüssigung *f*, Verflüssigen *n*; Flüssigwerden *n*
liquefaction necrosis *(Path)* Liquefaktionsnekrose *f*, Verflüssigungsnekrose *f*
liquefaction of the vitreous body *(Ophth)* Glaskörperverflüssigung *f*, Liquefactio *f* corporis vitrei
liquefactive *s.* liquefacient
liquefactive degeneration *s.* liquefaction necrosis
liquefying necrosis *s.* liquofaction necrosis
liquescent sich verflüssigend
liquid liquid(e), flüssig
liquid Flüssigkeit *f*
liquid diet Flüssigkost *f*
liquid gas chromatography *(Lab)* Flüssig-Gas-Chromatographie *f*
liquid nitrogen flüssiger Stickstoff *m*
liquid scintillation cocktail flüssiger Szintillationscocktail *m*
liquid scintillation counter flüssiger Szintillationszähler *m*, Liquid-Szintillationszähler *m*
liqulform flüssigkcitcähnlich
liquor 1. Liquor *m*, Flüssigkeit *f*, Körperflüssigkeit *f*, 2. flüssiges Arzneimittel *n*
liquor block(age) Liquorstopp *m*, Liquorblockade *f*
liquor diagnosis 1. Liquordiagnose *f*, 2. Liquordiagnostik *f*
liquor fistula Liquorfistel *f*
liquor glucose Liquorzucker *m*
liquor passage Liquorpassage *f*, Liquorabfluss *m*
liquor scintigraphy Liquorszintigraphie *f*
liquorice Lakritze *f*, Süßholz *n*
liquorrhoea Liquorrhoe *f*, Liquorfluss *m*, Herausfließen *n* von Zerebrospinalflüssigkeit
Lisch nodules Lisch-Knötchen *npl (Irishamartomas bei Neurofibromatose)*

Lisfranc's amputation *(Orth)* Lisfranc'sche Amputation *f*, Amputation *f* im Lisfranc'schen Gelenk, Mittelfußamputation *f*, Mittelfußabtrennung *f* im Fußwurzel-Mittelfuß-Gelenk
Lisfranc's fracture Lisfranc-Fraktur *f*
lisinopril Lisinopril *n (ACE-Hemmer)*
lisp *v* lispeln
lisp Lispeln *n*, Sigmatismus *m*, Parasigmatismus *m (falsche Aussprache der Zischlaute)*
lisping Lispeln *n*, Stottern *n*, Sigmatismus *m*
Lissauers's bundle *s.* Lissauer's tract
Lissauers's column *s.* Lissauer's tract
Lissauers's dementia paralytica *s.* Lissauer's paralysis
Lissauers's fascicle *s.* Lissauer's tract
Lissauers's marginal zone Lissauer'sche Randzone *f*, Lissauer'sche Zone *f*, Zona *f* terminalis *(des Rückenmarkes)*
Lissauers's paralysis *(Neur)* Lissauer'sche Herdparalyse *f*, Lissauer'sche Paralyse *f*, atypische Paralyse *f*
Lissauers's tract Lissauer'scher Traktus *m*, Lissauer'sches Randbündel *n*, Tractus *m* posterolateralis [dorsolateralis]
Lissauers's type of paresis *s.* Lissauer's paralysis
lissencephalia *(Terat)* Lissenzephalie *f*, Agyrie *f*, Fehlen *n* der Gehirnwindungen
lissencephalic lissenzephal(isch), glatthirnig, mit windungslosem Gehirn
lissencephalous *s.* lissencephalic
lissencephalus *(Terat)* Lissenzephalus *m*, Missgeburt *f* mit windungslosem Gehirn
lissencephaly *s.* lissencephalia
lissive Muskelspasmen lösend
lissosphincter Sphinkter *m* mit glatter Muskulatur
lissotrichic *s.* lissotrichous
lissotrichous lissotrich(ös), glatthaarig, leiotrichös
listen *v* **to intestinal tones** die Darmgeräusche auskultieren [abhören]
listen *v* **to pleural murmur** das Pleurareiben auskultieren, das Rippenfell abhören
listen *v* **to the heart** das Herz auskultieren [abhören]
listen *v* **to the lungs with a stethoscope** die Lungen auskultieren, die Lungen mit einem Stethoskop abhören
listen *v* **to the pericardial murmur** das Perikardreiben auskultieren, das Herzfell abhören
listeraemia Listeriämie *f*, Vorhandensein *n* von Listerien im Blut
listereliosis *s.* listeriosis
listerellosis *s.* listeriosis
Listeria monocytogenes Listeria *f* monocytogenes *(grampositives, sporenloses Stäbchen)*
listerial Listerien…
lister(i)osis *(Inf)* Listeriose *f*, Granulomatosis *f* infantiseptica
Lister's dressing Lister'scher Karbolsäureverband *m*
Lister's method *s.* Lister's dressing
Lister's tubercle Tuberculum *n* dorsale radii
listleness *(Psych)* Teilnahmslosigkeit *f*
Liston's forceps Liston'sche Knochensplitterzange *f*, Liston'sche Knochenzange *f*
Liston's knife *(Chir)* Liston'sches Amputationsmesser *n*
Liston's operation Liston'sche Operation *f*
Liston's shears Liston'sche Schere *f*
Liston's splint Liston-Schiene *f (bei Oberschenkelfrakturen)*
literal literal; Buchstaben…
literal agraphia *(Neur)* Buchstabenagraphie *f*, Buchstabenschreibunfähigkeit *f*
literal ataxia *(Neur)* literale Ataxie *f*, Silbenstolpern *n*
literal paraphasia *(Neur)* literale Paraphasie *f*
lithaemia Lithämie *f*, Urikämie *f*, Harnsäurevermehrung *f* im Blut, Harnsäure(blutspiegel)erhöhung *f*
lithagogue lithagog, steinabtreibend
lithagogue (agent) Lithagogum *n*, steinabtreibendes Mittel *n*
lithangiuria Lithangiurie *f*
litharge Lithargyrum *n*, Bleiglätte *f*, Bleimonoxid *n*
lithate *s.* urate
lithecbole Steinabgang *m*, Steinexpulsion *f*
lithectasy Lithektasie *f (Steinentfernung durch eine dilatierte Harnröhre)*
lithectomy Lithektomie *f*, (operative) Steinentfernung *f*
lithiasic Lithiasis…, Steinkrankheit(s)…; steinbildend; Steinbildungs…
lithiasis Lithiasis *f*, Steinkrankheit *f*, Steinleiden *n*; Steinbildung *f*
lithic 1. Lithium…; 2. Stein…
lithic acid *s.* uric acid
lithicosis *s.* pneumokoniosis
lithium Lithium *n*, Li
lithium carbonate Lithiumkarbonat *n (antimanisches Mittel)*
lithium fluoride Lithiumfluorid *n (für Thermolumineszenzdosimetrie)*
lithium prophylaxis Lithium-Prophylaxe *f (bei manisch-depressiver Erkrankung)*
lithium therapy Lithium-Therapie *f (bei akuter manischer Phase)*
lithocenosis Lithokenosis *f*, Steinfragmententfernung *f* aus der Blase
lithocholate Lithocholat *n*
lithocholic acid Lithocholsäure *f*, 3-Monohydroxycholansäure *f (Gallensäure)*
lithocholylglycine Lithocholylglycin *n*, Glycinlithocholat *n*
lithocholyltaurine Lithocholyltaurin *n*, Taurinlithocholat *n*
lithoclast *s.* lithotrite
lithocystotomy Lithozystotomie *f*, (operative) Blasensteinentfernung *f*, Blasensteinschnitt *m*
lithodialysis *s.* litholysis
lithogenesis Lithogenese *f*, Steinbildung *f*, Steinproduktion *f*
lithogenetic lithogen, steinbildend, steinproduzierend
lithogenic *s.* lithogenetic
lithogenous *s.* lithogenetic
lithogeny *s.* lithogenesis
lithoid(al) lithoid, steinartig; Stein…
lithokelyphopaedion Lithokelyphopädion *n*, Steinkind *n* in versteinerten Fruchthüllen
lithokelyphos Lithokelyphos *n*, Fruchthüllenverkalkung *f*
litholapaxy *s.* lithotrity
lithology Lithologie *f (Lehre von den Steinerkrankungen)*
litholysis Litholyse *f*, Steinauflösung *f*
litholyte Litholyt *m (Instrument zur Injektion von steinauflösenden Substanzen in die Blase)*
litholytic litholytisch, steinauflösend; Litholyse…, Steinauflösungs…
lithomalacia Lithomalazie *f*, Blasensteinerweichung *f*
lithometer Lithometer *n (zur Vermessung von Steinen)*
lithomyl Lithotriptor *m (zur Pulverisierung von Blasensteinen)*
lithonephritis Lithonephritis *f*, Nierenentzündung *f* durch Nierensteine
lithonephrotomy Lithonephrotomie *f*, Nieren(becken)-steinschnitt *m*
lithopaedion Lithopädion *n*, Steinkind *n (abgestorbene versteinerte Frucht bei Extrauteringravidität)*
lithophone Lithophon *n*, Steinhörsonde *f*, Steinfühlsonde *f*
lithoscope Zystoskop *n*, Blasenspiegel *m*
lithosis *s.* pneumokoniosis

lithotome Lithotom *n*, Steinschnittmesser *n*
lithotomist Lithotomiespezialist *m*
lithotomy *(Chir)* Lithotomie *f*, Herausschneiden *n* von Steinen, Steinschnitt *m*
lithotomy forceps Steinfasszange *f*
lithotomy position Lithotomieposition *f*, Steinschnittposition *f*, Steinschnittlage *f*
lithotresis Steinanbohrung *f*, Steinanbohren *n*
lithotripsy *s.* lithotrity
lithotriptic *s.* lithotritic
lithotriptor *s.* lithotrite
lithotriptoscope Lithotriptoskop *n*, Blasenspiegel *m* mit Steinzertrümmerungszange
lithotriptoscopy Lithotriptoskopie *f*, Blasenspiegelung *f* und Steinzertrümmerung *f*
lithotrite Lithoklast *m*, Lithotriptor *m*, Lithotripter *m*, Steinzertrümmerer *m*, Steinzerquetschungszange *f*
lithotritic lithotriptisch, steinzertrümmernd, steinzerquetschend
lithotrity Lithotripsie *f*, Steinzertrümmerung *f*, Steinzerquetschung *f*
lithotroph Lithotrophe(r) *m*, lithotropher Organismus *m*
lithous steinig, steinartig, konkrementartig
lithoxiduria Lithoxidurie *f*, Xanthinausscheidung *f* im Urin
lithuresis Lithurese *f*, Harngrießausscheidung *f*, Ausscheidung *f* kleiner Harnsteinchen
lithureteria Uretersteinleiden *n*
lithuria Lithurie *f*, Uraturie *f*, Harnsäureausscheidung *f* im Urin
litigate *v* 1. vor Gericht verhandeln; 2. prozessieren
litigious paranoia *(Neur)* Querulantenwahn *m*
litigious psychopathy *(Neur)* querulatorische Psychopathie *f*
litmus Lackmus *n*
litmus paper Lackmus(indikator)papier *n*
litter Trage *f*, Tragbahre *f*; Bahre *f*
litter-bearer Krankenträger *m*
litter carrier *s.* litter-bearer
little brain Kleinhirn *n*, Cerebellum *n (Zusammensetzungen siehe unter: cerebellar)*
little finger kleiner Finger *m*, Kleinfinger *m*, Digitus *m* quintus
little stroke kleiner Schlaganfall *m (siehe auch: apoplexy 1.)*
little toe kleiner Zeh *m*, Kleinzehe *f*, Digitus *m* quintus (pedis)
Little's disease Little'sche Krankheit *f*, Little-Syndrom *n*, spastische Diplegie *f*, angeborene spastische Muskelstarre *f*
littoral 1. Littoral..., Ufer..., Küsten...; 2. einen Flüssigkeitsrand betreffend
littreitis *s.* littritis
Littré's crypts Littré'sche Krypten *fpl*, Glandulae *fpl* praeputiales
Littré's glands Littré'sche Drüsen *fpl*, Glandulae *fpl* urethrales, Harnröhrenschleimdrüsen *fpl*
Littré's hernia (Richter-)Littré-Hernie *f*, Littré'sche Hernie *f*, Darmwandbruch *m*
littritis Littreitis *f*, Entzündung *f* der Littré'schen Drüsen
Litzmann's obliquity Litzmann-Obliquität *f*, Litzmann'sche Obliquität *f*, Hinterscheitelbeineinstellung *f*, hinterer Asynklitismus *m (Abweichung der Pfeilnaht aus der Beckenführungslinie nach vorn bei der Geburt)*
live attenuated measles virus vaccine abgeschwächte Masernvirus-Lebendvakzine *f*
live attenuated vaccine abgeschwächte Lebendvakzine *f*, abgeschwächter Lebendimpfstoff *m*
live birth Lebendgeburt *f*
live-born lebendgeboren
live-flesh Muskelwogen *n*, Muskelzucken *n*
live measles and mumps virus vaccine Masern-Mumps-Lebendvakzine *f*, Masernvirus-Mumpsvirus-Lebendvakzine *f*
live oral poliomyelitis vaccine orale Poliomyelitis-Lebendvakzine *f*
live rubella virus vaccine Rubellavirus-Lebendvakzine *f*, Rötelnvirus-Lebendimpfstoff *m*
live tooth lebender [vitaler] Zahn *m*
live vaccine Lebendvakzine *f*, Lebendimpfstoff *m*
livebirth Lebendgeburt *f*
livedo Livedo *f (bläuliche Verfärbung der Haut)*
livedo vasculitis Livedovaskulitis *f*
livedoid livedoid, livedoartig
liver Leber *f*, Hepar *n (siehe auch unter: hepatic)*
liver abscess Leberabszess *m*
liver bed *(Anat)* Leberbett *n*
liver bed suture *(Chir)* Leberbettnaht *f*
liver biopsy Leberbiopsie *f*
liver blood flow Leberdurchblutung *f*
liver breath *(Gastr)* Lebergeruch *m*, Fötor *m* hepaticus
liver capsule Leberkapsel *f*
liver cancer Leberkrebs *m*, Leberkarzinom *n*
liver cell *(Histol)* Leberzelle *f*
liver cell adenoma *(Path)* Leberadenom *n*
liver cell carcinoma *(Path)* hepatozelluläres Karzinom *n*, Hepatom *n*
liver cell failure Leberzellausfall *m*, Leberzellversagen *n*
liver cell necrosis *s.* liver necrosis
liver cirrhosis Leberzirrhose *f*, Cirrhosis *f* hepatis
liver complaint Leberleiden *n*
liver congestion Leberstauung *f*, Stauungsleber *f*
liver cyst Leberzyste *f*
liver disease Leberkrankheit *f*, Lebererkrankung *f*, Leberleiden *n*
liver disease diagnosis Leberkrankheitsdiagnostik *f*
liver disorder Leber(funktions)störung *f*
liver echinococcosis Leberechinokokkose *f*
liver enzyme Leberenzym *n*
liver failure Leberversagen *n*, Leberausfall *m*
liver flap(ping) *(Neur, Hepat)* Lebertremor *m*
liver fluke *(Trop)* Leberegel *m*, Fasciola *f* hepatica; Clonorchis *m* sinensis, Distomum *n* hepaticum
liver function Leberfunktion *f*
liver-function test *(Lab)* Leberfunktionstest *m*, Leberfunktionsprobe *f*
liver glycogen Leberglykogen *n*
liver haemorrhage Leber(ein)blutung *f*
liver infarction Leberinfarkt *m*, Leberinfarzierung *f*
liver injury 1. Leberverletzung *f*, Lebertrauma *n*; 2. *s.* liver necrosis
liver involvement Leberbeteiligung *f*
liver lobule Leberläppchen *n*, Lobulus *m* hepatis
liver margin Leberrand *m*, Margo *m* hepatis
liver metastasis Lebermetastase *f*
liver necrosis Leber(zell)nekrose *f*, Leberzellenuntergang *m*, Leberzellenzerstörung *f (z. B. durch Giftwirkung)*
liver palms *(Hepat, Derm)* Erythema *n* palmarum, Palmarerythem *n*
liver perfusion Leberperfusion *f*
liver phosphorylase Leberphosphorylase *f (Enzym)*
liver phosphorylase deficiency Leberphosphorylasemangel *m*, Glykogenspeicherkrankheit *f* Typ VI
liver phosphorylase kinase Leberphosphorylasekinase *f*, Phosphorylase-b-kinase *f (Enzym)*
liver phosphorylase kinase deficiency Leberphosphorylasekinasemangel *m*, Phosphorylase-β-kinase-Mangel *m*
liver resection Leberresektion *f*

liver retractor *(Chir)* Leberhaken *m*
liver rot *(Paras)* Leberegelkrankheit *f*, Leberegelbefall *m*, Fascioliasis *f*
liver rupture Leberruptur *f*, Leberzerreißung *f*
liver scan *(Rad)* Leber-Scan *m*, Leberabtast(ungs)bild *n* nach Isotopenmarkierung, Leberszintigramm *n*
liver scanning *(Rad)* Leber-Scanning *n*, Leberabtastung *f* nach Isotopenmarkierung, Leberszintigraphie *f*
liver spot *(Derm)* Leberfleck *m*, brauner Hautfleck *m*, Naevus *m* pigmentosus
liver sugar *s.* liver glycogen
liver toxin Lebertoxin *n*, Lebergift *n*
liver transplantation Lebertransplantation *f*
livery leberartig; Leber…
livid livid(e), leichenblass; bleifarben, bleifarbig, fahl, blassbläulich
lividity Lividität *f*, Leichenblässe *f*, Fahlheit *f*
living will *(For)* Wille *m* zu Lebenszeiten, Willensbekundung *f*
living will declaration *(For)* Living-will-Erklärung *f*, Willenserklärung *f* zu Lebzeiten, Patiententestament *n (z. B. hinsichtlich lebensverlängernder Maßnahmen)*
livor 1. Lividität *f*, Leichenblässe *f*, Fahlheit *f*; 2. *s.* livor mortis
livor mortis Leichenfleck *m*, Totenfleck *m*
lixiviation Auslaugung *f*, Auslaugen *n*, Herauslösen *n*, Extraktion *f*
lixivium Lixivium *n*, Lauge *f*
L-lysine:NAD oxidoreductase *s.* lysine dehydrogenase
L-lysine:NAD oxidoreductase deficency *s.* lysine dehydrogenase deficiency
L.M.A. *s.* left mentoanterior position of the foetus
L.M.P. *s.* left mentoposterior position of the foetus
L.O.A. *s.* left occipitoanterior position of the foetus
Loa (loa) *(Trop)* Loa *f* loa, Filaria *f* loa, afrikanische Wanderfilarie *f*, Augenwurm *m (Erreger der Kalabarbeule)*
load Last *f*, Belastung *f*, Gewichtsbelastung *f*
loading Belastung *f*
loading dose Belastungsdosis *f*, Sättigungsdosis *f*, Aufsättigungsdosis *f (z. B. von Medikamenten)*
loading test Belastungstest *m*, Belastungsprobe *f (z. B. des Kohlenhydratstoffwechsels durch Glukosezufuhr)*
loaiasis *(Trop, Inf)* Loiasis *f*, Filaria-loa-Infektion *f (durch Loa loa)*
lobar lobär; Lappen…
lobar atelectasis Lungenlappenatelektase *f*, lobäre Atelektase *f*
lobar atrophy Lobäratrophie *f*, Lappenatrophie *f* (des Gehirns)
lobar bronchus Lappenbronchus *m*, Bronchus *m* lobaris
lobar nephronia 1. akute bakterielle Herdnephritis *f*; 2. Nierenphlegmone *f*
lobar pneumonia Lobärpneumonie *f*, Lappenpneumonie *f*, Entzündung *f* eines Lungenlappens
lobar sclerosis Lobärsklerose *f*, Lappensklerose *f* (des Gehirns)
lobate(d) gelappt, lappig; Lappen…
lobation Lappenbildung *f*
lobe Lobus *m*, Lappen *m (eines Organs)*
lobe grasping forceps *(Chir)* Kapselfasszange *f*, Lappenfasszange *f*
lobe of the breast Brustdrüsenlappen *m*
lobe of the ear Ohrläppchen *n*
lobe of the prostate Lobus *m* prostatae, Prostatalappen *m*, Vorsteherdrüsenlappen *m*
lobe of the thymus Lobus *m* thymi, Thymuslappen *m*
lobe of the thyroid gland Lobus *m* glandulae thyreoideae, Schilddrüsenlappen *m*
lobectomy Lobektomie *f*, Lappenexstirpation *f*, Lappenresektion *f*, (operative) Lappenentfernung *f (eines Organs)*
lobed lappig, gelappt; Lappen…
lobeline Lobelin *n*, 2-[6-(β-Hydroxyphenetyl)-1-methyl-2-piperidyl]acetophenon *n (Alkaloid)*
lobeline sulfate Lobelinsulfat *n (Hustenmittel)*
lobi *pl s.* lobus
lobitis Lobitis *f*, Lappenentzündung *f*, Lungenlappenentzündung *f*
lobomycosis Lobomykose *f*, Lobo'sche Krankheit *f*, Blastomycosis *f* queloidana, Keloidblastomykose *f (durch Loboa loboi)*
Lobo's disease *s.* lobomycosis
lobose *s.* lobate
lobotomy Lobotomie *f*, Leukotomie *f (operative Durchtrennung der Stirnhirn-Thalamus-Verbindung im Gebiet des Marklagers)*
lobous *s.* lobate
Lobstein's disease Lobstein'sche Krankheit *f*, Lobstein-Krankheit *f*, Osteogenesis *f* imperfecta, Osteopsathyrose *f*, Vrolik'sche Krankheit *f (Knochenkrankheit mit abnormer Knochenbrüchigkeit)*
Lobstein's ganglion Lobstein'sches Ganglion *n*
Lobstein's syndrome *s.* Lobstein's disease
lobster-claw deformity Bidaktylie *f*, Hummerscherenhand *f (Missbildung der Hand mit vorhandenem Daumen und kleinem Finger)*
lobster-claw hand *s.* cleft hand
lobular 1. lobulär, kleingelappt; Lobulär…, Läppchen…; 2. läppchenförmig
lobular atelectasis lobuläre Atelektase *f*, Lungenläppchenatelektase *f*
lobular bile duct Leberläppchengallengang *m*
lobular carcinoma lobuläres Karzinom *n* der Brustdrüse
lobular kidney Läppcheniere *f*, gelappte Niere *f*, Ren *m* lobulatus; Embryonalniere *f*
lobular pneumonia Bronchopneumonie *f*, lobuläre Pneumonie *f*
lobular spleen Läppchenmilz *f*, gelappte Milz *f*, Lien *m* lobulatus
lobulated *s.* lobular
lobulation Läppchenbildung *f*, läppchenförmiger Zustand *m*, Lobulation *f*
lobule Lobulus *m*, Läppchen *n*
lobule of the auricle Lobulus *m* auriculae, Ohrläppchen *n*
lobule of the cortex of the kidney Lobulus *m* corticalis renis, Nierenrindenläppchen *n*
lobule of the epididymis Lobulus *m* epididymidis, Nebenhodenläppchen *n*
lobule of the liver Lobulus *m* hepatis, Leberläppchen *n*
lobule of the mammary gland Lobulus *m* glandulae mammariae, Brustdrüsenläppchen *n*
lobule of the testis Lobulus *m* testis, Hodenläppchen *n*
lobule of the thymus Lobulus *m* thymi, Thymusläppchen *n*
lobule of the thyroid gland Lobulus *m* glandulae thyreoideae, Schilddrüsenläppchen *n*
lobulose gelappt, in Lappen angeordnet; Lappen…
lobulous *s.* lobulose
lobulus *s.* lobule
lobus *s.* lobe
local lokal, örtlich (begrenzt), topisch *(siehe auch unter: topical)*
local adaptation syndrome lokales Adaptationssyndrom *n*
local anaemia lokale Ischämie *f*, örtlich begrenzte Blutleere *f*
local anaesthesia Lokalanästhesie *f*, örtliche Betäubung *f* [Schmerzausschaltung *f*] • **be operated on under local anaesthesia** in Lokalanästhesie operiert werden

local anaesthetic Lokalanästhetikum *n*, lokales Betäubungsmittel *n*, lokal schmerzausschaltendes Mittel *n*
local analgesia *s.* local anaesthesia
local anaphylaxis *(Immun)* lokale Anaphylaxie *f*, Arthus-Phänomen *n (allergische Überempfindlichkeitsreaktion)*
local cerebral blood flow 1. lokaler zerebraler Blutfluss *m (Positron-Emissions-Tomographie)*; 2. lokale Durchblutung *f* des Zentralnervensystems
local cerebral metabolic rate of glucose utilization lokale zerebrale Glukoseutilisationsrate *f*, lokale zerebrale Metabolismusrate *f* der Glukose *(bei Positron-Emissions-Tomographie)*
local control of cancer *(Immun, Onk, Path)* lokale Karzinomkontrolle *f*
local convulsion Herdanfall *m (bei Epilepsie)*
local death Lokaltod *m*, lokaler [örtlicher] Tod *m (z. B. von Körperteilen)*
local doctor Bereichsarzt *m*, örtlicher Arzt *m*
local hypothermia lokale Hypothermie *f*
local immunity Lokalimmunität *f*, lokale Immunität *f*, örtliche Unempfindlichkeit *f*; Gewebsimmunität *f*
local infection lokale Infektion *f*, Lokalinfektion *f*
local lesion lokale Schädigung *f*, lokale Verletzung *f*, Herdschädigung *f*, Herdverletzung *f (z. B. von Gehirnabschnitten mit Herdsymptomatik)*
local massage lokale [örtliche] Massage *f*
local osteolytic hypercalcaemia lokale osteolytische Hyperkalziämie *f*
local pain Lokalschmerz *m*
local paralysis lokale Paralyse *f*, lokale Muskellähmung *f*, Muskelgruppenlähmung *f*
local peritonitis lokale Peritonitis *f*
local reaction lokale Reaktion *f*, Lokalreaktion *f*
local recurrence lokales Rezidiv *n*, Lokalrezidiv *n*
local symptom lokales Symptom *n*, Lokalsymptom *n*; Herdsymptom *n*
local tenderness lokale Druckschmerzhaftigkeit *f*, lokaler Druckschmerz *m*; lokaler Berührungsschmerz *m*; lokale Abwehrspannung *f (der Bauchdecken)*
local therapy Lokalbehandlung *f*
local treatment *s.* local therapy
localization Lokalisation *f*, Lokalisierung *f*, örtliche Begrenzung *f (z. B. von Krankheitsherden)*
localization audiometry Lokalisationsaudiometrie *f*
localization film *(Rad)* Lokalisierungsfilm *m*, Lokalisationsfilm *m*; Lokalisationsaufnahme *f*
localization of dental caries Zahnkarieslokalisation *f*
localization of the tumour Tumorlokalisation *f*
localize *v* lokalisieren, örtlich begrenzen [bestimmen]
localize *v* **in the abdomen** im Abdomen [Bauch] lokalisieren *(z. B. Schmerzen)*
localize *v* **tenderness** den Druckschmerz lokalisieren
localized lokalisiert, (örtlich) begrenzt, örtlich beschränkt; nicht generalisiert
localized amnesia Gedächtnislücke *f*, lakunäre Amnesie *f*
localized peritonitis lokale Peritonitis *f*, lokalisierte Bauchfellentzündung *f*
localized rigidity of abdominal muscles lokale [lokalisierte] Abwehrspannung *f (des Abdomens)*
localized salmonellosis lokalisierte Salmonellenkrankheit *f*, Salmonellose *f* der Enteritisgruppe
localized scleroderma lokales Skleroderma *n*
localized tetanus lokaler Tetanus *m*, lokalisierter Starrkrampf *m*
localized tremor örtlicher [lokalisierter] Tremor *m*
localized X-ray film Röntgenzielaufnahme *f*
localizer 1. *(Rad)* Lokalisator *m (zur Fremdkörperlokalisierung)*; Tubus *m*; Visier *n*; 2. *(Ophth)* Lokalisator *m (zum Sehtraining bei Amblyopia ex anopsia)*
localizing symptom lokalisierendes Symptom *n (z. B. einer Krankheit)*
locate *v s.* localize
locator Lokalisierer *m*, Lokalisator *m*, Lokalisierungsinstrument *n*
lochia *(Gyn)* Lochia *fpl*, Lochien *fpl*, Wochenfluss *m (nach der Entbindung)*
lochia alba Lochia *fpl* alba, weißer schleimiger Wochenfluss *m*
lochia cruenta [rubra] Lochia *fpl* rubra, blutiger Wochenfluss *m*
lochia serosa Lochia *fpl* serosa, wässriger Wochenfluss *m*
lochial *(Gyn)* lochial; Lochien..., Lochial..., Wochenfluss...
lochiocolpos Lochiokolpos *m*, Lochialstauung *f* [Wochenflussverhaltung *f*] in der Scheide
lochiocyte Lochialzelle *f*, Lochienzelle *f*
lochiometra Lochiometra *f*, Lochialstauung *f* [Wochenflussverhaltung *f*] in der Gebärmutter
lochiometritis Lochiometritis *f*, Puerperalmetritis *f*
lochioperitonitis Lochioperitonitis *f*, Puerperalperitonitis *f*, Peritonitis *f* puerperalis
lochiopyra Lochiopyra *f*, Puerperalfieber *n*
lochiorrhagia Lochiorrhagie *f*, Lochiorrhoe *f*, abnormer Wochenfluss *m*
lochiorrhoea *s.* lochiorrhagia
lochioschesis Lochioschesis *f*, Lochiostase *f*, Lochial(fluss)stauung *f*, Wochenflussverhaltung *f*
lochiostasis *s.* lochioschesis
lochometritis *s.* lochiometritis
lochoperitonitis Lochoperitonitis *f*, Puerperalperitonitis *f*
loci *pl s.* locus
lock forceps Klemme *f* mit Schloss, Schlossklemme *f*, Schlosszange *f*, Schlosspinzette *f*
lock retractor *(Chir)* Retraktor *m* mit Schloss
lock stitch *(Chir)* Knotenstich *m*, Reverdin-Knoten *m*
locked-in syndrome *(Neur)* Locked-in-Syndrom *n (Kommunikationsstörung bei Querschnittslähmung)*
locked knee (joint) blockiertes Knie(gelenk) *n*; Kniegelenksperre *f*, Kniegelenkblockierung *f (bei eingeklemmtem Meniskus)*
locked twins eingeklemmte Zwillinge *pl*, verhakte Zwillinge *pl*
locked vertebra blockierter Wirbel(körper) *m*; Wirbel(körper)blockierung *f*
locking of the articular processes Verhakung *f* der Wirbelsäulengelenkfortsätze
locking of twins Zwillingsverhaken *n (bei der Geburt)*
locking point Unterstützungspunkt *m* des Körpers, Körperabstützungspunkt *m*, Körperstützungspunkt *m*
lockjaw 1. Kinnbackenkrampf *m*; 2. *s.* trismus
locomotion Lokomotion *f*, Fortbewegung *f*
locomotive *s.* locomotor
locomotor lokomotorisch, sich fortbewegend; Bewegungs...
locomotor ataxia *(Neur)* Tabes *f* dorsalis, Rückenmarkschwindsucht *f*, Rückenmarkdarre *f*, Rückenmarkhinterstrangsklerose *f*
locomotor system lokomotorisches System *n*, Bewegungssystem *n*, Bewegungsapparat *m*, Fortbewegungssystem *n*
locomotorial ataxia *(Neur)* dynamische [lokomotorische] Ataxie *f*
locomotorium Bewegungsapparat *m*, Apparatus *m* locomotorius *(des Körpers)*
locomotory *s.* locomotor
locoregional auf ein begrenztes Gebiet beschränkt, regional begrenzt, in einem Bereich lokalisiert
locular Loculus...

loculate gekammert; Kammer..., Hohlraum...
loculate region gekammerter Bereich *m (z. B. in einem Organ)*
loculate structure gekammerte Struktur *f*
loculation Kammerung *f*, (multiple) Kammerbildung *f*, (multiple) Hohlraumbildung *f*
loculus Loculus *m*, Kämmerchen *n*, kleine Kammer *f*
locum tenant Lokum *m* tenens, Stellvertreter *m*, Stellvertreterin *f*; Praxisstellvertreter *m*
locus Locus *m*, Lokus *m*, Ort *m*
locus minoris resistentiae Ort *m* verringerter Widerstandsfähigkeit, Stelle *f* des verminderten [geringeren] Widerstandes
locus of infection Infektionsherd *m (z. B. im Körper)*
locus perforatus *(Anat, HNO)* Substantia *f* perforata anterior, Area *f* olfactoria
lod score Lod-Score *m*, Lod-Schema *n (Logarithmus)*
lodoxamide tromethamine Lodoxamidtromethamin *n*
Loeb's deciduoma Loeb'sches Deciduoma *n*
Loeb's reaction Loeb'sche Reaktion *f*, Loeb'sche Decidua-Reaktion *f*
Loeffler's alkaline methylene blue Löffler'sches alkalisches Methylenblau *n*
Loeffler's alkaline methylene blue stain Löffler'sche alkalische Methylenblaufärbung *f*
Loeffler's bacillus Löffler'scher Bazilllus *m*, Corynebacterium *n* diphtheriae
Loeffler's blood culture medium Löffler'sches Blutkulturmedium *n*, Löffler'scher Serumnährboden *m (zur Isolierung von Corynebacterium diphtheriae)*
Loeffler's caustic stain Löffler'sche Beize *f*, Löffler'sche Fuchsintinte *f (zur Färbung von Flagellen und Bakterien)*
Loeffler's coagulated serum medium *s.* Loeffler's blood culture medium
Loeffler's stain *s.* Loeffler's caustic stain
loeschiasis *s.* amoebiasis
Loewenthal's bundle Loewenthal'sches Bündel *n*, Tractus *m* tectospinalis
Loewenthal's tract *s.* Loewenthal's bundle
Lofentanil Lofentanil *n (Narkoanalgetikum)*
Löffler's endocarditis *s.* Löffler's syndrome 2.
Löffler's eosinophilia *s.* Löffler's syndrome 1.
Löffler's parietal fibroplastic endocarditis *s.* Löffler's syndrome 2.
Löffler's pneumonia *s.* Löffler's syndrome 1.
Löffler's syndrome 1. Löffler-Syndrom *n* (I), (Löffler'sches) eosinophiles Lungeninfiltrat *n*; 2. Löffler-Syndrom *n* (II), Endocarditis *f* fibroplastica
Löfgren's syndrome Löfgren-Syndrom *n*, Löfgren'sches Syndrom *n (beidseitige Schwellung der Hiluslymphknoten)*
log roll steife Rolle *f*, seitliche Rolle *f* in steifer Körperhaltung *(eines Patienten zur Lagerung bei Querschnittslähmung)*
logadectomy Logadektomie *f (Teilentfernung der Konjunktiva)*
logaditis *s.* scleritis
logadoblennorrhoea *(Ophth)* Blennorrhoea *f* conjunctivalis
logagnosia *(Neur)* Logagnosie *f*, Leseunfähigkeit *f*, Wortblindheit *f*
logagraphia *(Neur)* Agraphie *f*, Schreibunfähigkeit *f*
logamnesia *(Neur)* Logamnesie *f*, sensorische Aphasie *f*, Worttaubheit *f*; Wortblindheit *f*
logaphasia *(Ophth)* Logaphasie *f*, motorische Aphasie *f*
logasthenia Logasthenie *f*, Denkschwäche *f*
loge Loge *f*, (präformierter) Spaltraum *m*
logoclonia *(Neur)* Logoklonie *f*, Silbenanhäufung *f*, taktartige Endsilbenwiederholung *f*
logogram Logogramm *n*
logoklony *s.* logoclonia
logokophosis *(Ophth)* Logokophosis *f*, Worttaubheit *f*
logomania Logomanie *f*, Redesucht *f*, Logomonomanie *f*
logoneurosis *s.* logopathy
logopaedia Logopädie *f*, Sprachheilkunde *f*, Stimm- und Spracherziehung *f*, Sprachheilerziehung *f*, Heilerziehung *f* von Sprachgestörten *(z. B. von Stotterern)*
logopaedics *s.* logopaedia
logopathy Logoneurose *f*, Logopathie *f*, Dyslogie *f (Sprachstörung bei fehlerhafter Gedankenbildung)*
logophasia *(Ophth)* Logophasie *f*, Sprachartikulationsstörung *f*
logophobia Logophobie *f*, Redestörung *f (krankhafte Erwartungsspannung vor Reden)*
logoplegia Logoplegie *f*, Wortstummheit *f*, Sprachlosigkeit *f*
logorrhoea Logorrhoe(a) *f*, Logorrhö(e) *f*, pathologischer Redefluss *m*, krankhafte Geschwätzigkeit *f*
logosemiotic amnesia *(Neur)* logosemantische Amnesie *f*
logospasm Logospasmus *m*, Sprechkrampf *m*; krampfartiges Sprechen *n*
logotherapy Logotherapie *f*, Sprachtherapie *f*, Sprach(heil)behandlung *f*, Sprach(heil)erziehung *f*, Sprecherziehung *f*
Löhlein's nephritis Löhlein-Herdnephritis *f*, Löhlein'sche Herdnephritis *f*
loiasis *s.* loaiasis
loimology Loimologie *f*, Seuchenlehre *f*, Infektionsepidemiologie *f*
loin Lende *f*, Lumbus *m (Zusammensetzungen siehe unter: lumbar)*
lometraline hydrochloride Lometralinhydrochlorid *n*
lomofungin Lomofungin *n (Antimykotikum)*
lomustine Lomustin *n (Antineoplastikum)*
long-acting drug Langzeitmedikament *n*
long-acting insulin Langzeitinsulin *n*
long-acting preparation *(Pharm)* Langzeitpräparat *n*
long-acting thyroid stimulator lang wirkende schilddrüsenstimulierende Substanz *f*, LATS
long-acting thyroid stimulator protector LATS-Protektor *m*, Protektor *m* für langwirkende schilddrüsenstimulierende Substanz
long-arm cast Oberarmgips(verband) *m*; Oberarmschiene *f*
long-axis cross-sectional echocardiographic image *s.* long-axis 2-D echocardiogram
long-axis 2-D echocardiogram 2D-Echokardiogramm *n* in der langen Achse, Long-axis-2D-Echokardiogramm *n*
long-axis parasternal 2-D echocardiogram parasternales 2D-Echokardiogramm *n* in der Längsachse [langen Achse]
long bone Os *n* longum, langer Knochen *m*, Röhrenknochen *m*
long bronchial stump syndrome Syndrom *n* des langen Bronchusstumpfes
long-chain acyl-CoA dehydrogenase Acyl-CoA-dehydrogenase *f (Enzym)*
long-chain fatty acid langkettige Fettsäure *f*
long-chain-fatty-acid-CoA ligase Dodecanoyl-CoA-synthetase *f (Enzym)*
long ciliary nerves Nervi *mpl* ciliares longi
long crus of the incus Crus *n* longum incudis, langer Ambossschenkel *m*
long dorsal sacroiliac ligament Ligamentum *n* sacroiliacum posterius longum
long head of the triceps (brachii) muscle Caput *n* longum musculi tricipitis brachii

long-lasting immunity Dauerimmunität *f*
long-leg cast Oberschenkelgips(verband) *m*; Oberschenkelschiene *f*
long-leg cast with walker Oberschenkelgehgips(verband) *m*
long levatores costarum muscles Musculi *mpl* levatores costarum longi, lange Querfortsatzrippenmuskeln *mpl*
long plantar ligament Ligamentum *n* plantare longum
long posterior ciliary artery Arteria *f* iridis [ciliaris posterior longa], Regenbogenhautarterie *f*
long prepuce of the penis *(Urol)* Rüsselpräputium *n*
long process of the incus *s.* long crus of the incus
long process of the malleus Processus *m* anterior mallei
long QT syndrome *(Kard)* QT-Syndrom *n (verlängerte Q-T-Zeit mit Extrasystolie und synkopalen Anfällen)*
long saphenous vein Vena *f* saphena magna
long-scale contrast *(Rad)* Langskalen-Kontrast *m*, Kontrast *m* mit hoher Grauschattenzahl
long sight *s.* longsightedness
long-standing dull pain dumpfer Dauerschmerz *m*
long-standing pain seit langem bestehender Schmerz *m*, lange vorhandener Schmerz *m*, Dauerschmerz *m*
long-term antibiotic therapy Langzeitantibiotikatherapie *f*, antibiotische Langzeitbehandlung *f*, Antibiotika-Langzeittherapie *f*
long-term application *s.* long-term use
long-term care Langzeitpflege *f*
long-term diabetes syndrome Diabetespsychose *f*, Encephalopathia *f* diabetica
long-term follow-up Langzeitbeobachtung *f*
long-term memory Langzeitgedächtnis *n*
long-term neuroleptics Langzeitneuroleptika *npl*
long-term therapy Langzeittherapie *f*, Langzeitbehandlung *f*
long-term treatment *s.* long-term therapy
long-term use Langzeitanwendung *f (z. B. von Medikamenten)*
long thoracic nerve injury Nervus *m* thoracicus longus
long thoracic nerve of Bell Nervus *m* thoracicus longus
long tract signs Zeichen *npl* der langen Rückenmarkbahnen, Pyramidenbahnzeichen *npl (z. B. Klonus oder Muskelspastik bei Rückenmarkverletzung)*
long vinculum Vinculum *n* longum, lange Fessel *f*
longevity Langlebigkeit *f*, langes Leben *n*
longimanous langhändig
longipedate langfüßig
longissimus capitis (muscle) Musculus *m* longissimus capitis, Langmuskel *m* des Kopfes
longissimus cervicis (muscle) Musculus *m* longissimus cervicis, Langmuskel *m* des Halses
longissimus muscle Musculus *m* longissimus dorsi, Langmuskel *m* des Rückens
longissimus thoracis (muscle) Musculus *m* longissimus thoracis, Langmuskel *m* des Brustkorbs
longitudinal longitudinal, längsgerichtet, in der Längsrichtung (verlaufend)
longitudinal aberration longitudinale Aberration *f*, Längsabweichung *f*
longitudinal arch (of the foot) Arcus *m* pedis longitudinalis, Längsgewölbe *n* des Fußes
longitudinal diagnosis *(Neur)* Längsschnitt-Diagnose *f*
longitudinal duct of the epoophoron Ductus *m* epoophori longitudinalis, Längsgang *m* des Epoophorons [Nebeneierstocks]
longitudinal duodenal plica Plica *f* longitudinalis duodeni, Längswulst *m* im Zwölffingerdarm
longitudinal epoophoron duct *s.* longitudinal duct of the epoophoron
longitudinal fibre Längsfaser *f*
longitudinal fissure of the cerebrum Fissura *f* interhemisphaerica [longitudinalis cerebri]
longitudinal foetal position *s.* longitudinal presentation
longitudinal fracture Longitudinalfraktur *f*, Längs(knochen)bruch *m*
longitudinal groove of the left lobe of the liver Fossa *f* sagittalis sinistra hepatis
longitudinal incision Längsinzision *f*, Längs(ein)schnitt *m*
longitudinal layer of the muscle coat of the colon Stratum *n* longitudinale tunicae muscularis coli
longitudinal layer of the muscle coat of the rectum Stratum *n* longitudinale tunicae muscularis recti
longitudinal layer of the muscle coat of the small intestine Stratum *n* longitudinale tunicae muscularis intestini tenuis
longitudinal layer of the muscle coat of the stomach Stratum *n* longitudinale tunicae muscularis ventriculi
longitudinal layer of the muscle coat of the uterine tube Stratum *n* longitudinale tunicae muscularis tubae uterinae
longitudinal platypodia Längsgewölbesenkung *f* (des Fußes)
longitudinal presentation *(Gyn)* Längslage *f (bei der Geburt)*
longitudinal striation of nail plates *(Derm)* Längsstreifung *f* der Nagelplatten
longitudinal study Longitudinalstudie *f (epidemiologische Studienform)*
longitudinal suture *(Anat)* Sutura *f* sagittalis, Pfeilnaht *f*
longitudinalis inferior (muscle) Musculus *m* longitudinalis inferior, tiefer [unterer] Langmuskel *m* der Zunge
longitudinalis superior (muscle) Musculus *m* longitudinalis superior, oberer Langmuskel *m* der Zunge
Longmire's operation Longmire-Operation *f (1. Dünndarm-Interponat als Speiseröhrenersatz; 2. intrahepatische Cholangiojejunostomie)*
longsighted weitsichtig, übersichtig, hyperop, hypermetrop • **be longsighted** weitsichtig sein
longsightedness Weitsichtigkeit *f*, Übersichtigkeit *f*, Hyperopie *f*, Hypermetropie *f*
longsightedness of high degree hochgradige Weitsichtigkeit *f*
longus Musculus *m* longus, langer Muskel *m*, Langmuskel *m*
longus capitis (muscle) Musculus *m* longus capitis, langer Kopfmuskel *m*
longus cervicis (muscle) *s.* longus colli muscle
longus colli (muscle) Musculus *m* longus colli, langer Halsmuskel *m*
longus muscle *s.* longus
loop 1. *(Anat)* Schlinge *f*, Schleife *f*, Ansa *f*; 2. *(Bakt)* Platinöse *f*
loop colostomy doppelläufige Kolostomie *f*, doppelläufiger Kunstafter *m*, doppelläufiges Kolostoma *n*
loop diuretic Schleifendiuretikum *n*
loop excision Schleifenexzision *f*
loop-like extractor Schlingenextraktor *m*
loop of Henle Henle'sche Schleife *f*, Ansa *f* nephroni *(Teil des Hauptstücks der Nierenkanälchen)*
loop of hypoglossus nerve Ansa *f* cervicalis
loop of jejunum Jejunumschlinge *f*
loop of spinal nerves Ansa *f* nervorum spinalium
loop of Vieussens Ansa *f* subclavia
loose association *(Psych)* lockere Assoziation *f (der Gedanken)*
loose body freier Körper *m*, freier Gelenkkörper *m*

loose conjunctiva schlaffe [lockere] Konjunktiva *f*, lose Bindehaut *f*
loose connective tissue lockeres Bindegewebe *n*
loose consistency of faeces lockere [flüssige] Stuhlkonsistenz *f*; lockerer [flüssiger] Stuhl *m*
loose fibrous tissue lockeres Fasergewebe *n*
loose-jointed gelenkig, beweglich; mit lockerem Gelenk
loose skin Cutis *f* laxa
loosely tied knot locker geknüpfter Knoten *m*
looseness 1. Durchfallneigung *f*; 2. Diarrhö(e) *f*, Durchfall *m*
loosening Lockerung *f*; Lösung *f*
loosening of association *(Psych)* Lockerung *f* der Gedankenassoziation, wirres Denken *n*
loosening of the teeth Zahnlockerung *f*
Looser-Milkman syndrome Looser-Syndrom *n*, Looser-Milkman-Syndrom *n*, Milkman-Syndrom *n (Auftreten von Looser'schen Umbauzonen in den Knochen)*
Looser's (transformation) zones *(Path, Rad)* Looser'sche Umbauzonen *fpl*, Looser-Umbauzonen *fpl (Knochenbereiche mit Auflockerung des kristalloiden Systems)*
L.O.P. *s.* left occipitoposterior position of the foetus
lop-ear Hängeohr *n*, Schlaffohr *n (infolge fehlender Ohrknorpelbildung)*
loperamide Loperamid *n*
loperamide hydrochloride Loperamidhydrochlorid *n*
lophotrichate *s.* lophotrichous
lophotrichous lophotrich, büschelförmig begeißelt *(Bakterien)*
loquacity Loquacitas *f*, Loquazität *f*, Geschwätzigkeit *f (z. B. bei Hypomanie)*
loracarbef Laracarbef *n (Antibiotikum)*
Lorain-Lévi dwarf Lévi-Lorain-Zwerg *m*, hypophysärer Zwerg *m*
Lorain-Lévi dwarfism *s.* Lorain-Lévi syndrome
Lorain-Lévi syndrome Lévi-Lorain-Syndrom *n*, Lévi-Lorain'scher Infantilismus *m*, Lorain'scher Infantilismus *m*, hypophysärer Zwergwuchs *m*
Lorain's disease *s.* Lorain-Lévi syndrome
Lorain's infantilism *s.* Lorain-Lévi syndrome
lorazepam Lorazepam *n (Benzodiazepin)*
lorcainide Lorcainid *n (Antiarrhythmikum)*
lordoscoliosis Lordoskoliose *f*, Lordose *f* mit Skoliose
lordosis *(Orth)* Lordose *f*, Rückgrat(ver)krümmung *f* nach vorn, Vorwärtskrümmung *f* der Wirbelsäule
lordosis formation Lordosierung *f*, Lordosebildung *f*, Lordoseentstehung *f*
lordotic lordotisch; Lordose...
lordotic pelvis Lordosebecken *n*, lordotisches Becken *n*
Lorenz's operation Lorenz-Operation *f*, Lorenz'sche Operation *f (bei kongenitaler Hüftgelenksluxation)*
Lorenz's osteotomy Lorenz'sche Osteotomie *f (des Oberschenkelhalses)*
Lorenz's reclining bed Lorenz'sche Reklinationsbett *n (Gipsbett zur Lordosierung der Wirbelsäule)*
losartan Losartan *n (ACE-Hemmer; Antihypertensivum)*
lose *v* **a patient** einen Patienten verlieren
lose *v* **one's (eye)sight** erblinden, das Augenlicht verlieren
lose *v* **weight** abnehmen, Gewicht verlieren; das Gewicht verringern
loss of a tooth Zahnverlust *m*
loss of appetite Appetitsverlust *m*
loss of consciousness *(Neur)* Bewusstlosigkeit *f*, Bewusstseinsverlust *m*
loss of hair Haarverlust *m*, Haarausfall *m*
loss of hearing Hörverlust *m*
loss of memory *(Neur)* Gedächtnisverlust *m*
loss of sensation Gefühlsverlust *m*, Empfindungsverlust *m*, Sensibilitätsverlust *m*; Wahrnehmungsverlust *m*
loss of sight Sehverlust *m*, Visusverlust *m*
loss of thoughts Gedankenleere *f*
loss of vision *s.* loss of sight
loss of voice Stimmverlust *m*, Vox *f* abscissa
lost to the circulation/be *v* dem Blutkreislauf verloren gehen
L.O.T. *s.* left occipitotransverse position of the foetus
lot of vaccine Impfstoffcharge *f*, Impfstoffpartie *f*
lotio(n) *(Dermat)* Lotion *f*
loud murmur lautes Geräusch *n* [Herzgeräusch *n*]
loud-voiced mit lauter Stimme
Louis' angle Louis-Winkel *m*, Louis'scher Winkel *m*, Angulus *m* sterni
Louis-Bar syndrome Louis-Bar-Syndrom *n*, Ataxia *f* teleangiectatica
loupe Lupe *f*, Vergrößerungsglas *n*
louse Laus *f*, Pediculus *m*
louse bite Läusebiss *m*
louse-borne typhus *s.* epidemic typhus
lousicide Antipediculosum *n*, Läuse(bekämpfungs)mittel *n*, Entlausungsmittel *n*
lousiness Verlausung *f*, Verlaustsein *n*, Läusebefall *m*, Pediculosis *f*
lousiness of the body Pediculosis *f* corporis, Kleiderlausbefall *m*, Kleiderläusebefall *m*
lousiness of the eyelashes Pediculosis *f* palpebrarum, Filzlausbefall *m* der Wimpern und Augenbrauen
lousiness of the hair of the head Pediculosis *f* capitis, Kopflausbefall *m*, Kopfläusebefall *m*
lousy verlaust, von Läusen befallen, läuseinfiziert
lovastatin Lovastatin *n (Inhibitor der Cholesterinbiosynthese)*
love delirium *(Neur)* Liebeswahn *m*
love sickness *(Neur)* Liebeskrankheit *f*
Lovibond's profile sign Levibond'sches Profilzeichen *n*, Levibond'scher Winkel *m (bei Trommelschlägerfingern)*
Lövset's manoeuvre *(Gyn)* Lövset-Armlösung *f*, Lövset'sche Methode *f* der Armlösung [Armentwicklung] *(bei der Geburt)*
low-amplitude murmur Herzgeräusch *n* mit niedriger Amplitude
low back pain *(Gyn)* Kreuzschmerz *m*, Lendenschmerz *m*
low-birth weight niedriges Geburtsgewicht *n (unter 2500 Gramm)*
low blood Blutarmut *f*, Anämie *f*
low blood sugar *s.* hypoglycaemia
low caesarean section tiefer [unterer] Kaiserschnitt *m*
low-calcium diet kalziumarme Kost *f*
low-caloric diet kalorienarme Kost *f*, unterkalorische Diät *f*, Abmagerungskost *f*, Entfettungskost *f*
low cardiac output syndrome Syndrom *n* des verminderten Herzzeitvolumens; kardiogener Schock *m*, Low-cardiac-Output *m(n)*
low cervical caesarean section unterer zervikaler Kaiserschnitt *m*, Entbindung *f* durch Gebärmutterhalsschnitt
low-cholesterol diet cholesterinarme Kost *f*
low-density lipoprotein Low-density-Lipoprotein *n*, LDL
low-density lipoprotein receptor Low-density-Lipoprotein-Rezeptor *m*
low-density lipoprotein receptor activity Low-density-Lipoprotein-Rezeptor-Aktivität *f*
low-density lipoprotein receptor disorder Low-density-Lipoprotein-Rezeptor-Störung *f*
low dose Niedrigdosis *f*, niedrige Dosis *f*
low-dose heparin niedrig dosiertes Heparin *n*, Low-dose Heparin *n*

low-dose heparinization Low-dose-Heparinisierung *f*, Niedrigdosierung *f* von Heparin
low-dose tolerance *(Immun)* Low-dose-Toleranz *f*
low-fat diet fettarme Kost *f*
low-fat milk fettarme Milch *f*
low-fibre diet faserarme Kost *f*, ballaststoffarme Kost *f*
low forceps untere Zange *f*, untere Zangenentbindung *f* *(Geburtshilfe)*
low-frequency positive pressure ventilation Niedrigfrequenzbeatmung *f*, LFPPV
low-grade fever subfebrile Temperaturerhöhung *f*, geringgradiges [mäßiges] Fieber *n*
low-grade infection subakute Infektion *f*, unterschwellige (chronische) Infektion *f*
low-grade malignancy geringgradige Malignität *f*
low-grade tumour langsam wachsender Tumor *m*
low-molecular-weight heparin niedermolekulares Heparin *n*, Heparin *n* mit niedrigem Molekulargewicht
low-molecular-weight plasma substitute Plasmaersatz *m* [Plasmaexpander *m*] mit niedrigem Molekulargewicht
low output failure [syndrome] *s.* low cardiac output syndrome
low perfusion state Minderperfusionszustand *m*, Perfusionsmangelzustand *m*
low-power field geringgradiges Vergrößerungsfeld *n*, Feld *n* mit geringgradiger Vergrößerung *(bei Lichtmikroskopie)*
low-pressure hydrocephalia Niedrigdruckhydrozephalie *f*
low-protein diet proteinarme Kost *f*, eiweißarme Diät *f*
low-purine diet purinarme Kost *f*
low-residue diet faserarme Kost *f*, ballaststoffarme Kost *f*
low-salt diet Salzmangeldiät *f*
low-salt syndrome Salzmangelsyndrom *n*, Kochsalzmangelsyndrom *n*
low-saturated fat diet an ungesättigten Fettsäuren reiche Kost *f*, Diät *f* reich an ungesättigten Fettsäuren
low-sited hairiness on the neck tief sitzender Haaransatz *m*
low-sodium diet natriumarme Diät *f*, natriumarme Kost *f*
low spirits schlechte Stimmung *f*, schlechte Laune *f*, Kater *m* • **be in low spirits** in schlechter Laune sein, schlecht gelaunt sein
low-T_3 syndrome *s.* euthyroid sick syndrome
low-T_4 syndrome *s.* euthyroid sick syndrome
low temperature Untertemperatur *f*
low-tension glaucoma *(Ophth)* Niedrigdruckglaukom *n*
low-tension pulse weicher Puls *m*, Pulsus *m* mollis
low tracheotomy Tracheotomia *f* inferior, unterer Luftröhrenschnitt *m*
low urine flow *s.* oliguria
low voltage Niedervoltage *f* *(EKG)*
Lowe-Terrey-McLachlan syndrome *(Päd)* Lowe-Terrey-McLachlan-Syndrom *n*, okulozerebrorenales Syndrom *n*
Löwenberg's canal Ductus *m* cochlearis, Löwenberg'scher Gang *m*, Scala *f* media, Cochlea *f* membranosa, häutiger Schneckengang *m*
Löwenberg's forceps Löwenberg'sche Klemme *f*, Löwenberg'sche Adenoidklemme *f*
Löwenberg's scala *s.* Löwenberg's canal
Löwenthal's tract Tractus *m* tectospinalis, Löwenthal'sche Bahn *f*
lower abdominal midline incision Unterbauchmittelschnitt *m*
lower abdominal pain Unterbauchschmerz *m*
lower abdominal reflex Unterbauchreflex *m*
lower abdominal transverse incision *(Chir)* Unterbauchquerschnitt *m*
lower abdominal vertical incision *(Chir)* Unterbauchlängsschnitt *m*
lower aperture of the pelvic canal *s.* lower opening of the true pelvis
lower arm (type of) paralysis *s.* lower brachial plexus paralysis
lower brachial plexus paralysis *(Neur)* untere Armplexuslähmung *f*, Klumpke'sche Lähmung *f*
lower end of the testis unterer Hodenpol *m*, Extremitas *f* inferior testis
lower extremity untere Extremität *f*, Membrum *n* inferius
lower extremity suspension Aufhängung *f* der unteren Extremität
lower eyelid Unterlid *n*, Palpebra *f* inferior [malaris]
lower gastro-intestinal bleeding untere Gastrointestinalblutung *f* [Magen-Darm-Blutung *f*]
lower jaw(-bone) Unterkiefer *m*, Mandibula *f* • **pull the lower jaw forward** *(Anästh)* den Unterkiefer vorziehen
lower leg Unterschenkel *m*
lower-leg plaster cast Unterschenkelgips(verband) *m*
lower-leg syndrome Unterschenkelsyndrom *n*, postphlebitisches [postthrombotisches] Syndrom *n*
lower level discriminator *(Rad)* Low-level-Diskriminator *m* *(Nuklearmedizin)*
lower lid Unterlid *n*
lower lid oedema Unterlidödem *n*
lower lip Labium *n* inferius oris, Unterlippe *f* *(des Mundes)*
lower lip of the ileocaecal valve Labium *n* caudale valvulae ileocaecalis, untere Lippe *f* der Kolonklappe
lower lip of the osseous spiral lamina Labium *n* limbi tympanicum
lower-lobe bronchus Unterlappenbronchus *m*
lower-lobe pulmonary infiltrate Lungenunterlappeninfiltrat *n*
lower lobectomy Lungenunterlappenentfernung *f*, untere Lobektomie *f*
lower motor neuron unteres motorisches Neuron *n*
lower motor neuron paralysis Paralyse *f* des unteren motorischen Neurons
lower nephron nephrosis akute Tubulus(zell)nekrose *f*, akutes Nierenversagen *n*; Schockniere *f*
lower nephron syndrome *s.* lower nephron nephrosis
lower opening of the true pelvis Ausgang *m* des kleinen Beckens, Apertura *f* pelvis inferior
lower pole of the kidney unterer Nierenpol *m*, Extremitas *f* inferior renis
lower pole of the ovary unterer [uterusnaher] Eierstockpol *m*, Extremitas *f* uterina ovarii
lower pole of the spleen unterer Milzpol *m*, Extremitas *f* anterior [inferior] lienis
lower radicular syndrome *s.* lower brachial plexus paralysis
lower respiratory infection Infektion *f* der unteren Atemwege [Luftwege]
lower respiratory tract untere Atemwege *mpl* [Luftwege *mpl*]
lower surface of the cerebrum Gehirnunterseite *f*, Facies *f* inferior cerebri
lower surface of the tongue Zungenunterseite *f*, Facies *f* inferior linguae
lower teeth Unterkieferzähne *mpl*, Unterkiefergebiss *n*
lower urinary tract untere Harnwege *mpl*
lower uterine segment unteres Uterinsegment *n*
Lower's ring Annulus *m* fibrosus dexter; Annulus *m* fibrosus sinister
Lower's tubercle Tuberculum *n* intervenosus
Lowe's disease *s.* Lowe's syndrome

Löwe's ring Löwe'scher Ring *m (im Gesichtsfeld von der Macula retinae verursacht)*
Lowe's syndrome Lowe-Syndrom *n*, Lowe'sches Syndrom *n*, erbliches okulozerebrorenales Syndrom *n*
lowest lumbar artery Arteria *f* lumbalis ima, unterste Lendenarterie *f*
lowest thyroid artery Arteria *f* thyreoidea ima, unterste unpaare Schilddrüsenarterie *f*
Lown-Ganong-Levine syndrome *(Kard)* Lown-Ganong-Levine-Syndrom *n*, LGL-Syndrom *n (Präexzitationssyndrom)*
Lowry's protein assay Lowry'scher Protein-Assay *m*, Lowry'scher Folin-Assay *m (zur Bestimmung der Proteinkonzentration)*
loxapine Loxapin *n (Tranquilizer)*
loxarthron *s.* loxarthrosis
loxarthrosis Loxarthrose *f*, Gelenkverkrümmung *f*
loxia *s.* torticollis
loxic *s.* loxotic
loxophthalmus Loxophthalmus *m*, Schielen *n*
loxoscelism Loxoscelismus *m*, Loxoscelesnekrose *f (durch Biss von Giftspinnen, bes. von Loxosceles laeta)*
loxotic seitlich geneigt, schräg
loxotomy Loxotomie *f*, Schrägosteotomie *f*, ovale Amputation *f*
lozenge Pastille *f*, Tablette *f*, Hustenbonbon *m*
L.S.A. *s.* left sacroanterior position of the foetus
LSD *s.* lysergic acid diethylamide
LSH *s.* lymphocyte-stimulating hormone
L.S.P. *s.* left sacroposterior position of the foetus
LTH *s.* luteotrophic hormone
Lubarsch's crystals Lubarsch-Kristalle *mpl*, Lubarsch'sche Hodenkristalle *mpl (Spermakristalle)*
lubb I. Herzton *m (bei Auskultation)*
lubb-dupp I. und II. Herzton *m (bei Auskultation)*
lubricant gleitend [gleitfähig] machend
lubricant (agent) Gleitmittel *n*
lubricating enema Gleitmitteleinlauf *m*
lubrication Gleitmittelanwendung *f*
lucanthone hydrochloride Lukanthonhydrochlorid *n (Mittel gegen Schistosomiasis)*
Lucas' sign Lucas-Zeichen *n*, Lucas'sches Zeichen *n (initiale Bauchaufblähung bei Rachitis)*
lucensomycin Lucensomycin *n (Antibiotikum)*
lucent hell, klar, transparent, durchscheinend
Lucey-Driscoll syndrome Lucey-Driscoll'sches Syndrom *n*, Lucey-Driscoll-Syndrom *n*, passagere [vorübergehend auftretende] familiäre Neugeborenenhyperbilirubinämie *f*
lucid hell, klar; bewusstseinsklar, bei Bewusstsein
lucid interval *(Chir, Neur)* freies Intervall *n* (in der Bewusstseinslage), Aufhellung *f (des Bewusstseins, z. B. nach Schädelhirntrauma)*
lucid lethargy luzide [aufgehellte] Lethargie *f*, bewusstseinsklare Lethargie *f*
lucid moment heller Moment *m*, heller Augenblick *m*, kurze Aufklarung *f* (des Bewusstseins)
lucidification Aufklarung *f*, Aufklaren *n*
lucidity *(Neur)* Geistesklarheit *f*, Bewusstseinsklarheit *f*, klarer Geisteszustand *m* [Psychozustand *m*]; lichter [heller] Augenblick *m*
luciferase Luziferase *f (Enzym)*
luciferine Luziferin *n*
luzifugal *s.* lucifugous
lucifugous luzifugal, lichtflüchtend, lichtmeidend, lichtscheu
lucimucin Lucimucin *n (Antibiotikum)*
luciopetal luzipetal, lichtsuchend, lichtliebend
Lucio's leprosy (diffuse) Lucio'sche Lepra *f (diffuse lepromatöse Infiltration der Haut)*
Lucio's leprosy phenomenon Lucio'sches Lepra-Phänomen *n (Nekrosen und Hautulzerationen infolge obstruktiver Vaskulitis)*
Lucké's adenocarcinoma Lucké'sches Adenokarzinom *n (herpesvirus-assoziiertes Adenokarzinom der Niere)*
Lucké's carcinoma *s.* Lucké's adenocarcinoma
Lucké's virus Lucké'sches Virus *n*
lucotherapy *s.* phototherapy
Luc's operation Luc-Caldwell'sche Operation *f*, Caldwell-Luc-Operation *f (Radikaloperation der Kieferhöhle)*
Ludwig's angina Ludwig'sche Angina *f*, Ludwig-Angina *f*, Angina *f* Ludovici, Phlegmona *f* colli profunda *(Zellgewebsentzündung des Mundbodens und der oberen Halsgegend)*
Ludwig's angle Ludwig-Winkel *m*, Ludwig'scher Winkel *m*, Angulus *m* sterni
Ludwig's depressor nerve Ludwig'scher Depressor-Nerv *m*, Cyon'scher Nerv *m*, Nervus *m* aorticus *(Vagusast)*
Ludwig's ganglion Ludwig'sches Ganglion *n (am rechten Herzohr)*
Ludwig's labyrinth Ludwig'sches Labyrinth *n*, Labyrinthus *m*, Pars *f* convoluta lobuli corticalis renis
Ludwig's nerve *s.* Ludwig's depressor nerve
Luer(-Lock) syringe Lüer'sche Injektionspritze *f*, Luer-(Lock-)Spritze *f (Ganzglasspritze mit eingeschliffenem Kolben)*
lues Lues *f* (venerea), Syphilis *f (Zusammensetzungen siehe unter: syphilis und syphilitic)*
luetic luetisch, luisch, syphilitisch; Lues…; an Lues leidend, syphiliskrank *(siehe auch unter: syphilitic)*
luetic aneurysm Luesaneurysma *n*, syphilitisches Aneurysma *n*
luetic aortitis Aortitis *f* syphilitica, syphilitische Aortitis *f*
luetic hallucinosis *(Neur)* Lueshalluzinose *f*
luetin Luetin *n (Syphilisspirochätenextrakt)*
Luft's disease Luft'sche Krankheit *f (mitochondriale Myopathie)*
lug *(Stom)* Metallstück *n*, metallisches Befestigungstück *n*
Lugol's iodine stain Lugol'sche Jodfärbung *f (für Protozoen)*
Lugol's solution Lugol'sche Lösung *f (wässrige Jodlösung aus 5% Jod und 20% Kaliumiodid)*
Lukes-Collins classification Lukes-Collins-Klassifikation *f (der Non-Hodgkin-Lymphome)*
lukewarm lauwarm; oberhalb der Körpertemperatur
lukewarm bath lauwarmes Bad *n*
luliberin *s.* luteinizing hormone releasing factor
lumbaginous lumbaginös, lumbagoartig; Lumbago…, Hexenschuss…
lumbago Lumbago *f*, Hexenschuss *m*, Lendenschmerz *m*, Kreuzschmerz *m*, Lumbalsyndrom *n*
lumbalgia Lumbalgie *f*, Lendenschmerz *m*
lumbar lumbal; Lumbal…, Lenden…
lumbar abscess Lumbalabszess *m*, Lendenabszess *m*, Eiterherd *m* im Lendenbereich
lumbar artery Lumbalarterie *f*, Lendenschlagader *f*, Arteria *f* lumbalis
lumbar column Lendenwirbelsäule *f*
lumbar disk protrusion Lumbalbandscheibenvorfall *m*, lumbaler Bandscheibenprolaps *m*
lumbar enlargement *s.* lumbar intumescence
lumbar ganglion Lumbalganglion *n*, Lendenganglion *n*, Ganglion *n* lumbale
lumbar gutter Lumbalrinne *f*
lumbar hernia Lumbalhernie *f*, Lendenbruch *m*
lumbar intumescence *(Anat)* Lendenmarkverdickung *f*, Lendenmarkanschwellung *f*, Intumescentia *f* lumbalis
lumbar lymph gland [node] Lendenlymphknoten *m*, Nodus *m* lymphaticus lumbalis

lumbar myelitis *s.* osphyomyelitis
lumbar myelogram lumbales Myelogramm *n*, Lendenmarkröntgen(kontrast)bild *n*
lumbar nephrectomy lumbale Nephrektomie *f*, Nierenentfernung *f* über einen Lendenschnitt
lumbar nephrotomy lumbale Nephrotomie *f*, Niereneinschnitt *m* über einen Lendenschnitt
lumbar nerves Lendennerven *mpl*, Nervi *mpl* lumbales
lumbar nodes lumbale Lymphknoten *mpl*
lumbar osteochondrosis Lendenwirbelsäulenosteochondrose *f*, lumbale Osteochondrose *f*, Osteochondrosis *f* lumbalis
lumbar pain Lendenschmerz *m*, Lumbalgie *f*
lumbar part of the vertebral column *s.* lumbar column
lumbar plexus Lumbalplexus *m*, Plexus *m* lumbalis, Lenden(nerven)geflecht *n*
lumbar puncture Lumbalpunktion *f*, Duralsackpunktion *f*
lumbar puncture headache Lumbalpunktionskopfschmerz *m*
lumbar puncture needle Lumbalpunktionsnadel *f*, Lumbalpunktionskanüle *f*
lumbar puncture set Lumbalpunktionsbesteck *n*
lumbar reflex Lumbalreflex *m*, Lendenreflex *m*, Erector-spinae-Reflex *m*
lumbar region Lumbalregion *f*, Regio *f* lumbalis, Lendengegend *f*
lumbar rib Lendenrippe *f*
lumbar segment Lumbalsegment *n*, Lumbalabschnitt *m*
lumbar splanchnic nerves Nervi *mpl* splanchnici lumbales
lumbar subarachnoid injection Injektion *f* in das Cavum subarachnoidale
lumbar subarachnoid peritoneostomy lumbale subarachnoidale Peritoneostomie *f (zur Liquordrainage)*
lumbar subarachnoid ureterostomy lumbale subarachnoidale Ureterostomie *f (zur Liquordrainage)*
lumbar subarachnoid space Subarachnoidalraum *m* der Lendenwirbelsäule, Cavum *n* subarachnoidale
lumbar triangle Lendendreieck *n*, Trigonum *n* lumbale (Petiti)
lumbar trunk Truncus *m* lumbalis
lumbar veins Lumalvenen *fpl*, Venae *fpl* lumbales
lumbar vertebra Lendenwirbel *m*, Vertebra *f* lumbalis
lumbar vertebral body Lendenwirbelkörper *m*
lumbarization Lumbalisation *f (ausbleibende Verschmelzung des ersten Kreuzbeinwirbels mit dem Kreuzbein)*
lumbarization of the lumbar vertebrae Lendenwirbelkörperlumbalisation *f*, Lumbalisation *f* der Lendenwirbelkörper
lumbo-abdominal *(Anat)* lumboabdominal, abdominolumbal; Lenden-Bauch-…
lumbo-ovarian *(Anat)* lumboovarial; Lenden-Eierstock-…
lumbocolostomy Lumbokolostomie *f*, Dickdarmfistelung *f* durch Lendenschnitt
lumbocolotomy Lumbokolotomie *f*, Lendenschnitt *m* und Dickdarmeröffnung *f*
lumbocostal lumbokostal; Lenden-Rippen-…
lumbocostal arch *(Anat)* Lumbokostalbogen *m*
lumbocostal triangle (of Bochdalek) *(Anat)* Lumbokostaldreieck *n*, Bochdalek'sches Dreieck *n*, Trigonum *n* lumbocostale, Vertebrokostaldreieck *n*
lumbocrural lumbokrural
lumbodorsal *(Anat)* lumbodorsal; Lenden-Rücken-…
lumbodorsal fascia Thorakolumbalfaszie *f*, Fascia *f* thoracolumbalis
lumbodynia *s.* lumbalgia
lumboiliac *(Anat)* lumboiliakal, iliakolumbal; Lenden-Darmbein-…
lumboinguinal *(Anat)* lumboinguinal; Lenden-Leisten-…
lumboinguinal nerve Nervus *m* lumboinguinalis, Ramus *m* femoralis nervi genitofemoralis
lumboischial *(Anat)* lumboischial; Lenden-Gesäß-…
lumbosacral *(Anat)* lumbosakral; Lendenwirbel-Kreuzbein-…
lumbosacral angle Lumbosakralwinkel *m*
lumbosacral articulation Lumbosakralgelenk *n*, Articulatio *f* [Junctura *f*] lumbosacralis
lumbosacral corset Lumbosakralkorsett *n (Traumatologie)*
lumbosacral joint [junction] *s.* lumbosacral articulation
lumbosacral pain Lumbosakralschmerz *m*
lumbosacral plexus Lumbosakralplexus *m*, Plexus *m* lumbosacralis, Bein(nerven)geflecht *n*
lumbosacral radiculitis lumbosakrale Radikulitis *f*, Radiculitis *f* lumbosacralis
lumbosacral space Lumbosakralraum *m*
lumbosacral trunk Truncus *m* lumbosacralis
lumbovertebral *(Anat)* lumbovertebral; Lenden-Wirbel-…
lumbrical 1. lumbrikal, spulwurmartig; Spulwurm…; 2. Musculus *m* lumbricalis
lumbrical muscles Musculi *mpl* lumbricales, Regenwurmmuskeln *mpl*
lumbrical muscles of the foot Musculi *mpl* lumbricales pedis, Fußspulmuskeln *mpl*
lumbrical muscles of the hand Musculi *mpl* lumbricales manus, Regenwurmmuskeln *mpl* der Hand
lumbrical plus deformity Plus-Deformität *f* der Lumbrikalmuskeln
lumbricals *s.* lumbrical muscles
lumbricidal *s.* lumbricide
lumbricide (agent) spulwurmtötendes Mittel *n*; Spulwurmmittel *n*
lumbricoid 1. Ascaris *m* lumbricoides; 2. spulwurmartig; Spulwurm…
lumbricosis *(Paras)* Spulwurmbefall *m*, Spulwurminfestation *f*, Askariasis *f*
Lumbricus Lumbricus *m*, Askaris *m* lumbricoides
lumbus Lumbus *m*, Lende *f*
lumen 1. Lumen *n*, Hohlraum *m*; 2. Lumen *n*, lm
lumen of the bronchus Bronchuslumen *n*
lumen of the intestine Darmlumen *n*
lumenal *s.* luminal
lumichrome Lumichrom *n*, 7,8-Dimethylalloxazin *n*
lumiflavin Lumiflavin *n*, 7,8,10-Trimethylalloxazin *n*
lumina *pl s.* lumen
luminal luminal, zu einen Hohlraum gehörend; eine Lichtung betreffend Lumen…, Luminal…
luminance Helligkeit *f*, Leuchtdichte *f*, Leuchtstärke *f*
luminescence Lumineszenz *f*, kaltes Leuchten *n*
luminescence-immunoassay Lumineszenz-Immunoassay *m*
luminiferous 1. luminifer, lichtführend, lichtleitend; 2. lichterzeugend, leuchtend
luminophore Luminophor *m*
luminous luminös, leuchtend, Licht ausstrahlend; Licht reflektierend; im Licht schillernd [glänzend]: Leucht…
lumirhodopsin Lumirhodopsin *n*
lumisterol Lumisterin *n (Zwischenprodukt der Vitamin-D_2-Bildung infolge UV-Bestrahlung)*
lump Beule *f*, Schwellung *f*, Tumor *m*
lump kidney Kuchenniere *f*
lumpectomy (operative) Tumorentfernung *f*, Geschwulstexzision *f* im Gesunden
lumpy yaw zervikofaziale Aktinomykose *f*
lunacy 1. Geistesgestörtheit *f*, Geisteskrankheit *f*, Irrsinn *m*, Wahnsinn *m*; 2. *s.* lunatism
lunar 1. lunar; Mond…; 2. mondförmig, halbmondförmig; 3. silbern, silb(e)rig; Silber…

lunar bone Os *n* lunatum, Mondbein *n (Handwurzelknochen)*
lunar caustic Höllenstein *m*, Lapis *m* infernalis, Silbernitrat *n*
lunar month Lunarmonat *m (umfasst 28 Tage; zur Berechnung des Geburtstermins)*
lunare *s.* lunar bone
lunate (bone) *s.* lunar bone
lunatic 1. Mondsüchtige(r) *m*; 2. Geistesgestörte(r) *m*, Geisteskranker *m*
lunatic asylum Irrenanstalt *f*, geschlossene Anstalt *f*
lunatism Lunatismus *m*, Lunambulismus *m*, Mondsüchtigkeit *f*
lunatomalacia *(Chir, Orth)* Lunatummalazie *f*, Kienböck'sche Krankheit *f*, Mondbeinerweichung *f*, aseptische Mondbeinnekrose *f*
Lund-Browder classification Lund-Browder-Klassifikation *f* der kindlichen Verbrennungen
lunella *s.* hypopyon
lung Lunge *f*, Pulmo *m (siehe auch unter: pulmonary)*
• **take to the lung** die Lunge angreifen, sich auf die Lunge legen *(z. B. eine Infektion)*
lung abscess Lungenabszess *m*, Abscessus *m* pulmonum
lung alveolus Lungenalveole *f*
lung alveolus surfactant Lungenalveolensurfaktant *m*, Oberflächenfaktor *m* der Lungenalveolen
lung biopsy Lungenbiopsie *f*
lung border Lungengrenze *f*
lung bud Lungenknospe *f*
lung calculus *s.* lung stone
lung cancer Lungenkrebs *m*, Lungenkarzinom *n*
lung capacity Lungenkapazität *f*
lung carcinoma *s.* lung cancer
lung commotion *s.* lung concussion
lung compliance Lungen-Compliance *f*
lung compression Lungenkompression *f*
lung concussion Lungenkonkussion *f*, Lungenerschütterung *f*, Lungenkommotion *f*
lung contusion Lungenkontusion *f*, Lungenquetschung *f*
lung density Lungendichte *f*
lung disease Lungenkrankheit *f*, Lungenerkrankung *f*, Lungenleiden *n*
lung dissecting forceps Lungenfasspinzette *f*
lung dissemination Lungendissemination *f*, Lungenaussaat *f*
lung expansion Lungenexpansion *f*, Lungenausdehnung *f*
lung field *(Rad)* Lungenfeld *n*
lung field shadowing *(Rad)* Lungenfeldverschattung *f*, Lungenschatten *m*
lung fields without focal and infiltrative shadows *(Rad)* Lungen *fpl* frei von Herdschatten und Infiltrationen
lung fluid *s.* lung water
lung fluke *(Trop, Inf)* Lungenegel *m*, Paragonimus *m* westermani
lung forceps Lungenzange *f*
lung gangrene Lungengangrän *f*
lung grasping forceps Lungenfasszange *f*
lung haemorrhage Lungenblutung *f*, Lungenbluten *n*, pulmonale Blutung *f*
lung hilus suture appliance *(Chir)* Lungenhilusnähapparat *m*
lung induration Lungeninduration *f*, Lungengewebsverfestigung *f*
lung maturity Lungenreife *f*
lung metastasis Lungenmetastase *f*
lung parenchyma Lungenparenchym *n*
lung pattern *(Rad)* Lungenzeichnung *f*
lung plague Lungenpest *f*, Pestpneumonie *f*
lung puncture Lungenpunktion *f*
lung reflex Lungenreflex *m*
lung root vasculature Lungenhilusgefäße *npl*
lung scan(ning) *(Rad)* Lungenszintigraphie *f*, Lungenabtastung *f* nach radioaktiver Markierung
lung scintiscanning *s.* lung scanning
lung sequestration Lungensequestrierung *f*, Lungensequestration *f*, Rokitansky-Lappen *m*, Rokitansky-Lungenlappen *m*
lung spatula *(Chir)* Lungenspatel *m*
lung spread Lungenausdehnung *f*, Lungenentfaltung *f*
lung stone Lungenstein *m*, Lungenkonkrement *n*
lung tissue forceps Lungenfasspinzette *f*
lung transplantation Lungentransplantation *f*
lung tuberculosis Lungentuberkulose *f*, Lungen-Tbk *f*, Lungen-Tbc *f*
lung tumour Lungentumor *m*, Lungengeschwulst *f*
lung ventilation scintigraphy Lungenventilationsszintigraphie *f*
lung volume Lungenvolumen *n*
lung water Lungenflüssigkeit *f*
lungmotor *(Anästh)* Pulmotor *m*, Apparat *m* zur künstlichen Beatmung
lungworm Lungenwurm *m*; Paragonimus *m* westermani
lunula Lunula *f*, (kleiner) Mond *m (am Fingernagel)*
lunula of nail Lunula *f* unguis
lunula of scapula Incisura *f* scapulae
lunula of semilunar valve Lunula *f* valvulae semilunaris
lunulae *pl s.* lunula
lunulae of aortic valve Lunulae *fpl* valvularum semilunarium valvae aortae
lunulae of pulmonary valve Lunulae *fpl* valvularum semilunarium valvae trunci pulmonalis
lunulae of (semilunar) cusps of aortic valve *s.* lunulae of aortic valve
lunulae of (semilunar) cusps of pulmonary valve *s.* lunulae of pulmonary valve
lunulae of valves of pulmonary trunk *s.* lunulae of pulmonary valvo
lupiform *s.* lupoid
lupinosis Lupinose *f*, Lupinoisis *f*, Lathyrismus *m*
lupoid lupoid, lupiform, lupusartig, flechtenartig; Lupus...; Flechten...
lupoid acne *(Derm)* Acne *f* varioliformis
lupoid dermal leishmaniasis *(Trop)* lupoide Hautleishmaniasis *f*
lupoid hepatitis lupoide Hepatitis *f*, Lupushepatitis *f*
lupoma Lupusknötchen *n*
lupomania *s.* rabies
lupous Lupus...
lupus 1. *(Derm)* Lupus *m*, fressende Flechte *f*; 2. *s.* lupus erythematosus; 3. *s.* lupus vulgaris
lupus anticoagulant Lupusantikoagulans *n (Antikörper gegen Phospholipoproteine der Gerinnungsfaktoren; führen zu Gerinnungsstörungen)*
lupus band test Lupus-Band-Test *m (Immunofluoreszenzmethode eines Bandes von Immunoglobulinen und Komplement)*
lupus carcinoma Lupuskarzinom *n*
lupus erythematosus Lupus *m* erythematodes, L.E., Erythematodes *m (Hautkrankheit mit verschiedensten Krankheitsbildern)*
lupus erythematosus body Lupus-erythematodes-Körperchen *n*
lupus erythematosus cell Lupus-erythematodes-Zelle *f*, L.E.-Zelle *f*
lupus erythematosus cell test Lupus-erythematodes-Zelltest *m*, L.E.-Zelltest *m*, Erythematodes-Zelltest *m*

lupus erythematosus factor Lupus-erythematodes-Faktor *m*, L.E.-Faktor *m*
lupus erythematosus plasma [serum] factor *s.* lupus erythematosus factor
lupus erythematosus preparation Lupus-erythematodes-Präparat *n*
lupus erythematosus test *s.* lupus erythematosus cell test
lupus glomerulonephritis Lupusglomerulonephritis *f*
lupus keloid Lupuskeloid *n*
lupus nephritis Lupusnephritis *f*
lupus pernio Lupus *m* pernio
lupus vulgaris Lupus *m* vulgaris, Schwindflechte *f*, tuberkulöse Hautflechte *f*, Tuberculosis *f* cutis luposa, Hauttuberkulose *f*
Luschka's bursa Luschka'sche Bursa *f*, Bursa *f* pharyngealis, pharyngeale Bursa *f*, Tornwaldt'sche Zyste *f*
Luschka's cartilage Luschka'scher Knorpel *m*, Cartilago *f* sesamoidea ligamenti vocalis *(an Stimmbändern)*
Luschka's crypts Luschka'sche Krypten *fpl (der Gallenblasenmukosa)*
Luschka's cystic glands Luschka'sche zystische Drüsen *fpl*, Glandulae *fpl* mucosae biliosae, Theile'sche Drüsen *fpl*
Luschka's ducts Luschka'sche Gänge *mpl (verlagerte Gallengänge in der Gallenblasenwand)*
Luschka's foramen Foramen *n* Luschkae, Apertura *f* lateralis ventriculi quarti *(seitliche Öffnung der vierten Hirnkammer)*
Luschka's gland 1. *s.* Luschka's tonsil; 2. Glomus *n* coccygeum
Luschka's joints Luschka'sche Gelenke *npl*, Unkovertebralgelenke *npl*
Luschka's ligaments Luschka'sche Bänder *npl*, Lannelongue'sche Bänder *npl*, Ligamenta *npl* sternopericardiaca *(zwischen Perikard und Brustbein)*
Luschka's sinus Luschka'scher Sinus *m (der Sutura petrosquamosa)*
Luschka's tonsil Luschka'sche Tonsille *f* [Mandel *f*], Luschka'sche Drüse *f*, Tonsilla *f* pharyngea, Rachenmandel *f*
lustre of the eardrum Trommelfellreflex *m*, Trommelfellspiegeln *n*; spiegelndes Trommelfell *n*
Lust's phenomenon Lust'sches Phänomen *n*, Fibularisphänomen *n*
Lust's sign *s.* Lust's phenomenon
lusus naturae Lusus *m* naturae, Missbildung *f*
lute *v* mit Wachs versiegeln, mit Wachs befestigen, mit Zement befestigen
luteal luteal; Luteo..., Corpus-luteum-..., Gelbkörper...
luteal corpus *(Gyn)* Gelbkörper *m*, Corpus *n* luteum *(siehe auch unter: corpus luteum)*
luteal corpus cyst Gelbkörperzyste *f*, Luteinzyste *f*
luteal corpus deficiency Gelbkörpermangelzustand *m*
luteal corpus insufficiency Gelbkörperinsuffizienz *f*, Corpus-luteum-Insuffizienz *f*
luteal cyst *s.* luteal corpus cyst
luteal hormone *(Gyn)* Gelbkörperhormon *n*, Luteohormon *n*, Corpus-luteum-Hormon *n*
luteal phase *(Gyn)* Gelbkörperphase *f*, Lutealphase *f*
luteal phase deficiency *(Gyn)* Gelbkörperphaseninsuffizienz *f*, Lutealphaseninsuffizienz *f*
luteectomy Corpus-luteum-Resektion *f*, (operative) Gelbkörperentfernung *f*
lutein Lutein *n*, Xanthophyll *n*, 3,3-Dihydroxy-α-karotin *n*, 3,3'-Dihydroxy-α-caroten *n (gelber Farbstoff)*
lutein cell Luteinzelle *f*
lutein cyst *s.* luteal corpus cyst
luteinic 1. Luteinisations..., Luteinisierungs...; 2. Lutein...; Corpus-luteum-..., Gelbkörper...
luteinization *(Gyn)* Luteinisierung *f*, Gelbkörperbildung *f*, Corpus-luteum-Bildung *f*
luteinize *v* luteinisieren, den Gelbkörper bilden
luteinized granulosa-cell carcinoma *s.* luteoma
luteinizing hormone Luteinisierungshormon *n*, LH, zwischenzellenstimulierendes [die interstitiellen Zellen stimulierendes] Hormon *n*, ICSH
luteinizing hormone release Luteinisierungshormonfreisetzung *f*
luteinizing hormone releasing factor Freisetzungsfaktor *m* für Luteinisierungshormon
luteinizing hormone releasing hormone Freisetzungshormon *n* für Luteinisierungshormon
luteinoma *s.* luteoma
Lutembacher's complex *s.* Lutembacher's syndrome
Lutembacher's syndrome Lutembacher-Syndrom *n*, Lutembacher-Komplex *m*
luteoblastoma *s.* luteoma
luteohormone *s.* luteal hormone
luteol(e) Luteol *n*, Xanthophyll *n*
luteolin Luteolin *n*
luteolysin Luteolysin *n*
luteolysis Luteolyse *f*, Gelbkörperdegeneration *f*, Corpus-luteum-Degeneration *f*
luteolytic luteolytisch; Luteolyse...
luteoma Luteom *n*, Luteinom *n (hormonal aktiver Ovarialtumor)*
luteotrophic luteotrop, laktotrop; Luteotrophin..., Prolactin...
luteotrophic hormone luteotropes [laktotropes] Hormon *n*, Luteotrophin *n*, LTH, Laktationshormon *n*, Laktogen *n*, Laktotropin *n*, Prolactin *n*, PRL
luteotrop(h)in *s.* luteotrophic hormone
Lutheran blood group Lutheran-Blutgruppe *f*, Lu-Blutgruppe *f*
lutropin *s.* luteinizing hormone
Lutz-Splendore-Almeida disease Lutz-Splendore-Almeida-Krankheit *f*, Parakokzidioidomykose *f*, Paracoccidioidomycosis *f*
Lutzomyia flaviscutellata Lutzomyia *f* flaviscutellata *(Überträger der brasilianischen Hautleishmaniase)*
Lutzomyia longipalpis Lutzomyia *f* longipalpis *(Überträger der amerikanischen Viszeralleishmaniase)*
Lutzomyia noguchi Phlebotomus *m* noguchi
Lutzomyia olmeca Lutzomyia *f* olmeca *(Überträger des Chiclero-Geschwürs)*
Lutzomyia peruensis Lutzomyia *f* peruensis *(Überträger des Uta-Geschwürs)*
Lutzomyia trapidoi Lutzomyia *f* trapidoi *(Überträger der neuweltlichen Hautleishmaniase)*
Lutzomyia umbratilis Lutzomyia *f* umbratilis *(Überträger der südamerikanischen Haut- und Schleimhautleishmaniase)*
Lutzomyia verrucarum Lutzomyia *f* verrucarum *(Überträger des Uta-Geschwürs)*
luxate *v* luxieren, verrenken, ausrenken
luxate joint luxiertes [verrenktes] Gelenk *n*; Gelenkluxation *f*
luxatio *s.* luxation
luxation Luxation *f*, Verrenkung *f*, Ausrenkung *f*
luxuriant wuchernd, üppig wachsend *(z. B. Zellen)*
luxus heart Luxusherz *n*, Linksherzhypertrophie *f* mit Dilatation
Luys' body syndrome Nucleus-subthalamicus-Syndrom *n*, Hemiballismus *m*
Luys' nucleus Nucleus *m* subthalamicus
L.V. *s.* left ventricle of the heart

LVH *s.* left ventricular hypertrophy
lyase Lyase *f (Enzym)*
17,20-lyase 17,20-Lyase *f*, 17α-Hydroxyprogesteronaldolase *f (Enzym)*
17,20-lyase deficiency 17,20-Lyasemangel *m*
lycanthrop Lykanthrop *m*, an Lykanthropie Leidende(r) *m*
lycanthropy *(Psych)* Lykanthropie *f*, Lykomanie *f (Wahnvorstellung, ein Wolf zu sein)*
lycine Lycin *n*, Betain *n*
lycoctonine Lycoctonin *n (Alkaloid)*
lycopenaemia Lykopinämie *f*, erhöhter Lykopingehalt *m* im Blut *(bei exzessivem Genuss von Tomatensaft)*
lycopene Lykopin *n (rotes Pigment der Tomate)*
Lycoperdon pyriforme Lycoperdon *n* pyriforme
lycoperdonosis Lykoperdonose *f (allergische Pneumonitis durch Inhalation von Lycoperdon-pyriforme-Sporen)*
lycopinaemia *s.* lycopenaemia
lycopodium Lycopodium *n*
lycorexia Lykorexie *f*, Wolfshunger *m*, Heißhunger *m*
lycorine Lykorin *n*, Narcissin *n (Alkaloid)*
lycostoma *s.* cleft palate
lydimycin Lydimycin *n (Antibiotikum)*
lye Lauge *f*
lye burn Laugenverätzung *f*
lye poisoning Laugenvergiftung *f*
lye solution Laugenlösung *f*
Lyell's disease *s.* Lyell's syndrome
Lyell's syndrome *(Derm)* Lyell'sches Syndrom *n*, Lyell-Syndrom *n*, Epidermolysis *f* acuta toxica [combustiformis], toxische epidermale Nekrolyse *f*, Syndrom *n* der verbrühten Haut
lygophilia Lygophilie *f (Vorliebe für dunkle Orte)*
lying heart *(Rad)* Holzschuhherz *n*, Coeur *m* en sabot
lying-in 1. Entbindung *f*, 2. Wochenbett *n*
lying-in hospital Entbindungsklinik *f*, Entbindungsheim *n*
lying-in woman Gebärende *f*
Lyme arthritis Lyme-Arthritis *f*
Lyme borreliosis *s.* Lyme disease
Lyme disease *(Inf)* Lyme-Borreliose *f*, Lyme-Krankheit *f*, Erythema-migrans-Krankheit *f (durch Borrelia burgdorferi)*
Lyme disease vaccine Borreliose-Impfstoff *m*, Impfstoff *m* gegen Lyme-Borreliose
lymecycline Lymecyclin *n*, Tetracyclinmethylenlysin *n (Mikrobenmittel)*
lymph 1. Lymphe *f*, Gewebe(spalt)flüssigkeit *f (eiweißhaltige Körperflüssigkeit)*; 2. *s.* vaccine lymph
lymph-borne *s.* lymphogeneous 1.
lymph bud Lymph(gefäß)knospe *f*
lymph capillary Lymphkapillare *f*, Lymphgefäß *n*
lymph cell *s.* lymphocyte
lymph channel *s.* lymphatic vessel
lymph corpuscle *s.* lymphocyte
lymph drainage Lymphdrainage *f (Streichmassageform)*
lymph follicle *s.* lymph nodule
lymph gland *s.* lymph node
lymph node Lymphknoten *m*, Lymphonodus *m*, Nodus *m* lymphaticus, *(veraltet)* Lymphdrüse *f*, Glandula *f* lymphatica
lymph node biopsy Lymphknotenbiopsie *f*
lymph node biopsy specimen Lymphknotenbioptat *n*
lymph node calcification Lymphknotenverkalkung *f*
lymph node chain Lymphknotenkette *f*
lymph node conglomerate Lymphknotenkonglomerat *n*, Lymphknotenpaket *n*
lymph node consistency Lymphknotenkonsistenz *f*, Lymphknotenbeschaffenheit *f*
lymph node dissection Lymphknotendissektion *f*
lymph node enlargement Lymphknotenvergrößerung *f*, Lymphknotenschwellung *f*
lymph node hyperplasia Lymphknotenhyperplasie *f*
lymph node hypoplasia Lymphknotenhypoplasie *f*
lymph node involvement Lymphknotenbeteiligung *f*, Lymphknotenmetastasierung *f*
lymph node metastasis Lymphknotenmetastase *f*
lymph node of the lingual tonsil Folliculus *m* lingualis
lymph node permeability Lymphknotenpermeabilität *f*
lymph node permeability factor Lymphknotenpermeabilitätsfaktor *m*, LNPF
lymph node puncture Lymphknotenpunktion *f*
lymph node size Lymphknotengröße *f*
lymph node tuberculosis Lymphknotentuberkulose *f*
lymph nodes of the axilla Nodi *mpl* lymphatici axillares, Achsellymphknoten *mpl*
lymph nodule Lymphonodulus *m*, Lymphfollikel *m*, Lymphknötchen *n*, Folliculus *m* lymphaticus
lymph nodules of the larynx Folliculi *mpl* lymphatici laryngei
lymph nodules of the rectum Folliculi *mpl* lymphatici recti
lymph nodules of the spleen Folliculi *mpl* lymphatici lienales
lymph nodules of the stomach Folliculi *mpl* lymphatici gastrici
lymph scrotum Skrotumelephantiasis *f*, Elephantiasis *f* scrotalis
lymph sinus (space) Lymph(knoten)sinus *m*, Sinus *m* lymphaticus
lymph vessel *s.* lymphatic vessel
lympha *s.* lymph
lymphaden *s.* lymph node
lymphadenectasis Lymphknotenschwellung *f*, Lymphdrüsenschwellung *f*, Intumescentia *f* nodorum lymphaticorum
lymphadenectomy Lymphadenektomie *f*, Lymphknotenexstirpation *f*, (operative) Lymphdrüsenentfernung *f*
lymphadenhypertrophy Lymphaden(o)hypertrophie *f*, Lymphknotenhypertrophie *f*
lymphadenia Lymphadenie *f*, Wucherung *f* des lymphatischen Gewebes
lymphadenitis Lymphadenitis *f*, Lymphknotenentzündung *f*, Lymphdrüsenentzündung *f*
lymphadenoangiography Lymphadenoangiographie *f*, Lymphknoten- und Lymphgefäßröntgen(kontrast)darstellung *f*
lymphadenocele Lymphadenozele *f*, Lymphknotenzyste *f*, Adenolymphozele *f*
lymphadenocyst Lymphknotenzyste *f*, Lymphdrüsenzyste *f*
lymphadenogram Lymphadenogramm *n*, Röntgen(kontrast)bild *n* der Lymphknoten
lymphadenography Lymphadenographie *f*, Röntgen(kontrast)darstellung *f* der Lymphknoten
lymphadenoid lymphadenoid, lymphknotenartig, lymphknotenähnlich
lymphadenoid goitre Struma *f* lymphomatosa, Hashimoto-Syndrom *n*
lymphadenoleucopoiesis Lymphadenoleukopoiesis *f*, Lymphadenoleukopoese *f*, Leukozytenbildung *f* durch lymphatisches Gewebe
lymphadenoma Lymphadenom *n*, Lymphom *n*, Lymphknotengeschwulst *f*, Lymphdrüsengeschwulst *f*
lymphadenomatosis *s.* lymphomatosis
lymphadenopathic lymphadenopathisch; Lymphadenopathie…
lymphadenopathy 1. Lymphadenopathie *f*, Lymphknotenschwellung *f*, Lymphknotenvergrößerung *f*, 2. Lymphadenopathie *f*, Lymphknotenerkrankung *f*, Lymphknotenkrankheit *f*

lymphadenopathy-associated virus HIV-Virus *n*, AIDS-Virus *n*
lymphadenopathy syndrome Lymphadenopathie-Syndrom *n*, LAS
lymphadenosis Lymphadenose *f*, chronische lymphatische Leukämie *f*
lymphadenotomy Lymphadenotomie *f*, Lymphknoteninzision *f*, Lymphdrüsen(ein)schnitt *m*
lymphadenovarix Lymphadenovarix *f*, variköser Lymphknoten *m*
lymphaemia *s.* lymphatic leukaemia
lymphagogue lymphtreibend
lymphagogue (agent) Remedium *n* lymphagogum, Lymphagogum *n* remedium, Lymphagogon *n*, lymphtreibendes Mittel *n*
lymphangeitis *s.* lymphangitis
lymphangial Lymphangio…, Lymphgefäß…
lymphangiectasia Lymphangiektasie *f*, Lymphgefäßerweiterung *f*
lymphangiectatic lymphangiektatisch, lymphgefäßerweiternd
lymphangiectatic pachydermia Pachydermia *f* lymphangiectatica; Pachyderma *n* lymphangiectaticum
lymphangiectodes Lymphangioma *n* circumscriptum congenitale
lymphangiectomy Lymphangiektomie *f*, Lymphgefäßexstirpation *f*, Lymphgefäßexzision *f*, Lymphgefäßausschneidung *f*
lymphangiitis *s.* lymphangitis
lymphangio-endothelioma *(Path)* Lymph(angio)endotheliom *n*
lymphangioadenography *s.* lymphangiography
lymphangiofibroma *(Path)* Lymphangiofibrom *n*
lymphangiogram Lymphangiogramm *n*, Röntgen(kontrast)bild *n* der Lymphknoten und Lymphgefäße
lymphangiography Lymphangiographie *f*, Lymphographie *f*, Röntgen(kontrast)darstellung *f* der Lymphknoten und Lymphgefäße
lymphangiography of retroperitoneal space Retroperitoneallymphknotendarstellung *f*
lymphangioleiomyomatosis Lymphangioleiomyomatose *f*
lymphangiology Lymphangiologie *f*, Lymphgefäßlehre *f*
lymphangioma Lymphangiom *n*, lymphatisches Angiom *n* *(gutartige Lymphgefäßgeschwulst)*
lymphangioma tuberosum multiplex Syringom *n*, Syringozystadenom *n*, Lymphangioma *n* tuberosum multiplex *(Schweißdrüsengeschwulst)*
lymphangiomata *pl s.* lymphangioma
lymphangiomatosis Lymphangiomatose *f*
lymphangiomatous lymphangiomatös; Lymphangiom(a)…
lymphangiomyomatosis Lymphangiomyomatose *f*
lymphangion Lymphgefäß *n*
lymphangiopathic lymphangiopathisch; Lymphangiopathie
lymphangiopathy Lymphangiopathie *f*, Lymphgefäßerkrankung *f*
lymphangiophlebitis Lymphangiophlebitis *f*, Lymphgefäß- und Venenentzündung *f*
lymphangioplasty Lymphangioplastik *f*, Lymphgefäßplastik *f*, Lymphgefäßersatz *m*
lymphangiosarcoma Lymphangiosarkom *n* *(bösartige Lymphgefäßgeschwulst)*
lymphangiotomy Lymphangiotomie *f*, Lymphgefäßschnitt *m*, (operative) Lymphgefäßdurchtrennung *f*
lymphangitic lymphangitisch; Lymphangitis…
lymphangitis Lymphangi(i)tis *f*, Lymphgefäßentzündung *f*
lymphapheresis Lymphozytapherese *f*, Lymphozytopherese *f* *(Entfernung der Lymphozyten aus dem Blut)*
lymphatic 1. lymphatisch; Lymph…; 2. *s.* lymphatic vessel
lymphatic abscess lymphatischer Abszess *m*, Eiterherd *m* mit Lymphknoten- und Lymphgefäßentzündung
lymphatic blockade lymphatische Blockade *f*, Lymphstauung *f*, Lymphstau *m*, Lymphostase *f*
lymphatic capillary plexus Lymphkapillarplexus *m*, Lymphkapillargeflecht *n*
lymphatic channel *s.* lymphatic vessel
lymphatic drainage Lymphabfluss *m*
lymphatic gland *s.* lymph node
lymphatic leukaemia *(Hämat)* lymphatische Leukämie *f*
lymphatic metastatic spread lymphatische Metastasenausbreitung *f*, Metastasierung *f* auf dem Lymphweg, lymphatischer Metastasierungsweg *m*
lymphatic naevus Naevus *m* lymphaticus
lymphatic nodule *s.* lymph nodule
lymphatic obstruction Lymph(gefäß)verschluss *m*
lymphatic organ Lymphorgan *n*, lymphatisches Organ *n*
lymphatic sarcoma Lymphsarkom *n*
lymphatic spread Lymphausbreitung *f*, Lymphstreuung *f*, lymphatische Streuung *f* *(z. B. von Metastasen)*
lymphatic state *s.* lymphatism
lymphatic system Lymphsystem *n*, lymphatisches System *n*
lymphatic teleangiectasis Lymphgefäßerweiterung *f*, Teleangiectasis *f* lymphatica
lymphatic tissue Lymphgewebe *n*, lymphatisches Gewebe *n*, lymphatischer Apparat *m*
lymphatic varix Lymphgefäßerweiterung *f*, Varix *m* lymphaticus
lymphatic vasculitis lymphatische Vaskulitis *f* *(durch Lymphzyteninfiltration bei Graft-versus-Host-Reaktion)*
lymphatic vessel Lymphgefäß *n*, Vas *n* lymphaticum, Lymphkanal *m*
lymphaticosplenic Lymphknoten-Milz-…
lymphaticostomy Lymphatikostomie *f*, (operative) Lymphgefäßfistelung *f*
lymphatics Lymphgefäße *npl*
lymphatism Lymphatismus *m*, Status *m* lymphaticus, lymphatische Konstitution *f* *(Neigung zu Entzündung und Hyperplasie des lymphatischen Gewebes)*
lymphatitis Entzündung *f* des lymphatischen Systems; Lymphgefäßentzündung *f*; Lymphknotenentzündung *f*; Lymphgewebeentzündung *f*
lymphatogenous lymphatogen, aus der Lymphe stammend; vom lymphatischen System gebildet; durch das Lymphsystem verstreut [verteilt]
lymphatology Lymphatologie *f* *(Lehre vom lymphatischen System)*
lymphatolysis Lymphatolyse *f*, Lymphgewebeauflösung *f*, Lymphgewebszerstörung *f*
lymphatolytic lymphgewebeauflösend, lymphgewebszerstörend; Lymphatolyse…
lymphectasia Lymphektasie *f*, Lymphangiektasie *f*, Lymphgefäßerweiterung *f*
lymphedema *s.* lymphoedema
lymphemia *s.* lymphatic leukaema
lymphendothelioma Lymphoendotheliom *n*
lymphenteritis Lymphoenteritis *f* *(Enteritis mit lymphatischer Infiltration)*
lymphepithelioma Lymphoepitheliom *n*
lymphization Lymphbildung *f*, Lymphentstehung *f*
lymphnoditis *s.* lymphadenitis
lympho-epithelioma Lymphoepitheliom *n*
lymphoadenoma Lymphadenom *n*
lymphoblast Lymphoblast *m*, Lymphogonie *f* *(Lymphozytenstammzelle)*

lymphoblast-like *s.* lymphoblastoid
lymphoblastic lymphoblastisch; Lymphoblasten...
lymphoblastic leukaemia *(Hämat)* Lymphoblastenleukämie *f*
lymphoblastic lymphoma lymphoblastisches Lymphom *n*
lymphoblastic lymphosarcoma lymphoblastisches Lymphosarkom *n*
lymphoblastic reticulosarcoma *(Path)* lymphoblastisches Retikulosarkom *n*, Retikulumzellsarkom *n*
lymphoblastoid lymphoblastenartig, lymphoblastenähnlich
lymphoblastoma Lymphoblastom *n*, Lymphoblastengeschwulst *f*
lymphoblastosis Lymphoblastose *f*, Lymphoblastenvermehrung *f* im peripheren Blut
lymphocele *s.* lymphocyst
lymphocerastism Lymphozytenreifung *f (in Lymphozytenserien)*
lymphocinesia *s.* lymphokinesis
lymphocryptovirus Lymphocryptovirus *n*
lymphocyst Lymphozyste *f*, Lymphgeschwulst *f*
lymphocystis (disease) Lymphocystis-Krankheit *f*, Lymphocystiviruskrankheit *f*
Lymphocystivirus Lymphoycystis-Virus *n*
lymphocystosis Lymphzystenentwicklung *f*
lymphocytapheresis Lymphozytapherese *f (Lymphozytenentfernung aus dem Blut)*
lymphocyte Lymphozyt *m*, Lymphzelle *f*, Lymphkörperchen *n (siehe auch unter: lymphocytic)*
lymphocyte activation Lymphozytenaktivierung *f*
lymphocyte antibody Lymphozytenantikörper *m*
lymphocyte antigen Lymphozytenantigen *n*
lymphocyte clone Lymphozytenklon *m*
lymphocyte culture Lymphozytenkultur *f*
lymphocyte-mediated lymphozytenvermittelt, durch Lymphozyten übertragen
lymphocyte microcytotoxicity test Lymphozytenmikrozytotoxizitätstest *m*
lymphocyte-stimulating hormone lymphozytenstimulierendes Hormon *n (des Thymus)*
lymphocyte transformation Lymphozytentransformation *f*, Lymphzellenreifung *f*
lymphocyte transformation test Lymphozytentransformationstest *m*
lymphocyte-transforming lymphozytentransformierend
lymphocyte transfusion Lymphozytentransfusion *f*
lymphocyte-tuberculin reaction Lymphozyten-Tuberkulin-Reaktion *f*
lymphocythaemia Lymphozythämie *f*, Lymphozytenvermehrung *f* im peripheren Blut
lymphocytic lymphozytisch, lymphozytär; Lymphozyten... *(siehe auch unter: lymphocyte)*
lymphocytic angina 1. Lymphozytenangina *f (Halsentzündung mit überwiegend lymphatischem Blutbild)*; 2. *s.* infectious mononucleosis
lymphocytic choriomeningitis Lymphozytenchoriomeningitis *f*, lymphozytäre Choriomeningitis *f*, Choriomeningitis *f* lymphocytaria
lymphocytic choriomeningitis virus Lymphozytenchoriomeningitisvirus *n*
lymphocytic hypophysitis lymphozytäre Hypophysitis *f*, Hypophysitis *f* lymphocytaria
lymphocytic infiltration lymphozytäre Infiltration *f*, Lymphozyteninfiltration *f*
lymphocytic interstitial pneumonia interstitielle lymphozytäre Pneumonie *f*
lymphocytic leukaemia *(Hämat)* lymphozytäre Leukämie *f*, Lymphozytenleukämie *f*
lymphocytic lymphoma *(Path)* lymphozytäres Lymphom *n*, Lymphozytenlymphom *n*
lymphocytic lymphosarcoma *(Path)* lymphozytäres Lymphosarkom *n*
lymphocytic meningitis lymphozytäre Meningitis *f*, Lymphozytenmeningitis *f*
lymphocytic pleocytosis lymphozytäre Pleozytose *f*, Lymphozytenpleozytose *f*
lymphocytic sarcoma *(Path)* lymphozytäres Sarkom *n*, Lymphozytensarkom *n*
lymphocytic series *(Hämat)* Lymphozytenserie *f*, Lymphozyten(reifungs)reihe *f*
lymphocytic thyroiditis lymphozytäre Thyreoidiitis *f*, Hashimoto-Syndrom *n*
lymphocytoblast Lymphozytoblast *m*
lymphocytoid lymphozytoid, lymphozytenähnlich, lymphozytenartig
lymphocytoma *(Path)* Lymphozytom *n*, Lymphocytoma *n (bösartige Lymphzellengeschwulst)*
lymphocytomatosis Lymphozytomatose *f*, Lymphozytomanhäufung *f*
lymphocytopenia Lympho(zyto)penie *f*, Lymphozytenverminderung *f* im peripheren Blut
lymphocytopheresis Lymphozytopherese *f (Lymphozytenentfernung aus dem Blut)*
lymphocytopoiesis Lymphozytopoese *f*, Lymphozytenbildung *f*, Lymphzellenentwicklung *f*
lymphocytopoietic lymphozytopoetisch, lymphozytenbildend; Lymphozytopoese...
lymphocytorrhexis Lymphozytorrhexis *f*
lymphocytosis Lymphozytose *f*, Lymphozytenvermehrung *f* im peripheren Blut
lymphocytotic Lymphozytose...
lymphocytotoxic lymphozytotoxisch; Lymphozytotoxizitäts...
lymphocytotoxic antibody lymphozytotoxischer Antikörper *m*
lymphocytotoxicity Lymphozytotoxizität *f*, Lymphozytengiftigkeit *f*
lymphocytotoxicity test Lymphozytentoxizitätstest *m*
lymphocytotoxin Lymphozytotoxin *n*
lymphocytotrophic lymphozytotroph(isch), Lymphozyten bevorzugend, sich zu Lymphozyten hinwendend
lymphoderma Lymphoderma *n*
lymphodermia Lymphodermie *f*, Affektion *f* der Hautlymphgefäße
lymphoduct Lymphgefäß *n*, Vas *n* lymphaticum
lymphoedema Lymphödem *n*, Schwellung *f* durch Lymphstauung
lymphoedematous lymphödematös; Lymphödem...
lymphogenesis Lymphogenese *f*, Lymphbildung *f*, Lymphproduktion *f*
lymphogenic *s.* lymphogenous
lymphogenous 1. lymphogen, auf dem Lymphweg entstanden *(z. B. Metastasen)*; 2. lymphogen, lymphbildend
lymphogenous leukaemia lymphogene Leukämie *f*
lymphoglandula *s.* lymph node
lymphogone *(Hämat)* Lymphogonie *f*, Lymphoblast *m (Lymphozytenstammzelle)*
lymphogonium *s.* lymphogone
lymphogranuloma *s.* 1. Hodgkin's disease; 2. venereal lymphogranuloma
lymphogranulomatosis *s.* 1. Hodgkin's disease; 2. venereal lymphogranulomatosis
lymphogranulomatosis X Lymphogranulomatosis *f* X, angioimmunoblastische Lymphadenopathie *f*
lymphography *s.* lymphangiography
lymphohaematogenous lymphohämatogen
lymphohistiocytic lymphohistiozytär

lymphohistiocytosis Lymphohistiozytose *f*, Lymphozyten- und Histiozytenvermehrung *f* im Blut
lymphohistioplasmacytic lymphohistioplasmazytär, Lymphozyten, Histiozyten und Plasmozyten betreffend; Lymphozyten-Histiozyten-Plasmozyten-…
lymphoid lymphoid, lymphartig
lymphoid aplasia lymphoide Aplasie *f*
lymphoid cell Lymphoidzelle *f*, Lymphoidozyt *m*, lymphozytenähnliche Zelle *f*
lymphoid haemoblast (of Pappenheim) *(Hämat)* Pronormoblast *m*, Proerythroblast *m (Erythrozytenvorstufe)*
lymphoid interstitial pneumonia lymphoide interstitielle Pneumonie *f*
lymphoid leukaemia lymphoide Leukämie *f*
lymphoid megakaryocyte *(Hämat)* Promegakaryozyt *m (Megakaryozytenvorstufe)*
lymphoid ring Waldeyer'scher Rachenring *m*
lymphoid series *s.* lymphocytic series
lymphoid stem cell *(Hämat)* Lymphozytenstammzelle *f*
lymphoid tissue lymphoides Gewebe *n*
lymphoidectomy Lymphoidektomie *f*, (operative) Entfernung *f* von lymphatischem Gewebe
lymphoidocyte Lymphoidzelle *f*
lymphoidocytic leukaemia Lymphoidzellenleukämie *f*, Stammzellenleukämie *f*
lymphokentric die Lymphozytopoese stimulierend, die Lymphbildung anregend
lymphokine Lymphokin *n*
lymphokine-activated killer cells lymphokin-aktivierte Killerzellen *fpl*
lymphokine deficiency Lymphokindefizienz *f*, Lymphokinmangel *m*
lymphokinesis *(Anat, HNO)* Lymphokinese *f*, Endolymphströmung *f* in den häutigen Bogengängen
lymphology Lymphangiologie *f (Lehre von den Lymphgefäßen)*
lympholysis Lymphozytolyse *f (Lymphozytenauflösung bei der Immunreaktion)*
lympholytic lympholytisch; Lympholyse…
lymphoma Lymphom(a) *n*, Lymphadenom *n*, Lymphknotengeschwulst *f (meist bösartig)*
lymphoma staging Lymphoma-Staging *n*, Lymphomstadium-Einteilung *f*, Lymphom(stadium)-Einstufung *f*, Lymphom-Klassifikation *f*
lymphomata *pl s.* lymphoma
lymphomatoid lymphomatoid, lymphomartig
lymphomatoid granulomatosis lymphomatoide Granulomatose *f*
lymphomatosis Lymphomatose *f*, Häufung *f* bösartiger Lymphome
lymphomatous *s.* lymphomatoid
lymphomonocyte *(Hämat)* Lymphomonozyt *m*
lymphomonocytosis Lymphomonozytose *f*, Lymphozyten- und Monozytenvermehrung *f* im Blut
lymphomyelocyte *(Hämat)* Lymphomyelozyt *m*
lymphomyeloma Lymphomyelom *n*
lymphomyxoma Lymphomyxom *n*
lymphonodular lymphonodulär; Lymphknoten…
lymphonodulus Lymphonodulus *m*, Nodulus *m* lymphoideus
lymphonodus Lymphonodus *m*, Lymphknoten *m*, Nodus *m* lymphoideus
lymphopathia *s.* lymphopathy
lymphopathy Lymphopathie *f*, Lymphkrankheit *f*
lymphopenia 1. Lymphverminderung *f*, Verringerung *f* der Lymphflüssigkeit *f*; 2. *s.* lymphocytopenia
lymphoplasia Lymphoplasie *f (Ansammlung von lymphoretikulären Zellen im Gewebe)*
lymphoplasm Lymphoplasma *n*, Spongioplasma *n*
lymphoplasmapheresis Lymphoplasmapherese *f (Entfernung der Lymphozyten und des Plasmas aus dem Blut)*
lymphoplasty *s.* lymphangioplasty
lymphopoiesis 1. Lymphopoese *f*, Lymphbildung *f*, Lymphproduktion *f*; 2. *s.* lymphocytopoiesis
lymphopoietic 1. lymphopoetisch, lymphbildend, lymphproduzierend; 2. lymphozytopoetisch, lymphzellenbildend, lymphozytenbildend
lymphoproliferation Lymphoproliferation *f*, Lymphgewebsbildung *f*
lymphoproliferative lymphoproliferativ, lymphgewebsbildend
lymphoproliferative syndrome lymphoproliferatives Syndrom *n*
lymphoprotease Lymphoprotease *f (Enzym)*
lymphoreticular lymphoretikulär, retikuloendothelial
lymphoreticular disease lymphoretikuläre Krankheit *f*
lymphoreticular disorder *s.* lymphoreticular syndrome
lymphoreticular malignancy maligne lymphoretikuläre Krankheit *f*
lymphoreticular syndrome lymphoretikuläres Syndrom *n*
lymphoreticular system lymphoretikuläres System *n*
lymphoreticulosis Lymphoretikulose *f*, Katzenkratzkrankheit *f*
lymphorrhage Lymphozytenansammlung *f* im Muskel
lymphorrhagia *s.* lymphorrhoea
lymphorrhoea Lymphorrhoe *f*, Lymphorrhagie *f*, Lymph(aus)fluss *m*
lymphorrhoid dilatiertes [erweitertes] Lymphgefäß *n*
lymphosarcoma *(Path)* Lymphosarkom *n (bösartige Geschwulst)*
lymphosarcoma cell leukaemia Lymphosarkomzellenleukämie *f*, lymphoblastisches Lymphom *n*
lymphosarcomatosis Lymphosarkomatose *f*, generalisierte Lymphome *npl (bösartige Geschwulsterkrankung)*
lymphoscintigraphy Lymphoszintigraphie *f*, szintigraphische Lymphgefäßdarstellung *f*
lymphoscrotum Skrotumelephantiasis *f*, Elephantiasis *f* scrotalis
lymphosis 1. *s.* lymphocytic leukaemia; 2. Lymphbildung *f*, Lymphproduktion *f*
lymphostasis Lymphostase *f*, Lymphstauung *f*, Lymphstau *m*, lymphatische Blockade *f*
lymphotaxis Lymphotaxis *f*, Lymphozytenbewegung *f* (auf chemische Reize)
lymphotism Lymphotismus *m*, Adenoidbildung *f*
lymphotome *(HNO)* Adenotom *n*, Nasenrachenmesser *n*, Ringmesser *n* (nach Beckmann)
lymphotoxaemia *s.* lymphatism
lymphotoxin Lymphotoxin *n*, Lymphzellgift *n*
lymphotrophy Lymphotrophie *f*, Lymphernährung *f*, Ernährung *f* von Lymphe *(z. B. Zellen und Gewebe)*
lymphotropic lymphotrop, das lymphatische Gewebe bevorzugend, das lymphatische Gewebe befallend
lymphous Lymphe enthaltend, lymphhaltig; Lymph…
lymphuria Lymphurie *f*, Lymphausscheidung *f* im Urin
Lynch's incision Lynch'sche Inzision *f*
Lynch's operation Lynch-Operation *f*, Lynch'sche Stirnhöhlenoperation *f*
lynestrenol Lynestrenol *n*, Ethinylestrenol *n*
lyochrome Lyochrom *n*, Flavin *n (Farbstoff)*
lyoenzyme Lyoenzym *n*, extrazelluläres Enzym *n*
lyogel Lyogel *n*, Flüssigkeit enthaltendes Gel *n (z. B. Gallerte)*
lyoglycogen Lyoglykogen *n*, wasserlösliches Glykogen *n (z. B. im Gewebe)*
lyonization Lyonisierung *f*, Heterochromatinisation *f*, Heterochromatisierung *f*, X-Inaktivierung *f*

lyonized lyonisiert, das inaktvierte X-Chromosom betreffend
lyonized X-chromosome lyonisiertes X-Chromosom *n*, inaktiviertes X-Chromosom *n*
lyophil(e) lyophile Substanz *f*
lyophilic lyophil, lösungsmittelliebend, lösungsmittelanziehend
lyophilic colloid lyophiles [lösungsmittelfreundliches] Kolloid *n*
lyophilic substance lyophile Substanz *f*
lyophilization *(Histol)* Lyophilisierung *f*, lyophile Trocknung *f*, Gefriertrocknung *f*
lyophilize *v* lyophilisieren, der Lyophilisation aussetzen, (unter Vakuumbedingungen) gefriertrocknen
lyophilized lyophilisiert, gefriergetrocknet
lyophilized plasma *(Hämat)* lyophilisiertes Plasma *n*
lyophobe lyophobe Substanz *f*
lyophobic lyophob, lösungsmittelabstoßend
lyophobic colloid lyophobes Kolloid *n*, lösungsmittelabweisendes Kolloid *n*
lyosol Lyosol *n*, flüssiges Sol *n*; flüssige Solphase *f*
lyosorption Lyosorption *f (Adsorption der flüssigen Komponente einer Lösung)*
lyotropic *s.* lyophilic
lypemania *(Neur)* Lypemanie *f*, Trübsinn *m*, Traurigkeit *f*, Melancholie *f*
lypressin Lypressin *n*, 8-Lysin-Vasopressin *n (Vasokonstriktor; Antidiuretikum)*
lysaemia Lysämie *f (Erythrozytenzerfall und Hämoglobinfreisetzung)*
lysate Lysat *n*
lyse *v* 1. auflösen; 2. in Lösung gehen; 3. aufgelöst werden
lysergamide *s.* lysergic acid amide
lysergic acid Lysergsäure *f (Grundbaustein der Mutterkornalkaloide)*
lysergic acid amide Lysergsäureamid *n*, Lysergamid *n (Psychodysleptikum)*
lysergic acid diethylamide Lysergsäure-Diethylamid *n*, Lysergid *n*, LSD *n (Psychodysleptikum)*
lysergic acid monoethylamide Lysergsäure-Monoethylamid *n (Psychodysleptikum)*
lysergide *s.* lysergic acid diethylamide
lysergol Lysergol *n*
Lysholm grid *(Rad)* Lysholm-Blende *f*, Feinrasterblende *f*
Lysholm method *(Rad)* Lysholm-Methode *f*, Lysholm-Projektion *f (für Schädelbasisaufnahmen)*
lysidin Lysidin *n*, Methylglyoxalidin *n*
lysidin bitartrate Lysidinbitartrat *n*
lysin 1. Lysin *n*, die Zytolyse bewirkende Substanz *f*; 2. Lysin *n*, Immun(zyto)lysin *n (komplement-fixierender Antikörper)*
lysine Lysin *n*, Lys, 2,6-Diaminohexansäure *f (essenzielle Aminosäure)*
lysine acetate Lysinacetat *n*
lysine carboxypeptidase Lysin-Carboxypeptidase *f*
lysine decarboxylase Lysin-Decarboxylase *f (Enzym)*
lysine dehydrogenase Lysin-Dehydrogenase *f (Enzym)*
lysine dehydrogenase deficiency Lysin-Dehydrogenasemangel *m*, kongenitale Lysininteroleranz *f*
lysine intolerance Lysinintoleranz *f*
lysine ketoglutarate reductase Lysin-Ketoglutarat-Reduktase *f (Enzym)*
lysine ketoglutarate reductase deficiency Lysin-Ketoglutarat-Reduktasemangel *f*
lysine monohydrochloride Lysinmonohydrochlorid *n*
8-lysine-vasopressine 8-Lysin-Vasopressin *n*, Lypressin *n*
8-lysine-vasopressine test 8-Lysin-Vasopressin-Test *m*, Lysinvasopressintest *m (zum Nachweis einer Hypophysen- oder Hypothalamusinsuffizienz)*
lysinogen Lysinogen *n (Antigen)*
lysinogenesis *s.* lysogenesis
lysinogenic *s.* lysogenic
lysinuria Lysinurie *f*, Lysinausscheidung *f* im Urin
lysis 1. Lysis *f*, Lyse *f*, Lösung *f*, allmählicher Fieberabfall *m*; allmähliche Symptomrückbildung *f (einer Krankheit)*; 2. Lyse *f*, Auflösung *f (z. B. von Zellen durch Lysinwirkung)*
lysis of adhaesions Adhäsiolyse *f*, Adhäsionslösung *f*, Lösung *f* von Verwachsungen
lysocephalin Lysokephalin *n (Hämolysegift)*
lysocythin Lysocythin *n*
lysogen 1. Lysogen *n*, lytische Substanz *f*, lytischer Wirkstoff *m*; 2. Lysinogen *n*; 3. lysogeniertes Bakterium *n*, Bakterium *n* mit Lysogenie
lysogenesis 1. Lysogenese *f*, Lysinbildung *f*, Lysinentstehung *f*; 2. Lysogenese *f*, Lyseentwicklung *f*, Lysebewirkung *f*
lysogenetic lysogen, lysinbildend, lysinproduzierend
lysogenic 1. *s.* lysogenetic; 2. lysogen, auflösend, die Auflösung [Lyse] bewirkend *(z. B. von Bakterien)*
lysogenic conversion lysogene Konversion *f*
lysogenicity 1. Fähigkeit *f* zur Lysinbildung, Lysinbildungsfähigkeit *f*; 2. Lysogenie *f*, Lysogenität *f*, Lysefähigkeit *f*, lytische Eigenschaft *f*; 3. Lysogenie *f*, Fähigkeit *f* zur Bakteriophagenbildung; 4. Lysogenie *f*, Assoziation *f* des Phagen-Genoms mit dem Bakterien-Genom
lysogenization Lysogenisation *f (Erzeugung von Lysogenie bei nicht-lysogenen Bakterien)*
lysogeny *(Virol)* Lysogenie *f*, Fähigkeit *f* zur Bakteriophagenbildung
lysokinase Lysokinase *f (Enzym)*
lysolecithin Lysolezithin *n (Hämolysegift)*
lysolecithin-lecithin acyltransferase Lysolezithin-Lezithin-Acyltransferase *f (Enzym)*
lysolecithinase Lysolezithinase *f*, Lysophospholipase *f (Enzym)*
lysophosphatidate Lysophosphatidat *n*
lysophosphatidic acid Lysophosphatidsäure *f*
lysophosphatidic acid acyltransferase 1-Acylglycerol-3-phosphat-acyltransferase *f (Enzym)*
lysophosphatidylcholine Lysophosphatidylcholin *n*, Lysolezithin *n*
lysophosphatidylserine Lysophosphatidylserin *n*
lysophospholipase Lysophospholipase *f*, Lecithinase *f* B, Phospholipase *f* B, Lysolecithinase *f (Enzym)*
lysophospholipid Lysophospholipid *n*
lysosomal lysosomal; Lysosom(en)...
lysosomal enzyme *s.* lysozyme
lysosomal α-glucosidase lysosomale α-Glucosidase *f*
lysosomal α-glucosidase deficiency Mangel *m* an lysosomaler α-Glucosidase
lysosomal hydrolase lysosomale Hydrolase *f*, Lysosomenhydrolase *f (Enzym)*
lysosomal hydrolase activity Lysosomenhydrolaseaktivität *f*
lysosomal storage disease lysosomale Speicherkrankheit *f*
lysosome Lysosom *n (Zellplasmakörper)*
lysostaphin Lysostaphin *n (Enzym)*
lysotype *(Bakt)* Lysotyp *m*, Phagotyp *m*
lysotyping Lysotypie *f*, Phagentypisierung *f*
lysozyme Lysozym *n (bakteriolytisches Enzym)*
lysozymuria Lysozymurie *f*, Lysozymausscheidung *f* im Urin
lyssa *(Inf)* Lyssa *f*, Tollwut *f*, Hundswut *f*, Wutkrankheit *f*, Rabies *f (Zusammensetzungen siehe unter: rabies)*
Lyssavirus Lyssavirus *n*
lyssic Lyssa..., Tollwut...
lyssoid lyssaartig, tollwutähnlich; Lyssa..., Tollwut...
lyssophobia Lyssophobie *f*, Tollwutangst *f*

lysyl-bradykinin Lysyl-Bradykinin *n*, Kallidin *n*
lysyl hydroxylase Lysylhydroxylase *f*, Lysyl-2-oxoglutarat-dioxygenase *f (Enzym)*
lysyl oxidase Lysyloxidase *f (Enzym)*
lysyl 2-oxoglutarate dioxygenase Lysyl-2-oxoglutarat-dioxygenase *f (Enzym)*
lyterian entfiebernd
lytes Elektrolyte *npl*
lytic lytisch, im Fieber allmählich abfallend
lytic defervescence lytische [allmähliche] Entfieberung *f*
lyxitol Lyxitol *n*
lyxoflavin Lyxoflavin *n*
lyxose Lyxose *f (Aldopentose)*
lyxulose Lyxulose *f (Lyxosederivat)*
lyze *v s.* lyse

M

M-echo signal M-mode-Echosignal *n (Echoenzephalographie)*
M-mode colour Doppler study M-mode-Farbdoppler-Untersuchung *f*
M-mode echocardiogram (T)M-mode-Echokardiogramm *n*, (T)M-mode-Ultraschallherzbild *n*, (T)M-Scan *m*
M-mode echocardiographic scan *s.* M-mode echocardiogram
M-mode presentation M-mode-Darstellung *f*, M-mode-Darstellung *f (bei Echographie)*
M-mode recording M-mode-Registrierung *f*, M-mode-Darstellung *f*, M-mode-Aufzeichnung *f (bei Echographie)*
M-mode sector scan TM-Sektorscan *m*, (T)M-mode-Sektorscan *m (bei Echographie)*
M-mode tracing M-mode-Echodarstellung *f*, M-mode-Echobild *n*, M-mode-Echo *n*
macacus ear Darwin'sches Ohr *n*, Apex *f* auriculae Darwini *(kleiner Vorsprung am Ohrmuschelrand)*
MacArdle's disease MacArdle-Krankheit *f*, Glykogenose *f* Typ V *(Muskelphosphorylasedefekt)*
MacArdle's syndrome *s.* MacArdle's disease
macerate *v* mazerieren, aufweichen, erweichen *(z. B. Gewebe)*
macerated foetus mazerierter Fetus *m*
maceration Mazeration *f*, Aufweichung *f*, Gewebeerweichung *f*
macerative mazeriert, aufgeweicht
Machado-Guerreiro reaction Machado-Guerreiro-Reaktion *f (Komplementbindungsreaktion zum Nachweis der Chagaskrankheit und der Leishmaniasis)*
Machado-Joseph disease *s.* Joseph disease
machinery(-like) murmur Maschinengeräusch *n (Herzgeräusch bei Ductus arteriosus Botalli apertus)*
Mackenrodt's ligament Mackenrodt'sches Band *n*, Ligamentum *n* cardinale Mackenrodt, zervikales Gebärmutteraufhängeband *n*
Mackenzie's syndrome Mackenzie-Syndrom *n*, Mackenzie'sches Syndrom *n*, einseitige Vagus- und Hypoglossuslähmung *f*, Jackson-Syndrom *n*
MacLeod's syndrome MacLeod'sches Syndrom *n (Lungendystrophiesyndrom)*
MacQuarrier's disease MacQuarrier'sche Erkrankung *f*, MacQuarrier-Krankheit *f*, infantile idiopathische Hypoglykämie *f*
macradenous makroadenös, großdrüsig
macrencephalia Makr(o)enzephalie *f*, Gehirnhypertrophie *f*
macrencephalic *s.* macrencephalous
macrencephalon Makroenzephalon *n*, großes Gehirn *n*
macrencephalous makroenzephal(isch), großhirnig, mit großem Gehirn
macrencephaly *s.* macrencephalia
macro-orchi(di)sm Makroorchi(di)smus *m*, abnorme Größe *f* der Hoden [männlichen Keimdrüsen]
macro-ovalocyte Makroovalozyt *m*
macroabrasion *(Stom)* Makroabrasion *f (grobe Abrasion des Zahnschmelzes)*
macroadenoma Makroadenom *n*
macroaesthesia Makroästhesie *f (Empfindungsstörung)*
macroaggregate Makroaggregat *n*
macroamylasaemia Makroamylasämie *f*, Makroamylaseerhöhung *f* im Blut
macroamylasaemic Makroamylasämie...
macroamylase Makroamylase *f (Enzym)*
macroanalysis Makroanalyse *f*
macrobacterium Makrobakterium *n*, großes Bakterium *n*
macrobiosis Makrobiose *f*, Langlebigkeit *f*
macrobiota Makrobiota *pl*
macrobiotic makrobiotisch; Makrobiota...
macroblast Makroblast *m (Erythrozytenvorstufe)*
macroblepharia Makroblepharie *f*, Lidhypertrophie *f*, abnorme Lidvergrößerung *f*
macroblepharon Makroblepharon *n*, großes Augenlid *n*
macrobrachia Makrobrachie *f*, Großarmigkeit *f*, abnorme Armvergrößerung *f*
macrocardia Makrokardie *f*, abnorm großes Herz *n*
macrocardius Makrokardius *m*, Leibesfrucht *f* mit abnorm großem Herzen
macrocellular glioblastoma *(Path)* makrozelluläres [großzelliges] Glioblastom *n*
macrocephalia Makrozephalie *f*, Makrokephalie *f*, Großköpfigkeit *f*
macrocephalic *s.* macrocephalous
macrocephalous makrozephal(isch), makrokephal, großköpfig
macrocephalus Makrozephalus *m*, Makrozephale(r) *m*, Großköpfige(r) *m*
macrocephaly *s.* macrocephalia
macrocheilia Makroch(e)ilie *f*, Großlippigkeit *f*, abnorme Lippenvergrößerung *f*, Rüssellippe *f*
macrocheiria Makroch(e)irie *f*, Handhypertrophie *f*, Großhändigkeit *f*, abnorme Handvergrößerung *f*
macrochiria *s.* macrocheiria
macrochylomicron Makrochylomikron *n*
macroclitoris Makroklitoris *f*, Klitorisvergrößerung *f*
macrocnemia Makroknemie *f*
macrococcus Makrokokkus *m*, Makrokokke *f*
macrocolon Makrokolon *n*, großer Grimmdarm *m*
macroconidium *(Myk)* Makrokonidium *n*
macrocornea *(Ophth)* Makrokornea *f*, Riesenkornea *f*, abnorme Vergrößerung *f* der Hornhaut
macrocrania Makrokranie *f*
macrocranium Makrokranium *n*
macrocryoglobulin Makrokryoglobulin *n*
macrocryoglobulinaemia Makrokryoglobulinämie *f*
macrocyst Makrozyste *f*, große Zyste *f* [Blase *f*]
macrocytase Makrozytase *f*
macrocyte Makrozyt *m*, übermäßig großer Erythrozyt *m*
macrocythaemia Makrozythämie *f*, Makrozytose *f*, Makrozytenvermehrung *f* im Blut
macrocytic makrozytär, makrozytisch
macrocytic anaemia makrozytäre Anämie *f*, Makrozytenanämie *f*

macrocytosis *s.* macrocythaemia
macrodactylia *s.* macrodactyly
macrodactylism *s.* macrodactyly
macrodactylous makrodaktyl, großfingrig; großzehig
macrodactylus Makrodaktylus *m*, Missbildung *f* mit abnorm großen Fingern und Zehen
macrodactyly Makrodaktylie *f*, Großfingrigkeit *f*, Großzehigkeit *f*
macrodont makrodont, großzahnig, mit großen Zähnen
macrodontia Makrodontie *f*, Zahnhypertrophie *f*, abnorme Zahnvergrößerung *f*
macrodontic Makrodontie...
macrodontism *s.* macrodontia
macrodystrophia Makrodystrophie *f*
macroelectromyography Makro-Elektromyographie *f*, Makro-EMG *n*
macroembolism Makroembolie *f*, massive Embolie *f*
macroencephalon Makroenzephalon *n*
macroencephaly *s.* macrencephalia
macroerythroblast Makroerythroblast *m*, Makronormochromoblast *m*
macroerythrocyte Makroerythrozyt *m*
macroesthesia *s.* macroaesthesia
macrofilaricidal makrofilarientötend
macrofollicular makrofollikulär, großfollikulär
macrofollicular adenoma makrofollikuläres Schilddrüsenadenom *n*, Adenoma *n* macrofolliculare, großfollikulärer Kropf *m*
macrogamete *(Trop)* Makrogamet *m (Malariaentwicklungsstadium)*
macrogametocyte *(Trop)* Makrogametozyt *m (Malariaentwicklungsstadium)*
macrogamont Makrogamont *m*
macrogamy *(Paras)* Makrogamie *f*
macrogastria Makrogastrie *f*, abnorme Vergrößerung *f* des Magens
macrogenia Makrogenie *f*, Kiefervergrößerung *f*, Unterkiefervergrößerung *f*, Kinnvergrößerung *f*
macrogenitosomia Makrogenitosomie *f*, Makrogenitosomia *f* praecox *(verfrühte Geschlechts- und Körperentwicklung)*
macrogingivae Microgingivae *fpl*, Elephantiasis *f* gingivae, Fibromatosis *f* gingivae
macroglia Makroglia *f (Nervenstützgewebe)*
macroglial makroglial, makrogliär
macroglobulin Makroglobulin *n*
macroglobulinaemia Makroglobulinämie *f*, Makroglobulinerhöhung *f* im Blut
macroglossia Makroglossie *f*, Zungenhypertrophie *f*, Großzungigkeit *f*, abnorme Größe *f* der Zunge
macrognathia Makrognathie *f*, Kieferhypertrophie *f*, abnorme Größe *f* der Kiefer
macrognathic makrognath
macrognathous *s.* macrognathic
macrographia 1. Makrographie *f (krankhafte Neigung zu abnorm großer Schrift)*; 2. *s.* macroscopy
macrogyria Makrogyrie *f*, abnorme Größe *f* der Hirnwindungen
macrolabia *s.* macrocheilia
macrolecithal makrolezithal, mit großer Dottermenge ausgestattet
macroleucoblast Makroleukoblast *m*
macrolide antibiotic Makrolidantibiotikum *n*
macrolymphocyte Makrolymphozyt *m*, große Lymphzelle *f*
macrolymphocytosis Makrolymphozytose *f*, Makrolymphozytenvermehrung *f*
macromania Makromanie *f*, Größenwahn *m*
macromastia Makromastie *f*, Mammahypertrophie *f*, abnorme Brustvergrößerung *f*
macromazia *s.* macromastia
macromelanosome Makromelanosom *n*
macromelia Makromelie *f*, Gliederhypertrophie *f*, Großgliedrigkeit *f*, abnorme Vergrößerung *f* von Armen und Beinen
macromelus Makromelus *m*, großgliedriger Mensch *m*
macromere Makromer *m*, großer Blastomer *m*
macromerozoite *(Trop)* Makromerozoit *m*, großer Merozoit *m*
macromolecular makromolekular, hochmolekular
macromolecule Makromolekül *n*
macromonocyte *(Hämat)* Makromonozyt *m*, großer Monozyt *m*
macromyeloblast *(Hämat)* Makromyeloblast *m*, großer Myeloblast *m*
macronesia Makronesie *f*, Hyperplasie *f* der Langerhans'schen Inseln
macronodular makronodulär, großknotig
macronodular adrenal disease makronoduläre Nebennierenerkrankung *f*, makronodulärer Morbus *m* Cushing
macronormoblast *(Hämat)* Makronormoblast *m*, großer Normoblast *m*
macronormochromoblast Makronormochromoblast *m*
macronormocyte *s.* macrocyte
macronucleus Makronukleus *m*, großer Zellkern *m* [Kern *m*]
macronutrient Hauptnahrungsmittel *n (Kohlenhydrate, Fett, Eiweiß, Wasser)*
macronychia Makronychie *f*, Nagelhypertrophie *f*, abnorme Größe *f* der Nägel
macroparasite Makroparasit *m*
macropathology Makropathologie *f*, makroskopische Pathologie *f*
macropenis *s.* makrophallus
macrophage Makrophag(e) *m*, große Fresszelle *f (für körperfremdes Material)*
macrophage activating factor Makrophagen-Aktivierungsfaktor *m*, MAF
macrophage agglutination test *(Lab)* Makrophagenagglutinationstest *m*
macrophage colony-stimulating factor Makrophagen-Kolonie-Stimulierungsfaktor *m*, M-CSF
macrophage electrophoresis mobility test Makrophagen-Elektrophorese-Mobilitätstest *m*
macrophage migration inhibiting [inhibition] factor Makrophagen-Migrationshemmfaktor *m*
macrophage migration inhibition test *(Lab)* Makrophagenmigrationshemmtest *m*, Makrophagen-Elektrophorese-Mobilitätstest *m*, MEM-Test *m*, Makrophagenmigrationsinhibitionstest *m*, Elektrophoresemobilitätstest *m*, EM-Test *m*
macrophage slowing factor Migrationshemmfaktor *m*
macrophagocyte *(Hämat)* Makrophagozyt *m*
macrophagy Makrophagenaktivität *f*, Fresszellentätigkeit *f*
macrophallus Makrophallus *m*, Makropenis *m*, großes männliches Glied *n*; Penisvergrößerung *f*
macrophthalmia Makrophthalmie *f*, Augapfelvergrößerung *f*, abnorme Größe *f* des Auges
macrophthalmic makrophthalmisch, großäugig
macrophthalmous *s.* macrophthalmic
macrophthalmus Makrophthalmus *m*, Großäugige(r) *m*
macrophyte Makrophyt *m*
macropia *s.* macropsia
macroplasia Makroplasie *f*
macroplastia *s.* macroplasia
macropodia Makropodie *f*, Großfüßigkeit *f*, Riesenwuchs *m* der Füße
macropolycyte Makropolyzyt *m (neutrophile Leukozytenform)*

macropotential Makropotenzial *n (EEG)*
macroprolactinoma Makroprolaktinom *n*
macropromyelocyte *(Hämat)* Makropromyelozyt *m*, großer Promyelozyt *m*
macroprosopia Makroprosopie *f*, Gesichtsvergrößerung *f*, abnorme Größe *f* des Gesichts
macroprosopous mit großem Gesicht; Makroprosopie-...
macroprosopus Makroprosopus *m*, großgesichtiger Mensch *m*
macropsia Makropsie *f*, Größersehen *n*, vergrößertes Sehen *n*
macropsia hallucination Makropsiehalluzination *f*, halluzinatorisches Größersehen *n*
macroptic hallucination *(Neur)* Gulliverhalluzination *f*
macrorrhinia Makrorrhinie *f*, Großnasigkeit *f*, abnorme Größe *f* der Nase
macroscaling *(Derm)* Desquamatio *f* lamellosa [membranosa], Desquamation *f* in Fetzen *(z. B. bei Scharlach)*
macroscelia Makroskelie *f*, Langbeinigkeit *f*; Langfüßigkeit *f*
macroscelous langbeinig; langfüßig
macroscopic makroskopisch, mit bloßem Auge sichtbar
macroscopic anatomy makroskopische Anatomie *f*
macroscopical *s.* macroscopic
macroscopy Makroskopie *f*, Untersuchung *f* mit dem bloßen Auge
macrosigma Makrosigma *n*, vergrößertes Colon *n* sigmoideum *(s-förmiger Teil des Dickdarms)*
macrosigmoid Makrosigmoid *n*
macrosomatia *s.* macrosomia
macrosomatic makrosomatisch
macrosome Makrosom *n (Protoplasmastruktur)*
macrosomia Makrosomie *f*, Riesenwuchs *m*, Gigantismus *m*
macrospore Makrospore *f*, abnorm große Spore *f*
macrosteatosis Makrosteatose *f*
macrostereognosis Makrostereognosie *f*
macrostomia Makrostomie *f*, Makrostoma *n*, Fissura *f* buccalis congenita, quere Wangenspalte *f*, Mundspaltenverbreiterung *f (Hemmungsmissbildung)*
macrothrombocyte *(Hämat)* Makrothrombozyt *m*, großer Thrombozyt *m*
macrothrombocytosis Makrothrombozytose *f*, Makrothrombozytenvermehrung *f* im Blut
macrotia Makrotie *f*, Ohrmuschelhypertrophie *f*, abnorme Ohrmuschelvergrößerung *f*
macrotome Makrotom *n*
macrotooth Makrozahn *m*, großer Zahn *m*, Riesenzahn *m*
macula 1. *(Derm)* Makula *f*, Fleck *m*, umschriebene Hautverfärbung *f*; 2. *(Ophth)* Macula *f* cornea, feine Hornhautnarbe *f*; 3. *s.* macula lutea
macula densa Macula *f* densa *(kernreicher Bezirk im Mittelstück des Tubulus renalis)*
macula lutea Macula *f* lutea, gelber Fleck *m* der Netzhaut *(Stelle des schärfsten Sehens)*
macular 1. makulös, fleckig, fleckenreich; 2. Makula-..., Makula-lutea-...
macular corneal dystrophy *(Ophth)* makuläre Korneadystrophie *f*
macular degeneration *(Ophth)* Makuladegeneration *f*
macular disease *(Ophth)* Makulaerkrankung *f*, Makulakrankheit *f*, Makulaleiden *n*, Makulopathie *f*
macular dysplasia *(Ophth)* Makuladysplasie *f*
macular dystrophy Makuladystrophie *f*
macular leprosy *s.* maculoanaesthetic leprosy
macular neuroepitheliopathy *(Ophth)* Makulaneuroepitheliopathie *f*
macular neuroretinopathy *(Ophth)* Makulaneuroretinopathie *f*, Makulaneuroepitheliopathie *f*
macular oedema *(Ophth)* Makulaödem *n*, Makulaschwellung *f*
macular pigment epithelium *(Ophth)* Makulapigmentepithel *n*
macular rash *(Derm)* fleckiger Ausschlag *m*
macular star figure *(Ophth)* Makulasternfigur *f*
macular syphilid makuläres Syphilid *n*, Roseola *f* syphilitica
macular vision Makulasehen *n*, Zentralsehen *n*
maculate makulös, fleckig, gefleckt; Fleck-...
maculation Fleckenbildung *f*, Fleckenentwicklung *f*
macule *s.* macula 1.
maculoanaesthetic makuloanästhetisch
maculoanaesthetic leprosy *(Trop)* Lepra *f* maculoanaesthetica
maculocerebral makulozerebral; Macula-lutea-Gehirn-...
maculoerythematous makuloerythematös; Makula-Erythem-...
maculopapular makulopapulär
maculopapular erythroderma Pityriasis *f* lichenoides
maculopapular rash makulopapulärer Hautausschlag *m*
maculopapule *(Derm)* Makulopapula *f*
maculopathy *s.* macular disease
maculovesicular makulovesikulär, makulovesikular
mad 1. wahnsinnig, verrückt, toll; 2. tollwütig, von Tollwut befallen
mad Wahnsinninge(r) *m*
mad cow disease *s.* bovine spongiform encephalopathy
mad fit *(Neur)* Koller *m*
mad hatter's disease Quecksilbervergiftung *f*
mad itch Pseudorabies *f*, Pseudolyssa *f*, Pseudowut *f*, infektiöse Bulbärparalyse *f*, Tollkrätze *f*, Juckseuche *f*, Aujeszky-Krankheit *f*
madarosis *(Ophth)* Madarosis *f*, Madarose *f*, Wimpernverlust *m*
madarotic die Wimpern verlierend; ohne Wimpern
madarous *s.* madarotic
Maddox cross Maddox-Kreuz *n (kreuzförmige Skala zur Prüfung des Augenmuskelgleichgewichtes)*
Maddox prism Maddox-Prisma *n (Doppelprisma zur Erzeugung einäugiger Doppelbilder)*
Maddox rods Maddox-Stäbchen *npl*, Maddox-Zylinder *m (roter Glaszylinder zur Prüfung der Heterophorie)*
Madelung's deformity Madelung'sche Deformität *f*, Manus *f* valga *(angeborene Stellungsanomalie des Handgelenkes)*
Madelung's disease *s.* 1. Madelung's deformity; 2. Madelung's neck
Madelung's neck Madelung'scher Fetthals *m*, Lipoma *n* annulare colli
madescent nässend
madhouse Irrenhaus *n*, Tollhaus *n*
madidans *s.* madescent
madness Wahnsinn *m*, Verrücktheit *f*
Madonna finger Madonnenfinger *m*; Sclerodermia *f* diffusa [progressiva], progressive systemische Sklerose *f*
Madura foot *(Trop)* Madurafuß *m*, Mycetoma *n* pedis, Madurabein *n*, Fußmyzetom *n*
maduromycetoma Maduromyzetom *n (Fadenpilzmyzetom)*
maduromycosis *(Trop)* Maduromykose *f*, Madurafraß *m*
maelenic *s.* melaenic
mafenide Mafenid *n*
mafenide acetate Mafenidacetat *n*
Maffucci's syndrome Maffucci-Syndrom *n*, Maffucci-Kast-Syndrom *n*, Dyschondroplasia *f* haemangiomatosa
magaldrate Magaldrat *n (Antazidum)*
Magendie's foramen Magendie'sches Foramen *n*, Apertura *f* mediana ventriculi quarti

Magendie's sign Magendie'sche Schielstellung *f*, Magendie-Hertwig'sche Schielstellung *f*, Waagebalkenschielen *n (bei Bindearmschädigung Schielstellung des herdseitigen Auges nach unten innen und des gegenseitigen Auges nach oben außen)*
Magendie's solution Magendie'sche Lösung *f*, parenterale Morphiumlösung *f*
Magendie's space Magendie'sche Räume *mpl*, Magendie'sche Subarachnoidalräume *mpl*
Magendie's symptom *s.* Magendie's sign
magenta basisches Fuchsin *n*
magenta 0 Magenta *n* 0, Pararosanilin *n*
magenta I Magenta *n* I, Rosanilin *n*
magenta II Magenta *n* II, Triaminoditoylphenylmethanchlorid *n*
magenta III Magenta *n* III, neues Fuchsin *n*
magenta tongue Magenta-Zunge *f*, magentafarbene Zunge *f*, glänzend-tiefdunkelrote Zunge *f*
magical thinking magisches Denken *n*
Magill's endotracheal tube *(Anästh)* Magill-Tubus *m*, Magill'scher Endotrachealtubus *m*, Nasotrachealtubus *m*
Magill's forceps *(Anästh)* Magill-Zange *f*
magistral magistral, nach Vorschrift des Arztes bereitet, nicht offiziell *(Arzneimittel)*
Magnan's movement Magnan'sche Bewegung *f (Vor- und Zurückbewegung der Zunge bei allgemeiner Parese)*
Magnan's sign Magnan'sches Zeichen *n*, Magnan'sches Symptom *n*, Formikation *f*, Ameisenlaufen *n (taktile Halluzination)*
Magnan's symptom *s.* Magnan's sign
magnesaemia Magnesiämie *f*, Vorhandensein *n* von Magnesium im Blut
magnesium Magnesium *n*, Mg
magnesium aluminium silicate Magnesium-Aluminium-Silikat *n*
magnesium benzoate Magnesiumbenzoat *n*
magnesium carbonate Magnesiumcarbonat *n (Laxans, Antazidum)*
magnesium chloride Magnesiumchlorid *n (Laxans)*
magnesium citrate Magnesiumzitrat *n (Laxans)*
magnesium deficiency syndrome Magnesiummangelsyndrom *n*
magnesium hydrate Magnesiumhydroxid *n (Antazidum, Laxans)*
magnesium hydroxide *s.* magnesium hydrate
magnesium lactate Magnesiumlaktat *n (Laxans)*
magnesium oxide Magnesiumoxid *n (Antazidum, Laxans)*
magnesium peroxide Magnesiumperoxid *n*
magnesium phosphate Magnesiumphosphat *n*
magnesium poisoning Magnesiumvergiftung *f*
magnesium salicylate Magnesiumsalicylat *n (Analgetikum)*
magnesium silicate Magnesiumsilikat *n*
magnesium stearate Magnesiumstearat *n*
magnesium sulphate Magnesiumsulfat *n (Laxans)*
magnesium trisilicate Magnesiumtrisilikat *n (Antazidum)*
magnet reaction Magnetreaktion *f*, Magnetreflex *m*, Greifreflex *m (des Neugeborenen)*
magnet reflex *s.* magnet reaction
magnetic resonance imaging Magnet-Resonanz-Darstellung *f*
magnetic resonance imaging scan Magnet-Resonanz-Szintigraphie *f*
magnetic resonance tomography Magnet-Resonanz-Tomographie *f*, MRT
magnetocardiograph Magnetokardiograph *m*
magnetocardiography Magnetokardiographie *f*, MKG *(Messung des Herzmagnetfeldes)*
magnetoelectrophoresis Magnetoelektrophorese *f*
magnetoencephalogram Magnetoenzephalogramm *n*, MEG
magnetoencephalograph Magnetoenzephalograph *m*
magnetoencephalography Magnetoenzephalographie *f (Messung des Hirnmagnetfeldes)*
magnetometer Magnetometer *n*
magnetomyography Magnetomyographie *f*, MMG
magnetopneumography Magnetopneumographie *f*
magnetotherapy Magnetotherapie *f*, magnetische Behandlung *f*
magnetotropism Magnetotropismus *m*
magnicellular *s.* magnocellular
magnification Vergrößerung *f*
magnify *v* vergrößern
magnitude Größe *f*, Ausmaß *n*
magnitude of shunt Shuntgröße *f*
magnocellular magnozellulär, großzellig
magnum Os *n* capitatum
Magnuson splint Magnuson'sche Schiene *f*, Magnuson'sche Abduktionsschiene *f (bei Oberarmbrüchen zur Ruhigstellung)*
maidenhead Jungfernhäutchen *n*, Hymen *m(n) (Zusammensetzungen siehe unter: hymenal)*
maidenhood Jungfräulichkeit *f*, Jungfernschaft *f*, Virginität *f*
maidism Maidismus *m*, Maisvergiftung *f*, Maisintoxikation *f*
maieusiomania Maieusiomanie *f*, Tokomanie *f*, Kindbettpsychose *f*, Wöchnerinnenpsychose *f*
maieusiophobia Maieusiophobie *f*, Tokophobie *f*, Wehenfurcht *f*, Angst *f* vor dem Gebären
maieutics Geburtshilfe *f*, Entbindungskunst *f*
maieutologist Geburtshelfer *m*, Geburtshelferin *f*, Arzt *m* [Facharzt *m*] für Geburtshilfe
maim *v* mutilieren, verstümmeln, verkrüppeln, zum Krüppel machen
main artery Hauptschlagader *f*, Hauptarterie *f*
main bronchus Hauptbronchus *m*, Stammbronchus *m*
main indication Hauptindikation *f*
main lower-lobe bronchus Unterlappen(haut)bronchus *m*
main pulmonary artery [trunk] Truncus *m* pulmonalis, Lungenarterienstamm *m*, Lungenstammarterie *f*
main sensory nucleus of the trigeminal nerve Nucleus *m* sensorius principalis nervi trigemini
maintain *v* **the airway** die Luftwege offen halten
maintenance Erhaltung *f*
maintenance dose *(Pharm)* Erhaltungsdosis *f*
maintenance therapy Erhaltungstherapie *f*
maintenance treatment *s.* maintenance therapy
maintainer 1. Erhalter *m*, Aufrechterhalter *m*, Aufrechterhaltungsinstrument *n*; 2. *(Stom)* Maintainer *m*, Lückenerhalter *m*, Lückenschlussverhinderer *m*
Maisonneuve amputation Maisoneuve-Amputation *f*, Maisoneuve'sche Amputation *f*
Maisonneuve fracture Maisonneuve-Fraktur *f*, Sprunggelenkfraktur *f* Typ Weber C *(Sonderform)*
Maisonneuve sign Maisoneuve-Zeichen *n*, Maisoneuve'sches Zeichen *n (Überstreckbarkeit der Hand)*
Maisonneuve urethrotome Maisoneuve-Urethrotom *n*, Maisoneuve'sches Urethrotom *n*
Maissiat's band *(Anat)* Maissiat'scher Streifen *m*, Tractus *m* iliotibialis fasciae latae
Maissiat's ligament *s.* Maissiat's band
Maissiat's tract *s.* Maissiat's band
Majocchi's disease Majocchi-Krankheit *f*, Purpura *f* anularis (Majocchi), Purpura *f* anularis teleangi-ectoides *(rosa-lividrote Flecken der Haut durch Kapillarerweiterung)*
Majocchi's granuloma Majocchi-Granulom *n*, trichophytisches Granulom *n*

Majocchi's purpura *s.* Majocchi's disease
major affective disorder *(Neur)* typische affektive Störung *f*
major agglutinin *(Immun)* Hauptagglutinin *n*
major alar cartilage Cartilago *f* alaris major, großer Flügelknorpel *m*
major calyxes (of the kidney) Calices *fpl* renales majores, große Nierenkelche *mpl*
major cross match Majorprobe *f*, Majortest *m* bei der Blut(gruppen)kreuzprobe
major depression *(Neur)* typische Depression *f*
major depressive disorder *(Neur)* typische depressive Störung *f*
major depressive episode *(Neur)* typische depressive Episode *f*
major duct of the sublingual salivary gland Ductus *m* sublingualis major, großer Ausführungsgang *m* der Unterzungenspeicheldrüse
major duodenal papilla Papilla *f* duodeni major
major epilepsy Grand-mal-Epilepsie *f*, großer Epilepsieanfall *m*
major histocompatibility antigen Haupthistokompatibilitätsantigen *n*, Major-Histocompatibility-Antigen *n*
major histocompatibility complex Haupthistokompatibilitätskomplex *m*, HLA-Genkomplex *m*, MHC
major hysteria Hystérie *f* grande
major illness schwere Krankheit *f*
major lip Labium *n* majus pudendi, große Schamlippe *f*
major palatine artery Arteria *f* palatina major, große Gaumenarterie *f*
major palatine foramen Foramen *n* palatinum majus
major pancreatic duct Ductus *m* pancreaticus major, Bauchspeicheldrüsenhauptausführungsgang *m*
major spasmodic fit großer Krampfanfall *m*
major spasmodic seizure *s.* major spasmodic fit
major surgery große Chirurgie *f*
major trauma schweres Trauma *n*, ernsthafte Verletzung *f*
major vestibular gland (of Bartholin) Glandula *f* vestibularis major
major zygomatic muscle Musculus *m* zygomaticus major, großer Jochbeinmuskel *m*
make *v* **a diagnosis** eine Diagnose stellen
make *v* **an X-ray film** eine Röntgenaufnahme machen
make *v* **faces** grimassieren, Grimassen schneiden
make *v* **incoagulable** ungerinnbar machen
make *v* **the correct diagnosis** die richtige Diagnose stellen
mala Mala *f*, Gena *f*, Wange *f*
Malabar itch *(Trop)* Tinea *f* imbricata, Tokelau *n (durch Trichophyton concentricum)*
malabsorption Malabsorption *f*, mangelhafte Absorption *f*, verminderte Nährstoffresorption *f (aus dem Magen-Darm-Kanal)*
malabsorption syndrome Malabsorptionssyndrom *n*
malacia Malazie *f*, Erweichung *f*, Erweichen *n (z. B. von Knochen)*
malacic malazisch, erweichend; Malazie...
malacopathia Epidermolysis *f* bullosa
malacoplakia Malacoplacia *f* vesicae urinariae
malacosis *s.* malacia
malacosteon *s.* osteomalacia
malacotic malakotisch, zu Karies neigend *(z. B. Zähne)*
malacotic enamel malakotischer Schmelz *m*, weicher Schmelz *m*
malacotic tooth malakotischer Zahn *m*, weicher Zahn *m*
malactic erweichend, Erweichung bewirkend, Erweichung erzeugend; Erweichungs...
maladaptation Maladaptation *f*, mangelhafte Adaptation *f*, schlechte Anpassung *f*
maladjustment 1. Desadaptation *f*, mangelnde Anpassung *f (an die Umwelt)*; 2. *(Neur)* Fehlhaltung *f*, Fehlreagieren *n*, schlechtes Reagieren *n*; 3. Fehlsitz *m*, schlechter Sitz *m (z. B. eines Wundverbandes)*
malady Maladie *f*, Krankheit *f*, Leiden *n*, Erkrankung *f*
malagma Kataplasma *n*, Breiumschlag *m*, warmer Umschlag *m*, Packung *f*
malaise Indisposition *f*, Unwohlsein *n*, Übelkeit *f*, Unpässlichkeit *f*, Unbehagen *n*; Missstimmung *f*
malakoplakia *s.* malacoplakia
malalignment Zahnfehlstellung *f*
malar Jochbein...
malar Os *n* zygomaticum, Jochbein *n*
malaria *(Trop)* Malaria *f*, Paludismus *m*, Wechselfieber *n*, Sumpffieber *n (Krankheit mit regelmäßigen Fieberanfällen und Schüttelfrost)*
malaria control Malariakontrolle *f*
malaria parasite Malariaparasit *m*
malaria pigment Malariapigment *n*
malaria plasmodium Malariaplasmodium *n* • **test the blood for malaria plasmodium** das Blut auf Plasmodium malariae untersuchen
malaria therapy *s.* malarialization
malariacidal malariazid, malariaplasmodientötend, gegen Malaria wirkend, antiplasmodisch
malarial malarial, paludal; Malaria...
malarial algid *s.* algid malaria
malarial antigen Malariaantigen *n*
malarial attack Malariaanfall *m*
malarial cachexia Malariakachexie *f*
malarial coma Malariakoma *n*
malarial fluorescent antibody test Malaria-Fluoreszenz-Antikörper-Test *m*, Malariaimmunfluoreszenztest *m*
malarial haemoglobinuria Malariahämoglobinurie *f*
malarial hepatitis Malariahepatitis *f*
malarial nephrosis Malarianephrose *f*
malarial neuritis Malarianeuritis *f*
malarial periodicity Malariaperiodizität *f*
malarial perisplenitis Malariaperisplenitis *f*
malarial pigment Malariapigment *n*
malarial pigmentation Perniziosafleckung *f*, Malariapigmentation *f* der Erythrozyten
malarial prophylaxis Malariaprophylaxe *f*
malarial spleen Malariamilz *f*, Malariamilzvergrößerung *f*
malarial stippling *(Hämat)* Malariatüpfelung *f*
malarial therapy *s.* malarialization
malarialization Malariafiebererzeugung *f*, Malariafieberbehandlung *f*, Malariakur *f*
malarialize *v* mit Malaria infizieren, Malariafieber erzeugen
malariated malariakrank, malariainfiziert, malariabefallen
malariologist Malariaspezialist *m*
malariology Malariologie *f*, Malarialehre *f*
malariotherapy *s.* malarialization
malarious *s.* malarial
malarticulation 1. Malartikulation *f*, Aussprachestörung *f*, Lautbildungsstörung *f*; 2. Malartikulation *f*, Gelenkfehlstellung *f*
Malassezia furfur Malassezia *f* furfur, Microsporon *n* furfur, Pityrosporum *n* orbiculare, Kleiepilz *m (Erreger der Pityriasis versicolor)*
Malassezia ovalis Malassezia *f* ovalis, Pityrosporum *n* ovale
Malassezia pachydermatis Malassezia *f* pachydermatis
Malassez's disease Malassez'sche Krankheit *f*, Hodenzyste *f*
Malassez's epithelial rests Malassez'sche Epithelreste *mpl*
Malassez's test Malassez'scher Test *m*

malassimilation Malassimilation *f*, Assimilationsstörung *f*, schlechte Assimilation *f*
malate Malat *n*
malate dehydrogenase *s.* malic acid dehydrogenase
malate synthase Malatsynthetase *f (Enzym)*
malaxate *v* kneten, durchkneten
malaxation Kneten *n*, Durchkneten *n*, Knetmassage *f*
Malayan filariasis *(Paras)* Filariasis *f* malayi, Brugia-malayi-Befall *m*
Malayan (scrub) typhus *s.* tsutsugamushi disease
malcoeur *s.* ancylostomiasis
maldescent of the testis *(Urol)* Maldescensus *m* testis, Hodenmaldeszensus *m*
maldevelopment Fehlentwicklung *f*
maldigestion Maldigestion *f*, Fehlverdauung *f*, unvollständige Verdauung *f*
maldigestion syndrome Maldigestionssyndrom *n*
male maskulin, männlich, männlichen Geschlechts
male climacteric Klimakterium *n* virile, männliches Klimakterium *n*
male climacterium *s.* male climacteric
male curved urethral bougie männliche Harnröhrenbougie *f*
male genital organs männliche Geschlechtsorgane *npl*, Organa *npl* genitalia masculina [virilia]
male gonad männliche Keimdrüse *f*, Hoden *m*, Testis *m*, Didymus *m*, Orchis *m (Zusammensetzungen siehe unter: testicular)*
male homosexuality männliche Homosexualität *f*
male menopause männliche Menopause *f*
male nurse Krankenpfleger *m*
male parthogenesis *s.* androgenesis
male pattern alopecia männliches Alopeziemuster *n*, männliches Haarausfallmuster *n*
male pattern baldness *s.* male pattern alopecia
male phenotype männlicher Phänotyp *m*
male pseudohermaphroditism männlicher Pseudohermaphroditismus *m*, Pseudohermaphroditismus *m* masculinus, männliches Scheinzwittertum *n*, Androgynie *f*
male reproductive system assessment Einschätzung *f* des männlichen Fortpflanzungssystems, Funktionseinschätzung *f* der männlichen Fortpflanzungsorgane
male sexual dysfunction Störung *f* der männlichen Geschlechtsfunktion
male sterility männliche Sterilität *f*
male-toad test Krötentest *m (Schwangerschaftsschnelltest)*
male urethra männliche Harnröhre *f*, Urethra *f* masculina
malemission Malemission *f*, Ejakulationsstörung *f*
maleruption of a tooth falscher [fehlerhafter] Zahndurchbruch *m*; fehlender Zahndurchbruch *m*
4-maleylacetoacetate 4-Maleylacetoacetat *n*, 4-Maleylazetoazetat *n*
4-maleylacetoacetate isomerase 4-Maleylacetoacetat-Isomerase *f*
malformation Missbildung *f*, Fehlbildung *f*
malfunction Funktionsstörung *f*, Fehlfunktion *f*
Malgaigne's amputation Malgaigne'sche Amputation *f*, subastragalare Vorfußamputation *f*
Malgaigne's fossa Malgaigne'sche Grube *f*
Malgaigne's fracture of pelvis Malgaigne'sche Beckenfraktur *f (vorderer und hinterer Beckenringbruch)*
Malgaigne's hernia Malgaigne'sche Hernie *f (angeborene Leistenhernie)*
Malgaigne's luxation Malgaigne'sche Luxation *f*, Pronatio *f* dolorosa, Chassaignac'sche Lähmung *f*, Chassaignac-Syndrom *n*
Malgaigne's triangle Malgaigne'sches Dreieck *n*, Trigonum *n* caroticum
Malherbe's calcifying epithelioma Malherbe'sches kalzifizierendes Epitheliom *n*, Epithelioma *n* calcificans, Pilomatrixoma *n*
maliasmus *s.* malleus 2.
malic acid Malinsäure *f*, Äpfelsäure *f*, Apfelsäure *f*, Hydroxybernsteinsäure *f*
malic acid dehydrogenase Malatdehydrogenase *f*, Äpfelsäuredehydr(ogen)ase *f (Enzym)*
malic dehydrogenase *s.* malic acid dehydrogenase
malignancy Malignität *f*, Bösartigkeit *f (von Geschwülsten)*
malignant maligne, bösartig *(Geschwülste)*; infiltrierend wachsend; Metastasen bildend
malignant adenoma *(Path)* malignes [bösartiges] Adenom *n*, Adenokarzinom *n*
malignant atrophic papulosis maligne atrophische Papulose *f*, Papulosis *f* atrophicans maligna, kutaneo-mukoso-intestinales Syndrom *n*, Degos'sches Syndrom *n*, Degos-Delort-Tricot'sches Syndrom *n (generalisierter schubweiser Hautausschlag mit Papeln und Ulzerationen der Haut und der Schleimhäute)*
malignant bone aneurysm [cyst] *(Path)* osteogenes Sarkom *n*
malignant degeneration of the tumour Malignisierung *f*, bösartige Geschwulstentartung *f*
malignant diphtheria Diphtheria *f* gravis
malignant disease 1. maligne Krankheit *f*, bösartiges Leiden *n*; 2. Krebs *m*, Krebsleiden *n*, Krebskrankheit *f*
malignant dysentery maligne Dysenterie *f*
malignant endocarditis maligne Endokarditis *f*, bakterielle Endokarditis *f*, Endocarditis *f* septica
malignant ependymoma malignes Ependymom *n*
malignant fibrous histiocytoma Fibroxanthosarkom *n (bösartige Geschwulst)*
malignant goitre Struma *f* maligna, Schilddrüsenkarzinom *n*, Schilddrüsenkrebs *m*
malignant granuloma *s.* Hodgkin's disease
malignant haemangioendothelioma malignes Hämangioendotheliom *n*, Haemangioendothelioma *n* maligna
malignant haemangioma *s.* haemangioendothelioma
malignant hepatoma malignes Hepatom *n*, hepatozelluläres Karzinom *n*, Leberzellkarzinom *n*, Hepatokarzinom *n*
malignant hypertension maligner Hypertonus *m* [Bluthochdruck *m*]
malignant hyperthermia maligne Hyperthermie *f*
malignant jaundice *s.* acute yellow atrophy of the liver
malignant leprosy *(Trop)* Lepra *f* lepromatosa
malignant malaria *(Trop)* Malaria *f* falciparum
malignant malnutrition *s.* kwashiorkor
malignant melanoma malignes Melanom *n*, Melanoma *n* maligna
malignant mesenchymoma malignes Mesenchymom *n*, Mesenchymoma *n* maligna
malignant mole (of the placenta) *(Gyn, Path)* destruierende Blasenmole *f*, Chorioadenoma *n* destruens, Chorioadenom *n*
malignant neoplasm malignes Neoplasma *n*
malignant neurilemmoma [neurinoma] *(Path)* Neurofibrosarkom *n*
malignant neutropenia *s.* agranulocytosis
malignant oedema *(Chir)* malignes Ödem *n*, Oedema *n* malignum, Gasödem *n*, Gasbrand *m*, Gasphlegmone *f*
malignant papilloma malignes Papillom *n*, Carcinoma *n* villosum
malignant phaeochromocytoma Phäochromoblastom *n*
malignant polyadenitis Bubonenpest *f*
malignant pustule Pustula *f* maligna, Milzbrand *m*
malignant schwannoma Neurofibrosarkom *n*
malignant tertian malaria *s.* malignant malaria

malignant transformation maligne Transformation *f*, bösartige Umwandlung *f*
malignant tumour maligner Tumor *m*, bösartige Geschwulst *f*
malinger *v* simulieren, vortäuschen *(z. B. eine Krankheit)*
malingerer Simulant *m*, Krankheitsvortäuscher *m*
malingering Simulation *f*, Krankheitsvortäuschung *f*
malinterdigitation Malinterdigitation *f*, Fehlinterdigitation *f*, Fehlverzahnung *f*
malleability Dehnbarkeit *f*, Streckbarkeit *f*
malleable dehnbar, streckbar
malleal 1. Malleus..., Hammer...; 2. Malleus..., Rotz...
malleation Hammerbewegung *f* bei Chorea
mallein Mallein *n*, Rotzbakterienextrakt *m (für Hauttest zwecks Rotznachweis)*
malleinization 1. Malleininjektion *f*, Impfung *f* mit Rotzbakterienextrakt; 2. Malleininfektion *f*
malleo-incudal malleoinkudal; Hammer-Amboss-...
malleolar 1. malleolar; Malleolus..., Knöchel...; 2. malleolar; Malleus..., Hammer...
malleolar prominence Prominentia *f* mallearis [malleolaris]
malleolar sulcus Sulcus *m* malleolaris, Knöchelsulkus *m*
malleolar surface Facies *f* malleolaris
malleolus Malleolus *m*, Hämmerchen *n*, Knöchel *m*
malleomyringoplasty Malleomyringoplastik *f*, Hammer-Trommelfell-Plastik *f*
malleotomy Malleotomie *f*, Hammerinzision *f*
mallet deformity Hammerdeformität *f*, Hammerzeh *m*; Hammerfinger *m*
mallet fracture Hammerfraktur *f (z. B. eines Fingerendgliedes)*
malleus 1. *(Anat)* Malleus *m*, Hammer *m (Gehörknöchelchen)*; 2. *(Inf)* Malleus *m*, Rotz *m*, Hautwurm *m*, Wurm *m*, Maliasmus *m (durch Malleomyces mallei)*
malleus fixation Malleusfixation *f*, (operative) Hammerfixierung *f*
Mallory bodies Mallory-Körperchen *npl*, Mallory'sche Körperchen *npl (Einschlusskörperchen in Leberzellen bei portaler Zirrhose)*
Mallory-Weiss syndrome Mallory-Weiss-Syndrom *n*, Mallory-Weiss'sches Syndrom *n (Schleimhauteinrisse am Magenmund)*
malnourish *v* fehlernähren; schlecht ernähren; sich falsch ernähren; sich schlecht ernähren
malnutrition Malnutrition *f*, Fehlernährung *f*, schlechte Ernährung *f*
malocclusion *(Stom)* Malokklusion *f*, Missokklusion *f*, anormale Okklusion *f*, Bissanomalie *f*, Fehlbiss *m*
malodorous übel riechend, stinkend
malomaxillary *(Anat)* Jochbein-Maxilla-..., Jochbein-Oberkiefer-...
malonate Malonat *n*
malonate-semialdehyde Malonatsemialdehyd *m*
malonate-semialdehyde dehydrogenase Malonatsemialdehyd-Dehydrogenase *f (Enzym)*
malonic acid Malonsäure *f*, Acidum *n* malonicum
malonuric acid Malonsäureureid *n*
malonyl coenzyme A Malonyl-Coenzym *n* A, Malonyl-CoA *n*
malonyl urea *(Bioch)* Malonylharnstoff *m*, Barbitursäure *f*
maloplasty Maloplastik *f*, Wangenplastik *f*
malperfusion Malperfusion *f*, schlechte Perfusion *f*
Malpighian body 1. Malpighi-Körperchen *n*, Malpighi'sches Körperchen *n* der Milz, Lymphonodulus *m* lienalis Malpighi *(Lymphzellenansammlungen)*; 2. *s.* Malpighian corpuscle
Malpighian capsule *s.* Bowman's capsule
Malpighian cell Malpighi-Zelle *f*, Malpighi'sche Zelle *f (Hornzelle des Stratum spinosum der Epidermis)*
Malpighian corpuscle Malpighi-Körperchen *n*, Malpighi'sches Körperchen *n* der Niere, Corpusculum *n* renis Malpighi
Malpighian glands *s.* Malpighian nodules
Malpighian glomerulus Malpighi'sches Knäuel *n*, Glomerulus *m* renis
Malpighian layer Malpighi'sche Schicht *f*, Malpighi-Schicht *f*, Stratum *n* germinativum, Keimschicht *f* der Oberhaut
Malpighian nodules Malpighi'sche Milzfollikel *mpl*, Folliculi *mpl* lymphatici lienales
Malpighian pyramid Malpighi'sche Pyramide *f*, Pyramis *f* renalis
Malpighian rete Malpighi'sches Wundernetz *n*, Rete *n* mirabile
Malpighian stratum Malpighi'sche Schicht *f*, Stratum *n* basale *(der Epidermis)*
Malpighian tubules Malpighi'sche Exkretionskanäle *mpl*
Malpighian tuft *s.* Malpighian corpuscle
Malpighian vesicles Malpighi'sche Bläschen *npl*, Lungenalveolen *fpl*, Alveoli *mpl* pulmonis
malposed schlecht platziert, schlecht stehend, schlecht gelagert
malposition Malposition *f*, Stellungsanomalie *f*, Stellungsfehler *m*, Lageanomalie *f*
malposition syndrome Malpositionssyndrom *n*
malpractice (ärztlicher) Kunstfehler *m*, Fehlbehandlung *f*
malpresentation Praesentatio *f* impropria, anomale Kindeslage *f*, Fehlhaltung *f* [Fehlstellung *f*] des Kindes bei der Geburt
malreduction Fehlreposition *f*, Fehlstellung *f* von Knochenbruchstücken
malrotation Malrotation *f*, Fehlrotation *f*, abnorme Drehung *f*
malt Malz *n*
malt extract Malzextrakt *m*
malt sugar *s.* maltose
Malta fever *(Inf)* Maltafieber *n*, Mittelmeerfieber *n*, Febris *f* undulans melitensis *(durch Brucella melitensis)*
maltase Maltase *f*, α-Glukosidase *f (Enzym)*
maltobiose *s.* maltose
maltodextrin Maltodextrin *n*
maltose Maltose *f*, Malzzucker *m (Disaccharid)*
maltoside Maltosid *n*
maltosuria Maltosurie *f*, Malzzuckerausscheidung *f* im Urin
maltotetrose Maltotetrose *f*
maltotriose Maltotriose *f*
malturned malrotiert, fehlgedreht
malum Malum *n*, Übel *n*, Krankheit *f*, Leiden *n*
malunion Fehlvereinigung *f*, Fehlverwachsung *f (z. B. bei Knochenbrüchen)*
mamanpian Buba *f* madre, Framboesioma *n*, Frambösiom *n*, Protopianoma *n (Primäraffekt der Frambösie)*
mamelon *(Stom)* Schneidezahnkantenhöcker *m*
mamelonated höckerig, knotig; warzenförmig; zitzenförmig
mamelonation Höckerigkeit *f*, Knotigkeit *f*, höckerige Beschaffenheit *f*; Warzenförmigkeit *f*; Zitzenförmigkeit *f*
mamilla Mamilla *f*, Mamille *f*, Brustwarze *f*, Papilla *f* mammae
mamillary mamillär, mamillar; Mamilla..., Mamillen..., Brustwarzen...; brustwarzenähnlich *(siehe auch unter: nipple)*
mamillary apophysis Apophysis *f* mamillaris, Bulbus *m* olfactorius, Riechkolben *m*
mamillary body Corpus *m* mamillare *(erbsengroße weiße Erhabenheit an der Hirnbasis)*
mamillary irradiation Mamillenbestrahlung *f*

mamillary line Mamillarlinie *f*, Mamillenlinie *f*, Linea *f* mamillaris *(durch die Brustwarze gelegte Senkrechte)*
mamillary muscle Mamillenmuskel *m*
mamillary portion of the hypothalamus Pars *f* mamillaris hypothalami
mamillary process Processus *m* mamillaris (vertebrarum lumbalium) *(Höcker am hinteren Rande des Lendenwirbelgelenkfortsatzes)*
mamillary reflex Mamillarreflex *m*, Mamillenreflex *m*
mamillated 1. höckerig; warzenförmig, zitzenförmig; Warzen…; 2. mit Brustwarzen besetzt; Mamillen…, Brustwarzen…, Warzen…
mamillation 1. Höckerigkeit *f*, Warzenförmigkeit *f*; 2. warzenförmiger Höcker *m*, zitzenartiges Gebilde *n*
mamilliform mamilliform, (brust)warzenförmig
mamilliplasty Mamillenplastik *f*, Brustwarzenplastik *f*, Brustwarzenrekonstruktion *f*
mamillitis Mamillitis *f*, Mamillenentzündung *f*, Brustwarzenentzündung *f*
mamilloinfundibular *(Anat)* mamilloinfundibular
mamillopeduncular *(Anat)* mamillopedunkulär
mamillotegmental *(Anat)* mamillotegmental
mamillotegmental tract Fasciculus *m* mamillotegmentalis
mamillothalamic *(Anat)* mamillothalamisch
mamillothalamic tract Fasciculus *m* mamillothalamicus, Vicq d'Azyr'sches Bündel *n*
mamma Mamma *f*, Brust *f*, Brustdrüse *f (Zusammensetzungen siehe unter: breast und mammary)*
mammal Mamma…, Brust…
mammal Säugetier *n*
mammalgia Mammalgie *f*, Brust(drüsen)schmerz *m*
mammalian passage Säugetierpassage *f*
mammaplasty *s.* mammoplasty
mammary mammär; Mamma…, Brust…
mammary abscess Mammaabszess *m*, Brust(drüsen)abszess *m*, Brust(ver)eiterung *f*
mammary amputation Mammaamputation *f*, Mammektomie *f*, Brustamputation *f*, operative Brustentfernung *f*, Ablatio *f* mammae
mammary areola Areola *f* mammae, Warzenhof *m*
mammary calculus Mammakalkulus *m*, Brust(drüsen)stein *m*
mammary duct Milchgang *m*, Ductus *m* lactiferus
mammary duct dilatation Milchgangdilatation *f*, Milchgangerweiterung *f*
mammary duct ectasia Milchgangektasie *f*
mammary dysplasia Mammadysplasie *f*, chronisch zystische Mastitis *f*
mammary fold Mammafalte *f*, Brustfalte *f*
mammary gland Glandula *f* mammaria, Brustdrüse *f*
mammary gland abscess Brustdrüsenabszess *m*
mammary gland actinomycosis Brustdrüsenaktinomykose *f*
mammary gland deformity Brustdrüsendeformität *f*, Brustdrüsendeformierung *f*
mammary gland dysgenesis Brust(drüsen)dysgenesie *f*
mammary gland dysplasia Brust(drüsen)dysplasie *f*
mammary gland lipogranuloma Brustdrüsenlipogranulom *n*
mammary gland resection Brustdrüsenresektion *f*
mammary gland tuberculosis Brustdrüsentuberkulose *f*, Mammatuberkulose *f*
mammary hypoplasia Brust(drüsen)hypoplasie *f*
mammary line *s.* mammary ridge
mammary lymphatic plexus Brustdrüsenlymphgeflecht *n*
mammary neoplasm Mammaneoplasma *n*, Brust(drüsen)neubildung *f*
mammary papilla *s.* mamilla
mammary region Regio *f* mammaria, Mammaregion *f*, Brustbereich *m*, Brustabschnitt *m*
mammary ridge Milchleiste *f*, Keimanlage *f* der Brust(milch)drüse *f*
mammary-stimulating hormone *s.* prolactin
mammary venous plexus Brustdrüsenvenengeflecht *n*
mammatroph mammotrope Zelle *f*, Prolaktinzelle *f (der Adenohypophyse)*
mammectomy *s.* mammary amputation
mammiform mammaförmig, brustförmig
mammilitis *s.* mamillitis
mammilla *(Am) s.* mamilla
mammillo… *s.* mamillo…
mammiplasia *s.* mammoplasia
mammitis *s.* mastitis
mammogen Mamogen *n*, mammogene Substanz *f (die Brustentwicklung fördernde Substanz)*
mammogenesis Mammogenese *f*, Brustentwicklung *f*
mammogenic hormone *s.* prolactin
mammogram Mammogramm *n*, Röntgenbild *n* der Brust
mammographic mammographisch; Mammographie…
mammographic examination mammographische Untersuchung *f*, Mammographie *f*
mammography Mammographie *f*, Röntgendarstellung *f* der Brust
mammoplasia Mammoplasie *f*
mammoplasty Mammaplastik *f*, Brustplastik *f*
mammose 1. großbrüstig, vollbrüstig, vollbusig; 2. *s.* mammiform
mammosomatotrope *s.* mammosomatotroph
mammosomatotroph mammosomatotrophe Zelle *f (azidophile Zelle der Adenohypophyse mit Bildung von Prolaktin und Wachstumshormon)*
mammothermography Mammothermographie *f*, thermographische Brustuntersuchung *f*, Thermographie *f* der Brust
mammotomy Mammotomie *f*, Brust(ein)schnitt *m*
mammotroph mammotrophe Zelle *f*, Prolaktinzelle *f (der Adenohypophyse)*
mammotrophic *s.* mammotropic
mammotropic mammotrop, brustdrüsenstimulierend, auf die Brustdrüse wirkend
mammotropin *s.* prolactin
man 1. Mensch *m*, Homo *m* sapiens; 2. Mann *m*
man-to-man transmission Mensch-zu-Mensch-Übertragung *f (von Krankheitserregern)*
manage *v* **delivery [labour]** die Geburt leiten [führen]
management of a burn Verbrennungsbehandlung *f*
mancinism Linkshändigkeit *f*
mandatory minute volume (vorgegebenes) maschinelles Minutenvolumen *n*, MMV
mandatory ventilation Zwangsbeatmung *f (siehe auch: mechanical ventilation)*
mandelate Mandelat *n*
mandelic acid Mandelsäure *f*
mandelytropine *s.* homatropine
mandible Mandibula *f*, Mandibel *f*, Unterkiefer *m*
mandibular mandibular, den Unterkiefer betreffend; Mandibular…, Unterkiefer…
mandibular angle Mandibularwinkel *m*, Kieferwinkel *m*, Angulus *m* mandibulae
mandibular angle fracture Kieferwinkelfraktur *f*
mandibular arch *(Embr)* Mandibularbogen *m*, Kieferbogen *m*, erster Kiemenbogen *m*
mandibular block *(Stom)* Mandibularblock *m*, Mandibularblockade *f*
mandibular blood vessel Unterkieferblutgefäß *n*
mandibular canal Mandibularkanal *m*, Canalis *m* mandibulae, Gefäß-Nerven-Kanal *m* im Unterkiefer

mandibular condyle Mandibulagelenkfortsatz *m*, Processus *m* condylaris mandibulae
mandibular condyle tumour Mandibulagelenkfortsatztumor *m*
mandibular contracture Mandibulakontraktur *f*
mandibular dislocation Mandibuladislokation *f*, Unterkieferluxation *f*
mandibular foramen Foramen *n* mandibulare *(Eingang zum Canalis mandibulae)*
mandibular fossa Mandibulargrube *f*, Fossa mandibularis *(am Schläfenbein zur Aufnahme des Unterkiefergelenkköpfchens)*
mandibular fracture Mandibulafraktur *f*, Unterkieferknochenbruch *m*
mandibular gland Unterkieferspeicheldrüse *f*, Glandula *f* submandibularis
mandibular nerve Mandibularnerv *m*, Unterkiefernerv *m*, Nervus *m* mandibularis
mandibular notch Incisura *f* mandibulae
mandibular process Mandibularfortsatz *m*, Unterkieferfortsatz *m*, Processus *m* mandibularis
mandibular ramus Mandibularast *m*, Ramus *m* mandibularis
mandibular reconstructive device Unterkieferprothese *f*, Mandibulaprothese *f*
mandibular reflex Mandibularreflex *m*
mandibular retroposition Zurückstehen *n* des Unterkiefers, Unterkieferretroposition *f*, Retrognathie *f* des Unterkiefers
mandibular retrusion *s.* mandibular retroposition
mandibular saw Kiefersäge *f*
mandibular sling mandibuläre Schlinge *f*, Mandibulaschlinge *f*, Unterkieferschlinge *f*
mandibular spine Lingula *f* mandibulae
mandibular symphysis Unterkiefersymphyse *f*, Symphysis *f* mandibulae
mandibular torus Mandibularwulst *m*, Unterkieferwulst *m*
mandibulectomy Mandibulektomie *f*, Mandibulaexstirpation *f*, Mandibularesektion *f*, (operative) Unterkieferentfernung *f*
mandibulo-oculofacial mandibulo-okulofazial, den Unterkiefer und die Orbita betreffend; Mandibula-Orbita-…, Unterkiefer-Augenhöhlen-…
mandibulofacial mandibulofazial, den Unterkiefer und das Gesicht betreffend; Mandibula-Gesicht-…, Unterkiefer-Gesicht-…
mandibulofacial dysostosis Dysostosis *f* mandibulofacialis
mandibulopharyngeal mandibulopharyngeal, den Unterkiefer und den Pharynx betreffend; Mandibula-Pharynx-…, Unterkiefer-Schlund-…
mandibulopharyngeal space Mandibulopharyngealraum *m*
mandibulum *s.* mandibula
Mandl's operation Mandl'sche Operation *f*, (operative) Nebenschilddrüsenentfernung *f*, Nebenschilddrüsenexstirpation *f*
mandrel 1. Spindel *f*; 2. *s.* mandrin; 3. *s.* mandril
mandril *(Stom)* Mandrel *m*, Dorn *m*, Träger *m*
mandrin Mandrin *m*, Führungsstab *m (für Katheter)*; Einlegestab *m (für Kanülen)*
manducate *v* (zer)kauen
manducation Kauen *n*, Mastikation *f*
manducatory kauend; Kau…
maneuver *s.* manoeuvre
manganese Mangan *n*, Mn
manganic Mangan(III)…
manganism Manganintoxikation *f*, Manganvergiftung *f*
manganous Mangan(II)…
mange *(Derm, Inf, Paras)* Räude *f*, Krätze *f*, Skabies *f*
mange mite Räudemilbe *f*, Krätzmilbe *f*
mania Manie *f*, Wahn *m*, Sucht *f*, Trieb *m*
mania of persecution Verfolgungswahn *m*
maniac Wahnsinnige(r) *m*; Süchtige(r) *m*
maniacal *s.* manic
maniacal delirium Delirium *n* manicum
maniacal fury *(Neur)* Delirium *n* furibundum
manic manisch, manieartig, an einer Manie erkrankt, wahnsinnig, verrückt, rasend; süchtig
manic bipolar disorder *(Neur)* manische bipolare Störung *f*
manic chorea manische Chorea *f*, Chorea *f* maniacalis
manic defence mechanism manischer Abwehrmechanismus *m*
manic-depressive manisch-depressiv, zyklothym, zyklophren
manic-depressive Manisch-Depressive(r) *m*, Zyklothyme(r) *m*, Zyklophrene(r) *m*
manic-depressive illness manisch-depressives Irresein *n*, manisch-depressive Psychose *f*, Zyklothymie *f*, Zyklophrenie *f*
manic-depressive personality manisch-depressives Persönlichkeit *f*, zyklothyme Persönlichkeit *f*, zyklophrene Persönlichkeit *f*
manic-depressive psychosis *s.* manic-depressive illness
manic-depressive reaction *s.* manic-depressive illness
manic episode *(Neur)* manische Episode *f*
manic phase manische Phase *f*
manic psychosis Manie *f*, manische Psychose *f*
manic stupor manischer Stupor *m*
manicure *v* maniküren, die Hand pflegen; die Fingernägel pflegen
manicure 1. Maniküre *f*, Handpflege *f*, Nagelpflege *f*; 2. Maniküre *f*, Handpflegerin *f*, Nagelpflegerin *f*
manifest dream content manifester Trauminhalt *m*
manifestation Manifestation *f*, Ausprägung *f*, Erscheinung *f*
manifestation index *(Epid)* Manifestationsindex *m*
manifestation of the disease Krankheitsmanifestation *f*
manifestation patterns *(Gen)* Manifestationsmuster *n*
manikin 1. Phantom *n*, Körpermodell *n*, anatomisches Modell *n* (des Menschen); 2. Phantom *n*, Neugeborenennachbildung *f*, künstliches Neugeborenes *n*, künstlicher Embryo *m (zum Erlernen geburtshilflicher Handgriffe)*
maniloquism Maniloquismus *m*, Daktylologie *f (Finger- und Zeichensprache der Taubstummen)*
manioc Maniok *m*
maniphalanx Maniphalanx *f*, Fingerphalanx *f*
manipulation Manipulation *f*, Hantieren *n*; Handgriff *m*, Kunstgriff *m*
Mann-Bollman fistula Mann-Bollman-Fistel *f (künstliche Darmfistel)*
Mann-Whitney test *(Statist)* Mann-Whitney-Test *m*, Mann-Whitney-U-Test *m*, Mann-Whitney-Wilcoxon-Test *m*
Mann-Williamson operation Mann-Williamson'sche Operation *f (zur tierexperimentellen Ulkus-pepticum-Erzeugung)*
Mann-Williamson ulcer Mann-Williamson-Geschwür *n*
manna Manna *n(f) (getrockneter Rindensaft der Manna-Esche als Abführmittel)*
mannered-pretentious gait gekünstelter Gang *m*
mannerism *(Neur)* Maniertheit *f*, Bizarrerie *f*
mannite *s.* mannitol
mannitol Mannit(ol) *n (Diuretikum)*
mannitol test Mannitoltest *m (Nierenfunktionstest)*
mannoprotein Mannoprotein *n*
mannopyranose Mannopyranose *f*
mannosamine Mannosamin *n*

mannose Mannose *f (Monosaccharid)*
mannose1-phosphate Mannose-1-phosphat *n*
mannose1-phosphate guanylyltransferase Mannose-1-phosphatguanylyltransferase *f (Enzym)*
mannose6-phosphate Mannose-6-phosphat *n*
mannose6-phosphate isomerase Mannose-6-phosphat-Isomerase *f (Enzym)*
α-mannosidase α-Mannosidase *f (Enzym)*
β-mannosidase β-Mannosidase *f (Enzym)*
mannoside Mannosid *n (Glykosid)*
mannosidosis Mannosidose *f*, Mannosidosis *f*, Mannosidasemangel-Syndrom *n (angeborener Mangel an α-Mannosidase)*
mannuronic acid Mannuronsäure *f*
manoeuvre Manöver *n*, Manipulation *f*
manometer Manometer *n*, Druckmesser *m*
manometric manometrisch; Manometrie…
manometry Manometrie *f*
manoptoscope *(Ophth)* Manoptoskop *n (zur Feststellung einer Augendominanz)*
manoscopy *s.* manometry
Mansonella ozzardi Mansonella *f* ozzardi, Filaria *f* ozzardi
Mansonella perstans Mansonella *f* perstans, Acanthocheilonema *n* perstans, Dipetalonema *n* perstans, Filaria *f* perstans
Mansonella streptocerca Mansonella *f* streptocerca, Dipetalonema *n* streptocerca
mansonelliasis *(Trop)* Mansonelliasis *f*, Mansonella-ozzardi-Befall *m*, Filariasis *f* ozzardi
mansonellosis *s.* mansonelliasis
Mansonia Mansonia *f (Stechmückenart)*
Manson's disease *s.* schistosomiasis
Manson's haemoptysis Manson'sche Hämoptyse *f*, endemische [parasitische] Hämoptyse *f*, orientalische Hämoptyse *f (bei Infektion mit Paragonimus westermani)*
Manson's schistosomiasis *s.* schistosomiasis
mantle 1. Mantel *m*, Hülle *f*, Hüllschicht *f*; 2. Cortex *m* cerebri, Hirnmantel *m*
mantle dentin *(Stom)* Manteldentin *n*
mantle layer Mantelschicht *f*
mantle(-like) pneumothorax Mantelpneu(mothorax) *m*
Mantoux reaction *s.* Mantoux test
Mantoux test Mantoux-Reaktion *f*, Mantoux'sche Reaktion *f*, Mendel-Mantoux'sche Tuberkulinprobe *f*, intrakutane Tuberkulinreaktion *f*
manual manuell, mit der Hand
manual assistance in foetal presentation *(Gyn)* Manualhilfe *f*, Dammschutz *m*
manual placenta removal *(Gyn)* manuelle Plazentaausräumung *f*
manual reduction [reposition] manuelle Reposition *f* [Einrenkung *f*]
manual removal of afterbirth *(Gyn)* manuelle Nachgeburtausräumung *f*
manual rotation Manualrotation *f*, Manualdrehung *f*, manuelle Drehung *f*
manubria *pl s.* manubrium
manubrial 1. *(Anat)* manubrial; Manubrium…, Handgriff…; 2. *(Anat)* Manubrium-sterni-…
manubriosternal manubriosternal, das Manubrium sterni und das Corpus sterni betreffend; Manubriosternal…
manubriosternal articulation *s.* manubriosternal synchondrosis
manubriosternal synchondrosis *(Anat)* Synchondrosis *f* manubriosternalis
manubrium 1. *(Anat)* Manubrium *n*, Griff *m*, griffförmiger Fortsatz *m*; 2. *(Anat)* Manubrium *n* sterni, Brustbein(hand)griff *m (oberster Teil des Brustbeins)*
manubrium of the malleus Manubrium *n* mallei, Handgriff *m* des Hammers
manuduction *(Chir, Gyn)* Handführung *f*, Handleitung *f*
manudynamometer *(Stom)* Manudynamometer *n*
manus Manus *f*, Hand *f (Zusammensetzungen siehe unter: hand)*
manustupration *s.* masturbation
many-tailed bandage Verband *m* mit mehreren Bändern; Korsettverband *m* mit mehreren Schleifen, Klettverband *m* mit mehreren Streifen
MAO *s.* monoamine oxidase
MAOI monoamine oxidase inhibitor
MAP *s.* mean arterial pressure
map distance *(Gen)* Map-Distanz *f (Abstand zwischen zwei Genen auf einem Chromosom)*
map unit *(Gen)* Map-Einheit *f*, Morgan *n*, M; Zentimorgan *n*, cM
maple bark disease Ahornrindenschäler-Krankheit *f*, Towey'sche Krankheit *f*, Ahornrindenkrankheit *f (allergische Pneumonitis durch Cryptostroma corticale)*
maple syrup (urine) disease *(Bioch, Metab)* Ahornsirupkrankheit *f*, Verzweigtketten-Decarboxylasemangel *m*
mapping 1. *(Kard)* Mapping *n*, Kartographie *f (z. B. eines Infarktes)*; 2. Mapping *n*, Genlokalisation *f (in Chromosomen)*
mapping function Mapping-Funktion *f*
maprotiline Maprotilin *n (Antidepressivum)*
maprotiline hydrochloride Maprotilinhydrochlorid *n*
maransis *s.* marasmus
marantic 1. marantisch, marastisch; Marasmus…; 2. marantisch, mit verlangsamtem Kreislauf
marantic kwashiorkor *(Päd)* marantisches Kwashiorkor *n (Unterernährung infolge Eiweiß- und Kalorienmangel)*
marantic thrombosis marantische Thrombose *f*, Thrombose *f* bei allgemeinem Kräfteverfall *(Folge herabgesetzter Kreislauffunktion)*
marantic thrombus marantischer Thrombus *m*
marasmatic *s.* marantic
marasmic *s.* marantic
marasmoid marasmusartig; Marasmus…
marasmus Marasmus *m*, Kräfteverfall *m*, Siechtum *n*
marble bone Marmorknochen *m*
marble bone disease *s.* osteopetrosis
marble bones *s.* osteopetrosis
marble skin Marmorhaut *f*, marmorierte Haut *f*, Cutis *f* marmorata, Livedo *f* reticularis [anularis], Kältemarmorierung *f* der Haut
marbleization Marmorierung *f*, Marmor(ver)färbung *f (z. B. der Haut)*
Marburg (haemorrhagic) fever *(Inf)* Marburg-Virus-Krankheit *f*, Marburg-Fieber *n*
Marburg virus Marburg-Virus *n*
Marburg virus disease *s.* Marburg haemorrhagic fever
marc *(Pharm)* unlöslicher Rest *m*, Bodenstand *m*, Bodensatz *m (nach Auslaugung von pharmazeutischen Substanzen)*
march albuminuria Marschalbuminurie *f*, Albuminausscheidung *f* im Urin nach längeren Fußmärschen
march foot *s.* Deutschländer's disease
march fracture *s.* Deutschländer's disease
march haemoglobinuria Marschhämoglobinurie *f*, Hämoglobinausscheidung *f* im Urin nach längeren Fußmärschen
march of convulsions Krampffortschreiten *n*, Ausbreitung *f* von Krämpfen *(beim epileptischen Anfall)*
Marchand's adrenals Marchand'sche akzessorische Nebennieren *fpl (Nebennierengewebe im Ligamentum latum)*
Marchand's organs *s.* Marchand's adrenals

Marchand's rest *s.* Marchand's adrenals
Marchand's wandering cell Marchand'sche Wanderzelle *f*, Perizyt *m*, Adventitialmakrophage *m*
Marchesani syndrome Marchesani-Syndrom *n*, Marchesani'sches Syndrom *n*, Dystrophia *f* mesodermalis hyperplastica
Marchiafava-Bignami disease Marchiafava-Bignami-Syndrom *n*, Marchiafava-Bignami'sches Syndrom *n*, Marchiafava-Bignami'sche Krankheit *f*, Balkendegeneration *f* *(Gehirn)*
Marchiafava-Bignami syndrome *s.* Marchiafava-Bignami disease
Marchiafava disease Marchiafava-Micheli-Krankheit *f*, Marchiafava-Micheli'sches Syndrom *n*, paroxysmale nächtliche Hämoglobinurie *f*
Marchiafava-Micheli anaemia *s.* Marchiafava-Micheli disease
Marchiafava-Micheli syndrome *s.* Marchiafava-Micheli disease
Marcus Gunn pupil sign Pupillenzeichen *n* nach Marcus Gunn
Marcus Gunn's syndrome Marcus-Gunn-Syndrom *n*, Kiefer-Lid-Phänomen *n* *(Lidhebung beim Kauen oder Mundöffnen)*
Mardersteig phenomenon Mardersteig-Phänomen *n*, Vakuumphänomen *n*
Marek's disease Marek'sche Krankheit *f*, neurale [okuläre] Lymphomatose *f*, Neurolymphomatosis *f* [Lymphomatosis *f*] gallinarum
Marek's disease virus Marek-Virus *n*, Virus *n* polyneuritidis gallinarum *(onkogenes DNS-Virus der Herpes-Gruppe)*
marfanoid Marfan-ähnlich, marfanoid; Marfan-...
Marfan's syndrome (Archard-)Marfan-Syndrom *n*, Spinnenfing(e)rigkeit *f*, Dolichostenomegalie *f*, Arachnodaktylie *f*
margaritoma Margaritom *n*, Margaroid *n*, Margeritom *n*, Perlgeschwulst *f*
margin Margo *m*, Rand *m*, Grenze *f*
margin of the acetabulum Limbus *m* acetabuli
margin of the eyelid Margo *m* palpebrae, Lidrand *m*, Augenlidkante *f*
margin of the fossa ovalis Limbus *m* fossae ovalis
margin of the orbit Aditus *m* orbitae, Augenhöhleneingang *m*
margin of the tongue Margo *m* linguae
margin of wound Margo *m* vulneris, Wundrand *m*, Wundlippe *f*
marginal marginal, am Rand befindlich, randständig; Rand...; zum Rand gehörend
marginal blepharitis Blepharitis *f* marginalis, Lidrandentzündung *f*
marginal consciousness Randbewusstsein *n*
marginal decidua Decidua *f* marginalis
marginal excavation of the optic disk druckatrophische Papillenexkavation *f*, Glaukompapille *f*
marginal gingiva Zahnfleischrand *m*, Zahnfleischsaum *m*, Margo *m* gingivae
marginal gingivitis Zahnfleischrandentzündung *f*, Gingivitis *f* marginalis
marginal gyrus *(Anat)* Gyrus *m* parahippocampalis
marginal keratitis *(Ophth)* Marginalkeratitis *f*, Randkeratitis *f*, Keratitis *f* marginalis [anularis]
marginal peptic ulcer Anastomosengeschwür *n*, Ulcus *n* pepticum jejuni
marginal placenta Placenta *f* marginata
marginal placenta praevia Placenta *f* praevia marginalis
marginal psychosis marginale Psychose *f*, Randpsychose *f*
marginal resection of the liver marginale Leberresektion *f*, Leberrandresektion *f*
marginal ridge *(Stom)* Höckergrat *m*
marginal sinus Sinus *m* marginalis, Sinus *m* placentalis, Plazentarsinus *m*
marginal sinus rupture Abruptio *f* placentae marginalis, Plazentarsinusruptur *f*, marginale Plazentalösung *f*
marginal tubercle of the zygomatic bone Tuberculum *n* marginale ossis zygomatici
marginal ulcer Marginalulkus *n*, Ulcus *n* marginale
margination *(Path)* Wandständigkeit *f* der Leukozyten bei Entzündung; Leukozytenwall *m*
margines *pl s.* margo
marginoplasty Marginoplastik *f*, Lidrandplastik *f*, Augenlidrandrekonstruktion *f*
marginoplasty gum *s.* marginal gingiva
margo Margo *m*, Rand *m*, Grenze *f*
margo parietalis of the frontal bone Margo *m* parietalis ossis frontalis, zum Scheitelbein gerichteter Stirnbeinrand *m*
margo parietalis of the temporal bone Margo *m* parietalis ossis temporalis, zum Scheitelbein gerichteter Schläfenbeinrand *m*
Marie-Scheuthauer syndrome *(Päd)* Marie-Scheuthauer'sches Syndrom *n*, Marie-Scheuthauer-Syndrom *n*, Dysplasia *f* cleidocranialis
Marie-Strümpell arthritis *s.* Marie-Strümpell disease
Marie-Strümpell disease Marie-Strümpell'sche Krankheit *f*, Marie-Strümpell-Krankheit *f*, Spondylitis *f* ankylosans, Morbus *m* Bechterew, Bechterew'sche Krankheit *f*, rheumatoide Spondylitis *f*
Marie-Strümpell syndrome *s.* Marie-Strümpell disease
Marie-Tooth disease *s.* Charcot-Marie-Tooth disease
Marie's ataxia Marie'sche Ataxie *f*
Marie's disease 1. *(Endokr)* Marie-Krankheit *f*, Akromegalie *f*; 2. *(Neur)* Heredoataxia *f* cerebellaris; 3. *(Orth, Path)* Osteopathia *f* hypertrophicans toxica
Marie's hypertrophy hypertrophe pulmonale Osteopathie *f*
marihuana Marihuana *n*, Haschisch *m(n)* *(Rauschgift von Cannabis indica)*
marijuana *s.* marihuana
Marin-Amat's syndrome Marin-Amat-Syndrom *n*, inverses Marcus-Gunn-Syndrom *n*
Marinesco-Sjögren syndrome Marinescu-Sjögren-Syndrom *n*
Marinesco's sign Marinescu'sches Zeichen *n* *(bei Syringomyelie auftretende leichenfarbene ödematöse Hand)*
Marinesco's succulent hand Marinescu'sche leichenfarbene ödematöse Hand *f*
marinobufotoxin Marinobufotoxin *n* *(im Speichel von Bufo marinus)*
marinotherapy *(Bal)* Seeklimatherapie *f*, Meeres(klima)-behandlung *f*, Thalassotherapie *f*
Marion's disease *(Päd, Urol)* Marion-Syndrom *n*, angeborene Blasenhalsstenose *f*
Mariotte's blind spot Mariotte'scher [blinder] Fleck *m* *(Eintrittsstelle des Sehnerven am Augenhintergrund)*
mariposia Thalassoposie *f* *(krankhaftes Trinken von Meerwasser)*
marisca Mariske *f*
mariscal Marisken...
marital problem *(Neur)* Eheproblem *n*
marital rape Vergewaltigung *f* in der Ehe
marital schism *(Neur)* Ehespaltung *f* *(bei Schizophrenie)*
marital skew *(Neur)* Strukturverschiebung *f* *(bei Schizophrenie)*
marital therapy *(Neur)* Ehepaartherapie *f*
mark 1. Mal *n* *(siehe auch unter: naevus)*; 2. Narbe *f*
marked anaemia ausgeprägte Anämie *f*

marked bleeding ausgeprägte Blutung *f*
marked clinical picture of acute appendicitis klinisches Vollbild *n* einer akuten Appendizitis
marked muscular tension ausgeprägte Muskelspannung *f*
marked pain ausgeprägter Schmerz *m*
marked tenderness ausgeprägte Druckschmerzhaftigkeit *f*, ausgeprägter Druckschmerz *m*; ausgeprägter Berührungsschmerz *m*
marker 1. Marker *m*, Markierungsmittel *n*; Markierungsinstrument *n*; Markersubstanz *f (z. B. bei Stoffwechselstörung)*; 2. Charakteristikum *n*, Kennzeichen *n*, Markierung *f (z. B. einer Zelle)*; 3. Markierungsgen *n*
marker chromosome *(Gen)* Marker-Chromosom *n*
marker gene Marker-Gen *n*
marker substance Markersubstanz *f*
marmorated *s.* marmoreal
marmoration *s.* marbleization
marmoreal marmorartig, marmoriert *(z. B. Haut)*
marmorization *s.* marbleization
Maroteaux-Lamy syndrome *(Gen, Päd)* Maroteaux-Lamy-Syndrom *n*, Lamy-Maroteaux'sche Dysplasia *f* spondyloepiphysaria, Mukopolysaccharidose *f* Typ VI, Pyknodysosteose *f*, dystrophischer Zwergwuchs *m*
marriage advising Eheberatung *f*
marriage therapy *(Neur)* Ehepaartherapie *f*
marrow 1. *(Anat)* Mark *n*, Medulla *f*; 2. *(Anat)* Knochenmark *n*, Medulla *f* ossium *(siehe auch unter: bone marrow)*; 3. *s.* spinal cord
marrow activity Markaktivität *f*, Knochenmarkaktivität *f*
marrow cell Knochenmarkzelle *f*
marrow nailing *s.* medullary nailing
marrow sideroblast Knochenmarksideroblast *m*
marrow space Markraum *m*, Markhöhle *f*, Knochenmarkhöhle *f*
marrowbrain *s.* myelencephalon
Marseille fever Marseille-Fieber *n*, altweltliches Zeckenbissfieber *n*
marsh fever Marschenfieber *n*, Malaria *f* der Marschengegenden
Marshall-Marchetti(-Krantz) operation Marshall-Marchetti'sche Operation *f (Blasensuspension nach Uterusexstirpation)*
Marshall's fold Marshall'sche Falte *f*, Plica *f* venae cavae sinistrae
Marshall's oblique vein *s.* Marshall's vein
Marshall's syndrome *(Ophth)* Marshall-Syndrom *n (Mittelgesichtshypoplasie, Katarakt, Hörverlust und Hypohidrose)*
Marshall's vein Marshall'sche Vene *f*, Vena *f* obliqua atrii sinistri
Marshall's vestigial fold *s.* Marshall's fold
Marsh's disease *s.* Graves's disease
marsupial einen Beutel besitzend; Beutel...
marsupialization Marsupialisation *f (z. B. das Einnähen von Zystenrändern in die Bauchwunde)*
marsupialize *v* marsupialisieren
martial eisenhaltig, ferruginös
Martin-Bell syndrome Martin-Bell'sches Syndrom *n*, Fragile-X-Syndrom *n (X-chromosomal vererbte Makrogenitosomie mit Megaloorchie und geistiger Retardierung)*
Martin's bandage Martin'sche Bandage *f*
Martin's disease Martin'sche Krankheit *f*, Periosteoarthritis *f* des Fußes *(nach längerem Laufen)*
Martorell's syndrome 1. Martorell'sches Syndrom *n*, Ulcus *n* cruris hypertonicum; 2. Martorell'sches Syndrom *n*, Peitschenschlagsyndrom *n (Schmerz im Bein durch intramuskuläre Blutung)*; 3. Martorell-Fabré-Syndrom *n*, Takayasu-Syndrom *n*, Aortenbogensyndrom *n*
Maryland coma scale Maryland Koma-Skala *f*, Maryland Coma-Scale *f*
maschaladenitis Achsellymphknotenentzündung *f*
maschale *s.* axilla
maschalephidrosis Achselschweißbildung *f*, Schwitzen *n* in der Achselhöhle
maschalyperidrosis vermehrte Achselschweißbildung *f*, übermäßiges Schwitzen *n* in der Achselhöhle
masculation *s.* masculinization
masculine 1. maskulin, männlich, männlichen Geschlechts; 2. sich männlich verhaltend [gebend]
masculine protest *(Neur)* männlicher Protest *m*
masculinity Männlichkeit *f*, männliche Art *f*, männliches Verhalten *n*
masculinization Maskulin(is)ierung *f*, Maskulinisieren *n*, Vermännlichung *f*, Virilisierung *f*
masculinize *v* maskulinisieren, virilisieren, vermännlichen
masculinovoblastoma *s.* arrhenoblastoma
mask *v* maskieren, verschleiern, überlagern, verdecken, verbergen; überdecken, abdecken; ausblenden, abblenden; verrauschen; bedecken, abdecken; kaschieren
mask 1. Maske *f*, Gesichtsmaske *f*, Sauerstoffmaske *f*; 2. Mundtuch *n*; 3. *(HNO)* Maske *f*, Schallmaske *f*, Verrauschen *n (z. B. bei Audiometrie)*
mask face Maskengesicht *n*, Salbengesicht *n*, starres Gesicht *n*, Amimie *f*
mask for narcosis Narkosemaske *f*
mask image *(Rad)* Maskenbild *n (bei digitaler Fluoroskopie)*
mask-like face *s.* mask face
mask narcosis Maskennarkose *f*
mask of pregnancy Schwangerschaftsmaske *f*, Schwangerenchloasma *n*, Schwangerschaftsmal *n*, Schwangerschaftsfleck *m*
masked 1. maskiert, verschleiert, überlagert, verborgen, verdeckt; 2. mit einer Maske versehen
masked depression larvierte Depression *f*
masked facies *s.* mask face
masked twilight state besonnener Dämmerzustand *m*
masking 1. Maskierung *f*, Verschleierung *f*, Überlagerung *f*, Verdeckung *f (z. B. von Symptomen)*; 2. *(Rad)* Maskierung *f*, Überdeckung *f*, Ausblendung *f*, Abblendung *f*, Ausblenden *n*, Abblenden *n*; 3. *(HNO)* Verrauschung *f*, Verrauschen *n (Audiometrie)*; 4. *(Stom)* Maskierung *f*, Abdeckung *f*, Bedeckung *f*, Deckung *f (von metallischen Prothesenteilen)*; Kaschieren *n (der Zähne)*; Deckung *f*, Decken *n*, Abdecken *n (z. B. von Metallflächen)*
masochism Masochismus *m*, passive Algolagnie *f*, Schmerzgeilheit *f*, (sexuelle) Schmerzwollust *f*
masochist Masochist *m*
masochistic masochistisch, durch Misshandlungen geschlechtlich erregt
masochistic personality masochistische Persönlichkeit *f*
masoprocol Masoprocol *n (Antineoplastikum bei aktinischen Keratosen)*
mass 1. *(Pharm)* Massa *f*, Masse *f*, Substanz *f*, Stoff *m*; 2. *s.* tumour; 3. Masse *f*, große Menge *f (z. B. von Gewebe)*; 4. große Anzahl *f (z. B. bei Untersuchungen)*; 5. Gesamtheit *f (z. B. Bevölkerung)*; 6. Mehrzahl *f (z. B. von Impfpflichtigen)*
mass action law Massen-Wirkungs-Gesetz *n*
mass chest radiographic survey Thorax-Röntgenreihenuntersuchung *f*
mass delousing Massenentlausung *f*
mass hysteria Massenhysterie *f*
mass immunization Massenimmunisierung *f*, Reihen(schutz)impfung *f*
mass in the abdomen abdominaler Tumor *m*, Geschwulst *f* im Bauch

mass in the chest thorakaler Tumor *m*, Geschwulst *f* im Brustkorb
mass intoxication Massenvergiftung *f*
mass lesion Hirnmassenläsion *f*
mass movements Massenbewegungen *fpl*, Magnus-Reflexe *mpl (primitive frühkindliche Reflexe)*
mass of muscle Muskelmasse *f*
mass of the colon *s.* colon tumour
mass panic Massenpanik *f*
mass radiography Röntgenreihenuntersuchung *f*
mass reflex *(Neur)* Massenreflex *m (bei Rückenmarkverletzungen)*
mass roentgenography *s.* mass radiography
mass shift Massenverschiebung *f (von Gehirnteilen)*
mass spectrometer Massenspektrometer *n*
mass spectrometry Massenspektrometrie *f*
mass vaccination Reihen(schutz)impfung *f*
massage *v* massieren, durchkneten
massage Massage *f* • **do massage** massieren, eine Massage durchführen
massectomy (operative) Tumorentfernung *f*, Geschwulstexzision *f* im Gesunden
Masselon's spectacles Masselon'sche Brille *f (bei paralytischer Blepharoptose)*
masseter Musculus *m* masseter, Kaumuskel *m*
masseter-mandibular-temporal region Kaumuskel-Unterkiefer-Schläfen-Region *f*
masseter muscle *s.* masseter
masseter reflex Masseterreflex *m*, Kaumuskelreflex *m*
masseteric Masseter..., Kaumuskel...
masseteric artery Arteria *f* masseterica, Kaumuskelarterie *f*
masseteric nerve Nervus *m* massetericus
masseteric vein Vena *f* masseterica, Kaumuskelvene *f*
masseur 1. Masseur *m*, Massagespezialist *m*; 2. Massagegerät *n*, Massierapparat *m*
masseuse Masseuse *f*, Massagespezialistin *f*
massive 1. massiv, stark; Massiv...; 2. massiv, masssenhaft, in Massen (auftretend); 3. komplett
massive bleeding Massivblutung *f*
massive blood transfusion Blutmassivtransfusion *f*, Blutmassentransfusion *f*
massive lung collapse totaler Lungenkollaps *m*, totaler Lungenlappenkollaps *m*, massiver Lungenkollaps *m*
massive transfusion *s.* massive blood transfusion
Masson-Fontana ammoniacal silver stain Masson-Fontana'sche ammoniakalische Silberfärbung *f (zum Nachweis von Melaningranula und argentaffinen Granula)*
Masson stain Masson'sche Färbung *f (Trichromfärbung mit Eisenhämatoxylin, Säurefuchsin und Methylenblau)*
Masson's pseudoangiosarcoma Masson'sches Pseudoangiosarkom *n*
massotherapy Massagetherapie *f*, Massagebehandlung *f*
mast cell *(Histol)* Mastzelle *f*
mast-cell disease Mastzellenvermehrung *f*, Mastozytose *f*
mast cell leukaemia Mastzellenleukämie *f*
mast cell tumour Mastzellentumor *m*, Mastzellengeschwulst *f*
mast-cell ultrastructure Mastzellenultrastruktur *f*
mastaden *s.* mammary gland
mastadenitis Mastadenitis *f*, Brustdrüsenentzündung *f*
Mastadenovirus Mastadenovirus *n*
mastadenoma Adenoma *n* mammae, Brustdrüsenadenom *n*
mastalgia Mastalgie *f*, Mastodynie *f*, Brust(drüsen)schmerz *m*
mastalgic Mastalgie..., Brustschmerz...
mastatrophy Mastatrophie *f*, Brustatrophie *f*
mastauxy *s.* mastoplasia
mastecchymosis Mastekchymose *f*, Brustunterblutung *f*, Brusteinblutung *f*, Brustbluterguss *m*
mastectomize *v* mastektomieren, die Brust operativ entfernen
mastectomy Mastektomie *f*, Mammaamputation *f*, (operative) Brustentfernung *f*
master eye führendes [dominierendes] Auge *n*, Oculus *m* dominans
Master's two-step (exercise) test Master'scher Zweistufentest *m (Belastungsprüfung mit EKG)*
masthelcosis Masthelkosis *f*, Brustulzeration *f*, Brustgeschwürbildung *f*, Brustgeschwür *n*
masticate *v* kauen
masticating motion Kaubewegung *f*
mastication Mastikation *f*, Kauen *n*, Kauakt *m*
masticator nerve Nervus *m* masticatorius
masticator nucleus Nucleus *m* motorius nervi trigemini
masticatory 1. mastikatorisch; Kaumuskel...; 2. mastikatorisch, das Kauen betreffend; Kau...; 3. *(Pharm)* Kaupräparat *n*
masticatory apparatus Kauapparat *m*
masticatory movement Kaubewegung *f*
masticatory paralysis Kaumuskellähmung *f*
masticatory spasm of the face mastikatorischer Gesichtskrampf *m*, Kaumuskelkrampf *m*
masticatory surface Kau(ober)fläche *f (Zahn)*
masticatory system Kauapparat *m*
Mastigophora Mastigophora *pl*, Mastigophoren *fpl (Trichomonaden, Trypanosomen, Leishmanien)*
mastigophoran Mastigophore *f (geißeltragendes Aufgusstierchen)*
mastigote Mastigote *f*, Flagellat *m*, Geißeltierchen *n*
mastitis Mastitis *f*, Brust(drüsen)entzündung *f*
mastitis of the newborn Neugeborenenmastitis *f*
masto-occipital mastoideookzipital; Warzenfortsatz-Hinterhauptbein-...
mastocarcinoma Mastokarzinom *n*, Brustkrebs *m*, Brust(drüsen)karzinom *n*
mastoccipital *s.* masto-occipital
mastochondroma Mastochondrom *n*, Brustchondrom *n*, Brustknorpeltumor *m*
mastocyte *(Histol)* Mastozyt *m*, Mastzelle *f*
mastocytogenesis Mastozytogenese *f*, Mastzellenentwicklung *f*, Mastzellenbildung *f*, Mastzellenentstehung *f*
mastocytoma Mastozytom *n*, Mastzellengeschwulst *f*
mastocytosis Mastozytose *f*, Mastzellenvermehrung *f*
mastodynia *s.* mastalgia
mastoid 1. mastoid; Warzenfortsatz...; 2. mastoid, brustwarzenähnlich
mastoid Processus *m* mastoideus, Mastoid *n*, Warzenfortsatz *m*
mastoid air cell Cellula *f* mastoidea, Warzenfortsatzzelle *f*
mastoid air cell system Warzenfortsatzzellsystem *n*
mastoid angle (of the temporal bone) Angulus *m* mastoideus ossis temporalis
mastoid antrum Antrum *n* mastoideum, Warzenfortsatzhöhle *f (vor der Paukenhöhle)*
mastoid area *s.* mastoid region
mastoid bone *s.* mastoid
mastoid canaliculus Canaliculus *m* mastoideus
mastoid cell *s.* mastoid air cell
mastoid emissary vein Vena *f* emissaria mastoidea
mastoid fontanel Fontanella *f* posterolateralis
mastoid foramen Foramen *n* mastoideum
mastoid fossa Fossa *f* mastoidea
mastoid notch Incisura *f* mastoidea
mastoid operation Warzenfortsatzoperation *f*

mastoid pneumatization Warzenfortsatzpneumatisation *f*
mastoid portion of the temporal bone Pars *f* mastoidea ossis temporalis
mastoid process *s.* mastoid
mastoid region Regio *f* mastoidea, Warzenfortsatzregion *f*
mastoid retractor *(Chir)* Mastoidretraktor *m*
mastoid sinus *s.* mastoid air cell
mastoid wall of the tympanic cavity Paries *m* mastoideus cavi tympani
mastoidal *s.* mastoid
mastoidale Mastoidale *n (anthropologischer Messpunkt)*
mastoidalgia Mastoidalgie *f*, Warzenfortsatzschmerz *m*
mastoideal *s.* mastoid
mastoidean *s.* mastoid
mastoidectomy Mastoidektomie *f*, Warzenfortsatzexzision *f*, (operative) Warzenfortsatzausräumung *f*
mastoideocentesis Mastoideozentese *f*, Mastoidzellenpunktion *f*, (operative) Warzenfortsatzzelleneröffnung *f*
mastoideum *s.* mastoid
mastoiditis Mastoiditis *f*, Warzenfortsatzentzündung *f*, Otitis *f* mastoidea
mastoidotomy Mastoidotomie *f*, Warzenfortsatz(ein)-schnitt *m*, Warzenfortsatzeröffnung *f*, Warzenfortsatzaufmeißelung *f*
mastoidotympanectomy Mastoidotympanektomie *f*, radikale Warzenfortsatzentfernung *f*
mastoidotympanoplastic surgery mastoidotympanoplastische Chirurgie *f* [Operation *f*]; Mastoidotympanoplastik *f*
mastomenia Mastomenie *f*, blutende Mamma *f*, blutende Mamille *f*
mastoncus 1. Brustgeschwulst *f*, Brusttumor *m*; 2. Brust(an)schwellung *f*
mastoparietal mastoideoparietal; Warzenfortsatz-Scheitelbein-...
mastopathy Mastopathie *f*, Brusterkrankung *f*, Brustkrankheit *f*, Brustleiden *n*
mastopexy Mastopexie *f*, Hängebrustfixierung *f*, Hängebrustoperation *f*
mastoplasia Mastoplasie *f*, Brusthypertrophie *f*, Brust-(drüsen)vergrößerung *f*
mastoplasty Mammaplastik *f*, Brustplastik *f*
mastoptosis Mastoptose *f*, Hängebrust *f*, Mamma *f* pendulans
mastorrhagia Mastorrhagie *f*, Brust(drüsen)blutung *f*
mastoscirrhus Mastoscirrhus *m*, Mammaszirrhus *m*, Brustszirrhus *m (Brustkrebs)*
mastosis Brustvergrößerung *f*
mastosquamous mastosquamös; Warzenfortsatz-Schuppe(n)-...
mastostomy Mastostomie *f*, Brustinzision *f*, Brusteinschnitt *m*
mastosyrinx Brustdrüsenfistel *f*
mastotomy 1. Mastotomie *f*, Brustschnitt *m*; 2. *s.* mastoidotomy
mastous vollbrüstig, großbrüstig, vollbusig
masturbate *v* masturbieren, Masturbation betreiben, sich selbst befriedigen
masturbatic *s.* masturbatory
masturbation Masturbation *f*, Selbstbefriedigung *f*, Onanie *f*
masturbatory masturbatorisch; Masturbations...
Masugi's nephritis Masugi'sche Nephritis *f*, nephrotoxische Serumnephritis *f*
Matas' operation Matas-Operation *f*, Endoaneurysmorrhaphie *f*
match *v* (Blut) kreuzen, die Blutkreuzung durchführen
matched group *(Statist)* gematchte Gruppe *f (paarweise angepasste Gruppe)*
matching 1. Anpassen *n*, Anpassung *f*; 2. *(Statist)* Matching *n (paarweises Matching; Häufigkeits-Matching)*
matching of blood Blutkreuzen *n*, Blutkreuzung *f*, Kreuzprobe *f*, Blutkreuzprobe *f*
mate *v* kopulieren, begatten; sich paaren
material Material *n*; Bestandteil *m*
maternal matern, mütterlich
maternal antibody mütterlicher Antikörper *m*
maternal-child attachment *s.* maternal-infant bonding
maternal-child separation syndrome Trennungsangst *m*, Separationsangst *f* in der Mutter-Kind-Beziehung
maternal death mütterlicher Tod *m*, Muttertod *m*
maternal deprivation syndrome Mutterentzugssyndrom *n*, Syndrom *n* bei Entbehrung der Mutterbindung, Mutterentbehrungssyndrom *n*
maternal immunity mütterliche Immunität *f*
maternal-infant bonding Mutter-Kind-Bindung *f*
maternal inheritance mütterlicher Effekt *m*, mütterliche Vererbung *f*, mütterlicher Erbgang *m*
maternal mortality Müttersterblichkeit *f*
maternal mortality rate Müttersterblichkeitsrate *f*
maternal passages Geburtswege *mpl*
maternal placenta mütterliche Plazenta *f*
maternity 1. Maternität *f*, Mutterschaft *f*; 2. Parturition *f*, Geburtsvorgang *m*, Geburt *f*; 3. *s.* pregnancy
maternity centre Schwangerenfürsorge *f*, Schwangerenfürsorgestelle *f*
maternity cycle Mutterschaftszyklus *m*
maternity department Geburtsabteilung *f*, Entbindungsstation *f*
maternity home Entbindungsheim *n*
maternity hospital Entbindungsklinik *f*, Entbindungskrankenhaus *n*; Entbindungsheim *n*
maternity leave Mutterschaftsurlaub *m*
maternity nurse Hebamme *f*
maternity nursing Mutterschaftsbetreuung *f*, Schwangeren- und Wöchnerinnenbetreuung *f*
maternity ward Wöchnerinnenstation *f*
mating Paarung *f*, Kopulation *f*, Begattung *f*
matrass *(Lab)* Destillierkolben *m*
matrical Matrix...
matrices *pl s.* matrix
matricial Matrix...
matricide 1. Muttermord *m*; 2. Muttermörder *m*
matriclinic *s.* matroclinous
matrilineal mütterlicherseits, matrilinear; die mütterliche Erblinie betreffend, mütterlich [von mütterlicher Seite] vererbt
matrix 1. Matrix *f*, Interzellularsubstanz *f*; 2. Matrix *f*, Grundsubstanz *f*, Keimschicht *f*, Bildungsschicht *f (z. B. für Organe)*; 3. *(Stom)* Matrix *f*
matrix holder *(Stom)* Matritzenhalter *m*
matrix retainer *(Stom)* Matritzenspanner *m*; Matritzenhalter *m*
matrixitis Nagelmatrixentzündung *f*, Nagelbettentzündung *f*
matroclinous von der Mutter geerbt; von der Mutter abstammend; mit mütterlichen Erbmerkmalen
matroclinous inheritance mütterliche Vererbung *f*, mütterliche Erblinie *f*
matrocliny Matroklinie *f*, matrokliner Zustand *m*, Zustand *m* mit mütterlichen Erbmerkmalen
matter 1. Substanz *f*, Substantia *f*; 2. Pus *n*, Eiter *m (Zusammensetzungen siehe unter: pus)*
Mattox maneouvre Mattox-Manöver *n (Eingeweidemobilisierung zur Darstellung der suprarenalen Aorta)*
mattress phenomenon Matratzenphänomen *n (bei Zellulitis)*

mattress suture Matratzennaht *f*
maturant 1. reifend; Reifungs…; 2. reifend, einschmelzend, Eiter bildend; Suppurations…
maturant (agent) Reifungsmittel *n*, die Gewebeeinschmelzung beschleunigendes Mittel *n*
maturate *v* 1. reifen, reif werden, zur Reife gelangen *(z. B. Keimzellen)*; 2. reifen, einschmelzen, eitrig werden
maturation 1. Maturation *f*, Reifung *f*, Erwachsenwerden *n*; 2. *(Histol)* Maturation *f*, Reifung *f*, Ausdifferenzierung *f*; 3. Reifung *f*, Einschmelzung *f*, Eiterbildung *f*
maturation arrest Maturationshemmung *f*, Reifungsstillstand *m (z. B. von Erythrozyten)*
maturation dissociation *(Histol)* Reifungsdissoziation *f*
maturation of collagen Kollagenreifung *f*
maturation process Maturationsprozess *m*, Reifungsvorgang *m*
maturational reifend; Maturations…, Reifungs…
maturational crisis Maturationskrise *f*, Reifungskrise *f*
mature *v* reif werden, zur vollständigen Entwicklung gelangen
mature 1. reif, voll ausgewachsen, vollständig entwickelt; 2. reif, eitrig eingeschmolzen
mature cataract *(Ophth)* Cataracta *f* matura, reifer [voll ausgebildeter] Star *m*
mature cell leukaemia polymorphozytäre Leukämie *f*, neutrophile Leukämie *f*
mature scar feste [alte] Narbe *f*
maturing ovarian follicles Folliculi *mpl* ovarici vesiculosi
maturity Maturität *f*, Reife *f*
maturity onset diabetes Altersdiabetes *m*
maturity onset diabetes in the young Diabetes *m* mellitus des Pubertätsalters, MODY
matutinal morgendlich, am Morgen auftretend
matutinal cataplexy *(Neur)* Wachanfall *m*
matutinal epilepsy on awakening *(Neur)* Aufwachepilepsie *f*
Maunoir's hydrocele Maunoir-Hydrozele *f*, zervikale Hydrozele *f*
Maurer's clefts *s.* Maurer's dots
Maurer's dots *(Trop)* Maurer'sche Tüpfel *mpl*, Maurer'sche Körnelung *f*, Maurer-Körnelung *f*, Perniziosafleckung *f (der roten Blutkörperchen bei Malaria tropica)*
Maurer's spots *s.* Maurer's dots
Maurer's stippling *s.* Maurer's dots
Mauriac syndrome Mauriac'sches Syndrom *n*, Mauriac-Syndrom *n*, kindlicher Diabetes *m* mellitus *(mit Milz- und Lebervergrößerung sowie Zwergwuchs)*
Mauriceau's manoeuvre *s.* Mauriceau's method
Mauriceau's method Mauriceau'sche Methode *f*, Mauriceau-Levret'scher Handgriff *m*, Veit-Smellie'scher Handgriff *m (Geburtshilfe)*
Mauthner's cell Mauthner'sche Zellen *fpl*
Mauthner's fibre Mauthner'sche Faser *f*
Mauthner's membrane Mauthner'sche Membran *f*
Mauthner's sheath Mauthner'sche Scheide *f*, Axolemm *n*
Mauthner's sleep-waking centre Mauthner'sches Schlaf-Wach-Zentrum *n*, Mauthner'sche Zone *f*
maxilla Maxilla *f*, Oberkiefer *m*
maxilla fracture Maxillafraktur *f*, Oberfkiefer(knochen)-bruch *m*
maxilla hypoplasia Maxillahypoplasie *f*
maxillary maxillar; Oberkiefer…
maxillary air sinus *s.* maxilliary sinus
maxillary antrolith Oberkieferhöhlenstein *m*
maxillary antrum *s.* maxilliary sinus
maxillary arch Oberkiefergewölbe *n*, Gaumengewölbe *n*
maxillary artery Arteria *f* maxillaris, Oberkieferarterie *f*
maxillary bone *s.* maxilla
maxillary bud *(Embr)* Maxillaknospe *f*, Oberkieferknospe *f*
maxillary canal Canalis *m* alveolaris maxillae, Oberkieferalveolarkanal *m*
maxillary desmoid tumour Oberkieferdesmoidgeschwulst *f*
maxillary fossa Fossa *f* canina
maxillary hiatus Hiatus *m* maxillaris, Ostium *n* maxillare, Kieferhöhlenöffnung *f (zur Nasenhöhle)*
maxillary nerve Nervus *m* maxillaris, Maxillarnerv *m*, Oberkiefernerv *m*
maxillary osteotomy Maxillaosteotomie *f*, Oberkieferosteotomie *f*, (operative) Oberkiefereröffnung *f*
maxillary ostium *s.* maxilliary hiatus
maxillary plexus Plexus *m* maxillaris
maxillary process of the inferior nasal concha Processus *m* maxillaris conchae nasalis inferioris, Oberkieferfortsatz *m* der unteren Nasenmuschel
maxillary process of the palatine bone Processus *m* maxillaris ossis palatini, Oberkieferfortsatz *m* des Gaumenbeins
maxillary process of the zygomatic bone Processus *m* maxillaris ossis zygomatici, Oberkieferfortsatz *m* des Jochbeins
maxillary sinus Sinus *m* maxillaris, Kieferhöhle *f*
maxillary sinus disease Kieferhöhlenerkrankung *f*
maxillary sinusitis Sinusitis *f* maxillaris, Kieferhöhlenentzündung *f*, Antritis *f*
maxillary tuber Tuber *m* maxillae
maxillary tuberosity *s.* maxilliary tuber
maxillary vein Vena *f* maxillaris, Oberkiefervene *f*
maxillate kiefertragend; Kiefer…
maxillectomy Maxillektomie *f*, Oberkieferresektion *f*, (operative) Oberkieferentfernung *f*
maxillitis Maxillitis *f*, Oberkieferentzündung *f*
maxillodental maxillodental; Kiefer-Zahn-…
maxilloethmoidectomy Maxilloethmoidektomie *f*
maxillofacial maxillofazial; Oberkiefer-Gesichts-…
maxillofacial dysostosis maxillofaziale Dysostose *f*
maxillofacial prosthesis maxillofaziale Prothese *f*
maxillofacial surgery maxillofaziale Chirurgie *f*, Kiefer- und Gesichtschirurgie *f*
maxillofacial syndrome maxillofaziales Syndrom *n*
maxillofacial trauma maxillofaziales Trauma *n*
maxillofacial triangle maxillofaziales Dreieck *n*, MFD
maxillojugal maxillojugal; Oberkiefer-Jochbein-…
maxillolabial maxillolabial; Oberkiefer-Lippen-…
maxillolacrimal maxillolakrimal; Oberkiefer-Tränenbein-…
maxillolacrimal suture Sutura *f* maxillolacrimalis
maxillomandibular maxillomandibular; Oberkiefer-Unterkiefer-…
maxillomandibular fixation maxillomandibuläre Fixation *f*
maxillopalatine maxillopalatin; Oberkiefer-Gaumen-…
maxillopharyngeal maxillopharyngeal; Oberkiefer-Rachen-…
maxillotomy Maxillotomie *f*, Oberkieferinzision *f*, Oberkieferschnitt *m*
maxilloturbinal maxilloturbinal, die untere Nasenmuschel betreffend
maxilloturbinal (concha) Concha *f* nasalis inferior, untere Nasenmuschel *f*
maximal acid output maximale Säuresekretion *f*, MAO *(des Magens)*
maximal breathing capacity maximale Atemkapazität *f*, Atemgrenzwert *m*
maximal concentrating ability maximale Konzentrierungsfähigkeit *f (der Nieren)*
maximal diastolic membrane potential maximales diastolisches Membranpotenzial *n*

maximal expiratory flow rate maximale exspiratorische Flussgeschwindigkeit *f*
maximal expiratory pressure maximaler exspiratorischer Druck *m*
maximal midexpiratory flow rate maximale Flussgeschwindigkeit *f* in der Exspirationsmitte
maximal stimulus Maximalreiz *m*
maximal treadmill test maximaler Laufbandtest *m*
maximal voluntary ventilation maximale willkürliche Atmung *f*, maximale forcierte Atmung *f*
maximum and minimum thermometer Maximum-Minimum-Thermometer *n*
maximum breathing capacity maximale Atemkapazität *f*, Atemgrenzwert *m*
maximum daily dose maximale Tagesdosis *f*, Tagesmaximaldosis *f*, TMD *f*
maximum diastolic potential *s.* maximal diastolic membrane potential
maximum dose Maximaldosis *f*
maximum inspiratory pressure maximaler inspiratorischer Druck *m*
maximum oxygen uptake maximale Sauerstoffaufnahme *f*, maximale O_2-Aufnahme *f*
maximum permissible dose maximale (erlaubte) Dosis *f*, maximal zugelassene Dosis *f* [Körperdosis *f*]
maximum single dose maximale Einzeldosis *f*, Einzelmaximaldosis *f*, EMD *f*
maximum tolerance dose maximale Toleranzdosis *f*
maximum voluntary isometric contraction maximale willkürliche isometrische Kontraktion *f*
Maxwell's ring Maxwell'scher Ring *m (im Gesichtsfeld; durch Macula lutea verursacht)*
Maxwell's spot Maxwell'scher Fleck *m*, Macula *f* lutea retinae
May-Grünwald stain May-Grünwald'sche Färbung *f*, May-Grünwald-Färbung *f (für Blutkörper)*
May-Hegglin anomaly May-Hegglin-Anomalie *f*, Hegglin-Syndrom *n* I *(Reifungsstörung des Blutes)*
May-White syndrome May-White-Syndrom *n (Myoklonus, Kleinhirnataxie und Taubheit)*
Maydl's operation Maydl'sche Operation *f (Ableitung des Urins in das Rektum bei Blasenekstrophie)*
Mayer-Rokitansky-Küster-Hauser syndrome Mayer-Rokitansky-Küster-Hauser-Syndrom *n (Hemmungsmissbildung der weiblichen Geschlechtsorgane)*
mayidism *s.* pellagra
Mayo-Robson's point Mayo-Robson-Punkt *m (Schmerzpunkt bei Cholezystitis)*
Mayo-Robson's sign Mayo-Robson'sches Zeichen *n (Druckschmerz im linken Kostovertebralwinkel bei Pankreatitis)*
Mayo's operation *(Chir)* Mayo-Fasziendoppelung *f*
Mayo's vein Mayo-Vene *f*, Vena *f* praepylorica
maytansine Maytansin *n (Antineoplastikum)*
maza *s.* placenta
mazalgia *s.* mastalgia
mazalysis Plazentaretention *f*, Plazentaverhaltung *f*
maze 1. Verwirrung *f*, Bestürzung *f*; 2. Labyrinth *n*, Irrgarten *m (z. B. für Versuchstiere)*
mazic *s.* placental
mazindol Mazindol *n (Anorexikum)*
mazodynia *s.* mastalgia
mazolysis Plazentalösung *f*, Mutterkuchenlösung *f*
mazopathy 1. *s.* mastopathy; 2. Plazentakrankheit *f*, Erkrankung *f* des Muterkuchens
mazopexy *s.* mastopexy
mazoplasia *s.* mastoplasia
Mazzoni's corpuscles Mazzoni'sche Lammellenkörperchen *npl*, Golgi-Mazzoni'sche Körperchen *npl*
Mazzotti reaction Mazzotti'sche Reaktion *f*, Mazzotti'scher Test *m (zum Onchozerkosenachweis)*
Mazzoti test *s.* Mazzoti's reaction
MBC *s.* 1. maximum breathing capacity; 2. minimal bactericidal concentration
McArdle-Schmid-Pearson disease *s.* McArdle's disease
McArdle's disease McArdle-Schmid-Pearson-Syndrom *n*, McArdle'sche Krankheit *f*, Glykogenose *f* Typ V
McArdle's syndrome *s.* McArdle's disease
McBurney's incision McBurney'scher Schnitt *m*, rechter Unterbauchwechselschnitt *m (bei Blinddarmentzündung)*
McBurney's operation Appendektomie *f* durch McBurney'schen Schnitt, Blinddarmentfernung *f* durch Unterbauchwechselschnitt
McBurney's point McBurney'scher Punkt *m (Druckpunkt im rechten Unterbauch bei Blinddarmentzündung)*
McBurney's sign McBurney'sches Zeichen *n (Druckschmerz im rechten Unterbauch bei Blinddarmentzündung)*
McCall's festoon McCall'sche Girlande *f*, freie Zahnfleischsaumverdichtung *f*
McCune-Albright syndrome McCune'sches Syndrom *n*, Albright-McCune-Sternberg-Syndrom *n*, polyostotische fibröse Dysplasie *f*
McDonald's manoeuvre McDonald'sches Manöver *n*, Bestimmung *f* der Uterushöhe
McGoon's technique McGoon'sche Technik *f (plastische Rekonstruktion durch Segelraffung bei Mitralinsuffizienz nach Chordaeabriss)*
MCH *s.* mean corpuscular haemoglobin
MCHC *s.* mean corpuscular haemoglobin concentration
MCL *s.* medioclavicular line
MCV *s.* mean cell volume
M.D. *s.* Doctor of Medicine
MEA syndrome *s.* multiple endocrine adenomatosis syndrome
Meadows syndrome Meadows-Syndrom *n*, Meadows-Kardiomyopathie *f*, postpartale Herzmuskelerkrankung *f*
meal Mahlzeit *f*, Essen *n* • **after meals** nach den Mahlzeiten, nach dem Essen, post cibum • **before meals** vor den Mahlzeiten, vor dem Essen, ante cibum • **take a meal** eine Mahlzeit einnehmen [zu sich nehmen] • **take after meals** nach den Mahlzeiten (ein)nehmen • **take before meals** vor den Mahlzeiten (ein)nehmen
meal mite Mehlmilbe *f*, Tyroglyphus *m* farinae
mean afterlifetime Lebenserwartung *f*, mittlere Überlebenszeit *f*
mean aortic pressure Aortenmitteldruck *m*
mean arterial pressure mittlerer arterieller Blutdruck *m*, MAP
mean blood pressure mittlerer Blutdruck *m*, Blutdruckmitteldruck *m*
mean cell volume *(Hämat)* mittleres Zellvolumen *n* [korpuskuläres Volumen *n*], MCV
mean corpuscular haemoglobin *(Hämat)* mittlerer korpuskulärer Hämoglobingehalt *m*, MCH, Hb_E, Färbekoeffizient *m*
mean corpuscular haemoglobin concentration mittlere korpuskuläre Hämoglobinkonzentration *f*, MCHC
mean corpuscular volume *s.* mean cell volume
mean left atrial pressure linker Vorhofmitteldruck *m*
mean marrow dose *(Rad)* mittlere Knochenmarkdosis *f*
mean pulmonary artery pressure Pulmonalarterienmitteldruck *m*, Pulmonalismitteldruck *m*
mean right atrial pressure rechter Vorhofmitteldruck *m*
means of diagnosis Diagnosemittel *n*; Diagnostikinstrument *n*
measles Masern *pl*, Morbilli *pl*, Morbillen *pl*, Rotsucht *f*

measles and rubella vaccine live Lebend-Masern-Röteln-Impfstoff *m*
measles antibody Masernantikörper *m*
measles conjunctivitis Masernkonjunktivitis *f*
measles convalescent serum Masernrekonvaleszentenserum *n*
measles croup Masernpseudokrupp *m*
measles encephalitis Masernenzephalitis *f*
measles giant cell Masernriesenzelle *f*, Warthin-Finkelday'sche Riesenzelle *f*
measles hyperimmune serum Masernhyperimmunserum *n*
measles immune globulin Masernimmunglobulin *n*
measles mumps and rubella vaccine live Lebend-Masern-Mumps-Röteln-Impfstoff *m*
measles otitis Masernotitis *f*
measles rhinitis Masernrhinitis *f*
measles vaccine Masernvakzine *f*, Masernimpfstoff *m*
measles vaccine virus Masernvakzinevirus *n*
measles virion Masernvirion *n*
measles virus Masernvirus *n*
measles virus vaccine Masernvirusvakzine *f*, Masernvirusimpfstoff *m*
measly masernkrank
measure *v* messen *(z. B. Größen)*; abmessen *(Mengen)*; vermessen
measure *v* **diuresis** die Diurese messen
measure *v* **the blood pressure** den Blutdruck messen
measure 1. Maß *n*, Maßeinheit *f*; 2. Mensur *f*, Messinstrument *n*
measure of central tendency *(Statist)* Maß *n* der zentralen Tendenz
measure of variability *(Statist)* Maß *n* der Variabilität
measurement Messung *f*
measuring accuracy *(Lab)* Messgenauigkeit *f*
measuring glass Messglas *n*
measuring instrument Messinstrument *n*
measuring pipette Messpipette *f*
measuring range Messbereich *m*
meat poisoning Fleischvergiftung *f*
meatal Meatus..., Gang..., Kanal...
meatal stenosis Meatusstenose *f*
meatitis Meatitis *f*, Gangwandentzündung *f*
meatome *s.* meatotome
meatometer Meatometer *n*
meatoplasty Meatoplastik *f*, Harnröhrenmeatusplastik *f*
meatorrhaphy Meatorrhaphie *f*, Harnröhrennaht *f*, Harnröhrenanastomose *f*
meatoscope Meatoskop *n*, Harnröhrenspiegel *m*
meatoscopy Meatoskopie *f*, Harnröhrenspiegelung *f*
meatotome *(Chir)* Meatotom *n*, Meatotomiemesser *n*
meatotomy Meatotomie *f*, Meatuserweiterung *f*, Harnröhrenstrikturenoperation *f*, Harnröhrenöffnungserweiterung *f*
meatus *(Anat)* Meatus *m*, Kanal *m*
mebanazine Mebanazin *n (Antidepressivum)*
mebendazole Mebendazol *n (Anthelmintikum)*
mebeverine Mebeverin *n (Muskelrelaxans)*
mebeverine hydrochloride Mebeverinhydrochlorid *n*
mebhydroline Mebhydrolin *n (Antihistaminikum)*
mebrofenin Mebrofenin *n*
mebrophenhydramine Mebrophenhydramin *n (Antihistaminikum)*
mebutamate Mebutamat *n (Antihypertensivum; Sedativum)*
mecamine *s.* mecamylamine
mecamylamine Mecamylamin *n (Ganglienblocker)*
mecamylamine hydrochloride Mecamylaminhydrochlorid *n*
mechanical 1. mechanisch, mittels eines Apparates (durchgeführt); 2. automatisch
mechanical ascites Stauungsaszites *m*, Pfortaderstauungsaszites *m*
mechanical bowl obstruction mechanischer Darmverschluss *m*
mechanical dead airspace mechanischer Totraum *m (in Beatmungsgeräten)*
mechanical dropsy Stauungsödem *n*
mechanical hearing aid mechanische Hörhilfe *f*, mechanisches Hör(hilfs)gerät *n*
mechanical heart lung Herz-Lungen-Maschine *f*
mechanical ileus mechanischer Ileus *m* [Darmverschluss *m*]
mechanical jaundice mechanischer Ikterus *m*, Verschlussikterus *m*
mechanical memory *(Neur)* mechanisches Gedächtnis *n*, Spontangedächtnis *n*
mechanical purpura mechanische Purpura *f*, Stauungspurpura *f*
mechanical suture Klammernaht *f*
mechanical ventilation mechanische [maschinelle] Beatmung *f*
mechanical ventilatory weaning Abtrainieren *n* von der mechanischen Beatmung
mechanicoreceptor Mechanorezeptor *m*
mechanicotherapeutics *s.* mechanotherapy
mechanicotherapy *s.* mechanotherapy
mechanism Mechanismus *m*
mechanism injury Verletzungsmechanismus *m*
mechanism of fracture *(Chir)* Frakturmechanismus *m*, Knochenbruchmechanismus *m*
mechanism of labour Geburtsmechanismus *m*, Austrittsmechanismus *m*, Austreibungsmechanismus *m*
mechanocardiography Mechanokardiographie *f*
mechanocyte Mechanozyt *m (Fibroblast einer In-vitro-Gewebekultur)*
mechanophobia Mechanophobie *f (krankhafte Angst vor Maschinen)*
mechanoreceptor Mechanorezeptor *m*
mechanoreflex Mechanorezeptorreflex *m*
mechanosensory mechanosensorisch
mechanotherapist Mechanotherapeut *m*
mechanotherapy *(Chir, Orth, Bal)* Mechanotherapie *f (Anwendung mechanischer Geräte zur Übungsbehandlung)*
mechlorethamine hydrochloride Mechlorethaminhydrochlorid *n (zytotoxisch wirksam)*
mecistocephalic mezistozephal *(mit einem Kephalindex unter 71)*
mecistocephalous *s.* mecistocephalic
Meckel-Gruber syndrome Meckel-Gruber-Syndrom *n*, Meckel'sches Syndrom *n*, Dysencephalia *f* splanchnocystica
meckelectomy *(HNO)* Exzision *f* des Ganglion sphenopalatinum
Meckel's band Meckel'sches Band *n*
Meckel's cartilage Meckel'scher Knorpel *m*, Mandibulare *n*, Mandibularknorpel *m (erste Unterkieferanlage)*
Meckel's diverticulum Meckel-Divertikel *n*, Meckel'sches Divertikel *n*, Diverticulum *n* ilei verum *(Rest des embryonalen Dottergangs)*
Meckel's ganglion 1. Ganglion *n* pterygopalatinum; 2. Ganglion *n* submandibulare
Meckel's ligament *s.* Meckel's band
Meckel's plane Meckel'sche Ebene *f*
Meckel's rod *s.* Meckel's cartilage
Meckel's scan Meckel'sche Szintigraphie *f (zum Nachweis ektopischer Magenschleimhaut im Meckel'schen Divertikel)*
Meckel's space Cavum *n* trigeminale

Meckel's syndrome *s.* Meckel-Gruber syndrome
meclastine Meclastin *n*, Clemastin *n*
meclizine hydrochloride Meclizinhydrochlorid *n (Antihistaminikum)*
meclocycline sulfosalicylate Meclocyclinsulfosalicylat *n (Tetrazyklinantibiotikum)*
meclofenamate Meclofenamat *n (Analgetikum; Antipyretikum)*
meclofenamic acid Meclofenaminsäure *f (nicht steroidales Antirheumatikum)*
meclofenoxate Meclofenoxat *n (Analeptikum)*
meclozine hydrochloride *s.* meclizine hydrochloride
mecobalamine Mecobalamin *n*
mecocephalic *s.* dolichocephalic
mecometer Mekometer *n*, Säuglingsmessapparat *m*
meconalgia Mekonalgie *f*, Opiumentzugsschmerz *m*
meconate Mekonat *n*
meconeuropathia Mekoneuropathie *f*, Opiumpsychose *f*
meconic acid Mekonsäure *f*, Opiumsäure *f*, Mohnsäure *f*, 3-Hydroxy-4-oxo-1,4-pyran-2,6-dicarbonsäure *f*
meconin Mekonin *n*, Meconin *n*
meconiorrhoea Mekoniorrhoe *f*, Mekoniumfluss *m*, Kindspechausscheidung *f*
meconism Mekonismus *m*, Opiumsucht *f*, Opiumintoxikation *f*, Opiumvergiftung *f*
meconium 1. Mekonium *n*, Kindspech *n (Neugeborenenstuhl)*; 2. Mohnsaft *m*, Opium *n*
meconium aspiration Mekoniumaspiration *f*
meconium ileus Mekoniumileus *m*, Kindspechileus *m*, Darmverschluss *m* durch Kindspech
meconium membrane Mekoniummembran *f*
meconium peritonitis Mekoniumperitonitis *f*
meconium plug syndrome Mekoniumpfropfsyndrom *n*, Mekoniumverschlusssyndrom *n* des Dickdarms
meconophagism Opiumkauen *n*, (orale) Opiumaufnahme *f*
M.E.D. *s.* 1. minimal erythema dose; 2. minimal effective dose
medazepam Medazepam *n (Anxiolytikum)*
medazepam hydrochloride Medazepamhydrochlorid *n*
medi... *siehe auch: medio...*
media Media *f*, Tunica *f* media, mittlere Gefäßwandschicht *f*
mediad mediad, zur Körpermitte [Mitte] gerichtet
medial medial, in der Mitte befindlich; die Mitte bildend, zur Körpermitte gelegen [gerichtet] *(siehe auch unter: median und middle)*
medial accessory olivary nucleus Nucleus *m* olivaris accessorius medialis
medial accessory patellar ligament Retinaculum *n* patellae mediale, inneres Kniescheibenhalteband *n*, medialer akzessorischer Streckapparat *m*, medialer Reservestreckapparat *m (Kniegelenk)*
medial angle of the eye Angulus *m* oculi medialis [nasalis], mittlerer Lidspaltenwinkel *m*
medial angle of the scapula Angulus *m* medialis scapulae
medial antebrachial cutaneous nerve *s.* medial cutaneous nerve of the forearm
medial arcuate ligament Ligamentum *n* arcuatum mediale, mittleres Bogenband *n*
medial area of the arm Regio *f* brachii medialis
medial arteriosclerosis *s.* Mönckeberg's arteriosclerosis
medial bicipital furrow [sulcus] Sulcus *m* bicipitalis medialis
medial border of the foot Margo *m* medialis pedis, Fußinnenrand *m*, innerer Fußrand *m*
medial border of the humerus Margo *m* medialis humeri, mittlerer Rand *m* des Oberarmknochens
medial border of the scapula Margo *m* medialis scapulae, mittlerer Schulterblattrand *m*
medial border of the tibia Margo *m* medialis tibiae, mittlere Schienbeinkante *f*
medial brachial cutaneous nerve *s.* medial cutaneous nerve of the arm
medial calcinosis *s.* Mönckeberg's arteriosclerosis
medial canthal ligament Ligamentum *n* palpebrale mediale, inneres Augenlidband *n*
medial central nucleus of the thalamus Nucleus *m* medialis centralis thalami
medial cluneal nerves Nervi *mpl* clunium medii
medial collateral artery Arteria *f* collateralis media, mittlere Nebenarterie *f* des Arms
medial commissure of the upper and lower eyelid Commissura *f* palpebrarum medialis
medial condyle of the femur Condylus *m* femoris medialis, innerer Oberschenkelgelenkknorren *m*
medial condyle of the humerus Condylus *m* medialis humeri, innerer Oberarmgelenkknorren *m*
medial condyle of the tibia Condylus *m* medialis tibiae, innerer Schienbeingelenkknorren *m*
medial cord of the brachial plexus Fasciculus *m* medialis plexus brachialis
medial cubital region Regio *f* cubiti medialis
medial cuneiform bone Os *n* cuneiforme mediale [primum]
medial cutaneous nerve of the arm Nervus *m* cutaneus brachii medialis [ulnaris]
medial cutaneous nerve of the forearm Nervus *m* cutaneus antebrachii medialis [ulnaris]
medial cutaneous nerve of the thigh Nervus *m* cutaneus femoris medialis
medial degeneration Mediadegeneration *f*, Gefäßmittelhautdegeneration *f*
medial dorsal cutaneous nerve of the foot Nervus *m* cutaneus dorsalis medialis
medial epicondyle of the femur Epicondylus *m* medialis femoris
medial epicondyle of the humerus Epicondylus *m* medialis humeri
medial femoral circumflex artery Arteria *f* circumflexa femoris medialis, mediale Schenkelkranzarterie *f*
medial femoral circumflex vein Vena *f* circumflexa femoris medialis, mediale Schenkelkranzvene *f*
medial gastrocnemius bursa Bursa *f* subtendinea musculi gastrocnemii medialis
medial geniculate body Corpus *n* geniculatum mediale, innerer Kniehöcker *m* des Thalamus
medial glossoepiglottic fold Plica *f* glossoepiglottica mediana
medial head of the gastrocnemius muscle Caput *n* mediale musculi gastrocnemii
medial head of the triceps brachii muscle Caput *n* mediale musculi tricipitis brachii
medial hypertrophy Mediahypertrophie *f*, Gefäßmittelschichtverdickung *f*
medial inferior genicular artery Arteria *f* genus inferior medialis, untere mittlere Kniegelenkarterie *f*
medial inguinal fossa [fovea] Fossa *f* inguinalis medialis, innere Leistengrube *f* des Bauchfells
medial intercondylar tubercle (of the tibia) Tuberculum *n* intercondylare mediale
medial intermuscular septum of the arm Septum *n* intermusculare brachii mediale
medial intermuscular septum of the thigh Septum *n* intermusculare femoris mediale
medial lemniscus Lemniscus *m* medialis, mittlere Schleifenbahn *f (Leitungsbahn im verlängerten Mark)*

medial lip of the linea aspera of the femur Labium *n* mediale lineae asperae femoris
medial longitudinal bundle [fasciculus] Fasciculus *m* longitudinalis medialis, mediales Längsbündel *n* (des Rückenmarks)
medial longitudinal stria Stria *f* longitudinalis medialis corporis callosi
medial lumbar intertransverse muscles Musculi *mpl* intertransversarii mediales lumborum
medial malleolar region Regio *f* malleolaris medialis
medial malleolus Malleolus *m* medialis, Innenknöchel *m* (des Schienbeins)
medial margin of the suprarenal gland Margo *m* medialis glandulae suprarenalis, mittlerer Nebennierenrand *m*
medial meniscus Meniscus *m* medialis, medialer Meniskus *m*, Innenmeniskus *m*, mittlerer [innerer] Faserknorpelring *m (im Kniegelenk)*
medial muscle necrosis Medianecrosis *f*, Medianekrose *f*, Gefäßmittelschichtuntergang *m*
medial necrosis of (the) aorta Medianecrosis *f* aortae idiopathica cystica, Aortamedianekrose *f*
medial nucleus of the thalamus Nucleus *m* medialis thalami
medial orbital wall Paries *m* medialis orbitae, innere [mediale] Orbitawand *f*
medial palpebral artery Arteria *f* palpebralis medialis, mittlere Lidarterie *f*
medial palpebral ligament Ligamentum *n* palpebrale mediale
medial part of the posterior intertransverse muscles of the neck Pars *f* medialis musculorum intertransversariorum posteriorum cervicis
medial patellar retinaculum Retinaculum *n* patellae mediale, inneres Halteband *n* der Kniescheibe [Patella]
medial pectoral nerve Nervus *m* pectoralis medialis
medial plantar artery Arteria *f* plantaris medialis, innere Fußsohlenarterie *f*
medial plantar nerve Nervus *m* plantaris medialis
medial plate of the cartilage of the auditory tube Lamina *f* cartilaginis medialis tubae auditivae
medial pterygoid lamina Lamina *f* medialis processus pterygoidei
medial pterygoid muscle Musculus *m* pterygoideus medialis, innerer Flügelmuskel *m*
medial pterygoid nerve Nervus *m* pterygoideus medialis
medial pterygoid plate *s.* medial pterygoid lamina
medial puboprostatic ligament Ligamentum *n* puboprostaticum medium
medial region of the leg Regio *f* cruris medialis
medial region of the thigh Regio *f* femoris medialis
medial superior genicular artery Arteria *f* genus superior medialis, obere mittlere Kniegelenkarterie *f*
medial supraclavicular nerves Nervi *mpl* supraclaviculares mediales
medial sural cutaneous nerve Nervus *m* cutaneus surae medialis
medial surface of the arm Facies *f* medialis brachii
medial surface of the arytenoid cartilage Facies *f* medialis cartilaginis arytenoideae
medial surface of the cerebral hemisphere Facies *f* medialis (hemispherii) cerebri
medial surface of the fibula Facies *f* medialis fibulae
medial surface of the leg Facies *f* medialis cruris
medial surface of the lung Facies *f* medialis pulmonis
medial surface of the testis Facies *f* medialis testis
medial surface of the thigh Facies *f* medialis femoris
medial surface of the tibia Facies *f* medialis tibiae
medial surface of the ulna Facies *f* medialis ulnae
medial talocalcaneal ligament Ligamentum *n* talocalcaneum mediale
medial tarsal artery Arteria *f* tarsea medialis, mittlere Fußwurzelarterie *f*
medial thickening *s.* medial hypertrophy
medial umbilical fold Plica *f* umbilicalis medialis, mittlere Nabelfalte *f*
medial umbilical ligament Ligamentum *n* umbilicale mediale
medial vestibular nucleus Nucleus *m* vestibularis medialis
medial wall of the orbit Paries *m* medialis orbitae
median median, in der Körpermittellinie gelegen *(siehe auch unter: middle)*
median antebrachial vein Vena *f* mediana antebrachii
median anterior fissure of the medulla oblongata Fissura *f* mediana anterior medullae oblongatae
median aperture of the fourth ventricle *(Anat, Neur)* Apertura *f* mediana [medialis] ventriculi quarti, Foramen *n* Magendii *(unpaare Verbindungsöffnung des vierten Ventrikels)*
median arcuate ligament Ligamentum *n* arcuatum medianum
median artery Arteria *f* mediana
median atlantoaxial joint Articulatio *f* atlantoaxialis mediana
median basilic vein Vena *f* mediana basilica
median centre Centrum *n* medianum *(Thalamus)*
median cephalic vein Vena *f* mediana cephalica
median cricothyroid ligament Ligamentum *n* cricothyreoideum medium *(Band zwischen Ringknorpelbogen und unterem Schildknorpelrand)*
median cubital vein Vena *f* mediana cubiti
median dose mittlere Dosis *f*
median effective dose mittlere effektive [wirksame] Dosis *f*, mittlere Wirkdosis *f*, ED 50
median fistula of the neck mittlere Halsfistel *f*
median glossitis Glossitis *f* rhomboidea mediana
median glossoepiglottic fold Plica *f* glossoepiglottica mediana *(Schleimhautfalte zwischen Zungengrund und Kehldeckel)*
median incision Medianschnitt *m*
median incisive foramen Foramen *n* incisivum medianum
median jaw relation mediane Kieferrelation *f*
median laryngotomy mediane Laryngotomie *f* [Kehlkopferöffnung *f*]
median lethal dose *(Pharm)* mittlere letale [tödliche] Dosis *f*, LD 50
median line Medianlinie *f*
median lingual sulcus Sulcus *m* medianus linguae
median lobe hypertrophy Mittellappenhypertrophie *f (Prostata)*
median lobe of the prostate Lobus *m* medius prostatae, Prostatamittellappen *m*
median nasal process mittlerer Nasenfortsatz *m*
median nerve Nervus *m* medianus, Mittelhandnerv *m*, Medianus *m*
median nerve neuritis Medianus(nerven)entzündung *f*, Neuritis *f* nervi mediani
median-nerve palsy Medianuslähmung *f*
median nuchal line Crista *f* occipitalis externa
median palatine suture Sutura *f* palatina mediana
median plane mediane Ebene *f*, Medianebene *f*
median rhomboid glossitis Glossitis *f* rhomboidea mediana
median sacral artery Arteria *f* sacralis mediana, mittlere Kreuzbeinarterie *f* [Sakralschlagader *f*]
median sternotomy mediane Sternotomie *f*

median strumectomy Schilddrüsenisthmusresektion *f*
median sulcus Sulcus *m* medianus ventriculi quarti
median toxic dose mittlere toxische Dosis *f*, TD 50
median umbilical fold Plica *f* umbilicalis mediana, mediane Nabelfalte *f*
median umbilical ligament Ligamentum *n* umbilicale medianum, medianes Nabelband *n*
median upper abdominal incision Oberbauchmedianschnitt *m*
mediastinal mediastinal; Mediastinum..., Mittelfell...
mediastinal emphysema Mediastinalemphysem *n*, Pneumomediastinum *n*, Luftansammlung *f* im Mediastinum [Mittelfellraum]
mediastinal extension *(Rad)* Mediastinalverbreiterung *f*
mediastinal fibrosis Mediastinalfibrose *f*
mediastinal flutter Mediastinalflattern *n*
mediastinal haematoma Mediastinalhämatom *n*
mediastinal hernia Mediastinalhernie *f*
mediastinal lymph node Mediastinallymphknoten *m*
mediastinal mass *s.* mediastinal tumour
mediastinal pericarditis Pericarditis *f* mediastinalis, mediastinale Perikarditis *f*
mediastinal pleura Pleura *f* mediastinalis, Mittelfellpleura *f*
mediastinal pleurisy Pleuritis *f* mediastinalis, mediastinale Pleuritis *f*
mediastinal portion of the medial surface of the lung Pars *f* mediastinalis faciei medialis pulmonis
mediastinal process Mediastinalprozess *m*, Erkrankungsvorgang *m* im Mittelfellraum
mediastinal shadow *(Rad)* Mediastinalschatten *m*, Mittelfellschatten *m*
mediastinal shift Mediastinalverschiebung *f*, Mediastinumverschiebung *f*
mediastinal space *s.* mediastinum
mediastinal tumour Mediastinaltumor *m*, Mediastinalgeschwulst *f*
mediastinal widening *s.* mediastinal extension
mediastinitis Mediastinitis *f*, Mittelfellentzündung *f*
mediastinogram Mediastinogramm *n*, Röntgen(kontrast)bild *n* des Mediastinums
mediastinography Mediastinographie *f*, Röntgen(kontrast)darstellung *f* des Mediastinums
mediastinopericarditis Mediastinoperikarditis *f*, Mittelfell- und Herzbeutelentzündung *f*
mediastinoscope Mediastinoskop *n*, Instrument *n* zur Mittelfellspiegelung
mediastinoscopy Mediastinoskopie *f*, Mittelfellspiegelung *f*
mediastinotomy Mediastinotomie *f*, (operative) Mediastinumeröffnung *f*, Mittelfellschnitt *m*
mediastinum Mediastinum *n*, Mittelfell *n*, Mittelfellraum *m*
mediate *v* übertragen; indirekt [mittelbar] bewirken
mediate indirekt, mittelbar, nicht direkt
mediate auscultation mittelbare [indirekte] Auskultation *f* *(mittels Stethoskops)*
mediate percussion mittelbare [indirekte] Perkussion *f*; Plessimeterperkussion *f*
mediation Mediatorwirkung *f*, Mediatoreffekt *m*
mediator Mediator *m*, Überträger *m*, Überträgerstoff *m*, Überträgersubstanz *f*
medicable (medizinisch) heilbar, (erfolgreich) behandelbar
medical medizinisch, ärztlich
medical Mediziner *m*, Arzt *m* *(siehe auch unter: physician)*
medical abortion ärztlicher [medizinischer] Abort *m*
medical antishock trousers (medizinische) Antischockhose *f*
medical assistance ärztliche [medizinische] Versorgung *f*
medical assistent medizinischer Assistent *m*
medical attendance ärztliche Behandlung *f*
medical brother Pfleger *m*, Krankenpfleger *m*
medical card (stationäres) Krankenblatt *n*, Krankengeschichte *f*, Krankenunterlagen *fpl*, Patientenunterlagen *fpl*
medical care medizinische Versorgung *f*
medical care plan Plan *m* der medizinischen Versorgung, medizinischer Behandlungsplan *m*
medical centre medizinisches Zentrum *n*
medical certificate (ärztlicher) Krankenschein *m*; ärztliches Attest *m*
medical consultation ärztliche [medizinische] Konsultation *f*
medical corps Sanitätsdienst *m*, Sanitätswesen *n*
medical corpsman Sanitäter *m*
medical diathermy (medizinische) Diathermie *f*, Thermopenetration *f*, Wärmedurchdringung *f*
medical director Krankenhausdirektor *m*
medical dose therapeutische Dosis *f*
medical emergency kit medizinischer Notfallkoffer *m*; medizinische Notfallausrüstung *f*
medical engineering Medizintechnik *f*
medical evidence of gestation Tragzeitgutachten *n*, geburtshilflich-gynäkologisches Gutachten *n*
medical examiner *(Am)* amtlicher [gerichtsmedizinischer] Leichenbeschauer *m*; Gerichtsmediziner *m*, Facharzt *m* für Gerichtsmedizin, Arzt *m* für forensische Medizin
medical faculty 1. medizinische Fakultät *f*; 2. Mediziner *mpl*
medical futility medizinische Aussichtslosigkeit *f*, medizinische Sinnlosigkeit *f* *(z. B. einer Therapie)*
medical genetics klinische [medizinische] Genetik *f*
medical gymnastics Heilgymnastik *f*
medical history Anamnese *f*, Krankengeschichte *f*
medical induction of labour ärztliche Geburtseinleitung *f*; medikamentöse Geburtseinleitung *f*
medical industrial workshop geschützter Arbeitsplatz *m*; ergonomischer Arbeitsplatz *m*
medical jurisprudence forensische Medizin *f*, Gerichtsmedizin *f*
medical laboratory assistant medizinisch-technische Assistentin *f*, MTA
medical laboratory technician medizinisch-technische Assistentin *f*, medizinisch-technischer Assistent *m*, MTA
medical language medizinische Fachsprache *f*
medical massage therapeutische Massage *f*
medical model *(Neur)* medizinisches Krankheitsmodell *n*
medical observation *s.* medical supervision
medical officer of health Amtsarzt *m*
medical opinion medizinisches Fachgutachten *n* *(eines Sachverständigen)*
medical personnel medizinisches Personal *n*; ärztliches Personal *n*
medical practitioner praktischer Arzt *m*, Facharzt *m* für Allgemeinmedizin
medical prescription Rezept *n*
medical profession 1. Mediziner *mpl*, Ärzteschaft *f*; 2. Arztberuf *m*
medical psychology medizinische Psychologie *f*
medical record Krankenakte *f*, Krankengeschichte *f*, Krankenblatt *n*
medical record administrator Archivar *m* für Krankenakten, Krankenblattverwalter *m*
medical secretary medizinische Sekretärin *f*, Arztsekretärin *f*
medical service Sanitätsdienst *m*, medizinischer Dienst *m*
medical snatch bag medizinischer Notfallkoffer *m*, Arztkoffer *m*
medical social worker medizinischer Sozialarbeiter *m*

medical sonographer (ärztlicher) Ultraschall-Untersucher *m*, sonographierender Arzt *m*
medical specialist Facharzt *m*, Spezialist *m*
medical staff medizinisches Personal *n*
medical statistics medizinische Statistik *f*
medical student Medizinstudent *m*
medical supervision ärztliche Beobachtung *f* [Überwachung *f*]
medical therapy therapeutische Behandlung *f*
medical treatment ärztliche Behandlung *f*, therapeutische Behandlung *f* • **undergo a course of medical treatment** sich einer längeren Behandlung unterziehen
medical treatment room Behandlungsraum *m*
medical vagotomy pharmakologische Vagotomie *f*
medical ward (interne) Station *f*, Krankenstation *f*
medical waste medizinischer Abfall *m*
medically supervised workshop geschützte Werkstatt *f*, beschützende Werkstatt *f*
medically trained personnel medizinisch geschultes Personal *n*, medizinisch ausgebildetes Personal *n*
medicament Medikament *n*, Arznei *f*, Arzneimittel *n*, Pharmakon *n*, Heilmittel *n*, Medizin *f (Zusammensetzungen siehe unter: drug und medicine)*
medicamentous medikamentös, Arzneimittel anwendend; durch Medikamente bewirkt
medicamentous dermatitis Dermatitis *f* medicamentosa, Arzneimitteldermatitis *f*
medicamentous enema Medikamenteneinlauf *m*, Arzneimittelklistier *n*
medicamentous interaction Medikamenteninteraktion *f*
medicamentous sleep provozierter [medikamentöser] Schlaf *m*, Medikamentenschlaf *m*
medicamentous urticaria Urticaria *f* medicamentosa, Medikamentenurtikaria *f*, Arzneimittelnesselsucht *f*
medicant *s.* medicament
medicate *v* 1. medizinisch behandeln, ärztlich betreuen; 2. mit Medikamenten behandeln; 3. mit einem Medikament [Arzneimittel] anreichern
medicate *v* **oneself** eine Selbstmedikation durchführen, sich selbst behandeln
medicated mit einem Medikament [Arzneimittel] angereichert
medicated bougie *(Pharm)* Suppositorium *n*, Stuhlzäpfchen *n*
medicated enema arzneimittelhaltiger Einlauf *m*, medikamentöser Einlauf *m*
medicated tub bath arzneimittelhaltiges Vollbad *n*, Wannenbad *n* mit Medikamentenzusatz *(z. B. dermatologisches Bad)*
medication 1. medizinische [ärztliche] Behandlung *f*, 2. medikamentöse Behandlung *f*, Medikamententherapie *f*, Arzneimittelanwendung *f*, 3. Arzneigabe *f*, Arzneiverordnung *f*, 4. Medikament *n*, Arznei *f*, Arzneimittel *n*, Medizin *f (Zusammensetzungen siehe unter: medicine und drug)* • **take a medication** eine Medizin einnehmen, ein Arzneimittel (ein) nehmen
medication order Arzneimittelbestellung *f*, Medikamentenbestellung *f*, Apothekenbestellung *f (z. B. im Krankenhaus)*
medication prescribing Arzneimittelverordnung *f*, Verschreibung *f* von Medikamenten
medicator 1. Medikator *m*, Medikamentenapplikator *m*, Arzneimittelapplikator *m*; 2. Arzneimittel verabreichende Person *f*
medicephalic medizephal(isch), medikephal(isch), die Vena cephalica und die Vena mediana cubiti betreffend
medicerebellar Kleinhirnmitte…
medicerebral Hirnmitte…
medicinal medizinisch, heilend; arzneilich; Heil…; Arznei…
medicinal form Arzneimittelform *f*
medicinal leech Hirudo *m* medicinalis, medizinischer Blutegel *m*
medicinal preparation medizinisches Präparat *n*, Arzneimittel(präparat) *n*, Medikament *n*
medicinal remedy Heilmittel *n*; Medikament *n*
medicinal restraint medikamentöse Dämpfung *f* [Sedierung *f*] *(bei erregten Patienten)*
medicinal substance medizinische Substanz *f*, Arzneimittelsubstanz *f*, Arzneistoff *m* • **dose out a medicinal substance** ein Medikament (aus)dosieren
medicinal therapy medikamentöse Therapie *f*
medicinal treatment *s.* medicinal therapy
medicine 1. Medizin *f*, Arznei *f*, Arzneimittel *n*, Pharmakon *n*, Medikament *n*; 2. Medizin *f*, Heilkunde *f*, Iatrik *f*; 3. innere [interne, internistische] Medizin *f* • **ingest a medicine with food** eine Arznei mit der Nahrung aufnehmen [einnehmen] • **prepare a medicine** eine Medizin bereiten, eine Arznei zubereiten • **shake a medicine** eine Arznei schütteln, ein Arzneimittel aufschütteln • **take a medicine** eine Medizin (ein)nehmen • **take one's medicine** seine Medizin (ein)nehmen • **tolerate a medicine badly** ein Arzneimittel schlecht tolerieren, eine Arznei schlecht vertragen • **tolerate a medicine well** ein Arzneimittel gut tolerieren, eine Arznei gut vertragen
medicine cabinet Arzneischrank *m*
medicine chest Hausapotheke *f*, Arzneikasten *m*; Reiseapotheke *f*
medicine glass Medizinglas *n*, Tropf(en)glas *n*
medicochirurgic(al) *s.* medicosurgical
medicodental medikodental, medizinisch-zahnmedizinisch; Medizin-Dental(medizin)-…
medicolegal gerichtsmedizinisch
medicomechanical medikomechanisch, medizinisch und mechanisch
medicophysical medikophysisch, medizinisch und körperlich
medicopsychological medizinpsychologisch
medicopsychology Psychomedizin *f*
medicosocial sozialmedizinisch
medicostatistic medizin(al)statistisch
medicosurgical intern und chirurgisch
medicotopographical medizintopographisch
Medin's disease Poliomyelitis *f*, Heine-Medin-Krankheit *f*
mediocarpal *(Anat)* mediokarpal
medioccipital mediookzipital
medioclavicular line Linea *f* medioclavicularis, Medioklavikularlinie *f*
mediodorsal mediodorsal
mediofrontal *(Anat)* mediofrontal; Mittelstirn…
mediolateral mediolateral
medionecrosis Medianekrose *f*, Gewebsuntergang *m* der mittleren Arterienwandschicht
mediopalatine *(Anat)* mediopalatin; Gaumenmitte…
medioplantar *(Anat)* medioplantar
mediopontine *(Anat)* mediopontin; Brückenmitte…
medioscalenus Musculus *m* scalenus medius, mittlerer Rippenhalter *m*
mediosuperior mediosuperior
mediotarsal *(Anat)* mediotarsal; Tarsusmitte(n)…
mediotarsal amputation Mediotarsalamputation *f*, Vorfußabtragung *f* im Chopart'schen Gelenk
mediotemporal *(Anat)* mediotemporal; Schläfenlappenmitte…
mediotrusion *(Stom)* Mediotrusion *f (des Condylus mandibularis)*
mediscalenus (muscle) Musculus *m* scalenus medius

medisect *v* in der Medianlinie inzidieren
meditation Meditation *f*
meditation therapy Meditationstherapie *f*
Mediterranean anaemia *s.* Cooley's anaemia
Mediterranean Central-Asiatic visceral leishmaniasis *(Trop)* viszerale Leishmaniasis *f*
Mediterranean dengue West-Nile-Fieber *n*
Mediterranean disease *s.* Cooley's anaemia
Mediterranean exanthematous fever *s.* boutonneuse fever
Mediterranean fever *s.* Malta fever
Mediterranean lymphoma mediterranes Lymphom *n*, immunoproliferative Dünndarmerkrankung *f (gastrointestinale Form der Alphakettenkrankheit)*
Mediterranean phthisis *s.* Malta fever
Mediterranean tick fever *s.* boutonneuse fever
medium Medium *n*, Stoff *m*; Kulturmedium *n*, Nährsubstrat *n*
medium-chain acyl-CoA dehydrogenase Acyl-CoA-Dehydrogenase *f (Enzym)*
medium-chain triglycerides mittelkettige Triglyzeride *npl*
medium-grade medical personnel mittleres medizinisches Personal *n*
medius Mittelfinger *m*
medoblennorrhoea *s.* 1. gleet; 2. gonorrhoea
medorrhoea *s.* urethrorrhoea
medphalan Medphalan *n (Antineoplastikum)*
medrogestone Medrogeston *n (Progestin)*
medronate Medronat *n*, Methylendiphosphonat *n*
medroxyprogesterone acetate Medroxyprogesteronacetat *n*
medrylamine Medrylamin *n (Antihistaminikum)*
medrysone Medryson *n (Antiphlogistikum, Glukokortikoid)*
medulla 1. *(Anat)* Medulla *f*, Mark *n*; 2. *(Anat)* Medulla *f* oblongata, Myelenzephalon *n*, verlängertes Mark *n* [Rückenmark *n*], Nachhirn *n*; 3. *s.* bone marrow; 4. *s.* spinal cord
medulla oblongata *s.* medulla 2.
medulla of the adrenal gland Medulla *f* glandulae suprarenalis, Nebennierenmark *n*
medulla of the bone Medulla *f* ossium, Knochenmark *n*
medulla of the kidney Medulla *f* renalis [nephrica], Nierenmark *n*
medulla of the lymph node Medulla *f* nodi lymphatici, Lymphknotenmark *n*
medulla of the suprarenal gland *s.* medulla of the adrenal gland
medullar *s.* medullary
medullary 1. medullär, markartig; markhaltig; Mark..., Medulla...; 2. Medulla..., Rückenmark...; 3. Medulla..., Knochenmark...
medullary canal Markkanal *m*, Knochenmarkhöhle *f*, Knochenmarkkanal *m*
medullary canal reamer *(Chir)* Markraumbohrer *m*
medullary canal reaming Markraum(auf)bohrung *f*
medullary cancer Carcinoma *n* medullare [spongiosum], medulläres Karzinom *n*, Markschwamm *m*
medullary carcinoma *s.* medullary cancer
medullary cavity *s.* medullary space of the bone
medullary chemoreceptor medullärer [zentraler] Chemorezeptor *m*
medullary cystic disease medulläre zystische Nierenerkrankung *f*, familiäre juvenile Nephronophthise *f*
medullary fold *(Embr)* Neuralfalte *f*
medullary foramen Foramen *n* nutritium *(Knochen)*
medullary groove *(Embr)* Neuralgrube *f*
medullary membrane Markmembran *f*, Endost *n*, Knochen(b)innenhaut *f*
medullary nailing *(Chir)* Marknagelung *f*, intramedulläre Nagelung *f*
medullary nerve sheath Markscheide *f*, Myelinscheide *f*
medullary osteoma Osteoma *n* medullosum *(gutartige Knochengeschwulst)*
medullary phlegmon Markphlegmone *f*, Knochenmarkphlegmone *f*, Nervenmarkphlegmone *f*
medullary plate *(Embr)* Neuralplatte *f*
medullary rays *(Anat)* Markstrahlen *mpl* (der Niere)
medullary reaming hand piece *(Chir)* Markraumbohrerhandstück *n*
medullary reticulosis *(Path)* medulläre Retikulose *f*
medullary sheath Markscheide *f*, Myelinscheide *f (Nerv)*
medullary sinus Marksinus *m* eines Lymphknotens
medullary space (of the bone) Cavum *n* medullare, Markraum *m*, Markhöhle *f*, Knochenmarkhöhle *f*
medullary sponge kidney medulläre Schwammniere *f*, Markschwammniere *f*, Cacci-Ricci-Syndrom *n*; infantile polyzystische Niere *f*, Potter-Typ *m* I
medullary streak Neuralplatte *f*
medullary tube *(Embr)* Neuralrohr *f*
medullated 1. mit Markscheiden versehen; 2. *s.* myelinated
medullated neuroma markscheidenhaltiges Neurom *n*
medullation 1. Medullation *f*, Markbildung *f*; 2. Myelinisierung *f*, Markscheidenbildung *f (Nerv)*
medullectomy Medullektomie *f*, Markausräumung *f*, Entmarkung *f*, operative Markentfernung *f*
medullispinal medullospinal; Spinalmark..., Medullaspinalis-...
medullitis *s.* 1. myelitis 1.; 2. osteomyelitis
medullization Knochenmarkbildung *f* durch Knochenumbau
medullo-adrenal Nebennierenmark...
medullo-arthritis Medulloarthritis *f*
medulloblast Medulloblast *m (primitive Hirnzelle)*
medulloblastoma Medulloblastom *n*, Glioma *n* sarcomatoides *(bösartige Kleinhirngeschwulst)*
medullocell *(Histol)* Markzelle *f*
medulloculture *(Bakt)* Knochenmarkkultur *f*, Knochenmarknährboden *m*
medulloepithelioma Medulloepitheliom *n*
medullography Medullographie *f*, Osteomedullographie *f*, Osteomyelographie *f*, Knochenmarkröntgen(kontrast)darstellung *f*
medullomyoblastoma Medullomyoblastom *n*
medullosis *s.* myelocythaemia
medullosuprarenoma Nebennierenmarktumor *m*
medullotherapy Pasteur'sche Tollwutprophylaxe *f (durch Impfung mit virushaltiger Rückenmarksubstanz)*
medusa head Medusenhaupt *n*, Caput *n* Medusae
Mees' lines *(Derm)* Mees-Streifen *mpl (Nagelquerstreifen, z. B. bei Arsenvergiftung)*
Mees' stripes *s.* Mees' lines
Meesman dystrophy Meesman-Dystrophie *f*
mefenorex Mefenorex *n (Anorektikum)*
mefenorex hydrochloride Mefenorexhydrochlorid *n*
mefexamide Mefexamid *n (Antidepressivum)*
mefloquine Mefloquin *n (Malariamittel)*
mefloquine hydrochloride Mefloquinhydrochlorid *n*
megabacterium Megabakterium *n*, großes Bakterium *n*
megabase Megabase *f*, Mb
megabecquerel Megabecquerel *n*, MBq
megabladder Megalozystis *f*, ausgeweitete Harnblase *f*, Harnblasenerweiterung *f*
megacaecum Megazökum *n*, ausgewalztes Zökum *n*; Blinddarmerweiterung *f*
megacalycosis Megakalykose *f (angeborene Nierenkelcherweiterung)*

megacardia Herzhypertrophie *f*, Kardiomegalie *f*, Herzvergrößerung *f*
megacaryoblast Megakaryoblast *m*
megacaryocyte Megakaryozyt *m*
megacephalic *s.* megalocephalic
megacephalous *s.* megalocephalic
megacephaly *s.* megalocephalia
megacholedochus Megacholedochus *m*; Choledochuserweiterung *f*, Choledochusdilatation *f*
megacoccus Megakokkus *m*, großes Kugelbakterium *n*
megacolon Megakolon *n*, ausgewalztes Kolon *n*
megacoly Dickdarmerweiterung *f*
megacystis ausgewalzte Blase *f*, Blasenvergrößerung *f*
megadactylia *s.* megadactyly
megadactylic megadaktyl, großfingerig, mit großen Fingern; großzehig, mit großen Zehen
megadactylism *s.* megadactyly
megadactyly Megadaktylie *f*, Großfingerigkeit *f*; Großzehigkeit *f*
megadolichocolon Megadolichokolon *n*, Dickdarmerweiterung *f* mit Elongation
megadont großzahnig
megadontia *s.* macrodontia
megaduodenum Megaduodenum *n*, ausgewalztes Duodenum *n*; Zwölffingerdarmerweiterung *f*
megaesophagus *s.* megaoesophagus
megagamete *s.* macrogamete
megagnathia *s.* macrognathia
megagnathous megagnath, großkiefrig
megakaryoblast *(Hämat)* Megakaryoblast *m*, Megalokaryoblast *m*
megakaryoblastic megakaryoblastisch; Megakaryoblasten…
megakaryoblastic leukaemia Megakaryoblastenleukämie *f*, Megakaryoblastenvermehrung *f* im Knochenmark
megakaryoblastoma Megakaryoblastom *n (bösartiger Tumor)*
megakaryocyte Megakaryozyt *m*, Megalokaryozyt *m*, Knochenmarkriesenzelle *f*
megakaryocyte proliferation Megakaryozytenproliferation *f*
megakaryocytic megakaryozytisch, megakaryozytär; Megakaryozyten…, Riesenzellen…
megakaryocytic leukaemia Megakaryozytenleukämie *f*, Riesenzellenleukämie *f*, Megakaryozytenvermehrung *f* im Knochenmark
megakaryocytopenia Megakaryozytopenie *f*, Megakaryozytenmangel *m*, Riesenzellenmangel *m*
megakaryocytopoiesis Megakaryozytopoese *f*, Megakaryozytenbildung *f*
megakaryocytosis Megakaryozytose *f*, Megakaryozytenvermehrung *f* im Blut
megakaryophthisis Megakaryophthisis *f*, Megakaryozytenverminderung *f* im Knochenmark
megal… *siehe auch: macr… und macro…*
megalencephalia Megalenzephalie *f*, abnorme Gehirnvergrößerung *f*
megalencephalic mit abnormer Gehirnvergrößerung; Megalencephalie…
megalencephalon Megaloenzephalon *n*, abnorm großes Gehirn *n*
megalencephalous *s.* megalencephalic
megalencephaly *s.* macrencephalia
megalerythema Megalerythema *n* infectiosum [epidemicum], Großfleckenkrankheit *f*, Erythema *n* infectiosum (acutum), Sticker'sche Krankheit *f*, Morbus *m* quintus, V. [fünfte] Krankheit *f*, Ringelröteln *pl*, Ohrfeigenkrankheit *f*
megalgia Megalgie *f*, heftiger Schmerz *m*
megaloblast Megaloblast *m*, kernhaltiges rotes Blutkörperchen *n*
megaloblastic anaemia Megaloblastenanämie *f*
megaloblastoid megaloblastenähnlich, megaloblastenartig
megaloblastosis Megaloblastose *f*, Megaloblastenvermehrung *f* im Blut
megalobulbus *(Rad)* Megalobulbus *m*
megalocardia *s.* megacardia
megalocephalia 1. Megalozephalie *f*, abnorme Schädelvergrößerung *f* [Kopfvergrößerung *f*]; 2. Leontiasis *f* ossea, Riesenwuchs *m* der Schädelknochen
megalocephalic megazephal, großköpfig, großschädlig
megalocheiria Megalocheirie *f*, Großhändigkeit *f*
megalocheirous großhändig
megaloclitoris Megaloklitoris *f*, Klitoromegalie *f*, Klitorisvergrößerung *f*
megalocornea Megalokornea *f*, Keratoglobus *m*, kugelige Hornhautvorwölbung *f*
megalocystis Megalocystis *f*, ausgeweitete Harnblase *f*, (angeborene) Harnblasenerweiterung *f*
megalocyte Megalozyt *m (Erythrozytenform)*
megalocythemia *s.* macrocythaemia
megalocytic interstitial nephritis megalozytäre interstitielle Nephritis *f*
megalocytosis Megalozytose *f*, Megalozytenvermehrung *f* im peripheren Blut
megalodactylia *s.* megalodactyly
megalodactylism *s.* megalodactyly
megalodactylous megalodaktyl, langfingrig
megalodactyly Megalodaktylie *f*, Langfingrigkeit *f*
megalodont *s.* macrodont
megalodontia *s.* macrodontia
megaloencephalia Megalenzephalie *f*, abnorme Gehirnvergrößerung *f*
megaloencephalic mit abnormer Gehirnvergrößerung; Megalencephalie…
megaloencephalon Megaloenzephalon *n*, abnorm großes Gehirn *n*
megaloencephalous *s.* megalencephalic
megaloenteron Megaloenteron *n*, vergrößerter Darm *m*; Darmvergrößerung *f*
megalogastria Megalogastrie *f*, (abnorme) Magenerweiterung *f*, Magenausweitung *f*
megaloglossia *s.* macroglossia
megalographia *s.* macrographia
megalohepatia Hepatomegalie *f*, Lebervergrößerung *f*, Leberschwellung *f*
megalokaryoblast *s.* megakaryoblast
megalokaryoblastoma *s.* megakaryoblastoma
megalokaryocyte *s.* megakaryocyte
megalomania Megalomanie *f*, Größenwahn *m*
megalomaniac megaloman(isch), größenwahnsinnig; Megalomanie… • **be megalomaniac** megalomanisch [größenwahnsinnig] sein, an Größenwahn leiden
megalomaniac Megalomane *m*, Größenwahnsinnige(r) *m*
megalomelia Megalomelie *f*, Großgliedrigkeit *f*
megalonychia *s.* megalonychosis
megalonychosis Megalonychie *f*, Nagelvergrößerung *f*, Nagelhypertrophie *f*, Nagelwucherung *f*
megalopapilla Megalopapille *f*, Papillenvergrößerung *f*
megalopenis Megalopenis *m*, großer Penis *m*
megalophthalmos Megalophthalmos *m*, Megalophthalmus *m*, Riesenauge *n*
megalophthalmus *s.* megalophthalmos
megalopia *s.* macropsia
megalopodia Megalopodie *f*, Großfüßigkeit *f*
megalopsia *s.* macropsia
megalosplanchnic megalosplanchnisch, mit abnorm großen Eingeweiden

megalosplenia Megalosplenie *f*, Milzhypertrophie *f*, Milzvergrößerung *f*
megalospore Megalospore *f*, Makrospore *f*
megalosyndactyly Megalosyndaktylie *f*
megalothymus Megalothymus *m*, vergrößerter Thymus *m*; Thymushypertrophie *f*
megaloureter Megaureter *m*, Riesenureter *m*; Harnleitererweiterung *f*
megalourethra Megalourethra *f (angeborene Harnröhrenerweiterung)*
megamerozoite *(Trop)* Megamerozoit *m*, großer Merozoit *m*
meganucleus Meganukleus *m*, Makronukleus *m*
megaoesophagus Megaösophagus *m*, erweiterte Speiseröhre *f*, Speiseröhrenerweiterung *f*
megaprosopia Makroprosopie *f*, Großgesichtigkeit *f*
megaprosopous großgesichtig
megarectosigmoid Megarektosigmoid *n*, Rektum- und Sigmaerweiterung *f*
megarectum Megarektum *n*, großes Rektum *n*; Rektumdilatation *f*, Mastdarmerweiterung *f*
megasigmoid Megasigma *n*, Megasigmoideum *n*, vergrößertes [ausgewalztes] Sigma *n*
megasomia *s.* macrosomia
megasporangium Megasporangium *n*
megaspore Megaspore *f*
megathrombocyte Megathrombozyt *m*
megaureter *s.* megaloureter
megavitamin dose Megavitamindosis *f (den Bedarf übersteigende Vitamindosis)*
megavitamin therapy Megavitaminbehandlung *f*
megavolt Megavolt *n*, MV
megavoltage therapy Megavoltbehandlung *f*, Hochvolttherapie *f*
megestrol acetate Megestrolacetat *n (Progestin)*
meglumine Meglumin *n*, Methylglucamin *n*
meglumine acetrizoate Megluminacetrizoat *n (Kontrastmittel)*
meglumine diatrizoate Meglumindiatrizoat *n (Kontrastmittel)*
meglumine iothalamte Megluminiothalamt *n (Kontrastmittel)*
megophthalmos *s.* megalophthalmos
megoxycyte großkörniger eosinphiler Leukozyt *m*
megoxyphil(e) *s.* megoxycyte
megrim Migräne *f*, einseitiger Kopfschmerz *m*
Meibomian adenoma *(Ophth)* Adenom *n* der Meibom'schen Drüse
Meibomian cyst Chalazion *n*, Hagelkorn *n*
Meibomian gland Meibom'sche Drüse *f*, Glandula *f* tarsalis
Meibomian stye Gerstenkorn *n*, Hordeolum *n* (internum), Vereiterung *f* einer Meibom'schen Drüse
meibomi(ani)tis *(Ophth)* Meibomitis *f*, Entzündung *f* der Meibom'schen Drüsen
Meige's disease Meige-Syndrom *n*, Meige'sche Krankheit *f*, Nonne-Milroy-Meige-Syndrom *n*, Milroy'sches Ödem *n*, kongenitales Lymphödem *n*
Meige's syndrome *s.* Meige's disease
Meigs' capillaries Meigs'sche Kapillaren *fpl*
Meigs-Salomon syndrome Meigs-Salomon-Syndrom *n (Aszites und Hydrothorax bei Ovarialfibrom oder Beckentumoren)*
Meigs' syndrome Meigs-Syndrom *n (bei Ovarialtumoren)*
Meinicke's test *(Lab)* Meinicke'sche Trübungsreaktion *f* [Klärungsreaktion *f*, Flockungsreaktion *f*] *(serologischer Syphilisnachweis)*
meiocyte Meiozyt *m*, Meiosezelle *f*, meiotische Zelle *f*
meiogenic Meiose bewirkend, Meiose auslösend
meiosis *(Histol)* Meiose *f*, Reduktionsteilung *f*
meiotic meiotisch; Meiose...
Meirowsky phenomenon Meirowsky-Phänomen *n (Dunkelverfärbung von Melanin durch ultraviolette Bestrahlung)*
Meissner's corpuscle *(Neur, Anat)* Meissner'sches Tastkörperchen *n*, Corpusculum *n* tactum, Tastsinnkörperchen *n*, taktiles Endorgan *n*
Meissner's ganglion Meissner'sches Ganglion *n*
Meissner's plexus Meissner'scher Plexus *m*, Meissner-Plexus *m*, Plexus *m* submucosus *(der Darmschleimhaut)*
melaena Melaena *f*, Teerstuhl *m*, Blutstuhl *m*, Schwarzdurchfall *m*, Schwarzruhr *f (Schwarzfärbung des Stuhls durch Blutbeimengung)*
melaena of the newborn Melaena *f* neonatorum [vera]
melaenic melaenaartig, teerstuhlähnlich
melagra Melagra *f*, rheumatischer Gliederschmerz *m*
melalgia Melalgie *f*, (brennender) Gliederschmerz *m*
melanaemia Melanämie *f*, Vorhandensein *n* von Melanin im Blut
melancholia *(Psych)* Melancholie *f*, Schwermut *f*, Trübsinn *m*, traurige Grundstimmung *f*
melancholiac Melancholiker *m*, Schwermütige(r) *m*, zu Trübsinn neigender Mensch *m*
melancholic melancholisch, schwermütig, trübsinnig, traurig
melancholic delirium Délire *m* de ruine
melancholic stupor 1. *(Neur)* melancholischer Stupor *m*, Stupor *m* melancholicus; 2. *(Psych)* depressiver Stupor *m*
melancholy *s.* melancholia
melanedema *s.* anthracosis
melanemesis Melanemesis *f*, Vomitus *m* niger, schwarzes Erbrechen *n*, Hämatinerbrechen *n*, Kaffeesatzerbrechen *n*
melanemia Melanämie *f (Vorhandensein von Melanin im Blut)*
melan(ep)hidrosis Melanidrosis *f*, Absonderung *f* von dunkel gefärbtem Schweiß
melanicterus Melanikterus *m*, Melasikterus *m*
melanidrosis *s.* melanephidrosis
melaniferous melaninhaltig, Melanin enthaltend
melanin Melanin *n (stickstoffhaltiges dunkles Pigment)*
melanin granule Melaninkörnchen *n*
melanin pigmentation Melaninpigmentation *f*, Melaninpigmentierung *f*
melanin thesaurismosis *(Metab)* Melanin-Thesaurismose *f*
melanism *s.* melanosis
melanistic melanistisch, melaningefärbt, dunkelgefärbt, stark mit Melanin pigmentiert; Melanose..., Melanismus...
melanization Melaninbildung *f*, Melaninentstehung *f*, Melaninablagerung *f*
melanize *v* Melanin bilden; Melanin ablagern *(in Geweben und Organen)*
melano-epithelioma *(Path)* Melanoepitheliom *n*
melano-erythrodermia Melanoerythrodermie *f*
melanoacanthoma Melanoakanthom *n*, Melanoacanthoma *n*
melanoameloblastoma *(Derm, Path)* Melanoameloblastom *n*
melanoblast 1. Melanoblast *m (Vorstufe der Melaninzellen)*; 2. *s.* melanocyte
melanoblastoma *(Path)* Melanoblastoma *n (bösartige Geschwulst)*
melanoblastosis Melanoblastose *f*, Melanoblastenvermehrung *f*
melanocancroid *(Derm, Path)* Melanokankroid *n*
melanocarcinoma *(Path)* Melanokarzinom *n (bösartige Geschwulst)*

melanocomous s. melanotrichous
melanocroic dunkelhäutig
melanocrous s. melanocroic
melanocyte *(Histol)* Melanozyt *m*, Melaninzelle *f*, Melanin bildende [pigmentbildende] Zelle *f*
melanocyte-stimulating hormone Melanophorenhormon *n*, melanozytenstimulierendes Hormon *n*, MSH, Melanotropin *n*
melanocytic Melanozyten…
melanocytic naevus melanozytärer Nävus *m*, Melanozytennävus *m*
melanocytoma Melanozytom *n*, Melanozytentumor *m*, Melaninzellengeschwulst *f (gutartige pigmentierte Geschwulst)*
melanocytosis Melanozytose *f*, Melanozytenvermehrung *f*, Melaninzellenvermehrung *f*
melanodendrocyte s. melanocyte
melanoderma Melanodermie *f*, Dunkelhäutigkeit *f*, Überpigmentierung *f*
melanodermatitis Melanodermatitis *f*, Melanodermitis *f*, Hautentzündung *f* mit Pigmentbildung
melanodermia s. melanoderma
melanodermic melanoderm, dunkelhäutig, überpigmentiert
melanoflocculation *(Hämat)* Melanoflokkulation *f (Malarianachweis)*
melanogen Melanogen *n (Melaninvorstufe)*
melanogenaemia Melanogenämie *f (Vorhandensein von Melaninvorstufen im Blut)*
melanogenase Melanogenase *f (Enzym)*
melanogenesis Melanogenese *f*, Melaninbildung *f*, Melaninproduktion *f*
melanogenic melanogen, melaninbildend; Melanogenese…
melanoglossia Melanoglossie *f*, Melanotrichia *f* linguae; schwarze Haarzunge *f*
melanohidrosis s. melanephidrosis
melanoid 1. melaninartig, melaninähnlich; Melanin…; 2. dunkel gefärbt, dunkelpigmentiert
melanoid Melanoid *n (künstliches Melanin)*
melanokeratosis *(Ophth)* Melanokeratose *f*
melanoleucoderma Melanoleukoderm(a) *n*, Cutis *f* marmorata
melanoliberin Melanoliberin *n*, Melanotropin-releasing-Hormon *n*, Melanotropin-releasing-Faktor *m*
melanoma *(Path)* Melanom *n*, Pigmentzellentumor *m*, Pigmentgeschwulst *f*
melanomalignancy bösartiger Melaninzellentumor *m*, Melaninzellkrebs *m*
melanomatosis 1. Melanomatose *f*, multiple Melanome *npl*; 2. Melanomatose *f*, diffuse Melaninablagerung *f* in den Hirnhäuten
melanomatous melanomartig; Melanom…
melanonychia Melanonychie *f*, Schwarzfärbung *f* der Finger- und Zehennägel
melanopathy Melanopathie *f*, Pigmentstörung *f*
melanophage Melanophage *m*, Melaninfresszelle *f*
melanophore Melanophor *n*, Melanophore *f*, melanophore Zelle *f*, Melanin enthaltende Hautzelle *f*
melanophore hormone s. melanocytestimulating hormone
melanophorin Melanophorin *n*
melanoplakia Melanoplakie *f*, Pigmentierung *f* der Mundschleimhaut
melanoprecipitation Melanopräzipitation *f (Malarianachweis)*
melanoprotein Melanoprotein *n*
melanoptysis Melanoptyse *f (Aushusten von schwarzem Sputum)*
melanorrhagia profuse Melaena *f*
melanorrhoea s. melaena
melanosarcoma Melanosarkom *n (bösartige pigmentierte Geschwulst)*
melanosis Melanose *f*, Melanismus *m*, krankhafte Pigmentbildung *f* aus Blutfarbstoff
melanosis of the colon Melanosis *f* coli, schwarzbraune Verfärbung *f* der Dickdarmschleimhaut
melanosity dunkle Gesichtsfarbe *f*, dunkler Teint *m*
melanosome *(Histol)* Melanosom *n*, melaninenthaltende Organelle *f*
melanostatin Melanostatin *n*, Melanotropin-release-inhibiting-Hormon *n*
melanotic 1. melanotisch, melaninhaltig; Melanose…; 2. melaninartig, melaninähnlich; Melanin…; 3. dunkel gefärbt, dunkelpigmentiert
melanotic carcinoma malignes Melanom *n*, Melanokarzinom *n*, Melanoblastom *n*
melanotic neuroectodermal tumour of infancy Melanoameloblastom *n*
melanotic pigment s. melanin
melanotic sarcoma s. melanosarcoma
melanotic whitlow melanotisches Nagelgeschwür *n*, bösartiges [malignes] Melanom *n* des Nagelbetts
melanotonin s. melatonin
melanotrichia Melanotrichie *f*, Schwarzhaarigkeit *f (Überpigmentierung der Haare)*
melanotrichous melanotrich(ös), schwarzhaarig
melanotroph melanotrophe Zelle *f (des Hypophysenmittellappens)*
melanotropic melanotrop, Melanin bevorzugend; die Melaninablagerung beeinflussend
melanotropin Melanotropin *n*, melanotropes Hormon *n*, melanozyten-stimulierendes Hormon *n*
melanotropin-releasing factor s. melanoliberin
melanotropin-releasing hormon s. melanoliberin
melanous dunkelhäutig
melanuresis s. melanuria
melanuria 1. Melanurie *f*, Melaninurie *f*, Schwarzharnen *n (Braunfärbung des Urins an der Luft bei melanotischen Geschwülsten)*; 2. Melanurie *f*, Schwarzwasserfieber *n*
melanuric melanurisch, schwarzharnend
melarsoprol Melarsoprol *n (Trypanosomenmittel)*
melasma Melasma *n*, Pityriasis *f* nigra, Schwarzfleckigkeit *f* [Braunfleckigkeit *f*] der Haut
melatonin Melatonin *n*, N-Acetyl-5-Methoxytryptamin *n (Hormon der Zirbeldrüse)*
melatonin test *(Neur)* Melatonin-Test *m*
Meleda disease Meleda-Krankheit *f*, Mal *n* de Meleda
melena s. melaena
melenemesis s. melanemesis
Meleney's gangrene s. 1. Meleney's syneristic gangrene; 2. Meleney's ulcer
Meleney's synergistic gangrene Meleney'sche synergistische Gangrän *f*
Meleney's ulcer 1. Meleney'sches Geschwür *n*, Meleney-Ulkus *n*; 2. s. Meleney's synergistic gangrene
melengestrol acetate Melengestrolacetat *n*
melibiase α-D-Galactosidase *f (Enzym)*
melibiose Melibiose *f*
melilotoxin Melilotoxin *n*
melioidosis *(Inf, Trop)* Melioidose *f*, Malioidosis *f (durch Malleomyces pseudomallei)*
melissa Melisse *f*
melissic acid Melissinsäure *f*
melissophobia Melissophobie *f*, Bienenfurcht *f*, Apiophobie *f*
melissotherapy Bienengifttherapie *f*, Bienengiftbehandlung *f*

melitaemia *s.* glycaemia
melitensis *s.* Malta fever
melitis Melitis *f*, Wangenentzündung *f*
melitoptyalism Melitoptyalismus *m*, Zuckerausscheidung *f* im Speichel
melitose Melitose *f*
melitracen hydrochloride Melitracenhydrochlorid *n* *(Antidepressivum)*
melitriose Melitriose *f*
melittin Melittin *n* *(Bienengift, Hämolysin)*
melituria Meliturie *f*, Zuckerausscheidung *f* im Urin
melituric meliturisch; Meliturie…
Melkersson-Rosenthal syndrome Melkersson-Rosenthal-Syndrom *n*, Ganglion-geniculi-Syndrom *n* *(idiopathische familiäre, periphere Fazialislähmung mit Gesichtsschwellungen)*
Melkersson's syndrome *s.* Melkersson-Rosenthal syndrome
mellituria *s.* melituria
melocervicoplasty Melozervikoplastik *f* *(plastische Rekonstruktion am Nacken und den Wangen)*
melodidymus *(Terat)* Melodidymus *m* *(Missgeburt mit zusätzlicher Gliedmaße)*
melodiotherapy *(Neur)* Musiktherapie *f*
melolabial crease *s.* nasolabial crease
melomania Melomanie *f*, Musikomanie *f*
melomaniac Melomane *m*, Musikomane *m*
melomelia *(Terat)* Melomelie *m* *(Missbildung mit zusätzlichen rudimentären Gliedmaßen)*
melomelus *(Terat)* Melomelus *m* *(Missgeburt)*
melonoplasty *s.* meloplasty
melophobia *(Neur)* Melophobie *f*, Abneigung *f* gegen Musik
meloplasty 1. Meloplastik *f*, Wangenplastik *f*; 2. Meloplastik *f*, Gliederplastik *f*
melorheostosis Melorheostose *f*, Léri'sches Syndrom *n*, Léri-Syndrom *n* *(Auftreten streifenförmiger Sklerosierungsherde in der Knochensubstanz)*
melosalgia Unterschenkelschmerz *m*
meloschisis Meloschisis *f*, Wangenspalte *f*, schräge Gesichtsspalte *f*
melotia Molotie *f*, Wangenohr *n* *(Ohrmuschelmissbildung)*
melphalan Melphalan *n* *(Antineoplastikum)*
member Extremität *f*, Gliedmaße *f* *(Zusammensetzungen siehe unter: limb)*
membrana *s.* membrane
membranaceous *s.* membranous
membranate membranartig; Membran…
membrane 1. *(Anat)* Membrana *f*, Membran(e) *f*, Häutchen *n*; Zellgrenzschicht *f*; 2. Membran *f*, Diaphragma *n*, Scheidewand *f*
membrane attack complex Membran-Attack-Komplex *m*, MAC, Membran-Angriffs-Komplex *m* *(Komplementansammlung an der Zellwand)*
membrane bone Membranknochen *m*; Deckknochen *m*
membrane-bound membrangebunden, membranständig
membrane conductance Membranleitfähigkeit *f*
membrane depolarization Membrandepolarisation *f*
membrane diffusion coefficient Membran-Diffusions-Koeffizient *m*
membrane filter Membranfilter *m*
membrane fluidity Membranfluidität *f*
membrane fluorescence Membranfluoreszenz *f*
membrane formation Membranbildung *f*
membrane oxygenator Membranoxygenator *m*
membrane potential Membranpotenzial *n*
membrane protein antigen Membran-Protein-Antigen *n*
membrane puncturing forceps *(Gyn)* Blasensprenger *m*, Fruchtblasensprengungsinstrument *n*
membrane responsiveness Membranreaktionsfähigkeit *f*, Membranansprechbarkeit *f*
membranectomy Membranektomie *f*, (operative) Membranentfernung *f*
membranelle Membranelle *f*
membraniform membranartig, membran(en)förmig
membrano-fibrinous angina Rachendiphtherie *f*
membranocartilaginous 1. membranokartilaginös; Membran-Knorpel-…; 2. Knorpelmembran…
membranocranium Desmokranium *n*, Bindegewebsschädel *m*, bindegewebige Schädelanlage *f*
membranoid membranoid, membranartig; Membran…
membranolysis Membranolyse *f*, Membranauflösung *f*
membranoproliferative glomerulonephritis membranoproliferative [mesangiokapilläre] Glomerulonephritis *f*
membranous 1. membranös, membranartig, membranförmig; häutig, aus Häutchen bestehend; Membran…; 2. membranreich; häutchenreich
membranous ampulla *(Anat, HNO)* Ampulla *f* membranacea, Bogengangampulle *f*
membranous cataract *(Ophth)* Cataracta *f* membranacea, membranöse Katarakt *f*, Pseudoaphakie *f*
membranous coats on mucosa Pseudomembranen *fpl* *(bei Diphtherie)*
membranous cochlear canal *(HNO)* Ductus *m* cochlearis
membranous conjunctivitis Conjunctivitis *f* (pseudo)membranosa, Conjunctivitis *f* diphtherica
membranous cystitis Cystitis *f* membranosa
membranous dysmenorrhoea Dysmenorrhoea *f* membranacea, Endometritis *f* exfoliativa *(schmerzhafter Abgang von Gebärmutterschleimhaut während der Regelblutung)*
membranous labyrinth *(HNO)* Labyrinthus *m* membranaceus, häutiges Labyrinth *n*
membranous part of the nasal septum *s.* membranous septum
membranous pharyngitis pseudomembranöse Pharyngitis *f*, Pharyngitis *f* pseudomembranacea
membranous placenta Placenta *f* membranacea, membranöse Plazenta *f*
membranous portion of the interatrial septum Pars *f* membranacea septi atriorum
membranous portion of the male urethra Pars *f* membranacea urethrae masculinae
membranous portion of the ventricular septum Pars *f* membranacea septi interventricularis (cordis)
membranous pregnancy membranöse Schwangerschaft *f*
membranous semicircular canal [duct] Ductus *m* semicircularis, häutiger Bogengang *m*
membranous septum Septum *n* membranaceum nasi, Pars *f* membranacea septi nasi, membranöses Nasenseptum *n*
membranous stomatitis Stomatitis *f* membranacea, pseudomembranöse Stomatitis *f*
membranous urethra Urethra *f* membranacea, Pars *f* membranacea urethrae
membranous wall of the trachea Paries *m* membranaceus tracheae
membranous wall of the tympanic cavity Paries *m* membranaceus cavi tympani
membrum *s.* member
memoration *(Neur)* Memoration *f*, Auswendiglernen *n*
memory Gedächtnis *n*, Erinnerungsvermögen *n*
memory cell *(Immun)* Memory-Zelle *f*, Gedächtniszelle *f*
memory distortion *(Neur)* Erinnerungsfälschung *f*
memory-hallucination *(Neur)* Erinnerungshalluzination *f*

memory image *(Neur)* Erinnerungsbild *n*
memory loss Gedächtnisverlust *m*, Erinnerungslücke *f*
memory span *(Neur)* Kurzzeitgedächtnis *n*, Gegenwartsdauer *f*
memory trace *(Neur)* Engramm *n*, Gedächtnisspur *f*, Erinnerungsbild *n*
memory training Gedächtnistraining *n*
memotine hydrochloride Memotinhydrochlorid *n* *(Virostatikum)*
menacme *(Gyn)* Menakme *f*, Zeitraum *m* der Menstruationstätigkeit
menadiol Menadiol *n*, Vitamin *n* K_4
menadiol diacetate Menadioldiacetat *n*
menadiol sodium diphosphate Menadiolnatriumdiphosphat *n*
menadione Menadion *n*, Vitamin *n* K_3
menadione reductase Menadionreduktase *f (Enzym)*
menagogue (agent) Menagogum *n*, menstruationsförderndes Mittel *n*
menalgia Menalgie *f*, Menstruationsschmerz *m*
menaphtone *s.* menadione
menaquinone Menaquinon *n*, Vitamin *n* K_2
menarchal Menarche...
menarche Menarche *f*, Zeitpunkt *m* der ersten Regelblutung
menarcheal Menarche...
menarcheal age Menarchealter *n*
Mendel-Bekhterev reflex Mendel-Bechterew'scher Reflex *m*, Bechterew-Mendel'scher Reflex *m*, Mendel'scher Reflex *m (Pyramidenbahnzeichen; Plantarflexion der Zehen beim seitlichen Fußbeklopfen)*
Mendel-Bekhterev sign Mendel-Bechterew'sches Zeichen *n*
Mendel's test Mendel-Mantoux-Test *m*, Mendel-Mantoux-Probe *f*, abgestufte intrakutane Tuberkulinprobe *f*
Mendelson's syndrome Mendelson'sches Syndrom *n* *(Schockzustand durch Magensaftaspiration)*
Ménétrier's disease *(Gastr)* Morbus *m* Ménétrier, Ménétrier'sche Krankheit *f*, foveoläre Magenschleimhauthyperplasie *f*, Ménétrier-Syndrom *n*, Polyadenomatosis *f* [Gastritis *f*] polyposa, Gastropathia *f* hypertrophicans gigantea
Menge's pessary Menge-Pessar *n*, Menge'sches Pessar *n*
Mengo encephalomyelitis Mengo'sche Enzephalomyelitis *f*
Mengo virus Mengo'sches Virus *n*
men(h)idrosis Menidrosis *f (Schweißausbruch anstelle der Monatsblutung)*
Ménière's disease *(HNO)* Morbus *m* Ménière, Ménière'scher Symptomenkomplex *m*, Ménière *m (umfasst Schwindelerscheinungen, Erbrechen, Nystagmus, Innenohrschwerhörigkeit und Ohrensausen)*
Ménière's syndrome *s.* Ménière disease
meningeal *(Anat)* meningeal; Hirnhaut...
meningeal anthrax Meningealanthrax *m*, Hirnhautmilzbrand *m*
meningeal carcinomatosis Meningealkarzinomatose *f*, Hirnhautkarzinomatose *f*, Karzinomaussaat *f* der Leptomeninx
meningeal coat Meningealhülle *f*, Hirnhautmantel *m*
meningeal fibroblastoma *(Path)* Meningealfibroblastom *n*
meningeal gliomatosis *(Path)* Meningealgliomatose *f*
meningeal hydrops Pseudotumor *m* cerebri
meningeal irritation *(Neur)* Meningealreizung *f*, meningitische Reizung *f*
meningeal rhabdomyomatosis *(Path)* Meningealrhabdomyomatose *f*
meningeal sarcoma *s.* meningioma
meningeal sarcomatosis *(Path)* Meningealsarkomatose *f*
meningeal sign *(Neur)* Meningealzeichen *n*
meningeal space *(Anat)* Meningealraum *m*; Subduralraum *m*; Subarachnoidalraum *m*
meningeal syndrome *(Neur)* Meningealsyndrom *n*
meningeal tissue Hirnhautgewebe *n*
meningeal vein Vena *f* meningea, Hirnhautvene *f*
meningematoma epidurales Hämatom *n*
meningeocortical *s.* meningocortical
meningeoma *s.* meningioma
meningeorrhaphy Meningeorrhaphie *f*, Hirnhautnaht *f*
meninges *pl s.* menix
meninginitis *s.* leptomeningitis
meningioangiomatosis Meningioangiomatose *f*
meningioblastoma *(Path)* Meningioblastom *n*
meningiofibroblastoma *s.* meningeal fibroblastoma
meningioma *(Path)* Meningiom *n*, Mening(e)om *n*, Meningealtumor *m*, Gehirnhautgeschwulst *f*
meningiomatosis Meningiomatose *f*, Häufung *f* von Meningiomen
meningiosarcoma *(Path)* Meningiosarkom *n*
meningiothelioma *(Path)* Meningiotheliom *n*
meningism *(Neur)* Meningismus *m*, meningitische Reizerscheinung *f* [Reizsymptomatik *f*]
meningitic meningitisch; Meningitis..., Hirnhautentzündungs...
meningitis Meningitis *f*, Hirnhautentzündung *f*, Gehirnhautentzündung *f*
meningitis curve Meningitiskurve *f (Liquordiagnostik)*
meningitis in parotitis Mumpsmeningitis *f*
meningitis serum Meningitisserum *n*, Antimeningokokkenserum *n*
meningitophobia 1. Meningitophobie *f*, Meningitisfurcht *f*, Angst *f* vor einer Hirnhautentzündung; 2. Pseudomeningitis *f*
meningo-encephalitic meningoenzephalitisch
meningo-encephalitis Meningoenzephalitis *f*, Hirnhaut- und Gehirnentzündung *f*
meningo-encephalocele *(Neur)* Meningoenzephalozele *f*, Enzephalomeningozele *f*, Gehirn- und Hirnhautbruch *m*
meningo-encephalocystocele *(Neur)* Meningoenzephalozystozele *f*
meningo-encephalomyelitis Meningoenzephalomyelitis *f*, Entzündung *f* von Hirnhäuten, Gehirn und Rückenmark
meningo-encephalomyelopathy Meningoenzephalomyelopathie *f (Erkrankung von Hirnhaut, Gehirn und Rückenmark)*
meningo-encephalopathy Meningoenzephalopathie *f*, Enzephalomeningopathie *f*, Hirn- und Hirnhautkrankheit *f*, Gehirn- und Hirnhautleiden *n*
meningo-osteophlebitis Meningoosteophlebitis *f (Knochenhautentzündung mit Venenentzündung)*
meningoarteritis Meningoarteriitis *f*, Hirnhautarterienentzündung *f*
meningoblastoma *(Path)* Meningoblastom *n*
meningocele Meningozele *f*, Hirnhautbruch *m*, Gehirnhautbruch *m*
meningocephalitis *s.* meningo-encephalitis
meningocerebral meningozerebral; Gehirn-Hirnhaut-...
meningocerebritis *s.* meningo-encephalitis
meningococcaemia Meningokokkämie *f*, Vorhandensein *n* von Meningokokken im Blut
meningococcal Meningokokken...
meningococcal arthritis Meningokokkenarthritis *f*
meningococcal meningitis Meningokokkenmeningitis *f*, Hirnhautentzündung *f* durch Meningokokken
meningococcal polysaccharide vaccine Meningokokken-Polysaccharid-Vakzine *f*, Meningokokken-Polysaccharid-Impfstoff *m*

meningococcic adrenal syndrome *s.* Waterhouse-Friderichsen syndrome
meningococcidal meningokokkentötend
meningococcin Meningokokkin *n*, Meningococcin *n* *(Meningokokkenantigen)*
meningococcosis Meningokokkose *f*, Meningokokkenerkrankung *f*
meningococcus Meningokokkus *m*, Meningokokke *f*, Neisseria *f* meningitidis
meningococcus serum Meningokokkenserum *n*
meningocortical meningokortikal; Hirnhaut-Hirnrinde(n)-...
meningocutaneous angiomatosis meningokutane Angiomatose *f*, Sturge-Weber-Syndrom *n*
meningocystocele *(Neur)* Meningozystozele *f*
meningocyte *(Histol)* Meningozyt *m*
meningofibroblastoma *(Neur)* Meningofibroblastom(a) *n*
meningogenic meningogen, von den Hirnhäuten [Meningen] ausgehend
meningogenic labyrinthitis meningogene [meningitische] Labyrinthentzündung *f*
meningoma *s.* meningioma
meningomalacia Meningomalazie *f*, Hirnhauterweichung *f*
meningomyelitis Meningomyelitis *f*, Hirnhaut- und Rückenmarkentzündung *f*
meningomyelocele Meningomyelozele *f*, Myelomeningozele *f* *(Vorfall von Rückenmark und Rückenmarkhäuten durch einen Wirbelspalt)*
meningomyelocystocele *(Neur)* Meningomyelozystozele *f*
meningomyeloencephalitis *s.* meningoencephalomyelitis
meningomyeloradiculitis Meningomyeloradikulitis *f*, Hirnhaut-Rückenmark-Nervenwurzelentzündung *f*
meningopathy Meningopathie *f*, Hirnhautkrankheit *f*, Gehirnhautleiden *n*
meningopneumonitis Meningopneumonitis *f*
meningopolyneuritis Meningopolyneuritis *f*
meningorachidian Rückenmark-Rückenmarkhaut-...
meningoradicular meningoradikulär, Hirnhaut-Nervenwurzel-...
meningoradiculitis Meningoradikulitis *f*, Hirnhaut-Nervenwurzel-Entzündung *f*
meningorecurrence Meningitisrezidiv *n*
meningorrhagia Meningorrhagie *f*, Hirnhautblutung *f*, Gehirnhautbluten *n*
meningorrhoea Meningorrhoe *f*, Hirnhauteinblutung *f*, Gehirnhauteinbluten *n*
meningosis Meningosis *f*, Meningose *f*
meningothelial meningothelial; Meningothel...
meningothelioma *(Path)* Meningotheliom *n*
meningotheliomatous meningotheliomatös; Meningotheliom...
meningothelium Meningothel(ium) *n*, Arachnoideaepithelzellschicht *f*
meningotyphoid Meningotyphus *m*
meningovascular meningovaskulär; Hirnhaut-Hirngefäß-...
meningovascular syphilis menigovaskuläre Syphilis *f*
meninguria Urinentleerung *f* mit fadenförmigen Beimengungen
meninx 1. Meninx *f*, Hirnhaut *f*, Gehirnhaut *f*; 2. Meninx *f*, Rückenmarkshaut *f*
meniscal Meniskus...
meniscectomy Meniskektomie *f*, Meniskusexstirpation *f*, (operative) Meniskusentfernung *f*
menisci *pl s.* meniscus
meniscitis Meniszitis *f*, Meniskusentzündung *f*
meniscocyte *(Hämat)* Meniskozyt *m*, Sichelzelle *f*, Drepanozyt *m*, sichelförmiger Erythrozyt *m* *(Zusammensetzungen siehe unter: sickle cell)*
meniscocytosis Meniskozytose *f*, Vorhandensein *n* von Meniskozyten im Blut *(siehe auch: sickle-cell anaemia)*
meniscofemoral meniskofemoral
meniscoid meniskoid, scheibenartig, meniskusartig
meniscopathy Meniskopathie *f*, Meniskuserkrankung *f*
meniscopexy Meniskopexie *f*, Meniskusfixation *f*, Meniskusfixierung *f*
meniscorrhaphy Meniskorrhaphie *f*, Meniskusnaht *f*
meniscosynovial meniskosynovial; Meniskus-Synovialmembran-...
meniscotome Meniskotom *n*, Meniskusmesser *n*
meniscotomy Meniskotomie *f*, Meniskusschnitt *m*
meniscotomy knife *s.* meniscotome
meniscus Meniskus *m*, Gelenkscheibe *f*, Gelenkzwischenknorpel *m*, Faserknorpelring *m* *(im Kniegelenk)*
meniscus cyst Meniskuszyste *f*, Meniskusganglion *n*
meniscus ganglion *s.* meniscus cyst
meniscus knife *s.* meniscotome
meniscus rupture Meniskusruptur *f*, Meniskuszerreißung *f*, Meniskusriss *m*
meniscus sign *(Chir)* Meniskuszeichen *n*
Menkes' kinky hair syndrome Menkes'sches Syndrom *n*, Menkes-Syndrom *n*, Menkes'sches Kraushaarsyndrom *n* *(X-chromosomale Erbkrankheit)*
Menkes' syndrome *s.* Menkes' kinky hair syndrome
Mennell's sign Mennell'sches Zeichen *n* *(Schmerzen im Iliosakralbereich)*
menocelis Menocelis *n*
menolipsis Menolipsis *f*, Ausbleiben *n* der Monatsblutung
menolyse Menolyse *f*, Ausschaltung *f* der Gebärmutterblutung *(z. B. durch Röntgenbestrahlung)*
menometrorrhagia Menometrorrhagie *f*, verstärkte Regelblutung *f* mit Zwischenblutung [intermenstrueller Uterusblutung]
menopausal *(Gyn)* klimakterisch; Menopause(n)..., Klimakterium... *(siehe auch unter: climacteric)*
menopausal depression klimakterische Depression *f*
menopausal flush aufsteigende Hitze *f*
menopausal gonadotropin Menopausengonadotropin *n*
menopausal oestrogen therapy Menopausenöstrogentherapie *f*
menopausal syndrome Menopausensyndrom *n*, vegetativklimakterisches Syndrom *n*
menopause *(Gyn)* Menopause *f*, Klimakterium *n*, Klimax *f*, Wechseljahre *pl* der Frau, Aufhören *n* der Regelblutung
menopausic *s.* menopausal
menophania *s.* menarche
menophobia *(Neur)* Menophobie *f* *(abnorme Angst vor Menschen)*
menoplania Menoplanie *f*, vikariierende Menstruation *f*
menorrhagia Menorrhagie *f*, verstärkte Regelblutung *f* [Gebärmutterblutung *f*]
menorrhagic menorrhagisch
menorrhalgia Menorrhalgie *f*, Menstruationsschmerz *m*, Regel(blutungs)schmerz *m*
menorrhoea 1. Menorrhoe(a) *f*, Menorrhö(e) *f*, Menstrualblutung *f*, Regelblutung *f*; 2. verstärkte Menstruation *f* [Regelblutung *f*]
menorrhoeal menorrhöisch; Menorrhoe...
menoschesis Menoschesis *f*, Menstruationsverhaltung *f*, Ausbleiben *n* der Menses [Regelblutung]
menostasis 1. Menostase *f*, Unterdrückung *f* der Monatsblutung; 2. *s.* menoschesis
menostaxis Menostaxis *f*, verlängerte Menstruation *f* [Regelblutung *f*]

menotoxin Menotoxin *n*
menotropin Menotropin *n*, (humanes) Menopausegonadotropin *n*, HMG, (humanes) follikelstimulierendes Hormon *n*
menouria Menourie *f (Menstruation über eine vesikouterine Fistel)*
menoxenia Menstruationsstörung *f*
mens *s.* mind
menses *s.* menstruation
menstrual menstrual; Menstruations…, Regel(blutungs)… *(siehe auch unter: catamenial)*
menstrual age Menstruationsalter *n*
menstrual blood Menstrualblut *n*, Menstruationsblut *n*, Regelblut *n*
menstrual colic Menstruationskolik *f*
menstrual cramp Menstruationskrampf *m*; Menstruationskolik *f*
menstrual cycle Menstruationszyklus *m*, Menstrualzyklus *m*, Regel(blutungs)zyklus *m*
menstrual discharge Menstruationssekret *n*; Mentrualblut *n*
menstrual eczema Menstruationsekzem *n*
menstrual flow *s.* menorrhoea 1.
menstrual haemorrhage Menstruationsblutung *f*
menstrual history Menstrualanamnese *f*, Menstruationsanamnese *f*, Regel(blutungs)anamnese *f*
menstrual irregularity Menstrualstörung *f*, Menstruationsirregularität *f*, Regel(blutungs)abweichung *f*
menstrual outflow *s.* menorrhoea 1.
menstrual pains Menstruationsschmerzen *mpl*, Menstruationsbeschwerden *fpl*
menstrual period Menstrualperiode *f*, Menstruationsperiode *f*, Regelblutungszeit *f*, Menses *pl*
menstrual phase Menstruationsphase *f*
menstrual psychosis *(Neur)* Menstruationspsychose *f*
menstrual sponge Menstruationsschwamm *m*
menstruant menstruierend, (während der Regel) blutend
menstruant menstruierende Frau *f*
menstruate *v* menstruieren, die Menstruation [Monatsblutung] haben, während der monatlichen Regel bluten
menstruation Menstruation *f*, monatliche Regel(blutung) *f*, Periode *f*, Monatsblutung *f*, Menses *pl*, Katamenien *npl*
menstruation-like haemorrhage menstruationsartige Blutung *f*
menstruous 1. menstrual; 2. menstruierend
mensual monatlich, mensual
mensuration Messung *f*, Messen *n*
mentagra *(Derm)* Mentagra *f*, Syccosis *f* mentagra, Kinnflechte *f*, Bartflechte *f*, Tinea *f* barbae
mental 1. mental, geistig; seelisch *(z. B. Labilität)*; Geistes…; 2. geistig, gedanklich; 3. geisteskrank, geistesgestört; 4. *(Anat)* mental, zum Kinn gehörend; Mental…, Kinn… • **go mental** verrückt werden, überschnappen
mental aberration Geistesstörung *f*, Geistesabweichung *f*, Geistesabnormität *f*; Zerfahrenheit *f*
mental ability to stand trial *(Neur, For)* (strafrechtliche) Verhandlungsfähigkeit *f*
mental acrobatic Gedankenakrobatik *f*
mental activity geistige [psychische] Aktivität *f*, Denken *n*
mental adjustment Geistesanpassung *f*, Sinnesanpassung *f*
mental age geistiges Alter *n*, Intelligenzalter *n*
mental alienation Alienation *f*, Psychose *f*
mental apparatus psychischer Apparat *m*
mental artery *(Anat)* Arteria *f* mentalis, Kinnarterie *f*
mental automatism *(Neur)* Automatismus *m* mentalis
mental block *(Neur)* Denksperre *f*
mental clock *(Neur)* automatisches Erwachen *n*, Terminerwachen *n*, Kopfuhr *f (ohne Hilfsmittel)*
mental competence *(Neur)* Geschäftsfähigkeit *f*
mental confusion Geistesverwirrung *f*, (psychische) Verwirrtheit *f*
mental content *(Neur)* Denkinhalt *m*; Bewusstseinsinhalt *m*
mental defective Geistesgestörter *m*, Geistesschwacher *m*, Schwachsinniger *m*
mental deficiency Intelligenzmangel *m*, Intelligenzdefekt *m*, Geistesstörung *f*, Geistesschwäche *f*
mental derangement *(Neur)* Geisteskrankheit *f*, geistige Zerrüttung *f*
mental deterioration *(Neur)* geistiger Abbau *m*
mental disaggregation Disaggregation *f*
mental disease Geisteskrankheit *f*
mental disorder *(Neur)* psychische Störung *f*, Geistesstörung *f*
mental disturbances psychische Störungen *fpl*
mental dullness Geistesträgheit *f*
mental dynamism *s.* mental mechanism
mental eclipse *(Neur)* Psycholepsie *f*
mental faculties geistige Fähigkeiten *fpl*, Geisteskräfte *fpl*
mental focusing *(Neur)* (geistige) Konzentration *f*
mental fog *(Neur)* Bewusstseinstrübung *f*
mental foramen *(Anat)* Foramen *n* mentale, Kinnloch *n*
mental handicap geistige Behinderung *f*
mental healing Mentalsuggestion *f*, geistige Suggestion *f*, Psychotherapie *f*
mental health geistige Gesundheit *f*
mental health consultation psychiatrische Konsultation *f*
mental health nursing psychiatrische Betreuung *f*, psychiatrische Pflege *f*
mental health service psychiatrischer Gesundheitsdienst *m*
mental home *(Neur)* Heilanstalt *f*
mental hospital psychiatrische Klinik *f*, Klinik *f* für Psychiatrie [psychische Krankheiten]; Nervenklinik *f*
mental hygiene Psychohygiene *f*
mental illness Psycholeiden *n*, Geisteskrankheit *f*
mental image Gedankenbild *n*
mental insanity *(Neur)* Geisteskrankheit *f*
mental mechanism Denkmechanismus *m*, Denkvorgang *m*
mental medicine *s.* psychiatry
mental nerve *(Anat)* Nervus *m* mentalis, Kinnerv *m*
mental pathology *(Neur)* Psychopathologie *f*
mental patient Geisteskranker *m*, psychisch Kranker *m*
mental point *(Anat)* Kinnpunkt *m*, Gnathion *n*
mental power Geisteskraft *f*
mental process 1. Denkprozess *m*, Denkvorgang *m*; 2. *s.* mental protuberance
mental protuberance *(Anat)* Protuberantia *f* mentalis, Kinndreieck *n*, Kinnvorsprung *m*
mental ratio Intelligenzquotient *m*, IQ
mental reflex Mentalreflex *m*, Kinnreflex *m*
mental region *(Anat)* Regio *f* mentalis, Kinnregion *f*
mental retardation *(Neur)* geistige Unterentwicklung *f* [Retardiorung *f*], Oligophrenie *f*, geistige Behinderung *f*
mental ridge Kinnleiste *f*
mental shock psychischer Schock *m*
mental spine *(Anat)* Spina *f* mentalis
mental state Geisteszustand *m*
mental status mentaler Zustand *m*, Geisteszustand *m*
mental status examination Untersuchung *f* des Geisteszustandes
mental subnormality *s.* mental retardation
mental test psychologischer Test *m*
mental topography *(Neur)* psychische Topographie *f*
mental tubercle *(Anat)* Tuberculum *n* mentale mandibulae

mental vaginismus psychischer Vaginismus *m (Scheidenkrampf infolge Abneigung gegen Geschlechtsverkehr)*
mental vigour Geistesfrische *f*, geistige Frische *f*
mentalis (muscle) Musculus *m* mentalis, Kinnmuskel *m*
mentality Mentalität *f*, Geisteszustand *m*; Denkweise *f*
mentally defective schwachsinnig
mentally deficient geistesgestört
mentally handicapped geistig behindert
mentally ill geisteskrank
mentally normal geistig normal, nicht geistesgestört
mentally sane geistig gesund, nicht geisteskrank
mentation *s.* mental activity
menthol Menthol *n*, Mentholum *n*, Menthanol *n*, Hexahydrothymol *n*
mentholated camphor Mentholkampher *m*
menthyl salicylate Methylsalicylat *n*
menticide *(Neur)* Indoktrination *f*, Gehirnwäsche *f*
mentism *(Neur)* Mentismus *m*, wirres Einschlafdenken *n (unkontrollierbare Gedanken rauben den Schlaf)*
mentoanterior mentoanterior, mit dem Kinn nach vorn liegend
mentoanterior position of the foetus *(Gyn)* vordere Gesichtslage *f* [Kinnlage *f*]
mentohyoid mentohyoid; Kinn-Zungenbein-...
mentolabial mentolabial; Kinn-Lippen-...
mentolabialis (muscle) Musculus *m* mentolabialis
menton Menton *n (kraniometrischer Messpunkt)*
mentopantritis Sinusitis *f* frontalis, Stirnhöhlenentzündung *f*
mentoparietal mentoparietal; Kinn-Scheitel(bein)-...
mentoplasty Mentoplastik *f*, Kinnplastik *f*, plastische Kinnoperation *f*
mentoposterior mentoposterior; mit dem Kinn nach hinten liegend
mentoposterior position of the foetus *(Gyn)* hintere Gesichtslage *f* [Kinnlage *f*]
mentotransverse mentotransvers, mit dem Kinn zur Seite liegend
mentotransverse position of the foetus *(Gyn)* quere Gesichtslage *f*
mentum Mentum *n*, Kinn *n (Zusammensetzungen siehe unter: chin)*
Menzel's ataxia Menzel-Ataxie *f*, Menzel'sche Ataxie *f*
mepacrine Mepacrin *n (Malariamittel)*
mepacrine hydrochloride Mepacrinhydrochlorid *n*
mepartricin Mepartricin *n (Antimykotikum)*
mepazine acetate Mepazinacetat *n (Tranquilizer)*
mepenzolate bromide Mepenzolatbromid *n (Anticholinergikum)*
meperidine Meperidin *n*, Pethidin *n (Analgetikum)*
meperidine hydrochloride Meperidinhydrochlorid *n*
mephenesin Mephenesin *n (Muskelrelaxans)*
mephenoxalone Mephenoxalon *n (Tranquilizer, Muskelrelaxans)*
mephentermine Mephentermin *n (Vasopressor)*
mephentermine sulfate Mephenterminsulfat *n*
mephenytoin Mephenytoin *n (Antiepileptikum)*
mephitic mephitisch, stinkend
mephitis 1. Mephitis *f*, Gestank *m*; 2. Mephitis *f*, Kanalgasintoxikation *f*, Kanalgasvergiftung *f*
mephobarbital Mephobarbital *n (Antikonvulsivum; Sedativum)*
mepivacaine Mepivacain *n (Lokalanästhetikum)*
mepivacaine hydrochloride Mepivacainhydrochlorid *n*
meprednisone Meprednison *n (Glukokortikoid)*
meprobamate Meprobamat *n (Tranquilizer)*
meptazinol Meptazinol *n (Narkoanalgetikum)*
mepyramine Pyrilamin *n*
mepyramine maleate Pyrilaminmaleat *n*
mepyrapone Metyrapon *n*
meralgia Meralgie *f*, Oberschenkelneuralgie *f*, Oberschenkel(nerven)schmerz *m*
meralluride Merallurid *n (Diuretikum)*
meralopia Meralopie *f*
merbromin Merbromin *n*, Mercurochrom *n (Antiseptikum)*
mercaptan Mercaptan *n*, Merkaptan *n*
mercaptoacetic acid Thioglykolsäure *f*
2-mercaptoethanol 2-Mercaptoethanol *n*
mercaptol Mercaptol *n*
3-mercaptolactate 3-Mercaptolacetat *n*, 3-Merkaptolazetat *n*
mercaptolactate-cysteine disulfiduria Mercaptolacetat-Cystein-disulfidurie *f*
mercaptomerin sodium Mercaptomerin-Natrium *n*
mercaptopurine Merkaptopurin *n*, Mercaptopurin *n (Zytostatikum)*
mercapturic acid Mercaptursäure *f*
Merchant's projection *(Rad)* Merchant-Projektion *n (der Kniegelenke)*
Mercier's bar Plica *f* interureterica
Mercier's valve *s.* Mercier's bar
mercocresol Mercocresol *n*, Merkokresol *n*
mercumatilin Mercumatilin *n (Diuretikum)*
mercurammonium Mercurammonium *n*
mercurial Quecksilber...
mercurial Quecksilberpräparat *n*
mercurial diuretic Quecksilberdiuretikum *n*
mercurial nephrosis Quecksilbernephrose *f*, Sublimatnephrose *f*
mercurial poisoning Quecksilbervergiftung *f*, Quecksilberintoxikation *f*
mercurial psellismus Psellismus *m* mercurialis, Stammeln *n* bei Quecksilbervergiftung
mercurial stomatitis Stomatitis *f* mercurialis, Quecksilberstomatitis *f*, Mundentzündung *f* bei Quecksilbervergiftung
mercurial tremor Tremor *m* mercurialis, Merkurialzittern *n*, Quecksilberzittern *n (Vergiftungssymptom)*
mercurial ulcer Ulcus *n* mercurialis, Quecksilbergeschwür *n*
mercurialentis *(Ophth)* Merkurialentis *f (Braunfärbung der Linsenvorderseite bei Quecksilbervergiftung)*
mercurialism Merkurialismus *m*, Quecksilberintoxikation *f*, Quecksilbervergiftung *f*, Hydrargyrosis *f*
mercurialization Merkurialisation *f*, Quecksilberbehandlung *f*
mercurialize *v* mit Quecksilber behandeln
mercuric Quecksilber(II)-...
mercuric chloride Quecksilber(II)-chlorid *n*, Hydrargyrum *n* bichloratum, Sublimat *n (Antiseptikum)*
mercuric gingivitis Quecksilbergingivitis *f*, Gingivitis *f* mercurialis
mercuric iodide Quecksilberbiiodid *n*, Quecksilberdeutoiodid *n*
mercuric oleate Quecksilberoleat *n*
mercuric oxide Quecksilberoxid *n*
mercuric salicylate Quecksilbersalicylat *n*
mercurochrome Mercurochrom *n*
mercurophen Mercurophen *n*
mercurophylline Mercurophyllin *n (Diuretikum)*
mercurous Quecksilber(I)-...
mercurous chloride Quecksilber(I)-chlorid *n*, Hydrargyrum *n* chloratum, Kalomel *n (Laxativum, Diuretikum, Antisyphilitikum)*
mercurous iodide Quecksilberprotoiodid *n*
mercury Quecksilber *n*, Hydrargyrum *n*, Hg
mercury dichloride *s.* mercuric chloride

mercury poisoning Quecksilbervergiftung *f*, Quecksilberintoxikation *f*
mercury thermometer Quecksilberthermometer *n*
mercy killing Sterbehilfe *f*
merergasia *(Neur)* Merergasie *f*
merergastic Merergasie...
Meretoja type familial amyloid polyneuropathy Meretoja-Syndrom *n*, Metetoja'sches Syndrom *n*, Meretoja'scher Typ *m* der familiären Amyloidpolyneuropathie, Finnischer Typ *m* der familiären Amyloipolyneuropathie
meridian of the cornea Meridianus *m* corneae, Hornhautmeridian *m*
meridian of the eye Meridianus *m* bulbi oculi, Augenmeridian *m*
merinthophobia *(Neur)* Merinthophobie *f (krankhafte Angst vor dem Festbinden)*
merisis Merisis *f*, multiplikatives Wachstum *n*
Merkel cell Merkel'sche Zelle *f*, Merkel'sche Tastzelle *f*
Merkel cell carcinoma Karzinom *n* der Merkel'schen Zellen, Merkel'sches Tastzellenkarzinom *n*
Merkel corpuscle Merkel'sche Tastscheibe *f*, Meniscus *m* tactus
Merkel disk *s.* Merkel's disk
Merkel tactile cell *s.* Merkel's cell
merlin Merlin *n*, Schwannomin *n*
meroacrania Meroakranie *f*, (angeborenes) Fehlen *n* eines Schädelteiles
meroanencephaly Meroanenzephlaie *f*, (angeborenes) Fehlen *n* eines Gehirnteiles
meroblastic *(Histol)* meroblastisch, sich teilweise furchend, sich partiell teilend *(bei der Eiteilung)*
merocele Merozele *f*, Schenkelhernie *f*, Schenkelbruch *m*
merocoxalgia Merokoxalgie *f*, Oberschenkel- und Hüftschmerz *m*
merocrine merokrin *(Sekretionsform mit Abgabe von Drüsenzellinhalt als Sekret)*
merocrine gland merokrine Drüse *f*
merocrine secretion merokrine Sekretion *f*
merocyst Merozyste *f*
merocyte Merozyte *f*
merodiastolic *(Kard)* merodiastolisch, einen Teil der Diastole betreffend
merogamete *(Trop, Paras)* Merogamet *m (Malariavektor)*
merogamy Merogamie *f*
merogastrula *(Histol)* Merogastrula *f*
merogenesis *(Histol)* Merogenese *f*, Segmentbildung *f*, Segmentation *f*
merogenetic Merogenese...
merogenic *s.* merogenetic
merogonic Merogonie...
merogony Merogonie *f*, Teilentwicklung *f* der Eizelle
meromelia Meromelie *f*, Gliedmaßendefekt *m*
meromicrosomia Meromikrosomie *f*
meromorphosis Meromorphose *f*
meromyosin Meromyosin *n (Muskoloiweiß)*
meront Meront *m (asexuelles Fortpflanzungsstadium)*
meropenem Meropenem *n (Antibiotikum)*
meropia Meropie *f*, Teilblindheit *f*
merorachischisis Merorachischisis *f*, Spina *f* bifida partialis
merosmia *(Neur)* Merosmie *f*, teilweiser Geruchsverlust *m*
merosporangium Merosporangium *n*
merostotic merostotisch, nur einen Knochenteil betreffend; nur zu einem Knochenteil gehörend
merosystolic *(Kard)* merosystolisch, einen Teil der Systole betreffend
merotomy Merotomie *f (Zerschneidung in Segmente)*; Zelldissektion *f*
merozoite *(Trop)* Merozoit *m (Jugendform der Malariaerreger)*
merozygote Merozygote *f*
merycism *(Neur)* Meryzismus *m*, Rumination *f*, Wiederkäuen *n*, Wiederkauen *n*
Merzbacher-Pelizaeus disease Merzbacher-Pelizaeus-Krankheit *f*, Pelizaeus-Merzbacher'sche Krankheit *f*, familiäre Zentrolobulärsklerose *f*
mesad mesiad, zur Medianlinie gerichtet
mesal *s.* mesial
mesalamine Mesalamin *n*, 5-Aminosalicylsäure *f*
mesangial mesangial; Mesangium...
mesangial cell *(Nephr)* Mesangiumzelle *f (in den Nierenglomeruli)*
mesangial IgA nephropathy mesangiale IgA-Nephropathie *f*, Berger'sche Nephropathie *f*
mesangiocapillary mesangiokapillär
mesangiocapillary glomerulonephritis mesangiokapilläre Glomerulonephritis *f*
mesangiolysis Mesangiolyse *f*
mesangium Mesangium *n*
mesaortitis Mesaortitis *f*, Entzündung *f* der Aortenmittelschicht
mesareic *s.* mesenteric
mesarteritis Mesarteriitis *f*, Entzündung *f* der Arterienmittelschicht
mesaxon Mesaxon *n (Membranduplikatur zwischen Schwann'schen Zellen)*
mescaline Meskalin *n (Farbhalluzinationen hervorrufendes Kakteenrauschgift)*
mescalism Meskalingewöhnung *f*, Meskalinabhängigkeit *f*
mesectoblast *(Embr)* Mesektoblast *m (der Neuralleiste)*
mesectoderm *(Embr)* Mesektoderm *n*
mesencephalic mesenzephal, mesenkephal; Mittelhirn...
mesencephalitis Mesenzephalitis *f*, Mesenkephalonentzündung *f*, Mittelhirnentzündung *f*
mesencephalohypophyseal mesenzephalohypophyseal; Mesenzephalon-Hypophysen-...
mesencephalon Mesenzephalon *n*, Mesencephalon *n*, Mesenkephalon *n*, Mittelhirn *n*
mesencephalotomy Mesenzephalotomie *f*, Mittelhirnschnitt *m*
mesenchyma *s.* mesenchyme
mesenchymal mesenchymal; Mesenchym...
mesenchymal cell Mesenchymzelle *f*, embryonale Bindegewebszelle *f*
mesenchymal cell infiltration Mesenchymzell(en)infiltration *f*
mesenchymal chondrosarcoma mesenchymales Chondrosarkom *n*
mesenchymal epithelium mesenchymales Epithel *n*
mesenchyme Mesenchym *f*, Mesenchymgewebe *n*, embryonales Bindegewebe *n*
mesenchymocyte Mesenchymzelle *f*, embryonale Bindegewebszelle *f*
mesenchymoma Mesenchymom *n*, Mesenchymgewebsgeschwulst *f*
mesenchymopoiesis Mesenchymopoese *f*, embryonale Bindegewebsbildung *f*
mesenterectomy Mesenterektomie *f*, (operative) Gekröseentfernung *f*
mesenterial *s.* mesenteric
mesenteric *(Anat)* mesenterial; Mesenterial..., Gekröse...
mesenteric adenitis mesenteriale Lymphdrüsenentzündung *f*, Lymphadenitis *f* mesenterialis
mesenteric arteriography Mesenterikagraphie *f*, Gekrösearterienröntgen(kontrast)darstellung *f*

mesenteric artery Mesenterialarterie *f*, Gekrösearterie *f*, Arteria *f* mesenterialis [mesenterica]
mesenteric artery embolism Mesenterialarterienembolie *f*
mesenteric artery insufficiency Mesenterialarterieninsuffizienz *f*
mesenteric artery occlusion Mesenterialarterienverschluss *m*
mesenteric artery stenosis Mesenterialarterienvereng(er)ung *f*, Mesenterikastenose *f*
mesenteric cyst Mesenterialzyste *f*, Gekrösezyste *f*
mesenteric hernia Mesenterialhernie *f*, Gekrösebruch *m*, Gekrösevorfall *m*
mesenteric infarction Mesenterialinfarkt *m*
mesenteric insertion Mesenterialansatz *m*
mesenteric lymph node tuberculosis Mesenteriallymphknotentuberkulose *f*, Lymphadenitis *f* mesenterica tuberculosa
mesenteric lymphadenitis Mesenteriallymphadenitis *f*, Mesenteriallymphknotenentzündung *f*, Lymphadenitis *f* mesenterica
mesenteric node mesenterialer Lymphknoten *m*, Nodus *m* lymphaticus mesenterialis
mesenteric plexus *(Anat)* Mesenterialplexus *m*, Gekrösenervengeflecht *n*, Plexus *m* mesentericus
mesenteric thrombosis Mesenterial(gefäß)thrombose *f*
mesenteric vascular occlusion Mesenterialgefäßverschluss *m*
mesenteric vein Mesenterialvene *f*, Gekrösevene *f*, Vena *f* mesenterica
mesenteric vein [venous] thrombosis Mesenterialvenenthrombose *f*
mesentericomesocolic mesenterikomesokolisch; Mesenterium-Mesokolon-...
mesenteriolum 1. Mesenteriolum *n*, kleines Gekröse *n* [Mesenterium *n*]; 2. Mesenteriolum *n* (processus vermiformis), Wurmfortsatzgekröse *n*
mesenteriopexy *s.* mesopexy
mesenteriorrhaphy *s.* mesentorrhaphy
mesenteriplication *(Chir)* Mesenteriplikation *f*, Mesenteriumfaltung *f*, Gekrösefaltung *f*
mesenteritic mesenteritisch; Mesenteritis...
mesenteritis Mesenteritis *f*, Mesenterialentzündung *f*, Mesenteriumentzündung *f*, Gekröseentzündung *f*
mesenterium *s.* mesentery
mesenteron Mesenteron *n*, Mitteldarm *m*
mesentery *(Anat)* Mesenterium *n*, Gekröse *n*, Dünndarmgekröse *n*
mesentery of the ascending part of the colon Mesocolon *n* ascendens
mesentery of the descending part of the colon Mesocolon *n* descendens
mesentery of the rectum Mesorectum *n*
mesentery of the sigmoid colon Mesocolon *n* sigmoideum
mesentery of the transverse part of the colon Mesocolon *n* transversum
mesentery of the vermiform appendix Mesoappendix *f*
mesentoderm *(Embr)* Mesentoderm *n*
mesentorrhaphy Mesenteriorrhaphie *f*, Mesenterialnaht *f*, Gekrösenaht *f*, Gekröseraffung *f*
meshgraft Netztransplantat *n*, Maschentransplantat *n*, Meshgraft *n*; Netzplastik *f*
meshwork 1. Netz *n*, Netzwerk *n*; 2. *(Anat)* Rete *n*, Reticulum *n*
mesiad mesiad, zur Mitte gerichtet
mesial mesial, nach der Mitte zu gelegen
mesial occlusion *s.* mesioclusion
mesial palpebral ligament Ligamentum *n* palpebrale mediale
mesial rotation of the forearm *s.* pronation 1.
mesio-occlusal *(Stom)* mesiookklusal
mesio-occlusion *s.* mesioclusion
mesio-occlusodistal *(Stom)* mesio-okklusodistal
mesiobuccal *(Stom)* mesiobukkal
mesiobucco-occlusal *(Stom)* mesiobukko-okklusal
mesiobuccopulpal *(Stom)* mesiobukkopulpal
mesiocervical *(Stom)* mesiocervical
mesioclination *(Stom)* Mesioklination *f*
mesioclusion *(Stom)* Mesialbiss *m*, Unterkiefervorbiss *m*
mesiodens Mesiodens *m*, Mesiodont *m* *(überzähliger Zahn im oberen Schneidezahnbereich)*
mesiodistal *(Stom)* mesiodistal
mesiodistocclusal *(Stom)* mesiodistokklusal
mesiogingival *(Stom)* mesiogingival
mesiognathic *(Stom)* mesiognath
mesioincisal *(Stom)* mesioinzisal
mesioincisodistal *(Stom)* mesioinzisodistal
mesiolabial *(Stom)* mesiolabial
mesiolabioincisal *(Stom)* mesiolabioinzisal
mesiolingual *(Stom)* mesiolingual
mesiolinguo-occlusal *(Stom)* mesiolinguo-okklusal
mesiolinguoincisal *(Stom)* mesiolinguoincisal
mesiolinguopulpal *(Stom)* mesiolinguopulpal
mesion Mesion *n*
mesioplacement *s.* mesioversion
mesiopulpal *(Stom)* mesiopulpal
mesiopulpolabial *(Stom)* mesiopulpolabial
mesiopulpolingual *(Stom)* mesiopulpolingual
mesioversion Mesioversion *f*
mesmerization *(Neur)* mesmerische Therapie *f*
meso-aortitis Mesoaortitis *f*
meso-appendicitis Mesoappendizitis *f*, Wurmfortsatzgekröseentzündung *f*
meso-appendix Mesenteriolum *n* (processus vermiformis), Wurmfortsatzgekröse *n*
meso-oesophagus *(Embr)* Mesoösophagus *m*, Ösophagusgekröse *n*
meso-omentum Mesoomentum *n*, Netzgekröse *n*
meso-ontomorph Mesoontomorphe(r) *m*, mesoontomorpher Mensch *m*
mesoarium *s.* mesovarium
mesobilifuscin Mesobilifuszin *n* *(Spaltprodukt des Bilirubins)*
mesobilin Mesobilin *n*
mesobilirubin Mesobilirubin *n* *(entsteht durch Reduktion des Bilirubins)*
mesobilirubinogen Mesobilirubinogen *n* *(entsteht durch Reduktion des Mesobilirubins)*
mesobiliviolin Mesobiliviolin *n*
mesoblast *s.* mesoderm
mesoblastema Mesoblastem(a) *n*
mesoblastemic Mesoblastem...
mesoblastic mesoblastisch; Mesoblast...
mesoblastic nephroma *(Path)* Wilms-Tumor *m*, Nierenadenosarkom *n*
mesobranchial mesobranchial
mesocaecal mesozökal; Mesozökum...
mesocaecum *(Anat)* Mesozökum *n*, Zökumgekröse *n*
mesocardia Mesokardie *f*, Herzmittelständigkeit *f* im Thorax
mesocardium Mesokardium *n*, Herzgekröse *n*
mesocarpal midkarpal, mesokarpal
mesocaval shunt mesokavaler [mesenterikokavaler] Shunt *m*
mesocecum *s.* mesocaecum
mesocephalia Mesozephalie *f*, Mesokephalie *f*, Mittelköpfigkeit *f*, Vorhandensein *n* einer mittellangen Schädelform

mesocephalic mesozephalisch, mesokephalisch, mittelköpfig
mesocephalous *s.* mesocephalic
mesocephalus 1. Mesozephalus *m*, Mesokephalus *m*, Mittelkopf *m*; 2. Mesozephale(r) *m*, Mesokephale(r) *m*, Mittelköpfige(r) *m (Mensch mit mittellangem Schädel)*
mesochondrium Mesochondrium *n*
mesochoroidea *s.* choriocapillary lamina
mesocolic mesokolisch; Mesokolon..., Dickdarmgekröse...
mesocolic band Taenia *f* mesocolica, Mesokolonansatz *m*, Dickdarmgekröseansatz *m*
mesocolic node mesokolischer Lymphknoten *m*, Lymphknoten *m* des Mesokolons
mesocolic taenia *s.* mesocolic band
mesocolon Mesokolon *n*, Dickdarmgekröse *n (an der hinteren Bauchwand als Bauchfellduplikatur)*
mesocolopexy Mesokolopexie *f*
mesocoloplication *(Chir)* Mesokolonplikation *f*, Mesokolonfaltung *f*
mesocord Mesocord *n (an der Plazenta fixierte Nabelschnur)*
mesocornea Mesokornea *f*, Substantia *f* propria corneae
mesocortex Mesokortex *m*, Mesocortex *m*
mesocranial mesokranial
mesocuneiform Os *n* cuneiforme intermedium
mesoderm *(Histol)* Mesoderm *n*, Mesoblast *m*, mittleres Keimblatt *n*
mesodermal mesodermal, mesoblastisch; Mesoderm(al)..., Mesoblast(en)...
mesodermal tumour Mesodermaltumor *m*, Mesodermgeschwulst *f*, Geschwulst *f* des mittleren Keimblatts
mesodermic *s.* mesodermal
mesodesma Ligamentum *n* latum uteri, breites Mutterband *n*
mesodiastole *(Kard)* Mesodiastole *f*, Diastolenmitte *f*
mesodiastolic mesodiastolisch
mesodiverticulum Mesodivertikulum *n*, Gekrösedivertikel *n*
mesodont(ic) mesodont, mittelgroße Zähne besitzend
mesodontism Mesodontismus *m*
mesoduodenal mesoduodenal; Mesoduodenum...
mesoduodonum Mesoduodenum *n*, Duodenalgekröse *n*, Zwölffingerdarmgekröse *n*
mesoenteriolum Mesenteriolum *n*
mesoentomere Mesenteromere *f (Blastomere vor Teilung in Mesomere und Endomere)*
mesoepididymis Mesoepididymis *f*, Nebenhodengekröse *n*
mesoepithelium Mesothelium *n*
mesogaster 1. *s.* mesogastrium; 2. Regio *f* mesogastrica, Bauchmitte *f*, Mittelbauchgegend *f*
mesogastric Mesogastrium...
mesogastrium Mesogastrium *n*, Magengekröse *n*
mesogenic virus mesogenes Virus *n*
mesoglia Mesoglia *(phagozytäre Zelle in der Neuroglia)*
mesogluteal mesogluteal; Musculus-gluteus-medius-...
mesogluteus Musculus *m* gluteus medius
mesognathic mesognath
mesognathion *(Stom)* Mesognathion *n*
mesognathous mesognath
mesoileum Mesoileum *n*, Krummdarmgekröse *n*
mesojejunum Mesojejunum *n*, Leerdarmgekröse *n*
mesolecithal *(Embr)* mesolezithal
mesolepidoma Mesolepidoma *n (Tumor aus embryonalem Mesothel)*
mesolymphocyte Mesolymphozyt *m*, mittelgroßer Lymphozyt *m*
mesomelia Mesomelie *f*
mesomelic mesomel(isch); Mesomelie...
mesomere 1. Mesomere *f (Mesoderm zwischen Epimere und Hypomere)*; 2. Mesomere *f (Blastomeregröße zwischen Makromere und Mikromere)*
mesomeric mesomer(isch); Mesomerie..., Mesomerismus...
mesomerism Mesomerie *f*, Mesomerismus *m*, quantenmechanische Resonanz *f*
mesometritis Mesometritis *f*, Mesometriumentzündung *f*, Gebärmuttermuskelschichtentzündung *f*, Entzündung *f* der Gebärmuttermittelschicht [Tunica muscularis uteri]
mesometrium 1. Mesometrium *n (Teil der Bauchfellduplikatur beiderseits der Gebärmutter)*; 2. Tunica *f* muscularis uteri, *(veraltet)* Mesometrium *n*
mesomorph Mesomorphe(r) *m (Mensch mit vorherrschen mesothelialer Körperstrukturen; Muskeln, Knochen, Bindegewebe)*
mesomorphic mesomorph(isch)
mesomorphy Mesomorphie *f*, mesomorpher Habitus *m*
mesonasal mesonasal
mesonephric mesonephrisch; Mesonephros..., Urnieren...
mesonephric adenocarcinoma Urnierenadenokarzinom *n*
mesonephric duct Urnierengang *m*, Wolff'scher Gang *m*, Ductus *m* mesonephricus (Wolffi)
mesonephric fold Urnierenleiste *f*, Urnierenfalte *f*
mesonephric ridge *s.* mesonephric fold
mesonephric tubule Urnierenkanälchen *n*
mesonephroid urnierenähnlich, urnierenartig
mesonephroma *(Path)* Mesonephrom *n*, teratoides Adenokystom *n*
mesonephron *s.* mesonephros
mesonephros Mesonephros *m*, Urniere *f*
mesoneuritis Mesoneuritis *f*
mesopexy *(Chir)* Mesenteriopexie *f*, Gekrösefixierung *f*, Gekröseanheftung *f*, Mesenterialraffung *f*, Mesenterialverkürzung *f*
mesopharyngeal mesopharyngeal, oropharyngeal; Mundrachen...
mesopharyngitis Mesopharyngitis *f*, Mesopharynxentzündung *f*
mesopharynx Mesopharynx *m*, Oropharynx *m*, Mundrachen(raum) *m*
mesophile Mesophile(r) *m*, mesophiler Organismus *m*
mesophilic mesophil *m (zwischen 20 und 45 Grad Celsius am besten wachsend)*
mesophlebitis Mesophlebitis *f*, Entzündung *f* der mittleren Venenwandschicht
mesophragma Mesophragma *n*, Linea *f* M, M-Linie *f*, M-Streifen *m*
mesophryon Mesophryon *n*, Glabella *f*
mesopia Mesopie *f*, Sehen *n* im Zwielicht
mesopic 1. mesop(isch), im Zwielicht sehend; 2. mesop(isch), breitgesichtig, mit flachem und breitem Gesicht *(kraniometrischer Orbitonasalindex zwischen 107,5 und 110)*
mesopic vision mesopisches Sehen *n*, Zwielichtsehen *n*
mesopneumonium Mesopneumonium *n (geht in mesenchymale Lungenanlage über)*
mesoporphyrin Mesoporphyrin *n*
mesoprosopic mesoprosop, mittelgesichtig
mesorachischisis *s.* mesorrhachischisis
mesorchial Mesorchium...
mesorchium Mesorchium *n*, Gekrösefalte *f* der inneren Hodenhüllen
mesorectum Mesorektum *n*, Rektumgekröse *n*, Gekröse *n* des geraden Darms
mesoridazine Mesoridazin *n (Antipsychotikum)*

mesoropter Mesoropter *m*, Augenruhelage *f*
mesorrhachischisis Mesorrhachischisis *f*, Mesorachischisis *f*
mesorrhaphy *s.* mesentorrhaphy
mesorrhine mesorrhin *(mit einem Broca-Nasenindex zwischen 48 und 53)*
mesosalpingeal mesosalpingeal; Mesosalpinx..., Eileitergekröse...
mesosalpinx Mesosalpinx *f*, Eileitergekröse *n*, Bauchfellduplikatur *f* des Eileiters
mesoscapula Mesoscapula *f*, Spina *f* scapulae
mesosigmoid Mesosigma *n*, Bauchfellduplikatur *f* des Sigmas
mesosigmoiditis Mesosigmoiditis *f*, Entzündung *f* des Mesosigmas
mesosigmoidopexy Mesosigmoidopexie *f*, Mesosigmafixierung *f*
mesosomatous mesosom, mittelgroß
mesosome Mesosom *n (Zytoplasmainvagination)*
mesosomia Mesosomie *f*, mittlere Körpergröße *f*
mesostaphyline mesostaphylin, mit einer mittleren Gaumenbreite *(mit einem Gaumenindex zwischen 80,0 und 84,9)*
mesosternum Mesosternum *n*, Corpus *n* sterni
mesostroma Mesostroma *n*
mesosyphilis sekundäre Syphilis *f*
mesosystolic Mesosystole...; die Systolenmitte betreffend
mesotarsal *s.* mediotarsal
mesotaurodontism Mesotaurodontismus *m*
mesotendineum *s.* mesotendon
mesotendon Mesotenon *m*, Mesotendineum *n (gefäßführendes Sehnenscheidenbindegewebe)*
mesothelia *pl s.* mesothelium
mesothelial mesothelial; Mesothel..., Deckzellen(epithel)...
mesothelial cell *(Histol)* Mesothelzelle *f*
mesothelial sarcoma Mesothelsarkom *n*, Deckzellensarkom *n (bösartige Geschwulst)*
mesothelioma *(Path)* Mesotheliom *n*, Deckzellengeschwulst *f*, Endothelgeschwulst *f*, Endotheliom *n*
mesothelioma of the pleura Pleuramesotheliom *n*, Pleurom *n*
mesothelium Mesothel *n*, Deckzellenepithel *n*
mesothenar Musculus *m* adductor pollicis
mesotropic mesotrop, in der Mitte einer Höhle liegend
mesoturbinal Concha *f* nasalis media, mittlere Nasenmuschel *f*
mesotympanum *(HNO)* Mesotympanum *n*
mesouranic mit einem Gaumenindex zwischen 110 und 115
mesovarian mesovarial
mesovarium Mesovarium *n*, Eierstockgekröse *n*
messenger ribonucleic acid *(Bioch, Gen)* Messenger-Ribonucleinsäure *f*, mRNS, Boten-RNS, bRNS *(dient als Matrize für die Eiweißsynthese)*
messenger RNA *s.* messenger ribonucleic acid
Messianic delusion *(Neur)* Erlöserwahn *m*; Erlöseridee *f*, Berufungswahn *m*
mesterolone Mesterolon *n (Androgen)*
mestranol Mestranol *n (Kontrazeptivum)*
mesulphen Mesulphen *n (Skabiesmittel)*
mesuprine hydrochloride Mesuprinhydrochlorid *n (Vasodilator)*
meta-analysis Metaanalyse *f*
metabasis 1. Metabasis *f*, Symptomwechsel *m*; 2. Metabasis *f*, Metastasierung *f*, Wechsel *m* des Krankheitsherdes
metabiosis Metabiose *f*, Kommensalismus *m*
metabolic metabolisch; Stoffwechsel...
metabolic acidosis metabolische Azidose *f*, Stoffwechselazidose *f*
metabolic activity Stoffwechselaktivität *f*
metabolic alcalosis metabolische Alkalose *f*, Stoffwechselalkalose *f*
metabolic balance metabolische Bilanz *f*, Stoffwechselbilanz *f*
metabolic body size metabolische Gewebemasse *f*, metabolisch-aktive Körpermasse *f*
metabolic cirrhosis metabolische Zirrhose *f*, metabolische Leberzirrhose *f*, Leberzirrhose *f* bei Stoffwechseldefekt
metabolic component metabolische Komponente *f*, Bikarbonatkomponente *f*
metabolic disease Stoffwechselkrankheit *f*, Stoffwechselerkrankung *f*
metabolic disorder Stoffwechselstörung *f*
metabolic disturbance *s.* metabolic disorder
metabolic equilibrium Stoffwechselgleichgewicht *n*
metabolic failure Stoffwechelversagen *n*
metabolic imbalance Stoffwechselungleichgewicht *n*
metabolic pathway Stoffwechselweg *m*
metabolic pigment Stoffwechselpigment *n*
metabolic psychosis Stoffwechselpsychose *f*
metabolic rate Stoffwechselrate *f*
metabolic respiratory quotient respiratorischer Quotient *m*
metabolic status Stoffwechsellage *f*, Stoffwechselzustand *m*
metabolic waste product Stoffwechselendprodukt *n*, Stoffwechselausscheidungsprodukt *n*
metabolimeter Metabolimeter *n*
metabolimetry Basalstoffwechselbestimmung *f*, Grundumsatzbestimmung *f*
metabolin *s.* metabolite
metabolism Metabolismus *m*, Stoffwechsel *m*
metabolism psychosis *(Neur)* Stoffwechselpsychose *f*
metabolite 1. Metabolit *m*, Stoffwechselzwischenprodukt *n*; 2. Metabolit *m*, Stoffwechselendprodukt *n*
metabolizable metabolisierbar, verstoffwechselbar, im Stoffwechsel umsetzbar
metabolize *v* metabolisieren, verstoffwechseln, im Stoffwechsel umsetzen [verändern]
metabology Stoffwechsellehre *f*
metaboreceptor Metaborezeptor *m*, metabolischer Rezeptor *m (steuert die Muskeldurchblutung in Abhängigkeit von der Stoffwechselaktivität)*
metabromsalan Metabromsalan *n*
metabutethamine Metabutethamin *n*
metabutethamine hydrochloride Metabutethaminhydrochlorid *n*
metacarpal metakarpal; Mittelhand...
metacarpal (bone) Mittelhandknochen *m*, Os *n* metacarpale
metacarpal phalanx metakarpale Phalanx *f*
metacarpal reconstruction Mittelhandrekonstruktion *f*
metacarpal saw *(Chir)* Fingersäge *f*
metacarpectomy Metakarpektomie *f*, Metakarpalknochenexstirpation *f*, Mittelhandknochenausschneidung *f*, (operative) Mittelhandknochenentfernung *f*
metacarpophalangeal metakarpophalangeal; Mittelhand-Finger-...
metacarpophalangeal joint Articulatio *f* metacarpophalangea, Metakarpophalangealgelenk *n*, Mittelhand-Finger-Gelenk *n*
metacarpophalangeal joint dislocation Grundphalanxdislokation *f*, Grundgliedverrenkung *f*
metacarpus Metakarpus *m*, Mittelhand *f*

metacentric chromosome metazentrisches Chromosom *n*
metacercaria *(Paras, Trop)* Metazerkarien *fpl (Trematodengeneration)*
metacestode Metazestode *f (Bandwurmlarvenstadium)*
metachromasia Metachromasie *f*, Metachromatismus *m*
metachromatic metachromatisch
metachromatic leucodystrophy metachromatische Leukodystrophie *f*, Sulfatidlipidosis *f*
metachromatic lipid metachromatisches Lipid *n*
metachromatic stain metachromatischer Farbstoff *m*
metachromatic staining metachromatische Färbung *f*
metachromatin Metachromatin *n (Kerngerüst)*
metachromatism *s.* metachromasia
metachromatophil Metachromatophile(r) *m*, metachromatophile Zelle *f*
metachromia *s.* metachromasia
metachromic metachromatisch
metachromism *s.* metachromasia
metachromophil(e) metachromophil
metachromosome Metachromosom *n*
metachronous metachron, nicht synchron, zu unterschiedlichen Zeiten auftretend
metacommunication Metakommunikation *f*
metacone *(Stom)* distobukkaler Höcker *m (eines oberen Molaren)*
metaconid *(Stom)* mesiolingualer Höcker *m (eines unteren Molaren)*
metaconule *(Stom)* mittlerer Höcker *m*
metacresol Metakresol *n*, m-Kresol *n*
metacresol sulfonphthalein Metakresolsulfonphthalein *n*, Metakresolpurpur *m*
metacryptomerozoite *(Trop)* Metakryptomerozoit *m (Entwicklungsstadium der Malariaerreger)*
metacryptozoite *(Trop)* Metakryptozoit *m (Entwicklungsstadium der Malariaerreger)*
metacyesis Extrauteringravidität *f*, Bauchhöhlenschwangerschaft *f*
metacystic metazystisch
metaduodenum Metaduodenum *n*
metafemale XXX-karyotypisch, triple-X
metagaster Metagaster *m*
metagastrula Metagastrula *f*
metagenesis Metagenese *f*, Generationswechsel *m*
metagonimiasis *(Paras)* Metagonimiasis *f*, Metagonimusinfektion *f*, Zwergdarmegelbefall *m*
Metagonimus ovatus Metagonimus *m* ovatus
metagranulocyte *(Hämat)* Metagranulozyt *m*
metagrippal metagrippal, postinfluenzal
metahemoglobin *s.* methaemoglobin
metaherpetic metaherpetisch, nach einem Herpes auftretend
metaicteric metaikterisch, nach einem Ikterus auftretend
metainfective metainfektiv, nach einer Infektion auftretend
metakaryocyte *s.* normoblast
metakinesis Metakinese *f (Zellkernteilung)*
metal ague *s.* metal fume fever
metal fume fever *(Arb)* Metalldampffieber *n*, Gießerfieber *m*; Messingfieber *n*
metal head band Kopfspange *f*
metal plate for osteosynthesis *(Chir)* Osteosyntheseplatte *f*
metal rod for osteosynthesis *(Chir)* Osteosynthesenagel *m*
metal screw for osteosynthesis *(Chir)* Osteosyntheseschraube *f*
metal stylet *(Anästh, Chir)* Metallführungsdraht *m*, Metallmandrin *m*
metalbumin Metalbumin *n*, Pseudomuzin *n*, Scheinmuzin *n*
metaleishmaniasis *(Trop)* Metaleishmaniasis *f*
metallic metallisch; Metall...
metallic taste Metallgeschmack *m*
metallic tinkle Metallklang *m*, metallisches Klingen *n (Lungenauskultation)*
metallic tremor Tremor *m* metallicus, Schwermetallintoxikationstremor *m*
metallization Metallisation *f*, Metallimprägnation *f*, Metalleinsprengung *f*
metallocarboxypeptidase Metallokarboxypeptidase *f (Enzym)*
metallocyanide Metallozyanid *n*
metalloendopeptidase Metalloendopeptidase *f (Enzym)*
metalloenzyme Metalloenzym *n*
metalloflavodehydrogenase Metalloflavodehydrogenase *f (Enzym)*
metalloflavoenzyme Metalloflavoenzym *n*
metalloflavoprotein Metalloflavoprotein *n*
metallophil metallophil, metallfreundlich, mit Metallsalzen färbend *(z. B. Gewebe)*
metallophilia Metallophilie *f*, Metallfreundlichkeit *f (z. B. von Geweben)*
metallophobia Metallophobie *f*, Metallfurcht *f (abnorme Furcht vor Metallgegenständen)*
metalloporphyrin Metalloporphyrin *n*
metalloprotein Metalloprotein *n*, Metalloproteid *n*
metalloscopy *(Neur)* Metalloskopie *f (Beobachtung der Wirkung von Metallen auf der Haut)*
metallosis *(Arb)* Metallose *f*, Metallpneumokoniose *f*, Metallstaublunge(nerkrankung) *f*
metallotherapy Metallotherapie *f*, Metallbehandlung *f*
metaluetic metaluetisch, nach einer Syphilis auftretend
metameric metamer(isch); Metamerismus...
metamerism Metamerie *f*, Metamerismus *m*
metamorphic metamorph(isch), die Gestalt wandelnd, den Zustand verändernd
metamorphopsia Metamorphopsie *f*, Verkrümmtsehen *n (verzerrte Wahrnehmung von Gegenständen durch das Auge)*
metamorphosis Metamorphose *f*, Verwandlung *f*, Gestalt(ver)änderung *f*
metamorphotic metamorphotisch; Metamorphose...
metamyelocyte Metamyelozyt *m (Leukozytenentwicklungsstufe)*
metanephric metanephrisch; Metanephros..., Dauerniere...
metanephric duct *s.* ureter
metanephrine Metanephrin *n (Epinephrinmetabolit)*
metanephrogenic metanephrogen, den Metanephros bildend, die Dauerniere bildend
metanephrogenous *s.* metanephrogenic
metanephron *s.* metanephros
metanephros Metanephros *m*, Dauerniere *f (entwicklungsgeschichtlich zuletzt gebildete Niere)*
metaneutrophil metaneutrophil, nicht normal mit Neutralfarben färbend
metanucleus Metanukleus *m*, Metanucleus *m*
metaphase Metaphase *f (Kernteilungsphase)*
metaphosphoric acid Metaphosphorsäure *f*, Acidum *n* phosphoricum glaciale
metaphyseal metaphyseal; Metaphysen...
metaphyseal chondrodysplasia Metaphysenchondrodysplasie *f*
metaphyseal decompression Metaphysendekompression *f*
metaphyseal dysostosis Metaphysendysostose *f*
metaphyseal dysplasia Metaphysendysplasie *f*

metaphyseal fracture Metaphysenfraktur *f*
metaphyseal osteoporosis Metaphysenosteoporose *f*
metaphysial *s.* metaphyseal
metaphysis Metaphyse *f*, Längenwachstumszone *f* der Röhrenknochen, Knochenwachstumszone *f*
metaphysitis Metaphysitis *f*, Metaphysenentzündung *f*, Knochenwachstumszonenentzündung *f*
metaplasia Metaplasie *f*, Gewebeumbildung *f*, Gewebeumwandlung *f*
metaplasis 1. Metaplasis *f*, ausgewachsener Zustand *m*; 2. *s.* metaplasia
metaplasm Metaplasma *n*
metaplastic metaplastisch, gewebeumbildend, gewebsumwandelnd
metaplexus Plexus *m* chorioideus ventriculi quarti, Adergeflecht *n* des vierten Ventrikels
metapneumonic metapneumonisch, nach einer Lungenentzündung auftretend
metapophysis Processus *m* mamillaris
metaprotein Metaprotein *n*
metaproterenol sulfate Metaproterenolsulfat *n*, Orciprenalinsulfat *n* *(Bronchodilatator)*
metapsychical metapsychisch, über das psychische hinausgehend; Metapsychologie…
metapsychology Metapsychologie *f*, Parapsychologie *f*
metapyretic metapyretisch, nach dem Fieber (auftretend)
metaraminol bitartrate Metaraminolbitartrat *n* *(Vasopressor)*
metarhodopsin Metarhodopsin *n*
metarteriole Metarteriole *f*, Präkapillare *f*
metarubricyte orthochromatischer Normoblast *m*
metastable metastabil, mit unsicherer Stabilität *(z. B. Radionuklid)*
metastable solution metastabile Lösung *f*
metastasectomy Metastasektomie *f*, (operative) Metastasenentfernung *f*
metastases in lymph nodes Lymphknotenmetastasen *fpl*
metastases of the lungs Lungenmetastasen *fpl*
metastasis *(Path)* Metastase *f*, Tochtergeschwulst *f*, Toohterherd *m*, Geschwulstableger *m*, Absiedlung *f*
metastasis in the ovary Eierstockmetastase *f*
metastasize *v* metastasieren, Tochtergeschwülste [Metastasen] bilden
metastasizing mole Chorioadenoma *n* destruens
metastatic metastatisch; Metastasen…
metastatic abscess metastatischer Abszess *m*
metastatic anaemia metastatische Anämie *f*, Metastasenanämie *f* *(infolge Knochenmarkzerstörung durch Tochtergeschwülste)*
metastatic calcification metastatische Kalzifizierung *f*
metastatic endometriosis metastatische Endometriose *f*
metastatic ophthalmia metastatische Ophthalmie *f*
metastatic ovarian carcinoma metastatisches Ovarialkarzinom *n*, Krukenberg-Tumor *m*
metastatic pneumonia metastatische Pneumonie *f*
metastatic spread Metastasierung *f*, Filialisierung *f*
metastatic tumour *s.* metastasis
metasternum *s.* xiphosternum
metastrongyle Metastrongylus *m*
Metastrongylus elongatus Metastrongylus *m* elongatus
metasynapsis Metasynapse *f*, Metasyndese *f* *(der Chromosomen)*
metasyncrisis Metasyncrisis *f*, Metasynkrise *f*
metasyndesis *s.* metasynapsis
metasyphilis Metasyphilis *f*, Metalues *f*, Nachsyphilis *f*
metasyphilitic metasyphilitisch, nach einer Syphilis auftretend
metatarsal metatarsal; Metatarsus…, Mittelfuß…
metatarsal Os *n* metatarsale, Metatarsalknochen *m*, Mittelfußknochen *m*
metatarsal arch Arcus *m* pedis transversalis
metatarsal phalanx metatarsale Phalanx *m*, Metatarsalphalanx *f*
metatarsal stress fracture Marschfraktur *f*, Ermüdungsknochenbruch *m* *(der Mittelfußknochen)*
metatarsalgia *(Chir, Orth)* Metatarsalgie *f*, Mittelfußschmerz *m*, Morton'sche Neuralgie *f*, Marschperiostitis *f*
metatarsectomy Metatarsektomie *f*, Metatarsalknochenexzision *f*, (operative) Mittelfußknochenentfernung *f*
metatarsophalangeal metatarsophalangeal; Mittelfußknochen-Zehenknochen-…; Mittelfuß-Zehen-…
metatarsophalangeal articulation Metatarsophalangealgelenk *n*, Articulatio *f* metatarsophalangeae, Mittelfuß-Zehen-Gelenk *n*, Zehengrundgelenk *n*
metatarsophalangeal joint *s.* metatarsophalangeal articulation
metatarsus Metatarsus *m*, Mittelfuß *m*
metathalamus Metathalamus *m*, seitlicher und mittlerer Kniehöcker *m*, Corpus *n* geniculatum laterale et mediale *(hinter dem Sehhügel gelegene Gehirnanteile)*
metathesis Metathese *f*
metathrombin Metathrombin *n*
metatraumatic neurosis metatraumatische Neurose *f*, Unfallneurose *f*
metatroph Metatrophe(r) *m*, metatropher Organismus *m*
metatrophia Metatrophie *f* *(1. Atrophie durch Fehlernährung; 2. Änderung der Ernährungsweise)*
metatrophic metatroph(isch), die Ernährung(sweise) ändernd
metatrophic nutrition metatrophe Ernährung *f*
metatrophic organism *s.* metatroph
metatrophy Metatrophie *f*, Veränderung *f* der Ernährung(sweise)
metatropic metatrop(isch)
metaxalone Metaxalon *n* *(Muskelrelaxans)*
metazoa *pl s.* metazoan
metazoal metazoal, vielzellig; Metazoen…
metazoan *s.* metazoal
metazoan Metazoon *n*, Vielzeller *m*
metazoonosis Metazoonose *f*
metedrine-addiction Pervitinsucht *f*
metedrine-psychosis *(Neur)* Weckaminpsychose *f*, Pervitinpsychose *f*
metencephalic metenzephal, metenkephal; Hinterhirn…
metencephalon Metenzephalon *n*, Metencephalon *n*, Metenkephalon *n*, Hinterhirn *n* *(aus Kleinhirn und Brücke bestehender Teil des Rautenhirns)*
metencephalospinal metenzephalospinal; Kleinhirn-Rückenmark-…
meteoric meteoristisch; Meteorismus…
meteorism Meteorismus *m*, Darm(auf)blähung *f*, Darmauftreibung *f*, Gasbauch *m*, Trommelbauch *m*, Pneumoenterektasie *f*
meteoropathology Meteoropathologie *f* *(Wissenschaft von den Zusammenhängen zwischen Wetter und Krankheiten)*
meteoropathy Meteoropathie *f*, Wetterkrankheit *f*, Wetterfühligkeit *f*
meteororesistant wetterunempfindlich, witterungsunempfindlich
meteorosensitive wetterfühlig, wetterempfindlich, witterungsempfindlich
meteorotropic wetterbedingt, wetterabhängig *(z. B. Krankheiten)*
meteorotropism Meteorotropismus *m*, Wetterabhängigkeit *f*
metered dose inhaler Dosieraerosol *n*

metergasia Funktionsänderung *f*, Funktionswechsel *m*
metergoline Methergolin *n (Migränemittel)*
metformin hydrochloride Metforminhydrochlorid *n (Antidiabetikum)*
methacholine Methacholin *n*
methacholine bromide Metacholinbromid *n*
methacholine challenge Metacholinprovokation *f*, Metacholinbelastung *f*
methacholine chloride Metacholinchlorid *n*
methacycline Methacyclin *n (Antibiotikum)*
methadone Methadon *n (Narkoanalgetikum)*
methadone hydrochloride Methadonhydrochlorid *n*
methadone maintenance *(Neur)* Methadonbehandlung *f*
methaemalbumin Methämalbumin *n (bei Schwarzwasserfieber)*
methaemalbuminaemia Methämalbuminämie *f*, Vorhandensein *n* von Methämalbumin im Blut
methaeme *s.* haematin
methaemoglobin Methämoglobin *n*, Met-Hb, Eisen(III)-hämoglobin *n*, Hämoglobin *n* • **test blood for methaemoglobin** Blut auf Methämoglobin untersuchen
methaemoglobin-reductase Methämoglobin-Reductase *f (Enzym)*
methaemoglobin-reductase deficiency Methämoglobin-Reductase-Mangel *m*
methaemoglobinaemia Methämoglobinämie *f*, Vorhandensein *n* von Methämoglobin im Blut
methaemoglobinaemic methämoglobinämisch; Methämoglobinämie...
methaemoglobinuria Methämoglobinurie *f*, Methämoglobinausscheidung *f* im Urin
methamphetamine Methamphetamin *n*
methamphetamine hydrochloride Methamphetaminhydrochlorid *n*
methanal Methanal *n*, Formaldehyd *m (Desinfektionsmittel)*
methandriol Methandriol *n*
methandrostenolone Methandrostenolon *n*
methane Methan *n*
methane-producing bacteria Methan bildende Bakterien *npl*
methanesulfonate Methansulfonat *n*
methanesulfonic acid Methansulfonsäure *f*
methanogen Methan bildendes Bakterium *n*
methanogenic methanogen, Methan bildend
methanol Methanol *n*, Methylalkohol *m*
methanol poisoning Methanolintoxikation *f*, Methylalkoholvergiftung *f*
methanolysis Methanolyse *f*
methantheline bromide Methanthelinbromid *n (Anticholinergikum)*
methapyrilene Methapyrilen *n (Antihistaminikum)*
methapyrilene hydrochloride Methapyrilenhydrochlorid *n*
methaqualone Methaqualon *n (Sedativum)*
methaqualone hydrochloride Methaqualonhydrochlorid *n*
methazolamide Methazolamid *n (Karboanhydrasehemmer)*
methdilazine Methdilazin *n (Antihistaminikum)*
methenamine Methenamin *n*, Hexamethylenamin *n*, Hexamethylentetramin *n*, Hexamin *n (Antiseptikum)*
methenamine hippurate Methenaminhippurat *n*, Hexamethylentetraminhippurat *n (Harnantiseptikum)*
methenamine mandelate Methenaminmandelat *n (Harnantiseptikum)*
methenamine salicylate Methenaminsalicylat *n*, Hexamethylentetraminsalicylat *n (Harnantiseptikum)*
5,10-methenyltetrahydrofolate 5,10-Methenyltetrahydrofolat *n*
5,10-methenyltetrahydrofolate cyclohydrolase 5,10-Methenyltetrahydrofolathydrolase *f (Enzym)*
5,10-methenyltetrahydrofolate reductase 5,10-Methenyltetrahydrofolatreduktase *f (Enzym)*
5,10-methenyltetrahydrofolate synthetase 5,10-Methenyltetrahydrofolatsynthetase *f (Enzym)*
methetoin Methetoin *n (Antikonvulsivum)*
methicillin Methicillin *n (Antibiotikum)*
methimazole Methimazol *n*, 1-Methylimidazol-2-thiol *n (Thyreostatikum)*
methioninaemia Methioninämie *f*, Methioninspiegelerhöhung *f* im Blut
methionine Methionin *n*, α-Amino-γ-methylthiobuttersäure, D,L-2-Amino-4-methylthiobuttersäure *f (essenzielle Aminosäure)*
methionine adenosyltransferase Methioninadenosyltransferase *f (Enzym)*
methionine malabsorption Methioninmalabsorption *f*
methionine malabsorption syndrome *(Metab)* Methionin-malabsorptionssyndrom *n*
methionine synthetase Methioninsynthetase *f (Enzym)*
methisazone Methisazon *n (Virostatikum)*
methixene hydrochloride Methixenhydrochlorid *n (Anticholinergikum)*
methocarbamol Methocarbamol *n (Muskelrelaxans)*
method of therapy [treatment] Therapiemethode *f*, Behandlungsmethode *f*
method of X-ray examination Röntgen(untersuchungs)methode *f*
method to control bleeding Blutstillungsmethode *f*
methogastrosis *(Gastr)* Methogastrose *f*, Trinkermagenkatarrh *m*
methohexital sodium Methohexital-Natrium *n*
methomania *(Neur)* Methomanie *f*, Methyomanie *f*, Säuferwahnsinn *m*
methonium compound Methoniumverbindung *f*
methophenazine Methophenazin *n (Antipsychotikum)*
methopholine Methopholin *n (Analgetikum)*
methopterin Methopterin *n*, 10-Methylfolsäure *f*, 10-Methylpteroylglutaminsäure *f (Folsäureantagonist)*
methoserpidine Methoserpidin *n*, 10-Methoxydeserpidin *n (Antihypertensivum)*
methotrexate Methotrexat *n*, Amethopterin *n (Folsäureantagonist)*
methotrimeprazine Methotrimeprazin *n (Phenothiazinanalgetikum)*
methoxamine hydrochloride Methoxaminhydrochlorid *n (Vasopressor)*
methoxsalen Methoxsalen *n*
methoxyflurane Methoxyfluran *n (Anästhetikum)*
methoxyphenamine hydrochloride Methoxyphenaminhydrochlorid *n (Bronchodilator)*
methoxytryptamine Methoxytryptamin *n*
methscopolamine bromide Methscopolaminbromid *n (Anticholinergikum)*
methsuximide Methsuximid *n (Antikonvulsivum)*
methyclothiazide Methyclothiazid *n (Antihypertensivum; Diuretikum)*
methyl alcohol Methylalkohol *m*, Methanol *n*
methyl aldehyde Methylaldehyd *m*, Formaldehyd *m*, Methanal *n*
methyl blue Methylblau *n (Farbstoff; Antiseptikum)*
methyl chloride Chlormethan *n*
methyl cysteine hydrochloride Methylcysteinhydrochlorid *n*
methyl green Methylgrün *n (basischer Farbstoff)*
methyl hydroxybenzoate Methylhydroxybenzoat *n*, Methylparaben *n*
methyl intoxication Methylalkoholvergiftung *f*, Methanolintoxikation *f*

methyl isobutyl ketone Methylisobutylketon *n*, 4-Methyl-2-pentanon *n*
methyl methacrylate *(Stom)* Methylmethacrylat *n*
methyl nicotinate Methylnikotinat *n*
methyl orange Methylorange *n (saurer Farbstoff, pH-Indikator)*
methyl poisoning *s.* methyl intoxication
methyl red Methylrot *n (saurer Farbstoff, pH-Indikator)*
methyl salicylate Methylsalicylat *n*
methyl violet Methylviolett *n*, Pentamethyl-p-rosanilin *n (basischer Farbstoff)*
methyl yellow Methylgelb *n*
methylacetic acid Methylessigsäure *f*
α-methylacetoacetic acid α-Methylacetoessigsäure *f*
α-methylacetoacetic aciduria α-Methylacetoaceticacidurie *f*, α-Methylacetoessigsäureausscheidung *f* im Urin
α-methylacetoacetyl-CoA thiolase α--Methylacetoacetyl-CoA-thiolase *f*
methylamine Methylamin *n*
methylamphetamine Methylamphetamin *n (Sympathikomimetikum)*
methylandrostenediol Methylandrostendiol *n*
methylatropine bromide Methylatropinbromid *n*, Atropinmethylbromid *n (Zykloplegikum)*
methylatropine nitrate Methylatropinnitrat *n*, Atropinmethylnitrat *n*, Atropinmethonitrat *n*
methylbenzethonium chloride Methylbenzethoniumchlorid *n*
methylcellulose Methylcellulose *f*, Methylzellulose *f*
methylchloroform Methylchloroform *n*, Trichlorethan *n*
methylchloroformate Methylchloroformat *n*
3-methylcholanthrene 3-Methylcholanthren *n*
methylcobalamin Methylcobalamin *n*, Vitamin *n* B_{12}
3-methylcrotonic acid 3-Methylcrotonsäure *f*
3-methylcrotonyl-CoA carboxylase 3-Methylcrotonyl-CoA-carboxylase *f (Enzym)*
3-methylcrotonyl CoA carboxcylase deficiency 3-Methylcrotonyl-CoA-carboxylase-Mangel *m*
3-methylcrotonylglycine 3-Methylcrotonylglycin *n*
β-methylcrotonylglycinuria β-Methylcrotonylglycinurie *f*, β-Methylcrotonylglycinausscheidung *f* im Urin
methylcytosine Methylcytosin *n*
methyldehydrotestosterone Methyldehydro-testosteron *n*
methyldichloroarsine Methyldichlorarsin *n*
methyldopa Methyldopa *n*
methylene blue Methylenblau *n*, Methylenum *n* coeruleum, Tetramethylthioninchlorid *n*, Methylthioniumchlorid *n*
methylene blue injection Methylenblauinjektion *f*
methylene blue stain Methylenblau(an)färbung *f*
methylene blue test Methylenblauprobe *f*
methylenedioxyamphetamine Methylendioxyamphetamin *n*
methylenetetrahydrofolate Methylentetrahydrofolat *n*
methylenetetrahydrofolate dehydrogenase Methylentetrahydrofolatdehydrogenase *f (Enzym)*
methylenetetrahydrofolate reductase Methylentetrahydrofolatreduktase *f (Enzym)*
methylenetetrahydrofolate reductase deficiency Methylentetrahydrofolatreduktasemangel *m*
methylenophilic *s.* methylenophilous
methylenophilous methylenophil, methylen-blaufreundlich, methylenblaufärbend
methylepsia *(Neur)* Methylepsie *f*, Methylmanie *f (süchtiges Verlangen nach Rauschgetränken)*
methylergometrine maleate Methylergometrinmaleat *n (synthetisches Mutterkornalkaloid)*
methylergonovine maleate Methylergonovinmaleat *n (synthetisches Mutterkornalkaloid)*
methylglucamine Methylglucamin *n*
3-methylglutaconic acid 3-Methylglutaconsäure *f*
3-methylglutaconic aciduria 3-Methylglutaconsäureausscheidung *f* im Urin
methylglutaconyl-CoA hydratase Methylglutaconyl-CoA-hydratase *f (Enzym)*
3-methylglutaric acid 3-Methylglutarsäure *f*
methylhexaneamine Methylhexanamin *n*
3-methylhistidine 3-Methylhistidin *n*
methylhydantoin Methylhydantoin *n*
methylisothiazolinone Methylisothiazolinon *n*
methylkinase Methylkinase *f*, Methyltransferase *f (Enzym)*
methylmalonate semialdehyde Methylmalonatsemialdehyd *m*
methylmalonic acid Methylmalonsäure *f*
methylmalonic acidaemia Methylmalonsäureerhöhung *f* im Blut
methylmalonic aciduria Methylmalonsäureausscheidung *f* im Urin
methylmalonyl-CoA Methylmanolyl-CoA *n*
methylmalonyl-CoA epimerase Methylmanolyl-CoA-epimerase *f (Enzym)*
methylmalonyl-CoA mutase Methylmanolyl-CoA-mutase *f (Enzym)*
methylmalonyl-CoA racemase Methylmanolyl-CoA-racemase *f (Enzym)*
methylmania *s.* methomania
methylmercaptan Methylmercaptan *n (beim Aminosäureabbau)*
methylmercury Methylquecksilber *n*, Dimethylquecksilber *n*
methylmorphine Methylmorphin *n*, Kodein *n*, Codeinum *n* phosphoricum *(Antitussivum)*
3-methyl-2-oxobutanoate dehydrogenase 3-Methyl-2-oxobutanoatdehydrogenase *f (Enzym)*
methylparaben Methylparaben *n*, Methyl-*p*-hydroxybenzoat *n*, Methylhydroxybenzoat *n (Antimykotikum)*
methylpentose Methylpentose *f*
methylphenidate hydrochloride Methylphenidathydrochlorid *n (ZNS-Stimulans)*
methylphenobarbital Methylphenobarbital *n*
methylprednisolone Methylprednisolon *n (Glukokortikoid)*
methylpurine Methylpurin *n*
methylpyridine Methylpyridin *n*
methylrosaniline chloride Kristallviolett *n*, Gentianviolett *n*
methyltestosterone Methyltestosteron *n*, 17β-Hydroxy-17-methylandrost-4-en-3-on *n (männliches Sexualhormon)*
5-methyltetrahydrofolate 5-Methyltetrahydrofolat *n*
methyltheobromine Methyltheobromin *n*, Coffein *n*
methylthioadenosine Methylthioadenosin *n*, Thiomethyladenosin *n*
methylthionine Methylthionin *n*
methylthionine chloride Methylthioninchlorid *n*, Methylenblau *n*
methylthiouracil Methylthiourazil *n*, 6-Methyl-2-thioxo-1,2,3,4-tetrahydropyrimidin-4-on *n (Thyreostatikum)*
methyltocol Methyltokol *n*
methyltransferase Methyltransferase *f*, Demethylase *f*, Transmethylase *f*, Methylkinase *f (Enzym)*
5-methyluracil 5-Methyluracil *n*, Thymin *n*
methylxanthine Methylxanthin *n*
methyprylone Methyprylon *n (Sedativum, Hypnotikum)*
methysergide Methysergid *n (Serotoninantagonist)*

methysergide maleate Methysergidmaleat *n*
metiamide Metiamid *n (Histaminantagonist)*
metmyoglobin Metmyoglobin *n*
metoclopramide hydrochloride Metoclopramidhydrochlorid *n (Antiemetikum)*
metocurine iodide Metocurinjodid *n*, Dimethyltubokurarinjodid *n*, Dimethyl-*d*-kurarin *n*
metolazone Metolazon *n (Antihypertensivum; Diuretikum)*
metonymy *(Neur)* Metonymie *f (Sprachstörung mit Austausch ähnlich klingender Wörter von unterschiedlicher Bedeutung)*
metopagus *(Terat)* Metopagus *m*, Metopopage *m*, Craniopagus *m* frontalis, Doppelmissbildung *f* mit Stirnverwachsung
metopantrum Sinus *m* frontalis, Stirnhöhle *f*
metopic metop(isch); Stirn...
metopic suture *(Anat)* Stirnnaht *f*, Sutura *f* frontalis
metopion 1. Metopion *n*, Stirn *f*; 2. Metopion *n (anthropologischer Messpunkt)*
metopism Metopismus *m*, Kreuzschäd(e)ligkeit *f*
metopodynia Stirnkopfschmerz *m*
metopon Metopon *n*, Methyldihydromorphinonhydrochlorid *n*
metopoplasty Stirn(knochen)plastik *f*
metoposcopy Metoposkopie *f (Erforschung der Physiognomie)*
metoprolol Metoprolol *n (Betablocker)*
metoprolol tartrate Metoprololtartrat *n*
metoxenous metoxen(isch), mit zwei Wirten lebend
metoxeny Wirtwechsel *m (durch einen Parasiten)*
metraemia Uterushyperämie *f*, Gebärmutterblutfülle *f*, vermehrter Blutgehalt *m* der Gebärmutter
metralgia Metralgie *f*, Metrodynie *f*, Uterusschmerz *m*, Gebärmutterschmerz *m*
metranaemia Metranämie *f*, Uterusanämie *f*, Gebärmutterblutarmut *f*
metranoikter Metranoikter *m*, Gebärmutterhalssperrer *m (Instrument)*
metratomy Uterotomie *f*, Hysterotomie *f*, (operative) Gebärmuttereröffnung *f*
metratonia Metratonie *f*, Uterusatonie *f*, Gebärmutteratonie *f*, mangelnde Gebärmutterkontraktion *f*
metratresia Metratresie *f*, Uterusatresie *f*
metratrophia Metratrophie *f*, Uterusatrophie *f*, Gebärmutteratrophie *f*, Atrophia *f* uteri
metrauxe Metrauxe *f*, Uterushypertrophie *f*, Gebärmuttervergrößerung *f*
metrectasia Metrektasie *f*, Uterusektasie *f*, Gebärmuttererweiterung *f*
metrectomy Metrektomie *f*, Uterusexstirpation *f*, (operative) Gebärmutterentfernung *f*
metrectopia Metrektopie *f*, Uterusdislokation *f*, Gebärmutterverlagerung *f*
metremia *s.* metraemia
metreurynter Metreurynter *m*, Hystereurynter *m*, Gebärmutterhalserweiterer *m*, Muttermunderöffner *m*
metreurysis Metreuryse *f*, Gebärmutterhalserweiterung *f*, Muttermunderöffnung *f*
metriocephalic metriozephal, hochköpfig *(Vertikalindex zwischen 72 und 77)*
metritic metritisch; Metritis..., Gebärmuttermuskulaturentzündungs...
metritis Metritis *f*, Gebärmuttermuskulaturentzündung *f*
metrizamide Metrizamid *n (Kontrastmittel)*
metrocace 1. Uterusgangrän *f*, Gebärmutterulzeration *f*; 2. Uteruskarzinom *n*, Gebärmutterkrebs *m*
metrocampsis Uterusflexion *f*, Schrägstellung *f* der Gebärmutter, Flexio *f* uteri
metrocarcinoma Metrokarzinom *n*, Gebärmutterkrebs *m*
metrocele Metrozele *f*, Uterushernie *f*, Gebärmutterbruch *m*, Uterozele *f*, Hysterozele *f*
metroclyst Metroklyst *m*, Gebärmutterdusche *f*, Gebärmutterspülinstrument *n*
metrocolpocele Metrokolpozele *f*, Gebärmutter- und Scheidenvorfall *m*
metrocystosis Metrozystose *f*, Gebärmutterzystenbildung *f*
metrocyte Metrozyt *m*, Mutterzelle *f*
metrodynamometer Metrodynamometer *n*, Instrument *n* zur Messung der Gebärmutterkontraktionen
metrodynia *s.* metralgia
metroendometritis Metroendometritis *f*, Gebärmutter- und Gebärmutterschleimhautentzündung *f*
metrofibroma *(Path)* Metrofibrom *n*, Gebärmutterfibrom *n*
metrogenous metrogen, vom Uterus ausgehend
metrogonorrhoea Metrogonorrhoe *f*, Uterusgonorrhö(e) *f*, Gebärmuttertripper *m*
metrogram Metrogramm *n*, Uterogramm *n*, Röntgen(kontrast)bild *n* der Gebärmutterhöhle
metrography Metrographie *f*, Uterographie *f*, Röntgen(kontrast)darstellung *f* der Gebärmutterhöhle
metroleucorrhoea Metroleukorrhoe *f*
metrolymphangitis Metrolymphangitis *f*, Gebärmutterlymphgefäßentzündung *f*
metromalacia Metromalazie *f*, Uteruserweichung *f*, Gebärmuttererweichung *f*
metromania Metromanie *f*, Ovariomanie *f*, Nymphomanie *f*, Östromanie *f*, Mannstollheit *f*, Andromanie *f*
metromenorrhagia *s.* metrorrhagia
metroncus Uterustumor *m*, Gebärmutter(an)schwellung *f*
metronidazole Metronidazol *n (Trichomonadenmittel)*
metronidazole hydrochloride Metronidazolhydrochlorid *n*
metronoscope *(Ophth)* Metronoskop *n*
metroparalysis Metroparalyse *f*, Uteruslähmung *f*, Gebärmutterlähmung *f*
metropathic metropathisch
metropathy Metropathie *f*, Hysteropathie *f*, Gebärmuttererkrankung *f*
metroperitoneal metroperitonel; Uterus-Peritoneum-..., Gebärmutter-Bauchfell-...
metroperitonitis Metroperitonitis *f*, Gebärmutter- und Bauchfellentzündung *f*
metropexy Metropexie *f*, Gebärmutterfixierung *f*
metrophlebitis Metrophlebitis *f*, Uterusvenenentzündung *f*, Gebärmuttervenenentzündung *f*
metroplasty Metroplastik *f*, Uteroplastik *f*, Gebärmutterplastik *f*
metroptosis Metroptose *f*, Uterusprolaps *m*, Gebärmuttersenkung *f*, Gebärmuttervorfall *m*
metrorrhagia Metrorrhagie *f*, intermenstruelle Uterusblutung *f*, nicht mensuelle Gebärmutterblutung *f (außerhalb der Regelblutung)*
metrorrhexis Metrorrhexis *f*, Uterusruptur *f*, Gebärmutterriss *m*, Gebärmutterzerreißung *f*
metrorrhoea Metrorrhoe *f*, Uterusausfluss *m*, Gebärmutterausfluss *m*
metrosalpingitis Metrosalpingitis *f*, Gebärmutter- und Eileiterentzündung *f*
metrosalpingography *s.* hysterosalpingography
metrosalpinx *s.* uterine tube
metroscirrhus Metroszirrhus *m*, Gebärmutterszirrhus *m (bösartige Geschwulst)*
metroscope Metroskop *n*, Gebärmutterspiegel *m*, Hysteroskop *n*
metrostasis Metrostase *f*
metrostaxis Metrostaxis *f*, Gebärmutterschmierblutung *f*

metrostenosis Metrostenose *f*, Uteruseinengung *f*, Gebärmutterhöhlenverengung *f*
metrotome Metrotom *n*, Uterusmesser *n*, Gebärmuttermesser *n*
metrotomy Metrotomie *f*, Uterusschnitt *m*, (operative) Gebärmuttereröffnung *f*
metrotubography *s.* hysterosalpingography
metryperaesthesia Metryperästhesie *f*, Uterushyperästhesie *f*, Berührungsüberempfindlichkeit *f* der Gebärmutter
metrypertrophia Metrypertrophie *f*, Uterushypertrophie *f*, Gebärmuttervergrößerung *f*
metyrapone Metyrapon *n*
metyrosine Metyrosin *n (Antihypertensivum)*
Metzenbaum scissors Metzenbaum-Schere *f*
Meulengracht's syndrome (Gilbert-)Meulengracht-Syndrom *n*, (Gilbert-)Meulengracht'sches Syndrom *n*, Icterus *m* intermittens juvenilis Meulengracht, Meulengracht-Krankheit *f*, intermittierende Hyperbilirubinämie *f* Meulengracht, (Gilbert-)Meulengracht'sche Krankheit *f*, Gilbert-Krankheit *f*, Morbus *m* Gilbert, hereditäre konstitutionelle (idiopathische) Hyperbilirubinämie *f (gestörte Bilirubinaufnahme in die Leberzellen mit Bilirubinerhöhung im Blut)*
mevalonate Mevalonat *n*
mevalonate kinase Mevalonatkinase *f (Enzym)*
mevalonic acid Mevalonsäure *f*
mevalonic aciduria Mevalonicacidurie *f*, Mevalonsäureausscheidung *f* im Urin
mevastatin Mevastatin *n (Antihyperlipidämikum)*
Mexican typhus Mexikanisches Fleckfieber *n*, Tabardillo-Fieber *n*, Tabardillo *m*
mexiletine hydrochloride Mexiletinhydrochlorid *n (Antiarrhythmikum)*
Meyenburg-Altherr-Uehlinger syndrome Meyenburg-Altherr-Uehlinger-Syndrom *n*, systematisierte Chondromalazie *f*
Meyenburg's complex Meyenburg'scher Komplex *m (von Gallengängen bei zystischer Lebererkrankung)*
Meyenburg's disease Meyenburg'sche Krankheit *f*, rezidivierende Polychondritis *f*
Meyer-Archambault loop Meyer-Archambault'sche Schleife *f*, Meyer'sche Schleife *f*
Meyer-Betz disease Meyer-Betz'sche Krankheit *f*, idiopathische [familiäre] Myoglobinurie *f*
Meyer-Schwickerath and Weyers syndrome Meyer-Schwickerath-Weyers-Syndrom *n*, okulodentodigitale Dysplasie *f*
Meyer's cartilage Meyer'scher Knorpel *m*
Meyer's disease Meyer'sche Krankheit *f*, adenoide Pharynxvegetationen *fpl*
Meyer's line Meyer'sche Linie *f (am Fuß)*
Meyer's loop *s.* Meyer-Archambault loop
Meyer's organ Meyer'sches Organ *n (an der Zunge)*
Meyer's pressure point Meyer'scher Druckpunkt *m (entlang der Schienbeinkante bei Thrombose)*
Meyer's sinus Meyer'scher Sinus *m (am Trommelfell)*
Meynert's cells Meynert'sche Zellen *fpl*, Meynert'sche Pyramidenzellen *fpl*, Meynert'sche Solitärzellen *fpl*
Meynert's commissure Meynert'sche Kommissur *f*, Commissura *f* supraoptica dorsalis
Meynert's decussation Meynert'sche Haubenkreuzung *f*, Decussatio *f* tegmenti dorsalis
Meynert's fascicle *(Anat, Neur)* Meynert-Bündel *n*, Fasciculus *m* retroflexus
Meynert's incoherence syndrome *(Neur)* Meynert'sches Inkohärenzsyndrom *n*, Amentia *f*
Meynert's retroflex bundle Meynert'sches Bündel *n*, Fasciculus *m* retroflexus
mezlocillin Mezlocillin *n (Antibiotikum)*
MHC *s.* major histocompatibility complex
MI *s.* mitral insufficiency
mianserine hydrochloride Mianserinhydrochlorid *n (Antihistaminikum)*
mibefradil dihydrochloride Mibefradilhydrochlorid *n*
mica Glimmer *m*
mica pneumoconiosis Glimmerpneumokoniose *f*, Glimmerstaublunge(nerkrankung) *f*, Aluminiumsilikatstaublunge(nerkrankung) *f*
micatosis *s.* mica pneumoconiosis
micell(a) *s.* micelle
micellar chromatography Mizellenchromatographie *f*
micelle Mizelle *f*, Mizell *n*
Michaelis' constant Michaelis-Konstante *f*
Michaelis-Gutmann bodies Michaelis-Gutmann'sche Körperchen *npl (in den Epithelzellen bei Malakoplakie der Harnblase)*
Michaelis-Menten equation Michaelis-Menten-Gleichung *f*
Michaelis-Menten kinetics Michaelis-Menten-Kinetik *f*
Michaelis' rhomboid Michaelis-Raute *f*, Lendenraute *f*
Michaelis' stain Michaelis-Färbung *f (der Blutkörperchen)*
Michel clip *(Chir)* Michel-Klammer *f*, Michel'sche Klammer *f (Hautklammer)*
Michel clips remover Michel-Klammer-Entferner *m*
Michel's deafness Michel'sche Taubheit *f (angeborene Taubheit durch Aplasie des Innenohres)*
miconazole Miconazol *n (Antimykotikum)*
miconazole nitrate Miconazolnitrat *n*
micracoustic mikroakustisch, feinhörig
micradenous mikroadenös, kleindrüsig
micranatomy mikroskopische Anatomie *f*, Histologie *f*
micrangium Blutkapillare *f*, Kapillare *f*, Haargefäß *n (Zusammensetzungen siehe unter: capillary)*
micrencephalia Mikrenzephalie *f*, Gehirnhypotrophie *f*, Kleinheit *f* des Gehirns
micrencephalic *s.* micrencephalous
micrencephalon 1. Mikroenzephalon *n*, kleines Gehirn *n*; 2. Mikroenzephalon *n*, Cerebellum *n*, Zerebellum *n*, Kleinhirn *n*
micrencephalous mikrenzephal(isch), kleinhirnig, mit kleinem Gehirn
micrencephaly *s.* micrencephalia
micro-Astrup apparatus *(Lab)* Mikro-Astrup-Apparat *m (zur Blutgasanalyse)*
micro-orchidia *s.* micro-orchidism
micro-orchi(di)sm Mikroorchi(di)smus *m*, abnorme Kleinheit *f* der männlichen Keimdrüsen [Hoden]
microabrasion Mikroabrasion *f*
microabscess Mikroabszess *m*, kleiner Abszess *m*, kleine Eiteransammlung *f*
microadenectomy Mikroadenektomie *f*
microadenoma Mikroadenom *n*
microaerobion *s.* microaerophile
microaerophil(e) Mikroaerophile(r) *m*, mikroaerophiler Mikroorganismus *m*
microaerophilic mikroaerophil, bei Sauerstoffmangel lebend
microaerophilic microorganism *s.* microaerophil
microaerosol Mikroaerosol *n*
microaerotonometer Mikroaerotonometer *n*
microaggregate Mikroaggregat *n*
microaggregate recipient set Infusionsbesteck *n* mit Mikroaggregationsfilter
microalbuminuria Mikroalbuminurie *f*
microanalysis Mikroanalyse *f*
microanastomosis Mikroanastomose *f*

microanastomotic mikroanastomotisch; Mikroanastomose...
microanatomist Mikroanatom *m*, Mikroskopiker *m*; Histologe *m*
microanatomy mikroskopische Anatomie *f*, Histologie *f*
microaneurysm Mikroaneurysma *n*
microaneurysmic mikroaneurysmatisch; Mikroaneurysma...
microangiography Mikroangiographie *f*
microangiopathic Mikroangiopathie...
microangiopathic haemolytic anaemia mikroangiopathische hämolytische Anämie *f*
microangiopathy Mikroangiopathie *f*, Kapillaropathie *f*, Kapillarkrankheit *f*, Kapillarleiden *n*
microangioscopy Mikroangioskopie *f*, Kapillaroskopie *f*
microarteriogram Mikroarteriogramm *n*, Röntgen(kontrast)bild *n* kleinster Arterien
microarteriographic mikroarteriographisch
microarteriography Mikroarteriographie *f*, Röntgen(kontrast)darstellung *f* kleinster Arterien
microbacterium Mikrobakterium *n*, kleines Bakterium *n*
microbe Mikrobe *f*, Mikroorganismus *m*, Mikrobion *n*, Kleinlebewesen *n*; einzelliges Lebewesen *n*
microbiaemia Mikrobensepsis *f*, Vorhandensein *n* von Mikroben im Blut
microbial mikrobiell, durch Mikroorganismen verursacht; Mikroben...
microbial ecology Mikrobenökologie *f*
microbial pesticide mikrobielles Pestizid *n* *(Mikroben als Pestizid)*
microbial virulence Mikrobenvirulenz *f*
microbian *s.* microbe
microbian *s.* microbial
microbic *s.* microbial
microbicidal mikrobizid, mikrobentötend, Mikroben abtötend
microbicide *s.* microbicidal
microbicide (agent) *(Pharm)* mikrobizides [mikrobentötendes] Mittel *n*
microbid Mikrobid *n*
microbioassay Mikrobioassay *m*
microbiologic mikrobiologisch
microbiologic assay *s.* microbioassay
microbiological mikrobiologisch
microbiologist Mikrobiologe *m*, Arzt *m* [Facharzt *m*] für Mikrobiologie
microbiology Mikrobiologie *f*, Lehre *f* von den Mikroorganismen
microbiophobia *(Neur)* Mikrobiophobie *f*, Angst *f* vor Mikroorganismen
microbiophotometer Mikrobiophotometer *n*
microbiosis Mikrobiose *f*, Mikrobismus *m*, Mikroorganismenbefall *m*, Mikrobeninfektion *f*, Mikrobenkrankheit *f*
microbiotic 1. mikrobiotisch; Mikroben...; 2. mikrobiotisch, kurzlebig
microbism Mikrobeninfektion *f*
microblast 1. Mikroblast *m* *(Vorstufe von Mikroerythrozyten)*; 2. *s.* microleucoblast
microblepharia Mikroblepharie *f*, Lidhypotrophie *f*, Kleinheit *f* der Augenlider
microblepharism *s.* microblepharia
microblepharon Mikroblepharon *n*, kleines Augenlid *n*
microblephary *s.* microblepharia
microbrachia Mikrobrachie *f*, Kleinarmigkeit *f*, abnorme Armverkleinerung *f*
microbrachycephalia Mikrobrachyzephalie *f*
microbubble echocardiography *(Chir, Kard)* Mikroblasenechokardiographie *f* *(zum Shunt-Nachweis)*
microburet *(Lab)* Mikrobürette *f*
microcalcification Mikrokalzifizierung *f*, Mikroverkalkung *f*
microcalcificectomy Mikrokalzifikektomie *f*, (operative) Entfernung *f* von Mikroverkalkungen
microcalix Mikrokalyx *f*, Mikrokalix *f*
microcarcinoma Mikrokarzinom *n*
microcardia Mikrokardie *f*, Kleinheit *f* des Herzens
microcardius Mikrokardius *m*, Leibesfrucht *f* mit abnorm kleinem Herzen
microcentrum Mikrozentrum *n*, Zentralkörper *m*, Zentralkörperchen *n* *(Zytoplasmabezirk in der befruchteten Eizelle)*
microcephalia Mikrozephalie *f*, Mikrokephalie *f*, Kleinköpfigkeit *f*
microcephalic mikrozephal(isch), mikrokephal, kleinköpfig
microcephalism *s.* microcephalia
microcephalous *s.* microcephalic
microcephalus Mikrozephalus *m*, Mikrozephale(r) *m*, Kleinköpfige(r) *m*
microcephaly *s.* microcephalia
microcheilia Mikroch(e)ilie *f*, Schmallippigkeit *f*, abnorme Lippenverkleinerung *f*
microcheiria Mikroch(e)irie *f*, Handhypotrophie *f*, Kleinhändigkeit *f*, abnorme Handverkleinerung *f*
microchemical mikrochemisch; Mikrochemie...
microchemistry Mikrochemie *f*
microchiria *s.* microcheiria
microcide Glukoseoxidase *f* *(Enzym)*
microcinematography Mikrokinematographie *f*
microcirculation Mikrozirkulation *f*
microcirculatory mikrozirkulatorisch; Mikrozirkulations...
microcirculatory system mikrozirkulatorisches System *n*, Mikrozirkulationssystem *n*, Mikrozirkulation *f*
microclimate Mikroklima *n*
microcnemia Mikroknemie *f*, abnorme Beinverkürzung *f*, abnorm verkürztes Bein *n*
micrococcal Mikrokokken..., Kugelbakterien...
micrococcus Mikrokokkus *m*, Mikrokokke *f*, kleines Kugelbakterium *n*
Micrococcus candidus Micrococcus *m* candidus
Micrococcus conglomeratus Micrococcus *m* conglomeratus
Micrococcus cryophilus Micrococcus *m* cryophilus
Micrococcus luteus Micrococcus *m* luteus
microcolitis Mikrokolitis *f*
microcolon Mikrokolon *n*, kleiner Grimmdarm *m*
microcolony Mikrokolonie *f*, kleine Bakterienkolonie *f*
microcomplement fixing method *(Lab)* Mikrokomplement-Fixationsmethode *f* *(zum Mumpsvirusnachweis)*
microconcentration Mikrokonzentration *f*
microconidium *(Myk)* Mikrokonidium *n*
microcoria *(Ophth)* Mikrokorie *f*, abnorme Kleinheit *f* der Pupillen
microcornea *(Ophth)* Mikrokornea *f*, abnorme Kleinheit *f* der Hornhaut
microcrania Mikrokranie *f*
microculture *(Bakt)* Mikrokultur *f*
microcyst Mikrozyste *f*, kleine Zyste *f* [Blase *f*]
microcystic adnexal carcinoma mikrozystisches Adnexkarzinom *n*
microcystometer Mikrozystometer *n*
microcytase Mikrozytase *f* *(mikroorganismenauflösendes Enzym)*
microcyte Mikrozyt *m*, übermäßig kleiner Erythrozyt *m*
microcythaemia Mikrozythämie *f*, Mikrozytose *f*, Mikrozytenvermehrung *f* im Blut
microcytic mikrozytär, mikrozytisch
microcytic anaemia mikrozytäre Anämie *f*, Mikrozytenanämie *f*
microcytosis *s.* microcythaemia

microcytotoxicity Mikrozytotoxizität *f*
microcytotoxicity test *(Lab)* Mikrozytotoxizitätstest *m*
microdactylia *s.* microdactyly
microdactylous mikrodaktyl, kleinfingrig; kleinzehig
microdactylus Mikrodaktylus *m*, Missbildung *f* mit abnorm kleinen Fingern und Zehen
microdactyly Mikrodaktylie *f*, Kleinfingrigkeit *f*, Kleinzehigkeit *f*
microdensitometer Mikrodensitometer *n*
microdermatome Mikrodermatom *n*
microdetermination Mikrobestimmung *f*
microdiscectomy Mikrodiskektomie *f*
microdissection Mikrodissektion *f*, Zerlegung *f* unter dem Mikroskop
microdont mikrodont, kleinzahnig, mit kleinen Zähnen
microdontia Mikrodontie *f*, Zahnhypotrophie *f*, abnorme Zahnverkleinerung *f*
microdontic Mikrodontie...
microdontism *s.* microdontia
microdosage Mikrodosierung *f*
microdose Mikrodosis *f*, sehr kleine Dosis *f*
microdrepanocyte *(Hämat)* Mikrodrepanozyt *m*, kleine Sichelzelle *f*
microdrepanocytic 1. mikrodrepanozytär, sichelzellenförmig; Mikrodrepanozyten...; 2. Mikrodrepanozytose...
microdrepanocytosis Mikrodrepanozytose *f*, Hämoglobin-S-β-Thalassämie *f*
microdrip Mikro-Tropf *m*; Perfusor-Infusion *f*
microdysgenesia Mikrodysgenesie *f*
microelectrode Mikroelektrode *f*
microelectrophoresis Mikroelektrophorese *f*
microelectrophoretic mikroelektrophoretisch; Mikroelektrophorese...
microelement Spurenelement *n*
microembolism Mikroembolie *f*, blande Embolie *f*
microembolus Mkroembolus *m*
microencapsulation Mikroverkapselung *f*
microencephalia *s.* micrencephalia
microencephaly *s.* micrencephalia
microenvironment Mikrowelt *f*, mikroskopischer Bereich *m*, zellulärer Bereich *m*
microequivalent Mikroäquivalent *n*, mval
microerythrocyte Mikroerythrozyt *m*
microestimation Mikrodetermination *f*
microevolution Mikroevolution *f (z. B. der Mikroorganismen)*
microfarad Mikrofarad *n*
microfibril Mikrofibrille *f*
microfibroadenoma *(Path)* Mikrofibroadenom *n*
microfilament Mikrofilament *n (Zellstruktur)*
microfilaraemia *(Trop)* Mikrofilariämie *f*, Vorhandensein *n* von Mikrofilarien im Blut
microfilaria Mikrofilarie *f*
Microfilaria bancrofti Microfilaria *f* bancrofti
Microfilaria diurna Microfilaria *f* diurna
Microfilaria loa Microfilaria *f* loa
Microfilaria streptocerca Microfilaria *f* streptocerca
Microfilaria volvulus Microfilaria *f* volvulus
microfilaricidal mikrofilarientötend
microfilm Mikrofilm *m*
microfilter Mikrofilter *m*
microfistula Mikrofistel *f*
microflora Mikroflora *f*, Bakterienflora *f*
microfluorometry Mikrofluorometrie *f*
microfocal pulmonary dissemination kleinherdige Lungendissemination *f* [Lungenaussaat *f*]
microfollicular mikrofollikulär, kleinfollikulär
microfollicular adenoma mikrofollikuläres Schilddrüsenadenom *n*, Adenoma *n* microfolliculare, kleinfollikulärer Kropf *m*
microfracture Mikrofraktur *f*
microgamete *(Trop)* Mikrogamet *m (Malariaentwicklungsstadium)*
microgametocyte *(Trop)* Mikrogametozyt *m (Malariaentwicklungsstadium)*
microgamont Mikrogamont *m*
microgamy Mikrogamie *f*
microgastria Mikrogastrie *f*, abnorme Kleinheit *f* des Magens
microgenesis Mikrogenese *f*
microgenia Mikrogenie *f*, abnorme Kleinheit *f* des Unterkiefers
microgenitalia *s.* microgenitalism
microgenitalism Mikrogenitalismus *m*, Genitalunterentwicklung *f*
microglia Mikroglia *f (Nervenstützgewebe)*
microgliacyte *s.* microgliocyte
microglial mikroglial, mikrogliär
microglial cell *s.* microgliocyte
microgliocyte Mikrogliozyt *m*, Mikrogliazelle *f (Nervenstützgewebszelle)*
microglioma Mikrogliom *n*, Mikrogliazellgeschwulst *f*
microgliomatosis Mikrogliomatose *f*, Entwicklung *f* mehrerer Mikrogliome
microgliosis Mikrogliose *f*
microglobulin Mikroglobulin *n*
microglobulin level Mikroglobulinspiegel *m*
microglossia Mikroglossie *f*, Zungenhypotrophie *f*, Kleinzungigkeit *f*, abnorme Kleinheit *f* der Zunge
micrognathia Mikrognathie *f*, Kieferhypotrophie *f*, abnorme Kleinheit *f* der Kiefer
micrognathia with peromelia Hanhart-Syndrom *n*, Mikrognathie *f* mit Peromelie
micrognathic mikrognath, kleinkief(e)rig
micrognathous *s.* micrognathic
microgonioscope *(Ophth)* Mikrogonioskop *n*
microgram Mikrogramm *n*
micrograph 1. Mikrograph *m*; 2. Photomikrogramm *f*
micrographia 1. Mikrographie *f (krankhafte Neigung zu abnorm kleiner Schrift)*; 2. *s.* microscopy; 3. Photomikrographie *f*
microgyria Mikrogyrie *f*, abnorme Kleinheit *f* der Hirnwindungen
microgyrus Mikrogyrus *m*
microhaemagglutination Mikrohämagglutination *f*
microhaemagglutination test *(Lab)* Mikrohämagglutinationstest *m (bei Syphilis)*
microhaematocrit Mikrohämatokrit *m*
microhaematuria Mikrohämaturie *f*
microhaemorrhage Mikrohämorrhagie *f*, Mikroblutung *f*
microhepatia Mikrohepatie *f*, abnorm kleine Leber *f*
microhistology mikroskopische Histologie *f*
microincineration *(Histol)* Mikroveraschung *f*
microincision Mikroinzision *f*
microinfarct Mikroinfarkt *m*
microinfiltration Mikroinfiltration *f*
microinjection Mikroinjektion *f*
microinjector Mikroinjektor *m*
microinterlock knöchernes Einwachsen *n (z. B. einer Prothese mit Maschenstruktur)*
microinvasion Mikroinvasion *f*
microinvasive mikroinvasiv
microinvasive carcinoma mikroinvasives Karzinom *n*
microkaryocyte *(Hämat)* Mikrokaryozyt *m*
microkeratoma *(Ophth, Chir)* Mikrokeratom *n*, kleines Hornhautskalpell *n* [Hornhautmesser *n*]
microkymatotherapy *(Rad)* Mikrowellentherapie *f*
microlabia *s.* microcheilia
microlaminectomy Mikrolaminektomie *f*

microlaryngoscopia Mikrolaryngoskopie *f*
microleakage *(Stom)* Mikroundichtigkeit *f*, Mikroleckage *f*
microlecithal mikrolezithal, wenig Eidotter enthaltend
microlentia *s.* microphakia
microlesion Mikroläsion *f*
microleucoblast Mikroleukoblast *m*, kleiner Leukoblast *m* *(Leukozytenvorstufe)*
microlevel interventions *(Neur)* Mikro-Level-Interventionen *fpl*, Interventionen *fpl* im Individualbereich
microlith Mikrolith *m*, mikroskopisch kleiner Stein *m*
microlithiasis Mikrolithiasis *f*
microlymphoblast Mikrolymphoblast *m*
micromania Mikromanie *f*, Kleinheitswahn *m* *(krankhafte Unterschätzung der eigenen Leistungen und der eigenen Persönlichkeit)*
micromanipulation Mikromanipulation *f*, mikroskopische Zellpräparation *f*
micromanipulator Mikromanipulator *m* *(Teil des Mikroskops)*
micromanometer Mikromanometer *n*
micromastia Mikromastie *f*, Mammahypotrophie *f*, abnorme Brustverkleinerung *f*
micromaxilla Mikromaxilla *f*
micromazia *s.* micromastia
micromegalopsia Mikromegalopsie *f*
micromelia Mikromelie *f*, Gliederhypotrophie *f*, Kleingliedrigkeit *f*, abnorme Verkleinerung *f* von Armen und Beinen
micromelic dwarf mikromeler [kleingliedriger] Zwerg *m*
micromelus Mikromelus *m*, kleingliedriger Mensch *m*
micromere Mikromere *f* *(kleine Blastomere)*
micromerozoite *(Trop)* Mikromerozoit *m* *(Form der Malariaerreger)*
micrometabolism Mikrometabolismus *m*
micrometastasis Mikrometastase *f*
micrometastatic mikrometatstatisch; Mikrometastasen…
micrometer *(Lab)* Mikrometer *n*
micromethod *(Lab)* Mikromethode *f*
micrometry *(Lab)* Mikrometrie *f*
micromineral Spurenelement *n*
micromolar mikromolar
micromole Mikromol *n*
micromolecular mikromolekular
micromotoscope Mikromotoskop *n* *(zur Beobachtung der Amöbenbewegungen)*
micromyelia Mikromyelie *f*, Rückenmarkhypoplasie *f*, abnorme Kleinheit *f* des Rückenmarks
micromyeloblast *(Hämat)* Mikromyeloblast *m*, kleiner Myeloblast *m*
micromyeloblastic Mikromyeloblasten…
micromyeloblastic leukaemia Mikromyeloblastenleukämie *f*
micromyelocyte *(Hämat)* Mikromyelozyt *m*
micromyelolymphocyte *(Hämat)* Mikromyelolymphozyt *m*
microneedle Mikronadel *f*
microneurography Mikroneurographie *f*
microneurosurgery Mikroneurochirurgie *f*
microneurosurgical mikroneurochirurgisch
micronize *v* pulverisieren, in Mikroteilchen zerteilen, in feinste Teilchen zerkleinern, feinst zerkleinern
micronodular mikronodulär, kleinknotig
micronodular adrenal disease primäre bilaterale mikronoduläre Hyperplasie *f*
micronormoblast Mikronormoblast *m*
micronucleus 1. Mikronukleus *m*, kleiner Zellkern *m* [Kern *m*]; 2. Geschlechtskern *m*, Kernkörperchen *n*
micronutrient Spurenelement *n*, Mikroelement *n*
micronychia Mikronychie *f*, Nagelhypotrophie *f*, abnorme Kleinheit *f* der Nägel
micronystagmus Mikronystagmus *m*
microorganelle Mikroorganelle *f*
microorganic mikroorganisch
microorganism Mikroorganismus *m*, Mikrobe *f*, Mikrobion *n*, Kleinlebewesen *n*; einzelliges Lebewesen *n*
microorganismal mikroorganisch; Mikroorganismus…, Mikroorganismen…
microparasite Mikroparasit *m*
micropathological mikropathologisch; Mikropathologie…
micropathology Mikropathologie *f*, mikroskopische Pathologie *f*
micropenis *s.* microphallus
microperfusion Mikroperfusion *f*
microphage Mikrophag(e) *m*, kleine Fresszelle *f* *(für körperfremdes Material)*
microphagocyte Mikrophagozyt *m*
microphakia *(Ophth)* Mikrophakie *f*, abnorme Kleinheit *f* der Augenlinse *(siehe auch: Marchesani syndrome)*
microphallus Mikrophallus *m*, Mikropenis *m*, kleines männliches Glied *n*; Penisverkleinerung *f*
microphobia Mikrophobie *f*, Mikrobenfurcht *f*, Mikrobenangst *f*
microphonia Mikrophonie *f*, Stimmschwäche *f*, Stimmenweichheit *f*
microphonic schallverstärkend; Mikrophon…
microphonics Cochlea-Potenziale *npl*, Wever-Bray-Phänomen *n*
microphonoscope Mikrophonoskop *n*
microphotograph Mikrofoto *n*, Mikrofotografie *f*
microphotography Mikrofotografie *f*
microphthalmia Mikrophthalmie *f*, Augapfelkleinheit *f*, angeborene Kleinheit *f* des Auges
microphthalmic mikrophthalmisch, kleinäugig
microphthalmos *s.* microphthalmus
microphthalmoscope Mikrophthalmoskop *n*, Augenfundusmikroskop *n*
microphthalmous *s.* microphthalmic
microphthalmus Mikrophthalmus *m*, Kleinäugige(r) *m*
microphyte Mikrophyt *m*
micropia *s.* micropsia
micropinocytosis Mikropinozytose *f*
micropinosome Mikropinosom *n*
micropipet(te) Mikropipette *f*
micropituicyte Mikropituizyt *m* *(der Neurohypophyse)*
microplania Mikroplanie *f* *(der Erythrozyten)*
microplasia *s.* microsomia
microplethysmography Mikroplethysmographie *f* *(zur Volumenbestimmung von Organen)*
micropodia Mikropodie *f*, Kleinfüßigkeit *f*, Kleinwuchs *m* der Füße
micropolariscope Mikropolariskop *n*
micropolygyria Mikropolygyrie *f*, Polymikrogyrie *f*
micropore Mikropore *f*
microporous mikroporös; Mikroporen…
microporous filter Mikroporenfilter *m(n)*
microprecipitation Mikropräzipitation *f*
microprobe Mikrosonde *f*
microprolactinoma Mikroprolaktinom *n*
micropromyelocyte Mikropromyelozyt *m*
microprosopia Mikroprosopie *f*, abnorme Kleinheit *f* des Gesichts
microprosopus Mikroprosopus *m*, kleingesichtiger Mensch *m*
micropsia Mikropsie *f*, Klein(er)sehen *n*, verkleinertes Sehen *n*
micropsia hallucination Mikropsiehalluzination *f*, halluzinatorisches Kleinersehen *n*
micropsychia Oligophrenie *f*, Schwachsinn *m*
microptic mikroptisch, kleinsehend; Mikropsie…

microptic hallucination *(Neur)* mikropsychische Halluzination *f*, Mikrohalluzination *f*, Liliputhalluzination *f*
micropuncture Mikropunktur *f*, Mikropunktion *f*
micropus Mikropus *m*, kleinfüßiger Mensch *m*
micropyle Mikropyle *f (feine Öffnung in der Eihaut)*
microradiogram Mikroradiogramm *n*, Röntgenmikroaufnahme *f*
microradiography Mikroradiographie *f*, Röntgenmikrodarstellung *f*
microrchidia Mikroorchidie *f*, abnorme Kleinheit *f* der Hoden
microreentry *(Kard)* Mikro-Reentry *n*
microrefractometer Mikrorefraktometer *n*
microrefractometry Mikrorefraktometrie *f*
microrespirometer Mikrorespirometer *n*
microrespirometry Mikrorespirometrie *f*
microrrhinia Mikrorrhinie *f*, Kleinnasigkeit *f*, abnorme Kleinheit *f* der Nase
microsaccades *(Ophth)* Mikrosakkaden *fpl*
microscaling *(Derm)* Desquamatio *f* furfuracea, kleieförmige Desquamation *f*, Desquamation *f* in kleinsten Schüppchen *(z. B. bei Masern)*
microscelia Mikroskelie *f*, Kurzbeinigkeit *f*, Kurzfüßigkeit *f*
microscelous kurzbeinig; kurzfüßig
microscintigraphy Mikroszintigraphie *f*
microscope Mikroskop *n*
microscope eye-piece Mikroskopokular *n*, Okular *n*
microscope objective Mikroskopobjektiv *n*, Objektiv *n*
microscopic mikroskopisch, nur mit dem Mikroskop erkennbar
microscopic anatomy mikroskopische Anatomie *f*, Histologie *f*
microscopic examination mikroskopische Untersuchung *f*, Mikroskopuntersuchung *f*
microscopic needle Präpariernadel *f*
microscopic pore Mikropore *f (Dialysemembran)*
microscopic slide Objektträger *m*
microscopical *s.* microscopic
microscopist Mikroskopiker *m*
microscopy Mikroskopie *f*, Untersuchung *f* mit dem Mikroskop
microsection mikroskopischer Schnitt *m*, Dünnschnitt *m* *(eines Gewebepräparats)*
microseme mit einem Orbitalindex unter 83
microshock *(Kard)* Mikroschock *m*
microslide Objektträger *m*, (mikroskopischer) Präparateträger *m*, Mikroskopobjektträger *m*
microsomal mikrosomal; Mikrosomen…
microsomal enzyme mikrosomales Enzym *n*
microsomatic mikrosomatisch
microsome Mikrosom *n (Protoplasmastruktur)*
microsome activity Mikrosomenaktivität *f*
microsomia Mikrosomie *f*, Zwergwuchs *m*, Nanismus *m*, Nanosomie *f*
microspectrophotometer Mikrospektrophotometer *n*
microspectrophotometry Mikrospektrophotometrie *f*
microspectroscope Mikrospektroskop *n*
microspermia Mikrospermie *f*, abnorm kleine Spermien *npl*
microsphere *s.* centrosome
microspherocyte *(Hämat)* Mikrosphärozyt *m*
microspherocytosis Mikrosphärozytose *f*, Vorhandensein *n* von Mikrosphärozyten im Blut
microspherolith Mikrosphärolith *m*
microsphygmy Mikrosphyxie *f*, weicher Puls *m*, Weichheit *f* des Pulsschlags
microsphyxia *s.* microsphygmy
microsplanchnic mikrosplanchnisch, mit kleinen Eingeweiden
microsplenia Mikrosplenia *f*, Milzverkleinerung *f*, abnorme Kleinheit *f* der Milz
microsplenic mikrosplenisch, mit kleiner Milz; Mikrosplenie…
microsporangium Mikrosporangium *n*
microspore Mikrospore *f*, abnorm kleine Spore *f*
Microsporida Mikrosporida *pl*
microsporidan 1. Mikrospora *f*; 2. Mikrospora…; 3. *s.* microspridian
microsporidia Mikrosporidien *fpl*
microsporidial Mikrosporidien…
microsporidian 1. Mikrosporide *f*; 2. Mikrosporiden…; 3. *s.* microspridan
microsporidiasis *s.* microsporidiosis
microsporidiosis Mikrosporidiose *f*, Mikrosporidiasis *f*, Mikrosporida-Infektion *f*
Microsporon Mikrosporon *n (Fadenpilz mit kleinen Sporen)*
microsporosis *(Myk)* Mikrosporose *f*, Mikrosporie *f*, Porrigo *f* decalvans *(durch Mikrosporon-Arten hervorgerufene Dermatophytie)*
Microsporum Mikrosporon *n (Fadenpilz mit kleinen Sporen)*
microsteatosis Mikrosteatosis *f*, Mikrosteatose *f*
microstereognosia Mikrostereognosia *f*, Kleinersehen *n* *(im Sehzentrum)*
microsthethophone *s.* microsthethoscope
microsthethoscope Mikrostethoskop *n*
microstomia Mikrostomie *f*, abnorme Kleinheit *f* des Mundes
microstrabism(us) *(Ophth)* Mikrostrabismus *m*
microsurgery Mikrochirurgie *f*
microsurgical mikrochirurgisch
microsuture Mikronaht *f*
microsyringe Mikrospritze *f*
microthelia Mikrothelie *f*, Brustwarzenhypoplasie *f*, abnorme Kleinheit *f* der Brustwarze
microthromboembolic mikrothromboembolisch
microthrombosis Mikrothrombose *f*, Mikrothrombosierung *f*
microthrombus Mikrothrombus *m*
microtia Mikrotie *f*, Ohrmuschelhypoplasie *f*, abnorme Kleinheit *f* der Ohrmuschel
microtome *v (Histol)* Mikrotomschnitte herstellen
microtome Mikrotom *n (Präzisionsinstrument zur Anfertigung von Dünnschnittpräparaten)*
microtomy Mikrotomie *f*, Mikrotomschnitt *m (Methode zur Anfertigung von Dünnschnittpräparaten)*
microtonometer Mikrotonometer *n (zur Messung des Sauerstoffdrucks im Blut)*
microtransfusion Mikrotransfusion *f (Plazentaübertritt von Erythrozyten)*
microtrauma Mikrotrauma *n*
Microtrombidium akamushi Microtrombidium *n* akamushi
microtropia *s.* microstrabismus
microtubulus Mikrotubulus *m (röhrenförmige Zytoplasmastruktur in der Zelle)*
microtus Mikrotus *m*
microvascular microvaskular, mikrovaskulär; Mikrogefäß…
microvascular anastomosis Mikro(gefäß)anastomose *f*
microvascular surgery Mikrogefäßchirurgie *f*
microvasculopathy Mikrovaskulopathie *f*, Mikrogefäßerkrankung *f*
microvesicle Mikrovesikel *f*, Mikrobläschen *n*
microvessel Mikrogefäß *n*
microvillus Mikrovillus *m*, Mikrozotte *f (Zytoplasmafortsatz)*

microviscosimeter Mikroviskosimeter *n*
microvivisection Mikrovivisektion *f*, mikroskopische Gewebepräparation *f*
microvoltmeter Mikrovoltmeter *n*
microwave spectroscopy Mikrowellenspektroskopie *f*
microwave therapy Mikrowellentherapie *f*
microwave thermography Mikrowellenthermographie *f*
microwelding Mikroverschweißung *f (z. B. der Nadeln von Drahtnähten)*
microxyphil Mikrooxphile(r) *m*, multinukleärer oxyphiler Leukozyt *m*
microzoa *pl s.* microzoon
microzoon Mikrozoon *n*, Kleinlebewesen *n*
microzoospermia Mikrozoospermie *f*, abnorme Kleinheit *f* der männlichen Keimzellen
micrurgic mikromanipulatorisch; Mikromanipulations…
micrurgical manipulation Mikromanipulation *f*
micrurgy mikromanipulative Technik *f (unter Mikroskopbetrachtung)*
miction *s.* micturition
micturate *v* urinieren, harnen, Harn [Urin] lassen
micturating cysto-urethrography Miktions-Zysto-Urethrographie *f*, Röntgen(kontrast)darstellung *f* der Blase und Harnröhre bei Harnfluss
micturition *(Urol)* Miktion *f*, Harnlassen *n*, Harnen *n*, Urinieren *n*, Wasserlassen *n*, Blasenentleerung *f*
micturition centre Miktionszentrum *n*
micturition disorder Miktionsstörung *f*
micturition pressure Miktionsdruck *m*
micturition reflex Miktionsreflex *m*
micturition syncope Miktionssynkope *f*
micturition syndrome Miktionssyndrom *n*
mid-cycle Zyklusmitte…
mid-diastolic murmur mesodiastolisches Herzgeräusch *n* [Geräusch *n*]
mid forceps mittlere Zange *f (bei der Geburt)*
midaxilla Achselmitte *f*, Achselzentrum *n*
midaxillary medioaxillär, medioaxillar
midaxillary line Linea *f* medioaxillaris, Medioaxillarlinie *f*, mittlere Axillarlinie *f (senkrechte Linie von der Achselhöhlenmitte nach unten)*
midazolam Midazolam *n (Benzodiazepin)*
midazolam hydrochloride Midazolamhydrochlorid *n*
midbody 1. Körpermitte *f*; 2. Mittelkörper *m (bei der Mitose)*
midbrain Mittelhirn *n*, Mesencephalon *n*, Mesenzephalon *n*
midbrain epilepsy Mittelhirnepilepsie *f*
midbrain fit *s.* midbrain epilepsy
midcarpal joint Articulatio *f* intercarpea [metacarpea], distales Handgelenk *n*
midclavicular medioklavikulär, medioklavikular
midclavicular line Linea *f* medioclavicularis, Medioklavikularlinie *f (senkrechte Linie von der Schlüsselbeinmitte nach unten)*
middiastolic im mittleren Diastolendrittel (auftretend)
middle … *siehe auch: medial … und median …*
middle cardiac vein Vena *f* cordis media, mittlere Herzvene *f*
middle cerebellar peduncle Penduncului *m* cerebellaris medius, Brachium *n* pontis, mittlerer Kleinhirnstiel *m* [Brückenarm *m*]
middle cerebral artery Arteria *f* cerebri media, mittlere Hirnarterie *f*
middle cervical cardiac nerve Nervus *m* cardiacus cervicalis medius
middle cervical ganglion Ganglion *n* cervicale medium
middle clinoid process Processus *m* clinoideus [sellae] medius
middle coat *s.* media
middle colic artery Arteria colica media, mittlere Grimmdarmarterie *f*
middle colic vein Vena *f* colica media, mittlere Grimmdarmvene *f*
middle constrictor pharyngis (muscle) Musculus *m* constrictor pharyngis medius, Musculus *m* hyopharyngicus, mittlerer Schlundschnürer *m*
middle costotransverse ligament Ligamentum *n* costotransversarium mediale
middle cranial fossa Fossa *f* cranii media, mittlere Schädelgrube *f*
middle cuneiform bone Os *n* cuneiforme mediale, Os *n* cuneiforme primum
middle ear Mittelohr *n*, Auris *f* media
middle ear aspirator Mittelohraspirator *m*
middle ear catarrh Mittelohrkatarrh *m*
middle ear cleft Mittelohrspalte *f*
middle ear deafness Mittelohrtaubheit *f*
middle ear disease Mittelohrerkrankung *f*
middle ear effusion Mittelohrerguss *m*
middle ear function Mittelohrfunktion *f*
middle ear inflammation Mittelohrentzündung *f*, Otitis *f* media
middle ear mucosa Mittelohrschleimhaut *f*
middle ear pressure Mittelohrdruck *m*
middle ear reconstructive surgery Mittelohrwiederherstellungschirurgie *f*
middle ear ventilation Mittelohrbelüftung *f*, Mittelohrventilation *f*
middle ethmoid (air) cells Cellulae *fpl* ethmoidales mediales, obere Siebbeinzellen *fpl*
middle face fracture Mittelgesichtsfraktur *f*
middle finger Mittelfinger *m*, Digitus *m* tertius
middle frontal gyrus Gyrus *m* frontalis medius, mittlere Stirnhirnwindung *f*
middle genicular artery Arteria *f* genus media, mittlere Kniegelenkarterie *f*
middle haemorrhoidal artery Arteria *f* haemorrhoidalis [rectalis] media
middle haemorrhoidal nerves Nervi *mpl* haemorrhoidales medii
middle haemorrhoidal vein Vena *f* haemorrhoidalis media
middle hepatic vein Vena *f* hepatica media, mittlere Lebervene *f*
middle kidney *(Embr)* Mesonephros *m*, Urniere *f*
middle layer of the muscle coat of the ductus deferens Stratum *n* medium tunicae muscularis ductus deferentis
middle layer of the muscle coat of the ureter Stratum *n* medium tunicae muscularis ureteris
middle layer of the muscle coat of the urinary bladder Stratum *n* medium tunicae muscularis vesicae urinariae
middle layer of the tympanic membrane Lamina *f* propria membranae tympani
middle lobe artery Mittellappenarterie *f*
middle lobe bronchus Mittellappenbronchus *m*
middle lobe of the lung Lungenmittellappen *m*, Lobus *m* medius pulmonis
middle lobe of the right lung rechter Lungenmittellappen *m*, Lobus *m* medius pulmonis dextri
middle lobe pneumonia Mittellappenpneumonie *f*
middle lobe syndrome Mittellappensyndrom *n*
middle lobectomy Mittellappenentfernung *f*
middle meatus of the nasal cavity *s.* middle nasal meatus
middle mediastinum Mediastinum *n* medium, mittleres Mediastinum *n*

middle medical personnel mittleres medizinisches Personal *n*
middle meningeal artery Arteria *f* meningea media, mittlere Hirnhautarterie *f*
middle meningeal vein Vena *f* meningea media, mittlere Hirnhautvene *f* [Meningealvene *f*]
middle nasal concha Concha *f* nasalis media, mittlere Nasenmuschel *f*
middle nasal meatus Meatus *n* nasi medius, mittlerer Nasengang *m*
middle nasal turbinate *s.* middle nasal concha
middle pain *s.* intermenstrual pain
middle palmar space Mittelfach *n* der Hohlhand
middle part of the rhomboid fossa Pars *f* intermedia fossae rhomboideae
middle phalanx Mittelphalanx *f*, Mittelglied *n*
middle phalanx of the finger Phalanx *f* media [secunda] digitorum manus, Fingermittelglied *n*
middle phalanx of the toe Phalanx *f* media [secunda] digitorum pedis, Zehenmittelglied *n*
middle plate Nephrotom *n*
middle rectal artery Arteria *f* rectalis [haemorrhoidalis] media, mittlere Mastdarmarterie *f*
middle rectal vein Vena *f* rectalis [haemorrhoidalis] media, mittlere Mastdarmvene *f*
middle sacral artery Arteria *f* sacralis mediana, mittlere Kreuzbeinarterie *f* [Sakralschlagader *f*]
middle sacral vein Vena *f* sacralis mediana, mittlere Kreuzbeinvene *f* [Sakralvene *f*]
middle scalene muscle Musculus *m* scalenus medius, mittlerer Rippenhalter(muskel) *m*
middle suprarenal artery Arteria *f* suprarenalis media, mittlere Nebennierenarterie *f*
middle-swinging nystagmus mittelschlägiger Nystagmus *m*
middle temporal artery Arteria *f* temporalis media, mittlere Schläfenarterie *f*
middle temporal gyrus Gyrus *m* temporalis medius, mittlere Schläfenlappenwindung *f*
middle temporal sulcus Sulcus *m* temporalis medius, mittlere Schläfenlappenfurche *f*
middle temporal vein Vena *f* temporalis media, mittlere Schläfenvene *f* [Temporalvene *f*]
middle thyrohyoid ligament Ligamentum *n* thyreohyoideum medianum
middle thyroid vein Vena *f* thyreoidea media, mittlere Schilddrüsenvene *f*
middle turbinate *s.* middle nasal concha
middle umbilical fold Plica *f* umbilicalis medialis, mittlere Nabelfalte *f*
middle umbilical ligament Ligamentum *n* umbilicale mediale
middle ventricle Ventriculus *m* medius, III. Hirnventrikel *m*
midface Gesichtsmitte *f*
midfoot Mittelfuß *m*
midfrontal mediofrontal; Stirnmittel..., Stirnmitten...
midget Zwerg *m*
midgut Mitteldarm *m*, Mesenteron *n*
midhead Kopfmitte *f*, Mittelkopf *m*
midinspiration Inspirationsmitte *f*
midlife crisis Midlife-Krise *f*, Krise *f* der Lebensmitte
midlife transition *(Psych)* Midlife-Übergang *m*
midline cervical fistula mediane Halsfistel *f*
midline episiotomy Episiotomie *f* in der Mittellinie, mediane Episiotomie *f*
midline lower abdominal incision Unterbauchmittelschnitt *m*
midmenstrual cycle *(Gyn)* Zyklusmitte *f*
midoccipital mediookzipital; Hinterhauptsmitte(n)...
midpain Mittelschmerz *m (Menstruationszyklus)*
midphalangeal Mittelphalanx...
midplane forceps *s.* mid forceps
midpregnancy Schwangerschaftsmitte *f*
midpregnant woman Schwangere *f* [Frau *f*] in der Schwangerschaftsmitte
midriff 1. *(Anat)* Zwerchfell *n*, Diaphragma *n (Zusammensetzungen siehe unter: diaphragmatic)*; 2. *(Anat)* Oberbauch *m*, Epigastrium *n*, Regio *f* abdominis cranialis *(Zusammensetzungen siehe unter: epigastric)*
midsagittal plane Medianebene *f*
midsection Schnitt *m* durch die Mitte *(z. B. eines Organs)*
midstance Körperposition *f* in Mittelstellung, Mittelhaltung *f* des Körpers, Körpermittelhaltung *f (bei Laufvorgang)*
midsternal line Linea *f* mediosternalis, Mediosternallinie *f*
midsternum Corpus *n* sterni, Brustbeinkörper *m*
midstream catch urine specimen *s.* midstream specimen of urine
midstream specimen (of urine) Mittelstrahl(urin)probe *f*
midstream urine Mittelstrahlurin *m*
midtarsal mediotarsal; Tarsusmitte(n)...
midtarsal amputation *s.* mediotarsal amputation
midtarsal joint (of Chopart) *s.* Chopart's joint
midthoracic diverticulum *s.* traction diverticulum
midthorax *(Anat)* Thoraxmitte *f*
midupper arm circumference Umfang *m* in Oberarmmitte, Umfang *m* der Oberarmmitte
midwife Hebamme *f*, Geburtshelferin *f*
midwifery Geburtshilfe *f*, Entbindungskunst *f*, Obstetrik *f*
• **practice midwifery** die Geburtshilfe ausüben [praktizieren], geburtshilflich tätig sein
Miescher's elastoma Miescher'sches Elastom *n*
Miescher's granuloma Miescher's Granulom *n*, aktinisches Granulom *n*
Miescher's granulomatous cheilitis Miescher'sche granulomatöse Cheilitis *f*, Cheilitis *f* granulomatosa
Miescher's tube *s.* Miescher's tubule
Miescher's tubule Miescher'scher Tubulus *m*, Miescher'scher Schlauch *m*, Sarcosporidium-Zyste *f*, Rainey-Schlauch *m*
mifepristone Mifepriston *n (Antiprogestin; Abortmittel im ersten Trimenon)*
Mignon-delusion *(Neur)* Abstammungswahn *m*
migraine Migräne *f*, Halbseitenkopfschmerz *m*, Hemikranie *f*
migraine headache Migränekopfschmerz *m*
migraine with aura Migräne *f* mit Aura
migraine without aura Migräne *f* ohne Aura
migrainoid migräneartig; Migräne...
migrainous durch Migräne hervorgerufen; Migräne...
migrainous cranial neuralgia Histaminkopfschmerz *m*, Horton-Kopfschmerz *m*
migrainous state Status *m* migrainus, Migränedaueranfall *m*
migrant *s.* migratory
migrate *v* migrieren, wandern
migrating erysipelas *s.* wandering erysipelas
migrating phlebitis Phlebitis *f* migrans
migrating testicle [testis] Wanderhoden *m*
migration 1. Migration *f*, Wanderung *f*; 2. Migration *f*, Diapedese *f*; 3. Zahnwanderung *f*
migration inhibitory factor *(Immun)* Migrationshemm(ungs)faktor *m*, MIF
migration inhibitory test Migrationsinhibitionstest *m*
migration of the leucocytes Leukozytenmigration *f*
migration of the ovum Eiwanderung *f*
migratory migratorisch, wandernd
migratory ophthalmia Ophthalmia *f* migratoria [sympathica] *(von einem Auge zum anderen übertragene Augenentzündung)*

migratory pneumonia Pneumonia *f* migrans, Wanderpneumonie *f (mehrere Lungenlappen nacheinander befallende Lungenentzündung)*
migratory polyarthralgia Polyarthralgia *f* migrans
migratory polyarthritis Polyarthritis *f* migrans
migratory thrombophlebitis Thrombophlebitis *f* migrans
Mikulicz tamponade *(Chir)* Mikulicz-Tamponade *f*, Schürzentamponade *f*, Beuteltamponade *f*
Mikulicz's angle Mikulicz-Winkel *m*, Mikulicz'scher Winkel *m*
Mikulicz's aphthae Mikulicz'sche Aphthen *fpl*, chronisch rezidivierende Aphthen *fpl*, Periadenitis *f* mucosa necrotica recurrens
Mikulicz's cells Mikulicz-Zellen *fpl (bei Rhinoskleroma)*
Mikulicz's clamp 1. Mikulicz-Klemme *f*, (Mikulicz'sche) Peritonelaklemme *f*; 2. Mikulicz'sche Spornklemme *f (für Fisteln)*
Mikulicz's disease Mikulicz'sche Krankheit *f*, Ostitis *f* fibrosa localisata
Mikulicz's drain Mikulicz-Drain *n*, Mikulicz-Tampon *m*
Mikulicz's operation Mikulicz-Operation *f*, Mikulicz'sche Magenoperation *f*
Mikulicz's pack Mikulicz-Packung *f*, Mikulicz-Tamponade *f*
Mikulicz's periadenitis mucosa necrotica recurrens *s.* Mikulicz'aphthae
Mikulicz's syndrome *s.* 1. Mikulicz's aphthae; 2. Mikulicz's disease
mild blande, mild; subakut
mild attack of acute appendicitis subakuter appendizitischer Schub *m*
mild continuous epilepsy *(Neur)* Epilepsia *f* partialis continua corticalis
mild form of the disease milde Krankheitsform *f*
Miles' operation Miles'sche Operation *f (abdominosakrale Rektumexstirpation bei Rektumkarzinom)*
milia *pl s.* milium
miliaria *(Derm)* Miliaria *f*, Schweißfriesel *f*, Schweißbläschen *n*, Frieselausschlag *m*
miliary miliar, hirsekorngroß; Miliar...
miliary abscess Miliarabszess *m*
miliary aneurysm Miliaraneurysma *n*, hirsekorngroßes Aneurysma *n*
miliary carcinosis miliäro Karzinose *f*, Miliarkarzinose *f (Metastasierung mit vielen kleinen Tumorherden)*
miliary fever Miliarfieber *n*
miliary lupoid Miliarlupoid *n*
miliary papular syphilid miliares papuläres Syphilid *n*
miliary pulmonary dissemination miliare Lungendissemination *f* [Lungenaussaat *f*]
miliary sclerosis Miliarsklerose *f*
miliary spread Miliaraussaat *f*, Miliarknötchenausbreitung *f*, Knötchenaussaat *f*
miliary tubercle Miliartuberkel *m*, hirsekorngroßer Tuberkel *m*
miliary tuberculosis Miliartuberkulose *f*, Knötchentuberkulose *f*
milieu therapy *(Neur)* Milieutherapie *f*, Milieubehandlung *f*
military doctor Militärarzt *m*
military hospital Militärkrankenhaus *n*, Lazarett *n*
military medicine Militärmedizin *f*
military psychiatry Wehrpsychiatrie *f*
military surgery Feldchirurgie *f*
milium Milium *n*, Milie *f*, kleines weißes Hautknötchen *n*
milium knife Milienmesser *n*
milk Milch *f*, Lac *n*
milk abscess Milch(gang)abszess *m*
milk-alkali syndrome (of hypercalcaemia) Milch-Alkali-Syndrom *n (Hyperkalziämie, Hyperphosphatämie und Blutalkalose)*
milk baby Milchbaby *n (Baby mit Eisenmangel)*
milk bath Milchbad *n*
milk-borne durch Milch übertragen
milk crust *s.* milky tetter
milk cure Milchkur *f*, Milchbehandlung *f*
milk cyst Milchzyste *f*
milk diet Milchdiät *f*
milk dilution Milchverdünnung *f*
milk-drinker's syndrome *s.* milk-alkali syndrome
milk duct Milchgang *m*, Ductus *m* lactiferus
milk-duct carcinoma Milchgangkarzinom *n*, duktuläres Mammakarzinom *n*
milk duct ectasia Milchgangektasie *f*
milk-duct papilloma Milchgangpapillom *n*
milk ejection reflex Milchsekretionsreflex *m*
milk factor (Bittner'scher) Milchfaktor *m*
milk fermentation Milchgärung *f*
milk fever Milchfieber *n (Temperaturanstieg im Wochenbett zur Zeit des Milcheinschießens)*
milk fistula Milchgangfistel *f*
milk globule Milchkügelchen *n*, Milchfetttröpfchen *n*
milk intolerance Milchintoleranz *f*, Milchunverträglichkeit *f*
milk leg Phlegmasia *f* alba dolens, Leukophlegmasie *f*
milk line Milchlinie *f*, Keimanlage *f* der Brust(milch)drüse
milk mixture Milchmischung *f*
milk of magnesia Magnesiamilch *f*, Magnesium-usta-Lösung *f (Magnesium-oxidata-Lösung)*
milk patch *s.* milk plaque
milk plaque Milchfleck *m*, Macula *f* albida
milk pox Variola *f* minor, Milchpocken *pl*, abgeschwächte Pocken *pl*
milk preservation Milchkonservierung *f*
milk ridge Milchleiste *f*, Brustleiste *f*
milk serum Milchserum *n*
milk spot *s.* milch plaque
milk sugar Milchzucker *m*, Laktose *f*, Lactose *f*
milk teeth Milchzähne *mpl*, Milchgebiss *n*, Dentes *mpl* decidui
milk testing Milchprobe *f (auf Fremdbestandteile, auf Bakterien, auf bereits erfolgte Erhitzung und auf Säuregehalt)*
milk therapy Milchtherapie *f*, Milchbehandlung *f*
milker's nodule *(Inf)* Melkerknoten *m*, Kuhpockenknötchen *n* an der Hand
milker's palsy Melkerlähmung *f*
milker's panaritium Melkerpanaritium *n*
milking Melken *n*, Ausstreichen *n*
milking back of intussusceptum *(Chir)* Invaginatausmelken *n*, Invaginatausstreichung *f*
Milkman's syndrome Milkman-Syndrom *n*, Dekalzifikationssyndrom *n*
milkpox Variola *f* minor, Milchpocken *pl*, abgeschwächte Pocken *pl*, Alastrim *n*
milky ascites chylöser [milchiger] Aszites *m*
milky tetter Crusta *f* lactea, Milchborke *f*, Milchschorf *m (Ekzem der Kinder)*
mill-wheel murmur Mühlradgeräusch *n (bei Lungenembolie)*
Millard-Gubler paralysis *s.* Millard-Gubler syndrome
Millard-Gubler syndrome Millard-Gubler-Syndrom *n*, Brücken-Mittelhirn-Syndrom *n*, Millard-Gubler-Paralyse *f*, Millard-Gubler'sche Paralyse *f*, Hemiplegia *f* alternans inferior
Miller-Abbott tube Miller-Abbott-Sonde *f*, Miller-Abbott'scher Schlauch *m (zum Absaugen von Darminhalt aus Magen und Dünndarm)*
Miller-Diecker syndrome Miller-Diecker-Syndrom *n*, Miller-Diecker'sches Syndrom *n*, Lissenzephalie-Syndrom *n*

Miller Fisher syndrome Miller-Fisher-Syndrom *n*, Miller-Fisher'sches Syndrom *n (akute idiopathische Polyneuritis mit Ophthalmoplegie)*
Miller syndrome Miller-Syndrom *n*, postaxiale akrofaziale Dysostose *f*
miller's asthma *(Arb)* Mehlpneumokoniose *f*, Mehlstaublunge(nerkrankung) *f*
milliammeter Milliamperemeter *n*
milliampere Milliampere *n*, mA
millibar Millibar *n*, mbar
millicoulomb Millicoulomb *n*, mC
millicurie Millicurie *n*, mCi
millicurie-hour Millicurie-Stunde *f*, mCi-hr
milliequivalent Milliäquivalent *n*, mÄqu, mVal
milligram Milligramm *n*, mg
Millikan-Siekert syndrome Millikan-Sieckert-Syndrom *n*, vertebrobasiläre Insuffizienz *f*, Arteria-basilaris-Insuffizienzsyndrom *n*
millilambert Millilambert *n*
milliliter Milliliter *m*, ml
millimeter Millimeter *m*, mm
millimolar millimolar, mmol,mM
millimole Millimol *n*, mM, mmol
milling-in *(Stom)* Einschleifen *n*
milliosmol Milliosmol *n*, mOsm
millirad Millirad *n*, mrad
millirem Millirem *n*, mrem
milliroentgen Milliroentgen *n*, mr
millisecond Millisekunde *f*, ms
milliunit Millieinheit *f*, mE
millivolt Millivolt *n*, mV
Mills' disease Mills'sches Syndrom *n*, Mills-Syndrom *n*, Hemiplegia *f* ascendens progressiva
Mills-Reincke phenomenon Mills-Reincke-Phänomen *n (Rückgang der Mortalität in einer Population mit zunehmender Trinkwasserreinigung)*
milphosis Milphosis *f (Ausfallen der Augenlider)*
milrinone Milrinone *n (Xanthinoxidaseinhibitor)*
Milroy's disease familiäres chronisches Lymphödem *n*, idiopathische Elephanthiasis *f*, (Nonne-Meige-)Milroy'sches Syndrom *n*
Milroy's oedema *s.* Milroy's disease
Milton's disease Milton'sche Krankheit *f*, Angioödem *n*
Milton's oedema *s.* Milton's disease
mimesis 1. Mimik *f*, Mienenspiel *n*; 2. Mimesis *f*, Gebärdennachahmung *f*
mimetic 1. mimetisch, mimisch; Mimik...; 2. mimetisch, nachahmend; Mimesis...
mimetic convulsion mimischer Gesichtskrampf *m*, Gesichtszucken *n*, Fazialiskrampf *m*
mimetic muscle Mimikmuskel *m*
mimetic musculature mimische Muskulatur *f*, Mimikmuskulatur *f*
mimetic paralysis Mimikmuskellähmung *f*, mimetische Paralyse *f*
mimetic spasm *s.* mimetic convulsion
mimetic tic *(Neur)* Gesichtskrampf *m*
mimic *v* imitieren, vortäuschen; simulieren
mimic *v* **an appendicitis** eine Appendizitis vortäuschen
mimic *s.* mimetic
mimicry 1. Simulation *f*, Imitation *f*, Nachmachen *n*; 2. Anpassung *f*, Adaptation *f*; 3. Mimikrie *f (partielle Übereinstimmung von Fremdantigenen mit körpereigenen Eiweißstrukturen)*
mimmation M-Stottern *n*
mimosis *s.* mimesis
Minamata disease Minimata'sche Krankheit *f*, Minimata-Krankheit *f (multiple neurologische Ausfälle durch Alkylquecksilbervergiftung)*
mind 1. Psyche *f*, Seele *f*, Gemüt *n*; 2. Geist *m*; 3. Erinnerung *f*, Gedächtnis *n* • **of unbalanced mind** geistesgestört
mind blindness *(Neur)* Seelenblindheit *f*, optische Agnosie *f*, psychische Blindheit *f*, Psychanopsie *f*, Rindenblindheit *f*
mind cure Seelenbehandlung *f*, Psychotherapie *f*
mind deafness *(Neur)* Seelentaubheit *f*, akustische Agnosie *f*
mind pain Seelenschmerz *m*, Psychialgie *f*
mind-reading Gedankenlesen *n*, Telepathie *f*
mineral deficiency Mineral(ien)mangel *m*
mineralization Mineralisation *f*, Mineralisierung *f*, Mineraleinlagerung *f*, Mineralienablagerung *f*
mineralize *v* mineralisieren, Mineralien einlagern [ablagern]
mineralocorticoid Mineralocorticoid *n (den Mineralhaushalt des Körpers beeinflussendes Hormon)*
mineralocorticoid replacement Mineralocorticoidsubstitution *f*
mineralotropic auf die Mineralien gerichtet; den Mineralhaushalt beeinflussend; Mineralokortikoidwirkung besitzend
miner's anaemia *s.* ancylostomiasis
miner's asthma *s.* anthracosis
miner's cramp Bergarbeiterkrampf *m*, Hitzekrampf *m*, Hitzeerschöpfungskrampf *m*
miner's elbow Bergmannsellenbogen *m*, Olekranonbursitis *f*, Bursitis *f* olecrani
miner's nystagmus *(Ophth)* Bergmannsnystagmus *m*, Ohm'scher Nystagmus *m*
miner's phthisis *s.* 1. anthracosilicosis; 2. anthracosis; 3. pneumokoniosis
miner's pneumoconiosis *s.* anthracosis
miner's sickness *s.* ancylostomiasis
Minerva cast *(Chir)* Kopf-Brust-Gipsverband *m*
Minerva (plaster) jacket *s.* Minerva cast
miniature skin electrode Miniaturhautelektrode *f*
minilaparotomy Minilaparotomie *f*
minima *pl s.* minimum
minimal agar *(Bakt)* Minimalnährboden *m*
minimal air Minimalluft *f (restliche Luftmenge in einer kollabierten Lunge)*
minimal amplitude nystagmus Mikronystagmus *m*
minimal bactericidal concentration minimale bakterizide Konzentration *f (z. B. von Antibiotika)*
minimal brain damage minimaler Hirnschaden *m*
minimal brain dysfunction minimale zerebrale Dysfunktion *f*, minimale Funktionsstörung *f* des Gehirns
minimal brain dysfunction in children frühkindliches exogenes Psychosyndrom *n*, hirnorganisches psychisches Achsensyndrom *n*
minimal brain dysfunction syndrome *(Neur)* frühkindliches exogenes Psychosyndrom *n*
minimal care unit Normalpflegestation *f*
minimal cerebral dysfunction minimale zerebrale Dysfunktion *f*
minimal change disease glomeruläre Minimalveränderungen *fpl*, Fußfortsatzerkrankung *f*, Lipoidnephrose *f*
minimal dose Minimaldosis *f*
minimal effective dose minimale Wirkdosis *f*
minimal erythema dose *(Rad)* minimale Erythemdosis *f*, MED
minimal infecting dose minimale infektiöse Dosis *f*, minimale Infektionsdosis *f*
minimal inhibitory concentration minimale Hemmkonzentration *f*
minimal invasive surgery minimal-invasive Chirurgie *f*, MIC, minimalinvasives Operationsverfahren *n*, „Schlüsselloch-Chirurgie" *f*

minimal lethal concentration minimale tödliche Konzentration *f*
minimal occlusive pressure minimaler Verschlussdruck *m*
minimal occlusive volume minimales Verschlussvolumen *n*
minimal separable acuity *(Ophth)* Minimum *n* separabile, Auflösungsminimum *n*, Minimum *n* der Auflösung [Trennbarkeit], Auflösungsvermögen *n (der Netzhaut)*
minimal stimulus *(Neur)* Minimalstimulus *m*, Schwellenreiz *m*
minimum Minimum *n*
minimum alveolar concentration minimale Alveolärkonzentration *f (eines Gases in den Lungenalveolen)*
minimum audibile Minimum *n* audibile, Hörschwelle *f*
minimum cognoscibile Minimum *n* cognoscibile, Wahrnehmungsschwelle *f*, Wahrnehmungsminimum *n*
minimum daily requirement minimaler Tagesbedarf *m*, minimale Tagesernährung *f*
minimum dose Minimaldosis *f*
minimum fatal dose minimale lethale Dosis *f*
minimum haemagglutinating dose minimale Hämgglutinationsdosis *f*
minimum haemolytic dose minimale hämolytische Dosis *f*
minimum inhibitory concentration minimale Hemmkonzentration *f*
minimum legibile *s.* minimum of reading
minimum lethal dose minimale letale Dosis *f*
minimum of reading Minimum *n* legibile, Lesbarkeitsminimum *n*, Minimum *n* der Lesbarkeit; kleinster lesbarer Buchstabe *m*
minimum sensibile Minimum *n* sensibile, Bewusstseinsschwelle *f*
minimum separabile Minimum *n* separabile, Auflösungsvermögen *n* der Netzhaut
minimum visibile Minimum *n* visibile, Sichtbarkeitsschwelle *f*, Sichtbarkeitsminimum *n*
minimyosin Minimyosin *n*
miniplate kleine Knochenplatte *f*
miniprotein Miniprotein *n*
Minisporida Minisporida *pl*
Ministry of Health Ministerium *n* für Gesundheitswesen, Gesundheitsministerium *n*
Minkowski-Chauffard's syndrome Minkowski-Chauffard-Syndrom *n*, hereditäre Sphärozytose *f*, Minkowski-Chauffard-Krankheit *f*
Minkowski's figure Minkowski-Zahl *f (Glukose-Stickstoff-Quotient im Urin; 2,8:1)*
Minnesota Multiphasic Personality Inventory Minnesota-Multiphasic-Personality-Inventory *m (Test zur Erfassung der Persönlichkeitsstruktur)*
minocycline Minocyclin *n (Antibiotikum)*
minocycline hydrochloride Minocyclinhydrochlorid *n*
minor kleiner, geringer, minor
minor Minderjährige(r) *m*
minor agglutinin *(Immun)* Minoragglutinin *n*, Gruppenagglutinin *n*
minor alar cartilage Cartilago *f* alaris minor, kleiner Flügelknorpel *m*
minor calyxes (of the kidney) Calices *fpl* renales minores, kleine Nierenkelche *mpl*
minor cerebral dysfunction leichte zerebrale Dysfunktion *f*
minor connector *(Stom)* kleiner Verbinder *m*, Nebenverbinder *m*, Nebenbügel *m*, Kralle *f*
minor contusion syndrome Postkontusionssyndrom *n*, postkommotionelles Syndrom *n*
minor cross match Minorprobe *f*, Minortest *m* der Blut(gruppen)kreuzprobe
minor duct of the sublingual salivary gland Ductus *m* sublingualis minor, kleiner Ausführungsgang *m* der Unterzungenspeicheldrüse
minor duodenal papilla Papilla *f* duodeni minor
minor epilepsy kleiner Epilepsieanfall *m*, Petit-mal-Epilepsie *f*, Minorepilepsie *f*
minor hysteria Hysteria *f* minor, kleiner hysterischer Anfall *m*, Hystérie *f* mineure *(mit wenig auffallenden Erscheinungen)*
minor illness kleinere Erkrankung *f*, uncharakteristische fieberhafte Erkrankung *f*
minor injury unbedeutende [kleine] Verletzung *f*
minor lip Labium *n* minus (pudendi), kleine Schamlippe *f*
minor motor epilepsy Blick-Nick-Salaam-Krämpfe *mpl*, BNS-Krämpfe *mpl*, Grußkrämpfe *mpl*, Propulsiv-petit-mal *n*
minor motor seizure *(Neur)* kleiner motorischer Anfall *m* [Epilepsieanfall *m*], motorischer Petit-mal-Anfall *m*
minor palatine foramen Foramen *n* palatinum minor
minor pestis Pestis *f* minor, Pestadenitis *f*, Drüsenpest *f (leicht verlaufende Pestform)*
minor renal calyx Calyx *m* renalis minor, kleiner Nierenkelch *m*
minor seizure *s.* petit mal
minor surgery kleine Chirurgie *f*
minor tranquilizer Beruhigungsmittel *n*, Psychosedativum *n*
minor variola *(Inf)* Variola *f* minor, weiße Pocken *pl*, Milchpocken *pl*, Alastrim *n*
minor vestibular gland Glandula *f* vestibularis minor
minor zygomatic muscle Musculus *m* zygomaticus minor, kleiner Jochbeinmuskel *m*
Minor's disease Minor'sche Krankheit *f*, Hämatomyelie *f*, Rückenmarkeinblutung *f (im zentralen Rückenmark)*
Minor's sign Minor'sches Zeichen *n (typische Körperhaltung bei Ischias)*
Minot-von Willebrand syndrome Willebrand-Syndrom *n*, Minot-von Willebrand-Syndrom *n*, vaskuläre Hämophilie *f*, Angiohämophilie *f*, Pseudohämophilie *f*
minoxidil Minoxidil *n (Vasodilator)*
minus decompensation Minusdekompensation *f*, hypovolämische Kreislaufinsuffizienz *f*
minus lens *(Ophth)* Minuslinse *f*
minus symptoms *(Neur)* Minussymptomatik *f*
minute extrem klein
minute anatomy *s.* histology
minute circulatory volume Kreislaufminutenvolumen *n*
minute ventilation Minutenvolumen *n* der Lunge, Atemminutenvolumen *n*
minute volume *s.* minute ventilation
minuthesis Ermüdung *f*, Ermattung *f*, Müdigkeit *f*
miocardia *s.* systole
miodidymus *(Terat)* Miodidymus *m (Missgeburt)*
miolecithal wenig Eidotter enthaltend
mioplasmia Plasmamangel *m*
miopragia Miopragie *f*, Minderleistung *f*
miopus *(Terat)* Miopus *m (Missgeburt)*
miosis Miosis *f*, Miose *f*, Pupillenvereng(er)ung *f*, Pupillenengstellung *f*
miosphygmia Miosphygmia *f*, aussetzender Puls *m*
miotic miotisch, pupillenverenge(r)nd
miotic (agent) Miotikum *n* (remedium), pupillenverengerndes Mittel *n*
mire Hornhautbildchen *n*, Korneareflexionsfigur *f (Ophthalmometrie)*
mirincamycin hydrochloride Mirincamycinhydrochlorid *n (Malariamittel)*
Mirizzi's syndrome Mirizzi-Syndrom *n*, Zystikussteinkompression *f* des Ductus hepatocholedochus

mirror haploscope *(Ophth)* Spiegelhaploskop *n*
mirror-like spiegelartig, spiegelnd *(Bakterien)*
mirror sign *(Neur)* Spiegelzeichen *n*
mirror speech Spiegelsprache *f (Verstellung von Silben beim Sprechen)*
mirror vision Spiegelsehen *n*, Spiegelsicht *f*
mirror-writing Spiegelschrift *f*, Retrographie *f*
mirtazapine Mirtazapin *n (Antidepressivum)*
misandria *(Neur)* Misandrie *f*, Männerscheu *f*, Männerhass *m*
misanthrope Misanthrop *m*, Misanthrope(r) *m*, Menschenfeind *m*, Menschenhasser *m*
misanthropia Misanthropie *f*, Menschenhass *m*; Menschenscheu *f*
misanthropic misanthropisch, menschenhassend, menschenfeindlich; menschenscheu
misanthropy *s.* misanthropia
miscarriage *(Gyn)* Fehlgeburt *f*, Abort *m*
miscarry *v* fehlgebären, eine Fehlgeburt haben, einen Abort haben
miscegenation Mischehe *f*
miscellaneous gemischt; Misch…; verschieden; verschiedenerlei; bunt gemischt
miscellaneous disease gemischte Krankheit *f* [Erkrankung *f*], Mischkrankheit *f*
miscible mischbar
misdiagnose *v* eine Fehldiagnose stellen, falsch diagnostizieren
misdiagnosis Fehldiagnose *f*, falsche Diagnose *f*
misidentification *(Neur)* Personenverkennung *f*, Illusion *f*
mislaying of objects *(Neur)* Verlieren *n*
misocainia *(Neur)* Misoneismus *m*
misogamic misogam; Misogamie…
misogamist *(Neur)* Misogam(er) *m*, Eheverächter *m*, Hagestolz *m*
misogamous misogam; Misogamie…
misogamy *(Neur)* Misogamie *f*, Eheverachtung *f*, Ehehass *m*; Heiratsscheu *f*
misogynist *(Neur)* Misogyn(er) *m*, Frauenfeind *m*, Frauenhasser *m*
misogynistic misogyn; Misogynie…
misogyny *(Neur)* Misogynie *f*, Frauenabneigung *f*, Frauenhass *m*; Frauenscheu *f*
misology Misologie *f*, Vernunftsabneigung *f*, Vernunftshass *m*
misoneism *(Neur)* Misoneismus *m*, Neophobie *f*, Abneigung *f* gegen Neues [Veränderungen]
misoneist *(Neur)* Misoneist *m*, Gegner *m* des Neuen
misopaedia Misopädie *f*, Kinderabneigung *f*, Kinderhass *m*
misopaedic misopäd(isch); Misopädie…
misopaedist Misopäde(r) *m*, Kinderfeind *m*, Kinderhasser *m*
misophobia Mysophobie *f (Furcht vor geringster Verschmutzung)*
misophobic mysophob(isch), geringste Verschmutzungen fürchtend; Mysophobie…
misoprostol Misoprostol *n (Prostaglandinanalogon)*
misplacement of a tooth Zahnverschiebung *f*, Zahnfehlstellung *f*
missed abortion verhaltene Fehlgeburt *f*, verhaltener Abort *m*, missed abortion *(Verbleiben einer unreifen abgestorbenen Frucht in der Gebärmutter)*
missed labour vergebliche [fehlende] Wehen *fpl*, missed labour *(besonders bei abgestorbener reifer Frucht)*
missed period fehlende Periode *f*, Ausbleiben *n* der Periode(nblutung)
missed pill vergessene „Pille“ *f*, vergessene Pilleneinnahme *f*
missense mutation *(Gen)* Missense-Mutation *f*
missense suppression *(Gen)* Missense-Suppression *f*
missile fracture Schussbruch *m*
missile wound *(For)* Geschosswunde *f*, Schusswunde *f*
mistura *s.* mixture
misuse Missbrauch *m*, Abusus *m*
Mitchell operation Mitchell-Operation *f*
Mitchell's disease Mitchell-Krankheit *f*, Erythromelalgie *f*
mite Milbe *f*
mite-borne typhus *s.* tsutsugamushi disease
mite typhus *s.* scrub typhus
mitella Mitella *f*, Armschlinge *f*, Tragschlinge *f*
mithramycin Mithramycin *n (Antibiotikum)*
mithridatism Mithridatismus *m*, erworbene Giftfestigkeit *f*, Giftgewöhnung *f (durch steigende Dosierung)*
miticidal milbentötend
miticide (agent) milbentötendes Mittel *n*, Akarizid *n*
mitigate *v* 1. mildern, lindern, abschwächen *(z. B. Schmerzen)*; 2. besänftigen, beruhigen
mitigated measles abgeschwächte Masern *pl*
mitigation 1. Mitigation *f*, Mitigierung *f*, Milderung *f*, Linderung *f*, Abschwächung *f*; 2. Besänftigung *f*, Beruhigung *f*
mitis mild, mite
mitocarcin Mitocarcin *n (Antibiotikum)*
mitochondria *pl s.* mitochondrium
mitochondrial mitochondrial; Mitochondrien…
mitochondrial ATPase Mitochondrien-ATPase *f*
mitochondrial chromosome Mitochondrienchromosom *n*
mitochondrial genome Mitochondriengenom *n*
mitochondrial matrix *(Histol)* Mitochondrienmatrix *f*
mitochondrial structure Mitochondrienstruktur *f*
mitochondrion *s.* mitochondrium
mitochondrium Mitochondrium *n*, Mitochondrion *n*, Mitochondrie *f*, Plastosom *n (Zellorganelle)*; *(veraltet)* Chondriosom *n*
mitocromin Mitocromin *n (Antibiotikum)*
mitogen Mitogen *n*, die Zellkernteilung bewirkendes Mittel *n*
mitogenesis Mitogenesis *f (Zellteilung)*
mitogenetic mitogenetisch, Mitose [Zellkernteilung] bewirkend
mitogenetic radiation mitogene Strahlung *f*, Mitosestrahlung *f*
mitogenic *s.* mitogenetic
mitogenic factor mitogener Faktor *m*, Mitosefaktor *m*
mitogenic radiation *s.* mitogenetic radiation
mitome Mitom *n (Hohlraumsystem im Protoplasma)*
mitomycin Mitomycin *n (Antibiotikum, Antineoplastikum)*
mitoplasm Mitoplasma *n (Zellteilung)*
mitoplast Mitoplast *m (Mitochondrium ohne äußere Hülle)*
mitoschisis *s.* karyokinesis
mitosis Mitose *f*, Karyokinese *f*, indirekte Zellteilung *f*, Zellkernteilung *f (mit Chromosomenausbildung)*
mitosome *(Histol)* Mitosom *n*
mitotane Mitotan *n (Antineoplastikum)*
mitotic *(Histol)* mitotisch, karyokinetisch *(bei Zellteilungen)*
mitotic apparatus *(Histol)* Mitoseapparat *m*, Zellteilungsapparat *n*
mitotic arrest *(Histol)* Mitosestillstand *m*
mitotic division *s.* mitosis
mitotic figure *(Histol)* Mitosefigur *f*
mitotic index Mitoseindex *m*, Zellkernteilungsindex *m*, Zellteilungsrate *f*
mitotic inhibitor Mitoseinhibitor *m*, Mitosehemmstoff *m*
mitotic poison Mitosegift *n*, antimitotisches Mittel *n*, Mitosehemmstoff *m*
mitoxantrone Mitoxantron *n (Antineoplastikum)*
mitral *(Kard)* mitral; Mitral(klappen)…; bei einem Mitralklappenfehler auftretend

mitral annuloplasty *(Chir)* Mitralanuloplastik *f*, Mitralringplastik *f*
mitral atresia Mitral(klappen)atresie *f*
mitral buttonhole Knopfloch(mitral)stenose *f*
mitral commissurotomy Mitralkommissurotomie *f*, (operative) Mitralklappensprengung *f*, Mitralstenosesprengung *f*
mitral configurated heart mitralkonfiguriertes Herz *n*
mitral diastolic Mitral(klappen)diastolikum *n*, diastolisches Mitral(klappen)geräusch *n*
mitral dilator Mitral(klappen)dilatator *m*
mitral funnel Mitral(klappen)trichter *m*
mitral gradient Mitral(klappen)gradient *m*
mitral incompetence Mitral(klappen)insuffizienz *f*, Schlussunfähigkeit *f* der Mitralklappe
mitral insufficiency *s.* mitral incompetence
mitral murmur Mitral(klappen)geräusch *n*
mitral obstruction *s.* mitral stenosis
mitral orifice *(Anat)* Mitralorifizium *n*, Mitral(klappen)öffnung *f*
mitral regurgitation *s.* mitral incompetence
mitral ring *(Anat)* Mitral(klappen)ring *m*
mitral stenosis Mitralstenose *f*, Mitralklappenvereng(er)ung *f*
mitral stenosis index Mitralstenoseindex *m*
mitral systolic *(Kard)* Mitral(klappen)systolikum *n*, systolisches Mitral(klappen)geräusch *n*
mitral valve Mitralklappe *f*, Valva *f* atrioventricularis sinistra, Valva *f* mitralis *(Herzklappe zwischen linkem Herzvorhof und linker Herzkammer)*
mitral valve apparatus *(Anat)* Mitralklappenapparat *m*
mitral valve area Mitral(klappen)öffnungsfläche *f*, MÖF
mitral valve coaptation Mitralklappenanpassung *f*
mitral valve flow Mitral(klappen)durchfluss *m*
mitral valve incompetence *s.* mitral incompetence
mitral valve prolapse Mitral(klappen)prolaps *m*
mitral valve prosthesis Mitral(klappen)prothese *f*
mitral valve repair Mitral(klappen)rekonstruktion *f*
mitral valve replacement Mitralklappenersatz *m*
mitral valve stenosis *s.* mitral stenosis
mitral valvotomy *s.* mitral commissurotomy
mitral valvular disease Mitral(klappen)fehler *m*, Mitralklappenerkrankung *f*
mitral valvular disease with stenosis dominant Mitralvitium *n* [Mitralklappenfehler *m*] mit prävalierender Stenose
mitral valvular tissue Mitralklappengewebe *n*
mitralization Mitralisation *f*, Mitralkonfiguration *f* des Herzens *(bestimmte Herzform bei Mitralfehlern)*
mitralized pulse *(Kard)* Mitralispuls *m*
Mitsuda antigen Mitsuda-Antigen *n*, Lepromin *f*
Mitsuda reaction Mitsuda-Reaktion *f*, Lepromin-Reaktion *f (verzögerte Überempfindlichkeitsreaktion am Ort der Leprominiinjektion)*
Mitsuda test Mitsuda-Test *m*, Lepromin-Test *m*
Mittendorf's dot *(Ophth)* Mittendorf-Fleck *m (flottierende Trübung hinter der Linse als Rest der Arteria hyaloidea)*
mivacurium chloride Mivacuriumchlorid *n*
mixed anaesthesia Kombinationsanästhesie *f*, Kombinationsnarkose *f*, Mischnarkose *f*
mixed aneurysm Mischaneurysma *n*, zusammengesetztes Aneurysma *n*, kombiniertes Aneurysma *n*
mixed aphasia globale [totale] Aphasie *f*, komplette [zentrale] Aphasie *f*, expressiv-rezeptive Aphasie *f*
mixed astigmatism Kombinationsastigmatismus *m*
mixed cell agglutination *(Lab)* Mischzellagglutination *f*
mixed cell malignant lymphoma mischzelliges malignes Lymphom *n (Histiozyten und Lymphozyten enthaltend)*
mixed cell sarcoma *(Path)* Mischzellensarkom *n*, malignes Mesenchymom *n*
mixed chancre Mischschanker *m*, Ulcus *n* mixtum, Mischgeschwür *n (bei gleichzeitiger Infektion mit Treponema pallidum und Haemophilus Ducreyi)*
mixed clinical picture 1. gemischtes klinisches Bild *n*; 2. *(Neur)* manisch-depressive Mischzustände *mpl*
mixed connective tissue disease gemischte [vermischte] Bindegewebskrankheit *f*, Mischkollagenose *f*, Sharp-Syndrom *n (Autoimmunkrankheit)*
mixed culture *(Bakt)* Mischkultur *f*
mixed cyanosis *(Kard)* Mischungszyanose *f*
mixed cyst zystisches Teratom *n*
mixed diet with restriction Mischkost *f* mit Einschränkungen
mixed dentition gemischtes Gebiss *n*, Mischgebiss *n*, gemischte Bezahnung *f*
mixed gland Glandula *f* seromucosa, seromuköse Drüse *f*
mixed glioma gemischtes Gliom *n*
mixed haemorrhage Mischblutung *f*
mixed hepatic porphyria *(Derm)* Porphyria *f* cutanea tarda hereditaria
mixed hyperlipaemia gemischte Hyperlipidämie *f*, Hyperlipidämie *f* Typ V
mixed hypertriglyceridaemia gemischte Hypertriglyceridämie *f*
mixed infection Mischinfektion *f*, Mischinfekt *m (Vorhandensein von mehreren Krankheitserregern)*
mixed joint *s.* amphiarthrosis
mixed leucocyte culture Leukozytenmischkultur *f*
mixed leukaemia gemischte Leukämie *f*
mixed lymphocyte culture Lymphozytenmischkultur *f*
mixed lymphocyte culture reaction Lymphozytenmischkulturreaktion *f*
mixed neoplasm gemischtes Neoplasma *n*, Mischneoplasma *n (aus zwei Gewebekeimschichten entstehend)*
mixed nerve gemischter Nerv *m*, sensorimotorischer Nerv *m*
mixed nystagmus Mischnystagmus *m*
mixed porphyria gemischte Porphyrie *f*, Porphyria *f* variegata
mixed psychosis *(Neur)* Mischpsychose *f*
mixed pyodermia *(Derm)* Mischpyodermie *f*, gemischte Pyodermie *f*
mixed schizophrenia gemischte Schizophrenie *f*
mixed sleep apnoea gemischte Schlafapnoe *f (Mischung von zentraler und obstruktiver Schlafapnoe)*
mixed thrombus *(Hämat)* Mischungsthrombus *m*, Schichtenthrombus *m*, Abscheidungsthrombus *m*
mixed tremor Mischtremor *m*
mixed tumour Mischtumor *m*, Mischgeschwulst *f*
mixed tumour of the breast Cystosarcoma *n* phylloides
mixed vaccine Mischvakzine *f*, Mischimpfstoff *m*
mixed venous blood venöses Mischblut *n*, venöses Mischungsblut *n (in der Arteria pulmonalis)*
mixotrophic mixotroph(isch), sich auf unterschiedliche Art und Weise ernährend
mixotrophy Mixotrophie *f*
mixture Mixtur *f*, Mischung *f*, Mischtrank *m*, flüssiges Arzneigemisch *n*
Miyasato disease Miyasato-Krankheit *f*, α_2-Antiplasmin-Mangel *m*
mnemasthenia *(Neur)* Mnemasthenie *f*, Gedächtnisschwäche *f*
mneme Mneme *f*, Gedächtnis *n*, Erinnerung *f*, Erinnern *n*
mnemic mnemisch; Gedächtnis…, Erinnerungs…
mnemic delusion *(Neur)* Erinnerungsillusion *f*
mnemic hypnosis *(Neur)* Erinnerungshypnose *f*
mnemo-illusion *(Neur)* Gedächtnisillusion *f*

mnemonic mnemonisch, mnemotechnisch, lerntechnisch, das Gedächtnis unterstützend [trainierend]
mnemonic Gedächtnisstütze *f*, Gedächtnishilfe *f*
mnemonic trace *(Neur)* Gedächtnisspur *f*, Engramm *n*
mnemonics Mnemotechnik *f*, Mnemonik *f*, Gedächtnistraining *n (Lerntechnik)*
mnemotechnics *s.* mnemonics
mnemotechny *s.* mnemonics
mnestic mnestisch, das Gedächtnis betreffend
mnestic dementia *(Neur)* mnestische Demenz *f*
mobile phagocyte *s.* leucocyte
mobile radiography unit mobile Röntgeneinheit *f*
mobile X-ray apparatus mobiles Röntgengerät *n*
mobility Mobilität *f*, Beweglichkeit *f*, Lebendigkeit *f* • **of limited mobility** von begrenzter Beweglichkeit, beschränkt [begrenzt] beweglich *(z. B. Organe)*
mobilization 1. Mobilisation *f*, Mobilisierung *f*, (chirurgische) Beweglichmachung *f (z. B. von Gelenken)*; 2. Mobilisation *f*, Freipräparation *f (z. B. von Organen)*; 3. Mobilisierung *f*, Freisetzung *f (z. B. von Stoffwechselprodukten)*
mobilization lipase Mobilisierungslipase *f (für Fettsäuremobilisierung aus Fettgewebe)*
mobilization operation Mobilisierungsoperation *f*
mobilize *v* 1. mobilisieren, beweglich machen *(Gelenk)*; 2. mobilisieren, freipräparieren *(Organe)*; 3. mobilisieren, freisetzen *(Stoffwechselprodukte)*; 4. ausschwemmen *(z. B. Ödeme)*
mobilometer Mobilometer *n (zur Konsistenzbestimmung von Flüssigkeiten)*
Mobitz I heart block AV-Block *m* vom Mobitz-Typ I, Mobitz *m* I, Mobitz-Typ-I-Block *m*, Wenckebach-Herzblock *m*, AV-Block *m* Typ I
Mobitz II heart block AV-Block *m* vom Mobitz-Typ II, Mobitz *m* II, Mobitz-Typ-II-Block *m*, AV-Block *m* Typ II
Mobitz types of atrioventricular block *s.* 1. Mobitz I heart block; 2. Mobitz II heart block
Möbius' disease Möbius'sche Krankheit *f*, Möbius'sche Migräne *f*, ophthalmoplegische Migräne *f*
Möbius' sign Möbius'sches Zeichen *n (Konvergenzschwäche bei Basedow-Exophthalmus)*
Möbius' syndrome 1. Möbius-Syndrom *n*, Möbius'sches Syndrom *n*, kongenitale Fazialisdiplegie *f*, kongenitale okulofaziale Paralyse *f*, kongenitale Abduzens-Fazialis-Paralyse *f*; 2. Möbius-Syndrom *n*, periodische Okulomotoriuslähmung *f* mit Neuralgien
mock angina *(Kard)* Scheinangina *f*, Angina *f* pectoris vasomotorica
moderate moderat, mittelmäßig (schwer), mäßig; angemessen
moderate appetite (mittel)mäßiger Appetit *m*; angemessener Appetit *m*
moderate artificial hypothermia mittlere artifizielle Hypothermie *f*
moderate degree of nourishment mäßiger Ernährungszustand *m* [EZ *m*]
moderate signal mittleres Signal *n (in Echoenzephalographie)*
moderately grave condition mäßig ernster Zustand *m* [Patientenzustand *m*]
moderately grave general condition mäßig schlechter Allgemeinzustand *m*
moderator band Moderatorband *n (Reizleitung des Herzens)*
modification Modifikation *f*
modification allele Modifikationsallel *n*; Modifiaktionsgen *n*
modification gene Modifikationsgen *n*
modified jaw thrust (modifiziertes) Unterkiefervorziehen *n (zur Freihaltung der Atemwege)*
modified milk adaptierte [angepasste] Milch *f (für Säuglingsernährung)*
modified radical mastectomy modifizierte radikale Mastektomie *f*
modified smallpox *s.* varioloid
modifying gene Modifikationsgen *n*
modioliform modioliform, spindelförmig, nabenförmig, achsenförmig
modiolus Modiolus *m*, knöcherne Achse *f* der Schnecke *(des Hörorgans)*
modulation Modulation *f*
Moeller's glossitis Moeller'sche Glossitis *f*, Glossodynia *f* exfoliativa
moexipril hydrochloride Moexiprilhydrochlorid *n (ACE-Hemmer)*
mofebutazone Mofebutazon *n*
mogiarthria *(Neur)* Artikulationsstörung *f*, Sprachmuskelkoordinationsstörung *f*
mogigraphia *(Neur)* Mogigraphie *f*, Erschwerung *f* des Schreibens; Graphospasmus *m*, Schreibkrampf *m*
mogilalia Mogilalie *f*, Erschwerung *f* des Sprechens; Stottern *n*, Stammeln *n*
mogiphonia Mogiphonie *f*, Vokalbildungsschwäche *f*
Mohr syndrome Mohr'sches Syndrom *n*, orofaziodigitales Syndrom *n* Typ II, orodigitofaziale Dysostose *f*
Mohrenheim's fossa Mohrenheim'sche Grube *f*, Fossa *f* infraclavicularis
Mohrenheim's space *s.* Mohrenheim's fossa
Mohrenheim's triangle *s.* Mohrenheim's fossa
Mohs' chemosurgery Mohs'sche Technik *f*, Mohs'sche Chemochirurgie *f (Abtragen von Hautkrebsschichten nach Fixierung mit Zinkchlorid und mikroskopische Prüfung)*
Mohs' surgery Mohs'sche Technik *f*, Mohs'sche Chirurgie *f (Abtragen von Hautkrebsschichten und mikroskopische Prüfung)*
Mohs' technique *s.* 1. Mohs'chemosurgery; 2. Mohs' surgery
moist chamber *(Bakt)* feuchte Kammer
moist cough feuchter Auswurf *m*; produktiver Husten *m*, Husten *m* mit Auswurf
moist crackle feuchtes Atemgeräusch *n (bei Auskultation)*
moist gangrene feuchte Gangrän *f*, feuchter Brand *m (Gewebsuntergang durch bakterielle Zersetzung)*
moist heat feuchte Wärme *f*
moist necrosis *s.* moist gangrene
moist papule *(Derm)* feuchtes Kondylom *n*, nässende Feigwarze *f*, Condyloma *n* latum *(bei Syphilis)*
moist rale *(Pulm)* feuchtes Rasselgeräusch *n* [RG *n*]
moist skin feuchte Haut *f*
moist tetter *(Derm)* Ekzema *n* humidum, feuchtes [nässendes] Ekzem *n*
moist wart *(Derm)* spitzes Kondylom *n*, spitze Feigwarze *f*, Condyloma *n* acuminatum *(Virusinfektion)*
molal solution molale Lösung *f*
molal volume *(Bioch)* Molvolumen *n*
molality Molalität *f*
molar 1. *(Stom)* Molar..., Mahlzahn...; molar, (zer)mahlend; 2. *(Gyn, Path)* Molen...; 3. *(Bioch, Lab)* molar; Mol..., Molaritäts...
molar Molar *m*, Mahlzahn *m*, Dens *m* molaris
molar extracting forceps *(Stom)* Molarenextraktor *m*, Molaren(extraktions)zange *f*
molar forceps Molarzange *f*
molar gland Glandula *f* molaris, Molardrüse *f (Wangenschleimhaut)*
molar pregnancy Molenschwangerschaft *f*
molar solution molare Lösung *f*
molar tooth *s.* molar

molar volume *(Bioch)* Molvolumen *n*
molariform mahlzahnähnlich, backenzahnartig; Molar…
molarity Molarität *f*
mold *v* 1. schimmeln, schimmlig werden; 2. *(Stom, Orth)* einen Abguss machen, einen Abdruck anfertigen
mold 1. Schimmelpilz *m*, Schimmel *m*; 2. Abguss *m*; 3. Abgussform *f*
molding Verformung *f*, Deformierung *f (z. B. des Kopfes bei der Geburt)*
mole 1. Mole *f (Fehlentwicklung des befruchteten Eies)*; 2. *(Derm)* Muttermal *n*; 3. Mol *n*, Molekulargewicht *n*
mole volume *(Bioch)* Molvolumen *n*
molecular molekular, aus Molekülen bestehend; Moleküle betreffend; Molekular…, Molekül…
molecular biology Molekularbiologie *f*
molecular disease Molekularkrankheit *f*
molecular genetics Molekulargenetik *f*
molecular layer of the cerebellum Stratum *n* moleculare cerebelli, Molekularschicht *f* des Kleinhirns
molecular layer of the retina Stratum *n* ganglionare retinae
molecular lesion molekulare Läsion *f*, Punktläsion *f*
molecular mass Molekularmasse *f*
molecular mimicry molekulares Mimikrie *f (Übereinstimmung von Fremdantigenen mit körpereigenen Eiweißstrukturen)*
molecular movement *(Mol)* Molekularbewegung *f*
molecular pathology Molekularpathologie *f*
molecular sieve Molekularsieb *n (1. zur Molekülseparation; 2. zur chromatographischen Auftrennung)*
molecular size Molekülgröße *f*
molecular stutter molekulares Stottern *n (bei Aminosäuresequenzanalyse)*
molecular taxonomy molekulare Taxonomie *f*
molecular weight Molekulargewicht *n*, Mol *n*
molilalia *s.* mogilalia
molimina Molimina *npl*, Schmerzen *mpl*, Beschwerden *pl*
molimina menstrualia *(Gyn)* Molimina *npl* menstrualia, Schmerzen *mpl* bei der Regelblutung
molindone hydrochloride Molindonhydrochlorid *n (Antipsychotikum)*
Mollaret's meningitis Mollaret-Meningitis *f*
Möller-Barlow's disease Möller-Barlow-Krankheit *f*, Vitamin-C-Mangelkrankheit *f*, kindlicher Skorbut *m*
Möller-Hunter glossitis Möller-Hunter-Glossitis *f*, Glossitis *f* atrophicans
mollities 1. Weichheit *f*, 2. Erweichung *f*, Erweichen *n*
Moll's glands Moll'sche Drüsen *fpl*, Moll-Drüsen *fpl*, Glandulae *fpl* ciliares *(münden in die Haarbälge der Augenwimpern)*
molluscacidal molluskizid, schneckentötend
molluscicide (agent) Molluskizid *n*, schneckentötendes Mittel *n*
molluscoid molluskoid, dellwarzenartig, dellwarzenähnlich
molluscous Molluscum…
molluscum Molluscum *n*, Dellwarze *f (weiche rötliche Hautgeschwulst mit zentraler Eindellung)*
molluscum bodies Molluscumkörperchen *npl (enthalten den Viruserreger der Dellwarzen)*
Moloney test Moloney-Underwood-Test *m (Intrakutantest zur Prüfung einer Überempfindlichkeit vor Diphtherieimpfung)*
Maloney's virus Moloney-Virus *n*
molt *v* die Haare wechseln, die Haare verlieren; sich häuten, die Haut verlieren; mausern
molting Haarwechsel *m*, Häutung *f*, Ekdysis *f*, Mauserung *f*
molybdate Molybdat *n*
molybdenic Molybdän enthaltend; Molybdän…
molybdenosis Molybdänose *f*, Molybdänvergiftung *f*, Molybdänintoxikation *f*
molybdenous Molybdän enthaltend; Molybdän…
molybdenum Molybdän *n*
molybdenum poisoning *s.* molybdenosis
molybdic Molybdä(VI)…
molybdic acid Molybdänsäure *f*
molybdoenzyme Molybdoenzym *n*
molybdoflavoprotein Molybdoflavoprotein *n*
molybdoprotein Mylobdoprotein *n*
molybdopterin Mylobdopterin *n*
molybdous Molybdän(IV)…
molysmophobia *(Neur)* Molysmophobie *f*, Rhypophobie *f*, Berührungsfurcht *f*, Kontaminationsfurcht *f*, Verschmutzungsangst *f*
mometasone furoate Mometasonfuroat *n (Kortikosteroid)*
monaesthetic monästhetisch, eine Sinnesqualität betreffend; eine Sinneswahrnehmung betreffend
Monakow's bundle *s.* Monakow's fasciculus
Monakow's fasciculus *(Anat)* Monakow-Bündel *n*, Monakow'scher Faszikel *m*, Tractus *m* rubrospinalis
Monakow's nucleus *(Anat)* Nucleus *m* cuneatus accessorius
Monakow's syndrome Monakow-Syndrom *n*, Monakow'sches Syndrom *n (Hemiplegie auf der Gegenseite des Herdes)*
Monakow's tract *s.* Monakow's fasciculus
Monaldi drainage [method] *(Chir)* Monaldi'sche Saugdrainage *f (tuberkulöser Einzelhöhlen mit einem Katheter durch die Brustwand)*
monamide Monoamid *n*
monamine Monoamin *n*
monarthric *s.* monarticular
monarthritis Monarthritis *f*, Entzündung *f* eines einzelnen Gelenks *(z. B. bei Tripper oder Tuberkulose)*
monarticular monartikulär, eingelenkig, ein einzelnes Gelenk befallend; ein Gelenk betreffend
monaster *(Histol)* Monaster *m*, Einzelstern *m*, Mutterstern *m (Chromosomenfigur in der Kernteilungsphase)*
monathetosis *(Neur)* Monathetose *f*, Einzelathetose *f*, Athetose *f* eines Körperteils
monatomic 1. monovalent, einwertig; 2. monobasisch; 3. monatomisch, aus monatomischen Molekülen bestehend
monatomic molecule monatomisches Molekül *n*
monauchenos *(Terat)* Monauchenos *m (Missgeburt)*
monaural monaural, uniaural, ein Ohr betreffend
monavitaminosis Monoavitaminose *f*
Mönckeberg's arteriosclerosis *(Path)* Mönckeberg'sche Mediasklerose *f* [Mediaverkalkung *f*], Mönckeberg'scher Typ *m* der Arteriosklerose, Mönckeberg-Sklerose *f (spangenförmige Kalkeinlagerungen in der mittleren Wandschicht von Arterien)*
Mönckeberg's calcification *s.* Mönckeberg's arteriosclerosis
Mönckeberg's degeneration *s.* Mönckeberg's arteriosclerosis
Mönckeberg's mesarteritis *s.* Mönckeberg's arteriosclerosis
Mönckeberg's sclerosis *s.* Mönckeberg's arteriosclerosis
monday fever *s.* metal fume fever
monday morning fever *s.* byssinosis
Mondini's deafness Mondini'sche Taubheit *f (durch Missbildung der Cochlea)*
Mondor's disease Mondor-Krankheit *f*, Mondor'sche Krankheit *f*
monerula Monerula *f*
monesthetic *s.* monaesthetic

Monge's disease Monge-Krankheit *f*, chronische Bergkrankheit *f*, chronische Höhenkrankheit *f*
mongol *(Neur)* Mongo *m*, an Mongolismus Leidender *m*
Mongolian fold *(Ophth)* Mongolenfalte *f*, Epikanthus *m*, Plica *f* mongolica, Oberlidfalte *f*
Mongolian idiocy *s.* Down's syndrome
Mongolian spot Mongolenfleck *m (im Säuglingsalter auftretender bläulicher Fleck in der Kreuzbein- oder Gesäßgegend)*
mongolism *s.* Down's syndrome
mongoloid mongoloid, Morbus-Down-artig, dem Morbus Down ähnlich
mongoloid Mongoloide(r) *m*, Morbus-Down-Kranke(r) *m*, an Morbus Down Erkrankte(r) *m*
mongoloid idiocy *s.* Down's syndrome
monilated *s.* moniliform
monilethrix *(Derm)* Monilethrix *f*, Spindel(haar)krankheit *f*, Pili *mpl* moniliformes, abnorme Haarfollikelverhornung *f*
Monilia Monilia *f (Pilzgattung mit hefen- bis myzelartigem Wachstum, normale Mund- und Darmbewohner)*
monilial 1. monilial; Monilia...; 2. Candida..., Soor...
monilial infection *(Myk)* Moniliainfektion *f*
monilial oesophagitis Moniliaösophagitis *f*, Speiseröhrenentzündung *f* durch Monilia
monilial vulvovaginitis vulvovaginale Moniliasis *f*, Soor-Vulvovaginitis *f*
moniliasis Moniliasis *f*, tropische Aphten *fpl*, tropische Sprue *f (durch Moniliaarten hervorgerufene tropische Darmkrankheit)*
moniliasis of hypopharynx Hypopharynxmoniliasis *f*
moniliform monilienförmig, moniliform
moniliform bronchiectasis moniliforme Bronchiektasie *f*
moniliform hair *s.* monilethrix
moniliid Moniliid *n*, Moniliasis(haut)knoten *m*
moniliosis *s.* moniliasis
monitor *v* überwachen, über einen Bildschirm kontrollieren
monitor Monitor *m*, Überwachungsgerät *n*, Kontrollsichtgerät *n*
monitoring Monitoring *n*, Bildschirmüberwachung *f (z. B. der Blutdruckkurve)*
monkey hand Affenhand *f (bei Lähmung des Nervus medianus)*
monkey-paw *s.* monkey hand
monkeypox Affenpocken *pl*
monkeypox virus Affenpockenvirus *n*
mono-osteitic monosteitisch, die Osteitis eines Knochens betreffend
mono-ovular monoovular, monovulär, eineiig
mono-oxygenase Monooxygenase *f (Enzym)*
monoacylglycerol Monoacylglycerol *n*, Monoacylglycerin *n*, Monoglyzerid *n*
monoacylglycerol lipase Monoacylglycerol-Lipase *f (Enzym)*
monoamelia Monoamelie *f (Fehlen einer Gliedmaße)*
monoamide Monoamid *n*
monoamine Monoamin *n*
monoamine neurotransmitter Monoaminneurotransmitter *m*
monoamine oxidase Monoamin(o)oxidase *f*, MAO *(Enzym)*
monoamine oxidase inhibitor *(Pharm)* Monoaminooxidase-inhibitor *m*, MAO-Hemmer *m*, MAOH
monoaminergic monoaminerg(isch)
monoaminuria Monoaminurie *f*, Monoaminausscheidung *f* im Urin
monoamnionic monoamniotisch, sich in einer Amnionhöhle entwickelnd
monoamnionic twins monoamniotische Zwillinge *mpl*
monoamniotic *s.* monoamnionic
monoarticular *s.* monarticular
monoauxotroph Monoauxotrophe(r) *m*, monoauxotropher Mikroorganismus *m (Mutante mit besonderer Ernährung)*
monobacillary monobazillär, durch (nur) einen Erreger
monobactam Monobactam *n (Antibiotikum)*
monobenzone Monobenzon *n (Hautdepigmentierungsmittel)*
monoblast Monoblast *m (Monozytenvorstufe)*
monoblastic Monoblasten...
monoblastic leukaemia *(Hämat)* Monoblastenleukämie *f*, Schilling-Leukämie *f*
monoblastoma Monoblastom *n (Tumor aus Monozyten und Monoblasten)*
monoblepsia 1. Monoblepsie *f*, einäugiges Sehen *n*; 2. Monoblepsie *f*, Einfarbensehen *n*
monobrachia Monobrachie *f*, Einarmigkeit *f*
monobrachial einarmig, monobrachial
monobrachius *(Terat)* Monobrachius *m*, Missgeburt *f* mit einem Arm
monocarboxylic acid Monocarboxylsäure *f*
monocelled *s.* monocellular
monocellular monozellulär, einzellig
monocephalus *m (Terat)* Monozephalus *m*, Doppelmissbildung *f* mit einem Kopf
monochorea Monochorea *f (Chorea im Bereich eines Körperteiles)*
monochorial *s.* monochorionic
monochorionic monochorionisch, mit einem Chorion; eineiig
monochorionic twins eineiige Zwillinge *mpl*
monochroic *s.* monochromatic
monochromasia *(Ophth)* Monochromasie *f*, Einfarbensehen *n (Farbenblindheit mit einfarbigem Zapfensehen und guter zentraler Sehschärfe)*
monochromat(e) *(Ophth)* Monochromat *m*, Monochromate(r) *m*, Farbenblinde(r) *m*
monochromatic monochromatisch, einfarbig; Monochromasie...
monochromatism *s.* monochromasia
monochromatophil Monochromatophile(r) *m*, monochromatophile Zelle *f*
monochromatophilic monochromatophil, nur mit einer Farbe färbend
monochromator *(Ophth)* Monochromator *n (optisches Instrument zur Herstellung einfarbigen Lichts)*
monochromic *s.* monochromatic
monochromophile *s.* monochromatophil
monochromophilic *s.* monochromatophilic
monochrotic *s.* monocrotic
monocistronic *(Gen)* monocistronisch, nur eine Polypeptidkette codierend
monoclonal *(Gen)* monoklonal, einen Klon betreffend; zu einem Klon gehörend
monoclonal antibody *(Immun)* monoklonaler Antikörper *m*
monoclonal gammopathy *(Immun)* monoklonale Gammopathie *f*, M-Komponent-Hypergammaglobulinämie *f*
monoclonal peak *(Immun)* monoklonales Maximum *n*, monoklonaler Gipfel *m (in Immunelektrophorese)*
monococcus Monokokkus *m*, Einzelkugelbakterium *n*
monocomponent insulin Monokomponenteninsulin *n*, Einzelkomponenteninsulin *n*
monocontaminated durch einen Keim infiziert, von einer Spezies befallen
monocontamination Monokontamination *f*
monocorditis Monochorditis *f*, Entzündung *f* eines Stimmbandes
monocranius *s.* monocephalus
monocrotic monokrot(isch), eingipfelig *(Pulskurve)*; monokrot, einschlägig *(Puls)*

monocrotic pulse *(Kard)* Pulsus *m* monocrotus [simplex], monokroter [einschlägiger] Puls *m*
monocrotism Monokrotie *f*, Eingipfeligkeit *f (Pulskurve)*; Monokrotismus *m*, Einschlägigkeit *f (Puls)*
monocular monokular, einäugig; nur für ein Auge
monocular diplopia monokuläre [uniokuläre] Diplopie *f*
monocular strabismus monokulärer [uniokulärer] Strabismus *m*
monocular vision monokuläres [uniokuläres] Sehen *n*
monoculus 1. Monokulus *m*, Bindenverband *m* für ein Auge; 2. *s.* cyclops
monocutaneous candidiasis monokutane Candidiasis *f*
monocyesis Monozyesis *f*, Einfachschwangerschaft *f*, Schwangerschaft *f* mit einem Fetus
monocystic monozystisch, einzystisch, eine Zyste [Blase] enthaltend
monocytangina *s.* monocytic angina
monocyte *(Hämat)* Monozyt *m*
monocyte cytotoxicity Monozytenzytotoxizität *f*
monocytic monozytisch, monozytär; Monozyten...
monocytic angina Monozytenangina *f*, Mononukleosis *f* infectiosa *(siehe auch: infectious mononucleosis)*
monocytic erythrophagocytosis monozytäre Erythrophagozytose *f*
monocytic leukaemia *(Hämat)* Monozytenleukämie *f*, Splenozytenleukämie *f*, leukämische Retikulose *f*, Histiozytenleukämie *f*
monocytic leukopenia Monozytopenie *f*, Monozytenmangel *m*
monocytic macrophage system *(Hämat)* monozytäres Phagozytensystem *n*
monocytic series Monozyten(reifungs)reihe *f*
monocytoid monozytoid, monozytenartig; Monozyten...
monocytopenia Monozytopenie *f*, Monozytenmangel *m*, Monozytenverminderung *f* im Blut
monocytopoiesis Monozytopoese *f*, Monozytenentwicklung *f*, Monozytenreifung *f*
monocytopoietic monozytopoetisch, Monozyten bildend; Monozytopoese...
monocytosis Monozytose *f*, Monozytenvermehrung *f* im Blut
monodactylism *s.* monodactyly
monodactylous monodaktyl, einfingrig; einzehig
monodactyly Monodaktylismus *m*, Einfingrigkeit *f*, Einzehigkeit *f*
monodermal monodermal, mit einer Keimschicht, einem Keimblatt entstammend
monodermoma Monodermom(a) *n*, Epidermoidzyste *f*
monodiplopia Monodiplopie *f*, einäugige Doppelsichtigkeit *f*, monokulare Diplopie *f*
monodont monodont, einzahnig
monoethanolamine Monoethanolamin *n*, 2-Aminoethanol *n*
monoethylglycinexylidide Monoethylglycinxylidid *n*, MEGX *(Lidocainmetabolit)*
monofactorial inheritance monofaktorielle Vererbung *f*, monofaktorieller Erbgang *m*
monofid monofid, ungeteilt
monofid uterus monofider Uterus *m*, Uterus *m* monofidus
monofid womb *s.* monofid uterus
monogametic monogametisch, homogametisch
monogamic monogam, in Monogamie lebend
monogamous *s.* monogamic
monogamy Monogamie *f*, Einehe *f*
monoganglial monoganglionär
monogastric monogastrisch, mit einem Magen
monogen 1. monogenes Antiserum *n*; 2. monovalentes chemisches Element *n*
monogenesis Monogenese *f*
monogenic monogen, monomer
monogenous asexuell entstanden, durch Spaltung entstanden; durch Sprossung entstanden; durch Sporenbildung entstanden
monogerminal monogerminal, eineiig, einkeimig
monoglyceride Monoglyzerid *n*
monoglyceride acyltransferase Monoglyceridacyltransferase *f (Enzym)*
monohormonal monohormonal, ein Hormon bildend [sezernierend]
monohybrid monohybrid, in nur einem Erbgang heterozygot
monohybrid cross monohybride Kreuzung *f*
monohydric alcohol einwertiger Alkohol *m*
monohydroxysuccinic acid Monohydroxysuccinsäure *f*, Apfelsäure *f*
monoideism Monoideismus *m*, Beschäftigung *f* mit nur einer Idee *(leichte Form der Monomanie)*
monoinfection Monoinfektion *f*
monoiodotyrosine Monojodtyrosin *n*, Monoiodtyrosin *n (Schilddrüsenstoffwechsel)*
monokaryon Monokaryon *m (mit einem haploiden Zellkern)*
monokaryote Monokaryote *f*, monokaryote Zelle *f*, Zelle *f* mit einem haploiden Chromosomensatz
monokaryotic monokaryot; Monokaryon...
monokine Monokin *n (Lymphozyten aktivierender Makrophagenfaktor)*
monolayer einschichtig, aus einer Schicht bestehend; Einschichten...
monolayer sheet of cells einschichtiges Zellblatt *n*, einschichtige Zellanordnung *f*
monolayer tissue culture Einschichtengewebekultur *f*
monolobular monolubulär, einlappig, nur einen Lappen betreffend
monolocular einkammerig, mit einer Kammer; mit einer Höhle; mit einem Hohlraum
monomacrophagocytosis Monomakrophagozytose *f*
monomania *(Neur)* Monomanie *f*, isolierte Affekthandlung *f* [Triebhandlung *f*], einseitige Wahnidee *f*, krankhafter Spezialtrieb *m*, impulsives Irresein *n*
monomaniac Monomane *m*
monomaniac(al) monoman(isch), von einer fixen Idee besessen, von einem Trieb einseitig beherrscht
monomastigote Monomastigote *f*
monomaxillary monomaxillär, einen Kiefer betreffend
monomelic eine Gliedmaße betreffend
monomer Monomere *f*
monomeric monomer(isch); Monomeren...
monomethylhydrazine Monomethylhydrazin *n*
monomethylmorphine Monomethylmorphin *n*, Kodein *n*, Codein *n*
monomolecular elimination reaction monomolekulare Eliminationsreaktion *f*, unimolekulare Reaktion *f*
monomorphic monomorph, eingestaltig; in der Gestalt unveränderlich
monomorphism Monomorphismus *m*, Eingestaltigkeit *f*
monomorphous *s.* monomorphic
monomphalus *(Terat)* Monomphalus *m*, Omphalopagus *m*, Doppelmissgeburt *f* mit Nabelverwachsung
monomyoplegia Monomyoplegie *f*, Lähmung *f* eines Muskels
monomyositis Monomyositis *f*
mononephrous einnierig, nur eine Niere betreffend
mononeural mononeural, einnervig
mononeuralgia Mononeuralgie *f (Schmerzen im Verlauf eines Nervs)*
mononeuric *s.* mononeural
mononeuritis Mononeuritis *f (Entzündung eines einzelnen Nervs)*

mononeuropathy Mononeuropathie *f (Erkrankung eines Nervs)*
mononuclear 1. mononukleär, einkernig, nur einen Zellkern [Kern] besitzend; Monozyten...; 2. *s.* mononuclear leucocyte
mononuclear cell mononukleäre Zelle *f*
mononuclear leucocyte Mononukleäre(r) *m*, Einkernige(r) *m*; Monozyt *m*
mononuclear leucocytosis *s.* mononucleosis 1.
mononucleate *s.* mononuclear
mononucleosis 1. Mononukleose *f*, Monozytenvermehrung *f* im Blut; 2. *s.* infectious mononucleosis
mononucleosis-like mononukleoseartig
mononucleotide Mononukleotid *n*
monooctanoin Monooctanoin *n (Auflösungsmittel für Gallensteine)*
monoparaesthesia Monoparästhesie *f*
monoparesis Monoparese *f*, Einzellähmung *f*
monopathic Monopathie...
monopathophobia Monopathophobie *f (Angst vor einer bestimmten Krankheit)*
monopathy Monopathie *f (1. einfache unkomplizierte Krankheit; 2. Krankheit eines Körperteils oder Organs)*
monopenia *s.* monocytopenia
monophagia Monophagie *f*
monophagism *s.* monophagia
monophasia Monophasie *f*, Wortschatzeinschränkung *f (Beschränkung auf einzelne Wörter oder Sätze)*
monophasic monophasisch, mit eingeschränktem Wortschatz
monophenol monooxygenase Monophenolmonooxygenase *f (Enzym)*
monophenol oxidase *s.* monophenol monooxygenase
monophobia *(Neur)* Monophobie *f*, Vereinsamungsfurcht *f*, abnorme Furcht *f* vor dem Alleinsein
monophosphate Monophosphat *n*
monophthalmia Monophthalmie *f*, Einäugigkeit *f*, Zyklopie *f*, Synophthalmie *f*
monophthalmic monophthalmisch, einäugig, zyklop
monophthalmos *s.* monophthalmus
monophthalmous *s.* monophthalmic
monophthalmus *(Terat)* Monophthalmus *m*, einäugige Missgeburt *f*, Zyklop *m*, Synophtalmus *m*
monophyletic monophyletisch, sich von einer Stammform herleitend
monopia *s.* monophthalmia
monoplasmatic monoplasmatisch
monoplegia *(Neur)* Monoplegie *f*, Lähmung *f* eines einzelnen Gliedes, einseitige Extremitätenlähmung *f*
monoplegic monoplegisch; Monoplegie...
monoploid monoploid, haploid, mit einfachem Chromosomensatz, mit halbem Chromosomensatz
monopodia Monopodie *f*, Einfüßigkeit *f*
monopodial monopod(ial); Monopodie...
monops *s.* monophthalmus
monopsychosis *s.* monomania
monopus Monopus *m*, Einfüßige(r) *m*
monopyramidal monopyramidal *(Niere)*
monoradicular monoradikular, einwurzelig *(z. B. ein Zahn)*
monorchid *(Urol)* Monorchid *m*, Monorchide(r) *m*, Mann *m* mit einem Hoden
monorchidia *s.* monorchidism
monorchidic monorchid, einhodig, mit nur einem Hoden
monorchi(di)sm Monorchidismus *m*, Monorchie *f*, Einhodigkeit *f*, Fehlen *n* eines Hodens
monorhinic monorhin, nur ein Nasenloch betreffend [befallend]
monosaccharide Monosa(c)charid *n*, Monose *f*, einfacher Zucker *m (z. B. Traubenzucker)*
monoscelous einbeinig; einfüßig
monoscenism *(Psych)* Monoszenismus *m (krankhafte Konzentration auf ein vergangenes Erlebnis)*
monose Monose *f (Monosaccharid)*
monosodium glutamate Mononatriumglutamat *n*, Natriumglutamat *n*
monosodium urate monohydrate Natriumuratmonohydrat *n (in Gelenken bei Gicht)*
monosomatic 1. *(Terat)* monosomatisch, einen Körper besitzend; 2. *s.* dicephalous
monosomatous *s.* monosomatic
monosome Monosom *n*, akzessorisches Chromosom *n*, ungepaartes Geschlechtschromosom *n* [Allosom *n*]
monosomia *(Terat)* Monosomie *f (Missbildung)*
monosomic *(Gen)* monosom *(Chromosomensatz)*
monosomous Monosomie...
monosomy Monosomie *f (Chromosomenanomalie)*
monospasm Monospasmus *m*, Krampf *m* einer Muskelgruppe, Einzelmuskelkrampf *m*
monospecific monospezifisch, nur in einer Richtung reagierend, nur auf eine Zelle wirkend
monospecific antigen monospezifisches Antigen *n*
monospermy Monospermie *f*
monostotic monostotisch, nur einen Knochen betreffend
monostratal einschichtig, aus einer Schicht bestehend
monostratified einschichtig
monosymptom Einzelsymptom *n*
monosymptomatic monosymptomatisch, nur ein Krankheitszeichen aufweisend
monosynaptic monosynaptisch, nur eine Synapse betreffend
monosynaptic reflex monosynaptischer Reflex *m*
monosyphilide Monosyphilid *n*
monotherapy Monotherapie *f*, Einzeltherapie *f*, Behandlung *f* mit einem Arzneimittel
monothermia Monothermie *f*, Temperaturgleichheit *f*, Gleichbleiben *n* der Temperatur
monothioglycerol Monothioglycerol *n*
monotic einohrig, ein Ohr betreffend
monotocous einfachgebärend, ein Kind gebärend *(bei einer Geburt)*
monotonous speech monotone Sprache *f*
monotrichic *s.* monotrichous
monotrichous monoflagellär, eingeißelig
monotropic monotrop, beschränkt anpassungsfähig
monounsaturated einfach ungesättigt
monounsaturated fatty acid einfach ungesättigte Fettsäure *f*
monovaccine Monovakzine *f*, Einfachimpfstoff *m*
monovalency Monovalenz *f*, Einwertigkeit *f*
monovalent monovalent, univalent
monovalent oral poliovirus vaccine monovalente orale Poliovirusvakzine *f*
monovular uniovular, eineiig
monovulatory monoovulatorisch, ein Ei freisetzend
monoxenia *(Paras)* Monoxenie *f*, Einwirtzyklus *m*, Lebenszyklus *m* mit einem Wirt
monoxenic 1. *(Paras)* monoxenisch, nur einen Wirt benötigend; 2. monoxenisch, von nur einem Keim befallen
monoxenous *s.* monoxenic
monoxide Monoxid *n*
monozygomatic *(Anat)* monozygomatisch
monozygosity monozygoter Zustand *m*, Monozygotenstatus *m*
monozygotic monozygot(isch), sich aus einer Eizelle entwickelnd, aus einer Eizelle stammend; Monozygotie...
monozygotic twins eineiige Zwillinge *mpl*
monozygous *s.* monozygotic
Monro's bursa Monro'sche Bursa *f*, Bursa *f* intratendinea

Monro's fissure *s.* Monro's sulcus
Monro's foramen Monro'sches Foramen *n*, Foramen *n* interventriculare
Monro's line Monro'sche Linie *f*, Monro-Richter'sche Linie *f (zwischen Nabel und vorderem oberem Darmbeinstachel)*
Monro's sulcus Monro'sche Hypothalamusrinne *f*, Sulcus *m* hypothalamicus
mons *(Anat)* Mons *m*, Hügel *m*, Vorwölbung *f*, Vorbuchtung *f*
mons pubis *s.* mount of Venus
monster Monstrum *n*, Missgeburt *f*, Missbildung *f*
monstripara Monstripara *f*, eine Missgeburt gebärende Frau *f*
monstriparity Geburt *f* einer Missbildung
monstrosity 1. Monstr(u)osität *f*, Unförmigkeit *f*, Missbildung *f*; 2. *s.* monster
Monteggia fracture Monteggia-Fraktur *f*, Monteggia-Luxationsfraktur *f (des Unterarms)*
Monteggia's dislocation Monteggia-Hüftluxation *f*, Luxatio *f* coxae iliaca
Montenegro test Montenegro-Test *m*, Leishmanin-Test *m*
montes *pl s.* mons
Montezuma's revenge Montezuma's Rache *f*, Reisediarrhoe *f*, Turista *f*
Montgomery's follicles Montgomery'sche Follikel *mpl*, Naboth'sche Zysten *fpl*, Naboth'sche Drüsen *fpl*
Montgomery's glands Montgomery'sche Drüsen *fpl*, Glandulae *fpl* areales
Montgomery's straps Montgomery'sche Klebestreifen *mpl (Klebestreifen zur Fixierung von Verbänden)*
Montgomery's tapes *s.* Montgomery's straps
Montgomery's tubercles Montgomery'sche Knötchen *npl*
monthlies *s.* menstruation
monthly sickness *s.* menstruation
monticulus Monticulus *m*
mood Stimmung *f*, Gemütslage *f*, Laune *f*
mood-congruent stimmungskongruent
mood-congruent psychotic feature stimmungskongruente psychotische Merkmale *npl*
mood depression depressive Gemütslage *f* [Stimmung *f*]
mood disorder affektive Störung *f*, Gemütskrankheit *f*
mood-elevating drug stimmungshebendes Medikament *n* [Pharmakon *n*]
mood-incongruent stimmungsinkongruent
mood-incongruent psychotic feature *(Neur)* stimmungsinkongruentes psychotisches Merkmal *n*
mood swing Stimmungsschwankung *f*, Verstimmung *f*
moon face Vollmondgesicht *n*, Mondgesicht *n (bei Nebennierenrindenüberfunktion)*
Moon's molars Moon'sche Molaren *mpl*, Moon-Zähne *mpl*
Moon's teeth *s.* Moon's molars
moonwalking *(Neur)* Somnambulismus *m*, Schlafwandeln *n*, Nachtwandeln *n*
moor bath Moorbad *n*
Moore's fracture Moore'sche Fraktur *f (Radiusfraktur mit Köpfchenluxation)*
Moore's lightning streaks *(Ophth)* Moore'sche Lichtstreifen *mpl*, Moore'sche Lichtblitze *mpl*
Moore's syndrome Moore'sches Syndrom *n*, abdominale Epilepsie *f*, Bauchepilepsie *f*, Abdominalmigräne *f*
Moorhead foreign body locator Moorhead'scher Fremdkörperlokalisator *m*
morado disease *(Trop, Paras)* Moradokrankheit *f*, mexikanische Onchozerkose *f*
moral defect moralischer Defekt *m*
moral defective (person) *(Neur)* moralisch Schwachsinniger *m*
moral insanity *(Neur, Psych)* moralischer Schwachsinn *m*, Schwachsinnigkeit *f* mit moralischen Gefühls- und Verhaltensdefekten
moral masochism *(Neur)* moralischer Masochismus *m*
moral treatment *(Neur)* moralische Behandlung *f*
morament *s.* moral defective person
moramentia *s.* moral insanity
Morax-Axenfeld bacillus Morax-Axenfeld'scher Diplobazillus *m*, Moraxella *f* lacunata
Morax-Axenfeld conjunctivitis Morax-Axenfeld'sche Konjunktivitis *f*, Diplobazillus-Konjunktivitis *f*, diplobazilläre Konjunktivitis *f*, anguläre Konjunktivitis *f*
Morax-Axenfeld diplococcus *s.* Morax-Axenfeld bacillus
Morax-Axenfeld keratoconjunctivitis Morax-Axenfeld'sche Keratokonjunktivitis *f*, ulzeröse Keratokonjunktivitis *f (durch Moraxella liquefaciens)*
Moraxella bovis Moraxella *f* bovis
Moraxella catarrhalis Moraxella *f* catarrhalis
Moraxella lacunata Moraxella *f* lacunata
Moraxella liquefaciens Moraxella *f* liquefaciens
Moraxella nonliquefaciens Moraxella *f* nonliquefaciens
Moraxella osloensis Moraxella *f* osloensis
Moraxella phenylpyruvica Moraxella *f* phenylpyruvica
morbid morbid, krank, pathologisch, kränklich; krankhaft
morbid anatomy *s.* pathologic anatomy
morbid gain *(Neur)* Krankheitsgewinn *m*
morbid obesity krankhafte Fettsucht *f*
morbid physiology pathologische Physiologie *f*, Pathophysiologie *f*
morbid rate Morbiditätsrate *f*, Krankheitszahl *f*, Erkrankungsziffer *f*
morbid recluse person *(Neur)* Einzelgänger *m*
morbid sensation pathologische Empfindung *f* [Wahrnehmung *f*]
morbid sleepiness krankhafte Schläfrigkeit *f*, Bettsucht *f*
morbid statistics Morbiditätsstatistik *f*
morbidity 1. Morbidität *f*, Morbilität *f*, Krankheitsgeschehen *n*, Erkrankungshäufigkeit *f*, Krankheitshäufigkeit *f*; 2. *s.* morbidity rate; 3. Morbidität *f*, krankhafter [kränklicher] Zustand *m*; angegriffene Gesundheit *f*, Gesundheitsbeeinträchtigung *f*
morbific krankheitserregend, krank machend; pathogen
morbigenous *s.* morbific
morbility *s.* morbidity rate
morbilli *(Derm, Inf, Päd)* Morbilli *mpl*, Masern *pl*, Rotsucht *f*
morbilliform morbilliform, masernartig, masernähnlich
morbillous Morbillen…, Masern…
morbiphor morbiphor, ansteckend, krankheitsübertragend
morbus Morbus *m*, Krankheit *f*
morcel *v* zerstückeln
morcellation Morcellation *f*, Morcellement *n*, Zerstückelung *f*, Zerstückeln *n (z. B. von Tumoren)*
morcellement *s.* morcellation
mordant *v* (gefärbte Gewebe) fixieren
mordant brennend, beißend *(z. B. Schmerzen)*
mordant Fixierungsmittel *n*, Fixier(färbe)mittel *n*; Beize *f*
Morel ear Morel'sches Ohr *n (Vergrößerung der oberen Ohrteile)*
Morel-Krapelin disease Morel-Krapelin-Krankheit *f*, Schizophrenie *f*
Morel-Lavallée disease Morel-Lavallée'sche Krankheit *f*, Kentomanie *f*
Morel syndrome Morel-Syndrom *n*, Hyperostosis *f* frontalis interna
Morgagni-Adams-Stokes syndrome *s.* Adams-Stokes disease
Morgagni's appendix *s.* Morgagni's hydatid

Morgagni's cartilage Morgagni'scher Knorpel *m*, Cartilago *f* cuneiformis, Wrisberg'scher Knorpel *m*
Morgagni's caruncle Morgagni'sche Karunkel *f*, Lobus *m* medius prostatae
Morgagni's disease Morgagni'sche Krankheit *f*, intrakraniale Hyperostose *f*, Hyperostosis *f* frontalis interna, Morgagni-Syndrom *n*
Morgagni's foramen Morgagni'sches Foramen *n*, Trigonum *n* sternocostale
Morgagni's globule Morgagni'sches Kügelchen *npl (in der Augenlinse)*
Morgagni's hernia Morgagni'sche Hernie *f (Hernie im Trigonum lumbocostale)*
Morgagni's hydatid *(Anat, Urol)* Morgagni'sche Hydatide *f*, Morgagni-Hydatide *f*, Appendix *f* testis, Morgagni'scher Anhang *m*
Morgagni's syndrome *s.* Morgagni's disease
Morgagni's tubercle Morgagni'sche Knötchen *npl (um die Mamille)*
Morgagni's ventricle Morgagni-Ventrikel *m*, Ventriculus *m* laryngis
Morganella morganii Morganella *f* morganii
Morgan's bacillus *s.* Morganella morganii
morgue 1. Leichen(schau)haus *n*, Leichenhalle *f*; 2. Leichenkeller *m*, Leichenkammer *f*, Totenkammer *f*
moria Moria *f*, Witzelsucht *f*, Geschwätzigkeit *f (Orbitalhirnsymptom)*
moribund moribund, (dahin)sterbend, im Sterben liegend
moricizine hydrochloride Moricizinhydrochlorid *n (Antiarrhythmikum)*
morning-after pill *(Gyn)* „Pille" *f* am Morgen danach
morning dip morgendliches Absinken *n*, morgendlicher Dip *m (der respiratorischen Funktion)*
morning epilepsy morgendliche Epilepsie *f*, Aufwachepilepsie *f*
morning exercises Morgengymnastik *f*
morning hygienic gymnastics *s.* morning exercises
morning ptosis morgendliche Ptose *f*, Aufwachptose *f*
morning round Morgenvisite *f*
morning sickness (of pregnancy) morgendliche Übelkeit *f*, morgendliches Unwohlsein *n*, Nausea *f* gravidarum *(Schwangerschaftszeichen)*
morning stiffness morgendliche Muskelsteife *f*
moron *(Neur)* Debile(r) *m*, Schwachsinnige(r) *m*
moronity *(Neur)* Debilität *f*, Schwachsinn *m (Intelligenz-Quotient zwischen 50 und 70)*
Moro's reflex Moro-Reflex *m*, Moro'scher Reflex *m*, Moro'scher Umklammerungsreflex *m*
moroxydine Moroxydin *n (Virostatikum)*
morphazine hydrochloride Morphazinhydrochlorid *n (Tuberkulosemittel)*
morphea Morphoea *f*, Morphea *f*, Addison-Keloid *n*, Scleroderma *n* circumscriptum
morphine Morphin *n*, Morphium *n*, 4,5α-Epoxy-17-methyl-7-morphinen-3,6α-diol *n (Hauptalkaloid des Opiums)*
morphine antagonist Morphinantagonist *m*
morphine habit *s.* morphinism 1.
morphine hydrochloride Morphiumhydrochlorid *n*, Morphinum *n* hydrochloricum
morphine poisoning Morphiumvergiftung *f*, Morphinintoxikation *f*
morphine sulfate Morphiumsulfat *n*, Morphinum *n* sulfuricum
morphine tartrate Morphiumtartrat *n*
morphinic Morphin...
morphinism 1. Morphinismus *m*, Morphinomanie *f*, Morphiumsucht *f*, Morphinsucht *f*; 2. (chronische) Morphinvergiftung *f*
morphinist Morphinist *m*, Morphinomane *m*, Morphiumsüchtige(r) *m*
morphinistic morphinistisch; Morphinismus..., Morphinsucht...
morphinization Morphinisierung *f*
morphinomania *s.* morphinism 1.
morphinophagy Morphinophagie *f*, Morphinismus *m*
morphiomania *s.* morphinism 1.
morphium *s.* morphine
morpho-analysis *(Neur)* Gestaltanalyse *f*
morphodifferentiation morphologische Differenzierung *f*, Gewebsgestaltung *f (der Zellen)*
morphogen Morphogen *n (in embryonalem Gewebe)*
morphogenesia *s.* morphogenesis
morphogenesis Morphogenese *f*, Morphogenie *f*, Gestaltentwicklung *f* [Formentwicklung *f*] der Lebewesen, Gestaltbildung *f*, Formbildung *f*
morphogenetic morphogenetisch, gestaltbildend, formbildend
morphogenic *s.* morphogenetic
morphogeny *s.* morphogenesis
morphologic(al) morphologisch, gestaltlich
morphologist Morphologe *m*
morphology Morphologie *f*, Formenlehre *f*, Formbildungslehre *f*
morpholysis *(Neur)* Gestaltzerfall *m*
morphomania *s.* morphinism 1.
morphometric morphometrisch; Morphometrie...
morphometry Morphometrie *f (Methode zur Ausmessung von Körperformen und Zellbestandteilen)*
morphophysics Morphophysik *f (Lehre von den physikalischen und chemischen Ursachen der Entwicklung)*
morphophysiology Morphophysiologie *f*, funktionelle Anatomie *f*
morphoplasm Morphoplasma *n*
morphosis Organentwicklung *f*
morphosynthesis Morphosynthese *f*
morphotic Morphose..., Organentwicklungs...
morphotype Morphotyp *m*
morpio Morpio *m*, Filzlaus *f*, Phthir(i)us *m* pubis
morpion *s.* morpio
Morquio-Ullrich disease *s.* Morquio's syndrome
Morquio's disease *s.* Morquio's syndrome
Morquio's sign Morquio'sches Zeichen *n (bei epidemischer Poliomyelitis)*
Morquio's syndrome *(Päd)* Morquio'sches Syndrom *n*, Mucopolysaccharidose *f* Typ IV, MPS IV, Dysostosis *f* enchondralis metaepiphysaria Typ Morquio
Morquio's syndrome type A Morquio-Syndrom *n* Typ A, Galaktosamin-6-sulfatasemangel *m*
Morquio's syndrome type B Morquio-Syndrom *n* Typ B, β-Galaktosidasemangel *m*
morrhuate sodium Morrhuat-Natrium *n (Venensklerosierungsmittel)*
Morris syndrome Morris-Syndrom *n*, Morris'sches Syndrom *n*, testikuläre Feminisierung *f*
mors Mors *f*, Tod *m (Zusammensetzungen siehe unter: death)*
morsal den Kauvorgang betreffend, das Kauen betreffend; die Kauflächen der Molaren betreffend
Morsier's syndrome Morsier'sches [olfaktogenitales] Syndrom *n*, Morsier-Syndrom *n*
morsus Morsus *m*, Biss *m*, Bisswunde *f*
mortal 1. sterblich; 2. mortal, tödlich, tötend
mortality 1. Mortalität *f*, Sterblichkeit *f*; 2. *s.* mortality rate; 3. tödlicher Ausgang *m*
mortality rate Mortalitätsrate *f*, Sterblichkeitsrate *f*, Sterblichkeitsziffer *f*, Sterbeziffer *f*
mortality risk Mortalitätsrisiko *n*
mortar *(Lab)* Mörser *m*, Reibschale *f*, Tablettenmörser *m*

mortician Bestatter *m*
mortification Mortificatio *f*, Absterben *n*, Nekrose *f*
mortified abgestorben, nekrotisch, gangränös
mortinatality Totgeburtenrate *f*
mortise joint Articulatio *f* talocruralis
mortisemblant scheintot, totscheinend
Morton's disease *s.* Morton's neuralgia
Morton's foot *s.* Morton's neuralgia
Morton's metatarsalgia *s.* Morton's neuralgia
Morton's neuralgia Morton'sche Neuralgie *f*, Morton-Neuralgie *f*, Morton'sches Syndrom *n*, Morton-Syndrom *n*, Morton'sche Metatarsalgie *f (durch Kompression des Nervus plantaris)*
Morton's neuroma Morton'sches Neurom *n*
Morton's plantar neuralgia *s.* Morton's neuralgia
Morton's syndrome *s.* Morton's neuralgia
Morton's test Morton'scher Test *m*, Morton-Test *m*
Morton's toe *s.* Morton's neuralgia
mortuary Toten..., Leichen...
mortuary *s.* morgue
morula Morula *f*, Maulbeerkeim *m (frühes Keimentwicklungsstadium)*
morular *(Embr)* Morula..., Maulbeerkeim...
morular cell of Mott *(Histol)* Mott'sche Zelle *f* [Morulazelle *f*]
morulation *(Embr)* Morulation *f*, Maulbeerkeimbildung *f*
moruloid moruloid, morulaartig, morulaförmig; Morula...
Morvan's disease *s.* Morvan's syndrome
Morvan's syndrome 1. Morvan-Syndrom *n*, Morvan'sches Syndrom *n*, Morvan'sche Gangrän *f*; 2. Morvan'sche Chorea *f (Sonderform der Myoklonie)*; 3. Morvan-Syndrom *n*, Syringomyelie *f*, Hydrosyringomyelie *f*, kavitäre Myelitis *f*
mosaic mosaikartig; Mosaik...
mosaic bone Mosaikknochen *m*; Mosaikstruktur *f* des Knochens
mosaic cleavage Mosaikteilung *f*, Determinationsteilung *f*
mosaic development Mosaikentwicklung *f*
mosaic wart Mosaikwarze *f*
mosaicism 1. *(Gen)* genetisches Mosaik *n*, chromosomales Mosaik *n*, Variegation *f*; 2. *(Gen)* phänotypisches Mosaik *n*
Moschcowitz's disease Moschcowitz-Syndrom *n*, Moschcowitz-Singer-Symmers-Syndrom *n*, thrombotische Mikroangiopathie *f*, thrombotische thrombozytische Purpura *f*
Moschcowitz's sign Moschcowitz-Zeichen *n*
Moschcowitz's test Moschcowitz-Test *m*, Moschcowitz'scher Hyperämietest *m*
mosquito Moskito *m*, Stechmücke *f* • **exterminate mosquitos** Moskitos [Mücken] vernichten
mosquito bite Moskitostich *m*
mosquito-borne moskitoübertragen, durch Stechmücken übertragen
mosquito-borne encephalitis *s.* summer encephalitis
mosquito forceps *(Chir)* Moskitoklemme *f*, Arterienklemme *f* nach Kocher *(zum Fassen kleiner Blutgefäße)*
mosquito vector Moskito-Vektor *m*
mosquitocidal moskitozid, moskitotötend
mosquitocide (agent) Moskitogift *n*, Moskitomittel *n*, moskitotötendes Mittel *n*
Mosse's syndrome Mosse-Syndrom *n*, Mosse'sches Syndrom *n*, Poycythaemia *f* rubra vera mit Milztumor, Ikterus und Leberzirrhose
Mosso's ergograph Mosso'scher Ergograph *m*
Mosso's sphygmomanometer Mosso'sches Sphygmomanometer *n*
mossy fibres Moosfasern *fpl (zum Kleinhirn ziehende Nervenfasern)*
mossy foot *s.* chromoblastomycosis
moth-eaten appearance Mottenfraßerscheinung *f*
moth-eaten phenomenon Mottenfraßphänomen *n (an Knochen)*
mother cell 1. Mutterzelle *f*; 2. chromophobe Zelle *f* der Hypophyse
mother complex *(Psych)* Mutterkomplex *m*
mother fixation *(Psych)* Mutterfixation *f*, Mutterbindung *f*
mother milk Muttermilch *f*
mother star *(Histol)* Mutterstern *m*, Monaster *m*
mother yaw Frambösiom *n*, Primäraffekt *m* der Frambösie
mother's mark *(Derm)* Muttermal *n (siehe auch: naevus)*
mother's side/on the mütterlicherseits, von mütterlicher Seite *(z. B. Krankheiten)*
motile motil, beweglich, bewegungsfähig
motilin Motilin *n (Peptid)*
motility 1. Motilität *f (Gesamtheit der unwillkürlich ablaufenden Muskelbewegungen)*; 2. passiver Bewegungsablauf *m*, (passive) Beweglichkeit *f*, (passives) Bewegungsvermögen *n*, (passive) Bewegungsfähigkeit *f*
motility psychosis Motilitätspsychose *f*
motion 1. Bewegung *f*, Fortbewegung *f*; 2. Defäkation *f*, Stuhlgang *m*, Stuhlentleerung *f*; 3. Stuhl *m*, Kot *m*
motion sickness Bewegungskrankheit *f*, Kinetose *f*
motion therapy Bewegungstherapie *f*
motivation Motivation *f*, Willensbestimmung *f (durch Motive)*
motivation achievement *(Neur)* Leistungsmotivation *f*
motivational conflict *(Neur)* Motivationskonflikt *m*
motivational structure *(Neur)* Motivationsstruktur *f*
motive *(Psych)* Motiv *n*
motoceptor Muskelsinnrezeptor *m*, motorischer Rezeptor *m*
motofacient bewegend, eine Bewegung auslösend
motoneuron *s.* motor neuron
motor 1. motorisch; Motorik...; 2. bewegend; Bewegungs...
motor agraphia *(Neur)* motorische Agraphie *f*
motor alexia *(Neur)* motorische Alexie *f*
motor amusia *(Neur)* motorische Amusie *f*
motor anxiety *(Neur)* Bewegungsangst *f*, motorische Angst *f*
motor aphasia *(Neur)* motorische Aphasie *f*, Aphemie *f*, Wortstummheit *f*
motor apraxia *(Neur)* motorische Apraxie *f*
motor area *s.* motor cortex
motor ataxia *(Neur)* motorische Ataxie *f*
motor aura *(Neur)* motorische Aura *f*
motor cell 1. (motorische) Vorderhornzelle *f (Rückenmark)*; 2. s motor neuron
motor coordination motorische Koordination *f*
motor cortex motorisches Rindenfeld *n (Bewegungszentrum)*
motor cortical area *s.* motor cortex
motor depressant Motoneuronen hemmend
motor depressant (agent) die Motoneuronen hemmendes Mittel *n*
motor end plate motorische Endplatte *f (Nervenendapparat für die Erregungsübertragung)*
motor fibre motorische Faser *f* [Nervenfaser *f*]
motor functions Motorik *f (Gesamtheit der willkürlich ablaufenden Muskelbewegungen)*
motor hallucination motorische Halluzination *f*, kinästhetische Halluzination *f*
motor image motorisches Bild *n*, Bild *n* der Körperbewegungen
motor memory *(Neur)* kinästhetisches Gedächtnis *n*
motor nerve motorischer Nerv *m*, Bewegungsnerv *m*
motor nerve terminal motorische Nervenendigung *f*

motor neuron Motoneuron *n*, motorisches Neuron *n*, motorische Nervenzelle *f*
motor neuron disease Motoneuronerkrankung *f*
motor neuron paralysis Motoneuronenparalyse *f*
motor nucleus motorischer Nervenkern *m*, Nucleus *m* motorius
motor of the trigeminal nerve Nucleus *m* motorius nervi trigemini
motor paralysis motorische Paralyse *f*, Willkürmuskellähmung *f*
motor pathway motorische Bahn *f* [Nervenbahn *f*]
motor point 1. motorischer Punkt *m*, motorischer Muskelreizpunkt *m*; 2. motorischer Punkt *m (Eintrittsstelle eines Motorneurons in den Muskel)*
motor praxis motorische Praxis *f*, motorische Planung *f (einer Muskelbewegung)*
motor protein motorisches Protein *n*
motor root (motorische) Vorderwurzel *f (Rückenmark)*
motor seizure *(Neur)* motorischer Krampf(anfall) *m*
motor sense motorischer Sinn *m*, Muskelbewegungssinn *m*
motor skills disorder *(Neur)* Störung *f* der motorischen Fertigkeiten
motor speech ausdrucksvolle Sprache *f*
motor speech area motorisches Sprachzentrum *n*, Broca'sches Zentrum *n*
motor tract motorische Bahn *f* [Nervenbahn *f*]
motor unit motorische Einheit *f* [Funktionseinheit *f*]
motor unrest *(Neur)* Bewegungsdrang *m*
motorgraphic bewegungsaufzeichnend
motorial motorisch, Bewegungs...
motoric *s.* motor
motoricity aktiver Bewegungsablauf *m*, aktive Beweglichkeit *f*, (aktive) Bewegungsfähigkeit *f*, Fähigkeit *f* zu (aktiven) Bewegungen, (aktives) Bewegungsvermögen *n*
motorium motorisches Nervenzentrum *n*
motormeter Motormeter *n (zur Messung der Kraft, des Ausmaßes und der Geschwindigkeit einer Bewegung)*
motorogerminative sich in Muskeln umwandelnd; sich zu Muskeln entwicklend
motricity *s.* motoricity
mottle gesprenkelt, bunt
mottled enamel *s.* dental fluorosis
mottling Sprenkelung *f (Gewebe)*
moulage Moulage *f*, Abguss *m*, Nachbildung *f* von Körperteilen, anatomisches Wachspräparat *n*
mould *v* 1. schimmeln, schimmlig werden; 2. *(Stom, Orth)* einen Abguss machen, einen Abdruck anfertigen
mould 1. Schimmelpilz *m*, Schimmel *m*; 2. Abguss *m*; 3. Abgussform *f*
moulding Verformung *f*, Deformierung *f (z. B. des Kopfes bei der Geburt)*
moulding of a plaster bandage Gips(verband)-modellierung *f*, Gipsanpassung *f*
mounding 1. lokale Muskelkontraktion *f (eines degenerierten Muskels)*; 2. Muskelödem *n*, Muskelschwellung *f*
Mounier-Kuhn syndrome 1. Mounier-Kuhn-Syndrom *n*, sinopulmonales Syndrom *n*, Bronchosinusitis *f*; 2. Mounier-Kuhn-Syndrom *n*, Tracheobronchomegalie *f*
mount *v* einbetten, einlagern *(z. B. mikroskopische Gewebeschnitte)*
mount of Venus *(Anat)* Mons *m* veneris [pubis], Venusberg *m*, Schamhügel *m*, Schamberg *m*
Mount-Reback syndrome Mount'sches Syndrom *n*, Mount-Reback-Syndrom *n*, familiäre paroxysmale Choreoathetose *f*
mountain fever *s.* 1. brucellosis; 2. Colorado tick fever; 3. Rocky Mountain spotted fever
mountain sickness Bergkrankheit *f*, Höhenkrankheit *f*, Bergkoller *m*
mountant Einbettungsmittel *n*, Einbettungssubstanz *f (für histologische Präparate)*
mounting 1. Einbettung *f*, Einlagerung *f (von Gewebeschnitten)*; 2. *(Stom)* Montage *f*, Aufstellung *f*
mounting medium *s.* mountant
mourning Trauern *n*, Trauer *f*
mouse-tooth forceps Mäusezahnklemme *f (Klemme mit feinen Zähnen)*
mouse unit *(Pharm)* Mäuseeinheit *f*, M.E.
mousepox infektiöse Ektromelie *f*, Mäusepocken *pl*
mouth Mund *m*, Os *n* • **by the mouth** durch den Mund (verabfolgt), per os, peroral; Peroral... • **open the mouth** den Mund öffnen • **rinse the mouth** den Mund (aus)spülen, eine Mundspülung durchführen
mouth bath Mundspülung *f*
mouth breathing Mundatmen *n*, Mundatmung *f*
mouth dilator Mundspreizer *m*, Mundkeil *m*
mouth floor Mundboden *m*
mouth gag *(Stom)* Mundsperrer *m*; Mundkeil *m*
mouth guard Mundschutz *m*, Gebissschutz *m (z. B. der Boxer)*
mouth mirror *(Stom)* Mundspiegel *m*
mouth of the ductus Duktusmündung *f (z. B. des Ductus Botalli)*
mouth of the womb Muttermund *m*, Ostium *n* [Os *n*] uteri, Orificium *n* uteri
mouth prop *(Stom)* Mundkeil *m*
mouth rinse Mundspüllösung *f*
mouth rinsing Mundspülung *f*
mouth-to-mouth breathing *(Anästh)* Mund-zu-Mund-Beatmung *f*
mouth-to-mouth insufflation *s.* mouth-to-mouth breathing
mouth-to-mouth resuscitation *s.* mouth-to-mouth breathing
mouth-to-nose breathing *(Anästh)* Mund-zu-Nase-Beatmung *f*
mouth-to-nose resuscitation *s.* mouth-to-nose breathing
mouth-to-nose ventilation *s.* mouth-to-nose breathing
mouth wedge *(Anästh)* Mundkeil *m*, Beißkeil *m*
mouthstick Mundstift *m (für Querschnittsgelähmte)*
mouthwash Mundwasser *n*, Mundspülmittel *n*, Collutorium *n*
moveable kidney Wanderniere *f*, Ren *m* mobilis
movement 1. Bewegung *f*, Fortbewegung *f*; 2. Stuhlgang *m*, Defäkation *f*, Stuhlentleerung *f*; 3. Stuhl *m*, Kot *m*
movement cure Bewegungsbehandlung *f*, Bewegungstherapie *f*, Kinesitherapie *f*
movement disorder Bewegungsstörung *f*
movement of the jaw Kieferbewegung *f*
movement spasm Ermüdungskrampf *m*
moving grid *(Rad)* Laufraster *n*, bewegliches Raster *f*, bewegliche Streustrahlenblende *f*
moxa 1. Moxa *f*, Moxakraut *n*, pulverisiertes Beifußkraut *n (aus getrockneter Artemisia vulgaris)*; 2. *s.* moxibustion
moxa box Moxakästchen *n*, Moxaverbrennungskasten *m*
moxa cone Moxakegel *m*
moxa cylinder Moxazigarre *f*, Moxastange *f*, Moxastäbchen *n*
moxa needle Moxanadel *f*
moxa wool Moxawolle *f*
moxalactam Moxalactam *n (Antibiotikum)*
moxazocine Moxazocin *n (Analgetikum; Antitussivum)*
moxibustion Moxibustion *f*, *(Kurzform)* Moxa *f*, Moxabrennen *n (Behandlungsmethode der chinesischen Akupunktur mit lokaler Wärmeanwendung)*
moxisylate Moxisylat *n (Alpharezeptorenblocker)*
moxnidazole Moxnidazol *n (Trichomonadenmittel)*

moyamoya disease Moyamoya-Krankheit *f (bei Verschluss des Circulus Willisi)*
Moynahan's syndrome Moynahan'sches Syndrom *n*, Moynahan-Syndrom *n*, progressive kardiomyopathische Lentiginose *f*
Moynihan's cream Moynihan'sche Salbe *f (Wundsalbe aus Wismutkarbonat und Quecksilberjodid)*
Moynihan's test Moynihan'scher Test *m (bei Sanduhrmagen)*
MPS *s.* mucopolysaccharidosis
mRNA *s.* messenger ribonucleic acid
MS *s.* 1. multiple sclerosis; 2. mitral stenosis
MSH *s.* melanocyte-stimulating hormone
m.u. *s.* mouse unit
Mucha-Habermann disease *s.* Mucha's disease
Mucha's disease Mucha-Krankheit *f*, akute lichenoide Pityriasis *f*
Much's bacillus Much-Bazillus *m (nicht-säurestabile Form der Tuberkelbazillen)*
Much's granules Much'sche Granula *npl (im Sputum bei Tuberkulose)*
mucicarmine Mucicarmin *n*, Muzikarmin *n (Farbstoff)*
mucicarminophilic muzikarminophil, leicht mit Muzikarmin färbend
mucid *s.* mucinous
muciferous 1. schleimausscheidend, schleimsezernierend; 2. schleimbildend, schleimproduzierend; 3. schleimgefüllt, schleimhaltig
mucification Muzifikation *f*, Schleimbildung *f*
muciform schleimartig
mucigen Muzigen *n*
mucigenous muzigen, schleimproduzierend, schleimbildend
mucigogue muzigog, die Schleimbildung anregend
mucigogue (agent) Mucigogum *n*, die Schleimabsonderung anregendes Mittel *n*, die Schleimbildung anregendes Mittel *n*
mucihaematein Mucihämatein *n*, Muzihämatein *n (Farbstoff)*
mucilage Muzilago *m*, Schleim *m*
mucilaginous muzilaginös, schleimig; Muzilago..., Schleim...
mucilaginous substance muzilaginöse Substanz *f*, Schleimsubstanz *f*
mucilago *s.* mucilage
mucin Muzin *n (Glykoproteid, Schleimstoff)*
mucin cell *(Histol)* Schleimzelle *f*
mucin therapy Muzintherapie *f*, Schleimbehandlung *f*
mucinaemia Muzinämie *f (Vorhandensein von Muzin im Blut)*
mucinase *s.* mucopolysaccharidase
mucinoblast Muzinoblast *m*
mucinoid *s.* mucoid
mucinolytic muzinolytisch, schleim(auf)lösend
mucinosis Muzinose *f*, Hautverschleimung *f*
mucinous muzinös; Muzin..., Schleim...
mucinous adenocarcinoma *s.* mucinous carcinoma
mucinous carcinoma muzinöses Karzinom *n*
mucinous cyst Muzinzyste *f*, Schleimzyste *f*
mucinous cystadenocarcinoma pseudomuzinöses Kystadenokarzinom *n*
mucinous cystadenoma pseudomuzinöses Kystadenom *n*
mucinous degeneration *s.* mucous degeneration
mucinous plaques *s.* dental plaques
mucinuria Muzinurie *f*, Schleimausscheidung *f* im Urin
muciparous schleimbereitend; schleimabsondernd
muciparous gland *s.* mucous gland
mucitis Schleimhautentzündung *f*
Muckle-Wells syndrome Muckle-Wells-Syndrom *n (Nierenamyloidose mit Nephritis und Urtikaria)*
mucobuccal mukobukkal; Wangenschleimhaut...
mucocartilage Mucocartilago *f*
mucocele Mukozele *f*, Schleimretentionszyste *f*, Schleimansammlung *f* in einem Hohlraum
mucociliary mukoziliär, Schleim und Zilien betreffend; Mukoziliar..., Mukoziliär...
mucoclasis Mukoklasis *f*, (chirurgische) Schleimhautzerstörung *f (z. B. eines Organs)*
mucocolitis *s.* irritable colon
mucocolpos Mukokolpos *m*, Schleimansammlung *f* in der Vagina, Scheidenverschleimung *f*
mucocutaneous mukokutan; Schleimhaut-Haut-...
mucocutaneous border Schleimhautgrenze *f*
mucocutaneous junction mukokutaner Übergang *m*, Schleimhaut-Haut-Übergang *m*, Schleimhaut-Haut-Grenze *f*
mucocutaneous leishmaniasis *(Trop)* Espundia *f*, südamerikanische Schleimhautleishmaniasis *f* [Hautleishmaniase *f*]
mucocutaneous lymph node syndrome Kawasaki-Krankheit *f*, mukokutanes Lymphknotensyndrom *n*
mucocutaneous ocular syndrome *(Derm, Ophth)* Behçet-Syndrom *n*, Behçet-Krankheit *f*, Behçet'sche Krankheit *f*, mukokutones Augensyndrom *n (Virusinfektion)*
mucocyst Mukozyste *f*, Schleimzyste *f*
mucoderm Mukoderm *n*
mucodiarrhoea Mukodiarrhoe(a) *f*, Mukodiarrhö(e) *f*
mucoenteritis Mukoenteritis *f*, Darmschleimhautentzündung *f*, akuter Darmschleimhautkatarrh *m*
mucoepidermoid mukoepidermoid; Schleimhaut-Haut-...
mucoepidermoid cancer Mukoepidermoid-Karzinom *n (bösartige Geschwulst mit Schleim- und Hornbildung)*
mucoepidermoid carcinoma *s.* mucoepidermoid cancer
mucoepidermoid tumour *(Path)* Mukoepidermoid-Tumor *m*
mucofibrous mukofibrös, aus Schleim und Fasergewebe bestehend
mucoflocculent mukoflokkulent; Schleimflocken...
mucogingival mukogingival; Schleimhaut-Zahnfleisch-...
mucogingival junction *(Stom)* mukogingivale Linie *f*, Gesundheitslinie *f*
mucogingivitis Mukogingivitis *f*
mucoglobulin Mukoglobulin *n*
mucohaemorrhagic mukohämorrhagisch, schleimig-blutig
mucoid mukoid, schleimartig *(Zusammensetzungen siehe unter: mucous)*
mucoid Mukoid *n*, Pseudomuzin *n*
mucoid cyst Schleimzyste *f*
mucoid tissue mukoides Gewebe *n*
mucoitinsulphuric acid Mukoitinschwefelsäure *f*
mucolemma Mucolemma *n*, Mukolemm *n*, Schleimschicht *f*
mucolipidosis Mukolipidose *f*
mucolipidosis I Mukolipidose *f* (Typ) I, Sialidose *f* (Typ) I, Lipomukopolysaccharidose *f*
mucolipidosis II Mukolipidose *f* (Typ) II, I-Zellen-Krankheit *f*
mucolipidosis III Mukolipidose *f* (Typ) III, Pseudo-Hurler-Dystrophie *f*, Pseudo-Hurler-Polydystrophie *f*, Pseudopolydystrophie *f*
mucolipidosis IV Mukolipidose *f* (Typ) IV
mucolysis Mukolyse *f*, Schleimauflösung *f*, Schleimverflüssigung *f*, Schleimlösung *f*
mucolytic mukolytisch, schleimlösend; Schleim verflüssigend

mucolytic (agent) Mukolytikum *n*, Mykolytikum *n*, schleimlösendes Mittel *n*
mucomembranous mukomembranös, schleimhäutig; Schleimhaut…
mucometria Mukometrie *f*, Schleimansammlung *f* im Uterus, Gebärmutterverschleimung *f*
mucopeptide Mukopeptid *n*
mucopeptide glycohydrolase Mukopeptidglykohydrolase *f*, Lysozym *n*
mucopeptide layer Mukopeptidschicht *f*
mucoperichondrial mukoperichondrial; Mukoperichondrium…
mucoperichondrium Mukoperichondrium *n*
mucoperiosteal mukoperiosteal, aus Schleimhaut und Periost bestehend; Mukoperiost…, Schleimhaut-Periost-…
mucoperiosteal flap Schleimhaut-Periost-Lappen *m (bei plastischer Operation)*
mucoperiosteum Mukoperiost *n*
mucopolysaccharidase Mukopolysaccharidase *f (Enzym)*
mucopolysaccharide Mukopolysaccharid *n*
mucopolysaccharidosis Mukopolysaccharidose *f*, Mukopolysaccharidspeicherkrankheit *f*, MPS *(angeborene Stoffwechselerkrankung)*
mucopolysaccharidosis (type) I *s.* Hurler's syndrome
mucopolysaccharidosis (type) II *s.* Hunter's syndrome
mucopolysaccharidosis (type) III *s.* Sanfillipo's syndrome
mucopolysaccharidosis (type) IV *s.* Morquio's syndrome
mucopolysaccharidosis (type) V *s.* Scheie's syndrome
mucopolysaccharidosis (type) VI *s.* Maroteaux-Lamy syndrome
mucopolysaccharidosis (type) VII *s.* Sly's syndrome
mucopolysacchariduria Mukopolysaccharidurie *f*, Mukopolysaccharidausscheidung *f* im Urin
mucoproteid Mukoprotein *n*, Mukoproteid *n*
mucoprotein *s.* mucoproteid
mucopurulent mukopurulent, schleimig-eitrig
mucopurulent bronchitis Bronchitis *f* mucopurulenta, muko-purulente [schleimig-eitrige] Bronchitis *f*
mucopurulent discharge mukopurulenter Fluor *m*, schleimig-eitriger Ausfluss *m*
mucopus Mukopus *m*, schleimiger Eiter *m*, eitriger Schleim *m*
mucopyocele Mukopyozele *f*, Schleim- und Eiterzyste *f*
Mucor circinelloides Mucor *m* circinelloides
Mucor corymbifer Mucor *m* corymbifer
Mucor mucedo Mucor *m* mucedo
Mucor pusilus Mucor *m* pusilus
Mucor racemosissimus Mucor *m* racemosissimus
Mucor ramosus Mucor *m* ramosus
Mucor rhizopodiformis Mucor *m* rhizopodiformis
mucoraceous Mucoracea…
mucoriferous schimmeltragend, schimmelbelegt, schimmlig
mucormycosis Mukormykose *f*, Mucormycosis *f*, Phycomycosis *f*, Schimmelpilzerkrankung *f*, Schimmelpilzinfektion *f*
mucorrhoea Mukorrhoe *f*, Schleimfluss *m*
mucosa Mukosa *f*, Tunica *f* mucosa, Schleimhaut *f*
mucosa-associated lymphoid tissue schleimhautassoziiertes lymphatisches Gewebe *n*, MALT
mucosa of the auditory tube Tunica *f* mucosa tubae auditivae
mucosa of the bronchi Bronchialschleimhaut *f*, Tunica *f* mucosa bronchiorum
mucosa of the colon Dickdarmschleimhaut *f*, Kolonmukosa *f*, Tunica *f* mucosa coli
mucosa of the ductus deferens Tunica *f* mucosa ductus deferentis
mucosa of the female urethra Tunica *f* mucosa urethrae femininae
mucosa of the gall bladder Gallenblasenschleimhaut *f*, Tunica *f* mucosa vesicae felleae
mucosa of the larynx Kehlkopfschleimhaut *f*, Larynxmukosa *f*, Tunica *f* mucosa laryngis
mucosa of the nose Nasenschleimhaut *f*, Tunica *f* mucosa nasi
mucosa of the oral cavity Mund(höhlen)schleimhaut *f*, Tunica *f* mucosa oris
mucosa of the pharynx Rachenschleimhaut *f*, Pharynxmukosa *f*, Tunica *f* mucosa pharyngis
mucosa of the rectum Rektumschleimhaut *f*, Rektummukosa *f*, Tunica *f* mucosa recti
mucosa of the seminal vesicle Tunica *f* mucosa vesiculae seminalis
mucosa of the small intestine Dünndarmschleimhaut *f*, Tunica *f* mucosa intestini tenuis
mucosa of the stomach Magenschleimhaut *f*, Tunica *f* mucosa ventriculi
mucosa of the tongue Zungenschleimhaut *f*, Tunica *f* mucosa linguae
mucosa of the trachea Luftröhrenschleimhaut *f*, Trachealmukosa *f*, Tunica *f* mucosa tracheae
mucosa of the tympanic cavity Paukenhöhlenschleimhaut *f*, Tunica *f* mucosa cavi tympani
mucosa of the ureter Harnleiterschleimhaut *f*, Uretermukosa *f*, Tunica *f* mucosa ureteris
mucosa of the uterine tube Eileiterschleimhaut *f*, Tubenmukosa *f*, Tunica *f* mucosa tubae uterinae
mucosa of the vagina Scheidenschleimhaut *f*, Vaginalmukosa *f*, Tunica *f* mucosa vaginae
mucosal Mukosa…, Schleimhaut…
mucosal candidiasis Schleimhautcandidiasis *f*, Candidiasis *f* mucosae
mucosal fold Schleimhautfalte *f*
mucosal folds of the stomach Magenschleimhautfalten *fpl*
mucosal graft Schleimhauttransplantat *n*
mucosal immune system Schleimhautimmunsystem *n (lymphoides Gewebe der Schleimhautoberflächen)*
mucosal involvement Schleimhautbeteiligung *f*
mucosal leishmaniasis *s.* mucocutaneous leishmaniasis
mucosal lining Schleimhautauskleidung *f*
mucosal melanoma Schleimhautmelanom *n*
mucosal microcolony Schleimhautmikrokolonie *f*
mucosal necrosis Schleimhautnekrose *f*
mucosal penetration Schleimhautpenetration *f*
mucosal prolapse Mukosaprolaps *m*, Schleimhautvorfall *m*
mucosal relief roentgenography Schleimhautreliefröntgen(kontrast)darstellung *f*
mucosal surface Schleimhautoberfläche *f*
mucosalpinx Mukosalpinx *f*, Eileiterverschleimung *f*
mucosanguineous mukosanguinös, mukosanguinolent, schleimig-blutig
mucosectomy Mukosektomie *f*, (operative) Schleimhautentfernung *f*
mucosedative mukosedativ, die Schleimhäute beruhigend; die Schleimhäute glättend
mucoserotympanum Mukoserotympanum *n*
mucoserous mukoserös, schleimig-serös
mucoserous cell mukoseröse [seromuköse] Zelle *f*
mucosin Mukosin *n*
mucosis *s.* mucoviscidosis
mucositis Mukositis *f*, Schleimhautentzündung *f*
mucosity 1. Verschleimung *f*, 2. Schleimhülle *f*, Schleimbedeckung *f*, 3. Schleimartigkeit *f*

mucosocutaneous *s.* mucocutaneous
mucostasis Mukostase *f*, Schleimstauung *f*, gestörter Schleimabfluss *m*
mucostatic mukostatisch, schleimhemmend, die Schleimsekretion hemmend; schleimlindernd, schleimmindernd
mucosulfatidosis Mukosulfatidose *f*, multipler Sulfatasemangel *m*
mucotome Mukotom *n*, Schleimhautdermatom *n*
mucotomy 1. Mukotomie *f*, (operative) Schleimhautabtragung *f*; 2. Mukotomie *f*, (operative) Nasenschleimhautabtragung *f*
mucous 1. mukös, schleimig, schleimartig; 2. schleimbedeckt; verschleimt; 3. schleimbildend, schleimproduzierend; schleimabsondernd; 4. schleimhaltig, schleimenthaltend
mucous cell *(Histol)* Schleimzelle *f*, Cellula *f* mucipara
mucous colic [colitis] Colica *f* [Colitis *f*] mucosa *(siehe auch unter: irritable colon)*
mucous cyst Schleimzyste *f*
mucous cystadenoma pseudomuzinöses Kystadenom *n*
mucous degeneration schleimige [mukoide] Degeneration *f*
mucous epithelium Schleimepithel *n*
mucous gland Schleimdrüse *f*, Glandula *f* mucosa
mucous membrane Schleimhaut *f*, Tunica *f* mucosa
mucous membrane muscle suture Schleimhaut-Muskel-Naht *f*
mucous membrane of the auditory tube Ohrtrompetenschleimhaut *f*, Tunica *f* mucosa tubae auditivae
mucous membrane of the bronchi Bronchialschleimhaut *f*, Tunica *f* mucosa bronchorum
mucous membrane of the colon Dickdarmschleimhaut *f*, Kolonmukosa *f*, Tunica *f* mucosa coli
mucous membrane of the gall bladder Gallenblasenschleimhaut *f*, Tunica *f* mucosa vesicae felleae
mucous membrane of the larynx Kehlkopfschleimhaut *f*, Larynxmukosa *f*, Tunica *f* mucosa laryngis
mucous membrane of the nose [nasal cavity] Nasen(höhlen)schleimhaut *f*, Tunica *f* mucosa nasi
mucous membrane of the oral cavity Mund-(höhlen)schleimhaut *f*, Tunica *f* mucosa oris
mucous membrane of the pharynx Rachenschleimhaut *f*, Pharynxmukosa *f*, Tunica *f* mucosa pharyngis
mucous membrane of the rectum Rektumschleimhaut *f*, Rektummukosa *f*, Tunica *f* mucosa recti
mucous membrane of the small intestine Dünndarmschleimhaut *f*, Tunica *f* mucosa intestini tenuis
mucous membrane of the stomach Magenschleimhaut *f*, Tunica *f* mucosa ventriculi
mucous membrane of the tongue Zungenschleimhaut *f*, Tunica *f* mucosa linguae
mucous membrane of the trachea Luftröhrenschleimhaut *f*, Trachealmukosa *f*, Tunica *f* mucosa tracheae
mucous membrane of the tympanic cavity Paukenhöhlenschleimhaut *f*, Tunica *f* mucosa cavi tympani
mucous membrane of the ureter Harnleiterschleimhaut *f*, Uretermukosa *f*, Tunica *f* mucosa ureteris
mucous membrane of the uterine tube Eileiterschleimhaut *f*, Tubenmukosa *f*, Tunica *f* mucosa tubae uterinae
mucous membrane of the vagina Scheidenschleimhaut *f*, Vaginalmukosa *f*, Tunica *f* mucosa vaginae
mucous membrane pemphigus Schleimhautpemphigus *m*
mucous patch Condyloma *n* latum, flaches [breites] Kondylom *n*, flache [breite] Feigwarze *f*
mucous plug Schleimpfropf *m*
mucous sheath *s.* tendon sheath
mucous shreds Schleimfetzen *mpl*, Schleimfäden *mpl* *(z. B. im Urin)*
mucous sputum schleimiges Sputum *n*, schleimiger Auswurf *m*
mucous tissue embryonales Bindegewebe *f*, embryonales Gallertgewebe *n*
mucous tumour *s.* myxoma
mucoviscidosis *(Gen, Päd)* Mukoviszidose *f*, Dysporia *f* broncho-entero-pancreatica congenita familiaris, zystische Pankreasfibrose *f*, Zystofibrose *f* der Bauchspeicheldrüse *(Sekretionsstörung mit Auswirkungen an Bauchspeicheldrüse, Bronchial- und Darmdrüsen)*
mucronate *s.* xiphoid
mucroniform mukroniform, stachelförmig
muculent mukulent, schleimhaltig, schleimreich
mucus Mukus *m*, Schleim *m* • **remove mucus** Schleim entfernen, Schleim absaugen
mucus-filled schleimgefüllt, schleimhaltig
mucus trap suction apparatus Saugapparat *m* mit Schleimfalle
mud bath *(Bal)* Schlammbad *n*, Moorbad *n*, Balneum *n* coenosum
mud fever *s.* swamp fever
mud poultice application Schlammpackung(sanwendung) *f*, Moorpackung(sanwendung) *f*
mud therapy Schlammbehandlung *f*, Heilschlammtherapie *f*
muffle Muffel *f*, Heizkammer *f*
Muir-Torre syndrome Muir-Torre-Syndrom *n (multiples Karzinomsyndrom des Gastrointestinaltraktes)*
mulatto Mulatte *m*
mulberry calculus Maulbeerstein *m (schwarzer höckeriger Stein des Nierenbeckens oder der Blase)*
mulberry mark *(Derm)* Naevus *m* morus
mulberry mass *s.* morula
muliebria Muliebria *fpl*, weibliche Geschlechtsorgane *npl*
muliebrity 1. Weiblichkeit *f*, Fraulichkeit *f*; 2. Verweiblichung *f* beim Mann, Unmännlichkeit *f*
mull Mull *m*, Verbandmull *m*, Tela *f* depurata
muller Stößel *m (zum Zerreiben von Substanzen)*
Müller's canal *s.* Müller's duct
Müller's capsule Müller'sche Kapsel *f*, Capsula *f* glomeruli
Müller's cells Müller'sche Stützzellen *fpl*
Müller's duct Müllor'scher Gang *m*, Ductus *m* paramesonephricus
Müller's electronic tonometer Müller'sches elektronisches Tonometer *n*
Müller's fibres Müller'sche Stützfasern *fpl*
Müller's fixative Müller'sche Fixierlösung *f (aus Natriumsulfat und Kaliumdichromat)*
Müller's fluid *s.* Müller's fixative
Müller's liquid *s.* Müller's fixative
Müller's manoeuvre *(Gyn)* Müller'scher Handgriff *m*, Hillis-Müller'scher Handgriff *m*
Müller's muscle Müller'scher Muskel *m*, Fibrae *fpl* circulares musculi ciliaris
Müller's radial cells Müller'sche Stützzellen *fpl*
Müller's sign Müller'sches Zeichen *n (bei Aortenklappeninsuffizienz)*
Müller's trigone Müller'sches Trigonum *n (im dritten Hirnventrikel)*
Müller's tube Müller-Zählrohr *n*, Geiger-Müller-Zähler *m*
mulling *(Stom)* Amalgamkneten *n*, abschließende Amalgammischung *f*
multangular bone *(Anat)* Multangulum *n*, Os *n* multangulum, Vieleckbein *n (Handwurzelknochen)*
multangulum *s.* multangular bone
multi-... *siehe auch: multi... und multiple ...*

multi-articular multiartikulär, mehrgelenkig, mehrere Gelenke befallend; mehrere Gelenke betreffend
multi-axial joint *s.* enarthrosis
multi-channel electrocardiograph Mehr(fach)kanal-Elektrokardiograph *m*, Mehrkanal-EKG-Schreiber *m*
multi-colony stimulating factor Multi-CSF *m*, Multi-colony-Stimulierungsfaktor *m*
multi-field hospital Krankenhaus *n* mit mehreren Fachbereichen
multi-hit kinetics *(Virol)* Multi-hit-Kinetik *f*
multi-infarct dementia Multiinfarkt-Demenz *f*, MID, Multiinfarkt-Enzephalopathie *f*
multi-infection Multiinfektion *f*, Mehrfachinfektion *f*, Mischinfektion *f*
multi-stage operation mehrzeitige [mehrstufige] Operation *f*
multi-stimulating factor Multi-CSF *m*
multi-type hospital *s.* multi-field hospital
multiallelic multiallel, zu mehreren Allelen gehörend, mehrere Allele betreffend
multibacillary multibazillär
multicapsular multikapsulär, mehrkapselig
multicellular multizellulär, mehrzellig, vielzellig
multicellularity Mehrzelligkeit *f*, Vielzelligkeit *f*
multicentric multizentrisch, mehrzentrisch
multicentric mitosis multipolare Mitose *f*
multicentricity Multizentrizität *f*
multicipital vielköpfig, mehrköpfig *(z. B. Muskel)*
multiclonal *(Gen)* multiklonal, mehrklonal, mehrere Klone betreffend; zu vielen Klonen gehörend
multicollinearity *(Statist)* Multikolinearität *f*
multicomponent virus Mehrfachkomponentenvirus *n*
multicontaminated multikontaminiert, mehrfach kontaminiert, mit vielen Keimen kontaminiert
multicostate multikostal, mehrrippig, vielrippig
multicuspid multikuspidaler Molar *m*, mehrhöckeriger Molarzahn *m*
multicuspidal 1. multikuspid(al), mehrzipfelig *(Herzklappe)*; 2. multikuspid(al), mehrhöckerig *(Mahlzahn)*
multicuspidate *s.* 1. multicuspid; 2. multicuspidal
multicystic multizystisch, mehrzystisch, viele Zysten [Blasen] enthaltend
multicystic kidney Zystenniere *f*, zystische Nierendysplasie *f*
multidentate 1. multidental, mehrzahnig, vielzahnig; 2. multidental, mehrfach gezähnt
multidigitate multidigital, mehrfingerig; mehrzehig
multidimensional diagnosis mehrdimensionale Diagnostik *f*, mehrdimensionale Betrachtungsweise *f*, multidimensionale Diagnose *f*
multidisciplinary care conference interdisziplinäre Pflegekonferenz *f*
multidisciplinary health care team interdisziplinäres Gesundheitspflegeteam *n*
multidrug resistance mehrfache Arzneimittelresistenz *f*, Arzneimittelmehrfachresistenz *f*
multidrug therapy Arzneimittelkombinationstherapie *f*
multienzyme Multienzym...
multienzyme complex Multienzymkomplex *m*
multifactorial multifaktoriell, durch mehrere Faktoren bewirkt
multifactorial inheritance multifaktorielle Vererbung *f*, multifaktorieller Erbgang *m*
multifamilial multifamilial, mehrere Generationen einer Familie betreffend
multifid multifid, vielfach gespalten, vielspaltig
multifidus (muscle) Musculus *m* multifidus, vielgespaltener Rückenmuskel *m*
multifidus spinae (muscle) *s.* multifidus muscle
multiflagellate multiflagellär, mehrgeißelig, vielgeißelig
multifocal multifokal, mehrherdig, vielherdig
multifoetation Multifötation *f*, Mehrfachschwängerung *f*, Überschwängerung *f*
multiform multiform, vielgestaltig, mehrgestaltig
multiform spongioblastoma Spongioblastoma *n* multiforme
multiganglionate multiganglionär, mehrganglionär
multigenerational model *(Psych)* Multigenerationsmodell *n*
multigenerational transmission process Transmissionsprozess *m* über mehrere Generationen *(z. B. von Alkoholismus)*
multigesta *s.* multigravida
multiglandular multiglandulär, mehrdrüsig, vieldrüsig; mehrere Drüsen betreffend
multigravida Multigravida *f*, Mehrfachschwangere *f*, wiederholt schwangere Frau *f*
multigravidity Multigravidität *f*, Mehrfachschwangerschaft *f*
multihallucalism Vorhandensein *n* von mehreren Großzehen
multihallucism *s.* multihallucalism
multihormonal multihormonal, mehrere Hormone betreffend
multihospital system mehrere Krankenhäuser *npl* unter einer Verwaltung
multilobar multilobär, mehrlappig, viellappig; viele Lappen betreffend
multilobate(d) *s.* multilobar
multilobed *s.* multilobar
multilobed placenta Placenta *f* multilobulata, gelappte Placenta *f* [Nachgeburt *f*], gelappter Mutterkuchen *m*
multilobular multilobulär, mehrere Läppchen betreffend
multilocular 1. multilokulär, vielortig, an vielen Stellen; 2. multilokulär, vielkammerig, mehrkammerig, vielfächerig
multilocular cyst *(Stom)* multilokuläre [mehrfach gekammerte] Zyste *f*
multilocular cyst of ovary *(Path)* multilokuläres [mehrkammeriges] Ovarialkystadenom *n*
multilocular sclerosis *s.* multiple sclerosis
multimammae Mehrbrüstigkeit *f*, Vielbrüstigkeit *f*, Polymastie *f*
multimorbidity Multimorbidität *f*, Polymorbidität *f*, Polypathie *f*, Vorhandensein *n* mehrerer Krankheiten
multinodal multinodal, mit vielen Knoten, mehrknotig, vielknotig
multinodular multinodulär, mit vielen kleinen Knoten
multinodular goitre Knotenstruma *f*, Knotenkropf *m*, Struma *f* nodosa multiplex
multinodulate *s.* multinodular
multinuclear multinukleär, mehrkernig, vielkernig
multinucleate *s.* multinuclear
multinucleosis Polynukleose *f*
multipara Multipara *f*, Mehrgebärende *f*, Vielgebärende *f*, Pluripara *f*
multiparity Mehrfachgeburt *f*, Zustand *m* nach mehrfacher Geburt
multiparous multipar, nach mehreren Geburten auftretend; mehrere Kinder geboren habend
multipartial polyvalent *(z. B. ein Serum)*
multipartite mehrfach [vielfach] geteilt
multipartite placenta *s.* multilobed placenta
multipenniform multipenniform, mehrfach gefiedert *(z. B. ein Muskel)*
multiphase generator *(Rad)* Multiphasengenerator *m*, Mehrphasengenerator *m*
multiphasic personality inventory *(Neur)* Mehrphasenpersönlichkeitstest *m*

multiphasic screening Multiphasen-Screening *n*
multiple multipel, mehrfach, vielfach; an vielen Stellen auftretend; vielfältig
multiple autoimmune disorder multiple Autoimmunstörung *f*
multiple benign cystic epithelioma multiples benignes zystisches Epitheliom *n*, Epithelioma *n* adenoides cysticum, Acanthoma *n* adenoides cysticum
multiple birth Mehrfachgeburt *f*, Mehrlingsgeburt *f*
multiple bowl diverticula *s.* diverticulosis
multiple cartilaginous exostoses multiple kartilaginöse Exostosen *fpl*; Diaphysenaklasie *f*, Chondropathia *f* deformans hereditaria
multiple chondrome Morbus *m* Ollier, Ollier'sches Syndrom *n*, Ollier-Syndrom *n*, chondromatöse Dysplasie *f*, Hemichondrodystrophie *f*
multiple endocrine adenomatosis *(Gastr, Path)* multiple endokrine Adenomatose *f*
multiple endocrine adenomatosis syndrome *(Gastr)* Syndrom *n* der multiplen endokrinen Adenomatose, MEA-Syndrom *n*
multiple endocrine neoplasia multiple endokrine Neoplasie *f*, MEN-Syndrom *n*
multiple exostoses mental retardation syndrome *(Päd)* Multiple-exostoses-mental-retardation-Syndrom *n* *(Missbildungssyndrom mit Osteochondromen, geistiger Zurückgebliebenheit, Muskelhypoplasie und Wachstumsstörungen)*
multiple factor Mehrfachfaktor *m*, Polygen *n*
multiple family therapy *(Psych)* Mehrfamilien(psycho)-therapie *f*, multiple Familien(psycho)therapie *f*
multiple fission *(Histol)* Mehrfachkernteilung *f*
multiple fracture Mehrfachfraktur *f*, Mehrfach(knochen)bruch *m*, Trümmerfraktur *f*, Trümmerbruch *m (eines Knochens)*
multiple fractures multiple Knochenbrüche *mpl (an mehreren Knochen)*
multiple gene Polygen *n*
multiple haemorrhage multiple Blutung *f*, Mehrfachblutung *f*
multiple hereditary exostosis *s.* osteochondromatosis
multiple idiopathic haemorrhagic sarcoma *(Path)* Sarcoma *n* cutaneum teleangiectaticum multiplox
multiple infection Mehrfachinfektion *f*, Mischinfektion *f*
multiple injury Mehrfachverletzung *f*, Polytrauma *n*
multiple intestinal polyposis *(Gastr)* multiple intestinale Polypose *f*, Peutz-Jeghers Syndrom *n*
multiple lipomatosis multiple Lipomatose *f*
multiple mononeuropathy multiple Mononeuropathie *f*
multiple mucosal neuroma syndrome Syndrom *n* der multiplen Schleimhautsyndrome
multiple myeloma multiples Myelom *n*
multiple myositis multiple Myositis *f*
multiple neuritis Neuritis *f* multiplex, Polyneuritis *f*
multiple neurofibroma *s.* neurofibromatosis
multiple neuroma *s.* neurofibromatosis
multiple osteochondritis Dysplasia *f* epiphysialis multiplex
multiple peripheral neuritis multiple periphere Neuritis *f*
multiple personality *(Neur)* multiple Persönlicheit *f*, gespaltene Persönlichkeit *f (bei Schizophrenie)*
multiple personality disorder multiple Persönlichkeitsstörung *f*
multiple plasmacytoma of bone *s.* multiple myeloma
multiple pregnancy Mehrfachschwangerschaft *f*
multiple pressure technique *s.* multiple puncture technique
multiple puncture technique Multipunkturtechnik *f* *(Impfmethode)*
multiple pupil Mehrfachpupille *f*
multiple sclerosis *(Neur)* multiple Sklerose *f*, MS *f*
multiple self-healing squamous epithelioma Keratoacanthoma *n*, Keratoakanthom *n*
multiple serositis *s.* polyserositis
multiple sleep latency test multipler Schlaf-Latenz-Test *m*
multiple slit kymography Flächenkymographie *f*
multiple transfusion Mehrfachtransfusion *f*
multiple transfusion syndrome Mehrfachtransfusionssyndrom *n*
multiple trauma Mehrfachtrauma *n*, Mehrfachverletzung *f*
multiplex *s.* multiple
multiplex type of polyneuritis Mononeuritis *f* multiplex
multipolar multipolar, mehrpolig, vielpolig, viele Pole besitzend
multipolar mitosis multizentrische Mitose *f*
multipollicalism Mehrdäumigkeit *f (Vorhandensein mehrerer Daumen)*
multipolypoid multipolypoid, mehrpolypig; mehrere Polypen betreffend
multipurpose clamp *(Chir)* Mehrzweckklemme *f*
multirooted mehrwurzelig, vielwurzelig
multirooted tooth mehrwurzeliger Zahn *m*, Mehrwurzler *m*
multirotation Multirotation *f*, Mutarotation *f (Veränderung der optischen Aktivität einer frisch bereiteten Lösung)*
multisensitivity Mehrfachsensibilität *f*, Mehrfachallergie *f*
multisensory multisensorisch
multiseptate multiseptiert, mehrfach septiert
multisource drug (gleiches) Arzneimittel *n* verschiedener Hersteller
multispecifity *(Immun)* Multispezifität *f*, Mehrfachspezifität *f*
multistage mehrphasig; Mehrphasen...
multisubstrate Multisubstrat...
multisynaptic *(Neur)* multisynaptisch
multisystem infection Multisysteminfektion *f*
multiterminal multiterminal, mit mehreren Terminals, mit mehreren Verbindungsstellen; mit mehreren Buchsen
multituberculate multituberkulär, mehrknotig
multivalency Multivalenz *f*
multivalent 1. multivalent, mehrwertig; 2. multivalent, in mehreren Richtungen wirksam; 3. multivalent, polyvalent *(z. B. ein Serum)*
multivalent vaccine multivalente Vakzine *f*, polyvalenter Impfstoff *m*
multivariate Multivarianz...
multivariate analysis Multivarianzanalyse *f*
mummification 1. *(Chir)* Mumifikation *f*, Einbalsamierung *f*; 2. *(Path)* Mumifikation *f*, Gewebeeintrocknung *f*, trockener Brand *m*, trockene Gangrän *f*
mummified foetus mumifizierter Fetus *m*
mummify *v* 1. mumifizieren, einbalsamieren; 2. *(Path)* mumifizieren, brandig werden, eintrocknen, vertrocknen
mumps Mumps *m*, Ziegenpeter *m*, Parotitis *f* (epidemica), Ohrspeicheldrüsenentzündung *f* (durch Virusinfektion), Ohrenmichel *m*, Bauernwetzel *m*
mumps meningitis Mumpsmeningitis *f*
mumps meningoencephalitis Mumpsmeningoenzephalitis *f*
mumps orchitis Mumpsorchitis *f*, Orchitis *f* parotidea, Hodenentzündung *f* bei Mumps
mumps pancreatitis Mumpspankreatitis *f*
mumps skin test Mumpshauttest *m*
mumps virus Mumpsvirus *n*, Mumps-Virus *n*, Rabula *f* inflans
mumps virus vaccine Mumpsvirusvakzine *f*, Mumps-(virus)impfstoff *m*

mumps virus vaccine live Lebend-Mumpsvirus-Vakzine *f*, Lebend-Mumps(virus)-Impfstoff *m*
Münchhausen-by-proxy syndrome Münchhausen-Syndrom *n* der Angehörigen *(Arztvorstellung von Kindern mit künstlich erzeugten Krankheitssymptomen durch die Eltern)*
Münchhausen syndrome Münchhausen-Syndrom *n* *(Vortäuschung von Krankheiten zur Erreichung einer Krankenhausbehandlung)*
Münchhausen syndrome by proxy *s.* Münchhausen-by-proxy syndrome
Münchmeyer's disease Münchmeyer'sche Krankheit *f*, Münchmeyer-Syndrom *n*, kaudalwärts fortschreitende ossifizierende Myositis *f*, diffuse progressive Polymyositis *f* ossificans
municipal hospital städtisches Krankenhaus *n*
Munro Kerr caesarean incision Munro-Kerr'sche Inzision *f*, Inzision *f* des unteren Uterinsegmentes
Munro Kerr caesarean section Munro-Kerr'scher Kaiserschnitt *m (über unteres Uterinsegment)*
Munro's abscess *s.* Munro's microabscess
Munro's microabscess Munro'scher Mikroabszess *m* *(Granulozytenansammlung unter der Hornschicht der Haut)*
Munro's point Munro'scher Punkt *m (zwischen Nabel und spina iliaca superior; Bauchpunktionsstelle)*
Munsell's colour test *(Ophth)* Munsell'scher Farbtest *m*, Farnsworth-Munsell'scher Farbsehtest *m*
Munson's sign *(Ophth)* Munson'sches Zeichen *n*
mupirocin Mupirocin *n (Inhibitor der bakteriellen Proteinsynthese)*
mural mural; Wand...; Gefäßwand...
mural aneurysm murales Aneurysma *n*, Herzwandaneurysma *n*
mural pregnancy interstitielle Schwangerschaft *f*
mural salpingitis *s.* pachysalpingitis
mural thrombus muraler Thrombus *m*, Wandthrombus *m*, wandständiges Blutgerinnsel *n*
muramic acid Muraminsäure *f*
muramidase Muramidase *f*, Lysozym *n (Enzym)*
Murchison-Pel-Ebstein fever *s.* Pel-Ebstein fever
murder preceded by rape *(Neur, For)* Lustmord *m*
muriform muriform, wandartig; Wand...
murine plaque Rattenpest *f*
murine typhus murines [endemisches] Fleckfieber *n* *(durch Rickettsia mooseri)*; Rattenfleckfieber *n*; Flohfleckfieber *n*
murmur Geräusch *n*, Auskultationsgeräusch *n*
murmur of mitral stenosis Mitralstenosegeräusch *n*
muromonab-CD3 Muromonab-CD3 *n (Immunosuppressivum; monoklonaler Antikörper)*
Murphy's sign Murphy-Zeichen *n*, Murphy'sches Gallenblasenzeichen *n*
Murray Valley disease *s.* Murrey-Valley encephalitis
Murray Valley encephalitis Murray-Valley-Enzephalitis *f*, Murray-Valley-Gehirnentzündung *f*, Australische X-Enzephalitis *f (Virusinfektion)*
Murray Valley virus Murray-Valley-Virus *n (ARBO-Virus B)*
Musca autumnalis Musca *f* autumnalis
Musca domestica Musca *f* domestica
Musca sorbens Musca *f* sorbens
Musca vomitoria Musca *f* vomitoria
muscacide fliegentötend, Fliegen vernichtend
muscacide (agent) fliegentötendes [Fliegen vernichtendes] Mittel *n*
muscae volitantes Muscae *fpl* volitantes, Mouches *fpl* volantes, fliegende Mücken *fpl (kleine Glaskörpertrübungen des Auges)*
muscaegenetic fliegende Mücken bildend
muscarine Muskarin *n (Fliegenpilzgift)*
muscarinic muskarinartig; Muskarin...
muscarinic action Muskarineffekt *m*, Muskarinwirkung *f*
muscarinism Muskarinvergiftung *f*, Muskarinintoxikation *f*
muscicide *s.* muscacide
muscle Muskel *m*, Musculus *m (siehe auch unter: muscular)* • **strain a muscle** einen Muskel zerren
muscle action Muskelwirkung *f*, Muskelaktion *f*
muscle agenesis Muskelagenesie *f*
muscle albumin Muskelalbumin *n*
muscle anaesthesia Muskelanästhesie *f*, Muskelsinnverlust *m*
muscle balance Muskelgleichgewicht *n*
muscle belly *(Anat)* Muskelbauch *m*
muscle biopsy Muskelbiopsie *f*, Muskelgewebsprobe *f*
muscle-bound von Muskelkater befallen, Muskelkater habend; steif, starr
muscle bridge Muskelbrücke *f*
muscle cramp Muskelkrampf *m*
muscle degeneration Muskeldegeneration *f*
muscle disease Muskelkrankheit *f*, Muskelerkrankung *f*, Myopathie *f*
muscle erotism Muskelerotismus *m*
muscle excitability Muskelexzitabilität *f*, Muskelreizbarkeit *f*
muscle fibre *(Anat)* Muskelfaser *f*
muscle graft Muskeltransplantat *n*
muscle guarding Muskelschutz *m (muskuläre Verkrampfung als Schutzfunktion bei Schmerz)*
muscle haemoglobin *s.* myoglobin
muscle insufficiency Muskelinsuffizienz *f*, Muskelschwäche *f*
muscle irritability Muskelirritabilität *f*, Muskelreizbarkeit *f*
muscle lacunar femoral hernia Hernia *f* femoralis externa, Hesselbach-Hernie *f*, Hesselbach'sche Hernie *f*, Hernie *f* im Hesselbach'schen Dreieck, Cooper-Hernie *f*
muscle of (facial) expression Mimikmuskel *m*, mimischer Muskel *m*
muscle of mastication Kaumuskel *m*, Mastikationsmuskel *m*
muscle of the uvula Gaumenzäpfchenmuskel *m*, Musculus *m* uvulae
muscle of ventilation Atem(hilfs)muskel *m*
muscle overuse syndrome Muskelüberlastungssyndrom *n*, muskuläre Überbeanspruchung *f*
muscle phosphofructokinase Muskelphosphofruktokinase *f (Enzym)*
muscle phosphofructokinase deficiency Muskelphosphofruktokinasemangel *m*, Glykogenspeicherkrankheit *f* Typ VII
muscle phosphorylase Muskelphosphorylase *f (Enzym)*
muscle phosphorylase deficiency Muskelphosphorylasemangel *m*, Glykogenspeicherkrankheit *f* Typ V
muscle plasm *(Histol)* Muskelplasma *n*, Myoplasma *n*
muscle plate *(Embr)* Muskelplatte *f*, Muskelsegment *n*
muscle poison Muskelgift *n*
muscle pull Muskelzug *m*
muscle receptor Muskelrezeptor *m*
muscle reeducation (physiotherapeutisches) Muskeltraining *n*, (physiotherapeutischer) Muskelaufbau *m*
muscle regeneration Muskelregeneration *f*
muscle relaxant (agent) Muskelrelaxans *n*, muskelerschlaffendes Mittel *n*
muscle relaxation Muskelrelaxation *f*, Muskelerschlaffung *f*, Muskelentspannung *f*
muscle retractor *(Chir)* Muskelretraktor *m*
muscle rod *(Histol)* Myofibrille *f*

muscle rupture Muskelriss *m*, Muskelzerreißung *f*, Muskelruptur *f*
muscle segment Muskelsegment *n*
muscle sense *s.* proprioception
muscle-setting exercise Muskelanspannungsübung *f*, Übung *f* mit isometrischer Muskelanspannung
muscle sound Muskelton *m*, Muskelgeräusch *n*
muscle spindle *(Physiol)* Muskelspindel *f (reguliert den Muskeltonus)*
muscle splinting *(Chir)* Muskelschienung *f*
muscle-splitting incision *(Chir)* Wechselschnitt *m*, Muskeldurchtrennung *f* in Faserrichtung
muscle stretch reflex *(Neur)* Muskeldehn(ungs)reflex *m*
muscle sugar Muskelzucker *m*
muscle tendon Muskelsehne *f*
muscle tendon spindle Muskelsehnenspindel *f*
muscle tension Muskelspannung *f*
muscle testing Muskeltestung *f*, Muskeltest *m*
muscle tone Muskeltonus *m*
muscle-trimming muskuläres Trimmen *n*, Muskel-Trimming *n*, Randformung *f*, Randausformung *f*, Randgestaltung *f*
muscle twitch Muskelzuckung *f*
muscle wasting Muskelschwund *m*
muscles of the pelvic floor Beckenbodenmuskeln *mpl*, Beckenbodenmuskulatur *f*
muscles of the perineum Musculi *mpl* perinei, Dammmuskeln *mpl*, Dammmuskulatur *f*
muscular 1. muskulär; Muskel... *(siehe auch unter: muscle)*; 2. muskulös, muskelkräftig
muscular aching Muskelschmerz *m*, Muskelbeschwerden *pl*; Muskelkater *m*
muscular action potential Muskelaktionspotenzial *n*, MAP
muscular artery Muskelarterie *f*, Muskelschlagader *f*
muscular-articular sense Muskel-Gelenk-Sinn *m*
muscular asthenopia muskuläre Asthenopie *f*
muscular atony Muskelatonie *f*
muscular atrophy Muskelatrophie *f*, Muskelschwund *m*, Amyotrophie *f*
muscular contraction Muskelkontraktion *f*
muscular contracture Muskelkontraktur *f*
muscular death *(Physiol)* Muskeltod *m*
muscular dystrophy Muskeldystrophie *f*, Myodystrophie *f*
muscular end plate *(Physiol)* Muskelendplatte *f*, muskuläre [motorische] Endplatte *f (überträgt Nervenerregung auf die Muskelfasern)*
muscular fascia *(Anat)* Muskelfaszie *f*, Muskelbinde *f*
muscular fatigability Muskelermüdbarkeit *f*
muscular fatigue Muskelermüdung *f*, Muskelerschöpfung *f*
muscular funnel Muskeltrichter *m (gebildet durch die vier geraden Augenmuskeln)*
muscular guarding Muskelabwehrspannung *f (z. B. bei Peritonitis)*
muscular hernia Muskelhernie *f*, Muskelbruch *m*
muscular hypertension *s.* muscular hypertonicity
muscular hypertonicity Muskelhypertonus *m*, erhöhte Muskelspannung *f*, Muskeltonuserhöhung *f*
muscular hypotonia Muskelhypotonus *m*, verringerte Muskelspannung *f*, Muskeltonusverringerung *f*
muscular hypotonicity *s.* muscular hypotonia
muscular incompetence muskuläre Herzklappeninsuffizienz *f (durch Insuffizienz der Papillarmuskeln)*
muscular insertion Muskelansatz *m*
muscular involvement Muskelbeteiligung *f*
muscular layer Muskelschicht *f*
muscular pain Muskelschmerz *m*, Myalgie *f*
muscular paralysis Muskellähmung *f*
muscular part of the interventricular septum Pars *f* muscularis septi interventricularis cordis
muscular reflex Muskelreflex *m*
muscular rheumatism Muskelrheumatismus *m*
muscular rigidity Muskelrigidität *f*, Rigor *m*, Muskelsteifigkeit *f*, Muskelstarre *f*
muscular sarcoidosis Muskelsarkoidose *f*, Skelettmuskelsarkoidose *f*
muscular spasm Muskelspasmus *m*, Muskelkontraktion *f*, Muskelkrampf *m*, Spasmus *m* muscularis
muscular strain Muskelzerrung *f*
muscular system Muskelapparat *m*, muskuläres System *n*
muscular tenderness Muskelspannung *f*, Muskelweichheit *f*
muscular tension Muskelspannung *f*
muscular tension of the abdomen Muskelabwehrspannung *f*
muscular tissue Muskelgewebe *n*
muscular tone Muskeltonus *m*, Muskeldehnungswiderstand *m*
muscular tonicity [tonus] *s.* muscular tone
muscular tremor Muskeltremor *m*, Muskelzittern *n*
muscular triangle *(Anat)* unteres Karotisdreieck *n*, Trigonum *n* caroticum
muscular tumour Muskeltumor *m*, Muskelgeschwulst *f*
muscular twitching Muskelzucken *n*
muscular vein Muskelvene *f*, Vena *f* muscularis
muscular weakness Muskelschwäche *f*
muscularis 1. Tunica *f* muscularis, Muskelschicht *f (z. B. in Hohlorganen)*; 2. Tunica *f* muscularis mucosae, Muscularis *f* mucosae, Muskelfaserschicht *f* der Darmschleimhaut
muscularis of the duodenum Tunica *f* muscularis duodeni
muscularity Muskularität *f*, muskulöser Zustand *m*; muskulöser Habitus *f*, muskulöser Körperbau *m*
muscularize *v* in Muskel(gewebe) umwandeln
musculation Muskelaktivität *f*
musculature Muskulatur *f*, Muskelapparat *m*, Muskelsystem *n*
musculi *pl s.* musculus
musculoaponeurotic muskuloaponeurotisch; Muskelaponeurosen...
musculocutaneous muskulokutan; Muskel-Haut-...
musculocutaneous nerve of the arm Nervus *m* musculocutaneus
musculodermic *s.* musculocutaneous
musculoelastic muskuloelastisch, muskulös-elastisch, muskulös und elastisch
musculofascial muskulofaszial; Muskel-Faszien-...
musculofibrous muskulofibrös, muskulös-fibrös, muskulös und fibrös
musculointestinal muskulointestinal; Muskel-Darm-...
musculomembranous muskulomembranös, muskulösmembranös; Muskelmembran...
musculomembranous cervical oesophagus muskulomembranöser Halsösophagus(bereich) *m*
musculomembranous tube muskulomembranöser Schlauch *m (z. B. Pharynx)*
musculoperiosteal flap Muskel-Periost-Lappen *m*
musculophrenic muskulophrenisch, den Zwerchfellmuskel betreffend; Zwerchfellmuskel...
musculophrenic artery Zwerchfellarterie *f*, Arteria *f* musculophrenica
musculophrenic vein Zwerchfellvene *f*, Vena *f* musculophrenica
musculoplasty Muskelplastik *f*, plastische Muskeloperation *f*

musculorhachidian Wirbelsäulenmuskel…
musculoskeletal muskuloskeletal; Muskel-Skelett-…
musculoskeletal pain Muskel-Skelett-Schmerz *m*
musculoskeletal system Muskel-Skelett-System *n*
musculospiral groove *s.* musculospiral sulcus
musculospiral nerve Nervus *m* radialis, Radialis(nerv) *m*
musculospiral sulcus Sulcus *m* nervi radialis
musculotendinous muskulotendinös; Muskel-Sehnen-…
musculotendinous cuff muskulotendinöse Manschette *f*, Muskel-Sehnen-Hülle *f*
musculotonic Muskeltonus…
musculotropic muskulotrop, die Muskeln beeinflussend; auf die Muskeln wirkend; vom Muskelgewebe angezogen; das Muskelgewebe bevorzugend
musculotubal canal Canalis *m* musculotubarius *(im Schläfenbein)*
musculotuberal canal *s.* musculotubal canal
musculus Muskel *m*, Musculus *m (siehe auch unter: muscle)*
muselman stage *(Neur)* Muselman-Stadium *n (apathisches Ertragen von Schicksalsschlägen)*
mushbite *(Stom)* Gebissabdruck *m* in Wachs, Gebissprobe *f* in Wachs, Abdrucknahme *f* in Wachs
mushroom poisoning Pilzvergiftung *f*, Fliegenpilzvergiftung *f (durch Amanita muscuraia)*; Knollenblätterpilzvergiftung *f (durch Amanita phalloidea)*
music blindness *(Neur)* Musikblindheit *f*, Notenblindheit *f*
music therapy *s.* musicotherapy
musical agraphia *(Neur)* musikalische Agraphie *f*
musical alexia *(Neur)* musikalische Alexie *f*
musician's nerve *s.* ulnar nerve
musicomania Musikomanie *f*, Musiktrieb *m*
musicotherapy Musiktherapie *f*, Musikbehandlung *f*, therapeutische Musikanwendung *f*
Musset's sign Musset-Zeichen *n (pulssynchrones Kopfnicken bei schwerer Aorteninsuffizienz)*
mussitation Mussitation *f*, Gemurmel *n*; nervöses Lippenbewegen *n*
mustard gas Senfgas *n*, Lost *m*, Yperit *n (hautschädigender Kampfstoff)*
Mustard operation Mustard-Operation *f*, Vorhofumkehroperation *f* nach Mustard *(bei Transposition der großen Gefäße)*
mustard plaster Senfpflaster *n* • **apply mustard plasters** Senfpflaster auflegen [anwenden]
mustard poultice Senfpackung *f*
mustine hydrochloride Mechlorethaminhydrochlorid *n*
mutacism *s.* mytacism
mutagen Mutagen *n*, mutationsauslösender Wirkfaktor *m*
mutagenesis 1. Mutagenese *f*, Mutationsauslösung *f*, Mutationserzeugung *f (z. B. durch Strahlung)*; 2. Mutagenese *f*, Mutantenbildung *f*, Mutantenentstehung *f*
mutagenic mutagen, Mutationen auslösend, mutationserzeugend
mutagenicity Mutagenität *f*, Fähigkeit *f* zur Mutationsauslösung, Mutantenbildungsfähigkeit *f*
mutant 1. *(Gen)* mutant, mutierend; 2. *(Gen)* durch Mutation entstanden; Mutanten…, Mutations…
mutant *(Gen)* Mutante *f (durch Mutation vom Ausgangstyp abweichendes Individuum)*
mutant gene Mutantengen *n*
mutarotase Mutarotase *f*, Aldose-1-epimerase *f (Enzym)*
mutarotation Mutarotation *f*
mutase Mutase *f (Enzym)*
mutate *v* mutieren
mutation 1. *(Gen)* Mutation *f*, Erbabweichung *f*, Genänderung *f (sprunghafte erbliche Merkmalsänderung)*; 2. Mutation *f*, Mutationsträger *m*, Individuum *n* mit einer Mutation
mutation equilibrium Mutationsgleichgewicht *n*
mutation rate Mutationsrate *f*
mutational Mutations…
mute stumm, lautlos
mute Stumme(r) *m*
mutein Mutein *n*
mutilate *v* mutilieren, verstümmeln, zum Krüppel machen, verkrüppeln
mutilation 1. Mutilation *f*, Verletzung *f*, Verwundung *f*, Verkrüppelung *f*; 2. Mutilation *f*, Eigenverletzung *f*, Selbstverstümmelung *f*
mutism 1. *(Neur)* Mutismus *m*, Stummheit *f*, Schweigen *n*, Schweigesucht *f*; 2. Sprechunfähigkeit *f*, Sprechunvermögen *n (bei intaktem Sprechapparat)*
muton *(Gen)* Muton *n (kleinster Strukturbereich eines Gens, dessen Änderungen Mutationen bewirken)*
mutual mutuell, wechselseitig
MVP *s.* mitral valve prolapse
my. *s.* myopia
myaesthesia *(Neur, Physiol)* Myästhesie *f*, Muskelsinn *m*, Muskelsensibilität *f*
myalgia Myalgie *f*, Muskelschmerz *m*
myalgic myalgisch, mit Muskelschmerzen (einhergehend); Myalgie…, Muskelschmerz…
myalgic asthenia myalgische Asthenie *f*, schmerzhafte Muskelschwäche *f (z. B. bei psychischer Überlastung)*
myalgic encephalomyelitis myalgische Enzephalomyelitis *f*
myasis *s.* myiasis
myasthenia 1. Myasthenie *f*, Amyosthenie *f*, Muskelschwäche *f*, Muskelermüdbarkeit *f*; 2. *s.* Goldflam's disease
myasthenic myasthenisch, muskelschwach; Myasthenie…
myasthenic crisis myasthenische Krise *f*, Myastheniekrise *f*
myasthenic reaction myasthenische Reaktion *f*, MyaR *(Abnahme der muskulären Erregbarkeit gegenüber elektrischem Strom bei Myasthenia gravis)*
myasthenic syndrome myasthenisches Syndrom *n*, Myastheniesyndrom *n*
myasthenic test Myasthenietest *m*
myatonia Myatonie *f*, Muskelatonie *f*, Muskelschlaffheit *f*, verringerter Muskeltonus *m*, Muskeltonusverminderung *f*
myatrophy Myatrophie *f*, Amyotrophie *f*, Muskelatrophie *f*, Muskelschwund *m*
myautonomy *(Neur, Physiol)* Muskelautonomie *f*
mycelia *pl s.* mycelium
mycelial Myzel…, Pilzgeflecht…
mycelial phase Myzelphase *f*
mycelial thread Pilzfaden *m*, Myzelfaden *m*
mycelian *s.* mycelial
mycelioid myzelioid, myzelartig, myzelähnlich; Myzel…
mycelium Myzel(ium) *n*, Pilzgeflecht *n*, Pilzlager *n*
mycete Myzet *m*, Pilz *m*
mycethaemia Myzethämie *f*, Fungämie *f*, Pilzsepsis *f (Vorhandensein von Pilzen im Blut)*
mycetism Myzetismus *m*, Pilzvergiftung *f*, Pilzintoxikation *f*
mycetogenetic *s.* mycenogenic
mycetogenic myzetogen, durch Pilze hervorgerufen
mycetogenous *s.* mycetogenic
mycetoid myzetoid, pilzartig, pilzähnlich, fungoid
mycetology *s.* mycology
mycetoma 1. Myzetom *n*; 2. *s.* Madura foot
Mycetozoa Mycetozoa *pl*
mycid Mykid *n (Pilzexanthem)*
mycoagglutinin Mykoagglutinin *n (agglutinierte Pilzstrukturen)*

mycoangioneurosis *(Neur, Gastr)* Mykoangioneurose *f* *(bei muköser Colitis)*
mycobacteria Mykobakterien *npl*
Mycobacteriaceae Mycobacteriacea *pl*
mycobacterial mykobakteriell; Mykobakterien...
mycobacterial protein Mykobakterienprotein *n*
mycobacteriosis Mykobakteriose *f*, Mykobakterienerkrankung *f*, atypische Tuberkulose *f*
Mycobacterium africanum Mycobacterium *n* africanum
Mycobacterium avium-intracellulare Mycobacterium *n* avium-intracellulare
Mycobacterium bovis Mycobacterium *n* (tuberculosis varietas) bovis *(Erreger der Rindertuberkulose)*
Mycobacterium chelonae Mycobacterium *n* chelonae
Mycobacterium flavescens Mycobacterium *n* flavescens
Mycobacterium fortuitum Mycobacterium *n* fortuitum
Mycobacterium gastri Mycobacterium *n* gastri
Mycobacterium gordonae Mycobacterium *n* gordonae
Mycobacterium haemophilum Mycobacterium *n* haemophilum
Mycobacterium intracellulare Mycobacterium *n* intracellulare
Mycobacterium kansasii Mycobacterium *n* kansasii
Mycobacterium leprae Mycobacterium *n* leprae, Leprabazillus *m*
Mycobacterium lepraemurium Mycobacterium *n* lepraemurium
Mycobacterium luciflavum Mycobacterium *n* luciflavum
Mycobacterium malmoense Mycobacterium *n* malmoense
Mycobacterium marianum Mycobacterium *n* marianum
Mycobacterium marinum Mycobacterium *n* marinum
Mycobacterium paratuberculosis Mycobacterium *n* paratuberculosis
Mycobacterium scrofulaceum Mycobacterium *n* scrofulaceum
Mycobacterium simiae Mycobacterium *n* simiae
Mycobacterium smegmatis Mycobacterium *n* smegmatis
Mycobacterium terrae Mycobacterium *n* terrae
Mycobacterium triviale Mycobacterium *n* triviale
Mycobacterium tuberculosis Mycobacterium *n* tuberculosis (varietas hominis), Tuberkelbakterium *n*, Tuberkulosebakterium *n*, Koch'scher Bazillus *m*, Koch-Bazillus *m*
Mycobacterium tuberculosis colony Mycobacterium-tuberculosis-Kolonie *f*, Tuberkulosebakterienkolonie *f*
Mycobacterium ulcerans Mycobacterium *n* ulcerans
Mycobacterium vaccae Mycobacterium *n* vaccae
Mycobacterium xenopi Mycobacterium *n* xenopi
mycobactin Mykobactin *n* *(fördert Eisenaufnahme in Mykobakterien)*
mycocide fungizid, pilztötend
Mycoderma Mycoderma *pl*
mycoderma Tunica *f* mucosa, Schleimhaut *f*
mycodermatitis Dermatomykose *f*, Hautmykose *f*, Hautpilzerkrankung *f*
mycogastritis Mykogastritis *f*, Magenschleimhautentzündung *f* durch Pilze
mycohaemia Mykohämie *f*, Vorhandensein *n* von Pilzen im Blut, Fungämie *f*
mycoid *s.* mycetoid
mycologist Mykologe *m*, Pilzspezialist *m*
mycology Mykologie *f*, Myzetologie *f*, Pilzkunde *f*
mycomyringitis Mykomyringitis *f*, Myringomykose *f*, Trommelfellentzündung *f* durch Pilze
mycopathology Mykopathologie *f*
mycophage Mykophage *m* *(Virus)*
mycophagy Mykophagie *f*
mycophenolate mofetil Mycophenolatmofetil *n* *(Immunosuppressivum)*
mycophthalmia Mykophthalmie *f*, Augenentzündung *f* durch Pilze
mycoplasma Mycoplasma *n*, Mykoplasma *n*
Mycoplasma buccale Mycoplasma *n* buccale
Mycoplasma conjunctivae Mycoplasma *n* conjunctivae
Mycoplasma faucium Mycoplasma *n* faucium
Mycoplasma fermentans Mycoplasma *n* fermentans
Mycoplasma genitalium Mycoplasma *n* genitalium
Mycoplasma hominis Mycoplasma *n* hominis
Mycoplasma neurolyticum Mycoplasma *n* neurolyticum
Mycoplasma orale Mycoplasma *n* orale
Mycoplasma pharyngis Mycoplasma *n* pharyngis
Mycoplasma pneumoniae Mycoplasma *n* pneumoniae *(Erreger der primär atypischen Pneumonie)*
Mycoplasma salivarium Mycoplasma *n* salivarium
mycoplasmal Mycoplasma...
mycoplasmal pneumonia Mycoplasmapneumonie *f*, primär atypische Pneumonie *f*, Eaton-agent-Pneumonie *f*
Mycoplasmataceae Mycoplasmataceae *pl*
Mycoplasmatales Mycoplasmatales *pl*
mycoplasmosis Mykoplasmose *f*, Mycoplasmosis *f*, Mykoplasmainfektion *f*
mycoprecipitin Mykopräzipitin *n*, pilzfällender Stoff *m*
mycoprotein Mykoprotein *n*, Pilzprotein *n*
mycopus eitriger Schleim *m*; schleimiger Eiter *m*
mycosal candidiasis Schleimhautcandidiasis *f*, Candidiasis *f* mucosae
mycoside Mykosid *n* *(Glykopeptid der Bakterienwand)*
mycosis Mykose *f*, Pilzinfektion *f*, Pilzkrankheit *f*, Pilzleiden *n*
mycostasis Mykostase *f*, Pilz(wachstums)hemmung *f*
mycostatic mykostatisch, pilz(wachstums)hemmend
mycostatic (agent) Mykostatikum *n*, pilzhemmendes Mittel *n*
mycosterol Mycosterol *n*, Mykosterol *n*
mycotic mykotisch; Mykose...
mycotic aneurysm mykotisches Aneurysma *n*, Pilzaneurysma *n*
mycotic angina mykotische Angina *f*
mycotic granuloma of the larynx mykotisches Kehlkopfgranulom *n*
mycotic infection Pilzinfektion *f*
mycotic keratitis Pilzkeratitis *f*, Hornhautentzündung *f* durch Pilze, Keratitis *f* mycotica
mycotic perleche Angulus *m* infectiosus oris
mycotic stomatitis Soor *m*, Schwämmchen *npl*
mycotic tonsillitis mykotische Tonsillitis *f* [Angina *f*], Mandelentzündung *f* durch Pilze
mycotization Mykotisation *f*, Mykotisierung *f*, sekundärer Pilzbefall *m*
mycotoxicosis Mykotoxikose *f*, Pilzvergiftung *f*
mycotoxin Mykotoxin *n*, Pilzgift *n*
mycotoxinization Mykotoxininokkulation *f*
mycovirus Mykovirus *n* *(Pilze befallendes Virus)*
mycteric Nasenhöhlen...
mycteroxerosis Mykteroxerose *f*, Mykteroxerosis *f* *(Trockenheit der Nasenöffnungen)*
mydaleine Mydalein *n* *(Ptomain)*
mydatoxin Mydatoxin *n* *(Ptomain)*
mydriasis Mydriasis *f*, Pupillenerweiterung *f*
mydriatic mydriatisch, pupillenerweiternd; Mydriasis...
mydriatic (agent) Mydriatikum *n*, pupillenerweiterndes Mittel *n*
myectomy Myektomie *f*, Muskelexzision *f*, Muskelausschneidung *f*
myectopia *s.* myectopy
myectopy Myektopie *f*, Muskelversprengung *f*

myelacephalous myelazephal; Myelazephalie...
myelacephalus Myelazephalus *m*
myelaemia 1. *(Hämat)* Myelhämie *f*, Ausschwemmung *f* von Knochenmarkteilchen; 2. *(Hämat)* Granulozytenleukämie *f*
myelalgia Myelalgie *f*, Rückenmarkschmerz *m*
myelanalosis 1. Rückenmarkschwindsucht *f*, Tabes *f* dorsalis; 2. *s.* myelatrophy
myelapoplexy Myelapoplexie *f*, Hämatomyelie *f*, Rückenmark(ein)blutung *f*
myelatelia Rückenmarkhypoplasie *f*, Rückenmarkunterentwicklung *f*, Myelodysplasie *f*, Hypoplasia *f* medulae spinalis
myelatrophy Rückenmarkatrophie *f*, Rückenmarkschwund *m*
myelauxe Rückenmarkhypertrophie *f*
myelemia *s.* myelaemia
myelencephalic myelenzephal, myelenkephal; Myelenzephalon...
myelencephalitis Myelenzephalitis *f*, Enzephalomyelitis *f*, Gehirn und Rückenmarkentzündung *f*
myelencephalon Myelenzephalon *n*, Myelencephalon *n*, Medulla *f* oblongata, verlängertes Mark *n* [Rückenmark *n*], Nachhirn *n*
myelencephalospinal myelenzephalospinal, zum Myelenzephalon und zum Rückenmark gehörend
myelic 1. Myelon..., Rückenmark...; 2. Knochenmark...
myelin *(Neur)* Myelin *n*, Nervenmark *n*
myelin degeneration Myelindegeneration *f*, Markscheidenuntergang *m*
myelin globule Myelinkügelchen *n (im Sputum)*
myelin sheath Myelinscheide *f*, Markscheide *f*
myelinated markscheidenhaltig *(Nerv)*
myelination *s.* myelinization
myeline *s.* myelin
myelinic Myelin...
myelinic neuroma markscheidenhaltiges Neurom *n*
myelinization 1. Myelinisation *f*, Markbildung *f*, 2. Myelinisation *f*, Markscheidenbildung *f*
myelinoclasis Myelinolyse *f*, Entmarkung *f*, Demyelinisation *f*
myelinogenesis Myelinogenese *f*, Myelinbildung *f*
myelinogenetic myelinogen(etisch), Myelin bildend
myelinogeny Myelinogenie *f*, Markscheidenreifung *f*, Markscheidenentwicklung *f*
myelinolysin Myelinolysin *n (bei multipler Sklerose im Serum)*
myelinolysis Myelinolyse *f*, Nervenmarkauflösung *f*, Myelinzerfall *m*
myelinolytic myelinolytisch, myelinauflösend, nervenmarkauflösend
myelinoma Myelinom *n*, markhaltiges Neurom *n*
myelinopathy Myelinopathie *f*, Nervenmarkkrankheit *f*, Nervenmarkleiden *n*, Nervenmarkerkrankung *f*
myelinosis Myelinose *f*, Myelindegeneration *f*
myelinotoxic myelinotoxisch, Demyelinisierung bewirkend
myelinotoxicity Myelinptoxizität *f*
myelitic myelitisch; Myelitis...
myelitis 1. Myelitis *f*, Rückenmarkentzündung *f*, 2. *s.* osteomyelitis
myelo-opticoneuropathy Myelooptikoneuropathie *f*
myeloablation Myeloablation *f*
myeloablative myeloablativ
myeloarchitectonics *s.* myeloarchitecture
myeloarchitecture Myeloarchitektur *f*, Myeloarchitektonik *f (Struktur und Gliederung des Zentralnervensystems unter Berücksichtigung der Markscheidenbildung)*
myeloblast Myeloblast *m (Leukozytenvorstufe)*
myeloblastaemia Myeloblast(h)ämie *f*, Vorhandensein *n* von Myeloblasten im Blut
myeloblastic myeloblastisch; Myeloblasten...
myeloblastic crisis *(Hämat)* Myeloblastenkrise *f*, Myeloblastenschub *m*, Blastenkrise *f*
myeloblastic leucosis Myeloblastenleukose *f*
myeloblastic leukaemia Myeloblastenleukämie *f*, myeoloblastische Leukämie *f*
myeloblastoma *(Path)* Myeloblastom *n (bösartige Myeloblastengeschwulst)*
myeloblastomatosis Myeloblastomatose *f*, Vorhandensein *n* mehrerer Myeloblastome
myeloblastosis *(Hämat)* Myeloblastose *f*, Myeloblastenvermehrung *f* im Blut
myelocele *(Neur)* Myelozele *f*, Rückenmarkbruch *m*, Rückenmarkvorfall *m*
myelocerebellar myelozerebellar; Rückenmark-Kleinhirn-...
myeloclast Myeloklast *m*
myelocyst Myelo(n)zyste *f*, Rückenmarkzyste *f*
myelocystic 1. myelozystisch, myeloid und zystisch; 2. Myelozysten...
myelocystocele Myelozystozele *f*, Myelomeningozele *f (Vorwölbung von Rückenmarkteilen mit Flüssigkeitsansammlung in den Rückenmarkhüllen)*
myelocystogram Myelozystogramm *n*, Rückenmarkzystenröntgen(kontrast)bild *n*
myelocystographic myelozystographisch
myelocystography Myelozystographie *f*, Rückenmarkzystenröntgen(kontrast)darstellung *f*
myelocystomeningocele Myelozystomeningozele *f*, Myelozystozele *f* mit Meningozele
myelocyte Myelozyt *m (Granulozytenvorstufe im Knochenmark)*
myelocythaemia Myelozythämie *f*, Vorhandensein *n* von Myelozyten im Blut
myelocytic myelozytisch; Myelozyten..., Knochenmarkzellen...
myelocytic leucosis *(Hämat)* Myelozytenleukose *f*
myelocytic leukaemia Myelozytenleukämie *f*, myeolozytische Leukämie *f*
myelocytoma Myelozytom *n (bösartige Geschwulst)*
myelocytomatosis Myelozytomatose *f*
myelocytosis Myelozytose *f*, Myelozytenvermehrung *f* im Blut
myelodelesis Myelodelese *f*, Rückenmarkhöhlenbildung *f*
myelodiastasis Myelodiastase *f*, Rückenmarkspalte *f*, Rückenmarkaufspaltung *f*
myelodysplasia 1. Myelodysplasie *f*, Rückenmarkfehlbildung *f*, rudimentäre Spina *f* bifida occulta; 2. Myelodysplasie *f*, Knochenmarkdysplasie *f*
myelodysplastic myelodysplastisch; Myelodysplasie ...
myeloencephalic myeloenzephal(isch); Rückenmark-Gehirn-...
myeloencephalitis Myeloenzephalitis *f*, Gehirn- und Rückenmarkentzündung *f*
myeloencephalopathy Myeloenzephalopathie *f*, Gehirn- und Rückenmarkerkrankung *f*
myelofibrosclerosis *s.* myelofibrosis
myelofibrosis Myelofibrose *f*, Knochenmarkfibrose *f*
myelofugal myelofugal, vom Rückenmark wegführend
myelogenesis 1. Myelogenese *f*, Knochenmarkentwicklung *f*, 2. Myelogenese *f*, Entwicklung *f* des zentralen Nervensystems; 3. Myelogenese *f*, Myelinbildung *f*, Markscheidenbildung *f*, Markscheidenreifung *f*
myelogenetic *s.* myelogenic
myelogenic 1. myelogen, aus dem Knochenmark entstanden, vom Knochenmark ausgehend; 2. myelopoetisch

myelogenous 1. *s.* myelogenic; 2. myelinogen(etisch), Myelin bildend
myelogeny Myelinisation *f*, Markscheidenbildung *f*, Markscheidenreifung *f*
myelogone *(Hämat)* Myelogonium *n*, Myelogonie *f*
myelogram 1. *(Rad)* Myelogramm *n*, Rückenmarkröntgen(kontrast)bild *n*; 2. *(Hämat)* Myelogramm *n*, Knochenmarkzellbild *n (aus Knochenmarkpunktatausstrich)*
myelographic myelographisch
myelography Myelographie *f*, Rückenmarkröntgen(kontrast)darstellung *f*
myeloic myeloisch
myeloid 1. myeloisch; Knochenmark...; 2. myeloid; Rückenmark...
myeloid cell myeloische Zelle *f*, Knochenmarkzelle *f*
myeloid leukaemia myeloische Leukämie *f*
myeloid metaplasia *(Hämat, Path)* myeloische Metaplasie *f*
myeloid myeloma *(Hämat, Path)* Myeloidmyelom *n*, myeloisches Myelom *n*
myeloid sarcoma *(Hämat, Path)* Myeloidsarkom *n*, myeloisches Sarkom *n*
myeloidin Myeloidin *n (der Retina)*
myeloidosis Myeloidose *f*, Wucherung *f* des myeloiden Gewebes
myelokentric die Myelopoese stimulierend
myeloleukaemia Myeloleukämie *f*
myelolipoma Myelolipom *n*
myelolymphangioma *s.* elephantiasis
myelolymphocyte Myelolymphozyt *m*, Knochenmarklymphozyt *m*
myelolysis Myelinolyse *f*, Myelinauflösung *f*, Myelinzerfall *m*
myelolytic myelinolytisch, myelinauflösend; Myelinolyse...
myeloma Myelom *n*, Plasmozytom *n (bösartige Geschwulst)*
myeloma cell Myelomzelle *f*, Plasmozytomzelle *f*
myeloma globulin Myelomglobulin *n*
myelomalacia Myelomalazie *f*, Rückenmarkerweichung *f*
myelomatoid myelomatoid, myelomartig
myelomatosis Myelomatose *f*, Vorhandensein *n* mehrerer Myelome
myelomeningitis Myelomeningitis *f*, Hirnhaut- und Rückenmarkontzündung *f*
myelomeningocele Myelomeningozele *f*, Spina *f* bifida *(angeborene Missbildung mit Vorfall von Rückenmark und Rückenmarkhäuten)*
myelomeninx Myelomeninx *f*, Rückenmarkmembran *f*
myelomere Myelomer *n*, Rückenmarksegment *n*
myelomonocyte *(Hämat)* Myelomonozyt *m*, Knochenmarkmonozyt *m*
myelomonocytic myelomonozytisch; Myelomonozyten...
myelomonocytic leukaemia Monozytenleukämie *f*
myelon Myelon *n*, Rückenmark *n*, Medulla *f* spinalis
myeloneuritis Myeloneuritis *f*
myelonic Myelon..., Rückenmark...
myeloparalysis Myeloparalyse *f*, spinale Paralyse *f*, Rückenmarklähmung *f*
myelopathic 1. myelopathisch, knochenmarkkrank; Myelopathie... 2. myelopathisch, rückenmarkkrank; Myelopathie...
myelopathic anaemia myelopathische Anämie *f*
myelopathic muscular atrophy progressive spinale Muskelatrophie *f*
myelopathic polycythaemia Polycythaemia *f* vera
myelopathy 1. Myelopathie *f*, Knochenmarkkrankheit *f*; 2. Myelopathie *f*, Rückenmarkerkrankung *f*
myeloperoxidase Myeloperoxidase *f*, MPO *(Enzym)*
myeloperoxidase deficiency Myeloperoxidasemangel *m*
myelopetal myelopetal, zum Rückenmark hinziehend
myelophage Myelinmakrophage *m (myelinzerstörender Makrophage)*
myelophthisic 1. myelophthisisch; Myelophthise..., Knochenmarkschwindsucht...; 2. myelophthisisch; Myelophthise..., Rückenmarkschwindsucht...
myelophthisic anaemia *s.* myelopathic anaemia
myelophthisis 1. Myelophthise *f*, Markschwund *m*, Knochenmarkschwindsucht *f*, aplastische Anämie *f*; 2. Myelophthise *f*, Rückenmarkschwund *m*, Rückenmarkschwindsucht *f*, Rückenmarkdarre *f*, Tabes *f* dorsalis
myeloplaque vielkernige Knochenmarkriesenzelle *f*
myeloplast Myeloplast *m*, Knochenmarkleukozyt *m*
myeloplax *s.* myeloplaque
myeloplaxic Knochenmarkriesenzellen...
myeloplegia Myeloplegie *f*, Rückenmarklähmung *f*
myelopoiesis 1. Myelopoese *f*, Knochenmarkbildung *f*; 2. Myelopoese *f*, Blutzellenbildung *f* im Knochenmark
myelopoietic myelopoetisch, knochenmarkbildend; Myelopoese...
myelopoietic tissue myelopoetisches Gewebe *n*
myelopore Myelopore *f*, Myeloporus *m*, kleine Öffnung *f* im Rückenmark
myeloproliferative myeloproliferativ
myeloproliferative disorder *(Hämat)* Knochenmarkbildungsstörung *f* (für Blutzellen), myeloproliferatives Syndrom *n*, MPS
myeloproliferative syndrome *s.* myeloproliferative disorder
myeloradiculitis Myeloradikulitis *f*, Rückenmark- und Nervenwurzelentzündung *f*
myeloradiculodysplasia Myeloradikulodysplasie *f*, Rückenmark- und Nervenwurzelfehlbildung *f*
myeloradiculopathy Myeloradikulopathie *f*, Rückenmark- und Nervenwurzelerkrankung *f*
myeloradiculopolyneuronitis Myeloradikulopolyneuronitis *f*, akute idiopathische Polyneuritis *f*
myelorrhagia Myelorrhagie *f*, Rückenmarkblutung *f*
myelorrhaphy Myelorrhaphie *f*, Rückenmarknaht *f*
myelosarcoma *(Path)* Myelosarkom *n*, Knochenmarksarkom *n*
myelosarcomatosis Myelosarkomatose *f*, Vorhandensein *n* multipler Myelosarkome
myeloschisis Myeloschisis *f*, Rückenmarkspalte *f*, Rückenmarkspaltbildung *f*
myeloscintigram Myeloszintigramm *n*, Rückenmarkszintigramm *n*
myeloscintigraphy *(Rad)* Myeloszintigraphie *f*, Rückenmarkszintigraphie *f*
myelosclerosis 1. Myelosklerose *f*, Knochenmarksklerose *f*; 2. Myelosklerose *f*, Rückenmarksklerose *f*, Rückenmarkverhärtung *f*
myelosclerotic myelosklerotisch; Myelosklerose...
myelosis Myelose *f (Leukämieform)*
myelospongium *(Embr)* Myelospongium *n*
myelosuppression Knochenmarksuppression, Knochenmarkdepression *f*
myelosuppressive myelosuppressiv, knochenmarksupprimierend, knochenmarkunterdrückend
myelosuppressive (agent) Myelosuppressivum *n*, knochenmarksupprimierendes [knochenmarkunterdrückendes] Mittel *n*
myelosyphilis Rückenmarksyphilis *f*, Syphilis *f* [Lues *f*] spinalis
myelosyringocele *s.* syringomeningocele
myelosyringosis *s.* syringomyelia
myelotherapy Myelotherapie *f*, Knochenmarkbehandlung *f*
myelotome Myelotom *n*, Rückenmarkmesser *n*
myelotomography *(Rad)* Myelotomographie *f*, Rückenmarktomographie *f*

myelotomy Myelotomie *f*, (operative) Rückenmarkeröffnung *f*
myelotoxic myelotoxisch, knochenmarkschädigend
myelotoxicity Myelotoxizität *f*
myelotoxicosis Myelotoxikose *f*, toxische Knochenmarkschädigung *f*
myelotoxin Myelotoxin *n*, Knochenmarkgift *n*
myentasis Myentasis *f*, Muskeldehnung *f*
myenteric myenterisch; Darmmuskulatur…
myenteric plexus Plexus *m* myentericus, Auerbach'scher Plexus *m (für die Darmbewegungen verantwortliches Nervengeflecht)*
myenteron Myenteron *n*, Darmmuskulatur *f*
myesthesia *s.* myaesthesia
myiasis Myiasis *f*, Madenfraß *m*, Madenkrankheit *f*
myiocephalon *s.* iridocele
myiodesop(s)ia *(Ophth)* Myiodesop(s)ie *f*, Fliegensehen *n*, Mückensehen *n*
myiosis *s.* myiasis
myitis *s.* myositis
mylacris *s.* myle 1.
myle 1. Patella *f*, Kniescheibe *f (Zusammensetzungen siehe unter: patellar)*; 2. Maxilla *f*, Oberkiefer *m (Zusammensetzungen siehe unter: maxilla)*; 3. Gebärmuttermole *f*
mylohyoid mylohyoid; Unterkiefer-Zungenbein-…
mylohyoid groove Sulcus *m* mylohyoideus
mylohyoid line Linea *f* mylohyoidea
mylohyoid muscle Musculus *m* mylohyoideus, Kiefer-zungenbeinmuskel *m*
mylohyoid nerve Nervus *m* mylohyoideus
mylohyoid ridge *s.* mylohyoid line
mylohyoidean *s.* mylohyoid
mylohyoideus *s.* mylohyoid muscle
mylopharyngeal mylopharyngeal; Zungenbein-Pharynx-…
myoadenylate deaminase Myoadenylatdeaminase *f*, Muskel-AMP-Deaminase *f*
myoadenylate deaminase deficiency Myoadenylatdeaminasemangel *m*
myoalbumin Myoalbumin *n*
myoarchitectonic myoarchitektonisch; Muskelstruktur…
myoasthenia *s.* myasthenia 1.
myoatrophy *s.* myatrophy
myoblast Myoblast *m*, Muskel(faser)bildungszelle *f*
myoblastic myoblastisch, muskel(faser)bildend; Myoblasten…
myoblastoma *(Path)* Myoblastoma *n*, Myoblastenmyom *n*; Abrikossow-Tumor *m*, Myoblastenmyom *n* der Unterlippe
myoblastomyoma *s.* myoblastoma
myobradia Myobradie *f (verzögerte Muskelreaktion bei elektrischer Reizung)*
myocardial myokardial; Myokard…, Herzmuskel…
myocardial action potential Myokardaktionspotenzial *n*
myocardial amyloidosis *(Path)* Myokardamyloidose *f*
myocardial cell Myokardzelle *f*, Herzmuskelzelle *f*
myocardial contractility Myokardkontraktilität *f*, Herzmuskelkontraktionsfähigkeit *f*
myocardial disease Myokarderkrankung *f*
myocardial efficiency Myokardleistungsfähigkeit *f*
myocardial electrode Myokardelektrode *f (EKG)*
myocardial energy metabolism Myokardenergiestoffwechsel *m*
myocardial function Myokardfunktion *f*
myocardial infarct Myokardinfarkt *m*, Herz(muskel)infarkt *m*
myocardial infarction Myokardinfarzierung *f*, Myokardinfarkt *m*
myocardial insufficiency Myokardinsuffizienz *f*, Herzmuskelversagen *n*
myocardial ischaemia Myokardischämie *f*, Herzmuskelblutleere *f*
myocardial necrosis Myokardnekrose *f*, Herzmuskelnekrose *f*
myocardial oxygen consumption Myokardsauerstoffverbrauch *m*, Herzmuskel-O_2-Verbrauch *m*, myokardialer Sauerstoffverbrauch *m*
myocardial perfusion Myokardperfusion *f*
myocardial protection Myokardprotektion *f*
myocardial pseudocyst Myokardpseudozyste *f*
myocardial reserve Myokardreserve *f*
myocardial revascularization Myokardrevaskularisation *f*
myocardial revascularization surgical procedure operatives Myokardrevaskularisationsverfahren *n*
myocardial scintigram Myokardszintigramm *n*
myocardial scintigraphy *(Rad)* Myokardszintigraphie *f*
myocardial tissue Herzmuskelgewebe *n*
myocardial tone Myokardtonus *m*, Herzmuskelspannung *f*
myocardial tropism Myokardtropismus *m*
myocardial wall tension Myokardwandspannung *f*, myokardiale Wandspannung *f*
myocardiogram Myokardiogramm *n*
myocardiograph Myokardiograph *m*, Myokardiographion *n*, Herzmuskelschreiber *m*
myocardiography Myokardiographie *f*
myocardiopathy Myokardiopathie *f*, Kardiomyopathie *f*, Herzmuskelkrankheit *f*, Herzmuskelerkrankung *f*, Herzmuskelleiden *n*
myocardiorrhaphy *(Chir)* Myokardiorrhaphie *f*, Herzmuskelnaht *f*
myocardiosis *s.* myocardiopathy
myocarditic myokarditisch; Myokarditis…
myocarditis Myokarditis *f*, Herzmuskelentzündung *f*
myocardium Myokardium *n*, Myokard *n*, Herzmuskel *m*, Herzmuskelschicht *f*
myocardosis 1. Myokardose *f*, Myopathia *f* cordis, nicht entzündliche Herzmuskelveränderung *f (z. B. bei Kreislauf- und Ernährungsstörungen)*; 2. *s.* myocardiopathy
myocele Myozele *f*, Muskelhernie *f*, Muskelbruch *m*
myocellulitis Myozellulitis *f*, Muskel- und zellgewebeentzündung *f*
myocerosis hyaline [wachsige] Muskeldegeneration *f*
myochorditis Myochorditis *f*, Stimmbandmuskelentzündung *f*
myochrome Myochrom *n*, Muskel-Cytochrom *n*
myochronoscope Myochronoskop *n (zur Muskellatenzzeitmessung)*
myocinesimeter *s.* myokinesimeter
myoclonia 1. Myoklonie *f*, blitzartiges Muskelzucken *n* [Muskelzittern *n*]; 2. *s.* myoclonus
myoclonic myoklonisch; Myoklonie…, Myoklonus…
myoclonic astatic seizure myoklonische Epilepsie *f*
myoclonic epilepsy myoklonische Epilepsie *f*
myoclonic fit Myoklonie *f*
myoclonic seizure myoklonische Epilepsie *f*
myoclonic status Myoklonusepilepsiedaueranfall *m*, Schüttelkrampfdauerzustand *m*
myoclonus *(Neur)* Myoklonus *m*, Muskelklonus *m*, Schüttelkrampf *m*
myoclonus epilepsy Myoklonusepilepsie *f*, familiäre Myoklonie *f*, Unverricht-Lundborg-Syndrom *n*
myocoele Myozöle *f (Höhle in einem Myotom)*
myocoelialgia Myozölialgie *f*, Bauchmuskelschmerz *m*
myocoelitis Myozölitis *f*, Bauchmuskelentzündung *f*
myocolpitis Myokolpitis *f*, Scheidenmuskelentzündung *f*

myocomma Myoseptum *n*
myocrismus Muskelton *m (bei Muskelkontraktion hörbar)*
myoctonine Myoctonin *n (Alkaloid)*
myoculator Myokulator *m (orthoptisches Gerät mit bewegtem Prüfbild)*
myocutaneous myokutan; Haut-Muskel-...
myocutaneous advancement flap *(Chir, Transp)* Haut-Muskel-Verschiebelappen *m*
myocutaneous flap *(Chir, Transp)* Haut-Muskel-Lappen *m*
myocutaneous insular flap *(Chir, Transp)* Haut-Muskel-Insel-lappen *m*
myocyte *(Histol)* Myozyt *m*, Muskelzelle *f*
myocyte necrosis Muskelzellennekrose *f*
myocytolysis Myozytolyse *f*, Muskel(zell)auflösung *f*
myocytolysis of the heart Herzmyozytolyse *f*, Herzmuskelzellauflösung *f*
myocytoma Myozytom *n*, Muskelzellgeschwulst *f*
myodegeneration *(Path)* Myodegeneration *f*, Muskeldegeneration *f*, Muskelentartung *f*, Muskeluntergang *m*
myodemia fettige Muskeldegeneration *f*
myodermal *s.* myocutaneous
myodesopsia *s.* myiodesopsia
myodiastasis Myodiastase *f*, Muskelauffaserung *f*
myodiopter Myodioptrie *f*
myodynamia Muskelkraft *f*, Muskelstärke *f*
myodynamic myodynamisch; Muskelkraft...
myodynamics 1. Myodynamik *f*, Muskelkraftphysiologie *f*; 2. Muskeldynamik *f*
myodynamometer Myodynamometer *n*, Muskelkraftmesser *m*
myodynia Myodynie *f*, Muskelschmerz *m*
myodystonia Myodystonie *f*, Muskeltonusstörung *f*
myodystony *s.* myodystonia
myodystrophia 1. Myodystrophie *f*, Muskeldystrophie *f*, muskuläre Dystrophie *f*; 2. myotone Dystrophie *f*
myoedema Myoödem *n*, Muskelödem *n*
myoelastic myoelastisch; Muskelelastizitäts...
myoelectric(al) myoelektrisch, muskelelektrisch
myoendocarditis Myoendokarditis *f*, Myokard- und Endokardentzündung *f*, Herzmuskel- und Herzinnenhautentzündung *f*
myoepithelial myoepithelial; Myoepithel...
myoepithelioma Myoepitheliom *n (Schweißdrüsengeschwulst)*
myoepithelium Myoepithel(ium) *n*
myofascial myofaszial; Muskelfaszien..., Muskelscheiden...
myofascial pain myofaszialer Schmerz *m*, Muskelfaszienschmerz *m*
myofascial release myofasziale Entlastung *f (z. B. durch Massage)*
myofascitis Myofaszi(i)tis *f*, Muskelscheidenentzündung *f*
myofibre Muskelfaser *f*
myofibril Myofibrille *f*, Muskelfibrille *f (die Kontraktion bewirkendes Muskelelement)*
myofibrillar myofibrillär; Myofibrillen...
myofibroblast Myofibroblast *m*
myofibroma *(Path)* Myofibrom *n*
myofibromatosis Myofibromatose *f*
myofibrosarcoma *(Path)* Myofibrosarkom *n*
myofibrosis Myofibrosis *f*, Myofibrose *f*, Muskelfibrose *f*
myofibrosis of the heart Myofibrosis *f* cordis, Myokardfibrose *f*, Herzmuskelfibrose *f*
myofibrositis Myofibrositis *f (Entzündung des Perimysiums)*
myofilament Myofilament *n (die Kontraktion bewirkendes Muskelelement)*
myofunctional myofunktionell; Muskelfunktion(s)...
myogaster Muskelbauch *m*
myogelosis Myogelose *f*, Muskelhärte *f*, Muskelverhärtung *f*, Hartspann *m*
myogen Myogen *n*, Myosinogen *n (Muskeleiweiß)*
myogenesis Myogenese *f*, Muskelentwicklung *f*
myogenetic Myogenese...
myogenic myogen, vom Muskel ausgehend; im Muskel entstanden; Myogenese...
myogenous *s.* myogenic
myoglia Myoglia *f*
myoglobin Myo(hämo)globin *n*, Muskelhämoglobin *n (roter Muskelfarbstoff)*
myoglobinaemia Myo(hämo)globinämie *f*, Vorhandensein *n* von Myoglobin im Blut
myoglobinuria Myo(hämo)globinurie *f*, Myoglobinausscheidung *f* im Urin
myoglobinuric Myoglobinurie...
myoglobinuric renal failure myoglobinurisches Nierenversagen *n*, Nierenversagen *n* bei Myoglobinurie
myoglobulin Myoglobulin *n*
myoglobulinuria Myoglobulinurie *f*, Myoglobulinausscheidung *f* im Urin
myognathus *(Terat)* Myognathus *m (Missgeburt)*
myogram Myogramm *n*, Muskelaktionskurve *f*
myograph Myograph *m*, Muskelkontraktionsschreiber *m*
myographic myographisch; Myographie...; Myograph...; Myogramm...
myography Myographie *f (grafische Aufzeichnung der Muskelkontraktion)*
myohaematin Myohämatin *n (eisenhaltiger Muskelfarbstoff, Muskelzytochrom)*
myohaemoglobin *s.* myoglobin
myohypertrophia Myohypertrophie *f*, Muskelhypertrophie *f*
myohysterectomy *(Gyn)* Myohysterektomie *f*, subtotale Hysterektomie *f*
myohysteropexy *(Gyn)* Myohysteropexie *f*
myoid myoid, muskelähnlich, muskelartig
myoidema *s.* myoedema
myoideum Myoideum *n*, myoides Gewebe *n*
myoidism Myoidismus *m*, idiomuskuläre Kontrakton *f*
myoinositol Myoinositol *n*
myoinositol-1-monophosphatase Myoinositol-1-monophosphatase *f (Enzym)*
myoischaemia Myoischämie *f*, Muskelischämie *f*, Muskelblutleere *f*
myokinase Myokinase *f*, Adenylatkinase *f (Enzym)*
myokinesimeter Myokinesimeter *n*, Muskelkontraktionsmesser *m*
myokinesiogram Myokinesiogramm *n*, Muskelbewegungskurve *f*
myokinesiography Myokinesiographie *f (grafische Darstellung des Muskelbewegungsablaufs)*
myokinesis Myokinese *f*, Muskelbewegung *f*
myokinetic myokinetisch, muskelbewegend; Myokinese...
myokymia Myokymie *f*, Muskelwogen *n*
myolemma Myolemm(a) *n*, Muskel(faser)hülle *f*, Sarkolemm(a) *n*
myolipoma *(Path)* Myolipom *n*
myology Myologie *f*, Muskellehre *f*, Muskelkunde *f*
myolysis Myolyse *f*, Muskel(gewebe)auflösung *f*, Muskelzelluntergang *m*
myoma Myom(a) *n*, Muskel(gewebe)geschwulst *f*, Muskelzelltumor *m*
myoma screw *(Gyn)* Myomheber *m (Instrument)*
myomagenesis Myomagenese *f*, Myomentwicklung *f*, Myomentstehung *f*, Myombildung *f*
myomalacia Myomalazie *f*, Muskelerweichung *f*
myomalacia of the heart Myomalazie *f* des Herzmuskels, Herzmuskelerweichung *f*, Myomalacia *f* cordis

myomata *pl s.* myoma
myomatectomy *s.* myomectomy
myomatome Myommesser *n*
myomatosis Myomatose *f*, Vorhandensein *n* mehrerer Myome
myomatous myomatös, myomartig; Myom...
myomectomy Myomektomie *f*, Myomexstirpation *f*, Myomotomie *f*, (operative) Myomausschälung *f* (aus der Gebärmutter)
myomelanosis Myomelanose *f*, Muskelmelanose *f*
myomere *(Histol)* Myomere *f*, Myomer *n*, Muskelsegment *n*
myometer Myometer *m (zur Messung der Muskelkontraktion)*
myometrectomy *(Gyn)* Myometrektomie *f*
myometria *pl s.* myometrium
myometrial myometrial; Myometrium..., Gebärmuttermuskulatur...
myometritis Myometritis *f*, Gebärmuttermuskulaturentzündung *f*, Entzündung *f* der Uterusmuskulatur
myometrium Myometrium *n*, Uterusmuskulatur *f*, Gebärmuttermuskulatur *f*, Tunica *f* musuclaris uteri
myometrium cell Myometriumzelle *f*
myometrium contractility Myometriumkontraktilität *f*
myometrium contraction Myometriumkontraktion *f*
myometrium relaxation Myometriumerschlaffung *f*
myomitochondrium Myomitochondrium *n*, Muskelmitochondrium *n*
myomohysterectomy Myomohysterektomie *f (Exstirpation einer myomatös veränderten Gebärmutter)*
myomotomy Myomotomie *f*, Myominzision *f*, Myom(ein)-schnitt *m*
myon Myon *n*
myonecrosis Myonekrose *f*, Muskelnekrose *f*
myoneme Muskelfibrille *f*
myoneural 1. myoneural; Muskelnerv...; 2. myoneural; Muskel-Nerven-...
myoneural junction myoneurale Verbindung *f*, Muskel-Nerven-Platte *f*
myoneuralgia Myoneuralgie *f*, Muskelneuralgie *f*
myoneurasthenia Myoneurasthenie *f*
myoneure motorische Nervenzelle *f*
myoneurectomy Myoneurektomie *f*, Muskeldenervierung *f*
myoneuroma Myoneurom(a) *n*
myoneurosis Myoneurose *f*, Muskelneurose *f*
myonitis *s.* myositis
myonosus Muskelerkrankung *f*, Muskelleiden *n*, Muskelkrankheit *f*
myonymy Muskelnomenklatur *f*
myooedema *s.* myoedema
myopachynsis Muskelfaserverdickung *f*, Muskelhypertrophie *f*
myopalmus Muskelzucken *n*, Muskelzuckung *f*
myoparalysis Myoparalyse *f*, Muskellähmung *f*
myoparesis Myoparese *f*, Muskelparese *f*
myopathia *s.* myopathy
myopathic myopathisch, muskelkrank; Myopathie...
myopathy Myopathie *f*, Muskelkrankheit *f*, Muskelerkrankung *f*, Muskelleiden *n*
myope Myope(r) *m*, Kurzsichtige(r) *m*
myopericarditis Myoperikarditis *f*, Myokard- und Perikardentzündung *f*
myoperitonitis Myoperitonitis *f*, Bauchmuskel- und Peritoneumentzündung *f*
myophage Myophage *m*, Muskelfresszelle *f*
myophagia Myophagie *f*
myophagism Muskelschwund *m*; Muskelatrophie *f*
myophone Myophon *n*
myophosphorylase Myophosphorylase *f*, Muskelphosphorylase *f (Enzym)*
myophosphorylase deficiency Myophosphorylasemangel *m*, Glykogenspeicherkrankheit *f* Typ V
myophosphorylase deficiency glycogenosis *s.* myophosphorylase deficiency
myopia Myopie *f*, Kurzsichtigkeit *f*, Visus *m* brevior [juvenum]
myopic myop(isch), kurzsichtig; Myopie...
myopic anisometropic amblyopia myope anisometrope Amblyopie *f*
myopic astigmatism myoper Astigmatismus *m*
myopic crescent *(Ophth)* Myopiesichel *f*, Falx *f* myopica
myopic eye refraction myope Refraktion *f* des Auges; Brechungsmyopie *f*
myoplasm Myoplasma *n*, Muskelplasma *n*, Muskelfaserprotoplasma *n*, Sarkoplasma *n*
myoplastic myoplastisch; Myoplastik..., Muskelplastik...
myoplasty *(Chir)* Myoplastik *f*, Muskelplastik *f*, Muskelverpflanzung *f*
myoplegia Myoplegie *f*, Muskellähmung *f*
myoporthosis *(Ophth)* Konkavlinsenkorrektur *f (bei Myopie)*
myoprotein Myoprotein *n*, Muskeleiweiß *n*
myopsis Mückensehen *n*
myopsychopathy Myopsychopathie *f*, Myopsychose *f*
myoreceptor Myorezeptor *m*, Muskelrezeptor *m*
myorelaxant (agent) *s.* muscle relaxant agent
myorhythmia Myorhythmie *f*, rhythmische Muskelzuckungen *fpl*
myorhythmic myorhythmisch
myorrhaphy *(Chir)* Myorrhaphie *f*, Muskelnaht *f*
myorrhexis Myorrhexis *f*, Muskelriss *m*, Muskelzerreißung *f*
myosalgia *s.* myalgia
myosalpingitis Myosalpingitis *f*, Eileitermuskelentzündung *f*
myosalpinx Myosalpinx *f*, Eileitermuskulatur *f*, Eileitermuskelgewebe *n*
myosarcoma *(Path)* Myosarkom *n*
myoschwannoma Myoschwannom *n*
myosclerosis Myosklerose *f*, Muskelverhärtung *f*
myoscope Myoskop *n*
myoseism Muskelseismik *f*, unrhythmische spastische Muskelkontraktionen *fpl*
myoseptum Myoseptum *n*, Muskelseptum *n*
myosin Myosin *n (Muskeleiweiß)*
myosin ATPase Myosin-ATPase *f (Enzym)*
myosin light chain kinase Myosin-light-chain-Kinase *f (Enzym)*
myosinase Myosinase *f (Enzym)*
myosinogen Myosinogen *n*, Myogen *n (Muskeleiweiß)*
myosinose Myosinose *f (Proteose)*
myosinuria Myosinurie *f*, Myosinausscheidung *f* im Urin
myosis *s.* miosis
myositic myositisch; Myositis..., Muskelentzündungs...
myositis Myositis *f*, Muskelentzündung *f*
myosome Myosom *n (kontraktiles Muskelelement)*
myospasm Myospasmus *m*, Muskelkrampf *m*
myospasmia spasmodische Muskelkontraktion *f*
myospherulosis Myosphärulose *f*
myostatic myostatisch
myostatic reflex myostatischer Reflex *m*
myosteoma Myosteom *n (Muskelgeschwulst mit verknöcherten Anteilen)*
myosthenic myosthenisch; Muskelkraft...
myosthenometer Myosthenometer *n*, Muskelkraftmesser *m*
myostroma Myostroma *n*, Muskelstroma *n*

myostromin Myostromin *n*
myosuria Myosinurie *f*, Myosinausscheidung *f* im Urin
myosuture *s.* myorrhaphy
myotactic myotaktisch; Muskelsinn...
myotamponade Muskeltamponade(plastik) *f*
myotasis Myotasis *f*, Muskeldehnung *f*
myotatic myotatisch; Muskeldehnungs...
myotendinous myotendinös; Muskel-Sehne(n)-...
myotenontoplasty Myotenontoplastik *f*, Tenomyoplastik *f*, Muskel-Sehnen-Plastik *f*
myotenositis Myotenositis *f*, Muskel- und Sehnenentzündung *f*
myotenotomy Myotenotomie *f*, Tenomyotomie *f*, Muskel- und Sehnenschnitt *m*
myothermic myothermisch; Muskeltemperatur...
myotic (agent) Miotikum *n*, Pupillen verengendes [verengerndes] Mittel *n*
myotome 1. *(Anat)* Myotom *n*, Muskelplatte *f*; 2. Myotom *n*, Muskelsegment *n*; 3. *(Chir)* Myotom *n*, Muskelmesser *n*
myotomic 1. Myotom..., Muskelplatten...; 2. Myotom..., Muskelsegment...
myotomy Myotomie *f*, Muskelschnitt *m*, (operative) Muskeldurchtrennung *f*
myotone Myotonus *m*, Muskeltonus *m*, Muskeldehnungswiderstand *m*
myotonia Myotonie *f*, Muskelspannung *f*
myotonic myoton(isch); Myotonie..., Muskelspannungs...
myotonic atrophy *s.* myotonic muscular atrophy
myotonic cataract *(Ophth)* Cataracta *f* myotonica
myotonic dystrophy *s.* myotonic muscular atrophy
myotonic muscular atrophy Dystrophia *f* myotonica, Myotonia *f* atrophicans [atrophica, dystrophica]
myotonic muscular dystrophy *s.* myotonic muscular atrophy
myotonic myopathy myotonische Myopathie *f*, Curschmann-Steinert-Syndrom *n*
myotonic reaction myotonische Reaktion *f*, MyoR
myotonoid myotonoid, myotonieartig, myotonieähnlich; Myotonie...
myotonometer Myotonometer *n*, Muskeltonusmesser *m*
myotonus 1. Myotonus *m*, tonischer Muskelkrampf *m*; 2. Muskeltonus *m*, Muskeldehnungswiderstand *m*
myotony *s.* myotonia
myotrophic 1. myotroph, muskelernährend; Myotrophie...; 2. myotroph, die Muskelmasse vergrößernd, das Muskelgewicht erhöhend
myotrophy Myotrophie *f*, Muskelernährung *f*
myotropic myotrop, auf Muskeln gerichtet
myotropic organism myotroper Organismus *m*
myotube Myotubulus *m*
myotubular Myotubulus...
myotubule Myotubulus *m*
myovascular myovaskulär; Muskelgefäß...; Herzmuskelgefäß...
myringa Trommelfell *n*, Paukenfell *n*, Membrana *f* tympani *(Zusammensetzungen siehe unter: tympanic membrane)*
myringectomy Myringektomie *f*, Trommelfellexzision *f*, (operative) Trommelfellentfernung *f*
myringitis Myringitis *f*, Trommelfellentzündung *f*
myringodectomy *s.* myringectomy
myringodermatitis Myringodermatitis *f*, Myringitis *f* bulbosa *(Entzündung der äußeren Trommelfellschicht)*
myringomycosis Myringomykose *f*, Trommelfellpilzinfektion *f*, Mykomyringitis *f*
myringoplastic myringoplastisch; Myringoplastik...
myringoplasty Myringoplastik *f*, Trommelfellplastik *f*, plastische Trommelfellrekonstruktion *f*
myringoscope Myringoskop *n*, Trommelfellspiegel *m*; Ohrenspiegel *m*
myringoscopy Myringoskopie *f*, Trommelfellspiegelung *f*
myringostapediopexy Myringostapediopexie *f*
myringotome Myringotom *n*, Parazentesemesser *n*, Parazentesenadel *f*
myringotomy Myringotomie *f*, Trommelfellparazentese *f*, Trommelfellinzision *f*, Trommelfell(ein)schnitt *m*, Trommelfellpunktion *f*
myrinx *s.* myringa
myristate Myristat *n (Salz der Myristinsäure)*
myristic acid Myristinsäure *f*
myronate Myronat *n (Salz der Myronsäure)*
myronic acid Myronsäure *f*
myrrh Myrrhe *f*
myrrholin Myrrholin *n*
myrtenol Myrtenol *n*
myrtle Myrte *f*, Myrtus *m*
myrtle leaf probe *(Chir)* Myrtenblattsonde *f*
Myrtus communis Myrtus *m* communis
mysophilia *(Neur)* Mysophilie *f*, Beschmutzungslust *f*, Beschmutzungsfreude *f*
mysophilic mysophil, schmutzliebend; Mysophilie...
mysophobia *(Neur)* Mysophobie *f*, Beschmutzungsfurcht *f*, Berührungsfurcht *f*
mysophobic mysophob, schmutzfürchtend, Schmutz fürchtend; Mysophobie...
mytacism *(Neur)* Mytazismus *m*, Mutazismus *m*, M-Stammeln *n*, M-Stottern *n*
mythomania *(Neur)* Mythomanie *f*, Übertreibungswahn *m*, (krankhafte) Aufschneiderei *f*, Aufschneidetrieb *m*
mythophobia Mythophobie *f (krankhafte Angst, die Unwahrheit zu sagen)*
mytilotoxin Mytilotoxin *n*, Miesmuschelgift *n*
mytilotoxism Mytilotoxismus *m*, Miesmuschelvergiftung *f*, Muschelvergiftung *f*
myxadenitis Myxadenitis *f*, Schleimdrüsenentzündung *f*
myxadenoma Myxadenom *n*, schleimiges Adenom *n*, Schleimdrüsengeschwulst *f*
myxamoeba Myxamöba *f*
myxangitis Myxangitis *f (Entzündung der Schleimdrüsengänge)*
myxasthenia Myxasthenie *f*, Schleimbildungsschwäche *f*, Schleimhautaustrocknung *f*
myxidiocy *(Päd)* Myxidiotie *f*, infantiles Myxödem *n*, sporadischer Kretinismus *m*
myxiosis Myxiosis *f*, Schleimabsonderung *f*, Schleimausscheidung *f*
myxoadenoma *s.* myxadenoma
myxoblastoma *(Path)* Myxoblastom *n*
myxochondrofibrosarcoma *(Path)* Myxochondrofibrosarkom *n*
myxochondroma *(Path)* Myxochondrom *n*, Schleimzellenchondrom *n (Mischgeschwulst)*
myxochondrosarcoma *(Path)* Myxochondrosarkom *n*, Chondromyxosarkom *n*
myxocystitis Myxozystitis *f (Entzündung der Blasenschleimhaut)*
myxocystoma Myxozystom *n*, zystisches Myxom *n*
myxocyte *(Histol)* Myxozyt *m*
myxoedema Myxödem *n*, Schleimhautgeschwulst *f*, schleimige Unterhautbindegewebeinfiltration *f*, Myxodermia *f* diffusa *(bei Schilddrüsenunterfunktion)*
myxoedema heart Myxödemherz *n*
myxoedema madness Myxödempsychose *f*
myxoedematoid myxödematoid, myxödemartig; Myxödem...
myxoedematous myxödematös; Myxödem...
myxoedematous coma Myxödemkoma *n*
myxoedematous heart Myxödemherz *n*
myxoenchondroma *(Path)* Myxoenchondrom *n*

myxoendothelioma Myxoendotheliom *n*
myxofibroma *(Path)* Myxofibrom *n*, Schleimzellenfibrom *n* *(Mischgeschwulst aus Schleim- und kollagenem Bindegewebe)*
myxofibrosarcoma *(Path)* Myxofibrosarkom *n*
myxoglioma *(Path)* Myxogliom *n*
myxoglobulosis Myxoglobulose *f (z. B. der Appendix vermiformis)*
myxoid myxoid, schleimartig, schleimähnlich
myxolipoma *(Path)* Myxolipom *n*, Myxoma *n* lipomatodes, Schleimzellenlipom *n (Mischgeschwulst)*
myxoliposarcoma *(Path)* Myxoliposarkom *n*
myxoma *(Path)* Myxom(a) *n*, Myxoma *n* medullare [simplex], Schleim(gewebe)geschwulst *f*, Gallertgeschwulst *f*
myxomatosis Myxomatose *f*, Vorhandensein *n* mehrerer Myxome
myxomatous myxomatös; Myxom...
myxomatous sarcoma *(Path)* Sarcoma *n* myxomatodes
myxomycete Myxomyzet *m*, Schleimpilz *m*
Myxomycetes Myxomyzeten *mpl*, Schleimpilze *mpl*
myxomyoma *(Path)* Myxomyom *n*
myxoneuroma *(Path)* Myxoneurom *n*
myxoneurosis Myxoneurose *f*, Myxoneurosis *f* intestinalis membranacea, Colica *f* mucosa
myxopapilloma *(Path)* Myxopapillom *n*
myxopoiesis Myxopoese *f*, Schleimbildung *f*
myxopoietic schleimbildend; Myxopoese..., Schleimbildungs...
myxorrhoea Myxorrhoe *f*, Schleimfluss *m*
myxosarcoma *(Path)* Myxosarkom *n (bösartige Geschwulst aus Schleimgewebe)*
myxosarcomatous myxosarkomatös; Myxosarkom...
Myxospora Myxospora *pl*
myxosporan Myxosporon...
myxosporan Myxosporon *n*
myxospore Myxospore *f*, Myxomyzetenspore *f*
Myxosporea Myxosporea *pl*
myxovirus Myxovirus *n*
Myxozoa Myxozoa *pl*
myxozoan Myxozoon...
myxozoan Myxozoon *n*
Myzorhynchus Myzorhynchus *m (Moskitospezies)*

N

n. *s.* nasal
NA *s.* Nomina Anatomica
Nabothian cyst Naboth'sche Zyste *f (zystische Aufdehnung der Gebärmutterhalsdrüsen)*
Nabothian follicle *s.* Nabothian cyst
Nabothian gland Naboth'sche Drüse *f*, Ovulum *n* Nabothi, Glandula *f* cervicalis uteri, Gebärmutterhalsdrüse *f*
nacreous perlmuttartig *(z. B. Bakterienkulturen)*
NAD *s.* nicotinamide-adenine dinucleotide
NAD cytochrome b5 reductase NAD-Cytochrom-b5-reduktase *f (Enzym)*
NAD dehydrogenase NAD-Dehydrogenase *f (Enzym)*
NAD methaemoglobin reductase NAD-Methämoglobinreduktase *f (Enzym)*
NAD oxidase NAD-Oxidase *f (Enzym)*
NAD peroxidase NAD-Peroxidase *f (Enzym)*
nadolol Nadolol *n (Betarezeptorenblocker)*
NADP *s.* nicotinamide-adenine dinucleotide phosphate
NADPH oxidase defect NADPH-Oxidasedefekt *m*
Naegele pelvis *(Anat)* Naegele'sches Becken *n*, Naegele-Becken *n (schrägverengtes, missgebildetes Becken mit Fehlen eines Kreuzbeinflügels)*
Naegele's forceps *(Gyn)* Naegele'sche Zange *f* [Geburtszange *f*], Naegele-Zange *f*
Naegele's obliquity Naegele'sche Obliquität *f*, Naegele-Obliquität *f*, vorderer Asynklitismus *m*, Vorderscheitelbeineinstellung *f (Abweichung der Pfeilnaht aus der Beckenführungslinie nach hinten bei der Geburt)*
Naegele's pelvis *s.* Naegele pelvis
Naegele's rule Naegele'sche Regel *f*, Naegele-Regel *f (zur Bestimmung des Geburtstermins = erster Menstruationstag minus 3 Monate plus 7 Tage)*
Naegeli's leukaemia Naegeli'sche Leukämie *f*, akute myelomonozytäre Leukämie *f*
Naegeli's syndrome Naegeli'sches Syndrom *n*, Naegeli-Syndrom *n*, Naegeli'scher Chromatophorennävus *m*, Naegeli'sche Incontinentia *f* pigmenti, Naegeli-Bloch-Jadassohn-Syndrom *n*, Franceschetti-Jadassohn-Syndrom *n*
Naegeli's type of monocytic leukaemia *s.* Naegeli's leukaemia
Naegleria Naegleria *pl (Binnengewässer-Limaxamöben)*
naegleriasis Naegleriasis *f*
naeviform *s.* naevoid
naevoblast Nävoblast *m*
naevocarcinoma *(Path)* Nävuskarzinom *n*
naevocellular nävozellulär; Nävuszellen...
naevocyte Nävuszelle *f*
naevocytic Nävuszellen...
naevoid nävoid, nävusartig, muttermalähnlich, malförmig
naevoid amentia *s.* Sturge-Weber syndrome
naevoid basal-cell carcinoma *(Derm, Path)* Nävusbasalzellkarzinom *n*
naevoid basal-cell carcinoma syndrome *(Derm, Path)* Nävusbasalzellkarzinomsyndrom *n*
naevoid cyst Nävuszyste *f*
naevoid neuroma Neuroma *n* teleangiectodes
naevolipoma Nävolipom *n*, Fettnävus *m*, Naevus *m* lipomatosus [lipomatodes]
naevomelanoma *(Derm, Path)* Nävusmelanom *n*, malignes Melanom *n*
naevose *s.* naevous
naevous gefleckt, getüpfelt
naevoxantho-endothelioma *(Derm, Path)* Nävoxanthoendotheliom *n*, *(veraltet)* juveniles Xanthogranulom *n*
naevus *(Derm, Histol)* Nävus *m*, Geburtsmal *n*, Blutsmal *n*, Muttermal *n*, Mal *n (umschriebene, anlagebedingte oder erbliche Fehlbildung der Haut)*
naevus cell Melanozyt *m*, Melaninzelle *f*, Pigmentzelle *f*
nafcillin Nafcillin *n (Antibiotikum)*
Naffziger's syndrome Naffziger'sches Syndrom *n*, Naffziger-Syndrom *n*, Halsrippensyndrom *n*, Adson-Syndrom *n*
nafronyl oxalate Navronyloxalat *n (Vasodilator)*
naftifine hydrochloride Naftifinhydrochlorid *n (Antimykotikum)*
Nagel's adaptometer Nagel'sches Adaptometer *n (zur Adaptometrie unter abgestufter Beleuchtung)*
Nagel's anomaloscope Nagel'sches Anomaloskop *n*
Nagel's colour plates Nagel'sche Farbtäfelchen *npl (zur Farbsinnprüfung)*
Nagel's test *(Ophth)* Nagel'scher Test *m*, Nagel'scher Farbsehtest *m*
Nageotte bracelets Nageotte'sche Schnürringe *mpl*, Nageotte'sche Einschnürungen *fpl*
Nageotte cells Nageotte'sche Zellen *fpl (in der Zerebrospinalflüssigkeit)*

Nageotte's point Nageotte'sche Stelle *f*, Nageotte'sche Nervenwurzel *f*
Nager-De Reynier syndrome *s.* Nager's acrofacial dysostosis
Nager's acrofacial dysostosis Nager'sche akrofaziale Dysostose *f*, Dysostosis *f* mandibularis, Nager-De Reynier-Syndrom *n*
Nager's syndrome *s.* Nager's acrofacial dysostosis
nail 1. *(Derm)* Nagel *m*, Unguis *m*, Onyx *m*; 2. *(Chir)* Nagel *m*, Marknagel *m*, Knochenmarknagel *m*
nail bed Matrix *f* unguis, Nagelbett *n*
nail biting Nagel(ab)beißen *n*, Nagel(ab)knabbern *n*, Nägelkauen *n*, Onychophagie *f*
nail care Nagelpflege *f*
nail cutters Nagelzange *f*
nail driver *(Chir)* Vorschläger *m*, Vorschlaginstrument *n* *(bei Osteosynthese)*
nail extraction forceps Nagelausreißzange *f*, Nagelextraktionszange *f*
nail extraction hook Nagelextraktionsinstrument *n*
nail extractor Nagelzieher *m*, Nagelextraktor *m*
nail fold Nagelfalte *f*, Nagelfalz *m*, Nagelwall *m*
nail groove Nagelgrube *f*
nail holding plate *(Chir)* Nagelhalteplatte *f* *(Osteosynthese)*
nail impactor *(Chir)* Nachschlaginstrument *n*, Fertigschläger *m*
nail matrix Nagelmatrix *f*, Matrix *f* unguis
nail mycosis *(Derm)* Nagelmykose *f*
nail osteosynthesis Nagelosteosynthese *f*
nail patella syndrome *(Gen)* Nagel-Patella-Syndrom *n*, Onychoosteodysplasie *f*, Arthroonychodysplasie *f*, Osteoonychodysplasie *f*, Turner-Kieser-Syndrom *n*, Beckenhörnersyndrom *n*
nail plate Nagelplatte *f*
nail plate avulsion Nagelplattenavulsion *f*
nail pulse Nagelpuls *m*, Fingernagelpuls *m*
nail root Nagelwurzel *f*
nail splitting forceps Nagelspaltzange *f*
nail wall Nagelwall *m*
nailing *(Chir)* Nagelung *f*, Nageln *n* *(eines Knochens)*; Frakturnagelung *f*
naive naiv, einfältig
Na^+/K^+-ATPase Na^+/K^+-ATPase *f*, Natrium-Kalium-ATPase *f*
Na^+/K^+-exchanging ATPase Na^+/K^+-Austausch-ATPase *f*
Na^+/K^+-transporting ATPase Na^+/K^+-Transport-ATPase *f*
nalbuphine hydrochloride Nalbuphinhydrochlorid *n* *(Analgetikum)*
nalidixic acid Nalidixinsäure *f*, 1-Ethyl-7-methyl-4-oxo-1,4-dihydro-1,8-naphthyridin-3-carbonsäure *f* *(Antibiotikum)*
nalmefene hydrohcloride Nalmefenhydrochlorid *n* *(Opiatantagonist)*
nalorphine Nalorphin *n*, (N-)Allylmorphin *n*, Allorphin *n* *(Morphinantagonist)*
naloxone hydrochloride Naloxonhydrochlorid *n* *(Opiatantagonist)*
naltrexone hydrochloride Naltrexonhydrochlorid *n* *(Opiatantagonist)*
namangitis *s.* lymphangitis
Namaqualand hip dysplasia Namaqualand'sche Hüftdysplasie *f*
nandrolone Nandrolon *n* *(Androgen, Anabolikum)*
nandrolone decanoate Nandrolondecanoat *n*
nandrolone phenpropionate Nandrolonphenproprionat *n*
nanism *(Päd)* Nanismus *m*, Nanosomie *f*, Zwergwuchs *m*
nanocephalia Nanozephalie *f*, Nanokephalie *f*, Kleinköpfigkeit *f*, Zwergköpfigkeit *f*
nanocephalic *s.* nanocephalous
nanocephalic dwarf nanozephaler Zwerg *m*
nanocephalism *s.* nanocephalia
nanocephalous nanozephal, nanokephal, kleinköpfig, zwergköpfig
nanocephalus Nanozephalus *m*, Nanokephalus *m*, Kleinköpfiger *m*, Zwergkopf *m*
nanocephaly *s.* nanocephalia
nanocormia Nanokormie *f*, Mikrosomie *f*, Zwergwuchs *m*
nanocormus Nanocormus *m*
nanocurie Nanocurie *n*, nCi
nanoid nanoid, zwergartig, zwergähnlich, zwergenhaft
nanomelia Nanomelie *f*, abnorme Kleinheit *f* der Gliedmaßen
nanomelus *(Terat)* Nanomelus *m*
nanophthalmia Nanophthalmie *f*, Kleinäugigkeit *f*
nanophthalmos *s.* nanophthalmus
nanophthalmus 1. Nanophthalmus *m*, Zwergäugige(r) *m*; 2. Zwergauge *n*
nanosomia Nanosomie *f*, Nanismus *m*, Zwergwuchs *m*
nanosomus Nanosomus *m*, Zwerg *m*
nanous *s.* nanoid
napalm burn Napalmverbrennung *f*
nape Nacken *m*, Genick *n*, Nucha *f* *(Zusammensetzungen siehe unter: nuchal)*
napex *(Anat)* Okziput *n*, Hinterhaupt *n*, Hinterkopf *m* *(Zusammensetzungen siehe unter: occipital)*
naphazoline hydrochloride Naphazolinhydrochlorid *n* *(Vasokonstriktor)*
naphthalene Naphthalin *n*, Naphthalen *n* *(Antiwurmmittel)*
naphthalene poisoning Naphthalinvergiftung *f*
naphthalenol *s.* naphthol
naphthalin *s.* naphthalene
naphthazoline hydrochloride *s.* naphazoline hydrochloride
naphthol Naphthol *n*
α-naphtol α-Naphtol *n*, 1-Hydroxynaphtalin *n*
β-naphtol β-Naphtol *n*, Iso-Naphtol *n*, Naphtalol *n*, 2-Hydroxynaphtalin *n*
naphthol camphor Naphtolkampfer *m*
naphthol poisoning Naphthalvergiftung *f*
naphthol yellow Naphtolgelb *n* *(saurer Farbstoff)*
naphtholate Naphtholat *n*
naphtholism (chronische) Naphtholvergiftung *f*
naphthomania Naphthomanie *f*, Benzinomanie *f*, Benzinschnüffeln *n*
naphthopyrin Naphthopyrin *n* *(Antiseptikum)*
naphthoquinone Naphthaquinon *n*
naphthoresorcin(ol) Naphthoresorcinol *n*, Naphthoresorzin *n* *(Antiseptikum)*
naphthylamine Naphthylamin *n*
α-naphthylthiourea α-Naphthylthioharnstoff *m*, 1-(1-Naphthyl)-2-thioharnstoff *m*
napiform rübenförmig
napkin 1. Serviette *f*, Mundtuch *n*; 2. Windel *f*; 3. Damenbinde *f*, Monatsbinde *f*
napkin holder *(Stom)* Serviettenhalter *m*
napkin psoriasis Napkin-psoriasis *f*, Windelpsoriasis *f* *(Sonderform des seborrhoischen Ekzems)*
napkin ring tumour ringförmig wachsender Tumor *m* *(mit Einschnürung von Strukturen)*
napping Nickerchen *n*, kurzes Einschlafen *n*; Einnicken *n*
naprapath Naprapath *m*, Naprapathiespezialist *m*
naprapathy Naprapathie *f* *(Therapiesystem zur Förderung regenerativer Prozesse im Körper durch Bindegewebebehandlung)*
naproxen Naproxen *n*
naproxol Naproxol *n* *(Antirheumatikum)*
napsylate Napsylat *n*

narceine Narcein *n (Opiumalkaloid)*
narcism *s.* narcissism
narcissism *(Neur)* Narzissmus *m*, (krankhafte) Verliebtheit *f* in den eigenen Körper, In-sich-selbst-Verliebtsein *n*
narcissist Narzisst *m*, vom Narzissmus Befallener *m*
narcissistic narzisstisch, in den eigenen Körper verliebt; Narzissmus...
narcissistic mortification narzisstische Kränkung *f*
narcissistic object-choice *(Neur)* narzisstische Objektwahl *f*
narcissistic personality narzisstische Persönlichkeit *f*
narcissistic personality disorder narzisstische Persönlichkeitsstörung *f*
narco-catharsis Narkokatharsis *f (kathartische Methode mit Anwendung von Schlafmitteln)*
narcoanaesthesia Narkoanästhesie *f*, Basalnarkose *f*
narcoanalysis *(Psych)* Narkoanalyse *f (Befragung nach bestimmten Erlebnissen bei Enthemmung durch Schlafmittel)*
narcodiagnosis *s.* narcoanalysis
narcohypnia Narkohypnie *f*
narcohypnosis *(Psych)* Narkohypnose *f*, Narkosuggestion *f*, Schlafmittelhypnose *f*
narcolepsy *(Neur)* Narkolepsie *f*, paroxysmales Schlafen *n*, Schlafanfall *m*, (anfallsweise) Schlafsucht *f*, Schlummersucht *f*
narcoleptic narkoleptisch, schlafsüchtig, von Schlafanfällen betroffen
narcoleptic Narkoleptiker *m*, Schlafsüchtige(r) *m*
narcoleptic (drug) Narkoleptikum *n*
narcology Narkologie *f*, Lehre *f* von der Schmerzbetäubung
narcoma Narkoseschlaf *m*
narcomania Narkomanie *f*, Sucht *f*, Rauschgiftsucht *f*, Rauschgiftabhängigkeit *f*
narcomaniac Narkomaner *m*, Süchtiger *m*, Rauschgiftsüchtiger *m*
narcomatous narkomatös
narcopepsia Narkopepsie *f*, Verdauungsträgheit *f*, träge Verdauung *f*
narcopsychoanalysis Narko-Psychoanalyse *f*
narcose *s.* narcous
narcosis 1. Narkose *f*, Allgemeinbetäubung *f*, Betäubung *f*, Schmerzausschaltung *f*; 2. *s.* narcotization
narcosis therapy Schlaftherapie *f*, Schlafbehandlung *f*
narcosomania Narkosomanie *f*, Narkosesucht *f*, krankhafter Trieb *m* nach Narkose
narcospasm Narkospasmus *m*, Narkosekrampf *m*
narcostimulant (agent) Narkostimulans *n*, narkotisierendes und stimulierendes Mittel *n*
narcosynthesis *(Neur)* Narkosynthese *f*
narcotherapy Narkotherapie *f*, Psychotherapie *f* mit Beruhigungsmitteln
narcotic 1. narkotisch, betäubend, narkotisierend; 2. berauschend
narcotic *s.* 1. narcotic agent; 2. narcotic addict
narcotic addict Rauschgiftsüchtige(r) *m*
narcotic addiction Rauschgiftsucht *f*
narcotic agent 1. Narkotikum *n*, Narkosemittel *n*, Betäubungsmittel *n*; Schlafmittel *n*; 2. Rauschgift *n*, Rauschmittel *n*
narcotic analgesic *s.* narcotic analgetic
narcotic analgetic Narkoanalgetikum *n*
narcotic antagonist Narkotikumnantagonist *m*
narcotic antitussive narkotisches Antitussivum *n (z. B. Kodein)*
narcotic dependence *s.* narcotic addiction
narcotic habit Schlafmittelgewöhnung *f*
narcotic intoxication Schlafmittelintoxikation *f*, Schlafmittelvergiftung *f*
narcotic poison 1. Narkosegift *f*; 2. Rauschgift *n*
narcotic poisoning *s.* narcotic intoxication
narcotic sleep Narkoseschlaf *m*; provozierter [medikamentöser] Schlaf *m*, Medikamentenschlaf *m*
narcoticism *s.* narcotism
narcotico-acrid narkotisch und beißend [ätzend] reizend
narcotico-irritant narkotisch und reizend
narcotine Narkotin *n (schwach einschläferndes Alkaloid)*
narcotism 1. Narkoseschlaf *m*; stuporöse Analgesie *f*; 2. *s.* narcomania
narcotization Narkotisierung *f*, Narkosedurchführung *f*, Betäuben *n*, Betäubung *f*, Narkose *f*
narcotize *v* narkotisieren, unter Narkose setzen, jemanden zur Schmerzausschaltung betäuben, eine Narkose durchführen
narcous stuporös, betäubt
nares *pl s.* naris
narial Naris..., Nasenöffnungs..., Nasenloch..., Nasen...
naris Nasenöffnung *f*, Nasenloch *n*, Orificium *n* nasi, Naris *f*
narrow-angle glaucoma *(Ophth)* Engwinkelglaukom *n*
narrow eye-slit enger Lidspalt *m*
narrow needle feine [zarte] Nadel *f*
narrowed consciousness *(Neur)* eingeengtes Bewusstsein *n*; Bewusstseinseinengung *f*
narrowing of an articular space Gelenkspaltverengung *f*
narrowing of the eye-slit Augenlidverengung *f*, Lidverengung *f*
narrowing of the oesophagus Ösophagusverengung *f*, Speiseröhreneinengung *f*
narrowing of visual field Gesichtsfeldeinengung *f*
nasal *(HNO)* nasal; Nasen..., Rhin(o)... *(siehe auch unter: nose)*
nasal airway 1. *(HNO, Anat)* Nasenweg *m*; 2. *(Anästh)* nasaler Tubus *m*, Nasentubus *m*
nasal airway obstruction Nasenwegsverlegung *f*, Nasenwegsverschluss *m*
nasal alar collapse Nasenflügelkollaps *m*
nasal area Nasenregion *f*, Nasenfeld *n*
nasal balloon tamponade Nasenballontamponade *f*
nasal bleeding Nasenbluten *n*, Nasenblutung *f*, Rhinorrhagie *f*, Epistaxis *f*
nasal bone Nasenbein *n*, Os *n* nasale [nasi]
nasal bone fracture Nasenbeinfraktur *f*
nasal breather Nasenatmer *m*
nasal breathing Nasenatmung *f*
nasal calculus *s.* rhinolith
nasal canal Tränennasengang *m*, Canalis *m* nasolacrimalis
nasal cannula Nasenkanüle *f*, Nasensonde *f (für Sauerstoffzufuhr)*
nasal capsule Nasenkapsel *f*
nasal cartilage Nasenknorpel *m*
nasal catarrh Nasenkatarrh *m*, Schnupfen *m*
nasal cavity Nasenhöhle *f*, Cavum *n* nasi
nasal cold Schnupfen *m*; Erkältung *f*
nasal collapse Nasenzusammenbruch *m*, Nasengerüstzerstörung *f (z. B. bei Lepra)*
nasal concha Nasenmuschel *f*, Concha *f* nasalis
nasal congestion Nasenschleimhautanschwellung *f*
nasal crest 1. Nasenleiste *f* am Oberkieferbein, Crista *f* nasalis maxillae; 2. Nasenleiste *f* am Gaumenbein, Crista *f* nasalis ossis palatini
nasal culture *(Bakt, HNO)* Nasen(abstrich)kultur *f*
nasal decongestant (agent) Nasenschleimhautabschwellungsmittel *n*
nasal decongestion Nasenschleimhautabschwellung *f*

nasal diphtheria Nasendiphtherie *f*
nasal discharge Nasensekret *n*
nasal dorsum Nasenrücken *n*, Dorsum *n* nasi
nasal drip nasale Tropfinfusion *f*
nasal dryness Nasentrockenheit *f*
nasal eczema Nasenekzem *n*
nasal field 1. *s.* nasal area; 2. Nasenfeld *n*, nasales Sehfeld *n*
nasal folliculitis Nasenfollikelentzündung *f*
nasal foreign body Nasenfremdkörper *m*
nasal fossa *s.* 1. nasal pit; 2. nasal cavity
nasal frontal duct Ductus *m* nasofrontalis
nasal furuncle Nasenfurunkel *m*
nasal glioma Nasengliom *n*, nasales Gliom *n*
nasal haemorrhage *s.* nasal bleeding
nasal hemianopsia nasale Hemianopsie *f* [Halbseitenblindheit *f*]
nasal index nasaler Index *m*, Nasenindex *m*
nasal instillation of medication nasale Medikamenteninstillation *f*
nasal labyrinth Nasen(gang)labyrinth *n*, Nasenhöhlenlabyrinth *n*
nasal line *s.* nasolabial line
nasal membranous septum membranöses Nasenseptum *n*, Pars *f* membranacea septi nasi
nasal mucosa [mucous membrane] Nasenschleimhaut *f*
nasal notch Incisura *f* nasalis
nasal obstruction Nasenobstruktion *f*, Nasen(höhlen)verlegung *f*
nasal packing *s.* nasal tamponade
nasal papilloma Nasenpapillom *n*
nasal passage narrowing Nasenwegeinengung *f*
nasal passages Nasenwege *mpl*
nasal pit Riechgrube *f*
nasal point *s.* nasion
nasal polyp nasaler Polyp *m*, Nasenpolyp *m* *(Wucherung der Nasenschleimhaut)*
nasal portion of the pharynx *s.* nasopharynx
nasal process of the frontal bone Nasenfortsatz *m* des Stirnbeins, Processus *m* nasalis ossis frontalis
nasal process of the maxilla Oberkieferfortsatz *m*, Processus *m* frontalis maxillae
nasal pyramid Nasenpyramide *f*
nasal reconstruction Nasenrekonstruktion *f*
nasal reflex Nasenreflex *m*
nasal region Nasenregion *f*, Regio *f* nasalis
nasal regurgitation Nasenrückfluss *m*
nasal reservoir Nasenreservoir *f* *(der Bakterien)*
nasal saw Nasensäge *f*
nasal secretion 1. Nasensekretion *f*; 2. Nasensekret *n*
nasal septal abscess Nasenseptumabszess *m*
nasal septal cartilage Nasenscheidewandknorpel *m*
nasal septal dermoplasty Nasenseptum-Hautplastik *f*
nasal septal deviation Nasenseptumdeviation *f*
nasal septal haematoma Nasenseptumhämatom *n*
nasal septal perforation Nasenseptumperforation *f*
nasal septal surgery Nasenseptumchirurgie *f*
nasal septum Nasenseptum *n*, Nasenscheidewand *f*, Septum *n* nasi
nasal sinus Nasennebenhöhle *f*, Sinus *m* paranasalis
nasal skeletal structure Nasenskelettstruktur *f*
nasal skeleton Nasenskelett *n*
nasal smear Nasen(schleimhaut)abstrich *m*
nasal speculum Nasenspekulum *n*, Nasenspiegel *m*, Rhinoskop *n*
nasal spine Spina *f* nasalis ossis frontalis
nasal spine of the palatine bone Spina *f* nasalis posterior ossis palatini
nasal split Nasenspalte *f*, Spaltnase *f*
nasal tamponade Nasentamponade *f*
nasal tamponade tube Nasentamponaderohr *n*
nasal tip Nasenspitze *f*
nasal trephine Nasentrokar *m*
nasal tumour Nasentumor *m*, Nasengeschwulst *f*
nasal twang näselnde Sprache *f* [Aussprache *f*], Näseln *n*, Nasensprache *f*
nasal vault Nasengewölbe *n*
nasal voice näselnde Stimme *f*, Nasenstimme *f*, Nasensprache *f*, Näseln *n*
nasal widening Nasenflügeln *n* *(Erweiterung der Nasenflügel bei Luftnot)*
nasal wing Nasenflügel *m*, Ala *f* nasi
nasalis (muscle) Musculus *m* nasalis, Nasenmuskel *m*
nasalization Näseln *n*, nasale Sprache *f*
nascent naszierend, soeben [gerade] entstehend
nasiform nasiform, nasenförmig
nasiobregmatic Nasion-Bregma-… *(Kraniometrie)*
nasion Nasion *n* *(anthropologischer Messpunkt)*
nasioniac Nasion-Inion-…
nasitis Rhinitis *f*, Nasen(schleimhaut)entzündung *f*, Nasen(schleimhaut)katarrh *m*, Schnupfen *m*, Koryza *f*
naso-occipital nasookzipital; Nasen-Hinterhaupt(s)-…
naso-oral nasooral; Nasen-Mund-…
naso-orbital nasoorbital; Nasen-Augenhöhlen-…
nasoalveolar nasoalveolär; Nasen-Zahnwurzel-…
nasoantral nasoantral; Nasen-Oberkieferhöhlen-…
nasoantritis Nasoantritis *f*, Entzündung *f* der Nasenhöhlen- und Kieferhöhlenschleimhaut
nasoantrostomy Nasoantrostomie *f*
nasobasilar line *(Anat)* Nasobasilarlinie *f*
nasobronchial nasobronchial; Nasen(höhlen)-Bronchien-…
nasobuccal nasobukkal; Nasen-Wangen-…
nasobuccopharyngeal nasobukkopharyngeal; Nasen-Wangen-Pharynx-…
nasociliary nasoziliar; Nasen-Augenlid-…
nasociliary artery Arteria *f* nasociliaris, Nasenaugenarterie *f*
nasociliary nerve Nervus *m* nasociliaris, Nasenaugennerv *m*
nasociliary neuralgia Neuralgia *f* nasociliaris, Nasenaugennorvneuralgie *f*, Charlin'sches Syndrom *n*
nasocular nosookular; Nasen-Augen-…
nasoendoscope Nasenendoskop *n*, Nasenspiegel *m*
nasoendoscopy *(HNO)* Nasenendoskopie *f*, Nasenspiegelung *f*
nasoethmoidal nasoethmoidal; Nasen-Siebbeinhöhlen-…
nasofacial nasofazial; Nasen-Gesicht(s)-…
nasofrontal nasofrontal; Nasen-Stirnbein-…; Nasen-Stirnhöhlen-…
nasofrontal duct Ductus *m* nasofrontalis, Stirnhöhlenkanal *m*
nasofrontal fontanel Fontanella *f* nasofrontalis, Nasofrontalfontanelle *f*
nasofrontal suture Nasofrontalnaht *f*, Nasen Stirnbein-Naht *f*
nasofrontal vein Vena *f* nasofrontalis
nasogastric nasogastrisch; Nasen-Magen-…
nasogastric feeding *s.* nasogastric tube feeding
nasogastric feeding tube *(Gastr)* (trans)nasale Magenernährungssonde *f*
nasogastric intubation nasogastrische Intubation *f*
nasogastric suction nasogastrische Absaugung *f* [Saugung *f*]
nasogastric tube *s.* nasogastric feeding tube
nasogastric tube feeding *(Gastr)* transnasale Magensondenernährung *f*

nasogenital nasogenital
nasojejunal nasojejunal; Nasen-Jejunum-…
nasojejunal tube nasojejunale Sonde *f*
nasolabial nasolabial; Nasen-Lippen-…; Nasen-Oberlippen-…
nasolabial crease Nasolabialfalte *f*, Nasen-Lippen-Furche *f*, Nasenlippenfurche *f*, Sulcus *m* nasolabialis
nasolabial line Linea *f* nasolabialis, Nasolabiallinie *f*, Nasolabialfalte *f*
nasolabial reflex Nasolabialreflex *m*, Nasen-Lippen-Reflex *m*
nasolacrimal nasolakrimal; Nasolakrimal…, Nasen-Tränen(apparat)-…
nasolacrimal canal *(Anat)* Canalis *m* nasolacrimalis, Tränennasengang *m*
nasolacrimal drainage system blockage *(HNO)* Tränennasengangabflussblockade *f*
nasolacrimal duct *(Anat)* Ductus *m* lacrimalis, Tränengang *m*
nasolacrimal duct stenosis *(Anat)* Tränengangstenose *f*
nasolacrimal groove *(Anat)* Nasolakrimalfurche *f*
nasolateral process seitlicher Nasenfortsatz *m*, lateraler Nasenwulst *m*
nasomalar nasomalar; Nasen-Jochbein-…
nasomandibular Nasen-Mandibula-…
nasomandibular fixation nasomandibuläre Fixierung *f* *(bei Kieferfraktur)*
nasomanometer Nasomanometer *n*, Nasen(b)innendruckmesser *m*
nasomaxillary nasomaxillär; Nasen-Oberkiefer-…
nasomaxillary suture Sutura *f* nasomaxillaris, Nasen-Oberkiefer-Naht *f*
nasomedial process mittlerer Nasenfortsatz *m*, medialer Nasenwulst *m*
nasomental nasomental; Kinn-Nasen-…
nasomental reflex nasomentaler Reflex *m*
nasopalatine nasopalatinal; Nasen-Gaumen-…
nasopalatine eruption Nasen-Gaumen-Ausschlag *m* *(z. B. bei Herpes zoster)*
nasopalatine nerve Nervus *m* nasopalatinus (Scarpae)
nasopalpebral nasopalpebral; Nasen-Augenlid-…
nasopalpebral reflex Nasopalpebralreflex *m*
nasopharyngeal *(HNO)* nasopharyngeal, rhinopharyngeal; Nasopharynx…, Nasenrachen(raum)…
nasopharyngeal angiofibroma Nasopharynxangiofibrom *n*, juveniles Angiofibrom *n*, nasopharyngeales Fibroangiom *n*
nasopharyngeal cancer Nasopharynxkarzinom *n*, nasopharyngeales Karzinom *n*
nasopharyngeal exudate Nasenrachenexsudat *n*
nasopharyngeal fibroangioma *s.* nasopharyngeal angiofibroma
nasopharyngeal fibroma *(Path)* Nasenrachenfibrom *n*
nasopharyngeal flora *(Bakt, HNO)* Nasopharyngealflora *f*, Nasenrachenflora *f*
nasopharyngeal haemostatic catheter Nasenrachen-Tamponadekatheter *m*
nasopharyngeal meatus Meatus *m* nasopharyngeus
nasopharyngeal speculum Nasenrachenspekulum *n*
nasopharyngeal swab Nasenrachenabstrich *m*
nasopharyngeal swab culture *(Bakt, HNO)* Nasenrachenabstrichkultur *f*
nasopharyngeal tube Nasopharyngealtubus *m*
nasopharyngitis Nasopharyngitis *f*, Rhinopharyngitis *f*, Epipharyngitis *f*, Nasenrachenkatarrh *m*, Nasenrachen-(schleimhaut)entzündung *f*
nasopharyngography Nasopharyngographie *f* *(Röntgendarstellung des Nasenrachenraumes)*
nasopharyngolaryngoscope Nasopharyngolaryngoskop *n*
nasopharyngoscope Nasopharyngoskop *n*, Nasopharynxspiegel *m*, Nasenrachenspiegel *m*
nasopharyngoscopic nasopharyngoskopisch; Nasopharyngoskopie…
nasopharyngoscopy Nasopharyngoskopie *f*, Nasenrachenspiegelung *f*
nasopharynx Nasopharnyx *m*, Rhinopharynx *m*, Nasenrachen(raum) *m*, Pars *f* nasalis pharyngis
nasorostral nasorostral; Nasen-Rostrum-…
nasoscope Nasoskop *n*, Nasenspiegel *m*
nasoscopy Nasoskopie *f*, Nasenspiegelung *f*
nasoseptal nasoseptal; Nasenseptum…
nasoseptitis Nasoseptitis *f*, Nasenseptumentzündung *f*
nasoseptoplasty Nasenscheidewandplastik *f*, plastische Nasenseptumoperation *f*
nasosinusitis Sinusitis *f* paranasalis, Rhinosinusitis *f*, Nasennebenhöhlenentzündung *f*
nasoskeletal support Nasenskelettprothese *f*
nasospinale Nasospinale *n*
nasotracheal nasotracheal; Nasen-Luftröhren-…
nasotracheal tube Nasotrachealtubus *m*, Nasen-Rachen-Tubus *m*
nasoturbinal nasoturbinal; Nasoturbinal…, Nasen-Nasenmuschel-…
nasus *s.* nose
natal 1. natal; Geburts…, Geburten…; 2. natal, glutäal; Gesäßbacken…, Hinterbacken…, Glutäal…
natality 1. Geburt *f*; 2. Natalität *f*, Geburtenhäufigkeit *f*, Lebendgeburtenziffer *f*
natamycin Natamycin *n* *(Antibiotikum)*
nates Nates *fpl*, Gesäßbacken *fpl*, Hinterbacken *fpl*
natiform natiform, gesäßförmig
natimortality *(Päd)* Totgeburtenziffer *f*
national health insurance staatliche Krankenversicherung *f*
National Health Service Staatliches Gesundheitswesen *n*
natis *pl s.* nates
native nativ, natürlich, angeboren *(siehe auch unter: congenital)*
native immunity natürliche [angeborene] Immunität *f*
native plasma *(Hämat)* Nativplasma *n*
natraemia Natriämie *f*, Vorhandensein *n* von Natrium im Blut
natrexone hydrochloride Natrexonhydrochloride *n* *(Opiatantagonist)*
natriaemia *s.* natraemia
natriferic den Natriumtransport beschleunigend
natriuresis *s.* natriuria
natriuretic natriuretisch, natriumausscheidend, natriumausschwemmend; Natriurese…
natriuretic (agent) Natriuretikum *n*, natriuretisches [natriumausscheidendes] Mittel *n*
natriuria Natriurie *f*, Natriumausscheidung *f* im Urin
naturesis *s.* natriuria
naturetic *s.* natriuretic
natural 1. natürlich (vorkommend); nicht künstlich; 2. nicht krankhaft; nicht pathologisch
natural antibody *(Immun)* natürlicher Antikörper *m*, Isoagglutinin *n*
natural childbirth natürliche Geburt *f*
natural dentition natürliches Gebiss *n*
natural family planning method natürliche Familienplanungsmethode *f*
natural homosexual period Entwicklungshomosexualität *f*
natural immunity natürliche Immunität *f*

natural killer cell natürliche Killer-Zelle *f*, NK-Zelle *f*
natural mutation *(Gen)* natürliche Mutation *f*, Spontanmutation *f*
natural network *(Psych)* natürliches (soziales) Netz *n*
natural pacemaker natürlicher Schrittmacher *m*
natural radiation natürliche Strahlung *f*
natural reflex angeborener [unbedingter] Reflex *m*
natural resistance natürliche [angeborene] Immunität *f*
natural selection natürliche Selektion *f*
natural ways/by the per vias naturales, auf natürlichem Wege
naturally acquired immunity natürlich erworbene Immunität *f*, auf natürlichem Wege erlangte Immunität *f*
naturopath Naturopath *m*
naturopathic Naturopathie..., Naturheilverfahren...
naturopathy 1. Naturopathie *f*, Naturheilverfahren *n*; 2. Naturheilkunde *f*
naupathia Naupathie *f*, Seekrankheit *f*, Nausea *f* marina [navalis]
nausea Nausea *f*, Übelkeit *f*, Brechreiz *m*, Brechneigung *f* • **have a feeling of nausea** ein Übelkeitsgefühl haben, einen Brechreiz haben, Übelkeit fühlen
nausea and vomiting of pregnancy morgendliche Übelkeit *f*, Schwangerschaftserbrechen *n*
nauseant *s.* nauseous
nauseant Brechmittel *n*, Nauseosum *n* remedium
nauseant treatment *(Neur)* Ekelkur *f*
nauseate *v* Übelkeit bewirken, Brechreiz erregen
nauseated an Brechreiz leidend
nauseating Übelkeit erregend, Brechreiz bewirkend; Ekel erregend
nauseous Übelkeit erregend, Brechreiz bewirkend • **be nauseous** ein Übelkeitsgefühl haben, Übelkeit empfinden, einen Brechreiz haben
naval hospital Marinelazarett *n*, Marinekrankenhaus *n*
navel Nabel *m*, Umbilikus *m* *(Zusammensetzungen siehe unter: umbilical)*
navel string *s.* umbilical cord
navicula 1. *(Anat)* Fossa *f* navicularis; 2. Frenulum *n* labiorum pudendi
navicular navikular, kahnförmig
navicular *s.* navicular bone 1.
navicular abdomen Kahnbauch *m* *(eingezogener Bauch z. B. bei Gehirnhautentzündung)*
navicular bone 1. Os *n* naviculare (manus), Os *n* scaphoideum, Kahnbein *n* (der Hand); 2. Os *n* naviculare (pedis), Kahnbein *n* (des Fußes)
navicular fossa of the ear *s.* scapha
navicular fossa of the urethra Fossa *f* navicularis urethrae
navicular fossa of the vagina Fossa *f* vestibuli vaginae
navicular fracture Navikularfraktur *f*, Kahnbein(knochen)bruch *m*
navicular of the hand *s.* navicular bone 1.
navicular pad *s.* shoe cookies
navicular screw Navikular(spongiosa)schraube *f* *(bei Kahnbeinfraktur)*
navicularthritis Navikulararthritis *f*, Navikularkrankheit *f*
naviculocuboid navikulokuboid(al); Kahnbein-Würfelbein-...
naviculocuneiform navikulokuneiform; Kahnbein-Keilbein-...
naviculoid *s.* navicular bone 1.
near-death experience Nahe-dem-Tode-Erfahrung *f*
near drowning Beinahe-Ertrinken *n*
near field Fresnel-Zone *f*, Nahfeld *n*
near point *(Ophth)* Punctum *n* proximum [promaximum], Nahpunkt *m*
near reflex *(Ophth)* Akkommodationsreflex *m*
near-sight *s.* near-sightedness
near-sighted kurzsichtig, myop • **be near-sighted** kurzsichtig sein
near-sightedness *(Ophth)* Kurzsichtigkeit *f*, Myopie *f*
near-sightedness of high degree hochgradige Kurzsichtigkeit *f*
near-term neonate Reifgeborenes *n*, reifes Neugeborenes *n*
near-total subtotal
near-total thyroidectomy subtotale Thyreoidektomie *f* [Schilddrüsenentfernung *f*]
near visual point *s.* near point
near vision Nahsehen *n*
near vision chart *(Ophth)* Sehschärfetafel *f*, Snellen-Tafel *f*
near vision disturbance Nahsehstörung *f*
nearthrosis 1. Nearthrose *f*, Gelenkneubildung *f*, Pseudarthrose *f*, Fehlgelenk *n*, falsches Gelenk *n*; 2. Gelenkprothese *f*, künstliches Gelenk *n*
nearthrotic neoarthrotisch; Nearthrose..., Pseudarthrose..., Scheingelenk...
nebramycin Nebramycin *n* *(Antibiotikum)*
nebula *(Ophth)* Hornhautnebelfleck *m*
nebularine Nebularin *n* *(Antibiotikum, Tuberkulostatikum)*
nebulization 1. Vernebelung *f*, Zerstäubung *f*, Versprühung *f*; 2. Spraybehandlung *f*
nebulize *v* vernebeln, zerstäuben
nebulizer Vernebler *m*, Vernebelungsgerät *n*, Zerstäuber *m*
Necator americanus *(Paras, Trop)* Necator *m* americanus *(Erreger der Ankylostomiasis)*
necatoriasis *(Paras)* Hakenwurmkrankheit *f* *(siehe auch: ancylostomiasis)*
neck Hals *m*, Zervix *f*, Cervix *f*, Collum *n* *(siehe auch unter: cervical)* • **crick the neck** einen steifen Hals bekommen, sich einen steifen Hals holen • **strain the neck muscles** die Nackenmuskeln anspannen; die Nackenmuskeln zerren
neck dissection *(Chir)* Halslymphknotenausräumung *f*, Neck-Dissektion *f*, Halsdissektion *f*
neck-face syndrome *(Neur)* dyskinetisch-hypertones Syndrom *n*
neck gland dissection *s.* neck dissection
neck lymph node Halslymphknoten *m*
neck of the ankle bone Collum *n* tali
neck of the bladder *s.* neck of the urinary bladder
neck of the condyloid process of the mandible Collum *n* mandibulae
neck of the dorsal horn of the spinal cord Cervix *f* cornus posterioris medullae spinalis
neck of the femur Collum *n* femoris, Femurhals *m*, Oberschenkelknochenhals *m*
neck of the fibula Collum *n* fibulae, Fibulahals *m*, Wadenbeinhals *m*
neck of the gall bladder Collum *n* vesicae felleae, Gallenblasenhals *m*
neck of the glans penis Collum *n* glandis penis
neck of the hair follicle Collum *n* folliculi pili
neck of the hernial sack *(Chir)* Bruchsackhals *m*
neck of the humerus Collum *n* anatomicum humeri
neck of the malleus Collum *n* mallei
neck of the mandible Collum *n* mandibulae, Mandibulahals *m*
neck of the pancreas Bauchspeicheldrüsenhals *m*
neck of the penis Collum *n* glandis penis, Penishals *m*
neck of the radius Collum *n* radii, Speichenhals *m*, Radius(knochen)hals *m*
neck of the rib Collum *n* costae, Rippenhals *m*
neck of the scapula Collum *n* scapulae, Schulterblatthals *m*

neck of the talus Collum *n* tali, Sprungbeinhals *m*
neck of the thigh bone *s.* neck of the femur
neck of the tooth Collum *n* dentis, Zahnhals *m*
neck of the urinary bladder Cervix *f* vesicae, Blasenhals *m*
neck of the vertebral arch Pediculus *m* arcus vertebrae
neck of the womb Cervix *f* uteri, Gebärmutterhals *m*
neck pain Nackenschmerz *m*
neck reflex Nackenreflex *m*
neck-righting reflex Nackenaufrichtungsreflex *m*
neck rigidity Nackensteife *f*, Nackensteifigkeit *f*
neck shaft angle Schenkelhals-Schaft-Winkel *m*, Schenkelhalswinkel *m*
neck sign Nackenzeichen *n*, Brudzinski-Zeichen *n*, Brudzinski'sches Nackenzeichen *n (Meningitiserkennung)*
neck stiffness Nackensteife *f*, Nackensteifigkeit *f*
neck vein distention *(Kard)* Halsvenendistension *f*, Halsvenenerweiterung *f*, Halsvenenstauung *f*, Einflussstauung *f*
necrectomize *v* nekrektomieren, Nekrosen abtragen [ausräumen], totes Gewebe (operativ) entfernen
necrectomy Nekrektomie *f*, Nekrose(n)abtragung *f*, Nekrose(n)ausräumung *f*, (operative) Entfernung *f* toten Gewebes
necrencephalia Gehirnerweichung *f*
necrencephalus Nekrencephalus *m*, aufgeweichtes Gehirn *n*
necrobacillosis Nekrobazillose *f*, Necrobacillosis *f (Infektion mit Fusobacterium necrophorum)*
necrobiosis Nekrobiose *f*, (langsames) Absterben *n (von einzelnen Zellen in einem Gewebeverband)*
necrobiotic nekrobiotisch, langsam absterbend; Nekrobiose…
necrocytosis *(Path)* Nekrozytose *f*, Zelltod *m*
necrocytotoxin Nekrozytotoxin *n*, Zellgift *n*
necrodermatitis Nekrodermatitis *f*, Hautentzündung *f* mit Hautnekrose
necrogenic 1. nekrogen, von totem Gewebe abstammend; 2. nekrogen, Nekrosen verursachend, das Absterben bewirkend
necrogenic verruca *(Derm)* Verruca *f* necrogenica, Tuberculosis *f* cutis verrucosa, Leichentuberkel *m*
necrogenous *s.* necrogenic
necrohormone Nekro(se)hormon *n*
necrologic Nekrologie…
necrologist Nekrologe *m*, Nekrologiespezialist *m*
necrology Nekrologie *f (Lehre von den Mortalitätsstatistiken)*
necrolysis Nekrolyse *f*, Nekrose(n)auflösung *f*
necrolytic nekrolytisch, Nekrosen auflösend; Nekrolyse…
necromania Nekromanie *f*, Todestrieb *m (krankhaftes Interesse an Leichen)*
necrometer Nekrometer *n (Instrument zur Vermessung von toten Körpern und Organen)*
necromimesis Todesvortäuschung *f*, Scheintod *m*
necronectomy *s.* necrectomy
necroparasite *s.* saprophyte
necropathy Nekropathie *f*, Nekroseneigung *f*, Neigung *f* zu Gangrän
necrophagia Nekrophagie *f*, Aasernährung *f*, Aasaufnahme *f (von Mikroorganismen)*
necrophagic nekrophag, sich von abgestorbener Substanz ernährend; aasfressend
necrophagous *s.* necrophagic
necrophile *s.* necrophilous
necrophilia *(Neur)* Nekrophilie *f*, Nekrophilismus *m*, sexuelle Leichenschändung *f*
necrophiliac Nekrophile(r) *m*
necrophilic *s.* necrophilous
necrophilism *s.* necrophilia
necrophilous 1. nekrophil, leichenschändend; Nekrophilie…; 2. nekrophil, in totem Gewebe lebend *(Bakterien)*
necrophobe 1. nekrophob, Tote fürchtend; 2. nekrophob, den Tod fürchtend, todesfürchtig
necrophobia 1. Nekrophobie *f*, Furcht *f* vor Toten, Totenfurcht *f*; 2. Nekrophobie *f*, Todesfurcht *f*, Todesangst *f*
necropneumonia *(Path)* Nekropneumonie *f*, Lungengangrän *f*, Lungenbrand *m*
necropsy *(Path)* Nekropsie *f*, Nekro(sko)pie *f*, Sektion *f*, Autopsie *f*, Leichen(er)öffnung *f*, Leichenschau *f*
necrosadism Nekrosadismus *m (Zerstückelung von Leichen aus sexuellen Gründen)*
necroscopy *v* bei der Leichenschau untersuchen
necroscopy *s.* necropsy
necrose *v* nekrotisieren, (ab)sterben, brandig werden, der Nekrose unterliegen
necrosectomy Nekrosektomie *f*, (operative) Nekrosenentfernung *f*
necrosin Nekrosin *n (giftige Zellsubstanz)*
necrosis *(Path)* Nekrose *f*, Gewebetod *m*, Brand *m*, Absterben *n* von Organen
necrosis-creating nekrosebildend
necrospermia Nekrospermie *f*, Nekrozoospermie *f*, Vorhandensein *n* toter Samenzellen im Samen
necrospermic Nekrospermie…
necrosteon Knochennekrose *f*
necrosteosis Knochennekrose *f*, Knochengangrän *f*
necrotaxis Nekrotaxis *f*
necrotic nekrotisch, abgestorben, gewebstot, brandig; Nekrose…
necrotic arachnidism Spinnenbissnekrose *f*, Nekrose *f* nach Spinnenbiss
necrotic bronchitis Bronchitis *f* necroticans, nekrotisierende Bronchitis *f*
necrotic core of the furuncle *(Chir)* Nekrosepfropf *m* des Furunkels
necrotic osteitis *s.* osteomyelitis
necrotic purpura *(Derm)* Purpura *f* necrotica [anaphylactica]
necrotize *v* nekrotisieren, (ab)sterben, brandig werden
necrotizing nekrotisierend, Nekrose bewirkend
necrotizing angiitis nekrotisierende Angiitis *f*
necrotizing arteritis nekrotisierende Arteriitis *f*, Polyarteritis *f* nodosa
necrotizing dermal leishmaniasis *(Trop)* nekrotisierende Hautleishmaniasis *f*
necrotizing enteritis nekrotisierende Enteritis *f*
necrotizing enterocolitis nekrotisierende [pseudomembranöse] Enterokolitis *f*
necrotizing factor *s.* necrotoxin
necrotizing process *(Path)* Nekrotisierungsprozess *m*, Nekroseprozess *m*
necrotizing vasculitis nekrotisierende Vaskulitis *f*
necrotomy Nekrotomie *f*, Nekrosenausräumung *f*, Nekrosenabtragung *f*
necrotoxin Nekrotoxin *n*
necrozoospermia *s.* necrospermia
need *(Neur)* Bedürfnis *n*
need for punishment *(Psych)* Strafbedürfnis *n*
needle 1. *(Chir)* Nadel *f (für Nähte)*; 2. Punktionskanüle *f*, Spritzenkanüle *f*, Kanüle *f* • **change the position of the needle** die Kanülenlage verändern • **grip the needle with the needle holder** die Nadel mit dem Nadelhalter fassen; die Nadel im Nadelhalter einspannen • **insert the needle through the skin** die Nadel durch die Haut stechen; die Haut nähen • **pass the needle into the subcutanous tissue** die Kanüle in das subkutane Fett(gewebe) vorschieben • **thread a needle** eine Nadel einfädeln,

einen Faden (in die Nadel) einfädeln • **withdraw the needle** die Kanüle entfernen
needle aspiration Nadelaspiration *f*
needle aspiration biopsy Nadelaspirationsbiopsie *f*
needle aspiration cytology Nadelaspirationszytologie *f*
needle bath Duschen *n*, Duschbad *n*, Abbrausen *n*
needle biopsy Punktionsbiopsie *f*, Nadelbiopsie *f*, Punktion *f*
needle carrier *s.* needle holder
needle case Nadeldose *f (im chirurgischen Besteck)*
needle driver *s.* needle holder
needle for blood taking Blutspendekanüle *f*
needle forceps *s.* needle holder
needle holder Nadelhalter *m*
needle liver biopsy Lebernadelbiopsie *f*
Needles' split cast method Needle's [Needles'sches] Trennsockelverfahren *n*; Kontrollsockelmethode *f*
needlestick injury Nadelstichverletzung *f*
needling 1. Diszision *f*, Punktion *f*; 2. *s.* needling of the cataract
needling of the cataract *(Ophth)* Starstechen *n*, Starstich *m*
needling of the kidney *(Nephr)* Nierenpunktion *f*
needsatisfying therapy *(Neur)* unterstützende Psychotherapie *f*
neencephalon Neenzephalon *n*, Neuhirn *n*
nefazodone hydrochloride Nefazodonhydrochlorid *n (Antidepressivum)*
nefluorophotometer *s.* fluoronephelometer
nefopam hydrochloride Nefopamhydrochlorid *n (Analgetikum)*
nefrens zahnlos
Neftel's disease Neftel'sche Krankheit *f (Parästhesien in Kopf und Rumpf)*
negation *(Psych)* Verneinung *f*
negative accommodation *(Ophth)* Negativakkommodation *f*
negative adaptation negative Adaptation *f*, Habituation *f (Abschwächung eines bedingten Reflexes)*
negative anxiety *(Psych)* negative Angst *f*
negative-bathmotropic negativ bathmotrop, reizschwellenerhöhend, die Reizschwelle des Herzens erhöhend
negative catalysis Inhibition *f*, Hemmung *f*
negative ECG wave negative EKG-Zacke *f*
negative end-expiratory pressure negativer endexspiratorischer Druck *m*
negative feedback negative Rückkopplung *f (Nervenleitung)*
negative lens Negativlinse *f*
negative pathognomonic symptom negatives pathognomonisches Symptom *n*, nichtpassendes pathognomonisches Symptom *n*
negative pressure negativer Druck *m*, Unterdruck *m*
negative pressure drainage *(Chir)* Unterdruckdrainage *f*, Saugdrainage *f*
negative reinforcer *(Psych)* negativer Verstärker *m*
negative schizophrenia negative Schizophrenie *f*
negative staining Negativfärbung *f*, Negativkontrastfärbung *f (histologischer Präparate)*
negative transference *(Psych)* negative Übertragung *f*
negativism Negativismus *m*, Widerstreben *n* gegen äußere Einwirkung; Trotzreaktion *f*, Antriebsanomalie *f*
neglect *v* vernachlässigen
neglect Vernachlässigung *f*
neglected dislocation *(Chir)* alte [veraltete] Dislokation *f*, verschleppte Verrenkung *f*
negligence Nachlässigkeit *f*, Fahrlässigkeit *f*, Unachtsamkeit *f*
Negri bodies Negri'sche Körperchen *npl* [Einschlusskörperchen *npl*], Negri-Körperchen *npl (im Zentralnervensystem bei Tollwut)*
Negri corpuscles *s.* Negri bodies
Negri-Jacod syndrome Negri-Jacod-Syndrom *n*, Jacod'sches Syndrom *n*, petrosphenoidales Syndrom *n*, Jacod'sche Trias *f (einseitige Blindheit, Ophthalmoplegie mit fazialer Hemiplegie oder Trigeminusneuralgie)*
Negro's phenomenon Negro'sches Phänomen *n*, (Negro'sches) Zahnradphänomen *n*
neighbouring tissue Nachbargewebe *n*
Neill-Mooser bodies Neill-Mooser'sche Körperchen *npl (Rickettsienhaltige mononukleäre Zellen)*
Neill reaction Neill-Mooser'sche Skrotalreaktion *f (Tierversuch zum Nachweis von Rickettsia mooseri)*
Neisser-Wechsberg phenomenon Neisser-Wechsberg'sche Phänomen *n*, Komplementdeviation *f (Hemmung der Komplementfixation bei Überschuss an Antikörpern)*
Neisseria Neisseria *f (gramnegative Diplokokke)*
Neisseria catarrhalis Neisseria *f* catarrhalis
Neisseria flava Neisseria *f* flava
Neisseria flavescens Neisseria *f* flavescens
Neisseria gonorrhoeae Neisseria *f* gonorrhoeae, Tripperreger *m*, Erreger *m* der Gonorrhoe
Neisseria haemolysans Neisseria *f* haemolysans
Neisseria lactamica Neisseria *f* lactamica
Neisseria meningitidis Neisseria *f* meningitidis *(Erreger der Meningitis epidemica)*
Neisseria mucosa Neisseria *f* mucosa
Neisseria sicca Neisseria *f* sicca
Neisseria subflava Neisseria *f* subflava
Neisseriaceae Neisseriaceae *pl*
neisserial Neisseria…, Neisserien…
neisserosis Neisserieninfektion *f*, Gonokokkeninfektion *f*, Gonorrhoe(a) *f*, Gonorrhö(e) *f*, Tripper *m*
Neisser's diplococcus *s.* Neisseria gonorrhoeae
Neisser's stain *(Lab)* Neisser'sche Polkörperchenfärbung *f (zur Darstellung der Babés-Ernst'schen Körperchen in Diphtheriebakterien)*
Neisser's syringe Neisser'sche Spritze *f*, Neisser'sche Harnröhrenspritze *f*
Nélaton's catheter Nélaton-Katheter *m*
Nélaton's dislocation Nélaton'sche Luxation *f (des Sprunggelenkes)*
Nélaton's line Nélaton'sche Linie *f*, Roser-Nélaton'sche Linie *f (Verbindungslinie zwischen dem vorderen oberen Darmbeinstachel und dem Sitzbeinhöcker)*
Nélaton's sphincter Nélaton'scher Sphinkter *m*
Nélaton's syndrome Nélaton'sches Syndrom *n*, hereditäre sensorische radikuläre Neuropathie *f*
nelfinavir mesylate Nelfinavirmesylat *n (HIV-Therapeutikum)*
Nelson's syndrome Nelson-Syndrom *n (Entwicklung eines ACTH-bildendes Hypophysentumors nach bilateraler Adrenalektomie)*
Nelson's test *(Lab)* Nelson-Test *m*, Nelson'scher Test *m*, Treponemapallidum-Immobilisationstest *m*, TPI-Test *m*, TPI *(serologischer Syphilisnachweis)*
Nelson's tumour Nelson'scher Tumor *m (ACTH-bildendes Hypophysentumors nach bilateraler Adrenalektomie)*
nema Nematode *f*
nemaline fadenartig, fadenförmig, fadenähnlich
nemathelminth *(Paras)* Nemathelminthe *f*, Schlauchwurm *m*, Aschelminthe *f*, Rundwurm *m*
Nemathelminthes *(Paras)* Nemathelminthes *fpl*, Schlauchwürmer *mpl*
nemathelminthiasis *(Paras)* Nemathelminthiasis *f*, Schlauchwurminfektion *f*, Schlauchwurmbefall *m*

nematicidal s. nematocide
nematicide s. nematocide
nematization Nematodenbefall *m*, Fadenwurminfektion *f*, Fadenwurminfestation *f*
nematoblast s. spermatid
nematocidal s. nematocide
nematocide nematodentötend, fadenwurmtötend
nematocide (agent) Nematozid *n*, Nematodenmittel *n*, Mittel *n* gegen Fadenwurmbefall
nematocyst Nematozyste *f*, Knidozyste *f*, Nesselkapsel *f*
Nematoda Nematoda *pl*
nematode zu den Nematoden gehörend; Nematoden…
nematode *(Paras)* Nematode *m*, Fadenwurm *m*
nematode endophthalmitis Nematodenendophthalmitis *f*
nematode infection Nematodeninfektion *f*
nematode parasite *(Paras)* Nematodenparasit *m*
nematode worm Nematodenwurm *m*
nematodesma Nematodesma *n*
nematodiasis *(Paras)* Nematodiasis *f*, Fadenwurminfektion *f*, Fadenwurmbefall *m*
Nematodirus Nematodirus *pl*
nematoid 1. nematoid, nematodenartig; 2. *s.* nematode
nematologist Nematologe *m*, Nematodenspezialist *m*
nematology Nematologie *f*, Nematodenlehre *f*
nematosis *s.* nematization
nematospermia Nematospermie *f*
nemic Nematoden…, Fadenwurm…; Rundwurm…
neoadjuvant therapy neoadjuvante Therapie *f* [Tumortherapie *f*]
neoadventitia *(Histol)* Neoadventitia *f*
neoantigen Neoantigen *n*, tumor-assoziiertes Antigen *n*
neoarthrosis *s.* nearthrosis
neobehaviourism *(Psych)* Neobehaviorismus *m*
neobladder Neoblase *f*, kontinentes Urinreservoir *n*
neoblastic neoblastisch, gewebebildend
neocerebellum Neozerebellum *n (stammesgeschichtlich junger Teil des Kleinhirns)*
neochymotrypsinogen Neochymotrypsinogen *n*
neocinchophen Neocinchophen *n*
neocinetic *s.* neokinetic
neocortex Neokortex *m*, Neopallium *n (stammesgeschichtlich junger Teil der Großhirnrinde)*
neocystostomy *(Urol)* Neozystostomie *f*
neocytosis Neozytose *f*
neodiathermy Kurzwellendiathermie *f*
neoencephalon *s.* neencephalon
neoendorphin Neoendorphin *n*
neofoetal neofetal, die Neofetalzeit betreffend; Neofetal…
neofoetus Neofetus *m (Fetus in der achten Woche)*
neoformation 1. Neubildung *f*, Neoplasma *n*; 2. Regeneration *f*, Regenerierung *f*, Wiederauffrischung *f*, Erneuerung *f*
neoformative neoformativ, gewebeneubildend
neogala Kolostrum *n*, Kolostralmilch *f*, Vormilch *f*
neogenesis Neogenese *f*, Gewebsneubildung *f*, Geweberegeneration *f*
neogenetic neogenetisch, gewebsneubildend; geweberegenerierend
neogermitrine Neogermitrin *n (antihypertensiv wirksames Alkaloid)*
neoglottic Neoglottis…
neoglottis Neoglottis *f*, Pseudoglottis *f (ermöglicht Phonation nach Laryngektomie)*
neoglycogenesis *s.* gluconeogenesis
neointima *(Histol)* Neointima *f*
neointimal Neointima…
neokinetic Neokinese…
neolalia Neolalie *f*, Neoglossie *f (häufiger Gebrauch von Neologismen in der Sprache)*
neolalism *s.* neolalia
neologism Neologismus *m*, (krankhafte) Wortneubildung *f (z. B. bei Schizophrenie)*
neologistic jargon *(Neur)* Kunstsprache *m*
neomembrane Neomembran *f*
neomorph Neubildung *f (z. B. ein Organ)*
neomorphism Neomorphismus *m*
neomort frischer Leichnam *m*
neomycin Neomyzin *n (Antibiotikum)*
neomycin sulfate Neomyzinsulfat *n*
neonatal neonatal, die ersten vier Lebenswochen betreffend; ein Neugeborenes betreffend; Neugeborenen… *(siehe auch unter: newborn)*
neonatal abstinence syndrome neonatales Abstinenzsyndrom *n*, Abstinenzsyndrom *n* des Neugeborenen
neonatal apoplexy Neugeborenenapoplexie *f*
neonatal blennorrhoea *(Ophth, Päd)* Neonatalblennorrhoe(a) *f*, Neonatalblennorrhö(e) *f*, Neugeboreneneinschlusskonjunktivitis *f*
neonatal breathing Neugeborenenatmung *f*
neonatal conjunctivitis Neugeborenenkonjunktivitis *f*
neonatal death Neugeborenentod *m*
neonatal developmental profile Neugeborenenentwicklungsprofil *n*
neonatal hyperbilirubinaemia Neugeborenenhyperbilirubinämie *f*
neonatal impetigo *(Derm)* Impetigo *f* neonatorum, Pemphigus *m* [Pemphigoid *n*] neonatorum, Neugeborenenpemphigus *m*, Neugeborenenpemphigoid *n*
neonatal intensive care Neugeborenenintensivtherapie *f*, Neugeborenenintensivpflege *f*
neonatal intensive care unit Neugeborenenintensivtherapieeinheit *f*
neonatal jaundice Neugeborenenikterus *m*
neonatal medicine Neugeborenenmedizin *f*
neonatal mortality Neugeborenenmortalität *f*
neonatal myasthenia Neugeborenenmyasthenie *f*
neonatal oedema Neugeborenensklerödem *n*, Sclerema *n* neonatorum
neonatal ophthalmic gonorrhoeal infection Nougoborenen(augen)tripper *m*, Blennorrhoea *f* neonatorum
neonatal period Neugeborenenperiode *f*
neonatal pustular melanosis neonatale pustuläre Melanose *f*
neonatal septicaemia Neugeborenenseptikämie *f*, Neugeborenensepsis *f*
neonatal subdural haemorrhage Neugeborenensubduralhämatom *n*
neonatal tetanus Neugeborenentetanus *m*
neonatal tetany Neugeborenentetanie *f*, tetanische Krampfanfälle *mpl* des Neugeborenen
neonatal thermoregulation Neugeborenenthermoregulation *f*
neonatal tyrosinaemia Neugeborenentyrosinämie *f*
neonatal unit Neugeborenen(therapie)einheit *f*
neonatal vital signs monitor Monitor *m* zur Messung der Vitalzeichen des Neugeborenen
neonate *s.* neonatal
neonate Neugeborene(s) *n*, neugeborenes Kind *n (Kind in den ersten vier Lebenswochen)*
neonate death Neugeborenentod *m*
neonaticide 1. Neugeborenenmord *m*; 2. Neugeborenenmörder *m*
neonatologist Neonatologe *m*; Neugeborenenspezialist *m*
neonatology Neonatologie *f*, Lehre *f* vom Neugeborenen
neonatorum encephalitis Enzephalitis *f* neonatorum, Neugeborenenenzephalitis *f*
neonatus *s.* neonate

neopallial Neopallium…
neopallium Neopallium *n*
neophasia *(Neur)* Neophasie *f (Kunstsprache der Geisteskranken)*
neophilism Neophilismus *m*, (krankhafte) Vorliebe *f* für Neues
neophobia *(Neur)* Neophobie *f*, Misoneismus *m*, Abneigung *f* gegen Neues [Veränderungen]
neophrenia *(Neur)* Neophrenie *f*, Kindheitspsychose *f*, Geistesstörung *f* bei Kindern
neoplasia 1. Neoplasie *f*, Neoplasmabildung *f*, Geschwulstbildung *f*; 2. Neoplasie *f*, Gewebsneubildung *f*, Geweberegeneration *f*
neoplasm Neoplasma *n*, Neubildung *f*, Geschwulst *f*, Tumor *m*
neoplasm of transitional cell type Übergangszellenneoplasma *n*
neoplasmatic *s.* neoplastic
neoplastic 1. neoplastisch, geschwulstbildend, tumorbildend, zu einem Tumor auswachsend, geschwulstig auswachsend; Neoplasma…; 2. neoplastisch, gewebeneubildend; Neoplasie…
neoplastic fracture pathologische Fraktur *f*
neoplastic pericarditis Perikarditis *f* carcinomatosa
neoplastic transformation neoplastische Transformation *f* [Umwandlung *f*]
neoplastigenic tumorigen, tumorbildend
neoplasty Neoplastik *f*
neopsychoanalysis *(Neur)* Neopsychoanalyse *f*
neopterin Neopterin *n (Pteridinderivat)*
neorectum Neorektum *n*, ileoanales Reservoir *n*
neoretinal b Neoretinal *n* b, 11-cis-Retinal *n*
neoretinene B Neoretinen *n* B, 11-cis-Retinol *n*
neostigmine Neostigmin *n*, 3-Dimethylcarbamoyl-oxy-N,N,N,-trimethylanilinium-hydroxid *n (parasympathikusstimulierendes Mittel)*
neostigmine bromide Neostigminbromid *n*
neostigmine methylsulfate Neostigminmethylsulfat *n*
neostomy 1. Neostomie *f*, Fistelanlage *f*; 2. Neostoma *n*, angelegte Fistel *f*
neostriatum *(Anat)* Neostriatum *n (umfasst Putamen und Nucleus caudatus)*
neothalamus Neothalamus *m*
neotyrosine Neotyrosin *n*, Dimethyltyrosin *n (Tyrosinantimetabolit)*
neovascular neovaskulär
neovascular glaucoma neovaskuläres Glaukom *n*
neovascularization Neovaskularisation *f*, Neovaskularisierung *f*, Gefäßneubildung *f*
neovascularize *v* neovaskularisieren, neue Gefäße bilden, wieder Gefäße bilden
neovasculature 1. Gefäßneuverteilung *f*, Gefäßneuanordnung *f*, Gefäßneuversorgung *f*; 2. neugebildete Gefäße *npl*
nephablepsia Nephablepsie *f*, Schneeblindheit *f*
nephela 1. Urintrübung *f*; trüber Urin *m*; 2. *s.* leucoma
nephelometer *(Lab)* Nephelometer *n*, Trübungsmesser *m*
nephelometric nephelometrisch; Nephelometrie…
nephelometric analysis *s.* nephelometry
nephelometric immunoassay *(Lab)* nephelometrischer Immuntest *m*, NIA, nephelometrische Immunanalyse *f (zur quantitativen Bestimmung von Antigenen)*
nephelometry Nephelometrie *f*, Trübungsmessung *f*, Turbidimetrie *f*
nephelopia Nephelopsie *f*, Nebelsehen *n (bei Hornhauttrübung)*
nephelopic nephelop(isch)
nephelopsia *s.* nephelopia
nephradenoma *(Path)* Nierenadenom *n*
nephraemia Nierenhyperämie *f*, Nierenblutfülle *f*
nephralgia Nephralgie *f*, Nierenschmerz *m*
nephralgic nephralgisch; Nephralgie…, Nierenschmerz…
nephrapostasis Pyonephrose *f*
nephratonia Nephratonie *f*, Nierenatonie *f*
nephratony *s.* nephratonia
nephrauxe Nephrauxe *f*, Nierenvergrößerung *f*
nephrectasia Nephrektasie *f*, Nierendilatation *f*, Nierenerweiterung *f*, Sackniere *f*
nephrectasy *s.* nephrectasia
nephrectomize *v* nephrektomieren, die Nieren (operativ) entfernen, die Nieren herausschneiden, eine Nephrektomie durchführen
nephrectomy Nephrektomie *f*, Nierenexstirpation *f*, (operative) Nierenentfernung *f*, Nieren(her)ausschneidung *f*
nephredema 1. renales [renal bedingtes] Ödem *n*; 2. Nierenödem *n*, Nierenschwellung *f*, Ödem *n* der Nieren
nephrelcosis Nierenbeckenulzeration *f*, Nierenkelchulzeration *f*
nephremia *s.* nephredema
nephremphraxis Nephremphraxis *f*, Nierengefäßverschluss *m*
nephresia Nierenleiden *n*, Nierenerkrankung *f*
nephria *s.* nephritis
nephric renal; Nieren… *(siehe auch unter: renal und kidney)*
nephric tubule Nierentubulus *m*, Harnkanälchen *n*
nephrism chronisches Nierenleiden *n*, chronische Nierenerkrankung *f*
nephritic 1. nephritisch; Nephritis…, Nierenentzündungs…; 2. renal; Nieren…
nephritic calculus Nierenstein *m*
nephritic factor Nephritis-Faktor *m (im Serum bei membranoproliferativer Glomerulonephritis)*
nephritic gingivitis urämische Gingivitis *f*
nephritic syndrome nephritisches Syndrom *n*
nephritis Nephritis *f*, Nierenentzündung *f*
nephritis of pregnancy Nephritis *f* gravidarum, Schwangerschaftsnephritis *f*, Schwangerschaftsniere *f*
nephritogenic nephritogen, eine Nephritis auslösend, eine Nierenentzündung bewirkend
nephro-ureteral nephroureteral; Nieren-Harnleiter-…
nephro-ureterectomy Nephroureterektomie *f*, Nieren- und Harnleiterexzision *f*, (operative) Nieren- und Harnleiterentfernung *f*
nephro-ureterocystectomy Nephroureterzystektomie *f*, (operative) Nieren-, Harnleiter- und Blasenentfernung *f*
nephroabdominal nephroabdominal; Nieren-Bauch(wand)-…
nephroangiosclerosis Nephroangiosklerose *f*
nephroblastema *(Path)* Nephroblastem *n*, Nierenblastem *n*
nephroblastoma *(Path)* Nephroblastom *n*; Wilms-Tumor *m*
nephroblastomatosis Nephroblastomatose *f*
nephrocalcinosis Nephrokalzinose *f*, Nierenverkalkung *f*
nephrocapsectomy *s.* nephrocapsulectomy
nephrocapsulectomy Nephrokaps(ul)ektomie *f*, (operative) Nierenkapselentfernung *f*, Nierenkapselausschneidung *f*, Nierendekapsulation *f*, renale Dekapsulation *f*
nephrocapsulotomy Nephrokapsulotomie *f*, Nierenkapselschnitt *m*
nephrocarcinoma Nephrokarzinom *n*, Nierenkrebs *m*
nephrocardiac nephrokardial, kardiorenal; Nieren-Herz-…
nephrocele Nephrozele *f*, Nierenhernie *f*, Nierenvorfall *m*
nephrocirrhosis Nephrozirrhose *f*, Nierenzirrhose *f*
nephrocolic nephrokolisch; Nieren-Kolon-…
nephrocolic Nierenkolik *f*

nephrocolic ligament Ligamentum *n* nephrocolicum, Nieren-Dickdarm-Band *n*
nephrocolopexy Nephrokolopexie *f*, Nieren- und Dickdarmfixation *f*
nephrocoloptosis Nephrokoloptose *f*, Nieren- und Dickdarmsenkung *f*
nephrocystanastomosis Nephrozystanastomose *f*, Nieren-Harnblasen-Anastomose *f*
nephrocystitis Nephrozystitis *f*, Nieren- und Blasenentzündung *f*
nephrocystosis Nephrozystose *f*, Nierenzystenbildung *f*, Zystennierenerkrankung *f*, Zystenniere *f*
nephrodystrophia Nephrodystrophie *f*, Nierengewebsentartung *f*, Nephrose *f*
nephroedema 1. Nierenödem *n*; 2. *s.* hydronephrosis
nephroerysipelas Erysipel *n* mit akuter Nephritis
nephrogastric nephrogastrisch; Nieren-Magen-…
nephrogenesis 1. Nephrogenese *f*, Nierenbildung *f*, Nierenentwicklung *f*; 2. Nephronbildung *f*, Nephronentwicklung *f*
nephrogenetic *s.* nephrogenic
nephrogenic 1. nephrogen, von der Niere ausgehend; 2. nephrogen, Nierengewebe bildend; sich in Nierengewebe umwandelnd
nephrogenic ascites nephrogener Aszites *m*
nephrogenic cord *(Embr)* Urnierenleiste *f*
nephrogenic diabetes insipidus nephrogener Diabetes *m* insipidus
nephrogenic dysembryoma *s.* Wilms's tumour
nephrogenic hypertension *s.* renal hypertension
nephrogenic shock nephrogener Schock *m*
nephrogenous *s.* nephrogenic
nephrogram Nephrogramm *n*, Nierenröntgen(kontrast)bild *n*
nephrographic nephrographisch, nierendarstellend; das Nierenparenchym darstellend
nephrographic phase Nierenparenchymphase *f*
nephrography *(Rad)* Nephrographie *f*, Nierenröntgen-(kontrast)darstellung *f*
nephrohaemia *s.* nephredema
nephrohaemorrhagia Nephrohämorrhagie *f*, Nierenblutung *f*
nephrohydrosis Nephrohydrose *f*, Harnstauung *f* in der Niere; Harnstauungsniere *f*
nephrohypertrophy Nephrohypertrophie *f*, Nierenhypertrophie *f*
nephroid nephroid, nierenartig, nierenähnlich
nephrolith Nephrolith *m*, Nierenstein *m*, Calculus *m* renalis
nephrolithiasis Nephrolithiasis *f*, Nierensteinkrankheit *f*, Nierensteinleiden *n*, Nierensteinerkrankung *f*
nephrolithic nephrolithisch, nierensteinartig, nierensteinähnlich; Nierenstein…
nephrolithotomy Nephrolithotomie *f*, (operative) Nierensteinentfernung *f*
nephrological nephrologisch; Nephrologie…
nephrological department nephrologische Abteilung *f*, Abteilung *f* für Nephrologie
nephrologist Nephrologe *m*, Nierenspezialist *m*
nephrology Nephrologie *f (Lehre von der Niere und ihren Krankheiten)*
nephrology unit *s.* nephrological department
nephrolysin Nephrolysin *n*
nephrolysis 1. *(Chir)* Nephrolyse *f*, Nierenfreipräparation *f*, Nierenlösung *f* aus Verwachsungen; 2. *(Path)* Nephrolyse *f*, Nieren(gewebs)auflösung *f*
nephrolytic nephrolytisch; Nephrolyse…
nephroma Nephrom *n*, (bösartiger) Nierentumor *m*, (bösartige) Nierengeschwulst *f*
nephromalacia Nephromalazie *f*, Nierenerweichung *f*
nephromegaly Nephromegalie *f*, Nierenvergrößerung *f*
nephromeiosis Nierenschrumpfung *f*, Schrumpfniere *f*
nephromere *s.* nephrotome
nephron Nephron *n (funktionelle Niereneinheit)*
nephroncus Nierentumor *m*, Nierengeschwulst *f*
nephronia Nephronie *f (Entzündung des intrarenalen Bindegewebes)*
nephronophthisis Nephronophthise *f*, Nieren(gewebs)-schwund *m*
nephroparalysis Nephroparalyse *f*, Nierenparalyse *f*
nephropathic nephropathisch; Nephropathie…
nephropathy 1. Nephropathie *f*, Nierenkrankheit *f*, Nierenerkrankung *f*, Nierenleiden *n*; 2. *s.* nephrosis
nephropathy of pregnancy Schwangerschaftsnephropathie *f*
nephropexy *(Chir)* Nephropexie *f*, Nierenfixation *f*, Wandernierenfixierung *f*
nephrophthisis 1. Nephrophthise *f*, Nierenschwindsucht *f*, Nierentuberkulose *f*, Nieren-Tbk *f*; 2. *s.* nephronophthisis
nephropoietic nephropoetisch, nierengewebsbildend, Nierengewebe bildend
nephropoietin Nephropoietin *n*
nephroptosis Nephroptose *f*, Nierensenkung *f*, Ren *m* mobile, Wanderniere *f*, Senkniere *f*
nephropyelitic nephropyelitisch; Nephropyelitis…, Nieren- und Nierenbeckenentzündungs…
nephropyelitis Nephropyelitis *f*, Nieren(parenchym)- und Nierenbeckenentzündung *f*
nephropyelogram Nephropyelogramm *n*
nephropyelography Nephropyelographie *f*, Röntgendarstellung *f* der Nieren und der Nierenbecken
nephropyelolithotomy *(Chir)* Nephropyelolithotomie *f*, Nierenbeckensteinschnitt *m*, operative Nierenbeckensteinentfernung *f*
nephropyeloplasty *(Chir)* Nephropyeloplastik *f*, Nierenbeckenplastik *f*
nephropyosis Nierenvereiterung *f*, Pyonephrose *f*, Nierenabszess *m*
nephrorrhagia Nephrorrhagie *f*, Nierenblutung *f*, renale Blutung *f*
nephrorrhaphy 1. Nephrorrhaphie *f*, Nierenanheftung *f*, Nierenfixierung *f*; 2. Nephrorrhaphie *f*, Nierennaht *f*
nephros Nephros *m*, Niere *f*, Ren *m (Zusammensetzungen siehe unter: kidney und renal)*
nephrosclerosis Nephrosklerose *f*, Nieren(arterien)sklerose *f*, Nierenarterienverkalkung *f*
nephrosclerotic nephrosklerotisch; Nephrosklerose…
nephroscope Nephroskop *n (Nierenbeckenendoskop)*
nephroscopy Nephroskopie *f*
nephrosiderosis Nephrosiderose *f*, Hämosiderinablagerung *f* in der Niere
nephrosis 1. Nephrose *f*, Nephrodystrophie *f*, Nierengewebsentartung *f*; 2. nephrotisches Syndrom *n*
nephrosonephritis Nephrosonephritis *f*, Nephrose *f* mit Nieren(parenchym)entzündung
nephrosonography Nephrosonographie *f*, Ultraschalldarstellung *f* der Nieren
nephrosplenopexy Nephrosplenopexie *f*, (operative) Nieren- und Milzfixation *f*
nephrostegnosis *s.* nephrosclerosis
nephrostogram Nephrostoma-Nephrogramm *n (mit Kontrastmittelgabe über ein Nephrostoma)*
nephrostolithotomy Nephrostoma-Lithotomie *f*, Nierensteinentfernung *f* über ein Nephrostoma
nephrostoma *(Embr)* Nephrostoma *n*
nephrostomal nephrostomal; Nephrostoma…
nephrostome *s.* nephrostoma

nephrostomic *(Embr)* Nephrostoma...
nephrostomy 1. Nephrostomie *f*, Nephrostoma *n*, Nierenfistel *f*; 2. Nephrostomie *f*, (operative) Nierenbeckenfistelung *f*
nephrostomy catheter Nephrostomiekatheter *m*
nephrostomy tube Nephrostomiedrain *m(n)*
nephrotic nephrotisch; Nephrose...
nephrotic syndrome nephrotisches Syndrom *n*
nephrotome Nephrotom *n (embryonale Anlage der Harnorgane)*
nephrotomic Nephrotom...
nephrotomogram Nephrotomogramm *n*, Nierentomogramm *n*, Nierenschichtaufnahme *f*, Nieren(röntgen)-schichtbild *n*
nephrotomographic nephrotomographisch, nierenschichtend
nephrotomography Nephrotomographie *f*, Nierentomographie *f*, tomographische Nierenuntersuchung *f*, Nieren(röntgen)schichtdarstellung *f*, Nierenschichten *n*
nephrotomy Nephrotomie *f*, Nieren(ein)schnitt *m*
nephrotoxic nephrotoxisch, nierengiftig; nierenschädigend; Nephrotoxin...
nephrotoxicity Nephrotoxizität *f*, Nierengiftigkeit *f*
nephrotoxin Nephrotoxin *n*, Nierengift *n*
nephrotrophic das Nierenwachstum fördernd; die Nierenernährung fördernd
nephrotropic nephrotrop, die Nieren beeinflussend; auf die Nieren wirkend; die Nieren bevorzugend
nephrotropic (agent) nierenwirksames Mittel *n*, die Nierenfunktion beeinflussendes Arzneimittel *n*
nephrotuberculosis Nierentuberkulose *f*, Nierenschwindsucht *f*, Nephrophthise *f*
nephroureterolithiasis Nephroureterolithiasis *f (Vorhandensein von Nierensteinen in der Niere und im Harnleiter)*
nephrydrosis Hydronephrose *f*
nephrydrotic Hydronephrose...
nepiology *s.* neonatology
nerval nerval; Nerven... *(siehe auch unter: neural)*
nerval arch Wirbelbogen *m*, Vertebralbogen *m*
nerve Nerv *m*, Nervus *m*
nerve accommodation Nervenanpassung *f*
nerve action potential *(Physiol)* Nervenaktionspotenzial *n*
nerve anaesthesia Leitungsanästhesie *f*, Nervenblockade *f*
nerve anastomosis Nervenanastomose *f*, (operative) Nervenverbindung *f*
nerve avulsion Nervenex(h)airese *f*, Neurexairese *f*, Nervenextraktion *f*
nerve biopsy Nervenbiopsie *f*
nerve block Nervenblockade *f*, Nervenleitungsstörung *f*, Leitungsanästhesie *f*
nerve block anaesthesia Leitungsanästhesie *f*
nerve cable graft Nervenkabeltransplantat *n*
nerve cell Nervenzelle *f*, Neuron *n*, Neurozyt *m (siehe auch unter: neuron)*
nerve cell destruction Nervenzellenzerstörung *f*
nerve centre Nervenzentrum *n*
nerve compression Nervenkompression *f*
nerve conduction Nerven(erregungs)leitung *f*
nerve conduction speed Nervenleit(ungs)geschwindigkeit *f*
nerve conduction test Nervenleit(ungs)test *m*
nerve conduction velocity *s.* nerve conduction speed
nerve cord Nervenstrang *m*
nerve deafness sensorineurale Taubheit *f*, sensorineuraler Hörverlust *m*
nerve decompression Nervendekompression *f*
nerve degeneration Nervendegeneration *f*
nerve dissecting scissors Nervenpräparationsschere *f*
nerve ending *(Anat)* Nervenendigung *f*
nerve entrapment Nerveneinklemmung *f*
nerve entrapment syndrome Nerveneinklemmungssyndrom *n*; Nervenreizsyndrom *n*
nerve epithelium sensorisches Epithel *n*
nerve excitability Nervenerregbarkeit *f*
nerve fibre *(Anat)* Nervenfaser *f*
nerve fibre atrophy Nervenfaseratrophie *f*
nerve fibre layer Nervenfaserschicht *f*
nerve filament *(Anat)* Nervenfilament *n*, Nervenfäserchen *n*
nerve function Nervenfunktion *f*
nerve gas Nervengas *n*
nerve graft Nerventransplantat *n*
nerve grafting *(Chir)* Nerven(kabel)transplantation *f*
nerve growth factor Nervenwachstumsfaktor *m*
nerve hook Nervenhäkchen *n*
nerve impulse Nervenimpuls *m*, Nervenreiz *m*
nerve injury Nervenverletzung *f*
nerve of the pterygoid canal Nervus *m* canalis pterygoidei
nerve plexus Nervenplexus *m*, Nervengeflecht *n*
nerve-point massage Punktmassage *f*, Nerven(end)punktmassage *f*
nerve poison Nervengift *n*
nerve pressure point Nervendruckpunkt *m*
nerve regeneration Nervenregeneration *f*
nerve retractor *s.* nerve hook
nerve root Nervenwurzel *f*
nerve root anaesthesia Nervenwurzelanästhesie *f*
nerve root block Nervenwurzelblockade *f*
nerve root impingement Nervenwurzeleinklemmung *f*
nerve root irritation Nervenwurzelreizung *f*
nerve root sleeve Nervenwurzelhülle *f*, Nervenwurzelsack *m (bei Myelographie)*
nerve root syndrome Nervenwurzelsyndrom *n*, radikuläres Syndrom *n*
nerve sheath Nervenscheide *f*, Perineurium *n*
nerve-sheath tumour Neurilemmom *n*
nerve stimulation Nervenstimulation *f*
nerve stimulator Nervenstimulator *m*
nerve-stretching Nervendehnung *f*
nerve supply Nervenversorgung *f*, Innervation *f (eines Organs)*
nerve suture *(Chir)* Nervennaht *f*
nerve tissue vaccine *s.* neurovaccine
nerve tract *(Anat)* Nervenbahn *f*
nerve trunk *(Anat)* Nervenstamm *m*
nerve twig *(Anat)* Nervenstrang *m*
nervi *pl s.* nervus
nervimotility Neurimotilität *f*, Bewegungsfähigkeit *f* nach Nervenstimulation
nervimotion Bewegung *f* nach Nervenstimulation
nervimotor *s.* neurimotor
nervine nervenstärkend, nervenberuhigend
nervine (agent) nervenstärkendes Mittel *n*
nervomuscular neuromuskulär; Nerven-Muskel-...
nervone Nervon *n (Zerebrosid)*
nervonic acid Nervonsäure *f*, cis-15-Tetracosansäure *f*
nervosism *s.* neurasthenia
nervosity *s.* nervousness
nervous 1. *(Anat)* nervös, nerval; Nerven...; 2. *(Neur)* nervös, nervenschwach; unbeherrscht, übererregt, neurotisch
nervous affection *(Neur)* Nervenleiden *n*, psychische Krankheit *f*, Nervosität *f*
nervous belching *s.* nervous eructation
nervous breakdown Nervenzusammenbruch *m*

nervous convulsions nervöse Zuckungen *fpl*
nervous debility *s.* neurasthenia
nervous diarrhoea *(Neur)* Colon *n* irritable, Reizkolon *n*
nervous emesis nervöses Erbrechen *n*
nervous eructation nervöses Aufstoßen *n*
nervous excitement nervöse Erregung *f*
nervous exhaustion *(Neur)* nervöse Erschöpfung *f*, Nervenschwäche *f*
nervous headache psychogener Kopfschmerz *m*
nervous portion of the retina Pars *f* optica retinae
nervous prostration *s.* neurasthenia
nervous shock Nervenschock *m*
nervous system Nervensystem *n*, Systema *n* nervosum
nervous system disturbance Nervensystemstörung *f*
nervous system impairment Nervensystembeeinträchtigung *f*, ZNS-Schädigung *f*
nervous system involvement Nervensystembeteiligung *f*
nervous tachypnoea nervöse Tachypnoe *f*
nervous tissue Nervengewebe *n*
nervous wreck Nervenbündel *n*, nervliches Wrack *n*
nervousness Nervosität *f*
nervus Nerv *m*, Nervus *m*
nesidiectomy Nesidiektomie *f (operative Entfernung der Pankreasinselzellen)*
nesidioblast Nesidioblast *m (Pankreasinselzellen bildende Zelle)*
nesidioblastoma Inselzellentumor *m*, Inselzellgeschwulst *f (der Bauchspeicheldrüse)*
nesidioblastosis Inselzellenproliferation *f*, Inselzellenhyperplasie *f*
nesslerization *(Lab)* Nessler'sche Probe *f*, Nessler'scher Test *m (Ammoniaknachweis)*
nesslerize *v* mit Nesslers Reagens versetzen
Nessler's reagent Nessler'sches Reagens *n*
nest Nest *n*, Nidus *m*
nested nails Bündelnagelung *f (bei Markhöhlennagelung)*
nesteia Fasten *n*, Hungern *n*
nestiatria Fastenbehandlung *f*, Hungertherapie *f*
nestiostomy *s.* jejunostomy
nestis *s.* 1. nesteia; 2. jejunum
nestitherapy *s.* nestiatria
nestotherapy *s.* nestiatria
net protein utilization Nettoproteinutilisation *f*
net radiation Nettostrahlung *f*
net roller Trikotbinde *f*
Netherton's syndrome *(Derm)* Netherton'sches Syndrom *n*, Netherton-Syndrom *n*; Bambushaare *npl (Haarmissbildung mit nodöser Invagination infolge Enzymdefekt)*
netilmicin Netilmicin *n (Antibiotikum)*
netilmicin sulfate Netilmicinsulfat *n*
nettle (rash) *(Derm)* Nesselfieber *n*, Nesselausschlag *m*, Nesselsucht *f*, Urtikaria *f*
Nettleship-Falls type ocular albinism Nettleship'scher okulärer Albinismus *m*, Nettleship-Falls'scher Typ *m* des okulären Albinismus, X-chromosomal vererbter okulärer Albinismkus *m*
Nettleship's disease Nettleship-Krankheit *f*, Nettleship'sche Krankheit *f*, Urticaria *f* pigmentosa
network Netzwerk *n*, Netz *n*, Reticulum *n*, Retikulum *n*
Neubauer-Fischer test Neubauer-Fischer-Test *m*, Glycyltryptophan-Test *m*
Neubauer's artery Arteria *f* thyroidea, Neubauer'sche Arterie *f*
Neufeld capsular swelling Neufeld'sche Kapselschwellung *f*
Neufeld quellung test Neufeld'sche Quellungsreaktion *f*, Kapselquellungsreaktion *f (Färbungsreaktion für die Pneumokokkentypisierung)*
Neufeld reaction *s.* Neufeld's quellung reaction
Neufeld test *s.* Neufeld's quellung reaction
Neumann's cells Neumann'sche Zellen *fpl (im Knochenmark, entwickeln sich in Blutzellen)*
Neumann's disease 1. *(Derm, Inf)* Pemphigus *m* vegetans [Neumann], Neumann-Syndrom *n*; 2. Neumann'sche Krankheit *f*, Aphthosis *f* magna *(Aphthen der Mundschleimhaut bei Fieber)*
Neumann's sheath Neumann'sche Zahnscheide *f*, Wandung *f* der Dentinkanälchen
neuradynamia *s.* neurasthenia
neuragmia Nervenstammzerreißung *f*
neural 1. neural; Neural..., Nerven...; 2. vom Nervensystem ausgehend
neural arc Nervenbogen *m*
neural axis *s.* central nervous system
neural blockade Nervenblockade *f*
neural canal Canalis *m* vertebralis, Vertebralkanal *m*, Wirbelkanal *m*
neural cell-adhaesion molecule Nervenzellen-Adhäsionsmolekül *n*
neural crest *(Embr)* Neuralleiste *f*
neural cyst Neuralzyste *f*, Nervengewebszyste *f*
neural ectoderm *(Embr)* Neuralektoderm *n*
neural fold *(Embr)* Neuralfalte *f*
neural groove *(Embr)* Neuralfurche *f*, Neuralrinne *f*
neural impulse Nervenimpuls *m*
neural lepra [leprosy] Lepra *f* nervosa, Nervenlepra *f*
neural lobe Processus *m* infundibularis hypophysis
neural pathology Neuralpathologie *f*
neural plate *(Embr)* Neuralplatte *f*, Nervenplatte *f*, Medullarplatte *f*
neural sheath Neuralscheide *f*, Nervenscheide *f*
neural spine Processus *m* spinosus, Dornfortsatz *m (der Wirbel)*
neural store *(Physiol)* Nervenspeicher *m*
neural therapy Neuraltherapie *f*
neural tissue Nervengewebe *n*
neural tube *(Embr)* Neuralrohr *n*, Nervenrohr *n*
neural tube defect *(Embr)* Neuralrohrdefekt *m*
neural tube formation *(Embr)* Neuralrohrbildung *f*
neuralgia Neuralgie *f*, Nervenschmerz *m*
neuralgia of the brachial plexus Brachialplexusneuralgie *f*, Armplexusneuralgie *f*
neuralgic neuralgisch; Neuralgie..., Nervenschmerz...
neuralgic amyotrophy neuralgische Amyotrophie *f*, Parsonage-Turner-Syndrom *n*
neuralgiform neuralgiform, nervenschmerzartig, nervenschmerzähnlich
neuralward neuralwärts, nervenwärts
neuramebimeter Neuramebimeter *n (Gerät zur Bestimmung der Zeit zwischen Nervenreiz und Bewegung)*
neuraminic acid Neuraminsäure *f*
neuraminidase Neuraminidase *f (Enzym)*
neuraminidase treatment Neuraminidasetherapie *f*
neuraminoglycoprotein Neuraminoglykoprotein *n*
neuranagenesis Nervengeweberegeneration *f*, Nervenregeneration *f*
neurangiosis Neurangiosis *f*, Gefäßneurose *f*, Blutgefäßneurose *f*
neurapophysis Neuroapophyse *f*
neurapraxia Neurapraxie *f (Nervenhüllenverletzung mit Wiederherstellung der Nervenleitfähigkeit)*
neurarthropathy *s.* neuroarthropathy
neurasthenia Neurasthenie *f*, Nervenschwäche *f*
neurastheniac Neurastheniker *m*, Nervenschwache(r) *m*, nervenschwacher Mensch *m*
neurasthenic neurasthenisch, nervenschwach; Neurasthenie...

neurasthenic helmet neurasthenischer Kopfdruck *m*, helmförmiger Kopfdruck *m* bei Neurasthenie
neurasthenic vertigo neurasthenische Vertigo *f*, Neurasthenieschwindel *m*, neurasthenisches Schwindelgefühl *n*
neurataxy *s.* neurasthenia
neuraxial axonal; Neuraxon…, Achsenzylinder…
neuraxis *s.* 1. central nervous system; 2. neuraxon
neuraxitis 1. Enzephalitis *f*, Gehirnentzündung *f*; 2. Nervenfortsatzentzündung *f*, Achsenzylinderentzündung *f*, Nervenentzündung *f*
neuraxon Neuraxon *n*, Achsenzylinder(fortsatz) *m*, Neurit *m*, Axon *n*, Nerven(zellen)fortsatz *m*
neure *s.* neuron
neurectasia Neurektasie *f*, Neurotonie *f*, Nervendehnung *f*, Neurodiastase *f*
neurectasy *s.* neurectasia
neurectomy Neurektomie *f*, Nervenexzision *f*, Nervenausschneidung *f*, (operative) Nervenentfernung *f*
neurectopia Neurektopie *f*, Nervenverlagerung *f*, Nervengewebeversprengung *f*
neuremia Neuremie *f (funktionelle Störungen des Nervensystems)*
neurenteric neurenterisch
neurenteric canal Canalis *m* neurentericus, Blastoporenkanal *m*, Archenteronkanal *m*
neurepithelial *s.* neuroepithelial
neurepithelium *s.* neuroepithelium
neurergic neurerg(isch), von der Nerventätigkeit abhängig; zur Nerventätigkeit gehörend; nervenfunktionsbedingt, nervenfunktionsabhängig
neuresthenia Erschöpfungszustand *m*
neurexeresis Neurex(h)airese *f*, Nervenextraktion *f*, Nervenausreißung *f*, Nervenausdrehen *n*
neuriasis *s.* hypochondriasis
neuriatry *s.* neurology
neuridine Neuridin *n*
neurilema *s.* neurilemma
neurilemma Neurilemm(a) *n*, Neurolemm(a) *n*, Schwann'sche Scheide *f* [Nervenscheide *f*]
neurilemmal neurilemmal; Neurilemm…
neurilemmal sheath cell *s.* neurilemma
neurilemmatic *s.* neurilemmal
neurilemmatous *s.* neurilemmal
neurilemmitis Neurilemmitis *f*, Entzündung *f* der Schwann'schen Scheide, Schwannitis *f*
neurilemmoma *s.* neurinoma
neurilemmosarcoma *s.* neurofibrosarcoma
neurility (spezifische) Eigenschaften *fpl* des Nervengewebes
neurimotility *s.* nervimotility
neurimotor neuromotorisch
neurine Neurin *n*, Trimethylvinylammoniumhydroxid *n (bei Fäulnis aus Cholin entstehender Leichengiftstoff)*
neurinoma *(Path)* Neurinom *n*, Neurilemmom *n*, Schwannom *n*, Schwann'scher Tumor *m*, Schwannogliom *n*
neurinoma of facial nerve Fazialisneurinom *n*
neurinomatosis *s.* neurofibromatosis
neurite Neurit *m*, Nerven(zellen)fortsatz *m*, Achsenzylinder(fortsatz) *m*, Axon *n*, Neuraxon *n*
neuritic neuritisch, auf Nervenentzündung beruhend; von einer Nervenentzündung befallen; Neuritis…
neuritic plaque neuritische Plaque *m (bei Alzheimer-Krankheit)*
neuritis Neuritis *f*, Nervenentzündung *f*
neuro check neurologischer Check-up *m*, neurologische orientierende Untersuchung *f*
neuro-oncology Neuroonkologie *f*
neuro-ophthalmologic *s.* neuro-ophthalmologic(al)
neuro-ophthalmologic(al) neuroophthalmologisch
neuro-ophthalmologist Neuroophthalmologe *m*, Nerven- und Augenspezialist *m*
neuro-ophthalmology Neuroophthalmologie *f*
neuro-optic neurooptisch; Sehnerv(en)…
neuro-otology Neurootologie *f*
neuroabiotrophy Neuroabiotrophie *f*, Nervenzelldegeneration *f*
neuroacanthocytosis Neuroakanthozytose *f*, Choreoakanthozytose *f*
neuroallergy Neuroallergie *f*
neuroaminidase spikes *(Virol)* Neuroaminidase-Spikes *mpl*
neuroamoebiasis Neuroamöbiasis *f*
neuroanastomosis Neuroanastomose *f*, Nerven(bahn)-anastomose *f*
neuroanatomic *s.* neuroanatomical
neuroanatomical neuroanatomisch
neuroanatomist Neuroanatom *m*
neuroanatomy Neuroanatomie *f*, Nervenanatomie *f*, Anatomie *f* des Nervensystems
neuroarthritism Nerven- und Gelenksymptomatik *f*
neuroarthropathy Neuroarthropathie *f*, Zentralnervensystem- und Gelenkerkrankung *f*
neuroasthenia *s.* neurasthenia
neuroastrocytoma 1. *(Path)* Neuroastrozytom *n*; 2. *(Path)* Ganglioneurom *n*
neuroaugmentation Neuroaugmentation *f*, Stimulation *f* des nervensystems durch elektrische Reize
neuroaugmentative neuroaugmentativ; Neuroaugmentations…
neuroaxonal Neuraxon…, Achsenzylinder…; axonal
neurobartonellosis Neurobartonellose *f*, Bartonelleninfektion *f* des Nervensystems
neurobehavioural neurobehavioral, den verhaltensneurologischen Status betreffend; das neurologische Verhalten betreffend
neurobiological neurobiologisch
neurobiologist Neurobiologe *m*
neurobiology Neurobiologie *f*, Nervenbiologie *f*
neurobiotaxis Neurobiotaxis *f*
neuroblast Neuroblast *m (embryonale Nervenzelle)*
neuroblastic Neuroblasten…
neuroblastoma Neuroblastoma *n* sympath(et)icum, Neuroblastom *n*, Neurozytom *n*, Neurom *n (bösartige Neuroblastengeschwulst)*
neuroblastomatosis 1. Neuroblastomatose *f*, gehäuftes Auftreten *n* von Neuroblastomen; 2. *s.* neurofibromatosis
neuroborreliosis Neuroborreliose *f*, Borrelieninfektion *f* des Nervensystems
neurobrucellosis Neurobrucellosis *f*, Bruzelleninfektion *f* des Nervensystems
neurocalorimeter Neurokalorimeter *n (zur Messung der Nerventemperatur)*
neurocanal Canalis *m* centralis, Zentralkanal *m* (im Rückenmark)
neurocardiac 1. neurokardial; Nervensystem-Herz-…, Herznerven…; 2. Herzneurosen…
neurocele *s.* neurocoele
neurocentral Wirbelkörper…
neurocentrum *(Embr)* (embryonaler) Wirbelkörper *m*
neuroceptor Neurozeptor *m (reizempfangender Teil des Neurons)*
neurochemistry Neurochemie *f*
neurochondrite *(Embr)* Neurochondrit *m*
neurochorioretinitis *(Ophth)* Neurochorioretinitis *f (Entzündung des Sehnervs, der Aderhaut und der Netzhaut)*
neurochoroiditis *(Ophth)* Neurochorioiditis *f (Entzündung des Sehnervs und der Aderhaut)*

neurochoroidoretinitis *s.* neurochorioretinitis
neurocirculatory neurozirkulatorisch; Gehirndurchblutungs…; Nervensystem-Kreislaufsystem-…
neurocirculatory asthenia neurozirkulatorische Asthenie *f* [Dystonie *f*]
neurocirculatory dystonia neurozirkulatorische Dystonie *f*
neurocirculatory syndrome *s.* neurocirculatory asthenia
neurocladism Neurokladismus *m*, Odogenese *f*, Axonensprossung *f (an zertrennten Nerven)*
neuroclonic (neuro)klonisch
neurocoele *(Embr)* Neuralkanal *m*
neurocranial neurokranial; Neurokranial…, Hirnschädel…
neurocranium Neurokranium *n*, Gehirnschädel *m*, Hirnschädel *m*
neurocrine 1. neurokrin, die synaptische Transmission betreffend; Neurokrinie…; 2. neurokrin; Neurotransmitter…
neurocrine Neurotransmitter *m*, Nerventransmitter *m*, Neurotransmittersubstanz *f*
neurocrinia 1. Neurokrinie *f (Einfluss endokriner Substanzen auf das Nervengewebe)*; 2. synaptische Transmission *f*
neurocristopathy Neurokristopathie *f (aus der Neuralleiste entstehende Krankheit)*
neurocutaneous 1. neurokutan; Haut-Nerven-…; 2. neurokutan; Hautnerven…
neurocutaneous melanoblastosis neurokutane Melanoblastose *f*
neurocysticercosis Neurozystizerkose *f*, Neurozysticercosis *f*
neurocyte Neurozyt *m*, Nervenzelle *f*, Neuron *n (Zusammensetzungen siehe unter: neuron)*
neurocytology Neurozytologie *f (Lehre von den Zellelementen des Nervensystems)*
neurocytolysin Neurozytolysin *n*, Nervenzellgift *n*
neurocytolysis Neurozytolyse *f*, Nervenzellenauflösung *f*, Nervenzellenzerstörung *f*
neurocytoma Neurozytom *n (Geschwulst aus unausgereiften embryonalen Nervenzellen)*
neurodealgia *(Ophth)* Retinaneuralgie *f*, Netzhautschmerz *m*
neurodeatrophia *(Ophth)* Retinaatrophie *f*, Netzhautatrophie *f*
neurodegenerative neurodegenerativ; Nervendegenerations…
neurodendrite Neurodendrit *m*, Nervenzellenzytoplasmafortsatz *m*
neurodendron *s.* neurodendrite
neuroderm *(Embr)* Neuroderm *n*
neurodermatitis Neurodermatitis *f*, Neurodermitis *f*, Lichen *m* chronicus Vidal, Dermatitis *f* lichenoides chronica pruriens, Prurigo-Ekzem *n* Besnier, spätexsudatives Ekzematoid *n* Rost, konstitutionelles Ekzem *n*, Atopik-Dermatitis *f*
neurodermatomyositis Neurodermatomyositis *f*
neurodermatosis Neurodermatose *f*
neurodermatrophia Neurodermatrophie *f*
neurodermitis *s.* neurodermatitis
neurodevelopmental die Entwicklung des Nervensystems betreffend; Nervenentwicklungs…
neurodevelopmental adaptation nervenentwicklungsbedingte Anpassung *f (Behandlungsform bei Zentralen Lähmungen)*
neurodiagnosis Neurodiagnose *f*, Diagnose *f* einer Nervenerkrankung
neurodiastasis *s.* neurectasia
neurodin Neurodin *n*, Acetylparaoxyphenylurethan *n (Antineuralgikum)*
neurodocitis *(Neur)* vertebrale Funiculitis *f* Sicard
neurodynamic neurodynamisch
neurodynia Neurodynie *f*, Nervenschmerz *m*
neurodystonia Neurodystonie *f*, vegetative Dystonie *f*
neuroectoderm *(Embr)* Neuroektoderm *n*
neuroectodermal neuroektodermal; Neuroektoderm…
neuroeffector Nerven-Erfolgsorgan-…, Neuroeffektor…; den Übergang vom Nerven zum Erfolgsorgan betreffend
neuroelectricity Neuroelektrizität *f*
neuroelectrotherapy Neuroelektrotherapie *f*, Elektrotherapie *f* bei Nervenerkrankungen
neuroencephalomyelopathy Neuroenzephalomyelopathie *f*, Nerven-Gehirn-Rückenmark-Erkrankung *f*
neuroendocrine neuroendokrin; Nerven-Hormon-…, Nervensystem-Hormonsystem-…
neuroendocrinology Neuroendokrinologie *f*
neuroenteric *s.* neurenteric
neuroepidermal neuroepidermal; Nerven-Oberhaut-…, Nerven-Epidermis-…
neuroepithelial neuroepithelial; Sinnesepithel…
neuroepithelial tumour neuroepithelialer Tumor *m*
neuroepithelioma *(Path)* Neuroepitheliom *n*, neuroepithelialer Tumor *m*
neuroepithelium Neuroepithel *n*, Sinnesepithel *n (aus Sinnes- und Stützzellen bestehend)*
neuroepithelium of the ampullary crest Neuroepithelium *n* cristae ampullaris
neuroepithelium of the macula Neuroepithelium *n* maculae
neurofibre Nervenfaser *f*
neurofibril Neurofibrille *f*, Nervenfaser *f*
neurofibrillar *s.* neurofibrillary
neurofibrillary neurofibrillär, nervenfaserartig, nervenfaserähnlich, nervenfaserförmig
neurofibrillary tangles neurofibrilläre Plaques *mpl (Fibrillengewirr bei Alzheimer-Krankheit)*
neurofibroma *(Path)* Neurofibrom *n*, Fibroneurom *n (gutartige Geschwulst aus Nerven- und Bindegewebe)*
neurofibromatosis Neurofibromatose *f*, Neurofibromatosis *f* (generalisata), Morbus *m* Recklinghausen, gehäuftes Auftreten *n* von Neurofibromen
neurofibromin Neurofibromin *n*
neurofibromyxoma *(Path)* Neurofibromyxom *n*
neurofibrophacomatosis *s.* neurofibromatosis
neurofibrosarcoma *(Path)* Neurofibrosarkom *n*, Schwannzellensarkom *n*
neurofibrositis Neurofibrositis *f*, Nervenfaserentzündung *f*
neurofilament Neurofilament *n*
neurogangliitis *s.* neuroganglionitis
neuroganglion Neuroganglion *n*, Nervenganglion *n*
neuroganglionitis Neuroganglionitis *f*, Ganglionentzündung *f*, Nervenganglionentzündung *f*
neurogastric neurogastrisch; Nerven-Magen-…
neurogen *(Embr, Gen)* Neurogen *n*
neurogenesis Neurogenese *f*, Nervenbildung *f*, Nervenentwicklung *f*
neurogenetic *s.* neurogenic
neurogenic 1. neurogen, von den Nerven ausgehend, vom Nervensystem ausgehend; 2. neurogen, Nervengewebe bildend
neurogenic arthropathy *s.* neuropathic arthropathy
neurogenic bladder neurogene Blase *f*, Reflexblase *f*
neurogenic fracture neurogene Fraktur *f*
neurogenic hoarseness neurogene Heiserkeit *f*
neurogenic impotence neurogene Impotenz *f*
neurogenic sarcoma *s.* neurofibrosarcoma
neurogenic shock neurogener Schock *m*
neurogenous *s.* neurogenic

neuroglia Neuroglia *f*, Glia *f*, (ektodermales) Nervenstützgewebe *n*
neurogliacyte *s.* neurogliocyte
neuroglial neuroglial, neurogliär; Neuroglia…
neuroglial proliferation Neurogliaproliferation *f*
neurogliar *s.* neuroglial
neurogliocyte Neurogliozyt *m*, Neurogliazelle *f*
neurogliocytoma *(Path)* Neurogliozytom *n*
neuroglioma *(Path)* Neurogliom *n (gutartige Geschwulst aus Neuroglia)*
neurogliomatosis Neurogliose *f*, Neurogliomatose *f*, gehäuftes Auftreten *n* von Neurogliomen
neurogliosis *s.* neurogliomatosis
neuroglycopenia Neuroglykopenie *f*, Glukosemangel *m* im Gehirn
neurogram *s.* engram
neurography Neurographie *f*
neurohaematology Neurohämatologie *f*
neurohistochemistry Neurohistochemie *f*
neurohistology Neurohistologie *f*
neurohormonal neurohormonal
neurohormone Neurohormon *n*
neurohumoral neurohumoral
neurohumour *s.* neurotransmitter
neurohumouralism Neurohumoralismus *m*
neurohypophyseal neurohypophysär; Neurohypophysen…, Hypophysenhinterlappen…, HHL-…
neurohypophyseal hormone Neurohypophysenhormon *n*
neurohypophysectomy Neurohypophysektomie *f*, Neurohypophysenexstirpation *f*, (operative) Hypophysenhinterlappenentfernung *f*
neurohypophysial *s.* neurohypophyseal
neurohypophysis Neurohypophyse *f*, Hypophysenhinterlappen *m*, HHL, Lobus *m* posterior hypophyseos
neuroid nervenartig, nervenähnlich; nervenförmig
neuroimaging Bilddarstellung *f* des zentralen Nervensystems
neuroimmunologic neuroimmunologisch; Neuroimmunologie…
neuroimmunology Neuroimmunologie *f*
neuroinduction 1. Neuroinduktion *f (Übertragung des nervösen Impulses)*; 2. Suggestion *f*
neuroinhibitor Neuroinhibitor *m*, Nervenhemmstoff *m*
neuroinhibitory neuroinhibitorisch, nervenhemmend
neurokeratin Neurokeratin *n (Eiweißkörper der Nervenmarkscheiden)*
neurokinin Neurokinin *n*
neurokym Neurokym *n*, nervöse Vorgänge *mpl*, Aktivität *f* des Nervensystems
neurolabyrinthitis Neurolabyrinthitis *f*
neurolathyrism Neurolathyrismus *m*
neurolemma *s.* neurilemma
neuroleprid *(Trop)* Neuroleprid *n*, tuberkulöse Lepra *f*
neurolepsis Neurolepsis *f*, Herabsetzung *f* des neurologischen Spannungsgrades
neurolepsy Neurolepsie *f (Blockierung der der autonomen Reflexe durch Medikamente)*
neuroleptanaesthesia Neuroleptanästhesie *f*
neuroleptanaesthetic neuroleptanästhetisch; Neuroleptanästhesie…
neuroleptanalgesia Neuroleptanalgesie *f*
neuroleptic neuroleptisch
neuroleptic (agent) Neuroleptikum *n*, Antipsychotikum *n*
neuroleptic anaesthesia *s.* neuroleptanaesthesia
neuroleptic analgesia *s.* neuroleptoanalgesia
neuroleptic drug *s.* neuroleptic agent
neuroleptic malignant syndrome malignes neuroleptisches Syndrom *n*
neuroleptoanalgesia *(Anästh)* Neuroleptanalgesie *f*
neuroleptoanalgesic neuroleptanalgetisch; Neuroleptanalgesie…
neurolinguistic programming neurolinguistische Programmierung *f*
neurolinguistics Neurolinguistik *f*
neurolipid storage disease *(Metab)* Neurolipidspeicherkrankheit *f*
neurolipidosis *s.* 1. sphingolipidosis; 2. ceroid lipofuscinosis
neurolipomatosis Neurolipomatose *f*
neurologic *s.* neurological
neurological neurologisch; Neurologie…
neurological assessment Beurteilung *f* des neurologischen Zustandes, Einschätzung *f* der neurologischen Symptome
neurological disease neurologische Krankheit *f* [Erkrankung *f*]
neurological examination neurologische Untersuchung *f*
neurological monitoring neuroligische Überwachung *f*, neurologisches Monitoring *n*
neurological surgeon Neurochirurg *m*
neurologist Neurologe *m*, Nervenarzt *m*, Arzt *m* [Facharzt *m*] für Neurologie, Facharzt *m* für Nervenheilkunde
neurology Neurologie *f*, Nervenlehre *f (Lehre von der Anatomie, Physiologie und Pathologie des Nervensystems)*
neurology unit neurologische Abteilung *f*, Abteilung *f* für Neurologie
neurolues *s.* neurosyphilis
neurolymph Neurolymphe *f*, Liquor *m* cerebrospinalis, Hirn- und Rückenmarkflüssigkeit *f*
neurolymphomatosis Neurolymphomatose *f*
neurolysin Neurolysin *n*
neurolysis 1. *(Chir)* Neurolyse *f*, Nervenfreilegung *f*, Nerven(frei)präparation *f*; 2. *(Path)* Neurolyse *f*, Nerven(gewebe)auflösung *f*, Nerven(gewebe)zerfall *m*
neurolytic neurolytisch; Neurolyse…
neuroma *(Path)* Neurom(a) *n*, Ganglioneurom *n (Nervenfasergeschwulst)*
neuromalacia Neuromalazie *f*, Nervenerweichung *f*
neuromalakia *s.* neuromalacia
neuromatoid neuromatoid, neuromartig, neuromähnlich
neuromatosis Neuromatose *f*, Vorhandensein *n* mehrerer Neurome
neuromatous neuromatös; Neurom…
neuromechanism Neuromechanismus *m*, Nervenmechanismus *m*
neuromediator Neuromediator *m*
neuromelanin Neuromelanin *n*
neuromeningeal neuromeningeal, das Nervengewebe und die Hirnhäute betreffend; Nervengewebe-Hirnhaut-…, Nerven-Meningen-…
neuromere Neuromer *n*, Nervensegment *n*
neuromery Neuromerie *f*, Nervensegmentierung *f*
neurometrics Neurometrik *f*
neuromimesis Neuromimese *f (hysterische Simulierung einer organischen Erkrankung)*
neuromimetic neuromimetisch
neuromimetic (agent) Neuromimetikum *n*, neuromimetisches Mittel *n*
neuromodulation Neuromodulation *f*
neuromodulator Neuromodulator *m*
neuromotor neuromotorisch
neuromuscular neuromuskulär, myoneural; Nerven-Muskel-…
neuromuscular blockade neuromuskuläre Blockade *f*
neuromuscular blocking agent neuromuskulärer Blocker *m*

neuromuscular electric stimulator neuromuskulärer Elektrostimulator *m*
neuromuscular junction *(Neur, Physiol)* motorische Endplatte *f*, Nervenendapparat *m* (motorischer Nerven) *(zur Übertragung der Erregung von der Nerven- auf die Muskelfaser)*
neuromuscular spindle *(Physiol)* neuromuskuläre Spindel *f*
neuromuscular transmission neuromuskuläre Transmission *f* [Übertragung *f*]
neuromyal *s.* neuromuscular
neuromyasthenia Neuromyasthenie *f*
neuromyelitis Neuromyelitis *f*, Nerven- und Rückenmarkentzündung *f*
neuromyic *s.* neuromuscular
neuromyoarterial neuromyoarteriell; Nerven-Muskel-Arterien-…
neuromyon Neuromyon *n (funktionelle Einheit von Muskelfaser und Nerv)*
neuromyopathic neuromyopathisch, muskel- und nervenkrank
neuromyopathy 1. Neuromyopathie *f*, Muskel- und Nervenerkrankung *f*; 2. Neuromyopathie *f (Muskelerkrankung durch gestörte Nervenversorgung)*
neuromyositis Neuromyositis *f*, Nerven- und Muskelentzündung *f*
neuromyotonia Neuromyotonie *f*, neurogene Myotonie *f*, Syndrom *n* der kontinuierlichen Muskelfaseraktivität *(mit diffuser Dauerverspannung der Muskulatur)*
neuron Neuron *n*, Nervenzelle *f*, Neurozyt *m*
neuron doctrine *(Physiol)* Neuronenlehre *f*, Neuronentheorie *f*
neuron pathway Neuronenbahn *f*, Nerven(leitungs)bahn *f*, Erregungsleitungsbahn *f*
neuron theory *s.* neuron doctrine
neuronaevus Neuronävus *m*, neuraler Nävus *m*
neuronagenesis Neuronagenesie *f*, Neuronagenese *f*, fehlende Neuronenbildung *f*
neuronal neuronal; Neuron(en)…
neuronal antibody neuronaler Antikörper *m*
neuronal invasion Nerveneinsprossung *f (bei Wundheilung)*
neuronal sprouting Nervensprossung *f*, Nerveneinsprossung *f*
neuronal storage disease *s.* sphingolipidosis
neuronatrophy Neuron(en)atrophie *f*
neurone *s.* neuron
neuronephric Nerven(system)-Nieren-…
neuronic *s.* neuronal
neuronitis Neuronitis *f*, Neuronenentzündung *f*, Nervenzellenentzündung *f*
neuronography Neuronographie *f*
neuronopathy Neuronopathie *f*, Neuron(en)krankheit *f*, Nervenzellenerkrankung *f*
neuronophage Neuronophag(e) *m*, Neuronenfresszelle *f*, Nervenfresszelle *f*
neuronophagic neuronophag, nervenzellenfressend
neuronophagocytosis *s.* neuronophagy
neuronophagy Neuronophagie *f*, Neurophagie *f*, Nervenzellenphagozytose *f*
neuronosis *s.* neuropathy
neuronotropic neuronotrop, auf Neuronen gerichtet; Neuronen bevorzugend
neuronyxis Nervenpunktion *f*, Nervenakupunktur *f*
neuropacemaker Neuropacemaker *m*, Neuroschrittmacher *m*
neuropapillitis Neuropapillitis *f*, Sehnervenentzündung *f*
neuroparalysis Neuroparalyse *f (Lähmung infolge Erkrankung des Nervensystems)*
neuroparalytic neuroparalytisch; Neuroparalyse…
neuroparalytic keratitis Keratitis *f* neuroparalytica, neuroparalytische Hornhautentzündung *f* (des Auges) *(infolge fehlender Hornhautsensibilität)*
neuropath Neuropath *m*, Nervenkranker *m*, Nervenleidender *m*
neuropathic neuropathisch, nervenkrank, nervenleidend; Neuropathie…
neuropathic arthropathy neuropathische [neurogene, tabische] Arthropathie *f*, Charcot'sche Arthritis *f* [Krankheit *f*], Charcot'sches Gelenk *n*
neuropathic bladder neurogene [neuropathische] Blase *f*
neuropathic joint disease *s.* neuropathic arthropathy
neuropathic pain syndrome neurogenes Schmerzsyndrom *n*
neuropathist *s.* neurologist
neuropathogenesis Neuropathogenese *f*
neuropathogenicity Neuropathogenität *f*
neuropathologic 1. *s.* neuropathic; 2. neuropathologisch; Neuropathologie…
neuropathological *s.* neuropathologic
neuropathologist Neuropathologe *m*, Arzt *m* [Facharzt *m*] für Neuropathologie
neuropathology Neuropathologie *f*, Nervenkrankheitslehre *f*
neuropathy Neuropathie *f*, Nervenkrankheit *f*, Nervenerkrankung *f*, Nervenleiden *n*
neuropeptide Neuropeptid *n*
neuropharmacological neuropharmakologisch; Neuropharmakologie…
neuropharmacology Neuropharmakologie *f (Lehre von der Arzneimittelwirkung auf das Nervensystem)*
neurophilic *s.* neurotropic
neurophlegmon *s.* neuritis
neurophonia Phonationsmuskelkrampf *m*, Phonationsmuskel-Tic *m (Hervorbringen von tierischen bellenden Lauten)*
neurophthalmology *s.* neuro-opthalmology
neurophysin Neurophysin *n (Carrier-Protein für Vasopressin und Oxytocin)*
neurophysiologic *s.* neurophysiological
neurophysiological neurophysiologisch
neurophysiologist Neurophysiologe *m*
neurophysiology Neurophysiologie *f (Lehre von den biologischen und elektrophysikalischen Vorgängen im Nervensystem)*
neuropil(e) Neuropil(em) *n*, Neurofibrillennetz *n*, Nervenfasergeflecht *n*, Nervenfasernetzwerk *n*
neuropituitary neuropituitär, neurohypophysär; Neurohypophysen…
neuropituitary syndrome *s.* adiposogenital dystrophy
neuroplasm Neuroplasma *n*, Nervenzellplasma *n*
neuroplasmic neuroplasmatisch; Neuroplasma…
neuroplasty Neuroplastik *f*, Nervenplastik *f*, Nervenverpflanzung *f (zur Überbrückung von Nervendefekten)*
neuroplegia Neuroplegie *f*, Nervenlähmung *f*
neuroplegic neuroplegisch, nervenlähmend, nervendämpfend
neuroplegic (agent) Neuroplegikum *n*, neuroplegisches [nervenlähmendes] Mittel *n*
neuroplexus Nervengeflecht *n*, Nervenplexus *m*, Plexus *m* nervosus
neuropodion *s.* neuropodium
neuropodium Neuropodium *n*, Endfüßchen *n*
neuropor(e) Neuroporus *m (Öffnung am oberen und unteren Ende des embryonalen Neuralrohrs)*
neuropotential Neuropotenzial *n*, Nervenpotenzial *n*
neuropraxia Neuropraxie *f*

neuroprobasia Neuroprobasie *f*, Fortbewegung *f* entlang der Nerven *(z. B. ein Virus)*
neuroprotection Neuroprotektion *f*
neuroprotective neuroprotektiv; Neuroprotektion...
neuropsychiatric neuropsychiatrisch, nerven- und geisteskrank, nerven- und gemütsleidend
neuropsychiatrist Neuropsychiater *m*, Facharzt *m* für Nerven- und Geisteskrankheiten
neuropsychiatry Neuropsychiatrie *f (Lehre von den Nerven- und Geisteskrankheiten)*
neuropsychological neuropsychologisch; Neuropsychologie...
neuropsychological syndrome neuropsychologische Syndrom *n*
neuropsychology Neuropsychologie *f*
neuropsychometric neuropsychometrisch
neuropsychopathic neuropsychopathisch, nerven- und geisteskrank
neuropsychopathy Neuropsychopathie *f (Geistesstörung infolge organischer Nervenkrankheit)*
neuropsychopharmacology Neuropsychopharmakologie *f*, Psychopharmakologie *f*, Pharmakopsychiatrie *f*
neuropsychosis *s.* psychosis
neuropticomyelitis Neuroptikomyelitis *f*, Sehnervenentzündung *f*
neuroradiography Neuroradiographie *f*
neuroradiologic *s.* neuroradiological
neuroradiological neuroradiologisch
neuroradiologist Neuroradiologe *m*
neuroradiology Neuroradiologie *f*, Röntgenaufnahmetechnik *f* des Nervensystems
neurorecidive *s.* neurorelapse
neurorecurrence *s.* neurorelapse
neuroreflex rhinitis vasomotorische Rhinitis *f*, Rhinitis *f* vasomotorica
neuroregulation Neuroregulation *f*, Nervenregulation *f*
neurorelapse 1. neurologisches Rezidiv *n*; 2. Neurosyphilisrezidiv *n*
neuroresuscitation Wiederbelebung *f* des Nervensystems
neuroretina *(Ophth)* Neuroretina *f*
neuroretinitis Neuroretinitis *f*, Papillen- und Netzhautentzündung *f*
neuroretinopathy Neuroretinopathie *f*, Papillen- und Netzhauterkrankung *f*
neuroroentgenography *s.* neuroradiology
neuroroentgenology *s.* neuroradiology
neurorrhaphy *(Chir)* Neurorrhaphie *f*, Nervennaht *f*
neurorrhexis Neurorrhexis *f*, Nervenausreißung *f*, Nervenausdrehung *f*, Neurex(h)airese *f*, Nervenextraktion *f*
neurosal neuroseartig, neuroseähnlich
neurosarcocleisis Nervendekompression *f (Freilegung in Knochenhöhlen)*
neurosarcoidosis Neurosarkoidose *f*
neurosarcoma *(Path)* Neurosarkom *n*
neuroschistosomiasis Neuroschistosomiasis *f*
neuroschwannoma Neuroschwannom *n*, Schwannom *n*
neuroscience Neurowissenschaft *f*
neuroscientist Neurowissenschaftler *m*
neurosclerosis Neurosklerose *f*, Sklerose *f* [Verkalkung *f*] des Nervengewebes, Nervengewebeverkalkung *f*
neurosecretion 1. Neurosekretion *f*, Neurokrinie *f*; 2. Neurosekret *n*
neurosecretory neurosekretorisch, neurokrin
neurosensorial *s.* neurosensory
neurosensory neurosensorisch
neurosis Neurose *f (funktionelle Störung im Bereich der höheren Nerventätigkeit)*
neurosism *s.* neurasthenia
neuroskeletal neuroskeletal; Nerven-Skelett(muskel)-...
neurosome Neurosom *n*, Nervenzellenmitochondrium *n*
neurospasm Neurospasmus *m*
neurosplanchnic Zentralnerven(system)-Eingeweidenerven(system)-...
neurospongioma *s.* neuroglioma
neurospongium Neurospongium *n*, Nervenfasergeflecht *n*, Nervenfasernetzwerk *n*
neurostatus Neurostatus *m*, Nerven- und Geisteszustand *m*
neurostearic Nerven- und Fettgewebs-...
neurosthenia Neurosthenie *f*, Nervenstärke *f*, Psychostärke *f*
neurosthenic neurosthenisch, nervenstark, psychostark
neurostimulator Neurostimulator *m*
neurosurgeon Neurochirurg *m*, Arzt *m* [Facharzt *m*] für Neurochirurgie
neurosurgery Neurochirurgie *f*
neurosurgery department neurochirurgische Abteilung *f*, Abteilung *f* für Neurochirurgie
neurosurgical neurochirurgisch
neurosurgical clip Hirn-Clip *m*
neurosurgical spatula Hirnspatel *m*
neurosuture *(Chir)* Nervennaht *f*, Neurorrhaphie *f*
neurosyphilid Neurosyphilid *n*
neurosyphilis Neurosyphilis *f*, Neurolues *f*, Lues *f* cerebrospinalis, Syphilis *f* des Nervensystems
neurosyphilitic neurosyphilitisch, Neurosyphilis...
neurotabes Pseudotabes *f*, Neurotabes *f* peripherica
neurotaxis Neurotaxis *f*
neurotendinal *s.* neurotendinous
neurotendinous neurotendinös; Nerven-Sehnen-...
neurotendinous spindle neurotendinöse Spindel *f*, Sehnenspindel *f*, Golgi'scher Sehnenrezeptor *m*
neurotensin Neurotensin *n*
neurotensinoma Neurotensinom *n*
neurotension Nervendehnung *f*
neuroterminal Endorgan *n*, Nervenendorgan *n*
neurothecitis Nervenscheidenentzündung *f*, Nervenhüllenentzündung *f*
neurothekeoma Neurothekeoma *n (von Hautnervenscheiden ausgehendes Myxom)*
neurothele Nervenpapille *f*
neurotherapeutics *s.* neurotherapy
neurotherapy Neurotherapie *f*, Nerventherapie *f*, Nervenbehandlung *f*
neurothlipsia *s.* neurothlipsis
neurothlipsis Neurothlipsis *f*, Nerven(druck)reizung *f*
neurothymoleptic (agent) Neurothymoleptikum *n (Kombinationspräparat aus Thymoleptikum und Neuroleptikum)*
neurotic 1. neurotisch, auf einer Neurose beruhend; Neurose...; 2. Nerven...
neurotic Neurotiker *m*, Neurosekranke(r) *m*, an einer Neurose Leidende(r) *m*
neurotic arrangement neurotisches Arrangement *n*
neurotic character neurotischer Charakter *m*
neurotic depression neurotische Depression *f*
neurotic development neurotische Entwicklung *f*
neurotic disorder neurotische Störung *f*
neurotic disturbance *(Neur)* neurotische Störung *f*
neurotic mechanism neurotischer Mechanismus *m*
neurotic personality neurotische Persönlichkeit *f*
neurotic process *(Neur)* neurotischer Prozess *m*
neuroticism Neurosezustand *m*, neurotischer Zustand *m*
neurotigenic neurotogen, eine Neurose bewirkend, zu einer Neurose führend
neurotization 1. Neurotisation *f*, Nervenversorgung *f*, Nervenfasereinsprossung *f*; 2. Neurotisation *f*, Regenera-

tion *f* durchtrennter Nerven; 3. Neurotisation *f*, (operative) Nerveneinpflanzung *f*
neurotize *v* neurotisieren, mit Nerven(gewebe) versorgen
neurotmesis Neurotmesis *f*, komplette Nervendurchtrennung *f*
neurotogenic *s.* neurotigenic
neurotologic neurootologisch; Nervensystem-Ohren-…, Otoneurologie…
neurotological *s.* neurotologic
neurotology Otoneurologie *f*
neurotome 1. Neurotom *n*, Nervenskalpell *n*, Nervenmesser *n*; 2. *s.* neuromere
neurotomography Neurotomographie *f*, ZNS-Tomographie *f*
neurotomy Neurotomie *f*, Nervenschnitt *m*, Nervendurchschneidung *f*, (operative) Nervendurchtrennung *f*
neurotonic neurotonisch, nervenstärkend
neurotonic (agent) Neurotonikum *n*, neurotonische [nervenstärkende] Substanz *f*
neurotonogenic *s.* neurotonic
neurotony 1. Neurotonie *f*, Nervendehnung *f*, Nervenstreckung *f*; 2. Tonuslage *f* des vegetativen Nervensystems
neurotoxic neurotoxisch, nervengiftig
neurotoxicity Neurotoxizität *f*, Nervengiftigkeit *f*
neurotoxin Neurotoxin *n*, Nervengift *n*
neurotransducer Neurotransducer *m*
neurotransmission Neurotransmission *f*, neurohumorale Transmission *f*
neurotransmitter Neurotransmitter *m*, Transmitter *m*, Überträgersubstanz *f (für Nervenimpulsleitung an Synapsen)*
neurotrauma Neurotrauma *n*, Nerventrauma *n*, Nervenverletzung *f*, Nerven(be)schädigung *f*
neurotripsy Neurotripsie *f*, Nerven(zer)quetschung *f*
neurotrope *s.* neurotropic
neurotrophic 1. neurotroph(isch); Neurotrophie…; 2. *s.* neurotropic
neurotrophic arthritis *s.* neuropathic arthropathy
neurotrophic keratitis *s.* neuroparalytic keratitis
neurotrophic ulcer neurotrophes Ulkus *n* [Geschwür *n*]
neurotrophy Neurotrophie *f*, Nervenversorgung *f* der Gewebe
neurotropic neurotrop(isch), auf das Nervensystem (ein)wirkend, das Nervensystem beeinflussend
neurotropic virus neurotropes Virus *n*
neurotropism Neurotropismus *m*, Neurotropie *f*, Nervenaffinität *f*
neurotropy *s.* neurotropism
neurotrosis Neurotrauma *n*
neurotubule Neurotubulus *m*
neurovaccine Neurovakzine *f (im Nervengewebe gezüchteter Impfstoff)*
neurovaricosis Neurovarikose *f (Vorhandensein von multiplen Schwellungen an Nerven)*
neurovaricosity *s.* neurovaricosis
neurovariola *s.* neurovaccine
neurovascular neurovaskulär; Nerven-Gefäß-…
neurovascular compression symptom neurovaskuläres Kompressionssymptom *n*
neurovegetative neurovegetativ
neurovegetative dystonia vegetative Dystonie *f*
neurovirulence *(Paras, Virol)* Neurovirulenz *f (bevorzugter Befall des Zentralnervensystems)*
neurovirulent neurovirulent
neurovirus Neurovirus *n*
neurovisceral neuroviszeral; Nerven-Eingeweide-…
neurula *(Embr)* Neurula *f*
neurula stage Neurulastadium *n*
neurulation Neurulation *f (Embryonalstadium mit Bildung der Nervenplatte und des Nervenrohrs)*
neutral 1. *(Psych)* neutral, gleichgültig; unbeteiligt; 2. wirkungslos; 3. neutral, weder basisch noch sauer (reagierend)
neutral lipid Neutralfett *n*
neutral-0 method *(Chir, Orth)* Neutral-Null-Methode *f*, Neutral-0-Methode *f*
neutral occlusion *s.* neutrocclusion
neutral reaction Neutralreaktion *f*
neutral red Neutralrot *n (Azurfarbstoff für Vital- und Supravitalfärbung von Geweben)*
neutral red bodies Neutralrotkörperchen *npl (in Lymphozyten)*
neutral rotation Neutralrotation *f*; neutrale Rotationsstellung *f (Stellung in der Medianlinie des Körpers)*
neutral staining Neutralfärbung *f (von Geweben)*
neutral thermal environment neutrale Temperaturumgebung *f*; neutrale Umgebungstemperatur *f*
neutralization 1. Neutralisation *f*, Neutralisierung *f*, Unwirksammachung *f (z. B. einer Giftwirkung durch ein Gegenmittel)*; 2. *(Neur)* Neutralisation *f*
neutralization test Neutralisationstest *m*
neutralize *v* neutralisieren, unwirksam [wirkungslos, neutral] machen; entkräften; sich gegenseitig aufheben
neutralize *v* **the toxin** das Toxin neutralisieren
neutralizing antibody Neutralisations-Antikörper *m*, neutralisierender Antikörper *m*
neutramycin Neutramycin *n*
neutro-occlusion *s.* neutrocclusion
neutrocclusion *(Stom)* Neutrokklusion *f*, Neutralokklusion *f*, Neutralbiss *m*, Normalbiss *m*, eugnather Scherenbiss *m*, Regelbiss *m*, Neutrogenie *f*
neutrocyte *s.* neutrophil(e)
neutrocytopenia *s.* neutropenia
neutrocytophilia *s.* neutrophilia
neutrocytosis *s.* neutrophilia
neutroflavine Neutroflavin *n*
neutron therapy *(Rad)* Neutronentherapie *f*, Neutronenbehandlung *f*
neutropenia Neutro(zyto)penie *f*, Neutrophilenmangel *m* im Blut
neutrophil 1. neutrophiler Leukozyt *m* [Granulozyt *m*], Neutrophile(r) *m*; 2. *s.* neutrophilic cell
neutrophil alkaline phosphatase alkalische Neutrophilenphosphatase *f (Enzym)*
neutrophil elastase Neutrophilenelastase *f (Enzym)*
neutrophile *s.* neutrophil
neutrophilia Neutrophilie *f*, Neutrozytose *f (Vermehrung der neutrophil granulierten weißen Blutzellen)*
neutrophilic neutrophil, sich besonders mit Neutralfarben färbend, neutralfärbend; Neutrophilie…
neutrophilic cell neutrophile Zelle *f*
neutrophilic granules neutrophile Granula *npl*
neutrophilic leucocyte *s.* neutrophil(e)
neutrophilic leukaemia *(Hämat)* Neutrophilenleukämie *f*
neutrophilic polymorphonuclear leucocyte neutrophiler polymorphkerniger Leukozyt *m*
neutrophilic series *(Hämat)* Neutrophilenserie *f*, Neutrophilen(reifungs)reihe *f*
neutrophilopenia *s.* neutropenia
neutrophilous *s.* neutrophilic
neutropism *s.* neurotropism
neutrotaxis Neutrotaxis *f (anlockende und abstoßende Wirkung der neutrophilen Leukozyten)*
nevirapine Nevirapin *n (HIV-Therapeutikum)*
nevus *s.* naevus
new growth Neubildung *f*, Neoplasma *n*; Tumor *m*, Geschwulst *f*

New Haven Schizophrenic index New-Haven-Index *m* *(Symptom-Checkliste zur Schizophreniediagnostik)*
new tuberculin neues Tuberkulin *n*
New World leishmaniasis amerikanische Leishmaniasis *f*
New World typhus *s.* murine typhus
newborn neugeboren *(siehe auch unter: neonatal)*
newborn Neugeborene(s) *n*, neugeborenes Kind *n*
newborn care Neugeborenenpflege *f*, Neugeborenenaufzucht *f*
newborn haemolytic disease *(Päd)* Morbus *m* haemolyticus neonatorum, Erythroblastosis *f* fetalis, hämolytische Fötose *f*
newborn haemorrhagic disease *(Päd)* Morbus *m* haemorrhagicus neonatorum
newborn intrapartal care intrapartale Neugeborenenpflege *f*, Neugeborenenversorgung *f* unmittelbar nach der Abnabelung
newborn jaundice Icterus *m* neonatorum, Neugeborenenikterus *m*, Neugeborenengelbsucht *f*
newborn monitoring Neugeborenenüberwachung *f*, Neugeborenen-Monitoring *n*
newborn morbidity Neugeborenenmorbidität *f*
newborn mortality Neugeborenenmortalität *f*, Neugeborenensterblichkeit *f*
newborn mortality rate Neugeborenensterblichkeitsrate *f*
newborn nursery Neugeborenenpflege *f*
newborn ophthalmia Neugeborenenophthalmie *f*
Newcastle disease Newcastle-Krankheit *f*, atypische Geflügelpest *f*
Newcastle (disease) virus Newcastle-Virus *n*, NDV, Tortor *m* furens
newly taken smear [swab] frisch entnommener Abstrich *m*
newspaper sign Zeitungs(halten)zeichen *n* *(bei Ulnarläsion)*
Nezelof's syndrome *(Päd)* Nezelof'sches Syndrom *n*, angeborener Lymphozytenmangel *m*
Nezelof's type of thymic alymphoplasia Immundefekt *m* vom Nezelof-Typ *(erbliche Thymushypoplasie mit Fehlen der Hassal'schen Körperchen)*
NGU *s.* non-gonorrhoeal urethritis
niacin Niacin *n*, Niazin *n*, Nicotinsäure *f*, Pyridin-3-carbonsäure *f* *(Vitamin)*
niacin aequivalent Niazinäquivalent *n* *(Einheit zur Bestimmung des Niazingehaltes der Nahrung; 1 mg Niazin entspricht 60 mg Tryptophyn)*
niacin-negative Niazin-negativ, niacinnegativ *(Mycobacterium tuberculosis)*
niacin-positive Niazin-positiv, niacinpositiv
niacinamide *s.* nicotinamide
nialamide Nialamid *n* *(MAO-Hemmer)*
nib *(Stom)* Kondenserpunkt *m*
nibbling forceps Knabberzange *f* *(bei Knochenoperation)*
nicarbazin Nicarbazin *n*
nicardipine Nicardipin *n* *(Kalziumantagonist)*
nicardipine hydrochloride Nicardipinhydrochlorid *n*
niche 1. *(Anat)* Recessus *m*, Aushöhlung *f*, Bucht *f*, Grube *f*, Nische *f*; 2. *(Rad)* Nische *f*, Krater *m*, Ulkusnische *f*, Ulkuskrater *m*
niche of round window Fossula *f* fenestrae cochleae
niche sign *(Rad)* Nischenzeichen *n*
niche symptom *(Rad)* Nischensymptom *n*
nick *(Gen)* Bruch *m* im DNS-Strang, enzymatischer Einschnitt *m* im DNS-Strang *(z. B. durch Desoxyribonuklease)*
nick translation *(Gen)* Markierung *f* der DNS *(durch DNS-Polymerase)*
nickel dermatitis Nickeldermatitis *f*
nickeloplasmin Nickeloplasmin *n* *(Nickel enthaltendes Plasmaeiweiß)*
Nickerson-Kveim test (Nickerson-)Kveim-Test *m* *(Hauttest zum Sarkoidosenachweis)*
Nickerson's agar Nickerson'scher Agar *m*, Nickerson-Selektivagar *m* *(zum Candida-Nachweis)*
nicking 1. *(Gen)* enzymatisches Einschneiden *n* des DNS-Stranges *(durch Desoxyribonuklease)*; 2. *(Ophth)* Netzhautarteriolenverengung *f* *(bei Hypertonus)*
niclosamide Niklosamid *n*, 2',5-Dichloro-4'-nitro-salicylanilid *n* *(Antiwurmmittel)*
nicofuranose Nicofuranose *f* *(Vasodilatator)*
Nicol prism Nicol'sches Prisma *n* *(zur Erzeugung polarisierten Lichtes)*
Nicola procedure Nicola-Verfahren *n*, Nicola-Methode *f*, Nichola'sche Methode *f* *(Transfer der langen Bizepssehne durch den Humeruskopf bei habitueller Schulterluxation)*
Nicolas-Favre disease Nicolas-Favre'sche Krankheit *f*, Nicolas-Durand-Favre-Krankheit *f*, Lymphogranuloma *n* inguinale [venereum], Lymphogranulomatosis *f* [Lymphadenitis *f*] inguinalis subacuta; 4. Geschlechtskrankheit *f*
Nicolau's syndrome Nicolau'sches Syndrom *n*, Nicolau-Syndrom *n*, Embolia *f* cutis marmorata [medicamentosa]
Nicolle's stain for capsules Nicolle'sche Kapselfärbung *f*
Nicolle's white mycetoma Nicolle'sches weißes Myzetom *n*
nicotinamidaemia Nikotinamidämie *f*, Vorhandensein *n* von Nicotinamid im Blut
nicotinamide Nicotin(säure)amid *n*, Nikotinsäureamid *n*, Niacinamid *n*, Pyridin-3-carbonsäure-amid *n*, 3-Pyridincarboxamid *n*
nicotinamide-adenine dinucleotide Nicotin(säure)-amid-adenin-dinucleotid *n*, NAD, Codehydr(ogen)ase *f* I, Coenzym *n* I, Kozymase *f*, *(veraltet)* Diphosphopyridinnukleotid *n*, DPN *(Enzym)*
nicotinamide-adenine dinucleotide phosphate Nicotinamid-adenin-dinucleotidphosphat *n*, NADP, Codehydrase *f* II, Triphosphopyridinnukleotid *n*, TPN *(Enzym)*
nicotinamide mononucleotide Nicotin(säure)amid-mononucleotid *n*
nicotinate Nikotinat *n*
nicotine Nikotin *n*, Nicotin *n*, 1-Methyl-2-(3-pyridyl)-pyrrolidin *n*, (S)-3-(1-Methyl-2-pyrrolidinyl)-pyridin *n* *(Alkaloid)*
nicotine nasal spray Nikotin-Nasenspray *n*
nicotine poisoning Nikotinvergiftung *f*
nicotine polacrilex Nikotinpolacrilex *n*
nicotine replacement therapy Nikotinersatztherapie *f*
nicotine withdrawal syndrome Nikotinentzugssyndrom *n*
nicotinic nikotinisch; Nikotin…
nicotinic acid Nikotinsäure *f*, Pyridin-3-carboxylsäure *f*, Niacin *n*
nicotinic acid amide Nikotinsäureamid *n*, Nikotinamid *n*
nicotinic action *(Physiol)* Nikotineffekt *m*, Nikotinwirkung *f*
nicotinic alcohol Nikotinylalkohol *m*
nicotinism Nikoti(a)nismus *m*, Nicotinintoxikation *f*, Nikotinvergiftung *f*, Nikotinabusus *m*
nicotinolytic nikotinolytisch, die Nikotinwirkung verhindernd, den Nikotineffekt aufhebend [beseitigend]
nicotinomimetic nikotinomimetisch, die Nikotinwirkung nachahmend, den Nikotineffekt auslösend [bewirkend]
nicotinyl alcohol Nikotinylalkohol *m*, 3-Pyridinmethanol *n* *(Vasodilatator)*
nicotinyl tartrate Nikotinyltartrat *n*, 3-Pyridinmethanoltartrat *n* *(Vasodilatator)*

nicoumalone Nicoumalon *n*, Acenocoumarol *n*
nictation *s.* nictitation
nictitate *v* blinzeln
nictitating membrane *(Ophth)* Nickhaut *f*, Palpebra *f* tertia *(rudimentär)*
nictitating spasm Spasmus *m* nictitans, Lidmuskelkrampf *m*, krankhaftes Blinzeln *n*
nictitation 1. Niktation *f*, Blinzeln *n*; 2. *s.* nictitating spasm
nidal Nidus…
nidation Nidation *f*, Einbettung *f*, Einnistung *f*, Implantation *f (z. B. der befruchteten Eizelle in die Gebärmutterschleimhaut)*
nidation inhibitor *(Gyn, Pharm)* Nidationsinhibitor *m*, Nidationshemmer *m*
nidus 1. Nidus *m*, Nervenzellkern *m* im Zentralnervensystem; 2. Nidus *m*, Krankheitsherd *m*, Infektionsherd *m*; 3. Nidus *m*, Nest *n*
Niebauer prosthesis Niebauer-Prothese *f (elastische Prothese für Fingergelenkersatz)*
Nieden's near vision test Nieden'sche Leseprobe *f (Nahsehtest mit Schriften verschiedener Größe)*
Nieden's syndrome Nieden'sches Syndrom *n (multiple Teleangiektasien mit Katarakt und Aortenstenose)*
Nielsen method Nielsen'sche (künstliche) Beatmung *f*
Niemann-Pick cells Niemann-Pick'sche Zellen *fpl*
Niemann-Pick disease *(Päd)* Niemann-Pick'sche Krankheit *f*, Niemann-Pick-Krankheit *f*, Sphingomyelinspeicherkrankheit *f*, Sphingomyelinose *f*, Sphingomyelinlipidose *f*
Niemann-Pick lipid *s.* sphingomyelin
Niemann's disease *s.* Niemann-Pick disease
Niemann's splenomegaly Niemann'sche Splenomegalie *f*
nifedipine Nifedipin *n (Kalziumantagonist)*
nifenazone Nifenazon *n*, *N*-Antipyrinylnikotinamid *n (Analgetikum; Antipyretikum)*
nifungin Nifungin *n (Antimykotikum)*
nifuraldezone Nifuraldezon *n*
nifuroxime Nifuroxim *n (Antimykotikum)*
nifursemizone Nifursemizon *n (Antiprotozoenmittel)*
nifurtimox Nifurtimox *n (Trypanosomenmittel)*
night-blind nachtblind
night blindness Nachtblindheit *f*, Nyktalopie *f*
night chair Nachtstuhl *m*
night clinic Nachtklinik *f*
night cry nächtliches Aufschreien *n*
night eater Nachtesser *m*
night-eating syndrome Nachtesser-Syndrom *n*
night epilepsy nächtliche Epilepsie *f*
night guard (nächtlicher) Gebissschutz *m*, Knirschelschiene *f*
night hospital Nachtsanatorium *n*; psychiatrische Nachtklinik *f*
night nurse Nachtschwester *f*
night pain Nachtschmerz *m*; Ruheschmerz *m*
night palsy Schlaflähmung *f (infolge Druckschädigung eines Nervs)*
night round Nachtvisite *f*
night sight Nachtsichtigkeit *f*
night splint Nachtschiene *f*
night sweat Nachtschweiß *m*, Sudor *m* nocturnus *(z. B. bei Lungentuberkulose)*
night terrors *(Neur)* Aufschrecken *n*, Nachtangst *f*, Pavor *m* nocturnus
night vision Nachtsichtigkeit *f*
nightly sweats nächtliches Schwitzen *n*, Nachtschweiß *m*, nächtlicher Schweißausbruch *m*
nightmare Alptraum *m*, Alpdrücken *n*, Incubus *m*; Angsttraum *m*
nightstick fracture Schlagstockfraktur *f*, Parierfraktur *f (nicht dislozierte Ulna-Fraktur)*
nightwalking Nachtwandeln *n*, Schlafwandeln *n*, Somnambulismus *m*, Noktambulismus *m*
nigra Substantia *f* nigra *(Gehirnabschnitt)*
nigral Substantia-nigra-…
nigrismus *s.* melasma
nigrities linguae Nigrities *f* linguae, schwarze Haarzunge *f*, Melanotrichia *f* linguae, Hyperkeratosis *f* linguae
nigropallidal nigropallidal, die Substantia nigra und den Globus pallidus betreffend
nigroreticular *(Anat)* nigroretikulär, die Substantia nigra und die Formatio reticularis betreffend
nigrorubral *(Anat)* nigrorubral, die Substantia nigra und den Nucleus ruber betreffend
nigrosin Nigrosin *n (Anilinfarbstoff)*
nigrostriatal nigrostriatal, die Substantia nigra und das Striatum betreffend
nihilism 1. (therapeutischer) Nihilismus *m*, Zweifel *m* am Therapieerfolg; 2. *(Neur)* Nihilismus *m*, Verneinungswahn *m*
nihilistic nihilistisch; Nihilismus…
nihilistic delirium Cotard'sches hypochondrisches Delir *n*
nihilistic delusion nihilistischer Wahn *m*
nikethamide Nikethamid *n (ZNS-Stimulans)*
Nikolsky's sign *(Derm)* Nikolski-Zeichen *n*, Nikolski'sches Zeichen *n* [Phänomen *n*] *(bei Pemphigus vulgaris)*
nil disease Nierenerkrankung *f* mit minimalen Veränderungen; Lipoidnephrose *f*
nilutamide Nilutamid *n*
nimodipine Nimodipin *n (Kalziumantagonist)*
nimustine Nimustin *n (Antineoplastikum)*
nine Charrière catheter Katheter *m* Charrière [Charr.] 9
ninhydrin Ninhydrin *n*, Triketohydrindenhydrat *n*
ninhydrin reaction Ninhydrinreaktion *f*
ninth cranial nerve IX. Hirnnerv *m*, Nervus *m* glossopharyngeus, Zungen-Schlund-Nerv *m*
niphablepsia Niphablepsie *f*, Schneeblindheit *f*, Ophthalmia *f* nivalis
niphotyphlosis *s.* niphablepsia
nipiology *s.* neonatology
nippers mittlere Schneidezähne *mpl* beim Pferd
nipple Mamille *f*, Brustwarze *f*, Papilla *f* mammae *(siehe auch unter: mamillary)*
nipple cancer Mamillenkarzinom *n*, Morbus *m* Paget
nipple crack Mamillenfissur *f*
nipple discharge Mamillensekretion *f*, sezernierende Mamille *f*
nipple hypertrophy Mamillenhypertrophie *f*, Brustwarzenvergrößerung *f*
nipple protector Mamillenprotektor *m*
nipple retraction Mamilleneinziehung *f*, Brustwarzeneinziehung *f*
nipple shield Mamillenschutz *m*
niridazole Niridazol *n (Schistosomenmittel)*
nirvanic state *(Psych)* Nirvana-Zustand *m (bei Meditation)*
nisoldipine Nisoldipin *n (Kalziumantagonist)*
Nissen fundoplication Fundoplicatio *f* nach Nissen, Nissen'sche Fundoplikation *f*
Nissen's operation *s.* Nissen fundoplication
Nissl bodies Nissl'sche Schollen *fpl*, Nissl-Körperchen *npl*, Tigroidsubstanz *f*, Tigroidschuppen *fpl*, chromatophile Schollen *fpl (in Nervenzellen)*
Nissl degeneration Nissl'sche Degeneration *f*, Nissl'sche Zelldegeneration *f*
Nissl granules *s.* Nissl bodies
Nissl method (of staining) *s.* Nissl staining method

Nissl stain *s.* Nissl staining method
Nissl staining method Nissl'sche Färbung(smethode) *f (zur Darstellung der Nissl'schen Schollen)*
Nissl substance *s.* Nissl's bodies
nisus Nisus *m*, Drang *m*, Trieb *m*
nit Nisse *f*, Läuseei *n*, Ovum *n* pediculi
Nitabuch's layer Nitabuch'scher Streifen *m (Fibrinoidstreifen in der Decidua basalis der Plazenta)*
Nitabuch's membrane *s.* Nitabuch's layer
Nitabuch's stria *s.* Nitabuch's layer
Nitabuch's zone *s.* Nitabuch's layer
nitarsone Nitarson *n*
nitazoxanide Nitazoxanid *n*
nitraemia *s.* azotaemia
nitramine Nitramin *n*
nitrate Nitrat *n (Koronardilatator)*
nitrate reductase Nitratreduktase *f (Enzym)*
nitrazepam Nitrazepam *n*, 1,3-Dihydro-7-nitro-5-phenyl-2H-1,4-benzodiazepin-2-on *n (Antikonvulsivum)*
nitrendipine Nitrendipin *n (Kalziumantagonist)*
nitric acid Salpetersäure *f*, Acidum *n* nitricum
nitric oxide Stickoxid *n*, Stickstoffmonoxid *n*
nitric oxide reductase Stickoxidreduktase *f*, Stickstoffmonoxidreduktase *f*
nitric oxide synthase Stickoxidsynthase *f*, Stickstoffmonoxidsynthase *f*
nitridation Nitridbildung *f*
nitride Nitrid *n*
nitrification Nitrifikation *f*, Nitrifizierung *f*, Nitratbildung *f*, Salpeterbildung *f (Oxidation des Ammoniaks über Nitrit zu Nitrat durch Bakterien)*
nitrifier Nitrifikant *m*, nitrifizierender Mikroorganismus *m*
nitrify *v* nitrifizieren, zu Nitrat oxidieren, Salpeter [Nitrat] bilden
nitrifying nitrifizierend, Nitrat bildend
nitrile Nitril *n (organische Blausäureverbindung)*
nitrite Nitrit *n (Koronardilatator, Methämoglobinbildner)*
nitritocobalamin *s.* vitamin B_{12}
nitritoid reaction nitritoide Reaktion *f*, nitritartige Reaktion *f*, nitratartige Gefäßerweiterung *f*
nitrituria Nitriturie *f*, Nitritausscheidung *f* im Urin
nitro-amine Nitroamin *n*, Nitramin *n*
nitrobacterium Nitrobakterium *n*
nitrobenzene poisoning Nitrobenzolvergiftung *f*
nitrobenzol Nitrobenzol *n*
nitrocellulose Nitrozellulose *f*
nitrochloroform Nitrochloroform *n*
nitrofuran Nitrofuran *n*
nitrofurantoin Nitrofurantoin *n*, 1-[(5-Nitrofurfuryliden)-amino]-2,4-imidazolidindion *n (Chemotherapeutikum)*
nitrofurazone Nitrofurazon *n*
nitrogen Stickstoff *m*, N
nitrogen anaesthesia Stickstoffnarkose *f*
nitrogen balance Stickstoffbilanz *f*
nitrogen cycle Stickstoffzyklus *m*
nitrogen dioxide Stickstoffdioxid *n*
nitrogen distribution Stickstoffverteilung *f (im Urin)*
nitrogen equilibrium Stickstoffgleichgewicht *n*
nitrogen fixation Stickstoffbindung *f*
nitrogen-fixing Stickstoff bindend
nitrogen group Stickstoffgruppe *f (Stickstoff, Phosphor, Arsen, Antimon und Wismuth)*
nitrogen lag Stickstoffverzögerung *f (der Ausscheidung im Urin)*
nitrogen monoxide Stickstoffmonoxid *n*, NO *n*
nitrogen mustard Stickstoffsenfgas *n*, Stickstofflost *m*, N-Lost *m (chemischer Kampfstoff)*
nitrogen narcosis Stickstoffnarkose *f*
nitrogen partition Stickstoffverteilung *f (im Urin)*
nitrogen retention Stickstoffretention *f* im Blut, mangelnde Stickstoffausscheidung *f*
nitrogen washout curve Stickstoffauswaschungskurve *f*
nitrogenase Nitrogenase *f (Enzym)*
nitrogenous stickstoffhaltig
nitroglucose Nitroglukose *f*, Nitrodextrose *f*
nitroglycerin *(Pharm)* Glyceroltrinitrat *n*, *(veraltet)* Nitroglyzerin *n (koronargefäßerweiterndes Mittel)*
nitroglycerin capsule Nitroglyzerinkapsel *f*, Nitro-Kapsel *f*
nitroglycerin preparation Nitroglyzerinpräparat *n*
nitroglycerin tablet Nitroglyzerintablette *f*
nitrohydrochloric acid Aqua *f* regia
nitromannitol Nitromannitol *n*, Mannitolhexanitrat *n*
nitromersol Nitromersol *n*
nitrometer Nitrometer *n*
nitrophenol Nitrophenol *n (pH-Indikator)*
nitroprotein Nitroprotein *n*
nitroprusside Nitroprussid *n*, Pentacyanonitrosylferrat *n (blutdrucksenkendes Mittel)*
nitroprusside sodium Nitroprussid-Natrium *n*, Natriumnitroprussid *n*, Natrium *n* nitroprussicum
nitrosaccharose Nitrosaccharose *f*
nitrosamine Nitrosamin *n*
nitrosate Nitrosat *n*
nitrosation Nitrosation *f*, Umwandlung *f* in eine Nitrosoverbindung
nitrosification Nitrosifikation *f*, Ammoniakoxidation *f*
nitrosify *v* Ammoniak abbauen, Ammoniak zersetzen
nitrosifying bacteria nitrosifizierende Bakterien *npl*, Ammoniak abbauende Bakterien *npl*
nitrosobacterium Nitrosobakterium *n*
nitrosodimethylamine Nitrosodimethylamin *n*, Dimethylnitrosamin *n*
nitrosodiphenylamine Nitrosodiphenylamin *n*, Diphenylnitrosamin *n*
nitrosourea Nitroharnstoff *m*
nitrosugar Nitrozucker *m*
nitrosyl Nitrosyl *n*, Nitrosyl-Radikal *n*, Nitrosyl-Gruppe *f*
nitrous acid salpetrige Säure *f*, Acidum *n* nitrosum
nitrous intoxication Stickstoffvergiftung *f*
nitrous oxide *(Anästh)* Stickstoff(I)-oxid *n*, Distickstoffmonoxid *n*, Lachgas *n*
nitrous oxide anaesthesia Lachgasanästhesie *f*, Lachgasnarkose *f* • **give nitrous oxide anaesthesia** eine Lachgasnarkose machen [durchführen]
nitrous oxide analgesia Lachgasanalgesie *f*
nitrous oxide cylinder Lachgasflasche *f*
nitrous oxide-oxygen anaesthesia Lachgas-Sauerstoff-Narkose *f*
nitroxanthic acid Nitroxanthinsäure *f*, Trinitrophenol *n*
nitroxoline Nitroxilin *n*
nitroxy Nitryloxy *n*, Nitryloxy-Radikal *n*, Nitryloxy-Gruppe *f*
nitroxyl Nitroxyl *n*, Nitroxyl-Radikal *n*, Nitroxyl-Gruppe *f*
nitryl Nitryl *n*, Nitryl-Radikal *n*, Nitryl-Gruppe *f*
nizatidine Nizatidin *n (Histaminantagonist)*
NLA *s.* neuroleptoanalgesia
NMR *s.* nuclear magnetic resonance
no DCA [detectable cortical activity] keine nachweisbare Hirnaktivität *f (EEG)*; Hirntod *m*
no displacement of bone fragments *(Rad)* normale Frakturstellung *f*, keine Fragmentabweichung *f*, keine Frakturverschiebung *f (Befundterminus)*
no distinct agglutination reaction zweifelhafte Agglutination(sreaktion) *f*, unklare [undeutliche] Agglutination *f*
no effect level *s.* no observed effect level
no flow phenomenon *(Rad)* fehlende Hirndurchblutung *f (Hirntodkriterium)*
no observed effect level NEL-Wert *m*, NOEL-Wert *m*, tierexperimentelle Wirkdosis *f* ohne Schädigungseffekt

no-reflow phenomenon No-Reflow-Phänomen *n*
no stones, strictures and dilatations *(Rad)* kein Anhalt für Steine, Strikturen oder Dilatation *(Befundterminus)*
no touch isolation method No-touch-isolation-Technik *f*, nicht berührende Operationstechnik *f (bei Tumorchirurgie zur Vermeidung von Metastasen)*
Noack's syndrome Noack-Syndrom *n*, Akrozephalopolysyndaktylie *f* Typ I
noble gas Edelgas *n*
Noble's plication operation Noble'sche Faltungsoperation *f (des Darms)*; Noble-Operation *f*
Noble's position Noble'sche Körperhaltung *f (bei Nierenuntersuchung)*
nocardia Nokardia *f*, Nocardia *f (zu den Aktinomyzeten gehörender aerober Mikroorganismus)*
Nocardia asteroides Nocardia *f* asteroides
Nocardia brasiliensis Nocardia *f* brasiliensis
Nocardia coeliaca Nocardia *f* coeliaca
Nocardia farcinica Nocardia *f* farcinica
Nocardia leishmanii Nocardia *f* leishmanii
Nocardia lutea Nocardia *f* lutea
Nocardia madurae Nocardia *f* madurae
Nocardia mediterranei Nocardia *f* mediterranei
Nocardia orientalis Nocardia *f* orientalis
Nocardia otitidis-caviarum Nocardia *f* otitidis-caviarum
nocardial nokardial; Nokardien...
nocardial cell wall Nokardienzellwand *f*
nocardial infection Nokardieninfektion *f*, Nokardienbefall *m*
nocardiasis *s.* nocardiosis
nocardin Nocardin *n (Antibiotikum)*
nocardioform nokardioform, nokardiaähnlich, den Nokardien ähnlich
nocardiosis Nokardiose *f*, Streptotrichose *f (die Haut und die Lungen befallende Pilzkrankheit)*
noci-influence Schmerzeinfluss *m*, verletzender Einfluss *m*
nociassociation Schmerzassoziation *f (Nervenreizentladung unter Traumawirkung)*
nociception Schmerzsinn *m*
nociceptive 1. schmerzempfindend; Schmerz...; 2. Nociceptor...
nociceptive reflex Schmerzreflex *m*
nociceptive stimulus Schmerzreiz *m*
nociceptor Schmerz(empfindungs)rezeptor *m*
nocifensor vor Verletzungen schützend, schmerzschützend *(z. B. Hautnerven)*
nociperception Schmerzempfindung *f*
nociperceptor *s.* nociceptor
noctalbuminuria Noktalbuminurie *f*, nächtliche Albuminurie *f*, nächtliche Eiweißausscheidung *f*
noctambulation *(Neur)* Noktambulismus *m*, Nachtwandeln *n*, Schlafwandeln *n*
noctambulic noktambul, nachtwandelnd, schlafwandelnd
noctambulism *s.* noctambulation
noctambulist Nachtwandler *m*, Schlafwandler *m*
noctiphobia Nyktophobie *f*, Nachtangst *f*, Pavor *m* nocturnus
noctograph Noktograph *m*, Skotograph *m*
nocturia 1. Nykturie *f*, nächtliches Wasserlassen *n*; 2. *s.* nocturnal enuresis
nocturnal 1. nokturnal, nächtlich; Nacht...; 2. nachts aktiv; nachts auftretend
nocturnal emission nächtlicher Samenerguss *m*, Pollution *f*, Spermatorrhoea *f* dormientum, Pollutio *f* nocturna
nocturnal enuresis nächtliches Einnässen *n* [Bettnässen *n*], Enuresis *f* nocturna
nocturnal epilepsy nächtliche Epilepsie *f*, Nachtepilepsie *f*, Schlafepilepsie *f*
nocturnal haemoglobinuria nächtliche Hämoglobinurie *f*
nocturnal hyperphagia Nachtesser-Syndrom *n*
nocturnal incontinence of urine *s.* nocturnal urinary incontinence
nocturnal myoclonus nächtlicher Myoklonus *m*
nocturnal pain Nachtschmerz *m*
nocturnal paroxysmal dyspnoea paroxysmale nächtliche Dyspnoe *f*
nocturnal penile tumescence nächtliche Penisschwellung *f*
nocturnal pollution *s.* nocturnal emission
nocturnal proctalgia Proctalgia *f* fugax
nocturnal urinary incontinence nächtliche Harninkontinenz *f*, Incontinentia *f* nocturna
nocturnal urination nächtliche Diurese *f*
nocuous schädlich; giftig
nocuousness Schädlichkeit *f*, Giftigkeit *f*
nodal nodös, knotig, knotenförmig
nodal arrhythmia *(Kard)* (AV-)Knotenarrhythmie *f*, Atrioventrikularknotenrhythmusstörung *f*
nodal event *(Psych)* Knotenereignis *n*; (psychotraumatisches) Schlüsselerlebnis *n*
nodal mastopathy knotige [noduläre] Mastopathie *f*, Mastopathia *f* nodularis
nodal rhythm *(Kard)* (AV-)Knotenrhythmus *m*, Atrioventrikularknotenrhythmus *m*
nodal tachycardia *(Kard)* (AV-)Knotentachykardie *f*, Atrioventrikularknotentachykardie *f*
nodding spasms *(Neur)* Nickkrämpfe *mpl*; Salaamkrämpfe *mpl*, Grußkrämpfe *mpl*, Blitz-Nick-Salaam-Krämpfe *mpl*, BNS-Krämpfe *mpl*, Propulsiv-petit-mal *n*
node Nodus *m*, Knoten *m*
node of Cloquet Cloquet'scher Lymphknoten *m*
node of Keith and Flack *(Kard)* Keith-Flack'scher Sinusknoten *m*, Nodus *m* sinoauricularis
node of Rosenmüller Rosenmüller'scher Lymphknoten *m*
nodi *pl s.* nodus
nodose *s.* nodal
nodosity 1. Nodosität *f*, Knotigkeit *f*, knotiger Zustand *m*; 2. Knotenbildung *f*, Knoten *m*
nodous *s.* nodal
nodoventricular nodoventrikulär, den Vorhofknoten mit dem Ventrikel verbindend, Atrioventrikularknoten-Ventrikel-...
nodular nodulär, knötchenförmig, knotenförmig; Knoten...
nodular circumscribed lipomatosis noduläre umschriebene [symmetrische] Lipomatose *f*, Madelung'scher Fetthals *m*
nodular conjunctivitis *(Ophth)* Raupenhaarkonjunktivitis *f*, Conjunctivitis *f* nodularis
nodular cutaneous angiitis noduläre Angiitis *f* cutanea
nodular fasciitis noduläre Fasziitis *f*
nodular goitre Knotenstruma *f*, Knotenkropf *m*, Struma *f* nodosa
nodular leprosy *(Trop)* Lepra *f* lepromatosa
nodular liver Knotenleber *f*
nodular mammary gland cancer noduläres Mammakarzinom *n*, knotiger Brustdrüsenkrebs *m*
nodular melanoma noduläres Melanom *n*
nodular periarteriitis Periarteriitis *f* nodosa
nodular prurigo *(Derm)* Prurigo *f* chronica nodularis
nodular response Knötchenreaktion *f*
nodular shadow in the lung *(Rad)* Rundherd *m* in der Lunge
nodular subepidermal fibrosis *s.* dermatofibroma
nodular swelling knotige Geschwulst *f*
nodular syphilid noduläres Syphilid *n*

nodular-ulcerous nodulo-ulzerös, knotig-ulzerös, tuberoulzerös
nodularity knötchenförmige Struktur *f*
nodulate(d) *s.* nodular
nodulation Knotenbildung *f*, Knotenentstehung *f*
nodule Nodulus *m*, Knötchen *n*
nodules of the semilunar valves Noduli *mpl* valvularum semilunarium, Corpora *npl* Arantii
noduli *pl s.* nodulus
nodulous nodulös, kleinknotig
nodulus Nodulus *m*, Knötchen *n*
nodus Nodus *m*, Knoten *m*
noematachograph Noematachograph *m (Gerät zur Aufzeichnung der Geschwindigkeit von mentalen Prozessen)*
noematachometer Noematachograph *m (Gerät zur Messung der Geschwindigkeit von mentalen Prozessen)*
noematic *s.* noetic
noesis Verstand *m*, Intellekt *m*, Geistestätigkeit *f*
noetic noetisch, das Erkennen betreffend; Intellekt...; Kognition...
noetic (agent) Noetikum *n*, auf die Verstandesfunktionen einwirkendes Mittel *n (z. B. Kaffee)*
nogalomycin Nogalomycin *n (Antineoplastikum)*
noise audiometry Geräuschaudiometrie *f*
noise-induced hearing loss Lärmschaden *m (des Ohres)*
noise pollution Schallbelastung *f*, Schall-Smog *m*
noise trauma deafness Lärm(trauma)taubheit *f*, Lärm(schädigungs)schwerhörigkeit *f*
noma Noma *n(f)*, Wangenbrand *m*, Gesichtsbrand *m*, Mundbrand *m*, Wasserkrebs *m*, Stomatitis *f* gangrenosa, Cancrum *n* oris
nomifensine maleate Nomifensinmaleat *n (Antidepressivum)*
Nomina Anatomica Nomina *npl* Anatomica
nominal aphasia *(Neur)* nominale Aphasie *f*, amnestische Aphasie *f*, Anomie *f*, Verlust *m* der Benennungsfähigkeit
nominal damage *(For)* nominaler Schaden *m*
nomogram Nomogramm *n*
nomograph *s.* nomogram
nomotopic nomotop, ortsgerecht, ortstypisch
non-A-non-B hepatitis Non-A-Non-B-Hepatitis *f*, C-Hepatitis *f*, Hepatitis *f* C
non-absorbable nicht absorbierbar [aufnehmbar]
non-absorbable surgical suture nicht resorbierbare Naht *f*
non-accidental injury nicht zufällige Verletzung *f*; nicht zufällige Kindesverletzung *f (siehe auch unter: battered-child syndrome)*
non-adaptive immunity nichtadaptive Immunität *f*
non-adhaesive skin traction nicht-adhäsive Hauttraktion *f*
non-adherent nicht adhärent, nicht haftend
non-adherent cell nicht adhärente Zelle *f*, nicht haftende Zelle *f*
non-adherent dressing nicht adhärenter Verband *m*, nicht haftender Verband *m*
non-allele Non-Allel *n*
non-analytical techniques *(Neur)* zudeckende Psychotherapie *f*
non-anaphylactoid reaction nonanaphylaktoide [nicht anaphylaktische] Reaktion *f*
non-antigenic nicht antigen, nicht Antikörper bildend
non-armed tapeworm *s.* beef tapeworm
non-articular nonartikulär, nicht artikulär
non-bacterial nicht bakteriell
non-bacterial regional lymphadenitis Katzenkratzkrankheit *f*
non-bacterial thrombotic endocarditis nicht bakterielle thrombotische Endokarditis *f*
non-cariogenic nicht kariogen, nicht Karies auslösend
non-cellular nichtzellulär
non-cellulose polysaccharid zellulosefreies Polysaccharid *n*, Nicht-Zellulose-Polysaccharid *n*
non-chromaffin nonchromaffin, nicht chromaffin
non-chromaffin paraganglioma *s.* chemodectoma
non-chromogen Nonchromogen *n*, nonchromogenes Mykobakterium *n*, Mykobakterium *n* der Gruppe III
non-cirrhotic nicht zirrhotisch
non-comedogenic nichtkomedogen, keine Komedonen bewirkend
non-communicating hydrocephalus Verschlusshydrozephalus *m*, Verschlusswasserkopf *m*, nicht kommunizierender Wasserkopf *m*
non-competitive inhibition *(Pharm)* nicht kompetitive Hemmung *f*
non-compliance Non-Compliance *f (fehlende Kooperation eines Patienten; z. B. bei Arzneimitteleinnahme)*
non-congestive glaucoma *s.* open-angle glaucoma
non-conjugated bilirubin unkonjugiertes [freies] Bilirubin *n*
non-continuous thinking *(Neur)* unterbrochenes Denken *n*, Gedankendissoziation *f*, Gedankenlücke *f*
non-convulsion epilepsy nicht konvulsive Epilepsie *f*
non-crushing clamp atraumatische Darmklemme *f*
non-crushing vascular clamp atraumatische Gefäßklemme *f*
non-cyanotic nicht zyanotisch *(z. B. Herzfehler)*
non-depolarizer *s.* non-depolarizing myorelaxant
non-depolarizing myorelaxant *(Anästh)* nicht depolarisierendes Myorelaxans *n*
non-differentiated cancer undifferenziertes Karzinom *n*
non-differentiated leprosy *(Trop)* indeterminierte [nicht voll entwickelte] Lepra *f*
non-differentiated tumour undifferenzierter Tumor *m*
non-directive therapy nichtdirektive Therapie *f* [Psychotherapie *f*]; nichtdirektive Beratung *f*
non-disease erkrankungsfrei, krankheitsfrei, ohne Erkrankung, ohne Krankheit
non-disjunction Non-Disjunction *f*, Nichttrennung *f* homologer Chromosomen *(während der Meiose)*
non-dominant nondominant, nicht dominant, nicht hervorstechend
non-electrolyte Nichtelektrolyt *n*
non-encapsulated nicht gekapselt, kapsellos
non-encapsulated sclerosing tumour Graham-Tumor *m*, Adenokarzinom *n* [Mikrokarzinom *n*] hyperplastischer Strumen
non-endemic nicht endemisch
non-essential amino acid nicht essenzielle Aminosäure *f*
non-expressive speech ausdrucksarme Sprache *f*
non-fat milk fettarme Milch *f*
non-feasance Nichteignung *f*, fehlende Eignung *f*, Nichttauglichkeit *f*, fehlende Tauglichkeit *f*
non-formed stool nicht geformter [ungeformter] Stuhl *m*
non-gonococcal nicht gonokokkisch
non-gonorrhoeal urethritis nicht gonorrhoische [unspezifische] Urethritis *f*, Urethritis *f* non gonorrhoica
non-granular nicht granuliert, nicht granulär [körnig]
non-haeme iron Nichthäm-Eisen *n*, nichthämgebundenes Eisen *n*
non-haemolytic jaundice nicht hämolytischer Ikterus *m*
non-Hodgkin lymphoma *(Path)* Non-Hodgkin-Lymphom *n*
non-homogeneity Nichthomogenität *f*
non-icteric nicht ikterisch, anikterisch, nicht gelbsüchtig
non-identical twins zweieiige Zwillinge *mpl*
non-immune nicht immun, immunfrei, ohne Immunität
non-immunity fehlende Immunität *f*, Fehlen *n* der Immunreaktion, Aphylaxis *f*

non-indurated nicht induriert, nicht verhärtet
non-infectious nicht infektiös [infizierend]
non-infective valvular mass nicht infektiöse Klappenmasse *f (Verdickungen oder Auflagerungen an Herzklappen)*
non-inflammatory diarrhoea nicht entzündliche Diarrhoe *f*
non-inhalation anaesthetic (agent) nicht inhalatives Anästhetikum *n* [Narkosemittel *n*]
non-insulin-dependant diabetes mellitus nicht insulinpflichtiger Diabetes *m* mellitus, Diabetes *m* mellitus Typ II
non-intention tremor Ruhetremor *m*
non-invasive nicht invasiv, nicht (in den Körper) eindringend
non-involution Noninvolution *f*, Nichtrückbildung *f (z. B. in den Ursprungszustand nach Schwellung)*
non-ionizing radiation nicht ionisierende Strahlung *f*
non-jaundiced *s.* non-icteric
non-lamellar nicht lamellär
non-lipid nicht lipidisch, fettfrei
non-lipid histiocytosis [reticuloendotheliosis] *s.* Letterer-Siwe disease
non-luetic nicht luetisch, nicht syphilitisch, syphilisfrei
non-maleficence principle Nichtschädigung *f*, Nichtschädigungsgrundsatz *m*, Primum-non-nocere-Prinzip *n*
non-medullated markscheidenlos
non-medullated nerve fibre markscheidenlose Nervenfaser *f*
non-motile nicht beweglich, unbeweglich, bewegungslos
non-myelinated myelinscheidenlos, amyelin
non-myelinated nerve fibre markscheidenlose Nervenfaser *f*
non-myogenic nicht myogen, nicht muskulären Ursprungs
non-neoplastic nicht neoplastisch
non-neuronal cell nonneuronale [nicht leitende] Nervenzelle *f*
non-nucleated kernlos, ohne Kern
non-nucleoside reverse transcriptase inhibitor Nichtnukleosid-reverse-Transkriptase-Inhibitor *m*
non-nutritive sweetener kalorienfreier Süßstoff *m*
non-occlusion Non-Okklusion *f*, (vertikale) Nichtokklusion *f*, offener Biss *m*
non-oestrogenic non-östrogen, ohne Östrogenwirkung, nicht wie Östrogene wirkend
non-oliguric nicht oligurisch
non-oncogenic nicht onkogen
non-opaque nicht opak, lichtdurchlässig; (röntgen)strahlendurchlässig; nicht Kontrast gebend, nicht strahlendicht
non-ossifying fibroma nicht ossifizierendes Fibrom *n*
non-osteogenic nicht osteogen, nicht Knochen bildend
non-osteogenic fibroma nicht osteogenes Fibrom *n*
non-otolaryngologist Nicht-Oto(rhino)laryngologe *m*, Nicht-HNO-Facharzt *m*, Nicht-HNO-Arzt *m*
non-ovulatory nonovulatorisch, ovulationslos, ohne Eisprung
non-palpable testis nicht tastbarer Hoden *m*
non-paralytic nicht paralytisch, lähmungsfrei, nicht gelähmt
non-parametric ohne Parameter, parameterfrei
non-parasitic nicht parasitär, nicht parasitisch, parasitenlos, parasitenfrei
non-parous nicht gebärend, geburtenlos, ohne Geburt
non-pathogenic nicht pathogen, nicht krankheitserregend
non-pathognomonic nicht pathognomonisch, nicht krankheitstypisch
non-penetrance Nonpenetranz *f*, Nichtausprägung *f (z. B. eines Gens)*
non-penetrating wound nicht penetrierende Wunde *f*
non-permissive host nicht permissiver Wirt *m*
non-photochromogen Nichtphotochromogen *n*, nonphotochromogener Mikroorganismus *m*
non-poisonous ungiftig
non-polar nicht polar, ohne Pole, ohne dipolcharakter, dipolfrei
non-productive cough trockener [nicht produktiver] Husten *m*
non-proprietary name *(Pharm)* Freiname *m*, markenzeichenfreier Name *m (z. B. eines Arzneimittels)*
non-protein nitrogen Nicht-Protein-Stickstoff *m*
non-proteogenic nonproteogen, nicht proteogen, keine Proteine bildend
non-psychotic nicht psychotisch, psychosefrei, ohne Psychose
non-purulent nicht purulent, eiterlos, eiterfrei
non-pyogenic nicht pyogen, nicht eiterbildend
non-radiable strahlendicht; nicht durchstrahlbar
non-random statistical error nicht-randomisierter statistischer Fehler *m*
non-rapid eye movement sleep *(Neur)* Nicht-REM-Schlaf *m*, orthodoxer Schlaf *m*
non-reflex bladder schlaffe Blase *f*
non-refractive nicht refraktiv [lichtbrechend], lichtbrechungsfrei
non-REM sleep *(Neur)* Nicht-REM-Schlaf *m*, orthodoxer Schlaf *m*
non-responder Non-Responder *m (keine Immunreaktion zeigender Impfling)*
non-response bias *(Statist)* Non-Response-Bias *n*, systematischer Fehler *m* durch Nichtteilnahme *(z. B. von Probanden)*
non-restraint principle *(Neur)* Non-restraint-Prinzip *n*; Non-restraint-Bewegung *f*, No-restraint-Bewegung *f (Verzicht auf alle Zwangsmaßnahmen bei Behandlung psychotischer Patienten)*
non-reversible inhibitor irreversibler [nicht reversibler] Inhibitor *m*
non-saponifiable nicht verseifbar
non-secretor Non-Sekretor *m (scheidet kein AB0-Antigen im Speichel aus)*
non-secretory myeloma nicht sezernierendes Myelom *n*
non-segmented unsegmentiert, nicht segmentiert, segmentfrei
non-seminomatous testicular tumour nicht seminomatöser Hodentumor *m*, Nichtseminom-Hodentumor *m*, Hodentumor *m* ohne Seminom
non-separation Non-Separation *f*, Nichttrennung *f* homologer Chromosomen *(während der Mitose)*
non-septate nicht septiert, septumlos, septenfrei
non-sexual generation nicht sexuelle [asexuelle] Fortpflanzung *f*
non-shivering thermogenesis Wärmebildung *f* durch Stoffwechselsteigerung, Thermogenese *f* ohne Muskelzittern *(z. B. der Säuglinge)*
non-small cell bronchial carcinoma nicht kleinzelliges [nicht kleinzelliges] Bronchialkarzinom *n*
non-small cell carcinoma of the lung nicht kleinzelliges Lungenkarzinom *n*
non-small cell lung cancer nicht kleinzelliges Lungenkarzinom *n*
non-specific unspezifisch, nicht spezifisch
non-specific binding unspezifische Bindung *f*
non-specific immunity unspezifische Immunität *f*
non-specific immunosuppression unspezifische Immunosuppression *f*
non-specific urethritis unspezifische Urethritis *f*
non-specific vaginitis unspezifische Vaginitis *f*
non-spore-forming *s.* non-sporogenous
non-sporogenous nicht sporogen [Sporen bildend]

non-sporulating *s.* non-sporogenous
non-sterile immunity infektionsbedingte Immunität *f*
non steroidal anti-inflammatory drug nicht steroidales Antirheumatikum *n*, NSAR
non-stress test Non-Stress-Test *m*, fetale Aktivitätsbestimmung *f*
non-striated nicht gestreift, glatt
non-striated muscle *s.* smooth muscle
non-suppurative *s.* non-purulent
non-suppurative osteomyelitis nicht suppurative Osteomyelitis *f*, Knochentuberkulose *f*
non-surgical nicht chirurgisch, nicht operativ
non-tender lymph node schmerzfreier Lymphknoten *m*
non-tender swelling tastbare schmerzfreie Anschwellung *f (z. B. einer Drüse)*
non-thrombocytopenic nicht thrombozytopenisch, ohne Thrombozytenmangel
non-thrombocytopenic purpura nicht thrombozytopenische Purpura *f*
non-thrombopenic *s.* non-thrombocytopenic
non-toxic nicht toxisch, nicht giftig
non-traumatic atraumatisch
non-tropical sprue nicht tropische [einheimische] Sprue *f*
non-ulcerative blepharitis nicht ulzerative Blepharitis *f*
non-union Nichtvereinigung *f (z. B. der Frakturenden)*
non-united fracture nicht konsolidierte Fraktur *f*, nicht verwachsener Knochenbruch *m*
non-urgent operation geplante [nicht dringliche] Operation *f*
non-uterotropic nicht auf den Uterus wirkend, den Uterus nicht beeinflussend, ohne Einfluss auf den Uterus
non-vascular nichtvaskulär, nicht von den Gefäßen ausgehend
non-venereal nicht venerisch, geschlechtskrankheitsfrei
non-venereal syphilis *(Inf, Trop)* nicht venerische Syphilis *f*, Syphilis *f* innocentum [insontium], Bejel *f*
non-verbal communication nicht verbale [nonverbale] Kommunikation *f*
non-viability Lebensunfähigkeit *f*
non-viable nicht lebensfähig, lebensunfähig
non-viable foetus lebensunfähiger [nicht lebensfähiger] Fetus *m*
non-vital nicht vital
non-vital pulp nicht vitale [abgestorbene] Pulpa *f*
non-vital tooth nicht vitaler Zahn *m*
nonan jeden neunten Tag auftretend
noncompliance with medical treatment *(Neur)* Nichtbefolgen *n* der ärztlichen Behandlungsmaßnahmen
nonelectrolyte Nichtelektrolyt *n*
nonhomogeneity Nichthomogenität *f*
nonigravida Nonigravida *f*, Gravida *f* IX, zum neunten Mal schwangere Frau *f*
nonipara Nonipara *f*, Para *f* IX, Neuntgebärende *f*
Nonne-Apelt test Nonne-Apelt-Test *m*, Nonne-Apelt-Schumm'sche Reaktion *f (Nachweis für erhöhten Globulingehalt in der Hirn-Rückenmark-Flüssigkeit)*
Nonne-Marie disease Nonne-Marie'sche Krankheit *f*, Nonne-Marie-Krankheit *f*, Heredoataxia *f* cerebellaris
Nonne-Milroy disease *s.* Nonne-Milroy-Meige syndrome
Nonne-Milroy-Meige syndrome Nonne-Milroy-Meige-Syndrom *n*, Pseudoelephantiasis *f* neuroarthritica, Trophödem *n*, kongenitales Lymphödem *n (Hautschwellung infolge gestörter Nervenversorgung)*
nonocclusion *(Stom)* Nonokklusion *f*, offener Biss *m*
nonoliguric nicht oligurisch
nononcogenic nicht onkogen
nonrotation Nonrotation *f*
nonrotation of the intestine Nonrotation *f* des Darmes, Fehlen *n* der Darmrotation
nonrotation of the kidney Nonrotation *f* der Niere, Fehlen *n* der Nierenrotation
nonsense mutation *(Gen)* Nonsensmutation *f*
nonsense suppression *(Gen)* Nonsense-Mutation *f*
nonvalent ohne (chemische) Wertigkeit
Noonan syndrome *(Gen, Päd)* Noonan-Syndrom *n*, Pseudo-Ullrich-Turner-Syndrom *n*, XY-Turner-Phänotypus *m*, XX-Turner-Phänotypus *m*
noopsyche Verstand *m*, Intelligenz *f*, geistiges Leben *n*, Vernunft *f*
noopsychosis Noopsychose *f*
nootropic nootrop
nootropic (agent) Nootropikum *n*, Neurotropikum *n*, hirnstoffwechselstimulierendes Mittel *n*
noradrenaline Noradrenalin *n (Neurotransmitter)*
noradrenaline acid tartrate Noradrenalinbitartrat *n*
noradrenaline bitartrate Noradrenalinbitartrat *n*
noradrenergic noradrenerg(isch), wie Noradrenalin wirkend; Noradrenalin sezernierend [ausschüttend]
norandrostenolone Norandrostenolon *n*, Nandrolon *n*
nordazepam Nordazepam *n (Diazepinderivat)*
nordefrin hyrochloride Nordefrinhydrochlorid *n (Sympathikomimetikum; Vasokonstriktor)*
norepinephrine Noradrenalin *n*
norepinephrine bitartrate Noradrenalinbitartrat *n*
norethandrolone Norethandrolon *n*
norethindrone Norethindron *n*
norethindrone acetate Norethindronacetat *n*
norethisterone Norethisteron *n*
norethynodrel Norethynodrel *n*
norfloxacin Norfloxacin *n (Antibiotikum)*
norgestimate Norgestimat *n*
norgestrel Norgestrel *n*
norhyoscyamine Norhyoscyamin *n*
norleucine Norleucin *n*
normal cyclic loss normale Menstruationsblutmenge *f*, normaler Menstrualblutverlust *m*
normal delivery Normalgeburt *f*
normal dental function normale Zahnfunktion *f (während des Kauens)*
normal diet Normalkost *f*, normale Kost *f*
normal distribution *(Statist)* Normalverteilung *f*
normal hydrogen electrode Standardwasserstoffelektrode *f*
normal labour activity normale Wehentätigkeit *f*
normal occlusion *(Stom)* Normalbiss *m*, Neutralbiss *m*
normal pressure hydrocephalus Hydrozephalus *m* mit normalem Liquordruck
normal saline solution isotonische Kochsalzlösung *f*
normal serum Normalserum *n*
normal sinus rhythm normaler Sinusrhythmus *m*
normal solution Normallösung *f*, *n*-Lösung *f*
normal temperature Normaltemperatur *f*
normal vision *s.* emmetropia
normalization Normalisierung *f*
normally posed normalständig *(z. B. Zahn)*
normally-positioned kidney normalgelagerte Niere *f*
normeperidine Normeperidin *n*
normetanephrine Normetanephrin *n*
normethadone Normethadon *n*, Demethylmethadon *n*
normo-orthocytosis Normoorthozytose *f (Leukozytenvermehrung mit normalem weißem Differenzialblutbild)*
normoblast Normoblast *m (kernhaltige Erythrozytenvorstufe)*
normoblastic normoblastisch; Normoblast(en)...
normoblastosis Normoblastose *f*, Normoblastenvermehrung *f* im Knochenmark
normocalcaemia Normokalziämie *f*, normaler Blutkalziumgehalt *m*, normaler Calciumgehalt *m* im Blut

normocalcaemic normokalziämisch, mit normalem Blutkalziumgehalt
normocapnia Normokapnie *f*, normaler Kohlendioxidgehalt *m* im Blut
normocapnic mit normalem Kohlendioxidgehalt [CO_2-Gehalt]
normocholesterolaemia Normocholesterinämie *f*
normocholesterolaemic normocholesterinämisch…; Normocholesterinämie…
normochromasia Normochromasie *f*, Normalfärbung *f*, Normalfärbbarkeit *f*
normochromatic normochromatisch, normochrom, normalfärbend
normochromia Normochromie *f*, normaler Bluthämoglobingehalt *m*
normochromic 1. normochrom, mit normalem Hämoglobingehalt; 2. *s.* normochromatic
normochromic anaemia normochrome Anämie *f*
normocrinic 1. normokrin, mit normaler Sekretion; 2. normokrin, mit normaler endokriner Sekretion
normocyte Normozyt *m*, Normalerythrozyt *m*, normalgroßer Erythrozyt *m*
normocytic normozytisch, normalzellig; Normozyten…
normocytic anaemia normozytische Anämie *f*, Normozytenanämie *f*
normocytic normochromic anaemia normozytäre normochrome Anämie *f*
normocytosis Normozytose *f*, normale Bluterythrozytenzahl *f*
normoerythrocyte *s.* normocyte
normoglycaemia Normoglykämie *f*, normaler Blutzuckerspiegel *m*, normaler Blutzuckergehalt *m*
normoglycaemic normoglykämisch, mit normalem Blutzuckergehalt
normokalaemia Normokaliämie *f*, normaler Blutkaliumgehalt *m*
normokalaemic normokaliämisch, mit normalem Blutkaliumspiegel
normokaliaemia *s.* normokalaemia
normolipidaemic normolipidämisch, mit normalem Lipidgehalt
normomorphospermia Normomorphospermie *f (> als 80 normal geformte Spermien im Spermiogramm)*
normoplasia Normoplasie *f*, normale Zelldifferenzierung *f*
normoproteinaemia Normoproteinämie *f*, normaler Bluteiweißgehalt *m*
normoproteinaemic normoproteinämisch, mit normalem Bluteiweißgehalt
normopsia hallucination Normopsiehalluzination *f*, halluzinatorisches Normalsehen *n* der Größe, Normalgrößenhalluzination *f*
normoptic hallucination normoptische Halluzination *f*
normoreflexia Normoreflexie *f*, normaler Reflexstatus *m*
normoskeocytosis Normoskeozytose *f (normale Leukozytenzahl mit Linksverschiebung im weißen Differenzialblutbild)*
normospermia Normospermie *f*
normospermic normosperm, mit normalen Spermien; normale Spermien bildend; Normospermie…
normosthenuria Normosthenurie *f*, normale Urinausscheidung *f*
normosthenuric normosthenurisch, mit normaler Urinausscheidung; Normosthenurie…
normotension Normotension *f*, Normaltonus *m*, Normaldruck *m*, Normalspannung *f*
normotensive normoton, mit normalem Blutdruck
normothermia Normothermie *f*, Normaltemperatur *f*
normothermic normotherm(isch), mit normaler Temperatur; Normothermie…
normotonia Normotonie *f*, normaler Muskeltonus *m*
normotonic normoton, mit normalem Muskeltonus
normotopia Normotopie *f*, Normallage *f*
normotopic normotop, an normaler Stelle liegend
normotrophic normotroph, normal entwickelt, mit normaler Entwicklung verlaufend
normouricaemia Normourikämie *f*, normaler Harnsäuregehalt *m* im Blut
normouricaemic mit normalem Harnsäuregehalt im Blut; Normourikämie…
normouricuria Normourikurie *f*, normaler Harnsäuregehalt *m* im Urin
normouricuric mit normalem Harnsäuregehalt im Urin; Normourikurie…
normoventilation Normoventilation *f*, Normalatmung *f*
normovolaemia Normovolämie *f*, normales Blutvolumen *n*
normovolaemic normovolämisch, mit normalem Blutvolumen; Normovolämie…
normoxia Normoxie *f (normaler Sauerstoffpartialdruck)*
normozoospermia Normozoospermie *f*
norphthalmic acid Norphthalminsäure *f*
norpipanone Norpipanon *n (Analgetikum)*
norpseudoephedrine Norpseudoephedrin *n*
Norrie-Warburg syndrome *(Ophth)* Norrie-Warburg-Syndrom *n*, Atrophia *f* bulborum hereditaria
Norrie's disease Norrie'sches Syndrom *n*, Norrie-Warburg-Syndrom *n*, Atrophia *f* bulborum hereditaria
Norris' corpuscles Norris'sche Körperchen *npl (entfärbte Erythrozyten)*
North African tick-bite fever nordafrikanisches Zeckenbissfieber *n (durch Rickettsia conori)*
North American blastomycosis nordamerikanische Blastomykose *f (durch Blastomyces dermatitidis)*
North Asian tick-borne rickettsiosis *s.* North Asian tick fever
North Asian tick fever asiatisches Zeckenbissfieber *n (durch Rickettsia sibirica)*
North Queensland tick typhus (fever) Nord-Queensland-Zeckenbissfieber *n (durch Rickettsia australis)*
Northern blot analysis Northern-blot-Analyse *f*
Northern blot hybridization Northern-blot-Hybridisierung *f*
Northern blot technique Northern-blot-Technik *f*
Northern blot test Northern-blot-Test *m*
nortriptyline Nortriptylin *n (Antidepressivum)*
nortriptyline hydrochloride Nortriptylinhydrochlorid *n*
norvaline Norvalin *n*
Norwalk agent Norwalk-Agens *n*
Norwalk gastroenteritis Norwalk-Gastroenteritis *f*
Norwalk virus Norwalk-Virus *n*
Norwegian itch Skabies *f* norwegica [crustosa], norwegische Krätze *f*
Norwegian scabies *s.* Norwegian itch
noscapine Noscapin *n (Antitussivum)*
nose Nase *f*, Nasus *m (siehe auch unter: nasal)* • **blow the nose** die Nase schnauben [putzen]
nose clip Nasenklammer *f*
nose drops Nasentropfen *mpl*
nose examination Nasenuntersuchung *f*
nose spray Nasenspray *n(m)*
nosebleed Nasenbluten *n*, Nasenblutung *f*, Epistaxis *f*, Rhinorrhagie *f* • **have a nosebleed** Nasenbluten haben
nosebrain Riechhirn *n*, Rhinenzephalon *n*
Nosema ocularum Nosema *f* ocularum
nosematosis Nosematosis *f*, Nosematose *f*, Nosema-Infektion *f*
nosencephalus *(Terat)* Nosenzephalus *m (Missgeburt mit Cranium bifidum)*

nosepiece Revolver *m*, Objektivrevolver *m (am Mikroskop zur Aufnahme der Objektive)*
nosochthonography *s.* nosogeography
nosocomial nosokomial, im Krankenhaus entstehend, im Hospital auftretend
nosocomial infection Nosokomialinfektion *f*, im Krankenhaus erworbene Infektion *f*
nosogenesis *s.* nosogeny
nosogenetic *s.* nosogenic
nosogenic nosogen, krankheitsbildend, krankheitserzeugend, krank machend
nosogeny Nosogenesis *f*, Nosogenese *f*, Krankheitsentwicklung *f*
nosogeography Nosogeographie *f*, medizinische Geographie *f (Lehre von der geographischen und klimatischen Verbreitung der Krankheiten)*
nosographic Krankheiten beschreibend; Nosographie...
nosography Nosographie *f*, Krankheitsbeschreibung *f*
nosohaemia Nosohämie *f*, Blutkrankheit *f*, Bluterkrankung *f*
nosointoxication Nosointoxikation *f*, krankheitsbedingte Intoxikation *f*
nosologic Krankheiten klassifizierend, nosologisch; Nosologie...
nosological *s.* nosologic
nosology Nosologie *f*, (systematische) Krankheitslehre *f*
nosomania Nosomanie *f*, Krankheitswahn *m*, eingebildetes Kranksein *n*
nosometry Nosometrie *f*, Bestimmung *f* der Morbiditätsrate
nosomycosis Pilzerkrankung *f*, Pilzleiden *n*, Pilzkrankheit *f*
nosonomy *s.* nosology
nosoparasite Nosoparasit *m*, krankheitsspezifischer Parasit *m (bewirkt Änderung im Krankheitsverlauf)*
nosoparasitism Nosoparasitismus *m*
nosophilia Nosophilie *f*, Flucht *f* in eine Krankheit, abnorme Hinwendung *f* zu Krankheiten
nosophobia Nosophobie *f*, (abnorme) Krankheitsfurcht *f*
nosophthoria Krankheitsausrottung *f (durch Prophylaxe)*
nosophyte Nosophyt *m*
nosopoietic *s.* nosogenic
nosotaxy Krankheitsklassifizierung *f*, Krankheitsklassifikation *f*, Krankheitseinordnung *f*
nosotherapy Nosotherapie *f (z. B. Heilfieberbehandlung)*
nosotoxic nosotoxisch; Nosotoxikose...
nosotoxicity Nosotoxizität *f*
nosotoxicosis Nosotoxikose *f*
nosotoxin Nosotoxin *n*
nosotrophy Nosotrophie *f*, Krankenversorgung *f*, Krankenpflege *f*
nosotropic nosotrop
nostalgia Nostalgie *f*, (krankhaftes) Heimweh *n*, Nostomanie *f*
nostalgic nostalgisch, heimwehkrank
nostalgic depression *(Neur)* Heimwehdepression *f*
nostology *s.* gerontology
nostomania *s.* nostalgia
nostophobia Nostophobie *f*
nostrate (ein)heimisch, endemisch
nostril Nasenöffnung *f*, Nasenloch *n*, Orificium *n* nasi, Naris *f*
nostril retractor Nasenflügelhaken *m*
not otherwise specified nicht näher bezeichnet
notal dorsal; Rücken...
notalgia Notalgie *f*, Rückenschmerz *m*
notancephalia Notenzephalie *f*, Fehlen *n* des Hinterhauptschädels
notanencephalia Notanenzephalie *f*, Fehlen *n* des Kleinhirns
notch Incisura *f*, Inzisur *f*, Einbuchtung *f*, Einschnitt *m*
notch of cardiac apex Incisura *f* apicis cordis
notched teeth tonnenförmige [fassförmige] Schneidezähne *mpl*, Hutchinson'sche Zähne *mpl*
notching of the ribs *(Rad)* Rippenusurenbildung *f*
note blindness Notenblindheit *f*, Amusie *f*
noted progressive acute anaemia ausgeprägte progressive akute Anämie *f*
noted pulmonary congestion *(Rad)* ausgeprägte Lungenstauung *f (Befundterminus)*
notencephalocele Notenzephalozele *f*, Hinterhirnbruch *m*, Hinterhirnvorfall *m*
notencephalus Notenzephalus *m*, Notencephalus *m*
nothing by mouth „nüchtern", „keine orale Nahrungszufuhr", „nichts oral"
Nothnagel's bodies Nothnagel'sche Körperchen *npl*
Nothnagel's syndrome Nothnagel-Syndrom *n*, oberes Nucleus-ruber-Syndrom *n*
notifiable meldepflichtig, anzeigepflichtig
notochord Chorda *f* dorsalis, Urwirbelsäule *f*, Rückensaite *f*, Achsenstab *m*
notochordal canal *(Embr)* Urwirbelsäulenkanal *m*
notochordal plate *(Embr)* Notochordalplatte *f*
notochordal process *(Embr)* Kopffortsatz *m*
notochordoma Notochordom *n*
notogenesis Notogenese *f*, Wirbelsäulenbildung *f*
notomelus *(Terat)* Notomelus *m (asymmetrische Missgeburt mit akzessorischen Gliedern am Rücken)*
notomyelitis Notomyelitis *f*, Rückenmarkentzündung *f*
noumenal rational intuitiv
nourish ernähren, Nahrung zuführen
nourishing enema Ernährungseinlauf *m*, Ernährungsklistier *n*
nourishment 1. Nahrungsmittel *n*, Nahrung *f*; 2. Ernährung *f*
novobiocin Novobiocin *n (Antibiotikum)*
novocain *(Anästh)* Novokain *n*
novocain poisoning Novokainintoxikation *f*
noxa Noxe *f*, Reiz *m*, Trauma *n*; Krankheitsursache *f*, Schädlichkeit *f*, schädigender Stoff *m*, Schadstoff *m*
noxious schädlich, ungesund, verderblich, perniziös; das Gewebe schädigend
noxiousness Schädlichkeit *f*, krankheitserregende Ursache *f*, Noxe *f*
noxythiolin Noxythiolin *n (Antibiotikum; Antimykotikum)*
NPL *s.* neoplasm
NREM sleep *s.* non-REM sleep
nubecula 1. *(Ophth)* Nubekula *f*, Hornhauttrübung *f* leichtesten Grades; 2. *(Urol)* Harntrübung *f*
nubile heiratsfähig
nubility Heiratsfähigkeit *f*, Ehemündigkeit *f*
nucha Nucha *f*, Nacken *m*, Genick *n*
nuchal nuchal; Nacken..., Genick...
nuchal aponeurosis *(Anat)* Nackenaponeurose *f*, Aponeurosis *f* nuchae
nuchal cord Nabelschnurumschlingung *f (des Halses)*
nuchal fossa *(Anat)* Nackengrube *f*
nuchal ligament *(Anat)* Nackenband *n*, Ligamentum *n* nuchae
nuchal plane *(Anat)* Planum *n* nuchale
nuchal rigidity Nackensteifheit *f*, Nackensteifigkeit *f*, Nackenrigidität *f*
nuchal tubercle Nackenhöcker *m*
nuchocephalic reflex nuchozephaler Reflex *m*
Nuck's canal Nuck'scher Kanal *m*, Nuck-Kanal *m*, Canalis *m* Nucki, Processus *m* vaginalis peritonei *(Bauchfellausstülpung beim weiblichen Geschlecht)*
Nuck's diverticulum Nuck'sches Divertikel *n*, Nuck-Divertikel *n*, Diverticulum *n* Nucki *(meist obliterierter Processus vaginalis peritonei)*

Nuck's hydrocele Nuck'sche Hydrozele *f*, Leistenbruch *m* bei der Frau *(bei offenem Processus vaginalis peritonei)*
nuclear 1. *(Anat)* Kern…; 2. *(Histol)* Nukleo…, Zellkern…; 3. nuklear; Nuklear…, Atomkern…, Kern…
nuclear agenesis Kernagenesie *f*, infantiler Kernschwund *m*, Möbius-Syndrom *n*, kongenitale Fazialisdiplegie *f*, kongenitale okulofaziale Paralyse *f*
nuclear aplasia Kernaplasie *f*, Möbius'sches Syndrom *n*, Möbius-Syndrom *n (Fehlentwicklung der Hirnnervenkerne)*
nuclear cataract Kernstar *m*, Cataracta *f* nuclearis *(auf den Alterskern der Linse beschränkte Trübung)*
nuclear chromatin *(Histol)* Kernchromatin *n*
nuclear disk *s.* nuclear plate
nuclear division *(Histol)* Kernteilung *f*
nuclear envelope Zellkernmembran *f*, Kernhülle *f*
nuclear figure *(Histol)* Kernfigur *f (Kernteilung)*
nuclear fission Kernspaltung *f*, Kernaufspaltung *f*
nuclear hyaloplasm Kernhyaloplasma *n*, Karyolymphe *f*
nuclear icterus *(Neur)* Kernikterus *m*
nuclear jaundice *s.* nuclear icterus
nuclear juice *(Histol)* Kernsaft *m*
nuclear magnetic resonance Kernspinresonanz *f*, NMR, magnetische Kernresonanz *f*
nuclear magnetic resonance tomography *(Rad)* Kernspin(resonanz)tomographie *f*
nuclear medicine Nuklearmedizin *f*
nuclear membrane Nuklearmembran *f*, Kernmembran *f*
nuclear paralysis Nervenkernlähmung *f*, zentrale Lähmung *f*
nuclear plate Äquatorialplatte *f*, Äquatorialebene *f (Chromosomenanordnung bei der Zellkernteilung)*
nuclear problem *(Psych)* Kernproblem *n*; Problemkern *m*
nuclear radiology Nuklearradiologie *f*, Nuklearmedizin *f*
nuclear region Kernregion *f*
nuclear reticulum *s.* nucleoreticulum
nuclear sap Kernsaft *m*
nuclear scanning Szintigraphie *f*, Radionukliddarstellung *f (z. B. von Organen)*
nuclear schizophrenia *(Neur)* Kernschizophrenie *f*, Kerngruppe *f*, Prozessschizophrenie *f*, Prozesspsychose *f*
nuclear spin Nuklear-Spin-…, Kernspin…
nuclear spin Nuklear-Spin *m*, Kernspin *m*
nuclear spindle *(Histol)* Nuklearspindel *f*, Kernspindel *f*
nuclear syndrome *(Neur)* Kernsyndrom *n*
nuclear thread Nuklearfaden *m*, Kernfaden *m*
nuclear transplantation Kerntransplantation *f*, Zellkerntransplantation *f*
nuclease Nuklease *f (Enzym)*
nucleated kernhaltig
nuclei *pl s.* nucleus
nucleic acid Nukleinsäure *f*, Nucleinsäure *f*
nucleic acid core Nukleinsäurekern *m*
nucleide Nukleid *n (Nuklein-Metall-Verbindung)*
nucleiform nukleiform, kernförmig
nuclein Nuklein *n*
nucleinase Nukleinase *f (Enzym)*
nucleinic acid *s.* nucleic acid
nucleoalbumin Nukleoalbumin *n*
nucleoalbuminuria Nukleoalbuminurie *f*, Nukleoalbuminausscheidung *f* im Urin
nucleocapsid Nukleokapsid *n*
nucleochylema Karyolymphe *f*
nucleochyme Karyolymphe *f*
nucleocytoplasmic Kern-Plasma-…, Zellkern-Zellplasma-…
nucleocytoplasmic ratio Kern-Plasma-Relation *f*, Zellkern-Zellplasma-Verhältnis *n*
nucleofilament Nukleofilament *n*
nucleofugal nukleofugal, vom Kern wegführend, vom Zellkern wegführend; vom Nervenkern wegführend
nucleoglucoprotein Nukleoglukoprotein *n*, Nukleoglukoproteid *n*
nucleohistone Nukleohiston *n*
nucleohyaloplasm *(Histol)* Nukleohyaloplasma *n*, Kernhyaloplasma *n*
nucleoid nukleoid, nukleolusartig, nukleolusähnlich
nucleoid Nukleoid *n*
nucleolar nukleolär; Nukleolus…
nucleolar organizer Nukleolus-Organizer *m*, Nukleolus-organisator *m*, nukleoläre Zone *f*
nucleole Nukleolus *m*, Kernkörperchen *n*
nucleoliform nukleoliform, nukleolenförmig, nukleolenartig
nucleolin Nukleolin *n*
nucleolinus Nukleolinus *m (färbbares Körnchen im Nukleolus)*
nucleoloid nukleoloid, nukleolenartig
nucleololus Nukleololus *m (kleiner Fleck im Nukleolus)*
nucleololymph Nukleololymphe *f*, Karyolymphe *f*
nucleolonema Nukleolonema *n*
nucleolonucleus *s.* nucleololus
nucleolus Nukleolus *m*, Kernkörperchen *n*
nucleomicrosome Nukleomikrosom *n*
nucleon 1. Nukleon *n (Teil des Atomkerns)*; 2. Nuklearmediziner *m (Umgangssprache)*
nucleopetal nukleopetal, zum Kern hinführend, zum Zellkern hinführend; zum Nervenkern hinführend
nucleophage Nukleophage *m*
nucleophagocytosis Nukleophagozytose *f*
nucleophilic nukleophil
nucleophosphatase *s.* nucleotidase
nucleoplasm *(Histol)* Nukleoplasma *n*, Zellkern-(proto)plasma *n*, Karyoplasma *n*
nucleoplasmic Kern-Plasma-…, Zellkern-Zellplasma-…
nucleoplasmic ratio Kern-Plasma-Relation *f*, Zellkern-Zellplasma-Verhältnis *n*
nucleoplasmin Nukleoplasmin *n*
nucleoproteid Nukleoproteid *n*, Nukleoprotein *n*
nucleoprotein *s.* nucleoproteid
nucleoreticulum Nukleoretikulum *n*, Kernretikulum *n*
nucleorrhexis Zellkernfragmentierung *f*
nucleosidase Nukleosidase *f*, Nucleosidase *f (Enzym)*
nucleoside Nukleosid *n*
nucleoside-diphosphate Nukleosiddiphosphat *n*
nucleoside-diphosphate kinase Nukleosiddiphosphatkinase *f (Enzym)*
nucleoside-diphosphate sugar Nukleosiddiphosphatzucker *m*
nucleoside-monophosphate Nukleosidmonophosphat *n*
nucleoside-monophosphate kinase Nukleosidmonophosphatkinase *f (Enzym)*
nucleoside-phosphate kinase Nukleosidphosphatkinase *f (Enzym)*
nucleoside phosphorylase Nukleosidphosphorylase *f (Enzym)*
nucleoside reverse transcriptase inhibitor Nukleosid-reverse-Transkriptase-Inhibitor *m*
nucleoside-triphosphate Nukleosidtriphosphat *n*
nucleosis Nucleosis *f*, Kernproliferation *f*
nucleosome Nukleosom *n*
nucleospindle *s.* nuclear spindle
nucleotidase Nukleotidase *f (Enzym)*
nucleotide Nukleotid *n*, Nucleotid *n*
nucleotidyltransferase Nukleotidyltransferase *f (Enzym)*
nucleotoxic nukleotoxisch, kerngiftig; Nukleotoxin…

nucleotoxin Nukleotoxin *n*, Kerngift *n*
nucleus 1. *(Anat)* Nukleus *m*, Kern *m*; 2. *(Histol)* Zellkern *m*, Karyon *n*
nucleus chromatin *(Histol)* Kernchromatin *n*
nucleus of Bekhterev Bechterew'scher Kern *m*, Nucleus *m* vestibularis superior *(Endkern des VIII. Hirnnervs in der Rautengrube)*
nucleus of Burdach Burdach'scher Kern *m*, Nucleus *m* cuneatus *(im Rückenmark)*
nucleus of Deiters Deiters'scher Kern *m*, Nucleus *m* vestibularis lateralis *(Endkern des VIII. Hirnnervs in der Rautengrube)*
nucleus of Edinger-Westphal Westphal-Edinger'scher Kern *m* [Ursprungskern *m*] *(des Nervus oculomotorius im Mittelhirn)*
nucleus of Goll Goll'scher Kern *m*, Nucleus *m* gracilis *(in der Medulla oblongata)*
nucleus of Monakow Monakow'scher Kern *m*, Nucleus *m* cuneatus accessorius *(in der Medulla oblongata)*
nucleus of origin Ursprungskern *m*, Nucleus *m* originis *(eines Nerven)*
nucleus of Schwalbe Schwalbe'scher Kern *m*, Nucleus *m* vestibularis medialis *(Endkern des VIII. Hirnnervs in der Rautengrube)*
nucleus of termination Endkern *m*, Nucleus *m* terminationis *(eines Nerven)*
nucleus of the inferior colliculus Nucleus *m* colliculi inferioris
nucleus of the lateral geniculate body Nucleus *m* corporis geniculati lateralis
nucleus of the lateral lemniscus *(Anat)* Nucleus *m* lemnisci lateralis
nucleus of the lens *(Ophth)* Nucleus *m* lentis, Linsenkern *m*, Augenlinsenkern *m*
nucleus of the medial geniculate body *(Anat)* Nucleus *m* corporis geniculati medialis
nucleus of the mesencephalic tract of the trigeminal nerve Nucleus *m* tractus mesencephali nervi trigemini *(Kern des V. Hirnnervs)*
nucleus of the spinal tract of the trigeminal nerve *(Anat)* Nucleus *m* tractus spinalis nervi trigemini
nucleus of the tractus solitarius *(Anat)* Nucleus *m* tractus solitarii
nucleus of the trapezoid body *(Anat)* Nucleus *m* corporis trapezoidei
nuclide Nuklid *n*
nudism Nudismus *m*, Freikörperkultur *f*, FKK
nudomania Nudomanie *f*
nudophobia Nudophobie *f*, Scheu *f* vor Nacktheit
Nuhn's glands Nuhn'sche Drüsen *fpl*, Glandulae *fpl* linguales anteriores, Zungenspitzendrüsen *fpl*
null hypothesis *(Statist)* Null-Hypothese *f*
nulligravida Nulligravida *f*, Gravida *f* 0
nullipara Nullipara *f*, Para *f* 0 *(Frau, die nicht geboren hat)*
nulliparity Nulliparität *f* *(Zustand vor der ersten Geburt)*
nulliparous nullipar, ohne Geburt
nullisomic *(Gen)* nullisom, mit fehlendem Chromosomenpaar
numb empfindungslos, taub, abgestorben *(z. B. Körperglied)*; betäubt, benommen; starr, erstarrt, regungslos; stumpfsinnig, abgestumpft, apathisch
number of drops Tropfenzahl *f* *(z. B. von Arzneien, Infusion)* • **increase the number of drops** die Tropfenzahl erhöhen • **make the number of drops forty per minute** 40 Tropfen pro Minute einstellen, die Tropfenzahl auf 40/Minuten einstellen • **reduce the number of drops** die Tropfenzahl verringern
number of the gloves *(Chir)* Handschuhgröße *f*
numbness Empfindungslosigkeit *f*, Taubheitsgefühl *n*, Taubheit *f* *(z. B. in Körpergliedern)*; Betäubung *f*, Benommenheit *f*; Erstarrung *f*, Regungslosigkeit *f*, Stumpfsinn *m*, Abstumpfung *f*, Apathie *f*, Torpor *m*
numbness sensation Taubheitsgefühl *n*
numeric nummerisch, zahlenmäßig, eine Anzahl betreffend
numeric pain scale nummerische Schmerzskala *f*
nummiform *s.* nummular
nummular nummular, münzenförmig, kreisrund
nummular dermatitis Dermatitis *f* nummularis
nummular eczema nummuläres [diskoides] Ekzem *n*
nummular papule *(Derm)* Papula *f* nummularis
nummular psoriasis *(Derm)* Psoriasis *f* nummularis
nummulation Geldrollenbildung *f* *(der roten Blutkörperchen)*
nunnation 1. Nasalierung *f*, Nasallautbildung *f*, Nasalsprache *f*; 2. N-Stottern *n*
nurse *v* 1. stillen, nähren, einem Säugling die Brust geben; saugen, säugen *(Saugakt)*; 2. pflegen, betreuen *(z. B. Kranke)*
nurse *v* **at the breast** mit der Brust ernähren, stillen
nurse 1. Schwester *f*, Krankenschwester *f*; 2. Kinderschwester *f*, Amme *f*
nurse-anaesthesist Anästhesieschwester *f*
nurse educator Lehrschwester *f*
nurse manager Oberschwester *f*
nurse-midwife Hebamme *f*, Geburtshelferin *f*
nurse on duty Dienst habende Schwester *f* [Krankenschwester *f*]
nurse-practitioner Arzthelferin *f*
nurse specialist Fachschwester *f*
nursemaid's elbow *(Chir, Päd)* Pronatio *f* dolorosa infantum
nursery Säuglingsstation *f*, Kindertagesstätte *f*, Kita *f*
nursery diarrhoea Neugeborenendiarrhoe *f*, Diarrhoe *f* auf der Säuglingsstation
nursery school Kindergarten *m*
nurse's training school Schwesternschule *f*
nursing 1. Stillen *n*, Brusternährung *f*; 2. Pflege *f*, Betreuung *f*, Krankenpflege *f*, Krankenbetreuung *f*
nursing bottle Saugflasche *f*, Flasche *f*
nursing bottle caries Babyflaschenkaries *f*
nursing home 1. Pflegeheim *n*; 2. Entbindungsklinik *f*
nursing mother stillende Mutter *f*
nursing staff Pflegepersonal *n*
nursing treatment Pflegebehandlung *f*, Pflege *f*
nursling 1. Säugling *m*; 2. Pflegekind *n*
nutation Nutation *f*, Nickbewegung *f*, Kopfwackeln *n*
nutatory nickend, mit dem Kopf wackelnd; schwankend
nutcracker oesophagus Nussknacker-Ösophagus *m* *(primäre Motilitätsstörung der Speiseröhre)*
nutmeg liver *(Path)* Muskatnussleber *f*, Hepar *n* moschatiforme *(bei chronischer Blutstauung)*
nutrient (er)nährend, nahrhaft; Nährstoff...
nutrient Nutriens *n*, Nährstoff *m*; Nährmittel *n*; Nähr(stoff)medium *n*
nutrient absorption Nährstoffabsorption *f*
nutrient artery Arteria *f* nutricia, Ernährungsarterie *f* (des Knochens)
nutrient artery canal Volkmann'scher Kanal *m*
nutrient artery of the fibula Arteria *f* nutricia fibulae, Wadenbeinernährungsarterie *f*
nutrient artery of the humerus Arteria *f* nutricia humeri, Oberarmknochenernährungsarterie *f*
nutrient artery of the renal pelvis Arteria *f* nutricia pelvis renalis, Nierenbeckenernährungsarterie *f*
nutrient artery of the tibia Arteria *f* nutricia tibiae, Unterschenkelknochenernährungsarterie *f*

nutrient canal Ernährungskanal *m* (des Knochens), Canalis *m* nutricius, Havers'scher Kanal *m* [Knochenkanal *m*]
nutrient content Nährstoffgehalt *m*
nutrient deficiency Nährstoffmangel *m*
nutrient deficiency symptom Nährstoffmangelsymptom *n*, Nährstoffmangelerscheinung *f*
nutrient demand Nährstoffbedarf *m*
nutrient enema Ernährungseinlauf *m*, Ernährungsklistier *n*
nutrient foramen Foramen *n* nutritium *(Loch am Knochen für den Durchtritt der Ernährungsarterien)*
nutrient supplement Nahrungsergänzungsstoff *m (z. B. Vitamine)*
nutrilite essenzieller Nahrungsfaktor *m*, essenzieller Nahrungsstoff *m (z. B. für Bakterien)*
nutriment Nahrungsmittel *n*, Lebensmittel *n*; Nahrung *f*
nutriology Ernährungslehre *f*
nutrition Nutrition *f*, Ernährung *f*
nutrition base Nahrungsbasis *f*, Nahrungsgrundlage *f*, Ernährungsgrundlage *f*
nutrition management Ernährungsmanagement *n*
nutrition therapy Ernährungstherapie *f*
nutritional nutritiv, alimentär; Ernährungs...
nutritional alcoholic cerebellar degeneration alkoholbedingte Kleinhirndegeneration *f*
nutritional anaemia nuritive Anämie *f*, ernährungsbedingte [alimentäre] Anämie *f*, Mangelanämie *f (z. B. bei Eisenmangel)*
nutritional care nutritive Betreuung *f*, Ernährungsbetreuung *f*
nutritional counseling Ernährungsberatung *f*
nutritional deficiency Mangelernährung *f*
nutritional disorder Ernährungsstörung *f*
nutritional dystrophy *s.* kwashiorkor
nutritional factor Ernährungsfaktor *m*
nutritional habit Ernährungsgewohnheit *f*
nutritional hypochromic anaemia Eisenmangelanämie *f*, sideroprive Anämie *f*
nutritional oedema Hungerödem *n*
nutritional requirement Nahrungsbedarf *m*
nutritional science Ernährungswisenschaft *f*
nutritional state Ernährungszustand *m*
nutritional status *s.* nutritional state
nutritionist Diätetiker *m*, Ernährungsspezialist *m*
nutritious *s.* nutritive
nutritive nutritiv, nahrhaft, (er)nährend
nutritive canal *s.* nutrient canal
nutritive equilibrium Ernährungsgleichgewicht *n*
nutritory *s.* nutritive
nutriture Ernährungszustand *m (des Körpers)*
nutrix Amme *f*, Saugamme *f*
nyctalbuminuria *s.* noctalbuminuria
nyctalgia Nyktalgie *f*, Neuralgia *f* nocturna, Nachtschmerz *m*
nyctalope Nachtblinde(r) *m*
nyctalopia Nyktalopie *f*, Tagblindheit *f*, Dämmerungssichtigkeit *f*; *(fälschlich)* Nachtblindheit *f*
nyctalopia with congenital myopia Nyktalopie *f* mit kongenitaler Myopie
nyctamblyopia Nyktamblyopie *f*, Dämmerungsblindheit *f*
nyctanopia *s.* nyctalopia
nyctaphonia Nyktaphonie *f*, Stimmlosigkeit *f* in der Nacht
nycterine nachts (auftretend), während der Nacht erfolgend; nächtlich; Nacht...
nycterohemeral *s.* nyctohemeral
nyctohemeral nyktohemeral; Tag- und Nacht-...
nyctophilia Nyktophilie *f*, Vorliebe *f* für die Nacht [Dunkelheit]
nyctophobia Nyktophobie *f*, Nachtangst *f*, Pavor *m* nocturnus, Angst *f* vor Dunkelheit
nyctophonia Nyktophonie *f*, Stimmlosigkeit *f* am Tage
nyctotyphlosis *s.* nyctalopia
nycturia Nykturie *f*, nächtliches Wasserlassen *n*
nygmatomania Nygmatomanie *f (krankhaftes Selbst-Stechen mit einer Nadel)*
nylidrin Nylidrin *n (Vasodilatator)*
nylidrin hydrochloride Nylidrinhydrochlorid *n*
nympha Nymphe *f*, Labium *n* minus, kleine Schamlippe *f*
nymphal die kleinen Schamlippen betreffend; Nymphen...
nymphectomy Nymphektomie *f*, Exzision *f* der kleinen Schamlippen
nymphitis Nymphitis *f*, Entzündung *f* der kleinen Schamlippen
nymphocaruncular nymphokarunkulär
nymphohymenal nymphohymenal
nymphomania Nymphomanie *f*, Mannstollheit *f*, Ovariomanie *f*, Östromanie *f*
nymphomaniac nymphoman(isch), mannstoll
nymphomaniac Nymphomanin *f*, Mannstolle *f*, mannstolle Frau *f*
nymphomaniacal nymphoman(isch), mannstoll
nymphoncus Nymphonkus *m*, Anschwellung *f* der kleinen Schamlippen
nymphotomy Nymphotomie *f*, Inzision *f* der kleinen Schamlippen
Nyssen-van Bogaert syndrome Nyssen-van Bogaert-Syndrom *n*, metachormatische leukodystrophie *f (autosomal-rezessive Heredoataxie infolge beidseitiger Dentatus-Optikus-Kochlearis-Atrophie)*
nystagmic nystaktisch, nystagmisch; Nystagmus...
nystagmiform nystagmiform, nystagmusartig, nystagmusähnlich
nystagmogram Nystagmogramm *n*, Nystagmuskurve *f*
nystagmograph Nystagmograph *m*, Nystagmusschreiber *m (zur Aufzeichnung des Augenzitterns)*
nystagmography Nystagmographie *f*, Nystagmusschreibung *f*, Nystagmusaufzeichnung *f*
nystagmoid *s.* nystagmiform
nystagmus Nystagmus *m*, Augenzittern *n*, Augapfelzittern *n*
nystagmus beat Nystagmusschlag *m*
nystagmus direction Nystagmusrichtung *f*
nystagmus goggles Nystagmusbrille *f*
nystagmus intensity Nystagmusintensität *f*
nystagmus-myoclonus Nystagmusmyoklonus *m*
nystagmus recording *s.* nystagmography
nystatin Nystatin *n (Antibiotikum)*
nystaxis *s.* nystagmus
nyxis Punktion *f*, Parazentese *f*

O

o. *s.* 1. oculus; 2. occiput
O agglutination O-Agglutination *f*
O agglutinin O-Agglutinin *n*
O antigen O-Antigen *n*, O-Ag *n*, Körperantigen *n (thermostabiles Antigen des Bakterienkörpers)*
oaric *s.* ovarian
oarium *s.* ovary
oasthouse urine disease *(Metab)* Methioninmalabsorptionssyndrom *n*

oat-cell carcinoma Oatcell-Karzinom *n*, Haferzellkarzinom *n*, kleinzelliges Karzinom *n (bösartigste Form des Bronchialkarzinoms)*
oath of Hippokrates Eid *m* des Hippokrates
oatmeal bath *(Derm)* Hafermehlbad *n*
O.B. *s.* obstetrics
obcecation inkomplette Blindheit *f*
obdormition Obdormition *f*, Eingeschlafensein *n*, Erstarrung *f*, Unempfindlichkeit *f*, Taubheitsgefühl *n (z. B. von Gliedmaßen)*
obducent bedeckend, als Hülle dienend, überziehend, als Überzug benutzt; Überzugs...; Deck...; Deckungs...
obduction Obduktion *f*, Leichen(er)öffnung *f*, Sektion *f*, Autopsie *f*, Leichenschau *f*
obeliac Obelion...
obeliad zum Obelion hin (gerichtet)
obelion Obelion *n (anthropologischer Messpunkt)*
Ober and Barr procedure Ober-Barr-Verfahren *n (Verlagerung des Musculus brachioradialis)*
Ober procedure Ober'sches Verfahren *n (Verlagerung der hinteren Tibialissehne)*
Ober's operation mediale subtalare Syndesmotomie *f*
Ober's sign Ober'sches Zeichen *n*
Ober's test Ober'scher Test *m*
obese fettleibig, fett(süchtig), adipös, korpulent, beleibt
obeseness *s.* obesity
obesity Obesität *f*, Fettleibigkeit *f*, Fettsucht *f*, Adipositas *f*, Korpulenz *f*, Beleibtheit *f*
obesity diet Reduktionsdiät *f*, Abmagerungskost *f*, Entschlackungsdiät *f*
obesogenous dickmachend, fettansetzend, Übergewichtigkeit [Fettsucht] bewirkend
obex Obex *m(f)*, Riegel *m*
obfuscation (geistige) Verwirrung *f*, (geistige) Verschleierung *f*
obidoxime chloride Obidoximchlorid *n*
object blindness visuelle Agnosie *f*
object choice *(Neur)* Objektwahl *f*
object content of consciousness Bewusstseinsinhalt *m*
object libido *(Neur)* Objektlibido *f*
object loss *(Neur)* Objektverlust *m*
object permanence *(Neur)* Objektpermanenz *f*
object relation *(Psych)* zwischenmenschliche emotionale Bindung *f*, (emotionale) Bindungsfähigkeit *f*, Objektbeziehung *f*
object relationship *(Neur)* Objektbeziehung *f*, Gegenstandsreaktion *f*
objective objektiv, unvoreingenommen
objective Objektiv *n (Mikroskopie)*
objective audiometry objektive Audiometrie *f* [Hörprüfung *f*]
objective data collection objektive Datensammlung *f*
objective lens Objektivlinse *f*
objective of thinking *(Neur)* Denkziel *n*
objective psychology objektive Psychologie *f*
objective sign objektives Zeichen *n*
objective stage *(Lab)* Objektträger *m*
objective symptom objektives Symptom *n*
objective tinnitus *(HNO)* objektives Geräusch *n*, Pseudotinnitus *m*
objective vertigo *(HNO)* objektive Vertigo *f*, objektiver Schwindel *m*, objektives Schwindelgefühl *n*
oblate abgeplattet, abgeflacht *(an den Polen)*
oblativity *(Neur)* Oblativität *f (Unfähigkeit, die Bindung zur Mutter zu lösen)*
obligate obligat, notwendig, nicht fakultativ
obligate aerobe obligatorischer Aerobier *m*, absolut von Sauerstoff abhängiger Mikroorganismus *m*
obligate anaerobe obligatorischer Anaerobier *m*, absolut von Sauerstoff unabhängiger Mikroorganismus *m*
obligate parasite obligatorischer Parasit *m*
obligately aerobic obligat aerob, absolut von Sauerstoff abhängig
obligately anaerobic obligat anaerob, absolut von Sauerstoff unabhängig
obligatory water loss obligatorischer Wasserverlust *m*
oblique 1. schief, schräg verlaufend; 2. zu einem Schrägmuskel gehörend
oblique arytenoid muscle Musculus *m* arytenoideus obliquus, schräger Kehlkopfmuskel *m*
oblique astigmatism *(Ophth)* schräger Astigmatismus *m*
oblique auricular muscle Musculus *m* obliquus auriculae
oblique bandage *(Chir)* Schrägverband *m*
oblique diameter of the pelvis inlet *(Anat, Gyn)* Diameter *f* obliqua, schräger Beckeneingangsdurchmesser *m*
oblique facial cleft schräge Gesichtsspalte *f (embryonale Spaltbildung)*
oblique fibre *(Stom)* Schrägfaser *f (im Periodontium)*
oblique fissure (of the lung) Fissura *f* obliqua pulmonis
oblique fracture *(Chir)* Schrägfraktur *f*, Schrägbruch *m*
oblique head of the adductor hallucis muscle Caput *n* obliquum musculi adductoris hallucis
oblique head of the adductor pollicis muscle Caput *n* obliquum musculi adductoris pollicis
oblique hernia *s.* indirect hernia
oblique illumination Schrägillumination *f (z. B. bei Mikroskopie)*
oblique incision Schrägschnitt *m*, schräge Inzision *f*
oblique inguinal incision Leistenschräginzision *f*, schräger Leistenschnitt *m*
oblique line of the fibula Crista *f* medialis fibulae
oblique line of the mandible Linea *f* obliqua mandibulae
oblique line of the thyroid cartilage Linea *f* obliqua cartilaginis thyreoideae *(am Schildknorpel)*
oblique muscle Musculus *m* obliquus, Schrägmuskel *m*
oblique muscle-splitting incision of McBurney Unterbauchwechselschnitt *m*
oblique popliteal ligament Ligamentum *n* popliteum obliquum
oblique presentation *(Gyn)* Schräglage *f*
oblique ridge Linea *f* trapezoidea *(am Schlüsselbein)*
oblique sinus of the pericardium Sinus *m* obliquus pericardii
oblique vein of Marshall [the left atrium] Vena *f* obliqua atrii sinistri
obliquely contracted pelvis *(Anat, Gyn)* schräg verengtes Becken *n*
obliquimeter Neigungsmesser *m (Beckenneigung)*
obliquity Obliquität *f*, Neigung *f*, Schrägstellung *f*
obliquity of the pelvis *(Anat, Gyn)* Beckenneigung *f*, Beckeninklination *f*, Inclinatio *f* pelvis
obliquus *s.* oblique
obliquus reflex *(Anat, Physiol)* Obliquusreflex *m*, Leistenreflex *m*
obliterant arteriosclerosis Arteriosclerosis *f* obliterans
obliterate *v* 1. obliterieren, verwachsen, verkleben *(z. B. Hohlräume)*; veröden *(z. B. Gefäße)*; 2. obliterieren, verschmelzen *(z. B. I. und II. Herzton)*
obliterated/become *v* obliterieren, verstopfen
obliterating bronchiolitis Bronchiolitis *f* obliterans
obliterating endarteritis Endarteriitis *f* obliterans *(Gefäßverschlusskrankheit)*
obliterating pericarditis Pericarditis *f* obliterans
obliteration 1. Obliteration *f*, Verwachsung *f*, Verklebung *f (z. B. von Hohlräumen)*; Verödung *f (z. B. von Gefäßen)*; 2. *s.* extirpation; 3. Gedächtnislücke *f*, Auslöschung *f* eines Ereignisses

obliterative obliterierend, verwachsend; verödend
obliterative appendicitis Appendicitis *f* obliterans
obliterative phlebitis obliterative Phlebitis *f*, Phlebitis *f* adhaesiva
oblongata Medulla *f* oblongata, verlängertes Rückenmark *n*
oblongatal Medulla-oblongata-...
obnubilation Dämmerzustand *m*, Benommenheit *f*, Ohnmacht *f*, Bewusstseinstrübung *f*, Somnolenz *f*
obscuration Verschattung *f*
obscure 1. obskur, unbekannt *(z. B. eine Krankheit)*; 2. schwach *(z. B. der Pulsschlag)*
observation hip Hüftbeschwerden *fpl*, Hüftgelenkbeschwerden *fpl*; auffällige Hüfte *f*, Beobachtungshüfte *f*
observation of the patient Patientenbeobachtung *f*
obsession *(Neur)* Obsession *f*, Verfolgungswahn *m*; Zwangsvorstellung *f*, Zwang *m*, Besessenheit *f*
obsession by a delusion zwanghafte Selbsttäuschung *f*, Zwangswahn *m*, zwanghafter Wahn *m*
obsessional obsessiv, besessen, einer Zwangsvorstellung unterliegend
obsessional act *(Neur)* Zwangshandlung *f*
obsessional depression anankastische Depression *f*
obsessional doubt *(Neur)* zwanghaftes Zweifeln *n*, Zweifelsucht *f*
obsessional idea *(Neur)* Zwangsvorstellung *f*
obsessional illness *(Neur)* Zwangskrankheit *f*
obsessional ritual *(Neur)* Zwangszeremoniell *n*
obsessive obsessiv, besessen, einer Zwangsvorstellung unterliegend
obsessive-compulsive obsessiv-kompulsiv, zwanghaft; Zwangs...
obsessive-compulsive disorder *(Neur)* obsessiv-kompulsive Störung *f*, Zwangssyndrom *n*
obsessive-compulsive neurosis *(Neur)* Zwangsneurose *f*
obsessive-compulsive psychoneurosis *(Neur)* Zwangsneurose *f*
obsessive-compulsive reaction *(Neur)* obsessiv-kompulsive Reaktion *f*, Zwangsneurose *f*
obsessive doubt *(Neur)* Kontrollzwang *m*
obsessive dread of darkness *s.* nyctophobia
obsessive dread of death *s.* thanatophobia
obsessive fear of cancer *s.* cancerophobia
obsessive fear of close spaces *s.* claustrophobia
obsessive fear of pain *s.* algophobia
obsessive fear of woman *s.* gynaecophobia
obsessive laughter *(Neur)* Zwangslachen *n*
obsessive neurasthenia *s.* psychasthenia
obsessive neurosis Zwangsneurose *f*
obsessive neurotic Zwangsneurotiker *m*, Anankast *m*, anankastischer Psychopath *m*
obsessive rumination *(Neur)* Zwangsrumination *f*
obsessive syndrome Zwangssyndrom *n*
obsessive thougt *(Neur)* Zwangsgedanken *mpl*
obsessive urge to start fires *s.* pyromania
obsessive urge to steal *s.* kleptomania
obsolescence Funktionsverlust *m*, Nutzlosigkeit *f*, Nutzloswerden *n*
obsolete therapy obsolete [veraltete] Therapie *f*, ungebräuchliche Behandlung(sweise) *f*
obstetric 1. geburtshilflich; Geburtshilfe...; 2. Geburts..., Entbindungs... *(siehe auch unter: obstetrical)*
obstetric *s.* obstetric suite
obstetric anaesthesia geburtshilfliche Anästhesie *f* [Narkose *f*]; geburtshilfliches Narkoseverfahren *n*
obstetric department Geburtsabteilung *f*, Entbindungsstation *f*
obstetric forceps geburtshilfliche Zange *f*
obstetric position geburtshilfliche Stellung *f* [Position *f*]
obstetric suite Geburtsabteilung *f*
obstetric ward Entbindungsstation *f*
obstetrical 1. geburtshilflich; Geburtshilfe...; Geburtshelfer...; 2. Geburts..., Entbindungs... *(siehe auch unter: obstetric)*
obstetrical canal Geburtskanal *m*, Gebärkanal *m*
obstetrical forceps Geburtszange *f*, Forzeps *m(f)*
obstetrical fracture Geburtsfraktur *f*
obstetrical history Geburtenanamnese *f*, Geburten *fpl* und Fehlgeburten *fpl (z. B. in Anamnese)*
obstetrical lever Geburtslöffel *m*
obstetrical paralysis Geburtslähmung *f*
obstetrical version geburtshilfliche Wendung *f*, Wendung *f* in der Geburtshilfe
obstetrician Geburtshelfer *m*
obstetrician's hand Geburtshelferhand *f*, Pfötchenstellung *f* der Hand *(Tetaniezeichen)*
obstetrics Obstetrik *f*, Geburtshilfe *f*, Entbindungskunst
• **be engaged in obstetrics** auf dem Gebiet der Geburtshilfe tätig sein, als Geburtshelfer arbeiten
obstinate 1. hartnäckig *(z. B. eine Krankheit)*; 2. refraktär
obstipate *v* obstipieren, konstipieren, verstopfen, zu Stuhlverstopfung führen
obstipation Obstipation *f*, Konstipation *f*, Verstopfung *f*, Stuhlverstopfung *f*
obstruct *v* obstruieren, verstopfen, verlegen; hemmen, hindern
obstruction Obstruktion *f*, Verstopfung *f*, Verlegung *f* *(z. B. des Darms)*
obstruction of the oesophagus Ösophagusobstruktion *f*, Speiseröhrenverlegung *f*
obstructive 1. obstruktiv, verstopfend, verlegend; hemmend; 2. verstopft, verlegt; Obstruktions..., Verschluss...
obstructive airway disease obstruktive Atemwegerkrankung *f*
obstructive anuria Ausscheidungsanurie *f*, Harnstauungsanurie *f*
obstructive atelectasis Obstruktionsatelektase *f*, Resorptionsatelektase *f (entsteht durch Luftaufsaugung in den Alveolen nach Bronchusverstopfung)*
obstructive biliary cirrhosis obstruktive biliäre Zirrhose *f*
obstructive constipation obstruktive Konstipation *f*, alvine Obstruktion *f*
obstructive emphysema obstruktives Emphysem *n*, Obstruktionsemphysem *n*
obstructive glaucoma *(Ophth)* Engwinkelglaukom *n*
obstructive hydrocephalus Obstruktionshydrozephalus *m*, Verschlusshydrozephalus *m*
obstructive ileus Obstruktionsileus *m*, Verschlussileus *m*
obstructive jaundice Okklusionsikterus *m*, Verschlussikterus *m*, Stauungsgelbsucht *f (durch Galleabflussstauung)*
obstructive pulmonary disease obstruktive Lungenerkrankung *f*
obstructive pulmonary overinflation obstruktive Lungenüberblähung *f*, obstruktive Lungenüberdehnung *f*
obstructive sleep apnoea obstruktive Schlafapnoe *f*
obstructive syndrome Obstruktionssyndrom *n*
obstructive uropathy obstruktive Uropathie *f*
obstruent obstruent, verstopfend, verlegend
obstruent (agent) Stopfmittel *n*, verstopfendes Mittel *n*
obtain *v* **patient's consent to the operation** die Operationserlaubnis vom Patienten erhalten
obtund *v* mildern, lindern, (ver)mindern; (Schmerzen) stillen
obtundation Milderung *f*, Linderung *f*, Verminderung *f*, Schmerzstillung *f*
obtundent schmerzlindernd, schmerzstillend

obtundent (agent) schmerzstillendes [schmerzlinderndes] Mittel *n*
obturate *v* obturieren, verstopfen, verlegen, verschließen *(z. B. Hohlräume)*
obturation Obturation *f*, Verstopfung *f*, Verlegung *f*, Verschluss *m (Zusammensetzungen siehe unter: obstructive)*
obturative anuria Ausscheidungsanurie *f*, Harnstauungsanurie *f*
obturative atelectasis Obturationsatelektase *f*, Verschlussatelektase *f*
obturative ileus Verschlussileus *m*
obturative pneumonia Obturationspneumonie *f*
obturator 1. Obturator(muskel) *m*, Schließmuskel *m*, Musculus *m* obturatorius; 2. Obturator *m*, Mandrin *m*, Einlegestab *m (einer Hohlkanüle)*; 3. Obturator *m*, Gaumenverschlussplatte *f*
obturator artery Arteria *f* obturatoria, Hüftbeinlocharterie *f*
obturator canal Canalis *m* obturatorius
obturator crest Crista *f* obturatoria
obturator dislocation Obturatordislokation *f*
obturator externus (muscle) Musculus *m* obturatorius externus, äußerer Hüftlochmuskel *m*
obturator fascia Fascia *f* obturatoria, Obturatorfaszie *f*
obturator foramen Foramen *n* obturatum
obturator groove Sulcus *m* obturatorius
obturator hernia Hernia *f* obturatoria, Obturatorhernie *f*, Beckenhernie *f*
obturator herniotomy Obturatorherniotomie *f*, Obturatorhernienschnitt *m*
obturator internus (muscle) Musculus *m* obturatorius internus, innerer Hüftlochmuskel *m*
obturator line Linea *f* obturatoria, Obturatorlinie *f*
obturator membrane 1. Membrana *f* obturatoria, Obturatormembran *f*; 2. Membrana *f* stapedis
obturator muscle *s.* obturator 1.
obturator nerve Nervus *m* obturatorius
obturator ring *(Anat)* Obturatorring *m*
obturator sign Obturatorzeichen *n (Röntgen)*
obturator vein Vena *f* obturatoria, Hüftbeinlochvene *f*
obtuse 1. stumpf *(z. B. Gefühl)*; 2. dumpf *(Schmerz)*; 3. geistig [intellektuell] träge, begriffsstutzig, langsam verstehend [geistig aufnehmend]
obtusion Obtusion *f*, Abstumpfung *f*, Stumpfwerden *n*, Gefühlsherabminderung *f*
obvious/be *v* augenscheinlich sein *(z. B. eine Diagnose)*
occasional convulsion *(Neur)* Gelegenheitskrampf *m*
occasional drinker *(Neur)* Gelegenheitstrinker *m*
occasional parasite Gelegenheitsparasit *m*; periodischer Parasit *m*
occasional spasm Okkasionskrampf *m*, Gelegenheitskrampf *m (bei Epilepsie)*
occipital okzipital; Okzipital..., Hinterkopf..., Hinterhaupt...
occipital *s.* occipital bone
occipital angle Okzipitalwinkel *m*
occipital arc Okzipitalbogen *m*
occipital artery Arteria *f* occipitalis, Hinterhauptarterie *f*
occipital belly of the epicranius Venter *m* occipitalis musculi occipitofrontalis
occipital bone Os *n* occipitale, Hinterhauptbein *n*
occipital cephalopagus *(Terat)* Cephalopagus *m* [Craniopagus *m*] occipitalis
occipital condyle Condylus *m* occipitalis
occipital condyle syndrome okzipitales Kondylensyndrom *n*
occipital craniopagus *s.* occipital cephalopagus
occipital cross Protuberantia *f* occipitalis interna
occipital emissary vein Vena *f* emissaria occipitalis
occipital foramen Foramen *n* (occipitale) magnum
occipital groove Sulcus *m* arteriae occipitalis
occipital gyri Gyri *mpl* occipitales, Hinterhauptwindungen *fpl*
occipital lobe Lobus *m* occipitalis, Okzipitallappen *m*, Hinterhauptlappen *m*
occipital lobe syndrome Okzipitallappensyndrom *n*
occipital neuralgia Okzipitalneuralgie *f*
occipital pachydermia Pachydermia *f* occipitalis
occipital plane Planum *n* occipitale
occipital plexus Plexus *m* occipitalis, Okzipitalplexus *m*
occipital point Okzipitalpunkt *m*, Hinterhauptpunkt *m*
occipital pole Polus *m* occipitalis, Okzipitalpol *m*, Hinterhauptpol *m*
occipital region Okzipitalregion *f*, Regio *f* occipitalis
occipital sinus Sinus *m* occipitalis, Okzipitalsinus *m*, Hinterhauptblutleiter *m*
occipital squama Squama *f* occipitalis, Hinterhauptschuppe *f*
occipital suture Sutura *f* lambdoidea, Lambdanaht *f*
occipital triangle Okzipitaldreieck *n*, Hinterhauptdreieck *n*
occipital vein Vena *f* occipitalis, Hinterhauptvene *f*
occipitalis Venter *m* occipitalis musculi occipitofrontalis
occipitalis minor (muscle) *s.* transverse nuchal muscle
occipitalization Okzipitalisation *f*, Verwachsung *f* mit dem Hinterhauptbein *(z. B. des Atlas)*
occipitalize *v* okzipitalisieren, mit dem Hinterhauptbein verschmelzen [verwachsen]
occipitoanterior okzipitoanterior
occipitoanterior position of the foetus *(Gyn)* vordere Hinterhauptslage *f*
occipitoatlantoid *s.* occipitoatloid
occipitoatloid *(Anat)* okzipitoatlantoid; Hinterhaupt(bein)-Atlas-...
occipitoatloid joint Articulatio *f* atlantooccipitalis
occipitoaxial *(Anat)* okzipitoaxial; Hinterhaupt(bein)-Epistropheus-..., Hinterhaupt-Axis-...
occipitoaxial ligament Membrana *f* tectoria
occipitoaxoid *s.* occipitoaxial
occipitobasilar *(Anat)* okzipitobasal; Hinterhaupt(bein)-Schädelbasis-...
occipitobregmatic okzipitobregmatisch; Okziput-Bregma-..., Hinterhaupt-Bregma-...
occipitocalcarine okzipitokalkarin
occipitocervical *(Anat)* okzipitozervikal; Hinterhaupt(-bein)-Hals-...
occipitofacial *(Anat)* okzipitofazial; Hinterhaupt(bein)-Gesicht(s)-...
occipitofrontal *(Anat)* okzipitofrontal; Hinterhaupt(bein)-Stirn-...
occipitofrontal circumference Hinterhaupt-Stirn-Umfang *m*, okzipitofrontaler Umfang *m*
occipitofrontal diameter *(Gyn)* Hinterhaupt-Stirn-Durchmesser *m*, okzipitofrontaler Durchmesser *m*
occipitofrontalis (muscle) Musculus *m* occipitofrontalis
occipitolaevoanterior position (of the foetus) *(Gyn)* linke [l.] vordere Hinterhauptslage *f*
occipitolaevoposterior position (of the foetus) *(Gyn)* linke [l.] hintere Hinterhauptslage *f*
occipitomastoid *(Anat)* okzipitomastoid; Hinterhaupt(-bein)-Warzenfortsatz-...
occipitomastoid suture *(Anat)* Sutura *f* occipitomastoidea, Hinterhauptbein-Warzenfortsatz-Naht *f*
occipitomental *(Anat)* okzipitomental; Hinterhaupt(bein)-Kinn-...
occipitomental diameter *(Gyn)* Hinterhaupt-Kinn-Durchmesser *m*, okzipitomentaler Durchmesser *m*
occipitoparietal *(Anat)* okzipitoparietal; Hinterhaupt(bein)-Scheitelbein-...

occipitoparietal suture *(Anat)* Sutura *f* occipitoparietalis, Hinterhauptbein-Scheitelbein-Naht *f*
occipitopontine *(Anat)* okzipitopontin; Okzipitallappen-Brücken...
occipitopontine tract *(Anat)* Tractus *m* occipitopontinus
occipitoposterior okzipitoposterior
occipitoposterior position of the foetus *(Gyn)* hintere Hinterhauptslage *f*
occipitotemporal *(Anat)* okzipitotemporal; Hinterhauptbein-Schläfenbein-...; Hinterhaupt-Schläfenlappen-...
occipitotemporal gyrus *(Anat)* Gyrus *m* occipitotemporalis
occipitothalamic okzipitothalamisch; Hinterhauptlappen-Thalamus-...
occipitothalamic fasciculus Fasciculus *m* occipitothalamicus
occipitothalamic radiation Radiatio *f* occipitothalamica
occiput Okziput *n*, Occiput *n*, Hinterhaupt *n*, Hinterkopf *m*
occiput anterior position *(Gyn)* vorderer hoher Geradstand *m*, Positio *f* occipitalis pubica
occiput posterior position *(Gyn)* hinterer hoher Geradstand *m*, Positio *f* occipitalis sacralis
occlude *v* 1. okkludieren, (ab)schließen, versperren; hemmen; 2. einschließen, umgeben *(z. B. mit einer Hülle)*
occluder 1. *(Ophth)* Schielverband *m*, Schielkapsel *f*; 2. *(Stom)* Okkluder *m*
occluding ligature Okklusionsligatur *f*
occlusal 1. okklusal, verschließend; Okklusions..., Verschluss..., Schluss...; 2. *(Stom)* okklusal, okklusiv, den Kauflächenschluss betreffend; Okklusions...; die Kauflächen der Molarzähne betreffend
occlusal adjustment *(Stom)* okklusales Einschleifen *n*; Schaffung *f* des Artikulationsausgleichs
occlusal contouring *(Stom)* okklusive Konturierung *f*
occlusal form *(Stom)* Bissform *f*, Okklusionsmuster *n*, Okklusalstruktur *f*
occlusal harmony *(Stom)* okklusive Harmonie *f*, Okklusionsharmonie *f*
occlusal interference Okklusionsstörung *f*, Beeinträchtigung *f* der Okklusion
occlusal lug *(Stom)* Okklusionsriegel *m*, Okklusalriegel *m*
occlusal plane Okklusionsebene *f*
occlusal radiograph *(Stom)* Bissröntgenaufnahme *f*, Aufbissröntgenaufnahme *f*
occlusal recontouring *(Stom)* okklusive Rekonturierung *f*
occlusal rehabilitation *(Stom)* Fehlbissrehabilitation *f*, Fehlbisskorrektur *f*
occlusal relationship *(Stom)* Okklusionsbeziehung *f*, okklusale Beziehung *f*
occlusal rest *(Stom)* okklusale Auflage *f*
occlusal rest angle *(Stom)* okklusaler Auflagewinkel *m*
occlusal spillway *(Stom)* okklusive Furche *f*, Okklusionsfurche *f*
occlusal surface okklusale Oberfläche *f*, Okklusionsfläche *f*, Bissfläche *f*, Kaufläche *f*, Mastikationsfläche *f*
occlusal surface of the tooth *(Stom)* Okklusionsfläche *f*, Facies *f* occlusalis dentis
occlusal trauma okklusales Trauma *n*, Okklusionstrauma *n*, Okklusionsverletzung *f*
occlusion 1. Okklusion *f*, Verschluss *m*, Verschließung *f*; 2. *(Stom)* Okklusion *f*, Gebissschluss *m*, (normale) Schlussbissstellung *f (der Zähne)*
occlusion arteriography Okklusionsarteriographie *f*
occlusion disharmony [dystrophy] Okklusionsstörung *f*, Gebissschlussstörung *f*
occlusion force *(Stom)* Okklusionskraft *f*, Gebissschlusskraft *f*
occlusion nystagmus *(Ophth)* Okklusionsnystagmus *m*, latenter Nystagmus *m*
occlusion of the aortic bifurcation Aortenbifurkationsokklusion *f*, Leriche-Syndrom *n*
occlusion rim *(Stom)* Okklusionsblock *m*, erhöhte Aufbissfläche *f*, Aufbissblock *m*, Bissblock *m*
occlusion trauma Okklusionstrauma *n*
occlusive okklusiv, verschließend; Verschluss...
occlusive arterial disease arterielle Verschlusskrankheit *f*, Arterienverschlusskrankheit *f*
occlusive bandage 1. Okklusivverband *m*, luftdichter [hermetischer] Verband *m*; 2. Okklusionsverband *m*
occlusive coronary artery disease Koronar(arterien)-verschlusskrankheit *f*, koronare Verschlusskrankheit *f*
occlusive dressing Okklusivverband *m*, luftdichter [hermetischer] Verband *m*
occlusive ileus Okklusionsileus *m*
occlusive pessary *(Gyn)* Okklusivpessar *n*
occlusocervical *(Stom)* okklusozervikal, zur Okklusionsfläche und zum Zahnhals gehörend
occlusometer Gnathodynamometer *n*, Kaukraftmesser *m*
occlusorehabilitation *s.* occlusive rehabilitation
occult 1. okkult, verborgen, nicht manifest; 2. okkult, nicht sichtbar *(z. B. eine Blutung)*
occult bifid spine Spina *f* bifida occulta
occult blood okkultes Blut *n (z. B. im Stuhl)*
occult blood test *(Lab)* Probe *f* auf okkultes Blut
occult carcinoma okkultes [latentes] Karzinom *n*
occult ectopic ACTH syndrome okkultes ektopisches ACTH-Syndrom *n*
occult fracture okkulte Fraktur *f*
occult hydrocephalia *s.* low-pressure hydrocephalia
occult menstruation verborgene Menstruation *f*
occultism *(Neur)* Okkultismus *m*
occupancy Belegung *f*, Krankenhausbelegung *f*, Belegungsdichte *f*
occupancy factor *(Rad)* Belegungsfaktor *m*; Belegungsgrad *m* außerhalb eines Strahlungsraumes
occupational accident Arbeitsunfall *m*, Berufsunfall *m*
occupational acne *(Arb, Derm)* Berufsakne *f*
occupational asthma Berufsasthma *n*, berufsbedingtes Asthma *n*
occupational deafness Berufstaubheit *f*, berufsbedingte Lärmschwerhörigkeit *f*
occupational delirium *(Neur)* Beschäftigungsdelir(ium) *n*
occupational dermatosis *(Arb)* Berufsdermatitis *f*, berufsbedingte Dermatose *f*
occupational disability Berufsunfähigkeit *f*
occupational disease *(Arb)* Berufskrankheit *f*, Berufserkrankung *f*
occupational eczema *(Arb, Derm)* Berufsekzem *n*
occupational health berufliche Gesundheit *f*, Berufsgesundheit *f*
occupational history Berufsnamnese *f*
occupational injury Arbeitsunfall *m*
occupational lung disease berufsbedingte Lungenerkrankung *f*
occupational medicine Arbeitsmedizin *f*
occupational myopia *(Arb, Ophth)* Berufsmyopie *f*
occupational neurosis *(Neur, Psych)* Beschäftigungsneurose *f*, Arbeitsneurose *f*, Berufsneurose *f*
occupational nystagmus *(Arb, Ophth)* Berufsnystagmus *m*, Ermüdungsnystagmus *m*
occupational paralysis *(Arb, Neur)* Berufsparalyse *f*
occupational physician Arbeitsmediziner *m*, Arzt *m* [Facharzt *m*] für Arbeitsmedizin
occupational platypodia *(Arb, Orth)* Berufsplatypodie *f*
occupational problem *(Neur)* Problem *n* im Beruf
occupational psychology Arbeitspsychologie *f*

occupational scoliosis *(Arb, Orth)* Berufsskoliose *f*
occupational socialization berufliche Sozialisation *f*
occupational spasm *(Arb, Neur)* Berufsspasmus *m*, Ermüdungskrampf *m*
occupational stress berufsbedingter [beruflicher] Stress *m*
occupational therapist Beschäftigungstherapeut *m*
occupational therapy *(Psych)* Arbeitstherapie *f*, Beschäftigungstherapie *f*
occupational therapy assistant Beschäftigungstherapieassistent *m*
occupational therapy program Beschäftigungstherapieprogramm *n*
occupational tumour *(Arb, Onk)* Berufstumor *m*, Berufsgeschwulst *f*
occurrence of pain Schmerzereignis *n*
ochratoxicosis Ochratoxikose *f*, Ochratoxinvergiftung *f* *(z. B. durch Toxin von Aspergillus ochraceus)*
ochratoxin Ochratoxin *n*
ochrodermatosis Ochrodermatose *f*, Hautgelbfärbung *f*
ochrodermia Ochrodermie *f*, gelbe Haut *f*
ochrometer Ochrometer *n*
ochronosis Ochronose *f* *(Schwarzfärbung der Knorpel und des straffen Bindegewebes)*
ochronotic Ochronose…
ochropyra *s.* yellow fever
Ochsner's clamp Ochsner-Klemme *f*
Ochsner's method Ochsner'sche Methode *f*
Ochsner's muscle Ochsner'scher Muskel *m*
Ochsner's ring Ochsner'scher Ring *m*
ocnophile *(Neur)* Oknophile(r) *m* *(Persönlichkeitstyp)*
ocrylate Okrylat *n*, Octyl-2-cyanoacrylate *n* *(Gewebekleber)*
octadecanoic acid Oktadekansäure *f*
octamethyl pyrophosphoramide Octamethylpyrophosphoramid *n*, OMPA, Schradan *n*
octamylamine Octamylamin *n*, N-Isopentyl-1,5-dimethylhexylamin *n*
octan jeden achten Tag auftretend
octanedioic acid Oktandiosäure *f*, Korksäure *f*
octanoate Oktanoat *n*, Caprylat *n*
octanoic acid Oktansäure *f*, Caprylsäure *f*, n-Kaprylsäure *f*
octanoyl-CoA synthetase Octanoyl-CoA-Synthetase *f* *(Enzym)*
octapeptide Oktapeptid *n*
octaploidic oktaploid, mit achtfachem Chromsomensatz
octaploidy Oktaploidie *f*, oktaploider Zustand *m*; achtfacher Chromosomensatz *m*
octapressin Oktapressin *n*
octavalent oktavalent, achtwertig
octigravida Oktagravida *f*, Gravida *f* VIII, zum achten Mal schwangere Frau *f*
octipara Oktipara *f*, Para *f* VIII, Achtgebärende *f*, Frau *f* mit acht Geburten
octocrylene Octocrylen *n*
octogenarian achtzigjährig
octogenarian Achtzigjährige(r) *m*; Achtzigjährige *f*, Achtzigerin *f*
octopamine Octopamin *n*, Norsympatol *n*, Norsynephrin *n*
octose Octose *f* *(Monosaccharid)*
octreotide Octreotid *n*
octulosonic acid Octulosonsäure *f*
octyl gallate Octylgallat *n* *(Antioxidans)*
octyl salicylate Octylsalicylat *n*
octylphenoxy polyethoxyethanol Octylphenoxy-polyethoxyethanol *n*
ocufilcon Okufilcon *n* *(Kontaktlinsenmaterial)*
ocular Okular *n* *(Mikroskopie)*
ocular okular; Okular…, Augen… *(siehe auch unter: eye)*
ocular adnexa Adnexa *f* oculi, Augenanhangsgebilde *npl*
ocular bacterial infection bakterielle Augeninfektion *f*
ocular convergence Augenkonvergenz *f*
ocular crisis okulare Krise *f*, Augenkrise *f*
ocular diphtheria Augendiphtherie *f*, Conjunctivitis *f* diphtherica [pseudomembranosa]
ocular discharge Augensekretion *f*, Augensekret *n*
ocular discomfort Augenbeeinträchtigung *f*, Augenstörung *f*, Augenbeschwerden *pl*
ocular disorder *s.* ocular discomfort
ocular dominance Augendominanz *f*
ocular dysmetria okuläre Dysmetrie *f*
ocular fissure Augenlidspalt *m*, Lidspalte *f*
ocular fundus Fundus *m* oculi, Augenfundus *m*, Augen(hinter)grund *m*
ocular globe Globus *m* oculi, Augapfel *m*
ocular herpes (simplex) Herpes *m* simplex oculi, Augenherpes *m*
ocular humour Augen(kammer)wasser *n*
ocular hypertelorism Hypertelorismus *m*, Augenwinkelabstandsvergrößerung *f*, orbitaler Hypertelorismus *m*
ocular hypertension Augenhypertension *f*, Augendruckerhöhung *f*, erhöhter Augendruck *m*
ocular hypotelorism Hypotelorismus *m*, Augenwinkelabstandsverringerung *f*, orbitaler Hypotelorismus *m*
ocular image Okularbild *n*, Netzhautbild *n*
ocular injection Augeninjektion *f*, Augengefäßblutfülle *f*
ocular leishmaniasis Augenleishmaniase *f*
ocular melanocytosis Augenmelanozytose *f*, Melanosis *f* oculi
ocular membrane Augenmembran *f*
ocular migraine Augenmigräne *f*, Flimmerskotom *n* *(flimmernde Lichtempfindungen mit Kopfschmerzen bei Gefäßspasmen des Auges oder des Gehirns)*
ocular motor nucleus Okulomotorius(ursprungs)kern *m*, Nucleus *m* originis nervi oculomotorii
ocular muscle Augenmuskel *m*, Musculus *m* oculi
ocular myiasis *s.* ophthalmomyiasis
ocular myopathy Augenmuskelerkrankung *f*
ocular nystagmus Okularnystagmus *m*, Augennystagmus *m*
ocular onchocerciasis Augenonchocerciasis *f*, Flussblindheit *f*
ocular palsy *s.* ocular paralysis
ocular paralysis Augenparalyse *f*, Augen(muskel)lähmung *f*
ocular pathology Augenpathologie *f*
ocular pemphigus Augenpemphigus *m*
ocular perforating injury perforierende Augenverletzung *f*
ocular phthisis *s.* ophthalmophthisis
ocular pigmentary disturbance Augenpigmentstörung *f*
ocular pressure Augendruck *m*
ocular prosthesis Prothesis *f* ocularis, künstliches Auge *n*, Glasauge *n*
ocular refraction Augenrefraktion *f*
ocular skew deviation Augenschielstellung *f*
ocular symptom Augensymptom *n*
ocular syphilis Augensyphilis *f*
ocular tension Augendruck *m*
ocular vaccinia Augenpocken *pl*
ocular vertigo Vertigo *f* ocularis, okulare Vertigo *f*, Augenschwindel *m*
ocular zoster Herpes *m* zoster oculi, Augenzoster *m*
oculenta *pl s.* oculentum
oculentum Okulentum *n*, Augensalbe *f*
oculi *pl s.* oculus
oculist Augenarzt *m*, Ophthalmologe *m*, Facharzt *m* für Augenheilkunde *f*, Arzt *m* für Ophthalmologie

oculistics Augenheilkunde *f*, Ophthalmologie *f*
oculoauriculovertebral okuloaurikulovertebral; Augen-Ohren-Wirbelsäule(n)-...
oculobubonic tularaemia okuloglanduläre Tularämie(form) *f*
oculocardiac okulokardial; Augen-Herz-...
oculocardiac reflex okulokardialer Reflex *m*, Bulbus(druck)reflex *m*, Bulbus-Druckversuch *m (Absinken der Herzfrequenz durch Druck auf die Augäpfel)*
oculocephalic reflex okulozephaler Reflex *m*
oculocephalogyric okulozephalogyr
oculocerebral okulozerebral; Augen-Gehirn-...
oculocerebral syndrome okulozerebrales Syndrom *n*
oculocerebrorenal okulozerebrorenal; Augen-Gehirn-Nieren-...
oculocerebrorenal syndrome okulozerebrorenales Syndrom *n*, Lowe-Syndrom *n*
oculocutaneous okulokutan; Augen-Haut-...
oculodentodigital Augen-Zahn-Finger-...
oculodermal okulodermal; Augen-Haut-...
oculodynia Okulodynie *f*, Augenschmerz *m*, Ophthalmalgie *f*
oculofacial okulofazial; Augen-Gesicht(s)...
oculogastric okulogastrisch; Augen-Magen-...
oculoglandular okuloglandulär; Augen-Lymphknoten-...
oculoglandular syndrome okuloglanduläres Syndrom *n*
oculography Okulographie *f*
oculogyral *s.* oculogyric
oculogyration Augendrehung *f*, Augendrehbewegung *f*
oculogyria Okulogyrie *f*
oculogyric okulogyr, augendrehend, augenbewegend
oculogyric crisis (with obsessive thoughts) Denkschaukrämpfe *mpl*
oculomandibulodyscephaly Dyscephalia *f* mandibulo-oculofacialis
oculometroscope *(Ophth)* Okulometroskop *n*
oculomotor 1. Okulomotorius...; 2. okulomotorisch; Augenbewegungs...; Augenmuskel...
oculomotor nerve Nervus *m* oculomotorius, Okulomotorius *m*, III. Hirnnerv *m*
oculomotor nucleus Nucleus *m* nervi oculomotorii *(Ursprungskern des III. Hirnnervs im Mittelhirn)*
oculomotor palsy [paralysis] 1. Okulomotoriuslähmung *f*, Paralyse *f* [Lähmung *f*] des III. Hirnnervs; 2. Augenmuskellähmung *f*
oculomotor sulcus Sulcus *m* medialis cruris cerebri
oculomotorius *s.* oculomotor nerve
oculomycosis Okulomykose *f*, Augenmykose *f*, Pilzerkrankung *f* [Pilzkrankheit *f*] des Auges
oculonasal okulonasal; Augen-Nasen-...
oculo-otocutaneous okulo-otokutan; Augen-Ohren-Haut-...
oculopalpebral reflex okulopalpebraler Reflex *m*
oculopathic okulopathisch; Augenkrankheits..., Augenleiden...
oculopathy Okulopathie *f*, Augenkrankheit *f*, Augenleiden *n*
oculopharyngeal okulopharyngeal; Augen-Rachen-...
oculopharyngeal reflex okulopharyngealer Reflex *m*
oculoplethysmography Okuloplethysmographie *f*
oculopneumoplethysmography Okulopneumoplethysmographie *f*
oculopupillary okulopupillär; Augenpupillen...
oculopupillary syndrome okulopupilläres Syndrom *n*, Horner'scher Symptomenkomplex *m*
oculoreaction Okuloreaktion *f (Tuberkulosetest)*
oculosensory okulosensorisch
oculospinal okulospinal; Augen-Rückenmark-...
oculosympathetic okulosympathisch, den sympathischen Augennerven betreffend, den Augensympathikusnerven betreffend
oculovertebral okulovertebral, Augen-Wirbel(körper)-...
oculozygomatic okulozygomatisch; Augen-Jochbein-...
oculus Oculus *m*, Auge *n (siehe auch unter: eye und ocular)*
oculus dexter Oculus *m* dexter, rechtes Auge *n*
oculus sinister Oculus *m* sinister, linkes Auge *n*
ocyodinic *s.* oxytocic
ocytocic *s.* oxytocic
O.D. *s.* oculus dexter
odaxesmus 1. brennender Schmerz *m*, Brennen *n*; Beißen *n*; 2. Zungenbiss *m*; 3. Lippenbiss *m*
odaxetic 1. brennend, beißend *(z. B. Schmerzen)*; 2. Zungenbiss...; 3. Lippenbiss...
Oddi's muscle Oddi'scher Muskel *m*, Musculus *m* sphincter ampullae Oddi
Oddi's sphincter *s.* Oddi's muscle
odditis Odditis *f*, Musculus-sphincter-Oddi-Entzündung *f*
odogenesis *s.* neurocladism
odontalgia Odontalgie *f*, Zahnschmerz *m*
odontalgic odontalgisch; Odontalgie..., Zahnschmerz...
odontatrophia Odontatrophie *f*, Zahnatrophie *f*
odontectomy Odontektomie *f*, Zahnextraktion *f*, Zahnziehen *n*, Zähneziehen *n*
odonterism Odonterismus *m*, Zähneklappern *n*
odontexesis Odontexesis *f*, Zahnsteinentfernung *f*, Zahnreinigung *f*
odonthyalus *s.* enamel
odontiasis Dentition *f*, Zahnung *f*, Zahnen *n*, Zahndurchbruch *m*
odontiatria Odontiatrie *f*, Zahnheilkunde *f*
odontiatrogenic durch Zahnbehandlung bedingt, durch eine Zahnbehandlung entstanden; durch den Zahnarzt bewirkt
odontic Zahn...
odontinoid zahnähnlich, zahnartig; zahnförmig
odontitis Odontitis *f*, Zahnentzündung *f*
odontoameloblastoma Odontoameloblastom *n*, ameloblastisches Odontom *n*
odonto-atlantal atlantoaxial; Atlas-Axis-...
odontoblast Odontoblast *m*, Zahnbeinbildner *m*, Zahnbeinbildungszelle *f*
odontoblastic odontoblastisch, zahnbeinbildend
odontoblastic process Odontoblastenfortsatz *m*
odontoblastoma *(Path)* Odontoblastom *n*, Odontoblastentumor *m*, Odontoblastengeschwulst *f*
odontobothrion Odontobothrion *n*, Zahnalveole *f*, Alveolus *m* dentalis
odontobothritis *s.* alvolitis
odontocele Odontozele *f*, Zahnzyste *f*
odontoceramic Keramikzahn...; Zahnkeramik...
odontoclamis Zahnfleischkappe *f*, Zahnfleischdeckel *m*
odontoclasis Odontoclasis *f*, Dentinresorption *f*, Zahnbeinresorption *f*
odontoclast Odontoklast *m*, Zahnwurzelresorptionszelle *f*
odontocnesis Odontoknesis *f*, Zahnfleischjucken *n*
odontodynia *s.* odontalgia
odontodysplasia Odontodysplasie *f*
odontogen Odontogen *n*
odontogenesis 1. Odontogenese *f*, Odontogenie *f*, Dentifikation *f*, Zahnbildung *f*, Zahnentwicklung *f*; 2. Dentinogenese *f*, Dentinbildung *f*, Zahnbeinbildung *f*
odontogenetic 1. Odontogenese...; 2. *s.* odontogenic
odontogenic odontogen, von den Zähnen ausgehend
odontogenic cyst odontogene Zyste *f*
odontogenic fibroma odontogenes Fibrom *n*
odontogenic fibrosarcoma odontogenes Fibrosarkom *n*

odontogenic myxoma odontogenes Myxom *n*
odontogenous *s.* odontogenic
odontogeny *s.* odontogenesis
odontogram Odontogramm *n*, Zahnbild *n*
odontograph Odontograph *m*, Unebenheitsmesser *m*
odontographic odontographisch
odontography Odontographie *f*, beschreibende Zahnkunde *f*, Zahnbeschreibung *f*
odontohyperaesthesia Odontohyperästhesie *f*, Zahnhypersensibilität *f*, Zahnüberempfindlichkeit *f*
odontoiatria *s.* dental therapeutics
odontoid 1. zahnförmig, zahnähnlich; 2. Dens-(axis-)…
odontoid fracture Densfraktur *f*, Densaxis-Fraktur *f*
odontoid ligament 1. Ligamentum *n* alare articulationis atlantoaxialis; 2. Ligamentum *n* apicis dentis, Spitzenband *n*
odontoid process *(Anat)* Dens *m* axis [epistrophei], Drehwirbelzahn *m (Zahnfortsatz am 2. Halswirbel)*
odontoid vertebra Vertebra *f* dentata, Axis *m*, Epistropheus *m*, zweiter Halswirbel *m*
odontolith Odontolith *m*, Zahnstein *m*
odontolithiasis Odontolithiasis *f*, Zahnsteinerkrankung *f*, Zahnsteinleiden *f*
odontologic odontologisch; Odontologie…, Zahnkunde…
odontologist Odontologe *m*, Zahnarzt *m*
odontology Odontologie *f*, Zahnkunde *f*, Gebisskunde *f*, Gebiss- und Zahnheilkunde *f*
odontoloxia *s.* odontoparallaxis
odontoloxy *s.* odontoparallaxis
odontolysis Odontolyse *f*, Zahn(substanz)auflösung *f*
odontoma Odontom *n (gutartige Zahnkeimgeschwulst)*
odontonecrosis Odontonekrose *f*, Zahnnekrose *f*, Zahnzerfall *m*
odontoneuralgia Odontoneuralgie *f*, Zahnneuralgie *f*, Zahnschmerz *m*
odontonomy Zahnnomenklatur *f*, dentale Nomenklatur *f*
odontonosology *s.* dentistry
odontoparallaxis Odontoparallaxe *f*, Odontoloxie *f*, Zahnirregularität *f*, Zahnstellungsabweichung *f*, Gebissmissbildung *f*
odontopathic odontopathisch; Odontopathie…, Zahnkrankheits…
odontopathy Odontopathie *f*, Zahnkrankheit *f*, Zahnerkrankung *f*
odontoperiosteum Periodontium *n*, Zahnwurzelhaut *f*, Wurzelhaut *f* (der Zähne)
odontophobia 1. Odontophobie *f*, Zahnbehandlungsangst *f*; 2. krankhafte Angst *f* vor Zähnen
odontoplasty Odontoplastik *f*, Zahnplastik *f (Implantation von künstlichen Zähnen)*
odontoplerosis Plombierung *f*, Zahnfüllung *f*, Zahneinguss *m*, Kavitätenfüllen *n*
odontoprisis Zähneknirschen *n*, Bruxismus *m*
odontoptosis Zahnverlust *m*
odontoradiograph Zahnröntgenaufnahme *f*, Zahnröntgenbild *n*
odontorrhagia Odontorrhagie *f*, Alveolarblutung *f*, Blutung *f* nach Zahnextraktion
odontorthosis Orthodontie *f*, Orthognathodontie *f*, Kieferorthopädie *f*, Gebissausrichtung *f*
odontoschism Fissura *f* dentis, Zahnspalte *f*, Zahnfissur *f*, Zahnriss *m*
odontoscope Odontoskop *n*, Zahnspiegel *m*; Mundspiegel *m*
odontoscopy Odontoskopie *f*, Zahnspiegelung *f*, Mundspiegelung *f*
odontoseisis Odontoseisis *f*, Zahnlockerung *f*, Losesein *n* der Zähne
odontosis *s.* odontogenesis
odontotheca Odontotheca *f*, Zahnfollikel *m*
odontotherapy Odontotherapie *f*, Zahnbehandlung *f*
odontotomy Odontotomie *f*, Zahntrepanation *f*, Zahneinschneiden *n*, Zahnschnitt *m*
odontotripsis Odontotripsis *f*, Abrasio *f* dentis, Zahnabnutzung *f*
odontotrypy Odontotripie *f*, Zahn(auf)bohren *n*
odor *(Am) s.* odour
odorant riechend, duftend; Geruchs…
odoratism *s.* oseolathyrism
odoriferous *s.* odorant
odorimeter Odorimeter *n*, Geruchsstärkemesser *m*
odorimetry Odorimetrie *f*, Geruchsstärkemessung *f (einer Substanz)*
odoriphore Odoriphor *m*, Osmophor *m*, Geruchsträger *m (einen Geruch tragendes Molekül einer Substanz)*
odorivection Geruchsverbreitung *f*, Geruchsverstreuung *f*, Geruchsabgabe *f*
odorivector Odorivektor *m*, Gerüche abgebende Substanz *f*
odorography Geruchsbeschreibung *f*
odour Odor *m*, Geruch *m*, Duft *m* • **distinguish odours** Gerüche unterscheiden
odour of faeces Stuhlgeruch *m*, Kotgeruch *m*, kotiger Geruch *m*
odourless geruchlos
odorous Geruchs…
odynacousis Odynakusis *f*, schmerzhaftes Hören *n*
odynolysis Schmerzlinderung *f*, Schmerzverminderung *f*
odynometer Odynometer *n*, Schmerzmessungsinstrument *n*
odynometry Odynometrie *f*, Schmerzmessung *f*
odynopean schmerzbereitend, schmerzbewirkend, schmerzeinleitend
odynophagia Odynophagie *f*, Schluckschmerz *m*; schmerzhaftes Schlucken *n*
odynophobia Odynophobie *f*, Furcht *f* vor Schmerzen, Schmerzangst *f*
odynophonia Odynophonie *f*, schmerzhaftes Sprechen *n*
odynuria Odynurie *f*, schmerzhaftes Wasserlassen *n*
oedema Ödem *n*, Wassersucht *f*, Gewebswassersucht *f (siehe auch unter: dropsy und hydrops)*
oedema of the extremities Extremitätenödem *n*, Extremitäten(an)schwellung *f*
oedema of the newborn Oedema *n* [Sclerema *n*] neonatorum, Neugeborenenödem *n*, Neugeborenenwassersucht *f*
oedema of the optic disk [papilla] Papillenödem *n* (des Auges), Stauungspapille *f*
oedema of the Vater's papilla Ödem *n* der Vater'schen Papille
oedematigenous ödembildend, ödemproduzierend
oedematization Ödematisierung *f*, Ödementstehung *f*, Ödembildung *f*
oedematous ödematös, wassersüchtig; Ödem…
oedematous skin Ödemhaut *f*, ödematöse Haut *f*
oedipal mit dem Ödipuskomplex behaftet; Ödipuskomplex…
oedipism Augenselbst(be)schädigung *f*, Augeneigenverletzung *f*
Oedipus complex *(Neur)* Ödipuskomplex *m*
Oehler's symptom Oehler'sches Zeichen *n (Kälte und Blässe der Füße bei Claudicatio intermittens)*
oenanthol Heptanal *n*
oenomania 1. Önomanie *f*, Delirium *n* tremens, Alkoholdelir(ium) *n*; 2. Dipsomanie *f*, Alkoholsucht *f*, Alkoholismus *m*, Trunksucht *f*
oesophagalgia Ösophagalgie *f*, Ösophagusschmerz *m*
oesophageal *(Gastr)* ösophageal; Ösophagus…

oesophageal achalasia Ösophagusachalasie *f*
oesophageal artery Ösophagusarterie *f*, Speiseröhrenschlagader *f*, Arteria *f* oesophagea
oesophageal atresia Ösophagusatresie *f*, Speiseröhrenatresie *f*
oesophageal balloon tube *(Gastr)* Ösophagusballonsonde *f*
oesophageal bleeding Ösophagusblutung *f*
oesophageal bougie *(Chir)* Ösophagusbougie *f*, Schlundbougie *f*
oesophageal burn Ösophagusverbrennung *f*, Speiseröhrenverätzung *f*
oesophageal cancer [carcinoma] Ösophaguskarzinom *n*, Speiseröhrenkrebs *m*
oesophageal catheter Ösophaguskatheter *m*, Speiseröhrenkatheter *m*
oesophageal compression Ösophaguskompression *f*
oesophageal cyst Ösophaguszyste *f*
oesophageal diverticulum Ösophagusdivertikel *n*, Speiseröhrendivertikel *n*
oesophageal electrocardiography Ösophaguselektrokardiographie *f*, transösophageale EKG-Aufzeichnung *f*, TEE
oesophageal endoprosthesis *(Chir)* Ösophagusendoprothese *f*, Speiseröhrenendothese *f*
oesophageal fistula Ösophagusfistel *f*, Speiseröhrenfistel *f*
oesophageal foramen *s.* oesophageal hiatus
oesophageal forceps Ösophaguszange *f*
oesophageal haemorrhage Ösophagusblutung *f*
oesophageal haemostatic tube Ösophagus-Hämorrhagie-Tamponadesonde *f*
oesophageal hiatus Ösophagushiatus *m*, Hiatus *m* oesophageus *(Zwerchfelllücke)*
oesophageal hiatus hernia Ösophagushiatushernie *f*
oesophageal hiatus hernioplasty Ösophagushiatushernienplastik *f*
oesophageal inlet Ösophaguseingang *m*
oesophageal intubation Ösophagussondierung *f*
oesophageal kymography Ösophaguskymographie *f*
oesophageal lead 1. Ösophagusableitung *f (EKG)*; 2. Ösophaguselektrode *f*
oesophageal manometry Ösophagusmanometrie *f*, Speiseröhren(b)innendruckmessung *f*
oesophageal moniliasis Ösophagusmoniliasis *f*, Speiseröhrensoor *m*, Ösophagus-Candidamykose *f*
oesophageal motility Ösophagusmotilität *f*
oesophageal motility disorder Ösophagusmotilitätsstörung *f*
oesophageal orifice of the diaphragm *s.* oesophageal hiatus
oesophageal perforation Ösophagusperforation *f*
oesophageal plexus Speiseröhrennervengeflecht *n*, Plexus *m* oesophageus
oesophageal probing *s.* oesophageal intubation
oesophageal pseudodiverticulosis Ösophaguspseudodivertikulose *f*
oesophageal rupture Ösophagusruptur *f*, Speiseröhrenzerreißung *f*
oesophageal sound Ösophagussonde *f*, Speiseröhrensonde *f*
oesophageal spasm *s.* oesophagospasm
oesophageal stenosis Ösophagusstenose *f*, Speiseröhrenvereng(er)ung *f*
oesophageal stricture Ösophagusstriktur *f*, Speiseröhrenstriktur *f* • **dilate an oesophageal stricture** eine Speiseröhrenstriktur aufdehnen
oesophageal tear Ösophagusriss *m*, Speiseröhrenzerreißung *f*
oesophageal traction diverticulum Ösophagustraktionsdivertikel *n*
oesophageal tube Schlundrohr *n*
oesophageal ulceration Ösophagusulzeration *f*, Speiseröhrengeschwür(s)bildung *f*
oesophageal ultrasonic probe *(Kard)* Ösophagusechosonde *f*
oesophageal varices Ösophagusvarizen *fpl*
oesophageal vein Speiseröhrenvene *f*, Vena *f* oesophagea
oesophagectasia Ösophagektasie *f*, Ösophagusdilatation *f*, Speiseröhrenerweiterung *f*
oesophagectomy Ösophagektomie *f*, Ösophagusexzision *f*, Ösophagusresektion *f*, (operative) Speiseröhrenentfernung *f*
oesophagectopy Speiseröhrenverlagerung *f*, Ösophagusverdrängung *f*
oesophagism *s.* oesophagospasm
oesophagismus *s.* oesophagospasm
oesophagitis Ösophagitis *f*, Speiseröhrenentzündung *f*
oesophagobronchial ösophagobronchial; Speiseröhren-Bronchus-…
oesophagobronchial fistula Ösophagobronchialfistel *f*, Speiseröhren-Bronchus-Fistel *f*
oesophagocardiography Ösophagokardiographie *f*
oesophagocardiomyotomy Ösophagokardiomyotomie *f*
oesophagocardioplasty Ösophagokardioplastik *f*
oesophagocele Ösophagozele *f*, Ösophagushernie *f*
oesophagocologastrostomy Ösophagokologastrostomie *f (Wiederherstellung der Speiseröhren-Magen-Kontinuität durch Koloninterposition)*
oesophagocoloplasty Ösophagokoloplastik *f (Wiederherstellung der Speiseröhrenkontinuität durch Koloninterposition)*
oesophagoduodenostomy Ösophagoduodenostomie *f*, Speiseröhren-Zwölffingerdarm-Anastomose *f*, (operative) Ösophagus-Duodenum-Verbindung *f*
oesophagodynia Ösophagodynie *f*, Speiseröhrenschmerz *m*
oesophagoectasia *s.* oesophagectasia
oesophago-enterostomy Ösophagoenterostomie *f*, Ösophagus-Darm-Anastomose *f*, (operative) Speiseröhren-Darm-Verbindung *f*
oesophagofundopexy Ösophagofundopexie *f (Fixierung des Magenfundus an der Speiseröhre)*
oesophagogastrectomy Ösophagogastrektomie *f*, Ösophagus- und Magenexstirpation *f*, (operative) Speiseröhren- und Magenentfernung *f*
oesophagogastric *(Gastr)* ösophagogastral; Speiseröhren-Magen-…
oesophagogastric junction *s.* cardia
oesophagogastric mucosal laceration Mallory-White-Syndrom *n*, Mallory-Weiß'sches Syndrom *n (oberflächliche Schleimhautblutungen am Ösophagus-Magen-Übergang)*
oesophagogastroanastomosis Ösophagogastroanastomose *f*, Speiseröhren-Magen-Anastomose *f*
oesophagogastroduodenal ösophagogastroduodenal; Speiseröhren-Magen-Duodenum-…
oesophagogastroduodenoscopy Ösophagogastroduodenoskopie *f*, Speiseröhren-Magen-Zwölffingerdarm-Spiegelung *f*
oesophagogastromyotomy Ösophagogastromyotomie *f*
oesophagogastroplasty Ösophagogastroplastik *f*, Speiseröhren- und Magenplastik *f*, (operative) Speiseröhren- und Magenrekonstruktion *f*
oesophagogastroscope Ösophagogastroskop *n*, Speiseröhren- und Magenspiegel *m*
oesophagogastroscopy Ösophagogastroskopie *f*, Speiseröhren- und Magenspiegelung *f*

oesophagogastrostomy Ösophagogastrostomie *f*, Speiseröhren-Magen-Anastomose *f*, (operative) Ösophagus-Magen-Verbindung *f*
oesophagogram Ösophagogramm *n*, Speiseröhrenröntgen(kontrast)bild *n*
oesophagographic ösophagographisch
oesophagography Ösophagographie *f*, Speiseröhrenröntgen(kontrast)darstellung *f*
oesophagojejunogastrostomosis *s.* oesophagojejunogastrostomy
oesophagojejunogastrostomy Ösophagojejunogastrostomie *f (Wiederherstellung der Speiseröhren-Magen-Kontinuität durch Jejuneminterposition)*
oesophagojejunoplasty Ösophagojejunoplastik *f (Wiederherstellung der Speiseröhrenkontinuität durch Jejuneminterposition)*
oesophagojejunostomy Ösophagojejunostomie *f*, Ösophagus-Jejunum-Anastomose *f*, (operative) Speiseröhren-Leerdarm-Verbindung *f*
oesophagolaryngectomy Ösophagolaryngektomie *f*, (operative) Speiseröhren- und Kehlkopfentfernung *f*
oesophagology Ösophagologie *f (Lehre vom Ösophagus)*
oesophagomalacia Ösophagomalazie *f*, Speiseröhrenerweichung *f*
oesophagomycosis Ösophagomykose *f*, Speiseröhrenpilzerkrankung *f*
oesophagomyotomy Ösophagomyotomie *f*, (operative) Speiseröhrenmuskeldurchtrennung *f*
oesophago-oesophagostomy Ösophagoösophagostomie *f*, Ösophagus-Ösophagus-Anastomose *f*, (operative) Speiseröhrenvereinigung *f*
oesophagopathy Ösophagopathie *f*, Ösophaguserkrankung *f*, Speiseröhrenkrankheit *f*
oesophagopharyngeal ösophagopharyngeal, pharyngoösophageal; Ösophagus-Pharynx-..., Speiseröhren-Rachen-...
oesophagoplasty Ösophagoplastik *f*, Ösophagusplastik *f*, Speiseröhrenrekonstruktion *f*
oesophagoplegia Ösophagoplegie *f*, Speiseröhrenlähmung *f*
oesophagoplication Ösophagusfältelung *f*, Speiseröhrenfaltungsoperation *f*
oesophagoptosis Ösophagusptose *f*, Ösophagusprolaps *m*, Speiseröhrenvorfall *m*
oesophagorespiratory ösophagorespiratorisch; Speiseröhren-Atemweg-...
oesophagoscope Ösophagoskop *n*, Speiseröhrenspiegel *m*
oesophagoscopic ösophagoskopisch
oesophagoscopy Ösophagoskopie *f*, Speiseröhrenspiegelung *f*
oesophagospasm Ösophagospasmus *m*, Ösophagismus *m*, Speiseröhrenkrampf *m*
oesophagostenosis Ösophagostenose *f*, Speiseröhrenvereng(er)ung *f*
oesophagostoma Ösophagostoma *n*, Speiseröhrenöffnung *f*, Speiseröhrenfistel *f*
oesophagostomiasis Oesophagostomiasis *f (Infektion mit Oesophagostomum bifurcum)*
Oesophagostomum bifurcum Oesophagostomum *n* bifurcum
oesophagostomy 1. Ösophagostomie *f*, (operative) Speiseröhrenfistelung *f*; 2. *s.* oesophagostoma
oesophagotome Ösophagotom *n*, Ösophagusmesser *n*
oesophagotomy Ösophagotomie *f*, (operative) Speiseröhreneröffnung *f*
oesophagotracheal ösophagotracheal; Ösophagus-Trachea-..., Speiseröhren-Luftröhren-...
oesophagotracheal fistula Ösophagotrachealfistel *f*, Speiseröhren-Luftröhren-Fistel *f*
oesophagus Ösophagus *m*, Speiseröhre *f*, Schlund *m (siehe auch unter: oesophageal)*
oesophagus stethoscope Ösophagusstethoskop *n*
oestradiol Östradiol *n (Follikelhormon)*
oestramustine phosphate Östramustinphosphat *n*
oestrane Östran *n (Steroidgerüst der Östrogene)*
oestrazinole hydrobromide Östrazinolhydrochlorid *n*
oestriasis Oestriasis *f*, Befall *m* mit Oestrus-Larven
oestrin *s.* oestrogen
oestrinization Östrogenisation *f*, Östrogenisierung *f (Veränderungen der Scheidenepithelzellen)*
oestriol Östriol *n*, 1,3,5(10)-Estratrien-3,16α,17β-triol *n*
oestrofurate Östrofurat *n*
oestrogen Östrogen *n (weibliches Keimdrüsenhormon)*
oestrogen deficiency Östrogenmangel *m*
oestrogen level Östrogenspiegel *m*
oestrogen priming Östrogen-Priming *n*, Östrogenvorbereitung *f*
oestrogen receptor Östrogenrezeptor *m*
oestrogen receptor protein Östrogenrezeptorprotein *n*
oestrogen replacement therapy Östrogensubstitutionstherapie *f*
oestrogen test Östrogentest *m*
oestrogen therapy Östrogentherapie *f*, Östrogenbehandlung *f*
oestrogenic östrogen; Östrogen...
oestrogenic hormone *s.* oestrogen
oestrogenic preparation *(Pharm)* Östrogenpräparat *n*
oestrogenicity Östrogenität *f*
oestrogenization Östrogenapplikation *f*, Östrogenbehandlung *f*
oestrogenous *s.* oestrogenic
oestrone Östron *n*, Östratrien-3-ol-17-on *n*, 3-Hydroxy-1,3,5(10)-estratrien-17-on *n*
oestrophilin Östrophilin *n*
oestrous Östrus...
oestrous stage of the ovarian cycle *(Gyn)* Östrogenphase *f* (des Ovarialzyklus)
oestrual Östrus...
oestruation *s.* oestrus
oestrum *s.* oestrus
oestrus Ostrus *m*, Brunst *f*
OFC *s.* occipitofrontal circumference
off-center grid *(Rad)* exzentrische Rasterblende *f*
off-focus radiation Strahlung *f* außerhalb des Fokus
off-level grid Blendenstellung *f* außerhalb der senkrechten Ebene
official 1. offiziell, amtlich; 2. offizinell, offizinal, im Arzneimittelbuch enthalten; als Arzneimittel anerkannt
official guardianship *(Neur, For)* Amtsvormundschaft *f*
official welfare education *(Neur)* Fürsorgeerziehung *f*
officinal offizinell, offizinal, nicht nach Rezeptur angefertigt; ein Standardarzneimittel betreffend
offspring Nachkomme *m*, Abkömmling *m*; Nachkommenschaft *f*
ofloxacin Ofloxacin *n (Antibiotikum)*
Ogilvie's syndrome *(Chir, Gastr)* Ogilvie'sches Syndrom *n*, Ogilvie-Syndrom *n*, akute intestinale Pseudoobstruktion *f*
Ogino-Knaus rule Ogino-Regel *f*, Ogino-Knaus-Regel *f*, Knaus-Ogino-Regel *f (des Konzeptionsoptimums)*
Oguchi's disease Oguchi'sche Krankheit *f*, angeborene Hemeralopie *f*
O'Hara's forceps O'Hara'sche Klemme *f* [Darmklemme *f*]
Ohara's disease *s.* tularaemia
oidiomycetic Oidiomyzeten...
oidiomycin Oidiomycin *n (Allergietest-Antigen)*

oidiomycosis Oidiomykose *f (Pilzerkrankung durch Oidium cutaneum)*
oidiomycotic oidiomykotisch; Oidiomykose...
Oidium albicans Oidium *n* albicans, Soorpilz *m*
oikomania *s.* ecomania
oikophobia Oikophobie *f (1. Furcht vor häuslichem Alleinsein; 2. Furcht vor einem bestimmten Haus)*
oil-aspiration pneumonia Lipidpneumonie *f*
oil gland Talgdrüse *f*, Glandula *f* sebacea
oil-immersion lens *(Lab)* Ölimmersionslinse *f*
oil-immersion light microscope *(Lab)* Ölimmersions(licht)mikroskop *n*
oil-immersion objective *(Lab)* Ölimmersionsobjektiv *n*
oil of anise Anisöl *n*, Oleum *n* Anisi
oil of bergamot Bergamottöl *n*, Oleum *n* Bergamottae
oil of bitter almond Bittermandelöl *n*, Oleum *n* Amygdalae
oil of bitter orange Oleum *n* Aurantii amari
oil of camomile Kamillenöl *n*, Oleum *n* Chamomillae
oil of camphor Kampheröl *n*, Oleum *n* camphoratum
oil of citronella Zitronellaöl *n*, Oleum *n* Citronellae
oil of clove Oleum *n* Caryophylli
oil of coriander Korianderöl *n*, Oleum *n* Coriandri
oil of cubeb Kubebenöl *n*, Oleum *n* Cubebae
oil of eucalyptus Eukalyptusöl *n*, Oleum *n* Eucalipti
oil of jojoba Jojobaöl *n*
oil of juniper Wacholderöl *n*, Oleum *n* Juniperi
oil of lavender Lavendelöl *n*, Oleum *n* Lavendulae
oil of peppermint Pfefferminzöl *n*, Oleum *n* Menthae piperitae
oil of rose Rosenöl *n*, Oleum *n* Rosae
oil of spearmint Krauseminzeöl *n*, Oleum *n* Menthae crispae
oil of turpentine Terpentinöl *n*, Oleum *n* Therebinthinae
oil of vitriol Vitriolöl *n*
oil-retention enema Öl-Retentionseinlauf *m*, Öl-Einlauf *m*, Einlauf *m* mit einer ölhaltigen Mischung
oil-soluble dye fettlöslicher Farbstoff *m*, Lysochrom *n*
oily skin Fetthaut *f*
oinomania *(Neur)* Delirium *n* tremens
ointment *(Pharm)* Unguentum *n*, Salbe *f*
ointment-like consistency of faeces salbenartige Stuhlkonsistenz *f*
ointment-like faeces salbenartiger Stuhl *m*
Oken's body Oken'scher Körper *m*, Wolff'scher Körper *m*, Urniere *f*, Mesonephros *m*
Oken's canal Oken'scher Kanal *m*, Wolff'scher Gang *m*, Urnierengang *m*, Ductus *m* mesonephricus
Oken's corpus *s.* Oken's body
old-age benefit [pension] Altersrente *f*, Rente *f*, Pension *f*
old-age pensioner Altersrentner *m*, Pensionär *m*
old dislocation *(Chir)* veraltete [alte] Dislokation *f*, nicht reponierter Knochenbruch *m*
old scar alte [feste] Narbe *f*
old sight Alterssichtigkeit *f*, Presbyopie *f*
old term alter Terminus *m (im Gegensatz zu den Nomina Anatomica)*
old tuberculin Alt-Tuberkulin *n*, AT
Old World hookworm Ancylostoma *n* duodenale *(Erreger der Ankylostomiasis)*
Old World leishmaniasis Leishmaniasis *f* der Alten Welt, altweltliche Leishmaniasis *f*, Orientbeule *f*, kutane Leishmaniasis *f*, Hautleishmaniasis *f*
Oldfield's syndrome Oldfield'sche Krankheit *f*, Oldfield'sches Syndrom *n (Kombination von Dickdarmpolypen mit multiplen Atheromen)*
oleaginous ölig; ölhaltig
oleandomycin Oleandomycin *n (Antibiotikum)*
oleandomycin phosphate Oleandomycinphosphat *n*
oleandrin Oleandrin *n (Glykosid)*
oleandrism Oleanderintoxikation *f*, Oleandervergiftung *f*
oleate Oleat *n*
olecranal Olekranon..., Hakenfortsatz...
olecranarthritis Ellenbogengelenkentzündung *f*
olecranarthrocace Ellenbogengelenktuberkulose *f*
olecranarthropathy Ellenbogengelenkerkrankung *f*, Ellenbogengelenkkrankheit *f*, Ellenbogengelenkleiden *n*
olecranoid hakenfortsatzartig, hakenfortsatzähnlich, hakenfortsatzförmig; Olekranon...
olecranon Olekranon *n*, Hakenfortsatz *m* der Elle
olecranon bursa Bursa *f* subcutanea olecrani
olecranon fossa Fossa *f* olecrani, Hakenfortsatzgrube *f*
olecranon fracture Olekranonfraktur *f*
olecranon process *s.* olecranon
olecranon region Regio *f* olecrani, Olekranonregion *f*
olecranon spur Olekranonsporn *m*
olecranon tip Olekranonspitze *f*
olefin Olefin *n*
oleic acid Ölsäure *f*, Oleinsäure *f*, cis-Octadec-9-en-säure *f*
oleiferous ölhaltig
olein Olein *n*, Glyceroloieat *n*
olenitis *s.* olecranarthritis
oleochrysotherapy Oleochrysotherapie *f*, Öl-Gold-Therapie *f*
oleocreosate Oleocreosat *n*
oleogranuloma Oleogranulom *n*, Oleom *n*, Elaiom *n*, Oleosklerom *n*, Öltumor *m*, Ölgeschwulst *f (Fremdkörpergeschwulst nach Injektion von Ölen)*
oleoinfusion Ölaufschwemmung *f (einer Substanz)*
oleoma *s.* oleogranuloma
oleoperitoneography Oleoperitoneographie *f (Peritoneumröntgendarstellung nach Instillation von jodhaltigem Öl)*
oleoresin 1. Oleoresin *n*, Ölharz *n*; 2. Balsam *m*
oleosaccharum Oleosaccharum *n*, Ölzucker *m*
oleostearate Oleostearat *n*
oleotherapy Öltherapie *f*, Ölbehandlung *f*
oleothorax *(Chir)* Oleothorax *m*, Ölplombe *f*
oleovitamin ölige Vitaminlösung *f*, öliges Vitaminpräparat *n*
oleoyl Oleoyl *n*, Oleoyl-Radikal *n*, Ölsäure-Radikal *n*, Oleoyl-Gruppe *f*
oleoyl alcohol Oleoylalkohol *m*
oleoyl-CoA Oleoyl-Coenzym *n* A
oleum Oleum *n*, Öl *n*
olfactant Riechstoff *m*, Geruchsstoff *m*
olfactie Olfaktie *f (Einheit für den Geruch)*
olfaction 1. Riechen *n*; 2. Geruchssinn *m*
olfaction acuity Riechschärfe *f*
olfactism Olfaktismus *m*
olfactology Olfaktologie *f*
olfactometer Olfaktometer *n*, Geruchssinnmesser *m*
olfactometry Olfaktometrie *f*, Geruchssinnprüfung *f*
olfactophobia Olfaktophobie *f*, (krankhafte) Geruchsabneigung *f*
olfactory Geruchssinn...; Geruchs...
olfactory anaesthesia *s.* anosmia
olfactory apparatus *(Anat, Physiol)* Riechapparat *m*; Geruchs(sinn)system *n*
olfactory area *(Anat)* Area *f* olfactoria
olfactory aura *(Neur)* Geruchsaura *f*, olfaktorische Aura *f*, Aura *f* olfactoria, Geruchsvorbote *m (z. B. Geruchssensation bei epileptischem Anfall)*
olfactory brain *s.* rhinencephalon
olfactory bulb Bulbus *m* olfactorius *(Teil des Riechhirns)*
olfactory canal *(Embr)* Riechkanal *m*
olfactory capsule *(Embr)* Riechkapsel *f*
olfactory cell *(Anat, Physiol)* Geruchs(sinn)zelle *f*, Riechzelle *f*

olfactory centre Riechzentrum *n*, Geruchszentrum *n*
olfactory cortex Riechrinde *f*, Archeocortex *m*
olfactory dysfunction Geruchs(sinn)dysfunktion *f*, Riechstörung *f*
olfactory epithelium *(Anat, Physiol)* Geruchs(sinn)-epithel *n*, Riechepithel *n*
olfactory fetishism *(Neur)* Geruchsfetischismus *m*
olfactory field nasales Sehfeld *n* (der Netzhaut)
olfactory foramen Foramen *n* olfactorium
olfactory glands Glandulae *fpl* olfactoriae *(schlauchförmige Drüsen in der Geruchssinnesregion der Nase)*
olfactory gyrus Gyrus *m* olfactorius, Geruchssinnwindung *f*
olfactory hallucination *(Neur)* Geruchshalluzination *f*
olfactory illusion *(Neur)* Geruchsillusion *f*
olfactory lobe Lobus *m* olfactorius, Geruchssinn-(hirn)lappen *m*
olfactory mucosa Geruchs(sinn)mukosa *f*, Riechschleimhaut *f*
olfactory mucosal region Geruchs(sinn)schleimhautregion *f*, Riechschleimhautregion *f*
olfactory mucous membrane *s.* olfactory mucosa
olfactory nerve Nervus *m* olfactorius, Riechnerv *m*, I. Hirnnerv *m*, Filum *n* olfactorium, Riechfaden *m*
olfactory neuroblastoma *s.* neuroepithelioma
olfactory organ Organum *n* olfactus, Riechorgan *n*, Geruchs(sinn)organ *n*
olfactory peduncle *(Anat)* Pedunculus *m* olfactorius
olfactory pit *(Embr)* Riechgrube *f*
olfactory placode *(Embr)* Riechplakode *f*
olfactory receptor Riechrezeptor *m*, Geruchsrezeptor *m*
olfactory region (of the nose) Regio *f* olfactoria (tunicae mucosae nasi), Riechregion *f* (der Nase)
olfactory root *(Anat)* Stria *f* olfactoria
olfactory sense Geruchssinn *m*
olfactory sensibility Geruchsempfindlichkeit *f*, Osmästhesie *f*
olfactory sulcus *(Anat)* Sulcus *m* olfactorius lobi frontalis
olfactory system Riechsystem *n*, Geruchs(sinn)system *n*
olfactory tract *(Anat)* Tractus *m* olfactorius, Riechbahn *f*
olfactory trigone *(Anat)* Trigonum *n* olfactorium
olfacty *s.* olfactie
oligaemia Oligämie *f*, Blut(volumen)verminderung *f*, Blut(volumen)mangel *m*
oligaemic oligämisch; Oligämie..., Blut(volumen)mangel...
oligakisuria Oligakisurie *f*, seltenes Urinlassen *n* [Urinieren *n*]
oligergasia *(Neur)* Oligergasie *f*, Intelligenzmangel *m*; Schwachsinn *m*
olighidria *s.* oligohidria
olighydria *s.* oligohydria
oligoamnios *s.* oligohydramnios
oligoanalgesia Oligoanalgesie *f*
oligoanuria Oligoanurie *f*
oligoarthritis Oligoarthritis *f*
oligoastrocytoma Oligoastrozytom *n*
oligoblast *(Histol)* Oligoblast *m (Oligodendrozytenvorstufe)*
oligoblennia Oligoblennie *f*, Schleimmangel *m*
oligocardia Oligokardie *f*, herabgesetzte Herzfrequenz *f*
oligocholia Oligocholie *f*, Gallenmangel *m*
oligochromaemia Oligochromämie *f*, Hämoglobinmangel *m*, Bleichsucht *f*
oligochromasia Oligochromasie *f*, Hämoglobinmangel *m (im roten Blutkörperchen)*
oligochylia Oligochylie *f*, Chylusmangel *m*, Darmlymphemangel *m*
oligochymia Oligochymie *f*, Chymusverringerung *f*, Speisebreiverminderung *f*
oligoclonal banding oligoklonales Banding *n (z. B. der Liquor-IgG-Globuline nach Elektrophorese)*
oligocystic oligozystisch, aus wenigen Zysten bestehend; nur wenige Zysten enthaltend
oligocythaemia Oligozythämie *f*, Erythrozytenmangel *m*, Erythrozytenarmut *f*, Anämie *f*
oligocythaemic anämisch
oligocytosis *s.* oligocythaemia
oligodacrya Tränenmangel *m*
oligodactylia *s.* oligodactyly
oligodactylic oligodaktyl
oligodactylism *s.* oligodactyly
oligodactyly Oligodaktylie *f*, Ektrodaktylie *f*, (angeborenes) Fehlen *n* von Fingern und Zehen
oligodactyly syndrome Oligodaktyliesyndrom *n*, Hertwig-Weyers-Syndrom *n*
oligodendria *s.* oligodendroglia
oligodendroblast Oligodendroblast *m*
oligodendroblastoma *(Path)* Oligodendroblastom *n*
oligodendrocyte *(Histol)* Oligodendrozyt *m*, Oligodendrogliazelle *f*
oligodendrocytoma *s.* oligodendroglioma
oligodendroglia Oligodendroglia *f (Nervengewebestützsubstanz)*
oligodendroglial Oligodendroglia...
oligodendroglioma *(Path)* Oligodendrogliom *n*, Oligodendrozytom *n*, Oligodendroblastom *n (gutartige Hirngeschwulst)*
oligodendrogliomatosis Oligodendrogliomatosis *f*, Vorhandensein *n* mehrerer Oligodendrogliome
oligodendroma *s.* oligodendroglioma
oligodipsia Oligodipsie *f*, vermindertes Durstgefühl *n*, Durstverminderung *f*, Durstmangel *m*
oligodontia Oligodontie *f*, (angeborener) Zahnmangel *m*
oligodynamic oligodynamisch, in kleinsten Mengen wirksam
oligodynamic action oligodynamische Wirkung *f (keimhemmende Wirkung von Schwermetallionen)*
oligoencephalia *s.* microcephalia
oligoencephalon Oligoenzephalon *n*, Mikroenzephalon *n*
oligoepilepsia *(Neur)* Oligoepilepsie *f (Anfallsleiden mit seltenen Ereignissen)*
oligoerythrocythaemia 1. Oligoerythrozythämie *f*, Hämoglobinmangel *m* im Erythrozyten; 2. *s.* erythrocytopenia
oligogalactia Oligogalaktie *f*, Hypogalaktie *f*, verminderte Milchabsonderung *f* [Milchsekretion *f*]
oligogene Oligogen *n*
oligogenic oligogen, durch ein Gen bewirkt; durch wenige Gene bewirkt
oligogenics *(Gyn)* Geburtenkontrolle *f*
oligoglia *s.* oligodendroglia
oligoglucan-branching glycosyltransferase Oligoglucan-branching-glycosyltransferase *f (Enzym)*
oligo-1,4-1,4-glucantransferase Oligo-1,4-1,4-glucantransferase *f (Enzym)*
oligo-1,6-glucosidase Oligo-1,6-glukosidase *f (Enzym)*
oligoglucoside Oligoglukosid *n*
oligohaemia *s.* oligocythaemia
oligohidria Oligohidrie *f*, Schweißmangel *m*
oligohydramnios Oligohydramnie *f*, Fruchtwassermangel *m*; Oligamnion *n*
oligohydria Oligohydrie *f*, Körperflüssigkeitsmangel *m*
oligohydruria Oligohydrurie *f*, Ausscheidung *f* eines hochkonzentrierten Urins
Oligohymenophorea Oligohymenophorea *pl*
oligohypermenorrhoea Oligohypermenorrhoe *f*, seltene verstärkte Regelblutung *f*
oligohypomenorrhoe Oligohypomenorrhoe *f*, seltene verminderte Regelblutung *f*

oligolalia Oligolalie *f*
oligolecithal oligolezithal, dotterarm, eigelbarm *(Eizelle)*
oligoleucocythaemia *s.* leuco-cytopenia
oligoleucocytosis *s.* leuco-cytopenia
oligomania Oligomanie *f*
oligomeganephronia Oligomeganephronie *f*, oligomeganephronische Nierenhypoplasie *f (kongenitale Nierenhypoplasie mit verminderter Nephronenzahl und Nephronenhyperplasie)*
oligomeganephronic oligomeganephronisch; Oligomeganephronie…
oligomeganephronic renal hypoplasia *s.* oligomeganephronia
oligomelus Oligomelus *m*, Missgeburt *f* mit verminderter Gliederzahl
oligomenorrhoea Oligomenorrhoe *f*, seltene Regelblutung *f* [Monatsblutung *f*]
oligomenorrhoeic Oligomenorrhoe…
oligomer Oligomer *n*
oligomorphic oligomorph
oligonecrospermia Oligonekrospermie *f*
oligonephronic oligonephronisch, nur wenige Nephrone besitzend
oligonitrophilic oligonitrophil, Stickstoff aus der Luft absorbierend
oligonitrophilic Oligonitrophile(r) *m*, oligonitrophiler Mikroorganismus *m*
oligonucleotide Oligonukleotid *n*
oligo-ovulation Oligoovulation *f*
oligopepsia Oligopepsie *f*
oligopeptide Oligopeptid *n*
oligophase speech oligophasische Sprache *f*
oligophosphaturia Oligophosphaturie *f*, verminderte Phosphatausscheidung *f* im Urin
oligophrenia Oligophrenie *f*, Geistesschwäche *f*, Schwachsinn *m*
oligophrenic oligophren, geistesschwach, schwachsinnig
oligoplasmia Oligoplasmie *f*, Plasmamangel *m*
oligoplastic Plasmamangel…
oligopnoea Oligopnoe *f*, verminderte Atemfrequenz *f*, Verminderung *f* der Atmung
oligopsychia *(Neur)* Geistesschwäche *f*
oligopyrene *s.* oligopyrous
oligopyrous mit Mangel an Kernmaterial, mit Mangel an Chromatin
oligoptyalism Oligoptyalismus *m*, Oligosialie *f*, verminderte Speichelabsonderung *f*, Verminderung *f* der Speichelsekretion
oligosaccharide Oligosaccharid *n*
oligosialia *s.* oligoptyalism
oligosideraemia Oligosiderämie *f*, verminderter Bluteisengehalt *m*
oligospermatism *s.* oligospermia
oligospermia Oligospermie *f*, verminderte Samenabsonderung *f* [Spermasekretion *f*]
oligosymptomatic oligosymptomatisch, nur wenige Symptome besitzend
oligosynaptic oligosynaptisch, nur wenige Synapsen benutzend
oligotrichia Oligotrichie *f*, mangelhafter [verminderter] Haarwuchs *m*
oligotrichosis *s.* oligotrichia
oligotroph Oligotrophe(r) *m*, oligotropher Organismus *m*
oligotrophia *s.* oligotrophy
oligotrophic oligotroph, mangelhaft ernährt, schlecht ernährt
oligotrophy Malnutrition *f*, Mangelernährung *f*, mangelhafte [schlechte] Ernährung *f*
oligozoospermatism *s.* oligospermia
oligozoospermia *s.* oligospermia
oliguresis *s.* oliguria
oliguria Oligurie *f*, verminderte Harnausscheidung *f* [Urinausscheidung *f*]
oliguric oligurisch; Oligurie…
oligydria *s.* oligohydria
olisthetic olisthetisch, herausgleitend, herausrutschend
olisthy Herausgleiten *n*, Herausrutschen *n*, Herausschlüpfen *n (z. B. eines Bandscheibenkerns)*
oliva *s.* olive 1.
olivary 1. *(Anat)* Oliven(kern)…; 2. olivenartig, olivenähnlich
olivary body *s.* olivary nucleus
olivary nucleus *(Anat)* Nucleus *m* olivaris, Olivenkern *m*
olivary peduncle *(Anat)* Pedunculus *m* olivaris
olive 1. Olive *f*, Oliva *f (Gehirnabschnitt)*; 2. Olive *f*
olive oil Olivenöl *n*
olive-tipped bougie Olivensonde *f*
Oliver's sign Oliver-Cardarelli-Zeichen *n (Kehlkopfpulsationen bei Aortenerweiterung)*
olivifugal vom Olivenkern weg gerichtet
olivipetal zum Olivenkern hin gerichtet
olivocerebellar *(Anat)* olivozerebellar; Olivenkern-Kleinhirn-…
olivocerebellar tract *(Anat)* Tractus *m* olivocerebellaris
olivocochlear olivokochlear
olivocochlear bundle olivocochleares Bündel *n*, Rasmussen'sches Bündel *n*
olivopontocerebellar *(Anat)* olivopontozerebellar; Oliven-Brücken-Kleinhirn-…
olivopontocerebellar atrophy olivopontozerebelläre Atrophie *f*
olivospinal *(Anat)* olivospinal; Olivenkern-Rückenmark-…
olivospinal tract *(Anat)* Tractus *m* olivospinalis
Ollier's disease *s.* enchondromatosis
Ollier's dyschondroplasia Ollier'sche Dyschondroplasie *f*, Hemichondrodysplasie *f* Typ Ollier, Hemichondrodystrophie *f* Typ Ollier
Ollier's graft Ollier'sches Transplantat *n*, Ollier-Thiersch'sches Transplantat *n*, Epidermis-Korium-Lappen *m*
olophonia Olophonie *f (Sprachstörung infolge anatomischen Defektes im Phonationsorgan)*
olsalazine Olsalazin *n (Anwendung bei Colitis ulcerosa)*
omacephalus *s.* omocephalus
omagra Omagra *f(n)*, Schultergicht *f*, Gicht *f* im Schultergelenk
omalgia Omalgie *f*, Schulterschmerz *m*
omarthralgia Omarthralgie *f*, Schultergelenkschmerz *m*
omarthritis Omarthritis *f*, Schultergelenkentzündung *f*
omarthrocace Omarthrokaze *f*, Schultergelenkerkrankung *f*, Schultergelenkleiden *n*
ombrophobia Ombrophobie *f*, Regenangst *f*, Regenfurcht *f*
Omenn's syndrome Omenn-Syndrom *n*, histiozytäre medulläre Retikulose *f*, familiäre histiozytäre Retikulose *f*, familiäre hämophagozytische Retikulose *f*
omenta *pl s.* omentum
omental *(Anat)* omental; Omentum…, Epiploon…, Netz…
omental bursa Bursa *f* omentalis, Netzbeutel *m*
omental graft Netztransplantat *n*
omental hernia Omentumhernie *f*, Omentozele *f*, Netzhernie *f*, Netzbruch *m*
omental overcoat Omentumbedeckung *f*, Netzabdeckung *f (z. B. bei Blinddarmperforation)*
omental patching Netzdeckung *f (beim chirurgischen Eingriff)*
omental sac Netzbeutel *m*
omental taenia Taenia *f* omentalis, Omentumansatz *m*, Netzansatz *m*

omental venule Netzvenole *f*
omentectomy Omentektomie *f*, Netzresektion *f*, Netzexzision *f*, (operative) Netzentfernung *f*
omentitis Omentitis *f*, Netzentzündung *f*
omentocele *s.* omental hernia
omentofixation *s.* omentopexy
omentopexy Omentopexie *f*, Omentofixation *f*, Netzfixierung *f*, (operative) Netzanheftung *f*
omentoplasty Omentoplastik *f*, Netzplastik *f*
omentoportography Omentoportographie *f*
omentorrhaphy Omentorraphie *f*, Omentumnaht *f*, Netznaht *f*
omentosplenopexy Omentosplenopexie *f*, Netz- und Milzfixation *f*
omentotomy Omentotomie *f*, Omentum(ein)schnitt *m*, Netz(ein)schnitt *m*
omentovolvulus Omentovolvulus *m*, Netzverdrehung *f*
omentulum kleines Netz *n (Teil des Bauchfells)*
omentum Omentum *n*, Epiploon *n*, Netz *n*
omentumectomy *s.* omentectomy
omeprazole Omeprazol *n (Magensäurehemmer)*
omitis Omitis *f*, Schulterentzündung *f*
omnifocal lens Omnifokallinse *f*
omnipotence Omnipotenz *f*
omnipotence of thought *(Neur)* Allmacht *f* [Omnipotenz *f*] der Gedanken, Gedankenomnipotenz *f*
omnivorous omnivor, allesfressend *(z. B. Bakterien)*
omocephalus *(Terat)* Omocephalus *m*, Omozephalus *m (Missgeburt mit inkomplettem Kopf und ohne Arme)*
omocervicalis (muscle) Musculus *m* levator claviculae, Schlüsselbeinheber *m*
omoclavicular *(Anat)* omoklavikulär; Schulter-Schlüsselbein-…
omoclavicular trigonum *(Anat)* Trigonum *n* omoclaviculare, Fossa *f* supraclavicularis major
omodynia *s.* omalgia
omohyoid *(Anat)* omohyoid; Schulter(blatt)-Zungenbein-…
omohyoid muscle Musculus *m* omohyoideus, Schulter-Zungenbein-Muskel *m*
omophagia Omophagie *f (Essen von rohem Fleisch oder Fisch)*
omoplate *s.* scapule
omosternal *(Anat)* omosternal; Schulter(blatt)-Brustbein-…
omosternum Cartilago *f* sternoclavicularis
omothyroid omothyroid
omovertebral omovertebral; Schulter(blatt)-Wirbel-…
OMP pyrophosphorylase OMP-Pyrophosphorylase *f*, Orotat-Phosphoribosyltransferase *f (Enzym)*
omphalectomy Omphalektomie *f*, Nabelexzision *f*, Nabelausschneidung *f*, (operative) Nabelentfernung *f*
omphalelcosis Exulceratio *f* umbilici, Nabelgeschwür *n*
omphalic omphalisch, umbilikal; Nabel…, Umbilikus… *(Zusammensetzungen siehe unter: umbilical)*
omphalitis Omphalitis *f*, Nabelentzündung *f*
omphaloangiopagous *(Terat)* durch die Nabelschnurgefäße verbunden *(Zwillingsmissbildung)*
omphaloangiopagus *(Terat)* Omphaloangiopagus *m (Zwillingsmissbildung)*
omphalocele Omphalozele *f*, Nabelhernie *f*, Nabelbruch *m*, Nabelvorfall *m*, Hernia *f* funiculi umbilicalis
omphalochorion *(Embr)* Omphalochorion *n*
omphalocraniodidymus *(Terat)* Omphalokraniodidymus *m*
omphalodidymus *s.* omphalopagus
omphaloenteric *(Anat, Embr)* omphaloenterisch; Nabel-Darm-…
omphalogenesis *(Embr)* Omphalogenese *f*, Dottersackentwicklung *f*
omphaloid nabelartig
omphalo-intestinal duct *s.* omphalomesenteric duct
omphaloischiopagus *(Terat)* Omphaloischiopagus *m (Zwillingsmissbildung)*
omphaloma Omphaloma *n*, Nabelgeschwulst *f*, Nabeltumor *m*
omphalomesaraic *s.* omphalomesenteric
omphalomesenteric *(Anat, Embr)* omphalomesenterisch, omphalomesenterial; Nabel-Mesenterium-…
omphalomesenteric artery Arteria *f* omphalomesenterica, Dottersackarterie *f*
omphalomesenteric canal *(Embr)* Canalis *m* omphalomesentericus
omphalomesenteric circulation Dottersack(blut)kreislauf *m*
omphalomesenteric duct Ductus *m* omphaloentericus, Darm(dotter)gang *m (embryonale Verbindung von Darm und Dottersack)*
omphalomesenteric vein Vena *f* omphalomesenterica, Dottersackvene *f*
omphalomonodidymus *(Terat)* Omphalomonodidymus *m*, Doppelmissgeburt *f* mit einem Nabel
omphaloncus *s.* omphaloma
omphalopagus *(Terat)* Omphalopagus *m*, Monomphalus *m*, Doppelmissgeburt *f* mit Nabelverwachsung
omphalophlebitis Omphalophlebitis *f*, Nabelvenenentzündung *f*
omphalophlegmon Omphalophlegmone *f*, Nabelphlegmone *f*, Nabelvereiterung *f* des Neugeborenen
omphaloproptosis Omphaloproptosis *f*, Nabelschnurvorfall *m (bei der Geburt)*
omphalorrhagia Omphalorrhagie *f*, Nabelblutung *f*, Nabelbluten *n*
omphalorrhexis Omphalorrhexis *f*, Nabelruptur *f*, Nabelzerreißung *f*
omphalorrhoea Omphalorrhoe *f*, Nabellymphfluss *m*
omphalos Omphalos *m*, Umbilikus *m*, Nabel *m (Zusammensetzungen siehe unter: umbilical)*
omphalosite Omphalosit *m (unterentwickelter Partner einer Doppelmissbildung)*
omphalospinous omphalospinal; Nabel-Darmbeinstachel-…
omphalotaxis *(Gyn)* Omphalotaxis *f*, Nabelschnurrückverlagerung *f*, Reposition *f* eines Nabelschnurvorfalls
omphalotome Omphalotom *n*, Nabelskalpell *n*, Abnabelungsmesser *n*
omphalotomy Omphalotomie *f*, Abnabelung *f*, Nabelschnurdurchtrennung *f*, Nabelschnurschnitt *m*
omphalotribe Omphalotriptor *m*, Nabelschnurquetsche *f*
omphalotripsy Omphalotripsie *f*, Nabelschnur(durch)quetschung *f*, Nabelschnurabquetschung *f*
omphalovesical omphalovesikal, Nabel-Blasen-…
omphalus *s.* omphalos
Omsk haemorrhagic fever *(Inf)* Omsker Zeckenbissfieber *n* [hämorrhagisches Fieber *n*] *(durch Arbovirus Gruppe B)*
on-the-job accident Arbeitsunfall *m*
onanism Onanie *f*, Selbstbefriedigung *f*, Masturbation *f*
onanist Onanist *m*
once-a-day-dosage *(Pharm)* Einmal-pro-Tag-Dosierung *f*
Onchocerca *(Trop)* Onchocerca *f (Nematodengattung; durch Stechmücken übertragene Krankheitserreger)*
Onchocerca caecutiens Onchocerca *f* caecutiens, Nachtlarvenfilarie *f*, Microfilaria *f* nocturna
Onchocerca volvulus Onchocerca *f* volvulus, Knäuelfilarie *f*, afrikanische Filarie *f (Übertragung durch die Kriebelmücke)*
onchocercal Onchozerken…

onchocerciasis Onchozerkose *f*, Onchocercose *f*, Onchocerciasis *f*, Onchozerkeninfektion *f*, Onchocerca-volvulus-Infektion *f*
Onchocercidae Onchocercidae *pl*
onchocercoma Onchozerkom *n*, Onchocerciasisknoten *m*
onchocercosis *s.* onchocerciasis
onchodermatitis Onchodermatitis *f*, Hautoncho-cerciasis *f*, Hautonchozerkose *f*
onchosphere *(Paras)* Onkosphäre *f*, Bandwurmlarve *f*
oncocide onkozid, Geschwulstzellen vernichtend, tumorvernichtend
oncocyte *(Histol)* Onkozyt *m*, Pyknozyt *m*
oncocytic onkozytisch; Onkozyten…
oncocytoma *(Path)* Onkozytom *n*, Hürtle-Zelltumor *m*
oncocytosis Onkozytose *f*, Onkozytenmetaplasie *f*
oncofoetal onkofetal, in Tumorgewebe und während der Fetalzeit auftretend
oncofoetal protein onkofetales Protein *n*
oncogen *s.* oncogene
oncogene Onkogen *n*, onkogenetischer Stoff *m*
oncogenesis Onkogenese *f*, Geschwulstentwicklung *f*, Geschwulstbildung *f*, Tumorentstehung *f*
oncogenetic *s.* oncogenic
oncogenic onkogen, geschwulstbildend, geschwulsterzeugend, geschwulstauslösend
oncogenic (agent) Krebs erzeugender Stoff *m*, Karzinogen *n*, Kanzerogen *n*
oncogenic virus onkogenes Virus *n*
oncogenicity Onkogenität *f*, Tumorbildungsfähigkeit *f*, Fähigkeit *f* zur Auslösung von Tumorwachstum
oncogenous 1. *s.* oncogenic; 2. onkogen, von einem Tumor ausgehend; in einer Geschwulst auftretend
oncogenous osteomalacia onkogene Osteomalazie *f*
oncograph Onkograph *m (Gerät zur Aufzeichnung von Volumenschwankungen von Organen; siehe auch: oncometer)*
oncographic onkographisch
oncography Onkographie *f*, Volumenschwankungsaufzeichnung *f*
oncolipid Onkolipid *n (im Plasma bei Krebspatienten)*
oncologic onkologisch; Geschwulst…, Tumor…
oncologic centre onkologisches Zentrum *n*, Geschwulstzentrum *n*; Geschwulstklinik *f*
oncologic dispensary Geschwulstdispensaire *n*, Tumordispensaire *n*, onkologisches Dispensaire *n* • **be registered in an oncologic dispensary** in einem Geschwulstdispensaire erfasst sein
oncologic emergency onkologischer Notfall *m*
oncologic hospital Geschwulstklinik *f*, Klinik *f* für Geschwulstkrankheiten
oncologic institute Institut *n* für Onkologie [Geschwulstkrankheiten], onkologisches Institut *n*
oncological centre *s.* oncologic centre
oncologist Onkologe *m*, Geschwulstspezialist *m*, Tumorspezialist *m*
oncology Onkologie *f*, Geschwulstlehre *f*
oncology department Geschwulstabteilung *f*, Abteilung *f* für Geschwulstkrankheiten
oncolysate Onkolysat *n*, tumorauflösende Substanz *f*
oncolysis Onkolyse *f*, Geschwulstauflösung *f*, Tumorzerfall *m*
oncolytic onkolytisch, geschwulstauflösend, Geschwülste auflösend, tumorauflösend
oncolytic (agent) Onkolytikum *n*, geschwulstauflösendes Mittel *n*
oncoma Tumor *m*, Geschwulst *f*
oncometer Onkometer *n*
oncometric onkometrisch
oncometry Onkometrie *f (Methode zur Messung von Volumenschwankungen von Organen)*
oncornavirus Oncorna-Virus *n*
oncosis Tumorkrankheit *f*, Tumorkachexie *f*
oncosphere *s.* onchosphere
oncostatic onkostatisch, geschwulsthemmend, tumorhemmend
oncotherapeutic onkotherapeutisch
oncotherapy Onkotherapie *f*, Geschwulstbehandlung *f*, Tumortherapie *f*
oncothlipsis Onkothlipsis *f*, Tumordruck *m*, durch Tumor bewirkter Druck *m*
oncotic 1. onkotisch, druckerhöhend; 2. onkotisch, volumenerhöhend; 3. Tumor…, Geschwulst…
oncotic agent onkotisch aktive Substanz *f*
oncotic pressure onkotischer [kolloidosmotischer] Druck *m*
oncotic pressure gradient onkotischer Druckgradient *m*
oncotomy Onkotomie *f*, Geschwulstschnitt *m*, Tumoroperation *f*
oncotropic onkotrop, tumoraffin, Tumorzellen anziehend
oncovirus Onkovirus *n*
ondansetron hydrochloride Ondansetronhydrochlorid *n (Serotoninrezeptorantagonist, Antiemetikum)*
one-and-a-half spica cast Becken-Bein-Gips(verband) *m (von der Mamillenlinie bis zum Fuß und auf der Gegenseite bis zum Knie)*
one-child sterility *(Gyn)* Ein-Kind-Sterilität *f*
one-dimensional echocardiogram eindimensionales Echokardiogramm *n*, 1D-Echokardiogramm *n*, 1D-Echobild *n*, 1D-Echo *n*
one-eyed einäugig
one-field hospital Spezialklinik *f*, Spezialkrankenhaus *n*, spezialisiertes Krankenhaus *n*
one-minute memory *(Neur)* Minutengedächtnis *n*
one-moment extension *(Chir)* Kurzzeitextension *f*, kurzzeitiges Ziehen *n*
one-point discrimination *(Derm, Physiol)* Ein-Punkt-Diskriminierung *f (Tastsinn)*
one-row suture einreihige Naht *f*
one-stage operation einzeitige Operation *f* [Operationsmethode *f*]
one-stage procedure einzeitiges Verfahren *n* [Vorgehen *n*]
one third tubular plate *(Chir)* Drittelrohrplatte *f (Osteosynthese)*
one-type hospital *s.* one-field hospital
oneiric 1. oneiroid, traumartig; 2. traumhaft; verschwommen *(Bewusstseinszustand)*
oneiric delirium *(Neur)* Traumdelir(ium) *n*
oneiric hallucination szenenhafte Halluzination *f*
oneirism *(Neur)* On(e)irismus *m*, Traumzustand *m*
oneiro-delirium *(Neur)* oneiroides Delir *n*
oneirocritic traumdeutend
oneirocritical *s.* oneirocritic
oneirodynia On(e)irodynia *f*, nächtliche Unruhe *f*
oneirogenic oneirogen, Träume erzeugend; einen Traumzustand bewirkend
oneirogmus On(e)irogmus *m*, Pollution *f*, nächtlicher Samenerguss *m*
oneiroid oneiroid, traumähnlich, traumartig; Traum…
oneiroid hallucination *(Neur)* oneiroide Halluzination *f*
oneiroid psychosis *(Neur)* oneiroide Psychose *f*
oneiroid state *(Neur)* oneiroider Zustand *m*, Traumzustand *m*
oneiroid state of mind *(Neur)* oneiroide Erlebnisform *f*
oneirology On(e)irologie *f*, Traumlehre *f*
oneirophrenia Oneirophrenie *f (Bewusstseinstrübungen mit traumartigen Veränderungen und optischen Halluzinationen)*

oneiroscopy On(e)iroskopie *f*, Traumanalyse *f*
oniomania Oniomanie *f*, krankhafter Kauftrieb *m*, krankhafte Kauflust *f*
onion-peel dermatome *(Derm, Physiol)* Zwiebelschalendermatom *n*
onir... *s.* oneir...
onkinocele Onkinozele *f*, Sehnenscheidenödem *n*, Sehnenscheidenschwellung *f*
onlay graft *(Chir)* Anlagerungs(knochen)span *m*
onomatolalia *(Neur)* Onomatolalie *f (zwanghaftes Wiederholen bestimmter Wörter)*
onomatology Onomatologie *f*, Onomastik *f*, Nomenklaturlehre *f*, Wissenschaft *f* von den Eigennamen
onomatomania *(Neur)* Onomatomanie *f*, Namenszwang *m*
onomatophobia *(Neur)* Onomatophobie *f*
onomatopoeia *(Neur)* Onomatopoe *f*
onomatopoiesis Onomatopoesie *f*, Onomatopöie *f*, Lautnachahmung *f*, Lautmalerei *f*, Klangmalerei *f*
onset 1. Ausbruch *m*, Beginn *m (z. B. einer Krankheit)*; Anfall *m*; 2. Initialsymptom *n*
onset of action Wirkungseintritt *m (z. B. eines Medikaments)*
onset of labour Geburtsbeginn *m*
onset of pain Schmerzeintritt *m*, Schmerzbeginn *m*, Schmerzeinsetzen *n*, Schmerzausbruch *m*
onset of the menstrual period Menstruationsbeginn *m*, Einsetzen *n* der Menstruation
onset of the rash Auftreten *n* des Hautausschlags [Exanthems] *(z. B. bei Syphilis)*
ontoanalysis *(Neur)* Daseinsanalyse *f*
ontogenesis *s.* ontogeny
ontogenetic ontogenetisch; Individualentwicklungs...
ontogenic *s.* ontogenetic
ontogeny Ontogenie *f*, Ontogenese *f*, Individualentwicklung *f*
onyalai tropische Thrombozytopenie *f*
onychalgia Onychalgie *f*, Nagelschmerz *m*
onychatrophia 1. Onychatrophie *f*, Nagelschwund *m*; 2. Versiegen *n* des Nagelwachstums
onychatrophy *s.* onychatrophia
onychauxis Onychauxis *f*, Nagelhypertrophie *f*, Nagelwucherung *f*, verstärktes Nagelwachstum *n*
onychectomy Onychektomie *f*, Nagelextraktion *f*, (operative) Nagelentfernung *f*
onychexallaxis Onychexallaxis *f*, Nageldegeneration *f*
onychia Onychie *f*, Nagelbettentzündung *f*, Nagelbett(ver)eiterung *f*
onychin Onychin *n*, Nagelhartsubstanz *f*
onychitis Onychitis *f*, Nagelentzündung *f*
onychoclasis Onychoklasis *f*, Nagel(zer)brechen *n*
onychocryptosis Onychokryptosis *f*, Nageleinwachsung *f*, Unguis *m* incarnatus, eingewachsener Nagel *m*
onychodynia *s.* onychalgia
onychodystrophy Onychodystrophie *f*, Nagelmissbildung *f*, alimentäre Nagelstörung *f*
onychogenic onychogen, nagelbildend
onychogram Onychogramm *n*, Nagelpulskurve *f*
onychograph Onychograph *m*, Nagelpulsaufzeichnungsgerät *n*
onychographic onychographisch
onychography Onychographie *f*, Nagelpulsaufzeichnung *f*
onychogryphosis Onychogryposis *f*, Nagelverkrümmung *f*, Krallennagelbildung *f*
onychogryposis *s.* onychogryphosis
onychohelcosis Onychohelkosis *f*, Nagelulzeration *f*, Nagelgeschwürbildung *f*
onychoheterotopia Onychoheterotopie *f*, abnorme Nagellokalisation *f*
onychoid onychoid, nagelartig, nagelähnlich; nagelförmig
onychology Onychologie *f*
onycholysis Onycholysis *f*, Onycholyse *f*, Nagelablösung *f*
onychoma Onychom *n*, Nagel(bett)geschwulst *f*, Nagelbetttumor *m*
onychomadesis Onychomadesis *f*, Nagelausfall *m*
onychomalacia Onychomalazie *f*, Nagelerweichung *f*
onychomycosis Onychomykose *f*, Pilzkrankheit *f* der Nägel, Nagelpilzwucherung *f*
onychonosus *s.* onychopathy
onycho-osteodysplasia Onychoosteodysplasie *f*, Nagel-Knochen-Dysplasie *f*
onychopacity *s.* leuconychia
onychopathic onychopathisch
onychopathology Onychopathologie *f*, Nagelkrankheitslehre *f*
onychopathy Onychopathie *f*, Nagelkrankheit *f*, Nagelerkrankung *f*
onychophagia Onychophagie *f*, Nägelkauen *n*, Nagel(ab)beißen *n*, Nagel(ab)knabbern *n*
onychophagist Nagelkauer *m*, Nagelbeißer *m*
onychophagy *s.* onychophagia
onychophosis Onychophose *f*
onychophyma Onychophym *n*, Nagelgeschwulst *f*, Nageltumor *m*, Nagelwucherung *f*
onychoplasty Onychoplastik *f*, Nagelplastik *f*
onychoptosis Onychoptose *f*, Nagelabfallen *n*
onychorrhexis Onychorrhexis *f*, Nagelbrüchigkeit *f*, Nagelspaltbildung *f*, Nagelfissurbildung *f*
onychorrhiza Onychorrhiza *f*, Nagellockerung *f*
onychoschizia Onychoschisis *f*, Nagel(auf)spaltung *f*, Nagel(auf)splittern *n*, Nagel(auf)splitterung *f*, Schizonychie *f*
onychosis *s.* onychopathy
onychostroma Onychostroma *n*, Nagelmatrix *f*, Nagelbett *n*
onychotillomania Onychotillomanie *f*, triebartige Fingernagelzerstörung *f (Verhaltensstörung)*
onychotomy Onychotomie *f*, Nagelinzision *f*, Nagel(ein)schnitt *m*
onychotrophy Onychotrophie *f*, Nagelernährung *f*
onyx 1. Onyx *m*, Unguis *m*, Nagel *m*; Fingernagel *m*; Zehennagel *m (Zusammensetzungen siehe unter: nail)*; 2. *s.* hypopyon
onyxis Unguis *m* incarnatus
onyxitis Onyxitis *f*, Nagelentzündung *f*
ooblast Ooblast *m*
oocentre *s.* ovocentre
oocephalus Oocephalus *m*
oocinesia *s.* ookinesis
oocyesis *s.* ovarian pregnancy
oocyst Oozyste *f*
oocyte Oozyt *m*, Oozyte *f*, Eizelle *f*
oocyte nucleus Oozytennukleus *m*, Eizellenkern *m*
oogamous 1. oogam; Oogamie...; 2. heterogam, zweigeschlechtlich; Heterogamie...
oogamy 1. Oogamie *f (Befruchtung der Eizelle)*; 2. Oogamie *f*, Heterogamie *f*, Zweigeschlechtlichkeit *f*
oogenesis Oogenese *f*, Eientwicklung *f*, Eibildung *f*
oogenetic oogenetisch, eibildend; Eibildungs...
oogenous *s.* oogenetic
oogonium *(Embr)* Oogonium *n*, Ovogonium *n*, Urei *n*, Primordialei *n*
ookinesia *s.* ookinesis
ookinesis Ookinese *f*, Eireifung *f*
ookinete *(Trop)* Ookinet *m (Entwicklungsstufe der Malariaerreger)*
ookinetic ookinetisch; Ookinese...

oolemma *(Embr)* Oolemma *n*, Zona *f* pelucida, Eihaut *f*
oomycosis Oomykose *f*, Oomyzeteninfektion *f*
oophagy Oophagie *f*, Ernährung *f* von Eiern, Essen *n* von Eiern
oophoralgia Oophoralgie *f*, Eierstockschmerz *m*
oophorauxe Oophorauxe *f*, Eierstockvergrößerung *f*, Eierstockwucherung *f*
oophorectomize *v* oophorektomieren, eine Oophorektomie durchführen, den Eierstock (operativ) entfernen
oophorectomy Oophorektomie *f*, Ovariektomie *f*, Ovarialexstirpation *f*, (operative) Eierstockentfernung *f*
oophoritis Oophoritis *f*, Ovaritis *f*, Eierstockentzündung *f*
oophorocaecal oophorozökal; Eierstock-Blinddarm-...
oophorocystectomy Oophorozystektomie *f*, (operative) Eierstockzystenentfernung *f*
oophorocystosis Oophorozystose *f*, Eierstockzystenbildung *f*
oophorocystostomy Oophorozystostomie *f*, Eierstockzystenfistelung *f*
oophoroepilepsy Oophoroepilepsie *f*, Epilepsie *f* durch Eierstockerkrankung
oophorogenous oophorogen, aus dem Eierstock stammend
oophorohysterectomy Oophorohysterektomie *f*, Ovariohysterectomie *f*, Hysteroovariektomie *f*, Gebärmutter- und Eierstockexstirpation *f*, (operative) Gebärmutter- und Eierstockentfernung *f*
oophoroma Oophorom *n*, Eierstockgeschwulst *f*, Eierstocktumor *m*
oophoromalacia Oophoromalazie *f*, Ovar(ium)erweichung *f*, Eierstockerweichung *f*
oophoromania Oophoromanie *f* *(psychische Störung infolge Eierstockfunktionsstörung)*
oophoron *s.* ovary
oophoropathy Oophoropathie *f*, Ovariopathie *f*, Eierstockkrankheit *f*, Eierstockerkrankung *f*, Eierstockleiden *n*
oophoropeliopexy Oophoropeliopexie *f*, Oophororrhaphie *f*
oophoropexy Oophoropexie *f*, Eierstockfixierung *f*, Eierstockanheftung *f*
oophoroplasty Oophoroplastik *f*, Ovar(ial)plastik *f*, Eierstockplastik *f*
oophororrhaphy *s.* oophorrhaphy
oophorosalpingectomy Oophorosalpingektomie *f*, Ovariosalpingektomie *f*, Eierstock- und Eileiterexstirpation *f*, (operative) Eierstock- und Eileiterentfernung *f*
oophorosalpingitis Oophorosalpingitis *f*, Ovariosalpingitis *f*, Eierstock- und Eileiterentzündung *f*
oophorostomy Oophorostomie *f*, Ovariostomie *f*, Eierstockfistelung *f*
oophorotomy Oophorotomie *f*, Ovariotomie *f*, Eierstockschnitt *m*
oophorrhagia Oophorrhagie *f*, Eierstockblutung *f*
oophorrhaphy Oopho(ro)rrhaphie *f*, Eierstockanheftung *f*, Eierstockfixierung *f*
ooplasm Ooplasma *n*, Ei(zyto)plasma *n*
ooporphyrin *s.* protoporphyrin
oosperm *(Embr)* Oospermium *n*, Zygote *f*, befruchtete Eizelle *f*
oosphere *(Myk)* Oosphäre *f* *(weiblicher Gamet)*
ootheca Oothek *f*, Eihülle *f*, Eipaket *n*
oothecalgia *s.* oophoralgia
oothecectomy *s.* oophorectomy
ootid Ootide *f* *(reife Oozyte nach erster Meioseteilung)*
ootransferrin Ootransferrin *n*
ootype Ootyp *m*, Ootypus *m*
ooze *v* sickern *(z. B. Blut)*
opacification Eintrübung *f*, Trübung *f* *(z. B. der Augenhornhaut)*
opacification of the lens *(Ophth)* Linsentrübung *f*
opacify *v* sich eintrüben, trüb [lichtundurchlässig] werden; trüben
opacity Eintrübung *f*, Trübung *f* *(des Auges)*
opalescence Opaleszenz *f*, Schillern *n* *(z. B. des Urins)*
opalescent opaleszierend, schillernd, schimmernd
opalgia *s.* facial neuralgia
opaque 1. opak, lichtundurchlässig, undurchsichtig; 2. strahlenundurchlässig, (röntgen)kontrastgebend • **be opaque to X-rays** für Röntgenstrahlen undurchlässig sein, röntgenstrahlendicht sein
opaque cornea *(Ophth)* getrübte Kornea *f*, Hornhauttrübung *f*
opaque meal *(Rad)* Kontrastmahlzeit *f*
opeidoscope Opeidoskop *n* *(Instrument zur Projektion der Stimmschwingungen)*
open *v* öffnen, eröffnen *(z. B. einen Abszess)*; aufschneiden *(z. B. die Bauchhöhle)*; aufstechen *(z. B. ein Bläschen)*
open *v* **amputation** offene Amputation *f*
open anaesthesia *s.* open-circuit anaesthesia
open-angle glaucoma *(Ophth)* Weitwinkelglaukom *n*
open bite *(Stom)* offener Biss *m*
open-bite malocclusion *s.* open bite
open cardiac massage *s.* open-chest cardiac compression
open-chest cardiac compression [massage] intrathorakale [direkte] Herzmassage *f*
open-chest defibrillation *(Kard)* intrathorakale Defibrillation *f*, direkte Herzdefibrillation *f*
open-circuit anaesthesia offenes Narkosesystem *n*; offene Narkosetechnik *f*
open-circuit breathing system offenes Beatmungssystem *n*
open dislocation *(Chir)* offene Dislokation *f*, komplizierte Verrenkung *f*
open door system *(Neur)* Offen-Tür-System *n* *(in psychiatrischer Klinik)*
open drainage offene Drainage *f*
open fracture *(Chir)* offener Knochenbruch *m* [Bruch *m*], komplizierte Fraktur *f*
open fracture grading system Graduierungssystem *n* für offene Frakturen *(mit fünf Schweregraden)*
open-heart operation *s.* open-heart surgery
open-heart surgery Operation *f* am offenen Herzen; Operation *f* im extrakorpolaren Kreislauf
open-heart technique *s.* open-heart surgery
open injury offene Verletzung *f* [Wunde *f*]
open-intracardiac surgery *s.* open-heart surgery
open method of treating burns *(Chir)* offene Methode *f* der Verbrennungsbehandlung
open operation offene Operation *f*
open plaster bandage gespaltener Gipsverband *m*
open pneumothorax offener Pneumothorax *m*, Luftansammlung *f* im Brustkorb *(durch Verletzung der Brustwand)*
open reduction of dislocation offene Einrenkung *f* [Reposition *f*], operative Knochenbrucheinrichtung *f*
open rhinolalia Rhinolalia *f* aperta, offene Nasensprache *f* *(bei mangelndem Verschluss des Nasenrachens)*
open-roofed skull Kranioschisis *f*
open treatment of burns *(Chir)* offene Verbrennungsbehandlung *f*
open tuberculosis offene [aktive] Tuberkulose *f*
open wedge osteotomy offene Keilosteotomie *f*
open wound offene Wunde *f*
opening Öffnung *f*, Apertura *f*
opening abductory wedge osteotomy Abduktionskeilosteotomie *f* *(des ersten Metatarsalknochens)*
opening into the lesser sac of the peritoneum Foramen *n* epiploicum [Winslowi]

opening mitral snap Mitral(klappen)öffnungston *m*
opening of an abscess Abszesseröffnung *f*
opening of the bladder Ostium *n* urathrae internum
opening of the coronary sinus Ostium *n* sinus coronarii
opening of the crypt of the pharyngeal tonsil Fossula *f* tonsillaris tonsillae pharyngeae
opening of the frontal sinus Apertura *f* sinus frontalis, Stirn(bein)höhlenöffnung *f*
opening of the inferior vena cava Ostium *n* venae cavae inferioris
opening of the pulmonary trunk Ostium *n* trunci pulmonalis
opening of the pulp cavity Pulpahöhleneröffnung *f*
opening of the sphenoid sinus Apertura *f* sinus sphenoidalis, Keilbeinhöhlenöffnung *f*
opening of the superior vena cava Ostium *n* venae cavae superioris
opening of the vermiform appendix Ostium *n* appendicis vermiformis
opening pressure Öffnungsdruck *m*
opening snap Öffnungston *m (der Herzklappen)*
opening wedge osteotomy offene Keilosteotomie *f (des ersten Metatarsalknochens)*
opera-glass hand Operngiashand *f (bei Rheumatoidarthritis)*
operability Operabilität *f*, Operierbarkeit *f (z. B. einer Geschwulst)*; Operationsfähigkeit *f*
operable operabel, operierbar, operationsfähig
operant operant, ohne erkennbare Reizung, nicht reizgebunden
operant conditioning *(Neur)* operante Konditionierung *f*
operant level operante Ebene *f (Basisverhalten vor Konditionierung)*
operate *v* operieren, eine Operation durchführen [vornehmen], einen ärztlichen Eingriff durchführen
operate *v* **on [upon] a patient** einen Patienten operieren
operated/be *v* operiert werden, sich einer Operation unterziehen
operated upon for carcinoma/be *v* wegen Krebs operiert werden
operating condition Operationsbedingung *f*
operating knife Operationsskalpell *n*, Operationsmesser *n*
operating microscope Operationsmikroskop *n*
operating room Operationssaal *m*, OP(-Saal) *m*
operating room equipment Operationssaalausrüstung *f*
operating room staff Operationssaalpersonal *n*, OP-Personal *n*
operating room technician OP-Techniker *m*
operating room temperature Operationssaaltemperatur *f*
operating scissors Operationsschere *f*
operating table Operationstisch *m*, OP-Tisch *m* • **fix the patient to the operating table** den Patienten auf dem Operationstisch fixieren • **place the patient on the operating table** den Patienten auf dem Operationstisch lagern • **tilt the operating table laterally** den Operationstisch seitlich kippen
operating table lifted by hand handbetriebener Operationstisch *m*
operating table with distance steering Operationstisch *m* mit Fernsteuerung [Fernbedienung]
operating telescope Lupenbrille *f (für Operationen)*
operating theatre *s.* operating room
operation Operation *f*, chirurgischer Eingriff *m* • **agree to the operation** der Operation zustimmen, in die Operation einwilligen • **be in no condition for operation** nicht in einem operationsfähigen Zustand sein, nicht operationsfähig sein • **cancel an operation** eine Operation absetzen [abmelden] • **do an operation** operieren, eine Operation durchführen • **in doing an operation** bei der Durchführung einer Operation • **perform an operation** eine Operation durchführen, operieren • **undergo an operation** sich einer Operation unterziehen, operiert werden • **withstand an operation** eine Operation überstehen [aushalten]
operation cystoscope *(Urol)* Operationszystoskop *n*
operation for carcinoma Krebsoperation *f*, Operation *f* wegen eines Karzinoms
operation for hydrocele Hydrozelenoperation *f*
operation for phimosis Phimosenoperation *f*
operation for tumour Tumoroperation *f*, Operation *f* wegen einer Geschwulst
operation issue Operationsausgang *m*
operation mania *(Neur)* Operationswütigkeit *f*, Furor *m* secandi
operation of choice [election] Elektivoperation *f*, Operation *f* zum Zeitpunkt der Wahl
operation of thinking Denkvorgang *m*
operation on the leg Beinoperation *f*
operation outcome Operationsausgang *m*
operation procedure Operationsverfahren *n*
operation risk of the patient Operationsrisiko *n* für den Patienten
operation technique Operationstechnik *f*, operative Technik *f*
operation to a vessel Gefäßoperation *f*
operational *s.* operative
operational fatigue *(Neur)* Granatschock *m*
operative operativ, auf chirurgischem Wege, mittels Operation, durch ärztlichen Eingriff; Operations…
operative access operativer Zugang *m*
operative ankylosis *(Chir, Orth)* operative Ankylose *f* [Ankylosierung *f*], operative [künstliche] Gelenkversteifung *f*, Arthrodese *f*
operative approach *s.* operative access
operative biopsy Operationsbiopsie *f*, operative Biopsie *f*
operative cholangiography intraoperative Cholangiographie *f* [Gallengangdarstellung *f*]
operative dental surgeon (operativer) Zahn- und Kieferchirurg *m*
operative dentistry Kieferchirurgie *f*
operative field Operationsgebiet *n* • **concentrate the light into the operative field** das Licht in das Operationsgebiet zentrieren
operative intervention operative Intervention *f*, operativer Eingriff *m* • **time operative intervention** den Operationszeitpunkt bestimmen [festlegen], den operativen Eingriff zeitlich festlegen
operative linen Operationstuch *n*, OP-Tuch *n*
operative mortality Operationsmortalität *f*
operative mortality rate Operationsmortalitätsrate *f*
operative procedure Operationsverfahren *n*, Operationstaktik *f*
operative risk Operationsrisiko *n*
operative shock Operationsschock *m*
operative thinking *(Neur)* operatives [operationales] Denken *n*
operative treatment operative Behandlung *f*
operative wound Operationswunde *f*
operator Operateur *m*, operierender Arzt *m*; Chirurg *m*
operator gene Operatorgen *n*
operatory *(Stom)* Behandlungseinheit *f*, OP-Einheit *f*
opercula *pl s.* operculum
opercular Operkulum…, Deckel…
operculate ein Operkulum besitzend
operculectomy Operkulektomie *f*, Operkulumentfernung *f*
operculitis Operkulitis *f*, Operkulumentzündung *f*

operculum *(Anat, Gyn)* Operkulum *n*, Operculum *n*, Deckel *m*
operon *(Gen)* Operon *n*
ophiasis Ophiasis *f*, bandförmiger Haarausfall *m (meist am Hinterkopf und bei Kindern)*
ophidiasis *s.* ophidism
ophidic durch Schlangen verursacht [bewirkt]; Schlangen…
ophidiophobia Ophidiophobie *f*, Schlangenangst *f*, Schlangenfurcht *f*
ophidism Ophidiasis *f*, Ophiotoxämie *f*, Schlangengiftintoxikation *f*, Schlangengiftvergiftung *f*, Schlangenbissvergiftung *f*
ophiophobe ophiophob, schlangenfürchtend
ophiophobe sich vor Schlangen fürchtender Mensch *m*, Schlangenfürchtender *m*
ophiophobia *(Neur)* Ophiophobie *f*, Ophidiophobie *f (krankhafte Angst vor Schlangen)*
ophiotoxaemia *s.* ophidism
ophritis *s.* ophryitis
ophryitis Ophryitis *f*, Augenbrauenentzündung *f*
ophryon Ophryon *n*, Stirnglatzenmittelpunkt *m (anthropologischer Messpunkt)*
ophryosis Ophryosis *f*, Augenbrauenspasmus *m*, Augenbrauenkrampf *m*
ophryphtheiriasis Ophryphthiriasis *f*, Filzlausbefall *m* der Augenbrauen
ophrys Augenbraue *f*
ophrytic Augenbrauen…
ophthalmacrosis Augenvergrößerung *f*, Augapfelvergrößerung *f*
ophthalmagra plötzlicher Augenschmerz *m*
ophthalmalgia Ophthalmalgie *f*, Augenneuralgie *f*, Augen(nerven)schmerz *m*
ophthalmatrophia Ophthalmatrophie *f*, Augenatrophie *f*
ophthalmecchymosis Ophthalmecchymose *f*, Bindehaut(ein)blutung *f*
ophthalmectomy Ophthalmektomie *f*, Augenexstirpation *f*, Augapfelenukleation *f*, (operative) Augenentfernung *f*
ophthalmencephalon Ophthalmenzephalon *n (visuelles Nervensystem)*
ophthalmia Ophthalmie *f*, Augen(bindehaut)entzündung *f*, Ophthalmitis *f*
ophthalmiac Ophthalmiekranke(r) *m*
ophthalmiatrics *s.* ophthalmology
ophthalmic ophthalmisch; Augen…
ophthalmic *s.* ophthalmic agent
ophthalmic administration of medication konjunktivale Arzneimittelapplikation *f*
ophthalmic agent Ophthalmikum *n*, Augen(heil)mittel *n*
ophthalmic artery Arteria *f* ophthalmica, Augenarterie *f*
ophthalmic herpes zoster Herpes *m* zoster ophthalmicus
ophthalmic manifestation Augenmanifestation *f (einer Krankheit)*
ophthalmic migraine ophthalmische Migräne *f*, Augenmigräne *f*
ophthalmic nerve Nervus *m* ophthalmicus, Augennerv *m (erster Ast des Nervus trigeminus)*
ophthalmic ointment Augensalbe *f*
ophthalmic optician brillenbestimmender Optiker *m*
ophthalmic plexus Plexus *m* ophthalmicus, Augen(arterien)plexus *m*, Augenarterien(nerven)geflecht *n*
ophthalmic preparation *(Pharm)* Augenpräparat *n*
ophthalmic scalpel Augenskalpell *n*
ophthalmic scissors Augenschere *f*
ophthalmic solution *(Pharm)* Augenlösung *f*
ophthalmic surgery Augenchirurgie *f*, Ophthalmochirurgie *f*
ophthalmic test Ophthalmotest *m*, Konjunktivalprobe *f*, Ophthalmoreaktion *f (Allergietestung)*
ophthalmic tract *(Anat)* Tractus *m* opticus
ophthalmic vesicle *(Embr)* Vesicula *f* ophthalmica, Augenbläschen *n*
ophthalmic zoster Zoster *m* ophthalmicus [corneae]
ophthalmitic ophthalmitisch; Augenentzündungs…
ophthalmitis Ophthalmitis *f*, Augenentzündung *f*, Ophthalmie *f*
ophthalmoblennorrhoea Ophthalmoblennorrhoe(a) *f*, Augenblennorrhö(e) *f*, akute Bindehautentzündung *f*
ophthalmocace Augenkrankheit *f*, Augenerkrankung *f*, Augenleiden *n*
ophthalmocarcinoma Ophthalmokarzinom *n*, Augenkarzinom *n*, Augenkrebs *m*
ophthalmocele Ophthalmozele *f*
ophthalmocentesis Paracentesis *f* bulbi [oculi], Ophthalmozentese *f*, Augenpunktion *f*
ophthalmochromoscopy Ophthalmochromoskopie *f*
ophthalmocopia Ophthalmokopie *f*, Lassitudo *f* visionis, Asthenopie *f*, Kopiopie *f*, Sehmüdigkeit *f*
ophthalmodesmitis Ophthalmodesmitis *f (Entzündung bindegewebiger Augenbestandteile)*
ophthalmodiagnosis Ophthalmodiagnose *f*, Augendiagnose *f*
ophthalmodiaphanoscope Ophthalmodiaphanoskop *n*
ophthalmodiaphanoscopy Ophthalmodiaphanoskopie *f*
ophthalmodiastimeter Ophthalmodiastimeter *n (zur Bestimmung des Linsenabstandes vom Auge)*
ophthalmodonesis Ophthalmodonese *f*, Augenzittern *n*
ophthalmodynamography Ophthalmodynamographie *f*
ophthalmodynamometer 1. Ophthalmodynamometer *n (zur Druckmessung in den Netzhautgefäßen)*; 2. Ophthalmodynamometer *n*, Augenkraftmesser *m (Konvergenzkraftbestimmung)*
ophthalmodynamometry 1. Ophthalmodynamometrie *f (Methode zur Druckmessung in den Netzhautgefäßen)*; 2. Ophthalmodynamometrie *f*, Augenkraftmessung *f (Konvergenzkraftbestimmung)*
ophthalmodynia Ophthalmodynie *f*, Augenschmerz *m*
ophthalmo-eikonometer Ophthalmoeikonometer *n*
ophthalmofundoscopy *s.* ophthalmoscopy
ophthalmograph Ophthalmograph *m*
ophthalmography Ophthalmographie *f*
ophthalmogyric ophthalmogyrisch, augendrehend
ophthalmokopia *s.* ophthalmocopia
ophthalmoleucoscope Ophthalmoleukoskop *n (zur Farbblindheitstestung)*
ophthalmolith Ophthalmolith *m*, Tränenstein *m*
ophthalmologic ophthalmologisch; Augenheilkunde…
ophthalmological *s.* ophthalmologic
ophthalmologist Ophthalmologe *m*, Augenarzt *m*, Facharzt *m* für Ophthalmologie, Arzt *m* für Augenheilkunde *f*
• **consult an ophthalmologist** einen Augenarzt aufsuchen, einen Ophthalmologen konsultieren
ophthalmology Ophthalmologie *f*, Augenheilkunde *f*, Ophthalmiatrie *f*, Ophthalmiatrik *f*
ophthalmology department ophthalmologische Abteilung *f*, Augenabteilung *f*
ophthalmology hospital Augenklinik *f*, Klinik *f* für Ophthalmologie [Augenheilkunde]
ophthalmomacrosis *s.* ophthalmacrosis
ophthalmomalacia Ophthalmomalazie *f*, Augenerweichung *f*, Augapfelerweichung *f*
ophthalmomelanoma Augenmelanom *n*
ophthalmomelanose Augenmelanose *f*
ophthalmomeningeal vein Vena *f* ophthalmomeningea
ophthalmometer Ophthalmometer *n*, Krümmungsflächenmesser *m*

ophthalmometroscope Ophthalmometroskop *n (zur Refraktionsbestimmung)*
ophthalmometry Ophthalmometrie *f*, Krümmungsflächenmessung *f (der Hornhaut des Auges)*
ophthalmomycosis Ophthalmomykose *f*, Augenmykose *f*, Pilzerkrankung *f* des Auges
ophthalmomyiasis Ophthalmomyiasis *f*, Augenmyiasis *f*, Madenkrankheit *f* [Madenerkrankung *f*] des Auges
ophthalmomyitis Ophthalmomyitis *f*
ophthalmomyositis Ophthalmomyositis *f*, Augenmuskelentzündung *f*
ophthalmomyotomy Ophthalmomyotomie *f*, Augenmuskelschnitt *m*, Augenmuskeldurchtrennung *f*
ophthalmoncus Augenschwellung *f*, Augengeschwulst *f*
ophthalmoneuritis Ophthalmoneuritis *f*, Sehnervenentzündung *f*
ophthalmoneuromyelitis Ophthalmoneuromyelitis *f*
ophthalmopathy Ophthalmopathie *f*, Augenkrankheit *f*, Augenerkrankung *f*, Augenleiden *n*
ophthalmophacometer Ophthalmophakometer *n*, Brechkraftmesser *m* des Auges
ophthalmophacometry Ophthalmophakometrie *f*, Brechkraftmessung *f* des Auges
ophthalmophantom Ophthalmophantom *n*, Augenmodell *n*
ophthalmophlebotomy Ophthalmophlebotomie *f (bei gestauten Konjunktivalvenen)*
ophthalmophobia Ophthalmophobie *f*, krankhafte Anstarrungsfurcht *f*
ophthalmophthisis Ophthalmophthisis *f*, Phthisis *f* bulbi, Augenschrumpfung *f*, Augapfelschwund *m*
ophthalmophyma Ophthalmophyma *n*, Augen(an)schwellung *f*, Augapfel(an)schwellung *f*
ophthalmoplastic ophthalmoplastisch; Augenplastik...
ophthalmoplasty Ophthalmoplastik *f*, Augenplastik *f*
ophthalmoplegia Ophthalmoplegie *f*, Augenmuskellähmung *f*
ophthalmoplegic ophthalmoplegisch, augenmuskellähmend; Augenmuskellähmungs...
ophthalmoptosis *s.* exophthalmus
ophthalmoreaction *s.* oculoreaction
ophthalmorrhagia Ophthalmorrhagie *f*, Augenblutung *f*, Augapfelblutung *f*
ophthalmorrhexis Ophthalmorrhexis *f*, Augenzerreißung *f*, Augapfelzerreißung *f*
ophthalmorrhoea Ophthalmorrhoe *f*, eitrige Augenentzündung *f*
ophthalmos *s.* ophthalmus
ophthalmoscope Ophthalmoskop *n*, Augenspiegel *m (zur Untersuchung des Augenhintergrundes)*
ophthalmoscopic opthalmoskopisch
ophthalmoscopist Ophthalmoskopiker *m*
ophthalmoscopy Ophthalmoskopie *f*, Augenspiegelung *f*, Augenhintergrundspiegelung *f*
ophthalmosonometry Ophthalmosonometrie *f*, Ultraschalluntersuchung *f* des Auges
ophthalmospasm Ophthalmospasmus *m*, Augenkrampf *m*
ophthalmospectroscope Ophthalmospektroskop *n*
ophthalmosspectrocopy Ophthalmosspektrokopie *f*
ophthalmospintherism *s.* spinterism
ophthalmostasis Ophthalmostase *f*, Augenfixierung *f*, Augapfelfixation *f*
ophthalmostat Ophthalmostat *m*, Augenhalter *m*, Augenspekulum *n*
ophthalmostatometer Ophthalmostatometer *n*
ophthalmostatometry Ophthalmostatometrie *f (Bestimmung der Protrusion oder Retraktion des Augapfels in der Augenhöhle)*
ophthalmosteresis Ophthalmosterese *f*, Verlust *m* eines Auges
ophthalmosynchysis Ophthalmosynchisis *f*, Augenkammererguss *m*
ophthalmothermometer Ophthalmothermometer *n*, Augenthermometer *n*
ophthalmotomy Ophthalmotomie *f*, Augapfelinzision *f*, Augen(ein)schnitt *m*
ophthalmotonometer Ophthalmotonometer *n*, Augen(binnen)druckmesser *m*, Augeninnendruckmesser *m*
ophthalmotonometry Ophthalmotonometrie *f*, Augen(binnen)druckmessung *f*, Augeninnendruckmessung *f*
ophthalmotonus Ophthalmotonus *m*, Augapfel(binnen)druck *m*, Augen(innen)druck *m*
ophthalmotoxin Ophthalmotoxin *n*, Augengift *n*
ophthalmotrope Augenphantom *n (Augapfelmodell zur Untersuchung der Augenmuskelbewegung)*
ophthalmotropometer Ophthalmotropometer *n (zur Messung der Augenmuskelbewegung)*
ophthalmotropometry Ophthalmotropometrie *f*, Messung *f* der Augenmuskelbewegung
ophthalmovascular Augen(blut)gefäß...
ophthalmoxerosis Xerophthalmie *f*, Xerosis *f* conjunctivae, Xerose *f*, Hornhaut- und Bindehauteintrocknung *f*, Augendarre *f*
ophthalmoxysis Konjunktivaskarifikation *f*, Bindehautritzung(soperation) *f*
ophthalmoxyster Ophthalmoxyster *m*
ophthalmus Ophthalmos *m*, Auge *n (Zusammensetzungen siehe unter: eye)*
opian *s.* opianine
opianine Noscapin *n (Opiumalkaloid)*
opiate 1. opiumhaltig; Opium...; 2. beruhigend
opiate 1. Opiat *n*, opiumhaltiges Arzneimittel *n*, Opiumpräparat *n*; 2. Beruhigungsmittel *n*
opiate antagonist Opiatantagonist *m*
opiate receptor *(Neur)* Opiatrezeptor *m (Endorphinbindungsstelle)*
opioid Opioid *n*
opioid addiction Opiatsucht *f*
opiomania Opiumsucht *f*
opiomaniac Opiumsüchtige(r) *m*
opiomelanocortin Opiomelanocortin *n*
opiophagia Opiophagie *f*, Opiumessen *n*, Opiumkauen *n*; Opiumkonsum *m*
opiophile *s.* opiomaniac
opipramol hydrochloride Opipramolhydrochlorid *n (Antidepressivum)*
opisthenar Opisthenar *m*, Handrücken *m*
opisthencephalon *s.* cerebellum
opisthiobasial Opisthion-Basion-...
opisthion Opisthion *n (anthropologischer Messpunkt)*
opisthionasial Opisthion-Nasion-...
opisthocheilia Opisthocheilie *f*
opisthocranion Opisthokranion *n (anthropologischer Messpunkt)*
opisthogeny *s.* opisthognathia
opisthognathia Opisthognathie *f*, Zurückstehen *n* des Unterkiefers *(siehe auch: brachygnathia)*
opisthognathism *s.* opisthognathia
opisthomastigote Opistomastigote *f (morphologisches Stadium)*
opisthoporeia Rückwärtsgehen *n*, Rückwärtslaufen *n*
opisthorchiasis *(Paras)* Opisthorchiasis *f*, Leberegelinfektion *f*, Leberegelbefall *m*
Opisthorchidae Opisthorchidae *pl*
opisthorchis Opisthorchis *m*, Leberegel *m*
Opisthorchis sinensis Opisthorchis *m* sinensis, Clonorchis *m* sinensis, chinesischer Leberegel *m*

opisthorchosis *s.* opisthorchiasis
opisthotic hinter dem Ohr (liegend)
opisthotonic opisthotonisch; Opisthotonus...
opisthotonoid opisthotonoid, opisthotonusartig
opisthotonos *s.* opisthotonus
opisthotonus Opisthotonus *m*, Rückenmuskelstarrkrampf *m*
opium Opium *n*
opium alkaloid Opiumalkaloid *n*
opium tincture Opiumtinktur *f*
opiumism Opiumsucht *f*
Opitz-Frias syndrome *s.* Opitz's syndrome
Opitz trigonocephaly syndrome Opitz-Johnson-McCreadle-Smith-Syndrom *n*, C-Syndrom *n (multiples Missbildungssyndrom)*
Opitz's disease Opitz-Krankheit *f*, Opitz'sche Krankheit *f*, Milzvenenthrombose *f* mit Splenomegalie
Opitz's syndrome Opitz-Syndrom *n*, Hypertelorismus-Hypospadie-Syndrom *n*
opocephalus *(Terat)* Opozephalus *m*, Opokephalus *m*
opoclonia Opoklonie *f*, Augenklonus *m*
opodidymus *(Terat)* Opodidymus *m*
opodymus *s.* opodidymus
opotherapeutic Opotherapie...
opotherapy 1. Opotherapie *f*, Gewebs(saft)behandlung *f*, Gewebssafttherapie *f*; 2. *s.* organotherapy
Oppenheim's disease 1. Oppenheim-Krankheit *f*, Oppenheim'sche Krankheit *f*, Myatonia *f* congenita; 2. Oppenheim-Krankheit *f*, Oppenheim'sche Krankheit *f*, Dystonia *f* musculorum deformans
Oppenheim's reflex Oppenheim'scher Reflex *m*, Oppenheim-Reflex *m (Pyramidenbahnzeichen)*
Oppenheim's sign Oppenheim-Zeichen *n*, Oppenheim'-scher Reflex *m (Pyramidenbahnzeichen; Dorsalflexion der Großzehe bei Bestreichen der Tibiainnenseite)*
Oppenheim's syndrome *s.* Oppenheim's disease 1.
oppilation Porenverstopfung *f*
oppilative oppilativ, porenverstopfend
oppenens opponens, gegenüberstellend
oppenens digiti minimi manus (muscle) Musculus *m* opponens digiti minimi manus, Kleinfingergegensteller *m*
oppenens digiti minimi pedis (muscle) Musculus *m* opponens digiti minimi pedis, Kleinzehengegensteller *m*
oppenens digiti quinti (muscle) of the foot *s.* opponens digiti minimi pedis (muscle)
oppenens digiti quinti (muscle) of the hand *s.* opponens digiti minimi manus (muscle)
oppenens pollicis (muscle) Musculus *m* opponens pollicis, Daumengegensteller *m*
opposing opponens, gegenüberstellend, entgegenstellend
opportune confabulation *(Neur)* blühende Konfabulation *f*
opportunistic opportunistisch, bei günstiger Gelegenheit aufretend; eine (günstige) Gelegenheit nutzend; bei günstigen Bedingungen pathogen werdend *(z. B. apathogene Keime im Organismus)*
opportunistic disease opportunistische Krankheit *f*
opportunistic infection opportunistische Infektion *f*
opportunistic pathogen opportunistischer Krankheitserreger *m*
opposition 1. Opposition *f*, Gegenstellung *f*, Gegenüberstellung *f*, Entgegenstellung *f*; 2. *(Anat)* Opposition *f*, Oppositionsstellung *f (des Daumens)*
oppositional disorder *(Neur, Päd)* Trotzverhalten *n*
oppositipolar mit zwei gegenüberliegenden Polen; mit zwei gegenüberliegenden Zellpolen
oppression Oppression *f*, Beklemmung *f*
oppressive feeling Oppressionsgefühl *n*, Beklemmungsgefühl *n (im Brustkorb)*
opsialgia *s.* facial neuralgia
opsiclonia Opsiklonie *f*
opsin *(Bioch)* Opsin *n (Proteinbestandteil von Sehfarbstoffen)*
opsinogen Opsinogen *n*, Immunkörper produzierende Substanz *f*
opsinogenous opsinogen, opsoninproduzierend; opsoninstimulierend
opsiometer Optometer *m*
opsiometry Opsiometrie *f*, Optometrie *f*
opsionosis Opsionosis *f*, Augenerkrankung *f*, Augenleiden *n*; Sehstörung *f*
opsiphonia *(Neur)* Opsiphonie *f (Farbempfindung bei bestimmten akustischen Reizen)*
opsiuria Opsiurie *f*, vermehrte Urinausscheidung *f* beim Fasten
opsoclonus *(Neur)* Opsoklonus *m*
opsogen *s.* opsinogen
opsomania Opsomanie *f (Verlangen nach bestimmter Nahrung)*
opsonic Opsonin...
opsonic action Opsoninwirkung *f*, Opsonineffekt *m*
opsonic index Opsoninindex *m*, phagozytische Zahl *f*, Phagozytoseindex *m*
opsonification *s.* opsonization
opsonify *v s.* opsonize
opsonin Opsonin *n*, Bakteriotropin *n (Antikörper im normalen Blutserum, bereitet Phagozytose durch Leukozyten vor)*
opsonization Opsonisation *f*, Opson(is)ierung *f (Bakterienveränderung durch Opsonine zur Vernichtung durch Leukozyten)*
opsonize *v* opsonieren, durch Opsonin vorbereiten [verändern] *(Bakterien im Blut)*
opsonocytophagic opsonozytophagisch
opsonology Opsonologie *f*, Opsoninforschung *f*, Lehre *f* von den Opsoninen
opsonometry Opsonometrie *f*, Opsoninindexbestimmung *f*, Bestimmung *f* der phagozytischen Zahl
opsonophagocytosis Opsonophagozytose *f*
opsonophilia Opsonophilie *f*, Opsoninaffinität *f*
opsonophilic opsonophil, opsoninaffin, opsoninanziehend
opsonotherapy Opsonotherapie *f (Krankheitsbehandlung durch Stimulierung der Opsoninbildung)*
optaesthesia Optästhesie *f*, Sehsensibilität *f*, Sehempfindlichkeit *f*
optalidon addiction *(Neur)* Optalidonsucht *f*
optic 1. *(Ophth, Anat)* Augen...; 2. *s.* optical
optic activity optische Aktivität *f*
optic agraphia optische Agraphie *f (Schreibstörung bei optischer Agnosie)*
optic anaesthesia *(Ophth)* temporäre Amaurose *f*
optic angle optischer Winkel *m*, Sehwinkel *m*
optic atrophy Optikusatrophie *f*, Sehnervenatrophie *f*, Sehnervendegeneration *f*
optic axis Axis *m* opticus, optische Achse *f* [Sehachse *f*], Augenachse *f (gedachte Linie zwischen Horn- und Netzhautmittelpunkt des Auges)*
optic canal *(Anat)* Canalis *m* opticus
optic centre *(Anat)* Sehzentrum *n*
optic chiasma *(Anat)* Chiasma *n* opticum [nervorum opticorum], Sehnervenkreuzung *f*
optic chiasma lesion Chiasma-(opticum-)Läsion *f*, Sehnervenkreuzungverletzung *f*
optic chiasma syndrome Chiasmasyndrom *n*
optic chiasma tumour Chiasmatumor *m*, Sehnervenkreuzunggeschwulst *f*
optic-chiasmatic arachnoiditis *(Neur)* Arachnoiditis *f* opticochiasmatica

optic commissure *s.* optic chiasma
optic cup *(Embr)* Caliculus *m* ophthalmicus, Augenbecher *m*, doppelwandige sekundäre Augenblase *f*
optic density *(Rad)* optische Dichte *f*, Schwärzung *f*, Schwärzungszahl *f*
optic disk *(Anat)* Discus *m* nervi optici, Sehnervenscheibe *f*, Sehnervenpapille *f*, blinder Fleck *m*, Papilla *f* fasciculi optici
optic disk hole *(Anat)* Excavatio *f* papillae
optic disk pallor Papillenabblassung *f*
optic dysfunction Sehstörung *f*
optic foramen *(Anat)* Foramen *n* opticum, Sehnervenloch *n*
optic glioma Optikusgliom *n*
optic groove *(Anat)* Sulcus *m* chiasmatis
optic hallucination *(Neur)* optische Halluzination *f*
optic illusion optische Illusion *f*, optische Täuschung *f*, Deceptio *f* visus
optic laser optischer Laser *m*
optic nerve *(Anat)* Nervus *m* [Fasciculus *m*] opticus, Sehnerv *m*, II. Hirnnerv *m*
optic nerve atrophy Sehnervenatrophie *f*
optic nerve coloboma Sehnervenkolobom *n*
optic nerve fibre Sehnervenfaser *f*
optic nerve glioma Sehnervengliom *n*
optic nerve hypoplasia Sehnervenhypoplasie *f*
optic neuritis Neuritis *f* optica, Sehnervenentzündung *f*
optic neuro(encephalo)myelopathy Neuromyelitis *f* optica *(neurologische Erkrankung mit Erblindung und Querschnittslähmung)*
optic neuropathy Optikusneuropathie *f*, Sehnervenerkrankung *f*
optic pallor *s.* optic disk pallor
optic papilla *s.* optic disk
optic pathway *(Anat)* Sehbahn *f*
optic perineuritis Sehnervenscheidenentzündung *f*
optic pit *(Anat)* Fossula *f* optica, Sehnerventrichter *m*, Papillengefäßtrichter *m*
optic pore *(Anat)* Porus *m* opticus
optic primordium *(Embr)* Augenuranlage *f*
optic radiation *(Anat)* Radiatio *f* optica [occipitothalamica], Gratiolet'sche Sehstrahlung *f*
optic recess *(Anat)* Recessus *m* opticus *(Ausbuchtung der dritten Hirnkammer)*
optic righting optische Stellreaktion *f*, optische Ausrichtung *f (des Körpers im Raum)*
optic righting reflex optischer Stellreflex *m*; optischer Ausrichtungsreflex *m*
optic stalk *(Embr)* Augenblasenstiel *m*
optic surgery Augenchirurgie *f*
optic system assessment Bewertung *f* des optischen Organsystems; Einschätzung *f* der Sehorgane nach gründlicher Untersuchung
optic tabes Tabes *f* optica, Sehnervenatrophie *f* bei Syphilis
optic thalamus *(Anat)* Sehhügel *m*
optic thermometer optisches Thermometer *n*
optic tract *(Anat)* Tractus *m* opticus
optic vesicle *(Embr)* Vesicula *f* ophthalmica, Augenbläschen *n*
optical optisch
optical activity optische Aktivität *f*, optisches Drehvermögen *n (von Substanzen)*
optical illusions *(Neur)* Gesichtstäuschung *f*
optician Optiker *m*
opticianry Verordnung *f* von optischen Hilfsmitteln, Verordnung *f* von Brillenrezepten; optische Verordnungslehre *f*
opticochiasmatic optikochiasmatisch; Sehnerven-Chiasma-…
opticochiasmatic arachnoiditis *(Neur)* Arachnoiditis *f* opticochiasmatica
opticochiasmic *s.* opticochiasmatic
opticociliary optikoziliar; Sehnerv-Ziliarnerv…, Seh- und Ziliarnerven…
opticocoele Optikozöle *f*, Sehventrikel *m*
opticofacial optikofazial; Seh- und Gesichtsnerven…
opticofacial reflex optikofazialer Reflex *m*, Blinzelreflex *m*, Zwinkerreflex *m*
opticokinetic *s.* optokinetic
opticonasion Opticonasion *f (Distanz von der Hinterkante des Foramen opticum zum Nasion)*
opticopupillary optikopupillär; Sehnerven-Pupillen-…
optics Optik *f (eines Geräts)*; optische Bauelemente *npl*
optimal optimal; Optimal…
optimeter *s.* optometer
optimum dose Optimaldosis *f*
optional water loss optionaler Wasserverlust *m (z. B. durch Körperanstrengung)*
optoblast *(Histol)* Optoblast *m (lange Netzhautganglienzelle)*
optochiasmic *s.* opticochiasmatic
optocinerea *(Anat)* Substantia *f* grisea *(des Tractus opticus)*
optogram Optogramm *n*, Netzhaut(ab)bild *n*
optokinetic optokinetisch; Augenbewegungs…
optokinetic nystagmus *(Ophth, Physiol)* optokinetischer Nystagmus *m*, Augenzittern *n* bei der Verfolgung bewegter Gegenstände; Eisenbahnnystagmus *m*
optomeninx *s.* retina
optometer Optometer *n*, Sehkraft- und Sehweitenmesser *m*
optometrist Optometrist *m*, brillenbestimmender Optiker *m*
optometry Optometrie *f*, Sehkraft- und Sehweitenbestimmung *f*, Fernpunktbestimmung *f*, Brillenbestimmung *f*
optomyometer Optomyometer *n*, Gerät *n* zur Augenmuskelkraftmessung
optophone Optophon *n (Lesegerät für Blinde)*
optostriate *(Anat)* optostriatal
optotype Optotyp *m*, Sehzeichen *n (zur Bestimmung der Sehschärfe)*
ora *pl s.* os
orad mundwärts, zum Mund gerichtet
oral 1. oral; Mund…; Mundhöhlen…; 2. oral, durch den Mund *(z. B. Arzneimitteleinnahme)* • **for oral use** zum inneren Gebrauch, zur oralen Anwendung
oral administration of medication orale Medikamentenanwendung *f*, orale Arzneimittelzufuhr *f*
oral airway *(Anästh)* Mundtubus *m*, Pharyngealtubus *m*
oral anatomy Mund(höhlen)anatomie *f*
oral and maxillofacial surgeon Mund-, Kiefer- und Gesichtschirurg *m*
oral and maxillofacial surgery Mund-, Kiefer- und Gesichtschirurgie *f*
oral apraxia orale Apraxie *f*, Sprechunfähigkeit *f*
oral arch *(Anat)* Mandibularbogen *m*, erster Schlundbogen *m*
oral cancer Mundkrebs *m*, orales Karzinom *n*
oral cavity Mundhöhle *f*, Cavum *n* oris • **insert a thermometer into the oral cavity** ein Fieberthermometer in die Mundhöhle einlegen • **inspect the oral cavity** die Mundhöhle inspizieren
oral cavity sanation Mundhöhlensanierung *f*
oral character *(Neur)* oraler Charakter *m*
oral contraceptive orales Kontrazeptivum *n*, Antibabypille *f*, Anti-Baby-Pille *f*, "Pille" *f*
oral decongestant orales Abschwellungsmittel *n (für die Nase)*

oral diaphragm *(Anat)* Mundboden *m*, Diaphragma *n* oris
oral dosage orale Dosierung *f*, orale Medikamentengabe *f*
oral examination orale Untersuchung *f*, Munduntersuchung *f*
oral expressive aphasia motorische Aphasie *f*
oral fissure Mundspalt *m*
oral gangrene Cancrum *n* oris
oral glands Munddrüsen *fpl*, Glandulae *fpl* orales
oral hairy leukoplasia orale (zottige) Leukoplakie *f*, Leukoplakia *f* oralis
oral herpes oraler Herpes *m*, Mundherpes *m*
oral hygiene orale Hygiene *f*, Mundhygiene *f*
oral hypoglycaemic agent orales Hypoglykämikum *n*, orales Antidiabetikum *n*
oral maxillo-facial surgery Mund-, Kiefer- und Gesichtschirurgie *f*
oral moniliasis *(Myk)* Oralmoniliasis *f*, Mundsoor *m*, Soor *m*
oral mucosa Mund(höhlen)schleimhaut *f*
oral mucous membrane *s.* oral mucosa
oral opening Mundöffnung *f*, Mundspalt *m*
oral pathology orale Pathologie *f*, Mundpathologie *f*, dentale Pathologie *f*
oral phase *(Neur)* orale Phase *f*
oral physiology Mund(höhlen)physiologie *f*
oral plate *(Embr)* Mundplatte *f*
oral poliovirus vaccine orale Poliovirusvakzine *f*, Sabin-Vakzine *f*
oral prophylaxis orale Prophylaxe *f*
oral region Mundregion *f*, Regio *f* oralis
oral rehydration solution orale Rehydrierungslösung *f*
oral rehydration therapy orale Rehydrierungstherapie *f*
oral-sadistic stage *(Neur)* oral-sadistische Phase *f*
oral screw *(Stom)* (schraubenförmiger) Mundkeil *m*
oral slit Mundspalt *m*
oral stage orales Stadium *n*, Oralstadium *n*
oral surgeon Kieferchirurg *m*
oral surgery Kieferchirurgie *f*
oral temperature orale Temperatur *f*, Mundtemperatur *f*
oral treponema Mundspirochäte *f*
oral vaccine oraler Impfstoff *m*, orale Vakzine *f*, Schluckimpfstoff *m*
oral vestibule Mundvorhof *m*, Vestibulum *n* oris
oral wedge *(Stom)* Mundkeil *m*
orale Orale *n (anthropologischer Messpunkt)*
orality *(Psych)* orale Fixierung *f (der Oralphase der psychosexuellen Entwicklung entstemmend)*
oralogy Stomatologie *f*
orange-peel appearance *(Derm)* Apfelsinenschalenphänomen *n (bei Brustkrebs)*
orange-peel skin Orangenschalenhaut *f*, Apfelsinenschalenhaut *f (z. B. bei Zellulitis)*
orange-skin appearance *s.* orange-peel appearance
orbicular orbikular, kreisförmig, scheibenförmig, ringförmig
orbiculare Processus *m* lenticularis incudis
orbicularis (muscle) Musculus *m* orbicularis, Ringmuskel *m*
orbicularis oculi (muscle) Musculus *m* orbicularis oculi, Augenringmuskel *m*
orbicularis oculi muscle paralysis Augenringmuskellähmung *f*
orbicularis oculi reflex Supraorbitalreflex *m*, Augenringmuskelreflex *m*
orbicularis oris (muscle) Musculus *m* orbicularis oris, Mundringmuskel *m*, Lippenmuskel *m*
orbicularis oris reflex Lippenmuskelreflex *m*
orbicularis palpebrarum (muscle) *s.* orbicularis oculi (muscle)
orbicularis pupillary reflex Orbicularis-oculi-Reflex *m (Pupillenkontraktion beim Beklopfen der Augenbrauen)*
orbiculi *pl s.* orbiculus
orbiculus Orbiculus *m*, kleiner Kreis *m*
orbiculus ciliaris Orbiculus *m* ciliaris *(pigmentierter Abschnitt des Strahlenkörpers am Auge)*
orbit *s.* orbita
orbita Orbita *f*, Augenhöhle *f (Zusammensetzungen siehe unter: orbital)*
orbital orbital; Orbital…, Augenhöhlen…
orbital abscess Orbitaabszess *m*, Augenhöhlenvereiterung *f*
orbital angiography orbitale Angiographie *f*, Augenhöhlengefäßröntgen(kontrast)darstellung *f*
orbital angioma *(Path)* Augenhöhlenangiom *n*
orbital aperture Orbitaapertur *f*, Aditus *m* orbitalis, Orbitaeingang *m*
orbital bone Os *n* orbitale
orbital canal *s.* ethmoid canal
orbital cellulitis Cellulitis *f* orbitae, Orbitazellulitis *f*, Augenhöhlenzellgewebsentzündung *f*
orbital cyst Orbitazyste *f*
orbital decompression Orbitadruckentlastung *f*, Augenhöhlendekompression *f*
orbital fascia Fascia *f* orbitalis, Orbitalfaszie *f*
orbital fat Orbitafett(gewebe) *n*, Orbitafettkörper *m*
orbital fat hernia Orbitafettkörperhernie *f*
orbital floor Orbitaboden *m*, Augenhöhlenboden *m*
orbital floor fracture Orbitabodenfraktur *f*
orbital gyri Gyri *mpl* orbitales *(des Stirnhirns)*
orbital haemorrhage Augenhöhlen(ein)blutung *f*, Orbitalhämatom *n*
orbital height Orbitahöhe *f*
orbital hypertelorism orbitaler Hypertelorismus *m*
orbital hypotelorism orbitaler Hypotelorismus *m*
orbital index Orbitalindex *m (Verhältnis von Breite zu Höhe des Augenhöhleneingangs)*
orbital lobe Orbitallappen *m (des Stirnhirns)*
orbital margin Orbitalrand *m*, Augenhöhlenrand *m*
orbital muscle Musculus *m* orbitalis, Augenhöhlenmuskel *m*
orbital myositis orbitale Myositis *f*, Orbitamyositis *f*
orbital optic neuritis Retrobulbärneuritis *f*
orbital osteoperiostitis Orbitaosteoperiostitis *f*
orbital periosteum Orbitaperiost *n*
orbital phlebography Orbitaphlebographie *f*, Orbitalvenenröntgen(kontrast)darstellung *f*
orbital phlegmon Orbitalphlegmone *f*
orbital plane 1. Planum *n* orbitale *(Kraniometrie)*; 2. Facies *f* orbitalis maxillae
orbital plate of the frontal bone Pars *f* orbitalis ossis frontalis; Augenhöhlendach *n*
orbital process of the palatine bone Processus *m* orbitalis ossis palatini
orbital process of the zygomatic bone Processus *m* orbitalis ossis zygomatici
orbital pseudotumour orbitaler Pseudotumor *m*
orbital region Regio *f* orbitalis, Orbitalregion *f*
orbital roof Orbitadach *n*, Augenhöhlendach *n*
orbital septum Septum *n* orbitale *(bindegewebige Platte der Augenhöhle)*
orbital sulci Sulci *mpl* orbitales *(des Stirnlappens)*
orbital swelling Orbitaschwellung *f*
orbital tomogram Orbitatomogramm *n*, Augenhöhlenröntgenschichtbild *n*
orbital tumour Orbitatumor *m*, Augenhöhlengeschwulst *f*
orbital venography Orbitalvenenröntgen(kontrast)darstellung *f*

orbital width Orbitabreite *f*
orbitale *(Anat)* Orbitale *n (anthropologischer Messpunkt)*
oribitalis (muscle) Musculus *m* orbitalis, Augenhöhlenmuskel *m*
orbitography Orbitographie *f*, Augenhöhlenröntgendarstellung *f*
orbitomeatal line orbitomeatale Linie *f*, Augen-Ohr-Linie *f*
orbitonasal orbitonasal; Orbitonasal..., Augen- und Nasenhöhlen...
orbitonometer Orbitometer *n*, Orbita(binnen)druckmesser *m*, Augenhöhleninnendruckmesser *m*
orbitonometry Orbitometrie *f*, Orbita(binnen)druckmessung *f*, Augenhöhleninnendruckmessung *f*
orbitopagus *(Terat)* Orbitopagus *m (Missgeburt)*
orbitopathy Orbitopathie *f*, Orbitaerkrankung *f*
orbitosphenoid orbitosphenoidal; Augenhöhlen-Keilbein-...
orbitostat Orbitostat *m*, Orbitaachsenmesser *m*
orbitotemporal orbitotemporal; Orbitotemporal..., Augenhöhlen-Schläfen(bein)-...
orbitotomy Orbitotomie *f*, (operative) Augenhöhlen(er)öffnung *f*, Augenhöhlen(ein)schnitt *m*
orbivirus Orbivirus *n (Erreger des Colorado-Zeckenfiebers)*
orcein Orcein *n (histologischer Farbstoff)*
orchectomy *s.* orchidectomy
orcheitis *s.* orchitis
orchella Orchella *f (histologischer Farbstoff)*
orcheoplasty *s.* orchidoplasty
orchestromania *s.* acute chorea
orchialgia Orchialgie *f*, Orchiodynie *f*, Hodenneuralgie *f*, Hodenschmerz *m*, Didymalgie *f*, Testalgie *f*
orchic *s.* orchidic
orchichorea Orchichorea *f (Auf- und Abwärtsbewegung der Hoden)*
orchidalgia *s.* orchialgia
orchidatrophy Orchidatrophie *f*, Hodenatrophie *f*
orchidauxe Orchidauxe *f*, Hodenvergrößerung *f*
orchidectomy Orchidektomie *f*, Hodenexzision *f*, Hodenexstirpation *f*, (operative) Hodenentfernung *f*, Kastration *f*, Entmannung *f*
orchidic Hoden... *(Zusammensetzungen siehe unter: testicular)*
orchiditis *s.* orchitis
orchidoblastoma *(Path)* Orchidoblastom *n*, Orchioblastom *n (embryonales Hodenkarzinom)*
orchido-epididymectomy Orchidoepididymektomie *f*, (operative) Hoden- und Nebenhodenentfernung *f*
orchidometer Orchidometer *n (Instrument zur Hodenvermessung)*
orchidoncus Orchidoncus *m*, Hodenschwellung *f*
orchidopathy Orchidopathie *f*, Hodenkrankheit *f*, Hodenerkrankung *f*, Hodenleiden *n*
orchidopexy Orchi(d)opexie *f*, Orchipexie *f*, Hodenfixation *f*, Hodenfixierung *f*, (operative) Hodenanheftung *f (im Hodensack)*
orchidoplasty Orchidoplastik *f*, Orchioplastik *f*, Hodenplastik *f*, plastische Hodenoperation *f*
orchidoptosis Orchidoptose *f*, Hodensenkung *f*, Hodentiefstand *m*
orchidorrhaphy Orchidorrhaphie *f*, Hodennaht *f*
orchidospongioma Orchidospongiom *n (Hodengeschwulst)*
orchidotherapy Orchidotherapie *f*, Hodenextraktbehandlung *f*
orchidotomy Orchidotomie *f*, Hodeninzision *f*, Hoden(ein)schnitt *m*
orchidotyloma Orchidotylom(a) *n*, Hodenknötchen *n*
orchiectomy *s.* orchidectomy
orchi-epididymitis Orchiepididymitis *f*, Hoden- und Nebenhodenentzündung *f*
orchilytic hodenauflösend; hodenzerstörend
orchio... *siehe auch: orchido...*
orchioblastoma Orchioblastom *n (undifferenzierter Keimzellentumor des Hodens)*; embryonales Karzinom *n* vom infantilen Typ; anaplastischer Dottersacktumor *m*; infantiler Dottersacktumor *m*; infantiles Adenokarzinom *n*
orchiocatabasis Descensus *m* testis, Hodendeszensus *m*, Hodenabstieg *m (aus der Bauchhöhle in das Skrotum)*
orchiocele 1. Oscheozele *f*, Skrotalhernie *f*, Hernia *f* scrotalis, Hodensackbruch *m*; 2. Hodentumor *m*, Hodengeschwulst *f*; 3. Leistenhoden *m*, Testis *m* inguinalis
orchiodynia *s.* orchialgia
orchioncus Hodentumor *m*
orchioneuralgia *s.* orchialgia
orchiopathy Orchiopathie *f*, Orchidopathie *f*, Hodenerkrankung *f*, Hodenleiden *n*
orchiopexy *s.* orchidopexy
orchioplasty *s.* orchidoplasty
orchiorrhaphy *s.* orchidopexy
orchioscheocele Orchioscheozele *f*, Skrotalhernie *f*
orchioscirrhus Hodeninduration *f*, Hodenverhärtung *f*
orchiotherapy Orchiotherapie *f*, Hodenextraktbehandlung *f*
orchiotomy *s.* orchidotomy
orchis Orchis *m*, Hoden *m*, Testis *m*, Testikel *m*, Didymus *m*, männliche Keimdrüse *f (Zusammensetzungen siehe unter: testicular)*
orchitic orchitisch; Orchitis..., Hodenentzündungs...
orchitis Orchitis *f*, Hodenentzündung *f*, Testitis *f*, Didymitis *f*
orchitolytic *s.* orchilytic
orchotomy *s.* orchidotomy
orciprenaline sulfate Orciprenalinsulfat *n*
order *v* **an appropriate treatment** eine geeignete Behandlung anordnen, eine geeignete Therapie verordnen [anweisen]
orderly Pfleger *m*, Krankenpfleger *m*; Sanitäter *m*
ordure Ausscheidungsprodukt *n*, Exkrement *n*, Ausscheidung *f*; Kot *m*; Harn *m*
orexigenic appetitanregend, appetitsteigernd
oreximania Oreximanie *f*, krankhafte [übersteigerte] Esslust *f*
orf Ecthyma *n* contagiosum
orf virus Orf-Virus *n (Erreger der kontagiösen pustulären Dermatitis)*
organ Organ *n*, Organum *n* • **dissect away an organ** ein Organ resezieren • **free an organ** ein Organ freilegen
organ albumin Organalbumin *n*
organ donation *(Transp)* Organspende *f*
organ donor *(Transp)* Organspender *m*
organ grasping forceps *(Chir)* Organfasszange *f*
organ inferiority *(Neur)* Organminderwertigkeit *f*
organ-jargon *(Neur)* Organsprache *f*
organ language *(Neur)* Organsprache *f*
organ neurosis Organneurose *f*, psychosomatische Störung *f*
organ of attachment Wirtsorgan *n (z. B. der Bandwürmer)*
organ of Corti *(Anat, HNO)* Corti'sches Organ *n*, Organum *n* spirale, Hörorgan *n*
organ of equilibrium *(Anat, HNO)* Gleichgewichtsorgan *n*, Organum *n* vestibulare
organ of generation Fortpflanzungsorgan *n*, Geschlechtsorgan *n*, Organum *n* generativum
organ of hearing Hörorgan *n*, Organum *n* auditis
organ of smell Riechorgan *n*, Organum *n* olfactus
organ of taste Geschmacksorgan *n*, Organum *n* gustus
organ of vision Sehorgan *n*, Organum *n* visus

organ preservation *(Transp)* Organkonservierung *f*
organ procurement *s.* organ donation
organ psychosis *(Neur)* Organpsychose *f*
organ recipient *(Transp)* Organempfänger *m*
organ-specific organspezifisch
organ specificity Organspezifität *f*
organ system Organsystem *n*
organ transplant Organtransplantat *n*
organ transplantation Organtransplantation *f*
organa *pl s.* organum
organelle Organelle *f*
organic organisch; Organ...
organic amnesia *(Neur)* organische Amnesie *f*
organic anosmia *(Neur)* organische Anosmie *f*
organic brain syndrome organisches Hirnsyndrom *n*, hirnorganisches Psychosyndrom *n*
organic delusional syndrome *(Neur)* organisches Wahnsyndrom *n*
organic disease organische Krankheit *f*, Organerkrankung *f*
organic dust toxic syndrome allergische Pneumonitis *f*, toxisches Staubinhalationssyndrom *n*, toxisches Syndrom *n* nach Inhalation organischen Staubes
organic headache organischer Kopfschmerz *m*
organic impotence *(Urol)* organische Impotenz *f*
organic mental disorder organisch bedingte psychische Störung *f*
organic mental syndrome *(Neur)* organisch bedingtes psychisches Syndrom *n*
organic motivation organische [physiologische] Motivation *f*
organic murmur organisches Geräusch *n*; organisches Herzgeräusch *n*
organic muscle *s.* involuntary muscle
organic personality disorder organische Persönlichkeitsstörung *f*
organic personality syndrome *(Neur)* organische Persönlichkeitsveränderung *f*
organic psychosis organische Psychose *f*
organic psychopathy organische Psychopathie *f*
organic psychosyndrome organisches Psychosyndrom *n*, psychoorganisches Syndrom *n*
organic reaction type *(Neur)* akutes hirnorganisches Psychosyndrom *n*
organic syndrome *(Neur)* psychoorganisches Syndrom *n*, organisches Psychosyndrom *n*
organic tic *(Neur)* organischer Tic *m*
organic vertigo organische Vertigo *f*, organischer Schwindel *m*
organicism *(Neur)* Organizismus *m*
organification Jodination *f*, Organbindung *f* von Jod *(durch Jodperoxidasen in der Schilddrüse)*
organidin Organidin *n*, iodiniertes Glyzerol *n*
organism Organismus *m*, Lebewesen *n*, lebender Körper *m*; Organzusammenspiel *n*
organization 1. Organisation *f*, Gewebeumbildung *f* *(durch Zelleinwanderung)*; Kapillareinsprossung *f*, 2. Aufbau *m* *(z. B. von Chromosomen)*
organization centre *(Embr)* Organisationszentrum *n*
organize *v* sich organisieren; organisiert werden *(regenerierendes Gewebe)*
organized ferment zellständiges Enzym *n* [Ferment *n*]
organizing phase Organisationsphase *f* *(bei Entzündung)*
organoaxial die Organachse betreffend; sich um die Organachse drehend
organocarbamate insecticide Insektizid *n* vom Organocarbamat-Typ, Carbamat-Insektizid *n*
organocarbamate insecticide poisoning Vergiftung *f* durch Organocarbamat-Insektizid, Carbamat-Insektizidvergiftung *f*
organochlorine insecticide Insektizid *n* vom Typ der chlorierten Kohlenwasserstoffe, Organochlor-Insektizid *n*
organochlorine insecticide poisoning Vergiftung *f* durch Organochlor-Insektizid, Organochlor-Insektizidvergiftung *f*
organofaction Organentwicklung *f*
organoferric eine organische Eisenverbindung betreffend
organogel Organogel *n*
organogenesis Organogenese *f*, Organbildung *f*
organogenetic organogen(etisch), organbildend
organogenic *s.* organogenetic
organogeny *s.* organogenesis
organography Organographie *f*, (röntgenologische) Organdarstellung *f*
organoid organoid, organähnlich, organartig
organoid neoplasm organoides [organähnliches] Neoplasma *n*
organoid tumour organoider [organähnlicher] Tumor *m*
organoleptic organoleptisch
organology Organologie *f*, Organlehre *f*
organomegaly Organvergrößerung *f*, Splanchnomegalie *f*, (abnorme) Eingeweidevergrößerung *f*
organomercurial organische Quecksilberverbindung *f*
organometallic eine organische Metallverbindung betreffend
organon *s.* organum
organopathy Organopathie *f*, Organkrankheit *f*, Organerkrankung *f*
organopexy Organopexie *f*, Organfixierung *f*, (operative) Organanheftung *f*
organophil(e) *s.* organophilic
organophilic organophil, organfreundlich
organophilism *s.* organotropism
organophosphate Organophosphat *n*
organophosphate insecticide Insektizid *n* vom Typ der Organophosphate, Organophosphat-Insektizid *n*
organophosphate insecticide poisoning Insektizidvergiftung *f* vom Organophosphat-Typ, Organophosphat-Insektizidvergiftung *f*
organophosphorus Organophosphat *n*
organophosphorus compound Organophosphatverbindung *n*
organophosphorus compound poisoning Organophosphatvergiftung *f*
organophosphorus insecticide *s.* organophosphate insecticide
organoscopy Organoskopie *f*, Organspiegelung *f*, Organbetrachtung *f*, Organinspektion *f*
organosol Organosol *n*
organotaxis Organotaxis *f*, organgerichtete Bewegung *f*
organotherapeutic organotherapeutisch; Organ(o)therapie...
organotherapy Organ(o)therapie *f*, Organbehandlung *f*, Brown-Séquard-Therapie *f*
organotrope *s.* organotropic agent
organotrophic organotroph *(die Organernährung betreffend)*
organotropic organotrop, auf ein Organ wirkend
organotropic (agent) auf ein Organ wirkendes Mittel *n*
organotropism Organotropismus *m*, Organotropie *f*, Organ(ein)wirkung *f*
organotropy *s.* organotropism
organotypic growth organtypisches Wachstum *n*
organule sensorisches Endorgan *n* *(z. B. Geschmacksknospe)*
organum Organ *n*, Organum *n*
orgasm Orgasmus *m*, höchstes Wollustgefühl *n*
orgasmic *s.* orgastic

orgastic orgastisch, einen Orgasmus erzeugend; Orgasmus...
orgastic platform *(Neur)* orgastische Manschette *f*
orgotein Orgotein *n (antientzündlich wirksam)*
ori gene *(Gen)* Ori-Gen *n*
oriental bedbug Cimex *m* hemipterus
oriental (intestinal) schistosomiasis *(Trop)* Schistosomiasis *f* japonica, Katayama-Krankheit *f*
oriental sore *s.* cutaneous leishmaniasis
orientation Orientierung *f*
orientation in own personality *(Neur)* autopsychische Orientierung *f*, autopsychische Orientiertheit *f*
orientation in person *(Neur)* autopsychische Orientierung *f*
orientation in space *(Neur)* örtliche [räumliche] Orientierung *f*, örtliche [räumliche] Orientiertheit *f*
orientation in surrounding persons *(Neur)* personenbezogene Orientierung *f*, personenbezogene Orientiertheit *f*
orientation in surroundings *(Neur)* situative Orientierung *f*, situative Orientiertheit *f*
orientation in time *(Neur)* zeitliche Orientierung *f*, zeitliche Orientiertheit *f*
orienting reflex Orientierungsreflex *m*, Einstellungsreflex *m (reizempfindlicher Organe)*
orientomycin Orientomycin *n*, Cycloserin *n*
orifice *(Anat)* Orifizium *n*, Orificium *n*, Ostium *n*, Öffnung *f*, Eingang *m*, Mündung *f*
orifice of the maxillary sinus *(Anat)* Apertura *f* sinus maxillaris
orificial orifizial; Orifizium...
orificium *s.* orifice
oriform mundförmig, mundähnlich
origin Origo *f*, Ursprung *m*
origin of a muscle *(Anat)* Muskelursprung *m*
original tuberculin *s.* old tuberculin
orinotherapy Hochgebirgstherapie *f*, Behandlung *f* in großen Höhen
orlistat Orlistat *n (Pankreaslipaseinhibitor)*
Ormond's disease *s.* Ormond's syndrome
Ormond's syndrome Ormond-Syndrom *n*, Retroperitonealfibrose *f*, retroperitoneale Fibrose *f*
ornithinaemia Ornithinämie *f*, Hyperornithinämie *f*, Ornithinerhöhung *f* im Blut
ornithine *(Bioch)* Ornithin *n*, α,δ-Diaminovaleriansäure *f*, 2,5-Diaminopentansäure *f (Aminosäure)*
ornithine acetyltransferase Ornithin-Acetyltransferase *f (Enzym)*
ornithine aminotransferase Ornithin-Aminotransferase *f (Enzym)*
ornithine carbamoyltransferase Ornithin-Carbamoyltransferase *f (Enzym)*
ornithine carbamoyltransferase deficiency Ornithin-Carbamoyltransferase-Mangel *m*
ornithine cycle Ornithinzyklus *m*, Krebs-Henseleit-Zyklus *m*
ornithine decarboxylase Ornithin-Decarboxylase *f (Enzym)*
ornithine transaminase Ornithin-Transaminase *f (Enzym)*
ornithine transcarbamylase Ornithin-Transcarbamylase *f (Enzym)*
ornithine transcarboxylase Ornithin-Transcarboxylase *f*, Ornithincarbamyltransferase *f (Enzym)*
ornithinuria Ornithinurie *f*, erhöhte Ornithinausscheidung *f* im Urin
Ornithodoros Ornithodoros *f (Lederzeckengattung)*
Ornithodorus coriaceus Ornithodorus *m* coriaceus
Ornithodorus erraticus Ornithodorus *m* erraticus
Ornithodorus hermsi Ornithodorus *m* hermsi
Ornithodorus lahorensis Ornithodorus *m* lahorensis
Ornithodorus pappilipes Ornithodorus *m* pappilipes
Ornithodorus parkeri Ornithodorus *m* perkari
Ornithodorus rudis Ornithodorus *m* rudis
Ornithodorus savigni Ornithodorus *m* savigni
Ornithodorus talajé Ornithodorus *m* talajé
Ornithodorus tholozani Ornithodorus *m* tholozani
Ornithodorus turicata Ornithodorus *m* turicata
Ornithodorus venezuelensis Ornithodorus *m* venezuelensis
ornithosis *(Inf)* Ornithose *f*, Ornithoseviruskrankheit *f (siehe auch: psittacosis)*
ornithosis meningitis Ornithosemeningitis *f*
ornithosis pneumonia Ornithosepneumonie *f*
oroantral oroantral; Mund-Oberkieferhöhlen-...
oroantral fistula oroantrale Fistel *f*, Mund-Kieferhöhlen-Fistel *f*
orocutaneous orokutan; Mund(höhlen)-Haut-...
orodigitofacial orodigitofazial; Mund(höhlen)-Finger-Gesicht-...
orofacial orofazial; Mund-Gesichts-...
orolingual orolingual; Mund-Zungen-...
oromandibular oromandibulär; Mund-Unterkiefer-...
oromaxillary oromaxillär; Mund-Oberkiefer-...
oromeningitis Orrhomeningitis *f*
oronasal oronasal; Mund-Nasen-...
oronosis Höhenkrankheit *f*
oropharyngeal oropharyngeal, mesopharyngeal; Mundrachen...
oropharyngeal airway *(Anästh)* Oropharyngealtubus *m*, Guedel-Tubus *m*
oropharyngeal bacterial flora oropharyngeale Bakterienflora *f*, Mundrachenbakterienflora *f*
oropharyngeal cancer Oropharyngealkarzinom *n*
oropharyngeal carcinoma *s.* oropharyngeal cancer
oropharyngeal dysplasia oropharyngeale Dysplasie *f*
oropharyngeal tube *s.* oropharyngeal airway
oropharynx Oropharynx *m*, Pars *f* oralis pharyngis, Mundrachen(raum) *m*, Mesopharynx *m* • **rinse the oropharynx** den Mundrachen spülen
orosomucoid Orosomukoid *n (Glykoprotein)*
orotate Orotat *n*
orotate phosphoribosyltransferase Orotat-Phosphoribosyltransferase *f (Enzym)*
orotic acid Orotsäure *f*
orotic aciduria Orotazidurie *f*, erhöhte Orotsäureausscheidung *f* im Urin; Orotsäureanämie *f (bei Störung des Pyrimidinstoffwechsels)*
orotidine Orotidin *n*
orotidine-5′-monophosphate Orotidin-5′-monophosphat *n*, OMP
orotidine-5-phosphate decarboxylase Orotidin-5-phosphat-Decarboxylase *f (Enzym)*
orotidinuria Orotidinurie *f*, erhöhte Orotidinausscheidung *f* im Urin
orotidylate Orotidylat *n*
orotidylate decarboxylase Orotidylat-Decarboxylase *f (Enzym)*
orotidylic acid Orotidylsäure *f*
orotidylic acid decarboxylase OMP-Dekarboxylase *f*
orotidylic acid phosphorylase Orotat-Phosphoribosyltransferase *f (Enzym)*
orotidylic pyrophosphorylase Orotat-Phosphoribosyltransferase *f (Enzym)*
orotracheal anaesthesia orotracheale Anästhesie *f* [Narkose *f*]
Oroya fever *(Trop)* Oroya-Fieber *n*, Peruwarzenkrankheit *f*, Carrion'sche Krankheit *f (durch Bartonella bacilliformis)*

orphan verwaist; Waisen...
orphan Waise *f*, Waisenkind *n*
orphan disease Orphan-Krankheit *f*, Orphan-Erkrankung *f*, seltene Einzelkrankheit *f (ohne effektive Therapieentwicklung)*
orphan drug Orphan-Medikament *n*, Orphan-Arzneimittel *n*, Arzneimittel *n* für Einzelfälle
orphan virus Orphan-Virus *n*
orphanage *s.* orphan's home
orphan's home Waisenhaus *n*
orphenadrine Orphenadrin *n*, Mephenamin *n (Anticholinergikum; Antihistaminikum; Antispasmodikum; Euphorikum)*
orphenadrine citrate Orphenadrincitrat *n (Muskelrelaxans, Anticholinergikum)*
orphenadrine hydrochloride Orphenadrinhydrochlorid *n (Anticholinergikum)*
Orr method Orr'sche Methode *f*, Orr'sche Frakturbehandlung *f (z. B. bei Trümmerbrüchen oder Osteomyelitis)*
Orr technique *s.* Orr's method
Orr treatment *s.* Orr's method
orrhodiagnosis *(Immun)* Serodiagnose *f*, Serumdiagnostik *f*
orrho-immunity Serumimmunität *f*, passive Immunität *f*
orrhology Serologie *f*, Lehre *f* von den Blutwassereigenschaften
orrhomeningitis Entzündung *f* der serösen Häute
orrhoreaction Seroreaktion *f*, Serumreaktion *f*
orrhorrhoea Orrhorrhoe *f*, Ororrhoe *f*, seröser Ausfluss *m*
orrhos Serum *n*
orrhosis Serumbildung *f*
orrhotherapeutic serotherapeutisch; Orrhotherapie...
orrhotherapy Serotherapie *f*, Serumtherapie *f*, Serumbehandlung *f*
orthergasia Orthoergasie *f*, Normalzustand *m*; Normalfunktion *f*
orthesis 1. Orthese *f*, orthopädischer Stützapparat *m*; 2. *s.* prosthesis
orthetic haltungskorrigierend, stützend; die Haltung verbessernd, die Funktion verbessernd; Orthese(n)...
orthetics Orthetik *f*, Lehre *f* von der Haltungskorrektur durch Orthesen; Prothesenkunst *f*
orthetist Orthesenmacher *m*, Prothesenmacher *m*, Orthopädist *m*
orthoacid Orthosäure *f*
orthoarteriotony normaler Blutdruck *m*
orthobiosis Orthobiose *f (korrekte hygienische und moralische Lebenweise)*
orthoboric acid Borsäure *f*
orthocaine Orthocain *n (Oberflächenanästhetikum)*
orthocephalia Orthozephalie *f*, Orthokephalie *f*, Mittelköpfigkeit *f*
orthocephalic orthozephal, orthokephal, mittelköpfig
orthocephalous *s.* orthocephalic
orthochorea Orthochorea *f*, Chorea *f* bei aufrechter Körperhaltung
orthochromatic orthochrom(atisch), normal gefärbt; normal färbend
orthochromatic normoblast *(Hämat)* orthochromatischer Normoblast *m*
orthochromia Orthochromie *f*, normaler Hämoglobingehalt *m*
orthochromic *s.* orthochromatic
orthochromophile orthochromophil, normalfärbend
orthocrasia Orthokrasie *f*, Normalreaktion *f (auf Arzneimittel)*
orthocresol Orthokresol *n*
orthocytosis Orthozytose *f*, Vorhandensein *n* reifer Erythrozyten im Blut
orthodactylous orthodaktyl, geradfingrig
orthodentin *(Anat, Stom)* Orthodentin *n*
orthodeoxia Orthodeoxie *f (arterielle Hypoxämie beim aufrechten Stehen)*
orthodiagram Orthodiagramm *n*, Fluoreszenzschirm(ab)-bild *n* von Organen
orthodiagraphy Orthodiagraphie *f*, Orthoröntgenographie *f*, Umrissdarstellung *f* von Organen auf dem Fluoreszenzschirm
orthodiascope Orthodiaskop *n*, Durchleuchtungsgerät *n*
orthodiascopy Orthodiaskopie *f*, Durchleuchtung *f*, Röntgendurchleuchtung *f*
orthodichlorbenzene Orthodichlorbenzol *n*, o-Dichlorbenzol *n*
orthodolichocephalous orthodolichozephal, orthodolichokephal
orthodont orthodont, normalzahnig, normalgezahnt
orthodontia Orthodontie *f*, Orthognathodontie *f*, Kieferorthopädie *f*, Gebissausrichtung *f*
orthodontic orthodontisch; kieferorthopädisch
orthodontic appliance kieferorthopädische Prothese *f*, kieferorthopädischer Apparat *m*
orthodontic attachment orthodontisches Geschiebe *n*
orthodontic band orthodontisches Band *n*, kieferorthopädisches Band *n*
orthodontic treatment kieferorthopädische Behandlung *f*
orthodontics *s.* orthodontia
orthodontics and dentofacial orthopaedics Kieferorthopädie *f*
orthodontist Kieferorthopäde *m*, Arzt *m* [Facharzt *m*] für Kieferorthopädie
orthodontology *s.* orthodontia
orthodoxic sleep orthodoxer Schlaf *m*
orthodromic in normaler Richtung leitend *(z. B. Nervenimpulse)*
orthodromic conduction orthodrome Leitung *f* [Reizleitung *f*]
orthogenesis Orthogenese *f*, determinierte Evolution *f*, vorbestimmte Entwicklungslinie *f (Entwicklungsbiologie)*
orthogenetic orthogenetisch; Orthogenese...
orthogenic *(Stom)* orthogen; Orthogenie..., Kopfbiss...
orthogenic occlusion *(Stom)* orthogene Okklusion *f*, orthogener Biss *m*, Kopfbiss *m*
orthoglycaemic mit normalem Blutzucker(gehalt)
orthognathia *(Stom)* Orthognathie *f*, gerade Kieferstellung *f*, Neutralbiss *m*
orthognathic *(Stom)* orthognath(isch); Orthognathie...
orthognathic occlusion *(Stom)* orthognathische Okklusion *f*, orthognather Biss *m*
orthognathism *s.* orthognathia
orthognathous *s.* orthognathic
orthograde orthograd, aufrecht stehend; aufrecht gehend
orthohydroxybenzoic acid Orthohydroxybenzoesäure *f*, Salizylsäure *f*
orthoiodohippurate Orthojodhippurat *n*, Jodhippurat-Natrium *n*
orthokeratinization normale Keratinisierung *f (z. B. der Nägel)*
orthokeratology *(Ophth)* Orthokeratologie *f (Korrektur der Hornhautkrümmung mittels Kontaktlinsen)*
orthokeratosis *(Derm)* Orthokeratose *f*
orthokinetic cuff orthokinetische Manschette *f*
orthokinetics Orthokinetik *f*
orthologous gene orthologes Gen *n*
orthomechanical orthomechanisch; Prothesen...
orthomechanotherapy Prothesenbehandlung *f*
orthomelic Armfehlbildungen korrigierend; Beinfehlbildungen korrigierend
orthomesocephalous orthomesozephal, orthomesokephal

orthometer *s.* exophthalmometer
orthomolecular orthomolekular; Orthomolekular…
orthomolecular psychiatry *(Neur)* Orthomolekularpsychiatrie *f*
orthomorphia Orthomorphie *f (chirurgische und mechanische Korrektur von Deformierungen)*
Orthomyxoviridae Orthomyxoviridae *pl*
orthomyxovirus Orthomyxovirus *n*
orthoneutrophil *s.* orthochromophile
orthopaedic orthopädisch; Orthopädie…
orthopaedic appliance orthopädischer Apparat *m*, orthopädische Apparatur *f*, orthopädisches Gerät *n*
orthopaedic foot wear orthopädisches Schuhwerk *n*, orthopädische Schuhe *mpl*
orthopaedic nurse orthopädische Schwester *f*
orthopaedic nursing orthopädische Pflege *f*
orthopaedic surgery orthopädische Chirurgie *f*
orthopaedic traction orthopädische Traktion *f*
orthopaedics Orthopädie *f*
orthopaedist Orthopäde *m*, Arzt *m* [Facharzt *m*] für Orthopädie
orthopantogram *s.* orthopantograph
orthopantograph Orthopantograph *m*, Panorama(röntgen)aufnahme *f*
orthopantomography *(Stom)* Orthopantomographie *f*
orthopedics *s.* orthopaedics
orthopercussion *(Pulm)* Orthoperkussion *f*
orthophony Orthophonie *f*, richtige Stimmbildung *f*
orthophoria 1. Orthophorie *f*, normale Organlage *f*; 2. Orthophorie *f*, Augenmuskelgleichgewicht *n*
orthophoric orthophor(isch); Orthophorie…
orthophosphate Orthophosphat *n*
orthophosphoric acid Orthophosphorsäure *f*, Acidum *n* orthophosphoricum
orthophosphorous acid phosphorige Säure *f*
orthophrenia 1. Orthophrenie *f*, normale psychische Reaktion *f*, psychische Gesundheit *f*; 2. pädagogische Heilbehandlung *f (psychisch kranker oder abnormer Kinder)*
orthopia Schielbehandlung *f*
orthoplastocyte *(Hämat)* normaler Thrombozyt *m*
orthoplessimeter Orthoplessimeter *n (zur Perkussion)*
orthopnoea *(Pulm)* Orthopnoe *f (starke Atemnot beim Liegen)*
orthopnoea posture (aufrechte) Orthopnoehaltung *f*
orthopnoeic orthopnoeisch; Orthopnoe…
orthopnoea position (aufrechte) Orthopnoehaltung *f*
orthopod *s.* orthopaedist
orthopoxvirus Orthopoxvirus *n*
orthopraxis *s.* orthopraxy
orthopraxy Orthopraxie *f*, mechanischer Organersatz *m*
orthoprosthesis *(Stom)* Orthoprothese *f*
orthopsychiatry Orthopsychiatrie *f*, Persönlichkeitsbehandlung *f*, Verhaltenstherapie *f*
orthoptic orthoptisch, normalsichtig
orthoptic examination orthoptische Untersuchung *f*
orthoptic exercises orthoptische [mechanische] Sehübungen *fpl*
orthoptic training orthoptisches Training *n*
orthoptics Orthoptik *f*, Sehschulung *f*, Schielbehandlung *f* durch Muskeltraining
orthoptist Schieltherapeut *m*
orthoptoscope *(Ophth)* Orthoptoskop *n*
orthoroentgenography *s.* orthodiagraphy
orthorrhachic orthorrhachisch, ohne Kurvatur in der Lendenwirbelsäule
orthoscope *(Ophth)* Orthoskop *n*
orthoscopic 1. orthoskopisch, unverzerrt; tiefenrichtig; 2. orthoskopisch, normalsichtig
orthoscopy *(Ophth)* Orthoskopie *f*, orthoskopische Augenuntersuchung *f*
orthosis Aufrichtung *f*, Ausrichtung *f*, Geraderichten *n (einer Deformierung)*
orthostasis Orthostase *f*, aufrechte Körperhaltung *f*, aufrechtes Stehen *n*
orthostatic orthostatisch, aufrecht stehend; durch aufrechtes Stehen verursacht
orthostatic albuminuria orthostatische Albuminurie *f*, Orthostasealbuminurie *f*, Eiweißausscheidung *f* im Harn beim Aufrechtstehen
orthostatic hypotension orthostatischer Hypotonus *m*, Orthostasehypotonus *m*, Blutdruckabfall *m* beim Aufrechtstehen
orthostatic proteinuria orthostatische Proteinurie *f*
orthostatic syncope orthostatische Synkope *f*, Orthostasesynkope *f*, kurze Bewusstlosigkeit *f* beim Aufrechtstehen
orthostatic syndrome Orthostasesyndrom *n*
orthostatic test Orthostaseversuch *m*
orthostatism Orthostase *f*, aufrechte Körperstellung *f* [Körperhaltung *f*]
orthostereoscope Orthostereoskop *n*
orthosympathetic system *s.* sympathetic nervous system
orthothanasia Orthothanasie *f*, natürliches [normales] Sterben *n*; natürlicher [normaler] Tod *m*
orthotherapy Orthotherapie *f*, Haltungstherapie *f*, Körperhaltungsbehandlung *f*
orthothymia *(Neur)* Orthothymie *f*, ausgeglichene Stimmung *f*
orthothymic agent Antidepressivum *n*
orthotic *s.* orthostatic
orthotics Orthotik *f*, Orthetik *f*, Orthesenkunst *f*, Lehre *f* von der Haltungskorrektur durch Prothesen
orthotist Prothesenmacher *m*, Orthesenspezialist *m*, Orthopädist *m*
orthotolidine Orthotolidin *n*, *o*-Tolidin *n*, 3,3′-Dimethylbenzidin *n*
orthotonic orthotonisch; Orthotonus…
orthotonos *s.* orthotonus
orthotonus Orthotonus *m*, Starrkrampf *m* bei gestrecktem Körpor
orthotopia Orthotopie *f*, Normalposition *f*, Normallokalisation *f*
orthotopic orthotopisch, in Normalposition [Normallokalisation] liegend
orthotopic liver grafting orthotope Lebertransplantation *f*
orthotopic transplantation orthotope Transplantation *f*
orthotropia *(Ophth)* Orthotropie *f (1. Fehlen eines Strabismus; 2. Fehlen einer Abweichung der Sehachse)*
orthotropic 1. *(Ophth)* orthotrop, strabismusfrei; Orthotropie…; 2. *(Ophth)* orthotrop, ohne Abweichung der Sehachse
orthropsia *(Ophth)* Orthropsie *f*, Dämmerungssichtigkeit *f*, Dämmerungssehen *n*
orthuria Orthurie *f*, normales Miktionsintervall *n*
Ortner's syndrome Ortner'sches Syndrom *n*, linksseitige Rekurrensparese *f (durch Druck des vergrößerten linken Vorhofs)*
Ortolani's click Ortolani'sches Phänomen *n*, Ortolani-Phänomen *n (Einschnappen der Hüfte beim Säugling als Frühsymptom der angeborenen Hüftluxation)*
Ortolani's sign *s.* Ortolani's click
Ortolani's test Ortolani'scher Test *m*, Ortolani-Test *m (Überprüfung der Säuglingshüfte auf kongenitale Hüftluxation)*
O.S. *s.* oculus sinister

os 1. Os *n*, Knochen *m*, Bein *n*, Gebein *n (Zusammensetzungen siehe unter: bone und osseous)*; 2. Os *n*, Mund *m (Zusammensetzungen siehe unter: mouth und oral)*
oscedo Oscedo *f*, Gähnkrampf *m*, Gähnen *n*
oschea Skrotum *n*, Hodensack *m*
oscheal skrotal; Skrotum..., Hodensack... *(Zusammensetzungen siehe unter: scrotal)*
oscheitis Oschitis *f*, Hodensackentzündung *f*, Skrotumentzündung *f*
oschelephantiasis Oschelephantiasis *f*, Elephantiasis *f* scroti, Hodensackelephantiasis *f (hochgradige Lymphstauung)*
oscheocele 1. Oscheozele *f*, Skrotalhernie *f*, Hodensackbruch *m*, Hernia *f* scrotalis; 2. Hodensacktumor *m*
oscheohydrocele Oscheohydrozele *f*, Hodensackhydrozele *f*, skrotaler Wasserbruch *m*
oscheolith Oscheolith *m*, Hodensackstein *m*
oscheoma Oscheoma *n*, Hodensackgeschwulst *f*, Hodensacktumor *m*
oscheoncus *s.* oscheoma
oscheoplasty Oscheoplastik *f*, Hodensackplastik *f*, Skrotumplastik *f*
oschitis *s.* oscheitis
Oscillaria malariae *s.* Plasmodium falciparum
oscillating bed *(Chir)* Dekubitusmatratze *f*
oscillation Oszillation *f*
oscillator Oszillator *m*
oscillatory oszillatorisch, schwingend; zitternd, schwankend
oscillatory nystagmus oszillatorischer Nystagmus *m*, Pendelnystagmus *m*
oscillogram Oszillogramm *n*, Schwingungsbild *n*
oscillograph Oszillograph *m*, Schwingungsschreiber *m*
oscillographic oszillographisch
oscillography Oszillographie *f*, Schwingungsaufzeichnung *f*, Pulswellenaufzeichnung *f*
oscillometer Oszillometer *n*, Pulswellenschreiber *m*
oscillometric oszillometrisch
oscillometry Oszillometrie *f*, Pulswellenmessung *f*
oscillopsia Oszillopsie *f*, Schwingungssehen *n*
oscilloscope Oszilloskop *n*, Katodenstrahloszillograph *m*
Oscillospira Oscillospira *pl*
oscitancy Oscedo *f*, Oszitation *f*, Gähnen *n*, Gähnkrampf *m*
oscitate *v* gähnen
oscitation *s.* oscitancy
osculation Oskulation *f*, Blutgefäßanastomose *f*
osculum Osculum *n*, Öffnung *f*, Zellmund *m*
Osgood-Schlatter disease *(Orth)* Osgood'sche Krankheit *f*, Schlatter'sche Krankheit *f*, Morbus *m* Schlatter, Schlatter-Osgood-Krankheit *f (Verknöcherungsstörung am Schienbeinhöcker bei Jugendlichen)*
Osgood's disease *s.* Osgood-Schlatter disease
Osler-Weber-Rendu disease *(Hämat)* Osler'sche Krankheit *f*, hereditäre hämorrhagische Teleangiektasie *f* [Angiomatose *f*], Morbus *m* Osler, Teleangiectasia *f* hereditaria haemorrhagica
Osler-Vaquez disease *s.* Osler's disease
Osler's disease *(Hämat)* Osler-(Vaquez-)Krankheit *f*, Polycythaemia *f* rubra vera, Morbus *m* Vaquez-Osler
Osler's manoeuvre Osler'sches Manöver *n*, Osler'sche Blutdruckmessung *f (zur Prüfung auf Pseudohypertonus)*
Osler's nodes Osler'sche Knötchen *npl*; Osler'sches Phänomen *n*, Osler'sches Zeichen *n (rote Hauteffloreszenzen an den Fingerkuppen bei bakterieller Endokarditis)*
Osler's sign *s.* Osler's nodes
osmaesthesia Osmästhesie *f*, Geruchsempfindlichkeit *f*
osmate Osmat *n*
osmatic Geruchs..., Riech...
osmation *s.* osmesis
osmesis Riechen *n*, Riechvorgang *m*
osmic osmiumhaltig, Osmium enthaltend; Osmium...
osmic acid Osmiumsäure *f*, Acidum *n* osmicum, Osmiumtetroxid *n*
osmicate *v* mit Osmiumsäure behandeln, mit Osmiumsäure fixieren
osmication *s.* osmification
osmics Olfaktologie *f*, Geruchslehre *f*
osmidrosis *s.* bromhidrosis
osmification Osmifikation *f*, Osmiumsäurefixation *f (von Geweben)*
osmification Osmium(an)färbung *f (z. B. von Gewebe)*
osmiophilic *(Histol, Lab)* osmiophil, osmiumfreundlich; mit Osmium färbend
osmiophobic *(Histol, Lab)* osmiophob, osmiumabstoßend; nicht mit Osmium färbend
osmium Osmium *n*
osmium tetroxide *s.* osmic acid
osmoceptor *s.* osmoreceptor
osmodysphoria Osmodysphorie *f*, Geruchsabneigung *f*
osmogram Osmogramm *n*, Elektroolfaktogramm *n*
osmol Osmol *n (Einheit der Osmolarität)*
osmolal osmolal
osmolal gap osmolale Lücke *f*
osmolal solution osmolale Lösung *f*
osmolality Osmolalität *f (Gesamtkonzentration gelösten Stoffes pro kg Lösungsmittel)*
osmolar osmolar
osmolar solution osmolare Lösung *f*
osmolarity Osmolarität *f (Gesamtkonzentration gelösten Stoffes pro l Lösung)*
osmole *s.* osmol
osmology 1. Osmologie *f*, Osmosologie *f*, Osmoselehre *f*; 2. Osmologie *f*, Osphresiologie *f*, Lehre *f* vom Geruchssinn
osmometer 1. Osmometer *n*, Gerät *n* zur Messung des osmotischen Drucks; 2. Osmometer *n*, Olfaktometer *n*, Geruchssinnmesser *m*
osmometric osmometrisch, Osmometrie...
osmometry Osmometrie *f*
osmonosology Osmonosologie *f*, Lehre *f* von den Geruchsstörungen
osmophilic osmophil, einen hohen osmotischen Druck bevorzugend; unter hohem osmotischem Druck gedeihend
osmophobia *s.* osphresiophobia
osmoreceptor Osmorezeptor *m*, Rezeptor *m* für den osmotischen Druck *(im Gehirn)*
osmoreceptor cell Osmorezeptorzelle *f*
osmoregulation Osmoregulation *f*, osmotische Regulation *f*
osmoregulatory osmoregulatorisch, osmoseregulierend; Osmoregulation...
osmose *v* mittels Osmose wandern *(z. B. durch Membranen)*
osmosis Osmose *f*
osmosology Osmosologie *f*, Osmoselehre *f*
osmostat Osmostat *m (Regulationszentrum für die extrazelluläre Osmolarität)*
osmotaxis Osmotaxis *f (osmoseabhängige Zellwanderung)*
osmotherapy Osmotherapie *f*
osmotic osmotisch, durch Osmose wirkend; Osmose...
osmotic diarrhoea osmotische Diarrhoe *f*
osmotic diuresis osmotische Diurese *f*
osmotic diuretic Osmodiuretikum *n*
osmotic fragility Osmofragilität *f (der Erythrozyten)*; Erythrozytenfragilität *f*

osmotic fragility test Osmofragilitätstest *m*
osmotic pressure osmotischer Druck *m*
osmotic transfection *(Gen)* osmotische Transfektion *f* *(Methode zur Einbringung fremder DNS in einen Zellkern)*
osphresiolagnia Osphresiolagnie *f*, sexuelle Erregung *f* durch Gerüche
osphresiologic Osmologie…, Osphresiologie…
osphresiology *s.* osmology 2.
osphresiometer *s.* osmometer 2.
osphresiophilia Osphresiophilie *f*, Geruchsvorliebe *f*
osphresiophobia Osphresiophobie *f*, Geruchsfurcht *f*, Geruchsabneigung *f*, Osmophobie *f*
osphresis Geruchssinn *m*
osphretic Geruchssinn…
osphyalgia Osphyalgie *f*, Hüftschmerz *m*
osphyarthritis Osphyarthritis *f*, Hüftgelenkentzündung *f*
osphyitis Osphyitis *f*, Lendenentzündung *f*
osphyomyelitis Osphyomyelitis *f*, Lendenmarkentzündung *f*
ossa Ossa *npl*, Knochen *mpl*
ossature Knochenanordnung *f*, knöcherner Aufbau *m*, knöchernes Gefüge *n*, Knochengefüge *n*
ossein(e) Ossein *n (Gerüsteiweiß der Knochen)*
osseoalbuminoid Knochenalbuminoid *n*
osseoalbumoid Knochenalbumoid *n*
osseoaponeurotic Knochen-Aponeurosen-…
osseocartilaginous osseokartilaginös, osteochondral; Knochen-Knorpel-…; Knochen und Knorpel enthaltend
osseofibrous osseofibrös; Knochen-Fasergewebe-…; Knochen und Fasergewebe enthaltend
osseointegration ossäre Integration *f*, knöcherne Einheilung *f (z. B. eines Implantates)*
osseoligamentous osseoligamentös; Knochen-Bänder-…
osseomucin Osseomucin *n*, Osseomuzin *n*
osseomucoid Osseomucoid *n*, Osseomukoid *n*
osseous ossär, knöchern, aus Knochen bestehend; Knochen…; knochenartig, knochenähnlich *(siehe auch unter: bony und bone)*
osseous ampulla Ampulla *f* ossea, Ampulle *f* der knöchernen Bogengänge
osseous-articular system Knochen-Gelenk-Apparat *m*
osseous defect *(Rad)* Knochendefekt *m*
osseous fragment Knochenfragment *n*, Knochenbruchstück *n*
osseous labyrinth *(HNO)* Labyrinthus *m* osseus, Capsula *f* ossea labyrinthi, knöchernes Labyrinth *n*
osseous lamella Knochenlamelle *f*
osseous leontiasis Leontiasis *f* ossea, Knochenriesenwuchs *m*
osseous manifestation Knochenmanifestation *f*
osseous metastasis Knochenmetastase *f*
osseous plate Knochenplatte *f*
osseous resonance Knochenresonanz *f*
osseous rheumatism Arthritis *f* deformans
osseous semicircular canal Canalis *m* semicircularis osseus, knöcherner Bogengang *m*
osseous sound Knochenton *m*
osseous spiral lamina *(Anat, HNO)* Lamina *f* spiralis ossea *(Knochenblättchen an der Außenfläche des Modiolus)*
osseous syndactyly ossäre Syndaktylie *f*, Knochensyndaktylie *f*
osseous system Knochensystem *n*, Skelett *n*
osseous tissue Knochengewebe *n*, Knochensubstanz *f*, Knochen *m*
osseous trabecula Knochentrabekel *n*
ossicle 1. Ossikulum *n*, Ossiculum *n*, Knöchelchen *n*; 2. *(HNO)* Gehörknöchelchen *n*, Ossiculum *n* auditus [tympani]
ossicula *pl s.* ossiculum
ossicular 1. ossikulär; 2. *(HNO)* Gehörknöchelchen…
ossicular chain Gehörknöchelchenkette *f*
ossicular chain audiometry Gehörknöchelchenaudiometrie *f*
ossiculectomy *(HNO)* Ossikulektomie *f*, Gehörknöchelchenexstirpation *f*, Gehörknöchelchenexzision *f*, (operative) Gehörknöchelchenentfernung *f*
ossiculotomy *(HNO)* Ossikulotomie *f*, Gehörknöchelchenschnitt *m*
ossiculum Ossikulum *n*, Ossiculum *n*, Knöchelchen *n*
ossidesmosis Osteodesmose *f*, Sehnenverknöcherung *f*
ossiferous knochenenthaltend, knöchern; knochenbildend, Knochen bildend
ossific 1. knochenbildend; 2. verknöchernd
ossification 1. *(Histol)* Ossifikation *f*, Verknöcherung *f*; 2. *(Histol)* Ossifikation *f*, Knochenbildung *f*, Knochenentwicklung *f*
ossification centre *(Histol)* Ossifikationszentrum *n*, Ossifikationskern *m*
ossification disorder Ossifikationsstörung *f*
ossified ossifiziert, verknöchert
ossifluence *s.* osteolysis
ossiform knochenartig, knochenähnlich, knöchern
ossify *v* ossifizieren, verknöchern; in Knochen umwandeln [umbilden]
ossifying ossifizierend, verknöchernd, sich in Knochen umwandelnd
ossifying fibroma ossifizierendes Fibrom *n*
ossifying fibromyopathy ossifizierende Fibromyopathie *f*, Paraosteoarthropathie *f*
ossifying myositis Myositis *f* ossificans, (umschriebene) Muskelverknöcherung *f (z. B. durch Kalkeinlagerungen als Unfallfolge)*
ostalgia Ost(e)algie *f*, Knochenschmerz *m*
ostalgic ostalgisch; Knochenschmerz…
ostarthritis *s.* osteoarthritis
osteal *s.* osseous
ostealbumoid Osseoalbumoid *n*
ostealgia *s.* ostalgia
ostealgic *s.* ostalgic
osteanabrosis Knochenatrophie *f*
osteanagenesis Knochenregeneration *f*, Knochenneubildung *f*
osteanaphysis *s.* osteanagenesis
ostearthrotomy *s.* osteoarthrectomy
ostectomy Ostektomie *f*, Knochenresektion *f*, (operative) Knochenentfernung *f*
ostectopia Ostektopie *f*, Knochenektopie *f*
osteectomy *s.* ostectomy
osteectopy *s.* ostectopia
ostein(e) *s.* ossein
osteitic osteitisch; Osteitis…, Knochenentzündungs…
osteitis Osteitis *f*, Knochenentzündung *f*
ostembryon Ostembryon *m*, verknöcherter Fetus *m*
ostempyesis Knocheneiterung *f*
osteoacousia Osteoakusis *f*, Osteophonie *f*, Schädelknochenschallleitung *f*, Schädelknochenleitung *f*
osteoacusis *s.* osteoacousia
osteoanaesthesia Osteoanästhesie *f*, Knochenunempfindlichkeit *f*
osteoanagenesis *s.* osteanagenesis
osteoaneurysm Knochenaneurysma *n*
osteoarthrectomy Osteoarthrektomie *f*, Knochen- und Gelenkresektion *f*, Knochen- und Gelenkexzision *f*, (operative) Knochen- und Gelenkentfernung *f*
osteoarthritic osteoarthritisch
osteoarthritis Osteoarthritis *f*, Knochen- und Gelenkentzündung *f*

osteoarthritis of the hip joint Malum *n* coxae senilis, Arthropathia *f* deformans spontanea, deformierendes Hüftgelenksleiden *n (des alternden Menschen)*
osteoarthropathy Osteoarthropathie *f*, Knochen- und Gelenkerkrankung *f*
osteoarthrosis Osteoarthrose *f*, degenerative Gelenkerkrankung *f*
osteoarthrotomy *s.* osteoarthrectomy
osteoarticular osteoartikulär; Knochen-Gelenk-...
osteoarticular brucellosis osteoartikuläre Bruzellose *f*, Knochen- und Gelenkbruzellose *f*
osteoarticular graft Knochen-Gelenk-Transplantat *n*
osteoblast *(Histol)* Osteoblast *m*, Knochenbildungszelle *f*, Knochenstammzelle *f*, Knochenmutterzelle *f*
osteoblastic osteoblastisch, knochenbildend
osteoblastic sarcoma osteoblastisches Sarkom *n*
osteoblastoma *(Path)* Osteoblastom *n (vom Knochen ausgehende Geschwulst)*
osteocachectic osteokachektisch; Osteokachexie...
osteocachexia Osteokachexie *f*, Knochenkachexie *f*
osteocalcin Osteokalzin *n*, Osteocalcin *n (kalziumbindendes Knochenprotein)*
osteocampsia Knochen(ver)krümmung *f*, Knochenverbiegung *f*
osteocarcinoma Osteokarzinom *n*, Knochenkarzinom *n*
osteocartilaginous *s.* osteochondral
osteocele 1. Osteozele *f*, knöcherner Hodentumor *m*; knöcherner Skrotumtumor *m*; 2. Osteozele *f*, Hernie *f* mit knöchernem Inhalt
osteocementum Knochenzement *m*
osteochondral osteochondral, osteokartilaginös; Knochen-Knorpel-...
osteochondral fracture osteochondrale Fraktur *f*, Knochen-Knorpel-Bruch *m*
osteochondritis 1. Osteochondritis *f*, Knochen- und Knorpelentzündung *f*; 2. *s.* osteochondrosis
osteochondritis of the tibial tuberosity *s.* Osgood-Schlatter disease
osteochondrodysplasia Osteochondrodysplasie *f*, Knochen- und Knorpeldysplasie *f*
osteochondrodystrophy *(Orth, Päd)* Osteochondrodystrophie *f*, Morquio'sches Syndrom *n*
osteochondrofibroma Osteochondrofibrom *n*, fibrosierendes Osteochondrom *n*
osteochondrolysis Osteochondritis *f* [Osteochondrosis *f*] dissecans
osteochondroma *(Path)* Osteochondrom *n*
osteochondromatosis Osteochondromatose *f*, Vorhandensein *n* mehrerer Osteochondrome
osteochondromyxoma *(Path)* Osteochondromyxom *n*
osteochondromyxosarcoma *(Path)* Osteochondromyxosarkom *n*
osteochondropathy Osteochondropathie *f (Knorpel-Knochen-Erkrankung im Gelenkbereich)*
osteochondropathy of the femoral head *s.* Legg-Calvé-Perthes disease
osteochondropathy of the metatarsal bone heads *s.* Köhler's second disease
osteochondropathy of the scaphoid bone *s.* Köhler's first disease
osteochondropathy of the semilunar bone *s.* Kienböck's disease
osteochondropathy of the tibial tuberosity *s.* Osgood-Schlatter disease
osteochondropathy of the vertebral body *s.* Calvé's vertebra plana
osteochondrophyte *(Path)* Osteochondrophyt *m*, Knochen-Knorpel-Tumor *m*
osteochondrosarcoma *(Path)* Osteochondrosarkom *n*
osteochondrosis Osteochondrosis *f*, Osteochondrose *f*, Knochen- und Knorpeldegeneration *f*, Osteochondritis *f*
osteochondrosis of capitular epiphysis Osteochondritis *f* deformans (coxae) juvenilis
osteochondrosis of navicular bone *s.* scaphoiditis
osteochondrosis of the capitulum humeri Epiphysennekrose *f* des Capitulum humeri *(im Kindesalter)*; Panner'sche Krankheit *f*, Panner-Syndrom *n*
osteochondrous *s.* osteochondral
osteoclasia *s.* osteoclasis
osteoclasis 1. Osteoklasie *f*, Knochenzerstörung *f*; 2. Osteoklasie *f*, chirurgisches Knochenzerbrechen *n (bei schlechter Frakturstellung)*
osteoclast 1. Osteoklast *m*, Knochenzerstörungszelle *f*; 2. Osteoklast *m*, Knochenbrechinstrument *n*
osteoclast activating factor Osteoklasten-Aktivierungsfaktor *m*
osteoclastic 1. osteoklastisch, knochenzerstörend; Osteoklasten...; 2. osteoklastisch, knochen(zer)brechend
osteoclastic metastasis osteoklastische Metastase *f*
osteoclastoma *(Path)* Osteoklastom *n*, Osteoklastentumor *m*, Riesenzellgeschwulst *f*
osteoclasty *s.* osteoclasis
osteocope Osteokopie *f*, Knochenreißen *n*, Knochenschmerz *m (z. B. bei Syphilis)*
osteocopic Knochenreißen..., Knochenschmerz...
osteocopic pain *s.* osteocope
osteocranium Osteokranium *n*, knöcherner Schädel *m*
osteocystoma Osteozystom *n*, zystischer Knochentumor *m*
osteocyte *(Histol)* Osteozyt *m*, Knochenzelle *f*
osteocytic Osteozyten..., Knochenzellen...
osteodensitometer Osteodensitometer *n*; Knochendichtemesser *m*
osteodensitometry Osteodensitometrie *f*, Knochendichtemessung *f*, Knochendichtebestimmung *f*
osteodentin Osteodentin *n*
osteodentinoma Osteodentinom *n*
osteodermatoplastic osteodermatoplastisch, knochen- und hautbildend
osteodermatopoikilosis Osteodermatopoikilosis *f*, Buschke-Ollendorf-Syndrom *n*
osteodermatous mit verknöcherter Haut, hautverknöchert; Osteodermie..., Hautverknöcherungs...
osteodermia Osteodermie *f*, Hautverknöcherung *f*, verknöcherte Haut *f*
osteodesmosis Osteodesmose *f*, Sehnenverknöcherung *f*
osteodiastasis Osteodiastase *f*, Knochendiastase *f*
osteodynia Osteodynie *f*, Knochenschmerz *m*
osteodysmetamorphosis *s.* hypophosphatasia
osteodysplasia Osteodysplasie *f*, Knochen(gewebe)-wachstumsstörung *f*
osteodysplasty Osteodysplastie *f*, Melnick-Needles-Syndrom *n*
osteodystrophia Osteodystrophie *f*, Knochenfehlbildung *f*, Knochenfehlentwicklung *f*
osteodystrophy *s.* osteodystrophia
osteoectasia Osteoektasie *f*
osteoectomy Osteoektomie *f*, Knochen(stück)ausmeißelung *f*, (operative) Knochenentfernung *f*
osteoenchondroma Osteochondrom *n*
osteoepiphysis Osteoepiphyse *f*, Knochenepiphyse *f*
osteofibrochondroma *(Path)* Osteofibrochondrom *n*
osteofibrochondrosarcoma *(Path)* Osteofibrochondrosarkom *n*
osteofibrolipoma *(Path)* Osteofibrolipom *n*
osteofibroma *(Path)* Osteofibrom *n*, Fibroosteom *n*, Knochenbindegewebsgeschwulst *f*

osteofibromatosis Osteofibromatose *f*
osteofibrosarcoma *(Path)* Osteofibrosarkom *n*, Fibroosteosarkom *n*
osteofibrosis Osteofibrose *f*, Knochenfibrose *f*
osteofluorosis Osteofluorose *f*
osteogen Osteogen *n (bildet innere Schicht des Periosteums)*
osteogenesis Osteogenese *f*, Knochenbildung *f*
osteogenetic *s.* osteogenic
osteogenic 1. osteogen(etisch), knochenbildend; 2. vom Knochen gebildet; vom Knochen ausgehend
osteogenic cell osteogene Zelle *f*, Knochenbildungszelle *f*
osteogenic myeloma osteogenes Myelom *n*
osteogenic sarcoma *s.* osteosarcoma
osteogenous *s.* osteogenic
osteogeny *s.* osteogenesis
osteography Knochenbeschreibung *f*
osteohaemachromatosis Osteohämachromatose *f*
osteohalisteresis Halisterese *f*, Knochenentkalkung *f*, Knochendemineralisierung *f*
osteohydatidosis *(Paras)* Osteohydatidose *f*, Knochenhydatidose *f*
osteohypertrophic osteohypertroph(isch), verstärkt Knochen bildend
osteohypertrophy Osteohypertrophie *f*, verstärktes Knochenwachstum *n*
osteoid osteoid, knochenartig, knochenähnlich
osteoid *s.* osteoid tissue
osteoid aneurysm pulsierender Knochentumor *m*, pulsierende Knochengeschwulst *f*
osteoid matrix Osteoidmatrix *f*
osteoid osteoma Osteoidosteom *n*, Kortikalisosteoid *n*
osteoid sarcoma *(Path)* Osteoidsarkom *n*
osteoid tissue Osteoid *n*, osteoides Gewebe *n*, unverkalktes Knochengewebe *n*
osteoinduction Knochenbildunganregung *f*, Stimulation *f* der Osteogenese
osteolathyrism Osteolathyrismus *m (experimentelle Knochenstörung durch Lathyrus odoratus)*
osteolipochondroma *(Path)* Osteolipochondrom *n*
osteolipoma *(Path)* Osteolipom *n*
osteolith Osteolith *m*, Knochenstein *m*
osteologia *s.* osteology
osteologist Osteologe *f*, Knochenspezialist *m*
osteology Osteologie *f*, Knochenlehre *f*, Knochenkunde *f*
osteolysis Osteolyse *f*, Knochenauflösung *f*, Knochenresorption *f*, Knochenzerstörung *f*, Knochenentkalkung *f*
osteolytic osteolytisch, knochenauflösend, knochenresorbierend, knochenzerstörend; knochenentkalkend
osteolytic hypercalcaemia osteolytische Hyperkalziämie *f*
osteolytic metastasis osteolytische Metastase *f*
osteoma *(Path)* Osteom *n*, gutartige Knochengeschwulst *f*, gutartiger Knochentumor *m*
osteoma of the tongue Zungenosteom *n*
osteomalacia Osteomalazie *f*, Osteomalacia *f*, Knochenerweichung *f (durch Kalksalzverarmung)*
osteomalacia of pregnancy Schwangerschaftsosteomalazie *f*
osteomalacial *s.* osteomalacic
osteomalacic osteomalazisch, knochenerweichend; Osteomalazie...
osteomalacic pelvis Pelvis *f* osteomalacica; Beckenosteomalazie *f*
osteomalacosis *s.* osteomalacia
osteomatoid osteomatoid, osteomartig, osteomähnlich
osteomatosis Osteomatose *f*, Vorhandensein *n* von mehreren Osteomen
osteomatous *s.* osteomatoid
osteomeatal osteomeatal, eine Nasenöffnung und einen Gesichtsknochen betreffend; Nasenöffnung-Gesichtsknochen-...
osteomere Osteomere *f*, Knochensegment *n*, Knochenabschnitt *m*
osteomesopyknosis Osteomesopyknosis *f*
osteometric osteometrisch, knochenvermessend
osteometry Osteometrie *f*, Skelettknochenmessung *f*
osteomiosis Osteomiosis *f*, Knochenzerfall *m*
osteomyelitic osteomyelitisch; Osteomyelitis..., Knochenmarkentzündungs...
osteomyelitis Osteomyelitis *f*, Knochenmarkentzündung *f*
osteomyelitis of the clavicle Schlüsselbeinosteomyelitis *f*
osteomyelitis of the jaw Kieferosteomyelitis *f*
osteomyelitis of the skull Schädelosteomyelitis *f*
osteomyelodysplasia Osteomyelodysplasie *f*, Knochenmarkdysplasie *f*
osteomyelofibrosis Osteomyelofibrose *f*, Knochenmarkfibrose *f*
osteomyelographic osteomyelographisch
osteomyelography Osteomyelographie *f*, Röntgen(kontrast)darstellung *f* des Knochenmarks
osteomyelosclerosis Osteomyelosklerose *f*, myeloische Metaplasie *f*
osteomyocutaneous osteomyokutan; Knochen-Muskel-Haut-...
osteomyocutaneous flap *(Transp)* Knochen-Muskel-Haut-Lappen *m*
osteomyxochondroma *(Path)* Osteomyxochondrom *n*
osteon *(Histol)* Osteon *n (lamelläre Knochengrundstruktur)*
osteonal bone Osteonenknochen *m (mikroskopische Beschreibung von Knochen bei Erwachsenen)*
osteoncus Osteoncus *m*, Knochentumor *m*, Knochenneoplasma *n*
osteone *s.* osteon
osteonecrosis Osteonekrose *f*, Knochennekrose *f*, Knochengewebeuntergang *m*, Knochen(gewebs)tod *m*
osteonectin Osteonectin *n (Protein)*
osteonephropathy Osteonephropathie *f (Knochenveränderungen infolge Nierenkrankheit)*
osteoneuralgia Osteoneuralgie *f*, Knochenschmerz *m*
osteo-odontoma Osteoodontoma *n*, Osteoodontom *n*, ameloblastisches Odontom *n*
osteo-onychodysplasia Osteoonychodysplasie *f*, Knochen-Nagel-Dysplasie *f*
osteopaedion Osteopädion *n*, Knochenkind *n*
osteopath Chiropraktiker *m*
osteopathic osteopathisch; Knochenkrankheits...
osteopathic scoliosis osteopathische Skoliose *f*
osteopathist *s.* osteopath
osteopathology Osteopathologie *f*, Knochenerkrankung *f*, Knochenkrankheit *f*
osteopathy 1. Osteopathie *f*, Knochenkrankheit *f*, Knochenerkrankung *f*, Knochenleiden *n*; 2. Chiropraktik *f*
osteopecilia *s.* osteopoikilosis
osteopedion *s.* osteopaedion
osteopenia Osteopenie *f*, Knochenmangel *m*
osteopenic Osteopenie..., Knochenmangel...
osteoperiosteal osteoperiostal; Knochen-Periost-..., Knochen-Knochenhaut-...
osteoperiosteal graft Knochen-Periost-Transplantat *n*
osteoperiosteal strip *(Chir)* Knochen-Periost-Span *m*
osteoperiostitis Osteoperiostitis *f*, Knochen- und Knochenhautentzündung *f*
osteopetrosis Osteopetrosis *f*, Marmorknochenkrankheit *f*, Albers-Schönberg'sche Krankheit *f*, Osteosclerosis *f* congenita diffusa

osteopetrotic osteopetrotisch; Marmorknochenkrankheits…
osteophage Osteophag(e) *m*, Knochenfresszelle *f*
osteophagy Osteophagie *f*, Knochenessen *n*
osteophlebitis Osteophlebitis *f*, Knochenvenenentzündung *f*
osteophony *s.* osteoacousia
osteophore Knochenquetschzange *f*, Knochenquetsche *f*
osteophthisis Osteophthise *f*, Knochenschwund *m*
osteophyma Osteophym *n*, Knochenschwellung *f*, Knochentumor *m*
osteophyte Osteophyt *m*, Knochensporn *m*, Knochenauswuchs *m*
osteophytic osteophytisch, knochensporntragend; Knochensporn…
osteophytosis Osteophytose *f*, Vorhandensein *n* von mehreren Knochenauswüchsen
osteoplaque Knochenplatte *f*, Knochenschicht *f*
osteoplast *s.* osteoblast
osteoplastic 1. osteoblastisch, knochenbildend; 2. *(Transp)* osteoplastisch; Osteoplastik…
osteoplastic flap *(Transp)* osteoplastischer Lappen *m*; Knochen-Haut-Lappen *m*; Knochen-Galea-Lappen *m*
osteoplastic metastasis osteoplastische Metastase *f*
osteoplasty Osteoplastik *f*, osteoplastische Operation *f*
osteopoikilosis Osteopoikilie *f*, Osteopathia *f* condensans disseminata, Osteitis *f* condensans generalisata, Osteosclerosis *f* fragilis generalisata
osteopoikilotic Osteopoikilose…, Osteopoikilie…
osteoponin Osteoponin *n (durch Osteoblasten gebildetes Protein)*
osteopontin Osteopontin *n (saures kalziumbindendes Phosphoprotein)*
osteoporosis Osteoporose *f*, Knochenschwund *m*
osteoporosis of disuse Inaktivitätsosteoporose *f*
osteoporosis of the skull Schädelosteoporose *f*
osteoporotic osteoporotisch; Osteoporose…, Knochenschwund…
osteopsathyrosis Osteopsathyrose *f*, Knochenbrüchigkeit *f*, Fragilitas *f* ossium, Osteogenesis *f* imperfecta
osteoradiologist Osteoradiologe *m*
osteoradiology Osteoradiologie *f*, diagnostische Knochenradiologie *f*
osteoradionecrosis Osteoradionekrose *f*, Strahlenknochennekrose *f*
osteorrhagia Osteorrhagie *f*, Knochenblutung *f*
osteorrhaphy Osteorrhaphie *f*, Knochennaht *f*
osteosarcoma *(Path)* Osteosarkom *n*, Knochensarkom *n*
osteosarcomatosis Osteosarkomatose *f*, multiple Osteosarkome *npl*
osteosarcomatous osteosarkomatös
osteosclerosis Osteosklerose *f*, Knochenverhärtung *f*
osteosclerotic osteosklerotisch; Osteosklerose…
osteoseptum Osteoseptum *n*, knöcherne Nasenscheidewand *f*
osteosis Osteosis *f*, Knochen(gewebe)bildung *f*
osteospongioma *(Path)* Osteospongiom *n*
osteosteatoma *(Path)* Osteosteatom *n*
osteostixis Osteostixis *f*, Knochenpunktion *f*
osteosuture Osteosutura *f*, Knochennaht *f*
osteosynovitis Osteosynovitis *f*
osteosynthesis *(Chir)* Osteosynthese *f (operative Knochenbruchbehandlung mit Fixation der Bruchenden)*
• **perform an osteosynthesis** eine Osteosynthese durchführen
osteosynthesis with a bone plate Knochenplattenosteosynthese *f*, Plattenosteosynthese *f*
osteosynthesis with an osseous lamina Knochenspanosteosynthese *f*
osteosynthesis with metal pins Drahtosteosynthese *f*
osteosynthesis with nails Nagelosteosynthese *f*, Knochennagelung *f*
osteotabes Osteotabes *f*, Knochentabes *f*
osteotelangiectasia Osteoteleangiektasie *f*
osteothrombophlebitis Osteothrombophlebitis *f*
osteothrombosis Osteothrombose *f*, Knochenvenenthrombose *f*
osteotome Osteotom *n*, Knochenmesser *n*; Knochenmeißel *m*; Laminektomiefräse *f*
osteotomoclasia *s.* osteotomoclasis
osteotomoclasis Korrekturosteotomie *f*
osteotomy 1. Osteotomie *f*, Knochendurchmeißelung *f*, Knochendurchtrennung *f*; 2. Korrekturosteotomie *f*
osteotomy of the jaw Kieferosteotomie *f*
osteotribe *(Chir)* Raspatorium *n*, Knochenraspel *f*, Knochenfeile *f*
osteotrite *s.* osteotribe
osteotrophy Osteotrophie *f*, Knochenernährung *f*
osteotripsy Osteotripsie *f (Knochenexostosenabtragung)*
osteotylus Frakturkallus *m*
osteotympanic osteotympanal; Schädel(knochen)-Paukenhöhlen-…
osthexy Osthexie *f*, abnorme Ossifikation *f*
ostia *pl s.* ostium
ostial Ostium…
ostiary *s.* ostial
ostiofolliculitis Ostiofollikulitis *f*, Impetigo *f* Bockhardt
ostiomeatal ostiomeatal, zur Harnröhrenöffnung gehörend; die Harnröhrenöffnung betreffend; zur Nasenöffnung gehörend; die Nasenöffnung betreffend; zur Ohröffnung gehörend; die Ohröffnung betreffend
ostitic *s.* osteitic
ostitis *s.* osteitis
ostium Ostium *n*, Mündung *f*, Eingang *m*
ostium of the auditory tube 1. Ostium *n* pharyngeum tubae auditivae; 2. Ostium *n* tympanicum
ostium of the uterus Ostium *n* uteri, äußerer Muttermund *m*
ostium primum defect *(Kard)* Ostiumprimum-Defekt *m*, Vorhofseptumdefekt *m* vom Primum-Typ
ostium secundum defect *(Kard)* Ostium-secundum-Defekt *m*, Vorhofseptumdefekt *m* vom Sekundum-Typ
ostomate Stomaträger *m*, Stomapatient *m (Patient mit künstlicher Darm-, Blasen- oder Nierenfistel)*
ostomy (operative) Stoma-Bildung *f*, Stoma-Anlage *f (Anlegung einer künstlichen Darm-, Blasen- oder Nierenfistel)*
ostomy care Stoma-Pflege *f*
ostomy irrigation Stoma-Spülung *f*
ostomy procedure Stoma-Verfahren *n*, Stoma-Methode *f*
ostosis *s.* osteogenesis
ostraceous austernschalenartig, austernähnlich
ostreotoxism Austernvergiftung *f*
Ostrum-Furst syndrome Ostrum-Furst-Syndrom *n (kongenitale Synostose des Nackens, Platybasie und Sprengel'sche Deformität)*
Ostwald's solubility coefficient Ostwald'scher Löslichkeitskoeffizient *m*
Ota's naevus Ota'scher Nävus *m*, Ota-Nävus *m*, Nävus *m* Ota, Naevus *f* fuscocaeruleus *(einseitige blaue Pigmentierung der Sklera, der Konjunktive und augennahen Haut)*
otacoustic 1. Hörsinn…; 2. hörverbessernd
otagra *s.* otalgia
otalgia Otalgie *f*, Ohrenschmerz *m*, Otodynie *f*, Neuralgia *f* tympanica
otalgic otalgisch; Ohrenschmerz…
otalgic (agent) Otalgikum *n (Mittel gegen Ohrenschmerzen)*

otantritis Mastoiditis *f*, Warzenfortsatzentzündung *f* (des Ohres)
otectomy Ohrresektion *f*, Ohrausräumung *f*
othaematoma Othämatom *n*, Ohrhämatom *n*, Ohrblutgeschwulst *f*
othaemorrhagia Othämorrhagie *f*, Ohrblutung *f*
othaemorrhoea Othämorrhoe *f*, blutiger Ohrausfluss *m*
othelcosis Othelcosis *f*, Ohreiterung *f*
Othello syndrome *(Neur)* Othello-Syndrom *n (wahnhafte Vorstellung einer Untreue des Partners)*
other-directed personality fremdbestimmte Persönlichkeit *f*, durch andere Menschen beeinflusste Persönlichkeit *f*
otiatrics *s.* otology
otic 1. Ohr… *(siehe auch unter: ear)*; 2. *s.* otic drug
otic barotrauma *s.* barotitis media
otic capsule *(Embr)* Ohrkapsel *f*
otic cerebral abscess otitischer Hirnabszess *m (nach Mittelohreiterung)*
otic drug Ohrmedikament *n*, Ohrmittel *n*
otic duct *(HNO)* Endolymphgang *m*, Ductus *m* endolymphaticus
otic fluid *(HNO)* Endolymphe *f*
otic ganglion Ganglion *n* oticum
otic pit *(Embr)* Ohrgrube *f*
otic placode *(Embr)* Ohrplatte *f*, Labyrinthplatte *f*
otic vertigo Ohrenschwindel *m*, Innenohrschwindel *m*, aurale Vertigo *f*
otic vesicle *(Embr)* Ohrbläschen *n*
oticodinia Otikodinie *f*, Otikodinose *f*, Ohrschwindel *m (Menière'scher Symptomkomplex)*
otitic otitisch; Otitis…, Ohr(en)entzündungs…
otitic barotrauma *s.* barotitis media
otitic traumatic meningitis otogene traumatische Meningitis *f*
otitis Otitis *f*, Ohr(en)entzündung *f*
otoacariasis Ohrmilbenbefall *m*
otoacoustic emissions otoakustische Emissionen *fpl*
otobiosis Otobiosis *f*, Otobiusbefall *m*, Otobiusinfestation *f*, Otobius-megnini-Befall *m*
Otobius megnini Otobius *m* megnini
otoblenorrhoea Otoblenorrhoe *f*, eitrigschleimiger Ohrfluss *m*
otocariasis *s.* otoacariasis
otocatarrh Ohr(en)katarrh *m*
otocephalia Otozephalie *f*, Synotie *f*, Missbildung *f* mit Ohrverschmelzung
otocephalic otozephal(isch); Otozephalus…
otocephalous *s.* otocephalic
otocephalus *(Terat)* Otozephalus *m*, Otokephalus *m*, Synotus *m*
otocephaly *s.* otocephalia
otocerebritis *s.* otoencephalitis
otocleisis Otokleisis *f*, Ohrverschluss *m*
otoconia Otokonion *fpl*, Otolithen *mpl*, Statokonien *fpl*, Statolithen *mpl*, Gehörsand *m*
otoconial otokonial; Otokonien…, Otolithen…, Gehörsand…
otoconite Hörsteinchen *n*, Statolith *m*, Statoconium *n*
otocrane *s.* otocranium
otocranial otokranial; Otokranium…
otocranial debris otokranialer Debris *m (durch Trauma freigesetzter Hörsand in den Bogengängen)*
otocranium Otokranium *n*, Felsenbein *n* des Schädels *(enthält das Ohr)*
otocyst *(Embr)* Otozyste *f*, Ohrbläschen *n*
otodynia *s.* otalgia
otoencephalitis Otoenzephalitis *f*, otogene Enzephalitis *f* [Gehirnentzündung *f*]
otoganglion Ganglion *n* oticum
otogenic otogen, vom Ohr ausgehend
otogenous *s.* otogenic
otography Otographie *f (Beschreibung des Ohres)*
otohemineurasthenia Otohemineurasthenie *f*, einseitige Hörstörung *f* bei Neurasthenie
otolaryngological otolaryngologisch; HNO-ärztlich; HNO-…
otolaryngologist Otolaryngologe *m*, Arzt *m* [Facharzt *m*] für Hals-, Nasen- und Ohrenheilkunde, HNO-Facharzt *m*
otolaryngology Otolaryngologie *f*, Hals-, Nasen- und Ohrenheilkunde *f*, HNO
otolite 1. Otolith *m*; 2. Statolith *m*, Statoconium *n*
otolith Otolith *m*, Statolith *m*, Hörstein *m*
otolith righting reflex Otolithen-Stellreflex *m*, Labyrinth-Stellreflex *m*, labyrithärer Stellreflex *m*
otolith test Gleichgewichtstest *m*, Gleichgewichts(über)prüfung *f*
otolithiasis Otolithiasis *f*, Ohrsteinleiden *n*
otolithic membrane Otolithenmembran *f*
otologic otologisch, otiatrisch; Ohrenheilkunde…
otological *s.* otologic
otologist Otologe *m*, Otiater *m*, Ohrenarzt *m*
otology Otologie *f*, Otiatrie *f*, Ohrenheilkunde *f*
otomastoiditis Otomastoiditis *f*, Ohr- und Warzenfortsatzentzündung *f*
otomicroscope Otomikroskop *n*, Ohrmikroskop *n*
otomucormycosis Ohrenmukormykose *f*
otomyasthenia Otomyasthenie *f*, Ohrmuskelschwäche *f*
otomycosis Otomykose *f*, Pilzerkrankung *f* des Ohres
otomyiasis *(Trop)* Otomyiasis *f*, Mittelohreiterung *f* durch Fliegenlarven
otonecrectomy Otonekrektomie *f*, Nekrosenausräumung *f* aus dem Ohr
otoneuralgia *s.* otalgia
otoneurasthenia Otoneurasthenie *f*
otoneurologic *s.* otoneurological
otoneurological otoneurologisch
otoneurology Otoneurologie *f*
oto-ophthalmo-laryngoscope set Oto-Ophthalmo-Laryngoskopie-Besteck *n*
otopalatodigital otopalatodigital, Ohren-Gaumen-Finger-…
otopathy Otopathie *f*, Ohrerkrankung *f*, Ohrenkrankheit *f*, Ohrenleiden *n*
otopharyngeal otopharyngeal; Ohr-Rachen-…
otopharyngeal tube *(Anat)* Tuba *f* auditiva [Eustachii, pharyngotympanica], Ohrtrompete *f*, Eustach'sche Röhre *f*
otophone Otophon *n*, Hörrohr *n*
otophthalmic Ohr-Augen-…
otoplasty Otoplastik *f*, Ohr(muschel)plastik *f*
otopolypus Ohrpolyp *m*
otopyorrhoea Otopyorrhoe *f*, eitriger Ohrausfluss *m*
otopyosis Ohreiterung *f*
otorhinolaryngologic otorhinolaryngologisch, HNO-ärztlich; HNO-…
otorhinolaryngologic department Hals-Nasen-Ohren-Abteilung *f*, HNO-Abteilung *f*, Abteilung *f* für Hals-, Nasen- und Ohrenkrankheiten
otorhinolaryngologic hospital Hals-Nasen-Ohren-Klinik *f*, HNO-Klinik *f*, Klinik *f* für Hals-, Nasen- und Ohrenkrankheiten
otorhinolaryngologist Otorhinolaryngologe *m*, Arzt *m* [Facharzt *m*] für Hals-, Nasen- und Ohrenheilkunde *f*, HNO-Facharzt *m*
otorhinolaryngology Otorhinolaryngologie *f*, Hals-, Nasen- und Ohrenheilkunde *f*, HNO
otorhinology Otorhinologie *f*, Ohren- und Nasenheilkunde *f*

otorrhagia Otorrhagie *f*, Ohrblutung *f*, Ohrbluten *n*
otorrhoea Otorrhoe *f*, Ohrenfluss *m*, Ohrenlaufen *n*
otorrhoeal Otorrhoe…
otorrhoeic Otorrhoe…
otorrhoetic Otorrhoe…
otosalpinx *s.* otopharyngeal tube
otosclerosis Otosklerose *f*, Otitis *f* sclerotica *(Schwerhörigkeit durch Verknöcherung der Gehörknöchelchen)*
otosclerosis of inner ear Innenohrsklerose *f*
otosclerotic otosklerotisch; Otosklerose…
otosclerotic deafness otosklerotische Taubheit *f*
otosclerotic focus otosklerotischer Herd *m*, Otosklerosefokus *m*
otoscope Otoskop *n*, Ohrenspiegel *m*
otoscope set Otoskopie-Besteck *n*
otoscopic otoskopisch; Otoskopie…
otoscopy Otoskopie *f*, Ohrenspiegelung *f*, Trommelfellbesichtigung *f* (mit dem Otoskop)
otospongiosis *s.* otosclerosis
otosteal Gehörknöchelchen…
otosteon 1. Gehörknöchelchen *n*; 2. *s.* otolith
otostroboscopia Otostroboskopie *f (zur Messung der Trommelfellschwingungen)*
otosurgical otochirurgisch, HNO-chirurgisch
ototomy Ototomie *f*, Ohrinzision *f*, Ohr(ein)schnitt *m*
ototoxic ototoxisch, ohrschädigend
ototoxicity Ototoxizität *f*
Otto's disease Otto'sche Krankheit *f*, Arthrokatadysis *f*
Otto's pelvis Otto'sches Becken *n*, Otto-Becken *n (Protrusion des Hüftgelenkkopfes in das Becken bei eingedelltem Azetabulum)*
ouabagenin Ouabagenin *n*
ouabain Ouabain *n*, g-Strophanthin *n (Herzglykosid)*
Ouchterlony double diffusion Ouchterlony'sche Technik *f*, Ouchterlony'sche zweidimensionale Immunodiffusion *f*, Agar-Gel-Doppeldiffusion *f (zur Identifizierung von Antigenen)*
Ouchterlony technique *s.* Ouchterlony double diffusion
Ouchterlony test *s.* Ouchterlony double diffusion
oula Gingiva *f*, Zahnfleisch *n (Zusammensetzungen siehe unter: gingival)*
oulectomy Zahnfleischresektion *f*, (operative) Zahnfleischentfernung *f*
oulhaemorrhagia *s.* oulorrhagia
oulitis Zahnfleischentzündung *f*
oulorrhagia Zahnfleischblutung *f*, Zahnfleischbluten *n*
oulotomy 1. Gingivainzision *f*, Zahnfleisch(ein)schnitt *m*; 2. Narben(ein)schnitt *m*
out knee Genu *n* varum, O-Bein *n*
out-of-body-experience Gefühl *n* der Trennung des Geistes vom eigenen Körper *(z. B. im Trance-Zustand oder bei Scheintod)*
out-of-door walking Laufen *n* auf dem Flur [Gang] *(der Patienten)*
out-shot wound *(For)* Ausschusswunde *f*, Ausschuss *m*
outburst of (manic) reaction *(Neur)* Bewegungssturm *m*
outcome of labour 1. Geburtsergebnis *n*; 2. Geburtsverlauf *m*; Geburtsausgang *m* • **predict the outcome of labour** den Geburtsverlauf voraussagen
outcome of the disease Krankheitsausgang *m*
outdated film *(Rad)* überlagerter Film *m*
outer hamstring Tendo *m* musculi bicipitis femoris
outer layer of the muscle coat of the ductus deferens Stratum *n* externum tunicae muscularis ductus deferentis
outer layer of the muscle coat of the ureter Stratum *n* externum tunicae muscularis ureteris
outer layer of the muscle coat of the urinary bladder Stratum *n* externum tunicae muscularis vesicae urinariae
outer malleolus *s.* lateral malleolus
outer nuclear layer äußere Körnerschicht *f (der Netzhaut)*
outer opening of the inguinal canal Anulus *m* inguinalis superficialis, äußerer Leistenring *m*
outer spiral sulcus Sulcus *m* spiralis externus
outer sty Hordeolum *n* externum, externes [äußeres] Hordeolum *n*
outer surface of the parietal bone Facies *f* externa ossis parietalis
outer table of the skull Tabula *f* externa
outer wall of the cochlear duct Paries *m* externus ductus cochlearis
outer wall of the tympanic cavity Paries *m* membranaceus cavi tympani
outflow tract Ausflussbahn *f*
outflow tract of the left ventricle linksventrikuläre Ausflussbahn *f*
outflow tract of the right ventricle rechtsventrikuläre Ausflussbahn *f*
outlay Transplantat *n (siehe auch unter: transplant)*
outlay of epidermis Spalthauttransplantat *n*
outlet contraction enger Geburtskanal *m* am Beckenausgang *(bei Durchmesser unter 8 cm)*
outlet contracture Beckenausgangsverengung *f*, eingeengter Beckenausgang *m*
outlet forceps untere Zange *f*, untere Zangenentbindung *f*
outlet of the pelvis *s.* pelvic outlet
outlier *(Statist)* Extremwert *m*, Ausreißer *m (abnormer Einzelwert in einer statistischen Verteilung)*
outline of shadow *(Rad)* Verschattungskontur *f*, Schattenkontur *f*
outpatient ambulanter Patient *m*
outpatient anaesthesia ambulante Anästhesie *f* [Narkose *f*]
outpatient investigation ambulante Untersuchung *f*
outpatient treatment ambulante Behandlung *f* [Therapie *f*] • **get [receive] outpatient treatment** eine ambulante Behandlung erhalten, ambulant behandelt werden
outpatient's clinic [department] Ambulanz *f*, ambulante Abteilung *f*, Poliklinik *f*
outpocketing *s.* evagination
outpouching *s.* evagination
outpouring of leucocytes into the blood Leukozytenausschüttung *f* in das Blut
output 1. Ausscheidung *f (z. B. der Niere)*; Ausstoß *m*, Ausschüttung *f*, Auswurf *m*; 2. Herzminutenvolumen *n*; 3. (ausgeschiedene) Harnmenge *f*
outstanding auricle abstehendes Ohr *n*
ova *pl s.* ovum
ova and parasites test Test *m* auf Eier und Parasiten *(Stuhluntersuchung)*
oval-cell anaemia *s.* ovalocytosis
oval incision *(Chir)* Ovalärschnitt *m*, Lappenschnitt *m*
oval window *(Anat, HNO)* ovales Fenster *n*, Vorhoffenster *n*, Fenestra *f* vestibuli (ovalis)
ovalbumin Ovalbumin *n*, Albumen *n*
ovale infection *(Trop)* Plasmodium-ovale-Infektion *f*
ovale malaria Malaria *f* tertiana *(durch Plasmodium ovale)*
ovalocytary ovalozytär, elliptozytär; Ovalozyten…, Elliptozyten…
ovalocyte *(Hämat)* Ovalozyt *m*, Elliptozyt *m*
ovalocytosis Ovalozytose *f*, Elliptozytose *f*, Elliptozytenanämie *f*
ovarialgia Ovarialgie *f*, Eierstockschmerz *m*
ovarian ovarial; Ovarial…, Eierstock… *(siehe auch unter: ovary)*
ovarian agenesis Ovarialgenesie *f*, Eierstockagenesie *f*
ovarian aplasia Ovarialaplasie *f*, Eierstockaplasie *f*

ovarian apoplexy Ovarialapoplexie *f*, Eierstockapoplex *m*
ovarian appendage Nebeneierstock *m*, Epoophoron *n*, Parovarium *n*
ovarian arrhenoblastoma Arrhenoblastoma *n* ovarii, Eierstockarrhenoblastom *n*
ovarian biopsy Ovarialbiopsie *f*
ovarian bursa Bursa *f* ovarica
ovarian cancer Ovarialkarzinom *n*, Eierstockkrebs *m*
ovarian carcinoma *s.* ovarian cancer
ovarian cycle Ovarialzyklus *m*
ovarian cylindroma Ovarialzylindrom *n*, Eierstockzylindrom *n*
ovarian cyst Ovarialzyste *f*, Eierstockzyste *f*
ovarian cystoma Ovarialkystom *n*, Eierstock(adeno)-kystom *n*
ovarian dermoid cyst Ovarialkystom *n*, Eierstockdermoidzyste *f*
ovarian disease Ovarialerkrankung *f*, Eierstockleiden *n*
ovarian dysfunction Ovarialdysfunktion *f*, Eierstockfunktionsstörung *f*
ovarian dysgenesis Ovarialdysgenesie *f*, Eierstockdysgenesie *f*
ovarian enlargement Eierstockvergrößerung *f*
ovarian fibroma *(Path)* Ovarialfibrom *n*, Eierstockfibrom *n*, Fibroma *n* ovarii
ovarian follicle Ovarialfollikel *m*, Eierstockfollikel *m*, Follikel *m*
ovarian follicle atresia Ovarialfollikelatresie *f*
ovarian follicle persistence Ovarialfollikelpersistenz *f*
ovarian folliculoma Ovarialfollikulom *n*, Eierstockfollikulom *n*, Folliculoma *n* ovarii
ovarian forceps Eierstock(fass)zange *f*
ovarian growth *s.* ovarian tumour
ovarian hormone Ovarialhormon *n*, Eierstockhormon *n*
ovarian hypoplasia Ovarialhypoplasie *f*
ovarian inflammation Eierstockentzündung *f*
ovarian insufficiency Ovarialinsuffizienz *f*, Eierstockinsuffizienz *f*
ovarian ligament Ligamentum *n* ovarii proprium, Eierstockband *n*
ovarian mass *s.* ovarian tumour
ovarian morphology Eierstockmorphologie *f*
ovarian neuralgia Ovarialneuralgie *f*, Eierstockneuralgie *f*, Eierstock(nerven)schmerz *m*
ovarian plexus Plexus *m* ovaricus, Eierstocknervengeflecht *n*
ovarian point *(Neur)* Eierstockpunkt *m*, Charcot'scher Punkt *m*
ovarian pregnancy Ovarialgravidität *f*, Eierstockschwangerschaft *f*
ovarian pseudomyxoma Ovarialpseudomyxom *n*, Eierstockpseudomyxom *n*
ovarian seminoma Ovarialseminom *n*, Eierstockseminom *n*, Dysgerminom *n*
ovarian tenderness *(Neur)* Schmerzen *mpl* am Charcot'schen Punkt *(bei Psychose)*
ovarian teratoblastom Ovarialteratoblastom *n*
ovarian teratoma Ovarialteratom *n*
ovarian thecoblastoma Ovarialthekoblastom *n*
ovarian tumour Ovarialtumor *m*, Eierstockgeschwulst *f*
ovarian varicocele pelvine Varikozele *f*, Eierstockvarikozele *f*
ovarian yellow body Ovarialgelbkörper *m*, Gelbkörper *m*, Corpus *n* luteum *(Zusammensetzungen siehe unter: corpus luteum)*
ovaric artery Arteria *f* ovarica, Eierstockarterie *f*
ovaric vein Vena *f* ovarica, Eierstockvene *f*
ovariectomy Ovariektomie *f*, Oophorektomie *f*, Ovarialexstirpation *f*, (operative) Eierstockentfernung *f*
ovariocele Ovariozele *f*, Ovarialhernie *f*, Eierstockbruch *m*, Eierstockvorfall *m (Senkung des Eierstocks in einen Leistenbruch)*
ovariocentesis Ovariozentese *f*, Eierstockpunktion *f*, Eierstock(ein)stich *m*
ovariocyesis *s.* ovarian pregnancy
ovariodysneuria Ovarialneuralgie *f*, Eierstockneuralgie *f*, Eierstock(nerven)schmerz *m*
ovariogenic ovariogen, aus dem Eierstock stammend
ovariohysterectomy *s.* oophorohysterectomy
ovariolytic ovariolytisch, eierstockzerstörend
ovarioncus Ovarialgeschwulst *f*, Ovarialtumor *m*, Eierstockgeschwulst *f*, Eierstocktumor *m*
ovariopathy Ovariopathie *f*, Eierstockerkrankung *f*, Eierstockleiden *n*
ovariopexy Ovariopexie *f*, Eierstockfixierung *f (am Peritoneum)*
ovariorrhexis Ovariorrhexis *f*, Ovarialruptur *f*, Eierstockzerreißung *f*
ovariosalpingectomy *s.* oophorosalpingectomy
ovariosalpingitis *s.* oophorosalpingitis
ovariosteresis *s.* ovariectomy
ovariostomy *s.* oophorostomy
ovariotesticular *s.* ovotesticular
ovariotestis *s.* ovotestis
ovariotherapy Ovarextraktbehandlung *f*
ovariotomy Ovariotomie *f*, Eierstockschnitt *m*
ovariotubal ovariotubal; Ovarium-Tuben-..., Eierstock-Eileiter...
ovariprival ovaripriv; Ovarmangel...
ovaritis Ovaritis *f*, Eierstockentzündung *f*
ovarium *s.* ovary
ovary Ovarium *n*, Ovar *n*, Oophoron *n*, Eierstock *m (siehe auch unter: ovarian)*
ovary abscess Ovar(ial)abszess *m*, Eierstockabszess *m*
ovary graft Eierstocktransplantat *n*
ovary hyperplasia Ovar(ial)hyperplasie *f*, Eierstockhyperplasie *f*
ovary hypertrophy Ovar(ial)hypertrophie *f*, Eierstockhypertrophie *f*
ovary hypoplasia Ovar(ial)hypoplasie *f*
ovary rescction Ovarresektion *f*, (operative) Eierstockentfernung *f*
ovary torsion Ovar(ial)torsion *f*, Eierstockverdrehung *f*
ovary transplantation Ovar(ial)transplantation *f*, Eierstockverpflanzung *f*
over-the-counter rezeptfrei *(Arzneimittel)*
overactive reflex hyperaktiver Reflex *m*
overanxious disorder *(Neur)* Angstsyndrom *n* mit Überängstlichkeit
overatropinization Atropinüberdosierung *f*
overbite *(Stom)* Überbiss *m*
overcompensation *(Psych)* Überkompensation *f*
overcorrection *(Ophth)* Überkorrektur *f (von Sehfehlern)*
overdenture Overlay-Prothese *f*, Teleskopprothese *f*
overdetermination *(Psych)* Überdeterminierung *f*, mehrfache Determination *f (bei der Entwicklung von Neurosen)*
overdominance *(Gen)* Dominanz *f* der Heterozygote *(bei Phänotypenausprägung)*
overdominant heterozygote dominierende Heterozygote *f (bei Phänotypenausprägung)*
overdosage Überdosierung *f*
overdosage of medicine Arzneimittelüberdosierung *f*, Medikamentenüberdosierung *f*
overdose *v (Pharm, Rad)* überdosieren, eine zu hohe Dosis geben
overdose Überdosis *f*, überhöhte [zu hohe] Dosis *f*

overdrive Overdrive *n*, Bildung *f* eines schnelleren Schrittmacherrhythmus *(zur Unterdrückung eines pathologischen Herzrhythmus)*
overdrive suppression Overdrive-Suppression *f*, Overdrive-Unterdrückung *f (Unterdrückung eines langsameren Herzrhythmus durch einen schnelleren Schrittmacher)*
overeruption Zahnhochstand *m*, Hochstand *m* von Zähnen, Supraokklusion *f*
overexposure Überbelichtung *f (z. B. einer Röntgenaufnahme)*
overextension Überstreckung *f*
overfeeding Überfütterung *f*
overflexion Hyperflexion *f*, Gelenküberbeugung *f*
overflow Überlauf *m*
overflow incontinence Überlaufinkontinenz *f*
overflow of the gall *s.* jaundice
overgrafting Übertransplantation *f (Transplantation eines zweiten Hauttransplantates auf ein früheres)*
overgrowth *s.* 1. hypertrophy; 2. hyperplasia
overhang *(Stom)* Überstand *m (z. B. Zahnfüllung)*
overhead extension Overhead-Extension *f (bei angeborener Hüftgelenkverrenkung)*
overhead projector Epidiaskop *n*, Overhead-Projektor *m*
overhydration Überwässerung *f*, Hyperhydratation *f (z. B. bei Infusionstherapie)*
overinclusive thinking *s.* overinclusiveness
overinclusiveness *(Neur)* Übereinschließung *f (Unfähigkeit zur Ausschließung von Gedankengängen)*
overinflation Überblähung *f (z. B. der Lungen)*
overinfusion syndrome Überwässerungssyndrom *n*, Hyperhydratationssyndrom *n*
overjet horizontaler Überbiss *m*, horizontale Überlappung *f*
overjut *s.* overjet
overlap *v* überlappen
overlap syndrome *s.* mixed connective tissue disease
overlay *v* überlagern
overlay Überlagerung *f*
overload Überlastung *f*, Überladung *f*
overmatching *(Statist)* Overmatching *n*, gesteigertes Matching *n*
overmature foetus überreifer Fetus *m*
overnutrition Überernährung *f*
overoxygenation Überoxygenierung *f*
overprotection *(Neur)* Overprotektion *f*, übermäßiges Schützen *n*, eingehende Verwöhnung *f*
overresponse übersteigerte Reaktion *f*, Überreaktion *f*
overriding Dislocatio *f* ad axim cum contractione *(Knochenbruch)*
overriding of the aorta Reiten *n* der Aorta *(bei Herzfehler)*; reitende Aorta *f*
overripe cataract Cataracta *f* hypermatura
oversecretion Hypersekretion *f*, Übersekretion *f*
oversensing Oversensing *n (falscher Signale durch einen Herzschrittmacher)*
overstain *v* überfärben
overstain(ing) Überfärbung *f (z. B. histologischer Schnitte)*
overstrain *v* überanstrengen
overstrain Überanstrengung *f*, Erschöpfung *f*, Ermüdung *f*
overstress Überbelastung *f*, Überlastung *f*, Überbeanspruchung *f*
oversuppression syndrome Oversuppressionssyndrom *n (nach Kontrazeption)*
overt tuberculous disease *s.* open tuberculosis
overtalkativeness *(Neur)* Rededrang *m*
overtoe Überzehe *f*
overtransfusion Übertransfusion *f*
overventilation *s.* hyperventilation
overweight Übergewicht *n*
ovicidal ovizid, Eier zerstörend
ovicide Ovizid *n*, Eier zerstörendes Mittel *n*
oviducal *s.* oviductal
oviduct Tuba *f* uterina, Eileiter *m*, Tube *f*
oviductal oviduktal; Eileiter..., Tuben... *(siehe auch unter: tubal)*
oviductal pregnancy Eileiterschwangerschaft *f*, Tubengravidität *f*
oviferous ovifer, ei(er)enthaltend
ovification *s.* ovulation
oviform eiförmig, oval
ovigenesis *s.* oogenesis
ovigenetic *s.* oogenetic
ovigenic *s.* oogenetic
ovigenous *s.* oogenetic
ovigerm Eikeimzelle *f*
ovigerous oviger, ei(er)tragend; Eier bildend
ovigerous disk *(Anat)* Cumulus *m* oophorus, Eihügel *m*
ovine serum Schafserum *n*, Serum *n* vom Schaf
oviparity Eierlegen *n*, Ablegen *n* von Eiern
oviparous ovipar, Eier legend
ovisac *s.* ovarian follicle
ovo-lacto-vegetarian lakto-ovo-vegetarisch, sich von Milch, Eiern und Pflanzenkost ernährend
ovo-lacto-vegetarian Lakto-Ovo-Vegetarier *m*, Milch-Ei-Vegetarier *m*, Vegetarier *m* mit Milch- und Eiernährung
ovo-lacto-vegetarianism Lakto-Ovo-Vegetarismus *m*, vegetarische Lebensweise *f* mit Milch- und Eiernährung
ovo-vegetarian ovo-vegetarisch, sich von Eiern und Pflanzenkost ernährend
ovo-vegetarian Ovo-Vegetarier *m*, Ei-Vegetarier *m*, Vegetarier *m* mit Eiernährung
ovo-vegetarianism Ovo-Vegetarismus *m*, vegetarische Lebensweise *f* mit Eiernährung
ovocentre Zentrosom *n*, Zentriol *n*, Zentralkörperchen *n (während der Befruchtung)*
ovocyte *s.* oocyte
ovoflavin Ovoflavin *n*
ovogenesis *s.* oogenesis
ovoglobulin Ovoglobulin *n*
ovogonium Ovogonium *n*, Ureizelle *f*, Urei *n*
ovoid ovoid, eiartig, eiförmig
ovoid arch *(Stom)* ovaler Zahnbogen *m*
ovolytic ovolytisch
ovomucin Ovomuzin *n (Glykoproteid)*
ovomucoid Ovomukoid *n*
ovoplasm Ovoplasma *n*
ovoprecipitin Ovopräzipitin *n*
ovotesticular ovotestikulär
ovotestis Ovotestis *m (Geschlechtsdrüse eines Zwitters mit sperma- und eierbildenden Abschnitten)*
ovotid *s.* oocyte
ovovitellin *s.* vitellin
ovucyclic *s.* ovulocyclic
ovular ovular; Ovum..., Ei...
ovulate *v* ovulieren, den Follikelsprung [Eisprung] haben
ovulation Ovulation *f*, Follikelsprung *m*, Eisprung *m*, Eilösung *f*, Eiaustritt *m*
ovulation centre *(Anat)* Ovulationszentrum *n (im Hypothalamus)*
ovulation haemorrhage Ovulationsblutung *f*, Mittelblutung *f*
ovulation induction Ovulationsinduktion *f*, Eisprungauslösung *f*
ovulation inhibition Ovulationsinhibition *f*, Eisprunghemmung *f*
ovulation inhibitor Ovulationshemmer *m*
ovulation method of family planning Ovulationsmethode *f* der Familienplanung
ovulation test Ovulationstest *m*

ovulation timing Eisprungbestimmung *f*
ovulational Ovulations..., Eisprung...
ovulational age Ovulationsalter *n (Embryo)*
ovulatory ovulatorisch; Ovulations..., Eisprung...
ovulatory phase ovulatorische Phase *f*, Ovulationsphase *f*
ovule Ovulum *n*, kleines Ei *n*, Eizelle *f*
ovulocyclic ovulozyklisch, während des Ovarialzyklus auftretend
ovulocyclic porphyria ovulozyklische Porphyrie *f*
ovulogenous ovulogen, ei(er)bildend
ovulum *s.* ovule
ovum Ovum *n*, Ei *n*, Eizelle *f*, weibliche Keimzelle *f*
ovum fertilization Eibefruchtung *f*
ovum scoop *(Gyn)* Abort(us)löffel *m*
owl-eye cells Eulenaugenzellen *fpl (bei generalisierter Zytomegalie in den Nierenepithelien)*
Owren's disease Owren'sche Krankheit *f*, Owren-Krankheit *f*, angeborenes Faktor-V-Mangel-Syndrom *n (siehe auch: parahaemophilia)*
ox heart *(Kard)* Cor *n* bovinum *n*, Ochsenherz *n*
oxacillin Oxacillin *n (Antibiotikum)*
oxalacetic acid Oxalessigsäure *f*
oxalaemia Oxalämie *f*, erhöhter Oxalsäuregehalt *m* des Blutes
oxaldehyde Oxaldehyd *m*, Glyoxal *n*
oxalate Oxalat *n*
oxalate calculus Oxalatstein *m*
oxalate poisoning Oxalatvergiftung *f*
oxalated mit Oxalat behandelt
oxalated blood mit Oxalat behandeltes Blut *n*, mit Oxalsäure ungerinnbar gemachtes Blut *n*
oxalation Oxalatbehandlung *f (z. B. des Blutes)*
oxalic acid Oxalsäure *f*
oxalic acid diathesis Oxalsäurediathese *f (Symptomatik bei Hyperoxalämie)*
oxalism Oxalsäurevergiftung *f*, Oxalsäureintoxikation *f*, Oxalatvergiftung *f*
oxaloacetate Oxalacetat *n*, Oxalazetat *n*
oxaloacetate decarboxalse Oxalacetatdecarboxylase *f (Enzym)*
oxaloacetate transacetase Oxalacetat-transacetase *f*, Citratsynthase *f*, Citrogenase *f (Enzym)*
oxaloacetic acid Oxalessigsäure *f*, Acidum *n* oxaloaceticum
oxalosis Oxalose *f (Stoffwechselstörung)*
oxalosuccinate Oxalsuccinat *n*
oxalosuccinic acid Oxalbernsteinsäure *f*
oxalosuccinic carboxylase Oxalbernsteinsäurecarboxylase *f*, Isocitrat-Dehydrogenase *f (Enzym)*
oxalourea *s.* oxalylurea
oxaluria Oxalurie *f*, Oxalsäureausscheidung *f* [Oxalatausscheidung *f*] im Urin
oxaluric acid Oxalursäure *f*
oxalylurea 1. Oxalylharnstoff *m*, Parabansäure *f*, Acidum *n* parabanicum; 2. Oxalursäure *f*
oxamide Oxamid *n*
oxamniquine Oxamniquin *n (Schistosomenmittel)*
oxanamide Oxanamid *n (Sedativum)*
oxandrolone Oxandrolon *n (Androgen, Anabolikum)*
oxantel pamoate Oxantelpamoat *n (Anthelmintikum)*
oxaphenamide Oxaphenamid *n*, 4'-Hydroxysalicylanilid *n (Choleretikum)*
oxaprozin Oxaprozin *n (Antiphlogistikum)*
oxazepam Oxazepam *n (Benzodiazepin, Anxiolytikum)*
oxeladin Oxeladin *n (Antitussivum)*
oxetorone fumarate Oxetoronfumarat *n (Analgetikum)*
oxfendazole Oxfendazol *n (Anthelmintikum)*
oxibendazole Oxibendazol *n (Anthelmintikum)*
oxiconazole Oxiconazol *n (Anthelmintikum)*
oxidant Oxidans *n*
oxidase Oxidase *f*, Oxydase *f (Enzym)*
oxidasic Oxidase..., Oxydase...
oxidation Oxidation *f*
oxidation-reduction reaction *s.* oxidoreduction
oxidative oxidativ, durch Oxidation entstanden; Oxidations...
oxidative phosphorylation oxidative Phosphorylierung *f*, Substratkettenphosphorylierung *f*
oxidative water Oxidationswasser *n*
oxidize *v* oxidieren; Sauerstoff aufnehmen
oxidizing agent Oxidationsmittel *n*
oxidizing enzyme Oxidationsenzym *n*; Oxidase *f*, Dehydrogenase *f*
oxidoreductase Oxidoreductase *f*, Redoxase *f (Enzym)*
oxidoreduction Oxidations-Reduktions-Reaktion *f*, Redoxreaktion *f*
oxidosis *(Am) s.* acidosis
oxidronate Oxidronat *n*
oxilorphan Oxilorphan *n*
oxime Oxim *n*
oximeter Oxymeter *n*, Sauerstoffsättigungsmesser *m (für arterielles Blut)*
oximetry Oxymetrie *f*, Sauerstoffsättigungsmessung *f (des arteriellen Blutes)*
oxine Oxin *n*, Oxyquinolin *n*
oxiperomide Oxiperomid *n (Dopaminrezeptorantagonist)*
oxmetidine mesylate Oxmetidinmesylat *n (Histaminantagonist)*
oxo acid Ketosäure *f*
3-oxo-acid CoA-transferase 3-Ketosäure-CoA-Transferase *f (Enzym)*
oxo-acid-lyase Ketosäure-Lyase *f (Enzym)*
3-oxoacyl-ACP reductase 3-Oxo-Acyl-ACP-Reduktase *f*, Acyl-manolyl-ACP-Reduktase *f (Enzym)*
3-oxoacyl-ACP synthase 3-Oxo-Acyl-ACP-Synthase *f*, Acyl-manolyl-ACP-Synthase *f (Enzym)*
2-oxoglutarate dehydrogenase α-Ketoglutarat-Dehydrogenase *f*, 2-Oxoglutaratdehydrogenase *f (Enzym)*
2-oxoglutaric acid α-Ketoglutarsäure *f*, 2-Oxoglutarsäure *f*
2-oxoisovalerate dehydrogenase α-Ketoisovalerat-Dehydrogenase *f*, 2-Oxoisovaleratdehydrogenase *f (Enzym)*
oxolamine Oxolamin *n*
oxonaemia *s.* acetonaemia
oxonuria *s.* acetonuria
oxophenarsine hydrochloride Oxophenarsinhydrochlorid *n*
5-oxoprolinase 5-Oxoprolinase *f (Enzym)*
5-oxoproline 5-Oxoprolin *n*
5-oxoprolinuria 5-Oxoprolinurie *f*
oxprenolol hydrochloride Oxprenololhydrochlorid *n (Beta-Blocker)*
oxtriphylline Oxtriphyllin *n (Bronchodilatator)*
oxyachrestia Gehirnglukosemangel *m*
oxyacoia *s.* hyperacousia
oxyaesthesia *s.* hyperaesthesia
oxyakoia *s.* hyperacousia
oxyaphia Hyperaphie *f*, taktile Hyperästhesie *f*
oxyarthritis akute Arthritis *f* [Gelenkentzündung *f*]
oxybarbiturate Oxybarbiturat *n*
oxybenzene Oxybenzen *n*, Oxybenzol *n*, Phenol *n*, Karbolsäure *f*
oxybenzone Oxybenzon *n*, 2-Hydroxy-4-methoxybenzophenon *n (Sonnenschutzmittel)*
oxybiotin Oxybiotin *n*
oxyblepsia Oxyblepsie *f*, erhöhte Sehschärfe *f*, erhöhtes Scharfsehen *n*

oxybutynin chloride Oxybutyninchlorid *n (Anticholinergikum)*
oxybutyria Hydroxybuttersäureausscheidung *f* im Urin
oxybutyric acid Hydroxybuttersäure *f*
oxybutyric acidaemia Hydroxybuttersäureerhöhung *f* im Blut
oxycalorimeter Oxykalorimeter *n*, Benedikt'scher Apparat *m (zur Bestimmung des Energiegehaltes der Nahrung über Messung durch Sauerstoffverbrauches)*
oxycellulose Oxycellulose *f*, Oxyzellulose *f*
oxycephalia Oxyzephalie *f*, Spitzköpfigkeit *f*, Spitzschädeligkeit *f*, Akrozephalie *f*, Spitzschädel *m*, Turmschädel *m*
oxycephalic oxyzephal, oxykephal, spitzköpfig
oxycephalous *s.* oxycephalic
oxycephalus Oxyzephalus *m*, Oxyzephaler *m*, Spitzkopf *m*
oxycephaly *s.* oxycephalia
oxychloride Oxychlorid *n (Verbindung aus einem Metallchlorid mit Sauerstoff)*
oxychlorosene Oxychlorosen *n*
oxycholine *s.* muscarine
oxychromatic oxychromatisch, azidophil, sauerfärbend, durch saure Farbstoffe färbbar
oxychromatin Oxychromatin *n (sich mit saurem Anilin färbendes Chromatin)*
oxycinesia *s.* oxykinesia
oxyclozanide Oxyclozanid *n (Anthelmintikum)*
oxycodone Oxykodon *n*, 14-Hydroxydihydrocodeinon *n (Analgetikum)*
oxycodone hydrochloride Oxykodonhydrochlorid *n*
oxydase *s.* oxidase
oxyecoia Hörverstärkung *f*, verstärktes Gehör *n*
oxygen Sauerstoff *m*, O_2 • **administer oxygen by a nasal tube** Sauerstoff über eine Nasensonde geben [zuführen] • **administer oxygen continuously** kontinuierlich Sauerstoff geben [anwenden]
oxygen bath *(Bal)* Sauerstoffbad *n*
oxygen binding capacity Sauerstoffbindungskapazität *f*, O_2-Bindungskapazität *f*
oxygen capacity Sauerstoffkapazität *f*, O_2-Kapazität *f*, Sauerstoffaufnahmefähigkeit *f (des Hämoglobins)*
oxygen capacity of the blood Sauerstoffkapazität *f* des Blutes
oxygen carrying capacity *(Hämat)* Sauerstofftransportkapazität *f*, O_2-Transportkapazität *f*
oxygen concentration in the blood Sauerstoffkonzentration *f* im Blut
oxygen consumption Sauerstoffverbrauch *m*, O_2-Verbrauch *m*
oxygen content in blood Blutsauerstoffgehalt *m*, O_2-Gehalt *m* im Blut
oxygen cost of breathing Sauerstoffverbrauch *m* der Atmung [Atemmuskulatur]
oxygen cylinder *(Anästh)* Sauerstoffflasche *f*, O_2-Flasche *f*
oxygen debt Sauerstoffdefizit *n*, Sauerstoffschuld *f*, O_2-Defizit *n*
oxygen demand Sauerstoffbedarf *m*, O_2-Bedarf *m*
oxygen desaturation Sauerstoffuntersättigung *f*, O_2-Untersättigung *f*
oxygen diffusion Sauerstoffdiffusion *f*, O_2-Diffusion *f*
oxygen dissociation curve Sauerstoffbindungskurve *f*, O_2-Bindungskurve *f*, Sauerstoffdissoziationskurve *f*, O_2-Dissoziationskurve *f*
oxygen electrode Sauerstoffelektrode *f*, O_2-Elektrode *f*
oxygen-enriched sauerstoffangereichert
oxygen extraction Sauerstoffausschöpfung *f*, O_2-Ausschöpfung *f*, O_2-Extraktion *f*
oxygen half-saturation pressure of haemoglobin Sauerstoffpartialdruck *m* bei Halbsättigung des Hämoglobins, pO_2 *m* bei Halbsättigung *(entspricht 27 mmHag)*
oxygen hood Sauerstoffhaube *f*
oxygen insufficiency Sauerstoffmangel *m*, O_2-Mangel *m*
oxygen insufflator *(Anästh)* Sauerstoffinsufflator *m*; Sauerstoffgerät *n*
oxygen intoxication Sauerstoffintoxikation *f*, O_2-Intoxikation *f*
oxygen mask Sauerstoffmaske *f*, O_2-Maske *f*
oxygen radical Sauerstoffradikal *n*, O_2-Radikal *n*
oxygen saturation Sauerstoff(auf)sättigung *f (des Hämoglobins)*
oxygen store Sauerstoffspeicher *f*, O_2-Speicher *f*
oxygen tension *(Physiol)* Sauerstoffspannung *f*, pO_2
oxygen tent Sauerstoffzelt *n*
oxygen therapy Sauerstofftherapie *f*, O_2-Behandlung *f*
oxygen tolerance Sauerstofftoleranz *f*
oxygen toxicity Sauerstofftoxizität *f*
oxygen transport *(Physiol)* Sauerstofftransport *m*
oxygen transport model Sauerstofftransportmodell *n*
oxygen uptake Sauerstoffaufnahme *f*, O_2-Aufnahme *f*
oxygen utilization Sauerstoffutilisation *f*, Sauerstoffverbrauch *m*
oxygen utilization coeffcient Sauerstoffutilisationskoeffzient *f*
oxygen want *s.* 1. oxygen insufficiency; 2. oxygen demand
oxygenase Oxygenase *f (Enzym)*
oxygenate *v* oxygenieren, mit Sauerstoff sättigen *(z. B. Hämoglobin)*; mit Sauerstoff anreichern
oxygenation Oxygenierung *f*, Oxygenisation *f*, Sauerstoff(auf)sättigung *f (des Hämoglobins)*; Anreicherung *f* mit Sauerstoff
oxygenator Oxygenator *m*, künstliche Lunge *f*
oxygenic sauerstoffhaltig; Sauerstoff...
oxygenize *v* 1. *s.* oxygenate; 2. oxidieren
oxygenotherapy *s.* oxygen therapy
oxygeusia Oxygeusie *f*, gesteigerter Geschmackssinn *m*
oxyhaematin Oxyhämatin *n*
oxyhaematoporphyrin Oxyhämatoporphyrin *n*
oxyhaeme *s.* haematin
oxyhaemochromogen *s.* haematin
oxyhaemocyanine Oxyhämocyanin *n*, Oxyhämozyanin *n*
oxyhaemoglobin Oxyhämoglobin *n*
oxyhaemoglobin dissociation *(Physiol)* Oxyhämoglobindissoziation *f*
oxyhaemoglobin dissociation curve Oxyhämoglobindissoziationskurve *f*
oxyhaemoglobin saturation Oxyhämoglobinsättigung *f*
oxyhaemoglobinometer Oxyhämoglobinometer *n*, Blutsauerstoffmessgerät *n*
oxyhaemograph Oxyhämograph *m (zur kontinuierlichen Blutsauerstoffmessung)*
oxyhaemotherapy Oxyhämotherapie *f*
oxyhydrocephalus *(Terat)* Oxyhydrozephalus *m*
oxyhyperglycaemia Oxyhyperglykämie *f*
oxyiodide Oxyjodid *n*, Oxyiodid *n*
oxykinesia Bewegungsschmerz *m*; Bewegungsschmerzhaftigkeit *f*
oxykrinin *s.* secretin
oxylalia Oxylalie *f*, Tachylalie *f*, schnelles Sprechen *n*; schnelle Sprache *f*
oxyluciferin Oxyluciferin *n*, Oxyluziferin *n*
oxymesterone Oxymesteron *n (Androsteron, Anabolikum)*
oxymetazoline hydrochloride Oxymetazolinhydrochlorid *n (Vasokonstriktor)*
oxymetholone Oxymetholon *n (Androgen, Anabolikum)*

oxymetry *s.* oximetry
oxymorphine Oxymorphin *n*, Dehydromorphin *n (Analgetikum)*
oxymorphone hydrochloride Oxymorphonhydrochlorid *n (Narkoanalgetikum)*
oxymyoglobin Oxymyoglobin *n*
oxymyohaematin Oxymyohämatin *n*
oxymyohaemoglobin Oxymyohämoglobin *n*
oxynervon Oxynervon *n*, Hydroxynervon *n (Zerebrosid)*
oxyneurine Betain *n*
oxyntic säurebildend; säuresezernierend, säureausscheidend
oxyntic cell Parietalzelle *f*, Belegzelle *f*, Säure [Salzsäure] produzierende Zelle *f (der Magenschleimhaut)*
oxyntic gland area Parietalzellenareal *n*, Fundus *m (des Magens)*
oxyntomodulin Oxyntomodulin *n*
oxyopia Oxyopie *f*, Hyperopie *f*, abnormes Scharfsehen *n*
oxyopter Oxyoptrie *f (Sehschärfe-Einheit)*
oxyosis *s.* acidosis
oxyosmia Oxyosmie *f*, Hyperosmie *f*, Geruchsüberempfindlichkeit *f*
oxyosphresia *s.* oxyosmia
oxyparaplastin Oxyparaplastin *n*
oxypathy Oxypathie *f*, Blutübersäuerung *f*
oxypertine Oxypertin *n (Anxiolytikum)*
oxypertine hydrochloride Oxypertinhydrochlorid *n*
oxyphenbutazone Oxyphenbutazon *n (Analgetikum, Antipyretikum)*
oxyphencyclimine hydrochloride Oxyphencycliminhydrochlorid *n (Anticholinergikum)*
oxyphenisatin Oxyphenisatin *n*
oxyphenisatin acetate Oxyphenisatinacetat *n*
oxyphenonium bromide Oxyphenoniumbromid *n (Anticholinergikum)*
oxyphenylethylamine Oxyphenylethylamin *n*, Tyramin *n*
oxyphil 1. Oxyphile(r) *m*, oxiphiler [eosinophiler] Leukozyt *m*; 2. oxyphile Zelle *f*; 3. *s.* oxyphilic 1.
oxyphilia 1. Oxyphilie *f*, Azidophilie *f (Färbung mit sauren Farbstoffen)*; 2. *s.* eosinophilia 2.
oxyphilic 1. azidophil, säurefärbend, durch saure Farbstoffe färbbar; säureliebend; 2. *s.* eosinophilic
oxyphilic cell *s.* oxyntic cell
oxyphilic granules oxyphile Granula *npl*, oxyphile Körnchen *npl*
oxyphilic leucocyte *s.* eosinophilic leucocyte
oxyphilous *s.* oxyphilic
oxyphonia Oxyphonie *f*, schrille Stimme *f*, scharfer Stimmklang *m*
oxyplasm Oxyplasma *n*, oxyphiles Zytoplasma *n*
oxypolygelatin Oxypolygelatin *n*
oxyproline Oxyprolin *n*, Hydroxyprolin *n*, 4-Hydroxypyrrolidin-2-carbonsäure *f (Eiweißbaustein)*
oxypurine Oxypurin *n*
oxypurinol Oxypurinol *n*
oxyquinoline Oxyquinolin *n*
oxyrhine 1. spitznasig; 2. mit ausgeprägtem Riechsinn
oxysantonin Oxysantonin *n*
oxytalan Oxytalan *n*, Oxytalanfaser *f (Bindegewebsfaser)*
oxytalanolysis Oxytalanolyse *f*, Oxytalanauflösung *f*, Oxytalanfaserszerstörung *f*
oxytetracycline Oxytetrazyklin *n*, 5-Hydroxytetracyclin *n (Antibiotikum)*
oxythiamin Oxythiamin *n*
oxytocia Oxytokie *f*, Schnellgeburt *f*, schnelle [überstürzte] Geburt *f*, Sturzgeburt *f*
oxytocic oxytozisch, wehenanregend, geburtsanregend, geburtsstimulierend, geburtsfördernd, geburtsbeschleunigend
oxytocic (agent) Oxytozikum *n*, Wehenmittel *n*, wehenanregendes Mittel *n*
oxytocic hormone *s.* oxytocin
oxytocin Oxytocin *n*, Oxytozin *n (die Gebärmutterkontraktion verstärkendes Hormon der Hirnanhangsdrüse)*
oxytocin tolerance test Oxytozinbelastungstest *m*
oxytocinase Oxytocinase *f (Enzym)*
oxytropism Oxytropismus *m (zelluläre Reaktion auf Vorhandensein von Sauerstoff)*
oxytuberculin Oxytuberkulin *n (durch Oxidation abgeschwächtes Tuberkulin)*
oxyuria *s.* oxyuriasis
oxyuriasis *(Paras)* Oxyuriasis *f*, Springwurmbefall *m*, Madenwurmerkrankung *f (durch Oxyuris vermicularis)*
oxyuricide (agent) Oxyurenmittel *n*, oxyurentötendes Mittel *n*
oxyurid oxyurenartig, oxyurenähnlich, madenwurmartig
oxyurid *(Paras)* Oxyuris *f* vermicularis, Madenwurm *m*, Springwurm *m*
Oxyuridae Oxyuridae *fpl*
oxyurifuge (agent) Oxyurenabtreibungsmittel *n*, oxyurenvertreibendes Mittel *n*
oxyuriosis *s.* oxyuriasis
Oxyuris vermicularis Oxyuris *f* vermicularis
oxyuroid *s.* oxyurid
ozaena Ozaena *f*, Ozäna *f*, Stinknase *f*, Rhinitis *f* atrophicans cum foetore
ozaenous Ozaena…, Stinknasen…
ozena *s.* ozaena
ozochrotia Ozochrotie *f*, übler [starker] Hautgeruch *m*
ozochrotous ozochrotös
ozokerite Ozokerit *n*
ozokeritotherapy *(Bal)* Ozokeritotherapie *f*
ozonator Ozonator *m (Apparat zur Ozonbildung)*
ozone Ozon *n*, O_3
ozone concentration Ozonkonzentration *f*
ozone hole Ozonloch *n*
ozone shield Ozon(schutz)schild *m*
ozone sickness Ozonkrankheit *f*
ozonide Ozonid *n*
ozoniferous ozonhaltig
ozonization Ozonisierung *f*
ozonize *v* 1. mit Ozon anreichern; mit Ozon behandeln; 2. in Ozon überführen; sich in Ozon verwandeln
ozonizer Ozonapplikator *m*, Ozonapplikationsgerät *n*
ozonolysis Ozonolyse *f*
ozonometer *n* Ozonometer *n*, Ozonmesser *m*
ozonophore Ozonophor *m (Körnchen im Zellplasma)*
ozonoscope Ozonoskop *n (Gerät zum Ozonnachweis)*
ozostomia Ozostomie *f*, übler [fauler] Mundgeruch *m*

P

P loop P-Schleife *f (Vektorkardiographie)*
P mitrale (wave) P-mitrale *n (EKG)*
P pulmonale (wave) P-pulmonale *n (EKG)*
P-Q interval P-Q-Intervall *n*, P-Q-Dauer *f (EKG)*
P-R interval P-R-Intervall *n (EKG)*
P-R segment P-R-Segment *n (EKG)*
P value *(Statist)* p-Wert *m*
P wave P-Zacke *f*, P-Welle *f*

P wave of the electrocardiogram P-Zacke *f*, Vorhofzacke *f* (im EKG)
pabulin Pabulin *n*
pabulum Pabulum *n*, Nahrung *f*
Pacchionian bodies *s.* Pacchionian granulations
Pacchionian depressions Foveolae *fpl* granulares
Pacchionian foramen Foramen *n* diaphragmatis (sellae)
Pacchionian granulations *(Anat)* Pacchioni'sche Granulationen *fpl*, Pacchioni-Granulationen *fpl*, Granulationes *fpl* arachnoidales
pace *v* mit einem Pacemaker [Schrittmacher] stimulieren
pacemade patient schrittmacherstimulierter Patient *m*
pacemake *v* mit einem Pacemaker [Schrittmacher] stimulieren
pacemaker Schrittmacher *m*, Herzschrittmacher *m*, Pacemaker *m*
pacemaker installation fluoroscopy Durchleuchtung *f* bei der Schrittmacherimplantation
pacemaker of the heart Sinusknoten *m*, Nodus *m* sinuatrialis, Keith-Flack'scher Knoten *m*
pacemaker stimulus potential Schrittmacherstimulationspotenzial *n*
pacesetter *s.* pacemaker
pachometer *s.* pachymeter
pachyacria Pachyakrie *f*, Fingervergrößerung *f*, Zehenvergrößerung *f*
pachyblepharon Pachyblepharon *n*, verdicktes Augenlid *n*; Augenlidverdickung *f*
pachyblepharosis *s.* pachyblepharon
pachycephalia *(Anat)* Pachyzephalie *f*, Dickschäd(e)ligkeit *f*, Dickköpfigkeit *f (abnorm kurzer Schädel)*
pachycephalic *(Anat)* pachyzephal(isch), pachykephal, dickschädelig, dickköpfig
pachycephalous *s.* pachycephalic
pachycephaly *s.* pachycephalia
pachycheilia Pachycheilie *f*, (abnorme) Lippenverdickung *f (siehe auch: macrocheilia)*
pachychilia *s.* pachycheilia
pachycholia Pachycholie *f*, Galleneindickung *f*
pachychromatic pachychromatisch *(Zellkern)*
pachychymia Pachychymie *f*
pachycolpism *s.* pachyvaginitis
pachydactylia *s.* pachydactyly
pachydactylic pachydaktyl, dickfingerig
pachydactylous *s.* pachydactylic
pachydactyly Pachydaktylie *f*, Dickfingrigkeit *f*, angeborene Fingerverdickung *f*, (angeborene) Zehenverdickung *f*
pachyderma *s.* pachydermia 1.
pachydermatocele *(Derm)* Elephantiasis *f* neuromatosa
pachydermatosis *(Derm)* Rosacea *f* hypertrophica, Rhinophym *n*
pachydermatous pachydermatös, dickhäutig, harthäutig
pachydermia 1. Pachydermie *f*, Pachyderma *n*, Dickhäutigkeit *f*, Harthäutigkeit *f*, Hautverdickung *f*, Hautverhärtung *f*, Bindegewebshypertrophie *f* der Haut; 2. *s.* elephantiasis
pachydermial *s.* pachydermatous
pachydermic *s.* pachydermatous
pachydermoperiostosis Pachydermoperiostose *f*, Haut- und Periostverdickung *f*
pachydermous *s.* pachydermatous
pachyglossia Pachyglossie *f*, Zungenverdickung *f*, Zungenverhärtung *f*, Zungenvergrößerung *f*
pachygnathous pachygnath, großkiefrig
pachygyria Pachygyrie *f (Abflachung und Verbreiterung der Hirnwindungen)*
pachyhaematous 1. dickblütig; 2. bluteindickend; Bluteindickungs...
pachyhaemia 1. Pachyhämie *f*, Dickblütigkeit *f*; 2. Bluteindickung *f*
pachyhymenic *s.* pachydermatous
pachyleptomeningitis Pachyleptomeningitis *f*, Entzündung *f* der harten und der weichen Hirnhaut
pachylosis 1. Pachylosis *f*, Hauttrockenheit *f*; 2. Hauteintrocknung *f*
pachymenia Pachymenie *f*, Hautverdickung *f*
pachymenic mit verdickter Haut; Pachymenie...
pachymeninges *pl s.* pachymeninx
pachymeningitic pachymeningitisch; Pachymeningitis...
pachymeningitis Pachymeningitis *f*, Perimeningitis *f*, Pachymeninxentzündung *f*, Entzündung *f* der harten Hirnhaut
pachymeningopathy Pachymeningopathie *f*, Erkrankung *f* [Krankheit *f*] der harten Hirnhaut
pachymeninx *(Anat)* Pachymeninx *f*, Dura *f* mater, harte Hirnhaut *f*
pachymeter 1. Pachometer *n*, Dickenmesser *m*; 2. *(Ophth)* Hornhautdickenmesser *m*
pachymucosa Pachymukosa *f*, verdickte Schleimhaut *f* [Mukosa *f*]; Schleimhautverdickung *f*
pachynema Pachynema *n*
pachynsis Pachynsis *f*, abnorme Verdickung *f (z. B. einer Membran)*
pachyntic pachyntisch, (abnorm) verdickt
pachyonychia Pachyonychie *f*, Nagelverdickung *f*, Verdickung *f* der Nagelplatte
pachyonychosis *(Derm)* Onychia *f* sicca
pachyonyxis *s.* pachyonychia
pachyotia Pachyotie *f*, Ohrmuschelverdickung *f*
pachypelviperitonitis Pachypelviperitonitis *f*, Entzündung *f* und Verdickung *f* des Beckenbauchfells
pachypericarditis Pachyperikarditis *f*, Perikardverdickung *f*
pachyperiostitis Pachyperiostitis *f*, Knochenhautentzündung *f* mit Knochenverdickung
pachyperiostosis Pachyperiostose *f*, entzündliche Periostverdickung *f (der langen Röhrenknochen)*
pachyperitonitis Pachyperitonitis *f*, entzündliche Bauchfellverdickung *f*
pachypleuritis Pachypleuritis *f*, entzündliche Rippenfellverdickung *f*
pachypodous pachypodös, dickfüßig
pachyrhine pachyrhin, dicknasig
pachyrhinic *s.* pachyrhine
pachysalpingitis *(Gyn)* Pachysalpingitis *f*, entzündliche Eileiterverdickung *f* [Tubenverdickung *f*], Salpingitis *f* parenchymatosa, chronische interstitielle Salpingitis *f*
pachysalpingo-oothecitis *s.* pachysalpingo-ovaritis
pachysalpingo-ovaritis Pachysalpingoovaritis *f*, Entzündung *f* und Verdickung *f* von Eierstock und Eileiter
pachysomia Pachysomie *f*, Weichteilverdickung *f* (des Körpers)
pachytene Pachynema *n*
pachytic 1. dick, eingedickt; viskos, viskös; 2. eindickend, verdickend; viskos [viskös] machend
pachytrichous pachytrichös, dickhaarig
pachyvaginalitis *(Urol)* Pachyvaginalitis *f*, Entzündung *f* der Tunica vaginalis testis
pachyvaginitis *(Gyn)* Pachyvaginitis *f*, entzündliche Scheidenwandverdickung *f*
pacifier Nuckel *m*, Sauger *m (für Säuglinge)*
pacing stimulierend; Stimulations..., Stimulierungs...
pacing electrode *(Kard)* Schrittmacherelektrode *f*, Stimulationselektrode *f*
pacing wire Schrittmacherdraht *m*, Stimulationsdraht *m*
Pacinian corpuscle *(Anat)* (Vater-)Pacini'sches Körperchen *n*, Pacini-Körperchen *n*, Lamellenkörperchen *n*,

(Vater-Pacini'sches) Tastkörperchen *n*, Corpusculum *n* lamellosum
Pacini's corpuscle *s.* Pacinian corpuscle
pacinitis Tastkörperchenentzündung *f*, Entzündung *f* der Pacini-Körperchen
pack *v* 1. tamponieren, mit einem Tampon ausstopfen; 2. einpacken; wickeln
pack 1. Tampon *m*; Tupfer *m*; Bausch *m*; Streifen *m*; 2. Packung *f*, Einpackung *f*, Wickel *m*; 3. Instrumentensatz *m*
package insert *(Pharm)* Packungsbeilage *f*
packed-cell volume *(Lab)* Hämatokrit *m*
packed cells *s.* packed erythrocytes
packed erythrocytes *(Hämat)* Erythrozytenkonzentrat *n*
packed leucocytes *(Hämat)* Leukozytenkonzentrat *n*
packed red blood cells *s.* packed erythrocytes
packed thrombocytes *(Hämat)* Thrombozytenkonzentrat *n*
packer Tamponadestiel *m*
packet liver *(Path)* Paketleber *f*, syphilitische Lappenleber *f*, Hepar *n* lobatum syphiliticum *(im dritten Stadium der Syphilis)*
packing 1. Tamponieren *n*, Tamponierung *f*, Tamponade *f*; Streifeneinlegen *n*; 2. *s.* pack 2.
pad 1. Polster *n*, Wattepolster *n*; 2. Kompresse *f*; 3. Pelotte *f*, Bruchband *n*; 4. Fettpolster *n*, Fettgewebsansammlung *f*
pad bandage Mullverband *m*; Watteverband *m*
pad of the corpus callosum *(Anat)* Splenium *n* corporis callosi, Balkenbauch *m*
Padgett's dermatome Padgett'sches Dermatom *n* *(Instrument zur Gewinnung von Hautlappen)*
padimate A Padimat *n* A
padimate O Padimat *n* O
paecilomycosis Paecilomycosis *f*, Paecilomykose *f* *(Infektion mit Paecilomyces lilacinus)*
paedarthrocace Pädarthrokaze *f*, tuberkulöse Gelenkentzündung *f* bei Kindern
paedatrophia Pädatrophie *f*, Kindesabzehrung *f*, Kindesauszehrung *f*, Säuglingsatrophie *f*
paedaudiometry Pädaudiometrie *f*, Kinderaudiometrie *f* *(Hörprüfung bei Kindern)*
paederast Päderast *m*, Kinäde *m*, der Knabenliebe Ergebene(r) *m*; Homosexuelle(r) *m*
paederastic päderastisch; Päderastie…
paederasty *(Neur)* Päderastie *f*, Knabenliebe *f*, Sodomie *f*, homosexuelle Pädophilie *f*, männliche Homosexualität *f* mit Knaben
paederosis Päderosis *f*, heterosexuelle Pädophilie *f*, Pädophilia *f* erotica Krafft-Ebings
paediadontist Kinderzahnarzt *m*, Kinderstomatologe *m*, Jugendzahnarzt *m*, Facharzt *m* für Kinderzahnheilkunde [Kinderstomatologie]
paediadontology Kinderzahnheilkunde *f*, Kinderstoma tologie *f*
paediatric pädiatrisch, kinderheilkundlich; Pädiatrie…
paediatric AIDS program Kinder-AIDS-Progamm *n*
paediatric anaesthesia Kinderanästhesie *f*
paediatric cardiology Kinderkardiologie *f*
paediatric dentistry Kinderzahnheilkunde *f*, Kinderstomatologie *f*
paediatric disease Kinderkrankheit *f*
paediatric dosage Kinderdosierung *f*, pädiatrische Dosierung *f*
paediatric hospitalization Kinderhospitalisierung *f*
paediatric intensive care Kinderintensivpflege *f*, Kinderintensivbetreuung *f*
paediatric nursing Kinderpflege *f*, Kinderkrankenpflege *f*
paediatric nutrition Kinderernährung *f*
paediatric psychiatrist Kinderpsychiater *m*, Kinder- und Jugendpsychiater *m*, Arzt *m* [Facharzt *m*] für Kinder- und Jugendpsychiatrie
paediatric psychologist Kinderpsychologe *m*
paediatric surgeon Kinderchirurg *m*, Arzt *m* [Facharzt *m*] für Kinderchirurgie
paediatric surgery Kinderchirurgie *f*
paediatric ward Kinder(kranken)station *f*
paediatrician Pädiater *m*, Kinderarzt *m*, Facharzt *m* für Pädiatrie, Arzt *m* für Kinderheilkunde
paediatrics Pädiatrie *f*, Kinderheilkunde *f*
paediatrist *s.* paediatrician
paediatry *s.* paediatrics
paedicterus (physiologischer) Neugeborenenikterus *m*, Icterus *m* neonatorum, Neugeborenengelbsucht *f*
paed(i)odontia *s.* paediadontology
paedodontics *s.* paediadontology
paedodontology *s.* paediadontology
paedogenesis Pädogenese *f*, Fortpflanzung *f* im Larvenstadium
paedologist Pädologe *m*
paedology 1. Pädologie *f*, Jugendkunde *f*, Kinderpsychologie *f* *(Lehre von der körperlichen und geistigen Entwicklung der Kinder)*; 2. Pädologie *f*, Babysprache *f*, Kindersprache *f*
paedometer Pädometer *n*, Instrument *n* zur Neugeborenenvermessung [Kindervermessung]
paedometry Pädometrie *f*, Neugeborenenvermessung *f*, Kindervermessung *f*
paedomorphic pädomorph; Pädomorphismus…
paedomorphism Pädomorphismus *m*
paedonosology Pädonosologie *f*, Kinderkrankheitslehre *f*
paedopathy *s.* paediatrics
paedophilia 1. Pädophilie *f*, Kinderliebe *f*; 2. *(Neur)* Pädophilie *f* *(geschlechtliche Befriedigung an Kindern)*
paedophilic pädophil, kinderfreundlich, kinderlieb
paedophobia Pädophobie *f*, Kinderabneigung *f*
paedopsychiatrist Kinderpsychiater *m*, Kindernervenarzt *m*
paedopsychiatry Kinderpsychiatrie *f*, Kindernervenheilkunde *f*
PAG *s.* pregnancy-associated α_2-glycoproteid
Page's syndrome Page'sches Syndrom *n*, Page-Syndrom *n*, juveniler Hypertonus *m*, jugendlicher Bluthochdruck *m*
Paget-Schroetter's syndrome Paget-von-Schrötter'-sches Syndrom *n*, Paget-von-Schrötter-Syndrom *n*, akuter Achselvenenstau *m*, akute Achselvenenthrombose *f*, thrombotischer Achselvenenverschluss *m*, Armvenenthrombose *f*
pagetoid pagetartig, der Paget-Krankheit ähnlich
Paget's bone disease *s.* Paget's disease 1.
Paget's cancer *s.* Paget's disease 2.
Paget's cell Paget-Zelle *f*
Paget's disease 1. *(Orth)* Paget'sche Krankheit *f*, Ostitis *f* deformans, Osteodystrophia *f* deformans Paget; 2. *(Onk)* Paget-Krebs *m*, Paget'sche Krankheit *f*, Krebsekzem *n* der Brust
Paget's disease of bone *s.* Paget's disease 1.
Paget's necrosis Paget-Nekrose *f* *(im Knochenschaft)*
Paget's nipple disease *s.* Paget's disease 2.
Paget's of the nipple *s.* Paget's disease 2.
Paget's test Paget-Test *m* *(Prüfung der Härte zur Unterscheidung zwischen Tumor und Zyste)*
pagophagia Pagophagie *f*, übermäßiges Essen *n* von Eis
pagophagic (übermäßig) Eis essend
pagphagous *s.* pagophagic
pagoplexia *(Derm)* Frostbeule *f*
PAH clearance *(Nephr)* Paraaminohippursäure-Clearance *f*, PAH-Clearance *f*

PAH clearance test *(Nephr)* Paraaminohippursäure-Clearance-Test *m*, PAH-Clearance-Test *m*
paidology *s.* paedology
pain 1. Schmerz *m (körperlich oder seelisch)*; 2. *s.* pains 2. • **bring pain on** Schmerzen bereiten • **cause pain** Schmerzen verursachen [auslösen, bereiten] • **cry with pain** vor Schmerzen schreien • **have pain** Schmerzen haben, Schmerz(en) fühlen, Schmerz(gefühl) haben • **mitigate [relieve] pain** den Schmerz lindern [mildern, verringern] • **sharpen the pain** den Schmerz verstärken • **withstand a lot of pain** viel Schmerz ertragen, starken Schmerz aushalten [tolerieren]
pain and suffering *(For)* Schmerz *m* und Leid *n*
pain assessment Schmerzbeurteilung *f*, Schmerzeinschätzung *f*, Schmerzbewertung *f*
pain at the back of the head Hinterhauptschmerz *m*
pain in the groin Leistenschmerz *m*
pain in the temples Schläfenschmerz *m*, Temporalschmerz *m*
pain intervention Schmerzintervention *f*, Schmerzbeseitigung *f*, Schmerzlinderung *f*
pain joy Schmerzlust *f*, Masochismus *m*
pain killer Schmerzmittel *n*, schmerzstillendes Mittel *n*
pain-killing drug Schmerzmittel *n*, schmerzstillendes Mittel *n*
pain mechanism Schmerzmechanismus *m*
pain on defaecation Defäkationsschmerz *m*
pain on deglution Schluckschmerz *m*
pain on micturition Miktionsschmerz *m*
pain pathway Schmerz(leitungs)bahn *f*
pain point Schmerzpunkt *m*, Punctum *n* dolorosum
pain reaction Schmerzreaktion *f*
pain receptor Schmerzrezeptor *m*
pain reflex Schmerzreflex *m*
pain reliever *s.* pain killer
pain-relieving pill [tablet] schmerzstillende Tablette *f*
pain sense Schmerzsinn *m*
pain threshold Schmerzschwelle *f*
pain with extension [radiation] into the groins in die Leisten ausstrahlender Schmerz *m*
painful schmerzhaft, schmerzend • **be painful** schmerzhaft sein, schmerzend sein
painful arch Supraspinatussehnensyndrom *n*
painful breathing Schmerzen *mpl* beim Atmen
painful difficult urination *s.* stranguria
painful feet syndrome Syndrom *n* der brennenden Füße
painful gum Zahnfleischschmerz *m*
painful menstruation Algomenorrhoe *f*, schmerzhafte Menstruation *f*
painful point *s.* pain point
painfulness Schmerzhaftigkeit *f*
painless schmerzlos, schmerzfrei
painless labour schmerzlose Geburt *f*
painless lumb schmerzloser Knoten *m (in der Brust)*
painless mass schmerzloser Tumor *m*, indolente Geschwulst *f*
pains 1. Schmerzen *mpl (siehe auch unter: pain)*; 2. Wehen *fpl*, Geburtsschmerz *m*; Schmerzen *mpl* • **at the height of the pains** auf dem Schmerzhöhepunkt
pains of unknown origin Schmerzen *mpl* unklarer Genese
pains on urination Schmerzen *mpl* beim Wasserlassen
paint *v* anstreichen, überstreichen, anpinseln, anmalen
paint *v* **the operative field** das Operationsgebiet abwaschen *(z. B. mit Desinfektionsmittel)*
paint Farblösung *f*, Anstreichlösung *f*
painter's colic *(Arb)* Bleikolik *f*, Malerkrankheit *f (Verdauungsbeschwerden mit krampfartigen Schmerzen infolge von Bleivergiftung)*
painter's palsy Bleilähmung *f (Lähmung der Streckermuskulatur infolge von Bleivergiftung)*
palaeo-olive Paläoolive *f*
palaeocerebellar Paläozerebellum...
palaeocerebellum Paläozerebellum *n*, Urkleinhirn *n (Phylogenese)*
palaeocortex Paläokortex *m*, Urhirnrinde *f (Phylogenese)*
palaeoencephalon Paläoenzephalon *n*, Urhirn *n (Phylogenese)*
palaeogenesis Paläogenese *f*
palaeogenetic paläogenetisch; Paläogenese...
palaeokinetic paläokinetisch
palaeontology Paläontologie *f*, Fossilienlehre *f*
palaeopallium Paläopallium *n*
palaeopathology Paläopathologie *f*
palaeopsychology Paläopsychologie *f (Lehre von den Urzuständen des Seelenlebens)*
palaeostriatal Paläostriatum..., Pallidum...
palaeostriatal syndrome progressive Pallidumatrophie *f*
palaeostriatum Paläostriatum *n*, Globus *m* pallidus
palaeothalamus Paläothalamus *m*
palata *pl s.* palatum
palatable trinkbar
palatable water trinkbares Wasser *n (trinkbar; nicht sicher keimfrei)*
palatal *s.* palatine
palate Palatum *n*, Gaumen *m*, Mundhöhlendach *n (siehe auch unter: palatine)*
palate hook Gaumenhäkchen *n*
palate myograph Gaumenmyograph *m (zur Aufzeichnung der Gaumensegelbewegung)*
palate needle Gaumennadel *f*
palate plate Gaumenplatte *f*
palate suture (operative) Gaumennaht *f*
palatic *s.* palatine
palatiform palatiform, gaumenförmig; gaumenartig, gaumenähnlich
palatine palatin, palatal; Palato..., Gaumen... *(siehe auch unter: palate)*
palatine Os *n* palatinum, Gaumenboin *n*
palatine aponeurosis Gaumenaponeurose *f*
palatine arch Gaumenbogen *m*, Arcus *m* palatini
palatine bar Gaumenbrücke *f*
palatine bone *s.* palatine
palatine canals Canales *mpl* palatini
palatine fistula Gaumenfistel *f*
palatine flap Gaumenlappen *m*
palatine foramen Gaumenfenster *n*, Foramen *n* palatinum [palatini]
palatine fossa Fossa *f* incisiva
palatine incompetence Gaumeninsuffizienz *f*, Gaumenschlussunfähigkeit *f*
palatine mucosa Gaumenschleimhaut *f*
palatine myoclonus Gaumenmyoklonus *m*
palatine nystagmus *s.* palatine myoclonus
palatine papilla Papilla *f* incisiva
palatine paralysis Gaumen(segel)lähmung *f*
palatine process (of the maxilla) Gaumenfortsatz *m* des Oberkiefers, Processus *m* palatinus maxillae
palatine raphe *(Anat)* Gaumennaht *f*, Raphe *f* palati
palatine reflex Gaumenreflex *m*
palatine ridge Gaumenleiste *f*
palatine spasm Gaumensegelkrampf *m*, Spasmus *m* palatinus
palatine spine *s.* posterior nasal spine
palatine support *(Stom)* Gaumenplatte *f*
palatine suture *(Anat)* Gaumenbeinnaht *f*, Sutura *f* palatina mediana

palatine tonsil Gaumenmandel *f*, Gaumentonsille *f*, Tonsilla *f* palatina
palatine tonsil fossa Gaumenmandelgrube *f*
palatine torus *(Anat)* Torus *m* palatinus
palatine tubercle Processus *m* pyramidalis ossis palatini
palatine uvula Gaumenzäpfchen *n*, Uvula *f*
palatine velum Gaumensegel *n*, Velum *n* palatinum, Pendulum *n* palatini
palatinose Palatinose *f (Disaccharid)*
palatitis Gaumenentzündung *f*
palato-ethmoidal suture *(Anat)* Sutura *f* palatoethmoidalis
palatoglossal palatoglossal; Gaumen-Zungen-...
palatoglossal arch Arcus *m* palatoglossus, vorderer Gaumenbogen *m*
palatoglossal muscle *s.* palatoglossus
palatoglossus (muscle) Musculus *m* palatoglossus [glossopalatinus], Gaumen-Zungen-Muskel *m*
palatognathous Gaumenspalte(n)...
palatogram Palatogramm *n*
palatograph *s.* palatomyograph
palatolabial palatolabial; Gaumen-Lippen-...
palatomaxillary palatomaxillär; Gaumen-Oberkiefer-...
palatomaxillary arch Gaumenbogen *m*
palatomaxillary suture Sutura *f* palatomaxillaris
palatomyograph Gaumenmyograph *m (zur Aufzeichnung der Gaumensegelbewegung)*
palatomyography Gaumenmyographie *m (Aufzeichnung der Gaumensegelbewegung)*
palatonasal palatonasal; Gaumen-Nasen-...
palatopagus *(Terat)* Palatopagus *m (Missgeburt)*
palatopharyngeal palatopharyngeal; Gaumen-Rachen-...
palatopharyngeal arch Arcus *m* palatopharyngeus, hinterer Gaumenbogen *m*
palatopharyngeal fold Plica *f* palatopharyngea
palatopharyngeus (muscle) Musculus *m* palatopharyngeus [pharyngopalatinus], Schlund-Kopf-Gaumen-Muskel *m*
palatopharyngoplasty Palatopharyngoplastik *f*, Gaumen-Pharynx-Plastik *f*, Uvulopalatoplastik *f*, Uvulopalatopharyngoplastik *f*
palatopharyngorrhaphy Palatopharyngorrhaphie *f*
palatoplasty Palatoplastik *f*, Gaumenplastik *f*, operative Gaumenwiederherstellung *f* [Gaumenrekonstruktion *f*], Staphyloplastik *f*
palatoplegia Palatoplegie *f*, Gaumen(segel)lähmung *f*
palatoproximal *(Stom)* palatoproximal
palatopterygoid palatopterygoid, pterygopalatin
palatorrhaphy *(Chir)* Palatorrhaphie *f*, Gaumen(spalten)naht *f*
palatosalpingeus (muscle) Musculus *m* tensor veli palatini, Spannmuskel *m* des weichen Gaumens
palatoschisis Palatoschisis *f*, Gaumenspalte *f*, Uranoschisis *f*, Uranokolobom *n*; Palatum *n* fissum
palatum *s.* palate
pale blass, fahl, bleich
pale as death totenblass, totenbleich
pale-coloured faeces acholischer Stuhl(gang) *m*
pale granular atrophy blasse Granularatrophie *f*, glomerulonephritische Schrumpfniere *f*
pale infarct anämischer Infarkt *m*
pale nasolabial triangle periorale Blässe *f*, Facies *f* scarlatinosa
pale skin blasse Haut *f*
paleness Blässe *f*, Pallor *m*
paleo... *s.* palaeo...
palicinesia *s.* palikinesia
palikinesia *(Neur)* Palikinesie *f*, krankhafte Wiederholung *f* von Bewegungen
palilalia *(Neur)* Palilalie *f*, krankhafte Wiederholung *f* von Silben und Wörtern
palilexia Palilexie *f (Wiederholung von Wörtern und Sätzen beim Lesen)*
palinacusis *(Neur)* Palinakusis *f (mehrfaches Hören von gesprochenen Wörtern)*
palindrome *(Gen)* Palindrom *n (spiegelbildliche Folge von Nukleotiden auf einem DNS-Strang)*
palindromia Palindromie *f*, Rezidiv *n*, Rückfall *m*, Verschlimmerung *f*, Verschlechterung *f (eines Krankheitsgeschehens)*
palindromic rezidivierend, rekurrent; sich verschlimmernd, sich verschlechternd; einen Rückfall erleidend *(Zusammensetzungen siehe unter: recurrent)*
palindromic rheumatism palindromischer Rheumatismus *m*
palingenesis Palingenese *f (Wiederholung stammesgeschichtlicher Vorstufen in der Individualentwicklung)*
palingraphia Palingraphie *f*, krankhafte Wiederholung *f* von Wörtern beim Schreiben
palinkinesis *s.* palikinesia
palinmnesic awareness *(Neur)* Erinnerungsbild *n*
palinmnesis 1. Palinmnese *f*, Wiedererinnerung *f*; 2. vermeintliches Sicherinnern *n (an nicht stattgefundene Ereignisse)*
palinopsia Palinopsie *f (Fortbestehen eines verschwundenen Gegenstandes im Gesichtsfeld)*
palinphrasia *s.* palilalia
paliphrasia *s.* palilalia
palipraxia *(Neur)* Palipraxie *f (Wiederholung von Bewegungen)*
palisade cells *(Histol)* Palisadenzellen *fpl*
pall Leichentuch *n*
pallaesthesia *(Neur, Physiol)* Pallästhesie *f*, Vibrationssinn *m*, Vibrationsempfindung *f* [Vibrationsgefühl *n*] der Knochen, Knochensensibilität *f (Empfindungsqualität der Tiefensensibilität)*
pallaesthetic pallästhetisch, vibrationsempfindend
pallanaesthesia *(Neur, Physiol)* Pallanästhesie *f*, Verlust *m* der Vibrationsempfindung
pallescence *s.* pallor
pallial Pallium..., Hirnmantel..., Cortex-cerebri-...
palliate *v* lindern, erleichtern *(z. B. eine Krankheit)*
palliation Linderung *f (z. B. von Schmerzen)*; Erleichterung *f*
palliative palliativ, (schmerz)lindernd, (schmerz)mindernd, erleichternd
palliative (agent) Palliativum *n*, Linderungsmittel *n*, symptomatisches Arzneimittel *n*
palliative chemotherapy palliative Chemotherapie *f*
palliative operation Palliativoperation *f*
palliative stomach resection palliative Magenresektion *f*
palliative treatment Palliativbehandlung *f*, Palliativtherapie *f*
pallid blass, fahl; ohne Farbe, matt
pallidal pallidal, zum Globus pallidus gehörend; Pallidum...
pallidectomy Pallidektomie *f*, Pallidumresektion *f*
pallidoamygdalotomy Pallidoamygdalotomie *f*
pallidoansection Durchtrennung *f* von Globus pallidus und Ansa lenticularis
pallidoansotomy Pallidoansotomie *f (Schädigung von Globus pallidus und Ansa lenticularis)*
pallidofugal pallidofugal, vom Globus pallidus wegführend *(z. B. Nervenimpulse)*
pallidohypothalamic pallidohypothalamisch; Pallidum-Hypothalamus-...
pallidopyramidal pallidopyramidal
pallidoreticular pallidoretikulär

pallidothalamic pallidothalamisch; Pallidum-Thalamus-…
pallidotomy *(Chir, Neur)* Pallidotomie *f*, Pallidum(ein)-schnitt *m*, (operative) Pallidumdurchtrennung *f*
pallidum Pallidum *n*, Pars *f* pallida des Nucleus lentiformis *(Anteil des striopallidären Systems)*
pallidum atrophy Pallidumatrophie *f*
palliopontine palliopontin; Pallium-Pons-…
pallium Pallium *n*, Hirnmantel *m*, Gehirnmantel *m*
pallor Pallor *m*, Blässe *f*, Bleichheit *f*
pallor of the disk *(Ophth)* Papillenblässe *f*, Papillenabblassung *f (an der Netzhaut)*
pallor of the temporal halves of the optic discs *(Ophth)* temporale Abblassung *f* der Sehnervenpapille
palm *s.* palm of the hand
palm-chin reflex Hohlhand-Kinn-Reflex *m*, palmomentaler Reflex *m*
palm of the hand Palma *f* manus, Handfläche *f*, Handteller *m*; Vola *f* manus, Hohlhand *f*
palma Palma *f*, Handfläche *f*, Vola *f*, Regio *f* palmaris
palmaesthesia *s.* pallaesthesia
palmar palmar; Handflächen…; Hohlhand…
palmar abscess Palmarabszess *m*, Handflächenabszess *m*
palmar and plantar keratosis Keratosis *f* palmoplantaris *(Epidermiswucherungen mit starker Verhornung)*
palmar aponeurosis Aponeurosis *f* palmaris, Palmaraponeurose *f*, Hohlhandaponeurose *f*, Palmarfaszie *f*
palmar arch Palmarbogen *m*, Hohlhandbogen *m*, Arcus *m* palmaris
palmar crease Palmarfurche *f*
palmar contracture Palmarkontraktur *f*, Dupuytren-Kontraktur *f*, Dupuytren'sche Kontraktur *f*
palmar erythema Palmarerythem *n*
palmar fascia *s.* palmar aponeurosis
palmar fibromatosis Palmarfibromatose *f*, Dupuytren'sche Kontraktur *f*
palmar hyperkeratosis Pulmarhyperkeratose *f*
palmar grasp reflex palmarer Greifreflex *m*
palmar interossei muscles Musculi *mpl* interossei palmares, palmare Zwischenknochenmuskeln *mpl*
palmar metacarpal artery Arteria *f* metacarpea palmaris [ventralis], palmare [ventrale] Mittelhandarterie *f*
palmar metacarpal vein Vena *f* metacarpea palmaris [ventralis], palmare [ventrale] Mittelhandvene *f*
palmar pinch Palmargriff *m (daumenloses Greifen)*
palmar psoriasis *(Derm)* Psoriasis *f* palmaris, palmare Psoriasis *f*, Handflächenschuppenflechte *f*
palmar radiocarpal ligament Ligamentum *n* radiocarpeum palmare
palmar reflex Palmarreflex *m*, Handflächenreflex *m*, Hohlhandreflex *m (Fingerbeugung bei Reizung der Hohlhand)*
palmar space Palmarraum *m*, Hohlhandraum *m*
palmar surface of the radius Facies *f* anterior radii
palmar surface of the ulna Facies *f* anterior ulnae
palmar ulnocarpal ligament Ligamentum *n* ulnocarpeum palmare
palmaris brevis (muscle) Musculus *m* palmaris brevis, kurzer Hohlhandmuskel *m*
palmaris longus (muscle) Musculus *m* palmaris longus, langer Hohlhandmuskel *m*
palmaris longus tendon Palmaris-longus-Sehne *f*
palmate folds Plicae *fpl* palmatae *(Schleimhautfalten im Gebärmutterhalskanal)*
palmature zusammengewachsene Finger *mpl*; zusammengewachsene Zehen *fpl*
Palmaz stent *(Rad, Kard)* Palmaz-Stent *m*
palmic schlagend, zuckend; Herzschlag…
palmital Palmital *n (Aldehydform)*
palmitaldehyde Palmitaldehyd *m*
palmitate Palmitat *n*
palmitic acid Palmitinsäure *f*, Acidum *n* palmitinicum, Cetylsäure *f*
palmitin Palmitin *n*
palmitoleate Palmitoleat *n*
palmitoleic acid Palmitoleinsäure *f*
palmityl alcohol Palmitylalkohol *m*
palmodic krampfartig; fazialis-tic-artig
palmoplantar palmoplantar; Handflächen-Fußsohlen-…
palmoscopy Palmoskopie *f*, Pulsuntersuchung *f*, Pulsbeobachtung *f*
palmus 1. Herzschlag *m*; 2. *s.* palpitation *f*, 3. *s.* twitching
palpable palpabel, tastbar, fühlbar, greifbar
palpable mass palpabler Tumor *m*, tastbare Geschwulst *f*
palpate *v* palpieren, betasten, abtasten, abfühlen, abtastend [befühlend] untersuchen, austasten
palpate *v* **gently** zart [vorsichtig] palpieren
palpate *v* **thoroughly** tief [in der Tiefe] palpieren
palpation Palpation *f*, Palpieren *n*, Betasten *n*, Abtasten *n*, Abfühlen *n*, Befühlen *n*
palpatometry Palpatometrie *f (Messung der Druckschmerzschwelle)*
palpatopercussion *s.* palpatory percussion
palpatory palpatorisch, betastend, abfühlend, abtastend
palpatory finding Palpationsbefund *m*, Tastbefund *m*
palpatory percussion palpierende Perkussion *f*, Palpaterkussion *f*, Tastperkussion *f*
palpebra Palpebra *f*, Augenlid *n*, Lid *n*, Blepharon *n (Zusammensetzungen siehe unter: eyelid und palpebral)*
palpebral palpebral; Augenlid…, Lid… *(siehe auch unter: eyelid)*
palpebral alopecia Wimpernausfall *m*, Alopezie *f* der Lider
palpebral angle Lidwinkel *m*, Augenlidwinkel *m*
palpebral aperture *s.* palpebral fissure
palpebral commissure Commissura *f* palpebralis, Lidfurche *f*
palpebral conjunctiva Tunica *f* conjunctiva palpebrarum, Augenlidbindehaut *f*, Lidkonjunktiva *f*
palpebral elephantiasis Elephantiasis *f* palpebralis, Lidelephantiasis *f*
palpebral fascia Augenlidfaszie *f*
palpebral fissure Rima *f* palpebrarum, Lidspalte *f*, Lidritze *f*
palpebral fold Fornix *m* conjunctiva, Konjunktivaumschlagfalte *f*, Lidumschlagfalte *f*
palpebral follicles Glandulae *fpl* tarsales, Meibom'sche Drüsen *fpl*
palpebral glands Glandulae *fpl* tarsales, Meibom'sche Drüsen *fpl*
palpebral ligament Ligamentum *n* palpebrale, Augenlidband *n*
palpebral sebum Sebum *n* palpebrale
palpebral vein Vena *f* palpebralis, Augenlidvene *f*
palpebral xanthoma *(Derm, Ophth)* Xanthoma *n* palpebrarum
palpebralis (muscle) Musculus *m* levator palpebrae superioris
palpebrate *v* zwinkern, blinzeln
palpebration Zwinkern *n*, Blinzeln *n*
palpebritis *s.* blepharitis
palpebrofrontal Augenlid-Augenbrauen-…, Lid-Brauen-…
palpitant palpitierend, zuckend; schlagend, klopfend, pochend
palpitate *v* palpitieren, zucken; schlagen, klopfen *(z. B. Herz)*; pulsieren
palpitation Palpitation *f*, Zuckung *f*, Herzschlag *m*; Pulsschlag *m*

palpitation of the heart Palpitatio *f* cordis, Herzpalpitation *f*
palsied gelähmt, paralytisch *(Zusammensetzungen siehe unter: paralytic)*
palsy Lähmung *f*, Paralyse *f (Zusammensetzungen siehe unter: paralysis)*
Paltauf-Sternberg disease Paltauf-Sternberg'sche Krankheit *f*, Lymphogranulomatose *f*
Paltauf's dwarf Paltauf'scher Zwerg *m*, Paltauf-Zwerg *m*, hypophysärer Zwerg *m*
Paltauf's nanism Paltauf'scher Nanismus *m (Zwergwuchs mit lymphoider Hyperplasie)*
paludal paludal, malarial; Malaria… *(Zusammensetzungen siehe unter: malarial)*
paludal fever *s.* paludism
paludide *(Derm, Trop)* Paludid *n*, Malariaexanthem *n*
paludism *(Trop)* Paludismus *m*, Malaria *f*, Wechselfieber *n*, Sumpffieber *n (Krankheit mit regelmäßigen Fieberanfällen und Schüttelfrost)*
palustral *s.* paludal
pamaquine Pamaquin *n (Antimalariamittel)*
pamatolol sulfate Pamatololsulfat *n (Betarezeptorenblocker)*
pamidronate Pamidronat *n*
pamoate Pamoat *n*
PAMBA *s.* para-aminomethylbenzoic acid
pampiniform pampiniform, rankenförmig
pampiniform body *s.* epoophoron
pampiniform plexus Plexus *m* pampiniformis weinrankenförmiges Venengeflecht *n (im Samenstrang)*
pampinocele *s.* varicocele
pan 1. Bettpfanne *f*; 2. *s.* patella; 3. Hirnschale *f*
panacinar panazinös, panazinär
panacinar emphysema panazinäres Emphysem *n*
panacinous *s.* panacinar
panaesthesia Panästhesie *f*
panaesthetic panästhetisch
panagglutinable panagglutinierbar
panagglutination *(Immun)* Panagglutination *f*
panagglutinin *(Immun)* Panagglutinin *n*
pananaesthesia Pananästhesie *f*
pananaesthetic pananästhetisch
panangiitis Panangiitis *f (Entzündung aller Gefäßschichten)*
panaris *s.* paronychia
panaritium *(Chir)* Panaritium *n*, Fingerumlauf *m*, Nagelgeschwür *n*
panarteritis Panarteri(i)tis *f (Entzündung aller Arterienwandschichten)*
panarthritic panarthritisch; Panarthritis…
panarthritis Panarthritis *f (Entzündung aller Gelenkteile)*
panatrophy Panatrophie *f*, allgemeine Atrophie *f*
panautonomic panautonom, panvegetativ, das gesamte vegetative Nervensystem betreffend
panblastic panblastisch, alle Keimblätter betreffend
panbronchiolitis (diffuse) Panbronchiolitis *f*
pancake kidney Kuchenniere *f*
pancarditis Pankarditis *f*, Endomyoperikarditis *f*, Entzündung *f* aller Herzwandschichten
pancavernositis *(Urol)* Pancavernositis *f*, Pancavernitis *f*, Entzündung *f* aller Schwellkörper [Corpora cavernosa]
pancerebral arteriography *(Rad)* Panzerebralarteriographie *f*, panzerebrale Arteriographie *f*
panchromatic panchromatisch
panchrome stain *(Hämat, Lab)* Panchromfärbung *f* nach Pappenheim *(Blutausstriche)*
Pancoast's suture Pancoast-Naht *f*
Pancoast's syndrome Pancoast-Syndrom *n*
Pancoast's tumour Pancoast-Tumor *m (durch die Brustwand penetrierendes Bronchialkarzinom)*
pancolectomy Pankolektomie *f*, (operative) Entfernung *f* des gesamten Dickdarms
pancolpohysterectomy *s.* panhysterocolpectomy
pancrealgia Pankre(at)algie *f*, Bauchspeicheldrüsenschmerz *m*
pancreas Pankreas *n*, Bauchspeicheldrüse *f (siehe auch unter: pancreatic)*
pancreas ptyalin Ptyalin *n*
pancreas scan Pankreas-Scan *m*, Pankreasszintigraphie *f*
pancreas tumour Pankreastumor *m*, Bauchspeicheldrüsengeschwulst *f*
pancreatalgia *s.* pancrealgia
pancreatectomy Pankreatektomie *f*, Pankreasexstirpation *f*, (operative) Bauchspeicheldrüsenentfernung *f*
pancreatemphraxis Pankreatemphraxis *f*, Bauchspeicheldrüsenvergrößerung *f* durch Sekretstauung *(bei Gangverschluss)*
pancreathelcosis Pankreasulzerierung *f*, Pankreasulzeration *f*, Bauchspeicheldrüsengeschwürbildung *f*
pancreatic pankreatisch; Pankreas…, Bauchspeicheldrüsen…
pancreatic abscess Pankreasabszess *f*, Bauchspeicheldrüsenabszess *f*
pancreatic achylia Pankreasachylie *f*, fehlende Pankreassaftsekretion *f*
pancreatic acinus Pankreasazinus *m*
pancreatic adenoma Pankreasadenom *n*
pancreatic amylase Pankreasamylase *f*, Bauchspeicheldrüsenamylase *f*, Amylase *f (Enzym)*
pancreatic anlage *(Anat)* Pankreasanlage *f*
pancreatic apoplexy Pankreasapoplexie *f*, akute Pankreasnekrose *f*
pancreatic arcade Pankreasarkade *f*
pancreatic body *(Anat)* Pankreaskorpus *n*, Corpus *n* pancreatis
pancreatic calcification Pankreaskalzifikation *f*, Pankreasverkalkung *f*
pancreatic calculus *s.* pancreatolith
pancreatic cancer Pankreaskarzinom *n*, Bauchspeicheldrüsenkrebs *m*
pancreatic carcinoma *s.* pancreatic cancer
pancreatic constipation pankreogene Konstipation *f* [Stuhlverstopfung *f*]
pancreatic cyst Pankreaszyste *f*
pancreatic diabetes Pankreasdiabetes *m*, Diabetes *m* mellitus
pancreatic diarrhoea Pankreasdiarrhö(e) *f*, Pankreasstühle *mpl*
pancreatic diastase Pankreasdiastase *f*, Bauchspeicheldrüsendiastase *f*, Diastase *f (Enzym)*
pancreatic digestion Pankreasverdauung *f*
pancreatic disease Pankreaserkrankung *f*
pancreatic diverticulum *(Embr)* Pankreasdivertikel *n*
pancreatic dornase Pankreasdornase *f*, Bauchspeicheldrüsendornase *f (Enzym)*
pancreatic duct Ductus *m* pancreticus [Wirsungianus], Bauchspeicheldrüsenhauptausführungsgang *m*
pancreatic duct jejunostomy Pankreasgang-Jejunum-Anastomose *f*
pancreatic duct ureterostomy Pankreasgang-Harnleiter-Anastomose *f*
pancreatic ductal system Pankreasgangsystem *n*
pancreatic ectopia Pankreasektopie *f*
pancreatic elastase Pankreaselastase *f (Enzym)*
pancreatic endopeptidase Pankreasendopeptidase *f (Enzym)*
pancreatic enzyme Pankreasenzym *n*, Bauchspeicheldrüsenenzym *n*

pancreatic enzyme preparation *(Pharm)* Pankreasenzympräparat *n*
pancreatic exopeptidase Pankreasexopeptidase *f (Enzym)*
pancreatic faeces Pankreasstuhl(gang) *m*
pancreatic fibrosis (zystische) Pankreasfibrose *f*, Zystofibrose *f* der Bauchspeicheldrüse, Mucoviszidose *f*, Dysporia *f* bronchoentero-pancreatica *(Sekretionsstörung mit Auswirkungen an Bauchspeicheldrüse, Bronchial- und Darmdrüsen)*
pancreatic fistula Pankreasfistel *f*, Bauchspeicheldrüsenfistel *f*
pancreatic glomerule *s.* pancreatic islets
pancreatic growth *s.* pancreas tumour
pancreatic haemorrhage Pankreasapoplexie *f*, Bauchspeicheldrüsen(ein)blutung *f*
pancreatic heterotopia Pankreasheterotopie *f*, aberrierendes Pankreasgewebe *n*
pancreatic hormone Pankreashormon *n*, Bauchspeicheldrüsenhormon *n*
pancreatic hypocholia Pankreashypocholie *f*, verminderte Pankreassaftsekretion *f*
pancreatic incisure *(Anat)* Incisura *f* pancreatica
pancreatic inflammation *s.* pancreatitis
pancreatic insufficiency Pankreasinsuffizienz *f*, Bauchspeicheldrüseninsuffizienz *f*
pancreatic islands *s.* pancreatic islets
pancreatic islet cell adenoma *(Path)* Pankreasinselzelladenom *n*
pancreatic islet cell carcinoma *(Path)* Pankreasinselzellkarzinom *n*
pancreatic islet cell transplantation Pankreasinselzelltransplantation *f*, Inselzelltransplantation *f*
pancreatic islets Langerhans'sche Inseln *fpl* der Bauchspeicheldrüse, Insulae *fpl* pancreatis *(Insulin produzierende Zellinseln)*
pancreatic juice *(Gastr)* Pankreassaft *m*, Pankreassekret *n*, Bauchspeicheldrüsensaft *m*, Succus *m* pancreaticus
pancreatic lipase Pankreaslipase *f*, Bauchspeicheldrüsenlipase *f (Enzym)*
pancreatic lithiasis Pankreassteinleiden *n*
pancreatic mass *s.* pancreas tumour
pancreatic necrosis Pankreasnekrose *f*
pancreatic notch *s.* pancreatic incisure
pancreatic oedema Pankreasödem *n*, Pankreasschwellung *f*
pancreatic pseudocyst Pankreaspseudozyste *f*
pancreatic region Pankreasregion *f*, Regio *f* pancreatica
pancreatic scintigraphy Pankreasszintigraphy *f*, szintographische Pankreasdarstellung *f*
pancreatic succorrhoea verstärkter Pankreassaftfluss *m*; Pankreassaftüberproduktion *f*
pancreatic tail Pankreasschwanz *m*, Cauda *f* pancreatis
pancreatic tissue Pankreasgewebe *n*
pancreatic transplantation Pankreastransplantation *f*
pancreatic vein Pankreasvene *f*, Bauchspeicheldrüsenvene *f*, Vena *f* pancreatica
pancreaticocholecystostomy *(Chir)* Pankreatikocholezystostomie *f*, Pankreasfistel-Gallenblasen-Anastomose *f*
pancreaticoduodenal pankreatikoduodenal; Pankreas-Duodenum-…, Bauchspeicheldrüsen-Zwölffingerdarm-…
pancreaticoduodenal plexus Plexus *m* pancreaticoduodenalis
pancreaticoduodenal vein Bauchspeicheldrüsen-Zwölffingerdarm-Vene *f*, Vena *f* pancreaticoduodenalis
pancreaticoduodenectomy *(Chir)* Pankreat(ik)oduodenektomie *f*, Duodenopankreatektomie *f*, (operative) Bauchspeicheldrüsen- und Zwölffingerdarmentfernung *f*
pancreaticoduodenostomy *(Chir)* Pankreat(ik)oduodenostomie *f*, Bauchspeicheldrüsen(fistel)-Zwölffingerdarm-Anastomose *f*
pancreaticoenterostomy *(Chir)* Pankreat(ik)oenterostomie *f*, Bauchspeicheldrüsel(fistel)-Darm-Anastomose *f*
pancreaticogastrostomy *(Chir)* Pankreat(ik)ogastrostomie *f*, Bauchspeicheldrüsen-Magen-Anastomose *f*
pancreaticojejunostomy *(Chir)* Pankreat(ik)ojejunostomie *f*, Implantation *f* des Bauchspeicheldrüsengangs in das Jejunum
pancreaticolienal *s.* pancreaticosplenic
pancreaticolithotomy Pankreat(ik)olithotomie *f*, (operative) Bauchspeicheldrüsengangssteinentfernung *f*
pancreaticosplenic Pankreas-Lien-…, Bauchspeicheldrüse(n)-Milz-…
pancreatin Pankreatin *n (Enzym)*
pancreatism Pankreatismus *m*, Bauchspeicheldrüsenaktivität *f*
pancreatitic pankreatitisch; Pankreatitis…, Bauchspeicheldrüsenentzündungs…
pancreatitis Pankreatitis *f*, Pankreasentzündung *f*, Bauchspeicheldrüsenentzündung *f*
pancreato… *siehe auch: pancreatico…*
pancreatoduodenectomy *s.* pancreaticoduodenectomy
pancreatoduodenostomy *s.* pancreaticoduodenostomy
pancreatoenterostomy *s.* pancreaticoenterostomy
pancreatogenic pankreatogen, aus dem Pankreas stammend, von der Bauchspeicheldrüse ausgehend
pancreatogenous *s.* pancreatogenic
pancreatogram Pankreatogramm *n*, Pankreasgangröntgen(kontrast)bild *n*
pancreatography Pankreatographie *f*, Pankreasgangröntgen(kontrast)darstellung *f*
pancreatojejunostomy *s.* pancreaticojejunostomy
pancreatolipase Pankreaslipase *f*, Bauchspeicheldrüsenlipase *f (Enzym)*
pancreatolith Pankreatolith *m*, Pankreasstein *m*, Bauchspeicheldrüsenstein *m*
pancreatolithectomy Pankreatolithektomie *f*, Pankreatolithotomie *f*, (operative) Bauchspeicheldrüsensteinentfernung *f*
pancreatolithiasis Pankreatolithiasis *f*, Pankreassteinleiden *n*
pancreatolithotomy *s.* pancreatolithectomy
pancreatolysis Pankreatolyse *f*, Pankreasauflösung *f*, Bauchspeicheldrüsenauflösung *f*, Pankreaszerstörung *f*
pancreatolytic pankreatolytisch, pankreasauflösend, bauchspeicheldrüsenauflösend; Pankreatolyse…
pancreatomegaly Pankreatomegalie *f*, Bauchspeicheldrüsenvergrößerung *f*
pancreatomy *s.* pancreatotomy
pancreatoncus Pankreastumor *m*, Bauchspeicheldrüsenschwellung *f*
pancreatonecrosis Pankreasnekrose *f*
pancreatopathy Pankre(at)opathie *f*, Pankreaskrankheit *f*, Pankreasleiden *n*, Bauchspeicheldrüsenerkrankung *f*
pancreatopeptidase Pankreaspeptidase *f (Enzym)*
pancreatotomy Pankreatotomie *f*, Pankreasinzision *f*, Bauchspeicheldrüsen(ein)schnitt *m*
pancreatotropic pankrea(to)trop, pankreaswirksam, auf die Bauchspeicheldrüse wirkend
pancreatropic *s.* pancreatotropic
pancreectomy *s.* pancreatectomy
pancrelipase Pankrelipase *f*, Lipankreatin *n (standardisiertes Pankreasenzympräparat)*
pancreo… *siehe auch: pancreato…*
pancreolith *s.* pancratolith
pancreolysis *s.* pancreatolysis
pancreopathy *s.* pancreatopathy

pancreoprivic pankreopriv, ohne Pankreas
pancreozyme Pankreozym *n*
pancreozymin Pankreozymin *n*
pancuronium bromide Pancuroniumbromid *n (Muskelrelaxans)*
pancystitis Panzystitis *f*, Entzündung *f* aller Blasenwandschichten
pancytopenia Panzytopenie *f*, Panhämozytopenie *f*, Verringerung *f* aller Blutzellen
pancytopenia-dysmelia *(Päd)* Panzytopenie-Dysmelie-Syndrom *n*, kongenitale Panzytopenie *f*, Fanconi'sche Anämie *f*
pancytopenic panzytopenisch; Panzytopenie...
pandemia Pandemie *f*, über Länder ausgedehnte Endemie *f* [Epidemie *f*]
pandemic pandemisch, Länder und Erdteile verseuchend; Pandemie...
pandemicity Pandemieneigung *f*
pandiastolic pandiastolisch, während der gesamten Diastole auftretend
pandiculation Gliederstrecken *n*, Gliederrecken *n*
Pandy's reaction *s.* Pandy's test
Pandy's test *(Lab)* Pandy'sche Reaktion *f*, Pandy-Reaktion *f (Nachweis für Globuline im Liquor)*
panelectroscope Panelektroskop *n*
panencephalitis Panenzephalitis *f*, von Bogaert'sche Enzephalitis *f*, subakute sklerosierende Leukoenzephalitis *f*
panendography Panendographie *f*
panendoscope Panendoskop *n*
panendoscopy Panendoskopie *f*
panesthesia *s.* panaesthesia
panesthetic *s.* panaesthetic
Paneth's cells Paneth-Zellen *fpl*
pang stechender Schmerz *m*, Stechen *n*
pangenesis Pangenesis *f (Entwicklungs- und Vererbungstheorie von Darwin)*
panglossia Panglossie *f*, Verbigeration *f*, Schwatzsucht *f*
panhaematopenia *s.* pancytopenia
panhaematopoietic panhämatopoetisch
panhaemocytopenia *s.* pancytopenia
panhaemocytophthisis Panhämozytophthisis *f (Verringerung aller Blutzellen)*
panhidrosis Panhidrose *f*, Schwitzen *n* am gesamten Körper
panhydrometer Panhydrometer *n*
panhyperaemia Panhyperämie *f*, allgemeine Blutfülle *f* [Plethora *f*]
panhypogammagloublinaemia Panhypogammaglobulinämie *f (Mangel an sämtlichen Gammaglobulinen)*
panhypogonadism Panhypogonadismus *m*
panhypopancreatism Panhypopankreatismus *m (Ausfall der inkretorischen und exkretorischen Pankreassekretion)*
panhypopituitarism Panhypopituitarismus *m*, Hypophyseninsuffizienz *f*, totaler Hirnanhang(s)drüsenhormonausfall *m*
panhypopituitary panhypophycär
panhysterectomy Panhysterektomie *f*, totale Uterusexstirpation *f*, vollständige Gebärmutterexzision *f* [Gebärmutterentfernung *f*]
panhystero-oophorectomy Panhystero-oophorektomie *f*, totale Gebärmutter- und Eierstockentfernung *f*
panhysterocolpectomy Panhysterokolpektomie *f*, totale Gebärmutter- und Scheidenentfernung *f*
panhysterosalpingectomy Panhysterosalpingektomie *f*, totale Gebärmutter- und Eileiterentfernung *f*
panhysterosalpingo-oophorectomy Panhysterosalpingooophorektomie *f*, totale Gebärmutter-, Eileiter- und Eierstockentfernung *f*
panic Panik *f*
panic attack Panikattacke *f*
panic disorder with agoraphobia Panikstörung *f* mit Agoraphobie
panic reaction Kurzschlusshandlung *f*, Panikreaktion *f*
panidrosis *s.* panhidrosis
panimmunity Panimmunität *f*
panivorous (vorrangig) Brot essend
panleucopenia Panleukopenie *f*, Leukozytenmangel *m*
panlobular panlobulär
panlobular empyhsema panlobuläres Emphysem *n*
panmetritis Panmetritis *f*, Entzündung *f* aller Gebärmutterwandteile
panmural panmural, die gesamte Wand betreffend
panmyelopathia *s.* panmyelopathy
panmyelopathy Panmyelopathie *f*, Knochenmarkinsuffizienz *f*, Aleukie *f*, Aleucia *f* haemorrhagica, aplastische Anämie *f*
panmyelophthisis Panmyelophthise *f*, Knochenmarkschwund *m*
panmyelosis Panmyelose *f*, Knochenmarkproliferation *f*
panmyelotoxicosis Panmyelotoxikose *f*, toxische Knochenmarksschädigung *f*
panmyeoloid panmyeloid
panmyositis Panmyositis *f*, allgemeine Muskelentzündung *f*
Panners' disease Panner-Erkrankung *f*, aseptische Knochennekrose *f* des Humeruskopfes [Capitulum humeri]
panneuritis Panneuritis *f*, allgemeine Nervenentzündung *f*
panneurosis Panneurose *f*
pannicualgia Pannikulalgie *f*, Adiposalgie *f*
panniculectomy Pannikulektomie *f*
panniculitis Pannikulitis *f*, Unterhautfettgewebeentzündung *f*
panniculus Pannikulus *m*, Panniculus *m*, Gewebeschicht *f*, Schicht *f*
pannus Pannus *m*, Hornhautpannus *m*
panophobia *s.* pantophobia
panophobic *s.* pantophobic
panophthalmia Panophthalmie *f*, Panophthalmitis *f*, Endophthalmitis *f* septica, totale Augenvereiterung *f*
panophthalmitis *s.* panophthalmia
panoptic panoptisch
panorama radiograph *s.* panorama X-rays
panorama X-rays *(Rad)* Panoramaaufnahme *f (z. B. des Kiefers)*
panosteitis Panostitis *f*, totale Knochenentzündung *f*, Entzündung *f* des gesamten Knochens
panostitis *s.* panosteitis
panotitis Panotitis *f*, Mittelohr- und Innenohrentzündung *f*
panphagia Panphagie *f (süchtiges Essen ohne Speisenbevorzugung)*
panpharmacon Allheilmittel *n*
panphlebitis Panphlebitis *f*, Entzündung *f* aller Venenwandschichten
panphobia *s.* pantophobia
panplegia Panplegie *f*, totale Körperlähmung *f*
panproctocolectomy Panproktokolektomie *f*
panretinal panretinal, die gesamte Retina betreffend
pansclerosis Pansklerose *f*, vollständige Verhärtung *f (z. B. eines Organs)*
pansexualism *(Neur)* Pansexualismus *m*
pansinuitis *s.* pansinusitis
pansinusectomy *(HNO)* Pansinusektomie *f*
pansinusitic syndrome Pansinusitis-Syndrom *n*
pansinusitis Pansinusitis *f*, Entzündung *f* aller Nasennebenhöhlen
pansphygmograph Pansphygmograph *m*
pansporoblast Pansporoblast *m*
pansporoblastic Pansporoblasten...

Pansporoblastina Pansporoblastina *pl*
Panstrongylus megistus *(Trop)* Panstrongylus *m* megistus, brasilianische Raubwanze *f (Überträger der Chagas-Krankheit)*
pansystolic pansystolisch, während der gesamten Systole
pansystolic murmur pansystolisches Geräusch *n*
pant *v* **for breath** nach Luft schnappen
pantachromatic vollständig achromatisch
pantalgia Pantalgie *f*, allgemeiner Körperschmerz *m*
pantamorphia Pantamorphie *f*, allgemeine Missbildung *f*
pantamorphic pantamorph, allgemein missgebildet; formlos
pantanencephalia *(Terat)* Pantanenzephalie *f*, totales Fehlen *n* des Gehirns
pantanencephalic pantanenzephal, gehirnlos
pantanencephalus *(Terat)* Pantanenzephalus *m*, Pantanenzephaler *m*, gehirnlose Missgeburt *f*
pantanencephaly *s.* pantanencephalia
pantankyloblepharon Pantankyloblepharon *n*, komplette Augenlidrandverschmelzung *f*
pantaphobia Pantaphobie *f*, völlige [totale] Furchtlosigkeit *f*
pantatrophy *s.* panatrophy
pantheine Panthein *n*
pantheine kinase Pantheinkinase *f*
pantheine 4′-phosphate Panthein-4′-phosphat *n*, 4′-Phosphopanthein *n*
panthenol Panthenol *n (Dermatikum)*
pantherapist Pantherapeut *m (arbeitet mit allen medizinischen Mitteln)*
pantethine Pantethin *n*
panthodic in alle Richtungen ausstrahlend
panting Hecheln *n*, Hechelatmung *f*, Keuchen *n*
pantochromism Pantochromismus *m*
pantograph Pantograph *m*
pantomogram Pantomogramm *n*, Panoramaaufnahme *f*
pantomographic pantomographisch; Pantomographie...
pantomography Pantomographie *f*, Panoramaröntgendarstellung *f (des Kiefers)*
pantomorphia Pantomorphie *f*
pantomorphic pantomorph(isch); Pantomorphie...
pantonine Pantonin *n*
pantophobia Pantophobie *f*, Panphobie *f (krankhafte Furcht vor allen äußeren Dingen)*
pantophobic pantophob
pantoplethora allgemeine Hyperämie *f*
pantoponism Pantoponismus *m*, Pantoponabhängigkeit *f*
pantoptosis allgemeine Viszeroptose *f* [Eingeweidesenkung *f*]
pantoscopic pantoskopisch
pantosomatous pantosomatisch
pantothenate Pantothenat *n*
pantothenate synthetase Pantothenatsynthetase *f*
pantothenic acid Pantothensäure *f*, Vitamin *n* B_3, N-(2,4-Dihydroxy-3,3-dimethylbutyryl)-β-alanin *n*
pantothenol 1. Panthenol *n*; 2. Dexpanthenol *n*
pantothenyl alcohol Pantothenylalkohol *m*, Dexpanthenol *n*
pantotropic pantotrop, auf mehrere Gewebe wirkend
pantoyltaurine Pantoyltaurin *n*
pantropic *s.* pantotropic
panturbinate Muschel *n*, Concha *f*, Nasenmuschel *f (Gesamtheit von Knochen und Schleimhaut)*
panus 1. Lymphogranuloma *n* venereum; 2. Panus *m*, entzündlich vergrößerter Lymphknoten *m*
panuveitis Panuveitis *f*, Entzündung *f* der gesamten Uvea
panzootic weit verbreitet, pandemisch bei tierischen Organismen

Pap smear *(Gyn)* Papanicolaou-Abstrich *m*
Pap test Papanicolaou-Test *m*
papain Papain *n*, Papayotin *n (Mittel gegen Magen- und Darmstörungen, Antiwurmmittel)*
papainase Papainase *f*
Papanicolaou examination Untersuchung *f* nach Papanicolau
Papanicolaou smear *(Gyn)* Papanicolaou-Abstrich *m*
Papanicolaou smear test *s.* Papanicolaou test
Papanicolaou staining Papanicolaou-Färbung *f (Zytodiagnostik)*
Papanicolaou test Papanicolaou-Test *m*
papaverine Papaverin *n*, 1-(3′,4′-Dimethoxyben-zyl)-6,7-dimethoxyisochinolin *n (Opiumalkaloid)*
papaverine hydrochloride Papaverinhydrochlorid *n*
papayotine *s.* papain
paper bandage Papierbinde *f*
paper chromatography *(Lab)* Papierchromatographie *f*
paper-doll foetus Fetus *m* papyraceus
paper radioimmunosorbent test Papier-Radioimmunosorbent-Test *m*, PRIST
paper skin Pergamenthaut *f*
paper-zone electrophoresis *(Lab)* Papierelektrophorese *f*
papilla 1. *(Anat)* Papille *f*, Papilla *f*, Warze *f*; 2. *s.* mamilla
papilla of breast *s.* mamilla
papilla of Morgagni Analpapille *f*
papilla of Santorini Papilla *f* duodeni minor
papilla of Vater Papilla *f* duodeni major
papillar *s.* papillary
papillary papillär, papillar, warzenartig, warzenförmig, warzenähnlich
papillary adenocarcinoma papilläres [polyploides] Adenokarzinom *n*
papillary adenocystoma lymphomatosum papilläres Adenocystoma *n* lymphomatosum
papillary adenoma papilläres Adenom *n*
papillary calculus Papillenstein *m*, Papillenkonkrement *n*
papillary cancer 1. Papillenkarzinom *n*; 2. papilläres Karzinom *n*
papillary carcinoma *s.* papillary cancer
papillary duct Ductus *m* papillaris renis
papillary foramen Foramen *n* papillare renis
papillary heart defect Papillarmuskelherzfehler *m*
papillary layer Stratum *n* papillare corii
papillary lines Papillarlinien *fpl*, Papillarleisten *fpl (der Haut)*
papillary muscle Musculus *m* papillaris, Papillarmuskel *m*
papillary necrosis Papillennekrose *f*
papillary process Processus *m* papillaris hepatis *(Erhabenheit der Leber am Lobus caudatus)*
papillary stenosis Papillenstenose *f*
papillary tumour papillärer Tumor *m*, Papillom *n*
papillate 1. mit Papillen versehen; 2. papillenartig
papillectomy Papillektomie *f*, Papillenexstirpation *f*, Papillenexzision *f*, (operative) Papillenentfernung *f*
papilledema *s.* papilloedema
papilliferous papillentragend, Papillen besitzend
papilliferous carcinoma of the thyroid papilläres Schilddrüsenkarzinom *n*
papilliform papilliform, papillenförmig, warzenförmig
papillitis Papillitis *f*, Papillenentzündung *f*
papilloadenocystoma *(Path)* Papilloadenokystom *n*
papillocarcinoma *(Path)* Papillokarzinom *n*, papilläres Karzinom *n*
papilloedema Papillenödem *n*; Stauungspapille *f* des Auges
papilloma Papillom *n (gutartige Geschwulst aus gefäßhaltigem Bindegewebe)*

papilloma virus Papillomavirus *n*
papillomacular papillomakulär, papillomakular; Papillen-Makula-…
papillomacular bundle papillomakuläres Bündel *n*, Sehnervenfaserbündel *n*
papillomatosis Papillomatose *f*, Vorhandensein *n* zahlreicher Papillome
papillomatous papillomatös, papillomartig
Papillomavirus Papillomavirus *n*
Papillon-Léage and Psaume syndrome Papillon-Léage-Psaume-Syndrom *n*, oro-digito-faziale Dysostose *f*, ODFD-Syndrom *n*
Papillon-Lefèvre syndrome Papillon-Lefèvre-Syndrom *n* *(Keratosis palmoplantaris mit Periodontopathie)*
papilloretinitis *(Ophth)* Papilloretinitis *f*, Neuroretinitis *f*
papillosarcoma *(Path)* Papillosarkom *n*
papillose papillentragend
papillosphincterotomy Papillosphinkterotomie *f*
papillotome Papillotom *n*, Papillenmesser *n*
papillotomy Papillotomie *f*, Sphinkterotomie *f*, Papillenspaltung *f (der Papilla duodeni major)*
papillous papillös; Papillen…
papovavirus Papovavirus *n*
pappataci fever *(Trop, Inf)* Pappatacifieber *n*, Dreitagefieber *n*, Hundsfieber *n*, Phlebotomusfieber *n*, Chitralfieber *n*, Sandfliegenfieber *n (durch die Pappatacimücke übertragene Arboviruserkrankung)*
Pappenheim staining *(Hämat)* Pappenheim-Färbung *f*, panoptische Färbungsmethode *f*
Pappenheimer bodies Pappenheimer-Körperchen *npl*
pappose mit Flaumhaar bekleidet, mit feinem Haar besetzt
papula *s.* papule
papular *(Derm)* papular, papulär, papulös, mit Papeln [Knötchen] versehen
papular mucinosis Lichen *m* myxoedematosus
papular rash Papelexanthem *n*
papular scaling disease papulosquamöse Krankheit *f*
papular scrofuloderma Lichen *m* scrofulosorum
papular urticaria Urticaria *f* papulosa (chronica)
papulation *(Derm)* Papulation *f*, Papelbildung *f*; Papelstadium *n*
papule *(Derm)* Papula *f*, Papel *f*, Knötchen *n (Primäreffloreszenz)*
papuliferous papel(n)tragend, knötchentragend
papuloerythematous *(Derm)* papuloerythematös
papuloid papuloid, papelartig, knötchenartig
papulonecrotic papulonekrotisch
papulopustular *(Derm)* papulopustular, papulopustulär, papulopustulös
papulopustule *(Derm)* Papulopustula *f*, Papulopustel *f*
papulosis *(Derm)* Papulose *f*, Vorhandensein *n* vieler Papeln
papulosquamous *(Derm)* papulosquamös
papulosquamous disease papulosquamöse Krankheit *f*
papulovesicle Papulpovesikel *n*
papulovesicular *(Derm)* papulovesikular, papulo-vesikulär
papyraceous papierartig, pergamentartig
papyraceous foetus Fetus *m* papyraceus, vertrocknete Leibesfrucht *f*
para Para *f*, Gebärende *f*
para I *s.* unipara
para II *s.* bipara
para III *s.* tripara
para-actinomycosis Pseudoaktinomykose *f*
para-adventitial paraadventitial, neben der Tunica adventitia liegend
para-agglutinin Paraagglutinin *n*
para-aminobenzenesulfonic acid Para-Aminobenzensulfonsäure *f*, Sulfanilsäure *f*
para-aminobenzoic acid Para-Aminobenzoesäure *f*, p-Aminobenzoesäure *f*
para-aminohippuric acid Para-Aminohippursäure *f*, p-Aminohippursäure *f*
para-aminohippuric acid test Para-Aminohippursäure-Test *m (zur Bestimmung der Nierendurchblutung)*
para-aminomethylbenzoic acid Para-Aminomethylbenzoesäure *f*, PAMPA *(Antifibrinolytikum)*
para-aminosalicylic acid Para-Aminosalizylsäure *f*, p-Aminosalicylsäure *f*, PAS *(Mittel gegen Tuberkulose)*
para-amnesia *(Neur)* Paraamnesie *f*
para-amyloid Paraamyloid *n*
para-amyloidosis Paraamyloidose *f*
para-anaesthesia Paraanästhesie *f*, Anästhesie *f* der unteren Körperhälfte
para-analgesia Paraanalgesie *f*, Analgesie *f* der unteren Körperhälfte
para-aortic paraaortal, neben der Aorta
para-aortic bodies Glomera *npl* aortica
para-appendicitis Paraappendizitis *f*, Gewebsentzündung *f* in der Nähe des Wurmfortsatzes
para-umbilical par(a)umbilikal, neben dem Nabel
para-umbilical hernia Par(a)umbilikalhernie *f*, Hernia *f* paraumbilicalis
para-umbilical vein (of Sappey) Par(a)umbilikalvene *f*, Vena *f* paraumbilicalis (Sappeyi)
para-ungual par(a)ungual, neben dem Nagel
para-ureteric paraureterisch, neben dem Harnleiter
para-ureteritis Paraureteritis *f*, Zellgewebsentzündung *f* neben dem Harnleiter
para-urethra Paraurethra *f*, akzessorische Harnröhre *f*
para-urethral paraurethral, neben der Harnröhre
para-urethral duct Paraurethraldrüsengang *m*, Ductus *m* para-urethralis, Skene'scher Gang *m*
para-urethral gland Paraurethraldrüse *f*, Glandula *f* paraurethralis
para-urethritis Paraurethritis *f*, Gewebeentzündung *f* um die Harnröhre
para-uterine parauterin, neben der Gebärmutter
parabacillus Parabazillus *m*
paraballism *(Neur)* Paraballismus *m (extrapyramidale Bewegungskoordinationsstörung)*
parabanic acid Parabansäure *f*, Acidum *n* parabanicum
parabasal body *(Histol)* Parabasalkörperchen *n*, Kinetoplast *m*
parabion *s.* parabiont
parabiont Parabiont *m*, Parabioseteilnehmer *m*
parabiosis 1. Parabiose *f*, (operative) Vereinigung *f* zweier Einzelorganismen; 2. Parabiose *f*, vorübergehende Erregungsleitungsunterbrechung *f (eines Nerven)*
parabiotic parabiotisch; Parabiose…
parabiotic syndrome parabiotisches Syndrom *n*
parablast Parablast *m*
parablastic parablastisch; Parablasten…
parablastoma *(Path)* Parablastom *n*
parablepsia Parablepsie *f*, Sehstörung *f*
parabolic flow paraboler Fluss *m*, paraboler Blutstrom *m*
parabulia *(Neur)* Parabulie *f*, (krankhafte) Willensstörung *f*
paracaecal parazökal, neben dem Blinddarm
paracaecitis *s.* paratyphlitis
paracanthoma *(Derm, Path)* Parakanthom(a) *n*, Carcinoma *n* spinocellulare
paracanthosis *(Derm)* Parakanthose *f*
paracardiac *s.* paracardial
paracardial parakardial, neben dem Herzen
paracarinal parakarinal, neben der Karina
paracarmine Parakarmin *n*

paracasein Parakasein *n*
paracenaesthesia Parazenästhesie *f*
paracentesis *(Chir)* Parazentese *f*, Punktion *f*, Punktieren *n*, Durchstechung *f (siehe auch unter: puncture)*
paracentesis of the abdomen Abdominalpunktion *f*, Bauchpunktion *f*, (abdominale) Parazentese *f*
paracentesis of the bladder (wall) Paracentesis *f* vesicae, Harnblasenpunktion *f*, Blasenpunktion *f*
paracentesis of the chest Paracentesis *f* thoracis, Pleurapunktion *f*
paracentesis of the eye Paracentesis *f* bulbi [oculi], Augenparazentese *f*, Augenpunktion *f*
paracentesis of the heart Paracentesis *f* cordis, Herzpunktion *f*
paracentesis of the pericardial sac Paracentesis *f* pericardii, Herzbeutelpunktion *f*, Perikardpunktion *f*
paracentesis of the tympanum *(HNO)* Paracentesis *f* tympani, Trommelfellparazentese *f*, Trommelfelldurchstechung *f*
paracentetic Parazentese…, Punktions…
paracentral parazentral, neben einem Zentrum
paracentral lobule *(Anat)* Parazentrallappen *m*, Lobulus *m* paracentralis
paracentral scotoma *(Ophth)* Parazentralskotom *n*
paracentral sulcus *(Anat)* Parazentralsulkus *m*, Sulcus *m* paracentralis
paracephalus *(Terat)* Parazephalus *m*, Missgeburt *f* mit Kopfrudiment
paracerebellar parazerebellär, neben dem Kleinhirn
paracervical parazervikal, neben der Zervix liegend; Parazervix…
paracervical block *(Anästh)* Parazervikalblockade *f*
paracervix Paracervix *f*
paracetaldehyde *s.* paraldehyde
paracetamol Parazetamol *n*, Acetaminophen *n (Antipyretikum, Analgetikum)*
parachlorophenol Parachlorophenol *n*
paracholera Paracholera *f*
paracholia Paracholie *f*, Diffusionsikterus *m (Gelbsucht durch Leberzellschädigung)*
parachordal parachordal, neben der Urwirbelsäule
parachordal (cartilage) *(Embr)* Parachord *n*
parachordal plate *(Embr)* Parachordalplatte *f*
parachroma *s.* parachromatosis
parachromatin Parachromatin *n*
parachromatism *s.* parachromatopsia
parachromatoblepsia *s.* parachromatopsia
parachromatopsia Parachromatopsie *f*, Parachromatismus *m*, gestörtes Farbensehen *n*, Farb(en)sehstörung *f*
parachromatosis Parachromatose *f*, Parachroma *n*, Störung *f* der Hautfärbung
parachromophorous parachromophor
parachrosis *(Derm)* pigmentierte Hauterkrankung *f*, Hauterkrankung *f* mit Pigmentierung
parachute reflex *(Päd)* Partachute-Reflex *m*, Parachute-Reaktion *f (Armstreckung und Abstützung mit geöffneten Händen)*
parachymosin Parachymosin *n*
paracinesia *s.* parakinesia
paraclinical paraklinisch
paraclonus *(Neur)* Paramyoclonus *m* multiplex
paracmasis *s.* paracme
paracmastic zurückgehend; entfiebernd
paracme Krankheitsrückgang *m*, Krankheitsbeseitigung *f*, Entfieberung *f*
paracmic entfiebernd
paracoccidioidal parakokzidioidal; Parakokzidioidomykose…
Paracoccidioides brasiliensis Paracoccidioides *m* [Blastomyces *m*] brasiliensis *(Erreger der südamerikanischen Blastomykose)*
paracoccidioidin Parakokzidioidin *n (Testantigen)*
paracoccidioidomycosis *(Trop)* Parakokzidioidomykose *f*, Paracoccidioidomycosis *f*, südamerikanische Blastomykose *f*
paracoele Hirnseitenventrikel *m*, Ventriculus *m* lateralis
paracolitis Parakolitis *f*, Bindegewebsentzündung *f* neben dem Kolon
paracolpitis Parakolpitis *f*, Entzündung *f* der Scheidenumgebung
paracolpium Parakolpium *n*, die Scheide umgebendes Bindegewebe *n*
paracondylar parakondylär, parakondylar
paracone *(Stom)* Parakonus *m (eines Oberkiefermolaren)*
paraconid *(Stom)* Parakonid *m (eines Unterkiefermolaren)*
paracortex Paracortex *m*
paracortical parakortikal, neben der Hirnrinde
paracousis Parakusis *f*, Hörstörung *f*, Ohrenklingen *n*
paracousis Willisii Parakusis *f* Willisii [Willisiana] *(Besserhören bei Lärm und Körpererschütterungen)*
paracoxalgia Parakoxalgie *f (Schmerz wie bei Hüftgelenkentzündung)*
paracrine parakrin
paracrine hormone effect parakrine Hormonwirkung *f*
paracusia *s.* paracousis
paracusis *s.* paracousis
paracyesis *s.* extrauterine gestation
paracynanche Parotitis *f*, Ohrspeicheldrüsenentzündung *f*
paracystic parazystisch, neben der Harnblase
paracystitis Parazystitis *f*, Gewebsentzündung *f* neben der Harnblase
paracystium Paracystium *n*, perivesikuläres Bindegewebe *n*
paracytic parazellulär, neben den Zellen liegend; in den Interzellulaspalten liegend, zwischen den Zellen liegend
paradenitis Paradenitis *f*, Zellgewebsentzündung *f* um eine Drüse
paradental paradental, neben einem Zahn
paradental pyorrhoea *(Stom)* Paradontitis *f* profunda simplex
paradentitis *s.* periodontitis
paradentium *s.* periodontium
paradentosis *s.* periodontosis
paradesmose *(Histol)* Paradesmose *f*
paradidymal paradidymal; Paradidymus…, Beihoden…
paradidymis Paradidymis *m*, Beihoden *m*, Giraldes'sches Organ *n*
paradimethylaminobenzaldehyde Paradimethylaminobenzaldehyd *m*
paradiphtherial *s.* paradiphtheritic
paradiphtheritic paradiphtherisch; Paradiphtherie…
paradipsia Paradipsie *f*
paradontal abscess *(Stom)* Paradontalabszess *m*
paradox Paradoxon *n*
paradoxic parodox, widersinnig; sonderbar, seltsam, ungewöhnlich
paradoxic aciduria paradoxe Azidurie *f*
paradoxic breathing paradoxe Atmung *f*
paradoxic bronchospasm paradoxer Bronchospamus *m*
paradoxic embolism paradoxe Embolie *f*
paradoxic embolus paradoxer Embolus *m*
paradoxic incontinence paradoxe Inkontinenz *f*
paradoxic intention *(Psych)* paradoxe Intention *f*
paradoxic metastatic spread *(Onk)* paradoxe Metastasierung *f*
paradoxic pulse *(Kard)* paradoxer [Kussmaul'scher] Puls *m*, Pulsus *m* paradoxus

paradoxic pupillary reaction paradoxe Pupillenreaktion *f (Pupillenerweiterung bei Lichteinfall)*
paradoxic respiration paradoxe Atmung *f* [Respiration *f*], Pendelluftatmung *f*
paradoxic sleep *s.* REM sleep
paradoxic speech paradoxe Sprache *f*
paradoxic thrombosis syndrome paradoxes thrombotisches Syndrom *n*
paradoxical *s.* paradoxic
paraduodenal paraduodenal, neben dem Zwölffingerdarm
paraduodenal fossa *(Anat)* Recessus *m* paraduodenalis
paraduodenal hernia Paraduodenalhernie *f*
paraduodenal recess *s.* paraduodenal fossa
paradysentery *(Gastr)* Paradysenterie *f*, milder Durchfall *m*
paradysentery bacterium Paradysenteriebakterium *n*
paraeccrisis Sekretionsstörung *f*, gestörte Sekretion *f*, Exkretionsstörung *f*, gestörte Exkretion *f*
paraenteric 1. paraenterisch, außerhalb des Intestinaltraktes; 2. *s.* paratyphoid
paraepilepsy *(Neur)* Paraepilepsie *f*, milde Epilepsieform *f*
paraerythroblast *(Hämat)* Paraerythroblast *m*
paraesophageal *s.* paraoesophageal
paraesthesia *(Neur)* Parästhesie *f*, Missempfindung *f* der Haut
paraesthetic parästhetisch
paraesthetic meralgia *(Neur)* Meralgia *f* paraesthetica, Bernhardt-Roth'sches Syndrom *n*, Bernhardt-Roth-Syndrom *n*
paraesthetic pain *s.* paraesthesia
parafalx neben der Falx cerebri liegend; neben der Falx cerebelli liegend
parafascicular parafaszikular, parafaszikulär
parafascicular nucleus of the thalamus Nucleus *m* parafascicularis thalami
paraffin Paraffin *n*
paraffin bath Paraffinbad *n*
paraffin method *(Histol)* Paraffinmethode *f*
paraffin section *(Histol)* Paraffinschnitt *m*
paraffin therapy Paraffintherapie *f*, Paraffinbehandlung *f*
paraffin wax application Paraffinwachsapplikation *f*
paraffinoma Paraffinom *n (Geschwulst durch eine Paraffininjektion)*
parafibrinogen Parafibrinogen *n*
Parafilaria multipapillosa Parafilaria *f* multipapillosa
paraflagellate paraflagellär, mit Paraflagellen versehen
paraflagellate Paramastigote *f*
paraflagellum Paraflagellum *n*
paraflocculus Paraflocculus *m*
parafollicular parafollikulär, neben einem Follikel
parafollicular C cell parafollikuläre C-Zelle *f (sezerniert Kalzitonin)*
paraform *s.* paraformaldehyde
paraformaldehyde Paraform *n*, Paraformaldehyd *m (Desinfektionsmittel)*
parafuchsin Parafuschsin *n*, Pararosanilin *n*
parafunction Parafunktion *f*, gestörte Funktion *f*, Funktionsstörung *f*
parafunctional parafunktionell, mit gestörter Funktion; mit abnormer Funktion
paragammacism Paragammazismus *m (Ersatz der Verschlusslaute durch Zahnlaute)*
paraganglia *pl s.* paraganglion
paraganglioma *(Path)* Paragangliom *n*, Phäochromozytom *n*, Geschwulst *f* aus chromaffinen Zellen
paraganglion Paraganglion *n*
paraganglioneuroma *s.* paraganglioma
paraganglionic paraganglionär, neben einem Ganglion
paraganglionoma *s.* paraganglioma
paragene Plasmid *n*
paragenital paragenital, neben den Geschlechtsorganen
parageusia *(Neur)* Parageusie *f*, Geschmacksstörung *f*, veränderte Geschmacksempfindung *f*, subjektive Geschmacksfälschung *f*
parageusic geschmacksgestört, geschmacksverändert, geschmacksverfälscht
paragglutination *(Immun)* Paragglutination *f*, Mitagglutination *f*
paraglenoidal paraglenoidal
paraglobulin Paraglobulin *n*
paraglobulinuria Paraglobulinurie *f*, Paraglobulinausscheidung *f* im Urin
paraglossitis Paraglossitis *f*, Mundbodenentzündung *f*, Gewebsentzündung *f* unter der Zunge
paragnathus *(Terat)* Paragnathus *m*
paragnosis Paragnosie *f*, außersinnliche Wahrnehmung *f*
paragomphosis *(Gyn)* Paragomphosis *f*, Kindskopfeinkeilung *f* im Geburtskanal
paragonimiasis *(Paras)* Paragonimiasis *f*, Paragonimose *f*, Lungendistomatose *f*, ostasiatische Hämoptyse *f*, Lungenegelbefall *m*, Lungenegelinfektion *f*
paragonimus Paragonimus *m*
Paragonimus formosa Paragonimus *m* formosa
Paragonimus heterotrema Paragonimus *m* heterotrema
Paragonimus kellikotti Paragonimus *m* kellikotti
Paragonimus ringeri Paragonimus *m* ringeri
Paragonimus westermani Paragonimus *m* westermani, Lungenegel *m*, Lungentrematode *f*, Distomum *n* pulmonis
paragonorrhoeal paragonorrhoeisch, infolge einer Gonorrhoe auftretend
Paragordius Paragordius *m*
paragrammatism *(Neur)* Paragrammatismus *m (Störung des Satzbaus)*
paragranuloma Paragranuloma *n (Form der Lymphogranulomatose)*
paragraphia *(Neur)* Paragraphie *f*, Schreibstörung *f (Verwechseln oder Umstellen von Buchstaben)*
paragraphic paragraphisch, schreibgestört
parahaemoglobin Parahämoglobin *n (kristallines Hämoglobin im Gewebe bei Hämolyse)*
parahaemophilia Parahämophilie *f*, Owren'sche Krankheit *f*, angeborener Akzelerinmangel *m* [Faktor-V-Mangel *m*], Hypoakzelerinämie *f (Blutgerinnungsstörung)*
parahepatic parahepatisch, neben der Leber
parahepatitis Parahepatitis *f*, Gewebsentzündung *f* neben der Leber
parahiatal parahiatal, neben dem Hiatus
parahiatal hernia *s.* paraoesophageal hernia
parahidrosis *s.* parhidrosis
parahippocampal parahippokampal, neben dem Hippocampus liegend
parahormone Parahormon *n*
parahypnosis *(Neur)* Parahypnose *f*
parahypophysis Parahypophyse *f*, Nebenhirnanhang *m*
parainfectious parainfektiös
parainfluenza *(Inf)* Parainfluenza *f*
parainfluenza bacillus Parainfluenzabazillus *m*, Hemophilus *m* parainfluenzae
parainfluenza virus Parainfluenzavirus *n*
parainfluenzal Parainfluenza…
parakappacism Parakappazismus *m*, Kappazismus *m*
parakeratinized durch Parakeratose verändert, von Parakeratose betroffen
parakeratosis Parakeratose *f*, Verhornungsanomalie *f* [Verhornungsstörung *f*] der Oberhaut
parakeratotic parakeratotisch; Parakeratose…, Verhornungsstörungs…
parakinesia *(Neur)* Parakinesie *f*, Fehlbewegung *f*

parakinetic parakinetisch; Parakinese…
parakinetic catatonia parakinetische Katatonie *f*
paralalia *(Neur)* Paralalie *f*, Danebenreden *n*, Vorbeireden *n*, Wortverwechslung *f*, Lautverwechslung *f (Sprachstörung)*
paralambdacism Paralambdazismus *m*, L-Stottern *n*, Unfähigkeit *f* der L-Aussprache
paralbumin Paralbumin *n*, Pseudomuzin *n (in Eierstockzysten vorkommende Eiweißsubstanz)*
paraldehyde Paraldehyd *m*, Paracetaldehyd *m*, 2,4,6-Trimethyl-1,3,5-trioxan *n (Schlafmittel)*
paraldehydism Paraldehydismus *m*, Paraldehydintoxikation *f*, Paraldehydvergiftung *f*
paraleishmaniasis *(Trop)* Paraleishmaniasis *f*
paraleprosis *s.* paraleprosy
paraleprosy *(Trop)* Paralepra *f (abortive Lepraform)*
paralepsy *s.* psycholepsy
paralexia Paralexie *f*, Sichverlesen *n (Lesestörung)*
paralexic Paralexie…
paralgesia 1. *(Neur)* Paralgesie *f*, schmerzhafte Missempfindung *f*; 2. *s.* paraesthesia
paralgesic paralgesisch; Paralgesie…
paralgia *s.* paralgesia
paralinguistic paralinguistisch
paralipophobia Paralipophobie *f*, Furcht *f* vor Nachlässigkeit *f* [Oberflächlichkeit *f*]
parallactic parallaktisch, durch Parallaxe bestimmt
parallax Parallaxe *f*, parallaktische Verschiebung *f*, Sehlinienablenkung *f*
parallel parallel; Parallel…
parallel grid *(Rad)* Parallelraster *n*
parallel scanner Parallelscanner *m (bei Echokardiographie)*
parallel sulcus *(Anat)* Sulcus *m* temporalis superior
parallelometer Parallelometer *n*
parallergic parallergisch; Parallergie…
parallergin Parallergin *n*
parallergy Parallergie *f*, Begleitallergie *f*
paralogia Paralogie *f*, Unaufmerksamkeit *f*, mangelnde Konzentrationsfähigkeit *f*, Zerfahrenheit *f*, Vernunftwidrigkeit *f*, Irrtum *m*
paralogic thinking *(Nour)* paralogisches Denken *n*
paralogism Paralogismus *m*, Fehlschluss *m*, Trugschluss *m*
paralogistic paralogistisch
paralues *(Inf)* Paralues *f*, Parasyphilis *f*
paraluetic paraluetisch, parasyphilitisch
paralumbal aortography paralumbale Aortographie *f* [Aortendarstellung *f*]
paralutein cell Paraluteinzelle *f (im Corpus luteum)*
paralymphoblast *(Hämat)* Paralymphoblast *m*
paralysant paralysierend, lähmend
paralysant (agent) Lähmungen hervorrufendes Mittel *n*
paralyse *v* 1. paralysieren, lähmen; 2. schwächen; aufheben, unwirksam machen
paralysis Paralyse *f*, (vollständige motorische) Lähmung *f*
paralysis of accommodation *(Ophth)* Akkommodationslähmung *f*
paralysis of both arms *(Neur)* Paraplegia *f* superior
paralysis of both legs *(Neur)* Paraplegia *f* inferior
paralysis of the external ocular muscles Ophthalmoplegia *f* externa
paralysis of the iris and ciliary apparatus Ophthalmoplegia *f* interna
paralyssa *(Inf)* Paralyssa *f (südamerikanische Tollwutform)*
paralytic paralytisch, gelähmt; Paralyse…, Lähmungs…
paralytic Paralytiker *m*, Gelähmter *m*
paralytic abasia *(Neur)* paralytische Abasie *f*, Lähmungsabasie *f*
paralytic aphonia *(Neur)* paralytische Aphonie *f*, Lähmungsaphonie *f*
paralytic attack paralytische Attacke *f*, paralytischer Anfall *m*
paralytic bladder *(Urol)* paralytische Blase *f*, Blasenlähmung *f*, Blasenatonie *f*
paralytic dementia paralytische Demenz *f*, Dementia *f* paralytica
paralytic disease paralytisches Leiden *n*, Lähmungskrankheit *f*
paralytic dislocation paralytische Dislokation *f*, lähmungsbedingte Verrenkung *f*
paralytic ectropion *(Ophth)* Ektropium *n* paralyticum
paralytic eversion of an eyelid *s.* paralytic ectropion
paralytic ileus *(Gastr)* paralytischer Ileus *m*, Darmverschluss *m* durch Darmlähmung
paralytic incontinence paralytische Inkontinenz *f*, Lähmungsinkontinenz *f*
paralytic mydriasis *(Ophth)* paralytische Mydriasis *f* [Pupillenerweiterung *f*], Lähmungsmydriasis *f*
paralytic platypodia *(Orth)* paralytische Platypodie *f*, Lähmungsplatypodie *f*
paralytic poliomyelitis paralytische Poliomyelitis *f*
paralytic scoliosis *(Orth)* paralytische Skoliose *f*, Lähmungsskoliose *f*
paralytic shellfish poisoning Muschelvergiftung *f (mit Lähmungen)*
paralytic splay foot *s.* paralytic platypodia
paralytic squint paralytischer Strabismus *m*, Strabismus *m* paralyticus, Lähmungsschielen *n (nach Augenmuskellähmung)*
paralytic strabismus *s.* paralytic squint
paralytic stroke paralytischer Schlaganfall *m*
paralytic vertigo paralytische Vertigo *f*, paralytischer Schwindel *m*, Lähmungsschwindel *m*
paralytogenic paralytogen, eine Paralyse bewirkend, eine Paralyse auslösend
paralyzant paralysierend, lähmend; Paralyse…
paralyzant (agent) paralysierendes [lähmendes] Mittel *n*, Lähmungsmittel *n*
paralyze *v s.* paralyse
paramagnetic paramagnetisch; Paramagnetismus…
paramagnetism Paramagnetismus *m*
paramammary paramammär, neben der Brust liegend
paramania *(Neur)* Paramanie *f*
paramastitis Paramastitis *f*, Gewebsentzündung *f* neben der Brustdrüse
paramastoid paramastoidal, neben dem Warzenfortsatz
paramastoid process *(Anat)* Processus *m* paramastoideus (ossis occipitalis), Hinterhauptbeinfortsatz *m*
paramastoiditis *(HNO)* Paramastoiditis *f*, (fortgeleitete) Felsenbeinentzündung *f*
parameatal parameatal, neben einem Meatus liegend
paramedial paramedial, neben der Mitte
paramedial sulcus *(Anat)* Sulcus *m* paramedialis, Paramedialsulkus *m*
paramedian paramedian, neben der Mittellinie
paramedian incision *(Chir)* Paramedianinzision *f*, Paramedianschnitt *m*, Schnittführung *f* neben der Körpermittellinie
paramedian laparotomy *(Chir)* transrektale Laparotomie *f*, paramedianer Bauchschnitt *m*
paramedic Arzthelfer *m*; Sanitäter *m*
paramedical paramedizinisch
paramedical personnel medizinisches Hilfspersonal *n*
paramenia *(Gyn)* Paramenia *f*, Menstruationsstörung *f*
parameningococcus meningitis Parameningokokkenmeningitis *f*
parameniscitis Parameniskusentzündung *f*

parameniscus Parameniskus *m (den Meniskus umgebendes Gewebe)*
paramental paramental, neben dem Kinn
paramesial *s.* paramedian
paramesonephric duct *(Embr)* Ductus *m* paramesonephricus, Müller'scher Gang *m*
parameter Parameter *m*
paramethadione Paramethadion *n (Antikonvulsivum)*
paramethasone Paramethason *n (Antiphlogistikum, Antiallergikum)*
paramethasone acetate Paramethasonacetat *n*
Parametorchis Parametorchis *m*
parametrial *s.* parametric
parametric 1. parametran; Parametrium…, Beckenbindegewebs…; 2. parametrisch
parametric abscess parametrischer Abszess *m*, Parametriumabszess *m*, Eiteransammlung *f* im Beckenbindegewebe
parametric imaging *(Rad)* parametrische Bilddarstellung *f*
parametric statistics parametrische Statistik *f*
parametrism *(Gyn)* Parametrismus *m*, Parametrienschmerz *m*
parametritic parametritisch; Parametritis…, Beckenbindegewebeentzündungs…
parametritis Parametritis *f*, Exometritis *f*, Beckenbindegewebeentzündung *f*, Entzündung *f* des Bindegewebes um die Gebärmutter
parametrium Parametrium *n*, Retinaculum *n* unteri, Beckenbindegewebe *n*
parametrium clamp *(Chir, Gyn)* Parametrienklemme *f*
parametropathy Parametropathie *f*, Parametriumerkrankung *f*, Beckenbindegewebekrankheit *f*
paramidoacetophenone Paramidoacetophenon *n*
paramimia Paramimie *f*, Mimik(ver)fälschung *f*
paramitome *(Histol)* Hyaloplasma *n*, homogenes Grundplasma *n*
paramnesia *(Neur)* Paramnesie *f*, Erinnerungs(ver)fälschung *f*, Erinnerungsillusion *f*, Gedächtnisfehler *m*, Gedächtnistäuschung *f*, Falscherinnerung *f*, paramnestische Dysmnesie *f*
Paramoeba Paramoeba *f*
paramolar paramolar, neben einem Molarzahn liegend
paramolar (tooth) Paramolare(r) *m*, paramolarer Zahn *m*
Paramonostomum Paramonostomum *n*
paramorphine *s.* thebaine
Paramphistomatoidae Paramphistomatoidae *fpl*
paramphistome Paramphistomum *n*
paramphistomiasis *(Paras)* Paramphistomiasis *f (durch Watsonius watsoni)*
Paramphistomum Paramphistomum *n*
paramucin Paramuzin *n*
paramusia Paramusia *f (Unfähigkeit zur Bestimmung von Tönen)*
paramutation *(Gen)* Paramutation *f*
paramyelin Paramyelin *n (in der weißen Hirnsubstanz)*
paramyeloblast *(Hämat)* Paramyeloblast *m*
paramyeloid *(Histol, Path)* Paramyeloid *n*, atypisches Amyloid *n*
paramyloidosis Paramyloidose *f*
paramyoclonus *(Neur)* Paramyoklonus *m*
paramyosin Paramyosin *n (Muskelplasmaeiweiß)*
paramyosinogen Paramyosinogen *n (Muskelplasmaeiweiß)*
paramyotonia Paramyotonie *f*, Muskelstarre *f* durch Kälteeinwirkung
Paramyxa Paramyxa *pl*
Paramyxoviridae Paramyxoviridae *fpl*
paramyxovirus Paramyxovirus *n*
paranaesthesia *(Neur)* Paranästhesie *f*, Gefühlsverminderung *f*, Gefühlslähmung *f*
paranalgesia *s.* para-analgesia
Paranaplasma Paranaplasma *n*
paranasal 1. paranasal, neben der Nasenhöhle; 2. Nasennebenhöhlen…
paranasal sinus Sinus *m* nasalis [paranasalis], Nasennebenhöhle *f*
paranasal sinus carcinoma Nasennebenhöhlenkarzinom *n*
paranasal sinus ostium Nasennebenhöhleneingang *m*
paranasal sinus X-ray photograph Nasennebenhöhlenröntgen(kontrast)aufnahme *f*
paraneoplasia Paraneoplasie *f*
paraneoplastic paraneoplastisch
paraneoplastic syndrome paraneoplastisches Syndrom *n*
paranephric 1. pararenal, neben der Niere; 2. Nebennieren…
paranephritis 1. Paranephritis *f*, Entzündung *f* der Nierenfettkapsel; 2. Nebennierenentzündung *f*
paranephroma Paranephrom *n*, Nebennierentumor *m*
paranephros Nebenniere *f*, Glandula *f* suprarenalis
paranesthesia *s.* para-anaesthesia
paraneural paraneural, neben einem Nerven
paraneural analgesia Paraneuralanalgesie *f*
paraneural suture paraneurale Naht *f* [Nervennaht *f*]
paraneurone Paraneuron *n*, neuroendokrine Zelle *f*
paranitrosulfathiazole Paranitrosulfathiazol *n (Sulfonamid)*
paranoeac *s.* paranoiac
paranoia Paranoia *f*, Verrücktheit *f*, Geistesstörung *f* mit Wahnvorstellungen, systematisierter Wahn *m*
paranoiac paranoisch, paranoid, geistesgestört, geistesverwirrt, wahnsinnig, verrückt; schizophren
paranoiac Paranoide(r) *m*, Paranoiker *m*, Verrückte(r) *m*; Schizophrene(r) *m*
paranoic *(Neur)* paranoisch; Paranoia…
paranoic development paranoische Entwicklung *f*
paranoic psychopathy paranoische Psychopathie *f*
paranoic syndrome paranoides Syndrom *n*
paranoid *(Neur)* paranoid, wahnhaft
paranoid character paranoider Charakter *m*
paranoid delirium paranoides Delir(ium) *n*
paranoid disorder paranoide Störung *f*
paranoid ideation paranoide Ideenbildung *f*
paranoid personality paranoide Persönlichkeit *f*, paranoider Psychopath *m*
paranoid personality disorder paranoide Persönlichkeitsstörung *f*
paranoid reaction *(Neur)* paranoide Reaktion *f*
paranoid-schizoid position *(Neur)* paranoid-schizoide Position *f*
paranoid schizophrenia paranoide Schizophrenie *f*
paranoid state paranoider Zustand *m*
paranoid type paranoider Typ *m*
paranoidism *(Neur)* Paranoi(di)smus *m*, Verrücktsein *n*
paranomia *(Neur)* Paranomie *f*, Namensverwechslung *f*
paranormal paranormal, nicht ganz normal
paranuclear paranuklear, neben einem Nukleus
paranuclear body Zentrosom *n*
paranucleate *s.* paranuclear
paranuclein Paranuklein *n (Eiweißkomponente der Nucleinsäuren)*
paranucleolus Paranukleolus *m*, Nebenkörnchen *n (im Zellkern)*
paranucleoprotein Paranukleoprotein *n*
paranucleus *(Histol)* Paranukleus *m*, Nebenkern *m*
paraoccipital paraokzipital, neben dem Hinterhaupt

paraoesophageal paraösophageal, neben der Speiseröhre
paraoesophageal cyst Paraösophagealzyste *f*
paraoesophageal hernia Paraösophagealhernie *f*
paraomphalic *s.* para-umbilical
paraoperative paraoperativ, perioperativ
paraoral *s.* parenteral
paraortic *s.* para-aortic
paraosmia *s.* parosmia
paraosteoarthropathy Paraosteoarthropathie *f*, Myositis *f* ossificans circumscripta neurotica
paraostial paraostial, neben einem Ostium
paraovarian *s.* parovarian 1.
parapancreatic parapankreatisch, neben der Bauchspeicheldrüse
paraparesis Paraparese *f*, (teilweise) Lähmung *f* beider Beine
paraparetic paraparetisch, an beiden unteren Extremitäten gelähmt
parapatellar parapatellar, parapatellär, neben der Kniescheibe
parapathia Parapathie *f*, Psychoneurose *f*, Neurose *f*
parapedesis Parapedese *f*, Galleübertritt *m* in die Blutkapillaren
parapemphigus *(Derm)* Parapemphigus *m*, Pemphigoid *n*
paraperitoneal paraperitoneal, neben dem Bauchfell
paraperitoneal nephrectomy extraperitoneale Nephrektomie *f*
parapertussis Parapertussis *f*
parapestis Pestis *f* migrans, Pestis *f* minor
parapharyngeal parapharyngeal, neben dem Rachen
parapharyngeal abscess Parapharyngealabszess *m*
parapharyngeal space Parapharyngealraum *m*
parapharyngeal space abscess *s.* parapharyngeal abscess
paraphasia 1. *(Neur)* Paraphasie *f*, Danebenreden *n* *(Sprachstörung)*; 2. Paraphasie *f*, Jargonaphasie *f*, Wortsalat *m*
paraphasic paraphasisch; Paraphasie…
paraphemia *(Neur)* Paraphemie *f* *(Sprachstörung)*
paraphenylenediamine Paraphenylendiamin *n*, *p*-Phenylendiamin *n*
paraphia *(Neur)* Tastsinnstörung *f*, gestörter Tastsinn *m*
paraphilia Paraphilie *f*, sexuelle Perversion *f*, verkehrte Geschlechtsempfindung *f*
paraphiliac paraphil, sexuell pervertiert; Paraphilie…
paraphiliac Paraphile(r) *m*, sexuell Perverse(r) *m*
paraphimosis *(Urol)* Paraphimose *f*, spanischer Kragen *m*
paraphobia *(Neur)* Paraphobie *f*, milde Phobie *f*
paraphonemia Paraphonemie *f* *(Unvermögen der Phonemunterscheidung bei ähnlichem Klang)*
paraphonia *(HNO)* Paraphonie *f*, Stimmüberschnappen *n*, Stimmhöhenwechsel *m*
paraphonia of the puberty Paraphonia *f* puberum, Pubertätsstimmwechsel *m*
paraphora *(Neur)* Paraphora *f*, leichte Geistesstörung *f*
paraphrasia *(Neur)* Paraphrasie *f*, Sichversprechen *n*; Wortneubildung *f* (der Geisteskranken); Wortumschreibung *f*
paraphrenia Paraphrenie *f*, Irresein *n* Jugendlicher
paraphrenic paraphren(isch); Paraphrenie…
paraphrenic schizophrenia paraphrenische Schizophrenie *f*
paraphrenitis Paraphrenitis *f* *(Gewebeentzündung um das Zwerchfell)*
paraphyseal paraphyseal, paraphyseär
paraphysial *s.* paraphyseal
paraphysis Paraphyse *f*
paraplacental paraplazental, neben der Plazenta
paraplasia Paraplasie *f*, Missbildung *f*
paraplasm 1. *s.* hyaloplasm; 2. Paraplasma *n*, abnormes Gewächs *n*
paraplasmic Paraplasma…
paraplastic abnorme Gewäche bildend; Paraplasma…
paraplastin Paraplastin *n* *(im Zellkern und Zytoplasma)*
paraplectic *s.* paraplegic
paraplegia Paraplegie *f*, vollständige Lähmung *f* der beiden unteren Extremitäten
paraplegia in extension Extensionsparaplegie *f*, Streckungsparaplegie *f*, vollständige Lähmung *f* beider Beine in Streckstellung
paraplegia in flexion Flexionsparaplegie *f*, Beugungsparaplegie *f*, vollständige Lähmung *f* beider Beine in Beugestellung
paraplegic paraplegisch, paraplektisch, an beiden Beinen vollständig gelähmt; Paraplegie…
paraplegic Paraplegiker *m*, an beiden Beinen vollständig Gelähmte(r) *m*
paraplegiform paraplegieartig, paraplegieähnlich
parapleuritis Parapleuritis *f*, Brustwandentzündung *f*
parapneumonia Parapneumonie *f*
parapneumonic pleurisy parapneumonische Pleuritis *f*
parapodium *(Orth, Päd)* Parapodium *n* *(Laufapparat für gelähmte Kinder)*
parapophysis Parapophysis *f*
parapoplexy Parapoplexie *f*, leichte Apoplexie *f*
parapoxvirus Parapoxvirus *n*
parapraxia Parapraxie *f*, ideomotorische Apraxie *f*, Verwechselung *f* von Bewegungen
parapraxis *s.* parapraxia
paraproctitis Paraproktitis *f*, Zellgewebsentzündung *f* des Mastdarms und Afters
paraproctium Paraproktium *n*, Periproktium *n* *(den Mastdarm und den After umhüllendes Binde- und Fettgewebe)*
paraprofessional paraprofessionell, helfend, die medizinischen Hilfsberufe betreffend; Hilfs…
paraprostatitis Paraprostatitis *f*, Zellgewebsentzündung *f* neben der Vorsteherdrüse
paraprotein Paraprotein *n*, pathologischer Eiweißköper *m*
paraproteinaemia Paraproteinämie *f*, Vorhandensein *n* von pathologischen Eiweißkörpern im Blutplasma
paraproteinuria Paraproteinurie *f*, Paraproteinausscheidung *f* im Urin
parapsia *s.* parapsis
parapsis *(Neur)* Parapsis *f*, Tastsinnstörung *f*
parapsoriasis *(Derm)* Parapsoriasis *f*, Schüppchenflechte *f*
parapsychic parapsychisch, übersinnlich
parapsychology Parapsychologie *f*
parapyknomorphous parapyknomorph
parapyloric gastric ulcer Ulcus *n* parapyloricum, parapylorisches Magengeschwür *n*
parapyramidal parapyramidal, neben der Pyramide liegend
pararectal pararektal, neben dem Rektum
pararectal fossa Fossa *f* pararectalis
pararectal incision Pararektalinzision *f*, Pararektalschnitt *m*
pararectal laparotomy pararektaler Bauchschnitt *m*
pararectus incision Pararektalschnitt *m* *(bei Bauchhöhleneröffnung)*
parareducine Parareduzin *n* *(Leukomain)*
parareflexia Parareflexie *f*, Reflexstörung *f*
pararenal pararenal, neben der Niere
pararhizoclasia Pararhizoklasie *f*
pararhotacism Pararhotazismus *m*, fehlerhaftes Aussprechen *n* des R-Lautes

pararosaniline Pararosanilin *n*, Parafuchsin *n*
pararrhythmia Pararrhythmie *f*, Doppelrhythmus *m (Nebeneinanderbestehen zweier Reizbildungszentren am Herzen)*
pararrhythmic pararrhythmisch, mit doppeltem Herzrhythmus
pararthresis Gelenksubluxation *f*
pararthria Pararthrie *f*, Störung *f* des Sprechvermögens
parasacral parasakral, neben dem Kreuzbein
parasacral anaesthesia Parasakralanästhesie *f*, Leitungsanästhesie *f* der Sakralnerven
parasagittal parasagittal; Parasagittal…
parasalpingeal parasalpingeal, neben dem Eileiter
parasalpingitis Parasalpingitis *f*, Zellgewebsentzündung *f* neben dem Eileiter
parascapular paraskapulär, neben dem Schulterblatt liegend
parascarlatina *(Derm, Inf)* Exanthema *n* subitum
parascarlet *s.* parascarlatina
parasecretion Parasekretion *f*, Sekretionsstörung *f*
parasellar parasellar, parasellär, neben dem Türkensattel, neben der Sella turcica
parasemia Parasemie *f (Störung der mimischen Ausdrucksbewegungen)*
paraseptal paraseptal, neben dem Nasenseptum, neben der Nasenscheidewand
parasexual parasexuell
parasexuality Parasexualität *f*, sexuelle Perversion *f*
parasigmatism Parasigmatismus *m*, S-Stottern *n*; Z-Stottern *n*
parasinoidal parasinoidal, neben einem Sinus, parasinusoidal
parasinoidal sinus Parasinoidalsinus *m*, Lacuna *f* lateralis
parasitaemia Parasitämie *f*, Parasitenumlauf *m* im Blut, Vorhandensein *n* von Parasiten im Blut
parasite 1. Parasit *m*, Schmarotzer *m (z. B. Mikroorganismus)*; 2. *(Terat)* Parasit *m (im Gegensatz zum Autosit das lebensunfähige Individuum einer Doppelmissgeburt)*
parasite carrier Parasiten(über)träger *m*
parasite index Parasitenindex *m (der Prozentsatz positiver Blutausstriche einer Bevölkerungsgruppe bei parasitären Erkrankungen)*
parasite-laden parasitenbeladen, parasitenhaltig
parasitic parasitisch, parasitär; Parasiten…, Schmarotzer…
parasitic blepharitis *(Ophth)* Blepharitis *f* parasitica
parasitic cycle Parasitenzyklus *m (z. B. bei Malaria)*
parasitic cyst Parasitenzyste *f*
parasitic disease *s.* parasitosis
parasitic embolism Parasitenembolie *f*, embolische Parasitenverschleppung *f* [Parasitenausbreitung *f*]
parasitic fibroma parasitisches Fibrom *n*
parasitic foetus parasitischer Fetus *m (unterentwickelter Fetus einer Doppelmissbildung)*
parasitic glossitis parasitäre Glossitis *f*, Glossitis *f* parasitica
parasitic haemoptysis *s.* paragonimiasis
parasitic reservoir Parasitenreservoir *n*
parasitic stomatitis *(Myk)* Soor *m*
parasitic sycosis *(Derm)* Sycosis *f* parasitica [parasitaria], Trichophytie *f* der Bartregion
parasiticidal *s.* parasiticide
parasiticide parasitizid, parasitentötend, schmarotzerzerstörend
parasiticide (agent) Parasiten tötendes [Schmarotzer tötendes] Mittel *n*
parasitifer Parasiten tragender Organismus *m*, Wirtsorganismus *m*, Wirt *m*
parasitism Parasitismus *m*, Parasitentum *n*, Schmarotzertum *n*
parasitization Parasitenbefall *m*, Parasiteninfektion *f*, Schmarotzerbefall *m*
parasitized/be *v* von Parasiten befallen werden; von Schmarotzern besiedelt sein
parasitocenose Parasiten-Wirt-Ökosystem *n*
parasitogenesis Parasitogenese *f*, Parasitenentwicklung *f*
parasitogenic 1. parasitogen, durch Parasiten bewirkt; 2. den Parasitismus fördernd
parasitogenic skin disease *s.* dermatozoonosis
parasitoid parasitoid, parasitenartig, parasitenähnlich
parasitologist Parasitologe *m*
parasitology Parasitologie *f*, Parasitenlehre *f*, Schmarotzerlehre *f*
parasitophobia Parasitophobie *f*, Parasitenfurcht *f*, Angst *f* vor Schmarotzerbefall
parasitosis Parasitose *f*, Parasiteninfektion *f*, Schmarotzerinfestation *f*, Parasitenkrankheit *f*
parasitotrope *s.* parasitotropic
parasitotropic parasitotrop, auf Parasiten [Schmarotzer] wirkend
parasitotropic (agent) parasitotropes Mittel *n*, auf Parasiten [Schmarotzer] wirkendes Medikament *n*
parasitotropism Parasitotropismus *m*, Parasitenwirksamkeit *f*, Schmarotzerwirkung *f (z. B. von bestimmten Medikamenten)*
parasitotropy *s.* parasitotropism
parasmallpox *s.* alastrim
parasome Parasom *n (Zytoplasmakörper)*
parasomnia Parasomnie *f*
paraspadias *(Urol)* Paraspadie *f*, seitliche Harnröhrenmündung *f* [Harnröhrenspalte *f*]
paraspasm Paraspasmus *m*, Paraspastik *f*, Gliederstarre *f (doppelseitige spastische Hypertonie der Gliedmaßen)*
paraspecific paraspezifisch, zusätzlich heilend [wirkend]
parasplenic parasplenisch, paralienal, neben der Milz
parasprue Parasprue *f*
parasteatosis Parasteatose *f*, gestörte Talgproduktion *f*
parasternal parasternal, neben dem Brustbein
parasternal hernia Parasternalhernie *f*
parasternal line Parasternallinie *f*, Linea *f* parasternalis
parasternal long axis parasternale lange Achse *f*, parasternale Längsachse *f (bei Echokardiographie)*
parasternal region Parasternalregion *f*
parasternal short axis parasternale kurze Achse *f (bei Echokardiographie)*
parastruma Parastruma *f*, Nebenschilddrüsentumor *m*, Nebenschilddrüsengeschwulst *f*
parasuicide Parasuizid *m*, versuchter Suizid *m*, Suizidversuch *m*
parasympathetic parasympathisch; Parasympathikus…
parasympathetic denervation Parasympathikusdenervierung *f*
parasympathetic fibre Parasympathikusfaser *f*
parasympathetic ganglion parasympathisches Ganglion *n*
parasympathetic nerve parasympathischer Nerv *m*, Nervus *m* parasympathicus [vagus]
parasympathetic nervous system parasympathisches Nervensystem *n*, Parasympathikus *m (Bestandteil des vegetativen Nervensystems)*
parasympathicolytic parasympathikolytisch, anticholinergisch, parasympathikustonussenkend
parasympathicolytic (agent) *(Pharm)* Parasympathikolytikum *n (die Wirkung einer Vagusreizung blockierender Stoff)*
parasympathicolytic drug *s.* parasympathicolytic agent

parasympathicomimetic parasympathikomimetisch, wie eine Parasympathikusreizung wirkend
parasympathicomimetic (agent) *(Pharm)* Parasympathikomimetikum *n (die Wirkung einer Vagusreizung auslösender Stoff)*
parasympathicomimetic drug *s.* parasympathicomimetic agent
parasympathicotonia Parasympathikotonie *f*, Vagotonie *f (Verschiebung des Gleichgewichts im vegetativen Nervensystem zugunsten des Parasympathikus)*
parasympathicotonic parasympathikotonisch, cholinergisch, parasympathikustonuserhöhend
parasympatholytic *s.* parasympathicolytic
parasympathomimetic *s.* parasympathicomimetic
parasynapsis *(Gen)* Parasynapse *f*, Chromosomenkonjugation *f*
parasyndesis *s.* parasynapsis
parasynovitis Parasynovitis *f*
parasyphilis Parasyphilis *f*, Metasyphilis *f*, Metalues *f (Nachkrankheit der Syphilis)*
parasyphilitic parasyphilitisch
parasyphilosis *s.* parasyphilis
parasystole Parasystolie *f (parallele Impulsgebung von zwei Reizbildungszentren des Herzens)*
parasystolic parasystolisch
parasystolic rhythm *s.* parasystole
parataxia *s.* parataxis
parataxic distortion *(Neur)* parataktische Verzerrung *f (Verzerrung der Wechselbeziehungen von Menschen)*
parataxic mode *(Psych)* parataktische Verhaltensweise *f*
parataxis *(Psych)* Parataxis *f*, Parataxie *f*
paratenesis Paratenese *f*
paratenic host paratenischer Wirt *m*, Intermediärwirt *m*, Übergangswirt *m*, Transportwirt *m*
paratenon Paratenon *n*, Sehnenhüllgewebe *n*; Sehnengleitgewebe *n*
paraterminal paraterminal
paraterminal gyrus *(Anat)* Gyrus *m* paraterminalis
paratherapeutic paratherapeutisch
parathion Parathion *n*
parathion poisoning Parathionvergiftung *f*
parathormone *s.* parathyroid hormone
parathymia *(Neur)* Parathymie *f*, Gefühlsverkehrung *f*
parathyreoprival parathyreopriv; Nebenschilddrüsen(hormon)mangel…
parathyrin *s.* parathyroid hormone
parathyroid parathyreoid; Parathyreoidea…, Nebenschilddrüsen…
parathyroid Parathyreoidea *f*, Nebenschilddrüse *f*, Beischilddrüse *f*, Glandula *f* parathyreoidea, Epithelkörperchen *n*
parathyroid adenoma *(Path)* Nebenschilddrüsenadenom *n*
parathyroid body *s.* parathyroid
parathyroid capsule Nebenschilddrüsenkapsel *f*
parathyroid extract Nebenschilddrüsenextrakt *m*
parathyroid gland *s.* parathyroid
parathyroid hormone Nebenschilddrüsenhormon *n*, Epithelkörperchenhormon *n*, Parathormon *n*
parathyroid hyperplasia Nebenschilddrüsenhyperplasie *f*
parathyroid osteitis Osteitis *f* fibrosa cystica generalisata
parathyroid osteodystrophia *s.* parathyroid osteitis
parathyroid osteosis Osteitis *f* fibrosa cystica
parathyroid tetany Nebenschilddrüsentetanie *f*
parathyroid tissue Nebenschilddrüsengewebe *n*
parathyroidal *s.* parathyroid
parathyroidectomize *v* parathyreoidektomieren, die Nebenschilddrüse (operativ) entfernen, eine Parathyreoidektomie durchführen
parathyroidectomy Parathyreoidektomie *f*, Parathyreoideaexstirpation *f*, (operative) Nebenschilddrüsenentfernung *f*
parathyroidin *s.* parathyroid hormone
parathyroidoma *(Path)* Parathyreoidom *n*, Nebenschilddrüsentumor *m*
parathyropathy Parathyreopathie *f*, Nebenschilddrüsenerkrankung *f*, Nebenschilddrüsenkrankheit *f*
parathyroprival *s.* parathyreoprival
parathyroprivous *s.* parathyreoprival
parathyrotoxicosis Parathyreotoxikose *f*, Nebenschilddrüsenüberfunktion *f*
parathyrotrophic *s.* parathyrotropic
parathyrotropic parathyreotrop, auf die Nebenschilddrüse wirkend
parathyrotropic hormone parathyreotropes Hormon *n (den Aufbau und die Tätigkeit der Nebenschilddrüse beeinflussendes Hormon des Hypophysenvorderlappens)*
parathyrotropin Parathyreotropin *n*
paratonia Paratonie *f (Unvermögen zur willkürlichen Muskelerschlaffung)*
paratonsillar paratonsillar, paratonsillär, neben einer Mandel
paratonsillitis Paratonsillitis *f*, Zellgewebsentzündung *f* neben den Tonsillen [Mandeln]
paratose Paratose *f*
paratracheal paratracheal, neben der Luftröhre
paratracheal adenitis Paratrachealadenitis *f*
paratracheal cyst Paratrachealzyste *f*
paratrachoma *(Ophth)* Paratrachom *n*, Einschlusskonjunktivitis *f*, Schwimmbadkonjunktivitis *f*
paratrichosis Paratrichose *f*, Haarstörung *f*, Behaarungsanomalie *f*
paratripsis Paratripsis *f*
paratriptic paratriptisch; Paratripsis…
paratrooper fracture Fallschirmspringerfraktur *f*, Sprunggelenkfraktur *f*
paratrophic *s.* dystrophic 1.
paratrophy *s.* dystrophia 1.
paratubal paratubal, neben dem Eileiter
paratuberculin Paratuberkulin *n*, Johnin *n*
paratuberculosis Paratuberkulose *f*
paratuberculous paratuberkulös; Paratuberkulose…
paratype Paratyp *m*
paratyphlitis Paratyphlitis *f*, Zellgewebsentzündung *f* neben dem Zökum
paratyphoid Paratyphus…
paratyphoid fever Paratyphus *m*, Schottmüller'sche Krankheit *f*
paratyphoid osteomyelitis Paratyphusosteomyelitis *f*
paratyphoid vaccine Paratyphusvakzine *f*, Paratyphusimpfstoff *m*
paratyphus *s.* paratyphoid fever
paratypic paratypisch, nicht erblich
paratypical *s.* paratypic
paravaccinia Paravakzinia *f*, paravakzinaler Hautausschlag *m*
paravaccinia virus Paravakziniavirus *n*
paravaginal paravaginal, neben der Scheide
paravaginitis Paravaginitis *f*, Zellgewebsentzündung *f* neben der Scheide
paravalvular paravalvulär, paravalvular, neben einer Klappe
paravariola *s.* alastrim
paravascular paravaskular, paravaskulär, neben einem Blutgefäß
paravenous paravenös, neben einer Vene; neben eine Vene

paraventricular paraventrikular, paraventrikulär, neben der dritten Hirnkammer
paraventricular nucleus of the hypothalamus Nucleus *m* para-ventricularis hypothalami
paraventricular nucleus of the thalamus Nucleus *m* paraventri-cularis thalami
paraventriculohypophyseal tract Tractus *m* hypothalamohypophysialis
paravertebral paravertebral, neben der Wirbelsäule
paravertebral abscess Paravertebralabszess *m*
paravertebral anaesthesia Paravertebralanästhesie *f*
paravertebral block 1. paravertebrale Blockade *f*; 2. *s.* paravertebral anaesthesia
paravertebral ganglion Paravertebralganglion *n*
paravesical paravesikal, neben der Harnblase
paravesical fossa Fossa *f* paravesicalis
paravisceral paraviszeral
paravitaminosis Paravitaminose *f*
paraxial paraxial, neben der Achse liegend
paraxon Paraxon *n*
parchment crackling Pergamentknistern *n (bei Rachitis)*
parchment(-like) skin Pergamenthaut *f*
parconazole Parconazol *n (Antimykotikum)*
parconazole hydrochloride Parconazolhydrochlorid *n*
parectasia Parektasie *f*, übermäßige Dehnung *f (z. B. eines Organs)*
parectasis *s.* parectasia
parectropia *s.* apraxia
pareidolia Pareidolie *f (Ergänzung unvollkommener Sinneseindrücke)*
pareidolical illusions Pareidolien *fpl*, visuelle Illusionen *fpl*
pareleidin Pareleidin *n (Keratinpräkursor)*
parencephalia Parenzephalie *f*
parencephalitis Parenzephalitis *f*, Kleinhirnentzündung *f*
parencephalocele Zerebellumprolaps *m*, Kleinhirnvorfall *m*
parencephalon Zerebellum *n*, Cerebellum *n*, Kleinhirn *n*
parencephalous parenzephalös; Parenzephalie…
parenchym(a) Parenchym *n*, spezifisches Organgewebe *n*
parenchymal parenchymatös; Parenchym…
parenchymal cell Parenchymzelle *f*
parenchymal destruction Parenchymzerstörung *f*
parenchymal lobule Parenchymlappen *m*
parenchymatitis Parenchymatitis *f*, Parenchymentzündung *f*, Organgewebsentzündung *f*
parenchymatous parenchymatös; Parenchym…
parenchymatous anaphylactic keratitis *(Ophth)* Keratitis *f* parenchymatosa anaphylactica
parenchymatous degeneration *(Path)* parenchymatöse Degeneration *f*, trübe Schwellung *f*
parenchymatous goitre Struma *f* parenchymatosa
parenchymatous haemorrhage parenchymatöse Blutung *f*, Parenchymblutung *f*
parenchymatous hepatitis Hepatitis *f* parenchymatosa
parenchymatous jaundice parenchymatöser [hepatozellulärer] Ikterus *m*, parenchymatöse Gelbsucht *f*
parenchymatous keratitis *(Ophth)* Keratitis *f* parenchymatosa [interstitialis]
parenchymatous myositis parenchymatöse Myositis *f*, Muskelfaserentzündung *f*
parenchymatous nephritis Nierenparenchymentzündung *f*, parenchymatöse Nephritis *f*, Nephritis *f* parenchymatosa
parenchymatous organ Parenchymorgan *n*, parenchymatöses Organ *n*
parenchymatous pancreatitis Pancreatitis *f* parenchymatosa
parenchymatous prostatitis Prostatitis *f* parenchymatosa
parenchymatous salpingitis *s.* pachysalpingitis
parent Elternteil *n*
parent cell Stammzelle *f*
parent-child problem Eltern-Kind-Problem *n*
parent-child relationship Eltern-Kind-Beziehung *f*
parent figure Elternfigur *f*
parent image Elternbild *n*
parent solution *(Lab)* Stammlösung *f*
parental elterlich; Eltern…
parental consent Einverständnis *n* der Eltern, Einverständniserklärung *f* der Eltern *(z. B. zu einer Operation)*
parental generation Elterngeneration *f*
parental grief Elterntrauer *f*, Trauer *f* bei Verlust *(z. B. eines Kindes)*
parental leave Elternfreistellung *f* zur Pflege eines Kindes
parental role conflict Elternrollenkonflikt *m*
parentage test Vaterschaftsbestimmung *f*
parenteral parenteral, den Verdauungskanal umgehend
parenteral absorption parenterale Absorption *f*
parenteral dosage parenterale Dosierung *f*
parenteral feeding *(Gastr)* parenterale Ernährung *f*
parenteral fluid theraphy Infusionstherapie *f*
parenteral fluids parenterale Flüssigkeitszufuhr *f*
parenteral hyperalimentation parenterale Hyperalimentation *f*
parenteral nutrition parenterale Ernährung *f*
parepididymis *s.* paradidymis
parepigastric parepigastrisch, in der Nähe des Epigastriums liegend
parepithymia 1. *(Psych)* Parepithymie *f*, abnormes Verlangen *n*, unstillbares Gelüst *n*; 2. Heißhunger *m*, unstillbarer Hunger *m*
parergasia *(Neur)* Parergasie *f*, verkehrte Willenshandlung *f*
paresis *(Neur)* Parese *f*, unvollständige Lähmung *f*, motorische Schwäche *f*
paresis of the stomach Magenparese *f*, Magenlähmung *f*
paresthesia *s.* paraesthesia
paresthetic *s.* paraesthetic
paretic paretisch, teilweise [nicht vollständig] gelähmt; geschwächt, leistungsschwach
paretic gait *(Neur)* paretischer Gang *m*, Paresegang *m*, Paretikergang *m*
paretic patient Paretiker *m*, paretischer Patient *m*
paretic squint *s.* paralytic squint
pareunia Koitus *m*, Kohabitation *f*, Begattung *f*, Beischlaf *m*
pargyline Pargylin *n (Antihypertensivum)*
pargyline hydrochloride Pargylinhydrochlorid *n*
parhidrosis Paridrosis *f*, Parahidrosis *f*, gestörte Absonderung *f* von Schweiß
paricine Paricin *n (Alkaloid)*
paridrosis *s.* parhidrosis
paries Paries *m*, Wand *f*
parietal 1. parietal, seitlich, wandständig, zur Körperwand hin (liegend); 2. Scheitelbein…
parietal *s.* parietal bone
parietal block Parietalblock *m*
parietal bone Os *n* parietale, Scheitelbein *n*
parietal boss *s.* parietal eminence
parietal cell Parietalzelle *f*, Belegzelle *f*, Säure [Salzsäure] produzierende Zelle *f (der Magenschleimhaut)*
parietal cell vagotomy *(Chir)* Parietalzellenvagotomie *f*
parietal craniopagus *(Terat)* Craniopagus *m* parietalis
parietal decidua Decidua *f* parietalis [vera]
parietal diameter *(Gyn)* Diameter *m* posterotransversa, Parietaldurchmesser *m*, Posterotransversaldurchmesser *m*

parietal eminence Tuber *n* parietale, Parietaleminenz *f*, Scheitelbeineminenz *f*, Scheitelhöcker *m*
parietal emissary vein Vena *f* emissaria parietalis
parietal foramen Foramen *n* parietale
parietal gyrus Gyrus *m* parietalis, Scheitelhirnwindung *f*
parietal hernia parietale Hernie *f*, Richter'sche Hernie *f*
parietal incisure Incisura *f* parietalis
parietal layer of serous pericardium Lamina *f* parietalis pericardii
parietal layer of the tunica vaginalis of the testis Lamina *f* parietalis tunicae vaginalis (propriae) testis
parietal leaf parietales Blatt *n (des Peritoneums)*
parietal lobe Lobus *m* parietalis, Scheitel(bein)lappen *m*, Parietallappen *m*
parietal lobe syndrome *(Neur)* Parietallappensyndrom *n*
parietal lobule Lobulus *m* parietalis, Parietalläppchen *n*
parietal lymph node parietaler Lymphknoten *m*
parietal notch *s.* parietal incisure
parietal operculum Operculum *n* frontoparietale
parietal pain parietaler Schmerz *m*
parietal pelvic fascia Fascia *f* pelvis parietalis
parietal pericardium Pericardium *n* parietale, parietales Perikard *n*
parietal peritoneum Peritoneum *n* parietale, parietales Bauchfell *n*
parietal pleura Pleura *f* parietalis, parietale Pleura *f*
parietal pregnancy interstitielle Schwangerschaft *f*
parietal presentation *(Gyn)* Scheitellage *f*
parietal protuberance *s.* parietal eminence
parietal region Regio *f* parietalis, Scheitelregion *f*
parietal thrombus parietaler Thrombus *m*, wandständiges Blutgerinnsel *n (z. B. im Herzen)*
parietal tubercle *s.* parietal eminence
parietes *pl s.* paries
parieto-occipital 1. parieto-okzipital, okzipitoparietal; Scheitelbein-Hinterhaupt(bein)-…; 2. parieto-okzipital; Scheitellappen-Hinterhauptlappen-…
parieto-occipital fissure Sulcus *m* parietooccipitalis
parieto-occipital fracture parietookzipitale Fraktur *f*, Scheitelbein-Hinterhauptbein-Fraktur *f*
parieto-occipital sulcus Sulcus *m* parietooccipitalis
parietofrontal 1. parietofrontal; Scheitelbein-Stirn(bein)-…; 2. parietofrontal; Scheitellappen-Stirnlappen-…
parietography *(Rad)* Parietographie *f*, Magenwandreliefdarstellung *f*
parietomastoid parietomastoidal; Scheitelbein-Mastoid-…, Scheitelbein-Warzenfortsatz-…
parietomastoid suture Sutura *f* parietomastoidea
parietopontine parietopontin; Scheitellappen-Brücke(n)-…
parietopontine tract Tractus *m* parietopontinus
parietosphenoid parietosphenoidal; Scheitelbein-Keilbein-…
parietosplanchnic *s.* parietovisceral
parietosquamosal parietosquamös; Scheitelbein-Hinterhauptschuppe(n)-…
parietotemporal 1. parietotemporal, temporoparietal; Scheitelbein-Schläfen(bein)-…; 2. parietotemporal; Scheitellappen-Schläfenlappen-…
parietovisceral parietoviszeral
Parinaud's oculoglandular syndrome *(Ophth)* Parinaud'sche Krankheit *f*, Parinaud'sches Syndrom *n*, konjunktivo-okuläres Syndrom *n*
Parinaud's ophthalmoplegia Parinaud'sche Ophthalmoplegie *f*, Parinaud-Syndrom *n*, Vierhügelsyndrom *n (supranukleäre Parese der assoziierten Augenbewegungen)*
Parinaud's syndrome *s.* 1. Parinaud's oculoglandular syndrome; 2. Parinaud's ophthalmoplegia
Paris Nomina Anatomica Pariser Nomenklatur *f*, PNA
paristhmic Tonsillen…, Mandel… *(Zusammensetzungen siehe unter: tonsillar)*
paristhmion Tonsille *f*, Mandel *f (Zusammensetzungen siehe unter: tonsil)*
paristhmitis Tonsillenentzündung *f*, Mandelentzündung *f*
Parker's fluid Parker-Lösung *f (Fixierlösung aus Formaldehyd und Alkohol)*
Parkes-Weber syndrome Sturge-Weber-Syndrom *n*
Parkinsonian crisis *(Neur)* Parkinsonkrise *f*
Parkinsonian facies Parkinson-Gesicht *n*
Parkinsonian state *s.* parkinsonism
Parkinsonian syndrome *s.* parkinsonism
Parkinsonian tremor Parkinson-Tremor *m*
parkinsonism *(Neur)* Parkinsonismus *m*, Parkinson'sche Krankheit *f*, Parkinson-Syndrom *n*, Paralysis *f* agitans, Schüttellähmung *f (extrapyramidales Syndrom mit teigiger Muskelsteifigkeit, Zittern von Körperteilen und Bewegungslosigkeit)*
Parkinson's disease *s.* parkinsonism
Parkinson's facies Parkinson-Gesicht *n*, Maskengesicht *n*
Parkinson's mask *s.* Parkinson's facies
Parkinson's sign *s.* Parkinson's facies
Park's aneurysm Park'sches Aneurysma *n (arteriovenöses Aneurysma mit zwei Venen)*
paroccipital parokzipital, nahe dem Hinterkopfbein
parodentosis *s.* periodontosis
parodontal *s.* periodontal
parodontal disease *s.* parodontopathy
parodontitis Parodontitis *f*, Zahnbettentzündung *f*
parodontium Parodontium *n*, Zahnbett *n*, Zahnhalteapparat *m*, Zahnaufhängeapparat *m*
parodontopathy Parodontopathie *f*, Zahnbetterkrankung *f*, Zahnfleischrandkrankheit *f*
parodynia Parodynie *f*, Dystokie *f*, Geburtsstörung *f*, erschwerte Entbindung *f*, Partus *m* difficilis
parole *(Psych)* vorzeitige Entlassung *f*, Entlassung *f* auf Probe *(aus einer psychiatrischen Klinik)*
parolfactory parolfaktorisch
parolfactory area *(Anat)* Area *f* parolfactoria [subcallosa]
parolfactory sulcus *(Anat)* Sulcus *m* parolfactorius
parolivary parolivär, neben dem Olivenkern liegend
paromomycin Paromomycin *n*, Paromomyzin *n (Breitspektrumantibiotikum)*
paromomycin sulfate Paromomycinsulfat *n*
paromphalocele Paromphalozele *f (Hernie im Nabelbereich)*
Parona's space Parona'scher Raum *m*, Spatium *n* subtendineum *(des Unterarmes)*
paroniria Paroniria *f*, Alptraum *m*
paronychia *(Derm)* Paronychie *f*, Umlauf *m*, Nagelfalzpanaritium *n*, Nagelwallentzündung *f*, Nagelbettentzündung *f*, Nagelbetteiterung *f*
paronychial paronychial; Paronychie…
paronychium *s.* perionychium
paronychomycosis Paronychomykose *f*, Nagelfalzmykose *f*, Nagelwallmykose *f*, Pilzerkrankung *f* des Nagelfalzes [Nagelwalls]
paronychosis *(Derm)* Paronychose *f*, abnorme Nagelbildung *f*
paroophoric Paroophoron…, Nebeneierstock…
paroophoritis 1. Paroophoritis *f*, Epoophoronentzündung *f*, Parovariumentzündung *f*, Nebeneierstockentzündung *f*; 2. *s.* perioophoritis
paroophoron 1. Paroophoron *n*, Beieierstock *m*; 2. Paradidymis *m*, Beihoden *m*
parophthalmia Parophthalmie *f*, Zellgewebsentzündung *f* um das Auge

parophthalmoncus Parophthalmonkus *m*, Geschwulst *f* neben dem Auge
paropsia Paropsie *f*, Sehstörung *f*
paropsis *s.* paropsia
paroptic Paropsie…
parorchidium *(Urol)* Parorchidie *f*, falsche Hodenlage *f*
parorchis Nebenhoden *m (Zusammensetzungen siehe unter: epididymal)*
parorexia Parorexie *f*, abnorme Geschmacksrichtung *f (z. B. bei Schwangeren)*
parosmia *(Neur)* Parosmie *f*, Geruchstäuschung *f*, Geruchsfälschung *f*, Geruchsstörung *f*, Geruchshalluzination *f*
parosphresis *s.* parosmia
parosteal parosteal
parosteitis Parostitis *f*, Gewebsentzündung *f* neben dem Periost
parosteosis Parostose *f*, Knochenbildung *f* an abnormer Stelle, ektope Knochenbildung *f*
parostia abnorme Ossifikation *f*
parostitis *s.* parosteitis
parostosis *s.* parosteosis
parotic parotisch, neben dem Ohr liegend
parotid 1. parotid; Parotis…, Ohrspeicheldrüsen…; 2. *s.* parotic
parotid *s.* parotid gland
parotid abscess Parotisabszess *m*, Ohrspeicheldrüsenabszess *m*
parotid cyst Parotiszyste *f*, Ohrspeicheldrüsenzyste *f*
parotid duct Ductus *m* parotideus, Ohrspeicheldrüsenausführungsgang *m*
parotid fascia Parotisfaszie *f*, Ohrspeicheldrüsenfaszie *f*
parotid fistula Parotisfistel *f*, Ohrspeicheldrüsenfistel *f*
parotid gland Glandula *f* parotis, Parotis *f*, Ohrspeicheldrüse *f*
parotid gland atrophy Parotisatrophie *f*, Ohrspeicheldrüsenatrophie *f*
parotid gland calculus Parotiskonkrement *n*, Ohrspeicheldrüsenstein *m*
parotid gland enlargement Parotisvergrößerung *f*, Ohrspeicheldrüsenvergrößerung *f*
parotid gland fistula *s.* parotid fistula
parotid glandular tissue Parotisgewebe *n*, Ohrspeicheldrüsengewebe *n*
parotid growth *s.* parotid tumour
parotid lipomatosis Parotislipomatose *f*
parotid mass *s.* parotid tumour
parotid meningoencephalitis Mumpsmeningoenzephalitis *f*
parotid orchitis Mumpsorchitis *f*
parotid pancreatitis Mumpspankreatitis *f*
parotid papilla Papilla *f* parotidea
parotid plexus Plexus *m* parotideus, Gesichtsnervengeflecht *n* in der Ohrspeicheldrüse
parotid region Parotisregion *f*, Ohrspeicheldrüsengebiet *n*
parotid saliva Parotisspeichel *m*
parotid salivary gland *s.* parotid gland
parotid sialogram Parotissialogramm *n*, Ohrspeicheldrüsengangröntgen(kontrast)bild *n*
parotid stone *s.* parotid gland calculus
parotid tumour Parotistumor *m*, Ohrspeicheldrüsengeschwulst *f*
parotid vein Vena *f* parotidea, Ohrspeicheldrüsenvene *f*
parotidean *s.* parotid 1.
parotidectomy Parotidektomie *f*, Parotisexzision *f*, Ohrspeicheldrüsenexstirpation *f*, (operative) Ohrspeicheldrüsenentfernung *f*
parotiditis *s.* parotitis
parotidoscirrhus Parotisszirrhus *m*, Parotisinduration *f (Verhärtung der Ohrspeicheldrüse)*
parotidosclerosis Parotissklerose *f*, Parotisinduration *f*, Ohrspeicheldrüsenverhärtung *f*
parotin Parotin *n (Globulin)*
parotis *s.* parotid gland
parotitic parotitisch; Parotitis…, Ohrspeicheldrüsenentzündungs…
parotitis Parotitis *f* (epidemica), Mumps *m*, Ziegenpeter *m*, Ohrspeicheldrüsenentzündung *f* (durch Virusinfektion), Ohrenmichel *m*, Bauernwetzel *m*
parotomegaly Parotisvergrößerung *f*
parous geboren habend; Geburts…
parovarian 1. parovarial, parovariell, neben dem Eierstock liegend; 2. Parovarium…, Epoophoron…, Nebeneierstock…
parovarian cyst Parovarialzyste *f*
parovariotomy Parovariotomie *f*, Parovarialzystenexstirpation *f*
parovaritis Parovaritis *f*, Nebeneierstockentzündung *f*
parovarium Parovarium *n*, Epoophoron *n*, Nebeneierstock *m*
paroxetine Paroxetin *n (Serotonininhibitor, Antidepressivum)*
paroxetine hydrochloride Paroxetinhydrochlorid *n*
paroxyntic *s.* paroxysmal
paroxypropione Paroxypropion *n*, *p*-Hydroxypropiophenon *n (Gonadotropininhibitor)*
paroxysm Paroxysmus *m*, anfallsartige Steigerung *f* von Krankheitserscheinungen; Anfall *m*, Attacke *f*
paroxysm of rage Wutanfall *m*
paroxysmal 1. paroxysmal, paroxystisch, anfallsweise auftretend; anfallartig; 2. krampfartig
paroxysmal atrial tachycardia paroxysmale supraventrikuläre Tachykardie *f*, paroxysmale Vorhoftachykardie *f*
paroxysmal AV nodal reentry tachycardia paroxysmale AV-Knoten-Reentry-Tachykardie *f*
paroxysmal choreoathetosis *(Neur)* paroxysmale Choreoathetose *f*
paroxysmal cold haemoglobinuria paroxysmale Kältehämoglobinurie *f*
paroxysmal contractions paroxysmale Wehen *fpl*
paroxysmal cough paroxysmaler Husten *m*
paroxysmal diathesis iktaffine Diathese *f*
paroxysmal dyspnoea paroxysmale Dyspnoe *f*, anfallsartige Luftnot *f*
paroxysmal haemoglobinuria paroxysmale Hämoglobinurie *f*
paroxysmal heart atrium tachycardia paroxysmale supraventrikuläre Tachykardie *f*, paroxysmale Vorhoftachykardie *f*
paroxysmal heart ventricle tachycardia paroxysmale ventrikuläre Tachykardie *f*, paroxysmale Ventrikeltachykardie *f*
paroxysmal hypertension paroxysmaler Hypertonus *m*
paroxysmal junctional tachycardia paroxysmale supraventrikuläre Tachykardie *f*
paroxysmal labyrinthine vertigo paroxysmaler Labyrinthschwindel *m*, Ménière'sche Krankheit *f*, Morbus *m* Ménière
paroxysmal nocturnal dyspnoea paroxysmale nächtliche Dyspnoe *f*
paroxysmal nocturnal haemoglobinuria paroxysmale nächtliche Hämoglobinurie *f*
paroxysmal progredient schizophrenia schubförmig progrediente Schizophrenie *f*
paroxysmal sleep *(Neur)* (imperativer) Schlafanfall *m*
paroxysmal stage Paroxysmalstadium *n*
paroxysmal supraventricular tachycardia paroxysmale supraventrikuläre Tachykardie *f*, paroxysmale Vorhoftachykardie *f*

paroxysmal ventricular tachycardia paroxysmale ventrikuläre Tachykardie *f*, paroxysmale Ventrikeltachykardie *f*
paroxysmal tachycardia paroxysmale Tachykardie *f*, anfallsweises Herzjagen *n*
paroxysmal tick-borne rickettsiosis *(Inf)* paroxysmales Zeckenbissfieber *n*
parrot disease *s.* psittacosis
parrot fever *s.* psittacosis
parrot tongue Papageienzunge *f*
Parrot's atrophy of the newborn *s.* Parrot's pseudoparalysis
Parrot's pseudoparalysis Parrot'sche Krankheit *f*, Parrot'sches Syndrom *n*, Parrot'sche Lähmung *f*, Bednar-Parrot'sche Epiphysenlösung *f*, Wegner'sche Osteochondritis *f* *(Pseudoparese der Säuglingsarme infolge Epiphysenlösung bei konnataler Syphilis)*
parry fracture *(Chir)* Parierfraktur *f*, Abwehrknochenbruch *m*; Monteggia-Fraktur *f*
Parry-Romberg syndrome Parry-Romberg-Syndrom *n*, faziale Trophoneurose *f*, faziale Hemiatrophie *f*, Romberg'sche Krankheit *f*, Romberg'sche Trophopneurose *f*
Parry's disease toxisches Adenom *n*, toxische noduläre Struma *f*, Parry'sche Krankheit *f*, Plummer'sche Krankheit *f*
pars Pars *f*, Teil *m*, Abschnitt *m*
pars planitis granulomatöse Uveitis *f* der Pars plana *(des Ziliarkörpers)*
Parsonage-Turner syndrome Parsonage-Turner-Syndrom *n*, neuralgische Amyotrophie *f*
part Teil *m*, Abschnitt *m*, Pars *f*
part *v* **muscular fibres** Muskelfasern separieren
part-term pregnancy immature Schwangerschaft *f*
partal partal; Geburts…
partes *pl s.* pars
parthenogenesis Parthenogenese *f*, Apogamie *f*, Jungfernzeugung *f*
parthenogenetic Parthenogenese…
parthenophobia Parthenophobie *f*, (krankhafte) Angst *f* vor Mädchen
parthogenesis *s.* parthenogenesis
partial agglutinin *(Immun)* Minoragglutinin *n*, Gruppenagglutinin *n*
partial amputation partielle Amputation *f*, Teilamputation *f*
partial anaesthesia partielle Anästhesie *f*, Teilanästhesie *f*
partial ankylosis *(Orth)* partielle Ankylose *f* [Gelenkversteifung *f*], Teilankylose *f*
partial antigen *(Immun)* Partialantigen *n*, Teilantigen *n*; Hapten *n*
partial breech extraction partielle Extraktion *f* einer Steißlage
partial cleavage partielle Teilung *f* *(z. B. einer befruchteten Eizelle in die Blastomere)*
partial colour blindness partielle Farbenblindheit *f*, Teilfarbenblindheit *f*
partial dental prosthesis partielle Zahnprothese *f*, Teilprothese *f*
partial denture *(Stom)* Teilprothese *f*
partial dislocation *(Chir)* partielle [inkomplette] Dislokation *f*, Teilverrenkung *f*, inkomplette Verrenkung *f*
partial encircling endomyocardial ventriculotomy partiell einzirkelnde endomyokardiale Ventrikulotomie *f*
partial gastrectomy Magenteilresektion *f*
partial heart block partieller [inkompletter] Herzblock *m*
partial hysterectomy partielle Hysterektomie *f*, Gebärmutterteilexstirpation *f*
partial instinct *(Neur)* Partialtrieb *m*
partial insufficiency Partialinsuffizienz *f* *(z. B. der Atmung)*
partial intestinal obstruction partieller Ileus *m*
partial involution partielle (uterine) Involution *f*, partielle Gebärmutterinvolution *f*
partial irradiation Teilbestrahlung *f*, partielle Bestrahlung *f*
partial nephrectomy Nierenteilentfernung *f*, partielle Nephrektomie *f*
partial oxygen pressure Sauerstoffpartialdruck *m*, pO_2
partial placenta praevia Placenta *f* praevia partialis
partial pressure *(Physiol)* Partialdruck *m*, Teildruck *m*
partial pressure gradient Partialdruckgradient *m*
partial pressure of carbon dioxide Kohlendioxidpartialdruck *m*, pCO_2
partial pressure of oxygen Sauerstoffpartialdruck *m*, pO_2
partial shadowing partielle Verschattung *f*
partial sleep Teilschlaf *m*, hypnotischer Schlaf *m*, Hypnoseschlaf *m*
partial-thickness skin graft *(Chir, Derm)*Spalthauttransplantat *n*
partial thromboplastin *(Hämat)* partielles Thromboplastin *n*
partial thromboplastin time *(Hämat)* partielle Thromboplastinzeit *f*, PTT
partial tonsillectomy partielle Tonsillektomie *f*, Tonsillenresektion *f*, Mandelresektion *f*, Mandelkappung *f*
partialism *(Neur)* Partialismus *m*, partielle Paraphilie *f* *(Fixierung auf einen Körperteil)*
partially acid-fast teilweise säurefest *(z. B. bei Bakterienfärbung)*
partially edentulous arch teilweise zahnloser Bogen *m* [Kieferbogen *m*]
particle Partikel *n*, kleines Teilchen *n*
particulate partikuliert, aus kleinen Teilchen bestehend
parting of tissue Gewebedurchtrennung *f*, Gewebeseparation *f*
partition 1. Trennwand *f*, Scheidewand *f*, Septum *n*; 2. Abschnitt *m*, Teilbereich *m*, Sektor *m*; Segment *n*; 3. Partitionierung *f*, Aufteilung *f*, Teilung *f*, Zerteilung *f*
partitioning Partitionierung *f*
partricin Partricin *n* *(aus Streptomyces aureofaciens; gegen Pilze und Protozoen wirksam)*
partogram Partogramm *n*, Geburtsverlaufskurve *f*
partography Partographie *f*, (grafische) Geburtsverlaufsdarstellung *f*
parturient 1. gebärend, entbindend; 2. Geburts… *(siehe auch unter: birth)*
parturient Gebärende *f*, Frau *f* während der Geburt
parturient canal Geburtskanal *m*, Geburtsweg *m*
parturient complication Geburtskomplikation *f*
parturifacient geburtseinleitend, geburtserleichternd, geburtsbeschleunigend
parturifacient (agent) Wehenmittel *n*, wehenanregendes Mittel *n*
parturiometer Parturiometer *n*, Wehenmesser *m*
parturition Geburt *f*, Geburtsvorgang *m*, Gebären *n*
partus Partus *m*, Geburt *f*, Niederkunft *f* *(Zusammensetzungen siehe unter: birth und labour)*
parulis Parulis *f*, Zahngeschwür *n*, Zahn(fleisch)abszess *m*, Zahn(fleisch)eiterung *f*
parumbilical par(a)umbilikal, um den Nabel liegend
parungual *(Derm)* parungual, neben dem Nagel liegend
paruresis Parurese *f*, psychologische Miktionshemmung *f*
paruria Parurie *f*, Miktionsstörung *f*
parvicellular kleinzellig
parvoviral Parvovirus…
parvovirus Parvovirus *n*

parvule *(Pharm)* kleine Pille *f* [Tablette *f*]
PAS *s.* 1. periodic acid Schiff reaction; 2. paraaminosalicylic acid
paschachurda *(Trop)* Paschachurda *n*, Taschkentgeschwür *n*, Sartenkrankheit *f*, knotige Hautgranulome *npl* *(Hautleishmaniase)*
Paschen bodies Paschen'sche Körperchen *npl*, Paschen-Körperchen *npl*, Elementarkörperchen *npl (in den Hautläsionen bei Pocken)*
Paschen corpuscles *s.* Paschen bodies
Paschen granules *s.* Paschen bodies
pasiniazide Pasiniazid *n*, Isoniazid-4-aminosalicylat *n* *(Tuberkulostatikum)*
pass *v* **an airway via the nose** *(Anästh)* einen Tubus über die Nase einführen
pass *v* **flatus** Flatus [Winde] abgehen lassen
pass *v* **into nitrogen anabolism** *(Metab)* in eine positive Stickstoffbilanz übergehen
pass *v* **spontaneously** spontan abgehen *(z. B. Nierensteine)*
pass *v* **stool** Stuhl absetzen
pass *v* **the endotracheal tube into the patient** den Patienten intubieren
pass *v* **the instruments** *(Chir)* die Instrumente anreichen [zureichen]
pass *v* **through the gastrointestinal tract satisfactorily [no longer than usual]** eine normale Magen-Darm-Passage haben *(Kontrastmittel)*
pass *v* **urine [water]** Wasser [Urin] lassen, harnen
passage 1. Passage *f*, Kanal *m*; Durchgang *m*; 2. Passage *f*, Stuhlpassage *f*, Stuhlentleerung *f*; Urinentleerung *f*; 3. Passage *f*, Tierpassage *f*; Menschenpassage *f (z. B. von Viren)*; 4. Katheterpassage *f*, Sondenpassage *f*; 5. Bewegung *f*, Fortbewegung *f*
Passavant's bar Passavant'scher Ringwulst *m (durch den oberen Schlundschnürer gebildet)*
Passavant's cushion *s.* Passavant's bar
Passavant's pad *s.* Passavant's bar
Passavant's ridge *s.* Passavant's bar
passivate passivieren
passivation *(Bioch)* Passivierung *f*, Verringerung *f* der Reakionsfähigkeit *(z. B. einer Metalloberfläche)*
passive passiv, untätig, nicht aktiv, nicht spontan; erleidend, ertragend
passive-active immunization Aktiv-Passiv-Immunisierung *f*
passive-aggressive personality passiv-aggressive Persönlichkeit *f*
passive-aggressive personality disorder passiv-aggressive Persönlichkeitsstörung *f*
passive algolagnia *(Neur)* passive Algolagnie *f*, Masochismus *m*, Schmerzgeilheit *f*, (sexuelle) Schmerzwollust *f*
passive anaphylaxis *(Immun)* passive Anaphylaxie *f*
passive ascites *(Gastr)* mechanischer Aszites *m*
passive carrier 1. passiver Carrier *m*, symptomloser Krankheitsträger *m*; 2. passiver Genträger *m*
passive clot passives Gerinnsel *n*
passive congestion passive Kongestion *f*, passive Blutstauung *f*
passive-dependent personality passiv-abhängige Persönlichkeit *f*
passive euthanasia passive Euthanasie *f*
passive exercise passive Übung *f*, passive [geführte] Bewegung *f*
passive exercise therapy passive Bewegungstherapie *f*
passive expiration passive Exspiration *f*
passive immunity passive Immunität *f*
passive immunization passive Immunisierung *f*, Serumprophylaxe *f*, Serumtherapie *f*
passive incontinence passive Inkontinenz *f*
passive lung collapse passiver Lungenkollaps *m*
passive motion passive Bewegung *f*, Passivbewegung *f*
passive negativism *(Neur)* passiver Negativismus *m*
passive oneirodynia Oneirodynia *f* passiva, Alpdrücken *n*
passive sensitization *(Immun)* passive Sensibilisierung *f*
passive smoking passives Rauchen *n*
passive stretching passive Dehnung *f*
passive symptom statisches Symptom *n*
passive transport passiver Transport *m*
passive tremor *(Neur)* Ruhetremor *m*
passivism Passivismus *m*
passivity 1. *(Psych)* Passivität *f*, Teilnahmslosigkeit *f*; 2. Passivität *f (z. B. des Kiefers beim Nichtkauen)*
past pointing *(Neur)* Vorbeizeigen *n (beim Finger-Nase-Versuch)*
paste Paste *f*, Pasta *f*
paster *(Ophth)* Nahsichtlinsenteil *m (eines Bifokalglases)*
Pasteurella aerogenes Pasteurella *f* aerogenes
Pasteurella haemolytica Pasteurella *f* haemolytica
Pasteurella multocida Pasteurella *f* multocida
Pasteurella pestis Pasteurella *f* pestis, Pestbazillus *m*, Pesterreger *m*
Pasteurella pneumotropica Pasteurella *f* pneumotropica
Pasteurella pseudotuberculosis Pasteurella *f* pseudotuber-culosis *(Erreger der Lymphadenitis mesenterialis Masshoff)*
Pasteurella septica Pasteurella *f* septica
Pasteurella septicaemiae Pasteurella *f* septicaemiae
Pasteurella tularensis Pasteurella *f* tularensis *(Erreger der Tularämie)*
Pasteurella urae Pasteurella *f* urae
Pasteurellaceae Pasteurellaceae *fpl*
pasteurellosis *(Inf, Paras)* Pasteurellose *f*
pasteurization Pasteurisierung *f*, Pasteurisieren *n*; Keimfreimachung *f (z. B. von Milch)*
pasteurize *v* pasteurisieren, entkeimen, durch Erhitzen keimarm machen
pasteurizer Pasteurisiergerät *n*, Pasteurisator *m*
Pasteur's effect Pasteur-Effekt *m (Hemmung der Glykolyse bei Sauerstoffzufuhr)*
Pasteur's reaction *s.* Pasteur's effect
Pastia's lines Pastia-Linien *fpl (in Beugefalten bei Scharlach)*
Pastia's sign Pastia'sches Zeichen *n*, Pastia-Zeichen *n* *(Auftreten von kleinsten Hautblutungen in den Ellenbeugen bei beginnendem Scharlach)*
pastil *s.* pastille
pastille *(Pharm)* Pastille *f*
pasty pastös, aufgeschwemmt, gedunsen, ödematös
patagial Patagium..., Hautfalten..., Flügelfell..., Schwimmhaut...
patagiate *s.* patagial
patagium Patagium *n*, Hautfalte *f*, Flügelfell *n*, Schwimmhaut *f*
Patau's syndrome Patau-Syndrom *n*, D1-Trisomie-Syndrom *n*, Trisomie-13-Syndrom *n*, Trisomie *f* 13
patch 1. Patch *m*, Gewebeflicken *m*; 2. Pflaster *n*; 3. Augenbinde *f*; 4. Fleck *m*; Hautfleck *m*
patch of consolidation in the lung *(Rad)* Konsolidierungsherd *m* in der Lunge
patch test *(Derm, Immun)* Patch-Test *m*; Reizprobe *f*
patella *(Anat)* Patella *f*, Kniescheibe *f*
patellapexy Patellopexie *f*, Patellafixierung *f*, Kniescheibenfixation *f*
patellar patellar; Patella..., Kniescheiben...
patellar bursa Bursa *f* patellaris, Kniescheibenschleimbeutel *m*

patellar chondromalacia Chondromalacia *f* patellae, Patellachondromalazie *f*
patellar clonus Patellarklonus *m*, Patellazucken *n*, Kniescheibenzuckung *f* *(bei Pyramidenbahnläsion)*
patellar fracture Patellafraktur *f*, Kniescheibenbruch *m*
patellar ligament Ligamentum *n* patellae, Kniescheibenband *n*, Patellarsehne *f*, Kniescheibensehne *f*
patellar plexus Patellarplexus *m*, Kniescheibennervengeflecht *n*
patellar reflex Patellar(sehnen)reflex *m*, Kniescheibenreflex *m*, Kniesehnenreflex *m* *(Streckung des Unterschenkels nach Schlag gegen die Patellarsehne)*
patellar rete *(Anat)* Rete *n* patellae
patellar retinaculum Retinaculum *n* patellae, Patellahalteband *n*, Kniescheibenhalteband *n*
patellar surface Facies *f* patellaris
patellar synovial fold Plica *f* synovialis (infra)patellaris
patellar synovial plica *s.* patellar synovial fold
patellar tap Patellatanzen *n* *(z. B. bei Kniegelenkerguss)*
patellar tendon *s.* patellar ligament
patellar tendon reflex *s.* patellar reflex
Patella's disease Patella'sche Krankheit *f* *(fibröse Pylorusstenose bei Tuberkulosekranken)*
patellectomy Patellektomie *f*, Kniescheibenexstirpation *f*, Kniescheibenexzision *f*, (operative) Kniescheibenentfernung *f*
patelliform patelliform, kniescheibenförmig
patellofemoral patellofemoral; Patella-Femur-..., Kniescheiben-Oberschenkel(knochen)-...
patelloid *s.* patelliform
patellometer Patellometer *n*
patency Durchgängigkeit *f*, Offensein *n*, Offenheit *f* *(z. B. von Blutgefäßen)*
patency rate Durchgängigkeitsrate *f*, Offenheitsrate *f*
patent 1. offen, durchgängig; 2. evident, offensichtlich • **be patent** offen [durchgängig] sein *(z. B. Gefäße)*
patent Botallo's duct *s.* patent ductus arteriosus
patent ductus arteriosus *(Kard)* offener Ductus *m* arteriosus Botallo, Ductus *m* arteriosus apertus persistens
patent foramen ovale offenes Foramen *n* ovale
patent medicine nichtrezeptpflichtiges Medikament *n*, OTC-Medikament *n*, Over-the-Counter-Medikament *n*
paternal paternal, väterlich, väterlicherseits; Vater...
paternal engrossment *(Psych)* Vaterbindung *f*, väterliche Bindung *f*
paternity test Vaterschaftstest *m*, Vaterschaftsbestimmung *f*
Paterson-Brown Kelly syndrome *s.* Paterson's syndrome
Paterson-Kelly syndrome *s.* Paterson's syndrome
Paterson's syndrome Paterson-Brown Kelly-Syndrom *n*, Plummer-Vinson-Syndrom *n*, sideropenische Dysphagie *f* *(mit schmerzhaften Schluckbeschwerden)*
Patey's operation Patey'sche Operation *f*, modifizierte radikale Mastektomie *f* *(unter Erhalt des Musculus pectoralis major)*
path 1. Weg *m*, Pfad *m*; Bahn *f*, Verlauf *m*; 2. Leitungsbahn *f*, Nerven(leitungs)bahn *f*
pathema Krankheit *f*, Krankheitszustand *m*
pathergasia *(Neur)* Pathergasie *f*, Anpassungsstörung *f*, Verhaltensstörung *f*
pathergia Pathergie *f*, (krankhafte) Überempfindlichkeit *f*, Sensibilitätssteigerung *f* *(bei Allergie)*
pathergic Pathergie...
pathergy *s.* pathergia
pathetic 1. pathetisch, stark gefühlsbetont; 2. Mitleid erregend, bemitleidenswert
pathetic (nerve) *s.* patheticus
patheticus Nervus *m* trochlearis, IV. Hirnnerv *m*
pathetism Pathetismus *m*, Hypnotismus *m*
pathetist Pathetist *m*, Hypnotiseur *m*
pathfinder 1. Knopfsonde *f*, Strikturensonde *f*, Sonde *f*; 2. *(Stom)* Wurzelkanalsonde *f*
patho-anatomical pathologisch-anatomisch, pathoanatomisch
patho-anatomy Pathoanatomie *f*, pathologische Anatomie *f*
patho-occlusion *s.* malocclusion
pathobiochemistry Pathobiochemie *f*
pathobiology Pathobiologie *f*, Pathologie *f*
pathoclisis Pathoklise *f*, spezifische Krankheitsbereitschaft *f* *(z. B. für Systemerkrankungen des ZNS)*
pathocrine pathokrin, mit gestörter endokriner Funktion
pathocrinia endokrine Störung *f*, gestörte endokrine Funktion *f*
pathodontia Zahnpathologie *f*, dentale Pathologie *f*
pathogen Krankheitserreger *m*, pathogener [krankheitserregender] Keim *m*
pathogenesis Pathogenese *f*, Krankheitsentstehung *f*, Krankheitsentwicklung *f*, Krankheitsverlauf *m*
pathogenetic pathogenetisch; Pathogenese...
pathogenic 1. pathogen, krankheitserregend, krankmachend; 2. *s.* pathogenetic
pathogenic for man humanpathogen, menschenpathogen
pathogenic occlusion *(Stom)* pathogene Okklusion *f*
pathogenicity Pathogenität *f* *(Fähigkeit bestimmter Organismen oder Eigenschaft bestimmter Stoffe, krankhafte Zustände hervorzurufen)*
pathogeny *s.* pathogenesis
pathognomic 1. Pathognomik...; 2. pathognomonic
pathognomonic pathognomonisch, pathognostisch, krankheitskennzeichnend, krankheitstypisch, eine Krankheit bestimmend
pathognomonic smyptom pathognomonisches [pathognostisches] Symptom *n*
pathognomonic treatment pathognomonische Therapie *f*
pathognomy 1. Pathognomik *f*, Pathognostie *f*, Symptomenlehre *f*; 2. Krankheitssymptomboobachtung *f*
pathognostic *s.* pathognomonic
pathography Pathographie *f* *(psychiatrische Biographie berühmter Persönlichkeiten)*
patholesia Patholesie *f*, hysterischer Zustand *m*
pathologic 1. pathologisch, krankhaft; 2. Pathologie... *(siehe auch unter: pathological)*
pathologic absorption pathologische Absorption *f*
pathologic amenorrhoea pathologische Amenorrhoe *f*
pathologic amputation pathologische Amputation *f*
pathologic anatomy pathologische Anatomie *f*
pathologic atrophy pathologische Atrophie *f*
pathologic diagnosis pathologische Diagnose *f*
pathologic fracture pathologische Fraktur *f*, pathologischer [spontaner] Knochenbruch *m*, Spontanfraktur *f*
pathologic gambling pathologisches Spielen *f*
pathologic heart condition krankhafter Herzzustand *m*, Herzleiden *n*
pathologic histology pathologische Histologie *f*, Pathohistologie *f*
pathologic labour pathologische Geburt *f*
pathologic labour activity pathologische Wehentätigkeit *f*
pathologic mendacity pathologisches [krankhaftes] Lügen *n*
pathologic microorganism pathologischer Mikroorganismus *m*
pathologic mitosis pathologische Mitose *f*, krankhafte Zellteilung *f*

pathologic myopia pathologische Myopie *f*
pathologic physiology pathologische Physiologie *f*, Pathophysiologie *f*
pathologic pregnancy department [unit] Abteilung *f* für pathologische Schwangerschaften, Station *f* für Schwangerschaftskomplikationen
pathologic reflex pathologischer [krankhafter] Reflex *m*
pathologic retraction ring pathologischer Retraktionsring *m*, Bandl'scher Ring *m*, Bandl-Kontraktionsring *m*
pathologic sensation pathologische Empfindung *f* [Wahrnehmung *f*]
pathologic sleep pathologischer Schlaf *m*
pathologic trias pathologische Trias *f*
pathological 1. pathologisch, krankhaft; 2. Pathologie… *(siehe auch unter: pathologic)*
pathological admixtures in faeces pathologische Stuhlbestandteile *mpl* [Stuhlbeimengungen *fpl*]
pathological alcoholic intoxication pathologische Trunkenheit *f*, pathologischer Rausch *m* [Alkoholrausch *m*]
pathological discharge pathologischer Ausfluss *m* [Fluor *m*], Leukorrhoe *f*
pathological drunkenness pathologischer Rausch *m*
pathological psychology pathologische Psychologie *f*
pathologically changed lung pathologisch [krankhaft] veränderte Lunge *f*
pathologically high spirits *s.* mania
pathologist Pathologe *m*, Arzt *m* [Facharzt *m*] für Pathologie
pathologist's wart Leichenwarze *f*, Leichentuberkel *m*, Tuberculosis *f* verrucosa
pathology 1. Pathologie *f*, Krankheitslehre *f*; 2. Krankheitserscheinungen *fpl*, pathologischer Befund *m*; 3. Pathologische Abteilung *f*; Pathologisches Institut *f*, Pathologie *f*
pathology of pregnancy pathologischer Schwangerschaftszustand *m*, pathologische Schwangerschaft *f*
pathomaine Pathomain *n (Leichengift)*
pathomania *(Neur)* Pathomanie *f*
pathomeiosis Krankheitsuntertreibung *f*, Krankheitsunterschätzung *f*
pathometabolism Pathometabolismus *m*, pathologischer Stoffwechsel *m*
pathometric pathometrisch; Pathometrie…
pathometry Pathometrie *f*
pathomimesis Pathomimie *f*, Krankheitsnachahmung *f*, Krankheitsvortäuschung *f*
pathomimia *s.* pathomimesis
pathomimicry *s.* pathomimesis
pathomorphism Pathomorphismus *m*, pathologische Morphologie *f*
pathomorphology *s.* pathomorphism
pathomorphospermia Pathomorphospermie *f*, pathologische Spermienmorphologie *f*
pathoneurosis Pathoneurose *f*, Kranheitsneurose *f (Aufdeckung einer Neurose durch Körperkrankheiten)*
pathonomy Pathonomie *f*
pathophilia Pathophilie *f*, (emotionale) Krankheitsanpassung *f (bei chronischem Leiden)*
pathophobia Pathophobie *f*, abnorme Krankheitsfurcht *f* [Krankheitsangst *f*]
pathophoresis Pathophorese *f*, Krankheitsübertragung *f*
pathophoric pathophor, krankheitsübertragend
pathophorous *s.* pathophoric
pathophysiologic pathophysiologisch
pathophysiology Pathophysiologie *f*, pathologische Physiologie *f*
pathoplastic pathoplastisch, die Symptomatik einer psychischen Krankheit herausbildend
pathopleiosis Krankheitsübertreibung *f*, Krankheitsüberschätzung *f*
pathopoiesis Krankheits(her)ausbildung *f*, Krankheitsentwicklung *f*
pathopsychologic *s.* pathopsychological
pathopsychological pathopsychologisch
pathopsychology Pathopsychologie *f*
pathopsychosis Pathopsychose *f*, Psychose *f* mit Krankheitsdisposition
pathosis krankhafter Zustand *m*
pathotropism Pathotropismus *m*
pathway Leitungsbahn *f*, Nerven(leitungs)bahn *f*, Stoffwechselweg *m*
patient Patient *m* • **attend a patient** einen Patienten pflegen; sich um einen Patienten kümmern [bemühen] • **bring a patient to the emergency room by ambulance** einen Patienten mit dem Krankenwagen zur Notaufnahme bringen • **cover the patient with a blanket** den Patienten mit einer Decke zudecken • **direct a patient to the ward** einen Patienten auf (die) Station schicken • **fix the patient to the operating table** den Patienten auf dem OP-Tisch fixieren • **get a patient cured** einen Patienten heilen, einen Patienten zur Heilung bringen • **get a patient out of bed** einen Patienten mobilisieren • **get the patient fit for the operation** den Patienten für die Operation vorbereiten • **help a patient to sit in bed** einen Patienten im Bett aufsetzen • **keep a patient at rest** Bettruhe verordnen, einen Patienten im Bett halten [ruhig stellen] • **place a patient in a perineal position** einen Patienten in Steinschnittlage lagern • **place a patient on the left side** einen Patienten in Linksseitenlage lagern • **place a patient on the right side** einen Patienten in Rechtsseitenlage lagern • **prepare a patient for X-rays** einen Patienten für die Röntgenuntersuchung vorbereiten • **rush a patient to the operating room** einen Patienten sofort in den Operationssaal bringen • **sit with a patient** bei einem Kranken [Patienten] wachen • **transfer the patient into ICU** den Patienten auf die Intensivtherapiestation verlegen • **watch a patient closely** einen Patienten ununterbrochen überwachen
patient-controlled analgesia durch den Patienten kontrollierte Analgesie *f*
patient/critically ill schwerkranker Patient *m*
patient day *(Statist)* Patiententag *m*
patient mix *(Statist)* Patientenmix *m*, Patientenzusammensetzung *f (z. B. eines Krankenhauses)*
patient position Patientenposition *f*, Patientenlage *f*
patient rights Patientenrechte *npl*
patient selection Patientenauswahl *f*
patient with bleeding Blutungspatient *m*, blutender Patient *m*
patient with haemorrhage *s.* patient with bleeding
patienthood 1. Kranksein *n*; 2. Krankenstand *m*
patient's blood Patientenblut *n*
patient's card Patienten(kartei)karte *f* • **fill in an patient's card** eine Patientenkarte ausfüllen, in eine Patientenkarte eintragen
patient's career Patientenkarriere *f*, gesamter Krankheitsverlauf *m* (eines Patienten)
patient's consent to the operation Operationseinverständnis *n* • **get patient's consent to the operation** die Operationserlaubnis vom Patienten erhalten
patient's dose Patientendosis *f*
patient's habits Patientengewohnheiten *fpl*
patient's labour activities Berufsanamnese *f*
patient's skin Patientenhaut *f*
patricide 1. Vatermord *m*; 2. Vatermörder *m*
patriclinic *s.* patroclinous

patrilineal patrilineal, die väterliche Linie betreffend, väterlicherseits
patroclinous vom Vater geerbt; vom Vater abstammend
patrogenesis *s.* androgenesis
patten *(Orth)* Absatz *m*, Höhenausgleich *m (für orthopädische Schuhe)*
pattern 1. Muster *n*, Modell *n*, Schema *n*, Schablone *f*; 2. Muster *n*, Struktur *f*, Anordnung *f*; Zeichnung *f (z. B. Muskelfasern)*; 3. Symptome *npl*, Krankheitsmuster *n*, Krankheitsschema *n*; Krankheitssymptomatik *f*, Symptomenkomplex *m*; Krankheitsverlauf *m*; 4. *(Stom)* Zahnmuster *n*, Zahnmodell *n*; 5. *(Psych)* Verhalten *n*, Verhaltensmuster *n*, Verhaltensweise *f*
patulin Patulin *n (Antibiotikum)*
patulous *s.* patent
pauciarticular mit wenigen Gelenken; nur wenige Gelenke betreffend
paucibacillary mit geringer Bazillenzahl, mit wenigen Bazillen
paucisynaptic mit wenigen Synapsen, oligosynaptisch
pausimenia *s.* menopause
Paul-Bunnell-Davidsohn test Paul-Bunnell-Davidsohn-Test *m (modifizierter Paul-Bunnell-Test zur Diagnostik einer infektiösen Mononukleose)*
Paul-Bunnell test Paul-Bunnell-Test *m*, Paul-Bunnell-Reaktion *f (Diagnostik einer infektiösen Mononukleose)*
Paul-Mixter tube Paul-Mixter-Rohr *n (Glasrohr für Kotfistel)*
Paul's reaction Paul'sche Reaktion *f*, Paul'scher Test *m (zum Pockennachweis)*
Paul's test *s.* Paul's reaction
pause Pause *f*, Unterbrechung *f*; Halt *m*, Stopp *m*; Stillstand *m (z. B. der Atmung)*
Pautrier's microabscess Pautrier'scher Mikroabszess *m (z. B. bei Mycosis fungoides)*
pavement epithelium einschichtiges Plattenepithel *n*
pavementing Leukozytenbeschichtung *f (der Gefäßwände)*
pavilion 1. Pavillon *m*, ampullenartige Erweiterung *f*, trichterförmiges Ende *n (z. B. eines Katheters)*; 2. Pavillon *m*, Prostatalippe *f*
pavilion of the ear *s.* auricle 1
pavilion of the oviduct Ampulla *f* tubae uterinae, Eileiterampulle *f*
pavilion of the pelvis Beckeneingang *m*; Pelvis *n* major, großes Becken *n*
paving-stone naevus *(Derm)* Pflastersteinnävus *m*
Pavlik's harness Pavlik'scher Zügel *m (dynamische Hüftriemenbandage zur Behandlung der angeborenen Hüftluxation)*
pavlovian conditioning Pawlow'sche Konditionierung *f (der bedingten Reflexe)*
Pavlov's method Pawlow'sche Methode *f (zur Untersuchung der nervösen Phase der Magensaftsekretion)*
Pavlov's pouch Pawlow'sche Tasche *f*
Pavlov's reflex Pawlow'scher Reflex *m*
Pavlov's stomach Pawlow'scher Magen *m*
pavor Pavor *m*, Schreck *m*; Angst *f*, Furcht *f*
Pawlik's triangle Pawlik'sches Dreieck *n*
Pawlik's trigone *s.* Pawlik's triangle
Payr's clamp *(Chir)* Payr'sches Darmkompressorium *n*, Payr'sche [weichfassende] Darmklemme *f*
Payr's disease Payr'sches Syndrom *n*, Payr'sche Doppelflinte *f (spitzwinkelige rechte Kolonflexur mit Blähungsschmerzen)*
Payr's incision Payr'scher Schnitt *m*, Payr-Schnitt *m* (zur Kniegelenkseröffnung)
Payr's intestinal crushing clamp *s.* Payr's clamp
PBI *s.* protein-bound iodine
p.c. *(post cibum) s.* postcibal
PCG *s.* phonocardiogram
PCO *s.* polycystic ovary syndrome
pcpt. *s.* perception
PCWP *s.* pulmonary capillary wedge pressure
pea-soup stool *(Inf)* Erbs(en)suppenstuhl *m*, erbsbreiartiger Stuhl *m (bei Typhus)*
peace-time trauma Trauma *n* zu Friedenszeiten
peak 1. Spitze *f*, obere Grenze *f*; 2. *(Statist)* oberer Grenzwert *m*
peak compressional pressure Spitzenkompressionsdruck *m*
peak concentration Spitzenkonzentration *f*
peak level höchste Konzentration *f*, höchster Spiegel *m (z. B. einer gelösten Substanz)*
peak method of dosing Höchstdosierungsmethode *f*
peak-wave complex Spitz-Wellen-Komplex *m (EEG)*
Péan's forceps *(Chir)* Péan'sche Klemme *f*, Péan-Klemme *f (stumpfe Blutgefäßklemme ohne Krallen)*
pearl 1. Perle *f*; 2. *(Pharm)* kleine Pille *f*, Perle *f*; 3. Asthmaperle *f*, Sputumperle *f*
pearl bath *(Bal)* Perlbad *n*
pearl cyst Perlzyste *f*
pearly tumour *(Path)* Perlgeschwulst *f*, Cholesteatom *n*
Pearson's correlation coefficient *(Statist)* Pearson'scher Korrelationskoeffizient *m*
Pearson's syndrome Pearson'sches Syndrom *n (refraktäre sideroblastische Anämie und Pankreasinsuffizienz)*
peccant ungesund; Krankheiten bewirkend, krankheitserregend
pechyagra Ellenbogen(gelenk)gicht *f*
pecilocin Pecilocin *n (Antimykotikum)*
Pecquet's cistern Receptaculum *n* Pecqueti, Receptaculum *n* chyli, Ampulla *f* chyli, Cisterna *f* chyli
Pecquet's duct Ductus *m* thoracicus
Pecquet's reservoir *s.* Pecquet's cistern
pectase Pektase *f*, Pektinesterase *f (Enzym)*
pecten 1. Pecten *m*, Kamm *m*, Vorsprung *m*; 2. *(Anat)* Pecten *m* analis
pecten of the pubic bone Pecten *m* ossis pubis, Schambeinkamm *m*
pectenitis Pektenitis *f*, Entzündung *f* des Pecten ani
pectenosis Pektenose *f (Stenose des Analkanals durch Gewebestriktur)*
pectenotomy Pectenotomie *f (Durchtrennung des der fibrösen Ringstenose bei Pektenose)*
pectic Pektin...
pectic acid D-Galakturonsäure *f*, D-Galacturonsäure *f*
pectin Pektin *n*, Pectin *n*
pectinase Pektinase *f*, Pectinase *f*, Polygalacturonase *f (Enzym)*
pectinate kammartig, kammförmig
pectinate ligament Ligamentum *n* pectinatum anguli iridocornealis
pectinate muscles Musculi *mpl* pectinati, Trabeculae *fpl* carneae
pectineal 1. *s.* pectinate; 2. Schambein...
pectineal fascia Fascia *f* pectinea
pectineal line 1. Linea *f* pectinea, Kammlinie *f (des Oberschenkelknochens)*; 2. *s.* pecten of the pubic bone
pectinesterase *s.* pectase
pectineus (muscle) Musculus *m* pectineus, Kammuskel *m*
pectiniform pektiniform, kammförmig
pectiniform septum Septum *n* penis, Septum *n* pectiniforme corporis cavernosi penis
pectization Koagulation *f*, Ausflockung *f*, Gerinnung *f*
pectolytic pektolytisch, Pektin verdauend
pectora *pl s.* pectus

pectoral pektoral; Brust...
pectoral (agent) Hustenmittel *n*
pectoral fascia Pektoralfaszie *f*, Brustmuskelfaszie *f*, Fascia *f* pectoralis
pectoral fremitus *(Pulm)* Pektoralfremitus *m*
pectoral girdle Schultergürtel *m*
pectoral limb obere Extremität *f*, Arm *m*
pectoral lymphatic node Pektoralislymphknoten *m*
pectoral muscle *s.* pectoralis
pectoral myocutaneous island flap *(Chir)* pektoraler Haut-Muskel-Insellappen *m*
pectoral reflex Pektoral(is)reflex *m*, Pektoralmuskelreflex *m*, Brustmuskelreflex *m*
pectoral vein Pektoralvene *f*, Vena *f* pectoralis
pectoralgia Pektoralgie *f*, Brustschmerz *m*
pectoralis Musculus *m* pectoralis, Brustmuskel *m*
pectoralis fascia *s.* pectoral fascia
pectoralis major (muscle) Musculus *m* pectoralis major, großer Brustmuskel *m*
pectoralis minor (muscle) Musculus *m* pectoralis minor, kleiner Brustmuskel *m*
pectoralis minor syndrome Pektoralis-minor-Syndrom *n*, Hyperabduktionssyndrom *n*
pectoralis muscle *s.* pectoralis
pectoriloquy Pektoriloquie *f*, Bruststimme *f*, Kavernenstimme *f (bei Lungenkrankheiten)*
pectorophony Pektorophonie *f*, starke Bronchophonie *f*, Bruststimmenhören *n (bei Lungenauskultation)*
pectose Pektose *f*
pectous Pektin...
pectus Pectus *n*, Brust *f*
pedal pedal; Fuß...
pedal oedema Fußödem *n*, Fußschwellung *f*
pedarthrocace Pädarthrokaze *f*
pedatrophy *s.* paedatrophia
pedes *pl s.* pes
pedesis Pedese *f*, Brown'sche Molekularbewegung *f*
pedialgia Pedialgie *f*, Fußschmerz *m*, Fußweh *n*
pediatric *s.* paediatric
pediatry *s.* paediatrics
pedicellate(d) *s.* pediculate
pedicellation *s.* pediculation 1.
pedicle Pedunkulus *m*, Stiel *m (siehe auch: peduncle)*; Tumorstiel *m*; Schenkel *m*
pedicle clamp *(Chir)* Stielklemme *f*
pedicle flap *(Transp)* Stiellappen *m*
pedicle flap grafting Stiellappentransplantation *f*
pedicle graft *s.* pedicle flap
pedicle of arch of vertebra Pediculus *m* arcus vertebrae
pedicle of the epiglottis Petiolus *m* epiglottidis, Kehldeckelstiel *m*
pedicled gestielt, mit einem Stiel versehen
pedicled muscle graft *(Chir)* gestieltes Muskeltransplantat *n*
pedicled skin graft *(Chir)* gestieltes Hauttransplantat *n*
pedicular 1. Pedikulus..., Läuse...; 2. verlaust
pediculate gestielt
pediculation 1. Stielbildung *f*, Stielentwicklung *f*, 2. Läusebefall *m*, Läuseinfektion *f*, Verlausung *f*
pediculicide pedikulizid, läusetötend
pediculicide (agent) Läusemittel *n*, Läuse tötendes Mittel *n*
Pediculidae Pediculidae *pl*, Menschenläuse *fpl*
pediculofrontal pedikulofrontal
pediculoparietal pedikuloparietal
pediculophobia Pedikulophobie *f*, Läusefurcht *f*, Läuseangst *f*
pediculosis Pedikulose *f*, Läusekrankheit *f*, Läusebefall *m*
pediculous verlaust, von Läusen befallen; Läuse...
pediculus 1. Pediculus *m*, Pedikulus *m*, Laus *f*; 2. *s.* pedicle
Pediculus humanus Pediculus *m* humanus
Pediculus humanus capitis Pediculus *m* humanus capitis
Pediculus humanus corporis Pediculus *m* humanus corporis
Pediculus humanus humanus Pediculus *m* humanus humanus
Pediculus humanus vestimentorum Pediculus *m* humanus vestimentorum
Pediculus inguinalis Pediculus *m* inguinalis
Pediculus pubis Pediculus *m* pubis
Pediculus vestimenti Pediculus *m* vestimenti
pedicure Pediküre *f*, Fuß(nagel)pflege *f*
pedigree Ahnentafel *f*, Stammbaum *m*
pediluvium Pediluvium *n*, Fußbad *n*
pediodontia *s.* paediadontology
pedion Fußsohle *f*, Planta *f*, Vola *f* pedis *(Zusammensetzungen siehe unter: plantar)*
pedionalgia Fußsohlenschmerz *m*
pedioneuralgia *s.* pedionalgia
pediphalanx Pediphalanx *f*, Fußphalanx *f*, Zehe *f (Zusammensetzungen siehe unter: toe)*
pedistibulum *s.* stapes
peditis pedale Osteitis *f*, Fußknochenentzündung *f*
pedobarograph Pedobarograph *m*
pedobarography Pedobarographie *f (Darstellung der Veränderung des Druckes verschiedener Fußsohlenbereiche)*
pedodontia *s.* paediadontology
pedodontics *s.* paediadontology
pedodontist *s.* paediadontist
pedodynamometer Pedodynamometer *n*, Beinkraftmesser *m*
pedogram Pedogramm *n*, Fußabdruck *m*
pedograph Pedograph *m (Gerät zur Aufzeichnung des Ganges)*
pedography Pedographie *f (Darstellung des Fußabdruckes)*
pedologist *s.* paedologist
pedology *s.* paedology
pedometer Pedometer *n*, Schrittmesser *m*, Schrittzähler *m*
pedometry Pedometrie *f*, Schrittmessung *f*, Schrittzählung *f*
pedomorphic pädomorph, mit kindlichen Körperstrukturen; Pädomorphismus...
pedomorphism Pädomorphismus *m (Vorhandensein kindlicher Körperstrukturen im Organismus eines Erwachsenen)*
pedopathy Pedopathie *f*, Fußkrankheit *f*, Fußerkrankung *f*, Fußleiden *n*
pedorthic orthopädische Schuhe betreffend; fußorthopädisch; Fußorthopädie...
pedorthics Fußorthopädie *f*
pedorthist orthopädischer Schuhmacher *m*, orthopädischer Schuster *m*
peds *s.* paediatrics
peduncle Pedunkulus *m*, Stiel *m*, Füßchen *n*
peduncle of flocculus Pedunculus *m* flocculi
peduncle of the pineal body *s.* pineal peduncle
peduncular pedunkular, stielförmig; Pedunkulus..., Stiel...
pedunculate(d) gestielt
pedunculitis Pedunkulusentzündung *f*, Stielentzündung *f (einer Organanlage)*
pedunculotomy Pedunkulotomie *f*, (operative) Hirnstieldurchtrennung *f*
pedunculus *s.* peduncle

peel *v* abschälen, abpellen *(z. B. die Haut)*; sich abschälen, sich abschuppen
peeling (of the skin) Desquamation *f*, Haut(ab)schuppung *f*, Hautabschälung *f*
peeping *(Neur)* Zuschauen *n* aus sexuellen Motiven
peer review wissenschaftliche Begutachtung *f*, wissenschaftliches Gutachten *n (z. B. von wissenschaftlichen Artikeln vor Publikation)*
peg Stift *m*, Zahnstift *m*; Stiftzahnpfeiler *m*
peg tooth Stiftzahn *m*
pegademase Pegademase *f*, Adenosindesaminase *f (aus Schweinedarm gewonnen)*
pegaspargase Pegaspargase *f (Onkolytikum)*
Pel-Ebstein disease Pel-Ebstein'scher Fiebertyp *m*, intermittierender [wechselnder] Fiebertyp *m (charakteristisch für Lymphogranulomatose)*
Pel-Ebstein fever Pel-Ebstein-Fieber *n*
Pel-Ebstein syndrome Pel-Ebstein-Syndrom *n*
pelada *s.* pelade
pelade Pelade *f*, Alopecia *f* areata, kreisförmiger Haarausfall *m*
peladic Alopezie..., Haarausfall(s)...
peladophobia Peladophobie *f*, Glatzenfurcht *f*, Angst *f* vor Glatzenbildung
pelage Körperbehaarung *f*, Behaarung *f*
pelagism *s.* seasickness
pelargonic acid Perlagonsäure *f*
Pelger's nuclear anomaly Pelger'sche Kernanomalie *f*, Pelger-Huet-Anomalie *f*, Pelger-Huet-Syndrom *n (dominant erbliche Kernanomalie der Leukozyten)*
pelicometer *s.* pelvimeter
pelidnoma *s.* pelioma
pelioma Pelioma *n*, Blutunterlaufung *f*
peliosis *(Derm)* Peliosis *f*, Purpura *f*, Blutfleckenkrankheit *f*
peliosis hepatitis Peliosehepatitis *f*
peliotic *(Derm)* Peliose..., Blutfleckenkrankheit(s)...
Pelizaeus-Merzbacher disease Pelizaeus-Merzbacher'sche Krankheit *f*, familiäre zentrolobuläre Sklerose *f*
pellagra Pellagra *f*, Nicotinsäureavitaminose *f*, Vitamin-B_2-Mangelkrankheit *f*, lombardischer Aussatz *m*
pellagra-preventive factor Pellagrapräventivfaktor *m*, PP-Faktor *m*, Pellagraschutzstoff *m*, Antipellagra-Vitamin *n*
pellagra-psychosis Pellagrapsychose *f (bei Nikotinsäuremangel)*
pellagragenic pellagraauslösend, pellagrabewirkend
pellagral Pellagra...
pellagramin Nicotinsäure *f*, Nikotinsäure *f*
pellagraphobia Pellagraphobia *f*, Pellagrafurcht *f*
pellagric Pellagra verursachend
pellagrin an Pellagra leidend
pellagrin Pellagrakranke(r) *m*, Pellagraleidende(r) *m*
pellagroid pellagraartig, pellagraähnlich
pellagrologist Pellagraspezialist *m*
pellagrose *s.* pellagrous
pellagrosis Pellagrose *f*, Hautpellagra *f*, Hautform *f* der Pellagra
pellagrous 1. pellagrös, pellagrakrank; Pellagra...; 2. *s.* pellagroid
pellant reinigend
pellate *v* reinigen
Pellegrini's disease Pellegrini'scher Schatten *m*, Stieda-Pellegrini-Köhler'scher Schatten *m (Verkalkungsschatten im Bereich des inneren Femurkondylus)*
Pellegrini-Stieda disease *s.* Pellegrini's disease
pellet *(Stom)* Tampon *m*
pellicle 1. Pellikula *f*, Häutchen *n*, Plasmahäutchen *n (z. B. der Protozoen)*; Membran *f*, Plasmamembran *f (semipermeabel)*; 2. Bakterienfilm *m*, bakterielle Oberflächenschicht *f (z. B. auf flüssigem Kulturmedium)*; 3. Oberflächenfilm *m*, oberflächliche Schicht *f*, Oberflächenkruste *f (z. B. auf Flüssigkeiten)*
pellicular häutchenförmig; Pellikula..., Plasmahäutchen...
pelliculate mit einem Häutchen überzogen
pelliculous *s.* pellicular
Pellizzi's syndrome Pellizzi-Syndrom *n*, Macrogenitosomia *f* praecox, Epiphysensyndrom *n*
pellotine Pellotin *n (Alkaloid)*
pellucid pelluzid, durchsichtig, durchscheinend, transparent
pellucid septum *(Anat)* Septum *n* pellucidum *(zwischen Seitenventrikeln des Gehirns)*
pellucid zone *(Embr)* Zona *f* [Membrana *f*] pellucida *(zwischen Eizelle und Follikelepithel)*
pelma Fußsohle *f*
pelmatic Fußsohlen...
pelmatogram Pelmatogramm *n*, Fußabdruck *m*
pelohaemia Bluteindickung *f*, eingedicktes Blut *n*
peloid *(Bal)* schlammartig; Schlamm...
peloid *(Bal)* Heilschlamm *m*, Thermalschlamm *m*; Pelose *f*
pelology *(Bal)* Pelologie *f*, Lehre *f* vom Heilschlamm
pelopathy *s.* pelotherapy
pelotherapy *(Bal)* Pelotherapie *f*, Schlammkur *f*, Moorkur *f*, Schlammbaden *n*
pelta Schild *m*
peltate schildförmig
pelveoperitonitis *s.* pelvioperitonitis
pelves *pl s.* pelvis
pelviabdominal pelviabdominal; Becken-Bauch-...
pelvic pelvin; Becken... *(siehe auch unter: pelvis)*
pelvic abscess Beckenabszess *m*, pelviner Abszess *m*, Eiteransammlung *f* im Becken
pelvic arrest *(Gyn)* Beckeneinklemmung *f (des Fetus)*
pelvic axis *(Anat, Gyn)* Beckenachse *f*, pelvine Achse *f*, Axis *m* pelvis, Führungslinie *f* des Beckens
pelvic bone Beckenknochen *m*
pelvic brim Beckenrand *m*
pelvic canal Beckenkanal *m*
pelvic cavity *(Anat)* Beckenhöhle *f*, Cavum *n* pelvis
pelvic cellulitis Beckenzellgewebsentzündung *f*
pelvic colon *s.* sigmoid colon
pelvic congestion Congestion-Fibrosis-Syndrom *n*, Parametritis *f* posterior (spastica), Parametropathia *f* spastica, Parametritis *f* chronica atrophicans *(Fibrose des Beckenbindegewebes)*
pelvic congestion syndrome pelvines Stauungssyndrom *n*, Stauungssyndrom *n* des Beckens
pelvic diameter *(Gyn)* Beckendurchmesser *m*, Diameter *m* pelvis
pelvic diaphragm *(Anat)* Diaphragma *n* pelvis; Beckenboden *m*
pelvic direction Beckenführung *f*, Beckenführungsachse *f*, Beckenführungslinie *f*
pelvic examination Beckenuntersuchung *f*
pelvic exenteration Beckenexenteration *f*, (operative) Beckenorganentfernung *f*, (operative) Ausräumung *f* der Beckenorgane
pelvic fascia *(Anat)* Beckenfaszie *f*, Faczia *f* pelvis
pelvic floor *(Anat)* Beckenboden *m*
pelvic floor exercise Beckenbodenübung *f*
pelvic floor exercises Beckenbodengymnastik *f*
pelvic floor muscle Beckenbodenmuskel *m*
pelvic floor muscular failure *(Gyn)* Insuffizienz *f* der Beckenbodenmuskeln; insuffiziente Beckenbodenmuskulatur *f*
pelvic floor muscular incompetence *s.* pelvic floor muscular failure

pelvic fracture *(Chir)* Beckenfraktur *f*, Becken(knochen)-bruch *m*
pelvic ganglion *(Anat)* Beckenganglion *n*, Ganglion *n* pelvinum
pelvic girdle *(Anat)* Beckengürtel *m*, Cingulum *n* membri inferioris
pelvic haematoma Beckenhämatom *n*
pelvic hammock *(Chir)* Handtuchverband *m (bei Beckenfraktur)*
pelvic hernia *(Chir)* Beckenhernie *f*, Hernia *f* pelvis
pelvic high position *(Chir, Gyn)* Beckenhochlage *f*
pelvic inferior aperture Beckenausgang *m*, Apertura *f* pelvis inferior
pelvic inflammatory disease entzündliche Beckenerkrankung *f*
pelvic inlet *(Anat)* Beckeneingang *m*, Apertura *f* pelvis superior
pelvic kidney Beckenniere *f*
pelvic laceration Beckenverletzung *f*
pelvic limb untere Extremität *f*, Bein *n*
pelvic minilaparotomy pelvine [suprapubische] Minilaparotomie *f*
pelvic neoplasm Beckenneoplasma *n*, Beckengeschwulst *f*
pelvic operation Beckenoperation *f*
pelvic outlet *(Anat)* Beckenausgang *m*, Apertura *f* pelvis inferior
pelvic pain Beckenschmerz *m*
pelvic peritoneum Beckenperitoneum *n*
pelvic peritonitis Beckenperitonitis *f*
pelvic plexus *(Anat)* Beckennervengeflecht *n*, Plexus *m* pelvinus [hypogastricus inferior]
pelvic pole *(Gyn)* Beckenpol *m*
pelvic portion of the ureter *(Anat)* Pars *f* pelvina ureteris
pelvic presentation *(Gyn)* Beckenendlage *f (bei der Geburt)*
pelvic rotation pelvine Rotation *f*
pelvic region *(Anat)* Beckenregion *f*, Regio *f* pelvis
pelvic sling Becken(fraktur)schlinge *f (zur Frakturstabilisierung)*
pelvic splanchnic nerves *(Anat)* Nervi *mpl* splanchnici pelvini
pelvic surgery Beckenchirurgie *f*, pelvine Chirurgie *f*
pelvic tilt pelvines Kippen *n*, Beckenkippung *f*
pelvic varicolcele pelvine Varikozele *f*
pelvic venous thrombosis Beckenvenenthrombose *f*
pelvic version *(Gyn)* Beckendrehung *f (des Fetus)*
pelvicaliceal *s.* pelvicalyceal
pelvicalyceal Nierenbecken-Kelch-...
pelvicellulitis Pelvizellulitis *f*, Parametritis *f*
pelvicephalography *(Gyn)* Pelvienzephalographie *f*
pelvicephalometry *(Gyn)* Pelvienzephalometrie *f*
pelvicliseometer *(Gyn)* Pelvikliseometer *n*, Beckenneigungsmesser *m*
pelvifemoral pelvifemoral; Becken(gürtel)-Oberschenkel-...
pelvifemoral muscular dystrophy pelvifemorale Muskeldystrophie *f*, Leyden-Moebius-Muskeldystrophie *f*
pelvifixation Pelvifixation *f*, Beckenanheftung *f* eines Organs
pelvigraphy *s.* pelvioradiography
pelvilithotomy *s.* pyelolithotomy
pelvimeter *(Gyn)* Pelvimeter *n*, Beckenmesser *m*
pelvimetry *(Gyn)* Pelvimetrie *f*, Becken(ver)messung *f*
pelvio-ileoneostomy Pelvioileoneostomie *f*, Nierenbecken-Ileumsegment-Blasen-Anastomose *f*
pelviography *s.* pelvioradiography
pelviolithotomy *(Urol)* Pelviolithotomie *f*, Nierenbeckensteinschnitt *m*, (operative) Nierenbeckensteinentfernung *f*
pelvioneocystostomy *(Urol)* Pelvioneozystostomie *f*, Nierenbecken-Harnblasen-Anastomose *f*
pelvioperitonitis Pelvi(o)peritonitis *f*, Pelveoperitonitis *f*, Beckenbindegewebsentzündung *f*
pelvioplasty Pelvioplastik *f*, Becken(erweiterungs)plastik *f*
pelvioradiography Pelvioradiographie, Pelviographie *f*, Beckenröntgenuntersuchung *f*
pelvirectal paraproctitis Periproktitis *f* pelvirectalis
pelvioscopy *s.* pelviscopy
pelviostomy Pelviostomie *f*, Nierenbeckenfistelung *f*
pelviotomy 1. Pelviotomie *f*, Nierenbeckenschnitt *m*, Nierenbeckeneröffnung *f*; 2. *s.* pelvisection
pelviperitonitis *s.* pelvioperitonitis
pelviradiography *s.* pelvioradiography
pelvirectal pelvirektal; Becken-Rektum-...
pelvis Pelvis *f*, Becken *n (siehe auch unter: pelvic)*
pelvis aequabiliter justo major *(Gyn)* (allgemein) erweitertes Becken *n*
pelvis aequabiliter justo minor *(Gyn)* (allgemein) verengtes Becken *n*
pelvis exenteration Beckenexenteration *f*
pelvis inflammation Beckenentzündung *f*
pelvis of ureter *s.* renal pelvis
pelvis size Beckengröße *f*
pelvisacral pelvi(o)sakral; Pelvisakral..., Becken-Kreuzbein-...
pelvisacrum Pelvisakrum *n*
pelviscope Pelviskop *n*, Beckenspiegel *m*, Becken-endoskop *n*
pelviscopy Pelvi(o)skopie *f*, Beckenspiegelung *f*
pelvisection (operative) Beckendurchtrennung *f*, Beckenspaltung *f*
pelvispondylitis Pelvispondylitis *f*
pelvisternum Discus *m* interpubicus, Symphysenscheibe *f*
pelvitrochanterian pelvitrochanterisch; Pelvis-Trochanter-...
pelviureteral pelviureteral; Nierenbecken-Ureter-..., Nierenbecken-Harnleiter-...
pelviureterography *s.* pelviureteroradiography
pelviureteroradiography Pelviureteroradiographie *f*, Nierenbecken-Harnleiter-Röntgen(kontrast)darstellung *f*
pelvivertebral angle Beckenneigungswinkel *m* gegen die Wirbelsäule
pelvocalyceal Nierenbecken-Nierenkelch-...
pelvocalycectasis Nierenbecken- und Nierenkelcherweiterung *f*
pelvocephalography *s.* pelvicephalography
pelvoscopy *s.* pelviscopy
pelvospondylitis Pelveospondylitis *f*, Beckenwirbelsäulenentzündung *f*
pelycometer *s.* pelvimeter
pelycometresis *s.* pelvimetry
pemoline Pemolin *n*, 2-Imino-5-phenyl-4-oxazolidinon *n (ZNS-Stimulans)*
pemphigoid pemphigusartig, pemphigusähnlich; Pemphigus...
pemphigoid *(Derm)* Pemphigoid *n*, Parapemphigus *m*
pemphigoid erysipelas Erysipelas *n* bullosum, Blasenerysipel *n*
pemphigoid of the the newborn Pemphigus *m* acutus neonatorum, Pemphigus *m* des Neugeborenen
pemphigus *(Derm)* Pemphigus *m*, Schälblatter *f*, Blasenausschlag *m*, Blasenkrankheit *f*, Morbus *m* vesicularis [phlyctenoides]
pemphigus of larynx Larynxpemphigus *m*
pen holder Impffederhalter *m*
penbutonol sulfate Penbutonolsulfat *n (Betablocker)*
penciclovir Penciclovir *n (Virostatikum)*

pendelluft respiration Pendelluftatmung *f*, paradoxe Atmung *f* [Respiration *f*]
Pendred's syndrome Pendred-Syndrom *n (angeborene Enzymopathie mit Jodidperoxidasemangel)*
pendular pendular, pendelnd; hängend; Pendel…; Hänge…
pendular nystagmus *(Ophth)* Pendelnystagmus *m*
pendulous *s.* pendular
pendulous abdomen Hängebauch *m*
pendulous breast *s.* mastoptosis
pendulous heart Tropfenherz *n*
penectomy *(Urol)* Penektomie *f*, Gliedresektion *f*, Penisexstirpation *f*, (operative) Gliedentfernung *f*
penetrability 1. Penetrabilität *f*, Durchdringbarkeit *f*; 2. Penetrierungsfähigkeit *f*, Durchdringungsfähigkeit *f (z. B. von radioaktiven Strahlen)*
penetrable penetrabel, durchdringbar
penetrance Penetranz *f (Ausprägungshäufigkeit eines bestimmten Genmerkmals)*
penetrate *v* penetrieren, durchdringen, eindringen, in die Tiefe dringen
penetrate *v* **the blood-brain barrier** die Blut-Hirn-Schranke überwinden
penetrating penetrierend, penetrant, durchdringend
penetrating abdominal injury penetrierende Bauchverletzung *f*
penetrating eyeball injury penetrierende Augenverletzung *f*
penetrating injury Penetrationsverletzung *f*
penetrating skull injury penetrierendes Schädel-Hirn-Trauma *n*
penetrating thoracic injury penetrierende Thoraxverletzung *f*
penetrating ulcer of the stomach Ulcus *n* penetrans ventriculi, penetrierendes [durchwanderndes] Magengeschwür *n (z. B. in andere umgebende Organe)*
penetrating wound Penetrationswunde *f*
penetration Penetration *f*, Durchdringung *f*, Eindringung *f*
penetration test Penetrationstest *m*, Spermieninvasionstest *m*
penetrometer *(Rad)* Penetrometer *n*
penfluridol Penfluridol *n (Antipsychotikum)*
penial *s.* penile
penicillamine Penizillamin *n*, Penicillamin *n (1. Antidot bei Schwermetallvergiftungen; 2. Rheumamittel)*
penicillanate Penicillanat *n*
penicillanic acid Penicillansäure *f*
penicillase *s.* penicillinase
penicillate pinselförmig, büschelförmig; Penicillus…
penicilli *pl s.* penicillus
penicillic acid Penizillinsäure *f*, Penicill(in)säure *f*
penicilliform penizilliform, pinselförmig
penicillin Penizillin *n*, Penicillin *n (Antibiotikum)*
penicillin allergy Penizillinallergie *f*, Penizillinüberempfindlichkeit *f*
penicillin-fast *s.* penicillin-resistant
penicillin G Penizillin G *n*, Penicillin G *n (Antibiotikum)*
penicillin G benzathine Benzathinpenizillin G *n*, Benzathinpenicillin G *n (Antibiotikum)*
penicillin O Penizillin O *n*, Penicillin O *n (Antibiotikum)*
penicillin-resistant penizillinresistent, penizillinunempfindlich
penicillin sensivity test Penizillinsensibilitätstest *m*
penicillin-streptomycin blood agar Penizillin-Streptomyzin-Blutagar *m (bakterienhemmendes Kulturmedium für Pilze)*
penicillin therapy Penizillintherapie *f*, Penizillinbehandlung *f*
penicillin V Penizillin V *n*, Phenoxymethylpenicillin *n (säurefestes Penizillin)*
penicillinase Penicillinase *f*, Penizill(in)ase *f (penizillinspaltendes Enzym)*
penicillinase-labile Penizillinase-labil
penicillinase-producing staphylococcus Penizillinase bildender Staphylokokkus *m*
penicillinase-resistant antibiotic Penizillinase-resistentes Antibiotikum *n*
penicillinase-resistant penicillin Penizillinase-resistentes Penizillin *n*
penicillinase-stable Penizillinase-stabil
penicillinate Penicillinat *n*
penicilliosis Penizilliose *f*, Penicilliuminfektion *f*
Penicillium Penicillium *n*, Pinselschimmel *m*
penicilloic acid Penicilloinsäure *f (Penizillinabbauprodukt)*
penicilloyl polylysine Penicilloylpolylysin *n*
penicilloyl polylysine test Penicilloyl-Polylysin-Test *m*, PPL-Test *m (Penicillin-Intrakutantest)*
penicillus Penicillus *m*, Pinselarterie *f*
penile penil; Penis…, Glied…
penile albuginea Tunica *f* albuginea penis
penile cancer Peniskarzinom *n*, Peniskrebs *m*
penile curvature Penis(ver)krümmung *f*
penile elephantiasis Peniselephantiasis *f*
penile erythroplasia (of Queyrat) *(Onk)* Erythroplasie *f* Queyrat (des Penis), Peniserythroplasie *f*
penile fracture Penisfraktur *f*, Penisbruch *m*
penile frenulum Frenulum *n* preputii, Vorhautbändchen *n*
penile hypospadias *(Urol)* Penishypospadie *f*, Hypospadias *f* penis
penile induration Penisinduration *f*, Induratio *f* penis plastica
penile leukoplakia Penisleukoplakie *f*
penile luxation Penisluxation *f*
penile mass Penistumor *m*, Penisgeschwulst *f*
penile pain Penisschmerz *m*
penile papilloma Penispapillom *n*
penile prosthesis Penisprothese *f*
penile reflex Penisreflex *m*
penile septum Septum *n* penis [corporum cavernosorum], Rautenschwellkörperscheidowand *f*
penile strabismus Penis *m* plasticus, Induratio *f* penis plastica, plastische Penisinduration *f*
penile torsion Penistorsion *f*, (angeborene) Penisverdrehung *f*
penile urethra *(Anat)* Pars *f* spongiosa urethrae
penillamine Penillamin *n*
penilloaldehyde Penilloaldehyd *m*
penin Penin *n*, 6-Aminopenicillansäure *f (Penizillinabbauprodukt)*
penis Penis *m*, männliches Glied *n*, Membrum *n* virile *(siehe auch unter: penile)*
penis carcinoma Peniskarzinom *n*, Peniskrebs *m*
penis clamp Penisklemme *f*
penis envy *(Neur)* Penisneid *m*
penischisis Penisspalte, Gliedspalte *f*, Spaltpenis *m*
penitis Penisentzündung *f*, Entzündung *f* des männlichen Gliedes
pennate gefiedert, federförmig, federartig, federähnlich
pennate muscle gefiederter Muskel *m*, Musculus *m* pennatus
penniform federförmig, federartig, federähnlich
penoplasty Penisplastik *f*, plastische Penisoperation *f*
penoscrotal penoskrotal; Penis-Skrotum-…, Glied-Hoden-sack-…
penoscrotal hypospadias *(Urol)* Penoskrotalhypospadie *f*, Hypospadias *f* penoscrotalis
Penrose drain Penrose-Drain *n*, Zigarren-Drain *n*, Zigaretten-Drain *n*

pension Pension *f*, Rente *f* • **get a pension** eine Rente erhalten, berentet werden
pension neurosis Rentenneurose *f*
pentabasic pentabasisch, fünfbasisch; fünfwertig
pentachlorophenol Pentachlorophenol *n (Holzkonservierungsmittel; Insektizid)*
pentachlorophenol poisoning Pentachlorophenolvergiftung *f*
pentachromic pentachrom
pentadactyl pentadaktyl, fünffingrig; fünfzehig
pentaerythritol Pentaerythritol *n (Koronarvasodilator)*
pentaerythritol tetranitrate Pentaerythritoletranitrat *n*
pentagastrin Pentagastrin *n (Magensaftstimulator)*
pentalogy Pentalogie *f*
pentalogy of Fallot Fallot'sche Pentalogie *f*, Fallot-Pentalogie *f*, Fallot *m* V *(Herzfehler mit Pulmonalstenose, Rechtsherzhypertrophie, Vorhofseptumdefekt, reitender Aorta und Ventrikelseptumdefekt)*
pentamer Pentamer *n (Molekül aus fünf gleichen Teilen)*
pentamethazene Azamethonium *n*
pentamethonium Pentamethonium *n (Ganglienblocker, Antihypertensivum)*
pentamethonium bromide Pentamethoniumbromid *n*
pentamethylenediamine Pentamethylendiamin *n*, Kadaverin *n*, Cadaverin *n*
pentamethylenetetrazole Pentamethylentetrazol *n*
pentamethylmelamine Pentamethylmelamin *n*, PMM
pentamidine Pentamidin *n (Mittel gegen Trypanosomiasis)*
pentamidine isothionate Pentamidinisothionat *n*
pentane Pentan *n (Kohlenwasserstoff mit fünf Kohlenstoffatomen)*
pentanoic acid Valeriansäure *f*, Pentanonsäure *f*
pentanoic acid Pentanonsäure *f*
pentapeptide Pentapeptid *n*
pentapiperide fumarate Pentapiperidfumarat *n (Antispasmodikum)*
pentapiperium methylsulfate Pentapiperiummethylsulfat *n (Anticholinergikum)*
pentaploid pentaploid
pentapyrrolidinium bitartrate Pentapyrrolidinbitartrat *n*
pentaquin(e) Pentaquin *n (Antimalariamittel)*
pentasomy *(Gen)* Pentasomie *f*
pentastome Pentastomum *n*, Zungenwurm *m*
pentastomiasis *(Paras)* Pentastomiasis *f*, Pentastomuminfestation *f*, Zungenwurminfektion *f*
pentastomid *s.* pentastome
Pentastomida Pentastomiden *npl*, Pentastomida *npl*, Zungenwürmer *mpl*, Wurmspinnen *fpl*
Pentatrichomonas Pentatrichomonas *f*
Pentatrichomonas ardindelteili Pentatrichomonas *f* ardindelteili *(Dickdarmtrichomonade des Menschen)*
pentatrichomoniasis Pentatrichomoniasis *f*, Pentatrichomonasinfestation *f*, Pentatrichomonasinfektion *f*
pentavaccine Pentavakzine *f*, Fünffachimpfstoff *m*
pentavalent pentavalent, fünfwertig
pentazocine Pentazocin *n (Analgetikum)*
pentazocine hydrochloride Pentazocinhydrochlorid *n*
pentazocine lactate Pentazocinlaktat *n*
pentdyopent Pentdyopent *n (Blutfarbstoffabbauprodukt im Urin)*
pentetic acid Diethylentriaminpentaessigsäure *f*
penthienate bromide Penthienatbromid *n (Anticholinergikum)*
penthrit Pentaerythritoltetranitrat *n*
pentifylline Pentifyllin *n*, 1-Hexyltheobromin *n (Vasodilator)*
pentitol Pentitol *n*
pentobarbital Pentobarbital *n*
pentobarbital sodium Pentobarbital-Natrium *n (Narkosemittel)*
pentobarbitone *s.* pentobarbital
pentolinium Pentolinium *n (Ganglienblocker, Antihypertensivum)*
pentolinium tartrate Pentoliniumtartrat *n*
pentosaemia Pentosämie *f*, Vorhandensein *n* von Pentosen im Blut
pentosan Pentosan *n (Monosaccharid)*
pentose Pentose *f*
pentose nucleotide Pentosenukleotid *n*
pentose phosphate cycle *(Bioch)* Pentosephosphatzyklus *m*
pentose phosphate pathway *(Bioch)* Pentosephosphatweg *m*, PP-Weg *m*, Phosphogluconat-Weg *m*
pentosemia *s.* pentosaemia
pentoside Pentosid *n (Glykosid)*
pentostatin Pentostatin *n (Antineoplastikum)*
pentosuria Pentosurie *f*, Pentoseausscheidung *f* im Urin
pentosuric Pentosurie…
pentosyltransferase Pentosyltransferase *f (Enzym)*
pentotomy *s.* phallotomy
pentoxide Pentoxid *n*
pentoxyfylline Pentoxifyllin *n (reduziert die Blutviskosität)*
pentrinitrol Pentrinitrol *n*, Pentaerythritoltetranitrat *n*
pentylenetetrazol Pentylentetrazol *n (ZNS-Stimulans)*
penumbra *(Rad)* geometrische Unschärfe *f*
peotillomania Peotillomanie *f*, Pseudomasturbation *f (Tic-artiges Berühren der Genitalien)*
peotomy Penisamputation *f*
pep pills stimulierende Pillen *fpl*, Amphetamine *npl*
pepper-and-salt fundus Pfeffer-und-Salz-Fundus *m (Augenhintergrund)*
Pepper syndrome Pepper-Syndrom *n (metastasierendes Nebennierenneuroblastom)*
peppermint Pfefferminze *f*, Mentha *f* piperita
peppermint camphor Menthol *n*
peppermint oil Pfefferminzöl *n*
pepsic *s.* peptic
pepsigogue pepsinstimulierend, die Pepsinsekretion anregend
pepsin Pepsin *n (Enzym des Magensafts)*
pepsin A Pepsin A *n*
pepsin B Pepsin B *n*
pepsin C Pepsin C *n*, Gastricsin *n*
pepsinase Pepsinase *f (Enzym)*
pepsinate *v* mit Pepsin behandeln
pepsinate Pepsinat *n*
pepsinia Pepsinsekretion *f*
pepsiniferous 1. pepsinbildend, pepsinerzeugend; 2. pepsinhaltig
pepsinogen Pepsinogen *n*, Propepsin *n (inaktive Pepsinvorstufe)*
pepsinogenous pepsinogen, pepsinproduzierend
pepsinotherapy Pepsintherapie *f*, Pepsinbehandlung *f*
pepsinuria Pepsinurie *f*, Pepsinausscheidung *f* im Urin
pepstatin Pepstatin *n (Inhibitorpeptid für Pepsin und Cathepsin D)*
peptic 1. peptisch, verdauungsfördernd; Pepsin…, Verdauungs…; 2. peptisch, durch Verdauung(sprozess) entstanden; 3. peptisch, Pepsin…
peptic cell peptische Zelle *f*
peptic digestion peptische Verdauung *f* [Digestion *f*]
peptic gland peptische Drüse *f*, Verdauungsdrüse *f*
peptic ulcer peptisches Ulkus *n* [Geschwür *n*], Ulcus *n* pepticum
peptic ulcer of the gastric stump Magenstumpfulkus *n*
peptic ulcer of the stomach Ulcus *n* pepticum ventriculi
peptidase Peptidase *f*, Peptidhydrolase *f (Enzym)*
peptidase D Peptidase D *f*, Prolindipeptidase *f*
peptidase P Peptidase D *f*, Peptidyldipeptidase A *f*

peptide Peptid *n*
peptide bond Peptidbindung *f*
peptide hormone Peptidhormon *n*
peptide hydrolase *s.* peptidase
peptidergic peptiderg(isch)
peptidoglycan Peptidoglykan *n*, Mukopeptid *n (Substanz der Bakterienzellwand)*
peptidoid Peptidoid *n*
peptidolytic peptidspaltend
peptidyldipeptidase Peptidyldipeptidase *f (Enzym)*
peptidyldipeptidase A Peptidyldipeptidase A *f*, Kinase II *f*, Dipeptidylcarboxypeptidase I *f*, Peptidase P *f*, Carboxycathepsin *n*
peptidyltransferase Peptidyltransferase *f (Enzym)*
peptization Peptisation *f*, Gelverflüssigung *f*, Gel-Sol-Umwandlung *f*
peptize *v* peptisieren, ein Gel verflüssigen, ein Gel in ein Sol zurückverwandeln
Peptococcus aerogenes Peptococcus *m* aerogenes
Peptococcus constellatus Peptococcus *m* constellatus
peptocrinine Peptokrinin *n*
peptogenic 1. peptogen, peptonproduzierend; 2. pepsinproduzierend
peptogenous *s.* peptogenic
peptoid Peptoid *n*
peptolide Peptolid *n*
peptolysis Peptonaufspaltung *f*, Peptonhydrolyse *f*
peptolytic peptolytisch, peptonauflösend
peptonaemia Peptonämie *f*, Vorhandensein *n* von Peptonen im Blut
peptone Pepton *n*
peptonic peptonhaltig; Pepton…
peptonization Pepsinverdauung *f*, peptische Verdauung *f*
peptonize *v* 1. durch Pepsin verdauen; 2. zu Peptonen aufspalten; vorverdauen
peptonolysis *s.* peptolysis
peptonuria Peptonurie *f*, Peptonausscheidung *f* im Urin
Peptostreptococcus anaerobius Peptostreptococcus *m* anaerobius
Peptostreptococcus lanceolatus Peptostreptococcus *m* lanceolatue
Peptostreptococcus micros Peptostreptococcus *m* micros
Peptostreptococcus parvulus Peptostreptococcus *m* parvulus
Peptostreptococcus productus Peptostreptococcus *m* productus
peptotoxin Peptotoxin *n*
per anum per anum, durch den Anus [After], via Anus
per primam healing Perprimam-Heilung *f*, Primärheilung *f* (einer Wunde), Heilung *f* per primam intentionem
per rectum per rectum, rektal, durch den Mastdarm
per secundam healing Persecundam-Heilung *f*, Sekundärheilung *f* (einer Wunde), Heilung *f* per secundam intentionem
per tubam per tubam, durch den Tubus
per vaginam per vaginam, durch die Scheide
peracephalus *(Terat)* Peracephalus *m (Missgeburt)*
peracetate Peracetat *n*
peracetic acid Peressigsäure *f*
peracidity Perazidität *f*, Hyperazidität *f*, Übersäuerung *f*, Superazidität *f*
peracute perakut, hochakut, sehr akut; extrem heftig einsetzend
perambulating ulcer Ulcus *n* phagedaenicum [ambulans]
perarticulation *s.* diarthrosis
peratodynia *s.* heartburn
peraxillary peraxillär, durch die Axilla
perazine Perazin *n (Antipsychotikum)*
percentage depth dose *(Rad)* prozentuale Tiefendosis *f*
percentile Percentile *f*
percept *v* wahrnehmen
percept Wahrgenommene(s) *n*, Wahrnehmung *f*, Empfindung *f*, geistiges Abbild *n*
perceptibility Wahrnehmbarkeit *f*
perceptible wahrnehmbar
perception Perzeption *f*, Sinneswahrnehmung *f*, Reizwahrnehmung *f*
perception-hallucination *(Neur)* Perzeptionsphantasmen *npl*, Wahrnehmungstäuschungen *fpl*
perception time *(Physiol)* Perzeptionszeit *f*, Reizwahrnehmungszeit *f*
perceptive perzeptiv, wahrnehmend, erfassend
perceptive asemia *(Neur)* Asemia *f* perceptiva, rezeptive Asemie *f*, Verlust *m* des Zeichenverständnisses
perceptive boundary Wahrnehmungsgrenze *f*
perceptive constancy perzeptive Konstanz *f (gleiche Wahrnehmung unter verschiedenen Umständen)*
perceptive deafness Perzeptionsschwerhörigkeit *f*, Perzeptionstaubheit *f*, Innenohrschwerhörigkeit *f*
perceptive defect Perzeptionsdefekt *m*, Wahrnehmungsdefekt *f*
perceptive deprivation Perzeptionsverlust *m*, Wahrnehmungsminderung *f*
perceptive disorder *(Neur)* Perzeptionsstörung *f*, Wahrnehmungsstörung *f*
perceptive hearing loss *s.* perceptive deafness
perceptive monotony Perzeptionsmonotonie *f*, Wahrnehmungseintönigkeit *f*
perceptivity 1. Reizaufnahmefähigkeit *f*, 2. Auffassungsgabe *f*
perceptorium Sensorium *n*
perceptual *s.* perceptive
perchlorate Perchlorat *n*
perchlorhydria *s.* hyperchlorhydria
perchloric acid Perchlorsäure *f*, Acidum *n* perchloricum, überchlorige Säure *f*
perchloride Perchlorid *n*
perchlormethane Perchlormethan *n*, Tetrachlorkohlenstoff *m*
perchlormethylformate Perchlormethylformat *n*, Diphosgen *n*
perchloromethylmercaptane Perchlormethylmercaptan *n*
perchloroethylene Perchlorethylen *n*, Ethylentetrachlorid *n*, Tetrachlorethylen *n*
percipient wahrnehmend, empfindend; Perzeptions…, Wahrnehmungs…, Empfindungs…
percolate *v* perkolieren, durchseihen, durchlaufen lassen, durch Perkolation gewinnen; durchsickern, durchlaufen
percolate Perkolat *n*, Extrakt *m*, Auszug *m (durch Perkolation gewonnen)*
percolation Perkolation *f*, Durchseihung *f*, Durchseihen *n*; Durchsickern *n*
percolator Perkolator *m*
percuss *v* perkutieren, beklopfen, (die Körperoberfläche) abklopfen, beklopfend [abklopfend] untersuchen
percussible perkussorisch, perkutorisch, durch Beklopfen feststellbar
percussion Perkussion *f*, Beklopfen *n*, Abklopfen *n* (der Körperoberfläche)
percussion area Perkussionsgebiet *n*, Perkussionsabschnitt *m*, Perkussionsbereich *m*
percussion hammer Perkussionshammer *m*; Reflexhammer *m*
percussion note *s.* percussion sound
percussion on a tooth Zahnabklopfen *n*

percussion sound Perkussionston *m*; Klopfschall *m*
percussion test Perkussionstest *m*
percussion wave Perkussionswelle *f*
percussor 1. Perkussor *m*, Perkussionsinstrument *n*; 2. perkutierender Arzt *m*
percutaneous perkutan, durch die Haut (hindurch), per cutem, transkutan
percutaneous absorption perkutane Absorption *f*
percutaneous catheter placement perkutane Katheterplatzierung *f*
percutaneous catheterization perkutane Kathetereinführung *f*
percutaneous endocscopic gastrostomy perkutane endoskopische Gastrostomie *f*, PEG
percutaneous needle puncture Perkutanpunktion *f*
percutaneous nephrolithtomy perkutane Nephrolithotomie *f*
percutaneous nephroscope perkutanes Nephroskop *n*
percutaneous reaction Perkutanreaktion *f*
percutaneous transhepatic cholangiography *(Rad)* perkutane transhepatische Cholangiographie *f*, PTC
percutaneous transluminal angioplasty *(Rad)* perkutane transluminale Angioplastik *f*, PTA
percutaneous transluminal coronary angioplasty *(Kard, Rad)* perkutane transluminale Koronarangioplastik *f*, PTCA
percutaneous umbilical blood sampling *(Päd)* perkutane Nabelblutgewinnung *f*, perkutane Nabelschnurpunktion *f*
perencephaly Zystenhirn *n*
perennial 1. perennial, ganzjährig, das ganze Jahr andauernd, das ganze Jahr bestehend; 2. perennierend, mehrjährig, mehrere Jahre andauernd
Pereyra procedure Pereyra-Verfahren *n*, Pereyra-Methode *f*, Pereyra-Operation *f (bei Stress-Inkontinenz)*
perfect perfekt, vollkommen, vollendet, makellos, tadellos
perfectionism *(Psych)* Perfektionismus *m*, Vollkommenheitswahn *m*
perfilcon A Perfilcon A *n (Kontaktlinsenmaterial)*
perflation Perflation *f*, Durchblasung *f*, Tubendurchblasung *f*
perfloxacin Perfloxacin *n (Antibiotikum)*
perflubron *(Rad)* Perflubron *n (Kontrastmittel)*
perfluorocarbon Perfluorocarbon *n*
perfluorooctyl bromide Perfluorooctylbromid *n (Kontrastmittel)*
perforans perforant, durchbohrend
perforans gasseri (nerve) Nervus *m* musculocutaneous
perforans manus (muscle) Musculus *m* flexor profundus digitorum, tiefer Fingerbeugemuskel *m*
perforant vein Perforansvene *f*, Vena *f* perforans
perforant vein insufficiency Perforans(venen)insuffizienz *f*
perforate(d) perforiert, durchbohrt, durchlöchert; durchgebrochen *(z. B. Geschwür)*
perforated substance Substantia *f* perforata
perforating appendicitis Appendicitis *f* perforans, perforierende Appendizitis *f*
perforating arteries Arteriae *fpl* perforantes, perforierende Arterien *fpl*
perforating eye injury Augenperforationsverletzung *f*, perforierende Augenverletzung *f*
perforating fracture perforierender Knochenbruch *m*; offene [komplizierte] Fraktur *f*
perforating ulcer of the foot Malum *n* perforans pedis, Lochgeschwür *n (schmerzlose Geschwürsbildung an der Fußsohle)*
perforating ulcer of the stomach Ulcus *n* ventriculi perforans, perforierendes Magengeschwür *n (in die freie Bauchhöhle)*
perforating veins Venae *fpl* perforantes, perforierende Venen *fpl*
perforating wound Perforationswunde *f*
perforation Perforation *f*, Perforieren *n*, Durchbohrung *f*, Durchlöcherung *f*
perforation of the heart Herzperforation *f*, Herzdurchbohrung *f*
perforation of the intestine Darmperforation *f*, Perforatio *f* intestini, Darmdurchbruch *m*
perforation of the stomach Magen(ulkus)perforation *f*, Perforatio *f* ventriculi, Magendurchbruch *m*
perforation of the uterus Uterusperforation *f*, Perforatio *f* uteri, Gebärmutterperforation *f*
perforative appendicitis *s.* perforating appendicitis
perforative peritonitis Perforationsperitonitis *f*, perforierende Peritonitis *f*
perforator *(Chir)* Perforator *m*, Perforatorium *n (Instrument)*
perforatorium Perforatorium *n*, Perforationsapparat *m* der Samenzelle
perforin Perforin *n (Protein)*
perform *v* **a splenectomy** eine Milzentfernung vornehmen [durchführen]
perform *v* **a tracheostomy** eine Tracheotomie durchführen, tracheotomieren, ein Tracheostoma anlegen
perform *v* **an operation** eine Operation durchführen, operieren
performance 1. Performance *f*, Arbeitsleistung *f*, Leistung *f (z. B. eines Organs)*; 2. Durchführung *f*, Ausführung *f*, Vornahme *f (z. B. einer Operation)*
perfrication Einreibung *f*
perfrigeration *s.* frostbite
perfusate Perfusat *n*
perfuse *v* perfundieren, durchströmen
perfusion Perfusion *f*, Perfundierung *f*, künstliche Durchströmung *f*
perfusion lung scan *(Rad)* Lungenperfusionsszintigramm *n*
perfusion rate Perfusionsrate *f*
perfusion scan Perfusionsszintigramm *n*
perfusion scintigram *(Rad)* Perfusionsszintigramm *n*
perfusion technologist Kardiotechniker *m*
perfusionist Perfusionist *m*; perfundierender Arzt *m*
pergolide mesylate Pergolidmesylat *n*
perhalation Porhalation *f*, Narkosetropfmethode *f*, Narkosetropfverfahren *n*, offene Narkosemethode *f (z. B. mit Äthermaske)*
perhexiline maleate Perhexilinmaleat *n (Koronarvasodilator)*
peri-implantitis *(Stom)* Periimplantitis *f (Gewebeentzündung um ein Zahnimplantat)*
peri-implantoclasia *(Stom)* Periimplantoklasie *f (entzündliche Gewebereaktion um ein Implantat)*
peri-infarction block Periinfarktblock *m (EKG)*
peri-insular periinsulär, um die Insula liegend
peri-islet um die Langerhans-Inseln liegend
periacinal *s.* periacinous
periacinous periazinös, um einen Azinus liegend
periadenitis Periadenitis *f*, Gewebsentzündung *f* um eine Drüse
periadventitial periadventitial, um die Adventitia liegend
perialienitis Perialienitis *f*, Fremdkörperentzündung *f*, Fremdkörperreaktion *f*
periampullary periampullär, um die Ampulle liegend
periamygdalitis *s.* peritonsillitis
perianal perianal, um den Anus [After] liegend
perianal abscess perianaler Abszess *m*, Perianalabszess *m*
perianal skin Perianalhaut *f*

periangiitis Periangiitis *f*, Zellgewebsentzündung *f* um ein Blutgefäß
periangiocholitis *s.* pericholangitis
periangioma Periangiom *n*
periaortic periaortal, um die Aorta liegend
periaortitis Zellgewebsentzündung *f* um die Aorta
periapex Periapex *m (der Zahnwurzelspitze)*
periapical periapikal, um die Zahnwurzelspitze liegend
periapical abscess periapikaler Abszess *m*, Periapikalabszess *m*, Zahnwurzelspitzenabszess *m*
periapical cemental dysplasia *s.* cementoma
periapical cyst periapikale Zyste *f*, Periapikalzyste *f*, Zahnwurzelspitzenzyste *f*
periapical fibroma periapikales Fibrom *n*, Periapikalfibrom *n*
periapical granuloma periapikales Granulom *n*, Periapikalgranulom *n*, Zahnwurzel(spitzen)granulom *n*, Wurzelspitzengranulom *n*
periapical infection periapikale Infektion *f*, Periapikalinfektion *f*, Zahnwurzel(spitzen)infektion *f*, Wurzelspitzeninfektion *f*
periapical radiograph periapikale Röntgenaufnahme *f*, Zahnwurzel(spitzen)röntgenbild *n*, Wurzelspitzenröntgenaufnahme *f*
periappendiceal *s.* periappendicular
periappendicitis Periappendizitis *f*, Zellgewebsentzündung *f* um den Wurmfortsatz
periappendicular periappendikulär, periappendikular, um den Wurmfortsatz liegend
periappendicular abscess perityphlitischer Abszess *m*, periappendizitischer Abszess *m*
periappendicular infiltrate perityphlitisches Infiltrat *n*, periappendizitisches Infiltrat *n*
periappendicular mass *s.* periappendicular infiltrate
periappendicular phlegmon perityphlitische Phlegmone *f*
periaquaeductal periaquäduktal, um den Aquaeductus cerebri liegend
periaquaeductal pneumatization periaquäduktale Pneumatisation *f*
periareolar periareolär, um den Warzenhof liegend
periarterial periarteriell, um eine Arterie liegend
periarteriolar perarteriolär, um eine Arteriole liegend
periarteritis Periarteriitis *f*, Zellgewebsentzündung *f* um eine Arterie
periarthric *s.* periarticular
periarthritis Periarthritis *f*, Zellgewebsentzündung *f* um ein Gelenk
periarthritis of the shoulder *s.* frozen shoulder
periarticular periartikulär, um ein Gelenk liegend
periatrial periatrial, um den Herzvorhof liegend
periauricular 1. periaurikulär, um das äußere Ohr liegend; 2. periaurikulär, um das Herzohr liegend
periaxial periaxial
periaxial neuritis periaxiale Neuritis *f*
periaxillary periaxillär, um die Axilla liegend
periaxonal periaxonal, um einen Achsenzylinder liegend
periblast Zytoplasma *n*, Zellplasma *n*
periblepsia *(Neur)* Periblepsie *f*, (krankhaftes) Umherblicken *n (bei Psychose)*
peribronchial peribronchial, um den Bronchus liegend
peribronchiolar peribronchiolär, um den Bronchiolus liegend
peribronchiolitis Peribronchiolitis *f*, Zellgewebsentzündung *f* um die Bronchiolen
peribronchitis Peribronchitis *f*, Zellgewebsentzündung *f* um die Bronchien
peribuccal ring of lymphatic tissue (of Waldeyer) *(Anat)* Waldeyer'scher Rachenring *m*
peribulbar peribulbär, um den Augapfel liegend
peribursal peribursal, um eine Bursa liegend
pericaecal perizökal, um das Zökum liegend
pericaecitis Perizökitis *f*, Zellgewebsentzündung *f* um das Zökum
pericaliceal *s.* pericalyceal
pericallosal perikallosal, um das Corpus callosum liegend
pericalyceal um einen Nierenkelch liegend
pericanalicular perikanalikulär, um ein Kanälchen liegend
pericapillary perikapillär, perikapillar, um eine Kapillare liegend
pericapillary cells *s.* perithelium
pericapsular perikapsulär, um eine Kapsel liegend, eine Kapsel umgebend
pericardectomy *s.* pericardiectomy
pericardiac *s.* pericardial
pericardiacophrenic perikardiakophrenisch; Perikard-Diaphragma-…, Herzbeutel-Zwerchfell-…
pericardiacophrenic artery Arteria *f* pericardiacophrenica, Herzbeutel-Zwerchfell-Arterie *f*
pericardiacophrenic vein Vena *f* pericardiacophrenica, Herzbeutel-Zwerchfell-Vene *f*
pericardial 1. perikardial, um das Herz liegend; 2. Perikard…, Herzbeutel…
pericardial adhesion perikardiale Adhäsion *f*, Perikardadhäsion *f*, Pericarditis *f* adhaesiva
pericardial artery Perikardarterie *f*
pericardial calcification Perikardverkalkung *f*
pericardial cavity Perikardhöhle *f*, Herzbeutelhöhle *f*, Cavum *n* pericardii
pericardial click perikardialer Klick *m*
pericardial coelomic cyst *s.* pericardial cyst
pericardial cyst Perikardzyste *f*, Herzbeutelzyste *f*
pericardial effusion Perikarderguss *m*
pericardial fluid Perikardflüssigkeit *f*, Liquor *m* pericardii
pericardial friction rub Perikardreiben *n*, Perikardreibegeräusch *n*
pericardial knock *s.* pericardial click
pericardial mesothelioma Perikardmesotheliom *n*
pericardial murmur Perikardgeräusch *n*
pericardial pleura Pleura *f* pericardiaca
pericardial rub *s.* pericardial friction rub
pericardial sac Herzbeutel *m*, Perikard *n*
pericardial space *s.* pericardial cavity
pericardial tamponade Perikardtamponade *f*, Herzbeuteltamponade *f*
pericardicentesis *s.* pericardiocentesis
pericardiectomy Perikardektomie *f*, Perikardexstirpation *f*, Perikardresektion *f*, Perikardexzision *f*, (operative) Perikardentfernung *f*
pericardiocentesis Perikardiozentese *f*, Perikardpunktion *f*, Herzbeutelpunktion *f*
pericardiolysis Perikardiolyse *f*, Lösung *f* von Perikardverwachsungen
pericardiomediastinitis Perikardiomediastinitis *f*, Perikard- und Mediastinumentzündung *f*
pericardioperitoneal perikardioperitoneal; Perikard-Peritoneum-…
pericardiophrenic *s.* pericardiacophrenic
pericardiopleural perikardiopleural, pleuroperikardial; Pleura-Perikard-…, Brustfell-Herzbeutel-…
pericardiorrhaphy Perikardiorrhaphie *f*, Perikardnaht *f*, Herzbeutelnaht *f*
pericardioscopy Perikardioskopie *f*, Perikardspiegelung *f*
pericardosis Perikardbeteiligung *f (bei Krankheiten)*
pericardiostomy 1. Perikardiostoma *n*, (operative) Herzbeutelfistel *f*; 2. Perikardiostomie *f*, (operative) Herzbeutelfistelung *f*
pericardiotomy Perikardiotomie *f*, Perikarderöffnung *f*, (operative) Herzbeuteleröffnung *f*

pericarditic perikarditisch; Perikarditis…, Herzbeutelentzündungs…
pericarditis Perikarditis *f*, Perikardentzündung *f*, Herzbeutelentzündung *f*
pericardium Perikard *n*, Herzbeutel *m (Zusammensetzungen siehe unter: pericardial)*
pericardotomy *s.* pericardiotomy
pericaryon *s.* perikaryon
pericaval perikaval, um die Hohlvenen liegend
pericecal *s.* pericaecal
pericecitis *s.* pericaecitis
pericellular perizellulär, um die Zelle liegend
pericemental perizemental, periodontal; Pericementum…
pericementitis *s.* periodontitis
pericementoclasia *(Stom)* Perizementoklasie *f*, Wurzelhautzerfall *m*
pericementum *(Stom)* Pericementum *n*, Perizementum *n*, Wurzelhaut *f*
pericentesis Perizentese *f*, Umstechung(snaht) *f*
pericentral perizentral, um ein Zentrum liegend
pericentriolar perizentriolär, um eine Zentriole liegend
pericephalic perizephal, um den Schädel liegend
pericerebral perizerebral, um das Gehirn liegend
pericholangiolitic pericholangiolitisch
pericholangitic pericholangitisch
pericholangitis Pericholangitis *f*, Zellgewebsentzündung *f* um die Gallenkanälchen
pericholecystic pericholezystisch, um die Gallenblase liegend
pericholecystitis Pericholezystitis *f*, Zellgewebsentzündung *f* um die Gallenblase
perichondral perichondral, den Knorpel umgebend; Knorpelhaut…
perichondrial *s.* perichondral
perichondritic perichondritisch; Knorpelhautentzündungs…
perichondritis Perichondritis *f*, Knorpelhautentzündung *f*
perichondrium Perichondrium *n*, Knorpelhaut *f*
perichondroma Perichondrom *n*
perichordal perichordal
perichorioidal *s.* perichoroidal
perichoroid *s.* perichoroidal
perichoroidal perichoroidal, zwischen Chorioidea und Sklera liegend
periclaustral periklaustral, um das Claustrum liegend
pericoccygeal perikokzygeal, perikokzygisch, um das Steißbein liegend
pericolic perikolisch, um den Dickdarm liegend
pericolitis Perikolitis *f*, Entzündung *f* des Dickdarmbauchfellüberzuges
pericolonic *s.* pericolic
pericolonitis *s.* pericolitis
pericolpitis Perikolpitis *f*, Zellgewebsentzündung *f* um die Scheide
periconchal perikonchal, um die Concha liegend
periconchitis Perikonchitis *f*, Entzündung *f* der Orbitaperiostauskleidung
pericorneal perikoroneal, am Hornhautrand des Auges liegend
pericorneal ocular injection perikorneale Injektion *f* [Gefäßinjektion *f*]
pericoronal perikornal, um die Corona liegend
pericoronitis Pericoronitis *f*
pericostal perikostal, um eine Rippe liegend
pericostal suture Perikostalnaht *f*
pericoxitis Perikoxitis *f (Gewebeentzündung um das Hüftgelenk)*
pericranial perikranial; Perikranium…
pericranitis Perikranitis *f (Entzündung des Perikraniums)*
pericranium Perikranium *n*, äußeres Schädeldachperiost *n*, äußere Schädeldachknochenhaut *f*
pericryptal perikryptal, um eine Krypte liegend
pericyazine Pericyazin *n (Antipsychotikum)*
pericystic 1. perizystisch, um die Harnblase liegend; 2. perizystisch, um die Gallenblase liegend
pericystitis 1. Perizystitis *f*, Gewebsentzündung *f* um die Harnblase; 2. *s.* pericholecystitis
pericystium Perizystium *n*, eine Zyste umgebendes Gewebe *n*
pericyte *(Histol)* Perizyt *m*, Adventitialzelle *f*, Rouget-Zelle *f*, Rouget'sche Zelle *f*
pericytial 1. perizellulär, um eine Zelle liegend; 2. Perizyten…
pericytoma *(Path)* Perizytom *n*, Hämangioperizytom *n*
peridectomy Peri(d)ektomie *f*, Peritomie *f (streifenförmige Bindehautexstirpation um die Hornhaut des Auges)*
perideferentitis Perideferentitis *f*, Entzündung *f* der Samenstranghüllen
peridendritic peridendritisch, um die Dendriten liegend
peridental *s.* periodontal
peridentine *(Stom)* Peridentin *n (der Zahnwurzel)*
peridentitis *s.* periodontitis
periderm *(Embr)* Periderma *n*, Epitrichium *n*
peridermal peridermal
peridesmic peridesmal, um ein Ligament liegend
peridesmitis Peridesmitis *f (Gewebeentzündung um ein Ligament)*
peridesmium Peridesmium *n*
peridiastolic *s.* prediastolic
perididymis Perididymis *f*, Tunica *f* vaginalis testis
perididymitis *(Urol)* Perididymitis *f*
peridiverticular peridivertikulär, um ein Divertikel liegend
peridiverticulitis *(Gastr)* Peridivertikulitis *f (Gewebeentzündung um ein Divertikel)*
peridontal *s.* periodontal
peridontium Periodontium *n*
periductal periduktal, um einen Gang liegend
periductal sarcoma *(Path)* Cystosarcoma *n* phylloides *(der Brustdrüsen)*
periductile *s.* periductal
periduodenitis Periduodenitis *f*, Gewebsentzündung *f* um das Duodenum
peridural peridural *(siehe auch unter: epidural und extradural)*
peridural anaesthesia Periduralanästhesie *f*, PDA, extradurale Spinalanästhesie *f*
peridurogram Peridurogramm *n (Röntgenkontrastbild des Spinalkanals)*
peridurography Peridurographie *f (Röntgenkontrastdarstellung des Spinalkanals)*
periencephalitis Perienzephalitis *f*, Hirnrindenentzündung *f*
periencephalography Perienzephalographie *f (Röntgenkontrastdarstellung der Hirnhäute)*
periencephalomeningitis *s.* periencephalitis
periendymal *s.* periependymal
perienteric perienterisch, um die Eingeweide liegend
perienteritis Perienteritis *f*, Entzündung *f* der Eingeweideperitonealhaut
perienteron Perienteron *n*
periependymal periependymal, um das Ependym liegend
periepididymitis Periepididymitis *f*, Gewebsentzündung *f* um den Nebenhoden
periepiglottic periepiglottisch, um die Epiglottis liegend
periesophageal *s.* perioesophageal
periesophagitis *s.* perioesophagitis
perifascicular perifaszikulär, um eine Faszie liegend
perifistular perifistulär, perifistular, um eine Fistel liegend

perifocal perifokal, um einen Infektionsherd liegend
perifollicular perifollikulär, um einen Follikel liegend
perifolliculitis Perifollikulitis *f*, Gewebsentzündung *f* um einen Follikel
perifunicular perifunikulär, um den Samenstrang liegend
perigangliitis Perigangliitis *f*, Gewebsentzündung *f* um ein Ganglion
periganglionic periganglionär, um ein Ganglion liegend
perigastric perigastral, um den Magen liegend
perigastritis Perigastritis *f*, Gewebsentzündung *f* um den Magen
perigemmal um eine Geschmacksknospe liegend
perigenital perigenital, um die Geschlechtsorgane liegend
periglandular periglandulär, periglandular, um eine Drüse liegend
periglandulitis Periglandulitis *f (Gewebeentzündung um eine Drüse)*
periglial periglial, um die Gliazellen liegend; die Neuroglia umgebend
periglossitis Periglossitis *f*, Zellgewebsentzündung *f* um die Zunge
periglottic periglottisch, um die Zunge liegend
periglottis Zungenschleimhaut *f*
perignathic perignath(isch), um die Kiefer liegend
perigraft um ein Transplantat liegend
perihepatic perihepatisch, um die Leber liegend
perihepatitis Perihepatitis *f*, Leberkapselentzündung *f*
perihernial perihernial, um eine Hernie liegend
perihilar perihilär, um einen Hilus liegend
perihypophyseal perihypophysär, perihypophyseal, um die Hirnanhangsdrüse liegend
perijejunitis Perijejunitis *f*, Zellgewebsentzündung *f* um das Jejunum
perikaryon Perikaryon *n (um den Zellkern liegender Zellteil)*
perikaryontic Perikaryon…
perikeratic perikorneal, um die Hornhaut liegend
perilabyrinth *(HNO)* Perilabyrinth *n*
perilabyrinthitis Perilabyrinthitis *f*, Zellgewebsentzündung *f* um das Labyrinth
perilaryngeal perilaryngeal, um den Kehlkopf liegend
perilaryngitis Perilaryngitis *f*, Zellgewebsentzündung *f* um den Kehlkopf
perilenticular perilentikulär, um eine Linse liegend
perilesional um eine Verletzung liegend
periligamentous periligamentär, periligamentös, um ein Ligament liegend
perilobar perilobär, um einen Lappen liegend
perilobular perilobulär, um ein Läppchen liegend
perilobulitis Perilobulitis *f (Gewebeentzündung um ein Lungenläppchen)*
perilymph Perilymphe *f*, Labyrinthflüssigkeit *f*
perilymph fistula Perilymphfistel *f*
perilympha *s.* perilymph
perilymphadenitis Perilymphadenitis *f*, Zellgewebsentzündung *f* um einen Lymphknoten
perilymphangeal perilymphatisch, um ein Lymphgefäß liegend
perilymphangial *s.* perilymphangeal
perilymphangitis Perilymphangitis *f*, Gewebsentzündung *f* um ein Lymphgefäß
perilymphatic 1. perilymphatisch; Perilymphe…; 2. *s.* perilymphangeal
perilymphatic duct Ductus *m* perilymphaticus *(mit Perilymphe gefüllter Gang des Labyrinths)*
perilymphatic space Spatium *n* perilymphaticum, Perilymphraum *m*, perilymphatischer Raum *m*
perilymphatic system perilymphatisches System *n*, Perilymphesystem *n*
perimacular *(Ophth)* perimakulär, um den gelben Fleck liegend
perimandibular perimandibulär, um den Unterkiefer
perimastitis Perimastitis *f*, Zellgewebsentzündung *f* um die Brustdrüse
perimedullary 1. perimedullär, das Rückenmark umgebend; 2. perimedullär, das Knochenmark umgebend
perimeningitis *s.* pachymeningitis
perimenopause Perimenopause *f*
perimenopausal Perimenopause…
perimeter *(Ophth)* Perimeter *n*, Gesichtsfeldmesser *m*
perimetric 1. perimetrisch; Perimetrium…; 2. periuterin; um die Gebärmutter liegend; 3. perimetrisch, gesichtsfeld(ver)messend; Perimeter…; Perimetrie…
perimetric target Perimetermarke *f*
perimetritic perimetritisch; Perimetritis…
perimetritis Perimetritis *f*, Perimetriumentzündung *f*
perimetrium Perimetrium *n*, Pelveoperitoneum *n*, Gebärmutterbauchfellüberzug *m*
perimetrosalpingitis Perimetrosalpingitis *f*
perimetry Perimetrie *f*, Gesichtsfeld(ver)messung *f*, Gesichtsfeldbestimmung *f*, Kampimetrie *f*, Sehfeldprüfung *f*, Sehfelduntersuchung *f*
perimolysis *(Stom)* Perimolyse *f (Zahnentkalkung durch Magensaft)*
perimyelis Endosteum *n*
perimyelitis 1. Perimyelitis *f*, Knocheninnenhautentzündung *f*; 2. Perimyelitis *f*, Entzündung *f* der Rückenmarkhäute
perimyelography Perimyelographie *f (des Rückenmarks)*
perimylolysis *s.* perimolysis
perimyocarditis Perimyokarditis *f*
perimyoendocarditis Perimyoendokarditis *f*, Perikard-Myokard-Endokard-Entzündung *f*
perimyositis Perimyositis *f*, Muskelhüllenentzündung *f*
perimysial perimysial; Perimysium…
perimysiitis Perimysi(i)tis *f*, Perimysiumentzündung *f*
perimysitis *s.* perimysiitis
perimysium Perimysium *n*, bindegewebige Muskelhülle *f*
perinaeum *s.* perineum
perinaevoid perinävoid, um einen Nävus liegend
perinatal perinatal, um den Geburtstermin liegend
perinatal AIDS perinatales AIDS *n*
perinatal asphyxia perinatale Asphyxie *f*, Asphyxia *f* neonatorum
perinatal care Perinatalpflege *f*
perinatal death perinataler Tod *m*
perinatal haemorrhage Perinatalblutung *f*
perinatal infection Perinatalinfektion *f*, perinatale Infektion *f*
perinatal medicine Perinatalmedizin *f*, perinatale Medizin *f*
perinatal mortality *(Päd)* perinatale Mortalität *f*, Perinatalsterblichkeit *f*
perinatal pathology Perinatalpathologie *f*, perinatale Pathologie *f*
perinatal period Perinatalperiode *f*, Perinatalzeitraum *m*
perinatal physiology Perinatalphysiologie *f*, perinatale Physiologie *f*
perinatalogic perinatologisch; Perinatologie…
perinatalogical *s.* perinatalogic
perinate perinatales Kind *n*
perinatologist *(Päd)* Perinatologe *m*
perinatology *(Päd)* Perinatologie *f*
perineal *(Anat)* perineal; Perineum…, Damm…
perineal artery Arteria *f* perinealis, Dammarterie *f*
perineal body Centrum *n* tendineum perinei
perineal care Dammpflege *f*, perineale Pflege *f*
perineal crutch Dammstütze *f*

perineal dislocation perineale Dislokation *f*, perineale Hüft(gelenk)luxation *f*
perineal dissection *(Gyn)* Dammschnitt *m*
perineal ectopia perineale Ektopie *f (z. B. des Hodens)*
perineal flexure (of the rectum) Flexura *f* perinealis recti
perineal haematoma Dammhämatom *n*
perineal hernia *s.* perineocele
perineal hypospadias *(Urol)* Perinealhypospadie *f*, Hypospadias *f* perinealis
perineal incision *(Gyn)* Dammschnitt *m*
perineal membrane Membrana *f* perinei, Fascia *f* diaphragmatis urogenitalis inferior
perineal nerves Nervi *mpl* perinei, Dammnerven *mpl*
perineal pad Dammvorlage *f*, Vorlage *f*
perineal pain Dammschmerz *m*
perineal prostatectomy *(Urol)* perineale Prostatektomie *f*, Zuckerkandl'sche Operation *f*, Zuckerkandl-Operation *f*
perineal raphe *(Anat)* Raphe *f* perinei, Dammnaht *f*
perineal region Regio *f* perinealis, Dammregion *f*
perineal rupture Dammruptur *f*, Dammriss *m*, Perineum(ein)riss *m*
perineal spasm Dammmuskelkrampf *m*
perineal tear Dammriss *m*
perineal testis Perinealhoden *m*, Dammhoden *m*
perineal urethrotomy perineale Urethrotomie *f*
perineauxesis Perineauxesis *f*, Kolpoperineorrhaphie *f*, (operative) Dammverlängerung *f*
perineocele Hernia *f* perinealis, Dammbruch *m*
perineometer Perineometer *n*
perineoplasty Perineoplastik *f*, Dammplastik *f*, plastische Dammoperation *f*
perineorectal perineorektal; Perineum-Rektum-...
perineorrhaphy *(Chir)* Perineorrhaphie *f*, Dammnaht *f*
perineoscrotal perineoskrotal; Perineum-Skrotum-..., Damm-Hodensack-...
perineostomy Perineostomie *f*, Dammfistelung *f (der Harnröhre)*
perineosynthesis Perineosynthese *f*, Dammrekonstruktion *f*
perineotomy Perineotomie *f*, Dammschnitt *m*
perineovaginal perineovaginal; Damm-Scheiden-...
perineovaginal fistula Damm-Scheiden-Fistel *f*
perineovaginorectal perineovaginorektal; Damm-Scheiden-Rektum-...
perineovulvar perineovulvar; Perineum-Vulva-..., Damm-Scheidenvorhof-...
perinephrial Perinephrium..., Nierenkapsel...
perinephric perirenal, um die Niere liegend
perinephric abscess perinephritischer Abszess *m*
perinephric capsule *s.* perinephrium
perinephritic perinephritisch; Perinephritis..., Nierenkapselentzündungs...
perinephritis Perinephritis *f*, Nierenkapselentzündung *f*
perinephrium Perinephrium *n*, Nierenkapsel *f*
perinephrobronchial fistula perinephrobronchiale Fistel *f*
perinephros *s.* perinephrium
perineum Perineum *n*, Damm *m*, Mittelfleisch *n (Zusammensetzungen siehe unter: perineal)*
perineural perineural, um einen Nerven liegend
perineural anaesthesia Perineuralanästhesie *f*, Perineuralanalgesie *f*
perineural analgesia *s.* perineural anaesthesia
perineural fibroma *(Path)* perineurales Fibrom *n*, Neurofibrom *n*
perineural glioma *(Path)* perineurales Gliom *n*, Neurolemmom *n*
perineural space Perineuralraum *m*
perineurial Perineurium..., Nervenscheiden...
perineuritic perineuritisch; Perineuritis..., Nervenscheidenentzündungs...
perineuritis Perineuritis *f*, Nervenscheidenentzündung *f*
perineurium Perineurium *n*, Nervenbündelscheide *f*, Faszikelhülle *f*
perineuronal perineuronal, um ein Neuron liegend
perinodal perinodal, um einen Knoten liegend
perinodal fibres perinodale Fasern *fpl*
perinuclear perinuklear, um einen Kern liegend
periocular periokulär, periokular, um das Auge liegend
period of an infectious disease Infektionskrankheitsperiode *f*, Infektionskrankheitsstadium *n*
period of eruption Eruptionsstadium *n*; Exanthemstadium *n (z. B. bei Masern)*
period of isovolumic contraction Periode *f* der isovolumetrischen Kontraktion
period of isovolumic relaxation Periode *f* der isovolumetrischen Relaxation
period of pigmentation Pigmentationsstadium *n (z. B. bei Masern)*
period of rapid ventricular filling Periode *f* der schnellen Ventrikelfüllung
period of reduced ventricular filling Periode *f* der verminderten Ventrikelfüllung
period of treatment Behandlungszeit *f*, Behandlungsperiode *f*, Behandlungszeitraum *m*
period of ventricular filling Periode *f* der Ventrikelfüllung
periodate Perjodat *n*, Periodat *n*
periodic periodisch, regelmäßig wiederkehrend, in regelmäßigen Abständen [Intervallen] auftretend; Intervall...
periodic acid Periodsäure *f*, Perjodsäure *f*
periodic acid Schiff reaction *(Lab)* Periodsäure-Schiff-Reaktion *f*, Periodsäurefärbung *f*, PAS-Reaktion *f (Nachweis für Polysaccharide)*
periodic apnoea of the newborn periodische Neugeborenenapnoe *f*
periodic breathing periodische Atmung *f*, Cheyne-Stokes-Atmung *f*
periodic fever periodisches [regelmäßig wiederkehrendes] Fieber *n*, Intervallfieber *n*
periodic hyperinflation periodische Hyperinflation *f*
periodic insanity *(Neur)* periodisches Irresein *n*, manisch-depressive Krankheit *f*
periodic mania *s.* periodic insanity
periodic respiration periodische Atmung *f*, phasenhaftes Atmen *n*
periodic schizophrenia periodische Schizophrenie *f*
periodic tender uterine contractions periodische Wehen *fpl*
periodic twitching of the head periodisches Kopfzucken *n*, Tic *m*
periodicity Periodizität *f*, phasenhaftes Auftreten *n*, phasenhaftes Wiederkehren *n*, intervallartiges Wiederauftreten *n*
periodontal *(Stom)* peri(o)dontal, parodontal; Periodontium..., Zahnwurzelhaut...
periodontal abscess parodontaler Abszess *m*, Peridontalabszess *m*
periodontal atrophy parodontale Atrophie *f*, Wurzelhautatrophie *f*
periodontal bone Parodontalknochen *m*
periodontal chart Parodontalkarte *f*, periodontale Befundkarte *f*
periodontal cyst Wurzelhautzyste *f*
periodontal disease *s.* periodontosis
periodontal fissure Peri(o)dontiumfissur *f*
periodontal index Periodontalindex *m*

periodontal ligament *s.* periodontium
periodontal membrane *s.* periodontium
periodontal pack Zahnfleischverband *m*
periodontal pocket Periodontaltasche *f*, Zahnfleischtasche *f*, Alveolartasche *f*
periodontal probe Parodontalsonde *f*
periodontal tumour Parodontaltumor *m*, Peridontaltumor *m*, Parodontalgeschwulst *f*
periodontia *s.* periodontology
periodontic *s.* periodontal
periodontics *s.* periodontology
periodontist Paradontologe *m*, Zahnwurzelhautspezialist *m*
periodontitis Periodontitis *f*, Zahnwurzelhautentzündung *f*, Zahnfleischrandentzündung *f*
periodontium Periodontium *n*, Zahnwurzelhaut *f*, Wurzelhaut *f* (der Zähne)
periodontoclasia Periodontoklasie *f*, Zahnlockerung *f*, Zahnlockern *n*
periodontology Periodontologie *f*, Paradontologie *f*, Lehre *f* von der Zahnwurzelhaut
periodontolysis *s.* periodontoclasis
periodontosis Paradontose *f*, Paradentopathia *f* dystrophica, dystrophe Zahnfleischranderkrankung *f*
periodoscope Periodoskop *n*, Geburtskalender *m*
periods *s.* menstruation
periodynia allgemeiner Körperschmerz *m*
perioesophageal periösophageal, um die Speiseröhre liegend
perioesophagitis Periösophagitis *f*, Gewebsentzündung *f* um die Speiseröhre
periomphalic *s.* periumbilical
perionychia Perionychie *f*, Nagelwallentzündung *f*, Nagelfalzentzündung *f*
perionychium Perionychium *n*, Nagelwall *m*, Nagelfalz *m*, Paronychium *n*
perionyxis Perionychie *f*, Nagelrandentzündung *f*
perioophoritis Perioophoritis *f*, Zellgewebsentzündung *f* um den Eierstock
perioophorosalpingitis Perioophorosalpingitis *f*, Zellgewebsentzündung *f* um den Eierstock und den Eileiter
perioothecitis *s.* perioophoritis
perioothecosalpingitis *s.* perioophorosalpingitis
perioperative perioperativ, im Zusammenhang mit einer Operation (auftretend)
perioperative nursing perioperative Pflege *f*
periophthalmia *s.* periophthalmitis
periophthalmic periophthalmisch, um das Auge liegend
periophthalmitis Periophthalmitis *f*, Zellgewebsentzündung *f* um das Auge
perioptic *s.* periophthalmic
perioptometry *s.* perimetry
perioral perioral, um den Mund liegend
periorbit *s.* periorbita
periorbita Periorbita *f*, Augenhöhlenperiost *n*
periorbital 1. periorbital, um die Augenhöhle [Orbita] liegend; 2. Periorbita…
periorbital abscess Periorbitalabszess *m*
periorbital oedema Periorbitalödem *n*
periorbitis *s.* periorbititis
periorbititis Periorbi(ti)tis *f*, Augenhöhlenperiostentzündung *f*, Orbitaperiostitis *f*
periorchitis Periorchitis *f*, Hodenscheidenentzündung *f*
periorchium Periorchium *n*, Lamina *f* parietalis *(der Tunica vaginalis propria testis)*
periost *s.* periosteum
periosteal periost(e)al; Periost…, Knochenhaut…
periosteal bone periostealer Knochen *m*, perichondraler Knochen *m*
periosteal dysplasia Periostdysplasie *f*, Osteogenesis *f* imperfecta
periosteal elevation *(Chir)* Periostabhebung *f*
periosteal elevator 1. *(Chir)* Periostelevatorium *n*, Knochenhautelevator *m*, Knochenhaut(ab)heber *m*; 2. *(Stom)* Raspatorium *n*
periosteal flap *(Chir, Transp)* Periostlappen *m*
periosteal graft Periosttransplantat *n*, Knochenhauttransplantat *n*
periosteal lamella Periostlamelle *f*, Knochenhautlamelle *f*
periosteal retractor *(Chir)* Periostretraktor *m*, Knochenhautretraktor *m*
periosteal thickening Periostverdickung *f*, Knochenhautverdickung *f*
periosteal thickening of bone with extracalcification *(Rad)* Periostverdickung *f* mit verstärkter Kalzifikation
periosteitis *s.* periostitis
periosteo-oedema Periostödem *n*
periosteoma Periosteom *n*, Knochenhauttumor *m*, Knochenhautgeschwulst *f*
periosteomedullitis *s.* periosteomyelitis
periosteomyelitis Periosteomyelitis *f*, Periost- und Knochenmarkentzündung *f*
periosteopathy Periosteopathie *f*, Periostkrankheit *f*, Knochenhauterkrankung *f*
periosteophyte *(Path)* Periosteophyt *m*, Knochenhautauswuchs *m*
periosteoradial reflex Radiusperiostreflex *m*
periosteorrhaphy Periosteorrhaphie *f*, Knochenhautnaht *f*
periosteotome Periosteotom *n*, Periostmesser *n*, Knochenhautmesser *n*
periosteotomy *(Chir)* Periosteotomie *f*, Knochenhautschnitt *m*, Periostdurchtrennung *f*, Knochenhautdurchtrennung *f*
periosteous Periost…, Knochenhaut…
periosteum Periosteum *n*, Periost *n*, Knochenhaut *f*, Beinhaut *f* • **displace [move aside] the periosteum** das Periost abschieben
periosteum knife *s.* periosteotome
periostitis Periostitis *f*, Knochenhautentzündung *f*
periostoma *s.* periosteoma
periostomedullitis *s.* periosteomyelitis
periostosis Periostose *f*, lokale Knochenverdickung *f*
periostosteitis Osteoperiostitis *f*, Knochen- und Periostentzündung *f*
periostotomy *s.* periosteotomy
periotic periaurikulär, um das Ohr liegend
periotic duct *(HNO)* Ductus *m* perilymphaticus
periotic fluid *s.* perilymph
periotic space *s.* perilymphatic space
periovarian periovariell, um den Eierstock liegend
periovaritis *s.* perioophoritis
periovular periovulär, um ein Ei liegend
periovulatory period *(Gyn)* periovulatorische Periode *f*
peripachymeningitis Peripachymeningitis *f*, Entzündung *f* der Außenfläche der Dura mater
peripancreatic peripankreatisch, um die Bauchspeicheldrüse liegend
peripancreatitis Peripankreatitis *f*, Entzündung *f* der Bauchspeicheldrüsenumgebung
peripapillary 1. peripapillär, um eine Papille liegend; 2. peripapillär, um die Sehnervenpapille liegend
peripartum um den Geburtstermin liegend, im letzten Schwangerschaftsmonat; Peripartum-…
peripatellar peripatellar, um die Kniescheibe liegend
peripatetic umherlaufend, umhergehend, umherwandernd
peripenial peripenial, um den Penis liegend
periphacitis Periphakitis *f*, Augenlinsenkapselentzündung *f*

periphacus Periphakus *m*, Augenlinsenkapsel *f*
periphakitis *s.* periphacitis
peripharyngeal peripharyngeal, um den Rachen liegend
peripherad peripherad, nach peripher gerichtet, in die Peripherie gerichtet
peripheral peripher, am Rande liegend
peripheral acrocyanosis of the newborn periphere Akrozyanose *f* des Neugeborenen
peripheral angiography periphere Angiographie *f*, Angiographie *f* der peripheren Gefäße
peripheral arterial disease periphere Gefäßkrankheit *f*
peripheral arteriovenography *(Rad)* periphere Arterien- und Venendarstellung *f*
peripheral blood peripheres Blut *n*
peripheral circulatory failure peripheres Kreislaufversagen *n*
peripheral motor neuron peripheres Motorneuron *n*
peripheral nerve blockage periphere Nervenblockade *f*
peripheral nervous system Systema *n* nervosum periphericum, peripheres Nervensystem *n*, PNS
peripheral neuropathy periphere Neuropathie *f*
peripheral neurovascular dysfunction periphere neurovaskuläre Dysfunktion *f*
peripheral occlusive arteriosclerosis Arteriosclerosis *f* obliterans
peripheral odontogenes fibroma peripheres odontogenes Fibrom *n*
peripheral paralysis periphere Paralyse *f*, schlaffe Lähmung *f*, atone [atonische] Paralyse *f*
peripheral plasma cell myeloma peripheres plasmazelluläres Myelom *n*
peripheral poliomyelitis periphere Poliomyelitis *f*
peripheral polyneuropathy periphere Polyneuropathie *f*
peripheral pulse peripherer Puls *m*
peripheral reflex peripherer Reflex *m*
peripheral resistance peripherer Widerstand *m* [Gefäßwiderstand *m*]
peripheral scotoma peripheres Skotom *n*
peripheral vascular disease periphere Gefäßkrankheit *f*
peripheral vision peripheres Sehen *n*, Peripheriesehen *n*
peripheraphose *(Ophth)* Peripheraphose *f (dem peripheren Sehvorgang entstammende subjektive Wahrnehmung dunkler Flecken)*
peripheric *s.* peripheral
peripherin Peripherin *n*
peripherocentral peripherozentral, die Peripherie und das Zentrum betreffend
peripherophose *(Ophth)* Peripherophose *f (dem peripheren Sehvorgang entstammende subjektive Lichtwahrnehmung)*
periphery Peripherie *f*
periphlebitic periphlebitisch; Periphlebitis...
periphlebitis Periphlebitis *f*, Venenaußenhautentzündung *f*, Venenumgebungsentzündung *f*
periphoria *s.* cyclophoria
periphrenitis Periphrenitis *f*, Entzündung *f* des Zwerchfells und seiner Umgebung
periplasm Periplasma *n*, periplasmatischer Raum *m*
periplasmic periplasmatisch, die Plasmamembran umgebend; Periplasma
periplasmic space *s.* periplasm
periplastic Zytoplasma...
peripleural peripleural, um die Pleura liegend
peripleuritis Peripleuritis *f*, Entzündung *f* der Pleuraumgebung
periplocin Periplocin *n*, Glucoperiplocymarin *n*
periplocymarin Periplocymarin *n (Glykosid aus Periploca graeca)*
peripneumonia Peripneumonie *f*, Peripneumonitis *f*, Lungenentzündung *f* mit Pleuritis
peripneumonitis *s.* peripneumonia
peripolar peripolar, um einen Pol liegend
peripolesis Peripolesis *f*
periporitis *(Derm)* Periporitis *f*, Pustulosis *f*, Miliaria *f* pustulosa, Porenschwären *fpl*
periportal periportal, in der Nähe der Pfortader liegend
periportal triangle *(Anat, Hepat)* Periportalfeld *n*, Glisson-Dreieck *n*, Glisson'sches Dreieck *n*
periproctal *s.* periproctic
periproctic periproktal, um den Mastdarm und den After liegend
periproctitis Periproktitis *f*, Paraproktitis *f*, Zellgewebsentzündung *f* um den Mastdarm und den After
periprostatic periprostatisch, um die Vorsteherdrüse liegend
periprostatitis Periprostatitis *f*, Zellgewebsentzündung *f* um die Vorsteherdrüse
peripyelitis Peripyelitis *f*, Zellgewebsentzündung *f* um das Nierenbecken
peripylephlebitis Peripylephlebitis *f*, Zellgewebsentzündung *f* um die Pfortader
peripylic *s.* periportal
peripyloric peripylorisch, um den Magenpförtner liegend
periradicular periradikulär, um eine Wurzel [Zahnwurzel] liegend
perirectal perirektal, um das Rektum liegend
perirectitis *s.* periproctitis
perirenal perirenal, um die Niere liegend
perirhinal perirhinal, perinasal, im Bereich der Nase liegend
perirhizoclasia *(Stom)* Perirhizoklasie *f (entzündliche Gewebezerstörung um eine Zahnwurzel)*
perisalpingian parovarial, um den Eileiter liegend
perisalpingian cyst Parovarialzyste *f*
perisalpingitis Perisalpingitis *f*, Zellgewebsentzündung *f* um den Eileiter
perisalpingo-ovaritis *s.* perioophorosalpingitis
perisalpinx *(Gyn)* Perisalpinx *f*, Eileiterperitoneum *n*
periscleritis *s.* episcleritis
perisclerium Perisklerium *n (Fasergewebe um einen ossifizierenden Knorpel)*
perisigmoiditis Perisigmoiditis *f*, Zellgewebsentzündung *f* um das Sigma
perisinuous um einen Sinus liegend
perisinusitis Perisinusitis *f*, Zellgewebsentzündung *f* um einen Sinus
perisinusoidal perisin(us)oidal, um einen Sinus liegend
perisinusoidal space (of Disse) Disse'scher Raum *m (Spaltbildung zwischen Leberzellen und Leberkapillaren)*
perispermatitis Perispermatitis *f*, Samenstranghüllenentzündung *f*, Samenstrangscheidenentzündung *f*
perisplanchnic perisplanchnisch, um die Eingeweide liegend
perisplanchnitis Perisplanchnitis *f*, Zellgewebsentzündung *f* um die Eingeweide
perisplenic perisplenisch, perilienal, um die Milz liegend
perisplenitis Perisplenitis *f*, Milzbauchfellentzündung *f*, Entzündung *f* des Bauchfellüberzugs der Milz
perispondylic perispondylär, um die Wirbelsäule liegend
perispondylitis Perispondylitis *f*, Gewebsentzündung *f* um einen Wirbel
perissodactylous imparidigital, mit ungleicher Fingerzahl; mit ungleicher Zehenzahl
peristalsis Peristaltik *f*, peristaltische [wurmähnliche] Bewegung *f (von Hohlorganen)*
peristalsis of the stomach Magenperistaltik *f*
peristaltic peristaltisch, wurmähnlich, wurmartig *(z. B. Magen- und Darmbewegung)*
peristaltin Peristaltin *n (Glykosid)*

peristaphyline um die Uvula liegend, in der Nähe des Zäpfchens liegend
peristaphylitis Peristaphylitis *f*, Zellgewebsentzündung *f* um die Uvula
peristasis 1. Peristase *f*, peristatische Hyperämie *f*; 2. Peristase *f*, Umwelt *f*, Milieu *n*
peristatic peristatisch; Peristase…
peristole *s.* peristalsis
peristomal 1. peristomal, perioral, um den Mund liegend; 2. peristomal, um ein Stoma liegend
peristome Peristoma *n*, Peristomfeld *n (trichterförmige Einbuchtung mit der Mundöffnung der Ziliaten)*
peristomial Peristoma…
peristrumitis Peristrumitis *f*, Zellgewebsentzündung *f* um die Schilddrüse
peristrumous peristrumös, um die Schilddrüse liegend
perisylvian um den Sulcus lateralis cerebri liegend, um die Sylvi'sche Furche liegend
perisynovial perisynovial, um die Synovia liegend
perisyringitis Perisyringitis *f*, Zellgewebeentzündung *f* um die Schweißdrüsenporen
perisystole Perisystole *f*, diastolische Pause *f*
perisystolic 1. perisystolisch; Perisystole(n)…; 2. der Systole vorausgehend
peritectomy *s.* peridectomy
peritendineum Peritendineum *n*, Gleithülle *f* scheidenloser Sehnen
peritendinitis Peritendinitis *f*, Pseudovaginitis *f*
peritendinous peritendinös, um eine Sehne liegend
peritenon 1. Peritenon *n*, Sehnenscheide *f*; 2. *s.* peritendineum
peritenoneum Peritenoneum *n*
peritenonitis *s.* peritendinitis
peritenontitis *s.* peritendinitis
perithelial perithelial; Perithelium…
perithelioma Peritheliom(a) *n*
perithelium Perithel(ium) *n (äußerste Zellschicht kleinster Blut- und Lymphgefäße)*
perithoracic perithorakal, den Brustkorb umgebend
perithyroiditis Perithyreoiditis *f*, Schilddrüsenkapselentzündung *f*
peritomist Peritomist *m*, eine Zirkumzision durchführender Arzt *m*
peritomize *v* eine Peritomie durchführen
peritomy *s.* 1. peridectomy; 2. circumcision
peritonaeum *s.* peritoneum
peritoneal peritoneal; Peritoneum…, Bauchfell…
peritoneal abscess peritonealer Abszess *m*
peritoneal aspiration Peritoneal(flüssigkeits)absaugung *f*
peritoneal canal Processus *m* vaginalis peritonei
peritoneal carcinomatosis Peritonealkarzino(mato)se *f*
peritoneal cavity Cavum *n* peritonei, Peritonealhöhle *f*, Bauchfellhöhle *f*
peritoneal covering Peritonealhülle *f*, Peritonealüberzug *m*
peritoneal dialysis *(Nephr)* Peritonealdialyse *f*
peritoneal dialysis solution *(Nephr)* Peritonealdialyselösung *f*
peritoneal dialysis therapy *(Nephr)* Peritonealdialysebehandlung *f*
peritoneal effusion Peritonealerguss *m*
peritoneal endometriosis peritoneale Endometriose *f*
peritoneal exudate Peritonealexsudat *n*
peritoneal fibrosis Peritonealfibrose *f*
peritoneal fluid Peritonealflüssigkeit *f*
peritoneal forceps *(Chir)* Peritoneumklemme *f*
peritoneal homograft Peritoneumhomotransplantat *n*
peritoneal irritation Peritonealirritation *f*, Bauchfellreizung *f*
peritoneal lavage Peritoneallavage *f*, Peritonealspülung *f*
peritoneal macrophage Peritonealmakrophage *m*
peritoneal margin Peritonealrand *m*, Bauchfellrand *m*
peritoneal mesothelioma *(Path)* Peritonealmesotheliom *n*
peritoneal pouch *(Anat)* Bauchfelltasche *f*
peritoneal pseudomyxoma *(Path)* Peritonealpseudomyxom *n*, Pseudomyxoma *n* peritonei
peritoneal recess Peritonealrezessus *m*
peritoneal reflection *(Anat)* Peritonealumschlagfalte *f*
peritoneal sac *(Anat)* Peritonealsack *m*
peritoneal transfusion Peritonealtransfusion *f*
peritoneal tuberculosis Peritonealtuberkulose *f*, Bauchfelltuberkulose *f*
peritoneal tumour Peritonealtumor *m*
peritoneal-venous shunt *s.* peritoneovenous shunt
peritonealgia Peritonealschmerz *m*, Bauchfellschmerz *m*
peritonealization Peritonealisation *f*, Peritonealisierung *f*
peritonealize *v* peritonealisieren, mit Bauchfell überdecken [übernähen]
peritoneocentesis Peritoneozentese *f*, Bauchfellstich *m*, Bauchhöhlenpunktion *f*
peritoneoclysis Peritoneoklyse *f*, Bauchhöhleninfusion *f*
peritoneography Peritoneographie *f*, Röntgendarstellung *f* des Peritoneums
peritoneomuscular peritoneomuskulär; Bauchfell-Muskel-…
peritoneopathy Peritoneopathie *f*, Peritoneumerkrankung *f*, Bauchfellkrankheit *f*
peritoneopericardial peritoneoperikardial; Peritoneum-Perikard-…, Bauchfell-Herzbeutel-…
peritoneopexy Peritoneopexie *f*, Gebärmutterfixation *f* am Bauchfell
peritoneoplasty Peritoneumplastik *f*, Bauchfellplastik *f*
peritoneorrhexis Peritoneorrhexis *f*, Peritoneumruptur *f*, Bauchfellzerreißung *f*
peritoneoscope Peritoneoskop *n*, Bauchhöhlenspiegel *m*
peritoneoscopy Peritoneoskopie *f*, Bauchhöhlenspiegelung *f*
peritoneosubarachnoid peritoneosubarachnoidal
peritoneothecal *s.* peritoneosubarachnoid
peritoneotome Bauchfellsegment *n*
peritoneotomy Peritoneotomie *f*, Peritoneumschnitt *m*, Bauchfellschnitt *m*
peritoneovenous peritoneovenös; Peritoneum-Venen-…, Bauchhöhlen-Venensystem-…
peritoneovenous shunt peritoneovenöser Shunt *m*
peritoneum Peritoneum *n*, Peritonaeum *n*, Bauchfell *n* *(Zusammensetzungen siehe unter: peritoneal)*
peritonism Peritonismus *m*, Pseudoperitonitis *f*, toxische [nicht entzündliche] Bauchfellreizung *f*
peritonitis Peritonitis *f*, Bauchfellentzündung *f*
peritonization *s.* peritonealization
peritonize *v s.* peritonealize
peritonsillar peritonsillar, peritonsillär, um eine Mandel liegend
peritonsillar abscess Peritonsillarabszess *m*, peritonsillärer Abszess *m*, Paratonsillarabszess *m*
peritonsillar space *(Anat)* Peritonsillarraum *m*
peritonsillitis Peritonsillitis *f*, Paratonsillitis *f*, Zellgewebsentzündung *f* um die Mandeln
peritracheal peritracheal, um die Luftröhre liegend
peritracheitis Peritracheitis *f*, Zellgewebsentzündung *f* um die Luftröhre
peritrichal *s.* peritrichous
peritrichate *s.* peritrichous
peritrichial peritrichial, um einen Haarfollikel liegend
peritrichic *s.* peritrichous
Peritrichida Peritrichida *npl*

peritrichous peritrich, über die ganze Oberfläche behaart; mit Geißeln bedeckt *(z. B. Mikroorganismen)*
peritrochanteric peritrochantär, um einen Trochanter liegend
peritruncal peritrunkal, um einen Trunkus liegend
peritubal peritubal, um den Eileiter liegend
peritubular dentin peritubuläres Dentin *n*
perityphlic perityphlisch, um den Blinddarm liegend
perityphlitic perityphlitisch; Perityphlitis...
perityphlitic abscess perityphlitischer Abszess *m*
perityphlitis 1. Perityphlitis *f*, Appendizitis *f*, Wurmfortsatzentzündung *f*; 2. Perityphlitis *f*, Zellgewebsentzündung *f* um das Zökum
periumbilical periumbilikal, periomphalisch, um den Nabel liegend
periumbilical colic Periumbilikalkolik *f*
periumbilical region Periumbilikalregion *f*
periungual periungual, um den Nagel liegend
periureteral *s.* periureteric
periureteric periureterisch, um den Harnleiter liegend
periureteritis Periureteritis *f*, Zellgewebsentzündung *f* um den Harnleiter
periurethral periurethral, um die Harnröhre liegend
periurethral abscess Periurethralabszess *m*, Eiteransammlung *f* um die Harnröhre
periurethritis Periurethritis *f*, Zellgewebsentzündung *f* um die Harnröhre
periuterine periuterin, um die Gebärmutter liegend, den Uterus umgebend
periuvular periuvulär, um das Zäpfchen liegend, die Uvula umgebend
perivaginal perivaginal, um die Scheide liegend
perivaginitis Perivaginitis *f*, Zellgewebsentzündung *f* um die Scheide
perivascular perivaskular, perivaskulär, um ein Blutgefäß liegend
perivascular goitre perivaskuläre Struma *f*
perivascular plexus *(Anat)* Plexus *m* perivascularis
perivascular spaces perivaskulärer Raum *m*, Virchow-Robin'sche Raum *m*
perivascularity perivaskuläres Infiltrat *n (z. B. polymorphonukleären Leukozyten)*
perivasculitis Perivaskulitis *f*, Gewebsentzündung *f* um ein Blutgefäß
perivenous perivenös, um eine Vene liegend
periventricular 1. periventrikulär, eine Herzkammer umgebend; 2. periventrikulär, eine Hirnkammer umgebend
perivertebral perivertebral, einen Wirbel umgebend
perivesical perivesikal, die Harnblase umgebend
perivesicular perivesikulär, ein Samenbläschen umgebend
perivesiculitis Perivesikulitis *f*, Zellgewebsentzündung *f* um die Samenbläschen
perivisceral periviszeral, die Eingeweide umgebend
perivisceritis Periviszeritis *f*, Zellgewebsentzündung *f* um die Eingeweide
perivitelline perivitellin
perivulvar perivulvär, um die Vulva liegend, den Scheideneingang umgebend
perixenitis Fremdkörperentzündung *f*, Fremdkörperreaktion *f*, Zellgewebsentzündung *f* um einen Fremdkörper
perle 1. *(Pharm)* Riechampulle *f*, Brechampulle *f*; 2. *(Pharm)* Perle *f*, Gelatinekapsel *f (Arzneimittelform)*
perleche Perlèche *f*, Faulecke *f*, Angulus *m* infectiosus, Mundwinkelrhagaden *fpl*
Perlia's nucleus Perlia'scher Kern *m*, Nucleus *m* caudalis centralis *(Teilkern des Okulomotoriuskerns)*
perlingual *(Pharm)* perlingual, durch [über] die Zunge *(Medikamentenaufnahme)*
Perlman syndrome Perlman-Syndrom *n (Nierendysplasie, Nephroblastom, fetaler Gigantismus und Hyperinsulinismus mit Hypetrophie der Langerhans-Inseln)*
Perls' stain Perl'sche Hämosiderinfärbung *f*
Perls' test Perl'scher Hämosiderin-Test *m*
perlsucht Perlsucht *f*, Rindertuberkulose *f*
permanence Permanenz *f*, Dauerhaftigkeit *f*, Beständigkeit *f (z. B. einer Krankheit)*
permanent callus *(Histol)* permanenter [bleibender] Kallus *m*, Dauerkallus *m*
permanent cartilage *(Histol)* Dauerknorpel *m*
permanent catheter Dauerkatheter *m*
permanent collectivization Dauerkollektivierung *f*
permanent dentition *s.* permanent teeth
permanent drainage Dauerdrainage *f*
permanent filling Dauerplombe *f*, permanente Zahnfüllung *f*
permanent haemostasis definitive Blutstillung *f*
permanent occlusion *(Stom)* Dauerokklusion *f*, Dauerbiss *m*
permanent pacemaker permanenter Schrittmacher *m*
permanent parasite permanenter Parasit *m*, Dauerparasit *m*
permanent teeth bleibende Zähne *mpl*, Dentes *mpl* permanentes, bleibendes Gebiss *n*, Dauergebiss *n*
permanent tracheostomy Dauertracheostoma *n*
permanganate Permanganat *n*
permanganic acid Permangansäure *f*
permeability Permeabilität *f*, Durchlässigkeit *f (von Scheidewänden)*
permeable permeabel, durchlässig, durchdringbar
permeant durchdringend
permease Permease *f*, Transportprotein *n*
permeate *v* permeieren, durchdringen
permeation Permeation *f*, Durchdringung *f*, Durchsetzung *f*, Infiltration *f*
permeation analgesia *(Anästh)* Oberflächenanalgesie *f*
permethrin Permethrin *n*
permissible dose erlaubte Dosis *f*
permissible exposure level *s.* permissible exposure limit
permissible exposure limit *(Arb)* erlaubtes Expositionslimit *n*; erlaubte Belastungsgrenze *f (z. B. gegenüber toxischen Substanzen)*
permit for blood donation Blutspendeerlaubnis *f*
permselectivity Permeabilitätsselektion *f (z. B. großer Moleküle an der Glomerulummembran)*
pernasal pernasal, durch die Nase
perniciosiform perniziosaartig
pernicious perniziös, bösartig, tödlich verlaufend
pernicious anaemia perniziöse Anämie *f*, Anaemia *f* perniciosa, Perniziosa *f*
pernicious leucopenia perniziöse Leukopenie *f*, Agranulozytose *f*
pernicious malaria perniziöse Malaria *f*, Malaria *f* tropica, Tropenfieber *n*, Perniziosa(-Malaria) *f*, Tropica-Malaria *f*
pernicious vomiting perniziöses Erbrechen *n*
pernio Frostbeule *f*
perniosis Perniosis *f*, Hauterfrierung *f*
perobrachius *(Terat)* Perobrachius *m*, Missgeburt *f* mit verkümmerten Armen
perocephalus *(Terat)* Perocephalus *m (Missgeburt)*
perocheirus *(Terat)* Peroch(e)irus *m*, Missgeburt *f* mit Verstümmelung *f* der Hände
perochirus *s.* perocheirus
perocormus *(Terat)* Perocormus *m*, Perosomus *m (Missgeburt)*
perodactylia *s.* perodactyly
perodactylus *(Terat)* Perodaktylus *m*, Missgeburt *f* mit Verkümmerung der Finger und Zehen

perodactyly *(Terat)* Perodaktylie *f*, Fingerverkümmerung *f*, Zehenverkümmerung *f*
peromelia *(Terat)* Peromelie *f*, Missbildung *f* mit Extremitätenverstümmelung
peromelus Peromelus *m*, Missgeburt *f* mit verkümmerten Extremitäten
peronaeal *s.* peroneal
peronarthrosis *s.* saddle joint
perone *s.* fibula
peroneal peroneal; Wadenbein..., Fibula...
peroneal artery Arteria *f* peronea, Wadenbeinarterie *f*
peroneal gait Steppergang *m*, Peroneusgang *m (bei Peroneusnervenlähmung)*
peroneal groove Sulcus *m* tendinis musculi peronei longi calcanei
peroneal muscular atrophy Wadenmuskelatrophie *f*, Charcot-Marie'sche Krankheit *f*, neurale progressive Muskelatrophie *f*
peroneal (nerve) palsy Fibularis(nerven)lähmung *f*, Peroneus(nerven)lähmung *f*
peroneal paralysis *s.* peroneal nerve palsy
peroneal reflex Peroneusreflex *m*
peroneal retinaculum Retinaculum *n* musculorum peronaeorum
peroneal sign *(Neur)* Peroneusphänomen *n*, Peroneuszeichen *n*
peroneal trochlea [tubercle] of the calcaneus Trochlea *f* peronealis, Fersen(bein)rolle *f*
peroneal vein Vena *f* peronea, Wadenbeinvene *f*
peroneocalcaneus externus *s.* peroneus accessorius quartus muscle
peroneotibial peroneotibial; Fibula-Tibia-..., Wadenbein-Schienbein-...
peroneus accessorius Musculus *m* peroneus accessorius
peroneus accessorius digiti minimi (muscle) Musculus *m* peroneus accessorius digiti minimi
peroneus accessorius muscle *s.* peroneus accessorius
peroneus accessorius quartus (muscle) Musculus *m* peroneus accessorius quartus
peroneus accessorius tertius (muscle) Musculus *m* peroneus accessorius tertius
peroneus brevis (muscle) Musculus *m* peroneus brevis, kurzer Wadenbeinmuskel *m*
peroneus longus (muscle) Musculus *m* peroneus longus, langer Wadenbeinmuskel *m*
peroneus tertius (muscle) Musculus *m* peroneus tertius, dritter Wadenbeinmuskel *m*
peronia Entwicklungsanomalie *f*
peroperative cholangiography *(Rad)* intraoperative Cholangiographie *f*
peroplasia Fehlbildung *f*, Malformation *f*
peropus *(Terat)* Peropus *m*, Missgeburt *f* mit Beinverstümmelung [Fußverstümmelung]
peroral peroral, per os, durch den Mund (verabfolgt)
peroral cholecystography *(Rad)* perorale Cholezystographie *f*
perosomus *(Terat)* Perosomus *m*, Perocormus *m (Missgeburt)*
perosplanchnia Perosplanchnie *f*, Eingeweidemissbildung *f*
perosseous perossal, durch den Knochen übertragen
peroxidase Peroxidase *f*, Peroxydase *f (Enzym)*
peroxidase deficiency Peroxidasemangel *m*
peroxide Peroxid *n*; Wasserstoffperoxid *n*
peroxisome Peroxisom *n (Peroxidasen enthaltendes Zytosom)*
peroxyacetic acid Peroxiessigsäure *f*
peroxydase *s.* peroxidase

perpendicular plate of the ethmoid bone Lamina *f* perpendicularis ossis ethmoidalis
perpendicular plate of the palatine bone Lamina *f* perpendicularis ossis palatini
perphenazine Perphenazin *n (Antipsychotikum, Antiemetikum)*
Perry bag Perry-Beutel *m*, Perry'scher Kolostomiebeutel *m*
Perrin-Ferraton disease Perrin-Ferraton'sche Krankheit *f*, Syndrom *n* der schnappenden Hüfte; schnappende Hüfte *f*
persecution complex *(Neur)* Persekutionsdelirium *n*, Verfolgungswahn *m* • **have a persecution complex** an Verfolgungswahn leiden
persecutional mania *s.* persecution complex
persecutory delirium *s.* persecution complex
Persephone syndrome *(Neur)* Persephone-Syndrom *n (übermäßige Mutter-Tochter-Bindung)*
perseverant speech perseverierende Sprache *f*
perseverate *v* perseverieren, ständig wiederholen *(z. B. Bewusstseinsinhalte)*
perseveration Perseveration *f*, (abnormes) Verharren *n*, Haftenbleiben *n (z. B. bei gleichen Handlungen)*; Wiederholungszwang *m (zu gleichen Handlungen)*
perseveration of thinking *(Neur)* perseverierendes Denken *n*
Persian Gulf syndrome Golfkrieg-Syndrom *n*
persistence Persistenz *f*, Fortbestehen *n*, Fortdauer *f*, Überleben *n (z. B. von Krankheitskeimen)*
persistence of germs Erregerpersistenz *f*, Keimpersistenz *f*, Persistenz *f* von Keimen
persistent persistent, persistierend; hartnäckig; anhaltend, (an)dauernd
persistent bleeding persistierende [andauernde] Blutung *f*
persistent common atrioventricular canal persistierender gemeinsamer Atrioventrikularkanal *m* [AV-Kanal *m*]
persistent pain Dauerschmerz *m*
persistent tremor Dauertremor *m*, anhaltender [persistierender] Tremor *m*
persistent urticaria persistierende [hartnäckige] Urtikaria *f*
persister persistierender Keim *m (z. B. nach Antibiotikagabe)*
person of reference *(Neur)* Bezugsperson *f*
person to be analyzed *(Psych)* Analysant *m*
person-to-person spread Mensch-zu-Mensch-Ausbreitung *f (z. B. von Mikroorganismen)*
person-to-person transmission Mensch-zu-Mensch-Übertragung *f (z. B. einer Krankheit)*
person year *(Statist)* Personenjahr *n*
personal persönlich
personal protective equipment persönliche Schutzausrüstung *f*
personal space *(Psych, Physiol)* persönlicher Bereich *m*
personal space boundaries *(Psych, Physiol)* Grenzen *fpl* des persönlichen Bereichs
personal unconscious persönliches Unterbewusstsein *n*
personality *(Psych, Neur)* Persönlichkeit *f*
personality change Persönlichkeitsveränderung *f*, Wesensänderung *f*
personality crisis Persönlichkeitskrise *f*
personality development Persönlichkeitsentwicklung *f*
personality disorder *(Neur)* Persönlichkeitsstörung *f*
personality disorganization Persönlichkeitsabbau *m*
personality formation Persönlichkeitsbildung *f*
personality inventory psychologischer Fragebogen *m*, Persönlichkeitsfragebogen *m*
personality inventory test psychologischer Fragebogentest *m*

personality profile Persönlichkeitsbild *n*
personality structure Persönlichkeitsstruktur *f*
personality test Persönlichkeitstest *m*
personality type Persönlichkeitstyp *m*
personification Personifikation *f*, Personifizierung *f*
personify *v* personifizieren, verkörpern
personologic personologisch, Personologie…
personology Personologie *f (Lehre von der Persönlichkeit)*
personnel of hospital Krankenhauspersonal *n*
persorption Persorption *f (Direktaufnahme von intakten Stoffen durch die Körperoberfläche)*
perspiration 1. Perspiration *f*, Stoffaustausch *m* durch die Haut; Hautatmung *f*, Perspiratio *f* insensibilis; 2. Ausdünstung *f*, Schwitzen *n*, Transpiration *f*, Perspiratio *f* sensibilis; 3. Schweiß *m (Zusammensetzungen siehe unter: sweat)*
perspiratory perspiratorisch, die Ausdünstung (be)fördernd; Perspirations…
perspiratory gland Schweißdrüse *f*, Glandula *f* sudorifera
perspire *v* perspirieren, schwitzen, ausschwitzen
persuasion Überzeugung *f*, Überredung *f (Psychotherapie)*
persulfate Persulfat *n*
persulfide Persulfid *n*
persulfuric acid Perschwefelsäure *f*
pertechnetate Pertechnetat *n*
Perthes' disease *(Orth)* Perthes'sche Krankheit *f*, Perthes-Calvé-Legg-Krankheit *f*, Osteochondropathia *f* deformans coxae juvenilis
Perthes' test Perthes-Versuch *m*, Perthes'scher Versuch *m (Test auf Durchgängigkeit der Perforans-Venen bei Beinvarikose)*
pertubation *(Gyn)* Pertubation *f*, Tubendurchblasung *f*, Tubenperflation *f*, Insufflation *f*
pertussal pertussal, keuchhustenartig
pertussis Pertussis *f*, Keuchhusten *m*
pertussis immune globulin Pertussis-Immunglobulin *n*
pertussis vaccination Pertussisvakzination *f*, Keuchhusten(schutz)impfung *f*
pertussis vaccine Pertussisvakzine *f*, Keuchhustenimpfstoff *m*
pertussoid *s.* pertussal
Peruvian balsam *(Pharm)* Perubalsam *m*, Balsamum *n* peruvianum
Peruvian wart *(Trop)* Peruwarze *f*, Verruca *f* peruviana *(siehe auch: bartonelliasis)*
pervasive developmental disorder *(Neur)* tiefgreifende Entwicklungsstörung *f*
perversion *(Neur)* Perversion *f*, Verkehrung *f*, abwegige Triebrichtung *f*, verkehrte Geschlechtsempfindung *f*
perversion of drive Triebverirrung *f*, Triebumkehr *f*, Triebperversion *f*
perversion of sensation Empfindungsstörung *f*, Wahrnehmungsstörung *f*
pervert *v* pervertieren; pervers werden
pervert Perverser *m*, perverser Mensch *m*
perverted appetite *s.* parorexia
pervigilium Pervigilium *n*, Schlaflosigkeit *f*
pervious *s.* permeable
pes Pes *m*, Fuß *m (Zusammensetzungen siehe unter: foot)*
pessary *(Gyn)* Pessar *n*, Pessarium *n*
pessary cell Anulozyt *m (Pessarform der Erythrozyten)*
pessary corpuscle *s.* target cell
pessary form *s.* pessary cell
pessary therapy 1. Pessarbehandlung *f (z. B. von Gebärmutterfehllagen)*; 2. Kontrazeption *f*, Schwangerschaftsverhütung *f*
pessary treatment *s.* pessary therapy
pessimism Pessimismus *m*
pessimist Pessimist *m*
pess(ul)um *s.* pessary
pest 1. *s.* plague 1.; 2. Schädling *m (z. B. Insekt)*
pesthouse Pesthaus *n*
pesticaemia Pestikämie *f*, Vorhandensein *n* von Pesterregern im Blut
pesticidal *s.* pesticide
pesticide pestizid, schädlingsbekämpfend
pesticide Pestizid *n*, Schädlingsbekämpfungsmittel *n*, Biozid *n*
pesticide poisoning Pestizidvergiftung *f*
pestiferous pestübertragend; eine Seuche übertragend
pestilence 1. Pestilenz *f*, bösartige Seuche *f*; 2. *s.* plague 1.
pestilential 1. pestbringend; ansteckend; pestartig; Pest…; Seuchen…; 2. pestilenzialisch, verpestet, übel riechend; 3. schädlich, verderblich
pestilential bubo Pestbubo *m*, Pestbeule *f*
pestis *s.* plague 1.
pestle *(Lab, Pharm)* Stößel *m*, Pistill *n*, Mörserkeule *f*, Zerstoßer *m*, Mörserstößel *m*
pestology 1. Pestologie *f*, Pestlehre *f*, Pestforschung *f*; 2. Seuchenlehre *f*; 3. Schädlingsbekämpfungslehre *f*
petaling Glättung *f*, Kantenabglättung *f*, Abglätten *n (z. B. eines Gipsverbands)*
petalobacteria Petalobacteria *npl*
petechiae 1. Petechien *fpl*, punktförmige Hautblutungen *fpl*; 2. Fieberflecken *mpl*
petechial *(Derm)* petechial; Petechien…, Petechial…
petechial fever petechiales Fieber *n*, Petechialfieber *n*
petechial haemorrhage petechiale Blutung *f*, Petechialblutung *f*
petechial rash *(Derm)* petechialer Ausschlag *m*
petechial typhus *s.* typhus fever
petechiasis Petechiasis *f*, Vorhandensein *n* von Petechien
petechiometer Petechiometer *n (zur Messung der Kapillarpermeabilität)*
Peter Pan syndrome *(Neur)* Peter-Pan-Syndrom *n*, Nicht-Erwachsen-werden-Wollen *n*
Peters' anomaly Peters-Syndrom *n*, Peters-Seefelder-Syndrom *n (multiple angeborene Missbildungen des Auges)*
Peters' ovum Peters'sches Ovum *n (zwei Wochen alter Embryo)*
pethidine Pethidin *n*, 1-Methyl-4-phenylpiperidin-4-carbonsäureethylester *m (Narkotikum)*
pethidine hydrochloride Pethidinhydrochlorid *n*
petiolate gestielt
petiolated *s.* petiolate
petiole *s.* petiolus
petioled gestielt
petiolus Petiolus *m*, Füßchen *n*, Beinchen *n*, Stiel *m*
petit mal *(Neur)* Petit mal *n*, abortiver epileptischer Anfall *m*, „kleiner Anfall“ *m*, kurz dauernde Bewusstseinstrübung *f*, Verwirrtheit *f*
petit mal epilepsy Petiti-mal-Epilepsie *f*
petit mal seizure Petit-mal Anfall *m*, kleiner Anfall *m*
petit mal status *(Neur)* Petit-mal-Status *m*, Status *m* pyknolepticus, Lennox'scher Dämmerzustand *m*
petit mal trias *(Neur)* Petit-mal-Trias *f (1. Propulsiv-petit-mal, Blick-Nick-Salaam-Krämpfe; 2. Retropulsiv-petit-mal, Abscence; 3. Impulsiv-petit-mal, myoklonische Epilepsie)*
petit mal variants *(Neur)* Petit-mal-Varianten *fpl*
Petit's canal Petit'scher Kanal *m*, Petit-Kanal *m*, Spatia *npl* zonularia
Petit's hernia Petit'sche Hernie *f*, Hernia *f* lumbalis inferior
Petit's ligament Petit'sches Ligament *n*, Ligamentum *n* sacrouterinum

Petit's sinus Petit'scher Sinus *m*, Sinus *m* aortae
Petit's triangle *(Anat)* Petit'sches Dreieck *n*, Petit-Dreieck *n*, Trigonum *n* lumbale, Lendendreieck *n*
Petri (culture) dish *(Bakt, Lab)* Petrischale *f*, Petri-Schale *f*
Petri plate *s.* Petri culture dish
petrichloral Petrichloral *n (Sedativum, Hypnotikum)*
petrifaction Petrifikation *f*, Versteinerung *f (z. B. eines Gewebes durch Kalkablagerung)*
pétrissage (massage) Petrissage *f*, Knetmassage *f*, Massage *f*
petro-occipital *(Anat)* petrookzipital
petro-occipital fissure Fissura *f* petrooccipitalis
petro-occipital suture Sutura *f* petrooccipitalis
petro-occipital synchondrosis Synchondrosis *f* petrooccipitalis
petrobasilar *(Anat)* petrobasilar
petroccipital *s.* petro-occipital
petrol sniffing Benzinismus *m*, Benzinschnüffeln *n*
petrolate Petrolat *n*
petrolatum Petrolatum *n*
petroleum Petroleum *n*
petroleum distillate poisoning Petroleumdestillatvergiftung *f*
petroleum-jelly gauze *(Chir)* Petroleumgaze *f*
petrolization Petrolisation *f*, Petroleumverstäubung *f (zur Mückenvernichtung)*
petromastoid *(Anat)* petromastoidal
petropharyngeus (muscle) Musculus *m* petropharyngeus
petrosa Felsenbein *n*, Felsenbeinpyramide *f*, Pyramide *f*, Pars *f* petrosa ossis temporalis
petrosal Felsenbein..., Felsenbeinpyramiden..., Pyramiden...
petrosal fossa Receptaculum *n* ganglii petrosi
petrosal nerve Felsenbeinnerv *m*, Nervus *m* petrosus
petrosal process Felsenbeinfortsatz *m* des Keilbeins
petrosectomy Petrosektomie *f*
petrositis Petrositis *f*, Felsenbeinentzündung *f*
petrosomastoid *s.* petromastoid
petrosphenoid *(Anat)* petrosphenoidal
petrosphenoid suture Sutura *f* petrosphenoidea
petrosquamosal *s.* petrosquamous
petrosquamous *(Anat)* petrosquamös
petrosquamous fissure Fissura *f* petrosquamosa
petrosquamous suture Sutura *f* petrosquamosa
petrotympanic *(Anat)* petrotympanal
petrotympanic fissure Fissura *f* petrotympanica
petrous petrös; Felsenbein...
petrous apex Felsenbeinspitze *f*, Pyramidenspitze *f*, Apex *m* partis petrosae
petrous bone *s.* petrosa
petrous part [portion] of the temporal bone *s.* petrosa
petrous pyramid *s.* petrosa
petrous ridge (of the temporal bone) Felsenbeinleiste *f*, Crista *f* pyramidis, Margo *m* superior partis petrosae
petrous temporal bone *s.* petrosa
petrousitis *s.* petrositis
Pette-Döhring disease Pette-Döhring'sche Krankheit *f*, Pette-Döhring'sche Panenzephalitis *f*
Pette-Döhring panencephalitis *s.* Pette-Döhring disease
Peutz-Jeghers syndrome *(Gastr)* Peutz-Jeghers'sches Syndrom *n*, Peutz-Jeghers-Syndrom *n (Schleimhautpolypen im Magen-Darm-Kanal mit Haut- und Schleimhautpigmentation)*
pexia *s.* pexis
pexic fixierend, bindend
pexin Pexin *n*, Chymosin *n*
pexinogen Pexinogen *n*, Prochymosin *n*
pexis Pexie *f*, Anheftung *f*, Annähen *n*, Fixation *f*, Fixierung *f (z. B. von Organen bei Lageveränderung)*
Peyer's glands Peyer'sche Plaques *pl*, Peyer'sche Drüsen *fpl* [Platten *fpl*], Peyer'sche Haufen *mpl*, Lymphonoduli *mpl* aggregati, Folliculi *mpl* lymphatici aggregati, Noduli *mpl* lymphoidei aggregati intestini tenuis, Lymphfollikelhaufen *mpl (im unteren Dünndarm)*
Peyer's patches *s.* Peyer's glands
Peyer's plaques *s.* Peyer's glands
peyote Peyote *m*, Peyotl *f (Rauschgift aus Kaktus Lophophora williamsii)*
peyotl *s.* peyote
Peyronie's disease Peyronie'sche Krankheit *f*, Peyronie-Krankheit *f*, Dupuytren'sche Kontraktur *f* mit Induratio penis plastica; fibröse Kavernitis *f*
Pfannenstiel's incision *(Gyn, Chir)* Pfannenstiel'scher Querschnitt *m*, Pfannenstiel-Querschnitt *m*, suprapubischer Querschnitt *m*, Faszienschnitt *m (Bauchdeckenschnitt an der oberen Schambehaarungsgrenze)*
Pfaundler-Hurler syndrome *s.* Hurler's syndrome
Pfeiffer's bacillus Pfeiffer'sches Bakterium *n*, Haemophilus *m* influenzae
Pfeiffer's blood agar Pfeiffer'scher Blutagar *m*
Pfeiffer's disease Pfeiffer'sches [lymphämoides] Drüsenfieber *n*, infektiöse Mononukleose *f*, Mononucleosis *f* infectiosa, Lymphoidzellenangina *f*, Monozytenangina *f*, Pfeiffer-Drüsenfieber *n*
Pfeiffer's glandular fever *s.* Pfeiffer's disease
Pfeiffer's phenomenon Pfeiffer'sches Phänomen *n (Auflösung von Choleravibrionen bei aktiv immunisierten Probanden)*
Pfeiffer's reaction Pfeiffer'scher Versuch *m (intraperitoneale Injektion virulenter Choleravibrionen nach Immunisierung)*
Pfeiffer's syndrome Pfeiffer'sches Syndrom *n*, Akrozephalosyndaktylie *f* Typ V
PFK *s.* phosphofructokinase
Pflüger's law *(Physiol)* Pflüger'sches Zuckungsgesetz *n*
PG *s.* prostaglandin
pH value pH-Wert *m*, pH *m(n)*, Wasserstoff(ionen)exponent *m*
phacentocele *s.* phacocele
phacic Linsen..., Augenlinsen...
phacitis *(Ophth)* Phakitis *f*, Linsenentzündung *f*
phacoanaphylactic phakoanaphylaktisch
phacoanaphylactic endophthalmitis Endophthalmitis *f* phacoanaphylactica
phacoanaphylaxis Phakoanaphylaxie *f (allergische Reaktion auf Augenlinsenprotein)*
phacocele Phakozele *f*, Linsenhernie *f*, Augenlinsenvorfall *m*; Augenlinsenverdrängung *f*
phacocyst *(Ophth)* Linsenkapsel *f*
phacocystectomy Phakozystektomie *f*, (operative) Linsenkapselentfernung *f*
phacocystitis *(Ophth)* Phakozystitis *f*, Linsenkapselentzündung *f*
phacodonesis Phakodonesis *f*
phacoemulsification *(Ophth)* Phakoemulsifikation *f*, Linsenverflüssigung *f*
phacoerisis *s.* phacoerysis
phacoerysis *(Ophth)* Phakoeresis *f*, Linsenextraktion *f* *(mit einem Saugapparat)*
phacofragmentation *(Ophth)* Phakofragmentation *f*
phacofragmentator *(Ophth)* Phakofragmentator *m*
phacoglaucoma Linsenglaukom *n (Linsenveränderungen durch Glaukom)*
phacohymenitis *s.* phacitis
phacoid phakoid, linsenförmig
phacoiditis *s.* phacitis

phacoidoscope Phakoskop *n*, Augenlinsenspiegel *m*
phacolysin Phakolysin *n*
phacolysis 1. *(Ophth)* Phakolyse *f*, (operative) Linsenherauslösung *f*; 2. *(Ophth)* Phakolyse *f*, Linsenauflösung *f*
phacolytic phakolytisch; Phakolyse...
phacoma Phakom *n*, Linsentumor *m*, Augenlinsengeschwulst *f*
phacomalacia Phakomalazie *f*, Augenlinsenerweichung *f*
phacomatosis Phakomatose *f*, neurokutanes Syndrom *n* *(mit angeborenen Gefäßveränderungen und Tumorbildung; z. B. von Hippel-Lindau'sche Krankheit)*
phacometachoresis *s.* phacocele
phacometer Phakometer *n (Gerät zur Ausmessung optischer Linsen)*
phacopalingenesis Augenlinsenregeneration *f*
phacoplanesis Phakoplanese *f*, Wanderlinse *f*, mobile Augenlinse *f*
phacoscleroma Phakoskleroma *n*, Altersstar *m*
phacosclerosis Phakosklerose *f*, Linsensklerose *f*, Augenlinsenverhärtung *f*
phacoscope Phakoskop *n*, Augenlinsenspiegel *m*
phacoscopy Phakoskopie *f*, Augenlinsenspiegelung *f*
phacoscotasmus Phakoskotasmus *m*, Linsentrübung *f*
phacotoxic phakotoxisch
phaeochrome phäochrom, chromaffin
phaeochromoblast Phäochromoblast *m (Phäochromozytenvorstufe)*
phaeochromoblastoma *(Path)* Phäochromoblastom *n*, Phäochromoblastengeschwulst *f*
phaeochromocyte Phäochromozyt *m*, chromaffine Zelle *f (z. B. im Nebennierenmark)*
phaeochromocytoma *(Path)* Phäochromozytom *n*, Paragangliom *n*, Geschwulst *f* aus chromaffinen Zellen
phaeohyphomycosis Phäohyphomykose *f*, Phaeohyphomycosis *f*
phaeosporotrichosis *(Myk)* Phäosporotrichose *f*
phage *(Virol)* Phage *m*, Bakteriophage *m*
phage adsorption Phagenadsorption *f*, Bakteriophagenanheftung *f*, Bakteriophagenhaftung *f*
phage conversion Phagenkonversion *f*, Phagenumwandlung *f*, lysogene Konversion *f*
phage-induced immunity phageninduzierte Immunität *f*
phage induction Phageninduktion *f*, Bakteriophageninduktion *f*
phage neutralization test Phagenneutralisationstest *m*
phage type Phagotyp *m*, Phagentyp *m*
phage typing Phagentypisierung *f*, Bakteriophagentypisierung *f*
phagedaena *(Derm)* Phagedäna *f*, fortschreitendes [um sich fressendes] Geschwür *n (besonders bei Syphilis)*
phagedaenic phagedänisch, fortschreitend, sich ausbreitend *(Geschwür)*
phagelysis *s.* phagocytolysis
phagocytable phagozytierbar, durch Phagozytose aufnehmbar
phagocytal *s.* phagocytic
phagocyte *(Histol)* Phagozyt *m*, Phagozyte *f*, Fresszelle *f*
phagocytic phagozytisch
phagocytic ability phagozytische Fähigkeit *f*, Phagozytosefähigkeit *f*
phagocytic capacity phagozytische Kapazität *f*, Phagozytosekapazität *f*
phagocytic index phagozytische Zahl *f*, Phagozytoseindex *m*, Opsoninindex *m*
phagocytic vacuole *s.* phagosome
phagocytin Phagozytin *n (die Keimabtötung bewirkendes Protein der Phagozytose)*
phagocytize *v* phagozytieren, durch Phagozytose aufnehmen *(z. B. Bakterien)*
phagocytoblast Phagozytoblast *m (Phagozytenvorstufe)*
phagocytolysis Phagozytolyse *f*, Phagolyse *f*, Phagozytenzerfall *m*, Phagozytenauflösung *f*
phagocytolytic phagozytolytisch; Phagozytolyse...
phagocytose *v s.* phagocytize
phagocytosis Phagozytose *f (Partikelaufnahme durch Phagozyten)*
phagocytotic phagozytotisch; Phagozytose...
phagodynamometer Phagodynamometer *n (Kaukraftmesser)*
phagological phagologisch; die Phagen betreffend; Phagologie...
phagology Phagologie *f*, Phagenkunde *f*, Phagenlehre *f*
phagolysis *s.* phagocytolysis
phagolysosome *s.* phagosome
phagolytic *s.* phagocytolytic
phagomania Phagomanie *f*, Esssucht *f*
phagophobia *(Neur)* Phagophobie *f*, Schluckangst *f*
phagoplasm Phagoplasma *n*
phagoprophylaxis phageninduzierte Immunität *f*, Phagenprophylaxe *f*
phagosome Phagosom *n*, Phagolysom *n*, Phagozytosevakuole *f*
phagotroph phagotropher Organismus *m*
phagotrophic phagotroph, holozoisch, große Stücke verschlingend; ganze Organismen verschlingend
phagotype Phagotyp *m*, Phagentyp *m*
phakitis *s.* phacitis
phakoma *s.* phacoma
phakomatosis *s.* phacomatosis
phalangeal phalangeal; Phalanx..., Fingerglied...; Zehenglied...
phalangeal knife Phalangenmesser *n*
phalangectomy Phalangektomie *f*, (operative) Phalanxentfernung *f*
phalanges *pl s.* phalanx
phalangette Endphalanx *f*, Endglied *n*
phalangitis Phalangitis *f*, Fingerknochenentzündung *f*, Zehenknochenentzündung *f*
phalangization Phalangisation *f*, Phalangisierung *f*, Phalangisieren *n (Fingerneubildung aus einem Knochenstumpf)*
phalangophalangeal interphalangeal; Phalanx-Phalanx-...
phalanx Phalanx *f*, Fingerknochen *m*, Fingerglied *n*; Zehenknochen *m*, Zehenglied *n*
Phalen's manoeuvre Phalen'sches Manöver *n (Handüberstreckung zum Nachweis eines Karpaltunnelsyndroms)*
phallalgia Phallalgie *f*, Penisschmerz *m*, Gliedschmerz *m*
phallaneurysm Phallusaneurysma *n*, Penisaneurysma *n*
phallectomy Phallektomie *f*, Penisamputation *f*, (operative) Penisentfernung *f*
phallic phallisch; Phallus..., Penis..., Glied... *(Zusammensetzungen siehe unter: penile)*
phallic character phallischer Charakter *m*
phallic stage *(Neur)* phallisches Stadium *n*, phallische Phase *f*, phallisch-ödipale Phase *f*
phallic woman *(Neur)* phallische Frau *f*
phalliform phalliform, phallusförmig, gliedartig
phallin Phallin *n (Amanita-phalloides-Toxin)*
phallitis Phallitis *f*, Phallusentzündung *f*
phallocampsis Phallokampsis *f*, Phallusverkrümmung *f*
phallocrypsis Phallusretraktion *f*
phallodynia *s.* phallalgia
phalloid phalloid, phallusartig, gliedartig
phalloidin Phalloidin *n (Amanita-phalloides-Toxin)*
phallolysin Phallolysin *n (Amanita-phalloides-Toxin)*
phalloncus Phalloncus *m*, Penistumor *m*, Penisgeschwulst *f*

phalloplasty Phalloplastik *f*, Penisplastik *f*, Gliedplastik *f*, Phallusrekonstruktion *f*
phallorrhagia Phallorrhagie *f*, Phallusblutung *f*
phallorrhoea Phallorrhoe *f*, Tripper *m*, männliche Gonorrhoe *f*
phallotomy Phallotomie *f*, Phallusschnitt *m*, Gliedinzision *f*
phallotoxin Phallotoxin *n (Amanita-phalloides-Toxin)*
phallus Phallus *m*, Penis *m*, (männliches) Glied *n (Zusammensetzungen siehe unter: penis und penile)*
phanerogenetic phanerogenetisch, mit einer bekannten Ursache *(z. B. eine Krankheit)*
phanerogenic *s.* phanerogenetic
phaneromania *(Neur)* Phaneromanie *f*
phaneroscope *(Derm)* Phaneroskop *n*
phanerosis Phanerosis *f*, Phanerose *f*, Sichtbarmachen *n*, Sichtbarmachung *f*, Sichtbarwerden *n*
phanerozoite Phanerozoit *m (Malariaentwicklungsstadium)*
phanquone Phanquon *n (Amöbenmittel)*
phantasm 1. *(Neur)* Phantasma *n*, Trugbild *n*, Scheinbild *n*, Phantasiebild *n*, optische Sinnestäuschung *f*, Halluzination *f*; 2. *(Neur)* Illusion *f*, Phantasmie *f*
phantasmagoria unwirklicher Traum *m*, Einbildung *f*, Unwirklichkeit *f*
phantasmagorial traumhaft, eingebildet, unwirklich
phantasmal 1. phantastisch; Phantasie...; halluzinatorisch; 2. illusorisch, unwirklich, eingebildet
phantasmatomoria Phantasamatomoria *f*, Demenz *f* mit kindlichen Phantasien
phantasmophobia *(Neur)* Phantasmophobie *f*, Geisterfurcht *f*, Geisterangst *f*
phantasmoscopia Phantasmoskopie *f*, Scheinbildersehen *n*, Geistersehen *n*, Phantasieren *n*
phantasy *s.* fantasy
phantogeusia Phantogeusie *f (abnorme metallische oder salzige subjektive Geschmacksempfindung im Mund)*
phantom 1. *(Neur)* Phantom *n*, Trugbild *n*, Sinnestäuschung *f*; 2. Phantom *n*, (anatomisches) Modell *n*; Puppe *f*, Körpernachbildung *f*
phantom cell Erythrozytenschatten *m*
phantom hand *(Neur)* Phantomhand *f*
phantom leg *(Neur)* Phantombein *n*
phantom limb *(Neur)* Phantomglied *n*
phantom limb pain *s.* phantom pain
phantom limb syndrome *(Neur)* Phantomgliedsyndrom *n*
phantom odontalgia Phantomzahnschmerz *m*
phantom pain Phantomschmerz *m*
phantom pregnancy Scheinschwangerschaft *f*
phantom sensation Phantomempfinden *n*
phantom tumour Phantomtumor *m*
phantom vision *s.* phantasm
phantosmia *s.* pseudosmia
pharmacal *s.* pharmaceutical
pharmaceutic *s.* pharmaceutical
pharmaceutical pharmazeutisch; Pharmazie...
pharmaceutical (agent) Pharmazeutikum *n*, Arzneimittel *n*, pharmazeutisches Mittel *n*, Arzneistoff *m*
pharmaceutical chemistry pharmazeutische Chemie *f*, Pharmakochemie *f*, Arzneimittelchemie *f*
pharmaceutical directory Arznei(mittel)verzeichnis *n*
pharmaceutics Pharmazie *f*, Pharmazeutik *f*, Arznei(mittel)kunde *f*
pharmaceutist *s.* pharmacist
pharmacist Pharmazeut *m*, Arzneimittelkundiger *m*; Apotheker *m*
pharmacoangiography Pharmakoangiographie *f*, Gefäßröntgendarstellung *f* nach Pharmakagabe
pharmacochemistry pharmazeutische Chemie *f*
pharmacodiagnosis Pharmakodiagnose *f*, Diagnostik *f* mit Pharmakagabe, diagnostische Medikamentengabe *f*
pharmacodynamic pharmakodynamisch
pharmacodynamic test Augentropfentest *m*, pharmakodynamischer Test *m*
pharmacodynamics Pharmakodynamik *f (Lehre von der Arzneimittelwirkung im Organismus)*
pharmacoeconomics Pharmakoökonomie *f (Lehre von den Kosten der Pharmakotherapie hinsichtlich Wirksamkeit)*
pharmacoendocrinology Pharmakoendokrinologie *f*
pharmacoepidemiology Pharmakoepidemiologie *f*
pharmacogenetics Pharmakogenetik *f (Lehre von den erblichen Formen der Arzneimittelreaktionen)*
pharmacognosist Drogenkundiger *m*, Drogenspezialist *m*, Pharmakognosiespezialist *m*
pharmacognostic pharmakognostisch, drogenkundlich
pharmacognostics *s.* pharmacognosy
pharmacognosy Pharmakognosie *f*, Drogenkunde *f*, pharmazeutische Biologie *f (Bestimmungs- und Erkennungslehre der Drogen)*
pharmacography Pharmakographie *f*
pharmacokinetics Pharmakokinetik *f*
pharmacologic pharmakologisch
pharmacologic agent pharmakologischer Wirkstoff *m*, pharmakologisches Mittel *n*
pharmacologic treatment pharmakologische Behandlung *f* [Therapie *f*]
pharmacologic vagotomy pharmakologische Vagotomie *f*
pharmacological *s.* pharmacologic
pharmacologist Pharmakologe *m*
pharmacologist and toxicologist Pharmakologe *m* und Toxikologe *m*, Arzt *m* [Facharzt *m*] für Pharmakologie und Toxikologie *f*, Pharmakotoxikologe *m*
pharmacology Pharmakologie *f*, Arzneimittellehre *f*, Arznei(mittel)verordnungslehre *f*
pharmacomania Pharmakomanie *f*, Arzneimittelsucht *f*
pharmacomanometry Pharmakomanometrie *f*, Tonusmessung *f* mit Pharmakagabe, Druckmessung *f* unter Medikamentengabe
pharmacon Pharmakon *n*, Arzneimittel *n*, Medikament *n*, Medizin *f*
pharmacopaedia *s.* pharmacology
pharmacopaedics *s.* pharmacology
pharmacopeia *s.* pharmacopoeia
pharmacopeial *s.* pharmacopoeial
pharmacophilia Pharmakophilie *f*, Arzneisucht *f*, Medikamentenvorliebe *f*
pharmacophobia Pharmakophobie *f*, Arzneifurcht *f*, Medikamentenabneigung *f*
pharmacophore pharmakologische Wirkgruppe *f*
pharmacopoeia Pharmakopöe *f*, Arzneibuch *n*, Arznei(mittel)verzeichnis *n*
pharmacopoeial offizinell, im Arzneibuch [Arzneimittelverzeichnis] enthalten; Pharmakopöe...
pharmacopsychiatry Pharmakopsychiatrie *f*
pharmacopsychology Pharmakopsychologie *f*
pharmacopsychosis Pharmakopsychose *f*, Arzneimittelpsychose *f*, Medikamentenpsychose *f*
pharmacoradiography Pharmakoradiographie *f*, Röntgenuntersuchung *f* mit Pharmakagabe
pharmacotherapeutic pharmakotherapeutisch
pharmacotherapeutics Pharmakotherapie *f*, pharmakotherapeutische Lehre *f*
pharmacotherapy Pharmakotherapie *f*, Arzneimitteltherapie *f*, Arzneimittelbehandlung *f*
pharmacy 1. *s.* pharmaceutics; 2. Apotheke *f*

pharmacy on duty Dienst habende Apotheke *f*, Bereitschaftsapotheke *f*, Apotheke *f* im Bereitschaftsdienst
pharyngalgia Pharyngalgie *f*, Pharyngodynie *f*, Pharynxschmerz *m*, Rachenschmerz *m*, Schlundschmerz *m*; Schluckschmerz *m*
pharyngeal pharyngeal; Pharynx..., Rachen..., Schlund...
pharyngeal adenoids *s.* pharyngeal tonsil
pharyngeal aponeurosis Pharynxaponeurosis *f*
pharyngeal arch *(Anat)* Schlundbogen *m*
pharyngeal burn Pharynxverbrennung *f*, Rachenverbrennung *f*
pharyngeal bursa Bursa *f* pharyngea
pharyngeal canal Canalis *m* palatovaginalis
pharyngeal crisis Pharynxkrise *f*, krampfhafter Würgeanfall *m*
pharyngeal cyst Pharynxzyste *f*, Rachenzyste *f*
pharyngeal discomfort *s.* pharyngalgia
pharyngeal diverticulum Pharynxdivertikel *n*, Pulsionsdivertikel *n*, Zenker'sches Divertikel *n*
pharyngeal dysphagia Pharynxdysphagie *f*, Schluckbeschwerden *pl*
pharyngeal exudate Rachenexsudat *n*
pharyngeal foreign body Pharynxfremdkörper *m*
pharyngeal groove *(Embr)* Kiemenfurche *f*
pharyngeal hypophysis Pharynxhypophyse *f*, Rachendachhypophyse *f*
pharyngeal injury Pharynxverletzung *f*, Rachenschädigung *f*
pharyngeal membrane pharyngeale Membran *f*, Rachenmembran *f*
pharyngeal moniliasis *(Myk)* Pharynxmoniliasis *f*, Rachensoor *m*
pharyngeal mucosa [mucous membrane] Mucosa *f* pharyngis, Rachenschleimhaut *f*
pharyngeal muscle Rachenmuskel *m*, Schlundmuskel *m*
pharyngeal muscular spasm Schlundmuskelkrampf *m*
pharyngeal musculature Schlundmuskulatur *f*
pharyngeal opening of the auditory [Eustachian] tube Ostium *n* pharyngeum tubae auditivae, Rachenmündung *f* der Ohrtrompete
pharyngeal pain *s.* pharyngalgia
pharyngeal papilloma Pharynxpapillom *n*, Rachenpapillom *n*
pharyngeal plexus 1. *s.* pharyngeal venous plexus; 2. Plexus *m* pharyngeus, Schlundnervengeflecht *n*
pharyngeal polyp Pharynxpolyp *m*, Rachenpolyp *m*
pharyngeal pouch *(Embr)* Schlundtasche *f*
pharyngeal recess Recessus *m* pharyngeus, Rosenmüller'sche Grube *f (hinter dem Tubenwulst)*
pharyngeal reconstruction Pharynxrekonstruktion *f*, (operative) Rachenwiederherstellung *f*
pharyngeal reflex Pharynxreflex *m*, Rachenreflex *m*, Würgereflex *m*
pharyngeal suction catheter Pharynxabsaugkatheter *m*
pharyngeal suctioning procedure pharyngeales Absaugverfahren *n*, pharyngeale Absaugung *f*
pharyngeal surgery Pharynxchirurgie *f*
pharyngeal swabbing *(Bakt)* Rachenabstrich *m*
pharyngeal syphilis Pharynxsyphilis *f*, Rachensyphilis *f*
pharyngeal tamponade *(Chir, HNO)* Pharynxtamponade *f*
pharyngeal tonsil Tonsilla *f* pharyngica, Pharynxtonsille *f*, Rachenmandel *f*
pharyngeal tube Pharyngealtubus *m*
pharyngeal tubercle Tuberculum *n* pharyngeum
pharyngeal tumour Pharynxtumor *m*, Rachengeschwulst *f*
pharyngeal vein Vena *f* pharyngea, Schlundkopfvene *f*
pharyngeal venous plexus Plexus *m* pharyngeus venosus, Rachenvenengeflecht *n*, Schlundvenengeflecht *n*
pharyngeal voice Pharynxstimme *f*
pharyngeal wall Pharynxwand *f*, Rachenwand *f*
pharyngectasia Pharyngektasie *f*, Rachenerweiterung *f*
pharyngectomy Pharyngektomie *f*, (operative) Rachenteilentfernung *f*
pharyngemphraxis Pharynxobstruktion *f*, Rachenobstruktion *f*
pharyngism *s.* pharyngospasm
pharyngismus *s.* pharyngospasm
pharyngitic pharyngitisch; Pharyngitis..., Rachenentzündungs...
pharyngitid Pharyngitid *n (Hautausschlag bei Pharyngitis)*
pharyngitis Pharyngitis *f*, Pharynxentzündung *f*, Pharynxkatarrh *m*, Rachen(schleimhaut)entzündung *f*, Rachenkatarrh *m*
pharyngo-amygdalitis *s.* pharyngotonsillitis
pharyngo-epiglottic pharyngoepiglottisch; Pharynx-Epiglottis-...
pharyngo-epiglottidean *s.* pharyngo-epiglottic
pharyngo-laryngo-oesophagectomy Pharynx-, Larynx- und Ösophagusexstirpation *f*, (operative) Rachen-, Kehlkopf- und Speiseröhrenentfernung *f*
pharyngo-oesophageal pharyngoösophageal, ösophagopharyngeal; Pharynx-Ösophagus-..., Rachen-Speiseröhren-...
pharyngo-oesophageal diverticulum *s.* pharyngeal diverticulum
pharyngo-oesophageal prosthesis *(Chir)* Pharynx-Ösophagus-Prothese *f*, pharyngoösophageale Prothese *f*
pharyngo-oesophageal replacement *(Chir)* Pharynx-Ösophagus-Ersatz *m*
pharyngo-oesophagolaryngectomy *s.* pharyngo-laryngo-oesophagectomy
pharyngo-oesophagus Pharyngoösophagus *m*
pharyngo-oral oropharyngeal, Pharynx-Mund-..., Rachen-Mund-...
pharyngobranchial pharyngobranchial; Schlund-Kiemenbogen-...
pharyngobranchial duct Ductus *m* pharyngobranchialis
pharyngocele Pharyngozele *f*, Pharynxhernie *f*, Rachenbruch *m*
pharyngoceratosis *s.* pharyngokeratosis
pharyngoconjunctival pharyngokonjunktival; Pharynx-Konjunktiva-...
pharyngoconjunctival fever Pharyngokonjunktivalfieber *n*, Rhinopharyngitis *f* acuta, Koryza *f*, abakterielle Pharyngitis *f* [Rachenentzündung *f*], Virusschnupfen *m*
pharyngoconjunctivitis Pharyngokonjunktivitis *f*, Pharynx- und Bindehautentzündung *f*
pharyngodynia *s.* pharyngalgia
pharyngoesophageal *s.* pharyngo-oesophageal
pharyngoglossal pharyngoglossal, pharyngoglossär; Rachen-Zungen-...
pharyngokeratosis Pharyngokeratose *f*, Rachenkeratose *f*, Keratosis *f* pharyngea
pharyngolaryngeal pharyngolaryngeal; Rachen-Kehlkopf-...
pharyngolaryngectomy Pharyngolaryngektomie *f*, operative Pharynx- und Larynxentfernung *f*
pharyngolaryngitis Pharyngolaryngitis *f*, Pharynx- und Larynxentzündung *f*, Rachen- und Kehlkopfkatarrh *m*
pharyngolith Pharyngolith *m*, Rachenstein *m*
pharyngologic pharyngologisch
pharyngology Pharyngologie *f*, Lehre *f* von den Rachenkrankheiten
pharyngolysis *s.* pharyngoplegia
pharyngomaxillary pharyngomaxillär; Rachen-Oberkiefer-...
pharyngomycosis Pharyngomykose *f*, Rachenmykose *f*
pharyngonasal 1. pharyngonasal; Rachen-Nasen-...; 2. Nasenrachen...

pharyngonasal cavity Nasenrachen(raum) *m,* Epipharynx *m*
pharyngopalatine *s.* palatopharyngeal
pharyngoparalysis *s.* pharyngoplegia
pharyngopathy Pharyngopathie *f,* Pharynxleiden *n,* Rachenkrankheit *f,* Schlunderkrankung *f*
pharyngoperistole *s.* pharyngostenia
pharyngoplasty Pharyngoplastik *f,* Pharynxplastik *f,* Rachenplastik *f,* Schlundplastik *f,* Pharynxrekonstruktion *f*
pharyngoplegia Pharyngoplegie *f,* Pharyngoparalyse *f,* Rachenmuskellähmung *f,* Schlundlähmung *f*
pharyngorhinitis Pharyngorhinitis *f,* Rhinopharyngitis *f,* Nasenrachenentzündung *f,* Nasenrachenkatarrh *m*
pharyngorhinoscopy Pharyngorhinoskopie *f,* Nasenrachenspiegelung *f,* hintere Nasenspiegelung *f,* Rhinoscopia *f* posterior
pharyngorrhagia Pharyngorrhagie *f,* Pharynxblutung *f,* Rachenblutung *f,* Schlundblutung *f*
pharyngorrhoea Pharyngorrhoe *f,* Rachenschleimfluss *m*
pharyngosalpingitis Pharyngosalpingitis *f (Entzündung des Rachens und der Ohrtrompete)*
pharyngoscleroma Pharynxsklerom *n,* Rachensklerom *n*
pharyngoscope Pharyngoskop *n,* Rachenspiegel *m*
pharyngoscopy Pharyngoskopie *f,* Pharynxspiegelung *f,* Rachenspiegelung *f*
pharyngospasm Pharyngospasmus *m,* Pharyngismus *m,* Pharynxkrampf *m,* Rachenkrampf *m,* Schlundkrampf *m*
pharyngospasmodic pharyngospasmodisch; Rachenkrampf..., Schlundkrampf...
pharyngostenia *s.* pharyngostenosis
pharyngostenosis Pharyngostenose *f,* Pharynxstenose *f,* Schlundvereng(er)ung *f,* Rachenstriktur *f,* Pharynxstenosierung *f,* Rachenstenosierung *f*
pharyngostenous Rachenstenosen..., Schlundverengerungs..., Pharynxstriktur...
pharyngostoma Pharyngostoma *n,* (operative) Pharynxfistel *f*
pharyngostome *s.* pharyngostoma
pharyngostomy Pharyngostomie *f,* (operative) Pharynxfistelung *f*
pharyngotherapy Pharyngotherapie *f,* Pharynxbehandlung *f,* Rachenbehandlung *f*
pharyngotome Pharyngotom *n,* Pharynxmesser *n*
pharyngotomy Pharyngotomie *f,* Pharynxschnitt *m,* Pharynxinzision *f,* Rachenschnitt *m,* (operative) Rachenöffnung *f*
pharyngotonsillar tissue pharyngotonsilläres Gewebe *n,* Rachenmandelgewebe *n*
pharyngotonsillitis Pharyngotonsillitis *f,* Rachen- und Mandelentzündung *f*
pharyngotracheal pharyngotracheal; Pharynx-Trachea-..., Rachen-Luftröhren-...
pharyngotympanic pharyngotympanal; Pharynx-Tympanum-..., Rachen-Paukenhöhlen-...
pharyngotympanic tube Tuba *f* auditiva, Ohrtrompete *f*
pharyngoxerosis Pharyngoxerose *f,* Schlundtrockenheit *f,* Racheneintrocknung *f*
pharynx Pharynx *m,* Rachen *m,* Schlund *m (Zusammensetzungen siehe unter: pharyngeal)*
phase 1. Phase *f,* Abschnitt *m,* Entwicklungsstufe *f,* Stadium *n;* 2. Krankheitsphase *f,* Krankheitsstadium *n*
phase-contrast magnetic resonance angiography *(Rad)* Phasenkontrast-Magnetresonanz-Angiographie *f,* Phasenkontrast-Kernspinresonanz-Angiographie *f,* Phasenkontrast-(N)MR-Angiographie *f*
phase-contrast microscope Phasenkontrastmikroskop *n*
phase-contrast microscopy Phasenkontrastmikroskopie *f*
phase-contrast procedure Phasenkontrastverfahren *n (Mikroskopie)*
phase-contrast viewing attachment Phasenkontrast-Zusatzausrüstung *f,* Phasenkontrastzusatz *m (Mikroskopie)*
phase-difference haploscope *(Ophth)* Phasendifferenz-haploskop *n*
phase(-difference) microscope *s.* phase-contrast microscope
phase-specific phasenspezifisch
phase of healing Heilungsphase *f*
phase of life problem *(Neur)* Problem *n* einer bestimmten Lebensphase
phase of shock Schockstadium *n*
phase one study *(Pharm)* Phase-1-Studie *f*
phase specificity *(Gen)* Phasenspezifität *f*
phase three study *(Pharm)* Phase-3-Studie *f*
phase two study *(Pharm)* Phase-2-Studie *f*
phased-array scanner Sektorscanner *m (bei Echokardiographie)*
phasic phasisch, regelmäßig wechselnd, in bestimmten Abständen wiederkehrend
phasin Phasin *n (Erythrozyten agglutinierender Pflanzenstoff)*
phasmophobia *s.* phantasmophobia
phemphilcon A Phemfilcon A *n (Kontaktlinsenmaterial)*
phenacaine hydrochloride *(Ophth, Pharm)* Phenacainhydrochlorid *n (Lokalanästhetikum)*
phenacemide Phenacemid *n,* Phenylacetylharnstoff *m (Antikonvulsivum)*
phenacetin Phenacetin *n,* Acetphenetidin *n,* 4-Ethoxyacetanilid *n (Analgetikum, Antipyretikum)*
phenacetin abuse Phenacetinabusus *m*
phenacetin kidney Phenacetinniere *f*
phenacetolin Phenacetolin *n (Indikator)*
phenacridine chloride Phenacridinchlorid *n (Antiseptikum)*
phenanthrene Phenanthren *n*
phenarsenamine Phenarsenamin *n*
phenantoin Phenantoin *n,* Mephenytoin *n*
phenarsone sulfoxylate Phenarsonsulfoxylat *n (Trichomonadenmittel)*
phenazocine Phenazocin *n (Analgetikum)*
phenazone Phenazon *n,* Antipyrin *n*
phenazoline hydrochloride Phenazolinhydrochlorid *n*
phenazopyridine hydrochloride Phenazopyridinhydrochlorid *n (Analgetikum)*
phencyclidine hydrochloride Phencyclidinhydrochlorid *n*
phendimetrazine tartrate Phendimetrazin-Tartrat *n (Anorexikum)*
phene *(Gen)* Phän *n (genetisch kontrollierte Eigenschaft)*
phenelzine Phenelzin *n*
phenelzine sulfate Phenelzinsulfat *n*
phenetamine Phenetamin *n (Antispasmodikum)*
phenethicillin Phenethicillin *n (Penicillin)*
phenethylbiguanide Phenethylbiguanid *n*
phenethylhydrazine Phenethylhydrazin *n*
phenetidin Phenetidin *n,* Ethoxyanilin *n (Grundstoff verschiedener Antipyretika)*
phenetidinuria Phenetidinurie *f,* Phenetidinausscheidung *f* im Urin
phenformin hydrochloride Phenforminhydrohclorid *n (Hypoglykämikum)*
phenglutarimide hydrochloride Phenglutarimidhydrochlorid *n (Antihistaminikum)*
phengophobia Phengophobie *f,* Tageslichtscheu *f,* Lichtscheu *f*
phenindamine tartrate Phenindamintartrat *n (Antihistaminikum)*

phenindione Phenindion *n (Antikoagulans)*
pheniramine maleate Pheniraminmaleat *n (Antihistaminikum)*
phenmetrazine hydrochloride Phenmetrazinhydrochlorid *n (Anorexikum)*
phenobarbital Phenobarbital(um) *n*, Phenylethylbarbitursäure *f (Hypnotikum)*
phenobarbital-phenytoin serum levels Phenobarbital-Phenytoin-Serumspiegel *m*
phenobarbital therapy Phenobarbitaltherapie *f*, Phenobarbitalbehandlung *f*
phenobarbitone *s.* phenobarbital
phenobutiodil Phenobutiodil *n (Kontrastmittel)*
phenocopy Phänokopie *f (exogene nicht erbliche Modifikation der Phänogenese)*
phenodeviant Phänotypabweichung *f*, Phänotypvariante *f*, abweichender Phänotyp *m*
phenodin *s.* haematin
phenogenetics Phänogenetik *f (untersucht Kausalitätskette zwischen Gentyp und Phänotyp)*
phenol Phenol *n*, Hydroxybenzol *n*, Karbolsäure *f*, Acidum *n* carbolicum
phenol block Phenolblockade *f*
phenol camphor Phenolkampfer *m*
phenol coefficient Phenolkoeffizient *m*
phenol poisoning Phenolvergiftung *f*
phenol red *s.* phenolsulphonephthalein
phenolaemia Phenolämie *f (Vorhandensein von Phenol im Blut)*
phenolase o-Diphenoloxidase *f*, Thyrosinase *f (Enzym)*
phenolate *v* mit Phenol behandeln, mit Phenol sterilisieren
phenolate Phenolat *n*
phenolic Phenol...
phenolization Phenolbehandlung *f*, Phenolanwendung *f*
phenolphthalein Phenolphthalein *n*, 3,3-Bis-(-p-hydroxyphenyl)phthalid *n (Indikatorsubstanz, Abführmittel)*
phenolphthalein laxative Phenolphthaleinabführmittel *n*
phenolphthalein test Phenolphthaleintest *m (zum Nachweis von okkultem Blut im Stuhl)*
phenolsulphonephthalein Phenolsulfonphthalein *n*, Phenolrot *n*
phenolsulphonephthalein test Phenolsulfonphthaleintest *m*, Phenolrotprobe *f (z. B. in Nierenfunktionsdiagnostik)*
phenoltetrachlorophthalein Phenoltetrachlorphthalein *n (z. B. in Leberfunktionsdiagnostik)*
phenoluria Phenolurie *f*, Phenolausscheidung *f* im Urin
phenomenology *(Psych)* Phänomenologie *f (untersucht psychische Phänomene in ihren objektiven äußeren Ursachen)*
phenomenon of addiction Abhängigkeitsphänomen *n*, Sucht *f*
phenomenon of Arthus *(Immun)* Arthus-Phänomen *n*
phenomenon of duplicated personality Doppelgängererlebnis *n*
phenomenon of psoriatric film *s.* phenomenon of terminal film
phenomenon of punctate haemorrhage *(Derm)* Phänomen *n* des blutigen Taus, Zeichen *n* von Auspitz, Blutstropfenphänomen *n (bei Psoriasis)*
phenomenon of stearic spot *(Derm)* Kerzenfleckphänomen *n*, Kerzentropfenphänomen *n (bei Psoriasis)*
phenomenon of terminal film *(Derm)* Phänomen *n* des letzten Häutchens *(bei Psoriasis)*
phenoperidine Phenoperidin *n (Analgetikum)*
phenophobia *s.* phengophobia
phenopropazine hydrochloride Phenopropazinhydrochlorid *n*
phenothiazine Phenothiazin *n (Anthelmintikum)*
phenothiazine death Phenothiazintod *m*
phenothiazine derivative Phenothiazinderivat *n*
phenothiazine intoxication Phenothiazinintoxikation *f*, Phenothiazinvergiftung *f*
phenotype Phänotyp *m*, äußeres Erscheinungsbild *n* (eines Lebewesens)
phenotypic *s.* phenotypical
phenotypical phänotypisch; Phänotyp...
phenoxybenzamine Phenoxybenzamin *n (Alphablocker)*
phenoxybenzamine hydrochloride Phenoxybenzaminhydrochlorid *n*
phenoxymethyl penicillin Phenoxymethylpenicillin *n*, Penicillin V *n*
phenozygous phenozygös *(mit einem gegenüber dem Gesichtsschädel verkleinerten Hirnschädel)*
phenpentermine tartrate Phenpentermintartrat *n*, Trimethylphenethylamin *n (Anorexikum)*
phenprobamate Phenprobamat *n*, 3-Phenylpropylcarbamat *n (Anxiolytikum)*
phenprocoumon Phenprocoumon *n (Antikoagulans)*
phenpromethamine Phenpromethamin *n*
phenpromethamine hydrochloride Phenpromethaminhydrochlorid *n*
phenpropionate Phenpropionat *n*
phensuximide Phensuximid *n (Antikonvulsivum)*
phentermine Phentermin *n (Appetitzügler)*
phentermine hydrochloride Phenterminhydrochlorid *n*
phentolamine Phentolamin *n (Alpharezeptorenblocker)*
phentolamine hydrochloride Pentolaminhydrochlorid *n*
phenylacetic acid Phenylessigsäure *f*, Acidum *n* phenylaceticum
phenylaceturic acid Phenylacetursäure *f*
phenylacetylurea Phenylacetylharnstoff *m*, Phenmacemid *n*
phenylalaninaemia Phenylalaninämie *f*, Vorhandensein *n* von Phenylalanin im Blut
phenylalanine Phenylalanin *n*; 2-Amino-2-phenyl-propionsäure *f (essenzielle Aminosäure)*
phenylalanine hydroxylase Phenylalaninhydroxylase *f (Enzym)*
phenylalanine hydroxylase deficiency Phenylalaninhydroxylasemangel *m*
phenylalanine monooxygenase Phenylalaninmonooxygenase *f (Enzym)*
phenylamine Phenylamin *n*, Aminobenzol *n*, Anilin *n*
phenylbutazone Phenylbutazon *n*, 4-Butyl-1,2-di-phenyl-3,5-pyrazolidindion *n (Analgetikum, Antiphlogistikum)*
phenylcarbinol Phenylcarbinol *n*, Benzylalkohol *n*
phenyldimethylpyrazolon Phenyldimethylpyrazolon *n*
phenylendiamine Phenylendiamin *n*
phenylephrine Phenylephrin *n (Sympathikomimetikum)*
phenylephrine hydrochloride Phenylephrinhydrochlorid *n*
phenylethyl alcohol Phenylethylalkohol *m*, Phenethylalkohol *m*, 2-Phenylethanol *n*, Benzylcarbinol *n*
phenylethylamine Phenylethylamin *n*
phenylethylbarbituric acid Phenylethylbarbitursäure *f (Hypnotikum)*
phenylethylmalonamide Phenylethylmalonamid *n (Antiepileptikum)*
phenylethylmalonylurea *s.* phenobarbital
phenylglycolic acid Phenylglykolsäure *f*, Mandelsäure *f*, Acidum *n* amygdalicum
phenylhydrazine Phenylhydrazin *n*
phenylhydrazine test Phenylhydrazintest *m*, Phenylhydrazinprobe *f (zum Nachweis für Monosaccharide)*
phenylketonuria 1. *(Gen, Päd)* Phenylketonurie *f*, PKU, Fölling'sche Krankheit *f*, Morbus *m* Fölling, Phenylbrenztraubensäureschwachsinn *m*, Phenylbrenztraubensäure-

oligophrenie *f*, Oligophrenia *f* phenylpyruvica; 2. Phenylketonurie *f*, Phenylketonkörperausscheidung *f* im Urin
phenylketonuric phenylketonurisch; Phenylketonurie...
phenyllactic acid Phenylmilchsäure *f*
phenylmercapturic acid Phenylmercaptansäure *f*
phenylmethanol Phenylmethanol *n*, Benzylalkohol *m*
phenylmethoxypropyl adenine Phenylmethoxypropyladenin *n*
phenylpropanolamine Phenylpropanolamin *n (Bronchodilator, Vasokonstriktor)*
phenylpropanolamine hydrochloride Phenylpropanolaminhydrochlorid *n*
phenylpropylmethylamine Phenylpropylmethylamin *n (Vasokonstriktor)*
phenylpropylmethylamine hydrochloride Phenylpropylmethylaminhydrochlorid *n*
phenylpyruvic acid Phenylbrenztraubensäure *f*
phenylpyruvic amentia *s.* phenylketonuria 1.
phenylpyruvic oligophrenia *(Neur)* Oligophrenia *f* phenylpyruvica, Phenylbrenztraubensäureschwachsinn *m*, Fölling'sche Krankheit *f*, Imbecilitas *f* phenylpyruvica
phenylthiocarbamide Phenylthiocarbamid *n*, Phenylthioharnstoff *m*
phenylthiohydantoin Phenylthiohydantoin *n*
phenylthiourea *s.* phenylthiocarbamide
phenyltoloxamine citrate Phenyltoloxamincitrat *n*
phenyramidol hydrochloride Phenyramidolhydrochlorid *n (Analgetikum, Muskelrelaxans)*
phenytoin Phenytoin *n (Antikonvulsivum)*
pheochrome phäochrom, chromaffin
pheochromoblast Phäochromoblast *m*
pheochromoblastoma Phäochromoblastom *n*
pheochromocyte Phäochromozyt *m*
pheochromocytoma Phäochromozytom *n*
pheomelanin Pheomelanin *n*
pheomelanogenesis Pheomelanogenese *f*
pehomelanosome Pheomelanosom *n*
pheresis Pherese *f*
pheromone Pheromon *n*
Ph.I. *Abkürzung für: International Pharmacopoeia*
phial Phiole *f*, kleines Fläschchen *n*; Arzneifläschchen *n*
phialide Phialid *n (Konidien bildende Zelle)*
phialoconidium Phialoconidium *n*
Phialophora verrucosa *(Myk)* Phialophora *f* verrucosa *(Erreger der Chromoblastomycosis)*
phialophore Phialophor *n (Phialosporen tragender Myzelabschnitt)*
phialospore Phialospore *f*
Philadelphia chromosome *(Gen)* Philadelphiachromosom *n*
phillyrin Phillyrin *n (Malariamittel)*
philobate *(Neur)* Philobat *m (Persönlichkeitstyp mit Vorliebe für das Meer und weite Landschaften)*
philoneism Neophilismus *m*, (krankhafte) Vorliebe *f* für Neues
philtrum Philtrum *n (Rinne in der Oberlippenmitte)*
phimosiectomy *(Chir, Urol)* Phimos(i)ektomie *f*, Phimosenexzision *f*, Zirkumzision *f*
phimosis *(Urol)* Phimose *f*, Vorhautvereng(er)ung *f*
phimotic phimotisch; Phimosen...
phlebalgia Phlebalgie *f*, Venenschmerz *m*
phlebanaesthesia Phlebonarkose *f*, intravenöse Narkose *f* [Anästhesie *f*]
phlebangioma Venenaneurysma *n*, venöses Aneurysma *n*
phlebarteriectasia Venen- und Arterienektasie *f*, Venen- und Arterienerweiterung *f*
phlebarteriodialysis arteriovenöses Aneurysma *n*
phlebasthenia Phlebasthenie *f*, Venen(wand)schwäche *f*
phlebectasia Phlebektasie *f*, Venektasie *f*, Venenerweiterung *f*
phlebectasis *s.* phlebectasia
phlebectomy Phlebektomie *f*, Venektomie *f*, Venenexstirpation *f*, Venenresektion *f*, (operative) Venenentfernung *f*
phlebectopia Phlebektopie *f*, Venenverlagerung *f*
phlebectopy *s.* phlebectopia
phlebemphraxis Phlebemphraxis *f*, Venenverstopfung *f (durch Blutgerinnsel)*
phlebexeresis Phlebex(h)airese *f*, Venenexhärese *f*, Venenstripping *n*, Venenextraktion *f*, Venenausreißung *f*
phlebhepatitis Lebervenenentzündung *f*
phlebismus Venenüberdehnung *f (nach Venenobstruktion)*
phlebitic phlebitisch; Phlebitis..., Venenentzündungs...
phlebitis Phlebitis *f*, Venenentzündung *f*
phlebocarcinoma Phlebokarzinom *n*, Venenkarzinom *n*
phleboclysis Phleboklysis *f*, Veneninfusion *f*, (intra)venöse Infusion *f*
phlebodynamics Phlebodynamik *f*
phlebofibrosis Phlebofibrose *f*, Venenfibrose *f*, Venenfibrosierung *f*
phlebogenous phlebogen, aus einer Vene stammend, von der Vene ausgehend
phlebogram 1. Phlebogramm *n*, Venenröntgen(kontrast)-bild *n*, Venogramm *n*; 2. Phlebogramm *n*, Venenpulsbild *n*
phlebograph Phlebograph *m*, Venenpulsschreiber *m*
phlebographic 1. phlebographisch, venendarstellend; 2. phlebographisch, venenpulsschreibend, venenpulsaufzeichnend
phlebography 1. Phlebographie *f*, Venographie *f*, Venenröntgen(kontrast)darstellung *f*; 2. Phlebographie *f*, Venenpulsschreibung *f*
phleboid 1. phleboid, venös; Venen...; 2. venenartig, venenähnlich
phlebolite *s.* phlebolith
phlebolith Phlebolith *m*, Venenstein *m*, verkalkter Venenthrombus *m*
phlebolithiasis Phlebolithiasis *f*, Venensteinbildung *f*, Vensteinentstehung *f*
phlebolithic phlebolithisch; Phlebolithen...
phlebology Phlebologie *f*, Venenlehre *f*
phlebomanometer Phlebomanometer *n*, Venendruckmesser *m*
phlebometritis Phlebometritis *f*, Gebärmuttervenenentzündung *f*
phlebomyomatosis Phlebomyomatose *f*
phlebonarcosis *s.* phlebanaesthesia
phlebophlebostomy Phlebophlebostomie *f*, Venenanastomose *f*, Venenvereinigung *f*
phlebophlogosis *s.* phlebitis
phlebophthalmotomy Ophthalmophlebotomie *f*
phlebopiezometry Phlebopiezometrie *f*, Venendruckmessung *f*
phleboplasty Phleboplastik *f*, Venenplastik *f*, Venenrekonstruktion *f*
phleborheography Phleborheographie *f*
phleborrhagia Phleborrhagie *f*, Venenblutung *f*, venöse Blutung *f*
phleborrhaphy Phleborrhaphie *f*, Venennaht *f*
phleborrhexis Phleborrhexis *f*, Venenzerreißung *f*, Vene(ein)riss *m*
phlebosation *s.* phlebosclerosation
phlebosclerosation Phlebosklerosierung *f*, Venenverödung *f*
phlebosclerosis Phlebosklerose *f*, Venensklerose *f*, proliferative Endophlebitis *f*, Venenfibrose *f*, Venenverkalkung *f*
phlebosis Phlebose *f (nichtentzündliche Venenveränderungen)*

phlebostasis Phlebostase *f*, Venenstauung *f*, Venenstau *m*, venöse Blutstauung *f*
phlebostatic axis phlebostatische Achse *f*
phlebostenosis Phlebostenose *f*, Venenstenose *f*, Venenkonstriktion *f*, Venenvereng(er)ung *f*
phlebothrombosis Phlebothrombose *f*, Venenthrombose *f*
phlebotome Phlebotom *n*, Venenmesser *n*, Venenskalpell *n*
phlebotomine Phlebotomus...
phlebotomist Phlebotomist *m*, Phlebotomiespezialist *m*
phlebotomize *v* einen Venenschnitt durchführen, eine Vene eröffnen, eine Venae sectio machen
Phlebotomus Phlebotomus *m (tropische Mückengattung)*
Phlebotomus argentipes Phlebotomus *m* argentipes *(Kala-Azar-Überträger in Indien)*
Phlebotomus chinensis Phlebotomus *m* chinensis *(Kala-Azar-Überträger in China)*
phlebotomus fever *(Trop, Inf)* Phlebotomusfieber *n*, Dreitagefieber *n*, Pappatacifieber *n*, Sandfliegenfieber *n*, Hundskrankheit *f*, Chitralfieber *n*
Phlebotomus intermedius Phlebotomus *m* intermedius *(Überträger der südamerikanischen Leishmaniase)*
Phlebotomus longipes Phlebotomus *m* longipes
Phlebotomus major Phlebotomus *m* major
Phlebotomus martini Phlebotomus *m* martini
Phlebotomus orientalis Phlebotomus *m* orientalis
Phlebotomus papatasii Phlebotomus *m* papatasii *(Überträger des Pappatacifiebers)*
Phlebotomus pedifer Phlebotomus *m* pedifer
Phlebotomus perniciosus Phlebotomus *m* perniciosus
Phlebotomus sergenti Phlebotomus *m* sergenti *(Überträger der Orientbeule)*
Phlebotomus verrucarum Phlebotomus *m* verrucarum *(Überträger des Oroyafiebers)*
phlebotomy Phlebotomie *f*, Venae sectio *f*, Venotomie *f*, Venen(ein)schnitt *m*, (operative) Veneneröffnung *f*, Aderlass *m*
Phlebovirus Phlebovirus *n*
phlegm 1. Schleim *m*, Mukus *m*; 2. Phlegma *n*, Trägheit *f*, Gleichgültigkeit *f*, geistige und körperliche Langsamkeit *f*
phlegmasia Phlegmasie *f*, Entzündung *f*
phlegmasia alba dolens Phlegmasia *f* alba dolens
phlegmasia cerulea dolens Phlegmasia *f* cerulea dolens
phlegmatic 1. schleimhaltig; schleimig; schleimerzeugend; 2. phlegmatisch, langsam; gleichgültig; seelisch und körperlich träge; stumpf, abgestumpft
phlegmatic Phlegmatiker *m*
phlegmatic personality phlegmatischer Psychopath *m*
phlegmon Phlegmone *f*, eitrige Zellgewebsentzündung *f*
phlegmonoid phlegmonoid, phlegmonenartig; Phlegmonen...
phlegmonosis *s.* 1. inflammation; 2. fever
phlegmonous phlegmonös
phlegmonous angina Angina *f* phlegmonosa
phlegmonous cholecystitis Cholecystitis *f* phlegmonosa, phlegmonöse Cholezystitis *f*
phlegmonous cystitis Cystitis *f* phlegmonosa
phlegmonous erysipelas Erysipelas *n* phlegmonosum
phlegmonous gastritis Gastritis *f* phlegmonosa, phlegmonöse Gastritis *f*, Magenphlegmone *f*
phlegmonous laryngitis Laryngitis *f* phlegmonosa
phlegmonous mastitis Mastitis *f* phlegmonosa
phlegmonous oesophagitis Ösophagitis *f* phlegmonosa, phlegmonöse Ösophagitis *f*
phlegmonous pancreatitis Pancreatitis *f* phlegmonosa
phlegmonous paranephritis Paranephritis *f* phlegmonosa
phlogistic phlogistisch, entzündlich
phlogogenic *s.* phlogogenous
phlogogenous phlogogen, entzündungserregend, Entzündungen hervorrufend
phlogosis Phlogosis *f*, Entzündung *f*
phlogotic entzündlich, inflammatorisch; Entzündungs...
phlorhizin Phlorhizin *n*, Phloridzin *n*, Phlorizin *n (Glykosid; blockiert Phosphorylierung)*
phlorhizin diabetes Phlorhizindiabetes *m (Glukosurie bei normalem Blutzuckergehalt)*
phlorhizin glucosuria Phlorhizinglukosurie *f (Blockierung der tubulären Glukoserückresorption durch Hemmung der Phosphorylierung)*
phlorhizin hydrolase Phlorhizinhydrolase *f*, Glycosylceramidase *f (Enzym)*
phlorhizinize *v* mit Phlorhizin behandeln, der Wirkung von Phlorhizin aussetzen
phloridzin *s.* phlorhizin
phloridzinize *v s.* phlorhizinize
phlorizin *s.* phlorhizin
phloroglucin Phloroglucin *n*, Phlorogluzin *n*, 1,3,5-Trihydroxybenzol *n*
phloroglucinol *s.* phloroglucin
phloxine Phloxin *n (Farbstoff; zerstört Krebszellen)*
phlyctaena *s.* phlycten
phlycten 1. *(Ophth)* Phlyktaena *f*, Phlyktäne *f (knötchenförmige Infiltration der Augenbindehaut am Kornearand)*; 2. *s.* phlyctenule 1.
phlyctenar *s.* phlyctenous
phlyctenoid phlyktänoid, phlyktänenartig, bläschenartig
phlyctenous phlyktänulös, blasig; Blasen...
phlyctenula *s.* phlyctenule
phlyctenular phlyktänulär, bläschenartig, bläschenförmig, bläschenähnlich
phlyctenular conjunctivitis *s.* phlyctenular keratoconjunctivitis
phlyctenular keratitis *s.* phlyctenular keratoconjunctivitis
phlyctenular keratoconjunctivitis Keratitis [Keratoconjunctivitis *f*] phlyctaenulosa, phlyktänuläre Konjunktivitis *f* [Keratokonjunktivitis *f*]
phlyctenular ophthalmia *s.* phlyctenular keratoconjunctivitis
phlyctenule 1. *(Derm)* Phlyktäne *f*, Bläschen *n*, Hautbläschen *n*; Brandbläschen *n*, Verbrennungsbläschen *n*; 2. *(Ophth)* Phlyktäne *f*, Korneabläschen *n*, Hornhautbläschen *n*; Konjunktivabläschen *n*, Augenbindehautbläschen *n*
phlyctenulosis 1. Bläschenausschlag *m*; 2. Ophthalmia *f* eczematosa
phobia Phobie *f*, krankhafte Angst *f* [Furcht *f*], Zwangsbefürchtung *f*
phobiac Phobiker *m*, krankhaft Ängstliche(r) *m*
phobic phobisch; Angst...
phobic anxiety *s.* phobia
phobic desensitization Angstdesensibilisierung *f*, Angstabhärtung *f*, Training *n* zur Angstüberwindung
phobic disorder *(Neur)* phobische Störung *f*, phobische Neurose *f*
phobic disorders phobische Störungen *fpl*
phobic neurosis phobische Neurose *f*, Angsthysterie *f*
phobic state Angstzustand *m*
phobodipsia *s.* hydrophobia 1.
phobophobia *(Neur)* Phobophobie *f*, Angst *f* vor Angstanfällen, Angsterwartung *f*, Angst *f* vor dem Eintreten einer Angst
Phocas' disease Phocas-Krankheit *f*, chronische glanduläre Mastitis *f*
phocomelia *(Terat)* Phokomelie *f*, Robbengliedrigkeit *f*
phocomelic robbengliedrig
phocomelic dwarf robbengliedriger Zwerg *m*

phocomelus *(Terat)* Phokomelus *m*, Missgeburt *f* mit flossenartigen Extremitäten
pholedrine Pholedrin *n (Sympathikomimetikum)*
phomopsin Phomopsin *n*
phonacoscope Phonakoskop *n*
phonacoscopy Phonakoskopie *f (kombinierte Perkussion und Auskultation)*
phonal 1. vokal, stimmlich; Stimm(en)…; 2. Laut…
phonasthenia Phonasthenie *f*, Stimmschwäche *f*, Stimmbandüberanstrengung *f*
phonate *v* phonieren, Stimme bilden, Laute formen
phonation *(HNO)* Phonation *f*, Phonieren *n*, Stimmbildung *f*, Lautbildung *f* • **to speak without phonation** whispern, flüstern
phonation valve Sprechventil *n (für Tracheostomiekanülen)*
phonatory phonatorisch, stimmbildend, lautbildend; Phonations…
phonatory band *(Anat)* Stimmband *n*
phonatory cord *s.* phonatory band
phonatory spasm Phonationskrampf *m*, Stimmkrampf *m*
phonematic paraphasia phonematische Paraphasie *f*
phoneme *(Neur)* Phoneme *npl*, Stimmenhören *n*, Hörhalluzination *f*, akustische Halluzination *f*
phonendoscope Phonendoskop *n*; Membranstethoskop *n*; Schlauchhörrohr *n*
phonetic phonetisch, lautlich, stimmlich
phonetics Phonetik *f*, Lautlehre *f (Lehre von der Atmung, Stimme und Lautbildung)*
phoniatrician Phoniater *m*
phoniatrics Phoniatrie *f (Lehre von den Erkrankungen des Stimmapparates)*
phoniatry *s.* phoniatrics
phonic phonisch; Stimm(en)…, Laut…
phonic spasm phonischer Stimmritzenkrampf *m*, Dysphonia *f* spastica
phonism *(Neur)* Phonismus *m*, Tonempfindung *f* bei Reizung anderer Sinnesorgane *(Synästhesieform)*
phonoangiography Phonoangiographie *f*
phonoauscultation Phonoauskultation *f*
phonocardiogram Phonokardiogramm *n*
phonocardiograph Phonokardiograph *m*, Herzschallschreiber *m*
phonocardiographic phonokardiographisch
phonocardiography Phonokardiographie *f*, Herzschallschreibung *f*
phonocatheter Phonokatheter *m*
phonocatheterization Phonokatheterisation *f*, Phonokathetereinführung *f*
phonocinefluorocardiography Phonokinefluorokardiographie *f*
phonocorda *s.* phonatory band
phonogram Phonogramm *n*
phonology *s.* phonetics
phonomania Phonomanie *f*, Mordsucht *f*
phonometer Phonometer *n*, Schall(stärke)messer *m*, Klangmesser *m*
phonometry Phonometrie *f*, Schall(stärke)messung *f*, Klangmessung *f (Hörprüfung)*
phonomyoclonus Phonomyoklonus *m*, Muskelton *m*
phonomyogram Phonomyogramm *n*, Muskeltonkurve *f*
phonomyography Phonomyographie *f*, Muskeltonaufzeichnung *f*
phonopathy Phonopathie *f*, Sprachstörung *f*, Stimmbildungsstörung *f*
phonophobia 1. Phonophobie *f*, Angst *f* vor dem Sprechen; 2. Phonophobie *f*, Furcht *f* vor lauten Stimmen; 3. Phonophobie *f*, Überempfindlichkeit *f* gegen Geräusche
phonophoresis Phonophorese *f*
phonophotography Phonofotografie *f (fotografische Darstellung der Stimmschwingungen)*
phonopsia *(Neur)* Phonopsie *f*, Farbenhören *n (Synästhesieform)*
phonoreceptive phonorezeptiv, schallwahrnehmend
phonoreceptor Phonorezeptor *m*, Schallrezeptor *m*
phonorenogram Phonorenogramm *n*
phonoscope Phonoskop *n*
phonoscopy Phonoskopie *f*
phonoselectoscope Phonoselektoskop *n*
phonostethograph Phonoistethograph *m (Gerät zur Filterung, Verstärkung und Aufzeichnung von thorakalen Schallphänomenen)*
phonostethoscope Phonostethoskop *n*
phonosurgery Phonochirurgie *f*, Phonationschirurgie *f*, Chirurgie *f* zur Beeinflussung der Stimme
phoresis 1. *s.* electrophoresis; 2. epizoischer Kommensalismus *m*
phoria *s.* heterophoria
phoriascope Phoriaskop *n*
phoro-optometer *(Ophth)* Phoroptometer *n*
phoroblast Phoroblast *m*
phorocyte Phorozyt *m*, Bindegewebszelle *f*
phorocytosis Phorozytose *f*, Bindegewebszellenproliferation *f*
phorology Phorologie *f*, Lehre *f* von den Krankheitsüberträgern
phorometer Phorometer *n*
phorometry Phorometrie *f*, Messung *f* der Augenachsenablenkung
phoront Phoront *m (Protozoenentwicklungsstadium)*
phoroscope Phoroskop *n (Linsengestell zur Sehprüfung)*
phorotone Phroton *n (Instrument zum Augenmuskeltraining)*
phose Phosis *f*, Lichtempfindung *f*
phosgene Phosgen *n*, Kohlenoxidchlorid *n (lungenschädigender Kampfstoff)*
phosgenic *s.* photogenic 1.
phosis Phose *f*, Bildung *f* einer Lichtempfindung, Phoseentstehung *f*
phosphagen *s.* phosphocreatine
phosphagenic Phosphat bildend
phosphamidase Phosphoamidase *f (Enzym)*
phosphataemia Phosphatämie *f*, Vorhandensein *n* von Phosphaten im Blut
phosphatase Phosphatase *f (Enzym)*
phosphate Phosphat *n*
phosphate acetyltransferase Phosphotransacetylase *f*, Phosphoacylase *f*
phosphate-bond energy phosophatgebundene Energie *f*, in energiereichen Phosphaten gebundene Energie *f*
phosphate buffer system Phosphatpuffersystem *n*
phosphate diabetes Phosphatdiabetes *m*, familiäre Hyperphosphatämie *f*
phosphated Phosphat enthaltend
phosphatic phosphathaltig; Phosphat…
phosphatidase Phosphatidase *f*
phosphatidate cytidylyltransferase Phosphatidatcytidylyltransferase *f*
phosphatidate phosphatase Phosphatidatphosphatase *f (Enzym)*
phosphatide Phosphatid *n*, Phospholipid *n*
phosphatide thesaurismosis *(Metab)* Phosphatidthesaurismose *f*, Phospholipidspeicherkrankheit *f*
phosphatidic acid Phosphatidsäure *f*, 1,2-Diacylglycerolphosphat *n*
phosphatidosis *s.* Niemann-Pick disease
phosphatidylcholine Phosphatidylcholin *n*, Lecithin *n*, Lezithin *n*

phosphatidylcholine-sterol *O*-acyltransferase Phosphatidylcholin-sterol-*O*-acyltransferase *f*, Lecithin-Cholesterin-Acyltransferase *f*, LCAT *(Enzym)*
phosphatidylethanolamine Phosphatidylethanolamin *n*
phosphatidylglycerol Phosphatidylglyzerol *n*
phosphatidylinositol Phosphatidylinositol *n*
phosphatidylinositol 4,5-biphosphate Phosphatidylinositol-4,5-diphosphat *n*, PIP_2
phosphatidylinositol deacylase Phosphatidylinositoldesacylase *f (Enzym)*
phosphatidylinositol 4-phosphate Phosphatidylinositol-4-phosphat *n*, PIP
phosphatidylinositol phosphodiesterase Phosphatidylinositolphosphodiesterase *f (Enzym)*
phosphatidylserine Phosphatidylserin *n*
phosphatometer Phosphatometer *n (zur Urinphosphatbestimmung)*
phosphatoptosis Phosphatoptose *f*, Phosphatpräzipitation *f*, (sponatener) Phosphatausfall *m (im Urin)*
phosphaturia Phosphaturie *f*, Phosphatausscheidung *f* im Urin
phosphene Phosphen *n*, Druckkreis *m (Lichterscheinung bei Druck auf die Augen)*
phosphide Phosphid *n*
phosphine Phsophin *n*, Phosphorwasserstoff *m*, PH_3
phosphoamidase Phosphoamidase *f (Enzym)*
phosphoamide Phosphoamid *n*
phosphoaminolipid Phosphoaminolipid *n*
phosphoarginine Phosphoarginin *n*
phosphocholine Phosphocholin *n*, Phosphorylcholin *n*
phosphocreatine *(Bioch)* Phosphokreatin *n*, Kreatinphosphat *n*
phosphodiester Phosphodiester *m*
phosphodiester hydrolase *s.* phosphodiesterase
phosphodiesterase Phosphodiesterase *f (Enzym)*
phosphodiesterase inhibitor Phosphodiesteraseinhibitor *m*, Phosphodiesterasehemmer *m*
phosphodismutase Phosphodismutase *f (Enzym)*
phosphoenolpyruvate Phosphoenolpyruvat *n*
phosphoenolpyruvate carboxykinase Phosphoenolpyruvatcarboxykinase *f*
phosphoenolpyruvic acid Phosphoenolbrenztraubensäure *f (Zwischenprodukt des Kohlenhydratstoffwechsels)*
phosphoenolpyruvic acid carboxykinase *s.* phosphoenolpyruvate carboxykinase
phosphoethanolamine Phosphoethanolamin *n*
phosphofructaldolase Phosphofruktoaldolase *f*, Fruktosediphosphataldolase *f (Enzym)*
phosphofructokinase Phosphofruktokinase *f*, PFK, Phosphohexokinase *(Enzym)*
6-phosphofructo-2-kinase 6-Phosphofrukto-2-kinase *f*, Phosphofruktokinase 2 *f (Enzym)*
phosphofructokinase deficiency disease *(Metab)* Phosphofruktokinase-Mangelkrankheit *f*
phosphofructomutase Phosphofruktomutase *f (Enzym)*
phosphogalactose uridyl transferase Galactose-1-phosphat-uridyltransferase *f (Enzym)*
phosphoglobulin Phosphoglobulin *n*
phosphoglucokinase Phosphoglucokinase *f*, Phosphoglukokinase *f (Enzym)*
phosphoglucomutase Phosphoglucomutase *f*, Phosphoglukomutase *f*, GluM *(Enzym)*
phosphogluconate Phosphogluconat *n*, Phosphoglukonat *n*
phosphogluconate 2-dehydrogenase Phosphogluconat-2-dehydrogenase *f (Enzym)*
phosphogluconate pathway *s.* pentose phosphate cycle
phosphogluconic acid Phosphogluconsäure *f*, Phosphoglukonsäure *f*, Gluconsäure-6-phosphorsäure *f*
phosphogluconolactonase Phosphoglukonolaktonase *f*, Phosphogluconolactonase *f*
phosphoglucose isomerase Phosphoglukoseisomerase *f*, PGI *(Enzym)*
phosphoglyceraldehyde Phosphoglyzerolaldehyd *m*
phosphoglycerate Phosphoglycerat *n*, Phosphoglyzerat *n*
phosphoglycerate kinase Phosphoglyceratkinase *f (Enzym)*
phosphoglycerate mutase *s.* phosphoglyceromutase
phosphoglycerate phosphomutase Phosphoglyceratphosphomutase *f (Enzym)*
phosphoglyceric acid Phosphoglyzerinsäure *f*, Phosphoglycersäure *f*
phosphoglyceride Phosphoglycerid *n*, Phosphoglyzerid *n*
phosphoglyceromutase Phosphoglyzeratmutase *f*, PGM *(Enzym)*
phosphoglycoprotein Phosphoglykoprotein *n*
phosphoguanidine Phosphoguanidin *n*
phosphohexoisomerase Phosphohexoisomerase *f (Enzym)*
phosphohexokinase Phosphohexokinase *f (Enzym)*
phosphohexose isomerase *s.* phosphohexoisomerase
phosphohydrolase Phosphohydrolase *f (Enzym)*
phosphoinositide Phosphoinositid *n*
phosphokinase Phosphokinase *f (Enzym)*
phospholamban Phospholamban *n (membranständiges Polypeptid des sarkoplasmatischen Retikulums)*
phospholipase Phospholipase *f (Enzym)*
phospholipase A_1 Phospholipase A_1 *f*
phospholipase A_2 Phospholipase A_2 *f*, Phosphatidlipase *f*
phospholipase B Phospholipase B *f*, Lysophospholipase *f*
phospholipase C Phospholipase C *f*, Lipophosphophodiesterase I *f*, Lecithinase C *f*
phospholipase D Phospholipase D *f*, Lipophosphophodiesterase II *f*, Lecithinase D *f*, Cholinphosphatase *f*
phospholipid Phospholipid *n*, Phosphatid *n*
phospholipidaemia Phospholipidämie *f*
phosphomannomutase Phosphomannomutase *f (Enzym)*
phosphomannose isomerase Phosphomannoseisomerase *f*, Mannose-6-phosphatisomerase *f (Enzym)*
phosphomevalonate kinase Phosphomevalonatkinase *f*
phosphomonoester Phosphomonoester *m*
phosphomonoesterase Phosphomonoesterase *f (Enzym)*
phosphomutase Phosphomutase *f (Enzym)*
phosphonecrosis *s.* phossy jaw
phosphopenia Phosphopenie *f*, Phosphormangel *m* im Körper
phosphopentose Phosphopentose *f*
phosphopentose epimerase Phosphopentose-epimerase *f (Enzym)*
phosphopentose isomerase Phosphopentoseisomerase *f*, Ribose-5-phosphatisomerase *f (Enzym)*
phosphoprotein Phosphoprotein *n*, Phosphorprotein *n*
phosphoprotein phosphatase Phosphoproteinphosphatase *f (Enzym)*
phosphoptomaine Phosphoptomain *n (im Blut bei Phosphorvergiftung)*
phosphopyruvate carboxykinase Phosphoenolpyruvatcarboxykinase *f (Enzym)*
phosphopyruvate hydratase Phosphopyruvathydratase *f*, Enolase *f (Enzym)*
phosphorate *v* 1. phosphorisieren, mit Phosphor verbinden; 2. phosphoreszierend machen
phosphorated Phosphor enthaltend
phosphoresce *v* phosphoreszieren, (nach vorhergehender Bestrahlung) nachleuchten

phosphorescence Phosphoreszenz *f*, Phosphoreszieren *n*, Nachleuchten *n*
phosphorescent phosphoreszierend, nachleuchtend
phosphorhidrosis Phosphorhidrose *f*, Absonderung *f* phosphoreszierenden Schweißes
phosphoriboisomerase Ribose-5-phosphat-Isomerase *f (Enzym)*
phosphoribomutase Phosphoribomutase *f (Enzym)*
phosphoribosylamine Phosphoribosylamin *n*
phosphoribosylpyrophosphate Phosphoribosylpyrophosphat *n*
phosphoribosylpyrophosphate synthetase Phosphoribosylpyrophosphatsynthetase *f*, Ribosephosphat-Pyrophosphokinase *f (Enzym)*
phosphoribosyltransferase Phosphoribosyltransferase *f (Enzym)*
phosphoribulokinase Phosphoribulokinase *f (Enzym)*
phosphoric acid Phosphorsäure *f*
phosphoridrosis *s.* phosphorhidrosis
phosphorism Phosphorismus *m*, chronische Phosphorintoxikation *f* [Phosphorvergiftung *f*]
phosphorize *v s.* phosphorate
phosphorized Phosphor enthaltend
phosphornecrosis *s.* phossy jaw
phosphorolysis Phosphorolyse *f*
phosphoroscope Phosphoroskop *n*, Phosphoreszenzmesser *m*
phosphorous 1. Phosphor…; 2. *s.* phosphorescent
phosphorous acid phosphorige Säure *f*, Acidum *n* phosphorosum
phosphoruria Phosphorurie *f*, Phosphorausscheidung *f* im Urin
phosphorus Phosphor *m*, P
phosphorus burn Phosphorverbrennung *f*
phosphorus depletion syndrome Phosphorverarmungssyndrom *n*, Phosphorverlustsyndrom *n*
phosphorus intoxication Phosphorintoxikation *f*, Phosphorvergiftung *f*
phosphorus poisoning *s.* phosphorus intoxication
phosphorylase Phosphorylase *f (Enzym)*
phosphorylase kinase Phosphorylasekinase *f (Enzym)*
phosphorylase b kinase Phosphorylase-b-kinase *f (Enzym)*
phosphorylase b kinase deficiency Phosphorylase-b-kinasemangel *m*
phosphorylase phosphatase Phosphorylasephosphatase *f (Enzym)*
phosphorylate *v* phosphorylieren
phosphorylation Phosphorylierung *f*
phosphorylation enzyme Phosphorylierungsenzym *n*
phosphorylcholin Phosphorylcholin *n*
phosphorylysis Phosphorolyse *f*
phosphosugar Phosphorzucker *m*, Phosphatzucker *m*, Zuckerphosphat *n*
phosphotransferase Phosphotransferase *f*, Transphosphatase *f (Enzym)*
phosphotriose Triosephosphat *n*
phosphotriose isomerase Triosephosphatisomerase *f (Enzym)*
phosphovitellin *s.* phosvitin
phosphuresis Phosphurese *f*
phosphuretic Phosphurese…
phosphuria *s.* phosphaturia
phossy jaw Phosphornekrose *f*, Kiefernekrose *f* durch Phosphor
phosvitin Phosvitin *n (Phosphoprotein)*
photaesthesia 1. Photästhesie *f*, Lichtempfindlichkeit *f*; 2. *s.* photophobia
photalgia Photalgie *f*, Lichtschmerz *m*, Photodynie *f*
photaugiophobia *s.* photophobia
phote Phot *n (Einheit der Lichtausstrahlung)*
photerythrous *s.* deuteranopic
photesthesis *s.* photaesthesia
photic 1. durch Licht hervorgerufen; lichtabhängig; 2. lichterzeugend
photic epilepsy photogene [durch Licht erzeugte] Epilepsie *f*
photism Photisma *n*, Lichtempfindlichkeit *f* bei Reizung anderer Sinnesorgane
photo-onycholysis Photoonycholyse *f*
photoablation *(Derm)* Photoablation *f*
photoactinic photoaktinisch
photoactive photoaktiv, bei Lichtwirkung chemisch reagierend
photoaging Photoalterung *f*, Lichtalterung *f* der Haut
photoallergen Photoallergen *n (durch Lichtwirkung in der Haut gebildetes Antigen)*
photoallergic photoallergisch; Photoallergie…
photoallergic contact dermatitis photoallergische Kontaktdermatitis *f*
photoallergy Photoallergie *f*, Lichtallergie *f (infolge Antikörperbildung der Haut nach Lichteinwirkung)*
photoautotroph Photoautotrophe(r) *m*, photoautotropher Organismus *m*
photoautotrophic photoautotroph
photobacterium Photobakterium *n*, Leuchtbakterium *n*, phosphoreszierendes Bakterium *n*
photobiologic *s.* photobiological
photobiological photobiologisch
photobiology Photobiologie *f*
photobiotic photobiotisch, nur im Licht gedeihend; nur bei Licht wachsend
photocarcinogenesis Photokarzinogenese *f*, Licht(strahlen)karzinogenese *f*
photocatalysis Photokatalyse *f*, Fotokatalyse *f*
photocatalyst Photokatalysator *m*
photocatalytic photokatalytisch; Photokatalyse…
photocatalyzer Photokatalysator *m*
photocauterization Photokauterisation *f*, Photokautern *n*, Lichtverschorfung *f*
photoceptor Photorezeptor *m*
photochemical photochemisch, fotochemisch
photochemistry Photochemie *f*, Fotochemie *f*
photochemotherapy 1. Photochemotherapie *f*; 2. photodynamische Therapie *f*
photochromatic photochromatisch
photochromogen Photochromogen *n (pigmentbildendes Mykobakterium)*
photochromogenic photochromogen, nach Lichteinwirkung Farbstoff bildend
photocoagulation Photokoagulation *f*, Lichtkoagulation *f*
photocoagulation therapy Photokoagulationstherapie *f*
photocoagulator Photokoagulator *m*
photoconductive lichtübertragend
photoconjunctivitis Photokonjunktivitis *f*, Lichtstrahlenkonjunktivitis *f*
photoconvulsive photokonvulsiv, photoparoxysmal, durch Lichtblitze krampfend, Krampfpotenziale bildend *(im EEG sichtbar)*
photocutaneous photokutan, unter Lichtwirkung entstehende Dermatosen betreffend
photodermatitis Photodermatitis *f*, Lichtdermatitis *f*
photodermatosis Photodermatose *f*, Lichtdermatose *f*
photodetector Photodetektor *m*
photodisintegration Photodesintegration *f (z. B. eines Atomkerns durch Röntgenstrahlung)*
photodisruption Gewebezerstörung *f* durch Laserlicht

photodistribution lichtabhängige Verteilung *f* von Hautreaktionen *(heftigste Reaktionen an belichteten Stellen)*
photodromy Photodromie *f (lichtabhängige Änderung der Bewegungsrichtung)*
photodynamic photodynamisch
photodynamic therapy photodynamische Therapie *f*
photodynamics Photodynamik *f*
photodynia *s.* photalgia
photodysphoria *s.* photophobia
photoelectric photoelektrisch, lichtelektrisch
photoelectric absorption photoelektrische Absorption *f*
photoelectric effect photolektrischer Effekt *m*
photoelectrometer Photoelektrometer *n*
photoelectron Photoelektron *n*
photoerythema Lichterythem *n*
photoesthetic photoästhetisch, lichtempfindlich
photofluorogram Röntgenschirmbild *n*, Röntgenschirmbildaufnahme *f*
photofluorographic röntgenschirmbilddarstellend
photofluorography Röntgenschirmbildfotografie *f*, Röntgenschirmbildaufnahmeverfahren *n*, Fluororöntgenographie *f*, Fluororadiographie *f*
photofluoroscope Photofluoroskop *n*
photofluoroscopy *s.* photofluorography
photogastroscope Photogastroskop *n*
photogene *(Ophth)* Photogen *n*, Netzhautnachbild *n*
photogenic 1. lichterzeugend, leuchtend; phosphoreszierend; 2. photogen, lichterzeugt, durch Licht entstanden
photogenic epilepsy photogene Epilepsie *f*, Photoepilepsie *f*
photoglottography Photoglottographie *f*
photographic dosimetry Filmdosimetrie *f*, Röntgenstrahlendosimetrie *f*
photohaemotachometer Photohämotochometer *n*
photoheterotroph Photoheterotrophe(r) *m*, photoheterotropher Organismus *m*
photoheterotrophic photoheterotroph(isch)
photoinactivation Photinaktivation *f*, Photoinaktivierung *f* *(mutationsauslösender oder tötender Effekt von UV-Strahlung)*
photokeratography *(Ophth)* Photokeratographie *f*
photokeratoscope *(Ophth)* Photokeratoskop *n*
photokinesis Photokinese *f*
photokinetic photokinetisch; Photokinese...
photokymograph Photokymograph *m*
photolethal durch Lichtstrahlen tödlich
photoluminescence Photolumineszenz *f*
photolyase Photolyase *f (Enzym)*
photolysis Photolyse *f*, Zellauflösung *f* durch Licht
photolyte Photolyt *n (durch Lichteinwirkung zersetzte Substanz)*
photolytic photolytisch; Photolyse
photoma *s.* photome
photomania Photomanie *f*, Manieauslösung *f* durch Lichtwirkung; krankhaftes Verlangen *n* nach Licht- und Sonnenbestrahlung
photome Photom *n*, (subjektive) Lichterscheinung *f*
photometer Photometer *n*, Lichtstärkemesser *m*
photometric photometrisch
photometry Photometrie *f*, Licht(stärke)messung *f*
photomicrograph Mikro(skop)foto *n*
photomicrography Mikro(skop)fotografie *f*
photomicrography of epithelium Epithelmikrofotografie *f*
photomicroscope Photomikroskop *n*
photomicroscopy Photomikroskopie *f*
photomorphogenesis Photomorphogenese *f*
photomotor photomotorisch
photomultiplier Photomultiplier *m*, Sekundärelektronenvervielfacher *m*, SEV
photomyoclonic photomyoklonisch; Photomyoklonus...
photomyoclonus Photomyoklonus *m*
photomyogenic photomyogen
photon Photon *n*
photoncia lichtbedingte Anschwellung *f*, Schwellung *f* unter Lichteinwirkung
photonystagmography *(Ophth)* Photonystagmographie *f*
photoparaesthesia Photoparästhesie *f*, Netzhautempfindlichkeitsstörung *f*
photoparoxysmal photoparoxysmal
photopathologic *s.* photopathological
photopathological photopathologisch
photopathy Photopathie *f*, Licht(strahlen)krankheit *f*
photoperceptive photoperzeptiv, lichtwahrnehmend, lichtempfindend
photoperiod Photoperiode *f*
photoperiodicity Photoperiodizität *f (lichtbedingte Veränderungen der Aktivität von Organismen; z. B. im Tag-Nacht-Rhythmus)*
photoperiodism *s.* photoperiodicity
photopharmacology Photopharmakologie *f*
photopheresis Photopherese *f*
photophilia Photophilie *f*, Lichtvorliebe *f*
photophilic photophil, lichtliebend; Photophilie...
photophilous *s.* photophilic
photophobia 1. Photophobie *f*, Lichtscheu *f*; 2. Lichtüberempfindlichkeit *f*, abnorme Lichtempfindlichkeit *f*
photophobic photophob, lichtscheu, lichtmeidend; Photophobie...
photophore 1. Leuchte *f (zur Kehlkopfspiegelung)*; 2. Photophor *n (lichtbildendes Organ bestimmter Mikroorganismen)*
photophoresis Photophorese *f*
photophosphorylation Photophosphorylierung *f*
photophthalmia Photophthalmia *f* electrica, Photophthalmie *f*, Verblitzen *n*
photopia Helligkeitsanpassung *f*, Tages(licht)adaptation *f*, Tagessichtigkeit *f*
photopic lichtadaptierend, lichtanpassend; Lichtanpassungs...
photopic eye photopisches [lichtadaptiertes] Auge *n*
photopic vision photopisches Sehen *n*, Zapfensehen *n*, Tagessehen *n*
photopigment Photopigment *n*
photoplethysmograph Photoplethysmograph *m*
photoplethysmography Photoplethysmographie *f*
photoproduct Photoprodukt *n (durch Lichtwirkung entstandene Substanz)*
photoprotection Photoprotektion *f*
photoprotective photoprotektiv, vor ultraviolettem Licht schützend
photopsia Photopsie *f*, Lichterscheinung *f*, Lichtersehen *n*; Funkensehen *n*
photopsin Photopsin *n*, Zapfenopsin *n (Sehfarbstoff)*
photopsy *s.* photopsia
photoptarmosis Photoptarmosis *f*
photoptic photoptisch; lichtersehend; funkensehend
photoptometer Sehschärfemesser *m*, Sehschärfemessapparat *m*
photoptometry Photoptometrie *f*
photoradiation photodynamische Therapie *f*, Photochemotherapie *f*
photoradiometer Photoradiometer *n*
photoreaction Photoreaktion *f*
photoreactivation Photoreaktivierung *f*
photoreactive keratektomy photoreaktive Keratektomie *f*, PRK
photoreceptive photorezeptiv, licht(strahlen)wahrnehmend
photoreceptor Photorezeptor *m*, Lichtrezeptor *m*

photorefractive keratectomy photorefraktive Keratektomie *f*, PRK
photorespiration Photorespiration *f*
photoretinitis *(Ophth)* Photoretinitis *f*
photoreversal Photoreaktivierung *f*
photoscan *s.* photoscintigram
photoscanner Photoscanner *m*
photoscanning *s.* photoscintigraphy
photoscintigram Photoszintigramm *n*
photoscintigraphy Photoszintigraphie *f*
photoscope Photoskop *n*; Fluoroskop *n*
photoscopy Photoskopie *f*; Fluoroskopie *f*
photosensitive photosensitiv, lichtempfindlich
photosensitivity Photosensibilität *f*, Fotosensibilität *f*, Licht(strahlen)empfindlichkeit *f*
photosensitization 1. Photosensibilisierung *f*, Lichtempfindlichkeitssteigerung *f* der Haut; 2. photodynamische Sensibilisierung *f*
photosensitize *v* lichtsensibilisieren, lichtempfindlich machen
photoshock Lichtschock *m*
photostable lichtstabil, photostabil
photostethoscope Photostethoskop *n*
photostimulation Photostimulation *f (z. B. beim EEG)*
photostress Photostress *m*, intensive Lichtexposition *f*
photostress test Photostress-Test *m*
photosynthesis Photosynthese *f*
photosynthetic photosynthetisch
photosynthetic bacteria photosynthetische Bakterien *fpl*
phototactic phototaktisch
phototaxis Phototaxis *f (aktive Bewegungsänderung eines Organismus durch Lichtwirkung)*
phototherapeutic phototherapeutisch, lichttherapeutisch
phototherapy Phototherapie *f*, Lichttherapie *f*, Licht(strahlen)behandlung *f*, Lichtheilverfahren *n*
phototherapy in the newborn Phototherapie *f* beim Neugeborenen *(z. B. bei Hyperbilirubinämie)*
photothermal photothermal
photothermy Photothermie *f*, Lichtwärmewirkung *f*, Wärmeeffekt *m* des Lichtes
phototimer *(Rad)* Phototimer *m*
phototonic phototonisch
phototonus Phototonus *m (Lichtempfindlichkeit eines Organismus)*
phototoxic phototoxisch
phototoxic contact dermatitis phototoxische Kontaktdermatitis *f*
phototoxicity Phototoxizität *f*
phototoxis Phototoxis *f*, toxische Lichtwirkung *f*
phototransduction Phototransduktion *f*, visuelle Transduktion *f*
phototrophe Phototrophe(r) *m*, phototropher Mikroorganismus *m*
phototrophic phototroph *(z. B. Bakterien)*
phototropic phototrop(isch), heliotrop(isch), lichtwendig; Phototropismus...
phototropism Phototropismus *m*, Heliotropismus *m*, Lichtwendigkeit *f*
photovaporization Photovaporisation *f*, Lichtvaporisation *f (z. B. von Gewebe durch Laserlicht)*
photronreflectometer Photronreflektometer *n (Trübungsmesser)*
photuria 1. Photurie *f*, Ausscheidung *f* von fluoreszierendem Urin; 2. Urinfluoreszenz *f*
phragmoplast Phragmoplast *m*
phren 1. *s.* mind; 2. *s.* diaphragm
phrenalgia 1. Phrenalgie *f*, Phrenodynie *f*, Zwerchfellschmerz *m*; 2. *s.* psychalgia
phrenasthenia Phrenasthenie *f*, Zerebralneurasthenie *f*, Erschöpfungszustand *m* des Zentralnervensystems
phrenasthenic phrenasthenisch, (zebral)neurasthenisch
phrenasthenic Phrenastheniker *m*
phrenasthesia *s.* idiocy
phrenatrophy Phrenatrophie *f*, Hirnatrophie *f*
phrenectomy *s.* phreniectomy
phrenemphraxis Phrenemphraxis *f*, Phrenikusquetschung *f*, Quetschung *f* des Nervus phrenicus
phrenesiac Wahnsinnige(r) *m*
phrenesis *(Neur)* Phrenesie *f*, Wahnsinn *m*
phrenetic phrenetisch, wahnsinnig
phrenic phrenisch; Zwerchfell...
phrenic emphraxis *s.* phrenemphraxis
phrenic ganglion Zwerchfellganglion *n*
phrenic nerve Phrenikus *m*, Zwerchfellnerv *m*, Nervus *m* phrenicus
phrenic nerve block(age) Phrenikus(nerven)blockade *f*, Phrenikusausschaltung *f*
phrenic nerve paralysis Phrenikusparalyse *f*, Zwerchfellnervenlähmung *f*
phrenic neuralgia Phrenikusneuralgie *f*, Zwerchfellnervenschmerz *m*
phrenic plexus Zwerchfellplexus *m*, Zwerchfell(nerven)geflecht *n*, Plexus *m* phrenicus
phrenicectomy *s.* phreniectomy
phreniclasia *s.* phrenemphraxis
phreniclasis *s.* phrenemphraxis
phrenico-oesophageal phrenikoösophageal; Zwerchfell-Speiseröhren-...
phrenicocolic phrenikokolisch; Zwerchfell-Kolon-...
phrenicocolic ligament Ligamentum *n* phrenicocolicum, Zwerchfell-Kolon-Band *n*
phrenicocostal phrenikokostal; Zwerchfell-Rippen-...
phrenicocostal sinus Sinus *m* phrenicocostalis (pleurae), Recessus *m* costodiaphragmaticus
phrenicoexairesis *s.* phrenicoexeresis
phrenicoexeresis Phrenikusex(h)airese *f*, (operative) Teilentfernung *f* des Zwerchfellnerven *(vom Halse her)*
phrenicogastric phrenikogastrisch; Zwerchfell-Magen-...
phrenicoglottic phrenikoglottisch, phrenoglottisch; Zwerchfell-Stimmritzen-...
phrenicohepatic phrenohepatisch; Zwerchfell-Leber-...
phrenicolienal phrenikolienal, phrenikosplenisch; Zwerchfell-Milz-...
phrenicolienal ligament Ligamentum *n* phrenicolienale
phreniconeurectomy *s.* phreniectomy
phrenicosplenic *s.* phrenicolienal
phrenicotomy Phrenikotomie *f*, Phrenikus(durch)schnitt *m*, Phrenikusdurchtrennung *f*, Zwerchfellnervendurchtrennung *f*
phrenicotripsy *s.* phrenemphraxis
phreniectomize *v* eine Phrenikusresektion durchführen
phreniectomy Phrenikusresektion *f*, Phrenikusexzision *f*, (operative) Entfernung *f* des Nervus phrenicus
phrenitic phrenitisch; Phrenitis..., Zwerchfellentzündungs...
phrenitis Phrenitis *f*, Zwerchfellentzündung *f*
phreno... *siehe auch: phrenico...*
phrenocardia Phrenokardie *f (neurastenisches Syndrom mit Brustschmerz und Atembeschwerden)*
phrenocolic phrenikokolisch; Zwerchfell-Kolon-...
phrenocolopexy Phren(iko)kolopexie *f*, Querkolonfixierung *f* am Zwerchfell
phrenodynia *s.* phrenalgia
phrenogastric phrenikogastrisch; Zwerchfell-Magen-...
phrenoglottic phrenikoglottisch, phrenoglottisch; Zwerchfell-Stimmritzen-...
phrenograph Phrenograph *m (zur Aufzeichnung der Zwerchfellbewegung)*

phrenohepatic phrenohepatisch; Zwerchfell-Leber…
phrenolepsia *(Neur)* Phrenolepsie *f*, Zwangsvorstellung *f*, Zwangszustand *m*
phrenologist Phrenologe *m*
phrenology Phrenologie *f*, (Gall'sche) Schädellehre *f*
phrenoparalysis Phrenoparalyse *f*, Phrenoplegie *f*, Zwerchfellparalyse *f*, Zwerchfelllähmung *f*
phrenopathic *s.* psychopathic
phrenopathy Phrenopathie *f*, Geisteskrankheit *f*, Psychose *f*
phrenopericarditis Phrenoperikarditis *f (Adhäsion der Herzspitze am Zwerchfell)*
phrenoplegia *s.* phrenoparalysis
phrenoptosis Phrenoptose *f*, Zwerchfelltiefstand *m*
phrenosin Phrenosin *n*, Zerebron *n (Zerebrosid)*
phrenosine *s.* phrenosin
phrenospasm Phrenospasmus *m*, Zwerchfellspasmus *m*, Zwerchfellkrampf *m*
phrenosplenic *s.* phrenicolienal
phrenotropic phrenotrop
phrictopathic phriktopathisch, ein Schauern auslösend
phrygian cap phrygische Mütze *f* [Kappe *f*] *(Gallenblasenröntgendiagnostik)*
phrynin Phrynin *n*
phrynoderma Phrynoderm(a) *n*, Krokodilhaut *f*, Krötenhaut *f*
phrynodermia Phrynodermie *f*, follikuläre Hyperkeratose *f (infolge Vitamin-A-Mangels)*
phrynolysin Phrynolysin *n*
phthalat Phthalat *n*
phthalein Phthalein *n*
phthaleinometer Phthaleinometer *n*
phthalic acid Phthalsäure *f*, Benzoldicarbonsäure *f*
phthalin Phthalin *n*
phthalylsulphacetamide Phthalylsulfacetamid *n (Antibiotikum)*
phthalylsulphatiazole Phthalylsulfathiazol *n (Antibiotikum)*
phtheiriasis *s.* phthiriasis
phtheiriophobia *s.* phthiriophobia
phthinoid *s.* phthisical
phthiocol Phthiocol *n (durch Mycobacterium tuberculosis gebildet)*
phthioic acid Phthionsäure *f (durch Mycobacterium tuberculosis gebildet)*
phthiriasis Phthiriasis *f*, Filzlausbefall *m*
phthiriophobia Phthiriophobie *f*, Läusefurcht *f*, Läuseangst *f*
Phthir(i)us Phthir(i)us *m*, Laus *f*
phthisic *s.* phthisical
phthisical phthisisch, phthitisch, (lungen)schwindsüchtig; Tuberkulose…
phthisiologist Tuberkulosespezialist *m*, Tuberkuloseforscher *m*
phthisiology Phthisiologie *f*, Tuberkuloselehre *f*, Tuberkuloseforschung *f*
phthisiomania *(Neur)* Phthisiomanie *f (Angst, an Tuberkulose zu leiden)*
phthisiophobia Phthisiophobie *f*, Angst *f* vor Lungentuberkulose
phthisiotherapy Phthisiotherapie *f*, Tuberkulosetherapie *f*, Schwindsuchtbehandlung *f*
phthisis 1. Phthise *f*, Körperauszehrung *f*, Auszehrung *f*; 2. Phthisis *f*, Phthise *f*, Schwindsucht *f*, Lungenschwindsucht *f*, (chronische ansteckende) Lungentuberkulose *f*
phycochromoprotein Phykochromoprotein *n*
phycoerythrin Phykoerythrin *n*
phycomycetosis *s.* phycomycosis
phycomycetous *s.* phycomycotic
phycomycosis Phykomykose *f*, Phykomyzetose *f*, Algenpilzinfektion *f*
phycomycotic phykomykotisch; Algenpilz…
phygogalactic *s.* lactifuge
phyla *pl s.* phylum
phylactic phylaktisch, Infektionsschutz bewirkend; Abwehr…
phylactotransfusion Phylaktotransfusion *f (Antikörpertransfusion)*
phylaxin *s.* antigen
phylaxis Phylaxis *f*, natürliche Abwehr *f* [Körperabwehr *f*] gegen Infektionen
phyletic *s.* phylogenetic
phyllode blattartig, blattähnlich
phylloerythrin Phylloerythrin *n*
phylloid sarcoma Cystosarcoma *n* phylloides
phyllolith Phyllolith *m (bei Nierentuberkulose)*
phylloquinone Phylloquinon *n*, Phytonadion *n*, Phytomenadion *n*, Vitamin K_1 *n*
phylogenesis *s.* phylogeny
phylogenetic phylogenetisch, phyletisch, stammesgeschichtlich; Phylogenese…
phylogenetically recent phylogenetisch jung
phylogenic *s.* phylogenetic
phylogeny Phylogenie *f*, Phylogenese *f*, Stammesentwicklung *f*, Stammesgeschichte *f*
phylum Phylum *n*, Stamm *m*
phyma Phyma *n*, Knollen *m*, Knolle *f*, Gewächs *n*; Hautknoten *m*; Tuberkel *m*
phymata *pl s.* phyma
phymatoid phymatoid; Phyma…
phymatorhusin Phymatorhusin *n (Pigment der Haare und melanotischer Tumoren)*
phymatorrhysin *s.* phymatorhusin
phymatosis Phymatose *f*
physaliferous *s.* physaliphorous
physaliform bläschenförmig
physaliphore *s.* physaliphorous cell
physaliphorous physaliphor, blasenhaltig, Blasen enthaltend, Vakuolen enthaltend
physaliphorous cell Physalide *f*, Wasserblase *f (große blasige Zelle des Chordoms)*
physalis 1. Physalis *f*, Physalide *f*, Wasserblase *f (Vakuole in Riesenzellen)*; 2. Physalide *f*, blasige Zelle *f* des Chordoms *(Krebszelle)*
physalization Schaubildung *f*, Blasenbildung *f*, Vakuolenbildung *f*
Physaloptera Physaloptera *pl*, Darmfadenwürmer *mpl*
Physaloptera caucasica Physaloptera *f* caucasica
physalopteriasis Physalopteriasis *f*, Physaloptera-Infektion *f*, Darmfadenwürmerbefall *m*
Physalopteridae Physalopteridae *pl*
physiatrics 1. Physiatrie *f*, Naturheilkunde *f*, physikalische Medizin *f*; 2. *s.* physical therapy
physiatry *s.* physiatrics
physic Heilkunde *f*, Medizin *f*
physic (agent) 1. Medikament *n*, Arzneimittel *n*; 2. Abführmittel *n*, Laxans *n*
physical 1. physisch, körperlich; Körper…; 2. natürlich, Natur…; 3. physikalisch; Physik…
physical allergy physikalische Allergie *f*, Allergie *f* durch physikalische Faktoren *(z. B. durch Sonnenstrahlen)*
physical disorder *(Neur)* körperliche Störung *f*
physical examination 1. Körperuntersuchung *f*; 2. ärztliche Untersuchung *f*
physical exercise Körperübung *f*
physical fitness körperliche Leistungsfähigkeit *f*
physical handicap Körperbehinderung *f*
physical medicine *s.* physiatrics 1.

physical therapist Physiotherapeut *m*
physical therapist assistent physiotherapeutischer Assistent *m*
physical therapy Physiatrik *f*, physikalische Therapie *f* [Heilkunde *f*], Physiotherapie *f*, Physiatrie *f*
physician 1. Arzt *m*, Mediziner *m*; 2. Internist *m (siehe auch unter: doctor)* • **on the arrival of the physician** bei(m) Eintreffen des Arztes • **until the arrival of the physician** bis zum Eintreffen des Arztes
physician in attendance Dienst habender Arzt *m*
physician on call Dienst habender Arzt *m*
physician-patient relationship Arzt-Patient-Verhältnis *n*
physician visit Visite *f*, Arztbesuch *m*; Arztkonsultation *f*
physician's office Sprech(stunden)zimmer *n*
physicist Physiker *m*
physicochemical physikochemisch, physikalischchemisch
physicopyrexia physikalische Fiebererzeugung *f*
physicotherapeutics *s.* physical therapy
physiochemical 1. biochemisch; Biochemie…; 2. die klinische Chemie betreffend
physiochemistry 1. *s.* physiological chemistry; 2. klinische Chemie *f*
physiogenesis Embryologie *f*, Embryonalentwicklungslehre *f*, Keimentwicklungslehre *f*
physiognomic physiognomisch, physiognomonisch
physiognomic thinking physiognomisches Denken *n*
physiognomy Physiognomie *f*, Gesichtsausdruck *m*, (persönliche) Gesichtszüge *mpl*
physiognosis Physiognosis *f*, Gesichtsdiagnose *f*
physiologic *s.* physiological
physiological physiologisch; normal (verlaufend), normal funktionierend; nicht pathologisch; Physiologie…
physiological age physiologisches Alter *n*
physiological albuminura physiologische Albuminurie *f*
physiological amenorrhoea physiologische Amenorrhoe *f*
physiological anaemia physiologische Anämie *f*
physiological antidote physiologisches Antidot *n*
physiological astigmatism physiologischer Astigmatismus *m*
physiological atrophy physiologische Atrophie *f*
physiological chemistry physiologicohe Chemie *f*, Biochemie *f*
physiological contracture physiologische Kontraktur *f*
physiological dead space physiologischer Totraum *m (Atemwege)*
physiological diplopia physiologische Diplopie *f*, physiologisches Doppeltsehen *n*
physiological dwarf physiologischer Zwerg *m*, hypoplastischer Zwerg *m*, Primordialzwerg *m*, echter Zwerg *m*
physiological flexion physiologische Flexion *f*
physiological hourglass stomach *(Rad)* physiologischer Sanduhrmagen *m*, Kaskadenmagen *m*
physiological hyperbilirubinaemia *(Hepat)* physiologische Hyperbilirubinämie *f*
physiological hypertrophy physiologische Hypertrophie *f*
physiological incompatibility physiologische Inkompatibilität *f*
physiological jaundice physiologischer Ikterus *m*
physiological jaundice of the newborn physiologischer Neugeborenenikterus *m*
physiological motivation physiologische Motivation *f*
physiological murmur physiologisches Geräusch *n*
physiological occlusion *(Stom)* physiologischer Biss *m*, Normalbiss *m*
physiological psychology physiologische Psychologie *f*
physiological retraction ring physiologischer Kontraktionsring *m (des Uterus)*
physiological salt solution physiologische Natriumchloridlösung *f* [Kochsalzlösung *f*]
physiological sodium chloride solution *s.* physiological salt solution
physiological third heart sound physiologischer dritter Herzton *m*
physiological tremor physiologischer Tremor *m*
physiologicoanatomical physiologisch-anatomisch
physiologist Physiologe *m*, Facharzt *m* für Physiologie
physiology Physiologie *f (Lehre von den normalen Lebensvorgängen in den Organismen)*
physiolysis Physiolyse *f*, Gewebezerfall *m*
physiomedical die Pflanzentherapie betreffend, pflanzenarzneilich
physiomedicalism pflanzliche Therapie *f*, reine Pflanzentherapie *f*
physiometry Physiometrie *f*, Bestimmung *f* der physiologischen Funktionen *(z. B. durch physiologische Teste)*
physiopathologic *s.* physiopathological
physiopathological pathophysiologisch
physiopathology Pathophysiologie *f*
physiopsychic psychosomatisch
physiopyrexia Heilfieberbehandlung *f*
physiostigminism Physostigminvergiftung *f*
physiotherapeutic physiotherapeutisch; Physiotherapie…
physiotherapeutic treatment physiotherapeutische Behandlung *f* • **refer for physiotherapeutic treatment** zur Physiotherapie überweisen, zur physiotherapeutischen Behandlung schicken
physiotherapist Physiotherapeut *m*, Arzt *m* [Facharzt *m*] für Physiotherapie
physiotherapy *s.* physical therapy
physocele 1. Physozele *f*, luftgefüllte Schwellung *f*, gasgefüllter Tumor *m*; 2. Physozele *f*, luftgefüllte Hernie *f*, gasgefüllte Skrotalhernie *f*
physocephaly Physozephalie *f (Kopfschwellung infolge subkutaner Luftansammlung)*
physohaematometra Physohämatometra *f*, Gas- und Blutansammlung *f* in der Gebärmutter
physohydrometra Physohydrometra *f*, Gas- und Flüssigkeitsansammlung *f* in der Gebärmutter
physometra Physometra *f*, Gasansammlung *f* in der Gebärmutter
physopyosalpinx Physopyosalpinx *f*, Gas- und Eiteransammlung *f* im Eileiter
physostigma Physostigma *n*, Kalabarbohne *f*
physostigmine Physostigmin *n*, Eserin *n (Alkaloid der Kalabarbohne)*
physostigmine salicylate Physostigminsalicylat *n*
physostigminism Physostigminvergiftung *f*
phytagglutinin Phytoagglutinin *n*
phytalbumin Phytoalbumin *n*
phytanate Phytanat *n*
phytanic acid Phytansäure *f*
phytanic acid hydroxylase Phytansäurehydroxylase *f (Enzym)*
phytanic acid storage disease Phytansäurespeicherkrankheit *f*, Refsum-Syndrom *n*
6-phytase 6-Phytase *f (Enzym)*
phytic acid Phytinsäure *f*, Inositolhexaphosphorsäure *f*
phytid *(Derm)* Phytid *n (allergische Hautreaktion durch Dermatophyteninfektion)*
phytin Phytin *n*
phytoagglutinin Phytoagglutinin *n*
phytoanaphylactogen *(Immun)* Phytoanaphylaktogen *n (Antigen)*
phytobezoar Phytobezoar *m*, Pflanzenfaserknäuel *n* (im Magen)
phytochemistry Phytochemie *f*

phytochinin Phytochinin *n*
phytodermatitis Phytodermatitis *f*, durch Pflanzen(teile) hervorgerufene Hautentzündung *f*
phytodetritus Phytodetritus *m*, pflanzlicher Abfall *m*
phytogenesis Phytogenese *f (Entwicklungsgeschichte der Pflanzen)*
phytogenetic *s.* phytogenous
phytogenic *s.* phytogenous
phytogenous phytogen, pflanzlicher Herkunft, aus Pflanzen entstanden
phytohaemagglutinin Phyt(o)hämagglutinin *n*
phytohaemagglutinin antigen Phyt(o)hämagglutininantigen *n*
phytohaemagglutinin stimulation Phyt(o)hämagglutininstimulation *f*
phytohaemagglutinin test Phyt(o)hämagglutinintest *m*
phytohormone Phytohormon *n*, pflanzeneigenes Hormon *n*
phytoid phytoid, pflanzenartig, pflanzenähnlich
phytol Phytol *n*
phytolectin *s.* phytohaemagglutinin
Phytomastigophorea Phytomastigophorea *pl*, Phytomastigophora *pl*
phytomastigophorean Phytomastigophorea...
phytomenadione Phytomenadion *n*, 2-Methyl-3-phytyl-1,4-naphthochinon *n*, Phylloquinon *n*, Phytonadion *n*, Vitamin *n* K_1
phytomitogen Phytomitogen *n (die Mitose auslösender pflanzlicher Stoff)*
phytonadione *s.* phytomenadione
phytonosis Phytonose *f*
phytoparasite Phytoparasit *m*
phytopathogenic phytopathogen
phytopathology Phytopathologie *f*
phytopathy Phytopathie *f*
phytophagous phytophag, pflanzenessend, vegetarisch
phytophotodermatitis Phytophotodermatitis *f*
phytopneumoconiosis Phytopneumokoniose *f*, Pflanzenstaublunge(nerkrankung) *f*
phytoporphyrin Phytoporphyrin *n*
phytoprecipitin Phytopräzipitin *n*
phytosensitinogen Phytoanaphylaktogen *n*
phytosis *(Derm)* Phytose *f*, Erkrankung *f* durch pflanzliche Parasiten
phytosphingosine Phytosphingosin *n*
phytosterol Phytosterol *n*, Phytosterin *m*
phytosterolaemia Phytosterolämie *f*
phytotherapy Phytotherapie *f*, Behandlung *f* mittels Pflanzen, pflanzliche Therapie *f*
phytothrombokinase Phytothrombokinase *f (Enzym)*
phytotoxic phytotoxisch; Pflanzengift...
phytotoxin Phytotoxin *n*, Pflanzengift *n*, pflanzliches Gift *n*
phytotrichobezoar Phytotrichobezoar *m*, Magenstein *m* aus Pflanzen und Haaren
phytovitellin Phytovitellin *n*, pflanzliches Vitellin *n*
phytoxylin Phytoxylin *n*
pia Pia *f*, Pia *f* mater
pia-arachnitis Leptomeningitis *f*, Entzündung *f* der Pia mater und der Arachnoidea
pia-arachnoid Pia-Arachnoidea *f*, Leptomeninx *f*
pia-glia Pia-Glia *f*
pia-intima *s.* pia-glia
pia mater (of the brain) Pia *f* mater (encephali), weiche Gehirnhaut *f* [Hirnhaut *f*]
pia mater of the spinal cord Pia *f* mater spinalis, weiche Rückenmarkshaut *f*
pial Pia..., Pia-mater-...
piamatral *s.* pial
pian Pian *m*, Framboesia *f* tropica, Frambösie *f*, Himbeerkrankheit *f*, Himbeerwarzensucht *f*, Erdbeerpocken *pl (durch Treponema pertenue)*
pianide Pianid *n (Frambösieexanthem)*
pianoma Pianom *n (Frambösiedermatose)*
piarachnitis *s.* pia-arachnitis
piarachnoid *s.* pia-arachnoid
pica 1. Pica *f*, Schwangerengelüste *npl*; 2. Pikazismus *m*, Pica'sches Syndrom *n*, Pica-Krankheit *f (krankhaftes Essen nicht physiologischer Nahrung infolge Appetitstörung)*
Pick's atrophy *s.* Pick's disease
Pick's bodies Pick'sche Körperchen *npl (fadenförmige intraplasmatische Einschlusskörperchen)*
Pick's cells Pick'sche Zellen *fpl*, Niemann-Pick'sche Zellen *fpl (Sphingomyelin enthaltende Zellen)*
Pick's cirrhosis Pick'sche Zirrhose *f*, perikarditische Pseudoleberzirrhose *f*
Pick's disease 1. Pick'sche Krankheit *f*, Pick'sche Gehirnatrophie *f*, Pick-Syndrom *n*, Pick-Atrophie *f*, Pick'sche Atrophie *f (degenerative Enzephalopathie mit Persönlichkeitsverfall und Demenz)*; 2. *s.* Niemann-Pick disease
Pick's fever Pick'sches Fieber *n*, Pappatacifieber *n*
Pick's visions Pick'sche Visionen *fpl*, Pick'sche Halluzinationen *fpl (optische Halluzinationen bei hirnorganischen Prozessen an der Ponshaube)*
pick-up forceps *(Chir)* Fasszange *f*
pickling *(Stom)* Beizen *n*, Abbeizen *n*
Pickwickian syndrome Pickwickier-Syndrom *n*, Pickwick'sches Syndrom *n*, kardiopulmonales Syndrom *n* der Adipösen *(Herzkreislaufinsuffizienz und Fettsucht)*
picocurie Picocurie *n*, pCi *(Maßeinheit der Radioaktivität)*
picodnavirus Picodna-Virus *n*
picolinic acid Picolinsäure *f*, Pyrdin-α-carbonsäure *f (Zwischenprodukt des Tryptophanstoffwechsels)*
picornavirus Picorna-Virus *n (kleines RNS-haltiges Virus)*
picranic acid Pikransäure *f*
picrate Pikrat *n*, Picrat *n*
picric acid Pikrinsäure *f*, Picrinsäure *f*, Acidum *n* picrinicum, Acidum *n* picronitricum, 2,4,6-Trinitrophenol *n*
picrocarmine Pikrokarmin *n*, Picrocarmin *n (Farbstoff)*
picroformol Picroformol *n*, Pikroformol *n*
picroformol fixative Picroformolfixativ *n*
picrogeusia Pikrogeusie *f*, krankhafter bitterer Nachgeschmack *m*
picrol Pikrol *n (antiseptischer jodhaltiger Puder)*
picronigrosin Pikronigrosin *n (alkoholische Lösung mit Nigrosin und Pikrinsäure)*
picropodophyllin Pikropodophyllin *n (aus Podophyllum peltatum)*
picrosaccharometer Pikrosaccharometer *n*
picrosclerotine Pikrosklerotin *n*
picrotoxin Picrotoxin *n (Analeptikum und Krampfmittel aus Anamirta cocculus)*
picrotoxinism Pikrotoxinvergiftung *f*
Pic's syndrome Pic-Syndrom *n*, Pic'sches Syndrom *n*, Bard-Pic-Syndrom *n (durch Pankreaskopfkarzinom bedingter Symptomenkomplex der Leber infolge Verschlussikterus)*
piebaldism Piebaldismus *m*, partieller [lokalisierter] Albinismus *m*, Albinismus *m* circumscriptus
piebaldness *s.* piebaldism
piece Stück *n*, Teil *n*; Bruchstück *n*
piece of a dental crown Zahnkronen(bruch)stück *n*
piecemeal necrosis Mottenfraßnekrose *f*, Piecemeal-Nekrose *f (bei Hepatitis)*
piedra *(Trop)* Piedra *f*, Trichomycosis *f* nodularis, Trichosporosis *f*, Haarknötchenkrankheit *f (Haarpilzleiden)*
pier *(Stom)* Zwischenpfeiler *m*

pierce *v* durchbohren, durchstechen; perforieren, durchlöchern
pierce wound Stichwunde *f*
piercing pain schneidender [scharfer] Schmerz *m*, bohrender [stechender, durchdringender] Schmerz *m*
Pierre Robin syndrome Pierre-Robin-Syndrom *n*, kongenitale Mikrognathie *f* mit Glossoptose *(frühfetale Hemmungsmissbildung des Mund-Kiefer-Zungen-Bereiches)*
Pierson's disease Pierson'sche Krankheit *f*, Pierson-Krankheit *f*, Ostitis *f* necroticans pubis *(aseptische Knochennekrose der Symphyse)*
piesaesthesia Drucksinn *m*
piesimeter Piesometer *n (Instrument zur Messung des Drucksinnes)*
piesis Blutdruck *m*
piezesthesia *s.* piesaesthesia
piezochemistry Piezochemie *f*
piezoelectric piezoelektrisch
piezoelectric effect piezoelektrischer Effekt *m*
piezoelectricity Piezoelektrizität *f*
piezometer 1. Orbitonometer *n*; 2. *s.* piesimeter
pigbel Pigbel *n*, nekrotisierende Enteritis *f* (beim Menschen durch Toxin aus Clostridium perfringens Typ C)
pigeon breader's lung Vogelzüchterlunge *f*, Hühnerzüchterlunge *f*, Taubenzüchterlunge *f (allergische Lungenerkrankung)*
pigeon breast Pectus *n* gallinaceum [carinatum], Hühnerbrust *f*, Kielbrust *f*
pigeon chest *s.* pigeon breast
pigeon set Infusionssystem *n* mit Y-Zwischenstück
pigeon solution Infusionslösung *f* über ein Y-Zwischenstück
pigeon-toe Metatarsus *m* varus, Metatarsus *m* adductus
pigeon-toed entenfüßig, mit einwärtsgerichteten Zehen
piggyback port y-förmiges Zwischenstück *n (für Injektionen an Infusionssystemen)*
pigment Pigment *n*, Körperfarbstoff *m*
pigment border Pigmentsaum *m*
pigment cell Pigmentzelle *f*
pigment deposition Pigmentablagerung *f*
pigment disorder Pigmentstörung *f*
pigment epithelial macrophage Pigmentepithelmakrophage *m*
pigment epithelium Pigmentepithel *n*
pigment granule Pigmentkörnchen *n*
pigment layer Pigmentschicht *f*
pigmental pigmentiert, pigmentär; Pigment...
pigmental retinopathy Retinopathia *f* pigmentosa
pigmentary pigmentiert, pigmentär; Pigment...
pigmentary anomaly Pigmentanomalie *f*
pigmentary change Pigmentveränderung *f*, pigmentäre Veränderung *f*
pigmentary cirrhosis Pigment(leber)zirrhose *f*
pigmentary defect Pigmentdefekt *m*, Pigmentfehler *m*
pigmentary degeneration pigmentäre [pigmentartige] Degeneration *f (z. B. von Nervenzellen)*
pigmentary dermatosis Pigmentdermatose *f*, pigmentäre Dermatose *f*
pigmentary embolism Pigmentembolie *f*
pigmentary induration Pigmentinduration *f*, pigmentäre Induration *f*, braune Lungeninduration *f*
pigmentary lack Pigmentmangel *m*
pigmentary retinopathy Retinopathia *f* pigmentosa
pigmentary syphilid pigmentäres Syphilid *n*
pigmentation Pigmentation *f*, Pigmentierung *f*, pigmentäre Färbung *f*, abnorme Pigmentablagerung *f*
pigmentation of pregnancy Schwangerschaftspigmentation *f*, Schwangerschaftspigmentierung *f*
pigmentation of the abdominal wall Bauchwandpigmentierung *f*
pigmented pigmentiert, pigmentär; Pigment...
pigmented cataract *(Ophth)* Vossius'sche Ringtrübung *f*
pigmented cell layer of the ciliary body *(Ophth)* Stratum *n* pigmenti corporis ciliaris
pigmented cell layer of the iris *(Ophth)* Stratum *n* pigmenti iridis
pigmented mole [naevus] *(Derm)* Pigmentnävus *m*, braunes Pigmentmal *n* [Muttermal *n*], Naevus *m* pigmentosus
pigmented purpuric lichenoid dermatitis Dermatitis *f* lichenoides purpurea et pigmentata, Gougerot-Blum'sche Krankheit *f*
pigmented red plane lichen pigmentierter Lichen *m* ruber planus
pigmented spot Pigmentfleck *m*
pigmented villonodular synovitis pigmentierte villonoduläre Synovitis *f (der Gelenke)*
pigmento-haemorrhagic dermatosis Haemosiderosis *f* cutanea, Dermatosis *f* haemorrhagico-pigmentosa
pigmentodermia Pigmentodermie *f*, (krankhafte) Hautpigmentveränderung *f*, pigmentiertes Hautleiden *n*
pigmentogenesis Pigmentbildung *f*
pigmentogenic pigmentogen, die Pigmentbildung anregend; eine Pigmentablagerung bewirkend
pigmentolysin Pigmentolysin *n*
pigmentolysis Pigmentolyse *f*, Pigmentauflösung *f*
pigmentophage 1. *(Hämat)* Pigmentophag *m*, Pigmentfresszelle *f*; 2. *(Trop)* Monozyt *m* mit Resten von Malariapigment
pigmentophore pigmenthaltige [pigmentierte] Zelle *f*, Pigmentzelle *f*
pigtail catheter *(Rad)* gebogener Katheter *m*, Schweineschwanzkatheter *m*
piitis Pia-mater-Entzündung *f*, Entzündung *f* der weichen Hirnhaut
pikromycin Pikromycin *n*, Proaktinomycin A *n*
pila Haar *n*
pilar behaart; Haar...
pilar cyst *s.* wen
pilary behaart; Haar...
pilaster Pilaster *m*, Kamm *m*, First *m*
pilaster of Broca Linea *f* aspera
pilastered in Säulen angeordnet
pilation Haarfissur(enbildung) *f (z. B. der Schädelknochen)*
Pilcz-Westphal phenomenon Pilcz-Westphal-Zeichen *n*, Pilcz-Westphal'sches Zeichen *n*, (einseitige) Lidschlussreaktion *f*
Pilcz-Westphal reaction *s.* Pilcz-Westphal phenomenon
pile 1. *s.* pilus; 2. Hämorrhoide *f*, Hämorrhoidenknoten *m*, Hämorrhoidalknoten *m*
pileous *s.* pilous
piles Hämorrhoiden *fpl*, Hämorrhoidenknoten *mpl*
pilial Haar...; Fäden...; Fimbrien...
piliate behaart, mit Haaren versehen, mit Härchen bedeckt, mit Fäden bedeckt; Fimbrien tragend *(z. B. Bakterien)*
piliation Haarbildung *f*
pilibezoar *s.* hair ball
piliform haarartig, haarähnlich
pilimiction Pilimiktion *f*, Pilimictio *f (Ausscheidung von Schleimfäden im Urin)*
pilin Pilin *n (Haarprotein; Fimbrienprotein)*
pill 1. Pille *f*, Pilula *f (feste Arzneiform)*; 2. Antibabypille *f*, Anti-Baby-Pille *f*, „Pille" *f* • **be on the pill** die Pille [Antibabypille] nehmen
pill-rolling tremor *(Neur)* Pillendrehertremor *m*, Pillendrehen *n (bei Parkinson-Krankheit)*
pillar Säule *f*, Pfeiler *m*; Stützbogen *m*, Bogen *m*

pillar cell *(Histol)* Pfeilerzelle *f*
pillar of the fauces *(Stom)* Gaumenbogen *m*
pillar of the iris *(Ophth)* Irisschenkel *m*, Corniculum *n* iridis
pillbox Pillendose *f*, Pillenschachtel *f*
pillet kleine Pille *f*
pillhead Tablettensüchtige(r) *m*
pillheaded tablettensüchtig
pillion temporäre [provisorische] Beinprothese *f*
pillion fracture T-Fraktur *f* des distalen Femurs *(mit Verschiebung der Kondylen)*
pillow Kissen *n*, Kopfkissen *n*
pilobezoar Pilobezoar *m*, Trichobezoar *m*
pilocarpine Pilokarpin *n (Alkaloid)*
pilocarpine eyedrops Pilokarpin-Augentropfen *mpl*
pilocarpine hydrochloride Pilokarpinhydrochlorid *n*
pilocarpine iontophoresis Pilokarpin-Iontophorese *f*
pilocystic pilozystisch, haarig-zystisch
pilocytic Haarzellen…
piloerection *(Derm)* Piloerektion *f*, Piloarrektion *f*, Haaraufrichtung *f*, Haaraufrichten *n*
piloid haarartig, haarähnlich; Haar…
piloleiomyoma Piloleiomyom *n*
pilomatricoma Malherbes kalzifizierendes Epitheliom *n*
pilomatrixoma *s.* pilomatricoma
pilomotor *(Derm)* pilomotorisch, haarbewegend, haaraufrichtend
pilomotor muscle Haaraufrichter(muskel) *m*, Musculus *m* arrector pilorum
pilomotor nerve pilomotorischer Nerv *m*, Haaraufrichternerv *m*
pilomotor reaction Pilomotorenreaktion *f*, Reaktion *f* der Musculi arrectores pilorum
pilomotor reflex Gänsehautreflex *m*, pilomotorischer Reflex *m*
pilon tibial fracture Pilonfraktur *f*, intraartikulärer distaler Stauchungs(knochen)bruch *m* der Tibia
pilonidal pilonidal; Pilonidal…
pilonidal abscess Pilonidalabszess *m*
pilonidal cyst Pilonidalzyste *f*, Sakrokokzygealzyste *f*
pilonidal disease Pilonidal(sinus)krankheit *f*
pilonidal fistula Pilonidalfistel *f*
pilonidal sinus Pilonidalsinus *m*
pilose haarig, behaart; Haar…
pilose naevus *(Derm)* Nävus *m* pilosus, Haarnävus *m*, behaarter Nävus *m*
pilosebaceous Haarfollikel-Talgdrüsen-…
pilosis *s.* polytrichia
pilosity Haarigkeit *f*, Behaartheit *f*, Haarreichtum *m*
pilous haarig, behaart
pilous gland *(Derm)* Glandula *f* sebacea, Talgdrüse *f*
Piltz-Westphal phenomenon Piltz-Westphal-Phänomen *n*, Westphal-Piltz-Phänomen *n*, Orbicularis-Phänomen *n*, Lid-Pupillen-Reflex *m*
Piltz's reflex Piltz-Reflex *m*, Aufmerksamkeitsreflex *m* der Pupille
Piltz's sign *s.* 1. Piltz's reflex, 2. Piltz-Westphal phenomenon
pilula *s.* pill 1.
pilular Pillen…; pillenartig
pilule kleine Pille *f*
pilus Pilus *m*, Haar *n*
pimaricin Pimaricin *n (Antibiotikum)*
pimelitis Fettgewebsentzündung *f*
pimeloma *s.* lipoma
pimelopterygium Pimelopterygium *n*, Fettansammlung *f* in der Conjunctiva
pimelorrhoea *(Gastr)* Fettstuhl *m*
pimelorthopnoea Pimelorthopnoea *f*, Piorthopnoe *f*
pimelosis 1. *(Histol, Path)* fettige Degeneration *f*, fettiger Gewebsuntergang *m*; 2. *s.* lipomatosis; 3. *s.* obesity
pimeluria Lipurie *f*, Adiposurie *f*, Fettausscheidung *f* im Urin
piminodine esylate Piminodinesylat *n (Narkoanalgetikum)*
pimozide Pimozid *n (Antipsychotikum)*
pimple *(Derm)* Pickel *m*, Pustel *f*, Papel *f*
pimply pickelig
pin 1. *(Chir)* Nagel *m*, Knochennagel *m*; 2. *(Stom)* Stift *m*, Zahnstift *m*; Dübel *m*
pin dental crown Stift(zahn)krone *f*
pin extension Drahtextension *f (bei Knochenbruch)*
pin for skeletal traction *(Chir)* Extensionsdraht *m*
pin-point inlet of the wound punktförmige Wunde *f*
pin track infection Extensionsdrahtinfektion *f*
pinacyanol Pinacyanol *n*
Pinard's manoeuvre *(Gyn)* Pinard'scher Handgriff *m (Geburtshilfe)*
pinbrick test Nadelstichprobe *f*, Nadelstichtest *m (zur Testung der Schmerzempfindung und Drucksensibilität)*
pincer nail Zangennagel *m (der Zehen)*
pincers Pinzette *f (siehe auch: forceps)*
pinch *v* 1. zusammendrücken, drücken, quetschen; 2. kneifen, zwicken; klemmen
pinch graft *s.* Reverdin graft
pinch grip Fingerspitzengriff *m*
pinch meter Fingerdruckmesser *m*
Pindborg tumour Pindborg-Tumor *m*, kalzifizierender endothelialer odontogener Tumor *m*
pindolol Pindolol *n (Betarezeptorenblocker)*
pineal *(Anat)* pineal; Pineal…, Epiphysen…, Zirbeldrüsen… *(siehe auch unter: epiphyseal)*
pineal appendage *s.* pineal body
pineal body Corpus *n* pineale, Zirbeldrüse *f*, Epiphysis *f* cerebri, Epiphyse *f*, Glandula *f* pinealis
pineal gland *s.* pineal body
pineal hyperplasia syndrome Zirbeldrüsenhyperplasie-syndrom *n*
pineal nose Rhinophym *n*
pineal peduncle *(Anat)* Pedunculus *m* corporis pinealis
pineal recess Recessus *m* pinealis *(Ausbuchtung der 3. Hirnkammer in die Zirbeldrüse)*
pineal seminoma *s.* pinealoma
pineal syndrome Zirbeldrüsensyndrom *n*, Epiphysensyndrom *n*
pineal tumour Zirbeldrüsentumor *m*, Zirbeldrüsengeschwulst *f*
pineal ventricle Zirbeldrüsenventrikel *m*
pinealblastoma *s.* pinealoblastoma
pinealcytoma *s.* pinealoma
pinealectomy Pinealektomie *f*, Epiphysenextirpation *f*, Zirbeldrüsenresektion *f*, (operative) Zirbeldrüsenentfernung *f*
pinealism Pinealismus *m*, Zirbeldrüsensyndrom *n*, Zirbeldrüsenstörung *f*, Zirbeldrüsenkrankheit *f*
pinealoblastoma Pinealoblastom *n*, Glandula-pinealis-Medulloblastom *n (bösartige Epiphysengeschwulst)*
pinealocyte Pinealozyt *m*, Zirbeldrüsenhauptzelle *f*
pinealocytoma *s.* pinealoma
pinealoma *(Path)* Pinealom *n*, Pinealozytom *n*
pinealopathy Zirbeldrüsenerkrankung *f*, Epiphysenkrankheit *f*
pineoblastoma *(Path)* Pineoblastom *n*, Pinealzellentumor *m*, Epiphysenzellgeschwulst *f*
pineocyte Pineozyt *m (der Epiphysis cerebri)*
pineocytoma *(Path)* Pineozytom *n*, Pineozytengeschwulst *f*
pinguecula *(Ophth)* Pinguecula *f*, Lidspaltenfleck *m*
pinguicula *s.* pinguecula

pinhole pupil *s.* pinpoint pupil
piniform (pinien)zapfenförmig
pink disease *s.* acrodynia 2.
pink-eye 1. akute infektiöse Konjunktivitis *f*, Conjunctivitis *f* catarrhalis; 2. infektiöse Keratokonjunktivitis *f*, Keratokonjunktivitis *f* infectiosa
pink puffer *(Kard, Pulm)* (rosa)roter Lungenemphysematiker *m*, rosaroter Schnaufer *m*
pink tongue saubere [belagfreie] Zunge *f*, Zunge *f* ohne Beläge [Belag]
Pinkus fibroepithelioma Fibroepithelioma *n* Pinkus, Pinkus-Tumor *m*
Pinkus tumour *s.* Pinkus fibroepithelioma
pinledge *(Stom)* mit drei Stiften verankerte Halbkrone *f*
pinna (of the ear) Pinna *f*, Ohrmuschel *f*, Ala *f* auris
pinnal Pinna..., Ohrmuschel..., Außenohr...
pinocyte Pinozyt *m*
pinocytic 1. Pinozyten...; 2. Pinozytose...
pinocytosis Pinozytose *f (Stoffaufnahmemodus in die Zelle)*
pinocytotic pinozytotisch; Pinozytose...
pinosome Pinosom *n*, Pinozytosevakuole *f*
pinpoint pupil Nadel(spitzen)pupille *f*, Morphinmiosis *f (extrem enge und starre Pupille)*
pins-and-needles Nadelstechen *n*, kribbelndes Hautgefühl *n*, Hautprickeln *n*
pinta *(Trop)* Pinta *f*, Carate *f*, Mal *n* de Pinto *(Hautkrankheit durch Treponema carateum)*
pintid *(Trop)* Pintid *n*, Pintahautexanthem *n*, Pintafleck *m (Hauteruption im Sekundarstadium)*
pintillo Pintakranke(r) *m*
pintoid pintaartig; Pinta...
pintoid yaws *s.* pinta
pinus Glandula *f* pinealis
pinworm Oxyuris *m* vermicularis, Enterobius *m* vermicularis, Madenwurm *m*, Springwurm *m*
pinworm infection *s.* enterobiasis
pioepithelium fetthaltiges Epithel *n*
pionaemia *s.* lipaemia
Piophila Piophila *f* casei, Käsefliege *f*
piorthopnoea Orthopnoe *f* bei Adipositas
Piotrowski's reflex Piotrowski-Reflex *m*
Piotrowski's sign Piotrowski-Zeichen *n*
pipamperone Pipamperon *n (Tranquilizer)*
pipazethate hydrochloride Pipazethathydrochlorid *n (Antitussivum)*
pipe-stem artery *(Path)* Tonpfeifenstielarterie *f*
pipe-stem cirrhosis Tonpfeifenstielzirrhose *f (Leberzirrhose bei Bilharziose)*
pipecolic acid Pipecolinsäure *f*, Dihydrobaikiain *n*, 2-Piperidincarboxylsäure *f*
pipecuronium Pipecuronium *n (Muskelrelaxans)*
pipecuronium bromide Pipecuroniumbromid *n*
pipenzolate methylbromide Pipenzolatmethylbromid *n (Anticholinergikum)*
piperacetazine Piperacetazin *n (Antipsychotikum)*
piperacillin Piperacillin *n (Antibiotikum)*
piperazine Piperazin *n*, Diethyldiamin *n (Anthelminthikum)*
piperazine citrate Piperazincitrat *n*
piperazine phosphate Piperazinphosphat *n*
piperazine tartrate Piperazintartrat *n*
piperidolate hydrochloride Piperidolathydrochlorid *n (Anticholinergikum)*
piperine Piperin *n (Alkaloid)*
piperism Piperismus *m*, Pfeffervergiftung *f*
piperocaine Piperocain *n (Lokalanästhetikum)*
piperocaine hydrochloride Piperocainhydrochlorid *n*
piperoxan Piperoxan *n (Alphablocker)*
piperoxan hydrochloride Piperoxanhydrochlorid *n*
pipet(te) *(Lab, Pharm)* Pipette *f*, gläsernes Saugrohr *n*
pipet(te) cleaner *(Lab)* Pipettenspüler *m*
pipet(te) cleaning brush Pipettenreinigungsbürste *f*
pipobroman Pipobroman *n (Antineoplastikum)*
pipradol Pipradol *n (ZNS-Stimulans)*
pipradol hydrochloride Pipradolhydrochlorid *n*
piptonychia *(Derm)* Piptonychie *f*, Nagelschuppung *f*, Nagelschuppen *n*
piquite *s.* pinta
piracetam Piracetam *n*
pirbuterol Pirbuterol *n (Sympathikomimetikum, Bronchodilator)*
pirbuterol acetate Pirbuterolacetat *n*
pirbuterol hydrochloride Pirenzepinhydrochlorid *n*
pirenzepine Pirenzepin *n (Anticholinergikum, Magensäurehemmer)*
piriform piriform, birnenförmig
piriform aperture Apertura *f* piriformis, Apertura *f* nasalis anterior *(vordere knöcherne Nasenöffnung)*
piriform fossa *(Anat)* Fossa *f* piriformis
piriform muscle *s.* piriformis muscle
piriform recess [sinus] *(Anat)* Recessus *m* [Sinus *m*] piriformis, Schlundbucht *f*
piriformis (muscle) Musculus *m* piriformis, birnenförmiger Muskel *m*
Piringer-Kuchinka syndrome Piringer-Kuchinka-Syndrom *n*, Lymphadenitis *f* nuchalis et cervicalis subacuta *(z. B. bei Toxoplasmose)*
Pirogoff's amputation *(Orth)* Pirogoff-Amputation *f*, Pirogoff'sche Operation *f*, Amputatio *f* pedis osteoplastica
Pirogoff's angle Pirogoff'scher Winkel *m*, Angulus *m* venosus
Pirogoff's triangle Pirogoff'sches Dreieck *n*
piroplasm *(Paras)* Piroplasma *n*
piroplasma *s.* piroplasm
piroplasmid *s.* piroplasm
Piroplasmida Piroplasmida *pl*
piroplasmosis Piroplasmose *f*, Babesiasis *f*, Babesiose *f*, Babesieninfektion *f (hämolytische Infektionskrankheit)*
piroplasmotic Piroplasmose..., Babesiose...
piroxantrone Piroxantron *n (zytotoxische Substanz)*
piroxantrone hydrochloride Piroxantronhydrochlorid *n*
piroxicam Piroxicam *n (Antiphlogistikum; Antirheumatikum)*
piroxicam olamin Piroxicamolamin *n*
Pirquet's reaction Pirquet'sche Reaktion *f (intrakutane Tuberkulinreaktion)*
Pirquet's test Pirquet'scher Test *m (intrakutaner Tuberkulintest mittels Impfbohrer)*
pisciform cataract *(Ophth)* Fischflossenstar *m*, Fischflossenkatarakt *f*, Cataracta *f* pisciformis
pisiform 1. pisiform, erbsenförmig; 2. Erbsenbein...
pisiform (bone) Os *n* pisiforme, Erbsenbein *n (Handwurzelknochen)*
pisohamate *(Anat)* Erbsenbein-Hakenbein-...
pisohamate ligament Ligamentum *n* pisohamatum
pisometacarpal *(Anat)* pisometakarpal
pisometacarpal ligament Ligamentum *n* pisometacarpeum
pisotriquetral *(Anat)* Erbsenbein-Dreieckbein-...
pistil 1. Pistill *n*, Stößel *m*; 2. Pistill *n*, Pistillium *n*, Fruchtknoten *m*, Stempel *m*
pistol-shot phenomenon *(Kard)* Pistolenschussphänomen *n*, Pistolenschussgeräusch *n*, Traube'scher Doppelton *m (bei Aorteninsuffizienz)*
pistol-shot sound *s.* pistol-shot phenomenon
pistol-shot wound *(For)* Pistolenschusswunde *f*
pit 1. Grube *f*, Höhle *f*, Aushöhlung *f*, Vertiefung *f*, Fovea *f*, 2. Pockennarbe *f*, Pickelnarbe *f*, 3. Nagelgrube *f*, Finger-

nagelgrübchen *n (z. B. bei Psoriasis)*; 4. Zahnschmelzdefekt *m*, Zahnschmelzgrübchen *n*; 5. Narbe *f*, Cicatrix *f (Zusammensetzungen siehe unter: cicatricial)*
pit and fissure cavity Schmelzdefekt *m* mit Fissurenhöhle, Karies *f* Klasse I *(nach Black-Klassifikation)*
pit and fissure sealant Fissurenversiegelungssubstanz *f*, Fissurenversiegelungsharz *n*
pit of the stomach *(Anat)* Magengrube *f*, Oberbauch *m*, Epigastrium *n*, Regio *f* epigastria [abdominis cranialis]
pitchy memory defect *(Neur)* Gedächtnislücke *f*, Gedächtnisdefekt *m*
pith *v* das Rückenmark ausbohren, das Rückenmark zerstechen
pith 1. Mark *n*, Rückenmark *n*; Knochenmark *n*; 2. Mark *n*, Pflanzenmark *n*
pithecoid affenartig
pithing Rückenmarkausbohrung *f*, Rückenmarkzerstörung *f (z. B. bei Tierexperimenten)*
pithiatic *s.* pithiatric
pithiatism 1. *(Psych)* Pithiatismus *m*, gesteigerte Beeinflussbarkeit *f*; 2. *(Neur)* Suggestionstherapie *f*, Suggestivtherapie *f*
pithiatric 1. pithiatisch, an Pithiatismus leidend; Pithiatismus…; 2. pithiatisch, durch Suggesitvbehandlung heilbar; Suggestiv…; Suggestions…
pithode Pithode *f (Kernspindel in der Karyokinese)*
Pithomyces chartarum Pithomyces *n* chartarum
pithomycotoxicosis Pithomykotoxikose *f*, Pithomycesinfektion *f*
pitted narbig; pockennarbig
pitting Dellenbildung *f (z. B. in der Haut)*; Grübchenbildung *f*, Höhlenbildung *f*
pitting oedema eindrückbares Ödem *n*
pitting of the fingernails Fingernageldellen *fpl*, Fingernageldellenbildung *f*
pitting of the optic nerve *(Anat, Ophth)* Discus *m* nervi optici
pituicyte Pituizyt *m (Gliazellform im Hypophysenhinterlappen)*
pituicytoma *(Path)* Pituizytom *n*
pituita Pituita *f*, fadenziehender Schleim *m*
pituitarism Pituitarismus *m*, Hypophysenerkrankung *f*
pituitary hypophysär; Hypophysen…, Hirnanhang(s)…, Hirnanhangdrüsen… *(siehe auch unter: hypophyseal)*
pituitary 1. *s.* pituitary gland; 2. *(Pharm)* Hypophysenhinterlappenextrakt *m*
pituitary adamantinoma *s.* craniopharyngioma
pituitary adenoma *(Path)* Hypophysenadenom *n*
pituitary apoplexy Hypophysenapoplexie *f*
pituitary appendage *s.* pituitary gland
pituitary basophilism basophiles Hypophysenvorderlappenadenom *n*, Cushing'sche Krankheit *f*, Morbus *m* Cushing
pituitary body *s.* pituitary gland
pituitary cachexia hypophysäre [Simmonds'sche] Kachexie *f*, Hypophysenvorderlappeninsuffizienz *f*, Simmonds'sche Krankheit *f*, Morbus *m* Simmonds
pituitary curette *(Chir)* Hypophysenkürette *f*
pituitary dwarf Hypophysenzwerg *m*, hypophysärer Zwerg *m*
pituitary dwarfism hypophysärer Zwergwuchs *m*
pituitary eunuchoidism hypophysärer Eunuchoidismus *m*
pituitary forceps *(Chir)* Hypophysenpinzette *f*, Hypophysenzange *f*
pituitary fossa *(Anat)* Fossa *f* hypophysialis [hypophyseos], Hypophysengrube *f*, Hirnanhang(drüsen)grube *f*
pituitary gland Hypophyse *f*, Hypophysis *f* cerebri, Hirnanhang *m*, Glandula *f* pituitaria, Hirnanhangdrüse *f*, Pituitaria *f*
pituitary hypogonadism hypophysärer Hypogonadismus *m*
pituitary infantilism *s.* pituitary dwarfism
pituitary insufficiency Hypophyseninsuffizienz *f*
pituitary myxoedema hypophysäres Myxödem *n*
pituitary nanism hypophysärer Nanismus *m*
pituitary snuff lung allergische Lungenerkrankung *f* nach Hypophysenextraktschnüffeln
pituitary snuff takers' disease *s.* pituitary snuff lung
pituitary stalk section (operative) Hypophysenstieldurchtrennung *f*
pituitary tumour Hypophysentumor *m*, Hirnanhangdrüsengeschwulst *f*
pituitectomy *s.* hypophysectomy
pituitous schleimig, mukös; schleimabsondernd; Schleim…
pityriasic Pityriasis…
pityriasis *(Derm)* Pityriasis *f*, Schuppenkrankheit *f*
pityroid schuppig; abgeschilfert
Pityrospora Pityrospora *npl*, Pityriasis-Kryptokokken *fpl*, Flaschenpilze *mpl*
Pityrosporum ovale *(Myk)* Pityrosporon *n* ovale
pivampicillin Pivampicillin *n (Antibiotikum)*
pivampicillin hydrochloride Pivampicillinhydrochlorid *n*
pivot Zapfen *m*, Stift *m*
pivot crown (tooth) Stiftzahn *m*
pivot joint *(Anat)* Articulatio *f* trochoidea, Radgelenk *n*, Drehgelenk *n*
pivot shift test *(Chir)* Dreh-Rutsch-Probe *f*, Dreh-Rutsch-Test *m (bei vorderer Kreuzbandruptur)*
pivot transfer Rotationsumlagerung *f* mit einseitiger Abstützung *(z. B. eines Hemiplegikers)*
pivoting Stiftzahnverankerung *f*
pivoting tooth Stiftzahn *m*
pizotiline Pizotylin *n (Serotonininhibitor; Antidepressivum)*
PKU *s.* phenylketonuria
place *v* **a clamp** eine Klemme platzieren [setzen] *(z. B. an einem Gefäß)*
place *v* **a filling** eine Plombe [Zahnfüllung] einsetzen
place *v* **a suture** eine Naht platzieren [legen]
place *v* **an intestinal clamp** eine Darmklemme anlegen
place *v* **in a hospital** in ein Krankenhaus einweisen
placebo Placebo *n*, Plazebo *n*, Scheinmedikament *n*
placebo-controlled trial *(Pharm)* Plazebokontrollierte Studie *f* [Untersuchung *f*], plazebokontrollierter Versuch *m*
placebo effect Plazeboeffekt *m*
placebo therapy Plazebotherapie *f*
placenta *(Gyn)* Plazenta *f*, Mutterkuchen *m*, Nachgeburt *f (siehe auch unter: placental)*
placenta antigen Plazentaantigen *n*
placenta damage Plazentaschädigung *f*
placenta pan *(Gyn)* Plazentabecken *n*
placenta perfusion Plazentaperfusion *f*
placenta praevia Placenta *f* praevia, Plazentavorlagerung *f* (vor den Muttermund)
placenta praevia partialis Placenta *f* praevia partialis [marginalis, lateralis]
placenta scoop *(Gyn)* Plazentalöffel *m*
placenta separation Plazentaseparation *f*, Plazenta(ab)lösung *f*
placenta separation disorder Plazenta(ab)lösungsstörung *f*
placenta separation sign Plazenta(ab)lösungszeichen *n*
placentagonadotropin Plazentagonadotropin *n*, Choriongonadotropin *n*
placental *(Gyn)* plazentar, plazental; Plazenta…, Mutterkuchen… *(siehe auch unter: placenta)*
placental abruption Abruptio *f* placentae
placental apoplexy Plazentarapoplexie *f*, Plazenta(r)infarkt *m*

placental barrier Plazentabarriere *f*, Plazentaschranke *f*, Plazentarmembran *f*
placental blood Plazenta(r)blut *n*
placental blood space Plazenta(r)lakune *f*
placental blood vessel Plazentablutgefäß *n*
placental bruit *s.* placental murmur
placental circulation Plazenta(r)kreislauf *m*
placental detachment *s.* placenta separation
placental defect Plazentadefekt *m*
placental dysfunction Plazentadysfunktion *f*
placental dystocia Plazentadystokie *f*
placental expression Plazentaexpression *f*
placental extraction Plazentaextraktion *f*
placental hormone Plazentahormon *n*
placental hypoplasia Plazentahypoplasie *f*
placental infarction *s.* placental apoplexy
placental infection Plazentainfektion *f*
placental insufficiency Plazentainsuffizienz *f*
placental lactogen Plazentalaktogen *n*
placental localization Plazentalokalisation *f*
placental margin bleeding Plazentarandblutung *f*
placental membrane *s.* placental barrier
placental microsomal fraction Plazentamikrosomenfraktion *f*
placental murmur Plazentageräusch *n*
placental parasite Plazentaparasit *m*
placental permeability Plazentapermeabilität *f*
placental polyp Plazentapolyp *m*, Plazentarest *m* nach der Geburt
placental presentation *s.* placenta praevia
placental respiration Plazentaatmung *f*, fetale Atmung *f*
placental retention Plazentaretention *f*, verzögerte Plazentaausstoßung *f*
placental scan Plazenta-Scan *m*
placental sign Plazentazeichen *n*
placental site Plazentasitz *m*
placental souffle *s.* placental murmur
placental stage (of labour) Plazentarperiode *f*, Plazentarstadium *n*, Nachgeburtsperiode *f*
placental structure Plazentastruktur *f*, Plazentaraufbau *m*
placental thrombosis Plazentathrombose *f*
placental transfer *s.* placental transmission
placental transfusion plazentale Transfusion *f*
placental transmission Plazentapassage *f*, Plazentaübertritt *m*, Plazentadurchtritt *m*, Plazentaüberschreitung *f* *(z. B. von Medikamenten)*
placental trophoblast *(Embr)* Plazentatrophoblast *m*, Trophoblast *m*, Ektoplazenta *f*, Trophoderm *n*
placental villus Plazentavillus *m*, Plazentazotte *f*
placental weight Plazentagewicht *n*
placentation Plazentation *f*, Plazentabildung *f*
placentation disorder Plazentationsstörung *f*
placentitis Plazentitis *f*, Plazentaentzündung *f*, Mutterkuchenentzündung *f*
placentogenesis Plazentogenese *f*, Plazentaentwicklung *f*
placentogram Plazentogramm *n*
placentography Plazentographie *f*, Plazentaröntgen(kontrast)darstellung *f*
placentoid plazentaförmig, plazentaähnlich, mutterkuchenartig
placentologist Plazentologe *m*
placentology Plazentologie *f*
placentolysin Plazentolysin *n*, plazentaauflösendes Lysin *n*
placentoma Plazentom(a) *n*, Plazentageschwulst *f*
placentopathy Plazentopathie *f*, Plazentaerkrankung *f*
placentosis Plazentose *f*, intervillöse Thrombose *f*
placentotherapy Plazentatherapie *f*, Plazentabehandlung *f*
placentotoxin Plazentotoxin *n*
placentula kleine Plazenta *f*
Placido's disk *(Ophth)* Plazidoscheibe *f*, Keratoskop *n*
placing reaction [reflex] *(Neur, Physiol, Päd)* Stellreflex *m*
placodal stalk *(Embr)* Plakodenstiel *m*, Ohrplattenstiel *m*, Labyrinthplattenstiel *m*
placode *(Embr)* Plakode *f* *(plattenförmige Verdickung des Ektoderms)*
placoid plättchenartig, plättchenförmig, plaqueartig, plaqueförmig
plagiocephalia Plagiozephalie *f*, Schiefköpfigkeit *f*
plagiocephalic plagiozephal, schiefköpfig
plagiocephalism *s.* plagiocephalia
plagiocephalous *s.* plagiocephalic
plagiocephalus Plagiozephalus *m*, Schiefkopf *m*
plagiocephaly *s.* plagiocephalia
plague 1. *(Inf)* Pest *f* *(durch Pasteurella pestis)*; 2. *(Epid)* Seuche *f*, Plage *f*, Geißel *f*
plague bacillus Pestbazillus *m*, Pasteurella *f* pestis
plague boil Pestbeule *f*
plague bubo Pestbubo *m*
plague carbuncle Pestbeule *f*
plague face Facies *f* pestica, Pestgesicht *n*
plague meningitis Pestmeningitis *f*
plague pneumonia Pestpneumonie *f*, Lungenpest *f*
plague spot Pestfleck *m*; Pestbeule *f*
plague vaccine Pestvakzine *f*, Pestimpfstoff *m*
plain abdominal roentgenogram Abdomenübersichts(röntgen)aufnahme *f*
plain dermatitis Dermatitis *f* simplex
plain film of the abdomen Abdomenübersicht(saufnahme) *f*
plain gastritis Gastritis *f* simplex
plain lichen Lichen *m* simplex
plain mastectomy einfache Mastektomie *f* [Mammaamputation *f*, Brustentfernung *f*]
plain pulpitis Pulpitis *f* simplex
plain radiograph Übersichts(röntgen)aufnahme *f*
plain radiography Übersichts(röntgen)darstellung *f*
plain roentgenogram *s.* plain radiograph
plain skull radiogram Schädelübersichts(röntgen)aufnahme *f*
plain urography Übersichtsurographie *f*
plain vesicular lichen Lichen *m* vesicularis simplex
plain wart Verruca *f* vulgaris, gewöhnliche Warze *f*, Stachelwarze *f*
plain X-ray film Röntgenübersicht(saufnahme) *f*
plain X-rays of the abdomen *s.* plain abdominal roentgenogram
planar xanthoma Xanthoma *n* planum
plane of entry *(Gyn)* Eintrittsebene *f*
plane of exit *(Gyn)* Austrittsebene *f*
plane of inlet *s.* plane of entry
plane of inlet of the pelvis *(Anat)* Beckeneingangsebene *f*
plane of outlet *s.* plane of exit
plane of outlet of the pelvis *(Anat)* Beckenausgangsebene *f*
plane of the contracted part of the pelvis *(Gyn)* Ebene *f* der Beckenenge
plane xanthoma Xanthoma *n* planum
planes of anaesthesia Narkosestadien *npl*
planiceps flachköpfig
planigram Planigramm *n*, Schichtaufnahme *f*, Tomogramm *n*
planigraphic principle planigraphisches Prinzip *n*
planigraphy Planigraphie *f*, Schichtaufnahmeverfahren *n*, Tomographie *f*

planimetry Planimetrie *f*, Flächenmessung *f*
planing Dermabrasion *f*
planithorax Planithorax *m*
planned hospitalization geplante Hospitalisierung *f*, planmäßige Krankenhausaufnahme *f*
planned operation geplante [nicht dringende] Operation *f*, planmäßige Operation *f*
planned parenthood geplante Elternschaft *f*, Familienplanung *f*
planocellular flachzellig
planoconcave plano-konkav, plankonkav *(z. B. Linse)*
planoconvex plano-konvex, plankonvex *(z. B. Linse)*
planocyte Planozyt *m*, flacher Erythrozyt *m*
planography *s.* tomography
planomania *(Neur)* Wandertrieb *m*, Wanderlust *f*
planorheumatism Planorheumatismus *m (von Gelenk zu Gelenk wandernd)*
planotopokinesia *(Neur)* Planotopokinesie *f*, räumliche Desorientierung *f*
planovalgus *(Orth)* Pes *m* planovalgus, Knickplattfuß *m*
plant toxin Pflanzentoxin *n*, Pflanzengift *n*
planta Planta *f*, Fußsohle *f*
plantalgia Plantalgie *f*, Fußsohlenschmerz *m*
plantar plantar; Fußsohlen...; fußsohlenwärts
plantar aponeurosis Aponeurosis *f* plantaris, Plantaraponeurose *f*, Plantarfaszie *f*, Fußsohlenfaszie *f*
plantar arch Plantarbogen *m*, Fußgewölbe *n*
plantar arterial arch Arcus *m* plantaris, Arterienbogen *m* der Fußsohle
plantar calcaneocuboid ligament Ligamentum *n* calcaneocuboideum plantare
plantar fascia *s.* plantar aponeurosis
plantar fascitis Plantarfaszienentzündung *f*, Fußsohlenfaszienentzündung *f*
plantar fibromatosis Plantarfibromatose *f*
plantar flexion Plantarflexion *f*, Plantarbeugung *f*, Beugung *f* des Fußes nach der Fußsohle
plantar grasp(ing) reflex Fußgreifreflex *m*, plantarer Greifreflex *m*
plantar hyperkeratosis Plantarhyperkeratose *f*, verstärkte Fußsohlenverhornung *f*
plantar interossei muscles Musculi *mpl* interossei plantares, plantare Zwischenknochenmuskeln *mpl*
plantar metatarsal artery Arteria *f* metatarsea plantaris, plantare Mittelfußarterie *f*
plantar metatarsal vein Vena *f* metatarsea plantaris, plantare Mittelfußvene *f*
plantar neuroma plantares Neurom *n*, Plantarneurom *n*
plantar reflex Plantarreflex *m*, Fußsohlenreflex *m*
plantar reflex centre Plantarreflexzentrum *n*
plantar rete Rete *n* plantare
plantar tubercle Plantarhöcker *m*
plantar wart Verruca *f* plantaris, Fußsohlenwarze *f*
plantarflex *v* plantarflektieren, plantar [fußsohlenwärts] beugen
plantaris (muscle) Musculus *m* plantaris, Sohlenspanner *m*
plantation Einpflanzung *f*, Übertragung *f (siehe auch: implantation, transplantation)*
planter wart *s.* plantar wart
plantigrade plattfüßig
plantography Plantographie *f*, Fußabdruck *m*
planum Planum *n*, Durchtrittsebene *f (des kindlichen Schädels bei der Geburt)*
planuria Planiurie *f*, Harnentleerung *f* an abnormer Stelle
plaque 1. Plaque *f(m)*, umschriebener [erhabener] Fleck *m*; 2. Plaque *m*, Arterioskleroseherd *m*, Atheroskleroseherd *m*; 3. *s.* platelet
plasm 1. *(Histol)* Plasma *n*, Protoplasma *n*, Zellplasma *n*, Zytoplasma *n*, Kernplasma *n*, Nukleoplasma *n*; 2. *s.* plasma
plasma 1. *(Hämat)* Plasma *n*, Blutplasma *n*; 2. (zellfreie) Lymphe *f*, Plasma *n*; 3. *s.* plasm 1.
plasma accelerator globulin Plasmaakzeleratorglobulin *n*, PAG, Proakzelerin *n*, Proaccelerin *n*, Faktor *m* V, labiler Faktor *m*
plasma activation Plasmaaktivierung *f*
plasma albumin Plasmaalbumin *n*
plasma bicarbonate Plasmabikarbonat *n*, Blutbikarbonat *n*
plasma cell Plasmazelle *f*
plasma cell dyscrasia Plasmazellendyskrasie *f*
plasma cell granuloma Plasmazellengranulom *n*
plasma cell infiltration Plasmazelleninfiltration *f*, plasmazelluläre Infiltration *f*
plasma cell leukaemia Plasmazellenleukämie *f*
plasma cell mastitis Plasmazellenmastitis *f*
plasma cell myeloma *(Path)* Plasmazellenmyelom *n*
plasma cell neoplasia Plasmazellenneoplasie *f*
plasma cell proliferate Plasmazellenproliferat *n*
plasma cell tumour Plasmazell(en)tumor *m*
plasma cholesterol value Plasmacholesteringehalt *m*
plasma coagulase reaction Plasmakoagulasereaktion *f*
plasma exchange Plasmaaustausch *m*, Plasmapherese *f*, Plasmaphorese *f*
plasma exchange therapy Plasmaaustauschtherapie *f*
plasma expander Plasmaexpander *m*, Plasmaersatzstoff *m*
plasma filtration treatment Plasmaaustauschtherapie *f*
plasma flow Plasmafluss *m*
plasma fraction Plasmafraktion *f*
plasma gamma globulin Plasmagammaglobulin *n*
plasma globulin Plasmaglobulin *n*
plasma iron Plasmaeisen *n*
plasma membrane *s.* plasmalemma
plasma potassium level Plasmakaliumspiegel *m*
plasma protein Plasmaprotein *n*, Plasmaeiweiß *n*
plasma-protein escape Plasmaproteinaustritt *m (durch Kapillarwände)*
plasma-protein fraction Plasmaproteinfraktion *f*
plasma-protein level Plasmaproteinspiegel *m*
plasma prothrombic activity Plasmaprothrombinaktivität *f*
plasma renin activity Plasmareninaktivität *f*
plasma separation *(Lab)* Plasmaseparation *f*, Plasma(ab)-trennung *f*
plasma skimming Plasmaabtrennung *f (z. B. in Kapillaren)*
plasma substitute Plasmaersatzstoff *m*, Blutplasmaersatz *m*, Plasmaexpander *m*
plasma thromboplastic factor A antihämophiles Globulin *n* A, AHG, Blutgerinnungsfaktor *m* VIII
plasma thromboplastic factor B antihämophiles Globulin *n* B, Blutgerinnungsfaktor *m* IX, Plasma-Thromboplastin-Komponente *f*, PTC, Christmas-Faktor *m*
plasma thromboplastin Plasmathromboplastin *n*
plasma thromboplastin antecedent Plasma-Thromboplastin-Antecedent *n*, PTA, Blutgerinnungsfaktor *m* XI
plasma thromboplastin component *s.* plasma thromboplastic factor B
plasma thromboplastin component deficiency *s.* haemophilia B
plasma transfusion Plasmatransfusion *f*
plasma volume Plasmavolumen *n*
plasma volume expander Plasma(volumen)expander *m*, Volumenexpander *m*
plasma volume shrinkage Plasmavolumenverkleinerung *f*, Plasmavolumenschrumpfung *f*, Bluteindickung *f*

plasmablast Plasmablast *m*, Plasmazytoblast *m*
plasmacrit Plasmakrit *m*, Plasmagehalt *m (des Blutes)*
plasmacyte Plasmazelle *f*, Plasmozyt *m (Zusammensetzungen siehe unter: plasma cell)*
plasmacytic Plasmozyten…, Plasmazellen…
plasmacytic dyscrasia *s.* plasma cell dyscrasia
plasmacytic leukaemia *(Hämat)* Plasmazellenleukämie *f*
plasmacytic myeloma *s.* plasma cell myeloma
plasmacytic sarcoma *(Path)* Plasmazellensarkom *n*
plasmacytic series *(Hämat)* Plasmazellenreihe *f*
plasmacytoblast *s.* plasmablast
plasmacytoid plasmazellenartig, plasmazellenähnlich; plasmazellenförmig
plasmacytoma *(Path, Onk)* Plasmozytom *n*, (multiples) Myelom *n*, monoklonale Gammopathie *f*, Kahler(-Bozzolo)-Krankheit *f*, Morbus *m* Kahler
plasmacytosis Plasmozytose *f*, Plasmazellenvermehrung *f* im Blut
plasmagel Plasmagel *n*
plasmagene Plasmagen *n*
plasmalemma Plasmalemm *n*, Plasmahaut *f*, Plasmamembran *f*
plasmalemmal Plasmalemm…
plasmapheresis Plasmaphorese *f*, Plasmapherese *f*
plasmapheretic Plasmaphorese…, Plasmapherese…
plasmaphoresis *s.* plasmapheresis
plasmarrhexis Plasmarrhexis *f*, Zell(proto)plasmazerfall *m*
plasmase *s.* thrombin
plasmasol Plasmasol *n (flüssiger Zytoplasmaanteil)*
plasmasome Plasmasom *n (in Granulozyten)*
plasmatherapy Plasmatherapie *f*, Blutplasmatherapie *f*, Blutplasmabehandlung *f*
plasmatic plasmatisch; Plasma…
plasmatogamy Plasmatogamie *f*, Zytoplasmaverschmelzung *f*
plasmatorrhexis Plasmatorrhexis *f*, Zytoplasmazerfall *m*
plasmex(h)idrosis Plasmaausschwitzung *f*, Syncytiotrophoblast *m*
plasmic 1. *s.* plasmatic; 2. protoplasmareich
plasmid Plasmid *n (extrachromosomale DNS-Strukturen)*
plasmidotrophoblast Plasmidotrophoblast *m*
plasmin *(Hämat)* Plasmin *n*, Fibrinolysin *n*
plasmin inhibitor Plasmininhibitor *m*
plasminogen *(Hämat)* Plasminogen *n*, Proplasmin *n*, inaktives Plasmin *n*, Profibrinolysin *n (Plasminvorstufe)*
plasminogen activator Plasminogenaktivator *m*
plasminogen proactivator Plasminogenproaktivator *m*
plasminogenopenia Plasminogenopenie *f*, Plasminogenmangel *m*, Fibrinolysinmangel *m*
plasminokinase Plasminokinase *f*, Streptokinase *f*
plasminoplastin Plasminoplastin *n*
plasmocyte Plasmozyt *m*, Plasmazelle *f (Zusammensetzungen siehe unter: plasma cell)*
plasmocytic *s.* plasmacytic
plasmocytoma *s.* plasmacytoma
plasmodesmata Plasmodesmen *npl (feinste fädige Plasmaverbindungen zwischen den Zellen)*
plasmodia *pl s.* plasmodium
plasmodial plasmodisch; Plasmodien…
plasmodiblast Plasmodiblast *m*, Synzytiotrophoblast *m (äußerster Teil des Trophoblasten)*
plasmodic *s.* plasmodial
plasmodicidal plasmodizid, plasmodientötend
plasmodicide *(Pharm)* plasmodientötendes Mittel *n*, Malariaplasmodientötungsmittel *n*
plasmoditrophoblast *s.* plasmodiblast
plasmodium *(Trop)* Plasmodium *n (Blutparasit)*
Plasmodium falciparum Plasmodium *n* falciparum [immaculatum] *(Erreger der Malaria falciparum)*
Plasmodium malariae Plasmodium *m* malariae *(Erreger der Malaria quartana)*
Plasmodium ovale Plasmodium *n* ovale *(Erreger der Malaria ovale)*
Plasmodium vivax Plasmodium *n* vivax *(Erreger der Malaria tertiana)*
plasmogamy Plasmogamie *f*, Zytoplasmavereinigung *f*, Zellplasmaverschmelzung *f*
plasmogen *s.* protoplasm
plasmoid Plasmoid *n*
plasmolemma Plasmolemma *n*, Zellmembran *f*
plasmolysis Plasmolyse *f*, Plasmaablösung *f (von der Zellwand infolge Wasserentzugs)*
plasmolytic plasmolytisch; Plasmolyse…
plasmolyzability Plasmolysefähigkeit *f*, Plasmolysierbarkeit *f*
plasmolyzable plasmolysierbar
plasmolyze *v* Plasmolyse bewirken; der Plasmolyse unterliegen
plasmoma Plasmom *n*, Plasmazellentumor *m*, Plasmazellengeschwulst *f*
plasmon Plasmon *n*
plasmoptysis Zellplasmaausfluss *m*, Zellplasmaaustritt *m*
plasmorrhexis Plasmorrhexis *f*, Zellzerreißung *f*, Zellplasmazerfall *m*
plasmoschisis 1. Plasmoschise *f*, Plasmazersetzung *f*; 2. Zellzerfall *m*, Zellzersetzung *f*; Blutzellenzersetzung *f*
plasmosin Plasmosin *n*
plasmosome Plasmosom *n*, Mikrosom *n*
plasmotherapy *s.* plasmatherapy
plasmotomy Plasmotomie *f*
plasmotrophoblast Plasmotrophoblast *m*, Synzytiotrophoblast *m*
plasmotropic Plasmotropismus…
plasmotropism Plasmotropismus *m (Erythrozytenabbau in Knochenmark und Milz durch lokale Hämolyse)*
plasmozyme *s.* prothrombin
plastein Plastein *n (proteinähnliche Substanz)*
plaster *v* 1. ein Pflaster auflegen, vorpflastern, 2. *s.* plaster in
plaster *v* **in** eingipsen, in Gips legen
plaster 1. Pflaster *n*, Emplastrum *n*; 2. *(Chir)* Gips *m (siehe auch: plaster of Paris)*
plaster bandage 1. Gipsbinde *f*, Gipsverband *m*; 2. Pflasterverband *m*, Heftpflasterverband *m* • **change a plaster bandage** einen Gipsverband wechseln, einen Gips(verband)wechsel vornehmen • **put a plaster bandage on** einen Gipsverband anlegen • **remove a plaster bandage** einen Gips(verband) entfernen, einen Gips(verband) abnehmen
plaster bandage for head support Gipskrause *f*
plaster bandage with padding Polstergips(verband) *m*
plaster bandage without padding ungepolsterter [watteloser] Gipsverband *m*
plaster bar Gipslonguette *f*
plaster bed Gipsbett *n*
plaster bending forceps Gips(auf)biegezange *f*
plaster boot Gipsschuh *m*; Fußgips *m*
plaster breaker Gips(abreiß)zange *f*
plaster cast *s.* plaster of Paris cast
plaster cast bandage Gipsschiene *f*, Gipsschienenverband *m*
plaster dressing Gipsverband *m*
plaster hip spica Beckengips(verband) *m*
plaster jacket *s.* plaster of Paris jacket
plaster knife Gipsmesser *n*
plaster of Paris Gips *m*, Verbandgips *m*

plaster of Paris back slab Gipslonguette *f*, Gipsschiene *f*
plaster of Paris cast Gipsverband *m*, Gips *m*
plaster of Paris jacket Gipskorsett *n*, Gipsjackett *n*
plaster roller Gipsbinde *f*
plaster saw Gipssäge *f*
plaster scissors Gipsschere *f*
plaster shears *s.* plaster scissors
plaster shoe *s.* plaster boot
plaster slab *s.* plaster of Paris back slab
plaster splint (bandage) Gipsschiene *f*, Gipsschienenverband *m*
plaster spreader Gipsspreizer *m*, Gipsspreizzange *f*, Gips(auf)weitungszange *f*
plaster spreading forceps *s.* plaster spreader
plastered-in stirrup *(Chir, Orth)* eingegipster Extensionsbügel *m*
plastic 1. plastisch, Plastizität besitzend; formbar; 2. *(Chir)* plastisch, rekonstruktiv, wiederherstellend, operative Plastik betreffend; 3. (neu)bildend, gewebs(neu)bildend; 4. sekretfördernd; schleimfördernd; 5. aus Kunststoff hergestellt; Kunststoff…, Plast(ik)…
plastic (organischer) Kunststoff *m*, Plast *m*, Plastik *n*
plastic bell method Plastikglockenmethode *f*, Plastikglockenverfahren *n (Phimosenoperation)*
plastic blood transfusion tubing Bluttransfusionssystem *n* aus Plastik
plastic bronchitis Kruppbronchitis *f*, kruppöse Bronchitis *f*
plastic inflammation produktive Entzündung *f*
plastic operation plastische [rekonstruktive] Operation *f*, Wiederherstellungsoperation *f*
plastic pleurisy Pleuritis *f* proliferativa
plastic surgeon plastischer Chirurg *m*, Wiederherstellungschirurg *m*
plastic surgery plastische Chirurgie *f*, Wiederherstellungschirurgie *f*
plasticity Plastizität *f*, Formbarkeit *f*
plastics *s.* plastic surgery
plastid Plastid *n*
plastocytaemia *s.* thrombocytosis
plastocyte Thrombozyt *m*, Blutplättchen *n (Zusammensetzungen siehe unter: platelet und thrombocyte)*
plastocytopenia *s.* thrombocytopenia
plastodynamia Wachstumspotenzial *n*
plastogamy *s.* plasmogamy
plastogel Plastogel *n*
plastosome *s.* mitochondrium
plate *v* 1. *(Bakt, Lab)* ein Kulturmedium beimpfen, eine Plattenkultur anlegen, eine Petri-Schale (mit Keimen) beimpfen; 2. *(Chir, Orth)* eine Plattenosteosynthese durchführen, (einen Knochenbruch) verplatten
plate 1. Platte *f*, 2. *(Anat)* Knochenplatte *f*, 3. flache Elektrode *f*, 4. Zahnprothese *f*, Zahnersatz *m*; 5. *(Chir)* Osteosyntheseplatte *f*, (A0-)Platte *f*, Frakturplatte *f*
plate culture *(Bakt)* Plattenkultur *f*
plate dialyzer *(Nephr)* Plattendialysator *m*
plate-like atelectasis *(Pulm)* Plattenatelektase *f*
plate thermography Plattenthermographie *f*
plateau phenomenon Plateauphänomen *n*, plateauartige Hauteinziehung *f (bei Brustkrebs)*
plateau pulse *(Kard)* Plateaupuls *m*, Pulsus *m* parvus et tardus
platelet *(Hämat)* Blutplättchen *n*, Thrombozyt *m (siehe auch unter: thrombocyte)*
platelet cofactor I *s.* plasma thromboplastic factor A
platelet cofactor II *s.* plasma thromboplastic factor B
platelet count Thrombozytenzahl *f*
platelet factor Thrombozytenfaktor *m*, Plättchenfaktor *m*
platelet pack *(Hämat, Lab)* Thrombozytenkonzentrat *n*
platelet thrombus Plättchenthrombus *m*, Blutplättchenthrombus *m*, Agglutinationsthrombus *m*, Korallenstockthrombus *m*, weißer Abscheidungsthrombus *m* [Thrombus *m*]
platelet transfusion Thrombozytentransfusion *f*
plateletpheresis Thrombozytopherese *f*
plating 1. Verplattung *f*, Plattenosteosynthese *f (eines Knochenbruchs)*; 2. Anlegen *n* einer Plattenkultur *(z. B. von Bakterien)*
platinic Platin…
platinized gold foil *(Stom)* platinüberzogene Goldfolie *f*
platinode Platinelektrode *f*
platinous Platin…
platinum Platinum *n*, Platin *n*, Pt
platinum foil *(Stom)* Platinfolie *f*
platinum loop *(Bakt)* Platinöse *f*, Abstrichöse *f (Instrument)*
platinum spatula Platinspatel *m*
platonychia Platonychie *f*, Vorhandensein *n* von flachen Nägeln
platybasia Platybasie *f*, Schädelbasisabplattung *f (bei Paget'scher Krankheit)*
platycephalia Platyzephalie *f*, Flachköpfigkeit *f*
platycephalic platyzephal, flachköpfig
platycephalus Platyzephalus *m*, Flachkopf *m*
platycephaly *s.* platycephalia
platycnemia Platyknemie *f*, Tibiaabflachung *f*, Schienbeinabflachung *f*
platycnemic platyknemisch
platycoria *s.* mydriasis
platycrania Platykranie *f*, künstlich erzeugte Platyzephalie *f*
platyglossal flachzungig, breitzungig
platyhelminth Plathelminthe *f*, Plattwurm *m*
Platyhelminthes Plathelminthes *pl*
platyhieric mit breitem Kreuzbein
platyknemia *s.* platycnemia
platymeria Platymerie *f*, Femurverbreiterung *f*
platymeric Platymerie…
platymorphia Platymorphie *f*, Kurzauge *n (in der Sehachse verkürztes Auge mit Weitsichtigkeit)*
platymorphic plattäugig, flachäugig; weitsichtig; Platymorphie…; Weitsichtigkeits…
platymyoid platymyoid
platyonychia Platyonychie *f*, Nagelabflachung *f*
platyope Platyope(r) *m*, breitgesichtiger Mensch *m*
platyopia Platyopia *f*, Breitgesichtigkeit *f*
platyopic platyop, breitgesichtig
platypellic breitbeckig
platypelloid *s.* platypellic
platypnoea Platypnoe *f*, Atemnot *f* in aufrechter Haltung
platypodia Platypodie *f*, Plattfüßigkeit *f*
platyrrhine breitnasig, flachnasig *(Nasenindex > 53)*
platyrrhiny Breitnasigkeit *f*, Flachnasigkeit *f*
platysma Platysma *f* (myoideum), Hautmuskel *m* des Halses
platysma-like platysmaartig
platysma myoides *s.* platysma
platysmal platysmal; Platysma…
platysmal phenomenon Platysmaphänomen *n*
platyspondylia Platyspondylie *f*, (angeborene) Wirbelkörperabflachung *f*
platyspondylisis *s.* platyspondylia
platystaphyline breitgaumig, flachgaumig
platystencephalia Platystenzephalie *f*, Hinterkopfverbreiterung *f* mit Prognathie
platystencephalic Platystenzephalie…
platystencephalism *s.* platystencephalia

platystencephaly *s.* platystencephalia
Plaut-Vincent angina Plaut-Vincent-Angina *f*, Angina *f* ulcerosa [ulceromembranosa], Fusospirochätose *f*, Fusospirillose *f (durch Fusobacterium fusiforme)*
play therapy *(Neur, Psych)* Spieltherapie *f*
pleasure principle *(Psych)* Lustprinzip *n*
pledge (feierliches) Versprechen *n*, Gelöbnis *n*
pledget Tupfer *m*, kleine Kompresse *f*, Tampon *m*
plei(o)... *siehe auch: pleo...*
pleiochloruria Pleiochlorurie *f*, erhöhte Chloridausscheidung *f* im Urin
pleiotropia *s.* pleiotropism
pleiotropic pleiotrop
pleiotropic gene pleiotropes Gen *n*
pleiotropism Pleiotropie *f*, Pleiotropismus *m*, Polyphänie *f (Zuordnung vieler Merkmale zu einem Gen)*
pleiotropy *s.* pleiotropism
pleniloquence exzessive Geschwätzigkeit *f*
pleocholia Pleocholie *f*, exzessiver Gallefluss *m*
pleochroic *s.* pleochromatic
pleochroism Pleochroismus *m*, Mehrfarbigkeit *f (bei wechselnder Betrachtungsrichtung)*
pleochromatic pleiochrom(atisch), pleochroitisch, mehrfarbig
pleochromatism *s.* pleochroism
pleochromocytoma *(Path)* Pleochromozytom *n*, Tumor *m* verschiedenfarbiger Zellen
pleochromocytosis Pleochromozytose *f*, Vermehrung *f* verschiedenfarbiger Zellen
pleocytosis Pleozytose *f*, erhöhte Zellzahl *f (z. B. in der Gehirn- und Rückenmarkflüssigkeit)*
pleodermatitis Pleodermatitis *f (Mannigfaltigkeit von Hautausschlag bei gleicher Ursache)*
pleokaryocyte Pleokaryozyt *m*
pleomastia Mehrbrüstigkeit *f*, Polymastie *f*
pleomastic mehrbrüstig
pleomorphic pleomorph, vielgestaltig, mehrgestaltig
pleomorphic lymphosarcoma *s.* Hodgkin's disease
pleomorphism Pleomorphismus *m*, Vielgestaltigkeit *f*, Gestaltwechsel *m*
pleomorphous *s.* pleomorphic
pleonasm Pleonasmus *m*, Überzähligkeit *f*, Überzahl *f (von Organen und Körperteilen)*
pleonastic pleonastisch, überladen
pleonexia *(Psych)* Gier *f*, Habgier *f*
pleonosteosis Pleonosteosis *f (abnorm verstärkte und vorzeitige Verknöcherung)*
pleonotia Pleonotie *f*, überzähliges Ohr *n (z. B. am Nacken)*
pleoptic pleoptisch
pleoptics Pleoptik *f (Therapieverfahren der Schielamblyopie)*
plerocercoid Plerozerkoid *m*, Vollfinne *f (Invasionslarve der Bandwürmer)*
plerosis Plerose *f*, Geweberegeneration *f (z. B. nach Krankheit)*
plesiognathus Plesiognathus *m*
plesiomorphism Plesiomorphismus *m*, Formengleichheit *f*
plesiomorphous plesiomorph, von gleicher Form, von gleicher Gestalt; Plesiomorphismus...
plesiopia Plesiopie *f*, Pseudomyopie *f*, Kurzsichtigkeit *f (infolge dauernder Akkommodation)*
plessaesthesia palpatorische Perkussion *f*
plessigraph Plessigraph *m*
plessimeter Plessimeter *n*, Pleximeter *n*
plessimetric plessimetrisch; Plessimeter...
plessor *s.* plexor
plethora Plethora *f*, Blutfülle *f*, Vollblütigkeit *f*
plethoric plethorisch, blutüberfüllt, vollblütig; Plethora...
plethysmogram Plethysmogramm *n*, Volumenschwankungskurve *f*
plethysmograph Plethysmograph *m*, Volumenschwankungsschreiber *m*
plethysmographic pletyhsmographisch
plethysmography Plethysmographie *f*, Volumenschwankungsmessung *f*
plethysmometer Plethysmometer *n*
plethysmometry Plethysmometrie *f (Messung des Füllungsvolumens von Blutgefäßen)*
pleura Pleura *f*, Brustfell *n*
pleuracentesis *s.* pleurocentesis
pleuracotomy *s.* thoracotomy
pleural pleural; Pleura..., Brustfell...
pleural adhesion Pleuraadhäsion *f*, Brustfellverwachsung *f*
pleural biopsy Pleurabiopsie *f*
pleural border Pleuragrenze *f*
pleural cavity Cavum *n* pleurae, Pleurahöhle *f*, Brustfellhöhle *f*, Pleuraspalt *m*, Pleuraraum *m* • **inflate air into the pleural cavity** einen Pneumothorax anlegen, Luft in den Pleuraspalt einblasen • **tap the pleural cavity** die Pleura punktieren
pleural crackles Pleuraknistern *n*, Pleurareibegeräusch *n*, Pleurakrepitieren *n (bei Pleuraentzündung)*
pleural cupula Pleurakuppel *f*
pleural dome *s.* pleural cupula
pleural drainage Pleuradrainage *f*
pleural effusion Pleuraerguss *m*
pleural emphysema Pleuraemphysem *n*
pleural empyema Pleuraempyem *n*, Pleuravereiterung *f*
pleural endothelioma Pleuraendotheliom *n*
pleural fibrosis Pleurafibrose *f*, Pleuraschwarte *f*, Pleuraschwiele *f*
pleural fluid Pleuraflüssigkeit *f*
pleural fremitus Pleurafremitus *m*
pleural friction rub Pleurareibegeräusch *n*
pleural lavage Pleuralavage *f*, Pleuraspülung *f*
pleural mesothelioma Pleuramesotheliom *n*
pleural peel Pleuraschwarte *f*, Pleuraschwiele *f*
pleural pressure Pleuradruck *m*
pleural puncture Pleurapunktion *f*
pleural rale Pleurarasseln *n*; Pleurareibungsgeräusch *n*
pleural recess 1. Recessus *m* costomediastinalis; 2. Recessus *m* costodiaphragmaticus
pleural reflection Pleuraumschlagfalte *f*
pleural reserve sinus *s.* pleural recess
pleural sac Pleurahöhle *f*, Pleuraspalt *m*
pleural sarcoma Pleurasarkom *n*, Brustfellsarkom *n*
pleural shock Pleuraschock *m*
pleural sinus *s.* pleural recess
pleural space *s.* pleural cavity
pleural villus Pleurazotte *f*, Villus *m* pleuralis
pleuralgia Pleuralgie *f*, Pleuraschmerz *m*, Brustfellschmerz *m*, Pleurodynie *f*
pleuralgic Pleuraschmerz...
pleurapophysis Pleuraapophyse *f*, lateraler Wirbelkörperfortsatz *m*
pleuratome Pleurasegment *n*
pleurectomy Pleurektomie *f*, Pleuraexstirpation *f*, Pleuraexzision *f*, Brustfellresektion *f*, (operative) Brustfellentfernung *f*
pleurisy Pleuritis *f*, Brustfellentzündung *f*, Rippenfellentzündung *f*, Lungenfellentzündung *f*
pleurisy with effusion Pleuritis *f* mit Erguss, feuchte Pleuritis, Pleuritis *f* humeda, Pleuritis *f* exsudativa
pleuritic pleuritisch; Pleuritis...
pleuritic pain Pleuritisschmerz *m*

pleuritic pneumonia Pleuropneumonie *f*, Pleura- und Lungenentzündung *f*
pleuritis *s.* pleurisy
pleuritogenous pleuritiserzeugend
pleuroapophyseal Pleuraapophysen...
pleurobronchitis Pleurobronchitis *f*, Pleuraentzündung *f* und Bronchitis *f*
pleurocele Pleurozele *f*, Pleuraprolaps *m*, Pleuravorfall *m*, Rippenfellhernie *f*
pleurocentesis Pleurozentese *f*, Pleurapunktion *f*
pleurocentrum Pleurozentrum *n*
pleurocholecystitis Pleurocholezystitis *f*, Pleura- und Gallenblasenentzündung *f*
pleuroclysis Pleuroklyse *f*, Pleuraspülung *f*
pleurocutaneous pleurokutan; Pleura-Haut-...
pleurodesis Pleurodese *f*, Pleurafixierung *f*, (operative) Pleuraanheftung *f*
pleurodynia 1. *s.* pleuralgia; 2. epidemische Pleurodynie *f*, Pleurodynia *f* [Myositis *f*] epidemica, Bornholmer Krankheit *f*, Muskelkaterkrankheit *f*, Sylvest'sches Syndrom *n*
pleurogenic pleurogen, vom Brustfell ausgehend
pleurogenous *s.* pleurogenic
pleurography Pleurographie *f*, Pleurahöhlenröntgendarstellung *f*
pleurohepatitis Pleurohepatitis *f*, Leberentzündung *f* mit Pleuritis
pleurolith Pleurolith *m*, Pleurastein *m*
pleurolysis Pleurolyse *f*, Lösung *f* von Pleuraverwachsungen
pleuroma Pleuroma *n*, Pleuramesotheliom *n*
pleuromelus *(Terat)* Pleuromelus *m (Missgeburt)*
pleuroparietopexy Pleuroparietopexie *f (Nahtfixierung von Pleura parietalis und visceralis)*
pleuropericardial pleuroperikardial, perikardiopleural; Pleura-Perikard-..., Brustfell-Herzbeutel-...
pleuropericardial canal *(Embr)* Pleuroperikardialkanal *m*, Pleuroperikardialgang *m*
pleuropericardial duct *s.* pleuropericardial canal
pleuropericardial membrane Pleuroperikardialmembran *f*
pleuropericardial murmur pleuroperikardiales Reibegeräusch *n*; Pleuroperikardreiben *n*
pleuropericardial rub pleuroperikardiales Reiben *n*
pleuropericarditis Pleuroperikarditis *f (Entzündung von Brustfell und äußerem Herzbeutelblatt)*
pleuroperitoneal pleuroperitoneal; Brust- und Bauchfell..., Brustfell-Bauchfell-...
pleuroperitoneal cavity Pleuroperitonealhöhle *f*
pleuroperitoneal duct Pleuroperitonealkanal *m*, Pleuroperitonealgang *m*
pleuroperitoneal hiatus Pleuroperitonealhiatus *m*
pleuroperitoneal-like pleuropneumonieartig
pleuroperitoneal-like organisms Pleuro-pneumonia-like-organisms, PPLO, pleuropneumonieähnliche Organismen *mpl (zur Gattung der Mykoplasmen gehörende Mikroorganismen)*
pleuroperitoneal membrane Pleuroperitonealmembran *f*
pleuroperitoneum Pleuroperitoneum *n (Brustfell und Bauchfell)*
pleuroperitonitis Pleuroperitonitis *f*, Brustfell- und Bauchfellentzündung *f*
pleuropneumectomy Pleuropneumektomie *f*, (operative) Brustfell- und Lungenentfernung *f*
pleuropneumonia Pleuropneumonie *f*, Rippenfell- und Lungenentzündung *f*
pleuropneumonolysis Pleuropneumo(no)lyse *f*
pleuropulmonary pleuropulmonär, pleuropulmonal; Brustfell-Lungen-...
pleuropyesis Pleuraempyem *n*, Pleura(ver)eiterung *f*
pleurorrhagia Pleurorrhagie *f*, Pleura(ein)blutung *f*
pleurorrhoea Pleuraerguss *m*; Wasserbrust *f*
pleuroscopy Pleuroskopie *f*, Pleuraspiegelung *f*
pleurosomatoschisis Pleurosomatoschisis *f*, laterale Abdominalspalte *f*
pleurosomus *(Terat)* Pleurosomus *m (Missgeburt)*
pleurospasm Pleurospasmus *m*, Pleurakrampf *m*, Brustfellkrampf *m*
pleurothotonus Tetanus *m* lateralis, Pleuro(tho)tonus *m*, Rückenstreckmuskelstarrkrampf *m*
pleurotome Pleurotom *n*, Pleuramesser *n*
pleurotomy *(Chir)* Pleurotomie *f*, Pleurainzision *f*, Pleura(ein)schnitt *m*, Pleura(höhlen)eröffnung *f*, Brustfellinzision *f*
pleurotyphoid Pleurotyphus *m*, Typhuspleuritis *f*, Brustfellentzündung *f* bei Typhus
pleurovisceral pleuroviszeral; Brustfell-Eingeweide-...
plexal Plexus...
plexectomy Plexektomie *f*, Plexusexstirpation *f*, Plexusresektion *f*, (operative) Plexusentfernung *f*, Nervengeflechtexstirpation *f*, Adergeflechtexstirpation *f*
plexiform plexiform, plexusartig, plexusförmig, geflechtähnlich; nervengeflechtartig; adergeflechtartig
plexiform neuroma Verneuil'sches Neurom *n*, Verneuil-Neurom *n*
pleximeter 1. Plessimeterfinger *m*; 2. Plessimeter *n*, Klopfplättchen *n*, Perkussionsplättchen *n*
pleximetric plessimetrisch; Plessimeter...
pleximetric percussion Plessimeterperkussion *f*
pleximetry Plessimetrie *f*, Plessimeteranwendung *f*
plexitis Nervenplexusentzündung *f*, Plexusentzündung *f*
plexogenic plexogen, Geflechte bildend, netzförmige Strukturen bildend
plexometer *s.* pleximeter
plexor 1. Perkussionshammer *m*; 2. perkutierender Finger *m*, Klopffinger *m*
plexus Plexus *m*, Geflecht *n*; Nervengeflecht *n*; Adergeflecht *n*
plexus anaesthesia Plexusanästhesie *f*
plexus neuralgia Plexusneuralgie *f*, Nervengeflechtschmerz *m*
plexus of the abdominal aorta Plexus *m* aorticus abdominalis, Bauchaortanervengeflecht *n*
plexus of the thoracic aorta Plexus *m* aorticus thoracicus, Brustaortanervengeflecht *n*
plexus papilloma Plexuspapillom *n*
plexus paralysis Plexuslähmung *f*, Plexusparalyse *f*
plica Falte *f*, Plica *f*, Hautfalte *f*, Plikatur *f*
plicamycin Plicamycin *n (Antineoplastikum)*
plicate *v* falten
plication 1. Plikation *f*, Faltung *f*; 2. *s.* plica; 3. Faltungsoperation *f*
plication of the stomach Magenplikation *f*
plicotomy Plikotomie *f*, Durchschneidung *f* der Trommelfellfalte
pliers *(Chir, Stom)* Draht(biege)zange *f*, Drahtkneifzange *f*, Haltezange *f*
plint *s.* plinth
plinth (gepolsterter) Übungstisch *m*, Übungsliege *f*, Übungsmatte *f*
plomb Plombe *f*
plombage Plombierung *f*, Plombieren *n*, Füllung *f*, Auffüllen *n*
plombage thoracoplasty Thoraxplombe *f*, extrapleurale Plombierung *f*
plotolysin Plotolysin *n (Hämatotoxin)*
plotospasmin Plotospasmin *n (Neurotoxin)*
plototoxin Plototoxin *n (Gift von Plotosus lineatus)*

plug *v* 1. (aus)stopfen, tamponieren; 2. *(Stom)* plombieren, (ver)füllen
plug 1. Pfropf *m*; Blutpfropf *m*; Koagulum *n*; 2. Tamponadepfropf *m*; Wattepfropf *m*; 3. *(Stom)* Plombe *f*, Zahnplombe *f*
plugger *(Stom)* Stopfer *m*, Zahnstopfer *m*, Verfüller *m*, Träger *m (Instrument)*
plugging 1. Ausstopfung *f*, Tamponade *f*; 2. Plombierung *f*, Zahnfüllung *f*
plumbic bleihaltig; Blei(IV)…
plumbism *(Arb)* (chronische) Bleivergiftung *f*, Bleiintoxikation *f*
plumbotherapy Bleitherapie *f*, Bleibehandlung *f*
plumbous bleihaltig; Blei(II)…
Plummer-Vinson syndrome *(Gastr)* Plummer-Vinson'sches Syndrom *n*, Patterson-Kelly-Syndrom *n*, Kelly-Patterson'sches Syndrom *n*, sideropenische Dysphagie *f*
Plummer's dilator Plummer'scher Dilatator *m (zur Ösophagusdehnung bei Kardiospasmus)*
Plummer's disease toxische Knotenstruma *f*
Plummer's sign Plummer'sches Zeichen *n (Unfähigkeit zum Treppensteigen bei Hyperthyreose)*
Plummer's treatment Plummer'sche Jodbehandlung *f* [Iodbehandlung *f*], Plummern *n (Vorbehandlung bei Strumaoperationen)*
plumose federartig; gefiedert
plunge *v* 1. (ein)tauchen *(z. B. in eine Lösung)*; 2. einstülpen, versenken *(z. B. eine Naht)*
plunging goitre Tauchkropf *m*
plunging suture invaginierende [einstülpende] Naht *f*
plural birth Mehrfachgeburt *f*
pluricausal plurikausal, mehrere Ursachen besitzend, mit mehreren Ursachen
pluricentric blastoma plurizentrisches Blastom *n*
plurideficiency Mehrfachmangelkrankheit *f*
plurideficiency syndrome *s.* kwashiorkor
plurideficient Mehrfachmangel…
plurifocal plurifokal, multifokal, mehrherdig
pluriglandular pluriglandulär, mehrdrüsig
plurigravida Plurigravida *f*, Multigravida *f*, mehrfach schwangere Frau *f*
plurilocular plurilokulär, multilokulär
plurimenorrhoea Plurimenorrhoe *f*, Menstruationshäufung *f*
plurinuclear polynukleär, mehrkernig, vielkernig
pluriorificial pluriorifiziell, mehrere Öffnungen [Orifizien] betreffend
pluripara 1. Pluripara *f*, Multipara *f*, Vielgebärende *f*, Mehrgebärende *f*; 2. Mutter *f* mit Mehrlingsschwangerschaften
pluriparity Zustand *m* nach mehreren Geburten
pluripolar mitosis multipolare [pluripolare] Mitose *f*
pluripotent *s.* pluripotential
pluripotential 1. pluripotent, mehrere Gewebe beeinflussend; mehrere Organe beeinflussend; 2. pluripotent, mehrere Wirkungen besitzend, mehrere Einflüsse ausübend; mehrere Wirkmechanismen besitzend
pluripotential stem cell pluripotente Stammzelle *f*
pluripotentiality Pluripotenz *f (Fähigkeit undifferenzierter Zellen, sich unterschiedlich zu entwickeln)*
pluriresistant mehrfach resistent, pluriresistent, multiresistent
pluritissular aus mehreren Geweben bestehend
plurivisceral pluriviszeral, multiviszeral, mehrere Organe betreffend
plus symptoms *(Neur)* Plussymptome *npl*; Plussymptomatik *f*
plutomania Plutomanie *f*, Reichtumspsychose *f*
PNA *s.* Paris Nomina Anatomica
pneocardiac Lungen-Herz-…
pneodynamics Atemdynamik *f*
pneometer *s.* spirometer
pneopneic Lungen-Lungen-…
pneopneic reflex Lungen-Lungen-Reflex *m*
pneumarthrogram *s.* pneumoarthrogram
pneumarthrography *s.* pneumoarthrography
pneumarthrosis Pneumarthrosis *f*, Luftansammlung *f* [Gasansammlung *f*] in einem Gelenk
pneumascos *s.* pneumoperitoneum 1.
pneumatelectasis *s.* pulmonary atelectasis
pneumathaemia Pneumathämie *f*, Vorhandensein *n* von Luft im Blut, Luftembolie *f*
pneumatic 1. pneumatisch; Luft…; lufthaltig, luftgefüllt; 2. durch Luft [Luftdruck] bewirkt
pneumatic antishock garment pneumatische Antishockhose *f*
pneumatic bone pneumatisierter [lufthaltiger] Knochen *m*, Os *n* pneumaticum
pneumatic condenser *(Stom)* pneumatischer Kondenser *m*, Hollenback-Kondenser *m*
pneumatic device pneumatisches Gerät *n*
pneumatic-hammer disease *(Arb)* Presslufthammerkrankheit *f*
pneumatic heart driver pneumatischer Herzantrieb *m (Kunstherz)*
pneumatic splint pneumatische Schiene *f*
pneumatic test Druckprobe *f*, pneumatischer Test *m*
pneumatic tourniquet Druckmanschette *f*
pneumatinuria *s.* pneumaturia
pneumatization Pneumatisation *f*, Pneumatisierung *f (Bildung luftgefüllter Höhlen in Knochen)*
pneumatize *v* pneumatisieren, luftgefüllte Hohlräume bilden *(z. B. in einzelnen Schädelknochen)*
pneumatized 1. pneumatisiert, luftgefüllt; 2. luftgefüllte Hohlräume enthaltend
pneumatmosis Pneumatmose *f*, Lungenerkrankung *f* durch toxische Gase
pneumatocardia Pneumatokardie *f*, Luftansammlung *f* im Herzen
pneumatocele 1. Pneumatozele *f*, Pneumo(no)zele *f*; 2. Lungonhornio *f*, Lungonvorfall *m (durch einen Drustwandspalt)*; 3. Pneumatozele *f*, Pneumo(no)zele *f*, Luftansammlung *f* im Gewebe *(z. B. im Skrotum)*
pneumatocephalia Pneumatozephalie *f*, Luftansammlung *f* in den Hirnkammern
pneumatocephalus Pneumatocephalus *m*
pneumatochemical inhalationstherapeutisch; Inhalationstherapie…
pneumatocystic pneumatozystisch
pneumatodyspnoea Emphysemdyspnoe *f*
pneumatogeny künstliche Beatmung *f*
pneumatogram 1. Pneumogramm *n*, Röntgen(kontrast)aufnahme *f* nach Lufteinblasung; 2. Pneumogramm *n*, Spirogramm *n*, Atem(bewegungs)kurve *f*
pneumatograph Pneumograph *m*, Spirograph *m (Apparat zur Aufzeichnung der Atembewegungen des Brustkorbs)*
pneumatography 1. Pneumographie *f*, Röntgen(kontrast)darstellung *f* nach Lufteinblasung *(z. B. des Gelenks)*; 2. Pneumographie *f*, Lungenröntgendarstellung *f*, Lungenröntgen *n*; 3. Pneumographie *f*, Spirographie *f*, Aufzeichnung *f* der Atembewegungen des Brustkorbes
pneumatometer 1. Pneumatometer *n*; 2. *s.* spirometer
pneumatometry 1. Pneumatometrie *f (Messung des Unter- bzw. Überdrucks beim Atmen)*; 2. *s.* spirometry
pneumatomphalocele Pneumatomphalozele *f*, Nabelbruch *m* mit Luftfüllung
pneumatonometer *(Ophth)* Pneumatonometer *n (Applanationstonometer mit abflachender Druckwirkung auf die Kornea)*

pneumatorrhachis Pneumatorrhachis *f*, Luftansammlung *f* im Wirbelsäulenkanal
pneumatosis Pneumatose *f*, Windsucht *f*, Gasauftreibung *f*
pneumatotherapy Pneumatotherapie *f*
pneumatothorax *s.* pneumothorax
pneumaturia Pneumaturie *f*, Vorhandensein *n* von Luft [Gas] beim Harnlassen
pneumatype Pneumatyp *m*, Atemtyp *m* *(kondensiertes Atembild auf Glasflächen bei Mund- oder Nasenatmung)*
pneumectomy *s.* pneumonectomy
pneumencephalography *s.* pneumoencephalography
pneumo... *siehe auch: pneumono...*
pneumo-orbitography Pneumoorbitographie *f*, Orbita(röntgenkontrast)darstellung *f* nach Luftinjektion
pneumoalveolography Pneumoalveolographie *f*, Röntgen(kontrast)darstellung *f* der Lungenalveolen
pneumoamnios Pneumoamnion *n*, Pneumoamnios *n*
pneumoangiogram Pneumoangiogramm *n*, Lungengefäßröntgen(kontrast)bild *n*
pneumoangiography Pneumoangiographie *f*, Lungengefäßröntgen(kontrast)darstellung *f*
pneumoarthrogram Pneumoarthrogramm *n*, Gelenkröntgen(kontrast)bild *n* nach Lufteinblasung
pneumoarthrography Pneumoarthrographie *f*, Gelenkröntgen(kontrast)darstellung *f* nach Lufteinblasung
pneumobacillus Pneumobazillus *m*, Klebsiella *f* pneumoniae
pneumobilia Pneumobilie *f* *(Gasansammlung im Gallensystem)*
pneumobronchography Pneumobronchographie *f*, Bronchienröntgen(kontrast)darstellung *f*
pneumobulbar pneumobulbär; Lungen-Atemzentrum-...
pneumobulbous *s.* pneumobulbar
pneumocace Lungengangrän *f*
pneumocardial pneumokardial; Lungen-Herz-...
pneumocele *s.* pneumatocele
pneumocentesis Pneumozentese *f*, Lungen(gewebe)punktion *f*, Lungenstich *m*
pneumocephalus Pneumozephalus *m*, Luftansammlung *f* in den Hirnkammern
pneumocholecystitis Pneumocholezystitis *f*, Gallenblasenentzündung *f* mit Luftansammlung
pneumochysis Lungenödem *n*
pneumocirrhosis Lungenfibrose *f*
pneumococcaemia Pneumokokkämie *f*, Vorhandensein *n* von Pneumokokken im Blut, Pneumokokkenblutvergiftung *f*
pneumococcal Pneumokokken...
pneumococcal angina Pneumokokkenangina *f*
pneumococcal capsular polysaccharide Pneumokokkenkapselpolysaccharid *n*
pneumococcal conjunctivitis Pneumokokkenkonjunktivitis *f*
pneumococcal infection Pneumokokkeninfektion *f*
pneumococcal meningitis Pneumokokkenmeningitis *f*
pneumococcal peritonitis Pneumokokkenpneumonie *f*
pneumococcal pleurisy Pneumokokkenpleuritis *f*
pneumococcal pneumonia Pneumokokkenpneumonie *f*
pneumococcal pneumonitis Pneumokokkenpneumonitis *f*
pneumococcal tonsillitis Pneumokokkenangina *f*
pneumococcal vaccine Pneumokokkenvakzine *f*, Pneumokokkenimpfstoff *m*
pneumococci *pl s.* pneumococcus
pneumococcic *s.* pneumococcal
pneumococcidal pneumokokkentötend
pneumococcolysis Pneumokokkolyse *f*, Pneumokokkenauflösung *f*
pneumococcosis Pneumokokkenerkrankung *f*, Pneumokokkeninfektion *f*
pneumococcosuria Pneumokokkosurie *f*, Pneumokokkenurie *f*, Vorhandensein *n* von Pneumokokken im Urin
pneumococcus Pneumococcus *m*, Pneumokokke *f*, Diplococcus *m* pneumoniae
pneumococcus antibody test Pneumokokkenantikörpertest *m*
pneumococcus nephritis Pneumokokkennephritis *f*
pneumocolon 1. Pneumokolon *n*, Luftansammlung *f* im Dickdarm; 2. Pneumokolon *n*, Lufteinblasung *f* in das Kolon
pneumoconiosis *s.* pneumokoniosis
pneumoconstriction Pneumokonstriktion *f*
pneumocrania *s.* pneumocranium
pneumocranium Pneumokranium *n*, Luftansammlung *f* im Schädel *(unter der Dura mater)*
pneumocystiasis *s.* Pneumocystis carinii pneumonia
pneumocystic pneumonia *s.* Pneumocystis carinii pneumonia
Pneumocystis carinii Pneumocystis *f* carinii
Pneumocystis (carinii) pneumonia Pneumocystis-carinii-Pneumonie *f*, Pneumocystose *f*, interstitielle plasmazelluläre Lungenentzündung *f* *(der Neugeborenen)*
pneumocystogram Pneumozystogramm *n*, Blasenröntgen(kontrast)bild *n* nach Lufteinblasung
pneumocystography Pneumozystographie *f*, Blasenröntgen(kontrast)darstellung *f* nach Lufteinblasung
pneumocystosis *s.* Pneumocystis carinii pneumonia
pneumocystotomography Pneumozystotomographie *f*
pneumocyte Alveolarzelle *f*
pneumoderma Pneumoderma *n*, Hautemphysem *n*, Luftansammlung *f* unter der Haut
pneumodynamics Pneumodynamik *f*, Atmungsdynamik *f*
pneumoempyema Pneumoempyem *n*, Eiter- und Gasansammlung *f* im Pleuraspalt
pneumoencephalitis Pneumoenzephalitis; Newcastle-Krankheit *f*, atypische Geflügelpest *f*
pneumoencephalocele Pneumoenzephalozele *f*, Pneumozephalus *m*, Luftansammlung *f* in den Hirnkammern
pneumoencephalogram Pneumoenzephalogramm *n*, Röntgen(kontrast)bild *n* der Hirnhohlräume nach Luftfüllung
pneumoencephalography Pneumoenzephalographie *f*, Röntgen(kontrast)darstellung *f* der Hirnhohlräume nach Luftfüllung
pneumoencephalomyelogram Pneumoenzephalomyelogramm *n*
pneumoencephalomyelography Pneumoenzephalomyelographie *f*
pneumoencephalos Pneumoenzephalos *m*, Pneumozephalus *m*
pneumoenteritis Pneumoenteritis *f*, Lungen- und Darmentzündung *f*
pneumofasciogram Pneumofasziogramm *n*
pneumogalactocele Pneumogalaktozele *f*
pneumogastric pneumogastrisch; Lungen-Magen-...
pneumogastric nerve Nervus *m* vagus, X. Hirnnerv *m*, Parasympathikus *m*
pneumogastrography Pneumogastrographie *f*, Magenröntgen(kontrast)darstellung nach Luftfüllung
pneumogram *s.* pneumatogram
pneumograph *s.* pneumatograph
pneumography *s.* pneumatography
pneumogynogram Pneumogynogramm *n* *(Röntgendarstellung nach Lufteinblasung in den Uterus)*
pneumohaemia Pneumohämie *f*, Luftansammlung *f* in Blutgefäßen
pneumohaemopericardium Pneumohämoperikard *n*, Luft- und Blutansammlung *f* im Herzbeutel

pneumohaemothorax Pneumohämothorax *m*, Luft- und Blutansammlung *f* in der Brusthöhle
pneumohydrometra Pneumohydrometra *f*, Luft- und Flüssigkeitsansammlung *f* in der Gebärmutter
pneumohydropericardium Pneumohydroperikard *n*, Luft- und Flüssigkeitsansammlung *f* im Herzbeutel
pneumohydroperitoneum Pneumohydroperitoneum *n*, Luft- und Flüssigkeitsansammlung *f* im Bauchfellraum
pneumohydrothorax Pneumohydrothorax *m*, Luft- und Flüssigkeitsansammlung *f* in der Brusthöhle
pneumohypoderma Pneumohypoderma *n*, Hautemphysem *n*, subkutanes Emphysem *n*
pneumokidney Pneumoniere *f* *(Vorhandensein von Luft im Nierenbecken)*
pneumokoniosis *(Arb)* Pneumo(no)koniose *f*, Staublunge(nerkrankung) *f*
pneumolipidosis Pneumolipidose *f*, Lipidablagerung *f* im Lungengewebe
pneumolith Pneumolith *m*, Lungenstein *m*, Lungenkonkrement *n* *(durch Kalkablagerungen bei chronischen Lungenkrankheiten)*
pneumolithiasis Pneumolithiasis *f*, Vorhandensein *n* von Lungensteinen
pneumology *s.* pulmonology
pneumolysin Pneumolysin *n* *(Virulenzfaktor von Streptococcus pneumoniae)*
pneumolysis Pneumolyse *f*, operative Lösung *f* der Lunge von der Brustkorbwand *(zur Ruhigstellung)*
pneumomalacia Pneumomalazie *f*, Lungengewebeerweichung *f*
pneumomassage 1. *(Bal)* Pneumomassage *f*, Druckluftmassage *f*; 2. Pneumomassage *f*, Trommelfellmassage *f* durch Luft
pneumomediastinogram Pneumomediastinogramm *n*, Mediastinumröntgen(kontrast)bild *n* nach Lufteinblasung
pneumomediastinography Pneumomediastinographie *f*, Mediastinumröntgen(kontrast)darstellung *f* nach Lufteinblasung
pneumomediastinum 1. Pneumomediastinum *n*, Mediastinalemphysem *n*, Luftansammlung *f* im Mediastinum [Mittelfellraum]; 2. Pneumomediastinum *n*, Lufteinblasung *f* in den Mittelfellraum *(Diagnostikmethode)*
pneumomelanosis Pneumomelanose *f*, Pneumonomelanosis *f*
pneumometry *s.* pneumatometry
pneumomoniliasis *(Myk)* Pneumomoniliasis *f*, Lungencandidiasis *f*, Lungenmoniliasis *f*
pneumomycosis Pneumomykose *f*, Pilzerkrankung *f* der Lungen, Lungenmykose *f*
pneumomyelography Pneumomyelographie *f*, Rückenmarkröntgen(kontrast)darstellung *f* nach Lufteinblasung
pneumonaemia Lungenhyperämie *f*
pneumonectasia *s.* pneumonectasis
pneumonectasis Lungenemphysem *n*
pneumonectomy Pneumonektomie *f*, Pulm(on)ektomie *f*, Lungenexstirpation *f*, Lungenresektion *f*, (operative) Lungenentfernung *f*
pneumonephelosis Pneumonephelose *f*, Lungenerkrankung *f* durch toxische Flüssigkeitsdämpfe
pneumonere *(Embr)* Pneumonere *f* *(Endknospe der Urbronchien)*
pneumonia Pneumonie *f*, Lungenentzündung *f*
pneumonic 1. pneumonisch; Pneumonie…, Lungenentzündungs…; 2. pneumonisch; Lungen… *(siehe auch unter: lung und pulmonary)*
pneumonic consolidation *(Path)* Lungen(gewebe)-verfestigung *f*, Hepatisation *f* (der Lunge)
pneumonic infiltration *(Path, Rad)* Lungeninfiltration *f*
pneumonic plague *(Inf)* Lungenpest *f*
pneumonic tularaemia *(Inf)* Lungentularämie *f*
pneumonitis Pneumonitis *f*, interstitielle plasmazelluläre Pneumonie *f* [Lungenentzündung *f*]
pneumono… *siehe auch: pneumo…*
pneumonocele *s.* pneumatocele
neumonocentesis *s.* pneumocentesis
pneumonococcus *s.* pneumococcus
pneumonoconiosis *s.* pneumokoniosis
pneumonocyte Alveolarzelle *f*
pneumonoedema Lungenödem *n*, Lungenwassersucht *f*
pneumonoenteritis *s.* pneumoenteritis
pneumonography *s.* pneumography
pneumonokoniosis *s.* pneumokoniosis
pneumonolipidosis Lipidpneumonie *f*
pneumonolysis Pneumolyse *f*, operative Lösung *f* der Lunge von der Brustkorbwand *(zur Ruhigstellung)*
pneumonomoniliasis Pneumonomoniliasis *f*, Lungenmoniliasis *f*
pneumonomycosis *s.* pneumomycosis
pneumonopathy Pneumonopathie *f*, Lungenkrankheit *f*, Lungenerkrankung *f*, Lungenleiden *n*
pneumonopexy Pneumonopexie *f*, (operative) Lungenfixierung *f* an der Brustwand
pneumonophthisis Lungentuberkulose *f*
pneumonopleuritis Pleuropneumonie *f*, Lungen- und Pleuraentzündung *f*
pneumonoresection Pneumoresektion *f*, Lungenresektion *f*
pneumonorrhagia *s.* pneumorrhagia
pneumonorrhaphy Pneumonorrhaphie *f*, Lungennaht *f*
pneumonosis Pneumonose *f*, Lungenerkrankung *f* mit Verdickung der Lungenbläschenwände *(verursacht Verminderung des Gasaustauschs)*
pneumonotherapy Pneumonotherapie *f*, Lungenkrankheitsbehandlung *f*
pneumonotomy Pneumotomie *f*, Lungenschnitt *m*, Lungengewebe(ein)schnitt *m*
pneumopathy Pneumonopathie *f*, Lungenkrankheit *f*, Lungenerkrankung *f*, Lungenleiden *n*
pneumopelvigraphy Pneumopelvigraphie *f*, Beckenröntgen(kontrast)darstellung *f* nach Lufteinblasung
pneumopericardial Pneumoperikard…
pneumopericardiogram Pneumoperikardiogramm *n*, Herzbeutelröntgen(kontrast)bild *n* nach Lufteinblasung
pneumopericardiographic pneumoperikardiographisch
pneumopericardiography Pneumoperikardiographie *f*, Herzbeutelröntgen(kontrast)darstellung *f* nach Lufteinblasung
pneumopericarditis Pneumoperikarditis *f*, Perikardentzündung *f* [Herzbeutelentzündung *f*] mit Luftansammlung im Herzbeutel
pneumopericardium Pneumoperikard *n*, Luftansammlung *f* im Herzbeutel
pneumoperitoneal Pneumoperitoneum…
pneumoperitoneum 1. Pneumoperitoneum *n*, Pneumaskos *m*, Luftansammlung *f* in der Bauchhöhle; 2. Pneumoperitoneum *n*; Lufteinfüllung *f* in die Bauchhöhle *(Diagnostikmethode)*
pneumoperitonitis Pneumoperitonitis *f*, Bauchfellentzündung *f* mit Luftansammlung
pneumopexy Pneumopexie *f*, Lungenanheftung *f* an der Thoraxwand
pneumophagy Luftschlucken *n*
pneumophonia Pneumophonie *f*, hauchige Stimme *f*
pneumoplasty Pneumoplastik *f*
pneumopleuritis Pneumopleuritis *f*, Lungen- und Brustfellentzündung *f*
pneumopleuroparietopexy Pneumopleuroparietopexie *f* *(Fixierung von Lungengewebe an der Pleura parietalis)*

pneumoprecordium Pneumopräkordium *n*, Luftansammlung *f* im Präkordialraum
pneumopreperitoneum Pneumopräperitoneum *n*, Luftansammlung *f* im Präperitonealraum
pneumopyelogram Pneumopyelogramm *n*, Röntgenbild *n* des Nierenbeckenkelchsystems nach Luftfüllung
pneumopyelography Pneumopyelographie *f*, Röntgen(kontrast)darstellung *f* des Nierenbeckenkelchsystems nach Lufteinfüllung
pneumopyopericardium Pneumopyoperikard *n*, Luft- und Eiteransammlung *f* im Herzbeutel
pneumopyothorax Pneumopyothorax *m*, Luft- und Eiteransammlung *f* in der Brusthöhle
pneumorachicentesis Pneumorhachiozentese *f*, Luftinjektion *f* in den Spinalkanal
pneumorachis *s.* pneumorrhachis
pneumoradiogram Pneumoröntgenogramm *n*
pneumoradiography Pneumoröntgenographie *f*, Pneumoradiographie *f*, Röntgen(kontrast)darstellung *f* nach Lufteinblasung *(z. B. von Organen)*
pneumoresection Lungenresektion *f*, Lungenteilentfernung *f*
pneumoretroperitoneum Pneumoretroperitoneum *n*, Luftansammlung *f* im Retroperitonealraum
pneumoroentgenography *s.* pneumoradiography
pneumorrhachis Pneumorrhachis *f*, Luftansammlung *f* im Rückenmarkkanal
pneumorrhagia Pneumorrhagie *f*, Lungenblutung *f*, Lungenblutsturz *m*
pneumosclerosis Pneumosklerose *f*, Lungenfibrose *f*
pneumoserosa Pneumoserosa *f*, Luftinjektion *f* in eine Gelenkhöhle
pneumoserothorax Pneumoserothorax *m*, Hydropneumothorax *m*, Gas- und Serumansammlung *f* in der Brusthöhle
pneumoshock Pneumoschock *m*, zerebrale Pneumotherapie *f*, therapeutische Pneumenzephalographie *f*
pneumosiderosis *(Arb)* Pneumosiderose *f*, Pneumoconiosis *f* siderotica, Siderosis *f* pulmonum, Feil(en)hauerlunge *f (Lungenverhärtung durch eisenhaltigen Staub)*
pneumosilicosis *(Arb)* Pneumosilikose *f*, Lungensilikose *f*
pneumotachogram Pneumotachogramm *n (Aufzeichnung der Strömungsgeschwindigkeit der Atemluft)*
pneumotachograph Pneumotachograph *m*, Atemluftströmungsmesser *m*
pneumotachometer Pneumotachometer *n*
pneumotachometry Pneumotachometrie *f*
pneumotachygraph Pneumotachograph *m*
pneumotherapy Pneumotherapie *f*, Pneumonotherapie *f*
pneumothermomassage Pneumothermomassage *f*
pneumothorax 1. Pneumothorax *m*, Pneu *m*, Luftansammlung *f* im Brustfellraum; 2. Pneumothorax *m*, Lufteinfüllung *f* in den Brustfellraum *(zur Diagnostik oder Therapie)* • **apply a pneumothorax** einen Pneumothorax anlegen [anwenden]
pneumothorax needle Pneumothoraxkanüle *f*
pneumotomography Pneumotomographie *f*
pneumotomy Pneumotomie *f*, Lungenschnitt *m*
pneumotoxin Pneumotoxin *n (durch Streptococcus pneumoniae)*
pneumotropic pneumotrop, die Lunge bevorzugend; auf die Lunge wirkend
pneumotropism 1. Pneumotropismus *m*, Bevorzugung *f* des Lungengewebes *(z. B. durch Mikroorganismen)*; 2. *(Pharm)* Pneumotropismus *m (vorrangig auf das Lungengewebe wirkend)*
pneumotympanum Pneumotympanum *n*, Luftansammlung *f* im Mittelohr
pneumotyphoid Pneumotyphus *m*, Typhuspneumonie *f*, Typhuserkrankung *f* mit Lungenentzündung
pneumotyphus *s.* pneumotyphoid
pneumouria Pneumourie *f*, Pneumaturie *f*, Gasabgang *m* beim Urinieren
pneumoventricle Pneumoventrikel *m*, Luftansammlung *f* im Hirnventrikel
pneumoventriculogram Pneumoventrikulogramm *n*, Röntgen(kontrast)bild *n* der Hirnkammern nach Lufteinblasung
pneumoventriculography Pneumoventrikulographie *f*, Röntgen(kontrast)darstellung *f* der Hirnkammern nach Lufteinblasung
Pneumovirus Pneumovirus *n*
pneusis Atmung *f*, Respiration *f (Zusammensetzungen siehe unter: breathing und respiratory)*
pock Pocke *f*, Blatter *f (Symptom der Pockenkrankheit)*
pock-mark Pockennarbe *f*
pock-marked pockennarbig
pocked pockig, pockennarbig
pocket 1. Tasche *f*, Ausbuchtung *f (z. B. im Gewebe)*; 2. Zahnfleischtasche *f*
pocket flap Rundstiellappen *m*, gestielter Lappen *m*
pocketing Taschenbildung *f (z. B. mit Eiter)*
podagra Podagra *n*, Gicht *f* der Großzehe, Zehengicht *f*, Zipperlein *n*
podagral *s.* podagric
podagric Podagra...; gichtig; Gicht...
podagrous *s.* podagric
podalgia Podalgie *f*, Pododynie *f*, Fußschmerz *m*
podalic pedal; Fuß...
podalic version *(Gyn)* Fußwendung *f*
podarthritis Podarthritis *f*, Fußgelenkentzündung *f*
podencephalus *(Terat)* Podenzephalus *m*
podiatric Podiatrie...
podiatrist 1. Fußorthopäde *m*; 2. Pediküre *m*, Fußpfleger *m*; Pediküre *f*, Fußpflegerin *f*
podiatry 1. Fußorthopädie *f*; 2. Pediküre *f*, Fußpflege *f*
podobromhidrosis Podobromhidrose *f*, stinkende Fußschweißbildung *f*
podocyte *(Nephr)* Podozyt *m (Epithelzelle des Glomerulus)*
podocytic podozytisch; Podozyten...
pododemodicosis Pododemodicosis *f*, Demodex-Infektion *f* der Haut
pododynamometer Pododynamometer *n*, Fußkraftmesser *m*
pododynia *s.* podalgia
podoedema Fußödem *n*, Fuß(an)schwellung *f*
podofilox Podofilox *n (Podophyllotoxinpräparat zur Warzenbehandlung)*
podogram Podogramm *n*, Fußabdruck *m*; Fußabguss *m*
podograph Podograph *m*
podologist *s.* podiatrist
podology Podologie *f*, Fußlehre *f*
podomechanotherapy Podomechanotherapie *f*, fußorthopädische Versorgung *f*
podometer *s.* pedometer
podophyllin Podophyllin *n (Mitosegift)*
podophyllotoxin Podophyllotoxin *n (Mitosegift)*
podophyllum Podophyllum *n*
podospasm Podospasmus *m*, Fußspasmus *m*, Fußkrampf *m*
podotrochlitis Podotrochlitis *f*
podotrochlosis Podotrochlosis *f*
poekilo... *s.* poikilo...
Poelchen bandage *(Chir, Orth)* Poelchen-Verband *m (bei subkapitaler Humerusschaftfraktur)*
pogoniasis exzessives Bartwachstum *n*
pogonion Pogonion *n (anthropologischer Messpunkt)*

poikiloblast Poikiloblast *m (Poikilozytenvorstufe)*
poikilocarynosis Poikilokarynose *f (bei Bowen'scher Krankheit)*
poikilocyte Poikilozyt *m (abnorm geformter Erythrozyt)*
poikilocythaemia Poikilozythämie *f*, Vorhandensein *n* von Poikilozyten im Blut
poikilocytosis Poikilozytose *f*, Vielgestaltigkeit *f* der roten Blutzellen *(Folge einer schweren Blutbildungsstörung)*
poikilodentosis *s.* dental fluorosis
poikiloderma Poikilodermie *f (vielgestaltige Hautkrankheit)*
poikiloderma (reticulare) of Civatte *s.* reticulated pigmented poikiloderma
poikilodermatomyositis Poikilodermatomyositis *f*, Poikiloderma *f* atrophicans vasculare
poikilodermia *s.* poikiloderma
poikilopicry Poikilopikrie *f (Unfähigkeit zur Aufrechterhaltung des Säure-Basen-Gleichgewichtes)*
poikiloploid poikiloploid, mit variierender Chromosomenanzahl der Zellen
poikiloploid Poikiloploide(r) *m*, poikiloploider Organismus *m*
poikiloploidy Poikiloploidie *f (variierende Chromosomenanzahl der Zellen)*
poikilosmosis Poikilosmosis *f (Anpassung der Zellosmolarität an die Umgebungsosmolarität)*
poikilosmotic poikilosmotisch, an die Osmolarität anpassend; Poikilosmosis…
poikilostasis Poikilostase *f (Aufrechterhaltung eines stabilen inneren Milieus eines Organismus)*
poikilothermal poikilothermisch, wechselwarmblütig
poikilothermic *s.* poikilothermal
poikilothermy Poikilothermie *f (Anpassung der Körpertemperatur an die Umgebungstemperatur)*
poikilothrombocyte *(Hämat)* Poikilothrombozyt *m (abnorm geformter Thrombozyt)*
poikilothymia Poikilothymie *f (rascher Wechsel von Grundstimmungen und Empfindsamkeit)*
poikilothymic personality *(Neur)* poikilothymer Psychopath *m*, Poikilothymiker *m*
poikilozoospermia Poikilozoospermie *f*, Vielgestaltigkeit *f* der Samenzellen
point behaviour *(Physiol)* Punktverhalten *n (des Körpers bei Bewegung)*
point forceps *(Stom)* spitze Pinzette *f*
point mutation *(Gen)* Punktmutation *f*
point of election Ort *m* [Stelle *f*] der Wahl *(z. B. bei Operation)*
point of maximal impulse Punctum *n* maximum *(Stelle des lautesten Herztons)*
point of maximum impulse *s.* point of maximal impulse
pointed (fig) wart *(Derm)* spitze Feigwarze *f*, spitzes Kondylom *n*, Condyloma *n* acuminatum
pointing Randständigkeit *f* eines Abszesses
poison *v* 1. vergiften; 2. infizieren
poison *v* **a wound** eine Wunde infizieren
poison *v* **oneself** sich vergiften
poison Gift *n*, Toxin *n (siehe auch: toxin)* • **take a poison** Gift einnehmen
poison control centre Beratungszentrum *n* für Vergiftungen
poison dependence *(Neur)* Giftabhängigkeit *f*, Gifthunger *m*
poison gas Giftgas *n*
poisoning Vergiftung *f*, Intoxikation *f*
poisoning with barbiturates Barbituratvergiftung *f*, Barbituratintoxikation *f*
poisoning with carbon monoxide Kohlenmonoxidvergiftung *f*, Kohlenmonoxidintoxikation *f*
poisonous giftig, toxisch *(Zusammensetzungen siehe unter: toxic)*
Poisson distribution *(Statist)* Poisson-Verteilung *f*
poker back *(Orth)* Spondylarthritis *f* [Spondylitis *f*] ankylopoetica, Bechterew'sche Wirbelsäule *f*
poker spine *s.* poker back
Poland's syndrome Poland-Syndrom *n*, Poland'sches Syndrom *n (halbseitige Syndaktylie und Brachydaktylie mit Fehlen des Pektoralismuskels)*
polar bodies 1. Polkörperchen *npl (bei der Reifeteilung der Eizelle)*; 2. *s.* Babès-Ernst bodies
polar cataract *(Ophth)* Polkatarakt *f*, Polstar *m*
polar globules *s.* polar bodies 1.
polar presentation *(Gyn)* Längslage *f (bei der Geburt)*
polar spongioblastoma *(Path)* Spongioblastoma *n* polare
polar staining *(Histol)* Polfärbung *f*
polarimeter *(Lab)* Polarimeter *n*, Polarisationsmesser *m*
polarimetry *(Lab)* Polarimetrie *f*, Polarisationsmessung *f*
polariscope Polariskop *n*
polariscopic polariskopisch; Polariskop…; Polariskopie…
polariscopy Polariskopie *f*
polaristrobometer Polaristrobometer *n*
polarity Polarität *f*
polarization Polarisation *f*, Polarisierung *f*
polarization angle Polarisationswinkel *m*
polarized light polarisiertes Licht *n*
polarizer Polarisator *m (zur Polarisation des Lichtes)*
polarizing microscope Polarisationsmikroskop *n*
polarographic polarographisch; Polarographie…
polarographic oxygen analyzer polarographisches Sauerstoffanalysegerät *n*
polarography Polarographie *f*
poldine methylsulfate Poldinmethylsulfat *n (Anticholinergikum)*
pole Pol *m*, Polus *m*
pole artery *(Anat)* Polarterie *f*
pole ligation *(Chir)* Polligatur *f* der Schilddrüse, Schilddrüsenpolunterbindung *f*
pole of the kidney Nierenpol *m*
policlinic Poliklinik *f*, Ambulanz *f*
polioncephalitis *s.* polioencephalitis
poliencephalomyelitis *s.* polioencephalomyelitis
polio 1. *s.* poliomyelitis; 2. Poliomyelitispatient *m*, Poliomyelitisfall *m*, Polio-Patient *m*, Polio-Fall *m*
poliocidal das Poliomyelitisvirus zerstörend
polioclastic polioklastisch, die graue Rückenmarksubstanz zerstörend
poliodystrophia Poliodystrophie *f*, Degeneration *f* der grauen Substanz
poliodystrophy *s.* poliodystrophia
polioencephalitis (acuta) Polioenzephalitis *f*, Entzündung *f* der grauen Hirnsubstanz
polioencephalomalacia Polioenzephalomalazie *f*, zerebrokortikale Nekrose *f*
polioencephalomeningomyelitis Polioenzephalomeningomyelitis *f (Entzündung der grauen Substanz des Gehirns und des Rückenmarks sowie deren Häute)*
polioencephalomyelitis Polioenzephalomyelitis *f*, zerebrale Poliomyelitis *f (Entzündung der grauen Substanz des Gehirns und des Rückenmarks)*
polioencephalopathy Polioenzephalopathie *f*, Krankheit *f* [Erkrankung *f*] der grauen Hirnsubstanz
polioencephalotropic polioenzephalotrop, auf die graue Hirnsubstanz gerichtet, die graue Hirnsubstanz bevorzugend
poliomyelencephalitis *s.* polioencephalomyelitis
poliomyelitic poliomyelitisch; Poliomyelitis…
poliomyeliticidal *s.* poliocidal

poliomyelitis Polio(myelitis) *f*, Poliomyelitis *f* epidemica [anterior acuta], spinale Kinderlähmung *f*, Heine-Medin'sche Krankheit *f*, Entzündung *f* der grauen Rückenmarksubstanz
poliomyelitis-like poliomyelitisartig
poliomyelitis vaccine Poliomyelitisvakzine *f*, Poliomyelitisimpfstoff *m*; Sabin'sche Schluckvakzine *f*, Salk-Formolimpfstoff *m*, Salk-Vakzine *f*
poliomyelitis virus Poliomyelitisvirus *n*, Erreger *m* der spinalen Kinderlähmung *(serologisch verschiedene Typen: Typ I = Brunhilde, Typ II = Lansing, Typ III = Léon)*
poliomyeloencephalitis *s.* polioencephalomyelitis
poliomyelopathy Poliomyelopathie *f*, Krankheit *f* [Erkrankung *f*] der grauen Rückenmarksubstanz
polioneuromere Polioneuromere *f (Ursegment der grauen Hirnsubstanz)*
poliosis *(Derm)* Poliosis *f*, Haarergrauen *n*, Grauwerden *n* der Haare
poliothrix *s.* poliosis
poliovirus *s.* poliomyelitis virus
polished nail *(Derm)* Glanznagel *m*
polishing *(Stom)* Polieren *n*
polisography *(Rad)* Polisographie *f*, mehrfache Filmbelichtung *f*
Politzer bag *(HNO)* Politzer-Ballon *m*, Politzer'sche Luftdusche *f*
Politzer (luminous) cone Politzer'scher Lichtreflex *m (auf dem Trommelfell)*
Politzer method *s.* politzerization
Politzer test Politzer'scher Test *m (zur Prüfung der Durchgängigkeit der Ohrtrompete)*
politzerization Politzer'sches Verfahren *n (Lufteinblasung durch die Ohrtrompete in das Mittelohr)*
Politzer's method of inflation *s.* politzerization
Politzer's test Politzer-Test *m*, Politzer'scher Hörtest *m*, Politzer'sche Stimmgabelprobe *f*
pollakidipsia Pollakidipsie *f*, häufiges Durstgefühl *n*
pollakisuria Pollakisurie *f*, häufiger Harndrang *m*, häufiges Harnlassen *n*
pollakiuria *s.* pollakisuria
pollen Pollen *m*
pollen antigen Pollenantigen *n*
pollen asthma *s.* pollenosis
pollen count Pollenzahl *f*, Pollenmenge *f*
pollen coryza *s.* pollenosis
pollenogenic durch Pollen erzeugt [bewirkt]
pollenosis Pollinose *f*, Pollenkrankheit *f*, Heufieber *n*, Heuschnupfen *m*, Sommerkatarrh *m*
pollex Pollex *m*, Daumen *m (Zusammensetzungen siehe unter: thumb)*
pollicial Pollex…, Daumen…
pollicization *(Chir)* (plastische) Daumenneubildung *f*, plastischer Daumenaufbau *m*
pollination Pollination *f*, Pollenübertragung *f*, Bestäubung *f*
pollinosis *s.* pollenosis
pollutant schädlich, schädigend; umweltschädlich
pollutant *(Arb)* Schadstoff *m*, Schmutzstoff *m*; Umweltschadstoff *m*
pollution Pollution *f*, unwillkürlicher Samenerguss *m (siehe auch: nocturnal emission)*
pollutionism *(Neur)* Pollutionismus *n*
polocyte Polozyt *m*, Polzelle *f*
poloxalene Poloxalen *n*, Poloxalkol *n (Abführmittel)*
poloxalkol *s.* poloxalene
poloxamer Poloxamer *n (Surfactant)*
poltophagy Poltophagie *f*, intensives Kauen *n* der Nahrung
polus *s.* pole

poly *s.* polymorphonuclear leucocyte
polyacousia *(Neur)* Polyakusie *f*, Mehrfachhören *n*
polyacrylamide Polyacrylamid *n*
polyadenitis Polyadenitis *f*, multiple Drüsenentzündung *f*
polyadenoma Adenoma *n* multiplex
polyadenomatosis Polyadenomatose *f*, Vorhandensein *n* multipler Adenome
polyadenomatosis syndrome Polyadenomatosesyndrom *n*
polyadenopathy Polyadenopathie *f*, Erkrankung *f* mehrerer Drüsen
polyadenosis Polyadenose *f*
polyadenous polyadenös, mehrere Drüsen betreffend
polyadenylate Polyadenylat *n*
polyadenylation Polyadenylsäurebildung *f*
polyadenylic acid Polyadenylsäure *f*
polyaemia Polyämie *f*, Blutfülle *f*, Vollblütigkeit *f*
polyaesthesia Polyästhesie *f*, Mehrfachempfindung *f*, Doppelempfindung *f*
polyagglutinability Polyagglutinabilität *f*
polyagglutination Polyagglutination *f*
polyalcohol Polyalkohol *m*
polyalcoholism Polyalkoholismus *m*
polyalveolar polyalveolär, mehrere Alveolen betreffend
polyalveolar lobe polyalveolärer Lappen *m (z. B. der Lunge)*
polyandry Polyandrie *f*, Vielmännerei *f*
polyangiitis Polyangiitis *f*, Entzündung *f* mehrerer Gefäße
polyanionic mehrfach anionisch, mehrfach negativ geladen
polyarteritis 1. Polyarteriitis *f*, Entzündung *f* mehrerer Arterien [Schlagadern]; 2. Polyarteriitis *f* [Periarteriitis *f*] nodosa, Kussmaul'sche Krankheit *f (knötchenartige Verdickungen an kleinen Schlagadern)*
polyarthralgia Polyarthralgie *f*, Schmerz *m* in mehreren Gelenken
polyarthric *s.* polyarticular
polyarthritis Polyarthritis *f*, Entzündung *f* mehrerer Gelenke
polyarthropathy Polyarthropathie *f*, Krankheit *f* [Erkrankung *f*] mehrerer Gelenke
polyarthrosis Polyarthrose *f*, Arthrose *f* in mehreren Gelenken
polyarticular polyartikulär, mehrgelenkig, mehrere Gelenke betreffend
polyauxotroph Polyauxotrophe(r) *m*, polyauxotropher Organismus *m*
polyauxotrophic polyauxotroph, mehrere Wachstumsfaktoren erfordernd
polyavitaminosis Polyavitaminose *f*, Multivitaminmangel *m*; Multivitaminmangelkrankheit *f*
polyaxonic polyaxonal, mehrere Axone besitzend, mehrere Axone betreffend
polyblennia übermäßige Schleimbildung *f*, verstärkter Schleimfluss *m*
polyblepharon Polyblepharon *n*, überzähliges Augenlid *n*
polycardia *s.* tachycardia
polycellular polyzellulär, multizellulär, vielzellig
polycentric polyzentrisch, mehrzentrisch
polycentricity polyzentrischer Zustand *m*
polycheiria Polycheirie *f*, Vorhandensein *n* einer überzähligen Hand
polycheirous vielhändig, mehrhändig
polychemotherapy Polychemotherapie *f*
polychloruria Polychlorurie *f*, erhöhte Chlorausscheidung *f* im Urin
polycholia Polycholie *f*, übermäßige Gallensekretion *f*
polychondritis Polychondritis *f*, Entzündung *f* mehrerer Knorpel

polychondropathy Polychondropathie *f*, rezidivierende Polychondritis *f*
polychrest mehrfach heilend; mehrfach wirkend
polychrest Allheilmittel *n*, Mehrzweckheilmittel *n*
polychromaemia Polychromhämie *f*, Hyperhämoglobinämie *f*
polychromasia 1. Polychromasie *f (Erhöhung der Zahl basisch und sauer gefärbter Erythrozyten im Blutausstrich)*; 2. *s.* polychromatophilia
polychromatia *s.* polychromatophilia
polychromatic 1. polychromatisch, vielfarbig, mehrfarbig; 2. *s.* polychromatophilic
polychromatocyte Polychromatozyt *m (mit basischen und sauren Farbstoffen färbbare Zelle)*
polychromatocytosis Polychromatozytose *f*
polychromatophil Polychromatophile(r) *m*, polychromatophile Zelle *f*
polychromatophilia 1. Polychromatophilie *f*, Färbbarkeit *f* mit basischen und sauren Farbstoffen; 2. Polychromatophilie *f*, Vorhandensein *n* polychromatophiler Zellen im Blut
polychromatophilic polychromatophil, basisch und sauer färbend
polychromatophilic cell polychromatophile Zelle *f*, Polychromatophile(r) *m*
polychromatophilic erythrocyte polychromatischer [polychromatophiler] Erythrozyt *m*
polychromatophilic normoblast polychromatischer [polychromatophiler] Normoblast *m*
polychromatosis Polychromatose *f*
polychrome polychrom, vielfarbig, mehrfarbig
polychromemia *s.* polychromaemia
polychromia Polychromie *f*, verstärkte Pigmentbildung *f*
polychromic polychrom, vielfarbig, mehrfarbig
polychromocytosis *s.* polychromatophilia 1.
polychromophil *s.* polychromatophilic
polychromophilia *s.* polychromatophilia
polychylia *(Gastr)* Polychylie *f*, übermäßige Chylusbildung *f*, Chylusüberproduktion *f*
polycinematosomnography Polykinematosomnographie *f*, Somnokinematographie *f*
polyclinic Poliklinik *f*, Ambulanz *f*
polyclinic department Ambulanz *f*
polyclonal polyklonal, multiklonal; zu vielen Klonen gehörend
polyclonal gammopathy polyklonale Gammopathie *f*
polyclonia *(Neur)* Polyklonie *f*, Paramyoklonus *m* multiplex, Friedreich-Syndrom *n*
polycoria Polykorie *f*, Vorhandensein *n* mehrerer Pupillen *(an einem Auge)*
polycrotic 1. polykrot, mehrgipfelig *(Pulskurve)*; 2. vielschlägig *(Puls)*
polycrotism Polykrotismus *m (Vorhandensein eines polykroten Pulses)*
polycyclic polyzyklisch
polycyesis Mehrfachschwangerschaft *f*, Mehrlingsschwangerschaft *f*, Graviditas *f* multiplex
polycystic polyzystisch, mehrzystisch, viele Zysten [Blasen] enthaltend
polycystic kidney polyzystische Niere *f*, Zystenniere *f*
polycystic kidney disease polyzystische Nierendegeneration *f*, Zystennierenleiden *n*
polycystic lung Zystenlunge *f*, polyzystische Lungendegeneration *f*
polycystic ovary polyzystisches Ovar *n*, Zysteneierstock *m*
polycystic ovary syndrome *(Gyn)* polyzystisches Ovarialsyndrom *n*, PCO-Syndrom *n*, Syndrom *n* der polyzystischen Ovarien, Stein-Leventhal-Syndrom *n (polyzystische Ovarien mit Amenorrhoe und Sterilität)*
polycyte Polyzyt *m (abnormaler polymorphonukleärer Leukozyt)*
polycythaemia Polyzythämie *f*, Polycythaemia *f* rubra, Polyglobulie *f*, Rotblütigkeit *f*
polycythaemic polyzythämisch; Polyzythämie…
polydactylia *s.* polydactyly
polydactylism *s.* polydactyly
polydactylous polydaktyl, mit überzähligen Fingern; mit überzähligen Zehen
polydactyly Polydaktylie *f*, Hyperdaktylie *f*, Fingerüberzahl *f*, Zehenüberzahl *f*
polydeoxyribonucleotide Polydesoxyribonukleotid *n*
polydeoxyribonucleotide synthase Polydesoxyribonukleotidsynthase *f*, DNS-Ligase *f (Enzym)*
polydioxanone Polydioxanon *n (Bestandteil synthetischen Nahtmaterials)*
polydipsia Polydipsie *f*, (krankhaft) gesteigerter Durst *m*, unstillbarer Durst *m*, Anadipsie *f*
polydispersoid Polydispersoid *n*
polydontia *s.* polyodontia
polydrug mehrere Medikamente benutzend; Mehrfachdrogen…
polydyscrinia Polydyskrinie *f*, multiple endokrine Störung *f*
polydysplasia Polydysplasie *f*
polydystrophic polydystroph; Polydystrophie…
polydystrophy Polydystrophie *f*, Dystrophie *f* mehrerer Organe
polyemia *s.* polyaemia
polyembryoma Polyembryoma *n (Geschwulst)*
polyembryony Polyembryonie *f (Bildung mehrerer Embryos aus einer Eizelle)*
polyendocrine polyendokrin, mehrere endokrine Drüsen betreffend
polyendocrine deficiency syndrome polyendokrines Mangelsyndrom *n*
polyendocrinopathy Polyendokrinopathie *f (Erkrankung mehrerer endokriner Drüsen)*
polyergic polyerg, auf verschiedene Art wirkend; in verschiedenen Richtungen wirksam
polyesthesia *s.* polyaesthesia
polyether Polyether *m*, Polyäther *m*
polyethylene Polyethylen *n*
polygalactia Polygalaktie *f*, übermäßige Milchproduktion *f*, Milchträufeln *n*
polygalacturonase Polygalakturonase *f*, Pektindepolymerase *f*, Pektinase *f (Enzym)*
polygamous polygam, vielehig, in Mehrehe lebend
polygamy Polygamie *f*, Vielehe *f*, Mehrehe *f*
polyganglionic polyganglionär, viele Ganglien betreffend
polygastria Polygastrie *f*, übermäßige Magensaftsekretion *f*
polygastric 1. *(Anat)* polygastrisch, mehrere Muskelbäuche besitzend; 2. polygastrisch, mehrere Mägen besitzend
polygeline Polygelin *n (Plasmaexpander)*
polygeminy *(Kard)* Polygeminie *f*, Polygeminusrhythmus *m*
polygene Polygen *n*, kumulatives [multiples] Gen *n*
polygenic polygen, unterschiedlicher Herkunft, verschiedenen Ursprungs
polygenic inheritance polygene Vererbung *f*
polyglandular polyglandulär, pluriglandulär, vieldrüsig
polyglandular autoimmune syndrome polyglanduläres Autoimmunsyndrom *n*
polyglobulia *s.* polycythaemia
polyglobulism *s.* polycythaemia
polyglucosan Polyglukosan *n*
polyglucoside Polyglukosid *n (Polysaccharid aus Glukoseresten)*

polyglycolic acid Polyglykolsäure *f*
polygnathus *(Terat)* Polygnathus *m*, Doppelmissgeburt *f* mit Kieferverwachsung
polygram Polygramm *n (1. Simultandarstellung mehrerer physiologischer Parameter; 2. mehrfach belichtete Röntgenaufnahme)*
polygraph Polygraph *m*, Lügendetektor *m*
polygyny 1. Polygynie *f (Verschmelzung von zwei weiblichen Pronuklei mit einem männlichen Pronukleus)*; 2. *s.* polygamy
polygyria Polygyrie *f*, Vorhandensein *n* überzähliger Hirnwindungen
polyhidrosis verstärktes Schwitzen *n*, Hyperhidrose *f*
polyhistiocytoma Polyhistiozytom *n (kleinzelliges Osteosarkom)*
polyhybrid polyhybrid, für mehrere Allelpaare heterozygot
polyhybrid Polyhybrid *m (in mehr als drei Allelpaaren heterozygoter Organismus)*
polyhybrid cross *(Gen)* Polyhybridkreuzung *f*
polyhydramnion Polyhydramnion *n*, Polyhydramnie *f*, Hydramnion *n*, (übermäßige) Fruchtwasservermehrung *f*
polyhydramnios *s.* polyhydramnion
polyhydric mehr als zwei Hydroxylgruppen enthaltend
polyhydruria Polyhydrurie *f*, Ausscheidung *f* von abnorm verdünntem Urin
polyhypermenorrhoea Polyhypermenorrhoe *f*, häufige und verstärkte Regelblutung *f*
polyhypomenorrhoea Polyhypomenorrhoe *f*, häufige und verminderte Regelblutung *f*
polyidrosis *s.* polyhidrosis
polyinfection Polyinfektion *f*, Mehrfachinfektion *f*, Mischinfektion *f*
polyionic mehrere Ionen enthaltend
polyionic solution Lösung *f* mit mehreren Ionen
polykaryocyte *(Hämat)* Polykaryozyt *m*
polylactosamine Polylactosamin *n*
polylecithal lecithinreich
polyleptic in Schüben auftretend, anfallsweise *(z. B. Epilepsie)*
polyleptic fever in Schüben auftretendes Fieber *n*, remittierendes Fieber *n*
polylinker *(Gen)* Polykloning-Ort *m*, Restriktionsstellenbank *f (DNS-Sequenz in rekombinanten DNS-Vektoren)*
polylobular multilobular, mehrlappig, viellappig
polylogia Logorrhoe *f*
polylysine Polylysin *n (Polypeptid)*
polymacon Polymacon *n (Kontaktlinsenmaterial)*
polymastia Polymastie *f*, Vorhandensein *n* überzähliger Brustdrüsen
polymastic Polymastie...
polymastigote Polymastigote *f*
polymazia *s.* polymastia
polymelia *(Terat)* Polymelie *f*, Vorhandensein *n* überzähliger Glieder
polymelus *(Terat)* Polymelus *m*, Missgeburt *f* mit überzähligen Gliedern
polymenia *s.* polymenorrhoea
polymenorrhoea Polymenorrhoe *f*, zu häufige Regelblutung *f* [Monatsblutung *f*]
polymer Polymer *n (aus monomeren Molekülen bestehend)*
polymerase Polymerase *f (Enzym)*
polymerase chain reaction Polymerase-Kettenreaktion *f*
polymeria 1. Polymerie *f*, Vorhandensein *n* überzähliger Körperteile; 2. Polymerie *f*, Chromatidenteilung *f* ohne Trennung
polymeric 1. Polymerie...; 2. Polymer(en)...
polymeric fume fever Polymerenfieber *n (nach Einatmung von Polymeren im Rauch bestimmter Kunststoffe)*
polymerization Polymerisation *f (Bildung von Makromolekülen)*
polymerize *v* polymerisieren, Polymere bilden
polymetacarpalism Polymetakarpalismus *m*, Mittelhandknochenüberzähligkeit *f*
polymetacarpia Polymetakarpie *f (Vorhandensein überzähliger Mittelhandknochen)*
polymetaphosphate Polymetaphosphat *n (als metachromatische Körnchen)*
polymetatarsia Polymetatarsie *f (Vorhandensein überzähliger Mittelfußknochen)*
polymicrobial mehrere Mikrobenarten enthaltend
polymicrobial infection gemischte Infektion *f*, Mischinfektion *f*
polymicrobic *s.* polymicrobial
polymicrogyria Polymikrogyrie *f*, Vorhandensein *n* zahlreicher kleiner Hirnwindungen
polymicrolipomatosis Polymikrolipomatose *f*
polymicrotome *(Histol)* Polymikrotom *n*
polymorph *s.* polymorphonuclear leucocyte
polymorphic 1. polymorph, vielgestaltig; 2. polysymptomatisch
polymorphic light eruption *(Derm)* polymorphes Lichterythem *n*, polymorphes Hauterythem *n* durch UV-Lichtbestrahlung
polymorphism Polymorphismus *m*, Polymorphie *f*, Pleomorphismus *m*, Vielgestaltigkeit *f*
polymorphocellular polymorphzellig, mehrere Zellformen besitzend
polymorphocyte 1. Polymorphozyt *m*, polymorphkernige Zelle *f*, Zelle *f* mit vielgestaltigem Kern; 2. *s.* polymorphonuclear leucocyte
polymorphonuclear polymorphkernig, vielgestaltige Kerne besitzend
polymorphonuclear cell polymorphonukleäre Zelle *f*
polymorphonuclear leucocyte polymorphkerniger [granulärer] Leukozyt *m*, Granulozyt *m (reifer neutrophiler Leukozyt)*
polymorphous *s.* polymorphic
polymyalgia Polymyalgie *f*, Schmerz *m* in mehreren Muskeln
polymyoclonus *s.* polyclonia
polymyopathy Polymyopathie *f*, Krankheit *f* [Erkrankung *f*] mehrerer Muskeln
polymyositis akute multiple Muskelentzündung *f*, Polymyositis *f* acuta
polymyxin Polymyxin *n (Antibiotikum aus Bacillus polymyxa)*
polymyxin B sulfate Polymyxin-B-Sulphat *n*
polyneural polyneural, mehrnervig, mehrere Nerven betreffend
polyneuralgia Polyneuralgie *f*, Neuralgie *f* in mehreren Nerven
polyneuric *s.* polyneural
polyneuritic polyneuritisch; Polyneuritis...
polyneuritic psychosis polyneuritische Psychose *f*
polyneuritis Polyneuritis *f*, Neuritis *f* multiplex, Entzündung *f* mehrerer Nerven
polyneuromyositis Polyneuromyositis *f*, mehrfache Sehnenscheiden- und Schleimbeutelentzündung *f*
polyneuronitis Polyneuronitis *f*, Entzündung *f* mehrerer Nervenzellen
polyneuropathy Polyneuropathie *f*, mehrfache Nervenerkrankung *f* [Nervenkrankheit *f*]
polyneuroradiculitis Polyneuroradikulitis *f*, mehrfache Spinalganglien-, Nervenwurzel- und Nervenentzündung *f*
polynuclear polynukleär, vielkernig, mehrkernig
polynucleate *s.* polynuclear
polynucleolar polynukleolär, mehrere Nukleoli besitzend

polynucleosis Polynukleose *f (Vorhandensein vieler polynukleärer Zellen im Blut)*
polynucleotidase Polynukleotidase *f (Enzym)*
polynucleotide Polynuekleotid *n*
polynucleotide adenylyltransferase Polynukleotidadenylyltransferase *f*, Poly-A-Polymerase *f (Enzym)*
polynucleotide methylase *s.* polynucleotide methyltransferase
polynucleotide methyltransferase Polynukleotidmethyltransferase *f (Enzym)*
polynucleotide phosphorylase Polynukleotidphosphorylase *f (Enzym)*
polynucleotide thioltransferase Polynukleotidthioltransferase *f (Enzym)*
polyodontia Polyodontie *f*, Zahnüberzahl *f*, Vorhandensein *n* überzähliger Zähne
polyol Polyol *n*
polyol dehydrogenase Polyoldehydrogenase *f (Enzym)*
polyoma Polyoma *n (Tumor)*
polyomavirus Polyoma-Virus *n (onkogenes Virus)*
polyoncosis Polyonkose *f*, Bildung *f* vieler Tumoren
polyonychia Polyonychie *f*, Vorhandensein *n* überzähliger Fingernägel; Vorhandensein *n* überzähliger Zehennägel
polyopia Polyopie *f*, Mehrfachsehen *n (eines Gegenstandes; siehe auch: diplopia)*
polyopsia *s.* polyopia
polyopy *s.* polyopia
polyorchid mehrhodig, vielhodig
polyorchid Polyorchide(r) *m*, Mann *m* mit überzähligen Hoden
polyorchidism Polyorchidie *f*, Vorhandensein *n* überzähliger Hoden
polyorchis *s.* polyorchid
polyorchism *s.* polyorchidism
polyorexia Heißhunger *m*
polyorrhymenitis *s.* polyserositis
polyostotic mehrere Knochen betreffend
polyotia Polyotie *f*, Vorhandensein *n* überzähliger Ohrmuscheln
polyovular polyovulär, mehrere Eier enthaltend
polyovular twins mehreiige Zwillinge *mpl*
polyovulatory polyovulatorisch, mehrere Eier freisetzend *(in einem Ovarialzyklus)*
polyp 1. Polyp *m*, Stielgeschwulst *f* (der Schleimhaut); 2. Polyp *m*, Nasenpolyp *m*, adenoide Wucherung *f*
polyp-carcinoma sequence *(Path, Onk)* Polyp-Karzinom-Sequenz *f*, Adenom-Krebs-Abfolge *f (Krebsentstehung aus adenomatösen Polypen)*
polypapilloma Polypapilloma *n* tropicum, Frambösie *f*, Framboesia *f* tropica, Himbeerwarzensucht *f*, Pian *m*, Erdbeerpocken *pl (durch Treponema pertenue)*
polyparasitism Polyparasitismus *m*, Befall *m* durch mehrere Parasiten
polyparesis Polyparese *f*, Mehrfachparese *f*, Allgemeinlähmung *f*
polypathia Polypathie *f*, Vorhandensein *n* mehrerer Krankheiten [Erkrankungen]
polypectomy Polypektomie *f*, Polypenexstirpation *f*, Polypenexzision *f*, Polypenabtragung *f*, (operative) Polypenentfernung *f*
polypeptidaemia Polypeptidämie *f*, Vorhandensein *n* von Polypeptiden im Blut
polypeptidase Polypeptidase *f (Enzym)*
polypeptide Polypeptid *n*
polypeptide hormone Polypeptidhormon *n*
polypeptidorrhachia Polypeptidorrhachie *f (Vorhandensein von Polypeptiden im Liquor cerebrospinalis)*
polyperiostitis Polyperiostitis *f (Knochenhautentzündung mehrerer Knochen)*
polyphagia Polyphagie *f*, Gefräßigkeit *f*
polyphalangia *s.* polyphalangism
polyphalangism Polyphalangismus *m*, Phalangenüberzähligkeit *f*
polypharmaceutical polypharmazeutisch, mehrere Medikamente betreffend; mehrere Arzneimittel anwendend
polypharmacy Polypragmasie *f*, kritiklose Medikamentenanwendung *f*
polyphase mehrere Phasen besitzend, verschiedene Kolloidtypen enthaltend
polyphasic polyphasisch, mehrphasisch, in mehreren Phasen auftretend; in der Dispersionsphase unterschiedliche Partikel enthaltend; Polyphasen...
polyphenic *s.* pleiotropic
polyphenol oxidase Polyphenoloxidase *f (Enzym)*
polyphobia Polyphobie *f*, Mehrfachfurcht *f*, Furcht *f* vor vielen Dingen
polyphosphoinositide Polyphosphoinositid *n*
polyphosphorylase Polyphosphorylase *f (Enzym)*
polyphrasia Polyphrasie *f*, krankhafter Rededrang *m*, Geschwätzigkeit *f*
polyphyletic polyphyletisch, von mehr als einem Zelltyp abstammend
polyphyletism Polyphyletismus *m*
polyphyodont polyphyodont, mehrere Gebisse bildend
polypiferous polypentragend
polypiform polypiform, polypenförmig
polypionia Polypionie *f*, Fettleibigkeit *f*
polyplasmia Polyplasmie *f*, Blutplasmaüberschuss *m*, Plasmafülle *f*
polplastic 1. polyplastisch, aus verschiedenen Strukturen gebildet; 2. verschiedene Formen annehmend
polyplegia Polyplegie *f*, Mehrfachlähmung *f*
polyploid polyploid, mehr als zwei homologe Chromosomensätze besitzend
polyploid Polyploide(r) *m*, polyploider Organismus *m*
polyploid adenocarcinoma polyploides Adenokarzinom *n*
polyploidic *s.* polyploid
polyploidy Polyploidie *f (Vorhandensein von mehr als zwei homologen Chromosomensätzen)*
polypnoea Polypnoe *f*, beschleunigte Atmung *f*, erhöhte Atemfrequenz *f*, Atembeschleunigung *f*
polypnoeic polypnoeisch; Polypnoe...
polypodia Polypodie *f*, Vielfüßigkeit *f*
polypoid polypös, polypenartig, polypenförmig
polypoid carcinoma polypöses Karzinom *n*
polypoid degeneration polypöse Degeneration *f*
polypoid gastritis polypöse Gastritis *f*
polypoid hyperplasia polypöse Hyperplasie *f*
polypoidosis *s.* polyposis
polyporous polyporös, vielporig
polyposia Polyposie *f*, übermäßige Flüssigkeitsaufnahme *f*
polyposis Polyposis *f*, Vorhandensein *n* von mehreren Polypen
polypotome Polypenmesser *n*
polypotrite Polypenquetsche *f (Instrument)*
polypous *s.* polypoid
polypragmasy *s.* polypharmacy
polypropylene Polypropylen *n (synthetisches Nahtmaterial)*
polypsychism *(Neur)* Polypsychismus *m (Vorhandensein mehrerer Seelen)*
polyptychial mehrschichtig *(z. B. Epithelzellen)*
polypus *s.* polyp
polyradiculitis Polyradikulitis *f*, generalisierte Nervenwurzelentzündung *f*
polyradiculomyopathy Polyradikulomyopathie *f*, generalisierte Nervenwurzel- und Muskelerkrankung *f*

polyradiculoneuritis Polyradikuloneuritis *f*, generalisierte Nervenwurzel- und Nervenentzündung *f*
polyradiculoneuropathy Polyradikuloneuropathie *f*, generalisierte Nervenwurzel- und Nervenerkrankung *f*
polyradiculopathy Polyradikulopathie *f (Erkrankung mehrerer Nervenwurzeln)*
polyribonucleotide Polyribonukleotid *n*
polyribonucleotide nucleotidyltransferase Polyribonukleotidnukleotidyltransferase *f*, Polynukleotidphosphorylase *f (Enzym)*
polyribosome Polyribosom *n*, Polysom *n*
polyrrhoea Polyrrhoe *f*, massenhafter Ausfluss *m*
polysaccharide Polysa(c)charid *n*
polyscelia Polyscelie *f (Vorhandensein von mehr als zwei Beinen)*
polyscelus *(Terat)* Polyscelus *m (Missgeburt)*
polyscleradenitis Polyskleradenitis *f*, Verhärtung *f* mehrerer Lymphknoten *(z. B. bei Syphilis)*
polysclerosis Polysklerose *f*, multiple Sklerose *f*
polyscope Polyskop *n*, Diaphanoskop *n*
polysensitivity Mehrfachsensibilität *f*, Empfindlichkeit *f* gegenüber mehreren Reizen
polysensory polysensorisch
polyserositis Polyserositis *f*, Entzündung *f* der serösen Häute
polysialia Polysialie *f*, Speichelfluss *m*
polysiloxane Polysiloxan *n (Abdruckmaterial)*
polysinusitis Polysinusitis *f*, Entzündung *f* mehrerer Nasennebenhöhlen
polysomatic polysomatisch
polysomaty Polysomatie *f*
polysome *s.* polyribosome
polysomia 1. *s.* polysomy; 2. Polysomie *f (Vorhandensein mehrerer Föten)*
polysomic polysom, mit überzähligen Chromosomen
polysomnogram Polysomnogramm *n*
polysomnography Polysomnographie *f*
polysomus *(Terat)* Doppelmissbildung *f*, Mehrfachmissbildung *f*
polysomy Polysomie *f*
polysorbate Polysorbat *n*
polyspermia 1. Poly(zoo)spermie *f*, Vorhandensein *n* vieler Samenzellen im Sperma; 2. Polyspermie *f*, Eindringen *n* mehrerer Samenzellen in eine Eizelle
polyspermism *s.* polyspermia
polyspike mit mehreren Spikes verlaufend *(z. B. EEG)*
polysplenia Polysplenie *f (Vorhandensein mehrerer Milzen)*
polystichia Polystichia(sis) *f*, Vielreihigkeit *f* der Wimpern
polystomatous mehrere Mundöffnungen besitzend
polystyrene *(Stom)* Polystyren *n (Kunstharz)*
polysuspensoid Polysuspensoid *n (Suspensionskolloid mit Partikeln unterschiedlicher Dispersionsgrade)*
polysymptomatic polysymptomatisch, mehrere Krankheitszeichen aufweisend
polysynaptic polysynaptisch, mehrere Synapsen betreffend
polysyndactylism Polysyndaktylismus *m*, multiple Syndaktylie *f*
polysyndactyly *s.* polysyndactylism
polysynovitis Polysynovitis *f*, Entzündung *f* der Synovialmembran
polytendinitis Polytendinitis *f*, Entzündung *f* mehrerer Sehnen
polytendinobursitis Polytendinobursitis *f*, Entzündung *f* mehrerer Sehnen und Schleimbeutel
polytene mehrere Chromonemata besitzend
polytene chromosome Polytänchromosom *n*, Riesenchromosom *n*
polytenization Bildung *f* von Polytänchromosomen *(infolge inkompletter Trennung der Chromosomen)*
polytenosynovitis Polytenosynovitis *f*, Entzündung *f* mehrerer Sehnenscheiden
polyteny Polytänie *f (inkomplette Trennung der Chromosomen in unabhängige Tochterchromosomen)*
polytetrafluoroethylene Polytetrafluoroethylen *n*, PTFE, Polytef *n*
polythelia Polythelie *f*, Vorhandensein *n* mehrerer Brustwarzen
polythelism *s.* polythelia
polythetic group polythetische Gruppe *f*
polythiazide Polythiazid *n (Diuretikum)*
polytocous mehrfach entbindend
polytomoencephalography Polytomoenzephalographie *f*, Mehrfachschichtendarstellung *f* des Gehirns
polytomogram Polytomogramm *n*
polytomographic polytomographisch; Polytomographie…
polytomography Polytomographie *f*, Mehrfachschichtung(sdarstellung) *f*
polytoxicomania *(Neur)* Polytoxikomanie *f (Abhängigkeit von mehreren Drogen)*
polytrauma Polytrauma *n*, Mehrfachverletzung *f*
polytrichia Polytrichie *f*, übermäßige Behaarung *f (siehe auch: hypertrichosis)*
polytrichosis *s.* polytrichia
polytrophia *s.* polytrophy
polytrophic polytroph, überernährt, überfüttert; Polytrophie…, Überernährungs…
polytrophy Polytrophie *f*, Überernährung *f*, Überfütterung *f*
polytropic polytrop, stark anpassungsfähig
polyunguia Polyonychie *f*
polyunsaturated mehrfach ungesättigt
polyunsaturated fatty acid mehrfach ungesättigte Fettsäure *f*
polyurethane Polyurethan *n*
polyuria Polyurie *f*, Harnflut *f*, vermehrte Harnausscheidung *f* [Urinausscheidung *f*]
polyuric polyurisch; Harnflut…
polyuric Polyuriker *m*
polyvaccine Polyvakzine *f*, Mehrfachimpfstoff *m*
polyvalent polyvalent, mehrfach wirksam; gegen mehrere Krankheitserreger wirksam
polyvalent antiserum polyvalentes Antiserum *n*
polyvalent vaccine polyvalenter Impfstoff *m*, Mehrfachvakzine *f*
polyvidone *s.* povidone
polyvinylidene Polyvinyliden *n (piezoelektrisches Material)*
polyvinyl alcohol Polyvinylalkohol *m*
polyvinyl chloride Polyvinylchlorid *n*
polyvinylpyrrolidone Polyvinylpyrrolidon *n*, Povidon *n*
polyvinylpyrrolidone-iodine complex Povidonjodkomplex *m*
pomade Pomade *f*, Pomatum *n*
pomatum *s.* pomade
Pompe's disease *(Gen, Päd)* Pompe'sche Krankheit *f*, Glykogenose *f* Typ II, Glykogenspeicherkrankheit *f* Typ II, Maltasemangel *m*, Cardiomegalia *f* glycogenica
pomphoid blasig, blasenähnlich, blasenförmig, blasenartig
pompholyhaemia Pompholyhämie *f*, Vorhandensein *n* von Gasblasen im Blut *(z. B. bei Caisson-Krankheit)*
pompholyx Pompholyx *m*, blasiger Hautausschlag *m*
pomphus *(Derm)* Pomphus *m*, Quaddel *f*
Poncet's disease Poncet'sche Krankheit *f*, tuberkulöser Gelenkrheumatismus *m*, Polyarthritis *f* bei Tuberkulösen
Poncet's rheumatism *s.* Poncet's disease
ponderable gewichtig, mit Gewicht, Gewicht besitzend; wägbar; Waagen…
ponderal Gewicht(s)…

pondostatural Gewicht-Größen-…
ponograph Ponograph *m*
ponopathy *(Neur)* Ponopathie *f*, Überarbeitung *f*, Abgespanntheit *f*, Tätigkeitsneurose *f*
pons 1. *(Anat)* Pons *m*, Brücke *f*, Steg *m*; Gewebsbrücke *f*; 2. *(Anat)* Gehirnbrücke *f*, Varolsbrücke *f*, Pons *m* Varoli
pontes *pl s.* pons
Pontiac fever Pontiac-Fieber *n (durch Legionella pneumophila)*
pontibrachium Pedunculus *m* cerebellaris medius, Brachium *n* pontis, mittlerer Kleinhirnstiel *m*
pontic künstlicher Zahn *m (einer Zahnbrücke)*
ponticular Ponticulus…
ponticulus 1. Ponticulus *m*, kleine Brücke *f* [Gewebsbrücke *f*]; 2. Ponticulus *m* auriculae
pontile *s.* pontine
pontine pontin, zur Brücke gehörend; Brücken…
pontine cistern *(Anat)* Cisterna *f* pontis
pontine glioma *(Path)* Brückengliom *n*
pontine nucleus *(Anat)* Nucleus *m* pontis, Brückenkern *m*
pontine raphe *(Anat)* Raphe *f* pontis
pontobulbar pontobulbär
pontobulbia Pontobulbie *f*, Syringomyelie *f* von Pons und Medulla oblongata
pontocerebellar pontozerebellar; Kleinhirn-Brücken-…
pontocerebellar angle Angulus *m* pontocerebellaris, zerebellopontiner Winkel *m*, Kleinhirn-Brücken-Winkel *m*
pontocerebellar tract Crus *n* pontocerebellare, mittlerer Kleinhirnstiel *m*, Brückenarm *m*, Brachium *n* pontis
pontocerebellum Pontocerebellum *n*
pontomedullary pontomedullär, Pons-Medulla-oblongata-…
pontomesencephalic pontomesenzephal(isch), Pons-Mesenzephalon-…
pontopeduncular pontopedunkulär, Pons-Pedunculus-…
Pool-Schlesinger sign Pool-Schlesinger-Zeichen *n*, Pool-Schlesinger-Phänomen *n (bei Tetanie Streckkrampf des Beines nach Beugung im Hüftgelenk)*
pooled (human) plasma *(Hämat)* Poolplasma *n*, Mischplasma *n*
pooled serum Poolserum *n*, Mischserum *n*
Pool's phenomenon *s.* Pool-Schlesinger sign
poor healing of wounds schlechte Wundheilung *f*
poorly defined outline of shadow *(Rad)* schlecht demarkierte Schattenkontur *f*
poorly differentiated lymphocytic malignant lymphoma gering differenziertes malignes lymphozytäres Lymphom *n*, lymphoblastisches Lymphom *n*, lymphoblastisches Lymphosarkom *n*
poorly equipped hospital schlecht ausgerüstetes Krankenhaus *n*
poorly fitted crown schlecht sitzende Zahnkrone *f*, schlecht angepasste Krone *f*
poorly nourished unterernährt
poorly staffed hospital personell schlecht besetztes Krankenhaus *n*
poples *s.* popliteal region
popliteal popliteal; Kniekehlen…
popliteal arcuate ligament Ligamentum *n* popliteum arcuatum
popliteal artery Arteria *f* poplitea, Kniekehlenarterie *f*
popliteal artery aneurysm Popliteal(arterien)aneurysma *n*
popliteal line Linea *f* poplitea [musculi solei]
popliteal plane Facies *f* poplitea, Planum *n* popliteum
popliteal plexus Plexus *m* popliteus
popliteal point Poplitealpunkt *m (Nervendruckpunkt)*
popliteal pulse Popliteapuls *m*, Puls *m* der Arteria poplitea
popliteal region Fossa *f* poplitea, Kniekehle *f*, Kniebeuge *f*, Poplitealregion *f*, Poples *m*
popliteal space *s.* popliteal region
popliteal vein Vena *f* poplitea, Kniekehlenvene *f*
popliteus 1. Musculus *m* popliteus, Kniekehlenmuskel *m*; 2. *s.* popliteal region
poppy Mohn *m*, Mohnpflanze *f*
population *(Statist)* Population *f*
population at risk Risikopopulation *f*, vulnerable Population *f*
population density Populationsdichte *f*
population genetics Populationsgenetik *f*
poradenia *s.* poradenitis
poradenitis Poradenitis *f*, eitrige Lymphknotenentzündung *f*
poradenolymphitis Lymphogranuloma *n* venereum
Porak-Durante syndrome Porak-Durante-Syndrom *n*, Osteogenesis *f* imperfecta Typ II *(rezessive Form)*
poral porenhaltig, mit Poren; Poren…
porcelain 1. Porzellan *n*; 2. Porzellan *n*, Dentalporzellan *n*
porcelain gall bladder *(Chir, Path)* Porzellangallenblase *f*
porcelaneous porzellanartig; Porzellan…
porcine vom Schwein stammend; Schweine…
porcine graft (temporäres) Schweinehauttransplantat *n*
pore Pore *f*, Porus *m*, Öffnung *f*, Ausgang *m*; Mündung *f*, Ausführungsgang *m (z. B. von Schweißdrüsen)*
porencephalia Porenzephalie *f*, Vorhandensein *n* von Höhlenbildungen in der Hirnsubstanz
porencephalic porenzephal(isch)
porencephalitis Porenzephalitis *f*, Gehirnentzündung *f* mit Höhlenbildung
porencephalous porenzephal(isch)
porencephalus *(Terat)* Porenzephalus *m*, Missgeburt *f* mit Höhlenbildungen in der Hirnsubstanz
porencephaly *s.* porencephalia
poriomania Poriomanie *f*, Wandersucht *f*, Wandertrieb *m*
poriomaniac Poriomane *m*, Wandersüchtige(r) *m*
pork tapeworm *(Paras)* Taenia *f* solium, Scheibenbandwurm *m*, Schweinebandwurm *m*
pork tapeworm infection *(Paras)* Schweinebandwurminfektion *m*
pornographomania Pornographomanie *f*
pornography Pornographie *f*
porocarcinoma Porokarzinom *n*, Porocarcinoma *n*
porocephaliasis *(Inf)* Porozephaliasis *f*, Porozephalose *f (durch Porocephalus)*
porocephalosis *s.* porocephaliasis
porofolliculitis Porofollikulitis *f*, Folliculitis *f* pustularis superficialis *(durch Staphylokokken)*
porokeratosis Porokeratose *f*, Porschwielen *fpl*, Porokeratosis *f* Mibelli, Hyperkeratosis *f* excentrica
porokeratotic Porokeratose…
poroma 1. Poroma *n (Tumor aus ekkrinen Drüsengangzellen)*; 2. Poroma *n*, Induration *f* nach Phlegmone; 3. *s.* exostosis; 4. *s.* callosity
poroplastic poroplastic, porös und plastisch
porosis Porose *f*, Porenbildung *f*, Höhlenbildung *f (besonders in Knochen)*
porosity Porosität *f*, Porigkeit *f*, Durchlässigkeit *f*
porotic porös, porig, mit Poren versehen; durchlässig
porotomy Meatotomie *f*
porous *s.* porotic
porphobilin Porphobilin *n (Abbauprodukt des roten Blutfarbstoffs)*
porphobilinogen Porphobilinogen *n (Zwischenprodukt der Porphyrinsynthese)*
porphobilinogen deaminase Porphobilinogendeaminase *f (Enzym)*

porphobilinogen synthase Porphobilinogensynthase *f* *(Enzym)*
porphobilinogenuria Porphobilinogenurie *f*
porphyria Porphyrie *f (Anomalie des Porphyrinstoffwechsels)*
porphyria psychosis *(Neur)* Porphyriepsychose *f*
porphyria schizophrenia *(Neur)* Porphyrieschizophrenie *f*
porphyric neuritis Porphyrinneuritis *f*
porphyrin *(Bioch)* Porphyrin *n*
porphyrinaemia Porphyrinämie *f*, Vorhandensein *n* von Porphyrin im Blut
porphyrinogen *s.* porphobilinogen
porphyrinopathy Porphyrinopathie *f*, Porphyrismus *m*
porphyrinuria Porphyrinurie *f*, Porphyrinausscheidung *f* im Urin
porphyrism *s.* porphyrinopathy
porphyrization Pulverisierung *f*
porphyropsin Porphyropsin *n*
porphyruria *s.* porphyrinuria
porphyry spleen *(Path)* Porphyrmilz *f*, Bauernwurstmilz *f* *(bei Lymphogranulomatose)*
porrigo Porrigo *f*, Grind *m*, Kopfgrind *m*
porropsia *(Neur)* Porropsie *f (Verlagerung von Gesehenem in die Ferne)*
port *(Rad)* Bestrahlungsfeld *n*
port-wine mark *(Derm)* Naevus *m* flammeus [vasculosus], Flammennävus *m*, Feuermal *n*
port-wine naevus *s.* port-wine mark
port-wine stain *s.* port-wine mark
porta 1. *(Anat)* Porta *f*, Pforte *f (siehe auch: hilum)*; 2. *s.* porta hepatis; 3. *s.* portal vein
porta hepatis Leberpforte *f*, Porta *f* hepatis
portacaval portokaval; Pfortader-Hohlvenen-…
portacaval anastomosis *(Chir)* portokavale Anastomose *f*, Pfortader-Hohlvenen-Anastomose *f*, portokavaler Shunt *m*, Eck'sche Fistel *f*
portacaval shunt *s.* portacaval anastomosis
portal 1. portal; Pfortader…; 2. portal; Leberpforten…
portal *s.* portal vein
portal (bed) block *(Hepat)* Pfortaderblock *m*, Pfortaderblockade *f*, Banti'sche Krankheit *f*, Banti-Syndrom *n*
portal blood Pfortaderblut *n*
portal blood flow Pfortaderdurchblutung *f*
portal circulation portale Zirkulation *f*, Pfortaderkreislauf *m*
portal cirrhosis portale Zirrhose *f* [Leberzirrhose *f*]
portal decompression Pfortaderdekompression *f*
portal fissure Porta *f* hepatis, Leberpforte *f*
portal hypertension portale Hypertension *f* [Hypertonie *f*]; portaler Hochdruck *m*, Pfortaderhochdruck *m*; Pfortaderstauung *f*
portal obstruction Pfortaderverschluss *m*
portal of entry (of the agent) Eintrittspforte *f* des Erregers, Keimeintrittspforte *f*
portal phlebitis Pfortaderentzündung *f*
portal pressure Pfortaderdruck *m*
portal system *(Anat, Hepat)* portales System *n*, Pfortadersystem *n*
portal system vein Pfortadersystemvene *f*
portal systemic encephalopathy portosystemische Enzephalopathie *f*
portal triad *(Anat, Hepat)* portale Triade *f* [Trias *f*]
portal vein Pfortader *f*, Vena *f* portae
portal vein blood *s.* portal blood
portal vein obstruction *s.* portal obstruction
portal vein thrombosis Pfortaderthrombose *f*, thrombotischer Pfortaderverschluss *m*
portal venography *s.* portography
portal venous pressure *s.* portal pressure
portal venous shunt portokavaler Shunt *m*
porte-polisher *(Stom)* Polierinstrumentträger *m*, Polierinstrumenthandstück *n*
Porter-Silber chromogen Porter-Silber-Chromogen *n*
Porter-Silber reaction Porter-Silber-Reaktion *f*, Porter-Silber-Methode *f*
Porteus maze test Porteus'scher Labyrinth-Test *m*
portio *(Anat)* Portio *f*
portion of the stomach Magenteil *m*, Pars *f* ventriculi
portiones *pl s.* portio
portobilioarterial portobilioarteriell, Pfortader-Gallengang-Leberarterien-…
portocaval *s.* portacaval
portoenterostomy Portoenterostomie *f*, Kasai-Operation *f*
portogram Portogramm *n*, Röntgen(kontrast)bild *n* des Pfortadersystems
portography Portographie *f*, Pfortaderangiographie *f*, Pfortaderphlebographie *f*, Portovenographie *f*, Pfortaderröntgen(kontrast)darstellung *f*
portojejunostomy Portojejunostomie *f*
portorenal portorenal; Pfortader-Nieren(venen)-…
portorenal anastomosis portorenaler Shunt *m*, portorenale Anastomose *f*, Pfortader-Nierenvenen-Anastomose *f*
portosystemic portosystemisch; Pfortader-Hohlvenen-…
portosystemic encephalopathy portosystemische Enzephalopathie *f*, Zirrhoseenzephalopathie *f*, portokavales Shunt-Syndrom *n*
portosystemic shunt portosystemischer Shunt *m*
portovenogram *s.* portogram
portovenography *s.* portography
porus *s.* pore
Posadas' disease *s.* coccidioidomycosis
Posadas' mycosis *s.* coccidioidomycosis
Posadas-Wernicke disease *s.* coccidioidomycosis
posiomania *s.* dipsomania
position 1. Position *f*, Lage *f*, Stellung *f*; 2. Körperhaltung *f*, Haltung *f*
position of shadow *(Rad)* Verschattungsposition *f*
position of the foetus *(Gyn)* Fetuslage *f*
positional behaviour Positionsverhalten *n*, Lageverhalten *n*, Stellungsverhalten *n*
positional nystagmus *(Ophth)* Einstellungsnystagmus *m*, Endstellennystagmus *m*
positional vertigo *(HNO)* Haltungsschwindel *m*
positioner *(Stom)* Positionierer *m*, Platzierer *m*, Platziergerät *n*
positioning of the arm *(Chir)* Armlagerung *f*
positive-bathmotropic positiv bathmotrop, reizschwellensenkend, die Reizschwelle des Herzens senkend
positive endexspiratory pressure *(Anästh)* positiver endexspiratorischer Druck *m*, PEEP
positive feedback positives Feedback *n*, positive Rückkopplung *f*
positive pregnancy sign positives Schwangerschaftszeichen *n*
positive pressure breathing Überdruckbeatmung *f*
positive pressure breathing unit Überdruckbeatmungseinheit *f*, Überdruckbeatmungsgerät *n*
positive pressure respiration Überdruckbeatmung *f*
positive pressure respirator Überdruckrespirator *m*
positive pressure ventilation Überdruckbeatmung *f*
positive pressure ventilator *s.* positive pressure respirator
positive relationship positive [direkte] Beziehung *f*
positive schizophrenia positive Schizophrenie *f*
positive transference *(Psych)* positive Übertragung *f*

positrocephalogram Positron-Enzephalogramm *n*, Positronenenzephalogramm *n*
positron Positron *n*, positives Elektron *n*
positron emission computer-assisted tomography *(Rad)* Positron-Emissionstomographie *f*, Positronen-Emissions-Tomographie *f*, PET, Emissions-Computertomographie *f*
positron emission tomography *(Rad)* Positron-Emissionstomographie *f*, Positronen-Emissions-Tomographie *f*, Emissions-Computertomographie *f*
Posner-Schlossman syndrome glaukomatozyklitische Krise *f*, Posner-Schlossman-Syndrom *n*
posologic posologisch; Posologie...
posology Posologie *f*, Dosierungslehre *f*, Dosierungskunde *f*
post-... *siehe auch: post...*
post-bypass patient *(Kard)* Koronar-Bypass-Patient *m*
post-cibal *s.* postcibal
post cibum *s.* postcibal
post-hypnotic command posthypnotischer Auftrag *m*
post-kala-azar dermal leishmanoid *(Trop)* Post-Kala-Azar-Hautleishmanoid *n*
post mortem 1. post mortem, post mortal, p.m., nach dem Tode; 2. Sektions..., Autopsie...
post partum *s.* postpartum
post-pill amenorrhoea Oversuppressionssyndrom *n* *(nach Kontrazeption)*
post-term birth Geburt *f* nach dem Termin
post-traumatic stress disorder *(Neur)* posttraumatische Belastungsreaktion *f*, posttraumatische Belastungsstörung *f*
post-treatment Nachbehandlungs..., nach der Behandlung auftretend
post-treatment Nachbehandlung *f*, Nachsorge *f*
post-tussive nach dem Husten auftretend
post-typhoid nach einem Typhus auftretend
post-work epilepsy *(Neur)* Feierabendepilepsie *f*
postabortal postabortal, nach einer Fehlgeburt
postabortion endometritis Endometritis *f* post abortum, postabortale Endometritis *f*
postacetabular hinter dem Azetabulum gelegen
postacidotic postazidotisch, nach einer Azidose auftretend
postadolescence nach der Pubertät auftretend
postaggression syndrome Postaggressionssyndrom *n*
postalbumin Postalbumin *n (in Elektrophorese zwischen Albumin und Alpha-Globulin)*
postanaesthetic *(Anästh)* postnarkotisch, nach der Narkose
postanaesthetic care postanästhetische Pflege *f*
postanaesthetic recovery room *(Anästh)* Aufwachraum *m*
postanal postanal, hinter dem After liegend
postaortic postaortisch
postapoplectic postapoplektisch, nach einem apoplektischen [zerebrovaskulären] Insult, nach einem Hirnschlag [Schlaganfall]
postapoplectic dementia *(Neur)* postapoplektische Demenz *f*
postasphyxia syndrome Postasphyxiesyndrom *n*
postauditory hinter dem äußeren Gehörgang liegend
postaurale Postaurale *n (anthropologischer Messpunkt)*
postauricular retroaurikulär, hinter dem Ohr
postaxial postaxial, hinter der Körperachse liegend
postbrachial postbrachial, an der Oberarmrückseite liegend
postbronchitic bronchiectasis postbronchitische Bronchiektasie *f*
postbulbar postbulbär, hinter der Medulla oblongata liegend
postcaesarean *(Gyn)* nach einem Kaiserschnitt auftretend
postcapillary postkapillär, hinter dem Kapillargebiet liegend
postcardiotomy nach einer Kardiotomie auftretend, nach einer Herzoperation auftretend; Postkardiotomie...
postcardiotomy psychosis *(Chir, Neur)* Postkardiotomiepsychose *f*
postcardiotomy syndrome *(Chir)* Postkardiotomiesyndrom *n*
postcatheterization nach einer Katheteruntersuchung auftretend; nach einer Katheterung auftretend; Postkatheterisations...
postcava Vena *f* cava inferior, untere Hohlvene *f*
postcaval zur unteren Hohlvene gehörend; Vena-cava-inferior-...
postcaval shunt portokavaler Shunt *m*
postcentral postzentral, hinter der Zentralfurche liegend
postcentral gyrus Gyrus *m* postcentralis
postcentral sulcus Sulcus *m* postcentralis
postcholecystectomy nach einer Cholezystektomie auftretend; Postcholezystektomie...
postcholecystectomy syndrome *(Gastr)* Postcholezystektomiesyndrom *n*
postchroming *(Histol)* Nachbehandlung *f* mit Chromsalzen, Nachchromierung *f*
postcibal post cibum, postprandial, nach den Mahlzeiten, nach dem Essen
postcibal late syndrome *(Gastr)* postalimentäres Spätsyndrom *n (Dumping-Syndrom)*
postclavicular postklavikulär, hinter dem Schlüsselbein liegend
postclimacteric postklimakterisch, nach dem Klimakterium
postcoital postkoital, nach dem Geschlechtsverkehr auftretend
postcommissurotomy syndrome Postkommissurotomie-Syndrom *n (Beschwerdekomplex nach Herzoperation)*
postcommotional hypertension postkommotionaler Hypertonus *m*
postconceptual postkonzeptionell, nach der Empfängnis
postconcussion syndrome postkommotionelles Syndrom *n*, posttraumatische Hirnleistungsschwäche *f*, zerebrales Allgemeinsyndrom *n (Regulationsstörung der Gehirndurchblutung nach einer Gehirnerschütterung)*
postcondylar postkondylär, hinter dem Gelenkfortsatz liegend
postcondylare Postkondylare *n (anthropologischer Messpunkt)*
postconization nach einer Zervixkonisation auftretend
postconvulsive postkonvulsiv, nach einem Krampf
postconvulsive stupor *(Psych)* postepileptischer [postkonvulsiver] Stupor *m*
postcordial retrokardial, hinter dem Herz(en) liegend
postcostal retrokostal, hinter den Rippen liegend
postcranial postkranial, hinter dem Schädel liegend
postcricoid hinter dem Ringknorpel des Kehlkopfes liegend
postcrown *(Stom)* Stiftkrone *f*
postcubital postkubital, auf der Unterarmrückseite liegend
postdate pregnancy Schwangerschaft *f* über den Termin
postdiastolic postdiastolisch, nach der Diastole
postdicrotic postdikrot(isch), nach einem doppelschlägigen Puls auftretend
postdigestive postdigestiv, nach der Verdauung auftretend
postdiphtheric *s.* postdiphtheritic
postdiphtheritic postdiphther(it)isch, nach einer Diphtherie auftretend

postdormital postdormital; Postdormitum...
postdormitum Postdormitum *n (Phase zwischen Schlaf und Wachzustand)*
postdysenteric postdysenterisch, nach einer Dysenterie auftretend
postecdysis Postekdysis *f*, Postekdyse *f*
postembryonic postembryonal, nach der Embryonalperiode auftretend
postencephalitic postenzephalitisch, nach einer Gehirnentzündung auftretend
postencephalitis *(Neur)* Postenzephalitis *f*
postepileptic postepileptisch, nach einem epileptischen Anfall auftretend
posteriad posteriad, nach hinten gerichtet, zur Körperrückseite gerichtet
posterior posterior, hinten (liegend), hinterer; Hinter...
posterior Achilles bursitis Bursitis *f* zwischen Kalkaneus und Achillessehne
posterior ampullary nerve Nervus *m* ampullaris posterior
posterior antebrachial cutaneous nerve Nervus *m* cutaneus antebrachii posterior
posterior approach to the joint *(Chir)* hinterer Gelenkzugang *m*
posterior arch of the atlas Arcus *m* posterior atlantis
posterior area of the arm Regio *f* brachii posterior
posterior area of the forearm Regio *f* antebrachii posterior
posterior asynclitism *(Gyn)* hinterer Asynklitismus *m*, Hinterscheitelbeineinstellung *f*, Litzmann'sche Obliquität *f*
posterior atlantooccipital ligament *s.* posterior atlantooccipital membrane
posterior atlantooccipital membrane Membrana *f* atlantooccipitalis posterior
posterior auricular artery Arteria *f* retroauricularis [auricularis posterior], hintere Ohrarterie *f*
posterior auricular ligament Ligamentum *n* auriculare posterius
posterior auricular muscle Musculus *m* auricularis posterior, hinterer Ohrmuskel *m*
posterior auricular nerve Nervus *m* auricularis posterior
posterior auricular vein Vena *f* auricularis posterior, hintere Ohrvene *f*
posterior axillary line Linea *f* axillaris posterior, hintere Axillarlinie *f*
posterior axillary plica Plica *f* axillaris posterior, hintere Achselfalte *f*
posterior belly of the digastric muscle Venter *m* posterior musculi digastrici
posterior belly of the epicranius muscle Venter *m* occipitalis musculi occipitofrontalis, Musculus *m* occipitalis, Hinterhauptsmuskel *m*
posterior border of the glans penis Corona *f* glandis penis
posterior border of the radius Margo *m* posterior radii, Speichenhinterrand *m*
posterior border of the testis Margo *m* posterior testis, Margo *m* mesorchicus
posterior border of the ulna Margo *m* posterior ulnae, Ellenhinterrand *m*
posterior brachial cutaneous nerve Nervus *m* cutaneus brachii posterior
posterior caecal artery Arteria *f* caecalis posterior
posterior central gyrus Gyrus *m* centralis posterior, hintere Zentralwindung *f*
posterior cerebellar lobe Lobus *m* posterior cerebelli, hinterer Kleinhirnlappen *m*
posterior cerebellar notch Incisura *f* cerebelli posterior
posterior cerebral artery hintere Hirnarterie *f*, Arteria *f* cerebri posterior
posterior cervical intertransverse muscles Musculi *mpl* intertransversarii posteriores cervicis
posterior cervical triangle *s.* supraclavicular fossa
posterior chamber Camera *f* posterior bulbi, hintere Augenkammer *f*
posterior clinoid process Processus *m* clinoideus posterior
posterior column of the spinal medulla Columna *f* posterior medullae spinalis, Hintersäule *f* [Hinterhorn *n*] des Rückenmarks *(graue Substanz)*
posterior column of the vagina Columna *f* rugarum posterior
posterior column of white matter of the spinal cord Funiculus *m* posterior medullae spinalis
posterior commissure (of the cerebrum) Commissura *f* posterior cerebri
posterior commissure of the labia majora Commissura *f* labiorum posterior, hintere Schamlippenkommissur *f*
posterior common ligament *s.* posterior longitudinal ligament of the spine
posterior communicating artery of the cerebrum Arteria *f* communicans posterior (cerebri), hintere Hirnverbindungsarterie *f*
posterior compartment symptom *(Chir)* Phänomen *n* der hinteren Schublade, hintere Schublade *f*
posterior conjunctival artery Arteria *f* conjunctivalis posterior
posterior conjunctival vein Vena *f* conjunctivalis posterior
posterior convex surface of the maxilla Facies *f* infratemporalis maxillae
posterior cord of the brachial plexus Fasciculus *m* posterior plexus brachialis
posterior coronary plexus of the heart Plexus *m* coronarius cordis posterior, Nervengeflecht *n* der hinteren Herzkranzarterie
posterior cranial fossa Fossa *f* cranii posterior, hintere Schädelgrube *f*
posterior cricoarytenoid muscle Musculus *m* cricoarytenoideus posterior, Posticus *m*, Stimmritzenerweiterer *m*
posterior cruciate knee ligament rupture *(Chir)* hintere Kreuzbandruptur *f* [Kniekreuzbandzerreißung *f*]
posterior cruciate ligament of the knee Ligamentum *n* cruciatum posterius [genus posterior], hinteres Kreuzband *n* [Kniekreuzband *n*]
posterior cubital region Regio *f* cubiti posterior
posterior curvature *s.* lordosis
posterior cusp Cuspis *f* posterior [dorsalis], hinterer Klappenzipfel *m*, hinteres Segel *n (Herzklappen)*
posterior cusp of the left atrioventricular valve Cuspis *f* posterior [dorsalis] valvae atrioventricularis sinistrae, Cuspis *f* posterior valvulae bicuspidalis, hinterer Mitralklappenzipfel *m*, hinteres Mitralklappensegel *n*
posterior cusp of the right atrioventricular valve Cuspis *f* posterior [dorsalis] valvae atrioventricularis dextrae, Cuspis *f* posterior valvulae tricuspidalis, hinterer Trikuspidalklappenzipfel *m*, hinteres Trikuspidalklappensegel *n*
posterior cutaneous nerve of forearm *s.* posterior antebrachial cutaneous nerve
posterior deformity *s.* kyphosis
posterior elastic lamina Lamina *f* limitans posterior
posterior embryotoxon Embryotoxon *n* posterior, Arcus *m* juvenilis, angeborene Hornhautrandtrübung *f* des Auges
posterior ethmoid air cells Cellulae *fpl* ethmoidales posteriores, hintere Siebbeinzellen *fpl*
posterior ethmoid artery Arteria *f* ethmoidalis posterior, hintere Siebbeinarterie *f*
posterior ethmoid foramen Foramen *n* ethmoidale posterius, hinteres Siebbeinloch *n*

posterior ethmoid nerve Nervus *m* ethmoidalis posterior
posterior ethmoid sinusitis Sinusitis *f* ethmoidalis posterior, hintere Siebbeinzellenentzündung *f*
posterior ethmoid vein Vena *f* ethmoidalis posterior, hintere Siebbeinvene *f*
posterior external spinal vein Vena *f* spinalis externa posterior, dorsale äußere Rückenmarkvene *f*
posterior eye chamber *s.* posterior chamber
posterior facial vein Vena *f* facialis posterior, hintere Gesichtsvene *f*
posterior femoral cutaneous nerve Nervus *m* cutaneus femoris posterior
posterior fontanel Fonticulus *m* posterior, hintere Fontanelle *f*
posterior gastric plexus Plexus *m* gastricus posterior, Rami *mpl* gastrici posteriores nervi vagi *(hintere Vagusnervenaufzweigung am Magen)*
posterior gluteal line Linea *f* glutea posterior
posterior grey commissure of the spinal cord Commissura *f* posterior grisea medullae spinalis
posterior horn *(Neur)* Cornu *n* posterius medullae spinalis, Hinterhorn *n*
posterior horn cell *(Neur)* Hinterhornzelle *f*
posterior horn of the lateral ventricle Cornu *n* posterius ventriculi lateralis
posterior horn of the spinal medulla *s.* posterior horn
posterior humeral circumflex artery Arteria *f* circumflexa humeri posterior, hintere Kranzarterie *f* des Armes
posterior incudal ligament Ligamentum *n* incudis posterius
posterior inferior cerebellar artery Arteria *f* cerebelli inferior posterior, untere hintere Kleinhirnarterie *f*
posterior inferior iliac spine Spina *f* iliaca posterior inferior, Spina *f* iliaca dorsalis caudalis, hinterer unterer Darmbeinstachel *m*
posterior inferior quadrant hinterer unterer Quadrant *m* *(am Trommelfell)*
posterior intercavernous sinus Sinus *m* intercavernosus posterior
posterior intercostal artery Arteria *f* intercostalis posterior, hintere Zwischenrippenarterie *f*
posterior intercostal vein Vena *f* intercostalis posterior, hintere Zwischenrippenvene *f*
posterior intermediate sulcus Sulcus *m* intermedius posterior (medullae spinalis)
posterior intermuscular septum of the leg Septum *n* intermusculare posterius cruris
posterior interosseous artery Arteria *f* interossea posterior, hintere Zwischenknochenarterie *f*
posterior interosseous nerve of the forearm Nervus *m* interosseus (antebrachii) posterior
posterior interventricular furrow [groove] Sulcus *m* interventricularis posterior *(Herz)*
posterior labial artery Arteria *f* labialis posterior
posterior labial branch of the internal pudendal artery Arteria *f* labialis posterior pudendi muliebris, Ramus *m* labialis posterior arteriae pudendae internae
posterior labial nerves Nervi *mpl* labiales posteriores
posterior labial vein Vena *f* labialis posterior
posterior lacrimal crest Crista *f* lacrimalis posterior, hintere Tränenleiste *f*
posterior lateral malleolar artery Arteria *f* malleolaris posterior lateralis, hintere äußere Knöchelarterie *f*
posterior lateral nasal artery Arteria *f* nasalis posterior lateralis, hintere seitliche Nasenhöhlenarterie *f*
posterior leaflet of the mitral valve *s.* posterior cusp of the left atrioventricular valve
posterior ligament of the incus *s.* posterior incudal ligament
posterior lip of the auditory tube Labium *n* posterius tubae auditivae
posterior lip of the cervix of the uterus Labium *n* posterius ostii uteri, Labium *n* posterius portionis vaginalis uteri, hintere Muttermundlippe *f*
posterior lobe of the cerebellum Lobus *m* posterior cerebelli, Kleinhirnhinterlappen *m*
posterior lobe of the hypophysis Lobus *m* posterior hypophyseos, Hypophysenhinterlappen *m*, HHL, Neurohypophyse *f*
posterior longitudinal cardiac sulcus Sulcus *m* interventricularis posterior
posterior longitudinal column of grey matter of the spinal cord *s.* posterior column of the spinal medulla
posterior longitudinal ligament of the spine [vertebral column] Ligamentum *n* longitudinale posterius columnae vertebralis, hinteres Wirbelsäulenlängsband *n*
posterior malleolar fold Plica *f* mallearis posterior (membranae tympani), hintere Hammerfalte *f*
posterior marginal dysplasia of the cornea *s.* posterior embryotoxon
posterior medial malleolar artery Arteria *f* malleolaris posterior medialis, hintere innere Knöchelarterie *f*
posterior mediastinal area *s.* posterior mediastinum
posterior mediastinum Mediastinum *n* posterius, Cavum *n* mediastinale posterius, Pars *f* dorsalis mediastini, hinteres Mediastinum *n*, hinterer Mittelfellraum *m*
posterior medullary velum Velum *n* medullare posterius, hinteres Kleinhirnmarksegel *n*
posterior membranous ampulla Ampulla *f* membranacea posterior, hintere Bogengangsampulle *f*
posterior meningeal artery Arteria *f* meningea posterior, hintere Hirnhautarterie *f*
posterior midline of the body Linea *f* mediana posterior, hintere Körpermedianlinie *f*
posterior myocardial infarction Herzmuskelhinterwandinfarkt *m*, Hinterwandinfarkt *m*
posterior nares Choanae *fpl*
posterior nasal spine Spina *f* nasalis posterior (ossis palatini)
posterior neck triangle hinteres Halsdreieck *n*
posterior nucleus of the thalamus Nucleus *m* posterior thalami
posterior obturator tubercle Tuberculum *n* obturatorium posterius
posterior occlusion *s.* prognathism
posterior papillary muscle Musculus *m* papillaris posterior, hinterer Papillarmuskel *m*
posterior papillary muscle of the left ventricle Musculus *m* papillaris posterior ventriculi sinistri
posterior papillary muscle of the right ventricle Musculus *m* papillaris posterior ventriculi dextri
posterior parametritis Parametritis *f* posterior
posterior parolfactory sulcus Sulcus *m* parolfactorius posterior
posterior part of the anterior cerebral commissure Pars *f* posterior commissurae anterioris cerebri
posterior part of the cricoid cartilage Lamina *f* cartilaginis cricoideae
posterior part of the diaphragmatic surface of the liver Pars *f* posterior hepatis
posterior part of the interpeduncular fossa Recessus *m* posterior fossae interpeduncularis
posterior part of the quadrangular lobule of the cerebellum Pars *f* posterior lobuli quadrangularis
posterior part of the rhinencephalon Pars *f* posterior rhinencephali
posterior perforated space [substance] Substantia *f* perforata posterior

posterior pillar of the fauces Arcus *m* palatopharyngeus, hinterer Gaumenbogen *m*
posterior pillar of the fornix Crus *m* fornicis
posterior pituitary Hypophysenhinterlappenextrakt *m*
posterior pituitary gland Hypophysenhinterlappen *m*, Neurohypophyse *f*
posterior pituitary hormone Hypophysenhinterlappenhormon *n*, HHL-Hormon *n*
posterior polar cataract *(Ophth)* Cataracta *f* polaris posterior, hinterer Polstar *m*
posterior pole of the eye Polus *m* posterior bulbi oculi, hinterer Augenpol *m*
posterior pole of the lens Polus *m* posterior lentis, hinterer Linsenpol *m*
posterior process of the talus Processus *m* posterior tali
posterior pubic ligament Ligamentum *n* pubicum posterius
posterior pulmonary plexus Plexus *m* pulmonalis posterior
posterior recurrent tibial artery Arteria *f* recurrens tibialis posterior, hintere rückläufige Schienbeinarterie *f*
posterior region of the knee Regio *f* genus posterior
posterior region of the leg Regio *f* cruris posterior
posterior region of the neck Regio *f* colli posterior
posterior region of the thigh Regio *f* femoris posterior
posterior rhinoscopy Rhinoscopia *f* posterior, Nasenrachenspiegelung *f*
posterior rhizotomy Rhizotomia *f* posterior, Förster'sche Operation *f*, hintere Rückenmarkwurzeldurchschneidung *f*, Durchtrennung *f* der hinteren Rückenmarkwurzeln
posterior root Radix *f* dorsalis nervorum spinalium, hintere Spinalnervenwurzel *f*
posterior sacral foramen Foramen *n* sacrale posterius [dorsale]
posterior scalene muscle Musculus *m* scalenus posterior, hinterer Rippenhalter(muskel) *m*
posterior scrotal artery Arteria *f* scrotalis posterior, hintere Skrotalarterie *f*
posterior scrotal nerves Nervi *mpl* scrotales posteriores
posterior scrotal vein Vena *f* scrotalis posterior, hintere Skrotalvene *f*
posterior semicircular canal of the bony labyrinth of the inner ear Canalis *m* semicircularis posterior, hinterer Bogengang *m*
posterior semicircular duct of the inner ear Ductus *m* semicircularis posterior, hinterer häutiger Bogengang *m*
posterior septal nasal artery Arteria *f* nasalis posterior septi, hintere Nasenhöhlenscheidewandarterie *f*
posterior sheet of the sheath of the rectus abdominis muscle Lamina *f* posterior vaginae musculi recti abdominis
posterior spinal artery Arteria *f* spinalis posterior [dorsalis], hintere Rückenmarkarterie *f*
posterior spinal sclerosis Tabes *f* dorsalis
posterior spinocerebellar tract Tractus *m* spinocerebellaris posterior, hintere Kleinhirnseitenstrangbahn *f*, Flechsig'sches Bündel *n*, Flechsig-Bahn *f*
posterior sternoclavicular ligament Ligamentum *n* sternoclaviculare posterius, hinteres Sternoklavikularband *n*
posterior sternocostal ligament Ligamentum *n* sternocostale posterius
posterior superior alveolar artery Arteria *f* alveolaris superior posterior, hintere Oberkieferarterie *f*
posterior superior iliac spine Spina *f* iliaca posterior superior, hinterer oberer Darmbeinstachel *m*
posterior surface of the adrenal gland Facies *f* posterior glandulae suprarenalis
posterior surface of the arm Facies *f* posterior brachii, Oberarmrückseite *f*
posterior surface of the arytenoid cartilage Facies *f* posterior cartilaginis arytenoideae
posterior surface of the cornea Facies *f* posterior corneae
posterior surface of the fibula Facies *f* posterior fibulae
posterior surface of the forearm Facies *f* posterior antebrachii, Unterarmrückseite *f*
posterior surface of the humerus Facies *f* posterior humeri
posterior surface of the iris Facies *f* posterior iridis, Irisrückseite *f*
posterior surface of the kidney Facies *f* posterior renis, Nierenrückseite *f*
posterior surface of the leg Facies *f* posterior cruris, Beinrückseite *f*, Unterschenkelrückseite *f*
posterior surface of the lens Facies *f* posterior lentis, Linsenrückseite *f*
posterior surface of the pancreas Facies *f* posterior pancreatis, Pankreasrückseite *f*
posterior surface of the patella Facies *f* articularis patellae, Kniescheibenrückseite *f*
posterior surface of the prostate Facies *f* posterior prostatae, Vorsteherdrüsenrückseite *f*
posterior surface of the radius Facies *f* posterior radii, Radiusrückseite *f*
posterior surface of the sacrum Facies *f* dorsalis ossis sacri, Kreuzbeinrückseite *f*
posterior surface of the scapula Facies *f* dorsalis scapulae, Schulterblattrückseite *f*
posterior surface of the thigh Facies *f* posterior femoris, Oberschenkelrückseite *f*
posterior surface of the tibia Facies *f* posterior tibiae
posterior surface of the ulna Facies *f* posterior ulnae, Ulnarückseite *f*
posterior talocalcaneal ligament Ligamentum *n* talocalcaneum posterius, hinteres Talokalkanealband *n*
posterior talofibular ligament Ligamentum *n* talofibulare posterius
posterior talotibial ligament Ligamentum *n* talotibiale posterius
posterior thoracic nerves Nervi *mpl* thoracales posteriores
posterior tibial artery Arteria *f* tibialis posterior, hintere Schienbeinarterie *f*
posterior tibial vein Vena *f* tibialis posterior, hintere Schienbeinvene *f*
posterior tibialis pulse Arteria-tibialis-posterior-Puls *m*, Puls *m* der Arteria tibialis posterior
posterior tibiofibular ligament Ligamentum *n* tibiofibulare posterius, hinteres Tibiofibularband *n*
posterior triangle of the neck hinteres Halsdreieck *n*
posterior tricuspid leaflet *s.* posterior cusp of the right atrioventricular valve
posterior tympanic artery hintere Paukenhöhlenarterie *f*, Arteria *f* tympanica posterior
posterior urethritis Urethritis *f* posterior, hintere Harnröhrenentzündung *f*
posterior vagal trunk Truncus *m* vagalis posterior, Vagushinterstamm *m*
posterior vaginal hernia hintere Scheidenhernie *f*
posterior vein of the left ventricle Vena *f* posterior ventriculi sinistri
posterior wall of the stomach Paries *m* posterior ventriculi, Magenhinterwand *f*
posterior wall of the vagina Paries *m* posterior vaginae, Scheidenhinterwand *f*

postero-anterior posteroanterior, posterioranterior, von hinten nach vorn gerichtet; vorn und hinten
postero chest roentgenogram anteroposteriore Thoraxröntgenaufnahme *f*
posteroclusion *s.* distoclusion
posteroexternal *s.* posterolateral
posteroinferior posteroinferior, hinten und unten
posterointernal *s.* posteromedial
posterolateral posterolateral, hinten und seitlich
posterolateral fissure of the cerebellum Fissura *f* posterolateralis cerebelli
posterolateral spinal sulcus Sulcus *m* lateralis posterior medullae spinalis
posterolateral sulcus of the medulla oblongata Sulcus *m* lateralis posterior medullae oblongatae
posterolateral thoracotomy posterolaterale Thorakotomie *f*
posterolateral ventral nucleus of the thalamus Nucleus *m* ventralis posterolateralis thalami
posteromedial posteromedial, nach hinten und zur Mitte gerichtet
posteromedial ventral nucleus of the thalamus Nucleus *m* ventralis posteromedialis thalami
posteromedian posteromedian, nach hinten und zur Mittellinie gerichtet
posteroparietal posteroparietal, zum hinteren Teil des Parietallappens gehörend
posterosuperior posterosuperior, hinten und oben (liegend)
posterosuperior spine of the ilium *s.* posterior superior iliac spine
posterotemporal posterotemporal, zum hinteren Teil des Temporallappens gehörend
postexanthematous postexanthematös
postextubation stridor Postextubationsstridor *m*
postfebril postfebril, nach dem Fieber, nach einer Körpertemperaturerhöhung
postganglionic postganglionär, hinter einem Ganglion liegend
postganglionic fibre postganglionäre Faser *f*
postganglionic neuron postganglionäres Neuron *n*
postgastrectomy nach einer Magenentfernung auftretend; Postgastrektomie...
postgastrectomy syndrome *(Chir, Gastr)* Postgastrektomiesyndrom *n*
postglenoid postglenoidal
postglomerular postglomerulär, distal eines Nierenglomerulus auftretend [liegend]
postgravid nach der Schwangerschaft
posthaemorrhage Nachblutung *f*, zweite [erneute] Blutung *f*
posthaemorrhagic posthämorrhagisch, nach einer Blutung auftretend
posthaemorrhagic anaemia posthämorrhagische Anämie *f*, Blutarmut *f* nach Blutverlust, Blutungsanämie *f*
posthemiplegic posthemiplegisch, nach einer Halbseitenlähmung auftretend
posthepatic posthepatisch, hinter der Leber liegend
posthepatic jaundice posthepatische Gelbsucht *f*, Verschlussikterus *m*
posthepatitic posthepatitisch, nach einer Leberentzündung auftretend
postherpetic nach einem Herpes auftretend
posthetomy Zirkumzision *f*, Beschneidung *f*
posthioplasty *(Urol, Chir)* Posthioplastik *f*, Vorhautplastik *f*, künstliche Vorhautbildung *f*
posthitis *(Urol)* Posthitis *f*, Präputiumentzündung *f*, Vorhautentzündung *f*
postholith *(Urol)* Postholith *m*, Präputiumstein *m*, Vorhautstein *m*
posthumous posthum, postum, nach dem Tode
posthyoid hinter dem Zungenbein liegend
posthypnotic posthypnotisch, nach einer Hypnose auftretend
posthypnotic amnesia posthypnotische Amnesie *f*
posthypnotic command posthypnotischer Auftrag *m* [Befehl *m*]
posthypnotic suggestion posthypnotische Suggestion *f*
posthypophysis Hypophysenhinterlappen *m*, HHL *m*, Lobus *m* posterior hypophyseos, Neurohypophyse *f*
posticous hinterer; hinten gelegen
postictal nach einem Anfall [Schlaganfall] auftretend
postictal confusion epileptischer Dämmerzustand *m*
postictal sleep *(Neur)* epileptische Schlafphase *f*, Terminalschlaf *m*
posticteric postikterisch, nach einer Gelbsucht auftretend
posticus paralysis *(HNO)* Postikuslähmung *f*
postinfarction nach einem Infarkt auftretend; Postinfarkt...
postinfarction syndrome Post(myokard)infarktsyndrom *n*
postinfectious postinfektiös, nach einer Infektion auftretend
postinfectious encephalitis postinfektiöse Enzephalitis *f*
postinfectious glomerulonephritis postinfektiöse Glomerulonephritis *f*
postinfectious psychosis postinfektiöse Psychose *f*
postinfective neurasthenia *(Neur)* postinfektiöse Neurasthenie *f*
postinfluenzal postinfluenzal, nach einer Grippe auftretend
postinsult postapoplektisch, nach einem apoplektischem Insult auftretend
postinsult dementia *(Neur)* postapoplektische Demenz *f*
postischial hinter dem Ischium liegend
postjunctional membrane *s.* postsynaptic membrane
postlaminectomy syndrome *(Neur)* Postlaminektomie-Syndrom *n*
postligation oedema Postligaturödem *n*
postlingual 1. hinter der Zunge liegend, hinter der Lingula liegend; 2. nach der Sprachentwicklung auftretend
postlumbar puncture headache Kopfschmerz *m* nach Lumbalpunktion
postmalarial postmalarial, nach einer Malaria auftretend
postmammary submammär, unter der Brust liegend
postmastectomy nach einer operativen Brustentfernung [Mastektomie] auftretend; Postmastektomie...
postmastectomy exercises Postmastektomie-Gymnastik *f*, gymnastische Übungen *fpl* nach Mastektomie
postmastectomy lymphoedema Lymphödem *n* nach Brustamputation
postmastectomy radiotherapy Röntgennachbestrahlung *f* nach Brustamputation
postmastoid postmastoidal, hinter dem Processus mastoideus liegend
postmature postmatur, überreif; übertragen *(Fetus)*
postmature infant übertragener Fetus *m*, übertragenes Kind *n*
postmaturity Postmaturität *f*, Überreife *f*
postmediastinal 1. hinter dem Mediastinum liegend; 2. zum hinteren Mediastinum gehörend
postmediastinum Mediastinum *n* posterius, hinteres Mediastinum *n*
postmeiotic nach der Meiose auftretend
postmenarche nach der Menarche auftretend; Postmenarche...
postmenopausal *(Gyn)* nach der Menopause auftretend; Postmenopause...

postmenopausal haemorrhage Postmenopauseblutung *f*
postmenopausal hot flushes aufsteigende Hitze *f* in der Menopause
postmenopausal vaginitis Postmenopause-Vaginitis *f*, atrophische Vaginitis *f*
postmenopause *(Gyn)* Postmenopause *f*
postmenopause bleeding Postmenopauseblutung *f*
postmenstrua Postmenstruationsphase *f*
postmenstrual postmenstrual, postmenstruell, nach der Monatsblutung [Regelblutung] auftretend, post menstruum
postmesenteric postmesenterial, hinter dem Mesenterium liegend
postmiotic *s.* postmeiotic
postmitotic postmitotisch, nach der Mitose auftretend
postmortal postmortal, nach dem Tode auftretend
postmortem 1. postmortal, nach dem Tod auftretend; 2. *s.* postmortem examination
postmortem cesarean section postmortaler Kaiserschnitt *m*
postmortem delivery postmortale Entbindung *f*, postmortaler Kaiserschnitt *m*
postmortem diagnosis Sektionsdiagnose *f*
postmortem examination Autopsie *f*, Sektion *f*, Leichen(er)öffnung *f*, Nekropsie *f* • **hold a postmortem examination** obduzieren, eine Leicheneröffnung [Obduktion] durchführen, eine Autopsie [Sektion] vornehmen
postmortem graft postmortales Transplantat *n*
postmortem lividity postmortale Lividität *f*, postmortale livide Hautverfärbung *f*
postmortem rigidity Totenstarre *f*, Rigor *m* mortis
postmortem room Leichenraum *m*, Leichenkammer *f*, Leichenkeller *m*
postmortem wart *s.* necrogenic verruca
postmyocardial-infarction nach einem Myokardinfarkt [Herzinfarkt] auftretend
postnarial postnarial, zu den hinteren Nasenöffnungen gehörend
postnaris Choana *f*, Choane *f*, hintere Nasenöffnung *f*
postnasal postnasal, retronasal, hinter der Nase, im Nasenrachen liegend
postnasal space *s.* nasopharynx
postnatal postnatal, nachgeburtlich, nach der Geburt auftretend, postpartal *(siehe auch unter: postpartum)*
postnatal asphyxia atelectasis Neugeborenenatemnotsyndrom *n*; postnatale Asphyxieatelektase *f*
postnatal department Wöchnerinnenstation *f*
postnatal mastitis postnatale Mastitis *f*
postnatal stage 1. Nachgeburtsperiode *f*, 2. *s.* puerperium
postnatal ward Wöchnerinnenstation *f*
postnecrotic postnekrotisch, nach dem Gewebetod auftretend
postnecrotic cirrhosis postnekrotische Zirrhose *f*
postneuritic postneuritisch, nach einer Nervenentzündung auftretend
postocular postokulär, hinter dem Auge liegend
postoesophageal postösophageal, hinter der Speiseröhre liegend
postolivary postolivär, hinter dem Olivenkern liegend
postoperative postoperativ, nach einer Operation auftretend, einer Operation folgend
postoperative atelectasis postoperative Atelektase *f*
postoperative bleeding postoperative Blutung *f*, Nachblutung *f*
postoperative care postoperative Überwachung *f*
postoperative cataract patients 1. postoperative Kataraktpatienten *mpl*; 2. *(Neur)* Stardelir *n*
postoperative cholangiography postoperative Cholangiographie *f*
postoperative haemorrhage *s.* postoperative bleeding
postoperative hernia Narbenhernie *f*, postoperative Hernie *f*
postoperative ileus postoperativer Ileus *m*
postoperative myocardial infarction postoperativer Myokardinfarkt *m*
postoperative peritonitis postoperative Peritonitis *f*
postoperative pneumonia postoperative Pneumonie *f* [Lungenentzündung *f*]
postoperative psychosis *(Neur)* postoperative Psychose *f*
postoperative radiation postoperative Bestrahlung *f*, Nachbestrahlung *f*
postoperative ward Aufwachstation *f*
postoral postoral, hinter dem Mund liegend
postorbital postorbital, hinter der Augenhöhle liegend
postpalatine postpalatin, postpalatal, hinter dem Gaumen liegend
postpaludal *s.* postmalarial
postparalytic postparalytisch, nach einer Lähmung auftretend
postpartal *s.* postpartum
postpartum post partum, postpartal, nach der Geburt auftretend, postnatal *(siehe auch unter: postnatal)*
postpartum acute hypopituitarism *(Endokr)* Sheehan-Syndrom *n*, postpartale Hypophyseninsuffizienz *f*
postpartum blues postpartale Traurigkeit *f*, postpartale Depression *f*
postpartum care postpartale Pflege *f*
postpartum depression *(Neur)* postpartale Depression *f*, Wochenbettdepression *f*
postpartum haemorrhage Nachgeburtsblutung *f*
postpartum haemorrhagic hypopituitarism *s.* postpartum acute hypopituitarism
postpartum iliofemoral thrombophlebitis postpartale iliofemorale Thrombophlebitis *f*
postpartum period Postpartalperiode *f*, Nachgeburtsperiode *f*
postpartum pituitary necrosis *(Endokr)* postpartale Hypophysennekrose *f*
postpartum psychosis postpartale Psychose *f*, Wochenbettpsychose *f*
postperfusion psychosis *(Chir, Kard, Neur)* Postperfusionspsychose *f*
postperfusion syndrome Postperfusionssyndrom *n*
postpericardiotomy syndrome Postperikardiotomiesyndrom *n*
postpharyngeal retropharyngeal, hinter dem Pharynx liegend
postphlebitic postphlebitisch, nach einer Venenentzündung auftretend
postpneumonic postpneumonisch, nach einer Lungenentzündung auftretend
postpoliomyelitis muscular atrophy postpoliomyelitische Muskelatrophie *f*, Muskelatrophie *f* nach Poliomyelitis
postpolycythaemic myeloid metaplasia myeloische Metaplasie *f* bei Polyzythaemia vera *(Knochenmarkssklerose mit Anämie)*
postpone *v* **an operation till another day** eine Operation auf einen anderen Tag verschieben
postprandial postprandial, nach dem Essen auftretend, nach einer Mahlzeit, nach der Nahrungsaufnahme
postprandial pain postprandialer Schmerz *m*
postprocessing Nachbearbeitung *f (z. B. von Echobildern)*
postprostatic postprostatisch, hinter der Vorsteherdrüse liegend

postpuberal *s.* postpubertal
postpubertal nach der Pubertät auftretend
postpubertal panhypopituitarism postpubertaler Panhypopituitarismus *m*, Simmonds-Syndrom *n*, Hypophysenkachexie *f*, hypophysäre Kachexie *f*
postpuberty Postpubertät *f*
postpubescence *s.* postpuberty
postpubescent *s.* postpubertal
postpuerperal postpuerperal, nach dem Wochenbett auftretend
postpyramidal postpyramidal, hinter der Pyramidenbahn liegend
postradiation nach einer Bestrahlung auftretend
postrenal postrenal, in den Harnwegen liegend; hinter der Niere liegend
postrenal transplant patient nierentransplantierter Patient *m*
postrhinal postrhinal, hinter der Nase liegend
postrolandic hinter der Fissura Rolandi liegend, hinter dem Sulcus centralis liegend
postrotatory nystagmus *(HNO)* postrotatorischer Nystagmus *m*
postsacral postsakral, hinter dem Kreuzbein liegend
postscapular retroskapular, hinter der Skapula liegend
postscapularis (muscle) Musculus *m* infraspinatus, Untergrätenmuskel *m*
postscarlatinal postskarlatinal, nach dem Scharlach auftretend
postsinusoidal hinter einem Sinusoid liegend
postsphenoidal postsphenoidal
postsphygmic nach der Pulswelle auftretend
postsplenectomy nach einer operativen Milzentfernung auftretend; Postsplenektomie…
postsplenic retrosplenisch, hinter der Milz liegend
poststenotic poststenotisch, hinter einer Stenose liegend
poststenotic bronchiectasis poststenotische Bronchiektasie *f*
poststeroidal lobular panniculitis lobuläre Pannikulitis *f* nach Absetzen einer Steroidtherapie, poststeroidale lobuläre Pannikulitis *f*
poststreptococcal nach einer Streptokokkeninfektion auftretend
postsurgical *s.* postoperative
postsylvian hinter der Fissura Sylvii liegend, hinter dem Sulcus lateralis liegend
postsynaptic postsynaptisch, hinter einer Synapse liegend
postsynaptic membrane postsynaptische Membran *f*
postsyphilitic postsyphilitisch, nach einer Syphilis auftretend
postsystolic *(Kard)* postsystolisch, am Systolenende auftretend
posttachycardia syndrome Posttachykardiesyndrom *n*
postterm übertragen *(Fetus)*
postterm infant übertragener Fetus *m*, übertragenes Kind *n*
postterm pregnancy Schwangerschaft *f* über den Termin
postthoracotomy syndrome Postthorakotomiesyndrom *n*
postthrombotic postthrombotisch, nach einer Thrombose auftretend
postthrombotic syndrome *(Chir)* postthrombotisches Syndrom *n*, Postthrombosesyndrom *n*
postthyroidectomy respiratory inadequacy Ateminsuffizienz *f* nach Thyroidektomie
posttracheotomy stenosis Posttracheotomiestenose *f*, Luftröhrenverengung *f* nach einer Tracheotomie *(im Bereich des Luftröhrenschnitts)*
posttransfusion hepatitis Transfusionshepatitis *f*, Posttransfusionshepatitis *f*
posttransfusion jaundice Transfusionsikterus *m*
posttransfusion shock Posttransfusionsschock *m*, Transfusionsschock *m*
posttransfusion syndrome Posttransfusionssyndrom *n*
posttransfusion viral hepatitis Transfusionshepatitis *f*
posttraumatic posttraumatisch, nach einem Unfall auftretend
posttraumatic amnesia posttraumatische Amnesie *f*
posttraumatic aortic aneurysm posttraumatisches Aortenaneurysma *n*
posttraumatic epilepsy posttraumatische Epilepsie *f*
posttraumatic osteoporosis posttraumatische Osteoporose *f*
posttraumatic personality disorder posttraumatische Persönlichkeitsveränderung *f*
posttraumatic pulmonary insufficiency *s.* shock lung
posttraumatic reflex sympathetic dystrophy *s.* Sudeck's atrophy
posttraumatic spondylitis posttraumatische Spondylitis *f*
posttraumatic stress disorder posttraumatische Belastungsreaktion *f*, posttraumatische Belastungsstörung *f*
posttraumatic syndrome posttraumatisches Syndrom *n*; Postkommotionssyndrom *n*
posttreatment *s.* post-treatment
posttreatment examination Nachuntersuchung *f*
posttussis nach dem Husten auftretend
posttyphoid nach einem Typhus auftretend
postural Haltungs…, Stellungs…, Lagerungs…
postural albuminuria orthostatische Abuminurie *f*
postural angina Ruheangina *f*
postural drainage Lagerungsdrainage *f (Lungenabszessentleerung)*
postural exercise Haltungsübung *f*, Körperhaltungstraining *n*
postural hypotension orthostatischer Hypotonus *m* [Blutdruckabfall *m*]
postural-percussion drainage Lagerungs- und Klopfdrainage *f*
postural proteinuria orthostatische Proteinurie *f*
postural reflex Haltungsreflex *m*, Stellreflex *m*
postural reposition of a hernia Lagerungs(hernien)-reposition *f*
postural scoliosis Haltungsskoliose *f*
postural vertigo Haltungsschwindel *m*, Lagerungsschwindel *m*
posture Haltung *f*, Körperhaltung *f*, Stellung *f*
posture nystagmus *(HNO)* Haltungsnystagmus *m*, Lagennystagmus *m*
posture sense *(Neur)* Haltungssinn *m*, Stellungssinn *m*
posturography Posturographie *f*
postuterine postuterin, hinter der Gebärmutter liegend
postvaccinal postvakzinal, postvakzinell, nach einer Impfung auftretend
postvaccinal dermatosis postvakzinale Dermatose *f*, Postvakzinationsdermatitis *f*, Impfdermatitis *f*
postvaccinal encephalitis postvakzinale Enzephalitis *f* [Hirnentzündung *f*], Impfenzephalitis *f*
postvaccinal encephalomyelitis postvakzinale Enzephalomyelitis *f*, Impfenzephalomyelitis *f*
postvaccinal hepatitis postvakzinale Gelbsucht *f*, Serumhepatitis *f*
postvaccinal immunity Vakzinationsimmunität *f*, Impfungsimmunität *f*
postvaccinal jaundice *s.* postvaccinal hepatitis
postvaccinal myelitis postvakzinale Myelitis *f* [Rückenmarksentzündung *f*], Impfmyelitis *f*
postvaccinial postvakzinial, nach den Impfpocken auftretend

postvagotomy syndrome *(Chir, Gastr)* Postvagotomie-syndrom *n*
postvalvulotomy syndrome *(Kard)* Postvalvulotomie-syndrom *n*
postvariolous cicatrix postvarioläre Narbe *f*, Pockennarbe *f*
postvenereal postvenerisch, nach einer Geschlechtskrankheit auftretend
postvesical postvesikal, retrovesikal, hinter der Harnblase liegend
postviral fatigue syndrome postvirales Ermüdungssyndrom *n*, Encephalomyelitis *f* benigna myalgica, epidemische Neuromyasthenie *f*, Iceland-Syndrom *n*
postvital postvital; Postvital...
postvital staining Postvitalfärbung *f*
postzone Postzone *f*, Zone *f* des Antigen-Überschusses *(bei Präzipitationsreaktion)*
postzygotic postzygotisch, nach der Zygotenentstehung auftretend; nach der Befruchtung auftretend
potable trinkbar
potable water Trinkwasser *n (gesundheitlich unbedenklich; nicht zwangsläufig schmackhaft)*
potassaemia *s.* hyperkalaemia
potassium Kalium *n*, K
potassium acetate Kaliumacetat *n*
potassium bicarbonate Kaliumbicarbonat *n*
potassium bitartrate Kaliumbitartrat *n*
potassium bromide Kaliumbromid *n*
potassium carbonate Kaliumcarbonat *n*
potassium chloride Kaliumchlorid *n*
potassium citrate Kaliumcitrat *n*
potassium cyanide Kaliumcyanid *n*
potassium depletion Kaliummangel *m*, Kaliumverarmung *f*
potassium dihydrogen phosphate Kaliumdihydrogenphosphat *n*
potassium gluconate Kaliumgluconat *n*
potassium glycerophosphate Kaliumglycerophosphat *n*
potassium guaiacolsulfonate Kaliumguaiacolsulfonat *n*
potassium hydroxide Kaliumhydroxid *n*
potassium indoxyl sulfate Kaliumindoxylsulfat *n*, Indikan *n*
potassium intoxication Kaliumintoxikation *f*, Kaliumvergiftung *f*
potassium iodate Kaliumjodat *n*, Kaliumiodat *n*
potassium iodide Kaliumjodid *n*, Kaliumiodid *n*
potassium nitrate Kaliumnitrat *n*
potassium oxalate Kaliumgoxalat *n*
potassium perchlorate Kaliumperchlorat *n*
potassium permanganate Kaliumpermanganat *n*
potassium phenoxymethyl penicillin Kaliumphenoxymethylpenicillin *n*
potassium pump Kaliumpumpe *f*
potassium restriction Kaliumrestriktion *f*, Kaliumeinschränkung *f*
potassium salicylate Kaliumsalicylat *n*
potassium sulfate Kaliumsulfat *n*
potassium thiocyanate Kaliumthiocyanat *n*
potato nose *(Derm)* Kartoffelnase *f*, Knollennase *f*, Pfundnase *f*, Rhinophym *n*, Erdbeernase *f*
potator Potator *m*, Trinker *m*, Alkoholiker *m*, Alkoholsüchtige(r) *m*, Säufer *m*
potency 1. Potenz *f*, Leistungsfähigkeit *f*; 2. Potenz *f*, Zeugungsfähigkeit *f*
potent 1. potent, leistungsfähig; 2. potent, zeugungsfähig
potent medicine stark wirksames Arzneimittel *n*, hochwirksames Medikament *n*
potential 1. Potenzial *n*, Leistungsfähigkeit *f*, Reserven *fpl*, Leistungsreserven *fpl*; 2. (chemisches) Potenzial *n*; Redoxpotenzial *n*; 3. (elektrisches) Potenzial *n*; (elektrische) Spannung *f*
potentiality of a virus Virulenz *f*
potentialization 1. Potenzierung *f*, Verstärkung *f* einer Funktion; 2. Potenzierung *f*, überadditive Wirkung *f (z. B. eines Arzneimittels)*
potentialized narcosis potenzierte Narkose *f*
potentiation Potenzierung *f*, Verstärkung *f*
potentiator Potenziator *m*, Verstärker *m*; Verstärkersubstanz *f*
potentize *v* wirksam machen *(z. B. eine Arzneilösung)*
potification Trinkwasserzubereitung *f*, Trinkwasseraufbereitung *f (z. B. aus Meerwasser)*
potion Potio *f*, Trank *m*, Arzneitrank *m*
potomania Potomanie *f*, Trunksucht *f*
Potter-Bucky diaphragm *(Rad)* (Potter-)Bucky-Blende *f*, Streustrahlenraster *n*
Potter-Bucky grid *s.* Potter-Bucky diaphragm
potter's asthma *s.* silicosis
Potter's disease *s.* Potter's syndrome 1.
Potter's facies *s.* Potter's syndrome 1.
Potter's phthisis *s.* silicotuberculosis
Potter's syndrome 1. Potter'sches Syndrom *n*, angeborene renofaziale Dysplasie *f*; 2. Potter'sches Syndrom *n*, angeborene biliäre Fibroangiomatose *f*
Potter's version *(Gyn)* Potter'sche Wendung *f*
Pott's and Smith procedure *s.* Pott's operation 1.
Pott's aneurysm Pott'sches Aneurysma *n*, arteriovenöses Aneurysma *n (ohne Aneurysmasack)*
Pott's curvature Pott'scher Gibbus *m*, anguläre Kyphose *f*
Pott's disease *(Orth)* Pott'sche Krankheit *f*, Malum *n* Potti, tuberkulöse Wirbelsäulenentzündung *f*, Spondylitis *f* tuberculosa, Wirbeltuberkulose *f*, anguläre Kyphose *f*, Pott'scher Buckel *m*
Pott's (eversion) fracture Pott'sche Fraktur *f*, Bimalleolarfraktur *f*, bimalleoläre Sprunggelenksfraktur *f*
Pott's gangrene Pott'sche Gangrän *f*, senile Gangrän *f*
Pott's paralysis Pott'sche Paraplegie *f*, Pott'sche Lähmung *f*
Pott's paraplegia Pott'sche Paraplegie *f*, Pott'sche Lähmung *f*
Pott's puffy tumour Pott'scher Tumor *m*, Pott'sche Geschwulst *f (bei Schädelosteomyelitis)*
Pott's triad Pott'sche Trias *f (Gibbus, Abszessbildung und Paralyse als Spätfolgen der tuberkulösen Spondylitis)*
Pott's tuberculosis of spine *s.* Pott's disease
Pott's tumour *s.* Pott's puffy tumour
Potts' anastomosis Potts'sche Anastomose *f*, aortopulmonale Anastomose *f* [Gefäßverbindung *f*] *(Verbindung zwischen großer Körperschlagader und Lungenschlagader bei Fallot'scher Tetralogie)*
Potts' clamp Potts'sche Klemme *f*, Potts-Klemme *f*, Patent-Ductus-Klemme *f*
Potts' operation 1. Potts'sche Operation *f (Anlegung einer aortopulmonalen Anastomose)*; 2. Durchtrennung *f* des Ductus arteriosus apertus *(unter Klemmenanwendung)*
Potts' shunt *s.* Potts' anastomosis
potty chair *(Päd)* Topfstuhl *m*
pouch Blindsack *m*, Tasche *f*
pouch of Douglas *(Anat)* Douglas-Raum *m*, Douglas *m*, Excavatio *f* rectouterina [rectovesicalis]
pouchitis Pouchitis *f*, Entzündung *f* eines Ileumreservoirs
poudrage Einpudern *n*, Puderung *f*, Pudern *n*
poultice Breiumschlag *m*
Poupart's ligament *(Anat)* Poupart'sches Band *n* [Ligament *n*], Poupart-Band *n*, Ligamentum *n* inguinale, Leistenband *n*, Inguinalligament *n*
Poupart's line Poupart'sche Linie *f (senkrechte Linie zwischen Schlüsselbeinmitte und Leistenbandmitte)*

poverty of thought *(Neur)* Schwerbesinnlichkeit *f*
povidone Povidon *n*
povidone-iodine Povidonjod *n*, Povidon-Iod *n*
povidone-iodine solution Povidon-Iod-Lösung *f (Desinfektionsmittel)*
Powassan encephalitis Powassan-Enzephalitis *f*
Powassan virus Powassan-Virus *n*
Powassan virus infection Powassan-Virus-Infektion *f*
powder *v* **a drug** ein Medikament pulverisieren [zerreiben]
powder Puder *m*, Pulver *n*
powder strewer *(Chir)* Puderstreudose *f*
powdered nuclear cataract *(Ophth)* Cataracta *f* pulverulenta
power 1. Kraft *f*, Stärke *f*, Fähigkeit *f*; 2. *(Ophth)* Brechkraft *f*, Brennstärke *f*, Vergrößerung *f (z. B. einer Linse)*; 3. Leistung *f (in Watt gemessen; SI-Einheit ist Joule)*; 4. *(For)* Vollmacht *f*, Befugnis *f*, Kompetenz *f*, Macht *f*, Autorität *f*; 5. Potenz *f*, (mathematischer) Exponent *m*; 6. Potenz *f*, Verdünnungsgrad *m (homöopathischer Arzneien)*
powerless labour Wehenschwäche *f*, Inertia *f* uteri
pox 1. Bläschenkrankheit *f*, Bläschenausschlag *m*; 2. *s.* syphilis
poxvirus Pockenvirus *n*
p.p. *s.* 1. per primam healing; 2. postpartum
PP factor *s.* pellagra-preventive factor
PQ interval PQ-Intervall *n*
PQ segment PQ-Segment *n*, PQ-Strecke *f*
PR interval PR-Intervall *n (EKG)*
practical nurse Hilfsschwester *f*, nicht examinierte Krankenschwester *f*
practice *v* **(medicine)** *s.* practise
practice (ärztliche) Praxis *f* • **be in practice** *s.* practise
practise *v* praktizieren, als Arzt tätig sein, eine Praxis betreiben [unterhalten]
practising period *(Neur)* Praktizieren *n*
practitioner praktischer Arzt *m*
practolol Practolol *n (Betablocker)*
Prader-Willi syndrome Prader-Willi-Syndrom *n*, Prader-Labhart-Willi-Fanconi-Syndrom *n (hypothalamisch bedingter Minderwuchs mit Hypogonadismus)*
praeputium *s.* prepuce
praevia voraus liegend, im Wege liegend
pragmatagnosia *(Neur)* Pragmatagnosie *f*, Erkennungsverlust *m* für (früher) bekannte Gegenstände
pragmatamnesia *(Neur)* Pragmatamnesie *f*, Erinnerungsverlust *m* für (früher) bekannte Gegenstände
pragmatic pragmatisch
pragmatism Pragmatismus *m*
Prague manoeuvre *(Gyn)* (umgekehrter) Prager Handgriff *m*
pralidoxime Pralidoxim *n (Cholinesteraseaktivator)*
pralidoxime chloride Pralidoximchlorid *n*
pramoxine Pramoxin *n (Lokalanästhetikum)*
pramoxine hydrochloride Pramoxinhydrochlorid *n*
prandial prandial; Mahlzeit...
Prausnitz-Küstner reaction Prausnitz-Küstner-Reaktion *f*, passive Allergieübertragung *f*
Prausnitz-Küstner test *s.* Prausnitz-Küstner reaction
pravastatin Pravastatin *n (Antihyperlipämikum)*
Pravaz's syringe *(Chir)* Pravaz-Spritze *f*, Pravaz'sche Spritze *f*
prazepam Prazepam *n (Benzodiazepin, Anxiolytikum)*
praziquantel Praziquantel *n (Anthelminthikum)*
prazosin Prazosin *n (Antihypertensivum)*
prazosin hydrochloride Prazosinhydrochlorid *n*
pre-eclampsia Präeklampsie *f*, Eklampsismus *m*, Schwangerschaftstoxikose *f (mit Organschäden)*
pre-eclamptic präeklamptisch
pre-ejection vor der Ejektion auftretend
pre-embryo präembryonal, vor dem Embryonalstadium auftretend; in den ersten drei Tagen nach der Befruchtung auftretend
pre-epiglottic präepiglottisch, vor dem Kehldeckel liegend, vor der Epiglottis liegend
pre-eruptive präeruptiv, vor einer Eruption auftretend
pre-excitation Präexzitation *f*
pre-excitation syndrome *(Kard)* Präexzitationssyndrom *n*, Wolff-Parkinson-White-Syndrom *n*, WPW-Syndrom *n*, Zeichen *n* von Wolff, Parkinson und White *(EKG)*
pre-oedema Präödem *n*, Vorödem *n*
pre-registration house officer Arzt *m* im Praktikum, AIP *m*
pre-stage Präeruptivstadium *n*
pre-toxaemia *s.* pre-eclampsia
preacher's hand Predigerstellung *f* der Hand
preadipocyte Präadipozyt *m*, Adipozytenpräkursor *m*
preagonal präagonal, vor der Agonie auftretend
preagonal ascites präagonaler Aszites *m*
preagonal state Präagonie *f*, präagonales Stadium *n*
prealbumin Präalbumin *n*
prealbuminuric präalbuminurisch, vor einer Albuminurie auftretend
preampullary präampullär, vor der Ampulla liegend
preanaesthetic präanästhetisch, vor der Schmerzausschaltung [Anästhesie] auftretend
preanaesthetic medication *(Anästh)* Prämedikation *f*
preanal präanal, vor dem After liegend
preantimicrobial era präantibiotisches Zeitalter *n*
preantiseptic präantiseptisch
preaortic präaortisch, präaortal, vor der Körperschlagader [Aorta] liegend
preaseptic präaseptisch, voraseptisch, vor der aseptischen Ära
preataxic präataktisch, vor der Ataxie auftretend
preaurale Präaurale *n (anthropologischer Messpunkt)*
preauricular präaurikulär, präaural, vor dem Ohr liegend
preaxial präaxial, vor der Körperachse liegend
prebacillary vor dem Auftreten von Bazillen; vor dem Nachweis von Bazillen
prebetalipoproteinaemia Hyperpräbetalipoproteinämie *f*
precancer präkanzerös, präkarzinomatös, vor der bösartigen Entartung auftretend, vor dem Bösartigwerden
precancerosis Präkanzerose *f*
precancerous präkanzerös, vor einer Krebskrankheit auftretend
precancerous dermatitis präkanzeröse Dermatitis *f*
precapillary präkapillär, vor dem Kapillargebiet liegend
precapillary (arteriole) Präkapillare *f*
precarcinoma Präkarzinom *n*
precarcinomatous präkarzinomatös, vor einem Karzinom auftretend
precardiac präkardial, präkordial, vor dem Herzen liegend
precardium Präkordium *n*
precartilage embryonales Knorpelgewebe *n*
precava Vena *f* cava superior, obere Hohlvene *f*
precementum Präzementum *n*, nicht kalzifizierter Zement *m*
precentral präzentral, vor der Zentralfurche liegend *(im Gehirn)*
precentral gyrus Gyrus *m* praecentralis
precentral sulcus Sulcus *m* praecentralis
precervical präzervikal, an der Halsvorderseite liegend
precervical dental caries präzervikale Zahnkaries *f*
precession *(Epid)* Präzession *f*, Durchseuchungspräzession *f*, Beschleunigung *f* der Durchseuchung *f (Vorverlagerung des Erkrankungs- oder Infektionsalters in niedrigere Altersklassen)*

prechordal *(Embr)* prächordal, vor der Urwirbelsäule [Rückensaite] liegend
prechordal plate *(Embr)* Prächordalplatte *f*
precipitable präzipitabel, fällbar, niederschlagbar, abscheidbar
precipitant (agent) Präzipitans *n*, Fällungsmittel *n*, Fällungsreagens *n*, ausfällendes Mittel *n*
precipitate *v* 1. präzipitieren, (aus)fällen, niederschlagen; ausfallen, sich niederschlagen; 2. verstärken, verschlimmern *(z. B. Schmerzen)*; sich verstärken, sich verschlimmern; (plötzlich) herbeiführen, beschleunigen *(z. B. Krankheitsverlauf)*
precipitate plötzlich, unerwartet; überstürzt, unbesonnen, Hals über Kopf; kopflos
precipitate 1. Präzipitat *n*, Niederschlag *m*, Bodensatz *m*; 2. Präzipitat *n*, Antigen-Antikörper-Komplex *m (Ausfällungsprodukt von Präzipitinogenen durch Präzipitine)*
precipitate illness plötzliche Erkrankung *f*
precipitate labour Partus *m* praecipitatus, Sturzgeburt *f*, überstürzte Geburt *f*
precipitation 1. Präzipitation *f*, Ausfällung *f*, Fällen *n*, Abscheiden *n*; 2. *s.* precipitation reaction
precipitation reaction *(Immun)* Präzipitationsreaktion *f*, Präzipitation *f*, Ausfällung *f* von Antigenen durch Präzipitine
precipitin Präzipitin *n (Antikörper)*
precipitin reaction *(Immun)* Präzipitinreaktion *f*
precipitinogen Präzipitinogen *n (zur Präzipitinbildung führendes Antigen)*
precipitogen *s.* precipitinogen
precipitinoid Präzipitinoid *n (Präzipitin mit durch Hitze zerstörter Funktionsgruppe)*
precipitoid Präzipitinoid *n*
precipitophore präzipitophore Gruppe *f*
precision Präzision *f*, Genauigkeit *f*, Exaktheit *f*
preclavicular präklavikular, vor dem Schlüsselbein liegend
preclimacteric präklimakterisch, vor dem Klimakterium auftretend
preclinical 1. vorklinisch, vor der klinischen Ausprägung *(eine Krankheit)*; 2. vor der klinischen Tätigkeit *(z. B. bei Ausbildung)*; 3. vor der Krankenhausaufnahme auftretend
preclinical student nurse Schwesternschülerin *f*
preclotting Vorgerinnung *f (z. B. bei Gefäßprothesenimplantation)*
precoccygeal präkokzygeal, vor dem Steißbein liegend
precocious 1. praecox, vorzeitig (auftretend); 2. frühreif, vorzeitig entwickelt *(siehe auch unter: premature)*
precocious dementia Jugendirresein *n*, Dementia *f* praecox
precocious dentition verfrühte Dentition *f*, verfrühter Zahndurchbruch *m*
precocious feeling *(Neur)* Praecox-Gefühl *n (bei Schizophreniediagnostik)*
precocious pregnancy Frühschwangerschaft *f*
precocious puberty Pubertas *f* praecox
precocity *s.* premature puberty
precognition Präkognition *f*, Hellsehen *n*, Vorkenntnis *f*, Vorahnung *f*
precoital präkoital, vor dem Geschlechtsverkehr auftretend
precollagenous präkollagenös
precollagenous fibre Präkollagenfaser *f*, Retikulinfaser *f*
precoma Präkoma *n*, Komavorstadium *n*
precomatose präkomatös, vor dem Koma auftretend
precomatose state Präkoma *n*, präkomatöser Zustand *m*
• **be in precomatose state** sich im Präkoma befinden
precommissural präkommissural, vor einer Kommissur liegend
precondition Präkondition *f*, Vorbedingung *f*, Voraussetzung *f*
preconditioning Präkonditionierung *f*
preconscious vorbewusst
preconvulsive präkonvulsiv, vor einem epileptischen Anfall auftretend
precordial präkordial, präkardial, vor dem Herz(en) liegend
precordial depression *(Anat)* Herzgrube *f*
precordial electrocardiogram *s.* precordial lead
precordial fright *s.* stenocardia
precordial lead präkordiale Ableitung *f*, Brustwandableitung *f*, Brustwandelektrokardiogramm *n*, Brustwand-EKG *n*
precordial movement präkordiale Bewegung *f*
precordial pain Präkordialschmerz *m*
precordial region Präkordialregion *f*
precordial syndrome Präkordialsyndrom *n*
precordial thrill präkordiales Schwirren *n*
precordialgia *(Kard)* Präkordialschmerz *m*
precordium Präkordium *n (Gegend vor dem Herzen)*
precostal präkostal, vor den Rippen liegend
precox *s.* precocious
precritical präkritisch, vor einer Krise auftretend
precuneate Präkuneus…
precuneus *(Anat)* Präkuneus *m*, Vorkeil *m*, Vorzwickel *m (Rindenfeld)*
precursor *(Pharm)* Präkursorsubstanz *f*, Präkursor *m*
precursor therapy Präkursortherapie *f*
precursory labour sign Geburtsvorzeichen *n*
predecidual zur Sekretionsphase gehörend; zur prämenstruellen Phase gehörend
predentin *(Stom)* Prädentin *n*, Dentinoid *n*, noch unverkalkte Dentinmatrix *f*
prediabetes Prädiabetes *m*
prediabetic prädiabetisch; Prädiabetes…
prediastole Prädiastole *f*
prediastolic prädiastolisch, vor der Diastole auftretend
prediastolic murmur prädiastolisches Geräusch *n*
predicrotic prädikrot(isch), vor einem doppelschlägigen Puls auftretend
predigest *v* vorverdauen
predigestion Prädigestion *f*, Vorverdauung *f*, Vorverdauen *n*
predilection syndrome *(Gyn, Päd)* Prädilektions(haltungs)syndrom *n*, konnatales Vorzugshaltungssyndrom *n*
predispose *v* prädisponieren, für eine Krankheit empfänglich machen
predisposed/be *v* prädisponiert sein, für eine Krankheit empfänglich sein
predisposing prädisponierend
predisposing cause prädisponierende Ursache *f*
predisposing factor prädisponierender Faktor *m*
predisposition Prädisposition *f*, Empfänglichkeit *f*, Anlage *f*
prediverticular stage prädivertikuläres Stadium *n (des Kolons)*
prednimustine Prednimustin *n (Antineoplastikum)*
prednisolone Prednisolon *n*, Dehydro-Hydrocortison *n*, 11β,17,21-Trihydroxy-1,4-pregnadien-3,20-dion *n (Steroid mit Nebennierenrindenhormonwirkung)*
prednisone Prednison *n*, Dehydrocortison *n*, 17,21-Dihydroxy-1,4-pregnadien-3,11,20-trion *n (Steroid mit Nebennierenrindenhormonwirkung)*
predormital prädormital, während der Einschlafphase auftretend, während der Vorschlafphase auftretend
predormital paralysis Schlaflähmung *f*
predormition Vorschlaf *m*
predormitum Praedormitium *n*, Einschlafzustand *m*, Einschlafphase *f*, hypnagoger Zustand *m*

preductal präduktal, vor dem Ductus arteriosus liegend
prefibrotic präfibrotisch
prefollicular trachoma Prätrachom *n*, präfollikuläres Trachom *n*
preformation Präformation *f*, Vorbildung *f*
prefrontal präfrontal, im vorderen Stirnlappen liegend
prefunctional präfunktionell, vor der Funktionsaufnahme liegend, vor der Funktionsfähigkeit auftretend
preganglionic präganglionär, vor einem Ganglion liegend
preganglionic neuron präganglionäres Neuron *n*, präganglionäre Nervenfaser *f*
pregeniculatum *(Anat, Neur)* Corpus *n* geniculatum laterale, äußerer Kniehöcker *m*
pregenital prägenital
preglenoid präglenoidal
pregnancy Gravidität *f*, Gestation *f*, Schwangerschaft *f* *(siehe auch unter: gestational)* • **as pregnancy advances** mit Fortschreiten der Schwangerschaft • **interrupt pregnancy** die Schwangerschaft abbrechen [beenden], eine Schwangerschaftsunterbrechung durchführen • **terminate a pregnancy** *s.* interrupt pregnancy
pregnancy-associated (α_2-)glycoproteid schwangerschaftsassoziiertes α_2-Glykoprotein *n*
pregnancy cells Schwangerschaftszellen *fpl* (des Hypophysenvorderlappens)
pregnancy cholestasis Schwangerschaftscholestase *f*
pregnancy complication Schwangerschaftskomplikation *f*
pregnancy epulis Schwangerschaftsepulis *f*
pregnancy gingivitis Schwangerschaftsgingivitis *f*
pregnancy luteoma Schwangerschaftsluteom *n*
pregnancy rate Schwangerschaftsrate *f*
pregnancy termination Schwangerschaftsbeendigung *f*, Schwangerschaftsabbruch *m*
pregnancy test Schwangerschaftstest *m*
pregnancy toxaemia Schwangerschaftstoxämie *f*
pregnancy with complications komplizierte Schwangerschaft *f*
pregnancy with hydatid(iform) mole Molenschwangerschaft *f*
pregnane Pregnan *n*
pregnanediol Pregnandiol *n*, 3α,20α-Dihydroxy-5β-pregnan *n (Progesteronabbauprodukt)*
pregnanetriol Pregnantriol *n (Progesteronabbauprodukt)*
pregnant gravid, schwanger • **be pregnant** schwanger sein • **be four months pregnant** im vierten Monat schwanger sein • **become pregnant** schwanger werden • **get pregnant** schwanger werden
pregnophobia Schwangerschaftsfurcht *f*, Schwangerschaftsangst *f*
pregnene Pregnen *n*
pregnenolone Pregnenolon *n*
pregnenolone succinate Pregenenolonsuccinat *n*
pregonium Prägonium *n*
pregravid prägravid, vor der Schwangerschaft auftretend
prehemiplegic prähemiplegisch, vor einer Halbseitenlähmung auftretend
prehensile greiffähig, zum Zufassen fähig, zum Halten fähig, fassfähig; Greif..., Fass...
prehension Greifen *n*, Zufassen *n*, Festhalten *n (z. B. durch einen Säugling)*
prehepatic prähepatisch, vor der Leber liegend
prehepatic jaundice prähepatischer Ikterus *m*
prehormone Prähormon *n*
prehospital care Prähospitalpflege *f*
prehyoid prähyoidal, vor dem Zungenbein liegend
prehypophyseal prähypophysär; Hypophysenvorderlappen...
prehypophysial *s.* prehypophyseal
prehypophysis Prähypophyse *f*, Adenohypophyse *f*, Hypophysenvorderlappen *m*, HVL, Lobus *m* anterior hypophyseos
preictal vor einem Anfall [Schlaganfall] auftretend
preicteric präikterisch, vor einer Gelbsucht auftretend
preinfarction vor einem Infarkt auftretend; Präinfarkt...
preinfarction angina *(Kard)* Präinfarktangina *f*, instabile Angina *f* pectoris, Status *m* anginosus, Präinfarkt-Syndrom *n*
preinfarction state Präinfarktstadium *n*
preinvasive präinvasiv; Präinvasions...
preinvasive carcinoma präinvasives Karzinom *n*, Carcinoma *n* in situ
preiotation Präjotation *f*, J-Aussprache *f* des I-Buchstaben
Preiser's disease Preiser'sche Krankheit *f*, Köhler-Mouchet-Syndrom *n*, aseptische Kahnbeinnekrose *f*
Preisz-Nocard bacillus Preisz-Nocard'scher Bazillus *m*, Corynebacterium *n* pseudotuberculosis
prejudice Voreingenommenheit *f*, Vorurteil *n*, Befangenheit *f*, vorgefasste Meinung *f*
prekallikrein Präkallikrein *n*, Fletcher-Faktor *m*
prelacrimal prälakrimal, vor dem Tränensack liegend
prelacteal prälakteal, vor der Milchabsonderung; Prälaktations...
prelaryngeal prälaryngeal, vor dem Kehlkopf liegend
preleukaemia Präleukämie *f*, myelodysplastisches Syndrom *n*
preleukaemic präleukämisch; Präleukämie...
prelimbic prälimbisch, vor dem Limbus liegend
preliminary dressing *(Chir)* provisorischer Verband *m*, Notverband *m*
preliminary examination Physikum *n*, erste ärztliche Prüfung *f*
preliminary film Röntgenübersichtsaufnahme *f*, Röntgenleeraufnahme *f*
prelingual vor der Sprachentwicklung auftretend
prelipoprotein Prälipoprotein *n*
preload Vordehnung *f* des Herzens *(durch Füllungsvolumen)*; Vorbelastung *f*, Vorlast *f (des Herzens)*
prelocalization *(Embr)* Prälokalisation *f (von Gewebebildungszellen)*
prolocomotion *(Päd)* die Krabbelphase betreffend, vor dem aufrechten Gehen auftretend
prelogical thinking *(Neur)* prälogisches Denken *n*
prelum Pressen *n*
premalignant prämaligne, vor einer bösartigen Entwicklung [Entartung] auftretend
premalignant fibroepithelioma prämalignes Fibroepitheliom *n*
premamillary prämamillär, vor der Mamille liegend
premaniacal prämanisch, vor einer Manie auftretend
premarital vorehelich
prematernity medical care Schwangerschaftsvorsorgeuntersuchung *f*
premature 1. vorzeitig, verfrüht; 2. *(Gyn)* prämatur(us), frühreif *(Fetus)*; 3. *(Päd)* prämatur, frühreif, vorzeitig in die Pubertät eintretend
premature alopecia prämature Alopezie *f*
premature atrial complex Vorhofextrasystole *f*, prämaturer Vorhofkomplex *m*
premature beat *s.* extrasystole
premature birth *s.* premature delivery
premature child Frühgeborene(s) *n*
premature contraction *s.* extrasystole
premature delivery Partus *m* praematurus [immaturus], Frühgeburt *f*
premature detachment of the placenta *s.* premature placental detachment

premature ejaculation Ejaculatio *f* praecox, vorzeitiger Samenerguss *m*
premature impulse prämaturer Impuls *m*
premature infant prämatures Kind *n*, Frühgeborene(s) *n*, Frühchen *n*, Frühgeburt *f*
premature labour *s.* premature delivery
premature nursery Frühgeborenenpflege *f*, Frühgeborenenaufzucht *f*
premature placental detachment *(Gyn)* Abruptio *f* placentae, prämature Plazentalösung *f*, vorzeitige Plazentaablösung *f*
premature puberty Pubertas *f* praecox, vorzeitige Pubertät *f*, (körperliche und geistige) Frühreife *f*
premature rupture of membranes vorzeitiger Fruchtblasensprung *m*
premature senility *(Neur)* Senilitas *f* praecox
premature senility syndrome *s.* 1. Hutchinson-Gilford disease; 2. Werner's syndrome
premature separation of the placenta *s.* premature placental detachment
premature systole *(Kard)* Extrasystole *f*, prämature [vorzeitige] Systole *f*
premature tooth eruption Dentitio *f* praematura, vorzeitiger Zahndurchbruch *m*
premature ventricular contraction *(Kard)* Kammerextrasystole *f*
prematurity Prämaturität *f*, Frühreife *f*
premaxilla Intermaxillarknochen *m*, Zwischenkieferknochen *m*, Os *n* intermaxillare [incisivum]
premaxillary 1. prämaxillär, vor dem Oberkieferknochen liegend; 2. Zwischenkieferknochen…
premaxillary palate Primärgaumen *m*
premedical vormedizinisch
premedical education vormedizinische Ausbildung *f*
premedicant *(Anästh)* Prämedikationsmittel *n*, Medikament *n* zur Prämedikation
premedicate *v (Anästh)* prämedizieren, eine Prämedikation verabfolgen [durchführen]
premedicated suicide Bilanzselbstmord *m*
premedication *(Anästh)* Prämedikation *f*, Narkosevorbereitung *f*, Vornarkose *f* • **order the premedication** die Prämedikation anordnen
premeiotic vor der Meiose auftretend
premelanosome *(Path)* Prämelanosom *n*
premenarchal *(Gyn)* vor der Menarche auftretend; Prämenarche…
premenarche *(Gyn)* Prämenarche *f*
premenarcheal *s.* premenarchal
premenopausal *(Gyn)* vor der Menopause auftretend; Prämenopause…
premenopause *(Gyn)* Prämenopause *f*
premenstrual *(Gyn)* prämenstruell, antemenstruell, vor der Monatsblutung [Regelblutung] auftretend
premenstrual dysphoric disorder prämenstruelle Verstimmung *f*, prämenstruelles Verstimmungssyndrom *n*
premenstrual pain Prämenstrualschmerz *m*
premenstrual stage Prämenstrualstadium *n*
premenstrual syndrome prämenstruelles Syndrom *n*
premenstrual tension prämenstruelle Spannung *f*, prämenstruelles Syndrom *n*
premenstruation syndrome *s.* premenstrual tension
premenstruum *(Gyn)* Prämenstruum *n*, Tage *mpl* vor der Menstruation
premitotic prämitotisch, vor der Mitose auftretend
premolar *(Stom)* prämolar, vor den Mahlzähnen liegend
premolar *(Stom)* Prämolar *m*, Dens *m* bicuspidatus [praemolaris], Bikuspidat *m*, zweihöckriger Zahn *m*
premolar extracting forceps Prämolarenextraktor *m*, Prämolaren(extraktions)zange *f*
premolar tooth *s.* premolar
premonition *(Neur)* Aura *f*, Prodromalerscheinung *f*, Prodromalsymptom *n*
premonitory prämonitorisch, prodromal, ankündigend, warnend, vorhergehend
premonitory symptom Prodromalsymptom *n*, Prodromalzeichen *n*, Frühsymptom *n*
premonocyte *s.* promonocyte
premorbid prämorbid, vor einem Krankheitsausbruch auftretend
premorbid personality prämorbide Persönlichkeit *f*, Primärpersönlichkeit *f*, prämorbider Charakter *m (vor einer psychischen Erkrankung)*
premortal prämortal, vor dem Tode auftretend
premunition Präimmunität *f*, Infektionsimmunität *f*
premunitive Präimmunitäts…
premyeloblast *(Hämat)* Prämyeloblast *m (Myeloblastenvorstufe)*
premyelocyte *s.* promyelocyte
prenarcotic pränarkotisch, vor der Narkose
prenaris Nasenöffnung *f*
prenasale Pränasale *n (kraniometrischer Messpunkt)*
prenatal pränatal, vorgeburtlich, vor der Geburt auftretend *(siehe auch unter: antenatal)*
prenatal care dispensary Schwangerenberatung *f*
prenatal contractions pränatale [prämonitorische] Wehen *fpl*, Vorgeburtswehen *fpl*
prenatal development pränatale Entwicklung *f*, Fetalentwicklung *f*, Fetalperiode *f*
prenatal diagnosis 1. pränatale Diagnose *f*, Pränataldiagnose *f*; 2. Pränataldiagnostik *f*
prenatal exercises gymnastische Übungen *fpl* für Schwangere; Schwangerengymnastik *f*
prenatal gymnastics Schwangerengymnastik *f*
prenatal infection Pränatalinfektion *f*
prenatal period Pränatalperiode *f*
prenatal respiration Fetalatmung *f*
prenatal surgery pränatale Chirurgie *f*
prenatal syphilis Syphilis *f* congenitalis, kongenitale [angeborene] Syphilis *f*
prenatal toxicology Pränataltoxikologie *f*
prenatal ward präpartale Station *f*
preneoplasia Präneoplasie *f*, Präkanzerose *f*
preneoplastic präneoplastisch, vor der Tumorentstehung [Geschwulstentwicklung] auftretend
prenidatory vor der Nidation [Eieinnistung] auftretend; Pränidations…
preoccipital präokzipital, vor dem Hinterhaupt liegend
preolivary präolivär, vor dem Olivenkern liegend
preoperational thought phase *(Päd)* präoperationale Gedankenphase *f (während der Sprachlernphase vom zweiten bis siebenten Lebensjahr)*
preoperative präoperativ, vor einer Operation auftretend, einer Operation vorausgehend
preoperative care 1. Operationsvorbereitung *f*; 2. präoperative Patientenpflege *f*
preoperative irradition *(Rad)* präoperative Tumorbestrahlung *f*, Vorbestrahlung *f*
preoptic vor dem Chiasma opticum liegend
preopticus Colliculus *m* superior (mesencephali)
preoral präoral, vor dem Mund liegend
preosteoblast Präosteoblast *m*, Osteoprogeniturzelle *f*
preoxygenation Präoxygenierung *f*, Präoxygenation *f*
prepalatal präpalatin, präpalatal, vor dem Gaumen liegend
preparalytic präparalytisch, vor einer Lähmung auftretend
preparation 1. Präparation *f*, Vorbereitung *f (z. B. auf eine Operation)*; 2. Bereitung *f*, Zubereitung *f (von Arzneimitteln)*; 3. Präparat *n*, Arzneimittel *n*; 4. anatomisches Präparat *n*

preparation for operation Operationsvorbereitung *f*
prepare *v* **for X-ray** zum Röntgen vorbereiten, auf eine Röntgenuntersuchung vorbereiten
prepared cavitiy präparierte Zahnhöhle *f*
prepared childbirth natürliche Geburt *f*
preparetic präparetisch, vor einer Lähmung
prepartal präpartal, ante partum, vor der Entbindung auftretend
prepartum *s.* prepartal
preparturient vor der Geburt auftretend
prepatellar präpatellar, vor der Kniescheibe liegend
prepatellar bursa Bursa *f* praepatellaris
prepatellar bursitis Bursitis *f* praepatellaris
prepatent vor der klinischen Manifestation auftretend; Präpatenz…; Manifestations…
prepatent period Präpatenzperiode *f*, Präpatenzzeit *f*, Manifestationszeit *f*, Manifestationsperiode *f*
prepeduncle Pedunculus *m* anterior cerebellaris
prepelvic präpelvin, vor dem Becken liegend
preperception *(Psych)* Präperzeption *f*
preperforatum Substantia *f* perforata anterior
preperitoneal präperitoneal, vor dem Bauchfell liegend
preplacental präplazental, vor der Plazentabildung auftretend
preponderance Präponderanz *f*, (körperliches oder geistiges) Übergewicht *n*, Vorherrschen *n*
prepotential Präpotenzial *n*
preprandial präprandial, vor dem Essen auftretend, vor einer Mahlzeit, vor der Nahrungsaufnahme
preprocessing Vorverarbeitung *f (des Echos bei Ultraschalluntersuchung)*
preprocollagen Präprokollagen *n*
preprohormone Präprohormon *n*
preproinsulin Präproinsulin *n*
preproprotein Präproprotein *n*
preprosthetic präprosthetisch, vor der Prothesenversorgung auftretend
preprotein Präprotein *n*
prepsychotic präpsychotisch, vor dem Ausbruch einer Psychose auftretend
prepuberal *s.* prepubertal
prepubertal präpuberal, präpubertal, vor der Pubertät auftretond
prepubertal adiposity Präpubertätsfettsucht *f*
prepubertal panhypopituitarism präpubertaler Panhypopituitatismus *m*
prepuberty Präpubertät *f*, Vorpubertätsperiode *f*
prepubescence *s.* prepuberty
prepubescent *s.* prepubertal
prepuce *(Urol)* Präputium *n*, Praeputium *n*, Vorhaut *f* • **remove the prepuce** eine Zirkumzision durchführen, die Vorhaut entfernen
prepuce of the clitoris Praeputium *n* clitoridis, Vorhaut *f* der Klitoris
prepuce of the penis Praeputium *n* penis, Penisvorhaut *f*, Vorhaut *f* des männlichen Glieds
prepucectomy *s.* circumcision 2.
preputial präputial; Präputium…, Vorhaut…
preputial calculus *s.* postholith
preputial cancer Präputiumkarzinom *n*, Vorhautkrebs *m*
preputial carcinoma *s.* preputial cancer
preputial gland Glandula *f* praeputialis, Präputialdrüse *f*, Vorhautdrüse *f*
preputial gland cell Präputialdrüsenzelle *f*
preputial inflammation Vorhautentzündung *f*
preputial mucosa Vorhautmukosa *f*
preputial papillomatosis of the penis Vorhautpapillomatose *f*
preputial sac Spatium *n* praeputiale, Vorhautspalt *m*
preputial space *s.* preputial sac
preputiotomy *(Urol)* Präputiotomie *f*, Vorhautschnitt *m*
preputium *s.* prepuce
prepyloric präpylorisch, vor dem Magenpförtner liegend
prepyloric vein Vena *f* praepylorica
prepyramidal präpyramidal, vor der Pyramide liegend
prerectal prärektal, vor dem Mastdarm liegend
prereduction phase Prāreduktionsphase *f (bei der Zellteilung)*
prerenal prärenal, vor der Niere liegend
prerenal anuria prärenale Anurie *f*
prerenal uraemia prärenale Urämie *f*
prereproductive präreproduktiv, vor der Reproduktionsphase [Geschlechtsphase] auftretend
preretinal präretinal, vor der Netzhaut liegend
presacral präsakral, vor dem Kreuzbein liegend
presacral anaesthesia Präsakralblockade *f*, Parasakralanästhesie *f*
presacral block *s.* presacral anaesthesia
presacral nerve Plexus *m* hypogastricus superior
presbyacousia Presbyakusis *f*, Altersschwerhörigkeit *f*
presbyacusia *s.* presbyacousia
presbyatrics Geriatrie *f*, Altersheilkunde *f*
presbycardia Presbykardie *f*, senile Herzkrankheit *f*, Altersherz *n*
presbycusis *s.* presbyacousia
presbyderma Presbyderma *n*, Altershaut *f*
presbyoesophagus Presbyösophagus *m*
presbyope Presbyope(r) *m*, Alters(weit)sichtige(r) *m*
presbyophrenia *(Geriat, Neur)* Presbyophrenie *f*, Dementia *f* senilis, senile Demenz *f*, Altersschwachsinn *m*, Altersdemenz *f*, Altersschwachsinnigkeit *f*, Altersblödsinn *m*
presbyophrenic presbyophren(isch), altersschwachsinnig, an seniler Demenz leidend
presbyopia Presbyopie *f*, Alters(weit)sichtigkeit *f*
presbyopic presbyop(isch), alters(weit)sichtig
presbytiatrics *s.* presbyatrics
presbytic *s.* presbyopic
presbytism *s.* presbyopia
prescalene präskalenisch, vor den Skalenusmuskeln liegend
prescapula Praskapula *f (kranialer Schulterblattbereich)*
prescapular präskapular, vor der Skapula liegend
preschizophrenic präschizophren(isch), vor einer Schizophrenie auftretend
preschizophrenic state präschizophrener Zustand *m*
presclerosis Präsklerose *f (Vorstufe der Sklerose)*
presclerotic präsklerotisch, vor der Sklerose auftretend
prescribe *v* ordinieren, verschreiben *(z. B. Medikamente)*; ein Rezept ausstellen; verordnen *(z. B. eine Diät)*
prescription 1. Rezept *n*; 2. Verordnung *f (z. B. für Behandlungen)*; Anwendung(svorschrift) *f (für Arzneimittel)*; 3. Zubereitung(svorschrift) *f (für Arzneimittel)* • **available only on prescription** verschreibungspflichtig, rezeptpflichtig • **sign a prescription** ein Rezept signieren [unterschreiben] • **take a prescription** ein (verordnetes) Arzneimittel einnehmen, eine Arznei einnehmen • **write out a prescription** ein Rezept ausstellen
prescription blank Rezeptformular *n*, Rezept *n*
prescription block Rezeptblock *m*
prescription charge Rezeptgebühr *f*
prescription drug verschreibungspflichtiges Medikament *n*, rezeptpflichtige Arznei *f*
prescription form Rezeptformular *n*, Rezept *n*
presence of cancer cells Vorhandensein *n* [Existenz *f*] von Krebszellen
presence of mind Besonnenheit *f*
presence of occult blood Vorhandensein *n* von okkultem Blut

presenile präsenil
presenile alopecia *(Derm)* Alopecia *f* praematura [praesenilis]
presenile delusion of injury *(Neur)* präseniler Beeinträchtigungswahn *m*
presenile dementia *(Neur)* präsenile Demenz *f*
presenile gangrene Thromboangiitis *f* obliterans
presenile involutional osteoporosis *(Geriat)* präsenile Involutionsosteoporose *f*, postmenopausische Osteoporose *f*
presenile paraphrenia *(Neur)* präsenile Paraphrenie *f*
presenile psychosis *s.* presenile dementia
presenility Präsenilität *n*, vorzeitige Alterung *f*
resenium Präsenium *n*
presensitization Vorsensibilisierung *f*
present *v* sich präsentieren [einstellen] *(bei der Geburt)*
present complaints aktuelle [gegenwärtige] Beschwerden *pl*
present history aktuelle Anamnese *f*, Anamnesis *f* praesens
present state of the patient Status *m* praesens, aktueller Zustand *m* des Patienten
presentation 1. Präsentation *f*, Einstellung *f*, Lage *f (bei der Geburt)*; 2. *s.* presentation of a case
presentation of a case klinische Demonstration *f*, Patientenvorstellung *f*
presentation of the cord Nabelschnurvorfall *m*
presentiment *(Neur)* Vorahnung *f*, Vorgefühl *n*
presenting part vorangehender Fetusteil *m*
presenting symptom auftretendes [erscheinendes] Symptom *n*; Symptommanifestation *f*, Auftreten *n* eines Symptoms
preseptal präseptal, vor einem Septum liegend
preservative Präservativ *n*, Schutzmittel *n*
preserving medium Blutkonservierungsmittel *n*
presinusoidal vor einem Sinusoid liegend
presomite embryo Embryo *m* vor der Segmentausbildung *(bis 19. Tag nach Befruchtung)*
prespastic präspastisch, vor einem Krampf auftretend
prespermatid Präspermatid *m*, sekundärer Spermatozyt *m*
presphenoidal präsphenoidal, vor dem Keilbein liegend
presphygmic präsphygmisch, vor der Pulswelle auftretend
prespinal präspinal, vor der Wirbelsäule liegend
prespondylolisthesis *(Orth)* Prespondylolisthesis *f (Vorstufe der Spondylolisthesis)*
pressing pain drückender Schmerz *m*
pressometer Manometer *n*, Druckmesser *m*, Druckmessgerät *n*
pressor pressorisch, (blut)druckerhöhend
pressor area vasopressorisches Zentrum *n*, Vasomotorenzentrum *n*
pressor headache Bluthochdruckkopfschmerz *m*, Hypertonuskopfschmerz *m*
pressor nerve pressorischer Nerv *m*, Drucknerv *m*
pressor reflex Blutdruckreflex *m*
pressoreceptive pressorezeptiv, druckwahrnehmend, druckaufnehmend
pressoreceptor Pressorezeptor *m*, Druckrezeptor *m*, Dehnungsrezeptor *m*, Blutdruckzügler *m (in der Aorta)*
pressosensitive pressosensitiv, druckempfindlich, drucksensibel
pressosensitivity Druckempfindlichkeit *f*, Drucksensibilität *f*
pressure 1. Druck *m*; 2. Stress *m*; 3. *s.* blood pressure
pressure acupuncture Druckakupunktur *f*
pressure atrophy Druckatrophie *f*, Atrophie *f* durch Druck
pressure bandage *(Chir)* Druckverband *m*, Kompressionsverband *m* • **apply a pressure bandage** einen Druckverband anlegen
pressure clamp Druckklemme *f*
pressure compress Druckkompresse *f*
pressure cone Druckkonus *m*, Kleinhirneinklemmung *f*
pressure curve Blutdruckkurve *f*
pressure diverticulum *s.* pulsion diverticulum
pressure dressing *s.* pressure bandage
pressure gradient Druckgradient *m*; Drucksprung *m (z. B. beim Herzkatheterismus)*
pressure infusion Druckinfusion *f*
pressure monitoring Druckaufzeichnung *f (z. B. bei operativer Überwachung)*
pressure necrosis Drucknekrose *f*, Nekrose *f* durch Druck
pressure neuritis Druckneuritis *f*, Nervenentzündung *f* durch Druck
pressure palsy Drucklähmung *f (z. B. eines Nerven)*
pressure paralysis *s.* pressure palsy
pressure point Druckpunkt *m (Hautpunkt mit einem Drucksinnesempfänger)*
pressure pulse *(Chir, Neur)* Druckpuls *m*
pressure sense Drucksinn *m*
pressure sore Druckbrand *m*, Druckgeschwür *n*, Druckulkus *n*, Dekubitusgeschwür *n*
pressure-support(ed) ventilation druckunterstützte Beatmung *f*, PSV
pressure ulcer *s.* pressure sore
pressure ulcer care Dekubituspflege *f*
pressure ulceration *s.* pressure sore
presternal prästernal, vor dem Brustbein liegend
presternum Manubrium *n* sterni, Brustbeinhandgriff *m*
presubiculum Presubiculum *n (Teil des Gyrus hippocampi)*
presumption Präsumption *f*, Erwartung *f*, Annahme *f*, Erwartung *f*, Mutmaßung *f*, Wahrscheinlichkeit *f*
presumptive präsumptiv, erwartungsgemäß, voraussichtlich; mutmaßlich; wahrscheinlich
presuppurative präsuppurativ
presylvian vor der Fissura Sylvii liegend, vor dem Sulcus lateralis liegend
presylvian fissure Sulcus *m* praecentralis
presylvian sulcus *s.* presylvian fissure
presymptom Präsymptom *n*, Prodromalsymptom *n*, Vorzeichen *n*
presymptomatic präsymptomatisch, vor dem Auftreten von Symptomen
presymptomatic disease präsymptomatische Erkrankung *f*
presynaptic *(Neur)* präsynaptisch, vor einer Synapse liegend
presystole *(Kard)* Präsystole *f*
presystolic *(Kard)* präsystolisch, vor der Systole auftretend
presystolic gallop präsystolischer Galopp *m*
presystolic murmur Präsystolikum *n*, präsystolisches Herzgeräusch *n* [Geräusch *n*]
presystolic thrill präsystolisches Schwirren *n*
pretarsal prätarsal, vor dem Tarsus liegend
pretectal prätektal, vor dem Tectum mesencephali liegend
pretectum Praetectum *n*, Area *f* praetectalis
pretentious speech *(Nour)* affektierte [geschraubte] Sprache *f*
preterm birth *s.* premature delivery
preterm contractions Braxton-Hicks-Kontraktionen *fpl*
preterm infant *s.* premature infant
preterm labour *s.* premature delivery
preterm parturition *s.* premature delivery
preterminal präterminal
preternatural präternatural, widernatürlich
preternatural anus *(Chir)* widernatürlicher [künstlicher] After *m*, Anus *m* praeternaturalis, Kunstafter *m*
prethrombosis Präthrombose *f*

prethrombotic präthrombotisch, vor einer Thrombose auftretend; Präthrombose...
prethyroid *s.* prethyroideal
prethyroideal 1. präthyreoidal, vor dem Schildknorpel liegend; 2. präthyreoidal, vor der Schilddrüse liegend
prethyroidean *s.* prethyroideal
pretibial prätibial, vor dem Schienbein liegend
pretibial fever Fort-Bragg-Fieber *n*, prätibiales Fieber *n*
pretibial syndrome Prätibialsyndrom *n*
pretoxicosis of the newborn Säuglingsprätoxikose *f*
pretracheal prätracheal, vor der Luftröhre liegend
pretracheal fascia Fascia *f* praetrachealis, Prätrachealfaszie *f*
pretragal prätragal, vor dem Tragus liegend
pretransfusion vor der Transfusion; Prätransfusions...
pretreat *v* vorbehandeln
pretreatment Vorbehandlung *f*
pretuberculosis Prätuberkulose *f*
pretuberculous prätuberkulös, vor der Tuberkulose [Tuberkelbildung] auftretend
pretympanic 1. prätympanisch, vor dem Trommelfell liegend; 2. prätympanisch, vor dem Mittelohr liegend
preurethritis Präurethritis *f*
prevalence Prävalenz *f*, Vorherrschen *n* *(Bestand einer Krankheit zu einem bestimmten Zeitpunkt)*
prevalence rate Prävalenzrate *f*
prevalent prävalierend, vorherrschend, weit verbreitet, häufig (vorkommend), grassierend
preventception Schwangerschaftsverhütung *f*, Empfängnisverhütung *f*
prevent *v* vorbeugen, verhüten; abwenden; zuvorkommen
prevent *v* **a disease** eine Krankheit verhüten, einer Erkrankung vorbeugen
prevent *v* **bleeding** einer Blutung vorbeugen, eine Blutung verhindern
prevent *v* **recurrence** einem Rezidiv vorbeugen
prevention Vorbeugung *f*, Prophylaxe *f* *(siehe auch unter: prophylaxis)*
prevention of a disease Krankheitsprophylaxe *f*, Krankheitsvorbeugung *f*
prevention of an infection Infektionsprophylaxe *f*, Infektionsvorbeugung *f*
prevention of dental caries Zahnkariesvorbeugung *f*, Kariesprophylaxe *f*
prevention of recurrency Rezidivprophylaxe *f*
prevention of suicide *(Psych)* Suizidprophylaxe *f*
preventive präventiv, vorbeugend, verhütend, prophylaktisch; Präventiv..., Vorbeugungs..., Schutz...
preventive care vorbeugender Gesundheitsschutz *m*, primäre Gesundheitspflege *f*
preventive dentistry vorbeugende Zahnpflege *f*
preventive health care vorbeugender Gesundheitsschutz *m*, primäre Gesundheitspflege *f*
preventive measure Präventivmaßnahme *f*, Vorbeugungsmaßnahme *f*
preventive medicine präventive [vorbeugende] Medizin *f*, Präventivmedizin *f*, Vorbeugungsmedizin *f*
preventive orthodontic appliance kieferorthopädischer Präventionsapparat *m*, präventive kieferorthopädische Prothese *f*
preventive psychiatry präventive Psychiatrie *f*
preventive study *(Epid)* Präventivstudie *f*, Interventionsstudie *f*
preventive therapy Präventivbehandlung *f*, prophylaktische Therapie *f*, vorbeugende Behandlung *f*
preventive treatment *s.* preventive therapy
preventriculosis *(Gastr)* Kardiaachalasie *f*, Kardiospasmus *m*, Magenmundkrampf *m*
preventriculus Praeventriculus *m*, Ostium *n* cardiacum

prevertebral prävertebral, vor einem Wirbel liegend; vor der Wirbelsäule
prevertebral fascia Fascia *f* praevertebralis
prevertebral ganglion Prävertebralganglion *n*, Ganglion *n* collaterale
prevertebral plexus Plexus *m* praevertebralis
prevesical prävesikal, vor der Harnblase liegend
prevesical space (of Retzius) Spatium *n* praevesicale [retropubicum], Retzius'scher Raum *m*, Cavum *n* Retzii
previable noch nicht (extrauterin) lebensfähig; vor der (extrauterinen) Lebensfähigkeit *(z. B. ein Fetus)*
previllous prävillös, vor der Zottenbildung auftretend
previllous embryo prävillöser Embryo *m*
previtamin Prävitamin *n*, Vitaminpräkursor *m*
Preyer's reflex Preyer'scher Reflex *m*, Ohrreflex *m*, Ohrmuschelreflex *m*
prezonular präzonular, vor den Zonulafasern liegend *(des Auges)*
prezygapophysis Processus *m* articularis superior vertebrarum
prezygotic präzygotisch, vor der Zygotenbildung auftretend, vor Abschluss der Fertilisation auftretend
priapism Priapismus *m*, Penisdauererektion *f*, (schmerzhafte) Dauererektion *f* des männlichen Glieds
priapitis Penisentzündung *f*
priapus Penis *m*, (männliches) Glied *n*
Price-Jones curve Price-Jones-Kurve *f* *(Verteilungskurve der Erythrozytendurchmesser)*
prick *v* stechen
prick Stich *m*, Nadelstich *m*
prick test Pricktest *m*, Stichtest *m* *(Aufbringen von Antigenen mittels Nadelstichen)*
pricking needle *(Chir)* scharfe Nadel *f*
prickle cell Stachelzelle *f*
prickle-cell carcinoma Carcinoma *n* spinocellulare, Stachelzellenkrebs *m*, Spinaliom *n* *(epitheliale Haut- und Schleimhautgeschwulst)*
prickle-cell layer Stratum *n* spinosum [Malpighii], Stachelzellenschicht *f* der Epidermis [Oberhaut]
prickle layer *s.* prickle-cell layer
prickly heat *s.* miliaria
Priessnitz bandage Prießnitzumschlag *m*, Prießnitzwickel *m* *(Hydrotherapie)*
prilocaine hydrochloride Prilocainhydrochlorid *n* *(Lokalanästhetikum)*
primal Urerlebnis *n*
primal fantasies *(Psych)* Urphantasien *fpl*
primal group *(Psych)* Primärgruppe *f*
primal pain *(Psych)* Urschmerz *m*
primal pool of pain *(Psych)* Urschmerzfundus *m*
primal sadism *(Psych)* primärer Sadismus *m*
primal scene *(Psych)* Urszene *f*
primal scream therapy *(Psych)* Urschreitherapie *f*
primal therapy *(Psych)* Urschreitherapie *f*
primaquine Primaquin *n*, Primachin *n*, 8-(4'-Amino-1'-methylbutylamino)-6-methoxychinolin *n* *(Antimalariamittel)*
primaquine phosphate Primaquinphosphat *n*
primary primär, an erster Stelle stehend; Primär...; Prinzipal..., Haupt...
primary abscess Primärabszess *m*, Primäreiterung *f*
primary affect Primäreffekt *m*, PA, Primärläsion *f* *(z. B. bei Syphilis)*
primary amenorrhoea *(Gyn)* primäre Amenorrhoe *f*
primary amputation Primäramputation *f*
primary amyloidosis *(Path)* Primäramyloidose *f*, primäre Amyloidose *f*
primary anaemia primäre Anämie *f*
primary anaesthesia primäre Anästhesie *f*

primary aneurysm primäres Aneurysma *n*, Primäraneurysma *n*, Spontananeurysma *n*
primary apnoea primäre Apnoe *f*
primary atelectasis kongenitale [angeborene] Atelektase *f*
primary atypical pneumonia primär atypische Pneumonie *f (durch Mycoplasma pneumoniae)*
primary bilateral micronodular hyperplasia primäre bilaterale mikronoduläre Hyperplasie *f*
primary biliary cirrhosis primäre biliäre Zirrhose *f*
primary bleeding Primärblutung *f*
primary bone Primärknochen *m*, primärer Knochen *m*
primary bronchus Primärbronchus *m*, primärer Bronchus *m*
primary cancer Primärkarzinom *n*
primary carcinoma *s.* primary cancer
primary care Primärbetreuung *f*, Primärpflege *f*, primäre Pflege *f*, Grundbetreuung *f*
primary care physician Primärarzt *m*
primary caries Primärkaries *f*
primary cause Primärursache *f*, primäre Krankheitsursache *f*
primary chancre *s.* primary lesion
primary choana Primärchoane *f*, Primitivchoane *f*, primäre [primitive] Choane *f*
primary closure *s.* primary wound closure
primary complex *s.* primary focus
primary cutaneous melanoma primäres Hautmelanom *n*
primary degeneration of corpus callosum Marchiafava-Bignami-Syndrom *n*
primary degenerative dementia *(Neur)* primär(e) degenerative Demenz *f*
primary delayed suture *(Chir)* verzögerte Primärnaht *f*
primary delusion *(Neur)* Primärwahn *m*
primary dementia primäre Demenz *f*
primary dental caries primäre Zahnkaries *f*
primary dentin Primärdentin *n*
primary dentition 1. Primärdentition *f*, Primärzahnung *f*, primäre Dentition *f*; 2. Milchgebiss *n*
primary depression primäre Depression *f*
primary dermatitis primäre Dermatitis *f*
primary digestion Primärverdauung *f*, gastrointestinale Digestion *f*
primary dysmenorrhoea *(Gyn)* primäre Dysmenorrhoe *f*
primary ectoderm *s.* primitive ectoderm
primary entoderm *s.* primitive entoderm
primary fissure Primärfissur *f*, primäre Fissur *f*
primary focus Primärkomplex *m*, Primärherd *m*; Primäraffekt *m (örtliche Erkrankung an der Erregereintrittspforte)*
primary follicle *(Gyn)* Primärfollikel *m*
primary gangrene Primärgangrän *f*, primäre Gangrän *f*
primary glaucoma *(Ophth)* Primärglaukom *n*
primary group *(Neur)* Primärgruppe *f*
primary gut *(Embr)* Archenteron *n*, Urdarm *m*
primary health care primäre Gesundheitspflege *f*
primary haemorrhage Primärblutung *f*
primary healing Primärheilung *f*, Heilung *f* per primam (intentionem), Perprimam-Heilung *f*
primary histoplasmosis primäre Histoplasmose *f*
primary host primärer [definitiver] Wirt *m*, Primärwirt *m*
primary hypertension primäre [essenzielle] Hypertension *f*, primärer [essenzieller] Hypertonus *m*
primary immunoglobulin [immunologic] deficiency disease primäre Immunmangelkrankheit *f*, primäre Immunoglobulinmangelkrankheit *f*
primary infection Primärinfektion *f*
primary intention healing Primärheilung *f*, Heilung *f* per primam (intentionem), Perprimam-Heilung *f*
primary iritis primäre [endogene] Iritis *f*
primary lateral sclerosis primäre Lateralsklerose *f*
primary lesion Primärläsion *f*, Primäraffekt *m*
primary marrow primäres [embryonales] Knochenmark *n*
primary masochism primärer Masochismus *m*
primary memory Kurzzeitgedächtnis *n*
primary memory images *(Neur)* eidetische Anschauungsbilder *npl*
primary nasal cavity primäre Nasenhöhle *f*
primary need *(Neur)* primäres Bedürfnis *n*
primary onanism *(Neur)* Säuglingsonanie *f*
primary oocyte Primäreizelle *f*, Primäroozyte *f*, primäre Oozyte *f*
primary oral cavity *(Embr)* primäre Mundhöhle *f*
primary palate *(Embr)* Primärgaumen *m*, primärer Gaumen *m*
primary peritonitis primäre Peritonitis *f*
primary physician Primärarzt *m*
primary polycythaemia Polycythaemia *f* vera
primary powerless labour primäre Wehenschwäche *f*
primary prevention (psychische) Primärprävention *f*, primäre Prävention *f*
primary process *(Neur)* Primärvorgang *m*
primary pulmonary focus *s.* primary focus
primary pulmonary lesion *s.* primary focus
primary radiation Primär(röntgen)strahlung *f*
primary reading retardation *(Neur)* primäre Leseschwäche *f*, Legasthenie *f*
primary sensation primäre Empfindung *f*, Primärempfindung *f*, Primärempfinden *n*
primary septic plague primäre Pestsepsis *f*
primary sequestrum Primärsequester *m*
primary sex character primäres Geschlechtsmerkmal *n*
primary shock primärer Schock *m*
primary sore *(Derm)* Primärgeschwür *n*, harter Schanker *m*
primary spermatocyte primärer Spermatozyt *m*, Primärsamenzelle *f*
primary sterility primäre Sterilität *f*
primary suture Primärnaht *f*, primäre Naht *f*; primärer Wundverschluss *m*
primary symptom Primärsymptom *n*, primäres Symptom *n*
primary syphilis Primärsyphilis *f*, primäre Syphilis *f*, Syphilis *f* (im Stadium) I, Primärstadium *n* der Syphilis
primary tooth primärer Zahn *m*, Milchzahn *m*
primary tuberculosis Primärtuberkulose *f*
primary tumour Primärtumor *m*, Primärgeschwulst *f*
primary urine Primärharn *m*
primary vaccination Erstimpfung *f*
primary villus Primärzotte *f*, primäre Zotte *f*
primary wound closure primärer Wundverschluss *m*; primäre Wundnaht *f*, Primärnaht *f*
primate Primat *m*, Menschenaffe *m*
primed 1. immunologisch aktiviert; 2. vorgefüllt; vorbereitet *(z. B. ein Schlauchsystem)*
primed solution Priming-Lösung *f*, Grundlösung *f*; vorbereitete Lösung *f (z. B. Mischung verschiedener Bestandteile)*
primer 1. *(Gen)* Starter *m (DNS-Abschnitt für Replikationsbeginn)*; 2. Starter *m*, Startermolekül *n (regt die Synthese von Makromolekülen an)*
primidone Primidon *n (Antikonvulsivum)*
primigravid zum ersten Mal schwanger
primigravida Primigravida *f*, Gravida I *f*, Erstschwangere *f*
primipara Primipara *f*, Para I *f*, Erstgebärende *f*
primiparity Erstgeburt *f*
primiparous primipar, erstgebärend

primitive 1. *(Embr, Histol)* primitiv, niedrig entwickelt; Primitiv…; unentwickelt, undifferenziert; Ur…; 2. *(Neur, Psych)* primitiv, einfach, zurückgeblieben; Primitiv…
primitive amenorrhoea *s.* primary amenorrhoea
primitive aorta Primitivaorta *f*
primitive atrium Primitivatrium *n*, Primitiv(herz)vorhof *m*
primitive canal Primitivkanal *m*
primitive cell Primitivzelle *f*, Embryonalzelle *f*
primitive-cell lipoma *s.* liposarcoma
primitive ectoderm primitives Ektoderm *n*, Ektoblast *m*
primitive entoderm primitives Entoderm *n*, Entoblast *m*
primitive fold Primnitivfalte *f*
primitive groove Primitivrinne *f*
primitive gut Archenteron *n*, Urdarm *m*
primitive interatrial foramen Foramen *n* primum
primitive kidney Pronephros *m*, Vorniere *f*
primitive line *s.* primitive streak
primitive mouth Blastoporus *m*, Urmund *m*
primitive node Primitivknoten *m*, Primordialknoten *m*
primitive palate Primitivgaumen *m*
primitive pit Primitivgrübchen *n*, Primitivgrube *f*
primitive plate Primitivplatte *f*
primitive reflex Primitivrefelx *m*
primitive reaction Primitivreaktion *f*
primitive ridge Primitivleiste *f*
primitive streak Primitivstreifen *m*
primitive thinking Primitivdenken *n*
primordial 1. primordial, ursprünglich, original; 2. primordial…, primitiv, nicht entwickelt; Primordial…, Primitiv…
primordial bone Primordialknochen *m*
primordial cartilage Primordialknorpel *m*, temporärer Knorpel *m*
primordial cell Primordialzelle *f*
primordial cranium Primordialkranium *n*, Primordialschädel *m*
primordial cyst Primordialzyste *f*
primordial delusion *(Neur)* primäre Wahnidee *f*
primordial dwarf Primordialzwerg *m*
primordial follicle Primordialfollikel *m*
primordial germ cell Urgeschlechtszelle *f*, Urkeimzelle *f*
primordial image *(Psych)* Urbild *n*, Archetypus *m (der analytischen Psychologie)*
primordial kidney Pronephros *n*, Vorniere *f*
primordial ovum Ureizelle *f*, Urei *n*
primordium Primordium *n*, Anlage *f*, Organanlage *f*
principal artery of the thumb Arteria *f* princeps pollicis, Daumenhauptarterie *f*
principal cell *s.* chief cell
principal vestibular nucleus Nucleus *m* vestibularis medialis, Schwalbe'scher Kern *m*
principle of reality *(Neur)* Realitätsprinzip *n*
printer's palsy *(Arb)* Buchdruckerlähmung *f*
Prinzmetal's angina *(Kard)* Prinzmetal-Angina *f*, Variant-Angina *f*, vasospastische Angina *f* pectoris
prion Prion *n (Abkürzung für: proteinaceous infectious particle)*; Prionprotein *n*
prion disease Prionenkrankheit *f*, progressive neurodegenerative Erkrankung *f (z. B. Jakob-Creutzfeldt-Krankheit)*
prism Prisma *n*
prism bar Prismenserie *f*, Prismensatz *m (abgestufter Prismensatz zur Sehprüfung)*
prism diopter Prismendioptrie *f*
prism glasses Prismenbrille *f*
prisma Prisma *n*
prismata *pl s.* prisma
prismatic prismatisch, prismenförmig; prismaartig; Prisma…
prismoid prismaartig, prismaähnlich
prismoptometer *(Ophth)* Prismoptometer *n*
prismosphere prismatisch-sphärische Linse *f (Kombination von Prisma und sphärischer Linse)*
prison fever *s.* typhus fever
prison psychosis Gefängnispsychose *f*, Haftpsychose *f*
prisoner's rage *(Neur)* Haftknall *m*
prisoptometer *s.* prismoptometer
private antigen Privatantigen *n*, familiäres Antigen *n*
private practice Privatpraxis *f*
pro-oestrogen Proöstrogen *n*, Voröstrogen *n*
pro-opiomelanocortin Proopiomelanocortin *n*, POMC
pro-otic präaural, präaurikulär, vor dem Ohr liegend
proaccelerin Proakzelerin *n*, Proaccelerin *n*, Blutgerinnungsfaktor *m* V, Faktor *m* V, labiler Faktor *m*
proacrosomal proakrosomal; Proakrosom(en)…
proactinomycin Proaktinomycin *n*
proactivator Proaktivator *m*, Aktivatorvorstufe *f*, inaktiver Aktivator *m*
proagglutinoid Proagglutinoid *n*
proal sich vorwärts bewegend, zu einer Vorwärtsbewegung gehörend
proamnion Proamnion *n*
proarrhythmia Proarrhythmie *f*
proarrhythmic proarrhythmisch, arrhythmiefördernd, Arrythmie auslösend
proatlas Proatlas *m*
proazamine hydrochloride Proazaminhydrochlorid *n*, Promethazinhydrochlorid *n*
probability *(Statist)* Wahrscheinlichkeit *f*
probable signs of pregnancy wahrscheinliche Schwangerschaftszeichen *npl*
probacteriophage Prophage *m*
proband Proband *m*, Ausgangsperson *f*, Versuchsperson *f*
probang 1. Ösophaguskatheter *m*; 2. *s.* probe 2.
probarbital Probarbital *n*
probationary probatorisch, versuchsweise; zur Klärung der Diagnose; Probe…
probationary ward Quarantänestation *f*
probe *v* sondieren, probieren, versuchen; prüfen
probe 1. Sondieren *n*, Sondierung *f*; 2. Sonde *f*, Knopfsonde *f*
probe with eye Öhrsonde *f*
probenecid Probenecid *n (Gichtmittel)*
probing olive Sondenolive *f*, Olive *f*, Olivensonde *f*
probing of the sinus Sinussondierung *f*
probiosis Probiose *f (Zusammenleben von Organismen zum gegenseitigen Vorteil)*
probiotic probiotisch; Probiose…
probucol Probucol *n (Antihypercholesterikum)*
procaine *(Anästh)* Prokain *n*, Novokain *n*, p-Aminobenzoesäure-β-diäthylaminoäthylester *m*, 2-Di-ethylaminoethyl-4-aminobenzoat *n (Lokalanästhetikum)*
procaine amide *s.* procainamide
procaine block of the stellate ganglion *(Chir)* Prokainblockade *f* des Ganglion stellatum, Stellatumblockade *f*
procaine esterase Prokainesterase *f (Enzym)*
procaine hydrochloride Procainhydrochlorid *n*, Prokainhydrochlorid *n*, Procainum *n* hydrochloricum
procaine penicillin G Procain-Penicillin G *n*
procainamide Procainamid *n*, Prokainamid *n*, 4-Aminobenzoesäure-(2′-diethylaminoethyl)amid *n (Lokalanästhetikum)*
procainamide hydrochloride Procainamidhydrochlorid *n*
procallus Prokallus *m*, Vorkallus *m (organisiertes Frakturhämatom)*
procapsid *(Virol)* Procapsid *n*
procarbazine hydrochloride Procarbazinhydrochlorid *n (Antineoplastikum)*

procarboxypeptidase Procarboxypeptidase *f (Enzym)*
procarcinogen Prokarzinogen *n*
procaryocyte *s.* prokaryocyte
procaryon Prokaryon *m*
procaryotic Prokaryon…
procedure 1. Prozedur *f*, Verfahren *n*, Methode *f*; 2. Operationsmethode *f*, Operationstechnik *f*
procentriole Prozentriol *n*
procephalic prozephal, prokephal
procercoid *(Paras)* Prozerkoide *f*
procerus (muscle) Musculus *m* procerus, Stirnhautsenker *m*
process 1. *s.* processus; 2. Prozess *m*, Vorgang *m*, Ablauf *m*
process psychosis *s.* process schizophrenia
process schizophrenia *(Neur)* Prozessschizophrenie *f*
processing 1. *(Gen)* posttranslationale Proteinmodifikation *f*, Trafficking *n (der Membraneiweiße)*; 2. *(Gen)* posttranskriptionale Modifikation *f* der Ribonukelinsäuren, Reifungsprozess *m* des primären RNS-Stranges zur funktionalen Ribonukleinsäure *(m-RNS, r-RNS, t-RNS)*
processus Processus *m*, Apophyse *f*, Fortsatz *m*, Knochenfortsatz *m*
procheilia Procheilie *f*, Vorstehen *n* der Lippen
procheilon Procheilon *n*, Tuberculum *n* labii superioris *(Vorsprung der Oberlippe)*
prochilia *s.* procheilia
prochlorperazine Prochlorperazin *n*, Prochlorperazin *n (Antiemetikum, Antipsychotikum)*
prochondral prächondral, vor der Knorpelbildung auftretend
prochordal *s.* prechordal
prochoresis Prochoresis *f (Nahrungstransport im Verdauungskanal)*
prochromatin Prochromatin *n*
prochromosome *(Histol)* Prochromosom *n*
prochymosin Prochymosin *n*, Chymosinogen *n*, Pexinogen *n*
procidentia *s.* 1. prolapse; 2. prolapse of the uterus
procoagulant die Koagulation fördernd
procoagulant *(Hämat)* Prokoagulator *m*
procollagen Prokollagen *n (Kollagenvorstufe)*
procollagen aminoproteinase Prokollagenaminoproteinase *f (Enzym)*
procollagen C-endopeptidase Prokollagen-C-endopeptidase *f*, Prokollagen-C-proteinase *f (Enzym)*
procollagen C-proteinase *s.* procollagen-C-endopeptinase
procollagen carboxyproteinase Prokollagencarboxyproteinase *f (Enzym)*
procollagen galactosyltransferase Prokollagengalactosyltransferase *f (Enzym)*
procollagen glucosyltransferase Prokollagenglucosyltransferase *f (Enzym)*
procollagen N-endopeptidase Prokollagen-N-endopeptidase *f*, Prokollagen-N-endoproteinase *f (Enzym)*
procollagen N-endoproteinase *s.* procollagen-N-endopeptinase
procollagen peptidase Prokollagenpeptidase *f (Enzym)*
procollagen-proline dioxygenase Prokollagen-prolindioxygenase *f (Enzym)*
proconceptive konzeptionsfördernd, empfängnisfördernd
proconceptive (agent) konzeptionsförderndes [empfängnisförderndes] Mittel *n*
proconvertin Proconvertin *n*, Prokonvertin *n*, Konvertin *n*, Blutgerinnungsfaktor *m* VII, Prothrombin-converting-Faktor *m*
proconvertin deficiency Gerinnungsfaktor-VII-Mangel *m*, Prokonvertinmangel *m*, Pseudohämophilie *f*
procreate *v* (Nachkommen) zeugen
procreation Zeugung *f*, Nachkommenzeugung *f*
procreative zeugungsfähig, fruchtbar; Zeugungs…
proctagra Proktagra *f*, plötzlicher Afterschmerz *m*
proctalgia 1. Proktalgie *f*, Afterschmerz *m*; 2. Proktalgie *f*, Mastdarmschmerz *m*
proctatresia Proktatresie *f*, Anusatresie *f*, fehlender After *m*
proctectasia 1. Proktektasie *f*, Anusdilatation *f*, Aftererweiterung *f*; 2. Proktektasie *f*, Rektumdilatation *f*, Mastdarmerweiterung *f*
proctectomy Proktektomie *f*, Rektumamputation *f*, Rektumresektion *f*, Mastdarmexstirpation *f*, (operative) Mastdarmentfernung *f*
proctencleisis Proktenkleisis *f*, Rektumstenose *f*, Mastdarmvereng(er)ung *f*, Analstriktur *f*
procteurynter 1. Prokteurynter *m*, Afterdehner *m*; Analsperrer *m*; 2. Prokteurynter *m*, Mastdarmdehner *m*
procteurysis Prokteurysis *f*, Mastdarmdehnung *f*
proctitis 1. Proktitis *f*, Afterentzündung *f*; 2. Proktitis *f*, Mastdarmentzündung *f*, Rektumkatarrh *m*, Rektitis *f*
proctocele Proktozele *f*, Rektozele *f*, Mastdarmbruch *m*, Mastdarmvorfall *m*
proctoclysis Proktoklysis *f*, Rektuminfusion *f*, Rektoklysis *f*
proctococcypexy Proktokokzypexie *f*, Rektumfixation *f* am Steißbein
proctocolectomy Proktokolektomie *f*, (operative) Rektum- und Kolonentfernung *f*
proctocolitis Proktokolitis *f*, Rektum(schleimhaut)- und Kolon(schleimhaut)entzündung *f*, Mastdarm- und Dickdarmentzündung *f*
proctocolonoscopy Proktokolonoskopie *f*, Rektum- und Kolonspiegelung *f*
proctocolpoplasty Proktokolpoplastik *f*, Rektum-Scheiden-Plastik *f*, Mastdarm- und Scheidenrekonstruktion *f*
proctocystoplasty Proktozystoplastik *f*, Rektum-Blasen-Plastik *f*, Mastdarm- und Blasenrekonstruktion *f*
proctocystotomy Proktozystotomie *f*, Blaseneröffnung *f* über das Rektum
proctodaeal *(Embr)* proktodäal, proktodeal; Proktodäum…, Proktodeum…
proctodaeal gland Proktodäaldrüse *f*, Proktodealdrüse *f*
proctodaeum *(Embr)* Proktodäum *n*, Proktodeum *n*, Afterbucht *f*
proctodynia *s.* proctalgia
proctoelytroplasty *s.* proctocolpoplasty
proctogenic 1. proktogen, dem Anus [After] entstammend; 2. proktogen, dem Rektum [Mastdarm] entstammend
proctogenical *s.* proctogenic
proctography Proktographie *f*, Röntgen(kontrast)darstellung *f* des Rektums
proctologic proktologisch
proctologist Proktologe *m*, Spezialist *m* für After- und Mastdarmerkrankungen
proctology Proktologie *f*
proctoparalysis Proktoparalyse *f*, Mastdarmlähmung *f*, Lähmung *f* des Afterschließmuskels
proctoperineoplasty Proktoperineoplastik *f*, After-Damm-Plastik *f*, After- und Dammrekonstruktion *f*
proctoperineorrhaphy Proktoperineorrhaphie *f*, After- und Dammnaht *f*, Rektoperineorrhaphie *f*
proctopexy Proktopexie *f*, Rektopexie *f*, Mastdarmfixation *f*, (operative) Rektumanheftung *f*
proctophobia Proktophobie *f*, Rektophobie *f*, Angst *f* vor Rektumerkrankungen
proctoplasty Proktoplastik *f*, Anus-Rektum-Plastik *f*, After- und Rektumrekonstruktion *f*

proctoplegia *s.* proctoparalysis
proctopolypus Rektumpolyp *m*
proctoptosia *s.* proctoptosis
proctoptosis Proktoptose *f*, Rektumprolaps *m*, Mastdarmprolaps *m*, Mastdarmvorfall *m*
proctorrhagia Proktorrhagie *f*, Rektumblutung *f*
proctorrhaphy *(Chir)* Proktorrhaphie *f*, Rektumnaht *f*, Rektorrhaphie *f*
proctorrhoea Proktorrhoe *f*, Schleimabgang *m* durch den After
proctoscope Proktoskop *n*, Rektoskop *n*, Rektumspiegel *m*, Mastdarmspiegel *m*
proctoscopic proktoskopisch
proctoscopy Proktoskopie *f*, Rektoskopie *f*, Rektumspiegelung *f*, Mastdarmspiegelung *f*
proctosigmoid Proktosigmoid *n*, Rektosigmoid *n*
proctosigmoidectomy Proktosigmoidektomie *f*, (operative) Rektum- und Sigmaentfernung *f*, Rektosigmoidektomie *f*
proctosigmoiditis Proktosigmoiditis *f*, Rektum- und Sigmaentzündung *f*
proctosigmoidoscope Proktosigmoidoskop *n*, Rektosigmoidoskop *n*
proctosigmoidoscopy Proktosigmoidoskopie *f*, Rektosigmoidoskopie *f*, Rektum- und Sigmaspiegelung *f*
proctospasm 1. Afterkrampf *m*; 2. Proktospasmus *m*, Mastdarmkrampf *m*
proctostasis Proktostase *f*, Kotverstopfung *f* des Mastdarms
proctostenosis Proktostenose *f*, Rektumstenose *f*, Mastdarmvereng(er)ung *f*
proctostomy Proktostomie *f*, Rektumfistelung *f*, (operative) Mastdarmfistelung *f*, Rektostomie *f*
proctotome Proktotom *n*, Rektummesser *n*
proctotomy Proktotomie *f*, Rektotomie *f*, Rektum(ein)schnitt *m*, (operative) Mastdarmeröffnung *f*
procumbent in Bauchlage, auf dem Bauch liegend; auf dem Gesicht liegend; mit dem Gesicht nach unten
procursive prokursiv, vorwärtslaufend, mit Tendenz zum Vorwärtslaufen; Prokursiv…
procurvation Vorwärtsbeugung *f* (des Körpers)
procuticle Procuticulum *n*, Prokutikel *n*
procyclidine hydrochloride Procyclidinhydrochlorid *n* *(Anticholinergikum)*
procyclidine methochloride Procyclidinmethochlorid *n* *(gegen Magen-Darm-Spasmen wirksam)*
prodigiosin Prodigiosin *n (Antimykotikum)*
prodolic acid Prodolinsäure *f (Antiphlogistikum)*
prodromal prodromal, vorausgehend, anzeigend
prodromal labour Prodromalstadium *n* der Geburt
prodromal period Prodromalstadium *n*, Stadium *n* prodromorum
prodromal phase Prodromalphase *f*
prodromal rash prodromaler Ausschlag *m*
prodromal stage *s.* prodromal period
prodromal symptom Prodromalsymptom *n*, Prodromalzeichen *n*, Frühsymptom *n*
prodrome Prodrom *n*, Prodromalerscheinung *f*, Vorläufer *m*, Vorbote *m*, Aura *f*
prodromic *s.* prodromal
prodromous *s.* prodromal
prodrug Prodroge *f*, Arzneimittelpräkursor *m*, (pharmakologischer) Wirkstoffpräkursor *m (wird durch Biotransformation zum aktiven Wirkstoff)*
produce *v* **allergic reactions** allergische Reaktionen bewirken [verursachen]
produce *v* **immunity** Immunität bewirken [produzieren]
productive 1. produktiv, gewebs(neu)bildend; 2. produktiv, sekretfördernd; schleimfördernd
productive cough feuchter Auswurf *m*; schleimfördernder Husten *m*
productive inflammation produktive Entzündung *f (mit Gewebsneubildung)*
productive osteitis *s.* eburnation
proemial *s.* prodromal
proencephalia *(Terat)* Proenzephalie *f*, Proenkephalie *f*
proencephalon *(Terat)* Proenzephalon *n*
proencephalus *(Terat)* Proenzephalus *m*, Proenkephalus *m*
proenzyme Proenzym *n*, Vorenzym *n*, Enzymvorstufe *f*, Proferment *n*
proerythroblast *(Hämat)* Proerythroblast *m*
proerythrocyte *(Hämat)* Proerythrozyt *m*, Retikulozyt *m*
proestrogen *s.* pro-oestrogen
profess *v* **to general medicine** Allgemeinmediziner sein
professional professionell; beruflich
professional corporation berufliche Körperschaft *f*, Berufskörperschaft *f*
professional discretion (ärztliche) Schweigepflicht *f*
professional eczema *(Arb, Derm)* Berufsekzem *n*
professional hyperkinesia *(Arb)* Beschäftigungsneurose *f*
professional liability Berufshaftpflicht *f*
professional man Freiberufler *m*, freiberuflich Tätige(r) *m*
professional organization Berufsorganisation *f*
professional secrecy (ärztliches) Berufsgeheimnis *n*, ärztliche Schweigepflicht *f*
professional spasm Ermüdungskrampf *m*
professorial chair Professur *f*, Lehrstuhl *m*
professorship *s.* professorial chair
profibrin *(Hämat)* Profibrin *n*
profibrinolysin *s.* plasminogen
Profichet's syndrome Profichet'sches Syndrom *n*, Profichet-Syndrom *n*, Profichet'sche Krankheit *f*, Calcinosis *f* circumscripta *(umschriebene Kalkablagerungen in der Haut der Extremitäten)*
profilin Profilin *n (Aktin bindendes Protein)*
profilometer Profilometer *n*
profilometry Profilometrie *f*
proflavine Proflavin *n (Antiseptikum, Trypanosomenmittel)*
proflavine sulfate Proflavinsulfat *n*
profluvium Profluvium *n*, Ausfluss *m*
profondometer Profondometer *n (Apparat zur Lokalisierung von Fremdkörpern)*
profound 1. profund, tief, tief liegend *(z. B. Gefäße)*; 2. tiefgründig, tiefsinnig *(z. B. Kenntnisse)*; 3. völlig, total *(z. B. Bewusstlosigkeit)*; 4. heftig, stark *(z. B. Schmerzen)*
profunda tief, tief liegend
profunda 1. Arteria *f* profunda, tiefe [tief liegende] Arterie *f*; 2. Vena *f* profunda, tiefe [tief liegende] Vene *f*
profunda brachii artery Arteria *f* profunda brachii, tiefe Armarterie *f*
profunda clitoridis artery Arteria *f* profunda clitoridis, tiefe Klitorisarterie *f*
profunda femoris artery Arteria *f* profunda femoris, tiefe Oberschenkelarterie *f*
profunda femoris vein Vena *f* profunda femoris, tiefe Oberschenkelvene *f*
profunda linguae artery Arteria *f* profunda linguae, tiefe Zungenarterie *f*
profunda penis artery Arteria *f* profunda penis, tiefe Penisarterie *f*
profundoplasty *(Chir)* Profundaplastik *f (an der Oberschenkelarterie)*
profuse profus, (sehr) stark *(z. B. Blutung)*; üppig, reichlich *(z. B. Schweißbildung)*
profuse discharge profuser Ausfluss *m* [Fluor *m*]
profuse haemorrhage profuse Blutung *f*

profuse perspiration profuses Schwitzen *n (z. B. bei Malaria)*
profuse sweat(ing) *s.* profuse perspiration
profuse uterine bleeding profuse Gebärmutterblutung *f*
profusion Fülle *f*, Überfülle *f*, Reichtum *m*, Überfluss *m*, ungeheure Menge *f*
progamic progam, vor der Eibefruchtung auftretend
progamous *s.* progamic
progaster *s.* archenteron
progastrin Progastrin *n*
progenia *(Stom)* Progenie *f*, Unterkiefervorstand *m*, Vorstehen *n* des Unterkiefers
progenic occlusion *s.* progenia
progenitive zeugungsfähig; Zeugungs...
progeniture 1. Zeugung *f*, 2. *s.* progeny
progeny Progenitur *f*, Nachkommenschaft *f*
progeria *(Päd)* Progerie *f*, Hutchinson-Gilford'sche Krankheit *f*, Vergreisung *f* im Kindesalter, greisenhafter Zwergwuchs *m*
progeria with cataract Dyscephalia *f* mandibulo-oculofacialis
progeria with microphthalmia Dyscephalia *f* mandibulo-oculofacialis
progestagen Progestagen *n*
progestation stage (of the ovarian cycle) *(Gyn)* Gelbkörperphase *f*, Corpusluteum-Phase *f* (des Ovarialzyklus)
progestational Gelbkörperphasen..., Sekretionsphasen...
progestational agent Progestativum *n*, Mittel *n* mit Gestagenwirkung
progestational hormone Gelbkörperhormon *n*, Corpus-Luteum-Hormon *n*, Gestagen *n (z. B. Progesteron)*
progesterone Progesteron *n*, 4-Pregnen-3,20-dion *n (Corpus-luteum-Hormon)*
progesterone test Progesterontest *m*, Progesteronprobe *f*, Gestagentest *m*
progestin Progestin *n*
progestogen Progestogen *n*
progestogen-only oral contraceptive *(Gyn)* Minipille *f*, östrogenfreie Pille *f (enthält 30 µg Levonorgesterol)*
progestogen-only pill *s.* progestogen-only oral contraceptive
progestogen-only preparation *s.* progestogen-only oral contraceptive
proglossis Zungenspitze *f*
proglottid *(Paras)* Proglottid *m*, Proglottis *f*, Bandwurmglied *n*
proglottis *s.* proglottid
prognathia *s.* prognathism
prognathic prognath(isch), mit vorstehendem Kiefer
prognathic occlusion *s.* prognathism
prognathism *(Stom)* Prognathie *f*, Vorstehen *n* des Oberkiefers, Oberkiefervorstand *m*
prognathometer Prognathometer *n*
prognathous *s.* prognathic
prognose *v s.* prognosticate
prognosis Prognose *f*, Krankheitsvorhersage *f*, Voraussage *f*, Heilungsaussicht *f* • **make a prognosis** *s.* prognosticate
prognostic prognostisch, vorhersagend, voraussagend
prognosticate *v* prognostizieren, vorhererkennen, (den Krankheitsverlauf) voraussagen, eine Prognose [Vorhersage] geben
prognostician Prognostiker *m*
programmable pacemaker programmierbarer Herzschrittmacher *m* [Schrittmacher *m*]
progranulocyte *(Hämat)* Progranulozyt *m*
progravid *s.* progestational
progredient progredient, progressiv, fortschreitend *(siehe auch unter: progressive)*
progredient dementia *(Neur)* progrediente [fortschreitende] Demenz *f*
progress *v* fortschreiten *(z. B. eine Krankheit)*
progress of birth Geburtsvoranschreiten *n*, Geburtsfortschreiten *n*
progression Progression *f*, Fortschreiten *n*; Stufenfolge *f*, Steigerung *f*
progressive progressiv, progredient, fortschreitend, sich verschlimmernd *(Krankheit)*
progressive bulbar palsy *(Neur)* progressive Bulbärparalyse *f*
progressive bulbar paralysis *s.* progressive bulbar palsy
progressive cerebellar dyssynergy *(Neur)* Dyssynergia *f* cerebellaris progressiva
progressive cerebral poliodystrophy *(Neur)* Poliodystrophia *f* cerebri progressiva infantilis, Alpers-Syndrom *n*
progressive dental caries fortschreitende Zahnkaries *f*, Caries *f* progrediens
progressive diaphyseal dysplasia *(Neur)* Osteopathia *f* hyperostotica multiplex infantilis
progressive emphysematous necrosis *s.* gas gangrene
progressive external ophthalmoplegia Ophthalmoplegia *f* plus [progressiva]
progressive histoplasmosis progressive Histoplasmose *f*
progressive interstitial hypertrophic neuropathy progressive interstitielle hypertrophe Neuropathie *f*, Déjérine-Sottas-Syndrom *n*
progressive lipodystrophy Lipodystrophia *f* progressiva
progressive muscle relaxation progressive Muskelrelaxation *f*
progressive muscular ossification Myositis *f* ossificans progressiva
progressive myonecrosis progressive Myonekrose *f*
progressive myopia progressive Myopie *f*
progressive ophthalmoplegia progressive Ophthalmoplegie *f*
progressive pulmonary dystrophy progressive Lungendystrophie *f*
progressive relaxation *(Neur)* progressive Relaxation *f*
progressive resistance exercise progressive Widerstandsübung *f*
progressive spinal muscular atrophy of infants Werdnig-Hoffmann-Krankheit *f*, progressive infantile spinale Muskelatrophie *f*
progressive stenocardia *(Kard)* instabile Angina *f* pectoris, unstabile Stenokardie *f* [Herzenge *f*]
progressive stroke fortschreitender Schlaganfall *m* [Insult *m*], zerebrovaskuläre Insuffizienz *f* Stadium III, PS
progressive subcortical encephalopathy progressive subkortikale Enzephalopathie *f*, Schilder'sche Krankheit *f*
progressive supranuclear palsy progressive supranukleäre Lähmung *f*
progressive systemic sclerosis progressive systemische Sklerose *f*
progressive vaccinia Vaccinia *f* gangrenosa [necrosum]
proguanil hydrochloride Proguanilhydrochlorid *n (Malariamittel)*
prohibition 1. Verbot *n*; 2. *(Neur, For)* Entmündigung *f*
prohibitionist *(Neur)* Prohibitionist *m*, Alkoholgegner *m*
prohormone Prohormon *n*
proinflammatory entzündungsfördernd, eine entzündliche Reaktion anregend
proinsulin Pro-Insulin *n*
projectile vomiting Erbrechen *n* im Schwall [Strahl]
projection 1. Projektion *f*, Nachvornstrecken *n*, (örtliche) Verlagerung *f*; 2. (optische) Projektion *f (mittels Bildwerfer)*; 3. *(Neur, Physiol)* Projektion *f (örtliche Lokalisation*

einer Empfindung an der Körperoberfläche); 4. *(Neur)* Projektion *f (Fortleitung eines nervösen Impulses auf einer Projektionsbahn)*; 5. *(Psych)* Projektion *f (Verlagerung eigener Vorstellungen und Wünsche in die Außenwelt)*; 6. Projektion *f*, Projektionskraft *f (Strahlentleerung des Urins)*; 7. *(Rad)* Projektion *f*, Ansicht *f*, Blickwinkel *m*
projection area Projektionsfeld *n*, Projektionszentrum *n (Hirnrinde)*
projection centre *s.* projection area
projection fibre *(Anat)* Projektionsfaser *f*
projection perimetry *(Ophth)* Projektionsperimetrie *f*
projection system Projektionssystem *n (Nervensystem)*
projectional pain *(Neur)* Projektionsschmerz *m*
projective identification *(Neur)* projektive Identifikation *f*
projective reduplication *(Neur)* projektive Reduplikation *f*
projective test *(Neur)* projektiver Test *m*
prokaryoblast *(Hämat)* Prokaryoblast *m*
prokaryocyte *(Hämat)* Prokaryozyt *m*
prokaryon Prokaryon *n*
prokaryosis Prokaryose *f*
prokaryote Prokaryot *m*, Prokaryont *m*
prokaryotic prokaryotisch; Prokaryose…
prokinase Prokinase *f (Enzym)*
prolabial prolabial
prolabium Prolabium *n*, Lippenrot *n*
prolactin Prolactin *n*, PRL, luteotropes [laktogenes] Hormon *n*, Laktationshormon *n*, Laktogen *n*, Laktotropin *n*, Luteotropin *n*, LTH, Galaktin *n*
prolactin-inhibiting hormone *s.* prolactostatin
prolactin inhibitor Prolactininhibitor *m*, Prolactinhemmer *m*
prolactin-releasing hormone *s.* prolactoliberin
prolactinoma Prolactinom *n*, Prolaktinom *n*, prolaktinbildendes Adenom *n*
prolactoliberin Prolactoliberin *n*
prolactostatin Prolactostatin *n*
prolamin(e) Prolamin *n*, Gliadin *n*
prolan Prolan *n*
prolapse *v* prolabieren, vorfallen *(z. B. Organe)*
prolapse Prolaps *m*, Vorfall *m*
prolapse of hernia Hernienprolaps *m*
prolapse of the anus Analprolaps *m*
prolapse of the cerebrum Gehirnprolaps *m*, Hirnvorfall *m*, Prolapsus *m* cerebri
prolapse of the colon Kolonprolaps *m*, Dickdarmvorfall *m*
prolapse of the cord *(Gyn)* Nabelschnurprolaps *m*, Nabelschnurvorfall *m*
prolapse of the iris *(Ophth)* Irisprolaps *m*, Vorfall *m* der Regenbogenhaut, Prolapsus *m* iridis
prolapse of the rectum Rektumprolaps *m*, Mastdarmvorfall *m*, Prolapsus *m* recti
prolapse of the uterus Uterusprolaps *m*, Gebärmuttervorfall *m*, Prolapsus *m* uteri
prolapse of the vitreous body *(Ophth)* Glaskörperprolaps *m*, Glaskörpervorfall *m*
prolapse pessary Prolapspessar *n*
prolapsed cord prolabierte Nabelschnur *f*
prolapsed haemorrhoid prolabierte Hämorrhoide *f*
prolapsed spleen *s.* wandering spleen
prolapsus *s.* prolapse
proleptic proleptisch, vor dem üblichen Zeitpunkt auftretend *(z. B. Malariafieberschübe)*
proleucocyte *(Hämat)* Proleukozyt *m*, Leukoblast *m*
prolidase Prolidase *f*, Prolindipeptidase *f (Enzym)*
prolidase deficiency Prolidasemangel *m*
proliferate *v* proliferieren, wuchern
proliferating retinitis *(Ophth)* Retinitis *f* proliferans
proliferation Proliferation *f*, Wucherung *f*, Gewebswucherung *f*, Gewebevermehrung *f*
proliferative proliferativ, wuchernd; mit Gewebswucherung einhergehend
proliferative arthritis *s.* rheumatoid arthritis
proliferative cystitis *(Urol)* Cystitis *f* proliferans
proliferative-follicular phase *s.* proliferative phase
proliferative inflammation produktive Entzündung *f*
proliferative phase Proliferationsphase *f*, Proliferationsstadium *n*, Follikelreifungsphase *f*
proliferative stage *s.* proliferative phase
proliferous *s.* proliferative
proligerous proliger, Nachwuchs erzeugend, Nachkommen erzeugend; ein Ei [Ovum] bildend *(z. B. durch das Ovar)*
prolinaemia Prolinämie *f*, Hyperprolinämie *f*, Prolinerhöhung *f* im Blut
prolinase Prolinase *f*, Prolyldipeptidase *f (Enzym)*
proline Prolin *n*, Pro, Pyrrolidin-2-carbonsäure *f*
proline aminopeptidase Prolinaminopeptidase *f*, Proliniminopeptidase *f*
proline dehydrogenase Prolindehydrogenase *f*, Prolinoxidase *f (Enzym)*
proline dipeptidase Prolindipeptidase *f (Enzym)*
proline oxidase *s.* proline dehydrogenase
proline racemase Prolinracemase *f (Enzym)*
prolinuria Prolinurie *f*, Prolinausscheidung *f* im Urin
prolipase Prolipase *f (Lipasevorstufe)*
prolongation of PR interval Verlängerung *f* des PR-Intervalls
prolonged gestation verlängerte Schwangerschaft *f*, Schwangerschaftsverlängerung *f*
prolonged labour verlängerte Geburt *f*, Geburtsverlängerung *f*
prolonged memory *(Neur)* Langzeitgedächtnis *n*
prolonged menstruation prolongierte Menstruation *f*, verlängerte Monatsblutung *f*
prolonged pregnancy *s.* prolonged gestation
prolonged release *(Pharm)* verzögerte Freisetzung *f*
prolonged reversible ischaemic neurological deficit *(Neur)* zerebrovaskuläre Insuffizienz *f* Stadium II b, PRIND
prolonged sleep prolongierter Schlaf *m*
prolonged traction *(Chir)* Dauerzug *m*, Dauerextension *f*
prolonged treatment Dauerbehandlung *f*, Dauertherapie *f*
prolyl dipeptidase Prolyldipeptidase *f (Enzym)*
prolyl 3-hydroxylase Prolyl-3-hydroxylase *f (Enzym)*
prolylglycine dipeptidase *s.* prolyl dipeptidase
prolymphocyte *(Hämat)* Prolymphozyt *m*
promastigote Promastigote *f*, promastigote Form *f*, Leptomonas-Form *f (Trypanosomenstadium)*
promazine Promazin *n*, 10-(3-Dimethylaminopropyl)-phenothiazin *n (Antipsychotikum, Antiemetikum)*
promazine hydrochloride Promazinhydrochlorid *n*
promegakaryocyte *(Hämat)* Promegakaryozyt *m*
promegaloblast *(Hämat)* Promegaloblast *m*
prometaphase *(Histol)* Prometaphase *f (Mitosestadium)*
promethazine Promethazin *n*, 10-(2-Dimethylaminopropyl)-phenothiazin *n (Antihistaminikum, Sedativum)*
promethazine hydrochloride Promethazinhydrochlorid *n*
promethoestrol diproprionate Promethöstroldipropriopnat *n (synthetisches Östrogen)*
promine Promin *n*
prominence Prominentia *f*, Vorsprung *m*, Knochenvorsprung *m*
prominent (her)vorstehend, vorragend

prominent orbit hervorstehender Augapfel *m*
promitochondrium *s.* premitochondrium
promitosis Promitose *f (Mitosevorstadium)*
promonocyte *(Hämat)* Promonozyt *m*
promontorium *s.* promontory
promontory Promontorium *n*, Promunturium *n*; Vorgebirge *n* (des Beckens)
promontory of the middle ear Promontorium *n* cavi tympani
promontory of the sacrum Promontorium *n* ossis sacri
promontory of the tympanum *s.* promontory of the middle ear
promotor 1. *(Gen)* Promotor *m (DNS-Abschnitt eines Operons, an welchem die m-RNS-Synthese beginnt)*; 2. Promotor *m*, Beschleuniger *m*, Aktivator *m*
prompting (of behaviour) *(Neur, Psych)* manipulatives Verhaltenstraining *n*, manipulativer Verhaltensaufbau *m (z. B. Führung der Schreibhand)*
promyeloblast *(Hämat)* Promyeloblast *m*
promyelocyte *(Hämat)* Promyeolozyt *m*
promyelocytic promyelozytisch; Promyelozyten…
promyelocytic leukaemia Promyelozytenleukämie *f*
pronasion Pronasion *n*
pronate *v* pronieren, einwärts drehen
pronation 1. Pronation *f*, Handeinwärtsdrehung *f*, Einwärtsdrehen *n* der Hand; 2. Pronation *f*, Senkung *f* des inneren Fußrandes
pronation fracture Pronationsfraktur *f*
pronation of foot Fußpronation *f*, Pronation *f* des Fußes
pronation of forearm Unterarmpronation *f*, Pronation *f* des Unterarms
pronation phenomenon Pronationsphänomen *n*
pronation position Pronationsstellung *f*
pronation-supination test Pronation-Supination-Test *m*
pronatoflexor Pronator *m* und Flexor *m*, pronierender und flektierender Muskel *m*
pronator (muscle) Musculus *m* pronator, Pronator *m*, Neiger *m*, Einwärtsdreher *m*
pronator quadratus (muscle) Musculus *m* pronator quadratus, viereckiger Einwärtsdreher *m*
pronator radii teres (muscle) Musculus *m* pronator teres, runder Einwärtsdreher *m*
pronator reflex Pronatorreflex *m*
pronator ridge Pronatorleiste *f*
pronator syndrome Pronatorsyndrom *n*
prone mit dem Gesicht nach unten liegend; in Bauchlage
prone position Bauchlage *f*
pronephric Pronephros…, Vornieren…
pronephric duct Vornierengang *m*
pronephric system Vornierensystem *n*
pronephric tubule Vornierentubulus *m*
pronephron *s.* pronephros
pronephros *(Embr)* Pronephros *m*, Vorniere *f*
pronethalol hydrochloride Pronethalolhydrochlorid *n (Betablocker)*
pronometer Goniometer *n*, Arthrometer *n*, Fleximeter *n*
pronormoblast *(Hämat)* Pronormoblast *m*
pronormocyte *(Hämat)* Pronormozyt *m*
pronounced anaemia ausgeprägte Anämie *f*
pronounced bleeding ausgeprägte Blutung *f*
pronounced dyspnoea ausgeprägte Dyspnoe *f*, deutliche Atemnot *f*
pronounced pain ausgeprägter Schmerz *m*
pronounced tenderness ausgeprägte Druckschmerzhaftigkeit *f*, ausgeprägter Druckschmerz *m*; ausgeprägter Berührungsschmerz *m*
pronucleus Pronukleus *m*, Vorkern *m*
proof of paternity Paternitätsgutachten *n*, Vaterschaftsgutachten *n*, Vaterschaftsbestimmung *f*
proof-reading *(Gen)* Basensequenzkorrektur *f (durch Exonukleaseaktivität der DNS-Polymerasen)*
propaedeutics Propädeutik *f*, Vorerziehung *f*, Unterweisung *f*, Vorübung *f*, Einleitung *f*, (vorbereitende) Einweisung *f* in eine Wissenschaft
propafenone Propafenon *n (Antiarrhythmikum)*
propafenone hydrochloride Propafenonhydrochlorid *n*
propagate *v* 1. fortpflanzen, vermehren, reproduzieren; sich fortpflanzen, sich vermehren; 2. ausbreiten; sich ausbreiten *(z. B. Wellen)*
propagation 1. Fortpflanzung *f*, Reproduktion *f*; 2. Ausbreitung *f*
propagative fortpflanzend; Reproduktions…, Fortpflanzungs…
propalinal vorwärts und rückwärts
propalinal movement Vorwärts- und Rückwärtsbewegung *f*
propamidine Propamidin *n (Antimykotikum; Mittel gegen Trypanosomen)*
propane Propan *n*
1,2,3-propanetriol 1,2,3-Propantriol *n*, Gylcerol *n*
propanidid Propanidid *n (Anästhetikum)*
propanoic acid Propanonsäure *f*, Propionsäure *f*
propanol Propanol *n*, Propylalkohol *m*
propantheline bromide Propathelinbromid *n (Anticholinergikum)*
proparacaine Proparacain *n (Anästhetikum)*
proparacaine hydrochloride Proparacainhydrochlorid *n*
propatyl nitrate Propatylnitrat *n (Koronardilator)*
propepsin Propepsin *n*, Pepsinogen *n (inaktive Pepsinvorstufe)*
propeptone Propepton *n*
propeptonuria Propeptonurie *f (siehe auch: albumosuria)*
proper hepatic artery Arteria *f* hepatica propria
proper ligament of the ovary *s.* proper ovarian ligament
proper ovarian ligament Ligamentum *n* ovarii proprium
proper palmar digital artery Arteria *f* digitalis palmaris propria
proper palmar digital nerves of the median nerve Nervi *mpl* digitales palmares proprii nervi mediani
proper palmar digital nerves of the ulnar nerve Nervi *mpl* digitales palmares proprii nervi ulnaris
proper plantar digital artery Arteria *f* digitalis plantaris propria
proper premedication *(Anästh)* ausreichende Prämedikation *f*
proper volar digital artery Arteria *f* digitalis volaris propria
properdin Properdin *n (Plasmaglobulin)*
properdin system Properdinsystem *n (alternativer Weg der Komplement-Aktivierung)*
properitoneal *s.* preperitoneal
property 1. Eigenschaft *f*, Charakteristikum *n*; 2. Fähigkeit *f*, Vermögen *n*; 3. Besitz *m*, Eigentum *n*
prophage Prophage *m*
prophase *(Histol)* Prophase *f*, erste Kernteilungsphase *f*
prophenpyridamine Prophenpyridamin *n*, Pheniramin *n*
prophetic dream *(Neur)* Wahrtraum *m*
prophlogistic entzündungsfördernd, eine Entzündung bewirkend
prophylactic prophylaktisch, vorbeugend, (krankheits-) verhütend, abwendend
prophylactic (agent) Prophylaktikum *n*, vorbeugendes Mittel *n*, krankheitsverhütendes Mittel *n*
prophylactic forceps prophylaktische Zange(ngeburt) *f*
prophylactic immunization prophylaktische Immunisierung *f*
prophylactic measure prophylaktische Maßnahme *f*
• **take prophylactic measures** prophylaktische Maßnahmen ergreifen, eine Prophylaxe einleiten [beginnen]

prophylactic medical examination (medizinische) Vorsorgeuntersuchung *f*, prophylaktische Untersuchung *f*
• **carry out a prophylactic medical examination** eine prophylaktische ärztliche Untersuchung durchführen
• **undergo a prophylactic medical examination** eine prophylaktische ärztliche Untersuchung durchlaufen
prophylactic odontomy prophylaktische Odontotomie *f*
prophylactic treatment prophylaktische Behandlung *f*
prophylactodontia vorbeugende Zahnmedizin *f*, Dentalprophylaxe *f*
prophylaxis Prophylaxe *f*, Krankheitsvorbeugung *f*, Krankheitsverhütung *f*
prophylaxis of dental caries Kariesprophylaxe *f*, Zahnkariesvorbeugung *f*
prophylaxis of tetanus Tetanusprophylaxe *f*
prophylaxis of thrombosis Thromboseprophylaxe *f*
propicillin Propicillin *n (Antibiotikum)*
propiolactone Propiolacton *n*
propiomazine hydrochloride Propiomazinhydrochlorid *n*
propionibacterium Propionibakterium *n*
propionic acid Propansäure *f*, Propionsäure *f (z. B. in der Galle)*
propionic fermentation Propanonsäurefermentation *f*, Propionsäuregärung *f*
propionicacidaemia Propionazidämie *f (erhöhter Plasmagehalt an Propionsäure)*
propionicacidaemic Propionazidämie...
propionyl-CoA carboxylase Propionyl-CoA-carboxylase *f (Enzym)*
propionylglycine Propionylglycin *n*
propitocaine hydrochloride Propitocainhydrochlorid *n*, Prilocainhydrochlorid *n*
proplasia Proplasie *f*
proplasmacyte *(Hämat)* Proplasmozyt *m*
proplasmin Proplasmin *n*, Plasminogen *n*
propofol Propofol *n (Anästhetikum)*
proportional mortality proportionale Mortalität *f*
proposed symptom *(Neur)* Präsentiersymptom *n*
propoxycaine hydrochloride Propoxycainhydrochlorid *n*
propoxyphene Propoxyphen *n*
propoxyphene hydrochloride Propoxyphenhydrochlorid *n*
propranolol Propranolol *n*, 1-Isopropylamino-3-(1-naphthyloxy)-2-propanol *n (Betarezeptorenblocker)*
propranolol hydrochloride Propranololhydrochlorid *n*
proprietary drug eingetragenes Arzneimittel *n*
proprietary medicine patentrechtlich geschütztes Medikament *n*
proprietary name registrierter [eingetragener] Name *m*
proprioception *(Physiol)* Propriozeption *f*, Interozeption *f*, Muskelsinn *m*
proprioceptive propriozeptiv, körpereigene Reize wahrnehmend
proprioceptive impulse propriozeptiver Impuls *m*
proprioceptive neuromuscular facilitation propriozeptive neuromuskuläre Bahnung *f*
proprioceptive receptor *s.* proprioceptor
proprioceptive reflex propriozeptiver Reflex *m*, Eigenreflex *m*
proprioceptive sensation Propriozeption *f*, propriozeptive Wahrnehmung *f*
proprioceptor Propriozeptor *m*, Interozeptor *m*, Eigenrezeptor *m*
propriospinal propriospinal, zum Rückenmark gehörend
proprotein Proprotein *n*
proptometer *s.* exophthalmometer
proptosis 1. Proptosis *f*, Vortreibung *f* des Augapfels *(siehe auch: exophthalmus)*; 2. *s.* prolapse
proptotic proptotisch, vorfallend, prolabierend
propulsion *(Neur)* Propulsion *f*, Festination *f*, Trippelgang *m*, (unwillkürliche) Gangbeschleunigung *f (z. B. bei Parkinsonismus)*
propulsive propulsiv
propulsive petit mal *(Neur)* Propulsiv-petit-mal-Epilepsie *f*, Propulsiv-Petit-mal *n*
propyl alcohol Propylalkohol *n*, *n*-Propanol *n (Desinfektionsmittel)*
propylene Propylen *n*, Propen *n*
propylene glycol 1,2-Propandiol *n*
propylformic acid *s.* butyric acid
propylhexedrine Propylhexedrin *n (Vasokonstriktor)*
propyliodone Propyliodon *n (Röntgenkontrastmittel)*
propylparaben Propylparaben *n (Antimykotikum)*
propylthiouracil Propylthiouracil *n (Thyreostatikum)*
propyromazine Propyromazin *n (Antispasmodikum)*
prorennin *s.* renninogen
prorrhaphy Vorlagerung(soperation) *f (z. B. eines Muskels)*
proscillaridin Proszillaridin *n (Glykosid)*
proscolex *s.* onchosphere
prosecretin Prosekretin *n (Sekretinvorstufe)*
prosect *v* (pro)sezieren, eine Leichenzerlegung [Sektion] durchführen
prosection (anatomische) Sektion *f*, Lehrsektion *f*
prosector Prosektor *m*, Sektionen durchführender [überwachender] Arzt *m*
prosectorium Sektionssaal *m*
prosector's wart *(Derm, Inf)* Verruca *f* necrogenica
prosencephalic prosenzephal; Prosenzephalon..., Vorderhirn...
prosencephalic dysraphism Vorderhirndysraphie *f*
prosencephalic vesicle *(Embr)* Vorderhirnbläschen *n*
prosencephalon Prosenzephalon *n*, Vorderhirn *n (aus Dienzephalon und Telenzephalon)*
proserozyme Proserozym *n (Gerinnungsfaktor)*
prosocoele *s.* prosencephalic vesicle
prosodemic direkt übertragen, von Mensch zu Mensch übertragen *(z. B. eine Krankheit)*
prosody Prosodie *f*, Sprachvariation *f (Artikulationsmittel zur Variation des Informationsgehaltes gesprochener Texte)*
prosogaster Prosogaster *m*, Vordarm *m*, Vorderdarm *m*
prosopagnosia *(Neur)* Prosopagnosie *f*, physiognomische Agnosie *f*
prosopagus *s.* prosopopagus
prosopalgia Prosopalgie *f*, Prosopodynia *f*, Trigeminusneuralgie *f*, Gesichtsschmerz *m*
prosopalgic Trigeminusneuralgie...; Gesichtsschmerz...
prosopectasia Prosopektasie *f*, Gesichtsvergrößerung *f*
prosopic *s.* facial
prosoplasia 1. Prosoplasie *f*, höhere Differenzierung *f (z. B. von Geweben)*; 2. Prosoplasie *f*, abnorme Gewebsdifferenzierung *f (z. B. Geschwulstbildung)*
prosoplastic 1. prosoplastisch, höher differenziert; 2. prosoplastisch, geschwulstbildend
prosopoanoschisis Prosopoanoschisis *f*, schräge Gesichtsspalte *f*
prosopodiplegia Prosopodiplegie *f*, beidseitige Gesichtslähmung *f* [Fazialislähmung *f*]
prosopodynia *s.* prosopalgia
prosopodysmorphia Prosopodysmorphie *f*, Hemiatrophia *f* facialis progressiva
prosoponeuralgia Prosoponeuralgie *f*, Trigeminusneuralgie *f*, Gesichtsschmerz *m*

prosopopagus *(Terat)* Prosopopagus *m*, Doppelmissgeburt *f* mit Gesichtsverwachsung
prosopopilary virilism übermäßiger Wuchs *m* der Gesichtshaare
prosopoplegia Prosopoplegie *f*, Gesichtslähmung *f*, periphere Fazialislähmung *f*, Gesichtsnervenlähmung *f*, Lähmung *f* des Nervus facialis
prosopoplegic prosopoplegisch; Gesichtslähmungs…
prosoposchisis Prosoposchisis *f*, (angeborene) Gesichtsspalte *f*
prosopospasm Prosopospasmus *m*, Gesichts(muskel)-krampf *m*, Fazialiskrampf *m*, Tic *m* douloureux
prosoposternodidymus *s.* prosopothoracopagus
prosoposternodymia *(Terat)* Prosoposternodymie *f*
prosopothoracopagus *(Terat)* Prosopothorakopagus *m*, Doppelmissgeburt *f* mit Brust- und Gesichtsverschmelzung
prosopotocia *(Gyn)* Prosopotokie *f*, Gesichtslage *f*
prospective study Prospektivstudie *f*, prospektive Studie *f* *(z. B. über Krankheitsrisikofaktoren)*
prospermia Prospermie *f*, Prospermatismus *m*, vorzeitiger Samenerguss *m*, Ejaculatio *f* praecox
prostacyclin Prostazyklin *n*, Prostacyclin *n*, PGI_2
prostacyclin synthase Prostacyclinsynthetase *f (Enzym)*
prostaglandin Prostaglandin *n (Vorsteherdrüsenhormon)*
prostaglandin D_2 Prostaglandin *n* D_2, PGD_2
prostaglandin-D synthase prostaglandin-D-synthase *f (Enzym)*
prostaglandin E_1 Prostaglandin *n* E_1, PGE_1, Alprostadil *n*
prostaglandin E_2 Prostaglandin *n* E_2, PGE_2, Dinoproston *n*
prostaglandin-E_2 reductase Prostaglandin-E_2-reduktase *f (Enzym)*
prostaglandin-E synthase Prostaglandin-E-synthase *f (Enzym)*
prostaglandin endoperoxide synthase Cyclooxygenase *f (Enzym)*
prostaglandin $F_{2\alpha}$ Prostaglandin *n* $F_{2\alpha}$, PGE_1, Dinoprost *n*
prostaglandin $F_{2\alpha}$ tromethamine Dinoprostthrometha-min *n*
prostaglandin G_2 Prostaglandin *n* G_2, PGG_2
prostaglandin H_2 Prostaglandin *n* H_2, PGH_2
prostaglandin H_2 D-isomerase Prostaglandin-H_2-D-isomerase *f (Enzym)*
prostaglandin-H_2 E-isomerase Prostaglandin-H_2-E-isomerase *f (Enzym)*
prostaglandin I_2 *s.* prostacyclin
prostaglandin I2 *s.* prostacyclin
prostaglandin-I synthase Prostaglandin-I-synthase *f (Enzym)*
prostaglandin inhibitor Prostaglandininhibitor *m*
prostaglandin synthetase Prostaglandinsynthetase *f (Enzym)*
prostanoic acid Prostansäure *f*
prostanoid Prostanoid *n*
prostata *s.* prostate
prostatalgia Prostatalgie *f*, Prostatadynie *f*, Vorsteherdrüsenschmerz *m*
prostatauxe Prostatavergrößerung *f*, Vorsteherdrüsenvergrößerung *f*
prostate (gland) Prostata *f*, Vorsteherdrüse *f (siehe auch unter: prostatic)*
prostate cancer Prostatakrebs *m*, Prostatakarzinom *n*
prostate examination Prostatauntersuchung *f*
prostate phlegmon Prostataphlegmone *f*
prostate-specific antigen prostataspezifisches Antigen *n*, PSA
prostatectomy Prostatektomie *f*, Prostataexstirpation *f*, Vorsteherdrüsenexzision *f*, (operative) Prostataentfernung *f*
prostathelcosis Prostathelkose *f*, Prostatageschwür *n*
prostatic prostatisch; Prostata…, Vorsteherdrüsen…
prostatic abscess Prostataabszess *m*, Vorsteherdrüsen(ver)eiterung *f*
prostatic adenectomy *s.* prostatectomy
prostatic adenoma Prostataadenom *n*
prostatic adenomectomy Prostataadenomektomie *f*
prostatic antibacterial factor antibakterieller Prostatafaktor *m*
prostatic atrophy Prostataatrophie *f*, Prostataschwund *m*
prostatic bed *(Anat)* Prostatabett *n*
prostatic biopsy Prostatabiopsie *f*
prostatic calculus Prostatakalkulus *m*, Vorsteherdrüsenstein *m*
prostatic cancer Prostatakarzinom *n*, Vorsteherdrüsenkrebs *m*
prostatic capsule *(Anat)* Prostatakapsel *f*
prostatic catheter Prostatakatheter *m*
prostatic cavity *(Anat)* Prostatahöhle *f*
prostatic concretions *(Anat)* Corpora *npl* amylaceae prostatae, Prostatakörperchen *npl*, Vorsteherdrüsenkörperchen *npl*
prostatic cyst Prostatazyste *f*, Vorsteherdrüsenzyste *f*
prostatic cytology Prostatazytologie *f*
prostatic disease Prostatakrankheit *f*, Prostataleiden *n*, Vorsteherdrüsenerkrankung *f*
prostatic duct Prostatagang *m*, Vorsteherdrüsengang *m*
prostatic ductule *s.* prostatic duct
prostatic enlargement Prostatavergrößerung *f*
prostatic enucleation Prostataenukleation *f*
prostatic epithelium Prostataepithel *n*, Vorsteherdrüsenepithel *n*
prostatic fluid Succus *m* prostaticus, Prostatasekret *n*
prostatic gland *s.* prostate
prostatic hypertrophy Prostatahypertrophie *f*
prostatic index Prostataindex *m*
prostatic injury Prostataverletzung *f*, Vorsteherdrüsenverletzung *f*
prostatic lobe forceps *(Chir)* Prostatafasszange *f*
prostatic massage Prostatamassage *f*
prostatic needle biopsy Prostatanadel(punktions)biopsie *f*
prostatic nerve supply Prostatanervenversorgung *f*, Vorsteherdrüseninnervation *f*
prostatic plexus 1. Plexus *m* prostaticus, sympathisches Nervengeflecht *n* um die Vorsteherdrüse; 2. Plexus *m* venosus prostaticus, Venengeflecht *n* [Venennetz *n*] um die Vorsteherdrüse
prostatic portion of the male urethra Pars *f* prostatica urethrae (masculinae)
prostatic puncture Prostatapunktion *f*
prostatic sarcoma *(Path)* Prostatasarkom *n*
prostatic sinus *(Anat)* Sinus *m* prostaticus, Prostatasinus *m*, Vorsteherdrüsensinus *m*
prostatic syncope Prostatasynkope *f*, Synkope *f* bei Prostatauntersuchung
prostatic tissue Prostatagewebe *n*, Vorsteherdrüsengewebe *n*
prostatic tuberculosis Prostatatuberkulose *f*
prostatic urethra *s.* prostatic portion of the male urethra
prostatic urethral polyp Polyp *m* in der Pars prostatica urethrae (masculinae)
prostatic utricle Utriculus *m* prostaticus [masculinus]
prostaticovesical prostat(ik)ovesikal; Prostata-Blasen-…
prostaticovesiculectomy Prostatovesikulektomie *f*, (operative) Vorsteherdrüsen- und Samenbläschenentfernung *f*
prostatism Prostatismus *m (Beschwerdenkomplex bei Prostatavergrößerung)*

prostatitic Prostatitis…, Prostataentzündungs…, Vorsteherdrüsenentzündungs…
prostatitis Prostatitis *f*, Prostataentzündung *f*, Vorsteherdrüsenentzündung *f*
prostatocystitis Prostatozystitis *f*, Vorsteherdrüsen- und Blasenentzündung *f*
prostatocystotomy Prostatozystotomie *f*, (operative) Prostata- und Harnblaseneröffnung *f*
prostatodynia *s.* prostatalgia
prostatogram Prostatogramm *n*, Röntgen(kontrast)bild *n* der Vorsteherdrüse
prostatography Prostatographie *f*, Röntgen(kontrast)-darstellung *f* der Vorsteherdrüse
prostatolith Prostatolith *m*, Prostatastein *m*, Vorsteherdrüsenstein *m*
prostatolithotomy Prostatolithotomie *f*, Prostatasteinexstirpation *f*, Vorsteherdrüsensteinexzision *f*, (operative) Prostatasteinentfernung *f*
prostatomegaly Prostatomegalie *f*, Prostatahypertrophie *f*
prostatometer Prostatometer *n*
prostatomy *s.* prostatotomy
prostatopathy Prostatopathie *f*, Prostataleiden *n*, vegetatives Urogenitalsyndrom *n*
prostatorrhoea Prostatorrhoe *f*, Prostatasekret(aus)fluss *m*, Vorsteherdrüsensekretabgang *m*
prostatoseminal vesiculectomy *s.* prostatovesiculectomy
prostatoseminal vesiculitis *s.* prostatovesiculitis
prostatotomy Prostatotomie *f*, Prostatainzision *f*, Vorsteherdrüsen(ein)schnitt *m*
prostatovesiculectomy Prostatovesikulektomie *f*, (operative) Vorsteherdrüsen- und Samenbläschenentfernung *f*
prostatovesiculitis Prostatovesikulitis *f*, Vorsteherdrüsen- und Samenbläschenentzündung *f*
prosternation Kamptokormie *f*
prosthesis Prothese *f*, orthopädischer Ersatz *m* • **become accustomed to wearing a prosthesis** sich an das Prothesentragen gewöhnen, sich an eine Prothese gewöhnen • **fit a prosthesis** eine Prothese anpassen • **make a prosthesis fit** eine Prothese anpassen
prosthesis care Prothesenpflege *f*
prosthesis of foot Fußprothese *f*
prosthesis of forearm Unterarmprothese *f*
prosthesis of hip Hüft(gelenk)prothese *f*
prosthesis of shank [shin] Unterschenkelprothese *f*
prosthesis of thigh Oberschenkelprothese *f*
prosthetic 1. *(Orth)* prothetisch; Prothesen…; 2. *(Bioch)* prosthetisch
prosthetic appliance Prothese *f*, prothetische Vorrichtung *f*, prothetischer Ersatz *m* • **make a prosthetic appliance** eine Prothese anfertigen [herstellen] • **make a prosthetic appliance for the teeth** einen prothetischen Zahnersatz herstellen
prosthetic arterial grafting Arterienprothesentransplantation *f*
prosthetic construction Prothesenkonstruktion *f*, Prothesenaufbau *m*
prosthetic contraction Prothesenkontraktion *f*
prosthetic dentistry *s.* prosthodontia
prosthetic fitting Prothesenanpassung *f*
prosthetic group prosthetische Gruppe *f (nicht eiweißartiger Proteidbestandteil)*; Agon *n*, Wirkungsgruppe *f*, Koenzym *n*
prosthetic (heart) valve künstliche Herzklappe *f*, Klappenprothese *f*
prosthetics Prothetik *f*
prosthetist Orthopäde *m*, Prothesenmacher *m*, Prothesenhersteller *m*; Prothetiker *m*, Zahnprothesenhersteller *m*

prosthetophacos *(Ophth)* Lenticulus *m (Linsenprothese)*
prosthion Prosthion *n*, Prostheon *n (anthropologischer und kieferorthopädischer Messpunkt)*
prosthodontia Prothetik *f*, Zahnprothetik *f*, Zahnersatzkunde *f*, Lehre *f* vom künstlichen Zahnersatz
prosthodontics *s.* prosthodontia
prosthodontist Zahnprothesenhersteller *m*; Zahntechniker *m*
prosthokeratoplasty Prosthokeratoplastik *f*, prothetische Keratoplastik *f*
prostigmine test Prostigmintest *m (Schwangerschaftstest)*
prostrate *s.* prostrated
prostrated entkräftet, erschöpft
prostration Prostration *f*, (hochgradige) Entkräftung *f*, Erschöpfung *f* (der Körperkräfte)
protagonist Protagonist *m (Muskel)*
protal kongenital, angeboren *(Zusammensetzungen siehe unter: congenital)*
protalbumose Protalbumose *f*
protaminase Protaminase *f (Enzym)*
protamine Protamin *n (Heparinantagonist)*
protamine sulphate Protaminsulfat *n*, Prosulfat *n (Heparinantagonist)*
protamine sulphate precipitation Protaminsulfatpräzipitation *f*
protamine zinc insulin Protamin-Zink-Insulin *n*, PZ-Insulin *n (Depotinsulin)*
protan *s.* 1. protanopic; 2. protanomalous
protan *s.* protanope
protanomal Protanomal(r) *m*, Rotschwachsichtige(r) *m*
protanomalopia *s.* protanomaly
protanomalous *(Ophth)* protanomal, rotschwach(sichtig)
protanomaly *(Ophth)* Protanomalie *f*, Rotschwäche *f*
protanope *(Ophth)* Protanope(r) *m*, Rotblinde(r) *m*; Grünsichtige(r) *m*
protanopia *(Ophth)* Protanopie *f*, Anerythropsie *f*, Rotblindheit *f*, Grünsichtigkeit *f*
protanopic *(Ophth)* protanopisch, rotblind; grünsichtig
protanopsia *s.* protanopia
protease Protease *f*, proteolytisches [eiweißspaltendes] Enzym *n*
protease inhibitor Proteaseinhibitor *m*
protect *v* **against infection** (sich) gegen eine Infektion schützen
protectant *s.* protective
protective protektiv, schützend
protective (agent) Schutzmittel *n*, Protektivum *n*, protektives [protektiv wirkendes] Mittel *n*
protective apron Schutzschürze *f*, Bleischürze *f*
protective bandage *s.* protective dressing
protective colloid protektives Kolloid *n*, Schutzkolloid *n*
protective dressing *(Chir)* Schutzverband *m*
protective inoculation Schutzimpfung *f*
protective isolation *(Epid)* Schutzisolation *f*, Schutzisolierung *f*
protective protein Schutzprotein *n*, Schutzeiweiß *n*
protective reflex Schutzreflex *m*
protector Protektor *m*, Schutz *m*, Schutzeinrichtung *f*, Schutzvorrichtung *f*, Schutzmittel *n*
proteic Eiweiß…, Protein…
proteid Proteid *n*, zusammengesetzter Eiweißkörper *m*; Eiweiß *n*
protein Protein *n*, einfacher Eiweißkörper *m*; Eiweiß *n*
protein antigen Proteinantigen *n*
protein binding Proteinbindung *f*, Eiweißbindung *f*
protein binding capacity Proteinbindungskapazität *f*
protein biosynthesis Proteinbiosynthese *f*
protein blood level Eiweißblutspiegel *m*

protein-bound proteingebunden, eiweißgebunden
protein-bound iodine proteingebundenes Iod *n*, PBJ, PBI
protein catabolism Proteinkatabolismus *m*, Eiweißabbau(stoffwechsel) *m*
protein coat *(Bakt)* Proteinmantel *m*, Eiweißhülle *f*
protein day Eiweißtag *m*
protein diet Eiweißdiät *f*, Proteindiät *f*, Eiweißkost *f*
protein disulfide-isomerase Disulfidisomerase *f (Enzym)*
protein fever Proteinfieber *n*, künstliches Fremdeiweißfieber *n*
protein-free diet proteinfreie Diät *f*, eiweißfreie Kost *f*
protein-glutamine γ-glutamyltransferase Transglutaminase *f (Enzym)*
protein hydrolysate Proteinhydrolysat *n (Aminosäurengemisch nach Proteinspaltung)*
protein intolerance Proteinintoleranz *f*
protein kinase Proteinkinase *f (Enzym)*
protein-lipopolysaccharide complex Eiweiß-Lipopolysaccharid-Komplex *m*
protein-loosing enteropathy exsudative Enteropathie *f*
protein loss Proteinverlust *m*, Eiweißverlust *m*
protein malnutrition Eiweißmangelernährung *f*, Proteinfehlernährung *f*
protein metabolism Proteinmetabolismus *m*, Eiweißstoffwechsel *m*
protein milk eiweißangereicherte Milch *f*
protein phosphatase Phosphoproteinphosphatase *f (Enzym)*
protein quotient Proteinquotient *m*, Eiweißquotient *m*, Globulin-Albumin-Quotient *m*, Globulin-Albumin-Index *m*
protein sensitization Proteinsensibilisierung *f*
protein synthesis Proteinsynthese *f*, Eiweißaufbau *m*
protein therapy Proteintherapie *f*, Eiweißbehandlung *f*, Eiweißernährung *f*
protein-tyrosine kinase Protein-Tyrosin-Kinase *f (Enzym)*
protein-tyrosine-phosphatase Protein-Tyrosin-Phosphatase *f (Enzym)*
proteinaceous proteinartig, eiweißähnlich; proteinhaltig; Protein…
proteinaceous infectious particle *s.* prion
proteinaemia Proteinämie *f*, Vorhandensein *n* von Protein im Blut
proteinase Proteinase *f (Enzym)*
proteinase inhibitor Proteinaseinhibitor *m*, Proteinasenhemmer *m*
proteinic *s.* proteinaceous
proteinivorous sich von Protein ernährend
proteinochrome Proteinochrom *n (entsteht durch Halogeneinwirkung auf Eiweiß)*
proteinochromogen *s.* tryptophan
proteinogenic *s.* proteinogenous
proteinogenous proteinogen, aus Protein gebildet [entstanden]
proteinology Proteinologie *f*
proteinosis Proteinose *f*, Eiweißspeicherung *f*, Eiweißablagerung *f (im Gewebe)*
proteinotherapy *s.* protein therapy
proteinphobia Proteinabneigung *f*
proteinuria Proteinurie *f*, Albuminurie *f*, Eiweißausscheidung *f* im Urin
proteinuric proteinurisch, Eiweiß im Urin ausscheidend
proteoclastic *s.* proteolytic
proteoglycan Proteoglycan *n*, Proteoglykan *n*
proteohormone Proteohormon *n*
proteolipid Proteolipid *n*
proteolysis Proteolyse *f*, Eiweiß(auf)spaltung *f*, Eiweißabbau *m*
proteolytic proteolytisch, proteinspaltend, eiweißabbauend, eiweißverdauend
proteolytic enzyme proteolytisches [eiweißspaltendes, eiweißverdauendes] Enzym *n*
proteome *(Gen)* Proteom *n*
proteometabolic Eiweißstoffwechsel…
proteometabolism Proteometabolismus *m*, Eiweißstoffwechsel *m*
proteopectic eiweißbindend
proteopepsis Eiweißverdauung *f*
proteopeptic (proteo)peptisch, eiweißverdauend
proteopexic eiweißbindend
proteopexis *s.* proteopexy
proteopexy Proteopexie *f*, Eiweißbindung *f*, Eiweißfixierung *f*
proteose Proteose *f*, Albumose *f (Eiweißspaltprodukt)*
proteosuria Proteosurie *f*, Albumosurie *f*, Vorhandensein *n* von Proteosen [Albumosen] im Urin
proteotherapy *s.* protein therapy
proteotoxin *s.* anaphylatoxin
proteuria *s.* proteinuria
proteuric *s.* proteinuric
Proteus mirabilis *(Bakt)* Proteus *m* mirabilis
Proteus morganii *(Bakt)* Proteus *m* morganii, Morganella *f* morganii
Proteus vulgaris *(Bakt)* Proteus *m* vulgaris *(Enterobakterium)*
Proteus syndrome Proteus-Syndrom *n*
prothesis *s.* prosthesis
prothetic *s.* prosthetic 1.
prothiopendyl hydrochloride Prothiopendylhydrochlorid *n*
prothrombase *s.* prothrombin
prothrombin *(Hämat)* Prothrombin *n*, Thrombinogen *n*, Thrombozym *n*
prothrombin activator Prothrombinaktivator *m*
prothrombin complex Prothrombinkomplex *m*
prothrombin consumption index *(Lab)* Prothrombin-Konsumtions-Index *m*
prothrombin consumption test *(Lab)* Prothrombin-Konsumtions-Test *m*
prothrombin conversion factor *s.* proconvertin
prothrombin deficiency Prothrombinmangel *m*
prothrombin factor Vitamin *n* K
prothrombin level Prothrombinspiegel *m*
prothrombin time *(Hämat, Lab)* Prothrombinzeit *f* (nach Quick), Prothrombinbestimmung *f* nach Quick
prothrombinaemia Prothrombinämie *f*, Hyperprothrombinämie *f*, Prothrombin(spiegel)erhöhung *f* im Blut
prothrombinase Prothrombinase *f*, Gerinnungsfaktor X *m*
prothrombinogen Prothrombinogen *n*, Gerinnungsfaktor VII *m*
prothrombinogenic prothrombinogen, prothrombinbildend; die Prothrombinbildung (in der Leber) fördernd
prothrombinopenia Prothrombinopenie *f*, Prothrombinmangel *m*, Hypoprothrombinämie *f*, Prothrombinverminderung *f* (im Blut)
prothrombinopenic Prothrombinmangel…
prothrombogenic *s.* prothrombinogenic
prothrombokinase Prothrombokinase *f (Thrombokinasevorstufe)*
prothromboplastin time *(Hämat, Lab)* Prothromboplastinzeit *f*
prothymocyte Prothymozyt *m*
protiodide Protjodid *n*, Protiodid *n*
protionamide Protionamid *n*, 2-Propylisonicotinsäurethioamid *n*
protidolytic *s.* proteolytic

protirelin Protirelin *n (synthetisches Thyreotropin-releasing-Hormon)*
protist Protist *m*, Einzeller *m*, einzelliges Lebewesen *n*
proto-oncogene Protoonkogen *n*
protoalbumose *s.* albumose
protoalkaloid Protoalkaloid *n*
protobiology Protobiologie *f*, Bakteriophagologie *f*
protoblast Protoblast *m*, zellwandlose Zelle *f*
protoblastic protoblastisch; Protoblasten…
protobrochal stage protobrochales Stadium *n (erstes Stadium der Eientwicklung)*
protocaryon Protokaryon *m*
protochondral protochondral, zum Protochondrium gehörend
protochondrium Protochondrium *n*
protocol 1. Protokoll *n*, Sektionsbericht *m*, Untersuchungsbericht *m*; 2. Protokoll *n*, Versuchsprotokoll *n*, experimentelles Protokoll *n*
protocone *(Stom)* Protokonus *m (mesiolingualer Höcker eines Oberkiefermolaren)*
protoconid *(Stom)* Protokonid *m (mesiolingualer Höcker eines Unterkiefermolaren)*
protocoproporphyria Protokoproporphyrie *f*, Porphyria *f* variegata
protoderm Protoderm *n*
protodiastole *(Kard)* Protodiastole *f*
protodiastolic *(Kard)* protodiastolisch, am Anfang der Diastole auftretend
protodiastolic murmur protodiastolisches Herzgeräusch *n* [Geräusch *n*]
protoduodenum Protoduodenum *n*
protoelastose Protoelastose *f (Elastinspaltprodukt)*
protoerythrocyte *(Hämat)* Protoerythrozyt *m*
protofibril *(Histol)* Protofibrille *f*, Elementarfibrille *f*
protofilament *s.* protofibril
protogala *s.* colostrum
protogaster *s.* foregut
protoglobulose Protoglobulose *f*
protogonocyte Protogonozyt *m*
protogonoplasm Protogonoplasma *n*
protohaematoblast *(Hämat)* Protohämatoblast *m*
protohaeme Protohäm *n*
protohaemin Protohämin *n*
protoiodide Protoiodid *n*
protokylol hydrochloride Protokylolhydrochlorid *n (Bronchodilator)*
protoleucocyte *(Hämat)* Protoleukozyt *m*
protomasochism *(Neur)* Protomasochismus *m (gegen das eigene Ich gerichteter Todestrieb)*
protometer Protometer *n*, Exophthalmometer *n*
protometrocyte *(Hämat)* Protometrozyt *m*
proton microscope Protonenmikroskop *n*
protonephron Protonephron *n*, Protonephros *m*, Vorniere *f*
protoneuron peripheres Neuron *n*
protonitrate Protonitrat *n*
protopathic protopathisch; idiopathisch, selbstständig (auftretend); primär
protopathic sensibility protopathische [idiopathische] Sensibilität *f*
protopathy Protopathie *f*, ursprüngliche [primäre] Krankheit *f*
protopectin Protopektin *n*
protopepsia Protopepsie *f*, Vorverdauung *f (im Mund)*
protphyllin Protophyllin *n*
protoplasia Protoplasie *f*
protoplasm Protoplasma *n*, lebende Zellsubstanz *f*
protoplasmal *s.* protoplasmic
protoplasmatic *s.* protoplasmic
protoplasmic 1. protoplasmatisch, aus Protoplasma bestehend; protoplasmahaltig; Protoplasma…; 2. protoplasmaartig
protoplasmic process *(Histol)* Protoplasmafortsatz *m*
protoplasmolysis Plasmolyse *f*, Protoplasmolyse *f*
protoplast 1. Protoplast *m*, zellwandloser Zellkörper *m*; 2. zellwandloses Bakterium *n*; 3. *s.* protoplasm
protoporphyria Protoporphyrie *f*, Vorhandensein *n* von Protoporphyrin in den Erythrozyten
protoporphyrin Protoporphyrin *n*, *(veraltet)* Ooporphyrin *n*
protoporphyrinogen Protoporphyrinogen *n*
protoporphyrinogen oxidase Protoporphyrinogenoxidase *f (Enzym)*
protoporphyrinuria Protoporphyrinurie *f*, Protoporphyrinausscheidung *f* im Urin
protoproteose Protoproteose *f*
protopsis *(Ophth)* Protrusio *f* bulbi
protosiderin Protosiderin *n*
protospasm Protospasmus *m*, sich generalisierender Muskelkrampf *m*
protospore Protospore *f*
protostoma *s.* blastopore
protosulfate Protosulfat *n*
protosyphilis *s.* primary syphilis
prototaxic *(Psych)* prototaktisch, sich auf vorsprachliche Entwicklungszeit beziehend
protothecosis Protothecosis *f*, Protothekose *f (durch Prototheca zopfii)*
prototroph Prototrophe(r) *m*, prototropher Mikroorganismus *m*
prototrophic *(Bakt)* prototroph(isch)
prototrophic microorganism *s.* prototroph
prototrophism Prototrophismus *m*
prototype Prototyp *m*
protoveratrine Protoveratrin *n (Antihypertensivum)*
protovertebra *(Embr)* Protovertebra *f*, Primitivwirbel *m*
protovertebral protovertebral
protoxin Protoxin *n (Toxinvorstufe)*
protozoa *pl s.* protozoon
protozoacide protozoenvernichtend, protozoentötend
protozoacide (ugent) Prozoengift *n*, protozoentötendes Mittel *n*
protozoal 1 Prozoon…, Einzeller…, Urtierchen…; 2. durch Protozoen erregt
protozoal infection Protozoeninfektion *f*
protozoan *s.* protozoon
protozoiasis Protozoenerkrankung *f*, Protozoenbefall *m*
protozoologist Protozoologe *m*
protozoology Protozoologie *f*, Protozoenlehre *f*, Wissenschaft *f* von den Einzellern
protozoon Protozoon *n*, Einzeller *m*, Urtierchen *n*
protozoophage Protozoophag(e) *m*, Protozoenfresszelle *f*
protozoosis Prozoenerkrankung *f*, Protozoenbefall *m*
protract *v* 1. protrahieren, verzögern, verlängern *(z. B. die Wirkung von Arzneimitteln)*; aufschieben; 2. (hervor)ziehen
protracted disease langwierige Krankheit *f*, verschleppte Krankheit *f*
protracted dose *(Rad)* protrahierte Dosis *f*
protracted labour protrahierte [verzögerte] Geburt *f*
protracted traction *(Chir)* Dauerzug *m*, Dauerextension *f*
protraction 1. Protraktion *f*, Protrahierung *f*, Verschleppung *f*, Verzögerung *f*, Hinausziehen *n*; 2. *(Stom)* Protraktion *f*, Vorziehen *n*
protractor (muscle) Streckmuskel *m*
protransglutaminase Protransglutaminase *f (Enzym)*
protriptyline Protriptylin *n (Antidepressivum)*
protriptyline hydrochloride Protriptylinhydrochlorid *n*

protrude *v* (her)vorstehen, (her)vorragen; austreten, vorfallen *(z. B. Organe)*
protruded disk *s.* herniation of nucleus pulposus
protruding ear abstehendes Ohr *n*, Segel(flieger)ohr *n*
protruding lips vorstehende Lippen *fpl*; Procheilie *f*
protrusion Protrusion *f*, Hervortreibung *f*, Vorwölbung *f*, Vorstülpung *f*
protrusive protrusiv, vorstehend, (her)vorwölbend, sich vorstülpend
protrypsin Protrypsin *n*, Trypsinogen *n (Trypsinvorstufe)*
protuberance Protuberanz *f*, Hervorragung *f*, Vorsprung *m*, Auswuchs *m*, Höcker *m*
protuberant ear *s.* protruding ear
protuberantia *s.* protuberance
protyrosinase Protyrosinase *f (Enzymvorstufe)*
proud flesh wildes Fleisch *n*
prourokinase Prourokinase *f (Enzym)*
proved treatment bewährte [erprobte] Therapie *f*, anerkannte Behandlung *f*
Providencia alcalifaciens Providencia *f* alcalifaciens
Providencia rettgeri Providencia *f* rettgeri
provirus Provirus *n*
provisional diagnosis provisorische Diagnose *f*, Arbeitsdiagnose *f*
provisional tourniquet provisorischer Tourniquet *m*; vorübergehende Abschnürung *f*
provitamin Provitamin *n (Vitaminvorstufe)*
provitamin A Provitamin A *n*, β-Caroten *n*
provitamin D_2 Provitamin *n* D_2, Ergosterol *n*
provocation test Provokationstest *m*
provocative diagnosis Provokationsdiagnostik *f*
provocative nystagmus *(Ophth)* Provokationsnystagmus *m*
Prowazek-Greeff bodies *s.* Prowazek-Halberstaedter bodies
Prowazek-Halberstaedter bodies *(Trop)* Prowazek'sche Zelleinschlüsse *mpl*, Halberstädter-Prowazek'sche Körperchen *npl (in den Augenbindehautzellen bei Trachom)*
Prowazek's bodies *s.* Prowazek-Halberstaedter bodies
Prower factor Stuart-Prower-Faktor *m*, Stuart-Prower'scher Faktor *m*, Blutgerinnungsfaktor *m* X
proximad proximad, nach proximal gerichtet, in proximaler Richtung; zum Rumpf gerichtet
proximal proximal, rumpfnah, körpernah, rumpfwärts liegend
proximal cavity *(Stom)* proximale Höhle *f*
proximal contact *(Stom)* proximaler Kontakt *m*
proximal convoluted tubules *(Anat, Nephr)* proximales Tubuluskonvolut *n*
proximal dental caries proximale Zahnkaries *f*
proximal phalanx of the finger Phalanx *f* prima [proximalis] digitorum manus, Fingergrundglied *n*
proximal phalanx of the toe Phalanx *f* prima [proximalis] digitorum pedis, Zehengrundglied *n*
proximal radioulnar articulation *s.* proximal radioulnar joint
proximal radioulnar joint Articulatio *f* radioulnaris proximalis, proximales Radioulnargelenk *n*
proximal renal tubular acidosis proximale Nierentubulusazidose *f*
proximal stomach resection proximale Magenresektion *f*
proximal tibiofibular joint Articulatio *f* tibiofibularis superior
proximate nahe (liegend), nächstliegend, nächst
proximoataxia Proximoataxie *f*
proximobuccal *(Stom)* proximobukkal
proximolabial *(Stom)* proximolabial
proximolingual *(Stom)* proximolingual

prozone *(Immun)* Prozone *f*, Prozonenphänomen *n (Ausbleiben einer Präzipitationsreaktion durch Gebrauch unverdünnten Serums)*
prozymogen Prozymogen *n*
prune-belly syndrome Pflaumenbauch-Syndrom *n*, Bauchmuskelaplasiesyndrom *n*, Fröhlich-Obrinski-Syndrom *n*
pruriginous pruriginös, juckend
pruriginous eczema pruriginöses [juckendes] Ekzem *n*, Ekzema *n* pruriginosum
prurigo Prurigo *f*, stark juckende Dermatose *f* [Hautkrankheit *f*]; juckende Hautflechte *f*
pruritic pruritisch; Pruritus...
pruritic urticarial papules and plaques of pregnancy juckende urtikarielle Papeln *fpl* und Plaques *fpl*
pruritogenic pruritogen, Juckreiz erzeugend, Jucken auslösend
pruritus Pruritus *m*, Hautjucken *n*, Juckreiz *m*, Juckempfindung *f*
pruritus of the skin Hautpruritus *m*, Hautjucken *n*
Prussak's fibres Prussak'sche Fasern *fpl*
Prussak's pouch Prussak'scher Raum *m*, Prussak-Raum *m*, Recessus *m* membranae tympani superior, obere Trommelfellbucht *f (Schleimhauttasche im Innenohr)*
Prussak's space *s.* Prussak's pouch
Prussian blue reaction Preußisch-Blau-Reaktion *f (Hämosiderinnachweis)*
prussiate Zyanid *n*, Blausäuresalz *n*
prussic acid Blausäure *f*, Acidum *n* hydrocyanicum, Cyanwasserstoff *m*, Zyanwasserstoffsäure *f*
Pryce slide-culture method Pryce'sche Mikrokultur *f*, Objektträgerkulturverfahren *n* (nach Pryce) *(zur Züchtung von Tuberkulosebakterien)*
p.s. *s.* per secundam healing
psalidodontia *(Stom)* Psalidodontie *f*, Scherenbiss *m*
psalterium *(Anat)* Commissura *f* fornicis (hippocampi), Fornixkommissur *f*
psammism *(Bal)* Sandbadanwendung *f*
psammocarcinoma Psammokarzinom *n (Karzinom mit vielen Kalkkörnchen)*
psammoma Psammom *n*, Sandgeschwulst *f*
psammoma body Psammomkörperchen *n (verkalkte, zwiebelschalenähnlich geschichtete Geschwulstzelle)*
psammomatous psammomatös, psammomartig, psammomähnlich, psammomförmig
psammosarcoma Psammosarkom *n (verkalkendes Sarkom)*
psammotherapy *(Bal)* Psammotherapie *f*, Sandtherapie *f*
psammous psammös, sandig; Sand...
psauoscopy Psauoskopie *f*
pselaphesia *(Neur)* Pselaphesie *f*, Tastsinn *m*
pselaphesis *s.* pselaphesia
psellism *s.* psellismus
psellismus Stammeln *n*, Stottern *n*
pseudagraphia *s.* pseudoagraphia
pseudalbuminuria *s.* pseudoalbuminuria
Pseudallescheria boydii Pseudallescheria *f* boydii
pseudallescheriasis Pseudallescheriasis *f*, Allescheriasis *f*, Allescheriosis *f (durch Pseudallescheria boydii)*
pseudangina *s.* pseudoangina
pseudaphia *s.* paraphia
pseudarthritis Pseudarthritis *f*, Scheinarthritis *f*
pseudarthrosis *(Chir, Orth)* Pseudarthrose *f*, falsches Gelenk *n*, Fehlgelenk *n*, Nearthrose *f*, Gelenkneubildung *f*
pseudiphtheritic *s.* pseudodiphtheritic
pseudo... *siehe auch: pseud...*
pseudo-intelligence Pseudointelligenz *f*
pseudo-obstruction Pseudoobstruktion *f*, Scheinobstruktion *f*

pseudo-ochronosis Pseudoochronose *f*, Scheinochronose *f*
pseudo-oedema Pseudoödem *n*, Scheinödem *n*
pseudo-ophthalmoplegia 1. Pseudoophthalmoplegie *f*, Scheinophthalmoplegie *f*; 2. Ophthalmoplegia *f* hysterica
pseudo-optogram Pseudooptogramm *n*, Scheinoptogramm *n*
pseudo-osteomalacia Pseudoosteomalazie *f*, Scheinosteomalazie *f*, rachitische Knochenerweichung *f*
pseudo-osteomalacic pseudoosteomalazisch; Pseudoosteomalazie…
pseudoacanthosis Pseudoacanthosis *f*, Pseudoakanthose *f*
pseudoacephalus Pseudoazephalus *m*, Pseudoakephalus *m*
pseudoacholia Pseudoacholie *f*
pseudoachondroplasia Pseudoachondroplasie *f*
pseudoacromegaly Pseudoakromegalie *f*, Scheinakromegalie *f*
pseudoactinomycosis Pseudoaktinomykose *f*, Scheinaktinomykose *f*
pseudoaesthesia 1. *(Neur)* Pseudoästhesie *f*, Scheinwahrnehmung *f*, Phantomschmerz *m (Empfindung ohne adäquaten Reiz)*; 2. *(Neur)* Pseudoästhesie *f*, psychische Halluzination *f*
pseudoagglutination Pseudoagglutination *f*, Schein(hämo)agglutination *f*
pseudoagrammatism Pseudoagrammatismus *m*, syntaktische Aphasie *f*
pseudoagraphia *(Neur)* Pseudoagraphie *f*, Scheinagraphie *f*
pseudoalbuminuria Pseudoalbuminurie *f*, falsche Albuminurie *f*
pseudoalkaloid Pseudoalkaloid *n*
pseudoallele *(Gen)* Pseudoallele *f*
pseudoallelic *(Gen)* Pseudoallelen…
pseudoallelism Pseudoallelismus *m*
psedoalopecia Pseudoalopezie *f*
pseudoalveolar pseudoalveolär
pseudoamnesia Pseudoamnesie *f*, Scheinamnesie *f*
pseudoanaemia Pseudoanämie *f*, Scheinanämie *f*, Pseudoanaemia *f* angiospastica
pseudoanaphylactic pseudoanaphylaktisch; Pseudoanaphylaxie…
pseudoanaphylaxis Pseudoanaphylaxie *f*, Pseudoanaphylaxe *f*
pseudoaneurysm Pseudoaneurysma *n*, Scheinaneurysma *n*, falsches Aneurysma *n*
pseudoangina *(Kard)* Pseudoangina *f* (pectoris), Angina *f* pectoris vasomotorica
pseudoangioma Pseudoangiom *n*
pseudoangiosarcoma Pseudoangiosarkom *n*
pseudoankylosis *(Orth)* Pseudoankylose *f*, Scheinankylose *f*, falsche Ankylose *f*
pseudoanodontia Pseudoanodontie *f*
pseudoanorexia *(Gastr)* Pseudoanorexie *f*, Scheinanorexie *f*, falsche Anorexie *f*
pseudoantagonist Pseudoantagonist *m*
pseudoaphakia *(Ophth)* Pseudoaphakie *f*, Cataracta *f* membranosa
pseudoapoplexy *(Neur)* Pseudoapoplexie *f*, Scheinapoplexie *f*, falsche Apoplexie *f*
pseudoappendicitis Pseudoappendizitis *f*, scheinbare Blinddarmentzündung *f*, Appendizismus *m*
pseudoapraxia *(Neur)* Pseudoapraxie *f*, Scheinapraxie *f*
pseudoarthrosis *(Chir, Orth)* Pseudarthrose *f*, falsches Gelenk *n*, Fehlgelenk *n*, Nearthrose *f*, Gelenkneubildung *f*
pseudoascites Pseudoaszites *m*, Scheinaszites *m*
pseudoastereognosis *(Neur)* Pseudoastereognosis *f*, Scheinastereognosis *f*
pseudoataxia Pseudoataxie *f*, Bewegungsunsicherheit *f* bei Muskelparesen
pseudoatheroma Pseudoatherom *n*
pseudoathetosis *(Neur)* Pseudoathetose *f*, Scheinathetose *f*
pseudoatrophoderma Pseudoatrophoderm *n (Hautanomalie des Halsbereichs)*
pseudobacillus Pseudobazillus *m*
pseudobacterium Pseudobakterium *n*
pseudobasedow Pseudobasedow *m*, Basedoid *n*
pseudoblepsia *(Neur)* Pseudoblepsie *f*, optische Halluzination *f*
pseudobronchiectasis Pseudobronchiektasie *f*
pseudobubo *(Derm)* Pseudobubo *m*
pseudobulbar palsy *(Neur)* Pseudobulbärparalyse *f*
pseudobulbar paralysis *s.* pseudobulbar palsy
pseudocartilage Pseudoknorpel *m*
pseudocartilaginous pseudokartilaginös; Scheinknorpel…
pseudocast *(Urol)* Pseudozylinder *m*, Scheinzylinder *m*
pseudocele Pseudozele *f*
pseudocephalocele Pseudozephalozele *f (Kleinhirnhernie)*
pseudochalazion *(Ophth)* Pseudochalazion *n*
pseudochancre *(Derm)* Pseudoschanker *m*
pseudocholecystitis Pseudocholezystitis *f*
pseudocholestane *(Bioch)* Koprostan *n*
pseudocholesteatoma Pseudocholesteatom *n (des Mittelohrs)*
pseudocholinesterase Pseudocholinesterase *f*, unspezifische Serumcholinesterase *f (Enzym)*
pseudochondroplasia Pseudochondroplasie *f*
pseudochorea *(Neur)* Pseudochorea *f*
pseudochromaesthesia *(Neur)* Pseudochromästhesie *f*, Farbwahrnehmung *f* beim Hören
pseudochromatin Pseudochromatin *n*, Paranuklein *n*
pseudochromia *(Neur, Ophth)* Pseudochromie *f*, falscher Farbeneindruck *m*
pseudochromidrosis Pseudochromhidrose *f*
pseudochromosome Pseudochromosom *n*
pseudochylothorax Pseudochylothorax *m*
pseudochylous pseudochylös
pseudochylous ascites pseudochylöser Aszites *m*
pseudocirrhosis Pseudo(leber)zirrhose *f*
pseudoclaudication Pseudoklaudikation *f*
pseudoclonus Pseudoklonus *m*
pseudocoarctation Pseudocoarctation *f* (der Aorta), Pseudocoarctatio *f* aortae
pseudocoele Pseudozele *f*, Cavum *n* septi pellucidi
pseudocolloid Pseudokolloid *n*
pseudocollusion *(Psych)* Pseudokollusion *f*
pseudocoloboma *(Ophth)* Pseudokolobom *n*, Scheinkolobom *n*
pseudocoma Pseudokoma *n*, Scheinkoma *n*
pseudoconfusion *(Neur)* psychogener Dämmerzustand *m*
pseudocopulation Pseudokopulation *f*
pseudocowpox *s.* milker's nodule
pseudocoxalgia Pseudokoxalgie *f*, Osteochondrose *f* der Femurkopfepiphyse
pseudocrisis Pseudokrise *f*, vorübergehender plötzlicher Fieberanfall *m*
pseudocroup Pseudokrup(p) *m*
pseudocryptorchism Pseudokryptorchismus *m*
pseudocyanosis Pseudozyanose *f*
pseudocyesis Pseudogravidität *f*, Scheinschwangerschaft *f*, eingebildete [hysterische] Schwangerschaft *f*, Pseudokyesis *f*

pseudocylindroid Pseudozylinder *m*
pseudocyst Pseudozyste *f*, Scheinzyste *f*
pseudocyst of the pancreas Pankreaspseudozyste *f*
pseudodecidua Decidua *f* menstrualis
pseudodeciduosis Pseudodeciduosis *f*
pseudodementia *(Neur)* Pseudodemenz *f*, Scheindemenz *f*, Pseudoschwachsinn *m*, vorgetäuschter Schwachsinn *m*
pseudodextrocardia Pseudodextrokardie *f*
pseudodiabetes Pseudodiabetes *m*
pseudodiphtheria Pseudodiphtherie *f*, Scheindiphtherie *f*
pseudodiphtheritic pseudodiphtherisch; Pseudodiphtherie...
pseudodipsia Pseudodipsie *f*
pseudodisease Scheinkrankheit *f*, nicht in Erscheinung tretende Krankheit *f*
pseudodiverticulum Pseudodivertikel *n*, Scheindivertikel *n*
pseudodysentery *(Gastr)* Pseudodysenterie *f*, Scheindysenterie *f*
pseudodyspepsia *(Gastr)* Pseudodyspepsie *f*, Scheindyspepsie *f*, neurasthenische Magenstörung *f*
pseudoelephantiasis Pseudoelephantiasis *f*
pseudoembryonic pseudoembryonal
pseudoemphysema *(Pulm)* Pseudoemphysem *n*
pseudoencephalomalacia Pseudoenzephalomalazie *f*
pseudoendometritis *(Gyn, Path)* Pseudoendometritis *f*
pseudoeosinophil Pseudoeosinophile(r) *m*, pseudoeosinophiler Leukozyt *m*
pseudoeosinophilic pseudoeosinophil
pseudoephedrine Pseudoephedrin *n*
pseudoephedrine hydrochloride Pseudoephedrinhydrochlorid *n*
pseudoephedrine sulfate Pseudoephedrinsulfat *n*
pseudoepilepsy *(Neur)* Pseudoepilepsie *f*, Scheinepilepsie *f*
pseudoepiphysis Pseudoepiphyse *f*
pseudoepitheliomatous hyperplasia pseudoepitheliomatöse Hyperplasie *f*
pseudoerectile pseudoerektil
pseudoerysipelas *(Derm)* Pseudoerysipel *n*, Scheinerysipel *n*
pseudoesthesia *s.* pseudoaesthesia
pseudoexfoliation Pseudoexfoliation *f*, Exfoliationssyndrom *n*
pseudoexfoliation of lens capsule Pseudoexfoliation *f* der Linsenkapsel *n*
pseudoexophoria Pseudoexophorie *f*
pseudoexstrophy Pseudoextrophie *f*
pseudofarcy Lymphangitis *f* epizootica
pseudofever Pseudofieber *n*, Scheinfieber *n*
pseudofluctuation Pseudofluktuation *f*
pseudofollicular pseudofollikulär
pseudofolliculitis Pseudofollikulitis *f*
pseudofracture Pseudofraktur *f*, Scheinfraktur *f*
pseudoganglion Pseudoganglion *n*, Scheinganglion *n*
pseudogene Pseudogen *n*
pseudogestation Scheinschwangerschaft *f*
pseudogeusaesthesia *(Neur)* Pseudogeusästhesie *f*, Farbwahrnehmung *f* mit Geschmackszuordnung
pseudogeusia Pseudogeusie *f*, Scheingeschmack *m (Geruchssensationen ohne Sinnesreiz)*
pseudoglanders 1. *s.* melioidosis; 2. Lymphangitis *f* epizootica
pseudoglandular squamous cell carcinoma *s.* adenoacanthoma
pseudoglaucoma *(Ophth)* Pseudoglaukom *n*, Scheinglaukom *n*
pseudoglioma Pseudoglioma *f* retinae, amaurotisches Katzenauge *n*
pseudoglobulin Pseudoglobulin *n*
pseudoglomerulus Pseudoglomerulus *m*
pseudoglottic myoclonia *s.* hiccough
pseudoglottis Pseudoglottis *f*, Scheinglottis *f*, falsche Stimmritze *f*, Rima *f* vestibuli
pseudoglucosazone Pseudoglukosazon *n*
pseudogonorrhoea Pseudogonorrhoe *f*, unspezifische Urethritis *f* [Harnröhrenentzündung *f*]
pseudogout Pseudogicht *f*, Scheingicht *f*, Chondrokalzinose *f*
pseudographia Pseudographie *f*
pseudogynaecomastia Pseudogynäkomastie *f*, Scheingynäkomastie *f*, Scheinbrust *f* (beim Mann)
pseudohaemagglutination *(Immun)* Pseudohämagglutination *f*
pseudohaemangiopericytoma *(Path)* Pseudohämangioperizytom *n*
pseudohaematuria Pseudohämaturie *f*
pseudohaemophilia *(Hämat)* Pseudohämophilie *f*, Scheinhämophilie *f*
pseudohaemoptysis Pseudohämptyse *f*
pseudohallucination *(Neur)* Pseudohalluzination *f*, Scheinhalluzination *f*
pseudohaustration Pseudohaustration *f*, Pseudohaustrierung *f*
pseudohemiacardius *(Terat)* Pseudohemiakardius *m*, Acephalus *m* athorus
pseudohermaphrodite Pseudohermaphrodit *m*, Scheinhermaphrodit *m*
pseudohermaphroditic pseudohermaphroditisch; Pseudohermaphroditismus...
pseudohermaphroditism Pseudohermaphroditismus *m*, Scheinhermaphroditismus *m*, Scheinzwittertum *n*
pseudohernia Pseudohernie *f*
pseudoheterotopia Pseudoheterotopie *f*
pseudohydrocephalia Pseudohydrozephalie *f*, Scheinhydrozephalie *f*
pseudohydrocephalus Pseudohydrocephalus *m*
pseudohydronephrosis Pseudohydronephrose *f*, Scheinhydronephrose *f*
pseudohydrophobia Pseudohydrophobie *f*, Scheinhydrophobie *f*
pseudohypacusis Pseudohypakusis *f*, Scheinhörverlust *m*, funktionelle Hörstörung *f*
pseudohyperkalaemia Pseudohyperkaliämie *f*
pseudohyperparathyroidism Pseudohyperparathyreoidismus *m*
pseudohypertelorism Pseudohypertelorismus *m*
pseudohypertension Pseudohypertonus *m*, scheinbarer Bluthochdruck *m*
pseudohypertrichosis Pseudohypertrichose *f*
pseudohypertriglyceridaemia Pseudohypertriglyzeridämie *f*
pseudohypertrophic pseudohypertroph(isch)
pseudohypertrophic muscular dystrophy pseudohypertrophe Muskeldystrophie *f*
pseudohypertrophy Pseudohypertrophie *f*, Scheinhypertrophie *f*, scheinbare Organvergrößerung *f*
pseudohypha Pseudohyphe *f*, Pseudopilzfaden *m*
pseudohypoaldosteronism Pseudohypoaldosteronismus *m*
pseudohyponatraemia Pseudohyponatriämie *f*, scheinbare Natriumverminderung *f* im Blut
pseudohypoparathyroidism Pseudohypoparathyreoidismus *m*, Seabright-Bantam-Syndrom *n*
pseudohypophosphatasia Pseudohypophosphatasie *f*
pseudohypoprothrombinaemia Pseudohypoprothrombinämie *f*
pseudohypopyon *(Ophth)* Pseudohypopyon *n*

pseudohypothyroidism Pseudohypothyroidismus *m*
pseudoicterus Pseudoikterus *m*, Scheinikterus *m*
pseudoileus Pseudoileus *m*, adynamischer Ileus *m* [Darmverschluss *m*]
pseudoinfarction Pseudoinfarkt *m*
pseudoinfluenza Pseudoinfluenza *f*
pseudointima Pseudointima *f*
pseudointraligamentous pseudointraligamentär
pseudoisochromatic pseudoisochromatisch
pseudoisochromatic plate *(Ophth)* pseudoisochromatische Tafel *f*, Farbsehtafel *f (zur Farbsinnprüfung)*
pseudojaundice Pseudoikterus *m*, Scheingelbsucht *f (siehe auch: xanthosis)*
pseudokeloid keloidartig, keloidähnlich, keloidförmig
pseudokeratin Pseudokeratin *n*, falsches Keratin *n*
pseudokeratosis Pseudokeratose *f*, Scheinkeratose *f*
pseudolamellar pseudolamellär
pseudoleukaemia Pseudoleukämie *f*, Scheinleukämie *f*
pseudolipoma *(Path)* Pseudolipom *n*
pseudolithiasis Pseudolithiasis *f*, scheinbares Steinleiden *n*
pseudologia Pseudologie *f*, (krankhaftes) Lügen *n*
pseudolupus Pseudolupus *m*
pseudoluxation Pseudoluxation *f*, Scheinluxation *f*
pseudolymphocyte Pseudolymphozyt *m*
pseudolymphoma Pseudolymphom *n*
pseudolysogenic pseudolysogen; Pseudolysogenie…
pseudolysogeny Pseudolysogenie *f*
pseudolyssa Pseudolyssa *f*, Pseudowut *f*, Pseudorabies *f*, Tollkrätze *f*, Juckseuche *f*
pseudomalady Pseudomaladie *f*, Scheinkrankheit *f*, Scheinerkrankung *f*
pseudomalaria Pseudomalaria *f*, Scheinmalaria *f*
pseudomalfunction Pseudomalfunktion *f*, Scheinfunktionsstörung *f (z. B. eines Herzschrittmachers)*
pseudomalignancy scheinbar bösartiger Tumor *m (klinisch gutartiges Verhalten; histologisch scheinbar bösartig)*
pseudomamma Pseudomamma *f*, Scheinbrust(drüse) *f*
pseudomania 1. Pseudomanie *f*, Scheinmanie *f*, simulierte Geistesstörung *f*; 2. Pseudomanie *f*, Lügensucht *f*, pathologisches Lügen *n*; 3. Pseudomanie *f*, Selbstbezichtigungssucht *f (nicht begangener Verbrechen)*
pseudomegacolon Pseudomegakolon *n*
pseudomelanoma Pseudomelanoma *n*
pseudomelanosis Pseudomelanose *f*
pseudomelia Phantomglied *n*
pseudomembrane Pseudomembran *f*, Scheinmembran *f*
pseudomembranelle Pseudomembranelle *f*
pseudomembranous colitis pseudomembranöse Kolitis *f*
pseudomembranous enterocolitis pseudomembranöse Enterokolitis *f*
pseudomembranous inflammation pseudomembranöse Entzündung *f*, Diphtherie *f*
pseudomembranous mucositis *s.* pseudomembranous inflammation
pseudomembranous stomatitis pseudomembranöse Stomatitis *f*
pseudomemory *(Neur)* Pseudomnesie *f*, positive Erinnerungstäuschung *f*, positive Erinnerungsfälschung *f*
pseudomeningitis Pseudomeningitis *f*, Meningismus *m*
pseudomeninx Pseudomeninx *f*
pseudomenstruation Pseudomenstruation *f*, Scheinmonatsblutung *f*
pseudomental deficiency *(Neur)* Pseudoschwachsinn *m*
pseudometaplasia Pseudometaplasie *f*
pseudomethaemoglobin Pseudomethämoglobin *n*, Methämalbumin *n*
pseudomicrocephalia Pseudomikrozephalie *f*, Scheinmikrozephalie *f*
pseudomnesia *(Neur)* Pseudomnesie *f*, Erinnerungsfälschung *f*
pseudomonad Pseudomonade *f*
Pseudomonas aeruginosa *(Bakt)* Pseudomonas *f* aeruginosa
Pseudomonas maltophilia *(Bakt)* Pseudomonas *f* maltophilia
Pseudomonas pyocyanea *s.* Pseudomonas aeruginosa
pseudomongolism Pseudomongolismus *m*
pseudomongoloid pseudomongoloid
pseudomongoloid Pseudomongoloide(r) *m*
pseudomonilethrix Pseudomonilethrix *f*, Pseudomonilithrichie *f*
pseudomorphine Pseudomorphin *n*
pseudomotor dyskinetisch
pseudomucin Pseudomuzin *n*, Scheinmuzin *n*, Metalbumin *n*, schleimähnliche Substanz *f*
pseudomucinous pseudomuzinös, schleimartig, schleimähnlich
pseudomyasthenia Pseudomyasthenie *f*, pseudomyasthenisches Syndrom *n (z. B. bei Bronchialkarzinom)*
pseudomyasthenic pseudomyasthenisch; Pseudomyasthenie…
pseudomyiasis Pseudomyiasis *f*
pseudomyopia Pseudomyopie *f*, Scheinmyopie *f*, scheinbare Kurzsichtigkeit *f*
pseudomyxoedema Pseudomyxödem *n*
pseudomyxoma *(Path)* Pseudomyxom *n*
pseudomyxoma of the peritoneum Pseudomyxoma *n* peritonei, Gallertbauch *m*
pseudomyxomatous pseudomyxomatös, myxomartig, myxomähnlich
pseudonarcotic pseudonarkotisch
pseudonarcotism Pseudonarkose *f*, Scheinnarkose *f*
pseudoneoplasm Pseudoneoplasma *n*, Scheintumor *m*, Scheingeschwulst *f*
pseudoneoplastic pseudoneoplastisch
pseudoneurasthenic syndrome pseudoneurasthenisches Syndrom *n*
pseudoneuritis 1. Pseudoneuritis *f*, Scheinneuritis *f*; 2. *s.* pseudopapilloedema
pseudoneuroma Pseudoneurom *n*, Amputationsneurom *n*
pseudoneuronophagia Pseudoneuronophagie *f*
pseudoneurosis Pseudoneurose *f*
pseudoneurotic pseudoneurotisch, scheinneurotisch
pseudoneurotic schizophrenia pseudoneurotische Schizophrenie *f*, pseudoschizophrene Schizophrenie *f*
pseudonormality Pseudonormalität *f (Zustand scheinbarer Normalität bei Psychoneurosen)*
pseudonuclein *(Histol)* Pseudonuklein *n*
pseudonucleolus *(Histol)* Pseudonukleolus *m*
pseudonystagmus *(HNO)* Pseudonystagmus *m*, Scheinnystagmus *m*
pseudopapillary pseudopapillär
pseudopapilloedema *(Ophth)* Pseudopapillödem *n*, Pseudostauungspapille *f*
pseudoparalysis Pseudoparalyse *f*, Scheinlähmung *f*, Pseudodementia *f* paralytica
pseudoparaphrasia *(Neur)* Pseudoparaphrasie *f*
pseudoparaplegia Pseudoparaplegie *f*, Pseudoparese *f*, Scheinparaplegie *f*, Scheinlähmung *f* der Extremitäten
pseudoparasite Pseudoparasit *m*, Scheinparasit *m*
pseudoparenchyma Pseudoparenchym *n*
pseudoparesis *s.* pseudoparalysis
pseudoparkinsonism *(Neur)* Pseudoparkinsonismus *m*
pseudopelade *(Derm)* Pseudopelade *f*, Alopecia *f* atrophicans [cicatrisata]

pseudopellagra Pseudopellagra *f*
pseudopeptone Pseudopepton *n*
pseudopericarditis Pseudoperikarditis *f*
pseudoperitonitis Pseudoperitonitis *f*, Peritonismus *m*
pseudoperoxidase Pseudoperoxidase *f (Enzym)*
pseudophaeochromocytoma Pseudophäochromozytom *n (ohne Tumor der chromoffinen Zellen)*
pseudophakia Pseudophakie *f*
pseudophakodonesis Pseudophakodonese *f*
pseudophakos *s.* pseudophacos
pseudophimosis *(Urol)* Pseudophimose *f*, Scheinphimose *f*
pseudophlegmon Pseudophlegmone *f*, Scheinphlegmone *f*
pseudophotaesthesia Pseudophotästhesie *f*, Photismus *m*
pseudophyllidean Pseudophyllidea...
pseudoplasm Pseudoplasma *n*
pseudoplasmodium Pseudoplasmodium *n*
pseudoplatelet Pseudothrombozyt *m (Neutrophilenfragment)*
pseudoplegia *s.* pseudoparalysis
pseudopneumonia Pseudopneumonie *f*, Scheinpneumonie *f*
pseudopod *s.* pseudopodium
pseudopodia Pseudopodie *f*
pseudopodiospore Pseudopodiospore *f*
pseudopodium Pseudopodium *n*, Scheinfüßchen *n (Protoplasmafortsatz kriechender Amöben)*
pseudopoliomyelitis Pseudopoliomyelitis *f*
pseudopolycoria *(Ophth)* Pseudopolykorie *f*, Scheinpolykorie *f*
pseudopolycythaemia Pseudopolyzythämie *f*
pseudopolydystrophy Pseudopolydystrophie *f*, Mukolipidose *f* Typ III
pseudopolymelia Pseudopolymelie *f*
pseudopolyp Pseudopolyp *m*
pseudopolyposis Pseudopolyposis *f*, Scheinpolypose *f*
pseudoporencephalia Pseudoporenzephalie *f*, Scheinporenzephalie *f*
pseudoporphyria Pseudoporphyrie *f*
pseudopregnancy *s.* pseudocyesis
pseudoprognathism Pseudoprognathismus *m*
pseudoproteinaemia Pseudoproteinämie *f*
pseudopseudohypoparathyroidism Pseudopseudohypoparathyroidismus *m*
pseudopsia Pseudopsie *f*, falsches Sehen *n*, illusionäres Sehen *n*
pseudopsychopathic pseudopsychopathisch
pseudopsychosis Pseudopsychose *f*
pseudopterygium *(Ophth)* Pseudopterygium *n*, Scheinpterygium *n*, Narbenpterygium *n*
pseudoptosis Pseudoptose *f*, Scheinptose *f*
pseudoptyalism Pseudoptyalismus *m*
pseudopuberty Pseudopubertät *f*
pseudoquerulant *(Neur)* Pseudoquerulant *m*
pseudorabies *s.* pseudolyssa
pseudoreaction Pseudoreaktion *f*, Scheinreaktion *f*
pseudoreduction Pseudoreduktion *f (der Chromosomen)*
pseudoreminescence *s.* confabulation
pseudoretinitis Pseudoretinitis *f*
pseudorheumatism Pseudorheumatismus *m*
pseudorickets renale Osteodystrophie *f*, renale Osteitis *f* fibrosa generalisata
pseudorosette Pseudorosette *f*
pseudorubella *(Derm)* Pseudoröteln *pl*, Exanthema *n* subitum, Roseola *f* infantum
pseudosarcoma Pseudosarkom *n*, Pseudosarcoma *n*
pseudosarcoma of the breast *(Path)* Cystosarcoma *n* phylloides
pseudoscarlatina Pseudoscharlach *m*, Scheinscharlach *m*
pseudoschizophrenia *(Neur)* Pseudoschizophrenie *f*
pseudosclerema Pseudosklerema *n*, Adiponecrosis *f* subcutanea neonatorum
pseudosclerosis Pseudosklerose *f*, Scheinsklerose *f*
pseudoscrotum Pseudoskrotum *n*
pseudoseizure *(Neur)* Scheinanfall *m*
pseudoserous pseudoserös
pseudosmallpox Variola *f* minor, Variolois *f*, Alastrim *n*, abgeschwächte [weiße] Pocken *fpl*
pseudosmia Pseudosmie *f*, Scheingeruch *m*, Phantosmie *f*
pseudostoma Pseudostoma *n (künstlicher Spalt zwischen Epithelzellen)*
pseudostrabism *s.* pseudostrabismus
pseudostrabismus *(Ophth)* Pseudostrabismus *m*, Scheinstrabismus *m*, Scheinschielen *n*
pseudostratified scheinbar in Schichten angelegt
pseudostrophanthin Pseudostrophanthin *n*
pseudostupor *(Neur)* Pseudostupor *m*
pseudosyphilis Pseudosyphilis *f*, Scheinsyphilis *f*
pseudosyphilitic papule *(Derm)* pseudosyphilitische Papel *f*
pseudosyringomyelia Pseudosyringomyelie *f*
pseudotabes *(Neur)* Pseudotabes *f*
pseudotabetic Pseudotabes...
pseudotetanus Pseudotetanus *m*, Scheintetanus *m*
pseudothrill Pseudoschwirren *n*
pseudotoxin Pseudotoxin *n*
pseudotrachoma Pseudotrachom *n*
pseudotrichinosis Pseudotrichinosis *f*, Polymyositis *f*, multiple Myositis *f*, Dermatomyositis *f*
pseudotrismus Pseudotrismus *m*
pseudotruncus arteriosus Pseudotruncus *m* arteriosus (communis)
pseudotubercle Pseudotuberkel *n*
pseudotuberculoma Pseudotuberkulom *n (Granulom ohne Tuberkelbakteriennachweis)*
pseudotuberculosis Pseudotuberkulose *f*, Scheintuberkulose *f (durch Yersinia pseudotuberculosis)*
pseudotuberculous pseudotuberkulös
pseudotumour Pseudotumor *m*, Pseudogeschwulst *f*, Scheingeschwulst *f*
pseudotympany Pseudotympanie *f*, Scheintympanie *f*
pseudotyphoid Pseudotyphus...
pseudotyphus Pseudotyphus *m (typhusartige Erkrankung ohne Rickettsiennachweis)*
pseudouraemia Pseudourämie *f (Urämie infolge zerebraler Ischämie oder bei Hirnödem)*
pseudouridine Pseudouridin *n*
pseudovacuole Pseudovakuole *f*
pseudovariola *s.* pseudosmallpox
pseudoventricle Pseudoventrikel *m*
pseudovertigo Pseudovertigo *f*
pseudovitamin Pseudovitamin *n*
pseudovoice Pseudostimme *f*, Scheinstimme *f*
pseudovomiting *(Gastr)* Pseudoerbrechen *n*, Scheinerbrechen *n*
pseudoxanthine Pseudoxanthin *n*
pseudoxanthoma Pseudoxanthom *n (siehe auch: Groenblad-Strandberg syndrome)*
psilosis 1. Psilosis *f*, Haarausfall *m*, Haarverlust *m*; Haarlosigkeit *f*; 2. *s.* sprue
psilothin Psilothin *n (Enthaarungspflaster)*
psilothron Enthaarungsmittel *n*
psilotic 1. Psilosis...; 2. haarentfernend; Haarentfernungs...

psittacism *(Neur)* Psittazismus *m*, Papageiensprache *f* *(Nachsprechen nicht verstandener Wörter)*
psittacosis Psittakose *f*, Papageienkrankheit *f*
psoas Musculus *m* psoas, Lendenmuskel *m*
psoas abscess Psoasabszess *m*
psoas compartment *(Anat)* Psoasloge *f*
psoas haematoma Psoashämatom *n*
psoas hypertrophy Psoas(muskel)hypertrophie *f*
psoas magnus (muscle) *s.* psoas major muscle
psoas major (muscle) Musculus *m* psoas major, großer Lendenmuskel *m*
psoas minor (muscle) Musculus *m* psoas minor, kleiner Lendenmuskel *m*
psoas muscle *s.* psoas
psoas parvus (muscle) *s.* psoas minor muscle
psoas shadow *(Rad)* Psoas(muskel)schatten *m*
psoas sheath *(Anat)* Psoasscheide *f*
psoas sign *(Chir)* Psoaszeichen *n*
psoas spasm Psoasspasmus *m*, Lendenmuskelkrampf *m*
psoitis Psoitis *f*, Lendenmuskelentzündung *f*
psomophagia Psomophagie *f* *(Verschlucken unzerkauter Nahrung)*
psora *s.* psoriasis
psoralene plus UV A *(Derm)* photoaktivierte Chemotherapie *f*, Photochemotherapie *f* mit UV-A-Bestrahlung, Psoralen *n* plus PV A, PUVA
psoralene-type photosensitizer Photosensibilisator *m* vom Psoralen-Typ
psorelcosis Psorelkose *f* *(Hautulzeration durch Skabies)*
psoriasic Psoriasis...
psoriasiform psoriasisartig, schuppenflechtenähnlich
psoriasis *(Derm)* Psoriasis *f*, Schuppenflechte *f*, schuppende Hautflechte *f*
psoriasis-like psoriasisartig, schuppenflechtenähnlich
psoriasis of nails Nagelpsoriasis *f*
psoriasis of tongue Psoriasis *f* [Ichthyosis *f*] linguae, Zungenleukoplakie *f*
psoriatic Psoriasis...
psoriatic Psoriatiker *m*, Psoriasiskranke(r) *m*
psoriatic arthritis *s.* psoriatic arthropathy
psoriatic arthropathy Psoriasis *f* arthropathica, Psoriasis-Arthropathie *f*, Arthritis *f* psoriatica, Psoriasisarthritis *f*
psoric krätzig; Krätze...
psorophthalmia Psorophthalmie *f*, Blepharitis *f* (marginalis) ulcerosa
psorosperm Psorospermium *n*
psorospermia Psorospermie *f*
psorospermiasis *(Derm)* Psorospermosis *f*
psychaesthesia *(Neur)* Psychästhesie *f*, seelische Empfindungsfähigkeit *f* *(Fähigkeit zu emotionalen Reaktionen)*
psychagogic psychagogisch
psychagogy Psychagogik *f*, psychologische Erziehung *f*
psychalgia Psychalgie *f*, Psychoschmerz *m*, psychischer Schmerz *m*, Seelenschmerz *m*
psychalgic Psychalgie...
psychanopsia *s.* psychic blindness
psychasthene Psychastheniker *m*
psychasthenia Psychasthenie *f*, Nervenschwäche *f* bei seelischen Störungen
psychasthenic psychasthenisch, nervenschwach
psychasthenic constitution psychasthenische Konstitution *f*
psychasthenic personality *(Neur)* psychasthenische Persönlichkeit *f*, asthenischer Psychopath *m*, Psychastheniker *m*
psychataxia *(Neur)* Psychataxie *f* *(Störung der Konzentrationsfähigkeit)*
psyche Psyche *f* *(Gesamtheit aller Prozesse der höheren Nerventätigkeit)*
psycheclampsia *(Neur)* Psycheklampsie *f*, akute Manie *f*
psychedelic 1. *(Neur)* psychedelisch, psychodelisch, in einem tranceartigen [halluzinatorischen] Gemütszustand befindlich *(z. B. durch Drogen)*; 2. *(Pharm)* bewusstseinserweiternd, einen tranceartigen Gemütszustand erzeugend, eine halluzinatorische Psychose hervorrufend *(z. B. LSD)*
psychedelic therapy *(Neur)* psychedelische Behandlung *f*, Psychedelic-Behandlung *f*
psychiater *s.* psychiatrist
psychiatric psychiatrisch; Psychiatrie...
psychiatric criminology Kriminalpsychopathologie *f*
psychiatric disorder psychiatrische Störung *f*
psychiatric emergency psychiatrischer Notfall *m*
psychiatric emergency care psychiatrische Notfallversorgung *f*
psychiatric examination 1. psychiatrische Untersuchung *f*; 2. psychiatrisches Gutachten *n*
psychiatric home care psychiatrische Hauspflege *f*, häusliche psychiatrische Betreuung *f*
psychiatric hospital psychiatrische Klinik *f*, Heil- und Pflegeanstalt *f*
psychiatric illness Geisteskrankheit *f*, Geistesstörung *f*, Psychose *f*
psychiatric social work *(Neur)* psychiatrische Sozialarbeit *f*, Außenfürsorge *f*
psychiatric trend psychiatrischer Trend *m*; psychiatrische Entwicklungsrichtung *f*
psychiatrics 1. *s.* psychiatry; 2. Psychiatrie *f*, psychiatrische Klinik *f*
psychiatrist Psychiater *m*, Arzt *m* [Facharzt *m*] für Psychiatrie
psychiatry Psychiatrie *f*, Irrenheilkunde *f*, Lehre *f* von den Geistes- und Gemütskrankheiten
psychiatry of old age *(Neur)* Alterspsychiatrie *f*
psychic psychisch, seelisch-funktionell; geistig
psychic apparatus psychischer Apparat *m*
psychic aura psychische Aura *f*
psychic blindness *(Neur)* Rindenblindheit *f*, Seelenblindheit *f*, optische Agnosie *f*
psychic deafness 1. *(Neur)* Rindentaubheit *f*, Seelentaubheit *f*; 2. *(Neur)* psychogene Taubheit *f*
psychic defence psychische Abwehr *f*
psychic diencephalosis psychisches Zwischenhirnsyndrom *n*
psychic dysuria Dysuria *f* psychica
psychic energizer Psychoanaleptikum *n*, psychisches [geistiges] Leistungsstimulans *n*
psychic energy Psychoenergie *f*, psychische Energie *f*
psychic epilepsy psychische Epilepsie *f*, Psychoepilepsie *f*; latente Epilepsie *f*
psychic equivalent *(Neur)* psychisches Äquivalent *n*
psychic force psychische Kraft *f* [Stärke *f*]
psychic pain psychischer Schmerz *m*, Psychalgie *f*
psychic profile *s.* psychogram
psychic rumination (psychische) Rumination *f* *(1. Meditation; 2. ständiges Wiederholen gleicher Wörter)*
psychic shock psychischer Schock *m*, Psychoschock *m*
psychic stress *(Neur)* psychischer Stress *m*, Psychostress *m*, seelische Belastung *f*
psychic tic *(Neur)* psychischer Tic *m*
psychic trauma psychisches Trauma *n*, Psychotrauma *n*, seelische Verletzung *f*
psychical conflict psychischer Konflikt *m*
psychical epidemia *(Neur)* psychogene Masseninduktion *f*
psychical reality *(Neur)* psychische Realität *f*
psychical stress psychische Belastung *f*
psychical working over (out) *(Neur)* psychische Verarbeitung *f*

psychics *s.* psychology
psychlampsia *s.* psycheclampsia
psycho-energizer *(Neur)* Antidepressivum *n,* Monaminooxidasehemmer *m*
psycho-epilepsy *(Neur)* Psychoepilepsie *f*
psycho-neuro-immuno-dermatology Psycho-Neuro-Immuno-Dermatologie *f*
psychoacoustic psychoakustisch
psychoacoustics Psychoakustik *f*
psychoactivator *s.* psychic energizer
psychoactive psychoaktiv, auf die Psyche gerichtet, die Psyche beeinflussend, psychotrop
psychoactive character psychoaktiver Charakter *m*
psychoallergy Psychoallergie *f*
psychoanaleptic psychoanaleptisch, psychostimulierend, stimmungshebend
psychoanaleptic (agent) Psychoanaleptikum *n,* psychostimulierendes Mittel *n*
psychoanalgesia Psychoanalgesie *f,* psychische Schmerzausschaltung *f*
psychoanalysis Psychoanalyse *f*
psychoanalyst Psychoanalytiker *m*
psychoanalytic psychoanalytisch; Psychoanalyse…
psychoanalytically oriented psychotherapy tiefenpsychologisch fundierte Psychotherapie *f*
psychoanalyze *v* 1. eine Psychoanalyse durchführen, psychoanalysieren; 2. psychoanalytisch behandeln
psychoasthenic personality *(Neur)* asthenischer Psychopath *m*
psychobiogram *(Neur)* Psychobiogramm *n*
psychobiological psychobiologisch
psychobiologist Psychobiologe *m*
psychobiology Psychobiologie *f*
psychocardiac reflex psychokardialer Reflex *m*
psychocatharsis Psychokatharsis *f*
psychochemistry Psychochemie *f*
psychochromaesthesia *(Neur)* Psychochromästhesie *f,* Farbenhören *n*
psychochrome Psychochrom *n (Verbindung der Gefühlslage mit einer Farbe)*
psychocoma Psychokoma *n,* Stupor *m*
psychocortical psychokortikal; Psychokortex…, Sinneskortex…
psychocutaneous psychokutan; Psyche-Haut-…
psychodelic *s.* psychedelic
psychodiagnosis Psychodiagnostik *f,* Psychodiagnose *f*
psychodiagnostics *s.* psychodiagnosis
psychodometer *s.* psychometer
psychodometry *s.* psychometry
psychodrama Psychodrama *n (psychotherapeutische Methode)*
psychodynamic psychodynamisch
psychodynamics Psychodynamik *f*
psychodysleptic psychodysleptisch, psychoseauslösend
psychodysleptic (agent) Psychodysleptikum *n,* psychoseauslösendes Mittel *n;* Halluzinogen *n;* Psychotomimetikum *n*
psychoendocrinology Psychoendokrinologie *f*
psychoexploration Psychoexploration *f*
psychogalvanic reflex *(Neur)* psychogalvanischer Reflex *m,* PGR
psychogalvanometer Psychogalvanometer *n*
psychogender psychisches Geschlecht *n;* psychisches Geschlechtsverhalten *n*
psychogenesis 1. Psychogenese *f,* Entwicklung *f* des Psychischen; 2. Psychogenie *f,* psychologisch bedingte Krankheit *f*
psychogenetic *s.* psychogenic
psychogenic 1. psychogen, psychogenetisch; 2. durch seelische Vorgänge verursacht, seelisch bedingt
psychogenic amnesia psychogene Amnesie *f*
psychogenic deafness psychogene Taubheit *f*
psychogenic death psychogener Tod *m*
psychogenic fever psychogenes Fieber *n*
psychogenic fugue psychogenes Weglaufen *n*
psychogenic headache psychisch bedingter Spannungskopfschmerz *m*
psychogenic pain psychogener Schmerz *m*
psychogenic pain disorder psychogenes Schmerzsyndrom *n*
psychogenic tetany psychogene Tetanie *f,* Hyperventilationstetanie *f*
psychogenic twilight state psychogener Dämmerzustand *m*
psychogenic vomiting psychogenes Erbrechen *n*
psychogenic wakefulness psychogene Schlaflosigkeit *f*
psychogenous *s.* psychogenic
psychogenous speech disorder psychogene Sprachstörung *f*
psychogeny *s.* psychogenesis
psychogeriatrics Psychogeriatrie *f,* Geropsychiatrie *f,* Alterspsychiatrie *f*
psychogeusic die Psyche und den Geschmack betreffend; den Einfluss der Psyche auf den Geschmack betreffend
psychognosis Psychognosie *f (Erkenntnis der seelischen Vorgänge)*
psychognostic psychognostisch
psychogogic psychogogisch, psychostimulierend
psychogram Psychogramm *n,* Persönlichkeitsbild *n*
psychograph 1. Psychograph *m (Karte zur Aufzeichnung von Persönlichkeitsmerkmalen);* 2. *s.* psychogram
psychographia Psychographie *f,* Persönlichkeitsbeschreibung *f*
psychographic psychographisch
psychohistory Psychohistorie *f*
psychohygiene Psychohygiene *n*
psychoid Psychoid *n,* seelenähnliche Ganzheit *f*
psychokinesia Psychokinese *f*
psychokinesis *s.* psychokinesia
psychokinetics Psychokinetik *f*
psychokym Psychokym *n (psychische Vorgänge im physiologischen Sinn)*
psycholagny Psycholagnie *f (geschlechtliche Erregung durch Vorstellung geschlechtlicher Handlungen)*
psycholepsy *(Neur)* Psycholepsie *f,* plötzlicher Psychotonusverlust *m*
psycholeptic psycholeptisch, den Psychotonus vermindernd
psycholeptic (agent) Psycholeptikum *n,* psycho-tonussenkendes Mittel *n*
psycholinguistics Psycholinguistik *f*
psychologic *s.* psychological
psychological 1. psychologisch; Psychologie…; 2. psychisch, seelisch; 3. emotionell, emotional, gefühlsmäßig; Gefühls…
psychological counseling psychologische Beratung *f*
psychological technique psychologische Technik *f*
psychological test psychologischer Test *m,* Psychotest *m,* Verhaltenstest *m;* Intelligenztest *m*
psychologist Psychologe *m*
psychology Psychologie *f (Wissenschaft von den seelischen Vorgängen und den Verhaltensweisen)*
psycholysis Psycholyse *f (Auflösung belastender Erlebniskomplexe)*
psycholytic drugs *(Neur)* Halluzinogene *npl*
psycholytic therapy psycholytische Therapie *f*

psychomedicine Psychomedizin *f*
psychometer Psychometer *n*
psychometric psychometrisch
psychometrician Psychometriespezialist *m*
psychometrics *s.* psychometry
psychometry Psychometrie *f (1. Zeitmessung psychischer Vorgänge; 2. Erfassung von psychischen Funktionen und Persönlichkeitsmerkmalen)*
psychomimetic psychomimetisch
psychomimetic (agent) Psychomimetikum *n*, Psychosomimetikum *n*, Psychotikum *n*
psychomotility *(Neur)* Psychomotorik *f*
psychomotor psychomotorisch, durch psychische Vorgänge bewegt; triebmäßig bedingt
psychomotor development psychomotorische Entwicklung *f*
psychomotor epilepsy psychomotorische Epilepsie *f*, epileptisches Äquivalent *n*, Dämmerzustand *m*, Dämmerattacke *f*
psychomotor excitement psychomotorische Erregung *f*
psychomotor hallucination psychomotorische Halluzination *f*
psychomotor inhibition psychomotorische Hemmung *f*
psychomotor learning psychomotorisches Lernen *n*, Erwerb *m* motorischer Fähigkeiten
psychomotor movements psychomotorische Bewegungen *fpl*, Psychomotorik *f*
psychomotor overactivity (psychomotorische) Überaktivität *f*
psychomotor retardation psychomotorische Retardierung *f*
psychomotor seizure *(Neur)* psychomotorischer Anfall *m*
psychomotor state psychomotorischer Status *m*
psychoneural psychoneural
psychoneuroendocrinology Psychoneuroendokrinologie *f*
psychoneuroid Psychoneurose *f*
psychoneuroimmunology Psychoneuroimmunologie *f*
psychoneurologic *s.* psychoneurological
psychoneurological psychoneurologisch
psychoneurological dispensary neuropsychologisches Dispensaire *n*
psychoneurological hospital Klinik *f* für Psychiatrie und Neurologie
psychoneurosis Psychoneurose *f*, psychogene Neurose *f*, Neurose *f* durch Konfliktsituation
psychoneurotic psychoneurotisch
psychoneurotic disorder *s.* psychoneurosis
psychonomics *s.* psychology
psychonomy Psychonomie *f (Lehre von den Gesetzen des Verhaltens)*
psychonosema Geistesstörung *f*
psychonosology Psychonosologie *f*
psychonoxious die Psyche reizend, negative Emotionen erregend
psychooncology Psychoonkologie *f*
psychoparesis Geistesschwäche *f*
psychopassive character psychopassiver Charakter *m*
psychopath Psychopath *m*, psychisch Abartige(r) *m*
psychopathia *s.* psychopathy
psychopathic psychopathisch, psychisch abartig, geistig-seelisch abnorm
psychopathic character psychopathischer Charakter *m*
psychopathic constitution *(Neur)* psychopathische Konstitution *f*
psychopathic personality psychopathische Persönlichkeit *f*, Psychopath *m*
psychopathic ward psychiatrische Station *f*
psychopathist *s.* psychiatrist
psychopathologic *s.* psychopathological
psychopathological psychopathologisch
psychopathologist Psychopathologe *m*
psychopathology Psychopathologie *f*, Lehre *f* von den geistigen und seelischen Störungen
psychopathometric method *(Neur)* psychopathometrische Methode *m (Anwendung von Testverfahren zur Untersuchung krankhafter seelischer Veränderungen)*
psychopathy Psychopathie *f*, geistige Störung *f* durch krankhafte Veranlagung
psychopharmaceutical (drug) Psychopharmazeutikum *n*; Psychopharmakon *n*
psychopharmacologic psychopharmakologisch
psychopharmacology Psychopharmakologie *f*
psychopharmacon Psychopharmakon *n*, psychotrope [auf die Psyche wirkende] Substanz *f*
psychophonasthenia Psychophonasthenie *f*, psychische Sprachstörung *f*
psychophysic *s.* psychophysical
psychophysical psychophysisch, seelisch-leiblich, körperlich-seelisch
psychophysical preparation for childbirth psychophysische [seelisch-körperliche] Geburtsvorbereitung *f*
psychophysics Psychophysik *f*
psychophysiologic psychophysiologisch
psychophysiologic disorder psychophysiologische Störung *f*, psychosomatische Reaktion *f*, psychosomatische Erkrankung *f*
psychophysiology Psychophysiologie *f*
psychoplegia Psychoplegie *f*, Psychedämpfung *f*
psychoplegic psychoplegisch, psychedämpfend
psychoplegic (agent) Psychoplegikum *n*, die Psyche dämpfendes Mittel *n*
psychoprophylactic psychoprophylaktisch; Psychoprophylaxe...
psychoprophylaxis 1. Psychoprophylaxe *f*, Vorbeugung *f* gegen eine psychische Fehlentwicklung; 2. psychologische Geburtsvorbereitung *f (durch psychologische Entspannungstechniken)*
psychoreaction Psychoreaktion *f*
psychoreactive psychoreaktiv, auf psychische Erlebnisse reagierend
psychorelaxation Psychorelaxation *f*, psychische Entspannung *f*
psychorhythmia Psychorhythmus *m*
psychormic *s.* psychostimulant
psychorrhagia Psychorrhagie *f*, Todesagonie *f*
psychorrhythmia Psychorhythmus *m*
psychoscopy *(Neur)* Psychoskopie *f (Untersuchung der Psyche bis ins Detail)*
psychosedative psychosedativ, die Psyche dämpfend
psychosedative (agent) Psychosedativum *n*, Beruhigungsmittel *n*, psychosedatives [die Psyche dämpfendes] Mittel *n*
psychosensorial *s.* psychosensory
psychosensory psychosensorisch
psychosensory attack *(Neur)* psychosensorischer Anfall *m*
psychosexual psychosexual, psychosexuell
psychosexual development psychosexuelle Entwicklung *f*
psychosexual disorder *(Neur)* psychosexuelle Störung *f*
psychosexual dysfunction *(Neur)* psychosexuelle Funktionsstörung *f*
psychosexuality Psychosexualität *f*
psychosine Psychosin *n (Zerebrosidderivat)*
psychosis Psychose *f*, Seelenstörung *f*, krankhafter Geisteszustand *m*
psychosis of association *(Neur)* konformer Wahn *m*

psychosis of degeneration Degenerationspsychose *f*
psychosis with infectious disease *(Neur)* Infektionspsychose *f*
psychosocial psychosozial
psychosocial defence *(Neur)* psychosoziale Abwehr *f*
psychosocial development psychosoziale Entwicklung *f*
psychosomatic psychosomatisch, seelisch-körperlich
psychosomatic approach psychosomatisches Herangehen *n*, ganzheitliches Herangehen *n (bei der Untersuchung körperlicher und geistiger Krankheiten)*
psychosomatic disease *s.* psychosomatic illness
psychosomatic disorder psychosomatische Störung *f*
psychosomatic disturbance *s.* psychosomatic disorder
psychosomatic illness psychosomatische Krankheit *f*, psychosomatische Erkrankung *f*
psychosomatic medicine psychosomatische Medizin *f*, psychophysiologische Medizin *f*, Psychosomatik *f*
psychosomatic pain psychsomatischer Schmerz *m*
psychosomatic reaction psychosomatische Reaktion *f*
psychosomatic structure psychosomatische Struktur *f*
psychosomatic training *(Neur)* psychosomatisches Training *n*
psychosomatics Psychosomatik *f*
psychosomatogenic psychosomatogen
psychosomimetic psychotomimetisch, psychoseauslösend
psychostimulant psychostimulierend, die Psyche anregend
psychostimulant (agent) Psychostimulans *n*, die Psyche anregendes Mittel *n*
psychosurgery Psychochirurgie *f*
psychosurgical psychochirurgisch; Psychochirurgie...
psychosyndrome *(Neur)* Psychosyndrom *n*
psychosynthesis Psychosynthese *f*
psychotechnics Psychotechnik *f (Anwendung der Psychologie in der Praxis)*
psychotherapeutic psychotherapeutisch, seelisch behandelnd [beeinflussend]
psychotherapeutic drug psychotherapeutisches Medikament *n*, Psychotherapeutikum *n*
psychotherapeutics *s.* psychotherapy
psychotherapist Psychotherapeut *m*, Spezialist *m* für Psychotherapie
psychotherapy Psychotherapie *f*, Seelenbehandlung *f*, Krankenbehandlung *f* durch seelische Beeinflussung
psychotherapy in the state of hypnotic suggestion *s.* hypno-therapy
psychotic psychotisch, geisteskrank, an einer Psychose leidend
psychotic Psychotiker *m*, Psychosekranke(r) *m*, Geisteskranke(r) *m*
psychotic depression psychotische Depression *f*
psychotic disorder *s.* psychosis
psychotic reaction *s.* psychosis
psychotogen Psychotogen *n*, Psychotikum *n*, psychoseerzeugendes Mittel *n*
psychotogenic psychotogen, psychoseerzeugend
psychotogenic (agent) Psychotogen *n*, psychoseerzeugendes Mittel *n*
psychotomimetic psychotomimetisch, psychoseauslösend
psychotomimetic (agent) Psychotomimetikum *n*, psychotomimetisches Mittel *n*
psychotonic (agent) Psychotonikum *n*, Psychostimulans *n*, psychostimulierendes [den Antrieb steigerndes] Mittel *n*, Anregungsmittel *n*
psychotonus Psychotonus *m*
psychotophobia *(Neur)* Psychotophobie *f (Angst vor Geisteskrankheiten)*
psychotrauma Psychotrauma *n*, seelisches Trauma *n*
psychotropic psychotrop, auf die Psyche wirkend *(z. B. Medikament)*
psychotropic drug psychotropes Medikament *n*, Psychotropikum *n*, Psychopharmakon *n*
psychovisual sensation *(Neur)* optische Halluzination *f*
psychroaesthesia Psychroästhesie *f*, subjektives Kältegefühl *n*
psychroalgia *(Neur)* Psychroalgie *f*, schmerzhaftes Kältegefühl *n*
psychrometer *(Lab)* Psychrometer *n*, Feuchtigkeitsmesser *m*, Verdunstungsmesser *m*
psychrometry Psychrometrie *f*, Hygrometrie *f*, Luftfeuchtigkeitsmessung *f*
psychrophile Psychrophile(r) *m*, kälteliebender Mikroorganismus *m*
psychrophilia Psychrophilie *f*, Kälteliebe *f*
psychrophilic psychrophil, kälteliebend *(z. B. Mikroorganismen)*
psychrophobia 1. Psychrophobie *f*, Kältefurcht *f*, Kälteangst *f*; 2. abnorme Kälteempfindlichkeit *f*
psychrophobic 1. psychrophob, kältefürchtend; 2. kälteempfindlich
psychrophore Psychrophor *m*, Kühlsonde *f*
psychrotherapy Psychrotherapie *f*, Kältetherapie *f*, Kältebehandlung *f*
ptarmic das Niesen bewirkend, einen Niesanfall auslösend; Nies...
ptarmic (agent) Ptarmikum *n*, Niesmittel *n*
ptarmus Ptarmus *m*, Nieskrampf *m*
PTC *(Rad)* PTC, perkutane transhepatische Cholangiographie *f*
PTCA *(Kard, Rad)* perkutane transluminale Koronarangioplastik *f*
pteridine Pteridin *n (besteht aus Pyrimidin und Pyrazin)*
pterin Pterin *n*
pterion Pterion *n (kraniometrischer Messpunkt)*
pternalgia Kalkaneodynie *f*
pteroic acid Pteroinsäure *f*
pteropterin Pteropterin *n*
pteroylglutamate Pteroylglutamat *n*
pteroylglutamic acid Pteroylglutaminsäure *f*
pteroylmonoglutamic acid Pteroylmonoglutaminsäure *f*
pteroylpolyglutamate Pteroylpolyglutamat *n*
pteroyltriglutamic acid Pteroyltriglutaminsäure *f*, Pteropterin *n*
pterygial pterygial; Pterygium...
pterygium Pterygium *n*, Flügelfell *n (Wucherung der Augapfelbindehaut auf die Augenhornhaut)*
pterygoid *(Anat)* pterygoid, flügelförmig, flügelartig, flügelähnlich
pterygoid canal *(Anat)* Canalis *m* pterygoideus
pterygoid fissure *(Anat)* Incisura *f* pterygoidea
pterygoid fossa *(Anat)* Fossa *f* pterygoidea, Flügelgrube *f*
pterygoid hamulus *(Anat)* Hamulus *m* pterygoideus
pterygoid plate *(Anat)* Flügelplatte *f (des Keilbeins)*
pterygoid plexus *(Anat)* Plexus *m* pterygoideus
pterygoid process of the sphenoid bone *(Anat)* Processus *m* pterygoideus ossis sphenoidalis
pterygoid tubercle *(Anat)* Tuberositas *f* pterygoidea
pterygoid venous plexus *s.* pterygoid plexus
pterygomandibular pterygomandibular; Flügelfortsatz-Unterkiefer-...
pterygomaxillary pterygomaxillar; Flügelfortsatz-Oberkiefer-...
pterygomaxillary fissure Fissura *f* pterygomaxillaris
pterygopalatine *(Anat)* pterygopalatin(al), zwischen dem Flügelfortsatz und dem Gaumenknochen liegend

pterygopalatine canal *(Anat)* Canalis *m* pterygopalatinus
pterygopalatine fissure *(Anat)* Fissura *f* pterygomaxillaris
pterygopalatine foramen *(Anat)* Foramen *n* pterygopalatinum [sphenopalatinum]
pterygopalatine fossa *(Anat)* Fossa *f* pterygopalatina
pterygopalatine ganglion *(Anat)* Ganglion *n* pterygopalatinum
pterygopalatine groove *(Anat)* Sulcus *m* palatinus major ossis palatini
pterygopalatine nerves *(Anat)* Nervi *mpl* pterygopalatini
pterygopalatine sulcus *s.* pterygopalatine groove
pterygopharyngeus (muscle) Pars *f* pterygopharyngea musculi constrictoris pharyngis superioris
pterygospinous ligament Ligamentum *n* pterygospinale
pterygospinous process Processus *m* pterygospinosus
pterygotemporal pterygotemporal; Flügelfortsatz-Schläfenbein-…
pthiriasis Pthiriasis *f*, Pediculosis *f* pubis
ptilosis Ptilosis *f*, Lidrandentzündung *f* mit Wimpernausfall
ptomainaemia Ptomainämie *f*, Vorhandensein *n* von Ptomain im Blut, Ptomainblutvergiftung *f*
ptomaine Ptomain *n*, Leichengift *n*
ptomainotoxism Ptomainvergiftung *f*
ptomainuria Ptomainurie *f*, Ptomainausscheidung *f* im Urin
ptomatine *s.* ptomaine
ptomatropine Ptomatropin *n*
ptosed 1. Ptosis…; 2. prolabiert, vorgefallen; Prolaps…
ptosis Ptosis *f*, Ptose *f*, Lidptose *f*, Oberlidsenkung *f*
ptosis of the stomach *s.* gastroptosis
ptotic ptotisch; Ptose…
ptotic kidney Senkniere *f (im Becken liegend)*
PTT *s.* partial thromboplastin time
ptyalagogue *s.* ptyalogogue
ptyalase *s.* ptyalin
ptyalectasis Ptyalektase *f*, Speicheldrüsengangerweiterung *f*
ptyalin Ptyalin *n*, Speicheldiastase *f (Enzym)*
ptyalism Ptyalismus *m*, (vermehrter) Speichelfluss *m*, Hyperptyalismus *m*, Ptyalorrhoe *f*, Hypersalivation *f*, Sialismus *m*, Polysialie *f*, Sabbern *n*
ptyalism of pregnancy Ptyalismus *m* gravidarum
ptyalith *s.* ptyalolith
ptyalize *v* die Speichelsekretion stimulieren, die Speichelbildung anregen [erhöhen]
ptyalocele Ptyalozele *f*, Speichel(drüsen)zyste *f*
ptyalogenic 1. ptyalogen, durch Speichel bewirkt; durch Speichelwirkung ausgelöst; 2. ptyalogen, aus Speichel geformt
ptyalogogue speicheltreibend, den Speichelfluss anregend
ptyalogogue (agent) Ptyalogogum *n*, speicheltreibendes Mittel *n*
ptyalogram Ptyalogramm *n*, Röntgen(kontrast)bild *n* der Speicheldrüse und ihrer Gänge
ptyalography Ptyalographie *f*, Röntgen(kontrast)darstellung *f* der Speicheldrüse und ihrer Gänge
ptyalolith Ptyalolith *m*, Speichelstein *m*
ptyalolithiasis Ptyalolithiasis *f*, Speichelsteinerkrankung *f*, Speichelsteinleiden *n*
ptyalolithotomy Ptyalolithotomie *f*, Speichelsteinexstirpation *f*, Speichelsteinexzision *f*, (operative) Speichelsteinentfernung *f*
ptyalorrhoea Ptyalorrhoe *f*, vermehrter Speichelfluss *m*
ptyalosis *s.* ptyalism
ptyocrinous ptyokrin
ptysma Speichel *m*
ptysmagogue (agent) die Speichelsekretion förderndes Mittel *n*
pubarche Pubarche *f*, Auftreten *n* der Schambehaarung
puber Pubertant *m*, Pubertierender *m*
puberal *s.* pubertal
pubertal puber, geschlechtsreif; Pubertäts…
pubertas praecox Pubertas *f* praecox, (körperliche und geistige) Frühreife *f*
puberty Pubertät *f*, Eintritt *m* der Geschlechtsreife
puberty vocal change Stimmbruch *m*
pubes 1. Pubes *f*, Schamgegend *f*, Regio *f* pubica; 2. Pubes *pl*, Schamhaare *npl*; Scham *f*
pubescence *s.* puberty
pubescent 1. pubertierend, geschlechtsreif werdend; Pubertäts…; 2. mit Flaumhaar bedeckt; mit Lanugo behaart
pubic pubisch, zur Schamgegend gehörend; Scham…
pubic arch Arcus *m* pubicus, Schambogen *m*
pubic bone Os *n* pubis, Schambein *n*
pubic crest Crista *f* pubica
pubic eminence Mons *m* pubis, Schamberg *m*, Schamhügel *m*
pubic hair Schamhaar *n*; Schamhaare *npl*
pubic louse Phthirius *m* pubis, Filzlaus *f*
pubic pecten Pecten *m* ossis pubis, Schambeinkamm *m*
pubic region *(Anat)* Regio *f* pubica, Schamregion *f*
pubic spine *s.* pubic tubercle
pubic symphysis Symphysis *f* pubis [pubica, ossium pubis], Schambeinfuge *f*, Schambeinsymphyse *f*
pubic tubercle Tuberculum *n* pubicum ossis pubis
pubioplasty Pubioplastik *f (plastische Operation in der Schamgegend)*
pubiotomy Pubiotomie *f*, Pubeotomie *f*, Hebetomie *f*, Hebosteotomie *f*, Schambeinspaltung *f*, (operative) Schambeinknochendurchtrennung *f*
pubis *s.* pubic bone
pubisure Schamhaar *n*
public assistance Sozialhilfe *f*
public health agency Gesundheitsamt *n*
public health nurse Gemeindeschwester *f*
Public Health Service Staatliches Gesundheitswesen *n*
pubocapsular Schambein-Hüftgelenkskapsel-…
pubocapsular ligament Ligamentum *n* pubofemorale
pubococcygeal pubokokzygeal; Schambein-Steißbein-…
pubocoooygeus (muscle) Musculus *m* pubococcygeus
pubofemoral pubofemoral; Pubis-Femur-…, Schambein-Oberschenkelknochen-…
pubofemoral ligament Ligamentum *n* pubofemorale
pubomadesis Pubomadesis *f*, Verlust *m* der Schambehaarung
puboprostatic Schambein-Vorsteherdrüsen-…
puboprostatic ligament Ligamentum *n* puboprostaticum
puboprostatic muscle Musculus *m* puboprostaticus
puborectal puborektal; Pubis-Rektum-…, Schambein-Rektum-…
puborectalis (muscle) Musculus *m* puborectalis
pubotibial pubotibial
pubovesical pubovesikal; Schambein-Harnblasen-…
pubovesical ligament Ligamentum *n* pubovesicale
pubovesicalis (muscle) Musculus *m* pubovesicalis
PUBS *s.* percutaneous umbilical blood sampling
pudendagra Pudendagra *f*, Genitalschmerz *m*
pudendal pudendal, zur Schamgegend gehörend; Scham…
pudendal anaesthesia Pudendusanästhesie *f*
pudendal block Pudendusblockade *f*
pudendal canal Canalis *m* pudendalis, Alcock-Kanal *m*, Alcock'scher Faszienkanal *m*
pudendal cleft Rima *f* pudendi, Schamspalte *f*, Schamritze *f*
pudendal gangrene *(Derm)* Noma *f* pudendi
pudendal nerve Nervus *m* pudendus
pudendal neuralgia Pudendusneuralgie *f*

pudendal plexus 1. Plexus *m* pudendus *(Nervengeflecht)*; 2. Plexus *m* venosus prostaticus *(Venengeflecht)*
pudendum (femininum) Pudendum *n* femininum, weibliche Scham *f*, Cunnus *m*, Vulva *f*, Schamgegend *f (Zusammensetzungen siehe unter: vulvar)*
pudic *s.* pudendal
puerile pueril, kindlich; knabenhaft; unreif
puerile respiration puerile Respiration *f* [Atmung *f*], pueriles Atmen *n (verschärftes Vesikuläratmen bei Kindern)*
puerile speech kindliche [infantile] Sprache *f*
puerilism Puerilismus *m*, Kindischsein *n*
puerility *s.* puerilism
puerpera Puerpera *f*, Wöchnerin *f*
puerperal puerperal; Wochenbett..., Kindbett...
puerperal convulsion *s.* puerperal eclampsia
puerperal cramps Puerperalkrämpfe *mpl*, Krämpfe *mpl* unter der Geburt
puerperal depression *(Neur)* Wochenbettdepression *f*
puerperal eclampsia Puerperaleklampsie *f*, Wochenbetteklampsie *f*
puerperal endometritis Puerperalendometritis *f*, Endometritis *f* puerperalis *f*, Endometritis *f* nach einer Geburt, postnatale Endometritis *f*
puerperal fever Puerperalfieber *n*, Kindbettfieber *n*, Wochenbettfieber *n*
puerperal insanity *s.* puerperal psychosis
puerperal mania *s.* puerperal psychosis
puerperal mastitis Puerperalmastitis *f*, Laktationsmastitis *f*
puerperal metritis Puerperalmetritis *f*, Lochiometritis *f*
puerperal peritonitis Puerperalperitonitis *f*, Lochoperitonitis *f*
puerperal phlebitis Puerperalphlebitis *f*, puerperale Phlebitis *f*, Venenentzündung *f* während des Wochenbettes
puerperal psychosis Puerperalpsychose *f*, Wochenbettpsychose *f*, Postpartum-Psychose *f*
puerperal scarlet fever Puerperalscharlach *m*, Kindbettscharlach *m*
puerperal sepsis Puerperalsepsis *f*
puerperal septicaemia Puerperalseptikämie *f*
puerperal synovitis Puerperalsynovitis *f*
puerperal thelitis Puerperalthelitis *f*
puerperal venous thrombosis Wöchnerinnenthrombose *f*
puerperalism Wochenbettkrankheit *f*, Erkrankung *f* während des Wochenbettes
puerperant Wöchnerin *f*, Puerpera *f*
puerperium 1. Puerperium *n*, Frühwochenbett *n*, Wochenbett *n*, Kindbett *n*; 2. Puerperium *n*, Spätwochenbettzeit *f*
puff 1. kurzes blasendes Atemgeräusch *n (bei der Auskultation)*; 2. *s.* puffing
puffiness of the eyelids Augenlid(an)schwellung *f*, Augenlidödem *n*, Lidödem *n*
puffing *(Gen)* Auftreibung *f*, Verdickung *f (Stelle der RNS-Bildung in Riesenchromosomen)*
pug nose Nasus *m* simus, Stupsnase *f*
pulex *(Paras)* Pulex *m*, Floh *m*
Pulex cheopis Pulex *m* cheopis, Rattenfloh *m (Pestüberträger)*
Pulex irritans Pulex *m* irritans, Menschenfloh *m*
Pulex penetrans Pulex *m* penetrans, Tunga *f* penetrans
pulicaris flohstichartig, flohstichähnlich
pulicatio *(Paras)* Pulicosis *f*, Flohbefall *m*
pulicicide *s.* pulicide
pulicidal flohtötend
pulicide (agent) Flohmittel *n*, Flöhe tötendes Mittel *n*
pulicosis Flohstichdermatose *f*, Hautreizung *f* durch Flohstiche

pull *v* 1. ziehen, extrahieren *(Zähne)*; ausreißen *(z. B. Haare)*; 2. zerren *(z. B. Muskeln, Sehnen)*
pull *v* **apart the edges of a wound** die Wundränder spreizen
pull *s.* distention 1.
pull-out suture Ausziehnaht *f (z. B. Sehnennaht)*
pull-through anastomosis Durchzuganastomose *f*
pull-through operation Durchzugoperation *f (z. B. bei Rektumexstirpation)*
pulled elbow *(Chir)* Pronatio *f* dolorosa infantum
pullulate *v* sprossen; knospen; keimen
pullulation Sprossung *f*, Sprossen *n*; Knospung *f*, Knospen *n*; Keimung *f*, Keimen *n*
pulmo Pulmo *m*; Lunge *f (Zusammensetzungen siehe unter: lung)*
pulmo-aortic pulmoaortal; Lungen-Aorta-...; Lungenarterien-Aorta-...
pulmocardiac pulmokardial; Lungen-Herz-...
pulmogastric pulmogastral; Lungen-Magen-...
pulmogram Lungen(röntgen)bild *n*, Lungen(röntgen)aufnahme *f*
pulmolith Lungenstein *m*, Pneumolith *m*
pulmometer Pulmometer *n (zur Messung der Ein- und Ausatmung)*
pulmonal *s.* pulmonary
pulmonary pulmonal; Lungen... *(siehe auch unter: lung)*
pulmonary abnormality Lungenabnormität *f*
pulmonary accent of the second heart sound *(Kard)* betonter zweiter Pulmonal(klappen)ton *m*
pulmonary acid aspiration syndrome Syndrom *n* der Magensaftaspiration, Mendelson'sches Syndrom *n*
pulmonary actinomycosis *(Paras)* Lungenaktinomykosis *f*, pulmonale Strahlenpilzerkrankung *f*
pulmonary adenomatosis Lungenadenomatose *f*
pulmonary agenesia Lungenagenesie *f*
pulmonary alveococcosis alveoläre Echinokokkose *f*, Echinococcosis *f* alveolopulmonalis *(durch Echinococcus multilocularis)*
pulmonary alveolar microlithiasis Lungenalveolenmikrolithiasis *f*
pulmonary alveolar proteinosis Lungenalveolenproteinose *f*
pulmonary alveolus Lungenalveole *f*
pulmonary amoebiasis Lungenamöbiasis *f*
pulmonary angiography Pulmonalisangiographie *f*, Pulmonalarterienröntgen(kontrast)darstellung *f*
pulmonary anthracosis Lungenanthrakose *f*
pulmonary anthrax Lungenmilzbrand *m*
pulmonary apical cancer Lungenspitzenkarzinom *n*
pulmonary aplasia Lungenaplasie *f*
pulmonary area Lungenareal *n*
pulmonary arterial banding *(Chir)* Lungenarterienbändelung *f (bei Herzfehlern)*
pulmonary arterial change Lungenarterienveränderung *f*
pulmonary arterial embolism Lungenembolie *f*
pulmonary arterial hypertension Lungenarterienhypertonus *m*, pulmonaler Hochdruck *m*
pulmonary arterial pressure Lungenarteriendruck *m*
pulmonary arterial pulsation Lungenarterienpulsation *f*
pulmonary arterial stenosis Lungenarterienverengung *f* / eng(er)ung *f*, Pulmonalarterienstenose *f*
pulmonary arteriography Pulmonalarteriographie *f*, Lungenarterienröntgen(kontrast)darstellung *f*
pulmonary arteriolar resistance Lungenarteriolenwiderstand *m*
pulmonary arteriovenous fistula arteriovenöse Lungenfistel *f*
pulmonary arteritis Pulmonalarterienentzündung *f*

pulmonary artery 1. Lungenarterie *f*, Arteria *f* pulmonalis; 2. *s.* pulmonary trunk
pulmonary artery branch Lungenarterienast *m*
pulmonary artery catheter Pulmonaliskatheter *m*, Lungenarterienkatheter *m*
pulmonary artery embolism Pulmonalarterienembolie *f*
pulmonary artery ostium stenosis *s.* pulmonary stenosis
pulmonary artery stenosis Pulmonalarterienstenose *f*, Lungenarterienverengung *f*
pulmonary artery wedge pressure *s.* pulmonary capillary wedge pressure
pulmonary ascariasis *(Paras)* Lungenaskariasis *f*
pulmonary aspergillosis *(Myk)* Lungenaspergillose *f*, pulmonale Kolbenschimmelerkrankung *f*
pulmonary atelectasis Lungenatelektase *f*
pulmonary atresia Pulmonal(is)atresie *f*, Pulmonalklappenatresie *f*
pulmonary auscultation Lungenauskultation *f*
pulmonary auscultatory abnormality Lungenauskultationsabnormität *f*
pulmonary blastomycosis Lungenblastomykose *f*, pulmonale Sprosspilzerkrankung *f*
pulmonary bleeding *s.* pulmonary haemorrhage
pulmonary blood flow [stream] Lungendurchblutung *f*
pulmonary byssinosis *(Arb)* Lungenbyssinose *f*
pulmonary capillary Lungenkapillare *f*
pulmonary capillary bed Lungenkapillarbett *n*
pulmonary capillary endothelial damage pulmonalkapillärer Endothelschaden *m*
pulmonary capillary network Lungenkapillarnetz *n*
pulmonary capillary pressure *s.* pulmonary capillary wedge pressure
pulmonary capillary thrombosis Lungenkapillarthrombose *f*
pulmonary capillary wedge pressure Lungenkapillarverschlussdruck *m*, Pulmonalkapillardruck *m*, PC, Wedge-Druck *m*
pulmonary cavity Lungenkaverne *f*, Lungenhöhle(nbildung) *f*
pulmonary circulation Pulmonalkreislauf *m*, Lungenkreislauf *m*, pulmonaler [kleiner] Blutkroiclauf *m*
pulmonary cirrhosis interstitielle Pneumonie *f*
pulmonary clamp *(Chir)* Pulmonalisklemme *f*
pulmonary closure sound Pulmonalisschlusston *m*
pulmonary coccidioidomycosis *(Inf)* Lungenkokzidioidomykose *f*
pulmonary collapse Lungenkollaps *m*
pulmonary compliance pulmonale Compliance *f*, Lungen-Compliance *f*
pulmonary congestion Lungenanschoppung *f (bei Pneumonie)*; Lungenstauung *f (z. B. bei Herzinsuffizienz)*
pulmonary consolidation Lungen(gewebs)verfestigung *f*
pulmonary consumption Lungentuberkulose *f*
pulmonary cryptococcosis Lungenkryptokokkose *f*, pulmonale Kryptokokkose *f*, Cryptococcus-Mykose *f* der Lunge
pulmonary cyst Lungenzyste *f*
pulmonary damage Lungenschädigung *f*, Lungenschaden *m*
pulmonary decortication *(Chir)* Lungendekortikation *f (siehe auch: pleurectomy)*
pulmonary diffusing capacity *(Anästh, Physiol)* Lungendiffusionskapazität *f*, pulmonale Diffusionskapazität *f*
pulmonary disease Lungenkrankheit *f*, Lungenerkrankung *f*
pulmonary disorder Lungen(funktions)störung *f*
pulmonary distomiasis *(Paras)* Lungendistomiasis *f*, pulmonale Leberegelerkrankung *f*
pulmonary dysmaturity syndrome pulmonales Dysmaturitässyndrom *n*, Syndrom *n* der unreifen Lunge *(beim Frühgeborenen)*
pulmonary echinococcosis *(Paras)* Lungenechinokokkose *f*, pulmonale Hundebandwurmerkrankung *f*
pulmonary embolectomy Lungenembolektomie *f*, pulmonale Embolektomie *f*, (operative) Lungenembolusentfernung *f*
pulmonary embolism Lungenembolie *f*
pulmonary embolization Lungenembolisierung *f*, Lungenembolusversprengung *f*
pulmonary embolus Lungenembolus *m*
pulmonary emphysema Lungenemphysem *n*, pulmonales Emphysem *n*
pulmonary fibrosis Lungenfibrose *f*
pulmonary first sound *(Kard)* I. [erster] Pulmonalklappenton *m*
pulmonary fistula Lungenfistel *f*
pulmonary function Lungenfunktion *f*
pulmonary function laboratory Lungenfunktionslabor *n*
pulmonary function study Lungenfunktionsprobe *f*, Lungenfunktionsuntersuchung *f*, Lungenfunktionstest *m*
pulmonary function test *s.* pulmonary function study
pulmonary fungal infection Lungenpilzinfektion *f*, pulmonaler Pilzbefall *m*, Lungenmykose *f*
pulmonary growth Lungentumor *m*, Lungengeschwulst *f*
pulmonary haemorrhage Lungenblutung *f*, Lungenbluten *n*, pulmonale Blutung *f*
pulmonary haemosiderosis Lungenhämosiderose *f*, pulmonale Hämosiderose *f*
pulmonary hamartoma Lungenhamartom *n*
pulmonary heart (disease) *(Kard)* Cor *n* pulmonale
pulmonary hilum *(Anat, Rad)* Lungenhilus *m*
pulmonary hypertension pulmonaler Hochdruck *m*
pulmonary hypoplasia Lungenhypoplasie *f*
pulmonary infarct Lungeninfarkt *m*
pulmonary infarction Lungeninfarzierung *f*
pulmonary infection Lungeninfektion *f*, pulmonale Infektion *f*
pulmonary infiltrate Lungeninfiltrat *n*, pulmonales Infiltrat *n*
pulmonary infiltrate with eosinophilia Lungeninfiltrat *n* mit Eosinophilie, eosinophiles Lungeninfiltrat *n*
pulmonary infiltration Lungeninfiltration *f*, pulmonale Infiltration *f*
pulmonary injury Lungenverletzung *f*
pulmonary insufficiency Pulmonalisinsuffizienz *f*, Pulmonalklappenschlussunfähigkeit *f*
pulmonary invasion Lungeninvasion *f*, Lungenbefall *m*, pulmonaler Befall *m*
pulmonary leaflet Pulmonalissegel *n*, Pulmonalklappensegel *n*
pulmonary lesion Lungenverletzung *f*
pulmonary ligament Ligamentum *n* pulmonale
pulmonary lobe Pulmonallappen *m*, Lungenlappen *m*, Lobus *m* pulmonalis
pulmonary lobectomy Lungenlobektomie *f*, (operative) Lungenlappenentfernung *f*
pulmonary lobule Pulmonalläppchen *n*, Lungenläppchen *n*, Lobulus *m* pulmonalis
pulmonary lymphangiomyomatosis Leiomyomatosis *f* diffusa pulmonum
pulmonary malignancy bösartige [maligne] Lungenerkrankung *f*
pulmonary manifestation Lungenmanifestation *f*
pulmonary mass 1. Lungentumor *m*, Lungengeschwulst *m*; 2. *(Rad)* Lungenrundherd *m*
pulmonary medicine Pulmonologie *f*
pulmonary microabscess Lungenmikroabszess *m*

pulmonary monitoring Lungen(funktions)überwachung *f*
pulmonary murmur Pulmonalgeräusch *n*, Lungengeräusch *n*, Atmungsgeräusch *n*
pulmonary mycetoma Lungenmyzetom *n*
pulmonary mycosis *s.* pulmonary fungal infection
pulmonary oedema Lungenödem *n*, Asthma *n* cardiale
pulmonary opacification *(Rad)* Lungenverschattung *f*, pulmonale Trübung *f*
pulmonary osteoarthropathy pulmonale Osteoarthropathie *f*, Trommelschlägelfingerbildung *f (z. B. bei Herzfehlern)*
pulmonary outflow tract *(Kard)* Lungenausflussbahn *f*, pulmonale Ausflussbahn *f*
pulmonary oxygen toxicity pulmonale Sauerstofftoxizität *f*
pulmonary paragonimiasis *(Paras)* Lungenparagonimiasis *f*
pulmonary parenchyma Lungenparenchym *n*
pulmonary perfusion scintigraphy *(Rad)* Lungenperfusionsszintigraphie *f*
pulmonary phthisis Lungentuberkulose *f*, Lungen-Tbk *f*, Lungen-Tbc *f*
pulmonary phycomycosis Lungenphykomykose *f*
pulmonary plethora pulmonale Hyperämie *f*, Pulmonalhyperämie *f*, Lungenhyperämie *f*, Lungenblutfülle *f*
pulmonary pleura Lungenfell *n*, Pleura *f* pulmonalis
pulmonary plexus Plexus *m* pulmonalis, Lungennervengeflecht *n*
pulmonary proteinosis Lungenproteinose *f*, pulmonale alveoläre Proteinose *f*, Lipoproteinose *f* (der Lunge)
pulmonary pulse Pulmonalispuls *m*, Lungenarterienpuls *m*
pulmonary recirculation Lungenrezirkulation *f*, pulmonale Rezirkulation *f (bei Herzfehlern)*
pulmonary-renal syndrome of Goodpasture Goodpasture-Syndrom *n*, Lungenblutung *f* mit Glomerulonephritis
pulmonary resection Lungenresektion *f*
pulmonary resistance Lungen(kreislauf)widerstand *m*, Pulmonal(kreislauf)widerstand *m*, pulmonaler Widerstand *m*
pulmonary respiration Lungenatmung *f*, Pulmonalatmung *f*, pulmonale Atmung *f*
pulmonary sarcoidosis *(Path)* Lungensarkoidose *f*
pulmonary schistosomiasis *(Trop, Paras)* Lungenschistosomiasis *f*, pulmonale Bilharziose *f*
pulmonary scintigraphy *(Rad)* Lungenszintigraphie *f*, pulmonale Szintigraphie *f*
pulmonary scleroderma *(Path)* interstitielle Lungenfibrose *f*
pulmonary second sound *(Kard)* II. [zweiter] Pulmonalklappenton *m*
pulmonary segment Lungensegment *n*
pulmonary siderosis *(Arb)* Lungensiderose *f*, Siderosis *f* pulmonum, Eisenstaublunge(nerkrankung) *f*, Eisenoxidlungensiderose *f*
pulmonary silicosis *(Arb)* Lungensilikose *f*
pulmonary sound *(Kard)* Pulmonaliston *m*, Pulmonalklappenton *m*
pulmonary sporotrichosis *(Myk)* Lungensporotrichose *f*, pulmonale Sporotrichose *f*
pulmonary stenosis Pulmonal(klappen)stenose *f*, Pulmonalklappenvereng(er)ung *f*
pulmonary sulcus tumour Pancoast-Tumor *m*
pulmonary surfactant pulmonaler Oberflächenfaktor *m*, pulmonaler Surfactant-Faktor *m*
pulmonary surgery Lungenchirurgie *f*
pulmonary symptom Lungensymptom *n*
pulmonary syphilis Lungensyphilis *f*
pulmonary tissue Lungengewebe *n*
pulmonary toxoplasmosis *(Inf)* Lungentoxoplasmose *f*
pulmonary transpiration Lungentranspiration *f*, Pulmonaltranspiration *f*, pulmonale Transpiration *f*
pulmonary tropical eosinophilia tropische Eosinophilie *f*
pulmonary trunk Pulmonalis *f*, Lungenarterienstamm *m*, Truncus *m* pulmonalis
pulmonary trunk pressure Pulmonalisdruck *m*, Lungenarterienstammdruck *m*
pulmonary tuberculosis *(Inf)* Lungentuberkulose *f*
pulmonary valve Pulmonalklappe *f*, Pulmonalis *f*, Valva *f* trunci pulmonalis
pulmonary valve cusp Pulmonalklappensegel *n*
pulmonary valve incompetence Pulmonalisinsuffizienz *f*, Pulmonalklappenschlussunfähigkeit *f*
pulmonary valvular stenosis Pulmonal(is)stenose *f*, Pulmonalklappenvereng(er)ung *f*
pulmonary valvulotomy Pulmonalisvalvulotomie *f*, (operative) Lungenklappensprengung *f*
pulmonary vascular bed Lungengefäßbett *n*, Pulmonalgefäßbett *n*
pulmonary vascular markings *(Rad)* Lungengefäßzeichnung *f*
pulmonary vascular resistance *(Physiol)* Lungengefäßwiderstand *m*
pulmonary vascularity *(Rad)* Lungengefäßzeichnung *f*, pulmonaler Gefäßreichtum *m*
pulmonary vasculature Lungengefäßverteilung *f*, Pulmonalgefäßanordnung *f*, pulmonale Gefäßversorgung *f*
pulmonary vein Lungenvene *f*, Pulmonalvene *f*, Vena *f* pulmonalis
pulmonary venous blood Lungenvenenblut *n*
pulmonary venous drainage *(Kard)* Lungenvenenabfluss *m*, Pulmonalvenenabfluss *m*
pulmonary ventilation pulmonale Ventilation *f*, Lungenbelüftung *f*
pulmonary wedge pressure *s.* pulmonary capillary wedge pressure
pulmonary Wegener's granulomatosis pulmonale Wegener-Granulomatose *f*, pulmonales Wegener-Syndrom *n*
pulmonectomy *s.* pneumonectomy
pulmonic *s.* pulmonary
pulmonitis *s.* pneumonia
pulmonohepatic Lungen-Leber-...
pulmonologist Pulmologe *m*, Lungenspezialist *m*
pulmonology Pneumo(no)logie *f*, Pulmo(no)logie *f*, Lungenkrankheitslehre *f*
pulmonoperitoneal Lungen-Bauchfell-...
pulmotor *(Anästh)* Pulmotor *m*, Beatmungsgerät *n*, Apparat *m* zur künstlichen Beatmung; Atembalg *m*
pulp 1. Pulpa *f*, Fleisch *n (Organparenchym)*; 2. *(Stom)* Pulpa *f* dentium, Zahnpulpa *f*, Zahnmark *n*
pulp abscess Pulpaabszess *m*
pulp artery Pulpaarterie *f*
pulp blood supply Pulpadurchblutung *f*
pulp calcification *s.* pulp petrification
pulp canal Pulpakanal *m*
pulp cavity *(Stom)* Pulpahöhle *f*, Zahnpulpahöhle *f*, Zahnmarkhöhle *f*, Cavum *n* dentis • **open the pulp cavity** die Pulpahöhle eröffnen
pulp cell Pulpazelle *f*, Markzelle *f*
pulp chamber Cavum *n* coronale
pulp devitalisation Pulpadevitalisierung *f*
pulp devitation Pulpadevitalisierung *f*
pulp extractor Pulpaextraktor *m (Instrument)*
pulp inflammation Pulpaentzündung *f*
pulp necrosis Pulpanekrose *f*

pulp nerve Pulpanerv *m*
pulp nodule Pulpaknötchen *n*
pulp of the finger Finger(spitzen)pulpa *f*
pulp of the intervertebral disk Nucleus *m* pulposus
pulp petrification Pulpapetrifikation *f*, Pulpaverkalkung *f*
pulp polyp 1. Pulpapolyp *m*; 2. hyperplastische Pulpitis *f*
pulp stone Pulpastein *m*
pulp test Pulpatest *m*, Vitalitätstest *m*, Vitalitätsprobe *f*
pulp vein Pulpavene *f*
pulp vessels Pulpa(blut)gefäße *npl*
pulpa *s.* pulp
pulpal pulpal; Pulpa…
pulpalgia Pulpalgie *f*, Pulpaschmerz *m*
pulpar *s.* pulpal
pulpation Pulpaumwandlung *f*
pulpectomy 1. Pulpektomie *f*, Pulpaexstirpation *f*, Pulpaexzision *f*, (operative) Pulpaentfernung *f*; 2. *(Stom)* Zahnmarkausschneidung *f*
pulpefaction *s.* pulpation
pulpiform *s.* pulpy
pulpitis Pulpitis *f*, Zahnpulpaentzündung *f*, Zahnmarkentzündung *f*, Entzündung *f* der Pulpa dentium
pulpless 1. pulpafrei; 2. *(Stom)* zahnmarkfrei; avital, devital(isiert) *(Zahn)*
pulpless tooth avitaler Zahn *m*, devitalisierte Zahn *m*
pulpotomy *s.* pulpectomy
pulpy pulpaartig, pulpaähnlich; zahnmarkartig
pulsate *v* pulsieren, schlagen, klopfen; vom Puls erschüttert werden; wellenförmig ein Blutgefäß durchströmen
pulsatile pulsierend, klopfend, schlagend
pulsatile abdominal mass pulsierender Bauchtumor *m*
pulsatile assist device pulsatiles Assist-Device *n*, pulsatiles Unterstützungssystem *n*
pulsatile haematoma pulsierendes Hämatom *n*, Pseudoaneurysma *n*
pulsating exophthalmus pulsierender Exophthalmus *m*, Pulsationsexophthalmus *m*
pulsating nystagmus pulsierender Nystagmus *m*
pulsating pleurisy Pleuritis *f* pulsans
pulsation Pulsation *f*, Schlagen *n*, Klopfen *n*; Pulsschlag *m*
pulse *v* pulsieren, klopfen, schlagen
pulse Puls *m*, Pulsschlag *m*, Sphygmus *m* • **count the pulse** den Puls zählen • **feel the pulse** den Pulsschlag fühlen, den Puls tasten
pulse amplitude Pulsamplitude *f*
pulse assessment Bewertung *f* der Pulsqualität, Pulsfühlen *n*, Tasten *n* der Pulsqualität
pulse cycle Pulszyklus *m*
pulse deficit *(Kard)* Pulsdefizit *n*
pulse difference Pulsdifferenz *f*
pulse duration Pulsdauer *f*
pulse-echo diagnosis *s.* sonography
pulse-echo ultrasound *s.* sonography
pulse oximetry Pulsoxymetrie *f*
pulse point Puls(tast)punkt *m*
pulse pressure Pulsdruck *m*, Pulsdruckamplitude *f*
pulse quality Pulsqualität *f*
pulse rate Pulsrate *f*, Pulsfrequenz *f*
pulse wave *(Kard)* Pulswelle *f*
pulsed Doppler gepulster Doppler *m*
pulsed Doppler echocardiogram gepulstes Doppler-Echokardiogramm *n*
pulsed Doppler method gepulstes Doppler-Verfahren *n*
pulsed dye laser gepulster Farb-Laser *m*
pulseless pulslos
pulseless disease Aortenbogensyndrom *n*, obliterierende Thromboaortopathie *f*, Arteriitis *f* bei jungen asiatischen Frauen, Takayasu-Syndrom *n*
pulselessness Pulslosigkeit *f*, Fehlen *n* des Pulses
pulsimeter Pulsometer *n*, Puls(kraft)messer *m*
pulsion Pulsion *f*, Stoß *m*, Schlag *m*
pulsion diverticulum Pulsionsdivertikel *n*
pulsometer *s.* pulsimeter
pulsus *s.* pulse
pultaceous breiig, weich
pulv. *s.* pulvis
pulverization Pulverisation *f*, Pulverisierung *f*, Zerstäubung *f*, Zerstäuben *n*
pulverize *v* pulverisieren, zerpulvern, zu Pulver zerreiben [zerstoßen]; zerstäuben
pulverulent 1. pulverig, pulverisiert; Pulver…; 2. (leicht) zerbröckelnd
pulvinar (thalami) Pulvinar *n* thalami, Nucleus *m* posterior thalami *(hinteres Ende des Thalamus im Gehirn)*
pulvinate kissenartig, kissenförmig, polsterartig; Kissen…, Polster…
pulvis Pulvis *m*, Pulver *n (Arzneiform)*
pump *v* pumpen; (ab)saugen
pump oxygenator *(Anästh)* Pumpenoxygenator *m*
punch 1. Stanze *f*; 2. Faustschlag *m*
punch biopsy Stanzbiopsie *f*
punch drunk (syndrome) Boxerenzephalopathie *f*, progressive traumatische Enzephalopathie *f*
punch forceps Stanze *f*, Lochzange *f*
punched-out ulcer ausgestanztes Ulkus *n* [Geschwür *n*]
punching ball manoeuvre *(Gyn)* Hamilton-Handgriff *m*, Punchingball-Handgriff *m*
punctal Punctum-lacrimale-…
punctate punktiert, getüpfelt
punctate haemorrhage Punktblutung *f*, punktförmige Blutung *f*, Petechialblutung *f*
punctate keratitis *(Ophth)* Keratitis *f* punctata
punctate keratoconjunctivitis *(Ophth)* Keratokonjunktivitis *f* punctata
punctate psoriasis *(Derm)* Psoriasis *f* punctata
punctated *s.* punctate
punctation Tüpfelung *f*
punctiform punktförmig, punktiform
punctograph Punktograph *m (Röntgengerät zur Fremdkörperlokalisierung)*
punctuation Tüpfelung *f*, Fleckung *f*, Punktierung *f*
punctumeter Punktumeter *n*, Akkommodometer *n*
puncture *v* punktieren, anstechen, durchstechen, eine Parazentese durchführen
puncture *v* **a vein** eine Vene punktieren
puncture Punktion *f*, Durchstechung *f*, Parazentese *f (siehe auch unter: paracentesis)*
puncture aortography *(Rad)* Punktionsaortographie *f*
puncture biopsy Punktionsbiopsie *f*
puncture cytology Punktionszytologie *f*
puncture headache *(Neur)* Punktionskopfschmerz *m*, Lumbalpunktionskopfschmerz *m*
puncture needle Punktionsnadel *f*
puncture of the abdomen Bauchpunktion *f*, Parazentese *f*
puncture of the antrum Antrumpunktion *f*
puncture of the eyeball *s.* paracentesis of the eye
puncture of the pleural cavity Pleurapunktion *f*
puncture of the sinus Sinuspunktion *f*, Nasennebenhöhlenpunktion *f*, Nebenhöhlenpunktion *f*
puncture of the suprapubic bladder suprapubische Blasenpunktion *f*
puncture wound Stichwunde *f*
pungent beißend, stechend, scharf *(z. B. Geruch)*
pupil *(Ophth)* Pupille *f*, Sehloch *n* • **dilate the pupils** die Pupillen erweitern [vergrößern]
pupil constriction Pupillenkonstriktion *f*

pupil dilatation Pupillendilatation *f*, Pupillenerweiterung *f*
pupil-dilating pupillendilatierend, pupillenerweiternd
pupil motility Pupillenmotilität *f*
pupil movement Pupillenbewegung *f*
pupil unrest *s.* hippus
pupilla *s.* pupil
pupillary *(Ophth)* pupillär; Pupillen…
pupillary anomaly Pupillenanomalie *f*
pupillary athetosis Pupillenathetose *f*, Iriszittern *n*, Hippus *m* pupillae
pupillary axis Pupillenachse *f*, Axis *m* pupillaris
pupillary border Pupillenrand *m*
pupillary darkness reflex Pupillenreaktion *f* auf Dunkelheit
pupillary dialysis Pupillendialyse *f*, Sphinkterriss *m*, Koredialysis *f*, Dialysis *f* pupillaris
pupillary examination Pupillenprüfung *f*, Pupillenuntersuchung *f*
pupillary inertia Pupillenträgheit *f*, Bradykorie *f*
pupillary membrane Membrana *f* pupillaris
pupillary obliteration Pupillenverschluss *m*, Pupillenobliteration *f*, Occlusio *f* pupillae
pupillary occlusion *s.* pupillary obliteration
pupillary play Pupillenspiel *n*
pupillary reflex Pupillenreflex *m*, Pupillarreflex *m*; Pupillenreaktion *f*
pupillary response Pupillenreaktion *f*
pupillary rigidity Pupillenstarre *f*, Pupillenrigidität *f*
pupillary size Pupillengröße *f*
pupillary skin reflex ziliospinaler Reflex *m*
pupillary zone Zona *f* pupillaris, Anulus *m* iridis minor
pupillatonia Pupillenatonie *f*
pupilloconstrictor pupillokonstriktorisch, pupillenverenge(r)nd
pupillodilator pupillodilatorisch, pupillenerweiternd
pupillograph *(Ophth)* Pupillograph *m*
pupillography *(Ophth)* Pupillographie *f*
pupillometer *(Ophth)* Pupillometer *n*, Pupillenmessgerät *n*, Pupillenmesser *m*
pupillometry *(Ophth)* Pupillometrie *f (Bestimmung des Pupillendurchmessers)*
pupillomotor pupillomotorisch
pupilloplegia Pupillenlähmung *f*
pupilloscope Pupilloskop *n*
pupilloscopy *(Ophth)* Pupilloskopie *f*, Pupillenspiegelung *f (siehe auch: sciascopy und retinoscopy)*
pupillostatometer *(Ophth)* Pupillostatometer *n (Instrument zur Bestimmung des Pupillenabstandes nach Ostwald)*
pupillotonia *(Ophth)* Pupillotonie *f*, Adie'sche Pupille *f*, Adie'sches Syndrom *n*
pupillotonic pupillotonisch
puppet gait Marionettengang *m*, Automatengang *m*
PUPPP *s.* pruritic urticarial papules and plaques of pregnancy
purblind halb blind
pure pur, rein, unvermischt, unverfälscht
pure agraphia reine Agraphie *f*
pure culture *(Bakt)* Reinkultur *f*, Einzelkultur *f*
pure dwarf *s.* primordial dwarf
pure heart sound reiner [sauberer] Herzton *m*
pure-petit mal *(Neur)* kleine epileptische Absenzen *fpl*, pyknoleptische Absenzen *fpl*
pure red cell anaemia *(Hämat, Path)* Josephs-Diamond-Blackfan-Anämie *f*, Erythroblastophthise *f*, Erythroblastopenie *f (infolge Verminderung Erythrozyten bildender Knochenmarkzellen)*
pure red cell aplasia *s.* pure red cell anaemia
pure sound *s.* pure heart sound
pure tone audiogram *(HNO)* Tonaudiogramm *n*
pure tone audiometry *(HNO)* Tonaudiometrie *f*
pure tone hearing loss Tonhörverlust *m*
pure word dumbness *(Neur)* subkortikale motorische Aphasie *f*
purgation Purgation *f*, Abführung *f*, Abführen *n*, Darmreinigung *f*
purgative purgativ, abführend, (den Darm) reinigend
purgative Purgativ(um) *n*, Purgans *n*, Abführmittel *n*, Laxans *n*
purgative abuse Laxantienabusus *m*, Abführmittelmissbrauch *m*
purge 1. Abführmittel *n*, Kathartikum *n*; Darmreinigungsmittel *n*; 2. Reinigung *f*, Säuberung *f*; 3. Abführen *n*, Abführung *f*, Darmreinigung *f*, Darmentleerung *f*
purge *v* **away** purgieren, abführen, (den Darm) entleeren
purge *v* **off** *s.* purge away
purging-gorging syndrome *(Neur)* Bulimarexie *f*
puric 1. Purin…; 2. eitrig, eiternd, purulent; Pus…, Eiter…
purification Reinigung *f*, Säuberung *f*
puriform puriform, eiterartig, eiterähnlich
purinaemia Purinämie *f*, Vorhandensein *n* von Purinbasen im Blut
purinaemic Purinämie…
purine Purin *n*, Purinkörper *m*
purine base Purinbase *f*
purine biosynthesis Purinbiosynthese *f*
purine body Purinkörper *m*
purine deaminase Purindesaminase *f (Enzym)*
purine-free diet purinfreie Kost *f*
purine-low diet purinarme Kost *f*
purine metabolism Purinmetabolismus *m*, Purinstoffwechsel *m*
purine nuclease Purinnuklease *f (Enzym)*
purine-nucleoside phosphorylase Purin-Nukleosidphosphorylase *f*
purinolytic purinolytisch, purinspaltend
purinometer Purinometer *n (Gerät zur Bestimmung der Purinkörper im Urin)*
purity Purität *f*, Reinheit *f*
Purkinje cell *(Neur)* Purkinje'sche Zelle *f*, Purkinje-Zelle *f (stark verzweigte Nervenzelle in der Kleinhirnrinde)*
Purkinje fibre *(Kard)* Purkinje'sche Faser *f*, Purkinje-Faser *f (Erregungsleitung)*
Purkinje image *(Ophth)* Purkinje'sche Aderfigur *f*, Purkinje-Aderfigur *f*
Purkinje-Sanson's (mirror) images *(Ophth)* Purkinje-Sanson'sche Spiegelbilder *npl*
purohepatitis eitrige Hepatitis *f*
puromucous mukopurulent, schleimig-eitrig
puromycin Puromyzin *n (Antibiotikum aus Streptomyces alboniger)*
purple hearts *(Neur, Pharm)* Weckamine *npl*
purposive idea *(Neur)* Zielvorstellung *f*
purposive reflex *(Neur, Physiol)* Schutzreflex *m*
purpura *(Derm)* Purpura *f*, Blutfleckenkrankheit *f*, Peliosis *f*
purpura rheumatica *(Derm)* Purpura *f* rheumatica [anaphylactica, Schönlein-Henoch]
purpurea glycoside Purpureaglykosid *n*
purpuric Purpura…
purpurin Purpurin *n*, Uroerythrin *n*
purpurinuria Purpurinurie *f*, Purpurinausscheidung *f* im Urin
purpurogenous purpurogen, sehpurpurbildend
purr Schnurren *n*, schnurrendes Geräusch *n (z. B. bei der Auskultation)*
purring schnurrend
purse-string suture *(Chir)* Tabaksbeutelnaht *f* • **apply a purse-string suture** eine Tabaksbeutelnaht anlegen

purse *v* **the lips** die Lippen spitzen [spitz machen]
pursed-lip breathing Atmung *f* mit Lippenbremse *(Ausatmung gegen geschlossene Lippen zur Erhöhung intraalveolären Druckes)*
Purtilo's syndrome Purtilo'sches Syndrom *n*, Purtilo-Syndrom *n*, X-Chromosom-gebundenes lymphoproliferatives Syndrom *n*
Purtscher's angiopathic retinopathy Purtscher'sches Syndrom *n*, Purtscher-Syndrom *n*, posttraumatische angiopathische Retinopathie *f (Netzhautblutungen nach schwerer Rumpfkompression)*
Purtscher's disease *s.* Purtscher's angiopathic retinopathy
purulence 1. Purulenz *f*, Eiterung *f*; 2. Eiter *m*, Pus *n (Zusammensetzungen siehe unter: pus und purulent)*
purulency *s.* purulence
purulent purulent, eitrig, eiternd, suppurativ *(siehe auch unter: suppurative)*
purulent blister Eiterblase *f*, Eiterbläschen *n*
purulent bronchitis eitrige Bronchitis *f*, Bronchitis *f* purulenta
purulent conjunctivitis *(Ophth)* eitrige Bindehautentzündung *f*, Conjunctivitis *f* purulenta
purulent diarrhoea purulente Diarrhoe *f*
purulent discharge Eiterentleerung *f*, Eiterfluss *m*; eitriger Ausfluss *m* [Fluor *m*]
purulent discharge from the ear eitriger Ohrenfluss *m*, eitrige Otorrhoe *f*
purulent exudate Eiterexsudat *n*, purulentes Exsudat *n*
purulent focus Eiterherd *m*
purulent inflammation purulente [eitrige] Entzündung *f*
purulent iritis purulente [eitrige] Iritis *f*
purulent keratitis *(Ophth)* eitrige Hornhautentzündung *f*, Keratitis *f* purulenta
purulent mastitis eitrige Brust(drüsen)entzündung *f*, Mastitis *f* purulenta
purulent matter *s.* pus
purulent maxillary sinusitis eitrige [purulente] Kieferhöhlenentzündung *f*
purulent meningitis eitrige [purulente] Hirnhautentzündung *f*, Meningitis *f* purulenta
purulent nasal discharge eitriges Nasensekret *n*
purulent otitis eitrige Ohrentzündung *f*, Otitis *f* purulenta
purulent pancreatitis eitrige Pankreatitis *f*, Pancreatitis *f* purulenta
purulent panophthalmitis Panophthalmitis *f* purulenta
purulent peritonitis eitrige Peritonitis *f*, Peritonitis *f* purulenta
purulent pleurisy eitrige Brustfellentzündung *f*, Pleuritis *f* purulenta
purulent rhinitis purulente [eitrige] Rhinitis *f*
purulent salpingitis purulente Salpingitis *f*, eitrige Eileiterentzündung *f*, Salpingitis *f* purulenta
purulent sputum purulentes Sputum *n*, eitriger Auswurf *m*
purulent surgery septische Chirurgie *f*
purulent synovitis purulente [eitrige] Synovitis *f*
puruloid purulent, eiterähnlich, eiterartig
pus Pus *n*, Eiter *m (siehe auch unter: purulent)*
pus blister Eiterblase *f*
pus cavity Eiterhöhle *f*
pus cell Eiterzelle *f*
pus corpuscle *s.* pus cell
pus-forming eiterbildend, pusbildend, pyogen
pus in urine Eiter *m* im Urin
pus-like eiterartig, eitrig
pus organism Eitererreger *m*
pus-producing *s.* pus-forming
pus smear Eiterabstrich *m*
pus tube *s.* pyosalpinx
pusher-plate heart Druckplattenherz *n (künstliches Herz)*
pustula *s.* pustule
pustulant eiterblasenbildend
pustular 1. pustulös, mit Eiterbläschen [Pusteln] bedeckt; 2. pustulös, mit Eiterbläschen [Pusteln] einhergehend
pustular psoriasis 1. Psoriasis *f* pustulosa, pustulöse Psoriasis *f*; 2. Acrodermatitis *f* (suppurativa) continua, Acrodermatitis *f* chronica suppurativa, Hallopeau'sche Krankheit *f*, Hallopeau'sches Syndrom *n*; 3. Impetigo *f* herpetiformis (Hebra), Hebra-Krankheit *f*, Hebra'sche Krankheit *f*, Herpes *m* vegetans
pustular skin disease *s.* pyodermatitis
pustular varicella Varicella *f* pustulosa
pustulation Pustelbildung *f*, Eiterbläschenbildung *f*, Eiterbeulenbildung *f*
pustule Pustel *f*, Pustula *f*, Eiterbläschen *n*, Eiterbeule *f*
pustuliform pustelförmig, pustelartig, eiterbläschenähnlich
pustulocrustaceous Pustel-Krusten-…; Eiterkrusten…
pustuloderma Pustuloderma *n*
pustulose *s.* pustular
pustulosis *(Derm)* Pustulosis *f*, Pustelbildung *f*, Eiterbläschenbildung *f*
pustulous *s.* pustular
put *v* **on a bandage** einen Verband auflegen [anlegen]
putamen Putamen *n (äußerer Teil des Linsenkerns im Endhirn)*
Putnam-Dana syndrome Putnam-Dana-Syndrom *n*, Lichtheim-Syndrom *n*, funikuläre Spinalerkrankung *f*, funikuläre Myelose *f*, posterolaterale Sklerose *f*, subakute kombinierte Rückenmarkdegeneration *f*
putrefacient *s.* putrefactive
putrefaction Putrefaktion *f*, Putreszenz *f*, Verwesung *f*, Faulen *n*, Fäulnis *f*
putrefactive 1. faulig; Fäulnis…, Verwesungs…; 2. fäulniserregend
putrefactive peritonitis putride Peritonitis *f*
putrefy *v* (ver)faulen, verwesen, in Fäulnis übergehen; zum Faulen bringen, in Fäulnis übergehen lassen
putrescence Putreszenz *f*, Fäulnis *f*, Fäule *f*
putrescence of the uterus Putrescentia *f* utori
putrescent (ver)faulend, verwesend, in Fäulnis übergehend; faulig
putrescine Putreszin *n*, Tetramethylendiamin *n (Amin des Ornithins)*
putrid 1. putrid, faulig, übel riechend, stinkend; 2. putrid, verfault, verwest; Fäulnis…
putrid peritonitis putride Peritonitis *f*
Putti' syndrome *(Orth)* Putti-Syndrom *n*, lumbales Vertebralsyndrom *n*
PUVA *s.* psoralene plus UV A
pyaemia Pyämie *f*, metastasierende Sepsis *f*, Blutvergiftung *f*
pyaemic pyämisch
pyaemic abscess pyämischer Abszess *m*, Eitermetastase *f*
pyaemic embolism pyämische Embolie *f*
pyarthrosis Pyarthrosis *f*, eitrige Gelenkentzündung *f*, Pyarthros *m*, Gelenkvereiterung *f*
pyaskos Pyaskos *m*, Eiteransammlung *f* in der Peritonealhöhle
pycnometer Pyknometer *n*, Dichtemesser *m*
pyecchysis Eiterabsonderung *f*, Eiter(aus)fluss *m*
pyelectasia Pyelektasie *f*, Nierenbeckenerweiterung *f*
pyelectasis *s.* pyelectasia
pyelic Nierenbecken…
pyelitic Pyelitis…, Nierenbeckenentzündungs…
pyelitis Pyelitis *f*, Nierenbeckenentzündung *f*
pyelitis of pregnancy Schwangerschaftspyelitis *f*

pyelo-ileocutaneous pyeloileokutan; Nierenbecken-Ileum-Haut-...
pyelo-interstitial pyelointerstitiell; Nierenbecken-Interstitium-...
pyelo-ureteral pyeloureteral, pyeloureterisch; Nierenbecken-Harnleiter-...
pyelo-ureterectasis Pyeloureterektasie *f*, Nierenbecken- und Harnleitererweiterung *f*
pyelo-ureteric *s.* pyelo-ureteral
pyelo-ureterography *s.* pyelography
pyelo-ureterolysis Pyeloureterolyse *f (Lösung des Harnleiters aus Verwachsungen)*
pyelo-ureteroplasty Pyeloureteroplastik *f*, Nierenbecken-Harnleiter-Plastik *f*
pyelocali(c)ectasis Pyelokalikektasie *f*, Nierenbecken-Nierenkelch-Erweiterung *f*, Erweiterung *f* des Nierenbeckenkelchsystems
pyelocalyceal system Nierenbeckenkelchsystem *n*
pyelocalycectomy Pyelokalikektomie *f*, (operative) Nierenkelchentfernung *f*
pyelocystitis Pyelozystitis *f*, Zystopyelitis *f*, Nierenbecken- und Harnblasenentzündung *f*
pyelofluoroscopy *(Rad)* Pyelofluoroskopie *f*, Nierenbeckendurchleuchtung *f*
pyelogenic pyelogen, vom Nierenbecken ausgehend
pyelogram Pyelogramm *n*, Röntgen(kontrast)bild *n* des Nierenbeckens und Harnleiters
pyelograph *s.* pyelogram
pyelographic pyelographisch
pyelography Pyelographie *f*, Röntgen(kontrast)darstellung *f* des Nierenbeckens und des Harnleiters, Nierenbeckenaufnahme *f*
pyelography by elimination Ausscheidungspyelographie *f*, intravenöse Pyelographie *f*
pyelolithotomy Pyelolithotomie *f*, (operative) Nierenbeckensteinentfernung *f*
pyelolymphatic pyelolymphatisch; Nierenbecken-Lymphsystem-...
pyelometry Pyelometrie *f (der Kontraktionswellen des Nierenbeckens)*
pyeloneostomy Pyeloneostomie *f (plastische Hydronephrosenoperation)*
pyelonephritic pyelonephritisch; Pyelonephritis...
pyelonephritis Pyelonephritis *f*, Nierenbecken- und Nierengewebeentzündung *f*
pyelonephrosis Pyelonephrose *f*, Nieren- und Nierenbeckenerkrankung *f*
pyeloparenchymal Nierenbecken-Nierenparenchym-...
pyelopathy Pyelophathie *f*, Nierenbeckenerkrankung *f*, Nierenbeckenaffektion *f*
pyelophlebitis Pyelophlebitis *f*, Nierenbeckenvenenentzündung *f*
pyeloplasty Pyeloplastik *f*, Nierenbeckenplastik *f*
pyeloplication Pyeloplikation *f*, (operative) Nierenbeckenverkleinerung *f* durch Wandfaltung
pyelorenal pyelorenal; Nierenbecken-Harnkanälchen-...
pyeloscopy Pyeloskopie *f*, Nierenbeckenspiegelung *f*
pyelostomy Pyelostomie *f*, Nierenbeckenfistelung *f*
pyelotomy Pyelotomie *f*, Nierenbeckenschnitt *m*, (operative) Nierenbeckeneröffnung *f*
pyelotubular pyelotubulär; Nierenbecken-Harnkanälchen-...
pyelovenous pyelovenös; Nierenbecken-Venen(system)-...
pyemesis Pyemesis *f*, Eitererbrechen *n*, eitriges Erbrechen *n*
pyencephalus Pyenzephalus *m*, Eiteransammlung *f* im Gehirn, Hirnvereiterung *f*, Hirnabszess *m*
pyesis Eiterung *f*, Suppuration *f*
pygal gluteal; Gesäß...
pygalgia Pygalgie *f*, Gesäßschmerz *m*
pygalopubic Gesäß-Scham(region)-...
pygmalionism Pygmalionismus *m (sexuelle Erregung beim Betrachten und Betasten von Standbildern)*
pygmy Zwerg *m*
pygoamorphus *(Terat)* Pygoamorphus *m (Missgeburt)*
pygodidymus *s.* pygopagus
pygomelia *(Terat)* Pygomelie *m (Doppelmissbildung mit Verwachsung am Gesäß)*
pygomelus *(Terat)* Pygomelus *m (Missgeburt)*
pygopagus *(Terat)* Pygopagus *m (Missgeburt)*
pygopagy *(Terat)* Pygopagie *m (Doppelmissbildung mit Verwachsung am Kreuzbein)*
pyic *s.* purulent
pyknaemia Bluteindickung *f*
pyknic pyknisch, gedrungen, untersetzt
pyknic body build pyknischer Körperbau *m*
pyknic constitution pyknische Konstitution *f*
pyknic habit pyknischer Habitus *m*
pyknic type Pykniker *m*
pyknocyte Pyknozyt *m*
pyknocytosis Pyknozytose *f (erhöhte Anzahl von Pyknozyten)*
pyknodysostosis Pyknodysostosis *f*, Pyknodysostose *f (siehe auch: Maroteaux-Lamy syndrome)*
pyknoepilepsy Pyknolepsie *f (Häufung von kleinen epileptischen Anfällen)*
pyknolepsy *s.* pyknoepilepsy
pyknometer Pyknometer *n (Dichtemesser für Flüssigkeiten)*
pyknometry Pyknometrie *f (Messung des spezifischen Gewichtes von Flüssigkeiten)*
pyknomorphic pyknomorph *(Nervenzellen)*
pyknomorphous *s.* pyknomorphic
pyknophrasia Pyknophrasie *f*
pyknosis Pyknose *f*, Zellkernverdichtung *f*, Zellkernschrumpfung *f (beim Absterben von Zellen)*
pyknosomatic pyknosomatisch; Stammfettsucht...
pyknotic 1. pyknotisch, verdickt, verdichtet; 2. Pyknose...
pylemphraxis Pylemphraxis *f*, Pfortaderverschluss *m*, Pfortaderobstruktion *f*, Pfortaderverstopfung *f*
pylephlebectasia Pylephlebektasie *f*, Pfortaderdilatation *f*, Pfortadererweiterung *f*
pylephlebitis Pylephlebitis *f*, Pfortaderentzündung *f*
Pyle's disease Pyle'sches Syndrom *n*, Pyle-Bakwin-Krida-Cohn-Syndrom *n*, Modulationsdysplasie *f*, Metaphysendysplasie *f* der Röhrenknochen
pylethrombophlebitis Pylethrombophlebitis *f*, Pfortaderthrombose *f* und -entzündung *f*
pylethrombosis Pylethrombose *f*, Pfortaderthrombose *f*
pylic Pfortader...
pylon Beinprothese *f*, künstliches Bein *n*
pyloralgia Pyloralgie *f*, Pylorusschmerz *m*
pylorectomy Pylorektomie *f*, Pylorusresektion *f*, (operative) Magenpförtnerentfernung *f*
pyloric pylorisch; Pylorus..., Magenpförtner...
pyloric antrum Antrum *n* pyloricum
pyloric canal Canalis *m* pyloricus
pyloric carcinoma Pyloruskarzinom *n*
pyloric channel Canalis *m* pyloricus
pyloric gland area *s.* pyloric antrum
pyloric glands Glandulae *fpl* pyloricae, Pylorusdrüsen *fpl*
pyloric hypertrophy Pylorushypertrophie *f*
pyloric obstruction Pyloruseinengung *f*, Pylorusobstruktion *f*
pyloric orifice Pylorusöffnung *f*
pyloric plexus Pylorus(nerven)plexus *m*
pyloric portion of the stomach Pars *f* pylorica ventriculi

pyloric reflex Pylorusreflex *m*
pyloric spasm Pylorusspasmus *m*, Pylorospasmus *m*
pyloric sphincter Musculus *m* sphincter pylori
pyloric stenosis Pylorusstenose *f*, Magenausgangsstenose *f*, Magenausgangsvereng(er)ung *f*
pyloric ulcer Pylorusulkus *n*, Ulcus *n* pyloricum, Ulcus *n* ventriculi ad pylorum
pyloric valve *s.* pyloric sphincter
pyloric vestibule *s.* pyloric antrum
pyloristenosis *s.* pylorostenosis
pyloritis Pylorusentzündung *f*
pylorocolic pylorokolisch; Magenausgang-Grimmdarm-…
pylorodilator Pylorusdilator *m*, Magenpförtnerdehnungsinstrument *n*
pyloroduodenal pyloroduodenal; Pylorus-Duodenum-…, Magenausgang-Zwölffingerdarm-…
pyloroduodenitis Pyloroduodenitis *f*, Pylorus- und Zwölffingerdarmentzündung *f*
pylorogastrectomy Pylorogastrektomie *f*, Pylorus- und Magenteilentfernung *f*
pylorojejunostomy Pylorojejunostomie *f*, Pylorus-Jejunum-Anastomose *f*, (operative) Magenpförtner- und Leerdarmverbindung *f*
pyloromyotomy Pyloromyotomie *f*, Weber-Ramstedt'sche Operation *f*, Ramstedt-Weber'sche Operation *f (zur Beseitigung eines Magenpförtnerkrampfs)*
pyloroplasty Pyloroplastik *f*, Magenpförtnerplastik *f*, Magenausgangsplastik *f*, (operative) Magenausgangserweiterung *f*
pyloroptosia Pyloroptose *f*, Pylorussenkung *f*, Magenpförtnersenkung *f*, Magenausgangstiefstand *m*
pyloroschesis Pyloroschesis *f*, Pylorusobstruktion *f*, Magenpförtnerverschluss *m*, Magenausgangsverschluss *m*
pyloroscopy Pyloroskopie *f*, Pylorusspiegelung *f*, Magenausgangsspiegelung *f*, Magenpförtnerspiegelung *f*
pylorospasm Pylorospasmus *m*, Pyloruskrampf *m*, Magenpförtnerspasmus *m*
pylorostenosis Pylorostenose *f*, Pylorusstenose *f*, Magenpförtnerstenose *f*, Magenausgangsvereng(er)ung *f*
pylorostomy Pylorostomie *f*, Pyloruskanalfistelung *f*
pylorotomy Pylorotomie *f*, (operative) Pyloruskanaleröffnung *f*
pylorus Pylorus *m*, Magenpförtner *m*, Magenausgang *m*
pylorus clamp *(Chir)* Magenquetschklemme *f*
pylorus spreader *(Chir)* Pylorusspreizer *m*
pyo-ovarium Pyoovarium *n*, vereiterter Eierstock *m*; Eierstock(ver)eiterung *f*, Eierstockabszess *m*, Ovar(ial)abszess *m*
pyoarthrosis *s.* pyarthrosis
pyoblennorrhoea *(Ophth)* Pyoblennorrhoe *f*, Blennorrhoea *f* suppurativa
pyocalix *s.* pyocalyx
pyocalyx Pyokalyx *m*, Eiteransammlung *f* im Nierenkelchsystem
pyocele Pyozele *f*, vereiterte Hydrozele *f*, Eiteransammlung *f* im Hodensack
pyocephalus Pyozephalus *m*, Eiteransammlung *f* in den Hirnkammern
pyochezia Pyochezia *f*, Eiteransammlung *f* im Kot
pyocin Pyocin *n (von Pseudomonas aeruginosa gebildet)*
pyococcic Pyokokken…
pyoccoccus Pyococcus *m*, Pyokokkus *m*, Eiterkokke *f*, Pyokokke *f*
pyocoelia *s.* pyoperitineum
pyocolpocele Pyokolpozele *f*, eiterhaltiger Scheidentumor *m*
pyocolpos Pyokolpos *m*, Eiteransammlung *f* in der Scheide
pyocyanase Pyozyanase *f (Enzym)*
pyocyanic pyozyanisch; Pseudomonas-aeruginosa-…
pyocyanic microorganism Pyozyaneusbakterium *n*, Pseudomonas *f* aeruginosa
pyocyanin(e) Pyozyanin *n*, Pyocyanin *n (von Pseudomonas aeruginosa gebildet)*
pyocyanogenic pyozyanogen, pyozyaninbildend
pyocyanolysin Pyozyanolysin *n (durch Pseudomonas aeruginosa erzeugtes Hämolysin)*
pyocyanosis Pyozyanose *f (Infektion durch Pseudomonas aeruginosa)*
pyocyst Eiterzyste *f*
pyocystis Pyocystis *f*, Eiteransammlung *f* in der Blase
pyocystitis Pyozystitis *f*, eitrige Harnblasenentzündung *f*
pyocystography Pyozystographie *f*, Eiterhöhlenröntgen(kontrast)darstellung *f*
pyocyte Eiterzelle *f*
pyoderma Pyodermie *f*, Pyodermatose *f*, eitrige Hauterkrankung *f*, eitriger Hautausschlag *m*, Eiterausschlag *m*, Grindausschlag *m*
pyodermatitis Pyodermatitis *f*, eitrige Hautentzündung *f*
pyodermatosis *s.* pyoderma
pyodermatous pyodermatös
pyodermia *s.* pyoderma
pyoedema eitriges [purulentes] Ödem *n*
pyofaecia eitriger Stuhl(gang) *m*
pyogen Pyogen *n*, pyogene Substanz *f*, die Eiterbildung anregende Substanz *f*
pyogenesis Pyogenese *f*, Eiterbildung *f*, Eiterentstehung *f*
pyogenetic *s.* pyogenic
pyogenic pyogen, eiterbildend, eitererzeugend
pyogenic arthritis *s.* pyarthrosis
pyogenic exotoxin pyogenes Exotoxin *n (von Streptococcus pyogenes gebildet)*
pyogenic granuloma pyogenes Granulom *n*, teleangiektatisches Granulom *n*
pyogenic infection pyogene Infektion *f*
pyogenic microorganism pyogener Mikroorganismus *m*, pyogenes Bakterium *n*, Eiterbakterium *n*, Eitererreger *m*
pyogenic salpingitis pyogene Salpingitis *f*, eitrige Eileiterentzündung *f*
pyogenous *s.* pyogenic
pyohaemia *s.* pyaemia
pyohaemothorax Pyohämothorax *m*, Eiter- und Blutansammlung *f* in der Brustfellhöhle
pyohydronephrosis Pyohydronephrose *f*, Eiter- und Urinansammlung *f* in der Niere
pyoid pusartig, eiterartig, eiterähnlich, eitrig
pyolabyrinthitis *(HNO)* Pyolabyrinthitis *f*, eitrige Labyrinthitis *f*
pyolymph Pyolymphe *f*, eitrige [eiterhaltige] Lymphe *f*
pyometra Pyometra *f*, Pyometrium *n*, Eiteransammlung *f* in der Gebärmutterhöhle, Gebärmuttervereiterung *f*
pyometritis Pyometritis *f*, eitrige Gebärmutterentzündung *f*
pyometrium *s.* pyometra
pyomyoma Pyomyom *n*
pyomyositis Pyomyositis *f*, suppurative Myositis *f*
pyonephritis Pyonephritis *f*, pyogene Nephritis *f*, eitrige Nierenentzündung *f*
pyonephrolithiasis Pyonephrolithiasis *f*, Nierensteinleiden *n* mit Nierenvereiterung
pyonephrosis Pyonephrose *f*, Nierenvereiterung *f*, vereiterte Sackniere *f*
pyonephrotic pyonephrotisch; Pyonephrose…
pyonephrotic kidney pyonephrotische Niere *f*, vereiterte Sackniere *f*
pyopericarditis Pyoperikarditis *f*, Pericarditis *f* purulenta, eitrige Herzbeutelentzündung *f*

pyopericardium Pyoperikard *n*, Eiteransammlung *f* im Herzbeutel, Herzbeutelvereiterung *f*
pyoperitoneum Pyoperitoneum *n*, Eiteransammlung *f* in der Peritonealhöhle [Bauchfellhöhle]; Bauchhöhlenvereiterung *f*
pyoperitonitis Pyoperitonitis *f*, pyogene Peritonitis *f*, eitrige Bauchfellentzündung *f*
pyophagia Pyophagie *f*, Eiterverschlucken *n*
pyophthalmia Pyophthalmie *f*, eitrige Augenentzündung *f*
pyophthalmitis *s.* pyophthalmia
pyophylactic pyophylaktisch, gegen Vereiterung schützend
pyophysometra Pyophysometra *f*, Eiter- und Luftansammlung *f* in der Gebärmutterhöhle
pyoplania Eiterausbreitung *f*, Eiterverbreitung *f*, Eiterwanderung *f*
pyopneumocholecystitis Pyopneumocholezystitis *f*, Gallenblasenentzündung *f* mit Eiter- und Luftansammlung in der Gallenblase
pyopneumocyst Pyopneumozyste *f*, Zyste *f* mit Luft- und Eiterfüllung
pyopneumohepatitis Pyopneumohepatitis *f*, Leberentzündung *f* mit Eiter- und Gasansammlung
pyopneumopericarditis Pyopneumoperikarditis *f*, Herzbeutelentzündung *f* mit Eiter- und Luftansammlung im Herzbeutel
pyopneumopericardium Pyopneumoperikard *n*, Eiter- und Luftansammlung *f* im Herzbeutel
pyopneumoperitoneum Pyopneumoperitoneum *n*, Eiter- und Luftansammlung *f* in der Bauchfellhöhle
pyopneumoperitonitis Pyopneumoperitonitis *f*, Bauchfellentzündung *f* mit Eiter- und Luftansammlung in der Bauchfellhöhle
pyopneumothorax Pyopneumothorax *m*, Eiter- und Luftansammlung *f* im Brustfellraum
pyopoiesis Pyogenese *f*, Eiterbildung *f*, Eiterentstehung *f*
pyopoietic pyogen, eiterbildend, eitererzeugend
pyoptysis Pyoptysis *f*, eitriger Auswurf *m*
pyopylectasis Pyopylektasie *f*, Nierenbeckenerweiterung *f* mit Eiteransammlung
pyorrhoea Pyorrhoe *f*, Eiterfluss *m*, eitriger Katarrh *m*
pyorrhoea pocket Eitertasche *f*
pyorrhoeal Pyorrhoe…
pyorubin Pyorubin *n (von Pseudomonas aeruginosa gebildet)*
pyosalpingitis Pyosalpingitis *f*, pyogene Salpingitis *f*, eitrige Eileiterentzündung *f*
pyosalpingo-oophoritis Pyosalpingo-oophoritis *f*, pyogene [eitrige] Eileiter- und Eierstockentzündung *f*
pyosalpingo-oothecitis Pyosalpingo-oothecitis *f*
pyosalpinx Pyosalpinx *f*, Eileitervereiterung *f*, Eileiterabszess *m*, Eiteransammlung *f* im Eileiter; vereiterter Eileiter *m*
pyosclerosis Pyosklerose *f*, Sklerose *f* mit Eiteransammlung
pyosemia *s.* pyospermia
pyosepticaemia Pyoseptikämie *f*
pyosis Eiterbildung *f*, Vereiterung *f*, Eiterung *f*
pyospermia Pyospermie *f*, pyogene [eitrige] Samenflüssigkeit *f*, eitriges Sperma *n*
pyostatic pyostatisch, eiterhemmend
pyostatic (agent) Pyostatikum *n*, eiterhemmendes Mittel *n*
pyostomatitis Pyostomatitis *f*, eitrige Mundentzündung *f*, Stomatitis *f* suppurativa
pyotherapy Pyotherapie *f*, Eitertherapie *f*, Eiterbehandlung *f*
pyothorax Pyothorax *m*, Pleuraempyem *n*, Eiterbrust *f*, Brust(höhlen)vereiterung *f*
pyoumbilicus Pyoumbilikus *m*, Nabelvereiterung *f*
pyourachus Pyourachus *m*, Urachusvereiterung *f*
pyoureter Pyoureter *m*, Harnleitervereiterung *f*, Harnleiterabszess *m*, Eiteransammlung *f* im Harnleiter
pyoverdin Pyoverdin *n (durch Pseudomonas aeruginosa gebildet)*
pyovesiculosis Pyovesikulosis *f*, Eiteransammlung *f* in den Samenbläschen
pyoxanthin Pyoxanthin *n (Oxidationsprodukt von Pyocyanin)*
pyoxanthose Pyoxanthose *f*
pyracin Pyracin *n*, Pyridoxolacton *n*
pyramid Pyramide *f*, Pyramis *f* medullae oblongatae
pyramid of the cerebellum Pyramis *f* cerebelli [vermis] *(Teil des Kleinhirnunterwurms)*
pyramid of the tympanum Eminentia *f* pyramidalis
pyramid of the vestibule Pyramis *f* vestibuli
pyramidal pyramidal, pyramidenförmig, pyramidenartig, pyramidenähnlich
pyramidal area *s.* motor cortex
pyramidal cataract *(Ophth)* Cataracta *f* pyramidalis, Pyramidenstar *m*
pyramidal cell Pyramidenzelle *f*
pyramidal decussation *(Anat)* Decussatio *f* pyramidum, Pyramidenbahnkreuzung *f*
pyramidal disorder *(Neur)* Pyramidenbahnstörung *f*, Pyramidenbahnerkrankung *f*
pyramidal eminence *(Anat)* Eminentia *f* pyramidalis
pyramidal epithelium *s.* columnar epithelium
pyramidal lobe *(Anat)* Lobus *m* pyramidalis (glandulae thyroideae)
pyramidal muscle of the ear *(Anat)* Musculus *m* pyramidalis auriculae
pyramidal neuron Pyramidenzelle *f*
pyramidal nucleus Nucleus *m* pyramidalis, Pyramidenkern *m*
pyramidal paralysis *(Neur)* pyramidale Paralyse *f*, spastische [zentrale] Paralyse *f*
pyramidal process of the palatine bone *(Anat)* Processus *m* pyramidalis ossis palatini
pyramidal radiation *(Anat)* Radiatio *f* pyramidalis
pyramidal system *(Anat, Neur)* Pyramiden(bahn)system *n*
pyramidal tract *(Anat, Neur)* Tractus *m* [Fasciculus *m*] pyramidalis, Pyramidenbahn *f*
pyramidal tract fibre Pyramidenbahnfaser *f*
pyramidal tract injury Pyramidenbahnläsion *f*
pyramidal tract sign Pyramidenbahnzeichen *n*
pyramidal tuberosity Processus *m* pyramidalis ossis palatini
pyramidale Os *n* triquetrum, Triquetrum *n*, Dreieckbein *n*
pyramidalis (muscle) Musculus *m* pyramidalis
pyramides *pl s.* pyramis 1.
pyramidotomy Pyramidotomie *f*, (operative) Pyramidenbahndurchtrennung *f*
pyramis 1. Pyramide *f*, 2. Pyramide *f*, Pyramis *f* medullae oblongatae
pyran ring Pyranring *m*
pyranose Pyranose *f*
pyranoside Pyranosid *n*
pyrantel Pyrantel *n (Anthelmintikum)*
pyrantel pamoate Pyrantelpamoat *n*
pyrathiazine Pyrathiazin *n (Antihistaminikum)*
pyrathiazine hydrochloride Pyrathiazinhydrochlorid *n*
pyrazinamide Pyrazinamid *n (Tuberkulostatikum)*
pyrazolone Pyrazolon *n (Antiphlogistikum)*
pyrectic *s.* pyretic
pyrenolysis Zellkernzerfall *m*, Kernzerfall *m*
pyretherapy Pyretotherapie *f*

pyrethrin Pyrethrin *n (Insektizid, Pediculizid)*
pyrethrolone Pyrethrolon *n*
pyretic pyretisch, fiebernd; fiebererzeugend
pyretic (agent) Pyretikum *n*, Fieber erzeugendes Mittel *n*
pyretic temperature Fieber *n*
pyretogen Pyrogen *n*, pyrogener Stoff *m*, Fieber erzeugendes Mittel *n*
pyretogenesis Pyretogenese *f*, Fiebererzeugung *f*
pyretogenetic *s.* pyretogenic
pyretogenic pyrogen, pyretisch, fiebererzeugend
pyretogenous *s.* pyretogenic
pyretography Pyretographie *f*
pyretologist Fieberspezialist *m*
pyretology Pyretologie *f*, Fieberlehre *f*
pyretolysis Pyretolyse *f*, Lyse *f*, Fiebersenkung *f*, Fieberabfall *m*
pyretotherapy 1. Pyretotherapie *f*, Fieberbehandlung *f*, Fieberkur *f*; 2. Fieberbekämpfung *f*, (medikamentöse) Fiebersenkung *f*, fiebersenkende Behandlung *f* [Therapie *f*]
pyretotyphosis Pyretotyphosis *f*, Fieberdelirium *n*, Fieberwahn *m*, Fieberphantasieren *n*, Delirium *n* febrile
pyrexeophobia Pyrexeophobie *f*, Infektionsfurcht *f*
pyrexia Pyrexie *f*, Fieber *n*, Fieberanfall *m*
pyrexial Pyrexie..., Fieberanfall...
pyrexial temperature Fieber *n*
pyrexic *s.* pyrexial
pyrexin Pyrexin *n (Fieber erzeugender Stoff)*
pyrexiogenic *s.* pyretogenic
pyrexiophobia Pyrexiophobie *f*, Fieberfurcht *f*, Fieberangst *f*
pyrexy *s.* pyrexia
pyrgocephalia Pyrgozephalie *f*, Turmschäd(e)ligkeit *f*
pyrgocephalic pyrgozephal(isch), turmschädelig
pyrgocephalous *s.* pyrgocephalic
pyridine Pyridin *n*
pyridofylline Pyridophyllin *n (Koronardilator)*
pyridostigmine Pyridostigmin *n (Cholinesterasehemmer)*
pyridostigmine bromide Pyridostigminbromid *n*
pyridoxal Pyridoxal *n*
pyridoxal kinase Pyridoxalkinase *f (Enzym)*
pyridoxal phosophate Pyridoxalphosphat *n*
pyridoxamine Pyridoxamin *n*
pyridoxamine phosophate Pyridoxaminphosphat *n*
pyridoxamine-phosphate oxidase Pyridoxaminphosphatoxidase *f (Enzym)*
pyridoxic acid Pyridoxinsäure *f (Abbauprodukt von Vitamin* B_6 *im Urin)*
pyridoxine Pyridoxin *n*, Vitamin *n* B_6, 4,5-Bis(hydroxymethyl)-2-methylpyridin-3-ol *n*, *(veraltet)* Adermin *n*
pyridoxine deficiency Pyridoxinmangel *m*, Vitamin-B_6-Mangel *m*
pyridoxine 4-dehydrogenase Pyridoxin-4-dehydrogenase *f (Enzym)*
pyridoxine hydrochloride Pyridoxinhydrochlorid *n*
pyriform *s.* piriform
pyrilamine Pyrilamin *n (Antihistaminikum, Sedativum)*
pyrilamine maleate Pyrilaminmaleat *n*
pyrimethamine Pyrimethamin *n*, 2,4-Diamino-5-p-chlorphenyl-6-ethylpyrimidin *n (Antimalariamittel, Folsäureantagonist)*
pyrimidine Pyrimidin *n*, 1,3-Diazin *n*, m-Diazin *n*, Niazin *n*, Niacin *n*
pyrimidine base Pyrimidinbase *f*
pyrimidine-nucleoside phosphorylase Pyrimidin-Nukleosidphosphorylase *f (Enzym)*
pyrimidine nucleotidase Pyrimidinnukleotidase *f (Enzym)*
pyrimidine transferase Pyrimidintransferase *f (Enzym)*

pyroboric acid Pyroborsäure *f*, Tetraborsäure *f*
pyrocalciferol Pyrocalciferol *n*
pyrocatechase Pyrokatechase *f (Enzym)*
pyrocatechin *s.* pyrocatechol
pyrocatechinuria Pyrokatechinurie *f*, Pyrokatechinausscheidung *f* im Urin
pyrocatechol Pyrokatechol *n (Antiseptikum)*
pyrodextrin Pyrodextrin *n*
pyrogallic acid *s.* pyrogallol
pyrogallol Pyrogallol *n*, Pyrogallussäure *f*, Acidum *n* pyrogallicum, Trioxybenzol *n (Dermatikum)*
pyrogallolphthalein Pyrogallolphthalein *n*, Gallein *n*
pyrogen Pyrogen *n*, Fieber erzeugender [pyrogener] Stoff *m (Abbau- und Stoffwechselprodukt von Bakterien)*
pyrogenetic *s.* pyrogenic
pyrogenic pyrogen, fiebererzeugend
pyrogenous *s.* pyrogenic
pyroglobulin Pyroglobulin *n*
pyroglobulinaemia Pyroglobulinämie *f*, Vorhandensein *n* von Pyroglobulin im Blut
pyroglossia Pyroglossie *f*, Zungenbrennen *n*
pyroglutamate Pyroglutamat *n*
pyroglutamic acid Pyroglutaminsäure *f*, Pyrrolidin-5-carbonsäure *f*, 5-Oxoprolin *n*
pyroglutamic aciduria Pyroglutaminazidurie *f*, Pyroglutaminsäureausscheidung *f* im Urin
pyrolagnia Pyrolagnie *f*, sexuelle Erregung *f* durch Feuer
pyrolysis Pyrolyse *f*, Hitzezersetzung *f*
pyrolytic pyrolytisch, hitzezersetzend
pyromania *(Neur)* Pyromanie *f*, Brandstiftungstrieb *m*
pyromaniac Pyromane *m*, triebhafter Brandstifter *m* [Feuerleger *m*]
pyromaniac(al) pyromanisch, krankhaft brandstiftend [Feuer legend]
pyronin(e) Pyronin *n (Gewebsfarbstoff)*
pyroninophilia Pyroninophilie *f*
pyroninophilic pyroninophil, mit Pyronin färbbar [färbend]
pyronyxis *s.* pyropuncture
pyrophobia Pyrophobie *f (Furcht vor Feuer)*
pyrophosphatase Pyrophosphatase *f (Enzym)*
pyrophosphate Pyrophosphat *n*, Diphosphat *n*
pyrophosphokinase Pyrophosphokinase *f (Enzym)*
pyrophosphoric acid Pyrophosphorsäure *f*, Diphosphorsäure *f*
pyrophosphorylase Pyrophosphorylase *f (Enzym)*
pyrophosphotransferase Pyrophosphotransferase *f (Enzym)*
pyropoikilocytosis Pyropoikilocytosis *f*, hereditäre Pyropoikilozytose *f*
pyropuncture Pyropunktur *f*, Heißnadelpunktion *f*
pyroscope Pyroskop *n*
pyrosis *(Gastr)* Pyrosis *f*, Sodbrennen *n*, Magenbrennen *n*
pyrotherapy *s.* pyretotherapy
pyrotic 1. pyrotisch, brennend; 2. pyrotisch, ätzend, kaustisch
pyrotic (agent) Kaustikum *n*, Ätzmittel *n*
pyrotoxin Pyrotoxin *n*
pyrovalerone hydrochloride Pyrovaleronhydrochlorid *n (Analeptikum)*
pyroxylin Pyroxylin *n*
pyrrobutamine phosphate Pyrrobutaminphosphat *n*
pyrrocaine Pyrrocain *n (Lokalanästhetikum)*
pyrrocaine hydrochloride Pyrrocainhydrochlorid *n*
pyrrole Pyrrol *n*
pyrrolidine Pyrrolidin *n*
pyrrolidone Pyrrolidon *n*, 2-Pyrrolidinon *n*
pyrrolidone-5-carboxylate Pyrrolidon-5-carboxylat *n*, 5-Oxoprolin *n*
pyrroline Pyrrolin *n*

pyrroline-5-carboxylate dehydrogenase Pyrrolin-5-carboxylat-dehydrogenase *f (Enzym)*
pyrroline-5-carboxylate reductase Pyrrolin-5-carboxylat-reduktase *f (Enzym)*
pyrroline-5-carboxylate synthase Pyrrolin-5-carboxylat-synthase *f (Enzym)*
pyrrolizidine Pyrrolizidin *n (Alkaloid)*
pyrrolnitrin Pyrrolnitrin *n (Antimykotikum)*
pyrroloporphyria Pyrroloporphyrie *f*, akute intermittierende Porphyrie *f*
pyruvaemia Pyruvataemie *f*, Pyruvatspiegelerhöhung *f* im Blut
pyruvate Pyruvat *n*
pyruvate carboxylase Pyruvatcarboxylase *f (Enzym)*
pyruvate decarboxylase Pyruvatdecarboxylase *f (Enzym)*
pyruvate dehydrogenase Pyruvatdehydrogenase *f (Enzym)*
pyruvate dehydrogenase complex Pyruvatdehydrogenasekomplex *m*
pyruvate kinase Pyruvatkinase *f*, PK *(Enzym)*
pyruvate-kinase deficiency Pyruvatkinasemangel *m*
pyruvemia *s.* pyruvaemia
pyruvic acid *(Bioch)* Brenztraubensäure *f*, Oxopropansäure *f*
pyruvic aldehyde Methylglyoxal *n*
pyruvic-malic carboxylase Malatdehydrogenase *f*
6-pyruvoyltetrahydropterin synthase 6-Pyruvoyltetrahydropterinsynthase *f (Enzym; Mangel führt zu Hyperphenylalaninämie)*
pyrvinium pamoate Pyrviniumpamoat *n (Anthelminthikum)*
pyuria Pyurie *f*, Eiterausscheidung *f* im Urin
pyuric pyurisch

Q

Q-banding *(Gen)* Q-Band *n*, Q-Chromosomon-Bande *f*, Quinacrin-Bande *f*
Q-banding stain *(Gen)* Q-Bandfärbung *f*, Q-Chrosomen-Bandenfärbung *f*, Quinacrin-Chromosomen-Bandfärbung *f*
Q fever Q-Fieber *n*, Query-Fieber *n*, Fragezeichenfieber *n*, Krim-Fieber *n*, Balkangrippe *f (durch Coxiella Burnetti)*
Q-rickettsiosis *s.* Q fever
Q-T interval QT-Intervall *n*, QT-Zeit *f (EKG)*
Q wave (of the electrocardiogram) Q-Zacke *f* (im EKG)
q.d. *s.* quoque die
q.h. *s.* quoque hora
QID *s.* quater in die
q.i.d. *s.* quater in die
QRS axis QRS-Vektor *m*, elektrische Achse *f (im Vektorkardiogramm)*
QRS complex QRS-Komplex *m*, Herzkammerkomplex *m (EKG)*
QRS interval QRS-Intervall *n (EKG)*
QRS loop QRS-Schleife *f (im Vektorkardiogramm)*
QRS T angle QRS-T-Winkel *m (im Vektorkardiogramm)*
quack *v* quacksalbern, Kurpfuscherei betreiben
quack Quacksalber *m*, Kurpfuscher *m*
quackery Quacksalberei *f*, Kurpfuscherei *f*
quacksalver Quacksalber *m*, Kurpfuscher *m*
quadrangular bandage Viereckverband *m*
quadrangular lobule Lobulus *m* quadrangularis
quadrangular membrane Membrana *f* quadrangularis
quadrant Quadrant *m*, Kreisviertel *n (Brustregion)*
quadrantal Quadranten…
quadrantanop(s)ia *(Ophth)* Quadrantanopsie *f*, Quadrantenhemianopsie *f*
quadrantectomy Quadrantektomie *f*, operative Quadrantenentfernung *f*
quadrantic hemianopia *s.* quadrantanopsia
quadrantic resection Quadrantenresektion *f (z. B. der Brust)*
quadrate foramen Foramen *n* venae cavae
quadrate ligament Ligamentum *n* quadratum
quadrate lobe Lobus *m* quadratus
quadratipronator Musculus *m* pronator quadratus
quadratus femoris (muscle) Musculus *m* quadratus femoris
quadratus labii inferioris (muscle) Musculus *m* quadratus labii mandibularis, Musculus *m* depressor labii inferioris, Unterlippensenker(muskel) *m*
quadratus labii superioris (muscle) Musculus *m* levator labii superioris, Oberlippenheber(muskel) *m*
quadratus lumborum (muscle) Musculus *m* quadratus lumborum, vireckiger Lendenmuskel *m*
quadratus plantae muscle Musculus *m* quadratus plantae, Sohlenviereckmuskel *m*
quadriceps quadrizeps, vierköpfig
quadriceps femoris Musculus *m* quadriceps femoris, vierköpfiger Schenkelstrecker *m*
quadriceps femoris extension Oberschenkel(draht)extension *f*, Oberschenkelstreck *m (Traumatologie)*
quadriceps reflex Quadrizepsreflex *m*, Patellareflex *m*
quadriceps surae (muscle) Musculus *m* quadriceps surae
quadricepsplasty Quadrizepsplastik *f*, Rekonstruktion *f* des vierköpfigen Schenkelstreckers
quadricuspid quadrikuspid, viersegelig
quadridigitate vierfingrig, tetradaktyl
quadrigeminal 1. quadrigeminal, vierschlägig *(z. B. der Puls)*; 2. zum Corpus quadrigeminum gehörend; Corpus-quadrigeminum-…
quadrigeminal pulse vierschlägiger Puls *m*
quadrigeminum Corpus *m* quadrigeminum
quadrigeminus *s.* quadruplet
quadrigeminy 1. Quadrigemnie *f*, Auftreten *n* in Vierergruppen; 2. Quadrigeminie *f*, Vierschlägigkeit *f (z. B. des Pulses)*
quadrilateral quadrilateral, vierseitig
quadrilateral segment of the left lobe of the liver *(Hepat)* Pars *f* quadrata lobi hepatis sinistri
quadrilobate vierlappig
quadrilocular 1. vierkammerig, vier Herzkammern besitzend; 2. vier Hohlräume besitzend
quadripara Quadripara *f*, Viertgebärende *f*
quadriparesis Quadriparese *f*, Schwäche *f* der vier Extremitäten
quadriparity Viertgeburt *f*
quadriparous quadripar, viertgebärend, zum vierten Mal gebärend
quadripartite vierteilig, viergeteilt, aus vier Teilen bestehend
quadriplegia Quadriplegie *f*, Tetraplegie *f*, Lähmung *f* der vier Extremitäten
quadriplegic quadriplegisch, vierfach gelähmt, an allen vier Extremitäten gelähmt; Quadriplegie…, Tetraplegie…
quadripolar quadripolar, vierpolig, mit vier Polen
quadrisect *v* in vier Teile teilen, vierteilen
quadrisection Quadrisektion *f*, Vierteilung *f*

quadritubercular quadrituberkulär, vierhöckrig
quadrivalent quadrivalent, vierwertig
quadruped vierfüßig, mit vier Füßen
quadruple rhythm Viererrhythmus *m (Herz)*
quadruplet Vierling *m*
quadruplets Vierlinge *mpl*
quadrupole mass filter Quadrupolmassenfilter *m*, vierpoliger Massenfilter *m (im Massenspektrometer)*
Quain's fatty degeneration *(Path)* fettige Herzdegeneration *f*, (Quain'sche) Myokardfibrose *f*
Quain's fatty heart *s.* Quain's fatty degeneration
qualitative qualitativ
qualitative analysis qualitative Analyse *f*
qualitative melanin test qualitativer Melanintest *m*
qualitative test qualitativer Test *m*
quality Qualität *f*
quality assessment Qualitätsbeurteilung *f*
quality assessment measures Qualitätsbeurteilungsmaßnahmen *fpl*
quality assurance Qualitätssicherung *f*
quality assurance program Qualitätssicherungsprogramm *n*
quality chracteristic Qualitätsmerkmal *n*
quality control Qualitätskontrolle *f*, Qualitätssicherung *f*
quality evaluation Qualitätsbewertung *f*, Qualitätsbeurteilung *f*
quality factor Qualitätsfaktor *m*
quality management 1. Qualitätsmanagement *n*; 2. Qualitätssicherung *f*
quality management system 1. Qualitätsmanagementsystem *n*; 2. Qualitätssicherungssystem *n*
quality monitoring Qualitätsüberwachung *f*
quality inspection Qualitätsprüfung *f*
quality of configuration *(Neur)* Gestaltqualität *f*
quality of life Lebensqualität *f*
quality standard Qualitätsstandard *m*
quantal Quanten..., Quant...
quantal assay Quanten-Assay *m*, Alles-oder-Nichts-Versuch *m*, Ja-oder-Nein-Test *m*
quantile Quantil *n*, Quantile *f (statistischer Parameter zur Beschreibung einer Verteilung)*
quantimeter Quantimeter *n (Röntgenstrahlmessinstrument)*
quantitative quantitativ, mengenmäßig
quantitative analysis quantitative Analyse *f*
quantitative CT quantitatives CT *n*
quantitative inheritance quantitative Vererbung *f*, multifaktorielle Vererbung *f*
quantitative test quantitativer Test *m*
quantitative ultrasound quantitativer Ultraschall *m*
quantity Quantität *f*, Menge *f*
quantum libet *(Pharm)* nach Belieben, quantum libet, qu.l.
quantum placeat *(Pharm)* nach Belieben, quantum placeat, qu.p.
quantum satis [sufficit] *(Pharm)* ausreichend, in ausreichender Menge, quantum satis [sufficit], qu.s.
quantum vis *(Pharm)* nach Belieben, quantum vis, q.v., so viel du willst
quarantine *(Epid)* Quarantäne *f*
quarantine measure Quarantänemaßnahme *f*
quarantine period Quarantänezeit *f*
quarantine *v* unter Quarantäne stellen, mit Quarantäne belegen, isolieren
quartan 1. viertägig, jeden vierten Tag wiederkehrend, jeden vierten Tag auftretend; 2. *(Trop)* Quartanfieber...
quartan *s.* quartan fever
quartan ague Malaria-quartana-Fieberanfall *m*, Quartanaanfall *m (im 72-Stunden-Intervall)*
quartan fever *(Trop)* Malaria *f* quartana, Quartanfieber *n*, Quartana *f*, viertägiges Fieber *n*, Viertage(wechsel)fieber *n (durch Plasmodium malariae)*
quartan malaria *s.* quartan fever
quartan parasite Quartana-Parasit *m*, Plasmodium *n* malariae
quartile Quartil *n*, Quartile *f (statistischer Parameter zur Beschreibung einer Verteilung)*
quartipara *s.* quadripara
quartisect *v* in vier Teile schneiden
quartisternal quartisternal
quarz silicosis Quarzsilikose *f*, Quarzstaublunge(nerkrankung) *f*, Quarzpneumokoniose *f*
quasidiploid quasidiploid *(Chromosomensatz)*
quasidominance Quasidominanz *f*
quasidominant quasidominant
quater in die *(Pharm)* quater in die, q.i.d., viermal täglich
quaternary ammonium compound quaternäre Ammoniumverbindung *f (Desinfektionsmittel)*
quazepam Quazepam *n (Benzodiazepin, Sedativum)*
quebrachine Quebrachin *n*, Yohimbin *n (Alkaloid)*
Queckenstedt manoeuvre Queckenstedt'sches Manöver *n*, Queckenstedt'sche Jugularvenenkompression *f*, Queckenstedt'scher Test *m (zur Überprüfung der Liquorpassage zwischen Gehirn und Rückenmark)*
Queckenstedt phenomenon Queckenstedt'sches Phänomen *n*
Queckenstedt sign Queckenstedt'sches Zeichen *n*, Queckenstedt'sches Symptom *n*
Queckenstedt test *s.* Queckenstedt manoeuvre
Queensland coastal fever *s.* tsutsugamushi disease
Queensland tick typhus fever *(Trop)* Queensland-Zecken(biss)fieber *n*, Nordqueensland-Zecken(biss)fieber *n (durch Rickettsia australis)*
queer man *(Neur)* Sonderling *m*
quellung reaction Quellungsreaktion *f*, Kapselquellungsreaktion *f*, Kapselschwellungsreaktion *f (Pneumokokkenserologie)*
quenching Auslöschen *n*, Unterdrückung *f*, Verminderung *f*, Beseitigung *f (z. B. einer physikalischen Eigenschaft)*; Dämpfung *f*; Löschung *f*
Quengle cast Quengelgips *m (zur passiven Mobilisierung einer Gelenkkontraktur)*
Quénu's disease Quénu'sche Krankheit *f*, Phlebalgia *f* ischiadica
querulent Querulant *m*, Nörgler *m*
querulous paranoia Paranoia *f* querulans, Expansivparanoia *f*
Quervain's disease Quervain'sche Krankheit *f*, Quervain-Krankheit *f*, stenosierende Tendovaginitis *f* [Sehnenscheidenentzündung *f*], Tendovaginitis *f* stenosans
questionary method *(Neur)* Fragebogenmethode *f*
Queyrat's erythroplasia Erythroplasie *f* Queyrat
quick schnell; lebhaft, lebendig, munter; geistig aktiv
quick-connect device Schnellkonnektor *m*, Schnellverbindungsstück *n*
quick pulse *(Kard)* schneller Puls *m*, Pulsus *m* celer; Pulsbeschleunigung *f*
quick-section diagnosis Schnellschnittdiagnose *f (Tumordiagnostik)*
quickening erste Kindsbewegung *f*, erste Bewegung *f* des Fetus
quicklime Calciumoxid *n*
Quick's test Quick-Test *m (Bestimmung der Thromboplastinzeit)*
Quick's value Quick-Wert *m*, Quick *m*, Thromboplastinzeit *f*, Prothrombinzeit *f*
quicksilver *s.* mercury

quiescent 1. latent, inaktiv, ruhend; bewegungslos; 2. latent, verborgen; 3. schlafend
quiet heart sound leiser Herz(klappen)ton *m*
quiet mental patients department (of a mental hospital) offene psychiatrische Abteilung *f*
quiet necrosis *(Path)* aseptische Nekrose *f*
quill suture *(Chir)* Bäuschchennaht *f*
quina Chinchona *f*, China(baum)rinde *f*
quinacrine hydrochloride Quinacrinhydrochlorid *n (Anthelminthikum, Malariamittel)*
quinaldic acid Chinaldinsäure *f*, Acidum *n* chinaldinicum
quinapril hydrochloride Quinaprilhydrochlorid *n (ACE-Hemmer, Antihypertensivum)*
quinaquina *s.* quina
quinazoline Quinazolin *n*
Quincke's disease Quincke'sches [angioneurotisches] Ödem *n*, Quincke-Ödem *n*, allergisches Gesichtsödem *n*
Quincke's oedema *s.* Quincke's disease
Quincke's pulse Quincke'scher Kapillarpuls *m*
quinethazone Quinethazon *n (Antihypertensivum)*
quingestanol acetate Quingestanolacetat *n*
quinidine Chinidin *n*, β-Chinin *n*, Konchinin *n*
quinidine gluconate Chinidingluconat *n*
quinidine polygalacturonate Chinidinpolygalacturonat *n*
quinidine sulphate Chinidinsulfat *n*
quinine Chinin *n (Alkaloid)*
quinine dihydrochloride Chininchlorid *n*
quinine ethylcarbonate Chininethylcarbonat *n*
quinine fever Chininfieber *n*
quinine hydrochloride Chininhydrochlorid *n*
quinine sulphate Chininsulfat *n*
quinine therapy Chinintherapie *f*, Chininbehandlung *f (z. B. der Malaria)*
quininism Chininvergiftung *f*
quininize *v* mit Chinin behandeln
quinism *s.* quininism
quinocide hydrochloride Quinocidhydrochlorid *n (Malariamittel)*
quinoline Chinolin *n*
quinolinic acid 2,3-Pyridindicarboxylsäure *f*
quinolinol Quinolinol *n*, 8-Hydroxyquinolin *n*
quinolone Quinolon *n (Antibiotikum)*
quinone Chinon *n*
quinonoid quinonartig, quinonähnlich
quinquecuspid quinquekuspid(al), fünfzipfelig
quinquedigitate fünffingerig, pentadaktyl
quinquetubercular quinquetuberkular, mit fünf Höckern
quinquevalent quinquevalent, pentavalent, fünfwertig
quinsy 1. Angina *f*, Hals(mandel)entzündung *f*; 2. peritonsillärer Abszess *m*, Peritonsillarabszess *m*, Paratonsillarabszess *m* • **have a quinsy** Halsschmerzen haben, eine Halsentzündung haben; eine Mandelentzündung [Angina] haben
quintan 1. fünftägig, jeden fünften Tag wiederkehrend, jeden fünften Tag auftretend; 2. *(Trop)* Quintana(fieber)...
quintan *s.* quintan fever
quintan ague Malaria-quintana-Fieberanfall *m*, Quintanaanfall *m (im 96-Stunden-Intervall)*
quintan fever Febris *f* quintana, Quintana *f*, fünftägiges [Wolhyni'sches] Fieber *n*, Fünftage(wechsel)fieber *n*, Schützengrabenfieber *n*, Ikwafieber *n (durch Rickettsia quintana)*
quintan malaria *s.* quintan ague
quintana *s.* quintan fever
quintile Quintil *n*, Quintile *f (statistischer Parameter zur Beschreibung einer Verteilung)*
quintipara Quintipara *f*, Para V *f*, Fünftgebärende *f*
quintisternal quintisternal
Quinton-Scribner shunt Quinton-Scribner-Shunt *m*, Scribner-Shunt *m*, Scribner'scher Dialyse-Shunt *m*
quintuplet Fünfling *m*
quintuplets Fünflinge *mpl*
quitiqua *s.* pinta
quoad vitam das Leben betreffend, hinsichtlich des Überlebens
quoque die jeden Tag, täglich, quoque die, q.d.
quoque hora jede [alle] Stunde, stündlich, quoque hora, q.h.
quota of affect *(Neur)* Affektbetrag *m*
quotidian täglich, jeden Tag wiederkehrend, jeden Tag auftretend, quotidian
quotidian ague *(Trop)* Malaria-tropica-Fieberanfall *m*, Tropikaanfall *m (im 24-Stunden-Intervall)*
quotidian malaria *(Trop)* Malaria *f* [Febris *f*] quotidiana, Quotidiana *f*, tägliches Wechselfieber *n*
quotient Quotient *m*

R

–R. *(HNO)* Rinne's test negative
+R. *(HNO)* Rinne's test positive
r-HuEPO rekombinantes humanes Erythropoietin *n*
R-R interval R-R-Intervall *n (EKG)*
R wave (of the electrocardiogram) R-Zacke *f* (im EKG)
rabbit fever *s.* tularaemia
rabbit plague *s.* rabbitpox
rabbit test Friedman-Test *m (biologischer Schwangerschaftsnachweis am Kaninchen)*
rabbitpox Kaninchenpocken *pl*
rabbitpox virus Kaninchenpockenvirus *n*
rabelaisin Rabelaisin *n (Glykosid)*
rabiate *s.* rabid
rabic *s.* rabid
rabid tollwütig; Rabies..., Tollwut... • **be rabid** tollwütig sein, die Tollwut haben, an Tollwut leiden
rabies Rabies *f*, Lyssa *f*, Tollwut *f*, Hundswut *f*, Wutkrankheit *f*
rabies immune globulin Tollwutimmunglobulin *n*
rabies immunization Tollwutimmunisierung *f*
rabies prophylaxis Tollwutprophylaxe *f*
rabies vaccination Tollwutvakzination *f*, Tollwut(schutz)-impfung *f*
rabies vaccine Tollwutvakzine *f*, Tollwutimpfstoff *m*
rabies virus Tollwutvirus *n*
rabies virus group Tollwutvirusgruppe *f*
rabiform tollwutartig, tollwutähnlich
Rabson-Mendenhall syndrome Rabson-Mendenhall-Syndrom *n (Mutation oder Defekt eines Insulinrezeptorgens)*
race Rasse *f*
Race-Coombs test *s.* antiglobulin test
racefemine *(Pharm)* Racefemin *n (Uterusrelaxans)*
racemase Razemase *f*, Racemase *f (Enzym)*
racemate Razemat *n*, Racemat *n*
racemic razemisch; Razemat...
racemic epinephrine razemisches Epinephrin *n*
racemization Razemisierung *f*, Razematbildung *f*
racemose razemos, traubenförmig, traubenähnlich *(z. B. Drüsen)*; seitlich verzweigt
racemose aneurysm Aneurysma *n* racemosum [cirsoideum]

racephedrine hydrochloride Racephedrinhydrochlorid *n (Sympathikomimetikum)*
rachial spinal, die Wirbelsäule betreffend; Spinal..., Wirbelsäulen...
rachialgia Rachialgie *f*, Wirbelsäulenschmerz *m*; Rückenschmerz *m*
rachianaesthesia Rhachianästhesie *f*, Spinalanästhesie *f*, Rückenmarkanästhesie *f*, Medullaranästhesie *f*, Lumbalanästhesie *f*
rachianalgesia *s.* rachianaesthesia
rachicentesis Rhachizentese *f*, Spinalpunktion *f*, Rückenmark(kanal)punktion *f*, Lumbalpunktion *f*
rachidial *s.* rachidian
rachidian spinal, die Wirbelsäule betreffend; Spinal..., Wirbelsäulen...
rachigraph Rachigraph *m (Gerät zur Aufzeichnung der Wirbelsäulenschwingungen)*
rachilysis Rachiolyse *f (orthopädische Wirbelsäulenkorrektur durch Extension und Druckausübung)*
rachiocampsis Rachiocampsis *f*, Wirbelsäulenverbiegung *f*, Wirbelsäulenkrümmung *f*
rachiocentesis *s.* rachicentesis
rachiochysis Rachiochysis *f (subarachnoidale Flüssigkeitsansammlung)*
rachiocyphosis *s.* kyphosis
rachiodynia Rachiodynie *f*, Rachialgie *f*, Wirbelsäulenschmerz *m*
rachiokyphosis *s.* kyphosis
rachiometer Rhachiometer *n*, Wirbelsäulenkrümmungsmesser *m*
rachiomyelitis Rhachiomyelitis *f*, Rückenmarkentzündung *f*
rachiopagus *s.* rachipagus
rachioparalysis Rhachioparalyse *f*, Spinalmuskellähmung *f*
rachiopathy Rhachiopathie *f*, Wirbelsäulenkrankheit *f*, Wirbelsäulenerkrankung *f*, Wirbelsäulenleiden *n*
rachioplegia Rachioplegie *f*, spinale Paralyse *f (Lähmung durch Rückenmarkläsion)*
rachioscoliosis Rhachioskoliose *f*, seitliche Wirbelsäulenverkrümmung *f (siehe auch: scoliosis)*
rachiotome Rachiotom *n*, Wirbelsäulenmesser *n*; Wirbelschere *f*
rachiotomy *(Chir)* Rhachi(o)tomie *f*, Wirbelsäulenschnitt *m*, (operative) Wirbelsäulenkanaleröffnung *f*
rachipagus *(Terat)* Rhachipagus *m*, Doppelmissgeburt *f* mit gemeinsamer Wirbelsäule
rachiresistance Rachiresistenz *f (Versagen der Spinalanästhesie)*
rachis Columna *f* vertebralis, Wirbelsäule *f*, Rückgrat *n*
rachisagra Rhachisagra *f*, Wirbelgelenkgicht *f*
rachischisis Rhachischisis *f*, Wirbel(säulen)spalte *f*, Rückgratspalte *f*
rachitic rachitisch, rachitisartig; Rachitis...
rachitic beads *s.* rachitic rosary
rachitic dwarf rachitischer Zwerg *m*
rachitic myopathy Myopathia *f* rachitica
rachitic pelvis rachitisches Becken *n*, Pelvis *n* rachitica
rachitic rosary rachitischer Rosenkranz *m*
rachitis Rachitis *f*, Englische [Glisson'sche] Krankheit *f*, Morbus *m* Glisson [anglicus]
rachitis fetalis annularis Rachitis *f* fetalis annularis *(angeborene Verdickungen der Epiphysen langer Röhrenknochen)*
rachitis fetalis micromelia Rachitis *f* fetalis mit Mikromelie *(angeborene Verkürzung der langen Röhrenknochen)*
rachitism rachitischer Zustand *m*; rachitische Tendenz *f*
rachitogenic rachitogen, Rachitis erzeugend, Rachitis auslösend
rachitome *s.* rachiotome
rachitomy *s.* rachiotomy
racial immunity rassische Immunität *f (natürliche Immunität in einer bestimmten Bevölkerung)*
racial unconscious *(Psych)* kollektives Unterbewusstsein *n*
racket amputation *(Chir)* Racketschnittamputation *f (mit zirkulärem Amputationsschnitt)*
racking pain rasender Schmerz *m*
raclage Abkratzung *f*
raclement *s.* raclage
raclopride Raclopric *n (Antipsychotikum)*
rad *s.* radiation absorbed dose
radappertization Nahrungsbestrahlung *f (zur Vernichtung von Clostridium botulinum)*
radarkymography Radarkymographie *f*
radectomy Wurzelresekton *f*, (operative) Zahnwurzel(spitzen)entfernung *f*
Radford nomogram Radford-Nomogramm *n*
radiability Strahlendurchlässigkeit *f*, Durchlässigkeit *f* für Röntgenstrahlen
radiable strahlendurchlässig, für Röntgenstrahlen durchlässig
radial 1. *(Anat)* radial; Radius..., Speichen...; 2. radial, strahlenförmig
radial artery Arteria *f* radialis, Speichenarterie *f*
radial incision Radialinzision *f*, Radialschnitt *m*
radial keratotomy radiale Keratotomie *f (zur Korrektur einer Kurzsichtigkeit)*
radial nerve Nervus *m* radialis, Speichennerv *m*
radial nerve palsy Radialis(nerven)lähmung *f*
radial notch of the ulna Incisura *f* radialis ulnae
radial paralysis Radialisparalyse *f*, Radialislähmung *f*, Radialisparese *f*
radial periosteal reflex *(Neur)* Radius-Periost-Reflex *m*
radial pulse Radialispuls *m*
radial recurrent artery Arteria *f* recurrens radialis
radial reflex *s.* radial periosteal reflex
radialis *s.* radial 1.
radiant 1. radiant, (aus)strahlend; 2. strahlenförmig (angeordnet)
radiate *v* 1. strahlen, Strahlen aussenden; 2. ausstrahlen *(Schmerzen)*
radiathermy *s.* short-wave diathermy
radiating pain ausstrahlender Schmerz *m*
radiation 1. *(Anat)* Radiatio *f*; 2. *(Rad)* Radiatio *f*, Strahlung *f*; 3. *s.* radiotherapy • **constantly emitting radiation** kontinuierlich strahlend • **expose to radiation** einer Strahlung aussetzen
radiation absorbed dose *(Rad)* Rad-Einheit *f*, Rad *n*, rd *(SI-fremde Einheit der Strahlendosis)*
radiation absorption *(Rad)* Strahlungsabsorption *f*
radiation action Strahlenwirkung *f*
radiation anaemia *(Rad, Hämat)* Strahlenanämie *f*, Röntgen(strahlen)anämie *f*
radiation burn *(Rad, Derm)* Strahlenverbrennung *f*, Bestrahlungsschaden *m*
radiation carcinoma Strahlenkarzinom *n*, Strahlenkrebs *m*
radiation caries Strahlenkaries *f*
radiation castration *(Rad, Urol)* Strahlenkastration *f*
radiation cataract Strahlenkatarakt *f*
radiation cystitis *(Rad, Urol)* Bestrahlungszystitis *f*
radiation cytology *(Myk)* Strahlenzytologie *f*
radiation-damaged strahlengeschädigt
radiation dermatitis Strahlendermatitis *f*, Radiodermatitis *f*
radiation detector Strahlendetektor *m*
radiation dose *(Rad)* Strahlendosis *f*, Strahlungsdosis *f*

radiation effect Strahleneffekt *m*, Strahlenauswirkung *f*
radiation environment Strahlenumgebung *f*
radiation exposure Strahlenexposition *f*
radiation force Strahlenkraft *f*
radiation genetics Strahlengenetik *f*
radiation hygiene Strahlenhygiene *f*
radiation-induced strahleninduziert
radiation injury Strahlenverletzung *f*, Strahlenschädigung *f*, Strahlenschaden *m*
radiation intensity Strahlenintensität *f*, Strahlungsintensität *f*
radiation intoxication Strahlenintoxikation *f*, Strahlenkater *m*
radiation menolysis *(Rad, Gyn)* Strahlenmenolyse *f*
radiation myelopathy *(Rad, Hämat)* Strahlenmyelopathie *f*
radiation necrosis *(Rad)* Strahlennekrose *f*
radiation nephritis *(Rad)* Strahlennephritis *f*
radiation of corpus callosum Radiatio *f* corporis callosi
radiation of Gratiolet Radiatio *f* optica
radiation of pain Schmerzausstrahlung *f*
radiation oncologist Strahlenonkologe *m*
radiation oncology Strahlenonkologie *f*
radiation pneumonitis *(Rad, Pulm)* Strahlenpneumonitis *f*
radiation protection Strahlenschutz *m*
radiation risk Strahlenrisiko *n*
radiation retinopathy *(Rad, Ophth)* Strahlenretinopathie *f*
radiation safety Strahlensicherheit *f*
radiation safety committee Strahlensicherheitsausschuss *m*
radiation sensitivity Strahlenempfindlichkeit *f*, Strahlensensibilität *f*
radiation sequela Bestrahlungsfolge *f*, Bestrahlungskomplikation *f*
radiation shielding Strahlenschutz *m*, Strahlungsabschirmung *f*
radiation sickness *(Rad)* Strahlenkrankheit *f*
radiation symbol Strahlensymbol *n*
radiation syndrome *(Rad)* Strahlensyndrom *n*
radiation therapist Strahlentherapeut *m*
radiation therapy *s.* radiotherapy
radiation treatment *s.* radiotherapy
radiation ulcer Strahlenulkus *n*, Strahlengeschwür *n*
radical 1. radikal, gründlich; 2. *s.* radicular
radical cure Radikalbehandlung *f*, Radikaltherapie *f*
radical dissection radikale Dissektion *f*, radikale Gewebeabtragung *f (z. B. bei bösartiger Erkrankung)*
radical hysterectomy *(Gyn)* radikale abdominale Hysterektomie *f*, Wertheim'sche Operation *f*, Wertheim-(Meigs-) Operation *f*, totale abdominale Gebärmutterentfernung *f*
radical mastectomy radikale Mastektomie *f* [Mammaamputation *f*, Brustentfernung *f*]
radical mastoidectomy *(HNO)* radikale Mastoidektomie *f* [Warzenfortsatzausräumung *f*], Radikalmastoidektomie *f*
radical neck dissection radikale Neck-Dissektion *f (radikale Abtragung von Lymphknoten und entfernbarem Gewebe bei bösartigem Tumor)*
radical nephrectomy radikale Nephrektomie *f*
radical operation radikale Operation *f*, Radikaloperation *f*
radical surgery radikale Chirurgie *f*
radical therapy radikale Behandlung *f*, Radikaltherapie *f*
radices *pl s.* radix
radicidation Nahrungsbestrahlung *f (zur Keiminaktivierung)*
radiciform wurzelförmig; zahnwurzelförmig
radicle (kleine) Wurzel *f*
radicotomy Radikotomie *f*, Nervenwurzeldurchschneidung *f*, (operative) Rückenmarkwurzeldurchtrennung *f*
radiculalgia Nervenwurzelneuralgie *f*, Nervenwurzelschmerz *m*, Wurzelneuralgie *f*
radicula *s.* radicle
radiculalgia Radikulalgie *f*, Nervenwurzelschmerz *m*, Nervenwurzelneuralgie *f*, Wurzelneuralgie *f*
radicular radikulär; Wurzel...; Nervenwurzel...; Zahnwurzel... *(siehe auch unter: root)*
radicular cyst Wurzelzyste *f*, Zahnwurzelzyste *f*
radicular neuritis Nervenwurzelentzündung *f*
radicular pain Wurzelschmerz *m*, Nervenwurzelschmerz *m*, Nervenwurzelneuralgie *f*
radicular pulp Pulpa *f* radicularis, Zahnwurzelpulpa *f*
radicular retainer *(Stom)* Wurzelanker *m*
radicular retention *(Stom)* Wurzelverankerung *f*
radiculectomy Radikulektomie *f*, Nervenwurzelresektion *f*, Nervenwurzelexstirpation *f*, Nervenwurzelexzision *f*, (operative) Nervenwurzelentfernung *f*
radiculitis Radikulitis *f*, Nervenwurzelentzündung *f*, Spinalwurzelneuritis *f*
radiculoganglionitis Radikuloganglionitis *f*, Nervenwurzel- und Ganglionentzündung *f*
radiculography Radikulographie *f*, Röntgen(kontrast)darstellung *f* der Spinalnervenwurzeln, Nervenwurzelröntgen(kontrast)darstellung *f*
radiculomedullary radikulomedullär; Nervenwurzel-Spinalmark-...
radiculomenigomyelitis Radikulomeningomyelitis *f*, Meningomyeloradikulitis *f*
radiculomyelopathy Radikulomyelopathie *f*, Nervenwurzel- und Rückenmarkerkrankung *f*
radiculoneuritis Radikuloneuritis *f*, Nerven- und Nervenwurzelentzündung *f*
radiculoneuropathy Radikuloneuropathie *f*
radiculopathy Radikulopathie *f*, Nervenwurzelerkrankung *f*, Spinal(nerven)wurzelkrankheit *f*
radiectomy Radiektomie *f*, Zahnwurzelextraktion *f*
radiferous radiumhaltig, Radium enthaltend
radio-allergo-sorbent test *(Immun)* Radio-allergosorbent-Test *m*, RAST
radio pill *s.* radiotelemetry capsule
radioactive radioaktiv, Radioaktivität besitzend
radioactive bath radioaktives Bad *n*
radioactive carbon radioaktiver Kohlenstoff *m*
radioactive contamination radioaktive Kontamination *f*, radioaktive Verseuchung *f*
radioactive contrast medium radioaktives Kontrastmedium *n*
radioactive cow Radionuklidgenerator *m (Umgangssprache)*
radioactive decay radioaktiver Zerfall *m*
radioactive decontamination radioaktive Dekontamination *f* [Entseuchung *f*]
radioactive element radioaktives Element *n*
radioactive half-life radioaktive Halbwertszeit *f*
radioactive implant radioaktives Implantat *n*
radioactive iodine radioaktives Jod *n*
radioactive iodine excretion radioaktive Jodausscheidung *f*
radioactive iodine excretion test radioaktiver Jodausscheidungstest *m*
radioactive iodine uptake radioaktive Jodaufnahme *f*
radioactive liver scanning *(Rad)* Leberisotopendarstellung *f*, Leberszintigraphie *f*
radioactive renal scintiscan *(Rad)* Nierenisotopenbild *n*, Isotopennephrogramm *n*
radioactive tracer radioaktiver Tracer *m*, radioaktiver Marker *m*
radioactivity Radioaktivität *f*
radioautogram Autoradiogramm *n*

radioautograph *s.* radioautogram
radioautography Autoradiographie *f*
radiobicipital radiobizipital; Radius-Bizepsmuskel-…
radiobiochemical radiobiochemischer Stoff *m*
radiobiologic *s.* radiobiological
radiobiological radiobiologisch; Radiobiologie…
radiobiology Radiobiologie *f*
radiocalcium Radiocalcium *n*, Radiokalzium *n*, radioaktives Kalziumisotop *n*
radiocarbon Radiocarbon *n*, Radiokohlenstoff *m*, radioaktives Kohlenstoffisotop *n*
radiocarbon test Radiocarbontest *m* *(Altersbestimmung von Fossilien anhand des Gehaltes an Kohlenstoff-Isotop 14)*
radiocarcinogenesis Radiokarzinogenese *f*, Krebsbildung *f* durch Strahlenwirkung
radiocardiogram Radiokardiogramm *n*
radiocardiography Radiokardiographie *f*, Herzröntgen(kontrast)darstellung *f*
radiocarpal radiokarpal; Radius-Carpus-…, Radius-Handwurzel-…
radiocarpal articulation Articulatio *f* radiocarpea, Radiokarpalgelenk *n*, Speichen-Handwurzel-Gelenk *n*, proximales Handwurzelgelenk *n*
radiocarpal joint *s.* radiocarpal articulation
radiocarpus (muscle) Musculus *m* flexor carpi radialis
radiocephalpelvimetry Radiozephalopelvimetrie *f*, Radiokephalopelvimetrie *f*
radiochemistry Radiochemie *f*, Strahlenchemie *f*
radiochemotherapy Radiochemotherapie *f*, Chemoradiotherapie *f*
radiochlorine Radiochlor *n*, Chlorisotop *n*
radiocholangiography Radiocholangiographie *f*
radiocholecystography Radiocholezystographie *f*
radiochroism Radiochroismus *m*
radiocineangiocardiography Radiokineangiokardiographie *f*
radiocineangiography Radiokineangiographie *f*
radiocinematography Radiokinematogrpahie *f*
radiocobalt Radiocobalt *n*, Cobalt-60 *n*, ^{60}Co; ^{58}Co
radiocolloid Radiokolloid *n*
radiocurable durch Bestrahlung heilbar
radiocystitis Radiozystitis *f*, Strahlenzystitis *f*, strahlenbedingte Blasenentzündung *f*
radiode Radiumkapsel *f*; Radiumzelle *f*; Radiumträger *m*
radiodense strahlenundurchlässig, strahlendicht
radiodensity Strahlenundurchlässigkeit *f*
radiodermatitis Radioderm(at)itis *f*, Strahlenderm(at)itis *f*, Hautentzündung *f* durch radioaktive Strahlen
radiodiagnosis 1. Radiodiagnose *f*, Röntgen(strahlen)diagnose *f*, Strahlendiagnose *f*; 2. *s.* radiodiagnostics
radiodiagnostics Radiodiagnostik *f*, Röntgen(strahlen)diagnostik *f*, Strahlendiagnostik *f*
radiodigital radiodigital; Radius-Finger-…
radiodontics Röntgenzahnkunde *f*
radiodontist Zahnröntgenologe *m*, Dentalröntgenologe *m*
radioelectrocardiogram Radioelektrokardiogramm *n*
radioelectrocardiograph Radioelektrokardiograph *m*
radioelectrocardiography Radioelektrokardiographie *f*
radioelectrophysiologram Radioelektrophysiologramm *n*
radioelectrophysiolograph Radioelektrophysiolograph *m*
radioelectrophysiolography Radioelektrophysiolographie *f*
radioelement Radioelement *n*, radioaktives Element *n*
radioencephalogram Radioenzephalogramm *n*
radioencephalography Radioenzephalographie *f*
radioepidermitis *s.* radiodermatitis
radioepithelitis Radioepithelitis *f* *(Epithelschädigung durch radioaktive Strahlen)*
radiofrequency Radiofrequenz *f*, Hochfrequenz *f*
radiofrequency ablation Hochfrequenzablation *f*
radiofrequency excitation Hochfrequenzanregung *f*
radiofrequency generator Hochfrequenzgenerator *m*
radiofrequency signal Hochfrequenzsignal *n*
radiofrequency spectroscopy Hochfrequenzspektroskopie *f*
radiogallium Radiogallium *n*, Galliumisotop *n*; Gallium-67 *n*, ^{67}Ga; Gallium-68 *n*, ^{68}Ga
radiogenesis Radiogenese *f*, Strahlenbildung *f*, Strahlenentstehung *f*
radiogenic radiogen, durch radioaktiven Zerfall entstanden
radiogold Radiogold *n*, radioaktives Goldisotop *n*, Gold-198 *n*, ^{198}Au
radiogold colloid Radiogoldkolloid *n*
radiogram Radiogramm *n*, Röntgenogramm *n*, Röntgenaufnahme *f*, Röntgenbild *n*
radiograph *v* röntgen, eine Röntgenaufnahme machen, ein Röntgenbild anfertigen
radiograph *s.* radiogram
radiographer Röntgenassistent *m*; Röntgenassistentin *m*, Röntgentechniker *m*; röntgender Arzt *m*, Röntgenarzt *m*
radiographic radiographisch, röntgenographisch; Radiographie…, Röntgen…
radiographic anatomy Röntgenanatomie *f*
radiographic cassette Röntgenkassette *f*
radiographic condition Aufnahmebedingung *f*
radiographic cone Aufnahmetubus *m*
radiographic contrast Röntgenkontrast *m*, Aufnahmekontrast *m*
radiographic contrast medium Röntgenkontrastmittel *n*
radiographic data Röntgendaten *pl*, Aufnahmedaten *pl*
radiographic diaphragm Röntgenblende *f*, Aufnahmeblende *f*
radiographic equipment Röntgenausrüstung *f*, Röntgenaufnahmegerät *n*, Röntgenaufnahmeeinrichtung *f*
radiographic examination Röntgenuntersuchung *f*
radiographic finding Röntgenbefund *m*
radiographic format Röntgenformat *n*, Aufnahmeformat *n*
radiographic grid Röntgenrasterblende *f*, Rasterblende *f*, Streustrahlenblende *f*, Blendenraster *n*
radiographic image Röntgenbild *n*, Röntgenaufnahme *f*
radiographic magnification Röntgenvergrößerung *f*, radiographische Vergrößerung *f*
radiographic material Röntgenaufnahmematerial *n*, Aufnahmematerial *n*
radiographic method Röntgenverfahren *n*, Aufnahmeverfahren *n*
radiographic monitoring Röntgenüberwachung *f*
radiographic parameter Röntgenparameter *m*, Aufnahmeparameter *m*
radiographic plane Röntgenebene *f*, Aufnahmeebene *f*
radiographic position Röntgenposition *f*, Röntgenstellung *f*, Aufnahmeposition *f*
radiographic positioning Röntgenlagerung *f*, Aufnahmelagerung *f*
radiographic projection Röntgenprojektion *f*
radiographic relief technique Röntgen-Relief-Technik *f*, Relieftechnik *f*
radiographic sign röntgenologisches Zeichen *n*, Röntgenzeichen *n*, Röntgenhinweis *m*
radiographic subtraction Röntgenbildsubtraktion *f*
radiographic technique Röntgenaufnahmetechnik *f*, Aufnahmetechnik *f*
radiographic view Röntgenaufnahme *f*, Röntgenbild *n*; Röntgendarstellung *f*, Röntgenansicht *f*

radiography Radiographie *f*, Röntgendarstellung *f*, Röntgen *n*
radiography of the base of skull Schädelbasis(röntgen)aufnahme *f*
radiohumeral radiohumeral; Radiohumeral..., Speichen-Oberarmknochen-...
radiohumeral joint Articulatio *f* humeroradialis *(Teil des Ellenbogengelenks)*
radiohypophysectomy Radiohypophysektomie *f*, Hypophysen(funktions)ausschaltung *f* durch Röntgenbestrahlung
radioimmunity Radioimmunität *f*, Strahlenimmunität *f*
radioimmunoassay *(Immun)* Radioimmunoassay *m*, RIA
radioimmunodetection Radioimmunodetekton *f*
radioimmunodiffusion Radioimmunodiffusion *f*
radioimmunoelectrophoresis Radioimmun(o)elektrophorese *f*
radioimmunofluorescence assay Radioimmunofluoreszenz-Assay *m*, RIFA
radioimmunoglobulin dosimetry Radioimmunoglobulin-Dosimetrie *f*
radioimmunology Radioimmunologie *f*
radioimmunoprecipitation Radioimmunopräzipitation *f*
radioimmunoscintigraphy Radioimmunoszintigraphie *f*
radioimmunosorbent test *(Immun)* Radio-immuno-sorbent-Test *m*, RIST
radioiodinated mit Radiojod behandelt; mit Radiojod verbunden [gekoppelt]
radioiodine Radioiod *n*, Radiojod *n*, Iod-131 *n*, ^{131}I; Iod-127 *n*, ^{127}I
radioiodine diagnosis Radioioddiagnose *f*
radioiodine-labelled mit Radioiod markiert
radioiodine scintiscanning Radioiodszintigraphie *f*
radioiodine test Radioiodtest *m*
radioiodine therapy Radioiodtherapie *f*, Radiojodbehandlung *f*
radioiron Radioeisen *n*, Eisen-59 *n*, ^{59}Fe; Eisen-55 *n*, ^{55}Fe
radioisotope Radioisotop *n*, radioaktives [instabiles] Isotop *n*
radioisotope camera *(Rad)* Isotopenkamera *f*
radioisotope investigation Radioisotopenuntersuchung *f*
radioisotope-labelled isotopenmarkiert, mit radioaktiven Isotopen markiert
radioisotope nephrogram Radioisotopennephrogramm *n*, Isotopennephrogramm *n*
radioisotope nephrography *(Rad)* Radioisotopennephrographie *f*, RIN, Isotopennephrographie *f*
radioisotope renography *s.* radioisotope nephrography
radioisotope scan *(Rad)* Isotopenaufnahme *f*, Isotopenbild *n*
radioisotope scanner *(Rad)* Radioisotopenscanner *m*, Scanner *m*
radioisotope scanning *(Rad)* Isotopenabtastung *f*, Isotopendarstellung *f*
radioisotope study Radioisotopenuntersuchung *f*
radioisotope technique *(Rad)* Radioisotopentechnik *f*, Isotopentechnik *f*
radioisotopic bone scan Knochenisotopenaufnahme *f*
radioisotopic test Radioisotopentest *m*
radiokymogram Radiokymogramm *n*
radiokymographic radiokymographisch
radiokymography Radiokymographie *f*
radiolabel *v* radioaktiv markieren
radiolabel radioaktive Markierung *f*
radiolabelled radioaktiv markiert, isotopenmarkiert
radiolead radioaktives Blei *n*, Blei-Isotop *n*
radiolesion Strahlenläsion *f*, Strahlenschaden *m*, Strahlenschädigung *f*
radioligand Radioligand *m (radioaktiv markierte und an einen Rezeptor bindungsfähige Substanz)*
radiologic *s.* radiological
radiological radiologisch, strahlenkundlich; Röntgen...
radiological anatomy Röntgenanatomie *f*, radiologische Anatomie *f*
radiological department Röntgenabteilung *f*
radiological study Röntgenuntersuchung *f*
radiological technologist Röntgentechniker *m*, Röntenassistent *m*, Röntgenassistentin *f*
radiologist Radiologe *m*, Arzt *m* [Facharzt *m*] für Radiologie; Röntgenologe *m*
radiology Radiologie *f*, Strahlenkunde *f*, Strahlenlehre *f*
radiology department Röntgenabteilung *f*
radiolucency Strahlendurchlässigkeit *f*, Röntgenstrahlendurchlässigkeit *f*
radiolucent strahlendurchlässig; röntgenstrahlendurchlässig
radioluminescence Radiolumineszenz *f*, Strahlenlumineszenz *f*
radiometer Radiometer *n*, Strahlungsmesser *m*, Strahlenmesser *m*
radiometric radiometrisch; Radiometrie...
radiometry Radiometrie *f*, Strahlungsmessung *f*, Strahlenmessung *f*
radiomicrometer Radiomikrometer *n*
radiomimetic radiomimetisch, wie radioaktive [ionisierende] Strahlung wirkend, das Tumorwachstum hemmend *(durch Mitosehemmung)*
radiomimetic (agent) Radiomimetikum *n*, radiomimetisches Mittel *n*
radiomuscular radiomuskulär; Radius-Muskel-...
radiomutation Strahlenmutation *f*, Bestrahlungsmutation *f*
radionecrosis Radionekrose *f*, Strahlennekrose *f*, Gewebszerstörung *f* durch Strahlen(ein)wirkung
radioneuritis Radioneuritis *f*, Strahlenneuritis *f*, Nervenentzündung *f* durch Strahlen(ein)wirkung
radionitrogen Radiostickstoff *m*, radioaktives Stickstoffisotop *n*, Stickstoff-13 *n*, ^{13}N
radionuclide Radionuklid *n*, Isotop *n*
radionuclide angiocardiogram *(Rad)* Radionuklidangiokardiogramm *n*, Isotopenangiogramm *n*
radionuclide angiography *(Rad)* Radionuklidangiographie *f*, Isotopenangiographie *f*
radionuclide imaging Radionukliddarstellung *f*, Isotopendarstellung *f*, Szintigraphie *f*
radionuclide organ imaging Organszintigraphie *f*, Organdarstellung *f* mit Isotopen
radionuclide renography *(Rad)* Isotopennephrographie *f*
radionuclide test Radionuklidtest *m*, Isotopentest *m*
radionuclide ventriculography *(Rad)* Radionuklidventrikulographie *f*, Ventrikuloszintigraphie *f*
radioopaque *s.* radiopaque
radiopacity Strahlenundurchlässigkeit *f*, Strahlendichtheit *f*, Röntgenstrahlenundurchlässigkeit *f*
radiopalmar radiopalmar, die radiale Handfläche betreffend
radiopaque strahlendicht; röntgenstrahlenundurchlässig; röntgenpositiv
radiopaque compound strahlendichte Verbindung *f*, Kontrastmittelverbindung *f*
radiopaque contrast medium Röntgenkontrastmittel *n*
radioparency Strahlentransparenz *f*, Röntgenstrahlendurchlässigkeit *f*
radioparent strahlentransparent; röntgenstrahlendurchlässig; röntgennegativ
radiopathologic radiopathologisch, strahlenpathologisch
radiopathology Radiopathologie *f*, Strahlenpathologie *f*
radiopelvimetry Radiopelvimetrie *f*, Beckenröntgenaufnahme *f* mit Beckenvermessung

radioperiosteal reflex Radiusperiostreflex *m*
radiopharmaceutic *s.* radiopharmaceutical
radiopharmaceutical radiopharmazeutisch
radiopharmaceutical (agent) Radiopharmazeutikum *n*, Radiopharmakon *n*
radiopharmacist Radiopharmazeut *m*
radiopharmacy Radiopharmazie *f*
radiophobia Radiophobie *f*, Bestrahlungsabneigung *f*, Strahlenfurcht *f*
radiophosphorus Radiophosphor *m*, radioaktiver Phosphor *m*, Phosphor-32 *m*, ^{32}P
radiophosphorus therapy Radiophosphortherapie *f*, Radiophosphorbehandlung *f*
radiophotography Radiophotographie *f*
radiophylaxis Radiophylaxis *f*, Radiophylaxe *f*
radiophysics Strahlenphysik *f*
radiopill Radiotelemetriekapsel *f*, Telemetriekapsel *f*
radiopotassium Radiokalium *n*, radioaktives Kaliumisotop *n*, Kalium-42 *n*, K-42 *n*, ^{42}K; Kalium-40 *n*, K-40 *n*, ^{40}K
radiopotentiation Strahlenpotenzierung *f (Erhöhung des Strahleneffektes durch Pharamaka)*
radiopraxis Strahlenanwendung *f*
radioprotectant radioprotektiv, vor ionisierender Strahlung schützend
radioprotectant *s.* radioprotector
radioprotective radioprotektiv, vor toxischer Wirkung von Strahlen schützend
radioprotective (drug) radioprotektives Medikament *n*
radioprotector Radioprotektor *m*
radiopulmonography Radiopulmonographie *f*
radioreaction Strahlenreaktion *f*
radioreceptor Radiorezeptor *m*, Strahlenrezeptor *m*
radioresistance Strahlenresistenz *f*, Strahlenfestigkeit *f*, Strahlenunempfindlichkeit *f*; Bestrahlungsunempfindlichkeit *f*
radioresistant strahlenresistent, strahlenfest, strahlenunempfindlich; bestrahlungsunempfindlich
radioresponsive strahlenempfindlich, strahlensensibel
radioscopic radioskopisch, (röntgen)durchleuchtend, röntgenoskopisch
radioscopy Radioskopie *f*, Röntgendurchleuchtung *f*, Durchleuchtung *f*, Röntgenfluoroskopie *f*
radiosensibility *s.* radiosensitivity
radiosensitive radiosensitiv, strahlensensibel, strahlenempfindlich; röntgenstrahlenempfindlich
radiosensitiveness *s.* radiosensitivity
radiosensitivity Radiosensibilität *f*, Strahlenempfindlichkeit *f*, Röntgen(strahlen)empfindlichkeit *f*
radiosensitization Radiosensibilisierung *f*, Strahlensensibilisierung *f (z. B. durch Chemotherapie von Geschwülsten vor Bestrahlung)*
radiosensitizer Radiosensibilisator *m*, radiosensibilisierende Substanz *f*, für die Strahlenwirkung empfindlich machender Stoff *m*
radiosodium Radionatrium *n*, Natrium-22 *n*, Natrium-24 *n*, ^{22}Na, ^{24}Na
radiostereoscopy Radiostereoskopie *f*, Röntgendurchleuchtung *f* innerer Organe
radiostrontium Radiostrontium *n*, radioaktives Strontium *n*, Strontium-85 *n*, Strontium-87 *n*, Strontium-89 *n*, Strontium-90 *n*, ^{85}Sr, ^{87}Sr, ^{89}Sr, ^{90}Sr
radiosulphur Radioschwefel *m*, radioaktiver Schwefel *m*, Schwefel-35 *m*, ^{35}S
radiosurgery Radiochirurgie *f*, Strahlenchirurgie *f (Elimination von Geschwülsten durch gezielte Bestrahlung)*
radiotelemetry Radiotelemetrie *f*, Telemetrie *f*
radiotelemetry capsule Telemetriekapsel *f*
radiotherapeutic radiotherapeutisch, strahlentherapeutisch; Radiotherapie...
radiotherapeutics Radiotherapie *f (Lehre von der therapeutischen Strahlenanwendung)*
radiotherapist Radiotherapeut *m*, Strahlentherapeut *m*
radiotherapy Radiotherapie *f*, Strahlentherapie *f*, Strahlenbehandlung *f*
radiotherapy department Röntgen-Therapie-Abteilung *f*, Strahlen-Therapie-Abteilung *f*
radiothermy Radiothermie *f*, Strahlendiathermie *f*, Wärmestrahlenbehandlung *f*, Kurzwellendiathermie *f*, Kurzwellenbehandlung *f*
radiothyroidectomize *v* eine Radiojodbehandlung der Schilddrüse durchführen, die Schilddrüse durch Radioiod ausschalten
radiothyroidectomy Radiothyroidektomie *f (therapeutische Schilddrüsenzerstörung durch radioaktives Jod)*
radiothyroxin Radiothyroxin *n*, radioaktives Thyroxin *n*
radiotomy *s.* tomography
radiotoxaemia Radiotoxämie *f (durch Strahlung bewirkte Toxinämie)*
radiotracer radioaktiver Tracer *m*, radioaktiver Indikator *m*
radiotransparency Strahlentransparenz *f*, Röntgenstrahlendurchlässigkeit *f*
radiotransparent strahlentransparent; röntgenstrahlendurchlässig
radiotropic radiotrop, durch Strahlen beeinflusst
radiotropism Radiotropismus *m*
radio-ulnar radioulnar, Radius-Ulna-..., Speichen-Ellen-...
radio-ulnar articulation Articulatio *f* radioulnaris, Speichen-Ellen-Gelenk *n*
radio-ulnar bursitis Bursitis *f* radioulnaris
radisectomy Zahnwurzelresektion *f*
radium Radium *n*, Ra
radium emanation Radon-222 *n*, ^{222}Rn, *(veraltet)* Radiumemanation *f*
radium implant *(Rad)* Radiumimplantat *n*
radium insertion Radiumeinlage *f*, Radiumimplantation *f (zur Karzinomtherapie)*
radium needle *(Rad)* Radiumnadel *f*, Radiumstift *m*
radium radiation Radiumstrahlung *f*
radium therapy Radiumtherapie *f*, Radiumbehandlung *f*
radius Radius *m*, Speiche *f (Unterarmknochen; Zusammensetzungen siehe unter: radial)*
radix Radix *f*, Wurzel *(Zusammensetzungen siehe unter: radicular und root)*
radon Radon *n*, Radon-222 *n*, ^{222}Rn
radon bath *(Bal)* Radonbad *n*
radon seed *(Rad)* Radonkapsel *f*
Raeder's paratrigeminal syndrome Raeder'sches Syndrom *n*, Raeder'sches paratrigeminales Syndrom *n (halbseitiger neuralgischer Gesichtsschmerz mit Sympathikuslähmung)*
Raeder's syndrome *s.* Raeder's paratrigeminal syndrome
raffinase Raffinase *f (Enzym)*
raffinose Raffinose *f*, Melitriose *f*
rage 1. *(Psych)* Wut *f*, 2. *s.* rabies
rage reaction Wutreaktion *f*
ragged wound zerklüftete [zerfetzte] Wunde *f*
ragocyte Ragozyt *m*, Rhagozyt *m*, RA-Zelle *f (polymorphkernige Leukozyten mit Einschlusskörperchen von Immunglobulinen IgG, Rheumafaktoren, Complement und Fibrin)*
Raillietia Raillietia *pl (Milben)*
Raillietina Raillietina *pl (Bandwürmer)*
raillietiniasis Raillietiniasis *f (Infektion durch Raillietina)*
railway nystagmus *(Ophth, Physiol)* Eisenbahnnystagmus *m*, optokinetischer Nystagmus *m*
railway sickness Reisekrankheit *f (Kinetose)*
railwayphobia *(Neur)* Eisenbahnphobie *f*

rainbow vision *(Ophth)* Regenbogensehen *n*
raised blood pressure erhöhter Blutdruck *m*; Blutdruckerhöhung *f*
raised cholesterol level erhöhter Cholesterinspiegel *m*, Cholesterinspiegelerhöhung *f*
raised S-T segment erhöhte ST-Strecke *f (EKG)*
raised serum lipids erhöhte Serumlipide *npl*
rake retractor *(Chir)* Hakenretraktor *m*, Hakensperrer *m*, Krallensperrer *m (Instrument)*
rale Rasselgeräusch *n*, RG, Rasseln *n (beim Atmen)*
raloxifene hydrochloride Raloxifenhydrochlorid *n*
ramal *(Anat)* Ramus…, Ast…, Zweig…
rambling *(Neur)* Faseln *n*
rambling conversation *(Neur)* weitschweifige Unterhaltung *f*
ramicotomy *s.* ramisection
ramification 1. Aufzweigung *f*, Verzweigung *f*, Verästelung *f (z. B. von Nerven)*; 2. Ramusbildung *f*, Astbildung *f*
ramiform verästelt, verzweigt, zweigförmig
ramify *v* 1. aufzweigen, verzweigen, verästeln; 2. Äste bilden
ramipril Ramipril *n (ACE-Hemmer, Antihypertensivum)*
ramisection Ramikotomie *f*, (operative) Ramusdurchtrennung *f*
ramitis Nervenwurzelentzündung *f*
Ramon's flocculation test Ramon'scher Ausflockungstest *m*, Ramon'sche Reaktion *f*, Ramon'sche Präzipitationsmethode *f (zur Auswertung von Antiseren gegen Diphtherie- und Tetanustoxoide)*
ramose verzweigt, verästelt, aufgezweigt
ramous *s.* ramose
Ramsay Hunt paralysis Ramsay-Hunt'sche Paralyse *f*, juvenile Paralysis *f* agitans
Ramsay Hunt syndrome Ramsay-Hunt'sches Syndrom *n*, Dyssynergia *f* cerebellaris progressiva
Ramstedt operation Ramstedt-Weber'sche Operation *f*, Weber-Ramstedt'sche Operation *f*, Pyloromyotomie *f (zur Beseitigung eines Magenpförtnerkrampfs)*
ramulus Ramulus *m*, kleiner Ast *m*, Ästchen *n*
ramus *(Anat)* Ramus *m*, Ast *m*, Zweig *m*
ramus of the mandible *(Anat)* Ramus *m* mandibulae
ramus retractor *(Stom)* Ramushaken *m*
ramycin Ramycin *n*, Fusidinsäure *f*
rancid ranzig
rancidify *v* ranzig werden *(z. B. Öl)*; ranzig machen *(z. B. Fette durch Oxidation)*
rancidity ranziger Zustand *m*
Randall's plaques Randall'sche Plaques *mpl (Verklakungsherde der Nierentubuli als Kondensationskern für Nierensteine)*
Randall's stone forceps *(Chir)* Stein(fass)zange *f* nach Randall
random zufällig, durch den Zufall bedingt; Zufalls…; wahllos; willkürlich
random coil Zufallsknäuel *n (ungeordneter Zustand einer Proteinkette nach Denaturierung)*
random coincidence Zufallskoinzidenz *f*, zufällige Koinzidenz *f*
random controlled trial random-controlled Trial *m*, durch den Zufall kontrollierter Versuch *m*
random data Zufallsdaten *pl*, zufällige Daten *pl*
random distribution Zufallsverteilung *f*, zufällige Verteilung *f*
random drift ungerichtete Drift *f (durch Zufallsverteilung bedingt)*
random findings Zufallsbefund *m*, zufälliger Befund *m*
random genetic drift ungerichtete genetische Drift *f (Änderung der Häufigkeit von Genen durch Zufallsverteilung auf die Gameten)*
random mating *(Gen)* zufällige Paarung *f*, Zufallspaarung *f*
random mechanism Zufallsmechanismus *m*
random motion Zufallsbewegung *f*, unkontrollierbare Bewegung *f*
random noise statistisches Rauschen *n*, statistisches Zufallsrauschen *n*
random off zufälliger Wirkungsverlust *m (z. B. von Levo-Dopa bei Parkinsontherapie)*
random sample Zufallsstichprobe *f*
random sampling zufällige Stichprobenerhebung *f*
random selection zufällige Auswahl *f*, Zufallsselektion *f*, Zufallsauswahl *f*
random variable Zufallsvariable *f*
random voided specimen Zufallsurinprobe *f*, zufällig entnommene Urinprobe *f*
randomization *(Statist)* Randomisation *f*, Randomisierung *f*, Zufallszuteilung *f (z. B. Gruppenrange)*
randomize *v* randomisieren, zufällig anordnen; willkürlich anordnen
range 1. Umfang *m*, Bereich *m*; Messbereich *m*; Größenordnung *f*; 2. Bereich *m (z. B. zwischen höchstem und niedrigstem Wert einer Serie)*; 3. Verbreitungsgebiet *n*; 4. Reichweite *f*
range abnormalities Bereichsabnormitäten *fpl*, Bereichsanomalien *fpl (z. B. beim Ultraschallecho)*
range ambiguities Bereichsmehrdeutigkeit *f*, Bereichsunklarheit *f (z. B. bei Echographie)*
range equation Bereichsgleichung *f*
range of accommodation *(Ophth)* Akkommodationsbereich *m*, Akkommodationsamplitude *f*
range of adjustment Einstellungsbereich *m*, Verstellbereich *m*
range of audibility Hörbereich *m*
range of convergence Konvergenzbereich *m*
range of indication Indikationsbereich *m*
range of linearity Linearitätsbereich *m*
range of motion Bewegungsumfang *m (z. B. eines Gelenkes)*
range of normal Normalbereich *m (z. B. eines Laborwertes)*
range of rays Strahlenbereich *m*; Strahlenreichweite *f*
range of tolerance Toleranzbereich *m*
range of values Wertebereich *m*; Messwertebereich *m*
ranimycin Ranimycin *n (Antibiotikum)*
ranine Ranula…
ranitidine Ranitidin *n (H_2-Rezeptorenblocker zur Magensäurehemmung)*
ranitidine hydrochloride Ranitidinhydrochlorid *n*
rank itch *(Paras)* Scabies *f* papuliformis [papulosa]
ranula Ranula *f*, Fröschleingeschwulst *f (bläschenartige Zystenbildung unter der Zunge)*; Unterzungenspeicheldrüsenzyste *f*
ranular Ranula…
ranunculin Ranunculin *n (Glykosid)*
Ranvier's constrictions Ranvier'sche Einschnürungen *fpl*
Ranvier's crosses Ranvier'sche Kreuze *npl*, Ranvier'sche Silberkreuze *npl*
Ranvier's internode Ranvier'sches Internodium *n*
Ranvier's node Ranvier'scher Schnürring *m*, Ranvier-Schnürring *m (zirkuläre Einschnürung der Myelinhüllen der Nervenfasern)*
Ranvier's plexus Ranvier'scher Plexus *m*, Ranvier'scher Stromaplexus *m (der Hornhaut)*
Ranvier's segment Ranvier'sches Segment *n*
Ranvier's tactile disks Ranvier'sche taktile Nervenendigungen *fpl*
rape Vergewaltigung *f*, Notzucht *f*, Schändung *f*

rape counseling *(Psych)* Vergewaltigungsberatung *f*, Vergewaltigungsbetreuung *f*
rape trauma Vergewaltigungstrauma *n*
rape-trauma syndrome Vergewaltigungssyndrom *n*
rape-trauma treatment *(Psych)* Therapie *f* eines Vergewaltigungstraumas
raphae *pl s.* raphe
raphania Raphania *f*, Rhaphanus-Vergiftung *f* *(durch Rhaphanus rhaphanistrum)*
Rhaphanus rhaphanistrum Rhaphanus *m* rhaphanistrum, wilder Rettich *m*
raphe *(Anat)* Raphe *f*, Naht *f*, (natürliche) Verwachsungsnaht *f*
raphe of the medulla oblongata Raphe *f* medullae oblongatae
raphe of the penis Raphe *f* penis
raphe of the pharynx Raphe *f* pharyngis, Rachennaht *f*
raphe of the pons Raphe *f* pontis
raphe of the scrotum Raphe *f* scroti, Skrotumnaht *f*, Hodensacknaht *f*
raphe of the tongue Sulcus *f* medianus linguae
rapid schnell, rapide, rasch, flink; Schnell...
rapid-acting insulin schnell wirkendes Insulin *n*, Kurzzeit-Insulin *n*
rapid cycler *(Neur)* Rapidzykler *m* *(Patient mit rascher Folge von manischen und depressiven Phasen)*
rapid desensitization Schnelldesensibilisierung *f* *(bei Allergie)*
rapid diagnosis Schnelldiagnose *f*, Schnelldiagnostik *f*
rapid diagnostic test Schnelldiagnose-Test *m*
rapid digitalization Schnelldigitalisierung *f*
rapid ejection phase schnelle Ejektionsphase *f* *(in der Herzkammersystole)*
rapid eye movement *(Physiol, Neur)* schnelle [rasche] Augenbewegung *f*, REM
rapid eye movement sleep *s.* REM-sleep
rapid filling fraction *(Kard)* rasche [schnelle] Füllungsfraktion *f*
rapid filling phase rasche [schnelle] Füllungsphase *f* *(in der Herzkammerdiastole)*
rapid hyposensitization *s.* rapid desensitization
rapid infusion Schnellinfusion *f*
rapid injection Schnellinjektion *f*
rapid labour schnelle [überstürzte] Geburt *f*, Sturzgeburt *f*
rapid parturition *s.* rapid labour
rapid plasma reagin test Rapid-Plasma-Reagin-Test *m*, Rapid-Plasma-Reagin-Card-Test *m*, Plasma-Reagin-Kartentest *m* *(Schnelltest auf Syphilis)*
rapid progressive glomerulonephritis rapid progressives nephritisches Syndrom *n*, rapid progressive Glomerulonephritis *f*, Halbmondglomerulonephritis *f*
rapid pulse schneller Puls *m*, beschleunigter Pulsschlag *m*
rapid rhythm schneller Rhythmus *m*; Rhythmusbeschleunigung *f* *(z. B. im EEG)*
rapid transfusion Schnelltransfusion *f*
rapid tremor schneller Tremor *m*
rapidity of thought *(Neur)* Denkgeschwindigkeit *f*
Rappaport Classification Rappaport-Klassifizierung *f* der Non-Hodgkin-Lymphome
rapport *(Psych)* Rapport *m*, seelische Übereinstimmung *f*
rapprochement *(Psych)* Rapprochement *n*, Annäherung *f* *(dritte Phase der Separation-Individuation des Kleinkindes)*
rapture of the deep *(Arb)* Stickstoffnarkose *f* *(durch erhöhten Stickstoffpartialdruck beim Tiefseetauchen)*
raptus Raptus *m*, Ausbruch *m*
rare-earth element seltenes Erdmetallelement *n*, Element *n* der seltenen Erden
rare-earth metal seltenes Erdmetall *n*
rare earth screen Fluoreszenzschirm *m* aus seltenen Erden
rare earths seltene Erden *fpl*
rare periods seltene Menstruation *f*
rarefaction Rarefikation *f*, Rarefizierung *f*, Verdünnung *f*, Auflockerung *f*, Gewebeschwund *m*, Schwund *m*
rarefaction of bone Knochen(gewebe)schwund *m*, Knochenrarifizierung *f*
rarefactive verdünnend; Verdünnungs...
rarefy *v* rarefizieren, verdünnen; sich rarefizieren
rarefying osteitis *s.* osteoporosis
rasceta Handbeugefalten *fpl*
rash Rash *m*, flüchtiger Hautausschlag *m*; Exanthem *n*; Vorexanthem *n*
Rashkind balloon atrial septostomy Ballonatrioseptostomie *f* nach Rashkind, Rashkind'sche Ballonseptostomie *f*, Rashkind-Miller'scher Ballonseptostomie *f*
Rashkind procedure *s.* Rashkind balloon atrial septostomy
Rasmussen's aneurysm Rasmussen'sches Aneurysma *n* *(Arterienerweiterung in einer Tuberkulosehöhle)*
rasp *v* raspeln, glätten *(z. B. den Amputationsstumpf)*
rasp *s.* raspatorium
raspatory *(Chir)* Raspatorium *n*, Knochenraspel *f*, Raspel *f*, Knochenfeile *f*, Schabeisen *n*
raspberry-jelly faeces himbeergeleeartige Stühle *mpl* *(bei Amöbenruhr)*
raspberry mark *(Derm)* Hämangioma *n* simplex
raspberry-red excrescences on the skin himbeerartige Hautauswüchse *mpl* [Primärläsionen *fpl*]
raspberry tongue Lingua *f* scarlatinosa, Scharlachzunge *f*
Rastelli operation Rastelli-Operation *f* *(bei Transposition der großen Gefäße)*
rat-bite disease *(Inf)* Rattenbissfieber *n*, Rattenbisskrankheit *f*, Sodoku *n*
rat-bite fever *s.* rat-bite disease
rat-borne typhus *s.* endemic typhus
rat flea Rattenfloh *m*, Pestfloh *m*, Xenopsylla *f* cheopis
rat typhus *s.* endemic typhus
rate 1. Anteil *m*, Maß *n*, Verhältnis *n*; 2. Geschwindigkeit *f*, Frequenz *f* *(z. B. des Herzens)*; 3. Rate *f*, Häufigkeit *f*, Verteilung *f* *(Epidemiologie)*
rate of administering a drug Geschwindigkeit *f* der Medikamentenzufuhr
rate-pressure pacer herzfrequenz- und blutdruckgesteuerter Herzschrittmacher *m*
rate-pressure product Herzfrequenz-Blutdruck-Produkt *n*
Rathke's column *(Embr)* Rathke'sche Säule *f*
Rathke's duct Rathke'scher Gang *m*
Rathke's pouch Rathke'sche Tasche *f*, Rathke-Tasche *f*, Hypophysentasche *f* *(Aussackung der primären Mundhöhle)*
Rathke's pouch tumour *s.* craniopharyngioma
raticide Rattengift *n*
rating scale *(Neur)* Schätzskala *f*
ratio Verhältnis *n*, Quotient *m*, Verhältniszahl *f*
ratio of nitrous oxide to oxygen *(Anästh)* Lachgas-Sauerstoff-Verhältnis *n*
ration Ration *f*, Zuteilungsmenge *f*, Tageszuteilung *f*, Tagesmenge *f*
rational 1. *(Neur)* rational, vernünftig, der Vernunft entsprechend; 2. zweckbewusst, begründet *(z. B. Therapie)*
• **be rational** bewusstseinsklar sein
rational emotive therapy *(Neur)* rational-emotive Therapie *f*, RET
rational suicide *(Neur)* Bilanzselbstmord *m*

rational treatment rationale Therapie *f*, (wissenschaftlich) begründete Behandlung *f*
rationale 1. Rationale *f*, logische Grundlage *f*; 2. Rationale *f*, rationale Erklärung *f*
rationalization *(Neur)* Rationalisierung *f (rationale Begründung von inakzeptablen Handlungen)*
rattle Rasseln *n*, Rasselgeräusch *n (beim Atmen)*
rattlesnake Klapperschlange *f*
Rattus rattus Rattus *m* rattus
Rauwolfia alkaloid Rauwolfiaalkaloid *n*
Rauwolfia serpentina Rauwolfia *f* serpentina
raw skin raue [wund geriebene] Haut *f*
ray 1. Strahl *m*; Energiestrahl *m*; Lichtstrahl *m*; 2. Strahl *m*, Fingerstrahl *m*; 3. Rochen *m (Meerestier)*
ray amputation *(Chir)* Strahlamputation *f (z. B. Finger)*
ray fungus Strahlenpilz *m*
ray treatment Strahlentherapie *f*, Strahlenbehandlung *f*, Bestrahlung(stherapie) *f*
Raynaud's disease Raynaud'sche Krankheit *f*, Raynaud-Krankheit *f*, Raynaud-Syndrom *n (funktionelle Ischämie an Extremitäten)*
Raymond-Céstan syndrome Raymond-Céstan-Syndrom *n*, Raymond-Syndrom *n*, oberes [orales] Brückenhaubensyndrom *n*
Raynaud's disease Raynaud'sche Krankheit *f*, Raynaud-Krankheit *f*, Raynaud-Syndrom *n*, symmetrischer Vasospasmus *m*, vasospastisches Syndrom *n (funktionelle Ischämie an Extremitäten)*
Raynaud's gangrene Raynaud'sche Gangrän *f*
Raynaud's phenomenon Raynaud'sches Phänomen *n*, Akroasphyxie *f (Blauverfärbung der Gliedmaßenenden infolge Gefäßspasmus)*
Raynaud's sign *s.* acrocyanosis
Raynaud's syndrome *s.* Raynaud's disease
Ray's mania Ray'sche Manie *f*, Ray-Manie *f*, moralischer Defekt *m*, moralisches Irresein *n*
razoxane Razoxan *n (Antineoplastikum)*
RBBB *s.* right bundle branch block
RBC *s.* 1. red blood cell; 2. red blood count
rbc *s.* 1. red blood cell; 2. red blood count
RBE *s.* relative biological effectiveness of radiation
R.D. *s.* reaction of degeneration
R.D.A. *s.* right dorsoanterior position of the foetus
R.D.P. *s.* right dorsoposterior position of the foetus
RDS *s.* respiratory distress syndrome
R.E. *s.* right eye
reabsorb *v* reabsorbieren, resorbieren
reabsorption Reabsorption *f*, Rückresorption *f*
reabsorptive capacity Reabsorptionskapazität *f*
reacher *(Orth)* verlängerter Arm *m*
reaching *s.* retching
react *v* reagieren, ansprechen; rückwirken
react *v* **to tuberculin** auf Tuberkulin reagieren
reactance Reaktanz *f*, induktiver Widerstand *m*, Blindwiderstand *m*
reactant *(Bioch)* Reaktant *m*, Reaktionsstoff *m*, Reaktionsteilnehmer *m*
reaction centre Reaktionszentrum *n (Lymphoblastenanhäufung in lymphatischen Organen)*
reaction-formation *(Psych)* Reaktionsbildung *f (psychischer Abwehrmechanismus)*
reaction in blood transfusion Transfusionsreaktion *f*
reaction kinetics Reaktionskinetik *f*
reaction of binding complement Komplementbindungsreaktion *f*
reaction of degeneration Degenerationsreaktion *f*, Entartungsreaktion *f*
reaction of exhaustion *(Neur)* Erschöpfungsreaktion *f*
reaction time Reaktionszeit *f*, Schrecksekunde *f*
reaction to light Lichtreaktion *f (der Pupillen)*
reaction to treatment Behandlungsreaktion *f*, Therapieantwort *f*
reactivate *v* 1. reaktivieren, wieder wirksam machen; 2. wieder (chemisch) umsetzungsfähig machen
reactivation Reaktivierung *f*
reactivation tuberculosis Reaktivierungstuberkulose *f*
reactivator Reaktivator *m*
reactive reaktiv, rückwirkend; reaktionsfähig; als Reaktion auf starke Affekte auftretend
reactive attachment disorder of infancy *(Neur)* reaktive Beziehungsstörung *f* im Säuglingsalter
reactive decision *(Psych)* reaktive Entscheidung *f*, Reaktiventscheidung *f*
reactive depression *(Neur)* reaktive Depression *f*, Affektdepression *f*
reactive epilepsy reaktive Epilepsie *f*, Affektepilepsie *f*
reactive hypoglycaemia reaktive Hypoglykämie *f*
reactive inflammation reaktive Entzündung *f*
reactive psychosis *(Neur)* psychogene [reaktive] Psychose *f*, Reaktionspsychose *f*, Affektpsychose *f*
reactive schizophrenia *(Neur)* reaktive Schizophrenie *f*, Affektschizophrenie *f*
reactively labile psychopathy reaktivlabile Psychopathie *f*
reactivity Reaktivität *f*, Rückwirkung *f*, Reaktionsfähigkeit *f*
reactogenic reaktogen, eine Reaktion auslösend *(z. B. ein Impfstoff)*
Read delivery method *(Neur)* Read'sches Entbindungsverfahren *n*, Read'sches Verfahren *n (Methode einer schmerzarmen Geburt durch autogenes Training)*
reading 1. Lesen *n (z. B. der genetischen Informationen)*; 2. Spiegel *m*, Pegel *m*, Stand *m*
reading disability *(Neur)* Leseunfähigkeit *f*, Leseschwäche *f*
reading disorder Lesestörung *f*
reading epilepsy *(Neur)* Leseepilepsie *f*
readmit *v* **to hospital** erneut [wieder] in das Krankenhaus einweisen
ready to operate/be *v* zur Operation bereit sein
ready-to-use remedy Fertig(gebrauchs)arzneimittel *n*
ready-to-use syringe Fertig(gebrauchs)spritze *f*
reagent 1. Reagens *n*, Prüfungsmittel *n*, Nachweismittel *n*; 2. Testperson *f*, Versuchsperson *f*
reagent strip Reagensstreifen *m*, Teststreifen *m*
reagin Reagin *n (Antikörper)*
reagin-mediated disorder reagin-vermittelte Störung *f*
reagin-mediated reaction to an antigen reagin-vermittelte Reaktion *f* auf ein Antigen
reaginic Reagin...
reaginic antibody *s.* reagin
real time Echtzeit *f*
real-time echocardiography Real-time-Echokardiographie *f*, Schnittbild-Echokardiographie *f*, 2D-Echokardiographie *f*, zweidimensionale Echokardiographie *f*
real-time imaging Real-time-Darstellung *f*, Echtzeit-Darstellung *f*
real-time scanning Real-time-Abtastung *f*, Real-time-Scanning *n*
realistic anxiety *(Neur)* Realangst *f*
reality Realität *f*
reality awareness Realitätsbewusstsein *n*, Realitätsklarheit *f*
reality principle Realitätsprinzip *n (Psychoanalyse)*
reality testing Realitätstestung *f*
reality therapy Realitätstherapie *f*
reamer *(Chir)* Reibahle *f*, Ahle *f*
reamputation Reamputation *f*, Nachamputation *f*
reanimate *v* reanimieren, wieder beleben, wieder zum Leben erwecken

reanimation Reanimation *f*, Wiederbelebung *f*, Resuszitation *f (Zusammensetzungen siehe unter: resuscitation)*
reapproximate *v* reapproximieren
reapproximation Rapproximation *f*
reasonable accommodation angemessene Unterbringung *f*, vernünftige Anpassung *f (z. B. des Arbeitsplatzes an Behinderte)*
reasonable care angemessene Pflege *f*, angemessene Versorgung *f*, vernünftige Betreuung *f*
reasonable charge angemessene [nicht überzogene] Honorarforderung *f*
reasonable cost angemessene [realistische] Kosten *pl*; günstige Kosten *pl*
reasonable person vernünftige Person *f*, Vernunftsperson *f*
reasoning insanity *(Neur)* Räsoniermanie *f*
reasoning mania *s.* reasoning insanity
re-attachment Wiederanlegung *f*, Wiederanlegen *n*; Wiederanheftung *f*
re-attachment of the retina *(Ophth)* Netzhaut(wieder)-anlegung *f*, Retinaanheftung *f*
Réaumur's scale Réaumur-Skala *f*
Réaumur's thermometer Réaumur-Thermometer *n*
rebase *v (Stom)* unterfüttern
rebasing *(Stom)* Unterfütterung *f*
rebirthing *(Psych)* Wiedergeburt *f*, Wiederaufleben *n*; Wiederdurchleben *n (z. B. früherer Ereignisse)*
rebleeding Blutungsrezidiv *n*, Rezidivblutung *f*
rebound congestion Rebound-Kongestion *f*, Rebound-Schwellung *f (der Nasenschleimhaut)*
rebound phenomenon Rebound-Phänomen *n*, Rückstoßphänomen *n (Kleinhirnsymptomatik)*
rebound tenderness *(Chir)* Abwehrspannung *f* • **check for rebound tenderness** auf eine peritoneale Reizung untersuchen *(das Abdomen)*
rebound tenderness symptom Symptom *n* der peritonealen Reizung, peritoneales Reizsymptom *n*; peritoneale Reizung *f*
rebreathing Rückatmung *f*
rebreathing bag *(Anästh)* Rückatmungsbeutel *n*, Rückatembeutel *m*
recalcification Rekalzifizierung *f*, Wiedereinlagerung *f* von Kalksalzen in den Knochen
recalcification tetany Rekalzifizierungstetanie *f*
recalcification time *(Hämat)* Rekalzifizierungszeit *f (zur Bestimmung von Blutgerinnungsstörungen)*
recalcified clotting time *s.* recalcification time
recalcify *v* rekalzifizieren, Kalk wiedereinlagern
recalcitrant resistent gegen eine Behandlung
recalcitrant pustular acrodermatitis persistierende Akrodermatitis *f*
recall *v (Psych)* sich erinnern
recall 1. *(Immun)* Reproduktionsfähigkeit *f*, Rückerinnerung *f*; 2. *(Psych)* Abruf *m*, Reproduktionsfähigkeit *f*
recanalization Rekanalisation *f*, Rekanalisierung *f*
recannulate *v* rekanülieren, eine Kanüle wiedereinführen
recapitulation Rekapitulation *f*, Wiederholung *f*
recapitulation theory Rekapitulationstheorie *f*, biogenetisches Gesetz *n*, Heckel'sches Gesetz *n*
recent dislocation frische Dislokation *f* [Verrenkung *f*]
recent gonorrhoea frische Gonorrhoe *f* [Gonorrhö *f*]
recent memory Kurzzeitgedächtnis *n*
reception of patients Patientenempfang *m*
reception ward Patientenaufnahme *f*
receptionist Sprechstundenhilfe *f*, Arzthelferin *f*
receptive rezeptiv, aufnehmend, empfangend; empfänglich, aufnahmefähig
receptive aphasia *s.* sensory aphasia
receptive centre *(Neur)* rezeptives Zentrum *n*, Wahrnehmungszentrum *n*
receptive field Rezeptivfeld *n (z. B. der Retina)*
receptive speech rezeptive Sprache *f*
receptor 1. *(Physiol)* Rezeptor *m*, Reizempfänger *m*; 2. *(Bioch)* Rezeptor *m*, Membranrezeptor *m*; Oberflächenrezeptor *m (bewirkt Freisetzung intrazellulärer Signalstoffe)*
receptor blocker *(Pharm)* Rezeptorenblocker *m*
receptor blocking drug *s.* receptor blocker
receptor potential *(Physiol)* Rezeptorpotenzial *n*, Generatorpotenzial *n*
receptor site Rezeptorort *m*, Rezeptorstelle *f*
receptor theory Rezeptortheorie *f*
recess Recessus *m*, Rezessus *m*, Aushöhlung *f*, Grube *f*, Einbuchtung *f*, Vertiefung *f*, Ausbuchtung *f*
recess of the pelvic mesocolon Recessus *m* intersigmoideus
recess of the tympanic cavity Recessus *m* membranae tympani, Trommelfelltasche *f*
recession Rezession *f*, Zurückweichen *n (z. B. des Zahnfleischrands)*
recession of ocular muscle Rezession *f* des Augenmuskels *(bei Schieloperation)*
recessive rezessiv, überdeckt *(bei Erbanlagen)*
recessive gene rezessives Gen *n*
recessive trait rezessives Merkmal *n*, rezessive Eigenschaft *f*, rezessives Erbmerkmal *m*
recessus *s.* recess
recidivation *s.* recurrence
recidivism Rezidivneigung *f*
recidivist Rezidivpatient *m*, Rezidivkranker *m*
recipe nimm, man nehme, recipe, R., Rx *(Rezeptur)*
recipe *(Pharm)* Rezept *n*, Arzneiverordnung *f*, Ordination *f*, Vorschrift *f*
recipient *(Hämat, Transp)* Empfänger *m*
recipient plasma *(Hämat)* Empfängerplasma *n*
recipient serum *(Hämat)* Empfängerserum *n*
reciprocal reziprok, wechselseitig, gegenseitig, einander entsprechend
reciprocal beat reziproker Schlag *m*, reziproke Vorhofsystole *f*, Echoschlag *m*, Echosystole *f*
reciprocal gene reziprokes Gen *n*, komplementäres Gen *n*, Komplementärgen *n*
reciprocal inhibition *(Psych)* reziproke Hemmung *f*
reciprocal innervation reziproke Innervation *f*
reciprocal roentgens reziproke Röntgen *pl*
reciprocal transfusion reziproke Transfusion *f*
reciprocal translocation reziproke Translokation *f*
reciprocation Reziprokation *f*, Kräfteausgleich *m*
reciprocity Wechselwirkung *f*, Wechselseitigkeit *f*
recirculation of blood Blutrezirkulation *f*
Recklinghausen-Applebaum disease Recklinghausen-Applebaum'sche Krankheit *f*, idiopathische Hämochromatose *f*
Recklinghausen's disease 1. Recklinghausen'sche Krankheit *f*, Morbus *m* Recklinghausen, (generalisierte) Neurofibromatose *f*, Neurofibromatosis *f* generalisata; multiple [generalisierte] Neurofibrome *npl*; 2. *s.* Recklinghausen's disease of bone
Recklinghausen's disease of bone Ostitis *f* [Osteodystrophia *f*] fibrosa generalisata (Recklinghausen), Osteodystrophia *f* fibrosa cystica generalisata
Recklinghausen's tumour Recklinghausen'sche Geschwulst *f*, Adenomyosis *f* uteri, Endometriosis *f* interna [uterina]
reclination 1. Reklination *f*, Rückwärtsbiegung *f*, Rückwärtsneigung *f*; 2. *(Ophth)* Reclinatio *f* cataractae, Reklination *f*, Keratonyxis *f*, Starstechen *n*
recline *v* reklinieren, nach rückwärts neigen
reclining Reklinieren *n*, Rückwärtsneigen *n*

reclining position Reklinationshaltung *f*, Reklinationsstellung *f*, Reklinationsposition *f*
Reclus' disease Reclus'sche Krankheit *f (gehäuftes Auftreten von Zysten in der Brust)*
recognition 1. Erkennung *f*, Erkennen *n (z. B. einer Krankheit)*; 2. *(Immun)* Antigenerkennung *f*
recognition of the disease Krankheitserkennung *f*, Krankheitsdiagnose *f*
recognition site *(Gen)* Erkennungsstelle *f*, Ligandenbindungsstelle *f (an Proteinen oder Nukleinsäuren)*
recoil *v* zurückstoßen, einen Rückstoß haben; zurückfahren, zurückstoßen
recoil Rückstoß *m*; Zurückstoßen *n*
recollect *v (Neur)* sich erinnern
recollection 1. *(Psych)* Besinnung *f*, Erinnerung *f*; 2. *(Nephr)* Wiederauffangen *n*, Aufsammeln *n (z. B. von Flüssigkeiten)*
recollection ability *(Neur)* Erinnerungsfähigkeit *f*
recombinant rekombinant, durch Rekombination mittels Gentechnologie entstanden; durch Transformation mittels Gentechnologie hergestellt
recombinant Rekombinante *f (im Rahmen der Gentechnologie bewirkte neue Genkombination)*
recombinant blood factor VIII rekombinanter Blutgerinnungsfaktor *m* VIII
recombinant DNA rekombinante DNS *f*
recombinant DNA technique rekombinante DNS-Technik *f*
recombinant Lyme test rekombinanter Lyme-Test *m*
recombinant tPA rekombinantes tPA *n*, rekombinanter Tissue-Plasminogen-Aktivator *m*
recombinant vaccine rekombinante Vakzine *f*
recombination *(Gen)* Rekombination *f*, Wiedervereinigung *f*
recombination analysis *(Gen)* Rekombinationsanalyse *f*
recommended dose empfohlene Dosis *f*, Dosisempfehlung *f*
recomposition Rekomposition *f*, Wiederzusammenfügung *f (getrennter Teile)*
recompression Rekompression *f*, Wiederunterdrucksetzung *f (z. B. bei Taucherkrankheit)*
recon *(Gen)* Rekon *n*, Rekombinationseinheit *f (kleinstes zwischen homologen Chromosomen austauschbares intragenes Struktursegment)*
reconstituent roborierend, kräftigend, stärkend
reconstituent (agent) Roborans *n*, Kräftigungsmittel *n*, Stärkungsmittel *n*, stärkende Arznei *f*
reconstitution Rekonstitution *f*, Wiederherstellung *f (z. B. einer Blutplasmalösung)*
reconstruction Rekonstruktion *f*, Wiederherstellung *f (z. B. von Körperteilen)*
reconstruction time Bildaufbauzeit *f (z. B. bei Computer-Tomographie)*
reconstructive operation rekonstruktive [plastische] Operation *f*, Wiederherstellungsoperation *f*
reconstructive surgery rekonstruktive [plastische] Chirurgie *f*, Wiederherstellungschirurgie *f*
recontour *v* 1. eine neue Kontur erzeugen, die Kontur neu anpassen; eine neue Form geben; 2. *(Stom)* eine Zahnkrone neu konturieren, einer Zahnkrone eine neue Kontur [Form] geben; einer Zahnprothese eine neue Kontur [Form] geben
record in a case report Eintragung *f* in das Krankenblatt, Krankenbericht *m*, Krankheitsverlaufsbericht *f*
recorded detail *(Rad)* Detailschärfe *f (z. B. von Röntgenaufnahmen)*
recover *v* 1. wieder gesund werden, genesen, auf dem Weg der Besserung sein, rekonvaleszieren, gesunden; (aus)heilen; 2. wiedererlangen, wiedergewinnen, zurückerlangen *(z. B. Gesundheit, Bewusstsein)*; 3. bergen, retten *(z. B. Verletzte)*
recover *v* **consciousness** das Bewusstsein wiedererlangen, wieder zu Bewusstsein kommen
recover *v* **slowly** sich langsam erholen, langsam genesen
recovering from anaesthesia Aufwachen *n* aus der Narkose
recovery 1. Rekonvaleszenz *f*, Genesung *f*, Gesundung *f*, Gesundwerden *n*, Erholung *f*, Wiederherstellung *f* der Gesundheit; Heilung *f*, Ausheilung *f*; 2. Wiedererlangung *f*, Zurückerlangen *n*, Wiedergewinnung *f (z. B. des Bewusstseins)*; 3. Bergung *f*, Rettung *f* • **be beyond recovery** unheilbar erkrankt [krank] sein • **make a quick recovery** sich schnell (von einer Krankheit) erholen, schnell gesunden [gesund werden] • **make a slow recovery** sich langsam (von einer Krankheit) erholen, langsam gesunden [gesund werden]
recovery oxygen *(Physiol)* Sauerstoffschuld *f*
recovery phase Heilungsphase *f*, Erholungsphase *f*
recovery room 1. Aufwachraum *m*; 2. Wachstation *f*
recovery ward Genesungsstation *f*
recreation Erholung *f*, Entspannung *f*, Ausspannen *n*
recreation facility Erholungseinrichtung *f*
recreation therapy *(Neur)* Entspannungstherapie *f*, Rekreationstherapie *f*
recreational Erholungs..., Entspannungs...; Freizeit...
recreational drug Entspannungsdroge *f*, Freizeitdroge *f*, Entspannungsmedikament *n*
recreational therapy Entspannungstherapie *f*
recreative erholend, entspannend; Erholungs..., Entspannungs...
recrement Rekrement *n (wieder resorbiertes Sekret)*
recremental Rekrement...
recrementitial Rekrement...
recrementitious Rekrement...
recrudesce *v* sich wieder verschlimmern *(z. B. eine Krankheit)*; wieder aufflackern, wieder ausbrechen *(z. B. eine Infektion)*; dehiszent werden, wieder aufbrechen *(z. B. eine Wunde)*
recrudescence Rekrudeszenz *f*, erneute Krankheitsverschlechterung *f*, Wiederverschlimmerung *f*, Rückfall *m*; Wiederaufflackern *n*, erneuter Ausbruch *m (z. B. einer Infektion)*; Dehiszenz *f*, Wiederaufbruch *m (z. B. einer Wunde)*
recrudescent rekrudeszent, sich wieder verschlimmernd [verschlechternd]; wieder aufflackernd, erneut ausbrechend *(z. B. Infektionen)*; dehiszierend, wieder aufbrechend *(z. B. Wunden)*
recrudescent hepatitis rezidivierende Hepatitis *f (in der Rekonvaleszenz auftretend)*
recrudescent typhus *(Inf)* Brill'sche Krankheit *f*, Morbus *m* Brill; Brill-Zinsser'sche Krankheit *f*, Fleckfieberrezidiv *n (bei Fleckfieberrekonvaleszenten)*
recruit *v* rekrutieren, anwerben, werben; heranziehen, neu einstellen
recruitment 1. Rekrutierung *f*, Anwerbung *f*, Einstellung *f*; 2. Recruitment *n*, Recrutement *n (Lautheitsausgleich bei Schwerhörigkeit durch Haarzellschädigung)*; 3. Rekrutierung *f*, Rekrutierungsphänomen *n (Spannungszunahme bis zum Maximum bei einem reflektorisch erregten Muskel durch Aktivierung weiterer Motoneurone)*; 4. Verstärkung *f*, Erholung *f*, Auffrischung *f*
rectal rektal; Rektal..., Rektum..., Mastdarm...; durch den Mastdarm *(siehe auch unter: rectum)*
rectal abscess rektaler Abszess *m*, Mastdarmabszess *m*
rectal ablation Rektumamputation *f*
rectal alimentation rektale Ernährung *f*, Rektalernährung *f*
rectal ampulla Ampulla *f* recti, Pars *f* ampullaris recti, Mastdarmampulle *f*

rectal anaesthesia rektale Narkose *f*, Rektalnarkose *f*
rectal bleeding Rektumblutung *f*, rektale Blutung *f*
rectal cancer *s.* rectal carcinoma
rectal cannula Rektumkanüle *f*
rectal carcinoma Rektumkarzinom *n*, Mastdarmkrebs *m*
rectal columns Columnae *fpl* rectales *(längs verlaufende Schleimhautfalten im Mastdarm)*
rectal continence Stuhlkontinenz *f*
rectal crisis rektale Krise *f*, Mastdarmkrise *f (bei Tabes dorsalis)*
rectal enema Rektaleinlauf *m*, Rektalklysma *n*
rectal examination rektale Untersuchung *f*, Rektaluntersuchung *f*
rectal feeding rektale Ernährung *f*, Rektalernährung *f*
rectal fistula Rektumfistel *f*, Mastdarmfistel *f*
rectal foreign body Rektumfremdkörper *m*
rectal haemorrhage Rektumblutung *f*, Mastdarmblutung *f*
rectal hernia rektale Hernie *f*, Rektalhernie *f*, Mastdarmhernie *f*, Mastdarmvorfall *m*
rectal incontinence Stuhlinkontinenz *f*, Incontinentia *f* alvi
rectal injection Rektaleinlauf *m*, Einlauf *m*, Klistier *n*, Enema *n*
rectal instillation of medication rektale Medikamenteninstillation *f*, rektale Arzneimittelapplikation *f*
rectal intussusception Rektalintussuszeption *f*, Rektumeinstülpung *f*
rectal manometry Rektalmanometrie *f*
rectal mass Rektumtumor *m*, Mastdarmgeschwulst *f*
rectal mucosa Rektalmukosa *f*, Mastdarmschleimhaut *f*
rectal neuralgia Rektumneuralgie *f*
rectal plexus 1. Plexus *m* venosus rectalis, Rektumvenengeflecht *n*; 2. Plexus *m* rectalis, Rektumnervengeflecht *n*
rectal procidentia *s.* rectal prolapse
rectal prolapse Rektalprolaps *m*, Mastdarmvorfall *m*
rectal reflex Rektumreflex *m*, Mastdarmreflex *m*, Defäkationsreflex *m*
rectal retractor *(Chir)* Rektumspreizer *m*
rectal rupture Rektumruptur *f*, Mastdarmzerreißung *f*
rectal sinus Sinus *m* rectalis [analis], Rektalsinus *m*, Analsinus *m*
rectal speculum Mastdarm-Rektum-Spekulum *n*, Rektumspiegel *m*
rectal spit spritzende Rektumentleerung *f (z. B. bei Ruhr)*
rectal stricture Rektalstriktur *f*, Mastdarmstriktur *f*
rectal stump Rektumstumpf *m*
rectal swab Rektalabstrich *m*
rectal syringe Klistierspritze *f*
rectal temperature rektale Temperatur *f*, Rektaltemperatur *f*
rectal tenesmus Rektumtenesmus *m*
rectal thermometer Rektalthermometer *n*
rectal touch digitale Rektumuntersuchung *f*
rectal triangle Rektaldreieck *n*, Analdreieck *n*
rectal tube Darmrohr *n*
rectal valves Valvulae *fpl* anales
rectalgia Rektalgie *f*, Rektumschmerz *m*, Mastdarmschmerz *m*
rectectomy Rektumamputation *f*, Rektumresektion *f*, Mastdarmexstirpation *f*, Proktektomie *f*, (operative) Mastdarmentfernung *f*
recti-ischial Rektum-Ischium-..., Mastdarm-Sitzbein-...
rectification Einrichtung *f*, Ausrichtung *f*, Begradigung *f (z. B. eines Knochenbruchs)*
rectification of the tooth position Zahnstellungskorrektur *f*, Zahnausrichtung *f*
rectilinear scanner Rektilinearscanner *m*, rektilinearer Scanner *m*
rectischiac *s.* recti-ischial
rectitis Rektitis *f*, Rektumentzündung *f*, Rektumkatarrh *m*, Mastdarmentzündung *f*, Proktitis *f*
rectoabdominal rektoabdominal; Rektum-Abdomen-..., Mastdarm-Bauch-...
rectoanal rektoanal; Rektum-Anus-..., Mastdarm-After-...
rectocele Rektozele *f*, Proktozele *f*, Mastdarmbruch *m*, Mastdarmvorfall *m*
rectoclysis Rektoklysis *f*, Rektalinfusion *f*, Proktoklysis *f*
rectococcygeal rektokokzygeal; Mastdarm-Steißbein-...
rectococcygeus (muscle) Musculus *m* rectococcygeus
rectococcypexy Rektokokzypexie *f*, Proktokokzypexie *f*
rectocolitis Proktokolitis *f*, Mastdarm- und Dickdarmentzündung *f*, Rektum(schleimhaut)- und Kolon(schleimhaut)entzündung *f*
rectocolonic rektokolisch, Rektum-Kolon-..., Mastdarm-Dickdarm-...
rectocutaneous rektokutan; Mastdarm-Haut-...
rectocystotomy Rektozystotomie *f*, Rektum- und Blasenschnitt *m*
rectofistula Rektalfistel *f*, rektale Fistel *f*, Mastdarmfistel *f*
rectogenital rektogenital; Rektogenital...
rectolabial rektolabial; Rektolabial..., Mastdarm-Schamlippen-...
rectoperineal rektoperineal; Rektum-Perineum-..., Mastdarm-Damm-...
rectoperineorrhaphy Rektoperineorrhaphie *f*, Rektum-Perineum-Naht *f*, After-Damm-Naht *f*, Proktoperineorrhaphie *f*
rectopexy Rektopexie *f*, Mastdarmfixation *f*, (operative) Rektumanheftung *f*, Proktopexie *f*
rectophobia Rektophobie *f (Angstzustand bei Mastdarmerkrankung)*
rectoplasty Rektoplastik *f*, Rektumplastik *f*, Mastdarmplastik *f*
rectorectostomy Rektorektostomie *f*, Mastdarm-Mastdarm-Anastomose *f*, (operative) Rektum-Rektum-Verbindung *f*, Rektumkontinuitäts(wieder)herstellung *f*
rectoromanoscope Rektoromanoskop *n*, Proktosigmoidoskop *n*, Rektum- und Sigmaspiegel *m*
rectoromanoscopy Rektoromanoskopie *f*, Proktosigmoidoskopie *f*, Rektum- und Sigmaspiegelung *f*
rectorrhaphy *(Chir)* Rektorrhaphie *f*, Rektumnaht *f*, Proktorrhaphie *f*
rectoscope Rektoskop *n*, Proktoskop *n*, Rektumspiegel *m*, Mastdarmspiegel *m*
rectoscopy Rektoskopie *f*, Proktoskopie *f*, Rektumspiegelung *f*, Mastdarmspiegelung *f*
rectosigmoid Rektosigmoid *n*
rectosigmoidectomy Rektosigmoidektomie *f*, (operative) Rektum- und Sigmaentfernung *f*, Proktosigmoidektomie *f*
rectosigmoidoscopy Rektosigmoidoskopie *f*, Proktosigmoidoskopie *f*, Rektum- und Sigmaspiegelung *f*
rectostenosis Rektumstenose *f*, Proktostenose *f*, Mastdarmvereng(er)ung *f*
rectostomy Rektostomie *f*, (operative) Mastdarmfistelung *f*, Rektumfistelung *f*, Proktostomie *f*
rectotome *(Chir)* Proktotom *n*, Rektummesser *n*
rectotomy Rektotomie *f*, Proktotomie *f*, Rektum(ein)schnitt *m*, (operative) Mastdarmeröffnung *f*
rectourethral rektourethral; Rektum-Urethra-..., Mastdarm-Harnröhren-...
rectourethralis (muscle) Musculus *m* rectourethralis
rectouterine rektouterin; Rektum-Uterus-..., Mastdarm-Gebärmutter-...
rectouterine cul-de-sac *s.* rectouterine fossa
rectouterine cul-de-sac abscess Douglasabszess *m*
rectouterine cul-de-sac of Douglas *s.* rectouterine fossa
rectouterine excavation *s.* rectouterine fossa
rectouterine fold (of Douglas) *s.* rectouterine plica

rectouterine fossa Excavatio *f* rectouterina, Douglas *m*, Douglas'scher Raum *m* *(bei der Frau)*
rectouterine muscle Musculus *m* rectouterinus
rectouterine plica Plica *f* rectouterina
rectouterine pouch [space] *s.* rectouterine fossa
rectovaginal rektovaginal; Rektum-Vagina-..., Mastdarm-Scheiden-...
rectovaginal fistula Fistula *f* rectovaginalis, Rektovaginalfistel *f*, Mastdarm-Scheiden-Fistel *f*
rectovaginal septum Septum *n* rectovaginale
rectovaginal touch rektovaginale Untersuchung *f*
rectovagino-abdominal touch rektovaginoabdominale Untersuchung *f*
rectovesical rektovesikal; Mastdarm-Harnblasen-...
rectovesical cul-de-sac (of Douglas) *s.* rectovesical fossa
rectovesical excavation *s.* rectovesical fossa
rectovesical fistula Fistula *f* rectovesicalis, Rektovesikalfistel *f*, Mastdarm-Blasen-Fistel *f*
rectovesical fold (of Douglas) *s.* rectovesical plica
rectovesical fossa Excavatio *f* rectovesicalis, Douglas *m*, Douglas'scher Raum *m* *(beim Mann)*
rectovesical plica Plica *f* rectovesicalis
rectovesical pouch *s.* rectovesical fossa
rectovesical septum Septum *n* rectovesicale
rectovesical space *s.* rectovesical fossa
rectovesicalis (muscle) Musculus *m* rectovesicalis
rectovestibular rektovestibulär; Rektum-Vestibulum-...
rectovulvar rektovulvär; Rektum-Vulva-...
rectum Rektum *n*, Mastdarm *m*, Intestinum *n* rectum, gerader Darm *m* *(siehe auch unter: rectal)* • **insert a thermometer into the rectum** ein Thermometer in das Rektum einlegen [einführen]
rectum carcinoma Rektumkarzinom *n*, Mastdarmkrebs *m*
rectum prolapse Rektumprolaps *m*, Mastdarmvorfall *m*
rectum reflex Rektumreflex *m*, Mastdarmreflex *m*, Defäkationsreflex *m*
rectum resection Rektumresektion *f*, (operative) Mastdarmentfernung *f*
rectus Rektus *m*, Musculus *m* rectus *m*, gerader Muskel *m*
rectus abdominis (muscle) Musculus *m* rectus abdominis, gerader Bauchmuskel *m*
rectus capitis anterior muscle Musculus *m* rectus capitis anterior, vorderer gerader Kopfmuskel *m*
rectus capitis lateralis muscle Musculus *m* rectus capitis lateralis, seitlicher gerader Kopfmuskel *m*
rectus capitis posterior major muscle Musculus *m* rectus capitis posterior major, großer hinterer gerader Kopfmuskel *m*
rectus capitis posterior minor muscle Musculus *m* rectus capitis posterior minor, kleiner hinterer gerader Kopfmuskel *m*
rectus fascia Rektusfaszie *f*
rectus femoris muscle Musculus *m* rectus femoris, gerader Schenkelmuskel *m*
rectus incision Rektusschnitt *m*, Transrektalschnitt *m*; Rektusrandschnitt *m*, Kulissenschnitt *m* *(Bauchhöhleneröffnung durch den geraden Bauchmuskel)*
rectus inferior bulbi muscle Musculus *m* rectus bulbi inferior, unterer gerader Augenmuskel *m*
rectus lateralis bulbi muscle Musculus *m* rectus bulbi lateralis, äußerer [temporaler] gerader Augenmuskel *m*
rectus medialis bulbi muscle Musculus *m* rectus bulbi medialis, medialer [nasaler] gerader Augenmuskel *m*
rectus muscle *s.* rectus
rectus sheath Rektusscheide *f*
rectus superior bulbi muscle Musculus *m* rectus bulbi superior, oberer gerader Augenmuskel *m*
rectus tendon Rektussehne *f*
recumbency Rückwärtsneigung *f*, Rückwärtsbiegung *f*, Reklination *f* *(Zustand)*
recumbent zurückgeneigt, rekliniert
recumbent patient liegender Patient *m*; ruhender Patient *m*
recuperate *v* rekonvaleszieren, genesen, die Gesundheit wiedererlangen, wieder gesund werden, gesunden, auf dem Weg der Besserung sein
recuperation Rekonvaleszenz *f*, Genesung *f*, Gesundung *f*, Gesundwerden *n*, Erholung *f*, Wiederherstellung *f* der Gesundheit; Heilung *f*, Ausheilung *f*
recuperative rekonvaleszierend, genesend, sich erholend
recur *v* rezidivieren, wiederkehren, wieder aufflackern *(Krankheiten)*; wieder auftreten *(z. B. Symptome)*
recurrence Rezidiv *n*, Wiedererkrankung *f*, Rückfall *m*, Krankheitsrückfall *m*, Wiederauftreten *n*, erneutes Auftreten *n* *(z. B. eines Symptoms)*
recurrence-free rezidivfrei
recurrence of the tumour Tumorrezidiv *n*
recurrence rate Rezidivrate *f*
recurrence risk Rezidivrisiko *n*
recurrent 1. rezidivierend, rekurrent; (in Abständen) wiederkehrend; 2. rückläufig
recurrent appendicitis rezidivierende Appendizitis *f*
recurrent bandage rückläufiger Verband *m*
recurrent bandage for the head einfacher [rückläufiger] Kopfverband *m*
recurrent bleeding rezidivierende Blutung *f*, Rezidivblutung *f*
recurrent dislocation *(Chir)* habituelle Luxation *f*, gewohnheitsmäßige [sich häufig wiederholende] Gelenkverrenkung *f*, rezidivierende Dislokation *f*
recurrent fever Rekurrensfieber *n*, Rückfallfieber *n*, Febris *n* recurrens
recurrent ileus rezidivierender Ileus *m*; Ileusrezidiv *n*
recurrent inhibition *(Neur)* rückläufige Hemmung *f*, Renshaw-Hemmung *f*
recurrent insanity manisch-depressives Irresein *n*
recurrent interosseous artery Arteria *f* interossea recurrens, rückläufige Zwischenknochenarterie *f*
recurrent involuntary vomiting *(Neur)* Zwangserbrechen *n*
recurrent laryngeal nerve Nervus *m* laryngeus recurrens
recurrent laryngeal nerve palsy Rekurrens(nerven)parese *f*, Rekurrens(nerven)lähmung *f*
recurrent pancreatitis rezidivierende Pankreatitis *f*
recurrent schizophrenia rezidivierende Schizophrenie *f*
recurrent summer eruption *(Derm)* Lichtpocken *pl*, Hydroa *f* vacciniformis *(Bläschenbildung bei Sonnenbrand)*
recurrent tachycardia rezidivierende Tachykardie *f*
recurrent tender uterine contractions regelmäßig wiederkehrende Wehen *fpl*
recurrent typhus Typhus *m* exanthematicus, Fleckfieber *n* *(siehe auch: Brill's disease)*
recurrent ulnar artery Arteria *f* recurrens ulnaris, rückläufige Ellenarterie *f*
recurring utterances Lautwiederholungen *fpl*; Silbenwiederholungen *fpl*, wiederkehrende Sprachäußerungen *fpl* *(Sprachautomatismus)*
recurvation Rückwärtsbeugung *f*, Zurückbeugung *f*, Zurückbeugen *n* *(Vorgang)*
red atrophy (of the liver) *(Path)* rote Leberatrophie *f* [Atrophie *f*]
red blindness *(Ophth)* Rotblindheit *f*, Anerythropsie *f*, Protanopie *f*, Grünsichtigkeit *f*
red blood cell rote Blutzelle *f*, rotes Blutkörperchen *n*, Erythrozyt *m* *(Zusammensetzungen siehe unter: erythrocyte)*
red blood (cell) count Erythrozytenzahl *f*

red bone marrow rotes Knochenmark *n*, Medulla *f* ossium rubra
red border (of the lip) Lippenrot *n*
red boy *s.* kwashiorkor
red cell *s.* red blood cell
red cell index 1. Färbeindex *m*, FI, Hämoglobinquotient *m*; 2. Färbekoeffizient *m*, Hämoglobinkopeffizient *m*, Hb_E *(mittlerer Hämoglobingehalt des Einzelerythrozyten in Picogramm)*
red corpuscle *s.* red blood cell
red dermographism roter Dermographismus *m*, Dermographismus *m* ruber
red eye gerötetes Auge *n*; allergische Konjunktivitis *f*
red fever Dengue-Fieber *n*
red granular atrophy rote Granularatrophie *f*, arteriosklerotische Schrumpfniere *f*
red-green blindness Rot-Grün-Blindheit *f*
red gum 1. *(Derm)* Schweißfriesel *f*, Schweißblattern *pl*, Miliaria *f* rubra; 2. *(Derm)* Strophulus *m*, Lichen *m* bei kleinen Kindern
red heat rash Miliaria *npl* rubra
red hepatization rote Hepatisation *f* (der Lunge), leberartige Lungenverfestigung *f (bei Lungenentzündung)*
red induration rote Lungeninduration *f*, Lungenhämosiderose *f*
red infarct roter Infarkt *m*
red marrow *s.* red bone marrow
red muscle roter Muskel *m*
red neck syndrome Syndrom *n* des roten Halses *(Erythem des Kopfes und Oberkörpers bei schneller Vancomycin-Infusion)*
red neuralgia *s.* erythromelalgia
red nucleus Nucleus *m* ruber
red palms Palmarerythem *n*, Rötung *f* der Handflächen
red phenol Phenolsulfonphthalein *n*
red pulp (cords) rote Pulpa *f* [Milzpulpa *f*]
red reflex roter Reflex *m*, Retinareflex *m*, Netzhautreflex *m*
red softening rote Erweichung *f* [Hirnerweichung *f*]
red thrombus roter Thrombus *m*, rotes Blutgerinnsel *n*
red tide *s.* shellfish poisoning
red vision *(Ophth)* Rotsehen *n*, Rotsichtigkeit *f*, Erythropsie *f*
red water fever Texasfieber *m*
reddened skin gerötete Haut *f*, Hautrötung *f*
redifferentiation Redifferenzierung *f*, Neudifferenzierung *f (Gewebe)*
redislocation Redislokation *f*, Reluxation *f*, Wiederverrenkung *f*
redness of the skin Hautrötung *f*
redox potential Redoxpotenzial, Reduktions-Oxidations-Potenzial *n*
redress(e)ment 1. *(Chir)* Verbandwechsel *m*; 2. *(Chir)* Knochenbrucheinrichtung *f*, Gelenkeinrenkung *f*
redresser Redressor *m*, Frakturhalter *m*, Bruchhalteinstrument *n*
reduce *v* 1. reponieren, wieder einrenken *(Gelenk)*; (ein)richten *(Knochenbruch)*; 2. reduzieren, verringern *(z. B. die Menge einer Substanz)*
reduce *v* **a fracture** eine Fraktur reponieren, einen Knochenbruch einstellen [richten, einrichten]
reduce *v* **the oxygen supply** *(Anästh)* die Sauerstoffzufuhr reduzieren [drosseln]
reduce *v* **weight** das Gewicht reduzieren [verringern]
reduced degree of nourishment reduzierter Ernährungszustand *m* [EZ *m*]
reduced diet *s.* reducing diet
reduced dislocation reponierte Verrenkung *f*, wieder eingerenkte Dislokation *f*
reduced vision vermindertes [beeinträchtigtes] Sehen *n*; Visusbeeinträchtigung *f*, Sehverminderung *f*
reducible reponibel, reponierbar, wiedereinrichtbar; reduzibel, zurückführbar
reducible hernia reponible Hernie *f*, reponibler Bruch *m*
reducing agent Reduktionsmittel *n*
reducing device *(Anästh)* Reduzierventil *n*, Reduzierstück *n*
reducing diet *(Metab)* Reduktionskost *f*, Abmagerungskost *f*, Reduktionsdiät *f*, Abmagerungsdiät *f*
reducing gear *s.* reducing device
reductant Reduktionsmittel *n*
reductase Reduktase *f*, Reductase *f (Enzym)*
reduction 1. Reposition *f*, Reponieren *n*, Wiedereinrenkung *f (z. B. eines Gelenks)*; 2. Resposition *f*, Einrichtung *f*, Ausrichtung *f (z. B. eines Knochenbruchs)*; 3. Reposition *f*, Zurückschieben *n (z. B. einer Hernie)*; 4. Reduzierung *f*, Herabsetzung *f*
reduction diet *s.* reducing diet
reduction division Reduktionsteilung *f* (der Chromosomen), Meiose *f*
reduction en masse Massenreposition *f (einer Hernie)*
reduction gear unit for dermatome *(Chir)* Dermatomreduziergetriebe *n*
reduction mammoplasty Mammareduktionsplastik *f*, Brustverkleinerungsoperation *f*
reduction of a fracture Reposition *f*, Frakturreposition *f*, Brucheinrenkung *f*, Knochenbrucheinrichtung *f*
reduction of a haemorrhoid Hämorrhoidenreposition *f*
reduction of chromosomes Chromosomenreduktion *f*
reduction of dislocation Einrenkung *f*, Reposition *f*
reduction of hernia Hernienreposition *f*
redundancy *(Bioch, Gen)* Redundanz *f (sich wiederholende DNS-Sequenz)*
redundant prepuce of penis Vorhauthypertrophie *f*
reduplicated heart sounds gedoppelte Herztöne *mpl*
reduplication Reduplikation *f*, Replikation *f*, Verdopp(e)lung *f (z. B. genetischen Materials)*
reduviid raubwanzenartig, raubwanzenähnlich
reduviid Raubwanze *f*
Reduviidae Reduviidae *fpl*, Raubwanzen *fpl*
Reed-Hodgkin disease Hodgkin'sche Krankheit *f*, Hodgkin-Krankheit *f*, Morbus *m* Hodgkin, (maligne) Lymphogranulomatose *f*
Reed-Sternberg cells Reed-Sternberg'sche Zellen *fpl (bei Hodgkin'scher Krankheit)*
Reed's cells *s.* Reed-Sternberg cells
reeling gait wankender [taumelnder] Gang *m*; Kleinhirngang *m*
reenactment *(Psych)* Reenactment *n*, Ausleben *n* eines früheren Erlebnisses
reentry tachycardia Reentry-Tachykardie *f*
reepithelialization Reepitheli(ali)sation *f*, Reepithelialisierung *f*, Epithelneubildung *f*
reepithelialize *v* reepitheli(ali)sieren, wieder mit Epithel [Haut] bedecken
re-establish *v* **circulation** den Kreislauf wiederherstellen
reexcise *v* reexzidieren, wieder [nochmals] herausschneiden
reexpand *v* reexpandieren, wieder ausdehnen
refect *v* wiederherstellen, restaurieren [z. B. einen Normalzustand]
refection Wiederherstellung *f*, Restaurierung *f*
refectious wiederherstellend, restaurierend, eine Wiederherstellung bewirkend; Restaurierungs…, Wiederherstellungs…
refer *v* **a patient to be X-rayed** einen Patienten zum Röntgen überweisen [schicken]

refer *v* **a patient to the hospital** einen Patienten in das Krankenhaus überweisen
refer *v* **to the functional diagnostics room** zur Funktionsdiagnostik(abteilung) schicken [überweisen]
refer *v* **to the specialist** zum Spezialisten [Facharzt] überweisen
reference electrode Referenzelektrode *f*
reference group Referenzgruppe *f*
reference value Referenzwert *m*
referential idea Beziehungsidee *f*
referral Überweisung *f*
referred pain ausstrahlender Schmerz *m*
referred sensation reflektorische Sensation *f*, reflektorische Wahrnehmung *f*, reflektorische Empfindung *f (Ursprungsort und Wahrnehmungsort sind verschieden)*
refine *v* raffinieren, reinigen, von Fremdstoffen befreien; verfeinern; verbessern; weiterentwickeln; bereinigen
refined birth rate verfeinerte Geburtenrate *f* [Geborenenziffer *f*]
reflect *v* 1. reflektieren, widerspiegeln *(z. B. Strahlen)*; 2. umschlagen *(Bauchfell)*; 3. *(Psych)* reflektieren, eine Angelegenheit überdenken; 4. nach hinten beugen, rückwärts beugen
reflected 1. reflektiert, widergespiegelt; 2. umgeschlagen, zurückgeschlagen; 3. zurückgebeugt
reflected ligament Ligamentum *n* reflexum
reflected ray reflektierter Strahl *m*
reflecting *(Psych)* Reflexion *f*, Reflektieren *n (psychotherapeutische Technik)*
reflection 1. Reflexio(n) *f*, Umschlagen *n (z. B. des Bauchfells)*; 2. Reflexion *f*, Spiegelung *f (z. B. von Lichtstrahlen)*; Rückstrahlung *f (z. B. von Teilchen)*; 3. *(Psych)* Reflexion *f (1. Betrachtung der eigenen intrapsychischen Vorgänge; 2. psychotherapeutische Technik)*
reflection coefficient Reflexionskoeffizient *m*, Reflexionsfaktor *m*
reflection of pericardium Perikardumschlagfalte *f*
reflection of the diaphragmatic fascia Zwerchfellfaszienumschlagfalte *f*
reflective layer *(Rad)* Reflexionsschicht *f (eines Bildschirms)*
reflector Reflektor *m*, Spiegel *m*
reflectory epilepsy reflektorische Epilepsie *f*
reflex Reflex *m* • **cause a reflex** einen Reflex auslösen • **induce a reflex** einen Reflex auslösen
reflex action Reflexvorgang *m*; Reflexhandlung *f*
reflex akinesia Reflexakinesie *f*
reflex ankle clonus (reflektorischer) Fußklonus *m*
reflex anuria Reflexanurie *f*, reflektorische Anurie *f*
reflex apnoea Reflexapnoe *f*, reflektorische Apnoe *f*
reflex arc *(Neur)* Reflexbogen *m*, Reflexbahn *f*
reflex audiometry *(HNO)* Reflexaudiometrie *f*
reflex bladder *(Urol)* Reflexblase *f*
reflex blepharospasm Reflexblepharospasmus *m*, reflektorischer Lidkrampf *m*
reflex centre *(Neur)* Reflexzentrum *n*
reflex constipation Reflexkonstipation *f*, reflektorische Stuhlverstopfung *f*
reflex convulsion Reflexkonvulsion *f*, reflektorische Konvulsion *f*
reflex cough Reflexhusten *m*, reflektorischer Husten *m*
reflex cramp Reflexkrampf *m*, reflektorischer Krampf *m*
reflex dermographism Reflexdermographismus *m*, reflektorischer Dermographismus *m*
reflex dyspepsia Reflexdyspepsie *f*, reflektorische Dyspepsie *f*
reflex emesis Reflexerbrechen *n*, reflektorisches Erbrechen *n*
reflex epilepsy Reflexepilepsie *f*
reflex hallucination Reflexhalluzination *f*
reflex hammer Reflexhammer *m*
reflex hyperactivitiy Reflexhyperaktivität *f*
reflex ileus adynamischer [reflektorischer] Ileus *m*
reflex incontinence Reflexinkontinenz *f*, reflektorische Inkontinenz *f*, reflektorischer Harnabgang *m*
reflex inhibition pattern Reflexhemmungsmuster *n*
reflex movement Reflexbewegung *f*
reflex overactivity *s.* reflex hyperactivity
reflex response reflektorische Reaktion *f*
reflex sensation reflektorische Empfindung *f*, reflektorische Wahrnehmung *f*
reflex streak Reflexstreifen *m (Netzhaut)*
reflex tachycardia Reflextachykardie *f*, reflektorische Tachykardie *f*
reflex treatment *s.* reflexotherapy
reflex vasodilation reflektorische Vasodilation *f*, reflektorische Gefäßerweiterung *f*
reflex weeping Reflexweinen *n*, reflektorisches Weinen *n*
reflexio *s.* reflection 1.
reflexo-spastic platypodia reflektorischer [reflektorisch-spastischer] Plattfuß *m*
reflexogenic reflexogen, reflexauslösend
reflexogenous *s.* reflexogenic
reflexograph Reflexograph *m*, Reflexaufzeichnungsinstrument *n*
reflexology Reflexlehre *f*
reflexometer Reflexometer *n*, Reflexmesser *m*
reflexophil mit gesteigerter Reflexaktivität, mit gesteigerten Reflexen
reflexotherapy Reflextherapie *f*, Reflexbehandlung *f*
reflux Reflux *m*, Rückfluss *m*
reflux acid-peptic oesophagitis *s.* reflux oesophagitis
reflux gastritis *(Gastr)* Refluxgastritis *f*
reflux laryngitis Refluxlaryngitis *f*
reflux oesophagitis *(Gastr)* Refluxösophagitis *f*, Reflux-Speiseröhrenentzündung *f*
refract *v* 1. brechen, Strahlen brechen, einen Lichtstrahl ablenken; 2. *(Ophth)* einen Refraktionsfehler ausgleichen
refracta dosi *(Pharm)* in geteilten Dosen
refractable refraktionsfähig, brechungsfähig, ablenkbar
refractile brechend, lichtbrechend; Refraktions...
refracting angle Refraktionswinkel *m*
refracting medium refraktierendes Medium *n*
refraction Refraktion *f*, Brechung *f (Optik)*
refraction angle *(Ophth)* Refraktionswinkel *m*, Brechungswinkel *m*
refraction of the eye Augenrefraktion *f*
refraction point *(Ophth)* Refraktionspunkt *m*
refractionist Refraktionsspezialist *m*
refractionometer *s.* refractometer
refractive refraktiv, brechend; Refraktions..., Brechungs...
refractive ametropia *(Ophth)* refraktive Ametropie *f*, Refraktionsfehlsichtigkeit *f*, Brechungsfehlsichtigkeit *f*
refractive anomaly Refraktionsanomalie *f*, Brechungsfehler *m (z. B. der Augenlinse)*
refractive error *s.* refractive anomaly
refractive hypermetropia Brechungshypermetropie *f*, refraktive Hypermetropie *f*
refractive index Refraktionsindex *m*, Brechungsindex *m*
refractive keratoplasty Refraktionskeratoplastik *f (der Augenlinse)*
refractive keratotomy Refraktionskeratotomie *f (der Augenlinse)*
refractive myopia refraktive Myopie *f*, Refraktionsmyopie *f*, Brechungsmyopie *f*
refractive power Refraktionsstärke *f*, Brechkraft *f*
refractivity Refraktionsvermögen *n*, Brechungsvermögen *n*

refractometer Refraktometer *n*, Brech(ungs)zahlmesser *m*
refractometry *(Ophth)* Refraktometrie *f*, Refraktionsmessung *f*, Brechzahlmessung *f*
refractor *(Ophth)* Refraktor *m*, Refraktionsmesser *m*
refractoriness 1. Unempfindlichkeit *f (z. B. gegenüber Reizen)*; 2. Widerstandsfähigkeit *f*, Widerstandskraft *f (z. B. gegen Krankheiten)*; 3. Hartnäckigkeit *f*, Unbeeinflussbarkeit *f (z. B. einer Krankheit)*; 4. *(Psych)* Eigensinnigkeit *f*, Halsstarrigkeit *f*, Hartnäckigkeit *f*, Unbeeinflussbarkeit *f*
refractory 1. refraktär, unempfindlich *(z. B. gegen Reize)*; 2. widerstandsfähig *(gegen Krankheiten)*; 3. hartnäckig, nicht beeinflussbar *(z. B. eine Krankheit)*; 4. *(Psych)* eigensinnig, halsstarrig
refractory period Refraktärphase *f*, Refraktärperiode *f*, refraktäre Phase *f*
refracture Refrakturierung *f*, (operatives) Wiederbrechen *n (eines schlecht geheilten Knochenbruchs)*
refrangibility Refraktionsfähigkeit *f*, Refraktierbarkeit *f*, Brechungsfähigkeit *f*, Brechbarkeit *f*, Ablenkbarkeit *f*
refrangible refraktionsfähig, brechungsfähig, ablenkbar
refresh *v* 1. anfrischen, auffrischen *(Wunde)*; 2. wieder beleben
refrigerant kühlend; Kühl...
refrigerant (agent) Refrigerans *n*, abkühlendes [erfrischendes] Mittel *n*
refrigeration Refrigeration *f*, Abkühlung *f*, Kühlung *f*
refrigeration anaesthesia Unterkühlungsanästhesie *f*, Kälteanästhesie *f*
refringence *s.* refraction
refringency *s.* refractivity
refringent ... *s.* refractive ...
Refsum's disease *(Gen, Päd)* Refsum-Syndrom *n*, Refsum'sches Syndrom *n*, Heredopathia *f* atactica polyneuritiformis
Refsum's syndrome *s.* Refsum's disease
refugee paranoia *(Neur)* Flüchtlingsparanoid *n*
refusal of operation Operationsablehnung *f*, Operationsverweigerung *f*
refusal of treatment Therapieablehnung *f*, Behandlungsverweigerung *f*
refusion Reinfusion *f*, Rückinfusion *f (z. B. von körpereigenem Blut)*
regenerable regenerierbar, erneuerungsfähig
regenerate *v* regenerieren, auffrischen, wieder wirksam machen; erneuern *(Körpersubstanz)*; neu bilden, ersetzen *(z. B. verloren gegangene Organe)*
regeneration Regeneration *f*, Regenerierung *f*, Wiederauffrischung *f*; Erneuerung *f (von Körpersubstanz)*; Neubildung *f*, Ersatz *m (z. B. von Organen)*
regeneration of cartilage Knorpelregeneration *f*
regenerative regenerativ, regenerierend, (wieder) auffrischend; (sich) erneuernd; neubildend
regenerative nodule Regenerationsknötchen *n*
regimen Regime *n*, (gesundheitsgemäße, geregelte) Lebensweise *f*, Diät *f*
regimen of choice Vorgehen *n* der Wahl *(bei Therapie)*
regimen of therapy Therapieregime *f*, Behandlungsvorgabe *f*
regimen of treament Therapieregime *f*, Behandlungsvorgabe *f* • **follow a regimen of treatment** ein Therapieregime beachten, einer Behandlungsvorschrift folgen [Folge leisten]
regimental medical officer Regimentsarzt *m*; Stabsarzt *m*
region Regio *f*, Körperregion *f*, Gegend *f*, Bereich *m*
region of accommodation Akkommodationsbereich *m*
region of interest *(Rad)* interessierender Objektbereich *m*, Zielbereich *m*, interessierender Bildbereich *m (z. B. bei Positronemissionstomographie)*; Behandlungsgebiet *n*, Behandlungsbereich *m*
region of the body Körperregion *f*
region of the calf of the leg Regio *f* suralis, Wadenregion *f*
region of the hip Regio *f* coxae, Hüftregion *f*
region of the larynx Regio *f* laryngea, Kehlkopfregion *f*
region of the lower eyelid Regio *f* palpebralis inferior, Unterlidregion *f*
region of the lower lip Regio *f* labialis inferior, Unterlippenregion *f*
region of the neck Regio *f* nuchae, Nackenregion *f*
region of the patella Regio *f* patellaris, Patellarregion *f*
region of the upper eyelid Regio *f* palpebralis superior, Oberlidregion *f*
region of the upper lip Regio *f* labialis superior, Oberlippenregion *f*
region to be treated Behandlungsregion *f*, Behandlungsgebiet *f*
region under examination Untersuchungsbereich *m*, Untersuchungsgebiet *n*
regional regional, räumlich (begrenzt), lokal; regionär, einen bestimmten Körperbereich betreffend
regional (block) anaesthesia Regionalanästhesie *f*, Lokalanästhesie *f*, lokale [örtliche] Betäubung *f*
regional colitis Colitis *f* granulomatosa
regional diagnosis Herddiagnose *f*
regional enteritis *(Gastr)* Enteritis *f* regionalis (Crohn), Morbus *m* Crohn, Crohn'sche Krankheit *f* [Erkrankung *f*], Crohn-Krankheit *f*
regional enterocolitis *s.* regional enteritis
regional hospital Regionalkrankenhaus *n*
regional hyperthermia regionale Hyperthermie *f*
regional ileitis *s.* regional enteritis
regional intra-arterial chemotherapy regionale intraarterielle Chemotherapie *f*
regional metastasis Regionalmetastase *f*, Nahmetastase *f*
regionalization Regionalisierung *f (z. B. der Gesundheitsbetreuung)*
register 1. Register *n*, Verzeichnis *n*, Liste *f*; 2. Krebsregister *n*
registered nurse diplomierte Schwester *f*
registrant registrierte Schwester *f*; registrierte Person *f*, in ein Register eingetragene Person *f*
registrar 1. Registrator *m*, Registerverwalter *m*; 2. Registrar *m*, Krankenhausarzt *m*
registration 1. Registrierung *f*, Eintragung *f*, Registereintragung *f*; 2. Anmeldung *f*, Immatrikulation *f*, Einschreibung *f*; 3. *(Stom)* Bericht *m*, Zahnbericht *m*, Zahnstatus *m*
registration office Krankenhausregistratur *f*, Registrierungsbüro *n*
registry 1. Register *n (z. B. Arztregister)*; 2. Registratur *f*, Register *n (z. B. für Krebserkrankungen)*; 3. Anmeldung *f*, Immatrikulation *f*, Einschreibung *f (z. B. der Studenten)*
regredient dementia *(Neur)* regressive [rückläufige] Demenz *f*
regress *v* 1. sich (zu)rückbilden *(z. B. ein Tumor)*; 2. sich zurückentwickeln *(z. B. zu kindlichem Verhalten)*
regression Regression *f*, Rückbildung *f*
regressive regressiv, sich zurückbildend, sich rückbildend, zurückgehend
regressive electroshock therapy *(Neur)* regressive Elektrokrampfbehandlung *f*
regular 1. regulär, normal; 2. regelmäßig, gleichmäßig, stetig; geordnet *(z. B. Lebensweise)*; 3. genau, den Regeln entsprechend; pünktlich; 4. geprüft, approbiert *(z. B. Arzt)*
regular body build regulärer Körperbau *m*

regular breathing reguläre Atmung *f*, rhythmisches Atmen *n*
regular insulin Alt-Insulin *n*
regular physician approbierter Arzt *m*
regular tender uterine contractions regelmäßige Wehen *fpl*
regulation Regulation *f*, Steuerung *f*, Regelung *f*, Regulierung *f*
regulative regulativ, regelnd; regulierend
regulator Regulator *m*
regulator gene Regulator-Gen *n*, Repressor-Gen *n*
regulator of complement activation Komplementkontrollprotein *n*
regulator sequence Regulatorsequenz *f*
regulatory HIV gene Regulator-HIV-Gen *n*, regulatorisches HIV-Gen *n (befindet sich im HIV-Virus und beeinflusst die Expression anderer HIV-Gene)*
regulon *(Gen)* Regulon *n (Satz von Strukturgenen mit gleicher Genregulation)*
regurgitant 1. regurgitierend, zurückfließend, zurückströmend; 2. *(Gastr)* regurgitierend, wieder hervorwürgend
regurgitant cardiac murmur Regurgitationsgeräusch *n* (des Herzens), Insuffizienzgeräusch *n (z. B. bei Herzklappeninsuffizienz)*
regurgitant cholecystitis Refluxcholezystitis *f*
regurgitant menstruation retrograde Menstruation *f*
regurgitant murmur Regurgitationsgeräusch *n*, Rückstromgeräusch *n (z. B. bei Herzklappeninsuffizienz)*
regurgitant stream of blood Blutrückstrom *m (z. B. bei Herzklappeninsuffizienz)*
regurgitate *v* 1. regurgitieren, zurückfließen, zurückströmen; 2. regurgitieren, wieder hervorwürgen
regurgitation 1. Regurgitation *f*, Blutrückstrom *m (bei insuffizienten Herzklappen)*; 2. *(Gastr)* Regurgitation *f*, Wiederhochkommen *n* verschluckter Speisen
regurgitation jaundice Resorptionsikterus *m*; Stauungsikterus *m*
rehabilitate *v* rehabilitieren, wiederherstellen; wiedereingliedern
rehabilitation 1. Rehabilitation *f*, Rehabilitierung *f*, Wiederherstellung *f*; 2. *s.* reintegration
rehabilitation centre Rehabilitationszentrum *n*
rehabilitation department Rehabilitationsabteilung *f*
rehabilitative program Rehabilitationsprogramm *n*
rehabilitee Rehabilitant *m*, Rehabilitationsteilnehmer *m*, Patient *m* in Rehabilitation
rehalation Rückatmung *f*
rehearsal 1. Aufzählung *f*, Wiederholung *f*, Wiederholen *n (z. B. zum Gedächtnistraining)*; 2. Probe *f*, Übung *f*, Proben *n*, Üben *n*
Rehfuss (stomach) tube Rehfuß-Sonde *f*, Magensonde *f* nach Rehfuß
Rehn's operation Rehn-Delorme-Operation *f*, Rehn-Delorme'sche Operation *f (zur Behebung des Mastdarmvorfalls)*
rehospitalization Rehospitalisierung *f*, Krankenhauswiederaufnahme *f*
rehospitalize *v* **a patient** einen Patienten erneut (in ein Krankenhaus) einweisen, einen Patienten noch einmal hospitalisieren
rehydration Rehydratation *f (bei Verlust von Körperflüssigkeit)*
Reichert's cartilage *(Anat)* Reichert'scher Knorpel *m*, Reichert-Knorpel *m*, Zungenbeinknorpel *m*
Reichert's cochlear recess Reichert'scher Rezessus *m*, Recessus *m* cochlearis
Reichert's membrane Reichert'sche Membran *f*, Membrana *f* limitans externa, äußere Grenzmembran *f* der Hornhaut des Auges
Reichmann's disease *(Gastr)* Reichmann'sche Krankheit *f*, Reichmann'sches Syndrom *n*, dauernder Magensaftfluss *m*
Reid's base line anthropologische Schädelbasislinie *f*, Frankfurt-Linie *f*, Reid-Linie *f*
Reifenstein syndrome Reifenstein-Syndrom *n (männlicher Hypogonadismus)*
Reiki therapy Reiki-Therapie *f (Therapie durch Handauflegen)*
Reil's ansa Reil'sche Schleife *f*, Ansa *f* peduncularis
Reil's band 1. Lemniscus *m* medialis; 2. Trabecula *f* septomaginalis, Moderatorband *n*
Reil's circular sulcus Sulcus *m* circularis insulae
Reil's finger Reil'scher Finger *m*, Digitus *m* mortuus
Reil's limiting sulcus Sulcus *m* circularis insulae
Reil's line Reil'sche Linie *f*, Beau-Reil'sche Furche *f*
Reil's ribbon Lemniscus *m* medialis
Reil's triangle *s.* Reil's trigone
Reil's trigone Trigonum *n* lemnisci, Reil'sches Trigonum *n*
reimbursement Kostenerstattung *f (z. B. für eine medizinische Behandlung)*
reimplant *v* 1. reimplantieren, rückpflanzen, wiedereinpflanzen; 2. wiedereinheilen
reimplantation 1. Reimplantation *f*, Rückpflanzung *f*, Wiedereinpflanzung *f*; 2. Wiedereinheilung *f*
reinfarction Reinfarkt *m*
reinfect *v* reinfizieren, erneut infizieren, wieder anstecken, neu anstecken
reinfection Reinfektion *f*, erneute Infektion *f*, Wiederansteckung *f*, Neuansteckung *f*
reinfection tuberculosis Reinfektionstuberkulose *f*, chronische Tuberkulose *f*
reinforce *v* 1. verstärken; 2. kräftigen *(Gesundheit)*
reinforcement 1. Verstärkung *f*, Erhöhung *f (z. B. der Muskelkraft)*; 2. Kräftigung *f (z. B. der Gesundheit)*
reinforcement-extinction Reinforcement-Extinktion *f*, Verstärkung *f* und Auslöschung *f (z. B. von bedingten Reflexen)*
reinforcement of reflex Reflexverstärkung *f*
reinforcer *(Psych)* Verstärker *m*
reinfusate Reinfusat *n*
reinfusion Reinfusion *f*, Wiedereinlaufenlassen *n*, Retransfusion *f*
Reinke's crystalloids Reinke'sche Kristalle *mpl*, Reinke'sche Kristallkörper *mpl (in Leydig'schen Zellen)*
Reinke's crystals *s.* Reinke's crystalloids
Reinke's oedema Reinke'sches Ödem *n (allergisches Ödem der Stimmlippen)*
Reinke's space Reinke'scher Raum *m (die vorderen zwei Drittel der Stimmlippen)*
reinnervation Reinnervation *f*, Reinnervierung *f*
reinoculate *v* noch einmal impfen
reinoculation Reinokulation *f*, Wieder(ein)impfung *f*
reintegration Reintegration *f*, Wiedereinfügung *f*, Wiedereingliederung *f*
reintubation Reintubation *f*, Wiederintubation *f*
reinversion Reinversion *f*, Wiedereinstülpung *f* der ausgestülpten Gebärmutter
reinvocation *s.* reactivation
Reisseisen's muscles Reisseisen'sche Muskelfasern *fpl (in den Bronchiolen)*
Reissner's fibre Reissner'sche Faser *f*
Reissner's membrane *(Anat, HNO)* Reissner'sche Membran *f*, Reissner-Membran *f*, Membrana *f* vestibularis, Vestibularmembran *f*, Paries *m* vestibularis ductus cochlearis
reiterature Wiederholung *f*, Neuausgabe *f*, Neuausstellung *f*, Wiederholungsausstellung *f*, Wiederholungsrezept *n*
Reiter's disease *s.* Reiter's syndrome

Reiter's protein complement fixation test *(Lab)* Reiter'scher Protein-Komplement-Fixations-Test *m*
Reiter's syndrome Reiter'sches Syndrom *n*, Reiter-Syndrom *n*, Reiter'sche Krankheit *f*, urethro-okulo-synoviales Syndrom *n*, urethro-konjunktivo-synoviales Syndrom *n*, artikulo-urethro-okuläres Syndrom *n*, Arthritis *f* dysenterica
reject *v* 1. abstoßen *(z. B. körperfremdes Gewebe)*; wieder von sich geben *(Essen)*; 2. Nahrung verweigern
reject analysis Ablehnungsanalyse *f*, Ausschussanalyse *f* *(z. B. bei Röntgenaufnahmen)*
rejection 1. *(Transp)* Rejektion *f*, Abstoßung *f*, Abstoßen *n*; 2. *(Psych)* Ablehnung *f*, Zurückweisung *f*
rejection of a transplant Transplantatabstoßung *f*
rejection of surgery Ablehnung *f* einer Operation, Operationsablehnung *f*
rejection phase Abstoßungsphase *f*
rejuvenate *v* verjüngen
rejuvenation Verjüngung *f*
rejuvenation therapy Verjüngungsbehandlung *f*, Verjüngungskur *f*
rejuvenescence *s.* rejuvenation
relapse *v* rezidivieren, wieder auftreten, wiederkehren, wieder aufflackern *(Krankheiten)*
relapse Relaps *m*, Rückfall *m*, Rezidiv *n*, Wiederkehr *f*, Wiederaufflackern *n (einer Krankheit)*
relapse-free rezidivfrei
relapse of a tumour Tumorrezidiv *n*
relapse operation Rezidivoperation *f*
relapse rate Rezidivrate *f*
relapsing dislocation *s.* recurrent dislocation
relapsing febrile nodular non-suppurative panniculitis (Pfeifer-)Weber-Christian'sche Krankheit *f*, Weber-Christian-Krankheit *f*, Panniculitis *f* nodularis nonsuppurativa febrilis et recidivans *(nicht eitrige Fettgewebsentzündung der Unterhaut)*
relapsing fever Rückfallfieber *n*, Rekurrensfieber *n*, Febris *f* recurrens
relapsing haemorrhage Rezidivblutung *f*
relapsing polychondritis chronische atrophische Polychondritis *f*, Polychondritis *f* chronica atrophicans, Polychondropathie *f*
relation 1. Verwandte(r) *m*; 2. Verwandtschaft *f*, 3. *(Anat)* Nachbarschaft *f*, Beziehung *f (z. B. von Organen)*
relation of dependence *(Neur)* Abhängigkeitsbeziehung *f*
relationship therapy *(Psych)* Beziehungstherapie *f*
relative 1. relativ, verhältnismäßig; 2. verwandt; 3. *(Anat)* benachbart, in Beziehung stehend
relative Verwandte(r) *m*
relative biological effectiveness (of radiation) *(Rad)* relative biologische Wirksamkeit *f* (ionisierender Strahlung), RBW
relative centrifugal force relative Zentrifugalkraft *f*
relative cephalopelvic disproportion relative kephalopelvine Disproportion *f*, relatives Kopf-Becken-Missverhältnis *n*
relative growth relatives Wachstum *n*
relative hepatic dullness relative Leberdämpfung *f (bei Perkussion)*
relative humidity relative Feuchtigkeit *f (z. B. der Luft)*
relative lymphocytosis relative Lymphozytose *f*
relative molecular mass relative Molekularmasse *f*, relatives Molekulargewicht *n*
relative near point *(Ophth)* relativer Nahpunkt *m*
relative periodontal pocket relative Parodontaltasche *f*
relative refractory period relative Refraktärphase *f* [Refraktärperiode *f*]
relative risk relatives Risiko *f (z. B. einer Ansteckung)*
relative sterility *(Gyn)* relative Sterilität *f*
relax *v* relaxieren, erschlaffen, schlaff werden; entspannen
relaxant relaxierend, erschlaffend; entspannend
relaxant (agent) Relaxans *n*, eine Erschlaffung bewirkendes Mittel *n*
relaxation 1. Relaxation *f*, Erschlaffung *f (z. B. eines Muskels)*; 2. Relaxation *f*, Entspannung *f*
relaxation heat *(Physiol)* Relaxationswärme *f*
relaxation incision *(Chir)* Entlastungsschnitt *m*
relaxation oven *(Rad)* Relaxationsofen *m*
relaxation response Relaxationsreflex *m*, Entspannungsreflex *m*
relaxation suture *(Chir)* Entlastungsnaht *f*, Entspannungsnaht *f*
relaxation therapy Entspannungstherapie *f*
relaxation time Relaxationszeit *f*, Entspannungszeit *f*
relaxation training *(Neur)* Relaxationstraining *n*; Entspannungsübungen *fpl*
relaxative duodenography *(Rad)* hypotone Duodenographie *f*
relaxin Relaxin *n (Polypeptidhormon)*
relaxing incision *s.* relaxation incision
relearning Wiedererlernen *n (z. B. einer Fähigkeit)*
release *v* **a tourniquet** einen Tourniquet lockern [lösen, freigeben]
release inhibiting factor [hormone] Freisetzungshemmfaktor *m*, Release-inhibiting-Faktor *m*
release of histamine Histaminfreisetzung *f*
release therapy Entlastungstherapie *f*
releasin *s.* relaxin
releasing factor *(Endokr)* Freisetzungshormon *n*, Releasing-Faktor *m*, Hormonfreisetzungsfaktor *m*, Freisetzungsfaktor *m*
releasing hormone *s.* factor
releasing incision *s.* relaxation incision
releasing stimulus *(Psych)* auslösender Stimulus *m*, Auslösungsreiz *m*
relevant speech *(Neur)* sachbezogene Sprache *f*
reliability *(Statist)* Reliabilität *f*, Zuverlässigkeit *f (die Konstanz der Ergebnisse von Experimenten bei Wiederholung)*; Treffsicherheit *f (z. B. eines Experimentes)*
reliability coefficient Reliabilitätskoeffizient *m*, Zuverlässigkeitskoeffizient *m*
relief Linderung *f*, Erleichterung *f*, Schmerzlinderung *f*
relief area Entlastungsareal *n*, Entlastungsbereich *m (z. B. einer Prothese)*
relief bridge *(Stom)* Entlastungsbrücke *f*
relief chambre *(Stom)* Entlastungskammer *f*
relief crown *(Stom)* Entlastungskrone *f*
relief denture *(Stom)* Entlastungsprothese *f*
relief depression *(Neur)* Entlastungsdepression *f*
relief incision *s.* relaxation incision
relief of pain Schmerzlinderung *f*
relief splint *(Stom)* Entlastungsschiene *f*
relieve *v* lindern, erleichtern, mildern
relieve *v* **dyspnoea** die Dyspnoe verringern, die Atemnot beseitigen [erleichtern]
relieve *v* **the pain** den Schmerz lindern [verringern]
relieving agent Linderungsmittel *n*
relieving factor *s.* relieving agent
religious delusion *(Neur)* Offenbahrungswahn *m*
reline *v (Stom)* unterfüttern
relining *(Stom)* Unterfütterung *f*
reluxation *s.* redislocation
REM *(rapid eye movement) (Physiol, Neur)* REM, schnelle [rasche] Augenbewegung *f*
REM sleep *(Neur)* REM-Schlaf *m*, paradoxer [desynchronisierter] Schlaf *m*
remain *v* **patent** offen [durchgängig] bleiben, nicht obliterieren *(z. B. Ductus Botalli)*

Remak's band Remak'sches Bündel *n*, Achsenfaden *m*, Nervenfaseraxon *n*
Remak's fibre Remak'sche Faser *f*, marklose Nervenfaser *f*
Remak's ganglion Remak'sches Ganglion *n (Ganglienzellenanhäufung im Sinus venosus)*
Remak's paralysis Remak'sche Paralyse *f (Extensorenlähmung der Finger und des Handgelenkes)*
Remak's plexus Remak'sches Geflecht *n*, Plexus *m* submucosus Meissneri
Remak's reflex Remak'scher Reflex *m*, Femoralreflex *m (Plantarflexion der Zehen beim Oberschenkelbeklopfen nach Rückenmarkläsion)*
Remak's symptom Remak'sches Symptom *n*, Remak'sches Zeichen *n (bei Tabes dorsalis)*
remediable heilbar, kurabel, behebbar
remedial heilend, heilsam; Heilmittel...
remedial gymnast Krankengymnastin *f*
remedial gymnastics Krankengymnastik *f*, Heilgymnastik *f*
remedial therapy medikamentöse Therapie *f*, Arzneimittelbehandlung *f*
remedy *(Pharm)* Remedium *n*, Heilmittel *n*, Arzneimittel *n*, Arznei *f*, Medikament *n* • **beyond remedy** unheilbar, nicht mehr heilbar [therapierbar]
remedy for external use Arzneimittel *f* für äußere Anwendung, äußerlich anzuwendendes Mittel *n*, Arznei *f* nicht zum Einnehmen
remembrance hallucination *(Neur)* Erinnerungshalluzination *f*
remifentanil Remifentanil *n (Anästhetikum)*
remifentanil hydrochloride Remifentanilhydrochlorid *n*
remineralization Remineralisation *f*, Remineralisierung *f (z. B. der Knochen)*
reminiscence *(Psych)* Reminiszenz *f*, Erinnerung *f*
reminiscence therapy Reminiszenztherapie *f*
remissible remittierend, nachlassend; abklingend, zurückgehend *(z. B. Fieber)*
remission Remission *f*, Nachlassen *n*, Abklingen *n (z. B. von Fieber)*
remit *v* nachlassen *(z. B. Schmerzen)*; abklingen *(z. B. Fieber)*
remittence zeitweiliger [temporärer] Rückgang *m*, vorübergehendes Nachlassen *n (z. B. von Symptomen)*
remittent remittierend, (temporär) zurückgehend, (zeitweilig) abklingend
remittent disease remittierende [abklingende] Krankheit *f*
remittent fever remittierendes [abklingendes] Fieber *n*
remittent temperature *s.* remittent fever
remnant Residuum *n*, Restzustand *m*, Rest *m*
remnant hyperlipidaemia *s.* broad beta disease
remnant radiation Reststrahlung *f (nach Objektpassage)*
remnants of undigested food Reste *mpl* unverdauter Nahrung *(im Stuhl)*
remodeling Remodellierung *f*, Nachmodellieren *n*, Nachbildung *f (z. B. bei plastischer Chirurgie)*
remote afterloading *(Rad)* ferngesteuerte Nachladetechnik *f (Nachladen von radioaktiven Isotopen nach Platzierung und Lagekontrolle des Applikators bei Strahlentherapie)*
remote memory Langzeitgedächtnis *n*
remotivation *(Psych)* Motivation *f*, Remotivation *f*, Remotivierung *f*
remotivation group Motivationsgruppe *f*, Remotivierungsgruppe *f*
removable entfernbar; abnehmbar; herausnehmbar; auswechselbar
removable appliance herausnehmbarer Zahnersatz *m*, entfernbarer Dentalersatz *m*
removable denture herausnehmbare [abnehmbare] Zahnprothese *f*, künstliches Gebiss *n*
removable lingual arch *(Stom)* herausnehmbarer [abnehmbarer] Lingualbogen *m*
removable orthodontic appliance herausnehmbarer [abnehmbarer] kieferorthopädischer Apparat *m*
removable partial denture herausnehmbare [entfernbare] Teilprothese *f*
removable plaster bandage Gipsschalenverband *m*, entfernbarer Gips(verband) *m*
removable rigid dressing *(Orth)* abnehmbarer steifer Verband *m*, entfernbare steife Bandage *f (z. B. nach Amputation)*
removable splint 1. *(Stom)* herausnehmbare [abnehmbare] Schiene *f*; 2. *(Chir, Orth)* entfernbare [abnehmbare] Schiene *f*
removal of a tooth Zahnentfernung *f*, Zahnziehen *n*
removal of a tumour within the limits of healthy tissue Tumorentfernung *f* im Gesunden [gesunden Gewebe]
removal of blackheads *(Derm)* Komedonenausdrücken *n*, Mitesserentfernung *f*, Komedonen(aus)quetschung *f*
removal of the foreskin *(Urol)* Vorhautbeschneidung *f*, Beschneidung *f*, Zirkumzision *f*
removal of the tumour Tumorentfernung *f*, Geschwulstentfernung *f*
remove *v* **a clamp off a vessel** eine Klemme (von einem Gefäß) entfernen
remove a tourniquet einen Tourniquet entfernen
remove alternate stitches [sutures] *(Chir)* jede zweite Naht entfernen, jeden zweiten Faden ziehen
remove prepuce die Vorhaut entfernen, eine Zirkumzision durchführen
remove sutures *(Chir)* das Nahtmaterial entfernen, die Fäden ziehen
ren Ren *m*, Niere *f (Zusammensetzungen siehe unter: kidney und renal)*
renal renal; Nieren...
renal abscess Nierenabszess *m*
renal acidosis renale Azidose *f*
renal actinomycosis renale Aktinomykose *f*, Nierenaktinomykose *f*
renal adenocarcinoma renales Adenokarzinom *n*
renal affection Nierenaffektion *f*, Nierenerkrankung *f*, Nierenbefall *m*
renal agenesis Nierenagenesie *f*
renal amino acid diabetes *s.* Fanconi syndrome
renal aminoaciduria renale Aminoazidurie *f* [Aminosäureausscheidung *f*]
renal amoebic abscess Nierenamöbenabszess *m*
renal anaemia renale Anämie *f*
renal angiography renale Angiographie *f*, Nierengefäßröntgen(kontrast)darstellung *f*, Renovasographie *f*, Nierenangiographie *f*
renal anuria renale Anurie *f*
renal arteriogram renales Arteriogramm *n*, Nierenarterienröntgen(kontrast)bild *n*
renal arteriography renale Arteriographie *f*, Nierenarteriographie *f*, Nierenarterienröntgen(kontrast)darstellung *f*
renal artery Nierenarterie *f*, Arteria *f* renalis [renis]
renal artery embolism Nieren(arterien)embolie *f*
renal artery fibrodysplasia Nierenarterienfibrodysplasie *f*
renal artery reconstruction Nierenarterienrekonstruktion *f*
renal artery stenosis Nierenarterienstenose *f*
renal ballottement Nierenballottement *n*
renal biopsy Nierenbiopsie *f*, Nierengewebeentnahme *f*
renal blood flow Nierendurchblutung *f*

renal brucellosis Nierenbruzellose *f*
renal calcium deposit Kalziumablagerung *f* [Calciumablagerung *f*] der Niere
renal calculus *s.* renal stone
renal calyces Nierenkelche *mpl*, Calyces *fpl* renales
renal candidal infection Candida-Infektion *f* der Niere
renal capsule Bindegewebskapsel *f* der Niere, Capsula *f* fibrosa renis
renal capsulotomy Nierenkapsel(ein)schnitt *m*, Nierenkapselinzision *f*, (operative) Nierenkapseleröffnung *f*
renal carbonic anhydrase Karboanhydrase *f* [Carboanhydrase *f*] der Niere *(Enzym)*
renal carbuncle Nierenkarbunkel *m*
renal carcinoma Nierenkarzinom *n*, Nierenkrebs *m*
renal cast Nieren(kanälchen)zylinder *m*, Eiweißzylinder *m*, Harnzylinder *m (bei Nierenerkrankung im Urin)*
renal cell Nierenzelle *f*
renal-cell carcinoma Grawitz-Tumor *m*, hypernephroide Geschwulst *f*, Hypernephrom *n*, hypernephroides Karzinom *n (bösartig)*
renal clearance Nieren-Clearance *f*
renal clearance function Nierenleistung *f*
renal colic Nierenkolik *f*
renal collecting system Nierensammelröhrchensystem *n*, Harnsammelröhrchensystem *n* der Niere
renal columns Columnae *fpl* renales
renal complication Nierenkomplikation *f*
renal corpuscle Nierenkörperchen *n*, Malpighi'sches Körperchen *n* (der Niere), Corpusculum *n* renis Malpighi
renal cortex Nierenrinde *f*, Cortex *m* renalis
renal crisis Nierenkrise *f*
renal cyst Nierenzyste *f*
renal cystic dysplasia zystische Nierendysplasie *f*, Zystenniere *f*
renal decapsulation *s.* renal decortication
renal decortication Nierendekortikation *f*, Nierendekapsulation *f*
renal diabetes (mellitus) Nierendiabetes *m*, Diabetes *m* renalis, renale Glukosurie *f*
renal dialysis Nierendialyse *f*, Dialyse *f*
renal diet renale Diät *f*, Nierenschonkost *f*
renal disease Nierenerkrankung *f*, Nierenkrankheit *f*, Nierenleiden *n*
renal drainage Nierendrainage *f*
renal dropsy Nierenwassersucht *f*, Nierenödem *n*, renales Ödem *n*, Oedema *n* renale
renal dwarf renaler Zwerg *m*
renal dwarfism renaler Zwergwuchs *m*, Rachitis *f* renalis
renal dysfunction Nierendysfunktion *f*, Nierenfunktionsstörung *f*, Niereninsuffizienz *f*
renal dystopia Nierendystopie *f*
renal echinococcosis Nierenechinokokkose *f*
renal ectopia renale Ektopie *f*, Nierenektopie *f*, Nierenverlagerung *f*
renal excretion Nierenausscheidung *f*
renal excretory capacity Nierenausscheidungskapazität *f*
renal failure renales Versagen *n*, Nierenversagen *n*
renal failure unit Akutdialyse-Einheit *f*, Akutdialyse-Abteilung *f*
renal fascia Fascia *f* renalis, Nierenfaszie *f*
renal fistula Nierenfistel *f*
renal fistula catheter Nierenfistelkatheter *m*
renal function Nierenfunktion *f*
renal function test Nierenfunktionstest *m*, Nierenfunktionsprobe *f*
renal glomerulus Nierenglomerulum *n*
renal glucosuria [glycosuria] *s.* renal diabetes mellitus
renal haematuria renale Hämaturie *f*
renal haemodynamics renale Hämodynamik *f*, Nierenhämodynamik *f*
renal haemorrhage renale Blutung *f*, Nierenblutung *f*, Nephrorrhagie *f*
renal hormone renales Hormon *n*, Nierenhormon *n*
renal hypertension renale Hypertension *f*, renaler Bluthochdruck *m* [Hypertonus *m*]
renal hypoelectrolytaemia renale Hypoelektrolytämie *f*, Bartter'sches Syndrom *n*
renal hypoplasia Nierenhypoplasie *f*
renal infarct(ion) Niereninfarkt *m*, Niereninfarzierung *f*
renal inflammation Nierenentzündung *f*, Nephritis *f*
renal injury renales Trauma *n*, Nierenverletzung *f*, Nierentrauma *n*
renal insufficiency renale Insuffizienz *f*, Niereninsuffizienz *f*
renal irrigation catheter Nierenspülkatheter *m*
renal lesion Nierenschaden *m*, Nierenschädigung *f*
renal lobes Nierenläppchen *npl*, Lobi *mpl* renales
renal localization Nierenlokalisation *f*, Nierenlokalisierung *f*
renal medulla Nierenmark *n*, Medulla *f* nephrica [renis]
renal multicystosis Nierenzystose *f*, Zystennierenkrankheit *f*, Zystenniere *f*
renal nanism renaler Zwergwuchs *m (bei infantiler renaler Osteodystrophie)*
renal neoplasm Nierenneoplasma *n*, Nierengeschwulst *f*
renal oncocytoma renales Onkozytom *n*, Nierenonkozytom *n*
renal osteodystrophy *s.* renal rickets
renal papilla Nierenpapille *f*, Papilla *f* renalis
renal papillary necrosis Nierenpapillennekrose *f*
renal parenchyma Nierenparenchym *n*
renal parenchymal destruction Nierenparenchymzerstörung *f*
renal pedicle Nierenstiel *m*
renal pedicle clamp Nierenstielklemme *f*
renal pedicle injury Nierenstielverletzung *f*
renal pedicle lymph node Nierenstiellymphknoten *m*
renal peduncle Nierenstiel *m (Zusammensetzungen siehe unter: renal pedicle)*
renal pedunculitis Nierenstielentzündung *f*
renal pelvic epithelium Nierenbeckenepithel *n*
renal pelvis Nierenbecken *n*, Pelvis *f* renalis
renal perfusion Nierenperfusion *f*
renal perfusion pressure Nierenperfusionsdruck *m*
renal plasma flow renaler Plasmafluss *m*, Nierenplasmafluss *m*
renal plexus Nieren(nerven)geflecht *n*, Plexus *m* renalis
renal pressure system Renin-Angiotensin-System *n*
renal pyramid Nierenpyramide *f*, Pyramis *f* renalis
renal radiography Nierenröntgen(kontrast)darstellung *f*
renal retinitis Retinitis *f* nephritica
renal retinopathy renale Retinopathie *f*
renal rickets renale Osteitis *f* fibrosa generalisata, renale Osteodystrophie *f*
renal scintigraphy Nierenszintigraphie *f*
renal sclerosis Nierensklerose *f*, Nephrosklerose *f*
renal shutdown *s.* renal insufficiency
renal sinus Nierensinus *m*, Sinus *m* renalis
renal stone Nierenstein *m*, Nierenkonkrement *n*, Calculus *m* renalis
renal stone dissolution Nierensteinauflösung *f*
renal syphilis Nierensyphilis *f*
renal threshold Nieren(ausscheidungs)schwelle *f*
renal tissue Nierengewebe *n*
renal toxicity Nierentoxizität *f*
renal transplant Nierentransplantat *n*
renal transplant centre Nierentransplantationszentrum *n*

renal transplant operation Nierentransplantation *f*
renal transplantation Nierentransplantation *f*
renal tuberculosis Nierentuberkulose *f*, Nierenschwindsucht *f*, Nephrophthise *f*, Nieren-Tbk *f*
renal tubular absorption Nierentubulusabsorption *f*
renal tubular acidosis Nierentubulusazidose *f*, renaltubuläre Azidose *f*
renal tubular epithelium Nierentubulusepithel *n*
renal tubular function Nierentubulusfunktion *f*
renal tubular necrosis Nierentubulusnekrose *f*
renal tubular reabsorption Nierentubulusreabsorption *f*
renal tubule Nierentubulus *m*, Nierenkanälchen *n*, Tubulus *m* renalis
renal vascular hypertension *s.* renal hypertension
renal vascular pedicle Nierengefäßstiel *m*
renal vein Nierenvene *f*, Vena *f* renalis [renis]
renal vein thrombosis Nierenvenenthrombose *f*
renaturation Renaturation *f*, Renaturierung *f (z. B. eines denaturierten Makromoleküls)*
renculation Renkulierung *f*, Nierenlappung *f (Fortbestehen von Nierenlappen beim Erwachsenen)*
renculus Renculus *m*, Nierenläppchen *n*, Nierenlappen *m*
render *v* **a person susceptible to infection** jemanden für eine Infektion empfänglich machen
render *v* **hypervulnerable to infection** gegenüber einer Infektion hoch empfindlich machen
render *v* **incapable of reproduction** fortpflanzungsunfähig machen, sterilisieren
Rendu-Osler-Weber syndrome *s.* Rendu-Osler-Weber's disease
Rendu-Osler-Weber's disease Rendu-Osler-Weber'sche Krankheit *f*, Rendu-Osler-Weber-Krankheit *f*, Osler'sche Krankheit *f*, hereditäre hämorrhagische Teleangiektasie *f*, Teleangiectasia *f* hereditaria haemorrhagica
renes *pl s.* ren
renicapsule Nierenkapsel *f*
renicardiac renokardial; Nieren-Herz-..., Herz-Nieren-...
reniform reniform, nierenförmig; nierenartig, nephroid
reniform placenta Placenta *f* reniformis
renin Renin *n (Enzym)*
renin-angiotensin-aldosterone mechanism [system] Renin-Angiotensin-Aldosteron-Mechanismus *m*, Renin-Angiotensin-Aldosteron-System *n*, RAAS
renin-angiotensin system Renin-Angiotensin-System *n*
renin substrate Angiotensinogen *n*, Hypertensinogen *n*
renin test Renin-Test *m (Bestimmung der Plasmareninaktivität)*
reninism erhöhte Reninaktivität *f*, Zustand *m* bei erhöhter Reninaktivität
renipelvic renipelvin; Nierenbecken...
reniportal 1. renoportal; Nierenhilus...; 2. renoportal; Nieren-Pfortader-...
renipuncture Nierenpunktion *f*
rennase *s.* rennin
rennin Rennin *n*, Labenzym *n*, Chymosin *n*
renninogen Renninogen *n*, Chymosinogen *n (Chymosinvorstufe)*
renocortical renokortikal; Nierenrinden...
renocutaneous renokutan; Nieren-Haut-..., Haut-Nieren-...
renocystogram *s.* renogram
renogastric renogastrisch; Nieren-Magen-..., Magen-Nieren-...
renogenic renogen, aus der Niere stammend, von der Niere ausgehend
renogram 1. Renogramm *n*, Nierenröntgen(kontrast)bild *n*; 2. Renogramm *n*, Isotopenrenogramm *n*
renography 1. Renographie *f*, Nierenröntgen(kontrast)-darstellung *f*, 2. Renographie *f*, Isotopenrenographie *f*
renointestinal renointestinal; Nieren-Intestinum-..., Nieren-Darm-...
renomedullary renomedullär; Nierenmark...
renomegaly Renomegalie *f*, Nierenvergrößerung *f*
renopathy Renopathie *f*, Nierenerkrankung *f*, Nierenleiden *n*
renoprival nierenlos, ohne Niere
renopulmonary renopulmonal; Nieren-Lungen-..., Lungen-Nieren-...
renorenal renorenal; Nieren-Nieren-...
renotrophic renotroph, die Nierenvergrößerung fördernd [bewirkend]
renotropic renotrop, auf die Niere wirkend, die Niere bevorzugend
renovascular renovaskulär; Nierenblutgefäß...
renovascular hypertension renovaskulärer Hypertonus *m*
renovasography *s.* renal angiography
Renshaw cell Renshaw-Zelle *f*, inhibitorisches Zwischenneuron *n*, Interneuron *n*, Schaltneuron *n*
Renshaw inhibition *(Neur)* Renshaw-Hemmung *f*, rückläufige Hemmung *f*
renule Renule *f (von einem Nierenarterienast versorgtes Nierensegment)*
renunculus Renunculus *m*, Renculus *m*, Nierenläppchen *n*, Nierenlappen *m (fortbestehender Nierenlappen beim Erwachsenen)*
reorganization Reorganisation *f*, Gewebsneubildung *f*, Zellneubildung *f*
Reoviridae Reoviridae *pl*
Reovirus Reovirus *pl*
reovirus Reovirus *n*, Respiratory-enteric-orphan-Virus *n*
reoxidation Reoxidation *f*
reoxygenation Reoxygenation *f*, Reoxygenierung *f*
repair Reparatur *f*, Rekonstruktion *f*, Wiederherstellung *f*
repair *v* **health** die Gesundheit wiederherstellen
repair of ventricular septal defect *(Chir, Kard)* Ventrikelseptumdefektverschluss *m*, VSD-Verschluss *m*
reparative reparativ, wiederherstellend; gewebeersetzend; Heil(ungs)...
reparative surgery Wiederherstellungschirurgie *f*, plastische Chirurgie *f*
repatency erneute Durchgängigkeit *f (z. B. eines Gefäßes)*
repeat Wiederholung *f*
repeat examination *s.* repeated examination
repeat midline sternotomy (incision) *(Chir)* Resternotomie *f*, (operative) Brustbeinwiedereröffnung *f*
repeat X-ray film Röntgenwiederholungsaufnahme *f*
repeated biopsy Wiederholungsbiopsie *f*
repeated bleeding Rezidivblutung *f*
repeated examination Wiederholungsuntersuchung *f*
repeated laparotomy Relaparotomie *f*, wiederholter Bauchschnitt *m*
repeated X-ray examination Röntgenwiederholungsuntersuchung *f*
repel *v* **an infection** eine Infektion abwehren
repellant repellent, abschreckend, vertreibend
repellent *s.* repellant
repellent (agent) Repellent *n*, Abschreckmittel *n*, Abwehrmittel *n (z. B. gegen Parasiten)*
reperception *(Neur)* Reperzeption *f*, Wiederwahrnehmung *f*
repercolation Reperkolation *f*, wiederholte Filterung *f*, Doppelfilterung *f*, Doppelfilterverfahren *n*
repercussion 1. Rückwirkung *f*, Auswirkung *f*, 2. Ballottement *n*, Ballotieren *n*, Hin- und Hertanzen *n*; 3. Verbreitung *f*, Streuung *f*, Zerstreuung *f*, Ausbreitung *f (z. B. einer Schwellung)*

repercussion convulsion Reperkussionskonvulsion *f*, Reperkussionskrampf *m*
repercussion cramp *s.* repercussion convulsion
repercussive 1. vertreibend; Vertreibungs…; 2. ausbreitend, streuend; Ausbreitungs…, Streuungs…
repercussive (agent) Vertreibungsmittel *n*, Repellens *n*
reperfuse *v* reperfundieren, eine Reperfusion durchführen
reperfusion Reperfusion *f*, Wiederdurchströmung *f*, Wiederherstellung *f* der Durchblutung
reperfusion syndrome *(Physiol, Kard)* Reperfusionssyndrom *n*
reperitonealization *(Chir)* Reperitonealisierung *f*
repetition aphasia *(Neur)* Wiederholungsaphasie *f*
repetition-compulsion Wiederholungszwang *m*, Repetitionszwang *m*
repetitive stress injuries wiederholte Überlastungsschäden *mpl (z. B. bei monotonen Handarbeiten)*
repigmentation *(Derm)* Repigmentation *f*, Repigmentierung *f*
replacement 1. Ersatz *m*, Austausch *m*, Substitution *f*; 2. Gelenkersatz *m*; 3. Verlagerung *f*
replacement fibrosis *(Path)* Ersatzfibrose *f*, fibrotischer Gewebeersatz *m*
replacement therapy Substitutionstherapie *f*, Substitutionsbehandlung *f*, Austauschtherapie *f*
replacement transfusion *(Hämat)* Austauschtransfusion *f*
replacing dentin *(Stom)* Ersatzdentin *n*
replacing teeth Zahnersatz *m*, künstliches Gebiss *n*
replant *v* reimplantieren, wiedereinpflanzen
replant Replantat *n*, Reimplantat *n*, reimplantiertes Transplantat *n*
replantation *s.* reimplantation
replenish *v* (wieder)auffüllen *(z. B. Glykogenspeicher)*
replenisher Auffüller *m*, Auffüllungsmaterial *n*, Füllstoff *m*; Ergänzungsstoff *m*
replenishment Wiederauffüllung *f*, Auffüllen *n*, Ergänzung *f*
replete *v* (auf)füllen; überfüllen
repletion 1. Fülle *f*, Überfüllung *f*; 2. Hypervolämie *f*; 3. Plethora *f*
replicase *(Gen)* Replikase *f*, Replicase *f (Enzym)*
replicate *v* replizieren, reduplizieren, verdoppeln; sich replizieren [reduplizieren]
replication 1. Replikation *f*, Reduplikation *f*, Verdopp(e)lung *f*, Autoduplikation *f (Neusynthese genetischen Materials)*; 2. Wiederholung *f (z. B. eines Testes oder einer Impfung)*; 3. Umschlagstelle *f (mit Formung einer Duplikatur)*; Umbiegung *f*
replication cycle Reduplikationszyklus *m (z. B. von Bakteriophagen)*
replicator *(Gen)* Replikator *m (die Polynukleotid-Replikation kontrollierendes DNS-Segment)*
replicon Replicon *n*, Replikon *n (Replikationseinheit der DNS)*
repneumatization Repneumatisation *f*
repolarization *(Physiol)* Repolarisation *f (z. B. der Nervenmembranen)*
reponible 1. *(Chir)* reponibel, reponierbar; (wieder)einrichtbar; 2. *(Chir)* reponibel, einrenkbar; 3. reponibel, zurückschiebbar
report Bericht *m*, Krankenbericht *m*; Schreiben *n*, Begleitschreiben *n*; Gutachten *n*; Zeugnis *n*
report *v* **an X-ray film** eine Röntgenaufnahme befunden, einen Röntgenbefund geben
reportable disease meldepflichtige Krankheit *f*
reposition *v* 1. reponieren, wiedereinrichten *(z. B. eine Fraktur)*; 2. reponieren, einrenken *(z. B. Gelenke)*; 3. reponieren, zurückschieben *(z. B. eine Hernie)*
reposition 1. Reposition *f*, Wiedereinrichtung *f* von Knochenfragmenten, Diaplasis *f*; 2. Reposition *f*, Einrenkung *f* von Gelenken; 3. Reposition *f*, Zurückschieben *n* des Bruchsackinhalts
reposition of bone splinters Knochensplitterreposition *f*
repositioning Reposition *f*, Reponieren *n*, Wiedereinrichten *n*
repositor *(Chir)* Repositorium *n*, Einrichtungsinstrument *n*
repository *(Pharm)* Depotpräparat *n*
repository injection Depotinjektion *f*
repository penicillin Depotpenizillin *n*
representation *(Neur)* Repräsentation *f*, Sichvergegenwärtigen *n (z. B. von Erinnerungen)*
representative group repräsentative Gruppe *f*
repress *v* unterdrücken, verdrängen *(z. B. Emotionen)*
repress *v* **tears** die Tränen unterdrücken
repression *(Neur)* Repression *f*, Verdrängung *f*, Zurückdrängen *n*, Unterdrückung *f (von Konflikten)*; Verwerfen *n* einer beabsichtigten Handlung
repressive repressiv, hemmend, unterdrückend; Repressiv…, Hemm…, Hemmungs…, Unterdrückungs…
repressive-inspirational approach *(Psych)* repressiv-inspirierende Annäherung *f*, repressiv-inspirationsmäßiges Vorgehen *n*
repressor Repressor *m*, Repressorsubstanz *f*
repressor gene Repressorgen *n*
reproduce *v* 1. sich reproduzieren [fortpflanzen]; sich vermehren; 2. regenerieren
reproducibility Reproduzierbarkeit *f*
reproduction 1. Reproduktion *f*, Fortpflanzung *f*, Vermehrung *f*; 2. Regeneration *f*
reproduction rate Reproduktionsrate *f*, Fortpflanzungsrate *f*
reproductive reproduktiv, fortpflanzend; Reproduktions…, Fortpflanzungs…
reproductive endocrinology reproduktive Endokrinologie *f*, Reproduktionsendokrinologie *f*
reproductive period Reproduktionsperiode *f*, Fortpflanzungsperiode *f*
reproductive system Reproduktionssystem *n*, Fortpflanzungssystem *n*, Genitaltrakt *m*, Urogenitalsystem *n*
reproductive toxicology Reproduktionstoxikologie *f*
reproterol hydrochloride Reproterolhydrochlorid *n* *(Bronchodilator)*
reptilase Reptilase *f (Enzym)*
reptilase time *(Hämat)* Reptilasezeit *f*, Schlangengiftzeit *f*
repulsion Repulsion *f*, Abstoßung *f*, Abweisung *f*
request *v* **four blood units** vier Bluteinheiten anfordern
require *v* **clinical treatment** klinische Behandlung erfordern
require *v* **treatment** eine Behandlung erfordern [notwendig machen]
required arch length *(Stom)* erforderliche Bogenlänge *f*
requirement 1. Erfordernis *n*, Bedarf *m*; 2. *(Neur)* Bedürfnis *n*
requiring clinical treatment klinisch behandlungsbedürftig
RES *s.* reticuloendothelial system
rescinnamine Rescinnamin *n*
rescue *v* retten; bergen
rescue Hilfe *f*, Rettung *f*, Bergung *f*
rescue breathing Notfallbeatmung *f*, Atemspende *f*, Mund-zu-Mund-Beatmung *f*
reasearch Forschung *f*, Forschungsarbeit *f*
reasearch diagnostic criteria diagnostische Forschungskriterien *npl*
reasearch instrument Forschungsinstrument *n*, Untersuchungsmittel *n (z. B. ein Fragebogen)*
reasearch radiopharmaceutical Radiopharmakon *n* für Forschungszwecke

resect *v* 1. *(Chir)* resezieren, Organe (teilweise) entfernen; 2. Knochen zurückschneiden
resect *v* **an organ** ein Organ resezieren
resectability *(Chir)* Resezierbarkeit *f*, Resektionsfähigkeit *f*
resectability rate Resezierbarkeitsrate *f*, Resektionsrate *f*
resectable *(Chir)* resezierbar
resection *(Chir)* Resektion *f*, Teilentfernung *f* von Organen; Zurückschneiden *n* von Knochen
resection knife Resektionsmesser *n*
resection of coarctation Aortenisthmusstenosenresektion *f*
resection of the middle lobe of the right lung rechtsseitige Lungenmittellappenresektion *f*
resective procedure Resektionsverfahren *n*
resectoscope Resektoskop *n*
resectoscopy Resektoskopie *f*, transurethrale Prostataresektion *f*
reserpine Reserpine *n (Alkaloid; Antihypertensivum)*
reserpinization Reserpinanwendung *f*, Reserpinbehandlung *f*, Reserpineinstellung *f*
reserve Reserve *f*
reserve air *(Pulm, Physiol)* Reserveluft *f*, exspiratorisches Reservevolumen *n*
reserve capacity Reservekapazität *f*
reserve cell Reservezelle *f*
reserve-cell carcinoma *s.* oat-cell carcinoma
reserve-cell hyperplasia Reservezellhyperplasie *f*
reserve donor Reserve(blut)spender *m*
reserve force Reservekraft *f*, Leistungsreserve *f* (des Herzens)
reservoir 1. Reservoir *n*, Behälter *m*; Speicher *m*; 2. Sammelbecken *n*; 3. Becken *n*; 4. Infektionsreservoir *n*; Keimreservoir *n*; Parasitenreservoir *n*; Reservoirwirt *m*; 5. Reservoir *n*, Vorrat *m*
reservoir bag *(Anästh)* Reservoirbeutel *m*
reservoir host Reservoirwirt *m*, Nebenwirt *m*
reservoir of infection Infektionsreservoir *n*
reservoir of spermatozoa Spermienreservoir *n*
reservoir of virus Virusreservoir *n*
reshaping Gestaltung *f*, Formgebung *f*, Formung *f*, Ausformung *f*
residency Assistenzarztzeit *f*, Assistentenzeit *f*, Facharztausbildung *f*
resident *s.* resident physician
resident bacteria residente Bakterien *fpl*
resident flora residente Flora *f*, ständige Hautkeime *mpl*
resident physician Assistenzarzt *m* (ab zweitem Jahr der Facharztausbildung)
residential care facility stationäre Pflegeeinrichtung *f*
residual residual, zurückbleibend *(z. B. als Krankheitsfolge)*; restlich
residual abscess Residualabszess *m*, Restabszess *m*
residual accommodation Residualakkommodation *f*
residual air Residualluft *f*, Restluft *f* (der Lunge)
residual albuminuria Residualalbuminurie *f*, Restalbuminurie *f*
residual astigmatism *(Ophth)* Residualastigmatismus *m*
residual body Residualkörperchen *n*
residual capacity Residualkapazität *f*
residual cyst *(Stom)* Residualzyste *f*
residual dental caries Residualkaries *f*, verbleibende Zahnkaries *f (einer Zahnhöhle)*
residual delirium Residualdelir(ium) *n*
residual delusion Residualwahn *m*
residual epilepsy Residualepilepsie *f*
residual function Residualfunktion *f*
residual hearing Residualgehör *n*, Resthören *n*
residual lumen Residuallumen *n*, Restlumen *n*
residual proteinuria Residualproteinurie *f*, Restproteinurie *f*
residual ridge *(Stom)* Restkamm *m*, Residualgrat *m*, Residualleiste *f*
residual schizophrenia Residualschizophrenie *f*, Restschizophrenie *f*
residual symptom Residualsymptom *n*, Restsymptom *n*
residual tuberculoma Residualtuberkulom *n*
residual type *(Neur)* residualer Typus *m (Unterform der Schizophrenie)*
residual urine Residualurin *m*, Restharn *m*
residual volume Residualvolumen *n*, Restvolumen *n* (der Lunge)
residue Residuum *n*, Rückstand *m*, Rest *m*; Bodensatz *m*
residue schizophrenia Residualschizophrenie *f*
residuefree diet ballaststofffreie Kost *f*, voll resorbierbare Kost *f*
resilience 1. Elastizität *f*, Dehnbarkeit *f*; 2. Spannkraft *f*, Elastizität *f*; Unverwüstlichkeit *f*; 3. schnelle Erholungsfähigkeit *f (z. B. nach Krankheit)*
resilient elastisch; unverwüstlich
resin Resina *f*, Harz *n*
resinoid harzartig; Harz...
resinous harzig, harzhaltig; Harz...
resist *v* **infection** einer Infektion widerstehen [Widerstand bieten]
resistance 1. Resistenz *f*, Widerstandskraft *f*, Nichtanfälligkeit *f (eines Individuums)*; 2. Widerstandsfähigkeit *f (z. B. von Erregern gegen Antibiotika)*; 3. Widerstand *m (z. B. eines Organs beim Abtasten)*
resistance factor Resistenzfaktor *m*
resistance form Resistenzform *f*, Widerstandsform *f*
resistance-inducing factor resistenz-induzierender Faktor *m*, RIF
resistance-inducing factor test RIF-Test *m*, Rubin'-scher Test *m*
resistance screening Resistenzbestimmung *f*
resistance to flow Flusswiderstand *m*
resistance training Resistenztraining *n*
resistance tranfer factor Resistenztransferfaktor *m*, RTF
resistance vessel Widerstandsgefäß *n*
resistant resistent, widerstandsfähig; Widerstand bietend
• **be resistant** resistent sein, nicht anfällig sein
resistant rickets *s.* vitamin D refractory rickets
resocialization Resozialisierung *f*, soziale Wiedereingliederung *f*
resolution 1. Resolution *f*, Lösung *f (z. B. einer Krankheit)*; Auflösung *f (z. B. von Schleim)*; 2. Auflösungsvermögen *n (eines optischen Systems)*
resolution of a haematoma Hämatomauflösung *f*
resolution of the tumour Tumorauflösung *f*, Geschwulstzerfall *m*
resolvase *(Gen)* Resolvase *f (durch ein Transkodon codiertes Gen)*
resolve *v* (auf)lösen
resolvent (auf)lösend
resolvent (agent) Resolvens *n*, Solvens *n*, lösendes Heilmittel *n* [Arzneimittel *n*]
resolving of a haematoma Hämatomauflösung *f*
resolving power 1. Auflösungsvermögen *n*, Auflösung *f*, Auflösungsstärke *f*; 2. Trennvermögen *n*; 3. Abbildungsvermögen *n*
resolving power of the retina *(Ophth, Physiol)* Netzhautauflösungsvermögen *n*
resolving time *(Rad)* Auflösungszeit *f*
resonance Resonanz *f*, Mitschwingen *n*, Mittönen *n (z. B. bei der Perkussion)*
resonance frequency Resonanzfrequenz *f*
resonance level Resonanzniveau *n*

resonant resonant, mitschwingend, mittönend
resonating mitschwingend; widerhallend
resorb *v* resorbieren, aufnehmen, (Stoffe) aufsaugen, einsaugen
resorbent resorbierend, aufnehmend, aufsaugend
resorbent (agent) Resorbens *n*, die Resorption [Aufsaugung] von Exsudaten förderndes Mittel *n*
resorcin *s.* resorcinol
resorcinated camphor Resorcin-Kampfer *m*, resorcinhaltige Kampferlösung *f*
resorcinism Resorzinvergiftung *f*
resorcinol Resorcinol *n*, Benzen-1,3-diol *n*, Resorzin *n*, 1,3-Dihydroxybenzol *n*
resorcinol test Resorzinprobe *f (auf freie Salzsäure im Mageninhalt)*
resorption Resorption *f*, Aufnahme *f*, Aufsaugung *f*, Einsaugen *n*
resorption test Resorptionstest *m*
resorptive fever Resorptionsfieber *n*
resorptive jaundice Resorptionsikterus *m*, Verschlussikterus *m*, Okklusionsikterus *m*
resorptive organ Resorptionsorgan *n*
resort therapy Kurortbehandlung *f*
respirability Atmungsfähigkeit *f*
respirable 1. respirabel, atembar; 2. atmungsfähig
respiration Respiration *f*, Atmung *f*, Atmen *n*; Atemzug *m*; Atemgeräusch *n*
respiration of infants Kinderatmung *f*, kindliche Atemfrequenz *f*
respiration rate Atemfrequenz *f*
respirator 1. *(Anästh)* Respirator *m*, Beatmungsgerät *n*, Atemgerät *n*, Beatmer *m*; 2. Atemfilter *n*, Atemschutz *m*, Atemschutzmaske *f*
respiratory respiratorisch; Atmungs..., Atem...
respiratory acidosis respiratorische Azidose *f*
respiratory adequacy Atemsuffizienz *f*, ausreichende Atmung *f*
respiratory alkalosis respiratorische Alkalose *f*
respiratory arrest Atemstillstand *m*, Apnoe *f*
respiratory arrhythmia respiratorische Arrhythmie *f*, atmungsbedingte unregelmäßige Herzschlagfolge *f*
respiratory assessment Einschätzung *f* des Respirationssystems, Bewertung *f* der Atmung
respiratory assistance Atemhilfe *f*, Atmungsassistenz *f*
respiratory bronchiole Bronchiole *f*, Bronchiolus *m*
respiratory burn Atemwegverbrennung *f*
respiratory capacity respiratorische Kapazität *f*, Vitalkapazität *f*, VK
respiratory care Atemgymnastik *f*
respiratory care practitioner Atemtherapeut *m*
respiratory cavity Brusthöhle *f*, Brustkorb *m*
respiratory centre Respirationszentrum *n*, Atemzentrum *n*
respiratory coefficient *s.* respiratory quotient
respiratory component respiratorische Komponente *f*
respiratory contour *(Anästh)* Beatmungsmuster *n*, Beatmungskurve *f*
respiratory cycle Atemzyklus *m*
respiratory depressant atemhemmend, atmungsunterdrückend, atemdepressiv
respiratory depressant (agent) Atemdepressivum *n*, atemhemmendes [atemunterdrückendes] Mittel *n*
respiratory depression Atemdepression *f*
respiratory difficulty Atmungsschwierigkeit *f*, Atemschwierigkeit *f*
respiratory disease Atemweg(s)erkrankung *f*, Erkrankung *f* der Atemwege
respiratory distress Atemnot *f*
respiratory distress syndrome Atemnotsyndrom *n*, ANS
respiratory distress syndrome of the newborn Neugeborenenatemnotsyndrom *n*, Syndrom *n* der hyalinen Membranen
respiratory dysrhythmia respiratorische Dysrhythmie *f*, Atemrhythmusstörung *f*
respiratory embarrassment Atmungsbehinderung *f*, Atembehinderung *f*, Atemstörung *f*
respiratory-enteric orphan virus Respiratory-enteric-orphan-Virus *n*, Reovirus *n*
respiratory enzyme Atmungsenzym *n*, Atmungsferment *n*
respiratory epithelium Respirationsepithel *n*, respiratorisches Epithel *n*, Atmungsepithel *n*, Alveolarepithel *n*
respiratory exchange ratio respiratorischer Quotient *m (Verhältnis von Kohlendioxidabgabe und Sauerstoffaufnahme)*
respiratory excursion Atemexkursion *f*
respiratory failure Atemversagen *n*; respiratorisches Versagen *n*, respiratorische Insuffizienz *f*, Ateminsuffizienz *f*
respiratory function Atemfunktion *f*
respiratory glottis Pars *f* intercartilaginea
respiratory inadequacy *s.* respiratory insufficiency
respiratory infection Atemweginfektion *f*, Luftweginfektion *f*
respiratory insufficiency respiratorische Insuffizienz *f*, Ateminsuffizienz *f*, Lungeninsuffizienz *f*, pulmonale Insuffizienz *f*
respiratory minute volume Atemminutenvolumen *n*
respiratory monitoring respiratorisches Monitoring *n*, Überwachung *f* der Atmung
respiratory motion Atembewegung *f*, respiratorische Bewegung *f*
respiratory movement *s.* respiratory motion
respiratory mucous membrane Atemwegschleimhaut *f*
respiratory murmur Respirationsgeräusch *n*, respiratorisches Geräusch *n*, Atmungsgeräusch *n*, Atemgeräusch *n*
respiratory muscle Atemmuskel *m*
respiratory noise *s.* respiratory murmur
respiratory obstruction Atemwegverlegung *f*, Luftwegobstruktion *f*
respiratory organ Atmungsorgan *n*, Respirationsorgan *n*
respiratory paralysis Atemlähmung *f*
respiratory pattern Atemmuster *n*
respiratory quotient respiratorischer Quotient *m*, RQ
respiratory rate Atemfrequenz *f*
respiratory region of the nose Regio *f* respiratoria
respiratory rhythm Atemrhythmus *m*
respiratory sound *s.* respiratory murmur
respiratory standstill *s.* respiratory arrest
respiratory surface respiratorische Oberfläche *f*, Atmungs(ober)fläche *f*
respiratory symptom Atemsymptom *n*, Respirationssymptom *n*, respiratorisches Symptom *n*
respiratory syncytial virus Respiratory-syncytial-Virus *n*, RS-Virus *n*
respiratory system respiratorisches System *n*, Respirationssystem *n*, Atmungssystem *n*, Apparatus *m* respiratorius
respiratory therapist Atemtherapeut *m*
respiratory tract Respirationstrakt *m*, Atemtrakt *m*, Atemwege *mpl*, Luftwege *mpl*
respiratory tract burn Atemwegverbrennung *f*
respiratory tract illness Respirationstrakterkrankung *f*, Erkrankung *f* der Luftwege
respiratory tract infection Respirationstraktinfektion *f*, Atemwegsinfektion *f*
respiratory tract involvement Respirationstraktbeteiligung *f*, Atemwegsbeteiligung *f*

respiratory tree Bronchialbaum *m*, Bronchialsystem *n*
respiratory zone respiratorische Zone *f (ab 17. Bronchiolenaufzweigung)*
respire *v* respirieren, atmen
respirometer Respirometer *n*
respirometry Respirometrie *f*
respite care Entlastungspflege *f*, Pflege *f* zur Entlastung von Angehörigen *(z. B. im Urlaub)*
respite time Entlastungszeit *f*, Ruhepause *f*, Pause *f*, Pausenzeit *f*, Erholungszeit *f*
respond *v* **to antibiotics** auf Antibiotika ansprechen *(Krankheitserreger)*
respond *v* **to treatment** auf die Behandlung [Therapie] ansprechen
respondent conditioning Reaktionskonditionierung *f*, klassische Konditionierung *f (z. B. von bedingten Reflexen)*
responder *(Onk)* Responder *m*, auf eine Therapie ansprechender Tumor *m*
response Reaktion *f*, Reizantwort *f*
response time Reaktionszeit *f (z. B. auf einen Reiz)*
response to therapy Therapieantwort *f*, Behandlungsreaktion *f*
response to treatment *s.* response to therapy
responsibility Verantwortlichkeit *f*
rest 1. Ruhe *f*, Ausruhen *n*; Ruhepause *f*; Erholung *f*, Ausspannung *f*, Ausspannen *n*; 2. *(Embr)* embryonaler Rest *m*; fetaler Rest *m*; epithelialer Rest *m*; 3. Auflage *f*, Stütze *f*, Abstützung *f*; Lehne *f*; 4. Ruhelage *f*
rest angle *(Stom)* Ruhewinkel *m*
rest area *(Stom)* Stützbereich *m*, Auflagebereich *m*, Abstützfläche *f*
rest cure Ruhekur *f*
rest in bed Bettruhe *f*
rest jaw relation *(Stom)* Kieferrelation *f* in Ruhe, Kieferbeziehung *f* in Ruhestellung
rest joint position Gelenkstellung *f* in Ruhe
rest pain Ruheschmerz *m*
restbite *(Stom)* Ruhebiss *m*, Ruheokklusion *f*
restenosis Restenose *f*, Stenoserezidiv *n*
restenotic Restenose…
restibrachium Pedunculus *m* cerebellaris inferior, unterer Kleinhirnstiel *m*
restiform strangförmig, schnurartig, stielförmig
restiform body Pedunculus *m* cerebellaris inferior, unterer Kleinhirnstiel *m*, Strickkörper *m*
resting cell *(Histol)* Ruhezelle *f*, Interphasenzelle *f*
resting echocardiogram Ruheechokardiogramm *n*, Ruhe-Echo(bild) *n* des Herzens
resting membrane potential Ruhemembranpotenzial *n (z. B. des Herzmuskels)*
resting nucleus *(Histol)* Ruhekern *m*, Interphasenkern *m*
resting position (physiologische) Ruhelage *f*
resting potential *(Physiol)* Ruhepotenzial *n (z. B. einer Nervenzelle)*
resting saliva Ruhespeichel *m*, Nüchternspeichel *m*
resting tidal volume Ruheatem(zug)volumen *n*
resting tremor Ruhetremor *m*, Ruhezittern *n* (der Finger), passiver Tremor *m*
resting wandering cell ruhende Wanderzelle *f*, Histiozyt *m (im Bindegewebe)*
restitope *(Immun)* Restitop *n (Teil des T-Zell-Rezeptors)*
restitutio ad integrum Restitutio *f* ad integrum, völlige Wiederherstellung *f*
restitution 1. Restitutio *f*, Restitution *f*, Wiederherstellung *f*; 2. Wendung *f (des vorangehenden Körperteils bei der Geburt)*
restless legs (syndrome) Syndrom *n* der unruhigen Beine, Anxietas *f* tibiarum, (Wittmaack-)Ekbom-Syndrom *n*
restlessness *(Neur)* Ruhelosigkeit *f*, psychomotorische Unruhe *f*
restoration 1. Restoration *f*, Rekonstruktion *f*, Wiederherstellung *f*, Wiederaufbau *m*, Erneuerung *f*; 2. Gesundung *f*, Genesung *f*, Wiederherstellung *f* der Gesundheit; 3. *(Stom)* Gebissrekonstruktion *f*, Gebisswiederherstellung *f*, prothetische Gebissversorgung *f*; 4. Zahnrekonstruktion *f*
restoration contour *(Stom)* Restorationskontur *f (eines wiederhergestellten Zahnes)*
restoration of circulation Kreislaufwiederherstellung *f*
restoration of cusps *(Stom)* Zahnhöckerrekonstruktion *f*
restorative 1. wiederherstellend; 2. stärkend
restorative (agent) Stärkungsmittel *n*
restorative dentistry konservierende Stomatologie *f*
restorative operation Wiederherstellungsoperation *f*
restore *v* **respiration** die Atmung wiederherstellen
restore *v* **the form of a tooth** die Zahnform wiederherstellen
restore *v* **to life** wieder beleben
restraint Zwang *m (bei gewalttätigen Geistesgestörten)*
restraint in bed Fixierung *f* im Bett; Fesselung *f* im Bett *(z. B. eines Patienten)*
restriction 1. Restriktion *f*, Einschränkung *f*; Vorbehalt *m*; 2. Restriktion *f*, Beschränkung *f*; Begrenzung *f*; 3. *(Gen, Bioch)* Restriktion *f (Verhinderung der Replikation bestimmter DNS-Phagen durch Degradation)*
restriction endonuclease *(Bioch)* Restriktionsendonuklease *f (Enzym)*
restriction enzyme Restriktionsenzym *n (für Degradation der Virus-DNS)*
restriction fragment Restriktionsfragment *n*
restriction fragment length polymorphism Polymorphismus *m* der Länge der Restriktionsfragmente
restriction of ego Selbstbeschränkung *f*
restriction personal freedom Freiheitsbeschränkung *f*
restriction segment Restriktionssegment *n*
restictive restriktiv, einschränkend; durch Einschränkung bewirkt; Restriktions…, Einschränkungs…
restictive cardiomyopathy restriktive Kardiomyopathie *f*
restictive disease restriktive Krankheit *f*, restriktive Lungenerkrankung *f*
result of operation Operationsergebnis *n*
résumé Zusammenfassung *f*, *(US)* Curriculum *n* vitae, Lebenslauf *m*
resume *v* **beating** wieder anfangen zu schlagen *(z. B. das Herz)*
resumption Wiederaufnahme *f*, Wiederaufnehmen *n (z. B. einer Organfunktion)*
resupination 1. Drehung *f* in die Rückenlage, Drehen *n* auf den Rücken; 2. Rückenlage *f*, Liegen *n* auf dem Rücken
resuscitate *v* wieder beleben, reanimieren
resuscitating drug Wiederbelebungsmedikament *n*; Notfallmedikament *n*
resuscitation Resuszitation *f*, Wiederbelebung *f*, Reanimation *f*, Atemspende *f* • **perform resuscitation** eine Wiederbelebung durchführen, reanimieren
resuscitation department Wiederbelebungsabteilung *f*
resuscitative equipment Reanimationsbesteck *n*, Wiederbelebungsausrüstung *f*
resuscitative measure Reanimationsmaßnahme *f*
resuscitator Resuszitator *m*, Wiederbelebungsapparat *n*, Beatmungsgerät *n*
resuture *(Chir)* Sekundärnaht *f*, sekundäre Naht *f*
retail dentistry Einzelhandelsdentalwesen *n*; Zahnversorgung *f* im Supermarkt
retained consciousness *(Neur)* erhaltenes Bewusstsein *n*; Bewusstseinsklarheit *f*
retained facial movements erhaltene Mimik *f*, erhaltene Gesichtsbewegungen *fpl*

retained light reflex *(Ophth)* erhaltener Lichtreflex *m*
retained placenta Plazentaretention *f*, Retention *f* der Plazenta
retainer 1. Retentionselement *n*, Halter *m*, Haltevorrichtung *f*; 2. *(Stom)* Stützzahn *m*; Anker *m*; 3. *(Stom)* Zahnbrücke *f*, kieferorthopädische Brücke *f*, 4. *(Stom)* Federring *m*
retaining orthodontic appliance kieferorthopädischer Apparat *m*
retaining stitch *(Chir)* Haltenaht *f*
retardate geistig Retardierte(r) *m*, (in der Entwicklung) Zurückgebliebene(r) *m*
retardation Retardation *f*, Retardierung *f*, Hemmung *f*, Verlangsamung *f (geistiger und körperliche Entwicklung)*
retardation of movements Bewegungsverzögerung *f*
retarded retardiert, verzögert, verspätet
retarded birth retardierte [verzögerte] Geburt *f*, Spätgeburt *f*
retarded dentition verzögerte Dentition *f*, verzögerter Zahndurchbruch *m*
retarded depression *(Neur)* retardierte Depression *f*, verzögerte depressive Phase *f*
retarded ejaculation retardierte Ejakulation *f*
retarded gait verlangsamter [gehemmter] Gang *m*, langsamer Gang *m*
retarded movements *(Neur)* verzögerte Bewegungen *fpl*
retarded thinking *(Neur)* verlangsamtes Denken *n*; Denkverlangsamung *f*
retarded tooth eruption *s.* retarded dentition
retch *v* sich erbrechen; würgen; erbrechen
retching Erbrechen *n*; Würgen *n*
rete *(Anat)* Rete *n*, Netz *n*
rete peg interpapilläres Epithel *n*
retention 1. Retention *f*, Zurück(be)haltung *f*, Verhaltung *f (z. B. von Körperflüssigkeiten)*; 2. *(Stom)* Retention *f*, Aufrechterhaltung *f (z. B. einer korrigierten Zahnstellung)*; 3. Retention *f*, Fixation *f*, Fixierung *f (in einer Position)*; 4. *(Neur)* Retentionsfähigkeit *f (1. Behalten von Gedächtnisinhalten; 2. Mangel an Gefühlsäußerungen; 3. seelische Verhaltung)*
retention adhesive *(Stom)* Retentionskleber *m*
retention angle *(Stom)* Retentionswinkel *m*
retention arch *(Stom)* Retentionsbogen *m*
retention bronchiectasia *(Pulm)* Retentionsbronchiektasie *f*
retention channel *(Stom)* Retentionsrille *f*, Retentionskanal *m*
retention clasp *(Stom)* Retentionsklammer *f*
retention core *(Stom)* Retentionskern *m*
retention cyst Retentionszyste *f*
retention disk *(Stom)* Retentionsscheibe *f*
retention enema *(Gastr)* Retentionseinlauf *m*
retention form *(Stom)* Retentionsform *f*
retention gel *(Stom)* Retentionsgel *n*
retention groove *(Stom)* Retentionsfurche *f*
retention hook *(Stom)* Retentionshaken *m*
retention hyperlipaemia Retentionshyperlipämie *f*
retention hysteria *(Neur)* Retentionshysterie *f*
retention jaundice *(Gastr)* Retentionsikterus *m*
retention mash *(Stom)* Retentionsnetz *n*, Haltenetz *n*
retention of urine Urinretention *f*, Harnverhaltung *f*, Retentio *f* urinae
retention pin *(Stom)* Retentionsstift *m*
retention plate *(Stom)* Retentionsplatte *f*
retention point *(Stom)* Retentionspunkt *m*, Retentionsstelle *f*
retention procedure *(For)* Einweisungsverfahren *n*; Verfahren *n* der Zwangseinweisung *(z. B. in eine psychiatrische Klinik)*
retention spiral *(Stom)* Retentionsspirale *f*
retention time Retentionszeit *f*
retention wing *(Stom)* Retentionsflügel *m*
retention with overflow paradoxe Inkontinenz *f*, Überlaufblase *f*
retentional labial cyst Lippenretentionszyste *f*
retentional orthodontic appliance kieferorthopädischer Retentionsapparat *m*, Retentionsprothese *f*
reteplase Reteplase *f*, rekombinanter Plasminogenaktivator *m*
retethelioma *s.* reticulocytic sarcoma
rethoracotomy Rethorakotomie *f*, Brustkorbwiedereröffnung *f*, Thoraxzweiteingriff *m*
retia *pl s.* rete
retial Netz...
reticula *pl s.* reticulum
reticular retikular, retikulär, netzartig
reticular activating system retikuläres aufsteigendes Aktivierungssystem *n (im ZNS)*
reticular cell Retikulumzelle *f*, stark verzweigte Bindegewebszelle *f*
reticular degeneration retikuläre Degeneration *f*
reticular fibres Retikulinfasern *fpl*, Präkollagenfasern *fpl*; Gitterfasern *fpl*; argyrophile [argentaffine, argentophile] Fasern *fpl*
reticular formation Formatio *f* [Substantia *f*] reticularis
reticular formation of the cerebral peduncles Formatio *f* reticularis pedunculi cerebri
reticular formation of the medulla oblongata Formatio *f* reticularis medullae oblongatae
reticular formation of the mesencephalon Formatio *f* reticularis mesencephali
reticular formation of the pons Formatio *f* reticularis pontis
reticular formation of the spinal cord Formatio *f* reticularis medullae spinalis
reticular layer 1. Stratum *n* reticulare *(Hautschicht)*; 2. Zona *f* reticularis *(Nebennierenrinde)*
reticular magma Magma *f* reticulare, Morula-Magma *f*, netzartiges Faserwerk *n (zum Schutz der Embryonalanlage)*
reticular membrane Membrana *f* reticularis *(Innenohr)*
reticular nucleus Nucleus *m* reticularis
reticular nucleus of the thalamus Nucleus *m* reticularis thalami
reticular substance *s.* reticular formation
reticular system *s.* reticuloendothelial system
reticular tissue retikuläres Bindegewebe *n*
reticular white substance Substantia *f* reticularis alba (Arnoldi)
reticulated retikuliert, netzförmig, netzartig; Retikulum..., Netz(werk)...
reticulated erythrocyte *(Hämat)* Retikulozyt *m*
reticulated pigmented poikiloderma *(Derm)* Poikiloderma *n* reticulare
reticulation *(Anat)* Netz(werk) *n*
reticulation film fault *(Rad)* Filmfehler *m* mit Wabenbildung
reticulin Retikulin *n (Skleroprotein)*
reticulin fibres *s.* reticular fibres
reticulin stain *(Histol)* Retikulinfärbung *f*
reticulocyte 1. *(Hämat)* Retikulozyt *m*, Proerythrozyt *m*; 2. *s.* reticuloendothelial cell
reticulocyte count Retikulozytenzahl *n*
reticulocyte counting Retikulozytenzählung *f*
reticulocytic Retikulozyten...
reticulocytic crisis Retikulozytenkrise *f*, Retikulozytenschub *m*

reticulocytic sarcoma *(Path)* Retikulumzellensarkom *n*, Retikulosarkom *n*, Retothelsarkom *n*, Retotheliom *n*, retikuloendotheliales Sarkom *n*
reticulocytic stain Retikulozytenfärbung *f*
reticulocytogenic retikulozytogen, die Retikulozytenbildung anregend
reticulocytopenia Retikulozytopenie *f*, Retikulozytenverminderung *f* im Blut
reticulocytosis Retikulozytose *f*, Retikulozytenvermehrung *f* im Blut
reticuloendothelial retikuloendothelial
reticuloendothelial cell retikuloendotheliale Zelle *f*, Retikuloendothelzelle *f*, Retikulumzelle *f*
reticuloendothelial sarcoma *s.* reticulocytic sarcoma
reticuloendothelial system retikuloendotheliales System *n*, RES
reticuloendothelial system disease retikuloendotheliale Systemerkrankung *f*
reticuloendothelioma *(Path)* Retikuloendotheliom *n*
reticuloendotheliosis Retikuloendotheliose *f*, Histiozytose *f* X
reticuloendothelium Retikuloendothelium *n*, Retothel(ium) *n (Gesamtheit der Retikulumzellen des lymphatischen Systems)*
reticulogranular retikulogranulär, retikulär und körnig
reticulogranuloma *(Path)* Retikulogranulom *n*
reticulohistiocytary retikulohistiozytär
reticulohistiocytoma *(Path)* Retikulohistiozytom *n*
reticulohistiocytosis *(Path)* Retikulohistiozytose *f (Bildung multipler Retikulohistiozytome)*
reticuloid retikuloid, retikuloseartig, retikuloseähnlich; Retikulose…
reticuloid Retikuloid *n*, retikuloider Zustand *m*
reticuloma *(Path)* Retikulom *n*
reticulonodular retikulonodulär, retikulär und nodulär, retikulär und Knötchen enthaltend
reticulopenia *s.* reticulocytopenia
reticuloplasmocytoma *(Path)* Retikuloplasmozytom *n*
reticuloreticular tract Tractus *m* reticuloreticularis
reticulosarcoma *s.* reticulocytic sarcoma
reticulose *s.* reticulated
reticulosis Retikulose *f*, Retotheliose *f*, Retikulohistiozytose *f*
reticulospinal retikulospinal, zum Tractus reticulospinalis gehörend
reticulospinal tract Tractus *m* reticulospinalis
reticulothelioma *s.* reticulocytic sarcoma
reticulothelium *s.* reticuloendothelium
reticulotomy Retikulotomie *f (Inzision der Formatio reticularis)*
reticulum *(Anat)* Retikulum *n*, Reticulum *n*, Netzwerk *n*, Netz *n (Zusammensetzungen siehe unter: reticular)*
reticulum cell *s.* reticuloendothelial cell
reticulum cell lymphosarcoma *s.* reticulocytic sarcoma
reticulum cell sarcoma *s.* reticulocytic sarcoma
retiform netzförmig, netzartig
retina *(Ophth)* Retina *f*, Tunica *f* oculi interna, Netzhaut *f*, Augennetzhaut *f (siehe auch unter: retinal)*
retina amacrine cell amakrine Retinazelle *f*, Netzhautassoziationszelle *f*
retina aneurysm Netzhautaneurysma *n*
retina arteriole Netzhautarteriole *f*
retina atrophy Netzhautatrophie *f*
retina bipolar ganglion cell bipolare Netzhaut(ganglien)zelle *f*
retina blood flow Netzhautdurchblutung *f*
retina blood vessel Netzhaut(blut)gefäß *n*
retina blood vessel occlusion Netzhautgefäßverschluss *m*
retina coloboma Netzhautkolobom *n*
retina horizontal nerve cell Netzhauthorizontal(nerven)zelle *f*
retina lattice degeneration Netzhautdegeneration *f*
retina lipaemia Lipaemia *f* retinalis
retinaculum *(Anat)* Retinaculum *n*, Halteband *n*
retinal *(Ophth)* retinal; Retina…, Netzhaut… *(siehe auch unter: retina)*
retinal Retinal *n*, Vitamin-A_1-Aldehyd *m*, Retinaldehyd *m*, Retinolaldehyd *m*
retinal angiomatosis Netzhautangiomatose *f*, Angiomatosis *f* retinae, von Hippel-Lindau'sche Erkrankung *f* [Krankheit *f*]
retinal angiopathy Netzhautangiopathie *f*
retinal angiosclerosis Netzhautangiosklerose *f*
retinal apoplexy Netzhautapoplexie *f*, Apoplexia *f* retinae
retinal arteriolar narrowing Netzhautarterienveren(er)ung *f*
retinal artery Netzhautarterie *f*
retinal artery spasm Netzhautarterienspasmus *m*
retinal asthenopia Netzhautasthenopie *f*, retinale Asthenopie *f*
retinal atrophy Netzhautatrophie *f*
retinal break Netzhautriss *m*
retinal capillary Netzhautkapillare *f*
retinal capillary dilatation Netzhautkapillarerweiterung *f*
retinal cell Netzhautzelle *f*
retinal central artery Netzhaut(zentral)arterie *f*, Arteria *f* centralis retinae
retinal central fossa Fossa *f* centralis retinae, Netzhautzentralgrube *f*
retinal cholesterol deposit Netzhautcholesterinablagerung *f*
retinal coagulator Netzhautkoagulator *m*
retinal cone Netzhautzapfen *m*, Retinazapfen *m*, Zapfen *m (siehe auch unter: cone)*
retinal cone degeneration Netzhautzapfendegeneration *f*, Zapfendegeneration *f* (der Retina)
retinal correspondence Netzhautkorrespondenz *f*, Retinakorrespondenz *f*
retinal cryopexy Retinakryopexie *f*, kryochirurgische Netzhautanheftung *f*
retinal cystic degeneration zystische Netzhautdegeneration *f*
retinal degeneration Netzhautdegeneration *f*
retinal dehydrogenase Retinaldehydrogenase *f (Enzym)*
retinal destruction Netzhautzerstörung *f*, Retinadestruktion *f*
retinal detachment Netzhautabhebung *f*, Retinaablösung *f*, Ablatio *f* [Amotio *f*] retinae
retinal disease Netzhauterkrankung *f*
retinal disorder *s.* retinal disease
retinal dysplasia Netzhautdysplasie *f*
retinal dystrophy Netzhautdystrophie *f*
retinal exudate Netzhautexsudat *n*
retinal fatigue Netzhautermüdung *f*
retinal fibre Netzhautfaser *f*
retinal fibroplasia Netzhautfibroplasie *f*
retinal finding Netzhautbefund *m*
retinal fluorescein angiography Netzhautfluoreszeinangiographie *f*
retinal fold Netzhautfalte *f*
retinal fovea Fovea *f* retinae
retinal ganglion cell Netzhautganglienzelle *f*
retinal ganglion cell layer Netzhautganglienzellschicht *f*, Stratum *n* ganglionare retinae
retinal glial tissue Netzhautgliagewebe *n*, Müller'sche Stützzellen *fpl*
retinal glioma Retinagliom *n*, Netzhautneuroepitheliom *n*

retinal gliomatosis Netzhautgliomatose *f*
retinal haemorrhage Netzhautblutung *f*
retinal hole *s.* retinal break
retinal image Netzhautbild *n*
retinal ischaemia Netzhautischämie *f*
retinal isomerase Retinalisomerase *f*, Retinaldehydisomerase *f (Enzym)*
retinal macula cystic degeneration zystische Makuladegeneration *f* (der Netzhaut)
retinal macula degeneration Makuladegeneration *f* (der Netzhaut)
retinal macula haemorrhage Makula(ein)blutung *f* (der Netzhaut)
retinal macula hypoplasia Makulahypoplasie *f* (der Netzhaut)
retinal macula juvenile degeneration juvenile Makuladegeneration *f* (der Netzhaut)
retinal macula oedema Makulaödem *n*, Makulaschwellung *f*
retinal macula senile degeneration senile Makuladegeneration *f* (der Netzhaut)
retinal macula vitelliform degeneration vitelliforme Makuladegeneration *f* (der Netzhaut)
retinal necrosis Netzhautnekrose *f*
retinal neovascularization Netzhautneovaskularisierung *f*
retinal neuroepithelial layer Netzhautneuroepithelschicht *f*, Stratum *n* neuroepitheliale retinae
retinal non-attachment *s.* retinal detachment
retinal oedema Netzhautödem *n*
retinal perforation Netzhautperforation *f*
retinal periphlebitis Netzhautperiphlebitis *f*
retinal perivasculitis Netzhautperivaskulitis *f*
retinal photoreceptor Netzhautphotorezeptor *m*
retinal physiology Netzhautphysiologie *f*
retinal pigment Netzhautpigment *n*
retinal pigment epithelial cell Netzhautpigmentepithelzelle *f*
retinal pigment epitheliitis Netzhautpigmentepithelentzündung *f*
retinal pigment epitheliopathy Netzhautpigmentepithelerkrankung *f*
retinal pigment epithelium Netzhautpigmentepithel *n*
retinal pigmentary dystrophy pigmentäre Netzhautdystrophie *f*
retinal pigmentation Netzhautpigmentation *f*, Retinapigmentierung *f*
retinal projection Netzhautprojektion *f*
retinal purple Sehpurpur *m*
retinal reattachment Retina(wieder)anheftung *f*, Netzhautfixierung *f*
retinal receptor Netzhautrezeptor *m*
retinal reductase Retinalreduktase *f*, Alkoholdehydrogenase *f (Enzym)*
retinal reflex Netzhautreflex *m*
retinal rivalry Netzhautrivalität *f*
retinal rod Retinastäbchen *n*, Netzhautstäbchen *n*, Stäbchen *n*
retinal rupture Netzhautzerreißung *f*, Retinaruptur *f*
retinal senile degeneration senile Netzhautdegeneration *f*
retinal siderosis Netzhautsiderose *f*
retinal surface Netzhautoberfläche *f*
retinal swelling Netzhautschwellung *f*
retinal tear *s.* retinal break
retinal teleangiectasia Netzhautteleangiektasie *f*
retinal vascular disease Netzhautgefäßerkrankung *f*
retinal vascular system Netzhautgefäßsystem *n*
retinal vasculitis Netzhautgefäßentzündung *f*, Vasculitis *f* retinae
retinal vein Netzhautvene *f*
retinal vein occlusion Netzhautvenenverschluss *m*
retinal venous stasis Netzhautvenenstase *f*
retinal wound Netzhautläsion *f*, Retinaverletzung *f*
retinaldehyde Retinaldehyd *m*, Retinal *n*
retinaldehyde dehydrogenase *s.* retinal dehydrogenase
retinaldehyde isomerase *s.* retinal isomerase
retinaldehyde reductase *s.* retinal reduktase
retinectomy Retinektomie *f (partielle Netzhautexzision)*
retinene Retinen *n (prosthetische Gruppe des Sehpurpurs)*
retinitis Retinitis *f*, Retinaentzündung *f*, Netzhautentzündung *f*
retinoblastoma Retinoblastom *n*, Neuroepithelioma *n* [Glioma *n*] retinae *(bösartige Netzhautgeschwulst)*
retinocerebral angiomatosis retinozerebrale Angiomatose *f*, Netzhautangiomatose *f*, Angiomatosis *f* retinae (cystica), von-Hippel-Lindau'sche Krankheit *f*
retinochoroid retinochoroidal; Retina-Chorioidea-…, Netzhaut-Aderhaut-…
retinochoroiditis Retinochorioiditis *f*, Chorioretinitis *f*, Chorioidea- und Retinaentzündung *f*
retinocytoma *(Path)* Retinozytom *n*
retinodialysis Retinodialyse *f*, periphere Netzhautablösung *f*
retinograph Retinabild *n*, Netzhautfoto *n*
retinography Retinographie *f*, Netzhautfotografie *f*
retinoic acid Retinsäure *f*, Vitamin-A_1-Säure *f*
retinoid retinaartig, netzhautartig
retinoid Retinoid *n (Vitamin-A-Derivat)*
retinol Retinol *n*, Vitamin *n* A_1, Vitamin-A-Alkohol *m*
retinol deficiency Retinolmangel *m*, Vitamin-A-Mangel *m*
retinol dehydrogenase Retinol-Dehydrogenase *f (Enzym)*
retinol equivalent Retinoläquivalent *n*
retinoma Retinom *n*, Retinozytom *n*
retinomalacia Retinamalazie *f*, Netzhauterweichung *f*
retinometer Retinometer *n*
retinopapillitis Retinopapillitis *f*, Netzhaut- und Sehnervenpapillenentzündung *f*
retinopapillitis of premature infants *s.* retinopathy of promaturity
retinopathy Retinopathie *f*, Retinaerkrankung *f*, Netzhautkrankheit *f*
retinopathy of pregnancy Schwangerschaftsretinopathie *f*, Retinopathia *f* gravidarum
retinopathy of prematurity Frühgeborenenretinopathie *f*, retrolentale Fibroplasie *f*, Terry-Syndrom *n*
retinopexy Retinopexie *f*, Netzhautfixation *f*, Netzhautanheftung *f*
retinophotoscopy *s.* retinoscopy
retinopiesis Retinopiesis *f*, Netzhautanpressung *f*, Netzhautanlagerung *f* durch Druck *(z. B. mittels Gas)*
retinoschisis Retinoschisis *f*, Netzhautaufspaltung *f*
retinoscope Retinoskop *n*, Skiaskop *n*
retinoscopy Retinoskopie *f*, Skiaskopie *f*, Schattenprobe *f (objektive Refraktionsbestimmung des Auges)*
retinosis Retinosis *f*, degenerative Netzhauterkrankung *f*
retinoskiascopy *s.* retinoscopy
retinotomy Retinotomie *f*, Netzhautinzision *f*
retinotopic retinotop(isch), die Sehbahnen und das Sehzentrum betreffend
retinotoxic retinotoxisch, die Netzhaut schädigend, netzhautschädlich
retinyl-palmitate esterase Retinylpalmitatesterase *f (Enzym)*
retinyl phosphate Retinylphosphat *n*
retire *v* **on a pension** in Rente gehen, sich berenten lassen

retiring age Pensionsalter *n*, Rentenalter *n*
retisolution Auflösung *f* des Golgi-Apparates
retispersion Retispersion *f (Wanderung des Golgi-Apparates zur Zellperipherie)*
retoperithelium Retoperithel(ium) *n (im lymphatischen Gewebe)*
retort Retorte *f*, Kolben *m*, Laborkolben *m*
retothel *s.* reticuloendothelium
retothelial retothelial; Retothel...
retothelial sarcoma *s.* reticulocytic sarcoma
retothelioma *s.* reticulocytic sarcoma
retotheliosarcoma *s.* reticulocytic sarcoma
retothelium *s.* reticuloendothelium
retract *v* retrahieren, zurückziehen *(z. B. Sehne)*; schrumpfen *(z. B. Gewebe)*; einziehen *(z. B. Mamille)*; zusammenziehen, zusammenschnurren *(z. B. Muskel)*; einziehbar sein
retracted belly Kahnbauch *m*
retracted eye *s.* enophthalmos
retracted lips Opisthocheilie *f*
retracted mamille retrahierte Mamille *f*, eingezogene Brustwarze *f*, Mamilleneinziehung *f*
retracted nipple *s.* retracted mamille
retractile retraktil, zurückziehbar
retraction Retraktion *f*, Zurückziehen *n (z. B. einer Sehne)*; Schrumpfung *f*, Schrumpfen *n (z. B. von Gewebe)*; Einziehung *f (z. B. der Mamille)*; Zusammenziehen *n*, Zusammenschnurren *n (z. B. eines Muskels)*; Zusammenziehung *f (z. B. von Blutgerinnseln)*
retraction nystagmus *(HNO)* Retraktionsnystagmus *m*, Nystagmus *m* retractorius
retraction of the chest thorakale Einziehung *f*, Brustkorbeinziehung *f*, Interkostaleinziehung *f*
retraction ring Retraktionsring *m (am Uterus)*
retractor Retraktor *m*, Wundhaken *m*; Wundspreizer *m*, Wundsperrer *m*, Sperrer *m* • **pull a retractor apart** einen Sperrer öffnen [aufdrehen]
retractor nystagmus *s.* retraction nystagmus
retrad retrad, nach hinten gerichtet
retreat from reality *(Psych)* Realitätsverlust *m*, Rückzug *m* aus der Realität
retrenchment Zurückschneiden *n*, Wegschneiden *n* von überflüssigem Gewebe
retrieval *(Neur)* Abruf *m (Rückruf eines Gedächtnisinhaltes)*
retroanteroamnesia *s.* retroanterograde amnesia
retroanterograde retroanterograd
retroanterograde amnesia Retroanteroamnesie *f (Gedächtnislücke vor und nach Hirnschädigung)*
retroaortic node retroaortaler Lymphknoten *m*
retroauricular retroaurikulär, hinter dem Ohr liegend
retrobronchial retrobronchial, hinter dem Bronchus liegend
retrobuccal retrobukkal
retrobulbar *(Ophth)* retrobulbär, hinter dem Augapfel liegend
retrobulbar abscess Retrobulbärabszess *m*
retrobulbar anaesthesia Retrobulbäranästhesie *f*
retrobulbar haemorrhage Retrobulbärblutung *f*
retrobulbar neuritis Retrobulbärneuritis *f*, Neuritis *f* optica retrobulbaris
retrobulbar optic neuropathy retrobulbäre Optikusneuropathie *f*
retrobulbar phlegmon Retrobulbärphlegmone *f*
retrobulbar pupillary reflex retrobulbärer Pupillenreflex *m (bei Retrobulbärneuritis)*
retrobulbar space Retrobulbärraum *m*
retrocaecal retrozökal, retrozäkal, hinter dem Blinddarm liegend
retrocaecal appendicitis retrozökale Appendizitis *f*, Retrozökalappendizitis *f*, Appendicitis *f* retrocaecalis
retrocaecal recess Recessus *m* retrocaecalis
retrocalcaneal retrokalkaneal, hinter dem Fersenbein liegend
retrocalcaneobursitis Retrokalkaneobursitis *f*, Schleimbeutelentzündung *f* der Achillessehne
retrocardiac retrokardial, hinter dem Herzen liegend
retrocaval retrokaval, hinter der Hohlvene liegend
retrocervical retrozervikal, hinter dem Gebärmutterhals liegend
retrocession 1. Retrozession *f*, Rückwärtsbewegung *f*; 2. Retrozession *f*, Rück(wärts)verlagerung *f (z. B. eines Organs)*; 3. *(Epid)* Retrozession *f*, Durchseuchungsretrozession *f*, Verminderung *f* der Durchseuchung *(Rückverlagerung des Erkrankungs- oder Infektionsalters in höhere Altersklassen)*; 4. Retrozession *f (Voranschreiten einer Erkrankung von der Körperoberfläche zu inneren Organen)*; 5. *s.* relapse
retrocheilia Retrocheilie *f*
retroclavicular retroklavikulär, hinter dem Schlüsselbein liegend
retroclination 1. Retroklination *f*, Retroclinatio *f*, Zurückkippung *f*; 2. Einwärtskippung *f*, Introversion *f*, Inversion *f*
retroclusion Retroklusion *f*, Unterstechung *f*, Unterbindung *f (eines Blutgefäßes)*
retrocochlear retrokochleär, hinter der Cochlea liegend
retrocolic retrokolisch, hinter dem Dickdarm liegend
retrocollic Nacken...
retrocollic spasm *s.* retrocollis
retrocollis Retrocollis *m* spasmodicus, krampfbedingte Rückwärtsbeugung *f* des Kopfes
retroconduction retrograde Konduktion *f*, ventrikulo-atriale Reizleitung *f*, VA-Reizleitung *f (des Herzens)*
retrocrural retrokrural, an der Beinhinterseite liegend
retrocursive retrokursiv, rekursiv, zurückgehend, rückschreitend
retrodeviation Retrodeviation *f*, Abweichung *f* nach hinten
retrodisplacement Rück(wärts)verlagerung *f (z. B. der Gebärmutter)*
retroduodenal retroduodenal, hinter dem Zwölffingerdarm liegend
retroduodenal artery Arteria *f* retroduodenalis
retroduodenal fossa *s.* retroduodenal recess
retroduodenal recess Recessus *m* retroduodenalis
retrofillIng *(Stom)* rotrograde Füllung *f* [Wurzelfüllung *f*], retrograde Wurzelkanalfüllung *f (über die Wurzelspitze)*
retroflected *s.* retroflexed
retroflection *s.* retroflexion
retroflex *v* retroflektieren, nach hinten neigen; sich nach hinten biegen
retroflexed retroflektiert, nach hinten gebeugt, rückwärts gebeugt; Rückwärts...
retroflexion Retroflexion *f*, Rückwärtsabknickung *f*, Rückwärtsdrehung *f*, Rückwärtsbeugung *f*
retroflexion of the iris Retroflexio *f* iridis, Retroflexion *f* der Iris *(z. B. nach Prellung)*
retroflexion of the uterus Retroflexio *f* uteri, Uterusretroflexion *f (Abknickung des Gebärmutterkörpers nach hinten)*
retrogasserain die sensiblen Nervenwurzeln des Ganglion trigeminale betreffend; hinter dem Ganglion Gasseri liegend
retrogasserain rhizotomy retroganglionäre Neurotomie *f (Durchtrennung sensibler Nervenwurzeln des Nervus trigeminus am Ganglion trigeminale)*
retrogastric retrogastrisch, retrogastral, hinter dem Magen liegend
retrognathia Retrognathismus *m*, Zurückstehen *n* des Unterkiefers

retrognathic retrognath, mit zurückstehendem Unterkiefer; Retrognathie…
retrognathism *s.* retrognathia
retrograde retrograd, rückläufig
retrograde amnesia *(Neur)* retrograde Amnesie *f*
retrograde contrast study of the colon retrograde Kolonkontrastuntersuchung *f*, retrograde Kolonkontrastdarstellung *f*
retrograde cystoscopy retrograde Zystoskopie *f*
retrograde ejaculation retrograde Ejakulation *f*, Ejakulation *f* in die Harnblase
retrograde filling *(Stom)* retrograde Füllung *f*, Postresektionsfüllung *f*
retrograde flow retrograder Fluss *m*; Regurgitation *f*
retrograde infantilism retrograder Infantilismus *m*
retrograde infection retrograde Infektion *f*, aufsteigende Infektion *f* *(z. B. gegen den Urinstrom)*
retrograde menstruation retrograde [regurgitierende] Menstruation *f*, Menstruationsfluss *m* in die Bauchhöhle
retrograde pyelogram *(Urol)* retrogrades Pyelogramm *n*
retrograde pyelography *(Urol)* retrograde Pyelographie *f* *(nach Kontrastmittelgabe über Katheter)*
retrograde urogram retrogrades Urogramm *n*
retrograde urography retrograde Urographie *f* *(nach Kontrastmittelgabe über Katheter)*
retrograde Wenckebach *(Kard)* retrograde Wenckebach-Blockierung *f*
retrography Retrographie *f*, Spiegelschrift *f*
retrogression Regression *f*, Degeneration *f*, Rückbildung *f*
retrogressive retrogressiv, degenerierend, sich (zu)rückbildend
retroinfection 1. Retroinfektion *f* *(Infektion der Mutter durch den Fetus)*; 2. Retroinfektion *f*, Ping-Pong-Infektion *f*, Partnerinfektion *f* mit Reinfektion
retro-inhibition Feedback-Hemmung *f*, retrograde Hemmung *f*
retro-iridian retropupillär, hinter der Pupille liegend
retrojection Retrojektion *f*, retrograde Spülung *f* *(z. B. einer Leibeshöhle)*
retrojector Retrojektor *m*, Retroinjektor *m*
retrolabyrinthine retrolabyrinthär, hinter dem Labyrinth liegend
retrolental retrolental, hinter der Augenlinse liegend; Retrolental…
retrolental fibroplasia retrolentale Fibroplasie *f*, Terry'sches Syndrom *n*, Terry-Syndrom *n*
retrolenticular retrolentikulär, hinter der Linse liegend
retrolingual retrolingual, hinter der Zunge liegend
retrolisthesis Retrolisthesis *f*, Rückwärtsverschiebung *f*, Rückwärtsgleiten *n* *(z. B. eines Wirbelkörpers)*
retromalar retromalar, hinter dem Jochbein liegend
retromalleolar retromalleolär, hinter dem Malleolus liegend
retromammary retromammär, hinter der Brust liegend
retromammary abscess retromammärer Abszess *m*, Retromammärabszess *m*, Eiterung *f* hinter der Brustdrüse
retromammary mastitis Paramastitis *f*
retromandibular retromandibulär, hinter dem Unterkiefer liegend
retromandibular abscess Retromandibularabszess *m*
retromandibular vein Vena *f* retromandibularis
retromastoid retromastoid, hinter dem Warzenfortsatz liegend
retromaxillary retromaxillär, hinter dem Oberkiefer liegend
retromolar retromolar, hinter einem Molarzahn liegend
retromolar pad *(Stom)* Retromolarpolster *n*, Retromolarwulst *m*
retromorphosis retrograde Metamorphose *f*
retromylohyoid space *(Anat)* retromylohyoidaler Raum *m*
retronasal retronasal, hinter der Nase [Nasenhöhle] liegend
retro-ocular retrookular, hinter dem Auge liegend
retro-oesophageal retroösophageal, hinter der Speiseröhre liegend
retroorbital retroorbital, hinter der Augenhöhle liegend
retroorbital headache Retroorbitalkopfschmerz *m*
retroparotid retroparotid, hinter der Ohrspeicheldrüse liegend
retropatellar retropatellär, hinter der Kniescheibe liegend
retroperitoneal retroperitoneal, hinter dem Bauchfell liegend
retroperitoneal abscess retroperitonealer Abszess *m*
retroperitoneal fibrosis Retroperitonealfibrose *f*, Morbus *m* Ormond
retroperitoneal haematoma retroperitoneales Hämatom *n*, Retroperitonealhämatom *n*
retroperitoneal hernia retroperitoneale Hernie *f*, Retroperitonealhernie *f*
retroperitoneal lymph node dissection retroperitoneale Lymphknotenausräumung *f*, retroperitoneale Lymphknotenentfernung *f*
retroperitoneal space *s.* retroperitoneum
retroperitoneal tissue retroperitoneales Gewebe *n*, Retroperitonealgewebe *n*
retroperitoneal tumour retroperitonealer Tumor *m*, Retroperitonealgeschwulst *f*
retroperitoneum Retroperitoneum *n*, Retroperitonealraum *m*, Spatium *n* retroperitoneale
retroperitonitis Retroperitonitis *f*, Retroperitonealraumentzündung *f*
retropharyngeal retropharyngeal, hinter dem Rachen liegend
retropharyngeal abscess Retropharyngealabszess *m*
retropharyngeal haematoma Retropharyngealhämatom *n*
retropharyngeal space *(Anat)* retropharyngealer Raum *m*, Retropharyngealraum *m*
retropharyngitis Retropharyngitis *f*, Rachenhinterwandentzündung *f*
retropharynx Retropharynx *m*, Rachenhinterwand *f*
retroplacental retroplazental, retroplazentar, hinter dem Mutterkuchen liegend
retroplasia Retroplasie *f*, Rückbildung *f*, Gewebedegeneration *f*
retroposed nach hinten verlagert, hinten positioniert
retroposition Retroposition *f*, Rückwärts(ver)lagerung *f*
retroposon *(Gen, Bioch)* Retroposon *n* *(Transposition von DNS-Segmenten)*
retroprostatic retroprostatisch, hinter der Vorsteherdrüse liegend
retropubic retropubisch, hinter der Symphyse liegend
retropubic space Spatium *n* retropubicum
retropulsion 1. Retropulsion *f*, Neigung *f* zum Rückwärtslaufen *(z. B. bei Tabes dorsalis)*; 2. Repulsion *f* *(Zurücktreiben des Fetuskopfes in den Wehen)*; 3. Nachinnenschlagen *n* *(einer Krankheit)*
retropyramidal retropyramidal, hinter der Pyramide liegend
retropyramidal nucleus Nucleus *m* conterminalis
retrorectal retrorektal, hinter dem Mastdarm liegend
retroretinal retroretinal, hinter der Netzhaut liegend
retrosigmoidal retrosigmoidal, hinter dem Sinus sigmoideus liegend
retrospection Erinnerung *f*
retrospective falsification *(Neur)* Erinnerungsfälschung *f*

retrospective study retrospektive Studie *f*
retrospondylolisthesis *(Orth)* Retrospondylolisthesis *f*, dorsale Wirbel(körper)verschiebung *f*
retrostalsis Retroperistaltik *f*, rückwärts gerichtete Peristaltik *f*
retrosternal retrosternal, hinter dem Brustbein liegend
retrosternal goitre Retrosternalstruma *f*
retrosternal hernia Retrosternalhernie *f*
retrosternal pain Retrosternalschmerz *m*
retrosternal pulse Retrosternalpuls *m*
retrosternal space Retrosternalraum *m*, Spatium *n* retrosternale
retrosymphyseal retrosymphysär, hinter der Symphyse liegend
retrotarsal retrotarsal, hinter dem Tarsus liegend
retrotendinous retrotendinös, hinter einer Sehne liegend
retrothyroid retrothyr(e)oidal, hinter der Schilddrüse liegend
retrotonsillar retrotonsillär, hinter der Rachenmandel liegend
retrotonsillar abscess retrotonsillärer Abszess *m*, Retrotonsillarabszess *m*, Peritonsillarabszess *m*
retrotracheal retrotracheal, hinter der Luftröhre liegend
retrouterine retrouterin, hinter der Gebärmutter liegend
retroversioflexion Retroversioflexion *f*, Rückwärtsbeugung *f* und Rückwärtsknickung *f (z. B. der Gebärmutter)*
retroversion Retroversion *f*, Rückwärtsbeugung *f*
retroversion of the uterus Retroversio *f* uteri, Gebärmutterrückwärtsbeugung *f*
retrovert *v* retrovertieren, zurückbeugen, zurückwenden; sich zurückbeugen [zurückwenden]
retroverted retrovertiert, rückwärts gebeugt
retroverted uterus retrovertierter [rückwärts gebeugter] Uterus *m*
retrovesical retrovesikal, hinter der Harnblase liegend
retrovesical abscess retrovesikaler Abszess *m*, Retrovesikalabszess *m*, Eiteransammlung *f* hinter der Harnblase
retrovesical caesarean section *(Gyn)* retrovesikaler Kaiserschnitt *m*
Retroviridae Retroviridae *pl*
retrovirus Retrovirus *n*
retrovitreal *(Ophth)* retrovitreal, hinter dem Glaskörper liegend
retrovitreal haemorrhage retrovitreale Blutung *f*
retrusion 1. *(Stom)* Retrusion *f*, Rückverlagerung *f*; 2. *(Stom)* Retrusion *f*, Rückwärtsbewegung *f* des Unterkiefers; Zurückziehen *n* des Unterkiefers; 3. *(Stom)* Retrusion *f*, Zurückpressen *n* der Zähne
Rett's syndrome Rett'sches Syndrom *n (nur bei Mädchen auftretende frühkindliche progressive Enzephalopathie)*
return *v* rezidivieren, wieder auftreten *(z. B. eine Infektion)*
return *v* **eyesight to a patient** einem Patienten das Sehvermögen wiedergeben
Retzius' cavity *s.* Retzius' space
Retzius' fibre Retzius'sche Faser *f (der Deiter'schen Zellen im Corti-Organ)*
Retzius' foramen Retzius'sches Foramen *n*, Apertura *f* lateralis ventriculi quarti
Retzius' lines *s.* Retzius' stripes
Retzius' space Retzius'scher Raum *m*, Spatium *n* retropubicum
Retzius' striae *s.* Retzius' stripes
Retzius' stripes Retzius'sche Streifen *mpl (Anbaulinien im Zahnschmelz)*
Retzius' vein Retzius'sche Vene *f (Anastomosenvene zwischen Pfortadersystem und unterer Hohlvene)*
reunion Wiedervereinigung *f*, Vereinigung *f*, Wundheilung *f*
Reuss' colour charts Reuss'sche Farbtesttafeln *fpl*
Reuss' colour tables *s.* Reuss' colour charts
revaccinate *v* revakzinieren, wiederimpfen, erneut impfen
revaccination Revakzination *f*, Wiederimpfung *f*
revagotomy Revagotomie *f*, nochmalige Vagus(nerven)-durchtrennung *f*
revascularization Revaskularisation *f*, Revaskularisierung *f*
revascularization syndrome Revaskularisationssyndrom *n*
revascularize *v* revaskularisieren, die Gefäßversorgung wiederherstellen
revascularize *v* **the heart** das Herz revaskularisieren [mit Gefäßen versorgen]
reveal *v* **a gastric ulcer** ein Magengeschwür zeigen [darstellen, nachweisen] *(im Röntgenbild)*
reveal *v* **peritoneal free air [gas] under the dome of the diaphragm** freie Luft unter der Zwerchfellkuppel zeigen
reverberate *v* 1. widerhallen; 2. zurückwerfen, reflektieren
reverberating circuit Erregungskreis *m*
reverberation 1. Widerhall *m*, Nachhall *m*; 2. *(Rad)* Mehrfachecho *n*; Mehrfachreflexion *f*
reverberation artifact Wiederholungsartefakt *m*
Reverdin graft *(Transp, Chir)* Reverdin'sches Transplantat *n* [Hauttransplantat *n*], Reverdin-Läppchen *n*
Reverdin's needle *(Chir)* Reverdin'sche Nadel *f*, Reverdin-Nadel *f*
reversal Umkehr *f*, Umkehrung *f*
reversal film Umkehrfilm *m*
reversal into the opposite *(Neur)* Verkehrung *f* ins Gegenteil *(1. Umkehrung einzelner Triebe; 2. Schutzmechanismus)*
reversal of contrast Kontrastumschlag *m*
reversal of direction Richtungsumkehr *f*, Richtungsumschlag *m*
reversal of gradient Gradientenumkehr *f*
reverse arch *(Stom)* Umkehrbogen *m*
reverse blood flow *s.* reversed blood flow
reverse curve *(Stom)* Umkehrkurve *f*, konvexe Okklusionskurve *f*, Anti-Monson-Kalotte *f*
reverse isolation umgekehrte Isolierung *f (Schutz des Patienten vor Infektion aus der Umgebung)*
reverse peristalsis rückläufige [umgekehrte] Peristaltik *f*, retrograde Peristaltik *f*
reverse transcriptase reverse Transcriptase *f*, Revertase *f*, DNS-abhängige DNS-Polymerase *f (Enzym)*
reverse transcriptase inhibitor Revertase-Inhibitor *m*, Reverse-Transcriptase-Inhibitor *m*, Inhibitor *m* der reversen Transcriptase
reverse Trendelenburg umgekehrte Trendelenburg-Lagerung *f*, Beintieflage *f*
reversed bandage Umschlagtourenverband *m*
reversed blood flow Blutregurgitation *f*, Blutrückstrom *m*
reversed blood flow through the mitral valve Mitralklappenregurgitation *f*, Mitralklappeninsuffizienz *f*
reversed coarctation *s.* Takayasu's arteritis
reversed peristalsis *s.* retrostalsis
reversed Pott's fracture Inversionsfraktur *f* des Sprunggelenks
reversible 1. reversibel, umkehrbar *(z. B. Reaktionen)*; 2. heilbar
reversible brain syndrome reversibles [rückbildungsfähiges] Hirnsyndrom *n*
reversible vascular hyperplasia reversible vaskuläre Hyperplasie *f*, rückbildungsfähige Gefäßhyperplasie *f*
reversion 1. Reversion *f*, Umkehr *f*, Umkehrung *f* eines Vorganges; 2. Rückfall *m*; Rückschlag *m*; Rückkehr *f*; 3. Rückmutation *f*, Umkehr *f* einer Punktmutation

revertante Revertante *f (Mutante mit Reversion zum Phänotyp)*
revertase Revertase *f*, reverse Transcriptase *f*
review 1. Übersicht *f*, Überblick *m*; 2. Rückschau *f*; 3. (nochmalige) Überprüfung *f*, (nochmalige) Prüfung *f*; 4. Kritik *f*; Rezension *f*
review *v* **the temperature chart** die Fieberkurve [Patientenkurve] durchsehen
revitalization Revitalisation *f*, Revitalisierung *f*
revive *v* 1. wieder beleben, reanimieren; 2. aus der Ohnmacht erwachen
revivescence 1. Wiederaufflackern *n*, Wiederaufleben *n*; 2. Wiederbelebung *f*
revivescent wiederaufflackernd, wiederauflebend; wiederbelebend
revivification 1. Wiederbelebung *f*, Reanimation *f*; 2. Auffrischen *n (z. B. einer Wunde)*; Anfrischen *n (z. B. der Wundränder)*
revolute zurückgedreht; zurückgerollt
revolving bed Drehbett *n*
revolving chair Drehstuhl *m*
revolving-door phenomenon *(Neur)* Drehtürpsychiatrie *f (Rückkehr von entlassenen psychiatrischen Patienten infolge Zustandsverschlechterung)*
revulsant *s.* revulsive
revulsant (agent) (Blut) ableitendes Mittel *n*, (Blut) umverteilendes Mittel *n*
revulsion Revulsion *f*, Ableitung *f (z. B. von Blut)*
revulsive revulsiv, ableitend
rewarming Wiederaufwärmung *f*, Wiederaufwärmen *n (z. B. bei Hypothermie)*
Reye-John syndrome *s.* Reye's syndrome
Reye's syndrome Reye-Syndrom *n*, Reye-Morgan-Baral-Syndrom *n (meist tödliche Leber-Hirn-Erkrankung des Säuglings nach Infekt der Atmungsorgane)*
Reynolds' number Reynolds-Zahl *f (für reibungsbehaftete Strömungsvorgänge)*
R.F.A. *s.* right frontoanterior position of the foetus
Rh *s.* Rh factor
rh *s.* Rh factor
Rh ... *siehe auch: rhesus ...*
Rh agglutinogen Rh-Agglutinogen *n*
Rh antibody Rh-Antikörper *m*, Rhesus-Antikörper *m*
Rh antigen Rh-Antigen *n*, Rhesus-Antigen *n*
Rh antiserum Rh-Antiserum *f*, Rhesusfaktor-Antiserum *n*
Rh blocking serum Rhesusfaktor-Blockierungsserum *n*
Rh blocking test indirekter Coombs-Test *m*
Rh blood group Rh-Blutgruppe *f*
Rh desensitization Rh-Desensibilisierung *f*
Rh erythroblastosis Rh-Erythroblastose *f*
Rh factor Rh-Faktor *m*, Rhesusfaktor *m*
Rh gene Rh-Gen *n*
Rh-negative Rh-negativ, rh-negativ, rh, d
Rh-negative donor rh-negativer Blutspender *m*
Rh-positive Rh-positiv, Rh, D
Rh-positive donor Rh-positiver Blutspender *m*
Rh sensitization Rh-Sensibilisierung *f*
Rhabdiasoidea Rhabdiasoidea *pl*
rhabditic Rhabditis betreffend, Rhabditis...
Rhabditidae Rhabditidae *pl (Familie der Fadenwürmer)*
rhabditiform *s.* rhabdoid
rhabditis Rhabditis *f (Fadenwurmart)*
rhabditoid *s.* rhabdoid
rhabdoid stabartig, stabförmig, stabähnlich
rhabdomyoblast *(Histol)* Rhabdomyoblast *m*
rhabdomyoblastic Rhabdomyoblasten...
rhabdomyoblastoma *(Path)* Rhabdomyoblastom *n*
rhabdomyochondroma *(Path)* Rhabdomyochondrom *n*
rhabdomyolysis 1. Rhabdomyolyse *f (Auflösung der quer gestreiften Muskulatur)*; 2. paroxysmale idiopathische Myoglobinurie *f*
rhabdomyoma Rhabdomyom(a) *n (gutartige Geschwulst aus quer gestreiften Muskelfasern)*
rhabdomyomyxoma Rhabdomyomyxom *n (gutartige Geschwulst)*
rhabdomyosarcoma Rhabdomyosarkom *n (bösartige Geschwulst aus quer gestreiften Muskelfasern)*
rhabdomyosarcoma of prostate Prostatarhabdomyosarkom *n*
rhabdomyxosarcoma *(Path)* Rhabdomyxosarkom *n*
rhabdophobia Rhabdophobie *f*, Angst *f* vor Stockschlägen
rhabdosarcoma *(Path)* Rhabdosarkom *n*
rhabdosphincter Sphinkter(muskel) *m* mit quer gestreifter Muskulatur
Rhabdoviridae Rhabdoviridae *pl*
rhabdovirus Rhabdovirus *n*
rhachi... *s.* rachi...
rhacoma 1. pendelndes Skrotum *n*; 2. Exkoriation *f*
rhaebocrania Torticollis *m*, Schiefhals *m*
rhaeboscelic o-beinig
rhaebosis Verkrümmung *f*, Beinverkrümmung *f*
rhagade Rhagade *f*, Schrunde *f*, Einriss *m*; Furche *f*, Fissur *f*, Spalte *f*, Spaltbildung *f*
rhagadiform rhagadenförmig, rhagadenähnlich, fissurenförmig, schrundenartig
rhagiocrine cell Histiozyt *m*, ruhende Wanderzelle *f (im Bindegewebe)*
rhamnoglucoside Rhamnoglykosid *n*
rhamnose Rhamnose *f*, Methylpentose *f*, 6-Desoxy-L-Mannose *f*
rhamnoside Rhamnosid *n (Glykosid)*
rhaphe *s.* raphe
rhegma 1. Ruptur *f*, Zerreißung *f (Zusammensetzungen siehe unter: rupture)*; 2. Fraktur *f*, Fissur *f*
rhegmatogenous durch Ruptur bedingt
rhegmatogenous retinal detachment *(Ophth)* Netzhautablösung *f* durch Netzhauteinriss
rheobase Rheobase *f (niedrigstes elektrisches Reizpotenzial)*
rheobasic Rheobase...
rheocardiogram Rheokardiogramm *n*
rheocardiographic rheokardiographisch
rheocardiography Rheokardiographie *f*
rheoencephalogram Rheoenzephalogramm *n*
rheoencephalographic rheoenzephalographisch
rheoencephalography Rheoenzephalographie *f*
rheogram Rheogramm *n*
rheography Rheographie *f*
rheologic rheologisch
rheologist Rheologe *m*
rheology Rheologie *f*
rheometer Rheometer *n*, Blutstromgeschwindigkeitsmesser *m*
rheometry Rheometrie *f (Messung der Blutströmungsgeschwindigkeit)*
rheonome Rheonom *n*
rheopexy Rheopexie *f*
rheoscope Rheoskop *n*
rheostat Rheostat *m*
rheostosis Rheostose *f*
rheotachygram Rheotachygramm *n*
rheotachygraphic rheotachygraphisch
rheotachygraphy Rheotachygraphie *f (Aufzeichnung der elektromotorischen Muskelaktivität)*
rheotaxis Rheotaxis *f (Beeinflussung der Bewegungsrichtung von Organismen durch Flüssigkeitsströmung)*

rheotropism Rheotropismus *m*
rhestocythaemia Rhestozythämie *f*, Vorhandensein *n* von Erythrozytenbruchstücken
rhesus ... *siehe auch: Rh ...*
rhesus immune globulin Rhesus-Immunoglobulin *n*, Rh-Immunoglobulin *n*
rhesus immunization Rhesus-Immunisierung *f*, Rh-Immunisierung *f*
rhesus incompatibility Rhesus-Inkompatibilität *f*, Rh-Unverträglichkeit *f*
rhesus isoimmunization Rhesus-Isoimmunisierung *f*, Rh-Isoimmunisierung *f*
rhesus typing Rhesus-Typisierung *f*, Rh-Typisierung *f*
rheumapyra *s.* rheumatic fever
rheumarthritis Rheumarthritis *f*, Gelenkrheumatismus *m*
rheumatalgia Rheumatalgie *f*, Rheumaschmerz *m*
rheumatic rheumatisch; Rheumatismus..., Rheuma...
rheumatic Rheumatiker *m*, Rheumakranke(r) *m*, an Rheumatismus Leidende(r) *m*
rheumatic aortitis rheumatische Aortitis *f*
rheumatic arteritis rheumatische Arteriitis *f* [Arterienentzündung *f*], Arteriitis *f* rheumatica
rheumatic arthritis Rheumarthritis *f*, Gelenkrheumatismus *m*, Arthritis *f* rheumatica
rheumatic carditis rheumatische Karditis *f* [Herzentzündung *f*], Carditis *f* rheumatica
rheumatic chorea *(Neur)* rheumatische Chorea *f*, Sydenham'sche Chorea *f*
rheumatic complaints Rheumabeschwerden *pl*
rheumatic disease rheumatische Erkrankung *f*, Rheumakrankheit *f*
rheumatic encephalopathy rheumatische Enzephalopathie *f*, Encephalopathia *f* rheumatica
rheumatic endocarditis rheumatische Endokarditis *f* [Herzinnenhautentzündung *f*], Endocarditis *f* rheumatica
rheumatic factor Rheumafaktor *m*, RF
rheumatic fever rheumatisches Fieber *n*, akuter Rheumatismus *m*, Polyarthritis *f* rheumatica acuta
rheumatic heart disease rheumatische Herzerkrankung *f*
rheumatic myocarditis rheumatische Myokarditis *f* [Herzmuskelentzündung *f*], rheumatische Myokardentzündung *f*, Myocarditis *f* rheumatica
rheumatic nodule Rheumaknötchen *n*
rheumatic peliosis Hautblutung *f* bei Rheumatismus, Peliosis *f* rheumatica
rheumatic pericarditis rheumatische Perikarditis *f* [Herzbeutelentzündung *f*], Pericarditis *f* rheumatica
rheumatic pleurisy rheumatische Pleuritis *f* [Brustfellentzündung *f*], Pleuritis *f* rheumatica
rheumatic polymyalgia Polymyalgia *f* rheumatica
rheumatic purpura rheumatische [Schönlein'sche] Purpura *f*, Purpura *f* rheumatica
rheumatic scoliosis rheumatische [entzündliche] Skoliose *f*
rheumatic valvular disease rheumatische Herzklappenkrankheit *f*
rheumatid Rheumatid *n*, rheumatische Hauterscheinung *f*
rheumatism 1. Rheumatismus *m*, Rheuma *n*, Gelenkreißen *n*; Muskelreißen *n*; Nervenreißen *n*; 2. *s.* rheumatic fever
rheumatismal *s.* rheumatic
rheumatodynia Rheumaschmerz *m*
rheumatogenic rheumatogen, Rheuma erzeugend, Rheumatismus auslösend
rheumatoid rheumatoid, rheumaartig, rheumaähnlich
rheumatoid arteritis Rheumatoidarteriitis *f*, rheumatoide Arteriitis *f*
rheumatoid arthritis Rheumatoidarthritis *f*, rheumatoide Arthritis *f*, primär-chronische progressive Polyarthritis *f*
rheumatoid episcleritis Rheumatoidepiskleritis *f*, rheumatoide Episkleritis *f*
rheumatoid factor Rheumafaktor *m*
rheumatoid pneumoconiosis rheumatoide Pneumokoniose *f*, Pneumokoniose *f* bei Rheumatoidarthritis, Caplan-Syndrom *n*
rheumatoid scleritis Rheumatoidskleritis *f*
rheumatoid spondylitis rheumatoide Spondylitis *f*
rheumatologic rheumatologisch; Rheumatologie...
rheumatologist Rheumatologe *m*, Rheumaspezialist *m*
rheumatology Rheumatologie *f*, Rheumalehre *f*, Rheumatismuslehre *f*
rheumatosis rheumatisches Leiden *n*, Rheumaleiden *n*
rheumic 1. katarrhalisch; Katarrh...; mit wässriger [schleimiger] Entleerung; eine wässrige [schleimige] Entleerung betreffend; 2. Fluss..., Fließ...
rhexis Rhexis *f*, Ruptur *f*, Zerreißung *f*, Zerreißen *n (Zusammensetzungen siehe unter: rupture)*
rhigosis Kältewahrnehmung *f*, Fähigkeit *f* zur Kälteempfindung
rhigotic die Kältewahrnehmung betreffend; Kältewahrnehmungs...
rhinaesthesia Rhinästhesie *f*, Geruchssinn *m*
rhinal nasal; Nasen..., Rhin(o)... *(Zusammensetzungen siehe unter: nasal)*
rhinalgia Rhinalgie *f*, Rhinodynie *f*, Nasenschmerzen *mpl*
rhinallergosis Rhinallergose *f*, allergische Rhinitis *f*, Heuschnupfen *m*
rhinencephalia *(Terat)* Rhinozephalie *f*
rhinencephalic rhinenzephal, rhinenkephal; Rhinenzephalon..., Riechhirn...
rhinencephalon Rhinenzephalon *n*, Rhinencephalon *n*, Riechhirn *n*
rhinencephalus *(Terat)* Rhinozephalus *m*
rhinenchysis Nasenspülung *f*
rhineurynter *(HNO)* Rhineurynter *m*, Nasendehner *m*, Nasendehn(ungs)instrument *n*
rhinhaematoma Nasenhämatom *n*
rhinic nasal; Nasen..., Rhin(o)... *(Zusammensetzungen siehe unter: nasal)*
rhinion Rhinion *n (anthropologischer Messpunkt)*
rhinism *s.* rhinismus
rhinismus Näseln *n*, Nasalstimme *f*
rhinitis Rhinitis *f*, Nasen(schleimhaut)katarrh *m*, Nasen(schleimhaut)entzündung *f*, Schnupfen *m*, Koryza *f*
rhinitis of the newborn Neugeborenenrhinitis *f*
rhinoanemometer Rhinoanemometer *n (zur Messung des Nasenströmungswiderstandes)*
rhinoantritis Rhinoantritis *f*, Nasoantritis *f*, Rhinitis *f* mit Sinusitis maxillaris, Schnupfen *m* mit Kieferhöhlenentzündung
rhinoblennorrhoea Rhinoblennorrhoe *f*, eitrige Rhinitis *f*
rhinobyon Nasentamponade *f*, Nasentampon *m*
rhinocanthectomy Rhinokanthektomie *f*, (operative) Entfernung *f* des inneren Augenwinkels
rhinocele *s.* rhinocoele
rhinocephalia *(Terat)* Rhinozephalie *f*
rhinocephalus *(Terat)* Rhinozephalus *m*
rhinocephaly *s.* rhinocephalia
rhinocerebral rhinozerebral
rhinocerebral mucormycosis rhinozerebrale Mukormykose *f*
rhinocheiloplasty Rhinocheiloplastik *f*, Nasen-Lippen-Plastik *f*
rhinocleisis Rhinokleisis *f*, Nasengangsverschluss *m*
rhinocnesmus Nasenjucken *n*, Nasenkribbeln *n*
rhinocoele Rhinozöle *f (im Riechhirnlappen)*
rhinodacryolith Rhinodacryolith *m*, Tränennasengangstein *m*

rhinoderma Rhinoderma *n*, Keratosis *f* pilaris
rhinodynia *s.* rhinalgia
rhinoentomophthoromycosis Rhinoentomophthoromycosis *f*, rhinofaziale Zygomykose *f*
rhinogenous rhinogen, von der Nase ausgehend, nasalen Ursprungs
rhinokyphectomy Rhinokyphektomie *f*, (operative) Nasenbuckelabtragung *f*
rhinokyphosis Rhinokyphose *f*, Nasenbuckel *m*
rhinolalia Rhinolalie *f*, näselnde Sprache *f*, Näseln *n*, Nasensprache *f*
rhinolaryngitis Rhinolaryngitis *f*, Nasen(schleimhaut)- und Kehlkopf(schleimhaut)entzündung *f*
rhinolaryngologist Rhinolaryngologe *m*, Nasen- und Kehlkopfspezialist *m*
rhinolaryngology Rhinolaryngologie *f*, Nasen- und Kehlkopflehre *f*
rhinolith Rhinolith *m*, Nasenkonkrement *n*, Nasenstein *m*
rhinolithiasis 1. Rhinolithiasis *f*, Nasensteinkrankheit *f*, Nasensteinleiden *n*; 2. Nasensteinbildung *f*, Nasensteinentwicklung *f*
rhinologic *s.* rhinological
rhinological rhinologisch
rhinologist Rhinologe *m*, Nasenspezialist *m*, Nasenfacharzt *m*, Facharzt *m* für Hals-, Nasen- und Ohrenheilkunde *f*, HNO-Arzt *m*
rhinology Rhinologie *f*, Nasenheilkunde *f*, Lehre *f* von den Nasenkrankheiten
rhinomanometer Rhinomanometer *n*, Nassomanometer *n (zur Naseninnendruckmessung)*
rhinomanometry Rhinomanometrie *f (Naseninnendruckmessung)*
rhinometaplasty *s.* rhinoplasty
rhinometer Rhinometer *n (zur Vermessung der Nasenhöhlen)*
rhinomiosis operative Nasenverkleinerung *f*
rhinommectomy Rhinommektomie *f*, (operative) Entfernung *f* des Epicanthus medialis *(des Auges)*
rhinomucormycosis Rhinomukormykose *f*, Entomophthoramycosis *f*
rhinomycosis Rhinomykose *f*, Pilzerkrankung *f* [Pilzkrankheit *f*] der Nase
rhinonecrosis Rhinonekrose *f*, Nasen(knochen)nekrose *f*, Nasen(knochen)zerstörung *f*, Nasen(knochen)untergang *m*
rhinonemmeter Rhinonemmeter *n (Gerät zur Messung der Nasenströmungsgeschwindigkeiten)*
rhinoneurosis Rhinoneurose *f*, Nasenneurose *f*
rhinopathia *s.* rhinopathy
rhinopathy Rhinopathie *f*, Nasenkrankheit *f*, Nasenerkrankung *f*
rhinopharyngeal rhinopharyngeal, nasopharyngeal; Rhinopharynx…, Nasenrachen(raum)…
rhinopharyngitis 1. Rhinopharyngitis *f*, Nasen(schleimhaut)- und Rachen(schleimhaut)entzündung *f*; 2. Nasenrachen(schleimhaut)entzündung *f*, Nasenrachenkatarrh *m*, Nasopharyngitis *f*
rhinopharyngocele Rhinopharyngozele *f*, Nasenrachenzyste *f*
rhinopharyngolith Rhinopharyngolith *m*, Nasenrachenstein *m*, Nasenrachenkonkrement *n*
rhinopharyngoscopy Rhinopharyngoskopie *f*, direkte Epipharyngoskopie *f*, Nasenrachenspiegelung *f*
rhinopharynx Rhinopharynx *m*, Nasopharynx *m*, Nasenrachen(raum) *m*, Pars *f* nasalis pharyngis
rhinophonia Rhinophonie *f*, näselnde Stimme *f* [Sprache *f*]
rhinophore Nasenkanüle *f*, Nasentubus *m*
rhinophycomycosis Rhinophykomykose *f*, Phycomycosis *f* entomophthorae *(durch Entomophthora coronata)*
rhinophym *s.* rhinophyma
rhinophyma Rhinophym *n*, Knollennase *f*, Pfundnase *f*, Erdbeernase *f*
rhinoplastic rhinoplastisch, nasenplastisch, nasenbildend
rhinoplasty Rhinoplastik *f*, Nasenplastik *f*, plastische Nasenoperation *f*
rhinopneumonitis Rhinopneumonitis *f (Entzündung der Nasen- und der Lungenschleimhaut)*
rhinopolyp Rhinopolyp *m*, Nasenpolyp *m*
rhinopsia *s.* convergent squint
rhinorrhagia Rhinorrhagie *f*, Nasenbluten *n*, Nasenblutung *f*, Epistaxis *f*
rhinorrhaphy Rhinorrhaphie *f*, Nasennaht *f*
rhinorrhoea Rhinorrhoe *f*, Nasenfluss *m*, Liquorfluss *m* aus der Nase
rhinosalpingitis Rhinosalpingitis *f (Entzündung der Schleimhaut der Nase und der Eustachi'schen Röhre)*
rhinoschisis Rhinoschisis *f*, (angeborene) Nasenspalte *f*
rhinoscleroma *(Inf)* Rhinosklerom *n (durch Klebsiella rhinoscleromatis)*
rhinoscleromatous rhinoskleromatös; Rhinosklerom…
rhinoscope Rhinoskop *n*, Nasenspekulum *n*, Nasenspiegel *m*
rhinoscopic rhinoskopisch; Rhinoskopie…
rhinoscopic mirror Rhinoskopiespiegel *m*, Nasenspiegel *m*
rhinoscopy Rhinoskopie *f*, Nasenspiegelung *f*, Nasenuntersuchung *f* mit dem Rhinoskop
rhinosinusitis Rhinosinusitis *f*, Nasen- und Nasennebenhöhlenentzündung *f*
rhinosinusopathy Rhinosinusopathie *f*, Nasen- und Nasennebenhöhlenerkrankung *f*
rhinosporidiosis *(Inf)* Rhinosporidiose *f (durch Rhinosporidium seeberi)*
rhinostenosis Rhinostenose *f*, Nasenvereng(er)ung *f*
rhinothrix Nasenhaar *n*
rhinotomy Rhinotomie *f*, Nasen(ein)schnitt *m*, (operative) Naseneröffnung *f*
rhinotracheitis Rhinotracheitis *f*, Trachea- und Nasenschleimhautentzündung *f*
rhinotracheitis virus Rhinotracheitis-Virus *n*
rhinovaccination Rhinovakzination *f*, Vakzination *f* über die Nasenschleimhaut
rhinoviral rhinoviral, durch Rhinoviren bewirkt; Rhinovirus…
Rhinovirus Rhinovirus *pl*
rhinovirus Rhinovirus *n*, *(veraltet)* ERC-Virus *n*, Coryzavirus *n (RNS-Virus)*
Rhipicentor Rhipicentor *m (Zeckenart)*
Rhipicephalus Rhipicephalus *m*, Rhipicephaluszecke *f (Zeckenart)*
rhitidoplasty *s.* rhytidoplasty
rhitidosis *s.* rhytidosis
rhizoblast Rhizoblast *m*, Rhizoplast *m (der Flagellen)*
rhizodontropy 1. *(Stom)* Rhizodontropie *f*, Zahnwurzeldrehung *f*; 2. *(Stom)* Rhizodontropie *f (Zahnkronenfixierung in der Zahnwurzel mittels Drehzapfen)*
rhizodontrypsy *(Stom)* Rhizodontripsie *f*, Zahnwurzeltrepanation *f*, (operative) Zahnwurzeleröffnung *f (für Abfluss von Flüssigkeit)*
rhizoid *s.* rhizoidal
rhizoidal rhizoid, wurzelartig, wurzelähnlich
rhizolysis *(Chir, Neur)* Rhizolyse *f*, perkutane Radiofrequenz-Rhizotomie *f (des Trigeminusganglions)*
rhizolysis perkutane Radiofrequenz-Rhizotomie *f*
rhizome *(Pharm)* Rhizom *n*, Rhizoma *n*, Wurzelstock *m*
rhizomelia 1. Rhizomelie *f (Störung im Bereich der Hüft- und Schultergelenke)*; 2. Rhizomelie *f (Längenanomalie der Arme und der Beine)*

rhizomelic rhizomel(isch), das Hüftgelenk und das Schultergelenk betreffend; Hüftgelenk-Schultergelenk-...
rhizomeningomyelitis Rhizomeningomyelitis *f*, Meningomyeloradikulitis *f*, Nervenwurzel-Meninx-Rückenmark-Entzündung *f*
rhizomorphoid wurzelförmig
rhizonychia Nagelwurzel *f*
rhizonychium *s.* rhizonychia
rhizoplast *s.* rhizoblast
Rhizopoda Rhizopoda *npl*, Wurzelfüßler *mpl*
rhizopodium Rhizopodium *n*, Reticulopodium *n*, Wurzelfüßchen *n*
Rhizopus Rhizopus *m (Pilzgattung)*
rhizotomy Rhizotomie *f*, Nervenwurzeldurchschneidung *f*, (operative) Nervenwurzeldurchtrennung *f*
rhodamine Rhodamin *n*
rhodamine B Rhodamin *n* B *(fluoreszierender Vitalfarbstoff)*
rhodanate Rhodanat *n*, Thiocyanat *n*
rhodanese Thiosulfat-Sulfurtransferase *f (Enzym)*
rhodanic acid 1. Rhodanwasserstoffsäure *f*, Thiocyansäure *f*, Thiozyansäure *f*, Sulfozyansäure *f*; 2. *s.* rhodanine
rhodanile blue Rhodanilblau *n (Farbmischung aus Rhodamin B und Nil-Blau zur Gewebefärbung)*
rhodanine Rhodanin *n*
rhodeose Rhodeose *f*, Fucose *f*, Fukose *f (Enzym)*
Rhodesian fever *(Trop)* Rhodesiafieber *n*, Rhodesisches Fieber *n*, Küstenfieber *n*
Rhodesian sleeping sickness *(Trop)* ostafrikanische Schlafkrankheit *f* [Trypanosomiasis *f*]
Rhodesian trypanosomiasis *s.* Rhodesian sleeping sickness
rhodin Rhodin *n*
Rhodnius (prolixus) *(Paras)* Rhodnius *m (Trypanosoma cruzi übertragende Raubwanzenart)*
Rhodococcus Rhodococcus
rhodocyte *s.* erythrocyte
rhodogenesis *(Ophth)* Rhodogenese *f*, Rhodopsinregeneration *f*, Sehpurpurregenerierung *f*, Sehpurpurerneuerung *f*
rhodonalgia *s.* erythromelalgia
rhodophylactic rhodophylaktisch, rhodopsinregenerierend, den Sehpurpur erneuernd; Rhodophylaxis...
rhodophylaxis Rhodophylaxis *f*, Rhodopsinregeneration *f*, Sehpurpurregeneration *f (durch die Retina)*
rhodopsin *(Ophth)* Rhodopsin *n*, Sehpurpur *m*, Sehrot *n*, Erythropsin *n*
rhodopsin bleaching Rhodopsinbleichen *n*
rhodopsin kinase Rhodopsinkinase *f (Enzym)*
Rhodotorula Rhodotorula *pl*, rote Hefen *fpl*
rhodotoxin Rhodotoxin *n (Gift aus Rhododendron)*
rhoencephalography Rhoenzephalographie *f (Bestimmung der Hirndurchblutung durch Impedanzmessungen des Gehirns)*
rhombencephalic rhombenzephal, rhombenkephal; Rhombenzephalon..., Rautenhirn...
rhombencephalic tegmentum Tegmentum *n* rhombencephali
rhombencephalitis Rhombenzephalitis *f*, Rautenhirnentzündung *f*
rhombencephalon Rhombenzephalon *n*, Rhombencephalon *n*, Rautenhirn *n*
rhombic *s.* 1. rhomboid; 2. rhombencephalic
rhombocoele Rhombozöle *f*, Ventriculus *m* terminalis medullae spinalis, Rautenhirnhöhle *f*
rhomboid rhomboid, rautenartig, rautenförmig, rautenähnlich
rhomboid fossa Fossa *f* rhomboidea, Rautengrube *f*
rhomboid glossitis Glossitis *f* rhomboidea mediana, mediane rhomboide Glossitis *f*
rhomboid ligament Ligamentum *n* costoclaviculare
rhomboideus major (muscle) Musculus *m* rhomboideus major, großer Rautenmuskel *m*
rhomboideus minor (muscle) Musculus *m* rhomboideus minor, kleiner Rautenmuskel *m*
rhombomere *(Embr)* Rhombomer *n*, Neuromer *n (Entwicklungssegment des Rhombenzephalons)*
rhonchal *s.* rhonchial
rhonchial Ronchus..., Rassel...; Schnarch...
rhonchus Rhonchus *m*, Rasseln *n*, Rasselgeräusch *n*; Schnarchen *n*; Giemen *n*
rhopheocytosis Rhopheozytose *f (Pinozytose-artige Ferritinablagerung mit Vakuolenbildung an der Zelloberfläche)*
rhotacism Rhotazismus *m*, fehlerhaftes Aussprechen *n* des R-Lautes
Rhus Rhus *m*, Toxicodendron *m*
rhus dermatitis Rhus-Dermatitis *f (Kontaktdermatitis durch giftigen Efeu oder Sumach)*
rhus diversiloba Rhus *m* diversiloba, (westliche) Gifteiche *f*
rhus quercifolia Rhus *m* quercifolia, (östliche) Gifteiche *f*
rhus radicans Rhus *m* radicans, giftiger Efeu *m*, Giftefeu *m*
rhus vernix Rhus *m* vernix, giftiger Sumach *m*, Giftsumach *m*
rhypophagy *(Neur)* Rhypophagie *f*, Kotessen *n*, Schmutzessen *n*, Dreckessen *n*
rhypophobia *(Neur)* Rhypophobie *f*, Molysmophobie *f*, Berührungsfurcht *f*, Verschmutzungsfurcht *f*, Kontaminationsangst *f*
rhythm Rhythmus *m*
rhythm disturbance Rhythmusstörung *f*
rhythm method Rhythmusmethode *f*
rhythmic rhythmisch; Rhythmus...
rhythmic action potential rhythmisches Aktionspotenzial *n*
rhythmic nystagmus *(Ophth)* rhythmischer Nystagmus *m*
rhythmic tremor rhythmischer Tremor *m*
rhythmical *s.* rhythmic
rhythmicity 1. Rhythmik *f (charakteristischer Rhythmus eines Prozesses)*; 2. rhythmischer Vorgang *m*; rhythmischer Zustand *m*; 3. rhythmische Kontraktion *f*, (kontraktiler) Automatismus *m*
rhytidectomy Rhytidektomie *f*, (operative) Hautfaltenentfernung *f*, Runzelentfernung *f*
rhytidoplasty Rhytidoplastik *f*, Gesichtshautstraffung *f*
rhytidosis Rhytidosis *f*, Runzelung *f*, Faltenbildung *f*, Runzelbildung *f* (der Haut)
RIA *s.* radioimmunoassay
rib Rippe *f*, Costa *f (siehe auch unter: costal)*
rib approximator *(Chir)* Rippenapproximator *m*
rib bed *(Anat)* Rippenbett *n*
rib cage Brustkorb *m*, Thorax *m*
rib contractor *(Chir)* Rippenkontraktor *m*
rib cutting forceps *(Chir)* Rippenschere *f*, Rippenzange *f*
rib fracture Rippenfraktur *f*, Rippenbruch *m*
rib holding forceps *(Chir)* Rippenfasszange *f*
rib notching *(Path, Rad)* Rippenusur *f*
rib raspatory *(Chir)* Rippenraspatorium *n*
rib resection Rippenresektion *f*
rib retractor *(Chir)* Rippenretraktor *m*, Rippensperrer *m*, Rippenspreizer *m*
rib rongeur *(Chir)* Hohlmeißelzange *f*, Rundmeißelzange *f*
rib serial fracture Rippenserienfraktur *f*
rib shaking Schütteldrainage *n* des Thorax, Schüttelmassage *f* (des Thorax) *(Physiotherapie)*
rib shears *(Chir)* Rippenschere *f*

rib spreader *s.* rib retractor
rib spreading retractor *s.* rib retractor
rib strapping *(Chir)* Rippenverband *m*, Dachziegelverband *m*
rib vibration rhythmische Vibration *f*, Vibrationsdrainage *f* (des Thorax); Vibrationsmassage *f (Physiotherapie)*
ribavirin Ribavirin *n*
ribazole Ribazol *n (Vitamin-B_{12}-Bestandteil)*
Ribbing's disease Ribbing-Krankheit *f*, Dysostosis *f* enchondralis epiphysaria
ribbon stool *(Gastr)* Bleistiftstuhl *m*
ribitol Ribitol *n*
riboflavin Riboflavin *n*, Laktoflavin *n*, Vitamin *n* B_2, 7,8-Dimethyl-10-(D-ribo-2,3,4,5-tetrahydroxypentyl-)isoalloxazin *n*
riboflavin adenine dinucleotide Riboflavinadenosindinukleotid *n*
riboflavin kinase Riboflavinkinase *f (Enzym)*
riboflavin 5'-phosphate Riboflavin-5-phosphat *n*, Flavinmononukleotid *n*, FMN
ribofuranose Ribofuranose *f*
ribonuclease Ribonuklease *f*, Ribonuclease *f*, RNase *f (RNA-abbauendes Enzym)*
ribonucleic acid Ribonukleinsäure *f*, Ribonucleinsäure *f*, RNA *f (Zusammensetzungen siehe unter: RNA)*
ribonucleinase *s.* ribonuclease
ribonucleoprotein Ribonukleoprotein *n*
ribonucleoside Ribonukleosid *n (aus Pyrimidinbase und D-Ribose)*
ribonucleoside diphosphate reductase Ribonukleosiddiphosphatreduktase *f (Enzym)*
ribonucleotide Ribonukleotid *n (aus Ribonukleosid und Phosphorsäure)*
ribonucleotide reductase Ribonukleotidreduktase *f (Enzym)*
ribophorin Ribophorin *n*
ribopyranose Ribopyranose *f*
ribose Ribose *f*, α-D-Ribofuranose *f (Pentose)*
ribose 5-phosphate Ribose-5-phosphat *n*
ribose-5-phosphate isomerase Ribose-5-phosphatisomerase *f (Enzym)*
ribose-phosphate pyrophosphokinase Ribosephosphatpyrophosphokinase *f*, Phosphoribosylpyrophosphatsynthetase *f (Enzym)*
riboside Ribosid *n*
ribosomal protein Ribosomenproteid *n*, Ribosomenprotein *n*, ribosomales Protein *n*
ribosomal RNA ribosomale Ribonukleinsäure *f*, ribosomale RNS *f*, rRNS
ribosome Ribosom *n (Zellorganelle)*
ribosome-inactivating protein ribosomeninaktivierendes Protein *n*
ribosuria Ribosurie *f*, Riboseausscheidung *f* im Urin
ribosylation Ribosylierung *f*, Ribosylgruppenanlagerung *f*
ribosylorotate Ribosylorotat *n*, Oprotidin *n*
1-ribosylorotate 1-Ribosylorotat *n*, Orotidin *n*
ribosylthymidine Ribosylthymidin *n*, Ribothymidin *n*
ribosyluracil Ribosyluracil *n*, Pseudouridin *n*
5-ribosyluracil 5-Ribosyluracil *n*, Pseudouridin *n*
ribothymidine Ribothymidin *n*, 5-Methyluridin *n*
ribothymidylic acid Ribothymidylsäure *f*, Ribothymidin-5'-phosphat *n*
ribotide Ribotid *n*
ribovirus Ribovirus *n*, RNS-Virus *n*
ribozyme Ribozym *n*
ribulose Ribulose *f*, Riboketose *f*
ribulose-1,5-bisphosphate Ribulose-1,5-diphosphat *n*
ribulose-1,5-bisphosphate carboxylase Ribulose-1,5-diphosphat-Carboxylase *f*, Carboxydismutase *f (Enzym)*
ribulose-phosphate Ribulosephosphat *n*
ribulose-5-phosphate Ribulose-5-phosphat *n*
ribulose-phosphate 3-epimerase Ribulosephosphat-3-epimerase *n (Enzym)*
rice agar Reisagar *m*, Reis-Agar *m*
rice bodies Reiskörperchen *npl*, Corpora *npl* oryzoidea *(Fibrinablagerungen in Gelenken)*
rice-water stool Reiswasserstuhl *m*, reiswasserähnlicher Stuhl(gang) *m (bei Cholera)*
rich in protein proteinreich, eiweißreich
Richards-Rundle syndrome Richards-Rundle'sches Syndrom *n (Ketoazidose, geistige Retardierung, Unterentwicklung der sekundären Geschlechtsmerkmale, Taubheit, Ataxie und Muskelschwund)*
Richet-Toulouse treatment *(Neur)* Richet-Toulouse'sche Epilepsiebehandlung *f*
Richet's aneurysm Richet'sches Aneurysma *n*, fusiformes Aneurysma *n*, Aneurysma *n* fusiforme
Richner-Hanhart syndrome Richner-Hanhart-Syndrom *n*, Tyrosinämie *f* Typ II
Richter-Monroe line Richter-Monroe-Linie *f*, Richter'sche Linie *f (vom Nabel zur linken Spina iliaca anterior superior)*
Richter's hernia Richter'sche Hernie *f*, Richter'scher Eingeweidebruch *m*
Richter's syndrome Richter'sches Syndrom *n (chronische lymphozytäre Leukämie mit diffusem histiozytärem Lymphom)*
ricin Ricin *n*, Ricinin *n (Toxin aus Ricinus communis)*
ricinism Rizinismus *m*, Rizinusvergiftung *f*
ricinoleate Rizinoleat *n*
ricinoleic acid Rizinolsäure *f*, Acidum *n* ricinolicum
rickets Rachitis *f*, Glisson'sche [Englische] Krankheit *f*, Morbus *m* Glisson [anglicus] *(Zusammensetzungen siehe unter: rachitic)*
rickettsaemia Rickettsiämie *f*, Vorhandensein *n* von Rickettsien im Blut
rickettsia *(Bakt)* Rickettsie *f*
Rickettsia akari Rickettsia *f* akari *(Erreger der Rickettsienpocken)*
Rickettsia australis Rickettsia *f* australis *(Erreger des Queensland-Zeckenbissfiebers)*
Rickettsia burneti Rickettsia *f* burneti *(Erreger des Q-Fiebers)*
Rickettsia conori Rickettsia *f* conorii *(Erreger des Mittelmeerfiebers)*
Rickettsia mooseri Rickettsia *f* mooseri *(Erreger des murinen Fleckfiebers)*
Rickettsia orientalis *s.* Rickettsia tsutsugamushi
Rickettsia prowazeki Rickettsia *f* prowazeki *(Erreger des klassischen Fleckfiebers)*
Rickettsia quintana *s.* Rickettsia wolhynica
Rickettsia rickettsii Rickettsia *f* rickettsii *(Erreger des Felsengebirgsfiebers)*
Rickettsia siberica Rickettsia *f* siberica *(Erreger des asiatischen Zeckenbissfiebers)*
Rickettsia tsutsugamushi Rickettsia *f* tsutsugamushi *(Erreger der Tsutsugamushikrankheit)*
Rickettsia typhi Rickettsia *f* typhi *(Erreger des murinen Fleckfiebers)*
Rickettsia wolhynica Rickettsia *f* quintana *(Erreger des Wolhyni'schen Fiebers)*
Rickettsiaceae Rickettsiaceae *pl*
Rickettsiae Rickettsiae *pl*
rickettsial rickettsienartig, rickettsienähnlich, rickettsienförmig; durch Rickettsien bewirkt; Rickettsien...
rickettsial agglutination reaction Rickettsien-Agglutinationsreaktion *f*
rickettsial antigen Rickettsienantigen *n*

rickettsial complement fixation reaction Rickettsien-Komplement-Fixationsreaktion *f*
rickettsial disease *s.* rickettsiosis
rickettsial pox Rickettsienpocken *pl*, Pockenfleckfieber *n*, vesikuläre Rickettsiose *f*
rickettsial vaccine Rickettsienvakzine *f*, Rickettsienimpfstoff *m*
rickettsicidal rickettsizid, rickettsienschädlich, rickettsientötend
Rickettsieae Rickettsieae *pl*
rickettsiology Rickettsienlehre *f*
rickettsiosis *(Inf)* Rickettsiose *f*, Rickettsienerkrankung *f*, Rickettsienkrankheit *f*, Fleckfiebererkrankung *f*
rickettsiostatic rickettsiostatisch, rickettsienhemmend
rickettsiostatic (agent) Rickettsiostatikum *n*, rickettsienhemmendes Mittel *n*
rickety *s.* rachitic
rictal 1. Fissuren..., Riss...; 2. Spalten..., Spalt...
rictus 1. Fissur *f*, Haarriss *m*, Riss *m (z. B. im Knochen)*; 2. Spalte *f*, Spalt *m*; Mundspalt *m*; Rachen *m*; 3. Riktus *m (Krampf der mimischen Muskulatur mit lachendem Gesichtsausdruck)*
Riddoch's mass reflex Riddoch'scher Massenreflex *m*
Rideal-Walker coefficient Rideal-Walker-Koeffizient *m*, Rideal-Walker'scher Phenolkoeffizient *m*
Rideal-Walker method *s.* Rideal-Walker test
Rideal-Walker test Rideal-Walker-Test *m (zur Testung der bakteriziden Wirksamkeit von Desinfektionsmitteln)*
rider's bone Reit(er)knochen *m*; Myositis *f* ossificans localisata
rider's muscle Reit(er)muskel *m*
rider's sprain Reit(er)zerrung *f (Zerrung der Adduktorenmuskeln des Oberschenkels)*
ridge Leiste *f*, Kamm *m*, Rücken *m*; First *m*
ridge lap *(Stom)* künstliche Zahnbasislinie *f*, künstliche Zahnbasis *f*
ridging Furchenbildung *f*, Kantenbildung *f (z. B. bei plastischen Operationen)*
riding thrombus *(Hämat)* reitender Thrombus *m*, Sattelthrombus *m*
Riedel's disease *s.* Riedel's struma
Riedel's lobe Riedel'scher Lappen *m*, Riedel'scher Fortsatz *m (bei vergrößerter Gallenblase)*
Riedel's struma Riedel'sche [eisenharte] Struma *f (chronische schwielige Schilddrüsenentzündung mit Bindegewebswucherung)*
Riedel's thyroiditis *s.* Riedel's struma
Rieder's cell *s.* Rieder's lymphocyte
Rieder's cell leukaemia Rieder'sche Lymphozytenleukämie *f*
Rieder's lymphocyte Rieder'scher Lymphozyt *m*, Rieder'sche Form *f (der Lymphozyten)*
Rieger's anomaly Rieger'sche Anomalie *f*, Embryotoxon *n* corneae posterius, Rieger'sches Syndrom *n*
Rieger's syndrome *s.* Rieger's anomaly
Riehl's melanosis Riel'sche Melanose *f (toxische Melanodermatitis mit Hyperpigmentierung lichtexponierter Haut)*
Rieux's hernia Rieux'sche Hernie *f*, Retrozökalhernie *f*
rifabutin Rifabutin *n*
rifamide Rifamid *n (Antibiotikum)*
rifampicin Rifampicin *n (Antibiotikum)*
rifampin *s.* rifampicin
rifamycin Rifamycin *n (Antibiotikum)*
Rift Valley fever *(Trop)* Rift-Tal-Fieber *n*
Rift Valley fever retinitis *(Trop)* Rift-Tal-Fieber-Retinitis *f*
Rift Valley fever virus Rift-Tal-Fieber-Virus *n (Arbovirus)*
Riga-Fede disease Riga-Fede'sche Krankheit *f*, Riga'sche Aphthen *fpl (sublinguale Ulzerationen bei Kleinkindern)*
Rigg's disease Rigg'sche Krankheit *f*, Periodontitis *f* marginalis
right anonymous vein Vena *f* anonyma [brachio-cephalica] dextra
right anterior oblique (position) *(Rad)* Fechterstellung *f*, I. schräger Durchmesser *m (die rechte Schulter ist dem Leuchtschirm bei Durchleuchtung genähert)*
right atrial catheter rechter Vorhofkatheter *m*
right atrioventricular ostium Ostium *n* atrioventriculare dextrum *(Öffnung zwischen dem rechten Herzvorhof und der rechten Herzkammer)*
right atrioventricular valve Valva *f* atrioventricularis dextra, Valvula *f* tricuspidalis, Trikuspidalis *f*, Trikuspidalklappe *f*
right atrium of the heart Atrium *n* cordis dextrum, rechter Herzvorhof *m*
right auricular appendage Auricula *f* dextra (cordis), rechtes Herzohr *n*
right axis deviation Rechtstyp *m (EKG)*
right border of the heart Margo *m* dexter cordis, rechter Herzrand *m*
right brachiocephalic vein Vena *f* brachiocephalica dextra, rechte Arm- und Kopfvene *f*
right branch of the atrioventricular bundle Crus *n* fasciculi atrioventricularis dextrum
right bundle branch block *(Kard)* Rechtsschenkelblock *m*, RBBB
right colic artery Arteria *f* colica dextra, rechte Grimmdarmarterie *f*
right colic flexure *s.* right flexure of the colon
right colic vein Vena *f* colica dextra, rechte Grimmdarmvene *f*
right common carotid artery Arteria *f* carotis communis dextra, rechte gemeinsame Halsarterie *f*
right coronary artery Arteria *f* coronaria (cordis) dextra, rechte Herzkranzschlagader *f* [Koronararterie *f*]
right coronary vein Vena *f* coronaria (cordis) dextra, rechte Koronarvene *f*
right crus of the diaphragm Crus *n* dextrum diaphragmatis, rechter Zwerchfellschenkel *m*
right crus of the penis Crus *n* penis dextrum, rechter Penisschenkel *m*
right dome of the diaphragm Cupula *f* dextra diaphragmatis, rechte Zwerchfellkuppel *f*
right dorsoanterior position of the foetus *(Gyn)* rechte [II.] dorsoanteriore Querlage *f (Kindesrücken zu den mütterlichen Bauchdecken)*
right dorsoinferior position of the foetus *(Gyn)* rechte [II.] dorsoinferiore Querlage *f (Kindesrücken gegen mütterlichen Beckenboden)*
right dorsoposterior position of the foetus *(Gyn)* rechte [II.] dorsoposteriore Querlage *f (Kindesrücken zur mütterlichen Wirbelsäule)*
right dorsosuperior position of the foetus *(Gyn)* rechte [II.] dorsosuperiore Querlage *f (Kindesrücken gegen mütterliches Zwerchfell)*
right duct of the caudate lobe of the liver Ductus *m* lobi caudati dexter
right duodenojejunal fossa Fossa *f* duodenojejunalis dextra
right eye Oculus *m* dexter, rechtes Auge *n*
right-eyed rechtsäugig, dextro-okular
right-eyedness Rechtsäugigkeit *f*
right fibrous trigone of the heart Trigonum *n* fibrosum cordis dextrum
right flexure of the colon Flexura *f* colica dextra, rechte Kolonflexur *f*
right-footed rechtsfüßig, dextropedal
right-footedness Rechtsfüßigkeit *f*

right frontoanterior position of the foetus *(Gyn)* rechte [II.] Vorderhauptslage *f*
right gastric artery Arteria *f* gastrica dextra, rechte Magenarterie *f*
right gastric vein Vena *f* gastrica dextra, rechte Magenvene *f*
right gastroepiploic artery Arteria *f* gastroepiploica dextra, rechte Magen- und Netzarterie *f*
right gastroepiploic vein Vena *f* gastroepiploica dextra, rechte Magen- und Netzvene *f*
right-handed rechtshändig, dextromanual
right-handedness Rechtshändigkeit *f*
right-hander Rechtshänder *m*
right heart Cor *n* dextrum, Rechtsherz *n*, rechtes Herz *n*
right heart catheterization Rechtsherzkatheterisation *f*, Rechtsherzkatheterung *f*
right heart failure *s.* right ventricular (heart) failure
right heart reflex Bainbridge-Reflex *m*
right hepatic duct Ductus *m* hepaticus dexter, rechter Lebergang *m*
right hepatic vein Vena *f* hepatica dextra, rechte Lebervene *f*
right innominate vein Vena *f* anonyma [brachiocephalica] dextra
right intercostal superior vein Vena *f* intercostalis superior dextra, rechte obere Zwischenrippenvene *f*
right interventricular artery Ramus *m* interventricularis posterior *(der rechten Herzkranzarterie)*
right lamina of the thyroid cartilage Lamina *f* dextra cartilaginis thyroideae
right lateral (position) Rechtsseitenlage *f (z. B. beim Röntgen)*
right lobe of the liver Lobus *m* hepatis dexter, rechter Leberlappen *m*
right lower lobar artery rechte Lungenunterlappenarterie *f*
right lower lobe of the lung rechter Lungenunterlappen *m*
right lymphatic duct Ductus *m* lymphaticus dexter
right main bronchus Bronchus *m* principalis dexter, rechter Hauptbronchus *m* [Stammbronchus *m*]
right mentoanterior position of the foetus *(Gyn)* rechte [II.] vordere Gesichtslage *f*
right mentoposterior position of thc foetus *(Gyn)* rechte [II.] hintere Gesichtslage *f*
right occipitoanterior position of the foetus *(Gyn)* rechte [II.] vordere Hinterhauptslage *f*
right occipitoposterior position of the foetus *(Gyn)* rechte [II.] hintere Hinterhauptslage *f*
right occipitotransverse position of the foetus *(Gyn)* rechter [II.] tiefer Querstand *m*
right ovarian vein Vena *f* ovarica dextra, rechte Eierstockvene *f*
right part of the diaphragmatic surface of the liver Pars *f* dextra faciei diaphragmaticae hepatis
right posterior descending branch (of the right coronary artery) Ramus *m* interventricularis posterior (arteriae coronariae dextrae)
right pulmonary artery Arteria *f* pulmonalis dextra, rechte Lungenarterie *f*
right pulmonary vein Vena *f* pulmonalis dextra, rechte Lungenvene *f*
right sacroanterior position of the foetus *(Gyn)* rechte [II.] vordere Beckenendlage *f*
right sacroposterior position of the foetus *(Gyn)* rechte [II.] hintere Beckenendlage *f*
right shift Rechtsverschiebung *f (Blutbild)*
right-sided failure *s.* right-heart failure
right-sided hemicolectomy rechtsseitige Hemikolektomie *f*
right-sided pneumothorax rechtsseitiger Pneu(mothorax) *m*
right spermatic vein *s.* right testicular vein
right stomach coronary artery *s.* right gastric artery
right stomach coronary vein *s.* right gastric vein
right subclavian artery Arteria *f* subclavia dextra, rechte Schlüsselbeinarterie *f*
right subclavian vein Vena *f* subclavia dextra, rechte Schlüsselbeinvene *f*
right superior pulmonary vein Vena *f* pulmonalis dextra superior
right suprarenal vein Vena *f* suprarenalis dextra, rechte Nebennierenvene *f*
right testicular vein Vena *f* testicularis [spermatica] dextra, rechte Hodenvene *f* [Samenstrangvene *f*]
right-to-left-shunt *(Kard)* Rechts-Links-Shunt *m*
right triangular ligament (of the liver) Ligamentum *n* triangulare dextrum (hepatis)
right upper lobe of the lung rechter Lungenoberlappen *m*
right ventricle load Rechtsherzbelastung *f*
right ventricle of the heart Ventriculus *m* dexter, rechter Ventrikel *m*, rechte Herzkammer *f*
right ventricular congestive heart failure 1. *s.* right ventricular (heart) failure; 2. Rechtsherzinsuffizienz *f*
right ventricular dilatation Rechtsherzdilatation *f*, Erweiterung *f* [Überdehnung *f*] des rechten Ventrikels
right ventricular enlargement Rechtsherzvergrößerung *f*
right ventricular (heart) failure Rechtsherzversagen *n*, Versagen *n* des rechten Ventrikels
right ventricular hypertrophy Rechtsherzhypertrophie *f*, Hypertrophie *f* des rechten Ventrikels
right ventricular outflow tract rechtsventrikuläre Ausflussbahn *f* [Ausstrombahn *f*]
right ventricular pressure Rechts(herz)kammerdruck *m*, rechtsventrikulärer Druck *m*
right ventricular thrust rechtsventrikulärer Spitzenstoß *m (des Herzens)*
right ventriculogram Rechts(herz)ventrikulogramm *n*, Röntgen(kontrast)bild *n* der rechten Herzkammer
right ventriculography Roohts(herz)ventrlkulographie *f*, Röntgen(kontrast)darstellung *f* der rechten Herzkammer
righting reflex *(Neur, Päd)* Aufricht(ungs)reflex *m*
Rights of the terminally Ill Act *(For)* Gesetz *n* über die Rechte tödlich Kranker
rigid 1. rigid(e), steif, starr, unnachgiebig; 2. rigid(e), gespannt, spastisch
rigid catalepsy *(Neur)* kataleptische Starre *f*
rigid diet strenge [strikte] Diät *f*
rigid gas permeable contact lens harte für Sauerstoff permeable Kontaktlinse *f*
rigidity 1. Rigidität *f*, Steifigkeit *f*, Steife *f*, Starre *f (z. B. von Muskeln)*; 2. *(Neur)* Bewegungssperre *f*
rigor 1. *s.* rigidity; 2. Rigor *m*, Schüttelfrost *m*
Riley-Day syndrome Riley-Day-Syndrom *n*, Dysautonomie *f* (familiäre Konstitutionsanomalie mit Fehlfunktionen des vegetativen Nervensystems)
Riley-Smith syndrome Riley-Smith-Syndrom *n (Makrozephalie ohne Hydrozephalus, multiple Hämangiome und Pseudopapillenödem)*
riluzole Riluzol *n (zur Behandlung der amyotrophen Lateralsklerose)*
rim Rand *m*, Kante *f*, Wall *m (z. B. eines Geschwürs)*; Fassung *f (z. B. einer Brille)*
rima Rima *f*, Spalte *f*, Ritze *f*
rimal Rima…, Spalten…, Ritzen…
rimantidine Rimantidin *n (Virostatikum)*
rimantidine hydrochloride Rimantidinhydrochlorid *n*

rimexolone Rimexolon *n (Kortikosteroid)*
rimiterol Rimiterol *n (Bronchodilator)*
rimiterol hydrochlorid Rimiterolhydrochlorid *n*
rimose rissig, gefurcht, furchig; Riss..., Furchen...
rimula Rimula *f*, kleine Spalte *f*, kleine Fissur *f (z. B. des Gehirns)*
ring Ring *m*, Anulus *m (siehe auch unter: annular)*
ring artifact Ringartefakt *m*
ring biopsy Ringbiopsie *f*
ring bodies Cabot'sche Ringkörperchen *npl*, Cabot'sche Ringe *mpl*, Ringkörperchen *npl* in Erythrozyten *(bei Bleivergiftung oder Blutarmut)*
ring cataract *(Ophth)* Ringstar *m*, Cataracta *f* anularis
ring chromosome Ringchromosom *n*
ring finger Ringfinger *m*, Digitus *m* quartus, vierter Finger *m*
ring form Ringform *f*, siegelringförmiger Trophozoit *m (der erythrozytären Phase der Malariaplasmodien)*
ring haemorrhage Ringblutung *f*
ring handle instrument Ringgriffinstrument *n*
ring-like shaddow Ringschatten *m*
ring of the heart valve Herzklappenring *m*, Klappenring *m*, Anulus *m* fibrosus cordis
ring pessary *(Gyn)* Ringpessar *n*
ring removal from swollen finger Ringentfernung *f* von einem geschwollenen Finger
ring scotoma *(Ophth)* Ringskotom *n*, Skotoma *n* anulare
ring shadow Ringschatten *m*
ring-shaped shadow in the lung *(Rad)* ringförmiger Lungenschatten *m*
ring stripper Ringstripper *m*, Ringdesobliterator *m*
ringed hair Pili *mpl* anulati, Ringelhaare *npl*, Leukotrichia *f* anularis
Ringer's glucose solution Ringer'sche Traubenzuckerlösung *f*
Ringer's injection *s.* Ringer's solution
Ringer's irrigation *s.* Ringer's solution
Ringer's lactate solution Ringer'sche Laktatlösung *f*, Ringer-Laktat-Lösung *f*
Ringer's mixture *s.* Ringer's solution
Ringer's solution Ringer'sche Lösung *f*, Ringer-Lösung *f (isotonische physiologische Salzlösung)*
ringing in the ears Ohrenklingeln *n*
ringworm *(Derm)* Tinea *f*, Flechte *f*, oberflächliche Hautpilzerkrankung *f* [Dormatomykose *f*]
ringworm of the beard Tinea *f* barbae, Bartflechte *f*, Bartfinne *f (z. B. durch Hautpilze)*
ringworm of the body Tinea *f* corporis, Hautpilzerkrankung *f* des Körpers
ringworm of the feet Tinea *f* pedis, Fußpilzerkrankung *f*
ringworm of the nails Tinea *f* unguium, Nagelpilzerkrankung *f*, Onychomykose *f*
ringworm of the scalp Tinea *f* capitis, Trichomycosis *f* capillitii [circinata]
Rinne tuning fork Rinne'sche Stimmgabel *f*
Rinne tuning fork test Rinne'scher Stimmgabeltest *m*
Rinne's test Rinne'sche Probe *f*, Rinne'scher Versuch *m (Hörfähigkeitsvergleich zwischen Knochen- und Luftleltung)*
rinse *v* ausspülen, spülen
Riolan's anastomosis Riolan'sche Anastomose *f (Kollateralverbindung zwischen unterer und oberer Hohlvene)*
Riolan's arch Riolan'scher Bogen *m (vom Mesocolon transversum gebildeter Bogen)*
Riolan's bone Riolan'scher Knochen *m (Schaltknochen zwischen Hinterhauptsbein und Felsenbein)*
Riolan's ossicle *s.* Riolan's bone
ripe reif, matur; ausdifferenziert
ripe cataract *(Ophth)* Cataracta *f* matura, reifer Star *m*
rising 1. Ausschlag *m*; 2. Anschwellung *f*, Schwellung *f*, Geschwulst *f*
rising fits *(Neur)* Aufwachepilepsie *f*
rising of blisters Bläschenausschlag *m*, Pustelbildung *f*, Blasenausschlag *m*
risk Risiko *n* • **disclose the risks of an intervention to the patient** den Patienten über die Risiken eines Eingriffes aufklären
risk-benefit analysis Risiko-Nutzen-Analyse *f (z. B. einer Operation)*
risk factor Risikofaktor *m*
risk for infection Infektionsrisiko *n*
risk for poisoning Vergiftungsrisiko *n*
risk identification Risikoidentifizierung *f*, Identifizierung *f* von Risikofaktoren
risk management Risikomanagement *n*
risorius (muscle) Musculus *m* risorius, Lachmuskel *m*
risperidone Risperidon *n (Antipsychotikum)*
Risser jacket *(Orth)* Risser'sches Korsett *n*, Risser'sches Gipskorsett *n*, Risser'sches Umkrümmungsgipskorsett *n (zur Korrektur einer Wirbelsäulenskoliose)*
ristocetin Ristocetin *n (Antibiotikum)*
risus Risus *m*, Lachen *n*
Ritgen's manoeuvre *(Gyn)* Ritgen'scher Handgriff *m*, Ritgen-Handgriff *m*, Hinterdammgriff *m*
Ritgen's method *s.* Ritgen's manoeuvre
ritodrine Ritodrin *n (hemmt Uterusmuskulatur)*
ritodrine hydrochloride Ritodrinhydrochlorid *n*
ritonavir Ritonavir *n (Proteaseninhibitor)*
Ritter's disease *(Päd)* Ritter-Krankheit *f* Ritter'sche Krankheit *f*, Rittershain'sche Krankheit *f*, Dermatitis *f* exfoliativa infantum [neonatorum]
ritual rituell; Ritual...
ritual *(Psych)* Ritual *n*
ritual incision rituelle Beschneidung *f*, Zirkumzision *f*
rivalry Rivalität *f*, Wettstreit *m*, Wettbewerb *m*
rivalry of retina Retinarivalität *f*
Rivalta's test Rivalta-Test *m*, Rivalta'sche Probe *f (zur Unterscheidung zwischen Exsudaten und Transsudaten)*
river blindness *s.* onchocerciasis
rivus Rivus *m*, Kanal *m*
riziform reis(korn)förmig, reis(korn)artig, reis(korn)ähnlich
R.M.A. *s.* right mentoanterior position of the foetus
R.M.P. *s.* right mentoposterior position of the foetus
RMSF *s.* Rocky Mountain spotted fever
RNA RNS *f*, RNA *f*, Ribonukleinsäure *f*, Ribonucleinsäure *f*
RNA code RNS-Code *m*
RNA-directed DNA polymerase RNA-abhängige DNA-Polymerase *f*, RNS-abhängige DNS-Polymerase *f*, reverse Transcriptase *f*, reverse Transkriptase *f (Enzym)*
RNA-directed RNA polymerase RNA-abhängige RNA-Polymerase *f*, RNS-abhängige RNS-Polymerase *f (Enzym)*
RNA nucleotidyltransferase RNS-Nukleotidyltransferase *f (Enzym)*
RNA polymerase Ribonukleinsäure-Polymerase *f*, RNS-Polymerase *f*, RNA-Polymerase *f (Enzym)*
RNA replicase RNS-Replicase *f*, RNS-Replikase *f (Enzym)*
RNA synthesis Ribonukleinsäuresynthese *f*
RNA virus Ribonukleinsäurevirus *n*, RNS-Virus *n*, RNA-Virus *n*
RNase *s.* ribonuclease
RNP *s.* ribonucleoprotein
R.O.A. *s.* right occipitoanterior position of the foetus
robenidine Robenidin *n*
robenidine hydrochloride Robenidinhydrochlorid *n*
Robert pelvis *(Anat, Gyn)* Robert'sches Becken *n (quer verengte Beckenmissbildung mit fehlenden Kreuzbeinflügeln)*

Roberts syndrome Roberts'sches Syndrom *n (multiples Missbildungssyndrom der langen Knochen mit Lippen- und Gaumenspalte)*
robertsonian translocation Robertson'sche Translokation *f (fehlendes Chromosom 21 im Karyogramm)*
Robertson's sign Robertson'sches Zeichen *n (geschwollene Flanken und Spannung bei Aszites)*
Robinow's dwarfism Robinow'scher Zwergenwuchs *m*, Robinow'sches Syndrom *n*, Syndrom *n* des fetalen Gesichtes
Robinow's syndrome *s.* Robinow's dwarfism
Robison ester Robison'scher Ester *m*, Glucose-6-phosphat *n*, G-6-P
Robinson ester dehydrogenase Glucose-6-phosphat-Dehydrogenase *f*
roborant roborierend, kräftigend, stärkend
roborant (agent) Roborans *n*, Kräftigungsmittel *n*, Stärkungsmittel *n*, stärkende Arznei *f*
roborating *s.* roborant
robust robust, widerstandsfähig, unempfindlich
robustness Robustheit *f*, Widerstandfähigkeit *f*, Unempfindlichkeit *f*
Rocher-Sheldon syndrome Rocher-Sheldon'sches Syndrom *n*, Rocher-Sheldon-Syndrom *n*, Arthrogryposis *f* multiplex congenita
Rochon-Duvigneaud's syndrome Rochon-Duvigneaud'sches Syndrom *n*, Fissura-orbitalis-superior-Syndrom *n*
rock fever *s.* brucellosis
rocking bed Wiegebett *n*, Schaukelbett *n*
rocking nystagmus *(Ophth)* Rucknystagmus *m*
Rocky Mountain spotted fever Rocky Mountain spotted fever, Felsengebirgsfieber *n*, amerikanisches Zeckenfieber *n* [Fleckfieber *n*] *(durch Rickettsia rickettsii)*
Rocky Mountain spotted fever vaccine Rocky-Mountain-spotted-fever-Vakzine *f*, Felsengebirgsfieberimpfstoff *m*
rocuronium bromide Rocuroniumbromid *n (Muskelrelaxans)*
rod 1. *(Ophth)* Stäbchen *n*, Netzhautstäbchen *n*, Retinastäbchen *n*; 2. *(Bakt)* Stäbchen(bakterium) *n*
rod cell Stäbchenzelle *f*
rod epithelium Säulenepithel *n*
rod-monochromat stäbchensichtig, achromat(isch)
rod vision Stäbchensehen *n*
rodent rodens, nagend, fressend; geschwürig zerfressend
rodent cancer Ulcus *n* rodens [exedens], fressendes Geschwür *n (Basalzellenkarzinom der Haut)*
rodent ulcer *s.* rodent cancer
rodenticide (agent) Rodentizid *n*, Nagetiergift *n*, Nagetierbekämpfungsmittel *n*
rodenticide poisoning Rodentizidvergiftung *f*
rodless *(Ophth)* stäbchenlos
rodlike stäbchenförmig
rodonalgia *s.* erythromelalgia
Roederer's obliquity *(Gyn)* Roederer'sche Kopfeinstellung *f*
Roemheld's syndrome Roemheld'sches Syndrom *n*, Roemheld-Syndrom *n*, gastrokardialer Symptomenkomplex *m*
roentgen Röntgen *n*, Röntgen-Einheit *f*, R
roentgen absorption histospectroscopy Röntgenabsorptionshistospektroskopie *f*
roentgen cancer Röntgen(strahlen)karzinom *n*, Strahlenkrebs *m*
roentgen carcinoma *s.* roentgen cancer
roentgen castration Röntgenkastration *f*, Kastrationsbestrahlung *f*
roentgen cinematography Röntgenkinematographie *f*, Röntgenfilmaufnahmetechnik *f*, Röntgenfilmdarstellung *f*
roentgen computer tomography Röntgencomputertomographie *f*
roentgen contrast medium Röntgenkontrastmittel *n*
roentgen dermatitis Röntgendermatitis *f*, Strahlendermatitis *f*
roentgen dermatography Röntgendermatographie *f*
roentgen dermatotherapy Röntgendermatotherapie *f*, Oberflächentherapie *f (bei Hautkrebs)*
roentgen diagnosis 1. Röntgendiagnose *f*; 2. Röntgendiagnostik *f*
roentgen-equivalent Röntgenäquivalent *n*
roentgen-equivalent-man biologisches Röntgenäquivalent *n*
roentgen-equivalent-physical physikalisches Röntgenäquivalent *n*
roentgen erythema Röntgenerythem *n*
roentgen foetometry Röntgenfetometrie *f*
roentgen film Röntgenfilm *m*
roentgen filter Röntgenfilter *n(m)*
roentgen fluorescence Röntgenfluoreszenz *f*
roentgen radiation Röntgenstrahlung *f*
roentgen ray *(Rad)* Röntgenstrahl *m (siehe auch unter: X-ray)*
roentgen-ray anaemia Röntgen(strahlen)anämie *f*, Strahlenanämie *f*
roentgen-ray castration Röntgen(strahlen)kastration *f*
roentgen-ray dermatitis Röntgenstrahlendermatitis *f*
roentgen-ray treatment Röntgenstrahlenbehandlung *f*, Röntgentherapie *f*
roentgen rays *(Rad)* Röntgenstrahlen *mpl*
roentgen tube Röntgenröhre *f*
roentgen unit *s.* roentgen
roentgenize *v* 1. röntgen, durchleuchten; 2. mit Röntgenstrahlen behandeln; 3. *s.* roentgenograph
roentgenkymogram Röntgenkymogramm *n*
roentgenkymography Röntgenkymographie *f*, Flächenkymographie *f*
roentgenocardiogram Röntgenkardiogramm *n*
roentgenocardiography Röntgenkardiographie *f*
roentgenoderma Röntgenoderm *n (irreversibler Hautschaden nach Röntgenbestrahlung)*
roentgenogram Röntgenogramm *n*, Röntgenaufnahme *f*, Röntgen(kontrast)bild *n*
roentgenograph *v* röntgen, eine Röntgenaufnahme machen, ein Röntgenbild anfertigen
roentgenograph *s.* roentgenogram
roentgenographic röntgenographisch *(siehe auch: radiographic)*
roentgenography Röntgenographie *f*, Röntgendarstellung *f*, Röntgen *n*
roentgenokymogram Röntgenkymogramm *n*
roentgenokymograph Röntgenkymograph *m*
roentgenokymographic röntgenstrahlenkymographisch
roentgenokymography Röntgenkymographie *f*, Flächenkymographie *f*
roentgenologic *s.* roentgenological
roentgenological röntgenologisch; Röntgen...
roentgenological examination Röntgenuntersuchung *f*
roentgenological investigation *s.* roentgenological examination
roentgenological picture Röntgenbild *n*, Röntgenaufnahme *f*
roentgenological study Röntgenuntersuchung *f*
roentgenologist Röntgenologe *m*, Arzt *m* [Facharzt *m*] für Radiologie
roentgenologist's report Röntgenbefund *m*, Röntgenbericht *m*
roentgenology Röntgenologie *f*, Röntgenstrahlenkunde *f*
roentgenolucent röntgen(strahlen)durchlässig

roentgenometer Röntgenometer *n*, Strahlenstärkemesser *m*
roentgenometry Röntgenometrie *f*, Strahlenstärkemessung *f*
roentgenopaque röntgen(strahlen)undurchlässig, röntgendicht
roentgenophobia *(Neur)* Röntgenophobie *f (krankhafte Angst vor Röntgenstrahlen)*
roentgenoscope Röntgendurchleuchtungsapparat *m*
roentgenoscopic röntgenoskopisch, (röntgen) durchleuchtend, radioskopisch
roentgenoscopy Röntgendurchleuchtung *f*, Durchleuchtung *f*, Röntgenfluoroskopie *f*, Radioskopie *f*
roentgenotherapy Röntgen(strahlen)therapie *f*, Röntgenstrahlenbehandlung *f*
Roger's disease *(Kard)* Roger'sche Krankheit *f*, Morbus *m* Roger, Ventrikelseptumdefekt *m*, Herzkammerscheidewanddefekt *m*
Roger's murmur Roger'sches Geräusch *n (holosystolisches Pressstrahlgeräusch bei Ventrikelseptumdefekt)*
Roger's reaction Roger'sche Reaktion *f*
Roger's reflex Roger'scher Reflex *m*, ösophagosalivärer Reflex *m (bei Reizung des unteren Ösophagusabschnittes)*
Roger's symptom Roger'sches Symptom *n (Absinken der Körpertemperatur bei tuberkulöser Meningitis)*
Rogers therapy *(Neur)* Rogers-Therapie *f*, klient-bezogene Psychotherapie *f*
Rokitansky-Cushing ulcer Rokitansky-Cushing-Ulkus *n (Ulkusbildung im Ösophagus, im Magen oder im Duodenum bei schweren Erkrankungen des Zentralnervensystems)*
Rokitansky-Küster-Hauser syndrome Rokitansky-Küster-Hauser-Syndrom *n (kongenitales Fehlen der Vagina mit rudimentärem Uterus)*
Rokitansky's disease Rokitansky'sche Krankheit *f*, akute gelbe Leberatrophie *f*
Rokitansky's diverticulum Rokitansky'sches Divertikel *n*, Traktionsdivertikel *n* der Speiseröhre *(bei Bronchiallymphknotentuberkulose)*
Rokitansky's hernia Rokitansky'sche Hernie *f*, Darmschleimhautbruch *m*
Rokitansky's pelvis Rokitansky'sches Becken *n*, Spondylolisthesis-Becken *n*, Spondylolisthese-Becken *n*
rolandic Zentralfurchen..., Mittelfurchen...
rolandic epilepsy Rolando-Epilepsie *f*, Rolando'sche Epilepsie *f*
rolandic fissure *s.* Rolando's fissure
rolandic sulcus *s.* Rolando's fissure
Rolando's angle Rolando'scher Winkel *m (zwischen Medianebene und Sulcus centralis)*
Rolando's area Rolando'sches Areal *n*, motorisches Zentrum *n*, Betz-Zellen-Areal *n*, primäres somatomotorisches Areal *n*
Rolando's fibres Rolandos Fasern *fpl*, Fibrae *fpl* arcuatae externae (medullae oblongatae)
Rolando's fissure Rolando'sche Furche *f*, Sulcus *m* Rolandi [centralis cerebri], Zentralfurche *f* [Mittelfurche *f*] an der Großhirnkonvexität
Rolando's fracture Rolando-Silvio'sche Fraktur *f (Fraktur der Basis des ersten Mittelhandknochens)*
Rolando's gelatinous substance Substantia *f* gelatinosa cornu posterioris medullae spinalis
Rolando's tubercle Tuberculum *n* trigeminale
role *(Psych)* Rolle *f*, Verhalten *n* im sozialen Umfeld
role ambiguity *(Psych)* Rollenambiguität *f*, Rollenmehrdeutigkeit *f*, unklare Rollenzuteilung *f*
role behaviour *(Psych)* Rollenverhalten *n*
role conflict *(Psych)* Rollenkonflikt *m*
role duties *(Psych)* Rollenerwartungen *fpl*
role enactment *(Psych)* Rollenverhalten *n*
role incongruence *(Psych)* Rolleninkongruenz *f*, Nichtübereinstimmen *n* der sozialen Rolle
role obligation *(Psych)* Rollenerwartungen *fpl*
role overqualification *(Psych)* Rollenüberqualifikation *f*, Rollenüberqualifizierung *f*
role-playing *(Psych)* Rollenspiel *n*
role playing therapy *(Psych)* Rollentherapie *f*, Psychodrama *n*
role reversal *(Psych)* Rollenumkehr *f*
role strain *(Psych)* Rollenstress *m*; Rollenfrustration *f*
role theory *(Psych)* Rollentheorie *f*
role therapy *(Psych)* Rollentherapie *f*
rolitetracycline Rolitetracyclin *n*, Rolitetrazyklin *n*
roll *v* **the sleeve up** den Ärmel hochkrempeln *(z. B. zur Blutentnahme)*
roller bandage Bindenverband *m*
roller clamp Rollerklemme *f*
roller coaster syndrome Berg- und Talbahn-Syndrom *n*, Roller-coaster-Syndrom *n (im EKG erkennbar bei Hypertrophie des Herzens)*
roller dressing Bindenverband *m*
Roller's nucleus Roller'scher Kern *m*, Nucleus *m* sublingualis
Rollet's syndrome Rollet'sches Syndrom *n*, Orbitaspitze-Syndrom *n*, Malatesta-Syndrom *n (Lähmung der Hirnnerven II, III, IV, V und VI mit Gesichtsfelddefekten oder Blindheit infolge retrobulbären Orbitaprozesses)*
Romaña's sign *(Trop)* Romaña'sches Zeichen *n (Ober- und Unterlidödeme bei Chagas-Krankheit)*
Romano-Ward syndrome Romano-Ward-Syndrom *n (synkopale Herzstörung mit QT-Verlängerung infolge Fibrose im Reizleitungssystem)*
romanopexy *s.* sigmoidopexy
romanoscope *s.* sigmoidoscope
romanoscopy *s.* sigmoidoscopy
Romanowsky's blood stain Romanowsky-Färbung *f*, Romanowsky'sche Blutfärbung *f*
rombergism *s.* Romberg's phenomenon
Romberg's disease Romberg'sche Krankheit *f*, Romberg'sches Syndrom *n*, Romberg-Syndrom *n*, Hemiatrophia *f* faciei progressiva, Trophoneurosis *f* faciei
Romberg's facial hemiatrophy *s.* Romberg's disease
Romberg's phenomenon Romberg'sches Zeichen *n*, Romberg'sches Phänomen *n*, Romberg-Phänomen *n (Fallneigung bei geschlossenen Augen infolge Kleinhirnerkrankung)*
Romberg's spasm Romberg'scher Spasmus *m*, Trismus *m*
Romberg's sign *s.* Romberg's phenomenon
Romberg's symptom *s.* Romberg's phenomenon
Romberg's test *(Neur)* Romberg'scher Versuch *m*, Romberg-Versuch *m (zur Koordinationsprüfung)*
Romberg's trophoneurosis *s.* Romberg's disease
Romney Marsh disease Romney-Marsh-Krankheit *f*, hämorrhagische Enterotoxämie *f*
rongeur Rongeur *m*, Knochenzange *f*
Rönne's nasal step Rönne'scher Sprung *m (nasenseitiger keilförmiger Gesichtsfeldausfall bei beginnendem Glaukom)*
röntgen *s.* roentgen
roof of the fourth ventricle Tegmen *n* ventriculi quarti, Dach *n* der vierten Hirnkammer
roof of the mastoid cells Tegmen *n* mastoideum
roof of the mouth Mund(höhlen)dach *n*
roof of the orbit *s.* superior wall of the orbit
roof of the skull Schädeldach *n*
roof of the tympanic cavity Tegmen *n* tympani, (knöchernes) Paukenhöhlendach *n*

roof plate *(Embr)* Deckplatte *f*
room temperature Raumtemperatur *f*
rooming-in (unit) *(Gyn)* Station *f* für Mutter und Neugeborenes; Verbleib *m* des Neugeborenen im Zimmer der Mutter
root Wurzel *f*, Radix *(siehe auch unter: radicular)* • **take root** angehen, anwachsen, einwachsen *(z. B. Transplantate)*
root amputation *s.* root resection
root apex resection *(Stom)* Wurzelspitzenresektion *f*
root apex resorption *(Stom)* Wurzelspitzenresorption *f*
root canal *(Stom)* Canalis *m* radicis dentis, Zahnwurzelkanal *m*, Wurzelkanal *m* • **fill a root canal** einen Wurzelkanal füllen, eine Wurzelkanalfüllung durchführen
root canal file Wurzelkanalfeile *f*
root canal filling Wurzelkanalfüllung *f*
root canal treatment Wurzelkanalbehandlung *f*, Zahnwurzelbehandlung *f*
root cap Wurzelkappe *f*
root caries Wurzelkaries *f*, Zahnwurzelkaries *f*
root cell *(Neur)* Vorderhornzelle *f*
root crowning Wurzelbekronung *f*
root curettage Wurzelkanalkurettage *f*
root disease Wurzelerkrankung *f*
root end cyst radikuläre Zyste *f*, Wurzel(spitzen)zyste *f*
root extraction Wurzelextraktion *f*, Wurzelziehen *n*
root filling Wurzelfüllung *f*, Zahnwurzelplombe *f*
root foot *(Histol)* Basalzellfüßchen *n*
root forceps *(Stom)* Wurzelzange *f*
root form Wurzelform *f*
root fracture Wurzelfraktur *f*, Wurzelbruch *m*
root furcation Wurzelfurkation *f*, Wurzelaufzweigung *f*
root fusion Wurzelverschmelzung *f*
root granuloma *(Stom)* Wurzelgranulom *n*
root implant Wurzelimplantat *n*
root impression Wurzelabdruck *m*
root membrane *(Stom)* Pericementum *n*, Perizementum *n*, Wurzelhaut *f*
root morphology Wurzelmorphologie *f*
root necrosis Wurzelnekrose *f*
root needle Wurzelnadel *f*, Zahnwurzelnadel *f*
root of a hair Haarwurzel *f*
root of the aorta Radix *f* aortae, Aortenwurzel *f*
root of the lung Radix *f* pulmonis, Lungenwurzel *f*
root of the mesentery Radix *f* mesenterii, Mesenterialwurzel *f*
root of the nail Radix *f* unguis, Nagelwurzel *f*
root of the nose Radix *f* nasi, Nasenwurzel *f*
root of the tongue Radix *f* linguae, Zungenwurzel *f*
root perforation Wurzelperforation *f*
root planing Wurzelkanalkurettage *f*
root plate Wurzelplatte *f*
root preparation Wurzelpräparation *f*, Wurzelvorbereitung *f*
root pulp Wurzelpulpa *f*, Zahnwurzelpulpa *f*, Pulpa *f* radicularis
root pulpitis Wurzelpulpitis *f*, Wurzelpulpaentzündung *f*
root resection Zahnwurzelresektion *f*, Zahnwurzelextraktion *f*, Zahnwurzelentfernung *f*
root resorption Zahnwurzelresorption *f*, Wurzelresorption *f*
root retention Wurzelretention *f*
root separator Wurzelseparator *m*
root sheath Wurzelscheide *f* *(Haarfollikel)*
root smoothing Wurzelglättung *f*, Wurzelglätten *n*
root splitting Wurzelspaltung *f*
root submersion *(Stom)* Wurzelsubmersion *f*, Wurzelversenkung *f*
root surface Wurzeloberfläche *f*, Zahnwurzeloberfläche *f*
rootlets Wurzelfäden *mpl*, Fila *npl* radicularia
R.O.P. *s.* right occipitoposterior position of the foetus
rope graft Rundstiellappen *m* *(Transplantat)*
Rorschach-Behn test *(Psych)* Rorschach-Behn-Test *m*, Behn-Rorschach-Test *m* Bero-Test *m* *(Kontrolltest)*
Rorschach test *(Psych)* Rorschach'scher Formdeuteversuch *m* *(Deutung von mehrfarbigen Kleksbildern)*
rosacea *(Derm)* Rosazea *f*, Rosacea *f*, Rotfinnen *fpl*, Kupferfinnen *fpl*, Akne *f* rosacea [erythematosa]
rosacea blepharitis *(Ophth)* Rosaceablepharitis *f*
rosacea keratitis *(Ophth)* Keratitis *f* rosacea, Rosacea-Keratitis *f*
rosaceiform rosazeaförmig, rosazeaähnlich, rotfinnenartig, kupferfinnenartig
rosacic acid Uroerythrin *n*, Purpurin *n*
Rosai-Dorfman disease Rosai-Dorfman'sche Krankheit *f*, Sinushistiozytose *f* mit massiver Lymphadenopathie
rosamicin Rosamicin *n* *(Antibiotikum)*
rosaniline Rosanilin *n*, Fuchsin *n*
rosaniline hydrochloride Rosanilinhydrochlorid *n*
rosaprostol Rosaprostol *n* *(Prostaglandinanalogon)*
rosary Rosenkranz *m* *(Auftreibungen der Knorpel-Knochen-Grenze der Rippen bei Rachitis)*
rose bengal Bengalrosa *n* *(zur Leberfunktionstestung)*
rose fever Pollenfieber *n*, allergische Rhinitis *f*, Pollinosis *f*, Rosenfieber *n* *(Fehlbezeichnung für Pollenerkrankung)*
rose oil Rosenöl *n*
rose rash of infants *(Derm)* Roseola *f* infantum, Exanthema *n* subitum, Dreitagefieberexanthem *n* *(masernähnlicher Hautausschlag im Kindesalter)*
rose spots *(Derm)* Roseola *f* typhosa, Typhusroseolen *fpl*, Typhusexanthem *n*
Rose-Waaler test Rose-Waaler-Test *m*, Schafzellen-Agglutinationstest *m*
rosemary oil Rosmarinöl *n*
Rosenbach's test Rosenbach'sche Gallenfarbstoffreaktion *f*
Rosenberg-Bergström syndrome Rosenberg-Bergström-Syndrom *n* *(Hyperurikämie, Niereninsuffizienz, Ataxie und Taubheit)*
Rosenberg-Chutorian syndrome Rosenberg-Chutorian-Syndrom *n* *(X-chromosom gebundenes Syndrom mit Optikusatrophie, Polyneuropathie und progressiver Taubheit)*
Rosenmüller's cavity *(HNO)* Rosenmüller'sche Grube *f*, Recessus *m* pharyngeus, Schlundtasche *f* (hinter dem Tubenwulst)
Rosenmüller's fossa *s.* Rosenmüller's cavity
Rosenmüller's gland Rosenmüller'sche Drüse *m*, Rosenmüller'scher Lymphknoten *m*
Rosenmüller's node *s.* Rosenmüller's gland
Rosenmüller's organ Rosenmüller'sches Organ *n*, Epoophoron *n*
Rosenmüller's recess Rosenmüller'scher Rezessus *m*, Rosenmüller'sche Grube *f*, Recessus *m* pharyngeus
Rosenmüller's valve Rosenmüller'sche Klappe *f*, Plica *f* lacrimalis
Rosenthal syndrome Rosenthal-Syndrom *n*, Hämophilie *f* C, Gerinnungsfaktor-XI-Mangel *m*, Plasma-Thomboplastin-Antezedent-Mangel *m*
Rosenthal's canal Canalis *m* spiralis modioli
Rosenthal's syndrome *(Neur)* Rosenthal-Syndrom *n*, kataplektisch-halluzinatorisches Angstsyndrom *n*
Rosenthal's test Rosenthal-Test *m*
Rosenthal's vein Rosenthal'sche Vene *f*, Vena *f* basalis
roseola 1. Roseola *f*, kleinfleckige Hautrötung *f*; 2. *s.* rubella
roseolous Roseola...
roseolous papular rash in typhoid *(Derm, Inf)* Roseola *f* typhosa

Roseolovirus Roseolovirus *m*
rosette cataract *(Ophth)* Rosettenkatarakt *f*, Rosettenstar *m*, Cataracta *f* rosiformis
rosette pattern *(Immun)* Rosettenmuster *n*
rosette technique *(Immun)* Rosettentechnik *f*
rosette test *(Immun)* Rosettentest *m*
rosoxacin Rosoxacin *n (Antibiotikum)*
Ross' bodies Ross'sche Körper *mpl (Oozytenreste im Darm von malariainfizierten Mücken)*
Rossbach's disease Rossbach'sche Krankheit *f*, Hyperchlorhydrie *f*
Rostan's asthma Rostan'sches Asthma *n*, Asthma *n* cardiale
rostra *pl s.* rostrum
rostral 1. rostral, schnabelförmig; Schnabel...; 2. zum vorderen Körperende hin gelegen; 3. *s.* cephalic
rostral lamina Lamina *f* rostralis
rostrate schnabelförmig
rostriform rostriform, schnabelförmig
rostrum Rostrum *n*, Schnabel *m*, schnabelförmiger Fortsatz *m* [Anhang *m*]
rostrum of the corpus callosum Rostrum *n* corporis callosi
rostrum of the sphenoid Rostrum *n* sphenoidale
rosy drop *s.* rosacea
rot *v* (ver)faulen, verwesen
rot Fäulnis *f*, Verwesung *f*
rotablate *v* rotabladieren, eine Rotablation durchführen, ein Gefäß(lumen) auffräsen
rotablation *(Kard, Chir)* Rotablation *f*
rotablator Rotablator *m*, (rotierende) Gefäßfräse *f*, Gefäßbohrer *m*
rotameter Rotameter *n*, Rotamesser *m*, Schwebekörpermesser *m*
rotary coring of the cervix *(Gyn)* Zervixkonisation *f*
rotary osteotomy *(Orth)* Rotationsosteotomie *f*
rotate *v* rotieren, sich drehen
rotate *v* **to inside** nach innen rotieren [drehen], innenrotieren
rotation flap *(Transp)* Rotations(haut)lappen *m*
rotation joint Rotationsgelenk *n*, Drehgelenk *n*, Radgelenk *n*, einachsiges Gelenk *n*
rotation nystagmus *s.* rotatory nystagmus
rotation stage of labour Rotationsstadium *n* der Geburt
rotation therapy *(Rad)* Rotationsbestrahlung *f*, Bewegungsbestrahlung *f*
rotation vertebra Rotationswirbel *m*, Drehwirbel *m*
rotational *s.* rotatory
rotational isomerism Rotationsisomerie *f*, Konformationsisomerie *f*, Konstellationsisomerie *f (Auftreten von Molekülformen mit Molekülrotationen um eine Achse)*
rotationplasty *(Transp)* Rotationsplastik *f*, Rotationslappenplastik *f*
rotator (muscle) Musculus *m* rotator, Rotator *m*, Rotationsmuskel *m*, Drehmuskel *m*, Dreher *m*
rotatores breves muscles Musculi *mpl* rotatores breves
rotatores cervicis muscles Musculi *mpl* rotatores cervicis
rotatores longi muscles Musculi *mpl* rotatores longi
rotatores lumborum muscles Musculi *mpl* rotatores lumborum
rotatores spinae Musculi *mpl* rotatores spinae, Wirbeldreher *mpl*, Wirbeldrehmuskeln *mpl*
rotatores thoracis muscles Musculi *mpl* rotatores thoracis
rotatory rotatorisch, rotierend, (sich) drehend
rotatory irradiation Rotationsbestrahlung *f*, Bewegungsbestrahlung *f*
rotatory muscle *s.* rotator (muscle)
rotatory nystagmus *(Ophth)* rotatorischer Nystagmus *m*, Rotationsnystagmus *m*, Dreh(ungs)nystagmus *m*
rotatory spasm *(Neur)* Drehkrampf *m*, Spasmus *m* rotatorius
rotatory test *(Neur, HNO)* Rotationstest *m*, Drehprobe *f*, rotatorische Gleichgewichtsprüfung *f*
rotatory tic *(Neur)* Drehtick *m*, Tic *m* rotatoire, Torticollis *m* spasticus, spastischer [neurogener] Schiefhals *m*
rotatory vertigo *(HNO)* Drehschwindel *m*
rotaviral Rotavirus...
Rotaviridae Rotaviridae *pl*
Rotavirus Rotavirus *n*
röteln *s.* rubella
Roth-Bernhardt's disease Roth-Bernhardt'sche Krankheit *f* [Parästhesie *f*], Meralgia *f* paraesthetica
Rothmann-Makai syndrome Rothmann-Makai-Syndrom *n*, subkutane Spontanpannikulitis *f (symmetrische herdförmige Lipogranulomatose des Unterhautfettgewebes)*
Rothmund-Thomson syndrome Rothmund-Thomson-Syndrom *n*, Rothmund'sches Syndrom *n*, Rothmund-Werner'sches Syndrom *n*, Poikiloderma *n* congenitale *(familiäre Poikilodermie mit Hautatrophie und Teleangiektasien)*
Rothmund's syndrome *s.* Rothmund-Thomson syndrome
Roth's disease *s.* Roth-Bernhardt's disease
Roth's spots Roth'sche Flecken *mpl (bei Septikämie auftretende blutdurchtränkte Flecken der Netzhaut)*
Roth's vas aberrans Roth'sches Vas *n* aberrans, Ductulus *m* aberrans
rotokinetic treatment table rotokinetischer Behandlungstisch *m*, Rotationsbehandlungstisch *m*
Rotor's syndrome Rotor-Syndrom *n*, Rotor'sches Syndrom *n (familiärer Ikterus mit Bilirubinausscheidungsstörung)*
rotoscoliosis Rotationsskoliose *f*, Skoliose *f* mit Verdrehung der Wirbelsäule
rototome Rototom *n*, Rotationsmesser *n*
rotoxamine Rotoxamine *n (Antihistaminikum)*
rotoxamine tartrate Rotoxamintartrat *n*
rotten tooth fauler [kariöser] Zahn *m*
rotula Rotula *f*, kleine Rolle *f*, Scheibe *f*, Kniescheibe *f*
Rouget's bulb Rouget'scher Bulbus *m*
Rouget's cells Rouget'sche Zellen *fpl*, Adventitiazellen *fpl*
Rouget's muscle Rouget'scher Muskel *m*, Fibrae *fpl* circulares musculi ciliaris
rough rau, nicht glatt *(z. B. eine Oberfläche)*
rough particles rauhe Partikel *npl (mit Ribosomen besetztes endoplasmatisches Retikulum)*
rough respiration raues Atemgeräusch *n*
rough skin raue Haut *f*
rough-surfaced endoplasmic reticulum raues endoplasmatisches Retikulum *n*
rough voice raue [heisere] Stimme *f*
roughage Ballaststoff *m (Nahrung)*
Roughton-Scholander apparatus Roughton-Scholander'scher Apparat *m*
Roughton-Scholander syringe Roughton-Scholander'sche Spritze *f*
Rougnon-Heberden disease Rougnon-Heberden'sche Krankheit *f*, Angina *f* pectoris
rouleaux formation *(Hämat)* Geldrollenbildung *f*, Rouleaubildung *f*, Sludge-Phänomen *n* der Erythrozyten
round Rundgang *m*, Dienstrunde *f* • **be on the round** die Visite machen [durchführen]; Hausbesuche machen • **go on the round** zur Visite gehen, Visite machen
round back *(Orth)* Rundrücken *m*
round bowl *(Chir)* Rundschale *f*
round cell *(Histol)* Rundzelle *f*

round-cell carcinoma Rundzellenkarzinom *n*
round-cell infiltration *(Path)* Rundzelleninfiltration *f*
round-cell sarcoma *(Path)* Rundzellensarkom *n*
round dish *(Chir)* Rundschale *f*
round ligament of the femur Ligamentum *n* capitis femoris
round ligament of the liver Ligamentum *n* teres hepatis
round ligament of the uterus Ligamentum *n* teres uteri
round needle Rundnadel *f*
round pricking needle runde scharfe Nadel *f*
round-the-clock duty at a patient's bedside 24-Stunden-Bettwache *f*
round window *(HNO)* Fenestra *f* rotunda [cochleae]
round-window membrane *(HNO)* Membrana *f* tympani secundaria
rounded shadow in the lung field *(Rad)* Rund(herd)-schatten *m*
roundworm *(Paras)* Rundwurm *m*, Nematode *f*
Rous-associated virus Rous-assoziiertes Virus *n*, RAV, Leukovirus *n* Serotyp A, Leukovirus *n* Serotyp B *(Helfer-Virus für die Replikation des Rous-Sarkom-Virus)*
Rous' sarcoma Rous'sches Sarkom *n*, Rous-Sarkom *n*, übertragbares Hühnersarkom *n (bösartige Geschwulst)*
Rous' sarcoma virus Rous-Sarkom-Virus *n*, RSV, Hühnersarkomvirus *n*
Rous' tumour *s.* Rous' sarcoma
Roussy-Dejerine syndrome Roussy-Dejerine-Syndrom *n*, Thalamussyndrom *n*
Roussy-Levy disease *s.* Roussy-Levy syndrome
Roussy-Levy hereditary areflexic dystasia *s.* Roussy-Levy syndrome
Roussy-Levy syndrome Roussy-Levy'sches Syndrom *n*, Roussy-Levy-Syndrom *n*, erbliche areflektorische Dystasie *f*
route of administration Applikationsweg *m (z. B. der Medikamentenzufuhr)*
routine blood examination Routineblutuntersuchung *f*
routine chest radiograph Routinethoraxaufnahme *f*, Routinethoraxröntgenbild *n*, Thorax(röntgen)übersichtsaufnahme *f*, Thoraxübersichtsröntgenbild *n*
routine examination Routineuntersuchung *f*
routine laboratory studies routinemäßige Laboruntersuchungen *fpl*
routine mammography Routinemammographie *f*
Roux-en-Y anastomosis *(Chir)* Y-Anastomose *f* nach Roux
Roux-en-Y bypass *s.* Roux-en-Y loop
Roux-en-Y drainage *(Chir)* Y-Ableitung *f* nach Roux
Roux-en-Y gastroenterostomy *(Chir)* Y-Gastroenterostomie *f* nach Roux
Roux-en-Y gastrojejunostomy *(Chir)* Y-Gastrojejunostomie *f* nach Roux
Roux-en-Y loop *(Chir)* Y-Schlinge *f* nach Roux
Roux-en-Y oesophagojejunostomy *(Chir)* Y-Ösophagojejunostomie *f* nach Roux
Roux-en-Y operation *(Chir)* Y-Anastomose *f* nach Roux
Roux-Y … *s.* Roux-en-Y …
Roux's gastroenterostomy *s.* Roux-en-Y gastroenterostomy
Roux's retractor Roux-Haken *m*, Bauchdeckenhaken *m* nach Roux
Rovsing's procedure Rovsing'sches Verfahren *n*, Rovsing'sche Nierenzystenoperation *f*
Rovsing's sign Rovsing'sches Zeichen *n*, Zeichen *n* nach Rovsing *(Appendizitiszeichen)*
Rovsing's syndrome Rovsing'sches Syndrom *n*, Rovsing-Syndrom *n (Nabelschmerz bei Hufeisenniere infolge Gefäßkompression)*
row of staples Klammerreihe *f*
Royal free disease postvirales Erschöpfungssyndrom *n*, epidemische Neuromyasthenie *f*, benigne myalgische Enzephalomyelitis *f*, Encephalomyelitis *f* myalgica benigna
Royer's syndrome Prader-Willi-Syndrom *n*, Prader-Labhart-Willi-Fanconi-Syndrom *n (hypothalamisch bedingter Minderwuchs mit Hypogonadismus)*
R.P.A. *s.* right pulmonary artery
RPGN *s.* rapid progressive glomerulonephritis
R.Q. *s.* respiratory quotient
R.S.A. *s.* 1. right sacroanterior position of the foetus; 2. right subclavian artery
R.S.P. *s.* right sacroposterior position of the foetus
rub *v* 1. reiben, scheuern; 2. einreiben, bestreichen
rub *v* **a drug into the skin** ein Medikament in die Haut (ein)reiben
rub *v* **away** wegdrücken, wegmassieren *(z. B. Muskelhärten)*
rub Reiben *n*, Reibegeräusch *n (bei der Auskultation)*
rubber 1. Gummi *m*; 2. Masseur *m*
rubber band *(Chir)* Gummilasche *f*, Gummiband *n*
rubber-band ligation Gummibandligatur *f (z. B. von Hämorrhoiden)*
rubber bandage Gummibandage *f*, Gummibinde *f*
rubber catheter Gummikatheter *m*
rubber dam *(Stom)* Gummilappen *m*, Kofferdamm *m*, Kastendamm *m*
ruber dam clamps forceps *(Stom)* Kofferdammklammerzange *f*
rubber heater Gummiwärmflasche *f*
rubber-shodded clamp *(Chir)* gummiarmierte Klemme *f*, Klemme *f* mit gummibewehrten Branchen
rubber strap *s.* rubber band
rubber wedge *(Stom)* Gummi(mund)keil *m*, Mund(gummi)keil *m*
rubbing alcohol Desinfektionsalkohol *m*
rubbing massage Friktionsmassage *f*
rubedo Hautrötung *f*
rubefacient (haut)rötend, hyperämisierend, hautreizend
rubefacient (agent) Rubefaziens *n*, hyperämisierendes Haut(reiz)mittel *n*, hautrötendes [hautreizendes] Mittel *n*
rubefaction Hautrötung *f*, Hauthyperämisierung *f*
rubella *(Inf)* Rubella *f*, Rubeola *f*, Röteln *pl*
rubella and mumps virus vaccine Röteln-Mumps-Vakzine *f*, Röteln-Mumps-Impfstoff *m*
rubella antibody Rötelnantikörper *m*
rubella embryopathy *(Päd)* Rötelnembryopathie *f*
rubella encephalitis Rötelnenzephalitis *f*
rubella encephalopathy Rötelnenzephalopathie *f*
rubella infection Rötelninfektion *f*
rubella-like rötelnartig
rubella panencephalitis Rötelnpanenzephalitis *f*
rubella syndrome *(Päd)* Rötelnsyndrom *n*; Rötelnembryopathie *f*
rubella titer Rötelntiter *m*
rubella vaccine Rubellavakzine *f*, Rötelnimpfstoff *m*
rubella virion Rubellavirion *n*, Rötelnvirion *n*
rubella virus Rubellavirus *n*, Rötelnvirus *n*
rubella virus vaccine Rötelnvirusvakzine *f*, Rötelnvirusimpfstoff *m*
rubelliform rötelnartig, rubeolaähnlich; Röteln…
rubeola *s.* 1. rubella; 2. measles
rubeosis Rubeose *f*, Hautrötung *f*
rubeosis of the iris *(Ophth)* Rubeosis *f* iridis (diabetica)
rubescence Rotwerden *n*, Erröten *n*; Rötung *f*
rubescent (er)rötend; Rötungs…
rubidomycin Rubidomycin *n (Antibiotikum, Antineoplastikum)*
rubiginose rubiginös, rostfarben *(z. B. Sputum)*

rubiginous *s.* rubiginose
Rubinstein-Taybi syndrome Rubinstein-Taybi-Syndrom *n*, Kieferbogen-Okulodental-Syndrom *n (kraniomandibulofaziale Dysmorphie)*
Rubinstein's syndrome *s.* Rubinstein-Taybi syndrome
Rubivirus Rubivirus *pl*
rubivirus Rubivirus *n*
rubor Rubor *m*, Rötung *f*, entzündliche Hautrötung *f*
rubratoxin Rubratoxin *n (Mykotoxin)*
rubriblast Rubriblast *m*, Proerythroblast *m*
rubric Nucleus-ruber-...
rubricyte Rubrizyt *m*, polychromatophiler Erythroblast *m*
rubrin *s.* haematin
rubriuria Rotharnen *n*, Ausscheidung *f* rot gefärbten Urins
rubrobulbar *(Anat)* rubrobulbär
rubromycosis of nail plates Epidermophytia *f* unguis, Nagelepidermophytie *f*
rubro-olivary *(Anat)* rubroolivär
rubroreticular *(Anat)* rubroretikulär
rubroreticular tract Tractus *m* rubroreticularis
rubrospinal *(Anat)* rubrospinal; Nucleus-ruber-Rückenmark-...
rubrospinal ataxia *(Neur)* rubrospinale Ataxie *f*
rubrospinal tract Tractus *m* rubrospinalis, rubrospinale Bahn *f*, Monakow'sches Bündel *n*
rubrothalamic *(Anat)* rubrothalamisch; Nucleus-ruber-Thalamus-...
Rubulavirus Rubulavirus *pl*
ructation Eruktation *f*, Aufstoßen *n*, Ruktation *f*, Rülpsen *n*
ructus Ruktus *m*, Rülpser *m*, Aufstoßen *n*
rude respiration Bronchovesikuläratmen *n*
rudiment Rudiment *n*, rudimentäres [rückgebildetes] Organ *n*; Verkümmerung *f*
rudimentary rudimentär, rückgebildet, verkümmert; in der Anlage vorhanden
rudimentary womb rudimentärer Uterus *m*
rudimentum *s.* rudiment
Rud's syndrome Rud'sches Syndrom *n (Riesen- oder Zwergwuchs, perniziosaartige Anämie und Unterentwicklung der Geschlechtsorgane)*
Ruffini's cell Ruffini'sches Körperchen *n* [Endkörperchen *n*], Ruffini-Körperchen *n*, wärmesensibles Endkörperchen *n*
Ruffini's corpuscle *s.* Ruffini's cell
Ruffini's cylinder *s.* Ruffini's cell
Ruffini's end organ *s.* Ruffini's cell
Ruffini's ending *s.* Ruffini's cell
Ruffini's mechanoreceptors Ruffini'sche Rezeptoren *mpl (Mechanorezeptoren der Gelenkkapsel)*
ruga Ruga *f*, Runzelfalte *f*, Runzel *f*
ruga of the stomach Ruga *f* gastrica, Magenschleimhautfalte *f*
ruga of the vagina Ruga *f* vaginalis, quer verlaufende Scheidenschleimhautfalte *f*
rugine 1. Periostelevator *m*, Periostelevatorium *n*, Periostheber *m*; 2. *s.* raspatory
rugitus Darmgeräusch *n*, Darmgurgeln *n*
rugose rugosus, gerunzelt, runz(e)lig, faltig; rau
rugosity Faltigkeit *f*, Runz(e)ligkeit *f*, Rauigkeit *f*
rugous *s.* rugose
Rukavina type familial amyloid polyneuropathy Rukavina-Syndrom *n*, Rukavina'sches Syndrom *n*, erbliche amyloide Polyneuropathie *f*
Rukavina syndrome *s.* Rukavina type familial amyloid polyneuropathy
rule *v* **out a diagnosis** eine Diagnose ausschließen
rule *v* **out a disease** eine Krankheit ausschließen
rule Regel *f*
rule of abstinence *(Neur)* Abstinenzregel *f*
rule of bigeminy *(Kard)* Bigeminisregel *f*
rule of confidentiality Vertraulichkeitsregel *f*, Verschwiegenheitsregel *f*
rule of nines *(Chir)* Neuner-Regel *f* (nach Wallace) *(zur Bestimmung der Verbrennungsfläche)*
rule of outlet *(Gyn)* Beckenausgangsregel *f*
rule of three Dreierregel *f (Sauerstoffspannung im Blut entspricht dem dreifachen Wert der eingeatmeten Sauerstoffkonzentration)*
rum Rum *m*
rum-blossom *s.* rhinophyma
rumbling Kollern *n (in den Eingeweiden)*
rumen Rumen *n*, Pansen *m*
rumenitis Pansenentzündung *f*
rumenotomy Panseninzision *f*, (operative) Pansenеröffnung *f*
ruminal Rumen...
ruminant wiederkäuend
rumination Rumination *f*, Meryzismus *m*, Wiederkäuen *n*, Wiederkauen *n*
rumination disorder of infancy *(Neur)* Rumination *f* im Kindesalter
ruminative widerkäuend; Ruminations...
rump Steiß *m*; Gesäß *n*, Gesäßbacken *fpl*, Hinterbacken *fpl*
Rumpel-Leede phenomenon *(Hämat)* Rumpel-Leede-Phänomen *n*, Rumpel-Leede'sches Zeichen *n*
Rumpel-Leede sign *s.* Rumpel-Leede phenomenon
Rumpel-Leede test *s.* Rumpel-Leede phenomenon
run *v* **amok** Amok laufen, in blinder Wut umherlaufen
runaround *s.* paronychia
runaway pacemaker failure *(Kard)* Pacemakerjagen *n*, Schrittmacherrasen *n*
Rundles-Falls syndrome Rundles-Falls-Syndrom *n*, hereditäre sideroblastische Anämie *f*
runner's high Läufer-Euphorie *f (durch endogene Endorphine)*
running/be *v* tränen, laufen *(das Auge)*
running eye tränendes [laufendes] Auge *n*
running knot fortlaufender Knoten *m*
running nose *s.* rhinitis
running suture *(Chir)* fortlaufende Naht *f*
runoff Abfluss *m (z. B. des Blutes in kleinen Gefäßen)*
runround *s.* paronychia
runt disease Runt-Krankheit *f (letaler Kümmerwuchs bei unreifen Versuchstieren infolge Graft-versus-host-Reaktion)*
Runyon classification system Runyon'sches Klassifizierungssystem *n (der Mykobakterien)*
rupia Rupia *f*, Rhypia *f*, (dicke) Kruste *f*, (austernschalenartige) Borke *f*
rupial Rupia..., Krusten..., Borken...
rupioid rupiaartig, rupiaähnlich
rupophobia *(Neur)* Rupophobie *f*, krankhafte Angst *f* vor Beschmutzung
rupture Ruptur *f*, Zerreißung *f*, Zerreißen *n*, Rhexis *f*
rupture of amniotic fluid sac Amnion(sack)ruptur *f*
rupture of ligament Sehnenriss *m*, Bänderzerreißung *f*
rupture of memebranes Amnion(sack)ruptur *f*
rupture of muscle Muskelriss *m*, Muskelzerreißung *f*
rupture of the anterior cruciate ligament vordere Kreuzbandruptur *f*
rupture of the aorta Aortenruptur *f*
rupture of the biceps muscle tendon Bizepssehnenruptur *f*, Bizepssehnenzerreißung *f*
rupture of the bronchus Bronchusruptur *f*
rupture of the cruciate ligament Kreuzbandruptur *f*, Kreuzbandzerreißung *f*
rupture of the external lateral ligament Außenbandruptur *f*, laterale Seitenbandzerreißung *f*

rupture of the follicle Follikelsprung *m*, Eisprung *m*
rupture of the interior lateral ligament Innenbandruptur *f*, mediale Seitenbandzerreißung *f*
rupture of the large intestine Kolonruptur *f*, Dickdarmzerreißung *f*, Kolonriss *m*
rupture of the lateral meniscus laterale Meniskusruptur *f*, lateraler Meniskusriss *m*, Außenmeniskusriss *m*
rupture of the liver Leberruptur *f*, Leberzerreißung *f*, Leberriss *m*
rupture of the medial meniscus mediale Meniskusruptur *f*, medialer Meniskusriss *m*, Innenmeniskusriss *m*
rupture of the meniscus Meniskusruptur *f*, Meniskusriss *m*, Meniskuszerreißung *f*
rupture of the posterior cruciate ligament hintere Kreuzbandruptur *f*
rupture of the pubic symphysis Schambeinfugenruptur *f*
rupture of the small intestine Dünndarmruptur *f*, Dünndarmzerreißung *f*, Dünndarmriss *m*
rupture of the spleen Milzruptur *f*, Milzzerreißung *f*, Milzriss *m*
rupture of the stomach Magenruptur *f*, Magenzerreißung *f*
rupture of the urinary bladder Harnblasenruptur *f*
rupture of the water bag Frucht(wasser)blasenruptur *f*
rupture of the womb Uterusruptur *f*, Gebärmutterzerreißung *f*, Gebärmutterriss *m*
rupture of visceral organs Eingeweideruptur *f*, Ruptur *f* innerer Organe
rupture support *(Chir)* Bruchband *n*
ruptured rupturiert, zerrissen
ruptured (intervertebral) disk *(Orth)* Bandscheibenvorfall *m*
ruptured kidney zerrissene [rupturierte] Niere *f*, Nierenruptur *f*
ruptured spleen zerrissene [rupturierte] Milz *f*, Milzruptur *f*
rural dermal leishmaniasis *(Trop)* ländliche [rurale] Hautleishmaniasis *f*
rural hospital ländliches Krankenhaus *n*, Dorfkrankenhaus *n*
rural typhus *s.* tsutsugamushi disease
rush 1. *(Psych)* High-Gefühl *n (z. B. nach Rauschmitteln)*; 2. (heftige) Peristaltikwelle *f*
Russell-Silver dwarfism Russell-Silver'scher Zwergwuchs *m*, Russell-Silver'sches Syndrom *n*, Silver-Russell'sches Syndrom *n*
Russell-Silver syndrome *s.* Russell-Silver dwarfism
Russell's bodies Russell'sche Körperchen *npl* [Zellkörperchen *npl*] *(der Plasmazellen)*
Russell's dwarf Russell'scher Zwerg *m*
Russell's dwarfism *s.* Russell-Silver dwarfism
Russell's effect Russell-Effekt *m*
Russell's periodontal index *(Stom)* Russel'scher Parodontalindex *m*
Russell's syndrome *s.* Russell-Silver dwarfism
Russell's traction Russell'sche Traktion *f*, Russell'sche Extension *f (bei Femurfrakturen)*
Russian autumnal encephalitis russische Herbst-Enzephalitis *f*, Japan-B-Enzephalitis *f*
Russian bath Russische Sauna *f*, Finnische Sauna *f*
Russian intermittent fever Wolhyni'sches Fieber *n (siehe auch: five-day fever)*
Russian spring-summer encephalitis russische Frühsommer-Enzephalitis *f*
Russian tick-borne encephalitis russische Zeckenenzephalitis *f*
rust 1. Rost *m*; 2. Brand *m*, Rost *m (Pilzart)*
rust-coloured rostfarbig, rostfarben, rubiginös
rustiness Heiserkeit *f*, Rauigkeit *f* der Stimme
Rust's disease Rust'sche Krankheit *f*, Spondylitis *f* tuberculosa der Halswirbelsäule, Malum *n* vertebrale suboccipitale *(Tuberkulose der beiden ersten Halswirbel)*
Rust's phenomenon Rust'sches Phänomen *n (Unterstützung des Kopfes mit den Händen bei Halswirbelsäulenprozessen)*
Rust's sign *s.* Rust's phenomenon
Rust's syndrome Rust'sches Syndrom *n*, Malum *n* vertebrale suboccipitale *(bei syphilitischen oder rheumatischen knochenzerstörenden Prozessen)*
rusty sputum rubiginöses [rostfarbenes] Sputum *n (bei Lungenentzündung)*
rusty voice heisere Stimme *f*
rut Brunst *f*, Brunft *f*
ruthenium Ruthenium *n*, Ru
ruthenium red *(Histol)* Ruthenium-Rot *n*, Rutheniumoxychlorid *n (Farbstoff)*
Rutherford's theory Rutherford'sche Theorie *f*
rutidosis *s.* rhytidosis
rutilism Rothaarigkeit *f*
rutin Rutin *n*
rutinose Rutinose *f (Disaccharid)*
rutoside *s.* rutin
Ruvalcaba's syndrome Ruvalcaba-Syndrom *n*, Ruvalcaba'sches Syndrom *n (Mikrozephalie, geistige Retardierung, Skelettanomalien und hypoplastische Genitalien)*
Ruysch's glomeruli Ruysch'sche Glomeruli *mpl*, Glomeruli *mpl* renis, Nierenglomeruli *mpl*
Ruysch's membrane Ruysch'sche Membran *f*, Lamina *f* choroidocapillaris, Choriocapillaris *f*
ruyschian membrane *s.* Ruysch's membrane
Rye classification Rye'sche Klassifikation *f (Klassifikation der Lymphogranulomatose in vier Stadien)*
Ryle's tube Ryle'sche Sonde *f (Duodenalsonde mit Graduierung und Olivenspitze)*

S

S-T intervall Kammerendteil *m (EKG)*
S-T segment *s.* ST segment
S wave (of the electrocardiogram) S-Zacke *f* (im EKG)
SA *s.* sinoatrial
saber ... *(Am) s.* sabre ...
Sabin-Feldman dye test Sabin-Feldman-Test *m (Toxoplasmoseantikörpernachweis)*
Sabin-Feldman syndrome Sabin-Feldman-Syndrom *n*
Sabin oral poliomyelitis vaccine Sabin-Tschumakow-Impfstoff *m*, Sabin'sche Schluckvakzine *f*, Sabin'scher Schluckimpfstoff *m (gegen Poliomyelitis)*
sabinism Sabinismus *m*, Sabinaölvergiftung *f*
Sabin's vaccine *s.* Sabin oral poliomyelitis vaccine
Sabouraud's agar Sabouraud'scher Pilzagar *m* [Pilznährboden *m*], Sabouraud-Kulturmedium *n*
Sabouraud's culture medium *s.* Sabouraud's agar
Sabouraud's dextrose agar Sabouraud'scher Dextrose-Agar *m*
sabre-sheath trachea Säbelscheidentrachea *f*
sabre shin *(Orth)* Säbelscheidentibia *f*, Säbelscheidenschienbein *n*
sabre tibia *s.* sabre shin
sabre wound Schnittwunde *f*

sabulous sabulös, sandig; Sand…; grießig *(z. B. Urin)*
sabulous urine Harngrieß *m*
sabulum *(Anat)* Sabulum *n*, Sand *m*, Gehirnsand *m*
saburra Saburra *f (durch Nahrungszersetzung entstandener Fäulniszustand in Mund und Magen)*
saburral Saburra…
sac *(Anat)* Tasche *f*, Sack *m*, Saccus *m*; Bruchsack *m*
saccade Sakkade *f*, Blickbewegung *f*
saccadic eye movement sakkadierte [ruckartige] Augenbewegung *f*
saccate Sack…
saccharase Saccharase *f*, Invertase *f*, Frukto(furano)sidase *f (Enzym)*
saccharate Saccharat *n*
saccharated saccharosehaltig, zuckerhaltig
saccharephidrosis Saccharephidrose *f*, Zuckerausschwitzung *f*, Zuckerausscheidung *f* mit dem Schweiß
saccharic Zucker…
saccharic acid Zuckersäure *f*
saccharide Sa(c)charid *n*, Kohlenhydrat *n*
sacchariferous zuckerhaltig; zuckererzeugend
saccharification Sa(c)charifikation *f*, Verzuckerung *f*, Stärkeumwandlung *f* in Malzzucker
saccharify *v* in Zucker umwandeln [verwandeln], verzuckern, saccharifizieren
saccharimeter Sa(c)charimeter *n*
saccharimetry Sa(c)charimetrie *f*, Zuckergehaltsbestimmung *f*, Bestimmung *f* der Zuckerkonzentration
saccharin Sa(c)charin *n*, Süßstoff *m*
saccharine zuckerartig; zuckerhaltig; süß
saccharinol *s.* saccharin
saccharobiose Sa(c)charobiose *f*, Disa(c)charid *n*
saccharogalactorrhoea Sa(c)charogalaktorrhoe *f*, Milchsekretion *f* mit erhöhtem Zuckergehalt
saccharogen amylase β-Amylase *f (Enzym)*
saccharolytic sa(c)charolytisch, zuckerspaltend, zucker(auf)lösend
saccharometabolic Zuckerstoffwechsel…
saccharometabolism Zuckermetabolismus *m*, Zuckerstoffwechsel *m*
saccharometer *(Lab)* Sa(c)charometer *n*, Gärungsröhrchen *n (Senkspindel zur Bestimmung der Dichte von Zuckerlösungen)*
Saccharomyces Saccharomyces *m*, Saccharomyzes *m*, Saccharomyzete *f*, Hefepilz *m*
Saccharomycetaceae Saccharomycetaceae *pl*
saccharomycete Saccharomyzet *m*, Hefepilz *m*
saccharomycetic Saccharomyzet(en)…, Hefepilz…
saccharomycetolysis Saccharomyzetenzerstörung *f*, Hefepilzauflösung *f*
saccharomycosis Saccharomykose *f*, Hefepilzerkrankung *f*, Hefepilzkrankheit *f*, Hefepilzbefall *m*
saccharopinaemia Saccharopinämie *f (Vorhandensein von Saccharopin im Blut)*
saccharopine Saccharopin *n (Zwischenprodukt im Lysinabbau)*
saccharopine dehydrogenase Saccharopindehydrogenase *f (Enzym)*
saccharopinuria Saccharopinurie *f (Ausscheidung von Saccharopin im Urin)*
saccharorrhoea *s.* glucosuria
saccharose Sa(c)charose *f*, Rohrzucker *m*, Rübenzucker *m*
saccharosuria Saccharosurie *f*, Saccharoseausscheidung *f* im Urin
saccharuria Saccharurie *f*, Zuckerausscheidung *f* im Urin
sacci *pl s.* saccus
sacciform sackförmig, sackartig; Sack…
sacciform kidney Sackniere *f*
sacciform recess of the wrist Recessus *m* sacciformis articulationis radioulnaris distalis
saccular sakkulär, säckchenförmig, sackförmig
saccular aneurysm säckchenförmiges [sackförmiges] Aneurysma *n*
saccular bronchiectasis sakkuläre [sackförmige] Bronchiektasie *f*
saccular gland Alveolardrüse *f*
saccular macula Macula *f* sacculi *(Rezeptor für die Gleichgewichtsempfindung)*
saccular nerve Nervus *m* saccularis
sacculated sakkulär, säckchenförmig, sackförmig; Sack…
sacculated aortic aneurysm sakkuläres Aortenaneurysma *n*
sacculated bladder Balkenblase *f*
sacculated bronchiectasis sackförmige Bronchiektasen *fpl*
sacculated pleurisy Pleuritis *f* mit Abkapselungen; abgekapselte Pleuritis *f*
sacculation 1. Sack *m*, Tasche *f*, Aussackung *f*; 2. Sackbildung *f*, Taschenbildung *f*
sacculation of colon 1. Haustrum *n*; 2. Haustrierung *f*, Haustrenbildung *f* des Dickdarms
saccule 1. *(Anat)* Säckchen *n*, Täschchen *n*; 2. *(Anat)* Sacculus *m*, Säckchen *n* im häutigen Labyrinth
saccule of the larynx Sacculus *m* laryngis
sacculitis Sakkulitis *f*, Entzündung *f* eines Sacculus
sacculocochlear sakkulokochleär; Sacculus-Cochlea-…
sacculotomy Sakkulotomie *f*, (operative) Sakkuluseröffnung *f*
sacculo-utricular canal Canalis *m* utriculosaccularis *(Innenohr)*
sacculus *s.* saccule
saccus *(Anat)* Tasche *f*, Sack *m*, Saccus *m*; Bruchsack *m*
Sachs' disease *s.* Tay-Sachs disease
Sachs-Georgi test Sachs-Georgi'scher Test *m*, Sachs-Georgi-Reaktion *f*, SGR *(serologische Flockungsreaktion zur Syphilisdiagnostik)*
sacral sakral; Sakral…, Kreuzbein…
sacral anaesthesia Sakralanästhesie *f*, Kreuzbeinanästhesie *f*
sacral block *s.* sacral anaesthesia
sacral bone *s.* sacrum
sacral bursa Bursa *f* sacralis
sacral canal Canalis *m* sacralis, Sakralkanal *m*
sacral crest Crista *f* sacralis
sacral decubitus ulceration Sakraldekubitus *m*, Kreuzbein(druck)geschwür *n*
sacral dermoid Sakraldermoid *n*, Kreuzbeindermoid *n*
sacral flexure Flexura *f* sacralis recti, Rektumflexur *f*
sacral foramen Foramen *n* sacrale
sacral hiatus Hiatus *m* sacralis
sacral index Sakralindex *m*, Kreuzbeinindex *m*
sacral nerves Nervi *mpl* sacrales, Sakralnerven *mpl*
sacral node sakraler Lymphknoten *m*, Sakrallymphknoten *m*
sacral plexus Plexus *m* sacralis, Kreuzbein(nerven)geflecht *n*
sacral promontory Promontorium *n* ossis sacri
sacral region Regio *f* sacralis, Sakralregion *f*, Kreuzbeinregion *f*, Sakralbereich *m*
sacral segment Sakralsegment *n*, Kreuzbeinsegment *n*
sacral splanchnic nerves Nervi *mpl* splanchnici sacrales
sacral tuberosity Tuberositas *f* sacralis
sacral tumour Sakraltumor *m*, Kreuzbeingeschwulst *f*
sacral vertebra Vertebra *f* sacralis, Sakralwirbel *m*, Kreuzbeinwirbel *m*
sacralgia Sakralgie *f*, Sakrodynie *f*, Kreuzbeinschmerz *m*

sacralization Sakralisation *f (Verwachsung des fünften Lendenwirbels mit dem Kreuzbein)*
sacralization of the lumbar vertebrae Lendenwirbelkörpersakralisation *f*, Sakralisation *f* der Lendenwirbelkörper
sacralize *v* sakralisieren
sacrectomy Sakrektomie *f*, Sakrumexstirpation *f*, Kreuzbeinresektion *f*, (operative) Kreuzbeinentfernung *f*
sacrifice *v* (ein Versuchstier) töten
sacroanterior position of the foetus *(Gyn)* vordere Beckenendlage *f*
sacroarthrogenic 1. vom Sakrokokzygealgelenk ausgehend; 2. vom Sakroiliakalgelenk ausgehend
sacrococcygeal sakrokokzygeal; Kreuzbein-Steißbein-…
sacrococcygeal canal *s.* sacral canal
sacrococcygeal chordoma Sakrokokzygealchordom *n*
sacrococcygeal cyst Sakrokokzygealzyste *f*, Pilonidalzyste *f*
sacrococcygeal dimple sinus Pilonidalsinus *m*
sacrococcygeal fistula Sakrokokzygealfistel *f*, Kreuzbein-Steißbein-Fistel *f*
sacrococcygeal hiatus Hiatus *m* sacralis
sacrococcygeal joint Symphysis *f* [Junctura *f*] sacrococcygea, Sakrokokzygealgelenk *n*
sacrococcygeal juncture *s.* sacrococcygeal joint
sacrococcygeal region Sakrokokzygealregion *f*, Kreuzbein-Steißbein-Region *f*
sacrococcygeal space Sakrokokzygealraum *m*
sacrococcygeal symphysis *s.* sacrococcygeal joint
sacrococcygeal teratoma Sakrokokzygealteratom *n*
sacrococcygeus Musculus *m* sacrococcygeus, Kreuzbein-Steißbein-Muskel *m*
sacrococcygeus anterior (muscle) Musculus *m* sacrococcygeus anterior [ventralis], ventraler Kreuzbein-Steißbein-Muskel *m*
sacrococcygeus dorsalis (muscle) Musculus *m* sacrococcygeus posterior [dorsalis], dorsaler Kreuzbein-Steißbein-Muskel *m*
sacrococcygeus muscle *s.* sacrococcygeus
sacrococcygeus posterior (muscle) *s.* sacrococcygeus dorsalis (muscle)
sacrococcyx Kreuz-Steißbein *n*
sacrocoxalgia Sakrokoxalgie *f*, Kreuzbein- und Hüftschmerz *m*
sacrocoxitis Sakrokoxitis *f*, Kreuzbein- und Hüftbeinentzündung *f*
sacrodynia *s.* sacralgia
sacrogenital fold Plica *f* sacrogenitalis [rectovesicalis]
sacroiliac sakroiliakal; Kreuzbein-Darmbein-…
sacroiliac articulation Articulatio *f* sacroiliaca, Sakroiliakalgelenk *n*, Kreuzbein-Darmbein-Gelenk *n*
sacroiliac joint *s.* sacroiliac articulation
sacroiliac region Sakroiliakalregion *f*, Kreuzbein-Darmbein-Region *f*
sacroiliac synchondrosis *s.* sacroiliac articulation
sacroiliitis *s.* sacrocoxitis
sacrolisthesis Sakrolisthesis *f*, Vorwärtsgleiten *n* des Kreuzbeins *(vor die Lendenwirbelsäule)*
sacrolumbalis (muscle) Musculus *m* iliocostalis lumborum
sacrolumbar sakrolumbal, lumbosakral; Kreuzbein-Lenden-…
sacroperineal sakroperineal; Kreuzbein-Damm-…
sacroposterior position of the foetus *(Gyn)* hintere Beckenendlage *f*
sacropromontory Promontorium *n* ossis sacralis
sacropubic sakropubisch, pubosakral; Pubosakral…, Kreuzbein-Schambein-…
sacrosciatic ischiosakral; Ischiosakral…, Kreuzbein-Schambein-…
sacrospinal sakrospinal; Sakrum-Wirbelsäulen-…
sacrospinal muscle *s.* sacrospinalis muscle
sacrospinalis (muscle) Musculus *m* sacrospinalis [erector spinae], Rückenstrecker *m*
sacrospinous 1. sakrospinös; Kreuzbein-Darmbein-stachel-…; 2. *s.* sacrospinal
sacrospinous ligament Ligamentum *n* sacrospinale
sacrotomy Sakrotomie *f*, Sakruminzision *f*, Kreuzbeinschnitt *m*
sacrotransverse position sakrotransversale Lage *f (des Fetus in Steißlage)*
sacrotuberous ligament Ligamentum *n* sacrotuberale
sacrouterine sakrouterin, uterosakral; Uterosakral…, Kreuzbein-Gebärmutter-…
sacrovertebral sakrovertebral; Sakrovertebral…, Kreuzbein-Wirbel-…; Kreuzbein-Wirbelsäulen-…
sacrum Sakrum *n*, Os *n* sacrum, Kreuzbein *n*
sactosalpinx Saktosalpinx *f*, Flüssigkeitsansammlung *f* im Eileiter
saddle 1 Sattel *m*, Sella *f*; 2. *s.* denture base
saddle anaesthesia *(Neur)* Reithosenanästhesie *f*
saddle-back fever biphasisches Fieber *n*
saddle-back nose *s.* saddle nose
saddle block *s.* saddle block anaesthesia
saddle block anaesthesia Sattelblock *m*, sakrale Spinalnervenblockade *f* [Spinalnervenanästhesie *f*]
saddle embolus reitender Embolus *m*
saddle joint Articulatio *f* sellaris, Sattelgelenk *n*, zweiachsiges Gelenk *n*
saddle-like uterus sattelförmiger [herzförmiger] Uterus *m*
saddle-like womb *s.* saddle-like uterus
saddle nose Nasus *m* incurvus, Sattelnase *f*
saddle thrombus Sattelthrombus *m*, reitender Thrombus *m*
saddleback *s.* lordosis
sadism *(Neur)* Sadismus *m*, Schmerzgeilheit *f*
sadist Sadist *m*
sadistic sadistisch, (wollüstig) grausam
sadistic personality Sadist *m*
sadness *(Psych)* Traurigkeit *f*
sadomasochism *(Neur)* Sadomasochismus *m*, Sadismus *m* mit Masochismus
sadomasochist *(Neur)* Sadomasochist *m*
sadomasochistic sadomasochistisch
Saemisch's ulcer Ulcus *n* serpens cornea
Saenger's macula Saenger'scher Fleck *m*, Macula *f* gonorrhoeica
Saethre-Chotzen syndrome Saethre-Chotzen-Syndrom *n*, Chotzen-Syndrom *n*, Akrozephalosyndaktylie *f* Typ III
SAF *s.* serum accelerator factor
safe period unfruchtbare Periode *f*, unfruchtbare Tage *mpl* (der Frau)
safety glass Sicherheitsglas *n*
safety glasses Schutzbrille *f*
saffron liver *(Path)* Safranleber *f*, Hepar *n* crocatum
safranin(e) Safranin *n (gelber Farbstoff zur Bakterienfärbung)*
safranophil(e) safranophil, safraninfreundlich, mit Safranin färbend
sagging shoulder Hängeschulter *f*
sagittal sagittal, pfeilrecht; Sagittal…, Pfeil…
sagittal axis sagittale Achse *f*
sagittal diameter Sagittaldurchmesser *m*, Diameter *m* sagittalis
sagittal fontanel Sagittalfontanelle *f*, Pfeilnahtfontanelle *f*
sagittal margin der Pfeilnaht zugekehrter Scheitelbeinrand *m*, Margo *m* sagittalis ossis parietalis
sagittal occlusion *(Stom)* Sagittalokklusion *f*, Sagittalbiss *m*

sagittal of the eye Sehachse *f*
sagittal plane Sagittalebene *f*
sagittal section Sagittalschnitt *m*
sagittal sinus Sagittalsinus *m*, Sinus *m* sagittalis
sagittal sulcus Sulcus *m* sinus sagittalis superior
sagittal suture Pfeilnaht *f*, Sutura *f* sagittalis
sago boluses of mucus sagokornförmige Schleimbeimengungen *fpl (z. B. bei Ruhr)*
sago liver *(Path)* Sagoleber *f*, Amyloidleber *f*, Leberamyloidose *f*
sago spleen *(Path)* Sagomilz *f*, Amyloidmilz *f*, Milzamyloidose *f*
sailor's skin Seemannshaut *f*
Saint Anthony's dance *s.* Sydenham's chorea
Saint Anthony's fire *s.* ergotism
Saint Avertin's disease *s.* epilepsy
Saint Gothard's disease *s.* ancylostomiasis
Saint Valentine's disease *s.* epilepsy
Saint Vitus' dance *s.* Sydenham's chorea
Sakati-Nyhan syndrome Sakati-Nyhan-Syndrom *n*, Akrozephalopolysyndaktylie *f* Typ III
salaam convulsion *(Neur, Päd)* Blitz-Nick-Salaam-Krampf *m*, BNS-Krampf *m*, Salaamkrampf *m*, Nickkrampf *m*
salaam spasm *s.* salaam convulsion
salacious wollüstig, geil
salacity Wollust *f*, Geilheit *f*, gesteigerter Sexualtrieb *m* [Geschlechtstrieb *m*]
salbutamol Salbutamol *n*, Albuterol *n*
salicylaemia Salicylämie *f*
salicylamide Salicyl(säure)amid *n (Analgetikum, Antipyretikum)*
salicylanilide Salicylanilid *n*
salicylate Salicylat *n*
salicylate poisoning Salicylatvergiftung *f*
salicylate therapy Salicylattherapie *f*, Salizylatbehandlung *f*
salicylated Salicylsäure enthaltend
salicylated plaster Salicylsäurepflaster *n*
salicylazosulphapyridine Salicylazosulfapyridin *n*, Sulfasalazin *n*
salicylic acid Salicylsäure *f*, Salyzylsäure *f*, 2-Hydroxybenzoesäure *f*
salicylic aldehyde Salicylaldehyd *m*
salicylism Salizylismus *m*, Salicyl(säure)vergiftung *f*, Salizyl(säure)intoxikation *f*
salicylsulphonic acid Sulfosalicylsäure *f*
salicyluric acid Salicylursäure *f*
salifiable in ein Salz umwandelbar, salzbildend, zur Salzbildung fähig
salify *v* in ein Salz umwandeln
saligenin Saligenin *n (Lokalanästhetikum)*
saligenol *s.* saligenin
saline 1. *s.* saline agent; 2. physiologische Kochsalzlösung *f*
saline agent salinisches Abführmittel *n*
saline cathartic *s.* saline agent
saline diuretic *(Pharm)* Saluretikum *n*
saline enema salinischer Einlauf *m*
saline infusion Infusion *f* einer physiologischen Kochsalzlösung
saline irrigation Spülung *f* mit physiologischer Kochsalzlösung
saline-soaked surgical sponge *(Chir)* mit Kochsalzlösung getränkter Tupfer *m*
salinometer Salinometer *n (Instrument zur Ablesung des Salzgehaltes einer Lösung)*
salinomycin Salinomycin *n (Antibiotikum)*
saliva Saliva *f*, Speichel *m* • **discharge saliva** Speichel absondern
saliva ejector *(Stom)* Speichelsauger *m*, Speichelsaugapparat *m*, Speichelejektor *m*
saliva substitute künstlicher Speichel *m*, Speichelersatz *m*
salivant salivant, speicheltreibend, speichelanregend, speichelstimulierend
salivary Speichel...
salivary amylase Speichelamylase *f (Enzym)*
salivary antiseptic Speichelantiseptikum *n*
salivary calculus 1. *s.* sialolith; 2. Zahnstein *m*
salivary centre Speichel(sekretions)zentrum *n*, Salivationszentrum *n (im ZNS)*
salivary corpuscle Speichelkörperchen *n*, Speichelleukozyt *m*
salivary diastase *s.* salivary amylase
salivary digestion Speichel(vor)verdauung *f*
salivary duct Speicheldrüsengang *m*
salivary duct cyst Speichendrüsengangszyste *f*
salivary ejector *s.* saliva ejector
salivary fistula Speichelfistel *f*
salivary gland Speicheldrüse *f*
salivary gland cancer Speicheldrüsenkarzinom *n*
salivary gland catheter Speicheldrüsenkatheter *m*
salivary gland disorder Speicheldrüsen(funktions)-störung *f*
salivary gland enlargement Speicheldrüsenvergrößerung *f*
salivary gland tissue Speicheldrüsengewebe *n*
salivary gland tumour Speicheldrüsengeschwulst *f*, Speicheldrüsentumor *m*
salivary gland virus disease Zytomegalie *f*, Cytomegalia *f* infantum, Zytomegalovirussyndrom *n*, Einschlusskörperchenkrankheit *f*
salivary reflex Speichelreflex *m*
salivary tumour *s.* salivvary gland tumour
salivate *v* Speichel absondern [sezernieren]; (ein)speicheln *(die Nahrung)*
salivation 1. Salivation *f*, Speichelabsonderung *f*, Speichelfluss *m*, Speichelsekretion *f*; 2. krankhaft vermehrter Speichelfluss *m*
salivation of pregnancy *(Gyn)* Ptyalismus *m* gravidarum
salivator *s.* sialagogue
salivatory salivant, speicheltreibend, speichelanregend, speichelstimulierend
salivatory nucleus Nucleus *m* salivatorius
salivolithlasis Sialolithiasis *f*, Ptyalolithiasis *f*, Speichelsteinerkrankung *f*
salivous speichelartig; Speichel...
Salk vaccine Salk-Vakzine *f*, Salk-Impfstoff *m*, formalininaktivierter Poliomyelitisimpfstoff *m (zur aktiven Immunisierung)*
salmeterol xinafoate Salmeterolxinafoat *n (Bronchodilator)*
salmon calcitonin Calcitonin *n* vom Lachs
salmonella *(Bakt)* Salmonelle *f*
Salmonella enteritidis Salmonella *f* [Bacterium *n*] enteritidis
Salmonella hirschfeldii Salmonella *f* Hirschfeldii [paratyphi C], Bacterium *n* paratyphosum C
Salmonella paratyphi A Salmonella *f* paratyphi A
Salmonella paratyphi B *s.* Salmonella schottmülleri
Salmonella paratyphosi C *s.* Salmonella hirschfeldii
Salmonella schottmülleri Salmonella *f* Schottmülleri [paratyphi B], Bacterium *n* paratyphosum B
Salmonella typhi Salmonella *f* typhi [typhosa], Bacterium *n* typhosum, Eberthella *f* typhosa
Salmonella typhimurium Salmonella *f* typhimurium
Salmonella typhosa *s.* Salmonella typhi
salmonellal arthritis Salmonellenarthritis *f*

salmonellal bacteriaemia Salmonellenbakteriämie *f*, Vorhandensein *n* von Salmonellen im Blut
salmonellal enterocolitis Salmonellenenterokolitis *f*
salmonellal food poisoning Lebensmittelvergiftung *f* durch Salmonellen
salmonellal infection Salmonelleninfektion *f*
salmonellosis *(Inf)* Salmonellose *f*, Salmonelleninfektion *f*, Salmonellenbefall *m*, Salmonellenenteritis *f*, Cholera *f* nostras, einheimischer Brechdurchfall *m*
Salonica fever *s.* trench fever
salpingeal 1. Salpinx..., Tuben..., Eileiter...; 2. Salpinx..., Ohrtrompeten...
salpingectomy Salpingektomie *f*, Salpinxexstirpation *f*, Eileiterresektion *f*, Tubenexzision *f*, (operative) Eileiterentfernung *f*
salpingemphraxis 1. Salpingemphraxis *f*, Salpinxstenose *f*, Tubenverschluss *m*, Eileiterverstopfung *f*; 2. Salpingemphraxis *f*, Ohrtrompetenstenose *f*, Ohrtubenverschluss *m*
salpinges *pl s.* salpinx
salpingian *s.* salpingeal
salpingioma Salpingiom *n*
salpingitic 1. salpingitisch; Eileiterentzündung(s)..., Tubenentzündung(s)..., Salpingitis...; 2. Ohrtrompetenentzündung(s)..., Ohrtubenkatarrh...
salpingitis 1. *(Gyn)* Salpingitis *f*, Salpinxentzündung *f*, Eileiterentzündung *f*, Tubenentzündung *f*; 2. *s.* syringitis
salpingocatheterism Salpingokatheterismus *m*, Ohrtubenkatheterismus *m*, Ohrtrompetenkatheterismus *m*
salpingocele Salpingozele *f*, Eileiterhernie *f*, Tubenbruch *m*
salpingocyesis Graviditas *f* tubaria, Tubengravidität *f*, Tubargravidität *f*, Eileiterschwangerschaft *f*
salpingogram Salpingogramm *n*, Eileiterröntgen(kontrast)bild *n*
salpingograph Salpingograph *m*
salpingography *(Gyn)* Salpingographie *f*, Eileiterröntgen(kontrast)darstellung *f*
salpingolithiasis Salpingolithiasis *f*, Kalkablagerung *f* im Eileiter
salpingolysis Salpingolysis *f*, Salpingolyse *f*, Eileiter(ab)lösung *f*, Lösung *f* von Adhäsionen [Verwachsungen] am Eileiter
salpingomalleus (muscle) Musculus *m* tensor tympani, Hammermuskel *m*, Trommelfellspanner *m*
salpingo-oophorectomy Salpingo-Oophorektomie *f*, Salpingoovariektomie *f*, Salpingoovariotomie *f*, Eileiter- und Eierstockexstirpation *f*, (operative) Eileiter- und Eierstockentfernung *f*
salpingo-oophoritis Salpingo-Oophoritis *f*, Salpingoovariitis *f*, Eileiter- und Eierstockentzündung *f*
salpingo-oophorocele Salpingo-Oophorozele *f*, Eileiter- und Eierstockhernie *f*, Eileiter- und Eierstockbruch *m*
salpingo-oothecitis *s.* salpingo-oophoritis
salpingo-oothecocele *s.* salpingo-oophorocele
salpingo-ovariectomy *s.* salpingo-oophorectomy
salpingo-ovariotomy *s.* salpingo-oophorectomy
salpingopalatine salpingopalatin(al); Ohrtrompeten-Gaumen-...
salpingopalatine fold Plica *f* salpingopalatina
salpingoperitonitis Salpingoperitonitis *f*, Salpinx- und Peritoneumentzündung *f*, Eileiter- und Bauchfellentzündung *f*
salpingopexy Salpingopexie *f*, Salpinxfixation *f*, Eileiterfixierung *f*, Tubenfixation *f*, (operative) Eileiteranheftung *f*
salpingopharyngeal salpingopharyngeal, salpingopharyng(e)är; Ohrtrompeten-Rachen-...
salpingopharyngeal fold Plica *f* salpingopharyngea
salpingopharyngeus (muscle) Musculus *m* salpingopharyngeus, Schlundkopftubenmuskel *m*
salpingoplasty Salpingoplastik *f*, Eileiterplastik *f*, Tubenplastik *f*
salpingorrhagia Salpingorrhagie *f*, Eileiterblutung *f*
salpingorrhaphy Salpingorrhaphie *f*, Eileiternaht *f*, Tubennaht *f*
salpingosalpingostomy Salpingosalpingostomie *f*, Eileiter-Eileiter-Anastomose *f*, (operative) Eileiter(wieder)vereinigung *f*
salpingoscope Nasenrachenspiegel *m*, Ohrtubenspiegel *m*
salpingoscopy Nasenrachenspiegelung *f*, Ohrtubenspiegelung *f*
salpingostenochoria Salpingostenochorie *f*, Ohrtrompetenstenose *f*, Ohrtrompetenstriktur *f*, Ohrtubenveng(er)ung *f*
salpingostomatomy *s.* salpingostomy
salpingostomatoplasty Salpingostomatoplastik *f*, (operative) Tubentrichterrekonstruktion *f*
salpingostomy 1. Salpingostomie *f*, Salpingostoma *n*, Eileiterfistel *f*; 2. Salpingostomie *f*, (operative) Eileiterfistelung *f* [Tubenfistelung *f*]
salpingotomy Salpingotomie *f*, Salpinxschnitt *m*, (operative) Eileitereröffnung *f*, Tubenschnitt *m*
salpinx 1. *(Gyn)* Salpinx *f*, Tuba *f*, Tube *f*, Tuba *f* uterina (Falloppii), Eileiter *m*, Muttertrompete *f* *(Zusammensetzungen siehe unter: uterine tube)*; 2. *(HNO)* Salpinx *f*, Tuba *f*, Tube *f*, Tuba *f* auditiva [Eustachii, pharyngotympanica], Ohrtrompete *f*, Eustach'sche Röhre *f*
salt and fluid restriction *(Metab)* Salz- und Flüssigkeitsbeschränkung *f*
salt-deficiency heat exhaustion saloprive Hitzeerschöpfung *f*
salt depletion *(Metab)* Salzverarmung *f*, Kochsalzverarmung *f*
salt-depletion heat exhaustion saloprive Hitzeerschöpfung *f*
salt-depletion syndrome Salzmangelsyndrom *n*, Kochsalzmangel-Syndrom *n*
salt fever Salzfieber *n* *(bei Kindern nach Kochsalzeinlauf)*
salt-free diet salzfreie Diät *f*, salzlose Kost *f*
salt-losing nephritis *s.* salt-wasting kidney
salt-losing syndrome Salzverlustsyndrom *n*
salt of oxalic acid Oxalat *n*, Oxalsäuresalz *n*
salt of uric acid Urat *n*, Harnsäuresalz *n*
salt-poor diet salzarme Diät *f*, salzreduzierte Kost *f*
salt restriction Salzrestriktion *f*, Kochsalzeinschränkung *f*
salt substitute Salzersatz *m*
salt-wasting kidney Salzverlustniere *f*
saltation 1. *(Gen)* Saltation *f*, Mutation *f*, Erbsprung *m*; 2. *(Neur)* Saltation *f*, Umherspringen *n* *(z. B. bei Chorea)*
saltatorial saltatorisch, sprunghaft
saltatoric *s.* saltatorial
saltatory saltatorisch, sprunghaft, springend
saltatory chorea saltatorische Chorea *f*
saltatory conduction *(Physiol)* saltatorische [sprunghafte] Erregungsleitung *f*
saltatory convulsion *(Path)* saltatorische Konvulsion *f*
saltatory cramp *s.* saltatory convulsion
saltatory evolution saltatorische [sprunghafte] Entwicklung *f*
salted plasm mit Salzen behandeltes Plasma *n*, durch Salzapplikation ungerinnbares Plasma *n* *(z. B. durch Magnesiumsulfat)*
salted serum *s.* salted plasm
Salter fracture Salter-Fraktur *f*, Epiphysenfraktur *f* *(mit Durchtrennung der Epiphysenplatte)*
salting in Einsalzen *n*, Einsalzung *f*, Löslichkeitsverbesserung *f* eines Proteins *(in Salzlösung)*
salting out Aussalzen *n*, Ausalzung *f*, Präzipitation *f*, Ausfällung *f* *(eines Proteins in Salzlösung)*

saltpeter Salpeter *m*, Kaliumnitrat *n*
salty bath *(Bal)* Solebad *n*
salubrious gesund, zuträglich; bekömmlich; heilsam
salubrity 1. Salubrität *f*, gesunder Zustand *m*; 2. Zuträglichkeit *f*, Heilsamkeit *f*
saluresis Salurese *f*, Salzausscheidung *f* im Urin
saluretic saluretisch, Salurese bewirkend; Salurese...
saluretic (agent) Saluretikum *n*
salutarium Salutarium *n*, Sanitarium *n*, Kurort *m*
salutary heilend, heilsam, heilkräftig; Heil(ungs)...; gesundheitsfördernd
salvage pathway *(Bioch)* Bergungs(stoffwechsel)weg *m*, Salvage-Pathway *m*, Wiederverwendungsstoffwechselweg *m (z. B. von Purinen für Nukleotidaufbau)*
salvage therapy Heilung bewirkende Therapie *f*, rettende Therapie *f*
salve Salbe *f*
salve dressing Salbenverband *m*
Salzmann's nodular corneal degeneration [dystrophy] *(Ophth)* Salzmann'sche noduläre Korneadystrophie *f*, Salzmann'sche körnige Hornhautdegeneration *f*
samandarine Samandarin *n (toxisches Alkaloid)*
sample *v* eine Probe (ent)nehmen
sample 1. Probe *f*, 2. *(Statist)* Stichprobe *f*
sampling 1. Probennahme *f*, Probenentnahme *f*, 2. *(Statist)* Stichprobennahme *f*, stichprobenartige Erhebung *f*, Stichprobenerhebung *f*
Sampson's cyst Sampson'sche Zyste *f*, Schokoladenzyste *f*
San Joaquin (Valley) fever *s.* coccidioidomycosis
Sanarelli-Shwartzman phenomenon Sanarelli-Shwartzman-Syndrom *n*, Sanarelli-Shwartzman-Reaktion *f (Überempfindlichkeitsreaktion der Gefäßendothelien auf Endotoxine mit hämorrhagischer Diathese)*
sanation of the mouth cavity Mundhöhlensanierung *f*
sanative heilend; kurativ; Heil...
sanatorium Sanatorium *n*, Genesungsheim *n*, Heilstätte *f*, Anstalt *f*
sanatorium-resort therapy Kur(ort)sanatoriumbehandlung *f*
sanatorium therapy Sanatoriumsbehandlung *f*
sanatory *s.* salutary
sanctuary sicherer Ort *m*, Ablagerungsort *m*, Speicherregion *m*, Ansammlungsbereich *m (z. B. für Pharmaka im Körper)*
sand Sand *m*
sand bath *(Bal)* Sandbad *n*, Balneum *n* arenae
sand-blind halb blind
sand bodies *(Anat)* Sandkörperchen *npl*, Corpora *npl* arenacea
sand flea *(Paras)* Sandfloh *m*, Sarkopsylla *f* penetrans, Tunga *f* penetrans
sand fly Sandfliege *f*, Sandmücke *f*, Phlebotomusmücke *f*
sand-fly fever *(Trop, Inf)* Sandfliegenfieber *n*, Phlebotomusfieber *n*, Chitralfieber *n*, Dreitagefieber *n*, Hundskrankheit *f*, Pappatacifieber *n*
sand tumour *(Path)* Sandgeschwulst *f*
sandalwood oil Sandelholzöl *n*, Sandelöl *n*, Oleum *n* Santali
Sanders' disease Sanders'sche Krankheit *f*, Keratokonjunktivitis *f* epidemica
Sandhoff's disease Sandhoff-Syndrom *n*, Sandhoff-Jatzkewitz-Syndrom *n*, Gangliosidosis *f* Typ II
Sandifer's syndrome Sandifer-Syndrom *n*, Sandifer'sches Syndrom *n (intermittierender Torticollis bei Refluxösophagitis der Kinder)*
sandwich generation Sandwich-Generation *f*, Zwischengeneration *f*
sandwich technique Sandwich-Technik *f*, Sandwich-Methode *f*, Doppelantikörper-Methode *f (zur Antikörperidentifizierung)*
sane mit gesundem Verstand, geistig gesund, normal; vernünftig
Sanfillipo's syndrome *(Päd)* Sanfillipo-Syndrom *n*, Mukopolysaccharidose *f* Typ III, polydystrophische Oligophrenie *f*
sanguicolous im Blut lebend *(z. B. Malariaparasiten)*
sanguifacient *s.* sanguinopoietic
sanguiferous blutführend, blutenthaltend, bluthaltig; Blut transportierend
sanguification Blutbildung *f*
sanguimotor zirkulatorisch, den Blutkreislauf betreffend; Zirkulations..., Blutkreislauf...
sanguinary sanguinös, blutig; Blut...
sanguine 1. *(Psych)* sanguinisch, leichtblütig, lebhaft, hoffnungsvoll, aktiv; 2. aus Blut bestehend; blutig
sanguine personality Sanguiniker *m*
sanguineous 1. sanguinös, bluthaltig; Blut...; 2. *s.* sanguine 1.; 3. plethorisch, blutgefüllt
sanguineous apoplexy hämorrhagische Apoplexie *f*, hämorrhagischer Insult *m*
sanguineous cyst Blutzyste *f*
sanguineous exudate blutiges [hämorrhagisches] Exsudat *n*
sanguinolent sanguinolent, blutig, mit Blut gefärbt, blutig verfärbt
sanguinopoietic Blut bildend; Blutbildungs...
sanguinopurulent sanguinopurulent, blutig-eitrig
sanguinoserous sanguinoserös, blutig-serös
sanguinous sanguinös, bluthaltig; Blut...
sanguirenal Blut-Nieren-...
sanguis Sanguis *m*, Blut *n (Zusammensetzungen siehe unter: blood)*
sanguisuction Blutsaugen *n*
sanguisuga *(Paras)* Blutegel *m*, Hirudo *m*
sanguivorous Blut saugend *(z. B. Stechmücken)*
sanies Ichor *m*, Wundsekret *n*, putrider Eiter *m*, Jauche *f*
sanify *v* 1. die Hygiene verbessern, hygienische Verhältnisse durchsetzen, den hygienischen Zustand verbessern; 2. gesund machen, den Gesundheitszustand verbessern; gesunde Verhältnisse durchsetzen
saniopurulent blutig-eitrig, mit blutigem Eiter
sanioserous blutig-serös, mit blutig gefärbtem Serum
sanious pus blutiger Eiter *m*
sanitarian Hygieniker *m*, Hygienearzt *m*
sanitariness hygienische Situation *f*, hygienische Verhältnisse *npl* [Zustände *mpl*]
sanitarium *s.* sanatorium
sanitary 1. sanierend, heilend, die Gesundheit wiederherstellend; sanitär; Gesundheits...; Sanitäts...; 2. sanitär, hygienisch; Hygiene..., gesunde Lebensverhältnisse herstellend; 3. vorbeugend, prophylaktisch
sanitary barrier *(Epid)* Cordon *m* sanitaire
sanitary napkin Monatsbinde *f*, Damenbinde *f*
sanitary towel *s.* sanitary napkin
sanitation 1. Gesundheitspflege *f*, Hygiene *f*, 2. Sanierung *f*, Hygienemaßnahme *f*, 3. sanitäre Einrichtungen *fpl*
sanitization 1. Sanierung *f*, Sanieren *n*, Heilen *n*; 2. Sanitation *f*, Durchsetzung *f* gesunder Lebensverhältnisse; sanitäre Einrichtungen *fpl*; 3. Sanitation *f*, gezielte Entkeimung *f*, Keimfreimachung *f*
sanitize *v* 1. sanieren, gesund machen, heilen, retten; 2. gesunde Lebensverhältnisse schaffen; 3. sterilisieren, keimfrei machen, keimarm machen; 4. vorbeugend behandeln
sanity Psychogesundheit *f*, Geistesgesundheit *f*, gesunder Verstand *m*; Zurechnungsfähigkeit *f*

santonin Santonin *n (Wurmmittel)*
santonism Santoninvergiftung *f*, Santoninintoxikation *f*
Santorini's cartilage *(Anat)* Santorini'scher Knorpel *m*, Santorini-Knorpel *m*, Cartilago *f* corniculata, Hörnchenknorpel *m*
São Paulo fever São-Paulo-Fieber *n*, São-Paulo-Rickettsiose *f*
São Paulo typhus *s.* São Paulo fever
saphena Vena *f* saphena, Rosenvene *f*
saphenectomy Saphenektomie *f*, Saphenastripping *n*, (operative) Saphenaentfernung *f*
saphenofemoral saphenofemoral
saphenography Saphenographie *f (Röntgendarstellung der Vena saphena)*
saphenous Saphena...
saphenous nerve Nervus *m* saphenus
saphenous opening Fossa *f* ovalis
saphenous vein *s.* saphena
sapogenin Sapogenin *n*
saponaceous saponiform, seifenartig, seifig
saponated verseift
saponification Saponifikation *f*, Verseifung *f*, Leichenwachsbildung *f*, Fettwachsbildung *f (bei Leichenzersetzung)*
saponiform saponiform, seifenartig, seifig
saponify *v* verseifen, Seife bilden; Fettwachs bilden
saponin Saponin *n*
sapotoxin Sapotoxin *n*
Sappey's fibres Sappey'sche Fasern *fpl*
Sappey's ligament Sappey'sches Ligament *n (der Kiefergelenkkapsel)*
Sappey's veins Venae *fpl* paraumbilicales
sapphic homosexuality weibliche Homosexualität *f*
sapphism Sapphismus *m*, lesbische Liebe *f*, weibliche Homosexualität *f*
sapraemia Saprämie *f*, putride Intoxikation *f*
sapraemic saprämisch, putrid
saprodontia Zahnkaries *f*, Karies *f*, Dentalkaries *f*, Zahnschmelzzerstörung *f*, Zahnfäule *f*, Zahnfäulnis *f*, Caries *f* dentium
saprogen saprogener Mikroorganismus *m*, Fäulniserreger *m*
saprogenic 1. saprogen, fäulniserregend; den Fäulnisprozess auslösend; Fäulnis...; 2. durch Fäulnis entstanden; Fäulnis...
saprogenic peritonitis saprogene Peritonitis *f*
saprogenous *s.* saprogenic
sapronosis Sapronose *f*
saprophagous saprophag, faulende Stoffe fressend, von faulenden Substanzen lebend
saprophilous saprophil, fäulnisliebend
saprophyte Saprophyt *m*, Fäulnisbewohner *m*
saprophytic saprophytisch, von faulenden Stoffen lebend
saprozoic *s.* saprophytic
saprozoonosis Saprozoonose *f*
saquinavir Saquinavir *n (Proteaseninhibitor; HIV-Mittel)*
saquinavir mesylate Saquinavirmesylat *n*
saralasin Saralasin *n (Antihypertensivum)*
saralasin acetate Saralsinacetat *n*
α-sarcin α-Sarcin *n (Pilztoxin)*
Sarcina Sarcina *npl*, Sarzinen *fpl*, Paketkokken *fpl (harmlose Magenbakterien)*
sarcitis Muskelentzündung *f*, Muskel(gewebs)entzündung *f*, Myositis *f*
sarcoadenoma *(Path)* Adenosarkom *n*
sarcoblast Myoblast *m*, Muskel(faser)bildungszelle *f*
sarcocarcinoma Karzinosarkom *n*, Kollisionstumor *m*
sarcocarcinomatous sarkokarzinomatös
sarcocele Sarkozele *f (Hodengeschwulst)*
sarcocyst Sarcocystis *f*, Sarkozyste *f*
sarcocystin Sarcocystin *n*, Sarkozystin *n*
Sarcocystis hominis Sarcocystis *f* hominis
Sarcocystis lindemanni Sarcocystis *f* lindemanni
Sarcocystis miescheriana Sarcocystis *f* miescheriana
sarcocystosis Sarcocystosis *f*, Sarkozystose *f*, Sarcosporidiasis *f*, Sarkosporidiose *f*, Sarcocystis-Infektion *f*
sarcode *s.* protoplasm
sarcoenchondroma *(Path)* Sarkoenchondrom *n*
sarcoendothelioma *(Path)* Sarkoendotheliom *n*
sarcogenic sarkogen, muskelbildend
sarcogenic cell *s.* sarcoblast
sarcoglia Sarkoglia *f*
sarcohydrocele Sarkohydrozele *f*
sarcoid 1. sarkoid, sarkomartig, sarkomähnlich; 2. sarkoid, fleischartig, fleischähnlich
sarcoid *s.* sarcoidosis
sarcoid granuloma Sarkoidgranuloma *n*
sarcoid-like sarkoidartig, sarkoidähnlich, sarkoidoseartig
sarcoid lesions sarkoidartige Granulome *npl (in Lymphknoten bei Krebs)*
sarcoid uveitis Sarkoiduveitis *f*
sarcoidosis Sarkoidose *f*, Sarkoid *n*
sarcoidosis of the larynx Larynxsarkoidose *f*
sarcolemma Sarkolemm(a) *n*, Muskel(faser)hülle *f*, Myolemm(a) *n*
sarcolemmal Sarkolemm..., Muskel(faser)hüllen...
sarcolemmic *s.* sarcolemmal
sarcolemmous *s.* sarcolemmal
sarcoleukaemia Sarkoleukämie *f*, Leukämie *f* mit Lymphosarkombildung; Leukolymphosarkom *n*
sarcology Myologie *f (Lehre von den Weichteilen des Körpers)*
sarcolysine Sarcolysin *n*, Merphalan *n*
sarcolysis Sarkolyse *f*, Muskel(faser)auflösung *f*
sarcolytic sarkolytisch, muskel(faser)auflösend
sarcoma *(Path)* Sarkom *n*, Sarcoma *n (bösartige Bindegewebsgeschwulst)*
sarcoma of bone Knochensarkom *n*, osteogenes Sarkom *n*
sarcoma of peripheral nerve Neurofibrosarkom *n*
sarcomagenesis Sarkomagenese *f*, Sarkomentwicklung *f*
sarcomagenic sarkombildend
sarcomata *pl s.* sarcoma
sarcomatoid sarkomatoid, sarkomartig, sarkomähnlich
sarcomatosis Sarkomatose *f*, Vorhandensein *n* mehrerer Sarkome
sarcomatous *(Path)* sarkomatös; Sarkom...
sarcomatous goitre Schilddrüsensarkom *n*
sarcomatous osteitis *s.* myelomatosis
sarcomere *(Anat)* Sarkomer *n*, Muskel(faser)segment *n*
sarcomesothelioma Sarkomesotheliom *n (bösartiges Mesotheliom)*
sarcopenia Muskelmangel *m*, Muskelschwund *m (des älteren Menschen)*
sarcoplasm Sarkoplasma *n*, Myoplasma *n*, Muskelplasma *n*, Muskelfaserprotoplasma *n*
sarcoplasmic sarkoplasmatisch; Sarkoplasma...
sarcoplasmic reticulum sarkoplasmatisches Retikulum *n*
sarcoplast *s.* sarcoblast
sarcoplastic *s.* sarcopoietic
sarcopoietic sarkopoetisch, muskelbildend
Sarcoptes scabiei Sarcoptes *fpl* scabiei, Krätzemilben *fpl*, Räudemilben *fpl*, Grabmilben *fpl*
sarcoptic Krätze..., Räude...
sarcoptic mite Krätzemilbe *f*, Sarcoptes *f* scabiei
sarcoptidosis Sarkoptidose *f*, Krätze *f*, Krätzemilbenbefall *m*

sarcoptoid krätze(milben)artig
sarcosinaemia Sarkosinämie *f*, Vorhandensein *n* von Sarkosin im Blut
sarcosine Sarkosin *n*, Methylaminoessigsäure *f*, N-Methylglykokoll *n*
sarcosine dehydrogenase Sarkosindehydrogenase *f (Enzym)*
sarcosinuria Sarkosinurie *f*, Sarcosinausscheidung *f* im Urin
sarcosis 1. Sarkose *f (Vorhandensein mehrerer fleischartiger Geschwülste)*; 2. Sarkose *f*, übermäßige Muskelbildung *f*
sarcosome Sarkosom *n*, Muskelfasermitochondrium *n*
Sarcosporidia
sarcosporidiasis Sarkosporidiose *f*, Sarkosporidienbefall *m*
sarcosporidiosis *s.* sarcosporidiasis
sarcostosis Muskelgewebeverknöcherung *f*
sarcostyle Myofibrille *f*, Muskelfibrille *f*
sarcotherapeutics Fleischextraktbehandlung *f*
sarcotic Sarkose...
sarcotripsy *(Histol)* Gewebe(zer)quetschung *f*
sarcotubule *(Histol)* Sarkotubulus *m (im sarkoplasmatischen Retikulum)*
sarcous fleischig, fleischartig, aus Muskelgewebe bestehend; Fleisch...
sardonic sardonisch, krampfhaft
sardonic grin sardonisches [teuflisches] Lachen *n*, Risus *m* sardonicus, Teufelslachen *n (Gesichtsstarre bei Tetanus)*
sardonic laugh *s.* sardonic grin
sarin Sarin *n (Nervenkampfstoff)*
sarsasapogenin Sarsasapogenin *n*
sartorius (muscle) Musculus *m* sartorius, Sartorius *m*, Schneidermuskel *m*
satanism *(Psych)* Satanismus *m*, Diabolie *f*, Anbeten *n* des Teufels
satellite 1. *s.* satellite cell; 2. *(Histol)* Satellit *m*, Zentriolenanhang *m (Chromosomenanhängsel)*
satellite cell Satellit *m*, Mantelzelle *f*, Hüllzelle *f (Oberflächenzelle peripherer Nerven und Ganglien und Neurogliabestandteil)*
satellite phenomenon Satellitenphänomen *n*, Satellitenwachstum *n*, Ammenwachstum *n*
satellite virus Satellitenvirus *n*
satellitism 1. Satellitismus *m (Vorhandensein n von Satellitenzellen)*; 2. *s.* satellite phenomenon
satellitosis Satellitose *f (Häufung von Neurogliazellen an Neuronen)*
satiation Sättigen *n*, Sättigung *f*, Übersättigen *n*, Übersättigung *f*, Befriedigung *f*
satiety Sättigung *f*, Sättigungsgefühl *n*; fehlender Hunger *m*, fehlender Durst *m*
satiety centre *(Neur)* Sättigungszentrum *n*
satisfactory condition of the wound zufrieden stellender Zustand *m* einer Wunde
satisfactory general condition zufrieden stellender Allgemeinzustand *m (von Patienten)*
satratoxin Satratoxin *n (aus Stachybotrys alternans)*
satumomab Satumomab *n (monoklonaler Antikörper; z. B. bei kolorektalen Adenokarzinomen)*
saturate *v* saturieren, sättigen, aufsättigen *(z. B. Hämoglobin)*; durchtränken
saturated saturiert, gesättigt; Sättigungs...
saturated calomel electrode gesättigte Kalomelelektrode *f*
saturated fatty acid gesättigte Fettsäure *f*
saturated hydrocarbon gesättigter Kohlenwasserstoff *m*
saturated solution gesättigte Lösung *f*
saturation Saturation *f*, Sättigung *f*, Aufsättigung *f*
saturation analysis *(Rad)* Sättigungsanalyse *f*
saturation dose Sättigungsdosis *f (z. B. für Medikamente)*
saturation index of haemoglobin Sättigungsindex *m* des Hämoglobins
saturation point Sättigungspunkt *m (einer Lösung)*
Saturday night palsy Radialisnervenlähmung *f*, Radialisparese *f*
saturnine saturnin, durch Blei bedingt; durch Bleivergiftung hervorgerufen; Bleiintoxikations...
saturnine delirium *(Arb)* Bleidelirium *n*
saturnine encephalopathy *(Arb)* Bleienzephalopathie *f*
saturnine epilepsy *(Arb)* Bleiepilepsie *f*
saturnine neurasthenia *(Arb)* Bleineurasthenie *f*
saturnine poisoning *s.* saturnism
saturnine tremor Bleitremor *m*
saturnism *(Arb)* Saturnismus *m*, Bleivergiftung *f*, Bleiintoxikation *f*, Bleikrankheit *f*
satyr ear Satyrohr *n*, Faunohr *n (mit Satyrspitze an der Ohrmuschel)*
satyriasis Satyriasis *f*, krankhaft gesteigerter männlicher Geschlechtstrieb *m*
satyrism *s.* satyriasis
satyromania *s.* satyriasis
saucer-like nail *(Derm)* Löffelnagel *m*
saucerization Saucerisation *f*, (operative) Knochenausmuldung *f (durch Nekrosenausräumung)*
saucerize *v* ausmulden, eine Knochenhöhle auskratzen
sauna bath Saunabad *n*
sauriasis *s.* ichthyosis
sauriderma *s.* ichthyosis
sauriosis *s.* ichthyosis
sausage-like faeces geformter Stuhl *m*
sausarism 1. Zungenparalyse *f*, Zungenlähmung *f*; 2. Zungentrockenheit *f*
saving of donor blood Spenderbluteinsparung *f*
saw Säge *f*, Knochensäge *f*
saxitoxin Saxitoxin *n*, Muschelgift *n (Neurotoxin; bei Muschelvergiftung)*
say *v* **"Ah"** *(HNO)* „A" sagen
s.c. *s.* subcutaneous
scab *v* verschorfen, (sich) verkrusten, Schorf [Wundschorf] bilden
scab Schorf *m*, Wundschorf *m*, Kruste *f*, Borke *f*
scabbard trachea Säbelscheidentrachea *f (seitlich zusammengepresste Luftröhre)*
scabetic *(Derm)* Skabies..., Krätze...
scabicidal *s.* scabicide
scabicide krätzemilbentötend
scabicide (agent) Antiskabikum *n*, Antiskabiosum *n*, Krätzemilben tötendes Mittel *n*
scabies *(Derm)* Skabies *f*, Krätze *f (durch Krätzemilben hervorgerufene Krankheit)*
scabies burrow Krätzemilbengang *m*, Skabiesgang *m*
scabies mite Krätzemilbe *f*
scabietic *(Derm)* Skabies..., Krätze...
scabieticide *s.* scabicide
scabiophobia Skabiophobie *f*, Skabiesfurcht *f*, Skabiesangst *f*
scabious skabiös, krätzig, durch Krätze hervorgerufen
scabrities Scabrities *f*, Rauheit *f*, Rauigkeit *f*, Schorfigkeit *f*
SCAD deficiency *(short-chain acyl-CoA dehydrogenase deficiency)* SCAD-Mangel *m*, Mangel *m* an kurzkettiger Acyl-CoA-Dehydrogenase
scag *s.* heroin
scala Scala *f*, Treppe *f (Innenohr)*
scald 1. Brandwunde *f*, Verbrennung *f*, Verbrühung *f*; 2. interdigitale Dermatitis *f*

scalded skin syndrome Syndrom *n* der verbrühten Haut, Epidermolysis *f* acuta toxica, toxische epidermale Nekrolyse *f*, Lyell-Syndrom *n*
scalding Harnbrennen *n*, Brennen *n* beim Urinieren [Wasserlassen]
scale *v (Stom)* Zahnstein entfernen
scale *v* **(off)** abschuppen, abschilfern; abplatzen
scale 1. Schuppe *f*, Hautschuppe *f*; 2. Ablagerung *f*, Belag *m*; Zahnstein *m*
scale-like seborrhoea Seborrhoea *f* sicca
scale of feelings *(Psych)* Gefühlsskala *f*
scalene 1. Skalenus(muskel)...; 2. ungleichseitig dreieckig
scalene fissure Skalenuslücke *f*
scalene lymph node biopsy Skalenuslymphknotenbiopsie *f*
scalene tubercle Tuberculum *n* musculi scaleni anterioris
scalenectomy Skalenektomie *f*, Skalenus(muskel)exstirpation *f*, Skalenus(muskel)exzision *f*, (operative) Skalenusentfernung *f*
scalenotomy Skalenotomie *f*, Skalenus(muskel)schnitt *m*, (operative) Skalenusdurchtrennung *f*
scalenus anterior (muscle) Musculus *m* scalenus anterior, vorderer Rippenhalter *m*
scalenus anterior syndrome Skalenus-(anterior-)Syndrom *n*
scalenus anticus syndrome *s.* scalenus anterior syndrome
scalenus biopsy Skalenusbiopsie *f*
scalenus medius (muscle) Musculus *m* scalenus medius, mittlerer Rippenhalter *m*
scalenus minimus (muscle) Musculus *m* scalenus minimus, kleiner Rippenhalter *m*
scalenus posterior (muscle) Musculus *m* scalenus posterior, hinterer Rippenhalter *m*
scaler *(Stom)* Zahnsteinentferner *m*, Zahnsteinreiniger *m*, Zahnsteinreinigungsinstrument *n*
scaling Zahnsteinabtragung *f*, Zahnsteinentfernung *f*
scaling of the skin Hautabschilferung *f*, Hautschuppung *f*
scall Schorf *m*, Grind *m*; Kopfschorf *m*, Kopfgrind *m*
scalloped eingekerbt, mit Einkerbungen versehen; ausgezackt, gezackt *(z. B. wie eine Muschelkante)*
scalloping Kerbenstruktur *f*, Einkerbung *f*, eingekerbter Rand *m*; gezackte Randstruktur *f*, Kammstruktur *f*
scalp Skalp *m*, Kopfschwarte *f*, Kopfhaut *f*
scalp abscess Kopfschwartenabszess *m*
scalp flap forceps 1. *(Chir)* Kopfhautklemme *f*; 2. *(Chir)* Kopfschwartenzange *f*
scalp haemostasis clip Kopfhautklammer *f*, Hämostase-Clip *m*
scalp infection Kopfschwarteninfektion *f*
scalp laceration Skalpierung *f*, Kopfschwartenabriss *m*
scalp medication 1. Kopfsalbe *f*; Kopflotion *f*; Kopfshampoo *n*; 2. Kopfhautbehandlung *f*
scalp tourniquet Skalp-Tourniquet *m*
scalp vein needle Skalpvenenkanüle *f*
scalped wound Skalpierungswunde *f*
scalpel Skalpell *n*, chirurgisches Messer *n*, Operationsmesser • **cut with a scalpel** mit einem Skalpell schneiden • **incise with a scalpel** mit einem Skalpell inzidieren [einschneiden]
scalpel blade Skalpellklinge *f*
scalpel blade for single use Einmalgebrauchsklinge *f*, Wegwerfklinge *f*
scalpel handle Skalpellgriff *m*
scalpel with removable blade Skalpell *n* mit austauschbarer Klinge
scalpriform meißelförmig, meißelartig
scalprum 1. Meißel *m*; 2. Raspatorium *n*
scaly schuppig, geschuppt; Schuppen...
scaly ringworm Tinea *f* imbricata
scaly seborrhoea Seborrhoea *f* sicca
scamping speech abgehackte Sprache *f*, abgehacktes Sprechen *n*
scan *v* 1. abtasten *(mit einem Sensor)*; 2. ein Szintigramm schreiben
scan 1. Abtasten *n (z. B. mit einem Sensor)*; 2. *(Rad)* Szintigramm *n*; Schichtbild *n* • **complete a scan** eine Aufnahme abschließen • **conclude a scan** eine Aufnahme abschließen
scan path 1. *(Rad)* Schnittlinie *f*; 2. Augenbewegungsmuster *n*
scanner Scanner *m*, Abtaster *m*, Abtastgerät *n*
scanning 1. Scanning *n*, (zeilenmäßiges) Abtasten *n (z. B. eines Informationsträgers mit einem Elektronenstrahl)*; 2. Szintigraphie *f*, Szintillographie *f (Isotopendiagnostik)*
scanning beam electron microscopy *s.* scanning electron microscopy
scanning electron microscope Elektronenabtastmikroskop *n*, Rasterelektronenmikroskop *n*, Scanningelektronenmikroskop *n*
scanning electron microscopy Elektronenabtastmikroskopie *f*, Rasterelektronenmikroskopie *f*
scanning microscopy *s.* scanning electron microscopy
scanning of the liver Leberszintigraphie *f*
scanning of the pancreas Pankreasszintigraphie *f*
scanning of the spleen Milzszintigraphie *f*
scanning speech 1. skandierende Sprache *f*, 2. Skandieren *n*, skandierendes Sprechen *n*, skandierende Sprachweise *f*
scanogram Scanogramm *n*, Schichtbild *n*; Übersichtsaufnahme *f*
scanography Scanographie *f*, Schichtbilddarstellung *f*, Übersichtsaufnahmeverfahren *n*
scansion *s.* scanning speech
scanty lung pattern *(Rad)* Rarefizierung *f* der Lungen(gefäß)zeichnung
scanty periods *s.* hypomenorrhoea
Scanzoni's manoeuvre *(Gyn)* Scanzoni'sches [Scanzonis] Manöver *n*, Scanzoni-Manöver, Scanzoni'sche Zange *f*, Scanzoni'sche Zangenentbindung *f (bei hinterer Hinterhauptslage)*
Scanzoni's rotation *s.* Scanzoni's manoeuvre
scapegoat Sündenbock *m*
scapegoating *(Psych)* Sündenbocksuche *f*, Schuldverlagerung *f* auf einen Sündenbock; Inszenierung *f* eines Sündenbocks; Sündenbockprojektion *f (für eigene Fehler)*
scapha 1. Scapha *f*, Kahn *m*, Nachen *m*; 2. Fossa *f* helicis *(Grube zwischen Helix und Anthelix der Ohrmuschel)*
scaphion Scaphion *n*, Basis *f* cranii externa
scaphocephalia Skaphozephalie *f*, Kielköpfigkeit *f*, Kahnschäd(e)ligkeit *f*
scaphocephalic skaphozephal(isch), kielköpfig, kahnschäd(e)lig
scaphocephalism *s.* scaphocephalia
scaphocephalous *s.* scaphocephalic
scaphocephalus Skaphozephalus *m*, Kielkopf *m*, Kahnschädel *m*, kahnförmiger Kopf *m*
scaphocephaly *s.* scaphocephalia
scaphohydrocephalus Skaphohydrozephalus *m*
scaphohydrocephaly Skaphohydrozephalie *f*
scaphoid Os *n* scaphoideum, Kahnbein *n*, Os *n* naviculare (manus)
scaphoid abdomen Kahnbauch *m*, kahnförmige Baucheinziehung *f*
scaphoid bone *s.* scaphoid
scaphoid face Kahngesicht *n*
scaphoid fossa Fossa *f* scaphoidea
scaphoid fracture Kahnbeinfraktur *f*, Navikularfraktur *f*

scaphoid-lunate articulation Kahnbein-Mondbein-Gelenk *n*
scaphoid thorax Kielbrust *f*
scaphoid-trapezium joint Kahnbein-Trapezium-Gelenk *n*
scaphoiditis Skaphoiditis *f*, Kahnbeinentzündung *f*, Entzündung *f* des Os naviculare
scapholunate das Kahnbein und das Mondbein betreffend; Kahnbein-Mondbein-...
scapula Skapula *f*, Scapula *f*, Schulterblatt *n*
scapula retractor *(Chir)* Schulterblatthaken *m*, Schulterblattretraktor *m*
scapulalgia Skapulalgie *f*, Skapulodynie *f*, Skapulaschmerz *m*, Schulterblattschmerz *m*
scapular skapular; Schulterblatt..., Skapula...
scapular line Linea *f* scapularis, Skapula(r)linie *f*, Schulterblattlinie *f*
scapular musculature Skapulamuskulatur *f*, Schulterblattmuskulatur *f*
scapular notch Incisura *f* scapulae
scapular reflex Schulterblattreflex *m*
scapular region Regio *f* scapularis, Skapula(r)region *f*, Schulterblattbereich *m*
scapular spine Spina *f* scapulae
scapulary Schultertrageband *n*, Schultertrageverband *m*
scapulectomy Skapulektomie *f*, Skapulaexstirpation *f*, Schulterblattresektion *f*, (operative) Schulterblattentfernung *f*
scapuloanterior skapuloanterior, mit dem Schulterblatt nach vorn liegend
scapuloanterior position (of the foetus) skapuloanteriore Fetuslage *f*
scapuloclavicular skapuloklavikulär; Skapula-Klavikula-..., Schulterblatt-Schlüsselbein-...
scapuloclavicular joint *s.* acromioclavicular joint
scapulocostal scapulokostal, kostoskapular; Schulterblatt-Rippen-...
scapulocostal syndrome skapulokostales Syndrom *n*
scapulodynia *s.* scapulalgia
scapulohumeral 1. skapulohumeral; Schulterblatt-Oberarmknochen-..., Skapula-Humerus-...; 2. skapulohumeral; Schulterblatt-Schultergelenk-...
scapulohumeral muscular dystrophy skapulohumerale Muskeldystrophie *f*, Erb'scher Typ *m* der Dystrophia musculorum progressiva
scapulohumeral periarthritis Periarthritis *f* scapulohumeralis [humeroscapularis]
scapulohumeral reflex Skapulohumeralreflex *m*, Skapula-Humerus-Reflex *m*; Skapuloperiostreflex *m*
scapuloperiosteal skapuloperiostal; Schulterblatt-Oberarmknochenhaut-...
scapulopexy Skapulopexie *f*, Skapulafixation *f*, Schulterblattfixierung *f*, (operative) Skapulaanheftung *f*
scapuloposterior skapuloposterior, mit dem Schulterblatt nach hinten liegend
scapuloposterior position (of the foetus) skapuloposteriore Fetuslage *f*
scapulothoracic skapulothorakal; Skapulo-Thorax-..., Schulterblatt-Brustkorb-...
scapus Scapus *m*, Stock *m*; Schaft *m*; Haarschaft *m*
scar Cicatrix *f*, Narbe *f (Zusammensetzungen siehe unter: cicatricial)*
scarf bandage Armschlinge *f*, Trageschlinge *f*, Mitella *f*
scarf skin Epidermis *f*
scarification Skarifikation *f*, Skarifizierung *f*, Hautritzung *f*, Hautstichelung *f*
scarificator Skarifikationsmesser *m*, Skarifizierungsmesser *n*, Stichel(ungs)messer *n*
scarifier *s.* scarificator
scarify *v* skarifizieren, die Haut (ein)ritzen
scarlatina *s.* scarlet fever
scarlatinal Scharlach...
scarlatinal angina Scharlachangina *f*
scarlatinal nephritis Scharlachnephritis *f*
scarlatinal toxin Scharlachtoxin *n*
scarlatinella *(Derm)* Exanthema *n* subitum
scarlatiniform skarlatiniform, scharlachartig, scharlachähnlich
scarlatiniform erythema *(Derm)* Erythema *n* scarlatiniforme
scarlatiniform rash *(Derm)* Scharlachausschlag *m*, Scharlachexanthem *n*
scarlatinoid *s.* scarlatiniform
scarlatinous *s.* scarlatinal
scarlet fever Scharlach *m*, Scarlatina *f*, Febris *f* scarlatina, Scharlachfieber *n*
scarlet fever antitoxin Scharlachantitoxin *n*, Scharlachserum *n*
scarlet fever convalescent serum Scharlachrekonvaleszentenserum *n*, Scharlachimmunserum *n*
scarlet fever heart Scharlachherz *n*; toxische Scharlachmyokarditis *f*
scarlet fever otitis Scharlachotitis *f*
scarlet fever streptococcus antitoxin *s.* scarlet fever antitoxin
scarlet fever streptococcus toxin Scharlachtoxin *n*
scarlet fever test 1. Scharlachserum-Reaktion *f* nach Dick; 2. Auslöschphänomen *n* nach Schultz, Schultz-Charlton'sches Zeichen *n*
scarlet rash Scharlachexanthem *n*
scarlet red Scharlachrot *n (als Scharlachrotsalbe zur Epithelialisierung)*
scarlet red sulphonate Scharlachrotsulfonat *n*
Scarpa's fascia *(Anat)* Scarpa'sche Faszie *f*
Scarpa's triangle *(Anat)* Scarpa'sches Dreieck *n*, Scarpa-Dreieck *n*, Trigonum *n* femorale
scarred narbig, vernarbt; Narben...
scarred face Narbengesicht *n*
scarred myocardium Narbenmyokard *n*, vernarbter Herzmuskel *m*
scarred skin Narbenhaut *f*
scarring Narbenbildung *f*, Vernarbung *f*
scarry atrophy narbige Atrophie *f*
scatacratia Skatakratia *f*, Stuhlinkontinenz *f*
scataemia Skatämie *f*, intestinale Toxinämie *f*
scatol Skatol *n*, 3-Methylindol *n (Kotbestandteil)*
scatologic skatologisch; Skatologie...
scatology Skatologie *f (Lehre von der Physiologie und Pathophysiologie der Fäzes)*
scatoma Skatom *n*, Kotgeschwulst *f*
scatophagia *(Neur)* Skatophagie *f*, Koprophagie *f*, Kotessen *n*
scatophagous skatophagisch, kotessend
scatophagy *s.* scatophagia
scatophilia Skatophilie *f (Vorliebe für Kot oder Schmutz)*
scatophobia Skatophobie *f (Abneigung gegen Kot oder Schmutz)*
scatoscopy Skatoskopie *f*, Stuhlüberprüfung *f*, Stuhlinspektion *f*
scatter *v* verstreuen; zerstreuen; ausstreuen
scatter 1. Verstreuung *f*, Zerstreuung *f*, Ausstreuung *f*; 2. *(Rad)* Streuung *f (z. B. von Strahlen)*; 3. *(Statist)* Streuung *f (z. B. von Messwerten)*
scatter band Streubreite *f*
scatter diagram Streuungsdiagramm *n*
scatter echo Streuecho *n*
scatter elimination Streustrahlenelimination *f*, Streustrahlenminderung *f*

scatter factor Streuungsfaktor *m*, Streufaktor *m*
scatter fraction Streustrahlenfraktion *f*, Streustrahlenanteil *m*
scatter of artifacts Artefaktstreuung *f*
scatter protection Streustrahlenschutz *m*
scattered zerstreut; Streuungs..., Streu...
scattered radiation Streustrahlung *f*
scattered radiation area Streustrahlenbereich *m*
scattered radiation dosis Streustrahlendosis *f*, Streustrahlungsdosis *f*
scattered radiation grid Streustrahlenblende *f*
scattered rays Streustrahlen *mpl*, Röntgenstreustrahlen *mpl*
scattered sound gestreuter Schall *m*
scattered speech *(Psych)* Sprachzerfall *m*
scattergram *s.* scatter diagram
scattering 1. Streuung *f*; 2. *(Rad)* Thompson-Streuung *f*, unmodifizierte Streuung *f*; 3. kohärente Streuung *f*; 4. Compton-Streuung *f*
scattering coefficient Streuungskoeffizient *m*, Streukoeffizient *m*
scattering density Streustrahlendichte *f*
scattering of sound Schallstreuung *f*
scattering range Streubereich *m*
scatterplot *s.* scatter diagram
scatula Pillenschachtel *f*
scavenger (cell) *s.* macrophage
scavenging system Auffangsystem *n*, Aufnahmesystem *n (z. B. für Anästhesiegase)*
scelalgia Beinschmerz *m*
scelotyrbe spastische Beinlähmung *f*
scent Odor *m*, Geruch *m*, Duft *m*
Schäfer's syndrome Schäfer'sches Syndrom *n*, Schäfer-Syndrom *n*, Pachyonychia *f* congenita
Schamberg's dermatitis *s.* Schamberg's disease
Schamberg's dermatosis *s.* Schamberg's disease
Schamberg's disease Schamberg'sche Krankheit *f*, Morbus *m* Schamberg, Schamberg'sche Dermatitis *f*, Schamberg'sche Dermatose *f*, progressive Pigmentdermatose *f*, (hyperergische) Purpura *f* pigmentosa progressiva
Schamberg's pigmentary dermatosis *s.* Schamberg's dermatitis
Schanz's disease Schanz'sche Krankheit *f*, traumatische Achillessehnenentzündung *f*
Schanz's syndrome Schanz'schges Syndrom *n*, Spinalmuskelschwäche *f*
Schatzki's ring Schatzki-Ring *m*, Schatzki'scher Ring *m (Einengung der unteren Speiseröhre bei ösophagogastrischer Hiatushernie)*
Schaudinn's fixative Schaudinn'sche Fixationsflüssigkeit *f*, Schaudinn'sche Fixierungslösung *f*
Schaudinn's fluid *s.* Schaudinn's fixative
Schaumann's bodies Schaumann'sche Körperchen *npl (Einschlusskörperchen in Langhans'schen Riesenzellen)*
Schaumann's disease Boeck-Besnier-Schaumann'sche Krankheit *f*, Morbus *m* Boeck, Sarkoidose *f*, Boeck'sche Erkrankung *f*, Lymphogranulomatosis *f* benigna, Boeck'sches Sarkoid *n*
Schaumann's lymphogranuloma *s.* Schaumann's disease
Schaumann's sarcoid *s.* Schaumann's disease
Schaumann's syndrome *s.* Schaumann's disease
Schauta-Wertheim operation *(Gyn)* Schauta-Wertheim'sche Operation *f*, (operative) Gebärmutterentfernung *f* durch die Scheide, vaginale Hysterektomie *f*
schedule 1. Tabelle *f*, Liste *f*, Aufstellung *f*, tabellarischer Anhang *m*; Programm *n*; 2. Formblatt *n*, Formular *n*; 3. Plan *m*, Zeitplan *m*, Terminplan *m*; Arbeitsplan *m*; Studienplan *m*

scheduled disease meldepflichtige Krankheit *f*
schedules of reinforcement *(Psych)* Verstärkerprogramme *npl (bei der operanten Konditionierung: intermittierende Verstärkung; kontinuierliche Verstärkung; Verstärkung mit fixiertem Intervall, Verstärkung mit variablem Intervall)*
Scheibe's deafness Scheibe'sche Taubheit *f*, Scheibe'sche Aplasie *f (infolge Aplasie der Bogengänge und des Sacculus)*
Scheie's syndrome Scheie'sches Syndrom *n*, Scheie-Syndrom *n*, Mukopolysaccharidose *f* Typ V
schema 1. Schema *n*, Skizze *f*, Übersicht *f*, Tabelle *f*, Anordnung *f*, grafische Darstellung *f*, 2. Schema *n*, Programm *n*, Plan *n*
schematic schematisch; Schema...
schematic eye Augenschema *n*; grafische Augendarstellung *f (z. B. mit optischen Strukturen)*
schematograph Schematograph *m (Gerät zur Darstellung von Körperkonturen in Verkleinerung oder Vergrößerung)*
scheme *s.* schema
Schenck's disease *(Myk)* Schenk'sche Krankheit *f*, Sporotrichose *f*
scheroma *s.* xerophthalmia
Scheuermann's disease *(Orth)* Scheuermann'sche Krankheit *f*, Morbus *m* Scheuermann, Scheuermann-Krankheit *f*, Adoleszentenkyphose *f*, Osteochondropathia *f* juvenilis deformans, Osteochondrosis *f* deformans juvenilis vertebralis dorsalis, juvenile Kyphose *f*, Kyphosis *f* dorsalis juvenilis, Epiphysitis *f* vertebralis
Scheuermann's kyphosis *s.* Scheuermann's disease
Schick's method *s.* Schick's test
Schick's reaction *s.* Schick's test
Schick's sign Schick'sches Zeichen *n (Stridor bei Bronchiallymphknotentuberkulose)*
Schick's syndrome Schick'sches Syndrom *n*, angeborene Hypoproteinämie
Schick's test Schick'sche Reaktion *f*, Diphtherie-Antitoxin-Reaktion *f*, Schick-Test *m*, Schick'sche Probe *f (Intrakutantest zum Nachweis einer Diphtherie-Immunität)*
Schick's test control *s.* Schick test toxin
Schick's test toxin Schick-Test-Toxin *n*, diagnostisches Diphtherietoxin *n (toxinhaltiges Kulturfiltrat von Corynebacterium diphtheriae)*
Schiff's reagent Schiff'sches Reagens *n (basische Fuchsinlösung für histochemische Färbung)*
Schilder's disease 1. *(Neur, Päd)* Schilder'sche Krankheit *f* [Zerebralsklerose *f*], Schilder-Krankheit *f*, Encephalitis *f* periaxialis diffusa, sudanophile Leukodystrophie *f*, Leukodystrophia *f* cerebri progressiva, progressive subkortikale Enzephalopathie *f*, 2. *(Neur, Päd)* Schilder-Addison-Komplex *m*, Schilder'sche Krankheit *f*, Schilder-Krankheit *f*, Adrenoleukodystrophie *f*, sudanophile Leukodystrophie *f* mit Addison-Krankheit
Schilder's encephalitis *s.* Schilder's diseasse
Schiller's test Schiller'sche Jodprobe *f* [Iodprobe *f*] *(zur Frühdiagnostik des Muttermundkrebses)*
Schilling test Schilling-Test *m*, Radio-B12-Harnexkretionstest *m*, Vitamin-B_{12}-Resorptionstest *m*
Schilling's band cell Schilling'scher Granulozyt *m*, stabkerniger Granulozyt *m*, Stabkerniger(r) *m*
Schilling's blood count *s.* Schilling's index
Schilling's counting chamber Schilling'sche Zählkammer *f*
Schilling's index Schilling-Index *m*, Schilling'scher Kernverschiebungsindex *m*
Schilling's leukaemia Schilling'sche Leukämie *f*, Schilling'scher Typ *m* der Monozytenleukämie, akute Monozytenleukämie *f*

Schilling's type of monocytic leukaemia *s.* Schilling's leukaemia
Schimmelbusch's disease zystische Mastopathie
Schimmelbusch's mask *(Anästh)* Schimmelbusch-Maske *f*, Schimmelbusch'sche Narkosemaske *f*
schindylesis Schindylesis *f*
Schiötz tonometer *(Ophth)* Schiötz-Tonometer *n*, Schiötz'sches Tonometer *n*, Augendruckmessgerät *n* nach Schiötz
Schirmer's syndrome Schirmer-Syndrom *n*, Schirmer'sches Syndrom *n (Gesichtsnävus, Glaukom und Hydrophthalmus)*
Schirmer's test (for lacrimation) Schirmer-Test *m*, Schirmer'scher Tränentest *m (Prüfung der Tränensekretion durch Lackmuspapier im Konjunktivalsack)*
schistencephalia Schistenzephalie *f*, Spaltschäd(e)ligkeit *f*
schistocelia *s.* schistocoelia
schistocephalic schistozephal(isch); Spaltschädel…
schistocephalus Schistozephalus *m*, Spaltschädel *m*, Spaltkopf *m*
schistocoelia Schistozölie *f*, Bauchspalte *f*
schistocormia Rumpfspalte *f*
schistocormus Schistocormus *m*, Missgeburt *f* mit Rumpfspalte
schistocystis Schistozystis *f*, Blasenexstrophie *f*, Blasenspalte *f*
schistocyte Schistozyt *m*, Schizozyt *m*, Fragmentozyt *m (Erythrozytenfragment)*
schistocytosis Schistozytose *f*, Schistozytenvermehrung *f* im Blut
schistoglossia Glossoschisis *f*, Zungenspalte *f*, Spaltzunge *f*
schistomelia Schistomelie *f*, Extremitätenspalte *f*
schistomelus *(Terat)* Schistomelus *m*, Missgeburt *f* mit Extremitätenspalte
schistoprosopia Schistoprosopie *f*, Gesichtsspalte *f*
schistoprosopus *(Terat)* Schistoprosopus *m*, Missgeburt *f* mit Gesichtsspalte
schistorrhachis *s.* rachischisis
schistosis *(Arb)* Schistose *f*
Schistosoma haematobium Schistosoma *n* haematobium, Blasenpärchenegel *m (Erreger der Blasenbilharziose)*
Schistosoma japonicum Schistosoma *n* japonicum *(Erreger der Katayamakrankheit)*
Schistosoma mansoni Schistosoma *n* Mansoni *(Erreger der Darmschistosomiasis)*
schistosomacidal schistosomentötend
schistosomacide (agent) schistosomentötendes Mittel *n*
schistosomal schistosomal; Schistosomen…, Pärchenegel…
schistosomal cercaria *(Paras)* Schistosomenzerkarie *f*
schistosomal cystitis Schistosomenzystitis *f*, Blasenbilharziose *f*
schistosome *s.* schistosomal
schistosome *(Paras)* Schistosomum *n*, Pärchenegel *m*, Adernegel *m*
schistosome cystitis *(Trop)* Schistosomenzystitis *f*, Blasenentzündung *f* durch Pärchenegel
schistosome dermatitis *(Trop)* Schistosomendermatitis *f*
schistosomia Schistosomie *f*, Abdominalspalte *f*, Bauchspalte *f*
schistosomiasis *(Trop)* Schistosomiasis *f*, Schistosomenbefall *m*, Pärchenegelerkrankung *f*, Bilharziose *f*, Bilharz'sche Krankheit *f*
schistosomicidal *s.* schistosomacidal
schistosomicide *s.* schistosomacide agent
schistosomous *s.* schistosomal
schistosomulum Schistosomulum *n*
schistosomus *(Terat)* Schistosomus *m*, Missgeburt *f* mit Bauchspalte
schistosternia Sternumspalte *f*, Brustbeinspalte *f*
schistothorax Schistothorax *m*, Brustkorbspalte *f*, Spaltthorax *m*
schistotrachelus *(Terat)* Schistotrachelus *m (Missgeburt mit Nackenspalte)*
schizamnion Schizamnion *n*
schizaxon Schizaxon *n*, gespaltenes Axon *n*
schizencephalic schizenzephal(isch), mit abnormen Spalten im Gehirn; Schizenzephalon…
schizencephaly Schizenzephalie *f*, schizenzephale Porenzephalie *f (Vorhandensein von abnormen Spalten im Gehirn)*
schizoaffective schizoaffektiv, schizophrenaffektiv
schizoaffective disorder schizoaffektive Störung *f*
schizoaffective psychosis *(Neur)* schizoaffektive Psychose *f*
schizoblepharia Schizoblepharie *f*, Augenlidspalte *f*, Augenlidfissur *f*
schizocephalia Schizozephalie *f*
schizocyte *s.* schistocyte
schizocytosis *s.* schistocytosis
schizogenesis Schizogenesis *f*, Schizogenese *f*, Zerfallsteilung *f*, Spaltungsteilung *f*
schizogenetic *s.* schizogenous
schizogenic *s.* schizogenous
schizogenous schizogen, sich durch Spaltung vermehrend
schizognathism Schizognathismus *m*, Kieferspaltbildung *f*, Spaltkiefer *m*, Kieferspalte *f*
schizognathous schizognath; Spaltkiefer…; Kieferspalten…
schizogonic schizogon, durch Spaltung entstanden
schizogonous *s.* schizogonic
schizogony 1. *s.* schizogenesis; 2. Schizogonie *f (z. B. der Malariaerreger)*
schizogyria Schizogyrie *f (Vorhandensein von Spaltbildungen in den Hirnwindungen)*
schizoid *(Neur)* schizoid, ungesellig, kontaktarm, verschroben, sonderbar
schizoid *(Neur)* Schizoide(r) *m*
schizoid defence mechanism schizoider Abwehrmechanismus *m*
schizoid disorder of adolescence *(Neur)* schizoide Störung *f* im Jugendalter
schizoid personality schizoide Persönlichkeit *f*, schizoider Psychopath *m*
schizoid personality disorder schizoide Persönlichkeitsstörung *f*
schizoid psychopathy schizoide Psychopathie *f*
schizoid state schizoider Zustand *m*
schizoid tendency schizoide Tendenz *f*
schizoidism Schizoidie *f*, schizoider Zustand *m*
schizokinesis Schizokinese *f*
Schizomyces Schizomyces *m*
schizomycete Schizomyzet *m*, Spaltpilz *m*
Schizomycetes Schizomycetes *pl*, Schizomyzeten *pl*, Spaltpilze *mpl*
schizomycetic Schizomyzeten…, Spaltpilz…
schizomycosis Schizomykose *f*, Spaltpilzerkrankung *f*
schizoneurosis Schizoneurose *f*, schizoide Pseudoneurose *f*
schizont *(Trop)* Schizont *m*, Agamont *m (Entwicklungsstadium der Malariaerreger)*
schizonticidal drug *s.* schizontocide (agent)
schizonticide schizontozid, schizontentötend
schizonticide (agent) Schizontenmittel *n*, schizontentötendes Mittel *n (in der Schizontenphase wirksames Malariamittel)*

schizontocide *s.* schizonticide
schizonychia *(Derm)* Schizonychie *f*, Nagel(auf)splitterung *f*, Nagelsplittern *n*, Nagel(auf)spaltung *f*, Onychoschisis *f*
schizophasia Schizophasie *f*, Sprachzerfahrenheit *f*, Sprachverwirrtheit *f*, Wortsalat *m*
schizophrenia *(Neur)* Schizophrenie *f*, Spaltungsirresein *n*, Seelenspaltung *f*, Zerfahrenheit *f* des Denkens
schizophrenia-causing *s.* schizophrenogenic
schizophrenia patient Schizophreniepatient *m*
schizophreniac Schizophrene(r) *m*, Spaltungsirre(r) *m*
schizophrenic *s.* schizophreniac
schizophrenic *(Neur)* schizophren *n*, spaltungsirre
schizophrenic defect schizophrener Defekt *m*; Defekt-schizophrenie *f*
schizophrenic dementia schizophrene Demenz *f*, schizophrene Verblödung *f*
schizophrenic disorder *(Neur)* schizophrene Störung *f*
schizophrenic episode schizophrener Schub *m*
schizophrenic ideation schizophrene Ideenbildung *f*
schizophrenic-like schizophrenieartig
schizophrenic reaction *(Neur)* schizophrene Reaktion *f*, schizophrene Erlebnisreaktion *f*, *(US)* akute Schizophrenie *f*
schizophrenic spectrum schizophrenes Spektrum *n*
schizophrenic syndrome schizophrenes Syndrom *n* *(Symptomenkomplex bei Erkrankungen des schizophrenen Formenkreises)*
schizophrenic thinking schizophrenes Denken *n*
schizophreniform schizophreniform, schizophrenieartig, schizophrenieähnlich
schizophreniform disorder *(Neur)* schizophreniforme Störung *f*
schizophreniform psychosis *(Neur)* schizophreniforme [schizophrenieähnliche] Psychose *f*
schizophrenization Schizophrenisierung *f*
schizophrenogenic schizophrenogen, Schizophrenie auslösend
schizophrenogenic mother schizophrenogene Mutter *f*
schizoprosopia Schizoprosopie *f*, Gesichtsspalte *f*
schizothemia schizophrener Themenwechsel *m*
schizothorax Schizothorax *m*, Spaltthorax *m*
schizothymia *(Neur)* Schizothymie *f*
schizothymic schizothym
schizotonia Schizotonie *f*
schizotrichia Schizotrichie *f*, Haaraufspaltung *f*
schizotrypanosis *s.* Chagas' disease
schizotrypanosomiasis *s.* Chagas' disease
Schizotrypanum cruzi Schizotrypanum *n* cruzi
schizotypal schizotypisch, mit exzentrischen Verhaltensweisen; mit exzentrischer Kommunikationsweise
schizotypal personality disorder *(Neur)* schizotypische Persönlichkeitsstörung *f*
schizozoite Schizozoit *m*, Merozoit *m*
Schlatter-Osgood disease *s.* Osgood-Schlatter disease
Schlatter's disease Schlatter'sche Krankheit *f*, Morbus *m* Schlatter *(Verknöcherungsstörung am Schienbeinhöcker)*
Schlemm's canal Schlemm'scher Kanal *m*, Sinus *m* venosus sclerae *(Abflusskanal der vorderen Augenkammer)*
Schlesinger's phenomenon *s.* Schlesinger's sign
Schlesinger's sign Schlesinger'sches Zeichen *n*, Schlesinger'sches Phänomen *n*, Pool'sches Phänomen *n* *(Extensorspasmus im Kniegelenk nach Hüftbeugung bei Tetanie)*
Schlesinger's syndrome Schlesinger-Syndrom *n*, Schlesinger'sches Syndrom *n*, chronische idiopathische Hyperkalzämie *f*
Schlichter test Schlichter-Test *m*, Schlichter'scher Test *m*, Schlichter'scher Serumtest *m* auf bakterizide Aktivität *(zur Überprüfung von Antibiotikadosierungen)*
Schloffer's tumour *(Chir)* Schloffer'scher Tumor *m*, entzündliche Bauchdeckengeschwulst *f*
Schmid's syndrome Schmid'sches Syndrom *n*, Schmid-Syndrom *n*, Dysostosis *f* enchondralis metaphysaria Typ Schmid
Schmidt's diet Schmidt'sche Diät *f* *(zur Erleichterung von Stuhluntersuchungen bei Diarrhoe)*
Schmidt's syndrome 1. Schmidt'sches Syndrom *n*, Schmidt-Syndrom *n*, Hemiplegia *f* alternans; 2. Schmidt'sches Syndrom *n*, Schmidt-Syndrom *n*, thyreosuprarenales Syndrom *n*, polyglanduläres Autoimmunsyndrom *n* Typ II *(primäre Nebenniereninsuffizienz mit autoimmunologisch bedingter Schilddrüsenunterfunktion)*
Schmincke's tumour Schmincke'scher Tumor *m*, Schmincke'sche [lymphoepitheliale] Geschwulst *f*, Lymphoepitheliom *n*
Schmitz bacillus Schmitz-Bazillus *m*, Shigella *f* dysenteriae Typ II
Schmorl's bacillus Schmorl'scher Bazillus *m*, Fusobacterium *n* necrophorum
Schmorl's bodies *s.* Schmorl's nodules
Schmorl's disease 1. Schmorl'sche Krankheit *f* *(Prolaps des Nucleus pulposus)*; 2. Schmorl'sche Krankheit *f*, Nekrobazillose *f* *(z. B. bei Versuchstieren)*
Schmorl's nodules Schmorl'sche Knorpelknötchen *npl* *(der Wirbelkörper)*
Schneiderian carcinoma Schneider'sches Karzinom *n* *(Schleimhautkarzinom der Nase und der Nasennebenhöhlen)*
Schneiderian membrane Schneider'sche Membran *f*, Tunica *f* mucosa nasi
Schneider's syndrome 1. Schneider'sches Syndrom *n*, Verbrauchskoagulopathie *f*; 2. Schneider'sches Syndrom *n*, sekundäre hypoplastisch-porotische Osteoperiostose *f*, Marie-Bamberger-Syndrom *n*; 3. Schneider'sches Syndrom *n*, Schneider-Fischer-Syndrom *n* *(Caput Medusae der Leistenregion und Beinödeme mit Siderosklerose der Fußgelenke bei venöser Abflussstörung im Becken)*
Schoemaker's line Schoemaker'sche Linie *f* *(zwischen Trochanterspitze und Spina iliaca anterior superior)*
Schoenlein-Henoch purpura *(Hämat)* Purpura *f* Schoenlein-Henoch, rheumatoide [Schoenlein-Henoch'sche] Purpura *f*, Immunkomplexpurpura *f*, Schoenlein-Henoch-Syndrom *n*
Schoenlein-Henoch syndrome *s.* Schoenlein-Henoch purpura
Schoenlein's disease Schoenlein'sche Krankheit *f*, Morbus *m* Schoenlein, *(veraltet)* Peliosis *f* rheumatica
Schoenlein's purpura Schoenlein'sche [rheumatische] Purpura *f*, Purpura *f* rheumatica
Scholz's disease Scholz-Syndrom *n*, Scholz'sches Syndrom *n*, subakute familiäre diffuse Hirnsklerose *f*, Hirnsklerose *f* Typ Scholz-Henneberg-Bielschowsky, juvenile Form *f* der metachromatischen Leukodystrophie
school 1. Schule *f*, Ausbildungseinrichtung *f*; 2. Schule *f*, Lehrmeinung *f*
school for backward children Hilfsschule *f*
school for mentally retarded children Schule *f* für geistig Behinderte, Behindertenschule *f*
school phobia Schulphobie *f*, Schulangst *f*
schoolsickness Schulangst *f*
Schottmüller's bacillus Schottmüller'scher Bazilllus *m*, Schottmüller'sches Bakterium *n*, Salmonella *f* schottmülleri
Schottmüller's disease *(Inf)* Schottmüller'sche Krankheit *f*, Paratyphus *m*
schradan Schradan *n*, Oktamethylpyrophosphoramid *n* *(Insektizid)*
Schreger's bands *s.* Schreger's lines

Schreger's lines Schreger'sche Linien *fpl*, Schreger-Hunter-Linien *fpl*, Hunter-Schreger'sche Schmelzstreifen *mpl*
Schreger's striae *s.* Schreger's lines
Schreger's zones *s.* Schreger's lines
Schridde's cancer hairs Schridde'sche Krebshaare *npl* *(im Bart und in der Temporalregion)*
Schridde's granules Schridde'sche Granula *npl*, Altmann-Schridde'sche Granula *npl* *(in Plasmazellen und Lymphozyten)*
Schroeder's disease *(Gyn)* Schroeder'sche Krankheit *f* *(Endometriumhypertrophie mit exzessiver Uterusblutung)*
Schrön-Much granules Schrön-Much'sche Granula *npl*, Much'sche Granula *npl* *(modifizierte Tuberkelbakterien im Sputum bei Tuberkulose)*
Schrön's granule Schrön'sches Granulum *n* *(im Keimfleck des Ovums)*
Schuchardt's incision *(Chir)* Schuchardt-Schnitt *m*, Scheiden-Damm-Beckenboden-Schnitt *m*
Schüffner's dots Schüffner'sche Tüpfelung *f* *(der Erythrozyten bei Malaria)*
Schüffner's granules *s.* Schüffner's dots
Schüffner's stippling *s.* Schüffner's dots
Schüller-Christian disease (Hand-)Schüller-Christian'sche Krankheit *f*, Lip(o)idgranulomatose *f*, Lipoidspeicherkrankheit *f*
Schüller-Christian syndrome *s.* Schüller-Christian disease
Schüller's disease Schüller'sche Krankheit *f*, Osteoporosis
Schüller's phenomenon Schüller'sches Phänomen *n* *(Wendung des Patienten zur gesunden Seite bei funktioneller Hemiplegie; bei organischem Leiden zur kranken Seite)*
Schüller's projection 1. *(Rad)* Schüller'sche Schläfenbeinaufnahme *f*, Schüller-Aufnahme *f*; 2. *(Rad)* Schüller'sche Aufnahmetechnik *f*
Schüller's syndrome *s.* Schüller-Christian disease
Schultz-Charlton blanching phenomenon Schultz-Charlton'sches Zeichen *n*, Auslöschphänomen *n* nach Schultz *(bei Scharlach)*
Schultz-Charlton reaction *s.* Schultz-Charlton blanching phenomenon
Schultz-Charlton test Schultz-Charlton-Test *m*
Schultz-Dale reaction Schultz-Dale'sche Reaktion *f*, Schultz-Dale-Versuch *m* *(In-vitro-Test zur anaphylaktischen Sensibilisierung)*
Schultze-Chvostek sign *s.* Chvostek's sign
Schultze's bundle *s.* Schultze's comma tract
Schultze's cells Schultze'sche Riechzellen *fpl*
Schultze's comma tract Schultze'sches Bündel, Fasciculus *m* semilunaris, Schultze'scher Traktus *m*, Fasciculus *m* interfascicularis
Schultze's mechanism Schultze'scher Mechanismus *m* der Plazentalösung *(mit vorangehender fetaler Seite)*
Schultze's membrane Schultze'sche Membran *f* *(der Riechschleimhaut)*
Schultze's method Schultze'sche Methode *f* *(der Plazentalösung)*
Schultze's phantom Schultze'sches Phantom *n*, Schultze'sches Beckenmodell *n*
Schultze's placenta *(Gyn)* Schultze'scher Modus *m* der Plazentalösung, Schultze-Modus *m*
Schultze's sign Schultze'sches Zeichen *n*, Schultze'sches Zungenphänomen *n* *(konkave Zungeneindellung bei latenter Tetanie)*
Schultze's tract *s.* Schultze's comma tract
Schultz's angina *s.* Schultz's syndrome
Schultz's reaction Schultz'sche Reaktion *f* *(bei der Cholesterinfärbung)*
Schultz's stain Schultz'sche Färbung *f*, Schultz'sche Cholesterinfärbung *f*
Schultz's syndrome Schultz'sches Syndrom *n*, Agranulozytose *f* mit nekrotisierender Angina
Schütz's bundle *s.* Schütz's fasciculus
Schütz's fasciculus Schütz'sches Bündel *n*, Fasciculus *m* longitudinalis dorsalis, Fasciculus *m* longitudinalis posterior
Schütz's tract *s.* Schütz's fasciculus
Schwabach's test Schwabach'scher Test *m*, Schwabach'scher Versuch *m* *(zur Differenzialdiagnostik der Schwerhörigkeit)*
Schwalbe's corpuscle Schwalbe'sches Körperchen *n*, (Schwalbe'sche) Geschmacksknospe *f*, Caliculus *m* gustatorius
Schwalbe's nucleus Schwalbe'scher Kern *m*, Nucleus *m* vestibularis medialis
Schwalbe's ring Schwalbe'scher Ring *m*, Schwalbe'scher Grenzring *m* *(im Auge)*
Schwalbe's spaces Schwalbe'sche Räume *mpl*, Spatia *npl* intervaginalia nervi optici
schwannitis Schwannitis *f*, Neurilemmentzündung *f*, Entzündung *f* der Schwann'schen Scheide
schwannoglioma *(Path)* Schwannogliom *n*, Schwannom *n*, Neurilemmom *n*, Neurinom *n*, Schwann'scher Tumor *m*
schwannoma *s.* schwannoglioma
schwannomin Schwannomin *n*, Merlin *n*
schwannosarcoma *(Path)* Schwannzellensarkom *n*, Neurofibrosarkom *n*
schwannosis Schwannose *f* *(Hypertrophie der Schwann'schen Scheiden)*
Schwann's cells Schwann'sche Zellen *fpl*, Schwann-Zellen *fpl*, Neurilemmzellen *fpl*
Schwann's membrane Schwann'sche Scheide *f*, Schwann-Scheide *f*, Neurilemm *n*
Schwann's nucleus Schwann'scher Kern *m* *(Zellkern der Schwann'schen Zelle)*
Schwann's sheath *s.* Schwann's membrane
Schwann's white substance Schwann'sche (weiße) Substanz *f*
Schwartz bed Schwartz-Hyperextensionsbett *n*
Schwartz-Jampel syndrome Schwartz-Jampel'sches Syndrom *n*, Schwartz-Jampel-Aberfeld-Syndrom *n*, Schwartz-Syndrom *n*, Schwartz'sches Syndrom *n*
Schwartz syndrome *s.* Schwartz-Jampel syndrome
Schwartz tractotomy Schwartz'sche Traktotomie *f*, (operative) Durchtrennung *f* einer Nervenbahn
Schwartze's sign Schwartze'sches Zeichen *n* *(sichtbare Rötung der Paukenhöhlenwand durch das Trommelfell bei Otosklerose)*
Schwartzmann-Sanarelli phenomenon Schwartzmann-Sanarelli-Phänomen *n*, Sanarelli-Schwartzmann-Phänomen *n*, menschliches Sanarelli-Schwartzmann-Äquivalent *n* *(hämorrhagische Diathese infolge Überempfindlichkeitsreaktion der Gefäßendothelien mit hämorrhagischer Nekrose)*
Schweninger-Buzzi anetoderma Schweninger-Buzzi'sches Anetoderm *n*
sciagraphy *s.* skiagraphy
Scianna blood group Scianna-Blutgruppe *f*
sciatic 1. Hüft..., Hüftbein...; 2. Hüftnerv...
sciatic dislocation Hüftluxation *f*, Hüftgelenkverrenkung *f*
sciatic foramen Foramen *n* ischiadicum
sciatic hernia Hernia *f* ischiadica
sciatic nerve Nervus *m* ischiadicus, Hüftnerv *m*
sciatic nerve block Hüftnervenblockade *f*
sciatic nerve compression Ischiadukus(nerven)einklemmung *f*
sciatic neuralgia *s.* sciatica

sciatic neuritis *s.* sciatica
sciatic scoliosis Hüftskoliose *f*
sciatic spine Spina *f* ischiadica, Sitzbeinstachel *m*
sciatic tuberosity Tuber *n* ischiadicum *n*, Sitzbeinhöcker *m*, Sitzbeinknorren *m*
sciatica *(Ophth)* Ischias *f(m)*, Ischialgie *f*, Hüftweh *n*, Hüftschmerz *m*
science Wissenschaft *f*
scientific wissenschaftlich; Wissenschaft…
scientific method wissenschaftliche Methode *f*
scientific rationel wissenschaftliche Rationale *f*, wissenschaftliche Grundlage *f*
scientist Wissenschaftler *m*, Forscher *m*
scieropia *(Ophth)* Schattensehen *n*
scilla maritima Scilla *f* maritima, Meerzwiebel *f*
scillabiose Scillabiose *f (Disaccharid)*
scillaren Scillaren *n (Glykosid)*
scillaricide Scillarizid *n*
scillaroside Scillarosid *n (Glykosid)*
scillism Meerzwiebelvergiftung *f*, Scillaintoxikation *f*
scillitic Scilla…, Meerzwiebel…
scillitin Scillitin *n*
Scimitar's syndrome Scimitar-Syndrom *n*, Lungenvenenfehlmündung *f* in die Hohlvene
scinticisternography szintigraphische Zisternographie *f*
scintigram Szintigramm *n*
scintigraph Szintigraph *m*, Szintiscanner *m*, Scanner *m*
scintigraphic szintigraphisch; Szintigraphie…
scintigraphy Szintigraphie *f*, Szintillographie *f (Isotopendiagnostik; Zusammensetzungen siehe unter: scanning)*
scintillascope Szintillationszähler *m*
scintillate *v* szintillieren, aufblitzen, aufleuchten, flimmern
sctintillated electrokymography Szintillationselektrokymographie *f*
scintillating scotoma *(Ophth)* Szintillationsskotom *n*
scintillation Szintillation *f*
scintillation counter Szintillationszähler *m*, Strahlungsdetektor *m*
scintillation detector *s.* scintillation counter
scintillation scan *s.* scintigram
scintillation scanning *s.* scintigraphy
scintillation spectrometer Szintillationsspektrometer *n*
scintillator Szintillator *m*, Szintillationssubstanz *f*
scintillometer *s.* scintillation counter
scintiphotograph *s.* scintigram
scintiphotography *s.* scintigraphy
scintiscan *s.* scintigram
scintiscanner Szintiscanner *m*, szintigraphischer Scanner *m*
scintiscanning *s.* scintigraphy
scintography *s.* scintigraphy
sciopody Makropodie *f*, Großfüßigkeit *f*
scirrhoid szirrhös; Faserkrebs…, Szirrhus…
scirrhoma *s.* scirrhous cancer
scirrhosity szirrhöser Zustand *m*
scirrhous szirrhös, hart, induriert; Szirrhus…
scirrhous cancer szirrhöses Karzinom *n*, Szirrhus *m*, Faserkrebs *m*, Drüsenepithelgeschwulst *f*, Drüsenepitheltumor *m*, Carcinoma *n* durum [fibrosum]
scirrhous carcinoma *s.* scirrhous cancer
scirrhus *s.* scirrhous cancer
scission 1. Trennung *f*, Teilung *f*, Spaltung *f*, 2. *s.* cleavage
scissiparity Schizogenese *f*, Schizogenesis *f*, Zerfallsteilung *f*, Spaltungsteilung *f*
scissors Schere *f*
scissors-bite *(Stom)* Scherenbiss *m*
scissors dissection Scherendissektion *f*
scissors for splitting finger nails Nagelspaltschere *f*
scissors for wound edges Wundrandschere *f*
scissors gait *(Neur)* Scherengang *m*
scissors legs Scherenbeine *npl*
scissors-shadow *(Ophth)* Scherenschatten *m*
scissura Scissura *f*, Riss *m*, Spalte *f*
scissure *s.* scissura
sclera *(Ophth)* Sklera *f*, Lederhaut *f*
scleracne Akne *f* indurata
scleradenitis Skleradenitis *f*, entzündliche Drüsenverhärtung *f*, entzündliche Lymphknotenverhärtung *f*
scleral *(Ophth)* skleral; Sklera…, Lederhaut…
scleral atrophy Skleraatrophie *f*
scleral buckle operation *s.* scleral buckling procedure
scleral buckling (procedure) Skleraeindellung *f* durch Plombenaufnähung
scleral conjunctiva Sklerabindehaut *f*, Conjunctiva *f* scleralis
scleral contact lens Sklerakontaktlinse *f*
scleral depression Skleraeindellung *f*
scleral ectasia Sklerektasie *f*
scleral hyaline degeneration hyaline Skleradegeneration *f*
scleral icterus Sklerenikterus *m*
scleral perforation Skleraperforation *f*
scleral resection Skleraresektion *f*
scleral rigidity Sklerarigidität *f*
scleral rupture Skleraruptur *f*, Sklerenzerreißung *f*
scleral spur Sklerasporn *m*
scleral staphyloma Sklerastaphylom *n*
scleral sulcus Sulcus *m* sclerae
scleratheroma noduläre Arteriosklerose *f*
scleratitis *s.* scleritis
scleratogenous *s.* sclerogenic
sclerectasia *(Ophth)* Sklerektasie *f*, Skleravorwölbung *f*
sclerecto-iridectomy *(Ophth)* Sklerektoiridektomie *f*, [operative] Sklera- und Iristeilentfernung *f (bei Glaukom)*
sclerecto-iridodialysis *(Ophth)* Sklerektoiridodialysis *f*, Sklerektomie *f* mit Iridodialyse
sclerectome *(Ophth)* Sklerektom *n*
sclerectomy *(Ophth)* Sklerektomie *f*, (operative) Sklerateilentfernung *f*
scleredema *s.* scleroedema
sclerema *(Derm)* Sklerem *n*, Sclerema *n*, Sklerose *f* der Haut
sclerema of the newborn Sclerema *n* neonatorum, sklerodermieartige Krankheit *f* der Neugeborenen
sclerencephalia Sklerenzephalie *f*, Gehirnsklerose *f*, Sclerosis *f* cerebri
sclerencephaly *s.* sclerencephalia
scleriasis *s.* scleroderma
scleritis *(Ophth)* Skleritis *f*, Lederhautentzündung *f*
scleriritomy Skleriritomie *f*, Inzision *f* der Sklera und der Iris
scleroadipose skleroadipös, aus Fasergewebe und Fettgewebe bestehend
scleroatrophic skleroatroph(isch), sklerotisch und atrophisch
scleroatrophy Skleroatrophie *f*, Sklerotylosis *f*
scleroblastema *(Embr)* Skleroblastema *n (skelettbildendes Mesenchym)*
scleroblastemic skleroblastemisch; Skleroblastema…
sclerochoroidal sklerochoroidal, die Sklera und die Choroidea betreffend; Sklerochoroidea…
sclerochoroiditis *(Ophth)* Sklerochoroiditis *f*, Sklera- und Choroideaentzündung *f*
scleroconjunctival sklerokonjunktival; Sklera-Konjunktiva-…, Lederhaut-Bindehaut-…
scleroconjunctivitis *(Ophth)* Sklerokonjunktivitis *f*, Lederhaut- und Bindehautentzündung *f*

sclerocornea *(Ophth)* Sklerokornea *f*, Leder- und Hornhaut *f*
sclerocorneal sklerokorneal; Sklera-Kornea-..., Lederhaut-Bindehaut-...
sclerocystic ovarian syndrome *(Gyn)* polyzystisches Ovarialsyndrom *n*, PCO-Syndrom *n*
sclerocystic ovary sklerozystischer Eierstock *m*, sklerozystisches Ovar *n*
sclerodactylia *s.* sclerodactyly
sclerodactyly Sklerodaktylie *f*, Sklerodermie *f* [Hautverhärtung *f*] der Finger
scleroderma *(Derm)* Skleroderma *n*, Sklerodermie *f*, Hautverhärtung *f*, Sclerosis *f* corii [dermatis]
scleroderma heart Sklerodermieherz *n*
sclerodermatitis Skleroderm(at)itis *f*, entzündliche Hautverdickung *f* und -verhärtung *f*
sclerodermatous Skleroderma...; Sklerodermie...; Skleroderma...
sclerodermia of grown-ups Erwachsenensklerodermie *f*, ödematöse Sklerodermie *f*
sclerodesma Bänderverhärtung *f*
sclerodesmia Sklerodesmie *f*, Ligamentinduration *f*, Bandverhärtung *f*
scleroedema *(Derm)* Sklerödem *n*, Scleroedema *n*, Sclerema *n* oedematosum
sclerogenic sklerogen, sklerosierend, Sklerose bewirkend
sclerogenous *s.* sclerogenic
sclerogummatous sklerogummatös, gummös verhärtet
sclerogyria Sklerogyrie *f*, Sklerose *f* der Hirnwindungen
scleroid skleroid, sklerös, sklerotisch, verhärtet, induriert
sclero-iritis *(Ophth)* Skleroiritis *f*, Lederhaut- und Regenbogenhautentzündung *f*, Lederhaut-Regenbogenhaut-Entzündung *f*
sclerokeratitis *(Ophth)* Sklerokeratitis *f*, Lederhaut- und Hornhautentzündung *f*, Lederhaut-Hornhaut-Entzündung *f*
sclerokeratoiritis *(Ophth)* Sklerokeratoiritis *f*, Lederhaut-Hornhaut-Regenbogenhaut-Entzündung *f*
sclerokeratosis *s.* sclerokeratitis
scleroma 1. Sklerom *n*, Scleroma *n* (respiratorium) *(Erkrankung durch Klebsiella rhinoscleromatis mit Schleimhautinfiltraten der oberen Luftwege)*; 2. *s.* scleroderma
scleromalacia Skleromalazie *f*, Lederhauterweichung *f* des Auges
scleromeninx *s.* dura
scleromere Skleromer *n*, Skelettabschnitt *m*
sclerometer Sklerometer *m*
scleromucin Skleromuzin *n*
scleromyxoedema *(Derm)* Skleromyxödem *n*, Lichen *m* myxoedematosus
scleronychia *(Derm)* Skleronychie *f*, Nagelinduration *f*, Nagelverhärtung *f*
scleronyxis *(Ophth)* Skleronyxis *f*, Sklerapunktion *f*, Lederhautpunktion *f (bei Netzhautablösung)*
sclero-oophoritis *(Gyn)* Sklero-Oophoritis *f*, Ovarialsklerose *f*, Ovarialinduration *f*, Eierstockverhärtung *f*
sclero-oothecitis *s.* sclero-oophoritis
scleroperikeratitis *(Ophth)* Skleroperikeratitis *f*, Hornhaut- und Lederhautentzündung *f*
sclerophthalmia Sklerophthalmie *f (verkleinerte Korneafläche durch Lederhautüberwucherung)*
scleroplasty *(Ophth)* Skleroplastik *f*, Lederhautplastik *f*
scleroprotein Skleroprotein *n*, Gerüsteiweiß *n*, Albuminoid *n*
sclerosal *s.* sclerous
sclerosant (agent) Sklerosierungsmittel *n*
sclerose *v* sklerosieren, verhärten, hart werden *(z. B. Gewebe)*
sclerosing sklerosierend; Sklerosierungs...
sclerosing appendicitis Appendicitis *f* sclerosans
sclerosing haemangioma sklerosierendes Hämangiom *n*, verhärtendes apillarhämangiom *n*
sclerosing keratitis sklerosierende Keratitis *f*, Keratitis *f* clerosans
sclerosing paranephritis sklerosierende Paranephritis *f*, Paranephritis *f* sclerosans
sclerosing phlebitis sklerosierende Phlebitis *f*, Phlebitis *f* sclerosans
sclerosing solution Sklerosierungslösung *f*
sclerosis Sklerose *f*, (krankhafte) Verhärtung *f (z. B. von Geweben)*
scleroskeleton sklerosierte Skelettanteile *mpl (z. B. aus Sehnen, Bändern oder Faszien)*
sclerostenosis Sklerostenose *f*, Vernarbungsstenose *f*, narbige Vereng(er)ung *f*
sclerostomy 1. *(Ophth)* Sklerostomie *f*, (operative) Lederhautfistelung *f (bei Glaukom)*; 2. *(Ophth)* Sklerostomie *f*, Sklerostoma *n*, Lederhautfistel *f*
sclerotherapy Sklerotherapie *f*, Sklerosierungsbehandlung *f*
sclerothrix Sklerothrix *f*, Sklerotrichie *f (Verhärtung und Brüchigwerden der Haare)*
sclerotic 1. sklerotisch, hart, induriert; Sklerose...; 2. *(Ophth)* sklerotisch, sklerisch; Sklera..., Lederhaut...
sclerotic acid Sklerotinsäure *f*
sclerotic coat of the eye Tunica *f* albuginea oculi
sclerotic gastritis Sclerosis *f* ventriculi
sclerotic osteitis *s.* osteopetrosis
sclerotica *s.* sclera
scleroticectomy *(Ophth)* Sklerateilexzision *f*
scleroticochoroiditis *s.* sclerochoroiditis
scleroticonyxis *s.* scleronyxis
scleroticopuncture *s.* scleronyxis
scleroticotomy *s.* sclerotomy
sclerotinic acid Sklerotinsäure *f*
sclerotitis *s.* scleritis
sclerotium Sklerotium *n (der Pilze)*
sclerotomal pain distribution sklerotomgebundene Schmerzausbreitung *f*, Schmerzverteilung *f* entsprechend dem Sklerotom
sclerotomal segment Sklerotomsegment *n*
sclerotome 1. Sklerotom *n*, Sklerotomiemesser *n*, Lederhautmesser *n*; 2. Sklerotom *n (die aus Ursegmentbereichen entstehende erste Wirbelanlage)*
sclerotomic Sklerotomie...
sclerotomy *(Ophth)* Sklerotomie *f*, Lederhautinzision *f*, Lederhautschnitt *m*
sclerotomy knife *s.* sclerotome 1.
sclerotrichia Sklerotrichie *f*, Skleroatrophie *f*
sclerotylosis Sklerotylosis *f*, atrophische Hautfibrose *f*
sclerous sklerös, sklerotisch, verhärtet, induriert
sclerouveitis *(Ophth)* Sklerouveitis *f*, Lederhaut- und Traubenhautentzündung *f*
sclerozone Sklerozone *f (Muskelansatzgebiet am Knochen)*
scoleces *pl s.* scolex
scoleciasis Scoleciasis *f (Vorhandensein von Mottenlarven)*
scoleciform bandwurmkopfförmig, bandwurmkopfartig
scolecoid 1. vermiform, wurmförmig, wurmartig; 2. *s.* scoleciform
scolecology Helminthologie *f*, Helminthenlehre *f*
scolex *(Paras)* Skolex *m*, Bandwurmkopf *m*
scolices *pl s.* scolex
scolicidal (agent) bandwurm(kopf)tötendes Mittel *n*
scoliokyphosis *(Orth)* Kyphoskoliose *f*
scoliolordosis *(Orth)* Lordoskoliose *f*
scoliometer Skoliometer *n*, Skoliosemessgerät *n*
scoliorachitic skoliorachitisch; Skoliose-Rachitis-...
scoliosimetry *s.* scoliosometry

scoliosis *(Orth)* Skoliose *f*, seitliche Rückgratverkrümmung *f*, Seitenverbiegung *f* der Wirbelsäule, Wirbelsäulenschiefwuchs *m*
scoliosis of adolescence Adoleszentenskoliose *f*
scoliosometer Skoliosometer *n*, Skoliosemesser *m*
scoliosometry *(Orth)* Skoliosometrie *f*, Skoliose(ver)messung *f*
scoliotic skoliotisch; Skoliose..., Wirbelsäulenverkrümmungs...
scoliotic pelvis Skoliosebecken *n*, Skoliosepelvis *f*
scoliotone Skoliosestreckapparat *m* *(zur Wirbelsäulenstreckung)*
scolopsia Skolopsie *f* *(Knochenverbindung)*
scombroid 1. zu den Scombroidea gehörend; Scombroidea...; 2. Scombroid *m* *(z. B. Thunfisch)*
scombroid poisoning *s.* scombrotoxism
Scombroidea Scombroidea *pl*
scombrotoxic skombrotoxisch; Skombrotoxin...
scombrotoxin Skombrotoxin *n* *(z. B. durch Zersetzung entstehendes histaminartiges Gift im Thunfisch)*
scombrotoxism Skombrotoxismus *m*, Skombrotoxinvergiftung *f* *(Fischvergiftung mit Histaminanreicherung)*
scoop chirurgischer Löffel *m*
scoop extraction Löffelextraktion *f*
scoop for extraction of stones Steinextraktionslöffel *m*
scopolagnia Skopolagnie *f*, Mixoskopie *f*
scopolamine Skopolamin *n* *(Alkaloid)*
scopolamine hydrobromide Skopolaminhydrobromid *n*, Hyoscinhydrobromid *n*
scopolamine hydrochloride Skopolaminhydrochlorid *n*, Hyoscinhydrochlorid *n*
scopolamine methylbromide Skopolaminmethylbromid *n*
scopoline Skopolin *n* *(Skopolaminabbauprodukt)*
scopometer Skopomter *n*, Skoptometer *n* *(Trübungsmessgerät für Lösungen)*
scopometry Skopometrie *f*, Skoptometrie *f* *(Bestimmung des Gehaltes an einer Substanz durch Messung der optischen Trübung)*
scopomorphinism *s.* scopomorphism
scopomorphism Skopolamin-Morphin-Gewöhnung *f*
scopophilia 1. (aktive) Skopophilie *f*, Schaulust *f*, Voyeurismus *m*, Voyeurtum *n* *(sexuelle Triebbefriedigung durch Zuschauen)*; 2. (passive) Skopophilie *f*, Exhibitionismus *m*
scopophobia Skopophobie *f* *(Angst vor dem Anblick anderer)*
scoptophilia *s.* scopophilia
scoptophobia *s.* scopophobia
scopula Scopula *f*, Skopula *f* *(aborale Organelle bei bestimmten Protozoen)*
Scopulariopsis brevicaulis Scopulariopsis *f* brevicaulis *(Pilzart)*
scopulariopsosis Scopulariopsosis *f*, Scopulariopsidosis *f*, Scopulariopsis-Infektion *f*
scoracratia Stuhlinkontinenz *f*
scorbutic skorbutisch; Skorbut...; krank durch Vitamin-C-Mangel
scorbutic gingivitis Skorbutgingivitis *f*, Vitamin-C-Mangel-Gingivitis *f*
scorbutic pose skorbutische Haltung *f*, skorbutische Pose *f*, Körperhaltung *f* bei Skorbut
scorbutigenic Skorbut hervorrufend, Skorbut auslösend
scorbutus *s.* scurvy
score Bewertungsziffer *f*, Wertpunkt *m*; Maßzahl *f*
scorings Wachstumslinien *fpl* *(in den Metaphysen wachsender Knochen)*
scorpion Skorpion *m*
scorpion sting Skorpionstich *m*
Scorpiones *s.* Scorpionida
Scorpionida Scorpionida *pl*
scorpionism Skorpionstichvergiftung *f*
Scotobacteria Scotobacteria *pl*
scotobacterium Scotobacterium *n*
scotochromogen Scotochromogen *n*, Skotochromogen *n*, Mykobakterium *n* der Gruppe II *(Mikroorganismus mit Pigmentbildung bei Dunkelheit)*
scotochromogenic skotochromogen, (schon) im Dunkeln Pigment erzeugend
scotochromogenicity Skotochromogenität *f*, Fähigkeit *f* zur Bildung von Pigment bei Dunkelheit
scotodinia Scotodinie *f*, Skotodinie *f*, Schwindel *m* mit Sehstörungen und Kopfschmerzen, apoplektischer Schwindel *m*, apolektische Vertigo *f*
scotoma *(Ophth)* Skotom *n*, Gesichtsfeldausfall *m*
scotomagraph *(Ophth)* Skotomagraph *m*, Skotomschreiber *m*
scotomata *pl s.* scotoma
scotomatous Skotom...
scotometer Skotometer *n*, Skotommessgerät *n*
scotometry *(Ophth)* Skotometrie *f*, Skotom(aus)messung *f*, Skotombestimmung *f*
scotomization 1. Skotomisation *f*, Skotomisierung *f*, Realitätsleugnung *f*; 2. Ausfallserscheinung *f*
scotophilia Skotophilie *f* *(Vorliebe für Dunkelheit)*
scotophobia Skotophobie *f* *(Angst vor Dunkelheit)*
scotopia *(Ophth)* Dunkelanpassung *f*, Nachtadaptation *f*, Nachtsichtigkeit *f*, Dämmerungssehen *n*
scotopic *(Ophth)* skotopisch, nachtsichtig, dunkelsichtig
scotopic vision skotopisches Sehen *n*, Stäbchensehen *n*
scotopsin Skotopsin *n* *(Sehstoff)*
scotoscopy *s.* retinoscopy
scotosis *s.* scotoma
scotty dog *(Rad)* Hundefigur *f* *(bei Spondylolyse im Bereich der Wirbelsäulengelenke in 45-Grad-Projektion)*
scourging friar *(Neur)* Flagellant *m*
scout film Röntgenübersichtsaufnahme *f*, Übersichts(röntgen)aufnahme *f*
scout film of the abdomen Abdomen(röntgen)übersichtsaufnahme *f*
scout radiography Übersichtsaufnahme *f*
scrape *v* kratzen, abkratzen *(z. B. Wundschorf)*; schaben, abschaben *(z. B. eine Gewebeprobe)*; wundkratzen, wundscheuern; aufkratzen, aufscheuern *(z. B. die Haut)*
scrape abgekratztes Probematerial *n*, Abgekratzte(s) *n*
scraper *(Chir)* Kürette *f*, Schaber *m*, Schabmesser *n*; scharfer Löffel *m*
scraping (out) of the uterine cavity Gebärmutter(schleimhaut)auskratzung *f*, Uterusausschabung *f*, Kürettage *f*, Abrasio *f*
scratch *v* kratzen, zerkratzen *(z. B. die Haut)*; ritzen; sich kratzen
scratch reflex Kratzreflex *m*
scratch technique Ritz(ungs)technik *f* *(bei Impfung)*
scratch test Ritzungstest *m*, Skarifikationstest *m*, Scratch-Test *m*
scratching sensation Kratzgefühl *n*, kratzendes Gefühl *n*
scratchy feeling in the throat Kratzen *n* im Rachen, kratzendes Gefühl *n* im Rachen
screamer's nodule Stimmbandknötchen *n*
screen *v* 1. *(Rad)* eine Bildschirmuntersuchung durchführen, durchleuchten; röntgen; 2. reihenweise untersuchen; Probenmaterial durchmustern; 3. abschirmen, abdecken
screen 1. Abschirmung *f*, Schutzschirm *m*; 2. Schirm *m*, Projektionsschirm *m*; 3. Schutzmittel *n*, Schutzstoff *m*, Schutz *m* *(z. B. Antibiotika)*; 4. *(Psych)* Überdeckung *f*, Verbergung *f*, Überlagerung *f* *(z. B. Erinnerungsbilder)*; 5. *(Rad)* Schirm *m*, Leuchtschirm *m*; Folie *f*, Verstärkerfolie *f*, Ausgleichsfolie *f*, Raster *m*

screen brightness Schirmhelligkeit *f*
screen carrier Leuchtschirmträger *m*
screen film Folienfilm *m*
screen-film contact Schirm-Film-Kontakt *m*
screen format Schirmformat *n*
screen holder Schirmhalter *m*
screen image Schirmbild *n*
screen memory *(Psych)* Deckerinnerung *f*, Erinnerung *f* aus der Kindheit
screen oxygenator Gitteroxygenator *m (Herz-Lungen-Maschine)*
screen-type film Folienfilm *m*
screening Reihenuntersuchung *f*, Screening(-Verfahren) *n*, Vorfelddiagnostik *f*
screw Schraube *f*
screw artery Spiralarterie *f (im Uterusendometrium)*
screw clamp Schraubklemme *f (an Infusionssystemen zur Tropfenregulierung)*
screw-type electrode Schraubelektrode *f*
screwdriver tooth Spiralzahn *m*, verdrehter Zahn *m*; gekrümmter Zahn *m*
screwed connection Schraubverbindung *f*
screwing-in continuous suture *(Chir)* Schmieden-Naht *f*, Schmieden-Darmnaht *f*
screws *s.* caisson disease
scribe *v* schreiben; markieren; umreißen; linieren
Scribner's shunt Scribner-Shunt *m*, Scribner'scher Shunt *m (zur Hämodialyse)*
scribomania *s.* graphomania
scrobiculate mit Grübchen versehen
scrobiculus Skrobikulus *m*, Grübchen *n*
script Rezept *n*; Verschreibung *f*
scripting *(Psych)* Entwicklung *f* neuer Transaktionsmuster
scrofula Skrofulose *f*, Skrofeln *fpl*, Halslymphknotentuberkulose *f*
scrofulid(e) *s.* scrofuloderma
scrofuloderm(a) Skrofuloderm(a) *n*, Hauttuberkulose *f*, Tuberculosis *f* colliquativa (cutis)
scrofulosis *s.* scrofula
scrofulotuberculous skrofulotuberkulös
scrofulous skrofulös; Skrofulose...
scrofulous ophthalmia Conjunctivitis *f* scrophulosa [phlyctaenulosa]
scroll ear eingerolltes Ohr *n*, Schneckenohr *n*
scrotal *(Anat)* skrotal; Skrotum..., Hodensack...
scrotal abscess Skrotalabszess *m*, Hodensackabszess *m*
scrotal cancer Skrotumkarzinom *n*
scrotal cystocele Skrotumzystozele *f*
scrotal elephantiasis skrotale Elephantiasis *f*, Hodensackelephantiasis *f*, Skrotalelephantiasis *f*, Elephantiasis *f* scrotalis
scrotal erysipelas skrotales Erysipel *n*, Hodensackerysipel *n*
scrotal fistula Skrotalfistel *f*, Hodensackfistel *f*
scrotal hernia Skrotalhernie *f*, Hodensackbruch *m*, Hernia *f* scrotalis, Oscheozele *f*
scrotal hydrocele Skrotumhydrozele *f*, Hodensackwasserbruch *m*
scrotal hypospadias Hypospadias *f* scrotalis
scrotal lymphangitis Lymphangitis *f* scrotalis
scrotal lymphatic (vessel) Skrotallymphgefäß *n*
scrotal mass *s.* scrotal tumour
scrotal pain Skrotalschmerz *m*
scrotal raphe Hodensacknaht *f*, Raphe *f* scroti
scrotal reflex Skrotalreflex *m*, Hodensackreflex *m*
scrotal septum Hodensackscheidewand *f*, Septum *n* scroti
scrotal skin Skrotalhaut *f*
scrotal skin hidradenitis Skrotalhauthidradenitis *f*
scrotal swelling Skrotumschwellung *f*, skrotale Schwellung *f*
scrotal tongue Faltenzunge *f*, Furchenzunge *f*, Lingua *f* scrotalis [plicata]
scrotal tumour Skrotaltumor *m*, Hodensackgeschwulst *f*
scrotectomy Skrotektomie *f*, Skrotumresektion *f*, (operative) Hodensackentfernung *f*
scrotiform skrotumartig, skrotumförmig
scrotitis Skrotumentzündung *f*, Hodensackentzündung *f*, Oscheitis *f*
scrotocele *s.* scrotal hernia
scrotoplasty Skrotumplastik *f*, Hodensackplastik *f*, Oscheoplastik *f*
scrotum *(Anat)* Skrotum *n*, Hodensack *m*
scrub nurse Operationsschwester *f*, OP-Schwester *f*, Instrumentierschwester *f*, assistierende [instrumentierende] Schwester *f*
scrub room chirurgischer Waschraum *m*
scrub typhus *(Trop)* Scrub-Typhus *m*, Buschfleckfieber *n* *(siehe auch: tsutsugamushi disease)*
scrub typhus rickettsia Rickettsia *f* tsutsugamushi [orientalis]
scrub *v* **up** chirurgisch (die Hände) waschen, die Hände (chirurgisch) desinfizieren
scrubbed chirurgisch gewaschen
scrubbed team member Mitglied *n* des gewaschenen chirurgischen Teams; Mitglied *n* des Operationsteams
scruple Skrupel *n (Apothekergewicht; 1,2959 Gramm)*
scruples of confession Beichtskrupel *mpl*
scrupulosity Gewissenhaftigkeit *f*, peinliche Sorgfalt *f*, peinliche Genauigkeit *f*, Penibilität *f*
sculpting *(Psych)* Darstellung *f* eines Familienportraits; Familienportrait *n*
scum Schmutzfilm *m*; Schmutzschicht *f*; oben schwimmende Schicht *f*; Schaumschicht *f*; Schmutzrand *m*
scurf 1. *(Derm)* Grind *m*, Schorf *m*; Kruste *f*; 2. *(Derm)* Kopfschuppe *f*, Haarschuppe *f*
scurfy 1. grindig, schorfig, schorfartig; krustig, verkrustet; 2. schuppig
scurvy Skorbut *m*, Scharbock *m*, Vitamin-C-Mangelkrankheit *f*, C-Avitaminose *f*
scurvy rickets Möller-Barlow'sche Krankheit *f*, kindlicher Skorbut *m*, Vitamin-C-Mangelkrankheit *f* der Kinder
scutate schildförmig
scute 1. Scutum *n*, dünne Platte *f*, dünne Knochenlamelle *f*; 2. *(HNO)* Tegmen *n* tympani, Paukenhöhlendach *n*
scutiform schildförmig
scutula *pl s.* scutulum
scutular mit schildförmigen Schuppen [Krusten] bestuzt; Scutulum..., Schüppchen...
scutulate schildförmig, schildartig, schildähnlich
scutulate kidney Ren *m* scutulatus, Kuchenniere *f*
scutulate parakeratosis *(Derm)* Parakeratosis *f* scutularis
scutulum *(Derm)* Favusschuppe *f*, Schildchen *n* [Schüppchen *n*] bei Favus
scutum *s.* 1. thyroid cartilage; 2. tympanic scute; 3. scute
scybala *pl s.* scybalum
scybalous Skybala..., Skybalum..., Kotballen...
scybalum Skybalum *n*, harter Kotballen *m*
scyphiform *s.* scyphoid
scyphoid schalenförmig; Schalen...; kelchförmig; Kelch...; becherförmig; Becher...
scytitis Dermatitis *f*, Hautentzündung *f*
scytoblastema Scytoblastema *n*, Skytoblastem *n*, (embryonale) Hautanlage *f*
sea-blue histiocyte syndrome Syndrom *n* der meeresblauen [seeblauen] Histiozyten, meerblaue [seeblaue] Histiozytose *f*

sea-gull murmur Sea-gull-Geräusch *n*, Möwenschrei *m*, Möwenschreigeräusch *n (musikalisches Geräusch bei Aorteninsuffizienz)*
sea urchin granuloma Seeigelgranulom *n (Fremdkörpergranulom nach Seeigelstich)*
sea urchin sting Seeigelstich *m*
Seabright-bantam syndrome Seabright-bantam-Syndrom *n*, Pseudohypoparathyreoidismus *m*
seal *v* 1. versiegeln, luftdicht verschließen; hermetisch abdichten; 2. besiegeln, beschließen; entscheiden, eine Entscheidung fällen
seal 1. Siegel *n*; Siegelabdruck *m*; Plombe *f*; 2. Versiegelung *f*, luftdichter Veschluss *m*; 3. Abdichtung *f*, Dichtung *f*, Verschluss *m*, Abschluss *m*
seal limbs *s.* phocomelia
sealant *s.* sealer
sealed source *(Rad)* versiegelte Quelle *f*, versiegelte Strahlenquelle *f (z. B. Radiumkapsel)*
sealer Versiegler *m*, Dichtungsmaterial *n*, Versiegelungsmittel *n*
sealer cement Versiegelungszement *m*
seam 1. *(Chir)* Saum *m*, Naht *f*, Nahtstelle *f*, Nahtlinie *f*; 2. *s.* raphe; 3. *s.* suture 1.
searcher Sonde *f*, Fremdkörpersonde *f*, Wundsonde *f*, Kugelsonde *f*
seasickness Seekrankheit *f*, Vomitus *m* marinus *(Kinetose)*
seasonal affective disorder *(Neur)* Jahreszeit-Depression *f*, saisonale Depression *f*, jahreszeitabhängige affektive Störung *f*
seasonal depressive disorder *s.* seasonal affective disorder
seat 1. Sitz *m*, Sitzgelegenheit *f*, Sitzfläche *f*; 2. Gesäß *n*, Gesäßpartie *f*; 3. Sitz *m*, Herd *m*; Krakheitsherd *m*; 4. Sitz *m*, Ort *m*, Stelle *f (z. B. einer Fraktur)*
seat belt syndrome Sicherheitsgurtsyndrom *n*, Seat-belt-Syndrom *n (Bauchverletzungen durch den Sicherheitsgurt)*
seatworm *(Paras)* Enterobius *m* vermiformis
seawater bath Meerwasserbad *n*
sebaceofollicular sebazeofollikular; Talgdrüsen-Haarfollikel-...
sebaceous 1. talgig, fettig; Talg...; 2. Talg sezernierend
sebaceous cyst Talgzyste *f*
sebaceous epithelioma Epithelioma *n* sebaceum
sebaceous follicle Talg(drüsen)follikel *m*
sebaceous gland Glandula *f* sebacea, Talgdrüse *f*
sebaceous gland differentiation Talgdrüsendifferenzierung *f*
sebaceous glands of the conjunctiva Glandulae *fpl* sebaceae conjunctivales
sebaceous glands of the labia majora Glandulae *fpl* sebaceae labiorum pudendi
sebaceous glands of Zeis Zeis'sche Drüsen *fpl*, Wimpernbalgdrüsen *fpl*
sebaceous horn Cornu *n* sebaceum
sebaceous molluscum Molluscum *n* sebaceum [pseudocarcinomatosum], Keratoakanthom *n*, Akanthokeratom *n (gutartige Hautwucherung)*
sebaceous naevus Naevus *m* sebaceus, Adenoma *n* sebaceum
sebastomania *(Neur)* religiöse Wahnkrankheit *f*, religiöser Wahn *m*
sebiagogic *s.* sebiferous
sebiferous Talg bildend; Talg [sezernierend, absondernd]
Sebileau's hollow Sebileau'sche Mulde *f*, Sebileau'sche Delle *f (unterhalb der Zunge)*
Sebileau's muscle Sebileau'scher Muskel *m (tiefe Faserschichten des Musculus dartos)*
sebiparous *s.* sebiferous
sebocystoma *s.* sebaceous cyst
sebocystomatosis Sebozystomatosis *f*, Steatocystoma *n* multiplex, Vorhandensein *n* mehrerer Talgzysten
sebolith Sebolith *m*, Talgdrüsenstein *m*, Talgdrüsenkonkrement *n*
seborrhagia *s.* seborrhoea
seborrhiasis Seborrhiasis *f*, inverse Psoriasis *f*, Psoriasis *f* inversa
seborrhoea 1. *(Derm)* Seborrhoe(a) *f*, Seborrhö(e) *f*, Steatorrhoe *f*, Talgfluss *m*, Schmerfluss *m*, gesteigerte Talgabsonderung *f*; 2. *s.* seborrhoeic dermatitis
seborrhoea of the scalp Seborrhoea *f* capitis *f*, Alopecia *f* seborrhoeica
seborrhoeal *s.* seborrhoeic
seborrhoeic seborrhoisch; Seborrhö(e)..., Talgfluss...
seborrhoeic baldness Alopecia *f* seborrhoeica
seborrhoeic blepharitis Blepharitis *f* seborrhoeica
seborrhoeic dandruff Seborrhoea *f* sicca
seborrhoeic dermatitis Dermatitis *f* seborrhoeica, Unna'sche Krankheit *f*, seborrhoisches Ekzematid *n*, Eczema *n* seborrhoeicum
seborrhoeic dermatitis of the trunk Seborrhoea *f* corporis
seborrhoeic eczema Ekzema *n* seborrhoeicum, seborrhoisches Ekzem *n*
seborrhoeic keratosis Keratosis *f* seborrhoeica
sebotropic sebotrop(isch), die Talgdrüsen beeinflussend; die Talgdrüsen anregend; die Talgsekretion fördernd
sebum *(Derm)* Sebum *n*, Talg *m*, Hauttalg *m*
secernent sezernierend, sekretierend, absondernd
secernent (agent) sekretionsförderndes Mittel *n*
secernment Drüsensekretion *f*, Drüsenabsonderung *f*
Seckel's bird-headed dwarf Seckel'scher Zwerg
Seckel's dwarfism Seckel'scher Zwergwuchs *m*
Seckel's syndrome Seckel'sches Syndrom *n (Zwergwuchs, Kraniostenose mit Mikrozephalie, Hüftluxation, Klumpfuß und multiple Organunterentwicklung)*
seclusion *(Psych)* Isolierung *f (unruhiger Kranker)*
seclusion of the pupil Seclusio *f* pupillae, ringförmige Irisverwachsung *f*
seclusion room *(Neur)* Isolierzelle *f*
secobarbital Secobarbital *n*, Quinalbarbiton *n (Sedativum; Hypnotikum)*
secodont sekodont, mit schneidenden Molarzähnen
second aortic sound zweiter Aorten(klappen)ton *m*
second cranial nerve II. Hirnnerv *m*, Nervus *m* opticus, Sehnerv *m*
second cuneiform bone Os *n* cuneiforme intermedium
second-degree atrioventricular block Atrioventrikularblock *m* zweiten Grades, AV-Block *m* II. Grades
second-degree burn *s.* burn of second degree
second-degree frostbite Erfrierung *f* II. [zweiten] Grades, zweitgradige Erfrierung *f*
second-degree heart block *s.* second-degree atrioventricular block
second filial generation zweite Filialgeneration *f*, F_2
second heart sound II. [zweiter] Herzton *m*
second intention healing *(Chir)* Sekundärheilung *f*, Sanatio *f* per secundam intentionem, Heilung *f* per secundam
second-look operation Second-look-Operation *f*, Zweitoperation *f*, Nachoperation *f (z. B. zur Metastasenausräumung bei Krebsleiden)*
second messenger zweiter Messenger *m*, zweitrangiger Botenstoff *m*
second messenger system Second-messenger-System *n*, Zweitboten-System *n*
second opinion Zweitmeinung *f*

second-order change zweitrangige Änderung *f* [Veränderung *f*]; Systemveränderung *f*
second order symptoms *(Psych)* Symptome *mpl* zweiten Ranges
second part of the duodenum Pars *f* descendens duodeni
second pulmonary sound *(Kard)* zweiter Pulmonalklappenton *m*, II. Pulmonal(is)ton *m*
second pulmonic sound *s.* second pulmonary sound
second self *(Psych)* Doppelgänger *m*
second set reaction *(Transp)* Second-set-Reaktion *f*, Weitabstoßungsreaktion *f*
second-set rejection *s.* second set reaction
second sight Alterssichtigkeit *f*
second stage of labour *(Gyn)* Austreibungsperiode *f* *(Geburt)*
second toe Digitus *m* secundus (pedis), zweite Zehe *f*
secondaries Sekundärgeschülste *fpl*, Tochtergeschwülste *fpl*, Metastasen *fpl*
secondary sekundär, an zweiter Stelle, zweitrangig; begleitend; nachfolgend; Sekundär…, Zweit…; Begleit…, Neben…; Folge…, Nach…
secondary abscess Sekundärabszess *m*, embolischer Abszess *m*
secondary allergen sekundäres Allergen *n*
secondary amenorrhoe Sekundäramenorrhö(e) *f*, sekundäre [erworbene] Amenorrhoe *f*
secondary amputation Sekundäramputation *f*
secondary amyloidosis *(Path)* Sekundäramyloidose *f*, sekundäre Amyloidose *f*
secondary anaemia sekundäre Anämie *f*, Begleitanämie *f*
secondary anal opening sekundäre [definitive] Analöffnung *f*
secondary analysis sekundäre Analyse *f*, Sekundäranalyse *f*
secondary antibody response sekundäre Antikörperreaktion *f*, Booster-Reaktion *f*, Booster-Effekt *m*
secondary apnoea sekundäre Apnoe *f*
secondary areola sekundäre Areola *f*
secondary atelectasis erworbene [sekundäre] Atelektase *f*
secondary biliary cirrhosis sekundäre Leberzirrhose *f*
secondary bleeding Nachblutung *f*
secondary bone Sekundärknochen *m*, sekundärer Knochen *m*
secondary bronchus sekundärer Bronchus *m*
secondary care Sekundärpflege *f*
secondary caries sekundäre Karies *f*, Sekundärkaries *f*
secondary cataract *(Ophth)* Sekundärkatarakt *f*, Cataracta *f* secundaria, Nachstar *m*
secondary curettage *(Gyn)* Nachkürettage *f*
secondary cyst Sekundärzyste *f*
secondary degeneration *(Path)* sekundäre [Waller'sche] Degeneration *f* *(des distalen Nervenstumpfes)*
secondary delusion Sekundärwahn *m*, sekundärer Wahn *m*
secondary dementia Sekundärdemenz *f*, sekundäre Demenz *f*
secondary dental caries sekundäre Zahnkaries *f*
secondary dentin *(Stom)* Sekundärdentin *n*
secondary dentition 1. Sekundärdentition *f*; 2. Zweitgebiss *n*, Erwachsenengebiss *n*
secondary depression sekundäre Depression *f*
secondary diabetes sekundärer Diabetes *m*, iatrogener Diabetes *m* mellitus
secondary digestion *(Metab)* Sekundärdigestion *f*, Sekundärverdauung *f*
secondary disease Sekundärkrankheit *f*
secondary dysmenorrhoea *(Gyn)* sekundäre [erworbene] Dysmenorrhö(e) *f*
secondary enuresis sekundäre Enuresis *f*, wiederauftretende Enuresis *f*
secondary fissure sekundäre Fissur *f*, Sekundärfissur *f*
secondary fluorescence Sekundärfluoreszenz *f*
secondary follicle Sekundärfollikel *m*
secondary fracture sekundäre Fraktur *f*
secondary gain sekundärer Krankheitsgewinn *m*
secondary gangrene sekundäre Gangrän *f*
secondary gestation sekundäre Gestation *f*
secondary glandular failure sekundäres Drüsenversagen *n*
secondary glaucoma Sekundärglaukom *n*
secondary haematuria Späthämaturie *f*
secondary haemorrhage Sekundärblutung *f*
secondary health care sekundäre Gesundheitsversorgung *f*, sekundäre Gesundheitsbetreuung *f*
secondary host *(Paras)* Zwischenwirt *m*
secondary hydatid *(Paras)* Sekundärhydatide *f*
secondary hydrocephalus sekundärer Hydrozephalus *m*
secondary hyperaldosteronism sekundärer Hyperaldosteronismus *m*
secondary hypertension sekundärer Hypertonus *m*
secondary hypertrophic osteoarthropathy sekundäre hypertrophe Osteoarthropathie *f*
secondary hypogonadism sekundärer Hypogonadismus *m*
secondary hypothyroidism sekundärer Hypothyreoidismus *m*
secondary immunodeficiency sekundärer Immunmangel *m*, sekundäres Immunmangelsyndrom *n* *(z. B. durch toxische Medikamente)*
secondary infection Sekundärinfektion *f*, erneute [zusätzliche] Infektion *f*
secondary intention healing Sekundärheilung *f*, Sanatio *f* per secundam intentionem, Per-secundam-Heilung *f*
secondary iritis sekundäre Iritis *f*
secondary lesion Sekundärläsion *f*, Sekundäraffekt *m*
secondary lymphoid organ sekundäre lymphoides Organ *f* *(als Quelle der Effektorlymphozyten)*
secondary memory Langzeitgedächtnis *n*
secondary nasal cavity sekundäre [definitive] Nasenhöhle *f*
secondary need *(Neur)* sekundäres Bedürfnis *n*
secondary nutrient sekundärer Nährstoff *m* *(Aktivierungsstoff für die Darmflora)*
secondary occlusal traumatism *(Stom)* sekundäres okklusales Trauma *n*, sekundäres Okklusionstrauma *n*
secondary oral cavity sekundäre [definitive] Mundhöhle *f*
secondary palate sekundärer [definitiver] Gaumen *m*
secondary parkinsonism sekundärer Parkinsonismus *m*
secondary peritonitis sekundäre Peritonitis *f*
secondary pneumonia sekundäre Pneumonie *f*
secondary polycathaemia sekundäre Polyzythämie *f*
secondary port Sekundär-Port *m* *(eines Infusionssystems)*
secondary powerless labour *(Gyn)* sekundäre Wehenschwäche *f*, Ermüdungswehen *fpl*
secondary prevention (psychische) Sekundärprävention *f*, sekundäre Prävention *f*
secondary process *(Neur)* Sekundärvorgang *m*
secondary proximal renal tubular acidosis sekundäre proximale Nierentubulusazidose *f*
secondary psychic process sekundärer psychischer Prozess *m*, Sekundärvorgang *m*
secondary psychopathic personality *(Neur)* symptomatischer Psychopath *m*

secondary purpura *(Derm)* sekundäre [symptomatische] Purpura *f*
secondary radiation *(Rad)* Sekundärstrahlung *f*
secondary sclerosing lichen Lichen *m* planus atrophicus
secondary sensation Synästhesie *f*, Begleitempfindung *f*, Sekundärempfindung *f*
secondary septic plague sekundäre Pestsepsis *f*, finales Peststadium *n*
secondary sequestrum *(Path)* Sekundärsequester *m*
secondary sex characteristic sekundäres Geschlechtsmerkmal *n*
secondary shock sekundärer Schock *m*
secondary spiral lamina Lamina *f* spiralis secundaria
secondary suture *(Chir)* Sekundärnaht *f*, sekundäre Naht *f*, sekundärer Wundverschluss *m*
secondary symptom sekundäres Symptom *n*, Sekundärsymptom *n*
secondary syphilis Sekundärsyphilis *f*, sekundäre Syphilis *f*, Syphilis *f* (im Stadium) II, Sekundärstadium *n* der Syphilis
secondary teeth sekundäre Zähne *mpl*; Sekundärgebiss *n*, Dauergebiss *n*
secondary thrombocytosis sekundäre Thrombozytose *f*
secondary tympanic membrane Membrana *f* tympani secundaria
secondary villus Sekundärzotte *f*, sekundäre Zotte *f*
secondary wound closure sekundärer Wundverschluss *m*; sekundäre Wundnaht *f*, Sekundärnaht *f*
secreta Sekrete *npl*, Ausscheidungen *fpl*, Ausscheidungsstoffe *mpl*
secretagogue sekretionsanregend, sekretionsfördernd
secretagogue (agent) Sekretagogum *n*, sekretionsanregendes [sekretionsförderndes] Mittel *n*
Secretary of Health *(Am)* Gesundheitsminister *m*
secretase Sekretase *f (Enzym)*
secrete *v* sekretieren, ausscheiden, absondern, sezernieren, ausschütten *(aus exokrinen Drüsen)*
secretin Sekretin *n (Zwölffingerdarmhormon)*
secretin suppression test Sekretinsuppressionstest *m*
secretion 1. Sekretion *f*, Ausscheidung *f*, Absonderung *f (Vorgang)*; 2. Sekret *n*, Ausscheidung *f*, Absonderung *f*, Abgesondertes *n (aus einer Drüse)*
secretion curette Sekretlöffel *m*
secretion suction unit Absaugung *f*, Absaugvorrichtung *f*, Absauggerät *n*
secretodermatosis Sekretdermatose *f*
secretogogue *s.* secretagogue
secretoinhibitory sekretoinhibitorisch, sekretionshemmend, antisekretorisch
secretolytic (agent) Sekretolytikum *n*, schleimlösendes Mittel *n*
secretomotor sekretomotorisch, sekretionsanregend
secretomotory *s.* secretomotor
secretor 1. Sekretor *m (scheidet AB0-Antigen im Speichel aus)*; 2. Sekretor *m*, Sekretor-Gen *n*
secretor factor Sekretorfaktor *m (triggert Freisetzung von AB0-Antigen im Speichel)*
secretory sekretorisch, ausscheidend, absondernd, sezernierend; Sekretions...
secretory anuria renale Anurie *f*
secretory canaliculus Sekretionskanälchen *n*
secretory component sekretorische Komponente *f (Glykopeptid)*
secretory component deficiency Mangel *m* an sekretorischer Komponente
secretory duct sekretorischer Drüsengang *m*
secretory IgA *s.* secretory immunoglobulin A
secretory immune system sekretorisches Immunsystem *n*
secretory immunoglobulin A sekretorisches Immunoglobulin *n* A, sekretorisches IgA *n*
secretory mechanism Sekretionsmechanismus *m*
secretory nerve Sekretionsnerv *m*
secretory otitis media Otitis *f* media serosa
secretory phase Sekretionsphase *f*
secretory piece *(Immun)* Sekretstück *n*, Transportstück *n*, sekretorische Komponente *f*
secretory type Sekretionstyp *m (endokriner Drüsen)*
sectile 1. teilbar, trennbar, schnittfähig, zum Schneiden geeignet; 2. geteilt, getrennt, geschnitten
sectio *s.* section
section *v* sezieren, eine Leiche eröffnen [zergliedern], eine Sektion [Leicheneröffnung] durchführen
section 1. Sektion *f*, Schnitt *m*, Durchtrennung *f*; 2. Sektion *f*, Leicheneröffnung *f*, Leichenzergliederung *f*; 3. Sektion *f*, Abschnitt *m*, Bereich *m (z. B. in einer Klinik)*; 4. (mikroskopischer) Schnitt *m*, Schnittpräparat *n*; 5. Segment *n*, Bereich *m*, Abschnitt *m*; Organteil *m*
section cutter *(Histol)* Mikrotom *n*
sectional 1. Schnitt...; 2. Sektions...; Abschnitts..., Ausschnitt...
sectional arch wire *(Stom)* partieller Zahnbogendraht *m*
sectional denture *s.* partial denture
sectional enlargement Ausschnittvergrößerung *f*
sectional fluoroscopy Ausschnittdurchleuchtung *f*
sectional-imaging technique Schnittbildverfahren *n*
sectional radiography Röntgenschichtdarstellung *f*, Schichtdarstellung *f*, Röntgenschichtung *f*, Schichtaufnahme *f*, Laminagraphie *f*
sectional view Schnittbild *n*, Schichtaufnahme *f*, Tomogramm *n*; Ultraschall-Schichtbild *n*
sector 1. Sektor *m*, Teilbereich *m*, Teilabschnitt *m*; Feld *n*; Ausschnitt *m*; 2. Sektor *m*, Abteilung *f*
sector scan Sektor-Scan *m*, Sektor-Bild *n*
sector scanning Sektor-Scanning *n*, Sektor-Abtastung *f*, sektorförmige Abtastung *f*
sectoranopia Sektoranopie *f*, Sektorblindheit *f*, Blindheit *f* in einem Sehfeldabschnitt
sectorial 1. schneidend; Schneid...; 2. Sektor(en)..., Abschnitt(s)...
secundigravid sekundigravid, zum zweiten Mal schwanger
secundigravida Sekundigravida *f*, Gravida II *f*, Zweitschwangere *f*, zum zweiten Mal schwangere Frau *f*
secundinae *s.* secundines
secundines Nachgeburt *f*, Mutterkuchen *m*, Fruchtkuchen *m*, Plazenta *f (Zusammensetzungen siehe unter: placenta)*
secundipara Sekundipara *f*, Para II *f*, Zweitgebärende *f*
secundiparity Zweitgeburt *f*
secundiparous sekundipar, zweitgebärend
secundum (type) atrial septal defect *(Kard)* Vorhofseptumdefekt *m* vom Secundum-Typ, Sekundum-Defekt *m*, ASD *m* II
sedate *v* ein Beruhigungsmittel geben, sedieren, beruhigen, dämpfen *(durch Verabreichung von Sedativa)*; eine Beruhigung bewirken
sedation Sedierung *f*, Beruhigung *f*, Dämpfung *f*
sedation pill Beruhigungstablette *f*
sedative sedativ, beruhigend, dämpfend, einschläfernd; schmerzstillend
sedative (agent) Sedativ(um) *n*, Beruhigungsmittel *n*, sedierendes Mittel *n*
sedative bath Beruhigungsbad *n*
sedative-hypnotic (drug) Sedativum-Hypnotikum *n*, sedatives Hypnotikum *n*
sedentary sitzend; sesshaft
sedentary living sitzende Lebensweise *f*

sediment *v s.* sedimentate
sediment Sediment *n*, Sedimentum *n*, Bodensatz *m*, Niederschlag *m*
sedimentable sedimentierbar, zur Sedimentbildung fähig
sedimentate *v* sedimentieren, ein Sediment bilden
sedimentation Sedimentation *f*, Sedimentbildung *f*, Absetzen *n*, Ablagerung *f*, Bildung *f* eines Bodensatzes
sedimentation rate Sedimentationsrate *f*, Absetzgeschwindigkeit *f*
sedimentation test 1. Sedimentationsprobe *f*, Blutsenkungsreaktion *f*, BSR; 2. Agglutinationstest *m*
sedimentation time Sedimentationszeit *f (der Erythrozyten)*
sedimentator Sedimentator *m*, Urinsedimentator *m*; Zentrifuge *f*
sedimentometer Blutsenkungsröhrchen *n*
sedimentum *s.* sediment
sedoheptulose Sedoheptulose *f*
sedoheptulose 7-phosphate Sedoheptulose-7-phosphat *n*
see *v* **a physician** einen Arzt konsultieren [aufsuchen]
see *v* **double** doppelt sehen
see *v* **poorly** schlecht sehen, ein schlechtes Sehvermögen haben
see *v* **well** gut sehen, ein gutes Sehvermögen haben
see-saw murmur *(Kard)* systolisch-diastolisches Geräusch *n*
seed *v* aussähen, eine Kultur anlegen [ansetzen] *(z. B. von Mikroorganismen)*
seed 1. Samen *m*; Samenkorn *n*, Korn *n*; Kern *m*; 2. Seed *n*, (radioaktives) Stäbchen *n*, Nukleidstäbchen *n (Radioisotopenpräparat)*
seeing rainbow effects *(Ophth)* Regenbogensehen *n*
segment *v* segmentieren, in Segmenten anordnen, in Abschnitte aufteilen
segment Segment *n*, Segmentum *n*, Abschnitt *m*; Organteil *n*
segment of chromosome Chromosomensegment *n*
segment of tapeworm Bandwurmsegment *n*
segment of the liver Lebersegment *n*
segment of the rib Rippensegment *n*
segment of the spinal cord Rückenmarksegment *n*
segment of the spleen Milzsegment *n*
segmenta *pl s.* segmentum
segmental 1. segmental, segmentförmig; 2. segmentär, aus Segmenten gebildet
segmental anaesthesia Segmentanästhesie *f*
segmental atelectasis Segmentatelektase *f*, Lungensegmentatelektase *f*
segmental block *(Anästh)* Segmentblockade *f*
segmental bronchus Segmentbronchus *m*
segmental diagnosis Segmentdiagnose *f*
segmental enteritis *(Gastr)* Enteritis *f* regionalis
segmental fracture Segmentfraktur *f*
segmental nerve Segmentnerv *m*
segmental neuritis Segmentneuritis *f*, Segmentnervenentzündung *f*
segmental of spinal cord Rückenmarksegment *n*
segmental pneumonia Segmentpneumonie *f*
segmental reflex Segmentreflex *m*
segmental-reflex massage Reflexzonenmassage *f*, Segmentreflexmassage *f*
segmental resection Segmentresektion *f*, (operative) Segmententfernung *f*
segmentary *s.* segmental
segmentation 1. Segmentation *f*, Segmentierung *f*, Segmentbildung *f*, Körpergliederung *f*; 2. Teilung *f (z. B. des Zellkerns)*
segmentation cavity Segmentationshöhle *f*, Blastozöle *f*
segmentation cell *(Embr)* Segmentationszelle *f*, Blastomer *n*
segmentation method *(Stom)* Segmentationsmethode *f (der Wurzelfüllung)*
segmentation nucleus Segmentationskern *m*, Teilungskern *m*
segmentation sphere *s.* segmentation cell
segmentectomy Segmentektomie *f*, Lungensegmentexzision *f*, Lungensegmentausschneidung *f*, (operative) Lungensegmententfernung *f*
segmented hyalinizing vasculitis segmentierte hyalinisierende Vaskulitis *f*, Livedo-Vaskulitis *f*
segmented neutrophil segmentierter Neutrophile(r) *m*, Segmentkernige(r) *m*
segmenter *s.* schizont
segmenting movement Segmentierungsbewegung *f (Darm)*
segmentum Segment *n*, Segmentum *n*, Abschnitt *m*
segregate *v* 1. segregieren, trennen, abtrennen; aufspalten; abscheiden; 2. segregieren, absondern, abtrennen; unter Quarantäne stellen
segregation 1. Segregation *f*, Abtrennung *f*, Aufspaltung *f*, Abscheidung *f*; 2. Segregation *f*, Absonderung *f*, Abtrennung *f*, Quarantäne *f*; 3. Segregation *f*, Trennung *f* homologer Chromosomen
segregator 1. Segregator *m*, Trennapparat *m*; 2. Segregator *m (Harnleiterkatheter zur getrennten Urinsammlung aus den Nieren)*
Séguin's sign Séguin'sches Zeichen *n (unwillkürliche Muskelkontraktion vor einem epileptischen Anfall)*
Séguin's signal symptom *s.* Séguin's sign
Seidel's scotoma Seidel'sches Skotom *n*, Seidel-Skotom *n (sichelförmiges Skotom)*
Seidel's sign *s.* Seidel's scotoma
Seidlitz powder Seidlitz-Pulver *n*, Seidlitz'sches Abführpulver *n*, Pulvis *m* aerophorus laxans
Seidlitz powder test Seidlitz-Test *m (zum Nachweis von Zwerchfellhernien)*
seismaesthesia *(Neur, Physiol)* Seismästhesie *f*, Vibrationssensibilität *f*, Schwingungsempfindlichkeit *f*
seismocardiogram Seismokardiogramm *n*
seismocardiography Seismokardiographie *f (Aufzeichnung der Herzerschütterungen)*
seismotherapy Seismotherapie *f*, Vibrationsmassage *f*
Seitelberger's disease Seitelberger'sche Krankheit *f*, infantile neuroaxonale Dystrophie *f*
seizure 1. Anfall *m*, Krankheitsanfall *m*; 2. *(Neur)* Epilepsieanfall *m*, epileptischer Anfall *m*, Krampfanfall *m*
seizure activity *(Neur)* Krampfaktivität *f*
seizure disorder Krampfleiden *n*, Anfallsleiden *n*
seizure management Krampfmanagement *n*, Management *n* eines Krampfanfalls
seizure pattern *(Neur)* Krampfmuster *n*
seizure precaution Vorbeugung *f* von krampfbedingten Verletzungen
seizure threshold Krampfschwelle *f*
sejunction *(Psych)* Sejunktion *f*, Trennung *f* von Assoziationsprozessen
Seldinger guide-wire technique Seldinger Technik *f* (der Kathetereinführung)
Seldinger needle Seldinger-Kanüle *f*
Seldinger technique *s.* Seldinger guide-wire technique
select *v* **a diet** eine Diät auswählen
selectin Selektin *n (Glykoprotein)*
selection Selektion *f*, Auslese *f*, Auswahl *f*
selection pressure *(Gen)* Selektionsdruck *m*
selective selektiv, auswählend; gezielt; wählerisch
selective absorption selektive Absorption *f*

selective abstraction *(Psych)* selektive [gezielte] Abstraktion *f*
selective analysis *(Psych)* selektive [gezielte] Analyse *f*
selective angiography selektive [gezielte] Angiographie *f*
selective appetite wählerischer Appetit *m*
selective culture medium Selektivnährboden *m*, Elektivnährboden *m*
selective grinding *(Stom)* selektives Beschleifen *n (der Okklusionsflächen)*
selective IgA deficiency selektiver Immunoglobulin-A-Mangel *m*, selektiver IgA-Mangel *m*
selective immunoglobulin deficiency selektiver Immunoglobulinmangel *m*
selective inattention *(Psych)* selektive [gezielte] Unaufmerksamkeit *f (zum Ausblenden unerfreulicher Ereignisse)*
selective neuronal necrosis selektive Neuronennekrose *f*
selective proximal vagotomy *(Chir)* selektive proximale Vagotomie *f* [Vagusnervdurchtrennung *f*]
selective renal arteriography *(Rad)* selektive Nierenarteriendarstellung *f*
selective serotonin re-uptake inhibitor selektiver Serotonin-re-uptake-Inhibitor *m*
selective ultraviolet phototherapy selektive Ultraviolett-Phototherapie *f*, SUP
selectivity Selektivität *f*, selektive Wirksamkeit *f (z. B. eines Arzneimittels)*
selectivity coeffcient Selektivitätskoeffizient *m*; spezifischer Wirkungskoeffizient *m*
selegiline Selegilin *n (Monoaminooxidasehemmer)*
selegiline hydrochloride Selegilinhydrochlorid *n*
selene Lunula *f* unguis, Nagelmond *m*
selenide Selenid *n*
seleniferous selenhaltig
selenium Selen *n*, Se
selenium sulfide Seleniumsulfid *n (Antimykotikum; Antiseborrhoikum)*
selenocysteine Selenocystein *n*
selenodont selenodont
selenodont dentition selenodonte Bezahnung *f*, selenodontes Gebiss *n*
selenomethionine Selenomethionin *n*
selenomethylnorcholesterol Selenomethylnorcholesterin *n*
selenosis Selenintoxikation *f*, Selenvergiftung *f*
self Selbst *n*
self-abuse *(Psych)* Selbstmissbrauch *m*
self-acceptance *(Psych)* Selbstakzeptanz *f*
self-accusation *(Psych)* Selbstbeschuldigung *f*
self-actualization *(Psych)* Selbstverwirklichung *f*
self-alien ich-fremd, ego-dystonisch
self-alienation Selbstentfremdung *f*, Depersonalisation *f*
self-anaesthesia Selbstbetäubung *f*, Selbst-Inhalationsanästhesie *f*
self-analysis Selbstanalyse *f*, Eigenanalyse *f*, Autoanalyse *f (psychotherapeutische Methode)*
self-antigen *s.* autoantigen
self-assertion Durchsetzungsvermögen *n*
self-assertive selbstbewusst, selbstsicher
self-assertive training *(Psych)* Training *n* in Durchsetzungsvermögen, Selbstsicherheitstraining *n*, Selbstbehauptungstraining *n*
self-assertiveness Durchsetzungsvermögen *n*
self-assurance *(Psych)* Selbstsicherheit *f*, Selbstbewusstsein *n*
self-assured selbstsicher; selbstbewusst
self-awareness *(Psych)* Selbstbewusstsein *n*
self-breast examination Brustselbstuntersuchung *f*, Eigenuntersuchung *f* der Brust
self-care Selbstpflege *f*, Eigenpflege *f*
self-catering Selbstversorgung *f*
self-catheterization Selbstkatheterung *f*
self-centered egozentrisch, ichbezogen
self-centeredness Egozentrik *f*, Ich-Bezogenheit *f*, Selbstbezogenheit *f*, Autosynnoia *f*
self-closing selbstschließend
self-command *s.* self-control
self-commitment freiwillige psychiatrische Hospitalisierung *f*
self-conceit *(Psych)* Selbstwertgefühl *n*
self-confidence *(Psych)* Selbstsicherheit *f*, Selbstbewusstsein *n*, Selbstvertrauen *n*
self-confident selbstsicher, selbstbewusst
self-confrontation *(Psych)* Selbstkonfrontation *f*, Konfrontation *f* mit der eigenen Person
self-conscious 1. (seiner selbst) unsicher, befangen, gehemmt; 2. selbstbewusst, sich selbst wahrnehmend
self-consciousness 1. *(Psych)* Unsicherheit *f*, Befangenheit *f*, Hemmung *f*; 2. *(Psych)* Selbstbewusstsein *f*, Selbstbewusstheit *f*, Selbstwahrnehmung *f*
self-contained 1. selbstgenügsam; nicht abhängig; 2. verschlossen, nicht kommunikativ; 3. unabhängig, nichts gemeinsam habend; 4. abgeschlossen, in sich komplett
self-contradictory sich selbst widersprechend, mit sich selbst in Widerspruch
self-control *(Psych)* Selbstbeherrschung *f*, Selbstkontrolle *f*
self-controlled selbstbeherrscht, voller Selbstverherrschung
self-critical selbstkritisch
self-deception Selbsttäuschung *f*
self-defeating unsinnig; zwecklos
self-defeating personality disorder selbstquälerische Persönlichkeitsstörung *f*, masochistische Persönlichkeitsstörung *f*; masochistische Persönlichkeit *f*
self-defence Selbstverteidigung *f*, Notwehr *f*
self-denial Selbstverleugnung *f*
self-destruction *(Psych)* Selbstzerstörung *f*
self-destructive selbstzerstörerisch
self-destructive behaviour selbstzerstörerisches Verhalten *n*
self-diagnosis Eigendiagnosis *f*, Selbstdiagnose *f*
self-differentiation Selbstdifferenzierung *f*, Eigendifferenzierung *f*
self-digestion Selbstverdauung *f*, Eigenverdauung *f*, Autodigestion *f*
self-discipline Selbstdisziplin *f*
self-disclosure *(Psych)* Offenbarung *f*, Preisgabe *f* des Innersten
self-discovery *(Psych)* Selbstbefreiung *f*, Selbstentdeckung *f*, Entdeckung *f* des eigenen Ich
self-dynamism *(Psych)* Selbstdynamik *f*, Eigendynamik *f*
self-educated autodidaktisch, selbst erlernt, selbst angeeignet
self-efficacy Selbsteffektivität *f*, Eigenwirksamkeit *f*
self-esteem 1. *(Psych)* Selbstachtung *f*, Selbstwertgefühl *n*; 2. *(Psych)* Selbstgefälligkeit *f*
self-esteem disturbance Störung *f* des Selbstwertgefühls
self-esteem enhancement Steigerung *f* des Selbstwertgefühls
self-evaluation Selbsteinschätzung *f*, Selbstbewertung *f*, Eigenbewertung *f*
self-evident offenkundig
self-explanatory selbsterklärend
self-expression Selbstdarstellung *f*
self-fermentation Selbstauflösung *f*, Eigenauflösung *f*, Autolyse *f*

self-fertilization Selbstbefruchtung *f*
self-financing kostenneutral, sich selbst finanzierend; sich selbst tragend
self-fulfilling prophecy selbsterfüllende Prophezeihung *f*
self-governing selbstverwaltend
self-government Selbstverwaltung *f*
self-healing selbstheilend; Selbstheilungs...
self-healing epithelioma Keratoakanthom *n*
self-healing (squamous) epithelioma Ferguson-Smith-Epithelioma *n*, Keratoakanthom *n*
self-help Selbsthilfe *f*
self-help group Selbsthilfegruppe *f*
self-hypnosis Selbsthypnose *f*, Eigenhypnose *f*, Autohypnose *f*, künstlicher Teilschlaf *m*
self-ideal *(Psych)* Selbst-Ideal *n*
self-identifying antigen selbst identifizierendes Antigen *n*
self-image Selbstbild *n*
self-importance Selbstherrlichkeit *f*, Selbstgefälligkeit *f*
self-imposed selbstauferlegt
self-induced selbstverursacht, selbstinduziert
self-indulgent sich gehen lassend, maßlos
self-infection Selbstansteckung *f*, Eigeninfektion *f*, Autoinfektion *f*
self-inflicted selbst zugefügt, selbst beigebracht
self-injection *s.* self inoculation
self-inoculation Selbstimpfung *f*, Eigeninokulation *f*, Autoinokulation *f*
self-insurance Eigenversicherung *f*
self-interest Eigeninteresse *n*
self-justification Rechtfertigung *f*
self-knowledge Selbsterkenntnis *f*, Autognosis *f*
self-limited selbstlimitiert *(z. B. eine Krankheit)*
self-limited disease selbstbegrenzte Erkrankung *f*
self-locking selbstverschließend, selbstschließend
self-love 1. Eigenliebe *f*; 2. Narzissmus *m*
self-management approach *(Psych)* Selbstmanagement *n*; Eigenverantwortung *f*, Selbstmanagementverfahren *n*
self-monitoring Selbst-Monitoring *n*, Eigenkontrolle *f*, Selbstkontrolle *f*
self-monitoring of blood glucose Blutzuckereigenkontrolle *f*
self-monitoring system Eigenkontrollsystem *n*
self-mutilation Selbstbeschädigung *f*, Selbstverstümmelung *f*
self-negating verbalization *(Psych)* selbstnegierende Verbalisierung *f*
self-observation Selbstbeobachtung *f*
self-other *(Psych)* anderes Selbst *n*
self-perpetuating (sich) selbst erhaltend
self-pity Selbstmitleid *n*
self-poisoning Selbstvergiftung *f*, Autointoxikation *f*
self-pollution Selbstbefriedigung *f*, Masturbation *f*, Onanie *f*
self-possessed *(Psych)* selbstbeherrscht, gelassen
• **be self-possessed** sich beherrschen • **remain self-possessed** die Selbstbeherrschung behalten
self-possession Selbstbeherrschung *f*
self-preservation Selbsterhaltung *f*
self-preservation instinct *(Psych)* Selbsterhaltungstrieb *f*
self-propagating selbstbefruchtend
self-punishment *(Psych)* Selbstbestrafung *f*
self purification Selbstreinigung *f*
self-radiolysis Autoradiolyse *f*
self rating scale *(Psych)* Selbstbestimmungsskala *f*
self-realization *(Psych)* Selbstverwirklichung *f*
self-recognition Selbsterkennung *f*
self-regard Selbstachtung *f*
self-regulating selbstregulierend; selbststeuernd
self-regulation Selbstregulation *f*, Eigenregulation *f*, Autoregulation *f*
self-reinforcing adaptation selbstverstärkende Adaptation *f*
self-reliance Selbstvertrauen *n*
self-reliant selbstsicher; selbstbewusst
self-respect Selbstachtung *f*
self-responsibility Eigenverantwortung *f*, Eigenverantwortlichkeit *f*
self-restraint *s.* self-control
self-retaining catheter Verweilkatheter *m*, Dauerkatheter *m*
self-retaining laminectomy retractor *(Chir)* Laminektomiewundspreizer *m*
self-retaining retractor *(Chir)* Wundspreizer *m*
self-retaining soft palatal retractor selbsthaltender Gaumenretraktor *m*
self-righting selbstaufrichtend
self-scrifice Selbstaufopferung *f*
self-sacrificing (selbst)aufopfernd
self-satisfaction Selbstzufriedenheit *f*, Selbstgefälligkeit *f*
self-satisfied selbstzufrieden; selbstgefällig
self-sealing selbstdichtend; selbstklebend
self-service Selbstbedienung *f*
self-stimulation Selbststimulation *f*, Eigenstimulation *f*
self-study Selbststudium *n*
self-sufficiency 1. Selbstgenügsamkeit *f*, 2. Unabhängigkeit *f*, Selbstversorgung *f*
self-sufficient 1. selbstgenügsam; 2. unabhängig; selbstversorgend
self-suggestibility *(Psych)* Selbstbeeinflussbarkeit *f*, Autosuggestibilität *f*
self-suggestion *(Psych)* Selbstbeeinflussung *f*, Autosuggestion *f*, Selbsttäuschung *f*
self-supporting selbsttragend
self-suspension Selbststreckung *f (z. B. in der Glisson-Schlinge)*
self-system *(Psych)* Eigensystem *n*, Selbstsystem *n*
self-tapping *(Stom)* selbstschneidender Stift *m*
self-taught autodidaktisch; selbsterlernt
self-theory Eigentheorie *f*
self-threading pin *(Stom)* selbstschraubender Stift *m*
self-tolerance *(Immun)* Eigentoleranz *f*, Eigenimmuntoleranz *f*
self-tranquilisation Selbstberuhigung *f*, Selbstruhigstellung *f*
self-transcenence *(Psych)* Selbst-Transzendenz *f*
self-treatment Eigenbehandlung *f*, Selbstbehandlung *f*
self-will Eigensinn *m*
self-willed eigensinnig
sella *(Anat)* Sella *f*, Sattel *m*
sella turcica Türkensattel *m*, Sella *f* turcica
sellar *(Anat)* Sella..., Sattel..., Türkensattel...
sellar region Sellaregion *f*
Sellick's manoeuvre Sellick'scher Handgriff *m*, Cricoid-Druck *m*
Selye's syndrome *(Physiol)* Selye'sches [allgemeines] Adaptationssyndrom *n*, Selye-Syndrom *n*, allgemeines Anpassungssyndrom *n*
semantic semantisch; Semantik...
semantic agnosia *(Neur)* semantische Agnosie *f*
semantic aphasia *(Neur)* semantische Aphasie *f*
semantic dementia *(Neur)* semantische Demenz *f*
semantic differential *(Neur)* Polaritätsprofil *n*, semantisches Differenzial *n*
semantics Semantik *f*
semasiology Semasiologie *f (Lehre von der Bedeutung der Wortinhalte)*

semeiography Symptombeschreibung *f*
semeiology *s.* symptomatology
semeiotic *s.* symptomatic
semeiotics *s.* symptomatology
semen Semen *n*, Samen *m*, Sperma *n*, Samenflüssigkeit *f*, Liquor *m* seminis *(siehe auch unter: seminal)*
semen agglutination Samenagglutination *f*
semenologist *s.* seminologist
semenology *s.* seminology
semenuria Seminurie *f*, Spermaturie *f*, Samenausscheidung *f* [Spermienausscheidung *f*] im Urin
semialdehyde Semialdehyd *m*
semiapochromat Semiapoochromat *m*, semiapochromatisches Objektiv *n*
semiapochromatic semiapochromatisch
semiautomatic external defibrillator halbautomatischer externer Defibrillator *m*
semiaxial hemiaxial, semiaxial
semicanal *(Anat)* Halbkanal *m*, Rinne *f*, Sulcus *m*, Furche *f*
semicanal of the auditory tube Semicanalis *m* tubae auditivae
semicanal of the tensor tympani muscle Semicanalis *m* musculi tensoris tympani
semicartilaginous semikartilaginös, teilweise aus Knorpel bestehend
semicastration Semikastration *f*, einseitige Gonadenentfernung *f*
semicircular semizirkulär, halbkreisförmig
semicircular canal Canalis *m* [Ductus *m*] semicircularis, Bogengang *m (Innenohr)*
semicircular duct *s.* semicircular canal
semicircular incision Semizirkularschnitt *m*, Bogenschnitt *m*
semicircular line (of Douglas) Linea *f* semicircularis (Douglasi), Linea *f* arcuata vaginae musculi recti abdominis
semiclosed anaesthesia halb geschlossene Anästhesie *f*, Narkose *f* im halb geschlossenen System
semicoma *(Neur)* Semikoma *n*, Halbkoma *n*
semicomatose semikomatös, halbkomatös
semiconscious 1. halbbewusst; 2. *s.* semicomatose
semiconservative semikonservativ
semicretinism Semikretinismus *m (wenig ausgeprägte Kreatinismusform)*
semicrista Semicrista *f*, inkomplette Leiste *f*
semicrista incisiva Crista *f* nasalis maxillae
semidecussation 1. inkomplette Nervenkreuzung *f*, Halbkreuzung *f*; 2. *(Anat)* Semidecussatio *f* pyramidalis, Halbkreuzung *f* der Pyramidenbahn
semidiagrammatic semidiagrammatisch
semidominance Semidominanz *f*, inkomplette [unvollständige] Dominanz *f*
semiflexion Semiflexion *f*
semifluctuating leicht fluktuierend
semi-Fowler's position halbsitzende Position *f (Anhebung des Oberkörpers um 30 Grad)*
semihorizontal heart semihorizontale Herzlage *f*, Semihorizontallage *f*, semihorizontaler Lagetyp *m (EKG)*
semilateral semilateral, halbseitig, einseitig
semilethal factor *(Gen)* Semiletalfaktor *m*
semiliquid faeces breiartiger Stuhl *m*
semilunar semilunar, halbmondförmig
semilunar (bone) *s.* semilunare
semilunare Lunatum *n*, Os *n* lunatum, Mondbein *n (Handwurzelknochen)*
semilunare (fibro)cartilage *(Anat)* Faserknorpelring *m*, Gelenkzwischenknorpel *m*, Meniskus *m (im Kniegelenk)*
semilunare fold (of the conjunctiva) *(Anat)* Plica *f* semilunaris conjunctivae
semilunare ganglion *(Anat)* Ganglion *n* semilunare [trigeminale]
semilunare hiatus *(Anat)* Hiatus *m* semilunaris
semilunare line (of Spieghel) *(Anat)* Linea *f* semilunaris, Semilunarlinie *f*, Spieghel'sche Linie *f*
semilunare lobule *(Anat)* Lobulus *m* semilunaris *(Kleinhirn)*
semilunare plica *(Anat)* Plica *f* semilunaris
semilunare space *(Anat)* Traube'scher Raum *m*
semilunare valve *(Anat)* Semilunarklappe *f*, Taschenklappe *f*
semiluxation Subluxation *f*
semimalignant semimaligne
semimembranosus (muscle) Musculus *m* semimembranosus, Plattsehnenmuskel *m*
semimembranous semimembranös, halbhäutig, zur Hälfte aus Sehne bestehend
seminal Samen...
seminal canal Samenkanälchen *n*, Tubulus *m* seminiferus
seminal capsule Ampulla *f* ductus deferentis
seminal carcinoma *s.* seminoma
seminal cell Samenzelle *f*, Spermatozyt *m*, Spermozyt *m*
seminal colliculitis Samenhügelentzündung *f*, Colliculitis *f* seminalis
seminal colliculus Samenhügel *m*, Colliculus *m* seminalis
seminal cyst Samenzyste *f*
seminal duct Samenleiter *m*, Ductus *m* deferens
seminal emission Samenausstoß *m*
seminal fluid Samenflüssigkeit *f*, Liquor *m* seminis; Semen *n*, Samen *m*, Sperma *n*
seminal fluid enzyme Samen(flüssigkeits)enzym *n*
seminal fluid test Samen(flüssigkeits)test *m*
seminal gland Hoden *m*, Testis *m (Zusammensetzungen siehe unter: testicular)*
seminal hillock *s.* seminal colliculus
seminal plasma Seminalplasma *n*, Spermaplasma *n*
seminal vesicle Samenbläschen *n*, Bläschendrüse *f*, Vesicula *f* seminalis, Glandula *f* vesiculosa
seminal vesiculitis Samenbläschenentzündung *f*
semination Insemination *f*, Besamung *f*
seminiferous seminifer, samentragend, samenführend
seminiferous tubule Samenkanälchen *n*, Tubulus *m* seminiferus
seminologist Seminologe *m*, Samenspezialist *m*
seminology Seminologie *f*
seminoma (of the testis) Seminom *n*, Hodenkarzinom *n*, Seminoma *f* testis *(bösartige Geschwulst)*
seminomatous seminomatös, seminomartig
seminomatous testis cancer *s.* seminoma
seminormal seminormal
seminormal solution seminormale Lösung *n*
seminuria *s.* semenuria
semiography Semiographie *f*, Symptombeschreibung *f*
semiology Semiologie *f*, Symptomatologie *f*, Semiotik *f*
semiopen anaesthesia halb offene Narkose *f*, Narkose *f* im halb offenen System
semiorbicular semizirkular, semizirkulär, halbkreisförmig
semiosis Semiosis *f*
semiotic 1. die Zeichen und Symbole betreffend; Semiotik...; 2. die Krankheitszeichen betreffend; die Krankheitssymptome betreffend; Symptom(en)..., Krankheitszeichen...; 3. pathognomonisch
semiotics 1. Semiotik *f*, Zeichenlehre *f (Lehre von den Bedeutungsinhalten einzelner Wörter)*; 2. Semiotik *f (Lehre von der Bedeutung einzelner Krankheitssymptome)*
semiparametric statistics semiparametrische Statistik *f*
semiparasite Semiparasit *m*, Halbparasit *m*

semipenniform halbseitig gefiedert
semipermeable semipermeabel, selektiv durchlässig, halbdurchlässig
semipermeable membrane semipermeable Membran *f*, halbdurchlässige Scheidewand *f* [Wand *f*]
semiplegia Hemiplegie *f*, Halbseitenlähmung *f*
semipronation Semipronation *f*
semiprone halb nach vorn geneigt
semiprone position halb nach vorn geneigte Haltung *f* [Position *f*]
semiprone side position Halbseitenlage *f*, Sims-Lage *f*
semiptosis inkomplette Ptosis *f*
semiquantitative semiquantitativ
semiquinone Semiquinon *n*
semirecumbent halb nach hinten geneigt
semirecumbent position halb nach hinten geneigte Haltung *f* [Position *f*]
semisideration *s.* semiplegia
semisomnous sich im Halbschlaf befindend; Halbschlaf…
semisomnus Halbschlaf *m*
semispinalis Musculus *m* semispinalis, Semispinalis *m*, Halbdornmuskel *m*
semispinalis capitis (muscle) Musculus *m* semispinalis capitis
semispinalis cervicis (muscle) Musculus *m* semispinalis cervicis
semispinalis muscle *s.* semispinalis
semispinalis thoracis (muscle) Musculus *m* semispinalis thoracis
semistrict bed rest lockere Bettruhe *f*
semisulcus Semisulcus *m*
semisupination Semisupination *f*
semisupine semisupiniert, halbsupiniert
semisynthetic semisynthetisch, halbsynthetisch
semisynthetic penicillin semisynthetisches [halbsynthetisches] Penizillin *n*
semitendinosus (muscle) Musculus *m* semitendinosus, Semitendinosus *m*, Halbsehnenmuskel *m*
semitendinous semitendinös, halbseitig aus Sehne bestehend
semitrivial name *(Bioch)* semisystematischer Name *m*
semitubular plate *(Chir)* Halbrohrplatte *f (Osteosynthese)*
semivertical heart semivertikale Herzlage *f*, Semivertikallage *f*, semivertikaler Lagetyp *m (EKG)*
semiviolent patients department (of a mental hospital) halb geschlossene psychiatrische Abteilung *f*
Semliki Forest encephalitis Semliki-Forest-Enzephalitis *f*, Semliki-Wald-Enzephalitis *f*
Semliki Forest virus Semliki-Forest-Virus *n*, SFV
Semple vaccine Semple-Vakzine *f (Tollwutimpfstoff)*
semustine Semustin *n*, Methyl-CCNU *n*, Me-CCNU *n (Antineoplastikum)*
send *v* **for the doctor** nach dem Arzt [Doktor] rufen, einen Arzt bestellen
Senear syndrome Senear-Usher-Syndrom *n*, Pemphigus *m* seborrhoicus
Senear-Usher disease *s.* Senear-Usher syndrome
senecine Senecin *n (Alkaloid aus Kreuzkraut)*
senecio Senecio *n*, Kreuzkraut *n*
senecio poisoning *s.* seneciosis
seneciosis Seneciosis *f*, Kreuzkrautvergiftung *f*
senectitude Senium *n*, Greisenalter *n*
senegenin Senegenin *n (Alkaloid aus Kreuzkraut)*
senescence 1. Seneszenz *f*, Altwerden *n*, Altern *n*; 2. Seneszenz *f*, Altersschwäche *f*
senescent 1. alternd; 2. altersschwach
senescent cell antigen Senescent-cell-Antigen *n*
senesifoline Senesifolin *n (Alkaloid aus Kreuzkraut)*
Sengstaken-Blakemore tube *(Gastr)* Sengstaken-(Blakemore-)Sonde *f (bei Ösophagusvarizenblutung)*
Sengstaken oesophageal tube *s.* Sengstaken-Blakemore tube
senile 1. *(Geriat)* senil, alt, altersschwach, greisenhaft; 2. *(Neur)* altersschwachsinnig
senile agrypnia Altersschlaflosigkeit *f*
senile angioma seniles Angiom *n*
senile arch *(Ophth)* Alters(trübungs)ring *m* (der Augenhornhaut), Arcus *m* senilis (lentis)
senile arteriosclerosis senile Arteriosklerose *f*, Altersarteriosklerose *f*, Mediaverkalkung *f* der Arterien
senile atrophy Altersatrophie *f*
senile blepharospasm Altersblepharospasmus *m*, seniler Lidkrampf *m*
senile cataract *(Ophth)* Alterskatarakt *f*, Altersstar *m*, Cataracta *f* senilis
senile chorea *(Neur)* Chorea *f* senilis
senile decay seniler Abbau *m*, Altersabbau *m*
senile delirium Altersdelir(ium) *n*, seniles Delirium *n*
senile dementia *(Neur)* senile [arteriosklerotische] Demenz *f*, Altersschwachsinn *m*, Altersverblödung *f*
senile dementia-Alzheimer type Altersdemenz *f* vom Alzheimer-Typ, Morbus *m* Alzheimer, Alzheimer'sche Krankheit *f*, Alzheimer *m*
senile depression *(Neur)* Altersdepression *f*, senile Depression *f*
senile diabetes Altersdiabetes *m*
senile ectropion *(Ophth)* Altersektropion *n*
senile emphysema *(Pulm)* Altersemphysem *n*
senile entropion *(Ophth)* Altersentropion *n*
senile gangrene senile [arteriosklerotische] Gangrän *f*, Altersbrand *m*
senile hypermetropia senile Hypermetropie *f*, Altersweitsichtigkeit *f*
senile insanity *s.* senile psychosis
senile involution *(Path)* senile Involution *f*, Altersinvolution *f*, Altersrückbildung *f*
senile keratosis senile Keratose *f*
senile mania *(Neur)* Altersmanie *f*, senile Manie *f*
senile miosis *(Ophth)* Altersmiose *f*
senile nanism seniler Nanismus *m*
senile osteomalacia senile Osteomalazie *f* [Knochenerweichung *f*]
senile osteoporosis senile Osteoporose *f*, Altersosteoporose *f*
senile pruritus *(Derm)* Altersjucken *n*, Pruritus *m* senilis
senile psychosis senile Psychose *f*, Alterspsychose *f*
senile purpura *(Derm)* Alterspurpura *f*, Purpura *f* senilis
senile retinopathy *(Ophth)* Altersretinopathie *f*
senile retinoschisis *(Ophth)* senile Retinoschisis *f*
senile schizophrenia *(Neur)* Altersschizophrenie *f*, senile Schizophrenie *f*, Spätschizophrenie *f*
senile scleromalacia *(Ophth)* senile Skleromalazie *f*
senile speckles *(Derm)* Altersflecken *mpl*
senile tremor seniler Tremor *m*, Alterszittern *n*
senile vaginitis Altersvaginitis *f*
senile wart Alterswarze *f*, Greisenwarze *f*, Verruca *f* senilis [seborrhoica]
senilism Senilismus *m*, vorzeitiges Altern *n*; verfrühtes Greisenalter *n*
senility Senilität *f*, Greisenhaftigkeit *f*, Altersschwäche *f*, Altersgebrechlichkeit *f*
senior centre Altenzentrum *n*
senior patient älterer Patient *m*, Seniorenpatient *m*
senior sister Oberschwester *f*
senium Senium *n*, Greisenalter *n*
senna leaves Sennesblätter *npl*, Folia *npl* Sennae
sennoside Sennosid *n (Alkaloid)*

senograph *(Rad)* Senograph *m*
senography *(Rad)* Senographie *f (für Mammographie)*
senology Senologie *f (Lehre von den weiblichen Brustdrüsen)*
senopia Alterssichtigkeit *f*
sensate sinnlich wahrnehmend, fähig zur Sinneswahrnehmung; Sinnes...; Gefühls...
sensation *(Neur)* Sensation *f*, Sinnesempfindung *f*
sensation of cold spells Kältegefühl *n*, Kälteempfindung *f*
sensation of hot spells Hitzegefühl *n*, Hitzeempfindung *f*
sensational Empfindungs..., Gefühls...
sense Sinn *m*, Sensus *m*, Empfindungsfähigkeit *f*, Empfindungsvermögen *n*; Gefühl *n (siehe auch unter: sensory)*
sense centre Sinneszentrum *n*
sense of anticlimax *(Neur)* Gefühl *n* der Enttäuschung [Leere]
sense of cold Kältegefühl *n*
sense of discrimination Diskriminationsgefühl *n*
sense of equilibrium Gleichgewichtssinn *m*
sense of fullness in the abdomen *(Gastr)* abdominale Fülle *f*, abdominales Völlegefühl *n*
sense of guilt *(Neur)* Schuldgefühl *n*
sense of hearing Gehör *n*, Hörsinn *m*
sense of heat Hitzegefühl *n*
sense of localization *(Neur)* Lokalisierungssinn *m*
sense of pain Schmerzgefühl *n*
sense of smell Geruchssinn *m*
sense of taste Geschmackssinn *m*
sense of tight skin Hautspannungsgefühl *n*
sense of touch Tastsinn *m*, Berührungssinn *m*
sense organ Sinnesorgan *n*, Sinneswerkzeug *n*
sense perception Sinneswahrnehmung *f*
senselessness *(Neur)* Besinnungslosigkeit *f*
sensibility 1. *(Physiol)* Sensibilität *f*, Empfindlichkeit *f*; 2. *(Psych)* Empfindsamkeit *f*, Feinfühligkeit *f*
sensibilization 1. Sensibilisierung *f*; 2. *s.* sensitization
sensible 1. *(Physiol)* sensibel, (reiz)empfindlich, reizaufnehmend; sensitiv; 2. *(Psych)* sensibel, empfindlich, feinfühlig
sensible perspiration Perspiratio *f* sensibilis, Transpiration *f*, Wasserdampfabgabe *f* von der Haut
sensimeter Sensimeter *n*, Hautempfindungsmesser *m*
sensitation *s.* sensitization
sensitive sensitiv, (über)empfindlich; leicht reizbar
sensitive aura sensitive Aura *f*, Aura *f* sensitiva, Empfindungsaura *f*
sensitive delusion of reference sensitiver Beziehungswahn *m*
sensitive personality *(Neur)* sensitive Persönlichkeit *f*, Sensitive(r) *m*
sensitive psychopathy sensitive Psychopathie *f*
sensitivity Überempfindlichkeit *f*, leichte Reizbarkeit *f*
sensitivity test Sensiblitätstest *m* • **do a sensitivity test** einen Sensibilitätstest durchführen, eine Sensibilitätstestung machen
sensitivity to pain Schmerzempfindlichkeit *f*
sensitivity training *(Neur)* Sensitivity-Training *n (Methode der Gruppenpsychotherapie)*
sensitivity training group Sensitivity-Training-Gruppe *f*
sensitization 1. Sensibilisierung *f*, Allergisierung *f*; 2. Immunisierung *f*
sensitization of the organism Sensibilisierung *f* (des Organismus)
sensitize *v* sensibilisieren, empfindlich machen
sensitized sensibilisiert; gegenüber Antigenen empfindlich gemacht
sensitized vaccine sensibilisierte Vakzine *f*
sensitizer 1. Sensibilisator *m*, sensibilisierender [empfindlich machender] Stoff *m*; 2. *s.* antibody

sensitometer Sensitometer *n*, Empfindlichkeitsmesser *m (z. B. für die Hornhaut)*
sensitometry 1. Sensitometrie *f*, Prüfung *f* der Sensibilität; 2. *(Rad)* Sensitometrie *f (Prüfung der Filmempfindlichkeit)*
sensomobile sensomobil, sich nach Reizung bewegend
sensomobility Sensomobilität *f (Ausführung einer Bewegung nach Reizung)*
sensomotor *s.* sensorimotor
sensoparalysis sensorische Lähmung *f*, Empfindungslosigkeit *f*
sensor Sensor *m*
sensorial *s.* sensory
sensoriglandular sensoriglandulär, eine Drüsentätigkeit nach Sinnesreizung bewirkend
sensorimotor sensorimotorisch, sensomotorisch, sensorisch und motorisch
sensorimotor function sensomotorische Funktion *f*, Sensomotorik *f*
sensorimotor phase sensomotorische Phase *f*
sensorimotor therapy sensomotorische Therapie *f*
sensorimuscular sensorimuskulär
sensorineural sensorineural; Sinnesnerv(en)...
sensorineural hearing loss sensorineuraler Hörverlust *m*
sensorium 1. sensorisches Nervenzentrum *n*; 2. Sensorium *n*, Sinnesapparat *m*; 3. Sensorium *n*, Bewusstsein *n*
sensorivascular sensorivaskulär
sensorivasomotor sensorivasomotorisch
sensory *(Neur)* sensorisch, sensoriell; Sinnes...
sensory agraphia sensorische Agraphie *f*
sensory amusia sensorische Amusie *f*, Tontaubheit *f*
sensory aphasia sensorische Aphasie *f*, Worttaubheit *f*, Seelentaubheit *f (durch Nichtverständnis von gehörten Wörtern im Gehirn)*
sensory apraxia sensorische Apraxie *f*
sensory area *(Anat)* Sinneszentrum *n*, Rindenzentrum *n*
sensory aura sensorische Aura *f*, Aura *f* sensoria, Wahrnehmungsaura *f*
sensory-based language sinnes-basierte Sprache *f*, auf sinnlicher Wahrnehmung basierende Sprache *f*, nonverbale Kommunikation *f*
sensory cell *(Anat)* Sinneszelle *f*
sensory cell layer Sinneszell(en)schicht *f*
sensory cortex *s.* sensory area
sensory decussation *(Anat)* Schleifenkreuzung *f*, Decussatio *f* lemniscorum
sensory deficit sensorisches Defizit *n*
sensory deprivation sensorielle Deprivation *f*, sensorische Verarmung *f*
sensory disturbance Sinnesstörung *f*
sensory end organ sensorisches Endorgan *n*
sensory epilepsy sensorische Epilepsie *f*
sensory epithelial cell Sinnesepithelzelle *f*
sensory epithelium Sinnesepithel *n*
sensory integration sensorische Integration *f*, Sinnesintegration *f*
sensory integrative function sensorisch-integrative Funktion *f*
sensory integrative dysfunction sensorisch-integrative Dysfunktion *f* [Funktionsstörung *f*]
sensory integrative therapy sensorisch-integrative Therapie *f*
sensory loss *(Physiol, Neur)* Sensibilitätsverlust *m*
sensory nerve Sinnesnerv *m*, afferenter Nerv *m*
sensory nerve cell Sinnesnervenzelle *f*
sensory neuron Sinnesneuron *n*
sensory nucleus of the trigeminal nerve sensorischer Kern *m* des Nervus trigeminus, sensorischer Trigeminus(nerven)kern *m*

sensory organ Sinnesorgan *n*
sensory overload sensorische Überlastung *f*
sensory pathway sensorische Nervenbahn *f*, sensorische Leitungsbahn *f*
sensory-perceptual overload *s.* sensory overload
sensory receptor sensorischer Rezeptor *m*
sensory root sensorische Wurzel *f* [Nervenwurzel *f*], Radix *f* posterior
sensory threshold sensorische Schwelle *f*
sensory tract *(Anat)* Sinnes(nerven)bahn *f*
sensual 1. sensuell; Sinnes…; 2. sinnlich wahrnehmbar; 3. sinnlich, erotisch
sensualism 1. Sensualismus *m*, Sensualität *f*, (emotionales) Empfindungsvermögen *n*; sinnliche [emotionale] Veranlagung *f*; 2. Leidenschaftlichkeit *f*, Hingabe *f* zu Sinnesfreuden
sensuality Sinnlichkeit *f*
sensus *s.* sense
sentient fühlend, wahrnehmend; Wahrnehmungs…, Gefühls…, Empfindungs…
sentiment Sentiment *n*, Gefühl *n*, Empfindung *f*
sentiments Gesinnung *f*
sentinel wachend; Wach…; Signal…
sentinel gland Signallymphknoten *m (Lymphknotenmetastase bei unbekanntem Primärtumor)*
sentinel node Virchow'scher Lymphknoten *m (vergrößerter supraklavikulärer Lymphknoten bei Krebsleiden)*
separable minimum *s.* minimal separable acuity
separate *v* **muscular fibres** Muskelfasern separieren
separation Separation *f*, Abtrennung *f*
separation agent Separationsmittel *n (bei Immunoassay)*
separation anxiety *(Psych)* Trennungsangst *f*
separation anxiety disorder *(Neur)* Angstsyndrom *n* mit Trennungsangst
separation factor Separationsfaktor *m*
separation of the afterbirth Nachgeburtabgang *m*
separation of the retina Netzhautlösung *f*, Ablatio *f* retinae
separation of the teeth Separation *f* der Zähne, Zahnseparation *f*
separator 1. Separator *m*; Periostelevatorium *n*, Knochenhaut(ab)heber *m*; 2. Spreizinstrument *n*
separazonium chloride Separazoniumchlorid *n*
seperidol Seperidol *n (Tranquilizer)*
seperidol hydrochloride Seperidolhydrochlorid *n*
sepsin Sepsin *n*
sepsis Sepsis *f*, Blutvergiftung *f*, Blutfäulnis *f (siehe auch: septicaemia)*
septa *pl s.* septum
septaemia *s.* septicaemia
septal Septum…, Scheidewand… *(siehe auch unter: septum)*
septal cartilage (of the nose) Nasenscheidewandknorpel *m*, Cartilago *f* septi nasi
septal cell Herzfehlerzelle *f*, Nieschenzelle *f*
septal cusp *(Anat)* septales Segel *n*, Cuspis *f* septalis *(einer Herzklappe)*
septal cusp of the right atrioventricular valve Cuspis *f* septalis valvae atrioventricularis dextrae, Cuspis *f* medialis valvulae tricuspidalis
septal cyst Septumzyste *f*
septal defect Septumdefekt *m*
septal deviation Septumdeviation *f*, Nasenscheidewanddeviation *f*
septal leaflet *s.* septal cusp
septal lines *(Rad)* Kerley-Linien *fpl (Streifenschatten der Lungen bei kardialer Stauung)*
septal papillary muscle septaler Papillarmuskel *m*, Musculus *m* papillaris septalis
septal perforation Septumperforation *f*
septal resection Septumresektion *f*, (operative) Septumentfernung *f*
septal rhythm *(Kard)* Septalrhythmus *m*
septal tricuspid leaflet *s.* septal cusp of the right atrioventricular valve
septan jeden siebenten Tag auftretend, in siebentägigen Intervallen *(z. B. Malariafieber)*
septanose Septanose *f (Monosaccharid)*
septate septiert, gefächert, mit Querwänden versehen
septate uterus Uterus *m* septus duplex
septation 1. Septierung *f*, Septumbildung *f*, Scheidewandabtrennung *f*; 2. *s.* septum
septatome *s.* septotome
septectomy Septektomie *f*, Septumresektion *f*, (operative) Nasenscheidewandentfernung *f*
septemia *s.* septicaemia
septic 1. septisch, keimhaltig; infiziert; Sepsis…; 2. fäulniserregend; Fäulnis…
septic abortion septischer Abort *m*
septic arthritis septische Arthritis *f*, akute bakterielle Gelenkentzündung *f*
septic fever septisches Fieber *n*
septic infarct septischer Infarkt *m*
septic peritonitis septische Peritonitis *f*, Peritonitis *f* septica
septic pneumonia septische Lungenentzündung *f*, Pneumonia *f* septica
septic shock septischer Schock *m*
septic sore throat septische Angina *f*, Angina *f* septica
septic wound septische [infizierte] Wunde *f*
septicaemia Septik(h)ämie *f*, Septhämie *f*, septisches Fieber *n*; nicht metastasierende Sepsis *f*, Blutvergiftung *f*
septicaemic septikämisch; Sepsis…, Blutvergiftungs…
septicaemic plague Pestis *f* siderans
septicaemic shock septischer Schock *m*
septicophlebitis Septikophlebitis *f*, septische Venenentzündung *f*
septicopyaemia Septikopyämie *f*, metastasierende Sepsis *f*
septicopyaemic septikopyämisch; Septikopyämie…
septiferous sepsisverbreitend
septigravida Septigravida *f*, Gravida VII *f*, zum siebenten Mal schwangere Frau *f*
septile Septum…
septimetritis septische Motritis *f* [Gebärmutterentzündung *f*]
septineuritis septische Neuritis *f*
septipara Septipara *f*, Para VII *f*, zum siebenten Mal gebärende Frau *f*
septivalent siebenwertig
septodermoplasty Septodermoplastik *f (Transplantation von Plattenepithel auf die Nasenscheidewand)*
septomarginal septomarginal, zum Septumrand gehörend, den Septumrand betreffend; Septumrand…
septometer Septometer *n*, Nasenseptum(dicken)messer *m*
septonasal septonasal; Nasenseptum…, Nasenscheidewand…
septoplasty Septumplastik *f*, Nasenscheidewandrekonstruktion *f*
septorhinoplasty *s.* septoplasty
septostomy Septostomie *f*, Septumperforation *f*
septotome Septotom *n*, Nasenscheidewandmesser *n*
septotomy Septotomie *f*, Nasenseptumschnitt *m*, (operative) Nasenscheidewanddurchtrennung *f*
septula *pl s.* septulum
septulum Septulum *n*, kleine Scheidewand *f*
septum Septum *n*, Scheidewand *f (siehe auch unter: septal)*
septum chisel *(HNO)* Septum(flach)meißel *m*

septum gouge *(HNO)* Septumhohlmeißel *m*
septum of the glans penis Septum *n* glandis penis
septum of the musculotuberal canal Septum *n* canalis musculotubarii
septum of the ventricles of the heart Septum *n* ventriculorum [interventriculare], Herzkammerscheidewand *f*
septum swivel knife Septumschwingmesser *n*
septum syringe Septumspritze *f*
septuplet Siebenling *m*
sequela Folgeerscheinung *f (z. B. einer Krankheit)*; Folgezustand *m*; Folgekrankheit *f*
sequenator Sequenator *m*
sequence Sequenz *f*, Reihenfolge *f*, Aufeinanderfolge *f*, Abfolge *f*
sequential sequenziell; Sequenz...
sequential analysis sequenzielle Analyse *f*, Sequenzanalyse *f*
sequential image sequenzielles Bild *n*, sequenzielle Aufnahme *f*, Folgebild *n*
sequential imaging sequenzielle Bilddarstellung *f*
sequential line imaging sequenzielle Linienbildgebung *f*, Linienfolge-Bildgebung *f*, linienförmiges Abbildungsverfahren *n (z. B. bei Magnetresonanztomographie)*
sequential method 1. Sequenzialmethode *f*, Arzneimittelanwendung *f* in einer zeitlichen Abfolge; 2. Sequenzialmethode *f (zur Kontrazeption)*
sequential multiple analysis sequenzielle multiple Analyse *f*, multiple Sequenzanalyse *f*
sequential oral contraceptive *(Gyn)* Zweiphasenpille *f*
sequential oral pill *s.* sequential oral contraceptive
sequential pacing sequenzielles Pacing *n*, sequenzielle Schrittmacherstimulation *f*
sequential plane imaging sequenzielle Ebenenbildgebung *f*, Ebenenfolge-Bildgebung *f*, Plane-Folgebildgebung *f (bei Magnetresonanztomographie)*
sequential point imaging sequenzielle Punktbildgebung *f*, Punktfolge-Bildgebung *f (z. B. bei Magnetresonanztomographie)*
sequential preparation *(Pharm)* Zweiphasenpräparat *n (z. B. bei Kontrazeption)*
sequential scintigraphy sequenzielle Szintigraphie *f*, Serienszintigraphie *f*
sequester *v* 1. sequestrieren, einen Sequester bilden; 2. sequestrieren, abtrennen, isolieren
sequestered antigens theory Theorie *f* der sequestrierten Antigene
sequestered oedema sequestriertes Ödem *n*
sequestra *pl s.* sequestrum
sequestral Sequester...
sequestrant Sequestrationsmittel *n*, Sequestrierungssubstanz *f (z. B. ein Mittel zur Bindung von Stoffen, um deren Resorption zu verhindern)*
sequestration 1. *(Path)* Sequestration *f*, Sequestrierung *f*, Sequesterbildung *f*, Abstoßung *f* eines toten [demarkierten] Organteils; 2. *(Epid)* Sequestration *f*, Absonderung *f*, Isolierung *f (von Infektionskranken)*; 3. Sequestration *f*, Flüssigkeitsverschiebung *f*, Flüssigkeitsseparation *f (z. B. in das Peritoneum)*
sequestrectomy Sequestrektomie *f*, (operative) Sequesterentfernung *f*, Sequesterausräumung *f*
sequestrotomy Sequestrotomie *f*, Sequesterfreilegung *f*, Totenladeneröffnung *f*
sequestrum Sequester *m*, abgestorbenes [sequestriertes] Knochenstück *n*; abgestorbenes Organstück *n*
sequestrum forceps *(Chir)* Sequesterzange *f*
sequoiosis *(Arb)* Sequoiosis *f*, Sequoiapneumokoniose *f*, Sequoiastaublungenerkrankung *f*, Sequoiastaublunge *f*
sera *pl s.* serum
seractide acetate Seractidacetat *n (synthetisches Adrenokortikoid)*
seralbumin Serumalbumin *n*
serangitis *s.* cavernitis
serendipity zufällige Entdeckung *f*, glücklicher Zufall *m*
Sergent's white adrenal line Sergent'sche weiße Adrenallinie *f*, Adrenallinie *f (bei Nebenniereninsuffizienz)*
serial seriell, in Serien auftretend; Serien bildend; Serien...
serial angiography Serienangiographie *f*
serial arteriography Serienarteriographie *f*
serial casting Seriengipsbehandlung *f (zur Stellungskorrektur)*
serial cholangiography Seriencholangiographie *f*
serial cholecystography Seriencholezystographie *f*, Gallenblasen(röntgenkontrast)darstellung *f* in Serien
serial determination Serienbestimmung *f (z. B. von Enzymen im Krankheitsverlauf)*
serial dilution Seriendilution *f*, Serienverdünnung *f*, Verdünnungsserie *f*
serial examination Reihenuntersuchung *f*
serial exposure serielle Exposition *f*, Serienaufnahme *f*
serial extraction Serienextraktion *f*
serial fracture Serienfraktur *f*
serial measurements serielle Messungen *fpl*; Messreihe *f*
serial M-mode echocardiogram Serien-M-mode-Echokardiogramm *n*
serial processing serielle Verarbeitung *f*, serielles Verarbeiten *n*
serial pyelography Serienpyelographie *f*
serial radiography Röntgenseriendarstellung *f*, Röntgenserienaufnahme *f*
serial roentgenography *s.* serial radiography
serial scintigraphy Serienszintigraphie *f*
serial sections *(Histol)* Serienschnitte *mpl*
serial speech serielle Sprache *f*
serialograph Serialograph *m*, Serienaufnahmegerät *n*
serialography *s.* serial radiography
sericin Sericin *n (Protein)*
series 1. Serie *f*, Reihe *f*, Reihenfolge *f*, Abfolge *f*, zeitliche Reihenfolge *f*; 2. Serie *f*, Charge *f*, Herstellungsserie *f*
series of gall-bladder X-rays Serienaufnahme *f* der Gallenblase *f*, Seriencholezystographie *f*, Gallenblasenröntgenserienaufnahmen *fpl*
series of the vaccine Impfstoffcharge *f*, Vakzineserie *f*
seriflux wässriger Ausfluss *m*, wässrige Sekretion *f*
serine Serin *n*, 2-Amino-3-hydroxypropionsäure *f*
serine deaminase Serindeaminase *f (Enzym)*
serine dehydratase Serindehydratase *f (Enzym)*
serine diazoacetate Serindiazoacetat *n*, Azaserin *n*
serine endopeptidase Serinendopeptidase *f (Enzym)*
serine hydroxymethyltransferase Serinhydroxymethyltransferase *f (Enzym)*
serine protease inhibitor Serinproteaseinhibitor *m*
serine proteinase Serinproteinase *f (Enzym)*
serine sulfhydrase Serinsulfhydrase *f*, Cystathionin-β-synthase *f (Enzym)*
serine-type carboxypeptidase 1. Carboxypeptidase *f* vom Serintyp; 2. Serincarboxypeptidase *f (Enzym)*
seriograph *(Rad)* Seriograph *m*, Serienaufnahmegerät *n*
seriography *(Rad)* Seriographie *f*, Serienaufnahmeverfahren *n*
serioscopy *(Rad)* Serioskopie *f*
seriscission Abbinden *n* eines Tumorstieles
sero-albuminous seroalbuminös
sero-albuminuria Serumalbuminurie *f*, Serumalbuminausscheidung *f* im Urin
sero-attenuation Seroattenuierung *f*, Masern-Rekonvaleszentenserum-Immunisierung *f*, Sero-Attenuation *f (passive Immunisierung mit verringerter Vakzinekonzentration)*

sero-immunity Serumimmunität *f*, passive Immunität *f*
seroanaphylaxis Serumanaphylaxe *f*
serocele Serozele *f*, abgekapselter seröser Erguss *m*
serochrome Serochrom *n*, Serumfarbstoff *m*
serocolitis *s.* pericolitis
seroconversion *(Immun)* Serokonversion *f (Ausbildung einer positiven Antikörperreaktion)*
seroconvert *v* serokonvertieren; der Serokonversion unterliegen
seroculture *(Bakt)* Serokultur *f*, Blutserumkultur *f*
serocystic serozystisch
serocystic sarcoma Cystosarcoma *n* phylloides
serodermatitis Serodermatose *f*, Hautkrankheit *f* mit seröser Exsudation
serodermatosis *s.* serodermatitis
serodiagnosis 1. *(Immun)* Serodiagnose *f*, serologische Diagnose *f*, Serumdiagnose *f*; 2. *(Immun)* Serodiagnostik *f*
serodiagnostic serodiagnostisch
serodiagnostics Serodiagnostik *f*
seroenteritis *s.* perienteritis
seroepidemiology Seroepidemiologie *f*, serologische Epidemiologie *f*
serofast serumfest, serumstabil, widerstandsfähig gegenüber Serum *(z. B. Bakterien)*
serofibrinous serofibrinös; Serum-Fibrin-...
serofibrinous pericarditis Pericarditis *f* serofibrinosa
serofibrinous pleurisy Pleuritis *f* serofibrinosa, serofibrinöse Brustfellentzündung *f*
serofibrous serofibrös
serofibrous apposition serofibröse Auflagerung *f*
seroflocculation *(Immun)* Seroflokkulation *f*, Serumausflockung *f*
serofluid seröse Flüssigkeit *f*
serogastrin Serumgastrin *n*
serogastrin level Serumgastrinspiegel *m*
seroglobulin Serumglobulin *n*
serogroup *(Hämat)* Serogruppe *f*, Serumgruppe *f*
serogrouping *(Hämat)* Serumgruppeneinteilung *f*
serohaemorrhagic serohämorrhagisch, serös-blutig, Serum und Blut enthaltend
serolipase Serumlipase *f (Enzym)*
serologic serologisch
serologic diagnosis serologische Diagnose *f*
serologic reaction serologische Reaktion *f*
serologic test serologischer Test *m*; serologischer Nachweis *m*
serological *s.* serologic
serological examination serologische Untersuchung *f* • **show a negative result in the serological examination** ein negatives Ergebnis in der serologischen Untersuchung haben [aufweisen]
serological test for syphilis serologischer Syphilistest *m*; serologischer Syphilisnachweis *m*
serological titer serologischer Titer *m*
serologically negative *s.* seronegative
serologist Serologe *f*, Spezialist *m* für Serologie
serology Serologie *f (Lehre von den Eigenschaften des Blutserums)*
serolysin Serolysin *n*
seroma Serom *n*, Blutwassergeschwulst *f*
seromembranous seromembranös, serös und membranös
seromucinous seromuzinös
seromucoid seromukös, serös-schleimig, schleimig-serös
seromucous *s.* seromucoid
seromucus Seromukus *m*, seröser Schleim *m*, seromuköses Sekret *n*
seromuscular seromuskulär; Schleimhaut-Muskel-(schicht)-...
seromuscular intestinal suture *(Chir)* seromuskuläre Darmnaht *f*
seromyotomy Seromyotomie *f (Durchtrennung der Serosa und der Muscularis)*
seronegative seronegativ, serologisch negativ *(Seroreaktion)* • **be seronegative** seronegativ sein • **show a seronegative reaction** eine seronegative Reaktion zeigen
seronegativity Seronegativität *f*, seronegativer Zustand *m*
seroperitoneum Seroperitoneum *n (Vorhandensein von Flüssigkeit im Peritoneum)*
serophilic serophil, das Serum bevorzugend
serophilic bacterium serophiles Bakterium *n*
seroplastic *s.* serofibrinous
seropneumothorax Seropneumothorax *m*, Pneumothorax *m* mit serösem Erguss
seropositive seropositiv, serologisch positiv *(Seroreaktion)* • **be seropositive** seropositiv sein • **show a seropositive reaction** eine seropositive Reaktion zeigen
seropositivity Seropositivität *f*, seropositiver Zustand *m*
seroprevalence Seroprävalenz *f*
seroprevention *s.* seroprophylaxis
seroprognosis Seroprognose *f*, serologische Prognose *f (für eine Krankheit)*
seroprophylaxis Seroprophylaxe *f*, Serumschutzimpfung *f*, prophylaktische Serumbehandlung *f*
seropurulent seropurulent, eitrig-serös, serös-eitrig
seropus Seropus *n*, seröser Eiter *m*
seroreaction Seroreaktion *f*, serologische Reaktion *f*, Serumreaktion *f*
serorelapse Wiederanstieg *m* des serologischen Titers, erneuter serologischer Titeranstieg *m*
seroresistance *(Immun)* Seroresistenz *f*, Wassermann-Beständigkeit *f (bei Syphilis)*
seroresistant seroresistent; Wassermann-beständig *(bei Syphilis)*
seroreversal Absinken *n* des serologischen Titers, (erneuter) serologischer Titerabfall *m*
seroreversion Serokonversion *f*, serologische Konversion *f*, serologischer Titerumschlag *m (z. B. von seropositiv in seronegativ)*
serosa 1. Serosa *f*, Tunica *f* serosa, seröse Haut *f*; 2. *s.* chorion
serosa of colon Tunica *f* serosa coli
serosa of gallbladder Tunica *f* serosa vesicae felleae
serosa of liver Tunica *f* serosa hepatis
serosa of small intestine Tunica *f* serosa intestini tenuis
serosa of stomach Tunica *f* serosa ventriculi
serosa of urinary bladder Tunica *f* serosa vesicae urinariae
serosa of uterine tube Tunica *f* serosa tubae uterinae
serosa of uterus Tunica *f* serosa uteri
serosal aus Serosa bestehend; Serosa...
serosal layer Serosaschicht *f*
serosamucin Serosamuzin *n (Protein in entzündlichem Aszites)*
serosanguineous serosanguinös, serös-blutig, blutig-serös
seroserous seroserös; Serosa-Serosa-..., Schleimhaut-Schleimhaut-...
seroserous intestinal suture seroseröse Darmnaht *f*
serositis Serositis *f*, Entzündung *f* seröser Häute
serosity 1. seröse Flüssigkeit *f*; 2. seröser Zustand *m*
serosurvey serologische Übersicht *f*, serologisches Screening *n (z. B. hinsichtlich Immunität gegenüber Infektionskrankheiten)*
serosynovial serosynovial, serös und synovial
serosynovitis Serosynovitis *f*, seröse Synovitis *f*
serotaxis Serotaxis *f*, Hautödembildung *f (z. B. durch Reizstoffe)*

serotherapeutic serotherapeutisch; Serumtherapie...
serotherapy Serotherapie *f*, Serumtherapie *f*, Serumbehandlung *f*
serothorax Serothorax *m*, Serumansammlung *f* im Brustkorb
serotonergic *s.* serotoninergic
serotonin Serotonin *n*, Enteramin *n*, 5-Hydroxytryptamin *n* *(Catecholamin)*
serotonin granules Serotoningranula *npl*, Serotoninkörnchen *npl* *(in Thrombozyten)*
serotoninergic serotoninerg(isch), wie Serotonin wirkend
serotoxin Serotoxin *n*, Anaphylatoxin *n*, Anaphylaxiegift *n*
serotype Serotyp *m* *(z. B. bei Bakterien)*
serous 1. serös, serumähnlich, serumartig; Serum...; 2. serös, Serum bildend; Serum absondernd; 3. serumhaltig
serous angina 1. akute Rachenentzündung *f*, akuter Rachenkatarrh *m*, Pharyngitis *f* acuta; 2. Kehlkopfödem *n*, Glottisödem *n*
serous ascites seröser Aszites *m*
serous circumscribed meningitis Arachnoiditis *f* serosa adhaesiva circumscripta (cystica)
serous cystadenocarcinoma seröses Zystadenokarzinom *n*
serous cystadenoma seröses Zystadenom *n* [Kystom *n*]
serous cystoma *s.* serous cystadenoma
serous exudate seröses Exsudat *n*
serous fluid 1. seröse Flüssigkeit *f*; 2. Lymphe *f*, Lymphflüssigkeit *f*
serous gland seröse Drüse *f*, Glandula *f* serosa
serous infiltration seröses Infiltrat *n*; seröse Infiltration *f*
serous inflammation seröse [exsudative] Entzündung *f*
serous layer Serosaschicht *f*
serous lining Serosaauskleidung *f*
serous membrane *s.* serosa
serous pericardium Pericardium *n* serosum
serous peritonitis Peritonitis *f* serosa, seröse Bauchfellentzündung *f*
serous pleurisy Pleuritis *f* serosa, seröse Brustfellentzündung *f*
serous pneumonia Pneumonia *f* serosa, seröse Lungenentzündung *f*
serovaccination Serovakzination *f*, aktive Impfung *f* und Serumbehandlung *f*, aktive und passive Immunisierung *f*
serovar *s.* serotype
serozyme *s.* prothrombin
serozymogenic serozymogen
serpent ulcer *(Derm)* Ulcus *n* serpens
serpiginous serpiginös, sich ausbreitend, sich (bogenförmig) ausdehnend; kriechend
serpiginous angioma Angioma *n* serpiginosum
serpiginous psoriasis *(Derm)* Psoriasis *f* serpiginosa, Schlangenlinienpsoriasis *f*, schlangenlinienförmige Schuppenflechte *f*
serpiginous red plane lichen *(Derm)* Lichen *m* ruber planus serpiginosus
serpiginous ulcer *(Derm)* Ulcus *n* serpens
serpiginous ulcer of the cornea *(Ophth)* Ulcus *n* serpens (corneae)
serpigo Serpigo *f*, kriechende Flechte *f* [Hautflechte *f*], fressende Flechte *f*
serpin *s.* serine protease inhibitor
serrate *s.* serrated
serrated gezähnt, sägeartig
serrated suture *(Anat)* Sutura *f* serrata
Serratia Serratia *pl*
serration sägeförmiger Zustand *m*; Zahnung *f*
serratus Musculus *m* serratus, Sägemuskel *m*
serratus anterior muscle Musculus *m* serratus anterior, vorderer [seitlicher] Sägemuskel *m*
serratus magnus (muscle) *s.* serratus anterior muscle
serratus muscle *s.* serratus
serratus muscle paralysis Serratus(muskel)lähmung *f* *(Abstehen des Schulterblatts)*
serratus posterior inferior muscle Musculus *m* serratus posterior inferior, hinterer unterer Sägemuskel *m*
serratus posterior superior muscle Musculus *m* serratus posterior superior, hinterer oberer Sägemuskel *m*
serrefine kleine Gefäßklemme *f*
serrenoeud Knoteninstrument *n*
serrulate feinzahnig, fein gezahnt
Sertoli-cell-only syndrome *s.* Sertoli only cell syndrome
Sertoli cell tumour Sertoli-Zelltumor *m*, Sertolizell(en)-geschwulst *f*
Sertoli cells *(Urol)* Sertoli'sche Zellen *fpl* [Stützzellen *fpl*], Sertoli-Zellen *fpl*, Fußzellen *fpl*
Sertoli-Leydig cell tumour Sertoli-Leydig-Zell-Tumor *m*
Sertoli only cell syndrome Germinalzellenaplasie *f*, Sertoli-only-cell-Syndrom *n*, Castillo-Syndrom *n* *(männlicher normogonadotroper Hypogonadismus)*
sertraline Sertralin *n* *(Antidepressivum)*
sertraline hydrochloride Sertralinhydrochlorid *n*
serum 1. Serum *n*, Blutserum *n*; 2. Serum *n*, Heilserum *n*
serum accelerator factor *(Hämat)* Prokonvertin *n*, Konvertin *n*, Blutgerinnungsfaktor *m* VII, stabiler Faktor *m*
serum accelerator globulin *(Hämat)* Serum-Akzeleratorglobulin *n*, Serum-Ac-Globulin *n*, Proakzelerin *n*, Blutgerinnungsfaktor *m* V, labiler Faktor *m*, Faktor *m* V
serum accident Serumzwischenfall *m*
serum acid phosphatase saure Serumphosphatase *f*
serum albumin Serumalbumin *n*, Albumin *n* des Blutserums
serum albumin level Serumalbuminspiegel *m*
serum amylase Serumamylase *f*
serum amylase level Serumamylasespiegel *m*
serum antibody Serumantikörper *m*
serum antibody titer Serumantikörpertiter *m* • **measure the serum antibody titer** den Serumantikörpertiter bestimmen
serum bank Serumbank *f*
serum bilirubin Serumbilirubin *n*
serum C-reactive protein C-reaktives Protein *n* (im Serum)
serum calcium Serumkalzium *n*, Serumcalcium *n*
serum cholesterol Serumcholesterin *n*
serum cholinesterase Serumcholinesterase *f*
serum complement fixation reaction *(Immun, Lab)* Serum-Komplement-Fixationsreaktion *f*
serum complement fixation titer *(Immun, Lab)* Serum-Komplement-Fixationstiter *m*
serum concentration *(Lab)* Serumkonzentration *f*
serum creatinine concentration Serumkreatininkonzentration *f*
serum creatinine level Serumkreatininspiegel *m*
serum diagnosis serologische Diagnose *f*
serum drop Serumtropfen *m*
serum electrolyte Serumelektrolyt *m*
serum electrolyte level Serumelektrolytspiegel *m*
serum electrophoresis *(Lab)* Serumelektrophorese *f*
serum enzyme Serumenzym *n*
serum-fast serumresistent *(z. B. Bakterien)*
serum ferritin Serumferritin *n*
serum globulin Serumglobulin *n*, Globulin *n* des Blutserums
serum glutamic oxaloacetic transaminase Serum-Glutamat-Oxalacetat-Transaminase *f*, SGOT *(Enzym)*
serum glutamic pyruvic transaminase Serum-Glutamat-Pyruvat-Transaminase *f*, SGPT *(Enzym)*

serum gonadotrop(h)in *(Gyn, Endokr)* Serumgonadotropin *n*, Serumgonadotrophin *n*, Gonadotrophinum *n* Sericum, Serum-Gonadothrophin *n*
serum group Serumgruppe *f*
serum hepatitis *(Virol)* Serumhepatitis *f*, homologer Serumikterus *m*
serum-hepatitis antigen Serumhepatitis-Antigen *n*, SH-Antigen *n*
serum-hepatitis virus Serumhepatitis-Virus *n*, SH-Virus *n*
serum immunoglobulin Serumimmunoglobulin *n*
serum immunoglobulin concentration Serumimmunoglobulinkonzentration *f*
serum injection Seruminjektion *f*
serum iron Serumeisen *n*
serum iron content Serumeisengehalt *m*
serum jaundice *s.* serum hepatitis
serum lability reaction *(Hämat, Lab)* Serumlabilitätsprobe *f*, Serumlabilitätsreaktion *f*
serum level *(Hämat)* Serumspiegel *m*
serum lipase Serumlipase *f (Enzym)*
serum lipid level Serumlipidspiegel *m*
serum lipoprotein Serumlipoprotein *n*
serum neuritis Serumneuritis *f*
serum neutralization test Serum-Neutralisationstest *m*
serum osmolality Serumosmolalität *f*
serum paralysis Serumparalyse *f*
serum phosphatase Serumphosphatase *f (Enzym)*
serum potassium Serumkalium *n*
serum prophylaxis *s.* seroprophylaxis
serum protein Serumprotein *n*, Serumeiweiß *n*
serum prothrombin conversion factor *s.* serum accelerator factor
serum rash *(Derm)* Serumausschlag *m*
serum reaction Serumreaktion *f*, Seroreaktion *f*
serum sample Serumprobe *f*
serum shock Serumschock *m*
serum sickness Serumkrankheit *f*
serum sodium Serumnatrium *n*
serum treatment Serumbehandlung *f*, Serumtherapie *f*
serum triglyceride Serumtriglycerid *n*
serum urea nitrogen Serumharnstoff-Stickstoff *m*
serum urticaria *(Derm)* Serumurtikaria *f*
serumal Serum…
serumuria Albuminurle *f*
service dog Diensthund *m*; Blindenhund *m*
sesame oil Sesamöl *n*, Oleum *n* Sesami
sesamoid 1. sesamoid, sesamartig; Sesam…; 2. *s.* sesamoid bone
sesamoid bone Os *n* sesamoideum, Sesambein *n*, Sehnenknöchelchen *n*
sesamoid cartilage Cartilago *f* sesamoidea
sesamoiditis Sesamoiditis *f*, Sesambeinentzündung *f*
sessile sessil, (fest)sitzend, (fest)haftend, festgewachsen
session Sitzung *f*, (psychologische) Konsultation *f*
set *v* eine Fraktur reponieren, einen Knochenbruch einrichten
set 1. Satz *m*, Set *n*; Besteck *m*, Instrumentenbesteck *n*; Paar *n*; Garnitur *f*; 2. Gruppe *f (z. B. von Muskeln)*; 3. Kreis *m*, Personengruppe *f*; 4. Gebiss *n*, Zahngebiss *n*; 5. Gerät *n*, Apparat *m*; 6. Haltung *f*, Körperhaltung *f*
set-fast paralytische Myoglobinurie *f*
set of instruments Instrumentensatz *m*, Instrumentenbesteck *n*, Besteck *n*
set of post mortem instruments Sezierbesteck *n*, Sektionsbesteck *n*, Obduktionsbesteck *n*
set of symptoms Symptomenkomplex *m*, Syndrom *n*
set of teeth künstliches Gebiss *n*, Zahnprothese *f*
set-point Sollwert *m*
setaceous borstenförmig, borstig; Borsten…
setback 1. Rückschlag *m*, Rückfall *m*; 2. Gaumenspaltenrekonstruktion *f*
setiferous borstentragend, borstig
setigerous *s.* setiferous
Settegast's projection *(Rad)* Settegast'sche Projektion *f*, Settegast-Projektion *f (des Kniegelenkes)*
setting 1. Einstellung *f*, Einrichtung *f*, Reposition *f*, Reponieren *n (z. B. einer Fraktur)*; Einrenkung *f (z. B. eines Gelenkes)*; 2. Anlegen *n*, Anpasseen *n*; Aufsetzen *n*; 3. Aushärtung *f*, Härtung *f (z. B. von Gips)*; Amalgamaushärtung *f*; 4. Einstellung *f*, Regulierung *f*
setting-sun phenomenon *(Ophth, Päd)* Sonnenuntergangsphänomen *n*
settle *v* **in the abdomen** im Abdomen [Bauch] lokalisieren *(z. B. Schmerzen)*
setup 1. System *n*, Organisation *f*, Aufbau *m*, Struktur *f*, Anordnung *f*; Aufstellung *f*; 2. Situation *f*, Zustand *m*, Umstand *m*; 3. Haltung *f*, Körperhaltung *f*; 4. *(Stom)* Simulationsmodell *n*; 5. Umstellung *f*, Zahnumstellung *f*
seven-day fever Siebentage-Fieber *n (siehe auch: dengue)*
seven-year itch Skabies *f*, Krätze *f*
seventh cervical vertebra Vertebra *f* prominens, VII. Halswirbel *m*
seventh cranial nerve VII. Hirnnerv *m*, Nervus *m* facialis, Fazialis *m*, Gesichtsnerv *m*
seventh nerve paralysis Fazialisparalyse *f*, Gesichtsnervlähmung *f*
severe anaemia schwere Anämie *f*
severe bleeding schwere [ernsthafte] Blutung *f*
severe combined immunodeficiency schwerer kombinierter Immundefekt *m*, SCID
severe epilepsy schwerer Epilepsieanfall *m*
severe form of the disease schwere Krankheitsform *f*
severe headache starke Kopfschmerzen *mpl*
severe trauma schweres Trauma *n*, ernsthafte Verletzung *f*
severity Heftigkeit *f*, Stärke *f (z. B. von Schmerzen)*; Schwere *f*, Ernsthaftigkeit *f (z. B. einer Infektion)*
severity of injury Verletzungsgrad *m*
severity of trauma *s.* severity of injury
Sever's disease Sever'sche Krankheit *f*, Sever-Krankheit *f*, Kalkaneusapophysitis *f*, Apophysitis *f* calcanei
seviparous *s.* sebiferous
sevoflurane Sevofluran *n (Inhalationsanästhetikum)*
sewing spasm Ermüdungsspasmus *m*, Ermüdungskrampf *m*
sex Sex(us) *m*, Geschlecht *n (siehe auch unter: sexual)*
sex character(istic) Geschlechtsmerkmal *n*
sex chromatin *(Gen)* Geschlechtschromatin *n*, Sexchromatin *n*
sex chromatin test Sexchromatintest *m*
sex chromosome *(Gen)* Geschlechtschromosom *n*, Sexchromosom *n*, Allosom *n*
sex chromosome aberration Geschlechtschromosomenaberration *f*
sex chromosome mosaic Geschlochtschromosomenmosaik *n*
sex-conditioned geschlechtsbedingt, geschlechtsabhängig, geschlechtsgebunden
sex-conditioned gene geschlechtsbedingtes Gen *n (mit geschlechtsgebundener Genexpression)*
sex-controlled *s.* sex-conditioned
sex cord tumour *(Gyn)* Keimleistentumor *m*, Keimleistengeschwulst *f*, Sexcord-Tumor *m*
sex determination Geschlechtsbestimmung *f*, Sexdetermination *f*
sex-determining geschlechtsbestimmend *(Chromosom)*

sex deviant sexuell Abnorme(r) *m*, sexuell von der Norm abweichende Person *f*
sex difference Geschlechtsunterschied *m*
sex differentiation Geschlechtsdifferenzierung *f*, Geschlechtsausbildung *f*
sex education sexuelle Aufklärung *f*
sex factor Fertilitätsfaktor *m*
sex hormone Sexualhormon *n*, Geschlechtshormon *n*
sex hormone binding globuline sexualhormonbildendes Globulin *n*
sex hygiene Sexualhygiene *f*
sex infantilism sexueller Infantilismus *m*
sex-influenced geschlechtsgebunden, geschlechtsabhängig
sex-influenced inheritance geschlechtsgebundene [geschlechtsabhängige] Vererbung *f*
sex-limited *s.* sex-linked
sex linkage Geschlechtsgebundenheit *f*, Genständigkeit *f*
sex-linked geschlechtsgebunden *(z. B. Erbkrankheiten)*; genständig
sex-linked disorder geschlechtsgebundene Störung *f*
sex-linked ichthyosis geschlechtsgebundene Ichthyose *f*
sex-linked gene geschlechtsgebundenes Gen *n*
sex-linked inheritance an Geschlechtschromosomen gebundene Vererbung *f*, X-chromosomabhängige Vererbung *f*, Y-chromosomabhängige Vererbung *f*
sex maniac Triebverbrecher *m*
sex mosaic Geschlechtsmosaik *n*
sex organ Geschlechtsorgan *n*, Sexualorgan *n*
sex preference Geschlechtsbevorzugung *f*
sex ratio Geschlechtsverhältnis *n*, Männer:Frauen-Relation *f*
sex role *(Psych)* Geschlechtsrolle *f*, Geschlechterrolle *f*
sex surrogate Surrogate-Partner *m*
sex therapy Sexualtherapie *f*
sexdigitate *s.* sexidigital
sexidigital sechsfingrig, mit sechs Fingern
sexidigitate *s.* sexidigital
sexism Sexismus *m*
sexist sexistisch, Sexismus…
sexist Sexist *m*
sexivalent sechswertig
sexologic Sexualogie…, Sexuallehre…
sexology Sexualogie *f*, Sexuallehre *f*
sexopathy Paraphilie *f*
sextan jeden sechsten Tag auftretend, sich jeden sechsten Tag wiederholend *(z. B. Malariafieber)*
sextigravida Sextigravida, Gravida VI *f*, Sechstschwangere *f*, zum sechsten Mal schwangere Frau *f*
sextipara Sextipara *f*, Parta VI *f*, Sechstgebärende *f*, zum sechsten Mal gebärende Frau *f*
sextuplet Sechsling *m*
sexual sexuell, sexual, geschlechtlich; Geschlechts… *(siehe auch unter: sex)*
sexual abstinence Abstinentia *f* sexualis, sexuelle Enthaltung *f*
sexual abuse sexueller Missbrauch *m*
sexual act Sexualakt *m*, Geschlechtsakt *m*, Geschlechtsverkehr *m*, Koitus *m*
sexual ambiguity Geschlechtsambiguität *f*, Doppelgeschlechtlichkeit *f*
sexual anaesthesia *(Neur)* Anaphrodisie *f*, (krankhaft) verminderter Geschlechtstrieb *m*, Geschlechtstriebverminderung *f*
sexual asphyxia sexuelle Asphyxie *f*
sexual assault sexuelle Vergewaltigung *f*
sexual aversion disorder sexuelle Aversion *f*
sexual behaviour Sexualverhalten *n*
sexual cell Geschlechtszelle *f*
sexual change operation *s.* sexual reversal
sexual characteristic Sexualmerkmal *n*, Geschlechtsmerkmal *n*
sexual contact sexueller Kontakt *m*
sexual counseling Sexualberatung *f*
sexual crime Sexualverbrechen *n*
sexual cycle Sexualzyklus *m*
sexual debility Debilitas *f* sexualis *f*, Schwäche *f* der sexuellen Potenz
sexual desire sexuelles Verlangen *n*, sexuelle Begierde *f*, Libido *f*
sexual development Sexualentwicklung *f*
sexual deviation *(Neur)* sexuelle Perversion *f*, geschlechtliche Abartigkeit *f* [Abnormität *f*, Verirrung *f*], Psychopathia *f* sexualis
sexual disintegration Entmischung *f*
sexual disorder Sexualstörung *f*
sexual drive Sexualtrieb *m*, sexuelle Neigung *f*
sexual dwarf sexueller Zwerg *m*
sexual dysfunction Sexualdysfunktion *f*, Sexual(funktions)störung *f*, sexuelle Dysfunktion *f* [Funktionsstörung *f*]
sexual education Sexualerziehung *f*
sexual event sexuelles Ereignis *n*
sexual fantasy sexuelle Fantasie *f*
sexual fold Genitalfalte *f*
sexual frigidity *(Neur)* sexuelle Kälte *m*, Frigidität *f*
sexual function Sexualfunktion *f*
sexual generation geschlechtliche Fortpflanzung *f*
sexual glands Geschlechtsdrüsen *fpl*, Gonaden *fpl*, Keimdrüsen *fpl*
sexual harassment sexuelle Belästigung *f*
sexual health sexuelle Gesundheit *f*, Sexualgesundheit *f*
sexual history sexuelle Anamnese *f*
sexual hormone Sexualhormon *n*, Geschlechtshormon *n*
sexual instinct Geschlechtstrieb *m*, Sexualtrieb *m*
sexual intercourse *s.* sexual act
sexual inversion 1. Transvestismus *m*; 2. Homosexualität *f*
sexual life Sexualleben *n*
sexual masochism *(Neur)* sexueller Masochismus *m*
sexual maturity Geschlechtsreife *f*, Sexualreife *f*, sexuelle Reife *f*
sexual mistreatment sexuelle Misshandlung *f*
sexual mores sexuelle Sitten *fpl*; Sexualmoral *f*, Sexualethik *f*
sexual neurasthenia *(Neur)* Sexualneurasthenie *f*, Neurasthenia *f* sexualis, sexuelles Versagen *n*
sexual neurosis Sexualneurose *f*
sexual offence *(For)* Sittlichkeitsverbrechen *n*, Sittlichkeitsdelikt *n*, Sexualdelikt *n*
sexual offender Sittlichkeitsverbrecher *m*, Sexualstraftäter *m*
sexual orientation sexuelle Orientierung *f*, sexuelle Ausrichtung *f*
sexual partner Sexualpartner *m*
sexual perversion *s.* sexual deviation
sexual precocity sexuelle Frühreife *f*
sexual preference sexuelle Präferenz *f*, sexuelle Vorliebe *f*
sexual psychopath sexueller Psychpath *m*, Sexualpsychopath *m*
sexual psychopathy sexuelle Psychopathie *f*, Psychopathia *f* sexualis, Sexualpsychopathie *f*
sexual realm Sexualbereich *n*, sexuelles Gebiet *n*
sexual reassignment Geschlechtsumwandlung *f*, Umwandlung *f* des Geschlechts *(z. B. durch eine Operation)*
sexual reflex Sexualreflex *m*, Genitalreflex *m*
sexual relation Sexualbeziehung *f*, sexuelle Beziehung *f*

sexual reproduction geschlechtliche Fortpflanzung *f*
sexual response sexuelle Reaktion *f*
sexual response cycle sexueller Reaktionszyklus *m* *(aus Erregungsphase, Plateauphase, Orgasmus und Lösungsphase bestehend)*
sexual reversal Geschlechtsumwandlung *f*
sexual sadism *(Neur)* sexueller Sadismus *m*
sexual selection sexuelle Selektion *f*
sexual steroid Sexualsteroid *n*
sexual symbols Sexualsymbole *npl*
sexual tasks Sexualpraktiken *pl*; Sexualerfahrungen *fpl*
sexual therapist Sexualtherapeut *m*
sexual therapy Sexualtherapie *f*
sexual union *s.* sexual act
sexual urge Sexualtrieb *m*
sexuality Sexualität *f*, Geschlechtlichkeit *f*, Geschlechtsleben *n*
sexuality pattern Sexualitätsmuster *n*
sexualization Sexualisierung *f*
sexually deviant personality sexuell von der Norm abweichende Persönlichkeit *f*
sexually transmitted disease sexuell übertragene Krankheit *f*, Geschlechtskrankheit *f*, venerische Erkrankung *f*
Sézary cell Sézary'sche Zelle *f (bei kutanem T-Zell-Lymphom)*
Sézary erythroderma *s.* Sézary's syndrome
Sézary syndrome Sézary-Syndrom *n*, Sézary-Beccared-da-Syndrom *n*, (bösartige) retikulämische Erythrodermie *f*
SGOT *s.* serum glutamic oxaloacetic transaminase
SGPT *s.* serum glutamic pyruvic transaminase
SH virus *s.* serum-hepatitis virus
shabby pulse *(Kard)* fadenförmiger Puls *m*
shadow 1. Schatten *m*, Verschattung *f*, Trübung *f*, Trübheit *f*, Opazität *f*, Kontrastbildung *f*, Kontrastfärbung *f*; 2. *s.* shadow cell
shadow-casting Schatten werfend [gebend]; Kontrast bildend
shadow cell *(Hämat)* Erythrozytenschatten *m*
shadow in the lung field *(Rad)* Lungenschatten *m*
shadow of aneurysm *(Rad)* Aneurysmaschatten *m*
shadow test *(Ophth)* Schattenprobe *f (siehe auch: skiascopy)*
shadowed sinus 1. *(Rad)* verschatteter Sinus *m*; 2. *(Rad)* Nasennebenhöhlenverschattung *f*, Nebenhöhlenverschattung *f*
shaft Schaft *m*, Diaphyse *f*, Knochenschaft *m*, Knochenmittelstück *n*
shaft of the femur Corpus *n* femoris, Femurschaft *m*
shaft of the fibula Corpus *n* fibulae, Fibulaschaft *m*
shaft of the humerus Corpus *n* humeri, Humerusschaft *m*
shaft of the metacarpal bone Corpus *n* ossis metacarpalis
shaft of the metatarsal bone Corpus *n* ossis metatarsalis
shaft of the penis Corpus *n* penis, Penisschaft *m*, Gliedkörper *m*
shaft of the radius Corpus *n* radii, Speichenkörper *m*, Speichenschaft *m*
shaft of the rib Corpus *n* costae
shaft of the tibia Corpus *n* tibiae, Wadenbeinschaft *m*
shaft of the ulna Corpus *n* ulnae, Ellenkörper *m*, Ellenschaft *m*
shaggy heart *(Kard)* Cor *n* villosum [hirsutum], Zottenherz *n*
shake (seelische) Erschütterung *f*, seelisches Trauma *n*
shake test Schütteltest *m*
shaken baby syndrome Syndrom *n* des geschüttelten Babys
shakes 1. Schütteln *n*, Zittern *n*, Beben *n*; Schüttelfrost *n*; 2. Malariaparoxysmus *m*, Malariaschüttelfrost *m*
shaking chill Schüttelfrost *m*
shaking palsy *s.* parkinsonism
shaking paralysis *s.* parkinsonism
shallow breathing flache [oberflächliche] Atmung *f*
shallow chamber of the eye flache Augenkammer *f*
shallow colitis Colitis *f* superficialis
shallow keratitis Keratitis *f* superficialis
shallow pyodermia Pyodermia *f* superficialis, oberflächliche Pyodermie *f*
shallow respiration oberflächliche Atmung *f*
shallow ulcer Ulcus *n* superficialis, Oberflächengeschwür *n*; Exulzeration *f*
shallowness *(Neur)* Affektlabilität *f*
sham-feeding *(Physiol)* Scheinfütterung *f*
shamanism Schamanismus *m (primitive Form der Psychotherapie)*
shame *(Psych)* Scham *f (Scheu vor körperlicher und seelischer Entblößung)*
shank Unterschenkel *m*; Schienbein *n*, Tibia *f (Zusammensetzungen siehe unter: tibial)*
shape of shadow *(Rad)* Schattenform *f*, Verschattungsform *f*
shape of the heart *(Rad)* Herzform *f*
shaping 1. Formung *f*, Formen *n*; Formgebung *f*, Gestalten *n*; Gestaltgebung *f*; 2. *(Neur)* schrittweise Veränderung *f* von Symptomen
shaping of behaviour *(Psych)* Verhaltensaufbau *m*, operante Konditionierung *f*
shared governance gemeinsame Entscheidungsfindung *f*, gemeinsame [geteilte] Leitungstätigkeit *f*
shared paranoid disorder geteilte paranoide Störung *f*, Foilie *f* à deux; Kontaktwahn *m*; induzierte paranoide Störung *f*
shared services gemeinsam genutzte Dienstleistungen *fpl*
shark skin Dyssebacea *f*, Phrynoderma *n*; seborrhoische Dermatitis *f (bei Vitamin-B2-Mangel)*
sharp dissection scharfe Dissektion *f* [Durchtrennung *f*]
sharp murmur scharfes Geräusch *n*
sharp pain heftiger [stechender] Schmerz *m*
sharp pains on urination scharfer [schneidender] Miktionsschmerz *m*, heftiger [durchdringender] Miktionsschmerz *m*; Brennen *n* beim Wasserlassen
sharp-pointed scalpel spitzes Skalpell *n*
sharp pronged surgical retractor scharfer (chirurgischer) Haken *m*
sharp pulse *(Kard)* schnellender Puls *m*, Pulsus *m* celer
sharp retractor *(Chir)* gezahnter Retraktor *m*; scharfer Haken *m*
sharp single-toothed retractor *(Chir)* scharfer Einzinker(haken) *m*
sharp wave spitze [steile] Welle *f (EEG)*
Sharpey's fibres Sharpey'sche Fasern *fpl*, Fibrae *fpl* dentoalveolares
sharps Kanülen *fpl*; Nadeln *fpl*; Skalpellklingen *fpl*
sharps collector *s.* sharps container
sharps container Kanülen(sammel)behälter *m*, Kanülensammler *m*
shatterproof glass bruchsicheres Glas *n*, Sicherheitsglas *n*
Shaver's disease *(Arb)* Shaver'sche Krankheit *f*, Shaver-Syndrom *n*, Korundschmelzerlunge(nerkrankung) *f*
shaving stroke schabende [hobelnde] Instrumentenbewegung *f (z. B. beim Glätten einer Zahnwurzel)*
shear *v* scheren, abscheren; schneiden, abschneiden, abtrennen
shear Abscherung *f*, Scherung *f*

shear fracture *(Chir)* Scherfraktur *f*
shearing force Scherkraft *f*
shearling Schaffell *n (Bettunterlage)*
shears *s.* scissors
sheath 1. Scheide *f*, Hülle *f*, Kapsel *f*, Nervenscheide *f*, Gefäßscheide *f*, Muskelscheide *f*; 2. Kondom *m(n)*, Präservativ *n*
sheath of Henle Endoneurium *n*, Endoneuralscheide *f*
sheath of Schwann Schwann'sche Scheide *f*, Schwann-Scheide *f*, Neurilemm *n*
sheath of the optic nerve Sehnervenscheide *f*
sheath of the rectus abdominis (muscle) Vagina *f* musculi recti abdominis, Rektusscheide *f*
shedding Milchzahnausfall *m*
Sheehan's syndrome *(Endokr, Gyn)* Sheehan-Syndrom *n*, postpartale Hypophysennekrose *f*, Hypophysenvorderlappeninsuffizienz *f* nach der Geburt
sheep blood agar *(Bakt, Lab)* Schafblutagar *m(n)*
sheep cell agglutination Schafzellenagglutination *m*
sheep cell agglutination test Schafzellenagglutinationstest *m*, Paul-Bunnell-Test *m*, Rose-Waaler-Test *m*
sheep cell agglutinin Schafzellenagglutinin *n*
sheep cell test Schafzellentest *m*
sheep-dung stool Schafdungstuhl(gang) *m*
sheep pox *(Inf)* Schafpocken *pl*, Schafblattern *pl*, Varizellen *fpl*
sheep red-cell agglutination test *s.* sheep cell agglutination test
sheet Laken *n*, Bettlaken *n*, Tuch *n*, Betttuch *n*
sheet bath Einwickeln *n* in (nasse) Tücher
sheet wadding Watte(streifen)polsterung *f (eines Gipses)*
shelf 1. Leiste *f*, Platte *f*; 2. Kompartment *n*
shell 1. Hülle *f*, Mantel *m*; Ummantelung *f*; 2. Schale *f*, Rinde *f*, Hülse *f*; 3. Muschel *f*, Muschelschale *f*; 4. Geschossmantel *m*
shell injury Geschoss(splitter)verletzung *f*, Granatsplitterwunde *f*
shell-shock 1. Explosionstrauma *n*, Explosionsschock *m*; 2. Kriegsneurose *f*, Psychopathia *f* martialis
shell teeth Muschelzähne *mpl*, Schalenzähne *f*
shell wound *s.* shell injury
shellfish poisoning Vergiftung *f* durch Genuss von Schalentieren, Muschelvergiftung *f*
sheltered workshop *(Arb, Neur)* geschützte Werkstatt *f*, geschützter Arbeitsplatz *m*, beschützende Werkstätte *f*
Shenton's arch *s.* Shenton's line
Shenton's line Shenton-Linie *f*, Shenton'sche Linie *f*, Ménard-Shenton-Linie *f (von Hüftgelenk und Schambeinbogen gebildet)*
Shepherd's fracture Shepherd-Fraktur *f*, Sheperd-Cloquet-Fraktur *f*, Shepherd'sche Talusfraktur *f*, Fraktur *f* des Processus posterior tali
shield 1. Schild *m*, Schutzschild *m*; Schutzschirm *m*; 2. *(Rad)* Gehäuse *f*, Abschirmung *f*
shielding constant Abschirmungskonstante *f*
shift 1. Schicht *f*, Arbeitsschicht *f (z. B. einer Stationsschwester)*; 2. Verschiebung *f*
shift in activity Aktivitätsverschiebung *f*
shift report Übergabebericht *m*, Patientenbericht *m* bei Schichtwechsel
shift to the left *(Hämat)* Linksverschiebung *f (weißes Blutbild)*
shift to the right *(Hämat)* Rechtsverschiebung *f (weißes Blutbild)*
shifting of tissue *(Chir)* Gewebeverschiebung *f*
Shiga bacillus *(Inf)* Shiga-Kruse-Bazillus *m*, Dysenteriebazillus *m*
Shiga's toxin Shiga-Toxin *n (Exotoxin aus Shigella dysenteriae Typ I)*
shigella Shigella *f*, Shigelle *f*
Shigella Shigella *pl*, Shigellen *pl*
Shigella ambigua Shigella *f* ambigua
Shigella arabinotarda type A Shigella *f* arabinotarda Typ A, Shigella *f* dysenteriae Typ 3
Shigella arabinotarda type B Shigella *f* arabinotarda Typ B, Shigella *f* dysenteriae Typ 4
Shigella boydii Shigella *f* boydii
Shigella ceylonensis Shigella *f* ceylonensis
Shigella dysenteriae Shigella *f* dysenteriae
Shigella dysenteriae type 1 Shigella *f* dysenteriae Typ 1
Shigella dysenteriae type 2 Shigella *f* dysenteriae Typ 2
Shigella etousae Shigella *f* etousae
Shigella flexneri Shigella *f* flexneri
Shigella newcastle Shigella *f* newcastle
Shigella paradysenteriae Shigella *f* paradysenteriae
Shigella parashigae Shigella *f* parashigae
Shigella schmitzii Shigella *f* schmitzii
Shigella shigae Shigella *f* shigae
Shigella sonnei Shigella *f* sonnei
shigellosis *(Inf)* Shigellose *f*, Bakterienruhr *f*, Bakteriendysenterie *f*, (bakterielle) Dysenterie *f*, Ruhr *f*
shin Schienbein(vorder)kante *f*, Crista *f* anterior tibiae
shin-splints (leichtes) vorderes Kompartmentsyndrom *n*
shinbone Schienbein *n*, Tibia *f*
shinbone fever *s.* trench fever
shiner *(sl)* blaues Auge *n*
shingles *(Derm)* Gürtelrose *f*, Zoster *m*, Herpes *m* zoster
shining nail *(Derm)* Glanznagel *m*
shiny skin Glanzhaut *f*
ship fever *s.* epidemic typhus
ship's surgeon Schiffsarzt *m*
shipyard eye Keratokonjunktivitis *f* epidemica
shirt-stud abscess Kragenknopfpanaritium *n*, Knopflochabszess *m*
shit Haschisch *n*
shiver *v* zittern, Muskelzittern haben; (vor Kälte) zittern, frösteln
shiver Zittern *n*; Frösteln *n*
shivering *s.* shivers
shivering-fit *s.* shivers
shivering reflex Schüttelreflex *m*
shivers Fieberschauer *m*; Schüttelfrost *m*
shock 1. Schock *m*, Kreislaufzusammenbruch *m*, Kreislaufversagen *n*; 2. Schock *m*, psychisches [emotionales] Trauma *n* • **be in shock** sich im Schock(zustand) befinden • **cause shock** einen Schock verursachen [auslösen, bewirken] • **combat shock** den Schock bekämpfen [behandeln, therapieren] • **go into shock** einen Schock entwickeln [ausbilden, bekommen] • **produce shock** einen Schock auslösen [verursachen, bewirken]
shock index Schockindex *m*
shock kidney Schockniere *f*, akutes Nierenversagen *n*
shock lung Schocklunge *f*, posttraumatische Lungeninsuffizienz *f*
shock management Schockmanagement *n*
shock organ Schockorgan *n*
shock prevention Schockprävention *f*, Schockvorbeugung *f*
shock-psychosis *(Neur)* Schockpsychose *f*
shock reaction *(Neur)* Schockreaktion *f*
shock therapy Schocktherapie *f*, Schockbehandlung *f*
shock treatment *s.* shock therapy
shock trousers Schockhose *f*, pneumatische Hose *f*
shocklike schockartig
shockproof schockgeschützt, schocksicher *(z. B. elektrische Geräte)*; stoßfest, erschütterungsfest, schockresistent
shoe cookies Schuheinlagen *fpl*, Senkfußeinlagen *fpl*

shooting pains einschießende Schmerzen *mpl*
shop typhus *(Inf)* endemisches [murines] Fleckfieber *n*
Shope papilloma Shope-Papillom *n (experimentell durch Virus-DNS übertragene Hornwarzen beim Kaninchen)*
short-acting kurz wirkend; Kurzzeit-...
short-acting insulin schnell wirkendes Insulin *n*, Kurzzeit-Insulin *n*
short-arm cast Unterarmgips *m*, Unterarmgipsverband *m*
short-axis 2-D echocardiogram 2D-Echokardiogramm *n* in der kurzen Achse, Short-axis-2D-Echokardiogramm *n*
short-axis examination Untersuchung *f* in der kurzen Achse *(bei der Echokardiographie)*
short bone Os *n* breve, kurzer Knochen *m*
short-bowel syndrome *(Gastr)* Syndrom *n* des kurzen Darms *(nach Darmresektion)*
short cervix kurze Zervix *f*
short-chain acyl-CoA dehydrogenase Short-chain-acyl-CoA-Dehydrogenase *f*
short ciliary nerves Nervi *mpl* ciliares breves
short circuit Kurzschlussanastomose *f*, Umgehungsanastomose *f*
short-circuiting operation Kurzschlussoperation *f*, Umgehungsoperation *f (z. B. am Darm)*
short congenital oesophagus *s.* thoracic stomach
short course tuberculosis therapy Kurzzeittuberkulosetherapie *f (für 6 Monate)*
short crus of the incus Crus *n* breve incudis, kurzer Ambossschenkel *m*
short dorsal sacroiliac ligament Ligamentum *n* sacroiliacum posterius breve
short fainting spell *(Neur)* kurze Bewusstseins(ein)trübung *f*, kurzer Schwächeanfall *m*
short gastric artery Arteria *f* gastrica brevis, kurze Magenarterie *f*
short gastric vein Vena *f* gastrica brevis, kurze Magenvene *f*
short-gut syndrome (angeborenes) Kurzdarmsyndrom *n*
short head of the biceps muscle of the arm Caput *n* breve musculi bicipitis brachii
short head of the biceps muscle of the leg Caput *n* breve musculi bicipitis femoris
short increment sensitivity *(HNO)* Empfindlichkeit *f* für kleine [geringe] Lautstärkeerhöhungen *(bei Audiometrie)*
short increment sensitivity index *(HNO)* SISI-Test *m*; Short-increment-sensitivity-Index *m*
short-leg cast Unterschenkelgips(verband) *m*
short-leg cast with walker Unterschenkelgehgips *m*
short levatores costarum muscles Musculi *mpl* levatores costarum breves, kurze Querfortsatzrippenmuskeln *mpl*
short memory *(Neur)* Kurzzeitgedächtnis *n*
short penile frenulum verkürztes Vorhautbändchen *n*; Frenulumverkürzung *f*
short posterior ciliary artery Arteria *f* ciliaris posterior breve
short-PR-normal-QRS syndrome Lown-Ganong-Levine-Syndrom *n (mit verkürzter PQ-Stecke und normalem QRS-Komplex)*
short process of the malleus Processus *m* lateralis [brevis] mallei, kurzer [seitwärts gerichteter] Hammerfortsatz *m*
short saphenous nerve *s.* sural nerve
short saphenous vein *s.* small saphenous vein
short sight Kurzsichtigkeit *f*, Myopie *f*, Visus *m* brevior
short-sighted kurzsichtig, myop *(Zusammensetzungen siehe unter: myopic)* • **be short-sighted** kurzsichtig sein
short-sightedness Kurzsichtigkeit *f*, Myopie *f*
short stature kleine Statur *f* [Körpergröße *f*]; Kleinwuchs *m*
short-term anaesthesia Kurzzeitnarkose *f*
short-term analysis Kurzzeitanalyse *f*
short-term memory *(Neur)* Kurzzeitgedächtnis *n*
short-time extension Kurzzeitextension *f*, kurzzeitiges Ziehen *n*
short vinculum Vinculum *n* breve, kurze Fessel *f*
short-wave diathermy Kurzwellendiathermie *f*, Kurzwelle *f*, Diathermie *f*, Thermopenetration *f*, Transthermie *f*, Wärmedurchdringung *f*
short-windedness *s.* dyspnoea
shortening of the upper lip frenulum Zungenbandverkürzung *f*; verkürztes Zungenbändchen *n*
shortness of breath at rest Ruhedyspnoe *f*, Atemnot *f* in Ruhe
shotgun injury *(For)* Schussverletzung *f*
shotgun therapy polypragmatische Therapie *f*, Polypragmasie *f*
shotted suture *(Chir)* Bleiplattennaht *f*
shoulder Schulter *f* • **shrug the shoulders** die Schultern heben; mit den Achseln zucken
shoulder blade Schulterblatt *n*, Skapula *f*, Scapula *f (Zusammensetzungen siehe unter: scapula und scapular)*
shoulder dislocation Schulterdislokation *f*, Schulterverrenkung *f*, Schulterluxation *f*
shoulder dystocia *(Gyn)* Schulterdystokie *f*
shoulder girdle Schultergürtel *m*, Cingulum *n* membri superioris
shoulder-girdle syndrome *(Neur)* Schultergürtelsyndrom *n*
shoulder-girdle trauma Schultergürteltrauma *n*
shoulder-hand syndrome *(Neur, Orth)* Schulter-Arm-Syndrom *n*, Schulter-Hand-Syndrom *n*
shoulder joint Schultergelenk *n*, Articulatio *f* humeri
shoulder luxation *s.* shoulder dislocation
shoulder muscular fatigue Schultermuskelermüdung *f*
shoulder-neck syndrome *(Neur, Orth)* Schulter-Hals-Syndrom *n*
shoulder pain Schulterschmerz *m*
shoulder plaster jacket Gipskorsett *n*, Gipspanzer *m*
shoulder presentation *(Gyn)* Schultervorfall *m*, Schulterlage *f*
shoulder slip supraskapuläre Paralyse *f*
shoulder spica cast Oberarmabduktionsgips *m*, Oberarmabduktionsgipsverband *m*
shoulder stiffness Schultersteife *f*, Schultersteifigkeit *f*, Periarthropathia *f* humeroscapularis, Periarthritis *f* humeroscapularis
shoulder subluxation Schultersubluxation *f*
shoulder support Schulterstütze *f (Operationslagerung)*
show Zeichnen *n (Blutabgang vor der Geburt)*
show *v* **no pathology** keinen pathologischen Befund zeigen
Shprintzen syndrome Shprintzen-Syndrom *n*, Shprintzen'sches Syndrom *n*, velo-kardio-faziales Syndrom *n*
Shrapnell's membrane *(Anat, HNO)* Shrapnell'sche Membran *f*, Shrapnell-Membran *f*, Pars *f* flaccida membranae tympani
shreds Schleimfäden *mpl (z. B. im Urin)*
shrinkage Schrumpfung *f*, Schrumpfen *n*
shrunken kidney Schrumpfniere *f*
shu points Shu-Punkte *mpl*, Shu-Akupressurpunkte *mpl*
shudder *v* schaudern, beben, zittern
Shulman's syndrome Shulman-Syndrom *n*, eosinophile Fasziitis *f*
shunt *v* shunten, übertreten *(z. B. Blut von einer Herzkammer in die andere bei Herzfehler)*
shunt Shunt *m*, Nebenschluss *m*, Nebenweg *m*, Seitenverbindung *f*, Kurzschlussverbindung *f*
shunt hyperbilirubinaemia *(Hepat)* Shunt-Hyperbilirubinämie *f*

shunt infection Shunt-Infektion *f*
shunt reversal Shunt-Umkehr *f (bei Herzfehlern)*
shunt volume Shunt-Volumen *n*
shunting of blood Blut-Shunten *n*
shuttle-bone *s.* scaphoid
Shwachman-Diamond syndrome Shwachman-Diamond'sches Syndrom *n*, Shwachman-Diamond-Syndrom *n (Insuffizienz der Bauchspeicheldrüse mit Knochenmarkhypoplasie)*
Shwachman syndrome *s.* Shwachman-Diamond syndrome
Shwartzman phenomenon *(Bakt)* Shwartzman-Sanarelli'sches Phänomen *n*, Sanarelli-Shwartzman-Phänomen *n (nach wiederholter Endotoxininjektion)*
Shwartzman reaction *s.* Shwartzman phenomenon
Shy-Drager syndrome *(Neur)* Shy-Drager-Syndrom *n*, orthotisches Syndrom *n*, orthostatischer Symptomenkomplex *m*
Shy-Magee syndrome Shy-Magee'sches Syndrom *n*, Shy-Magee-Syndrom *n (hyaline Myopathie)*
shyness *(Neur)* Schüchternheit *f*
siagonagra Siagonagra *f*, Maxillarschmerz *m*, Oberkieferschmerz *m*
siagonantritis Kieferhöhlenentzündung *f*, Sinusitis *f* maxillaris, Antritis *f*
sialaden Speicheldrüse *f*
sialadenectomy *s.* sialoadenectomy
sialadenitis Sialadenitis *f*, Speicheldrüsenentzündung *f*
sialadenography *s.* sialography
sialadenoma Sialadenoma *n*, Speicheldrüsenadenom *n*
sialadenoncus Speicheldrüsengeschwulst *f*, Speicheldrüsentumor *m*, Sialom(a) *n*
sialadenopathy Sialadenopathie *f*, Speicheldrüsenerkrankung *f*
sialadenosis *s.* sialadenopathy
sialadenotomy *s.* sialoadenotomy
sialadenotropic auf die Speicheldrüsen wirkend, die Speicheldrüsen beeinflussend
sialagogic sialagogisch, speicheltreibend, den Speichelfluss erregend
sialagogue (agent) Sialagogum *n*, speicheltreibendes [speichelflusserregendes] Mittel *n*
sialaporia Sialaporie *f*, Speichelmangel *m*
sialate Sialat *n*
sialectasia Sialektasie *f*, Speicheldrüsenvergrößerung *f*, Speicheldrüsen(an)schwellung *f*
sialemesis Sialemesis *f*, Speichelerbrechen *n*
sialic sialisch, speichelartig, speichelähnlich; Speichel...
sialic acid Sialinsäure *f*
sialidase Sialidase *f (Enzym)*
sialidosis Sialidose *f (siehe auch: cherry-red spot myoclonus syndrome)*
sialine *s.* sialic
sialism *s.* ptyalism
sialithotomy *s.* sialolithotomy
sialitis *s.* 1. sialoangitis; 2. sialadenitis
sialoadenectomy Sialoadenektomie *f*, Speicheldrüsenexstirpation *f*, (operative) Speicheldrüsenentfernung *f*
sialoadenitis *s.* sialadenitis
sialoadenotomy Sialoadenotomie *f*, Speicheldrüseninzision *f*, Speicheldrüsen(ein)schnitt *m*
sialoaerophagy Sialoaerophagie *f*, Speichel- und Luftschlucken *n*
sialoangiectasis Sialoangiektasie *f*, Speichel(ausführungs)gangerweiterung *f*, Speicheldrüsengangerweiterung *f*
sialoangiitis *s.* sialoangitis
sialoangiography *s.* sialography
sialoangitis Sialoangiitis *f*, Sialodochitis *f*, Sialoduktitis *f*, Speichelgangentzündung *f*
sialocele Sialozele *f*, Speichelzyste *f*
sialodacryoadenitis Sialodakryoadenitis *f*
sialodochitis *s.* sialoangitis
sialodochogram Sialodochogramm *n*, Speicheldrüsengang(kontrast)bild *n*
sialodocholithiasis Sialodocholithiasis *f*, Speichelgangsteinleiden *n*
sialodochoplasty Sialodochoplastik *f*, Speichelgangplastik *f*, Speichelgangrekonstruktion *f*
sialoductitis *s.* sialoangitis
sialogastrone Sialogastron *n*
sialogenous sialogen, speichelerzeugend, speichelbildend
sialoglycoconjugate Sialoglykokonjugat *n*
sialoglycosphingolipid *s.* ganglioside
sialogogic *s.* sialagogic
sialogogue *s.* sialagogue (agent)
sialogram Sialogramm *n*, Speicheldrüsenröntgen(kontrast)-bild *n*
sialograph *s.* sialogram
sialography Sialographie *f*, Speicheldrüsenröntgen(kontrast)darstellung *f*
sialoid speichelartig, speichelähnlich
sialolith Sialolith *m*, Speichelstein *m*
sialolithiasis Sialolithiasis *f*, Speichelsteinkrankheit *f*, Speichelsteinerkrankung *f*, Speichelsteinleiden *n*
sialolithotomy Sialolithotomie *f*, Speichelsteinschnitt *m*, (operative) Speichelsteinentfernung *f*
sialology Sialologie *f*, Speichelkunde *f*
sialoma Sialom(a) *n*, Speicheldrüsengeschwulst *f*, Speicheldrüsentumor *m*
sialometaplasia Sialometaplasie *f*, Speicheldrüsenmetaplasie *f*
sialometry Sialometrie *f (Messung der Speicheldrüsensekretion)*
sialomucin Sialomuzin *n*
sialon Saliva *f*, Speichel *m (Zusammensetzungen siehe unter: salivary)*
sialophagia Sialophagie *f*, Speichel(ver)schlucken *n*
sialoporia Sialoporie *f*, Speichelmangel *m*
sialoprotein Sialoprotein *n*
sialorrhea *s.* sialorrhoea
sialorrhoea Sialorrhoe *f*, (vermehrter) Speichelfluss *m*, Hypersalivation *f*
sialoschesis Sialoschesis *f*, Speichelverhaltung *f*, Speichelhemmung *f*
sialosemeiology Speicheldiagnostik *f*
sialosis *s.* salivation
sialostenosis Sialostenose *f*, Speichelgangstriktur *f*, Speichelgangvereng(er)ung *f*
sialosyrinx 1. Speichelfistel *f*, 2. Speichelgangdrain *m*, Speichelgangdrainage *f*, 3. Speichelgangspritze *f*, Spritze *f* zur Speichelgangspülung
sialyloligosaccharide Sialyloligosaccharid *n*
sialyltransferase Sialyltransferase *f*
Siamese twins *(Terat)* siamesische Zwillinge *mpl*
sib *s.* sibling
Siberian pest *s.* anthrax 1.
Siberian liver fluke Opisthorchis *m* felineus
Siberian tick typhus asiatisches Zeckenbissfieber *n (durch Rickettsia siberica)*
sibilant pfeifend, zischend; rasselnd *(z. B. Atemgeräusche)*
sibilant rale Pfeifen *n*, pfeifendes Atemgeräusch *n*
sibilation Pfeifen *n*, Zischen *n*; Rasseln *n*
sibilismus pfeifendes Atemgeräusch *n*; Rasselgeräusch *n*
sibling Geschwister *n*
siboroxime Siboroxim *n*

sibship 1. Sippe *f*, Sippschaft *f*; 2. Blutsverwandtschaft *f*, Blutsverwandte *mpl*
Sibson's aponeurosis Sibson'sche Aponeurosis *f*, Membrana *f* suprapleuralis
Sibson's fascia *s.* Sibson's aponeurosis
Sibson's muscle Sibson'scher Muskel *m*, Musculus *m* scalenus minimus
Sicard's syndrome Sicard'sches Syndrom *n*, Collet'sches Syndrom *n*, Collet-Sicard-Syndrom *n*, Tic *m* doloreux, Glossopharyngeusneuralgie *f*
sicca complex Sicca-Syndrom *n*, Sicca-Komplex *m*, Sjögren-Syndrom *n* mit ausgeprägter Drüsenschwäche
siccant *s.* siccative
siccative (aus)trocknend
siccative Sikkativ *n*, Austrocknungsmittel *n*, Trockenstoff *m*, Trockner *m*
sicchasia Nausea *f*, Übelkeit *f*, Brechreiz *m*, Brechneigung *f*
siccolabile durch Austrocknung zerstört; durch Trocknung verändert
siccostabile durch Austrocknung nicht zerstört; durch Trocknung nicht verändert
siccostable *s.* siccostabile
sick 1. krank, nicht gesund, morbid; 2. übel • **be sick** krank sein • **fall sick** erkranken, krank werden • **take sick** erkranken, krank werden
sick bay 1. Schiffshospital *n*; 2. Krankenrevier *n*
sick building syndrome gebäudebedingtes Krankheitssyndrom *n*, Syndrom *n* der krankmachenden Gebäude *(z. B. infolge Klimatisierung)*
sick cell syndrome Syndrom *n* der kranken Zellen *(idiopathische Hyponatriämie bei akuten Erkrankungen)*
sick certificate Krankenschein *m*
sick euthyroid syndrome euthyreotes Krankheitssyndrom *n (bei normaler Schilddrüsenfunktion auftretender Hormonmangel infolge schwerer Systemerkrankung)*
sick fund Krankenversicherung *f*
sick headache Migräne *f*
sick insurance Krankenversicherung *f*
sick nurse Krankenschwester *f*, Krankenpflegerin *f*
sick nursing Krankenpflege *f*
sick pay Krankengeld *n*
sick role Krankenrolle *f*, Rolle *f* des eingebildeten Kranken
sick room Krankenzimmer *n*
sick-sinus syndrome *(Kard)* Sinusknoten-Syndrom *n*, Syndrom *n* des kranken Sinusknoten, Bradykardie-Tachykardie-Syndrom *n*, Sick-sinus-Syndrom *n*
sick to death tod(es)krank
sicklaemia *s.* sickle-cell anaemia
sickle cell *(Hämat)* Sichelzelle *f*, sichelförmiger Erythrozyt *m*, Drepanozyt *m*, Meniskozyt *m*
sickle-cell anaemia Sichelzellenanämie *f*, Drepanozytose *f*, Drepanozytenanämie *f*, drepanozytäre Anämie *f*, Hämoglobin-S-Krankheit *f*
sickle-cell crisis Sichelzellenkrise *f*
sickle-cell disease *s.* sickle-cell anaemia
sickle-cell dactylitis Sichelzellendaktylitis *f*
sickle-cell haemoglobin Sichelzellenhämoglobin *n*, Hämoglobin *n* S, Hb S
sickle-cell haemoglobin disease *s.* sickle-cell anaemia
sickle cell inheritance pattern Sichelzellenerbmuster *n*
sickle-cell retinopathy Sichelzellenretinopathie *f*
sickle-cell thalassaemia Sichelzellenthalassämie *f*
sickle-cell trait 1. *(Gen)* Sichelzellenanämiemerkmal *n*; 2. *(Gen)* Sichelzellenhämoglobinmerkmalsträger *m*
sickle-celled anaemia *s.* sickle-cell anaemia
sickle-form sichelförmig; Sichel…
sickle haemoglobinopathy *s.* sickle-cell anaemia
sickled erythrocyte *s.* sickle cell
sicklemia *s.* sickle-cell anaemia
sickling Sichelzellenbildung *f (im Blut)*
sickness Krankheit *f*, Erkrankung *f*, Morbus *m*
sickness insurance Krankenversicherung *f*
sickness rate Erkrankungsrate *f*
Sid blood group Sid-Blutgruppe *f*
side chain theroy Seitenkettentheorie *f*
side effect Nebenwirkung *f (z. B. von Medikamenten)*
side reaction Nebenreaktion *f*
side-to-side anastomosis *(Chir)* Seit-zu-Seit-Anastomose *f*
side-to-side-syndrome *(Gastr)* Blindsacksyndrom *n (nach Darmanastomosenoperation)*
siderant plötzlich, auftretend; fulminant
sideration zerebrovaskulärer Insult *m*, Hirnschlag *m*
siderinuria Siderinurie *f*, Eisenausscheidung *f* im Urin
sideroblast Sideroblast *m (Erythrozytenvorstufe)*
sideroblastic sideroblastisch; Sideroblasten…
sideroblastic anaemia Sideroblastenanämie *f*
siderocyte Siderozyt *m (rotes Blutkörperchen mit Eisengranula)*
siderocytosis Siderozytose *f*, Siderozytenvermehrung *f* im Blut
sideroderma Siderodermie *f*, Eisenablagerung *f* in der Haut
siderodromophobia Siderodromophobie *f (Angst vor dem Eisenbahn fahren)*
siderofibrosis Siderofibrose *f*
siderogenous siderogen, Eisen bildend
sideromycin Sideromycin *n*
sideropenia Sideropenie *f*, Eisenmangel *m (nicht anämisch)*
sideropenic sideropenisch; Eisenmangel…
sideropenic dysphagia *(Gastr)* sideropenische Dysphagie *f*, Plummer-Vinson-Syndrom *n*, Kelly-Patterson'sches Syndrom *n*
siderophage Siderophag(e) *m*, Eisen speichernde Zelle *f (Herzfehlerzelle)*
siderophil(e) siderophil, eisenfreundlich
siderophil(e) Siderophile(r) *m*, eisenfreundliche Zelle *f*
siderophilia Siderophilie *f*, Hämochromatose *f (chronische Eisenspeicherkrankheit)*
siderophilin Siderophilin *n*, Transferrin *n*, Eisen-Transporteiweiß *n*
siderophilous siderophil, Eisen aufnehmend; eisenfreundlich
siderophone Siderophon *n (Detektor für Eisenspäne im Auge)*
siderophore *s.* siderophage
sideroscope Sideroskop *n (zur Suche von metallischen Fremdkörpern im Auge)*
siderosilicosis *(Arb)* Siderosilikose *f*, Eisen- und Silikatstaublunge(nerkrankung) *f*
siderosis 1. *(Path)* Siderose *f*, Eisenablagerung *f* (im Gewebe); 2. *(Arb)* Siderosis *f* pulmonum, Pneumoconiosis *f* siderotica, Eisenstaublunge(nerkrankung) *f*, Feilenhauerlunge *f*
siderosis of the eye Siderosis *f* bulbi *(Netzhautdegeneration durch intraokuläre Eisenablagerung)*
siderosome Siderosom *n*, eisenhaltiges Körnchen *n* [Granulom *n*] *(in Siderozyten)*
siderotic siderotisch, mit Eisen pigmentiert, übermäßig Eisen enthaltend; Siderose…
siderotic granules siderotische Granula *npl*, siderotische Körnchen *npl (in Erythrozyten)*
siderotic pneumoconiosis *s.* siderosis 2.
siderotic splenogranulomatosis Splenogranulomatosis *f* siderotica
siderotic splenomegaly Splenomegalia *f* siderotica, siderotische Splenomegalie *f*
siderous eisenhaltig; Eisen…

SIDS *s.* sudden infant death syndrome
siege delirium Belagerungsdelir *n*
Siegle's otoscope Siegle's Otoskop *n*
sieve graft Netztransplantat *n*, skarifiziertes Hauttransplantat *n*; Meshgraft-Transplantat *n*, Maschentransplantat *n*
sigh Seufzer *m*
sighing Seufzeratmung *f*
sight Sehvermögen *n*; Gesichtssinn *m* • **have good sight** ein gutes Sehvermögen haben • **lose sight in both eyes** das Augenlicht (in beiden Augen) verlieren, beidäugig [beidseitig] erblinden
sight-testing Sehprüfung *f*, Sehprobe *f*, Sehtest *m*, Visusuntersuchung *f*
sight-testing chart *(Ophth)* Sehprobentafel *f*
sight-testing optician brillenbestimmender Optiker *m*
sighting test *s.* sight-testing
sigillation (weißer) Narbenstreifen *m*
sigillative vernarbend
sigma *s.* sigmoid colon
sigmatism 1. Lispeln *n*, Sigmatismus *m*; 2. Sigmatismus *m*, Sigmazismus *m*, häufiger Gebrauch *m* des S-Lautes
sigmoid 1. sigmaartig, sigmaförmig, sigmaähnlich; 2. Colon-sigmoideum-…, Sigmoid…
sigmoid *s.* sigmoid colon
sigmoid anastomosis clamp *(Chir)* Rektum-Anastomosenklemme *f*
sigmoid area Sigmabereich *m*
sigmoid artery Grimmdarmarterie *f*, Arteria *f* sigmoidea
sigmoid cancer Sigmakrebs *m*, Sigmakarzinom *n*
sigmoid carcinoma *s.* sigmoid cancer
sigmoid colon Sigma *n*, Sigmoid *n*, Colon *n* sigmoideum *(s-förmiger Dickdarmabschnitt)*
sigmoid colon resection Colon-sigmoideum-Resektion *f*
sigmoid colostomy *s.* sigmoidostomy
sigmoid diverticulitis Sigmadivertikulitis *f*
sigmoid diverticulum Sigmadivertikel *n*, Diverticulum *n* sigmoideum
sigmoid flexure *s.* sigmoid colon
sigmoid fossa *s.* sigmoid sulcus
sigmoid groove *s.* sigmoid sulcus
sigmoid kidney Sigmaniere *f*
sigmoid mesocolon Mesocolon *n* sigmoideum *(Bauchfellfalte des Sigmas)*
sigmoid notch Incisura *f* mandibulae
sigmoid polyp Sigmapolyp *m*
sigmoid sinus Sinus *n* sigmoideus
sigmoid sulcus Sulcus *m* sinus sigmoidei
sigmoid vein (untere) Grimmdarmvene *f*, Vena *f* sigmoidea
sigmoidectomy Sigmoidektomie *f*, Sigmaresektion *f*, (operative) Sigmaentfernung *f*
sigmoiditis Sigmoiditis *f*, Sigmaentzündung *f*
sigmoidopexy Sigmoidopexie *f*, Sigmafixierung *f*, (operative) Sigmaanheftung *f*
sigmoidoplasty Sigmoidoplastik *f*, plastische Sigmaoperation *f*
sigmoidoproctostomy 1. Sigmoidoproktostomie *f*, Sigmoidorektostomie *f*, Rektum-Sigma-Anastomose *f*, (operative) Rektum-Sigma-Verbindung *f*; 2. Rektum-Sigma-Kunstafter *m*, Rektum-Sigma-Anuspraeter *m*
sigmoidorectostomy *s.* sigmoidoproctostomy
sigmoidoscope Sigmo(ido)skop *n*, Romanoskop *n*, Sigmaspiegel *m*
sigmoidoscopic sigmoidoskopisch
sigmoidoscopy Sigmo(ido)skopie *f*, Romanoskopie *f*, Sigmaspiegelung *f*
sigmoidosigmoidostomy Sigmoidosigmoidostomie *f*, Sigmoidoanastomose *f*, Sigmawiedervereinigung *f*
sigmoidostomy Sigmoidostomie *f*, (operative) Sigmafistelung *f*, Sigma-Kunstafter *m*
sigmoidotomy Sigmoidotomie *f*, Sigmainzision *f*, (operative) Sigmaeröffnung *f*
sigmoidovaginal sigmoidovaginal; Sigma-Scheiden-…
sigmoidovaginal fistula Sigma-Scheiden-Fistel *f*
sigmoidovesical sigmoidovesikal; Sigma-Blasen-…
sigmoidovesical fistula Sigma-Blasen-Fistel *f*
sigmoscope *s.* sigmoidoscope
sigmoscopy *s.* sigmoidoscopy
sign-off *v* abmelden *(z. B. am Computer)*
sign-on *v* anmelden *(z. B. am Computer)*
sign Anzeichen *n*, Symptom *n*, Krankheitszeichen *n*, Signum *n*
sign language Zeichensprache *f*
sign of haemolysis Hämolysezeichen *n*
sign of life Lebenszeichen *n*
sign of pregnancy Schwangerschaftszeichen *n*
signal bleeding Signalblutung *f*
signal haemorrhage *s.* signal bleeding
signal node Signallymphknoten *m*; Virchow'sche Drüse *f* *(supraklavikuläre Lymphknotenmetastase)*
signal symptom Signalsymptom *n* *(Epilepsie)*
signal-to-noise ratio 1. Signal-Rausch-Verhältnis *n*; 2. Nutz-Störsignal-Verhältnis *n*; 3. Signal-Rausch-Abstand *m*, Rauschabstand *m*
signature 1. Unterschrift *f*; 2. *(Pharm)* Signatur *f*, Sig., S *(eines Rezeptes)*
signet-ring cell *(Histol)* Siegelringzelle *f*
signet-ring-cell carcinoma Siegelringzellenkarzinom *n*, Drüsenepithelkarzinom *n*, Gallertkrebs *m*
signet-ring plasmodium *(Trop)* Siegelringplasmodium *n*, Siegelringform *f* (der Plasmodien)
significance *(Statist)* Signifikanz *f*
significant signifikant; Signifikanz…
significant other *(Psych)* bedeutsame andere Person *f*
silafilcon A Silafilcon A *n* *(hydrophiles Kontaktlinsenmaterial)*
silafocon A Silafocon A *n* *(hydrophobes Kontaktlinsenmaterial)*
sildenafil citrate Sildenafilcitrat *n*
silence Stille *f*, Ruhe *f*, Schweigen *n*
silent still, klinisch nicht manifest, keine Symptome aufweisend
silent disease subklinische Krankheit *f*, klinisch nicht manifeste Erkrankung *f*
silent ischaemia stille Ischämie *f*
silent mutation stille Mutation *f*
silent myocardial infarction stummer [stiller] Myokardinfarkt *m*
silent period Innervationsstille *f* *(des Muskels)*
silent peritonitis asymptomatische Peritonitis *f*
Silfverskiöld's syndrome Silfverskiöld'sches Syndrom *n*, Osteochondropathia *f* multiplex
silhouette sign *(Rad)* Silhouettenzeichen *n* *(auf Lungenaufnahme)*
silica Kieselerde *f*, Siliciumdioxid *n*, Quarz *m*, Kieselsäureanhydrid *n*
silica gel Kieselerdegel *n*, Quarzgel *n*
silicate Silikat *n*
silicatosis *s.* silicosis
siliceous siliciumdioxidhaltig; Kiesel(säure)…
silicic acid Kieselsäure *f*, Acidum *n* silicicum
silicic anhydride *s.* silica
silicious *s.* siliceous
silicoanthracosis *(Arb)* Silikoanthrakose *f*, Silikat- und Kohlenstaublunge(nerkrankung) *f*
silicoarthritis Silikoarthritis *f*, Silikose *f* mit primär chronischer Arthritis
silicoarthrosis Silikoarthrose *f*, Silikose *f* mit Arthrosis deformans

silicofluoride Siliciumfluorid *n*, Fluorosilikat *n*
silicon Silicium *n*, Si
silicon dioxide Siliciumdioxid *n*
silicone Silikon *n*, Silicon *n (Polymer)*
silicone breast implant Silikonbrustimplantat *n*
silicone drainage tube Silikondrainageschlauch *m*
silicone envelope Silikonhülle *f*, Silikonmantel *m*
silicone filling Silikonfüllung *f (z. B. einer Brustprothese)*
silicone-gel breast implant Silikonbrustimplantat *n*
silicone leakage Silikonaustritt *m*
silicone partition Silikonteil *n*, Silikonabschnitt *m (z. B. in einem Infusionssystem)*
silicone-related disease problems silikonbedingte Gesundheitsprobleme *npl*, durch Silikon verursachte Erkrankungen *fpl*
silicone release Silikonfreisetzung *f*
silicone septum Silikonseptum *n*, Silikonmembran *f (z. B. in einem Infusionssystem)*
silicoproteinosis Silikoproteinose *f*, Proteinose *f* bei Silikose
silicosiderosis *(Arb)* Silikosiderose *f*, Siderosilikose *f*, Silikat- und Eisenstaublunge(nerkrankung) *f*
silicosis *(Arb)* Silikose *f*, Silikatose *f*, Kiesellunge *f*, Steinstaublunge *f*, Steinhauerlunge(nerkrankung) *f*
silicotic Silikose...
silicotic Silikosekranke(r) *m*, Silikotiker *m*
silicotuberculosis *(Arb)* Silikotuberkulose *f*, Staublungentuberkulose *f*
silk suture Seidennaht *f*, Nahtmaterial *n* aus Seide
silo-filler's disease *(Arb)* Bronchiolitis *f* obliterans
silting Verschlammung *f*, Mikroembolisierung *f* kleiner Gefäße *(durch Nahrungspartikel)*
silver Silber *n*, Argentum *n*, Ag
silver amalgam *(Stom)* Silberamalgam *n*
silver chloride Silberchlorid *n (Fällungsreagens, Bestandteil fotografischer Platten)*
silver cone method *(Stom)* Silberkonusmethode *f*
silver fluoride Silberfluorid *n (Antiseptikum)*
silver-fork deformity *(Chir)* Gabeldeformität *f*, Gabelrückenstellung *f* der Speichenfraktur
silver-fork fracture *(Chir)* Colle'sche Fraktur *f*, Speichenfraktur *f* mit Gabelrückenstellung
silver impregnation *(Histol)* Silberimprägnierung *f*
silver iodate Silberjodat *n*
silver lactate Silberlaktat *n (Antiseptikum; Adstringens)*
silver nitrate Silbernitrat *n*, Höllenstein *m*
silver oxide Silberoxid *n (Mittel gegen Chorea und Epilepsie)*
silver picrate Silberpikrat *n (Mittel gegen Trichomoniasis und Moniliasis)*
silver salts poisoning Silbersalzvergiftung *f*
silver sulphadiazine Silbersulfadiazin *n*
silver-wire artery *(Ophth)* Silberdrahtarterie *f (der Netzhaut)*
Silver-Russell dwarfism *s.* Silver-Russell syndrome
Silver-Russell syndrome Silver-Russell-Syndrom *n*, Silver-Russell'scher Zwergwuchs *m*, Silver'sches Syndrom *n*, Russell-Silver-Syndrom *n*
Silverman's disease *s.* Silverman's syndrome 1.
Silverman's needle Silverman-Nadel *f*, Silverman'sche Biopsienadel *f*
Silverman's syndrome 1. Silvermann-Syndrom *n*, Currarino-Silverman-Syndrom *n*, prämature Synostose *f* des Brustbeins *(Entwicklungsanomalie des Brustbeins mit Hühnerbrustbildung)*; 2. Silverman'sches Syndrom *n*, Caffey-Silverman-Syndrom *n*, Polyosteopathia *f* deformans connatalis regressiva; 3. Silverman'sches Syndrom *n*, Kindesmisshandlungssyndrom *n*
Silver's syndrome *s.* Silver-Russell syndrome
Silverskiöld's syndrome *s.* Silferskiöld's syndrome
Silvester's method Silvester'sche Atmung *f*, künstliche Beatmung *f* nach Silvester
Silvestrini-Corda syndrome Silvestrini-Corda-Syndrom *n (erhöhte Östrogenaktivität infolge gestörten Abbaus bei Leberzirrhose)*
simarubidin Simarubidin *n*
simazine Simazin *n (Herbizid)*
simazine poisoning Simazinvergiftung *f*
simethicone Simethicon *n (Mittel gegen Blähungen)*
simian crease Affenfurche *f*, Vierfingerfurche *f*
simian hand Affenhand *f (bei Medianuslähmung)*
simian immunodificiency virus Simian-Immunmangel(syndrom)-Virus *n (erzeugt Immunmangelsyndrom bei Affen)*
simian line *s.* simian crease
simian virus Simian-Virus *n*, sv, Affenvirus *n*
similar twins eineiige Zwillinge *mpl*
Simmonds' cachexia *(Endokr)* Simmonds'sche Krankheit *f* [Kachexie *f*], Simmonds-Krankheit *f*, Morbus *m* Simmonds, Hypophysenvorderlappeninsuffizienz *f*, hypophysäre Kachexie *f*, Kachexia *f* hypophysopriva
Simmonds' disease *s.* Simmonds' cachexia
Simmonds' syndrome *s.* Simmonds' cachexia
Simonart's bands *s.* Simonart's threads
Simonart's ligaments *s.* Simonart's threads
Simonart's threads Simonart'sche Bänder *npl*, Simonart-Bänder *npl*, amniotische Stränge *mpl (Verwachsungsbänder zwischen Eihäuten und Feten)*
Simons' disease Simons'sche Krankheit *f*, Simons'sches Syndrom *n*, partielle Lipodystrophie *f*, partieller Fettschwund *m*
Simon's focus *(Path)* Simon'scher Lungenspitzenherd *m*, Simon-Herd *m (Primärherd der Lungentuberkulose)*
Simon's operation *(Gyn)* Simon'sche Operation *f*, Kolpokleisis *f*, (operativer) Scheidenverschluss *m*
Simon's septic factor Simon'scher Sepsisfaktor *m (Erhöhung der neutrophilen und Abfall der eosinophilen Leukozyten)*
Simon's sign Simon'sches Zeichen *n*, Nabelretraktion *f* bei Inspiration
simple 1. einfach, unkompliziert; 2. einfältig, beschränkt, dumm
simple adenia *s.* Hodgkin's disease
simple angioma einfaches Angiom *n*, Angioma *n* simplex
simple astigmatism einfacher Astigmatismus *m*, Astigmatismus *m* simplex
simple blepharitis *(Ophth)* Blepharitis *f* simplex
simple bullous epidermolysis Epidermolysis *f* bullosa simplex
simple cavity *(Stom)* einfache Kavität *f*, einfache Zahnhöhle *f*
simple conjunctivitis *(Ophth)* Conjunctivitis *f* catarrhalis acuta
simple dermatitis Dermatitis *f* simplex
simple diarrhoea einfache Diarrhoe *f*
simple dislocation einfache Dislokation *f*, geschlossene Verrenkung *f*
simple epithelium Einschichtenepithel *n*
simple figure-of-eight roller arm sling Achter-Touren-Armschlinge *f*
simple fission einfache Spaltung *f*, direkte Zellteilung *f*, direkte Kernteilung *f (in zwei Hälften)*
simple flat pelvis Pelvis *n* planus simplex, einfaches Flachbecken *n*
simple fracture einfacher Knochenbruch *m*, unkomplizierte [geschlossene] Fraktur *f*
simple glaucoma *(Ophth)* Glaucoma *n* simplex, Weitwinkelglaukom *n*

simple goitre Struma *f* simplex, endemischer Kropf *m*
simple hypermetropic astigmatism *(Ophth)* einfacher hypermetroper Astigmatismus *m*
simple lichen *(Derm)* Lichen *m* simplex
simple lobule Lobulus *m* simplex
simple mastectomy einfache Mastektomie *f* [Mammaamputation *f*, Brustentfernung *f*]
simple meningitis aseptische Meningitis *f* [Gehirnhautentzündung *f*]
simple myopic astigmatism *(Ophth)* einfacher myoper Astigmatismus *m*
simple necrosis aseptische Nekrose *f*
simple periodontal pocket (einfache) Paradontaltasche *f*
simple phobia einfache Phobie *f*
simple protein einfaches Protein *n*
simple purpura *(Derm)* Purpura *f* simplex
simple reflex einfacher Reflex *m*
simple schizophrenia einfache Schizophrenie *f*, Schizophrenia *f* simplex
simple stomatitis einfache Stomatitis *f*, Stomatitis *f* simplex
simple sugar Einfachzucker *m*, Monosa(c)charid *n*, Monose *f*
simple tubular gland einfache tubuläre Drüse *f*
simple ulcer Ulcus *n* simplex
simple urethritis Urethritis *f* simplex, unspezifische Harnröhrenentzündung *f*
simple vesicular lichen Lichen *m* vesicularis simplex
simple wart Verruca *f* vulgaris, gewöhnliche Warze *f*, Stachelwarze *f*
Simpson's forceps *(Gyn)* Simpson'sche Geburtszange *f*
Sims' position 1. Sims'sche Lage *f*, Knie-Ellenbogen-Lage *f*; 2. Sims'sche Lage *f*, stabile Linksseitenlage *f*, stabile Halbseitenlage *f*
Sims' speculum *(Gyn)* Sims'sches Spekulum *n* [Scheidenspekulum *n*], Sims-Spekulum *n* *(rinnenförmiges Doppelspekulum)*
Sims' uterine sound Sims'sche Uterussonde *f*
simulate *v* simulieren, (eine Krankheit) vortäuschen
simulation 1. Simulation *f*, Vortäuschung *f* einer Krankheit; 2. Simulation *f*, Nachahmung *f* *(z. B. von Krankheitssymptomen)*
simulator 1. Simulant *m*, Krankheitsvortäuscher *m*; 2. Simulator *m*, Trainingsgerät *n*
simultagnosia *s.* simultanagnosia
simultanagnosia Simultanagnosie *f*, simultane Agnosie *f*
simultaneous contrast *(Ophth, Physiol)* Simultankontrast *m*, Grenzkontrast *m* *(subjektive Verstärkung der Hell-Dunkel-Kontrastierung)*
simultaneous foveal perception *(Ophth)* foveales Simultansehen *n*
simultaneous infection Simultaninfektion *f* *(zweier verschiedener Infektionskrankheiten)*
simultaneous macular perception *(Ophth)* makuläres Simultansehen *n*
simultaneous perception Simultanperzeption *f*, Simultansehen *n*
simultaneous tomography *(Rad)* Simultantomographie *f*, Simultanschichtaufnahmetechnik *f*, Schichtaufnahmeverfahren *n*, Mehrschicht(en)darstellung *f*
simultaneous vaccination Simultanimpfung *f*
simvastatin Simvastatin *n* *(Antihyperlipidämikum)*
sinal Sinus...
sinapism Sinapismus *m*, Senfpflasterbehandlung *f*, Senfpflasteranwendung *f*
sinapize *v* mit einem Senfpflaster behandeln, ein Senfpflaster anwenden
sincalide Sincalid *n* *(C-terminales Oktapeptid von Cholezystokinin)*

sincipital Vorderkopf...
sinciput Sinciput *n*, Vorderkopf *m*
Sindbis fever *(Trop)* Sindbis-Fieber *n*
Sindbis virus *(Trop)* Sindbis-Fieber-Virus *n*
Sinding-Larson disease (Sinding-)Larson-Johansson-Syndrom *n*, Verknöcherungsstörung *f* der Kniescheibe
sinefungin Sinefungin *n* *(Antimykotikum)*
sinew Sehne *f*, Tendon *m* *(Zusammensetzungen siehe unter: tendon und tendinous)*
singer's nodes *(HNO)* Sängerknötchen *npl*, Schreiknötchen *npl*, Noduli *mpl* vocales; Chorditis *f* tuberosa
singer's nodules *s.* singer's nodes
single-barrelled colostomy *(Chir)* einläufiger Kolonafter *m* [Anus praeter *m*]
single bind *(Neur)* Einzelbindung *f* *(z. B. zwischen Mutter und Kind)*
single blind experiment einfacher Blindversuch *m*
single blind study einfache Blindstudie *f*
single blind test *s.* single blind experiment
single-chain antigen-binding protein Single-chain-antigen-binding-Protein *n*
single component insulin Einkomponenteninsulin *n*
single-donor plasma Einzelspenderplasma *n*
single dose Einzeldosis *f*
single footling breech unvollkommene Fußlage *f*
single footling presentation unvollkommene Fußlage *f* *(Vorliegen eines Fußes bei der Geburt)*
single-layer anastomosis *(Chir)* einschichtige Anastomose *f*, Einschichtenanastomose *f*
single locus probe *(Bioch)* Single-locus-Gensonde *f* *(DNS-Sequenz)*
single metastasis Einzelmetastase *f*, Solitärmetastase *f*
single monster einfache Missbildung *f*, Missgeburt *f* mit einem Kopf und einem Rumpf *(Gegensatz zur Doppelmissgeburt)*
single-needle haemodialysis Ein(zel)nadelhämodialyse *f*, Ein(zel)nadeltechnik *f* der Hämodialyse, Single-needle-Methode *f*
single-parent family Familie *f* mit einem Elternteil; allein erziehender Elternteil *m*
single-photon emission computed tomography *(Rad)* Single Photon-Emissionscomputertomographie *f*, SPECT
single-plane angiocardiography Angiokardiographie *f* in einer Ebene
single pregnancy Einfachschwangerschaft *f*
single-rooted tooth einwurzeliger Zahn *m*, Einwurzler *m*
single-stage operation einzeitige Operation *f*
single-toothed sharp retractor scharfer Einzinker(haken) *m*
single-toothed sharp tenaculum *s.* single-toothed sharp retractor
single trauma Einzelverletzung *f*, Einzeltrauma *n*
single ventricle of the heart *(Kard)* Cor *n* triloculare biatrium
singleton Einzelkind *n* *(Gegensatz zum Zwilling)*
singultation *s.* singultus
singultous aufstoßend; Singultus...
singultus Singultus *m*, Schlucken *m*, Schluckauf *m*
sinigrinase Thioglucosidase *f* *(Enzym)*
sinister sinister, links(seitig)
sinistral 1. links (liegend), linksseitig; 2. linkshändig
sinistral Linkshänder *m*
sinistrality Linkshändigkeit *f*
sinistration 1. Linksneigung *f*, Linksbeugung *f*; 2. *s.* sinistrality
sinistraural linksaurikulär; Linksohr...
sinistrocardia Sinistrokardie *f*, Linksverlagerung *f* des Herzens
sinistrocardial sinistrokardial; Linksherz...

sinistrocardiogram Sinistrokardiogramm *n*, Linksherz-elektrokardiogramm *n*, Linksherz-EKG *n*
sinistrocerebral sinistrozerebral; Linkshirnhemisphären...
sinistrocular linksäugig
sinistrocularity Linksäugigkeit *f*
sinistrogram 1. Sinistrogramm *n*, Linksherzröntgen-(kontrast)bild *n*; 2. *s.* sinistrocardiogram
sinistrogyration Linksverdrehung *f (z. B. des Auges)*
sinistromanual linkshändig
sinistropedal sinistropedal, linksfüßig
sinistrorotation Linksdrehung *f*
sinistrorse nach links verdreht; nach links gedreht
sinistrosis *(Neur)* Sinistrose *f*, Unfallneurose *f*, Entschädigungsneurose *f*
sinistrotorsion Sinistrotorsion *f*, Links(ver)drehung *f*
sinistrous links (liegend), linksseitig
sinking 1. Sinken *n*, Senkung *f*, Absenkung *f (z. B. eines Organs)*; 2. Beklemmung *f*, Beklommenheit *f*, Gefühl *n* der Angst; Schwächegefühl *n*
sinking in the stomach flauer Magen *m*, flaues Magengefühl *n*
sinking of the heart Herzbeklemmung *f*, Herzangst *f*, beklommenes Herz *n*
sinking of the stomach Magensenkung *f*, Senkmagen *m*
sinoatrial *(Kard)* sinoatrial, sinoaurikulär
sinoatrial block *s.* sinoatrial heart block
sinoatrial heart block *(Kard)* sinoatrialer Block *m*, SA-Block *m*, Sinusknoten-Vorhof-Block *m (EKG)*
sinoatrial node Sinoatrialknoten *m*, Nodus *m* sinuatrialis, (Keith-Flack'scher) Sinusknoten *m (Herzreizleitung)*
sinoauricular *s.* sinoatrial
sinobronchitis *s.* sinubronchitis
sinodural angle *(Neur)* Sinus-Dura-Winkel *m*
sinogram Sinogramm *n*, Nasennebenhöhlenröntgen-(kontrast)aufnahme *f*
sinography Sinographie *f*, Nasennebenhöhlenröntgen-(kontrast)darstellung *f*
sinomenine Sinomenin *n*, Coculin *n*, Cucolin *n (Alkaloid aus Sinomenium acutum)*
Sinomenium acutum Sinomenium *n* acutum
sinopulmonary sinopulmonal; Nasennebenhöhlen-Lungen-...
sinospiral zum Sinus venosus gehörend und spiralförmig verlaufend, sinospiral
sinoventricular sinoventrikulär; Sinus-venosus-Herzkammer-...
sinoventricular band *s.* atrioventricular bundle
sinter *v* sintern
sinuate *s.* sinuose
sinuatrial *s.* sinoatrial
sinuauricular *s.* sinoatrial
sinubronchitis Sinubronchitis *f*, Sinobronchitis *f*, Bronchosinusitis *f*, sinopulmonales Syndrom *n*, Rhinosinobronchitis *f*, chronische Nasennebenhöhlennetzündung *f* mit Bronchitis
sinuitis *s.* sinusitis
sinuose gewunden; buchtig
sinuous *s.* sinuose
sinus 1. Sinus *m*, Höhle *f*, Vertiefung *f*; 2. *s.* sinus of the dura mater; 3. Eiterbucht *f*; 4. Knochenhöhle *f*, Nasennebenhöhle *f*
sinus arrest *(Kard)* Sinusknotenausfall *m*
sinus arrhythmia *(Kard)* Sinusknotenarrhythmie *f*
sinus bradycardia *(Kard)* Sinus(knoten)bradykardie *f*
sinus disease Nasennebenhöhlenerkrankung *f*
sinus dysrhythmia *(Kard)* Sinusknotendysrhythmie *f*
sinus formation Sinusbildung *f*, Eiterhöhlenbildung *f*
sinus node *s.* sinoatrial node
sinus node bradycardia *s.* sinus bradycardia
sinus of Morgagni 1. Sinus *m* aortae; 2. Ventriculus *m* laryngis
sinus of the dura mater *(Anat)* Sinus *m* durae matris, Hirnsinus *m*, Hirnblutleiter *m*
sinus of the epididymis *(Anat)* Sinus *m* epididymidis, Bursa *f* testicularis
sinus of the larynx *(Anat)* Ventriculus *m* laryngis
sinus of Valsalva *(Anat)* Sinus *m* aortae (Valsalvae)
sinus pacemaker Sinusknotenschrittmacher *m*
sinus phlebitis *s.* sinusitis 1.
sinus rhythm *(Kard)* Sinus(knoten)rhythmus *m*
sinus standstill Sinusknotenstillstand *m*
sinus suppuration Nasennebenhöhleneiterung *f*
sinus tachycardia *(Kard)* Sinus(knoten)tachykardie *f*
sinus tenderness Sinusschmerzhaftigkeit *f*, Nebenhöhlenschmerzhaftigkeit *f*
sinus thrombosis Sinusthrombose *f*, Hirnsinusthrombose *f*, thrombotischer Hirnblutleiterverschluss *m*, Hirnvenenthrombose *f*
sinus venosus defect Sinus-venosus-Defekt *m*
sinus X-ray photograph Nebenhöhlenröntgenaufnahme *f*
sinusal Sinus...
sinuscopy Sinuskopie *f*, Sinoskopie *f*, Nasennebenhöhlenspiegelung *f*
sinusitis 1. Sinu(s)itis *f*, Hirnsinusentzündung *f*, Sinusphlebitis *f*, Hirnblutleiterentzündung *f*; 2. Sinu(s)itis *f*, Nasennebenhöhlenentzündung *f*
sinusoid sinusartig, sinusähnlich
sinusoid Sinusoid *m*, Vas *n* sinusoideum *(kleines Blutgefäß, z. B. in der Milz)*
sinusoidal Sinusoid...
sinusotomy Sinusotomie *f*, Sinuseröffnung *f*, (operative) Nasennebenhöhleneröffnung *f*
sinuspiral *s.* sinospiral
sinuventricular *s.* sinoventricular
siphon Siphon *m*
siphon enema Hebeeinlauf *m*
siphonage Magenausheberung *f*, Magenaushebern *n*, Magenauspumpen *n*; Spülung *f*, Magenspülung *f*
Sipple's syndrome Sipple'sches Syndrom *n*, familiäre autosomal-dominate Polyadenomatose *f*, multiple endokrine Neoplasie *f* Typ IIA
siren(-limb) *s.* sirenomelus
sireniform foetus *s.* sirenomelus
sirenoid sirenenartig, sirenenähnlich
sirenomelia *(Terat)* Sirenomelie *f*
sirenomelus *(Terat)* Sirenomelus *m*, Missgeburt *f* mit Verschmelzung der unteren Extremitäten
siriasis 1. Sonnenstich *m*, Heliose *f*, Solarasphyxie *f*; 2. Hitzschlag *m*
sirup *s.* syrup
sismotherapy Vibrationsmassage *f*
sisomicin Sisomicin *n (Antibiotikum)*
sisomicin sulphate Sisomicinsulfat *n*
sissorexia Sissorexie *f (Aufnahme von Blutzellen durch die Milz)*
sister Schwester *f*, Krankenschwester *f*, Oberschwester *f*, leitende Stationsschwester *f*, leitende OP-Schwester *f*
site Situs *m*, Ort *m*; Lage *f*, Stelle *f*, Position *f*
site of a fracture Frakturstelle *f*, Knochenbruchstelle *f*, Bruchstelle *f* (eines Knochens)
site of bleeding Blutungsort *m*, Blutungsstelle *f*
site of haemorrhage *s.* site of bleeding
site of injection Injektionsstelle *f*, Injektionsort *m*
site visit Ortsbegehung *f*, Begehung *f*, Inspektion *f (z. B. einer Klinik)*
sitieirgia Sitieirgie *f*, Anorexia *f* mentalis, Nahrungsverweigerung *f*
sitio... *s.* sito...

sitology *(Metab)* Sitiologie *f*, Ernährungswissenschaft *f*, Diätkunde *f*
sitomania Sitiomanie *f*, Bulimie *f*, Heißhunger *m*, Hyperorexie *f*, Adephagie *f*
sitophobia Sitophobie *f*, Nahrungsverweigerung *f*
sitosterol Sitosterol *n (Cholesterinsenker)*
sitosterolaemia Sitosterolämie *f*, erhöhter Sitosterolspiegel *m* im Blut
sitotaxis *s.* sitotropism
sitotherapy Diättherapie *f*, Diätbehandlung *f*
sitotoxin Nahrungs(mittel)toxin *n*
sitotoxism Nahrungs(mittel)vergiftung *f*
sitotropism Sitotropismus *m*, Sitotaxis *f (Beeinflussung der zellulären Bewegungsrichtung durch Nährstoffe)*
sitting bath Sitzbad *n*
sitting height Sitzhöhe *f (eines Patienten)*
situation relating situationsbezogen
situation therapy Milieutherapie *f*, Milieubehandlung *f*, Situationstherapie *f*
situational situativ; Situations…
situational anxiety Situationsangst *f*
situational crisis *(Neur)* Situationsphobie *f (krankhafte Angst vor bestimmten Situationen)*
situational depression *(Neur)* Situationsschwermut *f*, reaktive Depression *f*
situational folly *(Neur)* Salon-Blödsinn *m*, Salon-Idiotie *f*, Salonschwachsinn *m*, höhergradiger Blödsinn *m*
situational neurosis *(Neur)* Situationsneurose *f*
situational orientation *(Neur)* situative Orientierung *f*
situational phobia *s.* situational crisis
situational psychosis Situationspsychose *f*, reaktive Psychose *f*
situational support situative Unterstützung *f*, situationsbezogene Unterstützung *f*
situational therapy *s.* situation therapy
situs Situs *m*, Lage *f*, Stellung *f*
situs inversus Situs *m* inversus, spiegelbildliche Lage *f (z. B. von Organen)*
sitz bath *(Bal)* Sitzbad *n*
sixth cranial nerve VI. Hirnnerv *m*, Nervus *m* abducens
sixth disease *(Inf)* sechste Krankheit *f*, (kritisches) Dreitagefieber *n*, Exanthema *m* subitum, Filatow-Duke'sche Krankheit *f* [Erkrankung *f*]
size 6.5 in operating gloves Operationshandschuhgröße *f* 6,5, OP-Handschuhe *mpl* Größe 6,5
size of aneurysm Aneurysmagröße *f*
size of shadow *(Rad)* Verschattungsgröße *f*
sizer for valves *(Kard, Chir)* Klappengrößenbestimmer *m*, Klappengrößenmesser *m*
Sjögren-Larsson syndrome Sjögren-Larsson'sches Syndrom *n*, Sjögren-Larsson-Syndrom *n*, rezessiv-erbliche ichthyosiforme Erythrodermie *f (mit Oligophrenie, Diplegie und Netzhautdegenerationen)*
Sjögren's syndrome 1. *(Ophth)* Sjögren'sches Syndrom *n* I, Sjögren-Syndrom *n* I, Dacryosialoadenopathia *f* atrophicans, Dacryosialocheilopathie *f*; 2. *(Neur)* Sjögren'sches Syndrom *n* II, Sjögren-Syndrom *n* II, Oligophrenie *f* mit Katarakt
skatole Skatol *n*, 3-Methylindol *n (Geruchsstoff des Kots)*
skatoxyl Skatoxyl *n*, 3-Hydroxymethylindol *n*
skein Spirem *n (Chromatinfäden in der Prophase der Mitose)*
skein cell *(Histol)* Retikulozyt *m*
skelalgia Beinschmerz *m*
skelasthenia Skelasthenie *f*, Beinschwäche *f*
skeletal skeletal, skelettartig, skelettförmig, skelettähnlich; Skelett…
skeletal deformity Skelettdeformität *f*, Skelettdeformierung *f*
skeletal fixation Skelettfixation *f*
skeletal metastasis *(Path)* Skelettmetastase *f*
skeletal muscle Skelettmuskel *m*
skeletal scintigraphy *(Rad)* Skelettszintigraphie *f*
skeletal structure Skelettstruktur *f*, Skelettgebilde *n*
skeletal survey *(Rad)* Skelettübersichtsaufnahme *f*
skeletal system Skelettsystem *n*
skeletal traction *(Chir)* Skelettzug *m*, Skelettextension *f*, Extension *f* • **apply skeletal traction** eine Skelettextension anlegen, eine Drahtextension durchführen • **put skeletal traction** *s.* apply skeletal traction
skeletin Skeletin *n (Skelettsubstanz)*
skeletization 1. *(Anat)* Skelettierung *f*, Skelettpräparierung *f*; 2. *(Chir)* Skelettierung *f (Unterbindung von Blutgefäßen bei Organpräparation)*; 3. Auszehrung *f*, Abmagerung *f* bis auf die Knochen
skeletized hand Skeletthand *f*, skelettartige Hand *f (infolge Muskelatrophie)*
skeletogenetic knochenbildend; skelettbildend
skeletogenic *s.* skeletogenetic
skeletogenous *s.* skeletogenetic
skeletogeny Skelettentwicklung *f*
skeletography Skelettbeschreibung *f*, Skelettdarstellung *f*
skeletology Knochenlehre *f*
skeleton Skelett *n*, Skelet(on) *n*, Gerippe *n*, Knochengerüst *n*
skeleton age Skelettalter *n*
skeleton of the heart Herzskelett *n*
skeletonization *s.* skeletization 2.
skeletonize *v* skelettieren
skeletopy Skeletopie *f*, Organlage *f* in Beziehung zum Skelett
skeneitis Skeneitis *f*, Entzündung *f* der Skene'schen Drüsen
Skene's duct Skene'scher Gang *m*, Ductus *m* paraurethralis (urethrae femininae)
Skene's gland Skene'sche Drüse *f*, Glandula (para)-urethralis
Skene's tubule *s.* Skene's duct
skenitis *s.* skeneitis
skenoscope Skenoskop *n (zur Inspektion der Skene'schen Drüsen)*
skevas-zertus disease Schwammtaucherkrankheit *f*
skew 1. schräg, schief; schräg verlaufend; sich neigend; 2. *(Statist)* asymmetrisch, nicht symmetrisch
skew deviation schräge Abweichung *f* (der Augen) *(bei Hertwig-Magendie-Syndrom)*
skew distribution *(Statist)* asymmetrische [schiefe] Verteilung *f*
skewfoot Knickfuß *m*
skewness *(Statist)* Schiefe *f* einer Verteilung
skiagram Röntgenbild *n*, Röntgenaufnahme *f*, Röntgenogramm *n*
skiagraph *s.* skiagram
skiagraphic *s.* radiographic
skiagraphy Röntgenographie *f*, Röntgendarstellung *f*
skiametry *s.* skiascopy 1.
skiascope Skiaskop *n*, Augenspiegel *m*
skiascopy 1. *(Ophth)* Skiaskopie *f*, Retinoskopie *f*, Schattenprobe *f*; 2. *(Rad)* Durchleuchtung *f*, Röntgendurchleuchtung *f*
skiascotoma *(Ophth)* Skiaskotom *n*
skill play *(Psych)* Geschicklichkeitsspiel *n*
skills training Verhaltenstraining *n*; Geschicklichkeitstraining *f*, Training *n* von Fertigkeiten
skimmed milk entrahmte Milch *f*, fettarme Milch *f*
skimming Auswahl *f* gesunder Krankenversicherter *(zur Kostensenkung)*
skimping Ausschluss *f* bestimmter medizinischer Behandlungen *(zur Kostensenkung)*

skin Haut *f*, Cutis *f*, Derma *n (siehe auch unter: cutaneous und dermal)* • **be only skin and bones** nur noch Haut und Knochen sein, völlig abgezehrt [ausgezehrt] sein • **cover the skin** die Haut abdecken • **needle the skin** die Haut nähen; die Haut mit der Nadel durchstechen • **pierce the skin** die Haut durchstechen; die Haut nähen • **through the skin** durch die Haut, perkutan, per cutem • **wipe the skin with alcohol** die Haut mit Alkohol abwischen [reinigen]
skin abrasion Hautschleifen *n*, Hautabrasion *f*
skin barrier Hautbarriere *f*
skin biopsy specimen Hautbiopsieprobe *f*
skin blood flow Hautdurchblutung *f*
skin button Filzmanschette *f (z. B. um Schläuche an Hautdurchtrittstellen)*
skin cancer Hautkrebs *m*, Hautkarzinom *n* • **suffer from skin cancer** an Hautkrebs leiden, eine Hautkrebserkrankung haben
skin care Hautpflege *f*
skin clip *(Chir)* Hautklammer *f*, Michelklammer *f*, Klammer *f*
skin colour Hautfarbe *f*
skin contaminants Hautverunreinigungen *fpl*
skin crease Hautfalte *f*
skin depigmentation Hautdepigmentierung *f*, Pigmentverarmung *f* der Haut
skin dimple Hautgrübchen *n*
skin disease Hautkrankheit *f*, Hauterkrankung *f*
skin dose *(Rad)* Hautdosis *f*, Oberflächendosis *f*
skin edge Hautrand *m*
skin erythema dose *(Rad)* Hauterythemdosis *f*, Hauteinheitsdosis *f*
skin excoriation Hautexkoriation *f*, Hautabschürfung *f*
skin expander *(Chir)* Hautdehnungsprothese *f*, Skin-Expander *m*; Mammaprothese *f*
skin flap Haut(transplantat)lappen *m* • **apply a skin flap** einen Hautlappen verwenden, einen Hauttransplantatlappen benutzen • **raise a skin flap** einen Hauttransplantatlappen entnehmen; einen Hautlappen bilden
skin flexion crease Hautbeugefalte *f*
skin flora *(Bakt)* Hautflora *f*
skin fold Hautfalte *f*
skin fold calipers Hautfalten(dicken)messer *m*
skin fold thickness Hautfaltendicke *f*
skin glow Hautglanz *m*; Hautbrennen *n*; Hautröte *f (z. B. im Gesicht)*
skin graft Hauttransplantat *n*
skin graft knife Hauttransplantationsmesser *n*
skin grafting Hauttransplantation *f*, Hautüberpflanzung *f*, Hautverpflanzen *n*
skin-holding forceps *(Chir)* Tuchklemme *f*
skin homograft homologes Hauttransplantat *n*
skin incision Hautinzision *f*, Hautschnitt *m*
skin injury Hautverletzung *f*, Hautläsion *f*
skin integrity Hautintegrität *f*, intakte [unverletzte] Haut *f*
skin irritation Hautreizung *f*
skin manifestation Hautmanifestation *f*
skin microcirculation Hautmikrozirkulation *f*
skin moistness Hautfeuchtigkeit *f*, Hautfeuchte *f*
skin oedema Hautödem *n*
skin pattern Hautpapillarmuster *n*
skin pigment Hautpigment *n*
skin pigmentation Hautpigmentierung *f*
skin plastic surgery plastische Hautoperation *f*, Hautplastik *f*
skin-platysma layer Haut-Platysma-Schicht *f*
skin prep Hautvorbereitung *f*, Hautdesinfektion *f (z. B. vor Operationen)*
skin protector *(Chir)* Gewebeschutzblech *n*
skin punch Hautstanze *f*
skin puncture Hautpunktion *f*
skin rash Hautausschlag *m*
skin retractor *(Chir)* Hauthäkchen *n*
skin-ridge pattern Hautpapillarmuster *n*
skin-self examination Hautselbstuntersuchung *f*
skin sensitivity Hautsensibilität *f*
skin sensitization Hautsensibilisierung *f*
skin specialist Hautspezialist *m*, Hautarzt *m*, Facharzt *m* für Hautkrankheiten, Arzt *m* für Dermatologie, Dermatologe *m*
skin stitch Hautnaht *f*
skin straightening plate *(Chir)* Hautspannplatte *f*
skin structure Hautstruktur *f*
skin surface Hautoberfläche *f*
skin surface microscope Hautmikroskop *n*
skin surface microscopy Hautmikroskopie *f*
skin surveillance Hautbeobachtung *f*, Hautkontrolle *f*, Hautüberwchung *f (z. B. auf Krebsentstehung)*
skin tag Hautpapillom *n*
skin test Hauttest *m*, Kutantest *m*, Kutanprobe *f*
skin test antigen Hauttest-Antigen *n*
skin testing Hauttestung *f*
skin texture Hauttextur *f*
skin traction *(Chir)* Hauttraktion *f*, Hautextension *f* • **apply a skin traction** eine Hautextension anlegen, eine Hauttraktion durchführen • **put a skin traction** *s.* apply a skin traction
skin transplantation *s.* skin grafting
skin tuberculin test Haut-Tuberkulin-Probe *f*, Hauttuberkulinprobe *f*
skin tuberculosis Hauttuberkulose *f*, Tuberculosis *f* cutis
skin turgor Hautturgor *m*
skin vasculature Hautgefäßanordnung *f*, Hautgefäßverteilung *f*
skin weeping Hautbefeuchtung *f*, Hautnässen *n*
skin wrinkle Hautfalte *f*
skin wrinkle line Hautspaltlinie *f*
skin writing Hautschrift *f*, Dermographie *f*, Dermographismus *m (vasomotorisches Nachröten der Haut)*
skinfold Hautfalte *f*
Skinner box Skinner-Box *f (zur Konditionierung von Versuchstieren)*
Skinner classification Skinner'sche Klassifizierung *f (bei lückenhaften Gebissen)*
skinnerian conditioning Skinner'sche Konditionierung *f*, operante Konditionierung *f*
skinny 1. häutig; 2. kutan, Haut... *(Zusammensetzungen siehe unter: cutaneous)*
skip *v* aussetzen *(z. B. der Puls)*
skip cramp springender [saltatorischer] Krampf *m*
skip lesion prästenotische Dilatation *f (bei Morbus Crohn)*
skleriasis Sklerodermie *f*, Hautverhärtung *f*
Skoda's rale Skoda'sches Rasseln *n (bei Lungenentzündung)*
Skoda's resonance *s.* Skoda's tympany
Skoda's sign *s.* Skoda's tympany
Skoda's tympany Skoda'sche Tympanie *f*, (Skoda'scher) tympanitischer Schall *m*
skoliosis *s.* scoliosis
skull 1. *(Anat)* Schädel *m*, Cranium *n (siehe auch unter: cranial)*; Totenschädel *m*; 2. *s.* skull cap
skull base Schädelbasis *f*
skull breaker Schädelspalter *m*
skull calliper of Crutchfield *(Chir)* Crutchfield-Klammer *f*, Schädelklammer *f* nach Crutchfield
skull cap knöchernes Schädeldach *n*, Calvaria *f*
skull cutting forceps Schädelzange *f*
skull fracture Schädelfraktur *f*

skull holder *(Chir)* Schädelhalter *m*
skull malformation Schädelfehlbildung *f*
skull radiogram Schädelröntgenaufnahme *f*, Schädelröntgenbild *n*
skull radiography Schädelröntgendarstellung *f*, Schädelröntgen *n*
skull shield *(Chir)* Schädelplatte *f*, Kalottenplatte *f (zur Implantation bei Kalottendefekten)*
skull traction *(Chir)* Schädelzug *m*, Schädelextension *f*
skull traction calliper *(Chir)* Schädelextensionsklammer *f*
skull traction tong *(Chir)* Schädelhalter *m* für Wirbelextension
slaframine Slaframin *n (Mykotoxin)*
slaked lime Calciumhydroxid *n*
slant schräg (liegend); schräg verlaufend; Schräg…
slant culture Schrägkultur *f*
slant of occlusal plane *(Stom)* Schräge *f* der Okklusionsebene
slap-cheek disease Ohrfeigenkrankheit *f*, Großfleckenkrankheit *f*, Megalerythema *n* infectiosum [epidemicum], Erythema *n* infectiosum (acutum), Morbus *m* quintus, V [fünfte] Krankheit *f*, Sticker'sche Krankheit *f*
slash wound Schnittwunde *f*; klaffende Wunde *f*
sleep Schlaf *m*
sleep apnoea Schlafapnoe *f*
sleep apnoea syndrome Schlafapnoesyndrom *n*
sleep deprivation *(Neur)* Schlafentzug *m*
sleep disorder *(Neur)* Schlafstörung *f*, Somnopathie *f*
sleep disorders medicine *(Neur)* Schlafstörungsmedizin *f*
sleep disturbance Schlafstörung *f*
sleep drunkeness *(Neur)* Schlaftrunkenheit *f*
sleep enhancement Schlafsteigerung *f*; Verbesserung *f* der Schlaf-Wach-Zyklen
sleep epilepsy Schlafepilepsie *f*
sleep haemoglobinuria Schlafhämoglobinurie *f*
sleep palsy Schlaf(druck)lähmung *f*
sleep paralysis 1. Schlafparalyse *f (Erschlaffung der Körpermuskulatur im Schlaf)*; 2. Wachanfall *m*; 3. *s.* sleep palsy
sleep pattern Schlafmuster *n*
sleep pattern disturbance Schlafmusterstörung *f*
sleep rituals Einschlafzeremoniell *n*, Einschlafrituale *npl*
sleep terror Nachtangst *f*
sleep terror disorder Schlafstörung *f* mit Alpträumen; Störung *f* mit nächtlichen Angstanfällen
sleep therapy Schlaftherapie *f*, Heilschlafbehandlung *f*
sleep treatment Schlafkur *f*
sleep-wake schedule disorder Störung *f* des Schlaf-Wach-Rhythmus
sleepiness Schläfrigkeit *f*, Trägheit *f*
sleeping pill Schlaftablette *f*; Schlafmittel *n*
sleeping sickness 1. Enzephalitis *f* lethargica; 2. *(Trop)* afrikanische Schlafkrankheit *f* [Trypanosomiasis *f*]
sleepless schlaflos • **feel sleepless** sich schlaflos fühlen, schlaflos sein, nicht schlafen können
sleeplessness Schlaflosigkeit *f*, Insomnie *f*, Asomnie *f*
sleeptalking *s.* somniloquy
sleepwalk *v* schlafwandeln, nachtwandeln
sleepwalker Schlafwandler *m*, Nachtwandler *m*, Somnambule(r) *m*, Noktambule(r) *m*
sleepwalking schlafwandelnd, nachtwandlerisch, somnambul
sleepwalking Schlafwandeln *n*, Nachtwandeln *n*, Somnambulismus *m*, Noktambulismus *m*, Oneirodynia *f* activa
slice *v* (histologische) Schnitte anfertigen
slide 1. *(Lab)* Objektträger *m*, Objektglas *n*; 2. Dia(positiv) *n*
slide clamp Gleitklemme *f (für Infusionssysteme)*
slide preparation *(Lab)* Trockenpräparat *n*
sliding chest wall flap *(Chir, Transp)* Brustwand(haut)-verschiebelappen *m*
sliding filaments gleitende Filamente *npl*, Gleitfilamente *npl*
sliding flap *(Chir, Transp)* Verschiebelappen *m*
sliding hernia Gleithernie *f*, Gleitbruch *m*
sliding hiatal hernia Hiatusgleithernie *f*
sliding oesophageal hiatus hernia Ösophagushiatusgleithernie *f*
sliding transfer Gleiten *n*, Rutschen *n*, gleitende Körperbewegung *f (z. B. vom Bett auf einen Stuhl)*
slight dyspnoea leichte Dyspnoe *f*, geringe Atemnot *f*
slight elevation of the erythrocyte sedimentation rate leichte Beschleunigung *f* der Blutsenkungsreaktion, geringe BSR-Erhöhung *f* [BSR-Beschleunigung *f*]
slight injury unbedeutende [leichte] Verletzung *f*
slight pannus Pannus *m* tenuis
slight tenderness leichte Druckschmerzhaftigkeit *f*, leichter Druckschmerz *m*; leichter Berührungsschmerz *m*
slight weight loss leichter Gewichtsverlust *m*
slightly progredient schizophrenia langsam progrediente Schizophrenie *f*
slim *v* 1. eine Schlankheitskur machen; 2. *s.* slim down
slim *v* **down** abnehmen, an Gewicht verlieren; Gewicht reduzieren [abbauen]
slim disease HIV-Kachexiesyndrom *n*
slime fever *s.* swamp fever
sling *(Chir)* Tuchschlinge *f*, Armschlinge *f*, Halsschlinge *f*, Binde *f*
sling and swathe Desault-Verband *m (z. B. bei Oberarmfraktur)*
sling around the ribs Brustverband *m*
sling catheter Schlingenkatheter *m*
sling extraction Schlingenextraktion *f (z. B. von Harnleitersteinen)*
sling restraint Schlingenrestriktion *f*, Schlingengegenzug *m (bei Extensionsbehandlung)*
slip 1. Patientenbestellzettel *m*, Arztterminzettel *m*, Bestellkarte *f*; 2. Überweisungsschein *m*
slip for X-rays Röntgen(überweisungs)schein *m*
slip hernia *s.* sliding hernia
slip knot fortlaufender Knoten *m*
slip of the pen Schreibfehler *m*, Verschreiben *n*, Lapsus *m* calami
slip of the tongue Versprechen *n*, Lapsus *m* linguae
slip *v* **off a vessel** von einem Gefäß abrutschen *(z. B. Klemme)*
slip-on blood pump Druckmanschette *f (für Transfusionsbeutel)*
slipped disk Diskushernie *f*, Bandscheibenvorfall *m*, Nucleuspulposus-Hernie *f*
slipped femoral epiphysis Epiphysiolysis *f* capitis femoris, Femurepiphysenlösung *f*, Coxa *f* vara adolescentium
slipped hernia *s.* sliding hernia
slipped shoulder Schulter(gelenk)luxation *f*, Schulter(gelenk)verrenkung *f*, verrenkte [luxierte] Schulter *f*
slipping patella habituelle Patellaluxation *f*, gleitende Patella *f*
slipping rib Rippenköpfchenepiphysiolyse *f*, Hustenepiphysiolyse *f* des Rippenköpfchens
slit *v* spalten, schlitzen, aufschlitzen
slit Spalte *f*, Schlitz *m*, Ritze *f*, Rima *f*
slit lamp *(Ophth)* Spaltlampe *f*
slit-lamp examination *(Ophth)* Spaltlampenuntersuchung *f*
slit-lamp microscope *(Ophth)* Spaltlampenmikroskop *n*
slit-lamp microscopy *(Ophth)* Spaltlampenmikroskopie *f*
slit scan radiography Schlitz-Scan-Radiographie *f*

slit tongue Zungenspalte *f*
slough *v* 1. demarkieren, (Nekrosen) abstoßen; 2. verschorfen
slough 1. Nekrose *f*, nekrotisches Gewebe *n*; 2. Schorf *m*, Kruste *f*, Ätzschorf *m*
sloughing Gewebsdemarkierung *f*, Nekrosenabstoßung *f*
sloughing phagedena Gangrän *f*, Brand *m*, Gewebsnekrose *f*
slow-acting drug Langzeitmedikament *n*
slow-acting insulin Langzeit-Insulin *n*, Depot-Insulin *n*
slow-acting preparation Langzeit-Präparat *n*
slow channel langsamer Kanal *m (der Zellmembran)*
slow diastolic depolarization langsame diastolische Repolarisation *f*
slow-growing tumour langsam wachsende Geschwulst *f*
slow infection schleichende Infektion *f*
slow pain langsamer Schmerz *m*; langsame Schmerzempfindung *f*
slow pulse langsamer Puls *m*, Pulsus *m* rarus
slow-reacting substances of anaphylaxis *(Immun)* langsam reagierende Anaphylaxiesubstanzen *fpl*
slow response action potential Slow-response-Aktionspotenzial *n*, langsam reagierendes Aktionspotenzial *n (über langsame Kalziumkanäle vermittelt)*
slow sleep langsamer Schlaf *m*
slow speech *s.* bradyarthria
slow spikes and waves *(Neur)* verlangsamte Spitzen *fpl* und Wellen *fpl (im EEG)*
slow starter *(Gyn)* primäre Wehenschwäche *f*, periodisches Wehenaussetzen *n*; fehlender Geburtsfortschritt *m*
slow stroking langsames Klopfen *n*, Klopfmassage *f (der Rückenmuskulatur)*
slow tremor langsamer Tremor *m*
slow-twitch (muscle) fibre Tonusfaser *f*, rote Muskelfaser *f*, langsam zuckende Muskelfaser *f*
slow vestibular stimulation langsame vestibuläre Stimulation *f*
slow virus Slow-Virus *n*
slow virus infection Slow-Virus-Infektion *f*
slow wave sleep *(Neur)* orthodoxer Schlaf *m*
slowed heartbeating *s.* bradycardia
slowed rhythm verlangsamter Rhythmus *m (z. B. im EEG)*; Rhythmusverlangsamung *f*
slowing-down of cardiac rate Herzfrequenzabfall *m*, Herzfrequenzverlangsamung *f*
slowness of movements Bewegungsverlangsamung *f*
Sluder's method Sluder'sche Methode *f*, Sluder'sche Tonsillektomie *f*
Sluder's neuralgia *s.* Sluder's syndrome
Sluder's syndrome Sluder'sches Syndrom *n*, Sluder'sche Neuralgie *f*, Gesichtsneuralgie *f (bei Entzündung des Ganglion pterygopalatinum)*
sludge Schlamm *m*, Niederschlag *m*, Bodensatz *m*, Sludge *m*
sludging Sedimentation *f*, Bildung *f* von Niederschlag, Bodensatzbildung *f*, Absetzen *n* am Boden, Sludging *n*
sludging of the blood Goldrollenbildung *f* der Erythrozyten, Erythrozytenaggregation *f*, intravaskuläre Agglutination *f*
sluggish accommodation *(Ophth)* träge Akkommodation *f*, Akkommodationsträgheit *f (der Linse)*
sluggish pupil träge Pupille *f*, Pupillenträgheit *f*
sluice Schleuse *f*
sluiceway Abflusskanal *m*; Überlauf *m*; Überlaufrinne *f*
slumber leichter Schlaf *m*, Schlummer *m*
slurred speech undeutliches Sprechen *n*, undeutliche Aussprache *f*, Nuscheln *n*
slurry halbflüssige Suspension *f*, wässrige Mixtur *f* unlöslicher Teilchen
slush Schneematsch *m*, Eisbrei *m (zur Organkühlung)*
Sly syndrome Sly-Syndrom *n*, Sly'sches Syndrom *n*, Mucopolysaccharidose *f* Typ VII, β-Galaktosidase-Mangel *m*
small back pain Lumbalschmerz *m*, Lendenschmerz *m (z. B. bei Nierensteinen)*
small bowel Dünndarm *m*, Intestinum *n* tenue
small bowel biopsy Dünndarmbiopsie *f*
small bowel enteritis Dünndarmentzündung *f*
small bowel fistula Dünndarmfistel *f*
small bowel follow-through X-ray examination Dünndarm(röntgen)passageuntersuchung *f*
small bowel obstruction Dünndarmobstruktion *f*, Dünndarmverschluss *m*
small bowel peristalsis Dünndarmperistaltik *f*
small bowel resection Dünndarmresektion *f*
small calorie kleine Kalorie *f*
small cardiac vein kleine Herzvene *f*, Vena *f* cordis parva
small-cell carcinoma (of the lung) *s.* oat-cell carcinoma
small enema Mikroklistier *n*
small fontanel kleine Fontanelle *f*, Fontanella *f* posterior
small for date baby hypotrophes Neugeborenes *n*, Mangelgeborene(s) *n*
small for gestational age infant für sein Alter zu kleines Baby *n*, small-for-date-Baby *n*
small intestine *s.* small bowel
small lung syndrome Syndrom *n* der verkleinerten Lunge; Lungenvolumenverkleinerung *f (z. B. bei Kollagenosen)*
small omentum Omentum *n* minus, kleines Netz *n*
small pelvis kleines Becken *n*, Pelvis *f* minor
small plague *s.* tularaemia
small saphenous vein kleine Rosenvene *f*, Vena *f* saphena parva
small sciatic nerve Nervus *m* cutaneus femoralis [femoris] posterior
small-swinging nystagmus *(Ophth)* feinschlägiger Nystagmus *m*
small vessel disease Erkrankung *f* der kleinen Gefäße [Koronargefäße]
small wing of the sphenoid bone kleiner Keilbeinflügel *m*, Ala *f* minor ossis sphenoidalis
smallpox *(Inf)* Pocken *pl*, Variola *f*, Blattern *pl* • **inoculate against smallpox** gegen Pocken impfen
smallpox eradication program *(Epid)* Pocken-Ausrottungsprogramm *n (der WHO)*
smallpox inoculation Pockeninokulation *f*
smallpox vaccination Pocken(schutz)impfung *f*
smallpox vaccine Pockenvakzine *f*, Pockenimpfstoff *m*
smallpox virus Pockenvirus *n*
smart *v* (heftig) schmerzen
smart stechender [heftiger] Schmerz *m*
smarting pain *s.* smart
smear 1. *(Bakt, Lab)* Ausstrich *m*, Abstrich *m*; 2. Scheidensekret *n* • **dry a smear** einen Ausstrich trocknen; einen Ausstrich trocknen lassen • **fix a smear** einen Ausstrich fixieren • **make a smear** einen Ausstrich machen • **prepare a smear** einen Ausstrich anfertigen • **stain a smear** einen Ausstrich (an)färben
smear diagnosis Ausstrichdiagnose *f*
smear for gonococci Abstrich *m* auf Gonokokken
smear of sputum Sputumausstrich *m*
smeared with blood blutverschmiert
smegma Smegma *n*, Vorhauttalg *m*
smegmatic Smegma..., Vorhauttalg...
smegmolith *(Urol)* Smegmolith *m*, Smegmakonkrement *n*, Vorhautstein *m*, Präputialstein *m*
smell *v* 1. riechen, einen Geruch wahrnehmen; 2. riechen, duften, einen Duft abgeben; 3. stinken, schlecht riechen, einen schlechten Geruch abgeben

smell 1. Geruchssinn *m*; 2. Odor *m*, Geruch *m* • **distinguish smell** Gerüche unterscheiden
smell acuity *(Neur)* Geruchs(sinn)schärfe *f*
smell-brain *s.* rhinencephalon
Smellie's forceps Smellie'sche Geburtszange *f*
Smellie's method *(Gyn)* Smellie'scher Handgriff *m*, Handgriff *m* nach Veit-Smellie
Smellie's scissors Smellie'sche Schere *f*
smilagenin Smilagenin *n (Steroidpräkursor)*
Smith-Dietrich method Smith-Dietrich-Reaktion *f*, Smith-Dietrich'sche Lipoidnachweismethode *f*
Smith-Hodge pessary *(Gyn)* Smith-Hodge-Pessar *n*
Smith-Lemli-Opitz syndrome Smith-Lemli-Opitz-Syndrom *n*, RSH-Syndrom *n (multiples Missbildungssyndrom)*
Smith-Petersen nail *(Chir)* Smith-Petersen-Nagel *m*, Dreilamellennagel *m* zur Schenkelhalsnagelung
Smith-Riley syndrome Smith-Riley'sches Syndrom *n*, Smith-Riley-Syndrom *n (multiple Angiome, Makrozephalie und Sehpapillentrübung)*
Smith-Strang disease Smith-Strang-Syndrom *n (erbliche Enzymopathie ähnlich dem Methionin-Malabsorptionssyndrom und der Ahornsirupkrankheit)*
Smith's dislocation Smith'sche Dislokation *f (der Metatarsalknochen und des Os cuneiforme)*
Smith's fracture Smith'sche Fraktur *f*, Smith'sche Radiusfraktur *f*, umgekehrte Colles'sche Fraktur *f (volare Dislokation des distalen Fragments)*
Smith's operation Smith'sche Kataraktoperation *f*, Smith'sche Kataraktexstirpation *f*
Smith's phenomenon *(Immun)* Theobald-Smith'sches Phänomen *n*
Smith's sign Smith'sches Auskultationsgeräusch *n (bei vergrößerten Bronchiallymphknoten)*
Smith's syndrome Smith'sches Syndrom *n*, Smith-Syndrom *n*, Lymphocytosis *f* infectiosa acuta
smog Smog *m (Mischung von Nebel und Rauch in der Atmosphäre)*
smoke Rauch *m*
smoke inhalation Rauchinhalation *f*
smoker's cancer Pfeifenraucherkrebs *m*, Lippenkarzinom *n*, Lippenkrebs *m*
smoker's heart Raucherherz *n*
smoker's patches [tongue] *s.* leucoplakia
smooth breathing gleichmäßiges Atmen *n*, ausgeglichene Atmung *f*
smooth liver glatte Leber *f*
smooth muscle glatter [unwillkürlicher] Muskel *m*, Eingeweidemuskel *m*
smooth muscle fibre glatte Muskelfaser *f*, Eingeweidemuskelfaser *f*
smooth muscle relaxant Relaxans *n* für die glatte Muskulatur, Erschlaffungsmittel *n* für glatte Muskeln *(z. B. Bronchialdilatator)*
smooth pursuit eye movement gleichmäßig folgende Augenbewegung *f (nicht springende Bewegung)*
smooth scar glatte [ebene] Narbe *f*
smooth surface caries Karies *f* der Zahnoberfläche, Zahnoberflächenkaries *f*
smooth surface cavity Kavität *f* der Zahnoberfläche, Zahnoberflächenkavität *f*
smooth tongue glatte Zunge *f*, Lingua *f* glabra, Atrophia *f* laevis linguae
smoothed-down nasolabial fold verstrichene Nasolabialfalte *f*
smoother *(Stom)* Schleifer *m*, Schleifapparat *m*, Zahnschleifer *m*, Zahnpolierer *m*
smoothly/be *v* glatt [unkompliziert] sein *(z. B. Krankheitsverlauf)*
snail Schnecke *f*
snake Schlange *f*
snake bite Schlangenbiss *m*
snake venom Schlangengift *n*
snap 1. Schnappen *n*, schnappender Ton *m*; 2. *(Chir)* Sehnenschnappen *n*
snapping finger *(Chir)* schnappender [schnellender] Finger *m*
snapping hip *(Orth)* schnappende Hüfte *f*, Perrin-Ferraton'sche Krankheit *f*
snapping jaw schnappender Kiefer *m*
snapping knee *(Chir)* schnappendes [schnellendes] Knie *n*
snare *(Chir)* Schlinge *f*, Schlingeninstrument *n*; Gefäßdrossel *f*
Sneddon-Wilkinson disease Sneddon-Wilkinson'sche Krankheit *f*, subkorneale pustuläre Dermatose *f*
Sneddon's syndrome Sneddon-Syndrom *n*, Sneddon'sches Syndrom *n (Livedo reticularis mit zerebraler Arteriopathie)*
sneeze *v* niesen
sneeze Niesen *n*
Snellen chart *(Ophth)* Snellen-Tafel *f*, Snellen'sche Seh(proben)tafel *f*
Snellen test Snellen-Test *m*, Snellen'sche Sehprobe *f*
Snellen's reflex *(HNO)* Snellen'scher Reflex *m*, Snellen-Reflex *m*
Snellen's test types *s.* Snellen chart
Snellen's whole-line optotypes *s.* Snellen chart
sniffing Schnüffeln *n*; Leimschnüffeln *n*, Verdünner-Schnüffeln *n*
sniffing syndrome Schnüffelsucht *f (zur Rauscherzeugung)*
SNOMED *(Abk. für:)* Systematized Nomenclature of Medicine
SNOP *(Abk. für:)* Systematized Nomenclature of Pathology
snore *v* schnarchen
snore Schnarchen *n*
snoring breathing schnarchende Atmung *f*, röchelnde Atmung *f*
snout reflex Schnauzenreflex *m*; Schnutenphänomen *n (z. B. bei Stirnhirnverletzungen)*
snouting spasm Schnauzkrampf *m (rüsselförmiges Vorschieben der Lippen)*
snow blindness Schneeblindheit *f*, Niphablepsie *f*, Ophthalmia *f* nivalis
snowball sampling *(Statist)* Datenerhebung *f* nach dem Schneeballsystem
snowflake cataract *(Ophth)* Schneesturmkatarakt *f*, Schneeflockenstar *m*
snowstorm cataract *s.* snowflake cataract
snuff Kautabak *m*
snuff-box (space) *(Anat)* Tabatière *f*, Fossa *f* radialis
snuffles Schniefen *n*, chronischer Schnupfen *m (bei kongenitaler Syphilis)*
soak *v* 1. sich vollsaugen; 2. einweichen; tränken; 3. durchsickern
soaked with pus/be *v* von [mit] Eiter durchtränkt sein *(z. B. Verband)*
soap Seife *f*
soapstone Talk *m*, Talkum *n*
soapsuds enema Seifenlösungseinlauf *m*
sobriety *(Neur)* Besonnenheit *f*
sociability *(Psych)* Soziabilität *f (Fähigkeit zur sozialen Anpassung und Eingliederung)*
social sozial
social adjustment soziales Angepasstsein *n*; soziale Anpassung *f*

social adjustment rating scale Social-adjustment-rating-Scale *f*, Skala *f* der sozialen Anpassung
social behaviour Sozialverhalten *n*, soziales Verhalten *n*
social behaviour assessment scale Social-behaviour-assessment-Scale *f*, Skala *f* zur Bewertung des Sozialverhaltens
social breakdown syndrome Syndrom *n* des sozialen Zusammenbruchs *(z. B. bei psychiatrischen Krankheiten)*
social class soziale Klasse *f*
social cognition *(Neur)* soziale Kognition *f*
social conflict *(Neur)* sozialer Konflikt *m*
social day-care centre Tagespflegezentrum *n*, Tagespflegeeinrichtung *f (z. B. für ältere Menschen)*
social deviance soziale Devianz *f*, sozial abweichendes Verhalten *n*
social hygiene Sozialhygiene *f*
social instinct *(Neur)* Gesellschaftstrieb *m*, sozialer Instinkt *m*
social insurance Sozialversicherung *f*
social interaction soziale Interaktion *f*, soziale Wechselwirkung *f*
social isolation soziale Isolierung *f*, soziale Isolation *f*
social learning theory soziale Lerntheorie *f (Lernen von Sozialverhalten aus der Umgebung)*
social maladjustment soziales Unangepasstsein *n*
social margin sozialer Spielraum *m*, Gesamtheit *f* sozialer Resourcen
social medicine Sozialmedizin *f*, soziologische Medizin *f*, medizinische Soziologie *f*, Medizinsoziologie *f*
social mobility soziale Mobilität *f*, sozialer Auf- und Abstieg *m*
social motivation soziale Motivation *f*
social network soziales Netz *n*
social neurosis soziale Neurose *f*, Sozialneurose *f*
social norm soziale Norm *f (Verhaltens- und Verständigungsforderungen in einer Gruppe)*
social order soziale Ordnung *f*
social phobia soziale Phobie *f*, soziale Angst *f*
social position *(Neur)* soziale Stellung *f*, (sozialer) Status *m*
social psychiatry Sozialpsychiatrie *f*, Soziopsychiatrie *f*, Soziatrie *f*
social psychology Sozialpsychologie *f*
social readjustment rating scale *s.* social adjustment rating scale
social sanctions soziale Sanktionen *fpl*
social security soziale Sicherheit *f*
social service Sozialleistung *f*
social service for the blind Blindenfürsorge *f*
social support group soziale Unterstützungsgruppe *f*
social support program soziales Unterstützungsprogramm *n*
social transmission *(Psych)* soziale Vererbung *f*
social welfare Sozialfürsorge *f*
social work Sozialarbeit *f*
social worker Sozialarbeiter *m*
socialization *(Psych)* Sozialisierung *f*, soziale Anpassung *f*
socialization enhancement Steigerung *f* der Sozialisierung, Erleichterung *f* der Sozialisation
socialized medicine verstaatlichtes Gesundheitswesen *n*
socioacusis lärminduzierter Hörschaden *m*, Hörschädigung *f* durch die Umwelt
sociobiological soziobiologisch
sociobiology Soziobiologie *f*
sociocentric soziozentrisch, kontaktfreudig, auf das soziale und kulturelle Umfeld reagierend
sociocentrism Soziozentrismus *m (Betrachtung der eigenen sozialen Gruppe als Maßstab)*
sociocosm Soziokosmos *m*; sozialer Kosmos *m (umfasst die menschliche Gesellschaft, die menschliche Gedankenwelt und das Mensch-Natur-Verhältnis)*
sociocultural soziokulturell
sociodrama Soziodrama *n (Form der Psychotherapie)*
socioeconomic status sozial-ökonomischer Status *m*
socioenvironment Sozialumgebung *f*, soziales Umfeld *n*
socioenvironmental die Sozialumgebung betreffend, zum sozialen Umfeld gehörend
sociogenesis Soziogenese *f*, Entwicklung *f* von Sozialverhalten *(mit gesellschaftlichem Ursprung)*
sociogenic sociogen, sich aus der Gesellschaft entwickelnd
sociogram Soziogramm *n (grafische Darstellung von soziometrischen Daten über Gruppenbeziehungen)*
sociography Soziographie *f*
sociolinguistical soziolinguistisch; Soziolinguistik...
sociolinguistics Soziolinguistik *f (untersucht Beziehung zwischen Sprache und sozialem Umfeld)*
sociological soziologisch
sociologist Soziologe *m*
sociology Soziologie *f*
sociomedical sozialmedizinisch
sociometry Soziometrie *f (Ermittlung von Daten über Gruppenbeziehungen)*
sociopath asoziale Persönlichkeit *f*
sociopathic asozial, ein schädigendes [abnormes] Verhalten gegenüber der Gesellschaft zeigend
sociopathic personality asoziale Persönlichkeit *f*
sociopathic personality disturbance asoziale Persönlichkeitsstörung *f*
sociopathology Soziopathologie *f*
sociopathy Soziopathie *f (1. abnormes Verhalten gegenüber der Gesellschaft; 2. Krankheitsentstehung infolge von Problemen in der Gesellschaft)*
sociotherapy (psychiatrische) Soziotherapie *f (behandelt zwischenmenschliche Beziehungen)*
socket 1. *(Stom)* Zahnalveole *f*, Zahnfach *n*; 2. Höhle *f*, Pfanne *f (eines Gelenks)*
socket joint Kugelgelenk *n*
soda Soda *n*, Natriumcarbonat *n*
sodiocitrate Natriumcitrat *n*
sodiotartrate Natriumtartrat *n*
sodium Natrium *n*, Na
sodium 22 Natrium-22 *n*, Na-22, ^{22}Na
sodium 24 Natrium-24 *n*, Na-24, ^{24}Na
sodium acetate Natriumacetat *n*
sodium acid carbonate Natriumbicarbonat *n*, Natrium *n* bicarbonicum, Natriumhydrogencarbonat *n*
sodium acid phosphatate Natriumbiphosphat *n*, Natriumdihydrogenphosphat *n*, Natrium *n* biphosphoricum
sodium alginate Natriumalginat *n*
sodium alizarinsulfonate Natriumalazarinsulfonat *n*
sodium aminosalicylate Natriumaminosalicylat *n*
sodium antimonyltartrate Natriumantimonyltartrat *n*, Antimonylnatriumtartrat *n*
sodium arsenate Natriumarsenat *n*, Natrium *n* arsenicum
sodium arsenite Natriumarsenit *n*
sodium arsenite poisoning Natriumarsenitvergiftung *f*
sodium ascorbate Natriumascorbat *n*
sodium aurothiomalate Natriumaurothiomalat *n*, Goldnatriumthiomalat *n*
sodium azide Natriumazid *n (keimhemmender Lösungszusatz)*
sodium barbital Natriumbarbiturat *n (Schlafmittel)*
sodium benzoate Natriumbenzoat *n*, Natrium *n* benzoicum
sodium bicarbonate Natriumhydrogencarbonat *n*, Natriumbikarbonat *n*, Natrium *n* bicarbonicum, doppeltkohlensaures Natrium *n*, Natron *n*

sodium bicarbonate buffer *(Bioch)* Natriumbikarbonatpuffer *m*
sodium biphosphate Natriumbiphosphat *n*, Natrium *n* biphosphoricum
sodium bisulfite Natriumbisulfit *n*, Natrium *n* bisulfurosum
sodium bitartrate Natriumbitartrat *n*, Natrium *n* bitartaricum
sodium borate Natriumborat *n*, Natrium *n* boracicum [boricum], Borax *n*
sodium bromide Natriumbromid *n*, Natrium *n* bromatum
sodium cacodylate Natriumcacodylat *n*, Natrium *n* cacodylicum
sodium calcium edetate Natrium-Calcium-Edetat *n*
sodium caprylate Natriumcaprylat *n*
sodium carbonate Natriumcarbonat *n*, kohlensaures Natrium *n*, Natrium *n* carbonicum
sodium carboxymethyl cellulose Natriumcarboxymethylcellulose *f*, Natriumkarboxymethylzellulose *f (Laxans)*
sodium caseinate Natriumcaseinat *n*, Natriumkaseinat *n*, Casein-Natrium *n*
sodium cellulose phosphate Natriumcellulosephosphat *n*
sodium chlorate Natriumchlorat *n*, Natrium *n* chloricum
sodium chloride Natriumchlorid *n*, Natrium *n* chloratum, Kochsalz *n*, NaCl
sodium chloride and glucose Natriumchlorid-Glukose-Lösung *f*
sodium chloride solution Natriumchloridlösung *f*, (physiologische) Kochsalzlösung *f*
sodium chromate Natriumchromat *n*
sodium chromoglycate Natriumchromoglycat *n*, Natrium *n* chromoglycicum, Chromglycin-Natrium *n*, Cromolyn-Natrium *n*
sodium citrate Natriumcitrat *n*, Natrium *n* citricum
sodium clearance Natrium-Clearance *f*
sodium cyanide Natriumcyanid *n*, Natrium *n* cyanatum, Zyan-Natrium *n*
sodium cyclamat Natriumcyclamat *n*, Natriumcyclohexylaminosulfonat *n (Süßstoff)*
sodium dehydrocholate Natriumdehydrocholat *n*
sodium depletion Natriumverarmung *f*
sodium diatrizoate Natriumdiatrizoat *n*, Natriumamidotrizoat *n*
sodium dihydrogen phosphate Natriumdihydrogenphosphat *n*
sodium dimethylarsenate Natriumdimethylarsenat *n*
sodium dodecyl sulphate Natriumdodecylsulfat *n*, Natriumlaurylsulfat *n*
sodium fluoride Natriumfluorid *n*, Natrium *n* fluoratum, NaF
sodium fluoride poisoning Natriumfluoridvergiftung *f*
sodium fluoroacetamide Natriumfluoroacetamid *n*
sodium fluoroacetate Natriumfluoroacetat *n*
sodium fluosilicate Natriumfluorosilikat *n*
sodium folate Natriumfolat *n*
sodium fusidate Natriumfusidat *n*
sodium glutamate Natriumglutamat *n*, Natrium *n* glutaminicum
sodium glycerophosphate Natriumglycerophosphat *n*, Natrium *n* glycerinophosphoricum
sodium glycocholate Natriumglycocholat *n*
sodium hexafluorosilicate Natriumhexafluorosilikat *n*
sodium hyaluronate Natriumhyaluronat *n*
sodium hydrate Natriumhydrat *n*, Natriumhydroxid *n*
sodium hydrogen carbonate Natriumhydrogencarbonat *n*
sodium hydroxide Natriumhydroxid *n*, Natrium *n* hydroxydatum, Ätznatron *n*
sodium hypochlorite Natriumhypochlorit *n*, Natrium *n* hypochlorosum
sodium hypochlorite solution Natriumhypochloritlösung *f*, Liquor *m* Natrii hypochlorosi, Dakin'sche Lösung *f*
sodium hypophosphite Natriumhypophosphit *n*
sodium hyposulfite Natriumhyposulfit *n*
sodium ichthyolsulphonate Natriumichthyolsulfonat *n*
sodium iodide Natriumiodid *n*, Natriumjodid *n*
sodium lactate Natriumlaktat *n*
sodium lactate injection Natriumlaktatinfusion *f*
sodium lauryl sulphate Natriumlaurylsulfat *n*, Irium *n*
sodium levothyroxine Natriumlevothyroxin *n*
sodium liothyronine Natriumliothyronin *n*
sodium load Natriumbeladung *f*, Natrium-Load *f*
sodium metabisulfite Natriummetabisulfit *n*
sodium methylarsonate Natriummethylarsonat *n*
sodium monofluorophosphate Natriummonofluorophosphat *n*
sodium nitrate Natriumnitrat *n*, Natrium *n* nitricum
sodium nitrite Natriumnitrit *n*, Natrium *n* nitrosum
sodium nitroferricyanide Natriumnitroferricyanid *n*, Nitroprussid-Natrium *n*
sodium nitroprusside Nitroprussid-Natrium *n*, Natrium *n* nitroprussicum, Natriumnitroferricyanid *n*
sodium nucleate Natriumnucleat *n*
sodium orthophosphate Natriumorthophosphat *n*
sodium p-aminohippurate natrium Natrium-p-aminohippurat *n*
sodium p-aminophenylarsonate Natrium-p-aminophenylarsonat *n*, Arsanilat *n*
sodium para-aminosalicylate Natrium-p-aminosalicylat *n*
sodium pentobarbital Natriumpentobarbital *n*, Pentobarbitalnatrium *n (Schlafmittel)*
sodium perborate Natriumperborat *n*, Natrium *n* perboricum
sodium peroxide Natriumperoxid *n*, Natrium *n* peroxydatum
sodium pertechnetate Natriumpertechnetat *n*
sodium phenobarbital Phenobarbital-Natrium *n*, Natrium *n* phenylethylbarbituricum
sodium phenolsulphonate Natriumphenylsulfonat *n*
sodium phosphate Natriumphosphat *n*
sodium phytate Natriumphytat *n*
sodium polyphosphate Natriumpolyphosphat *n*
sodium polystyrene sulphonate Natriumpolystyrensulfonat *n*
sodium potassium coefficient Natrium-Kalium-Quotient *m*
sodium potassium pum *(Physiol)* Natrium-Kalium-Pumpe *f*
sodium potassium tartrate Natriumkaliumtartrat *n*, Kalium-Natrium *n* tartaricum
sodium proprionate Natriumproprionat *n*
sodium psylliate Natriumpsylliat *n*
sodium pteroylglutamate Natriumpteroylglutamat *n*
sodium pump *(Physiol)* Natriumpumpe *f (Membrantheorie)*
sodium pyroborate Natriumpyroborat *n*
sodium pyrophosphate Natriumpyrophosphat *n*
sodium pyrosulphite Natriumpyrosulfit *n*
sodium reabsorption Natriumrückresorption *f*
sodium-restricted diet natriumarme Kost *f*
sodium retention Natriumretention *f*, Natriumzurückhaltung *f (im Organismus)*
sodium rhodanate Natriumrhodanat *n*
sodium ricinate Natriumricinat *n*
sodium ricinoleate Natriumricinoleat *n*
sodium salicylate Natriumsalicylat *n*
sodium salt Natriumsalz *n*

sodium silicofluoride Natriumsilicofluorid *n*
sodium stearate Natriumstearat *n*
sodium stipocaptate Natriumstipocaptat *n (Schistosomenmittel)*
sodium sulphate Natriumsulfat *n*, Natrium *n* sulfuricum, Glaubersalz *n*, Bittersalz *n*
sodium sulphite Natriumsulfit *n*, Natrium *n* sulfurosum
sodium sulphocarbolate Natriumsulfocarbonat *n*
sodium sulphocyanate Natriumsulfocyanat *n*
sodium sulphoricinoleate Natriumsulforicinoleat *n*
sodium tartrate Nartiumtartrat *n*, Natrium *n* tartaricum
sodium taurocholate Natriumtaurocholat *n*
sodium tetraborate Natriumtetraborat *n*
sodium tetradecyl sulphate Natriumtetradecylsulfat *n*
sodium thiamylal Thiamylal-Natrium *n*
sodium thiocyanate Natriumthiocyanat *n*
sodium thiopental Natriumthiopental *n*
sodium thiosulphate Natriumthiosulfat *n*, Natrium *n* thiosulfuricum
sodium transport Natriumtransport *m*
sodium trimetaphosphate Natriumtrimetaphosphat *n*
sodium tungstoborate Natriumtungstoborat *n*
sodium urate Natriumurat *n*
sodoku *(Inf)* Sodoku *n*, Rattenbisskrankheit *f*, Rattenbissfieber *n*
sodomist Sodomit *m*
sodomize *v* sodomieren, Sodomie praktizieren
sodomy 1. Sodomie *f*, männliche Homosexualität *f*; 2. *s.* zooerastia
Soemmering's crystalline swelling Sömmering'sche Linsenschwellung *f (nach Kataraktentfernung)*
Soemmering's ganglion Sömmering'sches Ganglion *n*; Substantia *f* nigra
Soemmering's ligament Sömmering'sches Band *n*
Soemmering's spot Sömmering'scher Fleck *m*, Macula *f* lutea retinae
Soemmering's ring Sömmering'scher Ring *m*, Sömmering'sche Ringkatarakt *f*
soft abdomen weicher Bauch *m*, nicht gespanntes Abdomen *n*
soft chancre *(Derm)* weicher Schanker *m*, Ulcus *n* molle [venereum], Streptobacillosis *f* venerea
soft contact lens weiche Kontaktlinse *f*
soft diet leichte Kost *f*
soft fibroma Fibroma *n* molle
soft murmur weiches Geräusch *n* [Herzgeräusch *n*]
soft neurologic sign leichtes neurologisches Zeichen *n* [Symptom *n*]
soft palate weicher Gaumen *m*, Gaumensegel *n*, Palatum *n* molle [mobile]
soft papilloma *(Derm)* Papilloma *n* molle
soft pulse *(Kard)* weicher Puls(schlag) *m*, Pulsus *m* mollis [debilis]
soft radiation *(Rad)* Weichstrahlung *f*, weiche [energiearme] Strahlung *f*
soft-tissue bruise *(Chir)* Weichteilquetschung *f*
soft-tissue damage *(Chir)* Weichteilschaden *m*, Weichteilschädigung *f*
soft-tissue defect *(Chir)* Weichteildefekt *m*
soft-tissue destruction Weichteilzerstörung *f*
soft-tissue infection Weichteilinfektion *f*
soft-tissue injury Weichteilverletzung *f*
soft-tissue retractor *(Stom)* Weichteilhaken *m*
soft-tissue rheumatism Weichteilrheumatismus *m*
soft-tissue sarcoma *(Path)* Weichteilsarkom *n*
soft-tissue structure Weichteilstruktur *f*
soft-tissue swelling Weichteilschwellung *f*
soft-tissue wound Weichteilwunde *f*
soft water weiches Wasser *n*
soft X-rays weiche Röntgenstrahlen *mpl*, Weichstrahlen *mpl* • **examine with soft X-rays** mit weichen Röntgenstrahlen untersuchen
softened dentin Dentinerweichung *f*
softening of the brain *s.* encephalomalacia
softening of the stomach Magenwanderweichung *f*, Gastromalazie *f*
softening of the thrombus Thrombusauflösung *f*, Gerinnselauflösung *f*
Sohval-Soffer syndrome Sohval-Soffer-Syndrom *n (geistige Retardierung, Skelettanomalien, Hypogonadismus und Gynäkomastie ohne Chromosomenanomalien)*
sol Sol *n (Dispersionszustand von Kolloiden)*
Solanaceae Solanaceae *fpl*, Nachschattengewächse *pl*
solandrine Solandrin *n*, Pseudohyoscyamin *n*
solanine Solanin *n (Alkaloid)*
solanism Solanismus *m*, Solaninvergiftung *f*, Vergiftung *f* durch Nachtschattengewächse
solanoid solanoid, nachtschattenartig; der Kartoffel ähnlich
solanum Solanum *n*, Nachtschatten *m*
solanum melongena Solanum *n* melongena, Aubergine *f*
solanum nigrum Solanum *n* nigrum, schwarzer Nachtschatten *m*
solanum tuberosum Solanum *n* tuberosum, Kartoffel *f*
solapsone Solapson *n*, Solasulfon *n*
solasulphone Solasulfon *n (Lepramittel)*
solar solar; Sonnen...
solar burn Sonnenstrahlenverbrennung *f*
solar dermatitis Dermatitis *f* solaris [photoelectrica], Lichtdermatose *f*
solar eczema Solarekzem *n*, Sonnenstrahlenekzem *n*
solar fever 1. Sonnenstich *m*; 2. Dengue-Fieber *n*, Dengue *n*
solar keratosis Keratosis *f* actinica [solaris]
solar photophthalmia *s.* snow blindness
solar plexus Plexus *m* coeliacus [solaris], Cerebrum *n* abdominale, Solarplexus *m*, Bauchhirn *n*, Sonnengeflecht *n*, Bauchhöhlengeflecht *n*, Bauchnervengeflecht *n*
solar plexus shock Solarplexusschock *m*
solar radiation Sonnenstrahlung *f*
solar retinitis *(Ophth)* Sonnen(strahlen)retinitis *f*, Solarretinopathie *f*
solar retinopathy *s.* solar retinitis
solar sneeze reflex Niesreflex *m* bei Sonnenlicht
solar therapy Solartherapie *f*, Sonnenstrahlenbehandlung *f*, Heliotherapie *f*
solar urticaria *(Derm)* Urticaria *f* solaris
solarium *(Bal)* Solarium *n*
solarization *s.* solar therapy
solarize *v* mit Sonnenstrahlen [ultravioletten Strahlen] behandeln
solation Sol-Bildung *f (Kolloidchemie)*
soldier killed in action Gefallene(r) *m*
soldier's heart *(Kard)* neurozirkulatorische Asthenie *f* [Dystonie *f*]
sole (of the foot) Fußsohle *f*, Sohle *f*, Planta *f*, Vola *f* pedis *(Zusammensetzungen siehe unter: plantar)*
sole-plate *(Physiol)* Sohlenplatte *f*, motorische Endplatte *f (eines Muskels)*
soleal Soleal..., Schollenmuskel...
soleal line Linea *f* poplitea [musculi solei]
solenoid *(Rad)* Solenoid *n*, Hubmagnet *m*
solenonychia Dystrophia *f* unguis mediana canaliformis
solenopsin A Solenopsin A *n*
soleus (muscle) Musculus *m* soleus, Schollenmuskel *m*
soleus pump Wadenmuskelpumpe *f*
solid 1. solide, zuverlässig, verlässlich; 2. fest, hart, rigide, kompakt; nicht flüssig; nicht gasförmig; 3. solide, massiv,

nicht hohl; 4. solide, stichhaltig; 5. solide, gediegen; 6. dreidimensional; räumlich
solid carcinoma solides Karzinom *n*, Carcinoma *n* solidum
solid-cell carcinoma Hypernephrom *n*, Grawitz-Tumor *m*, Nierenzellenkarzinom *n*, hypernephroides Karzinom *n*
solid faeces fester [geformter] Stuhl *m*
solid plaster bandage 1. fester Gipsverband *m*, zirkulärer Gips *m*; 2. harter [ausgehärteter] Gips *m*
solid plaster bar Gipslonguette *f*
solitary solitär, vereinzelt
solitary aggressive type *(Neur)* aggressiver Einzeltyp *m*
solitary coin lesion Solitärherd *m*, Einzelherd *m*, Solitärknoten *m*, Solitärverschattung *f (der Lunge)*
solitary enchondroma *(Path)* Solitärenchondrom *n*
solitary exostosis Solitärexostose *f*
solitary fasciculus Solitärbündel *n*, Tractus *m* solitarius
solitary follicle Solitärfollikel *m*, Lymphonodulus *m* solitarius
solitary metastasis Solitärmetastase *f*, Einzelmetastase *f*
solitary play *(Päd, Psych)* Solitärspiel *n*
solitary tract *s.* solitary fasciculus
solitary tubercle Solitärtuberkel *m*
solubility Solubilität *f*, Löslichkeit *f*, Lösbarkeit *f*
solubility coeffcient Löslichkeitskoeffizient *m*
soluble solubel, löslich, auflösbar
solute Solut *n*, gelöster Stoff *m*
solutio *s.* solution
solution Solutio(n) *f*, Lösung *f*
solution bowl *(Chir)* Spülschale *f*
solution of contiguity Verbindungslösung *f*, Trennung *f* von benachbarten [verbundenen] Teilen *(z. B. Gelenkluxation)*
solution of continuity Kontinuitätsunterbrechung *f (z. B. eines Knochens bei Fraktur)*
solution pressure Lösungsdruck *m*
solvable *s.* soluble
solvate Solvat *n*
solvated particles solvatisierte Teilchen *npl*
solvation Solvation *f*, Solvatation *f (Verbindung von Lösungsmittel mit dem Solut)*
solvent 1. lösend; 2. *(Pharm)* hustenlösend
solvent (agent) 1. *(Lab)* Lösungsmittel *n*, Lsgm., Solvens *n*, (auf)lösendes Mittel *n*; 2. *(Pharm)* Solvens *n*, Lösungsmittel *n*; Expektorans *n*, hustenlösendes Mittel *n*
soma Soma *n*, Leib *m*, Körper *m*; Gesamtheit *f* der Körperzellen
somaesthesia *(Neur)* Somästhesie *f*, Körpergefühl *n*, Körperempfindung *f*
somaesthetic somästhetisch
somal körperlich; Körper…
somalin Somalin *n (Glykosid)*
soman Soman *n (Nervenkampfstoff)*
somaplasm Somatoplasma *n*
somasthenia *s.* somatasthenia
somatalgia Körperschmerz *m*
somatasthenia Körpererschöpfung *f*, Körperverfall *m*
somatesthesia *s.* somaesthesia
somatesthetic *s.* somaesthetic
somatic somatisch, leiblich, körperlich
somatic antigen somatisches Antigen *n*
somatic cavity Körperhöhle *f*, Zölom *n*
somatic cell Körperzelle *f*
somatic-cell gene therapy Gen-Therapie *f* mit somatischen Zellen
somatic chromosome somatisches Chromosom *n*
somatic compliance somatisches Entgegenkommen *n*
somatic death Körpertod *m*
somatic delusion somatische Delusion *f*, somatischer Wahn *m*
somatic hallucination leibliches Beeinflussungserlebnis *n*
somatic muscle *s.* skeletal muscle
somatic mutation somatische Mutation *f*
somatic nervous system somatisches Nervensystem *n*
somatic reflex somatischer Reflex *m*
somatic schizophrenia somatische Schizophrenie *f*, Körperschizophrenie *f*
somatic stimuli dream *(Neur)* Leibreiztraum *m*
somatic therapy somatische Therapie *f*
somaticosplanchnic somatikoviszeral
somaticovisceral somatikoviszeral; Körper-Eingeweide-…
somatist Somatiker *m*
somatization Somatisierung *f*, körperliche Ausprägung *f*
somatization disorder *(Neur)* Somatisierungsstörung *f*, Somatisierungssyndrom *n*, Briquet-Syndrom *n*
somatizing disorder *(Neur)* somatisierende Störung *f*
somatoagnosia Soamtoagnosie *f*, Agnosie *f* für den eigenen Körper
somatochrome somatochrom
somatochrome Somatochrom *n*
somatocrinin *s.* growth hormone-releasing factor
somatoderm Somatoderm *n*
somatodidymus *(Terat)* Somatodidymus *m*, Somatopagus *m*, Doppelmissgeburt *f* mit Rumpfverschmelzung
somatodymia *(Terat)* Somatodymie *f*, Doppelmissbildung *f* mit Rumpfverschmelzung
somatodyspraxia Somatodyspraxie *f (Unfähigkeit zur Ausführung von Körperbewegungen in ungewohnten Situationen)*
somatoform somatoform, einer körperlichen Erkrankung ähnlich
somatoform disorder *(Neur)* somatoforme Störung *f*
somatogenesis Somatogenese *f*
somatogenetic 1. somatogen, körperlich bedingt [verursacht]; 2. Somatogenese…
somatogenic somatogen, physiogen, körperlich bedingt [verursacht]
somatognosis *(Neur)* Somatognosis *f*, Leibbewusstsein *f*
somatogram *(Päd)* Somatogramm *n (Körpergröße-Alter-Gewicht-Diagramm)*
somatoliberin *(Endokr)* Somatoliberin *n*, Somatotropinfreisetzungshormon *n*
somatologic *s.* somatological
somatological somatologisch
somatology Somatologie *f*, Körperlehre *f*, Lehre *f* vom menschlichen Organismus
somatomammotropin Somatomammotropin *n*
somatomedin Somatomedin *n (Protein)*
somatomegaly Gigantismus *m*, Gigantosomie *f*, Riesenwuchs *m*, Makrosomie *f*
somatometric somatometrisch, körper(ver)messend
somatometry Somatometrie *f*, Körper(ver)messung *f*
somatoneurosis Somatoneurose *f (erlebnisbedingte Gesundheitsstörung)*
somatopagus *s.* somatodidymus
somatopathic somatopathisch; Somatopathie…
somatopathy Somatopathie *f*, Körperkrankheit *f*, Körperleiden *n*
somatophrenia Somatophrenie *f (Körperbeschwerden hervorrufender oder verschlimmernder psychischer Zustand)*
somatoplasm Somatoplasma *n*
somatopleure Somatopleura *f (aus Ektoderm und somatischem Mesoderm bestehende embryonale Körperwand)*
somatopleural *(Embr)* somatopleural; Somatopleura…
somatoprosthetics Somatoprothetik *f (prothetischer Ersatz von Körperteilen)*
somatopsyche Somatopsyche *f (Bewussthelt des eigenen Körpers)*

somatopsychic psychosomatisch, seelisch-körperlich; Somatopsyche..., Körper-Psyche..., Psyche-Körper-...
somatopsychic disorder psychosomatische Störung *f*
somatopsychosis Somatopsychose *f (Psychose bei somatischer Erkrankung)*
somatoschisis Somatoschisis *f*, Körperspalte *f*, Körperspaltbildung *f*
somatoscopic somatoskopisch
somatoscopy Somatoskopie *f*, Körperuntersuchung *f*; morphologische Körperbeschreibung *f*
somatosensory somatosensorisch
somatosensory evoked potential somatosensorisches evoziertes Potenzial *n*
somatosensory system somatosensorisches System *n*
somatosexual somatosexuell
somatosplanchnic somatosplanchnisch
somatosplanchnopleuric Somatopleura-Splanchnopleura-...
somatostatin *(Endokr)* Somatostatin *n*, SST, wachstumshemmendes Hormon *n (hemmt Somatotropinfreisetzung)*
somatostatinoma Somatostatinom *n (Somatostatin produzierender Tumor der Pankreasinseln)*
somatotherapy Somatotherapie *f (körperliche Behandlungsmethoden psychischer Krankheiten)*
somatotomy Körperzerlegung *f*, Körperzergliederung *f*
somatotonia Somatotonie *f*
somatotonic type Somatotoniker *m (Temperamentstyp mit Dominanz- und Machtstreben)*
somatotopagnosia Somatotopagnosie *f*
somatotopic somatotopisch
somatotopic organization somatotope Organisation *f*, somatotope Gliederung *f (des Nervensystems)*
somatotopy Somatotopie *f*, Somatotopik *f (der Lage der Körperteile entsprechende Gliederung der sensiblen und motorischen Hirnrinde)*
somatotridymus Somatotridymus *m*
somatotrope somatotrope Somatotrope(r) *m*, somatotrope Zelle *f (azidophile Zelle der Adenohypophyse)*
somatotroph somatotrophe Zelle *f*
somatotrophic *s.* somatotropic
somatotrophin *s.* somatotropic hormone
somatotropic somatotrop(isch); Wachstums...
somatotropic hormone somatotropes Hormon *n*, STH, Somatotropin *n*, (menschliches) Wachstumshormon *n*
somatotropin *s.* somatotropic hormone
somatotype Somatotyp *m*, Körpertyp *m*
somatotyping Körpertypisierung *f*
somatotypology Somatotypologie *f (Lehre von den Körperbautypen)*
somatotypy Somatotypie *f*, Bestimmung *f* des Körpertyps, Typisierung *f* des Körperbaus
somatovisceral somatoviszeral
somatovisceral reflex somatoviszeraler Reflex *m*
somatropin *s.* somatotrophin
somesthesia *s.* somaesthesia
somesthetic *s.* somaesthetic
somite *(Embr)* Somit *m*, Ursegment *n*
somite embryo somitischer Embryo *m*, primitiver [primordialer] Embryo *m*
somitic Ursegment...
somnambulance *s.* somnambulism
somnambulate *v* schlafwandeln, nachtwandeln
somnambulation *s.* somnambulism
somnambulic somnambul, schlafwandelnd, nachtwandlerisch
somnambulic obsession somnambulische Besessenheit *f*
somnambulism Somnambulismus *m*, Schlafwandeln *n*, Nachtwandeln *n*, Oneirodynia *f* activa, Noktambulismus *m*
somnambulist Somnambule(r) *m*, Schlafwandler *m*, Nachtwandler *m*, Noktambule(r) *m*
somnambulistic somnambul, schlafwandelnd, nachtwandlerisch
somnial Schlaf...
somniative träumend; Traum...
somniculous 1. schlaferzeugend, einschläfernd; 2. schläfrig, benommen, somnolent
somnifacient einschläfernd, schlaferzeugend
somnifacient (agent) Schlafmittel *n*, Hypnotikum *n*
somniferous somnifer, schlafbringend; einschläfernd, schlaferzeugend
somnific *s.* somnifacient
somnifugous schlafvertreibend
somniloquence *s.* somniloquy
somniloquism *s.* somniloquy
somniloquist Schlafredner *m*, im Schlaf Sprechender *m*
somniloquous im Schlaf sprechend
somniloquy Somniloquie *f*, Sprechen *n* im Schlaf
somnipathist Schlafgestörte(r) *m*
somnipathy 1. Schlafstörung *f*; 2. *s.* hypnotism 1.
somnocinematograph Somnokinemetograph *m (Gerät zur Aufzeichnung der Bewegungen im Schlaf)*
somnocinematography Somnokinemetographie *f (Aufzeichnung der Bewegungen im Schlaf)*
somnolence 1. Somnolenz *f*, Benommenheit *f (leichter Grad einer Bewusstseinstrübung)*; 2. Somnolenz *f*, (krankhafte) Schläfrigkeit *f (Störung der Schlaf-Wach-Regulation)*; 3. Somnolenz *f*, leichter Hypnosezustand *m*
somnolency *s.* somnolence
somnolent somnolent, benommen, schläfrig; schlafsüchtig; im Halbschlaf (befindlich)
somnolent detachment *(Psych)* somnolentes Detachment *n*; somnolenter Abstand *m (von unerfreulichen Ereignissen)*; somnnolente Lösung *f*
somnolentia *s.* somnolence
somnolescent somnoleszent, einschläfernd
somnolism Hypnosezustand *m*, hypnotischer Traumzustand *m*
somnopathist Schlafgestörte(r) *m*
somnopathy Schlafstörung *f*
somnus *s.* sleep
Somogyi effect Somogyi-Effekt *m*, Rebound-Hyperglykämie *f*
Somogyi phenomenon *s.* Somogyi effect
Somogyi unit Somogyi-Einheit *f (der Amylaseaktivität)*
sonant klingend, klangvoll, stimmhaft
sonarography zweidimensionale Ultraschalldarstellung *f*, zweidimensionales Ultraschallbild *n*
sonde *s.* sound 2.
sonicate *v* dem Ultraschall aussetzen; mit Ultraschall zerstören
sonication Sonifikation *f*, Zerstörung *f* durch Ultraschall
Sonne bacillus Sonne-Bazillus *m*, Sonne'scher Bazillus *m*, Shigella *f* sonnei
Sonne dysentery Shigella-sonnei-Dysenterie *f*, Dysenterie *f* durch Shigella sonnei
sonoencephalogram Ultraschallenzephalogramm *n*, Echoenzephalogramm *n*
sonoencephalography Ultraschallenzephalographie *f*, Echoenzephalographie *f*
sonogram Sonogramm *n*, Echogramm *n*, Ultraschallbild *n*
sonographer Sonographierende(r) *m*; Sonographieassistent *m*, Sonographieassistentin *f*
sonographic sonographisch, echographisch
sonography Sonographie *f*, Echographie *f*, Ultraschalldarstellung *f*
sonolucency Schalldurchlässigkeit *f*
sonolucent schalldurchlässig

sonometer *(HNO)* Sonometer *n*, Schallmesser *m*, Schallmessgerät *n*
sonorant klingend, stimmhaft, klangvoll
sonorous sonor, tönend, resonant
sonorous rale Giemen *n*
soor Soor *m*, Schwämmchen *n*, Stomatomykose *f (Mundschleimhautentzündung durch Candida albicans)*
soot wart Schornsteinfegerkrebs *m*, Skrotumkrebs *m*, Kaminkehrerkrebs *m*
soothing 1. lindernd, mildernd; 2. beruhigend, besänftigend
sophistication Arzneimittelfälschung *f*, Lebensmittelverfälschung *f*
sophomania Sophomanie *f*, Größenwahn *m* mit intellektueller Überschätzung
sophrology Sophrologie *f (Untersuchung des Einflusses von Suggestion auf den Organismus)*
sophrosyne Sophrosyne *f (1. gesunder Mittelweg der Lebensführung; 2. durch autogenes Training bewirkter Bewusstseinszustand)*
sopor *(Neur)* Sopor *m*, starke Benommenheit *f*, Lethargie *f*, Tiefschlaf *m*; Schläfrigkeit *f*
soporate *v* schläfrig machen; narkotisieren, betäuben
soporiferous einschläfernd; narkotisch, betäubend
soporific 1. einschläfernd; Schlaf…; 2. schläfrig
soporific (agent) Schlafmittel *n*, Hypnotikum *n*
soporific state *(Neur)* Soporzustand *m*, soporöser Zustand *m*
soporose soporös, stark benommen; lethargisch, schläfrig
soporous *s.* soporose
sorb *v* absorbieren, aufnehmen; adsorbieren, anlagern
sorbefacient absorptionsfördernd, absorbierend
sorbefacient (agent) Absorbens *n*, Absorptionsmittel *n*
sorbent Sorbens *n*
sorbic acid Sorbinsäure *f*, 2,4-Hexadiensäure *f*
sorbin Sorbin *n*
sorbitan Sorbitan *n*, Sorbitanhydrid *n*
sorbitan monolaurate Sorbitanmonolaureat *n*
sorbitan mono-oleate Sorbitanmonooleat *n*
sorbitan monopalmitate Sorbitanmonopalmitat *n*
sorbite Sorbit *m (Zuckeralkohol)*
sorbitol *s.* sorbite
sorbitol dehydrogenase Sorbit-Dehydrogenase *f (Enzym)*
sorbitol-6-phosphate dehydrogenase Sorbitol-6-phosphat-Dehydrogenase *f (Enzym)*
sorbitose Sorbitose *f*
sorbose Sorbose *f (Aldose)*
sordes Sordes *m*, Schmutz *m*; Ablagerung *f*, Eiter *m*; Zungenbelag *m*; Saburra *f*
sordid schmutzig; eitrig
sore 1. wund; durchgelegen; 2. schmerzend, schmerzhaft; 3. entzündet • **get sore** sich entzündlich verändern, sich entzünden, wund werden
sore 1. Geschwür *n*, Ulkus *n*; durchgelegene Stelle *f*; 2. Wunde *f*; 3. Entzündung *f*, Inflammation *f*
sore eye entzündetes [entzündliches] Auge *f*
sore throat Halsentzündung *f*, Rachen(schleimhaut)-entzündung *f*, Rachenkatarrh *m* • **have a sore throat** Halsschmerzen haben
sorehead Elaeophoriasis *f*, Filariendermatose *f (bei Schafen)*
soremouth Ecthyma *n* contagiosum, Dermatitis *f* pustulosa contagiosa *(bei Schafen)*
Soret's phenomenon Soret'sches Phänomen *n (Konzentrationsanreicherung in einer Lösung im oberflächlichen Teil)*
sorption Absorption *f*, Adsorption *f*
Sorsby's macular degeneration Sorsby'sche Makuladegeneration *f*, familiäre pseudoinflammatorische Makuladegeneration *f*
Sorsby's syndrome Sorsby-Syndrom *n*, Sorsby'sches Syndrom *n (kongenitales Makulakolobom mit Dystrophie der Extremitäten)*
sotalol Sotalol *n (Betarezeptorenblocker)*
sotalol hydrochloride Sotalolhydrochlorid *n*
Sotos' syndrome Sotos'sches Syndrom *n*, infantiler dienzephal-hypothalamischer akromegaloider Gigantismus *m*, zerebraler Gigantismus *m*
souffle (blasendes) Geräusch *n (bei der Auskultation)*
soul blindness *(Neur)* Seelenblindheit *f*
soul deafness *(Neur)* Seelentaubheit *f*
soul food Seelennahrung *f*, Nahrung *f* für die Seele
soul pain Seelenschmerz *m*, Psychialgie *f*
sound *v* sondieren, mit einer Sonde austasten; mit einer Sonde untersuchen
sound 1. gesund, nicht erkrankt *(Patient)*; unverletzt, ohne Verletzung *(z. B. Körperteile)*; wiederhergestellt *(z. B. Gesundheit)*; 2. tief, gesund *(Schlaf)*
sound 1. Schall *m*; Ton *m*, Laut *m*, Geräusch *n*; 2. Sonde *f*
sound conduction Schallleitung *f (beim Hörvorgang)*
sound for varicose veins *(Chir)* Krampfadersonde *f (Instrument)*
sound of mitral valve opening *(Kard)* Mitralöffnungston *m*, Mitral(öffnungs)-Click *m*
Souques' phenomenon Souques'sches Phänomen *n (bei inkompletter Hemiplegie auftretende Fingerspreizung bei Armhebung)*
Souques' sign Souques'sches Zeichen *n (fehlende Beinstreckung zum Gewichtsausgleich beim Kippen eines sitzenden Patienten)*
sour belching saures Aufstoßen *n*
source of trouble Leidensquelle *f*, Ursache *f* der Beschwerden
source to image receptor distance *(Rad)* Fokus-Bild-schirm-Abstand *m*
South African genetic porphyria Porphyria *f* variegata
South African tick-bite fever *(Trop)* südafrikanisches Zeckenbissfieber *n*
South American blastomycosis *(Trop)* südamerikanische Blastomykose *f*, Almeida-Krankheit *f*
South American leishmaniasis *(Trop)* südamerikanische Leishmaniasis *f*
South American trypanosomiasis *(Trop)* südamerikanische Trypanosomiasis *f*, Chagas-Krankheit *f (durch Trypanosoma cruzi)*
Southern blot analysis Southern-blot-Analyse *f*
Southern blot hybridization Southern-blot-Hybridisierung *f*
Southern blot technique Southern-blot-Technik *f*
Southern blot test Southern-blot-Test *m*
sowdah Sowdah *n*, kutane Onchocerciasis *f*
soya Soja *n*
soyabean Sojabohne *f*
spa Kurort *m*, Luftkurort *m*; Bad *n*, Seebad *n*
space 1. Spatium *n*, Raum *m*, Zwischenraum *m (siehe auch unter: spatial)*; 2. Interkostalraum *m*, Zwischenrippenraum *m*
space adaptation syndrome Anpassungssyndrom *n* an die Schwerelosigkeit, Weltraum-Anpassungssyndrom *n*
space maintainer *(Stom)* Lückenhalter *m*, Raumhalter *m*, Platzhalter *m*, Distanzhalter *m*
space medicine Raumfahrtmedizin *f*
space obtainer *(Stom)* Lückenöffner *m*, Distanzöffner *m*
space-occupying lesion raumfordernde Läsion *f* [Schädigung *f*] *(z. B. des Gehirns)*

space of Disse *(Histol)* Disse'scher Raum *m*, Perisinusoidalraum *m (Leber)*
space of Retzius *(Anat)* Cavum *n* Retzii, Spatium *n* retropubicum [praevesicale]
space perception *(Neur, Physiol)* Raumempfindung *f*, Raumwahrnehmung *f*
space regainer *(Stom)* Lückenöffner *m*, Lückenschieber *m (zum Verschieben von Zähnen in ursprüngliche Position)*
space sense *(Neur)* Raumsinn *m*, räumliches Empfinden *n*
space sickness Weltraumkranheit *f*
spacer Zwischenstück *n*, Mundstück *n (eines Inhalators)*
spaces of the iridocorneal angle *(Ophth)* Spatia *npl* anguli iridis, Fontana'sche Räume *mpl*, Fontana-Räume *f*
spaciocardiography dreidimensionale Vektorkardiographie *f*
spall *v* fragmentieren, in Stücke zerbrechen
spall Fragment *n*, Bruchstück *n*
spallation 1. Fragmentierung *f*, Zerbrechen *n*; Fragmentbildung *f*; 2. *(Rad)* Kernfragmentierung *f*
span Bereich *m*; Entfernung *f*; Spannbreite *f*
Spanish collar *(Urol)* spanischer Kragen *m*, Paraphimose *f*
Spanish fly spanische Fliege *f*
Spanish pox *s.* syphilis
Spanish windlass (spanisches) Tourniquet *n (Abbindung mittels Taschentuch und Knebel)*
sparadrap Pflaster *n*
spare diaphragm Ersatzmembran *f (des Stethoskops)*
spare drain Sicherheitsdrain *m(n)*
sparfloxacin Sparfloxacin *n*
sparganoma Sparganom *n*
sparganosis *(Paras)* Sparganosis *f*, Sparganose *f*, Sparganuminfektion *f*
sparganum Sparganum *n*
sparing of the macula *(Ophth)* Makulaaussparung *f*
sparteine Spartein *n*, Lupinidin *n (Alkaloid)*
spasm 1. *(Physiol)* Spasmus *m*, Krampf *m*, tonisch-krampfhafte Muskelkontraktion *f*; 2. *(Neur)* Konvulsion *f*, Zuckungskrampf *m*, klonischer Krampf *m*; Krampfanfall *m*, Anfall *m*
spasm in writing *s.* writer's cramp
spasm of accommodation *(Ophth)* Akkommodationskrampf *m*
spasm of coughing Hustonkrampf *m*, Hustenanfall *m*
spasm of the glottis *s.* spasmodic croup
spasmatic asthma spastisches Asthma *n*, Bronchialasthma *n*, Asthma *n* bronchiale
spasmatic croup *s.* spasmodic croup
spasmodic 1. spasmodisch, spasmisch, spasmatisch, krampfartig; 2. *s.* spastic 1.
spasmodic contractions krampfhafte Wehen *fpl*
spasmodic cough spasmodischer [krampfartiger] Husten *m*
spasmodic croup Laryngismus *m* stridulus, Glottiskrampf *m* [Stimmritzenkrampf *m*] bei Kindern
spasmodic dysmenorrhoea spastische Dysmenorrhoe *f*, Dysmenorrheoa *f* spastica
spasmodic dysphonia spastische Dysphonie *f*, Dysphonia *f* spastica
spasmodic hiccup spastisches Aufstoßen *n*, spastischer Schluckauf *m*, Singultus *m* spasticus
spasmodic laryngitis *s.* spasmodic croup
spasmodic sobbing spastisches Schluchzen *n*
spasmodic stricture spastische Striktur *f*, spastische Einziehung *f*
spasmodic tic spastischer Tic *m*
spasmodic torticollis Torticollis *m* spasticus, spastischer [neurogener] Schiefhals *m*, Tic *m* rotatoire
spasmodyspnoea spastische Dyspnoe *f* [Atemnot *f*]
spasmogen Spasmogen *n*, spasmogene Substanz *f*
spasmogenic spasmogen, einen Spasmus auslösend, einen Spasmus bewirkend
spasmology Spasmologie *f*, Krampflehre *f*
spasmolygmus Spasmolygmus *m*, Schluckauf *m*
spasmolysant spasmuslösend, krampflösend
spasmolysant (agent) Spasmolytikum *n*, spasmuslösendes [krampflösendes] Mittel *n*
spasmolysis Spasmolyse *f*, Krampflösung *f*
spasmolytic spasmolytisch, krampflösend
spasmolytic (agent) Spasmolytikum *n*, krampflösendes [spasmolytisches] Mittel *n*
spasmophemia Spasmophemie *f*, Stammeln *n*, Stottern *n*
spasmophile *s.* spasmophilic
spasmophilia Spasmophilie *f*, Krampfneigung *f*, rachitogene Tetanie *f*
spasmophilic spasmophil, zu Krämpfen neigend
spasmous *s.* spasmodic
spasmus *s.* spasm
spastic 1. spastisch, verkrampft; Krampf...; 2. spastisch, krampfend
spastic Spastiker *m*
spastic aphonia spastische Aphonie *f*
spastic bladder spastische Blase *f*
spastic colon spastisches Kolon *n*, Colon *n* irritable
spastic constipation *(Gastr)* spastische Konstipation *f* [Stuhlverstopfung *f*]
spastic cough spastischer Husten *m*
spastic diplegia spastische Diplegie *f*
spastic dysarthria spastische Dysarthrie *f*
spastic dysphonia spastische Dysphonie *f*
spastic dysuria spastische Dysurie *f*
spastic entropion spastisches Entropium *n*, Entropium *n* spasticum
spastic eversion of the eyelid *(Ophth)* Ektropium *n* spasticum
spastic gait *(Neur)* spastischer Gang *m*, Spastikergang *m*
spastic hemiplegia *(Neur)* spastische Hemiplegie *f*
spastic ileus *(Gastr)* spastischer [dynamischer, hyperdynamischer] Ileus *m*
spastic muscular contraction spastische Muskelkontraktion *f*, Muskelspasmus *m*
spastic paralysis *(Neur)* spastische Paralyse *f*, krampfartige Lähmung *f*
spastic paraplegia spastische Paraplegie *f*
spastic primary paraplegia primäre Lateralsklerose *f*
spastic pseudoparalysis spastische Pseudoparalyse *f*
spastic pseudosclerosis spastische Pseudosklerose *f*
spastic strabism spastisches Schielen *n*, spastischer Strabismus *m*
spastic torticollis spastischer [neurogener] Schiefhals *m*, Torticollis *m* spasticus, Tic *m* rotatoire
spastic ureteritis Ureteritis *f* spastica
spasticity Spastizität *f*, Spastik *f*, Tonuserhöhung *f* der Muskulatur
spatia *pl s.* spatium
spatial räumlich; Raum... *(siehe auch unter: space)*
spatial agnosia *(Neur)* räumliche Agnosie *f*, zentrale Raumblindheit *f*
spatial blindness *(Neur)* Raumblindheit *f*, Caecitas *f* spatialis
spatial dance räumliches Tanzen *n*, räumliche Verschiebung *f (z. B. bei Entfernungsanpassung)*
spatial discrimination *(Neur)* Zweipunktediskriminierung *f*
spatial orientation *(Neur)* räumliche Orientierung *f*
spatial relationship 1. räumliche Beziehung *f (z. B. zwischen Gegenständen)*; 2. räumliche Orientierung *f*

spatial sense *(Neur)* Raumsinn *m*, räumliches Empfinden *n*
spatial summation räumliche Summation *f (an Synapsen Erhöhung der Zahl der stimulierten Nervenfasern)*
spatial zone räumlicher Bereich *m (z. B. der Körperbereich)*
spatiotemporal sense *(Neur)* Raum-Zeit-Gefühl *n*, Raum-Zeit-Empfinden *n*
spatium Spatium *n*, Raum *m*, Zwischenraum *m*
spatula Spatel *m*; Salbenspatel *m*; Mundspatel *m*
spatular *s.* spatulate
spatulate *v* mit einem Spatel auftragen *(z. B. Salben)*; mittels Spatel mischen, mit einem Spatel verrühren *(z. B. Substanzen)*
spatulate spatelförmig
spatulated *s.* spatulate
spatulation Auftragung *f* mit einem Spatel; Mischung *f* mit einem Spatel
speak *v* **calmly** ruhig sprechen
speak *v* **deliberately** langsam sprechen; überlegt sprechen
speak *v* **under pressure** erregt sprechen, in [mit] Erregung sprechen
speak *v* **with assurance** mit Selbstvertrauen sprechen, selbstsicher sprechen
speaking tube Sprechkanüle *f (bei Tracheotomie)*
Spearman's rho *s.* spearman's rank correlation coefficient
Spearman's rank correlation coefficient Spearman'scher Rangkorrelationskoeffizient *m*
spearmint oil Pfefferminzöl *n*
special care Sonderpflege *f*
special care unit Spezialpflegestation *f (z. B. Verbrennungseinheit)*
special gene system spezielles Gensystem *n*
special nurse Fachschwester *f*
special pathology spezielle Pathologie *f*
special sense spezieller Sinn *m*
specialing *(Neur)* Sonderpflege *f*; Einzelpflege *f (z. B. von psychisch Kranken)*
specialism Spezialisierung *f*
specialist Spezialist *m*; Facharzt *m*
specialization 1. Spezialisierung *f*, 2. Facharztausbildung *f*, 3. Differenzierung *f*, Unterscheidung *f*
specialize *v* sich spezialisieren, eine Spezialisierung absolvieren
specialized medical service spezialisierte medizinische Versorgung *f*, medizinische Versorgung *f* durch einen Spezialisten
specialty (medizinisches) Spezialgebiet *n*, spezielles Fachgebiet *n*
speciation Speziesbildung *f*, Speziesentwicklung *f*, Entstehung *f* einer Art
species Spezies *f*, (biologische) Art *f*
species immunity Speziesimmunität *f*, artspezifische Immunität *f*
species-specific speziesspezifisch, artspezifisch, arteigen
species-specific antigen artspezifisches Antigen *n*
species-specificity Speziesspezifität *f*, artspezifische Eigenschaft *f*, Arteigenheit *f*
specific spezifisch, arteigen; kennzeichnend *(z. B. Symptom)*; abgestimmt, gegen eine bestimmte Krankheit wirksam
specific absorption rate spezifische Absorptionsrate *f*
specific activity spezifische Aktivität *f*
specific (agent) Spezifikum *n*, spezifisches Heilmittel *n (gegen bestimmte Krankheiten)*
specific birth rate spezifische Geburtsrate *f*
specific death rate spezifische Todesrate *f*
specific disease spezifische Krankheit *f* [Erkrankung *f*]
specific developmental disorder *(Neur)* spezifische [umschriebene] Entwicklungsstörung *f*
specific granula spezifische Granula *n* [Körnchen *n*]
specific granula deficiency Mangel *m* an spezifischen Granula
specific gravitiy spezifisches Gewicht *n*
specific gravity of urine spezifische Harndichte *f*
specific immune globulin spezifisches Immunglobulin *n*
specific treatment spezifische Behandlung *f*
specific ulcer spezifisches Ulkus *n*, Geschwür *n* bei spezifischer Erkrankung
specific urethritis spezifische Urethritis *f* [Harnröhrenentzündung *f*], Gonorrhö(e) *f*, GO, Gonokokkenurethritis *f*, Tripper *m*
specific viscosity spezifische Viskosität *f*
specificity Spezifität *f*, spezifische Eigenschaft *f*
specified family circumstance *(Neur)* besondere familiäre Bedingung *f*
specimen Spezimen *n*, Probe *f*, Untersuchungsprobe *f*, Muster *n*; Blutprobe *f*; Serumprobe *f*; Urinprobe *f*
speckled dystrophy of the cornea getüpfelte Hornhautdystrophie *f*
speckled pattern Tüpfelmuster *n*, Tüpfelung *f*, getüpfeltes [gesprenkeltes] Muster *n*
spectacle-box Brillenetui *n*
spectacle-case Brillenetui *n*
spectacle frame Brillengestell *n*, Brillenfassung *f*, Brillenrahmen *m*
spectacle lens Brillenglas *n*
spectacled brillentragend
spectacles Brille *f*
spectacles for distant vision Fernbrille *f*
spectacles for near vision Nahbrille *f*
spectinomycin Spectinomycin *n (Antibiotikum)*
spectinomycin hydrochloride Spectinomycinhydrochlorid *n*
spectra *pl s.* spectrum
spectrin Spectrin *n*, Spektrin *n (Protein der Erythrozytenmembran)*
spectrochemistry Spektralchemie *f*
spectrocolorimeter Spektrokolorimeter *n*
spectrofluorometer Spektrofluorometer *n*
spectrogram Spektrogramm *n*
spectrograph Spektrograph *m*
spectrography Spektrographie *f*
spectrometer Spektrometer *n*
spectrometry Spektrometrie *f*
spectromicroscope Spektralmikroskop *n*
spectrophobia Spektrophobie *f (krankhafte Angst vor Spiegeln)*
spectrophotofluorometer Spektrophotofluorometer *n*
spectrophotofluorometry Spektrophotofluorometrie *f*
spectrophotometer Spektrophotometer *n*
spectrophotometric spektrophotometrisch
spectrophotometric analysis spektrophotometrische Analyse *f*
spectrophotometry Spektrophotometrie *f*
spectropolarimeter Spektropolarimeter *n*
spectroscope Spektroskop *n*
spectroscopic *s.* spectroscopical
spectroscopical spektroskopisch
spectroscopy Spektroskopie *f*
spectrum 1. Spektrum *n (z. B. von elektromagnetischen Strahlen)*; 2. Spektrum *n*, Wirkungsspektrum *n*, Wirkungsbreite *f (z. B. eines Antibiotikums)*
speculum Spekulum *n*, Spiegel *m (Instrument)*
speech 1. Sprache *f*, Sprechfähigkeit *f*, 2. Sprechen *n*, Sprechweise *f*, Reden *n*, sprachliche Äußerung *f*

speech abnormality *s.* speech dysfunction
speech audiometry *(HNO)* Sprachaudiometrie *f*, Sprechaudiometrie *f*
speech centre Sprachzentrum *n*
speech correction Logopädie *f*
speech defect Sprachdefekt *m*, Sprachfehler *m*
speech disturbance Sprachstörung *f*
speech dysfunction Sprachfunktionsstörung *f*
speech-language pathologist *s.* speech therapist
speech-locomotive aura verbale Aura *f*
speech loss Sprachverlust *m*, Verlust *m* der Sprache
speech-pathologist *s.* speech therapist
speech pathology *s.* speech therapy
speech reading Lippenlesen *n*
speech reception threshold *(HNO)* Sprachwahrnehmungsschwelle *f*
speech synthesizer Sprachsynthesizer *m*
speech therapist Sprachtherapeut *m*, Sprecherzieher *m*, Logopäde *m*, Sprachheillehrer *m*
speech therapy Sprachtherapie *f*, Sprecherziehung *f*, Logopädie *f*
speech with inflection emotional gefärbte Sprache *f*
speechlessness Sprachlosigkeit *f*
speed 1. Geschwindigkeit *f*; 2. Speed *n*, Amphetamin *n*; Weckamin *n*
speed shock Schock *m* bei zu schneller Medikamenteninjektion
Spee's curvature *s.* Spee's curve
Spee's curve Spee'sche Kurve *f*, Spee'sche Okklusionskurve *f*
spell Periode *f* physischen oder psychischen Unwohlseins; Anfall *m*
spell of apnoea Apnoeanfall *m*, kurzzeitige Apnoe *f*, vorübergehender Atemstillstand *m*
spell of coughing Hustenanfall *m*
spell of depression depressiver Zustand *m*, (vorübergehende) Depression *f*
spell of disability 1. vorübergehendes Gebrechen *n* [Leiden *n*]; 2. *(Neur, For)* Geschäftsunfähigkeit *f*, Rechtsunfähigkeit *f*; vorübergehende Dienstunfähigkeit *f* [Dienstuntauglichkeit *f*] *(Militär)*
spell of hospitalization Krankenhausaufenthalt *m*, (vorübergehende) Hospitalisierung *f*
spell of illness *s.* spell of sickness
spell of sickness Erkrankungsdauer *f*, Krankheitsdauer *f*, Krankheitsperiode *f*, (vorübergehende) Erkrankung *f*
Spemann's induction *(Embr)* Spemann'sche Induktion *f*
Spengler's fragments Spengler'sche Fragmente *npl (in tuberkulösem Sputum)*
Spens' syndrome Spens'sches Syndrom *n*
sperm 1. Spermium *f*, Spermie *f*, Spermatozoon *n*, männliche Geschlechtszelle *f*, Samenzelle *f*, Samenfaden *m*; 2. Samen *m*, Semen *n*, Samenflüssigkeit *f*, Liquor *m* seminis *(siehe auch unter: seminal)*
sperm antibody Sperma-Antikörper *m*; Spermienantikörper *m*, Samenantikörper *m*
sperm autoantibody Sperma-Autoantikorper *m*
sperm bank Samenbank *f*
sperm banking Spermakonservierung *f*
sperm cell 1. *s.* sperm 1.; 2. Spermatoblast *m*, Spermatide *f*
sperm centre Spermiumzentrosom *n*
sperm compatibility test Spermakompatibilitätstest *m*, Samenverträglichkeitstest *m*
sperm count Spermienzählung *f*
sperm crystals Spermakristalle *mpl*
sperm head Spermienkopf *m*, Samenzellenköpfchen *n*
sperm migration Spermienmigration *f*, Spermienbewegung *f*
sperm motility Spermienmotilität *f*, Spermienbeweglichkeit *f*
sperm nucleus Spermiennukleus *m*, Samenzellenkern *m*
sperm penetration Spermienpenetration *f*
sperm penetration test Spermieninvasionstest *m*
sperm staining Spermienfärbung *f*
sperm tail Spermienschwanz *m*
sperm viability Spermienlebensfähigkeit *f*, Spermienvitalität *f*
sperma *s.* semen
spermaceti *(Pharm)* Walrat *n*, Cetaceum *n (aus dem Kopf des Pottwals gewonnen; Salbengrundlage)*
spermacrasia *s.* spermatacrasia
spermagglutination Spermienagglutination *f*
spermatacrasia Spermatakrasie *f*, Samenzellenverminderung *f*
spermateliosis *s.* spermiogenesis
spermatemphraxis Spermatemphraxis *f*, Samenverhaltung *f*
spermatic 1. spermatisch; Samen...; samenhaltig; 2. Samen erzeugend; 3. spermienartig; Spermien...; 4. Samenstrang...
spermatic abscess Samenkanälchenabszess *m*
spermatic antibody Spermienantikörper *m*, Spermaantikörper *m*
spermatic antigen Spermienantigen *n*, Spermaantigen *n*
spermatic cord Samenstrang *m*, Funiculus *m* spermaticus
spermatic cord torsion Samenstrangtorsion *f*, Samenstrangverdrehung *f*
spermatic duct Samenleiter *m*, Ductus *m* deferens
spermatic filament Samenfaden *m*
spermatic fistula Samenfistel *f*
spermatic fluid Samenflüssigkeit *f*, Liquor *m* seminis, Sperma *n*
spermatic neuralgia Spermatikusneuralgie *f*, Samenstrangneuralgie *f*, Neuralgia *f* spermatica
spermatic plexus Plexus *m* spermaticus [testicularis]
spermatic sheath Samenstranghülle *f*, Samenstrangscheide *f*
spermaticide *s.* spermatocide
spermatid Spermatide *f*, Spermatoblast *m*
spermatin Spermatin *n*
spermatism Samenbildung *f*, Samenentleerung *f*, Samenfreisetzung *f*, Samenerguss *m*, Ejakulation *f*
spermatitis Spermatitis *f*, Samenstrangentzündung *f*, Funiculitis *f*
spermatoblast Spermatoblast *m*, Ursamenzelle *f*
spermatocele Spermatozele *f*, Samenbruch *m*
spermatocelectomy Spermatozelektomie *f*, Samenbruchexstirpation *f*, (operative) Samenbruchentfernung *f*
spermatocidal spermatozid, spermatötend, spermien(ab)-tötend, spermatozoentötend
spermatocide spermatozides [spermientötendes] Mittel *n*
spermatocyst Samenblase *f*, Vesicula *f* seminalis
spermatocystectomy Spermatozystektomie *f*, Samenblasenexstirpation *f*, (operative) Samenblasenentfernung *f*
spermatocystic Samenblasen...
spermatocystitis Spermatozystitis *f*, Samenbläschenentzündung *f*, Vesikulitis *f*, Vesiculitis *f* spermatica
spermatocystography Spermatozystographie *f*, Samenblasenröntgen(kontrast)darstellung *f*
spermatocystotomy Spermatozystotomie *f*, Samenblaseninzision *f*, (operative) Samenblaseneröffnung *f*
spermatocytal Spermatozyten...
spermatocyte Sperm(at)ozyt *m*, Samenzelle *f (siehe auch: sperm 1.)*
spermatocytogenesis *s.* spermatogenesis
spermatocytoma *s.* seminoma

spermatogenesis Spermatogenese *f*, Spermiogenese *f*, Samenzell(en)entwicklung *f*
spermatogenetic *s.* spermatogenic
spermatogenic 1. spermatogen, Samenzellen bildend; 2. spermatogen, dem Samen entstammend
spermatogenic defect Samenbildungsdefekt *m*
spermatogenous *s.* spermatogenic
spermatogeny *s.* spermatogenesis
spermatogone *s.* spermatogonium
speramtogonia *pl s.* spermatogonium
spermatogonium Spermatogonium *n*, Spermatogonie *f*, Ursamenzelle *f*
spermatoid spermatoid, spermienartig, spermienähnlich, samenzellenförmig
spermatology Spermatologie *f*
spermatolysin Spermatolysin *n*, spermienauflösende Substanz *f*
spermatolysis Spermatolyse *f*, Spermiolyse *f*, Samenzellenauflösung *f*, Spermienzerfall *m*
spermatolytic spermatolytisch, spermiolytisch, samenzellenauflösend; Spermiolyse..., Spermienzerfall(s)...
spermatopathia *s.* spermatopathy
spermatopathy Spermatopathie *f*, Spermienerkrankung *f*, Samenzellenkrankheit *f*
spermatophobia Spermatophobie *f (Angst vor Samenverlust)*
spermatophore 1. *s.* spermatogonium; 2. Spermatophor *n*, Samenbehälter *m*, Receptaculum *n* seminis
spermatopoietic samenbildend
spermatorrhoea Spermatorrhoe(a) *f*, Spermatorrhö(e) *f*, Samenfluss *m*
spermatorrhoeophobia Spermatorrhoeophobie *f (zwanghafte Angst vor Samenverlust)*
spermatoschesis Spermatoschesis *f*, Samenverhaltung *f*
spermatospore *s.* spermatogonium
spermatotoxin Spermatotoxin *n*, Spermiengift *n*
spermatoxin *s.* spermatotoxin
spermatozoa *pl s.* spermatozoon
spermatozoal Spermatozoen..., Spermien..., Samenzellen...
spermatozoan *s.* spermatozoal
spermatozoicide *s.* spermatocide
spermatozoid 1. *s.* spermatozoon; 2. Spermatozoid *n*
spermatozoon Spermatozoon *n*, Spermium *f*, Spermie *f*, männliche Geschlechtszelle *f*, Samenzelle *f*, Samenfaden *m*
spermaturia Spermaturie *f*, Samen(zellen)ausscheidung *f* im Urin
spermectomy Samenleiterresektion *f*, (operative) Samenleiterentfernung *f*
spermia *pl s.* spermium
spermiation Spermatozoenfreisetzung *f*, Spermienfreisetzung *f*
spermicidal *s.* spermatocidal
spermicide *s.* spermatocide
spermid *s.* spermatid
spermidine Spermidin *n*
spermiduct 1. Ductus *m* deferens; 2. Ductus *m* ejaculatorius
spermin(e) Spermin *n*, Diaminopropylputreszein *n (Prostatapolyamin)*
spermiocyte Spermiozyt *m*, primärer Spermatozyt *m*
spermiocytogram Spermiozytogramm *n*
spermiogenesis Spermiogenese *f*, Spermatozoenbildung *f*, Spermatozoenreifung *f*
spermiogonium *s.* spermatogonium
spermiogram Spermiogramm *n*
spermioteleosis Spermienentwicklung *f*, Spermienreifung *f (vom Spermatogonium bis zum Spermatozyten)*
spermioteleotic Spermienentwicklungs..., Spermienreifungs...
spermium Spermium *f*, Spermie *f*, Spermatozoon *n*, männliche Geschlechtszelle *f*, Samenzelle *f*, Samenfaden *m*
spermoblast *s.* spermatid
spermocytoma *s.* seminoma
spermolith Spermolith *m*, Samenstein *m*, Samenblasenkalkulus *m*
spermolysin *s.* spermatolysin
spermolysis *s.* spermatolysis
spermolytic *s.* spermatolytic
spermoneuralgia Samenstrangneuralgie *f*, Samenstrangschmerz *m*
spermopathy *s.* spermatopathy
spermophlebectasia Spermophlebektasie *f*, Samenstrangvarizen *fpl*
spermoplasm Spermien(proto)plasma *n*
spermorrhoea *s.* spermatorrhoea
spermospore *s.* spermatogonium
spermotoxic spermatoxisch, auf Spermien toxisch wirkend, Spermien zerstörend
spermotoxin Spermotoxin *n*, Spermatotoxin *n*, Spermiengift *n*
sphacelate *v* nekrotisieren; brandig werden
sphacelation 1. Nekrosebildung *f*, Nekrotisierung *f*; 2. Gangränbildung *f*
sphacelism *s.* necrosis
sphaceloderma Hautgangrän *f*
sphaceloid 1. Nekrose(n)...; 2. gangränös; Gangrän...
sphacelous *s.* sphaceloid
sphacelus Sphacelus *m*, Gangrän *f*, feuchter Brand *m*
sphagiasmus Nackenmuskelkrampf *m (bei Epilepsie)*
sphenethmoid *s.* sphenoethmoid
sphenion Sphenion *n (anthropologischer Messpunkt)*
sphenobasilar *s.* spheno-occipital
sphenoccipital *s.* spheno-occipital
sphenocephalia Sphenozephalie *f*, Keilschäd(e)ligkeit *f*
sphenocephalus Sphenozephalus *m*, Keilschädel *m*
sphenocephaly *s.* sphenocephalia
sphenoethmoid *(Anat)* sphenoethmoidal; Keilbein-Siebbein-...
sphenocthmoid recess Recessus *m* sphenoethmoidalis
sphenoethmoid suture Sutura *f* sphenoethmoidalis
sphenoethmoidal *s.* sphenoethmoid
sphenofrontal *(Anat)* sphenofrontal; Keilbein-Stirnbein-...
sphenofrontal suture Sutura *f* sphenofrontalis
sphenoid 1. sphenoidal, keilförmig; 2. *(Anat)* Keilbein...
sphenoid *(Anat)* Os *n* sphenoidale, Keilbein *n*
sphenoid air sinus *s.* sphenoid sinus
sphenoid bone *s.* sphenoid
sphenoid concha Concha *f* (ossis) sphenoidalis
sphenoid crest Crista *f* sphenoidalis, Keilbeinleiste *f*
sphenoid fissure Fissura *f* orbitalis superior [cerebralis]
sphenoid fontanel Fonticulus *m* sphenoidalis [anterolateralis] Keilbeinfontanelle *f*
sphenoid process of the palatine bone Processus *m* sphenoidalis ossis palatini
sphenoid process of the septal cartilage Processus *m* posterior sphenoidalis
sphenoid sinus Sinus *m* sphenoidalis, Keilbeinhöhle *f*
sphenoid sinusitis Sinusitis *f* sphenoidalis, Keilbeinhöhlenentzündung *f*, Keilbeinhöhlenkatarrh *m*
sphenoid spine Spina *f* ossis sphenoidalis
sphenoid turbinated process *s.* sphenoid concha
sphenoidal *s.* sphenoid
sphenoiditis *s.* sphenoid sinusitis
sphenoidostomy Sphenoidostomie *f*, (operative) Keilbeinhöhlenfistelung *f*

sphenoidotomy Sphenoidotomie *f*, (operative) Keilbeinhöhleneröffnung *f*
sphenomalar *(Anat)* sphenomalar; Keilbein-Jochbein-…
sphenomandibular *(Anat)* sphenomandibular; Keilbein-Unterkiefer-…
sphenomandibular ligament Ligamentum *n* sphenomandibulare, Keilbein-Unterkiefer-Band *n*
sphenomaxillary *(Anat)* sphenomaxillar; Keilbein-Oberkiefer-…
sphenomaxillary fissure Fissura *f* pterygomaxillaris
sphenomaxillary fossa Fossa *f* pterygopalatina, Flügelgaumengrube *f*
sphenomaxillary ligament Ligamentum *n* sphenomandibulare
sphenomaxillary suture Sutura *f* sphenomaxillaris
spheno-occipital *(Anat)* sphenookzipital; Keilbein-Hinterhauptbein-…
spheno-occipital suture Sutura *f* spheno-occipitalis
spheno-occipital synchondrosis Synchondrosis *f* spheno-occipitalis
spheno-orbital *s.* sphenorbital
sphenopagus *(Terat)* Sphenopagus *m (Zwillingsmissgeburt)*
sphenopalatine *(Anat)* sphenopalatinal; Keilbein-Gaumen-…
sphenopalatine artery Arteria *f* sphenopalatina
sphenopalatine canal Canalis *m* sphenopalatinus [pterygopalatinus]
sphenopalatine foramen Foramen *n* sphenopalatinum [pterygopalatinum]
sphenopalatine ganglion (of Meckel) Ganglion *n* sphenopalatinum [pterygopalatinum]
sphenopalatine nerve Nervus *m* sphenopalatinus [pterygopalatinus]
sphenopalatine notch Incisura *f* sphenopalatina
sphenoparietal *(Anat)* sphenoparietal; Keilbein-Scheitelbein-…
sphenoparietal sinus Sinus *m* sphenoparietalis [alae parvae]
sphenoparietal suture Sutura *f* sphenoparietalis
sphenopetrosal *(Anat)* sphenopetrosal; Keilbein-Felsenbein-…
sphenopetrosal fissure Fissura *f* sphenopetrosa
sphenopetrosal suture Sutura *f* sphenopetrosa
sphenorbital *(Anat)* sphenoorbital; Keilbein-Augenhöhlen-…
sphenorbital suture Sutura *f* sphenoorbitalis
sphenosalpingostaphylinus (muscle) Musculus *m* tensor veli palatini, Gaumensegelspanner *m*
sphenosquamosal *(Anat)* sphenosquamös; Keilbein-Schläfenbeinschuppen-…
sphenosquamosal suture Sutura *f* sphenosquamosa
sphenotemporal *(Anat)* sphenotemporal; Keilbein-Schläfenbein-…
sphenotemporal suture Sutura *f* sphenotemporalis
sphenotribe Schädelzertrümmerer *m*, Schädelbohrer *m*
sphenotripsy Schädelzertrümmerung *f*
sphenoturbinal bone *s.* sphenoid concha
sphenovomerine *(Anat)* Keilbein-Vomer-…
sphenozygomatic *(Anat)* sphenozygomatisch; Keilbein-Jochbein-…
sphenozygomatic suture Sutura *f* sphenozygomatica
sphere 1. Sphäre *f*, Bereich *m*, Gebiet *n*, Bezirk *m*; 2. Sphäre *f*, Kugel *f*, kugeliges Gebilde *n*
spheric-configurated heart *(Rad)* kugelförmig konfiguriertes Herz *n*; Kugelform *f* des Herzens
spherical sphärisch, kugelförmig; Kugel…
spherical aberration *(Ophth)* sphärische Aberration *f*
spherical crystalline lens *s.* spherophakia
spherical recess Recessus *m* sphericus vestibuli
spherocylinder Sphärozylinder *m*, sphärozylindrische Linse *f*
spherocyte Sphärozyt *m*, Kugelzelle *f*, kugeliger Erythrozyt *m*
spherocytic sphärozytisch; Kugelzellen…
spherocytic anaemia Sphärozytenanämie *f*, Kugelzellenanämie *f*, hereditäre Sphärozytose *f*, familiärer hämolytischer Ikterus *m*
spherocytosis 1. Sphärozytose *f*, Sphärozytenvermehrung *f* im Blut; 2. *s.* spherocytic anaemia
spheroid kugelförmig, sphäroid; Kugel…
spheroid articulation 1. Kugelgelenk *n*, Articulatio *f* sphaeroidea; 2. Nussgelenk *n*, Articulatio *f* cotylica, Enarthrosis *f* sphaeroidea
spheroid joint *s.* spheroid articulation
spheroidal-cell carcinoma Karzinoid *n*
spheroidin Sphäroidin *n (toxische Fraktion von Tetrodotoxin)*
spherolith Sphärolith *m (Kleinstkonkrement im Nierengewebe bei Neugeborenen)*
spherometer Sphärometer *n*, Krümmungsmesser *m*
spherophakia *(Ophth)* Sphärophakie *f*, Kugellinse *f*
spheroplast Sphäroplast *m (gramnegatives zellwandarmes Bakterium)*
spheroprism Sphäroprisma *n*, sphärisches Prisma *n*
spheroprismatic spectacles sphäroprismatische Brille *f*
spherospermia Sphärospermie *f (Vorhandensein kugeliger Spermien)*
spherule Sphärula *f*, Kügelchen *n*, kleine Kugel *f*
spherule-endospore phase Sphärula-Endosporen-Phase *f*
spherulin Sphärulin *n (Testantigen)*
sphincter Musculus *m* sphincter, Sphinkter *m*, Schließmuskel *m*, Ringmuskel *m*, Schnürer *m*
sphincter ani Sphinkter *m* ani, Analsphinkter *f*
sphincter ani asthenia Analsphinkterschwäche *f*
sphincter choledochus Sphinkter *m* choledochus, Choledochussphinkter *f*
sphincter function Sphinkterfunktion *f*
sphincter muscle *s.* sphincter
sphincter of Boyden *s.* sphincter of the common bile duct
sphincter of Oddi Musculus *m* sphincter Oddi [ampullae hepatopancreaticae]
sphincter of the common bile duct Musculus *m* sphincter ductus choledochi
sphincter of the hepatopancreatic ampulla *s.* sphincter of Oddi
sphincter of the pylorus Musculus *m* sphincter pylori, Pylorusschließmuskel *m*, Pylorusringmuskel *m*
sphincter pupillae (muscle) Musculus *m* sphincter pupillae, Pupillenverengerer *m*
sphincter urethrae (membranaceae) Musculus *m* sphincter urethrae diaphragmaticae, Harnröhrenschließmuskel *m*
sphincter vesicae Musculus *m* sphincter vesicae, Blasenschließmuskel *m*
sphincter weakness Sphinktorschwäche *f*, Schließmuskelschwäche *f*
sphincteral *s.* sphincteric
sphincteralgia Sphinkteralgie *f*, Sphinkterschmerz *m*, Schließmuskelschmerz *m*
sphincterectomy Sphinkterektomie *f*, (operative) Schließmuskelentfernung *f*
sphincterial *s.* sphincteric
sphincteric Sphinkter…, Schließmuskel…, Ringmuskel…, Schnürmuskel…
sphincteric achalasia Sphinkterachalasie *f*
sphincteric action Sphinktertätigkeit *f*

sphincteric dilatation Sphinkterdehnung *f*
sphincteric fibrosis Sphinkterfibrose *f*
sphincteric mechanism Sphinktermechanismus *m*
sphincteric musculature Sphinktermuskulatur *f*
sphincteric reflex Sphinkterreflex *m*
sphincteric relaxation Sphinkterrelaxation *f*, Schließmuskelerschlaffung *f*
sphincterism *s.* sphincterismus
sphincterismus Sphinkterismus *m*, Sphinkterspasmus *m*, Schließmuskelkrampf *m*
sphincteritis Sphinkteritis *f*, Schließmuskelentzündung *f*
sphincterogram Sphinkterogramm *n*
sphincteroid sphinkteroid, sphinkterartig, schließmuskelartig
sphincterolysis *(Ophth)* Sphinkterolyse *f (Lösung von Regenbogenhautverwachsungen an der Hornhaut)*
sphincterometry Sphinkterometrie *f*, Sphinktervermessung *f*
sphincteroplasty Sphinkterplastik *f*, Schließmuskelrekonstruktion *f*
sphincteroscope Sphinkteroskop *n*, Afterschließmuskelspiegel *m*
sphincteroscopy Sphinkteroskopie *f*, Afterschließmuskelspiegelung *f*
sphincterotome Sphinkterotom *n*, Sphinktermesser *n*
sphincterotomy Sphinkterotomie *f*, (operative) Schließmuskeldurchtrennung *f*
sphinctertonometry Sphinktertonometrie *f*, Sphinktertonusmessung *f*
sphinganine Sphinganin *n*, Dihydrosphingosin *n*
sphingenine *s.* sphingosine
sphingogalactoside Sphingogalaktosid *n*
sphingoglycoside Sphingoglykolipid *n*
sphingoin Sphingoin *n*
sphingol *s.* sphingosine
sphingolipid Sphingolipid *n*
sphingolipidosis Sphingolipidose *f*, Sphingolipidspeicherkrankheit *f*
sphingolipodystrophy *s.* sphingolipidosis
sphingomyelin Sphingomyelin *n (glycerinfreies Phosphatid)*
sphingomyelin lipidosis Sphingomyelinlipidose *f*
sphingomyelin phosphodiesterase Sphingomyelinphosphodiesterase *f (Enzym)*
sphingomyelinase Sphingomyelinase *f (Enzym)*
sphingomyelinosis Sphingomyelinose *f*, Niemann-Pick-Syndrom *n*
sphingophosphatide Sphingophosphatid *n*
sphingophospholipid Sphingophospholipid *n*
sphingosine Sphingosin *n (Aminoalkohol)*
sphingosine *N*-acyltransferase Sphingosin-N-acyltransferase *f (Enzym)*
sphinx-neck Flügelhaut *f*, Pterygium *n* colli
sphygmic *s.* sphygmical
sphygmical sphygmisch; Sphygmo..., Puls...
sphygmical interval sphygmisches Intervall *n*, Ejektionsphase *f*
sphygmobologram Sphygmobologramm *n*, Pulskurve *f*
sphygmobolometer Sphygmobolometer *n*, Pulskurvenschreiber *m*
sphygmobolometry Sphygmobolometrie *f*, Pulskurvenschreibung *f*
sphygmocardiograph Sphygmokardiograph *m*
sphygmocardioscope *s.* sphygmokardiograph
sphygmochronograph Sphygmochronograph *m*
sphygmochronography Sphygmochronographie *f*
sphygmodic 1. pulsartig, pulsähnlich; Puls...; 2. pulsierend
sphygmodynamometer Sphygmodynamometer *n*, Pulskraftmesser *m*
sphygmodynamometric sphygmodynamometrisch
sphygmodynamometry Sphygmodynamometrie *f*, Pulskraftmessung *f*
sphygmogram Sphygmogramm *n*, Pulskurve *f*, Arteriogramm *n*
sphygmograph Sphygmograph *m*, Pulskurvenschreiber *m*, Arterienpulsschreiber *m*
sphygmographic sphygmographisch
sphygmography Sphygmographie *f*, Pulskurvenschreibung *f*, Arterienpulsschreibung *f*
sphygmoid pulsartig, pulsähnlich; Puls...
sphygmology Sphygmologie *f*, Pulslehre *f*
sphygmomanomete bulb Sphygmomanometerball *m*, Blutdruckmessergebläse *n*
sphygmomanomete cuff Blutdruckmanschette *f* • **apply the sphygmomanomete cuff** die Blutdruckmanschette anlegen
sphygmomanometer Sphygmomanometer *n*, Blutdruckmessapparat *m*, Blutdruckmesser *m*
sphygmomanometric sphygmomanometrisch
sphygmomanometry Sphygmomanometrie *f*, Blutdruckmessung *f*
sphygmometer *s.* sphygmograph
sphygmometrograph Sphygmometrograph *m*
sphygmometroscope Sphygmometroskop *n*
sphygmo-oscillometer Sphygmooszillometer *n*
sphygmopalpation Pulsfühlen *n*, Pulstasten *n*
sphygmophone Sphygmophon *n*
sphygmoplethysmograph Sphygmoplethysmograph *m*
sphygmoplethysmography Sphygmoplethysmographie *f (Pulsaufzeichnung mit Messung der Durchblutung einer Gliedmaße)*
sphygmoscope Sphygmoskop *n*
sphygmoscopic sphygmoskopisch
sphygmoscopy Sphygmoskopie *f*, Pulsuntersuchung *f*, Pulskurvenanalyse *f*
sphygmosystole Sphygmosystole *f*
sphygmotonograph Sphygmotonograph *m*
sphygmotonometer Sphygmotonometer *n*
sphygmous pulsierend; Puls...
sphygmoviscosimetry Sphygmoviscosimetrie *f (Messung von Blutdruck und Blutviskosität)*
sphygmus Sphygmus *m*, Puls *m*, Pulsschlag *m*; Pulsation *f*
spica (bandage) *(Chir)* Spica *f*, Kornährenverband *m*, Ährenverband *m*
spica cast Spica-Gips(verband) *m*
spica of foot Spica *f* pedis, Kornährenverband *m* des Fußes
spica of hand Spica *f* manus, Kornährenverband *m* der Hand
spica of hip Spica *f* coxae, Kornährenverband *m* der Hüfte
spicular Knochenspitzen...
spicule Spiculum *n*, kleine Knochenspitze *f*
spiculum *s.* spicule
spider 1. Spinne *f*, 2. *s.* spider naevus
spider angioma *s.* spider naevus
spider antivenin Spinnengegengift *n*
spider bite Spinnenbiss *m*
spider-burst Besenreiser *pl*, Besenreiservarizen *fpl*
spider cell 1. *(Histol)* Spinnenzelle *f*, Sternzelle *f*; 2. *s.* astrocyte; 3. *s.* pericyte
spider fingers Spinnenfinger *mpl*; Spinnenfingrigkeit *f*, Arachnodaktylie *f*
spider naevus Spidernävus *m*, Spinnennävus *m*, Spinnwebennävus *m*, Spinnenmal *n*, Naevus *m* araneus [arachnoideus, stellatus]
spider venom Spinnengift *n*
Spiegler-Fendt sarcoid Spiegler-Fendt-Sarkoid *n*, Lymphocytoma *n* cutis, Lymphadenosis *f* benigna cutis

Spiegler's test *(Lab)* Spiegler'sche Eiweißprobe *f*, Sublimatprobe *f* nach Spiegler
Spielmeyer-Vogt disease *(Neur, Päd)* Spielmeyer-Vogt'sche Krankheit *f*, amaurotische Idiotie *f*
Spigelian hernia Spieghel'sche Hernie *f*, Spieghel'scher Bauchdeckenbruch *m*
Spigelian line Spieghel'sche Linie *f*, Linea *f* semilunaris
Spieghel's hernia *s.* Spigelian hernia
spike Zacke *f (z. B. im EEG)*; Fieberzacke *f*
spike-and-wave Zacke-Welle-Komplex *m (EEG)*
spike potential *(Physiol)* Spitzenpotenzial *n*, Aktionspotenzial *n*
spill *s.* naevus
spill *v* 1. überlaufen *(z. B. Flüssigkeiten)*; 2. verschütten *(z. B. Flüssigkeiten)*; 3. vergießen *(z. B. Blut)*; 4. ausbreiten; 5. überschlagen *(in einen anderen Zustand)*
spillway 1. Überlauf *m*; Austrittsstelle *f*; 2. Kontaktzwischenraum *m*, Durchtrittsstelle *f (z. B. für Nahrungsteile an Zahnokklusionslinie)*
spiloma *s.* naevus
spiloplania *(Derm)* Erythema *n* fugax
spiloplaxia Spiloplaxie *f*, roter Fleck *m (bei Lepra)*
spilus Spilus *m*, Naevus *m* spilus *(Pigmentvermehrung der Haut)*
spin (schnelle) Drehung *f*, Drall *m*, Spin *m*; Eigendrehung *f*
spin axis Spin-Achse *f*
spin density *(Rad)* Spin-Dichte *f (bei Magnetresonanztomographie)*
spin density image Spin-Dichtebild *n*
spin distribution Spin-Verteilung *f*
spin echo Spin-Echo *n*
spin echo image Spin-Echobild *n*
spin echo mode Spin-Echo-Verfahren *n*
spin echo signal Spin-Echosignal *n*
spin echo time Spin-Echozeit *f*
spin echo tomogram Spin-Echo-Tomogramm *n*
spin echo tomography Spin-Echo-Tomographie *f*
spin frequency Spin-Frequenz *f*
spin imaging Magnet-Resonanz-Bildgebung *f*, MR-Bilddarstellung *f*
spin immunoassay Spin-Immunoassay *m*
spin-lattice relaxation Spin-Gitter-Relaxation *f*, longitudinale Relaxation *f*
spin-lattice relaxation time Spin-Gitter-Relaxationszeit *f*, longitudinale Relaxationszeit *f*
spin phase Spin-Phase *f*
spin phase shift Spin-Phasen-Verschiebung *f*
spin signal Spin-Signal *n*
spin-spin coupling Spin-Spin-Kopplung *f*
spin-spin relaxation Spin-Spin-Relaxation *f*, transversale Relaxation *f*
spin-spin relaxation time Spin-Spin-Relaxationszeit *f*, transversale Relaxationszeit *f*
spin system Spin-System *n*
spina Spina *f*, Dorn *m*, Stachel *m*; Dornfortsatz *m*; Gräte *f*
spinach stools Spinatstuhl(gang) *m*
spinae *pl s.* spina
spinal 1. spinal, dornig, dornartig, stachelförmig; 2. *(Anat)* spinal; Spinal..., Wirbelsäulen...; Rückenmark...
spinal accessory nerve Nervus *m* accessorius, XI. Hirnnerv *m*, Akzessorius *m*
spinal accessory nerve injury Akzessoriusnervenverletzung *f*
spinal accessory nucleus Nucleus *m* spinalis nervi accessorii
spinal anaesthesia Spinalanästhesie *f*
spinal aperture Foramen *n* vertebrale, Spinalkanalfenster *n*
spinal apoplexy Spinalapoplexie *f*, Hämatomyelie *f*, Blutung *f* ins Rückenmark, Rückenmark(ein)blutung *f*
spinal arachnoid Rückenmarkarachnoidea, Arachnoidea *f* spinalis
spinal arachnoiditis Arachnoiditis *f* spinalis
spinal artery Rückenmarkarterie *f*, Arteria *f* spinalis
spinal ataxia Spinalataxie *f*, spinale Ataxie *f*
spinal block Liquorblockade *f*, Liquorsperre *f*, Liquorstopp *m*; Sperrliquor *m*
spinal block syndrome *(Neur)* Froin'sches Syndrom *n*, Sperrliquor *m*
spinal canal Spinalkanal *m*, Wirbel(säulen)kanal *m*, Canalis *m* vertebralis, Rückenmarkkanal *m*
spinal caries *s.* Pott's disease
spinal column Wirbelsäule *f*, Columna *f* vertebralis, Rückgrat *n*
spinal column injury Wirbelsäulenverletzung *f*
spinal cord Rückenmark *n*, Spinalmark *n*, Medulla *f* spinalis
spinal cord angiography spinale Angiographie *f*, Rückenmarkgefäßröntgen(kontrast)darstellung *f*
spinal cord compression Rückenmarkkompression *f*, Rückenmarkdruck *m*, Compressio *f* medullae spinalis
spinal cord concussion Rückenmarkerschütterung *f*, Concussio *f* medullae spinalis
spinal cord decompression *(Chir)* Rückenmarkdekompression *f*
spinal cord growth Rückenmarkgeschwulst *f*
spinal cord injury Rückenmarkverletzung *f*
spinal cord lesion *s.* spinal cord injury
spinal cord transection 1. (quere) Rückenmarkdurchtrennung *f*; 2. Rückenmarkquerschnitt *m*, spinale Querschnittslähmung *f*
spinal cord transverse lesion *s.* spinal cord transection
spinal cord tumour Rückenmarktumor *m*, Rückenmarkgeschwulst *f*
spinal curvature Wirbelsäulenkrümmung *f*
spinal dysraphism Wirbel(säulen)spaltbildung *f*, Wirbel(säulen)spalte *f*, Spina *f* bifida
spinal epidural space spinaler Epiduralraum *m*
spinal epilepsy Spinalepilepsie *f*, Rückenmarkepilepsie *f*
spinal fasciculus Fasciculus *m* spinalis
spinal fluid Hirn-Rückenmark-Flüssigkeit *f*, Liquor *m* (cerebrospinalis), Zerebrospinalflüssigkeit *f (siehe auch unter: cerebrospinal fluid)*
spinal-fluid findings Liquorbefund *m*
spinal-fluid loss headache Lumbalpunktionskopfschmerz *m*
spinal foramen Foramen *n* vertebrale
spinal fusion Wirbelfusion *f*, Wirbelvereinigung *f*, Wirbel(säulen)versteifung *f*, Spondylosyndesis *f*
spinal fusion operation Wirbelsäulenversteifungsoperation *f*, Wirbelsäulenverblockung(soperation) *f*
spinal ganglion Spinalganglion *n*, Ganglion *n* spinale
spinal headache spinaler Kopfschmerz *m*, Kopfschmerz *m* nach Spinalpunktion
spinal hemiplegia Spinalhemiplegie *f*, Rückenmarkhemiplegie *f*
spinal irritation Rückenmarkirritation *f*, Rückenmarkreizung *f*
spinal lemniscus Lemniscus *m* spinalis
spinal manipulation Wirbelsäulenmanipulation *f*, spinale Manipulation *f*
spinal marrow *s.* spinal cord
spinal medullary canal Rückenmarkzentralkanal *m*, Canalis *m* centralis medullae spinalis
spinal meningitis Spinalmeningitis *f*, Rückenmarkhautentzündung *f*
spinal meninx Rückenmarkhaut *f*
spinal motion segment spinales Bewegungssegment *n*, Bewegungssegment *n* der Wirbelsäule

spinal muscular atrophy spinale Muskelatrophie *f*
spinal musculature Wirbelsäulenmuskulatur *f*
spinal needle Spinalnadel *f*, Lumbalnadel *f*, Rückenmarkkanüle *f*
spinal nerve Spinalnerv *m*, Rückenmarknerv *m*, Nervus *m* spinalis
spinal nerve root Spinalnervenwurzel *f*, Rückenmarknervenwurzel *f*
spinal pachymeningitis Spinalpachymeningitis *f*, Rückenmarkpachymeningitis *f*
spinal paralysis Spinalparalyse *f* (spastische) Spinallähmung *f*, Rückenmarklähmung *f*
spinal puncture Lumbalpunktion *f*
spinal reflex Spinalreflex *m*, Rückenmarkreflex *m*
spinal reflex bladder Reflexblase *f*
spinal segment Rückenmarksegment *n*, Spinalsegment *n*
spinal shock Spinalschock *m*, Rückenmarkschock *m*
spinal subarachnoid haematoma spinale Subarachnoidalblutung *f*
spinal tap *s.* spinal puncture
spinal tract Tractus *m* spinalis, Spinaltrakt *m*, Rückenmarkbahn *f*
spinal tract of the trigeminal nerve Tractus *m* spinalis nervi trigemini
spinal tractotomy Chordotomie *f*, (operative) Durchtrennung *f* der Vorderseitenstrangbahn *(Rückenmark)*
spinal tuberculosis Wirbelsäulentuberkulose *f*
spinal vein Rückenmarkvene *f*, Vena *f* spinalis
spinal vestibular nucleus Nucleus *m* vestibularis inferior
spinal vestibular tract *(Anat)* Tractus *m* vestibulospinalis, Held'sches Bündel *n*
spinalgia Spinalgie *f*, Wirbelschmerz *m*
spinalis Musculus *m* spinalis, Dornmuskel *m*
spinalis capitis (muscle) Musculus *m* spinalis capitis, Kopfdornmuskel *m*
spinalis cervicis (muscle) Musculus *m* spinalis cervicis, Halsdornmuskel *m*
spinalis muscle *s.* spinalis
spinalis thoracis (muscle) Musculus *m* spinalis thoracis, Brustdornmuskel *m*
spinant (agent) auf das Rückenmark wirkendes Mittel *n*, die Rückenmarkreflexe steigerndes Mittel *n*
spinate dornig, mit Dornen besetzt, Dornen tragend; stachelig, mit Stacheln besetzt, Stacheln tragend
spindle 1. Spindel *f*; 2. Metaphasenspindel *f (bei der Zellteilung)*
spindle cataract *(Ophth)* Spindelkatarakt *f*, Spindelstar *m*, spindelförmige Katarakt *f*
spindle cell Spindelzelle *f*
spindle-cell carcinoma Spindelzellenkarzinom *n*, kleinzelliges Bronchialkarzinom *n*
spindle-cell naevus Spindelzellnävus *m*, benignes juveniles Melanom *n*
spindle-cell sarcoma Spindelzellensarkom *n*
spindle fibre Spindelfaser *f*
spindle-shaped cataract *s.* spindle cataract
spine 1. Spina *f*, Dorn *m*, Stachel *m*; Dornfortsatz *m*; Gräte *f*; 2. Columna *f* vertebralis, Wirbelsäule *f*, Rückgrat *n*
spine of the ischium Spina *f* ischiadica, Sitzbeinstachel *m*
spine of the scapula Spina *f* scapulae, Schulterblattgräte *f*
spine of the tibia Eminentia *f* intercondylaris (tibiae)
spine sign Rückgratzeichen *n*, Kniekussphänomen *n*
spine wrench Rachiotom *n*
spinifugal spinofugal, vom Rückenmark wegführend
spinipetal spinopetal, zum Rückenmark hinführend
spinobulbar spinobulbär, bulbospinal
spinocellular *(Anat)* spinozellulär, stachelzellenartig; Stachelzellen…
spinocerebellar *(Anat)* spinozerebellär, spinozerebellar, Rückenmark und Kleinhirn betreffend; Rückenmark-Kleinhirn-…
spinocerebellar degeneration spinozerebellare Degeneration *f*
spinocerebellar disorder spinozerebellare Störung *f*
spinocerebellar tract 1. Tractus *m* spinocerebellaris anterior, vordere Kleinhirnseitenstrangbahn *f*, Gowers'sches Bündel *n*, Gowers-Bündel *n*, Gowers'sche Bahn *f*, Gowers-Bahn *f*; 2. Tractus *m* spinocerebellaris posterior [dorsalis], hintere Kleinhirnseitenstrangbahn *f*, Flechsig'sches Bündel *n*, Flechsig'sche Bahn *f*, Flechsig-Bahn *f*
spinocerebellum Paläozerebellum *n*
spinocerebral nerve Spinalnerv *m*, Rückenmarknerv *m*, Nervus *m* spinalis
spinocollicular *(Anat)* spinokollikulär; Rückenmark-Colliculus-…
spinocortical *(Anat)* spinokortikal, kortikospinal; Rückenmark-Hirnrinden-…
spinocostalis (muscle) Musculus *m* spinocostalis *(Musculus serratus posterior superior und Musculus serratus posterior inferior)*
spinofallopian tube shunt Ventrikel-Tuben-Shunt *m (zur Ableitung von Liquor cerebrospinalis in die Peritonealhöhle)*
spinogalvanization Spinogalvanisation *f*
spinoglenoid spinoglenoidal; Wirbelsäulen-Schultergelenkpfannen-…
spinogram 1. Spinogramm *n*, Wirbelsäulenröntgenbild *n*; 2. Spinogramm *n*, Rückenmarkröntgen(kontrast)bild *n*
spinomuscular *(Anat)* spinomuskulär; Rückenmark-Muskel-…
spinoneural *(Anat)* spinoneural; Rückenmark-Nerven-…
spinoolivary *(Anat)* spinoolivär; Rückenmark-Olivenkern-…
spinoolivary fasciculus Tractus *m* olivospinalis
spinoolivary tract *s.* spinoolivary fasciculus
spinoperipheral Rückenmark-Körperoberflächen-…
spinopetal *s.* spinipetal
spinosal nerve Nervus *m* spinosus, Ramus *m* meningeus nervi mandibularis
spinose *s.* spinous
spinospinal tracts Fasciculi *mpl* proprii medullae spinalis
spinotectal *(Anat)* spinotektal; Rückenmark-Tectum-…
spinotectal tract Tractus *m* spinotectalis
spinothalamic *(Anat)* spinothalamisch; Rückenmark-Thalamus-…
spinothalamic tract 1. Tractus *m* spinothalamicus anterior; 2. Tractus *m* spinothalamicus lateralis
spinous spinös, stachelig; Stachel…
spinous cell Stachelzelle *f*
spinous pelvis Pelvis *f* spinosa, Stachelbecken *n*
spinous process *s.* spinous process of the vertebra
spinous process of the ilium Spina *f* iliaca, Darmbeinstachel *m*
spinous process of the vertebra Processus *m* spinosus, Dornfortsatz *m*
spinous teeth Spitzzähne *mpl*
spintharicon *(Rad)* Spintharikon *n*
spinthariscope Spinthariskop *n*, Spintheriskop *n*, Szintillationszähler *m*
spintherism Spintherismus *m*, Funkensehen *n*, Synchysis *f* scintillans
spintherometer Spintherometer *n*
spintheropia *s.* spintherism
spintometer *s.* spintherometer
spinulose dornig, stachelig
spiny *s.* spinulose
spiperone Spiperon *n (Antipsychotikum)*
spiradenitis *s.* hidradenitis

spiradenoma Spiradenom *n*, Spirom *n*, Schweißdrüsenadenom *n*
spiral spiralförmig; Spiral…
spiral artery Spiralarterie *f (in der Gebärmutter)*
spiral bandage *(Chir)* Spiralverband *m*
spiral canal of the cochlea 1. Canalis *m* spiralis cochleae, Schneckenrohr *n*; 2. Ductus *m* cochlearis, Cochlea *f*, häutige Schnecke *f*, Schneckengang *m*
spiral canal of the modiolus Canalis *m* spiralis modioli
spiral electrode Spiralelektrode *f*
spiral fracture Spiralfraktur *f*, Torsionsfraktur *f*
spiral ganglion of the cochlea Ganglion *n* spirale cochleae
spiral joint Spiralgelenk *n*
spiral lamina Lamina *f* spiralis ossea
spiral ligament Ligamentum *n* spirale cochleae
spiral organ of Corti Organum *n* spirale, Corti'sches Organ *n*, Hörorgan *n*
spiral plate Lamina *f* spiralis
spiral prominence Prominentia *f* spiralis
spiral reverse bandage *(Chir)* Kornährenverband *m*
spiral sulcus Sulcus *m* spiralis internus
spiral valve (of Heister) *(Anat)* Plica *f* spiralis, Heister'sche Klappe *f*, Valvula *f* Heisteri
spiraling *(Immun)* Spiralisierung *f*
spiramycin Spiramycin *n (Antibiotikum)*
Spira's syndrome Spira'sches Synrom *n*, chronische Fluorose *f*
spirem *s.* spireme
spireme Spirem *n (Knäuelstadium der Prophase)*
spirilla *pl s.* spirillum
Spirillaceae Spirillaceae *fpl*
spirillaemia Spirillämie *f*, Vorhandensein *n* von Spirillen im Blut
spirillaemic spirillämisch; Spirillämie…
spirillar Spirillen…
spirillar abscess Spirillenabszess *m*
spirillary fever *s.* spirillary rat-bite fever
spirillary rat-bite fever *(Inf)* Rattenbissfieber *n*, Rattenbisskrankheit *f*, Sodoku *n*, Spirillum-minus-Krankheit *f*
spirillemia *s.* spirillaemia
spirillicidal spirillizid, spirillentötend
spirillicide *s.* spirillicidal
spirillicide (agent) spirillizides [spirillentötendes] Mittel *n*
spirillolysis Spirillenauflösung *f*, Spirillenvernichtung *f*
spirillolytic spirillolytisch, spirillenauflösend
spirillosis Spirillose *f*, Spirilleninfektion *f*, Spirillenerkrankung *f*, Spirillenbefall *m*
spirillotoxic spirillotoxisch
spirillotropic auf Spirillen gerichtet, Spirillen bevorzugend
spirillotropism Spirillotropismus *m*
spirillum Spirille *f (schraubenförmig gewundenes Bakterium)*
spirillum fever Spirillenfieber *n*, Rückfallfieber *n*
Spirillum minus Spirillum *n* minus [morsus muris] *(Erreger der Rattenbisskrankheit)*
Spirillum minus disease *s.* spirillary rat-bite fever
spirit Spiritus *m*, Alkohol *m*
spirit of ammonia Salmiakgeist *m*
spirit of camphor Kampferspiritus *m*, Spiritus *m* camphoratus
spirit of camphor and soap Kampferseifenspiritus *m*, Spiritus *m* saponato-camphoratus
spirit of melissa Melissengeist *m*
spirit of mustard Senfspiritus *m*, Spiritus *m* sinapis
spirit of soap Seifenspiritus *m*, Spiritus *m* saponatus
spirit of wine Weingeist *m*, Spiritus *m* Vini
spiritual spirituell, geistig, seelisch, das Seelenleben betreffend
spiritual distress seelischer Kummer *m*, seelische Beschwerden *pl*; Identitätsstörung *f*
spiritual support seelische Unterstützung *f*
spiritual therapy spirituelle Therapie *f*
spiritual well-being seelisches Wohlbefinden *n*
spirituous alkoholisch, alkoholhaltig, mit hohem Alkoholgehalt
Spirochaeta cuniculi Spirochaeta *f* [Treponema *n*] cuniculi
Spirochaeta icterogenes Spirochaeta *f* icterogenes, Leptospira *f* haemorrhagiae
Spirochaeta icterohaemorrhagiae Spirochaeta *f* [Leptospira *f*] icterohaemorrhagiae
Spirochaeta obermeieri Spirochaeta *f* [Borrelia *f*] recurrentis, Obermeier'sche Spirochäte *f*
Spirochaeta pallida Spirochaeta *f* pallida, Treponemum *n* pallidum
Spirochaetaceae Spirochaetaceae *pl*
Spirochaetales Spirochaetales *pl*
spirochaetaemia Spirochätämie *f*, Vorhandensein *n* von Spirochäten im Blut
spirochaetal spirochätal; Spirochäten…
spirochaetal fever Spirochätenfieber *n*
spirochaetal infection Spirochäteninfektion *f*
spirochaetal jaundice *(Inf)* Spirochaetosis *f* [Leptospirosis *f*] icterohaemorrhagica, Icterus *m* infectiosus, Morbus *m* Weil, Weil'sche Krankheit *f* [Erkrankung *f*]
spirochaete Spirochäte *f*
spirochaetic *s.* spirochaetal
spirochaeticidal spirochätizid, spirochätentötend
spirochaeticide (agent) spirochätizides Mittel *n*, Antispirochätenmittel *n*
spirochaetogenous spirochätogen
spirochaetolysin Spirochätolysin *n*
spirochaetolysis Spirochätolyse *f*, Spirochätenauflösung *f*, Spirochätenzerfall *m*
spirochaetolytic spirochätolytisch, spirochätenauflösend; Spirochätolyse…
spirochaetosis Spirochätose *f*, Spirochätenerkrankung *f*
spirochaetotic Spirochätose…
spirochaeturia Spirochäturie *f (Vorhandensein von Spirochäten im Urin)*
spirochete *s.* spirochaete
spirochetemia *s.* spirochaetaemia
spirogram Spirogramm *n*, Atmungskurve *f*
spirograph Spirograph *m*, Atmungsschreiber *m (Gerät zur Aufzeichnung der Atembewegungen)*
spirographic spirographisch
spirography Spirographie *f (Darstellung der Atemgrößen)*
spiro-index Spiro-Index *m (Vitalkapazität dividiert durch Körpergröße)*
spirolactone Spirolakton *n*
spiroma *s.* spiradenoma
spirometer Spirometer *n*, Aeroplethysmograph *m (Gerät zur Messung und Darstellung der Atemgrößen und Lungenvolumina)*
spirometric spirometrisch
spirometry Spirometrie *f (Messung und Darstellung der Atemgrößen und Lungenvolumina)*; Grundumsatzbestimmung *f*
Spironema Spironema *pl*
spironolactone Spironolakton *n (Aldosteronantagonist)*
spirophore Sauerstoffgerät *n*, Sauerstoffapparat *m*
Spiroptera Spiroptera *pl*
Spiroptera crab Spiroterakrebs *m (Magenkrebs bei Ratten durch Spiroptera neoplastica)*
spiroscope Spiroskop *n*
spiroscopy Spiroskopie *f*
spissated (ein)getrocknet; eingedickt

spissitude Eintrocknung *f*, Eindickung *f* *(z. B. einer Flüssigkeit)*
spitting Speien *n*, Spucken *n*, Ausspucken *n*, Expektoration *f*
spittle Speichel *m*, Saliva *f*, Spucke *f*
spittoon Spucknapf *m*
Spitz naevus Spitz'scher Nävus *m*, benignes juveniles Melanom *n*
Spitzka-Lissauer column Tractus *m* posterolateralis, Fasciculus *m* posterolateralis [dorsolateralis]
Spitzka-Lissauer tract *s.* Spitzka-Lissauer column
Spitzka marginal tract *s.* Spitzka-Lissauer column
Spitzka marginal zone *s.* Spitzka-Lissauer column
Spitzka's nucleus Spitzka'scher Nukleus *m*, Perlia'scher Nukleus *m*
Spitzka's tract Tractus *m* posterolateralis
Spitzy's operation Spitzy'sche Nabelbruchoperation *f*, Spitzy-Operation *f*
splanchnaesthesia Splanchnästhesie *f*, Eingeweidegefühl *n*, Eingeweideempfindung *f*
splanchnaesthetic splanchnästhetisch; Splanchnästhesie...
splanchnapophyseal splanchnapophyseal, splanchnapophysial
splanchnapophysis Splanchnoapophyse *f*
splanchnectopia Splanchnektopie *f*, Eingeweideverlagerung *f*
splanchnemphraxis Splanchnemphraxis *f*, Eingeweideobstruktion *f*
splanchnic splanchnisch, viszeral; Eingeweide... *(siehe auch unter: visceral)*
splanchnic engorgement splanchnische Anschoppung *f*, Blutanschoppung *f* der Eingeweide *(z. B. durch Druckentlastung nach Aszitespunktion)*
splanchnic ganglion Ganglion *n* splanchnicum
splanchnic nerve Nervus *m* splanchnicus, Eingeweidenerv *m*
splanchnic retractor Splanchnikushaken *m* *(Instrument)*
splanchnicectomy Splanchn(i)ektomie *f*, Splanchnikusresektion *f*, (operative) Teilentfernung *f* des Eingeweidenerven
splanchnicotomy Splanchnikotomie *f*, Splanchnikusdurchtrennung *f*, (operative) Eingeweidenerv(en)durchtrennung *f*
splanchnoblast Splanchnoblast *m*, (embryonale) Eingeweideanlage *f*
splanchnocele Splanchnozele *f*, Eingeweideprolaps *m*, Eingeweidehernie *f*
splanchnocoele *(Embr)* Splanchnozöle *f*, Pleuroperitonealhöhle *f*
splanchnocranium Splanchnokranium *n*, Viszerokranium *n*
splanchnoderm *(Embr)* Splanchnoderm *n*
splanchnodiastasis Splanchnodiastase *f*, Eingeweideverlagerung *f*
splanchnodynia Splanchnodynie *f*, Eingeweideschmerz *m*
splanchnography Splanchnographie *f*, Eingeweidebeschreibung *f*
splanchnolith Splanchnolith *m*, Eingeweidestein *m*
splanchnolithiasis Splanchnolithiasis *f*, Eingeweidesteinleiden *n*, Eingeweidesteinerkrankung *f*
splanchnology Splanchnologie *f*, Eingeweidelehre *f*
splanchnomegalia *s.* splanchnomegaly
splanchnomegaly Splanchnomegalie *f*, (abnorme) Eingeweidevergrößerung *f*, Organvergrößerung *f*
splanchnomicria Splanchnomikrie *f*, (abnorme) Eingeweideverkleinerung *f*, Organverkleinerung *f*
splanchnopathy Splanchnopathie *f*, Eingeweideerkrankung *f*, Eingeweidekrankheit *f*, Eingeweideleiden *n*; Organerkrankung *f*
splanchnopleural splanchnopleural
splanchnopleure *(Embr)* Splanchnopleura *f*, Darmfaserblatt *n*
splanchnopleuric *s.* splanchnopleural
splanchnoptosis Splanchnoptose *f*, Eingeweidesenkung *f*, Viszeroptose *f*
splanchnosclerosis Splanchnosklerose *f*, Eingeweideinduration *f*, Eingeweideverhärtung *f*
splanchnoscopic splanchnoskopisch
splanchnoscopy Splanchnoskopie *f*, Eingeweidespiegelung *f*, Organspiegelung *f*
splanchnoskeletal splanchnoskeletal, viszeroskeletal
splanchnoskeleton Splanchnoskeleton *n*, Eingeweideskelett *n*, Viszeroskelett *n*
splanchnosomatic splanchnosomatisch, viszerosomatisch; Eingeweide-Körper-...; Organ-Körper-...
splanchnosomatic reaction viszerosomatische Reaktion *f*
splanchnotomy Splanchnotomie *f*, Eingeweidezerlegung *f*, Organzerlegung *f*
splanchnotribe Darmquetsche *f*, Darmquetschinstrument *n*
splay *v* 1. spreizen, ausspreizen; 2. dislozieren
splayfoot 1. Talipes *m* [Pes *m*] valgus, Plattfuß *m*; 2. Spreizfuß *m*
splayleg myofibrilläre Hypoplasie *f*
spleen Splen *m*, Milz *f*, Lien *m* *(Zusammensetzungen siehe unter: splenic)* • **remove the spleen** die Milz entfernen
spleen scan Milzszintigraphie *f*
splen *s.* spleen
splenaemia 1. Blutfülle *f* der Milz, Milzstauung *f*, Stauungsmilz *f*; 2. milzbedingte Leukämie *f*
splenalgia Splenalgie *f*, Splenodynie *f*, Milzschmerz *m*
splenatrophy Splenatrophie *f*, Milzatrophie *f*
splenauxe Splenomegalie *f*, Milzvergrößerung *f*
splenceratosis Splenokeratose *f*, Milzverhärtung *f*, Milzinduration *f*
splenculus akzessorische Milz *f*, Splen *m* accessorius, Nebenmilz *f*
splenectasis Splenektasie *f*, Milzvergrößerung *f*
splenectomize *v* splenektomieren, eine Milzexstirpation durchführen, die Milz operativ entfernen
splenectomy Splenektomie *f*, Milzexstirpation *f*, (operative) Milzentfernung *f*
splenectopia Splenektopie *f*, Milzverlagerung *f*
splenectopy *s.* splenectopia
splenelcosis Milzulzeration *f*, Milzabszess *m*
splenemphraxis Splenemphraxis *f*, Milzkongestion *f*, Milzstauung *f*, Milzanschoppung *f*, Stauungsmilz *f*
spleneolus *s.* splenculus
splenetic 1. *s.* splenic; 2. milzkrank; 3. mürrisch, schlecht gelaunt; hypochondrisch
splenetic Milzkranke(r) *m*
splenial Riemenmuskel...
splenic lienal; Milz...
splenic abscess Milzabszess *m*
splenic anaemia Milzanämie *f*
splenic apoplexy Milzapoplexie *f*, Milzeinblutung *f*
splenic artery Milzarterie *f*, Arteria *f* lienalis
splenic artery aneurysm Milzarterienaneurysma *n*
splenic aspirate Milzaspirat *n*
splenic bed Milzlager *n*, Milzloge *f*
splenic cachexia Cachexia *f* splenica
splenic calcification Milzkalzifikation *f*, Milzverkalkung *f*
splenic corpuscles *s.* splenic nodules
splenic echinococcosis Milzechinokokkose *f*

splenic fever Milzbrand *m*, Anthrax *m (Zusammensetzungen siehe unter: anthrax)*
splenic flexure linke Kolonflexur *f* [Dickdarmflexur *f*], Flexura *f* coli sinistra
splenic flexure syndrome Flexura-lienalis-Syndrom *n*, Syndrom *n* der Milzflexur
splenic gland Nodus *m* lymphaticus pancreaticolienalis
splenic haemangioendothelioma *(Path)* Milzhämangioendotheliom *n*
splenic hyperplasia Milzhyperplasie *f*
splenic infarction Milzinfarzierung *f*, Milzinfarkt *m*
splenic nodules Malpighi'sche Milzkörperchen *npl*, Lymphonoduli *mpl* lienales [Malpighi]
splenic pedicle Milzstiel *m*
splenic penicilli Pinselarterien *fpl*, Penicilli *mpl* lienis
splenic plexus Milzarteriennervengeflecht *n*, Plexus *m* lienalis
splenic pulp Milzpulpa *f*, Milzparenchym *n*, Pulpa *f* lienalis [lienis]
splenic puncture Milzpunktion *f*
splenic recess Recessus *m* lienalis
splenic red pulp rote Milzpulpa *f*
splenic rupture Milzruptur *f*, Milzzerreißung *f*
splenic sinus Milzsinus *m*, Sinus *m* lienalis
splenic souffle Milzgeräusch *n*
splenic tissue *s.* splenic pulp
splenic trabeculae Milztrabekel *fpl*, Trabeculae *fpl* lienis
splenic trauma Milztrauma *n*, Milzverletzung *f*
splenic tuberculosis Milztuberkulose *f*
splenic tumour Milztumor *m*
splenic vein Milzvene *f*, Vena *f* lienalis
splenicogastric splenogastrisch; Milz-Magen-…
splenicopancreatic splenikopankreatisch, pankreatikolienal; Pankreas-Milz-…
splenicterus Splenikterus *m*, Milzentzündung *f* mit Ikterus
spleniculus *s.* splenculus
spleniculus Splen *m* accessorius
splenification *s.* splenization
spleniform spleniform, milzförmig, milzähnlich
spleniserrate zum Musculus splenius und zum Musculus serratus gehörend
splenitis Splenitis *f*, Lienitis *f*, Milzentzündung *f*
splenium 1. *(Anat)* Splenium *n* corporis callosi; 2. Kompresse *f*; Pflaster *n*; Bausch *m*
splenius capitis (muscle) Musculus *m* splenius capitis, Riemenmuskel *m* [Bauschmuskel *m*] des Kopfes
splenius cervicis (muscle) Musculus *m* splenius cervicis, Riemenmuskel *m* [Bauschmuskel *m*] des Halses
splenization *(Path)* Splenisation *f*, milzartige Lungengewebeverfestigung *f*
splenoblast Splenoblast *m*
splenocele 1. Splenozele *f*, Lienozele *f*, Milzhernie *f*, Milzbruch *m*; 2. Milztumor *m*, Milzgeschwulst *f*
splenoceratosis Splenokeratose *f*, Milzverhärtung *f*, Milzinduration *f*
splenocleisis Splenocleisis *f (Bindegewebsneubildung durch Anrauen der Milzoberfläche)*
splenocolic splenokolisch; Milz-Kolon-…
splenocyte *(Hämat)* Splenozyt *m*, Monozyt *m*
splenodynia *s.* splenalgia
splenogenic splenogen, von der Milz ausgehend
splenogenous *s.* splenogenic
splenogram Splenogramm *n*, Milzröntgen(kontrast)bild *n*
splenographic splenographisch
splenography Splenographie *f*, Milzröntgen(kontrast)darstellung *f*, Lienographie *f*
splenohepatomegaly Splenohepatomegalie *f*, Milz- und Lebervergrößerung *f*
splenohepatoplasty Splenohepatoplastik *f*, plastische Milz- und Leberoperation *f*
splenoid splenoid, milzartig, milzähnlich
splenokeratosis Splenokeratose *f*, Milzverhärtung *f*, Milzinduration *f*
splenolaparotomy Splenolaparotomie *f*, Laparosplenotomie *f*
splenology Splenologie *f (Lehre von der Milz)*
splenolymphatic splenolymphatisch; Milz-Lymphe-…; Milz-Lymphknoten-…
splenolysin Splenolysin *n (das Milzgewebe auflösendes Lysin)*
splenolysis Splenolysis *f*, Milzauflösung *f*
splenoma Splenom *n*, Milztumor *m*, Milzgeschwulst *f*
splenomalacia Splenomalazie *f*, Milzerweichung *f*, Lienomalazie *f*
splenomedullary splenomedullär, lienomedullär; Milz-Knochenmark-…
splenomedullary leukaemia splenomedulläre Leukämie *f*
splenomegalia *s.* splenomegaly
splenomegaly Splenomegalie *f*, Milzvergrößerung *f*
splenometry Splenometrie *f*, Milzvermessung *f*, Bestimmung *f* der Milzgröße
splenomyelogenous *s.* splenomedullary
splenomyelogenous leukaemia splenomyelogene Leukämie *f*
splenomyelomalacia Splenomyelomalazie *f*, Milz- und Knochenmarkerweichung *f*
splenoncus *s.* splenoma
splenonephric *s.* splenorenal
splenonephritic *s.* splenorenal
splenonephroptosis Splenonephroptose *f*, Milz- und Nierensenkung *f*
splenopancreatic *s.* splenicopancreatic
splenoparectasis *s.* splenomegaly
splenopathic splenopathisch
splenopathy Splenopathie *f*, Lienopathie *f*, Milzerkrankung *f*, Milzkrankheit *f*, Milzleiden *n*
splenopexy Splenopexie *f*, Milzfixation *f*, (operative) Milzanheftung *f*
splenophrenic splenophrenisch; Milz-Zwerchfell-…
splenophrenic ligament Ligamentum *n* phrenicolienale
splenoportogram Splenoportogramm *n*, Röntgen(kontrast)bild *n* des Pfortaderkreislaufs
splenoportographic splenoportographisch
splenoportography Splenoportographie *f*, Röntgen(kontrast)darstellung *f* des Pfortaderkreislaufs
splenoptosia *s.* splenoptosis
splenoptosis Splenoptose *f*, Milzsenkung *f*
splenorenal splenorenal; Milz-Nieren-…
splenorenal shunt splenorenaler Shunt *m*, (operative) Milzarterien-Nierenarterien-Anastomose *f*
splenorrhagia Splenorrhagie *f*, Milzblutung *f*
splenorrhaphy Splenorrhaphie *f*, Milznaht *f*
splenosis Splenose *f*, Milzgewebeaussaat *f (auf dem Peritoneum)*
splenotomy Splenotomie *f*, Milzinzision *f*, Milz(ein)schnitt *m*
splenotoxin Splenotoxin *n*, Lienotoxin *n*, Milzgift *n*
splenotyphoid Splenotyphoid *n*, Milztyphus *m*; Typhusmilz *f*
splenulus Nebenmilz *f*, Lien *m* accessorius, akzessorische Milz *f*, Lienunculus *m*
splenunculus *s.* splenulus
splice *v* **a tendon** eine Sehne durchflechten
spliceosome Splicesom *n (Mitwirkung bei der Entfernung der Intron-Sequenzen und Zusammenfügung der Exon-Sequenzen)*

splicing 1. RNA-Splicing *n (Entfernung der Intron-Abschnitte aus dem RNS-Strang und Bildung der Messenger-RNS durch Zusammenfügen der Exon-Sequenzen)*; 2. Gen-Splicing *n*
splint *v* schienen *(z. B. einen Bruch)*
splint *v* **in functional position** in Funktionsstellung schienen [ruhig stellen]
splint Schiene *f* • **apply a splint** eine Schiene anlagern [anlegen] • **in splints** geschient *(z. B. Knochenbruch)* • **wear a splint** eine Schiene tragen
splint bone *s.* fibula
splintage Schienung *f*, Schienen *n*
splinter Splitter *m*; Knochensplitter *m*
splinter bone *s.* fibula
splinter forceps *(Chir)* Splitterpinzette *f*, Splitterklemme *f*
splinter fracture Splitterfraktur *f*, Splitterbruch *m*
splinter haemorrhage Splitterblutung *f (z. B. unter Fingernägeln)*
splinter of bone Knochensplitter *m*
splinting 1. Schienung *f*, Schienenbehandlung *f*; 2. *(Stom)* Zahnschienung *f*, kieferorthopädisches Zahnrichten *n*; 3. Muskelverhärtung *f*, Muskelrigidität *f*, Versteifung *f* einer Körperregion *(z. B. Muskelfixierung bei einer Extremitätenfraktur zur Schmerzlinderung)*
splinting of chest Brustwandschienung *f*
splinting of finger Fingerschienung *f*, Fingerschienenbehandlung *f*
split brain operation (operative) Balkendurchtrennung *f*, Kommissurenbahndurchtrennung *f*
split-brain patient Split-brain-Patient *m*
split-brain state Split-brain-Zustand *m (z. B. nach operativer Balkendurchtrennung)*
split-brain symptom Split-brain-Symptom *n*
split-brain syndrome Split-brain-Syndrom *n*, Diskonnektionssyndrom *n (z. B. nach operativer Trennung der beiden Hirnhemisphären)*
split ECG wave gespaltene EKG-Zacke *f*
split fracture Spaltfaktur *f*, Berstungsfraktur *f*, Splitterfraktur *f*
split gene gespaltenes Gen *n*
split graft *s.* split-thickness graft
split in the ego *(Psych)* Ich-Spaltung *f*
split pelvis Spaltbecken *n*, Pelvis *f* fissa
split personality *(Neur)* gespaltene Persönlichkeit *f*, dissoziative Identitätsstörung *f*
split personality delusion *(Psych)* Doppelgängerwahn *m (Doppelgängererlebnis im psychotischen Wahnerleben)*
split renal function study seitengetrennte Nierenfunktionsuntersuchung *f*
split-skin graft *s.* split-thickness graft
split-thickness graft Spalthauttransplantat *n*
split-thickness grafting Spalthauttransplantation *f*
split-thickness skin Spalthaut *f*
split-thickness skin graft Spalthauttransplantat *n*
split-thickness skin graft donor site Spalthauttransplantatentnahmestelle *f*
split towel *(Chir)* Schlitztuch *n*
splitted vertebral column Spina *f* bifida, Spaltwirbelsäule *f*, Wirbelsäulenspalte *f*
splitting 1. Spaltung *f*, Teilung *f*, Teilungsvorgang *m*; 2. Spaltung *f*, Molekülspaltung *f*; 3. Abbau *m*, Aufspaltung *f*, Aufschließung *f (z. B. von Nahrung)*
splitting headache rasende [heftige] Kopfschmerzen *mpl*
splitting of consciousness *(Psych)* Spaltung *f* des Bewusstseins
splitting of the ego *(Neur)* Ich-Spaltung *f*
splitting of the heart sound Spaltung *f* des Herztons; gespaltener Herzton *m*

spodiomyelitis *s.* poliomyelitis
spodogenous spodogen, durch Schlackenstoffe bewirkt, durch Abfallprodukte entstanden
spodogram Spodogramm *n*, Aschenbild *n*, Veraschungsbild *n* eines Gewebes
spodography Spodographie *f*, Mikroveraschung *f* mit Veraschungsbilddarstellung
spodophorous Schlackenstoffe entfernend; Abfallprodukte ausscheidend
spoke-shave Ringmesser *n*
spondaic spondeisch; Spondeus…
spondee Spondeus *m*, zweisilbiges Wort *n (z. B. zur Sprachtestung)*
spondylalgia Spondylalgie *f*, Wirbelschmerz *m*
spondylarthritis Spondylarthritis *f*, Wirbelgelenkentzündung *f*
spondylarthrocace Spondylarthrokaze *f*, Wirbel(säulen)-tuberkulose *f*
spondylarthropathy *s.* spondyloarthropathy
spondylarthrosis Spondylarthrose *f*, Arthrose *f* der kleinen Wirbelgelenke
spondylexarthrosis Spondylexarthrose *f*, Wirbeldislokation *f*, Wirbelverrenkung *f*, Wirbelverlagerung *f*
spondylitic spondylitisch; Wirbel(säulen)entzündungs…
spondylitis Spondylitis *f*, Wirbel(säulen)entzündung *f*
spondylizema Spondylizema *n (Herabsinken eines Wirbelkörpers infolge Zerstörung des darunterliegenden Wirbelkörpers)*
spondyloarthropathy Spondyloarthropathie *f*, Wirbelsäulen(gelenk)leiden *n*
spondylocace *s.* spondylarthrocace
spondylodesis Spondylodese *f*, Wirbel(säulen)versteifung *f*
spondylodidymia *(Terat)* Spondylodidymie *f*, Doppelmissbildung *f* mit Wirbelsäulenverschmelzung
spondylodymus *(Terat)* Spondylodymus *m*, Doppelmissgeburt *f* mit Wirbelsäulenverschmelzung
spondylodynia *s.* spondylalgia
spondylolisthesis *(Orth)* Spondylolisthesis *f*, Wirbel(körper)gleiten *n*, Wirbelverschiebung *f*
spondylolisthetic wirbelgleitend; Spondylolisthesis…
spondylolisthetic spine Gleitwirbelsäule *f*
spondylolysis *(Orth)* Spondylolyse *f*, Wirbelauflösung *f*, Wirbelzerfall *m*
spondylomalacia Spondylomalazie *f*, Wirbel(knochen)-erweichung *f*
spondylomyelitis *s.* spondylitis
spondylopathy Spondylopathie *f*, Wirbelerkrankung *f*, Wirbelkrankheit *f*, Wirbelleiden *n*
spondylophyte Spondylophyt *m*, Randzacke *f* (des Wirbelkörpers)
spondyloptosis Spondyloptose *f*, Wirbelabsenkung *f*
spondylopyosis Spondylopyosis *f*, Wirbel(ver)eiterung *f*
spondyloretrolisthesis *(Orth)* Spondyloretrolisthesis *f*, Wirbelgleiten *n* nach hinten
spondyloschisis Spondyloschisis *f*, Wirbelsäulenspaltbildung *f*, Wirbelsäulenspalte *f*
spondylosis Spondylose *f*, Spondylosis *f*, Spondylopathia *f* deformans
spondylosyndesis *s.* spondylodesis
spondylothoracic spondylothorakal; Wirbelsäulen-Thorax-…; Wirbelsäulen-Brustkorb-…
spondylotic spondylotisch; Spondylose…
spondylotomy Spondylotomie *f*, Wirbelschnitt *m*, (operative) Wirbeldurchtrennung *f*
spondylous Wirbel…, Vertebra… *(Zusammensetzungen siehe unter: vertebral)*
spondylus Spondylus *m*, Vertebra *f*, Wirbel *m*; Rückenwirbel *m*

sponge 1. Schwamm *m*, Schwämmchen *n*; 2. Tupfer *m*
sponge-divers' disease Schwammtaucherkrankheit *f*
sponge forceps *(Chir)* Kornzange *f*
sponge-gatherers' disease *s.* sponge-divers' disease
sponge holder *(Chir)* Tupferhalter *m*
sponge holding forceps *s.* sponge holder
spongiform spongiform, schwammförmig, schwammartig, schwammähnlich, spongioid
spongiitis *s.* spongiositis
spongioblast *(Histol)* Spongioblast *m*
spongioblastoma Spongioblastom *n (Hirntumor)*
spongiocyte Spongiozyt *m (1. Neurogliazelle; 2. vakuolenhaltige Zelle der Nebennierenrinde)*
spongiocytoma *s.* spongioblastoma
spongioid *s.* spongiform
spongioneuroblastoma Spongioneuroblastom *n (Hirntumor)*
spongioplasm Spongioplasma *n*
spongiosa Substantia *f* spongiosa, Spongiosa *f*, Knochenschwammsubstanz *f*
spongiosa screw *(Chir)* Spongiosaschraube *f*
spongiosaplasty Spongiosaplastik *f*
spongiose spongiös, schwammig
spongiosis Spongiose *f*, Interzellularödem *n*
spongiositis Spongiositis *f*, Harnröhrenschwellkörperentzündung *f*
spongiotic spongiotisch; Spongiose…, Interzellularödem…
spongy 1. schwammartig, schwammig; Schwamm…; 2. schwammig, porös
spongy body Corpus *n* spongiosum penis, Harnröhrenschwellkörper *m* des Penis
spongy bone spongiöser Knochen *m*
spongy kidney Schwammniere *f*
spongy layer Schwammschicht *f*
spongy osteoma Osteoma *n* spongiosum *(gutartige Knochengeschwulst mit schwammigen Knochen- und Markräumen)*
spongy portion of the urethra Pars *f* spongiosa urethrae
spongy state Status *m* spongiosus *(schwammiger Zustand des Gehirns infolge multipler Hohlraumbildung)*
spontaneous spontan; von selbst, ohne fremde Einwirkung, von innen heraus
spontaneous abortion Spontanabort *m*, Spontanfehlgeburt *f*
spontaneous agglutination Spontanagglutination *f*, Spontanverklumpung *f*
spontaneous allergy Spontanallergie *f*, angeborene Allergie *f*
spontaneous amputation Spontanamputation *f*
spontaneous aneurysm Spontananeurysma *n*, spontanes Aneurysma *n*
spontaneous bleeding Spontanblutung *f*
spontaneous breathing Spontanatmung *f*
spontaneous cure Spontanheilung *f*
spontaneous deformation Spontandeformierung *f (z. B. der Knochen)*
spontaneous delivery *s.* spontaneous labour
spontaneous depolarization Spontandepolarisation *f*
spontaneous drainage Spontanentleerung *f (Abszess)*
spontaneous evolution *(Gyn)* Spontanentwicklung *f*, Spontanwendung *f*
spontaneous erysipelas Spontanerysipel *n*
spontaneous fracture Spontanfraktur *f*
spontaneous gene mutation *s.* spontaneous mutation
spontaneous generation spontane Entstehung *f*, Spontanbildung *f*
spontaneous haemorrhage Spontanblutung *f*
spontaneous healing Spontanheilung *f*
spontaneous hypoglycaemia Spontanhypoglykämie *f*
spontaneous intracerebral haemorrhage Hirnmassenblutung *f*
spontaneous keloid Spontankeloid *n*
spontaneous labour Spontangeburt *f*
spontaneous luxation Spontanluxation *f*, spontane Gelenkverrenkung *f*
spontaneous movement Spontanbewegung *f*
spontaneous mutation Spontanmutation *f*
spontaneous necrosis Spontannekrose *f*, aseptische Nekrose *f*
spontaneous nystagmus Spontannystagmus *m*
spontaneous obsession spontane Besessenheit *f*
spontaneous perforation Spontanperforation *f (z. B. eines Organs)*
spontaneous phagocytosis Spontanphagozytose *f*
spontaneous pneumothorax Spontanpneumothorax *m*
spontaneous recovery Spontanheilung *f*
spontaneous reduction of a hernia Hernienspontanreposition *f*
spontaneous regression Spontanremission *f*
spontaneous remission *s.* spontaneous regression
spontaneous respiration Spontanatmung *f*
spontaneous rupture Spontanruptur *f*
spontaneous rupture of muscle Muskelspontanruptur *f*
spontaneous rupture of the oesophagus Ösophagusspontanruptur *f*
spontaneous somnambulism spontaner Somnambulismus *m*
spontaneous tumour Spontangeschwulst *f*
spontaneous uterine activity spontane Gebärmutteraktivität *f*, Spontanwehen *fpl*
spontaneous ventilation Spontanatmung *f*
spontaneous version *(Gyn)* Spontanwendung *f*, Selbstwendung *f*, Versio *f* spontanea *(des Fetus)*; Spontanentwicklung *f*
spontaneous writing Spontanschreiben *n (Umsetzung von Denkinhalten in die Schriftsprache)*
spool Nahtmaterialspule *f*
spoon Löffel *m*, löffelförmiges Instrument *n*; scharfer Löffel *m*
spoon like nail *s.* spoon nail
spoon nail Löffelnagel *m*, Hohlnagel *m*, löffelförmiger Nagel *m*; Koilonychie *f*
spoon shaped depressor *(Chir)* Kropflöffel *m*
spoon-shaped forceps löffelförmige Zange *f*
spoon-shaped vaginal speculum einbranchiges Scheidenspekulum *n*
sporadic sporadisch, vereinzelt auftretend, gelegentlich
sporadic typhus Typhus *m* exanthematicus, Fleckfieber *n (siehe auch: Brill's disease)*
sporange *(Myk)* Sporangium *n*, Sporenträger *m*, Sporenkapsel *f*
sporangia *pl s.* sporangium
sporangial Sporangium…
sporangiophore Sporangiophor *n*, Sporenträger *m*
sporangiospore Sporangiospore *f*
sporangium *(Myk)* Sporangium *n*, Sporenträger *m*, Sporenkapsel *f*
sporation *s.* sporulation
spore Spore *f*
spore formation Sporenbildung *f*
spore-formig bacteria sporenbildende Bakterien *npl*, Sporenbildner *pl*
spore of Clostridium tetani Clostridium-tetani-Spore *f*
spore-producing *s.* sporogenic
spore staining *(Myk)* Sporen(an)färbung *f*
spore test *(Lab)* Sporenprobe *f*
sporicidal sporizid, sporentötend, sporenzerstörend

sporicide (agent) sporizides [sporentötendes, sporenzerstörendes] Mittel *n*
sporidesmin Sporidesmin *n (Toxin aus Pithomyces chartarum)*
sporidia *pl s.* sporidium
Sporidiales Sporidiales *pl*
sporidiosis Sporidiose *f*, Sporidieninfektion *f*
sporidium Sporidium *n*, Sporidie *f*
sporiferous Sporen bildend; Sporen tragend
sporification Sporenbildung *f*
sporiparous *s.* sporiferous
sporoagglutination Sporoagglutination *f*, Sporenagglutination *f*
sporoblast Sporoblast *m (Entwicklungsstadium der Plasmodien)*
Sporobolomyces Sporobolomyces *pl*
sporocyst 1. Sporozyste *f (Entwicklungsstadium der Plasmodien)*; 2. Sporozyste *f*, Keimschlauch *m (Entwicklungsstadium der Leberegel)*
sporocyte Sporozyt *m*, Sporenmutterzelle *f*
sporodochium Sporodochium *n*
sporogenesis Sporogenesis *f*, Sporogenese *f*, Sporenbildung *f*, Sporenentwicklung *f*
sporogenic sporogen, sporenbildend
sporogenous *s.* sporogenic
sporogeny *s.* sporogenesis
sporogony Sporogonie *f*, Sporozoitenbildung *f (z. B. bei Plasmodien)*
sporomycosis Sporomykose *f*, Pilzsporenkrankheit *f*
sporont Sporont *m*
sporonticidal sporontizid, sporontentötend
sporontocide *s.* sporontizidal
sporontocide (agent) Sporontozid *n*, sporontizides [sporontentötendes] Mittel *n*
sporophore Sporophor *m*, Sporenträger *m*
sporophyte Sporophyt *m*
sporoplasm Sporoplasma *n*, Sporen(proto)plasma *n*
sporoplasmic Sporoplasma…
sporotheca Sporotheka *f*, Sporenhülle *f*
Sporothrix Sporothrix *f*
sporotrichin Sporotrichin *n (Hauttestantigen zum Sporotrichosenachweis)*
sporotrichosic chancre Sporotrichoseschanker *m*
sporotrichosis Sporotrichose *f*, Sporothrix-Mykose *f*, Beurmann-Gougerot-Krankheit *f*
sporotrichotic Sporotrichose…
Sporotrichum beuermanni Sporotrichon *n* Beuermanni *(Sporotrichoseerreger)*
Sporotrichum schenckii Sporotrichon *n* Schenckii *(Sporotrichoseerreger)*
Sporozoa Sporozoa *pl*
sporozoa *pl s.* sporozoon
sporozoal Sporozoon…, Sporentierchen…
sporozoan *s.* sporozoal
sporozoan *s.* sporozoon
sporozoite Sporozoit *m (Infektionsstadium der Sporozoen)*
sporozoon Sporozoon *n*, Sporentierchen *n*
sporozoosis Sporozoose *f*, Sporozoeninfektion *f*
sport *s.* 1. mutant; 2. mutation
sports medicine Sportmedizin *f*
sports trauma Sportverletzung *f*
sporular Sporen…
sporulate *v* Sporen bilden; Sporen verstreuen [ausstreuen]
sporulation Sporulation *f*, Sporenbildung *f*
sporule Sporula *f*, kleine Spore *f*
sporuliferous Sporen tragend
spot *v* eine Schmierblutung haben
spot Fleck *m*, Macula *f*, umschriebene Hautverfärbung *m*; Leberfleck *m*, Hautmal *n*
spot-film roentgenography Röntgenzielaufnahme *f*, gezielte Röntgendarstellung *f*
spot of most distinct vision *(Ophth)* Fovea *f* centralis *(der Macula lutea)*
spotted gefleckt, scheckig, gesprenkelt, getüpfelt; Fleck…, Tüpfel…
spotted bones *s.* osteopoikilosis
spotted disease *s.* spotted fever
spotted fever *(Inf)* Fleckfieber *n*, Zeckenbissfieber *n*
spotted fever of the Rocky Mountains *(Inf)* Felsengebirgsfieber *n*, amerikanisches Zeckenfieber *n* [Fleckfieber *n*]
spotted fever rickettsia Fleckfieberrickettsie *f*
spotted sickness *s.* pinta
spotted sore Tonsillitis *f* follicularis
spotted syphilid *(Derm, Inf)* Roseola *f* syphilitica, makuläres Syphilid *n*
spotting Zwischenblutung *f*, Schmierblutung *f*
spotty memory defect *(Neur)* Gedächtnislücke *f*, Gedächtnisdefekt *m*
sprain *v* verrenken; verstauchen
sprain *v* **one's ankle** sich den Knöchel verstauchen
sprain *(Chir)* Verrenkung *f*, Verstauchung *f*, Distorsion *f*, Verdrehung *f*
sprain fracture Distorsionsfraktur *f*, Verstauchungsbruch *m*
sprain of the ankle Sprunggelenkdistorsion *f*, Sprunggelenkverstauchung *f*
sprain of back Rückendistorsion *f*
sprain of the foot Fußdistorsion *f*, Fußverstauchung *f*
spray *v* sprayen, versprühen *(Flüssigkeiten in feine Tröpfchen)*; besprühen *(z. B. mit Desinfektionsmitteln)*
spray 1. Spray *m(n)*, Sprühmittel *n*; 2. Sprühdose *f*, Spraydose *f*, Zerstäuber *m*
spray disinfection Sprühdesinfektion *f*
spray for local anaesthesia Lokalanästhesiespray *m*
spread *v* **out onto the pleura** *(Rad)* sich auf die Pleura ausdehnen [ausstrecken] *(z. B. Lungenschatten)*
spread *v* **over the body** sich über den Körper ausbreiten *(z. B. Hautausschlag)*
spread Ausbreitung *f*, Verbreitung *f (z. B. von Krankheiten)*
spread of dental caries Zahnkariesausbreitung *f*
spreader 1. Spreizer *m*, Spreizinstrument *n*; 2. Versprüher *m*, Zerstäuber *m*, Spritzgerät *n (zum Verteilen von Substanzen auf einer Oberfläche)*
spreader bar Spreizbügel *m*
spreading of bacteria Bakterienausbreitung *f*
Sprengel's deformity *(Orth)* Sprengel'sche Deformität *f*, Sprengel-Deformität *f*, kongenitaler [angeborener] Schulterblatthochstand *m*, Elevatio *f* scapulae congenitalis
spring 1. Frühling *m*, Frühjahr *n*; 2. Feder *f*, Springfeder *f*; 3. Sprungkraft *f*, Federung *f*, 4. Quelle *f*; 5. Elastizität *f*, 6. Zurückschnellen *n*
spring articulator Federartikulator *m*
spring bending forceps Federbiegezange *f*
spring catarrh Frühjahrskonjunktivitis *f*, Frühjahrskatarrh *m* der Augen, Conjunctivitis *f* vernalis
spring clasp Federklammer *f*
spring conjunctivitis *s.* spring catarrh
spring crown Federkrone *f*
spring eye Federöhr *n (der chirurgischen Nadel)*
spring fever Frühjahrsmüdigkeit *f*
spring finger *(Chir)* springender [schnellender] Finger *m*
spring forceps Federzange *f*
spring implant Federimplantat *n*
spring lancet Federlanzette *f*
spring ophthalmia *s.* spring catarrh
spring pin Federstift *m*
spring pressure Federdruck *m*

spring prurigo Frühjahrsprurigo *f*
spring wire Federdraht *m*
springing mydriasis *(Ophth)* springende Mydriasis *f*, Mydriasis *f* alternans; springende Pupillen *fpl*
springwater cyst Quellwasserzyste *f*
springy resistance in the joint federnder Gelenkwiderstand *m*
sprinter's fracture Sprinter-Fraktur *f (Abbruch der Spina iliaca anterior superior)*
Sprinz-Dubin syndrome *s.* Dubin-Johnson syndrome
Sprinz-Nelson syndrome *s.* Dubin-Johnson syndrome
sprue Spru(e) *f*, Sprew *f*, Spruw *f*, Psilosis *f* linguae
sprue *(Stom)* Gießkanal *m (an einer Gussform)*
sprue-former Gusskanalstift *m*, Gießkanalstift *m*
sprung knee Sprungknie *n*
spud *(Ophth)* Hornhautlöffel *m (kleines dreieckiges Messer zur Fremdkörperentfernung)*
Spumavirus Spumavirus *pl*
spumavirus Spumavirus *n*
spur 1. Sporn *m*, Calcar *m*; 2. Ansatz *m*, Fortsatz *m*, Dorn *m*
spurious falsch, unecht; Schein..., Pseudo...
spurious aneurysm falsches Aneurysma *n*, Aneurysma *n* spurium
spurious angina *(Kard)* Angina *f* pectoris vasomotorica
spurious placenta Placenta *f* spuria
spurious pregnancy Scheinschwangerschaft *f*, Pseudocyesis *f*
Spurway's syndrome Spurway-Syndrom *n*, Spurway'sches Syndrom *n*, Eddowes-Syndrom *n*, Eddowes-Spurway-Syndrom *n*, Osteogenesis *f* imperfecta Typ I *(Knochenbrüchigkeit mit blauen Skleren)*
sputum Sputum *n*, Auswurf *m* • **examine the sputum for** das Sputum untersuchen auf
sputum admixtures Sputumbeimengungen *fpl*
sputum bag Speicheltasche *f*, Sputumbeutel *m*
sputum cup Sputumbecher *m*
sputum cytology Sputumzytologie *f*
sputum examination Sputumuntersuchung *f*
sputum in the form of raspberry jelly himbeergeleeartiges Sputum *n*
sputum-negative Sputum-negativ *(Tuberkulose)*
sputum-positive Sputum-positiv *(Tuberkulose)*
sputum smear Sputumabstrich *m*, Sputumausstrich *m*
sputum specimen Sputumprobe *f*
squalene *(Pharm)* Squalen *n (Zwischenprodukt der Cholesterinbiosynthese)*
squalene epoxidase Squalenepoxidase *f (Enzym)*
squalene 2,3-oxide Squalen-2,3-oxid *n*
squalene synthase Squalensynthase *f (Enzym)*
squama 1. Squama *f*, Schuppe *f*, schuppenartiger Knochen *m*; 2. Squama *f*, Hautschuppe *f*
squamate *s.* squamous 1.
squamatization *s.* keratinization
squame *s.* squama
squamobasal *(Anat)* squamobasal
squamocellular Plattenepithel...
squamocolumnar junction Plattenepithel-Säulenepithel-Übergang *m (z. B. im Zervixkanal)*
squamofrontal *(Anat)* squamofrontal; Augenhöhlendach...
squamoid schuppenartig, schuppenähnlich
squamomandibular *(Anat)* squamomandibulär, squamomandibular
squamomastoid squamomastoidal; Squama-Felsenbein-...
squamomastoid suture Sutura *f* squamomastoidea
squamo-occipital *(Anat)* squamookzipital; Hinterhauptsschuppen...
squamoparietal *(Anat)* squamoparietal
squamoparietal suture *s.* squamosal suture
squamopetrosal *(Anat)* squamopetrosal; Hinterhauptsschuppen-Felsenbein-...
squamosa Pars *f* squamosa ossis temporalis
squamosal schuppig; Schuppen...
squamosal suture Sutura *f* squamosa cranii
squamosoparietal *s.* squamoparietal
squamosphenoid *(Anat)* squamosphenoidal; Keilbein-Schläfenbein-...
squamosphenoid suture Sutura *f* sphenosquamosa, Keilbein-Schläfenbein-Naht *f*
squamotemporal *(Anat)* squamotemporal
squamotympanic squamotympanal, tympanosquamosal
squamous 1. schuppig, schuppenartig; Schuppen...; 2. mit Schuppen bedeckt; 3. Schläfenbeinschuppen...; 4. Platten...
squamous blepharitis Blepharitis *f* squamosa
squamous cancer *s.* squamous-cell carcinoma
squamous carcinoma *s.* squamous-cell carcinoma
squamous cell Platten(epithel)zelle *f*
squamous-cell carcinoma Plattenepithelkarzinom *n*
squamous-cell epithelioma Plattenzellepitheliom *n*
squamous-cell metaplasia Plattenepithelzellenmetaplasie *f*
squamous epithelium Plattenepithel *n*
squamous metaplasia *s.* squamous-cell metaplasia
squamous portion of the temporal bone *s.* squamosa
squamous seborrhoea *(Derm)* Seborrhoea *f* sicca
squamozygomatic squamozygomatisch; Squama-Jochbeinfortsatz-...
square knot *(Chir)* Doppelknoten *m*
squarrose borkig, squarrosus, mit Schorf [Grind] überzogen
squarrous *s.* squarrose
squatting Hocken *n*
squatting position Hockstellung *f (z. B. bei Morbus Fallot)*
squeeze *v* drücken, pressen; zusammendrücken, quetschen; ausdrücken, herausdrücken; herauspressen; kneten; auskneten
squeeze dynamometer Druckkraftmesser *m*, Presskraftmesser *m (z. B. für Presskraft der Hände)*
squeeze-film lubrication Gelenkschmierung *f*, Gelenkflächenschmierung *f*, Filmschmierung *f* der Gelenkflächen
squeezing back process Ausmelken *n*, Ausstreichungsmanöver *n (z. B. bei Darminvagination)*
squeezing of the lids Augenlidausstülpung *f*
squint *s.* strabismus
squinting eye *s.* strabismic eye
SSSS *s.* staphylococcal scalded skin syndrome
St. Louis encephalitis Saint-Louis-Enzephalitis *f*
ST segment ST-Strecke *f (EKG)*
ST segment depression ST-Senkung *f*, ST-Streckensenkung *f (EKG)*
ST segment elevation ST-Hebung *f*, ST-Streckenerhöhung *f (EKG)*
stab *v* 1. stechen; 2. anstechen
stab cell *(Hämat)* Stabkernige(r) *m*, stabkerniger Granulozyt *m*
stab culture *(Bakt, Lab)* Stabkultur *f*
stab form *s.* stab cell
stab in the back Stichverletzung *f* im Rücken
stab incision Stichinzision *f*
stab wound Stichwunde *f*
stabbing pain stechender Schmerz *m*
stabile stabil, beständig, unveränderlich; fixiert, sich nicht bewegend, unbeweglich; stabil, fest
stabile diabetes *s.* non-insulin-dependant diabetes mellitus
stabilimeter Stabilimeter *n*

stability Stabilität *f*
stabilization 1. Stabilisierung *f*; 2. *(Stom)* Stabilisieren *n*, Gebissstabilisierung *f*
stabilization exercises *(Orth)* Stabiliserungsübungen *fpl*
stabilization device Stabilisator *m*
stabilizer Stabilisator *m*
stabilizing operation Stabilisierungsoperation *f (Traumatologie)*
stable stabil, beständig, unveränderlich; fixiert, sich nicht bewegend, unbeweglich; stabil, fest
stable condition stabiler Zustand *m*; stabiler Gesundheitszustand *m*
stable factor Prokonvertin *n*, Konvertin *n*, Blutgerinnungsfaktor *m* VII
staccato cough(ing) Stakkatohusten *m*
staccato speech *s.* scanning speech
stachybotryotoxicosis Stachybotryotoxicosis *f*, Stachybotryotoxikose *f*
Stachybotrys atra Stachybotrys *f* atra
stachydrine Stachydrin *n*, *N*-Methylprolin-methylbetain *n*
stachyose Stachyose *f (Tetrasaccharid)*
stactometer Stalagmometer *n*
stadiometer Stadiometer *n*
stadia *pl s.* stadium
stadium Stadium *n*, Phase *f*, Entwicklungsstufe *f*, Abschnitt *m*; Krankheitsstadium *n (Zusammensetzungen siehe unter: stage)*
staff 1. medizinisches Personal *n*; 2. Stab *m*
staff cell *s.* stab cell
staff development Mitarbeiterentwicklung *f*, Mitarbeiterweiterbildung *f*, Mitarbeiterqualifizierung *f*
staff doctor Betriebsarzt *m*, Werksarzt *m*
staff form *s.* stab cell
staff of Aesculapius Äskulapstab *m*
staff of hospital Krankenhauspersonal *n*
staffing Mitarbeiterauswahl *f*, Mitarbeiterzuweisung *f*, Mitarbeitereinstellung *f*
staffing pattern Mitarbeiterverteilungsmuster *n*; Mitarbeiterverteilungsschlüssel *m*
stage 1. Stadium *n*, Phase *f*, Krankheitsphase *f*; 2. Entwicklungsstufe *f*; 3. *(Lab)* Objekttisch *m (Mikroskop)*
stage fright *(Psych)* Trema *n*, Lampenfieber *n*
stage of adaptation *(Anästh)* Adaptationsstadium *n*; Analgesiestadium *n*
stage of anaesthesia *s.* stage of general anaesthesia
stage of dilatation *(Gyn)* Eröffnungsperiode *f*, Eröffnungsstadium *n*, Eröffnungsphase *f*
stage of disinhibition *(Anästh)* Exzitationsstadium *n*, Erregungsstadium *n*
stage of dying Stadium *n* des Sterbens, Sterbestadium *n*
stage of expulsion *(Gyn)* Austreibungsperiode *f*, Austreibungsstadium *n*, Austreibungsphase *f*
stage of general anaesthesia Narkosestadium *n*, Narkosetiefe *f*
stage of labour Geburtsstadium *n*
stage of pushing *s.* stage of expulsion
stage of putting to sleep *(Anästh)* Einschlafstadium *n*; Analgesiestadium *n*
stage of recovery *(Anästh)* Aufwachstadium *n*
stage of torpor *(Anästh)* Analgesiestadium *n*
staged operative procedure mehrzeitiges Operationsverfahren *n*
stagger *v* taumeln, wanken, schwanken
staggering taumelnd, wankend, schwankend
staggers *(Neur)* Schwindelgefühl *n*
staging Stadiumeinteilung *f*, Staging *n*; Tumorstadiumeinteilung *f*
stagnant anoxia Stagnationsanoxie *f*, Anaxie *f* durch Blutstagnation, Stagnationshypoxie *f*
stagnant residual urine Restharn *m*
stagnate *v* stagnieren, stocken, stillstehen
stagnation Stagnation *f*, Stockung *f*, Stase *f*, Stauung *f (z. B. des Blutes)*
stagnation mastitis Stagnationsmastitis *f*, Stauungsmastitis *f*
stagnation of blood Blutstagnation *f*, Blutstauung *f*
stain *v* 1. färben *(z. B. mikroskopische Präparate)*; 2. beschmutzen; fleckig werden
stained film fault *(Rad)* fleckiger Filmfehler *m (z. B. durch ungenügende Wässerung)*
staining (histologische) Färbung *f*
staining characteristic Färbungseigenschaft *f*, Färbeverhalten *n (z. B. von Bakterien)*
staining method Färbungsmethode *f (z. B. für Bakterien)*
staining reaction Färbungsreaktion *f*
Stainton's syndrome Stainton-Syndrom *n*, Stainton'sches Syndrom *n*, Dentinogenesis *f* imperfecta hereditaria
staitinodermia *(Derm)* Staitinodermie *f*, Scleroedema *n* adultorum
stake/be *v* **at** auf dem Spiel stehen *(z. B. das Leben der Mutter bei Entbindungen)*
stalagmometer Stalagm(an)ometer *n*, Tropfenzähler *m*
stalk Stiel *m*
stalk-eyed stieläugig
stalk of the epiglottis Petiolus *m* epiglottidis
stalk of the neurohypophysis Infundibulum *n* (hypothalami), Hypophysenstiel *m*
stalked gestielt; Stiel...
stalked hydatid Morgagni'sche Hydatide *f*, Appendix *f* testis, Hodenanhang *m*
stallimycin Stallimycin *n*
stallimycin hydrochloride Stallimycinhydrochlorid *n*
stammer *v* stottern, stammeln
stammer Stottern *n*, Stammeln *n*, Gestammel *n*
stammerer Stotterer *m*, Stammelnder *m*
stammering Stottern *n*, Stammeln *n*
stammering bladder *(Urol)* Stotterblase *f*
stammering of the bladder Blasenstottern *n*, Harnstottern *n*, tröpfelnde Urinentleerung *f*
Stamnosoma Stamnosoma *pl*
stamped scar Stanznarbe *f*
stance Haltung *f*, Stellung *f*, Körperhaltung *f*, Stehhaltung *f*, Standhaltung *f*
stance phase of gait Stehphase *f* [Standphase *f*] des Laufvorgangs
stand *v* **behind the X-ray screen** sich hinter den Röntgenschirm stellen; hinter dem Röntgenschirm stehen
stand *v* **by the diagnosis** bei der Diagnose bleiben, die Diagnose aufrechterhalten
stand *v* **steadily** *(Neur)* sicher stehen, nicht schwanken
stand *v* **the pain** den Schmerz aushalten [ertragen, tolerieren], dem Schmerz widerstehen
stand *v* **with the back to the X-ray sreen** mit dem Rücken zum Röntgenschirm stehen
stand-by pacemaker Stand-by-Pacemaker *m*, Stand-by-Schrittmacher *m*, Stand-by-Herzschrittmacher *m*
standard Standard *m*; Norm *f*, Standardwert *m*; Normwert *m*
standard air chambre *(Rad)* Standardluftkammer *f (zur Eichung von Strahlenmessgeräten)*
standard airway *(Anästh)* Guedel-Tubus *m*, Oropharyngealtubus *m*, Standardtubus *m*
standard bicarbonate *(Hämat)* Standardbicarbonat *n*
standard conditions Standardbedingungen *fpl*, Normalbedingungen *fpl*
standard curve *(Statist)* Standardkurve *f*
standard death certificate Standardtotenschein *m*
standard deviation *(Statist)* Standardabweichung *f*, Mittelwertabweichung *f*

standard environmental chambre Standardumgebungskammer *f*, Skinner-Box *f*
standard equipment Standardausrüstung *f*
standard error *(Statist)* Standardfehler *m*
standard error Standardfehler *m (Statistik)*
standard extremity lead Standardableitung *f* nach Einthoven, bipolare Extremitätenableitung *f (EKG)*
standard lead Standardableitung *f (EKG)*
standard limb lead *s.* standard extremity lead
standard method Standardmethode *f*
standard of care Pflegestandard *m*
standard serum for blood typing Standardserum *n* für Blutgruppenbestimmung
standard solution *(Lab)* Standardlösung *f*
standard temperature Standardtemperatur *f*
standardization Standardisierung *f*
standardization of a test Teststandardisierung *f*
standardize *v* standardisieren, einen Standard einführen, einen Standard festlegen
standardized death rate Standardtodesrate *f (Zahl der Verstorbenen pro 1000 Einwohner pro Jahr)*
standardized test standardisierter Test *m*
standards of nursing practice Pflegestandards *mpl* für Schwestern
standing orders Therapieanweisungen *fpl*, Behandlungsrichtlinien *fpl*, Therapiestandard *m*
standstill Stillstand *m*
Stanford-Binet test *s.* Binet-Simon test
stannic Zinn(IV)...
stannic chloride Zink(IV)chlorid *n*
stannic oxide Zink(IV)oxid *n*
stanniferous zinnhaltig, Zinn enthaltend
stannosis *(Arb)* Stannose *f*, Zinnstaublunge(nerkrankung) *f*; Zinnpneumokoniose *f*
stannous Zinn(II)...
stannous chloride Zink(II)chlorid *n*
stannous fluoride Zink(II)fluorid *n*
stannous pyrophosphate Zink(II)pyrophosphat *n*
stannum Zinn *n*, Stannum *n*, Sn
stanolone Stanolon *n*, Dihydrotestosteron *n (Androgen)*
stanozolol Stanozolol *n (Androgen; Anabolikum)*
stapedectomy *(HNO)* Stapedektomie *f*, Steigbügelexstirpation *f*, (operative) Steigbügelentfernung *f*
stapedial *(Anat, HNO)* Stapes..., Steigbügel...
stapedial ankylosis Stapesankylose *f*, Stapesankylosierung *f*
stapedial base Steigbügelplatte *f*, Basis *f* stapedis
stapedial footplate *s.* stapedial base
stapedial head Steigbügelkopf *m*, Caput *n* stapedis
stapediolysis Stapediolyse *f*, Stapedolyse *f*, Stapesmobilisation *f*, Stapesmobilisierung *f*, Steigbügelmobilisierung *f*
stapedioplasty Stapesplastik *f*, plastische Steigbügeloperation *f*; Platinektomie *f*, (operative) Stapesfußplattenentfernung *f*
stapediotenotomy Stapediotenotomie *f*, Steigbügelmuskelsehnendurchtrennung *f*
stapediovestibular stapediovestibulär; Stapes-Vestibulum-...
stapedius (muscle) Musculus *m* stapedius, Steigbügelmuskel *m*, Stapedius *m*
stapedius nerve Nervus *m* stapedius
stapedius reflex Stapediusreflex *m*
stapedius tendon Stapediussehne *f*
stapedotomy Stapedotomie *f*
stapes *(Anat, HNO)* Stapes *m*, Steigbügel *m (siehe auch unter: stapedial)*
stapes mobilization Stapesmobilisierung *f*, Steigbügelmobilisierung *f*
staphisagria Delphinium-staphisagria-Samen *mpl*
staphisagrine Staphisagrin *n (giftiges Alkaloid aus Delphinium staphisagria)*
staphylagra Gaumenzäpfchenzange *f*
staphyle 1. Gaumensegel *n*, Velum *n* palatinum, weicher Gaumen *m*; 2. Staphyle *f*, Gaumenzäpfchen *n*, Zäpfchen *n*, Uvula *f* (palatina)
staphylectomy 1. Staphylektomie *f*, Gaumensegelresektion *f*, (operative) Gaumensegelentfernung *f*; 2. Staphylektomie *f*, Uvularesektion *f*, (operative) Gaumenzäpfchenentfernung *f*
staphyledema *s.* staphyloedema
staphylhaematoma Staphylhämatom *n*, Uvulahämatom *n*, Gaumenzäpfchenbluterguss *m*
staphyline 1. Gaumen..., Gaumensegel...; 2. Gaumenzäpfchen..., Uvula...
staphylinopharyngeus (muscle) *s.* staphylopharyngeus (muscle)
staphylinus externus (muscle) Musculus *m* tensor veli palatini, Gaumensegelspanner *m*
staphylinus internus (muscle) Musculus *m* levator veli palatini, Gaumensegelheber *m*
staphylinus medius (muscle) Musculus *m* uvulae, Zäpfchenmuskel *m*
staphylion Staphylion *n (anthropologischer Messpunkt)*
staphylitis Staphylitis *f*, Uvulitis *f*, Gaumenzäpfchenentzündung *f*
staphylococcaemia Staphylokokkämie *f*, Vorhandensein *n* von Staphylokokken im Blut
staphylococcal Staphylokokken... *(siehe auch unter: staphylococcus)*
staphylococcal antigen Staphylokokkenantigen *n*
staphylococcal antigen phage lysed Staphylokokkenantigen *n* phagenlysiert, phagenlysiertes Staphylokokkenantigen *n*
staphylococcal clumping test Staphylokokken-Clumping-Test *m (zur Bestimmung von Fibrinspaltprodukten bei Verbrauchskoagulopathie)*
staphylococcal coagulase Staphylokokkenkoagulase *f*, Staphylocoagulase *f*
staphylococcal conjunctivitis Staphylokokkenkonjunktivitis *f*
staphylococcal enteritis Staphylokokkenenteritis *f*
staphylococcal enterotoxin Staphylokokkenenterotoxin *n*
staphylococcal food poisoning Lebensmittelvergiftung *f* durch Staphylokokken
staphylococcal furunculosis Staphylokokkenfurunkulose *f*
staphylococcal infection Staphylokokkeninfektion *f*
staphylococcal meningitis Staphylokokkenmeningitis *f*
staphylococcal osteomyelitis Staphylokokkenosteomyelitis *f*
staphylococcal pericarditis Staphylokokkenperikarditis *f*
staphylococcal pharyngitis Staphylokokkenpharyngitis *f*, Staphylokokkenangina *f*
staphylococcal pneumonia Staphylokokkenpneumonie *f*
staphylococcal pyoderma Staphylokokkenpyodermie *f*
staphylococcal scalded skin syndrome staphylogenes [staphylokokkenbedingtes] Syndrom *n* der verbrühten Haut, (Ritter-)Lyell-Syndrom *n*, Epidermolysis *f* acula combustiformis [toxica] *(großblasige Hautablösung)*
staphylococcal sepsis Staphylokokkensepsis *f*, Staphylokokkenblutvergiftung *f*
staphylococcal toxicosis Staphylokokkentoxikose *f*
staphylococcemia *s.* staphylococcaemia
staphylococci *pl s.* staphylococcus
staphylococcia Staphylokokkeninfektion *f*

staphylococcic *s.* staphylococcal
staphylococcin Staphylooccin *n*
staphylococcolysin *s.* staphylolysin
staphylococcolysis Sstaphylokokkolyse *f*, Staphylokokkenauflösung *f*
staphylococcosis Staphylokokkosis *f*, Staphylokokkeninfektion *f*
staphylococcus Staphylococcus *m*, Staphylokokkus *m* *(siehe auch unter: staphylococcal)*
staphylococcus antitoxin Staphylokokkenantitoxin *n*, Staphylokokkenserum *n*
staphylococcus toxin Staphylokokkentoxin *n*
staphylococcus toxoid Staphylokokkentoxoid *n*
staphylococcus vaccine Staphylokokkenvakzine *f*, Staphylokokkenimpfstoff *m*
Staphylococcus albus Staphylococcus *m* albus [epidermidis]
Staphylococcus aureus Staphylococcus *m* aureus [pyogenes]
Staphylococcus citreus Staphylococcus *m* citreus
Staphylococcus epidermidis *s.* Staphylococcus albus
Staphylococcus haemolyticus Staphylococcus *m* haemolyticus
Staphylococcus hominis Staphylococcus *m* hominis
Staphylococcus pyogenes *s.* Staphylococcus aureus
Staphylococcus saprophyticus Staphylococcus *m* saprophyticus
staphyloderma Staphyloderma *n*, Staphylokokkenpyodermie *f*
staphylodermatitis Staphylokokkendermatitis *f*
staphylodialysis *s.* staphyloptosis
staphyloedema Staphylödem *n*, Uvulaödem *n*, Gaumenzäpfchen(an)schwellung *f*
staphylohaemia *s.* staphylococcaemia
staphylohaemolysin *s.* staphylolysin
staphylokinase Staphylokinase *f (Enzym)*
staphylolysin Staphylolysin *n*, Staphylokokkenhämolysin *n*
α **staphylolysin** α-Staphylolysin *n*
staphyloma *(Ophth)* Staphylom *n*, Beerengeschwulst *f* *(Hervorwölbung an der Kornea oder Sklera)*
staphylomatic Staphyloma...
staphylomatous *s.* staphylomatic
staphylomycosis Staphylomykose *f*, Staphylokokkenerkrankung *f*
staphyloncus Staphylonkus *m*, Uvulageschwulst *f*, Gaumenzäpfchentumor *m*
staphylopharyngeus (muscle) Musculus *m* palatopharyngeus, Schlund-Kopf-Gaumen-Muskel *m*
staphylopharyngorrhaphy Staphylopharyngorrhaphie *f*, Gaumen-Rachen-Plastik *f*
staphyloplasty Staphyloplastik *f*, Gaumenplastik *f*, Palatoplastik *f*, operative Gaumenrekonstruktion *f*
staphylpplegia *s.* palatoplegia
staphyloptosia *s.* staphyloptosis
staphyloptosis Staphyloptose *f*, Uvulaptose *f*, Gaumenzäpfchensenkung *f*
staphylorrhaphy Staphylorrhaphie *f*, Gaumenspaltenplastik *f*, Gaumen(spalten)naht *f*, Uranorrhaphie *f*
staphyloschisis Staphyloschisis *f*, Gaumenzäpfchenspalte *f*
staphylotome Staphylotom *n*, Uvulotom *n*, Uvulamesser *n*
staphylotomy 1. Staphylotomie *f*, Uvulotomie *f*, Gaumenzäpfchenschnitt *m*; 2. *(Ophth)* Staphylotomie *f*, Staphylomeröffnung *f*
staphylotoxin Staphylotoxin *n*, Staphylokokkentoxin *n*
staphylygroma *s.* staphyloedema
staple Klammer *f*, Heftklammer *f*, Krampe *f*
staple suture *s.* stapled suture
stapled suture *(Chir)* Klammernaht *f*, geklammerte Naht *f*
stapling Klammern *n*, Setzen *n* von Klammern
stapling device *(Chir)* Klammer(naht)gerät *n*
stapling machine *s.* stapling device
star Stern *m*
star cell (Kupffer'sche) Sternzelle *f (Leber)*
starblind halb blind
starch Stärke *f*, Amylum *n*
starch bandage Stärkebinde *f*
starch-eating Amylophagie *f*
starch gel electrophoresis *(Lab)* Stärke-Gel-Elektrophorese *f*
starch phosphorylase Stärkephosphorylase *f*
starch sugar Stärkezucker *m*
stare *v* starren, anstarren, starr anblicken, im Blick fixieren
stare Starren *n*, Anstarren *n*, starrer Blick *m*, Blickfixierung *f*
Stargardt's disease *(Ophth)* Stargardt'sche Krankheit *f*, Stargardt'sches Syndrom *n*, juvenile Makuladegeneration *f*, Makuladegeneration *f* mit Optikusatrophie
Stargardt's macular degeneration *s.* Stargardt's disease
Starling's law of the heart *(Kard, Physiol)* Starling'sches Herzgesetz *n*
Starr-Edwards prosthesis *s.* Starr-Edwards valve prosthesis
Starr-Edwards valve prosthesis *(Kard)* Starr-Edwards-Klappenprothese *f*, Starr-Edwards-Klappe *f*
start *v* **bleeding** zu bluten beginnen [anfangen]
start codon *(Gen)* Starterkodon *n*
start hesitation Startverzögerung *f (Verzögerung des Laufbeginns bei Parkinsonkrankheit)*
start of the stream Miktionsbeginn *m*
start point *(Gen)* Startpunkt *f (bei der Bildung der Messenger-RNS)*
starter Starter *m*, Starterkultur *f (z. B. von Mikroorganismen)*
starter solution Starterlösung *f (Infusionsbehandlung)*
startle *(Päd, Neur)* Startling-Phänomen *n*, Moro'scher Reflex *m*
startle reaction Schreckreaktion *f*, Erschrecken *n*
startle reflex Schreckreflex *m*, Alarmreflex *m*
startle response *s.* startle reaction
startle syndrome Schrecksyndrom *n*
starvation 1. Fasten *n*, Hungern *n*; Karenz *f*; 2. Verhungern *n*, Hungertod *m* • **die of starvation** verhungern, an Hunger sterben
starvation acidosis Hungerazidose *f*
starvation cure *s.* starvation treatment
starvation test Nüchternprobe *f*
starvation treatment Fastentherapie *f*, Hungertherapie *f*
starve *v* 1. hungern, fasten; nüchtern [karent] bleiben; 2. verhungern
stasibasiphobia *(Neur)* Stasobasophobie *f*, Gehunfähigkeit *f* durch Zwangsvorstellungen
stasimorphy Stasimorphie *f*, Entwicklungshemmung *f* *(z. B. von Organen)*
stasiphobia *(Neur)* Stasophobie *f*, Stehunfähigkeit *f* durch Zwangsvorstellungen
stasis 1. Stase *f*, Stasis *f*, Stockung *f*, Stauung *f*, Anschoppung *f*; 2. Stase *f*, Stagnation *f*, Stillstand *m*
stasis dermatitis Stasedermatitis *f*, Stauungsdermatitis *f*
stasis liver Stauungsleber *f*
stasis ulcer Staseulkus *n*, Stauungsgeschwür *n*, variköses Ulkus *n*
stasophobia Stasophobie *f (neurotische Angst vor dem Stehen)*
state Status *m*, Zustand *m*, Beschaffenheit *f*, Situation *f*, Krankheitszustand *m*; Krankheitshöhepunkt *m*

state medicine 1. staatliches Gesundheitswesen *n*; 2. Gerichtsmedizin *f*
state of consciousness Bewusstseinszustand *m*
state of health Gesundheitszustand *m*
state of mind *(Psych)* Geisteszustand *m*
stathmokinesis Stathmokinese *f*, Mitosestillstand *m*; Colchicinmitose *f (z. B. durch Colchicin blockierte Mitose)*
static 1. statisch, nicht in Bewegung, ruhend, in Ruhe; Ruhe…; 2. statisch, nicht dynamisch
static ataxia *(Neur)* statische Ataxie *f*, Rumpfataxie *f*
static cardiac work statische Herzarbeit *f*
static electricity film fault elektrostatischer Filmfehler *m*
static equilibrium statisches Gleichgewicht *n*
static image statisches Bild *n*
static imaging *(Rad)* statische Bildgebung *f*, statische Bilddarstellung *f*
static labyrinth *s.* static organ
static organ statisches Organ *n*, Vestibularapparat *m*, Gleichgewichtsorgan *n*
static pressure statischer Druck *m*
static reflex Haltungsreflex *m*, Stehreflex *m*
static scintigraphy statische Szintigraphie *f*
static scoliosis statische Skoliose *f*
static symptom statisches Symptom *n*
static tremor Ruhetremor *m*
statics Statik *f*
station 1. Position *f*, Stelle *f*, Standort *m*; Ort *m*; 2. Position *f*, Stellung *f*; 3. Station *f*, Krankensammelpunkt *f*; 4. Verletztensammelstelle *f*, Verwundetenstation *f*; 5. Position *f*, Rangordnung *f*, Rang *m*
station of the foetus Fetusstadium *n*, Fetusposition *f (im Geburtskanal)*
stationary 1. stationär, (gleich) bleibend, feststehend; 2. stationär, an einen Krankenhausaufenthalt gebunden
• **remain stationary** stationär [unverändert] bleiben *(z. B. Krankheitsverlauf)*
stationary air funktionelles Residualvolumen *n*
stationary condition stationärer [unveränderter] Zustand *m*
stationary field feststehendes [unverändertes] Feld *n*, Stehfeld *n*
stationary-field radiation Bestrahlung *f* mit feststehenden Feldern, Stehfeldbestrahlung *f*
stationary fluid stehende [ruhende] Flüssigkeit *f*
stationary grid *(Rad)* testes [unbewegliches] Raster *n*; Festraster *n*
stationary lingual arch *(Stom)* stationärer Lingualbogen *m*
stationary object feststehendes [ruhendes] Aufnahmeobjekt *n*, unbewegliches [sich nicht bewegendes] Objekt *n*
stationary patient table feststehender Patiententisch *m*
stationary radiotherapy Bestrahlung *f* mit feststehenden Feldern, Stehfeldbestrahlung *f*
stationary shadow feststehender Schatten *m*, Ruheschatten *m*
stationary treatment stationäre Behandlung *f*
statistic statistisch; Statistik…
statistics 1. Statistik *f*, statistische Wissenschaft *f*; 2. Statistik *f*, statistische Sammlung *f (z. B. von Messwerten)*
statistics of death causes Todesursachenstatistik *f*
statistical statistisch; Statistik…
statistical method statistische Methode *f*
statistical model of patient evaluation statistisches Modell *n* der Patientenbewertung *(bei Versicherungen)*
statistical significance statistische Signifikanz *f*
statoacoustic statoakustisch, vestibulokochlear, das Gehör und das Gleichgewichtsorgan betreffend
statoacoustic organ statoakustisches Organ *n*, Organum *n* vestibulocochleare, Gehör- und Gleichgewichtsorgan *n*, Innenohr *n*
statoconia *(Anat)* Statokonien *fpl*, Statolithen *mpl*, Otokonien *fpl*, Otolithen *mpl*, Gehörsand *m*
statoconia reflex statokinetischer Reflex *m*, vestibulärer Statolithenreflex *m*
statoconium Statokonium *n*, Otokonium *n*
statocyst *s.* 1 saccule 2.; 2. utricle 1.
statokinetic statokinetisch
statokinetics Statokinetik *f*
statolith *s.* statoconium
statoliths *s.* statoconia
statolon Statolon *n*
statometer Exophthalmometer *n*
statotonic reflex statotonischer Reflex *m*, Haltungsreflex *m*
statural Statur…, Gestalt…
stature Statur *f*, Gestalt *f*, Wuchs *m*
status 1. Status *m*, Zustand *m*, Beschaffenheit *f*; 2. Entwicklungsphase *f*
status-reduction reaction Abstiegsneurose *f*
statuvolence Autohypnose *f*, Selbsthypnose *f*
statuvolent autohypnotisch, selbsthypnotisch; Autohypnose…, Selbsthypnose…
Staub-Traugott effect Staub-Traugott-Effekt *m*, Staub-Traugott-Phänomen *n (eine zweite Glukosegabe führt infolge beschleunigter Utilisation nicht zur Blutzuckererhöhung)*
Staub-Traugott test Staub-Traugott-Test *m*
Stauder's lethal catatonia Stauder'sche lethale Katatonie *f*, akute tödliche Katatonie *f*
Stauffer syndrome Stauffer'sches Syndrom *n (paraneoplastisches Syndrom mit gestörten biochemischen Leberwerten ohne Lebermetastasen)*
staunch *v* Blut stillen; eine blutende Wunde abbinden
staurion Staurion *n (kraniometrischer Messpunkt)*
stauroplegia Stauroplegie *f*, Hemiplegia *f* alternans
stave of the thumb *s.* Bennett's fracture
stavesacre Delphinium *n* staphisagria
staxis Blutung *f*
stay *v* **a haemorrhage** eine Blutung stillen
stay 1. Aufenthalt *m*; Besuch *m*; 2. *(For)* Aussetzung *f (z. B. der Vollstreckung eines Urteils)*; Galgenfrist *f*; 3. Stütze *f*
stay suture Haltenaht *f*, Stütznaht *f*
steady pain Dauerschmerz *m*
steady state 1. *(Physiol)* Homöostase *f*, inneres Körpergleichgewicht *n*; 2. *(Bioch, Physiol)* Fließgleichgewicht *n*
steal syndrome Anzapfsyndrom *n*, Entzugssyndrom *n*, Steal-Effekt *m*, Steal-Phänomen *n*
steam autoclave Dampfsterilisator *m*, Dampfsterilisationsapparat *m*, Autoklav *m*
steam-fitter's asthma *(Arb)* Asbestose *f*, Asbeststaublunge(nerkrankung) *f*
steam sterilization Dampfsterilisation *f*
steapsin Steapsin *n*, Pankreassteapsin *n*, Pankreaslipase *f*
steapsinogen Steapsinogen *n (Steapsinvorstufe)*
stearal *s.* stearaldehyde
stearaldehyde Stearaldehyd *m*
stearate Stearat *n (Salz der Stearinsäure)*
stearic acid Stearinsäure *f*, Acidum *n* stearinicum, *n*-Octadecansäure *f*
teariform sterinartig, fettartig, steriform
stearin Stearin *n*, Tristearoylglycerol *n*
Stearns' alcoholic amentia Stearns'sche alkoholische Amentie *f*
stearoyl-CoA Stearoyl-Coenzym A *n*, Stearoyl-CoA *n*
stearoyl-CoA desaturase Stearoyl-CoA-desaturase *f*, Acyl-CoA-desaturase *f (Enzym)*
stearyl-coenzyme A *s.* stearyl-CoA

stearrhoea *s.* steatorrhoea 1.
steatadenoma Talgdrüsenadenom *n*
steatite Talk *m*, Talkum *n*, Talcum *n*, Speckstein *n*
steatitis Steatitis *f*, Fettgewebsentzündung *f*
steatocele Steatozele *f*, Fettbruch *m*
steatocryptosis Steatokryptose *f*, Talgdrüsenfunktionsstörung *f*
steatocystoma Steatocystoma *n*
steatogenesis 1. Steatogenese *f*, Fettbildung *f*, Fettbiosynthese *f*; 2. Fetteinlagerung *f*, Verfettung *f*
steatogenous 1. fettbildend; 2. fetteinlagernd, fettanlagernd, verfettend; Steatose verursachend
steatohepatitis (alkoholische) Fettleber *f*
steatolysis Steatolyse *f*, Lipolyse *f*, Fetthydrolyse *f*
steatolytic steatolytisch, lipolytisch; Steatolyse…, Lipolyse…
steatoma 1. Steatom *n*, Talgzyste *f*, Talg(drüsen)geschwulst *f*, Atheroma *n* cutis, Atherom *n*, Grützbeutel *m*, Balggeschwulst *f*; 2. *s.* lipoma
steatomatosis 1. Steatomatosis *f*, Sebozystomatose *f*, angeborene Talgretentionszysten *fpl*, Steatocystoma *n* multiplex; 2. Lipomatose *f*
steatomery Steatomerie *f*, zonale Fettsucht *f (auf bestimmte Körperregionen beschränkte Fettsucht)*; Steatopygie *f*, Fettsteiß *m*; Steatotrochanterie *f*, femorale Adipositas *f*
steatonecrosis Fettnekrose *f*, fettige Nekrose *f*
steatopygia Steatopygie *f*, Fettsteiß *m*, abnorme Fettgewebsentwicklung *f* am Gesäß
steatopygous Fettsteiß…
steatorrhoea 1. Steatorrhoe(a) *f*, Steatorrhö(e) *f*, Fettdurchfall *m*, vermehrte Stuhlfettausscheidung *f*, Fettstuhl *m*; 2. *s.* seborrhoea
steatosis Steatose *f*, Verfettung *f*, Fettinfiltration *f*, fettige Degeneration *f*
stechiometry Stöchiometrie *f*
steel wire suture *(Chir)* Stahldrahtnaht *f*
Steele-Richardson-Olszewski syndrome Steele-Richardson-Olszewski-Syndrom *n*, progressive supranukleäre Lähmung *f*
Steell's murmur *s.* Graham-Steell murmur
steeple head Spitzschädel *m*, Turmschädel *m*; Oxyzephalie *f*, Spitzköpfigkeit *f*, Spitzschäd(e)ligkeit *f*, Akrozephalie *f*
steeple skull *s.* steeple head
steerhorn stomach *(Rad)* Stierhornmagen *m*
steering-wheel injury Lenkradverletzung *f*
steffimycin Steffimycin *n (durch Streptomyces steffisburgensis gebildet)*
stegnosis 1. *s.* stenosis; 2. Obstipation *f*, Verstopfung *f*, Ausscheidungsstopp *m*
stegnotic 1. adstringierend, zusammenziehend; 2. obstipierend, verstopfend
stegnotic (agent) 1. Adstringens *n*; 2. Stopfmittel *n*
Stegomyia fasciata Stegomyia *f* fasciata, Aedes *f* aegypti *(Gelbfieberüberträger)*
Stein-Leventhal syndrome Stein-Leventhal-Syndrom *n*, polyzystisches Ovarialsyndrom *n*
Steiner's syndrome Steiner'sches Syndrom *n*, Hemihypertrophie *f (z. B. des Gesichtes)*
Steinert's syndrome Steinert'sches Syndrom *n*, Curschmann-Batten-Steinert-Syndrom *n*, myotone Muskeldystrophie *f*, Dystrophia *f* myotonica
Steinert's syndrome myotone Muskeldystrophie *f*
Steinmann nail *(Chir)* Steinmann-Nagel *m*, Steinmann'scher Nagel *m (Osteosynthese)*
Steinmann pin *s.* Steinmann nail
Steinmann's sign Steinmann-Zeichen *n (bei Meniskusschaden)*
stella Stella *f*, Stern *m*
stellar stellar; Stern…
stellar naevus Naevus *m* stellaris, Sternennävus *m*, Spidernävus *m*
stellate sternförmig
stellate cataract *s.* sutural cataract
stellate cell Sternzelle *f*
stellate cells of the liver *(Histol)* Kupffer'sche Sternzellen *fpl (in der Leber)*
stellate fracture *(Chir)* Sternfraktur *f*, Sternbruch *m*
stellate ganglion Ganglion *n* stellatum [cervicothoracicum], Sternganglion *n*
stellate ganglion block Ganglion-stellatum-Blockade *f*, Stellatumblockade *f*
stellate ligament Ligamentum *n* capitis costae radiatum
stellate vein Vena *f* stellata
stellate venules of the kidney Venulae *fpl* stellatae (Verheynii) *(Niere)*
stellectomy Ganglion-stellatum-Exstirpation *f*
stellula Stellula *f*, kleiner Stern *m*
Stellwag's sign Stellwag'sches Zeichen *n*, Stellwag-Zeichen *n (seltener Lidschlag)*
stem *v* stillen *(Blutung)*; gestillt werden, aufhören *(Blutung)*
stem Stamm *m*; Stiel *m*
stem bronchus Stammbronchus *m*, Bronchus *m* intermedius
stem cell *(Hämat)* Stammzelle *f*
stem-cell leukaemia Stammzellenleukämie *f*
stem pessary Stielpessar *n*; Intrauterinpessar *n*
stem radiation Stielstrahlung *f*, afokale Strahlung *f*
stem vagotomy *(Chir)* Stammvagotomie *f*, trunkuläre Vagotomie *f*
Stender dish *(Histol)* Stender-Schale *f (zur Färbung histologischer Präparate)*
stenion Stenion *n (anthropologischer Messpunkt)*
stenobregmatic stenobregmatisch
stenocardia Stenokardie *f*, Herzenge *f*, Angina *f* pectoris, Präkordialangst *f*
stenocardia-like pain anginaartiger Schmerz *m*
stenocephalia Stenozephalie *f*, Schmalköpfigkeit *f*
stenocephalic *s.* stenocephalous
stenocephalous stenozephal, schmalköpfig
stenocephaly *s.* stenocephalia
stenochoria Stenochorie *f*, Tränenkanalverengung *f*, Ausführungsgangverengung *f*
stenocompressor Stenokompressor *m (zur Kompression der Speicheldrüsengänge)*
stenocoriasis Stenokorie *f*, Pupillenvereng(er)ung *f*, Miosis *f*
stenocrotaphia *s.* stenocrotaphy
stenocrotaphy Stenokrotaphie *f*, Vereng(er)ung *f* der Schläfengegend
stenodont stenodont, engzahnig
stenomycteria Nasenstenose *f*, Nasenvereng(er)ung *f*
Stenonian duct *s.* Stensen's duct
stenopaeic stenopäisch; geschlitzt; Schlitz…
stenopaeic cataract Cataracta *f* perforata
stenopaeic spectacles stenopäische Brille *f*, Schlitzbrille *f*
stenopaic *s.* stenopaeic
stenopeic *s.* stenopaeic
stenosal Stenose…, Vereng(er)ungs…
stenose *v* stenosieren, verenge(r)n
stenosed stenosiert, verengt, eingeengt
stenosing tendovaginitis Tendovaginitis *f* stenosans, stenosierende Sehnenscheidenentzündung *f*, Quérvain'sche Krankheit *f*, Quérvein-Krankheit *f*
stenosing ulcer of the stomach Ulcus *n* stenosans ventriculi, stenosierendes Magengeschwür *n*
stenosis Stenose *f*, Vereng(er)ung *f*, Striktur *f*, Enge *f*

stenosis of the common bile duct Choledochusstenose *f*
stenosis of the pulmonary valve Pulmonal(klappen)-stenose *f*, Pulmonalisvereng(er)ung *f*
stenosis of the rectum *s.* rectostenosis
stenosis of the right ventricular outflow tract *(Kard)* rechtsventrikuläre Ausflussbahnvergeng(er)ung *f*
stenostenosis Stenostenose *f*, Einengung *f* des Stensen'schen Ganges *(der Ohrspeicheldrüse)*
stenostomia Stenostomie *f*, Mundenge *f*, Mundvereng(er)ung *f*
stenothermal stenothermal, begrenzt thermostabil, nur in einem kleinen Temperaturbereich stabil; nur geringe Temperaturschwankungen tolerierend
stenothermic *s.* stenothermal
stenothorax Stenothorax *m*, enger Brustkorb *m*; Brustkorbvereng(er)ung *f*
stenotic stenotisch, verengt, stenosiert
stenotic respiration Stenoseatmung *f*
Stensen's canal *(Anat)* Stensen'scher Kanal *m*
Stensen's duct *(Anat)* Stensen'scher Gang *m*, Ductus *m* parotideus
Stensen's foramen *(Anat)* Stensen'sches Fenster *n*, Foramen *n* incisivum
Stenson's duct *s.* Stensen's duct
stent 1. Stent *m*, intraluminale Gefäßprothese *f (z. B. Metallhülse)*; Schienungshülse *f*; 2. *(Stom)* Stentabdruck *m*; 3. *(Stom)* Stentabdruckmasse *f*; 4. *(Stom)* Stentmasseform *f*
stenting (of vessels) *(Kard)* Stenting *n*
stentorophonous mit lauter Stimme
Stenvers' projection *(HNO, Rad)* Stenvers'sche Aufnahmetechnik *f*, Stenvers-Aufnahme *f*, (Stenvers'sche) Felsenbeinaufnahme *f*
step 1. Schritt *m*; 2. Stufe *f*; Stufenbildung *f*, Phase *f*; 3. *(Stom)* Stufenbildung *f (z. B. in Zahnhöhle als Verankerung)*
step-care therapy Stufentherapie *f*
step formation Stufenbildung *f*
step-like stufenförmig; stufenartig
step-like break in the contour stufenförmige Konturenunterbrechung *f* [Konturenverwerfung *f*]
step preparation *(Stom)* Stufenpräparation *f*
step reflex *(Päd, Neur)* reflektorisches Schreiten *n*
step section *(Histol)* Stufenschnitt *m*
step up pill *(Gyn)* Zweistufenpille *f*
stephanial Stephanion…
stephanic *s.* stephanial
stephanion Stephanion *n (anthropologischer Messpunkt)*
Stephanofilaria Stephanofilaria *pl*
Stephanofilaria stilesi Stephanofilaria *f* stilesi
stephanofilariasis Stephanofilariasis *f*, Stephanofilariose *f*, Stephanofilaria-Infektion *f*
stephanofilarosis *s.* stephanofilariasis
steppage gait *(Neur)* Steppergang *m*
stepping reflex *(Päd, Neur)* reflektorisches Schreiten *n*, Tanzreflex *m*
stepwedge 1. *(Rad)* Stufenkeil *m*; 2. *(Rad)* Penetrometer *n*
stercobilin Sterkobilin *n*, Urobilin *n (Bilirubinabbauprodukt)*
stercobilinogen Sterkobilinogen *n*, Urobilinogen *n (Bilirubinabbauprodukt)*
stercobilinuria Sterkobilinurie *f*, Sterkobilinausscheidung *f* im Urin
stercolith Koprolith *m*, Kotstein *m*, Fäkalstein *m*
stercoporphyrin Sterkoporphyrin *n*
stercoraceous sterkoral, fäkal, kothaltig
stercoraceous vomiting Koterbrechen *n*, Kopremesis *f*, Miserere *n*, fäkales Erbrechen *n*
stercoral *s.* stercoraceous
stercoraria Stercoraria-Gruppe *f (der Trypanosomen)*; Schizotrypanum *n*; Herpetosoma *n*; Megatrypanum *n*
stercorarian zur Stercoraria-Gruppe der Trypanosomen gehörend; Schizotrypanum…; Megatrypanum…; Herpetosoma…
stercorary *s.* stercoraceous
stercorin *s.* coprosterol
stercoroma Kotgeschwulst *f*, Fäkalom *n*, Koprom *n*
stercorous *s.* stercoraceous
stercus Kot *m*, Stuhl *m*, Fäzes *fpl*
stereoagnosis *(Neur)* Stereoagnosie *f*, Astereognosie *f*, taktile Agnosie *f*, Tastsinnlähmung *f*, Tastblindheit *f*
stereoanaesthesia *s.* stereoagnosis
stereoarthrolysis *(Chir, Orth)* Stereoarthrolyse *f*
stereoauscultation Stereoauskultation *f*
stereoblastula Stereoblastula *f*
stereocampimeter Stereokampimeter *n*, stereoskopisches Kampimeter *n*
stereocampimetry *(Ophth)* Stereokampimetrie *f*
stereochemical stereochemisch; Stereochemie…
stereochemistry Stereochemie *f*
stereocilium Stereozilie *f*, Wimpernhaar *n*
stereocinefluorography Stereocinefluorographie *f*
stereocognosy *s.* stereognosis
stereocolpogram Stereokolpogramm *n*
stereocolposcope Stereokolposkop *n*
stereoelectroencephalography *(Neur)* Stereoelektroenzephalographie *f*
stereoencephalometry Stereoenzephalometrie *f*
stereoencephalotome Stereoenzephalotom *n*
stereoencephalotomy Stereoenzephalotomie *f (stereotaktische Operation)*
stereofluoroscopic unit stereoskopische Durchleuchtungsanlage *f*
stereofluoroscopy Stereofluoroskopie *f*, stereoskopische Fluoroskopie *f*, stereoskopische Durchleuchtung *f*, Stereodurchleuchtung *f*
stereognosis *(Neur)* Stereognosie *f*, Tastsinn *m*, taktile Gnosis *f*
stereognostic stereognostisch; Stereognosie…
stereognostic perception stereognostische Perzeption *f*, Wahrnehmung *f* durch den Tastsinn
stereognostic sense *s.* stereognosis
stereogram Stereogramm *n*
stereograph Stereograph *m (stereoskopischer Röntgenapparat)*
stereography Stereoradiographie *f*
stereoisomer Stereoisomer *n*
stereoisomer specificity
stereoisomerism Stereoisomerismus *m*, Stereoisomerie *f*
stereomerism Stereomerie *f*, räumliche Gliederung *f* von Teilen
stereometer Stereometer *n*
stereometry Stereometrie *f*
stereo-ophthalmoscope Stereoophthalmoskop *n*
stereo-orthopter Stereo-orthopter *m (zum Sehtraining)*
stereopathy Stereopathie *f*, persistierendes stereotypisches Denken *n*
stereophantoscope *(Ophth)* Stereophantoskop *n*, Panoramastereoskop *n*
stereophorometer Stereophorometer *n*
stereophoroscope *(Ophth)* Stereophoroskop *n*
stereophotomicrograph stereoskopische Mikrofotografie *f*, dreidimensionales Mikrofoto *n*
stereoplasm Stereoplasma *n*
stereopsis Stereopsis *f*, stereoskopisches [räumliches] Sehen *n*
stereopter Stereopter *m*, Raumsinnmessinstrument *n*

stereoradiography Stereoradiographie *f*, Stereoröntgenographie *f*, stereoskopische Röntgendarstellung *f* [Röntgenaufnahmetechnik *f*]
stereoroentgenography *s.* stereoradiography
stereosalpingography Stereosalpingographie *f*
stereoscope Stereoskop *n*
stereoscopic stereoskopisch, raumbildlich
stereoscopic microscope stereoskopisches Mikroskop *n*, Greenough-Mikroskop *n*
stereoscopic parallax stereoskopische [binokuläre] Parallaxe *f*
stereoscopic photograph stereoskopisches [dreidimensionales] Foto *n* [Bild *n*], Stereoaufnahme *f*
stereoscopic radiograph stereoskopische [dreidimensionale] Röntgenaufnahme *f*, Stereoröntgenbild *n*
stereoscopic viewing stereoskopische Betrachtung *f*
stereoscopic vision *s.* stereopsis
stereoscopy Stereoskopie *f*
stereoselective stereoselektiv
stereoselective reaction stereoselektive Reaktion *f*
stereoselectivity Stereoselektivität *f*
stereoskiagraphy *s.* stereoradiography
stereospecific stereospezifisch
stereospecific reaction stereospezifische Reaktion *f*
stereospecificity Stereospezifität *f*
stereostroboscope *(Physiol)* Stereostroboskop *n*
stereotactic stereotaktisch
stereotactic biopsy stereotaktische Biopsie *f*
stereotactic frame Stereotaxierahmen *m*
stereotaxia 1. Stereotaxie *f*, stereotaktische Lokalisation *f* *(von Hirnarealen)*; 2. *s.* stereotropism
stereotaxic stereotaktisch
stereotaxic instrument stereotaktisches Instrument *n*
stereotaxic neuroradiograph stereotaktische Neuroradiographie *f*
stereotaxic room Stereotaxieraum *m*
stereotaxis 1. *s.* stereotaxia 1.; 2. *s.* stereotaxy; 3. *s.* stereotropism
stereotaxy Stereotaxis *f*, Stereoenzephalotomie *f*, stereotaktische Chirurgie *f*
stereotropic stereotrop(isch); Stereotropismus…
stereotropism Stereotropismus *m*, Stereotaxis *f*, Thigmotropismus *m* *(gezielte Bewegung auf Berührung)*
stereotype Stereotyp *m*
stereotype of attitude Haltungsstereotypie *f*
stereotyped movement disorder *(Neur)* stereotypische Bewegungsstörung *f*
stereotyped movement disorder *(Neur)* stereotype Bewegungsstörung *f*
stereotypical stereotypisch
stereotypic stereotypisch
stereotypic behaviour stereotypisches Verhalten *n*
stereotypy Stereotypie *f*, unveränderte Wiederholung *f* *(z. B. von Bewegungen)*
stereotypy of movements Bewegungsstereotypie *f*
stereovectorcardiograph Stereovektorkardiograph *m*
stereovectorcardiography Stereovektorkardiographie *f*, Vektorkardiographie *f*
steric sterisch; Stereochemie…
sterigma 1. Sterigma *n*; 2. Metula *f* *(z. B. bei Aspergilluspilzen)*
sterigmatocystin Sterigmatocystin *n* *(durch Aspergillus versicolor gebildetes Mykotoxin)*
Sterigmatocystis Sterigmatocystis *f*, Aspergillus *m*
sterilant (agent) Sterilisationsmittel *n*
sterile 1. steril, keimfrei; 2. steril, unfruchtbar, nicht fortpflanzungsfähig
sterile area Sterilbereich *m* *(Operationssaal)*
sterile bandage Sterilverband *m*, steriler Verband *m*
sterile field steriler Bereich *m*, Sterilbereich *m*
sterile meningitis *s.* aseptic meningitis
sterile regional lymphadenitis Katzenkratzkrankheit *f*
sterile water for injection Aqua *f* ad injectionem
sterility 1. Sterilität *f*, Keimfreiheit *f*; 2. Sterilität *f*, Unfruchtbarkeit *f*, Fortpflanzungsunfähigkeit *f*
sterilization 1. Sterilisation *f*, Sterilisieren *n*, Entkeimung *f*, Keimfreimachung *f*; 2. Sterilisation *f*, Sterilisierung *f*, Unfruchtbarmachung *f*
sterilization plant Sterilisationsanlage *f*
sterilize *v* 1. sterilisieren, entkeimen, keimfrei machen; 2. sterilisieren, unfruchtbar machen
sterilizer Sterilisator *m*, Sterilisierapparat *m*, Autoklav *m*
sterilizing basket *(Chir)* Sterilisierkorb *m*
sterilizing forceps *(Chir)* Sterilisierzange *f*
sterilizing rack *(Chir)* Sterilisierrahmen *m*
sterilizing tray *(Chir)* Sterilisiersiebschale *f*
sternad sternad, sternalwärts, brustbeinwärts gerichtet
sternal sternal; Sternum…, Brustbein… *(siehe auch unter: sternum)*
sternal biopsy Sternalbiopsie *f*, Sternumpunktion *f*
sternal border Sternalrand *m*, Brustbeinrand *m*
sternal end of the clavicle Extremitas *f* sternalis claviculae
sternal extremity of the clavicle *s.* sternal end of the clavicle
sternal line Linea *f* sternalis, Sternallinie *f*
sternal manubrium Manubrium *n* sterni, Brustbeinhandgriff *m*
sternal membrane Membrana *f* sterni, Sternalmembran *f*
sternal node Brustbeinlymphknoten *m*
sternal plane Planum *n* sternale
sternal puncture Sternalpunktion *f*, Sternumpunktion *f*
sternal puncture needle Sternumpunktionskanüle *f*
sternal region Regio *f* sternalis, Sternalregion *f*, Brustbeinbereich *m*
sternal rib Sternalrippe *f*, echte Rippe *f*
sternal splitting Sternumspaltung *f*
sternal synchondrosis Synchondrosis *f* sternalis, Brustbeinknorpelhaft *f*
sternal transfusion Sternaltransfusion *f*
sternalgia 1. Sternalgie *f*, Brustbeinschmerz *m*; 2. Angina *f* pectoris
sternalis (muscle) Musculus *m* sternalis, Brustbeinmuskel *m*
Sternberg-Reed cell *(Hämat)* Sternberg'sche Riesenzelle *f*, Sternberg-Reed-Riesenzelle *f*
Sternberg's disease Sternberg'sche Krankheit *f*, Sternberg-Paltauf'sche Krankheit *f*, maligne Lymphogranulomatose *f*
Sternberg's giant cell *s.* Sternberg-Reed cell
Sternberg's sign 1. Sternberg'sches Zeichen *n*, Sternberg'sches Riesenzellenzeichen *n* *(Vorhandensein von Sternberg'schen Riesenzellen)*; 2. Sternberg'sches Daumenzeichen *n* *(bei Arachnodaktylie)*; 3. Sternberg'sches Pleuritiszeichen *n* *(schmerzhafte Schultergürtelmuskulatur bei Palpation)*
Sternheimer-Malbin stain Sternheimer-Malbin-Färbung *f* *(für Harnsedimentfärbung)*
sternoclavicular *(Anat)* sternoklavikulär; Brustbein-Schlüsselbein-…
sternoclavicular angle Sternoklavikularwinkel *m*
sternoclavicular articulation Articulatio *f* sternoclavicularis, Sternoklavikulargelenk *n*, Brustbein-Schlüsselbein-Gelenk *n*
sternoclavicular joint *s.* sternoclavicular articulation
sternoclavicularis (muscle) Musculus *m* sterno-clavicularis
sternocleidal *s.* sternoclavicular

sternocleidomastoid *(Anat)* Sternokleidomastoid..., Brustbein-Schlüsselbein-Warzenfortsatz-...
sternocleidomastoid Musculus *m* sternocleidomastoideus, Sternokleidomastoideus *m*, Kopfwender(muskel) *m*
sternocleidomastoid artery Arteria *f* sternocleidomastoidea, Kopfwenderarterie *f*
sternocleidomastoid muscle *s.* sternocleidomastoid
sternocleidomastoid vein Vena *f* sternocleidomastoidea, Kopfwendervene *f*
sternocostal *(Anat)* sternokostal; Brustbein-Rippen-...
sternocostal articulation Articulatio *f* sternocostalis
sternocostal joint *s.* sternocostal articulation
sternocostalis (muscle) Musculus *m* sternocostalis [transversus thoracis]
sternodymia *s.* sternopagia
sternodymus *(Terat)* Sternodymus *m (Missgeburt)*
sternodynia *s.* sternalgia 1.
sternofascialis (muscle) Musculus *m* sternofascialis
sternoglossal *(Anat)* sternoglossal; Brustbein-Zungen-...
sternogoniometer Sternogoniometer *n*, Sternumneigungsmesser *m*
sternohyoid *(Anat)* sternohyoidal; Brustbein-Zungenbein-...
sternohyoid (muscle) Musculus *m* sternohyoideus, Brustbein-Zungenbein-Muskel *m*
sternoid sternoid, sternumähnlich; Sternum...
sternomastoid *(Anat)* Sternomastoid..., Brustbein-Warzenfortsatz-...
sternopagia *(Terat)* Sternopagie *f*, Doppelmissbildung *f* mit Brustbeinverschmelzung *f*
sternopagus *(Terat)* Sternopagus *m*, Doppelmissgeburt *f* mit Brustbeinverschmelzung
sternopericardial *(Anat)* sternoperikardial; Brustbein-Herzbeutel-...
sternoscapular *(Anat)* sternoskapulär; Brustbein-Schulterblatt-...
sternoschisis Sternoschisis *f*, Brustbeinspalte *f*, Fissura *f* sterni
sternothyroid 1. *(Anat)* sternothyreoidal; Brustbein-Schilddrüsen-...; 2. *(Anat)* sternothyreoidal; Brustbein-Schildknorpel-...
sternothyroid (muscle) Musculus *m* sternothyreoideus, Brustbein-Schildknorpel-Muskel *m*
sternotome *(Chir)* Sternotom *n*, Brustbeinmesser *n*
sternotomy Sternotomie *f*, Sternumspaltung *f*, Brustbeinschnitt *m*
sternotracheal *(Anat)* sternotracheal; Brustbein-Luftröhren...
sternotrypesis Sternumtrepanation *f*, (chirurgische) Brustbeinperforation *f*
sternovertebral *(Anat)* sternovertebral; Brustbein-Wirbel-...
sternoxiphoid *(Anat)* sternoxiphoidal; Sternum-Xiphoid-..., Brustbein-Schwertfortsatz-...
sternoxiphopagus *(Terat)* Sternoxiphopagus *m (Missgeburt)*
sternum *(Anat)* Sternum *n*, Brustbein *n (siehe auch unter: sternal)* • **press the sternum in pushing movements** das Brustbein stoßartig niederdrücken *(bei Herzmassage)*
sternum chisel *(Chir)* Sternummeißel *m*
sternum shears *(Chir)* Sternumschere *f*
sternutation Niesen *n*
sternutator Niesmittel *n*, Niesen auslösendes Mittel *n*
sternutatory zum Niesen reizend; Nies...
steroid Steroid *n*
steroid acne Steroidakne *f*
steroid anaesthesia Steroidanästhesie *f*
steroid cataract *(Ophth)* Steroidkatarakt *f*
steroid cell antibody Steroidzellantikörper *m*, Antikörper *m* gegen steroidbildende Zellen *(z. B. in der Nebennierenrinde)*
steroid diabetes Steroiddiabetes *m*
steroid glaucoma Steroidglaukom *n*
steroid glycoside Steroidglykosid *n*
steroid hormone Steroidhormon *n*
steroid hormone therapy Steroidhormontherapie *f*
steroid 11β-monooxygenase Steroid-11β-monooxygenase *f*, 11β-Hydroxylase *f (Enzym)*
steroid 17α-monooxygenase Steroid-17α-monooxygenase *f*, 17α-Hydroxylase *f (Enzym)*
steroid 21-monooxygenase Steroid-21-monooxygenase *f*, 21-Hydroxylase *f (Enzym)*
steroid myopathy Steroidmyopathie *f*, Corticosteroidmyopathie *f*
steroid osteoporosis Steroidosteoporose *f*
steroid pseudorheumatism Steroidpseudorheumatismus *m*
steroid 5α-reductase Steroid-5α-reduktase *f (Enzym)*
steroid-responsive dermatosis auf Steroide ansprechende Dermatose *f*
steroid sulphatase Steroidsulphatase *f*, Sterylsulphatase *f (Enzym)*
steroid sulphatase deficiency Steroidsulphatasemangel *m*, X-gebundene Ichthyose *f*
steroid ulcer Steroidulkus *n*, Steroid(magen)geschwür *n*
steroidal steroidisch; Steroid...
steroidogenesis Steroidbildung *f*
steroidogenic steroidogen, steroidbildend
sterol *(Bioch)* Sterol *n (z. B. Cholesterol)*
sterol esterase Sterolesterase *f (Enzym)*
sterol *O*-acyltransferase Sterol-*O*-acyltransferase *f (Enzym)*
sterone *(Bioch)* Steron *n (z. B. Testosteron)*
stertor (breathing) Stertor *m*, röchelndes Atmen *n*, röchelnde Atmung *f*, schnarchende Atmung *f*
stertorous röchelnd; schnarchend
steryl-sulphatase *s.* steroid sulphatase
stethacoustic mit dem Stethoskop hörbar
stethalgia Brustschmerz *m*
stethendosope Thoraxdurchleuchtungsapparat *m*
stethocyrtograph Stethokyrtograph *m*
stethogoniometer Stethogoniometer *n*
stethogram Brustschallbild *n*; Phonokardiogramm *n*
stethograph Stethograph *m (zur Aufzeichnung der Atembewegungen des Brustkorbes)*
stethography Brustschallschreibung *f*, Phonokardiographie *f*
stethokyrtograph Stethokyrtograph *m*
stethomimetic stethomimetisch
stethometer Stethometer *n*
stethomyitis *s.* stethomyositis
stethomyositis Stethomyositis *f*, Brustmuskelentzündung *f*
stethoparalysis Stethoparalyse *f*, Brustmuskleparalyse *f*, Brustmuskellähmung *f*
stethophone Stethophon *n*
stethophonometer Stethophonometer *n*
stethopolyscope Stethopolyskop *n (Stethoskop für mehrere Personen)*
stethoscope *v* abhorchen, mit dem Stethoskop abhorchen, auskultieren
stethoscope Stethoskop *n*, Hörrohr *n*
stethoscope placement Stethoskopplatzierung *f*, Auskultationsstelle *f*
stethoscope tubing Stethoskopschlauch *m*
stethoscope with diaphragm Membranstethoskop *n*
stethoscopic stethoskopisch, mit dem Hörrohr
stethoscopic sound stethoskopischer Ton *m*
stethoscopy Auskultation *f*, Abhören *n*, Abhorchen *n*
stethospasm Brustmuskelkrampf *m*

Stevens-Johnson syndrome *(Derm)* Stevens-Johnson-Syndrom *n*, Erythema *n* exsudativum multiforme (majus)
Stewart-Holmes sign Stewart-Holmes'sches Zeichen *n*, Rebound-Phänomen *n*
Stewart-Morel(-Morgagni) syndrome *(Endokr)* Stewart-Morel-Morgagni-Syndrom *n*, Morgagni'sches Syndrom *n* *(Regulationsstörung)*
Stewart-Treves syndrome Stewart-Treves-Syndrom *n*, vaskuläres Lymphangiosarkom *n* des Armes *(z. B. infolge Strahlentherapie nach Mastektomie)*
STH *s.* somatotropic hormone
sthenia Sthenie *f*, Kraft *f*, Kraftfülle *f*
sthenic sthenisch, kräftig, kraftvoll, stark; aktiv
sthenic fever starkes [hohes] Fieber *n (z. B. mit Delirium)*
sthenometer Sthenometer *n*, Muskelkraftmesser *m*
sthenometry Sthenometrie *f*, Muskelkraftmessung *f*, Körperkraftmessung *f*
stibamine glucoside Stibaminglykosid *n*
stibialism Antimonvergiftung *f*
stibiated antimonhaltig
stibium Stibium *n*, Sb, Antimon *n*
stibocaptate Stibocaptat *n*, Antimondimercaptosuccinat *n*
stibogluconate sodium 1. Natrium-Antimongluconat *n*; 2. Natriumantimonylgluconat *n*
stibophen Stibophen *n (Schistosomenmittel)*
stick *v* **together** zusammenkleben, verklebt sein *(z. B. Augenlider)*
Sticker's disease *(Derm)* Sticker'sche Krankheit *f*, Erythema *n* infectiosum (acutum), Großfleckenkrankheit *f*, Megalerythema *n* infectiosum [epidemicum], Morbus *m* quintus, V. [fünfte] Krankheit *f*, Ohrfeigenkrankheit *f*
sticking-out ear abstehendes Ohr *n*
stickle cell *s.* prickle cell
Stickler's syndrome Stickler'sches Syndrom *n*, Stickler-Syndrom *n*, konnatale progressive Arthroophthalmopathie *f*
sticky ends *(Gen)* kohäsive Termini *mpl (komplementäre DNS-Enden)*
Stieda's disease Köhler-Pellegrini-Stieda'sche Krankheit *f*, Pellegrini-Stieda-Syndrom *n*; Stieda-Pellegrini-Köhler'scher Schatten *m (sichelförmige Knochenbildung am medialen Kollateralband des Kniegelenkes)*
Stieda's fracture Stieda-Fraktur *f*, Fraktur *f* des Inneren Femurkondylus
Stieda's process Processus *m* posterior tali
stiff starr, steif, nicht flexibel [biegbar]
stiff hand syndrome Stiff-hand-Syndrom *n*, Lundbaek-Syndrom *n (Muskelsteifigkeit und Bewegungsschmerzen im Unterarm-Hand-Bereich bei länger bestehendem Diabetes)*
stiff joint steifes Gelenk *n*; Gelenkversteifung *f*
stiff lung steife Lunge *f*, akutes respiratorisches Distress-Syndrom *n*, ARDS
stiff man syndrome *(Neur)* Stiff-man-Syndrom *n*, Syndrom *n* des steifen Mannes *(zunehmende Rumpf- und Gliedmaßensteife mit anfallsweisen tetaniformen Muskelkrämpfen)*
stiff neck *s.* stiffness of the neck
stiff neck fever epidemische Meningokokkenmeningitis *f* [zerebrospinale Meningitis *f*]
stiff thinking *(Neur)* steifes [langsames] Denken *n*, zähes [verlangsamtes] Denken *n*
stiffness of the jaw Kiefersteifigkeit *f*, Kiefersperre *f*
stiffness of the neck Nackensteifigkeit *f*, Nackensteife *f*, Nackenstarre *f*, steifer Nacken *m (z. B. bei Hirnhautentzündung)*
stiffness of thinking *(Neur)* Gedankenträgheit *f*, Denkverlangsamung *f*, Gedankenverlangsamung *f*
stifle *v* ersticken
stigma Stigma *n*, Kennzeichen *n*, Merkmal *n*, Wundmal *n*, Stippchen *n*
stigmal Stigma...
stigmastane *(Pharm)* Stigmastan *n*, Sitostan *n*
stigmasterol *(Pharm)* Stigmasterol *n*
stigmata *pl s.* stigma
stigmatic Stigma...
stigmatism 1. Stigmatismus *m*, Vorhandensein *n* von Stigmata; 2. *(Ophth)* Stigmatismus *m (normale visuelle Akkommodation und Refraktion)*; 3. *(Derm)* Stigmatisierung *f (Vorhandensein abnormer Hautmerkmale)*
stigmatization Stigmatisation *f*, Stigmatisierung *f*, Stigmabildung *f*
stigmatize *v* stigmatisieren, kennzeichnen
stigmatometer Stigmatometer *n (Gerät zur Bestimmung des Astigmatismus)*
stigmatometry Stigmatometrie *f*, Stigmometrie *f*
stigmatophilia Stigmatophilie *f (sexuelle Erregung durch Tätowierung und Piercing der Haut)*
stigmatose stigmatisiert; Stigma...
stilbamidine Stilbamidin *n*, Stilben-4,4′-dicarbonamid *n (Mittel gegen Leishmaniais, Blastomykose und Aktinimykose)*
stilbazium iodide Stilbaziumjodid *n (Anthelminthikum)*
stilbene Stilben *n (Östrogen)*
stilboestrol Stilböstrol *n*, Diethylstilböstrol *n*
stilboestrol syndrome Stilböstrol-Syndrom *n*, Stilböstrol-Adenosis-Karzinom-Syndrom *n*
stilet *s.* stilette
stilette Stilett *n*
Still-Chauffard syndrome Still-Chauffard-Syndrom *n (systemische Form der primär-chronischen Polyarthritis mit starker Eingeweidebeteiligung)*
stillbirth 1. Totgeburt *f*, Geburt *f* eines toten Fetus; 2. tot geborener Fetus *m*, Totgeborene(s) *n*
stillbirth rate Totgeburtsrate *f*
stillborn 1. Totgeburt...; 2. tot geboren; Totgeborenen...
Stiller's disease Stiller'sche Krankheit *f*, Morbus *m* asthenicus, Asthenia *f* universalis congenita, allgemeine Asthenie *f* [Körperschwäche *f*]
stillicide Tröpfeln *n*
stillicidium *s.* stillicide
Stilling-Türk-Duane syndrome Stilling-Türk-Duane-Syndrom *n (autosomal-dominate gynäkotrope Lähmung der geraden Augenmuskeln mit Missbildungen im Gesicht)*
Stilling's canal *(Anat)* Stilling'scher Kanal *m*, Canalis *m* centralis (medullae spinalis)
Stilling's plates *(Ophth)* Stilling-Tafeln *fpl*, Stilling'sche Farbtafeln *fpl*, pseudoisochromatische Tafeln *fpl (Farbenfehlsichtigkeitsdiagnostik)*
Stilling's pseudoisochromatic plates *s.* Stilling's plates
Stilling's syndrome *s.* Stilling-Türk-Duane syndrome
Still's disease Still'sche Krankheit *f*, Still'sches Syndrom *n*, Still-Syndrom *n*, juvenile Rheumatoidarthritis *f*
Still's hand Still'sche Hand *f (symmetrische spindelförmige Schwellung der Fingergelenke)*
Still's murmur Still'sches Geräusch *n (akzidentelles präkordiales Herzgeräusch bei Kindern)*
stimulants Weckamine *npl*
stimulant stimulierend, (an)reizend, anregend, erregend
stimulant (agent) Stimulans *n*, Anregungsmittel *n*, anregendes [reizendes] Mittel *n*
stimulant cathartic stimulierendes Abführmittel *n* [Kathartikum *n*]
stimulants Weckamine *npl*
stimulate *v* stimulieren, (an)reizen, anregen, erregen
stimulating bath Anregungsbad *n*
stimulating therapy Stimulationsbehandlung *f*, stimulative [anregende] Therapie *f*

stimulation Stimulation *f*, Stimulanz *f*, Reizung *f*, Anregung *f*, Erregung *f*
stimulation electromyography Stimulationselektromyographie *f*
stimulation of delivery Geburtsstimulation *f*, Geburtsanregung *f*
stimulation of labour *s.* stimulation of delivery
stimulator Stimulator *m*
stimulon Stimulon *n (Virusantigen)*
stimulus Stimulus *m*, Reiz *m*, Antrieb *m*
stimulus character *(Psych)* Aufforderungscharakter *m*
stimulus control Stimuluskontrolle *f*, Antriebskontrolle *f*
stimulus duration Reizdauer *f*
stimulus generalization Reizgeneralisierung *f*, Stimulusverallgemeinerung *f*
stimulus threshold Reizschwelle *f*
sting Stich *m*; Insektenstich *m*; Spinnenbiss *m*
stinger Brennen *n* im Arm; brennende Armschmerzen *mpl (Schwäche, Parästhesien und Schmerzen im Arm)*
stinging 1. Brennen *n*, Stechen *n*; 2. Stechen *n* durch Insekten; Beißen *n* durch Spinnen
stingray Stechrochen *m*
stipple cell Tüpfelzelle *f*
stippled epiphyses Chondrodystrophia *f* calcificans congenita
stippling Tüpfelung *f*
stirrup 1. Extensionsbügel *m (für Knochenbrüche)*; 2. *s.* stapes
stirrup bone *s.* stapes
stirrup for skeletal traction *s.* stirrup 1.
stirrup plastered in *(Chir, Orth)* eingegipster Extensionsbügel *m*
stitch *v (Chir)* nähen *(eine Wunde)*; zusammennähen
stitch *v* **the towels** die Operationstücher [OP-Tücher] annähen *(z. B. am Wundrand)*
stitch 1. *(Chir)* Stich *m (einer Nadel)*; Nahtstich *m*; 2. Stich *m*, stechender Schmerz *m* • **need five stitches** mit fünf Stichen genäht werden (müssen) *(Wunde)* • **take out (the) stitches** die Fäden entfernen [ziehen] • **thread a stitch** einen Nahtstich machen
stitch abscess Nahtstichabszess *m*
stitch in the side Seitenstich *m (beim Laufen)*
stitch track *(Chir)* Stichkanal *m*
stochastic stochastisch
stock vaccine Stammvakzine *f*, Stammimpfstoff *m*, Stammlösung *f*
stock microbial strain mikrobieller Impfstamm *m*; Impfstammmikroben *fpl*
stockinet Trikotschlauch *m*
stockinet roller Trikot(schlauch)binde *f*
stocking dressing Strumpfverband *m*, Gamaschenverband *m*
stoichiology Stöchiologie *f (Lehre von der Physiologie der zellulären Elemente der Gewebe)*
stoichiometry Stöchiometrie *f (Mathematik der Chemie)*
stoke Stoke *n*, St *(Einheit der kinematischen Viskosität: 1 Stoke = 1 cm²/s)*
stoker's cramp Hitzekrampf *m*
Stokes-Adams attack *(Kard)* Adams-Stokes-Anfall *m*
Stokes-Adams disease *(Kard)* Adams-Stokes-Syndrom *n*, Adams-Stokes'scher Symptomenkomplex *m*
Stokes-Adams syndrome *s.* Stokes-Adams disease
Stokes' amputation *s.* Stokes' operation
Stokes' collar *(Kard)* Stokes-Kragen *m*, Stokes'scher Kragen *m (bei oberer Einflussstauung)*
Stokes' operation Gritti-Stokes-Amputation *f*
stoma Stoma *n*, Mund *m*, Os *m (Zusammensetzungen siehe unter: mouth und oral)*
stomacace Stomakaze *f*, Stomakake *f*, Mundfäule *f*, Stomatitis *f* ulceromembranacea [ulcerosa]
stomach Stomachus *m*, Gaster *m*, Ventriculus *m*, Magen *m (siehe auch unter: gastric)* • **cleanse the stomach** den Magen (klar) spülen, den Magen ausspülen • **empty the stomach** den Magen entleeren • **mobilize the stomach along the greater curvature** den Magen entlang der großen Kurvatur mobilisieren • **on an empty stomach** auf nüchternen Magen, mit leerem Magen • **take on an empty stomach** auf nüchternen [leeren] Magen einnehmen • **wash the stomach by way of a gastric tube** den Magen mit einem Magenschlauch ausspülen, eine Magenlavage [Magenspülung] vornehmen
stomach ache *s.* stomachache
stomach cancer Magenkrebs *m*, Carcinoma *n* ventriculi
stomach cancer metastasis Magenkrebsmetastase *f*
stomach clamp *(Chir)* Magenklemme *f*
stomach dilatation Magendilatation *f*, Magenerweiterung *f*
stomach drops Magentropfen *mpl*
stomach forceps *s.* stomach clamp
stomach haemorrhage Magenblutung *f*
stomach pump Magenpumpe *f*
stomach tube Magenschlauch *m*, Magensonde *f*
stomach ulcer Magengeschwür *n*, Magenulkus *n*, Ulcus *n* ventriculi
stomach ulceration Magengeschwürentstehung *f*, Magenulkusbildung *f*, Magenulzeration *f*
stomach wash out Magenlavage *f*, Magenspülung *f* • **give (the patient) a stomach wash out** eine Magenspülung machen, eine Magenlavage durchführen
stomach washings Magenspülungssekret *n*
stomachache Magenschmerz *m*, Stomachodynie *f*, Magenschmerzen *mpl*
stomachal stomachal; Magen...
stomachal vertigo Vertigo *f* stomachalis, Magenschwindel *m*
stomachalgia *s.* stomachodynia
stomachic 1. magenstärkend; verdauungsfördernd; 2. Magen...
stomachic (agent) Stomachikum *n*, magenstärkendes Mittel *n*
stomachodynia Stomachodynie *f*, Magenschmerz *m*; Magenschmerzen *mpl*
stomachoscopy Magenspiegelung *f*
stomadeum *s.* stomodaeum
stomal stomal; Stoma...
stomal peptic ulcer peptisches Stomageschwür *n*
stomata *pl s.* stoma
stomatal *s.* stomal
stomatalgia Stomatalgie *f*, Mundschmerz *m*
stomatic Mund...
stomatic (agent) Stomatikum *n*, Mund- und Rachentherapeutikum *n*
stomatitides *pl s.* stomatitis
stomatitis Stomatitis *f*, Mund(schleimhaut)entzündung *f*
stomatocace *s.* stomacace
stomatocatharsis Mundhöhlendesinfektion *f*, Mundreinigung *f*
stomatocyte *(Hämat)* Stomatozyt *m*
stomatocytosis Stomatozytose *f*, Stomatozytenvermehrung *f* im Blut *(bei hämolytischer Anämie)*
stomatodynia *s.* stomatalgia
stomatodysodia Stomatodysodie *f*, übler Mundgeruch *m*
stomatogastric stomatogastrisch, stomatogastral; Mund-Magen-...
stomatogenesis Stomatogenese *f (Bildung von oralen Strukturen bei Protozoen)*
stomatoglossitis Stomatoglossitis *f*, Zungen- und Mundschleimhautentzündung *f*

stomatognathic stomatognath(isch); Mund-Kiefer-...
stomatognathic system stomatognathes System *n*
stomatography Stomatographie *f (Beschreibung der Mundstrukturen)*
stomatolalia Stomatolalie *f*
stomatologic *s.* stomatological
stomatological stomatologisch
stomatological polyclinic Poliklinik *f* für Stomatologie
stomatological raspatory stomatologisches Raspatorium *n*, Zahnraspel *f*, Zahnfeile *f*
stomatologist Stomatologe *m*
stomatology Stomatologie *f*, Zahn-Mund-Kiefer-Heilkunde *f*, Lehre *f* von den Mundhöhlenkrankheiten
stomatomalacia Stomatomalazie *f*, Erweichung *f* der Mundorgane
stomatomenia Stomatomenien *pl*, Mundschleimhautblutung *f* während der Menstruation
stomatomy Gebärmuttermundinzision *f*
stomatomycosisstomatomycosis Stomatomykose *f*, Stomatomycosis *f*, Stomatitis *f* mycotica, Soor *m*, Schwämmchen *n (Mundschleimhautentzündung durch Candida albicans)*
stomatonecrosis Stomatonekrose *f*, Stomatitis *f* gangraenosa, Mundfäule *f*
stomatonoma *s.* noma
stomatopathic stomatopathisch
stomatopathy Stomatopathie *f*, Mund(höhlen)erkrankung *f*, Mund(höhlen)krankheit *f*
stomatophylaxis orale Prophylaxe *f*, Mundprophylaxe *f*
stomatoplastic stomatoplastisch, mundbildend
stomatoplasty Stomatoplastik *f*, Mundrekonstruktion *f*, plastische Mundoperation *f*
stomatorrhagia Stomatorrhagie *f*, Mund(höhlen)blutung *f*
stomatoschisis Stomatoschisis *f*, Mundspalte *f*, Hasenscharte *f*
stomatoscope Mundspiegel *m*, Mundspekulum *n*
stomatoscopy Mundspiegelung *f*
stomatosis *s.* stomatopathy
stomatotomy *s.* stomatomy
stomencephalus *s.* stomocephalus
stomion Stomion *n (kraniometrischer Messpunkt)*
stomocephalus *(Terat)* Stomozephalus *m (Missgeburt)*
stomodaeal *(Embr)* Mundbucht..., Munddarm...
stomodaeum *(Embr)* Stomadaeum *n*, Mundbucht *f*, Munddarm *m*
stomoschisis *s.* stomatoschisis
stone Stein *m*, Konkrement *n*
stone dislodger *(Urol)* Harnleitersteinextraktor *m*
stone-free cholecystitis steinlose Cholezystitis *f*
stone mole Steinmole *f*
stonecutter's disease *(Arb)* Presslufthammerkrankheit *f*
stonecutter's phthisis *(Arb)* Steinhauerlunge(nerkrankung) *f*
stool Stuhl *m*, Kot *m*, Fäzes *pl (siehe auch unter: faecal)*
stool in the form of a spit mucus spritzender Schleimstuhl *m (z. B. bei Ruhr)*
stool softener Stuhlweichmacher *m*
stool study [test] Stuhlprobe *f*
stop 1. Stopp *m*, Halt *m*; Stoppen *n*, Halten *n*; 2. Sperre *f*, Anschlag *m*, Anschlagpunkt *m*; Hindernis *n*; 3. Stillstand *m*; Stehen *n*; Ende *n*; 4. Verschlusslaut *m*
stop *v* **a tooth** einen Zahn plombieren, eine Zahnfüllung vornehmen
stop *v* **bleeding** eine Blutung stoppen [stillen, beenden]
stopped tooth plombierter [gefüllter] Zahn *m*
stopping 1. Aufhalten *n*; 2. Plombierung *f*, Zahnfüllung *f*; 3. Plombe *f*, Zahnfüllung *f*
stopping of a tooth Zahnplombierung *f*, Zahnfüllung *f*
stopping of haemorrhage Blutstillung *f*

storage 1. Speicher *m*; 2. Speicherung *f*; 3. *(Psych)* Speicherung *f*, Abspeichern *n (im Gedächtnis)*
storage capacity Speicherkapazität *f*
storage disease *(Metab, Bioch)* Speicher(ungs)krankheit *f*, Thesaurismose *f*
storage granule Speicherkörnchen *n*
stored blood Blutkonserve *f*
stored energy foot *(Orth)* Unterschenkelprothese *f* mit gespeicherter Energie *(für aktive Bewegung)*
storiform fibrous histiocytoma Dermatofibrosarcoma *n* protuberans
stork bite Storchenbiss *m*, Naevus *m* teleangiectaticus
storm Krise *f*, Krankheitsverschlimmerung *f*, Symptomverstärkung *f*
strabism *s.* strabismus
strabismal *s.* strabismic
strabismic *(Ophth)* Strabismus..., Schiel...
strabismic amblyopia Schielamblyopie *f*
strabismic eye Schielauge *n*, schielendes Auge *n*
strabismology Strabismologie *f*
strabismometer *(Ophth)* Strabismometer *n*, Strabometer *n*, Schiel(winkel)messer *m*
strabismometry *(Ophth)* Strabismometrie *f*, Strabometrie *f*, Schielwinkelmessung *f*
strabismus *(Ophth)* Strabismus *m*, Schielen *n*, Heterotropie *f*
strabismus angle Strabismuswinkel *m*, Schielwinkel *m*
strabismus hook Schielhaken *m (Instrument)*
strabismus surgery Strabismuschirurgie *f*, Schielchirurgie *f*
strabometer *s.* strabismometer
strabometry *s.* strabismometry
strabotome Strabotom *n*, Schielmesser *n*
strabotomy Strabotomie *f*, Schieloperation *f*
Strachan-Scott syndrome *s.* Strachan's syndrome
Strachan's syndrome Strachan'sches Syndrom *n*, Strachan-Scott-Syndrom *n*, ernährungsbedingte Polyneuropathie *f (durch Thiamin- und Riboflavinmangel)*
straddle *v* **a ventricular septal defect** über einem Ventrikelseptumdefekt [VSD] reiten *(z. B. Trikuspidalklappe)*
straddling embolus *(Kard, Chir)* Sattelembolus *m*, reitender Embolus *m*
straddling tricuspid valve *(Kard)* reitende Trikuspidalklappe *f (bei Transposition der großen Arterien)*
straight abdominal X-ray film Abdomenübersicht(saufnahme) *f* im Stehen
straight arteriole (of the kidney) Arteriola *f* recta renis
straight forceps gerade Klemme *f*
straight gyrus Gyrus *m* rectus
straight-leg-raising test Lasègue'sches Phänomen *n* [Zeichen *n*] *(bei Bandscheibenprolaps)*
straight line blood set gebrauchsfertiges Bluttransfusionsbesteck *n*, Bluttransfusionssystem *n* zum Sofortgebrauch
straight lips Orthocheilie *f*
straight packer *(Chir)* gerade Kornzange *f*
straight renal tubules Tubuli *mpl* renales recti
straight seminiferous tubules Tubuli *mpl* seminiferi recti
straight sinus Sinus *m* rectus, gerader Hirnblutleiter *m*
straight urethral bougie gerade Harnröhrenbougie *f*
straight venule (of the kidney) Venula *f* recta renis
straighten *v* strecken *(z. B. Gliedmaßen)*; gerade halten *(Rücken)*
straighten *v* **the leg at the knee joint** das Kniegelenk strecken, das Knie durchdrücken
strain *v* 1. anspannen *(z. B. Muskeln)*; 2. überanstrengen, überlasten; 3. verrenken; verstauchen; zerren *(z. B. Muskel)*; überdehnen *(z. B. Bänder)*

strain 1. Überanstrengung *f*, Überlasten *n*, Überlastung *f*, 2. Verrenkung *f*, Zerrung *f*, 3. *(Bakt, Virol)* Züchtungsstamm *m*, Stamm *m*
strain of bacteria Bakterienstamm *m*, Kulturstamm *m*
strained muscle gezerrter Muskel *m*; Muskelzerrung *f*
strainer Sieb *n*; Filter *m*, Filtriergerät *n*
strait Enge *f*, Verengung *f*
strait-jacket *(Neur)* Zwangsjacke *f*
strait-waist coat *(Neur)* Zwangsjacke *f*
strand 1. Faden *m*; fadenförmige Struktur *f (z. B. ein Schleimfaden)*; 2. Faden *m*; Fadenende *n (einer Naht)*
strangalaesthesia Zonästhesie *f*, Gürtelgefühl *n*, Gürtelschmerz *m*
strangle *v* strangulieren, erdrosseln, erwürgen; sich strangulieren; ersticken
strangulate *v* 1. abschnüren, einklemmen, inkarzerieren; 2. *s.* strangle
strangulated stranguliert, eingeklemmt
strangulated haemorrhoid eingeklemmte Hämorrhoide *f*
strangulated hernia strangulierte Hernie *f*, inkarzerierter Bruch *m*
strangulation 1. Strangulation *f*, Erdrosseln *n*, Erwürgen *n*, Erhängen *n*; 2. Strangulation *f*, Inkarzeration *f*
strangulation ileus Strangulationsileus *m*
strangulation intestinal obstruction Strangulationsileus *m*
strangulation obstruction Strangulationsverschluss *m (z. B. eines Eileiters)*
strangulation psychosis Strangulationspsychose *f*
stranguria Strangurie *f*, Harnzwang *m*, Harndrang *m*, schmerzhaftes Wasserlassen *n*
strangury *s.* stranguria
strap *v* **(up)** verbinden, einen Heftpflasterverband anlegen
strap 1. Streifen *m*, Pflasterstreifen *m*, Heftpflaster *n*; 2. Anschnallgurt *m (am OP-Tisch)*; 3. Band *n*, Streifen *m*
strapping 1. Verbinden *n*; 2. Heftpflasterverband *m*; Pflasterstreifenverband *m*
Strasburger's cell plate Strasburger'sche Zellplatte *f (bei Mitose)*
strata *pl s.* stratum
strategic therapy *(Neur)* strategische Therapie *f*, Interaktionstherapie *f*, Kommunikationstherapie *f (nach Haley)*
stratification Stratifikation *f*, Schichtung *f*, Schichtenbildung *f*
stratification of a nail *(Derm)* Nagelstreifung *f*
stratified in Schichten angeordnet, in Schichten liegend; Schicht...
stratified cartilage *s.* fibrocartilage
stratified cataract *(Ophth)* Schichtstar *m*, Cataracta *f* zonularis
stratified clot *s.* stratified thrombus
stratified epithelium Schicht(en)epithel *n*
stratified sample Schichtprobe *f*
stratified thrombus Mischthrombus *m*, Schichtthrombus *m*, Abscheidungsthrombus *m*
stratiform schichtförmig
stratiform schichtförmig, stratiform
stratiform cartilage stratiformer [schichtförmiger] Knorpel *m*
stratiform fibrocartilage stratiformer Faserknorpel *m*
stratifunctional endopsychic neurosis Schichtneurose *f*
stratigraphy *s.* tomography
stratum Stratum *n*, Schicht *f*, Schichtenlage *f*
stratum zonale of the midbrain Stratum *n* zonale corporum quadrigeminorum
stratum zonale of the thalamus Stratum *n* zonale thalami
Straus' phenomenon Straus'sches Phänomen *n*
Straus' reaction *s.* Straus test
Straus' test Straus'scher Test *m*, Straus'sche Reaktion *f (Malleinreaktion zur Rotzdiagnose)*
straw-coloured urine strohfarbener Urin *m*
strawberry haemangioma *(Derm)* Naevus *m* vasculosus, Hämangioma *n* simplex, kapillares Angiom *n*
strawberry gallbladder Stippchengallenblase *f*, Erdbeergallenblase *f*
strawberry mark *s.* strawberry haemangioma
strawberry tongue Erdbeerzunge *f (bei Scharlach)*
stray light Streulicht *n*; Störlicht *n*
stray radiation Streustrahlung *f*, Fremdstrahlung *f*, Störstrahlung *f*
streak Strich *m*, Streifen *m*, Stria *f*, Streifung *f*
streak culture *(Bakt, Lab)* Strichkultur *f*, Ausstrichkultur *f*
streak curettage *(Gyn)* Strichabrasio *f*, Strichkurettage *f*, Endometriumbiopsie *f*
streak of calcification along the borders of the heart *(Rad)* Verkalkungsstreifen *m* entlang der Herzgrenzen
streak retinoscopy *(Ophth)* Streifenretinoskopie *f*
stream *v* **in dribble** tröpfeln *(z. B. Harn)*
stream Strom *m*, Strömung *f*, Schwall *m*
streaming Strömen *n*, Fließen *n*
streaming movement strömende Bewegung *f*, Fließbewegung *f (z. B. von Amöben)*
streblodactyly *s.* camptodatyly
streblomicrodactyly *s.* streptomicrodactyly
street rabies virus Straßen-Virus *n*, Lyssa-Virus *n*, Tollwutvirus *n*
strength Stärke *f*, Kraft *f*, Intensität *f*
strength of association Assoziationsstärke *f*
strength of movements Bewegungsstärke *f*
strength training Krafttraining *n*
strengthening of the first heart sound Betonung *f* des ersten Herztones
strep throat Streptokokkenpharyngitis *f*
strephenopodia Talipes *m* varus
strephexopodia Talipes *m* valgus
strephopodia Talipes *m* equinus
strephosymbolia Strephosymbolie *f (1. Wahrnehmung von Gegenständen als Spiegelbild; 2. Wahrnehmung von Buchstaben in Spiegelschrift)*
strepitus Strepitus *m*, Geräusch *n*, Auskultationsgeräusch *n*
strepogenin Strepogenin *n (Wachstumsfaktor im Kasein)*
streptamine Streptamin *n*
streptavidin Strepavidin *n (Protein)*
strepticaemia *s.* streptococcaemia
strepticemia *s.* streptococcaemia
streptidine Streptidin *n*
streptoangina Streptokokkenangina *f*
streptobacillary streptobazillär; Streptobazillen...
streptobacillary fever Erythema *n* arthriticum epidemicum, Haverhill-Fieber *n*
streptobacillary rat-bite fever *s.* streptobacillary fever
streptobacillus Streptobazillus *m*
Streptobacillus moniliformis Streptobacillus *m* moniliformis *(Erreger des Haverhill-Fiebers)*
streptobiosamine Streptoblosamin *n*
streptocerciasis Streptocerciasis *f (Infektion mit Mansonelle streptocerca)*
streptococcaemia Streptokokkämie *f*, Vorhandensein *n* von Streptokokken im Blut
streptococcal Streptokokken... *(siehe auch unter: streptococcus)*
streptococcal angina Streptokokkenangina *f*
streptococcal conjunctivitis Streptokokkenkonjunktivitis *f*
streptococcal deoxyribonuclease Streptokokken-Desoxyribonuclease *f*, Streptodornase *f (Enzym)*

streptococcal enzyme Streptokokkenenzym *n*
streptococcal hyaluronidase Streptokokkenhyaluronidase *f (Enzym)*
streptococcal infection Streptokokkeninfektion *f*
streptococcal intertrigo Streptokokkenintertrigo *f*
streptococcal meningitis Streptokokkenmeningitis *f*
streptococcal pharyngitis Streptokokkenpharyngitis *f*
streptococcal pyodermia Streptokokkenpyodermie *f*
streptococcal sepsis Streptokokkensepsis *f*, Streptokokkenblutvergiftung *f*
streptococcal sore throat *s.* streptococcal pharyngitis
streptococcal upper respiratory infection Streptokokkeninfektion *f* der oberen Luftwege
streptococci *pl s.* streptococcus
streptococcic *s.* streptococcal
streptococcicide streptokokkizid, streptokokkentötend
streptococcolysin *s.* streptolysin
streptococcosis Streptokokkenerkrankung *f*, Streptokokkeninfektion *f*
streptococcus Streptokokkus *m*, Kettenkokke *f*, Kettenkugelbakterium *n (siehe auch unter: streptococcal)*
streptococcus antitoxin Streptokokkenantitoxin *n*, Streptokokkenserum *n*
streptococcus pneumonia Streptokokkenpneumonie *f*
Streptococcus acidominimus Streptococcus *m* acidominimus
Streptococcus agalactiae Streptococcus *m* agalactiae
Streptococcus anaerobius Streptococcus *m* anaerobius
Streptococcus anginosus Streptococcus *m* anginosus
Streptococcus avium Streptococcus *m* avium
Streptococcus bovis Streptococcus *m* bovis
Streptococcus cremoris Streptococcus *m* cremoris
Streptococcus epidemicus Streptococcus *m* epidemicus
Streptococcus equinus Streptococcus *m* equinus
Streptococcus equisimilis Streptococcus *m* equisimilis
Streptococcus erysipelatis Streptococcus *m* erysipelatis
Streptococcus faecalis Streptococcus *m* faecalis
Streptococcus faecium Streptococcus *m* faecium
Streptococcus foetidus Streptococcus *m* foetidus
Streptococcus haemolyticus Streptococcus *m* haemolyticus
Streptococcus lactis Streptococcus *m* lactis
Streptococcus lanocolatus Streptococcus *m* lanceolatus
Streptococcus mastitidis Streptococcus *m* mastitidis
Streptococcus micros Streptococcus *m* micros
Streptococcus mitis Streptococcus *m* mitis
Streptococcus mutans Streptococcus *m* mutans
Streptococcus pneumoniae Streptococcus *m* pneumoniae
Streptococcus pyogenes Streptococcus *m* pyogenes
Streptococcus pyogenes of Lancefield's group A Streptococcus *m* pyogenes der Lancefield-Gruppe A
Streptococcus salivarius Streptococcus *m* salivarius
Streptococcus sanguis Streptococcus *m* sanguis
Streptococcus scarlatinae Streptococcus *m* scarlatinae
Streptococcus suis Streptococcus *m* suuis
Streptococcus thermophilus Streptococcus *m* thermophilus
Streptococcus viridans Streptococcus *m* viridans
streptoderma Streptodermie *f*, Streptokokkenpyodermie *f*
streptodermatitis Streptokokkendermatitis *f*
streptodornase Streptodornase *f (Enzym)*
streptoduocin Streptoduocin *n*
streptofuranose Streptofuranose *f*, Streptose *f*
streptogenin Streptogenin *n*
streptohaemolysin *s.* streptolysin
streptokinase Streptokinase *f (Enzym)*
streptokinase activation Streptokinaseaktivierung *f*
streptokinase resistance test Streptokinaseresistenztest *m*
streptokinase-streptodornase Streptokinase-Streptodornase *f*
streptolysin Streptolysin *n*, Streptokokkenhämolysin *n*
streptomicrodactyly Streptomikrodaktylie *f*
Streptomyces antibioticus Streptomyces *m* antibioticus *(bildet Oleandomycin)*
Streptomyces coeruleorubidus Streptomyces *m* coeruleorubidus *(bildet Daunorubicin)*
Streptomyces erythreus Streptomyces *m* erythreus *(bildet Erythromycin)*
Streptomyces fradiae Streptomyces *m* fradiae *(bildet Neomycin)*
Streptomyces griseus Streptomyces *m* griseus *(bildet Streptomycin)*
Streptomyces kanamyceticus Streptomyces *m* kanamyceticus *(bildet Kanamycin)*
Streptomyces nodosus Streptomyces *m* nodosus *(bildet Amphotericin B)*
Streptomyces noursei Streptomyces *m* noursei *(bildet Nystatin)*
Streptomyces orientalis Streptomyces *m* orientalis *(bildet Vancomycin)*
Streptomyces rimosus Streptomyces *m* rimosus *(bildet Paromomycin)*
Streptomycetaceae Streptomycetaceae *pl*
streptomycete Streptomyzete *f*, Streptomyces *m*
streptomycin Streptomyzin *n*, Streptomycin *n*, N-methyl-1-glucos-amido-streptosido-streptidin *n (Antibiotikum)*
streptomycosis *s.* streptococcaemia
streptonivicin Streptonivicin *n*, Novobiocin *n*
streptosepticaemia Streptoseptikämie *f*, Streptokokkenblutvergiftung *f*
streptothrichosis 1. Streptothrichose *f*, Strahlenpilzerkrankung *f*; 2. Dermatophilosis *f*
streptothricin Streptothrizin *n (Antibiotikum)*
Streptothrix Streptothrix *f*
streptotrichal Streptothrix...
streptotrichiasis *s.* streptothrichosis
streptotrichosis *s.* streptothrichosis
streptozocin Streptozocin *n (Antibiotikum, Antineoplastikum)*
stress 1. *(Psych)* Stress *m*, (psychische) Anspannung *f*, (seelischer) Druck *m*, (psychische) Belastung *f*; 2. Stress *m*, Beanspruchung *f*, Überlastung *f*, Überbeanspruchung *f (z. B. von Organen)*; 3. Belastung *f*, Druckbelastung *f*, Druck *m*; elastische Spannung *f*; 4. Betonung *f*, Akzent *m*, Akzentuierung *f (z. B. von Wörtern)*; 5. *(Stom)* Stress *m*, Druck *m*, Kaudruck *m*
stress-adaptation theory Stress-Adaptationstheorie *f*, Adaptationstheorie *f* des Stresses
stress amenorrhoea *(Psych, Gyn)* Stressamenorrhoe *f*
stress behaviour Stressverhalten *n*
stress-breaker *(Stom)* Druckbrecher *m*
stress-breaker bridge *(Stom)* Druckbrecherbrücke *f*
stress disease Stresskrankheit *f*, Managerkrankheit *f*
stress Doppler echocardiography Stress-Doppler-Echokardiographie *f*, Belastungs-Doppler-Echokardiographie *f*
stress factor Stressfaktor *m*, Stress auslösender Faktor *m*, Stressor *m*
stress fracture Marschfraktur *f*, Übermüdungsfraktur *f*
stress hormone Stresshormon *n*
stress incontinence Stressinkontinenz *f*, Belastungsinkontinenz *f*
stress inoculation *(Psych)* Stressinokulation *f*, Stressimpfung *f*, Stressimpfungstraining *f (psychotherapeutische Methode zur Bewältigung von Belastungssituationen)*

stress kinesic *(Psych)* Stresskinesik *f*, Stresskinesie *f*
stress lactate acidosis Stressmilchsäureazidose *f*
stress management *(Psych)* Stressmanagement *n*; Stressbewältigung *f*
stress pattern Stressmuster *n*
stress phenomenon Stressphänomen *n*, allgemeines Adaptationssyndrom *n*
stress radiography gehaltene Röntgendarstellung *f*
stress reaction Stressreaktion *f*
stress response syndrome *(Psych)* posttraumatische Belastungsreaktion *f*, posttraumatische Belastungsstörung *f*
stress riser Spannungsspitze *f*, Punkt *m* der Spannungskonzentration *(z. B. Bohrloch im Knochen)*
stress roentgenogram gehaltene Aufnahme *f* [Röntgenaufnahme *f*]
stress shielding Spannungsabschirmung *f*, Osteopenie *f* infolge fehlender Spannungsbelastung *(z. B. durch Metallimplantate)*
stress test Belastungstest *m (z. B. Belastungs-EKG)*
stress thrombosis Stressthrombose *f*
stress ulcer Stressulkus *n*, Stressgeschwür *n*
stress urinary incontinence Stressharninkontinenz *f*
stressor Stressor *m*, Stress auslösender Faktor *m*
stretch marks Dehnungsstreifen *mpl*, Dehnungsmarken *fpl*, Striae *fpl* (albicantes); Schwangerschaftsstreifen *mpl*, Striae *fpl* gravidarum
stretch pressure Stretch-Druck *m*, Dehnungsdruck *m*, dehnender Druck *m (z. B. bei Massage)*
stretch receptor *(Physiol)* Dehnungsrezeptor *m*
stretch reflex Dehnungsreflex *m*
stretch release Spannungsausdehnung *f*, Dehnungsausbreitung *f*, ausbreitende Dehnung *f (z. B. bei Massage von Muskeln)*
stretcher Krankentrage *f*, Trage *f*
stretcher-bearer Krankenträger *m*
stretches angeborene periodische Spastizität *f*
stretching of contractures Kontrakturendehnung *f*
stria Stria *f*, Streifen *m*, Linie *f*
striae *s.* striation of pregnancy
striatal Corpus-striatum-..., Striatum..., Streifenhügel...
striatal toe Hyperextension *f* der großen Zehe, hyperextendierter großer Zeh *m*
striatal syndrome *(Neur)* Corpusstriatum-Syndrom *n*, Striatumsyndrom *n*
striate gestreift; Streifen...
striate area Area *f* striata, Sehrinde *f*
striate cortex *s.* striate area
striate keratitis *(Ophth)* Streifenkeratitis *f*, Buchstabenkeratitis *f*, Keratitis *f* striata
striated *s.* striate
striated muscle (quer) gestreifter Muskel *m*, Willkürmuskel *m*
striation 1. Streifung *f*; 2. Stria *f*, Streifen *m*
striation of pregnancy Schwangerschaftsstreifen *mpl*, Striae *fpl* gravidarum
striatonigral *(Anat)* striatonigral; Corpus-striatum-Substantia-nigra-...
striatopallidal *(Anat)* striatopallidal; Corpus-striatum-Pallidum-...
striatothalamic *(Anat)* striatothalamisch; Streifenhügel-Thalamus-...
striatum *(Anat)* Striatum *n*, Corpus *n* striatum, Streifenhügel *m*
strict bed rest strenge Bettruhe *f*
strict diet strenge [strikte] Diät *f*
strict vegetarian strikter Vegetarier *m*
stricture Striktur *f*, Vereng(er)ung *f*, Stenose *f*, Enge *f* *(siehe auch unter: stenosis)*
stricture formation Strikturbildung *f*
strictured strikturiert, verengt
strictureplasty *s.* stricturoplasty
stricturization Strikturenbildung *f*, Bildung *f* von Einschnürungen
stricturoplasty Strikturoplastik *f*, (plastische) Strikturenrekonstruktion *f*
stricturotome Strikturotom *n*, Strikturenmesser *n*
stricturotomy Strikturotomie *f*, (operative) Striktur(en)-durchtrennung *f*
strident *s.* stridulous
stridor Stridor *m*, pfeifendes Atemgeräusch *n*
stridulous stridulös; Stridor...
stridulous breathing Stridoratmung *f*, stridulöses Atmen *n*
string 1. Band *n*, Schnur *f*; 2. Saite *f*, Sehne *f*; 3. Serie *f*, Sequenz *f*, Folge *f*, Zeichenfolge *f*, Kette *f*, Wiederholung *f*
string carcinoma einschnürendes Karzinom *n (z. B. im Dickdarm)*
string phlebitis Mondor'sche Krankheit *f*
string sign *(Rad)* Bandzeichen *n*, String-sign *n*, Schnürzeichen *n*, Einschnürungszeichen *n (z. B. Kontrastmittelstreifen bei Pylorusstenose)*
stringent zusammenziehend, schrumpfend
stringiness fadenförmige Gewebestruktur *f*, fadenförmige Textur *f*, fadenförmige myofasziale Gewebestrukturen *fpl*
striocellular 1. mit (quer) gestreifter Muskulatur *f*; 2. quer gestreift *(z. B. Gewebe)*
striocellular myoma *(Path)* Rhabdomyoma *n*
striocerebellar *(Anat)* striozerebellär; Streifenhügel-Kleinhirn-...
striocerebellar tremor striozerebellärer Tremor *m*
striomotor striomotorisch, die striomotorischen Neuronen betreffend
striomotor neuron striomotorisches Neuron *n*, die Skelettmuskeln versorgendes Neuron *n*
striomuscular 1. mit (quer) gestreifter Muskulatur; 2. quer gestreift *(z. B. Gewebe)*
strionigral *(Anat)* striatonigral; Corpus-striatum-Substantia-nigra-...
striothalamic radiation *(Anat)* Radiatio *f* striothalamica
strip *v* 1. (Venen) strippen, Venen extrahieren; 2. ausstreichen *(z. B. die Harnröhre)*
strip *v* **to the waist** den Oberkörper frei machen
strip *v* **membranes** *(Gyn)* die Fruchtblase abschälen *(im Bereich des unteren Uterinsegmentes zur Geburtsanregung)*
strip 1. Streifen *m*, schmales Band *n*; 2. Fetzen *m*; 3. Trikot *n*, Sporthemd *n*
strip keratitis *(Ophth)* Keratitis *f* fasciculosa, queres Kalkband *n*
strip percussion Streifenperkussion *f*
stripe Stria *f*, Streifen *m*; Band *n*; Linie *f*
stripe incision *(Chir)* Streifeninzision *f*, Debridementschnitt *m*
striped muscle *s.* striated muscle
stripper Stripper *m*, Venenstripper *m (Instrument zur Venenausschälung)*
stripping 1. Venenstrippen *n*, Venenstrippung *f*, Venenstripping *n*; 2. *(Stom)* Kontaktpunktbeschleifung *f*, Kontaktpunktbeschleifen *n*
striving for action Handlungsdrang *m*
striving for movement Bewegungsdrang *m*
striving for recognition *(Psych)* Geltungstrieb *m*
stroboscope Stroboskop *n*
stroboscopic stroboskopisch
stroke *v* streichen, darüber streichen
stroke 1. Iktus *m*, (plötzlicher) Anfall *m*; 2. zerebrovaskulärer Insult *m*, Schlaganfall *m*, Gehirnschlag *m*, Hirnschlag

m; 3. Ictus m cordis, Herzschlag m; Herzspitzenstoß m; 4. Streichen n, gleitende Bewegung f *(z. B. auf der Haut)*
stroke patient Insultpatient m
stroke prone profile Anfälligkeitsprofil n für einen Schlaganfall, Schlaganfallprofil n
stroke syndrome s. stroke 2.
stroke volume Schlagvolumen n
stroke volume index Schlagvolumenindex m
stroking Streichen n, Darüberstreichen n
stroking massage Streichmassage f
stroma Stroma n, Grundgewebe n; Schicht f, Bindegewebsgerüst n *(z. B. in Organen)*
stromal Stroma…
stromal adenomyosis s. endometriosis
stromal hyperplasia Stromahyperplasie f
stromal sarcoma Stromasarkom n
stromata pl s. stroma
stromatic s. stromal
stromatin Stromatin n
stromatogenous stromatogen, vom Stroma ausgehend
stromatolysis Stromatolyse f, Stromaauflösung f
stromatosis Stromatose f, Stromaendometriose f, endometriales Stromasarkom n
strong health kräftige Gesundheit f
strong heart sound normaler [deutlicher] Herzton m, klarer [sauberer] Herzton m
strong-minded willensstark, energisch
strong poison starkes Gift n
strongyliasis s. strongyloidiasis
strongylid 1. Strongyloidea…; 2. Strongylus…
Strongylidae Strongylidae pl
strongyloid threadworm *(Paras)* Zwergfadenwurm m, Strongyloides m stercoralis [intestinalis]
Strongyloidea Strongyloidea pl
Strongyloides intestinalis Strongyloides m intestinalis
Strongyloides stercoralis Strongyloides m stercoralis
strongyloidiasis *(Paras)* Strongyloidiasis f, Strongyloidosis f, Palisadenwurmbefall m, Anguilluliasis f
strongyloidosis s. strongyloidiasis
strongylosis Strongylosis f, Strongylose f *(Infektion durch Strongylus)*
strongylus Strongylus m
Strongylus equinus Strongylus m equinus
Strongylus filaria Strongylus m filaria, Strongylus m renalis, Dictyocaulus m filaria
Strongylus gigas Strongylus m gigas, Dioctophyma n renale
Strongylus paradoxus Strongylus m paradoxus, Metastrongylus m elongatus
Strongylus renalis s. Strongylus gigas
Strongylus vulgaris Strongylus m vulgaris
strontium Strontium n, Sr
strontiuresis Strontiurese f, Strontiumausscheidung f im Urin
strontiuretic die Strontiumausscheidung im Urin fördernd; Strontiurese…
strophantidin Strophantidin n
strophanthin Strophanthin n *(Glykosid)*
strophocephalia *(Terat)* Strophozephalie f, Strophokephalie f
strophocephalus *(Terat)* Strophozephalus m, Strophokephalus n *(Missgeburt mit verdrehtem Gesicht und Kopf)*
strophocephaly s. strophocephalia
strophosomia Strophosomie f
strophulus Strophulus m, Lichen m urticatus, Juckpöckchen npl, Urticaria f chronica infantum, Prurigo f acuta [simplex infantum]
strophosomia Strophosomie f
structural strukturell; Struktur…
structural family therapy *(Neur)* systemische Therapie f, Interaktionstherapie f, Kommunikatinostherapie f *(nach Minuchin)*
structural gene Strukturgen n
structural integration strukturelle Integration f
structural model *(Psych)* Strukturmodell n *(z. B. bei Familienpsychotherapie)*
structural psychology Strukturpsychologie f
structure Struktur f, Strukturierung f
structure-activity relationship *(Pharm)* Struktur-Wirkungs-Beziehung f *(eines Arzneimittels)*
structure of shadow *(Rad)* Verschattungsstruktur f
structured learning therapy *(Psych)* strukturierte Lerntherapie f
struma Struma f, Kropf m, Schilddrüsenvergrößerung f
strumectomy Strumektomie f, Strumaresektion f
strumiform strumiform, strumaförmig
strumiprival strumipriv, thyreopriv; Schilddrüsenmangel…
strumiprivic s. strumiprival
strumitis Strumitis f, Kropfentzündung f
strumoderma s. scrofuloderma
strumose s. strumous
strumous 1. strumös, strumaartig; Struma…, Kropf…; 2. skrofulös; Skrofulose…
strumous cachexia s. scrofula
Strümpell-Leichtenstern disease Strümpell-Leichtenstern-Krankheit f, Strümpell-Leichtenstern-Enzephalitis f, Encephalitis f haemorrhagica, hämorrhagische Enzephalitis f
Strümpell-Leichtenstern encephalitis s. Strümpell-Leichtenstern disease
Strümpell-Marie disease *(Orth)* Marie-Strümpell'sche Krankheit f, Strümpel-Bechterew-Marie'sche Krankheit f, Strümpell'sches Syndrom n, Spondylarthritis f ankylopoetica, Spondylitis f ankylopoetica
Strümpell's disease 1. Strümpell'sche Krankheit f, Strümpell'sches Syndrom n, akute epidemische Leukoenzephalitis f, akute primär-hämorrhagische Meningoenzephalitis f; 2. Strümpell'sche Krankheit f, Strümpell'sches Syndrom n, Strümpell-Erb-Charcot'sches Syndrom n, spastische Spinalparalyse f; 3. s. Strümpell-Mario disease
Strümpell's sign *(Neur)* Strümpell'sches Zeichen n, Strümpell-Zeichen n, Strümpell m, Tibialisphänomen n, Tibialisanterior-Symptom n *(Pyramidenbahnzeichen)*
Strümpell-Westphal pseudosclerosis Strümpell-Westphal'sche Pseudosklerose f, hepatolentikuläre Degeneration f, Wilson'sche Krankheit f, Morbus m Wilson, familiäre Hepatitis f
strut chorda Pfeilerchorda f *(Herz)*
strychnic Strychnin…
strychnine Strychnin n *(Alkaloid)*
strychnine poisoning s. strychnism
strychninism s. strichnism
strychninization Strychninanwendung f, Strychninapplikation f, Strychninzufuhr f
strychninomania Strychninomanie f *(psychische Störung bei Strychninvergiftung)*
strychnism Strychnismus m, Strychninvergiftung f, Strychninintoxikation f
Stuart-Prower factor *(Hämat)* Stuart-Prower-Faktor m, Gerinnungsfaktor m X
stubborn neuralgia hartnäckige [persistierende] Neuralgie f
stubborn non-united fracture fehlende Frakturkonsolidierung f, fehlende Kallusbildung f einer Fraktur
stubborn urticaria persistierende [hartnäckige] Urtikaria f
stuccokeratosis *(Derm)* Stukkokeratosis f, Keratoelastoidosis f verrucosa
student of medicine Medizinstudent m

Student's t-test *(Statist)* t-Test *m* nach Student
study 1. Studie *f*, Untersuchung *f*; 2. wissenschaftliche Studie *f*, Forschungsprojekt *n*
stuffed/be *v* verlegt [verstopft] sein *(z. B. die Nase)*
stuffy nose syndrome akute Neugeborenenrhinitis *f*
stummering bladder Blasenstottern *n*, Harnstottern *n*
stump Stumpf *m*; Amputationsstumpf *m*
stump atrophy Stumpfatrophie *f*
stump cusp *(Stom)* Stumpfhöcker *m*
stump elevator *(Stom)* Stumpfheber *m*
stump-foot *s.* talipes
stump hallucination Stumpfhalluzination *f*, Phantomgefühl *n*
stump neuralgia Stumpfneuralgie *f*, Amputationsstumpfschmerz *m*
stump neuroma Stumpfneurom *n*, Amputationsstumpfneurom *n*
stump of the optic nerve Sehnervenstumpf *m*
stump of the stomach Magenstumpf *m* • **sew the stump of the stomach** den Magenstumpf vernähen
stump of the tooth Zahnstumpf *m*
stump of the umbilical cord Nabelschnurstumpf *m*
stun *v* 1. besinnungslos machen *(z. B. durch ein Hirntrauma)*; bewusstlos schlagen; 2. betäuben, bewusstlos machen; benommen machen; 3. schlafen, sich in einem Schlafzustand befinden *(z. B. Herzmuskelgewebe)*
stunned myocardium stunned myocardium *n (nach vorübergehender Ischämie nicht kontrahierendes Myokard)*
stunt *v* 1. hemmen, beeinträchtigen *(z. B. das Wachstum)*; 2. verkümmern *(z. B. seelisch)*
stupe Umschlag *m*, Kompresse *f*, Wickel *m*; Brustwickel *m*
stupefacient betäubend, narkotisch; abstumpfend
stupefacient (agent) Betäubungsmittel *n*, Narkotikum *n*
stupefaction 1. Betäubung *f*, Narkotisierung *f*, Abstumpfung *f*; 2. *s.* stupor
stupefactive betäubend, Narkose erzeugend; Betäubungs…, Narkose…
stupefy *v* 1. betäuben, narkotisieren; 2. abstumpfen, unempfindlich werden
stupemania stuporöse Manie *f*
stupid 1. stupid, dumm, geistlos, beschränkt; stumpfsinnig, abgestumpft; 2. benommen, betäubt
stupor Stupor *m*, krankhafter Stumpfsinn *m*, (geistige und körperliche) Regungslosigkeit *f*, Bewegungssperre *f*
stuporous stuporös, stumpfsinnig, stuporartig; Stupor…
sturdy solide, stark; robust, stabil *(z. B. die Gesundheit)*; kräftig, stämmig, kräftig gebaut *(z. B. ein Körper)*; fest, resolut *(z. B. eine Meinung)*
Sturge-Kalischer-Weber syndrome *s.* Sturge-Weber syndrome
Sturge-Weber syndrome *(Päd)* Sturge-Weber-Syndrom *n*, enzephalo-trigeminale [enzephalo-faziale] Angiomatose *f*
Sturge's syndrome *s.* Sturge-Weber syndrome
stutter *v* stottern, stammeln
stutter Stottern *n*, Stammeln *n*
stutterer Stotterer *m*
stuttering *(Am)* Stottern *n*, Stammeln *n*; Logospasmus *m*
Stuttgart disease *(Inf)* Stuttgarter Hundeseuche *f* [Hundefieber *n*], Canicola-Fieber *n*, Canicola-Krankheit *f*, Hundetyphus *m*
sty *s.* stye
stycosis Stycosis *f*, Vorhandensein *n* von Calciumsulfat *(z. B. im Körper)*
stye Hordeolum *n*, Gerstenkorn *n*
style 1. Stil *m*; 2. *s.* stylet
stylet 1. Stilett *n*; 2. Mandrin *m*, Führungsstab *m (für Katheter)*; 3. Sonde *f*
styliform *s.* styloid
stylistic stilistisch; Stil…
styloglossal *(Anat)* Styloglossus…, Griffelfortsatz-Zungen-…
styloglossus (muscle) Musculus *m* styloglossus, Griffelfortsatz-Zungen-Muskel *m*
stylohyal *s.* stylohyoid
stylohyoid *(Anat)* stylohyoid; Griffelfortsatz-Zungenbein-…
stylohyoid ligament Ligamentum *n* stylohyoideum
stylohyoid muscle Musculus *m* stylohyoideus, Griffelfortsatz-Zungenbein-Muskel *m*
styloid 1. griffelförmig, griffelartig, griffelähnlich; 2. Griffelfortsatz…, Styloid…
styloid bone of the third metacarpal Os *n* styloideum
styloid process of the radius Processus *m* styloideus radii, Griffelfortsatz *m* der Speiche
styloid process of the temporal bone Processus *m* styloideus ossis temporalis, Griffelfortsatz *m* des Schläfenbeins
styloid process of the third metacarpal Processus *m* styloideus ossis metacarpalis III
styloid process of the ulna Processus *m* styloideus ulnae, Griffelfortsatz *m* der Elle
styloiditis Styloiditis *f*, Griffelfortsatzentzündung *f*
stylomandibular *(Anat)* stylomandibulär; Griffelfortsatz-Unterkiefer-…
stylomandibular ligament Ligamentum *n* stylomandibulare
stylomandibular process Processus *m* stylomandibularis
stylomastoid *(Anat)* stylomastoid(al); Griffelfortsatz-Warzenfortsatz-…
stylomastoid artery Arteria *f* stylomastoidea
stylomastoid foramen Foramen *n* stylomastoideum
stylomastoid vein Vena *f* stylomastoidea
stylomaxillary *s.* stylomandibular
stylomyloid stylomyloid
stylopharyngeus (muscle) Musculus *m* stylopharyngeus, Griffelfortsatz-Schlund-Kopfmuskel *m*
stylopodium *(Embr)* Stylopodium *n*
stylostaphyline *(Anat)* Griffelfortsatz-Gaumensegel-…
stylosteophyte Stylosteophyt *m*, griffelförmiger [stiftförmiger] Knochenauswuchs *m*
stylostixis Stylostixis *f*, Akupunktur *f*
stylus 1. Stylus *m*, Stift *m*; 2. Ätzstift *m*; 3. *s.* stylet
stymatosis Stymatosis *f*, Priapismus *m* mit blutiger Sekretion
stypage Lokalanästhesie *f* mit getränktem Tupfer
stype Tampon *m*, Tupfer *m*
stypsis Stypsis *f*, Blutstillung *f*
styptic styptisch, blutstillend
styptic (agent) Styptikum *n*, blutstillendes Mittel *n*
styramate Styramat *n (orales Muskelrelaxans)*
styrene Styren *n*, Styrol *n*, Phenylethylen *n*
styrol *s.* styrene
styrolene Styrolen *n*
styrone Styron *n*
subabdominal subabdominal, unter dem Abdomen
subabdominoperitoneal *s.* subperitoneal
subacetabular subazetabular, unter dem Azetabulum
subacetate Subacetat *n*, Subazetat *n*, basisches Azetat *n*
subacid subazid, etwas sauer, gering sauer
subacidity Subazidität *f*, verminderter Säuregehalt *m*
subacromial subakromial, unter dem Akromion
subacromial bursa Bursa *f* subacromialis [subdeltoidea]
subacute subakut, weniger [nicht ganz] akut
subacute appendicitis Appendicitis *f* subacuta, subakute Appendizitis *f*
subacute bacterial endocarditis subakute bakterielle Endokarditis *f*

subacute glomerulonephritis subakute Glomerulonephritis *f*
subacute infection subakute Infektion *f*
subacute inflammation subakute Entzündung *f*
subacute myelo-optic neuropathy subakute myelooptische Neuropathie *f*, SMON, Myelitis *f* japonica, subakute Myelooptikoneuropathie *f*, SMON-Krankheit *f (z. B. nach Anwendung von halogenierten Hydroxychinolinen)*
subacute myelo-opticoneuropathy (disease) *s.* subacute myelo-optic neuropathy
subacute sclerosing leukoencephalitis *s.* subacute sclerosing panencephalitis
subacute sclerosing panencephalitis subakute sklerosierende Panenzephalitis *f*, SSPE, subakute sklerosierende Leukoenzephalitis *f* van Bogaert, SSLE; Slow-Virus-Infektion *f*
subacute thyroiditis *s.* de Quervain's disease 2.
subalimentation *(Metab)* Unterernährung *f*
subanaesthetic subanästhetisch
subanal subanal, unterhalb des Anus
subanconeus (muscle) Musculus *m* subanconeus
subaortic 1. subaortisch, subaortal, unter der Aortenklappe; 2. subaortisch, unter der Aorta
subaortic stenosis *s.* subvalvular aortic stenosis
subapical subapikal
subaponeurotic subaponeurotisch, unter der Aponeurose
subarachnoid subarachnoidal, unter der Arachnoidea
subarachnoid bleeding *s.* subarachnoid haemorrhage
subarachnoid block *(Neur)* subarachnoidale Liquorblockade *f*
subarachnoid block anaesthesia Spinalanästhesie *f*, Spinalblockanästhesie *f*, subarachnoidale Spinalblockade *f*
subarachnoid cyst Subarachnoidalzyste *f*
subarachnoid fluid Liquor *m* (cerebrospinalis), Zerebrospinalflüssigkeit *f*, Gehirn-Rückenmark-Flüssigkeit *f (Zusammensetzungen siehe unter: cerebrospinal fluid)*
subarachnoid haematoma Subarachnoidalhämatom *n*, subarachnoidale Blutung *f*
subarachnoid haemorrhage Subarachnoidalblutung *f*, subarachnoidale Blutung *f*
subarachnoid space Cavum *n* subarachnoidale [leptomeningicum], Subarachnoidalraum *m*
subarcuate artery Arteria *f* subarcuata
subarcuate fossa Fossa *f* subarcuata
subareolar subareolär
subareolar abscess subareolärer Abszess *m*
subastragalar subastragalar, subtalar, unter dem Talus [Sprungbein]
subastragaloid joint Articulatio *f* talocalcaneonavicularis
subastringent subadstringierend, moderat [mild] adstringierend
subatloidean unterhalb des Atlas liegend; Subatlas-...
subatomic subatomisch; sich im Atom abspielend; unterhalb der Atomgröße ablaufend; kleiner als ein Atom; nuklear
subaural subaural, unter dem Ohr
subaurale Subaurale *n (anthropometrischer Messpunkt)*
subauricular subaurikulär, unter der Ohrmuschel
subaxial subaxial, unter einer Achse
subaxillary subaxillär, unter der Axilla
subbasal subbasal, unterhalb einer Basis
subbrachial subbrachial, unter dem Brachium *(Gehirnanatomie)*
subbrachycephalic subbrachyzephal
subcalcareous leicht verkalkt; gering kalkhaltig, wenig Kalk enthaltend
subcalcarine subkalkarin, unter der Fissura calcarina
subcallosal subkallosal, unter dem Streifenhügel
subcallosal fasciculus Fasciculus *m* subcallosus
subcallosal gyrus Gyrus *m* subcallosus [paraterminalis]
subcapital subkapital, unter dem Femurkopf
subcapital fracture subkapitale Fraktur *f*
subcapsular subkapsulär, unter der Kapsel
subcapsular cataract Cataracta *f* subcapsularis
subcapsuloperiosteal subkapsuloperiosteal, unter der Gelenkkapsel und dem Gelenkperiost
subcarbonate Subcarbonat *n*, Subkarbonat *n*, basisches Karbonat *n*
subcarinal subkarinal, unterhalb der Carina tracheae
subcartilaginous subkartilaginös, unter dem Knorpel
subcellular 1. subzellulär; sich in der Zelle abspielend; unterhalb der Zellgröße ablaufend; kleiner als eine Zelle; ohne Zellstruktur; 2. in Virusgröße
subcentral subzentral unterhalb eines Zentrums
subception unterschwellige Wahrnehmung *f*, unbewusste Wahrnehmung *f*
subcerebellar subzerebellär, unter dem Kleinhirn
subcerebral subzerebral, unter dem Gehirn
subcervical subzervikal, unter dem Hals
subchondral subchondral, unter dem Knorpel
subchordal subchordal, unter den Stimmbändern; unter der Stimmritze
subchorial subchorial, unter der Gefäßzottenhaut
subchorial tuberous haematoma of the placenta *(Gyn)* Breus'sche Hämatommole *f*
subchorionic *s.* subchorial
subchoroidal subchoroidal, unter der Aderhaut
subchronic subchronisch
subclass Unterklasse *f*, Subklasse *f (biologische Klassifikation; zwischen Klasse und Ordnung)*
subclavian subklavikulär, unter dem Schlüsselbein
subclavian aneurysm Subklavia-Aneurysma *n*
subclavian arteriitis Subklaviaarteriitis *f*, Aortenbogensyndrom *n*
subclavian artery Arteria *f* subclavia, Schlüsselbeinarterie *f*, Subklavia *f*
subclavian artery occlusion Subklaviaokklusion *f*, Schlüsselbeinarterienverschluss *m*
subclavian lymph gland subklavikulärer Lymphknoten *m*
subclavian nerve Nervus *m* subclavius
subclavian puncture *s.* subclavian vein puncture
subclavian steal syndrome Subklavia-Anzapfsyndrom *n*
subclavian sulcus Sulcus *m* arteriae subclaviae
subclavian triangle Trigonum *n* omoclaviculare
subclavian trunk Truncus *m* subclavius
subclavian vein Vena *f* subclavia, Schlüsselbeinvene *f*, Subklavia *f*
subclavian vein puncture Subklavia-Punktion *f*, Vena-subclavia-Punktion *f*
subclavicular *s.* subclavian
subclavius (muscle) Musculus *m* subclavius, Unterschlüsselbeinmuskel *m*
subclinical subklinisch, ohne klinische Zeichen
subclinical diabetes subklinischer Diabetes *m* mellitus, klinisch nicht manifester Diabetes *m* mellitus; gestörte Glukosetoleranz *f*
subclinoid subklinoidal, unter dem Processus clinoideus
subclone Subklon *m (neue Klonpopulation aus DNS-Klon)*
subcloning Subkloning *n*, Bildung *f* von Subklonen
subcollateral gyrus Gyrus *m* paraterminalis
subconjunctival *(Ophth)* subkonjunktival, unter der Bindehaut
subconjunctival ecchymosis subkonjunktivale Ekchymose *f* [Blutung *f*], Bindehautunterblutung *f* (des Auges)
subconjunctival haemorrhage *s.* subconjunctival ecchymosis

subconjunctival injection subkonjunktivale Injektion *f*
subconjunctivitis Episcleritis *f* periodica fugax
subconscious 1. *(Neur, Psych)* unterbewusst; 2. *(Neur, Psych)* halbbewusst
subconscious 1. *(Neur, Psych)* Unterbewusstsein *n*, im Unterbewusstsein Befindliches *n*, Unterberwusste(s) *n*; 2. *s.* subconscious mind
subconscious mind Unterbewusstsein *n*, unterbewusstes Denken *n*
subconsciousness 1. *(Neur, Psych)* Unterbewusstsein *n*; 2. *(Neur, Psych)* Unterbewusstheit *f*, Halbbewusstheit *f*
subcoracoid subkorakoidal, unter dem Rabenschnabelfortsatz
subcoracoid dislocation of the head of the humerus *(Chir)* Dislocatio *f* subcoracoidea capitis humeri
subcorneal *(Ophth)* subkorneal, unter der Hornhaut
subcortex Subkortex *m*
subcortical subkortikal, unter der Hirnrinde
subcortical hyperkinesia subkortikale [extrapyramidale] Hyperkinesie *f*
subcostal subkostal, unter den Rippen
subcostal angle Subkostalwinkel *m*, epigastrischer Winkel *m*
subcostal artery Arteria *f* subcostalis, Unterrippenarterie *f*
subcostal 2-D echocardiogram subkostales 2D-Echokardiogramm *n*
subcostal four-chamber view subkostaler Vier-Kammer-Blick *m (bei Echokardiographie)*
subcostal groove Sulcus *m* costae
subcostal incision Subkostalschnitt *m*, Rippenbogenrandschnitt *m*
subcostal laparotomy subkostaler Bauchschnitt *m*
subcostal line Linea *f* subcostalis, Subkostallinie *f*
subcostal nerve Nervus *m* subcostalis
subcostal retraction subkostale Einziehung *f*
subcostal short axis subkostale kurze Achse *f (bei Echokardiographie)*
subcostal vein Vena *f* subcostalis, Unterrippenvene *f*
subcostalgia Subkostalschmerz *m*
subcostals Musculi *mpl* subcostales
subcostosternal subkostosternal, unter den Rippen und dem Sternum
subcranial subkranial, unterhalb des Schädels
subcrepitant subkrepitant, noch nicht krepitierend *(z. B. ein Geräusch)*
subcrepitation Subkrepitieren *n*, Subkrepitation *f*, subkrepitantes Klingen *n*
subcrestal periodontal pocket subcrestale Paradontaltasche *f*
subcruralis *s.* subcrureus muscle
subcrureus (muscle) Musculus *m* articularis genus, Kniegelenkmuskel *m*
subculture *v* eine Subkultur anlegen
subculture 1. Subkultur *f*, Unterkultur *f (z. B. Kulturmedium)*; 2. *(Psych)* Subkultur *f*
subcurative subkurativ, unterhalb der Wirkdosis *(z. B. ein Medikament)*
subcutaneous subkutan, s.c., unter der Haut; Subkutan...; unter die Haut
subcutaneous abscess Subkutanabszess *m*
subcutaneous acromial bursa Bursa *f* subcutanea acromialis
subcutaneous adipose tissue subkutanes Fettgewebe *n*
subcutaneous anaesthesia subkutane Anästhesie *f*
subcutaneous colli (muscle) *s.* platysma
subcutaneous connective tissue *s.* subcutaneous tissue
subcutaneous crepitance subkutanes Krepitieren *n* [Knistern *n*]
subcutaneous ECG electrode subkutane EKG-Elektrode *f*, Subtrode *f*
subcutaneous emphysema Hautemphysem *n*, subkutanes Empyhsem *n*
subcutaneous fascia subkutane Faszie *f*, Subkutanfaszie *f*
subcutaneous fat layer Panniculus *m* adiposus, Unterhautfettgewebe *n*
subcutaneous fat necrosis *s.* subcutaneous necrosis of the newborn
subcutaneous haemorrhage subkutane Blutung *f*, Subkutanblutung *f*
subcutaneous inguinal ring Anulus *m* inguinalis superficialis, äußerer Leistenring *m*
subcutaneous infusion subkutane Infusion *f*, Infusion *f* unter die Haut, Subkutaninfusion *f*
subcutaneous injection subkutane Injektion *f* [Einspritzung *f*], Injektion *f* unter die Haut, Subkutaninjektion *f*, s.c.-Injektion *f*
subcutaneous inoculation Subkutaninokulation *f*, Subkutanimpfung *f*
subcutaneous layer Subkutanschicht *f*, subkutane Faszie *f*
subcutaneous mastectomy subkutane Mastektomie *f*
subcutaneous mycosis subkutane Mykose *f*
subcutaneous necrosis of the newborn Adiponecrosis *f* subcutanea neonatorum, Neugeborenenunterhautfettgewebsnekrose *f*
subcutaneous nodule subkutaner Knoten *m*
subcutaneous oedema Subkutanödem *n*
subcutaneous paraproctitis Periproktitis *f* subcutanea
subcutaneous test subkutaner Test *m*, Subkutantest *m*, Subkutanprobe *f*, Intradermaltest *m*
subcutaneous tissue Tela *f* subcutanea, subkutanes Bindegewebe *n*, Subkutangewebe *n*, Unterhautgewebe *n*
subcutaneous tunnel subkutaner Tunnel *m*
subcutaneous wound innere Verletzung *f*
subcuticular subkutikulär, subepidermal, unter der Epidermis
subcuticular suture *(Chir)* Intrakutannaht *f*
subcutis Subkutis *f*, Unterhaut(zell)gewebe *n*
subdelirium Subdelir(ium) *n*
subdelirious state *(Neur)* Praedelirium *n* tremens
subdeltoid subdeltoidal, unter dem Deltamuskel
subdeltoid bursa Bursa *f* subdeltoidea
subdental subdental, unter dem Zahn
subdermal *s.* subcutaneous
subdermic *s.* subcutaneous
subdiabetogenic dose subdiabetogene Dosis *f (des Insulins)*
subdiaphragmatic subdiaphragmatisch, subdiaphragmal, subphrenisch, unter dem Zwerchfell
subdiaphragmatic air subdiaphragmale Luftansammlung *f* [Luftsichel *f*] *(z. B. bei Magenperforation)*
subdivision 1. Subdivision *f*, Unterabteilung *f (biologische Klassifizierung; zwischen Abteilung und Klasse)*; 2. Untereinteilung *f*
subdorsal subdorsal, unterhalb des Rückens liegend
subduct *v* nach unten ziehen, nach unten führen *(z. B. den Arm)*
subduction Infraduktion *f*
subdural subdural, unter der harten Hirnhaut
subdural abscess Subduralabszess *m*
subdural effusion Subduralerguss *m*, subduraler Erguss *m*
subdural empyema *s.* subdural abscess
subdural haematoma Subduralhämatom *n*, subdurales Hämatom *n*
subdural haemorrhage Subduralblutung *f*, subdurale Blutung *f*

subdural hygroma subdurales Hygrom *n*
subdural puncture subdurale Punktion *f*
subdural space Subduralraum *m*, Cavum *n* subdurale
subduroperitoneal subduroperitoneal; Subduralraum-Bauchhöhlen-...
subduropleural subduropleural; Subduralraum-Pleurahöhlen-...
subendocardial subendokardial, unter dem Endokard
subendocardial fibroelastosis Endokardfibroelastose *f*
subendocardial infarction subendokardialer Infarkt *m*
subendocardial sclerosis Endokardsklerose *f*
subendothelial subendothelial, unter dem Endothel
subendothelium Subendothelium *n (der Arterienwand)*
subendymal *s.* subependymal
subependymal subependymal, unter dem Ependym
subependymoma Subependymom *n*
subepicardial subepikardial, unter dem Epikard
subepidermal subepidermal, unter der Epidermis
subepidermic *s.* subepidermal
subepiglottic subepiglottisch, unter der Epiglottis
subepithelial subepithelial, unter dem Epithel
subepithelium Subepithelium *n*
suberosis *(Arb)* Suberosis *f* pulmonum, Korkstaublunge(nerkrankung) *f*
subfamily Unterfamilie *f (biologische Klassifizierung; zwischen Familie und Stamm)*
subfalcial unter der Hirnsichel
subfascial subfaszial, unter der Faszie
subfebrile subfebril, leicht fieberhaft
subfebrile temperature subfebrile Temperaturerhöhung *f*
subfertile subfertil, unterhalb der normalen Fertilität; relativ infertil
subfertility Subfertilität *f*, Fertilität *f* unterhalb der Norm; relative Infertilität *f*
subfoliar zu einem Subfolium des Kleinhirns gehörend; Subfolium...
subfolium Subfolium *n (des Kleinhirns)*
subfrontal subfrontal, unterhalb des Stirnlappens
subgaleal subgaleal, unter der Galea
subgaleal abscess subgalealer Abszess *m*
subgaleal haematoma subgaleales Hämatom *n*
subgemmal subgemmal, unterhalb einer Knospe
subgenus Subgenus *m*, Untergeschlecht *n (biologische Klassifizierung; zwischen Genus und Spezies)*
subgerminal *(Embr)* subgerminal, unter dem Blastoderm, unter der Keimschicht
subgerminal cavity subgerminale Höhle *f*, Blastozöle *f*
subgingival subgingival, unter dem Zahnfleisch
subgingival abscess subgingivaler Abszess *m*
subgingival calculus *s.* subgingival tartar
subgingival curettage subgingivale Kurettage *f*
subgingival margin subgingivaler Rand *m*
subgingival tartar subgingivaler Zahnstein *m*; subgingivale Zahnsteinablagerung *f*
subglenoid subglenoidal
subglenoid dislocation subglenoidale Verrenkung *f* [Luxation *f*] *(des Humeruskopfes)*
subglossal *s.* sublingual
subglossitis Subglossitis *f*, Zungenunterflächenentzündung *f*
subglottic subglottisch, unter der Stimmritze
subglottic space subglottischer Raum *m*
subglottis Subglottis *f*, Cavitas *f* infraglottica
subgranular subgranulär, leicht körnig
subgrondation *s.* subgrundation
subgrundation Fragmentverschiebung *f* unter ein anderes Fragment *(z. B. bei Schädelfraktur)*
subgyrus Subgyrus *m*, verdeckter Gyrus *m (partiell oder total)*
subhaemophilia Subhämophilie *f*, milde Hämophilie(form) *f*
subhepatic subhepatisch, unter der Leber
subhepatic jaundice *s.* obstructive jaundice
subhumeral subhumeral, unterhalb des Humerus
subhyaloid *(Ophth)* subhyaloidal, unter der Glaskörpermembran [Glashaut]
subhyoid subhyoidal, unter dem Zungenbein
subhyoid laryngotomy Laryngotomia *f* superior
subhyoid region Regio *f* subhyoidea
subhyoidean *s.* subhyoid
subicteric subikterisch
subicular Subiculum...
subiculum Subiculum *n*
subileus Subileus *m*, Präileus *m*, beginnender Ileus *m*, unvollständiger Darmverschluss *m*
subiliac subiliakal, unter dem Darmbein
subilium Subilium *n*
subimmunogenic subimmunogen
subinfection Subinfektion *f*, milde Infektion *f*
subinflammation Subinflammation *f*
subinflammatory subinflammatorisch, etwas entzündet
subintegumental *s.* subcutaneous
subintentional suicide subintentioneller Suizid *m*, demonstrativer Suizidversuch *m*
subinguinal subinguinal, unter der Leistengegend
subinguinal fossa Fossa *f* subinguinalis [ovalis], Hiatus *m* saphenus
subintegumental *s.* subcutaneous
subintimal subintimal, unter der Gefäßinnenhaut
subintrance vorzeitiges Eintreten *n* [Auftreten *n*]; vorzeitiger Anfall *m*
subintrant vorzeitig eintretend, proleptisch *(z. B. ein Anfall)*
subinvolution Subinvolution *f*, inkomplette Rückbildung *f*
subinvolution of the uterus Subinvolutio *f* uteri, mangelhafte Gebärmutterrückbildung *f*
subiodide Subjodid *n (mit geringstem Jodgehalt)*
subjacent direkt unterhalb liegend, direkt unter einem anderen Teil liegend
subject *v* 1. aussetzen, unterziehen *(z. B. einer Maßnahme)*; 2. unterwerfen, unterordnen
subject *v* **to echography** einer Echographie [Sonographie] unterziehen, beschallen, durchschallen
subject *v* **to radiotherapy** einer Strahlenbehandlung aussetzen [unterziehen], bestrahlen
subject *v* **to surgery** einer Operation unterziehen, operieren
subject *v* **to treatment** einer Therapie aussetzen, einer Behandlung unterziehen, behandeln, therapieren
subject 1. Subjekt *n*, Person *f*; 2. Versuchstier *n*; Versuchsperson *f*, Proband *m* • **be subject to disease** für eine Krankheit anfällig sein; zu einer Krankheit neigen • **be subject to depression** zur Depression neigen
subjective 1. subjektiv, durch eine Person wahrgenommen *(nicht durch ein Messgerät)*; 2. *(Psych)* subjektiv, personengebunden; durch persönliche Meinung beeinflusst, durch persönliche Wertung verändert
subjective assessment data subjektiv erfassbare Daten *pl*; subjektive Datenerfassung *f*, subjektive Datenbewertung *f*
subjective data collection subjektive Datensammlung *f*
subjective sensation subjektives Gefühl *n*
subjective symptom subjektives Symptom *n*
subjective vertigo subjektiver Schwindel *m*
subjective visual sensation subjektive visuelle Wahrnehmung *f*
subjectoscope Subjektoskop *n (Instrument zur Untersuchung subjektiver visueller Wahrnehmungen)*

subjugal unter dem Jochbein, subjugal
sublation Sublation *f*, Ablation *f*, Ablösung *f*, Abtrennung *f*
sublesional unterhalb einer Läsion ablaufend; unter einer Verletzung erfolgend
sublethal subletal, nicht definitiv tödlich, beinahe tödlich, zur Tötung nicht ausreichend
sublethal dose subletale Dosis *f*
sublethal gene subletales Gen *n*
subleukaemia *s.* subleukaemic leukaemia
subleukaemic subleukämisch
subleukaemic leukaemia subleukämische Leukämie *f*
sublimate Sublimat *n*
sublimate intoxication Sublimatintoxikation *f*, Sublimatvergiftung *f*
sublimate poisoning *s.* sublimate intoxication
sublimation 1. Sublimation *f (direkte Verdampfung eines festen Stoffes mit erneuter Verfestigung ohne flüssigen Aggregatzustand)*; 2. *(Psych)* Sublimation *f*, Sublimierung *f (Umwandlung sexueller Triebenergie in sozial hoch bewertete Aktivitäten)*
sublime *v* 1. sublimiert werden, der Sublimation unterliegen; 2. vom festen in den gasförmigen Aggregatzustand übergehen
subliminal subliminal, unterschwellig; unterhalb der Reizschwelle; unterhalb der Wahrnehmungsschwelle
subliminal dose unterschwellige Dosis *f*
subliminal self *(Psych)* unterschwelliges Selbst *n*
subliminal stimulus unterschwelliger Reiz *m*
sublimis *s.* superficial
sublingual sublingual, unter der Zunge
sublingual administration of a medication sublinguale Medikamentenapplikation *f*
sublingual artery Arteria *f* sublingualis, Unterzungenarterie *f*
sublingual caruncle Caruncula *f* sublingualis
sublingual cyst Unterzungenspeicheldrüsenzyste *f*, Ranula *f*, Fröschleingeschwulst *f (bläschenartige Zystenbildung unter der Zunge)*
sublingual duct Ductus *m* sublingualis
sublingual fold *s.* sublingual plica
sublingual fossa Fossa *f* sublingualis, Unterzungengrube *f*
sublingual gland Glandula *f* sublingualis, Unterzungen(speichel)drüse *f*
sublingual goitre Zungengrundstruma *f*
sublingual nerve Nervus *m* sublingualis
sublingual papilla *s.* sublingual caruncle
sublingual plica Plica *f* sublingualis, Unterzungenfalte *f*
sublingual region Regio *f* sublingualis, Sublingualregion *f*
sublingual salivary gland *s.* sublingual gland
sublingual tablet Sublingualtablette *f*
sublingual vein Vena *f* sublingualis, Unterzungenvene *f*
sublinguitis Unterzungenspeicheldrüsenentzündung *f*
sublobe Unterlappen *m*
sublobular sublobulär, unter einem Läppchen; unter einem Leberläppchen
subluminal subluminal, unterhalb der Lumenoberfläche
subluxate *v* subluxieren, unvollständig verrenken
subluxated subluxiert, unvollständig verrenkt
subluxation Subluxation *f*, unvollständige [inkomplette] Verrenkung *f*
subluxation complex Subluxationskomplex *m*
subluxation of a cervical vertebra Halswirbel(körper)-subluxation *f*
subluxation of the radius Pronatio *f* dolorosa infantum, Radiussubluxation *f*, Subluxatio *f* radii per anularis
subluxation syndrome Subluxationssyndrom *n*
sublymphaemia Lymphozytopenie *f*, Lymphozytenmangel *m*
submalleolar submalleolär, unter dem Knöchel
submammary submammär, unter der Brust
submammary mastitis Paramastitis *f*
submandibular submandibulär, unter dem Unterkiefer
submandibular duct Ductus *m* submandibularis
submandibular fossa Fossa *f* submandibularis
submandibular ganglion Ganglion *n* submandibulare
submandibular gland Glandula *f* submandibularis
submandibular region Regio *f* submandibularis, Unterkieferregion *f*
submandibular salivary gland *s.* submandibular gland
submandibular triangle Trigonum *n* submandibulare, Unterkieferdreieck *n*
submarginal submarginal, in der Nähe eines Randes
submaxilla *s.* mandible
submaxillaritis Entzündung *f* der Glandula submandibularis
submaxillary *s.* submandibular
submaxillary duct of Wharton *s.* submandibular duct
submeatal submeatal, unter einem Meatus liegend *(z. B. Mastoidzellen)*
submedial submedial, submedian, in der Nähe der Mitte, in der Nähe der Mittellinie
submedian *s.* submedial
submembraneous teilweise membranös
submeningeal submeningeal, unter der Hirnhaut
submental submental, unter dem Kinn
submental artery Arteria *f* submentalis, Unterkinnarterie *f*
submental incision *(Chir)* Submentalschnitt *m*
submental region Regio *f* submentalis, Submentalregion *f*
submental vein Vena *f* submentalis, Unterkinnvene *f*
submerged von Flüssigkeit bedeckt
submerged culture *(Bakt)* Submerskultur *f*, Tiefenkultur *f*
submersion Submersion *f*, Eintauchen *n*, Untertauchen *n*; Bedeckung *f* mit Flüssigkeit; Überschwemmung *f*, Überflutung *f*
submetacentric chromosome submetazentrisches Chromosom *n (Zentromer befindet sich in der Mitte zwischen Zentrum und Chromatidenende)*
submicroscopic *s.* submicroscopical
submicroscopical submikroskopisch, unterhalb der Sichtbarkeit mit dem Mikroskop; ultramikroskopisch
submiliary submiliär
submineralization *(Metab)* Submineralisation *f (z. B. der Knochen)*
subminimal stimulus unterschwelliger Reiz *m*
submorphous submorph, weder amorph noch kristallin *(z. B. Steine)*
submucosa Submukosa *f*, Tunica *f* [Tela *f*] submucosa
submucosal 1. Submukosa...; 2. submukös, unter der Schleimhaut *(siehe auch unter: submucous)*
submucosal membrane *s.* submucosa
submucosal paraproctitis Periproktitis *f* submucosa
submucous submukös, unter der Schleimhaut
submucous plexus Plexus *m* submucosus, Meißner'scher Plexus *m*
submucous resection submuköse Resektion *f*
submucous uterine myoma submuköses Myoma *n* uteri
subnarcotic subnarkotisch, leicht betäubt, nicht komplett in Narkose
subnasal subnasal, unter der Nase
subnasale Subnasale *n (anthropometrischer Messpunkt)*
subnasion *s.* subnasale
subneural subneural, unter einem Nerven liegend
subneural apparatus subneuraler Apparat *m*
subnitrate Subnitrat *n*
subnormal subnormal, unterhalb des Normalen, weniger als normal

subnormal temperature subnormale Temperatur *f*
subnormality Subnormalität *f*, subnormaler Zustand *m*
subnotochordal unter der Chorda dorsalis liegend
subnucleus Subnukleus *m*, sekundärer Nukleus *m*
subnutrition Unterernährung *f*
suboccipital subokzipital, unter dem Hinterhaupt
suboccipital fossa Fossa *f* suboccipitalis, Subokzipitalgrube *f*
suboccipital lymphadenopathy subokzipitale Lymphadenopathie *f*
suboccipital nerve Nervus *m* suboccipitalis
suboccipital puncture Subokzipitalpunktion *f*
suboccipital region Regio *f* suboccipitalis, Subokzipitalregion *f*
suboccipital triangle Subokzipitaldreieck *n*
suboccipitobregmatic suboccipitobregmatisch; Hinterhauptbein-Scheitel-...
suboptimal suboptimal, unterhalb des Optimums; unterhalb des Optimalzustandes
suborbital suborbital, unter der Augenhöhle
suborbital canal Canalis *m* infraorbitalis
suborder Subordnung *f*, Unterordnung *f* *(biologische Klassifizierung; zwischen Ordnung und Familie)*
suboxidation ungenügende Oxidation *f*
suboxide Suboxid *n*, Protoxid *n* *(mit geringstem Sauerstoffgehalt)*
subpapillary subpapillär, unter dem Stratum papillare
subpapular subpapulär
subparalytic subparalytisch, nicht komplett paralytisch
subparietal subparietal, unter dem Scheitellappen
subparietal sulcus Sulcus *m* subparietalis
subpatellar subpatellar, unter der Kniescheibe
subpectoral subpektoral, unter den Brustmuskeln
subpectoral phlegmon Subpektoralphlegmone *f*
subpeduncular subpedunkulär, unter den Kleinhirnstielen
subpelviperitoneal unterhalb des Beckenperitoneums liegend
subpericardial subperikardial, unter dem Perikard
subperichondr(i)al subperichondral
subperiosteal subperiostal, unter der Knochenhaut
subperiosteal fracture subperiostale Fraktur *f*, Grünholzfraktur *f*, Grünholzbruch *m*
subperiosteal space subperiostaler Raum *m*
subperiosteocapsular subkapsuloperiosteal, unter der Gelenkkapsel und dem Gelenkperiost
subperitoneal subperitoneal, unter dem Bauchfell
subperitoneoabdominal *s.* subabdominoperitoneal
subperitoneopelvic *s.* subpelviperitoneal
subpharyngeal subpharyngeal, unter dem Rachen
subphrenic *s.* subdiaphragmatic
subphrenic abscess subphrenischer Abszess *m*
subphrenitis Subphrenitis *f*, subdiaphragmale Entzündung *f*
subphylum Subphylum *n* *(biologische Klassifizierung; zwischen Phylum und Klasse)*
subpial subpial, unter der Pia mater
subplacenta Subplacenta *f*, Decidual *f* basalis
subplacental subplazental, unter der Plazenta
subpleural subpleural, unter der Pleura
subpontine subpontin, unter der Brücke
subpreputial subpräputial, unter dem Präputium
subpubic subpubisch, unterhalb der Symphyse
subpubic angle Angulus *m* subpubicus
subpubic dislocation subpubische Dislokation *f* *(des Hüftgelenkkopfes)*
subpubic ligament Ligamentum *n* arcuatum pubis, Bogenband *n* unter der Symphyse
subpulmonary subpulmonal, unter der Pulmonalklappe [Pulmonalis]
subpulmonic *s.* subpulmonary
subpulpal subpulpal, unter der Zahnpulpa
subpyramidal subpyramidal, unter einer Pyramide liegend
subrectal subrektal, unterhalb des Rektums
subrenal subrenal, unterhalb der Niere liegend
subrenal anuria postrenale Anurie *f*
subretinal subretinal, unter der Netzhaut
subretinal haemorrhage *(Ophth)* Retinaunterblutung *f*, Netzhautunterblutung *f*
subsartorial subsartorisch, unter dem Schneidermuskel
subsartorial canal Canalis *m* adductorius (Hunteri), Adduktorenkanal *m*
subscapular subskapulär, unter dem Schulterblatt
subscapular artery Arteria *f* subscapularis, Unterschulterblattarterie *f*
subscapular bursa Bursa *f* subtendinea musculi subscapularis
subscapular fossa Fossa *f* subscapularis, Subskapulargrube *f*
subscapular nerve Nervus *m* subscapularis
subscapular region Regio *f* subscapularis, Subskapularregion *f*, Infraskapularregion *f*
subscapularis (muscle) Musculus *m* subscapularis, Unterschulterblattmuskel *m*
subscleral subskleral, unter der Sklera
subsclerotic 1. subsklerotisch, teilweise sklerosiert, teilweise sklerotisch; 2. *s.* subscleral
subscription Subscriptio *f* *(Rezept)*
subsequent treatment Nachbehandlung *f*
subserosa Suberosa *f*, Tela *f* subserosa
subserous subserös, unter der Serosa, unter der Tunica serosa liegend; in der Subserosa [Tela subserosa] liegend
subserous fascia subseröse Faszie *f*
subserous uterine myoma subseröses Myoma *n* uteri
subsibilant subsibilant, leicht pfeifend
subside *v* abklingen, nachlassen *(z. B. Schmerzen)*
subsidiary zone subsidiäre Zone *f*, Subsidiärzone *f* *(im Dermatom befindliche Aushilfszone der Sensibilität)*
subsigmoid subsigmoidal, unter dem Colon sigmoideum
subsist *v* 1. (weiter) existieren, (weiter) leben, überleben; 2. am Leben erhalten
subsistence Minimalexistenz *f*, minimales Existieren *n*, Lebensminimum *n*, Überleben *n*; Dasein *n*, Existenz *f*, Lebensgrundlage *f*, Existenzminimum *n*
subsonic *s.* infrasonic
subspecialty Subspezialisierung *f*
subspecies Subspezies *f*, Subspecies *f*, Unterart *f*
subspinale Subspinale *n* *(anthropologischer Messpunkt)*
subspinous subspinal, unter dem Dornfortsatz
subsplenial unter dem Balkenwulst liegend, unterhalb des Splenium corporis callosi
substage Mikroskopbereich *m* unterhalb des Objekttisches; Kondensor *m* mit Beleuchtung *(eines Mikroskops)*; Mikroskopfuß *m*
substance 1. Substanz *f*, Material *n*; Stoff *m*; 2. *s.* substantia; 3. *(Psych)* psychoaktive Substanz *f*
substance abuse Substanzmissbrauch *m*, Missbrauch *m* psychotroper Substanzen
substance dependence Substanzabhängigkeit *f*, Abhängigkeit *f* von psychotropen Substanzen
substance use Substanzgebrauch *m*, Gebrauch *m* psychotroper Substanzen
substance use disorder Störung *f* durch Gebrauch psychotroper Substanzen, substanzinduzierte organisch bedingte psychische Störung *f*
substandard Substandard *m*
substantia Substantia *f*, Gewebe *n*
substantiation of the diagnosis Diagnoseerhärtung *f*, Diagnosebeweis *m*

substernal substernal, unter dem Brustbein
substernal discomfort *s.* substernal pain
substernal goitre retrosternale Struma *f*
substernal pain Retrosternalschmerz *m*
substernal thyroid *s.* substernal goitre
substernomastoid unter dem Sternokleidomastoideusmuskel
substituent Ersatz *m*, Ersatzmittel *n*, Ersatzstoff *m*
substituent substituierend, ersetzend; Ersatz...
substitute 1. Ersatz *m*, Ersatzmittel *n*, Ersatzstoff *m*; 2. *(Psych)* Ersatz *m*, Surrogat *n*
substitute of blood Blutersatzmittel *n*
substitution 1. Substitution *f*, Substituierung *f*, Ersetzung *f*; Ersatz *m*; Austausch *m*; 2. *(Psych)* Substitution *f*, Ersetzung *f*, Ersatzbildung *f*
substitution therapy Substitutionstherapie *f*
substitution transfusion Austauschtransfusion *f*
substitutional satisfaction *(Psych)* Ersatzbefriedigung *f*
substitutive substitutiv, ersetzend, austauschend; Substitutions..., Ersatz..., Austausch...
substitutive formation *(Psych)* Ersatzbildung *f*
substrate 1. Substrat *n (z. B. einer Enzymreaktion)*; 2. Nährboden *m*
substrate competition Substratkonkurrenz *f*
substrate depletion phase Phase *f* der Substratverminderung, Substratmangelphase *f*, Substratverarmung *f*
substrate hydrolysis Substrathydrolyse *f*
substrate induction Substratinduktion *f*
substratum Unterschicht *f*, darunter liegende Schicht *f*
substructure Substruktur *f*
subsultus clonus Subsultus *m* tendinum, Tremor *m* tendinum, Sehnenhüpfen *n*
subsultus tendinum *s.* subsultus clonus
subsylvian unter der Fissura sylvii liegend
subsynaptic postsynaptisch, hinter der Synapse
subsynaptic membrane postsynaptische Membran *f*
subsystem Subsystem *n*, Untersystem *n*
subtaenial unter einer Tänie liegend
subtalar subtalar, unter dem Sprungbein [Talus], subastragalar
subtalar dislocation of the foot subtalare Sprunggelenkluxation *f*
subtalar joint Articulatio *f* subtalaris [talocalcanearis]
subtarsal subtarsal, unter dem Lidknorpel
subtegumental *s.* subcutaneous
subtelocentric subtelozentrisch, mit dem Zentromer in Nähe der telozentrischen Position
subtemporal subtemporal, unterhalb der Schläfe
subTenon's *s.* subconjunctival
subtentorial subtentoriell, unter dem Kleinhirnzelt
subterminal subterminal, am Ende liegend
subtertian malaria Malaria *f* falciparum
subtetanic subtetanisch
subthalamic subthalamisch, unter dem Sehhügel
subthalamic nucleus Nucleus *m* subthalamicus [hypothalamicus] *(grauer Kern des Zwischenhirns)*
subthalamic region Regio *f* subthalamica, Subthalamusregion *f*
subthalamus Subthalamus *m*
subthreshold unterschwellig; Unterschwellen...
subthyroidism Hypothyreoidismus *m*, Hypothyreose *f*, Hypothyreoidie *f*, Schilddrüsenunterfunktion *f*
subtile 1. subtil, genau, exakt *(z. B. Denkweise)*; 2. subtil, fein, zart, feinsinnig *(z. B. Sinneswahrnehmungen)*; 3. subtil, geschickt *(z. B. Fertigkeiten)*; 4. subtil, raffiniert *(z. B. Art und Weise des Vorgehens)*
subtilin Subtilin *n (Antibiotikum)*
subtilisin Subtilisin *n (proteolytisches Enzym)*
subtilopeptidase *s.* subtilisin
subtle 1. *s.* subtile; 2. sehr fein
subtotal subtotal, unvollständig, nicht vollständig, nicht komplett
subtotal hysterectomy subtotale Hysterektomie *f*
subtotal infarction Subtotalinfarkt *m (des Gehirns)*
subtotal resection of the stomach subtotale Magenresektion *f*
subtotal subfascial thyroid resection subtotale Strumaresektion *f* [Thyroidektomie *f*]
subtraction acidosis Subtraktionsazidose *f*
subtraction alkalosis Subtraktionsalkalose *f*
subtraction angiography *(Rad)* Subtraktionsangiographie *f*
subtraction method *(Rad)* Subtraktionsmethode *f*
subtrapezial unter dem Kappenmuskel [Trapezmuskel]
subtribe Unterstamm *m (biologische Klassifizierung; zwischen Stamm und Genus)*
subtrigonal gland Home'scher Lappen *m*, hypertropher Prostatamittellappen *m*
subtrochanteric subtrochantär(isch), unter dem Rollhügel
subtrochanteric osteotomy subtrochantäre Osteotomie *f*
subtrochlear subtrochleär, unter der Trochlea
subtuberal subtuberal, unter dem Tuber liegend
subtympanic subtympanal, unter der Paukenhöhle
subumbilical subumbilikal, unter dem Nabel
subungual subungual, unter dem Nagel
subungual abscess Subungualabszess *m*
subungual haematoma subunguales Hämatom *n*
subunit Untereinheit *f*, Subunit *f*, Sub-Unit *f*
subunit vaccine Subunit-Vakzine *f (enthält nur noch Protein-Untereinheiten)*
suburethral suburethral, unter der Harnröhre
subvaginal subvaginal, unterhalb der Scheide liegend
subvalvular subvalvulär, unterhalb der Herzklappe
subvalvular aortic stenosis *(Kard)* subvalvuläre Aortenstenose *f*, linksventrikuläre Ausflussbahnstenose *f*
subventricular subventrikulär, unter den Hirnventrikeln liegend
subventricular zone subventrikuläre Zone *f*
subvertebral subvertebral, an der Wirbelsäulenvorderseite; unterhalb der Wirbelsäule liegend
subvirile subviril, mit manglender Virilität, an Virilität mangelnd
subvitrinal subvitrinal, unterhalb des Glaskörpers liegend
subvitaminosis Hypovitaminose *f*, Vitaminmangel(zustand) *m*; Vitaminmangelkrankheit *f*
subvomerine subvomerin, unter dem Pflugscharbein
subvomerine cartilage Cartilago *f* vomeronasalis
subwaking zwischen Schlaf und Wachzustand
subzygomatic subzygomatisch, unterhalb des Jochbogens
succagogue die Drüsensekretion stimulierend
succagogue (agent) die Drüsensekretion stimulierendes Mittel *n*
succedaneous ersetzend; Ersatz...
succedaneous tooth Ersatzzahn *m*
succedaneum Ersatzmedikament *n*, Ersatzpräparat *n*, Austauschpräparat *n*; Ersatzstoff *m*
succenturiate akzessorisch; ersetzend, als Ersatz dienend
succenturiate placenta Placenta *f* succenturiata [accessoria], Nebenplazenta *f*, Nebenmutterkuchen *m*
successive cataract *(Ophth)* Cataracta *f* secundaria, Nachstar *m*
successive contrast Sukzessivkontrast *m*
successive staining Sukzessivfärbung *f*, Sukzedanfärbung *f*, Mehrfachfärbung *f (durch nacheinander wirkende Farblösungen)*

succinate Sukzinat *n*, Succinat *n*
succinate-CoA ligase Sukzinat-CoA-ligase *f (Enzym)*
succinate dehydrogenase Sukzinatdehydrogenase *f (Enzym)*
succinate-semialdehyde Sukzinatsemialdehyd *m*
succinate-semialdehyde dehydrogenase Sukzinat-semialdehyd-Dehydrogenase *f (Enzym)*
succinic acid Sukzinsäure *f*, Bernsteinsäure *f*, Butandisäure *f*
succinic (acid) dehydrogenase Bernsteinsäure-Dehydrogenase *f*, Sukzinatdehydrogenase *f (Enzym)*
succinic semialdehyde dehydrogenase deficiency Sukzinatsemialdehyd-Dehydrogenasemangel *m*
succinic thiokinase *s.* succinyl-CoA synthetase
succinimide Sukzinamid *n*, Succinamid *n*
succinyl CoA *s.* succinyl coenzyme A
succinyl-CoA ligase *s.* succinyl-CoA synthetase
succinyl-CoA synthetase Sukzinyl-CoA-synthetase *f (Enzym)*
succinyl coenzyme A Sukzinyl-coenzyme A *n*
succinylacetoacetate Sukzinylazetoazetat *n*
succinylacetone Sukzinylazeton *n*
succinylcholine Sukzinylcholin *n (Muskelrelaxans)*
succinylcholine chloride Sukzinylcholinchlorid *n*
succinyldehydrolipoamide Sukzinyldehydrolipoamid *n*
succinylsulphathiazole Sukzinylsulphathiazol *n*
succisulphone iminodiethanol Sukzisulfoniminodiethanol *n*
succorhoea Sukkorrhoe *f*, übermäßige Saftabsonderung *f*
succus Succus *m*, Saft *m*
succussion sound Plätschergeräusch *n*
succussion splash *s.* succussion sound
suck *v* 1. (an)saugen; absaugen; 2. säugen, stillen, mit der Brust ernähren
suck *v* **out the trachea** die Trachea absaugen
suck *v* **the breast** an der Brust trinken [saugen]
sucking blisters Saugpölsterchen *npl (an den Lippen des Säuglings)*
sucking disk Saugnapf *m (des Bandwurms)*
sucking reflex *(Päd)* Saugreflex *m*
sucking wound *(Chir)* schlürfende [luftsaugende] Brustkorbwunde *f*
suckle *v s.* suck
suckling Säugling *m*
sucrase Sa(c)charase *f*, Invertase *f*, Fruktosidase *f (Enzym)*
sucrase-isomaltase deficiency Saccharase-Isomaltase-Mangel *m*, Invertase-Isomaltase-Mangel *m*
sucrate Sukrat *n*
sucroclastic zuckerspaltend
sucrosaemia Sukrosämie *f (Vorhandensein von Sukrose im Blut)*
sucrose Sa(c)charose *f*, Sukrose *f*
sucrose α-glucosidase *s.* sucrase
sucrose-isomaltase intolerance Saccharose-Isomaltase-Intoleranz *f (bei Invertase-Isomaltase-Mangel)*
sucrosuria Sukrosurie *f*, Sukroseausscheidung *f* im Urin
suction Saugen *n*, Ansaugen *n*; Absaugung *f*, Saugung *f*
suction apparatus *(Anästh, Chir)* Absaugapparat *m*, Absaug(ungs)gerät *n*, Absauger *m*, Absaugeinrichtung *f*
suction biopsy Saugbiopsie *f*
suction cannula Saugkanüle *f*
suction catheter Absaugkatheter *m*
suction curettage Saugkürettage *f*
suction curette Saugkürette *f*
suction decompression Absaug(ungs)dekompression *f (z. B. des Darms)*
suction drainage Saugdrainage *f*
suction-drainage bottle Saugdrainageflasche *f*
suction irrigation Saugspülung *f*, Saugspüldrainage *f*
suction lipectomy (operative) Fettabsaugung *f*
suction machine *s.* suction apparatus
suction tube Saugkanüle *f*, Absaugschlauch *m*
suctioning Absaugen *n*, Freisaugen *n (z. B. der Luftröhre)*
suctorial Saug...; Saugungs...
sudamen *(Derm)* Sudaminum *n*, Sudamen *n*, Miliaria *f*, Schweißfriesel *f*, Schweißbläschen *n*
sudaminal Sudamina...
Sudan Sudan *n*
Sudan I Sudan I *n*
Sudan II Sudan II *n*, m-Xylol-azo-β-naphthol *n*
Sudan III Sudan III *n*, Sudan G *n*, Sudanrot *n* III, Amino-azotoluol-azo-β-naphthol *n*
Sudan IV Sudan IV *n*, (Biebricher) Scharlachrot *n*
Sudan black B Sudanschwarz B *n*
Sudan brown Sudanbraun *n*
Sudan dye *(Histol)* Sudanfarbstoff *m*
Sudan G *s.* Sudan III
Sudan red III *s.* Sudan III
Sudan yellow Sudangelb *n*
sudanophil *(Histol)* Sudanophile(r) *m*, sudanophile Zelle *f*
sudanophilia *(Histol)* Sudanophilie *f*
sudanophilic *(Histol)* sudanophil, mit Sudan färbend
sudanophilic diffuse sclerosis *(Neur, Päd)* Schilder'sche Krankheit *f*, Schilder-Krankheit *f*, Schilder'sche Zerebralsklerose *f*, Encephalitis *f* periaxialis diffusa, sudanophile Leukodystrophie *f*, Leucodystrophia *f* cerebri progressiva, progressive subkortikale Enzephalopathie *f*
sudanophilous *s.* sudanophilic
sudation Sudation *f*, Schwitzen *n*, Perspiration *f*
sudatorium *(Bal)* Sudatorium *n*, Schwitzbad *n*; Schwitzkasten *m*
sudatory schweißtreibend, diaphoretisch, das Schwitzen bewirkend
sudden deafness Hörsturz *m*, plötzliche Hörminderung *f*
sudden death Mors *f* subitanea, plötzlicher Tod *m*
sudden death in infancy *s.* sudden infant death syndrome
sudden infant death syndrome Syndrom *n* des plötzlichen Kindstodes; plötzlicher Kindstod *m*, Krippentod *m*, plötzlicher Tod *m* im Kindesalter
Sudeck-Leriche syndrome Sudeck-Leriche-Syndrom *n*, posttraumatische Osteoporose *f* mit Vasospasmus
Sudeck's atrophy *(Chir)* Sudeck'sche Knochenatrophie *f* [Gliedmaßendystrophie *f*], Sudeck'sches Syndrom *n*, Morbus *m* Sudeck, Sudeck *m*, traumatische Osteoporose *f*
Sudeck's disease *s.* Sudeck's atrophy
Sudeck's dystrophy *s.* Sudeck's atrophy
Sudeck's point Sudeck'scher Punkt *m (Anastomosenstelle zwischen Arteria sigmoidea und Arteria rectalis superior)*
sudogram Sudogramm *n*
sudomotor schweißdrüsenanregend, schweißdrüsenstimulierend, schweißtreibend
sudor Sudor *m*, Schweiß *m*
sudoral schweißig; Schweiß...
sudoresis übermäßiges Schwitzen *n (siehe: hyperhidrosis)*
sudoriferous sudorifer, schweißproduzierend, schweißbildend, diaphoretisch
sudoriferous duct Schweißdrüsengang *m*
sudoriferous gland Glandula *f* sudorifera, Schweißdrüse *f*
sudorific schweißtreibend, diaphoretisch
sudorific (agent) Sudorifikum *n*, Diaphoretikum *n*, schweißtreibendes Mittel *n*
sudorikeratosis Sudokeratose *f*, Schweißdrüsenkeratose *f*
sudoriparous schweißsezernierend, schweißabsondernd
sudoriparous abscess Schweißdrüsenabszess *m*

sudoriparous gland *s.* sudoriferous gland
sudorometer Sudorometer *n (Instrument zur Bestimmung der Schweißmenge)*
sudorrhoea Sudorrhoe *f*, Hyperhidrose *f*, Schweißfluss *m*, Schwitzen *n*
sudotherapy Sudotherapie *f*, Schwitzbehandlung *f*
sufentanil citrate Sufentanilcitrat *n (Opioid, Analgetikum)*
suffer *v* **from a disease** an einer Krankheit leiden
suffer *v* **from colds** an einer Erkältung leiden, einen Infekt haben
suffer *v* **from pain** an Schmerzen leiden, Schmerzen haben
suffocant erstickend
suffocant (agent) Lungenkampfgas *n*
suffocate *v* 1. ersticken; 2. nach Luft ringen
suffocate *v* **to death** ersticken, durch Erstickung zu Tode kommen
suffocation Suffokation *f*, Erstickung *f*, Ersticken *n*, Asphyxie *f*
suffocation attack Erstickungsanfall *m*
suffocation haemorrhages Suffokationsblutungen *fpl*, Erstickungsblutungen *fpl*, Bayard'sche Ekchymosen *fpl (z. B. an den serösen Häuten)*
suffocative goitre Struma *f* mit Atemnot *(infolge Luftröhrenkompression)*
suffusion 1. Übergießen *n*, Guss *m*, Übergießung *f (z. B. des Körpers)*; 2. Extravasat *n*; 3. Suffusion *f*, Blutunterlaufung *f*, Blutunterlaufen *n*, Sugillation *f*; 4. flächenhafter Bluterguss *m* (unter der Haut)
sugar Zucker *m*, Sa(c)charid *n*, Kohlenhydrat *n*; Zucker *m*, Saccharose *f*, Sucrose *f*, Rohrzucker *m*, Rübenzucker *m*
sugar alcohol Zuckeralkohol *m*
sugar aldehyde Zuckeraldehyd *m*
sugar-coated spleen *(Path)* Zuckergussmilz *f*
sugar cataract Zuckerstar *m*, diabetische Katarakt *f*
sugar-free diet zuckerfreie Diät *f*, zuckerlose Kost *f*
sugar-icing intestine Peritonitis *f* chronica fibrosa encapsulans
sugar-icing liver *(Path)* Zuckergussleber *f*, Perihepatitis *f* chronica hyperplastica
sugar loaf head Oxyzephalie *f*, Spitzschäd(e)ligkeit *f*
suggest *v* suggerieren, hypnotisch [durch Suggestion] beeinflussen
suggest *v* **peritonitis** für eine Peritonitis sprechen *(z. B. Symptome)*
suggestibility Suggestibilität *f*, Beeinflussbarkeit *f* durch Suggestion
suggestible suggestibel, beeinflussbar
suggestion Suggestion *f*, (psychische) Beeinflussung *f (z. B. durch Hypnose)*
suggestion in the state of waking *(Psych)* Hypnose *f* im Wachzustand; Suggestion *f*
suggestion therapy *(Psych)* Suggestionstherapie *f*, Suggestionsbehandlung *f*
suggestive suggestiv, beeinflussend; Suggestiv...; Suggestions...
suggestive medicine suggestive Medizin *f*, Suggestivmedizin *f*
suggestive treatment *s.* suggestion therapy
sugillation *s.* suffusion
suicidal suizidal, selbstmörderisch; Suizid...
suicidal mania *(Psych)* Selbstmordmanie *f*
suicidal potential *(Psych)* Selbstmordpotenzial *n*; Suizidalität *f*
suicidal tendency *(Psych)* Selbstmordtendenz *f*, Suizidalität *f*
suicidal thought Selbstmordgedanke *m*, Suizidgedanke *m*
suicide 1. Suizid *m*, Selbstmord *m*, Selbsttötung *f*; 2. Selbstmörder *m* • **be committed suicide** suizidgefährdet sein, unter Selbstmordverdacht stehen • **commit suicide** Selbstmord begehen • **contemplate suicide** sich mit Suizidgedanken tragen [beschäftigen]
suicide attempt Suizidversuch *m*, Selbstmordversuch *m*, Tentamen *n* suicidii
suicide gesture *(Psych)* Selbstmordgeste *f*, Suizidgebärde *f*, Selbstmordgebärde *f*, demonstrativer Selbstmordversuch *m*
suicide prevention *(Psych)* Suizidprävention *f*, Selbstmordvorbeugung *f*, Suizidprophylaxe *f*
suicide prophylaxis *s.* suicide prevention
suicide syndrome *(Neur)* Suizidsyndrom *n*
suicidologist Spezialist *m* für Suizidprävention
suicidology Suizidologie *f (Lehre von den Ursachen und der Vorbeugung von Selbstmord)*
suitability for the tropics Tropentauglichkeit *f*
Suker's sign Suker'sches Zeichen *n (mangelnde laterale Augenfixation bei Graves'scher Orbitopathie)*
sulbactam Sulbactam *n (Laktamaseinhibitor)*
sulcal Sulkus..., Furchen..., Rinnen...
sulcate *s.* sulcal
sulcation Sulkusbildung *f*, Furchenbildung *f*, Rinnenbildung *f*
sulciform sulkusförmig, rinnenförmig; Sulkus..., Furchen..., Rinnen...
sulconazole nitrate Sulconazolnitrat *n (Antimykotikum)*
sulculus Sulculus *m*, kleiner Sulkus *m*
sulcus *(Anat)* Sulcus *m*, Sulkus *m*, Furche *f*, Rinne *f*
sulcus of Monro Sulcus *m* hypothalamicus
sulcus of the auditory tube Sulcus *m* tubae auditivae
sulcus of the sigmoid sinus Sulcus *m* sinus sigmoidei
sulcus of the transverse sinus Sulcus *m* sinus transversi
sulf... *(Am) s.* sulph..., sulphur ...
sulfur ... *(Am) s.* sulph..., sulphur...
Sulkowitch's test *(Lab)* Sulkowitsch-Probe *f*, Kalziumprobe *f* [Calciumprobe *f*] im Harn
sulpha drug Sulfonamid(präparat) *n*, Medikament *n* auf Sulfonamidbasis *(Chemotherapeutikum)*
sulphabenzamide Sulfabenzamid *n (Sulfonamid)*
sulphacetamide Sulfazetamid *n*, N-Sulfanilylacetamid *n*
sulphachlorpyridazine Sulfachlorpyridazin *n (Sulfonamid)*
sulphacid Thiosäure *f*
sulphacytine Sulfacytin *n (Sulfonamid)*
sulphadiazine Sulfadiazin *n*, 2-(p-Aminobenzol-sulfonamido)-pyrimidin *n (Sulfonamid)*
sulphadimethoxine Sulfadimethoxin *n (Sulfonamid)*
sulphadimetine *s.* sulphisomidine
sulphadimidine *s.* sulphamethazine
sulphadoxine Sulfadoxin *n*
sulphaethidole Sulfaethidol *n (Sulfonamid)*
sulphafurazole Sulfafurazol *n (Sulfonamid)*
sulphaguanidine Sulfaguanidin *n*, p-Aminobenzol-sulfonylguanidin *n*, N^1-Amidinosulfanilamid *n*
sulphalene Sulfalen *n (Sulfonamid)*
sulphamerazine Sulfamerazin *n*, 2-(p-Aminoben-zolsulfonamido)-4-methylpyrimidin *n*, N1-(4-Methyl-2-pyrimidinyl)-sulfanilamid *n*
sulphamethazine Sulfamethazin *n*, Sulfadimidin *n*
sulphamethizole Sulfamethizol *n*, Sulfamethylthiadiazol *n (Sulfonamid)*
sulphamethoxazole Sulfamethoxazol *n (Sulfonamid)*
sulphamethoxypyridazine Sulfamethoxypyridazin *n*
sulphamethyldiazine Sulfamethyldiazin *n*
sulphamethylthiadiazole Sulfamethylthiadiazol *n*
sulphamidochrysoidine Sulfamidochrysoidin *n*
sulphanilamide Sulfanilamid *n*, p-Aminobenzolsulfonamid *n*, 4-Aminobenzolsulfonamid *n*
sulphanilate Sulfanilat *n*

sulphanilic acid Sulfanilsäure *f*, p-Aminobenzolsulfonsäure *f*
sulphanuria Sulfanurie *f (Anurie infolge Sulfonamidbehandlung)*
sulphapyrazole Sulfapyrazol *n*
sulphapyridine Sulfapyridin *n*, 2-(p-Aminobenzolsulfonamido)-pyridin *n*
sulphaquinoxaline Sulfaquinoxalin *n (Sulfonamid)*
sulphasalazine Sulfsalazin *n (Sulfonamid)*
sulphatase Sulfatase *f (Enzym)*
sulphate Sulfat *n*
sulphataemia Sulfatämie *f (Vorhandensein von Sulfaten im Blut)*
sulphathiazole Sulfathiazol *n*, 2-(4-Aminobenzolsulfonamido)-thiazol *n*, N^1-(2-Thiazolyl)-sulfanilamid *n*
sulphatide Sulfatid *n*
sulphatide lipidosis Sulfatidlipidose *f*, Sulfatidose *f*
sulphhaemoglobin Sulfhämoglobin *n*
sulphhaemoglobinaemia Sulfhämoglobinämie *f*, Vorhandensein *n* von Sulfhämoglobin im Blut
sulphation Sulfatierung *f*, Sulfatgruppenbindung *f*
sulphide Sulfid *n*
sulphikinase *s.* sulphotransferase
sulphinpyrazone Sulfinpyrazon *n (Urikosurikum)*
sulphinylpyruvic acid Sulfinylbenztraubensäure *f*
sulphisomidine Sulfisomidin *n*, Sulfadimetin *n (Sulfonamid)*
sulphisoxazole Sulfisoxazol *n*, Sulfafurazol *n (Sulfonamid)*
sulphite Sulfit *n*
sulphite dehydrogenase Sulfitdehydrogenase *f (Enzym)*
sulphite oxidase Sulfitoxidase *f (Enzym)*
sulphite sensitivity Sulfitsensibilität *f*, Sulfitempfindlichkeit *f*
sulphituria Sulfiturie *f*
sulphmethaemoglobin *s.* sulphhaemoglobin
sulphobromophthalein Sulfobromophthalein *n*, Bromosulphthalein *n*, Bromsulfalein *n*
sulphoconjugation Sulfokonjugation *f*, Sulfatkonjugation *f (Bildung von konjugierten Sulfaten)*
sulphocyanate *s.* thiocyanate
sulphocyanic acid *s.* thiocyanic acid
sulphogel Sulfogel *n*, Schwefelsäuregel *n*
sulphoglucosamine sulphohydrolase Sulfoglucosaminsulfohydrolase *f (Enzym)*
sulphohydrate Sulfohydrat *n*
sulphokinase *s.* sulphotransferase
sulpholipid Sulfolipid *n*
sulpholithocholylglycine Sulfolithocholylglycin *n*
sulpholithocholyltaurine Sulfolithocholyltaurin *n*
sulpholysis Sulfolyse *f*
sulphomucin Sulfomucin *n*
sulphonamidaemia Sulfonamidämie *f*, Vorhandensein *n* von Sulfonamid im Blut
sulphonamide Sulfonamid *n*, Sulfonsäureamid *n*
sulphonamidocholia Sulfonamidocholie *f*, Sulfonamidausscheidung *f* in der Galle
sulphonamidotherapy Sulfonamidtherapie *f*, Sulfonamidbehandlung *f*
sulphonamiduria Sulfonamidurie *f*, Sulfonamidausscheidung *f* im Urin
sulphonate Sulfonat *n*
sulphone Sulfon *n*
sulphonic acid Sulfonsäure *f*
sulphonylurea Sulfonylharnstoff *m (Antidiabetikum)*
sulphoprotein Sulfoprotein *n*
sulphosalicylate Sulfosalicylat *n*
sulphosalicylic acid Sulfosalizylsäure *f*, Salicylsäure-5-sulfonsäure *f*
sulphosalicylic acid test Sulfosalizylsäureprobe *f*, Harneiweißprobe *f* nach Roch und Macwilliam
sulphosol Sulfosol *n*
sulphotransferase Sulfotransferase *f (Enzym)*
sulphoxidation Sulfoxidation *f*
sulphoxide Sulfoxid *n*
sulphoxism Schwefelsäurevergiftung *f*
sulphoxone Sulfoxon *n*
sulphoxone sodium Sulfoxon-Natrium *n*
sulphur Sulfur *n*, Schwefel *m*, S
sulphur bacteria Schwefelbakterien *npl*
sulphur bath *(Bal)* Schwefelbad *n*
sulphur contamination Schwefelverunreinigung *f*
sulphur dioxide Schwefeldioxid *n*
sulphur group Schwefelgruppe *f*
sulphur iodide Schwefeljodid *n*
sulphur ointment *(Derm)* Schwefelsalbe *f*
sulphur trioxide Schwefeltrioxid *n*
sulphurate *v* 1. mit Schwefel anreichern, mit Schwefel beladen; verschwefeln, mit Schwefel verbinden; 2. schwefeln, ausschwefeln
sulphurated mit Schwefel angereichert; mit Schwefel gebunden; Schwefel...
sulphurated hydrogen bath *(Bal)* Schwefelwasserstoffbad *n*
sulphuration Sulfuration *f*, Schwefelung *f*, Ausschwefelung *f*, Schwefeln *n*, Ausschwefeln *n*
sulphurator Sulfurator *m*, Schwefeldioxidvernebler *m (zur Desinfektion)*
sulphuretted geschwefelt
sulphuric acid Schwefelsäure *f*
sulphuric ether Schwefelether *m*, Schwefeläther *m*
sulphuric oxide Schwefeltrioxid *n*
sulphurize *v* verschwefeln, mit Schwefel verbinden
sulphurous schwefelig, Schwefel enthaltend; Schwefel...
sulphurous acid schwefelige Säure *f*
sulphurous dioxide Schwefeldioxid *n*
sulphurtransferase *s.* sulphotransferase
sulisobenzone Sulisobenzon *n (Sonnenschutzmittel)*
sulindac Sulindac *n (nichtsteroidales Antirheumatikum)*
sullage Abwasser *n*
Sullivan's test Sullivan'sche Probe *f*, Sullivan'scher Cysteintest *m*
sulpiride Sulpirid *n (Antidepressivum)*
sulthiame Sulthiam *n (Antikonvulsivum)*
Sulzberger-Garbe syndrome Sulzberger-Garbe-Syndrom *n*, exsudative diskoide und lichenoide Dermatitis *f*
sumac Sumach *m*, Rhus *m*; Giftsumach *m*, Toxicodendron *n* quercifolium, Rhus *m* vernix
sumatriptan succinate Sumatriptansuccinat *n (Serotoninantagonist)*
summation 1. Summation *f*, Summierung *f (z. B. von Einzelerregungen)*; 2. Summation *f (z. B. von Einzelwirkstoffen)*
summation gallop Summationsgalopp *m (der Herztöne)*
summation of stimuli Reizsummation *f*
summer-autumn encephalitis *s.* summer encephalitis
summer catarrh 1. Frühjahrskatarrh *m*, Frühjahrskonjunktivitis *f*, Conjunctivitis *f* aestivalis; 2. Heufieber *n*
summer cholera [complaint] *s.* summer diarrhoea
summer diarrhoea *(Gastr)* Sommercholera *f*, Sommerdurchfall *m*, Sommerdiarrhö(e) *f*, Cholera *f* aestiva
summer encephalitis Sommerenzephalitis *f*, japanische Enzephalitis *f* [Hirnentzündung *f*]
summer eruption *s.* miliaria
summer prurigo *(Derm)* Prurigo *f* aestivalis; Sommerjucken *n*, Lichtpocken *pl*, Hidroa *pl* vacciniformis
summer rash *(Derm)* Lichen *m* tropicus, roter Hund *m*
summer resort Sommerkurort *m*

summit Apex *m*; Gipfel *m*; Spitze *f*
Sumner's sign Sumner'sches Zeichen *n (Muskelspannung in der Fossa iliaca bei Entzündungen im Unterbauch)*
sump drain doppellumiges Drain *n*; Doppellumendrainage *f (Ablauf- und Belüftungsdrain)*
sun bath Sonnenbad *n*
sun blindness *(Ophth)* Sonnenblindheit *f*, Photoretinitis *f*
sun-protection shutters Sonnenschutzlamellen *fpl*
sun prurigo *s.* summer prurigo
sun-ray pattern *(Rad)* Sonnenstrahlenbild *n*, Sonnenstrahlenmuster *n*
sun screen *s.* sunscreen
sun-setting sign Sonnenuntergangszeichen *n*, Sonnenuntergangsphänomen *n (bei Hydrozephalus)*
sun-struck/be *v* einen Sonnenstich haben
sun-tanned sonnengebräunt, braun gebrannt
sunbathe *v* ein Sonnenbad nehmen
sunburn Sonnenbrand *m*, Erythema *n* solare, Insolationsdermatitis *f*, Dermatitis *f* solaris
sundown syndrome *s.* sundowning
sundowning *(Neur)* Sonnenuntergangssyndrom *n*, abendliche [nächtliche] Verwirrtheit *f*; nächtliche Deliriumverstärkung *f*, abendliche Delirexazerbation *f (bei älteren Menschen)*
sunflower cataract *(Ophth)* Sonnenblumenstar *m*, Kupferstar *m*
sunken acetabulum *(Rad)* tiefe Pfanne *f (bei Hüftgelenkarthropathie)*
sunrise syndrome *(Neur)* Sonnenaufgangssyndrom *n*, morgendliche Verwirrtheit *f (Störung der kognitiven Fähigkeiten bei älteren Menschen)*
sunscreen Sonnenschutz *m*, Sonnenschutzcreme *f*
sunscreen protection factor Sonnenschutzfaktor *m*
sunshine vitamin Vitamin *n* D_2, Kalziferol *n*, Calciferol *n*, Ergocalciferol *n*
sunspot *(Derm)* Sommersprosse *f*
sunstroke *(Neur)* Sonnenstich *m* • **suffer from sunstroke** einen Sonnenstich haben
SUP *s.* selective ultraviolet phototherapy
super... *siehe auch: hyper...*
superabduction Superabduktion *f*, Hyperabduktion *f*
superacid hyperazid, übersauer; übersäuert
superacidity Superazidität *f*, Hyperazidität *f*, Säureüberschuss *m*, Übersäuerung *f*
superacromial supraakromial, über dem Akromion
superactivity Hyperaktivität *f*, Überaktivität *f*, Aktivitätsüberschuss *m*
superacute hochakut, sehr akut
superalimentation Hyperalimentation *f*, Überernährung *f*
superalkalinity Superalkalinität *f*, Hyperalkalinität *f*, Alkaliüberschuss *m*; erhöhter Alkaligehalt *m*
superanal *s.* supra-anal
superantigen Superantigen *n*
superaurale Suoperaurale *n (anthropometrischer Messpunkt)*
supercarbonate Supercarbonat *n*
supercentral superzentral, oberhalb eines Zentrums
supercilia *pl s.* supercilium
superciliary Augenbrauen...
superciliary arch Arcus *m* superciliaris, Augenbrauenbogen *m*
superciliary ridge *s.* superciliary arch
supercilium Supercilium *n*, Augenbraue *f*, Braue *f (Zusammensetzungen siehe unter: eyebrow)*
superclass Superklasse *f*, Überklasse *f (biologische Klassifikation; zwischen Klasse und Stamm)*
supercoil 1. Superhelix *f*, Triplehelix *f (aus drei α-Ketten bestehend)*; 2. Superhelix, Superschraube *f*, Supercoil *f (im Chromatin Tertiärstruktur der DNS in den Nukleosomen)*
supercoiling Supercoiling *n (zusätzliche Verdrehung der Doppelhelixstruktur)*
superdistension Hyperdistension *f*, Überdehnung *f*
superduct *v* anheben, nach oben führen *(z. B. den Arm)*
superduction Supraduktion *f*
superego *(Psych)* Superego *n*, Über-Ich *n*
supereruption *(Stom)* Supereruption *f (Zahnbewegung bis über die Okklusionslinie bei fehlendem Antagonisten)*
superexcitation Hyperexzitation *f*, Übererregung *f*
superextended hyperextendiert, überstreckt; überdehnt
superextension Hyperextension *f*, Überstreckung *f*; Überdehnung *f*
superfamily Superfamilie *f*, Überfamilie *f (biologische Klassifikation; zwischen Familie und Ordnung)*
superfecundation Superfekundation *f*, Überbefruchtung *f*, Überschwängerung *f*, Superfetation *f*
superfemale syndrome *(Gen)* XXX-Syndrom *n*, Triplo-X-Syndrom *n*
superficial superfiziell, oberflächlich; Oberflächen...
superficial abscess oberflächlicher Abszess *m*, Oberflächenabszess *m*
superficial anaesthesia oberflächliche Anästhesie *f*, flache Narkose(führung) *f*
superficial artificial hypothermia leichte artifizielle Hypothermie *f*
superficial brachial artery Arteria *f* brachialis superficialis
superficial branch of the radial nerve Ramus *m* superficialis nervi radialis
superficial calcaneal bursa Bursa *f* tendinis calcanei
superficial calcaneal bursitis Achillessehnenschleimbeutelentzündung *f*, Achillobursitis *f*
superficial caries oberflächliche Karies *f*
superficial cervical artery Arteria *f* cervicalis superficialis, oberflächliche Halsarterie *f*
superficial dorsal sacrococcygeal ligament Ligamentum *n* sacrococcygeum posterius superficiale
superficial dorsal vein of the penis Vena *f* dorsalis penis superficialis, oberflächliche Penisrückenvene *f*
superficial epigastric artery Arteria *f* epigastrica superficialis, oberflächliche Bauchdeckenarterie *f*
superficial epigastric vein Vena *f* epigastrica superficialis, oberflächliche Bauchdeckenvene *f*
superficial fading infantile haemangioma oberflächliches verblassendes infantiles Hämangiom *n (bei Kleinkindern im Stirnbereich)*
superficial fascia Fascia *f* superficialis, Tela *f* subcutanea
superficial fascia of the penis Fascia *f* penis superficialis
superficial folliculitis Folliculitis *f* simplex
superficial gastritis Gastritis *f* superficialis
superficial head of the flexor pollicis brevis muscle Caput *n* superficiale musculi flexoris pollicis brevis
superficial iliac circumflex artery Arteria *f* circumflexa ilium superficialis, oberflächliche Kranzarterie *f* der Hüfte
superficial implantation oberflächliche Implantation *f (z. B des Embryos)*
superficial inguinal lymph nodes Lymphonodi [Nodi lymphatici] *mpl* inguinales superficiales
superficial inguinal ring Anulus *m* inguinalis superficialis, äußerer Leistenring *m*
superficial keratitis *(Ophth)* Keratitis *f* superficialis
superficial layer of deep cervical fascia Lamina *f* superficialis fasciae cervicalis
superficial layer of temporal fascia Lamina *f* superficialis fasciae temporalis
superficial layer of the levator palpebrae superioris muscle Lamina *f* superficialis musculi levatoris palpebrae superioris

superficial lymph nodes of the inguinal region *s.* superficial inguinal lymph nodes
superficial lymph nodes of the neck Nodi *mpl* lymphatici cervicales superficiales
superficial marginal keratitis *(Ophth)* Keratitis *f* marginalis superficialis
superficial massage Oberflächenmassage *f*
superficial medial cerebral vein Vena *f* cerebri media (superficialis)
superficial opening of the inguinal canal *s.* superficial inguinal ring
superficial palmar arch Arcus *m* palmaris superficialis, oberflächlicher Arterienbogen *m* der Hohlhand
superficial perineal fascia (of Colles) Fascia *f* perinei superficialis
superficial peroneal nerve Nervus *m* peroneus superficialis
superficial punctate keratitis Keratitis *f* superficialis punctata; Spinnerauge *n (Schwefelwasserstoffvergiftung bei Spinnereiarbeiten)*
superficial pyodermia Pyodermia *f* superficialis, oberflächliche Pyodermie *f*
superficial reflex oberflächlicher Reflex *m*, Oberflächenreflex *m*, Hautreflex *m*
superficial sensation oberflächliche Wahrnehmung *f*, Oberflächenwahrnehmung *f*, Hautwahrnehmung *f*
superficial sleep oberflächlicher Schlaf *m*
superficial sliding palpation orientierende Oberflächenpalpation *f*
superficial spreading melanoma sich oberflächlich ausbreitendes malignes Melanom *n*, pagetoides malignes Melanom *n*
superficial tactile sensation oberflächliche taktile Empfindung *f*, oberflächliche Tastsinnwahrnehmung *f*
superficial temporal artery Arteria *f* temporalis superficialis, oberflächliche Schläfen(bein)arterie *f*
superficial temporal vein Vena *f* temporalis superficialis, oberflächliche Schläfen(bein)vene *f*
superficial transverse metacarpal ligament Ligamentum *n* metacarpeum transversum superficiale
superficial transverse metatarsal ligament Ligamentum *n* metatarseum transversum superficiale
superficial transverse muscle of the perineum Musculus *m* transversus perinei superficialis, oberflächlicher querer Dammuskel *m*
superficial transverse perineal muscle *s.* superficial transverse muscle of the perineum
superficial vein oberflächliche Vene *f*, Vena *f* superficialis
superficial volar arch *s.* superficial palmar arch
superficial wound Oberflächenwunde *f*, oberflächliche Wunde *f*, Fleischwunde *f*
superficies Superficies *f*, Oberfläche *f*
superflexion Hyperflexion *f*, übermäßige Beugung *f*
superfoetation *s.* superfecundation
superfunction Hyperfunktion *f*, Überfunktion *f*
supergenual oberhalb des Knie
superhelicity Supercoiling *n (zusätzliche Verdrehung der Doppelhelixstruktur)*
superhelix 1. Superhelix *f*, Triplehelix *f (aus drei α-Ketten bestehend)*; 2. Superhelix, Superschraube *f*, Supercoil *f (im Chromatin Tertiärstruktur der DNS in den Nukleosomen)*
superimpregnation *s.* superfecundation
superinduce *v* (zusätzlich) hinzufügen *(z. B. zu einem bestehenden Zustand)*; zusätzlich einführen; darauf setzen, aufpfropfen
superinfection Superinfektion *f*, nochmalige Infektion *f*
superinvolution Hyperinvolution *f*, übermäßige Involution *f*
superior superior, (weiter) oben liegend
superior alternating hemiplegia Hemiplegia *f* alterna oculomotorica, Weber'sches Syndrom *n*, Weber-Syndrom *n*
superior alveolar canals Canales *mpl* alveolares superiores [maxillae]
superior alveolar nerves Nervi *mpl* alveolares superiores
superior anastomotic vein Vena *f* anastomotica superior
superior angle of the scapula Angulus *m* superior scapulae
superior anterior alveolar artery Arteria *f* alveolaris superior anterior, vordere Oberkieferarterie *f*
superior aperture of the pelvis minor Beckeneingang *m*
superior aperture of the thoracic cavity Apertura *f* thoracis superior, obere Brustkorböffnung *f*
superior articular process Processus *m* articularis superior, Gelenkfortsatz *m*
superior articular process of the vertebra Processus *m* articularis superior vertebrae
superior articular surface of the atlas Fovea *f* articularis superior atlantis
superior auricular ligament Ligamentum *n* auriculare superius
superior auricular muscle Musculus *m* auricularis superior
superior basal vein Vena *f* basalis superior
superior belly of the omohyoid muscle Venter *m* superior musculi omohyoidei
superior border of the pancreas Margo *m* superior pancreatis, oberer Bauchspeicheldrüsenrand *m*
superior border of the scapula Margo *m* superior scapulae, Schulterblattoberrand *m*, Schulterblattoberkante *f*
superior bulb of the internal jugular vein Bulbus *m* venae jugularis superior, obere Anschwellung *f* der inneren Drosselvene
superior caroticotympanic nerve Nervus *m* caroticotympanicus superior
superior carotid triangle Trigonum *n* caroticum, Karotisdreieck *n*
superior cava vein *s.* superior vena cava
superior cerebellar artery Arteria *f* cerebelli superior, obere Kleinhirnarterie *f*
superior cerebellar peduncle Pedunculus *m* cerebellaris superior, oberer Kleinhirnstiel *m* [Bindearm *m*], Brachium *n* conjunctivum
superior cerebellar vein Vena *f* cerebelli superior, obere Kleinhirnvene *f*
superior cerebral vein Vena *f* cerebri superior, obere Gehirnvene *f*
superior cervical cardiac nerve Nervus *m* cardiacus cervicalis superior
superiorsuperior cervical ganglion Ganglion *n* cervicale superius
superior cistern Cisterna *f* venae magnae cerebri
superior cluneal nerves Nervi *mpl* clunium superiores
superior colliculus Colliculus *m* superior, oberer Hügel *m (der Vierhügelplatte des Mittelhirns)*
superior conjunctival fornix Fornix *m* conjunctivae superior
superior constrictor pharyngis (muscle) Musculus *m* constrictor pharyngis superior, Musculus *m* cephalopharyngicus, oberer Schlundschnürer(muskel) *m*
superior costal facet Fovea *f* costalis superior
superior costotransverse ligament Ligamentum *n* costotransversarium superius
superior curved line of the ileum Linea *f* glutaea posterior
superior curved line of the occipital bone Linea *f* nuchea superior, Linea *f* nuchalis terminalis

superior dental plexus Plexus *m* dentalis superior [maxillaris], Oberkiefernervengeflecht *n* *(der Zähne)*
superior duodenal fossa Recessus *m* duodenalis superior
superior entrance to the glottis Aditus *m* glottidis superior
superior epigastric artery Arteria *f* epigastrica superior, obere Bauchdeckenarterie *f*
superior epigastric vein Vena *f* epigastrica superior, obere Bauchdeckenvene *f*
superior extensor retinaculum Retinaculum *n* musculorum extensorum pedis superius, Ligamentum *n* transversum cruris
superior frontal gyrus Gyrus *m* frontalis superior, obere Stirnhirnwindung *f*
superior frontal sulcus Sulcus *m* frontalis superior
superior ganglion of the glossopharyngeal nerve Ganglion *n* superius nervi glossopharyngei
superior ganglion of the vagus nerve Ganglion *n* superius nervi vagi
superior gastric node oberer Magenlymphknoten *m*
superior gastric plexus Plexus *m* gastricus superior
superior gemellus (muscle) Musculus *m* gemellus superior
superior gluteal artery Arteria *f* glutaea superior, obere Gesäßarterie *f*
superior gluteal nerve Nervus *m* glutaeus superior
superior gluteal vein Vena *f* glutaea superior, obere Gesäßvene *f*
superior haemorrhagic polioencephalitis 1. Polioencephalitis *f* haemorrhagica superior *(Entzündung der grauen Hirnsubstanz um die dritte Hirnkammer mit Blutung)*; 2. Polioencephalitis *f* haemorrhagica, Wernicke'sche Krankheit *f*, Wernicke-Krankheit *f*
superior haemorrhoidal artery Arteria *f* haemorrhoidalis [rectalis] superior
superior haemorrhoidal nerves Nervi *mpl* haemorrhoidales superiores
superior haemorrhoidal plexus Plexus *m* haemorrhoidalis [rectalis] superior
superior haemorrhoidal vein Vena *f* haemorrhoidalis [rectalis] superior
superior horn of the falciform margin Cornu *n* superius marginis falciformis
superior horn of the thyroid cartilage Cornu *n* superius cartilaginis thyreoideae
superior hypogastric plexus Plexus *m* hypogastricus superior [praesacralis]
superior ileocaecal recess Recessus *m* ileocaecalis superior
superior incudal ligament *s.* superior ligament of the incus
superior labial artery Arteria *f* labialis superior, Oberlippenarterie *f*
superior labial vein Vena *f* labialis superior, Oberlippenvene *f*
superior laryngeal artery Arteria *f* laryngea superior, obere Kehlkopfarterie *f*
superior laryngeal nerve Nervus *m* laryngeus superior
superior laryngeal vein Vena *f* laryngea superior, obere Kehlkopfvene *f*
superior laryngotomy Laryngotomia *f* superior
superior lateral brachial cutaneous nerve Nervus *m* cutaneus brachii lateralis superior
superior left pulmonary vein Vena *f* pulmonalis superior sinistra, linke obere Lungenvene *f*
superior ligament of the incus Ligamentum *n* incudis superius
superior ligament of the malleus Ligamentum *n* mallei superius
superior lobe of the left lung Lobus *m* superior pulmonis sinistri, linker Lungenoberlappen *m*
superior lobe of the lung Lobus *m* superior pulmonis, Lungenoberlappen *m*
superior lobe of the right lung Lobus *m* superior pulmonis dextri, rechter Lungenoberlappen *m*
superior longitudinal fasciculus Fasciculus *m* longitudinalis superior (cerebri), oberes Längsbündel *n*
superior longitudinal sinus Sinus *m* sagittalis superior
superior longitudinalis muscle of the tongue Musculus *m* longitudinalis superior linguae, oberer [oberflächlicher] Langmuskel *m* der Zunge
superior malleal ligament Ligamentum *n* mallei superius
superior maxilla [maxillary bone] *s.* maxilla
superior meatus of the nose Meatus *m* nasi superior, oberer Nasengang *m*
superior median laparotomy *(Chir)* oberer Medianschnitt *m*
superior mediastinum Mediastinum *n* superius, oberer Mittelfellraum *m*
superior medullary velum Velum *n* medullare anterius [superior], oberes [vorderes] Kleinhirnmarksegel *n*
superior mesenteric artery Arteria *f* mesenterica superior, obere [kraniale] Gekrösearterie *f*
superior mesenteric ganglion Ganglion *n* mesentericum superius
superior mesenteric plexus Plexus *m* mesentericus superior
superior mesenteric vein Vena *f* mesenterica superior, obere [kraniale] Gekrösevene *f*
superior nasal concha Concha *f* nasalis superior, obere Nasenmuschel *f*
superior nasal meatus Meatus *m* nasi superior, oberer Nasengang *m*
superior nasal turbinate *s.* superior nasal concha
superior nuchal line Linea *f* nuchae superior
superior nucleus of the pons Nucleus *m* superior pontis
superior nutrient artery of the femur Arteria *f* nutricia femoris superior
superior oblique muscle of the eye Musculus *m* obliquus bulbi superior, oberer schräger Augenmuskel *m*
superior oblique muscle of the head Musculus *m* obliquus capitis superior, oberer schräger Kopfmuskel *m*
superior occipital fossa Fossa *f* occipitalis superior
superior occipital gyrus Gyrus *m* occipitalis superior, obere Hinterhauptwindung *f*
superior olivary nucleus Nucleus *m* olivaris metencephali, Nucleus *m* dorsalis corporis trapezoidei
superior ophthalmic vein Vena *f* ophthalmica superior, obere Augenhöhlenvene *f*
superior orbital fissura Fissura *f* orbitalis superior [cerebralis]
superior palpebral vein Vena *f* palpebralis superior, Oberlidvene *f*, obere Augenlidvene *f*
superior pancreaticoduodenal artery Arteria *f* pancreaticoduodenalis superior, obere Bauchspeicheldrüsen-Zwölffingerdarm-Arterie *f*
superior parathyroid gland Glandula *f* parathyreoidea superior
superior parietal lobule Lobulus *m* parietalis superior
superior part of the diaphragmatic surface of the liver Pars *f* superior faciei diaphragmaticae hepatis
superior part of the fourth ventricle Pars *f* superior fossae rhomboideae
superior pelvic strait *(Gyn)* obere Beckenenge *f*, Beckeneingang *m*

superior peroneal retinaculum Retinaculum *n* musculorum peronaeorum superius
superior petrosal sinus Sinus *m* petrosus superior, oberer Felsenbeinsinus *m*
superior petrosal sulcus of the temporal bone Sulcus *m* petrosus superior ossis temporalis
superior pharyngeal constrictor (muscle) Musculus *m* constrictor pharyngis superior
superior phrenic artery Arteria *f* phrenica superior, obere Zwerchfellarterie *f*
superior phrenic vein Vena *f* phrenica superior, obere Zwerchfellvene *f*
superior pole of the kidney Extremitas *f* superior renis, Nierenoberpol *m*, oberer Nierenpol *m*
superior posterior alveolar artery Arteria *f* alveolaris superior posterior, hintere Oberkieferarterie *f*
superior quadrigeminal body *s.* superior colliculus
superior quadrigeminal brachium Brachium *n* colliculi superioris
superior recess of the omental bursa Recessus *m* superior omentalis
superior rectal artery Arteria *f* rectalis [haemorrhoidalis] superior, obere Mastdarmarterie *f*
superior rectal vein Vena *f* rectalis [haemorrhoidalis] superior, obere Mastdarmvene *f*
superior rectus muscle Musculus *m* rectus superior bulbi, oberer gerader Augenmuskel *m*
superior right pulmonary vein Vena *f* pulmonalis superior dextra, rechte obere Lungenvene *f*
superior root of the ansa cervicalis Radix *f* superior ansae cervicalis
superior sagittal sinus Sinus *m* sagittalis superior
superior salivatory nucleus Nucleus *m* salivatorius superior
superior segmental artery obere Segmentarterie *f (der Lunge)*
superior segmental bronchus oberer Segmentbronchus *m (der Lunge)*
superior semicircular canal Canalis *m* semicircularis superior
superior semilunar lobule Lobulus *m* semilunaris superior
superior strait of the pelvis *s.* superior pelvic strait
superior suprarenal artery Arteria *f* suprarenalis superior, obere Nebennierenarterie *f*
superior surface of the cerebellar hemisphere Facies *f* superior hemispherii cerebelli
superior temporal convolution Gyrus *m* temporalis superior, obere Schläfenwindung *f*
superior temporal gyrus *s.* superior temporal convolution
superior temporal line (of the parietal bone) Linea *f* temporalis superior ossis parietalis
superior temporal sulcus Sulcus *m* temporalis superior
superior thyroid artery Arteria *f* thyreoidea superior, obere Schilddrüsenarterie *f*
superior thyroid notch Incisura *f* thyreoidea superior
superior thyroid vein Vena *f* thyreoidea superior, obere Schilddrüsenvene *f*
superior tibiofibular joint Articulatio *f* tibiofibularis superior
superior tracheotomy Tracheotomia *f* superior, oberer Luftröhrenschnitt *m*
superior transverse ligament of the scapula Ligamentum *n* transversum scapulae superius
superior trunk of the brachial plexus Truncus *m* superior plexus brachialis
superior turbinate *s.* superior nasal concha
superior tympanic artery Arteria *f* tympanica superior, obere Paukenhöhlenarterie *f*
superior tympanic cavity *s.* epitympanic recess
superior ulnar collateral artery Arteria *f* collateralis ulnaris superior
superior vena cava Vena *f* cava superior, obere Hohlvene *f*
superior vena cava syndrome Vena-cava-superior-Syndrom *n*
superior vertebral incisure Incisura *f* vertebralis superior
superior vesical artery Arteria *f* vesicalis superior, obere Harnblasenarterie *f*
superior vestibular area Area *f* vestibularis superior
superior vestibular nucleus Nucleus *m* vestibularis superior
superior wall of the orbit Paries *m* superior orbitae, Orbitaldach *n*, Augenhöhlendach *n*
superjacent direkt darüber liegend
superlactation Hyperlaktation *f*, Milchüberproduktion *f*, vermehrte Milchsekretion *f*
superlethal superletal
supermaxilla *s.* maxilla
supermedial oberhalb der Mitte liegend
supermotility Hypermotilität *f*, übermäßige Motilität *f*, übersteigerte Motilität *f*
supernatant darüber stehend, überstehend; darüber liegend; darüber schwimmend, obenauf schwimmend; Überstand...
supernatant 1. Überstand *m*, Zentrifugenüberstand *m*; 2. überstehende Flüssigkeit *f*
supernate *s.* supernatant
supernormal supernormal, übernormal
supernormal excitability übernormale Erregbarkeit *f (z. B. des Myokards)*
supernormal period supernormale Periode *f*
supernumerary überzählig, akzessorisch
supernumerary nipple überzählige Brustwarze *f*
supernumerary spleen Nebenmilz *f*, Zusatzmilz *f*, Lien *m* accessorius
supernumerary tooth überzähliger Zahn *m*
supernutrition Überernährung *f*, Überfütterung *f*
superoccipital *s.* supraoccipital
superoinferior superoinferior
superolateral superolateral, oben und seitlich liegend, oben seitlich liegend
superomedial superomedial, oberhalb der Mitte liegend
superotemporal superotemporal
superovulation Superovulation *f*, übermäßig schnelle Ovulation *f*
superoxide Superoxid *n*
superoxide dismutase Superoxiddismutase *f (Enzym)*
superparasite Superparasit *m (nutzt einen anderen Parasiten als Wirt)*
superparasitic superparasitisch
superparasitism Superparasitismus *m*, Hyperparasitismus *m*
superphosphate Superfosfat *n*
superpigmentation Überpigmentierung *f*, Hyperpigmentation *f*
superregeneration Superregeneration *f*, Hyperregeneration *f (überschießende Gewebe- oder Organregeneration)*
supersalt Supersalz *n*, Persalz *n*, übersaures Salz *n*
supersaturate *v* übersättigen
supersaturate übersättigte Lösung *f*, metastabile Lösung *f*
superscription Superscriptio *f (Rezept)*
supersecretion Sekretionssteigerung *f*, vermehrte Sekretion *f*
supersensitive überempfindlich
supersensitivity Supersensitivität *f*, Hypersensitivität *f*, Überempfindlichkeit *f*, übersteigerte Empfindlichkeit *f*
supersensitization *s.* hypersensitization

supersoft superweich, extrem weich *(z. B. Röntgenstrahlen)*
supersonic 1. Ultraschall…; 2. Überschall…
supersonics 1. Ultraschall *m*; 2. Überschall *m*
supersphenoid oberhalb des Keilbeins liegend
superstition *(Psych)* Aberglaube *m*
superstructure Überstruktur *f*, Überbau *m*, Aufbau *m*; daraufgesetzte Struktur *f*
supertension Hypertension *f*, extreme Spannung *f*
supervascularization Hypervaskularisation *f*, gesteigerte Gefäßversorgung *f*
superversion Superversion *f*, Sursumversion *f*, binokuläre konjugierte Aufwärtsdrehung *f* der Augen
supervised analysis Kontrollanalyse *f*
supervised fast überwachtes Fasten *n (Hypoglykämiediagnostik)*
supervision Überwachung *f*, Kontrolle *f*, Aufsicht *f*
supervisor 1. Aufseher *m*, Aufpasser *m*; 2. Bereichsleiter *m*; Bereichsleiterin *f*, Oberschwester *f*; 3. Doktorvater *m*
supervirulent hochvirulent
supervision over the patient Patientenbeobachtung *f*
supervitaminosis Hypervitaminose *f*
supervoltage irradiation *(Rad)* Hochvolt(strahlen)therapie *f*, Hochvoltbestrahlung(sbehandlung) *f*
supinate supiniert; Supinations…
supinate *v* supinieren, auswärts drehen, eine Supinationsbewegung machen
supination Supination *f*, Auswärtsdrehung *f*
supination angle Supinationswinkel *m*
supination of the foot Fußsupination *f*
supination of the forearm Unterarmsupination *f*
supinator *s.* supinator muscle
supinator crest Crista *f* musculi supinatorius
supinator jerk reflex *s.* supinator longus reflex
supinator longus reflex Brachioradialreflex *m*
supinator muscle Musculus *m* supinator, Auswärtsdreher *m*
supine 1. auf dem Rücken liegend; 2. mit der Innenfläche nach oben *(z. B. Hand)*
supine abdominal X-ray film Abdomenübersicht(saufnahme) *f* in Rückenlage
supine hypotension Hypotension *f* in Rückenlage *(bei Schwangeren)*
supine hypotension syndrome Vena-cava-Kompressionssyndrom *n (in der Schwangerschaft)*
supine position Rückenlage *f*
supine position syndrome Rückenlage-Schock-Syndrom *n*, aortakavales Kompressionssyndrom *n*, Vena-cava-inferior-Syndrom *n*
supplement test *(Immun)* Supplementtest *m*, Kolloidtest *m*
supplemental *s.* supplementary
supplementary supplementär, ergänzend, zusätzlich
supplementary air *(Physiol, Pulm)* exspiratorisches Reservevolumen *n*
supplementary articulation *s.* pseudarthrosis
supplementary gene supplementäres [inkomplettes] Gen *n (benötigt zweites Genpaar zur Expression)*
supplementary inheritance supplementäre Vererbung *f (Genexpression nur bei Vorhandensein eines zweiten Genpaares)*
supplementary menstruation *s.* vicarious menstruation
support 1. Stütze *f*, Stützung *f*, Abstützung *f*; 2. Unterstützung *f*, Hilfe *f*, Halt *m*; 3. Stützvorrichtung *f*, Stützeinrichtung *f*, Halteeinrichtung *f*, Stützapparat *m*; 4. Einlage *f*, Schuheinlage *f*, Einlegesohle *f*; 5. Suspensorium *n*
support group Selbsthilfegruppe *f*
support of the promontory *(Anat)* Subiculum *n* promontorii (cavitatis tympanicae)
supporting area *(Stom)* Stützbereich *m*
supporting cell Stützzelle *f*
supporting cusp *(Stom)* Stützhöcker *m*
supporting orthopaedic corset (orthopädisches) Stützkorsett *n*
supporting pin *(Stom)* Stützstift *m*
supporting telescope *(Stom)* Stützteleskop *n*
supportive unterstützend, supportiv; Unterstützungs…; stützend, Stütz…
supportive care unterstützende Pflege *f*
supportive cell Stützzelle *f*
supportive psychotherapy *(Neur)* (unter)stützende Psychotherapie *f*, Stützungsbehandlung *f*
supportive therapy 1. unterstützende Therapie *f*; 2. Erhaltungstherapie *f*
supportive treatment *s.* supportive therapy
suppository Suppositorium *n*, Stuhlzäpfchen *n*, Zäpfchen *n*
suppress *v* supprimieren, unterdrücken *(z. B. Husten, Gefühle)*; stillen, zum Stillstand bringen *(Blutungen)*; verhalten *(z. B. Urin)*
suppressant unterdrückend, suppressiv; die Ausscheidung hemmend
suppressant (agent) die Sekretion hemmendes Mittel *n*; die Exkretion hemmendes Mittel *n*; die Entleerung hemmendes Mittel *n*; Inhibitor *m*, Hemmstoff *m*; Suppressor *m*
suppressed appetite verminderter Appetit *m*; Appetitverringerung *f*, Appetitverminderung *f*
suppressed menstruation supprimierte Menstruation *f*
suppression Suppression *f*, Unterdrückung *f (z. B. von Husten, Gefühlen)*; Stillen *n*, Stillung *f (z. B. von Blutungen)*; Verhaltung *f (z. B. von Stuhlgang)*
suppression amblyopia Suppressionsamblyopie *f*, suppressive Amblyopie *f (z. B. eines Schielauges)*
suppression of menses Menstruationsunterdrückung *f*, Menstruationsverhaltung *f*
suppression of urine Harnverhaltung *f*
suppression scintigraphy Suppressionsszintigraphie *f (z. B. der Schilddrüse)*
suppression test Suppressionstest *m (z. B. der Schilddrüse)*
suppressor Suppressor *m*, Hemmer *m*, Inhibitor *m*
suppressor area *s.* suppressor band
suppressor band Suppressorband *n (in der Hirnrinde)*
suppressor cell *(Immun)* Suppressorzelle *f*, Suppressor-T-Zelle *f*, Suppressorlymphozyt *m*
suppressor gene Suppressorgen *n*
suppressor lymphocyte *s.* suppressor cell
suppressor mutation Supressormutation *f*
suppressor T cell *s.* suppressor cell
suppurant eiternd
suppurant (agent) Suppurans *n*, eiterziehendes Mittel *n*, einschmelzendes Mittel *n*
suppurate *v* suppurieren, eitern
suppurating wound eiternde [suppurierende] Wunde *f*
suppuration Suppuration *f*, Eiterung *f*, Abszedierung *f*
suppuration of the operative wound Eiterung *f* der Operationswunde
suppurative suppurativ, eiternd, purulent *(siehe auch unter: purulent)*
suppurative arthritis suppurative Arthritis *f*
suppurative fever suppuratives Fieber *n*, Fieber *n* mit Eiterbildung
suppurative hepatitis Leberabszess *m*
suppurative inflammation suppurative [eitrige] Entzündung *f*
suppurative labyrinthitis Labyrinthitis *f* suppurativa
suppurative mastitis Mastitis *f* suppurativa
suppurative pancreatitis Pancreatitis *f* suppurativa

suppurative pericarditis Pericarditis *f* suppurativa, suppurative Herzbeutelentzündung *f*
suppurative periostitis Periostitis *f* purulentea, suppurative [eitrige] Periostitis *f*, eitrige Periostentzündung *f*, subperiostaler Abszess *m*
suppurative phlebitis Phlebitis *f* suppurativa
suppurative pleurisy Pleuritis *f* suppurativa [purulenta], eitrige [eiternde] Brustfellentzündung *f*
suppurative pulpitis Pulpitis *f* suppurativa, suppurative Pulpitis *f*, eitrige Pulpaentzündung *f*
supra-acromial supraakromial, über dem Akromion
supra-acromiohumeralis (muscle) Deltamuskel *m*, Musculus *m* deltoideus
supra-anal supraanal, oberhalb des Anus liegend
supra-aortic supraaortisch, oberhalb der Aorta
supra-aortic stenosis supraaortische Stenose *f*
supra-articular supraartikulär, über einem Gelenk
supra-auricular supraaurikulär, über der Ohrmuschel
supra-axillary supraaxillär, über der Achselgrube
suprabony periodontal pocket *(Stom)* supraalveoläre (paradontale) Tasche *f*, Zahnfleischtasche *f*, Gingivatasche *f*
supra-buccal suprabukkal, über der Wange
suprabulge *(Stom)* Kronenüberstand *m*, Überstand *m* der Zahnoberfläche
supracallosal suprakallosal, über dem Gehirnbalken [Corpus callosum]
supracallosal gyrus Indusium *n* griseum
supracarinal oberhalb der Carina tracheae
supracerebellar suprazerebellar, über dem Kleinhirn
supracerebral suprazerebral, über dem Großhirn
supracervical suprazervikal, über dem Gebärmutterhals
supracervical hysterectomy suprazervikale Hysterektomie *f*
suprachoroid *(Ophth)* suprachoroidal, über der Aderhaut
suprachoroid layer Lamina *f* suprachoroidea
suprachoroidea *s.* suprachoroid layer
supraciliary *s.* superciliary
supraclavicular supraklavikular, über dem Schlüsselbein
supraclavicular fossa Fossa *f* supraclavicularis, Supraklavikulargrube *f*
supraclavicular nerve Nervus *m* supraclavicularis
supraclavicular point Supraklavikularpunkt *m*, Erb'scher Punkt *m*
supraclavicular region Supraklavikularregion *f*, Regio *f* supracla-vicularis
supraclavicular signal node supraklavikularer [Virchow'scher] Lymphknoten *m*, Virchow'sche Drüse *f*, Virchow-Drüse *f*, supraklavikulare Lymphknotenmetastase *f*
supraclavicular triangle Supraklavikulardreieck *n*
supraclinoid supraklinoidal, über dem Processus clinoideus
supraclusion *s.* supra-occlusion
supracondylar suprakondylär, über einem Kondylus
supracondylar amputation suprakondyläre Oberschenkelamputation *f*
supracondylar eminence Epikondylus *m*, Gelenkhöcker *m*
supracondylar fracture Suprakondylarfraktur *f*
supracondylar process Processus *m* supracondylaris
supracondylar ridge Suprakondylarleiste *f*
supracondyloid *s.* supracondylar
supracostal suprakostal, über der Rippe
supracotyloid über der Hüftgelenkpfanne
supracranial suprakranial, auf der Schädelaußenseite
supracrestal periodontal pocket *s.* suprabony periodontal pocket
supracristal suprakristal, über einer Crista
supradiaphragmatic supradiaphragmatisch, über dem Zwerchfell
supraduction Supraduktion *f*, Superduktion *f*, Sursumduktion *f*, Supravergenz *f*
supradural supradural, über der harten Hirnhaut
supraepicondylar supraepicondylar, über einem Epicondylus
supraepitrochlear supraepitrochlear, über dem medialen Epicondylus humeri
supragingival supragingival, über dem Zahnfleisch
supragingival calculus supragingivaler Zahnstein *m*
supraglenoid supraglenoidal
supraglenoid tubercle Tuberculum *n* supraglenoidale
supraglottic supraglottisch, über der Glottis
supraglottis Supraglottis *f*
supraglottitis Supraglottitis *f*
supragranular supragranulär, über der äußeren Körnerschicht des Gehirns
suprahepatic suprahepatisch, oberhalb der Leber
suprahepatic jaundice *s.* haemolytic jaundice
suprahyoid suprahyoidal, über dem Zungenbein
suprahyoid muscle Musculus *m* suprahyoideus
suprahyoid region Regio *f* suprahyoidea, Suprahyoidregion *f*, Überzungenbeinregion *f*
suprainfection Suprainfektion *f*, Superinfektion *f (z. B. Pilzinfektion unter Antibiotikatherapie)*
suprainguinal suprainguinal, über der Leiste
suprainguinal incision Suprainguinalschnitt *m*
suprainguinal region Suprainguinalregion *f*
supraintestinal supraintestinal, oberhalb des Intestinums liegend
supralethal supraletal
supralevator über dem Afterschließmuskel
supraliminal überschwellig; bewusst
supralumbar supralumbar, über der Lendengegend
supramalleolar supramalleolär, über dem Knöchel
supramamillary supramamillär, über der Brustwarze
supramammary supramammär, über der Brustdrüse
supramandibular supramandibulär, über dem Unterkiefer
supramarginal supramarginal, über dem Rand
supramarginal gyrus Gyrus *m* supramarginalis
supramastoid supramastoidal, über dem Warzenfortsatz
supramaxilla *s.* maxilla
supramaxillary supramaxillär, über dem Oberkiefer
supramaximal supramaximal, oberhalb des Maximums
suprameatal suprameatal, über einem Ausführungsgang
suprameatal spine Spina *f* suprameatum
supramental supramental, über dem Kinn
supramentale Supramentale *n (anthropometrischer Messpunkt)*
supranasal supranasal, über der Nase
supranormal supranormal, oberhalb des Normalen, mehr als normal
supranuclear supranukleär
supranuclear gaze disturbance *(Ophth)* supranukleäre Blick(richtungs)störung *f*
supra-occipital supraokzipital, über dem Hinterhauptsknochen
supra-occlusion *(Stom)* Supraokklusion *f*, Überbiss *m*, tiefer Biss *m*
supra-ocular supraokulär, über den Augen
supra-omohyoid oberhalb des Musculus omohyoideus
supra-optic supraoptisch, über der Sehbahn
supra-optic commissure Commissura *f* supraoptica
supra-optic nucleus of the hypothalamus Nucleus *m* supra-opticus hypothalami
supra-optimal supraoptimal, oberhalb des Optimums; oberhalb des Optimalzustandes
supra-optimum Supraoptimum *n*
supra-orbital supraorbital, über der Augenhöhle
supra-orbital arch *s.* superciliary arch

supra-orbital artery Arteria *f* supraorbitalis, äußere seitliche Stirnarterie *f*
supra-orbital foramen Foramen *n* supraorbitale
supra-orbital nerve Nervus *m* supraorbitalis
supra-orbital neuralgia Supraorbitalneuralgie *f*
supra-orbital notch Incisura *f* supraorbitalis
supra-orbital region Regio *f* supraorbitalis
supra-orbital ridge *s.* superciliary arch
supra-orbital vein Vena *f* supraorbitalis
suprapatellar suprapatellär, über der Kniescheibe
suprapatellar bursa Bursa *f* suprapatellaris
suprapelvic suprapelvisch, suprapelvin, über dem Becken
suprapharmacologic suprapharmakologisch, oberhalb der normalen pharmakologischen Dosis; oberhalb der normalen pharmakologischen Konzentration
supraphysiologic supraphysiologisch, oberhalb der normalen physiologischen Dosis; oberhalb der normalen physiologischen Konzentration
supraphysiologic dose supraphysiologische Dosis *f*
suprapineal suprapineal, über der Zirbeldrüse
suprapineal recess Recessus *m* suprapinealis
suprapleural membrane Membrana *f* suprapleuralis
suprapontine suprapontin, über der Gehirnbrücke
suprapubic suprapubisch, über dem Schambein
suprapubic aspiration of urine suprapubische Blasenpunktion *f*
suprapubic catheter suprapubischer Katheter *m*
suprapubic lithotomy suprapubische Lithotomie *f*
suprapubic puncture suprapubische Blasenpunktion *f*
suprarenal 1. suprarenal, über der Niere; 2. suprarenal, adrenal; Nebennieren…
suprarenal extract Nebennierenextrakt *m*
suprarenal gland Glandula *f* suprarenalis, Corpus *n* suprarenale, Nebenniere *f*, Epinephron *n*
suprarenal medulla Medulla *f* glandulae suprarenalis, Nebennierenmark *n*, NNM
suprarenal melanoma *s.* Addison's disease
suprarenal plexus Plexus *m* suprarenalis
suprarenal vein Vena *f* suprarenalis, Nebennierenvene *f*
suprarenalaemia Adrenalinerhöhung *f* im Blut
suprarenalectomy Adrenalektomie *f*, Nebennierenexstirpation *f*, (operative) Nebennierenentfernung *f*
suprarenalism Nebennieren(funktions)störung *f*, Adrenalismus *m*, Nebennierendysfunktion *f*
suprarenalopathy Nebennierenkrankheit *f*, Nebennierenerkrankung *f*
suprarenin Suprarenin *n*, Adrenalin *n*, Epinephrin *n (Nebennierenmarkhormon)*
suprarenogenic adrenogen, in den Nebennieren gebildet; den Nebennieren entstammend
suprarenopathy *s.* suprarenalopathy
suprarenotropic adrenotrop, auf die Nebennieren wirkend; auf die Nebennieren gerichtet
suprascapular supraskapular, über dem Schulterblatt
suprascapular artery Arteria *f* suprascapularis, obere Schulterblattarterie *f*
suprascapular ligament Ligamentum *n* transversum scapulae superius
suprascapular nerve Nervus *m* suprascapularis
suprascapular region Regio *f* suprascapularis
suprascapular vein Vena *f* suprascapularis, Schulterblattvene *f*
suprascleral supraskleral, über der Sklera
suprasellar suprasellär, über dem Türkensattel
suprasellar cyst Kraniopharyngeom *n*, Erdheim-Tumor *m*
supraspinal 1. supraspinal, über der Wirbelsäule; 2. supraspinal, über einem Dorn
supraspinal ligament Ligamentum *n* supraspinale
supraspinatus (muscle) Musculus *m* supraspinatus, Obergrätenmuskel *m*
supraspinatus tendon syndrome Supraspinatussehnensyndrom *n*
supraspinous über der Schulterblattgräte
supraspinous fossa Fossa *f* supraspinata
suprasplenial suprasplenisch, über der Milz
suprastapedial suprastapedial, über dem Steigbügel
suprasternal suprasternal, über dem Brustbein
suprasternal fossa Fossa *f* suprasternalis
suprasternal fossa of Burns *s.* suprasternal fossa
suprasternal long axis suprasternale Längsachse *f* [lange Achse *f*] *(bei Echokardiographie)*
suprasternal notch Incisura *f* jugularis ossis sterni
suprasternal region Regio *f* suprasternalis, Suprasternalregion *f*
suprasylvian suprasylvisch, oberhalb der Fissura Sylvii
suprasymphysary suprasymphysär, über der Symphyse
supratemporal supratemporal, über der Schläfe
supratentorial supratentorial, über dem Tentorium
suprathoracic suprathorakal, oberhalb des Thorax liegend
suprathreshold stimulus überschwelliger Reiz *m* [Stimulus *m*]
supratonsillar supratonsillär, über der Mandel
supratonsillar abscess Supratonsillarabszess *m*
supratonsillar fossa Fossa *f* supratonsillaris
supratonsillar recess Recessus *m* supratonsillaris
supratrochlear supratrochlear, über der Trochlea
supratrochlear artery Arteria *f* supratrochlearis
supratrochlear nerve Nervus *m* supratrochlearis
supraturbinal Concha *f* nasalis superior, obere Nasenmuschel *f*
supratympanic supratympanal, über der Paukenhöhle
supraumbilical supraumbilikal, über dem Nabel
supravaginal supravaginal, oberhalb der Scheide
supravaginal amputation of the uterus supravaginale Uterusamputation *f*
supravaginal hysterectomy supravaginale Hysterektomie *f*
supravaginal part of the cervix Portio *f* supravaginalis
supravalvar *s.* supravalvular
supravalvular supravalvulär, oberhalb einer Klappe
supravalvular aortic stenosis *(Kard)* supravalvuläre Aortenstenose *f*
supraventricular supraventrikulär, über einem Ventrikel
supraventricular crest Crista *f* supraventricularis
supraventricular tachycardia supraventrikuläre Tachykardie *f*
supraversion Supraversion *f*
supravesical supravesikal, über der Blase
supravesical fossa Fossa *f* supravesicalis
supravesical fovea *s.* supravesical fossa
supravital supravital
supravital staining *(Histol)* Supravitalfärbung *f*
supraxiphoid supraxiphoidal, über dem Schwertfortsatz
suprazygomatic suprazygomatisch, oberhalb des Jochbeins liegend
suprofen Suprofen *n (Prostaglandininhibitor)*
sura Sura *f*, Wade *f*, Regio *f* cruris posterior *(Zusammensetzungen siehe unter: calf)*
sural sural; Waden… *(siehe auch unter: calf)*
sural artery Arteria *f* suralis, Wadenarterie *f*
sural nerve Nervus *m* suralis, Wadennerv *m*
sural region Wadenregion *f*, Wade *f*
suralimentation Überernährung *f*, Überfütterung *f*
suramin sodium Suramin-Natrium *n (Mittel gegen Trypanosomen und Filarien)*
surd stumm
surdimute *(HNO)* taubstumm

surdimutism *(HNO)* Surdomutitas *f*, Taubstummheit *f*
surdity *(HNO)* Surditas *f*, Taubheit *f*
surdomute *s.* surdimute
surdomute Taubstumme(r) *m*
surexcitation 1. Übererregung *f*; 2. Überreizung *f*
surface-active agent 1. *(Pulm, Physiol)* Antiatelektasefaktor *m*, Surfactant-Faktor *m*; 2. *(Bioch)* oberflächenaktive Substanz *f*
surface anaesthesia Oberflächenanästhesie *f*, Schleimhautanästhesie *f*
surface analgesia *s.* surface anaesthesia
surface anatomy Oberflächenanatomie *f*
surface area Oberfläche *f*; Körperoberfläche *f*
surface biopsy *s.* surface-cell biopsy
surface-cell biopsy Oberflächen(zell)biopsie *f*
surface culture *(Bakt)* Oberflächenkultur *f*
surface enamel Oberflächenschmelz *m*
surface epithelial cell Oberflächenepithelzelle *f*
surface graft Hauttransplantat *n*
surface hair crack Oberflächenhaarriss *m*
surface hardening Oberflächenhärtung *f*
surface impression Oberflächenabdruck *m*; Profilabdruck *m*
surface of the burn Verbrennungsoberfläche *f*
surface pollution Oberflächenverschmutzung *f*
surface porosity Oberflächenporosität *f*, Porosität *f* der Oberfläche
surface structure Oberflächenstruktur *f*
surface tension Oberflächenspannung *f*
surface therapy 1. *(Rad)* Oberflächentherapie *f*; 2. zudeckende Psychotherapie *f*
surface thermometer Oberflächenthermometer *n*
surfactant *s.* surface-active agent
surfer's ear Gehörgangsexostose *f*
surfer's nodules Surferknötchen *npl* *(z. B. an den Knien durch Kontakt mit Surfbrett)*
surgeon 1. Chirurg *m*, Arzt *m* [Facharzt *m*] für Chirurgie; 2. Schiffsarzt *m* • **refer to the surgeon** zum Chirurgen überweisen [schicken]
surgeon dentist Zahnarzt *m*; Kieferchirurg *m*
surgeon general Generalarzt *m*
surgeon-in-chief Chefchirurg *m*
surgeon's assistent chirurgischer Assistent *m*
surgeon's circle needle runde chirurgische Nadel *f*
surgeon's glove chirurgischer Handschuh *m*
surgeon's knot chirurgischer Knoten *m*
surgery 1. Chirurgie *f*; 2. chirurgischer [operativer] Eingriff *m*, operative [chirurgische] Behandlung *f*; 3. Sprechzimmer *n*; 4. Operationssaal *m*, OP *m* • **be engaged in surgery** auf dem Gebiet der Chirurgie tätig sein, als Chirurg arbeiten • **consider surgery** eine Operation in Betracht ziehen • **practise surgery** als Chirurg tätig sein, auf dem Gebiet der Chirurgie arbeiten • **remove by surgery** operativ [durch eine Operation] entfernen
surgery block Operationsabteilung *f*, Operationsblock *m*, OP *m*
surgery hours Sprechstunden *fpl*
surgery of the abdomen Bauchchirurgie *f*, Abdominalchirurgie *f*
surgery of the chest Thoraxchirurgie *f*
surgery of the joints Gelenkchirurgie *f*
surgery suite *s.* surgery block
surgical chirurgisch; Operations..., OP-...
surgical abdomen akuter Bauch *m*, akutes Abdomen *n*
surgical acute care unit *s.* surgical intensive care unit
surgical anatomy chirurgische Anatomie *f*
surgical assistance chirurgische Assistenz *f*
surgical boot orthopädischer Schuh *m*
surgical clamp chirurgische Klammer *f*, Wundklammer *f*
surgical cleaning Wundtoilette *f*
surgical correction chirurgische [operative] Korrektur *f*, Korrekturoperation *f*
surgical cutdown Venae sectio *f*, Venenschnitt *m*, Venenfreilegung *f*
surgical department chirurgische Abteilung *f*, Abteilung *f* für Chirurgie *f*, Chirurgie *f* • **be treated in a surgical department** in einer chirurgischen Abteilung behandelt werden
surgical diathermy chirurgische Diathermie *f*, Diathermokoagulation *f*, Diathermieverkochung *f*, Elektrokoagulation *f*
surgical diphtheria Wunddiphtherie *f*
surgical drill chirurgischer Bohrer *m*, Knochenbohrer *m*
surgical emphysema Hautemphysem *n*
surgical erysipelas Wunderysipel *n*, Wundrose *f*
surgical fever Wundfieber *n*, septisches Fieber *n*
surgical-glove talc granuloma Handschuhpudergranulom *n*, Talkumgranulom *n*
surgical gloves Operationshandschuhe *mpl*, OP-Handschuhe *mpl*
surgical induction of labour chirurgische [operative] Geburtseinleitung *f*
surgical instruments chirurgische Instrumente *npl*, Operationsbesteck *n*
surgical intensive care unit chirurgische Intensivtherapie-Einheit *f*, chirurgische Wachstation *f*
surgical intervention chirurgische Intervention *f*, chirurgischer Eingriff *m*, Operation *f*, chirurgische Behandlung *f*
surgical knot chirurgischer Knoten *m*
surgical ligature chirurgische Ligatur *f*
surgical menopause chirurgische [chirurgisch ausgelöste] Menopause *f*
surgical microscope Operationsmikroskop *n*
surgical neck (of the humerus) Collum *n* chirurgicum humeri, chirurgischer Hals *m* [Oberarmknochenhals *m*]
surgical pack Tamponade *f*
surgical pathology chirurgische Pathologie *f*, chirurgische Krankheitslehre *f*
surgical pneumothorax operativer [chirurgischer] Pneumothorax *m*
surgical precautions Vorkehrungen *fpl* bei einem operativen Eingriff, Vorbeugung *f* eines Schadens bei operativer Behandlung, chirurgische Vorkehrungen *fpl*
surgical premises Operationsblock *m*, Operationsabteilung *f*, OP *m*
surgical preparation chirurgische Vorbereitung *f*, OP-Vorbereitung *f* *(z. B. eines Patienten)*
surgical procedure Operationsverfahren *n*, chirurgische Methode *f*
surgical prosthesis chirurgische Prothese *f*
surgical reconstruction chirurgische Rekonstruktion *f*, operative Wiederherstellung *f*
surgical scrub 1. chirurgische Seife *f*, chirurgische Desinfektionslösung *f* *(für die Hände)*; 2. chirurgisches Waschen *n*, chirurgische Händedesinfektion *f*
surgical sectioning 1. chirurgisches Schneiden *n*, chirurgischer Schnitt *m*, chirurgische Durchtrennung *f*; 2. *(Stom)* chirurgische Zahnzerlegung *f* [Zahndurchtrennung *f*] *(zur leichteren Extraktion)*
surgical shock postoperativer [chirurgischer] Schock *m*
surgical specimen chirurgisches Präparat *n*, Operationspräparat *n*, chirurgisches Resektionspräparat *n*
surgical spirit Wundbenzin *n*
surgical spoon chirurgischer Löffel *m*, Kürette *f*
surgical stage of anaesthesia chirurgisches Narkosestadium *n* • **reach the surgical stage of anaesthesia** das chirurgische Narkosestadium erreichen
surgical stockings Stützstrümpfe *mpl*
surgical suite Operationstrakt *m*, OP-Bereich *m*

surgical team Operationsteam *n*
surgical technician chirurgischer Techniker *m*, Operationssaaltechniker *m*
surgical technique chirurgische [operative] Technik *f*, Operationstechnik *f*, Operationsverfahren *n*
surgical therapy *s.* surgical treatment
surgical treatment chirurgische Behandlung *f* • **give surgical treatment** eine chirurgische [operative] Behandlung durchführen
surgical tweezers chirurgische Pinzette *f*
surgical unit *s.* surgical department
surgical wound Operationswunde *f*
surrenal *s.* suprarenal 1.
surrogate Ersatz…
surrogate 1. Ersatz *m*; 2. Ersatzperson *f*, Ersatzvater *m*; Ersatzmutter *f*; 3. *(Psych)* Ersatzfigur *f*
surrogate mother Leihmutter *f*, Ersatzmutter *f*, Surrogatmutter *f*, Tragemutter *f (bei In-vitro-Fertilisation)*
surrogate parenting Leihmutterschaft *f*, Ersatzmutterschaft *f*, Austragen *n* einer Leihschwangerschaft; Surrogatelternteil *m*
surrogate partner Surrogatpartner *m*, Ersatzpartner *m*
sursumduction Aufwärtsbewegung *f (des Auges)*
sursumvergence Sursumvergenz *f*, Supravergenz *f*, reziproke Aufwärtsdrehung *f* nur eines Auges *(das gegenüberliegende Auge bleibt in Ruhestellung)*
sursumvergent strabismus *(Ophth)* Strabismus *m* sursumvergens, Aufwärtsschielen *n*
sursumversion Sursumversion *f*, Superversion *f*, binokuläre konjugierte Aufwärtsdrehung *f* der Augen
surveillance 1. Beobachtung *f*, Überwachung *f*, Monitoring *n (z. B. eines Patienten)*; 2. Verlaufsbeobachtung *f*; prospektive Verlaufsbeobsachtung *f*, retrospektive Verlaufsbeobsachtung *f*
survey 1. Gutachten *n*; 2. Besichtigung *f*, Inspektion *f*, (genaue) Betrachtung *f*; 3. Überblick *m*, Übersicht *f*; 4. Umfrage *f*, Untersuchung *f*, Befragung *f*; 5. Vermessung *f*
survey line *(Stom)* Konstruktionslinie *f*
survey radiograph Übersichtsröntgenaufnahme *f*, Röntgenleeraufnahme *f*, Leeraufnahme *f*
survey roentgenograph *s.* survey radiograph
surveyance system *(Inf)* Überwachungssystem *n*, Surveillance-System *n*
surveyed height of contour *(Stom)* vermessene Konturenhöhe *f*
surveying Vermessung *f*, Vermessen *n*
surveyer 1. Gutachter *m*; 2. *(Stom)* Vermessungsinstrument *n*
survival Überleben *n*, Weiterleben *n*; Überlebenszeit *f*
survival curve Überlebenskurve *f*
survival figure Überlebenszahl *f*
survival guilt *s.* survivor's guilt
survival mechanism Überlebensmechanismus *m*
survival rate Überlebensrate *f*
survival time Überlebenszeit *f*
survivance Erlebensfall *m* (einer Versicherung)
survive *v* 1. überleben; überstehen; aushalten, ertragen; 2. überleben, länger leben als
survive *v* **one's children** seine Kinder überleben
survive *v* **to adolescence** bis zum Erwachsenenalter überleben *(z. B. Kinder mit Herzfehlern)*
survive *v* **to adulthood** *s.* survive to adolescence
survivor syndrome *(Neur)* Überlebenssyndrom *n*, Konzentrationslagerüberlebenssyndrom *n*, KZ-Syndrom *n*, KZ-Neurose *f*
survivor's guilt *(Psych)* Schuldgefühl *n* als Überlebender, Überlebensschuld *f*
susceptibility Suszeptibilität *f*, Empfänglichkeit *f*, Empfindlichkeit *f*, Reizbarkeit *f*
susceptibility test Sensibilitätsprobe *f*, Empfindlichkeitstest *m*; Resistenztest *m (z. B. bei Bakterien gegenüber Antibiotika)*
susceptibility to a disease Krankheitsanfälligkeit *f*, Krankheitsneigung *f*
susceptible suszeptibel, empfänglich, anfällig; empfindlich, reizbar • **be susceptible to penicillin** gegenüber Penizillin empfindlich [sensibel] sein, auf Penizillin ansprechen
susceptible to injuries leicht verletzbar [verwundbar], verletzungsanfällig
susceptible to pain schmerzempfindlich
suspended animation Scheintod *m*, Vita *f* reducta
suspended heart Tropfenherz *n*
suspenopsia Flackersehen *n*, flackerndes Sehen *n (infolge Unterdrückung der Wahrnehmung im Sehzentrum)*
suspensiometer *s.* nephelometer
suspension 1. Suspension *f*, Aufschwemmung *f*; 2. Suspension *f*, Aufhängung *f* in der Schwebe, Schwebelagerung *f*, Hängelage *f*
suspension sling Trageschlinge *f (z. B. bei Armverletzung)*
suspensoid Suspensoid *n*, Suspensionskolloid *n*, Sol *n*, lyophobes Kolloid *n*
suspensor *s.* suspensorium
suspensorium Suspensorium *n*, Tragebeutel *m*, Tragevorrichtung *f*
suspensory tragend, stützend
suspensory *s.* 1. suspensorium; 2. suspensory bandage 1.; 3. suspensory ligament 1.; 4. suspensory muscle of the duodenum
suspensory bandage 1. Stützverband *m*; Bruchband *n*; 2. *s.* suspensorium
suspensory ligament 1. Aufhängeband *n*, Ligamentum *n* suspensorium; 2. Ligamentum *n* apicis dentis, Spitzenband *n*
suspensory ligament of the breast Ligamentum *n* suspensorium mammae
suspensory ligament of the clitoris Ligamentum *n* suspensorium clitoridis
suspensory ligament of the duodenum Treitz'sches Band *n*
suspensory ligament of the lens Zonula *f* ciliaris, Zonulaapparat *m*, Linsenaufhängeapparat *m*
suspensory ligament of the ovary Ligamentum *n* suspensorium ovarii, Plica *f* suspensoria ovarii
suspensory ligament of the penis Ligamentum *n* suspensorium penis
suspensory muscle of the duodenum Musculus *m* suspensorius duodeni
suspicion 1. Argwohn *m*, Misstrauen *n*; 2. Verdacht *m*, Verdächtigung *f*
suspiration Seufzeratmung *f*
suspire *v* tief atmen, tief Atem holen
suspirious schwer atmend
sustain *v* **vocal cord paralysis** eine Stimmbandlähmung erleiden [davontragen]
sustained-action preparation *(Pharm)* Depotpräparat *n*, Verzögerungspräparat *n*
sustenance 1. Lebenshilfe *f*, Lebensunterstützung *f*, Gesundheitshilfe *f*, Gesundheitsunterstützung *f*, Aufrechterhaltung *f* des Lebens; 2. (lebensnotwendige) Nahrung *f*
sustenance support *s.* sustenance 1.
sustentacular stützend; Stütz…
sustentacular cell Stützzelle *f*
sustentacular tissue Stützgewebe *n*
sustentaculum Sustentakulum *n*, Stütze *f*, Stützgerüst *n*
Sutton's disease 1. Sutton'sche Krankheit *f*, Granuloma *n* fissuratum; 2. Sutton'sche Krankheit *f*, Periadenitis *f*

mucosa necrotica recurrens, Mikulicz'sche Aphthen *fpl*, chronisch-rezidivierende Aphthen *fpl*
Sutton's naevus Sutton-Nävus *m*, Halonävus (Sutton) *m*
Sutton's phenomenon Sutton'sches Phänomen *n*
sutura *s.* suture 1.
sutural Sutura..., Naht...
sutural cataract *(Ophth)* Nahtstar *m*, Sternkatarakt *f*, Cataracta *f* suturalis [stellaris]
suturation *(Chir)* Nähen *n*, Nahtanlegung *f*, Vernähung *f*, Vernähen *n*
suture *v (Chir)* nähen, eine Wunde nähen, eine Naht machen • **part a suture** eine Naht eröffnen • **place a suture** eine Naht platzieren [anlegen]
suture 1. *(Anat)* Sutura *f*, Naht *f*, Knochennaht *f*; 2. (chirurgische) Naht *f*; 3. *(Chir)* Nähen *n*; 4. *(Chir)* Nahtmaterial *n*; Faden *m*
suture clip Wundklammer *f*
suture clip applying Wundklammeranlegen *n*, Wundklammersetzen *n*
suture clip removing Wundklammerabnehmen *n*, Wundklammerentfernung *f*
suture closure Nahtverschluss *m (z. B. eines Gefäßes)*
suture forceps Nadelhalter *m*
suture hook Fadenfänger *m*
suture-ligature Durchstichligatur *f*
suture line Nahtlinie *f*
suture material Nahtmaterial *n*
suture needle chirurgische Nadel *f*
suture pusher Fadengabel *f*
suture removal Fadenentfernung *f*, Fädenziehen *n*
suture technic Nahttechnik *f*
suture through all layers Allschichtennaht *f*
suturectomy Suturektomie *f*, (operative) Schädelnahtentfernung *f*
suturing apparatus Nähapparat *m* • **fill in a suturing apparatus with clips** einen Nähapparat mit Clips füllen
suturing instrument set Wundnahtbesteck *n*
suturing technique Nahttechnik *f*, Nähtechnik *f*
suxamethonium chloride *s.* succinylcholine chloride
Svedberg flotation unit *s.* Svedberg sedimentation unit
Svedberg sedimentation unit *(Lab)* Svedberg'sche Sedimentationskonstante *f*
swab *v* 1. abtupfen *(z. B. Flüssigkeit)*, 2. betupfen *(z. B. die Haut)*
swab 1. Tupfer *m*, Tampon *m*, Wattebausch *m*; Stieltupfer *m*; Abstrichtupfer *m*; 2. Abstrich *m (z. B. von Tonsillen)* • **make [take] a swab** einen Abstrich machen
swab holder Tamponhalter *m*
swab stick Tupferstab *m*, Tupferträger *m*
swaddle *v* **a baby** ein Baby wickeln [in Windeln legen]
swaddle Windel *f*
swaddling Wickeln *n*
swaddling clothes Windeln *fpl*
swage *v* stanzen; pressen
swagged gestanzt; gepresst
swagged metallic denture gestanzte Metallprothese *f*
swagged needle 1. atraumatische Nadel *f*, 2. atraumatische Naht *f*
swallow *v* (ver)schlucken; verschlingen
swallow *v* **a bit of barium (meal)** *(Rad)* einen Bariumschluck nehmen
swallowing Schlucken *n*, Verschlucken *n*
swallowing artifact Schluckartefakt *m*
swallowing reflex Schluckreflex *m*
swamp fever *(Inf)* Schlammfieber *n*, Wasserfieber *n*, Erntefieber *n*, Feldfieber *n*, Sumpffieber *n (durch Leptospira grippotyphosa)*
Swan-Ganz catheter Swan-Ganz-Katheter *m (Pulmonalarterienkatheter)*
swan neck deformity Schwanenhalsdeformität *f (nach Fingersehnenruptur)*
swan-necked gouge *(Chir)* Schwanenhalsmeißel *m*
swarming Schwärmen *n*, Ausschwärmen *n*; flächiges Ausbreiten *n (z. B. von Bakterienkulturen)*
sway *v* hin und her schwanken, schwanken, hin und her wiegen; sich hin und her wiegen
swayback nose *s.* saddle nose
sweat *v* schwitzen, transpirieren
sweat 1. Schweiß *m*; 2. Schwitzkur *f*
sweat duct Schweißdrüsengang *m*
sweat gland Schweißdrüse *f*, Glandula *f* sudorifera
sweat gland adenoma Schweißdrüsenadenom *n*, Adenoma *n* sudoriparum
sweat gland carcinoma Schweißdrüsenkarzinom *n*
sweat gland tumour Schweißdrüsentumor *m*
sweat pore Schweißpore *f*, Porus *m* sudoriferus
sweat test Schweißtest *m*
sweating Schwitzen *n*, Transpiration *f*
sweating of blood Blutschwitzen *n*, Hämhidrose *f*, Hämat(h)idrose *f*, Blutschweiß *m*, Sudor *m* sanguinosus
sweaty schweißig; verschwitzt
sweaty foot Schweißfuß *m*
swedged needle atraumatische Nadel *f*
Swedish type of porphyria akute intermittierende Porphyrie *f*
Sweet's syndrome Sweet'sches Syndrom *n*, akute fieberhafte neutrophile Dermatose *f*
swelling 1. Schwellung *f*, Anschwellen *n*; 2. Schwellung *f*, Geschwulst *f*, Tumor *m*
swelling of the nasal mucous membrane Nasenschleimhaut(an)schwellung *f*
Swift-Feer disease *s.* Swift's disease
Swift's disease Swift'sche Krankheit *f*, Selter-Swift-Feer'sche Krankheit *f*, infantile Akrodynie *f*
swimmer's itch Badedermatitis *f*, Zerkariendermatitis *f*
swimming of the head Schwindelgefühl *n*
swimming-pool conjunctivitis Schwimmbadkonjunktivitis *f*
swimming reflex Schwimmreflex *m (bei Säuglingen bis sechsten Monat)*
swing phase of gait Schwungphase *f* [Schwingphase *f*] des Gehens
swine erysipelas *s.* erysipeloid
switch *v* **on** einschalten *(Geräte)*
switch *v* **on the X-ray apparatus** den Röntgenapparat einschalten
switch 1. Umstellung *f*, Wechsel *m*; 2. Verschiebung *f*, Umsetzung *f*, Versetzung *f*, 3. Umschaltung *f*, 4. Tausch *m*; Austausch *m*; 5. Schalter *m*
switch site Schaltstelle *f*
switching Verschiebung *f*, Tauschen *n*, Austauschen *n*
swollen abdomen geblähtes Abdomen *n*, aufgeblähter Bauch *m*
swollen brain Hirnschwellung *f*, Hirnödem *n*
swollen conjunctiva (an)geschwollene Konjunktiva *f*, Bindehautschwellung *f*
Swyer-James syndrome 1. Swyer-James-Syndrom *n*, einseitig helle Lunge *f (bei einseitigem zystischem Emphysem)*; 2. MacLeod'sches Syndrom *n*, unilaterales lobäres Emphysem *n*
Swyer-James-MacLeod syndrome *s.* Swyer-James syndrome
Swyer syndrome Swyer-Syndrom *n*, reine Gonadendysgenesie *f (ohne Missbildungen und mit normaler Körpergröße)*
sycephalus *s.* syncephalus
sychnuria häufiger Harndrang *m*, häufiges Wasserlassen *n*, Pollakisurie *f*

sycoma Warze *f*, Verruca *f*
sycosiform sykosiform, (bart)flechtenförmig
sycosiform eczema *(Derm)* Ekzema *n* sycosiforme
sycosis (of the beard) *(Derm)* Sykose *f*, Folliculitis *f* barbae, Sycosis *f* vulgaris [simplex], Sycosis *f* staphylogenes [non parasitaria], Staphylodermia *f* follicularis sycosiformis *(z. B. durch Staphylokokken)*; Bartflechte *f*
Sydenham's chorea *(Neur)* Sydenham'sche Chorea *f*, Seydenham-Chorea *f*, Chorea *f* minor [infectiosa], Veitstanz *m*
Sydenham's disease *s.* Sydenham's chorea
syllabic utterance Silbenstottern *n*
syllabize *v* in Silben stottern
syllable stumbling Silbenstottern *n*
syllepsis Konzeption *f*, Imprägnation *f*, Empfängnis *f*, Fekundation *f*, Befruchtung *f*, Schwängerung *f*
sylvan yellow fever *(Trop)* Buschgelbfieber *n*
sylvatic 1. Wald...; 2. wilde Tiere betreffend; Wild...
sylvatic plague *(Inf)* Waldpest *f*, Nagerpest *f*
Sylvest's disease epidemische Pleurodynie *f*, Pleurodynia *f* epidemica
Sylvian aquaeduct Sylvius'scher Aquädukt *m*, Aquaeductus *m* Sylvii [cerebri]
Sylvian aquaeduct stenosis Aquäduktstenose *f*
Sylvian aquaeduct syndrome *(Neur)* Aquädukt-Syndrom *n*
Sylvian artery Arteria *f* cerebri media
Sylvian bone Processus *m* lenticularis incudis
Sylvian fissure Sylvius'sche Furche *f*, Sulcus *m* cerebri lateralis
Sylvian sulcus *s.* Sylvian fissure
Sylvian vein Vena *f* cerebri media
sylviduct *s.* Sylvian aquaeduct
symballophone Symballophon *n (stereophones Stethoskop)*
symbiology Symbioselehre *f*
symbion *s.* symbiont
symbionic Symbiose...
symbiont Symbiont *m*, Symbioseteilhaber *m*, Symbioseteilnehmer *m*
symbiontic psychosis *(Neur)* symbiontische Psychose *f*
symbiosis Symbiose *f (Zusammenleben artfremder Lebewesen zu beiderseitigem Nutzen)*
symbiote *s.* symbiont
symbiotic symbiotisch, symbiontisch, in Symbiose (zusammen)lebend, Symbioso...
symbiotic infantile psychosis symbiotische kindliche Psychose *f*
symbiotic organism *s.* symbiont
symbiotic phase *(Psych)* symbiotische Phase *f (zwischen Mutter und Kind)*
symbiotical *s.* symbiotic
symblepharon *(Ophth)* Symblepharon *n*, Lidverwachsung *f* mit dem Augapfel
symblepharopterygium *(Ophth)* Symblepharopterygium *n*
symblepharosis *(Ophth)* Symblepharose *f*, Vorhandensein *n* eines Symblepharons
symbol Symbol *n*, Zeichen *n*
symbol thinking *(Psych)* Symboldenken *n*
symbolic symbolisch; Symbol...
symbolic action *(Psych)* Symbolhandlung *f*
symbolic agnosia *(Neur)* Symbolagnosie *f*
symbolic realization *(Psych)* symbolische Wunscherfüllung *f*
symbolism *(Neur)* Symbolismus *m*, Symboldenken *n*
symbolismus *s.* symbolism
symbolization *(Psych)* Symbolisation *f (Übertragung von emotionalen Bewertungen auf andere Objekte)*
symbolophobia *(Neur)* Symbolophobie *f*, Symbolangst *f*, Symbolfurcht *f*
symbrachydactylia Symbrachydaktylie *f*, Fingerverkürzung *f* mit Schwimmhautbildung
symbrachydactylism *s.* symbrachydactylia
symbrachydactyly *s.* symbrachydactylia
symelus *s.* symmelus
Syme's amputation *(Chir)* Syme'sche Amputation *f* [Stumpfplastik *f*]
symmelia *(Terat)* Symmelie *f*, Sirenenbildung *f*, Missbildung *f* mit Beinverschmelzung
symmelus *(Terat)* Symmelus *m*, Sirene *f*, Missgeburt *f* mit Beinverschmelzung
Symmers' disease Symmers'sche Krankheit *f*, Brill-Symmers'sche Krankheit *f*, Morbus *m* Brill-Symmers, Brill'sches Syndrom *n*, Brill-Symmers-Syndrom *n*, noduläres [großfollikuläres] Lymphom *n*, großfollikuläres Lymphoblastom *n*
Symmers' clay pipestem fibrosis *s.* Symmers' fibrosis
Symmers' fibrosis Symmers'sche Fibrose *f*, (Symmers'sche) Pfeifenstielfibrose *f*
symmetric symmetrisch, gleichmäßig; Symmetrie...
symmetric gangrene *s.* Raynaud's disease
symmetric lipomatosis symmetrische Lipomatose *f*, noduläre zirkumskripte Lipomatose *f*, multiple noduläre Lipomatose *f*
symmetric orientation symmetrische Orientierung *f (des Neugeborenen)*
symmetric tonic neck reflex symmetrischer tonischer Nackenreflex *m*, Krabbelreflex *m*
symmetrical *s.* symmetric
symmetry Symmetrie *f*, Gleichmäßigkeit *f (z. B. beider Körperhälften)*
sympathectomize *v* sympathektomieren, eine Sympathektomie durchführen; den Grenzstrang resezieren
sympathectomy Sympathektomie *f*, Grenzstrangresektion *f*, (operative) Teilentfernung *f* des Nervus sympathicus
sympatheoneuritis Sympathikoneuritis *f*, Sympathikusentzündung *f*
sympathetectomy *s.* sympathectomy
sympathetic 1. Sympathikus...; sympathisch; 2. sympathetisch, geheimkräftig; 3. sympathisch; Sympathie...
sympathetic Sympathikus *m*; Nervus *m* sympathicus
sympathetic block *s.* sympathetic blockage
sympathetic blockage Sympathikus(nerven)blockade *f*
sympathetic cell sympathische Nervenzelle *f*, Sympathikus(nerven)zelle *f*
sympathetic effusion symptomatischer Erguss *m*
sympathetic eye sympathisches [sekundäres] Auge *n*, sympathetisches Auge *n (bei sympathischer Ophthalmie)*
sympathetic fibre sympathische Nervenfaser *f*, Sympathikus(nerven)faser *f*
sympathetic ganglion sympathisches Ganglion *n*, Sympathikusganglion *n*, Grenzstrangganglion *n*
sympathetic hormone *s.* epinephrine
sympathetic imbalance vegetatives Ungleichgewicht *n*; Vagotonie *f*, erhöhter Vagustonus *m*
sympathetic irritation sympathische Reizung *f*
sympathetic nerve sympathischer Nerv *m*, Sympathikusnerv *m*
sympathetic nerve trunk *s.* sympathetic trunk
sympathetic nervous system sympathisches Nervensystem *n*, Systema *n* nervosum sympathicum; Sympathikus *m*
sympathetic neuroma *s.* sympathicocytoma
sympathetic ophthalmia sympathische Opthalmie *f*, Ophthalmia *f* sympathica [migratoria] *(von einem Auge zum anderen übertragene Entzündung)*
sympathetic pain sympathischer [sympathetischer] Schmerz *m*

sympathetic plexus sympathisches Nervengeflecht *n*, Sympathikusplexus *m*
sympathetic symptom sympathisches [sympathetisches] Symptom *n*
sympathetic trunk Truncus *m* sympathicus, Grenzstrang *m*
sympatheticomimetic *s.* sympathomimetic
sympatheticoparalytic sympathikoparalytisch, sympathikuslähmend
sympatheticotonia Sympathikotonie *f*, Sympathikus(über)erregung *f*
sympatheticotonic sympathikotonisch
sympatheticotonus Sympathikotonus *m*
sympathetoblast *s.* sympathicoblast
sympathic *s.* sympathetic
sympathicectomy *s.* sympathectomy
sympathico... *siehe auch: sympatho...*
sympathicoblast *(Embr)* Sympath(ik)oblast *m*
sympathicoblastoma Sympath(ik)oblastom *n (bösartige Geschwulst)*
sympathicocytoma *(Path)* Sympathikozytom *n*, Ganglioneurom *n*
sympathicogonioma Sympath(ik)ogoniom *n*, Sympathikusneuroblastom *n (bösartige Geschwulst)*
sympathicolytic *s.* sympatholytic
sympathicomimetic *s.* sympathomimetic
sympathiconeuritis Sympathikoneuritis *f*, Sympathikus(nerven)entzündung *f*
sympathicopathy Sympathikopathie *f*, Krankheit *f* [Erkrankung *f*] infolge Sympathikusstörung
sympathicotonia Sympathikotonie *f*, Sympathikus(über)erregung *f*
sympathicotonic sympathikotonisch; Sympathikotonie...
sympathicotripsy Sympathikotripsie *f*, Sympathikus(nerven)quetschung *f*
sympathicotrope *s.* sympathicotropic
sympathicotropic sympathikotrop, auf den Symphatikus wirksam
sympathicotropic (agent) Sympathikotropikum *n*
sympathicus *s.* sympathetic nervous system
sympathin Sympathin *n (Sympathikuswirkstoff)*
sympathism *s.* suggestibility
sympathize *v* mitfühlen, Mitleid haben; das Mitgefühl äußern; sympathisieren; Verständnis haben
sympathizer 1. Sympathisant *m*; Sympathisantin *f*; 2. *s.* sympathetic eye
sympathizing eye *s.* sympathetic eye
sympatho... *siehe auch: sympathico...*
sympathoadrenal sympathoadrenal
sympathoblast Sympathoblast *m*
sympathochromaffin sympathikochromaffin
sympathogone *s.* sympathogonium
sympathogonia *pl s.* sympathogonium
sympathogonioma Sympathogoniom *n (bösartige Geschwulst)*
sympathogonium Sympathogonium *n*
sympatholytic sympathikolytisch, sympathikushemmend, den Sympathikus blockierend
sympatholytic (agent) Sympathikolytikum *n*, sympathikushemmendes Mittel *n*
sympathoma *s.* neuroblastoma
sympathomimetic sympathikomimetisch, sympathikuswirksam, adrenomimetisch
sympathomimetic (agent) Sympathikomimetikum *n*, sympathikusstimulierendes Mittel *n*
sympathomimetic amine sympathikomimetisches Amin *n*
sympathomimetic bronchodilator sympathikomimetischer Bronchodilator *m*

sympathy Sympathie *f*
sympexion Sympexion *n*
sympexis Sympexis *f*
symphalangia *s.* symphalangism
symphalangism 1. Symphalangismus *m*, Symphalangie *f*, Fingergelenksversteifung *f*, Fingersteifigkeit *f*; 2. *s.* syndactylism
symphalangy *s.* symphalangism
symphyocephalus *(Terat)* Symphyozephalus *m*, Synzephalus *m*, Doppelmissgeburt *f* mit Schädelverwachsung
symphyseal 1. symphyseal, symphysisch; Symphysen..., Verwachsungs...; 2. Scham(bein)fugen...
symphyseal angle *(Stom)* Symphysenwinkel *m*, Kinnwinkel *m*
symphyseal rupture Symphysenruptur *f*, Symphysensprengung *f*
symphyseorrhaphy *s.* symphysiorrhaphy
symphyseotomy *s.* symphysiotomy
symphyses *pl s.* symphysis
symphysial *s.* symphyseal
symphysic *s.* symphyseal
symphysic teratism symphysischer Teratismus *m*, Verwachsungsteratismus *m (z. B. Hufeisenniere)*
symphysiectomy Symphysiektomie *f*, Symphysenexstirpation *f*, (operative) Schambeinentfernung *f*
symphysiolysis Symphysiolyse *f*, Symphysen(auf)lösung *f*
symphysion *(Anat)* Symphysion *n (anthropologischer Messpunkt)*
symphysiorrhaphy Symphysiorrhaphie *f*, Symphysennaht *f*, Schambeinnaht *f*
symphysiotome Symphysiotom *n*, Symphysenmesser *n*
symphysiotomy *(Chir)* Symphysiotomie *f*, Symphysenschnitt *m*, (operative) Schamfugendurchtrennung *f*
symphysis 1. Symphyse *f*, Verwachsung *f (siehe auch: synchondrosis)*; 2. Scham(bein)fuge *f*, Symphysis *f* pubica
symphysis sign Symphysenzeichen *n*
symphysodactyly *s.* syndactyly
symphysopsia Symphysopsie *f*, (angeborene) Augenverschmelzung *f*
symplasm *(Histol)* Symplasma *n*, mehrkerniger Zellverband *m (Gewebe ohne zelluläre Struktur)*
symplasmatic symplasmatisch; Symplasma...
symplast *s.* symplasm
sympodia Sympodie *f*, (angeborene) Beinverschmelzung *f*
sympodial Sympodie...
symptom Symptom *n*, Krankheitszeichen *n*, Anzeichen *n*; Kennzeichen *n*; Merkmal *n*
symptom analysis *(Psych)* Symptomanalyse *f*
symptom anamnesis *(Psych)* Symptomanamnese *f*
symptom-bearer *(Psych)* Symptomträger *m*, identifizierter Patient *m (schlecht funktionierendes Familienmitglied)*
symptom choice *(Psych)* Symptomwahl *f*
symptom complex Symptomenkomplex *m*, Syndrom *n (Zusammensetzungen siehe unter: syndrome)*
symptom group *s.* symptom complex
symptom-formation Symptombildung *f*
symptom-free symptomfrei, symptomlos
symptom-free interval symptomfreies Intervall *n*
symptom of déjà vu *(Neur)* Déjà-vu-Symptom *n*; Déjà-vu-Erlebnis *n (Gefühl, etwas schon früher erlebt zu haben)*
symptom of jamais vu *(Neur)* Jamais-vu-Symptom *n*; Entfremdungserlebnis *n (gegenüber vertrauter Umgebung)*
symptom-provocation *(Psych)* (gezielte) Symptomprovokation *f*
symptom shift *(Psych)* Symptomverschiebung *f*
symptomatic 1. symptomatisch, symptombezogen; Symptom...; 2. symptomatisch, anzeigend, kennzeichnend;

Symptom…; pathognomonisch; 3. symptomatisch, typisch, bezeichnend
symptomatic depression symptomatische Depression *f*
symptomatic epilepsy *(Neur)* symptomatische Epilepsie *f*
symptomatic oesophageal peristalsis symptomatische Speiseröhrenperistaltik *f*, Ösophagusspasmus *m*; Nussknackerösophagus *m*
symptomatic impotence symptomatische Impotenz *f*
symptomatic nanism symptomatischer Nanismus *m*
symptomatic narcolepsy symptomatische Narkolepsie *f*
symptomatic neuralgia symptomatische Neuralgie *f*
symptomatic psychopathic personality *(Neur)* symptomatischer Psychopath *m*
symptomatic psychosis *(Neur)* symptomatische Psychose *f*
symptomatic torticollis symptomatischer Torticollis *m*
symptomatic treatment symptomatische Therapie *f*
symptomatologic symptomatologisch
symptomatology 1. Symptomatologie *f*, Symptomenlehre *f*, Lehre *f* von den Krankheitszeichen, Semiologie *f*, Semiotik *f*; 2. Symptomatologie *f*, Gesamtheit *f* der Symptome
symptomatolytic symptombeseitigend
symptomless carrier symptomloser Überträger *m*, passiver Carrier *m*
symptomolytic *s.* symptomatolytic
symptothermal method of family planning symptothermale Methode *f* der Familienplanung *(Kombination von Ovulationsmethode und Basaltemperaturmethode)*
sympus *s.* symmelus
Syms' tractor Syms'scher Traktor *m (bei Prostatektomie)*
synadelphus *(Terat)* Synadelphus *m (Missgeburt)*
synaesthesia Synästhesie *f*, (abnorme) Mitempfindung *f (in Sinnesorganen)*
synaesthesialgia Synästhesialgie *f*, Kausalgie *f*, brennende Schmerzempfindung *f*
synalbumin Synalbumin *n*
synalgia Synalgia *f*, schmerzhafte Mitempfindung *f (z. B. in Gliedern)*
synalgic synalgisch; Synalgie…
synanamorph Synanamorph *m*
synanastomosis Synanastomose *f*
synandrogenic synandrogen, die Androgenwirkung verstärkend
synanthema Synanthema *n*, Synanthem *n (Gruppe von Papeln)*
synanthrin Synanthrin *n*, Inulin *n*
synaphoceptor Synaphozeptor *m*
synaphymenitis Konjunktivitis *f*, Bindehautentzündung *f*
synapse *v* durch eine Synapse verbinden; in Synapsenverbindung stehen
synapse Synapse *f (Nervenverbindungsstelle)*
synapse membrane *(Physiol)* Synapsenmembran *f*, synaptische Membran *f*
synapsis 1. *s.* synapse; 2. synaptische Phase *f*, Paarbildung *f* homologer Chromosomen
synaptic *(Neur, Physiol)* synaptisch; Synapsen…
synaptic cleft *s.* synaptic gap
synaptic conduction Synapsenübertragung *f*, synaptische Übertragung *f*
synaptic gap Synapsenspalt *m*, synaptischer Spalt *m*
synaptic junction Synapsenverbindung *f*
synaptic knob Synapsenknopf *m*, synaptische Erweiterung *f*, Endfüßchen *n*
synaptic maturation Synapsenreifung *f*
synaptic membrane Synapsenmembran *f*, synaptische Membran *f*
synaptic transmission Synapsenübertragung *f*, synaptische Transmission *f*
synaptic vesicle Synapsenbläschen *n*, synaptisches Bläschen *n*
synaptogenesis Synaptogenese *f*, Synapsenentwicklung *f*, Synapsenbildung *f*
synaptolemma *s.* synaptic membrane
synaptology Synaptologie *f*, Synapsenlehre *f*
synaptophysin Synaptophysin *n*
synaptosomal Synaptosomen…
synaptosome Synaptosom *n (Synapsenstruktur)*
synarthrodia *s.* synarthrosis
synarthrodial Synarthrose…
synarthroses *pl s.* synarthrosis
synarthrosis Synarthrose *f*, Knochenverbindung *f* ohne Gelenkspalt, unbewegliche Knochenverbindung *f*
synathresis *s.* synathroisis
synathroisis lokale Hyperämie *f*, lokale Kongestion *f*
syncanthus Synkanthus *m*, Lidwinkelverwachsung *f*
syncarcinogenesis Synkarzinogenese *f*
syncaryon Synkarion *n*, diploider Zellkern *m*
syncelom *s.* syncoelom
syncephalus *(Terat)* Syncephalus *m*, Monocephalus *m (Missgeburt)*
syncephaly *(Terat)* Synzephalie *f*
syncheilia Syncheilie *f*, Lippenverwachsung *f*
syncheiria Syncheirie *f*, Synchirie *f (Reizwirkung auf eine Körperseite wird auf beiden Körperseiten empfunden)*
synchesis *s.* synchysis
synchilia *s.* syncheilia
synchiria *s.* syncheiria
syncholia Syncholie *f (Ausscheidung von körperfremden Substanzen zusammen mit der Galle)*
synchondrectomy Synchondrektomie *f*, operative Synchondrosentfernung *f*, Exzision *f* einer Synchondrose
synchondroseotomy (operative) Synchondrosedurchtrennung *f*
synchondrosial Synchondrosen…, Knorpelhaft…, Knorpelfugen…
synchondrosis Synchondrose *f*, Junctura *f* [Symphysis *f*] cartilaginea, Knorpelhaft *f*, Knorpelfuge *f*
synchondrotomy 1. Synchondrotomie *f*, (operative) Knorpelhaftdurchtrennung *f*; 2. *s.* symphysiotomy
synchopexia *s.* tachycardia
synchorial mit gemeinsamer Plazenta *(z. B. Zwillinge)*
synchronia 1. Synchronie *f (zeitgerechter Ablauf eines Vorgangs)*; 2. Synchronie *f (Bildung, Entwicklung, Funktion und Rückbildung von Organen zum üblichen Zeitpunkt)*; 3. *s.* synchronism
synchronic synchron, zur gleichen Zeit auftretend
synchonicity *(Psych)* Synchronizität *f*
synchronism Synchronismus *m*, synchroner Zustand *m*, gleichzeitiges Auftreten *n*
synchronization Synchronisierung *f*, Synchronisation *f*
synchronize *v* synchronisieren
synchronized intermittent mandatory ventilation *(Anästh)* synchronisierte intermittierende maschinelle Beatmung *f*, SIMV
synchronous synchron, zur gleichen Zeit auftretend
synchrony *s.* synchronia
synchrotron Synchrotron *n*, Kreisbeschleuniger *m (z. B. ein Elektronenbeschleuniger)*
synchysis (of the vitreous body) *(Ophth)* Synchisis *f*, Glaskörperverflüssigung *f*, Synchysis *f* corporis vitrei
syncinesis *s.* synkinesia
synclinal synklinal, einander zugebeugt, zueinander geneigt [inkliniert]
synclisis *s.* synclitism
synclitic synklitisch, achsengerecht; Synklitismus…
syncliticism *s.* synclitism

synclitism Synklitismus *m (Achseneinstellung des Kindskopfes bei der Geburt)*
synclonic Synklonus...
synclonus Synklonus *m*, Muskelzittern *n* mehrerer Muskeln
syncoelom Syncoelom *n*, Synzölom *n (Gesamtheit der periviszeralen Körperhöhlen)*
syncopal synkopal, synkopisch, synkopenartig; Synkopen..., Ohnmachts...
syncopal attack *s.* syncope
syncope Synkope *f*, (kurze) Ohnmacht *f*, Ohnmachtsanfall *m*
syncopic *s.* syncopal
syncretic thinking synkretes Denken *n (Entwicklungsphase des kindlichen Denkens)*
syncretio Verklebung *f*, Verwachsung *f (z. B. entzündlicher Flächen)*
syncrisis Synkrise *f*, Synkrisis *f*, Vergleich *m*; Zusammensetzung *f*, Mischung *f*
syncyanin Syncyanin *n*, Synzyanin *n (von Pseudomonas syncyanea gebildetes blaues Pigment)*
syncytia *pl s.* syncytium
syncytial synzytial; Synzytium...
syncytial cell Synzytialzelle *f*, Synzytiumzelle *f*
syncytial trophoblast *s.* syncytiotrophoblast
syncytial virus synzytiales Virus *n*
syncytiolysin Synzytiolysin *n*
syncytioma Synzytiom *n*, Choriokarzinom *n*, Syncytioma *n* malignum
syncytiotoxin Synzytiotoxin *n*, Plazentazellgift *n*
syncytiotrophoblast Synzytiotrophoblast *m*, Plasmodiblast *m (äußerster Teil des Trophoblast)*
syncytiotrophoblastic synzytiotrophoblastisch; Synzytiotrophoblasten...
syncytium Synzytium *n (mehrkerniger Zellverband ohne Zellgrenzen)*
syncytoid Synzytium...
syndactyl *s.* syndactylous
syndactylia *s.* syndactyly
syndactylism *s.* syndactyly
syndactylous syndaktyl, mit verwachsenen Fingern; mit verwachsenen Zehen
syndactylus *(Terat)* Syndaktylus *m*, Missgeburt *f* mit verwachsenen Fingern oder Zehen
syndactyly *(Terat)* Syndaktylie *f*, Fingerverwachsung *f*, Zehenverwachsung *f*
syndectomy Syndektomie *f*, Ausschneidung *f* eines Augenbindehautstreifens
syndelphus *(Terat)* Syndelphus *m (Missgeburt)*
syndesis 1. Syndese *f*, künstliche Gelenkversteifung *f*; 2. *s.* synapse
syndesmectomy Syndesmektomie *f*, Bandexstirpation *f*, (operative) Bandentfernung *f*
syndesmectopia Syndesmektopie *f*, (operative) Bandverlagerung *f*
syndesmitis 1. Syndesmitis *f*, Bandentzündung *f*; 2. *s.* conjuncitivis
syndesmochorial syndesmochorial
syndesmodial Syndesmosen...
syndesmodiastasis Syndesmosenruptur *f*, Bandruptur *f*, Bandzerreißung *f*
syndesmography Syndesmographie *f*
syndesmologia *s.* syndesmology
syndesmology Syndesmologie *f*, Bänderlehre *f*
syndesmo-odontoid *(Anat)* Syndesmoodontoid *n*
syndesmopexy Syndesmopexie *f*, Bänderanheftung *f*, Bandfixierung *f*
syndesmophyte Syndesmophyt *m*, verknöcherte Bänderbrücke *f*, (lokale) Bandscheibenverknöcherung *f*
syndesmoplasty Bandplastik *f*, plastische Bandrekonstruktion *f*
syndesmorrhaphy Syndesmorrhaphie *f*, Bändernaht *f*
syndesmosis Syndesmose *f*, Bandhaft *f*, bindegewebige Knochenverbindung *f*, Junctura *f* fibrosa
syndesmotic Syndesmosen...
syndesmotomy Syndesmotomie *f*, (operative) Banddurchtrennung *f*
syndrome Syndrom *n*, Symptomenkomplex *m*
syndrome of depersonalization *(Neur)* Depersonalisationssyndrom *n*
syndrome of discomfort Diskomfortsyndrom *n*, Unbehaglichkeitssyndrom *n*, Beschwerdensyndrom *n*
syndrome of inappropriate antidiuretic hormone secretion Syndrom *n* der inappropriaten ADH-Sekretion, SIADH *(bei überschießender ADH-Sekretion)*
syndrome of premature ventricular stimulation *s.* Wolff-Parkinson-White syndrome
syndrome of reference Beziehungssyndrom *n*
syndrome shift Syndromwechsel *m*
syndromic Syndrom...
syndromology Syndromenlehre *f*
synechenterotomy Synechenterotomie *f*, Bridendurchtrennung *f*, Lösung *f* von Darmverwachsungen [Briden]
synechia Synechie *f*, Verklebung *f*, Verwachsung *f*
synechial synechial; Synechie...
synechiotome *(Chir)* Synech(i)otom *n*
synechiotomy Synechiotomie *f*, Synechiendurchtrennung *f*, Synechienlösung *f*
synechotome *s.* synechiotome
synechotomy *s.* synechiotomy
synectics Synektik *f (Methode zur Lösung von Problemen; z. B. durch Verfremdung)*
synencephalia *(Terat)* Synenzephalie *f*, Doppelmissbildung *f* mit einem Kopf
synencephalocele Synenzephalozele *f*
synencephalus *(Terat)* Synenzephalus *m*, Doppelmissgeburt *f* mit einem Kopf
synencephaly *s.* synencephalia
syneresis 1. Zusammenziehen *n*, Zusammenziehung *f*, Retraktion *f (z. B. von Blutgerinnseln)*; 2. *(Ophth)* Glaskörperdegeneration *f*
synergenesis Synergenesis *f (Übertragung des Protoplasmas auf jede folgende Zellgeneration)*
synergetic *s.* synergistic
synergia *s.* synergy
synergic *s.* synergistic
synergism *s.* synergy
synergist 1. Synergist *m*; 2. Synergist *m*, synergistisches Organ *n*; 3. *s.* synergistic muscle
synergistic synergistisch, zusammenwirkend, gleichsinnig; Synergismus...
synergistic muscle synergistischer Muskel *m*, Synergist *m*
synergy 1. *(Physiol)* Synergie *f*, Zusammenwirken *n (z. B. von Organen)*; 2. *(Physiol)* Synergismus *m*, Zusammenspiel *n (z. B. von Muskeln)*; Muskelkoordination *f (durch das Zentralnervensystem)*; 3. *(Pharm)* Synergismus *m*, potenzierte additive Wirkung *f (z. B. von Arzneien)*
synesthesia *s.* synaesthesia
synesthesialgia Synaesthesia *f* algica, schmerzhafte Synästhesie *f*
synezesis 1. Synezesis *f*, Synizesis *f*, Verschluss *m*, Okklusion *f*, Verklebung *f*; 2. Synezesis *f*, Synizesis *f (Mitosestadium)*
syngamic *(Gen)* syngam
syngamous *s.* syngamic
syngamy Syngamie *f*, Gametenvereinigung *f*

syngeneic syngen(etisch), erbgleich, isogen(etisch), mit gleichen Erbanlagen, genetisch identisch, vom gleichen Genotyp; isolog
syngenesioplastic erbgleich transplantiert
syngenesioplasty *s.* syngenesiotransplantation
syngenesiotransplantation Syngenesiotransplantation *f*, syngenetische [erbgleiche] Transplantation *f*
syngenesious *s.* syngeneic
syngenesis 1. Syngenese *f*, Syngenesis *f*, sexuelle Fortpflanzung *f*; 2. Syngenese *f (vom gleichen Vorfahren erfolgende Entwicklung)*
syngenetic 1. sexuell fortpflanzend; Syngenese..., Syngenesis...; 2. syngenetisch, gleichzeitig entstanden
syngenic 1. *s.* congenital; 2. syngeneic
syngignoscism *s.* hypnotism
syngnathia Syngnathie *f*, Syngnathismus *m (Bandverbindung zwischen Oberkiefer und Unterkiefer)*
syngonic *(Gen)* syngam
syngraft Isotransplantat *n*, isogenes [isologes] Transplantat *n*
synhidrosis Synhidrose *f*, Begleitschwitzen *n*
synidrosis *s.* synhidrosis
synizesis 1. Pupillenobliteration *f*; 2. *s.* synezesis
synkaryon Synkarion *n*, diploider Zellkern *m*
synkinesia *(Neur)* Synkinese *f*, (unwillkürliche) Mitbewegung *f*, Begleitbewegung *f*
synkinesis *s.* synkinesia
synkinetic synkinetisch, sich mitbewegend; Synkinese...
synnecrosis Synnekrose *f*
synneurosis *s.* syndesmosis
synonychia Synonychie *f*, Fingernagelverschmelzung *f*
synonym Synonym *n*
synophridia *s.* synophrys
synophrys Synophrys *f*, Verwachsung *f* der Augenbrauen
synophthalmia *(Terat)* Synophthalmie *f*, Monophthalmie *f*, Einäugigkeit *f*, Zyklopie *f*
synophthalmus *(Terat)* Synophthalmus *m*, Missgeburt *f* mit einem Auge, Zyklop *m*
synopsia *s.* synophthalmia
synoptometer *(Ophth)* Synoptometer *n*
synoptophore *(Ophth)* Synoptophor *n (Instrument zur Diagnostik und Therapie des Schielens)*
synorchidism Synorchidie *f*, Hodenverschmelzung *f*, angeborene Hodenverwachsung *f*
synorchism *s.* synorchidism
synoscheos Synoscheos *m (Verklebung zwischen Skrotum und Penis)*
synosteology *s.* arthrology
synosteophyte kongenitale Knochenankylose *f*, Synosteophyt *m*
synosteosis *s.* synostosis
synosteotic *s.* synostotic
synosteotomy Synosteotomie *f*, (operative) Synostosendurchtrennung *f*
synostosis *(Anat)* Synostose *f*, Knochenhaft *f*
synostotic synostotisch; Synostosen..., Knochenhaft...
synostotic joint synostotisches Gelenk *n*, Synostose *f*, Knochenhaft *f*
synotia Synotie *f*, Otozephalie *f*, Missbildung *f* mit Ohrenverwachsung
synotus Synotus *m*, Otozephalus *m*
synovectomy Synovektomie *f*, (operative) Synovialisentfernung *f*, Synovialektomie *f*
synovia Synovia *f*, Synovialflüssigkeit *f*, Gelenkschmiere *f*, Gelenkflüssigkeit *f*
synovial Synovial..., Synovia...
synovial bursa Bursa *f* synovialis, Schleimbeutel *m*
synovial capsule *s.* 1. synovial membrane; 2. articular capsule
synovial cavity Synovialhöhle *f*
synovial chondroma *s.* synovial chondromatosis
synovial chondromatosis Synovialchondromatose *f*, Gelenkchondromatose *f*
synovial crypt Synovialkrypte *f*
synovial cyst Synovialzyste *f*
synovial diverticulum Synovialdivertikulum *n*
synovial fluid *s.* synovia
synovial fold *s.* synovial plica
synovial haemangioma Synovialhämangiom *n*
synovial hernia Synovialhernie *f*
synovial hyperplasia Synovialhyperplasie *f*
synovial joint Synovialgelenk *n*, Junctura *f* [Articulatio *f*] synovialis
synovial lining Synovialauskleidung *f*
synovial membrane Synovialmembran *f*, Membrana *f* synovialis (capsular articularis), Synovialis *f*, Gelenk(schleim)haut *f*, Tunica *f* synovialis, Synovialhaut *f*, Stratum *n* synoviale
synovial plica Synovialfalte *f*, Plica *f* synovialis
synovial sac *s.* synovial cavity
synovial sarcoma Synovialsarkom *n*, Synovialissarkom *n*
synovial sarcomesothelioma Synovialissarkomesotheliom *n*
synovial sheath Synovialscheide *f*, Vagaina *f* synovialis
synovial sheath hypertrophy Synovialscheidenhypertrophie *f*
synovial sheath of the tendon of the extensor carpi ulnaris muscle Vagina *f* synovialis tendinis musculi extensoris carpi ulnaris
synovial sheath of the tendon of the flexor carpi radialis muscle Vagina *f* synovialis tendinis musculi flexoris carpi radialis
synovial sheath of the tendon of the flexor hallucis longus muscle Vagina *f* synovialis tendinis musculi flexoris hallucis longi
synovial sheath of the tendon of the tibialis posterior muscle Vagina *f* synovialis tendinis musculi tibialis posterioris
synovial space *s.* synovial cavity
synovial tendon sheath *s.* synovial sheath
synovial villus Synovialzotte *f*, Gelenkinnenhautzotte *f*, Villus *m* synovialis [articularis]
synovialis *s.* synovial membrane
synovialoma Synovialom *n*
synovianalysis Synoviauntersuchung *f*, Analyse *f* der Synovialflüssigkeit
synovin Synovin *n (Muzin in der Synovia)*
synovioblast Synovioblast *m*
synoviocyte Synoviozyt *m*
synovioendothelioma Synovialisendotheliom *n*
synovioma *(Path)* Synoviom *n*
synoviorthesis Synoviorthese *f*, Normalisierung *f* der Synovialis *(z. B. durch Injektion von Radionukliden in die Gelenkhöhle bei Entzündungen)*
synoviosarcoma Synoviosarkom *n*, Synoviasarkom *n*, malignes Synoviom *n*
synoviparous Synovialflüssigkeit bildend, Gelenkschmiere sezernierend
synovitis Synoviitis *f*, Synovialitis *f*, Synovialhautentzündung *f*, Gelenkschleimhautentzündung *f*, Gelenkinnenhautentzündung *f*
synovium *s.* synovial membrane
synphalangism *s.* symphalangism
synpneumonic mit einer Pneumonie auftretend
synpolydactyly Synpolydaktylie *f*, Syndaktylie *f* mit Polydaktylie
synreflexia Synreflexie *f*, Reflexassoziation *f*, gemeinsamer Reflexablauf *m*

synsialitis Synsialitis *f (Begleitentzündung der Tränen- und Speicheldrüsen)*
syntactic syntaktisch; Syntax…
syntactic aphasia syntaktische Aphasie *f*
syntactics Syntaktik *f*
syntality *(Psych)* Gruppenmentalität *f*, Gruppenverhalten *n*
syntaxis Syntaxis *f (harmonisches Zusammenspiel von Bewegungen)*
syntaxic mode *(Psych)* syntaktischer Modus *m (Wahrnehmung von logischen und zusammenhängenden Bildern)*
syntectic syntektisch; Syntexis…
syntenic syntänisch; Syntänie…
syntenosis Syntenose *f*, Syntenosis *f*
synteny *(Gen)* Syntänie *f*
synteresis Prophylaxe *f*, prophylaktische Therapie *f*, vorbeugende Behandlung *f*
synteretic prophylaktisch; Prophylaxe…
syntexis Syntexis *f*
synthase Synthase *f (Enzym)*
synthermal synthermal, temperaturgleich, mit gleicher Temperatur
synthesis 1. Synthese *f*, Zusammenfügung *f (z. B. von Knochenteilen)*; 2. *(Bioch)* Synthese *f*, Aufbau *m (z. B. von körpereigenem Eiweiß)*
synthesize *v* synthetisieren, zusammenfügen
synthetase Synthetase *f (Enzym)*
synthetic synthetisch, artifiziell, künstlich; Synthese…
synthetic hallucination komplexe Halluzination *f*
synthetic insulin synthetisches Insulin *n*
synthetic saliva synthetischer Speichel *m*
synthetic vaccine synthetische Vakzine *f*, synthetischer Impfstoff *m*
synthorax *s.* thoracopagus
syntonic 1. syntonisch, tonusgleich, mit gleichem Tonus; 2. *(Neur)* synton, ausgeglichen, in Harmonie mit der menschlichen Umwelt
syntonic character syntoner Charakter *m*, ausgeglichene und harmonische Persönlichkeit *f*
syntonin Syntonin *n (azides Metaprotein)*
syntopy Syntopie *f (Lagebeziehung eines Organs zu Nachbarorganen)*
syntripsis 1. Syntripsis *f*, Knochenzersplitterung *f*, Knochenzertrümmerung *f*; 2. Trümmerfraktur *f*, zersplitterte Fraktur *f*, Trümmerknochenbruch *m*, Komminutivfraktur *f*
syntrophism 1. Syntrophismus *n*, gegenseitige Wachstumsförderung *f (z. B. zweier Bakterienstämme)*; 2. Syntrophismus *m*, gegenseitiges Abhängigkeitsverhältnis *n*
syntrophoblast *s.* syncytiotrophoblast
syntropic 1. syntrop(isch), gleichgerichtet, in gleicher Richtung verlaufend, die gleiche Richtung besitzend; 2. syntrop, gemeinsam auftretend
syntropy 1. Syntropie *f*, syntroper Zustand *m*; Zustand *m* der gleichen Ausrichtung *(z. B. Dornfortsätze der Wirbel)*; 2. Syntropie *f*, syntroper Krankheitszustand *m*, gemeinsames Auftreten *n* zweier Krankheiten; Verschmelzung *f* zweier Krankheiten; 3. Syntropie *f*, Zustand *m* des harmonischen Zusammenlebens
synzyme Synzym *n*, Enzymanalogon *n (synthetisches Makromolekül mit enzymatischen Eigenschaften)*
synulosis Narbenbildung *f*, komplette Vernarbung *f*
synulotic die Narbenbildung anregend; die Vernarbung fördernd
synulotic (agent) die Narbenbildung förderndes Mittel *n*
synxenic synxen(isch), mit einer bekannten Zahl von Mikroorganismen; mit bekannter Mikroflora; mit bekannter Mikrofauna *(z. B. Versuchstiere)*
syphilaemia Syphilämie *f*, Vorhandensein *n* von Syphilisspirochäten im Blut
syphilelcos *s.* syphilitic chancre
syphilelcus *s.* syphilitic chancre
syphilid *s.* syphilide
syphilide Syphilid *n*, syphilitischer Hautausschlag *m*
syphilidophthalmia Syphilisophthalmie *f*, syphilitische Augenerkrankung *f*, Ophthalmia *f* syphilitica
syphilis Syphilis *f*, Lues *f* (venera), Lustseuche *f*, Morbus *m* gallicus
syphilis of the liver Lebersyphilis *f*, Syphilis *f* hepatitis
syphilis of the nail bed Nagelbettsyphilis *f*, Syphilonychia *f* sicca
syphilis test Syphilistest *m*
syphilitic syphilitisch, luetisch; Syphilis…, Lues…; syphiliskrank
syphilitic Syphilitiker *m*, Syphiliskranke(r) *m*
syphilitic alopecia *(Derm)* syphilitische Alopezie *f*, Alopecia *f* syphilitica
syphilitic aortic aneurysm syphilitisches Aortenaneurysma *n*
syphilitic aortitis Aortitis *f* syphilitica
syphilitic chancre *(Derm)* syphilitischer [harter] Schanker *m*, Ulcus *n* durum
syphilitic condyloma *(Derm)* Condyloma *n* latum, breites Kondylom *n*
syphilitic dementia syphilitische Demenz *f*
syphilitic encephalitis Encephalitis *f* syphilitica
syphilitic endocarditis syphilitische Endokarditis *f*
syphilitic fever syphilitisches Fieber *n*
syphilitic gumma Syphilisgumma *n*, syphilitisches Gumma *n*
syphilitic heart disease syphilitische Herzerkrankung *f*
syphilitic leucoderma syphilitisches Leukoderm *n*
syphilitic mastitis Mastitis *f* syphilitica
syphilitic meningitis syphilitische Meningitis *f*
syphilitic meningoencephalitis syphilitische Meningoenzephalitis *f*
syphilitic node Syphilisknoten *m*
syphilitic osteochondritis Osteochondritis *f* syphilitica
syphilitic pemphigus *(Derm)* syphilitischer Pemphigus *m*
syphilitic periarteritis Periarteritis *f* syphilitica [gummosa], syphilitische Periarteritis *f*
syphilitic periostitis Periostitis *f* syphilitica [gummosa]
syphilitic peritonitis Peritonitis *f* syphilitica
syphilitic phalangitis Phalangitis *f* [Dactylitis *f*] syphilitica
syphilitic retinopathy Retinopathia *f* syphilitica [gummosa], syphilitische Retinopathie *f*
syphilitic roseola *(Derm)* Roseola *f* syphilitica, syphilitische Roseola *f*
syphilitic stomatitis Stomatitis *f* syphilitica
syphilization 1. Syphilisimpfung *f*, Syphilisinokulation *f*; 2. Syphilisausbreitung *f*
syphilize *v* mit Syphilis anstecken [infizieren]
syphiloderm(a) Syphiloderma *n*, syphilitische Hauterkrankung *f*, Hautsyphilis *f*, syphilitischer Hautausschlag *m*
syphilodermatous Syphiloderma…, Hautsyphilis…
syphilogenesis Syphilogenese *f*, Syphilisentwicklung *f*
syphilogenous 1. syphilogen, syphilisauslösend; 2. syphilogen, von der Syphilis stammend [herrührend]
syphiloid syphiloid, syphilisartig, syphilisähnlich
syphiloid Syphiloid *n (milde Syphilisform)*
syphilologist Syphilologe *m*, Syphilisspezialist *m*
syphilology Syphilologie *f*, Syphilislehre *f*
syphiloma Syphilom *n*, syphilitische Granulationsgeschwulst *f*, Gumma *n*
syphilomania *(Neur)* Syphilomania *f*, Syphiliserkrankungswahn *m*
syphilomatous syphilomatös, gummatös
syphilonychia syphilitische Nagelerkrankung *f*
syphilopathy Syphilopathie *f*, Syphiliserkrankung *f*, Syphilisleiden *n*

syphilophobia Syphilophobie *f*, Syphilisfurcht *f*, Angst *f* vor Syphilis
syphilophobic syphilisfürchtend
syphilophyma Syphilisauswuchs *m*, Syphilisgewächs *n*
syphilopsychosis Syphilispsychose *f*
syphilosis Syphilose *f*, generalisierte Syphiliserkrankung *f*
syphilotherapy Syphilistherapie *f*, Syphilisbehandlung *f*
syphilous *s.* syphilitic
syrigmus klingelndes Ohrgeräusch *n*, Ohr(en)klingeln *n*
syringadenoma Schweißdrüsenadenom *n*
syringadenous Schweißdrüsen...
syringe *v* 1. spritzen, einspritzen *(Flüssigkeiten)*; 2. ausspritzen, (aus)spülen *(Körperteile)*
syringe *v* **the vagina** die Scheide (aus)spülen, eine Scheidenspülung durchführen
syringe Spritze *f* • **take a syringe apart** eine Spritze auseinander nehmen
syringe jaundice Spritzenhepatitis *f*, Spritzenikterus *m*, Serumhepatitis *f*, Serumikterus *m*
syringeal 1. Ohrtrompeten...; 2. Fistel...; fistelartig
syringectomy Syringektomie *f*, Fistulektomie *f*, Fistel(gang)ausschneidung *f*, (operative) Fistelentfernung *f*
syringious fistulös, fistelartig
syringitis Syringitis *f*, Salpingitis *f* Eustachii, Ohrtrompetenentzündung *f*, Ohrtrompetenkatarrh *m*, Ohrtubenentzündung *f*, Tubenkatarrh *m*
syringoacanthoma Syringoakanthom *n*
syringoadenoma Syringoadenom *n*, Schweißdrüsenadenom *n*
syringobulbia Syringobulbie *f (Höhlenbildung im verlängerten Rückenmark)*
syringocarcinoma *(Path)* Syringokarzinom *n*
syringocele Syringozele *f*, Myelozele *f*, Rückenmarkhernie *f*
syringocoele 1. Syringozöle *f*, Canalis *m* centralis medullae spinalis; 2. Syringozele *f*, Rückenmarkhernie *f*
syringocystadenoma *s.* syringoma
syringocystoma Syringokystom *n*, zystischer Schweißdrüsentumor *m*
syringo-encephalia Syringoenzephalie *f*
syringo-encephalomyelia Syringoenzephalomyelie *f*, Höhlenbildung *f* im Gehirn und Rückenmark
syringohydromyelia Syringohydromyelie *f*
syringoid syringoid, röhronförmig; (drüsen)schlauchartig
syringoma Syringom *n*, Syringozystadenom *n*, Lymphangioma *n* tuberosum multiplex *(Schweißdrüsengeschwulst)*
syringomeningocele Syringomeningozele *f*, Syringomyelozele *f*, Rückenmarkvorfall *m* mit Hohlraumbildung
syringomyelia Syringomyelie *f*, Höhlenbildung *f* im Rückenmark
syringomyelitis Syringomyelitis *f*, Rückenmarkentzündung *f* mit Höhlenbildung
syringomyelocele *s.* syringomeningocele
syringomyelus Syringomyelus *m*
syringopontia Syringopontie *f*, Höhlenbildung *f* im Pons
syringotome *(Chir)* Syringotom *n*, Fistelmesser *n*
syringotomy Syringotomie *f*, Fistelspaltung *f*, Fisteloperation *f*
syrinx 1. Fistel *f*, Fistelgang *m*; Röhre *f*, Verbindungsgang *m (Zusammensetzungen siehe unter: fistula)*; 2. *s.* Eustachian tube
syrup Sirup *m*, Sirupus *m*, Zuckerlösung *f*
syrup of ipecac Ipecacuanha-Sirup *m (Emetikum)*
syrupy sirupartig; dickflüssig; Sirup...
syssarcosic *s.* syssarcotic
syssarcosis Syssarcosis *f*, Sysarkose *f (Verbindung von Skelettabschnitten durch einen Muskel)*
syssarcotic syssarkotisch; Syssarkose...
syssomus *(Terat)* Syssomus *m*, Syssoma *n (Doppelmissgeburt mit zwei Köpfen)*
systaltic systaltisch, zusammenziehend
systatic systatisch, mehrere Sinnesfähigkeiten zur gleichen Zeit betreffend
system System *n*; Organsystem *n*; Kreislaufsystem *n*; Nervensystem *n*
system of care Betreuungssystem *n*; Versorgungssystem *n*; Pflegesystem *n*
system overload Systemüberlastung *f*
systema *s.* system
systematic systematisch; System...
systematic alcoholic intoxication systematische Alkoholvergiftung *f*
systematic error *(Statist)* systematischer Fehler *m*
systematic heating systemische Körpererwärmung *f*
systematic tabulation systematische Tabellarisierung *f*, systematische tabellarische Aufstellung *f*
systematization Systematisierung *f*
systematize *v* 1. systematisieren, ein System aufstellen; 2. systematisch behandeln
systematized delirium systematischer Wahn *m*
systematized delusion Wahnsystem *n*
systematology Systematologie *f*
systemic systemisch; System...
systemic circulation Systemkreislauf *m*, Körperkreislauf *m*
systemic desensitization *(Psych)* systemische Desensibilisierung *f*
systemic disease systemische Krankheit *f*, Systemerkrankung *f*
systemic heparinization Vollheparinisierung *f*
systemic hypertension systemischer Hochdruck *m*, Systemhochdruck *m*
systemic immunoblastic proliferation systemische immunoblastische Proliferation *f*
systemic infection systemische Infektion *f*, Infektion *f* des gesamten Körpers
systemic lesion systemische Läsion *f* [Verletzung *f*], Systemverletzung *f (z. B. eines Organsystems)*
systemic lupus erythematosus systemischer Lupus *m* erythematodes
systemic mycosis systemische Mykose *f*
systemic oxygen consumption systemischer Sauerstoffverbrauch *m*
systemic remedy systemisches Arzneimittel *n*, systemisches Heilmittel *n*
systemic sclerosis systemische Sklerose *f*
systemic symptom Konstitutionssymptom *n*
systemic therapy Ganzkörperbehandlung *f*
systemic vascular resistance systemischer Gefäßwiderstand *m*
systemic vein Körpervene *f*
systemoid systemartig; System...
systole Systole *f*, Herzkontraktionsphase *f*, Herzzusammenziehung *f*
systolic 1. systolisch; Systole(n)...; 2. systolisch, während der Systole auftretend
systolic blood pressure systolischer Blutdruck *m*
systolic bruit *s.* systolic murmur
systolic click systolischer Klick *m*
systolic dysfunction systolische Dysfunktion *f*
systolic ejection period systolische Austreibungsphase *f*
systolic gradient systolischer Gradient *m*
systolic heart sound systolischer Herzton *m*
systolic increase systolischer Anstieg *m*
systolic murmur Systolengeräusch *n*, systolisches Herzgeräusch *n* [Geräusch *n*], Systolikum *n*

systolic pressure systolischer Druck *m*
systolic thrill systolisches Schwirren *n*
systolodiastolic murmur systolisch-diastolisches Herzgeräusch *n* [Geräusch *n*], Maschinengeräusch *n*
systolometer Systolometer *n (1. Instrument zur Bestimmung der Kontraktionskraft des Herzens; 2. Gerät zur Analyse der Herztöne)*
systremma Wadenkrampf *m*
syzygial Syzygie...
syzygiology Syzygiologie *f*
syzygium Syzygium *n*, Zygote *f*
syzygy Syzygie *f*

T

T agglutinine *(Immun)* T-Agglutinin *n*
T-antigen *(Immun)* T-Antigen, Thomsen-Friedenreich-Antigen *n*
T-bandage 1. *(Chir)* T-Binde *f*, t-förmige Binde *f*; 2. *s.* T-shaped bandage
T cell *(Immun)* T-Zelle *f*, T-Lymphozyt *m*, thymusabhängiger Lymphozyt *m*
T cell growth factor *(Immun)* T-Zellen-Wachstumsfaktor *m*, Interleukin-2 *n*, Il-2
T cell rosette test *(Immun)* T-Zellen-Rosetten-Test *m*
T fracture *(Chir, Orth)* T-Fraktur *f*, T-Knochenbruch *m*
T loop T-Schleife *f (Vektorkardiographie)*
T lymphocyte *s.* T cell
T piece T-Stück *n*, t-förmiges Verbindungsstück *n* [Abzweigstück *n*] *(z. B. bei Schlauchsystemen)*
T receptor *(Immun)* T-Rezeptor *m*
T regulator lymphocytes *(Immun)* T-Regulator-Lymphozyten *mpl (Suppressorzellen und Helferzellen)*
T-shaped bandage *(Chir)* t-förmiger Verband *m*, T-Verband *m*
T-shaped bandage for perineum t-förmigor Dammverband *m*
t test T-Test *m (Statistik)*
T tube T-Drain *m(n)*, Kehr'scher T-Drain *m (Gallenchirurgie)*
T-tube cholangiography T-Drain-Cholangiographie *f*, Gallenwegsröntgendarstellung *f* über einen T-Drain
T-tube decompression T-Drain-Dekompression *f*, T-Drain-Entlastung *f*
T-tube drainage *(Chir)* T-Drainage *f*
T-tube ureterostomy T-Drain-Ureterostomie *f*
T wave T-Zacke *f (im EKG)*
T-wave change T-Zacken-Veränderung *f (EKG)*
T wave of the electrocardiogram *s.* T wave
T.A.B. vaccine T.A.B.-Vakzine *f*, TAB-Impfstoff *m*, Typhus-Paratyphus-A-B-Vakzine *f*
tabac mosaic virus Tabakmosaikvirus *n*, TMV
tabacco organic mental disorder *(Neur)* tabakinduzierte organisch bedingte psychische Störung *f*
tabacco poisoning *s.* tabagism
tabacco withdrawal *(Neur)* Tabakentzug *m*
tabacism *s.* tabacosis
tabacosis *(Arb)* Tabakose *f*, Tabacosis *f* (pulmonum)), Tabakstaublunge(nerkrankung)) *f*, Tabaklunge *f*
tabagism Tabakvergiftung *f*
tabardillo *(Inf)* Tabardillofieber *n*, mexikanischer Typhus *m*, endemisches [mexikanisches] Fleckfieber *n*
tabatière anatomique *(Anat)* Tabatière *f*, Fossa *f* radialis
tabefaction *s.* tabes 1.
tabella *(Pharm)* Pastille *f*, Tablette *f*
tabes 1. Abzehrung *f*, Auszehrung *f*, körperlicher Verfall *m*, Schwindsucht *f*; 2. *(Neur)* Tabes *f* dorsalis, Rückenmarkschwindsucht *f*, Rückenmarkdarre *f*, Rückenmarkhinterstrangsklerose *f*
tabescence *s.* tabes 1.
tabescent abzehrend, auszehrend, körperlich verfallend, schwindsüchtig
tabetic tabetisch, tabisch, rückenmarkschwindsüchtig, tabeskrank; Tabes...
tabetic Tabiker *m*, Tabeskranker *m*
tabetic ataxia *s.* tabes 2.
tabetic crisis *(Neur)* Tabeskrise *f*
tabetiform tabesartig, tabesähnlich
tabic *s.* tabetic
tabid *s.* tabetic
tabification *s.* tabes 1.
table 1. *(Anat)* Tabula *f*, Knochenplatte *f*; 2. Operationstisch *m*, OP-Tisch *m*
tablespoonful *(Pharm)* Esslöffelmenge *f* • **take a tablespoonful once daily** einmal täglich einen Teelöffel voll nehmen
tablet Tablette *f* • **take a tablet one every six hours** sechsstündlich [alle 6 Stunden] eine Tablette nehmen
taboo Tabu *n*
taboparalysis Taboparalyse *f*, Taboparese *f*, Tabeslähmung *f*
taboparesis *s.* taboparalysis
tabophobia Tabophobie *f*, Tabesangst *f*, Tabesfurcht *f*
tabula Tabula *f*
tabular bone *(Anat)* Tafelknochen *m*, Plattenknochen *m*, platter Knochen *m*, Os *n* planum
tabular epithelium *(Histol)* Plattenepithel *n*
tabule *s.* tablet
tabun Tabun *n (Nervenkampfstoff)*
tachistoscope *(Neur, Ophth)* Tachistoskop *n*
tachistoscopic tachistoskopisch, schnell wahrnehmend; schnell sehend
tachistoscopy *(Neur, Ophth)* Tachistoskopie *f (Prüfung der visuellen Wahrnehmungs-, Gedächtnis- und Reaktionsfähigkeit)*
tachogram *s.* tachygram
tachograph *s.* tachygraph
tachography *s.* tachygraphy
tachometer Tachometer *n*
tachyalimentation syndrome *(Gastr)* Spät-Dumping-Syndrom *n*
tachyarrhythmia *(Kard)* Tachyarrhythmie *f*, Herzrhythmusstörung *f* vom schnellen Typ
tachycardia Tachykardie *f*, Beschleunigung *f* der Herzfrequenz, Herz(schlag)beschleunigung *f*
tachycardia-bradycardia syndrome Tachykardie-Bradykardie-Syndrom *n*
tachycardiac tachykard; Tachykardie...
tachycardiac (agent) Tachykardiakum *n*, die Herzfrequenz steigerndes Mittel *n*
tachycardic *s.* tachycardiac
tachycrotic tachykrot, mit schnellem Puls
tachdysrhythmia *s.* tachyarrhythmia
tachygram Tachogramm *n*, Geschwindigkeitskurve *f* des Blutes
tachygraph Blutflussmesser *m*, Strömungsgeschwindigkeitsmesser *m* des Blutes
tachygraphy Tachygraphie *f*, Tachographie *f*, Strömungsgeschwindigkeitsmessung *f* des Blutes
tachylalia Tachylalie *f*, schnelles Sprechen *n*, Logorrhoe *f*
tachylogia *s.* tachylalia
tachymeter Tachymeter *n*

tachyphagia Tachyphagie *f*, schnelles [hastiges] Essen *n*, Schlingen *n*
tachyphasia *s.* tachylalia
tachyphemia *s.* tachylalia
tachyphrasia *s.* tachylalia
tachyphrenia *(Neur, Psych)* Tachyphrenie *f*, Beschleunigung *f* aller psychischen Leistungen, geistige Überaktivität *f*
tachyphylaxia Tachyphylaxie *f*, schneller Wirkungsverlust *m (z. B. eines Medikaments)*
tachyphylaxis *s.* tachyphylaxia
tachypnoea Tachypnoe *f*, beschleunigte Atmung *f*, Atmungsbeschleunigung *f*, Kurzatmigkeit *f*
tachypnoeic tachypnoisch, schnell atmend; kurzatmig
tachyrhythmia *s.* tachycardia
tachysterol Tachysterol *n*
tachysystole *s.* tachycardia
tachytrophism schneller Stoffwechsel *m*
tachyzoite Tachyzoit *m*
taclamine hydrochloride Taclaminhydrochlorid *n (Tranquilizer)*
tacrine Tacrin *n*, 9-Amino-1,2,3,4-tetrahydroacridin *n (Cholinesteraseinhibitor)*
tacrolimus Tacrolimus *n (Immunosuppressivum)*
tactile 1. *(Neur)* taktil; Tastsinn…; 2. fühlbar, (er)tastbar
tactile agnosia *(Neur)* taktile Agnosie *f*, Astereognosie *f*, Stereoagnosie *f*, Tastblindheit *f*, Tastsinnlähmung *f*
tactile amnesia taktile Amnesie *f*
tactile anaesthesia taktile Anästhesie *f*
tactile corpuscle *(Neur, Anat)* Tastkörperchen *n*
tactile discrimination *(Neur)* taktile Diskrimination *f*, Tastsinnunterscheidung *f*
tactile disk *s.* tactile meniscus
tactile end organ *(Neur, Anat)* taktiles Endorgan *n*, taktiler Endapparat *m*, Tastsinnkörperchen *n*, Meissner'sches Tastkörperchen *n*, Corpusculum *n* tactum
tactile fremitus *(Pulm)* Stimmfremitus *m*
tactile hairs Pili *mpl* tactiles
tactile hallucination *(Neur)* Berührungshalluzination *f*, haptische [taktile] Halluzination *f*
tactile meniscus *(Neur, Anat)* Meniscus *m* tactus *(Berührungsrezeptor in der Haut)*
tactile reflex *(Neur, Physiol)* Berührungsreflex *m*
tactile sensation Berührungsempfindung *f*, Berührungswahrnehmung *f*
tactile sense *(Neur, Physiol)* Tastsinn *m*
tactile sensibility *(Neur)* Tast(sinn)empfindlichkeit *f*, taktile Sensibilität *f*
taction 1. Berührung *f*, Berühren *n*; 2. Berührungssinn *m*, taktiler Sinn *m*
tactometer Taktometer *n*, Ästhesiometer *n (Messgerät zur Untersuchung des Berührungssinnes)*
tactor taktiles Endorgan *n*
tactual *s.* tactile
taenia 1. *(Anat)* Taenia *f*, Gewebestreifen *m*, Band *n*; 2. *(Paras)* Tänie *f*, Bandwurm *m*
taenia of the fourth ventricle *(Anat)* Taenia *f* ventriculi quarti
taenia of the third ventricle *(Anat)* Taenia *f* thalami [ventriculi tertii]
Taenia africana Taenia *f* africana
Taenia armata *s.* Taenia solium
Taenia dentata *s.* Taenia solium
Taenia echinococcus Taenia *f* echinococcus
Taenia multiceps Taenia *f* multiceps
Taenia ovis Taenia *f* ovis
Taenia pisiformis Taenia *f* pisiformis
Taenia saginata *(Paras)* Taenia *f* saginata, Rinderbandwurm *m*
Taenia serialis Taenia *f* serialis
Taenia solium Taenia *f* solium, Schweinebandwurm *m*
Taenia taeniaeformis Taenia *f* taeniaeformis
taeniacide tänientötend, bandwurmtötend
taeniacide (agent) Bandwurmmittel *n*, bandwurmtötendes Mittel *n*
taeniafugal *s.* taeniafuge
taeniafuge bandwurmvertreibend
taeniafuge (agent) bandwurmvertreibendes Mittel *n*
taenial Taenien…, Bandwurm…
taeniamyotomy Täniamyotomie *f*
taeniasis *(Paras)* Taeniosis *f*, Täniose *f*, Bandwurminfestation *f*, Bandwurmbefall *m*
taeniform tänienförmig, bandwurmförmig
Teaniidae Taeniidae *pl*
taenioid *s.* taeniform
taeniophobia Taeniophobie *f*, Furcht *f* vor Bandwurminfektion
taeniotoxin Täniotoxin *n*, Tänientoxin *n*
tag *v* markieren *(mit radioaktiven Isotopen)*
tag 1. Plakette *f*, Anhänger *m*; Markierung *f*; 2. Anhängsel *n*, Appendix *f*; Polyp *m*
taiga encephalitis *s.* Russian tick-borne encephalitis
tail Cauda *f*, Schwanz *m (siehe auch unter: caudal)*; Anhang *m*
tail fold *(Embr)* Schwanzfalte *f*
tail of a bandage Bindenende *n*
tail of caudate nucleus Cauda *f* nuclei caudati
tail of the epididymis *(Anat)* Nebenhodenschwanz *m*, Nebenhodenschweif *m*, Cauda *f* epididymidis
tail of the pancreas *(Anat)* Pankreasschwanz *m*, Cauda *f* pancreatis
tailor's cramp Schneiderkrampf *m*
tailor's spasm *s.* tailor's cramp
taint 1. Ansteckung *f*, Krankheitsbefall *m*; Krankheitsanfälligkeit *f*; 2. Kontamination *f*, Verunreinigung *f* mit Krankheitskeimen
Takahara's disease Akatalasie *f*
Takata-Ara test *(Hämat, Lab)* Takata-Ara-Test *m*, Takata-(Ara-)Reaktion *f (Serumlabilitätsprobe)*
Takayasu's arteritis Takayasu-Syndrom *n*, Takayasu'sches Syndrom *n*, Takayasu-Krankheit *f*, Aortenbogensyndrom *n*, Arteriitis *f* brachiocephalica
Takayasu's disease *s.* Takayasu's arteritis
Takayasu's syndrome *s.* Takayasu's arteritis
take *v* **a patient to the hospital** einen Patienten in das Krankenhaus einweisen, einen Patienten hospitalisieren
take *v* **a smear [swab]** einen Abstrich machen
take *v* **off the history** die Anamnese erheben
take *v* **orally [per os]** oral [durch den Mund] einnehmen
take *v* **the blood pressure** den Blutdruck messen
take *v* **the pill** die Pille nehmen
take 1. *(Transp)* Annahme *f*, Annehmen *n*, Nichtabstoßung *f (z. B. von Gewebe)*; 2. *(Immun)* Impfreaktion *f*, Reaktion *f* auf eine Impfung
taken to the hospital/be *v* in das Krankenhaus eingeliefert [eingewiesen] werden; in das Krankenhaus aufgenommen werden
taking of the arterial pressure arterielle Druckmessung *f*
taking the blood Blut(spende)abnahme *f*
talalgia Talalgie *f*, Fersenneuralgie *f*, Fersenschmerz *m*
talampicillin Talampicillin *n (Antibiotikum)*
talampicillin hydrochloride Talampicillinhydrochlorid *n*
talantropia *s.* nystagmus
talar talar; Sprungbein…, Talus…
talar sulcus *(Anat)* Sulcus *m* tali
talbutal Talbutal *n (Barbiturat)*
talc Talk *m*, Talkum *n (Magnesiumsilicat)*

talc granuloma *(Path)* Talkumgranulom *n*
talcosis *(Arb)* Talkose *f*, Talkstaublunge(nerkrankung) *f*, Talkumlunge *f*, Talkumpneumokoniose *f*
talcum Talkum *n*, Talk *m (Magnesiumsilicat)*
talcum powder 1. Talkumpuder *m*; 2. Körperpuder *m*
talcum-powder granuloma *(Path)* Talkumgranulom *n*
talectomy Talusexstirpation *f*, (operative) Sprungbeinentfernung *f*
tali *pl s.* talus
taliped Klumpfüßige(r) *m*, klumpfüßiger Mensch *m*
talipedic klumpfüßig
talipes Talipes *m*, Klumpfuß *m*
talipomanus Talipomanus *f*, Klumphand *f*
talking cure *(Neur)* Redekur *f*, kathartische Methode *f*
talking past the point *(Psych)* Vorbeireden *n*
Talma's disease Myotonia *f* tarda
Talma's operation Talma-Operation *f*
talocalcaneal talokalkaneal, astragalokalkaneal; Talus-Kalkaneus-..., Sprungbein-Fersenbein-...
talocalcanean *s.* talocalcaneal
talocalcaneonavicular talokalkaneonavikular; Talus-Kalkaneus-Navikulare-..., Sprungbein-Fersenbein-Kahnbein-...
talocalcaneonavicular joint Articulatio *f* talocalcaneonavicularis
talocrural talokrural, astragalokrural; Talus-Bein-...; Talus-Unterschenkel(knochen)-...
talocrural joint Articulatio *f* talocruralis, oberes Sprunggelenk *n*
talofibular talofibular; astragalofibular; Talus-Fibula-..., Sprungbein-Wadenbein-...
talomalleolar talomalleolär; Talus-Malleolus-..., Sprungbein-Knöchel-...
talonavicular talonavikular; Talus-Navikulare-..., Sprungbein-Kahnbein-...
talonavicular ligament Ligamentum *n* talonaviculare
taloscaphoid *s.* talonavicular
talose Talose *f (Aldohexose)*
talotibial talotibial, astragalotibial; Talus-Tibia..., Sprungbein-Schienbein-...
talus Talus *m*, Sprungbein *n*, Astragalus *m*
tamisage Stuhluntersuchung *f (auf Infektionen)*
tamoxifen citrate Tamoxifen *n (Östrogenantagonist)*
tampon *v s.* tamponade 1.
tampon Tampon *m*, Gazebausch *m*, Gazestreifen *m*; Wattebausch *m*
tamponade *v* 1. (aus)tamponieren, einen Tamponadestreifen einlegen, mit einem Tampon ausstopfen, eine Tamponade durchführen; 2. tamponieren, zu einer Tamponade führen *(z. B. im Herzen durch Flüssigkeit im Herzbeutel)*
tamponade 1. Tamponade *f*, Tamponadestreifen *m*; 2. Tamponade *f*, Herz(beutel)tamponade *f*
tamponade of a cavity Höhlentamponade *f*
tamponade of a wound Wundtamponade *f*
tamponade of the nose Nasentamponade *f*
tamponage *s.* tamponing
tamponing Tamponieren *n*, Tamponierung *f*, Tamponade *f*, Ausstopfung *f* mit einem Tampon
tamponment *s.* tamponing
tan *v* 1. durch Sonne bräunen, mittels UV-Strahlen [Höhensonne] bräunen; 2. durch die Sonne gebräunt werden, mittels UV-Strahlen [Höhensonne] gebräunt werden
tan Sonnenbräune *f*
tandem stenosis Tandemstenose *f*
tangential percussion Tangentialperkussion *f*
tangential shot wound *(For)* Haarseilschuss *m*, Tangentialschuss *m*
Tangier disease Tangier-Krankheit *f*
tank Behälter *m*, Kanister *m*, Tank *m*
tank for development of X-ray films Röntgenfilmentwicklungstank *m*
tank for washing out X-ray films Röntgenfilmwässerungstank *m*
tannase Tannase *f (Enzym)*
tannate Tannat *n*, Tanninsäuresalz *n*
tanner's disease *s.* anthrax
tannic acid Acidum *n* tannicum, Tannin *n*, Gerbsäure *f*, Gallusgerbsäure *f (Hautgerbungsmittel)*
tanning *(Chir)* Tannin(säure)gerbung *f* der Haut *(z. B. bei Verbrennungstherapie)*
tannylacetate Tannylacetat *n*, Acetyltanninsäure *f*
tantalum Tantal *n*, Ta
tantrum *(Neur)* Wutausbruch *m*, Wutanfall *m*
tap *v* 1. (ab)punktieren, Flüssigkeit ablassen; 2. (ab)klopfen *(siehe auch: percuss)*
tap 1. Punktion *f*, Anstechen *n*; 2. leichter Schlag *m*, Klaps *m*
tape *v* mit Heftpflaster [Pflaster] bekleben, tapen, einen Tape-Verband anlegen
tape 1. Pflaster *n*, Heftpflaster *n*; 2. Band *n*, Streifen *m* • **rip the tape off** das Pflaster abreißen, den Pflasterverband entfernen
tape bandage Pflasterverband *m*
tape-like faeces *(Gastr)* bandförmiger Stuhl *m*
tapeinocephalia Flachschäd(e)ligkeit *f*
tapeinocephalic flachschäd(e)lig
tapeinocephaly *s.* tapeinocephalia
tapetal Tapetum...
tapetochoroidal tapetochoroidal
tapetoretinal tapetoretinal; Netzhaut-Pigmentschicht...
tapetoretinal degeneration *(Neur, Ophth)* tapetoretinale Degeneration *f*
tapetoretinopathy Tapetoretinopathie *f*
tapetum 1. Tapetum *n*, Auskleidung *f (z. B. von Zellen)*; 2. *(Anat, Ophth)* Tapetum *n* nigrum, Pigmentepithel *n* der Netzhaut
tapeworm Bandwurm *m*, Tänie *f*
tapeworm infection *s.* tapeworm infestation
tapeworm infestation *(Paras)* Bandwurminfestation *f*, Bandwurmbefall *m*, Taeniosis *f*, Täniose *f*
taphephobia *(Neur)* Taphophobie *f*, Angst *f* vor dem Lebendigbegrabenwerden
taphiphobia *s.* taphephobia
taphophilia Taphophilie *f (Vorliebe für Gräber)*
taphophobia *s.* taphephobia
tapinocephalia *s.* tapeinocephalia
tapinocephalic *s.* tapeinocephalic
tapir lip Tapirlippe *f*, Tapirschnauze *f (Lippenvorstülpung bei progressiver Muskeldystrophie)*
tapir mouth *s.* tapir lip
tapir nose Tapirnase *f*
tapiroid tapiroid, tapirlippenartig
tapotement Tapotement *n*, Klopfen *n*, Klopfung *f*, Klatschung *f*, Abklatschung *f (Massage)*
tapping 1. Punktion *f*, Abpunktion *f*, Flüssigkeitsablassen *n*; Parazentese *f*; 2. Beklopfen *n*, Abklopfen *n*, Klopfen *n* *(z. B. mit den Fingern; siehe auch unter: percussion)*
tapping massage Klopfmassage *f*
tapping on a tooth Zahnabklopfen *n*, Zahnbeklopfen *n*
tar Teer *m*
tar cancer *(Arb)* Teerkrebs *m*
tarantism *(Neur)* Tarantismus *m*, Tarentismus *m*, Tarantolismus *m*, Tanzwut *f*
tarantulism *s.* tarantism
tarbadillo *s.* murine typhus
Tardieu's ecchymoses *(For, Path)* Tardieu'sche Ekchymosen *fpl* [Flecken *mpl*] *(punktförmige Blutungen seröser Häute, z. B. bei Erstickungstod)*

Tardieu's spots *s.* Tardieu's ecchymoses
tardive tardiv, verzögert [spät] eintretend, verlangsamt auftretend
tardive dyskinesia terminales extrapyramidales Defektsyndrom *n*, Spätdyskinesien *fpl*
tardy median palsy *(Chir)* Karpaltunnelsyndrom *n*
tare Tara *f*
target 1. Ziel *n*; Zielobjekt *n*; Untersuchungsgegenstand *m*; 2. Zielorgan *n*
target cell Targetzelle *f*, Kokardenzelle *f*, Schießscheibenzelle *f (Erythrozytenform)*
target cell anaemia *s.* Cooley's anaemia
target gland *(Endokr)* Zieldrüse *f*
target organ Zielorgan *n (der Hormonwirkung)*
target X-ray (film) Röntgenzielaufnahme *f*
tarichatoxin Tarichatoxin *n*
Tarlow's cyst Perineuralzyste *f*
tarry cyst *(Path)* Teerzyste *f*, Schokoladenzyste *f*
tarry stool *(Gastr)* Teerstuhl *m*
tarsadenitis *(Ophth)* Tarsadenitis *f*, Tarsusdrüsenentzündung *f*
tarsal 1. tarsal; Tarsus..., Lidknorpel...; 2. tarsal; Tarsus..., Fußwurzel...
tarsal bone Os *n* tarsi, Fußwurzelknochen *m*
tarsal cartilage *s.* tarsus
tarsal conjunctiva *(Ophth)* Conjunctiva *f* tarsalis [palpebralis], Tarsusbindehaut *f*
tarsal conjunctivitis *(Ophth)* Tarsusbindehautentzündung *f*
tarsal gland *(Anat, Ophth)* Glandula *f* tarsalis, Tarsusdrüse *f*, Meibom'sche Drüse *f*
tarsal muscle of the lower eyelid *s.* tarsalis inferior muscle
tarsal muscle of the upper eyelid *s.* tarsalis superior muscle
tarsal plate *(Anat, Ophth)* Lamina *f* tarsalis, Tarsusknorpel *m*, Lidfaserplatte *f*, Augenlidknorpel *m*
tarsal plate of the lower eyelid Tarsus *m* inferior palpebrae, unterer Lidknorpel *m*, untere Lidfaserplatte *f*
tarsal plate of the upper eyelid Tarsus *m* superior palpebrae, oberer Lidknorpel *m*, obere Lidfaserplatte *f*
tarsal tunnel syndrome *(Chir)* Tarsaltunnelsyndrom *n*
tarsalgia Tarsalgie *f*, Fußwurzelschmerz *m*
tarsalis inferior (muscle) Musculus *m* tarsalis inferior, Unterlidsenker *m*
tarsalis superior (muscle) Musculus *m* tarsalis superior, Oberlidheber *m*
tarsectomy 1. *(Ophth)* Tarsektomie *f*, (operative) Lidknorpelentfernung *f*, 2. Tarsektomie *f*, (operative) Fußwurzelknochenentfernung *f*
tarsectopia Tarsusknochendislokation *f*
tarsectopy *s.* tarsectopia
tarsitis 1. *(Ophth)* Tarsitis *f*, Tarsusentzündung *f*, Lidknorpelentzündung *f*, Blepharitis *f*, Lidrandentzündung *f*, 2. Tarsitis *f*, Fußwurzelentzündung *f*
tarso-orbital tarsoorbital; Tarsus-Augenlid-...
tarsocheiloplasty *(Ophth)* Tarsocheiloplastik *f*, Lidrandplastik *f*
tarsoclasia *s.* tarsoclasis
tarsoclasis Tarsoklasie *f*, Fußwurzelzerbrechen *n (bei Klumpfuß)*
tarsomalacia *(Ophth)* Tarsomalazie *f*, Tarsuserweichung *f*, Lidknorpelerweichung *f*
tarsomegaly Tarsomegalie *f*, abnorme Fersenbeinvergrößerung *f*
tarsometatarsal tarsometatarsal; Fußwurzel-Mittelfuß-...
tarsometatarsal joint Articulatio *f* tarsometatarsea, Fußwurzel-Mittelfuß-Gelenk *n*
tarsophalangeal tarsophalangeal; Fußwurzel-Zehen-...
tarsophyma Tarsophym *n*, Tarsustumor *m*, Lidknorpelgeschwulst *f*
tarsoplasia *s.* tarsoplasty
tarsoplasty Tarsoplastik *f*, Lidknorpelplastik *f*, (operative) Lidknorpelrekonstruktion *f*
tarsoptosia *s.* tarsoptosis
tarsoptosis Tarsoptose *f*, Fußwurzelknochensenkung *f*, Plattfuß *m*, Senkfuß *m*
tarsorrhaphy 1. *(Ophth)* Tarsorrhaphie *f*, (operative) Lidspaltverengung *f*; 2. *(Ophth)* Tarsorrhaphie *f*, Lidknorpelnaht *f*
tarsotarsal intertarsal, zwischen Fußwurzelknochen
tarsotibial tarsotibial; Tarsus-Tibia-..., Fußwurzel-Schienbein-...
tarsotomy 1. *(Ophth)* Tarsotomie *f*, Lidknorpelinzision *f*, Lidknorpelschnitt *m*; 2. Tarsotomie *f*, Fußwurzelinzision *f*, Fußwurzelschnitt *m*
tarsus 1. Tarsus *m*, Tarsalplatte *f*, Lidfaserplatte *f*, Augenlidknorpel *m*, Lidknorpel *m*; 2. Tarsus *m*, Fußwurzel *f*
tart cell *(Hämat)* Tart-Zelle *f*, Tartzelle *f*, Pseudo-LE-Zelle *f (Monozyt mit phagozytierter fremder Kernsubstanz)*
tartar Zahnstein *m*
tartrate Tartrat *n*, Tartarsäuresalz *n*
tartrated mit Tartarsäure behandelt
tartrazine Tartrazin *n*, Hydrazingelb *n (histologischer Farbstoff)*
Tarui disease Glykogenspeicherkrankheit *f* Typ VII
Tashkent ulcer *(Trop)* Taschkentgeschwür *n*, Orientbeule *f*
tastant Geschmacksstoff *m*
taste *v* schmecken
taste 1. Geschmack *m*; 2. *(Neur)* Geschmackssinn *m*
taste blindness *(Neur)* Geschmacksblindheit *f*, Ageusie *f*, Verlust *m* des Geschmackssinns
taste bud *s.* taste corpuscle
taste cell *(Anat)* Geschmackszelle *f*
taste centre *(Neur)* Geschmacks(sinn)zentrum *n*
taste corpuscle *(Anat)* Geschmacksknospe *f*, Caliculus *m* gustatorius
taste disorder Geschmacks(sinn)störung *f*
taste papilla Geschmackspapille *f*
taste pore *(Anat)* Geschmacksporus *m*, Porus *m* gustatorius
taste quality *(Physiol)* Geschmacksqualität *f*
taste ridge *(Anat)* Geschmackspapille *f*, Papilla *f* foliata
TAT *s.* toxin-antitoxin
tattoo *v* tätowieren, tatauieren
tattoo Tätowierung *f*
tattooing Tätowieren *n*, Tatauierung *f*
tattooing needle Tätowier(ungs)nadel *f*
taurine Taurin *n*
taurochenodeoxycholic acid Taurochenodesoxycholsäure *f*, Chenodesoxycholyltaurin *n*
taurocholaemia Taurocholämie *f*, Vorhandensein *n* von Taurocholsäure im Blut
taurocholaneresis Taurocholsäureausscheidung *f (mit der Galle)*
taurocholanopoiesis Taurocholsäuresynthese *f*, Taurocholsäurebildung *f (in der Leber)*
taurocholate Taurocholat *n*, Cholyltaurin *n*, Taurocholsäuresalz *n*
taurocholic acid Taurocholsäure *f (Gallensäure)*
Taussig-Bing complex *(Kard)* Taussig-Bing-Komplex *m*, Taussig-Bing-Syndrom *n (Ventrikelseptumdefekt, reitende Arteria pulmonalis und rechtsventrikuläre Aorta)*
Taussig-Bing disease *s.* Taussig-Bing complex
Taussig-Bing malformation *s.* Taussig-Bing complex
Taussig-Bing syndrome *s.* Taussig-Bing complex
Taussig-Blalock operation *(Kard)* Taussig-Blalock-Pott'sche Operation *f (Schaffung eines künstlichen Ductus Botallo)*

tautomenial zum gleichen Menstruationszyklus gehörend
tautomer Tautomer *n*
tautomerase Tautomerase *f (Enzym)*
tautomeric 1. tautomer(isch), zum gleichen Teil gehörend; 2. Tautomerismus…
tautomerism Tautomerismus *m*
Tawara's node *(Anat)* Aschoff-Tawara'scher Knoten *m*, Atrioventrikularknoten *m*, AV-Knoten *m*, Nodus *m* atrioventricularis *(Herzreizleitungssystem)*
taxane Taxan *n*
taxis 1. *(Physiol)* Taxis *f*, Tropismus *m*; 2. Taxis *f*, Reposition *f*, Reponierung *f (eines Eingeweidebruchs oder einer Knochenfraktur)*; 3. systematische Klassifizierung *f*, geordnete Zusammenstellung *f*
taxology *s.* taxonomy
taxon Taxon *n*
taxonomic taxonom, systematisch
taxonomy Taxonomie *f*, systematische Klassifikation *f*; Tierklassifikation *f*; Pflanzenklassifikation *f*
Tay-Sachs disease *(Neur)* Tay-Sachs'sche Krankheit *f*, Tay-Sachs-Syndrom *n*, infantile amaurotische Idiotie *f*
tazobactam Tazobactam *n (Lactamase-Inhibitor)*
tazolol Tazolo *n*
tazolol hydrochloride Tazolohydrochlorid *n*
TB *s.* tuberculosis
t.b. *s.* tubercle bacillus
tbsp. *s.* tablespoonful
TEA *s.* thromboendarterectomy
teacher's nodes *(HNO)* Schreiknötchen *npl*, Sängerknötchen *npl*, Noduli *mpl* vocales
tear *s.* rupture
tear of the perineum Dammriss *m*
tear *v* 1. tränen; tropfen; 2. zerreißen; in Stücke reißen
tear Träne *f*, Lacrima *f*; Tropfen *m (siehe auch unter: lacrimal)* • **dam back the tears** die Tränen zurückhalten
tear duct Tränengang *m*
tear film Tränenfilm *m*
tear gas Tränengas *n*
tear lysozyme Tränenlysozym *n (Enzym)*
tear production Tränenbildung *f*
tear sac *(Anat)* Tränensack *m*, Dakryocystis *f*, Saccus *m* lacrimalis
tear sac dropsy Tränensackschwellung *f*, Tränensackodem *n*
tear-sac extirpation Tränensackexstirpation *f*, (operative) Tränensackentfernung *f*
tear sac fistula Tränensackfistel *f*
tear sac phlegmon Tränensackphlegmone *f*
tear stone Tränen(sack)stein *m*, Dakryolith *m*, Concretio *f* lacrimalis
tearing Tränen *n*, Tränenlaufen *n*, Epiphora *f*
tears Tränen *fpl*; Tropfen *mpl*
teaspoonful *(Pharm)* Teelöffelmenge *f (etwa 5 Milliliter)*
teat 1. *s.* mamilla; 2. Sauger *m (für Flaschenernährung)*; 3. *s.* breast
tebutate tertiäres Butylacetat *n*
technetium Technetium *n*, Tc
technic *s.* technique
technical technisch; Technik…
technical profession technischer Beruf *m*
technical faults in ECG recording *(Kard)* technische EKG-Ableitungsfehler *mpl*
technician Techniker *m*
technique 1. Technik *f*, Methode *f*, Verfahren *n*; 2. Operationstechnik *f*, Operationsmethode *f*, Operationsverfahren *n*; 3. Färbungstechnik *f*, Färbungsmethode *f*, Färbungsverfahren *n*
technologist Technologe *m*
technology Technologie *f*

tectal Tektum…
tectiform dachförmig
tectobulbar *(Anat)* tektobulbär
tectocephalic *s.* scaphocephalic
tectocephaly *s.* scaphocephalia
tectocerebellar *(Anat)* tektozerebellär
tectocerebellar tract *(Anat)* Tractus *m* tectocerebellaris
tectorial tektorial, dachförmig
tectorial membrane 1. Membrana *f* tectoria (ductus cochlearis), Deckmembran *f*; 2. Membrana *f* tectoria, Tektorialmembran *f (Halswirbelsäule)*
tectorium *(Anat)* Membrana *f* tectoria ductus cochlearis
tectorubral tract *(Anat)* Tractus *m* rubrotectalis
tectospinal tract *(Anat)* Tractus *m* tectospinalis
tectum Tectum *n*, Dach *n*, Dachschicht *f*
tectum of the mesencephalon Tectum *n* mesencephali, Mittelhirndach *n*
teeth Zähne *mpl*; Gebiss *n (siehe auch unter: tooth)*
• **attend to the teeth** eine Zahnbehandlung durchführen
• **examine the teeth** die Zähne untersuchen, eine Zahnuntersuchung durchführen • **have the teeth attended to** eine Zahnbehandlung erhalten • **inspect the teeth** *s.* examine the teeth
teeth grinding Zähneknirschen *n*
teeth of the lower jaw Unterkiefergebiss *n*; Unterkieferzähne *mpl*
teeth of the upper jaw Oberkiefergebiss *n*; Oberkieferzähne *mpl*
teeth spreader *(Anästh)* Mundspreizer *m*; Mundkeil *m*
teethe *v* zahnen, Zähne bekommen
teething Zahnen *n*, Zahndurchbruch *m*, Dentition *f*
teething ring *s.* teether
teething troubles Zahnungsbeschwerden *fpl*, Beschwerden *fpl* beim Zahndurchbruch
teetotal abstinent (lebend); Abstinenz…; Abstinenzler…
• **be teetotal** abstinent sein, keinen Alkohol trinken
teetotaler Abstinenzler *m*
teetotalism Abstinenz *f* (gegen Alkohol)
tegafur Tegafur *n (Chemotherapeutikum gegen Krebs)*
tegmen Tegmen *n*, Decke *f*, Dach *n*
tegmental Tegmen…, Mittelhirnhauben…
tegmental decussation of Forel *(Anat)* Decussatio *f* tegmenti ventralis, Forel'sche Haubenkreuzung *f*
tegmental nucleus *(Anat)* Nucleus *m* tegmenti
tegmental wall of the tympanic cavity *(Anat)* Paries *m* tegmentalis cavi tympani
tegmentotomy Tegmentotomie *f*
tegmentum Tegmentum *n* (mesencephali), Mittelhirnhaube *f*, Haubenregion *f*
tegmentum of mesencephalon Tegmentum *n* mesencephali
tegmentum of rhombencephalon Tegementum *n* pontis
tegument Oberhaut *f*, Integument *n*, Integumentum *n* (commune), (äußere) Haut *f*, Deckhaut *f*, Hülle *f*
tegumental *s.* tegumentary
tegumentary Integument…, Oberhaut…
tegumentary epithelium Epidermis *f*, Oberhaut *f*, Integumentum *n* commune
teichopsia *(Neur, Ophth)* Teichopsie *f*, Zackensehen *n*, Flimmerskotom *n*
tela Tela *f*, Gewebe *n*; Bindegewebe *n*
telalgia Fernschmerz *m*
telangiectasia Teleangiektasie *f*, Hautkapillarerweiterung *f*, Hautgefäßerweiterung *f*
telangiectasis *s.* telangiectasia
telangiectatic teleangiektatisch, (haut)gefäßerweiternd; Teleangiektasie…
telangiectatic fibroma *s.* angiofibroma
telangiectatic lipoma *s.* angiolipoma

telangiectodes *s.* telangiectatic
telangiitis *s.* telangitis
telangioma *(Path)* Telangioma *n*, Kapillargeschwulst *f*, Haargefäßtumor *m*
telangion Kapillare *f*, Haargefäß *n (Zusammensetzungen siehe unter: capillary)*
telangiosis Teleangiose *f*, Kapillarerkrankung *f*, Haargefäßerkrankung *f*
telangitis Teleangiitis *f*, Kapillargefäßentzündung *f*, Haargefäßentzündung *f*
telar Gewebe…, Gewebs…
teleangiectasia *s.* telangiectasia
telecardiogram Tele(elektro)kardiogramm *n*
telecardiographic tele(elektro)kardiographisch
telecardiography Tele(elektro)kardiographie *f*, Fernübertragung *f* des Elektrokardiogramms
telecardiophone Tele(elektro)kardiophon *n*
teleceptor *s.* telereceptor
telecobalt therapy *(Rad)* Telekobalttherapie *f*, Telekobaltbehandlung *f*
telecurietherapy *(Rad)* Telecurietherapie *f*, Telegammatherapie *f*
teledendrite *s.* telodendrion
teledendron *s.* telodendrion
telediagnosis 1. Ferndiagnose *f*; 2. Ferndiagnostik *f*
telediastolic *(Kard)* telediastolisch, am Ende der Diastole
teleelectrocardiogram Tele(elektro)kardiogramm *n*
teleelectrocardiographic tele(elektro)kardiographisch
teleelectrocardiography Tele(elektro)kardiographie *f*, Fernübertragung *f* des Elektrokardiogramms
telefluoroscopic telefluoroskopisch
telefluoroscopy *(Rad)* Telefluoroskopie *f*, Ferndurchleuchtung *f*
telegraph speech *s.* telegraphic language
telegrapher's cramp *(Arb)* Schreibkrampf *m*, Ermüdungskrampf *m*
telegrapher's spasm *s.* telegrapher's cramp
telegraphic language *(Neur)* Telegrammstil *m (Sprachstörung)*
telegraphic style *s.* telegraphic language
telekinesis Telekinese *f*, Parakinese *f*, Psychokinese *f*
telekinetic Telekinese…
telelectrocardiogram *s.* telecardiogram
telemedicine Telemedizin *f*
telemeter *v* telemetrisch messen, eine Telemetrie [Fernmessung] durchführen
telemetry Telemetrie *f*, Fernmessung *f*, Fernübertragung *f* von Messdaten
telemetry capsule Telemetriekapsel *f*
telencephalic telenzephal(isch); Telenzephalon…, Endhirn…
telencephalization Kortikalisation *f*
telencephalon Telencephalon *n*, Telenzephalon *n*, Telenkephalon *n*, Endhirn *n*
teleneurite Teleneurit *m*, Nervenendfaser *f*, Nervenendigung *f*
telenzepine Telenzepin *n*
teleomitosis *s.* telophase
teleoroentgenography *s.* teleroentgenography
teleotherapeutics *s.* teletherapy
telepathic telepathisch, gedankenübertragend, gedankenlesend
telepathist Telepath *m*, Gedankenleser *m*
telepathy *(Psych)* Telepathie *f*, Gedankenübertragung *f*, Gedankenlesen *n*
teleradiography *s.* teleroentgenography
teleradiology Teleradiologie *f*, Fernbestrahlung *f*
teleradiogram Teleradiogramm *n*
teleradiography Teleradiographie *f*
teleradiotherapy *s.* teleroentgen therapy
teleradium therapy *(Rad)* Teleradiumtherapie *f*, Radiumfernbestrahlung *f*
telereceptor Telerezeptor *m*, Fernrezeptor *m*
telergy *s.* automatism
teleroentgen therapy *(Rad)* Teleröntgentherapie *f*, Teleröntgenbehandlung *f*, Röntgenfernbestrahlung *f*
teleroentgenogram Teleröntgenogramm *n*, Röntgenfernaufnahme *f*
teleroentgenographic teleröntgenographisch
teleroentgenography Teleröntgenographie *f*, Röntgenfernaufnahmetechnik *f*
telescope plaster bandage *(Chir)* Teleskopgipsverband *m*
telestereoroentgenography Telestereoröntgenographie *f*, Röntgenstereofernaufnahmetechnik *f*
telesthesia *s.* telaesthesia
telestethoscope Telestethoskop *n*
telesystolic telesystolisch, am Ende der Systole
teletherapy 1. *(Rad)* Teletherapie *f*, Fernbestrahlung *f*; 2. *(Psych)* Teletherapie *f*, Suggestionstherapie *f*
telethermometer Telethermometer *n*
tellurium Tellur *n*, Te
telocinesis *s.* telocinesia
telocoele *(Embr)* Telozöle *f*, Endhirnbläschen *n*
telodendrion *(Anat)* Telodendron *n*, Nervenendaufzweigung *f*, Endbäumchen *n*
telodendron *s.* telodendrion
teloglia Teloglia *f*
telognosis Ferndiagnose *f*, telefonische Diagnose *f*
telokinesia *s.* telophase
telokinesis *s.* telophase
telolemma *(Anat)* Telolemma *n*, Endplattenmembran *f*
telopeptide Telopeptid *n*
telophase *(Histol)* Telophase *f*, Mitoseendphase *f*, Kernteilungsendphase *f*, Telokinesis *f*, Telekinesie *f*
teloreceptor *s.* telereceptor
Telosporea Telosporea *pl*
Telosporidia Telosporidia *pl*
temazepam Temazepam *n (Benzodiazepin; Hypnotikum)*
temperament *(Psych)* Temperament *n*, Gemütsart *f*
temperance Enthaltsamkeit *f*, Zurückhaltung *f (z. B. gegenüber Alkohol)*; Beherrschung *f*
temperate enthaltsam, zurückhaltend
temperature Temperatur *f*, Körpertemperatur *f (siehe auch unter: fever)* • **have a temperature** Fieber [erhöhte Temperatur] haben • **register temperature** 1. Fieber [die Körpertemperatur] messen; 2. die Temperatur aufzeichnen [registrieren, erfassen] • **take (the) temperature** Fieber [die Temperatur] messen
temperature chart Fieberkurvenblatt *n*, Fieberkurve *f* • **look through the temperature chart** die Fieberkurve durchsehen
temperature curve Fieberkurve *f*
temperature elevation *s.* temperature rise
temperature measurement Temperaturmessung *f*, Fiebermessung *f*
temperature method *(Gyn)* Temperaturmethode *f (zur Kontrazeption)*
temperature regulatory centre *(Physiol)* Temperaturregulationszentrum *n*
temperature rise Temperaturerhöhung *f*, Temperaturanstieg *m*
temperature sense *(Neur)* Temperatursinn *m*
tempering hydrotherapeutic procedures *(Bal)* abhärtende Hydrotherapie *f*, abhärtende hydrotherapeutische Verfahren *npl*
temple 1. *(Anat)* Tempus *n*, Schläfe *f*, 2. Brillenbügel *m*
tempora *pl s.* tempus

temporal 1. temporal; Schläfen…; 2. temporal; Temporallappen…, Schläfenlappen…; 3. temporal, zeitlich; Zeit…
temporal angle (of the eye) *(Anat)* Lidaußenwinkel *m*, Angulus *m* oculi lateralis [temperalis]
temporal area *s.* temporal region
temporal arteritis Riesenzellenarteriitis *f*, Arteri(i)tis *f* temporalis
temporal artery Schläfenarterie *f*, Arteria *f* temporalis
temporal bone *(Anat)* Schläfenbein *n*, Os *n* temporale
temporal bone fracture Schläfenbeinfraktur *f*
temporal cortex *(Anat)* Temporallappen(hirn)rinde *f*
temporal diameter *(Anat)* Temporaldurchmesser *m*, Schläfenabstand *m*
temporal epilepsy *s.* temporal lobe epilepsy
temporal field *(Ophth)* temporales Gesichtsfeld *n*, Schläfensehfeld *n*
temporal fossa *(Anat)* Temporalgrube *f*, Schläfengrube *f*, Fossa *f* temporalis
temporal gyrus Temporalwindung *f*, Schläfenwindung *f*, Gyrus *m* temporalis
temporal horn of the lateral ventricle *(Anat)* Cornu *n* inferius ventriculi lateralis
temporal line *(Anat)* Temporallinie *f*, Schläfenlinie *f*, Linea *f* temporalis ossis frontalis
temporal lobe *(Anat)* Temporallappen *m*, Schläfenlappen *m*, Lobus *m* temporalis
temporal lobe epilepsy Temporallappenepilepsie *f*, Schläfenlappenepilepsie *f*, Epilepsia *f* procursiva
temporal lobe glioblastoma *(Path)* Temporallappenglioblastom *n*
temporal lobe hernia Temporallappenhernie *f*, Schläfenlappenvorfall *m*
temporal lobe oedema Temporallappenödem *n*
temporal lobe seizure *(Neur)* psychomotorischer Anfall *m*
temporal lobe swelling Temporallappen(an)schwellung *f*
temporal lobectomy *(Neur)* temporale Lobektomie *f*, (operative) Temporallappenentfernung *f*
temporal muscle Schläfenmuskel *m*, Musculus *m* temporalis, Temporalis *m*
temporal operculum *(Anat)* Operculum *n* temporale
temporal plane *(Anat)* Facies *f* temporalis, Planum *n* temporale
temporal pole *(Anat)* Temporallappenpol *m*, Schläfenlappenspitze *f*, Polus *m* temporalis
temporal process of the zygomatic bone *(Anat)* Processus *m* temporalis ossis zygomatici
temporal region (of the skull) *(Anat)* Schläfenregion *f*, Regio *f* temporalis
temporal squama *(Anat)* Schläfenbeinschuppe *f*, Squama *f* temporalis, Pars *f* squamosa ossis temporalis
temporal sulcus *(Anat)* Sulcus *m* temporalis
temporalis Musculus *m* temporalis, Temporalis *m*, Schläfenmuskel *m*
temporalis fascia Temporalisfaszie *f*
temporalis muscle *s.* temporalis
temporary arrest of respiration vorübergehender Atemstillstand *m*, temporäre Apnoe *f*
temporary base *s.* baseplate
temporary filling Temporärplombe *f*, temporäre Zahnfüllung *f*
temporary pacemaker temporärer Schrittmacher *m*
temporary remission of the disease temporäre Krankheitsremission *f*, vorübergehendes Krankheitsabklingen *n*
temporary stopping *(Stom)* temporäre Füllung *f*, provisorische Zahnfüllung *f*
temporary teeth 1. Milchzähne *mpl*, Milchgebiss *n*; 2. provisorischer Zahnersatz *m*; prothetischer Zahnersatz *m*
temporization provisorische Behandlung *f* [Versorgung *f*]
temporize *v* provisorisch behandeln, nicht definitiv [endgültig] versorgen
temporo-occipital 1. *(Anat)* temporo-okzpital; Schläfenbein-Hinterhauptbein-…; 2. *(Anat)* temporo-okzipital, Schläfen-Hinterhaupt-…
temporoauricular temporoaurikulär; Schläfen-Ohr-…
temporofacial *(Anat)* temporo-fazial; Schläfen-Gesichts-…
temporofrontal 1. *(Anat)* temporo-frontal; Schläfenbein-Stirnbein-…; 2. *(Anat)* temporo-frontal; Schläfen-Stirn-…
temporohyoid *(Anat)* temporo-hyoid; Schläfenbein-Zungenbein-…
temporomalar *s.* temporozygomatic
temporomandibular *(Anat)* temporo-mandibulär; Schläfenbein-Unterkiefer-…
temporomandibular joint *(Anat)* Articulatio *f* temporomandibularis
temporomandibular joint capsule Kiefergelenkkapsel *f*
temporomandibular ligament Ligamentum *n* temporomandibulare
temporomaxillary *(Anat)* temporo-maxillär; Schläfenbein-Oberkiefer-…
temporoparietal 1. *(Anat)* temporo-parietal; Schläfenbein-Scheitelbein-…; 2. *(Anat)* temporo-parietal; Schläfen-Scheitel-…
temporoparietal region Temporoparietalregion *f*, Regio *f* temporoparietalis
temporoparietalis (muscle) Schläfen-Scheitel-Muskel *m*, Musculus *m* temporoparietalis
temporopontine *(Anat)* temporo-pontin; Schläfenlappen-Brücken-…
temporopontine tract *(Anat)* Tractus *m* temporopontinus
temporospatial temporospatial; Raum-Zeit-…
temporosphenoid *(Anat)* temporo-sphenoidal; Schläfenbein-Keilbein-…
temporozygomatic *(Anat)* temporozygomatisch; Schläfenbein-Jochbein-…
tempus 1. *(Anat)* Tempus *n*, Schläfe *f*; 2. Tempus *m*, Zeit *f*
temulence 1. Temulenz *f*, Taumeln *n*, taumelnder Gang *m*; 2. chronischer Alkoholismus *m*
temulentia *s.* temulence
tenaculum 1. *(Chir)* Häkchen *n*, Einzinkerhaken *m*; 2. *s.* retinaculum
tenalgia Tenalgie *f*, Tenodynie *f*, Sehnenschmerz *m*
tenascin Tenascin *n* *(Protein)*
Tenckhoff catheter Tenckhoff-Katheter *m*
tender 1. schwächlich, schwach *(Gesundheit)*; 2. empfindlich *(Körperteil)*; druckschmerzhaft; berührungsschmerzhaft
tender kidney schmerzhafte Niere *f*, Nierenschmerz *m*
tender lymph node (druck)schmerzhafter Lymphknoten *m*
tenderness 1. Schwächlichkeit *f*; 2. Empfindlichkeit *f*; Druckschmerzhaftigkeit *f*, Berührungsschmerzhaftigkeit *f*
tendines *pl s.* tendo
tendineum *s.* tendon
tendinitis Tendinitis *f*, Sehnenentzündung *f*
tendinoplastic ten(d)oplastisch; Tendinoplastik…
tendinoplasty Ten(d)oplastik *f*, Tendinoplastik *f*, Sehnenplastik *f*, Sehnenrekonstruktion *f*
tendinosuture Sehnennaht *f*
tendinous sehnenartig, sehnenähnlich; Sehnen…
tendinous arch (of the pelvic fascia) *(Anat)* Arcus *m* tendineus fasciae pelvis *(Verstärkungszug der Beckenfaszie)*
tendinous cord Chorda *f* tendinea, Papillarmuskelsehne *f* *(Herzklappen)*
tendinous inscriptions *(Anat)* Inscriptiones *fpl* [Intersectiones *fpl*] tendineae
tendinous intersections *s.* tendinous inscriptions

tendinous synovitis Sehnenscheidenentzündung *f*, Tendovaginitis *f*
tendo Tendo *m*, Sehne *f*
tendolysis *s.* tenolysis
tendomucin Tendomuzin *n*, Sehnenmuzin *n*
tendomucoid *s.* tendomucin
tendomyopathy Tendomyopathie *f*, Fibromyalgie *f*, fibromyalgisches Syndrom *n*, Fibrositissyndrom *n*
tendon Tendo *m*, Sehne *f* • **pull a tendon** eine Sehne zerren
tendon Achilles Achillessehne *f*, Wadenmuskelsehne *f*, Tendo *m* calcaneus [Achilles], Tendo *m* musculi tricipitis surae (Achilli)
tendon Achilles reflex Achillessehnenreflex *m*, Wadenmuskelsehnenreflex *m*
tendon graft Sehnentransplantat *n*
tendon grafting Sehnentransplantation *f*, Sehnenverpflanzung *f*
tendon hook *(Chir)* Sehnen(scheiden)haken *m*
tendon jerk *s.* tendon reflex
tendon lengthening Sehnenverlängerung *f*
tendon of insertion *(Anat)* Ansatzsehne *f (eines Muskels)*
tendon of the papillary muscle *s.* tendinous cord
tendon reflex Sehnenreflex *m*
tendon scissors Sehnenschere *f*
tendon seizing forceps *(Chir)* Sehnenfasszange *f*
tendon sheath *(Anat)* Sehnenscheide *f*, Vagina *f* (fibrosa et synovialis) tendinis
tendon-sheath infection Sehnenscheideninfektion *f*
tendon-sheath nodule Sehnenscheidenknötchen *n*
tendon shortening Sehnenverkürzung *f*
tendon spindle *(Anat)* Sehnenspindel *f*
tendon strain Sehnenzerrung *f*
tendon stripper *(Chir)* Sehnenstripper *m*
tendon suspension *s.* tenodesis
tendon transplantation *s.* tendon grafting
tendon tucker *(Chir)* Sehnenfaltungsinstrument *n*
tendonitis Tendinitis *f*, Sehnenentzündung *f*
tendopathy Tendopathie *f*, Insertionstendopathie *f*, degenerative Sehnenveränderung *f*
tendoplasty *s.* tendinoplasty
tendosynovitis *s.* tenosynovitis
tendotome *s.* tenotome
tendotomy *s.* tenotomy
tendovaginal tendovaginal; Sehnenscheiden…
tendovaginitis 1. Tendovaginitis *f*, Sehnen- und Sehnenscheidenentzündung *f*; 2. *s.* tenosynovitis
tenebric vertigo Vertigo *f* tenebricosa *(Schwindel in der Dunkelheit)*
tenectomy Tenektomie *f*, Sehnenexstirpation *f*, Sehnenresektion *f*, (operative) Sehnenentfernung *f*
tenesmic Tenesmus…
tenesmus 1. Tenesmus *m*, schmerzhafter Stuhlzwang *m* [Stuhldrang *m*]; 2. Tenesmus *m*, schmerzhafter Harnzwang *m* [Harndrang *m*]
tenia *s.* taenia 2.
teniacide *s.* taeniacide
teniafuge *s.* taeniafuge
tenial *s.* taenial
teniamyotomy *s.* taeniamyotomy
teniasis *s.* taeniasis
teniform *s.* taeniform
teniophobia *s.* taeniophobia
teniotoxin *s.* taeniotoxin
tennis elbow Tennisellenbogen *m*; Epikondylitis *f* (humeri lateralis)
tenodesis *(Chir)* Tenodese *f*, Sehnenfesselung *f*
tenodynia *s.* tenalgia
tenofibril *s.* tonofibril
tenolysis Tendolyse *f*, Sehnenlösung *f* aus Verwachsungen
tenometer *s.* tonometer
tenomyoplasty Tenomyoplastik *f*, Sehnen-Muskel-Plastik *f*
tenomyotomy Tenomyotomie *f*, Sehnen- und Muskelschnitt *m*; Augenmuskelsehnenschnitt *m*
tenonectomy Tenonektomie *f*, Sehnenexstirpation *f*, Sehnenresektion *f*, (operative) Sehnenentfernung *f*
tenonitis 1. *s.* tendonitis; 2. *(Ophth)* Tenonitis *f*, Subkonjunktivitis *f*, Entzündung *f* der Tenon'schen Kapsel
tenonometer *s.* tonometer
tenonostosis *s.* tenostosis
Tenon's capsule *(Anat, Ophth)* Tenon'sche Kapsel *f*, Vagina *f* [Fascia *f*, Capsula *f*] bulbi, Augapfelkapsel *f*
Tenon's fascia *s.* Tenon's capsule
Tenon's membrane *s.* Tenon's capsule
Tenon's space Spatium *n* intervaginale
tenontagra Sehnengicht(erkrankung) *f*, Gichtbefall *m* der Sehnen
tenontitis *s.* tendonitis
tenontodynia *s.* tenalgia
tenontolemmitis *s.* tenosynovitis
tenontomyoplasty *s.* tenomyoplasty
tenontomyotomy *s.* tenomyotomy
tenontoplasty *s.* tendinoplasty
tenontothecitis *s.* tenosynovitis
tenophony Papillarmuskelton *m*
tenophyte Tenophyt *m*
tenoplastic ten(d)oplastisch; Tendinoplastik…, Sehnenplastik…
tenoplasty *s.* tendinoplasty
tenorrhaphy Tenorrhaphie *f*, Sehnennaht *f*
tenositis *s.* tendinitis
tenostosis Sehnenverknöcherung *f*, Tendinitis *f* ossificans
tenosuspension Sehnenbandplastik *f*, Bandersatz *m* durch Sehne *(bei Gelenkplastik)*
tenosuture *s.* tenorrhaphy
tenosynitis *s.* tenosynovitis
tenosynovectomy Tenosynovektomie *f*, Sehnenscheidenexstirpation *f*, (operative) Sehnenscheidenentfernung *f*
tenosynovial tendovaginal; Sehnenscheiden…
tenosynovioma *(Path)* Sehnenscheidengeschwulst *f*, Sehnenscheidentumor *m*
tenosynovitis Tendovaginitis *f*, Sehnenscheidenentzündung *f*
tenotome *(Chir)* Tenotom *n*, Sehnenmesser *n*
tenotomize *v* tenotomieren, eine Sehne durchtrennen, eine Tenotomie durchführen
tenotomy Tenotomie *f*, (operative) Sehnendurchtrennung *f*
tenovaginitis *s.* tendovaginitis
TENS *s.* transcutaneous electrical nerve stimulation
tense 1. fest, gespannt, rigid; 2. *(Psych)* angespannt, gestresst; ängstlich
tense abdomen *(Chir)* harter Bauch *m*, gespanntes Abdomen *n (z. B. bei Peritonitis)*
tense eardrum gespanntes Trommelfell *n*
tense pulse *(Kard)* gespannter [harter] Puls *m*, Pulsus *m* durus
tensed eardrum *s.* tense eardrum
tensiometer Tensiometer *n (Gerät zur Messung der Oberflächenspannung)*
tension 1. Tension *f*, Spannung *f*; 2. Tension *f*, Spannung *f*, Partieldruck *m (z. B. eines Gases)*; 3. Anspannung *f (von Muskeln)*; 4. Druck *m*; Augeninnendruck *m*; 5. *(Psych)* psychische Anspannung *f*, psychischer Stress *m*, emotionaler Druck *m*
tension headache Spannungskopfschmerz *m*; psychogener Kopfschmerz *m*
tension line (of Langer) *(Anat)* Hautspaltlinie *f*

tension on the suture line *(Chir)* Spannungsnaht *f*, Naht(linie) *f* unter Spannung
tension pneumothorax Spannungspneu(mothorax) *m*, Ventilpneu(mothorax) *m*
tension suture *(Chir)* Entlastungsnaht *f*
tensive gespannt; Spannungs...
tensor Musculus *m* tensor, Tensor(muskel) *m*, Spannmuskel *m*, Spanner *m*
tensor fasciae femoris muscle *s.* tensor fasciae latae muscle
tensor fasciae latae muscle Musculus *m* tensor fasciae latae, Oberschenkelfaszienspanner *m*
tensor muscle *s.* tensor
tensor muscle of the choroid *(Anat, Ophth)* Musculus *m* tensor chorioideae, von Brücke'scher Muskel *m*, Fibrae *fpl* meridionales musculi ciliaris
tensor muscle of the drum *s.* tensor tympani muscle
tensor tympani (muscle) Musculus *m* tensor tympani, Trommelfellspanner *m*
tensor tympani tendon Tendo *m* musculi tensoris tympani, Trommelfellspannersehne *f*
tensor veli palatini (muscle) Musculus *m* tensor veli palatini, Gaumensegelspanner *m*
tensure Dehnung *f*, Ausdehnung *f*, Streckung *f*, Streckbarkeit *f*, Dehnbarkeit *f (z. B. eines Muskels)*
tent *v* die Haut in Falten hochziehen; eine Hautfalte bilden
tentacle Tentakel *f*
tentative vorläufig, nicht abschließend
tentative diagnosis vorläufige Diagnose *f*, Arbeitsdiagnose *f*
tenth cranial nerve X. Hirnnerv *m*, Nervus *m* vagus, Vagus(nerv) *m (Zusammensetzungen siehe unter: vagus)*
tentigo venerea *s.* nymphomania
tenting of skin Hautfaltenretraktion *f*, Haufaltenbildung *f (zur Prüfung des Körperhydratation)*
tentoria *pl s.* tentorium
tentorial tentorial, tentoriell; Tentorium..., Kleinhirnzelt...
tentorial coning Tentorium(schlitz)einklemmung *f*, Kleinhirnzelteinklemmung *f*
tentorial herniation *s.* tentorial coning
tentorial notch Incisura *f* tentorii, Tentoriumschlitz *m*
tentorial pressure cone *s.* tentorial coning
tentorial rupture Tentoriumruptur *f*, Tentoriumzerreißung *f*, Tentorium(ein)riss *m*
tentorial sinus *s.* straight sinus
tentoriotomy Tentoriotomie *f*, Tentoriumschnitt *m*, (operative) Kleinhirnzeltdurchtrennung *f*
tentorium *(Anat)* Tentorium *n*
tentorium of the cerebellum *(Anat)* Tentorium *n* cerebelli, Kleinhirnzelt *n*
tentorium of the hypophysis *(Anat)* Diaphragma *n* sellae
tenuity Dünnheit *f*, Zartheit *f*
tenuous dünn; zart
TEP *s.* total endoprosthesis
tephromalacia Erweichung *f* der grauen Hirnsubstanz
tephrylometer Tephrylometer *n (zur Messung der Hirnrindendicke)*
teprotide Teprotid *n (ACE-Inhibitor)*
ter in die *(Pharm)* dreimal täglich, dreimal pro Tag, ter in die, t.i.d.
teramorphous missgestaltet, missgebildet
teras Missgeburt *f*, Missgestalt *f*, Missbildung *f*, Monstrum *n*
teratic *s.* teramorphous
teratism Teratismus *m*, Fehlbildung *f*, Missbildung *f*
teratoblastoma *(Path)* Teratoblastom *n*, Teratoma *n* embryonale
teratocarcinoma *(Path)* Teratokarzinom *n*, karzinomatöses Teratom *n*
teratogen *s.* teratogenic agent
teratogenesis *s.* teratogeny
teratogenetic teratogen(etisch), Missbildungen bewirkend [hervorbringend]
teratogenetic influence teratogener Einfluss *m*
teratogenic *s.* teratogenetic
teratogenic (agent) Teratogen *n*, teratogener Stoff *m*, teratogene Substanz *f*, teratogenes Mittel *n*, Missbildungen bewirkendes Mittel *n*
teratogenicity Teratogeni(zi)tät *f*
teratogenous teratogen, von pluripotentem Gewebe abstammend
teratogeny Teratogenese *f*, Teratogenie *f*, Monsterbildung *f*, Hervorbringung *f* von Missgeburten [Missbildungen]
teratoid teratoid, missgebildet, missgestaltet, monsterartig
teratoid tumour *s.* teratoma
teratologic *s.* teratological
teratological teratologisch; Teratologie...
teratologist Teratologe *m*, Missbildungsspezialist *m*
teratology Teratologie *f*, Lehre *f* von den Missbildungen
teratoma *(Path)* Teratom *n*, teratoide Geschwulst *f*, Dysgerminom *n*
teratomata *pl s.* teratoma
teratomatous teratomatös, teratomartig
teratophobia Teratophobie *f*, Missbildungsangst *f*, Furcht *f* vor Missbildungen
teratosis *s.* teratism
teratospermia *s.* teratozoospermia
teratozoospermia Terato(zoo)spermie *f*, Spermienmissbildung *f*
terazosin Terazosin *n (Antihypertensivum)*
terazosin hydrochloride Terazosinhydrochlorid *n*
terbinafine Terbinafin *n (Antimykotikum)*
terbinafine hydrochloride Terbinafinhydrochlorid *n*
terbutaline Terbutalin *n (Bronchodilator)*
terbutaline sulphate Terbutalinsulfat *n*
terchloride Trichlorid *n*
terconazole Terconazol *n (Antimykotikum)*
terebenthene Terpentinöl *n*
terebinthinate terpentinhaltig, Terpentin enthaltend
terebinthinism Terpentinvergiftung *f*
terebrant *s.* terebrating
terebrating bohrend; stechend
terebrating pain bohrender Schmerz *m*
terebration 1. Bohren *n*, Durchdringen *n (z. B. von Schmerzen)*; bohrender Schmerz *m*; 2. *(Chir, Stom)* Bohren *n*, Aufbohren *n*, Durchbohren *n*
teres major (muscle) Musculus *m* teres major, großer Rundmuskel *m*
teres minor (muscle) Musculus *m* teres minor, kleiner Rundmuskel *m*
terfenadine Terfenadin *n (Histaminantagonist)*
tergal *s.* dorsal
term 1. normale Schwangerschaftszeit *f*; 2. normaler Geburtstermin *m*; 3. Limit *n*, Grenzbereich *m*; 4. Periode *f*, Zeitabschnitt *m*, Zeitdauer *f*; 5. Terminus *m*, Fachbegriff *m*
term infant termingerechtes Neugeborenes *n*, Neugeborenes *n* zum Termin *(38. bis 40. Schwangerschaftswoche)*
term life birth termingerechte Geburt *f*, Geburt *f* zum Termin
term parturition *s.* term life birth
terminad terminad, dem Ende entgegen, zum Ende hin
terminal terminal; End...
terminal addition enzyme DNS-Nucleotidylexotransferase *f (Enzym)*
terminal arborization Endaufzweigung *f (Nervenfasern)*
terminal arteriole Terminalarteriole *f*
terminal artery Endarterie *f*, Endschlagader *f*

terminal bronchiole Terminalbronchiole *f*
terminal bouton *(Anat)* Endfüßchen *n (Nervenendaufzweigung)*
terminal cardiac sulcus *(Anat)* Sulcus *m* terminalis atrii dextri
terminal cistern *(Physiol)* Terminalzisterne *f (der Myofibrillen)*
terminal complex Terminalkomplex *m (im EEG)*
terminal cone *(Anat)* Conus *m* medullaris
terminal crest *(Anat)* Crista *f* terminalis atrii dextri
terminal deoxynucleotidyl transferase DNS-Nucleotidylexotransferase *f (Enzym)*
terminal disinfection Schlussdesinfektion *f*, Abschlussdesinfektion *f*
terminal drop terminaler Verfall *m* (der geistigen Kräfte)
terminal filament *(Anat)* Filum *n* terminale
terminal ganglion *(Anat)* Ganglion *n* terminale, Terminalganglion *n*
terminal grade of peritonitis Peritonitisendstadium *n*, Peritonitis *f* im Endstadium
terminal haematuria *(Urol)* terminale Hämaturie *f*, Hämaturie *f* am Miktionsende
terminal hairs Terminalhaar *n*, Terminalhaare *npl*, Terminalbehaarung *f*
terminal ileitis *(Gastr)* Ileitis *f* terminalis, regionäre Ileitis *f* [Krummdarmentzündung *f*], Crohn'sche Krankheit *f* [Erkrankung *f*], Crohn-Krankheit *f*, Crohn *m*, Morbus *m* Crohn, Enteritis *f* regionalis (Crohn)
terminal illness Teminalstadium *n*, Finalstadium *n (einer Krankheit)*
terminal line Linea *f* terminalis (pelvis)
terminal lingual sulcus Sulcus *m* terminalis linguae
terminal myeloblastic crisis *(Hämat)* terminale Blastenkrise *f*, akute terminale Myeloblastenkrise *f*
terminal nerves Nervi *mpl* terminales
terminal phalanx *(Anat)* Endphalanx *f*, Endglied *n*
terminal stage Endzustand *m (nach erfolgloser Therapie eines Patienten)*
terminal syndactyly distale Syndaktylie *f*
terminal ventricle *(Anat)* Ventriculus *m* terminalis
terminate *s.* terminal
terminatio Terminatio *f*, Ende *n*; distales Ende *n*
termination Beendigung *f*, Abbruch *m*; Unterbrechung *f*; Ende *n*, Aufhören *n*
termination of infection Infektionsabbruch *m*; Infektionsende *n*
termination of labour Geburtsende *f*
termination of pregnancy Schwangerschaftsabbruch *m*, Schwangerschaftsunterbrechung *f*
terminationes *pl s.* terminatio
terminator codon *(Gen)* Terminatorkodon *n*
terminology Terminologie *f*
termolecular trimolekular, drei Moleküle enthaltend
terms *s.* menstruation
ternitrate Trinitrat *n*
teroxide Trioxid *n*
terpin Terpin *n*, Dipentenglycol *n*
terpinol Terpinol *n*, Terpinhydrat *n*
terrace *v* eine Wunde schichtweise nähen, eine Wunde mit mehreren Nahtreihen verschließen
terrain cure *(Bal)* Terrainbehandlung *f*, Terraintherapie *f (z. B. bei Herzkrankheiten)*
tersulfide Trisulfid *n*
tertian jeden dritten Tag auftretend; im 48-Stunden-Intervall
tertian ague *(Trop)* Malaria-tertiana-Fieberanfall *m*, Tertianaanfall *m (im 48-Stunden-Intervall)*
tertian fever *(Trop)* Tertiana *f*, Malaria *f* tertiana, dreitägiges Fieber *n*
tertian malaria *s.* tertian fever
tertian parasite Tertiana-Parasit *m*, Plasmodium *n* vivax
tertiarism *s.* tertiary syphilis
tertiary tertiär, an dritter Stelle
tertiary follicle *(Gyn)* Tertiärfollikel *m*, Bläschenfollikel *m*, Folliculus *m* oophorus vesiculosus, Graaf'scher Follikel *m*
tertiary health care tertiäre Gesundheitsversorgung *f*, hochspezialisierte medizinische Versorgung *f*
tertiary lesion *s.* tertiary syphilid
tertiary prevention (psychische) Tertiärprävention *f*, tertiäre Prävention *f*
tertiary sequestrum Tertiärsequester *m*
tertiary syphilid Tertiärsyphilid *n*
tertiary syphilis Tertiärsyphilis *f*, tertiäre Syphilis *f*, Syphilis *f* (im Stadium) III, Tertiärstadium *n* der Syphilis
tertigravida Tertigravida *f*, Gravida III *f*, Drittschwangere *f*
tertipara Tertipara *f*, Para III *f*, Drittgebärende *f*
tessellated aus Quadraten bestehend, schachbrettartig; plattenartig, Platten…; mosaikartig, Mosaik…
tessellated epithelium *(Histol)* einfaches Plattenepithel *n*
test *v* **for** untersuchen auf
test Test *m*, Versuch *m*, Probe *f*, Untersuchung *f*, Prüfung *f*
test antigen Testantigen *n*
test bacterium Testbakterium *n*
test-breakfast *(Gastr)* Probefrühstück *n*
test card 1. *(Lab)* Testkarte *f*, Testtafel *f*; 2. *(Ophth)* Sehprüftafel *f*, Sehschärfetafel *f*
test-dinner *s.* test meal
test erythrocyte *(Immun)* Testerythrozyt *m*
test for ketone bodies *(Lab)* Ketonkörpertest *m*, Acetonkörperprobe *f*
test for lacrimation Schirmer-Test *m*
test for sugar in the urine *(Lab)* Harnzuckertest *m*, Harnzuckerprobe *f*
test germ Testkeim *m*
test letter *(Ophth)* Testbuchstabe *m*
test meal *(Gastr)* Testmahlzeit *f*, Probemahlzeit *f*
test method Testmethode *f*
test of patency of tear duct Test *m* auf Durchgängigkeit des Tränenganges
test paper *(Lab)* Indikatorpapier *n*
test serum *(Hämat)* Testserum *n*
test serum dilution Testserumverdünnung *f*
test solution 1. *(Lab)* Testlösung *f*, zu untersuchende Lösung *f*; 2. *(Lab)* Prüflösung *f (zum Testen verwendet)*
test tube Reagenzglas *n*
test tube baby Retortenbaby *n*
test type *s.* test letter
testalgia Testalgie *f*, Hodenschmerz *m*, Hodenneuralgie *f*, Orchialgie *f*, Orchiodynie *f*, Didymalgie *f*
testamentary capacity testamentarische Kompetenz *f*
testectomy *s.* orchidectomy
testee Testperson *f*, Proband *m*, Prüfling *m*
testes *pl s.* testis
testicle Testikel *m*, Testis *m*, Hoden *m*, Orchis *m*, Didymus *m*, männliche Keimdrüse *f*
testicular testikulär; Testikel…, Hoden…
testicular adenoma Hodenadenom *n*
testicular artery Hodenarterie *f*, Arteria *f* testicularis [spermatica interna]
testicular atrophy Hodenatrophie *f*
testicular biopsy *(Urol)* Hodenbiopsie *f*
testicular cancer *(Path)* Hodenkrebs *m*, Hodenkarzinom *n*
testicular carcinoma *s.* testicular cancer
testicular compression reflex Hodenkompressionsreflex *m*
testicular delay *(Päd, Urol)* Hodenretention *f*, Hodenhochstand *m*

testicular duct Vas *n* deferens
testicular dysgenesis syndrome Hodendysgenesie-syndrom *n*
testicular embryonal carcinoma embryonales Hodenkarzinom *n*
testicular feminization *(Endokr)* testikuläre Feminisierung *f*
testicular germ cell tumour Hodenkeimzellentumor *m*
testicular graft Hodentransplantat *n*
testicular hormone Hodenhormon *n*
testicular hypoplasia Hodenhypoplasie *f*
testicular mass *s.* testicular tumour
testicular pain *s.* testalgia
testicular parenchyma Hodenparenchym *n*, spezifisches Hodengewebe *n*
testicular pseudoretention Wanderhoden *m*
testicular reflex Hodenreflex *m*, testikulärer Reflex *m*
testicular self-examination Selbstuntersuchung *f* des Hodens
testicular stasis *s.* testicular delay
testicular teratoma Hodenteratom *n*
testicular transplantation Hodentransplantation *f*
testicular tumour Hodentumor *m*, Hodengeschwulst *f*
testicular vein Hodenvene *f*, Vena *f* testicularis [spermatica interna]
testiculoma *(Path)* Testikulom *n*, Hodentumor *m*, Hodengeschwulst *f*
testing Testen *n*, Prüfung *f*, Untersuchung *f*, Probe *f*, Erprobung *f*
testis Testikel *m*, Testis *m*, Hoden *m*, Orchis *m*, Didymus *m*, männliche Keimdrüse *f*
testitis Testitis *f*, Orchitis *f*, Hodenentzündung *f*, Didymitis *f*
testolactone Testolacton *n (antineoplastisches Androgen)*
testopathy Hodenkrankheit *f*, Hodenerkrankung *f*, Hodenleiden *n*, Orchiopathie *f*
testosterone Testosteron *n*, 17β-Hydroxy-4-androsten-3-on *n (Sexualhormon)*
testosterone blood level Testosteronblutspiegel *m*
testosterone cyclopentylpropionate Testosteroncyclopentylpropionat *n*
testosterone cypionate Testosteroncypionat *n*
testosterone dehydrogenase Testosterondehydrogenase *f (Enzym)*
testosterone derivative Testosteronderivat *n*
testosterone enanthate Testosteronenanthat *n*
testosterone phenylpropionate Testosteronphenylpropionat *n*
testosterone propionate Testosteronpropionat *n*
tetanal *s.* tetanic
tetanal immunoglobulin *s.* tetanus immune globulin
tetania *s.* tetany
tetanic 1. tetanisch, starrkrampfartig, starrkrampfähnlich; Tetanus...; 2. Tetanus erzeugend, Tetanus auslösend
tetanic cataract *(Ophth)* Tetaniekatarakt *f*, Tetaniestar *m*, Cataracta *f* tetanica
tetanic contraction tetanische Kontraktion *f*, tetanische Dauerkontraktion *f*
tetanic contraction of the uterus *(Gyn)* uterine Dauerkontraktion *f*, Gebärmutterdauerkontraktion *f*, Tetania *f* uteri, Krampfwehen *fpl*
tetanic convulsion tetanische Konvulsion *f*, tonische Dauerkontraktion *f*
tetanic croup *s.* spasmodic croup
tetanic spasm tonischer Spasmus *m* [Krampf *m*]
tetaniform tetaniform, tetanusartig, tetanusähnlich, tetanoid
tetanigenous tetanigen, Tetanus auslösend, Tetanus bewirkend
tetanilla 1. *s.* tetany; 2. fibrilläre Myoklonie *f*
tetanin(e) *s.* tetanus toxoid
tetanism 1. Tetanismus *m*, Muskelhypertonus *m*; 2. *s.* neonatal tetany
tetanization *(Physiol, Neur)* Tetanusinduktion *f*, Tetanusauslösung *f (z. B. an einem Muskel)*
tetanize *v* tetanisieren, eine Tetanie auslösen, einen tetanischen Muskelkrampf bewirken
tetanode Tetanus(krampf)intervall *n*
tetanoid *s.* tetaniform
tetanolysin Tetanolysin *n (Hämolysegift von Clostridium tetani)*
tetanolysis Tetanolyse *f*, Hämolyse *f* durch Tetanusbakterientoxin
tetanometer Tetanometer *n*, Tetanusmesser *m*
tetanophil *s.* tetanophilic
tetanophilic tetanophil, tetanustoxinanziehend
tetanophobia Tetanophobie *f*, Angst *f* vor Wundstarrkrampf
tetanospasmin Tetanospasmin *n (Neurotoxin von Clostridium tetani)*
tetanotoxin *s.* tetanus toxin
tetanus Tetanus *m*, Wundstarrkrampf *m*, Starrkrampf *m*
• be inoculated against [for] tetanus gegen Tetanus geimpft werden; sich gegen Tetanus impfen lassen; gegen Tetanus geimpft sein
tetanus and diphtheria toxoids Tetanus-Diphtherie-Impfstoff *m*, Td-Impfstoff *m*
tetanus antitoxin Tetanusantitoxin *n*, Tetanusserum *n*, Antitetanusserum *n*
tetanus cramp tetanischer Krampf *m*, Tetanus *m*
tetanus immune globulin Tetanus-Immunoglobulin *n*
tetanus immune serum Tetanus-Immunserum *n*
tetanus infantum Neugeborenentetanus *m*, Tetanus *m* infantum [neonatorum]
tetanus infection Tetanusinfektion *f*
tetanus neonatorum *s.* tetanus infantum
tetanus of pregnancy Schwangerschaftstetanie *f*, Schwangerschaftskrampfen *n*
tetanus-prone *s.* tetanophil
tetanus prophylaxis Tetanusprophylaxe *f*, Wundstarrkrampfprophylaxe *f*
tetanus toxin Tetanus(bakterien)toxin *n*, Tetanotoxin *n*; Tetanospasmin *n*; Tetanolysin *n*
tetanus toxoid Teta(nus)toxoid *n*
tetanus toxoid immunization Teta(nus)toxoid-Immunisierung *f*, aktive Tetanusimmunisierung *f*, Tetanus(schutz)-impfung *f*
tetanus vaccination *s.* tetanus toxoid immunization
tetanus vaccine Tetanusvakzine *f*, Tetanustoxoid-Impfstoff *m*
tetany 1. Tetanie *f*, Krampfsyndrom *n*; Krampfbereitschaft *f*; 2. *s.* tetanus
tetany of the newborn *s.* tetanus infantum
tetra-amelia Tetraamelie *f (Fehlen aller vier Gliedmaßen)*
tetrabenazine Tetrabenazin *n*
tetrablastic tetrablastisch, mit vier Keimblättern
tetraboric acid Tetraborsäure *f*
tetrabrachial tetrabrachial, vierarmig
tetrabrachius *(Terat)* Tetrabrachius *m*, Missgeburt *f* mit vier Armen
tetrabromofluorescein *s.* eosin
tetrabromophenolphthalein Tetrabromophenolphthalein *n*
tetracaine Tetracain *n*, p-Butylaminobenzoesäure-β-dimethylaminoethylester *m (Lokalanästhetikum)*
tetracaine hydrochloride *(Anästh)* Tetracainhydrochlorid *n*
tetracheirous vierhändig
tetracheirus *(Terat)* Tetrachirus *m*, vierhändige Missgeburt *f*

tetrachirus *s.* tetracheirus
tetrachlorethylene Tetrachlorethylen *n*, Ethylentetrachlorid *n (Anthelmintikum)*
tetrachloride Tetrachlorid *n*
tetrachlormethane Tetrachlormethan *n*, Tetrachlorkohlenstoff *m*
tetrachlormethiazide Tetrachlormethiazid *n*
tetrachloroethane Tetrachlorethan *n*
tetrachloroethane poisoning Tetrachlorethanvergiftung *f*
tetrachloroethylene Tetrachlorethylen *n*
tetrachloromethane *s.* tetrachlormethane
tetrachromic vierfarbig sehend
tetracrotic tetrakrot, mit vier Zacken *(z. B. Pulskurve)*
tetracyclic tetrazyklisch
tetracycline Tetrazyklin *n*, Tetracyclin *n (Antibiotikum)*
tetracycline hydrochloride Tetracyclinhydrochlorid *n*
tetrad Tetrade *f (Zellkernteilung)*
tetrad of Fallot *s.* tetralogy of Fallot
tetradactyl *s.* tetradactylous
tetradactylous vierfingrig
tetradactyly Tetradaktylie *f*, Vierfingerigkeit *f*
tetradotoxin Tetradotoxin *n*
tetraethyl lead Bleitetraethyl *n*
tetraethyl pyrophosphate Tetraethylpyrophosphat *n (Cholinesterasehemmer)*
tetraethylammonium chloride Tetraethylammoniumchlorid *n*
tetraethylmonothionopyrophosphate Tetraethylmonothiononpyrophosphat *n (Cholinesterasehemmer; Glaukommittel)*
tetraethylthiuram disulphide Tetraethylthiuramdisulfid *n*, Disulfiram *n*
tetragastrin Tetragastrin *n (Tetrapeptid)*
tetragon Tetragonum *n*
tetrahydrofolate dehydrogenase Teradihydrofolatdehydrogenase *f*, Dihydrofolatreductase *f (Enzym)*
tetrahydrofolate methyltransferase Teradihydrofolatmethyltransferase *f*, Methioninsynthase *f (Enzym)*
tetrahydrofolic acid Tetrahydrofolsäure *f*, Coenzym *n* F
tetrahydrozoline hydrochloride Tetrahydrozolinhydrochlorid *n (Vasokonstriktor)*
tetraiodothyronine *s.* thyroxine
tetralogy Tetralogie *f*
tetralogy of Fallot *(Kard)* Fallot'sche Tetralogie *f*, Fallot-Tetralogie *f*, Fallot *m* IV *(Herzfehler mit Kammorseptumdefekt, reitender Aorta, Pulmonalstenose und Rechtsherzhypertrophie)*
tetramastia *(Terat)* Tetramastie *f*, Vierbrüstigkeit *f*
tetramastigote viergeißlig
tetramastous vierbrüstig
tetramazia *s.* tetramastia
tetramelus *(Terat)* Tetramelus *m*, Missgeburt *f* mit vier Beinen
tetramer Tetramer *n*
tetrameric tetramer
tetramine *s.* tetramethylammonium hydroxide
tetranitrol Erythrityltetranitrat *n*
tetranopsia Tetranopsie *f (Blindheit im Bereich eines Sehfeldquadranten)*
tetraophthalmic vieräugig
tetraotus *(Terat)* Tetraotus *m*, Missgeburt *f* mit vier Ohren
tetraparalysis *s.* tetraparesis
tetraparesis Tetraparese *f*, inkomplette Lähmung *f* aller vier Gliedmaßen, Tetraparalyse *f*
tetrapeptide Tetrapeptid *n*
tetraperomelia *(Terat)* Tetraperomelie *f*
tetraphocomelia *(Terat)* Tetraphokomelie *f*
tetraplegia Tetraplegie *f*, komplette Lähmung *f* aller vier Gliedmaßen
tetraplegic tetraplegisch, an vier Gliedmaßen gelähmt; Tetraplegie...
tetraploid *s.* tetraploidic
tetraploid Tetraploide(r) *m*
tetraploidic tetraploid, mit einem vierfachen Chromosomensatz
tetraploidy Tetraploidie *f*
tetrapod tetrapod(al), vierfüßig
tetrapus *(Terat)* Vierfüßige(r) *m*, vierfüßiger Fetus *m (Missgeburt)*
tetrasaccharide Tetrasa(c)charid *n*
tetrascelus *(Terat)* Vierbeinige(r) *m*, vierbeiniger Fetus *m (Missgeburt)*
tetrasomic tetrasom, mit vier gleichen Chromosomen
tetrasomy Tetrasomie *f*
tetraster Tetraster *m (Mitosefigur)*
tetrastichiasis Tetrastichiasis *f*, Vorhandensein *n* von vier Augenwimperreihen
tetratomic aus vier Atomen bestehend
tetravaccine Tetravakzine *f*, TAB-Impfstoff *m*, Vierfachimpfstoff *m (gegen Typhus, Paratyphus A und B sowie Cholera)*
tetravalent tetravalent, vierwertig
tetrose Tetrose *f (Monosaccharid)*
tetrotus vierohrig
tetroxide Tetraoxid *n*
tetter blasige [vesikuläre] Hauterkrankung *f*, Bläschenausschlag *m*
Teutschländer's disease Teutschländer-Krankheit *f*, Teutschländer'sche Krankheit *f*, Lipokalzinogranulomatose *f*, Calcinosis *f* universalis interstitialis
Texas fever Texasfieber *n*, Tristeza *f*
texis *s.* birth
text blindness *(Neur)* Leseschwäche *f*, Wortblindheit *f*
textiform netzartig
textural 1. textural; Gewebe...; 2. strukturell
texture 1. Textur *f*, Gewebe *n*; Faserung *f*; 2. Struktur *f*
TGA *s.* 1. thyroglobulin antibody; 2. transposition of the great arteries
thalamectomy Thalamektomie *f*, (operative) Thalamusentfernung *f*, Chemothalamektomie *f*
thalamencephalic Thalamenzephalon...
thalamencephalon Thalamenzephalon *n (Teil des Zwischenhirns)*
thalami *pl s.* thalamus
thalamic thalamisch; Thalamus..., Sehhügel...
thalamic apoplexy Thalamusapoplexie *f*
thalamic nucleus *(Anat)* Thalamuskern *m*, Nucleus *m* thalamicus
thalamic pain Thalamusschmerz *m*
thalamic peduncle *(Anat)* Thalamuspedunkulus *m*, Thalamusstiel *m*, Pedunculus *m* thalami
thalamic syndrome *(Neur)* Thalamussyndrom *n*, thalamisches Syndrom *n*, Déjérine-Roussy-Syndrom *n*
thalamocortical *(Anat)* thalamokortikal; Thalamus-Hirnrinden-...
thalamocrural *s.* thalamopeduncular
thalamolenticular *(Anat)* thalamolentikulär; Thalamus-Linsenkern-...
thalamomamillary *(Anat)* thalamomamillär; Thalamus-Mamillenkörper-...
thalamoparietal *(Anat)* thalamoparietal; Thalamus-Scheitellappen-...
thalamopeduncular *(Anat)* thalamopedunkulär, thalamokrural; Thalamus-Hirnstiel-...
thalamotegmental *(Anat)* thalamotegmental; Thalamus-Hauben(region)-...
thalamotemporal radiation *s.* acoustic radiation
thalamotomy Thalamotomie *f*, Thalamusschnitt *m*

thalamus Thalamus *m*, Sehhügel *m*
thalassaemia Thalassämie *f*, Mediterrananämie *f*, Mittelmeeranämie *f*
thalassanaemia *s.* thalassaemia
thalassemia *s.* thalassaemia
thalassophobia Thalassophobie *f*, Angst *f* vor Seereisen
thalassotherapy *(Bal)* Thalassotherapie *f*, Meeres(klima)-behandlung *f*, Seeklimabehandlung *f*
thalidomide Thalidomid *n*, N-Phthalylglutaminsäureamid *n*
thalidomide embryopathy Thalidomid-Embryopathie *f*, Contergan-Syndrom *n*, Wiedemann-Lenz-Syndrom *n*, (Wiedemann-)Dysmeliesyndrom *n*
thallitoxicosis *s.* thallotoxicosis
thallium Thallium *n*, Tl
thallium myocardial scintigraphy *(Rad)* Thallium-Myokardszintigraphie *f*, Myokardszintigraphie *f* mit Thalliumisotopen
thallium poisoning *s.* thallotoxicosis
thallium stress test Thallium-Belastungstest *m*
thallotoxicosis Thalliumvergiftung *f*, Thalliumintoxikation *f*
thanatobiologic thanatobiologisch
thanatognomonic thanatognomonisch, todanzeigend, todankündigend
thanatognostic thanatognostisch, für die Todesart typisch [kennzeichnend]
thanatography 1. Thanatographie *f*, Todesbeschreibung *f*; 2. Toterklärung *f*
thanatoid thanatoid, todesartig, todesähnlich
thanatology Thanatologie *f*, Lehre *f* von den Todes(an)-zeichen
thanatomania *(Neur)* Thanatomanie *f*, Selbsttötungswahn *m*, suizidale Manie *f*
thanatophidia Giftschlangen *fpl*
thanatophidial Giftschlangen…
thanatophobia Thanatophobie *f*, Angst *f* vor dem Tod
thanatophoric todbringend, tödlich, tötend, letal
thanatopsia *s.* thanatopsy
thanatopsy Thanatopsie *f*, Leichenschau *f*, Leicheneröffnung *f*, Obduktion *f*
thanatos *(Psych)* Todesinstinkt *m*
thanatosis 1. Nekrose *f*; 2. Gangrän *f*
Thaysen's disease Thaysen-Krankheit *f*, nicht tropische Sprue *f*
theaism *s.* theinism
theatre Operationssaal *m*; anatomischer Hörsaal *m*
theatre clothing Operationskleidung *f*, OP-Kittel *m*
theatre light Operationslicht *n*
theatre nurse Operationsschwester *f*, OP-Schwester *f*
theatre sister *s.* theatre nurse
thebaic Opium…
thebaica Opium *n*
thebaine Thebain *n (Opiumalkaloid)*
thebaism 1. Thebainvergiftung *f*, Thebainintoxikation *f*; 2. Opiumsucht *f*
Thebesian valve *(Anat)* Thebesius'sche Klappe *f*, Valvula *f* sinus coronarii
Thebesian veins *(Anat)* Venae *fpl* Thebesii [cordis minimae]
theca Theka *f*, Theca *f*, Kapsel *f*, Hülle *f*
theca cell tumour Thekazelltumor *m*, Fibroma *n* thecocellulare xanthomatodes
theca lutein cell *s.* thecal cell
thecal thekal; Theka…, Kapsel…, Hüllen…
thecal abscess Sehnenscheidenabszess *m*
thecal cell *(Histol, Gyn)* Thekazelle *f*, Thekaluteinzelle *f* *(Bindegewebszelle der Theca folliculi)*
thecal cyst Sehnenscheidenzyste *f*, Ganglion *n*
thecate eingescheidet; Scheiden…
thecitis Sehnenscheidenentzündung *f*
thecoma *(Path)* Thekom *n*, Thekazelltumor *m*, Thekazellgeschwulst *f*, Xanthofibroma *n* thecacellulare
thecomatosis Thekomatose *f*, Hyperthecosis *f* ovarii
thecostegnosis Sehnenscheidenschrumpfung *f*, Sehnenscheidenvereng(er)ung *f*
Theileria Theileria *pl*
theileriasis Theileriasis *f*, Küstenfieber *n (Infektion mit Theileria)*
theileriosis *s.* theileriasis
Theile's canal Sinus *m* transversus pericardii
Theile's muscle Musculus *m* transversus perinei superficialis
theine Tein *n*, Thein *n (Alkaloid)*
theinism Teinvergiftung *f*, Theinintoxikation *f*
theism *s.* theinism
thelalgia Thelalgie *f*, Brustwarzenschmerz *m*
thelarche Thelarche *f*
thelasis Saugen *n*
thelaziasis Thelaziasis *f (Augenerkrankung durch Thelazia)*
thelectomy Thelektomie *f*, Brustwarzenresektion *f*, (operative) Brustwarzenentfernung *f*
theleplasty Brustwarzenplastik *f*, Mamillenplastik *f*
theleretism Theleretismus *m*, Thelotismus *m*, Brustwarzenerektion *f*
thelitis Thelitis *f*, Brustwarzenentzündung *f*, Mamillenentzündung *f*
thelium 1. Brustwarze *f*, Mamille *f (Zusammensetzungen siehe unter: mamillary)*; 2. Papille *f*
theloncus Brustwarzengeschwulst *f*, Mamillentumor *m*
thelophlebostemma Brustwarzenvenenzeichnung *f*
thelorrhagia Thelorrhagie *f*, Brustwarzenblutung *f*
thelotism *s.* theleretism
thelygenic thelygen, weibliche Nachkommen zeugend
thelytocous thelytok
thenal Thenar…, Daumenballen…
thenaldine Thenaldin *n*, Thenophenopiperidin *n (Antihistaminikum)*
thenar *s.* thenal
thenar *s.* 1. thenar eminence; 2. thenar muscle
thenar area Daumenballenregion *f*
thenar eminence Thenar *m*, Daumenballen *m*
thenar muscle Daumenballenmuskel *m*
thenar space Daumenfach *n*
thenyldiamine Thenyldiamin *n (Antihistaminikum)*
thenyldiamine hydrochloride Thenyldiaminhydrochlorid *n*
theobromine Theobromin *n*, 3,7-Dimethylxanthin *n (Alkaloid)*
theomania *(Neur)* Theomanie *f*, religiöse Manie *f*, religiöser Wahnsinn *m*
theomaniac Theomane *m*
theophobia *(Neur)* Theophobie *f*, Gottesfurcht *f*, Gottesfürchtigkeit *f*
theophylline Theophyllin *n*, 1,3-Dimethylxanthin *n (Alkaloid)*
theophylline ethanolamine Theophyllinethanolamin *n*
theophylline ethylenediamine Theophyllinethylendiamin *n*, Aminophyllin *n*
theophylline isopropanolamine Theophyllinisopropanolamin *n*
theorem Theorem *n*
theoretic effectiveness theoretische Wirksamkeit *f (z. B. eines Medikamentes)*
theory Theorie *f*
theotherapy Theotherapie *f*
therapeusis *s.* therapeutics
therapeutic 1. therapeutisch, (Krankheiten) behandelnd; 2. therapeutisch, kurativ, heilend

therapeutic abortion *(Gyn)* therapeutischer Abort *m*
therapeutic action of the drug therapeutischer Arzneimitteleffekt *m*, therapeutische Medikamentenwirkung *f*
therapeutic approach therapeutisches Vorgehen *n*
therapeutic communication therapeutische Kommunikation *f*
therapeutic community therapeutische Gemeinschaft *f*
therapeutic dose therapeutische Dosis *f*
therapeutic efficacy Therapiewirksamkeit *f*, therapeutische Wirksamkeit *f*
therapeutic equivalent therapeutische Äquivalent *n*
therapeutic exercice therapeutische Übung *f*
therapeutic fever therapeutische Fieber *n*, Heilfieber *n*
therapeutic heating therapeutische Erwärmung *f*
therapeutic index therapeutischer Index *m*
therapeutic massage therapeutische Massage *f*
therapeutic measure therapeutische Maßnahme *f* • **take therapeutic measures** therapeutische Maßnahmen ergreifen, mit einer Therapie beginnen
therapeutic orthodontic appliance kieferorthopädischer Korrekturapparat *m*, Korrekturprothese *f*
therapeutic pneumothorax therapeutischer [künstlicher] Pneumothorax *m*
therapeutic radiopharmaceutical therapeutisches Radiopharmakon *n*
therapeutic temperature therapeutische Temperatur *f*
therapeutical *s.* therapeutic
therapeutics 1. Therapeutik *f*, Lehre *f* von der Krankenbehandlung *f*, Therapielehre *f*; 2. *s.* therapy
therapeutist *s.* therapist
therapist Therapeut *m*, Behandelnde(r) *m*
therapy Therapie *f*, Heilbehandlung *f*, Krankenbehandlung *f*, Behandlung *f* *(siehe auch unter: treatment)* • **switch to a therapy** auf eine Therapie umstellen [übergehen] • **take a therapy** sich einer Therapie unterziehen, sich einer Behandlung aussetzen • **tolerate a therapy well** eine Behandlung gut vertragen, eine Therapie gut tolerieren
theriodic bösartig
therioma Malignom *n*, bösartige Geschwulst *f*, bösartiger Tumor *m*
therm... *siehe auch: thermo...*
thermaesthesia 1. Thermästhesie *f*, Temperaturwahrnehmung *f*, Wärmesinn *m*; 2. Thermästhesie *f*, Wärmegefühl *n*, Wärmeempfindung *f*, Wärmeempfindlichkeit *f*
thermaesthesiometer Thermästhesiometer *n*, Wärmeempfindlichkeitsmesser *m*, Temperatursinnmesser *m*
thermal 1. thermisch; Wärme...; Hitze... *(siehe auch unter: thermic)*; 2. *(Bal)* thermal; Thermal...
thermal burn Hitzeverbrennung *f*, thermische Verbrennung *f*
thermal death time *(Lab, Bakt, Vir)* Wärmetodzeit *f*, Wärmetötungszeit *f*
thermal dilution Thermodilution *f*
thermal dilution technique Thermodilutionstechnik *f* *(Indikatorverdünnungsmethode zur Herzminutenvolumenbestimmung)*
thermal radiation Wärmestrahlung *f*
thermal stimulus Wärmestimulus *m*, Wärmereiz *m*
thermalgesia *s.* thermoalgesia
thermalgia Thermalgie *f*, schmerzhafte Wärmeempfindung *f*
thermanaesthesia Thermanästhesie *f*, Wärmegefühlverlust *m*, Wärmeunempfindlichkeit *f*
thermatologic thermatologisch
thermatology Thermatologie *f*, Lehre *f* von der Wärmebehandlung
thermesthesia *s.* thermaesthesia
thermesthesiometer *s.* thermaesthesiometer
thermhyperesthesia *s.* thermohyperaesthesia
thermhypesthesia *s.* thermohypoaesthesia
thermic thermisch; Wärme..., Hitze... *(siehe auch unter: thermal)*
thermic anaesthesia *s.* thermanaesthesia
thermic fever Hitzefieber *n*, Hitzehyperpyrexie *f*, Hitzschlag *m*; Sonnenstich *m*, Insolation *f*
thermic sense Temperatursinn *m*
thermistor Thermistor *m*; Temperatursonde *f*
thermo... *siehe auch: therm...*
thermoalgesia Therm(o)algesie *f*, Wärmeschmerz *m*, Erwärmungsschmerz *m*
thermoanalgesia Thermoanalgesie *f*, Wärmeschmerzunempfindlichkeit *f*
themoanaesthesia *s.* thermanaesthesia
thermobiology Thermobiologie *f*, Wärmebiologie *f*
thermocauterectomy Thermokauterektomie *f*, Exzision *f* mit dem elektrischen Messer
thermocautery Thermokautern *n*, Thermokauterung *f*, Schneiden *n* mit dem elektrischen Messer
thermochemistry Thermochemie *f*
thermocoagulate *v* thermokoagulieren, mittels Hitze koagulieren
thermocoagulation Thermokoagulation *f*, Wärmekoagulation *f*
thermocurrent thermoelektrischer Strom *m*
thermodiffusion Thermodiffusion *f*
thermodilution Thermodilution *f*
thermodilution technique Thermodilutionstechnik *f*
thermoduric hitzebeständig, hitzeüberdauernd, widerstandsfähig gegen Hitze *(Mikroorganismen)*; beständig gegen Pasteurisierung
thermoduric (microorganism) hitzebeständiger [wärmeresistenter] Mikroorganismus *m*
thermodynamics Thermodynamik *f*
thermoelectric thermoelektrisch
thermoelectricity Thermoelektrizität *f*
thermoesthesia *s.* thermaesthesia
thermoesthesiometer *s.* thermaesthesiometer
thermoexcitory die Körperwärmebildung anregend, die Wärmeproduktion stimulierend
thermogenesis Thermogenese *f*, Wärmeerzeugung *f*, Wärmebildung *f*
thermogenetic 1. Thermogenese...; 2. *s.* thermogenic
thermogenic thermogen, wärmeerzeugend, wärmebildend
thermogenin Thermogenin *n* *(Protein)*
thermogenous *s.* thermogenic
thermogram Thermogramm *n*, Temperaturkurve *f*, Wärmeverteilungsbild *n*
thermograph Thermograph *m*, Temperaturschreiber *m*
thermographic thermographisch; Thermogramm...; Thermographie...
thermography Thermographie *f*, Temperaturdarstellung *f*, Wärmeaufzeichnung *f*
thermohyperaesthesia Thermohyperästhesie *f*, Temperaturüberempfindlichkeit *f*
thermohyperalgesia Thermohyperalgesie *f*, Wärmeschmerzüberempfindlichkeit *f*
thermohypoaesthesia Thermohypästhesie *f*, Temperaturunterempfindlichkeit *f*
thermoinactivation Thermoinaktivierung *f*, Wärmeinaktivierung *f*, Hitzeinaktivierung *f*
thermoinhibitory thermoinhibitorisch, die Wärmebildung hemmend
thermoinhibitory centre thermoinhibitorisches Zentrum *n* *(im Hypothalamus)*
thermokeratoplasty *(Ophth)* Thermokeratoplastik *f*
thermolabile thermolabil, wärmeunbeständig, hitzeunbeständig

thermolaryngoscope Thermolaryngoskop *n*
thermoluminescence Thermolumineszenz *f*, TL
thermoluminescent dosimetry Thermolumineszenzdosimetrie *f*
thermolysis 1. Thermolyse *f (chemische Zersetzung durch Wärme)*; 2. Thermolyse *f*, Wärmeableitung *f*, Wärmeabgabe *f*, Wärmeabstrahlung *f*, Wärmeverdunstung *f*
thermolytic thermolytisch, wärmeableitend, wärmeabgebend; wärmeabstrahlend
thermolytic (agent) thermolytischer [wärmeableitender] Stoff *m*
thermomassage Thermomassage *f*, Massage *f* mit Wärmeanwendung
thermomastography Thermomastographie *f*
thermometer Thermometer *n*, Temperaturmesser *m*; Fieberthermometer *n* • **insert a thermometer in the armpit** ein Thermometer in die Achsel(grube) legen
thermometer readings Fieberthermometeranzeige *f*
thermometric thermometrisch; Temperaturmessungs...; Thermometer...
thermometry Thermometrie *f*, Temperaturmessung *f*; Fiebermessung *f*
thermoneurosis Thermoneurose *f*
thermoneutral environment thermoneutrale Umgebung *f*, thermoneutrales Milieu *n*
thermonuclear thermonuklear
thermopalpation Thermopalpation *f*, Temperaturfühlen *n* mit der Hand
thermopenetration Wärmedurchdringung *f*, Wärmedurchflutung *f*, Diathermie *f*
thermophil *s.* thermophilic
thermophile Thermophile(r) *m*, thermophiler Organismus *m*; thermophiles Bakterium *n*
thermophilic thermophil, wärmeliebend *(z. B. Bakterien)*
thermophobia Thermophobie *f*, Wärmeabneigung *f*, Hitzefurcht *f*, Hitzeangst *f*
thermophore Thermophor *m*, Gerät *n* zur Wärmespeicherung
thermophylic *s.* thermostable
thermopile Thermosäule *f*, thermoelektrische Säule *f*
thermoplacentography Thermoplazentographie *f*
thermoplasma Thermoplasma *n*
Thermoplasma acidophilum Thermoplasma *n* acidophilum
thermoplastic thermoplastisch, durch Wärme formbar
thermoplegia Sonnenstich *m*, Insolation *f*, Hitzschlag *m*
thermopolypnoea Atmungsbeschleunigung *f* durch Fieber, Fieberatmung *f*
thermoprecipitation Thermopräzipitation *f*, Wärmefällung *f*
thermoprecipitin Thermopräzipitin *n (Antikörper)*
thermopuncture Thermopunktion *f*
thermoradiography Thermoradiographie *f*
thermoradiotherapy Thermoradiotherapie *f*
thermoreceptor Thermorezeptor *m*, Wärmerezeptor *m*
thermoregulation Thermoregulation *f*, Wärmeregulation *f*, Temperaturregulierung *f*
thermoregulator Thermoregulator *m*, Temperaturregulierer *m*, Temperaturregler *m*
thermoregulatory thermoregulatorisch, die Temperatur regulierend; Thermoregulations..., Wärmeregulations...
thermoregulatory centre Wärmeregulationszentrum *n (im Hypothalamus)*
thermoresistance Thermoresistenz *f*
thermoresistant thermoresistent, widerstandsfähig gegen Wärme *(z. B. Bakterien)*
thermoscope Differenzialthermometer *n*
thermosetting Verfestigung *f* durch Wärme
thermostabile *s.* thermostable
thermostability Thermostabilität *f*, Wärmestabilität *f*, Hitzebeständigkeit *f*
thermostable thermostabil, wärmebeständig, hitzebeständig *(z. B. Vitamine)*
thermostasis Thermostase *f*
thermostat Thermostat *n*, Thermoregulator *m*
thermostatic thermostatisch, die normale Temperatur aufrechterhaltend; Thermostase...
thermosystaltic thermosystaltisch, sich unter Wärme(einwirkung) zusammenziehend
thermosystaltism Wärmekontraktion *f (Muskel)*
thermotactic thermotaktisch; Thermotaxis...
thermotaxic *s.* thermotactic
thermotaxic centre *s.* thermoregulatory centre
thermotaxis 1. Thermotaxis *f*, Wärmebewegung *f*, gerichtete Bewegung *f* auf Wärmereiz; 2. Wärmeregulation *f*, Körpertemperatureinstellung *f*
thermotherapeutic thermotherapeutisch; Thermotherapie...
thermotherapeutic penetration thermotherapeutische Penetration *f*
thermotherapy Thermotherapie *f*, Wärmetherapie *f*, Wärmebehandlung *f*
thermotolerant *s.* thermoduric
thermotoxin Thermotoxin *n*, Wärmegift *n*
thermotropic thermotrop(isch); Thermotropismus...
thermotropism Thermotropismus *m*
thesaurismosis *(Metab)* Thesaurismose *f*, Speicher(ungs)krankheit *f*
theraurismotic Thesaurismose...
thesis These *f*
theta rhythm Theta-Wellenrhythmus *m (EEG)*
theta wave Theta-Welle *f (EEG)*
Thévenard's syndrome hereditäre sensorische radikuläre Neuropathie *f*
thiabendazole Thiabendazol *n*, 2-(4-Thiazolyl)benzimidazol *n (Anthelmintikum)*
thiadiazide *s.* thiazide
thiadiazine *s.* thiazide
thiaemia Thiämie *f*, erhöhter Schwefelgehalt *m* im Blut
thialbarbital Thialbarbital *n (Barbiturat)*
thiamazole Methimazol *n*
thiambutosine Thiambutosin *n (Lepramittel)*
thiamin *s.* thiamine
thiaminase Thiaminase *f*, Aneurinase *f (Enzym)*
thiaminase I *s.* thiamine pyridinylase
thiaminase II *s.* thiaminase
thiamine Thiamin *n*, Vitamin *n* B1, antineuritisches Hormon *n*, *(veraltet)* Aneurin *n*
thiamine hydrochloride Thiaminhydrochlorid *n*
thiamine mononitrate Thiaminmononitrat *n*
thiamine pyridinylase Thiaminpyridinylase *f (Enzym)*
thiamine pyrophosphate Thiamindiphosphat *n*, TDP, Thiaminpyrophosphat *n*, ThPP, TPP, Kokarboxylase *f*, Cocarboxylase *f (Enzym)*
thiamphenicol Thiamphenicol *n (Antibiotikum)*
thiamylal Thiamylal *n (Barbiturat)*
thiazide Thiazid *n*, Thiadiazid *n*, Thiadiazin *n*, Benzothiadiazid *n*, Benzothiadiazin *n*
thiazide diuretic Thiaziddiuretikum *n*
thiazole Thiazol *n*
thiazolsulphone Thiazolsulfon *n*, 2-Amino-5-sulfanylthiazol *n (Lepramittel)*
Thibierge-Weissenbach syndrome Kalzinose *f*, Calcinosis *f*
thick blood film dicker Blutfilm *m*, Dickfilm *m*, dicker Tropfen *m (beim Blutausstrich)*
thick-film method *(Lab)* Technik *f* des dicken Tropfens *(Malariaparasitennachweis)*

thick speech klosige Sprache *f*
thick-split graft *(Chir, Transp)* Vollhautlappen *m*
thickening 1. Verdickung *f*, Anschwellung *f*; 2. Eindickung *f (z. B. des Blutes)*; 3. Anschwellung *f*, Schwarte *f (z. B. der Pleura)*
thickening of a nail *(Derm)* Nagelverdickung *f*
thickening of the bronchial secretion Bronchialsekreteindickung *f*
thickness of the skinfold Hautfaltendicke *f*
thiemia *s.* thiaemia
thienamycin Thienamycin *n*
thienylalanine Thienylalanin *n*, 3-(3-Thienyl)alanin *n*
Thiersch graft *(Chir)* Thiersch-Transplantat *n*, Thiersch-Hautlappen *m*
thiethylperazine Thietylperazin *n (Antiemetikum)*
thiethylperazine maleate Thietylperazinmaleat *n*
thigh Schenkel *m*, Oberschenkel *m*
thigh amputation Oberschenkelamputation *f*
thigh-bone Oberschenkelknochen *m*, Femur *n (Zusammensetzungen siehe unter: femoral)*
thigmanaesthesia *(Neur, Physiol)* Thigmanästhesie *f*, Berührungsunempfindlichkeit *f*
thigmesthesia *s.* thigmoaesthesia
thigmoaesthesia *(Neur, Physiol)* Thigmoästhesie *f*, Berührungsempfindlichkeit *f*, Tastempfindung *f*
thigmotaxis *s.* stereotropism
thigmotropism *s.* stereotropism
thihexinol Thihexinol *n (Anticholinergikum)*
thihexinol methylbromide Thihexinolmethylbromid *n*
thimble nail *(Derm)* Onychia *f* punctata
thimerosal Thimerosal *n*, Thiomersalat *n*, Thiomersal *n (Antiseptikum)*
thin blood film *(Hämat)* dünner Blutfilm *m*, Dünnfilm *m*
thin-film method Dünnschichtenausstrich *m*
thin-layer chromatography *(Lab)* Dünnschichtchromatographie *f*
thinking Denken *n*
thioalcohol Thioalkohol *m*, Mercaptan *n*
thioamide Thioamid *n*
thioamide derivative Thioamidderivat *n*
thiobacteria Thiobakterien *npl*, Schwefelbakterien *npl*
thiobarbital Thiobarbital *n (Thyreostatikum)*
thiobarbiturate Thiobarbiturat *n (Injektionsnarkotikum)*
thiobarbituric acid Thiobarbitursäure *f*
thiocarbamide Thiocarbamid *n*
thiocarlide Thicarlid *n (Tuberkulosemittel)*
thiochrome Thiochrom *n*
thiocyanate Thiocyanat *n*, Sulfocyanat *n*, Rhodanat *n*
thiocyanic acid Thiocyansäure *f*, Sulfocyansäure *f*, Rhodansäure *f*
Thiodepsipeptide Thiodepsipeptid *n*
thiodiphenylamine Thiodiphenylamin *n*, Phenothiazin *n*
thiodotherapy Schwefel-Jod-Therapie *f*, Schwefel-Jod-Behandlung *f*
thioester Thioester *m*
thioesterase Thioesterase *f (Enzym)*
thioethanolamine acetyltransferase Thioethanolaminacetyltransferase *f (Enzym)*
thioether Thioether *m*
thioethylamine Thioethylamin *n*
thioflavine Thioflavin *n*
thiofuran Thiofuran *n*, Thiophen *n*
thioglucose Thioglucose *f*
thioglucosidase Thioglucosidase *f (Enzym)*
thioglycerol Thioglycerol *n*, Monothioglycerol *n*
thioglycolate Thioglycolat *n*
thioglycolic acid Thioglycolsäure *f*
thioguanine Thioguanin *n (Antineoplastikum)*
thiokinase Thiokinase *f (Enzym)*
thiol Thiol *n*
thiol endopeptidase Thiolendopeptidase *f (Enzym)*
thiolase Thiolase *f (Enzym)*
thiolesterase Thiolesterase *f*, Thioesterase *f (Enzym)*
thiolhistidine Thiolhistidin *n*
thiolhistidylbetaine Thiolhistidylbetain *n*
thiomersalate Thiomersalat *n*, Thimerosal *n*
thiomethyladenosine Thiomethyladenosin *n*, Methylthioadenosin *n*
thioneine Thionein *n*
thionine Thionin *n*, Amidophenthiazin *n*, Lauth'sches Violett *n (histologischer Farbstoff)*
thiopanic acid Thiopansäure *f*, Pantoyltaurin *n*
thiopental Thiopental *n (Barbiturat)*
thiopentobarbital Thiopentobarbital *n (Injektionsnarkotikum)*
thiopentone *s.* thiopental
thiophene Thiophen *n*, Thiofuran *n*
thiphenicol Thiophenicol *n*, Thiamphenicol *n*
thiophil(e) thiophil, schwefelliebend, schwefelfreundlich
thiopropazate Thiopropazat *n*
thiopropazate hydrochloride Thiopropazathydrochlorid *n (Tranquilizer)*
thioproperazine Thioproperazin *n (Antiemetikum; Anxiolytikum)*
thioredoxin Thioredoxin *n (Protein)*
thioridazine Thioridazin *n (Phenothiazin; Antipsychotikum)*
thioridazine hydrochloride Thioridazinhydrochlorid *n*
thiosemicarbazide Thiosemicarbazid *n (Tuberkulostatikum)*
thiosemicarbazone Thiosemicarbazon *n (Tuberkulostatikum)*
thiosulphate Thiosulfat *n*
thiosulphate cyanide transsulphurase *s.* thiosulphate sulphurtransferase
thiosulphate sulphurtransferase Thiosulfatsulfurtransferase *f (Enzym)*
thiosulphate thiotransferase *s.* thiosulphate sulphurtransferase
thiotepa Thiotepa *n*, Triethylenthiophosphoramid *n (Antineoplastikum; Alkylans)*
thiothixene Thiothixen *n (Antipsychotikum)*
thiothixene hydrochloride Thiothixenhydrochlorid *n*
thiouracil Thiourazil *n (schilddrüsenhemmender Stoff)*
thiourea Thioharnstoff *m*, Thiokarbamid *n*, Thiocarbamid *n (schilddrüsenhemmender Stoff)*
thioxanthene Thioxanthen *n (Antipsychotikum; Antiemetikum)*
thioxanthene derivative Thioxanthenderivat *n*
thiphenamil Thiphenamil *n (Anticholinergikum)*
thiphenamil hydrochloride Thiphenamilhydrochlorid *n*
thiram Thiram *n (Antimykotikum)*
third cranial nerve III. Hirnnerv *m*, Nervus *m* oculomotorius
third cuneiform bone Os *n* cuneiforme laterale
third-degree atrioventricular block *s.* third-degree heart block
third-degree burn *s.* burn of third degree
third-degree frostbite Erfrierung *f* III. [dritten] Grades, drittgradige Erfrierung *f*
third-degree heart block Herzblock *m* dritten Grades, kompletter Atrioventrikularblock *m* [AV-Block *m*]
third heart sound dritter [III., ventrikulärer] Herzton *m*, Herzkammerfüllungston *m*
third molar *s.* wisdom tooth
third occipital nerve Nervus *m* occipitalis minor
third space *(Physiol)* transzellulärer Flüssigkeitsraum *m*, dritter Raum *m*, Third space *m*

third stage of labour Plazentaausstoßung *f*
third toe Digitus *m* tertius (pedis), dritte Zehe *f*
third ventricle Ventriculus *m* tertius, dritte [III.] Hirnkammer *f*
third ventriculostomy Ventrikulostomie *f* der dritten Hirnkammer
thirst Durst *m*
thirst cure Durstbehandlung *f*
thixolabile thixolabil
thixotropic thixotrop, die Viskosität (ver)ändernd
Thoma-Zeiss cell *(Hämat, Lab)* Thoma-Zeiss-Zählkammer *f*
Thoma-Zeiss counting chamber *s.* Thoma-Zeiss cell
Thoma's sign André-Thomas-Zeichen *n*
Thomsen's disease Myotonia *f* congenita
thonzonium bromide Thonzoniumbromid *n (Detergens)*
thonzylamine hydrochloride Thonzylaminhydrochlorid *n (Antihistaminikum)*
thoracal *s.* thoracic
thoracalgia Thorakalgie *f*, Thorakodynie *f*, Brust(korb)-schmerz *m*
thoracectomy Thorakektomie *f*, Rippenresektion *f* (mit Brustkorberöffnung)
thoracentesis *s.* thoracocentesis
thoraces *pl s.* thorax
thoracic thorakal; Thorax..., Brustkorb..., Brust...
thoracic actinomycosis Lungenaktinomykose *f*, thorakale Aktinomykose *f*
thoracic aorta Brustaorta *f*, Aorta *f* thoracica
thoracic aortography *(Rad)* thorakale Aortographie *f*
thoracic breathing thorakale Atmung *f*, Brustatmen *n*, Brustatmung *f*
thoracic cage Brustkorb *m*
thoracic cavity Brusthöhle *f*, Thoraxhöhle *f*, Cavum *n* thoracis
thoracic circumference Brustumfang *m*
thoracic commotion Thoraxkommotion *f*, Brustkorberschütterung *f*
thoracic contusion Thoraxkontusion *f*
thoracic department Thoraxabteilung *f*
thoracic duct Milchbrustgang *m*, Ductus *m* thoracicus
thoracic duct drainage Milchbrustgangdrainage *f*
thoracic empyema Thoraxempyem *n*
thoracic excursion *(Physiol, Pulm)* Thoraxexkursion *f*, Brustkorbexkursion *f*
thoracic fistula Thoraxfistel *f*, Brustkorbfistel *f*
thoracic ganglion *(Anat)* Brustganglion *n*, Ganglion *n* thoracicum
thoracic index Thoraxindex *m*, Brust(korb)index *m*
thoracic injury Thoraxverletzung *f*
thoracic inlet *(Anat)* obere Thoraxapertur *f*, Apertura *f* thoracis superior
thoracic instability *(Chir)* Thoraxinstabilität *f*
thoracic intertransverse muscles Musculi *mpl* intertransversarii thoracis
thoracic kyphosis Thoraxkyphose *f*
thoracic limb Arm *m*, obere Extremität *f*
thoracic medicine thorakale Medizin *f*
thoracic nerves Nervi *mpl* thoracici
thoracic operation Thoraxoperation *f*
thoracic organ Thoraxorgan *n*
thoracic osteochondrosis Osteochondrosis *f* thoracalis, Brustwirbelsäulenosteochondrose *f*, thorakale Osteochondrose *f*
thoracic outlet syndrome Skalenus-(anterior-)Syndrom *n (neurovaskuläres Kompressionssyndrom)*
thoracic parietal node Lymphknoten *m* der Thoraxwand
thoracic portion of the autonomic nervous system Pars *f* thoracica systematis autonomici
thoracic radiculitis thorakale Radikulitis *f* [Nervenwurzelentzündung *f*]
thoracic respiration *s.* thoracic breathing
thoracic segment *(Anat)* Thoraxsegment *n*
thoracic space *s.* thoracic cavity
thoracic spine Brustwirbelsäule *f*
thoracic stomach Thoraxmagen *m*, Magenvorfall *m* in den Brustkorb
thoracic surgery Thoraxchirurgie *f*
thoracic vertebra Brustwirbel *m*, Vertebra *f* thoracica
thoracic visceral node Lymphknoten *m* der Thoraxorgane
thoracic wall Thoraxwand *f*, Brustwand *f*
thoracicoabdominal *s.* thoracoabdominal
thoracicoacromial *s.* thoracoacromial
thoracicohumeral thorakohumeral; Thorax-Humerus-..., Brustkorb-Oberarmknochen-...
thoracicolumbar *s.* thoracolumbar
thoracispinal thorakospinal; Brustwirbelsäulen...
thoracoabdominal thorakoabdominal; Thorax-Abdomen-..., Brust-Bauch-...
thoracoabdominal approach *(Chir)* thorakoabdominaler Zugang *m*
thoracoacromial thorakoakromial, akromiothorakal; Thorax-Akromion-..., Brust-Schulter-...
thoracoacromial artery Arteria *f* thoracoacromialis, Brust-Schulter-Arterie *f*
thoracoacromial vein Vena *f* thoracoacromialis, Brust-Schulter-Vene *f*
thoracobrachial plaster bandage Thorakobrachialgips(verband) *m*, Schulter-Arm-Gips(verband) *m*
thoracoceloschisis *s.* thoracocoeloschisis
thoracocentesis Thorakozentese *f*, Brust(höhlen)punktion *f*, Pleurapunktion *f*, Paracentesis *f* thoracis
thoracocervical thorakozervikal; Thorax-Zervix-..., Brust(korb)-Hals-...
thoracocoeliotomy Thorakozöliotomie *f*, (operative) Brustkorb- und Baucheröffnung *f*, Thorakotomie *f* mit Laparotomie, Thorakolaparotomie *f*
thoracocoeloschisis Thorakozöloschisis *f*, Brust(korb)-Bauch(höhlen)-Spalte *f*, Thorakogastroschisis *f*
thoracocyllosis Thoraxdeformität *f*, Brustkorbdeformität *f*
thoracodelphus *(Terat)* Thorakodelphus *m (Missgeburt mit vier Beinen, zwei Armen und einem Kopf)*
thoracodidymus *(Terat)* Thorakodidymus *m*, Thorakopagus *m*, Doppelmissgeburt *f* mit verwachsenem Brustkorb
thoracodorsal artery Arteria *f* thoracodorsalis, Brust-Rücken-Arterie *f*
thoracodorsal nerve Nervus *m* thoracodorsalis
thoracodynia *s.* thoracalgia
thoracogastrodidymus *(Terat)* Thorakogastrodidymus *m (Doppelmissgeburt mit Verwachsung an Brustkorb und Bauch)*
thoracogastroschisis *s.* thoracocoeloschisis
thoracograph *s.* thorakopneumograph
thoracolaparotomy *s.* thoracocoeliotomy
thoracolumbar thorakolumbal; Brust-Lenden-...
thoracolumbar autonomic nervous system Nervus *m* sympathicus, Sympathikus *m*, Grenzstrang *m*
thoracolumbar fascia Fascia *f* thoracolumbalis [lumbodorsalis]
thoracolysis *s.* pneumonolysis
thoracomediastinal thorakomediastinal
thoracomelus *(Terat)* Thorakomelus *m*, Missgeburt *f* mit Arm- und Brustverschmelzung
thoracometer Thorakometer *n*
thoracometry Thorakometrie *f*, Brustkorb(ver)messung *f*
thoracomyodynia Thorakomyodynie *f*, Brustmuskelschmerz *m*

thoracoomphalopagus Thorakoomphalopagus *m*
thoracopagus *(Terat)* Thorakopagus *m*, Doppelmissgeburt *f* mit Verwachsung am Thorax
thoracoparacephalus *(Terat)* Thorakoparazephalus *m*, Doppelmissgeburt *f* mit einem rudimentären Kopf
thoracopathy Thorakopathie *f*, Brustkorbkrankheit *f*, Brust(höhlen)erkrankung *f*
thoracoplasty Thorakoplastik *f*, Brustkorbplastik *f*
thoracopneumograph Thorakopneumograph *m*, Atembewegungsschreiber *m*
thoracopneumoplasty Thorakopneumoplastik *f*, Thorax-Lungen-Plastik *f*
thoracoschisis Thorakoschisis *f*, Brustkorbspalte *f*
thoracoscope Thorakoskop *n*, Thoraxspiegel *m*, Brusthöhlenspiegel *m*
thoracoscopy Thorakoskopie *f*, Thoraxspiegelung *f*, Brusthöhlenbetrachtung *f*
thoracostenosis Thorakostenosis *f*, Brustkorbverengung *f*
thoracostomy 1. Thorakostoma *n*, Brustkorbfistel *f*; 2. Thorakostomie *f*, (operative) Brusthöhlenfistelung *f*
thoracostomy catheter Thorakostomiekatheter *m*
thoracostomy tube *s.* thoracostomy catheter
thoracotomy Thorakotomie *f*, (operative) Brustkorberöffnung *f*
thoracotomy skin incision Thorakotomiehautschnitt *m*
thoradelphus *s.* thoracodelphus
thorax Thorax *m*, Brustkorb *m* *(Zusammensetzungen siehe auch unter: chest und thoracic)*
thorax drainage *(Chir)* Thoraxdrainage *f*
thorium Thorium *n*, Th
thoroughjoint *s.* diarthrosis
thought 1. *(Neur)* Denken *n*, Denkvermögen *n*; 2. Gedanke *m*, Einfall *m*; Überlegung *f*
thought blocking *(Neur)* Denkblockade *f*, Denkhemmung *f*
thought reading *(Psych)* Gedankenlesen *n*, Gedankenübertragung *f*, Telepathie *f*
thought transference *s.* thought reading
thread 1. Faden *m*; Nahtfaden *m*; 2. Faden *m*, fadenförmige Struktur *f*, Schleimfaden *m* *(im Urin)*
thread of life Lebensfaden *m*
thread saw *(Chir)* Drahtsäge *f*, Drahtfadensäge *f*
threaded wire *(Chir)* Kirschner-Draht *m* *(Traumatologie)*
threadlike bougie filiforme Bougie *f*
threadworm Fadenwurm *m*, Enterobius *m* vermicularis
threadworm infection *s.* strongyloidiasis
thready pulse *(Kard)* fadenartiger [fadenförmiger] Puls *m*
threatened abortion *(Gyn)* drohender Abort *m*, drohende Fehlgeburt *f*, Abortus *m* imminens
threatened premature delivery *(Gyn)* drohende Frühgeburt *f*
threatened premature labour *s.* threatened premature delivery
three-chamber heart *(Kard)* Cor *n* triloculare biatriatum
three-chambered heart *s.* three-chamber heart
three-day fever *(Trop)* Dreitagefieber *n*, Phlebotomusfieber *n*, Hundsfieber *n*, Hundskrankheit *f*, Pappatacifieber *n*, Chitralfieber *n*, Sandfliegenfieber *n* *(durch die Pappatacimücke übertragene Arboviruserkrankung)*
three-day measles *(Päd, Inf)* Röteln *pl*, Rubeola *f*
three-dimensional echocardiography dreidimensionale [dynamische] Echokardiographie *f*, 3D-Echokardiographie *f*
three-flange nail for osteosynthesis *(Chir)* Dreilamellennagel *m* für Osteosynthese, dreilamelliger Osteosynthesenagel *m*
three-glass test *(Urol)* Dreigläserprobe *f*
three-paddle dilator dreibranchiger Dilatator *m*
three-point gait Dreipunktegang *m* *(mit Gehstützen)*
three times a day *(Pharm)* dreimal täglich, ter in die, t.i.d.
three-way stopcock [tap] Dreiwegehahn *m* *(z. B. an Druckmessleitungen)*
three-week menstrual cycle dreiwöchiger Menstruationszyklus *m*
threonine Threonin *n*, Thr, α-Amino-β-hydroxybuttersäure *f* *(essenzielle Aminosäure)*
threonine deaminase *s.* threonine dehydratase
threonine dehydratase Threonindehydratase *f*, Threonindeaminase *f* *(Enzym)*
threose Threose *f* *(Aldotetrose)*
threpsology Ernährungslehre *f*, Ernährungswissenschaft *f*, Diätlehre *f*
threshold 1. Schwelle *f*, Schwellenwert *m*; 2. Reizschwelle *f*; 3. Schwellenreiz *m*, Schwellenreizstärke *f*; 4. Limen *n*
threshold body Schwellensubstanz *f* (der Niere)
threshold dose Schwellendosis *f*, kritische Dosis *f*
threshold energy *(Rad)* Schwellenenergie *f*
threshold limit values *(Arb)* maximale Grenzwerte *mpl*
threshold of audibility Hörschwelle *f*
threshold of consciousness *(Psych)* Bewusstseinsschwelle *f*, Minimum *n* sensible
threshold of nose Limen *m* nasi
threshold of pain Schmerzschwelle *f*
threshold of perception *(Physiol)* Wahrnehmungsschwelle *f*, Minimum *n* cognoscibile
threshold percussion Schwellen(wert)perkussion *f*
threshold stimulus *(Physiol)* Schwellenreiz *m*
threshold substance Schwellensubstanz *f*
threshold value Schwellenwert *m*
thrill Schwirren *n*, Vibrieren *n*, Fremitus *m*; Beben *n*
thrill at apex Apexschwirren *n* *(am Herzen)*
thrix Haar *n*
throat Rachen *m*, Pharynx *m*, Schlund *m*, Kehle *f* *(siehe auch unter: pharyngeal)*
throat culture Rachenkultur *f*
throat swab Rachenabstrich *m*
throat washing Rachenspülung *f*
throb Klopfen *n*, Schlagen *n*, Pulsieren *n*, Pulsation *f*, Pulsschlag *m*
throbbing nystagmus *(Ophth)* pulsierender Nystagmus *m*
throbbing pain pulsierender [klopfender] Schmerz *m*
throe heftiger Schmerz *m*; Geburtsschmerz *m*; Agonie *f* • **be in throes** in den Wehen liegen, Wehen haben
thrombapheresis *s.* thrombocytapheresis
thrombase *s.* thrombin
thrombasthenia Thrombasthenie *f*, Thrombozytenschwäche *f*
thrombasthenic platelet thrombasthenischer Thrombozyt *m*
thrombectomy Thrombektomie *f*, Thrombusextraktion *f*, (operative) Blutgerinnselentfernung *f*
thrombelastogram Thrombelastogramm *n*, Gerinnungsablaufkurve *f*
thrombelastograph Thrombelastograph *m*, Thrombelastogrammschreiber *m*
thrombelastography Thrombelastographie *f*, Darstellung *f* der Gerinnung
thrombelastometer Thrombelastometer *n*
thrombi *pl s.* thrombus
thrombin Thrombin *n*, Thrombase *f* *(Enzym)*
thrombin accelerator Thrombinakzelerator *m*
thrombin coagulase time Thrombinkoagulasezeit *f*
thrombin haemolysis test Thrombinhämolysetest *m*, Crosby-Test *m*
thrombin inhibitor Thrombininhibitor *m*
thrombin time Thrombinzeit *f*

thrombinogen *s.* prothrombin
thrombinogenesis Thrombinogenese *f*, Thrombinbildung *f*
thromboangiitis Thrombangiitis *f*, Thrombose *f* mit Blutgefäßentzündung
thromboangiitis obliterans Thrombangiitis *f* [Endangiitis *f*] obliterans, Bürger'sche [Winiwarter'sche] Krankheit *f*, Winiwarter-Bürger'sche Krankheit *f*
thromboarteriitis Thromboarteri(i)tis *f*, Thrombose *f* mit Arterienentzündung
thromboasthenia *s.* thrombasthenia
thromboblast *(Hämat)* Thromboblast *m (Thrombozytenbildungszelle im Knochenmark)*
thrombocavernositis Thrombokavernositis *f*, Thrombose *f* mit Penisschwellkörperentzündung
thromboclasis *s.* thrombolysis
thromboclastic *s.* thrombolytic
thrombocyst Thrombocystis *f*, Thrombushülle *f*
thrombocytapheresis Thrombozytapherese *f*
thrombocytasthenia Thrombozytasthenie *f*
thrombocyte *(Hämat)* Thrombozyt *m*, Blutplättchen *n (siehe auch unter: platelet)*
thrombocyte adhesiveness Thrombozytenadhäsivität *f*
thrombocyte agglutination Thrombozytenagglutination *f*, Thrombagglutination *f*
thrombocyte aggregate Thrombozytenaggregat *n*
thrombocyte aggregation Thrombozytenaggregation *f*
thrombocyte aggregation inhibition Thrombozytenaggregationshemmung *f*
thrombocyte aggregation test Thrombozytenaggregationstest *m*
thrombocyte antigen Thrombozytenantigen *n*
thrombocyte complement fixation test Thrombozyten-Komplement-Fixationstest *m*
thrombocyte count Thrombozytenzahl *f*
thrombocyte counting Thrombozytenzählung *f*
thrombocyte factor Thrombozytenfaktor *m*, Plättchenfaktor *m*
thrombocyte survival Thrombozytenlebensdauer *f*
thrombocythaemia *s.* thrombocytosis
thrombocytic Thrombozyten..., Blutplättchen...
thrombocytin *s.* serotonin
thrombocytocrit Thrombozytenzähler *m*, Thrombozytenzählrohr *n*
thrombocytohaemia *s.* thrombocytosis
thrombocytolysin Thrombozytolysin *n (thrombozytenauflösender Stoff)*
thrombocytolysis Thrombozytolyse *f*, Thrombozytenauflösung *f*, Blutplättchenzerstörung *f*, Thrombozytenabbau *m (z. B. in der Milz)*
thrombocytolytic thrombozytolytisch, blutplättchenauflösend
thrombocytolytic purpura *(Hämat)* idiopathische thrombozytopenische [thrombotische] Purpura *f*
thrombocytopathia *s.* thrombocytopathy
thrombocytopathic thrombozytopathisch
thrombocytopathy Thrombozytopathie *f*, Thrombozytenkrankheit *f*, Blutplättchenfunktionsstörung *f*
thrombocytopenia Thrombo(zyto)penie *f*, Thrombozytenverminderung *f*, Blutplättchenmangel *m*
thrombocytopenic thrombo(zyto)penisch; Thrombozytenmangel...
thrombocytopenic purpura thrombozytopenische Purpura *f*
thrombocytopheresis Thrombozytopherese *f*, Thrombozytenabtrennung *f* vom Blut
thrombocytopoiesis Thrombozytopoese *f*, Thrombozytenbildung *f*
thrombocytopoietic thrombozytopoetisch, thrombozytenbildend
thrombocytosis Thrombozytose *f*, Thrombozythämie *f*, Blutplättchenerhöhung *f* im Blut
thromboelastogram Thrombelastogramm *n*, Gerinnungsablaufkurve *f*
thromboelastograph Thrombelastograph *m*, Thrombelastogrammschreiber *m*
thromboelastography Thrombelastographie *f*, Darstellung *f* der Gerinnung
thromboelastometer Thrombelastometer *n*
thromboembolectomy Thromboembolektomie *f*, Thrombektomie *f*, (operative) Blutgerinnselentfernung *f*
thromboembolia *s.* thromboembolism
thromboembolic thromboembolisch
thromboembolism Thromboembolie *f*, Blutgefäßverschluss *m* durch Blutgerinnseleinschwemmung
thromboembolization *s.* thromboembolism
thromboembolus Thromboembolus *m*, Blutgerinnselpfropf *m*
thromboendarterectomy Throm(b)endarter(i)ektomie *f*, (operative) Thrombus- und Gefäßinnenhautentfernung *f*
thromboendarteritis *s.* thromboarteriitis
thromboendocarditis Thromboendokarditis *f*, Blutgerinnselablagerung *f* auf den Herzklappen
thrombogen *s.* prothrombin
thrombogene *s.* blood-clotting factor V
thrombogenesis Thrombogenese *f*, Thrombusbildung *f*, Blutgerinnselentwicklung *f*
thrombogenic thrombogen, thrombenbildend, (blut)gerinnselentwickelnd
thrombogenicity Thrombogenizität *f*, Thrombenbildungsfähigkeit *f*
thromboglobulin Thromboglobulin *n*
thromboglobulin level Thromboglobulinspiegel *m*
thromboid thrombusartig, (blut)gerinnselartig, thromboid; Thrombus..., Blutgerinnsel...
thrombokatilysin *s.* blood-clotting factor VIII
thrombokinase Thrombokinase *f (Enzym)*
thrombokinesis Blutgerinnung *f*
thrombokinetics Thrombokinetik *f*, Gerinnungskinetik *f*
thrombolymphangitis Thrombolymphangitis *f*, Lymphgefäßentzündung *f* durch ein Gerinnsel
thrombolysis Thrombolyse *f*, Thrombuszerstörung *f*, Blutgerinnselauflösung *f*
thrombolytic thrombolytisch, thrombenzerstörend, thrombus(auf)lösend, (blut)gerinnselauflösend
thrombolytic (agent) thrombolytisches [gerinnselauflösendes] Mittel *n*
thrombolytic therapy thrombolytische Therapie *f*
thrombomodulin Thrombomodulin *n (Glycoprotein)*
thrombon Thrombon *n (Gesamtheit der Thrombozyten und Thrombozytenvorstufen)*
thrombonecrosis Thrombonekrose *f (Gefäßwandnekrose mit intraluminaler Thrombose)*
thrombopathy Thrombopathie *f*, Blutgerinnselbildungsstörung *f*
thrombopenia *s.* thrombocytopenia
thrombopenic *s.* thrombocytopenic
thrombophilia Thrombophilie *f*, Thromboseneigung *f*, Thrombusbildungstendenz *f*
thrombophlebitis Thrombophlebitis *f*, Venenentzündung *f* mit Blutgerinnselbildung
thrombophlebitis of ocular veins Augenvenenthrombophlebitis *f*
thrombophthisis Thrombo(zyto)phthisis *f*, Thrombozytenzerstörung *f* infolge Knochenmarkstörung
thromboplastic 1. thromboplastisch, blutgerinnungsbeschleunigend, blutgerinnungsauslösend; 2. Thromboplastin...
thromboplastid *s.* thrombocyte

thromboplastin Thromboplastin *n*, Blutgerinnungsfaktor *m* III, Prothrombinaktivator *m*; Thrombokinase *f*
thromboplastin antecedent Plasma-Thromboplastin-Antecedent *n*, PTA, Blutgerinnungsfaktor *m* XI
thromboplastin formation test Thromboplastinbildungstest *m*
thromboplastin time Thromboplastinzeit *f*, Prothrombinzeit *f*, Quick-Wert *m*
thromboplastinogen *s.* blood-clotting factor VIII
thromboplastinogenaemia Thromboplastinogenämie *f* *(Vorhandensein von Thromboplastinogen im Blut)*
thromboplastinogenase Thromboplastinogenase *f (Enzym)*
thromboplastinopenia Thromboplastinopenie *f*, Thromboplastinmangel *m*
thrombopoiesis *s.* 1. thrombocytopoiesis; 2. thrombosis
thrombopoietin Thrombopoetin *n*, thrombopoesestimulierender Faktor *m*, TSF
thrombose *v* thrombosieren, einen Thrombus bilden, ein Blutgerinnsel formen; eine Thrombose erzeugen
thrombosed 1. thrombosiert, durch Thrombus verschlossen; an einer Thrombose leidend; 2. geronnen *(z. B. Blut)*
thrombosed blood vessel thrombosiertes Blutgefäß *n*
thrombosinusitis Thrombosinusitis *f*, Sinusthrombose *f*, Hirnblutleiterthrombose *f*, thrombotischer Hirnblutleiterverschluss *m*
thrombosis Thrombose *f*, Thrombusbildung *f*, Blutpfropfbildung *f*
thrombosis prophylaxis Thromboseprophylaxe *f*
thrombospondin Thrombospondin *n*
thrombostasis Thrombostase *f*, Blutstase *f*
thrombosthenin Thrombosthenin *n*, Thrombozytenactomyosin *n*
thrombotic thrombotisch, einen Blutpfropf bildend; Thrombose…
thrombotic phlegmasia Phlegmasia *f* alba dolens
thrombotonin *s.* serotonin
thromboxane Thromboxan *n (Stimulatorsubstanz der Thrombozytenaggregation)*
thromboxane A_2 Thromboxan A_2 *n*, TXA_2
thromboxane-A synthase Thromboxan-A-Synthase *f (Enzym)*
thromboxane B_2 Thromboxan B_2 *n*, TXB_2
thrombozym *s.* prothrombin
thrombus Thrombus *m*, Blutgerinnsel *n*, Blutpfropf *m*, Blutkoagel *n*
thrombus formation Thrombusbildung *f*, Blutgerinnselbildung *f*
throttle *v* ersticken
throttle *s.* 1. throat; 2. trachea
through and through drainage Saug-Spül-Drainage *f*
through drainage *(Chir)* Spüldrainage *f*
throw *v* **the head back** den Kopf überstrecken
thrush Soor *m*, Schwämmchen *n*, Stomatomykose *f*, Stomatitis *f* mycotica, orale Candidiasis *f*, akute pseudomembranöse Candidiasis *f (Mundschleimhautentzündung durch Candida albicans)*
thrush fungus Candida *f* albicans, Oidium *f* albicans, Monilia *f* albicans, Monilia *f* candida, Soorpilz *m*
thumb Daumen *m*, Pollex *m*
thumb flexor tendon Daumenbeuge(r)sehne *f*
thumb forceps Weichteilklemme *f*
thumb nail Daumennagel *m*
thumb-print Daumenabdruck *m*
thumb sign Daumenzeichen *n*, Froment-Zeichen *n*
thumbsucking Daumenlutschen *n*
thumbversion präkordialer Brustschlag *m (bei Wiederbelebung)*
thyme Thymian *m*
thyme oil Thymianöl *n*
thymectomize *v* thymektomieren, den Thymus entfernen [exstirpieren], die Thymusdrüse herausschneiden
thymectomy Thymektomie *f*, Thymusexstirpation *f*, (operative) Thymusentfernung *f*
thymeretic (agent) Thymeretikum *n*; Antidepressivum *n*
thymergasia *(Neur)* Thymergasie *f*, affektiv-reaktive Psychose *f*
thymergasic thymergastisch
thymic Thymus(drüsen)… *(siehe auch unter: thymus)*
thymic acid *s.* thymol
thymic alymphoplasia Thymusalymphoplasie *f*, lymphoide Aplasie *f* (des Thymus); lymphoide Hypoplasie *f* (des Thymus)
thymic aplasia Thymusaplasie *f*
thymic artery Thymusarterie *f*, Arteria *f* thymica
thymic asthma Thymusasthma *n*, Asthma *n* thymicum
thymic corpuscle Thymuskörper *m*, Thymuskörperchen *n*
thymic death Thymustod *m*, Mors *f* thymica
thymic epithelial cell Thymusepithelzelle *f*
thymic hypoplasia Thymushypoplasie *f*
thymic tumour Thymustumor *m*, Thymusgeschwulst *f*
thymic vein Thymusvene *f*, Vena *f* thymica
thymicolymphatic thymikolymphatisch; Thymus-Lymphknoten-…
thymicolymphatic state Status *m* thymicolymphaticus [thymicus]
thymidine Thymidin *n*, Thymindesoxyribosid *n (Nukleosid)*
thymidine diphosphate Thymidindiphosphat *n*, TDP
thymidine kinase Thymidinkinase *f (Enzym)*
thymidine metabolism Thymidinstoffwechsel *m*
thymidine monophosphate Thymidinmonophosphat *n*, TMP
thymidine phosphorylase Thymidinphosphorylase *f (Enzym)*
thymidine triphosphate Thymidintriphosphat *n*, TTP
thymidylate Thymidylat *n*
thymidylate synthase Thymidylatsynthase *f*
thymidylic acid Thymidylsäure *f*
thymin *s.* thymine
thymine Thymin *n*, 5-Methylurazil *n*, 2,4-Dihydroxy-5-methyl-pyrimidin *n (Pyrimidinbase)*
thymine deoxyribonucleoside Thymindesoxyribonukleosid *n*, Thynmindesoxyribosid *n*, Thymidin *n*
thymine deoxyribonucleotide Thymindesoxyribonukleotid *n*, Desoxythymidylsäure *f*
thymine nucleotide Thyminnukleotid *n*, Thymidylsäure *f*
thymine-uraciluria Thyminuracilurie *f (erhöhte Ausscheidung von Thymin und Uracil im Urin)*
thyminuria *s.* thymine-uraciluria
thymion Warze *f*, Hautwarze *f*, Kondylom *n*
thymiosis 1. *s.* framboesia; 2. Warzenkrankheit *f*, Warzenleiden *n*
thymitis Thymitis *f*, Thymus(drüsen)entzündung *f*
thymocyte Thymozyt *m*, Thymuszelle *f*
thymogenic thymogen, vom Thymus ausgehend
thymohydroquinone Thymohydrochinon *n*
thymokesis Thymusvergrößerung *f* (beim Erwachsenen), Thymuspersistenz *f*
thymokinetic den Thymus anregend, thymusstimulierend
thymol Thymol *n*, Thymiancampher *m*, 3-Methyl-6-isopropylphenol *n*
thymol blue Thymolblau *n (Indikatorsubstanz)*
thymol flocculation test Thymolflockungstest *m*
thymol iodide Thymoljodid *n*

thymol turbidity test Thymoltrübungstest *m (Leberfunktionsprobe)*
thymoleptic thymoleptisch, stimmungshebend, antriebssteigernd
thymoleptic (agent) Thymoleptikum *n*, thymoleptisches [antriebssteigerndes, stimmungshebendes] Mittel *n*
thymolipoma *(Path)* Thymuslipom *n*
thymolphthalein Thymolphthalein *n*
thymolysis Thymusauflösung *f*, Thymuszerstörung *f*
thymolytic thymolytisch, thymusauflösend, thymuszerstörend
thymoma *(Path)* Thymom *n*, Thymusgeschwulst *f*, Thymustumor *m*
thymometastasis Thymusmetastase *f*
thymonuclease *s.* deoxyribonuclease
thymonucleic acid Thymusnukleinsäure *f*, Thymonucleinsäure *f (im Thymus vorkommende Desoxyribonucleinsäure)*
thymopathic Thymopathie...
thymopathy 1. Thymopathie *f*, Thymuserkrankung *f*, Thymuskrankheit *f*, Thymusleiden *n*; 2. Thymopathie *f*, Gemütskrankheit *f*
thymopentin Thymopentin *n*
thymopharyngeal duct Ductus *m* thymopharyngeus
thymoplegic (agent) Thymoplegikum *n*; Antidepressivum *n*
thymopoietin Thymopoietin *n (Polypeptid)*
thymoprival *s.* thymoprivic
thymoprivic thymopriv; Thymusmangel...
thymoprivous *s.* thymoprivic
thymosin Thymosin *n (Polypeptid)*
thymotoxic thymotoxisch, toxisch auf Thymusgewebe wirkend
thymotropic thymotrop, vom Thymus herrührend
thymotrophic thymotroph(isch), thymuswirksam, auf den Thymus wirkend
thymus Thymus *m*, Thymusdrüse *f*, innere Brustdrüse *f (siehe auch unter: thymic)*
thymus-aplastic thymusaplastisch
thymus cancer *(Path)* Thymuskarzinom *n*, Thymuskrebs *m*
thymus carcinoma *s.* thymus cancer
thymus-dependent thymusabhängig; T-Lymphozyten...
thymus-dependent lymphocyte *(Immun)* T-Lymphozyt *m*, thymusabhängiger Lymphozyt *m*, T-Zelle *f*
thymus factor Thymusfaktor *m*, Thymushormon *n*
thymus hyperplasia Thymushyperplasie *f*
thymus-independent thymusunabhängig; B-Lymphozyten...
thymus-independent lymphocyte *(Immun)* B-Lymphozyt *m*, thymusunabhängiger Lymphozyt *m*, B-Zelle *f*
thymus lymphocyte Thymuslymphozyt *m*
thymus nucleic acid *s.* thymonucleic acid
thymus transplantation Thymustransplantation *f*
thymusectomy *s.* thymectomy
thyreo... *siehe auch: thyro...*
thyreogenic thyreogen, von der Schilddrüse ausgehend
thyreoid *s.* thyroid
thyreoidea ima artery Arteria *f* thyreoidea ima
thyreostatic thyreostatisch, schilddrüsenhemmend
thyreostatic Thyrostatikum *n*, schilddrüsenhemmendes Mittel *n*, Schilddrüsenhormonhemmstoff *m*
thyreostatic agent [preparation] *s.* thyreostatic
thyro... *siehe auch: thyreo...*
thyroactive die Schilddrüse stimulierend
thyroadenitis *s.* thyroiditis
thyroaplasia Thyr(e)oaplasie *f*, Schilddrüsenaplasie *f*
thyroarytenoid thyr(e)oarytenoid; Schildknorpel-Aryknorpel-...
thyroarytenoid muscle Musculus *m* thyreoarytenoideus
thyrocalcitonin Calcitonin *n*, Thyreokalzitonin *n*; Parathormon *n (Nebenschilddrüsenhormon)*
thyrocardiac thyreokardial; Schilddrüsen-Herz-...
thyrocarditis Kropfherz *n (Herzentzündung bei Schilddrüsenüberfunktion)*
thyrocele Kropf *m*, Struma *f*, Schilddrüsenvergrößerung *f*
thyrocervical thyreozervikal; Schilddrüsen-Hals-...
thyrocervical duct Ductus *m* thyreocervicalis
thyrocervical trunk Truncus *m* thyreocervicalis
thyrochondrotomy Thyreochondrotomie *f*, Thyreotomie *f*, (operative) Schildknorpeldurchtrennung, (operative) Schildknorpelspaltung *f*
thyrocolloid Schilddrüsenkolloid *n*
thyrocricotomy Ligamentum-conicum-Spaltung *f*, (operative) Durchtrennung *f* des Ligamentum cricothyreoideum [conicum], Koniotomie *f (Luftröhrenschnitt)*
thyroepiglottic thyreoepiglottisch; Schildknorpel-Kehldeckel-...
thyroepiglottic muscle Musculus *m* thyreoepiglotticus, Schildknorpel-Kehldeckel-Muskel *m*
thyrofissure mediane Laryngotomie *f*
thyrogenic thyreogen, von der Schilddrüse ausgehend
thyrogenous *s.* thyrogenic
thyroglobulin Thyreoglobulin *n*
thyroglobulin antibody Thyreoglobulinantikörper *m*
thyroglobulin level Thyreoglobulinspiegel *m*
thyroglobulin proteolysis Thyreoglobulinproteolyse *f*
thyroglossal thyreoglossal; Schilddrüsen-Zungen-..., Schilddrüsenzungen...
thyroglossal cyst *s.* thyroglossal duct cyst
thyroglossal duct Ductus *m* thyreoglossus, Schilddrüsen-Zungen-Gang *m*
thyroglossal duct cyst Thyreoglossuszyste *f*, Schilddrüsen-Zungen-Gangzyste *f*
thyroglossal duct fistula Thyreoglossusfistel *f*, Schilddrüsen-Zungen-Fistel *f*, mittlere Halsfistel *f*
thyrohyal *s.* thyrohyoid
thyrohyal Cornu *n* majus, großes Zungenbeinhorn *n*
thyrohyoid thyreohyoidal; Schildknorpel-Zungenbein-...
thyrohyoid laryngotomy Laryngotomia *f* superior
thyrohyoid ligament Ligamentum *n* thyreohyoideum, Schildknorpel-Zungenbein-Band *n*
thyrohyoid membrane Membrana *f* thyreohyoidea, Thyreohyoidmembran *f*
thyrohyoid muscle Musculus *m* thyreohyoideus, Schild(-knorpel)-Zungenbein-Muskel *m*
thyrohyoidean *s.* thyrohyoid
thyroid 1. thyreoidal; Thyreoidea..., Schilddrüsen...; 2. thyreoidal, schildförmig; Schildknorpel...
thyroid 1. *(Anat)* Schilddrüse *f*, Thyreoidea *f*, Glandula *f* thyreoidea; 2. *(Pharm)* Schilddrüsenpräparat *n*, getrocknete Schilddrüse *f*, Thyreoidea *f* sicca
thyroid abscess Schilddrüsenabszess *m*
thyroid adenoma Schilddrüsenadenom *n*
thyroid artery Schilddrüsenarterie *f*, Thyreoidea *f*, Arteria *f* thyreoidea
thyroid-binding globulin *s.* thyroglobulin
thyroid biopsy Schilddrüsenbiopsie *f*
thyroid capsule Schilddrüsenkapsel *f*
thyroid cancer *s.* thyroid carcinoma
thyroid carcinoma *(Path)* Thyreoideakarzinom *n*, Schilddrüsenkrebs *m*
thyroid cartilage Schildknorpel *m*, Cartilago *f* thyreoidea
thyroid consistency Schilddrüsen(gewebe)konsistenz *f*
thyroid crisis *s.* thyrotoxicosis
thyroid disease Schilddrüsenkrankheit *f*, Schilddrüsenerkrankung *f*
thyroid displacement Schilddrüsenverlagerung *f*

thyroid diverticulum Schilddrüsendivertikel *n*
thyroid dwarfism Kretinismus *m*
thyroid dystopia Schilddrüsendystopie *f*
thyroid enlargement Schilddrüsenvergrößerung *f*
thyroid follicle Schilddrüsenfollikel *m*
thyroid follicular lumen Schilddrüsenfollikellumen *n*
thyroid form Schilddrüsenform *f*
thyroid function Schilddrüsenfunktion *f*
thyroid function test Schilddrüsenfunktionstest *m*
thyroid gland *s.* thyroid 1.
thyroid gland preparation *(Pharm)* Schilddrüsenpräparat *n*
thyroid growth *s.* thyroid tumour
thyroid heart *s.* thyrocarditis
thyroid hormone Schilddrüsenhormon *n*
thyroid hormone biosynthesis Schilddrüsenhormonbiosynthese *f*
thyroid hormone metabolism Schilddrüsenhormonstoffwechsel *m*
thyroid hyperplasia Schilddrüsenhyperplasie *f*
thyroid hypoplasia Schilddrüsenhypoplasie *f*
thyroid impar plexus *(Anat)* Plexus *m* thyreoideus impar
thyroid insufficiency *s.* hypothyroidism
thyroid isthmus Schilddrüsenisthmus *m*, Isthmus *m* glandulae thyroideae
thyroid lobe Schilddrüsenlappen *m*
thyroid mass *s.* thyroid tumour
thyroid node Schilddrüsenknoten *m*
thyroid ophthalmopathy Schilddrüsenophthalmopathie *f*
thyroid parenchyma Schilddrüsenparenchym *n*
thyroid peroxidase Schilddrüsenperoxidase *f*, Jodidperoxidase *f (Enzym)*
thyroid plexus Schilddrüsennervengeflecht *n*, Plexus *m* thyreoideus
thyroid preparation Schilddrüsen(hormon)präparat *n*
thyroid puncture Schilddrüsenpunktion *f*
thyroid region Schilddrüsenregion *f*, Regio *f* thyreoidea
thyroid-releasing hormone *s.* thyrotropin-releasing factor
thyroid replacement Schilddrüsen(hormon)substitution *f*
thyroid replacement therapy Schilddrüsen(hormon)-substitutionstherapie *f*
thyroid retractor *(Chir)* Schilddrüsenhaken *m*
thyroid scan *(Rad)* Schilddrüsenszintigramm *n*
thyroid scintigraphy *(Rad)* Schilddrüsenszintigraphie *f*
thyroid size Schilddrüsengröße *f*
thyroid-stimulating hormone *s.* thyrotropin
thyroid storm *s.* thyrotoxicosis
thyroid stroma Schilddrüsenstroma *n*
thyroid suppression Schilddrüsensuppression *f*
thyroid surgery Schilddrüsenchirurgie *f*
thyroid tuberculosis Schilddrüsentuberkulose *f*
thyroid tumour Schilddrüsentumor *m*, Schilddrüsengeschwulst *f*
thyroid vein Schilddrüsenvene *f*, Vena *f* thyreoidea
thyroidectomize *v* thyreoidektomieren, eine Thyreoidektomie [Schilddrüsenentfernung] durchführen
thyroidectomized thyroidektomiert, ohne Schilddrüse; nach Schilddrüsenentfernung
thyroidectomy Thyreoidektomie *f*, Schilddrüsenresektion *f*, (operative) Schilddrüsenentfernung *f*
thyroidism Hyperthyreoidismus *m*, Hyperthyreose *f*, Schilddrüsenüberfunktion *f*
thyroiditis Thyreoiditis *f*, Schilddrüsenentzündung *f*, Strumitis *f*
thyroidization Schilddrüsenhormonbehandlung *f*, Schilddrüsen(hormon)substitutionstherapie *f*
thyroidotherapy Schilddrüsen(hormon)substitutionstherapie *f*
thyroidotomy 1. Thyroidotomie *f*, Schilddrüseninzision *f*, Schilddrüsenschnitt *m*; 2. (mediane) Laryngotomie *f*, Kehlkopfspaltung *f*, Kehlkopferöffnung *f*, Thyreochondrotomie *f*
thyroidotoxin Thyreoidotoxin *n*, Schilddrüsengift *n*
thyrointoxication Thyreotoxikose *f*, thyreotoxische Krise *f*, Hyperthyreose *f*, Schilddrüsenüberfunktion *f*
thyrolaryngeal thyrolaryngeal; Schilddrüsen-Kehlkopf-…
thyroliberin Thyroliberin *n*, Thyrotropin-releasing-Hormon *n*, Thyrotropin-releasing-Faktor *m*
thyrolingual *s.* thyroglossal
thyrolytic Schilddrüsengewebe auflösend; Schilddrüsengewebe zerstörend
thyromegaly Schilddrüsenvergrößerung *f*, Struma *f*, Kropf *m*
thyromimetic thyreomimetisch
thyroncus Schilddrüsentumor *m*, Schilddrüsengeschwulst *f*
thyronine Thyronin *n*
thyropalatine thyropalatin; Palatopharyngeus…
thyroparathyroidectomy Thyreoparathyreoidektomie *f*, (operative) Schilddrüsen- und Nebenschilddrüsenentfernung *f*
thyropathy Thyreopathie *f*, Schilddrüsenkrankheit *f*, Schilddrüsenerkrankung *f*
thyroperoxidase Thyroperoxidase *f*, Jodidperoxidase *f (Enzym)*
thyropharyngeal duct Ductus *m* thyreopharyngeus
thyropharyngeus (muscle) Pars *f* thyropharyngea musculi constrictoris pharyngis inferioris
thyroprival thyreopriv; ohne Schilddrüse, schilddrüsenlos; Schilddrüsen(hormon)mangel…
thyroprival tetany thyreoprive Tetanie *f*, Tetanie *f* nach Schilddrüsen- und Nebenschilddrüsenentfernung
thyroprivia Thyroprivie *f*, Hypothyreose *f*, Schilddrüsenunterfunktion *f*, Schilddrüsen(hormon)mangel *m*
thyroprivic *s.* thyroprival
thyroprivous *s.* thyroprival
thyroprotein Thyr(e)oprotein *n*, Schilddrüsenprotein *n*
thyroptosis Thyreoptose *f*, Schilddrüsensenkung *f*
thyrosis Schilddrüsenfunktionsstörung *f*
thyrotherapy Thyreotherapie *f*, Schilddrüsenhormonbehandlung *f*
thyrotome Thyreotom *n*, Schildknorpelmesser *n*
thyrotomy 1. Thyreotomie *f*, Thyreochondrotomie *f*, (operative) Schildknorpeldurchtrennung *f*, Schildknorpelspaltung *f*; 2. Thyroidotomie *f*, Schilddrüseninzision *f*, Schilddrüsenschnitt *m*; 3. Schilddrüsenbiopsie *f*
thyrotoxaemia *s.* thyrotoxicosis
thyrotoxic thyreotoxisch; Thyreotoxikose…, Schilddrüsenüberfunktions…
thyrotoxic crisis *s.* thyrotoxicosis
thyrotoxic heart *s.* thyrocarditis
thyrotoxic mastopathy thyreotoxische Mastopathie *f*, Mastopathia *f* thyreotoxica
thyrotoxic myopathy thyreotoxische Myopathie *f*, Myopathia *f* thyreotoxica
thyrotoxic storm *s.* thyrotoxicosis
thyrotoxicosis Thyreotoxikose *f*, thyreotoxische Krise *f*, Hyperthyreose *f*, Schilddrüsenüberfunktion *f*
thyrotoxin Thyreotoxin *n*
thyrotroph thyrotrope Zelle *f (des Hypophysenvorderlappens)*
thyrotrophic 1. thyreotrop(h), schilddrüsenstimulierend, die Schilddrüsentätigkeit steuernd; 2. Thyreotropismus…
thyrotrophin *s.* thyrotropin
thyrotropic hormone *s.* thyrotropin

thyrotropin Thyreotropin *n*, thyreotropes [schilddrüsenstimulierendes] Hormon *n*, TSH
thyrotropin-releasing factor Thyreotropin-Freisetzungsfaktor *m*, TRF
thyrotropin-releasing hormone *s.* thyrotropin-releasing factor
thyrotropism Thyreotropismus *m*, Schilddrüsenabhängigkeit *f*
thyroxin *s.* thyroxine
thyroxinaemia Thyroxinämie *f*, Vorhandensein *n* von Thyroxin im Blut
thyroxine Thyroxin *n*, Tetrajodthyronin *n*, Tetraiodthyronin *n* T_4 *(Schilddrüsenhormon)*
thyroxine-binding globulin thyroxinbindendes Globulin *n*
thyroxine-bound iodine thyroxingebundenes Jod *n* [Iod *n*]
thyroxinic Thyroxin…
tiagabine Tiagabin *n (Antikonvulsivum)*
tiagabine hydrochloride Tiagabinhydrochlorid *n*
tibia Tibia *f*, Schienbein *n*
tibiad schienbeinwärts, tibiad
tibial tibial; Tibia(l)…, Schienbein…
tibial bolt *(Chir)* Kondylenschraube *f*, Tibiakopfschraube *f*
tibial collateral ligament of the ankle joint Ligamentum *n* collaterale tibiale *(am Sprunggelenk)*
tibial collateral ligament of the knee Ligamentum *n* collaterale tibiale, innere [tibiales] Kollateralband *n (am Kniegelenk)*
tibial crest Margo *m* anterior tibiae, vordere Schienbeinleiste *f*, Schienbeinvorderkante *f*
tibial nail *(Chir)* Tibianagel *m*, Unterschenkelnagel *m*
tibial nerve Nervus *m* tibialis, Schienbeinnerv *m*
tibial neuralgia Tibialis(nerven)entzündung *f*, Neuritis *f* nervi tibialis
tibial puncture Tibiapunktion *f*, Schienbeinpunktion *f*
tibial shaft *(Anat)* Tibiaschaft *m*, Schienbeinschaft *m*
tibial tuberosity *(Anat)* Tuberositas *f* tibiae
tibialgia Tibialgie *f*, Schienbeinschmerz *m*
tibialis anterior (muscle) Musculus *m* tibialis anterior, vorderer Schienbeinmuskel *m*
tibialis anterior syndrome *(Chir)* Tibialis-anterior-Syndrom *n*, (prätibiales) ischämisches Muskelkompressionssyndrom *n*
tibialis palsy Tibialislähmung *f*
tibialis paralysis *s.* tibialis palsy
tibialis phenomenon *(Neur)* Tibialisphänomen *n*, Strümpell'sches Zeichen *n*, Strümpell *m*, Tibialis-anterior-Symptom *n (Pyramidenbahnzeichen)*
tibialis posterior (muscle) Musculus *m* tibialis posterior, hinterer Schienbeinmuskel *m*
tibialis posterior reflex Tibialis-posterior-Reflex *m*
tibiocalcanean *(Anat)* tibiokalkaneal; Tibia-Kalkaneus-…, Schienbein-Fersenbein-…
tibiofascialis (muscle) Musculus *m* tibiofascialis
tibiofemoral *(Anat)* tibiofemoral; Tibia-Femur-…, Schienbein-Oberschenkel(knochen)-…
tibiofemoral articulation Kniegelenk *n*, Articulatio *f* genu
tibiofibular *(Anat)* tibiofibulär; Tibia-Fibula-…, Schienbein-Wadenbein-…
tibiofibular mortise Sprunggelenkgabel *f*
tibiofibular syndesmosis Syndesmosis *f* [Articulatio *f*] tibiofibularis
tibionavicular *(Anat)* tibionavikular; Tibia-Navikulare-…, Schienbein-Kahnbein-…
tibionavicular ligament Ligamentum *n* tibionaviculare
tibioperoneal *s.* tibiofibular
tibioscaphoid *s.* tibionavicular
tibiotarsal *(Anat)* tibiotarsal; Tibia-Tarsus-…, Schienbein-Fußwurzel-…
tibolone Tibolon *n (anaboles Steroid)*
tic Tic(k) *m*, nervöse Muskelzuckung *f*, mimischer Krampf *m*
ticarcillin Ticarcillin *n (Antibiotikum)*
tick Zecke *f* • **exterminate ticks** Zecken vernichten
tick bite Zeckenbiss *m*
tick-bite paralysis *(Neur)* Zeckenparalyse *f*, Zeckenlähmung *f*
tick-borne durch Zecken übertragen
tick-borne encephalitis Zeckenenzephalitis *f*
tick-borne encephalitis virus Zeckenenzephalitisvirus *n*
tick-borne recurrent fever Zeckenborreliose *f*, Zeckenrückfallfieber *n*, Rekurrensfieber *n*, Febris *f* recurrens
tick-borne rickettsiosis *s.* tick-borne typhus fever
tick-borne typhus fever Zeckenbissfieber *n*, Zeckenfleckfieber *n (siehe auch: rickettsiosis)*
tick fever *s.* Rocky Mountain spotted fever
tick paralysis Zecken(biss)paralyse *f*
tick-transmitted *s.* tick-borne
ticlopidine Ticlopidin *n (Thrombozytenaggregationshemmer)*
ticlopidine hydrochloride Ticlopidinhydrochlorid *n*
ticrynafen Ticrynafen *n (Diuretikum; Antihypertensivum; Urikosurikum)*
tictology Geburtshilfe *f*, Obstetrik *f*
t.i.d. *s.* ter in die
tidal Tidal-…; Ebbe-Flut-…; Anstieg-Abfall-…
tidal air Atem(zug)volumen *n*
tidal drainage *(Chir, Urol)* Tidal-Drainage *f*, Ebbe-Flut-Drainage *f*
tidal ventilation *s.* tidal air
tidal volume *s.* tidal air
tie *v* **a vessel** ein Gefäß unterbinden [ligieren]
Tiemann's catheter *(Urol)* Tiemann-Katheter *m*
Tietze's disease Tietze-Syndrom *n*, Tietze'sche Krankheit *f*, Chondropathia *f* tuberosa *(an den Rippenknorpeln)*
Tietze's syndrome *s.* Tietze's disease
Tiffenau test *(Pulm)* Tiffenau-Test *m*, Atemstoßtest *m*
tiger-spotted *s.* tigroid
tigering of the heart muscle *(Path)* Tigerherz *n*
tight bandage fester [straffer] Verband *m*
tight bandage prepuce *(Chir, Urol)* phimotisches Präputium *n*; Vorhautphimose *f*
tight bandage splint *(Chir)* festsitzende Schiene *f*
tight bandage tied knot *(Chir)* fest geknüpfter Knoten *m*
tighten *v* **a tourniquet** einen Tourniquet festziehen [zuziehen, straffen]
tightly drawn membrane *(Anat, HNO)* Pars *f* tensa membranae tympani
tigroid *(Histol, Path)* tigroid, gefleckt
tigroid bodies *(Histol)* Tigroidsubstanz *f*, Nissl'sche Schollen *fpl*
tigrolysis Tigrolyse *f*, Auflösung *f* der Tigroidsubstanz [Nissl'schen Schollen]; Chromatolyse *f*
tiletamine hydrochloride Tiletaminhydrochlorid *n (Anästhetikum)*
tilorone Tiloron *n (stimuliert Interferonbildung)*
tilt table Kipptisch *m*
tilting disk valve Kippscheiben(herz)klappe *f (Klappenprothese)*
tiltometer Tiltometer *n*, Neigungsmesser *m*
timbre Klingen *n (Auskultation)*
time Zeit *f*, Tempus *m*
time-motion scan Zeit-Bewegung-Ultraschalltechnik *f*, TM-Scan *m*, Time-Motion-Verfahren *n*, M-Scan *m*
time of death Todeszeitpunkt *m*
timed collection Probensammlung *f* pro Zeiteinheit *(z. B. Urin)*
timely labour zeitgerechte Entbindung *f* [Geburt *f*]

timely rupture of the amniotic fluid sac *(Gyn)* zeitgerechte Amnion(sack)ruptur *f*, zeitgerechter Blasensprung *m* [Fruchtblasensprung *m*]
timer Timer *m*
timolol Timolol *n (Betarezeptorenblocker)*
timolol maleate Timololmaleat *n*
tin Zinn *n*, Sn
tinct. *s.* tincture
tinctable färbbar
tinction 1. Farbe *f*, Farbstoff *m*; 2. Tinktion *f*, Färbung *f*, Farbstoffzugabe *f (Rezeptur)*
tinctorial Färbungs...
tinctura *s.* tincture
tincturation Tinkturzubereitung *f*
tincture Tinktur *f*, (alkoholischer) Drogenauszug *m*
tincture of iodine Jodtinktur *f*, Iodtinktur *f*
tine *(Stom)* Explorationssonde *f*
tinea *(Derm)* Tinea *f*, Flechte *f (siehe auch unter: ringworm)*
tinea barbae *(Derm)* Tinea *f* barbae, Bartflechte *f*
tingibility Färbbarkeit *f (z. B. von Gewebe)*
tingible (an)färbbar
tingle 1. Prickeln *n*, Kribbeln *n*, Stechen *n (Schmerz)*; Beißen *n (Kälte)*; 2. Summen *n*, Klingen *n (z. B. in den Ohren)*; 3. *(Psych)* Beben *n*, Zittern *n*, Erregung *f*
tingling Prickeln *n*, Kribbeln *n*
tingling sensation *(Neur)* prickelndes [kribbelndes] Gefühl *n*, Prickeln *n*, Kribbeln *n*
tinidazole Tinidazol *n (Antimikrobenmittel)*
tinkle *s.* tinkling
tinkling Klingen *n (Auskultation)*
tinnitus Tinnitus *m* aurium, Ohrenklingen *n*; Sibilismus *m* aurium, pfeifendes Ohrgeräusch *n*, Ohrenpfeifen *n*; zischendes Ohrgeräusch *n*; Ohrensausen *n*, Ohrenrauschen *n*, Susurrus *m* aurium
tinnitus aurium *s.* tinnitus
tintometer Tintometer *n*, Farbgehaltmesser *m*; Blutfarbstoffgehaltmesser *m*
tintometric tintometrisch, den Farbstoffgehalt messend; Tintometrie...
tintometry Tintometrie *f*, Farbgehaltmessung *f*; Blutfarbstoffgehaltbestimmung *f*
tioconazole Tioconazol *n (Antimykotikum)*
tip Spitze *f*, Apex *m*
tip foot Spitzfuß *m*, Pes *m* equinus
tip manometer Tip-Manometer *n*
tip of the nose Nasenspitze *f*, Apex *m* nasi
tip of the tongue Zungenspitze *f*, Apex *m* linguae
tip seal Ampullenverschluss *m*
tiprenolol Tiprenolol *n (Betarezeptorenblocker)*
tiprenolol hydrochloride Tiprenololhydrochlorid *n*
tiqueur *(Neur, Psych)* Tickkranke(r) *m*
tire *v* ermüden, müde machen, erschöpfen, schwächen; müde werden, ermüden, ermatten
tire Ermüdung *f*, Erschöpfung *f*
tired müde, ermüdet; erschöpft
tired to death totmüde
tiring *(Stom)* Cerclage *f*
tissual Gewebe...
tissue Gewebe *n* • **dissect away the tissue** das Gewebe resezieren • **dissect [divide] the tissue** das Gewebe durchtrennen [durchschneiden] • **needle [pierce] the tissue** das Gewebe (mit einer Nadel) durchstechen, das Gewebe (mit einer Nadel) umstechen
tissue activator Gewebeaktivator *m*
tissue adhesive Gewebekleber *m*
tissue anoxia Gewebeanoxie *f*, Sauerstoffmangel *m* im Gewebe
tissue bank Gewebebank *f*
tissue culture Gewebekultur *f*
tissue culture cell Gewebekulturzelle *f*
tissue culture neutralization test Gewebekulturneutralisationstest *m*
tissue damage Gewebeschaden *m*; Gewebeschädigung *f*
tissue debris Gewebedebris *m*, Gewebenekrosen *fpl*
tissue destruction Gewebezerstörung *f*
tissue dextrin *s.* glycogen
tissue dose *(Rad)* Gewebedosis *f*
tissue drug level *(Pharm)* Medikamentengewebespiegel *m*
tissue extract Gewebeextrakt *m*
tissue factor *(Hämat)* Gewebefaktor *m*
tissue factor activity *(Hämat)* Gewebefaktoraktivität *f*
tissue fixation Gewebefixation *f*, Gewebefixierung *f*
tissue fixative Gewebefixativ *n*
tissue fluid Gewebeflüssigkeit *f*
tissue fluorescence intensity *(Histol)* Gewebefluoreszenzintensität *f*
tissue forceps 1. Hakenzange *f*; 2. chirurgische Pinzette *f*
tissue grasping forceps *(Chir)* Gewebefasszange *f*
tissue haemorrhage Gewebe(ein)blutung *f*
tissue hormone Gewebehormon *n*
tissue immunity Gewebeimmunität *f*
tissue integrity Gewebeintegrität *f*
tissue irritation Gewebeirritation *f*, Gewebsreizung *f*
tissue kinase Gewebekinase *f (Enzym)*
tissue level Gewebespiegel *m (z. B. von Antibiotika)*
tissue macrophage Gewebemakrophage *m*
tissue necrosin Gewebenekrosin *n*
tissue necrosis Gewebenekrose *f*, Gewebsnekrose *f*
tissue perfusion Gewebeperfusion *f*
tissue plasminogen activator Gewebe-Plasminogen-Aktivator *m*
tissue polypeptide antigen *(Onk)* Tissue-Polypeptid-Antigen *n*, TPA *(Polypeptid auf Tumorzellenmembranen)*
tissue protector sheath *(Chir)* Gewebeschutzhülse *f (Instrument)*
tissue protein Gewebeprotein *n*, Gewebseiweiß *n*
tissue protozoon Gewebeprotozoon *n*
tissue response Gewebereaktion *f*
tissue section Gewebeschnitt *m*
tissue smear Gewebeausstrich *m*; Gewebeabstrich *m*
tissue thromboplastin Gewebethromboplastin *n*, Gewebethrombokinase *f*
tissue tolerance Gewebeverträglichkeit *f*
tissue tropism Gewebetropismus *m*
tissue typing Gewebetypisierung *f*, Gewebetypisieren *n*
tissular Gewebe...
tissular therapy Gewebetherapie *f*
titanium Titanium *n*, Ti
titanium dioxide Titaniumdioxid *n*
titer Titer *m*
titillation Titillatio *f*, Jucken *n*, Kitzelgefühl *n*
titillomania Titillomanie *f*, Kratzwut *f*
titrant Titrationslösung *f*
titrate *v* titrieren, eine Maßanalyse durchführen
titration Titration *f*, Titrierung *f*
titre Titer *m*
titrimetric titrimetrisch; Titrimetrie...
titrimetry Titrimetrie *f*, Titrieranalyse *f*, Maßanalyse *f*
titubant schwankend, wankend, taumelnd
titubate *v* schwanken, wanken, taumeln
titubation Titubation *f*, schwankender Gang *m (z. B. bei Kleinhirnerkrankung)*
tixocortol Tixocortol *n (Glukokortikoid)*
tixocortol pivalate Tixocortolpivalat *n*
TM(L)R *s.* transmyocardial laser revascularization
TNF *s.* tumour necrosis factor

TNM classification *(Path)* TNM-Klassifikation *f*, Tumor-Nodulus-Metastasen-Klassifikation *f*
T.O. *s.* tricuspid orifice
to-and-fro method *(Anästh)* To-and-fro-Methode *f*, Pendelatmungssystem *n*
to-and-fro murmur *(Kard)* systolisch-diastolisches Geräusch *n*, Lokomotivgeräusch *n*, Perikardreibegeräusch *n*
toad head *(Terat)* Krötenkopf *m*, Froschkopf *m*; Anenzephalus *m*
toad skin *(Derm)* Krötenhaut *f*, Krokodilhaut *f*, Phrynoderm(a) *n*
toad test *(Gyn)* Krötentest *m*, Galli-Mainini-Test *m*
tobacco Tabak *m*
tobacco amblyopia *s.* tobacco and alcohol amblyopia
tobacco and alcohol amblyopia *(Ophth)* Tabak-Alkohol-Amblyopie *f*, Tabak- und Alkoholintoxikationsschwachsichtigkeit *f*
tobacco bag suture *(Chir)* Tabaksbeutelnaht *f*
tobacco mosaic virus Tabakmosaikvirus *n*
tobacco withdrawal syndrome Tabakentzugssyndrom *n*, Nikotinentzugssyndrom *n*
tobaccoism Tabakvergiftung *f*, Nikotinintoxikation *f*
tobramycin Tobramycin *n (Antibiotikum)*
tobramycin sulphate Tobramycinsulfat *n*
tocainide Tocainid *n (Antiarrhythmikum)*
tocainide hydrochloride Tocainidhydrochlorid *n*
tocodynagraph *s.* tocograph
tocodynamometer Tokodynamometer *n*
tocodynamometry Tokodynamometrie *f (Aufzeichnung der Wehenfrequenz und Wehenstärke)*
tocoergometry Tokoergometrie *f*, Wehenkraftmessung *f*
tocogram Tokogramm *n*, Wehenkurve *f*
tocograph Tokograph *m*, Wehen(kurven)schreiber *m*, Wehenaufzeichnungsgerät *n*
tocographic tokographisch
tocography Tokographie *f*, Wehen(kurven)schreibung *f*, Wehenaufzeichnung *f*
tocologist Geburtshelfer *m*
tocology Tokologie *f*, Geburtshilfe *f*, Geburtslehre *f*
tocolysis Tokolyse *f*, Wehenhemmung *f*
tocolytic tokolytisch, wehenhemmend; Tokolyse...
tocolytic (agent) Tokolytikum *n*, Wehenhemmer *m*, wehenhemmendes Mittel *n*
tocolytic drug Tokolytikum *n*, wehenhemmendes Medikament *n*
tocomania *(Gyn, Neur)* Tokomanie *f*, Puerperalpsychose *f*, Kindbettpsychose *f*, Wöchnerinnenpsychose *f*, Maieusiomanie *f*
tocometer *s.* tocodynamometer
tocopherol Tokopherol *n*, Vitamin *n* E, Fertilitätsvitamin *n*, Antisterilitätsvitamin *n*
tocopherolquinone Tokopherolchinon *n*, Tokopherylchinon *n*
tocopheryl Tokopheryl *n*
tocophobia Tokophobie *f*, Wehenfurcht *f*, Angst *f* vor der Geburt, Maieusiophobie *f*
tocotachography *s.* 1. tocodynamometry; 2. tocography
tocotrienol Tocotrienol *n*, Tokotrienol *n*
tocotrienolquinone Tokotrienolchinon *n*
tocus Partus *m*, Geburt *f*, Niederkunft *f (Zusammensetzungen siehe unter: birth und labour)*
toe Zehe *f* • **get a toe frostbitten** sich eine Zehe erfrieren
toe clonus Zehenklonus *m*; Großzehenklonus *m*
toe-nail Zehennagel *m*
toe-to-knee flexible adhesive bandage *(Chir)* Unterschenkelzinkleimverband *m*
toe-to-knee plaster cast *(Chir)* Unterschenkelgips *m*
toedrop Spitzfuß *m*, Pes *m* equinus
toeing in Metatarsus *m* varus
toeing out Metatarsus *m* valgus
tofenacin Tofenacin *n (Anticholinergikum)*
tofenacin hydrochloride Tofenacinhydrochlorid *n*
togavirus Togavirus *n*
toilet *(Chir)* Wundtoilette *f*, Wundreinigung *f*
toilet training *(Päd)* Toilettentraining *n*
Tokelau ringworm Tinea *f* imbricata
tokodynamometer *s.* tocodynamometer
tokus *s.* tocus
tolamolol Tolamolol *n (Betarezeptorenblocker)*
tolazamide Tolazamid *n (Antidiabetikum)*
tolazoline Tolazolin *n (Alpharezeptorenblocker; Vasodilator)*
tolazoline hydrochloride Tolazolinhydrochlorid *n*
tolbutamide Tolbutamid *n*, 1-Butyl-3-(p-tolylsulfonyl)harnstoff *m (Antidiabetikum)*
tolbutamide test Tolbutamidtest *m*
tolerance Toleranz *f*
tolerance dose Toleranzdosis *f*, Dosis *f* tolerata *(z. B. von Röntgenstrahlen)*
tolerance test Toleranztest *m*; Toleranzprobe *f*
tolerance to the drug Arzneimittelverträglichkeit *f*, Arzneimitteltoleranz *f*
tolerant tolerant, Toleranz besitzend, mit Toleranz
tolerate *v* **anaesthesia** eine Anästhesie tolerieren, eine Narkose vertragen
tolerate *v* **the pain** den Schmerz tolerieren [aushalten]
tolerogen Tolerogen *n (Toleranz erzeugendes Antigen)*
tolerogenesis Toleranzausbildung *f*, Entwicklung *f* immunologischer Toleranz
tolerogenic immunologische Toleranz bewirkend
tolmetin Tolmetin *n (Analgetikum; Antipyretikum)*
tolnaftate Tolnaftat *n (Antimykotikum)*
tolonium chloride Toloniumchlorid *n*, Toluidinblau O *n*
tolpropamine Tolpropamin *n (Antipruritikum)*
toluene Toluol *n*, Methylbenzol *n*
toluic acid Methylbenzoesäure *f*
toluidine Toluidin *n*, Aminotoluol *n*
toluidine blue *(Histol)* Toluidinblau *n*
toluol *s.* toluene
toluylene red Neutralrot *n*
Tomes's fibres *(Anat)* Tomes'sche Fasern *fpl*, Tomes-Fasern *fpl*, Odontoblastenfortsätze *mpl*
Tomes's granular layer Tomes'sche Körnerschicht *f (im Zahnwurzeldentin)*
Tomes's process Tomes'scher Fortsatz *m*, Adamantoblastenfortsatz *m*
tomodensitography Tomodensitographie *f (Dichtemessung in Schichten)*
tomogram Tomogramm *n*, Röntgenschichtbild *n*, Röntgenschichtaufnahme *f*, Planigramm *n*
tomograph *v* tomographieren, in Schichten darstellen, schichten
tomograph Tomograph *m*, Röntgenschichtungsgerät *n*
tomographic tomographisch
tomographic digital subtraction angiography tomographische digitale Subtraktionsangiographie *f*, digitale DSA *f*
tomography Tomographie *f*, Röntgenschichtverfahren *n*, Röntgenschichtung *f*, Röntgenschichtdarstellung *f*, Planigraphie *f*, Stratigraphie *f*
tomomania 1. Tomomanie *f*, Operationswut *f*, Operationstrieb *m*; 2. *(Psych)* Tomomanie *f*, Operationswahn *m (Sucht, operiert zu werden)*
tomotocia *(Gyn)* Tomotokie *f*, Schnittentbindung *f*, Kaiserschnitt *m*, Kaiserschnittentbindung *f*, Sectio *f* caesarea
tonaphasia Tonaphasie *f*, motorische Amusie *f*
tone 1. Ton *m*; 2. Tonus *m*, Spannung *f*, Spannungszustand *m (z. B. der Muskeln)*; 3. Gewebetonus *m*, Gewebespannung *f*, Gewebefestigkeit *f*

tone audiometry *(HNO)* Tonaudiometrie *f*
tone deafness *(Neur)* Tontaubheit *f*, sensorische Amusie *f*
tongue Zunge *f*, Lingua *f (siehe auch unter: lingual)*
tongue apraxia *(Neur)* Zungenapraxie *f*
tongue blade holder Mundspatelhalter *m*
tongue depressor *(Stom)* Zungendepressorium *n*, Zungendrücker *m*, Zungenspatel *m*
tongue falling-back Zungenrückfall *m*; Zurückfallen *n* der Zunge
tongue forceps Zungen(fass)zange *f*
tongue-holding forceps Zungen(fass)zange *f*
tongue malformation Zungendeformierung *f*, Zungenfehlbildung *f*, Zungenmissbildung *f*
tongue of cerebellum Lingula *f* cerebelli
tongue retraction Zungenretraktion *f*, Zurückziehen *n* der Zunge
tongue seizing forceps Zungen(fass)zange *f*
tongue spatula Zungenspatel *m*
tongue swallowing Zurückfallen *n* der Zunge *(bei Bewusstlosigkeit)*
tonguetie Zungenbandverkürzung *f*, Ankyloglossie *f*
tonic 1. tonisch; Tonus...; 2. tonisch, tonisierend, kräftigend, stärkend, anregend
tonic Tonikum *n*, tonisierendes [stärkendes] Arzneimittel *n*, Kräftigungsmittel *n*
tonic-clonic tonisch-klonisch
tonic-clonic seizure tonisch-klonischer Krampf *m*, Grand-mal-Epilepsie-Anfall *m*
tonic contractions tonische Konvulsionen *fpl*, tonische Krämpfe *mpl (z. B. bei Epilepsie)*
tonic convulsion tonische Konvulsion *f*
tonic fit *(Neur)* tonischer Hirnstammanfall *m*
tonic grasp reflex *(Neur, Päd)* tonischer Greifreflex *m*
tonic labyrinthine reflex tonischer Labyrinthreflex *m*, Dezerebrationsrigidität *f*
tonic neck reflex (asymmetrischer) tonischer Nackenreflex *m*
tonic nystagmus *(Ophth)* tonischer Nystagmus *m*
tonic pupil tonische Pupille *f*
tonic spasm tonischer Spasmus *m*
tonic treatment Tonikumbehandlung *f*
tonicity Tonizität *f*
tonicoclonic tonisch-klonisch
tonoclonic *s.* tonicoclonic
tonofibril Tonofibrille *f (in Epithelzellen)*
tonofilament Tonofilament *n (Zytoplasmafortsatz)*
tonogram Tonogramm *n*, Druckkurve *f*
tonograph Tonograph *m*, Druck(kurven)schreiber *m*
tonographic tonographisch
tonography Tonographie *f*, Druck(kurven)schreibung *f*, Druckaufzeichnung *f*
tonometer 1. *(Ophth)* Tonometer *n*, Augen(binnen)druckmessgerät *n*; 2. Blutdruckmesser *m*
tonometric tonometrisch
tonometry 1. *(Ophth)* Tonometrie *f*, Elastometrie *f*, Augen(binnen)druckmessung *f*; 2. Blutdruckmessung *f*
tonoscillograph Blutdruckaufzeichnungsgerät *n*, Blutdruckregistriergerät *n*
tonoscillography Blutdruckaufzeichnung *f*, Blutdruckregistrierung *f*
tonotropic tonotrop, auf den Muskeltonus wirkend; herzmuskelstärkend
tonsil Tonsille *f*, Mandel *f (siehe auch unter: tonsillar)* • **have the tonsils (taken) out** sich die Mandeln herausnehmen [entfernen] lassen
tonsil bed *(Anat)* Tonsillenlager *n*, Tonsillenloge *f*, Tonsillenbett *n*
tonsil dissector Tonsillenelevatorium *n (Instrument)*
tonsil needle Tonsillennadel *f (Instrument)*
tonsil of the cerebellum *(Anat)* Kleinhirntonsille *f*, Tonsilla *f* cerebelli
tonsil snare Tonsillenschlinge *f (Instrument)*
tonsil syringe Tonsillenspritze *f*
tonsilla *s.* tonsil
tonsillar tonsillär, tonsillar; Tonsillen..., Mandel... *(siehe auch unter: tonsil)*
tonsillar arch Gaumenbogen *m*
tonsillar branch of the external maxillary artery Ramus *m* tonsillaris arteriae maxillaris externae
tonsillar calculus *s.* tonsillolith
tonsillar crypt Tonsillenkrypte *f*, Mandelkrypte *f*
tonsillar crypts of the lingual tonsils Cryptae *fpl* tonsillares tonsillae pharyngeae, Rachenmandelkrypten *fpl*
tonsillar crypts of the palatine tonsils Cryptae *fpl* tonsillares tonsillae palatinae, Gaumenmandelkrypten *fpl*
tonsillar fossa Sinus *m* [Fossa *f*] tonsillaris, Tonsillengrube *f*
tonsillar herniation Kleinhirntonsillenvorfall *m*, Kleinhirntonsilleneinklemmung *f*
tonsillar inflammation *s.* tonsillitis
tonsillar ring Waldeyer'scher Rachenring *m*
tonsillar surface Tonsillenoberfläche *f*, Mandeloberfläche *f*
tonsillary *s.* tonsillar
tonsillectome *s.* tonsillotome
tonsillectomy Tonsillektomie *f*, T.E., Tonsillenausschälung *f*, (operative) Mandelentfernung *f*
tonsillith *s.* tonsillolith
tonsillitic tonsillitisch; Mandelentzündungs..., Angina...
tonsillitis Tonsillitis *f*, Tonsillenentzündung *f*, (akute) Mandelentzündung *f*, Angina *f*
tonsilloadenoidectomy Adenotonsillektomie *f*
tonsillohemisporosis Tonsillohemisporosis *f*, Hemispora-Infektion *f* der Mandeln
tonsillolith Tonsillolith *m*, Tonsillenstein *m*, Mandelstein *m*, Amygdalolith *m*
tonsillomoniliasis Tonsillomoniliasis *f*, Tonsillen-Candidiasis *f*, Moniliasis-Infektion *f* der Mandeln
tonsillomycosis Tonsillenmykose *f*, Mandelpilzinfektion *f*
tonsillopathy Tonsillopathie *f*, Tonsillenkrankheit *f*, Mandelerkrankung *f*
tonsillopharyngitis Tonsillopharyngitis *f*, Mandel- und Rachenentzündung *f*
tonsilloscope Tonsilloskop *n*, Tonsillenspiegel *m*
tonsillotome Tonsillotom *n*, Tonsillenmesser *n*
tonsillotomy Tonsillotomie *f*, Tonsilleninzision *f*, Gaumenmandelkappung *f*
tonsilsector *s.* tonsillotome
tonsolith *s.* tonsillolith
tonus *s.* tone 2.
tooth Zahn *m*, Dens *m (siehe auch unter: teeth und dental)* • **crown a tooth** eine Zahnkrone aufsetzen, einen Zahn überkronen • **extract a tooth** einen Zahn extrahieren [entfernen], eine Zahnextraktion durchführen • **fill a tooth** einen Zahn plombieren, eine Zahnfüllung vornehmen • **have a tooth extracted** einen Zahn gezogen [extrahiert] bekommen • **have a tooth out** sich einen Zahn ziehen lassen; einen Zahn gezogen bekommen • **leave a tooth in place** einen Zahn erhalten [belassen] • **lose a tooth** einen Zahn verlieren • **prepare a tooth** einen Zahn vorbereiten *(z. B. zur Plombierung)* • **save a tooth** einen Zahn retten, einen Zahn konservieren [erhalten]
tooth abscess Zahnabszess *m*
tooth antagonist Zahnantagonist *m*, Antagonist *m*
tooth bleaching Zahnbleichen *n*
tooth bud *(Embr)* Zahnknospe *f*
tooth cement *(Anat)* Zahnzement *m*, Zement *m*, Cementum *n* (dentis)

tooth filling Zahnfüllung *f*, Zahnplombe *f*
tooth forceps 1. Dentalpinzette *f*; 2. Zahnextraktionszange *f*
tooth form Zahnform *f*
tooth fracture Zahnfraktur *f*
tooth germ Zahnkeim *m*
tooth hole Zahnloch *n*, Loch *n* im Zahn
tooth inclination Zahnneigung *f*
tooth lacquering Zahnlackierung *f*
tooth malformation Zahndeformierung *f*, Zahnfehlbildung *f*, Zahnmissbildung *f*
tooth plate Zahnplatte *f*
tooth root Zahnwurzel *f*, Radix *f* dentis
tooth root apex Wurzelspitze *f*, Zahnwurzelspitze *f*
tooth rotation Zahnrotation *f*
tooth socket Zahnfach *n*, Zahnalveole *f*, Alveolus *m* (dentalis)
tooth tissue hypoplasia Zahngewebehypoplasie *f*
tooth treatment Zahnbehandlung *f*, Dentalbehandlung *f*
toothache Zahnschmerz *m*, Zahnweh *n*, Odontalgie *f*, Dentalgie *f*
toothbrush Zahnbürste *f*
toothless zahnlos, ohne Zähne
top of the head *(Anat)* Corona *f* capitis
topaesthesia *(Neur)* Topästhesie *f*, Berührungslokalisation *f*, Berührungsortsbestimmung *f*
topagnosis *s.* topoanaesthesia
topalgia Topalgie *f*, örtliche Schmerzempfindung *f*
topectomy Topektomie *f*, umschriebene Hirnrindenexzision *f*
toper's nose Säufernase *f*, Trinkernase *f*
topesthesia *s.* topaesthesia
Töpfer's reagent Töpfers Reagens *n*, Dimethylaminoazobenzol *n*
tophaceous Tophus...
tophaceous gout Tophusgicht *f*
tophi *pl s.* tophus
tophus Tophus *m*, entzündlicher Knoten *m*; Gichtknoten *m*
topical 1. topisch, örtlich (begrenzt), lokal; 2. äußerlich wirkend
topical anaesthesia Oberflächenanästhesie *f*
topical antibiotic Oberflächenantibiotikum *n*
topical treatment Oberflächenbehandlung *f*, oberflächliche [topische] Therapie *f*
topiramate Topiramat *n (Antikonvulsivum)*
topoaesthesia *s.* topaesthesia
topoalgia *s.* topalgia
topoanaesthesia *(Neur)* Topagnosie *f*, Topoanästhesie *f*, Verlust *m* des Berührungslokalisationssinns
topognosis *(Neur)* Topognosis *f*, Lokalisierung *f* einer Hautempfindung
topographic topographisch; Topographie...
topographic anatomy topographische Anatomie *f*
topographic disorientation topographische Desorientierung *f*
topographical *s.* topographic
topography Topographie *f*, Körperregionsbeschreibung *f*
topology Topologie *f*
toponarcosis Lokalanästhesie *f*
toponeurosis Toponeurose *f*, lokale Neurose *f*
topoparaesthesia *(Neur)* Topoparästhesie *f*, lokale Empfindungsstörung *f*
topophobia Topophobie *f (Angst vor bestimmten Orten)*
topotecan Tpotecan *n*
topotecan hydrochloride Topotecanhydrochlorid *n*
torcular *(Anat)* Torcular *m* Herophili, Confluens *m* sinuum, Zusammenfluss *m* der Hirnblutleiter
torcular Herophili *s.* torcular
toremifene citrate Toremifencitrat *n (Östrogenantagonist)*

tori *pl s.* torus
toric torisch; Torus..., Wulst...
Torkildsen tube *(Neur)* Torkildsen-Drainage *f*
Torkildsen's procedure Ventrikulozysternostomie *f*
tormina Tormina *npl*, Bauchschmerzen *mpl*, Bauchkrämpfe *mpl*, Darmgrimmen *n*
torminal Leibschmerzen..., Kolik...
torminous *s.* terminal
torous *s.* torose
torovirus Torovirus *n*
torpescence *(Neur)* Regungslosigkeit *f*, Stumpfheit *f*, Torpor *m*
torpent *s.* torpid
torpid 1. torpid, stumpfsinnig, apathisch; 2. inaktiv, lustlos, teilnahmslos, lethargisch, schlaff; träge, langsam, verlangsamt; 3. nicht beeinflussbar *(z. B. Pupillenreaktion)*
torpidity *s.* torpor
torpidness *s.* torpor
torpor 1. *(Neur)* Torpor *m*, Stumpfsinn *m*, Apathie *f*; 2. *(Psych)* Inaktivität *f*, Lethargie *f*, Trägheit *f*, Verlangsamung *f*, Unbeeinflussbarkeit *f*
torpor narcosis Rauschnarkose *f*, Rausch *m*
torquing Zahnverdrehung *f*, Zahntorquierung *f*
torrefaction Trocknung *f*
torrefy *v* trocknen, austrocknen
torsemide Torsemid *n (Diuretikum)*
torsiometer *(Ophth)* Torsiometer *n*
torsion Torsion *f*, Drehung *f*, Verdrehung *f*, Achsendrehung *f*
torsion dystonia Torsionsdystonie *f*, Dystonia *f* musculorum deformans, Ziehen-Schwalbe-Oppenheim-Syndrom *n (Regulationsstörung der Bewegungsabläufe und des Muskeltonus)*
torsion fracture Torsionsfraktur *f*, Verdrehungsknochenbruch *m*, Rotationsbruch *m*, Rotationsfraktur *f*, Schraubenbruch *m*
torsion of the stomach Magentorsion *f*
torsion of the testis Hodentorsion *f*
torsion of the umbilical cord Nabelschnurverdrehung *f*
torsion spasm Torsionsspasmus *m*, Verdrehungskrampf *m*
torsive *s.* tortuous
torso Torso *m*, Trunkus *m*, Rumpf *m (Zusammensetzungen siehe unter: trunk)*
torso presentation *s.* transverse presentation
torticollar Torticollis..., Schiefhals...
torticollis Torticollis *m*, Schiefhals *m*, Caput *n* obstipum
tortuosity of the carotid artery Karotisknickungssyndrom *n*, Karotisarterien-Kinking *n*
tortuous verdreht, torquiert, gewunden, mit vielen Windungen
tortuous ureter verdrehter [torquierter] Ureter *m*; Harnleiterverdrehung *f*, Uretertorsion *f*
Torula histolytica Torula *f* histolytica
toruloma Torulom *n*, Kryptokokkenknoten *m*
Torulopsis glabatra Torulopsis *f* glabatra
torulopsosis Torulopsosis *f*, Infektion *f* mit Torulopsis glabatra
torulosis Torulosis *f*, Kryptokokkose *f*, Cryptococcosis *f*, europäische Blastomykose *f*
torulus Torulus *m*, kleiner Wulst *m*
torus Torus *m*, Wulst *m(f)*
torus fracture *s.* lead pipe fracture
total abstainer Abstinenzler *m*
total acidity totale Azidität *f*, Gesamtsäuregehalt *m (z. B. des Mageninhalts)*
total allergy syndrome totales Allergiesyndrom *n*, Syndrom *n* des 20. Jahrhunderts
total anomalous venous return Syndrom *n* der fehlmündenden Lungenvenen

total aphasia *(Neur)* Totalaphasie *f*
total atelectasis Totalatelektase *f (der Lunge)*
total atrioventricular block totaler [kompletter] Atrioventrikularblock *m*, Herzblock *m* [AV-Block *m*] dritten Grades
total bilirubin *(Lab, Hämat)* Gesamtbilirubin *n*
total biopsy Totalbiopsie *f*
total blood bilirubin *(Lab, Hämat)* Gesamtbilirubin *n*
total blood protein *(Lab, Hämat)* Gesamteiweiß *n*
total-body cooling Ganzkörper(unter)kühlung *f*
total-body irradiation Ganzkörperbestrahlung *f*
total-body radiation Ganzkörperbestrahlung *f*
total-body scan Ganzkörperszintigramm *n*
total-body scanning Ganzkörperszintigraphie *f*
total-body water Ganzkörperwasser *n*, gesamtes Körperwasser *n*
total capacity Totalkapazität *f*, TK *(z. B. der Lungen)*
total cataract *(Ophth)* Cataracta *f* totalis
total cholesterol *(Lab)* Gesamtcholesterin *n*
total colour blindness *s.* monochromasia
total communication totale Kommunikation *f*
total dosage Gesamtdosis *f*
total endoprosthesis Totalendoprothese *f*
total excision of the tumour radikale Tumorexzision *f*, komplette Geschwulstentfernung *f*
total extirpation Totalexstirpation *f*, Totalentfernung *f* *(z. B. eines Organs)*
total hip joint prosthesis totale Hüftgelenkprothese *f*
total hip replacement totaler Hüftgelenkersatz *m*
total hysterectomy totale Hysterektomie *f* [Gebärmutterentfernung *f*]
total iron Gesamteisen *n*, Gesamteisengehalt *m (des Blutes)*
total joint replacement totaler Gelenkersatz *m*
total leucocyte count *s.* total white count
total lung capacity totale Lungenkapazität *f*
total lung field shadowing *(Rad)* totale Lungenfeldverschattung *f*
total lymphoid irradiation totale Lymphsystembestrahlung *f*
total macroglobulins Gesamtmakroglobuline *npl*
total metabolism Gesamtstoffwechsel *m*
total nitrogen Gesamtstickstoff *m*
total ophthalmoplegia Totalophthalmoplegie *f*, komplette Ophthalmoplegie *f*
total parenteral nutrition totale parenterale Ernährung *f*
total peripheral resistance peripherer Gesamtwiderstand *m*
total peritonitis diffuse Peritonitis *f*
total prolapse Totalprolaps *m (z. B. der Gebärmutter)*
total protein Gesamteiweiß *n*
total serum cholesterol Gesamtserumcholesterin *n*
total syndactyly totale Syndaktylie *f*, Löffelhand *f*
total transfusion Austauschtransfusion *f*
total white count *(Lab, Hämat)* Gesamtleukozytenzahl *f*, Gesamtleukos *mpl*
Toti's operation Toti-Operation *f*, Dakryozystorhinostomie *f*
totter *v* torkeln, wanken, taumeln, schwanken
tottering gait 1. wackeliger [schwankender] Gang *m*; 2. *(Neur)* Kleinhirngang *m*
touch 1. Palpation *f*, Palpieren *n*, Betasten *n*, Abtasten *n*, Abfühlen *n*, Befühlen *n*; 2. Tastsinn *m*, Tastgefühl *n*
touch corpuscle *(Anat)* (Meissner'sches) Tastkörperchen *n*, Corpusculum *n* tactum
touch receptor Berührungsrezeptor *m*, taktiler Rezeptor *m*
Touraine-Solente-Golé syndrome Pachydermoperiostose *f*
Tourette's syndrome *s.* Gilles de la Tourette disease
tourniquet Tourniquet *m*, Torcular *m*, Aderpresse *f*, Stauschlauch *m*, Staubinde *f* • **apply a tourniquet** einen Tourniquet anlegen • **loosen a tourniquet** *s.* slacken a tourniquet • **put off a tourniquet** einen Tourniquet entfernen • **slacken a tourniquet** einen Tourniquet lockern, einen Stauschlauch lösen • **tie a tourniquet** einen Tourniquet festziehen [zuziehen, straffen] • **tie a tourniquet as tight as possible** einen Tourniquet so fest wie möglich anziehen • **tie a tourniquet tighter** einen Tourniquet fester [straffer] anziehen
tourniquet paralysis Abschnürungslähmung *f*, Kompressionsparalyse *f*
tourniquet syndrome Tourniquet-Syndrom *n*, Reperfusionssyndrom *n*
tourniquet test Stauungstest *m* (nach Rumpel-Leede)
towel *(Chir)* OP-Tuch *n*, Operationstuch *n*
towel clip *(Chir)* Tuchklemme *f*
towel with a hole *(Chir)* Lochtuch *n*
tower head *s.* tower skull
tower nail *(Derm)* Uhrglasnagel *m*
tower skull Turmschädel *m*, Turrizephalus *m*; Turrizephalie *f*, Pyrgozephalie *f*
toxaemia Toxämie *f*, Toxinämie *f*, Toxikämie *f*; Blutvergiftung *f*
toxaemia of pregnancy Schwangerschaftstoxikose *f*, Gestose *f*, Gestationstoxikose *f*
toxaemic toxämisch; Blutvergiftungs...; an Toxämie [Toxinämie] leidend
toxalbumin Toxalbumin *n*, toxisches Albumin *n*
toxalbumose Toxalbumose *f*
toxanaemia toxische hämolytische Anämie *f*
toxaphene Toxaphen *n (Insektizid)*
toxemia *s.* toxaemia
toxemic *s.* toxaemic
toxic toxisch, giftig; Gift...
toxic absorption Toxinabsorption *f*, Giftaufnahme *f*
toxic action Giftwirkung *f*
toxic albuminuria toxische Albuminurie *f*
toxic allergic syndrome toxisches allergisches Syndrom *n*
toxic amblyopia Intoxikationsamblyopie *f*, Vergiftungsschwachsichtigkeit *f*
toxic bronchitis toxische Bronchitis *f*, Bronchitis *f* toxica
toxic coma Intoxikationskoma *n*, toxisches Koma *n*, Vergiftungskoma *n*, Coma *n* toxicum
toxic delirium Belagerungsdelir *n*
toxic dementia toxische Demenz *f*
toxic dilation of colon toxische Kolondilatation *f*
toxic diphtheria primärtoxische [maligne] Diphtherie *f*
toxic dose toxische Dosis *f*, TD
toxic encephalitis toxische Enzephalitis *f*
toxic epidermal necrolysis toxische epidermale Nekrolyse *f*
toxic erythema toxisches Erythem *n*
toxic erythema of the newborn Erythema *n* neonatorum, toxisches Neugeborenenerythem *n*
toxic gastritis toxische Gastritis *f*
toxic goitre toxisches Schilddrüsenadenom *n*, Schilddrüsentoxikose *f*
toxic grade of peritonitis toxisches Peritonitisstadium *n*, Peritonitis *f* im toxischen Stadium
toxic haemoglobinuria toxische Hämoglobinurie *f*
toxic hepatitis toxische Hepatitis *f* [Leberentzündung *f*]
toxic hydrocephalus toxischer Hydrozephalus *m*, Pseudotumor *m* cerebri
toxic insanity Toxinpsychose *f*, Giftpsychose *f*
toxic melanodermatitis Melanodermitis *f* toxica, Schwarzsucht *f*

toxic neuritis toxische Nervenentzündung *f*
toxic nodular goitre toxische Knotenstruma *f*, toxisches Schilddrüsenadenom *n*
toxic psychosis toxische Psychose *f*
toxic reaction toxische Reaktion *f*
toxic shock syndrome toxisches Schocksyndrom *n*, Syndrom *n* des toxischen Schocks, TSS
toxic stage of the peritonitis *s.* toxic grade of peritonitis
toxic substance toxische Substanz *f*, toxischer Stoff *m*, Gift *n*
toxic tetanus toxischer Wundstarrkrampf *m*
toxic unit Toxineinheit *f*, Gifteinheit *f*
toxicaemia *s.* toxaemia
toxicant *s.* toxic
toxicant Toxikum *n*, Giftstoff *m*, Gift *n*; Toxin *n*
toxication Intoxikation *f*, Vergiftung *f*
toxicity Toxizität *f*, Giftigkeit *f*, Giftwirkung *f*
toxico-allergic dermatitis toxisch-allergische Dermatitis *f*
toxico-infective shock toxisch-infektiöser Schock *m*
toxicodendrol Toxicodendrol *n*
toxicoderma *s.* toxicodermatosis
toxicodermatitis Toxikodermatitis *f*, Hautentzündung *f* durch Giftwirkung
toxicodermatosis Toxikodermatose *f*, Toxi(ko)dermie *f*, Toxikoderma *n*, toxisches Exanthem *n*, Hautkrankheit *f* durch Giftwirkung; Arzneimittelexanthem *n*
toxicodermia *s.* toxicodermatosis
toxicogenic 1. toxigen, Gift erzeugend; 2. durch Gift entstanden
toxicohaemia *s.* toxaemia
toxicoid toxinartig, giftartig
toxicologic toxikologisch
toxicological *s.* toxicologic
toxicologist Toxikologe *m*, Toxinspezialist *m*
toxicology Toxikologie *f*, Toxinlehre *f*
toxicomania Toxikomanie *f*, Giftsucht *f*, Rauschgiftsucht *f*
toxicomaniac Toxikomane *m*, Giftsüchtige(r) *m*; Rauschgiftsüchtige(r) *m*
toxicopathy *s.* toxicosis
toxicopectic toxinfixierend, giftbindend, giftneutralisierend
toxicopexic *s.* toxicopectic
toxicopexic Toxinfixierung *f*, Toxinfixation *f*, Giftbindung *f*, Giftneutralisation *f*
toxicophobia Toxikophobie *f*, Toxinfurcht *f*, Giftangst *f*, Vergiftungsfurcht *f*
toxicosis Toxikose *f*, Toxikopathie *f*, Vergiftungskrankheit *f*
toxidermitis *s.* toxicodermatitis
toxiferous 1. gifthaltig, giftenthaltend, giftführend; 2. Gift erzeugend
toxigenic toxinogen, toxinbildend, giftbildend; Toxine erzeugend *(z. B. Bakterien)*
toxigenicity Toxigenizität *f*, Giftbildungsfähigkeit *f*
toxigenous *s.* toxigenic
toxignomic toxinspezifisch, gifttypisch, giftcharakteristisch
toxin Toxin *n*, (biogenes) Gift *n*
toxin-antitoxin Toxin-Antitoxin *n*
toxin-antitoxin reaction Toxin-Antitoxin-Reaktion *f*
toxin-producing toxinproduzierend
toxin production Toxinproduktion *f*
toxinaemia *s.* toxaemia
toxinic Toxin...
toxinogenicity *s.* toxigenicity
toxinogenous toxinogen, toxinbildend, giftbildend
toxinology Toxinologie *f*, Toxinlehre *f*
toxinosis *s.* toxicosis
toxinotherapy *s.* toxitherapy
toxinotoxoid Toxinotoxoid *n*, Toxin-Toxoid *n*
toxinum *s.* toxin
toxipathy *s.* toxicosis
toxiphobia *s.* toxicophobia
toxiphoric *s.* toxophorous
toxis Vergiftung *f*
toxisterol Toxisterin *n*
toxitherapy Antitoxintherapie *f*, Serumtherapie *f*, Gegengiftbehandlung *f*
Toxocara mustax Toxocara *f* mustax
Toxocara canis Toxocara *f* canis
toxocariasis Toxocariasis *f*, Toxocara-canis-Infektion *f*, viszerale Larva *f* migrans
toxogen Toxogen *n*
toxogenin Toxogenin *n*
toxoglobulin toxisches Globulin *n*
toxogravide retinopathy *(Ophth)* Retinopathia *f* gravidica, Schwangerschaftsretinopathie *f*
toxoid Toxoid *n*, entgiftetes Toxin *n*; Immunstoff *m*
toxolecithid *s.* toxolecithin
toxolecithin Toxolezithin *n*
toxolysin giftneutralisierender Stoff *m*, Antitoxin *n*
toxonosis *s.* toxicosis
toxopexic *s.* toxicopectic
toxophile *s.* toxophilic
toxophilic toxophil, giftliebend; giftempfänglich
toxophilous *s.* toxophilic
toxophore Toxophor *n*, toxophore Gruppe *f*
toxophorous toxophor, gifttragend, toxintragend
toxoplasma antibody Toxoplasma-Antikörper *m*
Toxoplasma gondii *(Inf)* Toxoplasma *n* gondii [hominis] *(Toxoplasmoseerreger)*
toxoplasmatic toxoplasmatisch; Toxoplasmose...
toxoplasmic *s.* toxoplasmatic
toxoplasmin Toxoplasmin *n*, Toxoplasma-Antigen *n*
toxoplasmin (skin) test Toxoplasmin-Test *m*, Toxoplasmose-Hauttest *m*
toxoplasmosis *(Inf)* Toxoplasmosis *f*, Toxoplasmose *f* *(durch Toxoplasma gondii)*
toxopyrimidine Toxopyrimidin *n*, Pyramin *n (entsteht bei Thyaminhydrolyse)*
toxosis *s.* toxicosis
toxuria *s.* uraemia
TPA *s.* tissue polypeptide antigen
TPI (test) *s.* Treponema pallidum immobilization test
TPN *s.* triphosphopyridine nucleotide
tr. *s.* tincture
trabecula Trabecula *f*, Trabekel *m*, Bälkchen *n*, Balken *m*
trabecular *(Anat)* trabekulär; Trabekel..., Bälkchen...
trabecular artery Trabekelarterie *f*
trabecular meshwork Trabekelnetzwerk *n*, Trabekelgeflecht *n*
trabecular pattern Trabekelstruktur *f (der Knochen)*
trabecular pigmentation Trabekelpigmentierung *f*
trabecular syncytial reticulosarcoma *s.* reticulocytic sarcoma
trabecular vein Trabekelvene *f*
trabecularism Trabekelstruktur *f*, Balkenstruktur *f*
trabeculate Balken...
trabeculated bladder *(Urol)* Trabekelblase *f*, Balkenblase *f*, Pseudodivertikelblase *f*
trabeculation Trabekulation *f*, Trabekelbildung *f*, Balkenformierung *f (in einem Organ)*
trabeculectomy Trabekulektomie *f*, Sektorensinusektomie *f (am Auge)*
trabeculoplasty Trabekuloplastik *f*
trabeculotomy Trabekulektomie *f*, Trabekelschnitt *m*
trace 1. Spur *f*, Rest *m*, Überbleibsel *n*; 2. Spur *f*, kleine Menge *f*
trace element Spurenelement *n*

trace gas Spurengas *n*
tracer 1. Tracer *m*, Markierer *m*, Markierungsinstrument *n*; 2. *(Rad)* Tracer *m*, Indikatorisotop *n*
tracer element Markierungselement *n*
traces of protein in the urine *(Lab)* spurenhaft Eiweiß *n* im Urin, Eiweißspuren *fpl* im Harn *(Befundbericht)*
trachea Trachea *f*, Luftröhre *f (siehe auch unter: tracheal)*
trachea retractor *(Chir)* Trachealhäkchen *n*
tracheaectasy Trachealektasie *f*, Tracheadilatation *f*, Luftröhrenerweiterung *f*
tracheal tracheal; Trachea(l)..., Luftröhren...
tracheal aspiration 1. *(Anästh)* tracheale Absaugung *f*, Trachealabsaugung *f*; 2. Luftröhrenaspiration *f (z. B. von Mageninhalt)*
tracheal bifurcation *(Anat)* Luftröhrenaufzweigung *f*, Bifurcatio *f* tracheae
tracheal breath sounds *(Pulm)* Bronchialatmung *f*
tracheal cannula *(Anästh)* Trachealkanüle *f*
tracheal cartilage *s.* tracheal ring
tracheal catheter Trachea(l)katheter *m*
tracheal dilator *(Chir)* Trachea(l)dilatator *m*
tracheal diverticulum Trachea(l)divertikel *n*
tracheal dyskinesia Trachea(l)dyskinesie *f*
tracheal dystonia Trachea(l)dystonie *f*
tracheal foreign body Trachea(l)fremdkörper *m*
tracheal intubation *(Anästh)* Trachea(l)intubation *f*, tracheale Intubation *f*
tracheal mucosa Trachealmukosa *f*, Luftröhrenschleimhaut *f*
tracheal mucous gland Trachealschleimhautdrüse *f*
tracheal obstruction Trachealobstruktion *f*, Tracheaverlegung *f*, Luftröhrenverschluss *m*
tracheal oedema Tracheal(schleimhaut)ödem *n*
tracheal papilloma Trachea(l)papillom *n*
tracheal rale *(Pulm)* Trachealrasseln *n*
tracheal respiration *(Pulm)* Trachealatmen *n*
tracheal ring *(Anat)* Trachea(l)knorpel *m*, Luftröhren(knorpel)ring *m*, Cartilago *f* trachealis
tracheal shift *(Rad)* Trachea(l)verschiebung *f*
tracheal sound *(Pulm)* Trachealton *m*
tracheal stenosis Trachea(l)stenose *f*, Luftröhrenverenge(er)ung *f*
tracheal tenaculum *s.* trachea retractor
tracheal tube 1. *(Anästh)* Trachealtubus *m*, Endotrachealtubus *m*; 2. *(Anästh)* Trachealkanüle *f*
tracheal vein Trachealvene *f*, Luftröhrenvene *f*, Vena *f* trachealis
trachealgia Trachealgie *f*, Trachealschmerz *m*, Luftröhrenschmerz *m*
tracheitis Tracheitis *f*, Trachealschleimhautentzündung *f*, Luftröhrenentzündung *f*
trachelagra Trachealagra *f*, Halsgicht *f*
trachelectomy Trachelektomie *f*, Zervixamputation *f*, (operative) Gebärmutterhalsabtragung *f*
trachelematoma Halshämatom *n*, Halsbluterguss *m*, Halseinblutung *f*
trachelism Trachelismus *m*, tonischer Halsmuskelkrampf *m (Epilepsie)*
trachelismus *s.* trachelism
trachelitis *(Gyn)* Trachelitis *f*, Gebärmutterhalsentzündung *f*, Zervixentzündung *f*
trachelocele *s.* tracheocele
trachelocyllosis *s.* torticollis
trachelocyrtosis *s.* 1. trachelokyphosis; 2. tuberculous spondylitis
trachelocystitis *(Urol)* Trachelozystitis *f*, Blasenhalsentzündung *f*
trachelodynia Trachelodynie *f*, Halsmuskelschmerz *m*, Nackenschmerz *m*
trachelokyphosis Trachelokyphose *f*, Halswirbelsäulenkyphose *f*
teachelology Trachelologie *f (Lehre vom Hals und des Erkrankungen)*
trachelomastoid (muscle) Musculus *m* longissimus capitis, Langmuskel *m* des Halses
trachelomyitis Trachelomyositis *f*, Halsmuskelentzündung *f*
trachelopanus 1. Schwellung *f* der Halslymphgefäße; 2. lymphatische Stauung *f* der Cervix uteri
tracheloparasitus Tracheloparasit(us) *m*
trachelopexia *(Gyn)* Trachelopexie *f*, Zervixfixierung *f*, Gebärmutterhalsfixation *f*
trachelopexy *s.* trachelopexia
tracheloplasty *(Gyn)* Tracheloplastik *f*, Zervixplastik *f*, Gebärmutterhalsplastik *f*
trachelorrhaphy *(Gyn)* Trachelorrhaphie *f*, Zervixnaht *f*, Gebärmutterhalsnaht *f*
trachelorrhecter Trachelorrhektor *m (Instrument zur Halswirbelsäulendurchtrennung)*
tracheloschisis Tracheloschisis *f*, Halsspalte *f*, Nackenspalte *f*
trachelosyringorrhaphy *(Gyn)* Trachelosyringorrhaphie *f*, Gebärmutterhals-Scheiden-Naht *f*
trachelotomy *(Gyn)* Trachelotomie *f*, Zervixinzision *f*, Gebärmutterhalsspaltung *f*, Gebärmutterhalsschnitt *m*
tracheobiliary tracheobiliär; Trachea-Gallen(gang)-...; Bronchien-Gallen(gang)-...
tracheoblenorrhoea Tracheoblennorrhö(e) *f*, Trachealschleimfluss *m*
tracheobronchial tracheobronchial; Trachea-Bronchus-..., Luftröhren-Bronchien-...
tracheobronchial airways *s.* tracheobronchial tree
tracheobronchial aspiration 1. *(Anästh)* tracheobronchiale Absaugung *f*, Tracheobronchialabsaugung *f*; 2. tracheobronchiale Aspiration *f (z. B. von Mageninhalt)*
tracheobronchial secretion Tracheobronchialsekret *n*, tracheobronchiales Sekret *n*
tracheobronchial suction *s.* tracheobronchial aspiration 1.
tracheobronchial toilet Tracheobronchialtoilette *f*
tracheobronchial tree Tracheobronchialbaum *m*
tracheobronchitis Tracheobronchitis *f*, Luftröhren- und Bronchienentzündung *f*
tracheobronchogram Tracheobronchogramm *n*, Trachea-Bronchien-Röntgenbild *n*
tracheobronchomalacia Tracheobronchomalazie *f*, Luftröhren- und Bronchuserweichung *f*, Erweichung *f* der Tracheal- und Bronchialringe
tracheobronchomegaly Tracheobronchomegalie *f*, Luftröhren- und Bronchuserweiterung *f*, Mounier-Kuhn-Syndrom *n*
tracheobronchoscope Tracheobronchoskop *n*, Luftröhren-Bronchien-Spiegel *m*
tracheobronchoscopy Tracheobronchoskopie *f*, Luftröhren-Bronchien-Spiegelung *f*
tracheocele Trache(l)ozele *f*, Luftröhrenbruch *m*
tracheocutaneous tracheokutan; Luftröhren-Haut-...
tracheocutaneous fistula tracheokutane Fistel *f*, Luftröhren-Haut-Fistel *f*
tracheofissure *s.* tracheoschisis
tracheogenic tracheogen, der Trachea entstammend, aus der Luftröhre kommend
tracheogram Tracheogramm *n*, Luftröhrenröntgen(kontrast)bild *n*
tracheography Tracheographie *f*, Luftröhrenröntgen(kontrast)darstellung *f*
tracheolaryngeal tracheolaryngeal; Trachea-Larynx-..., Luftröhren-Kehlkopf-...

tracheolaryngotomy Tracheolaryngotomie *f*, (operative) Luftröhren- und Kehlkopferöffnung *f*
tracheomalacia Tracheomalazie *f*, Luftröhrenerweichung *f*, Erweichung *f* der Trachealringe
tracheo-oesophageal tracheoösophageal; Trachea-Ösophagus-..., Luftröhren-Speiseröhren-...
tracheo-oesophageal fistula Tracheoösophagealfistel *f*, Luftröhren-Speiseröhren-Fistel *f*
tracheo-oesophageal shunt tracheoösophagealer Shunt *m*, Luftröhren-Speiseröhren-Shunt *m*
tracheo-oesophageal-skin fistula tracheoösophagokutane Fistel *f*, Luftröhren-Speiseröhren-Haut-Fistel *f*
tracheopathia *s.* tracheopathy
tracheopathy Tracheopathie *f*, Trachealkrankheit *f*, Luftröhrenerkrankung *f*
tracheopharyngeal tracheopharyngeal; Trachea-Pharynx-..., Luftröhren-Rachen-...
tracheophonesis Tracheophonese *f*
tracheophony Tracheophonie *f*, Luftröhrenton *m*
tracheoplasty Trachealplastik *f*, Luftröhrenplastik *f*
tracheopyosis Tracheopyosis *f*, Tracheitis *f* purulenta, eitrige Luftröhrenentzündung *f*
tracheorrhagia Tracheorrhagie *f*, Trachealblutung *f*, Luftröhrenblutung *f*
tracheorrhaphy *(Chir)* Tracheorrhaphie *f*, Trachealnaht *f*, Luftröhrennaht *f*
tracheoschisis Tracheoschisis *f*, Trachealspalte *f*, Luftröhrenspalte *f*
tracheoscope Tracheoskop *n*, Luftröhrenspiegel *m*
tracheoscopic tracheoskopisch
tracheoscopy Tracheoskopie *f*, Luftröhrenspiegelung *f*
tracheostenosis Tracheostenose *f*, Trachealvereng(er)ung *f*, Luftröhreneinengung *f*
tracheostoma *(Chir)* Tracheostoma *n*, Trachea(l)öffnung *f*, Luftröhrenfistel *f*
tracheostomize *v* tracheostomieren, eine Tracheostomie durchführen, eine Luftröhrenfistel anlegen
tracheostomy 1. Tracheostomie *f*, (operative) Luftröhrenfistelung *f*; 2. *s.* tracheostoma • **perform a tracheostomy** eine Tracheostomie durchführen
tracheostomy care Tracheostomiepflege *f*
tracheostomy patient Tracheostomiepatient *m*, Tracheostomaträger *m*
tracheostomy tube Tracheostomietubus *m*, Tracheostoma *n*
tracheotome Tracheotom *n*, Tracheotomiemesser *n*
tracheotomize *v* tracheotomieren, eine Tracheotomie vornehmen, einen Luftröhrenschnitt durchführen
tracheotomy Tracheotomie *f*, Luftröhrenschnitt *m*, (operative) Luftröhreneröffnung *f* • **perform a tracheotomy** eine Tracheotomie durchführen
tracheotomy hook Tracheotomiehaken *m*
tracheotomy set Tracheotomiebesteck *n*
tracheotomy tube Tracheotomietubus *m*, Trachea(l)-kanüle *f*, Luftröhrenkatheter *m*
trachielcosis Trachea(l)ulzeration *f*, Luftröhrengeschwürbildung *f*
trachielcus Trachealulkus *n*, Luftröhrengeschwür *n*
trachitis *s.* tracheitis
trachoma *(Trop)* Trachom *n*, Ägyptische Augenkrankheit *f* [Körnerkrankheit *f*], Conjunctivitis *f* granulosa [trachomatosa], trachomatöse Einschlusskonjunktivitis *f*
trachoma bodies Trachomkörperchen *npl*, Halberstädter-Prowazek'sche Einschlusskörperchen *npl*, Halberstädter Prowazek-Körperchen *npl*, Trachomkörner *npl (im Zytoplasma fixiertes Trachomvirus)*
trachoma granulations *s.* trachoma bodies
trachoma inclusion conjunctivitis *s.* trachoma
trachoma-like conjunctivitis *s.* trachoma
trachoma of the vocal bands *(HNO)* Sängerknötchen *npl*, Noduli *mpl* vocales
trachomata *pl s.* trachoma
trachomatous trachomatös; Trachom...
trachomatous conjunctivitis *s.* trachoma
trachomatous entropion Trachomentropion *n*, Narbentrachom *n*
trachomatous follicle Trachomfollikel *m*
trachomatous keratitis Trachomkeratitis *f*, Pannus *m* trachomatosus, Trachompannus *m*, Hornhautpannus *m* bei Trachom
trachomatous pannus *s.* trachomatous keratitis
trachychromatic stark färbend, tief färbend
trachyonychia Trachyonychie *f*, Brüchigkeit *f* der Nägel, Rauigkeit *f* der Nägel
trachyphonia Trachyphonie *f*, Raustimmigkeit *f*, Heiserkeit *f*
tracing of the EEG EEG-Aufzeichnung *f*, Aufzeichnung *f* des Elektroenzephalogramms
tract *(Anat)* Tractus *m*, Zug *m*, Strang *m*, Bahn *f*, System *n*
traction Traktion *f*, Ziehen *n*, Zug *m*; Streckung *f* • **be in traction** im Streckverband liegen
traction aneurysm Traktionsaneurysma *n*
traction bandage *(Chir)* Streckverband *m*
traction bar *(Chir)* Distraktionsklammer *f*
traction diverticulum Traktionsdivertikel *n (Speiseröhre)*
traction equipment Traktionsausrüstung *f*
traction frame Traktionsrahmen *m*, Traktionsgestell *n*
traction response Traktionsreaktion *f*
traction splint *(Chir)* Extensionsschiene *f*
traction suture *(Chir)* Zugnaht *f*, Haltenaht *f*
traction test Traktionstest *m*
tractional Traktion(s)..., Zug...
tractive *s.* tractional
tractor *(Chir)* Traktor *m*, Ziehinstrument *n*
tractotomy Traktotomie *f*, (operative) Nervenbahndurchtrennung *f*
tractus *s.* tract
traffic injury Verletzung *f* durch Verkehrsunfall
tragal Tragus...
tragal cartilage Tragusknorpel *m*
tragi *pl s.* tragus
tragic *s.* tragal
tragicus (muscle) Musculus *m* tragicus
tragion Tragion *n (kraniometrischer Messpunkt)*
tragomaschalia Bromhidrose *f*, Bromidrosis *f*
tragophonia Tragophonie *f*, Egophonie *f*
tragophony *s.* tragophonia
tragopodia Genu *n* valgum
tragus 1. Tragus *m (Vorsprung am äußeren Ohr)*; 2. Gehörgangshaar *n*
train nystagmus *(Ophth)* Eisenbahnnystagmus *m*
trainable trainierbar
trained nurse examinierte Schwester *f*, Vollschwester *f*
trained reflex bedingter [erworbener] Reflex *m*
training Training *n*
training analysis *(Neur)* Lehranalyse *f*, didaktische Analyse *f*
training effect Trainingseffekt *m*
tramadol Tramadol *n (Analgetikum; Opioid)*
tramadol hydrochloride Tramadolhydrochlorid *n*
tramazoline Tramazolin *n (Sympathikomimetikum)*
tramazoline hydrochloride Tramazolinhydrochlorid *n*
trance *(Neur)* Trance *f*, Dämmerzustand *m*
tranquilization Beruhigung *f*
tranquilize *v* beruhigen
tranquilizer Tranquil(l)izer *m*, Tranquillans *n*, Beruhigungsmittel *n*, Psychosedativum *n*, Ataraktikum *n*, Anxiolytikum *n*

trans arrangement *s.* trans configuration
trans configuration *(Gen)* Trans-Konfiguration *f (Verteilung auf zwei homologe Chromosomen)*
trans position *s.* trans configuration
transabdominal transabdominal, durch den Bauch
transacetylase Transacetylase *f*, Acetyltransferase *f (Enzym)*
transacetylation Transacetylierung *f*
transaction analysis *(Psych)* Transaktionsanalyse *f (Therapiemethode)*
transacylase Transacylase *f*, Acyltransferase *f (Enzym)*
transacylation Transacetylierung *f*
transaldolase Transaldolase *f (Enzym)*
transamidinase Transamidinase *f*, Amidinotransferase *f (Enzym)*
transaminase Transaminase *f*, Aminotransferase *f*, Aminopeptidase *f (Enzym)*
transamination Transaminierung *f*
transanastomotic transanastomotisch, durch die Anastomose
transanimation Transanimation *f*, Mund-zu-Mund-Beatmung *f*, Reanimation *f*, Wiederbelebung *f*
transantral transantral, durch das Antrum
transaortic transaortisch, durch die Aorta
transarrangement Transkonfiguration *f*
transatrial transatrial, durch den Herzvorhof
transaxial transaxial, durch die Körperachse
transaxonal transaxonal, durch den Nervenachsenzylinder
transbasal transbasal, durch die Basis; durch die Schädelbasis
transbronchial transbronchial, durch den Bronchus
transcalent diatherm
transcanal transkanalär, durch einen Kanal
transcarbamoylase Carbamoyltransferase *f (Enzym)*
transcarboxylase Transcarboxylase *f (Enzym)*
transcatheter durch einen Katheter
transcavitary transkavitär, durch eine Körperhöhle
transcellular water transzelluläres Wasser *n*
transcendence Transzendenz *f*
transcendental meditation *(Psych)* transzendentale Meditation *f*
transcervical fracture transzervikale Fraktur *f*, Schenkelhalsfraktur *f*
transcobalamin Transcobalamin *n*
transcochlear transkochlear, durch die Cochlea
transcondylar transkondylär, durch die Kondylen
transcondylar fracture transkondyläre Fraktur *f*, transkondyläre Femurfraktur *f*
transcondyloid *s.* transcondylar
transcortical transkortikal, durch die Rinde [Rindenschicht]
transcortical apraxia transkortikale Apraxie *f*
transcortin Transkortin *n (Serumglobulin)*
transcostal transkostal, durch die Rippen
transcranial transkranial, durch den Schädel
transcricothyroid transkrikothyroidal, durch die Membrana cricothyroidea
transcriptase Transkriptase *f (Enzym)*
transcription *(Gen)* Transkription *f*, Übertragung *f*, Überschreibung *f*
transcultural psychiatry *(Neur)* transkulturelle Psychiatrie *f*
transcutaneous *s.* transdermal
transcutaneous carbon dioxide electrode transkutane Kohlendioxidelektrode *f*
transcutaneous carbon dioxide monitoring transkutane Kohlendioxidüberwachung *f*
transcutaneous electrical nerve stimulation transkutane elektrische Nervenstimulation *f*, TENS
transcutaneous oxygen monitoring transkutane Sauerstoffüberwachung *f*, transkutane Oximetrie *f*
transcytosis Transzytose *f*, Zytopempsis *f*, vesikulärer Transport *m*
transdermal transkutan, perkutan, durch die Haut, transdermal
transdermal drug delivery transdermale Medikamentenapplikation *f*, transdermales Medikamentensystem *n*
transdermal scopolamine patch transdermales Skopolaminpflaster *n*
transdermal transhepatic cholangiography perkutane [transkutane] transhepatische Cholangiographie *f*
transdermic *s.* transdermal
trans-drainage tube cholangiography Trans-Drainage-Cholangiographie *f*
transducer Transducer *m*
transducer head Schallkopf *m (am Sonographiegerät)*
transducin Transducin *n*
transduction Transduktion *f*, Wandlung *f*, Umwandlung *f (genetischen Materials)*
transduodenal transduodenal, durch den Zwölffingerdarm
transduodenal endoscopic cholangiography transduodenale endoskopische Cholangiographie *f*
transdural transdural, durch die Dura mater
transect *v* durchtrennen, durchschneiden
transection Transektion *f*, Durchtrennung *f*, Durchschneiden *n*
transendothelial transendothelial, durch das Endothel
transepidermal transepidermal, durch die Epidermis
transethmoidal transethmoidal, durch das Siebbein
transfection Transfektion *f (bei Gentransfer)*
transfemoral 1. transfemoral, durch den Oberschenkelknochen; 2. transfemoral, durch die Femoralarterie
transfer *v* **a patient** einen Patienten verlegen; einen Patienten überweisen
transfer Transfer *m*, Übertragung *f (z. B. von Stoffen)*; Transport *m (z. B. von Ionen)*
transfer deoxyribonucleic acid Transfer-Desoxyribonucleinsäure *f*, transfer-DNS *f*, t-DNA *f*
transfer DNA *s.* transfer deoxyribonucleic acid
transfer factor Transfer-Faktor *m*
transfer of blood Blutübertragung *f*, Bluttransfusion *f*
transfer ribonucleic acid Transfer-Ribonucleinsäure *f*, transfer-RNS *f*, t-RNA *f*
transfer RNA *s.* transfer ribonucleic acid
transferase Transferase *f (Enzym)*
transferrin Transferrin *n (Eisentransporteiweiß)*
transferrin complex Transferrinkomplex *m*
transfix *v* transfixieren, durchbohren
transfixation *s.* transfixion
transfixion *(Chir)* Transfixation *f*, Durchbohren *n*, Durchbohrung *f*
transfixion ligature Durchstichligatur *f*
transfixion suture Durchstichnaht *f*
transforate *v* den Fetusschädel durchbohren [perforieren]
transforation Transforation *f*, Fetusschädelperforation *f*
transform *v* transformieren, umwandeln, umformen, umgestalten
transformation 1. *(Histol, Path)* Transformation *f*, Umwandlung *f*, Umformung *f (maligne Zellentartung)*; 2. Bakterientransformation *f (genetischer Informationen durch DNA-Aufnahme)*; 3. Transformation *f*, Übertragung *f* genetischen Materials; 4. *(Gyn)* Endometriumtransformation *f (in die Sekretionsphase)*; 5. *(Psych)* (sexuelle) Triebverlagerung *f*; 6. *(Immun)* Lymphozytenstimulation *f*, Lymphozytenstimulierung *f*
transformation zone *(Histol)* Umwandlungszone *f*, Transformationszone *f*
transfrontal transfrontal, durch das Stirnbein

transfuse *v* transfundieren, eine Transfusion durchführen; (Blut) übertragen, eine Blutübertragung durchführen
transfuse *v* **two units of blood** zwei Transfusionseinheiten geben, zwei Blutkonserven [Blutbeutel] transfundieren
transfuse *v* **whole blood** Vollblut transfundieren [geben]
transfusion 1. Transfusion *f*, Infusion *f*, intravenöse Einbringung *f*; 2. Transfusion *f*, Bluttransfusion *f*, Blutübertragung *f (Zusammensetzungen siehe unter: blood transfusion)* • **perform a transfusion** eine Transfusion durchführen, transfundieren
transfusion emergency Transfusionszwischenfall *m*
transfusion haemosiderosis Transfusions(hämo)-siderose *f*
transfusion in the drip Tropftransfusion *f*
transfusion jaundice Transfusionshepatitis *f*, homologe Serumhepatitis *f*, homologer Serumikterus *m*
transfusion malaria Transfusionsmalaria *f*
transfusion of blood Bluttransfusion *f*
transfusion of packed cells Erythrozytenkonzentrattransfusion *f*
transfusion reaction Transfusionsreaktion *f*, Transfusionszwischenfall *m*
transfusion set Transfusionsbesteck *n*
transfusion siderosis Transfusions(hämo)siderose *f*
transfusion syphilis Transfusionssyphilis *f*
transfusional transfusionsbedingt; Transfusions...
transfusionist Transfusionsarzt *m*
transgastric transgastrisch, durch den Magen
transgene Transgen *n*
transgenic transgen
transgenic mouse transgene Maus *f*
transglottic transglottisch, durch die Glottis [Stimmritze]
transglucosylase Transglucosylase *f*, Glucosyltransferase *f (Enzym)*
transglutaminase Transglutaminase *f (Enzym)*
transglycosylase *s.* transglucosylase
transhepatic transhepatisch, durch die Leber
transhiatal transhiatal, durch einen Hiatus
transhumeral transhumeral, durch den Humerus
transient transitorisch, vorübergehend, kurzdauernd, flüchtig; kurzfristig
transient global amnesia transitorische globale Amnesie *f*, TGA
transient ischaemic attack transitorische ischämische Attacke *f*, TIA
transient loss of consciousness *(Neur)* vorübergehender [transitorischer] Bewusstseinsverlust *m*
transient myopia transitorische Myopie *f*
transient pain vorübergehender Schmerz *m*
transient tic disorder *(Neur)* passagerer Tic *m*
transiliac transiliakal, zwischen den Darmbeinen; durch das Darmbein
transilluminable transilluminierbar, durchleuchtbar
transilluminate *v* transilluminieren, durchleuchten *(mit Licht)*
transilluminating of the sinus Sinusdiaphanoskopie *f*, Nasennebenhöhlendurchleuchtung *f*
transillumination Transillumination *f*, Durchleuchtung *f*
transillumination of the pupil Pupillendurchleuchtung *f*
transinsular transinsulär, durch die Insula Reili
transischiac zwischen den Sitzbeinen
transisthmian transisthmisch, durch den Isthmus
transitional transitorisch, vorübergehend (auftretend)
transitional blindness transitorische Blindheit *f* [Amaurose *f*]
transitional cell 1. Übergangsepithelzelle *f*; 2. *s.* monocyte
transitional cell carcinoma Übergangsepithelkarzinom *n*
transitional cell papilloma Übergangsepithelpapillom *n*
transitional epithelium Übergangsepithel *n*
transitional leucocyte *s.* monocyte
transitional object *(Päd, Neur)* Übergangsobjekt *n*
transitional vertebra Übergangswirbel *m*
transitional zone Übergangszone *f (der Augenlinse)*
transitory cerebral circulation impairment *(Neur)* transitorischer zerebraler Insult *m*
transitory ischaemic attack *(Neur)* transitorische ischämische Attacke *f*, TIA, zerebrovaskuläre Insuffizienz *f* Stadium II a
transitory mania transitorische Manie *f*
transketolase Transketolase *f*, Glycolaldehydtransferase *f (Enzym)*
transkonioscopia *(HNO)* Transkonioskopie *f*, subglottische Spiegelung *f* durch das Ligamentum conicum
translabyrinthine translabyrinthisch, durch das Labyrinth
translateral translateral, in der seitlichen Projektion
translation Translation *f*, Übersetzung *f (von genetischen Informationen)*
translocase Translokase *f (Enzym)*
translocate *v* translozieren, verlagern
translocation 1. Translokation *f*, Verlagerung *f*, Stofftransport *m*; 2. *(Gen)* Chromosomentranslokation *f (Chromosomenaberration)*
translocation trisomy *(Gen)* Translokationstrisomie *f*
translucency Transluzenz *f*, Lichtdurchlässigkeit *f*
translucent transluzent, transluzid, lichtdurchlässig, durchscheinend *(im Licht)*
translucid *s.* translucent
translumbal aortography *(Rad)* translumbale Aortographie *f* [Aortendarstellung *f*]
transmaxillary transmaxillär, durch die Oberkieferhöhle
transmeatal transmeatal, durch einen Meatus
transmembrane transmembranös, durch eine Membran (hindurch)
transmetatarsal transmetatarsal, durch die Metatarsalknochen
transmethylase Transmethylase *f (Enzym)*
transmethylation Transmethylierung *f*
transmigration 1. Transmigration *f*, Durchwanderung *f (z. B. der Eizellen)*; 2. Diapedese *f*, Gefäßwanddurchtritt *m* der Blutzellen
transmineralization Transmineralisation *f*, Mineralienaustausch *m (z. B. in Organen)*
transmissibility Übertragbarkeit *f (z. B. einer Infektion)*
transmissible übertragbar, übertragungsfähig; ansteckend
transmission 1. Transmission *f*, Übertragung *f (z. B. von Krankheiten)*; 2. Transmission *f*, Nervenimpulsübertragung *f*; 3. Transmission *f*, genetische Informationsübertragung *f*; 4. *s.* inheritance 1. • **interrupt transmission** die Übertragung unterbrechen *(z. B. von Keimen)*
transmission-based precautions *(Epid)* auf die Übertragungswege basierende Vorsichtsmaßnahmen *fpl*
transmission by cell Zytopempsis *f*
transmission deafness *(HNO)* Schallleitungstaubheit *f*
transmitral transmitral, durch die Mitralklappe
transmitted haematogenously/be *v* hämatogen [auf dem Blutwege] übertragen werden
transmitter Transmitter *m*, Transmittersubstanz *f*, Überträgersubstanz *f (z. B. für Nervenimpulse)*
transmitter of ultrasound Ultraschalltransmitter *m*
transmitter substance *s.* transmitter
transmural transmural, durch die Wand
transmural myocardial infarction transmuraler Myokardinfarkt *m*
transmutable umwandelbar

transmutation Transmutation *f*, Umwandlung *f*, Umbildung *f*
transmutative umwandelnd; Umwandlungs...
transmyocardial laser revascularization transmyokardiale Laserrevaskularisierung *f*, TMLR, Herzmuskel-Laserung *f*, Herzmuskel-Lasern *n*
transocular transokular, durch das Auge
transoesophageal transösophageal, durch die Speiseröhre
transoesophageal echocardiographic examination *s.* transoesophageal echocardiography
transoesophageal echocardiography transösophageale Echokardiographie *f*, TEE, transösophageale Ultraschalluntersuchung *f* des Herzens
transoesophageal endosonography transösophageale Endosonographie *f*
transonance Transonanz *f*
transorbital transorbital, durch die Augenhöhle
transosseous transossär, transossal, durch den Knochen
transosseous osteosynthesis transossäre Osteosynthese *f*
transovarial transovariell, durch das Ovar, durch die Eierstöcke
transovarial transmission transovarielle Übertragung *f*
transovarian *s.* transovarial
transpalatal transpalatin, durch den Gaumen
transparent transparent, durchscheinend
transparietal transparietal, durch die Bauchwand
transparietal cholangiography transparietale Cholangiographie *f*
transpeptidase *s.* transaminase
transperitoneal transperitoneal, durch das Bauchfell
transphosphatase Transphosphatase *f*, Phosphotransferase *f (Enzym)*
transphosphorylase Transphosphorylase *f (Enzym)*
transphosphorylation *(Bioch)* Transphosphorylation *f*, Phosphatgruppenaustausch *m*
transpierce *v* durchbohren, durchdringen, durchstechen
transpirable transpirierbar, ausschwitzbar; ausdünstbar
transpiration 1. Transpiration *f*, Perspiratio *f* sensibilis, Schweißabsonderung *f*, Schwitzen *n*, Ausdünstung *f*; 2. *s.* perspiration 1.
transpire *v* transpirieren, ausschwitzen; ausdünsten; schwitzen
transplacental transplazental, durch die Plazenta
transplant *v* transplantieren, Gewebe verpflanzen [überpflanzen, übertragen]
transplant Transplantat *n*, verpflanztes [überpflanztes] Gewebe *n* • **reject a transplant** ein Transplantat abstoßen
transplant donor Transplantatspender *m*
transplant lung Transplantationslunge *f*, Lungentransplantat *n*
transplant operation Transplantationsoperation *f*, Transplantation *f*
transplant patient Transplantationspatient *m*; Transplantatempfänger *m*
transplant recipient Transplantatempfänger *m*
transplant rejection Transplantatabstoßung *f*
transplant team Transplantationsgruppe *f*
transplant-versus-host disease *s.* transplant-versus-host reaction
transplant-versus-host reaction *(Immun)* Transplantat-gegen-Empfänger-Reaktion *f*
transplantar transplantar, durch die Fußsohle
transplantation Transplantation *f*, Gewebeverpflanzung *f*, Gewebeübertragung *f*
transplantation antigen *(Immun)* Transplantationsantigen *n*
transplantation endometriosis Transplantationsendometriose *f*
transplantation law Transplantationsgesetz *n*
transplantation of the cornea Hornhauttransplantation *f*, Keratoplastik *f*, Hornhaut(ersatz)plastik *f*
transplantation of teeth Zahntransplantation *f*
transpleural transpleural, durch das Brustfell
transport Transport *m*
transport aminoaciduria renale Aminoazidurie *f*
transport immobilization *(Chir)* Transportimmobilisation *f*, Transportruhigstellung *f (z. B. von Extremitäten)*
transport medium Transportmedium *n (z. B. für Bakterien)*
transportation splint *(Chir)* Transportschiene *f (z. B. für Frakturen)*
transporter Transporter *m*; Transportprotein *n*
transpose *v* transponieren, verlagern *(z. B. Körperteile)*; umstellen *(z. B. Zähne)*
transposition Transposition *f*, Verlagerung *f*, Umstellung *f*
transposition of arterial stems *s.* transposition of the great arteries
transposition of the aorta Transposition *f* der Aorta, Aortentransposition *f*
transposition of the great arteries Transposition *f* der großen Arterien [Gefäße], TGA
transposition of the great vessels *s.* transposition of the great arteries
transposition of the heart Herztransposition *f*
transposition of the pulmonary artery Pulmonalarterientransposition *f*, Transposition *f* der Pulmonalarterie
transposition of the pulmonary veins Pulmonalvenentransposition *f*, Lungenvenenfehlmündung *f*
transposition of the viscera Eingeweidetransposition *f*, Transposio *f* viscerum, Situs *m* inversus
transpubic transpubisch, durch das Schambein
transpulmonary transpulmonär, transpulmonal, durch die Lungen
transpulmonary pressure transpulmonaler Druck *m*
transpyloric transpylorisch, durch den Magenpförtner
transsradial 1. transradial, durch den Radius(knochen); 2. transradial, durch die Radialarterie
transradiant durchstrahlend; röntgenstrahlendurchlässig
transrectal transrektal, durch den Rektusmuskel
transrectal incision Transrektalschnitt *m*
transrectal laparotomy transrektaler Bauchschnitt *m*
transsacral transsakral, durch das Kreuzbein
transsacral block Transsakralblock *m*, Sakral(nerven)-anästhesie *f*
transsection *s.* transection
transsegmental transsegmental, durch ein Segment
transseptal transseptal, durch die Scheidewand
transseptal fibre *(Stom)* transseptale Faser *f*
transsexual transsexuell
transsexual Transsexuelle(r) *m*
transsexual surgery Geschlechtsumwandlung *f*, transsexuelle Chirurgie *f*
transsexualism Transsexualismus *m*, Transsexualität *f*, Transvesti(ti)smus *m*, Eonismus *m*
transsphenoldal transsphenoidal, durch das Keilbein
transsphenoidal hypophysectomy *(Chir)* transsphenoidale Hypophysektomie *f* [Hypophysenentfernung *f*]
transsternal transsternal, durch das Brustbein
transsuccinylase Transsuccinylase *f*, Dihydrolipoamid-*S*-succinyltransferase *f (Enzym)*
transsulphurase Transsulfurase *f*
transsymphyseal transsymphyseal, transsymphysär, durch die Symphyse
transsynaptic transsynaptisch, durch eine Synapse
transtemporal transtemporal, durch den Temporallappen [Schläfenlappen]

transtentorial transtentorial, transtentoriell, durch den Tentoriumschlitz
transtentorial herniation transtentorielle Einklemmung *f*
transthalamic transthalamisch, durch den Thalamus
transthermia *s.* thermopenetration
transthoracic transthorakal, durch den Brustkorb
transthoracic approach *(Chir)* transthorakaler Zugang *m*
transthoracic pacemaker transthorakaler Schrittmacher *m*
transthyroid transthyreoidal, durch die Schilddrüse
transtracheal transtracheal, durch die Luftröhre
transtracheal oxygen transtracheale Sauerstoffzufuhr *f* *(mittels Trachealkatheter)*
transtrochanteric transtrochantär, durch den Trochanter
transtrochanteric osteotomy transtrochantäre Osteotomie *f*
transtympanic transtympanal, durch das Trommelfell
transudate *v* transsudieren, (Transsudat) absondern, ausschwitzen
transudate Transsudat *n*, Blutwassererguss *m*
transudation Transsudation *f*, Flüssigkeitsabsonderung *f*, Flüssigkeitsausschwitzung *f*
transudative ascites transsudativer Aszites *m*
transudatory durchschwitzend; durchsickernd
transude *v s.* transudate
transumbilical transumbilikal, durch den Nabel
transumbilical portography *(Rad)* transumbilikale Portographie *f*
transureteroureterostomy Transureteroureterostomie *f*, transureteroureterale Anastomose *f*
transurethral transurethral, durch die Harnröhre
transurethral prostatectomy transurethrale Prostatektomie *f*
transurethral resection transurethrale Resektion *f*
transvaginal transvaginal, durch die Scheide
transvaterian durch die Papilla Vateri
transvector Transvektor *m*
transvenous transvenös, durch eine Vene
transventricular transventrikulär, durch einen Ventrikel
transventricular laser revascularization *(Kard, Chir)* transventrikuläre Laserrevaskularisierung *f*
transversal *s.* transverse
transversalis fascia Fascia *f* transversalis *(der Abdominalwand)*
transversalis sterni (muscle) *s.* transverse thoracic muscle
transverse transvers(al), quer; Transversal…, Quer…; schräg
transverse abdominal incision Bauchquerschnitt *m*, querer Bauchschnitt *m*
transverse abdominal muscle Musculus *m* transversus abdominis, querer Bauchmuskel *m*
transverse arch of the foot queres Fußgewölbe *n*
transverse arrest *(Gyn)* Querstand *m* *(bei der Geburt)*
transverse arytenoid muscle Musculus *m* arytenoideus transversus, querer Kehlkopfmuskel *m*
transverse auricular muscle Musculus *m* transversus auriculae
transverse carpal ligament Ligamentum *n* carpi transversum, Retinaculum *n* flexorum manus
transverse cerebral fissure Fissura *f* transversa cerebri
transverse cervical artery Arteria *f* transversa colli, quere Halsarterie *f*
transverse cervical vein Vena *f* transversa colli, quere Halsvene *f*
transverse colon Colon *n* transversum, Querkolon *n*, querer Dickdarm(schenkel) *m*
transverse contracted pelvis quer verengtes Becken *n*
transverse crural ligament Ligamentum *n* transversum cruris, Retinaculum *n* musculorum extensorum superius
transverse diameter of the pelvic inlet *(Anat, Gyn)* querer Beckeneingangsdurchmesser *m*
transverse diameter of the pelvic outlet *(Anat, Gyn)* querer Beckenausgangsdurchmesser *m*
transverse facial artery Arteria *f* transversa *f* faciei, quere Gesichtsarterie *f*
transverse facial cleft quere Gesichtsspalte *f*
transverse facial vein Vena *f* transversa faciei, quere Gesichtsvene *f*
transverse fascial incision *s.* Pfannenstiel's incision
transverse fissure Fissura *f* transversa, Bichat-Fissur *f*
transverse foetal position *s.* transverse presentation
transverse folds of the rectum Plicae *fpl* transversales recti, quere Rektumfalten *fpl* [Mastdarmfalten *fpl*]
transverse foramen Foramen *n* transversarium *(der Halswirbelkörper)*
transverse fracture Querfraktur *f*, querer Knochenbruch *m*
transverse gyrus of Heschle *(Anat)* Heschle'sche Querwindung *f*, Heschle-Querwindung *f* *(des Gehirns)*
transverse head of the adductor hallucis muscle Caput *n* transversum musculi adductoris hallucis
transverse head of the adductor pollicis muscle Caput *n* transversum musculi adductoris pollicis
transverse incision Querschnitt *m*, Querinzision *f*
transverse lie *s.* transverse presentation
transverse ligament of the acetabulum Ligamentum *n* transversum acetabuli
transverse ligament of the atlas Ligamentum *n* transversum atlantis
transverse ligament of the knee joint Ligamentum *n* transversum genus
transverse lingual muscle Musculus *m* transversus linguae, querer Zungenmuskel *m*
transverse mental muscle Musculus *m* transversus menti
transverse mesocolon Mesocolon *n* transversum, Querkolonmesenterium *n*, Querkolonmeso *n*
transverse midabdominal incicion Mittelbauchquerschnitt *m*
transverse nerve of the neck Nervus *m* transversus colli
transverse nuchal muscle Musculus *m* transversus nuchae, querer Halsmuskel *m*
transverse occipital sulcus Sulcus *m* occipitalis transversus
transverse occipital torus Torus *m* occipitalis transversus, Hinterhauptschuppenwulst *m*
transverse occlusion *(Stom)* Transversalokklusion *f*, Transversalbiss *m*
transverse palatine suture *(Anat)* Sutura *f* palatina transversa, quere Gaumennaht *f*
transverse part of the duodenum Pars *f* horizontalis duodeni
transverse pelvic ligament Ligamentum *n* transversum perinei [praeurethrale]
transverse perineal ligament *s.* transverse pelvic ligament
transverse plane quere Ebene *f*, Horizontalebene *f*
transverse platypodia *(Orth)* Quergewölbesenkung *f* (des Fußes); Pes *m* transversus; Pes *m* transversoplanus
transverse presentation *(Gyn)* Querlage *f*
transverse process Processus *m* transversus, Querfortsatz *m*
transverse process of the atlas Processus *m* transversus atlantis
transverse rectal folds *s.* transverse folds of the rectum

transverse scapular artery Arteria *f* suprascapularis
transverse section Querdurchtrennung *f*, Querdurchtrennen *n*, Querschnitt *m*
transverse septum *(Embr)* Septum *n* transversum
transverse sinus 1. Sinus *m* transversus pericardii; 2. Sinus *m* transversus durae matris
transverse sinus of the dura mater Sinus *m* transversus durae matris, querer Hirnblutleiter *m*
transverse sinus of the pericardium Sinus *m* transversus pericardii, querer Herzbeutelspaltraum *m*
transverse skin incision Querinzision *f* der Haut, Hautquerschnitt *m*
transverse stage of the duodenum *s.* transverse part of the duodenum
transverse sulcus of the anthelix Sulcus *m* anthelicis trans-versus
transverse temporal gyrus Gyrus *m* temporalis transversus
transverse temporal sulcus Sulcus *m* temporalis transversus
transverse thoracic muscle Musculus *m* transversus thoracis, querer Brustmuskel *m*
transverse umbilical incision *(Chir)* querer Nabelschnitt *m*
transverse upper abdominal incision *(Chir)* Oberbauchquerschnitt *m*, querer Oberbauchschnitt *m*
transverse vein of the neck *s.* transverse cervical vein
transverse vesical plica Plica *f* vesicalis transversa
transversectomy Transversektomie *f*, (operative) Wirbelquerfortsatzentfernung *f*, Querfortsatzentfernung *f* des Wirbelkörpers
transversocostal transversokostal, kostotransversal
transversosigmoideostomy Transversosigmoideostomie *f*, Querkolon-Sigma-Anastomose *f*
transversospinalis muscle Musculus *m* transversospinalis
transversostomy 1. Transversostomie *f*, (operative) Querkolonfistelung *f*; 2. Transversostoma *n*, Querkolonfistel *f*, Querkolon(kunst)after *m*
transversotomy Transversotomie *f*, Querkolonschnitt *m*, (operative) Querkoloneröffnung *f*
transversus abdominis (muscle) *s.* transverse abdominal muscle
transversus nuchae (muscle) *s.* transverse nuchal muscle
transvesical transvesikal, durch die Harnblase
transvestic transsexuell; Transvestiten...; Transsexualismus...
transvestic fetishism transsexueller Fetischismus *m*
transvestism Transvesti(ti)smus *m*, Transsexualismus *m*, Eonismus *m*
transvestite Transvestit *m*, Transsexuelle(r) *m*
transvestitism *s.* transvestism
transzygomatic transzygomatisch, durch den Jochbogen
tranylcypromine Tranylcypromin *n* *(Antidepressivum; Monoaminooxidasehemmer)*
tranylcypromine sulphate Tranylcyprominsulfat *n*
trapezial 1. trapezial; Trapezium..., Vieleckbein...; 2. trapezial; Trapezmuskel...
trapeziform trapeziform, trapezförmig
trapeziometacarpal trapeziometakarpal; Vieleckbein-Mittelhand(knochen)-...
trapezium (bone) Trapezium *n*, Os *n* trapezium [multangulum majus], großes Vieleckbein *n*, Multangulum *n* majus
trapezius (muscle) Musculus *m* trapezius, Trapezmuskel *m*, Kappenmuskel *m*
trapezius palsy Trapeziusparalyse *f*, Trapezmuskellähmung *f*
trapezius paralysis *s.* trapezius palsy
trapezoid trapezoid, trapezartig, trapezähnlich
trapezoid Trapezoideum *n*, Os *n* trapezoideum [multangulum minus], kleines Vieleckbein *n*, Multangulum *n* minus
trapezoid body Corpus *n* trapezoideum, Trapezkörper *m*
trapezoid bone *s.* trapezoid
trapezoid ligament Ligamentum *n* trapezoideum, Trapezband *n*
trapezoid line Linea *f* trapezoidea *(am Schlüsselbein)*
trapezoid ridge *s.* trapezoid line
trapidil Trapidil *n* *(Thromboxan-Antagonist)*
trauma 1. *(Chir)* Trauma *n*, Verletzung *f*, Gewalteinwirkung *f*, Wunde *f*; 2. *(Psych)* Trauma *n*, seelische Erschütterung *f* [Verletzung *f*] • **cause trauma** ein Trauma verursachen, eine Verletzung bewirken • **sustain trauma** eine Verletzung davontragen, sich verletzen
trauma centre Unfallzentrum *n*; Unfallkrankenhaus *n*; Unfallklinik *f*
trauma from occlusion *(Stom)* Okklusionstrauma *n*
trauma incompatible with life lebensgefährliches Trauma *n*, mit dem Leben nicht vereinbare Verletzung *f*
trauma registry Unfallregister *n*
trauma score Trauma-Score *m*
trauma victim Unfallopfer *n*
traumasthenia Traumaasthenie *f*, (nervöse) Erschöpfung *f* durch Trauma
traumata *pl s.* trauma
traumatherapy Trauma(to)therapie *f*, Unfallbehandlung *f*
traumatic traumatisch; Trauma...
traumatic abscess traumatischer Abszess *m*
traumatic amenorrhoea *(Gyn)* traumatische Amenorrhö(e) *f*, Amenorrhoea *f* traumatica
traumatic anaesthesia *(Chir)* traumatische Anästhesie *f*, Wundstupor *m*
traumatic aphasia traumatische Aphasie *f*
traumatic asphyxia *(Chir)* traumatische Asphyxie *f* [Erstickung *f*], Kompressionsasphyxie *f*
traumatic atelectasis *(Pulm)* traumatische Atelektase *f*
traumatic cataract *(Ophth)* Cataracta *f* traumatica, Wundstar *m*
traumatic coma *(Chir, Neur)* traumatisches Koma *n*
traumatic cyanosis traumatische Zyanose *f*, Kompressionszyanose *f*
traumatic delirium traumatisches Delir *n*
traumatic dementia *(Neur)* (post)traumatische Demenz *f*
traumatic dislocation traumatische Dislokation *f*, Verrenkung *f* durch Unfall
traumatic epilepsy traumatische Epilepsie *f*, posttraumatische Epilepsie *f*
traumatic fever traumatisches Fieber *n*
traumatic gangrene traumatische Gangrän *f*
traumatic gas embolism traumatische Gasembolie *f* [Luftembolie *f*]
traumatic herpes traumatischer Herpes *m*
traumatic hysteria traumatische Hysterie *f*
traumatic maxillary sinusitis traumatische Kieferhöhlenentzündung *f*
traumatic medicine *s.* traumatology
traumatic meningitis traumatische Meningitis *f*
traumatic myelitis traumatische Myelitis *f*
traumatic myositis traumatische Myositis *f*
traumatic neuritis traumatische Neuritis *f*
traumatic neuroma traumatisches Neurom *n*, Amputationsneurom *n*
traumatic occlusion *(Stom)* traumatische Okklusion *f*
traumatic osteoporosis *(Chir)* traumatische Osteoporose *f*, Sudeck'sche Knochenatrophie *f* [Gliedmaßendystrophie *f*], Sudeck *m*, Sudeck'sche Krankheit *f*

traumatic pneumothorax traumatischer Pneu(mothorax) *m*
traumatic psychosis traumatische Psychose *f*
traumatic rhabdomyolysis traumatische Rhabdomyolyse *f*
traumatic schizophrenia traumatische Schizophrenie *f*
traumatic shock *(Chir)* traumatischer Schock *m*, Verletzungsschock *m*, Unfallschock *m*
traumatic spondylitis *s.* Kümmell-Verneuil's disease
traumatic spondylopathy *s.* Kümmell-Verneuil's disease
traumatic thrombosis traumatische Thrombose *f*
traumatic vasospastic syndrome *(Arb)* Pressluftwerkzeugsyndrom *n*, Presslufthammerkrankheit *f*
traumatism Traumatisierung *f*, Verletzung *f*, Schädigung *f*, Traumatismus *m*
traumatize *v* traumatisieren, ein Trauma bewirken, verletzen, schädigen
traumatogenic traumatogen, durch Unfall [Trauma] bewirkt
traumatologic traumatologisch
traumatological *s.* traumatologic
traumatologist Traumatologe *m*, Unfallarzt *m*
traumatology Traumatologie *f*, Unfallmedizin *f*, Unfall(heil)kunde *f*
traumatology department traumatologische Abteilung *f*, Abteilung *f* für Traumatologie, Traumatologie *f*
traumatopathic durch Unfall bedingt; Traumatopathie…
traumatopathy Traumatopathie *f*, Unfallkrankheit *f*, Verletzungsfolge *f*
traumatophilia *(Neur)* Traumatophilie *f*, Münchhausen-Syndrom *n*
traumatophiliac Traumatophile(r) *m*
traumatophilic traumatophil
traumatopnoea Traumatopnoe *f*, Brustwandschlürfen *n*, Luftansaugung *f* an Brustwandwunden; offener Pneumothorax *m*
traumatopyra Traumatopyra *f*, traumatisches Fieber *n*
traumatosepsis traumatische Sepsis *f*, Sepsis *f* infolge Trauma
traumatosis *s.* traumatism
traumatotherapeutic traumatotherapeutisch
traumatotherapy Trauma(to)therapie *f*, Unfallbehandlung *f*
traumatropism Traumatropismus *m (Hinwendung von Keimen zur Verletzungsstelle)*
travel sickness Reisekrankheit *f*
traveller's diarrhoea Reisediarrhoe *f*
travelling phlyctena Wanderphlyktäne *f*
trazodone Trazodon *n (Antidepressivum)*
trazodone hydrochloride Trazodonhydrochlorid *n*
Treacher-Collins-Franceschetti syndrome mandibulofaziale Dysostosis *f*
treat *v* ärztlich [medizinisch] behandeln
treat *v* **a patient for a disease** einen Patienten wegen einer Krankheit behandeln
treat *v* **conservatively** konservativ therapieren, nicht operativ behandeln
treat *v* **expectantly** abwartend [expektativ] behandeln
treat *v* **surgically** chirurgisch therapieren, operativ [durch Operation] behandeln
treat *v* **with a truss** mit einem Bruchband behandeln
treated/be *v* behandelt [therapiert] werden
treatment Behandlung *f*, Therapie *f* • **be on a treatment** unter einer Therapie stehen, sich in einer Behandlung befinden, behandelt werden • **be on home treatment** in häuslicher Behandlung sein, eine Therapie zu Hause erhalten • **get regular treatment** regelmäßige ärztliche Behandlung erhalten, in ständiger ärztlicher Behandlung sein • **prescribe a treatment** eine Behandlung anordnen, eine Therapie verordnen [verschreiben] • **receive a treatment** eine Therapie erhalten, eine Behandlung bekommen, behandelt werden • **supplement a treatment** eine Behandlung ergänzen, eine Therapie unterstützen • **tolerate a treatment badly** eine Behandlung schlecht vertragen, eine Therapie schlecht tolerieren • **tolerate a treatment well** eine Behandlung gut vertragen, eine Therapie gut tolerieren • **under treatment** in Behandlung • **yield to treatment** auf eine Therapie [Behandlung] ansprechen, auf die Therapie reagieren
treatment by sleep *(Neur)* Schlaftherapie *f*, Schlafbehandlung *f*
treatment expenses Behandlungskosten *pl*, Therapiekosten *pl*, Arzt- und Arzneimittelkosten *pl*
treatment failure Therapieversagen *n*, Behandlungsmisserfolg *m*
treatment of choice Therapie *f* der Wahl
treatment of malocclusion *(Stom)* Malokklusionsbehandlung *f*, Fehlbisskorrekturbehandlung *f*
treatment of schizophrenia Schizophreniebehandlung *f*
treatment plan Therapieplan *m*, Behandlungsplan *m*
treatment room Behandlungsraum *m*
trefoil tendon Zwerchfellzentralsehne *f*, Centrum *n* tendineum (diaphragmatis)
trehalase Trehalase *f (Enzym)*
trehalose Trehalose *f (Disaccharid)*
Treitz's hernia Treitz'sche Hernie *f*, Treitz-Hernie *f*, Hernia *f* recessus duodenojejunalis
trematode *(Paras)* Trematode *f*, Saugwurm *m*
trematode infection *s.* trematodiasis
trematodiasis *(Paras)* Trematodeninfektion *f*, Saugwurmbefall *m*
trematoid trematoid, trematodenartig
tremble *v* zittern
trembling 1. Zittern *n*, Muskelzittern *n*, Zitterbewegung *f*, Tremor *m*; 2. Konvulsion *f*, Krampf *m (Zusammensetzungen siehe unter: convulsion)*
trembling of the hands Zittern *n* der Hände
tremelloid gelatinös, gelatineartig
tremellose *s.* tremelloid
tremogram *(Neur)* Tremogramm *n*, Muskelzitterkurve *f*
tremograph *(Neur)* Tremograph *m*, Tremorschreiber *m*
tremography *(Neur)* Tremographie *f*, Tremoraufzeichnung *f*, Aufzeichnung *f* des Muskelzitterns
tremolabile tremolabil, schüttelempfindlich
tremophobia Tremophobie *f*, Tremorangst *f*, Zitterfurcht *f*
tremor Tremor *m*, Muskelzittern *n*, Zitterbewegung *f*, Zittern *n*
tremor of drinkers Tremor *m* potatorum, Delirium *n* tremens, Säuferdelir *n*
tremor of the heart Herzflattern *n*
tremorgram *s.* tremogram
tremostable tremostabil, schüttelfest
tremulation Zittern *n*, Schütteln *n*, Beben *n*
tremulous zitternd, schüttelnd, bebend
trench feet Schützengrabenfüße *mpl*; Fußbrand *m*
trench fever *(Inf)* Trench fever *n*, Fünftage(wechsel)fieber *n*, Febris *f* quintana, Quintana *f*, fünftägiges [Wolhyni'sches] Fieber *n*, Ikwafieber *n*, Schützengrabenfieber *n* *(durch Rickettsia quintana)*
trench foot Immersionsfuß *m*
trench mouth Gingivitis *f* ulcerativa necroticans, Stomatitis *f* ulcerativa Plaut-Vincenti, akute nekrotisierende ulzerative Gingivitis *f*
Trendelenburg's gait Trendelenburg-Gang *m*, Trendelenburg'scher Gang *m*
Trendelenburg's operation Trendelenburg'sche Operation *f*, Lungenembolektomie *f*, operative Lungenembolusentfernung *f*

Trendelenburg's position *(Chir)* Trendelenburg'sche Lagerung *f*, Beckenhochlagerung *f*, Kopftieflage *f* • **tilt the table into the Trendelenburg's position** den OP-Tisch in Kopftieflage [die Trendelenburglage] bringen • **transfer into the Trendelenburg's position** in die Trendelenburgposition bringen, in Kopftieflage bringen
Trendelenburg's test Trendelenburg-Test *m*, Trendelenburg'scher Test *m*
trepan *v s.* trepanize
trepan Trepan *m*, Schädelbohrer *m*, Kraniotom *n*; Trepanationsfräser *m*
trepanation Trepanation *f*, Trepanieren *n*; Schädeleröffnung *f*, Schädel(auf)bohrung *f*
trepanation hole Trepanationsloch *n*, Trepanationsöffnung *f*
trepanation of the pulp cavity *(Stom)* Pulpahöhlentrepanation *f*, Pulpahöhleneröffnung *f*, Pulpahöhlenaufbohrung *f*
trepanation opening *s.* trepanation hole
trepanize *v* trepanieren, eine Entlastungstrepanation vornehmen, eine Trepanation durchführen; den Schädel anbohren [aufmeißeln, eröffnen]
trepanner *s.* trephiner
trepanobiopsy Trepanationsbiopsie *f*
trephination *s.* trepanation
trephine *v s.* trepanize
trephine *s.* 1. trepan; 2. trocar
trephinement *s.* trepanation
trephiner trepanierender Arzt *m*
trephocyte *s.* trophocyte
trepidant *s.* tremulous
trepidatio *s.* trepidation
trepidation Trepidatio *f*, Trepidation *f*, (ängstliches) Zittern *n*
treponema Treponema *n*, Spirochäte *f*
Treponema americanum Treponema *n* americanum [carateum] *(Erreger der Pinta)*
Treponema carateum *s.* Treponema americanum
Treponema pallidum *(Immun)* Treponema *n* pallidum *n*, Spirochaeta *f* pallida, Syphillisspirochäte *f*
Treponema pallidum antibody Treponema-pallidum-Antikörper *m*
Treponema pallidum haemagglutination test *(Lab)* Treponema-pallidum-Hämagglutinationstest *m*
Treponema pallidum immobilization test *(Lab)* Treponema-pallidum-Immobilisierungstest *m*, TPI-Test *m*
Treponema pertenue Treponema *n* pertenue *(Erreger der Frambösie)*
Treponema pintae *s.* Treponema americanum
treponemal treponemal; Treponemen..., Spirochäten...
treponemal disease *s.* treponematosis
treponemal serologic test serologischer Treponemennachweistest *m* [Spirochätennachweistest *m*]
Treponemataceae Treponemataceae *pl*
treponematologist Treponemaspezialist *m*, Spirochätenspezialist *m*
treponematosis Treponematose *f*, Spirochäteninfektion *f*
treponeme *s.* treponema
treponemiasis *s.* treponematosis
treponemicidal treponemizid, treponementötend, spirochätentötend
treponemosis *s.* treponematosis
tretinoin Tretinoin *n (Keratolytikum)*
Trevor's disease Dysplasia *f* epiphysealis hemimelica
triacetate Triacetat *n*
triacetine Triacetin *n (Antimykotikum)*
triacetylglycerol *s.* triacetin
triacetyloleandomycin Triacetyloleandomycin *n*, Troleandomycin *n*
triacylglycerol Triglycerid *n*
triacylglycerol lipase Triacylglycerollipase *f (Enzym)*
triad Triade *f*, Trias *f*, Dreiheit *f*, Trilogie *f*
triad of Whipple Whipple'sche Trias *f (bei Hyperinsulinismus)*
triage (medizinische) Einstufung *f (z. B. von Verletzten)*
trial Test *m*, Versuch *m*, Experiment *n*
trial forceps versuchte Zange(nentbindung) *f*
trial-frame *(Ophth)* Brillenlinsenprobiergestell *n*, Refraktionsbrille *f*, Brillengläserprobiergestell *n*
trial-lens *(Ophth)* Probenlinse *f*, Probierglas *n*
trial of mannitol Mannitoltest *m*
triallylamine Triallylamin *n*
triamcinolone Triamcinolon *n (Glukokortikoid)*
triamcinolone acetonide Triamcinolonacetonid *n*
triamcinolone diacetate Triamcinolondiacetat *n*
triamcinolone hexacetonide Triamcinolonhexacetonid *n*
triamelia *(Terat)* Triamelie *f (Missgeburt)*
triamine Triamin *n*
triamterene Triamteren *n (Diuretikum)*
triangle Dreieck *n*, Trigonum *n*, Triangulum *n*
triangle of auscultation Auskultationsdreieck *n*
triangle of election Trigonum *n* caroticum superius, oberes Carotisdreieck *n*
triangle of necessity Trigonum *n* caroticum inferius, unteres Carotisdreieck *n*
triangle of the neck *(Anat)* Halsdreieck *n*
triangular triangulär, dreieckig; Dreieck...
triangular area of Hesselbach *(Anat)* Trigonum *n* inguinale, Hesselbach'sches Dreieck *n*
triangular bandage *(Chir)* Dreieck(tuch)verband *m*; Armschlinge *f*, Trageschlinge *f*, Mittella *f*
triangular bone Os *n* triquetrum, Dreieckbein *n (Handwurzelknochen)*
triangular dullness Koranyi-Zeichen *n*
triangular eminence *(Anat)* Eminentia *f* fossae triangularis
triangular fold *(Anat)* Plica *f* triangularis
triangular forceps *(Chir)* Dreieck(s)klemme *f*
triangular fossa *(Anat)* Fossa *f* triangularis auriculae
triangular fovea *(Anat)* Fovea *f* triangularis
triangular ligament *(Anat)* Diaphragma *f* urogenitale
triangular portion of the inferior frontal gyrus *(Anat)* Pars *f* triangularis gyri frontalis inferioris
triangularis 1. Os *n* triquetrum, Triquetrum *n*, Dreieckbein *n*; 2. Musculus *m* triangularis [depressor anguli oris]
triatrial triatrial, mit drei Vorhöfen
triatrial heart Cor *n* triatriatum, Herz *n* mit drei Vorhöfen
triazolam Triazolam *n (Benzodiazepin; Sedativum)*
triazole Triazol *n*
tribade Tribade *f*, lesbische Frau *f*
tribadism Tribadie *f*, lesbische Liebe *f*
tribady *s.* tribadism
tribasilar synostosis tribasilare Synostose *f*, Tribasilarsynostose *f (vorzeitige Schädelbasisknochenverschmelzung)*
tribe 1. Stamm *m*, Familie *f*, Sippe *f*; 2. Volksstamm *m*; 3. Tribus *m*, Stamm *m (Taxonomie)*
tribenoside Tribenosid *n (zur Venensklerosierung)*
tribrachia *(Terat)* Tribrachie *f*
tribrachius *(Terat)* Tribrachius *m (Missgeburt mit drei Armen)*
tribromoethanol Tribromoethanol *n*, 3,4',5-Tribromosalicylanilid *n (Desinfektionsmittel)*
tribromsalan Tribromsalan *n (Desinfektionsmittel)*
tributyl citrate Tributylcitrat *n*
tributyrin Tributyrin *n*
tributyrinase Tributyrinase *f*, Triacylglycerollipase *f (Enzym)*
tributyrylglycerol *s.* tributyrin
TRIC *(trachoma inclusion conjunctivitis) s.* trachoma

tricalcic drei Calciumatome enthaltend
tricarboxylic-acid cycle *(Bioch)* Tricarbonsäurezyklus *m*, Citronensäurezyklus *m*, Krebs-Zyklus *m*
tricellular trizellulär, dreizellig
tricephalus *(Terat)* Trizephalus *m (Missgeburt mit drei Köpfen)*
triceps dreiköpfig
triceps brachii muscle Musculus *m* triceps brachii, Armstrecker *m*, dreiköpfiger Armmuskel *m*
triceps jerk Trizeps(sehnen)reflex *m*
triceps muscle Trizeps *m*, Dreikopfmuskel *m*, dreiköpfiger Muskel *m*
triceps reflex *s.* triceps jerk
triceps skinfold Trizepshautfalte *f*
triceps skinfold measurement Trizepshautfaltenmessung *f*
triceps surae muscle Musculus *m* triceps surae, dreiköpfiger Wadenmuskel *m*
trichaesthesia *s.* trichoaesthesia
trichalgia Trichalgie *f*, Haarberührungsschmerz *m*
trichangiectasia Trichangiektasie *f*, Kapillardilatation *f*, Kapillargefäßerweiterung *f*
trichangion *s.* telangion
trichatrophia Trichatrophie *f*, Haaratrophie *f*
trichesthesia *s.* trichoaesthesia
trichiasis Trichiasis *f*, Wimperneinwärtskehrung *f*
trichina *(Paras)* Trichine *f*, Trichinella *f* spiralis
trichina larva Trichinenlarve *f*
trichinella *s.* trichina
Trichinella nativa Trichinella *f* nativa
Trichinella spiralis Trichinella *f* spiralis
trichinelliasis *s.* trichinosis
trichinellosis *s.* trichinosis
trichiniasis *s.* trichinosis
trichiniferous trichinenhaltig
trichinization Trichineninfestation *f*, Trichinenbefall *m*, Trichineninfektion *f*
trichinize *v* mit Trichinen anstecken [infizieren]
trichinophobia Trichinophobie *f*, Angst *f* vor Trichineninfektion
trichinoscope Trichinoskop *n*, Trichinenlupe *f*
trichinosis *(Paras)* Trichinose *f*, Trichinenkrankheit *f*, Trichinenbefall *m*, Trichinelliasis *f*, Trichinellose *f*
trichinous trichinös, von Trichinen durchsetzt; Trichinen…
trichion Trichion *n (anthropometrischer Messpunkt)*
trichitis *(Derm)* Trichitis *f*, Haarfollikelentzündung *f*, Haarbalgentzündung *f*
trichiuriasis *s.* trichuriasis
trichlorfon *s.* trichlorphon
trichloride Trichlorid *n*
trichlormethiazide Trichlormethiazid *n (Diuretikum; Antihypertensivum)*
trichlormethine Trichlormethin *n*
trichloroacetaldehyde Trichloracetaldehyd *m*
trichloroethane Trichlorethan *n*, Methylchloroform *n*
trichloroethanol Trichlorethanol *n*, Trichlorethylalcohol *m*
trichloroethene *s.* trichloroethylene
trichloroethylalcohol *s.* trichloroethanol
trichloroethylene Trichlorethylen *n (Anästhetikum)*
trichlorofluoromethane Trichlorofluoromethan *n*
trichloromethane Trichlormethan *n*, Chloroform *n (Narkosemittel)*
trichloromonofluoromethane Trichloromonofluoromethan *n*
trichlorophenol Trichlorophenol *n (Antiseptikum; Antimykotikum)*
trichlorotrivinylarsine Trichlorotrivinylarsin *n*
trichlorphon Trichlorfon *n*, Trichlorphon *n*, Metrifonat *n*
trichoadenoma Trichoadenom *n*
trichoaesthesia *(Neur)* Trich(o)ästhesie *f*, Haargefühl *n*, Haarsensibilität *f*, Haarempfindung *f*, Haarempfindlichkeit *f*
trichoaesthesiometer Trichoästhesiometer *n*, Haarempfindlichkeitsmessinstrument *n*
trichoanaesthesia Trichoanästhesie *f*, Haargefühlverlust *m*, Haarsensibilitätsverlust *m*, Haarempfindlichkeitsverlust *m*
trichobacteria Trichobakterien *fpl*
trichobezoar Trichobezoar *m*, Haarknäuel *n*, Haargeschwulst *f (im Magen)*
trichocardia Trichokardie *f*, Zottenherz *n*, Cor *n* villosum
trichocephaliasis *s.* trichuriasis
trichocephalosis *s.* trichuriasis
Trichocephalus dispar *(Paras)* Trichocephalus *m* dispar [trichiuris], Peitschenwurm *m*
Trichocephalus trichiuris *s.* Trichocephalus dispar
trichoclasia *(Derm)* Trichoclasia *f* idiopathica, Trichoklasie *f*, Trichorrhexis *f* nodosa, Haarbrüchigkeit *f*, Haarsprödigkeit *f*
trichoclasis *s.* trichoclasia
trichocryptosis *(Derm)* Trichokryptose *f*, Haarbalgkrankheit *f*, Haarfollikelerkrankung *f*
trichocyst Trichit *n*
Trichoderma Trichoderma *n*
trichodiscoma Trichodiskoma *n*, Haarscheibentumor *m*, Haarscheibengeschwulst *f*
trichoepithelioma 1. *(Derm)* Trichoepitheliom *n*, Haarbalgfehlknötchen *n*, Acanthoma *n* adenoides cysticum, Epithelioma *n* adenoides cysticum *(Epithelwucherung)*; 2. *(Path)* Trichoepitheliom(a) *n (Haarfollikelkarzinom)*
trichoesthesia *s.* trichoaesthesia
trichoesthesiometer *s.* trichoaesthesiometer
trichofolliculoma Trichofollikulom *n*
trichogen haarwuchsfördernder Stoff *m*
trichogenous haarbildend; haarwuchsfördernd
trichoglossia *(Derm)* Trichoglossie *f*, Haarzunge *f*, Lingua *f* villosa
trichogram *(Derm)* Trichogramm *n*, Haarwurzelstatus *m*
trichohyalin *(Derm)* Trichohyalin *n*, Haar(wurzelscheiden)hyalin *n*
trichoid trichoid, haarähnlich, haarartig
trichokryptomania *s.* trichorrhexomania
tricholemmoma Tricholemmom *n*
tricholeucocyte Haarzelle *f*
tricholith *(Derm)* Tricholith *m*, Haarstein *m*
trichologia Haarausreißen *n*, Ausreißen *n* der Haare, Haarzupfen *n*
trichology 1. Trichologie *f*, Haar(krankheits)lehre *f*; 2. *s.* trichologia
trichoma 1. *(Derm, Paras)* Trichom(a) *n*, Weichselzopf *m*, Plica *f* polonica; 2. *s.* trichiasis; 3. *s.* entropion
trichomadesis Haarausfall *m*
trichomalacia Trichomalazie *f*, Haarerweichung *f*
trichomania *s.* trichotillomania
trichomatose trichomatös
trichomatosis Trichomatose *f*, Haarverfilzung *f*
trichomatous trichomatös
trichomegaly Trichomegalie *f*
trichomonacidal trichomonazid, trichomonadentötend
trichomonacide (agent) trichomonadentötendes Mittel *n*
trichomonad Trichomonade *f*
trichomonad vaginitis Trichomonadenvaginitis *f*
trichomonad vulvovaginitis Trichomonadenvulvovaginitis *f*
trichomonadicidal *s.* trichomonacidal
Trichomonadida Trichomonadida *pl*
trichomonal trichomonal; Trichomonaden…
trichomonal infection *s.* trichomoniasis

Trichomonas hominis Trichomonas *m* hominis
Trichomonas tenax Trichomonas *m* tenax
Trichomonas vaginalis Trichomonas *m* vaginalis
Trichomonas vaginalis trophozite Trichomonas-vaginalis-Trophozit *m*
trichomoniasis *(Paras)* Trichomoniasis *f*, Trichomonasis *f*, Trichomonadeninfektion *f*
trichomonicide *s.* trichomonacide
Trichomycetes Trichomyzeten *mpl*, Haarpilze *mpl*
trichomycetosis *s.* trichomycosis
trichomycosis Trichomykose *f*, Trichomyzeteninfektion *f*, Haarpilzkrankheit *f*
trichonocardiasis Trichonokardiasis *f*, Trichonokardiose *f* *(Haarerkrankung durch Nocardia tenuis)*
trichonodosis Trichonodosis *f*, Trichonodose *f*, Haarverknotung *f*, Trichorrhexis *f* nodosa
trichonosis *s.* trichopathy
trichopathic trichopathisch; Haarkrankheits…
trichopathophobia Trichopathophobie *f*, Haarerkrankungsfurcht *f*
trichopathy Trichopathie *f*, Trichosis *f*, Haarerkrankung *f*, Haarkrankheit *f*
trichophagia *(Neur, Psych)* Trichophagie *f*, (krankhaftes) Haaressen *n*, Haarverschlucken *n*
trichophagy *s.* trichophagia
trichophobia Trichophobie *f*, Abneigung *f* gegen Haare
trichophyte *s.* trichophyton
trichophytic 1. Trichophyten…; 2. Trichophytose…; 3. *s.* trichogenous
trichophytic granuloma trichophytisches Granulom *n*, Majocchi-Granulom *n*
trichophytid Trichophytid *n*, Trichophytonexanthem *n*
trichophytin *(Immun)* Trichophytin *n* *(Antigen zur Intrakutantestung)*
trichophytobezoar Trichophytobezoar *m*, Haar- und Pflanzenknäuel *n* *(im Magen)*
trichophyton *(Myk)* Trichophyton *n*, Trichophyt *m*
Trichophyton concentricum Trichophyton *n* concentricum
Trichophyton ferrugineum Trichophyton *n* ferrugineum
Trichophyton mentagrophytes Trichophyton *n* mentagrophytes
Trichophyton rubrum Trichophyton *n* rubrum
Trichophyton schoenleinii Trichophyton *n* schoenleinii
Trichophyton tonsurans Trichophyton *n* toncurans
Trichophyton verrucosum Trichophyton *n* verrucosum
Trichophyton violaceum Trichophyton *n* violaceum
trichophytosis *(Derm, Myk)* Trichophytose *f*, Trichophytie *f*, Scherpilzflechte *f*
trichophytosis of the scalp Trichophytosis *f* capitis
trichopoliodystrophy Trichopoliodystrophie *f*
trichopoliosis Trichopoliose *f*, Poliosis *f*, Achromotrichie *f*, Haarergrauen *n*, Grauwerden *n* der Haare
trichoptilosis *(Derm)* Trichoptilosis *f*, Fragilitas *f* crinium, Haarlängsspaltung *f*, Haaraufspaltung *f*, Haarauffaserung *f*, Trichoschisis *f*
trichorrhexis Trichorrhexis *f*, Haarbrüchigkeit *f*
trichorrhexomania *(Neur)* Trichorrhexomanie *f*, Trichokryptomanie *f* *(krankhaftes Abbrechen der Haare mit den Fingernägeln)*
trichorrhoea Haarausfall *m*
trichoschisis *s.* trichoptilosis
trichoscopy Haaruntersuchung *f*
trichosis *s.* trichopathy
Trichosporon Trichosporon *n*
Trichosporon biegetti Trichosporon *n* biegetti
trichosporonosis *s.* trichosporosis
trichosporosis *(Myk)* Trichosporosis *f*, Trichosporose *f*, Trichosporie *f*, Trichosporoninfektion *f*
Trichosporum Trichosporum *n*
trichostasis spinulosa Trichostasis *f* spinulosa
Trichostomatida Trichostomatida *pl*
trichostrongyle Trichostrongylus *m*
trichostrongyliasis *s.* trichostrongylosis
Trichostrongylidae Trichostrongylidae *fpl*
trichostrongylosis *(Paras)* Trichostrongyliasis *f*, Trichostrongylusinfektion *f*
Trichostrongylus orientalis Trichostrongylus *m* orientalis
trichothecene Trichothecen *n*
trichothiodystrophy Trichothiodystrophie *f*
trichotillomania *(Neur)* Tricho(tillo)manie *f*, Haarrupfsucht *f*, krankhaftes Haarausrupfen *n*, Haarzupfkrankheit *f*
trichotomous dreigeteilt
trichotomy Dreiteilung *f*
trichotoxin Trichotoxin *n*
trichotrophy Trichotrophie *f*, Haarernährung *f*
trichroic 1. dreifarbig *(z. B. Kristalle)*; Trichroismus…; 2. *s.* trichromatic
trichroism Trichroismus *m*, Trichromatismus *m*, Dreifarbigkeit *f* *(z. B. von Kristallen)*
trichromat *s.* trichromate
trichromate Trichomat(er) *m*, Dreifarbensichtige(r) *m*, Normalfarbsichtige(r) *m*
trichromatic 1. trichromat(isch), dreifarbig; 2. *(Ophth)* trichromat(isch), dreifarbensichtig, normalfarbsichtig
trichromatism *s.* 1. trichroism; 2. trichromatopsia
trichromatopsia *(Ophth)* Trichromatopsie *f*, Dreifarbensichtigkeit *f*, Normalfarbsichtigkeit *f*
trichromic *s.* trichromatic
trichuriasis *(Paras)* Trichuriasis *f*, Trichocephaliasis *f*, Trichozephalose *f*, Peitschenwurminfektion *f*
Trichuris trichiura *(Paras)* Trichuris *f* trichiura, Trichocephalus *m* trichiura, Peitschenwurm *m*
tricipital dreiköpfig
tricipital muscle *s.* triceps muscle
trick knee *s.* locked knee
triclobisonium chloride Triclobisoniumchlorid *n* *(Antiseptikum)*
triclofenol piperazine Triclophenolpiperazin *n* *(Anthelmintikum)*
triclosan Triclosan *n*
tricresol Trikresol *n*
tricrotic *(Kard)* trikrot(isch), dreigipfelig *(Pulskurve)*; dreischlägig *(Puls)*
tricrotic pulse Pulsus *m* tricrotus [triplex], trikroter [dreischlägiger] Puls *m*
tricrotism *(Kard)* Trikrotie *f*, Dreigipfligkeit *f* *(Pulskurve)*; Dreischlägigkeit *f* *(Puls)*
tricrotous *s.* tricrotic
tricuspid 1. trikuspidal, dreizipflig; 2. *(Kard)* Trikuspidal(is)…, Trikuspidalklappen…
tricuspid 1. *s.* tricuspid valve; 2. Backenzahn *m*; dreiwurzeliger Zahn *m*
tricuspid area Trikuspidalklappen(auskultations)areal *n*
tricuspid atresia Trikuspidalatresie *f*, angeborener Trikuspidalklappenverschluss *m*
tricuspid heart disease *s.* tricuspid valvular disease
tricuspid insufficiency Trikuspidal(is)insuffizienz *f*, Trikuspidalklappenschlussunfähigkeit *f*
tricuspid murmur Trikuspidalisgeräusch *n*, Trikuspidalklappengeräusch *n*
tricuspid opening sound Trikuspidal(is)öffnungston *m*
tricuspid orifice Ostium *n* atrioventriculare dextrum
tricuspid regurgitation *s.* tricuspid insufficiency
tricuspid stenosis Trikuspidal(is)stenose *f*, Trikuspidalklappenvereng(er)ung *f*
tricuspid tooth Trikuspidale(r) *m*, trikuspidaler Zahn *m*

tricuspid valve *(Kard)* Trikuspidalklappe *f*, Valvula *f* tricuspidalis, Valva *f* atrioventricularis dextra
tricuspid valve area Trikuspidalklappen(auskultations)-areal *n*
tricuspid valve incompetence Trikuspidal(klappen)insuffizienz *f*
tricuspid valvular disease Trikuspidalklappenerkrankung *f*
tricuspidal Trikuspidale(r) *m*, trikuspidaler Zahn *m*
tricyclamol chloride Tricyclamolchlorid *n (Anticholinergikum)*
tricyclic trizyklisch
tricyclic antidepressant trizyklisches Antidepressivum *n*
tridactyl tridaktyl, dreifingerig
tridactylism Tridaktylie *f*, Dreifingerigkeit *f*
tridactylous *s.* tridactyl
trident *s.* tricuspid tooth
tridentale *s.* tricuspid tooth
tridermal *s.* tridermic
tridermic *(Embr, Histol)* von drei Keimblättern abstammend
tridermoma *s.* teratoma
tridigitate *s.* tridactyl
triencephalus *(Terat)* Trienzephalus *m (Missgeburt)*
trientine hydrochloride Trientinhydrochlorid *n*, Triethylentetramindihydrochlorid *n (Chelatbildner zur Kupferentfernung)*
triester Triester *m*
triethanolamine Triethanolamin *n (Emulsionsmittel)*
triethyl citrate Triethylcitrat *n*
triethylamine Triethylamin *n*
triethylene glycol Triethylenglycol *n*, 2,2′-Ethylendioxybis(ethanol) *n*
triethylenemelamine Triethylenmelamin *n (Leukämiemittel)*
triethylenephosphoramide Triethylenphosphoramid *n (Leukämiemittel)*
triethylenetetramine dihydrochloride *s.* trientine hydrochloride
triethylenethiophosphoramide Triethylenthiophosphoramid *n (Alkylans)*
trifacial nerve *s.* trigeminal nerve
trifid dreigeteilt; dreifach gespalten, dreispaltig
triflanged nail Dreilamellennagel *m (für Knochenbruchbehandlung)*
trifluoperazine Trifluoperazin *n (Phenothiazin; Antipsychotikum)*
trifluoperazine hydrochloride Trifluoperazinhydrochlorid *n*
trifluorothymidine Trifluorothymidin *n (Virostatikum)*
trifluperidol Trifluperidol *n (Tranquilizer)*
trifluperidol hydrochloride Trifluperidolhydrochlorid *n*
triflupromazine Triflupromazin *n (Phenothiazin; Antipsychotikum)*
triflupromazine hydrochloride Triflupromzinhydrochlorid *n*
trifluridine Trifluridin *n*, 2′-Desoxy-5-(trifluoromethyl)uridin *n (Virostatikum)*
trifocal lens *(Ophth)* Trifokallinse *f*, Dreistärkenglas *n*
trifocal spectacles Trifokalbrille *f*, Dreistärkenbrille *f*
trifurcate *v* dreifach teilen; dreifach aufspalten; sich dreifach gabeln [verzweigen]
trifurcation Trifurkation *f*, Dreieraufspaltung *f*, Dreifachverzweigung *f*
trigastric dreibäuchig *(z. B. Muskel)*
trigeminal 1. dreifach, dreimal, trigeminal; 2. dreischlägig; Trigeminus…; 3. Trigeminusnerv(en)…
trigeminal cave *(Anat)* Cavum *n* trigeminale
trigeminal denervation Trigeminusdenervierung *f*, (operative) Trigeminus(nerven)ausschaltung *f*
trigeminal ganglion *(Anat)* Ganglion *n* trigeminale (Gasseri), Trigeminusganglion *n*
trigeminal impression of the temporal bone *(Anat)* Impressio *f* trigemini (ossis temporalis)
trigeminal knife *(Chir)* Trigeminusmesser *n*
trigeminal lemniscus *(Anat)* Lemniscus *m* trigeminalis
trigeminal nerve *(Anat)* Nervus *m* trigeminus, Trigeminus *m*, V. Hirnnerv *m*
trigeminal neuralgia Trigeminusneuralgie *f*, Quintusneuralgie *f*, Gesichtsschmerz *m*
trigeminal nucleus *(Anat)* Trigeminus(nerven)kern *m*
trigeminal paralysis Trigeminus(nerven)lähmung *f*
trigeminal pulse *(Kard)* dreischlägiger Puls *m*, Pulsus *m* trigeminus, Trigeminus *m*
trigeminothalamic tract *s.* trigeminal lemniscus
trigeminus *s.* trigeminal nerve
trigeminy *(Kard)* Trigeminie *f*, Trigeminusrhythmus *m*
trigger *(Physiol)* Trigger *m*, Auslöser *m*
trigger area *(Physiol)* Triggerareal *n*, Triggerzone *f*
trigger factor Triggerfaktor *m*, Auslösefaktor *m (z. B. für einen Anfall)*
trigger finger springender Finger *m (bei Sehnenscheidenentzündung)*
trigger point *(Physiol)* Triggerpunkt *m*, Reizpunkt *m*
trigger zone *s.* trigger area
triglyceride *(Metab)* Triglyzerid *n*, Triglycerid *n*, Triacylglycerin *n (dreiwertiger Glycerinester, Neutralfett)*
triglyceride lipase Triglyceridlipase *f (Enzym)*
trigocephalus Trigocephalus *m*
trigona *pl s.* trigonum
trigonal trigonal, triangulär, triangular; Trigonum…
trigone Trigonum *n*, Dreieck *n*, Triangulum *n (siehe auch unter: triangle)*
trigone of auditory nerve Trigonum *n* acustici
trigone of the (urinary) bladder *(Anat)* Blasendreieck *n*, Trigonum *n* vesicae (Lieutaudi), Lieutaud'sches Dreieck *n*
trigonectomy Trigonektomie *f (Entfernung des Blasendreiecks)*
trigonitis Trigonitis *f*, Blasendreieckentzündung *f*
trigonocephalia Trigonozephalie *f*, Dreieckköpfigkeit *f*
trigonocephalic *s.* trigonocephalous
trigonocephalous trigonozephal, dreiecksköpfig
trigonocephalus Trigonozephalus *m*, Dreieckskopf *m*
trigonocephaly *s.* trigonocephalia
trigonum Trigonum *n*, Dreieck *n*; Triangulum *n*
trihexosylceramide Trihexosylceramid *n*, Ceramidtrihexosid *n*
trihexyphenidyl hydrochloride Trihexyphenidylhydrochlorid *n (Anticholinergikum)*
trihydrate Trihydrat *n*
trihydroxyoestrin *s.* oestriol
triiniodymus *(Terat)* Triiniodymus *m (Missgeburt)*
triiodide Triiodid *n*, Trijodid *n*
triiodomethane Triiodmethan *n*, Jodoform *n*, Iodoform *n*
triiodothyronine Triiodthyronin *n*, T_3 *n (Schilddrüsenhormon)*
triiodothyronine test Triiodthyronintest *m*, T_3-Test *m*, Trijodthyroninbestimmung *f*, T_3-RIA *m*
triketohydrindene hydrate Ninhydrin *n*
trilabe dreibranchige Klemme *f (für Blasenfremdkörper)*
trilaminar trilaminar, dreischichtig
trilateral trilateral, dreiseitig
trilobate trilobulär, dreilappig
trilobed *s.* trilobate
trilobular *s.* trilobate
trilocular trilokulär, dreikammerig, dreifächerig
trilocular heart Dreikammerherz *n*, Cor *n* triloculare
trilogy Trilogie *f*

trilogy of Fallot Fallot'sche Trilogie *f*, Fallot-Trilogie *f*, Fallot *m* III *(Herzfehler mit Vorhofseptumdefekt, Rechtsherzhypertrophie und Pulmonalstenose)*
trilostane Trilostan *n (Nebennierenhormoninhibitor)*
trimalleolar trimalleolär
trimalleolar fracture *(Chir, Orth)* trimalleolärer Knöchelbruch *m*, Cotton'sche Fraktur *f* [Sprunggelenkfraktur *f*]
trimanual trimanual, dreihändig
trimastigote mit drei Flagellen
trimedoxime Trimedoxim *n (Cholinesterasereaktivator)*
trimedoxime bromide Trimedoximbromid *n*
trimenon Trimenon *n*, Trimester *n*, Vierteljahr *n (z. B. der Schwangerschaft)*
trimensual trimensuell, jeden dritten Monat auftretend
trimeprazine tartrate Trimeprazintartrat *n (Antihistaminikum)*
trimester *s.* trimenon
trimethadione Trimethadion *n (Antikonvulsivum)*
trimethobenzamide Trimethobenzamid *n (Antiemetikum)*
trimethobenzamide hydrochloride Trimethobenzamidhydrochlorid *n*
trimethoprim Trimethoprim *n (Sulfonamid)*
trimethylamine Trimethylamin *n*
trimethylaminuria Trimethylaminurie *f*
trimethylene Trimethylen *n*, Cyclpropan *n*
trimethylomelamine Trimethylomelamin *n (Antineoplastikum)*
trimethylxanthine Trimethylxanthin *n*, Coffein *n*
trimetozine Trimetozin *n (Anxiolytikum)*
trimetrexate Trimetrexat *n (Antineoplastikum; Folsäureantagonist)*
trimipramine Trimipramin *n (Antidepressivum)*
trimipramine maleate Trimipraminmaleat *n*
trimorphic trimorph, dreigestaltig
trimorphous *s.* trimorphic
trinegative dreifach negativ
trinitrate Trinitrat *n*
trinitrin *s.* nitroglycerin
trinitroglycerin *s.* nitroglycerin
trinitroglycerol *s.* nitroglycerin
trinitrophenol Trinitrophenol *n*
trinitrotoluene Trinitrotoluol *n*, Trinitrotoluen *n*
trinucleate dreikernig
trinucleotide Trinukleotid *n*
triocephalus *(Terat)* Triocephalus *m (Missgeburt)*
triokinase Triokinase *f (Enzym)*
triol Triol *n*
triophthalmos Triophthalmos *m*, Triophthalmus *m*
triorchid triorchid, mit drei Hoden
triorchid Triorchid(er) *m*, Mann *m* mit drei Hoden
triorchidism Triorchidie *f*, Vorhandensein *n* von drei Hoden
triorchism *s.* triorchidism
triose Triose *f*
triose kinase Triosekinase *f (Enzym)*
triosephosphate Triosephosphat *n*
triosephosphate dehydrogenase Triosephosphatdehydrogenase *f (Enzym)*
triosephosphate isomerase Triosephosphatisomerase *f (Enzym)*
triotus Triotus *m (Missgeburt)*
trioxide Trioxid *n*
trioxsalen *(Derm)* Trioxsalen *n (synthetische Psoralen)*
tripalmitin Palmitin *n*
trip-hammer pulse *(Kard)* Wasserhammerpuls *m*
tripara Tripara *f*, Para III *f*, Dreigebärende *f*, Drittgebärende *f*
tripartite dreiteilig, dreifach geteilt; dreilappig
tripartite placenta dreilappige Plazenta *f*, Placenta *f* tripartita
tripartition Dreiteilung *f*
tripelennamine Tripelennamin *n (Antihistaminikum)*
tripelennamine citrate Tripelennamincitrat *n*
tripelennamine hydrochloride Tripelennaminhydrochlorid *n*
tripeptid *s.* tripeptide
tripeptide Tripeptid *n*
tripeptidyl-peptidase Tripeptidylpeptidase *f (Enzym)*
triphalangeal triphalangeal, mit drei Phalangen
triphalangia *s.* triphalangism
triphalangism Triphalangismus *m*, dreigliedriger Daumen *m*
triphalangy *s.* triphalangism
triphasic triphasisch; Dreiphasen...
triphenylethylene Triphenylethylen *n (synthetisches Östrogen)*
triphenylmethane Triphenylmethan *n*
triphosphatase Triphosphatase *f (Enzym)*
triphosphate Triphosphat *n*
triphosphopyridine nucleotide Triphosphopyridinnukleotid *n*, TPN, Nicotin(säure)amid-adenin-dinucleotidphosphat *n*, NADP, Kohydr(ogen)ase *f* II, Koenzym *n* II, Coenzym *n* II
triple dreifach; Dreifach...
triple blind *(Statist)* dreifach blind *(z. B. eine Studie)*
triple bypass Dreifach-Bypass *m (Herzkranzgefäßchirurgie)*
triple change stethoscope Dreifachstethoskop *n*
triple-day treatment Dreitagetherapie *f*, Dreitagebehandlung *f*
triple drug therapy Dreifach(kombinations)therapie *f*
triple kidney Tripelniere *f*, Langniere *f* mit drei Nierenbecken
triple lumen catheter Dreilumenkatheter *m*
triple mask *s.* triple blind
triple phosphate Tripelphosphat *n*, Magnesiumammoniumphosphat *n (im Harn)*
triple phosphate crystals *(Urol)* Tripelphosphatkristalle *mpl*, Sargdeckelkristalle *mpl*
triple-rooted tooth dreiwurzeliger Zahn *m*, Dreiwurzler *m*
triple stain *(Histol)* Dreifachfärbung *f*
triple sugar iron agar *(Lab, Bakt)* TSI-Agar *m*, Triple-sugar-iron-Agar *m*
triple ureter *(Anat)* Tripelureter *m*, Ureter *m* triplex [trifidus]
triple vaccination Dreifachimpfung *f*, Triple-Vakzination *f*, Tripelvakzination *f*
triple vaccine Dreifachimpfstoff *m*, Triple-Vakzine *f*, Tripelvakzine *f*
triple-X syndrome XXX-Syndrom *n*, X-Trisomie *f (Chromosomenanomalie)*
triplegia Triplegie *f*, Dreifachlähmung *f*, Lähmung *f* dreier Gliedmaßen
triplet Drilling *m*
triplet pregnancy Drillingsschwangerschaft *f*
triplex dreifach
triploblastic *(Embr)* triploblastisch, dreikeimblättrig
triplocoria Tri(plo)korie *f*, Vorhandensein *n* von drei Pupillen
triploid triploid, dreifach *(Chromosomensatz)*; Triploidie...
triploid Triploide(r) *m*
triploidy Triploidie *f*, dreifacher Chromosomensatz *m*
triplokoria Triplokorie *f (Vorhandensein von drei Pupillen in einem Auge)*
triplopia Triplopie *f*, Dreifachsehen *n*, Dreifachsichtigkeit *f*
tripod dreifüßig; Dreifuß...
tripod position Dreifußposition *f*, Dreifußstellung *f*
tripodial dreifüßig, mit drei Füßen
tripositive dreifach positiv
trippy/be *v* auf dem Trip sein, im Drogenrausch sein, „high" sein

triprolidine Triprolidin *n (Antihistaminikum)*
triprolidine hydrochloride Triprolidinhydrochlorid *n*
triprosopia *(Terat)* Triprosopie *f (Missbildung mit drei Gesichtern)*
triprosopus *(Terat)* Triprosopus *m (Missgeburt)*
tripsis 1. Massage *f*, Einreibung *f*; 2. *s.* trituration
triptokoria *s.* triplokoria
tripus *(Terat)* Tripus *m*, Dreifuß *m*, Missgeburt *f* mit drei Füßen
triquetral *s.* triquetrous
triquetrous 1. dreieckig, triangular *(Zusammensetzungen siehe unter: triangular)*; 2. Triquetrum…, Dreieckbein…
triquetrous cartilage *s.* arytenoid cartilage
triquetrum Os *n* triquetrum, Triquetrum *n*, Dreieckbein *n*
triradial triradiär, dreistrahlig, y-förmig
triradiate *s.* triradial
tris buffer Tris-Puffer *m*, Tris *n*, Tris-(Hydroxymethyl-)Aminomethan *n*, THAM-Puffer *m*
trisaccharide Trisa(c)charid *n*
trisegmentectomy Trisegmentektomie *f*
tris(hydroxymethyl)aminomethane Tris-(Hydroxymethyl-)Aminomethan *n*, Tromethamin *n*
trismic Trismus…, Kieferklemmen…, Kiefersperren…
trismus Trismus *m*, Kieferklemme *f*, Kiefersperre *f*, (tonischer) Kaumuskelkrampf *m*
trisomia *s.* trisomy
trisomic trisom *(Chromosomen)*; Trisomie…
trisomic Trisome(r) *m*
trisomy *(Gen)* Trisomie *f*, Chromosomenverdreifachung *f*
trisomy 8 Trisomie *f* (des Chromosoms) 8
trisomy 13 Trisomie *f* (des Chromosoms) 13, Patau-Syndrom *n*
trisomy 18 Trisomie *f* (des Chromosoms) 18, Edward'sches Syndrom *n*, Edward-Syndrom *n*
trisomy 21 Trisomie *f* (des Chromosoms) 21, (Langdon-)Down-Syndrom *n*, Langdon-Down'sche Krankheit *f*, Mongolismus *m*, mongoloide Idiotie *f*
trisomy 22 Trisomie *f* (des Chromosoms) 22
trisomy syndrome Trisomie-Syndrom *n*
trisomy XXX Triplo-X-Syndrom *n*, XXX-Trisomie *f*, Trisomie *f* XXX
trisomy XXY XXY-Trisomie *f*, Trisomie *f* XXY, Klinefelter-(Reifenstein-Albright-)Syndrom *n*, Gynäkomastie-Aspermiogenese-Syndrom *n (Insuffizienz der Hodenkanälchen)*
trisomy XYY Diplo-Y-Syndrom *n*, XYY-Trisomie *f*, Trisomie *f* XYY
trisplanchnic trisplanchnisch, drei Körperhöhlen betreffend
tristearin Stearin *n*
tristemania *s.* melancholia
tristichia *s.* tristichiasis
tristichiasis Tristichiasis *f*, Vorhandensein *n* von drei Augenwimpernreihen
tristimania *(Neur, Psych)* Melancholie *f*, Schwermütigkeit *f*
trisulcate mit drei Furchen
trisulphate Trisulfat *n*
trisulphide Trisulfid *n*
tritan 1. Tritanomalie…; 2. Tritanopie…
tritan *s.* 1. tritanomal; 2. tritanope
tritanomal Tritanomale(r) *m*, Blauschwachsichtige(r) *m*
tritanomalopia *s.* tritanomaly
tritanomalous blauschwachsichtig; Tritanomalie…
tritanomaly *(Ophth)* Tritanomalie *f*, Blauschwäche *f*, Blauschwachsichtigkeit *f*
tritanope Tritanope(r) *m*, Blaublinde(r) *m*
tritanopia *s.* tritanopsia
tritanopsia Tritanop(s)ie *f*, Violettblindheit *f*, Blau-Gelb-Blindheit *f*
tritubercular trituberkulär, dreihöckrig, dreiknotig
triturable zerreibbar, zerstoßbar, zermahlbar, pulverisierbar
triturate *v* zerreiben, zerstoßen, zermahlen, pulverisieren, verreiben
triturate zerriebene [zermahlene] Substanz *f*, Pulver *n*
trituration 1. Trituration *f*, Zerreiben *n*, Verreiben *n*, (feine) Pulverisierung *f*; 2. Einreibung *f*, Einreibungsmittel *n (Arzneiform)*
trivalence Trivalenz *f*, Dreiwertigkeit *f*
trivalent trivalent, dreiwertig
trivalve 1. dreivalvulär, dreiklappig; 2. dreibranchig *(z. B. Spekulum)*
trivalvular *s.* trivalve
trivial name Trivialname *m*
tRNA *s.* transfer ribonucleic acid
trocar Trokar *m*, Troikart *m*; Hohlnadel *f*
trochanter *(Anat)* Trochanter *m*, Rollhügel *m*
trochanter major Trochanter *m* major, großer Rollhügel *m*
trochanter minor Trochanter *m* minor, kleiner Rollhügel *m*
trochanterian *s.* trochanteric
trochanteric trochanterisch; Trochanter…, Rollhügel…
trochanteric fossa Fossa *f* trochanterica, Trochantergrube *f*
trochanterplasty Trochanterplastik *f*
trochantin *s.* trochanter minor
trochantinian Trochanter-minor-…
trochar *s.* trocar
troche *(Pharm)* Trochiscus *m*, Pastille *f*
trochiscation Pastillenherstellung *f*, Pastillenherstellen *n*
trochiscus *s.* troche
trochiter *s.* trochanter major
trochiterian Trochanter-major-…
trochlea Trochlea *f*, Rolle *f*
trochlea of the astragalus Trochlea *f* tali, Sprungbeinrolle *f*
trochlea of the humerus Trochlea *f* humeri, Humerusrolle *f*
trochlea of the superior oblique muscle of the eye Trochlea *f* musculi obliqui (oculi) superioris
trochlear trochlear; Trochlea…, Rolle(n)…
trochlear fossa Fovea *f* trochlearis
trochlear fovea *s.* trochlear fossa
trochlear nerve Nervus *m* trochlearis, IV. Hirnnerv *m*
trochlear notch Incisura *f* trochlearis
trochlear nucleus Nucleus *m* nervi trochlearis, Trochleariskern *m*
trochlear process of the calcaneus Trochlea *f* peronealis, Kalkaneusrolle *f*, Fersen(bein)rolle *f*
trochlear spine Spina *f* trochlearis
trochleariform trochleaförmig, rollenförmig
trochlearis (muscle) Musculus *m* obliquus bulbi superior, oberer schräger Augenmuskel *m*
trochlearis nerve palsy Trochlearis(nerven)lähmung *f*
trochocephalia Trochozephalie *f*, Rundköpfigkeit *f*
trochocephalic trochozephal, rundköpfig
trochocephalus Trochozephalus *m*, Rundkopf *m*
trochocephaly *s.* trochocephalia
trochoginglymus Trochoginglymus *m*, Rad-Scharnier-Gelenk *n*
trochoid trochoid, radförmig
trochoid joint Radgelenk *n*, Articulatio *f* trochoidea
troglitazone Troglitazon *n (Antihyperglykämikum)*
trolamine Trolamin *n*
trolamine salicylate Trolaminsalicylat *n*
troleandomycin Troleandomycin *n*, Triacetyloleandomycin *n (Antibiotikum)*
trolnitrate phosphate Trolnitratphosphat *n (Vasodilator)*

Tröltsch's recesses *s.* Tröltsch's spaces
Tröltsch's spaces Tröltsch'sche Taschen *fpl*, Recessus *mpl* membranae tympani anterior et posterior
Trombicula akamushi Trombicula *f* akamushi, Kedanimilbe *f (Überträger der Tsutsugamushikrankheit)*
Trombicula deliensis Trombicula *f* deliensis
Trombicula fletcheri Trombicula *f* fletcheri
Trombicula intermedia Trombicula *f* intermedia
Trombicula pallida Trombicula *f* pallida
Trombicula scutellaris Trombicula *f* scutellaris
trombiculiasis Trombikuliasis *f*, Trombidiose *f*, Erythema *n* autumnale, Erntekrätze *f*, Heukrätze *f*, Stachelbeerkrankheit *f*
trombiculid Trimbikulid *n*
Trombiculidae Trombiculidae *pl*
trombiculidiasis *s.* trombiculiasis
trombiculosis *s.* trombiculiasis
trombidiosis *s.* trombiculiasis
tromethamine Tromethamin *n*, Tris-(Hydroxymethyl-)Aminomethan *n*, THAM, TRIS
trometamol Trometamol *n*, 2-Amino-2-hydroxy-methyl-1,3-propandiol *n (Puffersubstanz, Osmodiuretikum)*
tropacocaine Tropakokain *n (Alkaloid)*
tropate Tropat *n*
tropentane Tropentan *n (Anticholinergikum)*
trophectoderm *s.* trophoblast
trophedema *s.* trophoedema
trophesial 1. ernährungsgestört; 2. minderversorgt *(z. B. Gewebe)*
trophesic *s.* trophesial
trophic trophisch; (gewebs)ernährend; Ernährungs...
trophic hormone trophisches Hormon *n*
trophic ulcer trophisches Geschwür *n*, Druckulkus *n*
trophicity trophischer Einfluss *m*, Einfluss *m* auf die Ernährung
trophism Nutrition *f*, Ernährung *f*
trophoblast *(Embr)* Trophoblast *m*, Trophoderm *n*, Plazentatrophoblast *m*, Ektoplazenta *f*
trophoblastic trophoblastisch; Trophoblast(en)...
trophoblastic cancer trophoblastisches Karzinom *n*
trophoblastic tumour Trophoblastentumor *m*
trophoblastoma *s.* choriocarcinoma
trophochromatin Trophochromatin *n*
trophocyte 1. Trophozyt *m*, Ernährungszelle *f*; 2. Sertoli-Zelle *f (Hoden)*
trophoderm *s.* trophoblast
trophodermatoneurosis Trophodermatoneurose *f*, neurotische Hautatrophie *f*, Hauternährungsstörung *f* infolge Nervenschädigung
trophodynamics Trophodynamik *f*, Ernährungsdynamik *f*
trophoedema Trophödem *n*, kongenitales Lymphödem *n*, Pseudoelephantiasis *f* neuroarthritica, Nonne-Milroy-Meige-Syndrom *n (Hautschwellung infolge gestörter Nervenversorgung)*
trophology Trophologie *f*, Ernährungswissenschaft *f*, Ernährungslehre *f*
trophoneurosis Trophoneurose *f (Ernährungsstörung des Gewebes nach Nervenschädigung)*
trophoneurotic trophoneurotisch; Trophoneurose...
trophonosis *s.* trophopathy
trophonucleus *(Histol)* Trophonukleus *m*, Ernährungskern *m*, Stoffwechselkern *m*
trophopathia *s.* trophopathy
trophopathy Trophopathie *f*, Mangel(ernährungs)krankheit *f*, Fehlernährungsleiden *n*
trophoplasm *(Histol)* Trophoplasma *n*, Ernährungsplasma *n*
trophospongia *pl s.* trophospongium
trophospongium *(Histol)* Trophospongium *n*, Golgi-Apparat *m*, Apparato *m* reticulare interno
trophotherapy Trophotherapie *f*, Ernährungstherapie *f*, Diätbehandlung *f*
trophotropic trophotrop, auf die Ernährung gerichtet; auf Nahrung (aus)gerichtet *(z. B. Zellen)*
trophotropism Trophotropismus *m*
trophozoite Trophozoit *m (Malariaparasitenstadium)*
tropical abscess Tropenabszess *m*; Amöbenabszess *m*
tropical acne tropische Akne *f*
tropical adenitis tropischer Bubo *m*, Lymphogranuloma *n* venereum [inguinale]
tropical anhidrotic asthenia anhidrotische Asthenie *f* [Hitzeerschöpfung *f*], Schweißstauungssyndrom *n*
tropical aphthae *s.* tropical sprue
tropical disease Tropenkrankheit *f*
tropical dysentery *(Paras)* Tropenruhr *f*, Amöbendysenterie *f*, Amöbenruhr *f*, Amöbiasis *f (durch Entamoeba histolytica)*
tropical dyshidrotic asthenia *s.* tropical anhidrotic asthenia
tropical eosinophilia tropische Eosinophilie *f*
tropical framboesia tropische Frambösie *f*, Framboesia *f* tropica
tropical heat rash Miliaria *npl* rubra
tropical hygiene Tropenhygiene *f*
tropical macrocytic anaemia Tropenanämie *f*
tropical medicine Tropenmedizin *f*
tropical megaloblastic anaemia Tropenanämie *f*
tropical megalocytic anaemia *s.* tropical megaloblastic anaemia
tropical myositis *s.* tropical pyomyositis
tropical pemphigus Tropenpemphigus *m*, Pemphigus *m* tropicus
tropical phagedaena *s.* tropical ulcer
tropical pyomyositis Myositis *f* [Pyomyositis *f*] tropica, tropische Pyomyositis *f*, Phlebitis *f* primaria tropica
tropical river blindness *s.* onchocerciasis
tropical sloughing phagedaena *s.* tropical ulcer
tropical sore *(Trop)* Orientbeule *f*, Aleppobeule *f*, Leishmaniosis *f* tropica [furunculosa]; Leishmaniasis *f* cutanea, Hautleishmaniase *f*
tropical splenomegaly tropische Splenomegalie *f (siehe auch: kalaazar)*
tropical sprue tropische Sprue *f*, tropische Aphthen *fpl*, Aphthae *fpl* tropicae
tropical sweat rash *s.* miliaria
tropical syphilis *s.* framboosia
tropical tinea circinata tropische Epidermophytie *f*, Tinea *f* imbricata
tropical typhus *s.* tsutsugamushi disease
tropical ulcer Tropenulkus *n*, Tropengeschwür *n*, Ulcus *n* tropicum, Phagedaena *f* tropica
tropicamide Tropicamid *n (Anticholinergikum; Mydriatikum)*
tropin Tropin *n*, 3α-Tropanol *n*, 3α-Hydroxytropan *n (Atropinspaltprodukt)*
tropin mandelate Homatropin *n*
tropin tropate Atropin *n*
tropism Tropismus *m*, Reizhinwendung *f (von Zellen)*
tropocollagen Tropokollagen *n (Kollagenfaserbestandteil)*
tropoelastin Tropoelastin *n (Elastinpräkursor)*
tropometer *(Ophth)* Tropometer *n*
tropomyosin Tropomyosin *n (Muskeleiweiß)*
tropomyosin A Tropomyosin A *n*, Paramyosin *n*
troponin Troponin *n (Muskeleiweiß)*
troublesome pain lästiger [quälender] Schmerz *m*
Trousseau phenomenon Trousseau-Zeichen *n*, Pfötchenstellung *f*, Geburtshelferhand *f (Tetaniezeichen)*
trovafloxacin mesylate Trovafloxacinmesylat *n (Antibiotikum)*

true conjugate *(Gyn)* Conjugata *f* vera *(engstes Beckenmaß zwischen Symphyse und Promontorium)*
true dipsomania echte Dipsomanie *f*, Alkoholsucht *f*
true diverticulum echtes Divertikel *n*
true dwarf echter Zwerg *m*
true gas gangrene *(Inf)* Klostridienmyonekrose *f*, Gasödem *n*, Gasbrand *m*, Gasgangrän *f*
true glottic spasm *s.* laryngospasm
true glottis echte Glottis *f*
true hermaphroditism echter Hermaphroditismus *m*
true labour echte Geburt *f*
true lepra Lepra *f* arabicum
true neuroma echtes Neurom *n*
true pelvis Pelvis *n* minor, kleines [echtes] Becken *n*
true rib Costa *f* vera, echte Rippe *f*
true signs of pregnancy sichere Schwangerschaftszeichen *npl*
true skin *(Derm)* Cutis *f* vera, Korium *n*, Corium *n*, Lederhaut *f*
true smallpox Variola *f* vera, echte Pocken *pl*
true suture echte Naht *f (des Schädels)*
true twins echte Zwillinge *mpl*, eineiige Zwillinge *mpl*
true vocal cords echte Stimmbänder *npl*
truncal trunkal, trunkulär; Stamm...
truncal obesity Stammfettsucht *f*
truncal vagotomy Stammvagotomie *f*, trunkuläre Vagotomie *f*
truncoconal septum *s.* aorticopulmonary septum
truncus *s.* trunk
trunk Trunkus *m*, Stamm *m*; Rumpf *m*
trunk incurvation reflex Galant-Reflex *m*
trunk of the accessory nerve Truncus *m* nervi accessorii
trunk of the atrioventricular bundle Truncus *m* fasciculi atrioventricularis
trunk of the brachial plexus Truncus *m* plexus brachialis
trunk of the bundle of His Truncus *m* fasciculi atrioventricularis
trunk of the corpus callosi Truncus *m* corporis callosi
trunk of the pulmonary artery Pulmonalarterienstamm *m*, Truncus *m* pulmonalis
trunk of the spinal nerve Truncus *m* nervi spinalis
trunk presentation *s.* transverse presentation
truss *(Chir)* Bruchband *n*
trypan blue Trypanblau *n (trypanozider Farbstoff)*
trypanid *s.* trypanide
trypanide *(Derm, Trop)* Trypanid *n*, Trypanosomiasisexanthem *n*
trypanocidal trypanozid, trypanosomen(ab)tötend
trypanocide (agent) trypanozides [trypanosomentötendes] Mittel *n*
trypanolysin Trypanolysin *n*
trypanolysis Trypanolyse *f*, Trypanosomenauflösung *f*, Trypanosomenzerstörung *f*
trypanolytic trypanolytisch, trypanosomenauflösend, trypanosomenzerstörend
Trypanosoma brucei brucei Trypanosoma *n* brucei brucei *(Erreger der Naganaseuche)*
Trypanosoma brucei gambiense Trypanosoma *n* brucei gambiense *(Erreger der westafrikanischen Schlafkrankheit)*
Trypanosoma brucei rhodesiense Trypanosoma *n* brucei rhodesiense *(Erreger der ostafrikanischen Schlafkrankheit)*
Trypanosoma cruzi Trypanosoma *n* cruzi *(Erreger der Chagas-Krankheit)*
trypanosomacidal *s.* trypanocidal
trypanosomal trypanosomal; Trypanosomen...
trypanosomal chancre Trypanosomenschanker *m*
trypanosomal infection Trypanosomeninfektion *f*
trypanosomatosis *s.* trypanosomiasis
trypanosomatotropic trypanosomatotrop, trypanosomenanziehend
trypanosome Trypanosom(a) *n (geißeltragender Endoparasit)*
trypanosome fever *s.* trypanosomiasis
trypanosomiasis *(Trop)* Trypanosomiasis *f*, Trypanose *f*, Trypanosomenerkrankung *f*, (afrikanische) Schlafkrankheit *f*, Tsetsekrankheit *f*
trypanosomic *s.* trypanosomal
trypanosomicidal *s.* trypanocidal
trypanosomicide *s.* trypanocide agent
trypanosomid *(Trop)* Trypanosomid *n (Hautausschlag bei Trypanosomeninfektion)*
trypanosomosis *s.* trypanosomiasis
tryparosan Tryparosan *n (Trypanosomenmittel)*
tryparsamide Tryparsamid *n (Trypanosomenmittel)*
trypesis *s.* trepanation
trypotan *s.* tryparsamide
trypsin Trypsin *n (Enzym)*
trypsin-like trypsinartig
trypsinogen Trypsinogen *n (Trypsinvorstufe)*
tryptamine Tryptamin *n (biogenes Amin, Tryptophanabbauprodukt)*
tryptase *s.* trypsin
tryptic 1. tryptisch; 2. Trypsin...
tryptic digestion tryptische Digestion *f* [Verdauung *f*]
tryptolytic tryptolytisch; Tryptolyse...
tryptonaemia Tryptonämie *f (Vorhandensein von Trypton im Blut)*
tryptone Trypton *n (Pepton)*
tryptophan Tryptophan *n*, Trp *(essenzielle Aminosäure)*
tryptophan decarboxylase Tryptophandecarboxylase *f (Enzym)*
tryptophan desmolase Tryptophandesmolase *f (Enzym)*
tryptophan 2,3-dioxygenase Tryptophan-2,3-dioxygenase *f (Enzym)*
tryptophan hydroxylase Tryptophanhydroxylase *f (Enzym)*
tryptophan metabolism Tryptophanstoffwechsel *m*, Tryptophanmetabolismus *m*; Tryptophanabbau *m*
tryptophan 5-monooxygenase Tryptophan-5-monooxygenase *f (Enzym)*
tryptophan oxygenase Tryptophanoxygenase *f (Enzym)*
tryptophan pyrrolase Tryptophanpyrrolase *f (Enzym)*
tryptophan synthetase Tryptophansynthetase *f (Enzym)*
tryptophan tolerance test Tryptophanbelastungstest *m*
tryptophanaemia Tryptophanämie *f*, Vorhandensein *n* von Tryptophan im Blut
tryptophanase Tryptophanase *f (Enzym)*
tryptophanuria Tryptophanurie *f*, Tryptophanausscheidung *f* im Urin
T.S. *s.* test solution
tsetse (fly) Tsetsefliege *f*
tsp *s.* teaspoonful
tsutsugamushi disease *(Inf, Trop)* Tsutsugamushi-Krankheit *f*, Tsutsugamushi-Fieber *n*, Kedanikrankheit *f*, Japanisches Flussfieber *n*, Milbenfleckfieber *n (durch Rickettsia tsutsugamushi)*
tsutsugamushi fever *s.* tsutsugamushi disease
tuaminoheptane Tuaminoheptan *n*, 2-Aminoheptan *n (Sympathikomimetikum)*
tuba 1. *(HNO)* Tuba *f* auditiva (Eustachii), Tube *f*, Ohrtrompete *f*; 2. *(Gyn)* Tuba *f* uterina [Fallopii, uteri], Tube *f*, Muttertrompete *f*, Eileiter *m*
tubage Tubuseinführung *f*, Intubation *f*, Kathetereinführung *f*

tubal 1. *(HNO)* Tuben..., Ohrtrompeten...; 2. *(Gyn)* Tuben..., Tubar..., Eileiter...
tubal abortion Tubarabort *m*
tubal block 1. Tubenobstruktion *f*, Tubenverlegung *f*, Ohrtrompetenverschluss *m*; 2. Tubenobstruktion *f*, Eileiterverschluss *m*
tubal cancer Tubenkarzinom *n*, Eileiterkrebs *m*
tubal carcinoma *s.* tubal cancer
tubal catarrh Tubenkatarrh *m*, Ohrtrompetenkatarrh *m*
tubal contractile ability *(Gyn)* Tubenkontraktionsfähigkeit *f*
tubal elevation *(HNO, Anat)* Tubenwulst *m*, Torus *m* tubarius
tubal endometriosis *(Gyn, Path)* Tubenendometriose *f*
tubal extremity of the ovary *(Anat, Gyn)* Extremitas *f* tubaria
tubal fistula of the stomach schlauchförmige Magenfistel *f*
tubal insufflation Tubeninsufflation *f*, Tubendurchblasung *f*, Pertubation *f*
tubal isthmus Tubenisthmus *m*, Eileiterenge *f*, Isthmus *m* tubae uterinae
tubal leucorrhoea *(Gyn)* tubarer Fluor *m* albus, tubare Leukorrhö(e) *f*, Tubenleukorrhoe(a) *f*
tubal ligation Tubenligatur *f*, Eileiterunterbindung *f*
tubal lumen Tubenlumen *n*, Eileiterlumen *n*
tubal mobility Tubenmobilität *f*, Eileiterbeweglichkeit *f*
tubal mole Tubenmole *f*, Eileitermole *f*
tubal occlusion Tubenokklusion *f*, Eileiterverklebung *f*, Eileiterverschluss *m*
tubal patency Tubendurchgängigkeit *f*
tubal patency testing Tubendurchgängigkeitsprobe *f*
tubal plica Tubenfalte *f*, Eileiter(schleimhaut)falte *f*, Plica *f* tubaria
tubal pregnancy Tubargravidität *f*, Eileiterschwangerschaft *f*
tubal rupture Tubenruptur *f*, Eileiterzerreißung *f*
tubal sterility Tubensterilität *f*, Eileitersterilität *f*
tubal sterilization Tubensterilisation *f*, Eileiterunterbindung *f*
tubal tonsil *(HNO, Anat)* Tubentonsille *f*, Tubenmandel *f*, Tonsilla *f* tubaria
tubatorsion Tubentorsion *f*, Eileitertorquierung *f*, Eileiterverdrehung *f*
tube 1. Röhre *f*, Rohr *n*; Drain *m(n)*, Ableitungsrohr *n*; 2. Sonde *f*, Schlauch *m*; Magenschlauch *m*; 3. *s.* tubus; 4. *s.* tuba
tube curare *s.* tubocurarine
tube drain Schlauchdrain *m(n)*
tube drainage Schlauchdrainage *f*
tube feeding Sondenernährung *f*
tube fixation stand Tubusstativ *n*
tube graft *s.* tunnel graft
tube housing Röntgenröhrengehäuse *n*; Röntgenröhrenabschirmung *f*
tube vision *s.* tubular vision
tubectomy Tubektomie *f*, Tubenresektion *f*, Tubenexstirpation *f*, (operative) Eileiterentfernung *f*
tubed flap *(Transp)* Rolllappen *m (Haut)*
tuber Tuber *n*, Knollen *m*, Höcker *m*, Vorsprung *m*
tuber angle Tuber-Gelenk-Winkel *m*
tubera *pl s.* tuber
tuberal Tuber..., Knollen..., Höcker...
tubercle 1. Tuberkel *m*, Tuberculum *n*, Höckerchen *n*, kleiner Vorsprung *m* [Knochenvorsprung *m*]; 2. Tuberkel *m*, Knötchen *n*, Gewebeknötchen *n*; 3. Tuberkel *m*, Tuberkuloseknötchen *n*
tubercle bacillus Tuberkelbazillus *m*, TB, Tuberkelbakterium *n*, Mycobacterium *n* tuberculosis
tubercle of the pubis *(Anat)* Tuberculum *n* pubicum
tubercula *pl s.* tuberculum
tubercular 1. tuberkular, knotig, höckrig; Tuberkel...; 2. *s.* tuberculous 1.
tubercular syphilid tuberkuläres [knotiges] Syphilid *n*
tuberculate *s.* tuberculated
tuberculated tuberkelübersät, knötchenbedeckt
tuberculation Tuberkelentwicklung *f*, Tuberkelentstehung *f*, Knötchenbildung *f*
tuberculid *s.* tuberculide
tuberculide Tuberkulid *n*, Hauttuberkuloseknoten *m*
tuberculigenous Tuberkulose erzeugend [auslösend]
tuberculin *(Immun)* Tuberkulin *n (zur Tuberkulosetestung)*
tuberculin hypersensitivity *s.* tuberculin-type sensitivity
tuberculin-negative tuberkulinnegativ
tuberculin patch test Tuberkulin-Pflasterprobe *f*
tuberculin-positive tuberkulinpositiv
tuberculin precipitation Tuberkulinpräzipitation *f*
tuberculin reaction Tuberkulinreaktion *f*
tuberculin skin test Tuberkulinhauttest *m*, Tuberkulinkutanprobe *f*
tuberculin syringe Tuberkulinspritze *f*
tuberculin test Tuberkulintest *m*, Tuberkulinprobe *f*
• **carry out the tuberculin test** den Tuberkulintest durchführen, die Tuberkulinprobe machen
tuberculin-type allergy Tuberkulinspätreaktion *f*, Tuberkulinallergie *f*, Tuberkulin(spätreaktions)typ *m*
tuberculin-type sensitivity Tuberkulinsofortreaktion *f*, Tuberkulinschnellreaktion *f*
tuberculination *s.* tuberculinization
tuberculinization Tuberkulindiagnostik *f*, Tuberkulinanwendung *f*, Tuberkulinapplikation *f*
tuberculinotherapy Tuberkulintherapie *f*, Tuberkulinbehandlung *f*
tuberculization 1. Impfung *f* mit Tuberkelpräparaten; 2. *s.* tuberculation
tuberculize *v* mit einem Tuberkelpräparat impfen
tuberculocele tuberkulöse Hodenerkrankung *f*, Hodentuberkulose *f*
tuberculochemotherapeutic tuberkulochemotherapeutisch, tuberkulostatisch und tuberkulozid *(z. B. Tuberkulosebehandlung)*
tuberculocidal tuberkulozid, tuberkelbakterientötend
tuberculocide tuberkulozides [tuberkelbakterientötendes] Mittel *n*
tuberculoderm *s.* tuberculoderma
tuberculoderma Tuberkuloderm(a) *n*, Hauttuberkulose *f*
tuberculofibroid fibrosierter Tuberkel *m*, fibrosiertes Tuberkuloseknötchen *n*
tuberculoid 1. tuberkuloid, knötchenförmig, knötchenartig; 2. *s.* tuberculous 1.
tuberculoid dermal leishmaniasis *(Trop)* tuberkuloide Hautleishmaniasis *f*
tuberculoid leprosy *(Trop)* tuberkuloide Lepra *f*
tuberculoma Tuberkulom *n*, Tuberkulosegeschwulst *f*, Tuberkuloseknoten *m*
tuberculoma of the nose Nasentuberkulom *n*
tuberculomania Tuberkulomanie *f*, Tuberkulosewahn *m*
tuberculoopsonin Tuberkelbakterienopsonin *n*
tuberculophobia Tuberkulophobie *f*, Tuberkulosefurcht *f*, Tuberkuloseangst *f*
tuberculoprotein Tuberkuloprotein *n*, Tuberkelbakterieneiweiß *n*
tuberculosarium Tuberkulosesanatorium *n*, Tuberkuloseheilstätte *f*
tuberculose *s.* 1. tuberculous; 2. tuberculate
tuberculosilicosis *(Arb)* Tuberkulosilikose *f*, Silikotuberkulose *f*, Staublungentuberkulose *f*

tuberculosis Tuberkulose *f*, Tbk *f*, Tbc *f*, Tb *f*, Knötchenkrankheit *f (durch Mycobacterium tuberculosis; siehe auch unter: tuberculous)*
tuberculosis hospital Tuberkuloseklinik *f*, TBKlinik *f*
tuberculosis morbidity rate Tuberkulosemorbiditätsrate *f*
tuberculosis mortality rate Tuberkulosemortalitätsrate *f*
tuberculosis of joints Gelenktuberkulose *f*
tuberculosis of the bone Knochentuberkulose *f*
tuberculosis of the epididymis Nebenhodentuberkulose *f*
tuberculosis of the larynx Kehlkopftuberkulose *f*
tuberculosis of the lung Lungentuberkulose *f*
tuberculosis of the lymphatic glands Lymphknotentuberkulose *f*
tuberculosis of the spine *s.* tuberculous spondylitis
tuberculosis vaccine Tuberkulosevakzine *f*, Tuberkuloseimpfstoff *m*; BCG-Vakzine *f*
tuberculostat *s.* tuberculostatic agent
tuberculostatic tuberkulostatisch, tuberkelbakterienhemmend
tuberculostatic (agent) Tuberkulostatikum *n*, tuberkulostatisches [tuberkelbakterienhemmendes] Mittel *n*, Antituberkulotikum *n*
tuberculotic tuberkulös; Tuberkulose...
tuberculotic Tuberkulosekranke(r) *m*, Tuberkulöse(r) *m*
tuberculotoxin Tuberkulotoxin *n (aus Mycobacterium tuberculosis)*
tuberculotropic tuberkulotrop, auf Tuberkelbakterien gerichtet
tuberculous 1. tuberkulös; Tuberkulose...; 2. *s.* tubercular 1.
tuberculous arthritis tuberkulöse Arthritis *f*, Arthritis *f* tuberculosa
tuberculous bronch(o)adenitis tuberkulöse Bronchoadenitis *f*, Bronchoadenitis *f* tuberculosa
tuberculous caries of bone *s.* tuberculosis of the bone
tuberculous cavity Kaverne *f*, tuberkulöse Höhle *f*
tuberculous choroiditis Chorioiditis *f* tuberculosa
tuberculous dactylitis Spina *f* ventosa, Winddorn *m*, tuberkulöse Finger- und Zehenknochenauftreibung *f*
tuberculous endometritis tuberkulöse Endometritis *f*, Endometritis *f* tuberculosa
tuberculous infection Tuberkuloseinfektion *f*
tuberculous laryngitis *s.* tuberculosis of the larynx
tuberculous lesion Tuberkuloseherd *m*
tuberculous lymphadenitis tuberkulöse Lymphadenitis *f*, Lymphadenitis *f* tuberculosa
tuberculous mastitis Mastitis *f* tuberculosa; Brust(drüsen)tuberkulose *f*
tuberculous maxillary sinusitis tuberkulöse Kieferhöhlenentzündung *f*
tuberculous meningitis tuberkulöse Meningitis *f*, Meningitis *f* tuberculosa
tuberculous pericarditis tuberkulöse Herzbeutelentzündung *f*, Pericarditis *f* tuberculosa
tuberculous peritonitis tuberkulöse Bauchfellentzündung *f*, Peritonitis *f* tuberculosa; Peritonealtuberkulose *f*, Bauchfell-Tbk *f*
tuberculous pleurisy tuberkulöse Brustfellentzündung *f*, Pleuritis *f* tuberculosa; Pleuratuberkulose *f*, Pleura-Tbk *f*
tuberculous pneumonia tuberkulöse Lungenentzündung *f*, tuberkulöse Pneumonie *f*
tuberculous rheumatism Gelenktuberkulose *f*, Gelenk-Tbk *f*, Arthritis *f* tuberculosa
tuberculous salpingitis Eileitertuberkulose *f*, Eileiter-Tbk *f*, Salpingitis *f* tuberculosa
tuberculous spondylitis Wirbelsäulentuberkulose *f*, Wirbelsäulen-Tbk *f*, Spondylitis *f* tuberculosa, Morbus *m* Pott, Malum *n* Potti, Pott'sche Krankheit *f*
tuberculous tendosynovitis Sehnenscheidentuberkulose *f*, Sehnenscheiden-Tbk *f*
tuberculum 1. Tuberkel *m*, Tuberculum *n*, Höckerchen *n*, kleiner Vorsprung *m* [Knochenvorsprung *m*]; 2. Tuberkel *m*, Knötchen *n*, Gewebeknötchen *n*; 3. Tuberkel *m*, Tuberkuloseknötchen *n*
tuberiferous höckerig, (einen) Höcker tragend
tuberose *s.* tuberous
tuberositas *s.* tuberosity
tuberosity Tuberositas *f*, Rauigkeit *f*, höckrige Stelle *f*
tuberosity of the cuboid bone Tuberositas *f* ossis cuboidei
tuberosity of the ischium Tuber *m* ischiadicum, Sitzbeinhöcker *m*, Sitzbeinknorren *m*
tuberosity of the navicular bone Tuberositas *f* ossis navicularis
tuberosity of the palatine bone Processus *m* pyramidalis ossis palatini
tuberosity of the tibia Tuberositas *f* tibiae
tuberosity of the ulna Tuberositas *f* ulnae
tuberous 1. tuberös, höck(e)rig; 2. mit Knötchen bedeckt; 3. knötchenförmig, knotig
tuberous carcinoma Carcinoma *n* tuberosum
tuberous cystic tumour of the breast Cystosarcoma *n* phylloides
tuberous sclerosis Bourneville-Krankheit *f*
tuberous xanthoma Xanthoma *n* tuberosum
tubi *pl s.* tubus
tubiferous *s.* tuberous
tubiform röhrenförmig
tubing clamp Schlauchklemme *f (Instrument)*
tubing forceps *s.* tubing clamp
tubo-abdominal tuboabdominal, salpingoabdominal; Eileiter-Bauch(höhlen)-...
tubo-abdominal gestation *s.* tubo pregnancy
tubo-abdominal pregnancy Eileiter-Bauchhöhlen-Schwangerschaft *f*
tubocurare *s.* tubocurarine
tubocurarine Tubokurare *n*, Tubokurarin *n*, Tubakurarin *n (Muskelrelaxans)*
tubocurarine chloride Tubokurarinchlorid *n*, D-Tubocurarinchlorid *n*
tuboligamentary Eileiter-Ligamentum-latum-...
tuboligamentous *s.* tuboligamentary
tubo-ovarian tuboovarial; Eileiter-Eierstock-...
tubo-ovarian abscess Tuboovarialabszess *m*, Eileiter-Eierstock-Abszess *m*
tubo-ovarian cyst Tuboovarialzyste *f*, Eileiter-Eierstock-Zyste *f*
tubo-ovarian gestation *s.* tubo-ovarian pregnancy
tubo-ovarian mass *s.* tubo-ovarian tumour
tubo-ovarian pregnancy Tuboovarialgravidität *f*, Eileiter-Eierstock-Schwangerschaft *f*
tubo-ovarian tumour Tuboovarialtumor *m*, Eileiter-Eierstock-Geschwulst *f*
tubo-ovariectomy *s.* salpingo-oophorectomy
tubo-ovariotomy *s.* salpingo-oophorectomy
tubo-ovaritis *s.* salpingo-oophoritis
tuboperitoneal tuboperitoneal; Eileiter-Bauchfell-...
tuboplasty *s.* salpingoplasty
tubotorsion Tubentorsion *f*, Tubenverdrehung *f*, Eileitertorsion *f*, Eileiterverdrehung *f*
tubotympanal tubotympanal; Ohrtrompeten-Paukenhöhlen-...
tubotympanic *s.* tubotympanal
tubotympanum Tubotympanum *n*
tubo-uterine tubouterin; Eileiter-Gebärmutter-...
tubovaginal tubovaginal; Eileiter-Scheiden-...
tubular tubulär, röhrenförmig, schlauchförmig; tubulusförmig; Tubulus...
tubular bone Röhrenknochen *m*

tubular dressing *(Chir)* Strumpfverband *m*, Gamaschenverband *m*
tubular epithelium *(Histol)* Tubulusepithel *n*
tubular fascial stripper *(Chir)* röhrenförmiger Faszienstripper *m (Instrument)*
tubular injury Tubulusschädigung *f*, Tubulusverletzung *f (der Niere)*
tubular knitted roller Trikotschlauchbinde *f*
tubular malfunction *(Nephr)* Tubulusfunktionsstörung *f*
tubular necrosis tubuläre Nekrose *f*, Tubulusnekrose *f*
tubular roller *(Chir)* Schlauchbinde *f*
tubular structure *(Nephr)* Tubulusstruktur *f*
tubular vision *(Ophth)* Röhrensehen *n*; röhrenförmiges Gesichtsfeld *n*
tubulature Retortenhals *m*
tubule Tubulus *m*, Röhrchen *n*, Kanälchen *n*, Schlauch *m*
tubuli *pl s.* tubulus
tubuliform *s.* tubular
tubulin Tubulin *n*
tubulitis Nierenkanälchenentzündung *f*
tubuloacinar *s.* tubuloacinous
tubuloacinous tubuloazinös *(z. B. Drüse)*
tubuloalveolar tubuloalveolar *(z. B. Drüse)*
tubulocyst Tubuluszyste *f*
tubulodermoid Tubulusdermoidzyste *f*
tubulointerstitial tubulointerstitiell; Tubulus-Interstitium-…
tubulolymphatic tubulolymphatisch; Tubulus-Lymphgefäß-…
tubuloneogenesis Tubuloneogenese *f*, Tubulusneubildung *f (in der Niere)*
tubulopathy Tubulopathie *f*, Nierenkanälchenerkrankung *f*
tubuloracemose tubulorazemös
tubulorrhexis Tubulorrhexis *f*, Nierenkanälchenruptur *f*
tubulosaccular tubulosakkular
tubulose tubulös, kanälchenhaltig; Tubulus…
tubulous *s.* tubulose
tubulovenous tubulovenös; Tubulus-Venen-…
tubulus Tubulus *m*, Röhrchen *n*, Kanälchen *n*, Schlauch *m*
tubus Tubus *m*, Narkosetubus *m*, Trachealtubus *m*
tularaemia *(Inf)* Tularämie *f*, Hasenpest *f*, Lemming-Fieber *n (durch Francisella tularensis)*
tularaemic pneumonia Tularämiepneumonie *f*
tularine reaction *(Inf)* Tularin(kutan)reaktion *f*, Tularin(intrakutan)probe *f (zum Tularämienachweis)*
tumefacient 1. (an)schwellend; (an)geschwollen; 2. eine Anschwellung bewirkend, eine Schwellung auslösend
tumefaction 1. Anschwellen *n*, Schwellen *n*; 2. *s.* tumescence
tumefy *v* (an)schwellen; eine Anschwellung bewirken, eine Schwellung auslösen
tumentia Anschwellung *f*, Schwellung *f*
tumescence Tumeszenz *f*, Schwellung *f*; diffuse Anschwellung *f*
tumescent (an)schwellend; (an)geschwollen
tumid (an)geschwollen, ödematös
tumidity Schwellungszustand *m*, Schwellung *f*
tummy tuck *s.* abdominplasty
tumor *(Am) s.* tumour
tumour Tumor *m*, Geschwulst *f* • **expose a tumour** einen Tumor freilegen
tumour anaemia Tumoranämie *f*
tumour angiogenesis factor Tumor-Angiogenese-Faktor *m*
tumour antigen Tumorantigen *n*
tumour bulk gesamte Tumormasse *f*
tumour cell Tumorzelle *f*, Geschwulstzelle *f*
tumour cell vaccine Tumorzellenvakzine *f*
tumour classification Tumorklassifikation *f*, Tumorklassifizierung *f*, Geschwulsteinteilung *f*
tumour diagnosis Tumordiagnostik *f*
tumour (grasping) forceps Tumor(fass)zange *f*
tumour growth Tumorwachstum *n*
tumour immunology Tumorimmunologie *f*
tumour induction Tumorinduktion *f*
tumour infiltration Tumorinfiltration *f*
tumour marker Tumormarker *m*
tumour necrosis factor *(Onk)* Tumornekrosefaktor *m*, Tumor-Nekrose-Faktor *m*, TNF *(Tumorzellen auflösende Substanz aktivierter Makrophagen)*
tumour pathology Tumorpathologie *f*
tumour recurrence Tumorrezidiv *n*
tumour registry Tumorregister *n*
tumour removal Tumorentfernung *f*
tumour sensitive to radiotherapy strahlensensibler Tumor *m*, strahlenempfindliche Geschwulst *f*
tumour-specific antigen tumorspezifisches Antigen *n*
tumour tissue Tumorgewebe *n*
tumour virus Tumorvirus *n*
tumour volume Tumorvolumen *n*
tumouraffin 1. tumoraffin *n*, tumorwirksam, geschwulstwirksam; 2. tumoraffin, Tumorzellen anziehend, auf Tumorzellen gerichtet
tumoural *s.* tumourous
tumourectomy Tumorektomie *f*, Tumorentfernung *f*, Tumorexstirpation *f*
tumouricidal tumorzerstörend
tumourigenesis Tumorgenese *f*, Tumorbildung *f*, Tumorentwicklung *f*
tumourigenic tumorbildend, geschwulstproduzierend
tumourous tumorös, tumorartig, geschwulstartig; Tumor…, Geschwulst…
Tunga penetrans Tunga *f* penetrans, Sandfloh *m*
tungiasis *(Paras)* Tungiasis *f*, Sandflohbefall *m*
tunic *s.* tunica
tunica Tunica *f*, Tunika *f*, Häutchen *n*; Gewebsschicht *f*
tunicary 1. Tunika…; 2. von einem Häutchen bedeckt
tuning-fork *(HNO)* Stimmgabel *f*
tuning-fork test *(HNO)* Stimmgabeltest *m*, Stimmgabelprobe *f*
tunnel anaemia *s.* ancylostomiasis
tunnel disease *s.* ancylostomiasis
tunnel flap *(Transp)* Rundstiellappen *m (Gewebe)*
tunnel graft Rundstiellappentransplantat *n*
tunnel vision *s.* tubular vision
tunnel wound röhrenförmige Wunde *f*
turanose Turanose *f*
turban Turban *m*
turbid trübe; schlammig; dick(flüssig)
turbid urine trüber Urin *m*
turbidimeter Turbidimeter *n*, Trübungsmesser *m*
turbidimetric turbidimetrisch
turbidimetric immunoassay *(Lab)* turbidimetrischer Immuntest *m*, TIA, turbidimetrische Immunanalyse *f (zur quantitativen Bestimmung von Antigenen)*
turbidimetry Turbidimetrie *f*, Trübungsmessung *f*
turbidity Trübung *f*, Trübheit *f*
turbinal *s.* turbinate
turbinate turbinal, gewunden; muschelförmig
turbinate (bone) Concha *f* nasalis, Nasenmuschel *f*
turbinate crest Crista *f* conchalis, Nasenmuschelleiste *f*
turbinated *s.* turbinate
turbinectomy Nasenmuschelresektion *f*, (operative) Nasenmuschelentfernung *f*
turbinotome Nasenmuschelmesser *n*
turbinotomy Nasenmuschelinzision *f*, Nasenmuschelschnitt *m*

Türck's bundle *(Anat)* Türck'sches Bündel *n*, Türck'sche Bahn *f*, Fasciculus *m* Türcki, temporale Brückenbahn *f*
turgescence 1. Turgeszenz *f*, Schwellung *f*, Anschwellung *f*; 2. Blutreichtum *m*, Blutfülle *f*
turgescent (an)schwellend
turgid 1. *s.* tumid; 2. hyperämisch, blutgefüllt, blutreich, blutvoll, angeschoppt
turgidity 1. Schwellung *f*, Anschwellung *f*; 2. Hyperämie *f*, Blutfülle *f*, Blutreichtum *m*, Anschoppung *f*
turgidness *s.* turgidity
turgor Turgor *m*, Gewebespannung *f*
turgor of the skin Hautturgor *m*
Turkish bath *(Bal)* türkisches Bad *n*, Heißluftbad *n*
Turkish saddle *(Anat)* Türkensattel *m*, Hypophysengrube *f*, Sella *f* turcica
turn *v* wenden, drehen, die Kindslage verändern *(z. B. bei der Geburt)*
turn of a bandage Bindengang *m*, Bindentour *f*
turn of life Wechseljahre *npl* (der Frau)
Turner's sign Grey-Turner-Zeichen *n*
Turner's syndrome *(Gen, Päd)* Turner'sches Syndrom *n*, (Ullrich-)Turner-Syndrom *n*, Morgagni-Turner-Albright'sches Syndrom *n*, Ovarialagenesie *f (Gonadendysgenesie-Syndrom infolge Chromosomenaberration)*
turning Wendung *f*, Drehung *f*, Version *f (bei der Geburt)*
turning inside out suture *s.* turning suture
turning point in the course of the disease Krankheitswendepunkt *m*, Krankheitskrise *f*
turning suture *(Chir)* evertierende Naht *f*
turnover Umsatz *m*, Stoffwechselumsatz *m*, Stoffwechselrate *f*
turpentine Terpentin *n*
turpentine oil Terpentinöl *n*
turpentine spirit *s.* turpentine oil
turps *s.* turpenine oil
turricephalia Turrizephalie *f*, Turmschäd(e)ligkeit *f*, Pyrgozephalie *f*
turricephalous turrizephal, turmschäd(e)lig
turricephalus Turrizephalus *m*, Turmschädel *m*
turricephaly *s.* turricephalia
turtle bandage *(Chir)* Dachziegelverband *m*
turunda *s.* turundula
turundula 1. *(Pharm)* Suppositorium *n*, Zäpfchen *n*; 2. *(Chir)* Tampon *m*, Tamponade *f*, Tamponadestreifen *m*; Quellstift *m*
tusk *s.* canine tooth
tussal *s.* tussive
tussicular *s.* tussive
tussiculation Hüsteln *n*
tussigenic tussigen, Husten auslösend, Husten bewirkend
tussis Tussis *f*, Husten *m*
tussive 1. Tussis..., Husten...; 2. durch Husten bewirkt [ausgelöst]; 3. von Husten geplagt
tussive fremitus Stimmfremitus *m*
twang Näseln *n*, Nasensprache *f*, näselnde Sprache *f* [Aussprache *f*]
twelfth cranial nerve XII. Hirnnerv *m*, Nervus *m* hypoglossus
twenty bedded department [unit] 20-Betten-Abteilung *f*
twenty-four-hour urine collection 24-Stunden-Urin *m*, 24-Stunden-Sammelurin *m*, Tagesurinmenge *f*
twig 1. Arteriole *f*, Gefäßast *m*, Blutgefäßzweig *m*; 2. Nervenfilament *n*, Nervenfaser *f*
twilight Dämmer(ungs)...
twilight myopia Dämmerungsmyopie *f*
twilight sleep Dämmerschlaf *m*, Halbschlaf *m*
twilight state Dämmerzustand *m*
twilight vision Dämmerungssehen *n*, Dämmerungssichtigkeit *f*
twin Zwilling *m*
twin brother Zwillingsbruder *m*
twin delivery Zwillingsgeburt *f*
twin labour *s.* twin delivery
twin monster Zwillingsmissgeburt *f*, Doppelmissbildung *f*
twin pregnancy Zwillingsschwangerschaft *f*
twin sister Zwillingsschwester *f*
twinge stechender Schmerz *m*, Stechen *n*
twinning Dopplung *f*, Verdoppelung *f*
twist of the ovarian cystoma pedicle verdrehter Ovarialkystomstiel *m*; abgeschnürtes Ovarialzystom *n*
twisted hairs Pili *npl* torti, gedrehte Haare *npl*; Trichokinese *f*, Trichokinesis *f*, Trichotortosis *f (Haarabnormität)*
twisters cramp Weberkrampf *m*
twisting of the umbilical cord *(Gyn)* Nabelschnurverdrehung *f*
twitch *v* zucken, krampfen
twitch 1. Zucken *n*, Zuckung *f*; 2. *s.* twinge
twitching Zucken *n*, Muskelzucken *n*, Muskelzuckung *f*
twitching of the shoulders Schulterzucken *n*
two-chamber bladder Zweikammerharnblase *f*
two-chamber(ed) echo view 1. Zwei-Kammer-Blick *m*, Zwei-Kammer-Ansicht *f (bei der Echokardiographie)*; 2. Zwei-Kammer Echokardiogramm *n*
two-dimensional colour flow Doppler image zweidimensionales Colour-Flow-Doppler-Bild *n*, 2D-Farb-(Fluss-)Doppler-Bild *n*
two-dimensional echocardiogram 2D-Echokardiogramm *n*, zweidimensionales Echokardiogramm *n*, 2D-echokardiographisches Bild *n*
two-dimensional echocardiography 2D-Echokardiographie *f*, zweidimensionale Echokardiographie *f*, Schnittbild-Echokardiographie *f*, Real-time-Echokardiographie *f*
two-dimensional long-axis echocardiogram 2D-Echokardiogramm *n* in der langen Achse, zweidimensionales Echokardiogramm *n* in der langen Achse, 2D-Long-axis-Echokardiogramm *n*
two-dimensional real-time ultrasonic imaging of the heart *s.* two-dimensional echocardiography
two-dimensional ultrasonic cardiac imaging *s.* two-dimensional echocardiography
two-glass pyuria *(Urol)* Zweigläserpyurie *f*
two-glass test *(Urol)* Zweigläserprobe *f*
two-joint muscle Zweigelenkmuskel *m*, Doppelgelenkmuskel *m*
two-phase menstrual cycle zweiphasiger Menstruationszyklus *m*
two-point discrimination *(Neur)* Zwei-Punkte-Diskriminierung *f*, Zwei-Punkte-Unterscheidung *f (Tastsinn)*
two-point discrimination test *(Neur)* Zwei-Punkte-Unterscheidungstest *m*
two-point gait Zwei-Punkte-Gang *m*
two-point sensibility *s.* two-point discrimination
two-row suture *(Chir)* zweireihige Naht *f*
two-stage operation Zwei-Stufen-Operation *f*, zweizeitige Operation *f*
two-step (exercise) test *(Kard)* (Master'scher) Zweistufen-Test *m*
two-way catheter Zweilumenkatheter *m*, Doppellumenkatheter *m*
tybamate Tybamat *n (Tranquilizer)*
tying of the cord *(Gyn)* Nabelschnurabbindung *f*
tyle Schwiele *f*
tylion Tylion *n (kraniometrischer Messpunkt)*
tyloma Tyloma *n*, Schwiele *f*
tylosis Tylosis *f*, Schwielenbildung *f*
tylotic Tyloma..., Schwielen...
tyloxapol Tyloxapol *n (Mukolytikum)*

tymazoline Tymazolin *n (zur Nasenschleimhautabschwellung)*
tympanal *s.* tympanic
tympanectomy Tympanektomie *f*, Trommelfellexstirpation *f*, (operative) Trommelfellentfernung *f*
tympania 1. Tympanie *f*, Klingen *n*, klingender Klopfschall *m*, Resonanz *f*; 2. *(Gastr)* Tympanie *f*, Blähsucht *f*, Trommelsucht *f*, Meteorismus *m*, Darmaufblähung *f*, Darmauftreibung *f*, Trommelbauch *m*, Blähbauch *m*
tympanic 1. Tympanum..., Trommelfell...; 2. tympanitisch, resonant, klingend; 3. Tympanie..., Meteorismus...
tympanic antrum Antrum *n* mastoideum
tympanic cavity Cavum *n* tympani, Paukenhöhle *f*
tympanic cell Mastoidzelle *f*
tympanic ganglion Ganglion *n* tympanicum
tympanic incisure Incisura *f* tympanica
tympanic membrane Membrana *f* tympani, Trommelfell *n*, Paukenfell *n*
tympanic membrane homograft Trommelfellhomotransplantat *n*, Trommelfell-Homograft *n*
tympanic membrane perforation Trommelfellperforation *f*
tympanic membrane thermometer Trommelfellthermometer *n*
tympanic nerve Nervus *m* tympanicus, Jacobson'scher Nerv *m*
tympanic notch *s.* tympanic incisure
tympanic opening of the Eustachian tube Ostium *n* tympanicum tubae auditivae, Paukenhöhlenmündung *f* der Ohrtrompete
tympanic perforation *s.* tympanic membrane perforation
tympanic plexus Plexus *m* tympanicus, Jacobson'scher Plexus *m*
tympanic portion of the temporal bone Pars *f* tympanica ossis temporalis
tympanic reflex Trommelfellreflex *m*
tympanic resonance tympanitische Resonanz *f*
tympanic ring Anulus *m* tympanicus, Trommelfellring *m*
tympanic scala Scala *f* tympani, Paukentreppe *f*
tympanic scute Tegmen *n* tympani, knöchernes Paukenhöhlendach *n*
tympanic sinus Sinus *m* tympani
tympanic sulcus Sulcus *m* tympanicus
tympanic temperature Trommelfelltemperatur *f*
tympanic vein Vena *f* tympanica, Paukenhöhlenvene *f*
tympanic wall of the cochlear duct Paries *m* tympanicus ductus cochlearis
tympanichord Chorda *f* tympani
tympanichordal tympanichordal; Chorda-tympani-...
tympanicity Tympanizität *f*, tympanitischer Ton *m*, tympanitische Resonanz *f*, tympanitisches Klingen *n*
tympaniform tympaniform, trommelförmig, trommelartig
tympanism *s.* tympania 2.
tympanites *s.* tympania 2.
tympanitic 1. tympanitisch, resonant, klingend; 2. *s.* tympanous
tympanitic abscess Gasabszess *m*
tympanitis Tympanitis *f*, Myringitis *f*, Trommelfellentzündung *f*, Otitis *f* media
tympanocentesis Tympanozentese *f*, Trommelfellpunktion *f*, Trommelfellinzision *f*
tympanodynamometry Tympanodynamometrie *f*
tympanoeustachian *(Anat)* tympano-eustachisch; Paukenhöhlen-Ohrtrompeten-...
tympanogenic tympanogen, aus der Paukenhöhle stammend
tympanogram Tympanogramm *n*
tympanohyal *(Anat)* tympanohyal; Trommelfell-Zungenbeinbogen-...
tympanolabyrinthopexy *(HNO)* Tympanolabyrinthopexie *f (Fensterungsoperation)*
tympanomalleal *(Anat)* tympanomalleolar; Trommelfell-Hammer-...
tympanomandibular *(Anat)* tympanomandibulär; Paukenhöhlen-Unterkiefer-...
tympanomastoid *(Anat)* tympanomastoid; Paukenhöhlen-Warzenfortsatz-...
tympanomastoidectomy Tympanomastoidektomie *f*, operative Warzenfortsatzausräumung *f*
tympanomastoiditis Tympanomastoiditis *f*, Paukenhöhlen- und Warzenfortsatzentzündung *f*
tympanomeatal tympanomeatal; Tympanum-Gehörgang-...
tympanomeatomastoidectomy Tympanomeatomastoidektomie *f*, radikale Mastoidektomie *f*
tympanometric tympanometrisch
tympanometry Tympanometrie *f*
tympanophonia Tympanophonie *f*, Autophonie *f*, Eigenhören *n*, verstärktes Hören *n* der eigenen Stimme
tympanophony *s.* tympanophonia
tympanoplastic tympanoplastisch, trommelfellbildend, trommelfellrekonstruierend
tympanoplasty Tympanoplastik *f*, Trommelfellplastik *f*, Trommelfellrekonstruktion *f*
tympanosclerosis Tympanosklerose *f*, Paukenhöhlensklerose *f*
tympanosclerotic tympanosklerotisch
tympanosis *s.* tympania 2.
tympanosquamosal *s.* tympanosquamous
tympanosquamous *(Anat)* tympanosquamös
tympanostapedial *(Anat)* tympanostapedial; Mittelohr-Steigbügel-...
tympanostapedial syndesmosis Syndesmosis *f* tympanostapedia
tympanostomy Tympanostomie *f*, Myringotomie *f*
tympanotemporal *(Anat)* tympanotemporal; Paukenhöhlen-Schläfenbein-...
tympanotomy Tympanotomie *f*, Trommelfellparazentese *f*, Trommelfellschnitt *m*
tympanous tympanisch, gasgefüllt, gebläht
tympanum *s.* 1. tympanic membrane; 2. middle ear
tympany *s.* tympania
tyndallization Tyndallisation *f*, Tyndallisieren *n*, fraktionierte Sterilisation *f*
tyndallometry Tyndallometrie *f (zur Konzentrationsbestimmung von kolloidal gelösten Substanzen in Flüssigkeiten)*
type *v* typisieren *(Nierenspender)*; identifizieren *(Bakterienkultur)*; klassifizieren *(Blutgruppe)*
type Typ *m*, Erscheinungsbild *n*
type A influenza virus Influenzavirus *n* Typ A
type I Dip *s.* early deceleration
type II Dip *s.* late deceleration
type III Dip *s.* variable deceleration
type of fever Fiebertyp *m*
type-specific immunity typenspezifische Immunität *f*
typhic *s.* typhoid
typhlatonia Typhlatonie *f*, Zökumatonie *f*, Blinddarmerschlaffung *f*, Caecum *n* mobile
typhlectasia Typhlektasie *f*, Zökumdilatation *f*, Blinddarmerweiterung *f*
typhlectasis *s.* typhlectasia
typhlectomy Typhlektomie *f*, Zökumexzision *f*, (operative) Blinddarmentfernung *f*
typhlenteritis *s.* typhloenteritis
typhlitis Typhlitis *f*, Blinddarm- und Wurmfortsatzentzündung *f*
typhlocele Typhlozele *f*, Zökumbruch *m*, Zökozele *f*, Blinddarmhernie *f*

typhlocolitis *s.* typhloenteritis
typhlodicliditis Typhlodikliditis *f*, Entzündung *f* der Iliozökalklappe
typhloempyema Typhloempyem *n*, Zökumempyem *n*, Blinddarmempyem *n*
typhloenteritis Typhloenteritis *f*, Typhlokolitis *f*, Zökumentzündung *f*
typhlolexia *(Neur)* Wortblindheit *f*, Buchstabenblindheit *f*
typhlolithiasis Typhlolithiasis *f*, Zökumsteinkrankheit *f*, Blinddarmsteinerkrankung *f*
typhlology *(Ophth)* Typhlologie *f*, Blindenlehre *f*
typhlomegaly Typhlomegalie *f*, Zökumvergrößerung *f*
typhlon Typhlon *n*, Intestinum *n* caecum, Zökum *n*, Zäkum *n*, Blinddarm *m (Zusammensetzungen siehe unter: caecum)*
typhlopexy Typhlopexie *f*, Zökumfixation *f*, (operative) Blinddarmanheftung *f*
typhlophilia Typhlophilie *f*, Blindenfürsorge *f*
typhloptosis Typhloptosis *f*, Zökumptosis *f*, Blinddarmsenkung *f*, Zökumsenkung *f*, Zökumtiefstand *m*
typhlorrhaphy Typhlorrhaphie *f*, Zökumnaht *f*, Blinddarmnaht *f*
typhlosis *(Ophth)* Blindheit *f*; Erblindung *f*
typhlospasm Typhlospasmus *m*, Zökalspasmus *m*, Blinddarmkrampf *m*
typhlostenosis Typhlostenose *f*, Zökumstenose *f*, Blinddarmvereng(er)ung *f*
typhlostomy 1. Typhlostoma *n*, Zökostoma *n*, Blinddarmfistel *f*, Zökumfistel *f*, Zökalfistel *f*; 2. Typhlostomie *f*, Zökostomie *f*, (operative) Zökumfistelung *f*, Blinddarmfistelung *f*
typhlotomy Typhlotomie *f*, Zökuminzision *f*, (operative) Blinddarmeröffnung *f*
typhobacterin Typhobakterin *n (Typhusimpfstoff)*
typhogenic typhogen, typhusauslösend, typhuserzeugend
typhoid typhös, typhusartig, typhusähnlich; Typhus...
typhoid *s.* typhoid fever
typhoid bacillus Typhusbakterium *n*, Salmonella *f* [Eberthella *f*] typhi
typhoid carrier *(Epid)* Typhus(dauer)ausscheider *m*
typhoid carrier state *(Epid)* Typhusdauerausscheidung *f*
typhoid cell Typhuszelle *f (histiozytärer und vakuolisierter Makrophage)*
typhoid cholecystitis Typhuscholezystitis *f*
typhoid fever *(Inf)* Typhus *m* (abdominalis), Abdominaltyphus *m*, Bauchtyphus *m*, Unterleibstyphus *m*
typhoid nodule Typhusknoten *m*
typhoid osteomyelitis Typhusosteomyelitis *f*
typhoid-paratyphoid A and B vaccine Typhus-Paratyphus-A-B-Vakzine *f*, T.A.B.-Vakzine *f*, TAB-Impfstoff *m*
typhoid pelioma Pelioma *n* typhosum *(fleckige Hautblutungen bei Typhus)*
typhoid peritonitis Typhusperitonitis *f*, Peritonitis *f* typhosa
typhoid pneumonia Typhuspneumonie *f*, Pneumotyphus *m*, Typhuserkrankung *f* mit Lungenentzündung
typhoid roseola Roseola *f* typhosa, Typhusroseole *f*
typhoid septicaemia Typhusseptikämie *f*, Typhussepsis *f*
typhoid spine Spondylitis *f* typhosa, Typhusspondylitis *f*
typhoid tongue Typhuszunge *f*
typhoid toxin Typhotoxin *n*, Salmonella-typhi-Toxin *n*
typhoid vaccination Typhusvakzination *f*, Typhusschutzimpfung *f*
typhoid vaccine Typhusvakzine *f*, Typhusimpfstoff *m*
typhoidal *s.* typhoid
typholysin Typholysin *n (Hämolysin von Salmonella typhi)*
typhoma Typhom *n*, Typhusgranulom *n*
typhomalarial typhomalarial; Typhus-Malaria-...
typhomania Typhomanie *f*, Typhuslethargie *f*, Typhuskoma *n*
typhopneumonia *s.* typhoid pneumonia
typhose *s.* typhoid
typhosepsis Typhussepsis *f*, Typhusseptikämie *f*
typhous *s.* typhoid
typhus *s.* 1. typhus fever; 2. typhoid fever
typhus fever Typhus *m* exanthematicus, Flecktyphus *m*, Fleckfieber *n*, Petechialtyphus *m*, Kriegstyphus *m*, Hungertyphus *m*
typhus nodule Flecktyphusknoten *m*, Fleckfieberknoten *m*
typhus vaccine Flecktyphusvakzine *f*, Fleckfieberimpfstoff *m*; Cox-Vakzine *f*
typical typisch
typing Typisierung *f*
typing of blood Blutgruppentypisierung *f*, Blutgruppenbestimmung *f*
typing of tissue Gewebetypisierung *f*
typology Typologie *f*
typoscope Typoskop *n*
tyraminase Tyraminase *f (Enzym)*
tyramine Tyramin *n*, Tyrosamin *n (biogenes Amin)*
tyramine oxidase Tyraminoxidase *f (Enzym)*
tyramine test Tyramintest *m (zum Phäochromozytomnachweis)*
tyrannism Tyrranismus *m*
tyremesis Tyremesis *f*, käsiges Erbrechen *n*
tyrocidine Tyrocidin *n (Antibiotikum)*
Tyrode's solution Tyrode-Lösung *f*
tyrogenous tyrogen, aus Käse entstanden; durch Käse entstanden
tyroid tyroid, käsig, käseartig; Käse...
tyroketonuria Tyroketonurie *f*
tyroma Tyroma *n*, käsige Lymphknotengeschwulst *f*
tyromatosis Tyromatose *f*, käsige Degeneration *f*
tyropanoate sodium Tyropanoat-Natrium *n (Kontrastmittel)*
tyrosamine *s.* tyramine
tyrosinaemia Tyrosinämie *f*, Tyrosinerhöhung *f* im Blut
tyrosinase Tyrosinase *f*, o-Diphenoloxidase *f (Enzym)*
tyrosine Tyrosin *n*, Tyr, p-Hydroxyphenylalanin *n (Aminosäure)*
tyrosine aminotransferase Tyrosinaminotransferase *f (Enzym)*
tyrosine hydrolase Tyrosinhydrolase *f (Enzym)*
tyrosine hydroxylase Tyrosinhydroxylase *f (Enzym)*
tyrosine iodinase Tyrosinjodinase *f (Enzym)*
tyrosine α-ketoglutarate transaminase *s.* tyrosine transaminase
tyrosine kinase Tyrosinkinase *f (Enzym)*
tyrosine metabolism Tyrosinstoffwechsel *m*
tyrosine 3-monooxygenase Tyrosin-3-monooxygenase *f (Enzym)*
tyrosine phenol-lyase Tyrosinphenollyase *f (Enzym)*
tyrosine tolerance test Tyrosinbelastungstest *m*
tyrosine transaminase Tyrosintransaminase *f*, Tyrosin-α-Ketoglutarat-Transaminase *f (Enzym)*
tyrosinosis Tyrosinose *f (Stoffwechselkrankheit)*
tyrosinuria Tyrosinurie *f*, Tyrosinausscheidung *f* im Urin
tyrosis Tyrosis *f*, Verkäsung *f*, käsige Degeneration *f*
tyrosyluria Tyrosylurie *f*
tyrothricin Tyrothricin *n (Antibiotikum)*
tyrotoxicosis Tyrotoxikose *f*, Tyrotoxismus *m*, Käseintoxikation *f*, Käsevergiftung *f*
tyrotoxism *s.* tyrotoxicosis
tysonitis *(Urol)* Tysonitis *f*, Entzündung *f* der Tyson'schen Drüsen
Tyson's glands Tyson'sche Drüsen *fpl*, Glandulae *fpl* sebaceae glandis et preputii

Tzanck smear *(Derm, Lab)* Tzanck'scher Ausstrich *m* [Blasengrundausstrich *m*] *(zum Akantholysenachweis bei Pemphigus vulgaris)*
Tzanck test *(Derm, Lab)* Tzanck-Test *m*, Tzanck'scher Akantholysetest *m (zum Pemphigus-vulgaris-Nachweis)*
tzetze fly Tsetsefliege *f*

U

U wave (of the electrocardiogram) U-Welle *f* (im EKG)
uarthritis Gichtarthritis *f*
uberous fertil, fruchtbar
uberty Fertilität *f*, Fruchtbarkeit *f (Zusammensetzungen siehe unter: fertility)*
ubihydroquinone *s.* ubiquinole
ubiquinol-cytochrome-c reductase Ubiquinoldehydrogenase *f (Enzym)*
ubiquinone Ubichinon *n*, Coenzym *n* Q
ubiquitous ubiquitär, überall vorkommend *(z. B. Bakterien)*
UDP *s.* uridine diphosphate
UDP-galactose Uridindiphosphogalactose *f*
UDP-galactose 4-epimerase *s.* UDP-glucose 4-epimerase
UDP-glucose Uridindiphosphoglucose *f*
UDP-glucose 4-epimerase Uridindiphosphoglucose-4-epimerase *f (Enzym)*
UDP-glucose-hexose-1-phosphate uridylyltransferase Hexose-1-phosphaturidylyltransferase *f*, Phosphogalactoisomerase *f (Enzym)*
UDPG *s.* uridine diphosphate glucose
Uffelmann's reagent Uffelmann'sches Reagens *n*, Uffelmann-Reagens *n (zum Milchsäurenachweis im Magensaft)*
Uffelmann's test Uffelmann-Test *m*, Uffelmann-Reaktion *f*
ula Gingiva *f*, Zahnfleisch *n (Zusammensetzungen siehe unter: gingival)*
ulalgia Gingivalgie *f*, Zahnfleischschmerz *m*
ulatrophy Ulatrophie *f*, Gingivaatrophie *f*, Zahnfleischatrophie *f*
ulcer Ulkus *n*, Ulcus *n*, Geschwür *n*
ulcer crater Ulkuskrater *m*
ulcer discharge Ulkusexsudation *f*, Ulkusnässen *n*, Geschwürssekretion *f*, nässendes Geschwür *n* [Ulkus *n*]
ulcer distress *s.* ulcer pain
ulcer edge Ulkusrand *m*, Geschwürsrand *m*
ulcer niche *(Rad)* Ulkusnische *f*, En-face-Nische *f*
ulcer of the leg Ulcus *n* cruris, Unterschenkelgeschwür *n*
ulcer pain Ulkusschmerz *m*
ulcer perforation Ulkusperforation *f*, Geschwürsdurchbruch *m*
ulcera *pl s.* ulcus
ulcerate *v* 1. ulzerieren, ein Geschwür bilden, ulzerös [geschwürig] zerfallen; sich geschwürig verändern; 2. vereitern; eitern
ulcerated 1. ulzeriert, geschwürig zerfallen; 2. vereitert, eitrig
ulcerating granuloma of the pudenda Granuloma *n* inguinale [venereum]
ulceration 1. Ulzeration *f*, Geschwürbildung *f*, geschwüriger Zerfall *m*; 2. Vereiterung *f*
ulceration of the tumour Tumorulzeration *f*, Geschwulstzerfall *m*
ulcerative ulzerativ, ulzerierend, geschwürig zerfallend; Ulkus..., Geschwür...
ulcerative bleeding ulzerative Blutung *f*
ulcerative blepharitis Blepharitis *f* ulcerosa
ulcerative colitis Colitis *f* ulcerosa [ulcerativa]
ulcerative disease of the stomach Magenulkuskrankheit *f*, Magengeschwürsleiden *n*, ulzeratives Magenleiden *n*, Ulkuskrankheit *f*, Geschwürskrankheit *f*; Reizmagen *m*
ulcerative gastritis ulzeröse Magenschleimhautentzündung *f*, Gastritis *f* ulcerosa
ulcerative gingivitis ulzeröse Zahnfleischentzündung *f*, Gingivitis *f* ulcerosa
ulcerative inflammation ulzerierende Entzündung *f*
ulcerative-membranous gingivitis ulzerativ-membranöse Gingivitis *f*
ulcerative-necrotic gingivitis akute nekrotisierende ulzeröse Gingivitis *f*, ANUG
ulcerative scrofuloderma *s.* inflammatory fungoid neoplasm
ulcerative stomatitis Stomatitis *f* ulcerosa, Stomatitis *f* ulceromembranosa
ulcerative tuberculosis of the skin Tuberculosis *f* ulcerosa cutis et mucosae
ulcerocancer Ulkuskarzinom *n*, Magengeschwür(s)krebs *m*
ulcerofilmy laryngitis Laryngitis *f* ulceromembranosa
ulcerogangrenous ulzerogangränös
ulcerogenesis Ulkusgenese *f*, Geschwürbildung *f*, Geschwürsentwicklung *f*
ulcerogenic ulzerogen, ulkusbildend, geschwür(s)bildend
ulcerogenic drug ulzerogenes Arzneimittel *n*
ulceroglandular ulzeroglandulär
ulcerogranuloma Granuloma *n* inguinale, ulzerierendes Granulom *n*
ulcerogranulomatous ulzerogranulomatös
ulceromembranous ulzeromembranös, ulzeriert und membranbedeckt [membranös]
ulceromembranous angina Angina *f* ulceromembranosa [ulcerosa], Angina *f* Plaut-Vincent, Plaut-Vincent-Angina *f*
ulceromembranous stomatitis Stomatitis *f* ulceromembranosa
ulceronecrotic cystitis Cystitis *f* ulceronecroticans
ulceronodular ulzeronodulär, ulzerös und knotig
ulcerophlegmonous appendicitis Appendicitis *f* ulcerophlegmonosa
ulcerous 1. ulzerös, ulkusartig, geschwürartig; Ulkus...; 2. eiternd; Eiter...
ulcerous angina ulzeröse Angina *f*, Angina *f* ulcerosa
ulcus Ulkus *n*, Ulcus *n*, Geschwür *n*
ulectomy Ulektomie *f*, Gingivektomie *f*, Zahnfleischresektion *f*, (operative) Zahnfleischentfernung *f*
ulegyria Ulegyrie *f*, Hirnwindungsverkleinerung *f (infolge Narbenbildung)*
ulerythema Ulerythema *n (erythematöse Hauterkrankung mit Narbenbildung)*
uletic 1. Gingiva..., Zahnfleisch...; 2. vernarbt, narbig; Narben...
uletomy Narbeninzision *f*, Narbenschnitt *m*, (operative) Narbeneröffnung *f*
ulitis Ulitis *f*, Gingivitis *f*, Zahnfleischentzündung *f*
Ullrich-Feichtiger syndrome Ullrich-Feichtiger-Syndrom *n*
Ullrich-Turner syndrome *(Gen, Päd)* (Ullrich-)Turner-Syndrom *n*, Morgagni-Turner-Albright'sches Syndrom *n*, Turner'sches Syndrom *n (Gonadendysgenesie-Syndrom infolge Chromosomenaberration)*
ulna Ulna *f*, Elle *f*
ulnad ulnawärts, ellenwärts

ulnar ulnar; Ulna..., Ellen...
ulnar artery Arteria *f* ulnaris, Ellenarterie *f*
ulnar bursa Vagina *f* synovialis communis musculorum flexorum, Fingerbeugersehnenscheide *f*
ulnar collateral ligament of the elbow (joint) Ligamentum *n* collaterale ulnare
ulnar collateral ligament of the wrist (joint) Ligamentum *n* collaterale carpi ulnare
ulnar deviation Ulnardeviation *f (der Finger)*
ulnar drift *s.* ulnar deviation
ulnar eminence of the wrist Eminentia *f* carpi radialis
ulnar head of the extensor carpi ulnaris muscle Caput *n* ulnare musculi extensoris carpi ulnaris
ulnar incisure Incisura *f* ulnaris
ulnar nerve Nervus *m* ulnaris, Ulnaris(nerv) *m*, Ellennerv *m*
ulnar nerve palsy Ulnaris(nerven)lähmung *f*
ulnar neuritis Ulnaris(nerven)entzündung *f*, Neuritis *f* nervi ulnaris
ulnar notch *s.* ulnar incisure
ulnar side of the forearm Regio *f* antebrachii ulnaris
ulnar vein Vena *f* ulnaris, Ellenvene *f*
ulnare Os *n* triquetrum
ulnaris *s.* ulnar
ulnocarpal ulnokarpal; Ulna-Karpus-..., Ellen-Handwurzel-...
ulnocarpeus (muscle) Musculus *m* flexor carpi ulnaris brevis, kurzer ulnarer Handbeugemuskel *m*
ulnoradial ulnoradial; Ulna-Radius-..., Ellen-Speichen-...
ulocace Zahnfleischgeschwür *n*; Zahnfleischvereiterung *f*
ulocarcinoma Ulokarzinom *n*, Zahnfleischkrebs *m*, Gingivakarzinom *n*
ulodermatitis Ulodermatitis *f*, Hautentzündung *f* mit Narbenbildung
uloglossitis Uloglossitis *f*, Zahnfleisch- und Zungenentzündung *f*
uloid narbig, narbenförmig; narbenartig
uloncus Ulonkus *m*, Zahnfleischschwellung *f*, Zahnfleischgeschwulst *f*
ulorrhagia Ulorrhagie *f*, Zahnfleischblutung *f*
ulorrhoea *s.* ulorrhagia
ulotic 1. vernarbend, narbenbildend; 2. Narben...
ulotomy 1. Ulotomie *f*, Zahnfleischinzision *f*; 2. *(Chir)* Narbenschnitt *m*, Narbendurchtrennung *f*
ulterior motive *(Psych)* tieferer Beweggrund *m*
ultimisternal Processus-xiphoideus-...
ultimobranchial *(Embr)* ultimobranchial
ultimogenitary (zu)letztgeboren
ultrabrachycephalic ultrabrachykephal
ultrabrachycranial ultrabrachykranial *(Schädelindex >90,0)*
ultracentrifugation Ultrazentrifugierung *f*
ultracentrifuge *(Lab)* Ultrazentrifuge *f (mit 100 000 Umdrehungen/Minute)*
ultracytochemical ultrazytochemisch
ultradolichocephalic ultradolichokephal
ultradolichocranial ultradolichokranial *(Schädelindex <64,9)*
ultrafilter Ultrafilter *m*
ultrafiltrate Ultrafiltrat *n*
ultrafiltration Ultrafiltration *f*, Ultrafiltrierung *f*, Diafiltration *f (Dialysemethode)*
ultraligation Gefäßunterbindung *f* jenseits eines Seitenastes
ultramicropipet Ultramikropipette *f*
ultramicroscope Ultramikroskop *n*
ultramicroscopic *s.* ultramicroscopical
ultramicroscopical ultramikroskopisch
ultramicroscopy *(Lab)* Ultramikroskopie *f*, Ultramikroskopietechnik *f*
ultramicrotome *(Histol)* Ultramikrotom *n*
ultramicrotomy *(Histol)* Ultramikrotoie *f*
ultra-red... *s.* infrared...
ultrasonic Ultraschall...
ultrasonic audiometry Ultraschallaudiometrie *f*
ultrasonic beam Ultraschallstrahl *m (bei Echographie)*
ultrasonic-cardiotomographic echokardiotomographisch
ultrasonic cardiotomography Echokardiotomographie *f*, Ultraschallkardiotomographie *f*
ultrasonic diagnosis 1. Ultraschalldiagnose *f*, 2. Ultraschalldiagnostik *f*
ultrasonic diathermy Ultraschalldiathermie *f*, Diathermie *f* mittels Ultraschall
ultrasonic encephalography Ultraschallenzephalographie *f*, Echoenzephalographie *f*
ultrasonic examination Ultraschalluntersuchung *f*
ultrasonic finding Ultraschallbefund *m*
ultrasonic hypophysectomy Ultraschallhypophysektomie *f*, Hypophysenausschaltung *f* durch Ultraschall
ultrasonic impulse Ultraschallimpuls *m (bei Echographie)*
ultrasonic investigation Ultraschalluntersuchung *f*
ultrasonic irradiation Ultraschallbestrahlung *f*
ultrasonic litholapaxy Ultraschallsteinzertrümmerung *f*, Lithotripsie *f* mittels Ultraschall
ultrasonic nebulizer Ultraschallvernebler *m*
ultrasonic scanning Ultraschallabtastung *f*
ultrasonic technique Ultraschalltechnik *f*
ultrasonic therapy Ultraschalltherapie *f*, Ultraschallbehandlung *f*
ultrasonic tomography Ultraschalltomographie *f*, Ultraschallschichtdarstellung *f*, Ultraschallschichtung *f*
ultrasonic transducer Ultraschallkopf *m*, Transducer *m*
ultrasonic visualization Ultraschalldarstellung *f (z. B. von Organen)*
ultrasonic wave Ultraschallwelle *f*
ultrasonication *s.* ultrasonography
ultrasonocardiography Ultrasonokardiographie *f*, Echokardiographie *f*
ultrasono-cardiotomography *s.* ultrasonic cardiotomography
ultrasonogram Ultraschallbild *n*, Echogramm *n*, Sonogramm *n*
ultrasonographic echographisch, mittels Ultraschall darstellend, sonographisch; Ultraschall..., Echo..., Sono...
ultrasonography Ultraschalldarstellung *f*, Ultraschallaufnahme *f*, Echographie *f*, Sonographie *f*, Ultraschallechoverfahren *n*
ultrasonometry Ultrasonometrie *f*
ultrasonoscope Ultrasonoskop *n*, Ultraschallsichtgerät *n*
ultrasonosurgery Ultraschallchirurgie *f*
ultrasonotherapy *s.* ultrasonic therapy
ultrasound Ultraschall *m (Schwingungsfrequenz >20 kHz; Zusammensetzungen siehe unter: ultrasonic)*
ultrasound image Ultraschallbild *n*
ultrasound imaging Ultraschalldarstellung *f*, Ultraschalldiagnostik *f*
ultrasterile ultrasteril, hochsteril
ultrastructure Ultrastruktur *f*
ultratherm Kurzwellendiathermiegerät *n*
ultrathin section *(Histol, Lab)* Ultradünnschnitt *m*
ultraviolet Ultraviolett *n*
ultraviolet A Ultraviolett A *n*, UVA *(UV-Strahlung von 320 bis 400 nm)*
ultraviolet B Ultraviolett B *n*, UVB *(UV-Strahlung von 290 bis 300 nm)*
ultraviolet C Ultraviolett C *n*, UVC *(UV-Strahlung von 200 bis 290 nm)*

ultraviolet irradiation Ultraviolettbestrahlung *f*, UV-Bestrahlung *f*
ultraviolet lamp Ultraviolettlampe *f*, UV-Lampe *f*
ultraviolet microscope Ultraviolettmikroskop *n*
ultraviolet microscopy Ultraviolettmikroskopie *f*
ultraviolet phototherapy Ultraviolettphototherapie *f*
ultraviolet radiation Ultraviolettstrahlung *f*, UV-Strahlung *f*, Ultraviolettlicht *n*, UV-Licht *n*
ultraviolet ray ophthalmia Ophthalmia *n* [Photophthalmia *n*] electrica, Lichtstrahlenkeratokonjunktivitis *f*, Verblitzen *n*
ultraviolet rays Ultraviolettstrahlen *mpl*, UV-Strahlen *mpl*
ultraviolet therapy Ultraviolettstrahlentherapie *f*, UV-Strahlenbehandlung *f*
ultravirus Ultravirus *n (sehr kleines Virus)*
ultravisible ultravisibel, ultramikroskopisch, mit dem Normalmikroskop nicht sichtbar
umbilectomy Umbilektomie *f*, Nabelexstirpation *f*, (operative) Nabelentfernung *f*
umbilical umbilikal, omphalisch; Umbilikus..., Nabel...
umbilical anomaly Nabelanomalie *f*
umbilical artery Nabelarterie *f*, Umbilikalarterie *f*, Arteria *f* umbilicalis
umbilical artery catheter Nabelarterienkatheter *m*
umbilical belt Nabelverband *m*; Nabelbruchband *n*
umbilical catheterization Nabelarterienkatheterung *f*
umbilical circulation Umbilikalzirkulation *f*, Nabelschnur(blut)kreislauf *m*
umbilical colic Nabelkolik *f*
umbilical cord Nabelschnur *f*, Nabelstrang *m*, Funiculus *m* umbilicalis *(siehe auch unter: cord)*
umbilical cord blood Nabelschnurblut *n*
umbilical cord blood flow Nabelschnurdurchblutung *f*
umbilical cord clamp Nabelschnurklemme *f*
umbilical cord clamping Nabelschnurabklemmung *f*
umbilical cord complication Nabelschnurkomplikation *f*
umbilical cord compression Nabelschnurkompression *f*, Nabelschnurquetschung *f*
umbilical cord knife Nabelschnurmesser *n*
umbilical cord knot Nabelschnurknoten *m*
umbilical cord obstruction Nabelschnurobstruktion *f*
umbilical cord presentation Nabelschnurvorliegen *n*
umbilical cord prolapse Nabelschnurprolaps *m*, Nabelschnurvorfall *m*
umbilical cord scissors Nabelschnurschere *f*
umbilical cord sign Nabelschnurzeichen *n*
umbilical cord sling Nabelschnurschlinge *f*
umbilical cord winding Nabelschnurumschlingung *f*
umbilical cyst Umbilikalzyste *f*
umbilical discharge Nabelausfluss *m*; Nabeleiterung *f*
umbilical duct Dottergang *m*, Ductus *m* omphaloentericus
umbilical enteric fistula umbilikoenterale Fistel *f*
umbilical fissure Sulcus *m* venae umbilicalis *(Leber)*
umbilical fistula Nabelfistel *f*
umbilical granuloma Nabelgranulom *n*, Fungus *m* umbilicalis
umbilical haemorrhage Nabelblutung *f*
umbilical hernia Nabelbruch *m*, Umbilikalhernie *f*, Hernia *f* umbilicalis
umbilical hernia bandage Nabelbruchband *n*
umbilical incisure Incisura *f* ligamenti teretis *(Leber)*
umbilical notch *s.* umbilical incisure
umbilical papilla Nabelpapille *f*
umbilical-portal thrombosis umbilikoportale Thrombose *f*, Nabelvenen-Pfortader-Thrombose *f*
umbilical region Nabelbereich *m*, Umbilikalregion *f*, Regio *f* umbilicalis
umbilical ring Nabelring *m*, Umbilikalring *m*, Anulus *m* umbilicalis
umbilical seal *s.* umbilical cord clamp
umbilical souffle Nabelschnurgeräusch *n*, Umbilikalgeräusch *n*
umbilical stump Nabelstumpf *m*, Umbilikalstumpf *m*
umbilical tape Nabelschnurband *n*, Nabelbändchen *n*
umbilical urinary fistula *s.* urachus fistula
umbilical vasculitis Nabelgefäßentzündung *f*
umbilical vein Nabelvene *f*, Umbilikalvene *f*, Vena *f* umbilicalis
umbilical vein catheterization Nabelvenenkatheter(isier)ung *f*
umbilical vein graft Nabelvenentransplantat *n*
umbilical vein portography Nabelvenenportographie *f*, Pfortader(röntgen)darstellung *f* über die Nabelvene
umbilical vesicle Nabelbläschen *n*, Umbilikalvesikel *f*, Dottersack *m*, Saccus *m* vitellinus
umbilicate nabelartig, nabelförmig; genabelt; Nabel...
umbilicated *s.* umbilicate
umbilication 1. Umbilikation *f*, Nabelbildung *f*, Nabel(aus)formung *f*; 2. Nabel *m*, Nabelform *f*, rundliche Vertiefung *f*
umbilici *pl s.* umbilicus
umbilico-iliac line Linea *f* umbilicoiliacalis, Ilioumbilikallinie *f*
umbilicus Umbilikus *m*, Nabel *m*, Omphalos *m (Zusammensetzungen siehe unter: umbilical)*
umbo 1. Umbo *m*, Stippchen *n*; 2. *s.* umbilicus
umbo of the tympanic membrane Umbo *m* membranae tympani, Trommelfellmittelpunkt *m*, Trommelfellzentrum *n*
umbones *pl s.* umbo
umbrascopy *s.* skiascopy 1.
umbrella filter Schirmfilter *m*
umbrella iris Napfkucheniris *f*, Iris *f* bombé
umbrella-shaped schirmförmig
UMP *s.* uridine monophosphate
unazotized keinen Stickstoff enthaltend, ohne Stickstoff
unbalance Imbalance *f*, Ungleichgewicht *n*
unbandage *v* einen Verband abnehmen [entfernen]
unbearable pain unerträglicher Schmerz *m*
unburied nicht begraben, unbegraben
unburned unverbrannt, nicht verbrannt
unburnt *s.* unburned
uncal Unkus..., Uncus..., Haken...
uncal herniation Uncusvorfall *m*; Uncushernie *f*
uncertain diagnosis unsichere Diagnose *f*
unci *pl s.* uncus
unciform hakenförmig; Haken...
unciform bone *s.* unciforme
unciform process Hamulus *m* ossis hamati, Hakenfortsatz *m* des Hakenbeins
unciforme Hakenbein *n*, Hamatum *n*, Os *n* hamatum
uncinal *s.* uncinate
Uncinaria Uncinaria *f*
Uncinaria americana Uncinaria *f* americana
Uncinaria duodenalis Uncinaria *f* duodenalis
Uncinaria stenocephala Uncinaria *f* stenocephala
uncinariasis *(Paras)* Uncinariasis *f*, amerikanische Hakenwurmkrankheit *f (durch Uncinaria americana; siehe auch: ancylostomiasis)*
uncinariatic Uncinariasis...
uncinate 1. hakenförmig (gekrümmt); Haken...; 2. *(Anat)* Unzinatus..., Uncinatus..., Fasciculus-uncinatus-..., Hakenbündel...
uncinate epilepsy *(Neur)* Uncinatusepilepsie *f*
uncinate fasciculus of the cerebrum *(Anat)* Fasciculus *m* uncinatus, Hakenbündel *n*

uncinate fasciculus of the hemisphere *s.* uncinate fasciculus of the cerebrum
uncinate fit *s.* uncinate seizure
uncinate gyrus *(Anat)* Gyrus *m* parahippocampalis
uncinate process of the ethmoid bone *(Anat)* Processus *m* uncinatus ossis ethmoidalis
uncinate process of the pancreas *(Anat)* Processus *m* uncinatus (pancreatis Winslowi)
uncinate seizure *(Neur)* Uncinatusanfall *m*
uncinated *s.* uncinate
uncinatum *s.* unciforme
unclean 1. unrein, unsauber; 2. belegt
unclean tongue belegte Zunge *f*
uncleanliness Unreinlichkeit *f*, Unsauberkeit *f*
uncompensated 1. nicht kompensiert, dekompensiert; 2. unbezahlt, nicht bezahlt, kostenlos, gratis
uncompensated acidosis dekompensierte Azidose *f*
uncompensated alkalosis dekompensierte Alkalose *f*
uncompensated care kostenlose Behandlung *f*, Gratisbehandlung *f*
uncompetitive inhnbitor nicht kompetitiver Inhibitor *m*
uncomplemented nicht an Komplement gebunden; inaktiv
uncomplicated bereavement *(Neur)* einfache Trauer *f*
uncomplicated fracture unkomplizierte Fraktur *f*, einfacher [geschlossener] Knochenbruch *m*
unconditioned unwillkürlich, unbedingt, nicht bedingt, angeboren, instinktiv
unconditioned reflex unbedingter [unwillkürlicher] Reflex *m*
unconditioned response *(Neur)* unbedingte [unkonditionierte] Reaktion *f*
unconjugated nicht konjugiert
unconjugated bilirubin *(Hepat, Metab)* nicht konjugiertes [indirektes] Bilirubin *n*
unconjugated monoclonal antibody nicht konjugierter monoklonaler Antikörper *m*
unconscious 1. *(Neur)* bewusstlos, ohne Bewusstsein; 2. *(Psych)* unterbewusst, nicht bewusst, unbewusst; unwillkürlich • **be unconscious** bewusstlos sein
unconscious *(Psych)* Unterbewusstsein *n*
unconsciousness *(Neur)* Bewusstlosigkeit *f*, Ohnmacht *f*, Bewusstseinsverlust *m*
uncontaminated (radioaktiv) nicht verseucht; nicht vergiftet; nicht infiziert
uncontrollable vomiting of pregnancy übermäßiges [nicht stillbares, sehr starkes] Schwangerschaftserbrechen *n*, Hyperemesis *f* gravidarum
unco-ossified nicht zu einem Knochen verschmolzen
uncoupler *(Bioch)* Entkoppler *m*, Entkopplungsfaktor *m* *(entkoppeln Oxidation und Phosphorylierung)*
uncovertebral unkovertebral
unction 1. Unktion *f*, Einreibung *f*, Salbung *f*, Einsalbung *f*, Ölung *f*; 2. Salbe *f*, Einreibung *f*
unctuous ölig, fettig
uncture *s.* ointment
uncured disease ungeheilte [nicht ausgeheilte] Krankheit *f*
uncus 1. Uncus *m*, Unkus *m*, Haken *m*; 2. Uncus *m* gyri parahippocampalis [hippocampi]
uncus of the hippocampal gyrus *s.* uncus 2.
undecenoic acid *s.* undecylenic acid
undecoylium chloride Acylcolamineformylmethylpyridiniumchlorid *n* *(Antiseptikum)*
undecylenic acid Undecylensäure *f* *(Antimykotikum)*
undelivered arm *(Gyn)* nicht befreiter [entwickelter] Arm *m*
underactive reflex *(Neur)* hypoaktiver Reflex *m*
underarm Unterarm...
underbite *s.* retrognathia
undercut *v* unterminieren, eine Gewebehöhle bilden, einen Gewebehohlraum formen
undercutting Unterminieren *n* *(z. B. bei Operation)*
underdevelopment of spinal joint Wirbel(säulen)-gelenkdysplasie *f*
underexposure Unterbelichtung *f* *(z. B. einer Röntgenaufnahme)*
undergo *v* **an operation** operiert werden, sich einer Operation unterziehen
undergo *v* **haemolysis** der Hämolyse unterliegen
undergo *v* **surgery** *s.* undergo an operation
underhorn *(Anat, Neur)* Unterhorn *n*, Cornu *n* inferius ventriculi lateralis
underhung *(Stom)* mit vorstehendem Unterkiefer, mit Unterkiefervorstand
underlip Unterlippe *f*
underlying disease Grundkrankheit *f*, Grundleiden *n*, zugrunde liegende Erkrankung *f*
undernourished unterernährt
undernourishment *s.* undernutrition
undernutrition Unterernährung *f*
underpenetration *(Rad)* Minderkontrastierung *f*, mangelhafte Kontrastbildung *f*
underperfusion Minderperfusion *f*, Mangelperfusion *f* *(z. B. von Organen)*; mangelhafte Perfusion *f* [Blutperfusion *f*]
understain *v* weniger intensiv färben
undertaker Leichenbestatter *m*; Beerdigungsinstitut *n*, Bestattungsinstitut *n*
underventilation Minderbelüftung *f* (der Lunge), Hypoventilation *f*, mangelhafte Lungenbelüftung *f*
underwater drainage bottle *(Chir)* Saugdrainageflasche *f*
underwater exercise *(Bal)* Unterwasserübung *f*
underwater massage *(Bal)* Unterwassermassage *f*
underwater seal Wasserfalle *f*, Unterwasserverschluss *m*
underwater seal drainage *(Chir)* (Unterwasser-)Saugdrainage *f*
underwater-seal system *(Chir)* geschlossenes Saugdrainagesystem *n*
underwater treatment *(Bal)* Unterwassertherapie *f*, Unterwasserbehandlung *f*
underweight Untergewicht *n*
Underwood's disease Sclerema *n*
undescended nicht deszendiert, nicht abgestiegen *(z. B. Hoden)*
undescended testicle nicht deszendierter [nicht abgestiegener] Hoden *m*; Maldescensus *m* testis
undescended testis *s.* undescended testicle
undesirable side effect unerwünschte Nebenwirkung *f* *(z. B. eines Medikamentes)*
undetected focus unentdeckter Krankheitsherd *m* [Fokus *m*]
undifferentiated undifferenziert, nicht differenziert, ohne spezifische Struktur *(z. B. Gewebe)*; embryonal; unreif *(z. B. Tumorzellen)*
undifferentiated cell undifferenzierte Zelle *f*, Stammzelle *f*
undifferentiated-cell leukaemia Stammzellenleukämie *f*
undifferentiated malignant lymphoma Stammzellenlymphom *n*, Retikulosarkom *n*
undifferentiated schizophrenia undifferenzierte Schizophrenie *f*
undifferentiated type *(Neur)* undifferenzierter Typ *m*
undifferentiation *(Path, Onk)* Entdifferenzierung *f* *(von Zellen)*
undigested food unverdaute Nahrung *f*

undiluted unverdünnt, nicht dilutiert; unverwässert
undine Augenspülglas *n*, Undine *f*
undisplaced fracture nicht dislozierte Fraktur *f*
undissolved tablet unaufgelöste [nicht aufgelöste] Tablette *f*
undress *v* **the bandage** den Verband abnehmen [entfernen]
undressed wound unverbundene [nicht verbundene] Wunde *f*
undue fatiguability leichte Ermüdbarkeit *f*
undulant undulierend, wellenförmig, wogend
undulant fever Febris *f* undulans, undulierendes Fieber *n* *(siehe auch: brucellosis)*
undulate *v* undulieren, sich in Wellen bewegen, sich wellenförmig bewegen
undulate wellenförmig; mit wellenförmigem Rand(saum)
undulating pulse *(Kard)* Pulsus *m* undulosus
undulation wellenförmige Bewegung *f*, Wellenbewegung *f*
undulatory nystagmus *(Ophth)* Wellennystagmus *m*
uneatable food ungenießbare [nicht essbare] Nahrung *f*
unemotional 1. emotionslos, leidenschaftslos, gelassen; 2. passiv, teilnahmslos
unequal pupils *(Ophth)* ungleiche Pupillen *fpl*; ungleiche Pupillenweite *f*
unequal twins ungleiche Zwillinge *mpl*
unerupted tooth nicht durchgebrochener Zahn *m*
uneven outline of shadow *(Rad)* unregelmäßige [ungleichmäßige] Schattenkontur *f*
uneventful unkompliziert, ohne Komplikationen [Zwischenfall]
uneventful operation komplikationslose Operation *f*, Operation *f* ohne Zwischenfall
unfavourable outcome of operation ungünstiger Operationsausgang *m*; ungünstiges Operationsergebnis *n*
unfeasible operation unausführbare Operation *f*
unfertile unfruchtbar, infertil
unfit to plead *(For, Neur, Psych)* verhandlungsunfähig, unfähig zur Verhandlung
ung. *s.* unguentum
ungual Fingernagel...; Zehennagel...
ungual phalanx Endphalanx *f*, Endglied *n*, Fingerendglied *n*; Zehenendglied *n*
ungual tuberosity Tuberositas *f* phalangis distalis
unguent *s.* unguentum
unguentum Unguentum *n*, Salbe *f*
ungues *pl s.* unguis
unguiculate mit Nägeln versehen; mit Fingernägeln; mit Zehennägeln
unguiculus Unguiculus *m*, kleiner Nagel *m*
unguinal *s.* ungual
unguis Unguis *m*, Nagel *m*, Onyx *m*; Fingernagel *m*; Zehennagel *m* *(Zusammensetzungen siehe unter: nail)*
unguliform kidney Hufeisenniere *f*
unhair *v* enthaaren
unharmed unverletzt, unversehrt, heil
unhealthy 1. ungesund, gesundheitsschädigend; 2. krank, kränklich, nicht gesund; 3. krankhaft
unhurt unverletzt, unversehrt, heil
uniarticular uniartikulär, eingelenkig, ein Gelenk betreffend
uniaural einohrig
uniaxial uniaxial, sich in einer Achse bewegend *(Gelenk)*
unibasal nur mit einer Basis
unicamerate einkammerig
unicellular unizellulär, einzellig
unicentral unizentral, mit einem Zentrum, mit einem Ossifikationszentrum; mit einem Wachstumszentrum
unicentric *s.* unicentral
uniceps einköpfig *(Muskel)*
unicollis mit einer Cervix
unicornous einhornig
unicuspid unikuspidal, mit einer Kuspis
unicuspidate *s.* unicuspid
unidirectional unidirektional, in einer Richtung
unidirectional block *(Kard)* unidirektionaler Block *m*
unifamilial nur in einer Familie auftretend *(z. B. eine Krankheit)*
unifilar einfädig, ein Filament besitzend
uniflagellate eingeißelig, nur mit einer Geißel; monotrich
unifocal unifokal, mit einem Fokus
uniforate nur mit einer Öffnung, nur mit einem Fenster
uniform 1. uniform, nur mit einer Form, nur in einer Form aufretend; unveränderlich; 2. in der gleichen Form auftretend, gleichförmig
unigeminal nur einen Zwilling betreffend
unigerminal unigerminal, nur einen Keim betreffend, monogerminal, monozygot
uniglandular uniglandulär, eindrüsig, nur eine Drüse betreffend; nur eine Drüse besitzend
unigravida Erstschwangere *f*, Primagravida *f*, Gravida I *f*
unilaminar unilaminar, einschichtig
unilaminate *s.* unilaminar
unilateral unilateral, einseitig
unilateral anaesthesia *s.* hemianaesthesia
unilateral crossbite einseitiger Kreuzbiss *m*
unilateral electroconvulsive therapy *(Neur)* unilaterale Elektrokonvulsionsbehandlung *f*
unilateral mandibular facial dysostosis Dysostosis *f* mandibulofacialis unilateralis
unilateral paralysis einseitige Paralyse *f*, halbseitige Lähmung *f*, Hemiplegie *f*
unilateral radiolucency of the lung *s.* unilateral translucent lung
unilateral translucent lung Macleod'sches Syndrom *n* *(Lungendystrophiesyndrom)*
unilobar unilobär, einlappig
unilocular unilokulär, einfächerig
uninephrectomy unilaterale Nephrektomie *f*, einseitige Nierenentfernung *f*
uninjured unverletzt
uninuclear einkernig
uniocular einäugig
uniocular diplopia monokuläre Diplopie *f*
uniocular squint monokulärer Strabismus *m*, einäugiges Schielen *n*
uniocular vision monokuläres Sehen *n*, einäugiges Sehen *n*
union Vereinigung *f*, Verwachsung *f*, Heilung *f* *(Wunde)*
union of fracture Knochenbruchverwachsung *f*, Frakturverwachsung *f*
unioval *s.* uniovular
uniovular monovular, uniovular, eineiig
uniovular twins eineiige Zwillinge *mpl*
unipara Unipara *f*, Para *f* I, Erstgebärende *f*
uniparous 1. unipar, ein Kind gebärend; 2. erstgebärend; Unipara...
unipedicle einstielig, mit einem Pedikel
unipedicle flap *(Transp)* einstieliger Lappen *m*
unipennate einfach gefiedert, unipennatus
unipennate muscle einfach gefiederter Muskel *m*, Musculus *m* unipennatus
unipolar 1. unipolar, nur einen Pol besitzend; nur einen Pol betreffend; 2. *(Neur)* einpolig
unipolar lead einpolige Ableitung *f*
unipolar limb lead unipolare Extremitätenableitung *f* (nach Goldberger) *(EKG)*
unipotent stem cell unipotente Stammzelle *f*
unirritable nicht reizbar, nicht stimulierbar

uniseptate nur mit einem Septum
unisexual unisexual, eingeschlechtig
unit 1. Einheit *f*, Maßeinheit *f*; 2. *(Pharm)* Einheit *f*, Dosierungseinheit *f*, Dosis *f*; 3. (klinische) Abteilung *f*, Krankenhausabteilung *f*; Forschungsabteilung *f*; Station *f*; 4. Gerät *n*; Apparat *m*; Röntgenapparat *n*; 5. Antrieb *m*, Antriebseinheit *f*
unit of blood Bluttransfusionseinheit *f*, Transfusionseinheit *f*
unit of the newborn Neugeborenenstation *f*
united fracture konsolidierte Fraktur *f*, zusammengewachsener Knochenbruch *m*; Frakturkonsolidierung *f*
United States Pharmacopoeia Arzneimittelverzeichnis *n* der Vereinigten Staaten, U.S.P. *n*
univalence Monovalenz *f*
univalent monovalent
univalent antiserum univalentes Antiserum *n*
universal universal, universell; Universal...
universal antidote Universalantidot *n*, universelles Antidot *n*, universelles Gegenmittel *n*
universal calcinosis Calcinosis *f* universalis
universal choking sign Heimlich-Zeichen *n*
universal dental set Dental(universal)einheit *f*
universal dental unit *s.* universal dental set
universal donor Universal(blut)spender *m (bei Blutgruppe 0 cde/cde)*
universal psoriasis *(Derm)* Psoriasis *f* universalis, generalisierte Psoriasis *f*
universal recipient Universalempfänger *m (bei Blutgruppe AB)*
universal tray *(Chir, Lab)* Mehrzweckschale *f*
univitelline eineiig
unloading caecostomy *(Chir)* Entlastungszökostomie *f*
unmedullated marklos *(Nerv)*
unmyelinated myelin(scheiden)los, amyelin, markscheidenlos *(Nerv)*
Unna-Thost disease *s.* Unna-Thost syndrome
Unna-Thost syndrome *(Derm)* Unna-Thost-Syndrom *n*, Keratosis *f* palmo-plantaris circumscripta; diffuses palmoplantares Keratoderma *n*
Unna's paste boot *(Derm)* Zinkleimverband *m*
unofficial 1. nicht offiziell, nicht im Arzneiverzeichnis stehend; 2. inoffiziell, nicht offiziell, nicht amtlich; nicht verbürgt
unorganized 1. unorganisiert, nicht organisiert; 2. organlos, ohne Organe
unorientation *s.* disorientation
unpaid donor freiwilliger Blutspender *m*
unpaid donorship freiwillige Blutspende *f*
unpasteurized nicht pasteurisiert
unphysiologic unphysiologisch, nicht physiologisch
unproductive cough nicht produktiver Husten *m*, Husten *m* ohne Auswurf
unreduced nicht reponiert [eingerichtet] *(Knochenbruch)*; nicht eingerenkt *(Gelenk)*; nicht reponiert *(Eingeweidebruch)*
unresolved nicht (auf)gelöst *(z. B. entzündliches Infiltrat)*; organisiert *(z. B. Lungengewebe)*
unresolving sich nicht (auf)lösend *(z. B. Krankheitszustand)*; sich organisierend *(z. B. Lungenentzündung)*
unresponsive treatment unwirksame [nicht ansprechende] Therapie *f*
unrestricted growth of the tumour ungebremstes [ungehindertes] Tumorwachstum *n*
unsanitary 1. unhygienisch, nicht hygienisch; 2. *s.* unsound
unsaturated ungesättigt, nicht gesättigt
unsaturated alcohol ungesättigter Alkohol *m*
unsaturated fatty acids ungesättigte Fettsäuren *fpl*
unsaturated hydrocarbon ungesättigter Kohlenwasserstoff *m*
unscrubbed team members unsteriles OP-Personal *n*
unsex *v s.* castrate
unsharpness Unschärfe *f (z. B. einer Röntgenaufnahme)*
unsound ungesund
unsoundness Gesundheitsstörung *f*
unspecific monooxygenase unspezifische Monooxygenase *f (Enzym)*
unspecified mental retardation *(Neur)* unbestimmte geistige Behinderung *f*
unstable instabil, nicht stabil, unsicher
unstable angina pectoris instabile Angina *f* pectoris
unstable colon *(Gastr)* irritables Kolon *n*
unstable stenocardia instabile Angina *f* pectoris, instabile Stenokardie *f* [Herzenge *f*]
unsteady gait *(Neur)* unsicherer [wackeliger] Gang *m*, schwankender Gang *m*
unstriated fibre glatte Muskelfaser *f*
unstriated muscle glatter Muskel *m*, Eingeweidemuskel *m*
unstriped muscle *s.* unstriated muscle
unsuited treatment ungeeignete [nicht geeignete] Therapie *f*
unsusceptible unempfindlich; unempfänglich
unsusceptible to pain schmerzunempfindlich
untanned skin ungebräunte Haut *f*
ununited fracture nicht geheilte Fraktur *f*, nicht durchgebauter Knochenbruch *m*
unvoiced stimmlos, ohne Stimme
unwell unwohl, nicht gesund; unpässlich; menstruierend
unwounded unverletzt, nicht verwundet
up-beat nystagmus Vertikalnystagmus *m*, Augenschlagen *n* nach oben
upper abdomen Oberbauch *m*
upper abdominal pain Oberbauchschmerz *m*
upper abdominal rigidity *(Chir)* Oberbauchabwehrspannung *f*
upper airway obstruction Obstruktion *f* [Verlegung *f*] der oberen Luftwege
upper airways obere Luftwege *mpl* [Atemwege *mpl*]
upper arm Oberarm *m*
upper arm type of paralysis *s.* upper brachial plexus paralysis
upper body Oberkörper *m*
upper brachial plexus paralysis *(Neur)* obere Armplexuslähmung *f* [Brachialplexuslähmung *f*], Erb-Duchenne'sche Paralyse *f*
upper brain Großhirn *n*
upper end of the testis Extremitas *f* superior testis, oberer Hodenpol *m*
upper extremity obere Extremität *f*, Arm *m*, Membrum *n* superius
upper extremity of the arytenoid cartilage Gießbeckenknorpelspitze *f*, Aryknorpelspitze *f*, Apex *m* cartilaginis arytenoideae
upper eyelid Oberlid *n*, Palpebra *f* superior [frontalis]
upper eyelid ptosis Oberlidptosis *f*, Herabhängen *n* des Oberlids
upper gastrointestinal tract oberer Gastrointestinaltrakt *m*
upper GI *s.* upper gastrointestinal tract
upper GI barium study Bariumuntersuchung *f* des oberen Gastrointestinaltraktes
upper GI series Serienaufnahmen *fpl* des oberen Gastrointestinaltraktes
upper intestinal ileus *(Chir, Gastr)* hoher [oberer] Darmverschluss *m*
upper jaw (bone) Oberkiefer *m*, Maxilla *f*

upper jaw sinus *s.* maxillary sinus
upper lid *s.* upper eyelid
upper lip Oberlippe *f*, Labium *n* maxillare *(des Mundes)*
upper lip of the ileocaecal valve *(Anat)* Labium *n* craniale valvulae ileocaecalis
upper lip of the osseous spiral lamina *(Anat, HNO)* Labium *n* limbi vestibulare
upper lobe artery Oberlappenarterie *f*
upper lobe bronchus Oberlappenbronchus *m*
upper lobe resection *s.* upper lobectomy
upper motor neuron oberes Motorneuron *n*
upper motor neuron paralysis obere Motorneuronenlähmung *f*
upper lobectomy Oberlappenresektion *f*, (operative) Entfernung *f* des Lungenoberlappens
upper opening of the true pelvis Eingang *m* des kleinen Beckens, Apertura *f* pelvis superior
upper part of the cavity of the middle ear Pars *f* cupularis recessus epitympanici
upper part of the middle frontal gyrus Pars *f* superior gyri frontalis medii
upper pole of the kidney Extremitas *f* superior renis
upper pole of the ovary Extremitas *f* tubaria
upper pole of the spleen oberer Milzpol *m*, Extremitas *f* posterior [superior] lienis
upper radicular syndrome *s.* upper brachial plexus paralysis
upper respiratory infection Infektion *f* der oberen Atemwege
upper respiratory tract *s.* upper airways
upper respiratory tract infection Infektion *f* der oberen Atemwege
upper right rectus-splitting incision *(Chir)* oberer rechter Transrektalschnitt *m*
upper surface of the foot Fußrücken *m*, Dorsum *n* pedis
upper surface of the tongue Zungenrücken *m*, Dorsum *n* linguae, Zungenoberfläche *f*
upper tarsal follicle Oberlidfollikel *m*
upper teeth Oberkieferzähne *mpl*; Oberkiefergebiss *n*
upper transverse abdominal incision *(Chir)* Oberbauchquerschnitt *m*, quere Oberbaucheröffnung *f*
upper urinary tract obere Harnwege *mpl*
upper uterine segment oberes Uterinsegment *n* [Gebärmuttersegment *n*]
upright abdominal X-ray film *(Rad)* Abdomenübersicht(saufnahme) *f* im Stehen
upside-down stomach paraösophageale Hernie *f* *(Magenvorfall in die Brusthöhle)*
uptake 1. Aufnahme *f*, Inkorporation *f*; 2. *(Neur, Psych)* Auffassung *f*, Auffassungsgabe *f*
upward aufwärts verlaufend, aufsteigend, aszendierend
upward-and-downward squint vertikaler Strabismus *m*
upward EKG-wave aufsteigende [aszendierende] EKG-Zacke *f*
upward squint *s.* hypertropia
upward strabism *s.* hypertropia
urachal Urachus..., Harngang(s)..., Harnblasen-Nabelgang(s)-...
urachus Urachus *m*, Harngang *m*, Harnblasen-Nabelgang *m*
urachus cyst Urachuszyste *f*
urachus fistula Urachusfistel *f*, Vesikoumbilikalfistel *f*
uracil Urazil *n*, Uracil *n*, 2,4-Dioxotetrahydropyrimidin *n* *(Nukleinsäurebestandteil)*
uracil dehydrogenase Uracildehydrogenase *f* *(Enzym)*
uracil mustard Uramustin *n*, 5-[Bis(2-chlorethyl)amino]uracil *n* *(Alkylans; Antineoplastikum)*
uracil oxidase *s.* uracil dehydrogenase
uracil phosphoribosyltransferase Uracilphosphoribosyltransferase *f* *(Enzym)*
uracratia Enuresis *f*, Harninkontinenz *f*
uraemia *(Nephr)* Urämie *f*, Harnvergiftung *f*, terminale Niereninsuffizienz *f*
uraemic urämisch; Urämie...
uraemic bronchitis Bronchitis *f* uraemica, urämische Bronchitis *f*, Urämiebronchitis *f*
uraemic coma Coma *n* uraemicum, urämisches Koma *n*, Urämiekoma *n*
uraemic convulsion urämische Konvulsion *f*
uraemic gastritis Gastritis *f* uraemica, urämische Gastritis *f*
uraemic gingivitis Gingivitis *f* uraemica, urämische Gingivitis *f*
uraemic pericarditis Pericarditis *f* uraemica, urämische Perikarditis *f* [Herzbeutelentzündung *f*]
uraemic pleurisy Pleuritis *f* uraemica, urämische Pleuritis *f* [Brustfellentzündung *f*]
uraemic pneumonia Pneumonia *f* uraemica, urämische Pneumonie *f* [Lungenentzündung *f*]
uraemigenic urämigen, urämieerzeugend, urämiebewirkend
uragogue diuretisch, harntreibend; Diurese...
uragogue (agent) harntreibendes [diuretisches] Mittel *n*, Diuretikum *n*
uramustine *s.* uracil mustard
uranal Gaumen...
uranalysis *(Lab)* Urinanalyse *f*, Harnanalyse *f*, Harnuntersuchung *f*
uraninite Pechblende *f*
uraniscochasma *s.* uranoschisis 1.
uraniscontis Gaumenentzündung *f*
uraniscoplasty Gaumenspaltenplastik *f*
uraniscorrhaphy *s.* uranorrhaphy
uraniscus Gaumen *m*, Palatum *n*, Mundhöhlendach *n* *(Zusammensetzungen siehe unter: palate)*
uranism Uranismus *m*, Homosexualität *f*
uranist Homosexueller *m*
uranium Uran *n*, U
uranocoloboma *s.* uranoschisis 1.
uranoplastic uranoplastisch
uranoplasty Uranoplastik *f*, Gaumen(spalten)plastik *f*, plastische Gaumenspaltenoperation *f*
uranoplegia Uranoplegie *f*, Gaumen(segel)lähmung *f*
uranorrhaphy Uranorrhaphie *f*, Gaumen(spalten)naht *f*, Gaumenspaltenplastik *f*, Staphylorrhaphie *f*
uranoschisis 1. Uranoschisis *f*, Gaumenspalte *f*, Palatoschisis *f*, Uranokolobom *n*; Palatum *n* fissum; 2. Gnathopalatoschisis *f*, Gaumen-Kiefer-Spalte *f*
uranoschism *s.* uranoschisis
uranoschisma *s.* uranoschisis
uranostaphyloplasty Uranostaphyloplastik *f* *(plastische Rekonstruktion von hartem und weichem Gaumen)*
uranostaphylorrhaphy Uranostaphylorrhaphie *f* *(Naht des harten und weichen Gaumens)*
uranostaphyloschisis Uranostaphyloschisis *f*, Uranoveloschisis *f* *(Spaltbildung des harten und weichen Gaumens)*
uranoveloschisis *s.* uranostaphyloschisis
urapidil Urapidil *n* *(Antihypertonikum)*
urapostema urinhaltiger Abszess *m*
uraroma aromatischer Harngeruch *m*
urarthritis Gichtarthritis *f*, Arthritis *f* urica
urase *s.* urease
urataemia Uratämie *f*, Vorhandensein *n* von Uraten im Blut
urate Urat *n*
urate calculus Harnsäurestein *m*, Uratstein *m*
urate oxidase Uratoxidase *f*, Urikase *f* *(Enzym)*
urateribonucleotide phosphorylase Uratribonucleotidphosphorylase *f* *(Enzym)*

uratic urathaltig; Urat...
uratolysis Uratolyse *f*, Uratauflösung *f*
uratolytic uratolytisch, urat(auf)lösend
uratoma Harnsäuregeschwulst *f*, Gichtknoten *m*
uratosis Uratose *f*, Uratablagerung *f* im Gewebe
uraturia Uraturie *f*, Uratausscheidung *f* im Urin
Urbach-Wiethe disease Lipoidproteinose *f*
urban dermal leishmaniasis *(Trop)* urbane Hautleishmaniasis *f*
urban typhus *s.* murine typhus
urban yellow fever *(Trop)* Stadtgelbfieber *n*
urceiform kannenförmig, krugförmig; urnenförmig, urnenartig
urceolate *s.* urceiform
urea Urea *f*, Harnstoff *m*, Carbamid *n*, Karbamid *n*
urea clearance *(Nephr)* Harnstoff-Clearance *f*
urea cycle *(Bioch)* Harnstoffzyklus *m*
urea nitrogen *(Lab, Hämat)* Harnstoffstickstoff *m*
urea peroxide Harnstoffperoxid *n*
ureagenesis *s.* ureapoiesis
ureagenetic *s.* ureapoietic
ureagenic *s.* ureapoietic
ureal Urea..., Harnstoff...
ureametry *s.* ureometry
Ureaplasma Ureaplasma *n*, T-Mycoplasma *n*
Ureaplasma urealyticum Ureaplasma *n* urealyticum
ureapoiesis Harnstoffbildung *f*, Harnstoffproduktion *f*
ureapoietic ureapoetisch, ureagen, harnstoffbildend, harnstoffproduzierend
urease Urease *f (Enzym)*
urecchysis *(Chir)* Urinphlegmone *f*, Urininfiltration *f (im Gewebe)*
urechitoxin Urechitoxin *n (Glykosid)*
uredema *s.* uroedema
uredo 1. *s.* urticaria; 2. Hautbrennen *n*, brennendes Hautgefühl *n*
urehepatic syndrome hepatorenales Syndrom *n*
ureic *s.* ureal
ureide Ureid *n*
3-ureidohydantoin 3-Ureidohydantoin *n*, Allantoin *n*
3-ureidoisobutyric acid 3-Ureidoisobuttersäure *f*
3-ureidopropionic acid 3-Ureidopropionsäure *f*
urelcosis Urelkosis *f*, Harnwegulkus *n*, Harnweggeschwür *n*
uremia *s.* uraemia
uremic *s.* uraemic
uremigenic *s.* uraemigenic
ureolysis Ureolyse *f*, Harnstoffauflösung *f*, Harnstoffspaltung *f*
ureolytic ureolytisch; Ureolyse..., Harnstoffspaltungs...
ureometer *(Lab)* Ureometer *n*, Harnstoffmesser *m*, Harnstoffmessgerät *n*
ureometric ureometrisch, harnstoffmessend, harnstoffbestimmend
ureometry Ureometrie *f*, Harnstoffmessung *f*, Harnstoffbestimmung *f*
ureosecretory harnstoffausscheidend
urerythrin *s.* uroerythrin
uresiaesthesia Harndrang *m*, Harngefühl *n*
uresiesthesis *s.* uresiaesthesia
uresis *s.* urination
uretal *s.* ureteral
ureter Ureter *m*, Harnleiter *m (siehe auch unter: ureteral)*
ureter cyst Ureterzyste *f*, Harnleiterzyste *f*
ureter fistula Ureterfistel *f*, Harnleiterfistel *f*
ureter implantation Ureter(en)implantation *f*, Harnleitereinpflanzung *f*
ureter injury Ureter(en)verletzung *f*, Harnleiterläsion *f*
ureter obstruction Ureter(en)obstruktion *f*, Harnleiterverschluss *m*
ureter reconstruction Ureterrekonstruktion *f*, (plastische) Harnleiterwiederherstellung *f*
ureter splint Ureter(en)schiene *f*, Harnleiterschienungskatheter *m*
ureter stenosis Ureter(en)stenose *f*, Harnleiterverengerung *f*
ureter tumour Uretertumor *m*, Harnleitergeschwulst *f*
ureteral ureterisch, ureteral, uretär; Ureter..., Harnleiter... *(siehe auch unter: ureter)*
ureteral atony Ureteratonie *f*, Harnleiteratonie *f*
ureteral bud *(Embr)* Ureterknospe *f*, Harnleiteranlage *f*
ureteral calculus *s.* ureterolith
ureteral catheter Ureter(en)katheter *m*, Harnleiterkatheter *m*
ureteral catheterization Ureter(en)katheterung *f*, Harnleiterkatheterisation *f*
ureteral diverticulum Ureterdivertikel *n*, Harnleiterdivertikel *n*
ureteral dysfunction Ureterdysfunktion *f*, Harnleiterfunktionsstörung *f*
ureteral endometriosis Ureterendometriose *f*
ureteral irrigation Ureter(en)irrigation *f*, Harnleiterspülung *f*
ureteral kink *s.* ureteral kinking
ureteral kinking Ureter(en)-Kinking *n*, Harnleiterabknickung *f*
ureteral leukoplakia Ureterleukoplakie *f*
ureteral mass Uretertumor *m*, Harnleitergeschwulst *f*
ureteral meatotomy Ureter(en)meatotomie *f*, (operative) Harnleitermündungserweiterung *f*
ureteral nerve Ureternerv *m*, Harnleiternerv *m*
ureteral orifice Ostium *n* [Orificium *n*] ureteris, Ureterostium *n*, Harnleitermündung *f*
ureteral ostium *s.* ureteral orifice
ureteral pain Ureterschmerz *m*, Harnleiterschmerz *m*
ureteral polyp Ureterpolyp *m*, Harnleiterpolyp *m*
ureteral reflux Ureterreflux *m*, Harnleiterreflux *m*
ureteral stricture Ureterstriktur *f*, Harnleiterverengerung *f*
ureteral torsion Uretertorsion *f*, Harnleiterverdrehung *f*
ureteral tuberculosis Uretertuberkulose *f*
ureteral twist *s.* ureteral torsion
ureteralgia Ureteralgie *f*, Harnleiterschmerz *m*
uretercystoscope *s.* ureterocystoscope
uretercystoscopy *s.* ureterocystoscopy
ureterectasia Ureterektasie *f*, Ureterdilatation *f*, Harnleitererweiterung *f*
ureterectasis *s.* ureterectasia
ureterectomy Ureterektomie *f*, Ureterexstirpation *f*, Harnleiterexzision *f*, (operative) Harnleiterentfernung *f*
ureteric *s.* ureteral
ureteritis Ureteritis *f*, Ureter(en)entzündung *f*, Harnleiterentzündung *f*
ureterocalicostomy Ureterokalikostomie *f*
ureterocele Ureterozele *f*, Harnleiterbruch *m*
ureterocelectomy Ureterozelektomie *f*, (operative) Harnleiterbruchentfernung *f*
ureterocelorrhaphy Ureterozelorrhaphie *f*
ureterocervical *(Anat)* ureterozervikal; Harnleiter-Gebärmutterhals-...
ureterocolic ureterokolisch; Ureter-Kolon-..., Harnleiter-Dickdarm-...
ureterocolic anastomosis *s.* ureterocolostomy
ureterocolostomy Ureterokolostomie *f*, Ureter-Kolon-Anastomose *f*, Harnleiter-Dickdarm-Fistelung *f*
ureterocutaneostomy Ureterokutaneostomie *f*, Harnleiterfistelung *f* durch die Haut
ureterocystanastomosis *s.* ureterocystoneostomy
ureterocystic *(Anat)* ureterozystisch; Harnleiter-Harnblasen-...

ureterocystoneostomy Ureterozystoneostomie *f*, Harnleiterneueinpflanzung *f* in die Blase
ureterocystoscope Ureterozystoskop *n*, Harnleiter-Blasen-Spiegel *m*
ureterocystoscopic ureterozystoskopisch
ureterocystoscopy Ureterozystoskopie *f*, Harnleiter-Blasen-Spiegelung *f*
ureterocystostomy Ureterozystostomie *f*, Ureter-Harnblasen-Anastomose *f*, Harnleiter-Blasen-Fistelung *f*
ureterodialysis Ureterruptur *f*, Harnleiterzerreißung *f*
ureteroduodenal ureteroduodenal; Harnleiter-Duodenum-...
ureteroduodenal fistula ureteroduodenale Fistel *f*
ureteroenteric *(Anat)* ureteroenterisch; Harnleiter-Darm...
ureteroenteroanastomosis *s.* ureteroenterostomy
ureteroenterostomy Ureteroenterostomie *f*, Ureter-Darm-Anastomose *f*, Harnleiter-Darm-Fistelung *f*
ureterogram Ureterogramm *n*, Harnleiterröntgen(kontrast)bild *n*
ureterographic ureterographisch
ureterography Ureterographie *f*, Harnleiterröntgen(kontrast)darstellung *f*
ureterohydronephrosis Ureterohydronephrose *f*, Harnleiter-Nieren-Harnstauung *f*
ureteroileal *(Anat)* uretero-ileal; Ureter-Ileum-..., Harnleiter-Krummdarm-...
ureteroileoneostomy Ureteroileoneostomie *f (Wiederherstellung der Harnleiterkontinuität durch ein Ileuminterponat)*
ureteroileostomy Ureteroileostomie *f*, Ureter-Ileum-Anastomose *f*, Harnleiter-Ileum-Fistelung *f*
ureterointestinal *s.* ureteroenteric
ureterolith Ureterolith *m*, Ureterkonkrement *n*, Harnleiterstein *m*
ureterolithiasis Ureterolithiasis *f*, Uretersteinkrankheit *f*, Harnleitersteinleiden *n*
ureterolithotomy Ureterolithotomie *f*, (operative) Harnleitersteinentfernung *f*
ureterolysis 1. Ureterolyse *f*, Harnleiterfreilegung *f*, Harnleiterauslösung *f (aus Verwachsungen)*; 2. Ureterparalyse *f*, Harnleiterlähmung *f*
ureteromeatotomy Ureteromeatotomie *f*, Inzision *f* der Harnleitermündung
ureteromegaly Ureteromegalie *f*, Harnleitervergrößerung *f*
ureteroneocystostomy *s.* ureterocystoneostomy
ureteroneopyelostomy *s.* ureteropelvineostomy
ureteronephrectomy Ureteronephrektomie *f*, Ureter- und Nierenexstirpation *f*, (operative) Harnleiter- und Nierenentfernung *f*
ureteropathy Ureteropathie *f*, Ureterkrankheit *f*, Harnleiterkrankung *f*
ureteropelvic *(Anat)* ureteropelvisch, ureteropelvin; Harnleiter-Nierenbecken-...
ureteropelvineostomy Ureteropelvineostomie *f*, Ureteropyeloneostomie *f*, Harnleiterneueinpflanzung *f* in das Nierenbecken
ureteropelvioplasty Ureteropelvioplastik *f*, Harnleiter-Nierenbecken-Rekonstruktion *f*
ureterophlegma Ureterophlegma *n*, Schleimansammlung *f* im Ureter
ureteroplasty Ureteroplastik *f*, Harnleiterplastik *f*, (operative) Harnleiterrekonstruktion *f*
ureteroproctostomy Ureteroproktostomie *f*, Ureterorektostomie *f*, Ureter-Rektum-Anastomose *f*, Harnleiter-Rektum-Fistelung *f*
ureteropyelitis Ureteropyelitis *f*, Ureter- und Pyelonentzündung *f*, Harnleiter- und Nierenbeckenentzündung *f*
ureteropyelogram Ureteropyelogramm *n*, Harnleiter-Nierenbecken-Röntgen(kontrast)bild *n*
ureteropyelography Ureteropyelographie *f*, Harnleiter-Nierenbecken-Röntgen(kontrast)darstellung *f*
ureteropyeloneostomy *s.* ureteropelvineostomy
ureteropyelonephritis Ureteropyelonephritis *f*, Harnleiter-Nierenbecken-Nierenentzündung *f*
ureteropyelonephrostomy Ureteropyelonephrostomie *f*, Harnleiter-Nierenbecken-Anastomose *f*
ureteropyeloplasty Ureteropyeloplastik *f*, Harnleiter- und Nierenbeckenplastik *f*
ureteropyelostomy *s.* ureteropelvineostomy
ureteropyosis Ureteropyosis *f*, Ureterabszess *m*, Harnleitervereiterung *f*
ureterorectal ureterorektal; Harnleiter-Rektum-...
ureterorectal fistula ureterorektale Fistel *f*
ureterorectostomy Ureterorektostomie *f*, Ureter-Rektum-Anastomose *f*, Harnleiter-Rektum-Fistelung *f*
ureterorenoscope Ureterorenoskop *n*
ureterorenoscopy Ureterorenoskopie *f*
ureterorrhagia Ureterorrhagie *f*, Harnleiterblutung *f*
ureterorrhaphy Ureterorrhaphie *f*, Harnleiternaht *f*
ureteroscope Ureteroskop *n*
ureteroscopy Ureteroskopie *f*
ureterosigmoidostomy Ureterosigmoidostomie *f*, Harnleiter-Sigma-Anastomose *f*, Coffey-Mayo'sche Operation *f*
ureterostegnosis *s.* ureterostenosis
ureterostenoma *s.* ureterostenosis
ureterostenosis Ureterstenose *f*, Harnleiterstriktur *f*, Harnleitervereng(er)ung *f*
ureterostoma Ureter(o)stoma *n*, Harnleiterfistel *f*
ureterostomy Ureterostomie *f*, (operative) Harnleiterfistelung *f*
ureterotomy Ureterotomie *f*, Ureterinzision *f*, (operative) Harnleitereröffnung *f*
ureterotrigonoenterostomy Ureterotrigonoenterostomie *f (Einpflanzung des Ureters mit Trigonum in den Darm)*
ureterotrigonosigmoidostomy Ureterotrigonosigmoidostomie *f (Einpflanzung des Ureters mit Trigonum in das Sigmoid)*
ureteroureteral *(Anat)* uretero-ureteral; Ureter-Ureter-..., Harnleiter-Harnleiter-...
ureteroureterostomy Ureteroureterostomie *f*, Harnleiter-Harnleiter-Anastomose *f*
ureterouterine *(Anat)* ureterouterin; Ureter-Uterus-..., Harnleiter-Gebärmutter-...
ureterovaginal *(Anat)* ureterovaginal; Ureter-Vagina-..., Harnleiter-Scheiden-...
ureterovaginal fistula ureterovaginale Fistel *f*, Harnleiter-Scheiden-Fistel *f*
ureterovesical *(Anat)* ureterovesikal; Ureter-Harnblasen-..., Harnleiter-Blasen-...
ureterovesical fistula ureterovesikale Fistel *f*, Harnleiter-Blasen-Fistel *f*
ureterovesical reflux ureterovesikaler Reflux *m*
ureterovesicoplasty Ureterovesikoplastik *f*, Harnleiter-Blasen-Rekonstruktion *f*
ureterovesicostomy Ureterovesikostomie *f*, Harnleiter-Harnblasen-Anastomose *f*
urethane Urethan *n*, Ethylcarbamat *n*
urethra Urethra *f*, Harnröhre *f*
urethral urethral; Urethra..., Harnröhren...
urethral artery Arteria *f* urethralis, Harnröhrenarterie *f*
urethral bougie Urethrabougie *f*, Harnröhren(dehnungs)-sonde *f*
urethral bulb Bulbus *m* urethrae
urethral calculus Harnröhrenstein *m*
urethral cancer Harnröhrenkarzinom *n*, Harnröhrenkrebs *f*
urethral carcinoma *s.* urethral cancer
urethral carina Carina *f* urethralis vaginae
urethral caruncle Caruncula *f* urethrae

urethral catheter Harnröhrenkatheter *m*
urethral catheterization Urethrakatheterung *f*, Harnröhrenkatheterisation *f*
urethral character urethraler Charakter *m*
urethral colliculus *s.* seminal colliculus
urethral condylomata *(Derm)* Urethrakondylome *npl*, Feigwarzen *fpl* der Harnröhre
urethral crest Crista *f* urethralis [urethrae masculinae]
urethral dilatation 1. Urethradilatation *f*, Harnröhrenerweiterung *f*; 2. Harnröhren(auf)dehnung *f*
urethral discharge Harnröhrensekret *n*
urethral diverticulum Urethradivertikel *n*, Harnröhrendivertikel *n*
urethral exudate Urethraexsudat *n*, Harnröhrenausfluss *m*
urethral fever Urethra(l)filter *n*, Katheterfieber *n*
urethral fistula Harnröhrenfistel *f*
urethral forceps *(Chir)* Harnröhrenzange *f*
urethral foreign body Harnröhrenfremdkörper *m*
urethral gland Glandula *f* urethralis, Harnröhrenschleimdrüse *f*, Littré'sche Drüse *f*
urethral haematuria Urethrahämaturie *f*, Harnröhrenhämaturie *f*
urethral haemorrhage *s.* urethrorrhagia
urethral infection Urethra(l)infektion *f*, Harnröhreninfektion *f*
urethral inflammation Harnröhrenentzündung *f*, Urethritis *f*
urethral injury Urethra(l)verletzung *f*, Harnröhrenverletzung *f*
urethral lacuna Lacuna *f* urethralis
urethral lesion Urethraläsion *f*, Harnröhrenverletzung *f*
urethral lumen Harnröhrenlumen *n*
urethral meatal stenosis Urethramündungsstenose *f*, (äußere) Harnröhrenöffnungsvereng(er)ung *f*
urethral meatus Meatus *m* urethrae, Urethramündung *f*, äußere Harnröhrenöffnung *f*
urethral membrane *(Embr)* Urogenitalmembran *f*
urethral mucosa Mucosa *f* urethrae, Urethra(l)mukosa *f*, Harnröhrenschleimhaut *f*
urethral opening *s.* urethral meatus
urethral orifice Ostium *n* [Orificium *n*] urethrae, Harnröhrenöffnung *f* *(in der Blase)*
urethral ostium *s.* urethral orifice
urethral pain Harnröhrenschmerz *m*
urethral papilla Papilla *f* urethralis
urethral polyp Urethra(l)polyp *m*, Harnröhrenpolyp *m*
urethral portion Harnröhrenabschnitt *m*
urethral ring Anulus *m* urethralis
urethral smear *(Bakt)* Harnröhrenabstrich *m*
urethral sound Harnröhrensonde *f*
urethral sphincter Sphincter *m* urethrae, Urethrasphinkter *m*, Harnröhrenschließmuskel *m*, Musculus *m* sphincter urethrae
urethral stricture Urethra(l)striktur *f*, Harnröhrenvereng(er)ung *f*
urethral swab Urethraabstrich *n*, Harnröhrenabstrich *m*
urethral syndrome Urethra(l)syndrom *n*, Harnröhren(infektions)syndrom *n*
urethral synovitis Arthritis *f* gonorrhoica, Trippergelenkentzündung *f*
urethral syringe Blasenspritze *f*
urethral tuberculosis Harnröhrentuberkulose *f*
urethral utricle Utriculus *m* prostaticus
urethral wart Harnröhrenwarze *f*
urethralgia Urethralgie *f*, Harnröhrenschmerz *m*
urethrascope *s.* urethroscope
urethrascopy *s.* urethroscopy
urethratresia Harnröhrenatresie *f*
urethrectomy Urethrektomie *f*, Urethraexstirpation *f*, (operative) Harnröhrenentfernung *f*
urethremorrhagia Urethrahämorrhagie *f*, Harnröhrenblutung *f*
urethremphraxis Urethraobstruktion *f*, Harnröhrenverschluss *m*
urethreurynter Urethreurynter *m*, Harnröhrendehner *m*, Harnröhrendehnungsinstrument *n*
urethrism chronische Harnröhrenreizung *f*, chronischer Harnröhrenspasmus *m*, chronischer Harnröhrenkrampf *m*
urethritis Urethritis *f*, Harnröhrenentzündung *f*
urethroblennorrhoe Urethroblennorrhoe *f*, eitriger Harnröhrenausfluss *m*
urethrobulbar urethrobulbär; Urethra-Bulbus-penis-…, Harnröhren-Penisbulbus-…
urethrocavernous urethrokavernös; Harnröhren-Schwellkörper-…
urethrocele Urethrozele *f*, Harnröhrenbruch *m*
urethrocutaneous urethrokutan; Harnröhren-Haut-…
urethrocystitis Urethrozystitis *f*, Harnröhren- und Blasenentzündung *f*
urethrocystocele Urethrozystozele *f*, Harnröhren-Harnblasen-Bruch *m*
urethrocystogram Urethrozystogramm *n*, Harnröhren-Harnblasen-Röntgen(kontrast)bild *n*
urethrocystography Urethrozystographie *f*, Harnröhren-Harnblasen-Röntgen(kontrast)darstellung *f*
urethrocystometrography *s.* urethrocystometry
urethrocystopexy Urethrozystopexie *f*, Harnröhren-Blasen-Fixation *f*
urethrocystoscopy Urethrozystoskopie *f*, Harnröhren-Blasen-Spiegelung *f*
urethrodynia *s.* urethralgia
urethrogram Urethrogramm *n*, Harnröhrenröntgen(kontrast)bild *n*
urethrograph Urethrograph *m*
urethrographic urethrographisch
urethrography Urethrographie *f*, Harnröhrenröntgen(kontrast)darstellung *f*
urethrometer Urethrometer *n* *(zur Messung des Harnröhrendurchmessers)*
urethrometry Urethrometrie *f* *(Messung des Harnröhrendurchmessers)*
urethropenile Urethra-Penis-…, Harnröhren-Glied-…
urethroperineal urethroperineal; Urethra-Perineum-…, Harnröhren-Damm-…
urethroperineal fistula urethroperineale Fistel *f*, Harnröhren-Damm-Fistel *f*
urethroperineoscrotal Urethra-Perineum-Skrotum-…, Harnröhren-Damm-Hodensack-…
urethropexy Urethropexie *f*, Harnröhrenfixierung *f*
urethrophraxis *s.* urethremphraxis
urethrophyma Urethra(l)tumor *m*, Harnröhrengeschwulst *f*
urethroplasty Urethroplastik *f*, Harnröhrenplastik *f*
urethroprostatic urethroprostatisch; Urethra-Prostata-…, Harnröhren-Vorsteherdrüsen-…
urethrorectal urethrorektal; Urethra-Rektum-…, Harnröhren-Mastdarm-…
urethrorectal fistula urethrorektale Fistel *f*, Harnröhren-Mastdarm-Fistel *f*
urethrorrhagia Urethrorrhagie *f*, Urethralblutung *f*, Harnröhrenblutung *f*
urethrorrhaphy Urethrorrhaphie *f*, Harnröhrennaht *f*
urethrorrhoea Urethrorrhoe *f*, Harnröhrenausfluss *m*
urethroscope Urethroskop *n*, Harnröhrenspiegel *m*
urethroscopic urethroskopisch
urethroscopy Urethroskopie *f*, Harnröhrenspiegelung *f*
urethroscrotal urethroskrotal; Urethra-Skrotum-…, Harnröhren-Skrotum-…

urethroscrotal fistula urethroskrotale Fistel *f*
urethrospasm Urethrospasmus *m*, Harnröhrenkrampf *m*
urethrostaxis Urethrostaxis *f*, Harnröhrenblutung *f*
urethrostenosis Urethrostenose *f*, Urethrastriktur *f*, Harnröhrenstenose *f*, Harnröhrenvereng(er)ung *f*
urethrostoma Urethrostoma *n*, Harnröhrenfistel *f*
urethrostomy Urethrostomie *f*, (operative) Harnröhrenfistelung *f*
urethrotome *(Chir)* Urethrotom *n*, Harnröhrenmesser *n*
urethrotomy *(Chir)* Urethrotomie *f*, Urethrainzision *f*, (operative) Harnröhreneröffnung *f*
urethrotrigonitis Urethrotrigonitis *f*, Harnröhren- und Blasendreieckentzündung *f*
urethroureteral urethroureteral; Urethra-Ureter-…, Harnröhren-Harnleiter-…
urethrovaginal urethrovaginal; Urethra-Vagina…, Harnröhren-Scheiden-…
urethrovaginal fistula urethrovaginale Fistel *f*, Harnröhren-Scheiden-Fistel *f*
urethrovaginal septum Septum *n* urethrovaginale
urethrovesical urethrovesikal; Harnröhren-Blasen-…
urethrovesicopexy Urethrovesikostomie *f*
urethrovesicovaginal urethrovesikovaginal; Urethra-Blasen-Vagina-…, Harnröhren-Harnblasen-Scheiden-…
uretic 1. *s.* uric; 2. harntreibend, diuretisch
urge Trieb *m*, Drang *m*; Antrieb *m*
urge incontinence Dranginkontinenz *f*
urge to have stool Stuhldrang *m*
urge to urinate Harndrang *m*
urge to void urine *s.* urge to urinate
urgency 1. Harndrang *m*; 2. Dringlichkeit *f*; Notfall *m*
urgent dringend, dringlich, eilig; Notfall…
urgent amputation Notamputation *f*
urgent biopsy dringende Biopsie *f*
urgent case Notfall *m*, dringender Fall *m*
urgent gas supply *(Anästh)* Notgaszufuhr *f*
urgent hospitalization Not(fall)aufnahme *f (in das Krankenhaus)*
urgent surgery Notfallchirurgie *f*
urgent therapy Not(fall)behandlung *f*, Notfalltherapie *f*
urgent tracheotomy Not(fall)tracheotomie *f*
urhidrosis Urhidrosis *f*, Harnstoffausscheidung *f* im Schweiß
urian *s.* urochrome
uric Urin…, Harn…
uric acid Harnsäure *f*, 2,6,8-Trihydroxypurin *n*, Triketopurin *n*
uric acid calculus Harnsäurestein *m*
uric acid crystal Harnsäurekristall *m (im Urin)*
uric acid oxidase Harnsäureoxidase *f (Enzym)*
uricacidaemia Urikämie *f*, Harnsäureerhöhung *f* im Blut
uricacidemia *s.* uricacidaemia
uricaciduria Urikazidurie *f*, Harnsäureausscheidung *f* im Urin
uricaemia Urikämie *f*, Harnsäurevermehrung *f* im Blut
uricase Urikase *f*, Uratoxidase *f (Enzym)*
uricemia *s.* uricaemia
uricocholia Urikocholie *f*, Harnsäureausscheidung *f* in der Galle
uricolysis Urikolyse *f*, Harnsäureauflösung *f*, Uratauflösung *f*
uricolytic harnsäureauflösend, uratauflösend
uricometer Urikometer *n*
uricopoiesis Harnsäurebildung *f*, Harnsäureproduktion *f*
uricopoietic harnsäurebildend, harnsäureproduzierend
uricosome Urikosom *n*
uricosuria Urikosurie *f*, Harnsäureausscheidung *f* im Urin
uricosuric harnsäureausscheidend, Urat ausscheidend
uricosuric drug Urikosurikum *n*, harnsäureausscheidendes Medikament *n*
uricotele urikoteler Organismus *m*
uridine Uridin *n*, Urazil(-D-)ribosid *n (Nucleinsäurebestandteil)*
uridine 5′-diphosphate *(Bioch)* Uridin-5′-diphosphat *n*, UDP *n*
uridine diphosphate glucose *(Bioch)* Uridindiphosphatglucose *f*, Uridindiphosphoglucose *f*, UDP-Glucose *f*, UDPG
uridine diphosphate glucose epimerase Uridindiphosphatglucose-Epimerase *f (Enzym)*
uridine diphosphate glucose pyrophosphorylase Uridindiphosphatglucose-Pyrophosphorylase *f (Enzym)*
uridine diphosphate glucuronyl transferase Uridindiphosphat-Glukuronyltransferase *f (Enzym)*
uridine diphosphogalactose *(Bioch)* Uridindiphosphatgalactose *f*, Uridindiphosphogalactose *f*, UDP-Galactose *f*, UDPGal
uridine diphosphoglucose *s.* uridine diphosphate glucose
uridine diphosphoglucuronic acid
uridine diphosphoxylose Uridindiphosphoxylose *f*, Xylose *f*
uridine 5′-monophosphate *(Bioch)* Uridin-5′-monophosphat *n*, UMP *n*
uridine nucleoside Uridinnukleosid *n (aus Pentose und Base)*
uridine nucleotide Uridinnukleotid *n (aus Nukleosid und Phosphorsäure)*
uridine 5′-triphosphate *(Bioch)* Uridin-5′-triphosphat *n*, UTP *n*
uridrosis *s.* urhidrosis
uridyl transferase Uridyltransferase *f*, UDP-Glucose-Hexose-1-phosphat-uridyltransferase *f (Enzym)*
uriesthesis *s.* uresiaesthesia
urinable mit dem Urin ausscheidbar, ausscheidungsfähig im Urin
urinaccelerator Musculus *m* bulbospongiosus
urinacidometer Urinazidometer *n*, Harn-pH-Messer *m*, Harn-pH-Messgerät *n*
urinacidometric urinazidometrisch
urinacidometry Urinazidometrie *f*, Harn-pH-Messung *f*, Bestimmung *f* des Harn-pH
urinaemia Harnstofferhöhung *f* im Blut
urinal Urinal *n*, Harnflasche *f*, Harnglas *n*, Ente *f*
urinalysis Urinanalyse *f*, Harnuntersuchung *f*
urinary Urin…, Harn… *(siehe auch unter: urine)*
urinary abscess Urinphlegmone *f*
urinary albumin Albumin *n* im Urin, Eiweiß *n* im Urin
urinary amylase Urinamylase *f (Enzym)*
urinary bladder Vesica *f* urinaria, Harnblase *f (Zusammensetzungen siehe unter: bladder)*
urinary bladder training Harnblasentraining *n*, Blasentraining *n*
urinary calculus Harnwegskonkrement *n*, Harnstein *m*
urinary cast *s.* renal cast
urinary catheter Urinkatheter *m*, Harnblasenkatheter *m*
urinary catheterization Blasenkatheterung *f*, Harnblasenkatheterung *f*
urinary cellular excretion Zell(en)ausscheidung *f* im Urin
urinary concentration Urinkonzentration *f*, Harnkonzentration *f*
urinary continence Harnkontinenz *f*
urinary copper excretion Kupferausscheidung *f* im Urin
urinary creatinine Urinkreatinin *n*
urinary dribble Harntröpfeln *n*, tropfenweise Harnentleerung *f*

urinary evacuation Harnentleerung *f* (der Blase)
urinary excretion Urinausscheidung *f*
urinary excretion test Urinexkretionstest *m*, UET *(Vitamin-B_{12}-Resorptionstest)*
urinary finding Urinstatus *m*, Harnbefund *m*
urinary fistula Urinfistel *f*
urinary frequency Miktionsfrequenz *f*, Miktionshäufigkeit *f*
urinary hesitancy *s.* urinary retention
urinary iliostomy Ileozystostomie *f*, Harnblasen-Ileum-Fistel *f*
urinary incontinence Harninkontinenz *f*
urinary infection Harnwegsinfektion *f*
urinary infiltration Urininfiltration *f*, Harninfiltration *f (z. B. des Gewebes)*
urinary intermittency *s.* urinary stammering
urinary lithiasis *s.* urolithiasis
urinary meatus 1. Ostium *n* [Orificium *n*] urethrae femininae externum, weibliche Harnröhrenmündung *f*; 2. Ostium *n* [Orificium *n*] urethrae masculinae externum, männliche Harnröhrenmündung *f*
urinary obstruction Harnabflussstörung *f*
urinary outflow Harn(ab)fluss *m*; Urinausscheidung *f*
urinary output ausgeschiedene Urinmenge *f* pro 24 Stunden, 24-Stunden-Urin *m*
urinary overflow Überlaufblase *f*
urinary reflex Harnblasenreflex *m*, Blasenreflex *m*
urinary retention Harnverhaltung *f*, Urinretention *f*
urinary schistosomiasis Blasenbilharziose *f*
urinary sediment Urinsediment *n*, Harnsediment *n*
urinary sediment examination Harnsedimentuntersuchung *f*
urinary stammering Harnstottern *n*, Harnträufeln *n*; Blasenstottern *n*; Stotterblase *f*
urinary stream stopping symptom Harnverhaltungssymptom *n*, Harnstoppsymptom *n*
urinary stuttering *s.* urinary stammering
urinary system Organa *npl* uropoetica, Harn(bereitungs)system *n*
urinary tract Harntrakt *m*, Harnwege *mpl*
urinary tract affliction Harnwegsleiden *n*
urinary tract disease Harnwegserkrankung *f*
urinary tract endoscopy Harnwegsendoskopie *f*, Harnwegsspiegelung *f*
urinary tract infection Harnwegsinfektion *f*
urinary tract injury Harnwegsverletzung *f*
urinary tract malignancy malignes [bösartiges] Harnwegsleiden *n*
urinary urgency akuter Harndrang *m*
urinary urobilin Harnurobilin *n*
urinary urobilinogen Harnurobilinogen *n*
urinate *v* urinieren, harnen, Wasser [Urin, Harn] lassen
urination Urinieren *n*, Harnen *n*, Wasserlassen *n*, Harnlassen *n*, Miktion *f (Zusammensetzungen siehe unter: micturition)*
urinative diuretisch, harntreibend
urinative (agent) Diuretikum *n*, harntreibendes [diuretisches] Mittel *n*
urine Urin *m*, Harn *m (siehe auch unter: urinary)* • **collect urine** Urin sammeln, Harn auffangen • **collect urine with a catheter** mit einem Katheter Urin ablassen [sammeln] • **discharge urine** *s.* excrete urine • **excrete urine** Urin [Harn] ausscheiden, urinieren, Wasser lassen • **pass large quantities of urine** große Harnmengen ausscheiden • **pass scanty urine** eine spärliche [dürftige] Harnmenge ausscheiden, eine unzureichende [zu knappe] Harnmenge ausscheiden • **pass small quantities of urine** geringe Harnmengen ausscheiden • **take urine by way of catheter** Urin mit einem Katheter abnehmen • **void urine** *s.* excrete urine
urine culture *(Bakt)* Urinkultur *f*
urine electrolytes Harnelektrolyte *npl*
urine excretion test Urinexkretionstest *m*, Ausschwemmungstest *m*, Harnausscheidungsprobe *f (z. B. für Substanzen)*
urine flow Urinfluss *m*, Harnfluss *m* • **measure urine flow** den Harnfluss messen, die Harnflussmenge [Diurese] bestimmen • **monitor urine flow** den Harnfluss überwachen, die Urinmenge erfassen [kontrollieren] • **test the urine for albumin** den Harn auf Albumin untersuchen, den Urin auf Eiweiß testen
urine of beer colour bierbrauner [bierfarbener] Urin *m*
urine osmolality Urinosmolalität *f*
urine output ausgeschiedene Urinmenge *f*; Urinausscheidung *f*
urine pH Urin-pH *m*, Urin-pH-Wert *m*
urine phlegmon Urinphlegmone *f*
urine protein Eiweiß *n* im Urin
urine sediment Urinsediment *n*
urine specific gravity spezifisches Gewicht *n* des Harns
urine-urea Urinharnstoff *m*
urine volume Urinvolumen *n*, Harnmenge *f*
urinemia *s.* urinaemia
urinidrosis *s.* urhidrosis
uriniferous harnführend, harnleitend
uriniferous tubule Urinkanälchen *n*, Nierentubulus *m*
urinific 1. urinausscheidend, urinierend; 2. *s.* uropoietic
uriniparous *s.* uropoietic
urinocryoscopy Urinokryoskopie *f*, Gefrierpunktbestimmung *f* des Urins
urinogenital *s.* urogenital
urinogenous *s.* urogenous
urinologist 1. Urinspezialist *m*, Harndiagnostiker *m*; 2. *s.* urologist
urinology 1. Urinlehre *f*, Urindiagnostik *f*; 2. *s.* urology
urinoma Harnzyste *f*, Uringeschwulst *f*, pararenale Pseudozyste *f*
urinometer Urometer *n*, Harnwaage *f*, Urindichtemesser *m*
urinometric urometrisch
urinometry Urometrie *f*, Harndichtemessung *f*, Urindichtebestimmung *f*
urinophil *s.* urinophile
urinophile urinophil, im Urin lebend *(z. B. Bakterien)*
urinophilous *s.* urinophile
urinosanguineous urinosanguinös; Urin-Blut-...
urinoscopy *s.* uroscopy
urinose urinös, urinartig, harnähnlich; Urin..., Harn...
urinosexual *s.* urogenital
urinothorax Urinothorax *m*, Urinansammlung *f* im Thorax
urinous *s.* urinose
uriposia Uriposie *f*, Trinken *n* von Urin, Harntrinken *n*
urisolvent harnsäure(auf)lösend
uritis Dermatitis *f* ambustionis [calorica]
urlinde Urlinde *f*, Urninde *f*, Homosexuelle *f*
urninde *s.* urlinde
urning Urning *m*, Homosexueller *m*
uroacidimeter *s.* urinacidometer
uroammoniac Harnsäure-Ammoniak-...
uroanthelone Uroanthelon *n*, Anthelon U *n*, Urogastron *n (Urinpigment)*
uroazotometer Uroazotometer *n*, Harnstickstoffmessgerät *n*
urobenzoic acid Urobenzoesäure *f*, Hippursäure *f*
urobilin Urobilin *n*, Sterkobilin *n (Bilirubinabbauprodukt)*
urobilin ratio Urobilinquotient *m*
urobilinaemia Urobilinämie *f*, Vorhandensein *n* von Urobilin im Blut
urobilinemia *s.* urobilinaemia

urobilinicterus Urobilinikterus *m*
urobilinogen Urobilinogen *n*, Sterkobilinogen *n (Bilirubinabbauprodukt)*
urobilinogenaemia Urobilinogenämie *f*, Vorhandensein *n* von Urobilinogen im Blut
urobilinogenuria Urobilinogenurie *f*, Urobilinogenausscheidung *f* im Urin
urobilinoid urobilinartig, urobilinähnlich
urobilinoiden Urobilinoiden *n*
urobilinuria Urobilinurie *f*, Urobilinausscheidung *f* im Urin
urocanase Urocanase *f*, Urocanathydratase *f (Enzym)*
urocanase deficiency Urocanasemangel *m*
urocanate Urocanat *n*
urocanate hydratase Urocanathydratase *f (Enzym)*
urocanic acid Urocansäure *f*, 4-Imidazolacrylsäure *f*
urocanic aciduria Urocansäureausscheidung *f* im Urin
urocanicase Urocanicase *f (Enzym)*
urocele Urozele *f*, Harnansammlung *f* im Skrotum
urochemotherapy Chemotherapie *f* der Harnwege
urocheras Harngrieß *m*, Urinsand *m*
urochezia Urochezie *f*, Urinentleerung *f* aus dem After
urochrome Urochrom *n (Harnfarbstoff)*
urochromogen Urochromogen *n (Urochromvorstufe)*
urocinematography Urokinematographie *f*
uroclepsia unbewusster [ungewollter] Harnabgang *m*
urocrisia Schmerzen *mpl* in den Harnorganen
urocyanin Urocyanin *n*, Uroglaucin *n (blaues Harnpigment)*
urocyanogen Urocyanogen *n (blaues Harnpigment)*
urocyanosis Urozyanose *f*, Blau(ver)färbung *f* des Harns
urocyst Harnblase *f*, Vesica *f* urinaria, Blase *f (Zusammensetzungen siehe unter: bladder)*
urocystic Harnblasen…
urocystitis Harnblasenentzündung *f*, Blasenentzündung *f*
urodynamic urodynamisch, den Harnfluss betreffend
urodynamic investigation urodynamische Untersuchung *f*
urodynamics Harnausscheidungslehre *f*
urodynia Urodynie *f*, Miktionsschmerz *m*; schmerzhaftes Harnen *n* [Wasserlassen *n*]
uroenterone Uroenteron *n*, Urogastron *n*
uroerythrin Uroerythrin *n (Harnfarbstoff)*
uroflavin Uroflavin *n*
uroflometer *s.* uroflowmeter
uroflowmeter Uroflowmeter *n*, Harnstrahlmessinstrument *n*, Harnstrahlmesser *m*
uroflowmetry Uroflowmetrie *f*, Harnstrahlmessung *f*, Harnflussmessung *f*
urofollitropin Urofollitropin *n*
urofuscin Urofuszin *n (Harnfarbstoff)*
urofuscohaematin Urofuscohämatin *n (braunes Harnpigment bei Lepra)*
urogastrone Urogastron *n*, Uroenteron *n (Harnpigment)*
urogenital urogenital; Harn- und Geschlechts(organ)…
urogenital diaphragm *(Anat)* Diaphragma *n* urogenitale
urogenital fissure Fissura *f* urogenitalis, Urogenitalspalte *f*
urogenital fistula Urogenitalfistel *f*
urogenital fold *(Embr)* Urogenitalspalte *f*, Urogenitalleiste *f*
urogenital membrane *(Embr)* Urogenitalmembran *f*
urogenital region Regio *f* urogenitalis, Urogenitalregion *f*
urogenital ridge *s.* urogenital fold
urogenital schistosomiasis *(Trop)* Urogenitalbilharziose *f*, „ägyptische Blasenkrankheit" *f*
urogenital sinus *(Embr)* Sinus *m* urogenitalis, Urogenitalsinus *m*
urogenital system Systema *n* urogenitale, Urogenitalsystem *n*, Harn- und Geschlechtsorgane *npl*, Urogenitaltrakt *m*, Urogenitalapparat *m*, Apparatus *m* urogenitalis
urogenital tract *s.* urogenital system
urogenital tract radiography Röntgen(kontrast)darstellung *f* des Urogenitalsystems
urogenital tract tuberculosis Urogenitaltuberkulose *f*
urogenital triangle Trigonum *n* urogenitale, Urogenitaldreieck *n*
urogenital tuberculosis Urogenitaltuberkulose *f*
urogenous 1. urogen, vom Harn stammend; 2. *s.* uropoietic
uroglaucin Uroglaucin *n*, Urocyanin *n (Harnpigment)*
urogonadotropin Urogopnadotropin *n*
urograffin Urograffin *n*
urogram Urogramm *n*, Harnsystemröntgen(kontrast)aufnahme *f*
urographic urographisch
urography Urographie *f*, Harnsystemröntgen(kontrast)darstellung *f*
urogravimeter *s.* urinometer
urohaematin Urohämatin *n (Harnfarbstoff)*
urohaematonephrosis Urohämatonephrose *f*, Harn- und Blutstauung *f* in der Niere; Harn- und Blutstauungsniere *f*
urohaematoporphyrin Urohämatoporphyrin *n*
uroheparin Uroheparin *n*
urohypertensin Urohypertensin *n*
urokinase Urokinase *f*, UK *(Enzym)*
urokinase inhibitor Urokinaseinhibitor *m*
urokinetic urokinetisch
urokymography Urokymographie *f*, Kymographie *f* des Harntrakts, kymographische Harnweguntersuchung *f (nach Röntgenkontrastmittelgabe)*
urolagnia Urolagnie *f*
uroleucic acid *s.* uroleucininc acid
uroleucininc acid
urolith Urolith *m*, Harnstein *m*
urolithiasis Urolithiasis *f*, Harnsteinerkrankung *f*, Harnsteinleiden *n*
urolithic Urolith…, Harnstein…
urolithology Harnsteinlehre *f*, Harnsteinkunde *f*
urolitholysis Urolitholyse *f*, Harnsteinauflösung *f*
urolithotomy Urolithotomie *f*, Harnsteinschnitt *m*, (operative) Harnsteinentfernung *f*
urologic *s.* urological
urological urologisch; Urologie…
urologist Urologe *m*, Arzt *m* [Facharzt *m*] für Urologie
urology Urologie *f*, Lehre *f* von den Erkrankungen der Harnorgane
urology department urologische Abteilung *f*, Abteilung *f* für Urologie, Urologie *f*
urolutein Urolutein *n (Harnfarbstoff)*
uromelanin Uromelanin *n (Harnfarbstoff)*
uromelus *(Terat)* Uromelus *m (Missgeburt)*
urometer Urometer *n*, Harnwaage *f*, Urindichtemesser *m*
urometric urometrisch; Urometrie…
urometry Urometrie *f*, Harndichtemessung *f*, Urindichtebestimmung *f*
uromodulin Tamm-Horsfall-Mukoprotein *n*
uronate Uronat *n*
uroncus Harnzyste *f*, lokale Urinansammlung *f (im Gewebe)*
uronephrosis Uronephrose *f*, Nierenwassersucht *f*, Harnstauungsniere *f*
uronoscopy *s.* uroscopy
uropathogen uropathogener Mikroorganismus *m*
uropathology Uropathologie *f*, Harnwegserkrankungslehre *f*
uropathy Uropathie *f*, Harnwegserkrankung *f*
uropenia Uropenie *f*, Urinmangel *m*, Harnverminderung *f*, verminderte Harnausscheidung *f*
uropepsinogen Uropepsinogen *n*
urophanic im Urin erscheinend, im Urin sichtbar werdend

urophein Urophein *n*
urophilia Urophilie *f*
urophobia Urophobie *f*, Harnfurcht *f*, Harnangst *f*, Miktionsfurcht *f*
uropoiesis Uropoese *f*, Harnbereitung *f*, Harnbildung *f*, Harnproduktion *f*
uropoietic harnbereitend, harnbildend, harnproduzierend, urogen
uroporphyria Uroporphyrie *f*
uroporphyrin Uroporphyrin *n*
uroporphyrinogen Uroporphyrinogen *n*
uroporphyrinogen III cosynthetase Uroporphyrinogen-III-cosynthetase *f (Enzym)*
uroporphyrinogen decarboxylase Uroporphyrinogendecarboxylase *f (Enzym)*
uroporphyrinogen synthetase Uroporphyrinogensynthetase *f (Enzym)*
uroporphyrinogen I synthetase Uroporphyrinogen-I-synthetase *f (Enzym)*
uroporphyrinogen III synthetase Uroporphyrinogen-III-synthetase *f*, Uroporphyrinogen-III-cosynthetase *f (Enzym)*
uropsammus *s.* urocheras
uropterin Uropterin *n*, Urothion *n*
uropurpurin Uropurpurin *n (Harnpigment)*
uropyonephrosis Uropyonephrose *f*, Harn-Eiter-Stauungsniere *f*
uropyoureter Uropyoureter *m (Harn- und Eiteransammlung im Harnleiter)*
uroradiology Uroradiologie *f*
urorectal urorektal; Harnweg-Rektum-..., Harnsystem-Mastdarm-...
urorectal septum *(Embr)* Urorektalseptum *n*, Kloakenscheidewand *f*
urorhythmography Urorhythmographie *f (grafische Darstellung der rhythmischen Harnentleerung aus dem Ureter)*
uroroentgenokinematography Uroröntgenkinematographie *f*
urorosein Urorosein *n (Harnfarbstoff)*
urorrhagia *s.* polyuria
urorrhodin Urorrhodin *n (Harnfarbstoff)*
urorrhodinogen Urorrhodinogen *n (Urorrhodinvorstufe)*
urorrhoea *s.* enuresis
urorubin Urorubin *n (Harnfarbstoff)*
urorubinogen Urorubinogen *n (Urorubinvorstufe)*
urorubrohaematin Urorubrohämatin *n (Harnpigment)*
urosaccharometry Urosaccharometrie *f*, Harnzuckerbestimmung *f*
urosacin *s.* urorrhodin
uroscheocele Uroscheozele *f*, Urininfiltration *f* des Skrotums [Hodensacks]
uroschesis *s.* urinary retention
uroscopic uroskopisch
uroscopist Urinuntersucher *m*, Harnuntersuchende(r) *m*
uroscopy Uroskopie *f*, Urinuntersuchung *f*, Harnuntersuchung *f*, Urininspektion *f*, Harnschau *f*
urosemiology Urosemiologie *f*
urosepsin Urosepsin *n*
urosepsis 1. Urosepsis *f*, Urotoxikose *f*, Harnsepsis *f*; 2. Urosepsis *f*, septisches Harnfieber *n*
uroseptic uroseptisch; Urosepsis...
urospectrin Urospectrin *n (Harnpigment)*
urothelial Harnwegsepithel...
urothelium Urothel *n*, Harnwegsepithel *n*
urotherapy Urotherapie *f*, Urintherapie *f*, Eigenurinbehandlung *f*
urothion Urothion *n*, Uropterin *n*
urothorax Urothorax *m*, Harnansammlung *f* im Thorax
urotoxia Harngiftigkeit *f*
urotoxic urotoxisch, harngiftig
urotoxicity Urintoxizität *f*, Harntoxizität *f*, Harngiftigkeit *f*
urotoxin Urotoxin *n*, Harngift *n*
urotoxy *s.* urotoxia
uroureter Harnstauungsureter *m*, Stauungsharnleiter *m*
uroxanthin Uroxanthin *n (Harnfarbstoff)*
uroxin Uroxin *n*, Alloxantin *n*
urrhodin *s.* urorrhodin
ursodeoxycholic acid Ursodesoxycholsäure *f*
urtica *(Derm)* Urtika *f*, Quaddel *f*
urticant juckreizauslösend, juckend
urticaria *(Derm)* Urtikaria *f*, Nesselsucht *f*, Nesselausschlag *m*, Nesselfieber *n*
urticarial Urtikaria..., Nesselsucht...
urticarial dermographism urtikarieller Dermographismus *m*
urticariogenic urtikariogen, urtikariaerzeugend, nesselsuchterregend
urticarious *s.* urticarial
urticate *v* Quaddeln erzeugen *(z. B. durch Impfung)*; Quaddelbildung [Nesselausschlag] hervorrufen *(z. B. Raupen)*; Quaddeln bilden *(Haut)*
urtication *(Derm)* Quaddelbildung *f*, Quaddelentstehung *f*
usage 1. *s.* use 1.; 2. Behandlungsweise *f*, Verfahren *n*, Praxis *f*
use *v* **alcoholic drinks** Alkoholgetränke zu sich nehmen, (Alkohol) trinken
use 1. Gebrauch *m*, Verwendung *f*; 2. Verwendbarkeit *f* • **for external use** äußerlich, zur äußeren Anwendung, zum äußeren Gebrauch • **for internal use** innerlich, zur inneren Anwendung, zum Einnehmen
user-friendly benutzerfreundlich
user-friendly instruction benutzerfreundliche Anleitung *f*
Usher's syndrome Usher'sches Syndrom *n*, Usher-Syndrom *n*, Retinitis *f* pigmentosa mit Taubstummheit
U.S.P. *(Abkürzung für:)* United States Pharmacopeia
ustilaginism Vergiftung *f* durch Ustilago maydis
Ustilago maydis Ustilago *f* maydis
ustion *s.* cauterization
usure Usur *f*, Knochenatrophie *f (durch lokalen Druck)*
uta *(Trop)* (amerikanisches) Uta-Geschwür *n*, amerikanische Haut- und Schleimhautleishmaniase *f*
uteralgia Uteralgie *f*, Gebärmutterschmerz *m*, Hysteralgie *f*, Hysterodynie *f*
uterectomy Uterusexstirpation *f*, Hysterektomie *f*, (operative) Gebärmutterentfernung *f*
uteri *pl s.* uterus
uterine uterin; Uterus..., Gebärmutter... *(siehe auch unter: uterus)*
uterine adnexa Adnexe *mpl*, Gebärmutteranhangsgebilde *npl*
uterine adnexectomy *s.* adnexectomy
uterine amputation Uterusamputation *f*, (operative) Gebärmutterabtragung *f*
uterine anteflexion Anteflexio *f* uteri
uterine anteversion Anteversio *f* uteri
uterine apoplexy Uterusapoplexie *f*, uteroplazentare Apoplexie *f*
uterine appendages *s.* uterine adnexa
uterine artery Gebärmutterarterie *f*, Arteria *f* uterina
uterine atonia Uterusatonie *f*, Gebärmutteratonie *f*
uterine base Gebärmutterfundus *m*, Fundus *m* uteri
uterine biopsy forceps Gebärmutterbiopsiezange *f*
uterine bleeding Gebärmutterblutung *f*
uterine body Gebärmutterkörper *m*, Corpus *n* uteri
uterine body cancer Gebärmutterkörperkarzinom *n*, Carcinoma *n* corporis uteri
uterine calculus *s.* uterolith
uterine canal Gebärmutterhöhle *f*, Cavitas *f* uteri

uterine cancer Uteruskarzinom *n*, Gebärmutterkrebs *m*
uterine carcinoma *s.* uterine cancer
uterine cavity *s.* uterine canal
uterine cervical canal Zervixkanal *m*, Zervikalkanal *m*, Gebärmutterhalskanal *m*, Canalis *m* cervicis
uterine cervical examination Zervixuntersuchung *f*, Gebärmutterhalsuntersuchung *f*
uterine cervicitis Zervixentzündung *f*, Gebärmutterhalsentzündung *f*
uterine cervix Gebärmutterhals *m*, Cervix *f* uteri
uterine cervix adenocarcinoma Gebärmutterhalsadenokarzinom *n*
uterine cervix amputation Zervixamputation *f*, Gebärmutterhalsamputation *f*
uterine cervix biopsy Zervixbiopsie *f*, Gebärmutterhalsbiopsie *f*
uterine cervix cancer Zervixkarzinom *n*, Gebärmutterhalskarzinom *n*
uterine cervix carcinoma *s.* uterine cervix cancer
uterine cervix conization Zervixkonisation *f*, keilförmige Gebärmutterhalsausschneidung *f*
uterine cervix curettage Zervixausschabung *f*, Gebärmutterhalskürettage *f*
uterine cervix cytology Zervixtytologie *f*, Gebärmutterhalszytologie *f*
uterine cervix dilatation 1. Zervixdilatation *f*, Gebärmutterhals(auf)dehnung *f*; 2. Zervixdilatation *f*, Gebärmutterhalserweiterung *f*
uterine cervix effacement Zervixverstreichung *f*, Dehnungsschlauchbildung *f*
uterine cervix epithelium Zervixepithel *n*, Gebärmutterhalsepithel *n*
uterine cervix erosion Zervixerosion *f*, Gebärmutterhalserosion *f*
uterine cervix mucus Zervixschleim *m*
uterine cervix polyp Zervixpolyp *m*
uterine cervix pregnancy Zervixgravidität *f*, Gebärmutterhalsschwangerschaft *f*
uterine chorionepithelioma Gebärmutterchorionepitheliom *n*, Chorionepithelioma *n* uteri
uterine colic Uteruskolik *f*, Gebärmutterkrampf *m*
uterine configuration Uteruskonfiguration *f*, Gebärmutterform *f*
uterine consistency Uteruskonsistenz *f*, Gebärmutterbeschaffenheit *f*
uterine contraction Uteruskontraktion *f*, Gebärmutterkontraktion *f*
uterine contractions Gebärmutterkontraktionen *fpl*, Wehen *fpl*
uterine curette Uteruskürette *f*
uterine descensus Gebärmuttersenkung *f*, Descensus *m* uteri
uterine dilator *(Chir)* Uterusdilatator *m*
uterine dilator by Hegar Hegarstift *m*, Gebärmutterdilatator *m* nach Hegar
uterine disease Uteruserkrankung *f*, Gebärmutterleiden *n*
uterine disorder Uterusdysfunktion *f*, Gebärmutterstörung *f*
uterine displacement Uterusverlagerung *f*, Gebärmutterverlagerung *f*
uterine dressing forceps Tamponzange *f*
uterine elevating forceps Uterusfasszange *f*
uterine endometriosis Uterusendometriose *f*, Gebärmutterschleimhautversprengung *f*, Endometriosis *f* uteri
uterine endometrium gland *s.* uterine gland
uterine extirpation *s.* uterectomy
uterine extremity of the ovary Extremitas *f* uterina ovarii
uterine fibroid *s.* uterine leiomyoma
uterine fibroma Gebärmutterfibrom *n*, Fibroma *n* uteri
uterine flexion Uterusflexion *f*, Gebärmutterhaltung *f*, Flexio *f* uteri
uterine flooding profuse Gebärmutterblutung *f*
uterine flushing tube Uterusspülkatheter *m*
uterine fundus Gebärmutterfundus *m*, Fundus *m* uteri
uterine gauze packer *(Chir)* Tamponadeführer *m (Instrument)*
uterine gland Gebärmutterdrüse *f*, Glandula *f* uterina, Endometriumdrüse *f*
uterine growth *s.* uterine neoplasm
uterine haemorrhage Uterusblutung *f*, Gebärmutterblutung *f*
uterine inertia Wehenschwäche *f*, Inertia *f* uteri
uterine ischaemia Uterusischämie *f*, verminderte Gebärmutterdurchblutung *f*
uterine isthmus Uterusisthmus *m*, Gebärmutteristhmus *m*, Isthmus *m* uteri
uterine leiomyoma Gebärmutterleiomyom *n (gutartige Geschwulst)*
uterine milk korporaler Fluor *m* albus, uterine Leukorrhoe *f*, Gebärmutterleukorrhoe *f*
uterine mucosa Gebärmutterschleimhaut *f*, Uterusmukosa *f*, Tunica *f* mucosa uteri
uterine neck *s.* uterine cervix
uterine neoplasm Gebärmutterneoplasma *n*, Neoplasma *n* uteri
uterine pain *s.* uteralgia
uterine placenta mütterliche Plazenta *f*, Placenta *f* uterina, Pars *f* uterina placentae
uterine plexus 1. Gebärmuttervenengeflecht *n*, Plexus *m* venosus uterinus; 2. Gebärmutternervengeflecht *n*, Plexus *m* uterinus
uterine polyp Uteruspolyp *m*, Gebärmutterpolyp *m*
uterine pregnancy *s.* uterogestation
uterine probe Uterussonde *f*, Gebärmuttersonde *f*
uterine probing Uterussondierung *f*, Gebärmuttersondierung *f*
uterine prolapse Uterusprolaps *m*, Gebärmuttervorfall *m*, Prolapsus *m* uteri
uterine retroflexion Retroflexio *f* uteri
uterine retroversion Retroversio *f* uteri
uterine rupture Uterusruptur *f*, Gebärmutterzerreißung *f*, Gebärmutterriss *m*
uterine scissors Uterusschere *f*, Gebärmutterschere *f*
uterine scoop Uteruslöffel *m*
uterine secretion scoop Uterussekretlöffel *m*
uterine segment Uterinsegment *n*
uterine souffle Uteringeräusch *n*, Gebärmuttergeräusch *n*, Strepitus *m* uteri(nus); Plazentargeräusch *n*
uterine sound 1. Gebärmuttersonde *f*; 2. *s.* uterine souffle
uterine subinvolution partielle Uterusinvolution *f*
uterine surface Uterusoberfläche *f*, Gebärmutteroberfläche *f*
uterine syringe Uterusspritze *f*
uterine tenaculum *s.* uterine tenaculum forceps
uterine tenaculum forceps Uterusfasszange *f*, Gebärmutterfasszange *f*
uterine tetany Uterustetanie *f*, tetanische Gebärmutterkontraktionen *fpl*
uterine tonus Gebärmuttertonus *m*
uterine torsion Uterustorsion *f*, Gebärmutterverdrehung *f*
uterine tube Eileiter *m*, Tuba *f* uterina (Fallopii), Salpinx *f*, Tube *f*, Muttertrompete *f*
uterine tube abscess Eileiterabszess *m*
uterine tube coagulation Eileiterverkochung *f*, Tubenkoagulation *f*
uterine tube insufflation Tubeninsufflation *f*, Eileiterdurchblasung *f*

uterine tube ligation Eileiterunterbindung *f*, Tubenligatur *f*
uterine tube motility Eileiterbeweglichkeit *f*, Tubenmotilität *f*
uterine tube occlusion Tubenverschluss *m*
uterine tube pregnancy Eileiterschwangerschaft *f*, Tubengravidität *f*, Graviditas *f* tubaria
uterine tube reimplantation Eileiterwiedereinpflanzung *f*, Tubenreimplantation *f*
uterine tube sterilization Tubensterilisation *f*
uterine tube transplantation Eileiterverpflanzung *f*, Tubentransplantation *f*
uterine tuberculosis Uterustuberkulose *f*, Gebärmutter-Tbk *f*
uterine tuboplasty plastische Eileiteroperation *f*, Tubenplastik *f*
uterine twist *s.* uterine torsion
uterine veil Gebärmutterpessar *n*, Zervixpessar *n*
uterine vein Gebärmuttervene *f*, Vena *f* uterina
uterine venous plexus *s.* uterine plexus 1.
uterine version Gebärmutterneigung *f*, Uterusversion *f*, Versio *f* uteri
uterine volsellum forceps Muttermundfasszange *f*
uterism *s.* uterismus
uterismus Uterismus *m*, spastischer Gebärmutterkrampf; Uteralgie *f*
uteritis Uteritis *f*, Gebärmutterentzündung *f*
uteroabdominal *(Anat)* uteroabdominal, abdominouterin, uteroventral; Abdomen-Uterus-..., Gebärmutter-Bauch(höhlen)-...
uteroabdominal pregnancy uteroabdominale Schwangerschaft *f (Zwillingsschwangerschaft mit Bauchnidation und Gebärmutternidation)*
uteroadnexal *(Anat)* uteroadnexal; Uterus-Adnexe(n)-..., Gebärmutter-Gebärmutteranhangs-...
uterocervical *(Anat)* uterozervikal; Uterus-Zervix-..., Gebärmutter-Gebärmutterhals-...
uterocervical canal Uterozervikalkanal *m*, Gebärmutterhalskanal *m*, Canalis *m* cervicis uteri
uterocolic *(Anat)* uterokolisch; Uterus-Kolon-..., Gebärmutter-Dickdarm-...
uterocystostomy Uterozystostomie *f*, Gebärmutter-Harnblasen-Anastomose *f*
uterodynia *s.* uteralgia
uteroenteric *(Anat)* uteroenterisch, uteroenteral, uterointestinal; Gebärmutter-Darm-...
uterofixation *s.* uteropexia
uterogenic uterogen; vom Uterus ausgehend; Gebärmutter...
uterogestation Intrauteringravidität *f*, Gebärmutter(höhlen)schwangerschaft *f*
uteroglobulin Uteroglobulin *n*
uterogram Uterogramm *n*, Gebärmutterröntgen(kontrast)bild *n*, Hysterogramm *n*
uterographic uterographisch, hysterographisch
uterography Uterographie *f*, Gebärmutterröntgen(kontrast)darstellung *f*, Hysterographie *f*
uterointestinal *s.* uteroenteric
uterolith Uterolith *m*, Uteruskonkrement *n*, Gebärmutterstein *m*, Hysterolith *m*
uterometer Uterometer *n*, Gebärmuttervermessungsinstrument *n*, Hysterometer *n*
uterometric uterometrisch, hysterometrisch
uterometry Uterometrie *f*, Gebärmuttervermessung *f*, Hysterometrie *f*
utero-ovarian *(Anat)* uteroovariell; Gebärmutter-Eierstock-...
utero-ovarian ligament Eierstockband *n*, Ligamentum *n* ovarii proprium, Chorda *f* uteroovarica
uteroparietal *(Anat)* uteroparietal; Gebärmutter-Bauchwand-...
uteropelvic uteropelvin; Gebärmutter-Becken-...
uteropexia Uteropexie *f*, Uterusfixation *f*, (operative) Gebärmutteranheftung *f*, Hysteropexie *f (an die Bauchdecken)*
uteroplacental *(Anat)* uteroplazental; Uterus-Plazenta-..., Gebärmutter-Mutterkuchen-...
uteroplacental apoplexy uteroplazentale Apoplexie *f*
uteroplasty Uteroplastik *f*, Uterusplastik *f*, Gebärmutterplastik *f*
uterorectal *(Anat)* uterorektal; Uterus-Rektum-..., Gebärmutter-Mastdarm-...
uterosacral *(Anat)* uterosakral; Uterus-Kreuzbein-..., Gebärmutter-Kreuzbein-...
uterosacral ligament Ligamentum *n* sacrouterinum
uterosalpingogram Uterosalpingogramm *n*, Gebärmutter-Eileiter-Röntgen(kontrast)bild *n*, Hysterosalpingogramm *n*
uterosalpingography Uterosalpingographie *f*, Gebärmutter-Eileiter-Röntgen(kontrast)darstellung *f*, Hysterosalpingographie *f*
uterosclerosis Uterussklerose *f*, Gebärmutterverhärtung *f*
uteroscope Uteroskop *n*, Uterusspekulum *n*, Gebärmutterspiegel *m*, Hysteroskop *n*
uteroscopic uteroskopisch, hysteroskopisch, gebärmutterspiegelnd
uteroscopy Uteroskopie *f*, Gebärmutterspiegelung *f*, Hysteroskopie *f*
uterothermometry Uterothermometrie *f*, Uterustemperaturbestimmung *f*
uterotome Uterotom *n*, Gebärmuttermesser *n*, Hysterotom *n*
uterotomy Uterotomie *f*, Uterusschnitteröffnung *f*, (operative) Gebärmuttereröffnung *f*, Hysterotomie *f*
uterotonic uterotonisch, gebärmuttertonisierend
uterotonic (agent) Uterotonikum *n*, gebärmuttertonisierendes Mittel *n*, Wehenmittel *n*
uterotractor *s.* uterine tenaculum forceps
uterotropic uterotrop(isch), auf den Uterus wirkend
uterotubal *(Anat)* uterotubal; Uterus-Tuben-..., Gebärmutter-Eileiter-...
uterotubography *s.* uterosalpingography
uterovaginal uterovaginal; Uterus-Vagina-..., Gebärmutter-Scheiden-...
uterovaginal plexus 1. Plexus *m* uterovaginalis; 2. Plexus *m* venosus uterovaginalis
uteroventral *s.* uteroabdominal
uteroverdine Uteroverdin *n (Biliverdin aus der Plazenta)*
uterovesical *(Anat)* uterovesikal; Gebärmutter-Harnblasen-...
uterovesical fistula Uterovesikalfistel *f*, Gebärmutter-Blasen-Fistel *f*
uterovesical pouch Excavatio *f* vesicouterina
uterus Uterus *m*, Gebärmutter *f (siehe auch unter: uterine)*
uterus aplasia Uterusaplasie *f*, Gebärmutteraplasie *f*
uterus broad ligament *(Anat)* Ligamentum *n* latum uteri
uterus circulation Gebärmutter(blut)kreislauf *m*
uterus contractility Uteruskontraktilität *f*, Gebärmutterkontraktilität *f*
uterus contraction Uteruskontraktion *f*, Gebärmutterkontraktion *f*
uterus fibromyoma *(Path)* Gebärmutterfibromyom *n*
uterus horn *(Anat)* Gebärmutterhorn *n*, Cornu *n* uteri
uterus hypoplasia Uterushypoplasie *f*, Gebärmutterunterentwicklung *f*
uterus innervation Uterusinnervation *f*, Gebärmutternervenversorgung *f*
uterus inversion Gebärmutterumstülpung *f*, Inversio *f* uteri

uterus ischaemia Gebärmutterischämie *f*
uterus malformation Uterusmissbildung *f*, Gebärmuttermissbildung *f*
uterus mesenchymoma Gebärmuttermesenchymom *n*
uterus motility Uterusmotilität *f*, Gebärmutterbeweglichkeit *f*
uterus myoma *(Path)* Uterusmyom *n*, Gebärmuttermyom *n*, Myoma *n* uteri
uterus perforation Gebärmutterperforation *f*
uterus retroflexion Uterusretroflexion *f*, Retroflexio *f* uteri
uterus round ligament *(Anat)* Ligamentum *n* teres uteri
uterus sarcoma *(Path)* Uterussarkom *n*, Gebärmuttersarkom *n*, Sarcoma *n* uteri
uterus scar Gebärmutternarbe *f*
uterus synechia Gebärmutterverwachsung *f*
uterus tumour Uterustumor *m*, Gebärmuttergeschwulst *f*
UTP *s.* uridine 5'-triphosphate
UTP-glucose-1-phosphate uridylyltransferase UDP-glucose-pyrophosphorylase *f*
UTP-hexose-1-phosphate uridylyltransferase Galactose-1-phosphat-uridylyltransferase *f*
utricle 1. Utrikulus *m*, Utriculus *m* vestibuli *(Innenohr)*; 2. Utriculus *m* masculinus [prostaticus]
utricular *(Anat, HNO)* Utrikulus...
utricular endolymph Utrikulusendolymphe *f*
utricular macula Macula *f* (acustica) utriculi *(Rezeptor für die Gleichgewichtsempfindung)*
utricular nerve Nervus *m* utricularis
utricular recess Recessus *m* ellipticus vestibuli *(Innenohr)*
utriculitis 1. Utrikulitis *f*, Utrikulusentzündung *f (Innenohr)*; 2. Utrikulitis *f (Entzündung des Utriculus masculinus)*
utriculoampullary nerve Nervus *m* utriculoampullaris
utriculosaccular *(Anat)* utrikulosakkular; Utrikulus-Sakkulus-...
utriculosaccular duct Ductus *m* utriculosaccularis
utriculus *s.* utricle
utriculus masculinus *s.* utricle 2.
utriculus prostaticus *s.* utricle 2.
utriform beutelförmig; flaschenförmig
uvea *(Ophth)* Uvea *f*, Traubenhaut *f*
uveal *(Ophth)* uveal; Uvea(l)..., Traubenhaut...
uveal coloboma Uveakolobom *n*
uveal inflammation *s.* uveitis
uveal melanoma Uveamelanom *n*
uveal staphyloma *(Ophth)* Uvea(l)staphylom *n*, Staphyloma *n* uveale
uveal tract Tunica *f* vasculosa bulbi, mittlere Augenhaut *f* *(umfasst Aderhaut, Ziliarkörper und Regenbogenhaut)*
uveitic Uveitis..., Traubenhautentzündung(s)...
uveitides *pl s.* uveitis
uveitis Uveitis *f*, Uveaentzündung *f*, Traubenhautentzündung *f*
uveoencephalitis Uveomeningoenzephalitis *f*, Harada-Syndrom *n*
uveomeningitis Uveomeningitis *f*, Traubenhaut- und Hirnhautentzündung *f*
uveomeningoencephalitis Uveomeningoenzephalitis *f*, Traubenhaut-, Hirnhaut- und Gehirnentzündung *f*
uveoparotid *(Anat)* uveoparotid; Uvea-Parotis-..., Traubenhaut-Ohrspeicheldrüsen-...
uveoparotid fever *s.* uveoparotitis
uveoparotitis Uveoparotitis *f*, Traubenhaut- und Ohrspeicheldrüsenentzündung *f*, Febris *f* uveoparotidea, Heerfordt'sches Syndrom *n*, Heerfordt-Syndrom *n*
uveoplasty *(Ophth)* Uveaplastik *f*, Traubenhautplastik *f*
uveoscleritis *(Ophth)* Uveoskleritis *f*, Traubenhaut- und Lederhautentzündung *f*
uviform botryoid, traubenförmig
uviofast *s.* uvioresistent
uviometer UV-Strahlenmesser *m*
uvioresistent UV-beständig, UV-resistent, widerstandsfähig gegenüber ultravioletten Strahlen, unempfindlich gegenüber UV-Bestrahlung
uviosensitive UV-unbeständig, UV-sensibel, nicht widerstandsfähig gegenüber ultravioletten Strahlen, empfindlich gegenüber UV-Bestrahlung
uvomorulin Uvomorulin *n*, E-Cadherin *n (Membranprotein)*
uvula Uvula *f* (palatina), Gaumenzäpfchen *n*, Zäpfchen *n*, Staphyle *f*
uvula of the bladder Uvula *f* vesica *(Schleimhautwulst in der Blase)*
uvula of the cerebellum Uvula *f* cerebelli [vermis] *(Teil des Kleinhirnwurms)*
uvula of the vermis *s.* uvula of the cerebellum
uvulaptosis *s.* uvuloptosis
uvular uvular; Uvula..., Gaumenzäpfchen..., Zäpfchen...
uvular oedema Uvulaödem *n*, Gaumenzäpfchenschwellung *f*
uvularis (muscle) Musculus *m* uvulae
uvulatome *s.* uvulotome
uvulectomy Uvulektomie *f*, Kiotomie *f*, Uvularesektion *f*, (operative) Gaumenzäpfchenentfernung *f*
uvulitis Uvulitis *f*, Gaumenzäpfchenentzündung *f*, Staphylitis *f*
uvulonodular uvulonodular
uvulopalatopharyngoplasty Uvulopalatopharyngoplastik *f*, Palatopharyngoplastik *f*
uvulopalatoplasty Uvulopalatoplastik *f*, Palatopharyngoplastik *f*
uvuloptosis Uvulaptose *f*, Gaumenzäpfchensenkung *f*, Staphyloptose *f*
uvulotome *(Chir)* Uvulotom *n*, Gaumenzäpfchenmesser *n*
uvulotomy Uvulotomie *f*, Gaumenzäpfchenschnitt *m*, Staphylotomie *f*

V

V-shaped fracture Sternfraktur *f*
V-Z virus *s.* varicella-zoster virus
VA *s.* vestibular aquaeduct
vaccenic acid Vaccensäure *f*
vaccigenous vakzinogen, vakzineproduzierend, impfstoffbildend
vaccin *s.* vaccine
vaccina Vaccina *f*, Vakzina *f*, Impfpocke *f*, Pocke *f*, Impfblatter *f*
vaccinable impfbar, impffähig
vaccinal 1. vakzinal; Vakzine..., Impfstoff...; 2. vakzinal; Vakzination(s)..., Impf(ungs)...
vaccinal fever Impffieber *n*
vaccinal prevention Vakzineprophylaxe *f*
vaccinate *v* 1. vakzinieren, impfen; 2. gegen Pocken impfen
vaccination 1. Vakzination *f*, Impfung *f*, Impfen *n*, Vakzinetherapie *f*, Vakzinationsbehandlung *f*; 2. *s.* vaccinia virus vaccination
vaccination calendar Impfkalender *m*, Impfprogramm *n*
vaccination campaign Reihenimpfung *f*
vaccination certificate Impfzertifikat *n*, Impfzeugnis *n*
vaccination damage *s.* vaccination lesion

vaccination encephalitis Impfenzephalitis *f*
vaccination gangrene Impfgangrän *f*
vaccination instruments Impfinstrumente *npl*, Impfinstrumentarium *n*; Impfzubehör *n*
vaccination lancet Impflanzette *f*, Impffeder *f*
vaccination law Impfgesetz *n*
vaccination lesion Vakzinationsschaden *m*, Impfschaden *m*
vaccination metastasis Impfmetastase *f*
vaccination needle Impfnadel *f*
vaccination rash Impfexanthem *n*
vaccination reaction Impfreaktion *f*
vaccination scar 1. Impfnarbe *f*; 2. Pocken(impfungs)narbe *f*
vaccination set Impfbesteck *n*
vaccination status *(Epid)* Impfstatus *m*
vaccination tuberculosis Impftuberkulose *f*
vaccination varicella Impf(ungs)varizellen *fpl*, Varicella *f* inoculata
vaccinator 1. *s.* vaccinostyle; 2. Impfapparat *m*, Impfpistole *f*; 3. Impfarzt *m*
vaccine 1. Vakzine *f*, Vakzin *n*, Impfstoff *m*; 2. *s.* vaccine lymph • **administer vaccine** impfen, einen Impfstoff applizieren [geben] • **administer vaccine again** eine Wiederholungsimpfung durchführen, noch einmal impfen • **administer vaccine for another time** *s.* administer vaccine again • **inoculate with vaccine** impfen, eine Impfung durchführen
vaccine immunoprophylaxis *s.* vaccination 1.
vaccine lymph Vakzine *f*, Kuhpockenlymphe *f*, Pockenlymphe *f*
vaccine matter *s.* vaccine 1.
vaccine rash *s.* vaccination rash
vaccine therapy *s.* vaccination 1.
vaccine virus *s.* vaccinia virus
vaccinee Impfling *m*, Impfkandidat *m*
vaccinia Vaccinia *fpl*, Kuhpocken *pl*
vaccinia immune globulin Pockenimmunoglobulin *n*
vaccinia immunization Vacciniaimmunisierung *f*
vaccinia virus Vakziniavirus *n*, Vakzinevirus *n*, Impfpockenvirus *n*, Poxvirus *n* officinale
vaccinia virus vaccination Pocken(virus)impfung *f*, Pockenschutzimpfung *f*
vaccinial Vakzine…, Pocken…, Blattern…; Impfpocken…
vaccinid *(Derm)* Pockenblase *f*, Impfbläschen *n*
vacciniform vakziniform, pockenartig, blatternförmig
vacciniola *(Derm)* Nebenpocke *f*, Nebenblatter *f*
vaccinist Impfarzt *m*
vaccinization Vakzination *f*, Vakzinierung *f*, Impfung *f*
vaccinogen Vakzinequelle *f*, Vakzine-Pool *m*
vaccinogenous *s.* vaccigenous
vaccinoid *s.* vacciniform
vaccinophobia Vakzinophobie *f*, Impffurcht *f*, Impfangst *f*
vaccinostyle Impflanzette *f*, Impfnadel *f*, Impfmesserchen *n*
vaccinotherapy *s.* vaccination 1.
vaccinum *s.* vaccine
vacuolar vakuolär; Vakuolen…, Zellhohlraum…
vacuolate *v* Vakuolen bilden, kleine Bläschen bilden
vacuolated *s.* vacuolar
vacuolation *s.* vacuolization
vacuole Vakuole *f*, Zellhohlraum *m*
vacuolization Vakuolisierung *f*, Vakuolenbildung *f*, Zellhohlraumbildung *f*
vacuome *s.* Golgi apparatus
vacutome Vakuum-Elektrodermatom *n*
vacuum Vakuum *n*
vacuum aspiration Vakuumaspiration *f*
vacuum curettage Vakuumkurettage *f*, Saugkurettage *f*
vacuum drainage Vakuumdrainage *f*, Saugdrainage *f*
vacuum extraction Vakuumextraktion *f (bei der Geburt)*
vacuum-extraction of the foetus Fetusvakuumextraktion *f*
vacuum extractor Vakuumextraktor *m*
vacuum intrauterine tube Vakuumintrauterinsonde *f*
vacuum massage Vakuummassage *f*
vagabondage *(Neur)* Vagabundentum *n*; Vagabundenneurose *f*
vagabond's disease Vagabundenkrankheit *f*, Melanodermia *f* phthiriasica; Vagabundenhaut *f*, Vagandenhaut *f*
vagabond's pigmentation *s.* vagabond's disease
vagal vagal; Vagus… *(siehe auch unter: vagus)*
vagal denervation Vagusdenervierung *f*, Vagus(nerven)durchtrennung *f*
vagal nucleus Vaguskern *m*, Nucleus *m* nervi vagi
vagal paralysis Vagusparalyse *f*, Vagus(nerven)lähmung *f*
vagal system Vagus(nerven)system *n*
vagal tone Vagus(nerven)tonus *m*
vagectomy Vagektomie *f*, Vagus(nerven)resektion *f*, (operative) Vagusnervenentfernung *f*
vagina Vagina *f*, (weibliche) Scheide *f* • **irrigate the vagina** die Scheide (aus)spülen, eine Scheidenspülung durchführen
vaginal 1. *(Gyn)* vaginal; Vagina…, Scheiden…, Kolpo…; 2. Sehnenscheiden…
vaginal agenesia Scheidenagenesie *f*
vaginal aplasia Scheidenaplasie *f*
vaginal artery Scheidenarterie *f*, Arteria *f* vaginalis
vaginal atresia Scheidenatresie *f*
vaginal bleeding Scheidenblutung *f*
vaginal bulb Bulbus *m* vaginae
vaginal caesarean section vaginaler Kaiserschnitt *m*, vaginale Schnittentbindung *f*
vaginal canal Scheidenkanal *m*, Canalis *m* vaginae
vaginal cancer Vaginakarzinom *n*, Scheidenkrebs *m*
vaginal carcinoma *s.* vaginal cancer
vaginal clamp Vaginalklemme *f*
vaginal closure Scheidenverschluss *m*
vaginal column Columna *f* rugarum
vaginal cuff abscess mantelförmiger Scheidenabszess *m*
vaginal cyst Vaginalzyste *f*, Scheidenzyste *f*
vaginal cytology Vaginalzytologie *f*
vaginal delivery vaginale Entbindung *f*
vaginal diaphragm Scheidendiaphragma *n*
vaginal discharge Scheidenausfluss *m*, Ausfluss *m*, Fluor *m* (vaginalis)
vaginal distensibility vaginale Dehnbarkeit *f*, Scheidendehnbarkeit *f*
vaginal douche Vaginaldusche *f*, Scheidenirrigator *m*
vaginal duplication Scheidendoppelbildung *f*, Vagina *f* septa [bipartita]
vaginal epithelium Vaginalepithel *n*, Scheidenepithel *n*
vaginal examination Vagina(l)untersuchung *f*, Scheidenuntersuchung *f*
vaginal fistula Vaginalfistel *f*, Scheidenfistel *f*
vaginal flora Scheidenflora *f*
vaginal fornix Scheidengewölbe *n*, Fornix *f* vaginae
vaginal gel Vaginalgel *n*
vaginal gland Scheiden(schleimhaut)drüse *f*
vaginal haematocele Scheidenhämatozele *f*
vaginal haemorrhage *s.* vaginal bleeding
vaginal hernia Vaginalhernie *f*, Scheidenbruch *m*
vaginal hypoplasia Scheidenhypoplasie *f*
vaginal hysterectomy vaginale Hysterektomie *f*, Schauta-Wertheim'sche Operation *f*, (operative) Gebärmutterentfernung *f* durch die Scheide

vaginal introitus *s.* vaginal orifice
vaginal irrigation Vaginalspülung *f*, vaginale Lavage *f*, Scheidenlavage *f* • **make a vaginal irrigation** eine Scheidenspülung durchführen, die Scheide (aus)spülen • **perform a vaginal irrigation** *s.* make a vaginal irrigation
vaginal lavage *s.* vaginal irrigation
vaginal leucorrhoea vaginaler Fluor *m* albus, vaginale Leukorrhö(e) *f*, Scheidenleukorrhoe *f*
vaginal ligament Vestigium *n* processus vaginalis
vaginal mass *s.* vaginal tumour
vaginal microbial flora mikrobielle Scheidenflora *f*
vaginal mucosa Vaginalmukosa *f*, Tunica *f* mucosa vaginae, Scheidenschleimhaut *f*
vaginal nerves Nervi *mpl* vaginales, Scheidennerven *mpl*
vaginal orifice Orificium *n* [Ostium *n*] vaginae, Scheidenöffnung *f*, Scheideneingang *m*, Introitus *m* vaginae
vaginal ostium *s.* vaginal orifice
vaginal papilloma Vaginalpapillom *n*, Scheidenpapillom *n*
vaginal part of the cervix Pars *f* vaginalis cervicis, Portio *f* vaginalis
vaginal pessary Scheidenpessar *n*
vaginal pipe Mutterrohr *n*
vaginal plexus 1. Plexus *m* vaginalis, Scheidennervengeflecht *n*; 2. Plexus *m* venosus vaginalis, Scheidenvenengeflecht *n*
vaginal polyp Vaginalpolyp *m*, Scheidenpolyp *m*
vaginal process of the peritoneum Processus *m* vaginalis peritonei
vaginal process of the sphenoid bone Processus *m* vaginalis ossis sphenoidalis
vaginal prolapse Vaginalprolaps *m*, Scheidenvorfall *m*, Prolapsus *m* vaginae
vaginal pruritus Vaginalpruritus *m*, Scheidenpruritus *m*
vaginal retractor Scheidenhalter *m*, Vulvaspreizer *m*
vaginal rupture Vaginalruptur *f*, Scheidenzerreißung *f*, Scheidenriss *m*
vaginal secretion Vaginalsekret *n*, Scheidensekret *n*
vaginal smear Vaginalausstrich *m*, Scheidenabstrich *m*, Vaginalsmear *m*
vaginal smear method Vaginalabstrichmethode *f*
vaginal speculum Vaginalspekulum *n*, Scheidenspekulum *n*
vaginal sphincter Scheidenpförtner *m*, Musculus *m* bulbospongiosus
vaginal spotting Schmierblutung *f*
vaginal stenose Vaginalstenose *f*, Scheidenverengung *f*
vaginal synovitis *s.* tendinous synovitis
vaginal syringing *s.* vaginal irrigation
vaginal touch digitale Scheidenuntersuchung *f*, Scheidenaustastung *f*
vaginal trichomoniasis Scheidentrichomoniasis *f*
vaginal tumour Vaginaltumor *m*, Scheidengeschwulst *f*
vaginal vault *s.* vaginal fornix
vaginal vestibule Scheidenvorhof *m*, Vestibulum *n* vaginae
vaginal wall Scheidenwand *f*
vaginalectomy *s.* vaginectomy 1.
vaginalgia Vaginalgie *f*, Vaginodynie *f*, Scheidenschmerz *m*, Kolpalgie *f*
vaginalitis Vaginalitis *f*, Entzündung *f* der Tunica vaginalis testis
vaginapexy Vaginafixierung *f*, (operative) Scheidenanheftung *f*, Kolpopexie *f*
vaginate *v* von einer Scheide umgeben, mit einer Scheide versehen
vaginectomy 1. Vaginektomie *f*, Scheidenexstirpation *f*, (operative) Scheidenentfernung *f*, Kolpektomie *f*; 2. Vaginektomie *f*, Sehnenscheidenexstirpation *f*, (operative) Sehnenscheidenentfernung *f*
vaginiferous 1. scheidenbildend; 2. scheidentragend; eingescheidet
vaginiperitoneotomy Vaginoperitoneotomie *f*, paravaginale Inzision *f*
vaginism *s.* vaginismus
vaginismus Vaginismus *m*, Scheidenspasmus *m*, Scheidenkrampf *m*
vaginitis Vaginitis *f*, Scheiden(schleimhaut)entzündung *f*, Scheidenkatarrh *m*, Kolpitis *f*, Elytritis *f*
vaginoabdominal vaginoabdominal; Vagina-Abdomen-..., Scheiden-Bauch(höhlen)-...
vaginocele Vaginozele *f*, Scheidenbruch *m*, Scheidenprolaps *m*, Kolpozele *f*
vaginocutaneous vaginokutan; Vagina-Haut-..., Scheiden-Haut-...
vaginocutaneous fistula vaginokutane Fistel *f*
vaginodynia *s.* vaginalgia
vaginofixation Vaginofixation *f*, Vaginofixatio *f* uteri, Kolpopexie *f (Gebärmutterfundusanheftung an die Scheide)*
vaginogram Vaginogramm *n*, Scheidenröntgen(kontrast)bild *n*
vaginography Vaginographie *f*, Scheidenröntgen(kontrast)aufnahme *f*
vaginohysterectomy *s.* vaginal hysterectomy
vaginolabial vaginolabial; Scheiden-Schamlippen-...
vaginolabial hernia vaginolabiale Hernie *f*
vaginometer Vaginometer *n*
vaginomycosis Vaginalmykose *f*, Scheidenmykose *f*, Scheidenpilzerkrankung *f*
vaginopathy Vaginopathie *f*, Scheidenkrankheit *f*, Scheidenerkrankung *f*, Scheidenleiden *n*, Kolpopathie *f*
vaginoperineal vaginoperineal; Vagina-Perineum-..., Scheiden-Damm-...
vaginoperineoplasty Vaginoperineoplastik *f*, Scheiden-Damm-Plastik *m*
vaginoperineorrhaphy Vaginoperineorrhaphie *f*, Scheiden-Damm-Naht *f*, Kolpoperineorrhaphie *f*
vaginoperineotomy Vaginoperineotomie *f*, Scheiden-Damm-Schnitt *m*
vaginoperitoneal vaginoperitoneal; Vagina-Peritoneum-..., Scheiden-Bauchfell-...
vaginopexy Vaginopexie *f*, Scheidenfixierung *f*, Kolpopexie *f*
vaginoplasty Vaginoplastik *f*, Scheidenrekonstruktion *f*, (operative) Scheidenwiederherstellung *f*, Kolpoplastik *f*
vaginorectal fistula Vaginorektalfistel *f*, Scheiden-Rektum-Fistel *f*
vaginoscope Vaginoskop *n*, Vaginalspekulum *n*, Scheidenspiegel *m*, Kolposkop *n*
vaginoscopic vaginaspiegelnd, kolposkopisch
vaginoscopy Vaginoskopie *f*, Scheidenspiegelung *f*, Kolposkopie *f*
vaginosis Scheidenkrankheit *f*, Scheidenerkrankung *f*, Scheidenleiden *n*
vaginotome *(Chir)* Vaginotom *n*, Scheidenmesser *n*, Kolpotom *n*
vaginotomy *(Chir)* Vaginotomie *f*, Scheidenschnitt *m*, (operative) Scheideneröffnung *f*, Kolpotomie *f*
vaginovesical vaginovesikal; Vagina-Harnblasen-..., Scheiden-Blasen-...
vaginovesical fistula Vaginovesikalfistel *f*, Scheiden-Blasen-Fistel *f*
vaginovulvar vaginovulvar, vulvovaginal; Vulva-Scheiden-...
vagitus Vagitus *m*, Kindesschrei *m*
vagoglossopharyngeal vagoglossopharyngeal; Vagus(nerv)-Glossopharyngeus(nerv)-...
vagogram Vagogramm *n*

vagohypoglossal vagohypoglossal; Vagus(nerv)-Hypoglossus(nerv)-…
vagolysis 1. Vagolyse *f*, Vagus(nerven)hemmung *f*; 2. Vagolyse *f*, Vagusdenervierung *f*
vagolytic 1. vagolytisch, vagus(nerven)hemmend; 2. vagolytisch, vagusdenervierend
vagolytic (agent) Vagolytikum *n*, vagolytisches [den Vagusnerven hemmendes] Mittel *n*
vagomimetic vagomimetisch, vagus(nerven)stimulierend
vagomimetic (agent) Vagomimetikum *n*, vagomimetisches [den Vagusnerven stimulierendes] Mittel *n*
vagopressor vagopressorisch, blutdrucksteigernd durch Vagus(nerven)reizung
vagosplanchnic *s.* vagosympathetic
vagosympathetic vagosympathisch; Vagus-Sympathikus-…
vagotomize *v* vagotomieren, den Vagusnerv(en) durchschneiden [durchtrennen]
vagotomy Vagotomie *f*, Vagusdurchschneidung *f*, (operative) Vagusnervenresektion *f*, (operative) Vagus(nerven)-durchtrennung *f*
vagotonia Vagotonie *f*, Vagustonuserhöhung *f*
vagotonic vagoton, vagustonuserhöhend
vagotonus Vagotonus *m*
vagotony *s.* vagotonia
vagotrope vagotrop, auf den Vagus(nerven) (ein)wirkend
vagotropic *s.* vagotrope
vagotropism Vagotropismus *m*, Vagus(ein)wirkung *f*, Vagusbeeinflussung *f*
vagovagal vagovagal; Vagus(nerv)-Vagus(nerv)-…
vagovagal reflex vagovagaler Reflex *m*
vagrant wandernd; Wander…
vagrant cell *(Histol)* Wanderzelle *f*
vagus (nerve) Vagus(nerv) *m*, Nervus *m* vagus, X. Hirnnerv *m*
vagus nerve resection *s.* vagotomy
vagus palsy Vagusparalyse *f*, Vaguslähmung *f*
vagus paralysis *s.* vagus palsy
vagus pulse *(Kard)* Vaguspuls *m*
Vail's neuralgia Nervus-vidianus-Neuralgie *f*
valacyclovir hydrochloride Valacyclovirhydrochlorid *n*
valence 1. Valenz *f*, Wertigkeit *f*; 2. *(Immun)* Valenz *f*, Antigenbindungsstellen *fpl (eines Antikörpermoleküls)*
valency *s.* valence
valerate Valerat *n*, Valerianat *n*, Valeriansäuresalz *n*; Valeriansäureester *m*
valerian 1. *(Pharm)* Baldrian *m*; 2. Baldrianwurzel *f*
valerianate *s.* valerate
valerianic acid Valeriansäure *f*, Baldriansäure *f*, Pentansäure *f*
valeric acid *s.* valerianic acid
valethamate bromide Valethamatbromid *n*, 2-Diethylaminoethyl-3-methyl-2-phenylvalerat-methylbromid *n* *(Anticholinergikum)*
valetudinarian 1. kränklich, kränkelnd; schwächlich, invalid(e); 2. gesundheitsfanatisch
valetudinarian 1. kränklicher Mensch *m*; Invalide *m*; 2. Gesundheitsfanatiker *m*
valetudinarianism 1. Kränklichkeit *f*, Invalidität *f*; 2. Gesundheitsfanatismus *m*
valgoid krummbeinig; X-beinartig
valgus valgus, krumm, abnorm gebogen; X-beinig
valgus foot Talipes *m* valgus
valid valid, valide, effektiv; korrekt, das gewünschte Ergebnis liefernd
validation Bewertung *f*
valinaemia Valinämie *f (Vorhandensein von Valin im Blut)*
valine Valin *n*, α-Aminoisovaleriansäure *f*, 2-Amino-3-methylbutansäure *f (essenzielle Aminosäure)*
valine transaminase Valintransaminase *f (Enzym)*
valinomycin Valinomycin *n (Antibiotikum)*
vallate umwallt; Wall…
vallate papilla Papilla *f* (circum)vallata *(Zunge)*
vallecula 1. *(Anat)* Vallecula *f*, Rinne *f*, Furche *f*, Einbuchtung *f*; 2. *(Anat)* Vallecula *f* (epiglottica), Fossa *f* glossoepiglottica
vallecula of the cerebellum Vallecula *f* cerebelli, Fissura *f* longitudinalis cerebelli
vallecular Vallecula…, Vallecular…
valley fever *s.* coccidioidomycosis
vallicepobufagin Vallicepobufagin *n (Krötengift)*
vallis *s.* vallecula of the cerebellum
valmethamide *s.* valnoctamide
valnoctamide Valnoctamid *n*, Valmethamid *n*, 2-Ethyl-3-methylvaleramid *n (Anxiolytikum)*
valone Valon *n*
valproate sodium Natriumvalproat *n*
valproic acid Valproinsäure *f*, 2-Propylvaleriansäure *f* *(Antikonvulsivum)*
Valsalva's antrum Antrum *n* mastoideum
Valsalva's manoeuvre *(Kard)* Valsalva'scher Versuch *m*, Pressdruckversuch *m* (nach Valsalva), Valsalva-Versuch *m*
Valsalva's sinus Sinus *m* aortae (Valsalvae)
valsartan Valsartan *n (ACE-Hemmer; Antihypertensivum)*
value/be *v* **of** helfen, von Wert sein; ansprechen, wirken *(z. B. ein Medikament)*
value system *(Psych)* Wertesystem *n*
valva *s.* valve
valval *s.* valvular
valvar *s.* valvular
valvate mit einer Klappe versehen; Klappen…
valve *(Anat)* Valva *f*, Klappe *f*, Herzklappe *f* • **at valve level** auf Klappenebene
valve cusp Klappensegel *n*, Herzklappensegel *n*
valve of Heister Heister'sche Klappe *f*, Heister-Klappe *f*, Plica *f* spiralis *(Gallenblasenschleimhautfalte)*
valve of the inferior vena cava Valvula *f* venae cavae inferioris
valve of Vieussens Velum *n* superius medullaris
valve replacement *(Chir)* Klappenersatz *m*, Herzklappenersatz *m*
valve ring Klappenring *m*, Herzklappenring *m*
valve sound *(Kard)* Klappenton *m*, Herzklappenton *m*
valved *s.* valvate
valveless klappenlos, ohne Klappe
valves of Kerckring Kerckring'sche Falten *fpl*, Plicae *fpl* circulares (Kerckring) *(Querfalten im Dünndarm)*
valviform klappenförmig
valvotome *s.* valvulotome
valvotomy *s.* valvulotomy
valvula Valvula *f*, (kleine) Klappe *f*
valvular valvulär, valvär; Klappen…; klappenähnlich; klappenförmig
valvular aortic stenosis valvuläre Aortenstenose *f*, Aortenklappenstenose *f*
valvular attachment Klappenansatz *m (Herz)*
valvular defect Klappenfehler *m*
valvular disease *s.* valvular heart disease
valvular dysfunction Klappendysfunktion *f*, Herzklappenfunktionsstörung *f*
valvular endocarditis Klappenendokarditis *f*, Herzklappenendokarditis *f*
valvular heart disease Herzklappenerkrankung *f*, Herzklappenkrankheit *f*; Herzklappenfehler *m*
valvular incompetence Klappeninsuffizienz *f*, Herzklappeninsuffizienz *f*
valvular insufficiency *s.* valvular incompetence

valvular lesion Klappenläsion *f*, Herzklappenverletzung *f*
valvular pneumothorax Ventilpneumothorax *m*; Spannungspneumothorax *m*
valvular prosthesis *(Chir)* Klappenprothese *f*, künstliche Herzklappe *f*
valvular pulmonary stenosis valvuläre Pulmonalstenose *f*
valvular regurgitation *s.* valvular incompetence
valvular stenosis Klappenstenose *f*, Herzklappenveveng(er)ung *f*
valvule *s.* valvula
valvulectomy Valvulektomie *f*, Klappenexzision *f*, Klappenextirpation *f*, (operative) Herzklappenentfernung *f*
valvulitis Valvulitis *f*, Klappenentzündung *f*
valvuloplasty Valvuloplastik *f*, Klappenplastik *f*, Herzklappenrekonstruktion *f*
valvulotome Valvulotom *n*, Klappenmesser *n*
valvulotomy Valvulotomie *f*, Valvulaspaltung *f*, Klappendurchtrennung *f*, (operative) Herzklappensprengung *f*
valyl Valyl..., Valinradikal *n*
van Bogaert's disease zerebrotendinöse Xanthomatose *f*
van Bogaert-Nyssen syndrome metachromatische Leukodystrophie *f*
van Bogaert-Nyssen-Peiffer syndrome metachromatische Leukodystrophie *f*
van Buchem's syndrome Hyperostosis *f* corticalis generalisata
van der Hoeve's syndrome Osteogenesis *f* imperfecta
van der Waals forces Dispersionskräfte *fpl*
van Hoorne's canal Ductus *m* thoracicus
vanadate Vanadat *n*, Vanadinsäuresalz *n*
vanadic acid Vanadinsäure *f*
vanadium Vanadium *n*, V
vanadium bronchitis Vanadiumbronchitis *f*
vanadium group Vanadiumgruppe *f (Elemente)*
vanadiumism Vanadiumintoxikation *f*, Vanadiumvergiftung *f*
vancomycin Vancomycin *n*, Vankomyzin *n (Antibiotikum)*
vancomycin hydrochloride Vancomycinhydrochlorid *n*
vanilla Vanille *f*
vanillate Vanillat *n*
vanillic acid Vanillinsäure *f*, 4-Hydroxy-3-methoxybenzoesäure *f*, Methylprotocatechunsäure *f*
vanillic aldehyde Vanillinaldehyd *m*
vanillin Vanillin *n*, 4-Hydroxy-3-methoxybenzaldehyd *m*
vanillism Vanilleintoxikation *f*, Vanillevergiftung *f*
vanillylmandelic acid Vanillinmandelsäure *f*, 3-Methoxy-4-hydroxymandelsäure *f*
vanilmandelic acid *s.* vanillylmandelic acid
vanishing lung *(Rad)* progressive Lungendystrophie *f*, Syndrom *n* der schwindenden Lunge; schwindende Lunge *f*
vapocauterization Vaporisation *f*, Dampfverkochung *f* *(von Gewebe)*
vapor *(Am) s.* vapour
vaporarium *(Bal)* Vaporarium *n*, Dampfbad *n*; Sauna *f*
vaporific 1. dampferzeugend; 2. verdampfend, verdunstend
vaporization 1. *s.* vapocauterization; 2. Vaporisation *f*, Verdampfung *f*
vaporize *v* 1. vaporisieren, mit heißem Dampf behandeln; 2. vaporisieren, verdampfen
vaporizer Verdampfer *m*, Verdampfungsapparat *m*; Zerstäuber *m*
vaporizer of volatile narcotic agents Narkose(mittel)verdampfer *m*, Vaporizer *m*
vaporizer of volatile narcotic remedies *s.* vaporizer of volatile narcotic agents
vaporous vaporös; Dampf...
vaporthorax Vaporthorax *m (Vorhandensein von Wasserdampfblasen im Thorax)*
vapotherapy Vaportherapie *f*, Dampfbehandlung *f*, Inhalationstherapie *f*
vapour Dampf *m*; Inhalationsdampf *m*
vapour anaesthesia Gasnarkose *f*
vapour bath 1. *s.* vaporarium; 2. Dampfbad *n*; Dampfanwendung *f*
vapour phase Dampfphase *f*
vapour pressure Dampfdruck *m*
vapour pressure depression Dampfdrucksenkung *f*
vapour therapy Dampfbehandlung *f*, Inhalationstherapie *f*
Vaquez-Osler disease Vaquez'sche Krankheit *f*, Vaquez-Osler-Krankheit *f*, Polycythaemia *f* vera *(krankhafte Erythrozytenvermehrung)*
Vaquez's disease *s.* Vaquez-Osler disease
variability Variabilität *f*
variable variabel, veränderlich; veränderbar
variable deceleration variable Tiefs *npl*, Wehenreaktionstyp *m* III
variable diet without restriction variable Kost *f* ohne Einschränkungen
variance *(Statist)* Varianz *f*
variant variant, variierend, abweichend
variant Variante *f*, Mutante *f*
variant angina Prinzmetal-Angina *f*
variation *(Gen)* Variation *f*, Abweichung *f*, Mutation *f*
varicated varizentragend, an Krampfadern leidend
varication 1. Varizenbildung *f*, Krampfaderentstehung *f*; 2. Varikose *f*, variköser Zustand *m*, Phlebektasie *f*
variceal Varizen..., Krampfader...
varicectomy Varikektomie *f*, Varizenexzision *f*, (operative) Krampfaderentfernung *f*, Varizenstrippen *n*
varicella *(Inf)* Varizella *f*, Varizellen *pl*, Windpocken *pl*, spitze Blattern *pl*, Schafpocken *pl*, Wasserpocken *pl*, Spitzpocken *pl*
varicella encephalitis Varizellenenzephalitis *f*
varicella pneumonia Varizellenpneumonie *f*
varicella virus *s.* varicella-zoster virus
varicella-zoster virus Varizellen-Zoster-Virus *n*, Windpockenvirus *n*, Herpesvirus *n* varicellae
varicellar rash *(Derm)* Varizellenexanthem *n*
varicellation *s.* varicellization
varicelliform varizelliform, varizellenartig, windpockenförmig
varicellization Varizellenimpfung *f*, Windpockenimpfung *f*
varicelloid Varizellen..., Windpocken...
varices *pl s.* varix
variciform varizenförmig, krampfadrig, varikös
varicoblepharon Varikoblepharon *n*, Augenlidvarize *f*
varicocele Varikozele *f*, Krampfaderbruch *m*, Krampfadervorfall *m*
varicocelectomy Varikozelektomie *f*, Varikozelenexstirpation *f*, (operative) Krampfaderbruchentfernung *f*
varicogram Varikogramm *n*, Röntgen(kontrast)bild *n* von Krampfadern
varicographic varizendarstellend; Varikogramm...; Varikographie...
varicography Varikographie *f*, Röntgen(kontrast)darstellung *f* von Krampfadern
varicoid Varizen..., Krampfader...
varicole *s.* varicocele
varicomphalus Varikomphalus *m*, Varizennabel *m*; Nabelkrampfader *f*
varicophlebitis Varikophlebitis *f*, Krampfaderentzündung *f*
varicosclerosation *(Chir)* Varizensklerosierung *f*, Krampfaderverödung *f*

varicose 1. (abnorm) angeschwollen *(z. B. eine Vene)*; 2. varikös, krampfadrig; Varizen..., Krampfader(n)...
varicose aneurysm variköses Aneurysma *n*
varicose bronchiectasis variköse Bronchiektasie *f*
varicose eczema variköses Ekzem *n*, Ekzema *n* varicosum
varicose ulcer Ulcus *n* varicosum [cruris] *(Hautgeschwürbildung bei Krampfaderleiden)*
varicose veins Varizen *fpl*, Krampfadern *fpl*, variköse Venen *fpl*
varicosis Varikosis *f*, Varikose *f*, Krampfaderleiden *n*
varicosity 1. Varikosität *f*, variköser Zustand *m*; Varizenexistenz *f*; 2. *s.* varix
varicotomy Varikotomie *f*, Varizeninzision *f*, (operative) Varizeneröffnung *f*
varicula Konjunktivalvarize *f*, Augenbindehautkrampfader *f*
variegate porphyria Porphyria *f* variegata
variety 1. Varietät *f*, Abart *f*, Normabweichung *f*; 2. Verschiedenheit *f*, Normabweichung *f*
variform vielgestaltig; formabweichend
variola *(Inf)* Variola *f*, Pocken *pl*, Blattern *pl*
variola virus Variolavirus *n*, Pockenvirus *n*, Poxvirus *n* variolae
variolar *s.* variolous
variolate *v* gegen Pocken impfen
variolate Variola..., Pocken...
variolation Variolation *f*, Pocken(schutz)impfung *f*; (tierexperimentelle) Pockenimmunisierung *f*
variolic *s.* variolous
varioliform varioliform, pockenartig, blatternförmig
variolization *s.* variolation
varioloid pockenartig; Pocken...
varioloid *(Inf)* Variola *f* benigna, modifizierte Pocken *pl*, varizelloide Pocken *pl*, Variolois *f (milde Pockenform)*
variolous 1. pockenartig; Variola..., Pocken..., Blattern...; 2. pockenkrank; 3. pockennarbig, pockig
variolous erythema Erythema *n* variolosum, Pockeninitialexanthem *n*
variolovaccine Variolavakzine *f*, Pockenimpfstoff *m*
varix Varix *m(f)*, Varize *f*, Krampfader *f*, Venenknoten *m*
varix haemorrhage Krampfaderblutung *f*
varnish *(Stom)* Vernix *f*
Varolian pons Pons *m* Varolii, Varolsbrücke *f*, Pons *m* (cerebri), Gehirnbrücke *f (Hirnteil oberhalb des verlängerten Rückenmarks)*
varus varus, o-beinig
varus foot Talipes *m* varus
vas Vas *n*, Gefäß *n*; Blutgefäß *n (siehe auch unter: blood vessel)*; Lymphgefäß *n*
vasa *pl s.* vas
vasal *s.* vascular
vasalgia Vasalgie *f*, Gefäßschmerz *m*
vascular vaskulär; Vaskular..., Gefäß... *(siehe auch unter: vessel)*
vascular anastomosis Gefäßanastomose *f*
vascular arborization *(Anat)* Blutgefäßaufzweigung *f*
vascular bundle Gefäßbündel *n*
vascular circle of the optic nerve Circulus *m* vasculosus nervi optici
vascular clamp *(Chir)* Gefäßklemme *f*
vascular dentin Vasodentin *n*, vaskuläres Dentin *n*
vascular dilation Gefäßdilatation *f*, Gefäßerweiterung *f*
vascular disease Gefäßkrankheit *f*, Gefäßleiden *n*
vascular embolism Gefäßembolie *f*, embolischer Gefäßverschluss *m*
vascular embolism of the brain Hirngefäßembolie *f*, embolischer Hirngefäßverschluss *m*
vascular embolism of the heart Koronargefäßembolie *f*, embolischer Herzkranzgefäßverschluss *m*
vascular embolism of the leg Beingefäßembolie *f*, embolischer Beingefäßverschluss *m*
vascular endothelial cell Gefäßendothelzelle *f*
vascular endothelial lining Gefäßendothelauskleidung *f*
vascular endothelium Endothel(ium) *n*, Gefäßinnenhaut *f*
vascular flap *(Chir, Transp)* Gefäß-Stiellappen *m*
vascular forceps Gefäßpinzette *f*
vascular haemophilia vaskuläre Hämophilie *f*, Angiohämophilie *f*
vascular hilar shadow *(Rad)* Hilusgefäßschatten *m*
vascular insufficiency Gefäßinsuffizienz *f*, vaskuläre Insuffizienz *f*
vascular involvement Gefäßbeteiligung *f*, Gefäßbefall *m*
vascular leiomyoma vaskuläres Leiomyom *n*
vascular lesion Gefäßverletzung *f*
vascular loop Gefäßschlinge *f*
vascular malformation Gefäßfehlbildung *f*, Gefäßmissbildung *f*
vascular naevus *s.* haemangioma
vascular pedicle *(Anat)* Gefäßstiel *m*
vascular perfusion Gefäßperfusion *f*
vascular permeability Gefäßpermeabilität *f*, Gefäßdurchlässigkeit *f*
vascular polyp Gefäßpolyp *m*
vascular reflex Gefäßreflex *m*, vaskulärer [vasomotorischer] Reflex *m*
vascular retinopathy *(Ophth)* Retinitis *f* nephritica
vascular ring Gefäßring *m (z. B. um die Luftröhre)*
vascular sclerosis vaskuläre Sklerose *f*, Gefäßsklerose *f*
vascular shadow *(Rad)* Gefäßschatten *m*
vascular spatula-dissector *(Chir)* Gefäß-Spatel-Dissektor *m*
vascular spider vaskulärer Spider *m*, Spider-Nävus *m*, Spider-Angiom *n*
vascular spot Gefäßfleck *m*
vascular surgeon Gefäßchirurg *m*
vascular surgery Gefäßchirurgie *f*, vaskuläre Chirurgie *f*
vascular suture Gefäßnaht *f*
vascular system Gefäßsystem *n*, vaskuläres System *n*
vascular tonus Gefäßtonus *m*, vaskulärer Tonus *m*
vascular tumour Gefäßtumor *m*, vaskuläre Geschwulst *f*
vascularity Gefäßreichtum *m*
vascularization 1. Vaskularisation *f*, Vaskularisierung *f*, Gefäß(neu)bildung *f*; 2. Kapillareinsprossung *f*
vascularize *v* 1. vaskularisieren, Gefäße bilden; 2. einsprossen, (hin)einwachsen
vascularized vaskularisiert, mit neuen Gefäßen versehen
vasculature Blutgefäßverteilung *f*, Gefäßanordnung *f*, Gefäßversorgung *f (eines Organs)*
vasculitic Vaskulitis..., Angiitis...
vasculitis Vaskulitis *f*, Angiitis *f*, Gefäßentzündung *f*
vasculocardiac kardiovaskular, kardiovaskulär; Kardiovaskular..., Herz-Kreislauf-...
vasculogenesis Gefäß(neu)bildung *f*, Angiogenese *f*
vasculogenic vaskulogen, von den Gefäßen ausgehend
vasculogenic impotence vaskulogene Impotenz *f*
vasculolacunar hernia Hernia *f* lacunae vasorum, Hernia *f* femoralis [cruralis], Schenkelhernie *f*
vasculolymphatic vaskulolymphatisch; Blutgefäß-Lymphgefäß-...
vasculomotor *s.* vasomotor
vasculomyelinopathy *(Neur)* Vaskulomyelinopathie *f*
vasculoneural vaskuloneural; Gefäßnerven...
vasculopathy *s.* vascular disease
vasculotoxic vaskulotoxisch, auf Gefäße toxisch wirkend
vasculum Vaskulum *n*, kleines Gefäß *n*
vasectomize *v* vasektomieren, den Samenleiter exstirpieren [operativ entfernen]

vasectomized vasektomiert; ohne Samenleiter
vasectomy *(Urol)* Vasektomie *f*, Vasoresektion *f*, Samenleiterexstirpation *f*, (operative) Samenleiterentfernung *f*
vasectomy reversal Vasovasostomy *f*, Samenleiterrekonstruktion *f*
vasifaction Blutgefäßneubildung *f*
vasifactive (blut)gefäßbildend, angiogen
vasiform vasiform, gefäßförmig; gefäßartig
vasiformation *s.* vasifaction
vasitis Samenleiterentzündung *f*, Deferentitis *f*, Entzündung *f* des Ductus deferens
vasoactive vasoaktiv, auf Gefäße (ein)wirkend
vasoactive intestinal polypeptide vasoaktives intestinales Polypeptid *n*, VIP
vasoconstriction Vasokonstriktion *f*, Gefäßzusammenziehung *f*, Gefäßvereng(er)ung *f*
vasoconstrictive vasokonstriktorisch, vasokonstriktiv, (blut)gefäßzusammenziehend, gefäßverenge(r)nd
vasoconstrictor *s.* vasoconstrictive
vasoconstrictor (agent) Vasokonstriktor *m*, vasokonstriktorisches [blutgefäßverengerndes] Mittel *n*, Blutgefäßverengerer *m*
vasoconstrictor centre *(Neur)* Vasokonstriktorenzentrum *n*
vasoconstrictor fibre Vasokonstriktoren(nerven)faser *f*
vasodentin Vasodentin *n*, vaskuläres Dentin *n*
vasodepression Gefäßwiderstandsenkung *f*, Blutdrucksenkung *f*, Blutdruckabfall *m*
vasodepressive vasodepressorisch, blutdrucksenkend
vasodepressor *s.* vasodepressive
vasodepressor (agent) Vasodepressor *m*, vasodepressorisches [blutdrucksenkendes] Mittel *n*
vasodepressor syncope vasodepressorische Synkope *f*, vagovagale Synkope *f*
vasodilatation *s.* vasodilation
vasodilation Vasodilatation *f*, Gefäßerweiterung *f*, Gefäßerschlaffung *f*
vasodilative vasodilatorisch, vasodilatativ, (blut)gefäßerweiternd
vasodilator *s.* vasodilative
vasodilator (agent) Vasodilatator *m*, vasodilatorisches [blutgefäßerweiterndes] Mittel *n*, Blutgefäßerweiterer *m*
vasodilator centre *(Neur)* Vasodilatatorenzentrum *n*
vasodilator therapy Vasodilatatorentherapie *f*
vasoepididymography Vasoepididymographie *f*, Röntgen(kontrast)darstellung *f* des Samenleiters
vasoepididymostomy Vasoepididymostomie *f*, Samenleiter-Nebenhoden-Anastomose *f*
vasofactive gefäß(neu)bildend, blutgefäßbildend, angiogen, angiopoetisch
vasoformation *s.* vasifaction
vasoformative gefäß(neu)bildend, blutgefäßbildend, angiogen, angiopoetisch
vasoganglion Vasoganglion *n*, Gefäßganglion *n*, Blutgefäßknäuel *n*
vasogenic vasogen; Gefäß…
vasogenic shock vasogener Schock *m*
vasography *s.* angiography
vasohypertonic *s.* vasoconstrictive
vasohypotonic *s.* vasodilative
vasoinhibitor (agent) Vasoinhibitor *m*, vasoinhibitorisches Mittel *n*, gefäß(nerven)hemmendes Mittel *n*
vasoinhibitory vasoinhibitorisch, gefäß(nerven)hemmend
vasoligation 1. Vasoligatur *f*, Blutgefäßunterbindung *f*, Gefäßunterbindung *f*; 2. Samenleiterunterbindung *f*, Ligatur *f* des Ductus deferens
vasoligature *s.* vasoligation
vasomotion Vasomotion *f*, Gefäßtonusänderung *f*
vasomotor *(Neur)* vasomotorisch, den Gefäßtonus ändernd [beeinflussend]
vasomotor catarrh *s.* vasomotor rhinitis
vasomotor centre Vasomotorenzentrum *n*, Gefäßnervenzentrum *n*
vasomotor collapse Vasomotorenkollaps *m*
vasomotor epilepsy vasomotorische Epilepsie *f*, autonome Epilepsie *f*
vasomotor nerve Vasomotorennerv *m*, Vasomotor *m*, Gefäßnerv *m*
vasomotor neurosis *s.* vasoneurosis
vasomotor paralysis *s.* vasoparalysis
vasomotor reflex Vasomotorenreflex *m*, Gefäßnervenreflex *m*
vasomotor rhinitis Rhinitis *f* vasomotorica [nervosa], Rhinopathia *f* vasomotorica non allergica
vasomotor spasm vasomotorischer Spasmus *m*, Vasomotorenspasmus *m*, Gefäßmuskelkrampf *m*
vasomotor system Vasomotorensystem *n*, Gefäßnervensystem *n*
vasoneuropathy Vasoneuropathie *f*, Gefäß- und Nervenerkrankung *f*
vasoneurosis Vaso(motoren)neurose *f*, vasomotorische Neurose *f*, Gefäßneurose *f*, Angioneuropathie *f*, Angioneurose *f*
vasoorchidostomy Vasoorchidostomie *f*, Samenleiter-Hoden-Anastomose *f*
vasoparalysis Vasomotorenlähmung *f*, Vasomotorenkollaps *m*
vasoparesis Vasoparese *f*, Vasomotorenparese *f*, partielle Vasomotorenlähmung *f*, vasomotorische Paralyse *f*, Angioparese *f*, Gefäßparese *f*
vasopermeability Vasopermeabilität *f*, Gefäßpermeabilität *f*, Gefäßdurchlässigkeit *f*
vasopressin Vasopressin *n*, Tonephin *n* *(Hypophysenhinterlappenhormon)*
vasopressin tannate Vasopressintannat *n*
vasopressor *s.* 1. vasoconstrictor agent; 2. vasoconstrictive
vasoproliferative vasoproliferativ
vasopuncture 1. Gefäßpunktion *f*; 2. Samenleiterpunktion *f*, Punktion *f* des Ductus deferens
vasoreflex Blutgefäßreflex *m*
vasorelaxation Vasorelaxation *f*, Gefäßerschlaffung *f*
vasoresection *s.* vasectomy
vasorrhaphy Vasorrhaphie *f*, Samenleiternaht *f*, Naht *f* des Ductus deferens
vasosensory vasosensorisch
vasospasm Vasospasmus *m*, Angiospasmus *m*, Gefäßkrampf *m*
vasospasmolytic vasospasmolytisch, gefäßkrampflösend
vasospastic vasospastisch, angiospastisch, einen Gefäßkrampf auslösend
vasospastic (agent) Vasospastikum *n*, vasospastisches [einen Gefäßkrampf auslösendes] Mittel *n*
vasostimulant vasostimulierend, gefäßstimulierend
vasostimulant (agent) Vasostimulans *n*, vasostimulierendes [gefäßstimulierendes] Mittel *n*
vasostimulation Vasostimulation *f*, Gefäßstimulation *f*, Vasomotorenstimulation *f*, Vasomotorentraining *n*
vasostomy Vasostomie *f*, Samenleiterfistelung *f*
vasothrombin Vasothrombin *n* *(Thrombin aus der Gefäßwand)*
vasotocin Vasotocin *n*
vasotomy Vasotomie *f*, Samenleiterschnitt *m*, (operative) Samenleiterdurchtrennung *f*
vasotonia Vasotonie *f*, Angiotonus *m*, Gefäßtonus *m*
vasotonic vasoton, gefäßtonisierend; Gefäßtonus…

vasotonic (agent) Vasotonikum *n*, gefäßtonisierendes Mittel *n*
vasotribe Gefäßklemme *f*
vasotripsy Vasotripsie *f*, Angiotripsie *f*
vasotrophic vasotroph, blutgefäßernährend; Gefäßernährungs...
vasotropic blutgefäßwirksam, auf Blutgefäße wirkend
vasovagal vasovagal; Blutgefäß-Vagus(nerv)-...
vasovagal reflex vasovagaler Reflex *m*
vasovagal syncope vasovagale Synkope *f*, vasodepressorische Synkope *f*
vasovagal syndrome Vasovagalsyndrom *n*, vasovagales Syndrom *n*
vasovasostomy Vasovasostomie *f*, Samenleiteranastomose *f*, Samenleiter(wieder)vereinigung *f*
vasovesiculectomy Vasovesikulektomie *f*, (operative) Samenleiter- und Samenbläschenentfernung *f*
vasovesiculitis Vasovesikulitis *f*, Samenleiter- und Samenbläschenentzündung *f*
vastus intermedius muscle Musculus *m* vastus intermedius, mittlerer Schenkelmuskel *m*
vastus lateralis muscle Musculus *m* vastus lateralis, äußerer Schenkelmuskel *m*
vastus medialis muscle Musculus *m* vastus medialis, innerer Schenkelmuskel *m*
vastus muscle Musculus *m* quadriceps femoris, vierköpfiger Schenkelstrecker(muskel) *m*
Vater-Pacini corpuscle *(Anat)* (Vater-)Pacini'sches Körperchen *n*, Pacini-Körperchen *n*, (Vater-Pacini'sches) Tastkörperchen *n*, (Vater-Pacini-)Lamellenkörperchen *n*, Corpusculum *n* lamellosum
Vater's ampulla Vater'sche Ampulle *f*, Ampulla *f* hepatopancreatica
Vater's corpuscle *s.* Vater-Pacini corpuscle
vault 1. *(Anat)* Gewölbe *n*, Gewölbebogen *m*, Fornix *m*; 2. *(Anat)* (knöchernes) Schädeldach *n*, Kalvaria *f*, Calvaria *f*; 3. *(Anat)* Gaumenbogen *m*; 4. *(Anat)* Zwerchfellkuppel *f*
vault of the pharynx Fornix *f* pharyngis
vault of the vagina *s.* vaginal fornix
vaulted gewölbt; Gewölbe...
V.C.G. *s.* vectorcardiogram
VD *s.* venereal disease
vection *(Epid, Inf)* Vektion *f*, Übertragung *f* von Krankheitserregern, Keimverschleppung *f*
vector 1. Vektor *m*, Krankheits(erreger)überträger *m*; Bakterienüberträger *m*; 2. *(Gen)* Vektor *m*, DNS-Vektor *m*
vector-borne durch einen Vektor übertragen, durch einen Vektor verbreitet *(z. B. eine Infektionskrankheit)*
vectorcardiogram Vektorkardiogramm *n*, VKG, Vkg, Herzvektorbild *n*
vectorcardiograph Vektorkardiograph *m*, Vektorkardiogrammschreiber *m*, Herzvektorschreiber *m*
vectorcardiographic vektorkardiographisch
vectorcardiography Vektorkardiographie *f*, Herzvektoraufzeichnung *f*
vectorial Vektor...
vecuronium bromide Vecuroniumbormid *n* *(Muskelrelaxans)*
vegalysen Vegalysen *n*, Hexamethoniumchlorid *n*
vegan strenger [strikter] Vegetarier *m*
veganism strenger [strikter] Vegetarismus *m*, streng vegetarische Ernährung *f*
vegetable vegetabil(isch), pflanzlich; Pflanzen...
vegetable albumin pflanzliches Albumin *n*
vegetable diet vegetabile Diät *f*, pflanzliche Kost *f*
vegetal 1. pflanzlich; Pflanzen...; 2. vegetativ
vegetal pole vegetativer Pol *m*, antigerminaler Pol *m*
vegetarian vegetarisch
vegetarian Vegetarier *m*, Pflanzen(kost)esser *m*
vegetarianism Vegetarismus *m*, vegetarische Lebensweise *f*
vegetation 1. (adenoide) Vegetation *f*, Wucherung *f*; 2. Vegetation *f (der Herzklappen bei Endokarditis)*
vegetative 1. vegetativ, ernährend; Ernährungs...; 2. vegetativ, unwillkürlich, autonom *(z. B. Nerven)*; 3. vegetativ, ruhend; Ruhe... *(Zellzyklus)*; 4. knospend, sprossend, verschmelzend; asexuell; Fusions..., Verschmelzungs... *(z. B. Fortpflanzung von Mikroorganismen)*; 5. vegetativ, pflanzlich; Pflanzen...
vegetative aura *(Neur)* vegetative Aura *f*
vegetative dermatitis Dermatitis *f* vegetans
vegetative neurosis vegetative Neurose *f*
vegetative nervous system vegetatives [autonomes] Nervensystem *n*
vegetative stigmatization vegetative Stigmatisierung *f*
vegetoanimal pflanzlich und tierisch; Pflanzen und Tiere betreffend; Pflanzen-Tier-...
vehicle Vehikel *n*, Trägersubstanz *f*
veil 1. Velum *n*, Segel *n*; Gaumensegel *n*; 2. Amnion *n*, Eihaut *f (Zusammensetzungen siehe unter: amniotic)*
vein Vene *f*, Vena *f (siehe auch unter: vena und venous)* • **bare the vein** die Vene freilegen [isolieren] • **expose the vein** *s.* bare the vein • **isolate the vein** *s.* bare the vein • **pierce the vein** die Vene punktieren [anstechen]
vein bypass Venen-Bypass *m*
vein graft Venentransplantat *n*
vein grafting Venentransplantation *f*
vein homograft Venenhomotransplantat *n*
vein ligation Venenunterbindung *f*, Venenligatur *f*
vein lumen Venenlumen *n*
vein occlusion Venenverschluss *m*
vein of the aquaeduct of the cochlea Vena *f* aquaeductus cochleae
vein of the aquaeduct of the vestibule Vena *f* aquaeductus vestibuli
vein of the dorsum of the foot dorsale Mittelfußvene *f*, Vena *f* metatarsea dorsalis pedis
vein of the dorsum of the hand Handrückenvene *f*, Vena *f* metacarpea dorsalis
vein of the eyelid Augenlidvene *f*, Vena *f* palpebralis
vein of the forehead Stirnvene *f*, Vena *f* frontalis [supratrochlearis]
vein of the heart Herzvene *f*, Vena *f* cordis
vein of the lower eyelid Unterlidvene *f*, Vena *f* palpebralis inferior
vein of the lower lip Unterlippenvene *f*, Vena *f* labialis inferior
vein of the pterygoid canal Vena *f* canaliculi pterygoidei
vein of the sole of the foot plantare Mittelfußvene *f*, Vena *f* metatarsea plantaris
vein of the temporomandibular joint Kiefergelenkvene *f*, Vena *f* articularis mandibulae
vein of the upper eyelid Oberlidvene *f*, Vena *f* palpebralis superior
vein of the upper lip Oberlippenvene *f*, Vena *f* labialis superior
vein patch *(Chir)* Venenpatch *m*, Venen-Patch *m*
vein retractor Venenretraktor *m*, Venenhaken *m*
vein stone Venenstein *m*, Phlebolith *m*
vein stripper *(Chir)* Venenstripper *m (Instrument)*
vein stripping Venenstrippung *f*, Venenstripping *n*, Venenextraktion *f*
veined mit Venen versorgt; geadert, adrig; durch Venen markiert, mit Venenzeichnung *(z. B. die Haut)*
veinlet *s.* venule
veinous venös; Venen...
Veit-Smelli manoeuvre *(Gyn)* Veit-Smelli-Manöver *n*, Veit-Smelli-Handgriff *m (bei der Geburt)*

vela *pl s.* velum
velamen Velamentum *n*, Hülle *f*, Umhüllung *f*, Membran *f*
velamenta *pl s.* velamentum
velamentous velamentös; Hüll..., Umhüllungs..., Membran...
velamentous insertion Insertio *f* velamentosa, häutiger Nabelansatz *m*
velamentum Velamentum *n*, Hülle *f*, Umhüllung *f*, Membran *f*
velamina *pl s.* velamen
velar Velum..., Segel...; Gaumensegel...
veliform *s.* velamentous
vellicate *v* (sich) krampfartig zusammenziehen, zucken *(z. B. Muskel)*
vellication Muskelzucken *n*, krampfartiges Muskelzittern *n*
vellus Flaum *m*, Flaumhaar *n*
vellus hair *s.* vellus
velocity Geschwindigkeit *f*
velocity of growth Wachstumsgeschwindigkeit *f*
velocity of ultrasound Ultraschallgeschwindigkeit *f*
velopharyngeal velopharyngeal; Velum-palatinum-Pharynx-...
velopharyngeal closure *(Stom)* velopharyngealer Verschluss *m*; *s.* flask closure
velopharyngeal insufficiency velopharyngeale Insuffizienz *f*
velopharyngeal sphincter velopharyngealer Sphinkter *m*
velosynthesis *s.* palatorrhaphy
velum Velum *n*, Segel *n*; Gaumensegel *n*
vena Vene *f*, Vena *f (siehe auch unter: vein und venous)*
vena cava Vena *f* cava, Hohlvene *f*, Kava *f (siehe auch unter: caval)*
vena cava block *s.* vena cava blockage
vena cava blockage Vena-cava-Blockade *f*, Kavasperroperation *f (bei Lungenembolie)*
vena cava catheter Vena-cava-Katheter *m*, Kavakatheter *m*, Hohlvenenkatheter *m*, zentraler Katheter *m*
vena cava filter Kavafilter *n(m)*, Hohlvenenfilter *n(m)*
vena cava foramen Foramen *n* venae cavae, Hiatus *m* venae cavae
vena cava hiatus Foramen *n* [Hiatus *m*] venae cavae
vena cava inferior syndrome Rückenlage-Schock-Syndrom *n*, aortokavales Kompressionssyndrom *n (infolge Hohlvenenkompression durch die Gebärmutter in der Schwangerschaft)*
vena cava ligation Kavaligatur *f*, Hohlvenenunterbindung *f*
vena cava obstruction Kavaobstruktion *f*, Hohlvenenverschluss *m*
vena cava superior syndrome Vena-cava-superior-Syndrom *n*, obere Einflussstauung *f*
vena cava system Kavasystem *n*, Hohlvenensystem *n*
vena cava syndrome Vena-cava-Syndrom *n*
vena cavogram Kavogramm *n*, Hohlvenenröntgen(kontrast)bild *n*
vena cavography Kavographie *f*, Hohlvenenröntgen(kontrast)darstellung *f*
venacaval kaval; Kava..., Hohlvenen..., Vena-cava-...
venacavogram *s.* cavogram
venacavography *s.* cavography
venae *pl s.* vena
venae sectio *s.* venesection
venation Venenverzweigung *f*, Venenverteilung *f*, Venenanordnung *f*, Venenmuster *n*
venectasia Venektasie *f*, Venenerweiterung *f*, Phlebektasie *f*
venectomy Venektomie *f*, Venenexstirpation *f*, Venenresektion *f*, (operative) Venenentfernung *f*, Phlebektomie *f*

veneer *(Stom)* Facette *f*
veneer crown *(Stom)* Facettenkrone *f*
venenation 1. Vergiftung *f*, Intoxikation *f*; 2. Gifteinspritzung *f (z. B. durch Schlangen)*
venene *s.* venin
veneniferous giftführend, gifttragend
venenific giftbildend
venenosalivary giftigen Speichel bildend, giftigen Speichel sezernierend
venenose giftig; Gift...
venenosity Giftigkeit *f*, Toxizität *f*
venenous *s.* venenose
venenum *s.* venom
venepuncture Venae punctio *f*, Venenpunktion *f* • **do venepuncture** eine Vene punktieren, eine Venenpunktion durchführen
venereal 1. venerisch; Geschlechtskrankheits...; 2. geschlechtlich, sexuell; Geschlechts..., Sexual... *(Zusammensetzungen siehe unter: sexual)*
venereal adenitis *s.* venereal lymphogranulomatosis
venereal bubo venerischer Bubo *m*
venereal disease Venerie *f*, Geschlechtskrankheit *f*, venerische Erkrankung *f*
venereal lymphogranuloma Lymphogranuloma *n* inguinale [venereum], Bubo *m* tropicalis
venereal lymphogranulomatosis Lymphadenitis *f* granulomatosa venerea, Lymphogranulomatosis *f* venerea, vierte Geschlechtskrankheit *f*
venereal sore Primäraffekt *m*, Primärgeschwür *n (Syphilis)*
venereal ulcer *(Derm)* Ulcus *n* molle, weicher Schanker *m*
venereal urethritis Urethritis *f* gonorrhoica, Tripper *m (siehe auch: gonorrhoea)*
venereal verruca *(Derm)* Condyloma *n* acuminatum, spitzes Kondylom *n*, Verruca *f* acuminata, spitze Feigwarze *f*
venereal wart *s.* venereal verruca
venereologic venerologisch
venereological *s.* venereologic
venereologist Venerologe *m*, Arzt *m* [Facharzt *m*] für Geschlechtskrankheiten
venereology Venerologie *f*, Lehre *f* von den Geschlechtskrankheiten
venereophobia *(Neur)* Venerophobie *f*, Angst *f* vor Geschlechtskrankheiten
venesection Venae sectio *f*, Venen(ein)schnitt *m*, Venotomio *f*, (operative) Veneneröffnung *f*, Phlebotomie *f*, Aderlass *m* • **do venesection** eine Vene freilegen, eine Venae sectio durchführen
venesection set Venae-sectio-Besteck *n*
venesuture Venennaht *f*, Phleborrhaphie *f*
Venezuelan equine encephalitis *(Trop, Inf)* Venezolanische Pferdeenzephalitis *f* [Pferdeenzephalomyelitis *f*]
Venezuelan equine encephalomyelitis *s.* Venezuelan equine encephalitis
venin Venin *n*, Schlangengift *n*
venipuncture *s.* venepuncture
venisuture *s.* venesuture
venlafaxine Venlafaxin *n (Antidepressivum)*
venlafaxine hydrochloride Venlafaxinhydrochlorid *n*
venoarterial oxygen content difference arteriovenöse Sauerstoffdifferenz *f*
venoatrial venoatrial; Hohlvenen-Vorhof-...
venoauricular venoaurikulär; Hohlvenen-Herzohr-...
venoclysis Veneninfusion *f*, (intra)venöse Infusion *f*, Phleboklysis *f*
venofibrosis Venenfibrose *f*, (bindegewebige) Venenverhärtung *f*
venogram Venogramm *n*, Phlebogramm *n*, Venenröntgen(kontrast)bild *n*
venographic venendarstellend, phlebographisch

venography Venographie *f*, Phlebographie *f*, Venenröntgen(kontrast)darstellung *f*
venom Venenum *n*, Gift *n*; Tiergift *n*, tierisches Gift *n*; Schlangengift *n* • **suck venom** das Gift aussaugen *(z. B. nach Schlangenbiss)*
venom extract therapy Gegengiftbehandlung *f*, (prophylaktische) Gegengiftanwendung *f*, Gegengiftgabe *f*
venom immunotherapy Giftimmunisierung *f*, (prophylaktische) Immunisierung *f* gegen Gifte
venom snake Giftschlange *f*
venomosalivary *s.* venenosalivary
venomotor venomotorisch, das Venenlumen regulierend
venomous giftig; Gift…
veno-occlusive venookklusiv, mit verschlossenen Venen; Venenverschluss…
venom-occlusive disease of the liver *s.* Budd-Chiari syndrome
venoperitoneostomy Venoperitoneostomie *f*, Vena-saphena-Peritoneum-Anastomose *f*
venopressor venopressorisch, venen(lumen)verengernd
venopressor (agent) venopressorisches [venenlumenverengerndes] Mittel *n*
venorrhaphy Venorrhaphie *f*, Phleborrhaphie *f*, Venennaht *f*
venosclerosis Venensklerose *f*, Phlebosklerose *f*, Venenverkalkung *f*
venose venenreich, aderreich
venosinal Hohlvenen-Sinusknoten-…
venosity 1. venöse Beschaffenheit *f (z. B. des Blutes)*; 2. Venenblutfülle *f*, venöse Anschoppung *f*; 3. Venenreichtum *m*, Venenvermehrung *f*
venospasm Venospasmus *m*, Venenkrampf *m*, spastische Venenkontraktion *f*
venostasis Venenstauung *f*, Venenstau *m*, venöse Blutstauung *f*, Phlebostase *f*
venostat Venenklemme *f (zur Blutstillung)*
venostomy *s.* cut-down
venothrombotic venenthrombosierend, zur Venenthrombose führend
venotomy *s.* venesection
venous venös; Venen…, Blutader…
venous access device venöser Zugang *m*, venöser Katheter *m*
venous angle Venenwinkel *m*, Angulus *m* venosus
venous-arterial shunt arteriovenöser Shunt *m*
venous block venöse Abflussbehinderung *f*, venöser Stau *m*, Venensperre *f*
venous blood Venenblut *n*; venöses Blut *n*
venous blood gas venöses Blutgas *n*, venöser Sauerstoff- und Kohlendioxidgehalt *m*
venous blood oxygen percent saturation *(Physiol)* prozentuale venöse Sauerstoffsättigung *f*
venous blood pressure venöser Blutdruck *m*
venous capillary venöse Kapillare *f*
venous catheter Venenkatheter *m*
venous circulation venöser Kreislauf *m*
venous congestion venöse Blutfülle *f*, venöse Blutstauung *f*
venous cutdown *s.* venesection
venous filling Venenfüllung *f*, venöse Füllung *f*
venous haemorrhage venöse Blutung *f*
venous insufficiency venöse Insuffizienz *f*, Veneninsuffizienz *f*
venous malformation Venenfehlbildung *f*, Venenmissbildung *f*
venous plexus Venenplexus *m*, Plexus *m* venosus, Venengeflecht *n*
venous pressure venöser Druck *m*, Venendruck *m*
venous pulse Venenpuls *m*
venous return venöser Rückfluss *m* [Rückstrom *m*]
venous sclerosis *s.* phlebosclerosis
venous sinus of the sclera Sinus *m* venosus sclerae, Schlemm'scher Kanal *m (Abflusskanal der vorderen Augenkammer)*
venous spasm *s.* venospasm
venous stasis venöse Stase *f* [Stauung *f*, Anschoppung *f*]
venous stasis dermatitis venöse Stauungsdermatitis *f*
venous thrombosis venöse Thrombose *f*, Venenthrombose *f*
venous valve (cusp) Venenklappe *f*
venovenostomy Venenanastomose *f*, Venenvereinigung *f*, Phlebophlebostomie *f*
venovenous venovenös; Venen-Venen-…
vent *v* 1. ablassen; 2. entlüften
vent 1. Öffnung *f*, Ausgang *m*; 2. Ventil *n*; Belüftung *f*, Belüftungsschlauch *m*; 3. Anus *m*, After *m*; 4. eiternde Öffnung *f*, Eiterfistel *f*
venter 1. Venter *m*, Abdomen *n*, Bauch *m (Zusammensetzungen siehe unter: abdominal)*; 2. Venter *m* musculi, Muskelbauch *m*
ventilate *v* 1. ventilieren, (be)lüften, beatmen; 2. *s.* oxygenate
ventilation Ventilation *f*, Belüftung *f*, Beatmung *f*
ventilation assistance Atemunterstützung *f*, Atemassistenz *f*
ventilation disorder Ventilationsstörung *f*
ventilation equivalent Ventilationsäquivalent *n*
ventilation lung scan Ventilationsszintigraphie *f*, Lungenszintigraphie *f*
ventilation/perfusion mismatch Ventilation-Perfusions-Störung *m*
ventilation/perfusion ratio Ventilation-Perfusions-Quotient *m*
ventilation scintigraphy Ventilationsszintigraphie *f*
ventilator 1. Ventilator *m*, Lüfter *m*; 2. Ventilator *m*, Beatmungsgerät *n*, Respirator *m*
ventilatory 1. ventilatorisch; Ventilations…, Belüftungs…; 2. Ventilations…, Atmungs…
ventilatory arrest Atemstillstand *m*
ventilatory capacity Ventilationskapazität *f*
ventilatory compliance ventilatorische Compliance *f*
ventilatory movement Atembewegung *f*, Ventilationsbewegung *f*
ventilatory rate Ventilationsrate *f*
ventilatory standstill Atemstillstand *m*
ventilatory weaning process Abtrainieren *n* vom Beatmungsgerät, Respirator-Entwöhnung *f*
venting catheter Entlüftungskatheter *m*
ventrad ventralwärts, ventrad, nach ventral gerichtet
ventral ventral, bauchwärts, bauchseitig, bauchseits; Bauch…
ventral cochlear nucleus Nucleus *m* cochlearis ventralis
ventral cornu Cornu *n* anterius (medullae spinalis), Vorderhorn *n*
ventral corticospinal tract Tractus *m* corticospinalis anterior, Pyramidenvorderstrangbahn *f*
ventral external arcuate fibres Fibrae *fpl* arcuatae externae ventrales
ventral hernia Abdominalhernie *f*, Bauchhernie *f*
ventral horn *s.* ventral cornu
ventral median fissure Fissura *f* mediana anterior *(Rückenmark)*
ventral metacarpal artery Arteria *f* metacarpea ventralis [palmaris]
ventral nucleus of the thalamus Nucleus *m* ventralis thalami
ventral root Vorderwurzel *f*, Radix *f* ventralis nervorum spinalium

ventral sacrococcygeal ligament Ligamentum *n* sacrococcygeum ventrale
ventral spinocerebellar fasciculus *s.* ventral spinocerebellar tract
ventral spinocerebellar fasciculus of Gowers *s.* ventral spinocerebellar tract
ventral spinocerebellar tract Tractus *m* spinocerebellaris anterior, vordere Kleinhirnseitenstrangbahn *f*, Gowers'sches Bündel *n*
ventral spinothalamic tract Tractus *m* spinothalamicus anterior
ventral surface of the heart Facies *f* sternocostalis cordis
ventral surface of the kidney Facies *f* anterior renis
ventral surface of the pancreas Facies *f* anterior pancreatis
ventral surface of the sacrum Facies *f* pelvina ossis sacri
ventral tegmental decussation Decussatio *f* tegmenti ventralis
ventral wall of the stomach Paries *m* anterior ventriculi, Magenvorderwand *f*
ventricle 1. *(Anat)* Ventriculus *m*, Ventrikel *m*, Kammer *f*, Höhle *f*; 2. *s.* ventricle of the brain; 3. *s.* ventricle of the heart
ventricle of Morgagni Ventriculus *m* laryngis, Morgagni'sche Tasche *f*
ventricle of the brain Ventriculus *m* cerebri [encephali], Hirnventrikel *m*, Hirnkammer *f*
ventricle of the cord Canalis *m* centralis medullae spinalis, Rückenmarkzentralkanal *m*
ventricle of the heart Ventriculus *m* cordis, Herzventrikel *m*, Herzkammer *f*
ventricle of the larynx *s.* ventricle of Morgagni
ventricular 1. ventrikulär; Ventrikel..., Kammer...; 2. *(Kard)* Herzkammer...; 3. *(Neur)* Hirnkammer...
ventricular aneurysm ventrikuläres Aneurysma *n*, Herzkammeraneurysma *n*
ventricular arrhythmia ventrikuläre Arrhythmie *f*, Herzkammerarrhythmie *f*
ventricular bigeminy ventrikulärer Bigeminus *m*
ventricular bleeding Ventrikel(ein)blutung *f*
ventricular block ventrikulärer Block *m (der Hirnkammern)*
ventricular cannula Hirnventrikel(punktions)kanüle *f*
ventricular complex Kammerkomplex *m*, QRS-Komplex *m (EGK)*
ventricular compliance *(Kard)* Ventrikel-Compliance *f*
ventricular contraction Ventrikelkontraktion *f*, Herzkammerkontraktion *f*
ventricular depolarization Ventrikeldepolarisation *f*, Herzkammerdepolarisation *f*
ventricular depolarization complex *s.* ventricular complex
ventricular diastole *(Kard)* Ventrikeldiastole *f*
ventricular drainage Ventrikeldrainage *f*
ventricular dysfunction ventrikuläre Dysfunktion *f*, Herzkammerfunktionsstörung *f*
ventricular ejection ventrikuläre Ejektion *f*, Ventrikelentleerung *f*, Herzkammerentleerung *f*
ventricular end-diastolic volume enddiastolisches Herzkammervolumen *n*, ventrikuläres enddiastolisches Volumen *n*
ventricular escape ventrikulärer Ersatz *m*, ventrikulärer Ersatzrhythmus *m*, Herzkammereigenrhythmus *m*
ventricular excitation Ventrikelerregung *f*, Herzkammererregung *f*
ventricular extrasystole ventrikuläre Extrasystole *f*, Ventrikelextrasystole *f*, Herzkammerextrasystole *f*
ventricular fibrillation Ventrikelflimmern *n*, Herzkammerflimmern *n*
ventricular filling Ventrikelfüllung *f*, Herzkammerfüllung *f*
ventricular filling pressure ventrikulärer Füllungsdruck *m*, Herzkammerfüllungsdruck *m*
ventricular filling sound ventrikulärer Füllungston *m*, Ventrikelfüllungston *m*, Herzkammerfüllungsgeräusch *n*, III. Herzton *m*
ventricular fluid Hirnkammerflüssigkeit *f*
ventricular gallop ventrikulärer Galopp *m*, Ventrikelgalopp *m*, Herzkammergalopp *m*
ventricular gradient ventrikulärer Gradient *m*
ventricular groove *(Anat)* Sulcus *m* interventricularis
ventricular haemorrhage Ventrikel(ein)blutung *f*
ventricular heart sound ventrikulärer [dritter] Herzton *m*
ventricular hypertrophy ventrikuläre Hypertrophie *f*, Herzkammerhypertrophie *f*
ventricular pacing ventrikuläres Pacing *n*, ventrikuläre Stimulation *f*, Herzkammerstimulation *f*
ventricular ponderance Ventrikelbetonung *f*, ventrikuläres Überwiegen *n*
ventricular premature beat prämature [vorzeitige] Herzkammerkontraktion *f*
ventricular pressure Ventrikeldruck *m*, Herzkammerdruck *m*
ventricular puncture Ventrikelpunktion *f*, Hirnkammerpunktion *f*; Herzkammerpunktion *f*
ventricular remodeling ventrikuläres Remodelling *n*, Wiederherstellung *f* der (normalen) Herzkammergröße
ventricular relaxation Ventrikelrelaxation *f*, Herzkammererschlaffung *f*
ventricular repolarization complex T-Zacke *f (EKG)*
ventricular rhythm ventrikulärer Rhythmus *m*, Herzkammerrhythmus *m*
ventricular septal defect Ventrikelseptumdefekt *m*, VSD, Herzkammerscheidewanddefekt *m*
ventricular septum Ventrikelseptum *n*, Herzkammerscheidewand *f*, Septum *n* interventriculare
ventricular standstill Ventrikelstillstand *m*, Herz(kammer)stillstand *m*
ventricular system Ventrikelsystem *n*, Hirnkammersystem *n*
ventricular systole *(Kard)* Ventrikelsystole *f*
ventricular tachyarrhythmia ventrikuläre Tachyarrhythmie *f*, Kammertachyarrhythmie *f*
ventricular tachycardia ventrikuläre Tachykardie *f*, Ventrikeltachykardie *f*, Herzkammerjagen *n*
ventricular wall tension ventrikuläre Wandspannung *f*, Herzkammerwandspannung *f*
ventricularization Ventrikularisierung *f*, Umwandlung *f* in einen Ventrikel
ventriculi *pl s.* ventriculus
ventriculitis Ventrikulitis *f*, Hirnkammerentzündung *f*
ventriculoatrial 1. ventrikuloatrial; Hirnventrikel-Atrium-..., Hirnkammer-Herzvorhof-...; 2. ventrikuloatrial, Herzkammer-Herzvorhof-...
ventriculoatrial shunt ventrikuloatrialer Shunt *m*
ventriculoatriostomy Ventrikuloatriostomie *f*, Ventrikuloaurikulostomie *f*, Hirnkammer-Herzvorhof-Drainage *f (bei Hydrozephalus)*
ventriculocisternostomy Ventrikulozisternostomie *f*, Torkildsen-Drainage *f*, Hirnkammer-Zisternen-Drainage *f (bei Hydrozephalus)*
ventriculoencephalitis Ventrikuloenzephalitis *f*
ventriculofallopian tube shunt Ventrikel-Eileiter-Shunt *m*
ventriculogram 1. Ventrikulogramm *n*, Hirnkammerröntgen(kontrast)bild *n*; 2. Ventrikulogramm *n*, Herzkammerröntgen(kontrast)bild *n*
ventriculographic ventrikulographisch

ventriculography 1. Ventrikulographie *f*, Hirnkammerröntgen(kontrast)darstellung *f*; 2. Ventrikulographie *f*, Herzkammerröntgen(kontrast)darstellung *f*
ventriculojugular ventrikulojugulär; Hirnventrikel-Jugularis-…, Hirnkammer-Drosselvenen-…
ventriculomastoidostomy Ventrikulomastoidostomie *f*
ventriculomegaly Ventrikulomegalie *f*, Ventrikelvergrößerung *f*
ventriculometric ventrikulometrisch
ventriculometry Ventrikulometrie *f*, Hirn(kammer)druckmessung *f*
ventriculomyotomy Ventrikulomyotomie *f*
ventriculonector *s.* atrioventricular bundle
ventriculoperitoneal ventrikuloperitoneal; Hirnventrikel-Peritonealhöhlen-…, Hirnkammer-Bauchhöhlen-…
ventriculoperitoneal shunt Hirnventrikel-Peritonealhöhlen-Drainage *f (bei Hydrozephalus)*
ventriculoperitoneostomy Ventrikuloperitoneostomie *f*
ventriculophasic durch die Ventrikelkontraktion beeinflusst; Ventrikel(kontraktions)phasen…; Ventrikelkontraktions…
ventriculoplasty Ventrikuloplastik *f*, (plastische) Ventrikelrekonstruktion *f*
ventriculopleural ventrikulopleural; Hirnventrikel-Pleurahöhlen-…
ventriculopleural shunt ventrikulopleuraler Shunt *m*
ventriculopuncture 1. Ventrikelpunktion *f*, Hirnkammerpunktion *f*; 2. Ventrikelpunktion *f*, Herzkammerpunktion *f*
ventriculoscope 1. Ventrikuloskop *n*, Hirnkammerendoskop *n*, Hirnkammerspiegel *m*; 2. Ventrikuloskop *n*, Herzkammerendoskop *n*
ventriculoscopic ventrikuloskopisch
ventriculoscopy 1. Ventrikuloskopie *f*, Hirnkammerendoskopie *f*, Hirnkammerspiegelung *f*; 2. Ventrikuloskopie *f*, Herzkammerendoskopie *f*, Herzkammerspiegelung *f*
ventriculospinal-subarachnoid shunt *s.* ventriculocisternostomy
ventriculostomy Ventrikulostomie *f*, (operative) Hirnventrikelfistelung *f*, Hirnkammerdrainage *f*
venriculosubarachnoid ventrikulosubarachnoidal; Ventrikel Subduralraum-…
ventriculotomy 1. Ventrikulotomie *f*, (operative) Hirnkammereröffnung *f*, Hirnventrikeleröffnung *f*; 2. Ventrikulotomie *f*, (operative) Herzkammereröffnung *f*
ventriculoureterostomy Ventrikuloureterostomie *f*, ventrikuloureteraler Shunt *m*
ventriculovenostomy Ventrikulovenostomie *f*, ventrikulovenöser Shunt *m*
ventriculovenous ventrikulovenös; Hirnkammer-Venen-…
ventriculovenous shunt ventrikulovenöser Shunt *m*
ventriculus 1. Ventriculus *m*, Ventrikel *m*, Kammer *f*, Höhle *f*; 2. Ventriculus *m*, Gaster *m*, Magen *m*
ventricumbent auf dem Bauch liegend
ventriduct *v* nach vorn führen, in Richtung Abdomen führen
ventriduction Ventriduktion *f*
ventriflexion Ventriflexion *f*
ventrifixation of the uterus *s.* ventrohysteropexy
ventriloquial bauchredend, bauchrednerisch; Bauchrede(n)…
ventriloquism Ventriloquismus *m*, Bauchreden *n*
ventriloquist Bauchredner *m*
ventriloquy *s.* ventriloquism
ventrocystorrhaphy Ventrozystorrhaphie *f*, Harnblasenanheftung *f* an die Bauchwand
ventrodorsad ventrodorsad, vom Bauch zum Rücken, von ventral nach dorsal
ventrodorsal ventrodorsal, vorn und hinten
ventrohysteropexy Ventrohysteropexie *f*, Ventrofixation *f*, Ventrifixatio *f* uteri, Gebärmutterfixierung *f* an der Bauchwand
ventroinguinal ventroinguinal; Abdomen-Leisten-…
ventrolateral ventrolateral, vorn und seitlich
ventromedial ventromedial, vorn und in der Mitte
ventromedian ventromedian, die vordere Mittellinie betreffend
ventroposterior ventroposterior, von vorn nach hinten
ventroptosia *s.* ventroptosis
ventroptosis Magenptose *f*, Magensenkung *f*, Senkmagen *m*
ventroscopic ventroskopisch, bauchhöhlenspiegelnd
ventroscopy Ventroskopie *f*, Bauchhöhlenspiegelung *f*
ventrotomy *s.* laparotomy
Venturi effect
venula *s.* venule
venular Venula…, Venolen…
venular endothelium Venolenendothel *n*
venule Venula *f*, Venole *f*, kleine Vene *f*
venulitis Venulitis *f*, Venolenentzündung *f*
venulous Venula…, Venolen…
verapamil Verapamil *n (Calciumantagonist; Antiarrhythmikum)*
verapamil hydrochloride Verapamilhydrochlorid *n*
veratric acid Veratrinsäure *f*
veratridine Veratridin *n (Alkaloid)*
veratrine Veratrin *n (Alkaloid)*
verbal verbal; Verbal…, Wort…, Sprach…
verbal agraphia *(Neur)* Verbalagraphie *f*, Wortschreibunfähigkeit *f*, verbale Agraphie *f*
verbal aphasia *(Neur)* verbale Aphasie *f*
verbal blindness *(Neur)* Wortblindheit *f*
verbal delirium *(Neur)* Interpretationswahn *m*
verbal illusions Verbalillusion *f*, verbale Verkennung *f*, Wortverkennung *f*
verbal paraphasia verbale Paraphasie *f*, Wortamnesie *f*
verbal suggestion *(Neur, Psych)* Verbalsuggestion *f*, Wortsuggestion *f*
verbigeration *(Neur)* Verbigeration *f*, monotone Wortwiederholung *f*, Kataphasie *f*
verbomania Verbomanie *f*, krankhafte Gesprächigkeit *f*, abnorme Geschwätzigkeit *f*
verdine *s.* biliverdin
verdoglobin Verdoglobin *n (Hämoglobinabbauprodukt)*
verdohaemin Verdohämin *n (Gallepigment)*
verdohaemochrome Verdohämochrom *n (Gallepigment)*
verdohaemochromogen Verdohämochromogen *n (Gallepigment)*
verdohaemoglobin Verdohämoglobin *n (Hämoglobinabbauprodukt)*
verdoperoxidase Verdoperoxidase *f*, Myeloperoxidase *f*
verge Rand *m*, Kante *f*, Margo *f*
vergeture Striae *fpl* cutis distensae
vermes *pl s.* vermis
vermetoid wurmförmig, wurmartig, wurmähnlich
vermian Vermis…, Kleinhirnwurm…, Vermis-cerebelli-…
vermicidal vermizid, wurmtötend, anthelminthisch
vermicide (agent) Vermizidum *n*, vermizides [wurmtötendes] Mittel *n*, Anthelminthikum *n*
vermicular vermikular, wurmartig, wurmähnlich, wurmförmig; Wurm…
vermicular motion Peristaltik *f*
vermiculate *s.* vermicular
vermiculation wurmartige Bewegung *f*, Peristaltik *f*
vermicule 1. kleiner Wurm *m*, Vermiculus *m*; 2. *s.* ookinete
vermiculose *s.* 1. vermicular; 2. verminous
vermiculous *s.* 1. vermicular; 2. verminous
vermiform vermiform, wurmförmig

vermiform appendix Appendix *f* vermiformis, Wurmfortsatz *m*
vermiform process *s.* vermiform appendix
vermifugal vermifug, wurmabtreibend
vermifuge (agent) Vermifugum *n*, vermifuges [wurmabtreibendes] Mittel *n*, Wurmmittel *n*
vermifuge treatment Wurmabtreibung *f*
vermilingual vermilingual, wurmzungig; Wurmzunge(n)...
vermilion Vermilion *n*
vermilion border Vermilionsaum *m*
vermilionectomy Vermilionektomie *f*
vermin Ungeziefer *n*; Parasiten *mpl*; Schädlinge *mpl*
verminal *s.* verminous
vermination 1. Ungezieferbefall *m*, Ungezieferverseuchung *f*, Verlausung *f*; 2. Wurmbefall *m*, Wurmerkrankung *f*, Helminthiasis *f*
verminosis *s.* vermination
verminotic 1. Ungezieferbefall...; 2. Wurmbefall...
verminous 1. von Ungeziefer befallen; verlaust; verwanzt; 2. wurminfiziert, verwurmt; Wurm...
vermiphobia Vermiphobie *f*, Wurmangst *f*, Würmerfurcht *f*
vermis 1. Vermis *m*, Wurm *m*; 2. *(Anat)* Vermis *m* cerebelli, Kleinhirnwurm *m*
vermix *s.* vermiform appendix
vermography Wurmfortsatzröntgen(kontrast)darstellung *f*
vernal Frühjahrs..., Frühlings...
vernal conjunctivitis Frühjahrskonjunktivitis *f*, Frühjahrskatarrh *m* der Augen, Conjunctivitis *f* catarrhalis aestiva
vernal keratoconjunctivitis *s.* vernal conjunctivitis
Verner-Morrison syndrome Verner-Morrison-Syndrom *n*
Vernet's syndrome Foramen-jugulare-Syndrom *n*
Verneuil's hidradenitis Hidradenitis *f* axillaris Verneuil
Verneuil's neuroma Neuroma *n* plexiforme
vernix caseosa Vernix *f* caseosa, Käseschmiere *f*
verotcytotoxin Verocytotoxin *n*
verotoxin Verotoxin *n*
verruca *(Derm)* Verruca *f*, Warze *f*
verruca peruana *s.* Carrion's disease
verruca peruviana *s.* Carrion's disease
verrucae *pl s.* verruca
verruciform warzenartig, warzenähnlich; Warzen...
verrucoid *s.* verruciform
verrucose 1. mit Warzen bedeckt, warzig; 2. *s.* verrucous
verrucosis Verrukose *f*, multiple Warzen *fpl*
verrucous verrukös, warzenartig, warzenähnlich; Warzen...
verrucous carcinoma verruköses Karzinom *n*
verrucous dermatitis verruköse Dermatitis *f*
verrucous endocarditis Endokarditis *f* verrucosa
verrucous mycotic dermatitis *s.* blastomycosis
verrucous naevus *(Derm)* Naevus *m* verrucosus
verrucous psoriasis *(Derm)* Psoriasis *f* verrucosa, verruköse Psoriasis *f*
verrucous tuberculosis of the skin Tuberculosis *f* verrucosa cutis, warzige Schwindflechte *f*
verruga *s.* verruca
versicolour versikolor, verschiedenfarbig, mit verschiedenen Farben; vielfarbig, mit vielen Farben; mehrfarbig, mit mehreren Farben
version 1. Version *f*, Beugung *f*, Neigung *f*; 2. *(Gyn)* Wendung *f (Geburtshilfe)*
vertebra Vertebra *f*, Wirbel *m*, Spondylus *m*
vertebral 1. vertebral; Wirbel...; 2. wirbelwärts
vertebral angiography *s.* vertebral arteriography
vertebral ankylosis Vertebralankylose *f*, knöcherne Wirbelsäulenversteifung *f*
vertebral aponeurosis Vertebralaponeurosis *f*, Wirbelaponeurose *f*
vertebral arch *(Anat)* Vertebralbogen *m*, Wirbelbogen *m*, Arcus *m* vertebrae
vertebral arch splitting Spondylolyse *f*, Wirbelbogenaufspaltung *f*
vertebral arteriogram Vertebralisarteriogramm *n*, Wirbelarterienröntgen(kontrast)bild *n*
vertebral arteriography Vertebralisarteriographie *f*, Wirbelarterienröntgen(kontrast)darstellung *f*
vertebral artery Vertebralis, Vertebralarterie *f*, Wirbelarterie *f*, Arteria *f* vertebralis
vertebral artery aneurysm Vertebralisaneurysma *n*
vertebral-basilar artery insufficiency syndrome Basilarisinsuffizienzsyndrom *n*
vertebral basilar system Vertebralis-Basilaris-System *n*
vertebral biopsy Wirbelbiopsie *f*
vertebral body *(Anat)* Vertebralkörper *m*, Wirbelkörper *m*
vertebral body fracture Wirbel(körper)fraktur *f*
vertebral body slipping Wirbel(körper)gleiten *n*, Spondylolisthesis *f*, Wirbelverschiebung *f*
vertebral canal Vertebralkanal *m*, Wirbelkanal *m*, Canalis *m* vertebralis
vertebral caries Wirbel(knochen)tuberkulose *f*
vertebral collapse Wirbelzusammenbruch *m*
vertebral column Wirbelsäule *f*, Columna *f* vertebralis, Rückgrat *n*
vertebral column disorder Wirbelsäulenstörung *f*
vertebral foramen Wirbelloch *n*, Foramen *n* vertebrale
vertebral haemangioma Wirbelhämangiom *n*
vertebral incisure Incisura *f* vertebralis
vertebral joint Wirbelgelenk *n*
vertebral nerve Nervus *m* vertebralis
vertebral notch *s.* vertebral incisure
vertebral osteochondropathy vertebrale Osteochondropathie *f*, Scheuermann-Mau'sche Krankheit *f*
vertebral osteochondrosis vertebrale Osteochondrosis *f*, Wirbelsäulenosteochondrose *f*
vertebral osteomyelitis vertebrale Osteomyelitis *f*, Wirbel(körper)osteomyelitis *f*
vertebral pedicle Pediculus *m* arcus vertebrae
vertebral process Wirbelfortsatz *m*, Processus *m* vertebralis
vertebral rib freie Rippe *f*
vertebral region Vertebralregion *f*, Wirbel(säulen)bereich *m*, Regio *f* vertebralis
vertebral spine Dornfortsatz *m*, Processus *m* spinosus
vertebral vein Wirbelvene *f*, Vena *f* vertebralis
vertebral-venous system vertebral-venöses System *n*
vertebrarterial foramen *s.* transverse foramen
vertebrate mit Wirbeln, mit einer Wirbelsäule; Wirbel(körper)...; Wirbelsäulen...
vertebrate Vertebrat *m*, Wirbeltier *n*
vertebrated aus Wirbeln zusammengesetzt; mit Wirbeln; mit einer Wirbelsäule
vertebrectomy Wirbelexstirpation *f*, Wirbel(körper)-resektion *f*, (operative) Wirbelentfernung *f*
vertebro-arterial *(Anat)* Vertebralis..., Wirbelarterien...
vertebrobasilar system *(Anat)* vertebrobasiläres System *n*
vertebrochondral *(Anat)* vertebrochondral; Wirbel-Rippenknorpel-...
vertebrocostal *(Anat)* vertebrokostal; Vertebra-Costa-..., Wirbel-Rippen-...
vertebrocostal rib vertebrokostale Rippe *f*, falsche Rippe *f*
vertebrocostal triangle Vertebrokostaldreieck *n*, Bochdaleck'sches Dreieck *n*, Trigonum *n* lumbocostale, Lumbokostaldreieck *n*, Bochdaleck'sche Lücke *f*
vertebrodidymia *(Terat)* Vertebrodidymie *f*, Doppelmissbildung *f* mit Wirbelverschmelzung
vertebrodidymus *(Terat)* Vertebrodidymus *m*, Doppelmissgeburt *f* mit Wirbelverschmelzung

vertebrodymus *s.* vertebrodidymus
vertebrofemoral vertebrofemoral; Wirbel-Femur-…
vertebrogenic vertebrogen, von den Wirbeln ausgehend, von der Wirbelsäule ausgehend
vertebroiliac vertebroiliakal; Wirbel-Ilium-…
vertebromammary vertebromammär; Wirbelsäulen-Brust-…
vertebrosacral *(Anat)* vertebrosakral; Vertebra-Sakrum-…, Wirbel-Kreuzbein-…
vertebrosternal *(Anat)* vertebrosternal; Vertebra-Sternum-…, Wirbel-Brustbein-…
vertebrosternal rib vertebrosternale Rippe *f*, echte Rippe *f*
vertex 1. Vertex *m*, Scheitel *m*, Spitze *f*; 2. Haarwirbel *m*, Wirbel *m*
vertex of the cornea Hornhautscheitel *m*, Vertex *m* corneae
vertex of the heart Herzscheitel *m*, Vertex *m* cordis
vertex power Scheitelbrechwert *m*, Vis *f* frontalis *(Auge)*
vertex presentation *(Gyn)* Scheitellage *f*
vertical abdominal incision Bauchlängsschnitt *m*
vertical concomitant strabismus Strabismus *m* concomitans verticalis
vertical diplopia vertikale Diplopie *f*
vertical heart *(Rad)* längsgelagertes Herz *n*, Steilherz *n*
vertical illumination Vertikalbeleuchtung *f*, direkte Beleuchtung *f*
vertical incision Längsschnitt *m*
vertical lingual muscle Musculus *m* verticalis linguae
vertical nystagmus *(Ophth)* Vertikalnystagmus *m*
vertical occlusion *(Stom)* Vertikalokklusion *f*, Vertikalbiss *m*
vertical squint *(Ophth)* Höhenschielen *n*, Vertikalschielen *n*, Strabismus *m* verticalis
vertical strabism *s.* vertical squint
vertical vertigo *(HNO)* Vertikalschwindel *m*, Höhenschwindel *m*
vertices *pl s.* vertex
verticomental Vertex-Kinn-…, Scheitel-Kinn-…
verticomental diameter Scheitel-Kinn-Durchmesser *m*
vertiginous vertiginös, schwindlig; Schwindel…
vertigo Vertigo *f*, Schwindel *m*, Schwindelgefühl *n*; Schwindelanfall *m* • **have vertigo** ein Schwindelgefühl haben, sich schwind(e)lig fühlen
vertometer *s.* lensometer
verumontanitis *(Urol)* Colliculitis *f* seminalis, Samenhügelentzündung *f*
verumontanum *(Anat)* Colliculus *m* seminalis, Samenhügel *m*
very low density lipoprotein Very-low-density-Lipoprotein *n*, VLD-Lipoprotein *n*, VLDL
Vesalius' ligament *(Anat)* Vesalius'sches Band *n*, Leistenband *n*, Ligamentum *n* inguinale
vesania Vesania *f*, Geisteskrankheit *f*
vesanic geisteskrank, wahnsinnig
vesica 1. Vesica *f*, Blase *f*; 2. Harnblase *f*; 3. Gallenblase *f*
vesical 1. vesikal; Blasen…; 2. Harnblasen…; 3. Gallenblasen…; 4. blasenförmig
vesical artery Blasenarterie *f*, Harnblasenarterie *f*, Arteria *f* vesicalis
vesical calculus Harnblasenkonkrement *n*, Blasenstein *m*
vesical centre Miktionszentrum *n*
vesical crisis Blasenkrise *f*
vesical diverticulum Blasendivertikel *n*
vesical ectopia Blasenektopie *f*, Harnblasenexstrophie *f*
vesical fistula Blasenfistel *f*
vesical haematuria vesikale Hämaturie *f*
vesical hernia *s.* vesicocele
vesical neck Blasenhals *m*
vesical neck obstruction Blasenhalsobstruktion *f*
vesical plexus 1. Harnblasen(nerven)geflecht *n*, Plexus *m* vesicalis; 2. Harnblasenvenengeflecht *n*, Plexus *m* venosus vesicalis
vesical reflex Blasenreflex *m*, vesikourethraler Reflex *m*
vesical schistosomiasis Blasenbilharziose *f*
vesical sphincter Blasensphinkter *m*, Blasenschließmuskel *m*, Musculus *m* sphincter vesicae
vesical trigone Blasendreieck *n*, Trigonum *n* vesicae
vesical vein Harnblasenvene *f*, Vena *f* vesicalis
vesicant Blasen ziehend; Blasen hervorrufend, Blasenbildung bewirkend
vesicant (agent) Vesicans *n*, Blasen ziehendes Mittel *n* *(z. B. Senfgas als Kampfstoff)*
vesicate *v* Blasen bilden [entwickeln]; sich mit Blasen bedecken
vesication Blasenbildung *f*, Blasenentwicklung *f*
vesicatory blasenbildend; Blasen hervorrufend, Blasenbildung bewirkend
vesicle Vesicula *f*, Vesikel *f*, Bläschen *n*
vesico-abdominal *(Anat)* vesikoabdominal; Harnblasen-Bauch-…
vesicobullous *(Derm)* vesikobullös
vesicocavernous *s.* vesiculocavernous
vesicocele Vesikozele *f*, Blasenhernie *f*, Blasenbruch *m*, Zystozele *f*
vesicocervical *(Derm)* vesikozervikal; Harnblasen-Gebärmutterhals-…
vesicoclysis Blasen(aus)spülung *f*
vesicocolic *s.* vesicocolonic
vesicocolonic vesikokolisch, kolovesikal; Harnblasen-Dickdarm-…
vesicocolonic fistula Harnblasen-Dickdarm-Fistel *f*
vesicoenteric *(Derm)* vesikoenterisch, vesikoenteral, vesikointestinal; Harnblasen-Verdauungstrakt-…
vesicofixation Blasenfixierung *f*, (operative) Blasenanheftung *f*, Harnblasenfixation *f*, Zystopexie *f*
vesicointestinal *s.* vesicoenteric
vesicolithotomy Steinschnitt *m*, (operative) Blasensteinentfernung *f*
vesicoperineal *(Anat)* vesikoperineal; Harnblasen-Perineum-…, Harnblasen-Damm-…
vesicoprostatic *(Anat)* vesikoprostatisch; Harnblasen-Prostata-…
vesicopubic *(Anat)* vesikopubisch; Harnblasen-Schambein-…
vesicopudendal *(Anat)* vesikopudendal; Harnblasen-Schamgegend-…
vesicopustular *(Derm)* vesikopustular; Eiterbläschen…
vesicorectal *(Anat)* vesikorektal; Harnblasen-Mastdarm-…
vesicorectal fistula Vesikorektalfistel *f*, Blasen-Mastdarm-Fistel *f*
vesicorectostomy Vesikorektostomie *f*, Blasen-Rektum-Anastomose *f*
vesicorectovaginal *(Anat)* vesikorektovaginal; Blasen-Mastdarm-Scheiden-…
vesicorectovaginal fistula Vesikorektovaginalfistel *f*, Blasen-Mastdarm-Scheiden-Fistel *f*
vesicorenal *(Anat)* vesikorenal; Harnblasen-Nieren-…
vesicosigmoid *(Anat)* vesikosigmoidal; Harnblasen-Sigmoid-…
vesicosigmoidostomy Vesikosigmoidostomie *f*, Blasen-Sigmoid-Anastomose *f*
vesicospinal vesikospinal; Vesikospinal…, Harnblasen-Rückenmark-…
vesicospinal centre *s.* vesical centre
vesicostomy Vesikostomie *f*, (operative) Harnblasenfistelung *f*

vesicotomy Vesikotomie *f,* Blaseninzision *f,* (operative) Harnblaseneröffnung *f*
vesicoumbilical *(Anat)* vesikoumbilikal; Harnblasen-Nabel-…
vesicoumbilical fistula Vesikoumbilikalfistel *f,* Urachusfistel *f*
vesicoumbilical ligament Ligamentum *n* umbilicale medianum
vesicourachal *(Anat)* vesikourachal; Harnblasen-Harngang-…
vesicoureteral *(Anat)* vesikoureteral; Harnblasen-Harnleiter-…
vesicoureteral reflux vesikoureteraler Reflux *m,* Harnblasen-Harnleiter-Reflux *m*
vesicoureteric *s.* vesicoureteral
vesicourethral *(Anat)* vesikourethral; Harnblasen-Harnröhren-…
vesicourethral reflex vesikourethraler Reflex *m,* Harnblasenreflex *m*
vesicourethral reflux vesikourethraler Reflex *m*
vesicourethrovaginal *(Anat)* vesikourethrovaginal; Harnblasen-Harnröhren-Scheiden-…
vesicouterine *(Anat)* vesikouterin; Harnblasen-Gebärmutter-…
vesicouterine excavation Excavatio *f* vesicouterina
vesicouterine pouch *s.* vesicouterine excavation
vesicouterovaginal *(Anat)* vesikouterovaginal; Harnblasen-Gebärmutter-Scheiden-…
vesicovaginal *(Anat)* vesikovaginal; Harnblasen-Scheiden-…
vesicovaginal fistula Vesikovaginalfistel *f,* Blasen-Scheiden-Fistel *f*
vesicovaginal septum Vesikovaginalseptum *n,* Blasenscheidenseptum *n,* Harnblasen-Scheiden-Septum *n*
vesicovaginorectal *(Anat)* vesikovaginorektal; Harnblasen-Scheiden-Mastdarm-…
vesicovisceral vesikoviszeral; Blasen-Eingeweide-…
vesicula *s.* vesicle
vesicular vesikulär, bläschenartig; Bläschen…
vesicular appendix Appendix *f* vesiculosa *(der Eileiter)*
vesicular dermatosis Dermatosis *f* vesicularis, vesikuläre Dermatose *f,* Bläschendermatose *f*
vesicular emphysema Bläschenemphysem *n,* vesikuläres Emphysem *n,* Vesikularemphysem *n*
vesicular follicle Bläschenfollikel *m,* Folliculus *m* oophorus vesiculosus, Graaf'scher Follikel *m,* Tertiärfollikel *m*
vesicular keratitis *(Ophth)* Bläschenkeratitis *f,* Keratitis *f* vesicularis
vesicular mole *(Gyn)* Blasenmole *f*
vesicular morula *(Embr)* Blastula *f,* Bläschenkeim *m,* Blasenkeim *m (Keimentwicklungsstadium)*
vesicular rale Entfaltungsknistern *n (Lunge)*
vesicular rash *(Derm)* Bläschenexanthem *n*
vesicular respiration Vesikuläratmen *n,* Bläschenatmen *n;* vesikuläres Atemgeräusch *n*
vesicular rickettsiosis *s.* rickettsial pox
vesicular syphilid vesikuläres Syphilid *n*
vesiculate 1. bläschenartig; Bläschen…; 2. mit Bläschen bedeckt
vesiculated *s.* vesiculated
vesiculation Bläschenbildung *f,* Bläschenentwicklung *f*
vesiculectomy Vesikulektomie *f,* Samenbläschenexstirpation *f,* Samenbläschenexzision *f,* (operative) Samenbläschenentfernung *f*
vesiculiform bläschenförmig
vesiculitis Vesikulitis *f,* Samenbläschenentzündung *f,* Spermatozystitis *f,* Vesiculitis *f* spermatica
vesiculobronchial bronchovesikulär; Bronchien-Lungenbläschen-…
vesiculobullous vesikulobullös, kleinblasig und großblasig
vesiculocavernous vesikulokavernös; Bläschen-Kavernen-…
vesiculogram Vesikulogramm *n,* Samenblasenröntgen(kontrast)bild *n*
vesiculographic samenblasendarstellend
vesiculography Vesikulographie *f,* Samenblasenröntgen(kontrast)darstellung *f*
vesiculopapular *(Derm)* vesikulopapulär, vesikulopapulös; Bläschen-Papel-…
vesiculoprostatitis Vesikuloprostatitis *f,* Samenblasen- und Prostataentzündung *f*
vesiculopustular *(Derm)* vesikulopustulär, vesikulopustulös; Bläschen-Eiterbläschen-…
vesiculopustule Eiterbläschen *n*
vesiculopustulosis Eiterbläschenerkrankung *f*
vesiculose *s.* vesicular
vesiculotomy Vesikulotomie *f,* Samenblaseninzision *f,* Samenblasenschnitt *m,* (operative) Samenblaseneröffnung *f*
vesiculotubular vesikulotubulär, vesikulotubulös
vesiculotympanic *s.* vesiculotympanitic
vesiculotympanitic vesikulotympanitisch
vessel Vas *n,* Gefäß *n;* Blutgefäß *n (siehe auch unter: blood vessel);* Lymphgefäß *n* • **clamp a vessel** ein Gefäß (ab)klemmen • **coagulate a vessel** ein Gefäß koagulieren [verkochen] • **ligate a vessel** ein Gefäß unterbinden [ligieren] • **make a vessel coagulated** *s.* coagulate a vessel • **underrun a bleeding vessel** ein blutendes Gefäß unterfahren
vessel hook *(Chir)* Gefäßhäkchen *n*
vessel irrigating cannula Gefäßspülkanüle *f*
vessel knife *(Chir)* Gefäßmesser *n*
vessel patency Gefäßdurchgängigkeit *f*
vessel scissors *(Chir)* Gefäßschere *f*
vessel wall Gefäßwand *f*
vestibula *pl s.* vestibulum
vestibular 1. *(Anat)* vestibulär; Vorhof…; 2. *(HNO)* vestibulär, Gleichgewichtsapparat…
vestibular apparatus Vestibularapparat *m,* Gleichgewichtsapparat *m,* Vorhofbogengangsapparat *m*
vestibular aqueduct Aquaeductus *m* vestibuli *(im Felsenbein)*
vestibular ataxia *(Neur)* vestibuläre Ataxie *f*
vestibular aura *(Neur)* vestibuläre Aura *f,* Aura *f* vertiginosa
vestibular branch of the auditory nerve *s.* vestibular nerve
vestibular bulb of the vagina *(Anat)* Bulbus *m* vestibuli vaginae
vestibular disorder *(HNO)* Vestibularisstörung *f,* vestibuläre Störung *f,* Gleichgewichtsstörung *f*
vestibular extension *s.* vestibuloplasty
vestibular failure *(HNO)* Vestibularisausfall *m*
vestibular fenestra *s.* vestibular window
vestibular fold Plica *f* vestibularis [ventricularis], Vestibularfalte *f,* Taschenfalte *f,* Taschenband *n,* falsches Stimmband *n*
vestibular function vestibuläre Funktion *f*
vestibular ganglion Ganglion *n* vestibulare, Vestibularganglion *n*
vestibular gland Glandula *f* vestibularis, Vestibulardrüse *f,* Scheidenvorhofdrüse *f*
vestibular leucorrhoea vestibulärer Fluor *m* albus, vestibuläre Leukorrhoe *f*
vestibular ligament Ligamentum *n* vestibulare *(im Kehlkopf)*
vestibular membrane of Reissner *(Anat, HNO)* Membrana *f* vestibularis, Vestibularmembran *f,* Reissner'sche

Membran *f*, Reissner-Membran *f*, Paries *m* vestibularis ductus cochlearis
vestibular nerve Nervus *m* vestibularis, Vestibularnerv *m*, Vestibularis *m*
vestibular nerve damage Vestibularis(nerven)-schädigung *f*
vestibular neuronitis vestibuläre Neuronitis *f*
vestibular nuclear degeneration Vestibulariskerndegeneration *f*
vestibular nucleus Nucleus *m* vestibularis, Vestibulariskern *m*
vestibular nystagmus *(HNO)* Vestibularnystagmus *m*, Labyrinthnystagmus *m*
vestibular organ vestibuläres Organ *n*, Gleichgewichtsorgan *n*
vestibular scala *(Anat)* Scala *f* vestibuli, Vorhoftreppe *f* *(im Innenohr)*
vestibular stimulation Vestibularisstimulation *f*
vestibular system *s.* vestibular apparatus
vestibular toxicity vestibuläre Toxizität *f*, Innenohrtoxizität *f*
vestibular vertigo *(HNO)* Vertigo *f* vestibularis, Vestibular(is)schwindel *m*
vestibular window *(Anat)* Fenestra *f* vestibuli [ovalis], Vorhoffenster *n*, ovales Fenster *n* *(im Innenohr)*
vestibule 1. *(Anat)* Vestibulum *n*, Atrium *n*, Vorhof *m*, Vorraum *m*; 2. *(Anat)* Herzvorhof *m*
vestibule of the inner ear Vestibulum *n* labyrinthi ossei, Vestibulum *n* auris interna, Innenohreingang *m*, Innenohrvorhof *m*
vestibule of the larynx Vestibulum *n* laryngis, Kehlkopfeingang *m*, Kehlkopfvorhof *m*
vestibule of the mouth Vestibulum *n* oris, Mundeingang *m*, Mundvorhof *m*
vestibule of the nose Vestibulum *n* nasi, Naseneingang *m*, Nasenvorhof *m*
vestibule of the vagina Vestibulum *n* vaginae, Scheideneingang *m*, Scheidenvorhof *m*
vestibule of the vulva *s.* vestibule of the vagina
vestibulitis Vestibulitis *f*, Scheideneingangentzündung *f*
vestibulocerebellar vestibulozerebellar; Vestibularis(nerv)-Kleinhirn-...
vestibulocerebellar tract *(Anat)* Tractus *m* vestibulocerebellaris
vestibulocerebellum Vestibulocerebellum *n*, Archaeocerebellum *n*, Archicerebellum *n*
vestibulocochlear vestibulokochleär; Vestibularis(nerv)-Cochlearis(nerv)-..., Hör-Gleichgewicht(s)-...
vestibulocochlear nerve Nervus *m* vestibulocochlearis [statoacusticus, octavus], VIII. Hirnnerv *m*, Hör- und Gleichgewichtsnerv *m*
vestibulocochlear organ Organum *n* vestibulocochleare, statoakustisches Organ *n*, Hör- und Gleichgewichtsorgan *n*
vestibulofibrosis Innenohrfibrose *f*
vestibulogenic vestibulogen, vom Vestibulum ausgehend, im Vestibulum entstanden
vestibulo-ocular vestibulookulär; Vestibularis(nerv)-Okularis(nerv)-...
vestibulo-ocular reflex Vestibulookularreflex *m*
vestibuloplasty *(Stom)* Vestibuloplastik *f*, Sulkoplastik *f*
vestibulospinal vestibulospinal; Vestibularis(nerv)-Rückenmark-...
vestibulospinal tract *(Anat)* Tractus *m* vestibulospinalis, Held'sches Bündel *n*
vestibulotomy Vestibulotomie *f*, (operative) Vestibulumeröffnung *f*
vestibulotoxic innenohrtoxisch
vestibulotoxicity Innenohrtoxizität *f*
vestibulourethral vestibulourethral; Vestibulum-Urethra..., Scheideneingang-Harnröhren-...
vestibulum Vestibulum *n*, Vorhof *m*, Vorraum *m*, Atrium *n*
vestige Vestigium *n*, Rudiment *n*; rudimentäres Organ *n*
vestigial remnant of the mesonephric duct Ductus *m* epoophori longitudinalis
vestigium *s.* vestige
veterinarian Veterinär *m*, Tierarzt *m*
veterinary veterinär, Tiere betreffend; Veterinär..., Tier....
veterinary medicine Veterinärmedizin *f*, Tiermedizin *f*
viability Lebensfähigkeit *f*
viable lebensfähig, lebend
viable foetus lebensfähiger Fetus *m* *(Gewicht von 500 Gramm; 20 Schwangerschaftswochen)*
viable infant lebensfähiges Kind *n*
vial Fläschchen *n*, Phiole *f*, Medizinfläschchen *n*, Ampulle *f*
vibesate Vibesat *n* *(Wundspray)*
vibex Vibex *f*, Streifen *m*; Linie *f*
vibices Vibices *fpl*, streifenförmige Hautblutungen *fpl*
vibramycin Vibramycin *n* *(Antibiotikum)*
vibramycin hyclate Vibramycinhyclat *n*
vibramycin monohydrate Vibramycinmonohydrat *n*
vibrate *v* vibrieren, schwingen; flimmern; zittern, beben
vibratile vibrierend, schwingend; Vibrations...
vibrating epithelium Ziliarepithel *n*, Flimmerepithel *n*
vibration Vibration *f*, Schwingung *f*, Flimmern *n*; Zittern *n*, Beben *n*; Erschütterung *f*
vibration sensation Vibrationsempfinden *n*, Schwingungswahrnehmung *f*
vibrator Vibrator *m*, Vibrationsgerät *n*
vibratory vibrierend, schwingend; Vibrations...
vibratory massage *(Bal)* Vibrationsmassage *f*
vibratory sense *(Neur)* Vibrationssinn *m*, Vibrationsempfindung *f* [Vibrationsgefühl *n*] der Knochen, Knochensensibilität *f*, Pallästhesie *f* *(Empfindungsqualität der Tiefensensibilität)*
vibrio Vibrio *m*, Vibrion *n*, Spirille *f*, Zittertierchen *n*
vibrio gastroenteritis Vibriongastroenteritis *f* *(durch Vibrion parahaemolyticus)*
Vibrio alginolyticus Vibrio *m* alginolyticus
Vibrio cholerae Vibrio *m* cholerae [comma], Choleravibrion *n*, Kommabazillus *m*
Vibrio comma *s.* Vibrio cholerae
Vibrio damsela Vibrio *m* damsela
Vibrio danubicus Vibrio *m* danubicus
Vibrio El Tor Vibrio *m* El Tor
Vibrio fluvialis Vibrio *m* fluvialis
Vibrio furnisii Vibrio *m* furnisii
Vibrio hollisae Vibrio *m* hollisae
Vibrio metschnikovii Vibrio *m* metschnikovii
Vibrio mimicus Vibrio *m* mimicus
Vibrio parahaemolyticus Vibrio *m* parahaemolyticus
Vibrio phosphorescens Vibrio *m* phosphorescens
Vibrio proteus Vibrio *m* proteus
Vibrio septicus Vibrio *m* septicus
Vibrio vulnificus Vibrio *m* vulnificus
vibriocidal vibriozid, Vibrionen abtötend; Choleravibrionen abtötend
vibrion septique 1. *s.* Clostridium septicum; 2. Pararauschbrandbazillus *m*
vibriones *pl s.* vibrio
vibriosis Vibrioneninfektion *f*, Vibrionenbefall *m*
vibrissa Vibrissa *f*, Nasen(vorhofs)haar *n*
vibrissae *pl s.* vibrissa
vibrissal Vibrissa..., Nasenhaar...
vibromassage *(Bal)* Vibrationsmassage *f*
vibromasseur Vibrationsmassagegerät *n*; Vibrator *m*
vibrotherapeutics Vibrationsmassage *f*

vicarious 1. vikariierend, die Tätigkeit eines ausgefallenen Organs ausgleichend [ersetzend], stellvertretend; 2. vikariierend, an abnormer Stelle auftretend; zu ungewöhnlicher Zeit erscheinend
vicarious menstruation *(Gyn)* vikariierende Menstruation *f* [Blutung *f*], Menstruatio *f* vicaria
Vicia fava Vicia *f* fava
vicine Vicin *n*, 2,5-Diamino-4,6-diketopyrimidin-3-β-D-glucosid *n (Glykosid)*
Vicq-d'Azyr's fasciculus *(Anat)* Vicq-d'Azyr-Bündel *n*, Fasciculus *m* mamillo-thalamicus *(in der Sehrinde)*
viction Opfer *n*, Tote(r) *m*; Unfallopfer *n*
Vidal's lichen *(Derm)* Lichen *m* Vidal, Lichen *m* simplex chronicus circumscriptus
vidarabine Vidarabin *n*, 9-β-D-Arabinofuranosyladeninmonohydrat *n*, Adeninarabinosid *n*, Ara-A *n (Virostatikum)*
video-assisted cardioscopy video-assistierte Kardioskopie *f*
videodensitometry Videodensitometrie *f (zur Bestimmung von Flussmengen und Flussgeschwindigkeiten in Gefäßen)*
videofluoroscopy Videofluoroskopie *f*
videognosis Videodiagnose *f (Telemedizin)*
videokeratoscope Videokeratoskop *n (Keratoskop mit Videokamera)*
videolaparoscopy Videolaparoskopie *f*, videoskopische Laparotomie *f*
videolaseroscopy Videolaseroskopie *f*
videomicroscopy Videomikroskopie *f*
videothoracoscopic lung biopsy videothorakoskopische Lungenbiopsie *f*
Vidian artery Arteria *f* maxillaris, Oberkieferarterie *f*, Arteria *f* canalis pterygoidei
Vidian canal Canalis *m* pterygoideus
Vidian nerve Nervus *m* Vidianus [canalis pterygoidei]
Vidian veins Venae *fpl* canalis pterygoidei
Vieussens' ansa Ansa *f* subclavia
view 1. Sicht *f*, Ansicht *f*; 2. *(Rad)* Projektion *f*
vigabatrin Vigabatrin *n (Antiepileptikum)*
vigil vigil, wachend, wach; aufmerksam
vigil coma Wachkoma *n*
vigilambulism Vigilambulismus *m*, Somnambulismus *m* im Wachzustand
vigilance 1. Vigilanz *f*, Wachzustand *m*; 2. Insomnie *f*, Schlaflosigkeit *f*, Agrypnie *f*, Asomnie *f*
vigorous 1. vital, kräftig, kraftvoll; 2. aktiv, lebhaft, tatkräftig
villi *pl s.* villus
villiferous zottentragend
villiform villiform, zottenförmig; zottenähnlich, zottenartig
villikinin Villikinin *n*
villin Villin *n (Protein)*
villitis *s.* villositis
villoma Villioma *n*
villonodular villonodulär, villös und nodular, zottig und knotenhaltig, Zotten und Knötchen enthaltend
villose *s.* villous
villositis Plazentazottenentzündung *f*
villosity Zottigkeit *f*, Zottenreichtum *m*
villous 1. villös, zottenreich *(z. B. Schleimhautfalten)*; zottenbedeckt; 2. Zotten...
villous adenoma villöses Adenom *n*
villous cancer Zottenkrebs *m*, villöses Karzinom *n*
villous carcinoma *s.* villous cancer
villous heart Zottenherz *n*, Cor *n* villosum
villous papilloma villöses Papillom *n*
villous synovitis Synovitis *f* villosa
villus Villus *m*, Zotte *f*
villus mass Zottentumor *m*, zottiger Tumor *m*, zottige Geschwulst *f*
villus tumour *s.* villus mass
villusectomy Villusektomie *f*, Synovialzottenexzision *f*, (operative) Gelenkzottenentfernung *f*
vimentin Vimentin *n (immunohistochemischer Marker)*
vinbarbital Vinbarbital *n (Barbiturat)*
vinblastine Vinblastin *n (Zytostatikum)*
vinblastine sulphate Vinblastinsulfat *n*
vincaleucoblastine *s.* vinblastine sulphate
vincamine Vincamin *n (Alkaloid)*
Vincent's angina Angina *f* Plaut-Vincenti, Angina *f* ulcerosa [ulceromembranacea]
vincristine Vincristin *n*, 22-Oxovincaleukoblastin *n (Zytostatikum)*
vincristine sulphate Vincristinsulfat *n*
vinculin Vinculin *n (Protein)*
vinculum *(Anat)* Vinculum *n*, Band *n*, Fessel *f*
vindesine Vindesin *n (Zytostatikum)*
vindesine sulphate Vindesinsulfat *n*
Vineberg operation *(Kard)* Vineberg'sche Operation *f*, Arteria-mammaria-Implantation *f*
vinegar Essig *m*, Acetum *n*; (unreine) Essigsäurelösung *f*
vinegar acid Essigsäure *f*, Acidum *n* aceticum
vinorelbine Vinorelbin *n (Zytostatikum)*
vinorelbine tartrate Vinorelbintartrat *n*
vinyl carbinol Vinylcarbinol *n*, Allylalkohol *m*
vinyl chloride Vinylchlorid *n*
vinyl ether Vinyläther *m*, Vinylether *m (Narkotikum)*
vinylbenzene Vinylbenzen *n*, Styren *n*
violacein Violacein *n*
violaceous violett verfärbt, violett gefärbt; Violett...
violation Vergewaltigung *f*
violent cough starker Husten *m*
violent patients department (of a mental hospital) geschlossene psychiatrische Abteilung *f*
violescent leicht violett
violet Violett *n*, violette Farbe *f*
violet blindness Violettblindheit *f*
violet G Gentianviolett *n*
viomycin Viomyzin *n (Antibiotikum)*
viomycin sulphate Viomycinsulfat *n*
viosterol *s.* ergocalciferol
viper 1. Viper *f*, Vipera *f*, Otter *f*; 2. Giftschlange *f*
Vipera russelli Vipera *f* russelli
Viperidae Viperidae *pl*
viperine vipernartig, otternartig; Vipern...; Ottern...
viperine (echte) Viper *f*
Vipoma Vipom *n*, Vipoma *n (Tumor mit Bildung von vasoaktivem intestinalem Polypeptid)*
viraemia Virämie *f*, Virusämie *f*, Vorhandensein *n* von Viren im Blut
viraemic virämisch; Virämie...
viraginity männliche Denkweise *f*, männliche Psyche *f (bei Frauen)*
viral viral; Virus... *(siehe auch unter: virus)*
viral disease virale Krankheit *f*, Viruskrankheit *f*, Viruserkrankung *f*
viral dysentery virale Dysenterie *f*, Virusdysenterie *f*
viral gastroenteritis virale Gastroenteritis *f*, Virusgastroenteritis *f*
viral hepatitis virale Hepatitis *f*, Virushepatitis *f*
viral infection virale Infektion *f*, Virusinfektion *f*
viral keratoconjunctivitis virale Keratokonjunktivitis *f*
viral marker viraler Marker *m*, Virusmarker *m*
viral myocarditis virale Myokarditis *f*, Virusmyokarditis *f*
viral papilloma Viruspapillom *n*
viral particle *s.* virion
viral pneumonia virale Pneumonie *f*, Viruspneumonie *f*
viral therapy virale Therapie *f*
viral vulvovaginitis Virusvulvovaginitis *f*

Virchow-Robin space *(Anat)* Virchow-Robin-Raum *m*, Virchow-Robin'scher Raum *m*, perivaskulärer Spaltraum *m*
Virchow-Seckel syndrome Seckel-Syndrom *n*, Virchow-Seckel-Syndrom *n*
Virchow's node *(Anat)* Virchow'sche Drüse *f*, Virchow-Drüse *f*, Virchow'scher [supraklavikulärer] Lymphknoten *m*, supraklavikuläre Lymphknotenmetastase *f*
viremia *s.* viraemia
virgin Virgo *f*, Jungfrau *f*
virginal virginal, jungfräulich; Jungfrau...
virginal membrane *s.* hymen
virginiamycin Virginiamycin *n (Antibiotikum; von Streptomyces virginae gebildet)*
virginity Virginität *f*, Jungfräulichkeit *f*, Jungfernschaft *f*
viricidal virizid, virustötend, viruzid
viricide virizides Mittel *n*, virustötendes Mittel *n*
viridans streptococcus Streptococcus *m* viridans, Viridans-Streptokokke *f*
viridin Viridin *n (Antimykotikum)*
viridobufagin Viridobufagin *n (Krötengift)*
viridofulvin Viridofulvin *n (Antibiotikum)*
virile viril, männlich
virilescence *s.* virilization
viriligenic *s.* virilizing
virilism 1. *s.* virility; 2. Virilismus *m*, (krankhafte) Vermännlichung *f (bei Frauen)*
virility 1. Virilität *f*, Mannbarkeit *f*, männliche Kraft *f*, 2. Sexualpotenz *f*, Geschlechtspotenz *f*, Potenz *f*, Zeugungskraft *f*
virilization Virilisierung *f*, Vermännlichung *f*, Maskulinisierung *f*
virilizing virilisierend, vermännlichend, maskulinisierend
virion Virion *n*, reifes [infektiöses, komplettes] Viruspartikel *n*
viripotent männlich reif [ausgereift]
virogene *(Gen)* Virogen *n*
virogenetic virogen, von einem Virus ausgehend, viralen Ursprungs; durch Virus verursacht
viroid Viroid *n*, nacktes Minivirus *n*
virolactia Virusausscheidung *f* in der Milch
virologist Virologe *m*, Virusspezialist *m*; Virusforscher *m*
virology Virologie *f*, Lehre *f* von den Viren, Viruskunde *f*; Virusforschung *f*
viromicrosome Viromikrosom *n*
viropexis Virushaftung *f*
viroplasm Viroplasma *n*
virose *s.* virulent
virosis Virose *f*, Viruskrankheit *f*
virostatic virostatisch, virushemmend
virostatic (agent) Virostatikum *n*, Virustatikum *n*, Virushemmstoff *m*, virushemmendes Mittel *n*
virous *s.* virulent
virucidal *s.* viricidal
virucide *s.* viricide
virucopria Virusausscheidung *f* im Kot
virulence Virulenz *f*, Ansteckungsfähigkeit *(eines Krankheitserregers)*; Bösartigkeit *f*; Giftigkeit *f*
virulence-enhancing effect virulenzsteigernder Effekt *m*
virulence test Virulenztest *m*
virulent virulent, ansteckend, ansteckungsfähig, krankheitserregend; bösartig; giftig
virulicidal virulizid, virulenzhemmend, die Virulenz zerstörend
viruliferous virus(über)tragend
viruria Virurie *f*, Virusausscheidung *f* im Urin
virus Virus *n(m)*
virus aetiology Virusätiologie *f*
virus-bound virusständig, an Viren [ein Virus] gebunden; virusabhängig
virus capsid Viruskapsid *n*
virus carrier Virus(über)träger *m*, Virus-Carrier *m*
virus classification Virusklassifikation *f*
virus conjunctivitis Viruskonjunktivitis *f*
virus culture Viruskultur *f*
virus dermatosis Virusdermatose *f*, virusbedingte Hauterkrankung *f*
virus disease Viruskrankheit *f*, Viruserkrankung *f*
virus encephalitis Virusenzephalitis *f*
virus enhancement virale Steigerung *f*, gesteigerte Virusvermehrung *f*
virus enteritis *s.* virus gastroenteritis
virus excretion Virusausscheidung *f*
virus gastroenteritis Virus(gastro)enteritis *f*
virus hepatitis 1. Virushepatitis *f*, Hepatitis *f* epidemica; 2. Virushepatitis *f*, (homologe) Serumhepatitis *f*, Inokulationshepatitis *f*, (homologer) Serumikterus *m*
virus inactivation Virusinaktivierung *f*
virus infection Virusinfektion *f*
virus interference Virusinterferenz *f*
virus isolation Virusisolation *f*, Virusisolierung *f*
virus keratitis Viruskeratitis *f*, Keratoconjunctivitis *f* epidemica
virus-like virusartig
virus meningitis Virusmeningitis *f*, Meningitis *f* serosa, abakterielle [aseptische] Gehirnhautentzündung *f*
virus myocarditis Virusmyokarditis *f*
virus neutralization Virusneutralisation *f*
virus neutralization test Virusneutralisationstest *m*
virus particle Viruspartikel *n*
virus pneumonia Viruspneumonie *f*
virus release Virusfreisetzung *f*
virus replication Virusreplikation *f*
virusaemia *s.* viraemia
virustatic *s.* virostatic
viscera Viscera *pl*, Viszera *pl*, Eingeweide *npl*
viscerad viszerad, in Richtung der Eingeweide, auf die Eingeweide gerichtet
visceral viszeral; Eingeweide... *(siehe auch unter: intestinal und splanchnic)*
visceral arch *(Embr)* Viszeralbogen *m*, Kiemenbogen *m*
visceral arch system Kiemenbogensystem *n*
visceral brain Viszeralgehirn *n*, limbisches System *n*
visceral cavity 1. Bauchhöhle *f*; 2. viszerale Höhle *f (z. B. eines Organs)*
visceral cleft *(Embr)* Viszeralspalte *f*, Kiemenspalte *f*, Kiemengang *m*
visceral cranium Viszeralschädel *m*, Gesichtsschädel *m*
visceral disruption Eingeweidezerreißung *f*, Eingeweidebruch *m*
visceral epilepsy Viszeralepilepsie *f*
visceral groove *(Embr)* Viszeralfurche *f*, Kiemenfurche *f*
visceral injury Eingeweideverletzung *f*, viszerale Verletzung *f*
visceral larva migrans viszerale Larva *f* migrans
visceral layer of the tunica vaginalis of the testis Lamina *f* visceralis tunicae vaginalis testis
visceral leaf viszerales Blatt *n (des Bauchfells)*
visceral leishmaniasis Viszeralleishmaniasis *f*, Kala-Azar *f*, schwarze Krankheit *f*, Splenomegalia *f* tropica
visceral lymph node viszeraler Lymphknoten *m*
visceral muscle Viszeralmuskel *m*, Eingeweidemuskel *m*, unwillkürlicher [viszeraler] Muskel *m*
visceral nerve Viszeralnerv *m*, Eingeweidenerv *m*, viszeraler Nerv *m*
visceral nervous system Viszeralnervensystem *n*, Eingeweidenervensystem *n*, vegetatives [viszerales] Nervensystem *n*, autonomes Nervensystem *n*, ANS

visceral neuralgia Viszeralneuralgie *f*, viszerale Neuralgie *f*
visceral organ Viszeralorgan *n*, viszerales Organ *n*
visceral pain viszeraler Schmerz *m*
visceral pericardium Epikard *n*, Pericardium *n* viscerale, viszerales Perikard *n*
visceral peritoneum viszerales Peritoneum *n*, Peritoneum *n* viscerale
visceral pleura Lungenfell *n*, Pleura *f* visceralis [pulmonalis], viszerale Pleura *f*
visceral pouch *(Embr)* Schlundtasche *f*, Kiementasche *f*
visceral reflex Viszeralreflex *m*, viszeraler Reflex *m*, Eingeweidereflex *m*
visceral rheumatism viszeraler Rheumatismus *m*, Eingeweiderheumatismus *m*
visceral rupture Eingeweideruptur *f*, viszerale Ruptur *f*
visceral sensation interozeptive [viszerale] Wahrnehmung *f*, Viszeralgefühl *n*, Viszeralempfindung *f*, Eingeweidegefühl *n*
visceral skeleton viszerales Skelett *n*
visceral surface of the spleen Facies *f* visceralis lienis
visceral zoster viszeraler Zoster *m*
visceralgia Viszeralgie *f*, Viszeralschmerz *m*, Eingeweideschmerz *m*, viszeraler Schmerz *m*
viscerimotor *s.* visceromotor
viscerocardiac *(Anat)* viszerokardial; Eingeweide-Herz-...
visceroceptor Viszerozeptor *m*, Eingeweidenervenrezeptor *m*, viszeraler Rezeptor *m*
viscerocranium Viscerocranium *n*, Cranium *n* viscerale, viszeraler Schädel *m*, Viszeralschädel *m*, Splanchnocranium *n*
viscerogenic viszerogen, von den Eingeweiden ausgehend *(z. B. Reflex)*
viscerogram Viszerogramm *n*, Eingeweideröntgen(kontrast)bild *n*
viscerograph Viszerograph *m*
viscerography Viszerographie *f*, Eingeweideröntgen *n*, Eingeweideröntgen(kontrast)darstellung *f*
visceroinhibitory viszeroinhibitorisch, eingeweidehemmend
visceromegaly Viszeromegalie *f*, Eingeweidevergrößerung *f*
visceromotor viszeromotorisch, eingeweidestimulierend
visceroparietal *(Anat)* viszeroparietal; Eingeweide-Bauchwand-...
visceroperitoneal *(Anat)* viszeroperitoneal; Eingeweide-Bauchfell-...
visceropleural *(Anat)* viszeropleural; Eingeweide-Brustfell-...
visceroptosis Viszeroptose *f*, Eingeweidesenkung *f*
viscerosensory viszerosensorisch, eingeweidewahrnehmend
visceroskeletal viszeroskelettal, zum viszeralen Skelett gehörend
viscerosomatic viszerosomatisch; Eingeweide-Körper-...
viscerosomatic reaction viszerosomatische Reaktion *f*
viscerotome 1. Viszerotom *n*, Eingoweidemesser *n*; 2. Viszerotom *n*, Eingeweideabschnitt *m*
viscerotomy Viszerotomie *f*, Eingeweideschnitt *m*
viscerotonia Viszerotonie *f*
viscerotonic viszerotonisch
viscerotrophic 1. viszerotroph(isch), (sich) in den Eingeweiden ernährend, in den Eingeweiden aufwachsend *(z. B. Viren)*; 2. viszerotroph, das Eingeweidewachstum bewirkend
viscerotropic viszerotrop, auf die Eingeweide gerichtet
viscid *s.* viscous
viscidity *s.* viscosity
viscidosis *s.* cystic fibrosis of the pancreas
viscoelastic viskoelastisch, viskös und elastisch
viscometer *s.* viscosimeter
viscometry *s.* viscosimetry
viscose *s.* viscous
viscosimeter Visko(si)meter *n*, Viskositätsmesser *m*
viscosimetry Visko(si)metrie *f*, Viskositätsmessung *f*
viscosity Viskosität *f*, Zähigkeit *f*, Zähflüssigkeit *f*, Dickflüssigkeit *f*; Klebrigkeit *f*
viscotoxin Viskotoxin *n*
viscous viskos, viskös, zähflüssig, dickflüssig; klebrig
viscus Viskus *m*, Eingeweideorgan *n*
visibility Sichtbarkeit *f*
visible visibel, sichtbar
visible minimum Sehbarkeitsminimum *n*, Minimum *n* visibile, Minimum *n* des Sehvermögens; Lichtschwellenwert *m*
visible mucous membranes sichtbare Schleimhäute *fpl*
visible radiation sichtbare Strahlung *f*
visible spectrum sichtbares Spektrum *n*
visile sichtbar; Sicht..., Seh...
vision 1. Sehen *n*, Sehvermögen *n*, Gesichtssinn *m*; 2. *s.* visual acuity; 3. Vision *f*, Traumbild *n*; Erscheinung *f*, Halluzination *f* • **check vision** das Sehvermögen (über-)prüfen
vision test Sehprüfung *f*, Sehtest *m*
visit to the doctor Arztbesuch *m (durch den Patienten)*; Arztkonsultation *f*, Konsultation *f* (beim Arzt)
visiting medical doctor Konsultant *m*, Konsilarius *m*
visiting nurse Gemeindeschwester *f*
visiting professorship Gastprofessur *f*
visual visuell; Seh...; Gesichts(sinn)...
visual aberration *(Ophth)* visuelle Aberration *f*
visual accommodation visuelle Akkommodation *f*
visual acuity Sehschärfe *f*, visuelle Schärfe *f*
visual adaptation Visusanpassung *f*, visuelle Adaptation *f*
visual agnosia *(Neur)* Seelenblindheit *f*, optische Agnosie *f*
visual aid Sehhilfe *f*; Brille *f*
visual amnesia visuelle Amnesie *f*
visual angle Sehwinkel *m*, Gesichtswinkel *m*
visual aphasia visuelle Aphasie *f*
visual area *s.* visual centre
visual aura *(Neur)* visuelle Aura *f*, Lichterscheinung *f*
visual axis Sehachse *f*, Axis *m* visus
visual cell Sehzelle *f*
visual centre (kortikales) Sehzentrum *n*, Sehsphäre *f*
visual control visuelle Kontrolle *f*
visual cortex Sehrinde *f*, Cortex *m* visivus
visual deprivation Sehverlust *m*; Erblindung *f*
visual discrimination Auflösungsvermögen *n* (des Auges)
visual disturbance Sehstörung *f*
visual dysfunction *s.* visual disturbance
visual-evoked potentials visuell-evozierte Potenziale *npl*
visual fatigue Sehmüdigkeit *f*, Kopiopie *f*, Augenüberanstrengung *f*, Sehschwäche *f*
visual field Sehfeld *n*, Gesichtsfeld *n*
visual field defect Gesichtsfeldausfall *m*; Gesichtsfeldverlust *m*
visual field examination *s.* visual perimetry
visual field loss *s.* visual field defect
visual hallucination visuelle [optische] Halluzination *f*
visual imagery Visualisierung *f*
visual impression visueller Eindruck *m*
visual improvement Visus(ver)besserung *f*
visual line Sehlinie *f*, Blicklinie *f*
visual loss Visusverlust *m*
visual memory visuelles Gedächtnis *n*
visual-motor coordination visuell-motorische Koordination *f*
visual-motor function visuell-motorische Funktion *f*

visual nerve Sehnerv *m*
visual nystagmus optokinetischer Nystagmus *m*
visual organ Sehorgan *n*, Organum *n* visus
visual pathway *(Anat)* Sehbahn *f*
visual perimetry Sehfeldprüfung *f*, Sehfelduntersuchung *f*, Perimetrie *f*, Gesichtsfeldbestimmung *f*, Gesichtsfeld(ver)messung *f*, Kampimetrie *f*
visual pigment Sehpigment *n (siehe auch: visual purple)*
visual plane Sehebene *f*
visual prosthesis künstliches Auge *n*, Glasauge *n*
visual purple *(Ophth)* Sehpurpur *m*, Rhodopsin *n*, Sehrot *n*, Erythropsin *n*
visual sensation visuelle Wahrnehmung *f*
visual sense Gesichtssinn *m*, Sehen *n*, Sehvermögen *n*
visual substance *s.* visual purple
visual test table Sehprobentafel *f*
visual threshold Visusschwelle *f*, Sehschwelle *f*
visual trouble Sehstörung *f*
visual violet Jodopsin *n*, Iodopsin *(Sehstoff der Netzhautzapfenzellen)*
visual word centre (for reading) Lesezentrum *n (Gehirn)*
visualization Sichtbarmachung *f*, Sichtbarmachen *n*
visualize *v* 1. sichtbar machen *(dem Auge)*; 2. sichtbar werden
visual-spatial visuell und räumlich
visuoauditory audiovisuell, visuell und hörend; Seh- und Hör...
visuognosis visuelle Gnosis *f*, Visuognosis *f*
visuomotor visuomotorisch, visuell-motorisch, visuell und motorisch; Seh- und Bewegungs...
visuopsychic visuopsychisch, visuell-psychisch, visuell und psychisch; Seh- und Psyche...
visuosensory visuosensorisch, visuell-sensorisch, visuell und sensorisch; Seh- und Wahrnehmungs...
visuospatial visuell-räumlich, visuell und räumlich
visus 1. Visus *m*, Gesichtssinn *m*, Sehen *n*; 2. Sehschärfe *f*
visuscope Visuskop *n (Ophthalmoskop)*
vitagonist Vitaminantagonist *m*
vital 1. lebendig; Lebens...; 2. vital, kraftvoll; 3. lebenswichtig, lebensnotwendig; 4. lebensgefährlich; tödlich
vital activity Lebensaktivität *f*, Lebenstätigkeit *f*
vital capacity Vitalkapazität *f*, VK *(Lunge)*
vital capacity test Vitalkapazitätstest *m*
vital depression vitale Depression *f*
vital dye *s.* vital stain
vital energy *(Neur)* Lebensenergie *f*
vital force Lebenskraft *f*, vitale Kraft *f*
vital indication Vitalindikation *f*, vitale Indikation *f*
vital organ lebenswichtiges Organ *n*
vital red Vitalrot *n*
vital sadness *(Psych)* vitale Traurigkeit *f*
vital sensibility Vitalgefühl *n*
vital sign vitales Zeichen *n*; Lebenszeichen *n*
vital stain Vitalfarbe *f*, Vitalfarbstoff *m*, Lebendfarbstoff *m*
vital staining Vitalfärbung *f*, Supravitalfärbung *f*, Lebendfärbung *f*
vital trauma tödliches Trauma *n*, tödliche Verletzung *f*
vital wound lebensgefährliche Wunde *f*
vitalism Vitalismus *m*, Lebenskraft *f*, Vis *f* vitae, Vis *f* vitalis
vitalistic Vitalismus...
vitality 1. Vitalität *f*, Lebenskraft *f*; 2. Lebendigkeit *f*; 3. Lebensfähigkeit *f*; (große) Lebensdauer *f*; 4. Vermehrungsvermögen *n*
vitality test *(Stom)* Vitalitätstest *m*, Pulpatest *m*
vitalize *v* 1. beleben, lebendig machen; 2. kräftigen, stärken, Lebenskraft geben
vitalometer *(Stom)* Vitalometer *n*, Vitalitätsprüfer *m*
vitals lebenswichtige Organe *npl*
vitamer Vitamer *n*
vitamin Vitamin *n*
vitamin A Vitamin *n* A, Axerophthol *n*, Xerophthol *n*, antixerophthalmisches Vitamin *n*, Epithelschutzvitamin *n*, Wachstumsvitamin *n*
vitamin A_1 Vitamin *n* A_1, Retinol *n*, Vitamin-A-Alkohol *m*
vitamin A_2 Vitamin *n* A_2, 3-Dehydroretinol *n*
vitamin A deficiency Vitamin-A-Mangel *m*
vitamin A deficiency xerophthalmia (Vitamin-A-Mangel-)Xerophthalmie *f*, Xerosis *f* conjunctivae
vitamin activity Vitaminaktivität *f*
vitamin antagonist Vitaminantagonist *m*
vitamin B_1 Vitamin *n* B_1, Thiamin *n*, antineuritisches Hormon *n*, *(veraltet)* Aneurin *n*
vitamin B_2 Vitamin *n* B_2, Riboflavin *n*, Lactoflavin *n*, Laktoflavin *n*
vitamin B_2 phosphate Riboflavin-5-phosphat *n*, Flavinmononukleotid *n*, FMN
vitamin B_3 *s.* pantothenic acid
vitamin B_6 Vitamin *n* B_6, Pyridoxin *n*, Antidermatitisvitamin *n*, *(veraltet)* Adermin *n*
vitamin B_{12} Vitamin *n* B_{12}, Cyanocobalamin *n*, Antiperniziosa-Faktor *m*, Erythrozytenreifungsfaktor *m*, Animal-Protein-Faktor *m*, Cobalamin *n*, Kobalamin *n*, Castle'scher Extrinsic-Faktor *m*
vitamin B complex Vitamin-B-Komplex *m*
vitamin C Vitamin *n* C, Ascorbinsäure *f*, antiskorbutisches Vitamin *n*
vitamin content Vitamingehalt *m*
vitamin D Vitamin *n* D, antirachitisches Vitamin *n*
vitamin D_2 Vitamin *n* D_2, Ergocalciferol *n*, Ergokalziferol *n*
vitamin D_3 Vitamin *n* D_3, Cholecalciferol *n*, Cholekalziferol *n*
vitamin D milk Vitamin-D-angereicherte Milch *f (durch Ultraviolettbestrahlung)*
vitamin D refractory rickets Vitamin-D-refraktäre Rachitis *f*, Vitamin-D-resistente Rachitis *f*
vitamin D resistant rickets *s.* vitamin D refractory rickets
vitamin deficiency Vitaminmangel *m*
vitamin deficiency disease Vitaminmangelkrankheit *f*, Avitaminose *f*
vitamin E Vitamin *n* E, Tokopherol *n*, Antisterilitätsvitamin *n*, Fertilitätsvitamin *n*
vitamin F Vitamin *n* F *(veraltet für ungesättigte Fettsäuren, die vom Menschen nicht selbst aufgebaut werden)*
vitamin G *s.* vitamin B_2
vitamin H Vitamin *n* H, Biotin *n*, Bios *m* II
vitamin K Vitamin *n* K, Koagulationsvitamin *n*, antihämorrhagisches Vitamin *n*
vitamin K_1 Vitamin *n* K_1, Phytonadion *n*, Phyllochinon *n*
vitamin K_2 Vitamin *n* K_2, Menachinon *n*
vitamin K_3 Vitamin *n* K_3, Menadion *n*
vitamin K_4 Vitamin *n* K_4, Menadioldiacetat *n*
vitamin K_5 Vitamin *n* K_5, 4-Amino-2-methyl-1-naphthol *n*
vitamin K test Vitamin-K-Test *m*, Koller-Test *m (Leberfunktionsprobe)*
vitamin loss Vitaminverlust *m*
vitamin M Vitamin *n* M, Folsäure *f*
vitamin P Vitamin *n* P, Permeabilitätsvitamin *n (Bioflavonoid)*
vitamin supplement Vitaminergänzung *f*, ergänzende Vitaminzufuhr *f*
vitamin T Vitamin *n* T, Carnitin *n*
vitamine *s.* vitamin
vitaminize *v* mit Vitaminen anreichern *(z. B. Milch)*
vitaminoid vitaminartig, vitaminähnlich
vitaminology Vitaminlehre *f*
vitanition *s.* hypovitaminosis

vitellarium Vitellarium *n*
vitellary *s.* vitelline
vitellicle *s.* vitelline sac
vitelliform dotterförmig, dotterartig; Dotter…
vitellin Vitellin *n*, Lipovitellin *n*, Ovovitellin *n (Lipophosphoprotein)*
vitelline *(Embr)* Dotter(sack)…
vitelline ansa Ansa *f* vitellina
vitelline artery Arteria *f* omphalomesenterica, Dottersackarterie *f*
vitelline circulation Dottersack(blut)kreislauf *m*, Nabelkreislauf *m*
vitelline cyst Dottersackzyste *f*
vitelline disk Cumulus *m* oophorus [ovigerus], Eihügel *m*
vitelline duct Ductus *m* omphaloentericus, Dottergang *m*
vitelline sac Saccus *m* vitellinus [omphaloentericus], Dottersack *m*, Nabelbläschen *n (Zusammensetzungen siehe unter: yolk sac)*
vitelline sphere *(Embr)* Morula *f*, Maulbeerkeim *m (frühes Keimentwicklungsstadium)*
vitelline vein Vena *f* omphalomesenterica, Dottersackvene *f*
vitellogenesis Vitellogenese *f*, Dotterbildung *f*
vitellogenin Vitellogenin *n*
vitellointestinal vitellointestinal, Dottersack-Darm-…
vitellointestinal duct *s.* vitelline duct
vitellolutein Vitellolutein *n (Pigment)*
vitellomesenteric Dottersack-Mesenterium-…, Nabel-Mesenterium-…
vitellorubin Vitellorubin *n (Pigment)*
vitellose Vitellose *f (Proteose; Enzym)*
vitellus Vitellus *m*, Eidotter *n*
vitellus ovi *s.* vitellus
vitiatin Vitiatin *n (Cholinhomologon)*
vitiligines weiße Hautflecken *mpl* [Hautstellen *fpl*]
vitiliginous vitiliginös; Vitiligo…
vitiligo Vitiligo *f*, Weißfleckenkrankheit *f*, Scheckhaut *f*
vitiligoid vitiligoid, vitiligoartig, vitiligoähnlich
vitium Vitium *n*, Fehler *m*; Gebrechen *n*
vitrectomy *(Ophth)* Glaskörperexstirpation *f*, (operative) Glaskörperentfernung *f*
vitrein Vitrein *n*, Vitrosin *n (kollagenartiges Protein)*
vitreitis Glaskörperentzündung *f*, Entzündung *f* des Corpus vitreum, Hyalitis *f*
vitreocapsulitis Vitreokapsulitis *f*, Glaskörperkapselentzündung *f*
vitreodentin *(Stom)* Vitreodentin *n*, brüchiges Dentin *n*
vitreoretinal *(Ophth)* vitreoretinal; Glaskörper-Netzhaut-…
vitreoretinal disease *s.* vitreoretinopathy
vitreoretinal hyperplasia Glaskörper-Netzhaut-Hyperplasie *f*
vitreoretinopathy Vitreoretinopathie *f*, Glaskörper- und Netzhauterkrankung *f*
vitreous 1. *(Ophth)* Glaskörper…; 2. gläsern, glasig; glasartig, hyalin; durchscheinend
vitreous Glaskörper *m*, Corpus *m* vitreum
vitreous biopsy Glaskörperbiopsie *f*
vitreous body Glaskörper *m*, Corpus *m* vitreum
vitreous body abscess Glaskörperabszess *m*, Glaskörpervereiterung *f*
vitreous body destruction Glaskörperzerstörung *f*
vitreous body detachment Glaskörperablösung *f*
vitreous body haemorrhage Glaskörper(ein)blutung *f*
vitreous body resection *s.* vitrectomy
vitreous chamber Augenkammer *f*, Camera *f* oculi [vitrea bulbi]
vitreous change Glaskörperveränderung *f*
vitreous degeneration *(Histol, Path)* hyaline Degeneration *f*
vitreous detachment *s.* vitreous body detachment
vitreous fluorophotometry Glaskörperfluorophotometrie *f*
vitreous framework *s.* vitreous scaffold
vitreous haemorrhage Glaskörper(ein)blutung *f*
vitreous humour 1. Glaskörperflüssigkeit *f*, Humor *m* vitreus, Augenkammerwasser *n*; 2. *s.* vitreous body
vitreous membrane Glaskörpermembran *n*, Membrana *f* vitrea
vitreous opacity Glaskörpertrübung *f*
vitreous pearl Glaskörperperle *f*
vitreous prolapse Glaskörperprolaps *m*
vitreous retraction Glaskörperretraktion *f*, Glaskörpereinziehung *f*
vitreous scaffold Glaskörpergerüst *n*
vitreum Corpus *n* vitreum, Glaskörper *m*
vitriol Vitriol *n (Schwefelsäuresalz)*
vitritis *s.* vitreitis
vitronectin Vitronectin *n*
vitropression Glasspateldruck *m*; Glasspateldruckmethode *f*
vitrosin *s.* vitrein
vivax infection *(Trop)* Plasmodium-vivax-Infektion *f*
vivax malaria Malaria *f* tertiana *(durch Plasmodium vivax)*
vividialysis Vividialysis *f*
vividiffusion *s.* dialysis
vivification Vivifikation *f*, Belebung *f*, Wiederbelebung *f*
vivify *v* (wieder) beleben
viviparous vivipar, lebend gebärend
viviperception
vivisect *v* vivisezieren, ein betäubtes Tier operieren [sezieren]; einen Tierversuch durchführen
vivisection Vivisektion *f*, Tierversuch *m* • **practice vivisection** einen Tierversuch durchführen
vivisectionist Anhänger *m* von Tierversuchen, einen Tierversuch durchführender Forscher *m*
vivisector *s.* vivisectionist
vocal vokal, stimmlich; Stimm…
vocal apparatus *(Physiol)* Stimmapparat *m*
vocal cord Stimmband *n*, Stimmfalte *f*, Plica *f* vocalis, Stimmlippe *f*, Labium *n* vocale
vocal cord carcinoma Stimmbandkarzinom *n*
vocal cord lesion Stimmbandläsion *f*
vocal cord node *s.* vocal node
vocal cord oedema Stimmbandödem *n*, Stimmband(an)-schwellung *f*
vocal cord paralysis Stimmbandlähmung *f*
vocal cord polyp Stimmbandpolyp *m*, Stimmlippenpolyp *m*
vocal cord recovery Stimmbanderholung *f*
vocal cord spasm Stimmbandkrampf *m*
vocal cord weakness Stimmbandschwäche *f*
vocal cues *s.* paralinguistic cues
vocal fold *s.* vocal cord
vocal fremitus Stimmfremitus *m*, Pektoralfremitus *m*
vocal fremitus palpation Stimmfremituspalpation *f*
vocal ligament Ligamentum *n* vocale, Stimmband *n*
vocal node Nodulus *m* vocalis, Stimmbandknötchen *n*; Sängerknötchen *n*; Schreiknötchen *n*
vocal nodule *s.* vocal node
vocal paralysis Stimmbandlähmung *f*
vocal process Processus *m* vocalis
vocal resonance Stimmresonanz *f*
vocal speech Vokalsprache *f*
vocalis (muscle) Musculus *m* vocalis, Stimmbandmuskel *m*
vocational disease Berufskrankheit *f*
Vogt-Koyanagi-Harada syndrome *s.* Vogt-Koyanagi syndrome

Vogt-Koyanagi syndrome *(Ophth)* (Vogt-)Koyanagi'sche Krankheit *f*, Vogt-Koyanagi-Syndrom *n (Entzündung der Iris und des Ziliarkörpers, gestörte Hautpigmentierung, Haarwuchs- und Hörstörung)*
Vohwinkel's syndrome Keratoma *n* hereditarium mutilans
voice Stimme *f*, Vox *f*
voice box Larynx *m*, Kehlkopf *m*
voiced stimmhaft *(z. B. Konsonanten)*
voiceless stimmlos *(z. B. Konsonanten)*
voiceprint (elektronische) Stimmendarstellung *f*
void *v* ausscheiden *(z. B. Kot)*; entleeren *(z. B. die Blase)*
voiding cystourethrogram Miktionszystourethrogramm *n*
voiding disorder of the bladder Miktionsstörung *f*, Blasenentleerungsstörung *f*
voiding urethrography Miktionsurethrographie *f*
vola 1. Vola *f* manus, Handteller *m*, Hohlhand *f*, Palma *f*; 2. Vola *f* pedis, Fußsohle *f*
volaemic volämisch; Blutvolumen…; Plasmavolumen…
volar 1. volar, palmar; Handteller…, Hohlhand…; 2. plantar; Fußsohlen…
volar arch Arcus *m* palmaris, Hohlhandarterienbogen *m*
volar carpal ligament Ligamentum *n* carpi volare
volar flexion Volarflexion *f*, Handbeugung *f*
volar ligament Retinaculum *n* flexorum manus
volar metacarpal vein Vena *f* metacarpea volaris, volare [palmare] Mittelhandvene *f*
volardorsal von volar nach dorsal
volatile volatil, (leicht) flüchtig, schnell verdunstbar
volatile solvent volatiles [leicht flüchtiges] Lösungsmittel *n*
volatilization Verdampfung *f*, Verdampfen *n*, Verflüchtigung *f*; Verdunstung *f*
volatilize *v* verdampfen, verflüchtigen, verdunsten; sich verflüchtigen
volatilizer Verdampfer *m*, Verdampfungsapparat *m*
Volhard's test Volhard-Versuch *m*, Volhard'scher Wassertrinkversuch *m* [Konzentrationsversuch *m*] *(Nierenfunktionsprobe)*
Volhynia fever *s.* Wolhynia fever
volition 1. Wille *m*, Willenskraft *f*; 2. Willensbekundung *f*, Willensäußerung *f*
volitional willentlich, absichtlich, mit festem Willen; mit klarem Willen; Willens…
volitional tremor *(Neur)* Intentionstremor *m*
Volkmann's contracture *s.* Volkmann's ischaemic contracture
Volkmann's ischaemic contracture *(Chir)* Volkmann'sche (ischämische) Muskelkontraktur *f*, ischämische muskuläre Atrophie *f*
Volkmann's ischaemic paralysis *s.* Volkmann's paralysis
Volkmann's paralysis Volkmann'sche Muskelparalyse *f*, ischämische Muskellähmung *f*
Volkmann's splint Volkmann-Schiene *f*, Volkmann'sche Schiene *f (zur Knochenbruchlagerung)*
volsella Volsellum *n*, Fasszange *f*; Muttermundfasszange *f*
volsellum (forceps) *s.* volsella
voltage Spannung *f*
voltage lead Brustwandableitung *f (EKG)*
voltaic galvanisch
voltammeter Volt-Amperemeter *n*, Spannungs- und Strommesser *m*
voltampere Voltamper *n*
voltmeter Voltmeter *n*, Spannungsmesser *m*
volume Volumen *n*
volume-cycled ventilator *(Anästh)* volumengesteuertes Beatmungsgerät *n*, volumengesteuerter Respirator *m*
volume dose *(Rad)* Raumdosis *f*, Integraldosis *f*
volume expander Volumenexpander *m*, Plasmaexpander *m*
volume of circulating blood zirkulierendes Blutvolumen *n*
volume of movements Bewegungsumfang *m*
volume of packed erythrocytes *(Lab)* Hämatokrit(wert) *m (Verhältnis zwischen Erythrozyten- und Plasmavolumen)*
volume replacement Volumenersatz *m*, Volumenersetzung *f*
volume replenishment Volumen(wieder)auffüllung *f (z. B. bei Blutung)*
volume respirator *s.* volume-cycled ventilator
volume ventilator Volumenventilator *m*, volumengesteuertes Beatmungsgerät *n*
volumenometer Volumometer *n*, Volumenmessgerät *n*
volumetric volumetrisch, volumenmessend, volumenbestimmend
volumetric analysis volumetrische Analyse *f*
volumometer *s.* volumenometer
voluntary willkürlich, willentlich; Willkür…
voluntary abortion elektiver Abort *m*, willentlich herbeigeführter Abort *m*
voluntary muscle willkürlicher Muskel *m*, Willkürmuskel *m*
voluntary musculature Willkürmuskulatur *f*
voluntary pollution *s.* masturbation
voluntomotory durch Willkürmuskeln beeinflusst; Willkürmotorik…
volute convolutus
volutin Volutin *n (Nukleoproteinkomplex)*
volutin granules metachromatische Granula *npl*
volutrauma Volumentrauma *n* (der Lunge), Überblähungstrauma *n (durch Beatmungsgerät)*
volvulate *v* verdrehen, verknoten, einen Volvulus bilden
volvulosis *s.* onchocerciasis
volvulus Volvulus *m*, Darmverdrehung *f*, Darmverschlingung *f*
volvulus of the small bowel Dünndarmvolvulus *m*
vomer *(Anat)* Vomer *m*, Pflugscharbein *n*
vomerine Vomer…, Pflugscharbein…
vomerobasilar vomerobasilar; Pflugscharbein-Schädelbasis-…
vomeronasal vomeronasal; Pflugscharbein-Nasen-…
vomeronasal cartilage Cartilago *f* vomeronasalis
vomeronasal organ Organum *n* vomeronasale
vomit *v* vomieren, erbrechen, sich erbrechen [übergeben]; ausspeien
vomit 1. Erbrochenes *n*, Vomitus *m*; 2. *s.* vomiting
vomiting Vomitus *m*, Emesis *f*, Erbrechen *n* • **induce vomiting** Erbrechen auslösen
vomiting centre Brechzentrum *n (in der Medulla oblongata)*
vomiting of pregnancy Schwangerschaftserbrechen *n*, Emesis *f* gravidarum
vomiting reflex Brechreflex *m*
vomitive vomitiv, emetisch, Erbrechen auslösend
vomitive (agent) Vomitiv(um) *n*, Brechmittel *n*, Erbrechen auslösendes Mittel *n*, Emetikum *n*
vomitory 1. *s.* vomitive (agent); 2. Brechgefäß *n*, Brechschale *f*, Brechbeutel *m*
vomiturition 1. *s.* vomiting; 2. Würgen *n*, Brechreiz *m*
vomitus *s.* 1. vomit; 2. vomiting
von Economo's disease Economo'sche Krankheit *f*, Encephalitis *f* lethargica [epidemica], Gehirngrippe *f*, Kopfgrippe *f*, europäische Schlafkrankheit *f*
von Giercke's disease *(Päd, Gen)* von Giercke'sche Krankheit *f*, Glykogenspeicherkrankheit *f*, Hepatonephromegalia *f* glycogenica

von Hipple-Lindau disease zerebroretinale Angiomatose *f*
von Jacksch's anaemia *(Päd)* von Jaksch-Hayem'sche Anämie *f*, Pseudoleucaemia *f* infantum, Anaemia *f* pseudoleucaemica infantum
von Willebrand's disease *(Hämat)* von Willebrand-Jürgens-Syndrom *n (siehe auch: vascular haemophilia)*
voracious gefräßig; gierig
voraciousness Gefräßigkeit *f*, Gier *f*, Unersättlichkeit *f*
vortex Vortex *m*, Wirbel *m*
vortex of the heart Vortex *m* cordis, Herzwirbel *m*
vortex of the lens Vortex *m* lentis, Linsenwirbel *m*
vortex vein Vena *f* vorticosa, Wirbelvene *f*, Strudelvene *f (am Auge)*
vortical *s.* vorticose
vortices *pl s.* vortex
vorticose 1. Vortex..., Wirbel...; 2. wirbelreich
vorticous *s.* vorticose
Vossius cataract *(Ophth)* Vossius'sche Ringtrübung *f*, Vossius-Ringtrübung *f*, Pigmentkatarakt *f*
Vossius lenticular ring *s.* Vossius cataract
vox *s.* voice
voyeur Voyeur *m*
voyeurism Voyeurismus *m*, Voyeurtum *n*
Vrolik's disease Vrolik'sche Krankheit *f*, Osteogenesis *f* imperfecta congenita [letalis Vrolik], erbliche Knochenbrüchigkeit *f*
vulgaris gewöhnlich, vulgär; allgemein, gemein
vulnerability Vulnerabilität *f*, Verwundbarkeit *f*, Verletzbarkeit *f*
vulnerable vulnerabel, verwundbar, verletzbar
vulnerable period vulnerable Phase *f (EKG)*
vulnerable population Risikopopulation *f*
vulnerableness *s.* vulnerability
vulnerant verwundend, verletzend
vulnerary Wund...; Heil...
vulnerary (agent) Wundmittel *n*; Heilmittel *n*
vulnerate *v* verwunden, eine Wunde zufügen; verletzen, eine Verletzung zufügen
vulnus Vulnus *n*, Wunde *f*, Verletzung *f (Zusammensetzungen siehe unter: wound)*
vulsella *s.* volsella
vulsellum *s.* volsella
vulva Vulva *f*, Pudendum *n* femininum, weibliche Scham *f*
vulval *s.* vulvar
vulvar vulvar; Vulva...; Scheideneingang(s)...
vulvar area Vulvabereich *m*
vulvar atresia Vulvaatresie *f*, Atresia *f* vulvae
vulvar canal *s.* vestibule of the vagina
vulvar carcinoma Vulvakarzinom *n*
vulvar condylomata lata *s.* vulvar wide warts
vulvar dystrophy Vulvadystrophie *f*
vulvar elephantiasis Vulvaelephantiasis *f*
vulvar esthiomene Vulvaesthiomene *n*
vulvar folliculitis Vulvafollikulitis *n*
vulvar fusion *s.* vulvar atresia
vulvar haemangioma Vulvahämangiom *n*
vulvar haematoma Vulvahämatom *n*, Vulvabluterguss *m*
vulvar itching Pruritus *m* vulvae
vulvar kraurosis Kraurosis *f* vulvae
vulvar leucoplakia Vulvaleukoplakie *f*, Leukoplakia *f* vulvae
vulvar melanoma Vulvamelanom *n*
vulvar pain Vulvaschmerz *m*
vulvar pruritus Pruritus *m* vulvae
vulvar sarcoma Vulvasarkom *n*
vulvar syphilitic ulcer syphilitisches Vulvageschwür *n*
vulvar ulcer Vulvaulkus *n*, Vulvageschwür *n*
vulvar ulceration Vulvaulzeration *f*
vulvar velamen Velamen *n* vulvae
vulvar warts spitze Vulvafeigwarzen *fpl*, spitze Vulvakondylome *npl*, Condylomata *npl* acuminata vulvae
vulvar wide warts breite Vulvakondylome *npl*, Condylomata *npl* lata vulvae
vulvectomy Vulvektomie *f*, Vulvaexzision *f*, Vulvaexstirpation *f*
vulvismus *s.* vaginism
vulvitis Vulvitis *f*, Vulvaentzündung *f*, Scheidenvorhofentzündung *f*
vulvocrural vulvokrural; Vulva-Oberschenkel-...
vulvodynia Vulvodynie *f*, Vulvaschmerz *m*
vulvopathy Vulpopathie *f*, Vulvaerkrankung *f*
vulvorectal vulvorektal; Vulva-Rektum-...
vulvorectal fistula vulvorektale Fistel *f*
vulvouterine vulvouterin; Vulva-Uterus-..., Vulva-Gebärmutter-...
vulvovaginal vulvovaginal; Vulva-Vagina-...
vulvovaginal area vulvovaginaler Bereich *m*, Scheiden-Scheidenvorhof-Bereich *m*
vulvovaginal flora vulvovaginales Keimwachstum *n*, Scheiden-Scheidenvorhof-Flora *f*
vulvovaginitis Vulvovaginitis *f*, Vulva- und Scheidenentzündung *f*
V–Y plasty V–Y-Plastik *f*, V–Y-Lappen *m*

W

W factor *s.* biotin
W-plasty W-Plastik *f*, W-Hautplastik *f*
W-P-W syndrome *s.* Wolff-Parkinson-White syndrome
Waardenburg's syndrome Waardenburg-Syndrom *n*
wad *v* 1. (aus)polstern, wattieren, mit Watte polstern [ausstopfen] *(z. B. Gipsverband)*; 2. ausstopfen, zustopfen, mit einem Bausch tamponieren [zustopfen]; 3. zusammenknüllen, zu einem Knäuel zusammendrücken
wad Bausch *m*; Tampon *m*; Pfropfen *m*; Knäuel *n*
wad of cotton wool Wattebausch *m*
wadding Auspolsterung *f*, Polsterung *f*, Wattepolsterung *f*, Ausstopfung *f*
waddle *s.* waddling gait
waddling gait Watschelgang *m*
waist Taille *f*
waist-belt plaster bandage Hüftgips(verband) *m*
waist of the heart Herztaille *f*
waiting list Warteliste *f (z. B. für Transplantation)*
wake *v* **from anaesthesia** aus der Narkose erwachen
wakeful 1. wach, vigilant; wachend; Wach...; 2. schlaflos; ruhelos
wakefulness 1. Wachzustand *m*, wacher Zustand *m*, Wachheitszustand *m*; 2. Schlaflosigkelt *f*, Insomnie *f*
waking dream Wachtraum *m*, Illusion *f*, Halluzination *f*
waking epilepsy Aufwachepilepsie *f*
Walcher's position Walcher'sche Hängelage *f (bei der Geburt)*
Waldenström's macroglobulinaemia *s.* Waldenström's syndrome
Waldenström's syndrome *(Hämat)* Waldenström'sche Makroglobulinämie *f*, Makroglobulinämie *f* Waldenström, Waldenström-Krankheit *f*
Waldeyer's throat ring *s.* Waldeyer's tonsillar ring
Waldeyer's tonsillar ring *(Anat)* Waldeyer'scher [lymphatischer] Rachenring *m*

walk *v* laufen, gehen; wandern; spazieren, spazieren gehen
walk *v* **on the heels** *(Neur)* auf den Fersen [Hacken] laufen
walk *v* **on the toes** *(Neur)* auf den Zehenspitzen laufen
walk *v* **outdoors** auf dem Stationsflur [Gang] laufen
walk *v* **with the eyes closed** *(Neur)* mit geschlossenen Augen laufen
walk Lauf *m*, Gang *m*; Wanderung *f*, Spaziergang *m*
walker Laufgestell *n*
walking laufend, gehend; wandernd; Lauf…, Geh…; Wander…
walking Laufen *n*, Gehen *n*; Wandern *n*; Spazieren *n*, Spazierengehen *n*
walking aid Gehhilfe *f*, Laufhilfe *f*
walking belt Laufgürtel *m*
walking cast *(Chir)* Gehgips *m*, Laufgips *m*
walking heel Gehklotz *m*
walking patient Patient *m* ohne Bettruhe
walking pneumonia Mycoplasma-Pneumonie *f*, primär atypische Pneumonie *f*
walking program Laufprogramm *n*
walking reflex Laufreflex *m (der Säuglinge)*
walking wounded gehfähiger Patient *m*; gehfähiger Verletzte(r) *m*
wall Wall *m*, Wand *f (z. B. von Blutgefäßen)*
wall of the aneurysm Aneurysmawand *f*
wall of the heart Herzwand *f*
wall shear stress Wandscherspannung *f (am Herzen)*
wall stress Wandspannung *f*
wall tension *s.* wall stress
wall thickness Wanddicke *f*, Wandstärke *f*
Wallace's rule of nine *(Chir)* Neunerregel *f* nach Wallace *(zur Bestimmung der verbrannten Körperoberfläche)*
Wallerian degeneration *(Path)* Waller'sche [sekundäre] Degeneration *f*
walleye 1. *(Ophth)* Leukom(a) *n*, Hornhautfleck *m*, Augenhornhautleukom *n*; 2. *(Ophth)* Strabismus *m* divergens
Walthard's islets Walthard'sche Zellinseln *fpl*, Walthard-Zellinseln *fpl (Eierstock)*
Walther's ducts Ductus *mpl* sublinguales minores
Walther's oblique ligament Ligamentum *n* talofibulare posterius
wandering abscess Wanderabszess *m*, Senkungsabszess *m*, Kongestionsabszess *m*
wandering atrial pacemaker wandernder Vorhofschrittmacher *m (Herzreizleitung)*
wandering caecum Wanderblinddarm *m*, Coecum *n* mobile
wandering cell Wanderzelle *f (Leukozyt)*
wandering erysipelas Wandererysipel *n*, Erysipelas *n* migrans
wandering flap *(Chir, Transp)* Wanderlappen *m*
wandering goitre Tauchkropf *m*
wandering heart Wanderherz *n*, Cor *n* mobile
wandering kidney Wanderniere *f*, Senkniere *f*, Ren *m* mobilis; Nierensenkung *f*, Nephroptose *f*
wandering lens *s.* phacoplanesis
wandering liver Wanderleber *f*, Hepar *n* migrans [mobile]; Lebersenkung *f*, Hepatoptose *f*
wandering macrophage *(Histol)* Wandermakrophage *m*
wandering madness *(Neur)* Wanderdrang *m*, Wandertrieb *m*, Poriomanie *f*
wandering nystagmus *(Ophth)* Wandernystagmus *m*
wandering phlyctaena Wanderphlyktäne *f*
wandering rash Glossitis *f* areata exfoliativa, Exfoliatio *f* areata linguae; Lingua *f* geographica
wandering spleen 1. Wandermilz *f*, Lien *m* migrans [mobilis]; 2. Milzsenkung *f*
wandering testis Wanderhoden *m*
Wangiella dermatitidis Wangiella *f* dermatitidis *(Pilz)*
war fever *s.* epidemic typhus
war gas Kampfgas *n*
war injury Kriegsverletzung *f*, Verwundung *f*
war invalid Kriegsversehrte(r) *m*, Kriegsbeschädigte(r) *m*
war medicine Militärmedizin *f*
war neurosis Kriegsneurose *f*
war ophthalmia *s.* trachoma
war-time trauma Kriegsverletzung *f*
war wound *s.* war-time trauma
ward 1. Krankenstation *f*, Station *f*, Abteilung *f*; 2. Krankenzimmer *n*; Krankensaal *m*
ward chart Krankenkurve *f*, Krankenblatt *n*, Krankenjournal *n*
ward for contagious patients Isolierstation *f*, Infektionsstation *f*
ward for diagnostics Diagnostikstation *f*
ward nurse Stationsschwester *f*
ward round Stationsvisite *f*
ward sister Stationsschwester *f*
Ward's triangle *(Rad)* Ward-Dreieck *n*, Ward'sches Dreieck *n (am Schenkelhals)*
warfarin Warfarin *n (synthetisches Kumarin; Antikoagulans)*
warfarin poisoning Warfarinvergiftung *f*
warm-blooded warmblütig, homöotherm
warmup Aufwärmen *n*, Aufwärmung *f (beim Sport)*
warming pan Wärm(e)flasche *f*
Warren's shunt Warren-Shunt *m*, splenorenale Anastomose *f*, Warren'scher splenorenaler Shunt *m*
wart *(Derm)* Warze *f*, Verruca *f* (vulgaris)
wart virus Warzen-Virus *n*, Molitor *m* verrucae
warted *s.* warty
Wartenberg's disease Wartenberg'sche Krankheit *f*, Cheiralgia *f* paraesthetica
Wartenberg's sign Wartenberg-Zeichen *n*
Warthin-Finkeldey (giant) cell Warthin-Finkeldey'sche Riesenzelle *f*, Masernriesenzelle *f*
Warthin's tumour Warthin-Tumor *m*, Cystadenoma *n* lymphomatosum papillare, Adenocystoma *n* lymphomatosum papillare
wartpox Variola *f* verrucosa
warty 1. warzig, warzenartig; Warzen…; 2. warzig, mit Warzen bedeckt, voller Warzen
wash *v* 1. waschen, reinigen; 2. spülen, ausspülen, bespülen; 3. netzen, wässern, in Wasser einlegen [eintauchen]
wash *v* **out the eye** das Auge (aus)spülen, eine Augenspülung vornehmen
wash *v* **out the mouth** den Mund (aus)spülen, eine Mundspülung durchführen
wash *v* **the instruments** die Instrumente reinigen
wash *v* **the patient's stomach** den Magen des Patienten (klar) spülen, eine Magenlavage durchführen, eine Magenspülung vornehmen
wash 1. Waschen *n*, Reinigen *n*; 2. Spülen *n*, Bespülen *n*, Spülung *f*; 3. Waschlösung *f*, Spülflüssigkeit *f*, Spüllösung *f*; Lotion *f*
washer woman's hand Waschfrauenhand *f (mit aufgequollener und faltiger Haut)*
washing cystoscope Spülzystoskop *n*
washing cystoscope forceps Abwaschzange *f*, Waschzange *f (vor Operationen)*
washout Auswaschen *n*, Auswaschung *f*, Ausspülung *f*
wasp Wespe *f*
wasp sting Wespenstich *m*
Wassermann antibody Wassermann-Antikörper *m (Syphilis)*

Wassermann-fast Wassermann-positiv
Wassermann reaction *(Lab)* Wassermann'sche Reaktion *f*, Wassermann-Reaktion *f*, WaR
Wassermann test Wassermann-Test *m*
waste *v* 1. auszehren, verfallen, dahinsiechen, der Auszehrung unterliegen, dem Siechtum verfallen sein *(z. B. durch Krankheiten)*; 2. ausgezehrt werden *(z. B. Patienten)*
waste 1. Stoffwechselabfall *m*, Ausscheidungsprodukt *n*, Ausscheidungsstoff *m*; Schlackenstoff *m*, Abfallprodukt *n*; 2. Auszehrung *f*, Verfall *m*; Siechtum *n*; Gewichtsabnahme *f*, Gewichtsverlust *m*
waste bucket *(Chir)* Abwurfeimer *m*, Abwurfgefäß *n*
waste forceps *(Chir)* Abfallzange *f*
waste product Stoffwechselabfallprodukt *m*; Schlackenstoff *m*
wasted ventilation *(Physiol)* Totraumventilation *f*
waster marantisches [ausgezehrtes] Kind *n*
wasting Auszehren *n*, Auszehrung *f*, Verfall *m*, Kräfteverfall *m*; Marasmus *m*
wasting disease auszehrende Krankheit *f*, Konsumptionskrankheit *f*, Schwindsucht *f*
wasting paralysis progressive Muskelatrophie *f*
wasting syndrome HIV-Kachexiesyndrom *n*
watch-glas nail Uhrglasnagel *m*
watcher Krankenwache *f*, Bettwache *f*, Krankenwärter *m* *(Person)*
water *v* tränen *(z. B. die Augen)*
water Wasser *n*; Sekret *n*; *(speziell)* Schweiß *m*; Augenflüssigkeit *f*; Urin *m*, Harn *m* • **pass water** Urin [Wasser] lassen, urinieren
water bag *(Gyn)* Fruchtwasserblase *f*
water balance Wasserbilanz *f*, Ein- und Ausfuhr *f* (von Flüssigkeit), Flüssigkeitsbilanz *f*, Wasserhaushalt *m*
water bed *(Chir)* Wasserbett *n*
water-bite *s.* trench foot
water blister *(Derm)* Wasserblase *f*
water-borne infectious disease durch Trinkwasser übertragene Infektionskrankheit *f*; durch Wasser übertragene Erkrankung *f*
water brash *(Gastr)* Pyrosis *f*, Sodbrennen *n*
water cancer *s.* noma
water-clear cells wasserhelle Zellen *fpl (Nebenschilddrüse)*
water cure *(Bal)* Wasserbehandlung *f*, Hydrotherapie *f*, Wasserkur *f*
water-depletion heat exhaustion hydroprive Hitzeerschöpfung *f*, Dehydrierungserschöpfung *f* durch Hitze [Wärme]
water equilibrium Wasser(haushalts)gleichgewicht *n*, Flüssigkeitsäquilibrium *n (des Körpers)*
water farcy *s.* glanders
water fever *(Inf)* Wasserfieber *n*, Schlammfieber *n*, Erntefieber *n*, Feldfieber *n (durch Leptospira grippotyphosa)*
water-filled cushion *s.* water pillow
water for injection *(Pharm)* Wasser *n* zur Injektion, Aqua *f* ad injectionem
water-hammer pulse *s.* water-hammer-type pulse
water-hammer-type pulse *(Kard)* Wasserhammerpuls *m*
water-insoluble wasserunlöslich, nicht in Wasser löslich
water intoxication Wasservergiftung *f*, Wasserintoxikation *f (des Körpers)*
water itch *(Paras)* Schistosomendermatitis *f*
water-jet pump Wasserstrahlpumpe *f*
water lack Wassermangel *m*; Dehydratation *f*
water loading test *(Nephr)* Wasserbelastungsversuch *m*
water mattress *(Chir)* Wasserbett *n*
water metabolism *(Physiol)* Wasserhaushalt *m*
water of combustion *(Bioch)* Verbrennungswasser *n*, Oxidationswasser *n*
water of crystallization *(Bioch)* Kristallisationswasser *n*
water on the brain *s.* hydrocephalus
water on the chest *s.* hydrothorax
water on the knee Kniegelenkerguss *m*
water on the leg Beinödem *n*
water pillow *(Chir)* Wasserkissen *n*
water pollution Wasserverschmutzung *f*
water purification Wasserreinigung *f*, Wasseraufbereitung *f*
water resorption Wasserresorption *f*
water retention Wasserretention *f*, Wassereinlagerung *f*
water-seal drainage system geschlossene Saugdrainage *f*
water-soluble wasserlöslich
water-soluble contrast medium wasserlösliches Kontrastmittel *n*
water sterilizer Kochsterilisator *m*
water supplying device *(Stom)* Wasserspüleinheit *f*, Spülung *f*
water trap Wasserfalle *f*, Wasserschloss *n (z. B. an Drainagen)*
water uptake Wasseraufnahme *f*
water-vomiting disease epidemisches Erbrechen *n*
waterborne durch Wasser übertragen; durch Wasser verbreitet *(z. B. eine Infektionskrankheit)*
waterfall stomach Kaskadenmagen *m*
Waterhouse-Friderichsen syndrome (Marchand-) Waterhouse-Friderichsen-Syndrom *n*, Nebennierenapoplexie *f*, perkutane Nebenniereninsuffizienz *f*
waterpox *s.* varicella
waters Amnionflüssigkeit *f*, Fruchtwasser *n*, Liquor *m* amnii
watershed Wasserscheide *f*
watershed area Wasserscheidengebiet *n (Kapillargebiet)*
Waterston anastomosis Waterston-Anastomose *f*
watery wässrig, dünnflüssig; wasserreich, wasserhaltig; Wasser…
watery consistency of faeces wässrige Stuhlbeschaffenheit *f*
watery discharge wässriger Ausfluss *m* [Fluor *m*]
watery eye Tränenträufeln *n*, Epiphora *f*, Tränenfluss *m*, Stillicidum *n* lacrimarum; Oculus *m* lacrimans
watery eyes tränende Augen *npl*; Augentränen *n*
watery faeces wässriger Stuhl *m*
Watson-Crick helix Watson-Crick-Helix *f*
watthour Wattstunde *f*
wave 1. Welle *f*, Zacke *f*; 2. Zyklus *m*
wave-like wellenförmig; Wellen…
waveform Wellenform *f*
wavelength Wellenlänge *f*
waveshape Wellenform *f*
wax 1. Wachs *n*; 2. *s.* cerumen
waxy 1. wachsartig; Wachs…; 2. wächsern *(z. B. Haut)*; 3. wachshaltig, Wachs enthaltend; Wachs…
waxy cast Amyloidzylinder *m (im Urin)*
waxy degeneration wachsartige Degeneration *f* [Entartung *f*], Zenker'sche Muskeldegeneration *f* [Degeneration *f*]
waxy flexibility *(Neur)* Flexibilitas *f* cerea, wächserne Biegsamkeit *f*, Haltungsverharren *n*
waxy kidney *(Path)* Wachsniere *f*, Speckniere *f*, Amyloidniere *f*, Nierenamyloidose *f*
waxy liver *(Path)* Wachsleber *f*, Speckleber *f*, Amyloidleber *f*, Leberamyloidose *f*
waxy spleen *(Path)* Wachsmilz *f*, Speckmilz *f*, Amyloidmilz *f*, Milz(pulpa)amyloidose *f*
way 1. Verfassung *f*, Zustand *m*; 2. Methode *f*, Weg *m*, Verfahren *n*; 3. Weg *m*; Ausgang *m*, Öffnung *f*, Durchtritt

m, Durchgang *m* • **be in a bad way** sich in einem schlechten Gesundheitszustand befinden • **be in a good way** sich in einer guten Gesundheitsverfassung befinden • **by the natural ways** per vias naturales, auf natürlichem Wege
WBC count *s.* white blood cell count
weak *v s.* weaken
weak 1. schwach, kraftlos; 2. empfindlich; 3. schwach, geschwächt, kränklich; 4. *(Psych)* labil, haltlos; 5. schwach, dünn *(z. B. Tee)*; wässrig *(z. B. Suppe)*
weak character schwacher [labiler] Charakter *m*
weak child schwaches [kränkliches] Kind *n*
weak contractions schwache [schlaffe] Wehen *fpl*
weak eye refraction Refraktionsschwäche *f*
weak eyesight Sehschwäche *f*, Schwachsichtigkeit *f*
weak force nachlassende [schwächer werdende] Kraft *f*
weak-headed schwachköpfig
weak-headedness Schwachköpfigkeit *f*
weak health schwache [anfällige] Gesundheit *f*
weak heart sound schwacher [leiser] Herzton *m*
weak-minded schwachsinnig
weak-mindedness Schwachsinnigkeit *f*
weak murmur leises [schwaches] Herzgeräusch *n*
weak pulse *(Kard)* weicher Puls *m*, Pulsus *m* mollis [debilis]
weak-sighted schwachsichtig
weak-sightedness Schwachsichtigkeit *f*, Sehschwäche *f*
weak stomach flauer [empfindlicher] Magen *m*
weak urinary bladder schwache Blase *f* [Harnblase *f*]
weak urinary stream schwacher Harnstrahl *m (z. B. bei Prostataadenom)*
weak vision *s.* weak-sightedness
weak-willed willensschwach
weak with excitement schwach vor Erregung
weaked accommodation Akkommodationsschwäche *f*
weaken *v* 1. schwächen *(z. B. körperliche Verfassung)*; 2. schwächer werden, nachlassen *(z. B. Körperkräfte)*; 3. verdünnen *(z. B. Getränke)*
weaken *v* **the body** den Körper [körperlichen Zustand] schwächen
weakening Schwächung *f*, Abschwächung *f*
weakening of the heart sound Leiserwerden *n* des Herztons, Herztonabschwächung *f*, abgeschwächter Herzton *m*
weakness 1. Schwäche *f*, Empfindlichkeit *f*, Kränklichkeit *f*, Schwächlichkeit *f*; 2. *(Psych)* Labilität *f*, Haltlosigkeit *f*
weakness in the arm Armschwäche *f*
weakness in the leg Beinschwäche *f*
weakness of comprehension Auffassungsstörung *f*
weal *s.* wheal
wean *v* entwöhnen, abstillen *(Säugling)*
wean *v* **from the respirator** *(Anästh)* vom Respirator [Beatmungsgerät] entwöhnen, von der künstlichen Beatmung abtrainieren
weaning 1. Entwöhnen *n*, Abstillen *n*; 2. Entwöhnung *f*, Entwöhnen *n*; Abtrainieren *n*; 3. *s.* weaning from the respirator • **implement weaning** eine Entwöhnung durchführen, entwöhnen, abtrainieren
weaning from the respirator *(Anästh)* Respiratorentwöhnung *f*, Entwöhnung *f* vom Respirator, Abtrainieren *n* vom Beatmungsgerät
weanling kürzlich entwöhnt *(z. B. Säugling)*
weanling kürzlich entwöhnter Säugling *m*; Flaschenkind *n*
wear Abnutzung *f*, Abrieb *m*
wear-and-tear pigment Abnutzungspigment *n*
wear-resistant verschleißfest, lange gebrauchsfähig, langlebig *(z. B. Instrumentarium)*
weariness of life *(Neur)* Lebensunlust *f*
weary 1. müde, erschöpft; 2. ermüdend • **weary to death** sterbensmüde sein, totmüde sein
weather skin Wetterhaut *f*
web 1. Schwimmhaut *f*, Membran *f*; 2. *(Anat)* Gewebe *n*, Stützgewebe *n (z. B. im Gehirn)*; Netz *n*
web-eye *s.* pterygium
web-fingered mit Fingerverwachsungen (versehen); syndaktyl
web of fingers Interdigitalfalte *f*, Plica *f* interdigitalis
web-toed mit Zehenverwachsungen (versehen); syndaktyl
web space Intertrigium *n*
webbed fingers Fingerverwachsung *f*, Syndaktylie *f*
webbed neck Flügelfell *n*, Pterygium *n* colli
Weber Weber *n*, Wb *(Einheit des Magnetflusses)*
Weber-Christian's disease (Pfeiffer-)Weber-Christian'sche Krankheit *f*, Weber-Christian-Krankheit *f*, Panniculitis *f* nodularis non suppurativa febrilis et recidivans *(nicht eitrige Fettgewebsentzündung der Unterhaut)*
Weber-Christian's panniculitis *s.* Weber-Christian's disease
Weber-Christian's syndrome *s.* Weber-Christian's disease
Weber-Cockayne syndrome Weber-Cockayne-Syndrom *n*, lokalisierte Epidermolysis *f* bullosa simplex
Weber's law Weber-Fechner'sches Gesetz *n (Reizphysiologie)*
Weber's test *(HNO)* Weber'scher Versuch *m*, Weber'sche Stimmgabelprobe *f*
Weber's tuning fork test *s.* Weber's test
Weddellite Calciumoxalatdihydrat *n*
Weddellite calculus Calciumoxalatdihydratkonkrement *n*, Calciumoxalatdihydratstein *m*
Wedensky inhibition Wedensky-Hemmung *f*
wedge *v* 1. verkeilen, keilen; 2. sich hineinzwängen, sich einklemmen; sich verkeilen
wedge Keil *m*, keilförmige Struktur *f*, Gebisskeil *m*
wedge excision *(Chir)* Keilexzision *f*, Keilresektion *f*, keilförmige Exzision *f*
wedge fracture Keilfraktur *f*
wedge-like resection of the liver keilartige [keilförmige] Leberresektion *f*
wedge pressure Lungenkapillardruck *m*, Kapillarverschlussdruck *m*, Wedge-Druck *m*
wedge resection *s.* wedge excision
wedge-shaped keilförmig
wedged hepatic vein pressure Lebervenenverschlussdruck *m*
wedged vertebra Keilwirbel *m*
weed *s.* cannabis
week of gestation Schwangerschaftswoche *f*
Weeks' bacillus Haemophilus *m* aegypticus
weep *v* 1. tränen *(Auge)*; 2. (aus)schwitzen, exsudieren *(z. B. Haut)*; 3. sezernieren, nässen *(z. B. Wunde)*; 4. weinen, Tränen vergießen
weeping 1. tränend *(Auge)*; 2. (aus)schwitzend *(durch die Haut)*; exsudierend, schwitzend *(z. B. die Haut)*; 3. nässend *(z. B. eine Wunde)*
weeping 1. Tränen *n (des Auges)*; Tränenlaufen *n*; 2. Ausschwitzen *n (durch die Haut)*; Schwitzen *n*, Exsudieren *n (z. B. der Haut)*; 3. Nässen *n (z. B. einer Wunde)*; 4. Weinen *n*, Tränenvergießen *n*
weeping dermatitis nässende Dermatitis *f*, Dermatitis *f* exsudativa
weeping eczema nässendes Ekzem *n*, Ekzema *n* humidum
weeping sinew Ganglion *n*, Überbein *n*, Hygrom *n (einer Sehnenscheide)*
Wegener's granulomatosis Wegener'sche Granulomatose *f*, Wegener-(Klinger-)Granulomatose *f*, Granuloma *n* gangraenescens *(Immunerkrankung mit nekrotisierender Gefäßentzündung)*

Weichselbaum's coccus Meningococcus *m* Weichselbaum, Neisseria *f* meningitidis
Weigert's method *(Lab)* Weigert'sche Markscheidenfärbung *f*, Weigert-Färbung *f*
Weigert's myelin sheath stain *s.* Weigert's method
weigh *v* wiegen, das Gewicht feststellen
weighing-bed Bettwaage *f*
weight 1. Gewicht *n*, Körpergewicht *n*; 2. *s.* weight for traction • **be over weight** zu viel wiegen, Übergewicht haben • **be under weight** zu wenig wiegen, Untergewicht haben • **gain weight** (an Gewicht) zunehmen • **lose weight** (an) Gewicht verlieren, abnehmen • **what is your weight** wie viel wiegen Sie?
weight for traction Extensionsgewicht *n*, Zuggewicht *n*
weight gain Gewichtszunahme *f*
weight loss Gewichtsverlust *m*
weight per volume solution Gewicht-pro-Volumen-Lösung *f*, Prozent-Lösung *f (z. B. Glucose-Infusionslösung)*
weight traction Gewichtsextension *f (Knochenbruchbehandlung)*
weight training Training *n* mit Gewichten; Krafttraining *n*
Weil-Felix reaction Weil-Felix-Reaktion *f*, Weil-Felix'sche Reaktion *f (zur Fleckfieberdiagnostik)*
Weil-Felix test *s.* Weil-Felix reaction
Weil's disease *(Inf)* Weil'sche Krankheit *f* [Erkrankung *f*], Weil-Krankheit *f*, Morbus *m* Weil, Icterus *m* infectiosus, Leptospirosis *f* [Spirochaetosis *f*] icterohaemorrhagica
Weil's syndrome *s.* Weil's disease
Weingarten's syndrome tropische Eosinophilie *f*
Welch bacillus Welch-Fraenkel'scher Bazillus *m*, Clostridium *n* Welchi [perfringens], Bacterium *n* perfringens, Gasbranderreger *m*
Welcker's angle Angulus *m* sphenoidalis ossis parietalis
welfare recipient Sozialhilfeempfänger *m*
well again/be *v* wieder gesund [genesen] sein
well-balanced diet gut ausbilanzierte Diät *f*, ausgeglichene Kost *f*
well-being Wohlbefinden *n*; Gesundheit *f*
well-defined outline of shadow *(Rad)* gut demarkierte Schattenkontur *f*
well-defined swelling gut demarkierter Tumor *m*, gut abgrenzbare Geschwulst *f* [Schwellung *f*]
well-differentiated lymphocytic malignant lymphoma lymphozytäres Lymphosarkom *n*
well-equipped hospital gut ausgerüstetes [ausgestattetes] Krankenhaus *n*
well-fitted crown gut sitzende Zahnkrone *f*, gut angepasste Krone *f*
well-fitting passend, gut sitzend, gut angepasst
well-staffed hospital personell gut besetztes Krankenhaus *n*
wellness Wohlbefinden *n*
welt Beule *f*
wen Grützbeutel *m*, Balggeschwulst *f*, Talgzyste *f (am Kopf)*
Wenckebach heart block Wenckebach'scher Atrioventrikularblock *m*, Atrioventrikularblock *m* zweiten Grades Typ Mobitz I, Mobitz-Block *m*
Wenckebach period Wenckebach'sche Periodik *f (EKG)*
Wenckebach phenomenon Wenckebach'sches Phänomen *n (EKG)*
Werdnig-Hoffmann atrophy *(Neur)* Werdnig-Hoffmann-Krankheit *f*, Werdnig-Hoffmann'sche Krankheit *f*, infantile hereditäre progressive spinale Muskelatrophie *f*, familiäre spinale Muskelatrophie *f*
Werdnig-Hoffmann disease *s.* Werdnig-Hoffmann atrophy
Werdnig-Hoffmann spinal muscular atrophy *s.* Werdnig-Hoffmann atrophy
Werlhof's disease *(Hämat)* Werlhof-Krankheit *f*, Werlhof'sche Krankheit *f*, Morbus *m* Werlhof [maculosus Werlhofi], essenzielle Thrombozytopenie *f*, idiopathische thrombo(zyto)penische Purpura *f*, Purpura *f* thrombopenica
Wermer's syndrome multiple endokrine Neoplasie *f*
Werner-His disease *s.* Wolhynia fever
Werner-Schultz disease Agranulozytose *f*
Werner's syndrome Werner'sches Syndrom *n*, Progeria *f* adultorum *(vorzeitige Vergreisung im Erwachsenenalter)*
Wernicke-Mann paralysis Wernicke-Mann'sche Prädilektionsparese *f*
Wertheim's hysterectomy *(Gyn)* Wertheim'sche Operation *f*, Wertheim-(Meigs-)Operation *f*, radikale abdominale Hysterektomie *f*, totale abdominale Gebärmutterentfernung *f*
Wertheim's operation *s.* Wertheim's hysterectomy
Werth's tumour Pseudomyxoma *n* peritonei
West African sleeping sickness *s.* West African trypanosomiasis
West African trypanosomiasis *(Trop)* westafrikanische Trypanosomiasis *f* [Schlafkrankheit *f*]
West Nile encephalitis *s.* West Nile fever
West Nile fever *(Trop)* West-Nil-Fieber *n*
West Nile virus West-Nil-Virus *n*
Westergren method *(Lab)* Westergren'sche Methode *f*, Westergren-Methode *f*, Blut(körperchen)senkungsreaktion *f* nach Westergren, BKS, BSR
Western equine encephalitis *(Inf)* westliche Pferdeenzephalitis *f* [Pferdeenzephalomyelitis *f*]
Western equine encephalomyelitis *s.* Western equine encephalitis
Westphal-Pilcz phenomenon *s.* Westphal-Pilcz reflex
Westphal-Pilcz reflex *(Ophth)* Westphal-Pilcz'sches Pupillenphänomen *n*, paradoxes Pupillenphänomen *n*, Lidschlussreaktion *f*, Orbikularisphänomen *n*
Westphal-Strümpell disease *s.* Westphal-Strümpell pseudosclerosis
Westphal-Strümpell pseudosclerosis *(Neur)* Westphal-Strümpell'sche Pseudosklerose *f*, hepatolentikuläre Degeneration *f*
Westphal's syndrome Westphal-Syndrom *n*, familiäre periodische hypokaliämische Lähmung *f*
West's nomogram West'sches Nomogramm *n*, Nomogramm *n* nach West
West's syndrome infantiler Spasmus *m*
wet brain Hirnödem *n*, Hirnschwellung *f*
wet compress feuchte Kompresse *f*
wet cough produktiver Husten *m*, Husten *m* mit Auswurf
wet disinfection Nassdesinfektion *f*, Wischdesinfektion *f*
wet dream Pollution *f*, nächtlicher Samenerguss *m*, Pollutio *f* nocturna, Spermatorrhoea *f* dormientum
wet dressing feuchter Verband *m*; feuchter Umschlag *m*
wet gangrene feuchter Brand *m*, feuchte Gangrän *f*
wet lung Flüssigkeitslunge *f*, Lungenödem *n*
wet lung syndrome Syndrom *n* der feuchten Lunge *(Atemnotsyndrom)*
wet nurse Amme *f*
wet pack feuchte Packung *f*, feuchter Umschlag *m*, feuchter Wickel *m*
wet pericarditis exsudative [feuchte] Perikarditis *f*, Pericarditis *f* exsudativa
wet pleurisy exsudative Pleuritis *f*, Pleuritis *f* exsudativa, feuchte Brustfellentzündung *f*
wet skin feuchte [nasse] Haut *f*
wetting agent befeuchtendes Mittel *n*, Detergens *n*

Weyer's syndrome 1. *(Päd)* Weyer-Syndrom *n* I, Atresia *f* multiplex congenita; 2. *(Päd)* Weyer-Syndrom *n* II, Dysostosis *f* acrofacialis
Wharton's duct Wharton'scher Gang *m*, Ductus *m* submandibularis *(Ausführungsgang der Unterkieferspeicheldrüse)*
Wharton's jelly Wharton'sche Sulze *f*, gallertiges Bindegewebe *n (Nabelschnur)*
wheal *v* Bläschen hervorbringen, Quaddeln hervorrufen, Schwielen bilden
wheal 1. *(Derm)* Quaddel *f*, Urtika *f*; 2. Schwiele *f*, Striemen *m*
wheat germ oil Weizenkeimöl *n*
wheelchair Rollstuhl *m*
wheeze *v* schwer atmen, kurzatmig sein, keuchen, keuchend atmen, ein pfeifendes Atemgeräusch haben, beim Atmen pfeifen
wheeze pfeifendes Atemgeräusch *n*, Stridor *m*; keuchendes Atemgeräusch *n*, Keuchen *n*, Schnaufen *n*
wheezing Keuchen *n*, keuchende Atmung *f (z. B. bei Asthma)*
wheezy keuchend, schnaufend, kurzatmig
whelk 1. Akne *f*, Finnenausschlag *m*; 2. Pustel *f*, Pustula *f*, Pickel *m*, Bläschen *n*, Eiterbläschen *n*
whetstone crystal Wetzsteinkristall *m (Harnsäurekristall)*
whewellite Calciumoxalatmonohydrat *n*
whewellite calculus Calciumoxalatmonohydratkonkrement *n*, Calciumoxalatmonohydratstein *m*
whey Molke *f*, Serum *n* lactis
whip Peitsche *f*
whip catheter *(Rad, Kard)* Peitschenkatheter *m*
whiplash injury Peitschenschlagtrauma *n*, Peitschenschlagverletzung *f*, Schleudertrauma *n (der Halswirbelsäule)*
whiplash phenomenon Peitschenschlagphänomen *n*
whiplash sign Peitschenschlagsymptom *n*
whiplash symptom *s.* whiplash sign
Whipple resection Whipple'sche Resektion *f*, radikale Duodenopankreatektomie *f*, Whipple-Operation *f*
Whipple triad Whipple-Triade *f*, Whipple'sche Triade *f*
Whipple's disease *(Gastr)* Whipple'sche Krankheit *f*, Whipple-Krankheit *f*, Morbus *m* Whipple, intestinale Lipodystrophie *f*
whipworm Peitschenwurm *m*, Trichuris *f* trichiura, Trichocephalus *m* dispar
whirlbone Kniescheibe *f*, Patella *f*
whirlbone liver Säuferleber *f*
whisky(-rum) nose Whiskynase *f*, Schnapsnase *f*, Säufernase *f*, Rhinophym *n*
whisper *v* wispern, flüstern
whisper Wispern *n*, Flüstern *n*; Geflüster *n*
whisper speech Flüstersprache *f*, Flüstern *n*
whispered pectoriloquy Flüstersprache *f*, Flüsterstimme *f*, Flüsterstimmenfortleitung *f (bei Lungenauskultation)*
whispering pectoriloquy *s.* whispered pectoriloquy
whistle *v* pfeifen
whistle Pfiff *m*
whistle tip Flötenspitze *f (z. B. an Kathetern)*
whistling Pfeifen *n*
whistling face syndrome *(Gen, Päd)* Dysplasia *f* craniocarpotarsalis, Syndrom *n* des pfeifenden Gesichtes, Freeman-Sheldon-Syndrom *n*
whistling murmur pfeifendes Geräusch *n*
whistling respiration pfeifende Atmung *f*
white bile weiße Galle *f*
white blood cell Leukozyt *m*, weiße Blutzelle *f*, weißes Blutkörperchen *n (siehe auch unter: leucocyte)*
white blood cell count Leukozytenzahl *f*
white blood corpuscle *s.* white blood cell
white cell *s.* white blood cell
white cell cast Leukozytenzylinder *m (im Urin)*
white corpuscle *s.* white blood cell
white dermographism Dermographismus *m* albus, weißer Dermographismus *m*
white fibre Kollagenfaser *f*
white fibrous tissue Faserbindegewebe *n*
white finger weißer Finger *m*; Raynaud'sche Krankheit *f*, Raynaud-Krankheit *f*, Raynaud-Syndrom *n*
white gold *(Stom)* Weißgold *n*
white graft rejection weiße Transplantatrejektion *f*, Abstoßung *f* eines nicht vaskularisierten Transplantats
white head *s.* milium
white heat rash Miliaria *npl* alba
white infarct weißer Infarkt *m*, anämischer Infarkt *m*
white leg Phlegmasia *f* alba dolens
white leprosy *s.* vitiligo
white line Linea *f* alba
white matter of the brain Substantia *f* alba, weiße Hirnsubstanz *f*
white matter of the cerebrum *s.* white matter of the brain
white matter of the (spinal) cord Substantia *f* alba medullae spinalis, weiße Rückenmarksubstanz *f*
white mouth *s.* thrush
white noise weißes Rauschen *n (Hörprüfung)*
white of the eye sclera Sklerenweiß *n*
white piedra *s.* trichosporosis
white pneumonia Pneumonia *f* alba, interstitielle plasmazelluläre Lungenentzündung *f*
white pulpa weiße Milzpulpa *f*
white radiation Bremsstrahlung *f*
white reticular substance of the medulla oblongata Substantia *f* reticularis alba medullae oblongatae
white sponge naevus of the mucosa Naevus *m* spongiosus albus
white spot disease 1. Weißfleckenkrankheit *f*, Vitiligo *f*, Scheckhaut *f*; 2. *(im weiteren Sinne)* Sclerodermia *f* circumscripta, umschriebene Sklerodermie *f*, Lichen *m* sclerosus et atrophicus *(Hautzustand)*; Scleroderma *n* guttata
white substance *s.* 1. white matter of the brain; 2. white matter of the spinal cord
white substance of Schwann *s.* myelin
white thrombus weißer Thrombus *m*, Fibrinthrombus *m*
whitehead 1. *s.* milium; 2. Comedo *m*, Mitesser *m*
Whitehead's operation *(Chir)* Whitehead'sche Hämorrhoidenoperation *f*, Whitehead-Operation *f*
whiteleg Phlegmasia *f* alba dolens
whiten *v* 1. bleichen, mit Bleichmittel behandeln; 2. bleich werden, erbleichen, weiß werden; 3. ergrauen, graue Haare bekommen, weiß werden
whitepox *s.* alastrim
whites Weißfluss *m*, weißlicher Fluor *m* [Ausfluss *m*], Fluor *m* albus, Leukorrhoe(a) *f*, Leukorrhö(e) *f*
whitish weißlich
whitlockite tribasisches Calciumphosphat *n*
whitlow *(Derm)* Nagelgeschwür *n*, Umlauf *m*, Panaritium *n*
WHO *s.* World Health Organization
whole 1. vollständig, komplett; Ganz...; Ganzkörper...; 2. rein; Voll...; 3. unverletzt, unversehrt
whole blood Vollblut *n*
whole-blood loss Vollblutverlust *m*
whole-blood transfusion Vollbluttransfusion *f*
whole-body counter *(Rad)* Ganzkörperzähler *m*
whole-body CT scanning *(Rad)* Ganzkörper-Computertomographie *f*
whole-body irradiation Ganzkörperbestrahlung *f*
whole-body X-irradiation *(Rad)* Ganzkörperröntgenbestrahlung *f*

whole bowel irrigation Darmspülung *f*, Freispülen *n* des gesamten Darmes
whole milk Vollmilch *f*
whole pituitary *(Pharm)* Hypophysengesamtextrakt *m*
whole thickness skin graft Vollhautlappen *m*, Vollhauttransplantat *n*
whooping cough Keuchhusten *m*, Pertussis *f*
whooping cough-diphtheria-tetanus vaccine Keuchhusten-Diphtherie-Wundstarrkrampf-Impfstoff *m*, Diphtherie-Pertussis-Tetanus-Vakzine *f*, DPT-Dreifachimpfstoff *m*
whooping cough vaccine Keuchhustenimpfstoff *m*, Keuchhustenvakzine *f*
whorl Windung *f*, Wirbel *m*, Vortex *m*
whorled gewunden; Wirbel..., Vortex...
wick Gazebausch *m*, Gazetampon *m*
wicking *(Chir)* Gazestreifen *m*; Streifentamponade *f*
Widal reaction *(Lab)* Widal'sche Reaktion *f*, Widal-Probe *f* *(z. B. zum Typhusnachweis)*
Widal test *s.* Widal reaction
wide 1. weit, ausgedehnt *(z. B. ein Lumen)*; 2. weit, breit *(z. B. eine Öffnung)*
wide-angle glaucoma *(Ophth)* Weitwinkelglaukom *n*
wide-angle two-dimensional sector echocardiographic technique Weitwinkel-2D-Sektorechokardiographie *f*
wide ECG wave breite EKG-Zacke *f*
wide excision Resektion *f* [Exzision *f*] im Gesunden, großzügige Exzision *f (z. B. von Tumoren)*
wide eye-slit breiter [weiter] Lidspalt *m*
wide-spectrum antibiotic *(Pharm)* Breitspektrumantibiotikum *n*
wide-spread burn ausgedehnte Verbrennung *f*
widely used drug weit verbreitetes Arzneimittel *n*, häufig gebrauchtes [angewendetes] Medikament *n*
widen *v* 1. erweitern, verbreitern; 2. sich erweitern, sich verbreitern, sich ausdehnen, breiter werden
widened mediastinal shadow *(Rad)* verbreiterter Mediastinalschatten *m*, verbreitertes Mediastinum *n*
widening Erweiterung *f*, Verbreiterung *f*, Ausdehnung *f*
widening of an articular space Gelenkspalterweiterung *f*, Gelenkspaltverbreiterung *f*
widening of the mediastinum *(Rad)* Mediastinalverbreiterung *f*
width Weite *f*, Breite *f*, Ausmaß *n*
Wiedemann-Spranger syndrome *(Päd)* Wiedemann-Spranger'sches Syndrom *n*, Wiedemann-Spranger-Syndrom *n*, Dysplasia *f* spondyloepiphysaria congenita
Wiedemann's dysmelia syndrome *(Päd)* Wiedemann'sches Dysmeliesyndrom *n*, Wiedemann-(Lenz-)Syndrom *n*, Thalidomid-Embryopathie *f*
Wigand's manoeuvre *(Gyn)* Wigand-Martin-Winckel'scher Handgriff *m (bei Beckenendlage des Fetus)*
Wigand's version *s.* Wigand's manoeuvre
wild-type gene natürliches Gen *n*
wildfire rash *s.* miliaria
will Wille *m*
will *v* **to be operated upon** einer Operation zustimmen, in eine Operation einwilligen
willow fracture Grünholzfraktur *f*, Grünholzknochenbruch *m*
willpower Willenskraft *f*
Wilms' tumour *(Path, Päd)* Wilms-Tumor *m*, Nierenadenosarkom *n*, Nephroblastom *n*
Wilson-Brocq disease Wilson-Brocq'sche Erkrankung *f*, Wilson-Brocq-Krankheit *f*, Dermatitis *f* exfoliativa generalisata
Wilson central terminal Wilson-Elektrode *f (EKG)*
Wilson's block 1. Rechtsschenkelblock *m*; 2. *(Kard)* Wilson-Block *m*, Wilson'scher Block *m*
Wilson's disease Wilson'sche Krankheit *f*, Wilson-Krankheit *f*, Morbus *m* Wilson, hepatolentikuläre Degeneration *f*
Winckel's disease Winckel'sche Krankheit *f*, Säuglingssepsis *f*, Neugeborenensepsis *f*
wind Blähung *f*, Darmwind *m*, Flatus *m*; Blähungen *fpl*, Winde *mpl* • **be troubled with wind** Blähungen haben • **break winds** Blähungen abgehen lassen, Winde (ab)lassen
wind-contusion Druckluftverletzung *f (z. B. innerer Organe)*
windage Druckluft(wellen)verletzung *f*
windburn Hauterythem *n (durch Windeinwirkung)*
windburned windgegerbt *(z. B. die Haut)*
winding sheet Leichentuch *n*
windkessel function *(Physiol)* Windkesselfunktion *f (der Aorta)*
windmill murmur *(Kard)* Windmühlengeräusch *n*
window 1. Fenster *n*, Fenestra *f*; 2. therapeutische Breite *f (z. B. eines Medikamentes)*
window of the cocholea Fenestra *f* cochleae
window of the vestibule Fenestra *f* vestibuli
windowed gefenstert *(z. B. ein Gips)*; Fenster...
windowing Fensterung *f*, Fensterungsoperation *f*
windpipe Luftröhre *f*, Trachea *f (Zusammensetzungen siehe unter: tracheal)*
wing Flügel *m*, Ala *f*
wing cell Stachelzelle *f (Epidermis)*
wing-like membrane *s.* pterygium
wing of ingrassia Ala *f* minor ossis sphenoidalis
wing of the ilium Ala *f* ossis ilii
wing of the nose Nasenflügel *m*, Ala *f* nasi
wing of the sphenoid bone 1. Ala *f* major ossis sphenoidalis; 2. Ala *f* minor ossis sphenoidalis
wing of the vomer Ala *f* vomeris
wing plate *(Anat)* Flügelplatte *f*
winged scapula Flügelskapula *f*, Scapula *f* alata
Winiwarter-Buerger disease Winiwarter-Buerger'sche Erkrankung *f*, Winiwarter-Buerger-Krankheit *f*, Thrombangiitis *f* obliterans
wink *v* blinzeln, zwinkern
wink *s.* winking
winking Blinzeln *n*, Zwinkern *n*
winking reflex Blinzelreflex *m*, Zwinkerreflex *m*; Lidschlussreflex *m*
winking spasm *(Neur)* Blinzelspasmus *m*, Zwinkerkrampf *m*, Spasmus *m* nictitans
Winkler's disease Chondrodermatitis *f* nodularis chronica helicis
Winslow's foramen *(Anat)* Foramen *n* Winslowi [epiploicum], Winslow'sches Fenster *n* [Loch *n*], Netzbeuteleingang *m*
winter itch Pruritus *m* hiemalis
winter vomiting disease Virusgastroenteritis *f*
Wintrich's sign Wintrich'sches Zeichen *n*, Wintrich'scher Schallwechsel *m*, Wintrich-Schallwechsel *m (über Lungenkavernen)*
wire *(Chir)* Draht *m*, Metalldraht *m*
wire bending pliers Drahtbiegezange *f*
wire chain saw by Gigli Gigli-Säge *f*
wire cutter Drahtschneider *m*
wire cutting scissors Drahtschere *f*
wire extension *s.* wire traction
wire file saw by Gigli Gigli-Säge *f*
wire for skeletal traction Extensionsdraht *m*
wire saw Giglisäge *f*
wire splint Drahtschiene *f*
wire suture Drahtnaht *f*
wire traction Drahtextension *f (bei Knochenbruch)* • **discontinue wire traction** eine Drahtextension unterbrechen [beenden] • **lie under wire traction** an einer

Drahtextension liegen [hängen], eine Drahtextension haben • **release wire traction** *s.* discontinue wire traction
wire traction bow Drahtextensionsbügel *m*
wireworm Haemonchus *m* contortus
wiring *(Chir)* Drahtfixation *f*, Drahtfixierung *f*, Drahtschienung *f*, Drahtspickung *f (von Knochenbrüchen)*
Wirsung's canal *(Anat)* Ductus *m* pancreaticus [Wirsungianus], Wirsung'scher Gang *m*, Wirsung-Gang *m*, Pankreashauptausführungsgang *m*
Wirsung's duct *s.* Wirsung's canal
wiry pulse Drahtpuls *m*
wisdom tooth Weisheitszahn *m*, Dens *m* serotinus [sophroneticus], dritter Mahlzahn *m*
Wistar rat Wistar-Ratte *f*
witch's milk Hexenmilch *f*
withdrawal Entzug *m*, Entziehung *f*, Abbruch *m*, Unterbrechung *f*
withdrawal bleeding *(Gyn)* Entzugsblutung *f*, Abbruchblutung *f*
withdrawal cure Entziehungskur *f*
withdrawal method Coitus *m* interruptus
withdrawal of blood Blut(spende)abnahme *f*
withdrawal of treatment Behandlungsabbruch *m*, Therapieunterbrechung *f*
withdrawal pressure trace *(Kard)* Rückzugdruckkurve *f*, Druckkurve *f* bei Katheterrückzug
withdrawal symptom Entzugssymptom *n*, Entzugserscheinung *f*, Ausfallerscheinung *f*, Abstinenzsymptom *n*, Abstinenzerscheinung *f*
withdrawal syndrome *(Neur)* Entzugssyndrom *n*
Witzel's operation *(Chir)* Witzel'sche Fistel *f* [Magenfistelung *f*], Witzel-Fistel *f*
witzelsucht Witzelsucht *f*
wobble *v* wanken, schwanken, unsicher laufen
wobbly gait wackeliger [unsicherer] Gang *m*; Kleinhirngang *m*
Wohlfart-Kugelberg-Welander disease Wohlfart-Kugelberg-Welander-Syndrom *n*
Wolff-Parkinson-White syndrome *(Kard)* Wolff-Parkinson-White-Syndrom *n*, WPW-Syndrom *n*, Zeichen *n* von Wolff, Parkinson und White, Präexzitationssyndrom *n (EKG)*
Wolffian body *(Embr)* Wolff'scher Körper *m*, Urniere *f*
Wolffian duct Wolff'scher Gang *m*, Wolff-Gang *m*, Ductus *m* mesonephricus [Wolffi], Urnierengang *m*
Wolff's duct *s.* Wolffian duct
wolfjaw Wolfsrachen *m*, Cheilognathopalatoschisis *f*, Lippen-Kiefer-Gaumen-Spalte *f*
Wölfler's operation Wölfler'sche Operation *f*, Gastroenterostomie *f*, GE, Magen-Dünndarm-Anastomose *f*, (operative) Magen-Dünndarm-Fistelung *f*
wolfram Wolfram *n*, W
wolfsbane 1. Arnica *f*; 2. Aconitum *n* napellus
Wolhynia fever *(Inf)* Wolhyni'sches Fieber *n*, Fünftage-(wechsel)fieber *n*, Febris *f* quintana, Quintana *f*, Ikwafieber *n*, Schützengrabenfieber *n*, Trench fever *(durch Rickettsia quintana)*
Wolinella recta Wolinella *f* recta, Campylobacter *m* rectus
Wolman's disease Wolman'sche Krankheit *f*, Wolman-Krankheit *f*
woman doctor Ärztin *f*
woman in childbed Wöchnerin *f*
woman in childbirth Gebärende *f*
woman in labour *s.* woman in childbirth
womb Gebärmutter *f*, Uterus *m (Zusammensetzungen siehe unter: uterus und uterine)*
wood alcohol Methanol *n*, Methylalkohol *m*
wood alcohol poisoning Methylalkoholvergiftung *f*
wood tick Holzzecke *f*
wooden belly bretthartер Bauch *m*, brettharter Abdomen *n*; bretthartе Bauch(muskel)spannung *f*, brettharte Bauchmuskelabwehr *f*
wooden-shoe heart *(Rad)* Holzschuhherz *n*, Coeur *m* en sabot, Holzpantoffelform *f* des Herzens, Aortenherz *n*, aortenkonfiguriertes Herz *n*
Wood's lamp Wood-Lampe *f*, Ultraviolett-Lampe *f*, UV-Lampe *f*
Wood's unit Wood-Einheit *f*
woody phlegmon *(Chir)* Holzphlegmone *f*
woody thyroiditis Riedel'sche [eisenharte] Struma *f (chronische schwielige Schilddrüsenentzündung)*
wool Wolle *f*
wool fat *(Derm)* Wollfett *n*, Adeps *m* lanae
Woolner's tip Tuberculum *n* auriculae
woolsorter's disease 1. *(Inf)* Milzbrand *m*, Anthrax *m (Zusammensetzungen siehe unter: anthrax)*; 2. *(Inf)* Pustula *f* maligna, Milzbrand-Karbunkel *m*, Carbunculus *m* contagiosus
word-blind *(Neur)* wortblind
word blindness *(Neur)* Wortblindheit *f*, visuelle Amnesie *f (siehe auch: alexia)*
word-deaf *(Neur)* worttaub
word deafness *(Neur)* Worttaubheit *f*, sensorische Aphasie *f*, Seelentaubheit *f*, auditorische [akustische] Amnesie *f*; auditorische [akustische] Agnosie *f (zentrale Sprachstörung bei intakter Ohrfunktion)*
word dumbness *(Neur)* Wortstummheit *f*, motorische Aphasie *f*, Aphemie *f*
word salad *(Neur)* Wortsalat *m*, Schizophasie *f*
Woringer-Kolopp disease Reticulosis *f* pagetoidea
work *v* **in** einmassieren, einreiben *(z. B. eine Creme)*
work hypertrophy Arbeitshypertrophie *f*, Aktivitätshypertrophie *f*
work of breathing *(Physiol)* Atemarbeit *f*
work therapy Arbeitstherapie *f*
work-up komplette Diagnostik *f*, umfassende [gründliche] Untersuchung *f*
workaholic arbeitssüchtig, arbeitsbesessen
workaholic (man) *(Psych)* Workaholic *m*, Workaholiker *m*, Arbeitssüchtiger *m*
workaholism *(Psych)* Arbeitsabhängigkeit *f*, Arbeitssucht *f*
working diagnosis Behandlungsdiagnose *f*, Arbeitsdiagnose *f*
working length Nutzlänge *f (z. B. von Fäden)*
working pressure Arbeitsdruck *m (z. B. von Druckluftgeräten)*
workout 1. Ausbelastung *f*, Vollbelastung *f*; 2. Training *n*
World Health Organization Weltgesundheitsorganisation *f*, WHO, WGO
worm 1. *(Paras)* Wurm *m*, Vermis *m*; 2. Wurmkrankheit *f*; 3. *(Anat)* Vermis *m*, wurmförmiger Anhang *m*, wurmförmiger Fortsatz *m*
worm abscess Wurmabszess *m*
worm infestation Wurminfestation *f*, Wurmbefall *m*
worm-like wurmartig
worm of the cerebellum *(Anat)* Kleinhirnwurm *m*, Vermis *m* cerebelli
worm ovum Wurmei *n*
worsen *v* verschlechtern; sich verschlimmern, schlimmer werden *(z. B. Schmerzen)*
would-be mother werdende Mutter *f*, Schwangere *f*
wound *v* verwunden, verletzen
wound Wunde *f*, Vulnus *m*, Verletzung *f* • **cover the wound** die Wunde abdecken • **dap the wound** die Wunde betupfen • **do firm packing of a wound** eine Wunde fest austamponieren • **drain a wound** eine Wunde drainieren • **dress a wound** eine Wunde verbinden • **get a wound** sich verletzen, sich eine Wunde zuziehen • **make**

a wound verwunden, verletzen, eine Wunde beibringen [zufügen] • **pack a wound** eine Wunde (aus)tamponieren • **search a wound** eine Wunde sondieren • **sustain a wound** eine Wunde davontragen, sich verwunden [verletzen] • **tape a wound** eine Wunde mit Heftpflaster [Pflaster] verkleben
wound abscess Wundabszess *m*
wound bleeding Wundblutung *f*, blutende Wunde *f*
wound care Wundpflege *f*, Wundversorgung *f*, Wundbehandlung *f*
wound cavity Wundhöhle *f*
wound clip Wundklammer *f*, Hautklammer *f*, Michel-Klammer *f*
wound closure Wundverschluss *m*; Wundnaht *f*
wound dehiscence Wunddehiszenz *f*
wound diphtheria Wunddiphtherie *f*
wound disruption *s.* wound dehiscence
wound drainage Wunddrainage *f*
wound edge Wundrand *m*
wound excision Wundexzision *f*, Wundausschneidung *f*
wound fever Wundfieber *n*
wound haematoma Wundhämatom *n*
wound healing Wundheilung *f*
wound healing process Wundheilungsprozess *m*
wound infection Wundinfektion *f*
wound irrigation Wundspülung *f*, Ausspülen *n* einer Wunde
wound management *s.* wound treatment
wound of entry *(For)* Eintrittwunde *f*, Einschusswunde *f*, Einschuss *m*
wound of exit *(For)* Austrittwunde *f*, Ausschusswunde *f*, Ausschuss *m*
wound repair *s.* wound healing
wound retractor Wundhäkchen *n*; Wundhaken *m*
wound scarlet fever Wundscharlach *m*
wound sepsis Wundsepsis *f*
wound shock Wundschock *m*, hypovolämischer Schock *m*, Volumenmangelschock *m*
wound stretcher Wund(rand)spreizer *m*
wound surface Wund(ober)fläche *f*
wound suture Wundnaht *f*
wound syringe Wundspritze *f*
wound toilet Wundtoilette *f*, Wundversorgung *f*
wound towel Wund(rand)tuch *n*
wound treatment Wundbehandlung *f*, Wundversorgung *f*
wounded verwundet; verletzt • **be wounded in the thigh** am Oberschenkel verwundet werden
wounded Verwundete(r) *m*; Verletzte(r) *m* • **the wounded** die Verwundeten *mpl (fpl)*
wounded in action verwundet *(Militär)*
woundless unverletzt, unversehrt; nicht verwundet
woven elastic bandage elastische Binde *f*
WPW syndrome *s.* Wolff-Parkinson-White syndrome
wrap *v* **dressing around** verbinden, einen Verband anlegen
wrapping 1. Umhüllung *f*, Verhüllen *n*; Einwickeln *n*, Umwickeln *n*; 2. operative Wandverstärkung *f (z. B. bei Aortenaneurysma)*
wrapping of the aorta Aortenumhüllung *f*
wrench *v* verstauchen, verrenken *(z. B. Gelenke)*; (ver)zerren *(z. B. Muskeln)*
wrench Verstauchung *f*, Verrenkung *f (z. B. von Gelenken)*; Zerrung *f*, Verzerrung *f (z. B. von Bändern und Muskeln)*
wrench to press and tighten a pin *(Chir)* Extensionsbügelschlüssel *m*
wretched deprimiert, unglücklich; elend *(z. B. Patient)*
wrick *v* verstauchen, verrenken *(z. B. Gelenke)*; (ver)zerren *(z. B. Muskeln)*
wrick Verstauchung *f*, Verrenkung *f (z. B. von Gelenken)*; Zerrung *f*, Verzerrung *f (z. B. von Muskeln und Bändern)*
wrinkle *v* 1. faltig werden, runzlig werden, Falten bekommen; 2. runzeln, Falten bilden; 3. falten, in Falten legen
wrinkle Falte *f*, Runzel *f*
wrinkle test Faltentest *m*, Hautfaltentest *m (bei Nervenverletzung)*
wrinkled skin Faltenhaut *f*, faltige Haut *f*
wrinkled vitreous body faltiger Glaskörper *m*; Glaskörperschrumpfung *f*, Glaskörperatrophie *f*
Wrisberg's cartilage *(Anat)* Wrisberg'scher Knorpel *m*, Cartilago *f* cuneiformis, Kegelknorpel *m*
Wrisberg's ganglion *(Anat)* Wrisberg'sches Ganglion *n*, Ganglion *n* cardiacum [Wrisbergi]
Wrisberg's ligament Ligamentum *n* meniscofemorale posterius
Wrisberg's nerve 1. Nervus *m* intermedius; 2. Nervus *m* cutaneus brachii medialis
Wrisberg's tubercle Tuberculum *n* cuneiforme
wrist 1. Handwurzel *f*, Carpus *m*, Karpus *m*; 2. Articulatio *f* radiocarpalis, Articulatio *f* radiocarpea, Faustgelenk *n*
wrist bone Handwurzelknochen *m*, Os *n* carpi
wrist ganglion Handgelenkganglion *n*
wrist joint Handwurzelgelenk *n*
wrist joint proper Speichen-Handwurzel-Gelenk *n*, Articulatio *f* radiocarpea, proximales Handwurzelgelenk *n*
wrist joint prosthesis Handgelenkprothese *f*
wristdrop Fallhand *f*, Karpoptose *f*, Handgelenklähmung *f*
write *v* schreiben
writer's cramp Schreibkrampf *m*
writer's paralysis *s.* writer's cramp
writing schreibend; Schreib…; Schrift…
writing centre Schreibzentrum *n (Gehirn)*
written consent schriftliche Einwilligung *f*, schriftliche Einverständniserklärung *f (z. B. zur Operation)*
wrong diagnosis falsche Diagnose *f*, Fehldiagnose *f*
wry-head Schiefkopf *m*, Plagiozephalus *m*
wry-neck Schiefhals *m*, Tortikollis *m*, Caput *n* obstipum
Wuchereria bancrofti *(Paras)* Wuchereria *f* [Filaria *f*] bancrofti *(Erreger der Elephantiasis)*
wuchereriasis *(Paras, Trop)* Wuchereriasis *f*, Wuchereriose *f*, Wuchereriainfektion *f*, Infektion *f* mit Wuchereria bancrofti

X

x-bacillus X-Bazillus *m*
X chromatin X-Chromatin *n*
X chromosome X-Chromosom *n (Geschlechtschromosom)*
X disease *s.* Australian X-disease
X factor X-Faktor *m*, X-Hormon *n*
X-linkage X-Ständigkeit *f*, X-Gebundenheit *f*, Gebundenheit *f* an das X-Chromosom
X-linked *(Gen)* an X-Chromosomen gebunden
X-linked inheritance X-gebundene Vererbung *f*, Vererbung *f* über das X-Chromosom
X-linked mucopolysaccharidosis Hunter-Syndrom *n*
X-radiation Röntgenstrahlung *f*, X-Strahlung *f*
X-ray *v* 1. *(Rad)* röntgen, eine Röntgenaufnahme machen, eine Röntgenuntersuchung durchführen; mit Röntgen-

strahlen durchleuchten; 2. *(Rad)* mit Röntgenstrahlen behandeln, mit Röntgenstrahlung therapieren, bestrahlen
X-ray 1. *(Rad)* Röntgenstrahl *m (siehe auch unter: roentgen ray)*; 2. *s.* X-ray photograph; 3. *s.* X-ray photography • **do X-rays** *s.* X-ray 1. • **have an X-ray taken** eine Röntgenaufnahme machen lassen • **refer a patient for X-ray** einen Patienten zum Röntgen überweisen [schicken] • **take an X-ray** eine Röntgenaufnahme machen, röntgen, ein Röntgenbild anfertigen
X-ray apparatus Röntgenapparat *m*, Röntgengerät *n*
X-ray beam Röntgenstrahl *m*
X-ray burn Röntgen(strahlen)verbrennung *f*, Strahlungsverbrennung *f*
X-ray cassette Röntgen(film)kassette *f*
X-ray check Röntgenkontrolle *f*, Rö-Kontrolle *f*
X-ray-contrast bougie (röntgen)kontrastgebende Dehnungssonde *f* [Bougie *f*]
X-ray contrast containing iodine jodhaltiges Kontrastmittel *n*, iodhaltiges Röntgenkontrastmittel *n*
X-ray contrast dye *s.* X-ray contrast medium
X-ray contrast material *s.* X-ray contrast medium
X-ray contrast medium Röntgenkontrastmittel *n*, Kontrastmittel *n*, KM
X-ray contrast substance *s.* X-ray contrast medium
X-ray department Röntgenabteilung *f*
X-ray dermatitis Röntgen(strahlen)dermatitis *f*
X-ray diagnosis 1. Röntgendiagnose *f*, 2. Röntgen(strahlen)diagnostik *f*
X-ray examination Röntgenuntersuchung *f*
X-ray examination form Röntgen(anmeldungs)schein *m*
X-ray examination slip *s.* X-ray examination form
X-ray film 1. Röntgenfilm *m*; 2. *s.* X-ray photograph
X-ray film viewer Röntgenfilmbetrachter *m*, Röntgenfilmbetrachtungskasten *m*
X-ray film viewing box *s.* X-ray film viewer
X-ray fluoroscopy Fluoroskopie *f*, Röntgendurchleuchtung *f*
X-ray induced röntgen(strahlen)induziert
X-ray kymography *s.* roentgenokymography
X-ray laborant-assistant Röntgenassistentin *f*, Röntgenassistent *m*
X-ray mass examination Röntgenreihenuntersuchung *f*
X-ray microscope Röntgenstrahlenmikroskop *n*
X-ray motion picture photography Kineradiographie *f*, Röntgenfilmaufnahmetechnik *f*, Röntgenfilmdarstellung *f*
X-ray of the abdomen Abdomenröntgenaufnahme *f*
X-ray of the chest Thoraxröntgenaufnahme *f*
X-ray of the skull Schädelröntgenaufnahme *f*
X-ray of the small bowel Dünndarmröntgen(kontrast)aufnahme *f*
X-ray of the stomach Magenröntgen(kontrast)aufnahme *f*
X-ray operation room Operationssaal *m* mit Röntgeneinrichtung
X-ray pelvimetry Pelviradiometrie *f*
X-ray photograph Röntgenbild *n*, Röntgenaufnahme *f* • **interpret an X-ray photograph** eine Röntgenaufnahme befunden, einen Röntgenbefund geben
X-ray photographic röntgenfotografisch
X-ray photography Röntgendarstellung *f*, Röntgen *n*
X-ray picture Röntgenbild *n*, Röntgenaufnahme *f*
X-ray plain film Röntgenübersichtsaufnahme *f*
X-ray plate Röntgenplatte *f*
X-ray protective apron Röntgen(schutz)schürze *f*
X-ray protective gloves Röntgen(schutz)handschuhe *mpl*
X-ray protective shield Röntgenschutzschirm *m*, Röntgenschutzschild *m*
X-ray radiography Röntgenographie *f*, Röntgendarstellung *f*, Röntgen *n*
X-ray roentgendiagnostic room Röntgendiagnostikraum *m*
X-ray room Röntgenraum *m* • **refer to the X-ray room** zum Röntgen schicken [überweisen]
X-ray screen Röntgenschirm *m* • **stand behind the X-ray screen** sich hinter den Röntgenschirm stellen • **stand with the back to the X-ray screen** mit dem Rücken zum Röntgenschirm stehen
X-ray sickness Strahlenkrankheit *f*, Strahlenkater *m*
X-ray sign Röntgenzeichen *n*
X-ray specialist *s.* radiologist
X-ray technician Röntgentechniker *m*
X-ray technique Röntgen(strahlen)technik *f*
X-ray therapy Röntgen(strahlen)therapie *f*, Röntgenstrahlenbehandlung *f*
X-ray treatment *s.* X-ray therapy
X-ray tube Röntgenröhre *f*
X-ray unit Röntgeneinheit *f*, Röntgenabteilung *f*
X-rayed/be *v* geröntgt werden
X-rays Röntgenstrahlen *mpl*, X-Strahlen *mpl*, Röntgenstrahlung *f*
xanchromatic *s.* xanthochromatic
xanthaemia Xanthämie *f (Vorhandensein gelber Substanzen im Blut)*
xanthelasma Xanthelasma *n* (palpebrarum), Xanthoma *n* palpebrarum *(Cholesterineinlagerung in den Lidern)*
xanthelasmatosis Xanthelasmatose *f (Häufung von Cholesterineinlagerungen in der Haut)*
xanthelasmoidea Urticaria *f* pigmentosa
xanthematin Xanthematin *n*
xanthemia *s.* xanthaemia
xanthene Xanthen *n*
xanthene dye Xanthenfarbstoff *m*
xanthic 1. Xanthin…; 2. gelb, gelblich
xanthic calculus Xanthinstein *m*
xanthidylic acid Xanthosin-5′-monophosphat *n*
xanthine Xanthin *n*, 2,6-Dihydroxypurin *n*, 2,6-Dioxopurin *n*
xanthine base Xanthinbase *f*
xanthine calculus Xanthinstein *m*
xanthine crystal Xanthinkristall *m (im Urin)*
xanthine dehydrogenase Xanthindehydrogenase *f (Enzym)*
xanthine derivative Xanthinderivat *n*
xanthine nucleotide Xanthinnukleotid *n*
xanthine oxidase Xanthinoxidase *f*, Aldehydoxidase *f*, Hypoxanthinoxidase *f*, Schardinger'sches Enzym *n*
xanthine oxidase deficiency Xanthinoxidasemangel *m*
xanthine ribonucleoside Xanthinribonukleosid *n*, Xanthosin *n*
xanthinol nicotinate Xanthinolnicotinat *n*, Xanthinolniacinat *n (Vasodilator)*
xanthinuria Xanthinurie *f*, Xanthiurie *f*, Xanthurie *f*, Xanthinausscheidung *f* im Urin
xanthinuric Xanthinurie…
xanthism Xanthismus *m*, roter Albinismus *m*
xanthiuria *s.* xanthinuria
xanthoastrocytoma pleomorphes Xanthoastrozytom *n*
xanthochroia *s.* xanthochromia
xanthochroid hellhäutig und blond
xanthochromatic xanthochrom(atisch), gelbfarbig, gelb gefärbt, hellfarbig
xanthochromia 1. Xanthochromie *f*, Gelb(braun)färbung *f (z. B. der Gehirnflüssigkeit)*; 2. *s.* xanthoderma
xanthochromic *s.* xanthochromatic
xanthochroous xanthoderm, gelbhäutig
xanthocyanopia *s.* xanthocyanopsia
xanthocyanopsia Xanthozyanopsie *f*, Gelb-Blau-Sehen *n*
xanthocyte Xanthozyt *m*, gelb pigmentierte Zelle *f*

xanthoderm Gelbhäutige(r) *m*
xanthoderma Xanthoderm(a) *n*, gelb gefärbte [gelbe] Haut *f*, Pergamenthaut *f*
xanthodermia Xanthodermie *f*, Xanthosis *f* cutis, Gelbfärbung *f* der Haut
xanthodont Gelbzahnige(r) *m*, Mensch *m* mit gelben Zähnen
xanthodontous gelbzahnig
xanthoerythrodermia Xanthoerythrodermie *f*
xanthofibroma Xanthofibrom *n*
xanthogranuloma Xanthogranulom *n*
xanthogranulomatosis *(Päd)* Xanthogranulomatose *f*, Hand-Schüller-Christian-Syndrom *n*, Hand-Schüller-Christian'sche Krankheit *f*, Lipoidgranulomatose *f*
xanthogranulomatous xanthogranulomatös
xanthokyanopy *s.* xanthocyanopsia
xanthoma Xanthom(a) *n*, Gelbknoten *m* (der Haut), gelbe Hautgeschwulst *f*
xanthoma cell Xanthomzelle *f*, Schaumzelle *f*
xanthoma diabeticorum Xanthoma *n* diabeticorum
xanthoma disseminatum Xanthoma *n* disseminatum
xanthoma tuberosum Xanthoma *n* tuberosum, Lipoidgicht *f*
xanthomasarcoma Xanthomasarkom *n*
xanthomatosis Xanthomatose *f (Cholesterinstoffwechselstörung)*
xanthomatous xanthomatös; Xanthom…
xanthomatous pericarditis xanthomatöse Perikarditis *f*
Xanthomonas maltophilia Xanthomonas *f* maltophilia, Pseudomonas *f* maltophilia
xanthopathy *s.* xanthochromia
xanthophore Xanthophor *m*
xanthophyll Xanthophyll *n (Lipochromfarbstoff)*
xanthopia *s.* xanthopsia
xanthoproteic Xanthoprotein…
xanthoproteic acid Xanthoproteinsäure *f*
xanthoproteic reaction Xanthoproteinreaktion *f*, Xanthoproteinprobe *f (Tryptophan- und Tyrosinnachweis)*
xanthoprotein Xanthoprotein *n*
xanthopsia Xanthopsie *f*, Gelbsehen *n (z. B. bei Digitalisüberdosierung)*
xanthopsin Xanthopsin *n (Sehfarbstoff)*
xanthopterin Xanthopterin *n*, Uropterin *n*, 2-Amino-4,6-dihydroxypteridin *n*
xanthorrhea *s.* xanthorrhoea
xanthorrhoea Xanthorrhoe *f*, Gelbfluss *m*, gelber Scheidenausfluss *m*
xanthosarcoma Xanthosarkom(a) *n (der Sehnenscheiden)*
xanthosine Xanthosin *n*, 7-Xanthin-D-Ribosid *n (Nukleosid)*
xanthosine 5′-monophosphate Xanthosin-5′-monophosphat *n*, Xanthylsäure *f*, XPM
xanthosine 5′-triphosphate Xanthosin-5′-triphosphat *n*, XTP
xanthosis 1. Xanthose *f (Gelbverfärbung der Haut durch Karotin)*; 2. *s.* xanthomatosis; 3. *s.* carotenosis
xanthotoxin Xanthotoxin *n*
xanthous xanthös, gelb (gefärbt), gelblich, gelb pigmentiert
xanthurenic acid Xanthurensäure *f*, 4,8-Dihydroxychinolin-2-carboxyläure *f*, 4,8-Dihydrochinaldinsäure *f*
xanthuria *s.* xanthinuria
xanthydrol Xanthydrol *n*, Xanthen-9-ol *n (zum Harnstoffnachweis)*
xanthylic Xanthin…
xanthylic acid *s.* xanthosine 5′-monophosphate
xenoagglutinin *(Hämat)* Xenoagglutinin *n*, artfremdes Agglutinin *n*
xenoantibody *(Immun)* Xenoantikörper *m*, artfremder Antikörper *m*
xenoantigen *(Immun)* Xenoantigen *n*, artfremdes Antigen *n*
xenobiotic xenobiotisch
xenodiagnosis 1. Xenodiagnose *f*, Xenodiagnostik *f*, Fremddiagnostik *f*; 2. Läusetest *m*
xenodiagnostic xenodiagnostisch; Xenodiagnose…
xenogeneic xenogen, artfremd; heterolog, heterogen
xenogenesis Xenogenese *f (Entstehung von Nachkommen ohne Elternähnlichkeit)*
xenogenic 1. xenogen, von außerhalb des Organismus stammend; Fremd…; 2. xenogen, artfremd; heterolog, heterogen
xenogenous *s.* 1. xenogenic; 2. xenogeneic
xenograft *s.* xenotransplant
xenolith Xenolith *m*, Fremdkörper *m*
xenology Xenologie *f*, Parasiten-Wirt-Lehre *f*
xenomenia *(Gyn)* vikariierende Menstruation *f* [Blutung *f*], Menstruatio *f* vicaria
xenon Xenon *n*, Xe
xenon-133 Xenon-133 *n*, Xenon-Isotop 133 *n*, ^{133}Xe
xenoparasite Xenoparasit *m*
xenophobe Fremdenhasser *m*, Fremdenfeind *m*
xenophobia *(Neur)* Xenophobie *f*, (krankhafte) Abneigung *f* gegen Unbekanntes; Abneigung *f* gegen Fremde, Fremdenhass *m*
xenophobic xenophob, abgeneigt gegenüber Unbekanntem; fremdenfeindlich
xenophonia Xenophonie *f*
xenophthalmia Xenophthalmie *f*, Augenbindehautentzündung *f* durch Fremdkörper
xenoplastic xenoplastisch
xenoplasty Xenoplastik *f*
Xenopsylla cheopis *(Paras)* Xenopsylla *f* cheopis, Pestfloh *m*
xenotransplant Xenograft *n*, Xenotransplantat *n*, xenogenes [artfremdes] Transplantat *n*, heterologes [heterogenes] Transplantationsgewebe *n*
xenotransplantation Xenotransplantation *f*, xenogene [heterologe, heterogene] Transplantation *f*, Verpflanzung *f* artfremden Gewebes
xenotropic xenotrop
xenylamine Xenylamin *n*, *p*-Aminobiphenyl *n*
xeransis Trocknung *f*, Austrocknung *f*, Vertrocknung *f*
xerantic trocknend, austrocknend, vertrocknend
xerasia Xerasie *f*, Haartrockenheit *f*, Haaraustrocknung *f*
xerocheilia Xerocheilie *f*, Lippentrockenheit *f*, Lippenaustrocknung *f*
xerochilia *s.* xerocheilia
xerocollyrium Xerocollyrium *n*, Augensalbe *f*
xeroderma Xeroderma *n*, Pergamenthaut *f*, trockene Haut *f*
xeroderma pigmentosum Xeroderma *n* pigmentosum, Melanosis *f* lenticularis progressiva
xerodermatic xerodermatisch; Xeroderm…, Xeroderma…
xerodermia Xerodermie *f*, Hauttrockenheit *f*, Hautaustrocknung *f*
xerodermoid xerodermaartig; Xeroderma…
xerogram Xerogramm *n*
xerography Xerographie *f*, Xeroradiographie *f*
xeroma Bindehauttrockenheit *f*, Augenbindehautaustrocknung *f*
xeromammogram Xeromammogramm *n*
xeromammography Xeromammographie *f*, Xeroradiographie *f* der Brust
xeromenia Xeromenie *f (Menstruationsbeschwerden ohne Blutung)*
xeromycteria Nasenschleimhauttrockenheit *f*, Nasenschleimhautaustrocknung *f*

xerophagy Xerophagie *f (Ernährung durch getrocknete Nahrung)*
xerophthalmia *(Ophth)* Xerophthalmie *f*, Xerosis *f* conjunctivae, Xerose *f*, Hornhaut- und Bindehauteintrocknung *f*, Augendarre *f*
xerophthalmic *(Ophth)* xerophthalmisch; Xerophthalmie…
xerophthalmus Xerophthalmus *m*, Xerophthalmos *m*
xeroradiogram Xeroradiogramm *n*
xeroradiograph Xeroradiogramm *n*
xeroradiography Xeroradiographie *f*, Röntgenphotographie *f*, Röntgenfotografie *f*
xerorhinia *s.* xeromycteria
xerosalgia Xerosalgie *f*, Austrocknungsschmerz *m*
xerosialography Xerosialographie *f*
xerosis *s.* 1. xerophthalmia; 2. xerodermia
xerostomia Xerostomie *f*, Mundtrockenheit *f*, Mund(höhlen)austrocknung *f*
xerotic xerotisch, trocken, eingetrocknet; Xerose…
xerotocia Partus *m* siccus, Geburt *f* nach vorzeitigem Fruchtwasserabgang
xerotomography Xerotomographie *f*
xerotripsis Xerotripsis *f*
xipamide Xipamid *n (Diuretikum; Antihypertensivum)*
xiphisternal *s.* xiphosternal
xiphisternum *s.* xiphosternum
xiphocostal *(Anat)* xiphokostal; Schwertfortsatz-Rippen-…
xiphocostal ligament Ligamentum *n* costoxiphoideum
xiphodidymus *(Terat)* Xiphodidymus *m (Missgeburt)*
xiphodymus *s.* xiphodidymus
xiphodynia Xiphodynie *f*, Schwertfortsatzschmerz *m*
xiphoid 1. xiphoid, schwertartig, schwertförmig; Schwert…; 2. Xiphoid…, Schwertfortsatz…
xiphoid *s.* xiphosternum
xiphoid angle Xiphoidwinkel *m*, Schwertfortsatzwinkel *m*
xiphoid cartilage *s.* xiphosternum
xiphoid process *s.* xiphosternum
xiphoidalgia *s.* xiphodynia
xiphoiditis Xiphoiditis *f*, Schwertfortsatzentzündung *f*
xiphoomphaloischiopagus *(Terat)* Xiphoomphaloischiopagus *m (Missgeburt)*
xiphopagus *(Terat)* Xiphopagus *m*, Doppelmissgeburt *f* mit Brustbeinverschmelzung
xiphosternal *(Anat)* xiphosternal; Brustbein(körper)-Schwertfortsatz-…
xiphosternal articulation *s.* xiphosternal junction
xiphosternal joint *s.* xiphosternal junction
xiphosternal junction Synchondrosis *f* xiphosternalis
xiphosternal synchondrosis *s.* xiphosternal junction
xiphosternum Processus *m* xiphoideus (sterni), Schwertfortsatz *m*, Xiphoid *n*
xiphoumbilical *(Anat)* xiphoumbilikal; Schwertfortsatz-Nabel-…
XO syndrome XO-Syndrom *n*, Gonadendysgenesie-Syndrom *n*, Gonadendysgenesie *f*
XX-Turner phenotype XX-Turner-Phänotyp *m*
XXX syndrome XXX-Trisomie *f*, XXX-Syndrom *n*, Triple-X-Syndrom *n*
XY-Turner phenotype XY-Turner-Phänotyp *m*
XXY syndrome XXY-Trisomie *f*, XXY-Syndrom *n*, Gynäkomastie-Aspermatogenese-Syndrom *n*, Klinefelter-Syndrom *n*
xylazine Xylazin *n (Muskelrelaxans)*
xylazine hydrochloride Xylazinhydrochlorid *n*
xylene Xylen *n*, Xylol *n*, Dimethylbenzol *n*
xylenol Xylenol *n*, Dimethylphenol *n*
xylidine Xylidin *n*, Aminoxylen *n*, Aminodimethylbenzen *n*
xylitol Xylitol *n*
xylitol dehydrogenase Xylitoldehydrogenase *f*, Xylulosereduktase *f (Enzym)*
xylobiose Xylobiose *f (Disaccharid)*
xyloketose Xyloketose *f*, Xylulose *f*
xyloketosuria Xyloketosurie *f*, Xyloketoseausscheidung *f* im Urin *(bei Pentosurie)*
xylol Xylol *n*, Xylen *n*, Dimethylbenzol *n*
xylometazoline Xylometazolin *n (Vasokonstriktor)*
xylometazoline hydrochloride Xylometazolinhydrochlorid *n*
xylopyranose Xylopyranose *f*
xylose Xylose *f*, Uridindiphosphoxylose *f*, Holzzucker *m*
xylose absorption test Xyloseabsorptionstest *m*
xylose tolerance test Xylosebelastungstest *m*
xyloside Xylosid *n (Glycosid)*
xylosuria Xylosurie *f*, Xyloseausscheidung *f* im Urin
xylulose Xylulose *f*, Xyloketose *f*
xylulose 5-phosphate Xylulose-5-phosphat *n*
xylulose reductase Xylulosereduktase *f*, Xylitoldehydrogenase *f (Enzym)*
xylulosuria Xylulosurie *f*, essenzielle Pentosurie *f*
xylyl bromide Xylylbromid *n (Lakrimator)*
xyphoid *s.* xiphosternum
xyrospasm Xyrospasmus *m*, Rasiererkrampf *m*, Keirospasmus *m*
xysma Schleimfetzen *mpl*; Schleimhautfetzen *mpl (Stuhlauflagerungen)*
xyster *(Chir)* Raspatorium *n*, Raspel *f*, Knochenfeile *f*, Knochen(ab)schaber *m*, Schabeisen *n*
XYY syndrome XYY-Trisomie *f*, XYY-Syndrom *n*, Diplo-Y-Syndrom *n*

Y

Y-cartilage Y-Knorpel *m*
Y chromatin Y-Chromatin *n*
Y chromosome Y-Chromosom *n (Geschlechtschromosom)*
Y factor Pyridoxin *n*
Y fracture Y-Fraktur *f*, Y-Knochenbruch *m*, Y-Kondylenfraktur *f*
Y ligament (of Bigelow) *(Anat)* Ligamentum *n* iliofemorale
Y-linkage Y-Ständigkeit *f*, Y-Gebundenheit *f*, Gebundenheit *f* an das Y-Chromosom
Y-linked *(Gen)* an Y-Chromosomen gebunden
Y-linked hypertichosis Y-gebundene Hypertrichose *f*
Y-linked inheritance Y-gebundene Vererbung *f*, Vererbung *f* über das Y-Chromosom
Y-piece Y-Stück *n*, Y-Konnektor *m*, y-förmiges Verbindungsstück *n* [Abzweigstück *n*] *(z. B. bei Schlauchsystemen)*
Y-plasty Y-Plastik *f*
Y-set Y-Besteck *n*
Y-shaped incision y-förmige Inzision *f*
Y-type infusion pathway Y-Infusionssystem *n*; Y-Stück *n*
yaba (pox) virus Yabapoxvirus *n*
yaw Frambösie-Papel *f*, Frambösiom *n*; Frambösie-Geschwür *n*
yawey 1. an Frambösie leidend [erkrankt]; 2. Frambösie…
yawey *(Trop)* Frambösiekranke(r) *m*

yawn *v* 1. gähnen; 2. klaffen
yawning 1. Gähnen *n*; 2. Klaffen *n*
yawning anus klaffender After *m*; Afterklaffen *n* *(z. B. bei Ruhr)*
yaws *s.* framboesia
yeast Hefe *f*, Hefepilz *m*
yeast septicaemia Hefepilzseptikämie *f*
yellow cartilage gelber Knorpel *m*, elastischer Knorpel *m*
yellow blindness Gelbblindheit *f*, Axanthopsie *f*
yellow body Gelbkörper *m*, Corpus *n* luteum *(Zusammensetzungen siehe unter: luteal corpus)*
yellow body persistence Gelbkörperpersistenz *f*
yellow bone marrow gelbes Knochenmark *n*, Fettmark *n*, Medulla *f* ossium flava
yellow cross *s.* yperite
yellow enzyme *(Bioch)* gelbes Ferment *n*, Flavinenzym *n*, Flavoproteid *n*
yellow fat disease Gelbfettkrankheit *f*, Gelbfetterkrankung *f*
yellow fever *(Trop)* Gelbfieber *n*, Febris *f* biliosa, Schwarzes Erbrechen *n*
yellow fever vaccination Gelbfiebervakzination *f*, Gelbfieberimpfung *f*
yellow fever vaccine Gelbfiebervakzine *f*, Gelbfieberimpfstoff *m*
yellow fever virus Gelbfiebervirus *n*
yellow fibre elastische Faser *f* [Bindegewebsfaser *f*]
yellow-green sputum grün-gelbliches Sputum *n*
yellow hepatization *(Path)* gelbe Hepatisation *f* *(bei Lungenentzündung)*
yellow jack 1. *s.* yellow fever; 2. Quarantänefahne *f*
yellow jacket venom Wespengift *n*; Hornissengift *n*
yellow marrow *s.* yellow bone marrow
yellow nail syndrome Syndrom *n* der gelben Nägel, Skleronychiesyndrom *n*
yellow pigment of the macula *(Ophth)* Makulagelb *n*
yellow spot Macula *f* lutea, gelber Fleck *m* der Netzhaut *(Stelle des schärfsten Sehens)*
yellow spot of the retina *s.* yellow spot
yellowish gelblich
yersinia Yersinia *f*, Yersinie *f*
yersinia arthritis Yersinia-Arthritis *f*, Gelenkentzündung *f* infolge Yersinia-Infektion
yersinia enterocolitis Yersinia-Enterocolitis *f*, Dünn- und Dickdarmentzündung *f* durch Yersinia enterocolitica
Yersinia enterocolitica *(Bakt)* Yersinia *f* enterocolitica *(Erreger fieberhafter Enterokolitiden)*
Yersinia frederiksenii Yersinia *f* frederiksenii
Yersinia intermedia *(Bakt)* Yersinia *f* intermedia
Yersinia kristensenii Yersinia *f* kristensenii
Yersinia pestis Yersinia *f* pestis, Pasteurella *f* pestis, Pesterreger *m*
Yersinia pseudotuberculosis *(Bakt)* Yersinia *f* pseudotuberculosis
yersiniosis Yersiniose *f*, Yersiniainfektion *f*, Yersinia-Krankheit *f*
yin-yang Yin-Yang *n*
yin-yang concept Yin-Yang-Konzept *n*
yin-yang hypothesis of biological control Yin-Yang-Hypothese *f* der biologischen Kontrolle
yoga Yoga *n*
yogurt Joghurt *m*, Yoghurt *m*
yoghurt *s.* yogurt
yohimbine Yohimbin *n*, Methyl[17α-hydroxy-3α,15α,20β-yohimban-16α-carboxylat] *n* *(Alkaloid)*
yoke Jugum *n*; Joch *n*
yoke-bone Jochbein *n*, Os *n* zygomaticum, Zygoma *n* *(Zusammensetzungen siehe unter: zygomatic)*
yolk Dotter *n*, Eidotter *n*
yolk sac *(Embr)* Dottersack *m*, Saccus *m* vitellinus [omphaloentericus], Nabelbläschen *n*
yolk-sac culture *(Bakt)* Dottersackkultur *f*
yolk-sac entoderm *(Embr)* Dottersackentoderm *n*
yolk-sac tumour Dottersacktumor *m*
yolk sphere *s.* morula
yolk stalk *(Embr)* Dottergang *m*, Ductus *m* omphaloentericus
Yoshida tumour *(Path)* Yoshida-Tumor *m*, Yoshida-Sarkom *n*
young female syndrome *s.* Takayasu's arteritis
young monocyte *(Hämat)* Promonozyt *m*
Young's operation 1. Urethrarekonstruktion *f*; 2. perineale Prostatektomie *f*
yperite Yperit *n*, Lost *n*, Senfgas *n*, Dichlordiethylsulfid *n* *(hautschädigender Kampfstoff)*
ypsiliform y-förmig, hypsiloid
ytterbium Ytterbium *n*, Yb
ytterbium 169 Ytterbium-Isotop 169 *n*, Ytterbium-169 *n*, ^{169}Yb
yttrium Yttrium *n*, Y
yttrium 90 Yttrium-Isotop 90 *n*, Yttrium-90 *n*, ^{90}Y

Z

Z flap *(Chir, Transp)* Z-Lappen *m*
Z-plastic relaxing operation *s.* Z-plasty
Z-plasty *(Chir)* Z-Plastik *f*, Z-Lappenplastik *f*
Z stitch *(Chir)* Z-Naht *f*
Zahorsky's disease Exanthema *n* subitum, Roseola *f* infantum
zalcitabine Zalcitabin *n* *(Virostatikum)*
Zang's space Fossa *f* supraclavicularis minor
zeatin Zeatin *n*, 6-(*trans*-4-Hydroxy-3-methyl-2-butenylamino)purin *n*, Maisfaktor *m* *(Zytokin)*
zeaxanthin Zeaxanthin *n*, Zeaxanthol *n*, β,β-Caroten-3 3′-diol *n* *(Karotin)*
zeaxanthol *s.* zeaxanthin
zein Zein *n* *(Prolamin)*
zeism *s.* pellagra
zeismus *s.* pellagra
Zeis's glands Zeis'sche Drüsen *fpl*, Zeis-Drüsen *fpl*, Wimpernbalgdrüsen *fpl*
Zellweger syndrome Zellweger-Syndrom *n*, zerebrohepatorenales Syndrom *n*
zelophobia Zelophobie *f*
zelotypia Zelotypie *f*
Zenker's degeneration *(Path)* Zenker'sche Muskeldegeneration *f* [wachsige Entartung *f*]
Zenker's diverticulum *(Anat)* Zenker'sches Divertikel *n*, Zenker-Divertikel *n*, zervikales Ösophagusdivertikel *n*, Ösophagus(pulsions)divertikel *n*
Zenker's necrosis *s.* Zenker's degeneration
Zenker's pouch *s.* Zenker's diverticulum
Zenker's solution Zenker'sche Lösung *f*
zenkerism *s.* Zenker's degeneration
zeolite Zeolit *n* *(Ionenaustauscher zur Wasserenthärtung)*
zero Zero *n*, Null *f*, Nullpunkt *m*, Gefrierpunkt *m* *(einer Temperaturskala)*

zero fluid balance ausgeglichener Flüssigkeitshaushalt *m*
zidovudine Zidovudin *n*, Azidothymidin *n (Virostatikum)*
Ziehen-Oppenheim disease Ziehen-Oppenheim-Krankheit *f*, Dystonia *f* musculorum deformans
Ziehl-Neelsen stain *(Lab)* Ziehl-Neelsen'sche Tuberkelbazillenfärbung *f*, Ziehl-Neelsen-Färbung *f*
Ziehl-Neelsen stain for tubercle bacilli *s.* Ziehl-Neelsen stain
Ziehl-Neelsen staining procedure *s.* Ziehl-Neelsen stain
Ziehl-Neelsen staining technique *s.* Ziehl-Neelsen stain
Zieve's syndrome Zieve-Syndrom *n*
ZiFT *s.* zygote intrafallopian transfer
zinc Zink *n*, Zn
zinc-65 Zink-Isotop 65 *n*, Zink-65 *n*, ^{65}Zn
zinc acetate Zinkacetat *n (Emetikum, Styptikum)*
zinc caprylate Zinkcaprylat *n (Antimykotikum)*
zinc chills *(Arb)* Zinkfieber *n*
zinc chloride Zinkchlorid *n (Kaustikum)*
zinc deficiency Zinkmangel *m*
zinc gelatin Zinkleim *m*
zinc gelatinous bandage *(Chir)* Zinkleimverband *m*
zinc iodide Zinkjodid *n (Antiseptikum)*
zinc mercuric-oxide pacemaker battery Zink-Quecksilberoxid-Schrittmacherbatterie *f*
zinc ointment Zinksalbe *f (Dermatikum)*
zinc oxide Zinkoxid *n (Dermatikum)*
zinc permanganate Zinkpermanganat *n (Antiseptikum)*
zinc peroxide Zinkperoxid *n*, Zinksuperoxid *n*
zinc phenolsulphonate Zinkphenolsulfonat *n*, Zinksulfocarbolat *n (Antiseptikum)*
zinc phosphide Zinkphosphid *n*
zinc poisoning Zinkintoxikation *f*, Zinkvergiftung *f*
zinc salt Zinksalz *f*
zinc salt poisoning Zinksalzvergiftung *f*
zinc stearate Zinkstearat *n (Dermatikum)*
zinc sulphate Zinksulfat *n*
zinc sulphate turbidity test *(Lab)* Zinksulfattrübungstest *m (Leberfunktionsprobe)*
zinc sulphocarbolate *s.* zinc phenolsulphonate
zinc superoxide *s.* zinc peroxide
zinc white *s.* zinc oxide
zincalism *(Arb)* (chronische) Zinkvergiftung *f*
zinciferous zinkhaltig, Zink enthaltend
zincoid zinkartig; Zink…
Zinn's central artery *(Anat)* Zinn'sche Zentralarterie *f*, Arteria *f* centralis retinae
Zinn's circle *(Anat)* Zinn'scher Gefäßkranz *m*, Circulus *m* arteriosus nervi optici
Zinn's zonule *(Anat)* Zinn'sche Zone *f*, Zonula *f* ciliaris [Zinni], Linsenaufhängeband *n*
Zinsser-Cole-Engman syndrome Dyskeratosis *f* congenita
zirconium Zirconium *n*, Zr
zirconium granuloma Ziconiumgranulom *n*
zirconium oxide Zirkoniumoxid *n*
zoacanthosis Zo(o)akanthose *f*, Dermatitis *f* durch Tierhaare
zoanthropic *(Neur)* zooanthropisch; Zooanthropie…
zoanthropy *(Neur)* Zo(o)anthropie *f (Wahnvorstellung der Tierverwandlung)*
zoetic Lebens…
zoite Sporozoit *m*
Zollinger-Ellison syndrome *(Endokr, Gastr)* Zollinger-Ellison-Syndrom *n (Magengeschwürbildung bei gastrinbildendem Tumor)*
zolmitriptan Zolmitriptan *n (Migränemittel)*
zolpidem tartrate Zolpidemtartrat *n (Sedativum)*
zona 1. Zone *f*, (umschriebener) Bezirk *m*; Areal *n*, Gebiet *n*; Region *f*, Gürtel *m*; 2. *s.* zoster
zona intermedia Zona *f* [Pars *f*] intermedia, Zwischenzone *f* der Hypophyse *f*, Hypophysenzwischenlappen *m*
zonaesthesia Zonästhesie *f*, Gürtelgefühl *n*, Gürtelschmerz *m*
zonal gürtelförmig; Gürtel…
zonary *s.* zonal
zone *s.* zona 1.
zone therapy *(Bal)* Reflexzonentherapie *f*, Reflexzonenbehandlung *f*
zonesthesia *s.* zonaesthesia
zoniform red plane lichen *(Derm)* linearer Lichen *m* ruber planus
zonifugal aus einem Gebiet heraus, zonifugal *(z. B. bei Tastsinnprüfung)*
zonipetal in ein Gebiet hinein, zonipetal *(z. B. bei Tastsinnprüfung)*
zonula *s.* zonule
zonular zonular; Zonula…
zonular cataract *(Ophth)* Schichtstar *m*, Cataracta *f* zonularis
zonular fibres *(Anat)* Zonulafasern *fpl*, Fibrae *fpl* zonulares
zonule Zonula *f*, kleiner Bezirk *m*; kleiner Gürtel *m*
zonule of Zinn *s.* Zinn's zonule
zonulitis *(Ophth)* Zonulitis *f*, Entzündung *f* der Zonula ciliaris
zonulolysis Zonulolyse *f*, Auflösung *f* der Zonula ciliaris, Barraquer-Methode *f*
zonulotomy *(Ophth)* Zonulotomie *f*, Durchtrennung *f* der Zonula ciliaris, (operative) Linsenaufhängebanddurchtrennung *f*
zonulysis *s.* zonulolysis
zooagglutinin Zooagglutinin *n (Erythrozyten agglutinierendes tierisches Toxin)*
zooanthroponosis Zooanthroponose *f*
zoobiology Zoobiologie *f*
zooblast Zooblast *m*
zoochemistry Zoochemie *f*
zoochrome Zoochrom *n*, Tierpigment *n*
zoodermic zooderm(al); Tierhaut…
zoodynamic zoodynamisch, tierphysiologisch; Tierphysiologie…
zoodynamics Tierphysiologie *f*
zooerastia Zooerastie *f*, Zoophilia *f* erotica, geschlechtliche Unzucht *f* mit Tieren
zooflagellate Zooflagellat *m*
zoogenesis Tierentwicklung *f*
zoogenous 1. von Tieren stammend; von Tieren erworben; 2. lebend gebärend
zoogeography Zoogeographie *f*
zoogloea Zoogloea *f (Interzellularsubstanz in Bakterienkolonien)*
zoogloeic Zoogloea…
zoogeny *s.* zoogenesis
zoogonous lebend gebärend
zoogony Lebendgebären *n*
zoograft Zoograft *n*, tierisches Transplantat *n*
zoografting Transplantation *f* von tierischem Gewebe
zoohormone Tierhormon *n*, tierisches Hormon *n*
zoolagnia Zoolagnie *f*
zoolite Zoolith *m*, versteinertes Tier *n*
zoolith *s.* zoolite
zoologist Zoologe *m*
zoology Zoologie *f*
zoomania Zoomanie *f*, krankhafte Tierliebe *f*
zoomaniac Zoomane *m*, krankhaft Tierliebende(r) *m*

Zoon's balanitis Balanitis *f* circumscripta plasmacellularis
zoonerythrin Zoonerythrin *n*, Crustaceorubin *n*
zoonosal dermal leishmaniasis *(Trop)* Zoonosenhaut-leishmaniasis *f*
zoonosis Zoonose *f*, Tierkrankheit *f (auf den Menschen übertragbar)*
zoonotic zoonotisch; von Tieren auf den Menschen übertragbar; Zoonose..., Zoonosen..., Tierkrankheits...
zooparasite Zooparasit *m*, Tierparasit *m*
zooparasitic zooparasitisch; Zooparasiten..., Tierparasiten...
zoopathology Tierpathologie *f*
zooperal tierexperimentell; Tierexperiment...
zoopery tierexperientelles Arbeiten *n*, Experimentieren *n* an Tieren
zoophagous zoophag, fleischessend
zoophile zoophil, tierliebend
zoophilia Zoophilie *f*, Tierliebe *f*, Tierzuneigung *f*
zoophilic *s.* zoophile
zoophilism Zoophilie *f*, Tierliebe *f*
zoophilous *s.* zoophile
zoophobia Zoophobie *f*, Tierfurcht *f*, Tierabneigung *f*
zoophysiology Tierphysiologie *f*
zooplastic graft *s.* zoograft
zooplasty Zooplastik *f*, Tiertransplantatverpflanzung *f*
zooprecipitin Zoopräzipitin *n*
zooprophylaxis Zooprophylaxe *f*
zoopsia *(Neur)* Zoopsie *f*, Tiersehen *n*, Tierhalluzination *n (Wahnvorstellung)*
zoopsychology Zoopsychologie *f*, Tierpsychologie *f*
zoosadism Tierquälerei *f*
zoosperm *s.* 1. sperm; 2. zoospore
zoospermia Zoospermie *f*, Vorhandensein *n* von Samenfäden im Ejakulat
zoosporangium Zoosporangium *n*
zoospore Zoospore *f*, Schwärmzelle *f*, Schwärmspore *f*
zoosteroid tierisches Steroid *n*
zoosterol tierisches Sterol *n*
zootic tierisch; Tier...
zootoxin Zootoxin *n*, Tiergift *n*, tierisches Gift *n* [Toxin *n*]
zootrophic zootroph(isch), Tiere ernährend; Tiernahrungs...
zorbamycin Zorbamycin *n (Antibiotikum)*
zorubicin Zorubicin *n (Antineoplastikum)*
zorubicin hydrochloride Zorubicinhydrochlorid *n*
zoster *(Derm)* Zoster *m*, Herpes *m* zoster, Gürtelrose *f*
zoster immune globulin Zoster-Immunglobulin *n*
zosteriform zosterartig, zosterähnlich, gürtelrosenförmig
zosteroid *s.* zosteriform
zuckerguss liver *(Path)* Zuckergussleber *f*; Perihepatitis *f* chronica hyperplastica
zuckerguss spleen *(Path)* Zuckergussmilz *f*; Perisplenitis *f* chronica hyperplastica
Zuckerkandl's bodies Corpora *npl* paraaortica
Zuckerkandl's convolution *(Anat)* Gyrus *m* paraterminalis
Zuckerkandl's operation Zuckerkandl'sche Operation *f*, Zuckerkandl-Operation *f*, perineale Prostatektomie *f*
zuclomiphene Zuclomiphen *n*, Transclomiphen *n*
Zumbusch's psoriasis Psoriasis *f* pustulosa generalisata
zwitter hypothesis Zwitter-Hypothese *f*
zwitterion Zwitterion *n*, dipolares Ion *n*, bipolares Ion *n*
zwitterionic Zwitterion(en)...
zygal jochförmig; Joch...
zygapophyseal Wirbel(körper)gelenkfortsatz...
zygapophysial *s.* zygapophyseal
zygapophysis Wirbel(körper)gelenkfortsatz *m*
zygion Zygion *n (anthropologischer Messpunkt)*
zygocyte *s.* zygote
zygodactyly Zygodaktylie *f*
zygogenesis Zygotenbildung *f*
zygoma *s.* zygomatic bone
zygomatic zygomatisch; Jochbein...; Jochbogen...
zygomatic arch Arcus *m* zygomaticus, Jochbogen *m*
zygomatic bone Zygoma *n*, Os *n* zygomaticum, Jochbein *n*, Jochbogen *m*
zygomatic fossa Fossa *f* infratemporalis, Unterschläfengrube *f*
zygomatic fracture Jochbeinfraktur *f*
zygomatic head Musculus *m* zygomaticus minor, Musculus *m* quadratus labii superioris
zygomatic margin Margo *m* zygomaticus alae majoris
zygomatic muscle Musculus *m* zygomaticus, Jochbeinmuskel *m*
zygomatic nerve Nervus *m* zygomaticus
zygomatic process Processus *m* zygomaticus, Jochbeinfortsatz *m*
zygomatic process of the frontal bone Processus *m* zygomaticus ossis frontalis
zygomatic process of the maxilla Processus *m* zygomaticus maxillae
zygomatic process of the temporal bone Processus *m* zygomaticus ossis temporalis
zygomatic region Regio *f* zygomatica, Jochbeinregion *f*
zygomaticitis Zygomatizitis *f*, Jochbogenentzündung *f*
zygomatico-orbital *(Anat)* zygomatikoorbital; Jochbein-Augenhöhlen-...
zygomatico-orbital artery Arteria *f* zygomaticoorbitalis, Jochbein-Augenhöhlen-Arterie *f*
zygomaticoauricular *(Anat)* zygomatikoaurikulär; Jochbein-Ohr-..., Jochbein-Ohrmuschel-...
zygomaticoauricular (muscle) *(Anat)* Musculus *m* auricularis anterior
zygomaticofacial *(Anat)* zygomatikofazial; Jochbein-Gesichts-...
zygomaticofrontal *(Anat)* zygomatikofrontal; Jochbein-Stirn(bein)-...
zygomaticofrontal suture Sutura *f* zygomaticofrontalis, Jochbein-Stirnbein-Naht *f*
zygomaticomaxillary *(Anat)* zygomatikomaxillär; Jochbein-Oberkiefer-...
zygomaticomaxillary point *s.* zygomaxillare
zygomaticomaxillary suture Sutura *f* zygomaticomaxillaris, Jochbein-Oberkiefer-Naht *f*
zygomaticosphenoid *(Anat)* zygomatikosphenoidal; Jochbein-Keilbein-...
zygomaticotemporal *(Anat)* zygomatikotemporal; Jochbein-Schläfen(bein)-...
zygomaticotemporal suture Sutura *f* temporozygomatica (zygomatico-temporalis)
zygomaticus (muscle) *s.* zygomatic muscle
zygomaticus major (muscle)
zygomaticus minor (muscle)
zygomatitis Zygomatitis *f*, Jochbeinentzündung *f*
zygomaxillare Zygomaxillare *n (anthropologischer Messpunkt)*
zygomaxillary *s.* zygomaticomaxillary
Zygomycetes Zygomycetes *pl*, Zygomyzeten *mpl*, Jochpilze *mpl*
zygomycosis Zygomykose *f*, Zygomyzeteninfektion *f*, Jochpilzbefall *m*, Mucormycosis *f*, Phycomycosis *f*, Phycomycetosis *f*
zygonema Zygonema *n*
zygopodium Zygopodium *n*
zygosis Zygosis *f*, Zygose *f*
zygosperm *s.* zygospore

zygosphere Zygosphere *f*, Zygosphäre *f*
zygospore Zygospore *f*, Jochpilzspore *f*
zygote *(Embr)* Zygote *f*, befruchtete Eizelle *f*
zygote intrafallopian transfer intratubarer Zygotentransfer *m*, ZiFT, Zygoteneinführung *f* in die Eileiter
zygotic zygotisch; Zygoten...
zygotoblast Zygotoblast *m*, Sporoblast *m*
zygotomere Zygotomer *n*, Sporoblast *m*
zymase Zymase *f (Enzym)*
zyme *s.* enzyme
zymochemistry Zymochemie *f*, Fermentationschemie *f*
zymogen Zymogen *n*, Proenzym *n*, Proferment *n*, inaktive Enzymvorstufe *f*
zymogen granule Zymogenkörnchen *n*, Prosekretkörnchen *n (z. B. in der Bauchspeicheldrüse)*
zymogenesis Zymogenese *f*, Enzymtransformation *f*, Enzymaktivierung *f (aus Proenzym)*
zymogenic zymogen, zymotisch, fermentierend, Gärung bewirkend
zymogenic cell Hauptzelle *f*
zymogenous *s.* zymogenic
zymogram Zymogramm *n*
zymohexase Zymohexase *f*, Aldolase *f (Enzym, spaltet Harden-Young-Ester)*
zymohexose Zymohexose *f (sechswertiger Zucker)*
zymohydrolysis enzymatische Hydrolyse *f*
zymologic *s.* zymological
zymological zymologisch
zymologist Enzymologe *m*, Enzymspezialist *m*
zymology Zymologie *f*, Enzymologie *f*, Fermentationslehre *f*, Gärungslehre *f*
zymolysis Zymolyse *f*, Fermentation *f*
zymolytic Zymolyse..., Fermentations...
Zymomonas mobilis Zymomonas *f* mobilis
zymophore zymophore Gruppe *f (aktiver Enzymabschnitt)*
zymophoric zymophor
zymophorous *s.* zymophoric
zymoplastic enzymbildend, fermentbildend
zymoprotein Enzymprotein *n*, Fermenteiweiß *n*
zymorphous *s.* zymorphic
zymosan Zymosan *n (Glucosepolymer)*
zymoscope Zymoskop *n (Fermentationsmessgerät)*
zymosis 1. Gärung *f*, Fermentation *f*; 2. Infektionskrankheit *f*
zymosterol Zymosterol *n*, 5α-Cholesta-8,24-dien-3β-ol *n (Cholesterinzwischenprodukt)*
zymosthenic enzymbeschleunigend
zymotic 1. zymotisch, fermentativ, gärend; 2. ansteckend, epidemisch; Infektions...
zyxin Zyxin *n (Zytoplasmaprotein)*

Appendices
Anhänge

Contents / Inhalt

Measures of Length / Längenmaße

Centimeters Zentimeter	Meters Meter	Kilometers Kilometer	Miles Meilen	Yards	Feet Fuß	Inches Zoll
1	0.01			0.0109	0.03281	0.3937
2.54	0.0254			0.0278	0.0833	1
30.48	0.3048			0.333	1	12
10^2	1	0.001	0.0006213	1.0936	3.2808	39.37
91.44	0.9144	0.009	0.0005681	1	3	36
10^5	10^3	1	0.6215	1093.6121	3280.8	
	1609.0	1.609	1	1760.0	5280.0	

Measures of Weight / Gewichte

Grains	Drams	Ounces	Pounds	Milligrams Milligramm	Grams Gramm	Kilograms Kilogramm
1	0.0366	0.0023	0.00014	64.8	0.0648	0.000065
27.34	1	0.0625	0.0039		1.772	0.001772
437.5	16	1	0.0625		28.350	0.028350
7000	256	16	1		453.5924	0.453592
0.0154				1	0.001	
15.4324	0.5648	0.0353	0.002205	1000	1	0.001
15432.358	564.32	35.27	2.2046		1000	1

Apothecaries' weights / Apothekergewichte

Grains	Drams	Ounces	Pounds	Milligrams Milligramm	Grams Gramm	Kilograms Kilogramm
1	0.0167	0.0021	0.00017	64.8	0.0648	0.000065
20	0.333	0.042	0.0035		1.296	0.001296
60	1	0.125	0.0104		3.888	0.000389
480	8	1	0.0833		31.103	0.031103
5760	96	12	1		373.2418	0.373242
0.0154				1	0.001	
15.4324	0.2576	0.0322	0.0027	1000	1	0.001
15432.358	257.2	32.15	2.6792		1000	1

Measures of capacity / Hohlmaße

Fluid Drams	Fluid Ounces	Pints	Quarts	Gallons	Liters Liter	Milliliters Milliliter
0.0166	0.002	0.00013			0.0006	0.06161
1	0.125	0.0078	0.0039		0.0037	3.6967
8	1	0.0625	0.0312	0.0078	0.0296	29.5737
128	16	1	0.5	0.125	0.4732	473.166
256	32	2	1	0.25	0.9464	946.358
1024	128	8	4	1	3.7854	3785.434
270.52	33.8418	2.1134	1.0567	0.2642	1	1000
0.2705	0.0338	0.00212	0.00106	0.000265	0.001	1

Body mass index

$$\text{BMI} = \frac{\text{Weight (kg)}}{\text{Height (m}^2\text{)}}$$

BMI

19–25 – Appropriate weight (19–34 years)
21–27 – Appropriate weight (>35 years)
27,5–30 – Mild obesity
30–40 – Moderate obesity
>40 – Morbid obesity

Men: 22–24
Women: 21–22

Körper-Gewichts-Index

$$\text{BMI} = \frac{\text{Gewicht (kg)}}{\text{Körpergröße (m}^2\text{)}}$$

Normalgewicht (19–34 Jahre)
Normalgewicht (>35 Jahre)
Mildes Übergewicht
Mäßiges Übergewicht
Krankhafte Fettsucht

Männer: 22–24
Frauen: 21–22

Temperatures in degrees Celsius and degrees Fahrenheit
Temperaturen in Grad Celsius und Grad Fahrenheit

To convert Celsius to Fahrenheit: multiply by 9, divide by 5 and add 32.
Umrechnung von Celsius in Fahrenheit: multipliziere mit 9, dividiere durch 5 und addiere 32.

To convert Fahrenheit to Celsius: subtract 32, multiply by 5 and divide by 9.
Umrechnung von Fahrenheit in Celsius: subtrahiere 32, multipliziere mit 5 und dividiere durch 9.

°C	°F	°C	°F	°C	°F	°C	°F
0	32,0	25	77,0	51	123,8	76	168,8
1	33,8	26	78,8	52	125,6	77	170,6
2	35,6	27	80,6	53	127,4	78	172,4
3	37,4	28	82,4	54	129,2	79	174,2
4	39,2	29	84,2	55	131,0	80	176,0
5	41,0	30	86,0	56	132,8	81	177,8
6	42,8	31	87,8	57	134,6	82	179,6
7	44,6	32	89,6	58	136,4	83	181,4
8	46,4	33	91,4	59	138,2	84	183,2
9	48,2	34	93,2	60	140,0	85	185,0
10	50,0	36	96,8	61	141,8	86	186,8
11	51,8	37	98,6	62	143,6	87	188,6
12	53,6	38	100,4	63	145,4	88	190,4
13	55,4	39	102,2	64	147,2	89	192,2
14	57,2	40	104,0	65	149,0	90	194,0
15	59,0	41	105,8	66	150,8	91	195,8
16	60,8	42	107,6	67	152,6	92	197,6
17	62,6	43	109,4	68	154,4	93	199,4
18	65,4	44	111,2	69	156,2	94	201,2
19	66,2	45	113,0	70	158,0	95	203,0
20	68,0	46	114,8	71	159,8	96	204,8
21	69,8	47	116,6	72	161,6	97	206,6
22	71,6	48	118,4	73	163,4	98	208,4
23	73,4	49	120,2	74	165,2	99	210,2
24	75,2	50	122,0	75	167,0	100	212,0

°F	°C	°F	°C	°F	°C	°F	°C
212	100,0	171	77,2	130	54,4	89	31,6
211	99,4	170	76,6	129	53,8	88	31,0
210	98,8	169	76,1	128	53,3	87	30,5
209	98,3	168	75,5	127	52,7	86	30,0
208	97,7	167	75,0	126	52,2	85	29,4
207	97,2	166	74,4	125	51,6	80	26,6
206	96,6	165	73,8	124	51,1	75	23,8
205	96,1	164	73,3	123	50,5	70	21,1
204	95,5	163	72,7	122	50,0	65	18,3
203	95,0	162	72,2	121	49,4	60	15,5
202	94,4	161	71,6	120	48,8	55	12,7
201	93,8	160	71,1	119	48,3	50	10,0
200	93,3	159	70,5	118	47,7	49	9,4
199	92,7	158	70,0	117	47,2	48	8,8
198	92,2	157	69,4	116	46,6	47	8,3
197	91,6	156	68,8	115	46,1	46	7,7
196	91,1	155	68,3	114	45,5	45	7,2
195	90,5	154	67,7	113	45,0	44	6,6
194	90,0	153	67,2	112	44,4	43	6,1
193	89,4	152	66,6	111	43,8	42	5,5
192	88,8	151	66,1	110	43,3	41	5,0
191	88,3	150	65,5	109	42,7	40	4,4
190	87,7	149	65,0	108	42,2	39	3,8
189	87,2	148	64,4	107	41,6	38	3,3
188	86,6	147	63,8	106	41,1	37	2,7
187	86,1	146	63,3	105	40,5	36	2,2
186	85,5	145	62,7	104	40,0	35	1,6
185	85,0	144	62,2	103	39,4	34	1,1
184	84,4	143	61,6	102	38,8	33	0,5
183	83,8	142	61,1	101	38,3	32	0
182	83,3	141	60,5	100	37,7	31	−0,5
181	82,7	140	60,0	99	37,2	30	−1,1
180	82,2	139	59,4	98	36,6	25	−3,8
179	81,6	138	58,8	97	36,1	20	−6,6
178	81,1	137	58,3	96	35,5	15	−9,4
177	80,5	136	57,7	95	35,0	10	−12,2
176	80,0	135	57,2	94	34,4	5	−15,0
175	79,4	134	56,6	93	33,8	1	−17,2
174	78,8	133	56,1	92	33,3	0	−17,7
173	78,3	132	55,5	91	32,7		
172	77,7	131	55,0	90	32,2		

Laboratory reference intervals and values

Haematology (specimen: EDTA blood)

	conventional units	SI units
Erythrocyte sedimentation rate (ESR)	men: 3–8 mm (1 h) 5–18 mm (2 h) women: 6–11 mm (1 h) 6–20 mm (2 h)	
Haemoglobin (Hb)	m: 14.0–18.0 g/dL w: 12.0–16.0 g/dL	m: 8.7–11.2 mmol/L w: 7.4–9.9 mmol/L
Haematocrit (Hct)	m: 41%–53% w: 36%–46%	m: 0.41–0.53 w: 0.36–0.46
Mean corpuscular haemoglobin (MCH)	27–34 pg	0.42 – 0.48 fmol
Mean corpuscular haemoglobin concentration (MCHC)	32–36 gHb/dl RBC	4.81–5.74 mmol Hb/L RBC
Mean corpuscular volume (MCV)	80–95 μm^3	80–95 fL
Carboxyhaemoglobin (HbCO)	non smokers: 0.5–1.5% smokers: 4.0–9.0%	
Methaemoglobin (MetHb)	0.06–0.24 g/dL	9.3–37.2 μmol/L
Erythrocyte count	m: 4.5–5.9 × 10^6/μL	m: 4.5–5.9 × 10^{12}/L
Red blood cell count (RBC)	w: 4.0–5.2 × 10^6/μL	w: 4.0–5.2 × 10^{12}/L
Leucocytes	4.8–10.8 × 10^3/μL	4.8–10.8 × 10^9/L
Basophils	0%–0.75%	15–50 × 10^6/L
Eosinophils	1%–3%	50–250 × 10^6/L
Neutrophils	57%–67%	
Segmented neutrophils	54%–62%	3000–5800 × 10^6/L
Band neutrophils	3%–5%	150–400 × 10^6/L
Lymphocytes	25%–33%	1500–3000 × 10^6/L
Monocytes	3%–7%	300–500 × 10^6/L
Myelocytes	0%	0/L
Platelets	150–450 × 10^3/μL	150–450 × 10^9/L
Reticulocytes	25 000–75 000/μL 0.5%–1.5% of erythrocytes	25–75 × 10^9/L

Haemostasiology (specimen: citrated plasma)

	conventional units	SI units
Bleeding time (BT)	(no citrated blood)	4–6 min.
Coagulation time	(no citrated blood)	5–8 min.
Fibrinogen	200–400 mg/dL	5.7–11.7 μmol/L
Activated partial thromboplastin time (APTT)	30–40 sec.	30–40 sec.
Prothrombin time	18–22 sec.	18–22 sec.
International normalized ratio (INR)		0.9–1.15

Blood gases (specimen: arterial blood with heparin)

	conventional units	SI units
pH	7.35–7.45	7.35–7.45
pCO_2	35–45 mm Hg	4.7–6.0 kPa
pO_2	83–100 mm Hg	11.0–14.0 kPa
Base excess (BE)	–3 to +3 mEq/L	–3 to +3 mmol/L
Bicarbonate	22–26 mEq/L	22–26 mmol/L
O_2 saturation	95–100%	95–100%

Clinical Chemistry (specimen: serum)

	conventional units	SI units
Alkaline phosphatase (AP)	m: 53–128 U/L w: 42–98 U/L	m: 53–128 U/L w: 42–98 U/L
Alanine aminotransferase LT; SGPT)	5–35 U/L	5–35 U/L
Aspartate aminotransferase (AST; SGOT)	5–40 U/L	5–40 U/L
Amylase	56–190 IU/L	25–125 U/L
Angiotensin converting enzyme (ACE)	23–57 U/L	23–57 U/L
Cholinesterase (CE)	0.5–1.3 pH units	0.5–1.3 pH units
Creatine kinase (CK)	m: 60–320 U/L w: 50–200 U/L	m: 60–320 U/L w: 50–200 U/L
Creatine kinase MB isoenzyme CK-MB)	0–5 ng/mL	0–5 µg/L
Gamma-glutamyl transpeptidase (GGPT; γ-GT)	m: 8–38 U/L w: 5–27 U/L	m: 9–50 U/L w: 8–40 U/L
Lactic dehydrogenase (LDH)	90–200 U/L	0.4–1.7 µmol/L
Lipase	23–208 U/L	23–208 U/L
Acid phosphatase	<3.0 ng/mL	m: 2.5–11.7 U/L w: 0.3–9.2 U/L
Glucose	70–115 mg/dL	3.89–6.38 mmol/L
Glucose tolerance test (GTT)	1 h: <200 mg/dL 2 h: <140 mg/dL	1 h: 6.7–11.1 mmol/L 2 h: 3.9–7.8 mmol/L
Triglycerides	40–150 mg/dL	0.4–1.5 mmol/L
Cholesterol	150–250 mg/dL	3.9–6.5 mmol/L
HDL-Cholesterol	m: >29 mg/dL w: >35 mg/dL	m: >0.75 mmol/L w: >0.91 mmol/L
LDL-Cholesterol	<130 mg/dL	<3.37 mmol/L
Bilirubin (total)	0.1–1.0 mg/dL	5.1–17.0 µmol/L
Bilirubin (conjugated)	0.1–0.3 mg/dL	1.7–5.1 µmol/L
Bilirubin (unconjugated)	0.2–0.8 mg/dL	3.4–12.0 µmol/L
Ammonia	15–110 µg/dL	47–65 µmol/L
Uric acid	m: 2.1–8.5 mg/dL w: 2.0–6.6 mg/dL	m: 0.15–0.48 mmol/L w: 0.09–0.36 mmol/L
Calcium	9.0–10.5 mg/dL	2.25–2.75 mmol/L
Chloride (Cl)	98–112 mEq/L	98–112 mmol/L
Blood urea nitrogen (BUN)	5–20 mg/dL	3.6–7.1 mmol/L
Sodium (Na)	135–145 mEq/L	135–145 mmol/L
Potassium (K)	3.5–5.0 mEq/L	3.5–5.0 mmol/L
Creatinine	0.7–1.5 mg/dL	44–106 µmol/L
Creatinine clearance	95–125 ml/min.	0.87–1.34 mL/s/m²
Osmolabity	275–300 mOsm/kg	275–300 mOsm/kg
Phosphorus (P)	2.6–4.5 mg/dL	0.84–1.45 mmol/L
Iron (Fe)	m: 65–175 µg/dL w: 50–170 µg/dL	13–31 µmol/L 9.0–30.4 µmol/L

	conventional units	SI units
Iron-binding capacity (TIBC)	250–450 µg/dL	44.8–80 6 µmol/L
Ferritin	20–250 ng/mL	20–250 ng/mL
Transferrin	200–400 mg/dL	2.0–4.0 g/L
Protein (total)	6.4–8.4 g/dL	64–84 g/L
Protein (liquor)	15–40 mg/dL	150–400 mg/L
Albumin	3.9–5.1 g/dL	39–51 g/L
α1-Globulin	0.2–0.4 g/dL	2–4 g/L
α2-Globulin	0.5–0.9 g/ dL	5–9 g/L
β-Globulin	0.6–1.1 g/dL	6–11 g/L
γ-Globulin	0.7–1.7 g/dL	7–17 g/L
Immunoglobulins:		
Ig A	69–382 mg/dL	0.69–3.82 g/L
Ig E	0–380 IU/mL	0–380 IU/mL
Ig G	723–1685 mg/dL	7.23–16.85 g/L
Ig M	63–277 mg/dL	0.63–2.77 g/L
C-Peptide	0.78–1.89 ng/mL	0.26–0.62 nmol/L
C-reactive protein (CRP)	<6 µg/mL	68–8200 µg/L
Ceruloplasmin	18–45 mg/dL	180–450 mg/L
Carcinoembryonic antigen (CEA)	<2.5 µg/L	2.5–10 µg/L
α_1 Fetoprotein (AFT)	<10 ng/mL	<10 µg/L
Prostate – specific antigen (PSA)	<4 ng/mL	<4 µg/L
Thyroxine (T_4)	4–11 µg/dL	65–155 nmol/L
Thyroxine, free (FT_4)	0.8–2.4 ng/dL	10–31 pmol/L
Triiodothyronine (T_3)	100–200 ng/dL	1.54–3.08 nmol/L
Copper (Cu)	70–140 µg/dL	11.0–24.3 µmol/L
Zinc	70–150 µg/L	10.7–22.9 µmol/L
Vitamin B_{12}	100–700 pg/L	74–516 pmol/L

Cerebrospinal fluid

Osmolality	306 mmol/kg
pH	7.33–7.37
Pressure	60–180 mm of water
specific gravity	1.0062–1.0082
Volume	100–160 mL
Calcium	1–1.5 mmol/L
Chloride	120–130 mmol/L
Glucose	2.5–4.5 mmol/L
Lactate dehydrogenase	0.2–4 IU/mL
Protein – lumbar	150–500 mg/L
– ventricular	0–150 mg/L
Albumin/Globulin ratio	2 : 1
Albumin	100–300 mg/L
Globulin	60–160 mg/L
Urea	2–7 mmol/L

Urine

	conventional units	SI units
Glomerular filtration rate	100–150 ml/min.	
Osmolality	100–1000 mmol/kg	
pH	4.5–8.0	
specific gravity	1.010–1.025	
Volume	800–2000 ml/24 hours	

	conventional units	SI units
Calcium	100–300 mg/24 h	2.5–7.5 mmol/24 h
Creatine	0–100 mg/24 h	0–763 µmol/24 h
Creatinine	1–2 g/24 h	8–18 mmol/24 h
Oxalate	15–40 mg/24 h	167–444 µmol/24 h
Phosphate, inorganic	0.5–1.5 g/24 h	16–48 µmol/24 h
Potassium	<100 mg/24 h	
Urea	10–30 g/24 h	167–500 mmol/24 h
Uric acid	0.2–0.5 g/24 h	1.2–3 mmol/24 h

Clearance values

Aminohippuric acid (PAH) clearance	600–700 ml/min.
Creatinine clearance	95–135 ml/min.
Inulin clearance	100–150 ml/min.
Urea clearance	41–65 ml/min.

Referenzbereiche der Labordiagnostik

Hämatologie (Probenmaterial: EDTA-Blut)

	Konventionelle Einheiten	SI-Einheiten
Blutkörperchen-Senkungsgeschwindigkeit (BKS)	m: 3– 8 mm (1 h) 5–18 mm (2 h) w: 6–11 mm (1 h) 6–20 mm (2 h)	
Hämoglobin (Hb)	m: 14,0–18,0 g/dl w: 12,0–15,0 g/dl	m: 8,7–11,2 mmol/l w: 7,4–9,9 mmol/l
Hämatokrit (Hk)	m: 41–50 Vol.-% w: 36–46 Vol.-%	m: 0,41–0,53 l/l w: 0,36–0,46 l/l
Mittlerer Hämoglobingehalt der Erythrozyten (MCH)	27–34 pg	1,67–2,1 mmol/l
Mittlerer Hämoglobingehalt der Einzelerythrozyten (MCHC)	30–36 gHb/dl Erythrozyten	19–22 mmol Hb/l Erythrozyten
Mittleres Erythrozytenvolumen (MCV)	80–94 µm³	80–94 fl
CO-Hämoglobin	Nichtraucher <1,2% Raucher <8,2%	
Meth-Hämoglobin	Nichtraucher <0,8% Raucher <2,7%	
Erythrozytenzahl	m: 4,5–5,9 × 10^6/µl w: 4,0–5,2 × 10^6/µl	m: 4,5–5,9 × 10^{12}/l w: 4,0–5,2 × 10^{12}/l
Leukozytenzahl	4,0–10,0 × 10^3/µl	4,0–10,0 G/l
Granulozyten, basophile	0–0,75%	0–0,0075 n/n Leuko
Granulozyten, eosinophile	1–3%	0,01–0,03 n/n Leuko
Granulozyten, neutrophile	57–67%	0,57–0,67 n/n Leuko
Granulozyten, segmentkernige	54–62%	0,54–0,62 n/n Leuko
Granulozyten, stabkernige	3–5%	0,03–0,05 n/n Leuko
Lymphozyten	25–33%	0,25–0,33 n/n Leuko
Monozyten	3–7%	0,03–0,07 n/n Leuko

	Konventionelle Einheiten	SI-Einheiten
Myelozyten	0%	
Thrombozyten	150–350 × 10^3/µl	150–350 × 10^9/l
Retikulozyten	m: 0,8–2,5% w: 0,8–4,1%	m: 0,008–0,025 n/n Ery w: 0,008–0,041 n/n Ery

Hämostaseologie (Probenmaterial: Zitratplasma)

	Konventionelle Einheiten	SI-Einheiten
Blutungszeit (kein Zitratplasma)		4–6 min.
Gerinnungszeit (kein Zitratplasma)		5–8 min.
Fibrinogen	200–400 mg/dl	5,88–11,76 µmol/l
Partielle Thromboplastinzeit (PTT)	23–35 sec.	23–35 sec.
Plasmathrombinzeit (PTZ)	14–21 sec.	14–21 sec.
Thromboplastinzeit (Quick-Test)	70–130%	
Prothrombinratio (INR)		0,9–1,15
Reptilasezeit	<20 sec.	
Antithrombin (AT III)	75–120%	75–120%

Blutgase (Probenmaterial: arterielles Blut mit Heparin)

	Konventionelle Einheiten	SI-Einheiten
pH	7,35–7,45	7,35–7,45
pCO_2	35–45 mm Hg	4,67–6,00 kPa
pO_2	65–100 mm Hg	8,66–13,3 kPa
Basenabweichung (BA; BE)	–3 bis +3 mmol/l	–3 bis +3 mmol/l
Standard-Bikarbonat	22 bis 26 mmol/l	22 bis 26 mmol/l
Sauerstoffsättigung	95–100%	95–100%

Klinische Chemie (Probenmaterial: Serum)

	Konventionelle Einheiten	SI-Einheiten
Alkalische Phosphalase (AP)	65–220 U/l	65–220 U/l
Alanin-Amino-Transferase (ALAT) = Glutamat-Pyrovat-Transaminase (GPT)	<20 U/l	<20 U/l
Aspartat-Amino-Transferase (ASAT) = Glutamat-Oxalazetat-Transaminase (GOT)	<15 U/l	<15 U/l
Alpha-Amylase	70–300 U/l	70–300 U/l
Angiotensin-Converting-Enzym (ACE)	12,6–28,5 U/l	12,6–28,5 U/l
Cholinesterase (CHE)	3000–8000 U/l	3000–8000 U/l
Creatinkinase (CK)	bis 80 U/l	bis 80 U/l
Creatinkinase-Isoenzym MB (CK-MB)	<10 U/l max. 6% der Gesamt-CK	<10 U/l max. 6% der Gesamt-CK
Gamma-Glutamyl-Transferase (γ-GT)	m: 6–28 U/l w: 4–18 U/l	m: 6–28 U/l w: 4–18 U/l

	Konventionelle Einheiten	SI-Einheiten
Glutamat-Dehydrogenase (GLDH)	m: <8 U/l w: <3 U/l	m: <7 U/l w: <5 U/l
Laktat-Dehydrogenase (LDH)	140–290 U/l	0,4–1,7 µmol/l
Lipase	30–180 U/l	30–180 U/l
saure Phosphalase	<11 U/l	<11 U/l
Glukose	70–100 mg /dl	3,89–5,55 mmol/l
Glukose-Toleranztest (oGGT) (75 g Glukose oral)	1 h: 200 mg/dl 2 h: 140 mg/dl	1 h: 11,1 mmol/l 2 h: 7,8 mmol/l
Triglyzeride	50–150 mg/dl	0,55–1,7 mmol/l
Cholesterin gesamt	120–200 mg/dl	3,1–5,2 mmol/l
HDL-Cholesterin	35–55 mg/dl	>1,3 mmol/l
LDL-Cholesterin	70–190 mg /dl	<3,87 mmol/l
Bilirubin, gesamt	0,2–1,0 mg/dl	3,4–18,8 µmol/l
Bilirubin, konjugiert	0–0,2 mg/dl	0–3,4 µmol/l
Bilirubin, unkonjugiert	0,2–0,8 mg/dl	3,4–13,7 µmol/l
Ammoniak	m: 19–80 µg/dl w: 25–94 µg/dl	m: 11–48 µmol/l w: 15–55 µmol/l
Harnsäure	m: 3,0–7,0 mg /dl w: 2,35–5,7 mg/dl	m: 180–420 µmol/l w: 140–340 µmol/l
Calcium	9,2–10,5 mg/dl	2,3–2,63 mmol/l
Chlorid	98–112 mmol/l	98–112 mmol/l
Harnstoff	11–55 mg/dl	1,8–9,2 mmol/l
Harnstoff-N	4,7–24 mg/dl	1,7–8,6 mmol/l
Natrium	135–145 mmol/l	135–145 mmol/l
Kalium	3,5–5,0 mmol/l	3,5–5,0 mmol/l
Kreatinin	0,7–1,5 mg/dl	44–106 µmol/l
Creatinin-Clearance	80–170 ml/min	1,3–2,8 ml/s/m^2
Osmolalität	280–300 mosm/kg	280–300 mosm/kg
Phosphat	0,87–1,67 mmol/l	0,87–1,67 mmol/l
Eisen	m: 80–150 µg/dl w: 60–140 µg/dl	m: 14,3–26,9 µmol/l w: 10,7–25,1 µmol/l
Eisenbindungskapazität	250–410 µg/dl	46–78 µmol/l
Ferritin	30–200 µg/l	30–200 nmol/l
Transferrin	2,3–4,4 g/l	2,3–4,4 g/l
Gesamteiweiß	6,0–8,4 g/dl	60–84 g/l
Eiweiß im Liquor	20–30 mg/dl	200–300 mg/l
Albumin	3,5–5,0 g/dl	35–50 g/l
Globuline:		
α_1-Globuline	2–5%	1–4 g/l
α_2-Globuline	7–10%	5–9 g/l
β-Globuline	9–12%	6–11 g/l
γ-Globuline	12–20%	8–15 g/l
Immunglobuline:		
Ig A	90–450 mg/dl	0,9–4,5 g/l
Ig E	<100 U/ml	<240 µg/l
Ig G	800–1800 mg/dl	8–18 g/l
Ig M	60–280 mg/dl	0,6–2,8 g/l
C-Peptid	1,1–3,6 µg/l	0,37–1,2 nmol/l
C-reaktives Protein (CRP)	<0,5 mg/dl	<0,005 g/l
Coeruloplasmin	15–60 mg/dl	0,94–3,75 µmol/l
Prostata – spezifisches Antigen (PSA)	<4 ng/ml	<4 µg/l
Carcinoembryonales Antigen (CEA)	2,5–10 µg/l	2,5–10 µg/l
α_1-Fetoprotein	<10 ng/ml	<10 µg/l
Thyroxin (T_4)	4,5–10,5 µg/dl	60–140 nmol/l

	Konventionelle Einheiten	SI-Einheiten
Thyroxin, freies (FT_4)	1,0–2,3 ng/dl	10–30 pmol/l
Triiodthyronin (T_3)	90–200 ng/dl	1,38–3,10 nmol/l
Kupfer	m: 11–22 µmol/l w: 12–24 µmol/l	m: 11–22 µmol/l w: 12–24 µmol/l
Zink	70–150 µg/l	10,7–22,9 µmol/l
Vitamin B_{12}	100–700 pg/ml	74–516 pmol/l

Liquor cerebrospinalis

Osmolalität	306 mmol/kg
pH	7,33–7,37
Druck	60–180 mm Wassersäule
spezifisches Gewicht	1,0062–1,0082
Volumen	100–160 ml
Calcium	1–1,5 mmol/l
Chlorid	120–130 mmol/l
Glukose	2,5–4,5 mmol/l
Laktatdehydrogenase	0,2–4 IU/ml
Protein – lumbal	150–500 mg/l
– Ventrikel	0–150 mg/l
Albumin-Globulin-Quotient	2 : 1
Albumin	100–300 mg/l
Globulin	60–160 mg/l
Harnstoff	2–7 mmol/l

Urin

	Konventionelle Einheiten	SI Einheiten
Glomeruläre Filtrationsrate	100–150 ml/min.	
Osmolalität	100–1000 mmol/kg	
pH	4,5–8,0	
spezifisches Gewicht	1,010–1,025	
Volumen	800–2000 ml/24 h	
Calcium	100–300 mg/24 h	2,5–7,5 mmol/24 h
Creatin	0–100 mg/24 h	0–763 µmol/24 h
Creatinin	1–2 g/24 h	8–18 mmol/24 h
Oxalat	15–40 mg/24 h	167–444 µmol/24 h
Phosphat, anorganisches	0,5–1,5 g/24 h	16–48 µmol/24 h
Kalium	1,4–3,5 g/24 h	35–90 mmol/24 h
Eiweiß	<100 mg/24 h	
Harnstoff	10–30 g/24 h	167–500 mmol/24 h
Harnsäure	0,2–0,5 g/24 h	1,2–3 mmol/24 h

Clearance-Werte

Aminohippursäure-Clearance	600–700 ml/min.
Creatinin-Clearance	95–135 ml/min.
Inulin-Clearance	100–150 ml/min.
Harnstoff-Clearance	41–65 ml/min.

Clinical parameters

Haemodynamics

AP = arterial pressure	100–140/70–90 mm Hg
MAP = Mean arterial pressure = $\frac{2(DBP) + SBP}{3}$	70–100 mm Hg
PAP = Pulmonary arterial pressure	15–30/5–12 mm Hg
PAP = Pulmonary mean arterial pressure	9–16 mm Hg
PCWP = Pulmonary capillary wedge pressure	5 –12 mm Hg
RVP = Right ventricular pressure	15–30/0–8 mm Hg
LVEDP = Left ventricular enddiastolic pressure	3–12 mm Hg
LVP = Left ventricular pressure	100–140 mm Hg
CVP = Central venous pressure	2–8 mm Hg
CO =Cardiac output	5–6 L/min.
CI = Cardiac index (cardiac output / m^2 body surface)	2.8–4.2 L/min.
EF = Ejection fraction (stroke volume / enddiastolic volume)	60–65%
EDV = Enddiastolic volume	150 mL
SV = Stroke volume (CO/HR)	60–80 mL/beat
SI = Stroke volume index (SV/m^2 body surface)	40–50 mL/m^2/beat
SVR = Systemic vascular resistance $\frac{MAP - CVP}{CO} \times 80$	900–1400 dynes/sec./cm^{-5}
PVR = Pulmonary vascular resistance $\frac{PAP - PAWP}{CO} \times 80$	100–250 dynes/sec./cm^{-5}

Ventilation

MV = Minute ventilation	5–6 L/min.
VC = Vital capacity	4.5 L
V_T =Tidal volume	500–700 mL
V_D = Respiratory dead space	150 mL
TLC = Total lung capacity	6 L
RV = Residual volume	1.2–1.5 L
FRC = Functional residual capacity	3 L
IRV = Inspiratory reserve volume	2.5 L
ERV = Expiratory reserve volume	1.5 L
RF = Respiratory frequency (rate)	12–20 $min.^{-1}$
IF = Inspiratory force	75–100 cmH_2O
Raw = Resistance (airway)	<1.6 $cmH_2O/L \times$ sec.
C_aO_2 = Arterial oxygen content ($Hb \times S_aO_2 \times 1.34 + P_aO_2 \times 0.003$)	20 mL/100 mL
$C_{\bar{v}}O_2$ = Venous oxygen content ($Hb \times S_{\bar{v}}O_2 \times 1.34 + P_{\bar{v}}O_2 \times 0.003$)	15 mL/100 mL
$a\bar{v}DO_2$ = Arterial – mixed venous oxygen content difference (C_aO_2–$C_{\bar{v}}O_2$)	5 mL/100 mL
$\dot{V}CO_2$ = CO_2 production	200 mL/min.
$\dot{V}O_2$ = Oxygen consumption ($Ca_{\bar{v}} \times CO$)	200–250 mL/min.
RQ = Resporatory quotient ($\dot{V}CO_2/\dot{V}O_2$)	0.8–1.0
$\dot{V}O_2$ = Oxygen delivery ($C_aO_2 \times CO$)	1000 mL/min.

p_aO_2 = partial pressure of oxygen	70–95 mm Hg
p_aCO_2 = partial pressure of carbon dioxide	40 mm Hg
F_iO_2 = Fraction of inspired oxygen (21%/100%)	0.21/1.0
S_aO_2 = arterial oxygen saturation	95–100%
$S_{\bar{v}}O_2$ = mixed venous oxygen saturation	70–75%

Klinische Parameter

Hämodynamik

AP = arterieller Druck	100–140/70–90 mm Hg
MAP = arterieller Mitteldruck	70–100 mm Hg
PAP = pulmonalarterieller Druck	15–30/5–12 mm Hg
PAMP = pulmonalarteieller Mitteldruck	9–16 mm Hg
PCWP = pulmonalkapillärer Verschlussdruck	5–12 mm Hg
RVP = rechtsventrikulärer Druck	15–30/0–8 mm Hg
LVEDP = linksventrikulärer enddiastolischer Druck	3–12 mm Hg
LVP = linksventrikulärer Druck	100–140 mm Hg
ZVD = zentralvenöser Druck	2–8 mm Hg
HZV = Herzzeitvolumen (Herzminutenvolumen = HMV = CO = cardiar output)	5–6 l/min.
CI = Herzindex (cardiac output/m^2 Körperoberfläche)	2,8–4,2 l/min.
EF = Ejektionsfraktion (Austreibungsfraktion = SV/EDV)	0,6–0,65 (60–65%)
EDV = enddiastolisches Volumen	150 ml
SV = Schlagvolumen (HZV/HF)	60–70 ml/Schlag
SI = Schlagvolumenindex (SV/m^2 Körperoberfläche)	30–55 ml/Schlag/m^2
SVR = systemischer Gefäßwiderstand; $\frac{MAP - ZVD}{HZV} \times 80$	900–1400 dyn × sec. × 10^{-5}
PVR = pulmonaler Gefäßwiderstand $\frac{PAMP - PCWP}{HZV} \times 80$	150–250 dyn × sec. × 10^{-5}

Ventilation

AMV = Atemminutenvolumen ($V_T \times AF$)	5–6 l/min.
VK = Vitalkapazität	4,5 l
V_T = Atemzugvolumen	500–700 ml
V_D = Totraum	150 ml
TLC = Totale Lungenkapazität	6 l
RV = Residualvolumen	1,2–1,5 l
FRC = Funktionelle Residualkapazität	3 l
IRV = Inspiratorisches Reservevolumen	2,5 l
ERV = Expiratorisches Reservevolumen	1,5 l
AF = Atemfrequenz	12–20 $min.^{-1}$
IF = Inspirationskraft	75–100 cm H_2O
R_{aw} = Atemwegswiderstand	<1,6 cm H_2O/l × sec.
C_aO_2 = arterieller Sauerstoffgehalt	20 ml/100 ml

$(Hb \times S_aO_2 \times 1{,}36 + p_{\alpha}O_2 \times 0{,}003)$	
C_cO_2 = pulmonalkapillärer Sauerstoffgehalt	21 ml/100 ml
$(Hb \times S_cO_2 \times 1{,}36 + p_AO_2 \times 0{,}003)$	
$C_{\bar{v}}O_2$ = gemischtvenöser Sauerstoffgehalt	15 ml/100 ml
$(Hb \times S_VO_2 \times 1{,}36 + p_{\bar{v}}O_2 \times 0{,}003)$	
$a\bar{v}\ DO_2$ = arterio-gemischtvenöse Sauerstoffgehaltsdifferenz $(C_aO_2 - C_{\bar{v}}O_2)$	5 ml/100 ml
$\dot{V}CO_2$ = CO_2-Bildung	200 ml/min.
$\dot{V}O_2$ = Sauerstoffverbrauch $(a\bar{v}\ DO_2 \times HZV)$	250 ml/min.
RQ = respiratorischer Quotient $(\dot{V}CO_2/\dot{V}O_2)$	0,8 –1,0
$\dot{V}O_2$ = Sauerstoffangebot $(C_aO_2 \times HZV)$	1000 ml/min.
p_aO_2 = arterieller Sauerstoffpartialdruck	70–95 mm Hg
p_aCO_2 = arterieller Kohlendioxidpartialdruck	40 mm Hg
F_iO_2 = inspiratorische Sauerstoffkonzentration (21%/100%)	0,21/1,0
S_aO_2 = arterielle Sauerstoffsättigung	>97%
$S_{\bar{v}}O_2$ = gemischtvenöse Sauerstoffsättigung	70–75%

Drugs – therapeutic and toxic range / Medikamente – therapeutischer und toxischer Bereich

		conventional units Konventionelle Einheiten	SI-Units SI-Einheiten
Amitryptyline/	Therap.:	120–250 ng/mL	433–903 nmol/L
Amitryptylin	Toxic:	>500 ng/mL	>1805 nmol/L
Amphetamine/	Therap.:	20–30 ng/mL	148–222 nmol/L
Amphetamin	Toxic:	>200 ng/mL	>1480 nmol/L
Coffeine/	Therap.:	3–15 µg/mL	15–77 µmol/L
Coffein	Toxic:	>50 µg/mL	>258 µmol/L
Chlordiazepoxide/	Therap.:	700–1000 ng/mL	2.34–3.34 µmol/L
Chlordiazepoxid	Toxic:	>5000 ng/mL	>16.7 µmol/L
Chlorpromazine/	Therap.:	50–300 ng/mL	157–942 nmol/L
Chlorpromazin	Toxic:	>750 ng/mL	>2355 nmol/L
Cocaine/	Therap.:	100–500 ng/mL	330–1650 nmol/L
Kokain	Toxic:	>1000 ng/mL	>3300 nmol/L
Codeine/	Therap.:	10–100 ng/mL	33–334 nmol/L
Kodein	Toxic:	>200 ng/mL	>668 nmol/L
Cyclosporine/	Therap.:	100–400 ng/mL	83–333 nmol/L
Cyclosporin	Toxic:	>400 ng/mL	>333 nmol/L
Diazepam	Therap.:	100–1000 ng/mL	0.35 .3.51 µmol/L
	Toxic:	>5000 ng/mL	>17.55 µmol/L
Digitoxin	Therap.:	20–35 ng/mL	26–46 nmol/L
	Toxic:	>45 ng/mL	>59 nmol/L
Digoxin	Therap.:	0.8–1.5 ng/mL	–1.9 nmol/L
	Toxic:	>2.5 ng/mL	>3.2 nmol/L
Ephedrine/	Therap.:	0.05–0.1. µg/mL	0.30–0.61 µmol/L
Ephedrin	Toxic:	>2 µg/mL	>12.1 µmol/L
Flecainide/	Therap.:	0.2–1.0 µg/mL	0.5–2.4 µmol/L
Flecainid	Toxic:	>1.0 µg/mL	>2.4 µmol/L
Gentamicin/	Therap.:	8–10 µg/mL	16.7–20.9 µmol/L
Gentamyzin	Toxic:	>10 µg/mL	>21 µmol/L
Imipramine/	Therap.:	125–250 ng/mL	446–893 nmol/L
Imipramin	Toxic:	>500 ng/mL	>1784 nmol/L
Isoniazid	Therap.:	1–7 µg/mL	7–51 µmol/L
	Toxic:	20–710 µg/mL	146–5176 µmol/L
Lidocaine/	Therap.:	1.5–6.0 µg/mL	6.4–26 µmol/L
Lidocain	Toxic:	6–8 µg/mL	26–34.2 µmol/L
Lithium	Therap.:	0.6–1.2 mEq/L	0.6–1.2 mmol/L
	Toxic:	>2 mEq/L	>2 mmol/L
Meprobamate/	Therap.:	6–12 µg/mL	28–55 µmol/L
Meprobamat	Toxic:	>60 µg/mL	>275 µmol/L
Methadone/	Therap.:	100–400 ng/mL	0.32–1.29 µmol/L
Methadon	Toxic:	>2000 ng/mL	>6.46 µmol/L
Methyldopa	Therap.:	1–5 µg/mL	4.7–23.7 µmol/L
	Toxic:	>7 µg/mL	>33 µmol/L
Morphine/	Therap.:	10–80 ng/mL	35–280 nmol/L
Morphin	Toxic:	>200 ng/mL	>700 nmol/L
Phenacetin	Therap.:	1–30 µg/mL	6–167 µmol/L
	Toxic:	50–250 µg/mL	279–1395 µmol/L
Phenobarbital	Therap.:	15–40 µg/mL	65–170 µmol/L
	Toxic:	65–117 µg/mL	280–504 µmol/L
Phenytoin	Therap.:	10–20 µg/mL	40–79 µmol/L
	Toxic:	>20 µg/mL	>79 µmol/L

		conventional units Konventionelle Einheiten	SI-Units SI-Einheiten
Procainamide/ Procainamid	Therap.:	4–10 µg/mL	17–42 µmol/L
	Toxic:	>10 µg/mL	>42 µmol/L
Propranolol	Therap.:	50–100 ng/mL	193–386 nmol/L
Quinidine	Therap.:	2–5 µg/mL	6–15 µmol/L
	Toxic:	>6 µg/mL	>18 µmol/L
Salicylate	Therap.:	150–300 µg/mL	1086–2172 µmol/L
	Toxic:	>300 µg/mL	>2172 µmol/L
Theophylline/ Theophyllin	Therap.:	8–20 µg/mL	44 –111 mmol/L
	Toxic:	>20 µg/mL	>111 µmol/L
Thiopental	Hypnotic:	1–5 µg/mL	4.1–20.7 µmol/L
	Coma:	30–100 µg/mL	124–413 µmol/L
	Anaesthesia:	7–130 µg/mL	29–536 µmol/L
	Toxic:	>10 µg/mL	>41 µmol/L
Vancomycin	Therap.:	5–10 µg/mL	3–7 µmol/L
	Toxic:	>80–100 µg/mL	>55–69 µmol/L
Verapamil	Therap.:	100–500 ng/mL	220–1100 nmol/L
Warfarin	Therap.:	1–10 µg/mL	3–32 µmol/L

Abbreviations in prescriptions / Abkürzungen in Rezepten

ā ā	ana [partes aequales]	zu gleichen Teilen	of each
a. c.	ante cibum	vor den Mahlzeiten vor dem Essen	before meals
ad	ad	bis (auf)	(up) to
ad lib.	ad libitum	nach Belieben	freely as desired
agit. ante sum.	agitare ante	vor Gebrauch schütteln	shake before taking
alt. dieb.	alternis diebus	jeden zweiten tag	every other day
alt. hor.	alternis horis	jede zweite Stunde	alternate hours
alt. noct.	alternis noctis	jede zweite Nacht	alternate nights
aq.	aqua	Wasser	water
aq. dest.	aqua destillata	destilliertes Wasser	distilled water
b. i. d.	bis in die	zweimal täglich	two times a day
b. i. n.	bis in noctis	zweimal nachts	two times a night
c., c̄	cum	mit	with
Cap.	capiat	man nehme	let him take
caps.	capsula	Kapsel	capsule
c. m. s.	cras mane sumendus	man nehme morgen früh	to be taken tomorrow morning
c. n.	cras nocte	morgen nacht	tomorrow night
c. n. s.	cras nocte sumendus	man nehme morgen nacht	to be taken tomorrow night
comp.	compositus	man füge zusammen; zusammengesetzt	compound
Det.	detur	man gebe	let it be given
Dieb. tert.	diebus tertiis	jeden dritten Tag	every third day
dil.	dilutus	verdünne; verdünnt	dilute
elix.	elixir	Elixir	elixir
d. t. d. No. IV	dentur tales doses No. IV	man gebe vier solche Dosen	let four such doses be given
ext.	extractum	Extrakt	extract
fld.	fluidus	flüssig; Flüssigkeit	fluid
Ft.	fiat	(man) fertig an; (man) bereite zu; mache (daraus)	make
g	gramme	Gramm	gram
gr.	granum	Korn	grain
gt	gutta	ein Tropfen	a drop
gtt	guttae	Tropfen (Pl)	drops
h.	hora	Stunde	hour
h. d.	hora decubitus	zur Schlafenszeit	at bedtime
h. s.	hora somni	zum Schlafen zur Schlafenszeit	hour of sleep hour of bedtime
liq.	liquor	Lösung	solution
M.	misce	(ver)mische	mix
m.	minimum	Minimum (0,06 ml); ein Tropfen	a minim
mist.	mistura	Mixtur	mixture
noct.	nocte, noctis	nachts; in der Nacht	in the night
non rep.	non repetatur	einmalig	not to be repeated
O	octarius	Pinte (0,473 Liter)	pint
ol.	oleum	Öl	oil
o. d.	omni die	jeden Tag, täglich	every day
o. h.	omni hora	jede Stunde, stündlich	every hour

o. m.	omni mane	jeden Morgen	every morning
o. n.	omni nocte	jede Nacht	every night
os	os	Mund	mouth
oz	uncia	Unze (28,349 g)	ounce [avoir du pois]
p. c.	post cibum	nach den Mahlzeiten, nach dem Essen	after meals
per	per	durch	through; by
pil.	pilula	Pille	pill
p. o.	per os	oral, durch den Mund	orally
p. r. n.	pro re nata	bei Bedarf	when required
pulv.	pulvis	Pulver	powder
q	quaque	jede, jeder	every
q. d.	quaque die	jeden Tag, täglich	every day
q. h.	quaque hora	jede Stunde, stündlich	every hour
q. 2 h.	quaque secunda hora	jede zweite Stunde, zweistündlich	every two hours
q. 3 h.	quaque tertia hora	jede dritte Stunde, dreistündlich	every three hours
q. i. d.	quater in die	viermal täglich	four times a day
q. l.	quantum libet	nach Belieben	as much as desired
q. n.	quaque nocte	jede Nacht	every night
q. p.	quantum placeat	nach Belieben	as much as desired
q. v.	quantum vis	nach Belieben	as much as you please
q. s.	quantum sufficit	ausreichend, so viel wie nötig, in ausreichender Menge	as much as is required
quot. op. sit	quoties opus sit	so oft wie notwendig	as often as necessary
R	recipe	nimm, empfange	take
Rep.	repetatur	wiederholt, mehrmals	let it be repeated
s, s	sine	ohne	without
seq. luce.	sequenti luce	am nächsten Tag	the following day
Sig.;S	signa; signetur	beschrifte	write on label
sol.	solutio	Lösung	a solution
s. o. s.	si opus sit	wenn notwendig [nötig], bei Notwendigkeit	if necessary
sp.	spiritus	Spiritus	spirits
ss	semis	eine Hälfte, halb	a half
stat.	statim	sofort	immediately
suppos.	suppositorium	Suppositorium	a suppository
syr.	syrupus	Sirup	syrup
talis	talis	solche, gleich-artige, wie diese	such; like this
t. d. s.	ter die sumendum	dreimal täglich (einnehmen), man nehme dreimal täglich	to be taken three times daily
t. i. d.	ter in die	dreimal täglich	three times a day
t. i. n.	ter in nocte	dreimal nachts	three times a night
tr.; tinct.	tinctura	Tinktur	tincture
ung.	unguentum	Salbe	ointment
ut. dict.	ut dictum	nach Anweisung, wie angewiesen (wurde)	as as directed
vin.	vini	Wein	wine

Intravenous flow rate – Infusionsgeschwindigkeit

$$\text{Flow rate (ml/h)} = \frac{\text{Dose (mg/min)} \times \text{60 (min/hr)}}{\text{Drug concentration (mg/ml)}}$$

$$= \frac{\text{Dose (µg/kg/min)} \times \text{60 (min/hr) x Weight (kg)}}{\text{Drug concentration (µg/ml)}}$$

$$= \frac{\text{Drip rate (drops/min)} \times \text{60 (min/hr)}}{\text{60 (drops/ml)}}$$

$$\text{Drip rate (drops/min)} = \frac{\text{Volume to be infused (ml/hr)} \times \text{Drops/ml}}{\text{60 (min/hr)}}$$

$$\text{Infusionsgeschwindigkeit (ml/h)} = \frac{\text{Dosis (mg/min)} \times \text{60 (min/h)}}{\text{Medikamentenkonzentration (mg/ml)}}$$

$$= \frac{\text{Dosis (µg/kg/min)} \times \text{60 (min/h)} \times \text{Gewicht (kg)}}{\text{Medikamentenkonzentration (µg/ml)}}$$

$$= \frac{\text{Tropfgeschwindigkeit (Tropfen/min)} \times \text{60 (min/h)}}{\text{60 (Tropfen/ml)}}$$

$$\text{Tropfgeschwindigkeit (Tropfen/min)} = \frac{\text{Infusionsvolume (ml/ h)} \times \text{Tropfen/ml}}{\text{60 (min/h)}}$$

Nomogram / Nomogramm

Determination of body surface and maintenance dose of fluids (liters) and electrolytes (mEq).
Bestimmung der Körperoberfläche und des Bedarfs an Flüssigkeit (Liter) sowie Elektrolyten (mval).

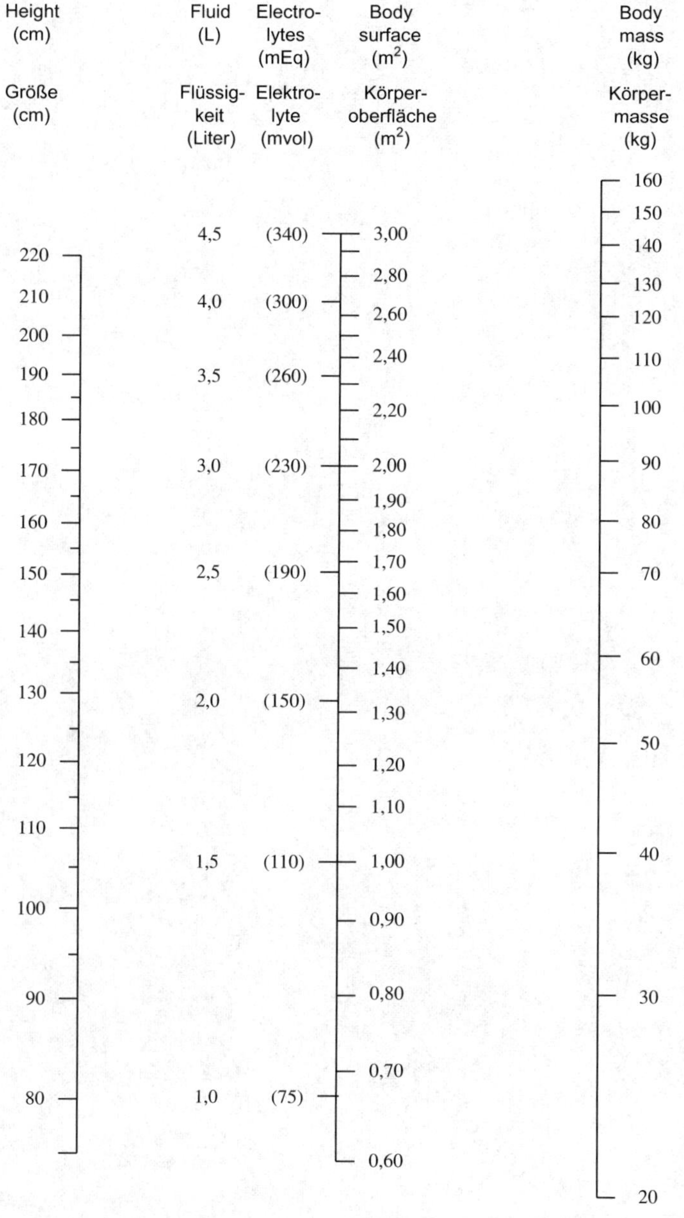

Tafel 1/Table 1

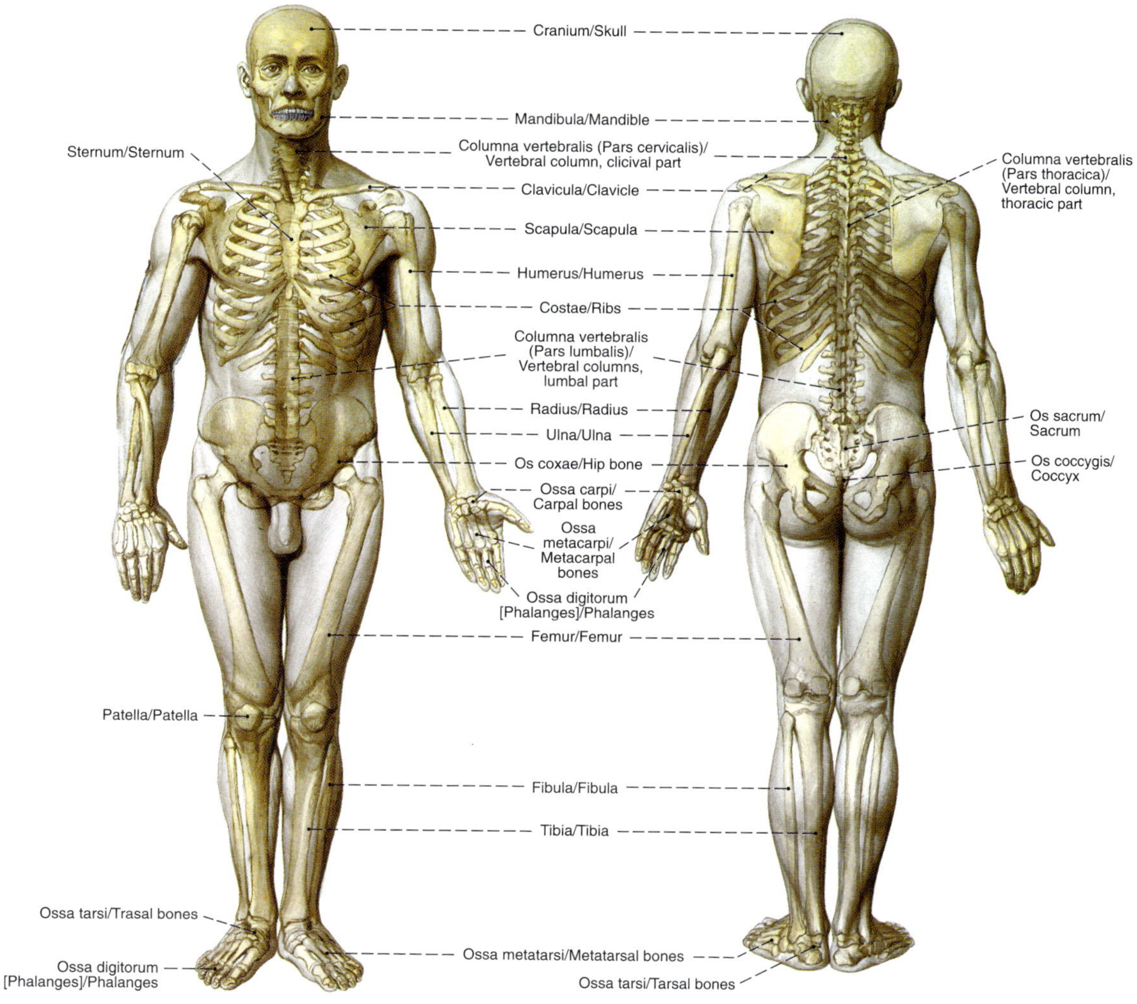

Abb. 1 Skelett, Systema skeletale; von ventral.
Fig. 1 Human skeleton; ventral view.

Abb. 2 Skelett, Systema skeletale; von dorsal.
Fig. 2 Human skeleton; dorsal view.

Tafel 2/Table 2

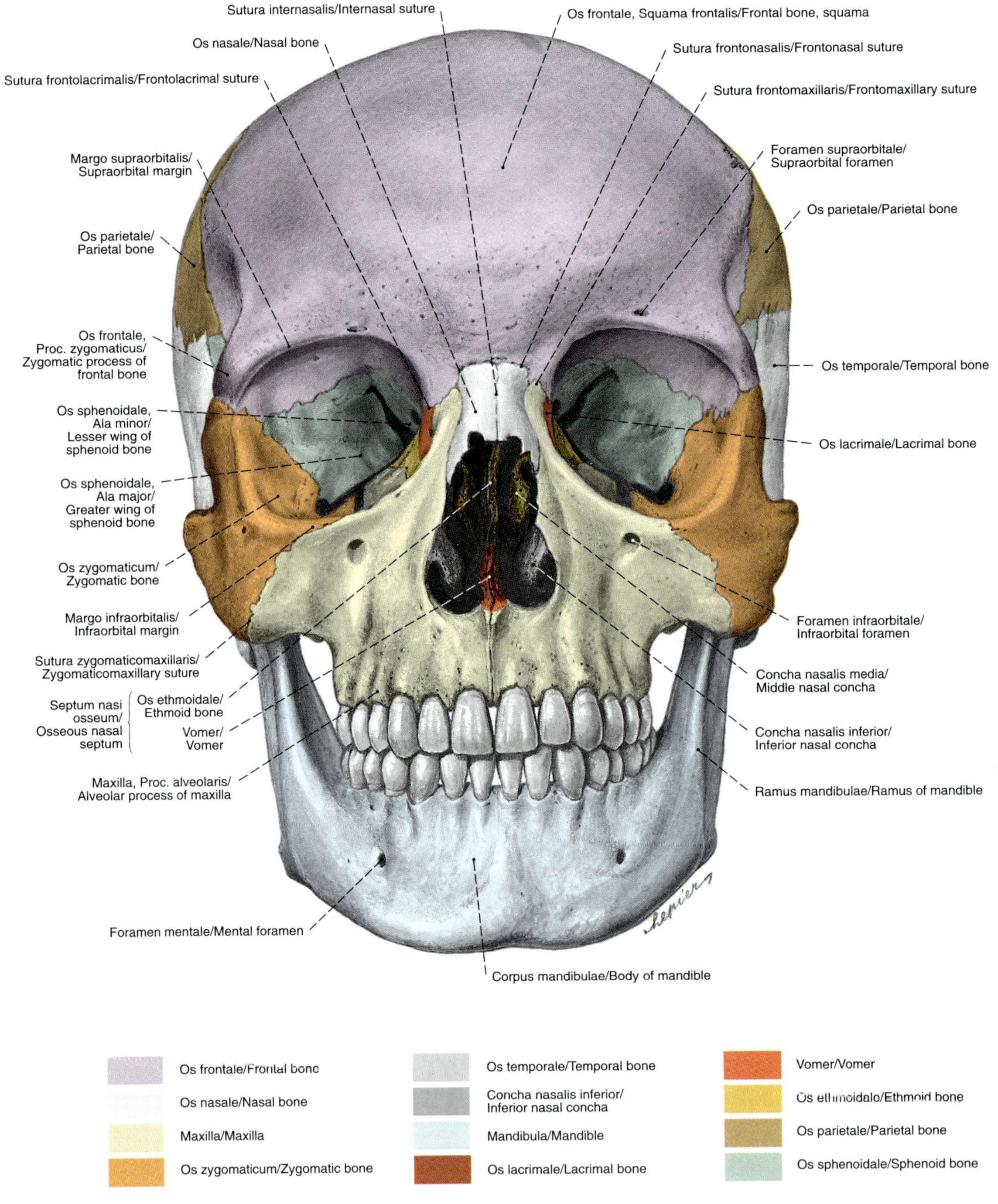

Abb. 3 Schädel, Cranium; von vorne.
Fig. 3 The skull; anterior view.

Tafel 3/Table 3

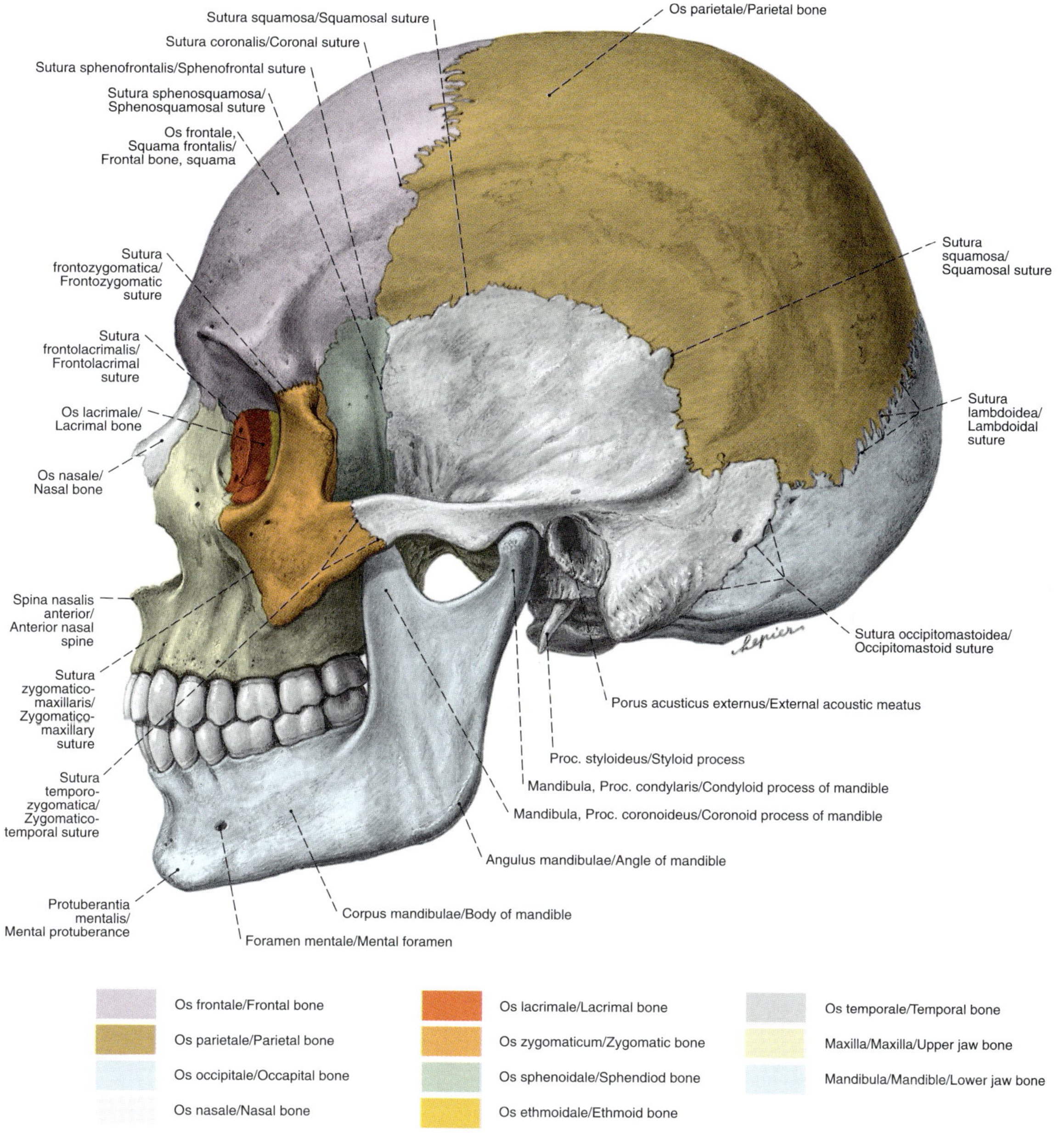

Abb. 4 Schädel, Cranium; von lateral.
Abb. 4 The skull; lateral view.

Tafel 4/Table 4

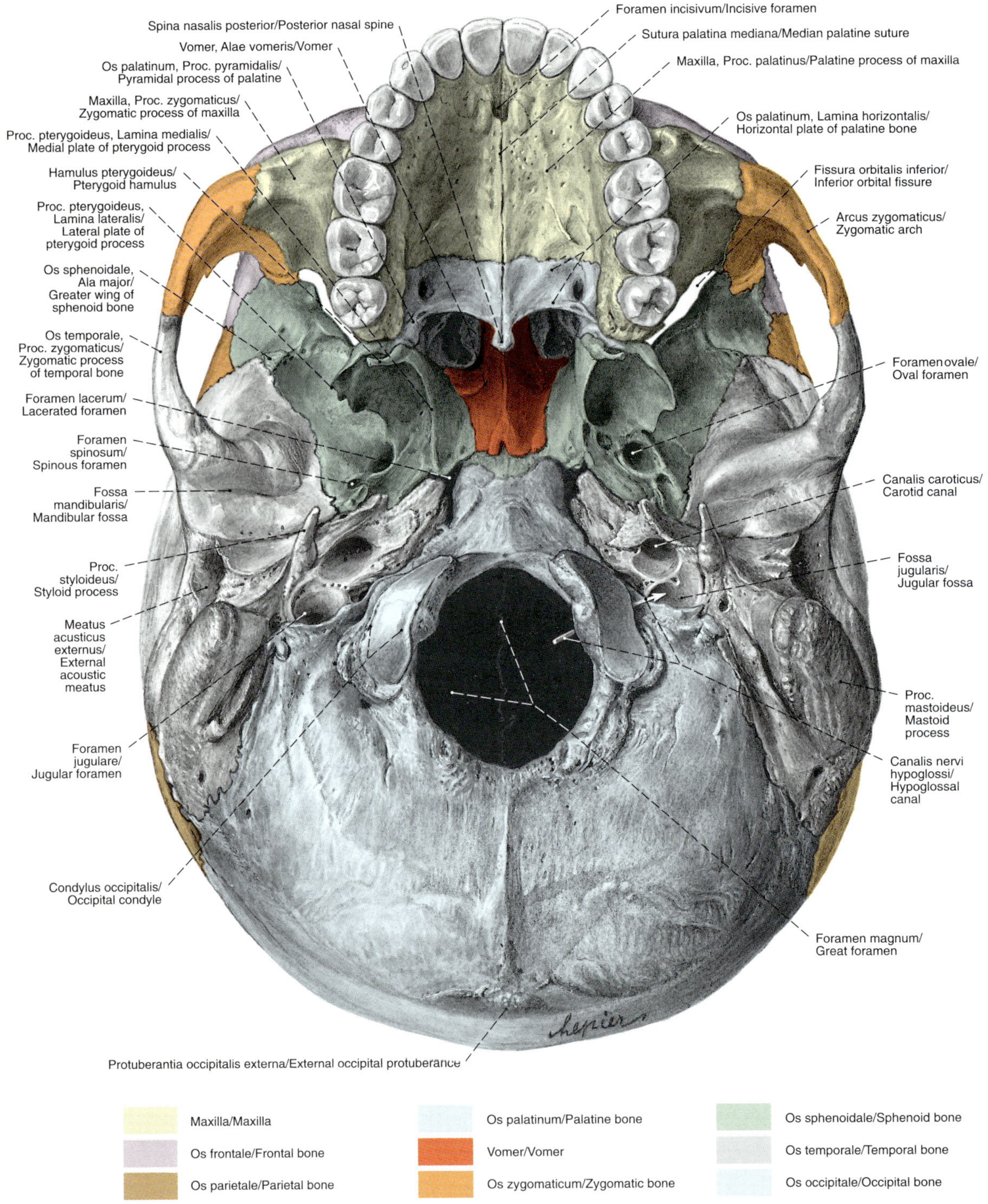

Abb. 5 Äußere Schädelbasis, Basis cranii externa; Pfeil im linken Canalis nervi hypoglossi; von unten.

Fig. 5 Exterior of the base of the skull; inferior view; The arrow is in the hypoglossal canal.

Tafel 5/Table 5

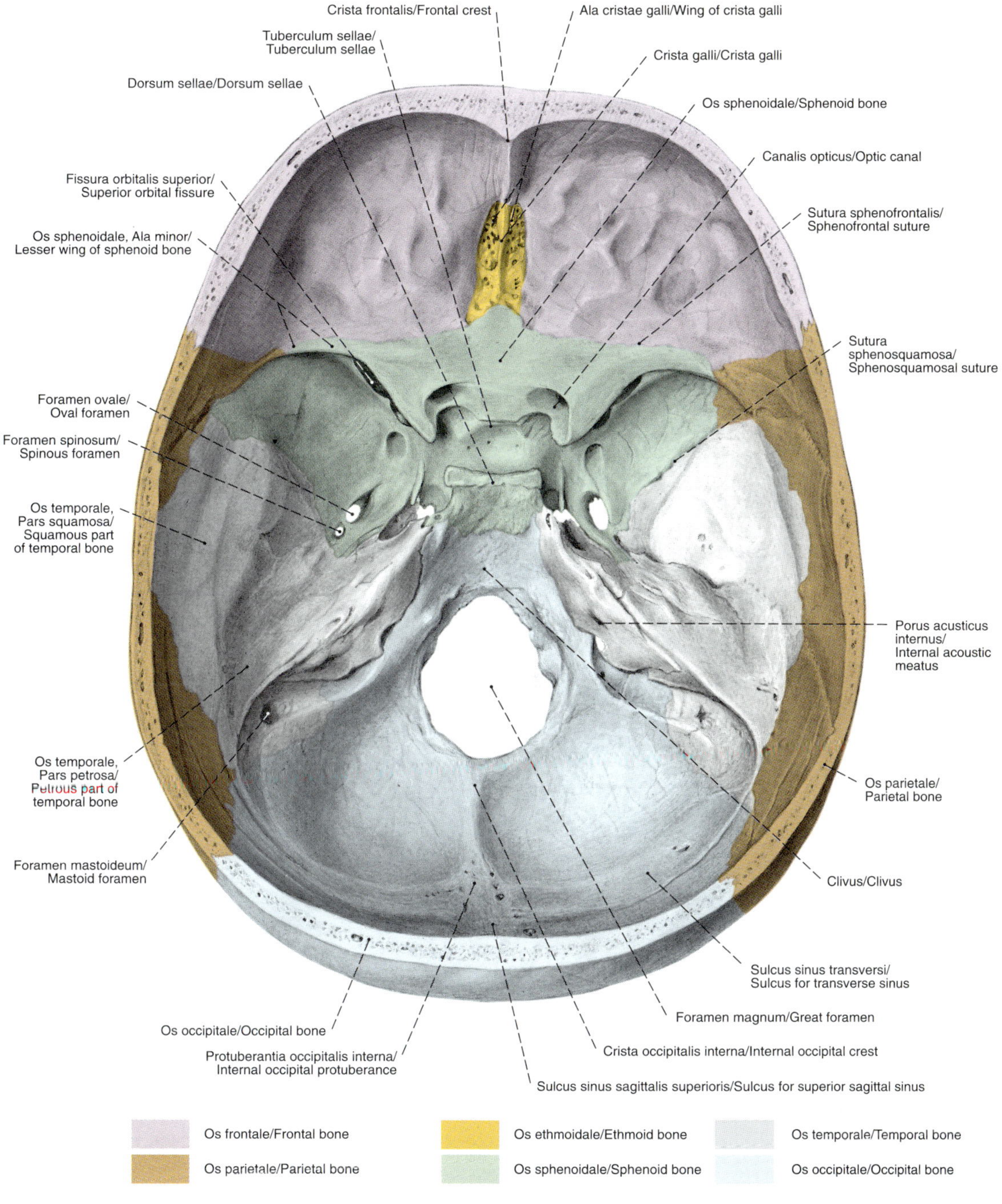

Abb. 6 Innere Schädelbasis, Basis cranii interna; von oben.

Fig. 6 Interior of the base of the skull; superior view.

Tafel 6/Table 6

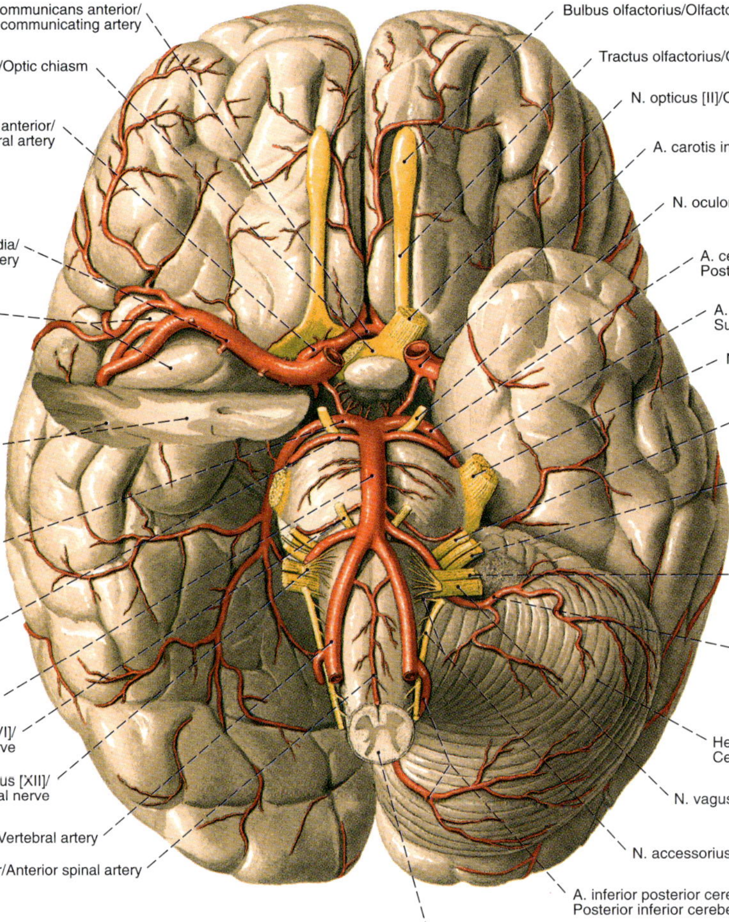

Abb. 7 Arterien des Gehirns und Hirnnerven; nach teilweiser Abtragung des Temporallappens; von unten.

Fig. 7 Arteries at the base of the brain and cranial nerves; the anterior position of the temporal lobe has been partly removed.

Tafel 7/Table 7

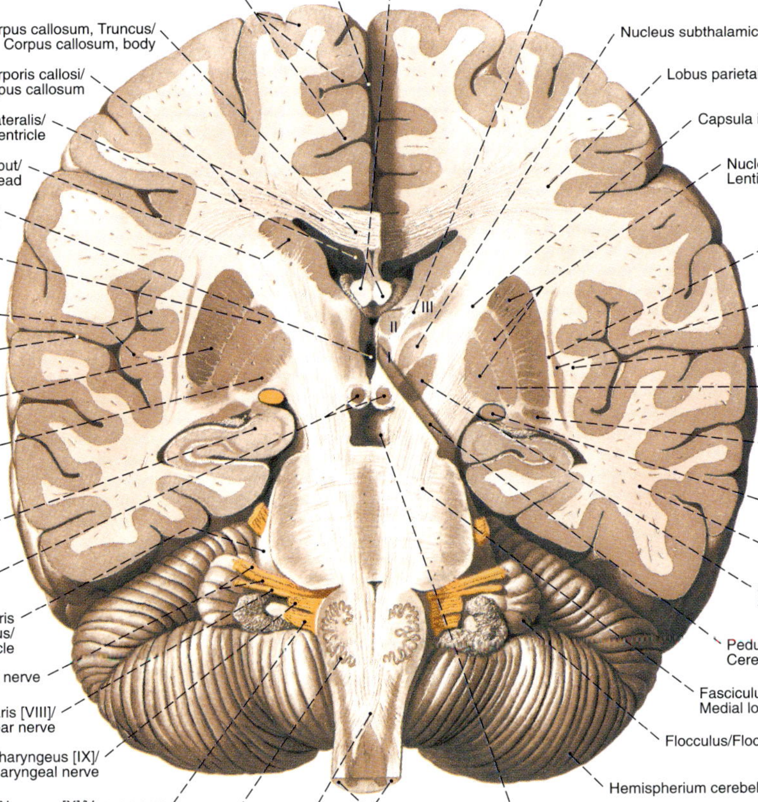

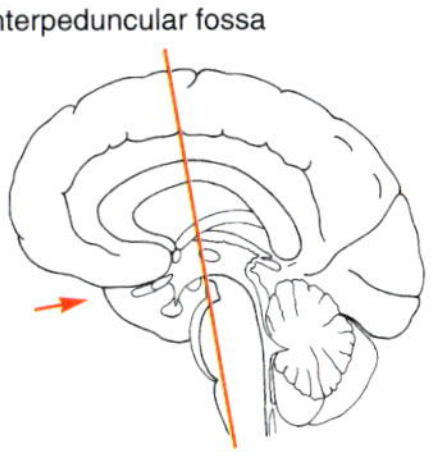

Abb. 8 Pyramidenbahn, Tractus pyramidalis, und Basalganglien, Nuclei basales;
schräger Stufenschnitt durch den hinteren Schenkel der inneren Kapsel, die Großhirnstiele und das verlängerte Mark; von vorne.

Fig. 8 Pyramidal tract and basal nuclei.
Section through the brain parallel to the cerebral peduncles, viewed from anterior.

I–III = Thalamuskerne, Nuclei thalami/Thalamic nuclei:
I = Nuclei mediani/medial nuclei
II = Nuclei anteriores/anterior nuclei
III = Nuclei ventrales/ventral nuclei

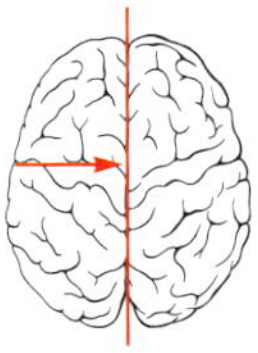

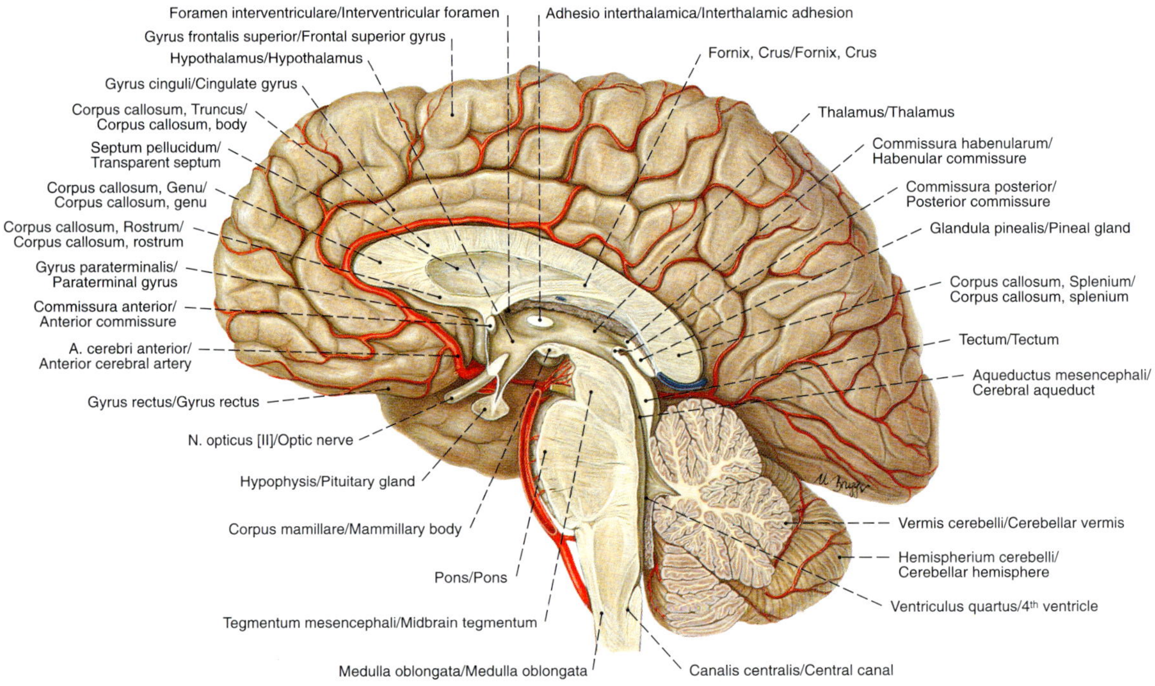

Abb. 9 Gehirn, Encephalon; Medianschnitt; von links.

Fig. 9 Midsagittal section through the brain. Medial aspect of the right half of the brain.

Tafel 9/Table 9

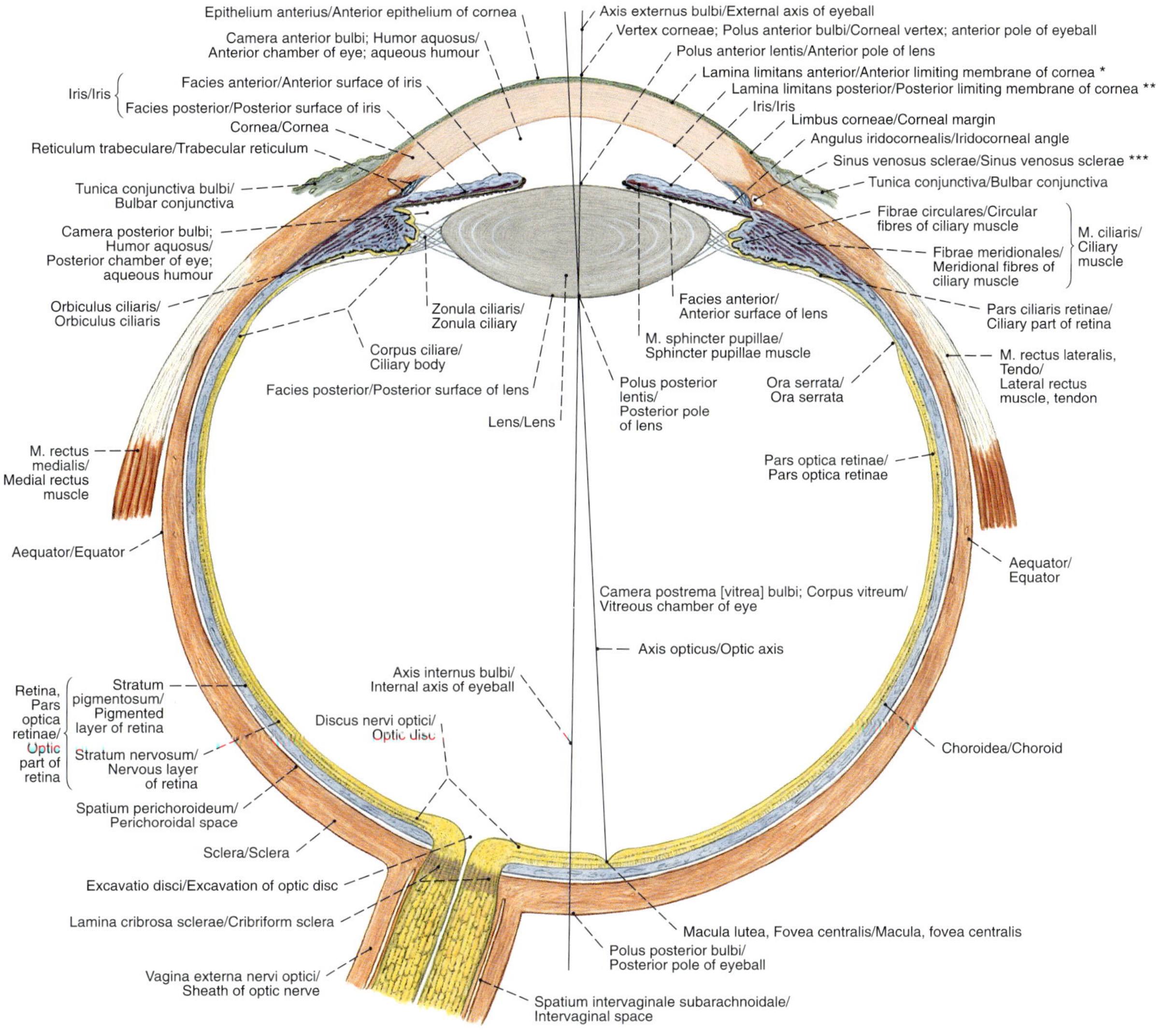

Abb. 10 Augapfel, Bulbus oculi; schematisierter Horizontalschnitt in Höhe des Abgangs des Sehnervs.

Fig. 10 Schematic horizontal section through the right eyeball at the level of the optic nerve and disc.

* Bowmansche Membran/Bowman's membrane
** Descemetsche Membran/Descemet's membrane
*** Schlemmscher Kanal/Schlemm's canal

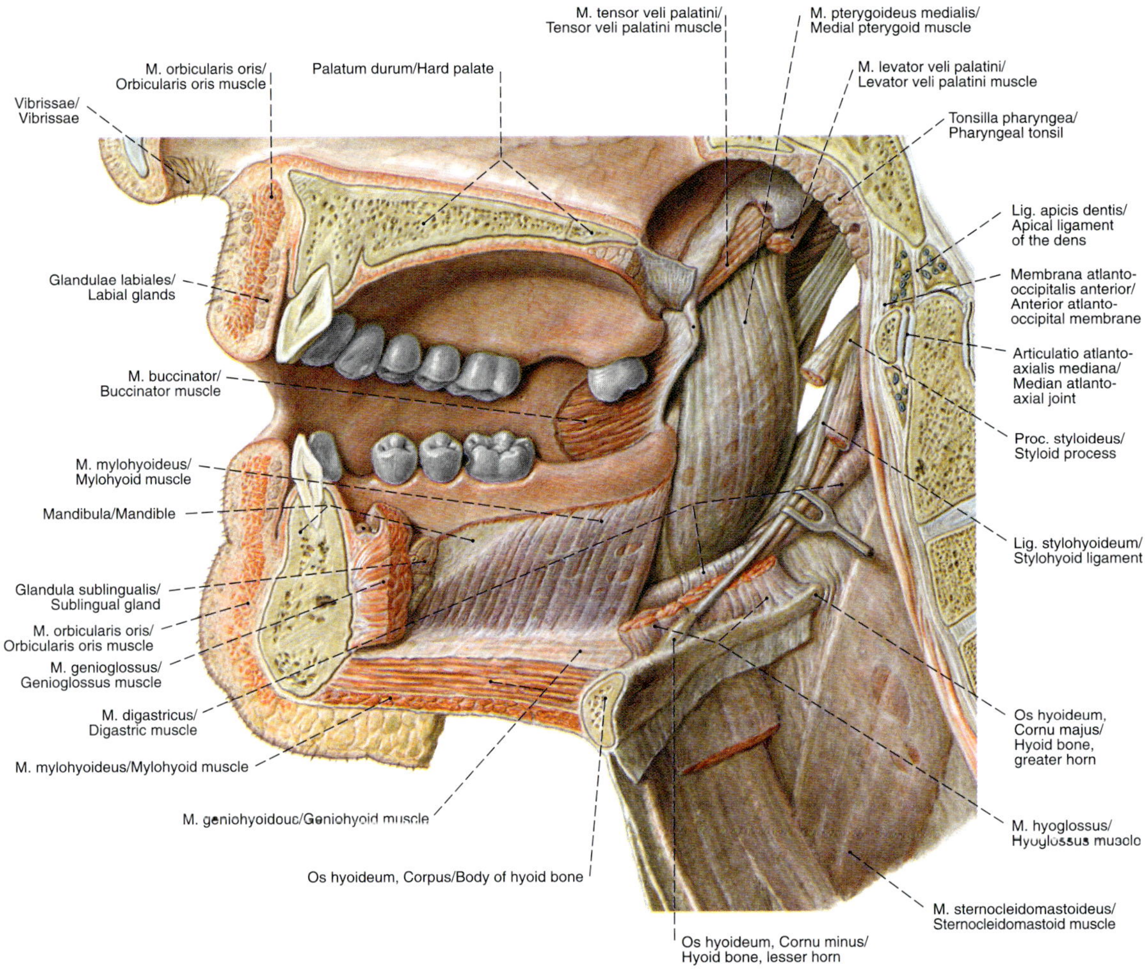

Abb. 11 Mundhöhle, Cavitas oris;
Paramedianschnitt; nach Entfernung von Rachen und Kehlkopf; von medial.

Fig. 11 Oral cavity;
paramedian sagittal section with pharynx and larynx removed; medial view.

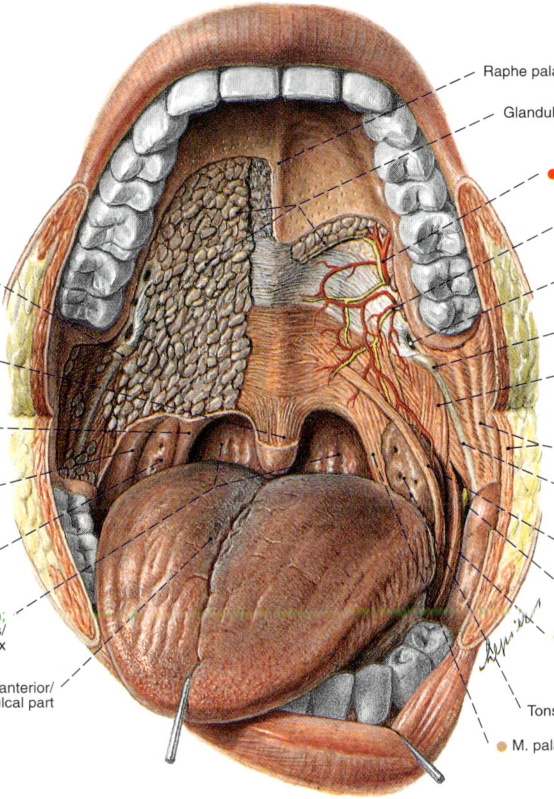

Abb. 12 Mundhöhle, Cavitas oris; Gaumenmuskeln, Mm. palati;
Zunge nach vorne gezogen; Schleimhaut am Gaumen;
von ventral.

Fig. 12 View into the oral cavity with tongue retracted and palate dissected.
Ventral view.

Tafel 12/Table 12

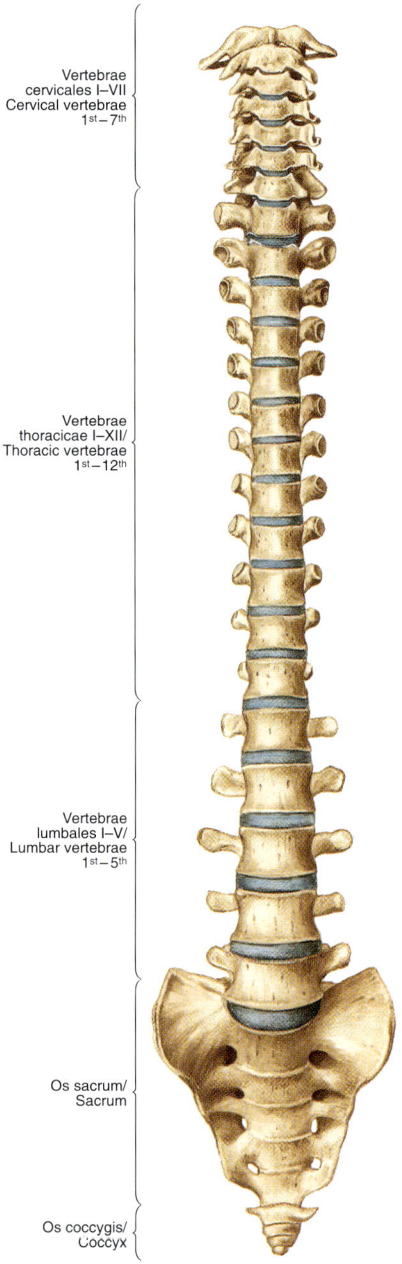

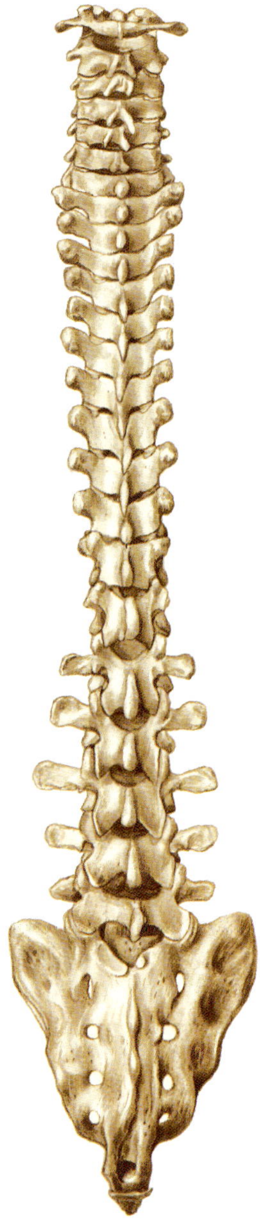

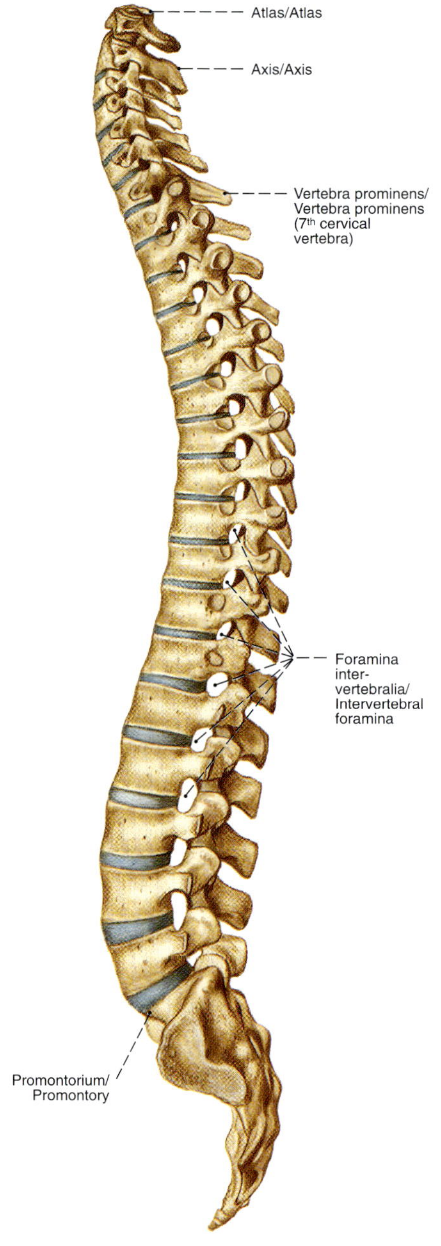

Abb. 13 Wirbelsäule, Columna vertebralis; Zwischenwirbelscheiben blau dargestellt; von ventral.
Fig. 13 The vertebral column; Intervertebral discs in blue colour; ventral view.

Abb. 14 Wirbelsäule, Columna vertebralis; von dorsal.
Fig. 14 The vertebral column, dorsal view.

Abb. 15 Wirbelsäule, Columna vertebralis; Zwischenwirbelscheiben blau dargestellt; von lateral.
Fig. 15 The vertebral column; Intervertebral discs in blue colour; lateral view.

Tafel 13/Table 13

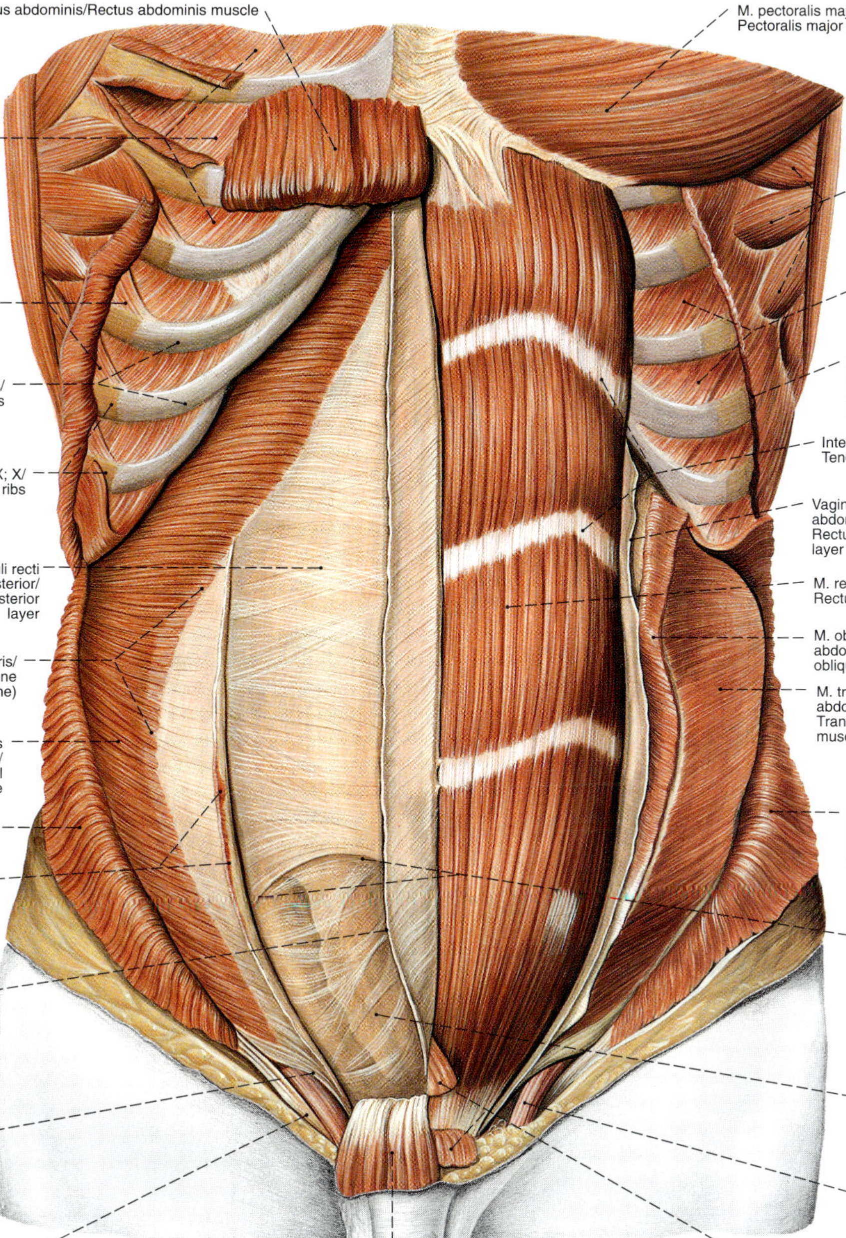

Abb. 16 Bauchmuskeln, Mm. abdominis; von vorne.

Fig. 16 Abdominal muscles; on the right side of the figure, the left pyramidalis muscle has been sectioned. On the left side of the figure, the right rectus abdominis and internal oblique abdominal muscles have been resected to display the right transverse abdominal muscle and the posterior layer of the rectus sheath with the arcuate line. Ventral view.

Tafel 14/Table 14

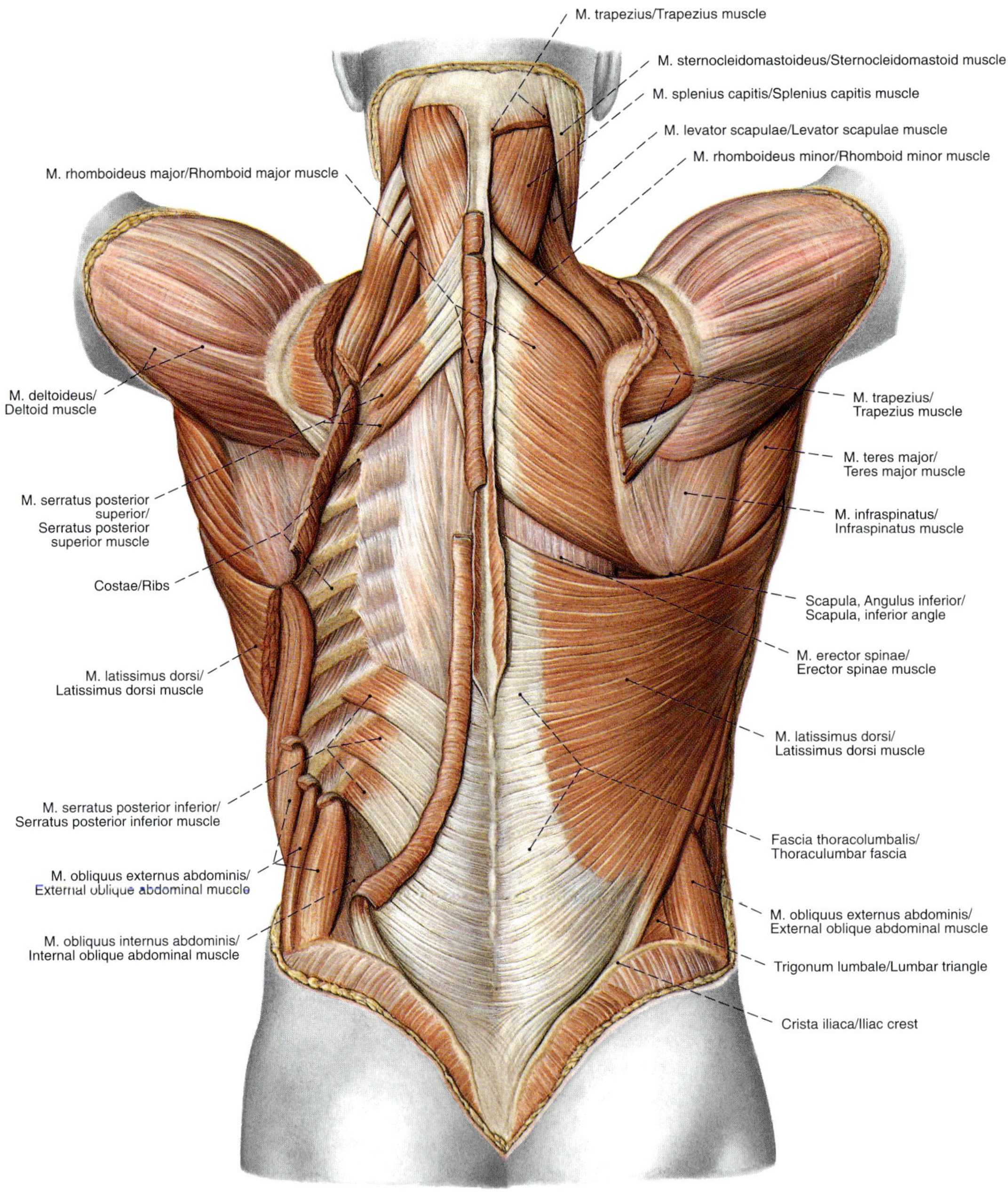

Abb. 17 Rückenmuskeln, Mm. dorsi; nach weitgehender Abtragung der oberflächlichen Muskeln auf der linken Seite; von dorsal.

Fig. 17 Muscles of the back; intermediate layer; dorsal view.

Tafel 15/Table 15

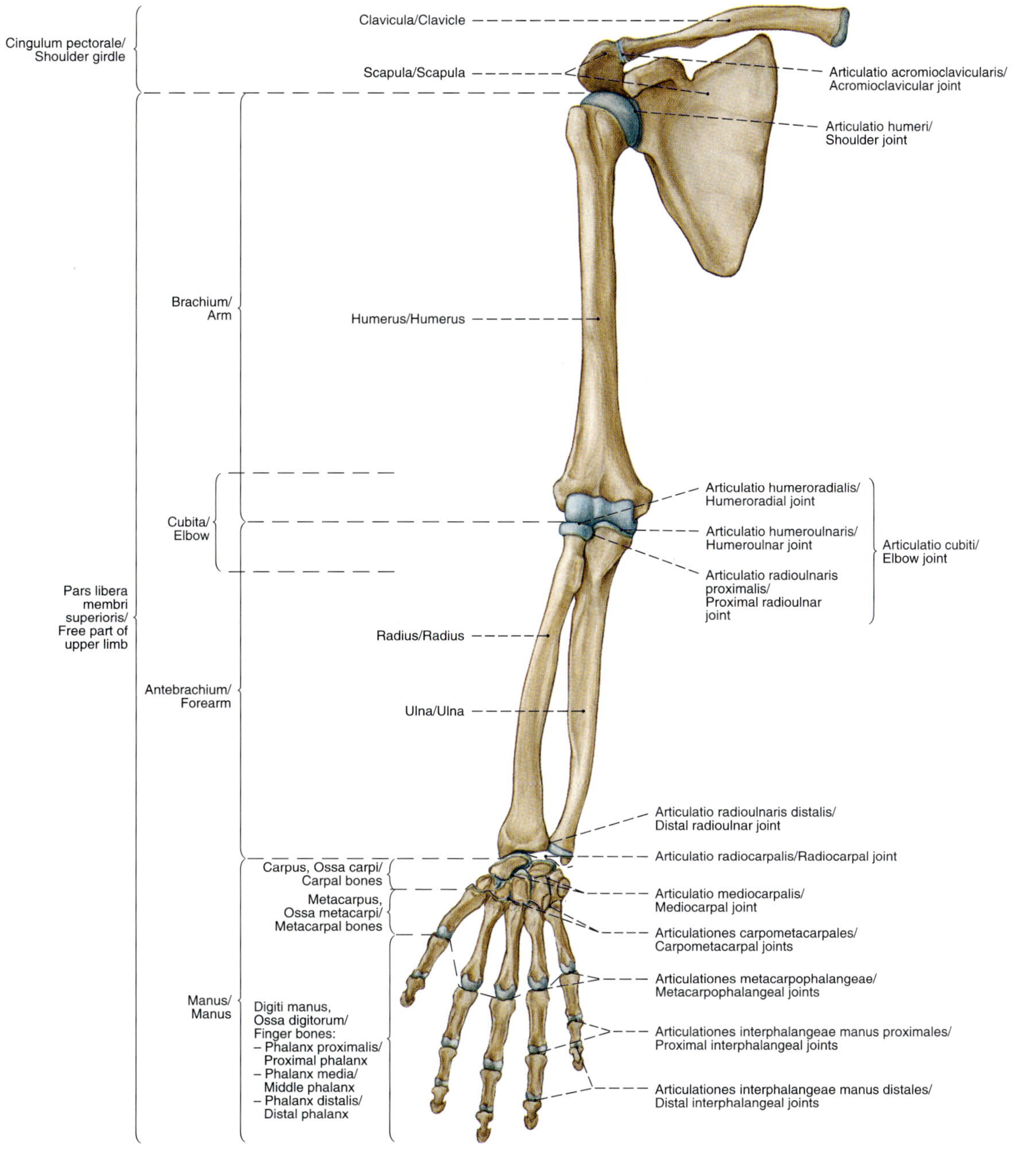

Abb. 18 Obere Gliedmaße, Membrum superius; von vorne (re).
Fig. 18 Shoulder girdle and arm;
Skeleton of right shoulder and arm; anterior view.

Tafel 16/Table 16

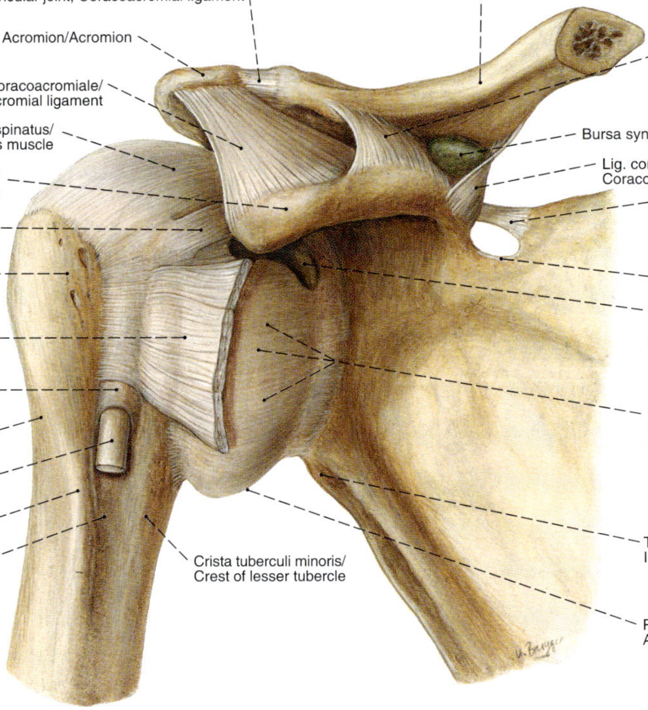

Abb. 19 Schultergelenk, Articulatio humeri; von vorne (re).

Fig. 19 Right shoulder joint and acromioclavicular joint. Anterior view.

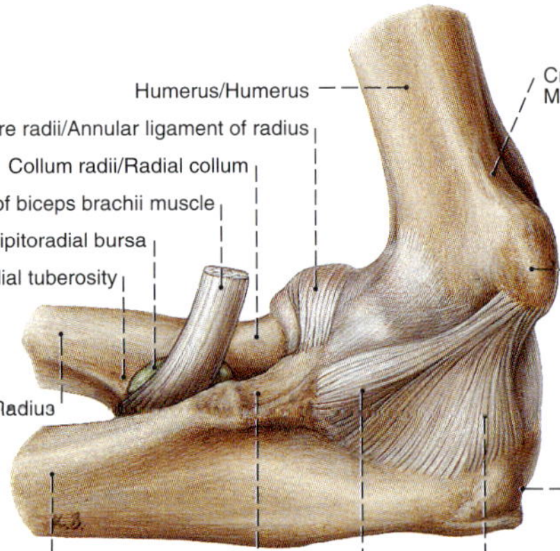

Abb. 20 Ellbogengelenk, Articulatio cubiti; Flexion 90°, Supination 90°; von medial (re).

Fig. 20 The right elbow joint; flexion 90°, supination 90°; medial view.

Tafel 17/Table 17

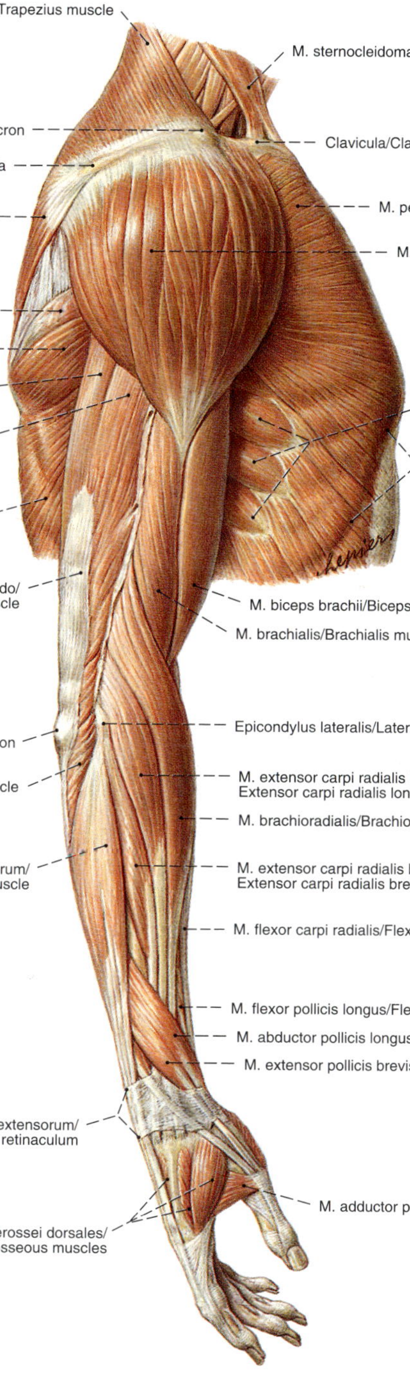

Abb. 21 Muskeln von Arm, Brustkorb und unterer Halsgegend; von lateral (re).

Fig. 21 Muscles of the upper limb, thorax and lower area of neck; lateral view.

Tafel 18/Table 18

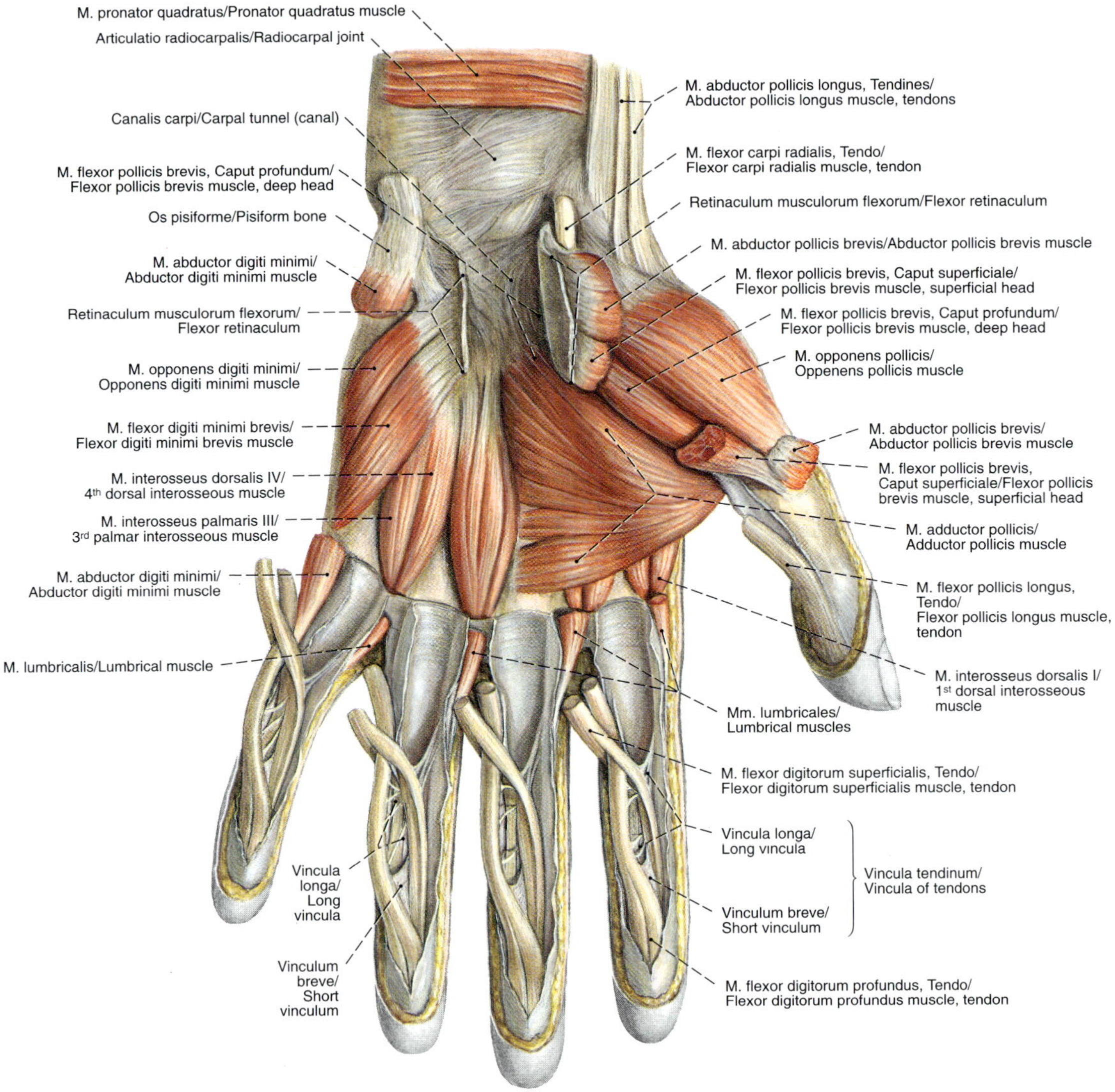

Abb. 22 Muskeln der Hand;
tiefe Schicht nach Abtragung des oberflächlichen und des tiefen Fingerbeugers sowie einiger Thenar- und Hypothenarmuskeln;
von palmar (li).

Fig. 22 Muscles of the hand;
deep layer of the palm of the left hand;
the flexor tendons of the fingers have been removed;
palmar view.

Tafel 19/Table 19

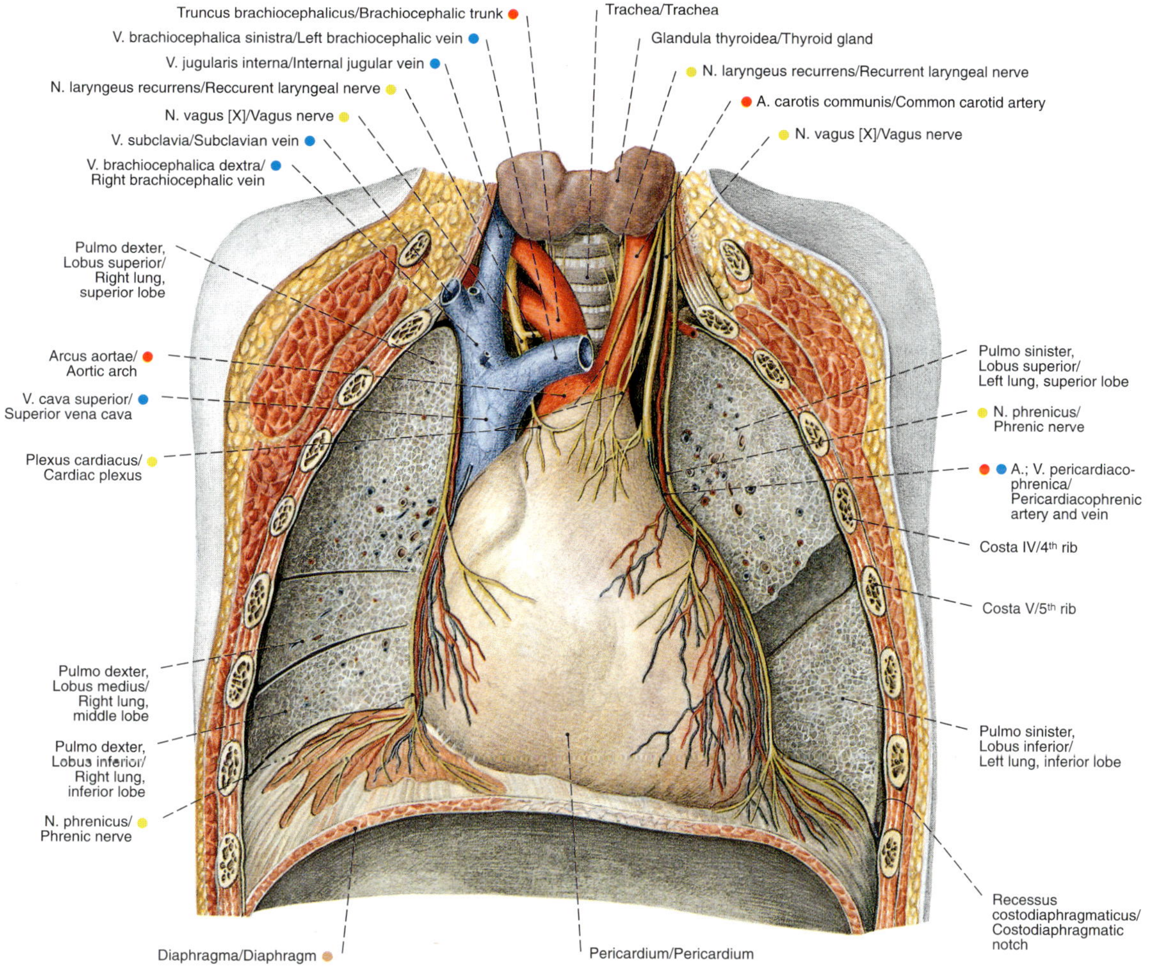

Abb. 23 Brusthöhle, Cavitas thoracis, eines Erwachsenen; vordere Brustwand entfernt; rechte und linke Lunge in der Frontalebene durchgeschnitten;
von ventral.

Fig. 23 Thoracic viscera of an adult after removal of the anterior thoracic wall; frontal section of right and left lung; ventral view.

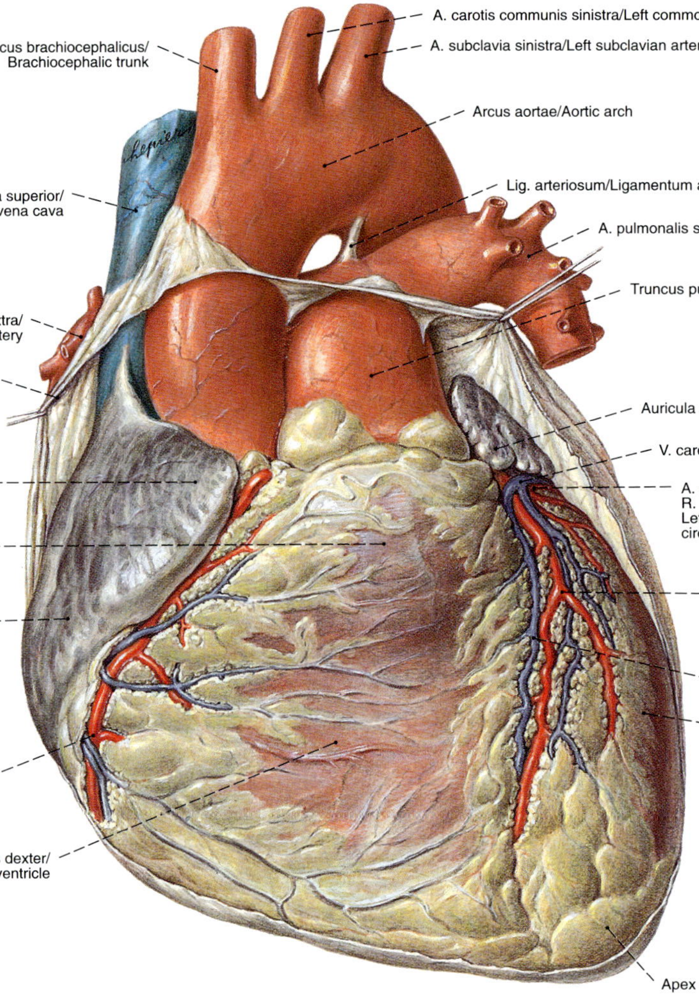

Abb. 24 Herz, Cor;
größere Äste der Herzkranzgefäße freipräpariert;
von ventral.

Fig. 24 The heart and trunks of the great vessels;
anterior view.

Tafel 21/Table 21

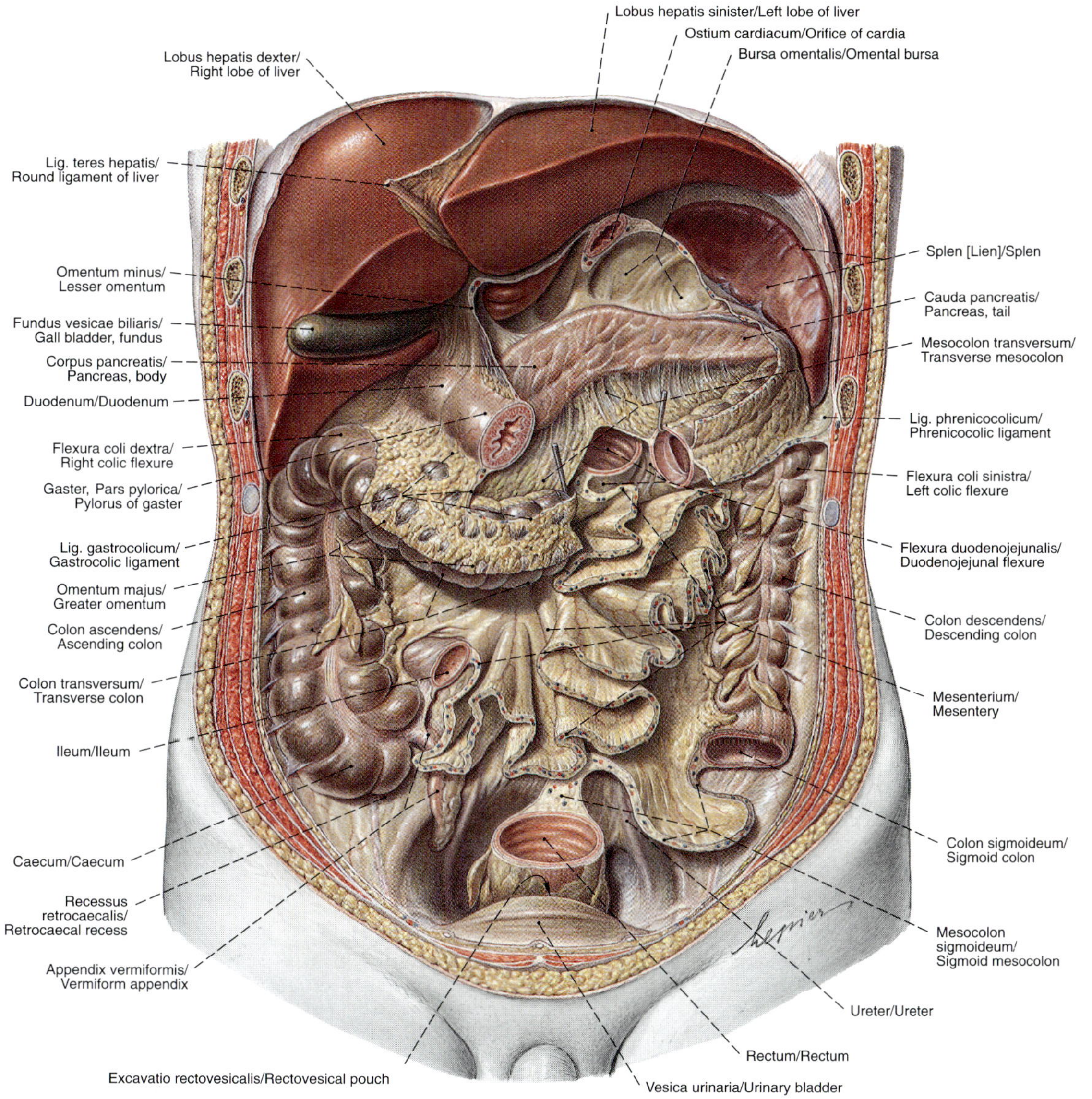

Abb. 25 Lage der Baucheingeweide, Situs viscerum;
Magen entfernt; Bursa omentalis mit allen Recessus einsehbar.
Fig. 25 Position of the abdominal viscera;
The stomach was removed, exposing the entire omental bursa.

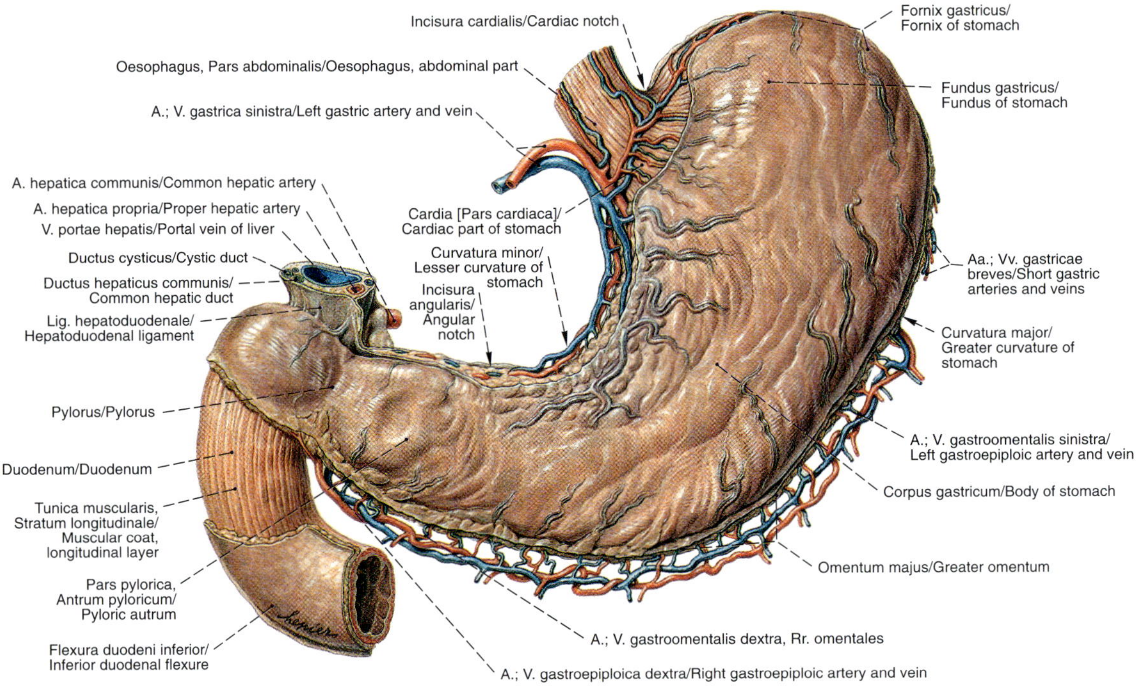

Abb. 26 Magen, Gaster; Zwölffingerdarm, Duodenum; Teile des Peritoneums entfernt; von ventral.

Fig. 26 The stomach with duodenum; peritoneum partly removed; ventral view.

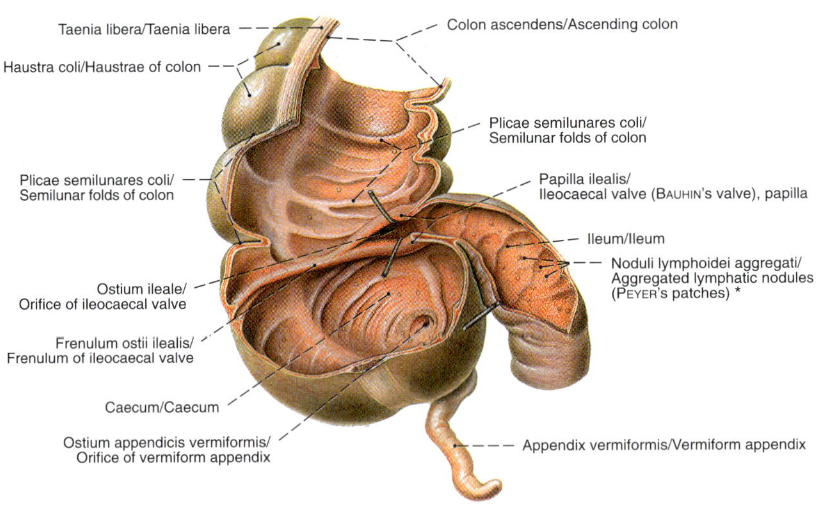

Abb. 27 Aufsteigender Dickdarm, Colon ascendens; Blinddarm, Caecum; Wurmfortsatz, Appendix vermiformis; von ventral.

Fig. 27 The lower part of ascending colon; caecum, vermiform appendix and the terminal part of the ileum; ventral view.

* PEYERsche Platten/PEYER's patches

Tafel 23/Table 23

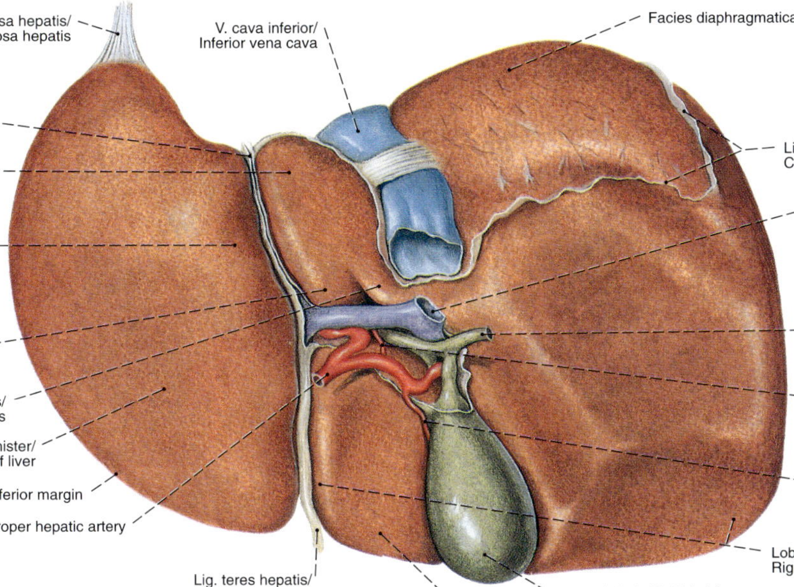

Abb. 28 Leber, Hepar; Leberpforte, Porta hepatis; Fixierungsbänder der Leber und Gefäße durchgeschnitten; von dorsal.

Fig. 28 Liver; hepatic hilum; the ligaments of the liver and its vessels have been sectioned; dorsal view.

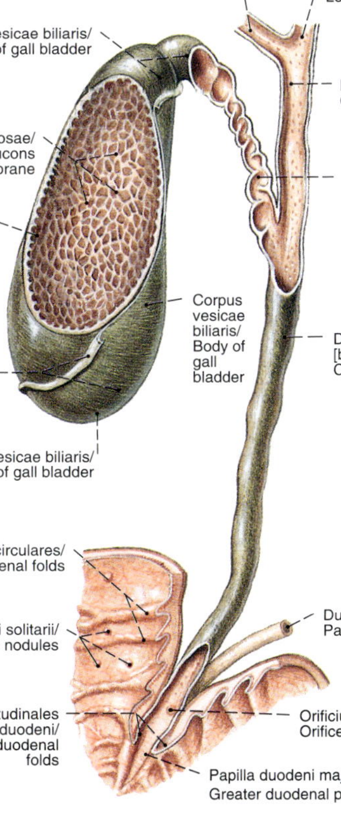

Abb. 29 Gallenblase, Vesica biliaris [fellea], Gallengänge; von ventral.

Fig. 29 The gall bladder and biliary duct system.

* Heistersche Klappe/ Heister's valve
** Vatersche Papille/Vater's papilla

Tafel 24/Table 24

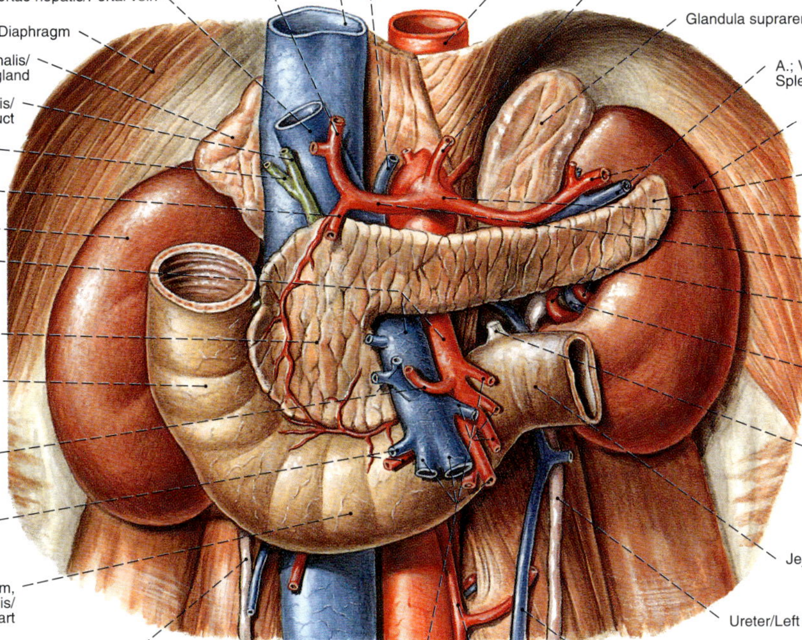

Abb. 30 Retroperitoneale Organe und Gefäße des Oberbauchs; von ventral.
Lymphknoten sind nicht gezeichnet.

Fig. 30 The retroperitoneal organs of the upper abdomen; ventral view.
Lymphatic nodes not shown.

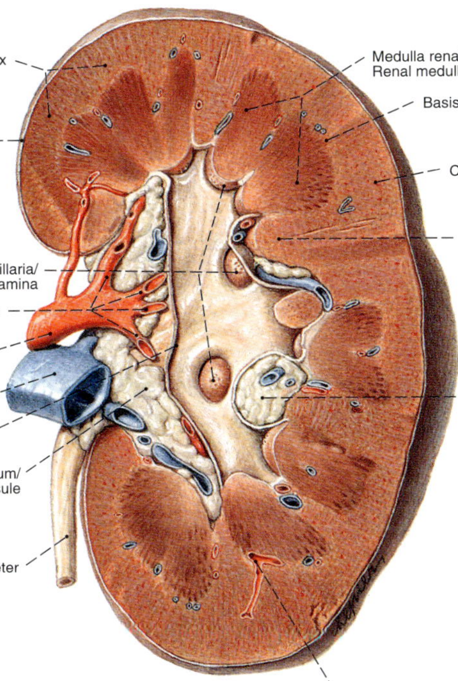

Abb. 31 Niere, Ren [Nephros];
schräger, vertikaler Halbierungsschnitt mit Eröffnung des Nierenbeckens;
von ventral (li).

Fig. 31 Frontal hemisection of the left kidney;
the renal pelvis is partly opened;
ventral view.

Tafel 26/Table 26

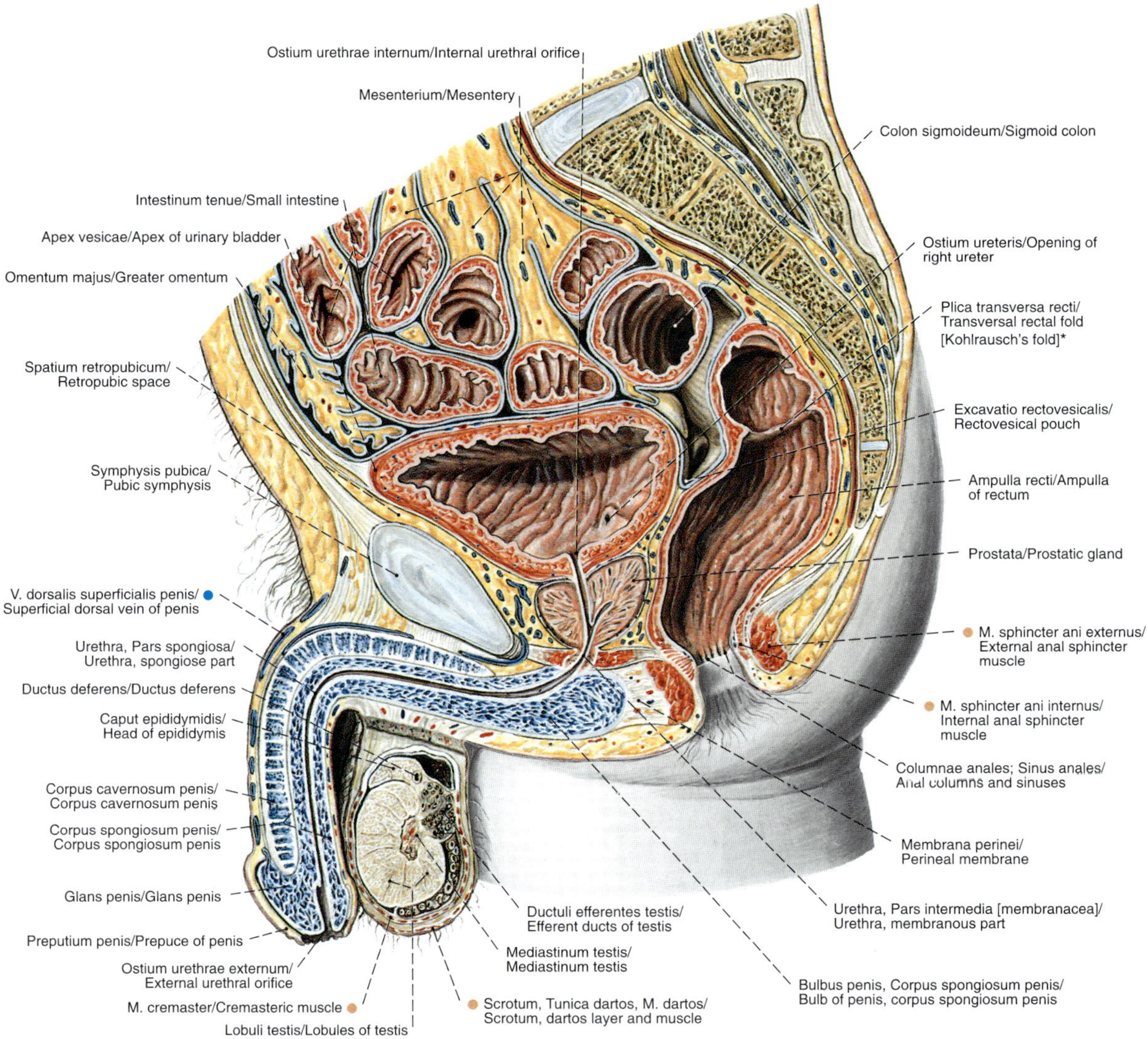

Abb. 32 Becken, Pelvis, beim Mann; Medianschnitt; von lateral (re).
Fig. 32 Median section through the male pelvis; paramedian section of the scrotum; view from left side.

* Kohlrauschsche Falte/Kohlrausch's fold

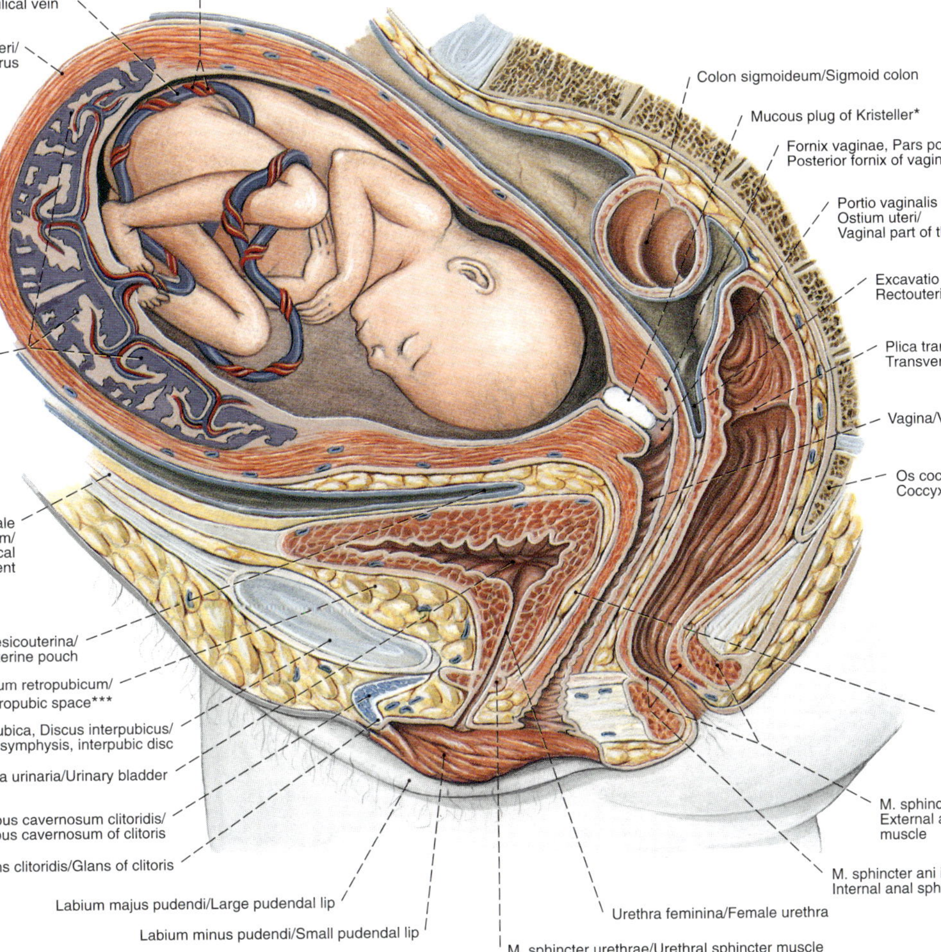

Abb. 33 Gebärmutter, Uterus, mit Fetus;
von lateral (li).
Die Uteruswand ist am Ende der Schwangerschaft noch dünner.

Fig. 33 Uterus with foetus;
lateral view.
The wall of the uterus is extremely thin at the end of pregnancy.

* KRISTELLERscher Schleimpfropf im Zervikalkanal des Uterus
** DOUGLASscher Raum
*** RETZIUSscher Raum

Tafel 28/Table 28

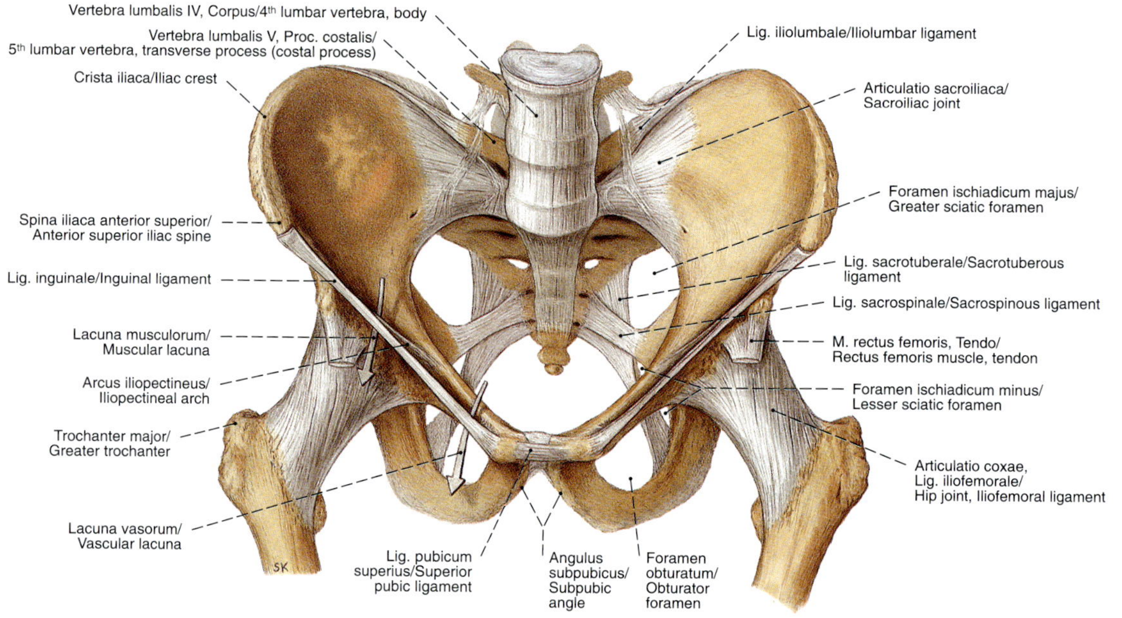

Abb. 34 Knochenverbindungen des Beckens, Juncturae cinguli pelvici, und des lumbosakralen Übergangs, Articulatio lumbosacralis, beim Mann; von vorne oben.

Fig. 34 The male pelvis; articulations of the pelvic girdle and the hip joints and associated ligaments; ventro cranial view.

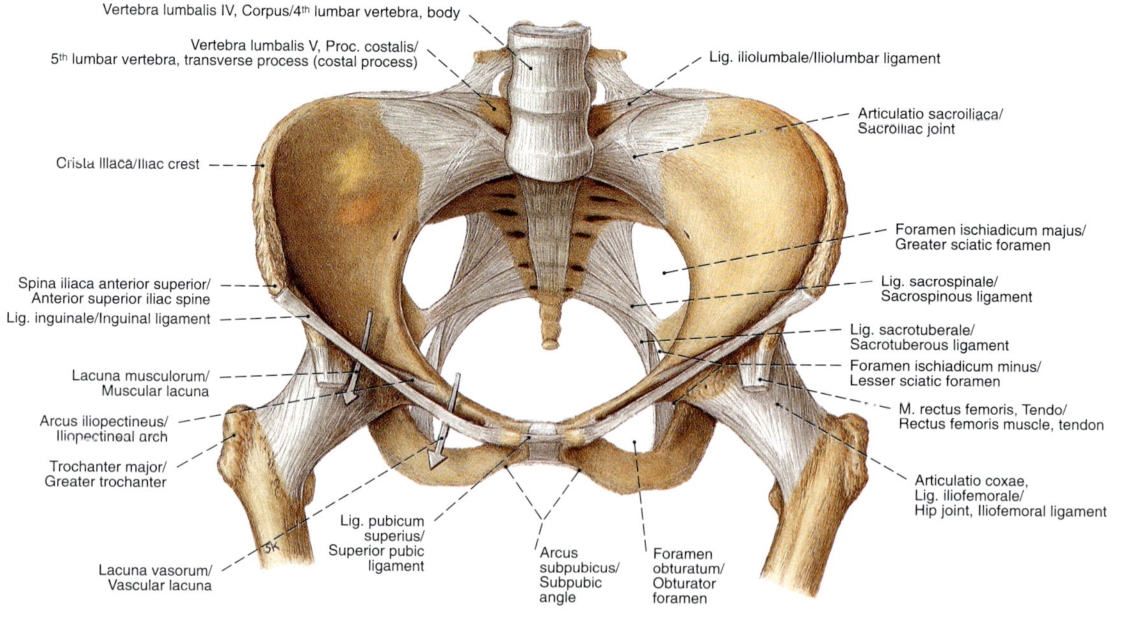

Abb. 35 Knochenverbindungen des Beckens, Juncturae cinguli pelvici, und des lumbosakralen Übergangs, Articulatio lumbosacralis, bei der Frau; von vorne oben.

Abb. 35 The female pelvis; articulations of the pelvic girdle and the hip joints and associated ligaments; ventrocranial view.

Tafel 29/Table 29

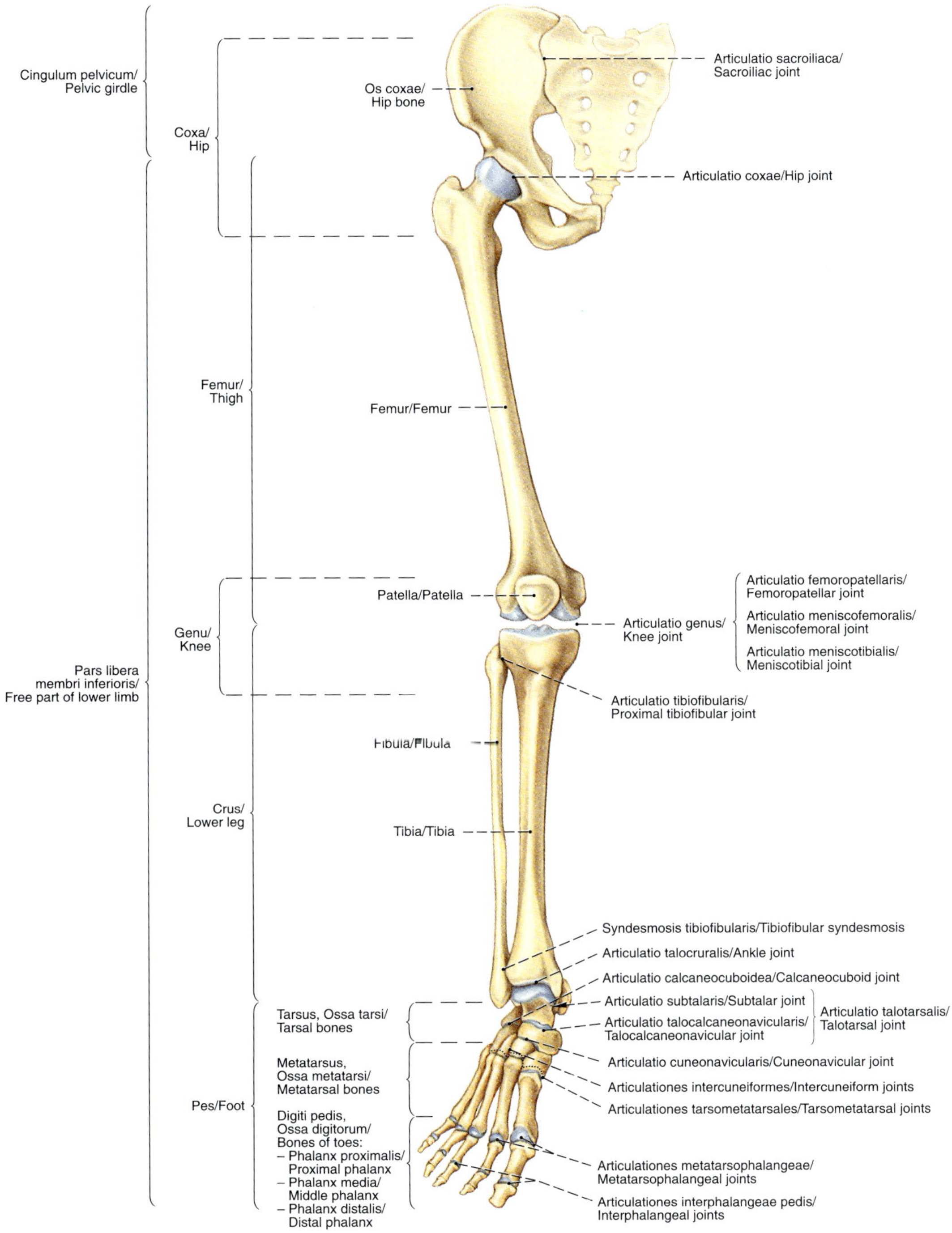

Abb. 36 Untere Gliedmaße, Membrum inferius.
Fig. 36 Pelvic girdle and leg.

Tafel 30/Table 30

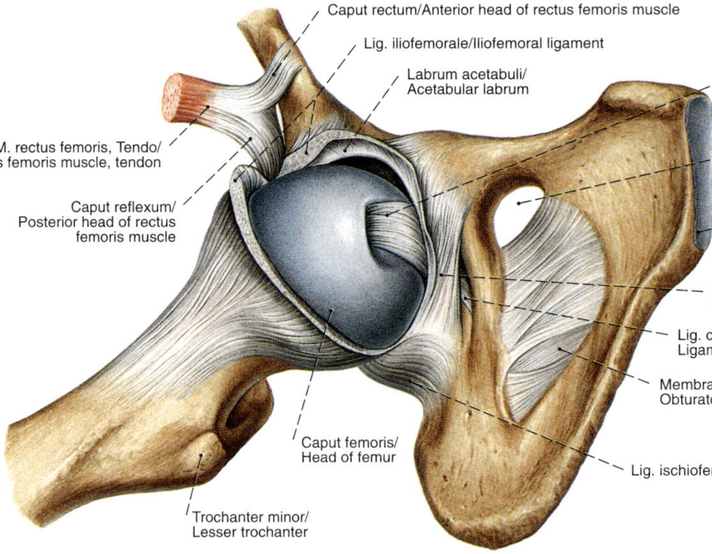

Abb. 37 Hüftgelenk, Articulatio coxae; nach Eröffnung der Gelenkkapsel; von lateral distal (re).
Fig. 37 Right hip joint after opening the anterior aspect of the articular capsule; lateral view.

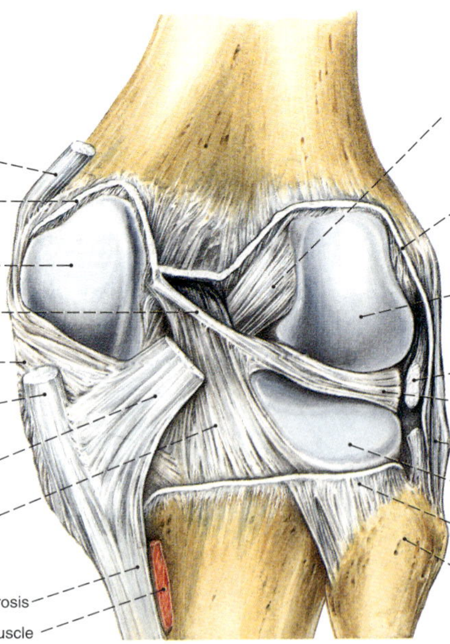

Abb. 38 Kniegelenk, Articulatio genus; nach Freilegung der Kreuzbänder und der Menisci;

Tafel 31/Table 31

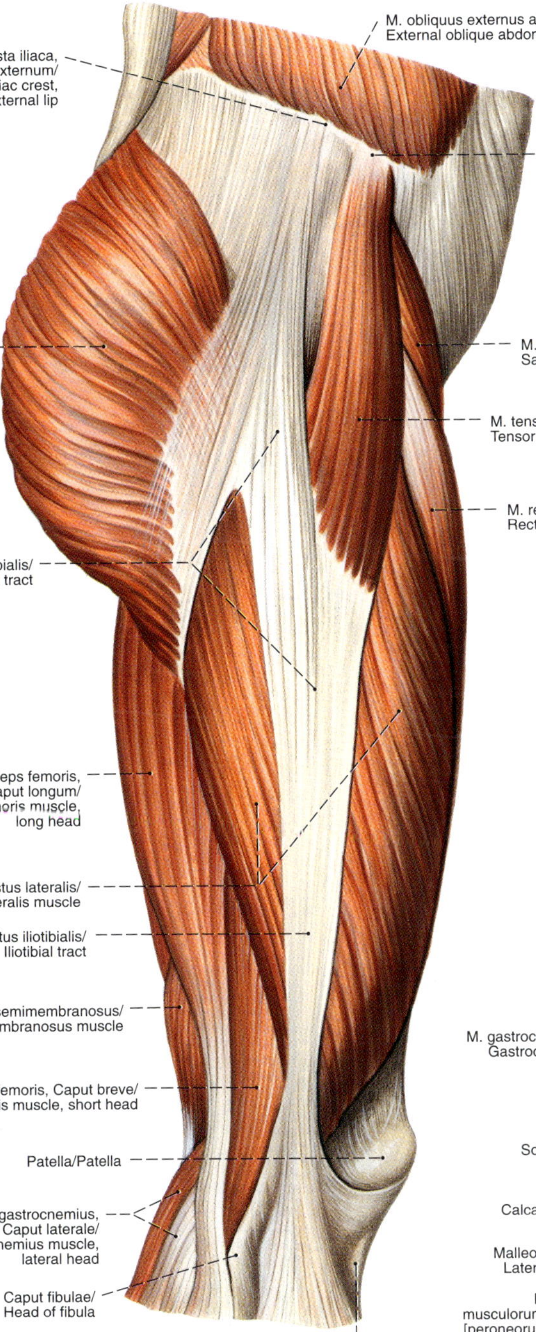

Abb. 39 Muskeln des Oberschenkels und der Hüfte; von lateral (re).

Fig. 39 Superficial layer of the right gluteal and thigh muscles; lateral view.

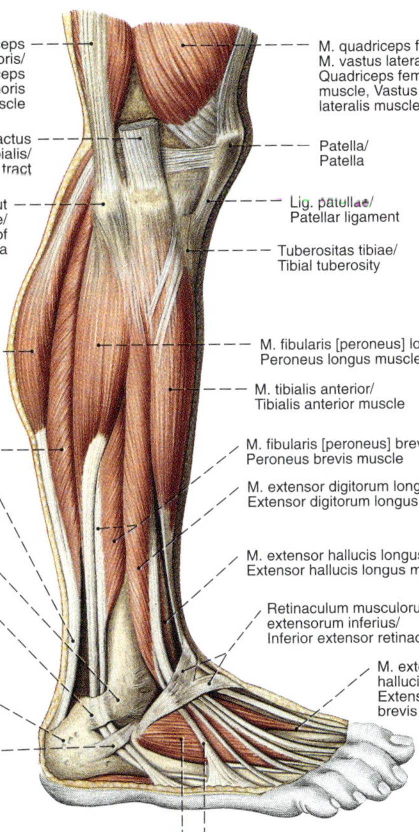

Abb. 40 Muskeln des Unterschenkels und des Fußes; von lateral (re).

Fig. 40 Muscles of the lateral compartment of the right leg.

Tafel 32/Table 32

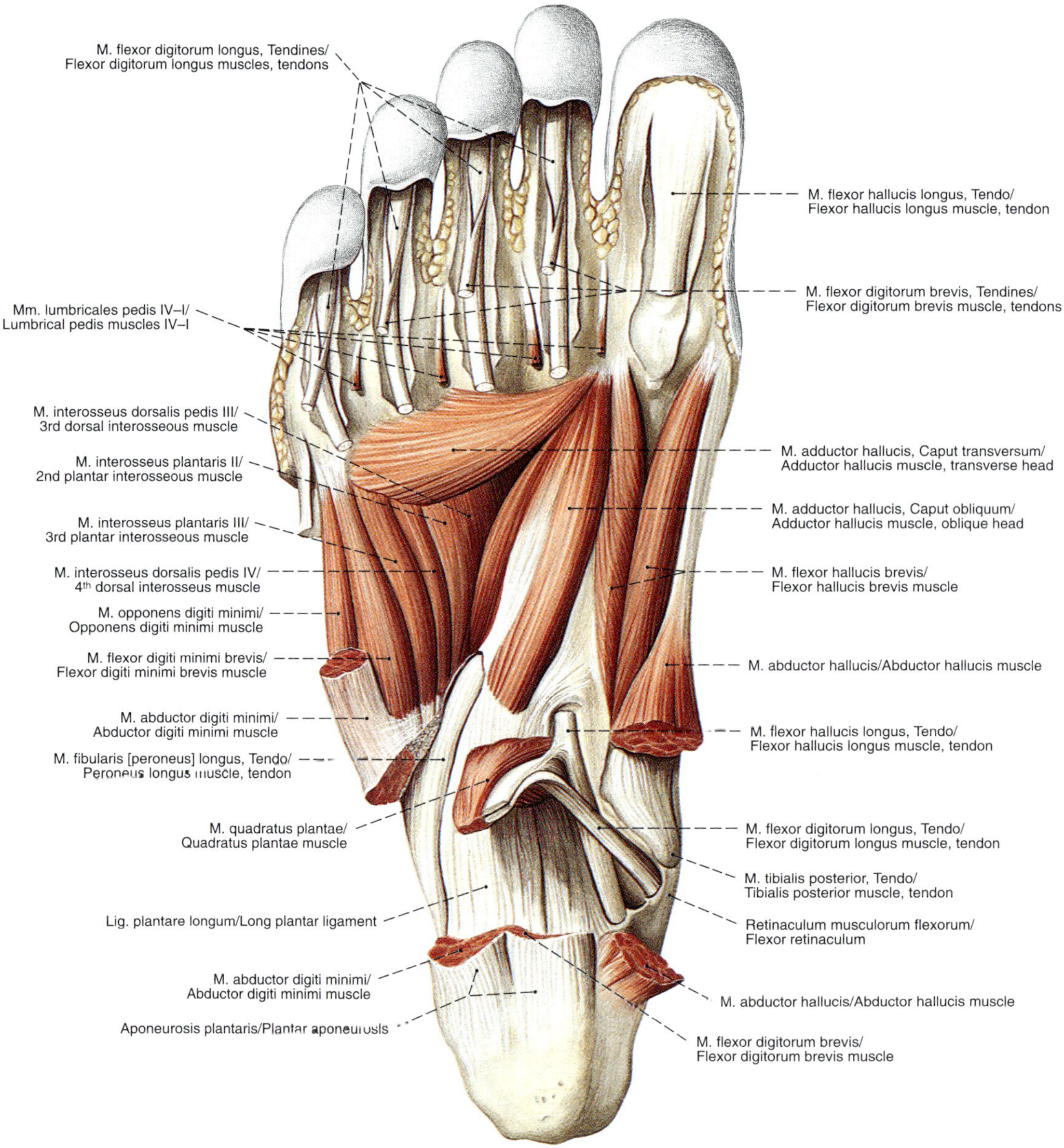

Abb. 41 Muskeln des Fußes; von plantar (re).

Fig. 41 Plantar muscles of the right foot.